二十五史

史記
漢書

上海古籍出版社
上海書店

圖書在版編目（CIP）數據

二十五史 / 上海古籍出版社，上海書店編 . —2 版
—上海：上海古籍出版社，2018.11
ISBN 978-7-5325-8997-5

Ⅰ . ①二… Ⅱ . ①上… ②上… Ⅲ . ①中國歷史—古代史—紀傳體 Ⅳ . ① K204.1

中國版本圖書館 CIP 數據核字（2018）第 231722 號

二十五史
（全十二册）

上海古籍出版社
上　海　書　店　編

上海古籍出版社出版發行
（上海瑞金二路 272 號　郵政編碼 200020）
（1）網址：www.guji.com.cn
（2）E-mail：guji1@guji.com.cn
（3）易文網網址：www.ewen.co
上海世紀嘉晉數字信息技術有限公司印刷
開本 787×1092　1/16　印張 655.5　插頁 87
2018 年 11 月第 2 版　2018 年 11 月第 1 次印刷
ISBN 978-7-5325-8997-5
K·2558　定價：3500.00 元
如有質量問題，請與承印公司聯繫

出版説明

這部新編《二十五史》，收録《二十四史》和《清史稿》，共三千七百四十九卷（子卷不計算）。這套卷帙浩繁的紀傳體史書，記載了我國上古到清朝幾千年的歷史，是研究中國歷史的重要史料，也是考索世界上一些國家歷史的珍貴資料。其中被列爲「正史」的《二十四史》，近二百年來被人們用各種方法刊印，但是大多數版本册數繁多，不便插架、查閲，所以我們決定印製一套包括《清史稿》在内的《二十五史》縮印本，滿足社會需要。《清史稿》雖是未定稿，未正式列爲「正史」，但也具備「正史」的性質。過去開明書店曾編印過一部《二十五史》，係《二十四史》加上柯紹忞的《新元史》，但不包括《清史稿》，與本書有所不同。而缺少清朝一代史事，便不足以完整顯示中國封建王朝的全貌及其過程。

這部《二十五史》採取影印方法，《二十四史》用清代乾隆四年（一七三九年）武英殿本（《舊五代史》初刻於乾隆四十九年），《清史稿》用關外二次本。

「正史」作爲彙刻形式出版的，在殿本以前，有《十七史》和《二十一史》等，殿本增加《舊唐書》、《舊五代史》，以及當時修成的《明史》，方成爲《二十四史》（三千二百一十三卷）。記事詳明的《舊唐書》、《舊五代史》，自《新唐書》、《新五代史》問世以後，就逐漸遭受冷遇，以致到清代初期，前一部晦而不行於世，後一部終於「若存若亡」。武英殿將明代聞人詮本《舊唐書》加以整理，後來在四庫館任職的邵晉涵又從《永樂大典》等書中把《舊五代史》輯録出來，使兩書重新進入「正史」行列，通過官刻殿本刊印得以廣泛流傳，爲研究者提供有利條件，這在文化史上是一項貢獻。

殿本基本上以明代監本作底本，監本校讎極其草率，而且常常臆改原文，因此武英殿聚集了文人學士進行整理，參加的有齊召南、杭世駿等知名學者。他們分工負責，運用部份宋、元、明舊刻本以及有關資料，作了比較認真的校勘考訂工作，其成果寫成詳細考證，附於各史每卷卷末，內容主要是校勘文字的訛、錯、衍、脱，還對史事作了一些考索。由於考證對研讀諸史大有幫助，并且訂正了監本大量的錯誤，僅校補《史記》裴駰等三家注文就達一千多條，於是獲得校刻精審的美譽，從而經常被翻印，成爲一個影響較大的版本。然而，殿本也有一些問題，諸如參校古本不多，妄改觸犯清廷忌諱文字，等等，存在的缺點頗爲明顯。不過從總的方面來看，它還是一個有價值的本子，過去聞名於世的百衲本《二十四史》，雖然多數依據宋元善本影印，但也有訛、舛、衍、脱，或殘破模糊，往往參校殿本描改。如《魏書》底本是南宋翻刻本，元明補版，誤字多，不得不用殿本來校正；現在整理的標點本《二十四史》，在校勘過程中，基本上都用殿本進行互校，而且殿本《周書》因爲錯字比較少，還被選作底本。所以學術界一些人士認爲重印殿本，還是有意義的。

《明史》原來没有考證，現在將清末王頌蔚的《明史考證攟逸》附於書後。

殿版初刻本印數不多，清末已經罕見。現在存書更少，剪貼拼版困難重重，加之有的版面墨色不够均匀，《舊五代史》印製又差，影響影印效果。爲此，我們改用一九一六年涵芬樓影印本照相製版縮印，因爲歷來影印殿版《二十四史》的各種本子，以涵芬樓本最接近殿本原刻，且版面清晰。

《清史稿》五百三十六卷，主要有四種本子：關外一次本，關内本，關外二次本，一九四二年聯合書店本。《清史稿》是在一九一四年開始編修，一九二七年大致完稿的；之後匆匆分批付印，第二年竣工，共印一千一百部。經辦人金梁將其中四百部運往東北發行，這是關外一次本。可是金梁已將原稿擅自篡改，不久爲史館人員察覺，他們便把北京的存書就所謂較重要的部份進行了一些抽改，這就成爲關内本。關内本和關外一次本的不同，主要有以下幾點：把《清史館職名》一分爲二，參加工作未竟其事的人，單獨開列排在終事人後面，對具體人事名單加以訂正；削除了金梁寫的《校刻記》，抽換了《藝文志》的序，删去志中經部易類六十四種，删除列傳卷二百六十《張勳傳、張彪附傳》、《康有爲傳》，將卷二百五十九的六人傳記中勞乃宣、沈曾植兩傳移補該卷，并且改寫了兩人傳論。以後東北又用一次本重印，這是關外二次本，不過它在内容上有了變動，總卷數減爲五百二十七卷，即：删掉《公主表》的序、《時憲志》中七卷《八線對數表》，以及張彪附傳，還對《趙爾豐傳》進行了壓縮，另外增補了陳黌舉、朱筠、翁方綱三篇傳，看來是根據當時對《清史稿》的某些批評而增删的。至于聯合書店影印本，則是關內、關外一次本的混合本，相比之下，關外二次本內容比較多，所删《八線對數表》是普通數學工具書，非關緊要，因而我們這次影印即以關外二次本爲底本。

爲了既減縮篇幅，又照顧讀者視力，本書的拼縮，《二十四史》大部份八頁拼成一頁，少數表、志字體小，四頁半拼成一頁；《清史稿》大部份四頁半拼成一頁，少數表、志二頁拼成一頁。每頁中縫，貼印書名、卷數和篇名。全書分裝成十二册。另編《二十五史紀傳人名索引》，以便查檢。

上海古籍出版社
上　海　書　店
一九八六年十二月

史記

武英殿本史記三家注注文所冠書名集解、索隱、正義，原爲黑底陰文，筆劃繁細，縮印常有難以辨認者，現爲便於閱讀，所冠書名一律换爲陽文，特此説明。

御製重刻二十一史序

七録之目首列經史四庫因之史者輔經以垂訓者也尚書春秋内外傳尚矣司馬遷創為紀表書傳之體以成史記班固以下因之累朝載筆之人類皆嫻掌故貫舊聞旁羅博采以成信史後之述事考文者咸取徵焉朕既命校刊十三經注疏定本復念史為經翼監本亦日漸殘闕併勅校讐以廣刊布其辨譌別異是正為多卷末考證一視諸經之例明史先經告竣合之為二十二史煥乎冊府之大觀矣夫史以示勸懲昭法戒上下數千年治亂安危之故忠賢奸佞之實是非得失具可考見居今而知古鑒往以察來揚子雲曰多聞則守之以約多見則守之以卓豈不在善讀者之能自得師也哉

乾隆十二年二月朔

日講官起居注翰林院侍讀學士臣陳邦彥奉

勅敬書

和碩和親王臣弘晝等上言臣等奉

勅校刻二十一史告竣恭呈

睿鑒臣等謹奉

表恭

進者伏以

帝治綜百王宏啓汗青之簡

皇圖軼三古重輝竹素之書

大一統以垂庥遍蒐柱下

錄千秋而作鑑悉發名山刻玉鏤瓊丕煥龍盤之寶字披雲撥霧聿新蠹落之殘編藝林氣蔚文昌冊府光騰奕禩竊惟神聖傳心之要莫重於經帝王致治之規必詳於史識大識小始同出於一源記事記言後分標於四庫左氏因春秋之筆編年附經以存馬遷仿尚書之裁紀傳立史之局班范後出悉踵前規劉李代興必遵先路雖篇目或有增減而體例不致紛殊自史漢以及宋元劾修明而若畫一凡專門名家之私著不入故府之藏集通鑑綱目而求詳必以正史爲斷若十七史若廿一史各有成書爲南監本爲北監本舊稱佳刻然而校讎疎畧不獨魯魚亥豕之訛加以歲月侵尋更多蠹蝕蟲蠹之損以是郢書燕說貽誤丹青野乘稗官翻新梨棗不有精良秘本誰羅放失舊聞欽

惟

皇帝陛下

學隆稽古

道合傳心

同文以式萬方彝倫攸敘

執中而偏天下禮樂爲昭由百世而等百王統歸定

論自皇初以迄近古總攬宏猷莫不仰

聖世之鴻規固已成

盛朝之至治乃以圖書大備典訓咸昭既刻全經必羅諸史明朝史新已告竣具有成模舊唐書向者單行亦宜並列統彤二十二史以配一十三經承

恩命以晁趨引清班而雀躍善本

頒從秘閣紛綸羣玉之編直廬密邇

禁廷清切蕊珠之館然脂夕校月巳窺簾砥墨晨書風爲展頁喜值文林盛事渾忘素業辛勤惟是諸史考証之難較之羣經異同尤劇前史之後乘卽後史之肇端南史之牽連亦北史之綴輯各人撰述自不必同互有淆訛豈無一是摘錄易滋繁冗辨正務在簡明積少而多由博歸約時呈

欽定悉仰

睿裁繙校之業幾更梓繡之工日進經七年之寒暑次第成書合千古之典章完全插架鎔經兼之鑄史

仰巨製於

天章考古因以証今沐鴻功於

大冶四海識先民矩矱萬年爲後學津梁臣等學慚淹雅才謝宏通深思往籍有闕文傳疑傳信猶恐校書如落葉旋掃旋生僅云循覽數行未足効愚一得伏願

瑤函啓瑞

寶籙凝庥

乘運會之光昌郅隆文敎

式典章之明備廣勵儒修損益因革順乎時懋建中和之極忠敬質文推其意長留淳古之風則至誠裕天下之經綸遠邁觀圖於河洛盛治羅古今之道法不煩刻玉於云亭矣計校刻告竣二十一史共二千七百三十一卷六十五函謹奉

表隨

進以

聞

乾隆十一年十二月十七日

和碩和親王臣弘晝
太子太保保和殿大學士三等伯兼管吏部尚書翰林院掌院事臣張廷玉
吏部右侍郎臣德齡
兵部右侍郎臣王會汾
國子監祭酒臣陸宗楷

奉

旨開列校刻二十一史諸臣職名

監理
和碩和親王臣弘晝

總閱
厘經筵日講官太傅保和殿大學士議政大臣兼管兵部尚書翰林院掌院事一等伯臣鄂爾泰
經筵日講官太保保和殿大學士議政大臣兼管吏部尚書翰林院掌院事三等伯臣張廷玉

總裁
原任經筵講官刑部尚書臣張照
原任禮部右侍郎臣李清植
兵部右侍郎臣王會汾
原任刑部右侍郎臣勵宗萬
國子監祭酒臣陸宗楷
原任翰林院侍講職銜臣方苞

提調
原任日講官起居注詹事府詹事兼翰林院侍讀學士臣陳浩
原任日講官起居注左春坊左庶子兼翰林院侍讀臣朱良裘
署日講官起居注右春坊右庶子兼翰林院侍講臣林蒲封
翰林院編修臣孫人龍

編校
內閣學士兼禮部侍郎臣沈德潛
日講官起居注詹事府少詹事兼翰林院侍講學士臣裘曰修
日講官起居注翰林院侍讀學士臣董邦達
日講官起居注翰林院侍講學士臣周長發
原任日講官起居注翰林院侍講學士臣萬承蒼
翰林院侍讀臣局玉章
日講官起居注翰林院侍讀臣齊召南
日講官起居注司經局洗馬臣韓彥曾
原任翰林院編修臣吳兆雯
翰林院編修臣柏謙

翰林院編修臣張映斗
翰林院編修臣潘乙震
翰林院編修臣何其睿
翰林院編修臣錢琦
翰林院編修臣李龍官
翰林院編修臣朱荃
翰林院編修臣葉酉
翰林院編修臣姚範
原任翰林院編修臣杭世駿
署日講官起居注翰林院檢討臣郭肇鐄
翰林院檢討臣萬松齡
翰林院編修今任監察御史臣沈廷芳
翰林院編修今任監察御史臣楊開鼎
翰林院編修今任奉天錦州府知府臣金文淳
宗人府主事臣王文清
候補主事今任山西隰州直隸州知州臣王祖庚
翰林院待詔臣盧明楷
欽天監博士臣張永祚

校錄

貢生臣廖名揚
貢生臣葉環
貢生臣費應泰
貢生臣楊茂遷
貢生臣張本
貢生臣王濟師
貢生臣王積光
貢生臣蕭栴
貢生臣郭世璨
貢生臣龔元朱
貢生臣杜炳星
貢生臣曾尚渭

監造

內務府南苑郎中兼佐領加六級紀錄十八次臣雅爾岱
內務府錢糧衙門郎中兼佐領加五級紀錄十三次臣永保
內務府錢糧衙門員外郎兼佐領紀錄一次臣永忠
內務府廣儲司司庫加一級紀錄三次臣三格
監造加一級臣李保
監造加一級臣姚文彬
庫掌臣尚琮
庫掌臣亮保
庫掌臣虎什泰
庫掌臣觀音保
庫掌臣常福
庫掌臣高永仁
執事人臣文殊保
執事人臣佛綸
執事人臣彌勒保
執事人臣金篤生
執事人臣李延舜
執事人臣保慶

史記集解序

裴駰【索隱】駰字龍駒河東聞喜人宋中郎外兵曹參軍父松之字世期太中大夫注三國志宋書父子同傳【正義】裴駰採九經諸史并漢書音義及衆書之目而解史記故題史記集解序序緒也孫炎云謂端緒也孔子作易序卦子夏作詩序之義其來尚矣

班固有言曰【索隱】固撰漢書作司馬遷傳許其作史記所採之書兼論其得失故裴駰此序先引之爲說也按固字孟堅扶風人後漢明帝時仕至中護軍祖穉潁川太守父彪徐令續太史公書司馬遷【正義】字子長左馮翊人也漢武帝時爲太史令撰史記百三十篇父談亦爲太史令據左氏國語【索隱】仲尼作春秋經魯史左丘明作傳合三十篇故曰左氏傳國語亦丘明所撰上起周穆王下訖敬王其諸侯之事起魯莊公迄春秋末凡二十一篇采世本戰國策【索隱】劉向云世本古史官明於古事者之所記也錄黃帝已來帝王諸侯及卿大夫系謚名號凡十五篇也戰國策高誘云六國時縱橫之說也一曰短長書亦曰國事劉向撰爲三十三篇名曰戰國策按此是班固取其後名而書之非遷時已名戰國策述楚漢春秋【索隱】漢太中大夫楚人陸賈所撰記項氏與漢高祖初起及說惠文間事接其後事訖于天漢【索隱】武帝年號言太史公所記迄至武帝天漢之年也其言秦漢詳矣至於采經摭傳【索隱】按字書摭拾也音之赤反分散數家之事甚多疏略或有抵捂【索隱】抵音丁禮反捂音吾故反抵者觸也捂亦斜相抵觸之名按今屋梁上斜柱是也斜觸謂之捂下觸謂之抵抵捂言其參差也以言彼此二文同出一家而自相乖舛亦其所涉獵者廣博貫穿經傳馳騁古今上下數千載間斯已勤矣【正義】言作史記採經傳百家之事上下二千餘年此其甚勤於撰錄也又其是非頗繆於聖人【索隱】聖人謂周公孔子也言周孔之教皆宗儒尚德今太史公乃先黃老崇勢利是謬於聖人也【正義】太史公史記各顯六家之宗黃老道家之宗六經儒家之首序游俠則退處士進姦雄述貨殖則崇勢利處士賤貧原憲非病夫作史之體務涉多時有國之規備陳臧否天人地理咸使該通而遷天縱之才述作無滯故周孔之道班固誠之裴駰引序亦通人之蔽也而固作漢書與史記同者五十餘卷謹寫史記少加異者不弱即劣何更非駮史記乃是後士妄非前賢又史記五十二萬六千五百言敘二千四百一十三年事漢書八十一萬言敘二百二十五年事司馬遷引父致意班固父修而蔽之優劣可知矣論大道則先黃老而後六經【正義】大道者皆稟乎自然不可稱道也道在天地之前先天地生不知其名字之曰道黃帝老子遵崇斯道故太史公論大道須先黃老而後六經序游俠則退處士而進姦雄【索隱】游俠謂輕死重氣如荊軻豫讓之輩也游從也行也俠挾也持也言能相從游行挾持之事又曰同是非曰俠【正義】姦雄姦猾雄豪之人述貨殖【正義】殖生也言貨物滋生也則崇勢利而羞賤貧【正義】趨利之人此其所蔽也【正義】此三者是司馬遷不達理也然自劉向揚雄博極羣書皆稱遷有良史之才服其善序事理辨而不華質而不俚【索隱】俚音里劉德曰俚鄙也崔浩云世有鄙俚之語則俚亦野也謂詞不鄙樸其文直其事核不虛美不隱惡故謂之實錄駰以爲固之所言世稱其當【正義】駰音因當音丁浪反裴駰以班固所論司馬遷史記是非世人稱班固之言是雖時有紕繆【索隱】紕音匹之反紕猶錯也亦作紕字書云紕者兩絲同齒曰紕繆亦與謬同實勤成一家【正義】雖有小紕繆實編勤成一家之書矣總其大較【索隱】較音角較猶略也則大較猶言大略也【正義】較明也信命世之宏才也【索隱】按孟子云五百年之間必有名世者趙岐曰名世次聖之才物來能名此言命者名也言賢人有名於世也宏才大才謂史遷考較此書文句不同有多有少莫辯其實而世之惑者定彼從此是非相貿真偽舛雜【正義】貿音茂舛音昌轉反言世之迷惑淺識之人或定彼從此本更相貿易真偽雜亂不能辯其是非故中散大夫東莞徐廣研核衆本爲作音義【正義】作音義十三卷裴駰爲注散入百三十篇具列異同兼述訓解【正義】徐作音義具列異同之本兼述訓解釋也粗有所發明而殊恨省略【索隱】殊絕也左傳曰斬其木不殊言絕恨其所撰太省略也【正義】省音山景反聊以愚管【索隱】按東方朔云以管窺天以蠡測海皆小也然此語本出莊子文今云愚管者是駰謙言己愚陋管見所識不能遠大也增演徐氏【正義】演音羊善反增益也言裴駰更增益演徐氏之說采經傳百家并先儒之說【正義】采取也或取傳說諸子百家兼取先儒之義先儒謂孔安國鄭玄服虔賈逵等是也言百家廣其非一豫是有益悉皆抄內【正義】並採經傳之說有裨益史記盡抄內其中抄音楚交反刪其游辭取其要實【正義】刪音師顏反刪除也去經傳諸家浮游之辭取其精要之實或義在可疑則數家兼列【正義】兼列數家之說不同各有道理致生疑惑不敢偏棄故皆兼列漢書音義稱臣瓚者莫知氏姓【索隱】按即傅瓚而劉孝標以爲于瓚非也據何法盛晉書于瓚以穆帝時爲大將軍誅死不言有註漢書之事又其註漢書有引穆天子傳及茂陵書然二書亡於西晉非于所見也必知是傅瓚者按穆天子傳目錄云傅瓚爲校書郎與荀勖同校定穆天子傳即當西晉之朝在于之前尚見茂陵等書又稱臣者以其職典秘書故也瓚音殘岸反今直云瓚曰又都無姓名者但云漢書音義【正義】漢書音義中有全無姓名者裴氏注史記直云漢書音義按大顏以爲無名義今有六卷題云孟康或云服虔蓋後人所加皆非其實未詳指歸也時見微意有所裨補【正義】見音賢見反裨音卑又音頻移反裨益也裴氏云時見已之微意亦有所裨益也譬嘒星之繼朝陽【索隱】嘒微小貌也詩云嘒彼小星三五在東言衆無名微小之星各隨三心五噣出在東方亦能繼朝陽之光【正義】嘒音火彗反朝陽日也嘒星繼朝陽已淺薄而註史記也飛塵之集華嶽【正義】西嶽華山極高大裴氏自喻材藻輕小如飛塵之集華岳亦能成其高大管子云海不辭水故能成其大山不辭土故能成其高華音化反又如字故以徐爲本【正義】徐廣音義辨諸家異同故以徐爲本也號曰集解未詳則闕弗敢臆說【正義】有未詳審之處則闕而弗論不敢以胸臆之見而妄爲說也人心不同【正義】言人心既不同所見亦殊別也聞見異辭【正義】耳聞目見心意既乖其辭所以各異也班氏所謂疏略抵捂者依違不悉辯也【索隱】裴氏言今或依違不復更辯明之也按周公世家敘傳曰依之違之周公綏之愧非胥臣之多聞【索隱】晉大夫臼季名曰胥臣按國語稱晉文公使趙衰爲卿辭曰欒枝貞慎先軫有謀胥臣多聞皆可以爲輔又胥臣對文公黃帝二十五子及屯豫皆八等事是多聞也子產之博物【索隱】鄭公孫僑字子產按左氏傳子產聘晉言晉侯之疾非實沈臺駘之祟乃說飲食哀樂及內官不及同姓則能生疾晉侯聞子產之言曰博物君子也妄言末學蕪穢舊史豈足以關諸畜德庶賢無所用心而已【索隱】關預也畜德謂積德多學之人也裴氏謙言已今此集解豈足關預於積學多識之士乎正是冀望聖賢勝於飽食終日無所用心愈於論語不有博奕者乎之人耳

史記索隱序

朝散大夫國子博士弘文館學士河內司馬貞

史記者漢太史司馬遷父子之所述也遷自以承五百之運繼春秋而纂是史其褒貶覈實頗亞於丘明之書於是上始軒轅下訖天漢作十二本紀十表八書三十系家七十列傳凡一百三十篇始變左氏之體而年載悠邈簡冊闕遺勒成一家其勤至矣又其屬稿先據左氏國語系本戰國策楚漢春秋及諸子百家之書而後貫穿經傳馳騁古今錯綜櫽括各使成一國一家之事故其意難究詳矣比於班書微爲古質故漢晉名賢未知見重所以魏文侯聽古樂則唯恐臥良有以也逮至晉末有中散大夫東莞徐廣始考異同作音義十三卷宋外兵參軍裴駰又取經傳訓釋作集解合爲八十卷雖粗見微意而未窮討論南齊輕車錄事鄒誕生亦作音義三卷音則微殊義乃更略爾後其學中廢貞觀中諫議大夫崇賢館學士劉伯莊達學宏才鉤深探賾又作音義二十卷比於徐鄒音則具矣殘文錯節異旨微義雖知獨善不見傍通欲使後人從何準的貞謏聞陋識頗事鑽研而家傳是書不敢失墜初欲改更舛錯裨補疏遺義有未通兼重註述然以此書殘缺雖多實爲古史忽加穿鑿難允物情今止採求異聞採摭典故解其所未解申其所未申者釋文演註又爲述贊凡三十卷號曰史記索隱雖未敢藏之書府亦欲以貽厥孫謀云

史記索隱後序

夫太史公記事上始軒轅下訖天漢雖博采古文及傳記諸子其間殘鈌蓋多或訪搜異聞以成其說然其人好奇而詞省故事覈而文微是以後之學者多所未究其班氏之書成於後漢彪既依遷而述所以條流更明且又兼采衆賢羣理畢備故其旨富其詞文是以近代諸儒共所鑽仰其訓詁蓋亦多門蔡謨集解之時已有二十四家之說所以於文無所滯於理無所遺而太史公之書既上序軒黃中述戰國或得之於名山壞宅或取之以舊俗風謠故其殘文斷句難究詳矣然古今爲註解者絕省音義亦希始後漢延篤乃有音義一卷又別有音隱五卷不記作者何人近代鮮有二家之本宋中散大夫徐廣作音義一十卷唯記諸本異同於義少有解釋又中兵郎裴駰亦名家之子也作集解註本合爲八十卷見行於代仍云亦有音義前代久已散亡南齊輕車錄事鄒誕生亦撰音義三卷音則尚奇義則罕說隋祕書監柳顧言尤善此史劉伯莊云其先人曾從彼公受業或音解隨而記錄凡三十卷隋季喪亂遂失此書伯莊以貞觀之初奉勑於弘文館講授遂采鄒徐二說兼記憶柳公音旨遂作音義三十卷音乃周備義則更略惜哉古史微文遂由數賢祕寶故其學殆絕前朝吏部侍郎許子儒亦作註義不覩其書崇文館學士張嘉會獨善此書而無註義貞少從張學晚更研尋初以殘鈌處多兼鄙褚少孫誣謬因憤發而補史記遂兼註之然其功殆半乃自唯曰千載古史良難紬繹於是更撰音義重作贊述蓋欲以剖盤根之錯節導北轅於司南也凡爲三十卷號曰史記索隱云

史記正義序

諸王侍讀宣議郎守右淸道率府長史張守節上

史記者漢太史公司馬遷作遷生龍門耕牧河山之陽南遊江淮講學齊魯之郡紹太史繼春秋括文魯史而包左氏國語采世本戰國策而摭楚漢春秋貫紬經傳旁搜史子上起軒轅下暨天漢作十二本紀帝王興廢悉詳三十世家君國存亡畢著八書贊陰陽禮樂十表定代系年封七十列傳忠臣孝子之誠備矣筆削冠於史籍題目足以經邦裴駰服其善序事理辯而不華質而不俚其文直其事核不虛美不隱惡故謂之實錄自劉向揚雄皆稱良史之才況墳典湮滅簡冊闕遺比之春秋言辭古質方之兩漢文省理幽守節涉學三十餘年六籍九流地里蒼雅銳心觀採評史漢詮衆訓釋而作正義郡國城邑委曲申明古典幽微竊探其美索理允愜次舊書之旨兼音解注引致旁通凡成三十卷名曰史記正義發揮膏肓之辭思濟滄溟之海未敢侔諸祕府冀訓詁而齊流庶貽厥子孫世疇茲史于時歲次丙子開元二十四年八月殺青斯竟

史記序考證

史記集解序裴駰○臣照按監本此序列於第四先索隱序次索隱後序次補史記序然後刋列此篇此篇之後則刋張守節論史例論注例論字例論音例音字例發字例謚發解七篇又不刋張守節正義序紛然淆亂絕無義例今依時代次第定此篇爲第一索隱序第二索隱後序第三正義序第四終焉其補史記序則司馬貞自叙其補三皇本紀作述贊改定篇目等事也今既不用其篇第則無庸弁諸簡端與張守節論史例謚法解諸篇並移置末卷之後

又索隱○臣照按司馬貞索隱張守節正義皆書名猶裴駰之有集解也監本於索隱正義則稱索隱曰正義曰於集解則不載書名直稱徐廣曰如淳曰之類遂使曰字相混而且集解之文混入索隱索隱之文混入正義又正義之文十鈌四五顛倒錯亂不可校舉今集解索隱正義並依十三經例刻陰文字刪去曰字補刻闕文不下千百條而正義十居其九不能逐條詳載考證內顧正義無古刻原本可據各本彼此多寡不同今校定刋刻之後時或又得數條其不可少者重鋟添入其無關緊要者仍從割棄蓋卽更數年搜羅終不能信爲正義全本也但校之明代監本稍爲詳備焉

又妄言末學○末監本訛作未今改正臣照按明監本訛字甚多而小註尤甚今改正者以萬計惟大字本文訛者則著之小註不能詳也其無別本可考明知其訛不敢臆改者則著其說以存疑

索隱序雖相見微意而未窮討論○討監本訛作計今改正

又殘文錯節異旨徵義○旨監本訛作音今改正

索隱後序或得之於名山壞宅○壞監本訛作壤今改正

又遂作音義十三卷音乃周備○乃監本訛作及今改正

又乃自惟曰千載古史良難紬繹於是更撰音義重作述贊○監本訛作乃自唯曰千載古良史難更然因退撰音義重作贊述今改正

史記目録

漢　太　史　令司馬遷　撰

本紀一十二
年表一十
八書八
世家三十
列傳七十　共一百三十卷

本紀
史記卷一
本紀第一
五帝
史記卷二
本紀第二
夏
史記卷三
本紀第三
殷
史記卷四
本紀第四
周
史記卷五
本紀第五
秦昭襄王
莊襄王
史記卷六
本紀第六
秦始皇帝
二世皇帝
史記卷七
本紀第七
項羽
史記卷八
本紀第八
漢高祖
史記卷九
本紀第九
呂太后
史記卷十
本紀第十
孝文帝
史記卷十一
本紀第十一
孝景帝
史記卷十二
本紀第十二
孝武帝
年表
史記卷十三
年表第一
三代世表
史記卷十四
年表第二
十二諸侯
史記卷十五
年表第三
六國
史記卷十六
年表第四
秦楚之際月表
史記卷十七
年表第五
漢興以來諸侯
史記卷十八
年表第六
高祖功臣侯
史記卷十九
年表第七
惠景間侯者
史記卷二十
年表第八

建元以來侯者
史記卷二十一
年表第九
建元以來王子侯者
史記卷二十二
年表第十
漢興以來將相名臣
八書
史記卷二十三
八書第一
禮
史記卷二十四
八書第二
樂
史記卷二十五
八書第三
律
史記卷二十六
八書第四
歷
史記卷二十七
八書第五
天官
史記卷二十八
八書第六
封禪
史記卷二十九
八書第七
河渠
史記卷三十
八書第八
平準
世家
史記卷三十一
世家第一
吳太伯
史記卷三十二
世家第二
齊太公
史記卷三十三
世家第三
魯周公
史記卷三十四
世家第四
燕召公
史記卷三十五
世家第五
管蔡
史記卷三十六
世家第六
陳杞
史記卷三十七
世家第七
衛康叔
史記卷三十八
世家第八
宋微子
史記卷三十九
世家第九
晉
史記卷四十
世家第十
楚
史記卷四十一
世家第十一
越王句踐
史記卷四十二
世家第十二
鄭
史記卷四十三
世家第十三
趙
史記卷四十四
世家第十四
魏
史記卷四十五
世家第十五
韓
史記卷四十六
世家第十六
田敬仲完
史記卷四十七
世家第十七
孔子
史記卷四十八
世家第十八
陳涉
史記卷四十九
世家第十九
外戚
史記卷五十
世家第二十
楚元王
史記卷五十一
世家第二十一
荆燕
史記卷五十二
世家第二十二
齊悼惠王
史記卷五十三
世家第二十三
蕭相國
史記卷五十四
世家第二十四
曹相國
史記卷五十五
世家第二十五
留侯
史記卷五十六
世家第二十六
陳丞相
史記卷五十七
世家第二十七
絳侯
史記卷五十八
世家第二十八
梁孝王
史記卷五十九
世家第二十九
五宗
史記卷六十
世家第三十
三王
列傳
史記卷六十一
列傳第一
伯夷
史記卷六十二
列傳第二
管晏
史記卷六十三
列傳第三
老子　莊子
申不害　韓非
史記卷六十四
列傳第四
司馬穰苴
史記卷六十五
列傳第五
孫武　吳起
史記卷六十六
列傳第六
伍子胥
史記卷六十七
列傳第七
仲尼弟子
史記卷六十八
列傳第八
商君鞅
史記卷六十九
列傳第九
蘇秦
史記卷七十
列傳第十
張儀　陳軫
犀首
史記卷七十一
列傳第十一
樗里子　甘茂
甘羅

史記卷七十二
列傳第十二
穰侯
史記卷七十三
列傳第十三
白起　王翦
史記卷七十四
列傳第十四
孟軻　淳于髡
愼到　騶奭
荀卿
史記卷七十五
列傳第十五
孟嘗君
史記卷七十六
列傳第十六
平原君　虞卿
史記卷七十七
列傳第十七
信陵君
史記卷七十八
列傳第十八
春申君
史記卷七十九
列傳第十九
范雎　蔡澤
史記卷八十
列傳第二十
樂毅
史記卷八十一
列傳第二十一
廉頗　藺相如
趙奢　李牧
史記卷八十二
列傳第二十二
田單
史記卷八十三
列傳第二十三
魯仲連　鄒陽
史記卷八十四
列傳第二十四
屈原　賈誼
史記卷八十五
列傳第二十五
呂不韋
史記卷八十六
列傳第二十六刺客
曹沫　專諸
豫讓　聶政
荆軻
史記卷八十七
列傳第二十七
李斯
史記卷八十八
列傳第二十八
蒙恬
史記卷八十九
列傳第二十九
張耳　陳餘
史記卷九十
列傳第三十
魏豹　彭越
史記卷九十一
列傳第三十一
黥布
史記卷九十二
列傳第三十二
淮陰侯
史記卷九十三
列傳第三十三
韓王信　盧綰
史記卷九十四
列傳第三十四
田儋　田横
史記卷九十五
列傳第三十五
樊噲　酈商
夏侯嬰　灌嬰
史記卷九十六
列傳第三十六
張蒼　周昌
任敖　申屠嘉
附韋賢　魏相
邴吉　黄霸
韋玄成　匡衡
史記卷九十七
列傳第三十七
酈食其　陸賈
朱建
史記卷九十八
列傳第三十八
傅寬　靳歙
周緤
史記卷九十九
列傳第三十九
劉敬　叔孫通
史記卷一百
列傳第四十
季布　欒布
史記卷一百一
列傳第四十一
袁盎　鼂錯
史記卷一百二
列傳第四十二
張釋之　馮唐
史記卷一百三
列傳第四十三
石奮　衛綰
直不疑　周文
張叔
史記卷一百四
列傳第四十四
田叔子仁
附任安
史記卷一百五
列傳第四十五
扁鵲　倉公
史記卷一百六
列傳第四十六
吳王濞
史記卷一百七
列傳第四十七
竇嬰　田蚡
灌夫
史記卷一百八
列傳第四十八
韓安國
史記卷一百九
列傳第四十九
李廣
史記卷一百十
列傳第五十
匈奴
史記卷一百十一
列傳第五十一
衛青　霍去病
公孫賀　李息　公孫敖　李沮
張次公　蘇建　趙信　張騫
李蔡　曹襄　韓說　郭昌
趙食其　荀彘　路博德　趙破奴
史記卷一百十二
列傳第五十二
公孫弘　主父偃
史記卷一百十三
列傳第五十三
南越尉佗
史記卷一百十四
列傳第五十四
東越
史記卷一百十五
列傳第五十五
朝鮮
史記卷一百十六
列傳第五十六
西南夷
史記卷一百十七
列傳第五十七
司馬相如
史記卷一百十八
列傳第五十八
淮南厲王　淮南王安
衡山王

史記卷一百一十九
列傳第五十九循吏
孫叔敖　子產
公儀休　石奢
李離
史記卷一百二十
列傳第六十
汲黯　鄭當時
史記卷一百二十一
列傳第六十一儒林
申公　轅固生
韓生　伏勝
董仲舒　胡母生
史記卷一百二十二
列傳第六十二酷吏
郅都　甯成
周陽由　趙禹
張湯　義縱
王溫舒　楊僕
減宣　杜周
史記卷一百二十三
列傳第六十三
大宛
烏孫　康居　奄蔡
大月氏　安息
史記卷一百二十四
列傳第六十四游俠
朱家　劇孟
郭解
史記卷一百二十五
列傳第六十五佞幸
鄧通　韓嫣
李延年
史記卷一百二十六
列傳第六十六滑稽
淳于髡　優孟
優旃
附東方朔　東郭先生
王先生　西門豹
史記卷一百二十七
列傳第六十七日者
司馬季主
史記卷一百二十八
列傳第六十八
龜策
史記卷一百二十九
列傳第六十九貨殖
范蠡　子貢
白圭　猗頓
卓氏　程鄭
宛孔氏　師史
任氏
史記卷一百三十
列傳第七十
太史公自序
附司馬貞補史記
三皇本紀

史記目錄考證

史記目錄○臣照按監本此行前有三行一曰史記補目錄一曰唐弘文館學士河內司馬貞著一曰三皇本紀以補書而先正書以唐司馬貞而先漢司馬遷乖舛倒置總因三皇必在五帝前也夫刪書斷自唐虞孔子豈未見黃帝之書謂其荒遠難稽不欲傳疑於後世也遷史始黃帝已失孔子之指貞復等而上之及於伏羲益又甚矣顧遷之所以始黃帝者蓋以武帝好神仙神仙家言並托之黃帝封禪書載帝語我若得如黃帝視棄妻子如敝屣耳遷是以據古史著黃帝事實以言黃帝亦人耳非能乘雲駕風長生不死如彼所言神仙者也故五帝中獨著黃帝之葬橋山餘並不書葬者言黃帝之死有冢可據也貞之補三皇并失遷之旨矣今依古本刊去此三行附補書於正書之末庶不改龍門之舊云

本紀一十二表一十書八世家三十列傳七十○監本作本紀卷一十二年表卷一十八書卷八世家卷三十列傳卷七十　臣照按十表中有世表有月表今曰年表卷一十其謬可知也卷一十二卷一十則是第十二卷第十卷也八書卷八更不可通蓋坊肆書賈之所爲而傳謬至今者且司馬遷報任安書云爲十表本紀十二書八章世家三十列傳七十云云更爲確據今俱依古本改正

史記卷一

漢　太　史　令司馬遷　撰
宋中郎外兵曹參軍裴　駰集解
唐國子博士弘文館學士司馬貞索隱
唐諸王侍讀率府長史張守節正義

五帝本紀第一

[集解]裴駰曰凡是徐氏義稱徐姓名以別之餘者悉是駰註解并集衆家義[索隱]紀者記也本其事而記之故曰本紀又紀理也絲縷有紀而帝王書稱紀者言爲後代綱紀也[正義]鄭玄注中候勑省圖云德合五帝坐星者稱帝又坤靈圖云德配天地在正不在私曰帝按太史公依世本大戴禮以黃帝顓頊帝嚳唐堯虞舜爲五帝譙周應劭宋均皆同而孔安國尚書序皇甫謐帝王世紀孫氏注世本並以伏犧神農黃帝爲三皇少昊顓頊高辛唐虞爲五帝裴松之史目云天子稱本紀諸侯曰世家本者繫其本系故曰本紀者理也統理衆事繫之年月名之曰紀第者次序之目一者舉數之由故曰五帝本紀第一禮云動則左史書之言則右史書之左陽故記動右陰故記言言爲尚書事爲春秋按春秋時置左右史故云史記

黃帝者[集解]徐廣曰號有熊[索隱]按有土德之瑞土色黃故稱黃帝猶神農火德王而稱炎帝然也此以黃帝爲五帝之首蓋依大戴禮五帝德又譙周宋均亦以爲然而孔安國皇甫謐帝王代紀及孫氏註系本並以伏犧神農黃帝爲三皇少昊高陽高辛唐虞爲五帝註號有熊者以其本是有熊國君之子故也都軒轅之丘因以爲名又以爲號又據左傳亦號帝鴻氏也[正義]輿地志云涿鹿本名彭城黃帝初都遷有熊也按黃帝有熊國君乃少典國君之次子號曰有熊氏又曰縉雲氏又曰帝鴻氏亦曰帝軒氏母曰附寶之祁野見大電繞北斗樞星感而懷孕二十四月而生黃帝於壽丘壽丘在魯東門之北今在兗州曲阜縣東北六里生日角龍顏有景雲之瑞以土德王故曰黃帝封泰山禪亭亭亭亭在牟陰少典之子[集解]譙周曰有熊國君少典之子也皇甫謐曰有熊今河南新鄭是也[索隱]少典者諸侯國號非人名也又按國語云少典娶有蟜氏女而生炎帝然則炎帝亦少典之子炎黃二帝雖則承帝王代紀中間凡隔八帝五百餘年若以少典是其父名豈黃帝經五百餘年而始代炎帝後爲天子乎何其年之長也又按秦本紀云顓頊氏之裔孫曰女脩吞玄鳥之卵而生大業大業娶少典氏而生柏翳明少典是國號非人名也黃帝者少典氏後代之子孫賈逵亦以左傳高陽氏有才子八人亦謂其後代子孫而稱爲子是也譙周字允南蜀人魏散騎常侍徵不拜此註所引者是其人所著古史考之說也皇甫謐字士安晉人號玄晏先生今所引者是其所作帝王世紀也姓公孫名曰軒轅[索隱]按皇甫謐云黃帝生於壽丘長於姬水因以爲姓居軒轅之丘因以爲名又以爲號是本姓公孫長居姬水因改姓姬生而神靈弱而能言[索隱]弱謂幼弱時也蓋未合能言之時而黃帝即言所以爲神異也潘岳有哀弱子篇其子未七旬曰弱[正義]言神異也易曰陰陽不測之謂神書曰人惟萬物之靈故謂之神靈也幼而徇齊[集解]徐廣曰墨子曰年踰十五則聰明心慮無不徇通矣駰案徇疾齊速也言聖德幼而疾速也[索隱]斯文未明今案徇齊皆德也書曰聰明齊聖左傳曰子雖齊聖齊謂聖德齊肅又按孔子家語及大戴禮並作叡齊一本作慧齊叡慧皆智也太史公採大戴禮而爲此紀今彼文無作徇者史記舊本亦有作濬齊蓋古字假借徇爲濬濬深也義亦並通爾雅齊速俱訓爲疾尚書大傳曰多聞而齊給鄭註云齊疾也今裴氏註云徇亦訓疾未見所出或當讀徇爲迅迅於爾雅與齊俱訓疾則迅濬雖異字而音同也又爾雅曰宣徇遍也濬通也是遍之與通義亦相近言黃帝幼而才智周徧且辯給也故墨子亦云年踰五十則聰明心慮不徇通矣俗本作十五非是按謂年老踰五十不聰明何得云十五長而敦敏成而聰明[正義]成謂年二十冠成人也聰明聞見明辯也此以上至軒轅皆大戴禮文軒轅之時神農氏世衰[集解]皇甫謐曰易稱庖犧氏沒神農氏作是爲炎帝班固曰教民耕農故號曰神農[索隱]世衰謂神農氏後代子孫道德衰薄非指炎帝之身即班固所謂參盧皇甫謐所云帝榆罔是也[正義]帝王世紀云神農氏姜姓也母曰任姒有蟜氏女登爲少典妃遊華陽有神龍首感生炎帝人身牛首長於姜水有聖德以火德王故號炎帝初都陳又徙魯又曰魁隗氏又曰連山氏又曰列山氏括地志云厲山在隨州隨縣北百里山東有石穴曰神農生於厲鄉所謂列山氏也春秋時爲厲國諸侯相侵伐暴虐百姓而神農氏弗能征於是軒轅乃習用干戈以征不享[索隱]謂用干戈以征諸侯之不朝享者一本或作亭亭訓直以征諸侯之不直者諸侯咸來賓從而蚩尤最爲暴莫能伐[集解]應劭曰蚩尤古天子瓚曰孔子三朝記曰蚩尤庶人之貪者[索隱]按此紀云諸侯相侵伐蚩尤最爲暴則蚩尤非爲天子也又管子曰蚩尤受盧山之金而作五兵明非庶人蓋諸侯號也劉向別錄云孔子見魯哀公問政比三朝退而爲此記故曰三朝凡七篇並入大戴禮今此文見用兵篇也[正義]龍魚河圖云黃帝攝政有蚩尤兄弟八十一人並獸身人語銅頭鐵額食沙造五兵仗刀戟大弩威振天下誅殺無道萬民欽命黃帝行天子事黃帝以仁義不能禁止蚩尤乃仰天而歎天遣玄女下授黃帝兵符伏蚩尤後天下復擾亂黃帝遂畫蚩尤形像以威天下咸謂蚩尤不死八方皆爲殄滅山海經云黃帝令應龍攻蚩尤蚩尤請風伯雨師以從大風雨黃帝乃下天女曰魃以止雨雨止遂殺蚩尤孔安國曰九黎君號蚩尤是也炎帝欲侵陵諸侯諸侯咸歸軒轅軒轅乃脩德振兵[正義]振整也治五氣[集解]王肅曰五行之氣[索隱]謂春甲乙木氣夏丙丁火氣之屬是五氣也蓺五種蓺樹也詩云蓺之荏菽周禮曰穀宜五種鄭玄曰五種黍稷菽麥稻也[索隱]蓺音蓺種也樹也五種即五穀也音朱用反此註所引見詩大雅生民之篇爾雅云荏菽戎菽也郭璞曰今之胡豆鄭氏曰豆之大者是也[正義]蓺音魚曳反種音腫撫萬民度四方[集解]王肅曰度四方而安撫之[正義]度音徒洛反教熊羆貔貅貙虎[索隱]書云如虎如貔爾雅云貔白狐禮曰前有摯獸則載貔貅是也爾雅又曰貙獌似狸此六者猛獸可以教戰周禮有服不氏掌教擾猛獸即古服牛乘馬亦其類也[正義]熊音雄羆音碑貔音毗貅音休貙音丑于反羆如熊黃白色郭璞云貔執夷虎屬也按言教士卒習戰以猛獸之名名之用威敵也以與炎帝戰於阪泉之野[集解]服虔曰阪泉地名皇甫謐曰在上谷[正義]阪音白板反括地志云阪泉今名黃帝泉在嬀州懷戎縣東五十六里出五里至涿鹿東北與涿水合又有涿鹿故城在嬀州東南五十里本黃帝所都也晉太康地理志云涿鹿城東一里有阪泉上有黃帝祠按阪泉之野則平野之地也三戰然後得其志[正義]謂黃帝克炎帝之後蚩尤作亂不用帝命[正義]言蚩尤不用黃帝之命也於是黃帝乃徵師諸侯與蚩尤戰於涿鹿之野[集解]服虔曰涿鹿山名在涿郡張晏曰涿鹿在上谷[索隱]或作濁鹿古今字異耳按地理志上谷有涿鹿縣然則服虔云在涿郡者誤也遂禽殺蚩尤[集解]皇覽曰蚩尤冢在東平郡壽張縣闞鄉城中高七丈民常十月祀之有赤氣出如匹絳帛民名爲蚩尤旗肩髀冢在山陽郡鉅野縣重聚大小與闞冢等傳言黃帝與蚩尤戰於涿鹿之野黃帝殺之身體異處故別葬之[索隱]按皇甫謐云黃帝使應龍殺蚩尤于凶黎之谷或曰黃帝斬蚩尤于中冀因名其地曰絕轡之野皇覽書名也記先代冢墓之處宜皇王之省覽故曰皇覽是魏人王象繆襲等所撰而諸侯咸尊軒轅爲天子代神農氏是爲黃帝天下有不順者黃帝從而征之平者去之[正義]平服者即去之披山通道[集解]徐廣曰披他本亦作陂字蓋當爲誠誠者旁其邊之謂也披語誠合今世然古今不必同也[索隱]披音如字謂披山林草木而行以通道也徐廣音誠恐稍迂也未嘗寧居東至于海登丸山[集解]徐廣曰丸一作凡駰案地理志曰丸山在琅邪朱虛縣[索隱]凡音扶嚴反[正義]丸音桓括地志云丸山即丹山在青州臨朐縣界朱虛故縣西北二十里丹水出焉丸音紈守節按地志唯有凡山蓋凡山丸山是一山耳諸處字誤或丸或凡也漢書郊祀志云禪丸山顏師古云在朱虛亦與括地志相合明丸山是也及岱宗[正義]泰山東岳也在兗州博城縣西北三十里也西至于空桐[集解]應劭曰山名韋昭曰在隴右登雞頭[索隱]山名也後漢王孟塞雞頭道在隴西一曰崆峒

山之別名[正義]括地志云空桐山在肅州福祿縣東南六十里抱朴子內篇云黃帝西見中黃子受九品之方過空桐從廣成子受自然之經即此山括地志又云笄頭山一名崆峒山在原州平陽縣西百里禹貢涇水所出輿地志云或即雞頭山也酈元云蓋大隴山異名也莊子云廣成子學道崆峒山黃帝問道於廣成子蓋在此按二處崆峒皆云黃帝登之未詳孰是 南至于江登熊湘[集解]駰案封禪書曰南伐至于召陵登熊山地理志曰湘山在長沙益陽縣[正義]括地志云熊耳山在商州洛縣西十里齊桓公登之以望江漢也湘山一名編山在岳州巴陵縣南十八里也 北逐葷粥[集解]匈奴傳曰唐虞以上有山戎獫狁葷粥居于北蠻[索隱]匈奴別名也唐虞已上曰山戎亦曰熏粥夏曰淳維殷曰鬼方周曰玁狁漢曰匈奴[正義]葷音熏粥音育 合符釜山[索隱]合諸侯符契圭瑞而朝之於釜山猶禹會諸侯於塗山然也又按郭子橫洞冥記稱東方朔云東海大明之墟有釜山山出瑞雲應王者之符命如堯時有赤雲之祥之類蓋黃帝黃雲之瑞故曰合符應於釜山也[正義]括地志云釜山在嬀州懷戎縣北三里山上有舜廟 而邑于涿鹿之阿[正義]廣平曰阿涿鹿山名已見上涿鹿故城在山下即黃帝所都之邑於山下平地 遷徙往來無常處以師兵為營衛[正義]環繞軍兵為營以自衛若轅門即其遺象 官名皆以雲命為雲師[集解]應劭曰黃帝受命有雲瑞故以雲紀事也春官為青雲夏官為縉雲秋官為白雲冬官為黑雲中官為黃雲張晏曰黃帝有景雲之應因以名師與官 置左右大監監于萬國[正義]監上監去聲下監平聲若周邵分陝也 萬國和而鬼神山川封禪與為多焉[集解]徐廣曰多一作朋[索隱]與音羊汝反與猶許也言萬國和同而鬼神山川封禪祭祀之事自古以來帝王之中推許黃帝以為多多猶大也 獲寶鼎迎日推策[集解]晉灼曰策數也迎數之也瓚曰日月朔望未來而推之故曰迎日[索隱]封禪書曰黃帝得寶鼎神策下云於是推策迎日則神策者神蓍也黃帝得蓍以推算歷數於是逆知節氣日辰之將來故曰推策迎日也[正義]筴音策迎逆也黃帝受神策命大撓造甲子容成造歷是也 舉風后力牧常先大鴻以治民[集解]鄭玄曰風后黃帝三公也班固曰力牧黃帝相也大鴻見封禪書[正義]舉任用四人皆帝臣也帝王世紀云黃帝夢大風吹天下之塵垢皆去又夢人執千鈞之弩驅羊萬群帝寤而歎曰風為號令執政者也垢去土后在也天下豈有姓風名后者哉夫千鈞之弩異力者也驅羊數萬群能牧民為善者也天下豈有姓力名牧者哉於是依二占而求之得風后於海隅登以為相得力牧於大澤進以為將黃帝因著占夢經十一卷藝文志云風后兵法十三篇圖三卷孤虛二十卷力牧兵法十五篇鄭玄云風后黃帝之三公也按黃帝仰天地置列侯眾官以風后配上台天老配中台五聖配下台謂之三公也封禪書云鬼臾區號大鴻黃帝大臣也死葬雍故鴻冢是藝文志云鬼容區兵法三篇也 順天地之紀[正義]言黃帝順天地陰陽四時之紀也 幽明之占[正義]幽陰明陽也占數也言陰陽五行黃帝占數而知之 此文見大戴禮 死生之說[集解]徐廣曰一云幽明之數合死生之說[正義]謂儀制也民之死生此謂作儀制禮則之說 存亡之難[索隱]存亡猶安危也易曰危者安其位亡者保其存是也難猶說也凡事是非未盡假以往來之詞則曰難又上文有死生之說故此云存亡之難所以韓非著書有說林說難也[正義]難音乃憚反存亡猶生死也黃帝之前未有衣裳屋宇及黃帝造屋宇制衣服營殯葬萬民故免存亡之難 時播百穀草木[集解]王肅曰時是也[索隱]為一句[正義]言順四時之所宜而布種百穀草木也 淳化鳥獸蟲蛾[索隱]為一句蛾音牛綺反一作豸豸言淳化廣被及之[正義]蛾音魚起反又音豸豸音直氏反蟻蚳蝝也爾雅曰有足曰虫無足曰豸 旁羅日月星辰水波[集解]徐廣曰一作沃 土石金玉[索隱]旁非一方羅廣布也今按大戴禮作歷離離即羅也言帝德旁羅日月星辰水波及至土石金玉謂日月揚光海水不波山不藏珍皆是帝德廣被也[正義]旁羅猶徧布也日月陰陽時節也星二十八宿也辰日月所會也水波瀾也言天不異災土無別害水少波浪山出珍寶 勞勤心力耳目節用水火材物[正義]節時節也水陂障決洩也火山野禁放也材木也物事也言黃帝教民江湖陂澤山林原隰皆收採禁捕以時用之有節令得其利也 有土德之瑞

故號黃帝[索隱]炎帝火黃帝土代之即黃龍地螾見是也螾土精大五六圍長十餘丈螾音引[正義]螾音以刃反 黃帝二十五子其得姓者十四人[索隱]舊解破四為三言得姓十三人今按國語胥臣云黃帝之子二十五宗其得姓者十四人為十二姓姬酉祁己滕箴任荀僖姞嬛依是也唯青陽與夷鼓同己姓又云青陽與蒼林為姬姓是則十四人為十二姓其文甚明唯姬姓再稱青陽與蒼林蓋國語文誤所以致令前儒共疑其姬姓青陽當為玄囂是帝嚳祖本與黃帝同姬姓其國語上文青陽即是少昊金天氏為己姓者耳既理在不疑無煩破四為三[正義]僖音力其反姞音其吉反嬛音在宣反 黃帝居軒轅之丘[集解]皇甫謐曰受國於有熊居軒轅之丘故因以為名又以為號山海經曰在窮山之際西射之南張晏曰作軒冕之服故謂之軒轅 而娶於西陵之女[正義]西陵國名也 是為嫘祖[集解]徐廣曰祖一作俎嫘力追反[索隱]一曰雷祖音力堆反[正義]一作傫 嫘祖為黃帝正妃[索隱]按皇帝立四妃象后妃四星皇甫謐云元妃西陵氏女曰嫘祖生昌意次妃方雷氏女曰女節生青陽次妃彤魚氏女生夷鼓一名蒼林次妃嫫母班在三人之下按國語夷鼓蒼林是二人又按漢書古今人表彤魚氏生夷鼓嫫母生蒼林不得如謐所說 生二子其後皆有天下其一曰玄囂是為青陽[集解]駰案太史公乃據大戴禮以嫘祖生昌意及玄囂青陽也皇甫謐以青陽為少昊乃雷氏所生是其所見異也[索隱]玄囂帝嚳之祖按皇甫謐及宋衷皆云玄囂青陽即少昊也今此紀下云玄囂不得在帝位則太史公意青陽非少昊明矣而此又云玄囂是為青陽當是誤也謂二人皆黃帝子並列其名所以前史因誤以玄囂青陽為一人耳宋衷又云玄囂青陽是為少昊繼黃帝立者而史不敘蓋少昊金德王非五運之次故敘五帝不數之也 青陽降居江水其二曰昌意降居若水[索隱]降下也言帝子為諸侯降居江水若水皆在蜀即所封國也水經曰水出旄牛徼外東南至故關為若水南過邛都又東北至朱提縣為瀘江水是蜀有此二水也[正義]括地志云安陽故城在豫州新息縣西南八十里應劭云古江國也地理志亦云安陽古江國也 昌意娶蜀山氏女曰昌僕生高陽高陽有聖德焉[正義]華陽國志及十三州志云蜀之先肇於人皇之際黃帝為子昌意娶蜀山氏後子孫因封焉顓頊高陽氏黃帝之孫昌意之子母曰昌僕亦謂之女樞河圖云瑤光如蜺貫月正白感女樞於幽房之宮生顓頊首戴干戈有德文也 黃帝崩[集解]皇甫謐曰在位百年而崩年百一十歲[索隱]按大戴禮宰我問孔子曰榮伊言黃帝三百年請問黃帝何人也抑非人也何以至三百年乎對曰生而人得其利百年死而人畏其神百年亡而人用其教百年則三百年耳亦士安之說略可憑矣[正義]列仙傳云軒轅自擇亡日與群臣辭還葬橋山山崩棺空唯有劍舄在焉 葬橋山[集解]駰案皇覽曰黃帝冢在上郡橋山[索隱]地理志橋山在上郡陽周縣山有黃帝冢也[正義]括地志云黃帝陵在寧州羅川縣東八十里子午山地理志云上郡陽周縣橋山南有黃帝冢按陽周隋改為羅川爾雅云山銳而高曰橋也 其孫昌意之子高陽立是為帝顓頊也

帝顓頊高陽者[集解]皇甫謐曰都帝丘今東郡濮陽是也[索隱]宋衷云顓頊名高陽有天下號也張晏曰高陽者所興地名也 黃帝之孫而昌意之子也靜淵以有謀疏通而知事養材以任地[索隱]言能養材物以任地大戴禮作養財 載時以象天[索隱]載行也言行四時以象天大戴禮作履時以象天天履亦踐而行也 依鬼神以制義[索隱]鬼神聰明正直當盡心敬事因制尊卑之義故禮曰降於祖廟之謂仁義是也[正義]鬼之靈者曰神也鬼神謂山川之神也能興雲致雨潤養萬物也故依憑之制義也制古制字 治氣以教化[索隱]謂理四時五行之氣以教化萬人也 絜誠以祭祀北至于幽陵[正義]幽州也 南至于交阯[正義]阯音止交州也 西至于流沙[集解]地理志曰流沙在張掖居延縣[正義]濟渡也括地志云居延海南甘州張掖縣東北千六十四里是 東至于蟠木[集解]駰案海外經曰東海中有山焉名曰度索上有大桃樹屈蟠三千里東北有門名曰鬼門萬鬼所聚也天帝使神人守之一名鬱壘主閱領萬鬼若害人之鬼以葦索縛之射以桃弧投虎食也 動靜之物[正義]動物謂鳥獸之類靜物謂草木之類 小大之神[正義]大謂五嶽四瀆小謂丘陵墳衍 日月所照莫不砥屬[集解]王肅曰砥平也四遠皆平而來服屬[索隱]依王肅音止屬據大戴禮作砥礪也 帝顓頊生子曰窮蟬[索隱]系本作窮係宋衷云一云謚也[正義]帝舜之高祖也 顓頊崩[集解]皇甫謐曰在位七十八年年九十八皇覽曰顓頊冢在東郡濮陽頓丘城門外廣陽里中丘者城門名頓丘道[索隱]皇甫謐云據左氏歲在鶉火而崩葬東郡又山海經曰顓頊葬鮒魚山之陽九嬪葬其陰也 而玄囂之孫高辛立是為帝嚳 帝嚳高辛者[集解]張晏曰少昊之前天下之號象其德顓頊以來天下之號因其名高陽高辛皆所興之地名顓頊與嚳皆以字為號上古質故也[索隱]宋衷曰高辛地名因以為號嚳名也皇甫謐云帝嚳名夋也[正義]帝王紀云俈母無聞焉 黃帝之曾孫也高辛父曰蟜極[正義]蟜音居兆反本作橋音同又巨遙反帝堯之祖也 蟜極父曰玄囂玄囂父曰黃帝 自玄囂與蟜極皆不得在位至高辛即帝位[集解]皇甫謐曰都亳今河南偃師是 高辛於顓頊為族子高辛生而神靈自言其名[正義]帝王紀云帝俈高辛姬姓也其母生見其神異自言其名曰夋齠齔有德年十五而佐顓頊三十登位都亳以人事紀官也 普施利物不於其身聰以知遠明以察微順天之義知民之急仁而威惠而信修身而天下服取地之財而節用之撫教萬民而利誨之歷日月而迎送之[正義]言作歷弦望晦朔日月未至而迎之過而送之上迎日推策是也 明鬼神而敬事之[正義]天神曰神人神曰鬼又云聖人之精氣謂之神賢人之精氣謂之鬼言明識鬼神而敬事也 其色郁郁其德嶷嶷[索隱]郁郁猶穆穆也嶷嶷德高也今按大戴禮郁作神嶷作俟 其動也時其服也士[索隱]舉動應天時衣服服士服言其公且廉也 帝嚳溉執中而徧天下[集解]徐廣曰古既字作水旁徧字一作尹[索隱]即尚書允執厥中是也[正義]溉音既言帝嚳治民若水之溉灌平等而執中正遍於天下也 日月所照風雨所至莫不從服[正義]以上大戴禮文也 帝嚳娶陳鋒氏女[正義]鋒音峯又作豐帝王紀云帝嚳有四妃卜其子皆有天下元妃有邰氏女曰姜嫄生后稷次妃有娀氏女曰簡狄生卨次妃陳豐氏女曰慶都生放勛次妃娵訾氏女曰常儀生帝摯也 生放勛[正義]放音方往反勛亦作勳音許云反堯能放上代之功故曰放勛謚堯姓伊祁氏帝王紀云帝堯陶唐氏祁姓也母慶都十四月生堯 娶娵訾氏女生摯[索隱]案皇甫謐云女名常儀也[正義]娵足須反訾紫移反 帝嚳崩[集解]皇甫謐曰在位七十年年百五歲皇覽曰帝嚳冢在東郡濮陽頓丘城南臺陰野中 而摯代立帝摯立不善崩[索隱]古本作不著音張慮反俗本作不善不善謂微弱不著猶不著明衛宏云摯立九年而唐侯德盛因禪位焉[正義]帝王紀云帝摯之母於四人中班最在下而摯於兄弟最長得登帝位封異母弟放勛為唐侯摯在位九年政微弱而唐侯德盛諸侯歸之摯服其義乃率群臣造唐而致禪唐侯自知有天命乃受帝禪乃封摯於高辛今定州唐縣也 而弟放勛立是為帝堯 帝堯者[集解]駰案謚法曰翼善傳聖曰堯[索隱]堯謚也放勳名帝嚳之子姓伊祁氏案皇甫謐云堯初生時其母在三阿之南寄於伊長孺之家故從母所居為姓也[正義]徐廣云號陶唐帝王紀云堯都平陽於詩為唐國徐才宗國都城記云唐國帝堯之裔子所封其北帝夏禹都漢曰太原郡在古冀州太行恒山之西其南有晉水括地志云今晉州所理平陽故城是也平陽河水一名晉水也 放勳[集解]徐廣曰號陶唐皇甫謐曰堯以甲申歲生甲辰即帝位甲午徵舜甲寅舜代行天子事辛巳崩年百一十八在位九十八年 其仁如天[索隱]如天之涵養也 其知如神[索隱]如神之微妙也 就之如日[索隱]如日之照臨人咸依就之若葵藿傾心以向日也 望之如雲[索隱]如雲之覆渥言德化廣大而浸潤生人人

咸仰望之故曰如百穀之仰膏雨也 富而不驕貴而不舒[索隱]舒猶慢也大戴禮作不 黃收純衣[集解]徐廣曰純一作緂駰案太古冠冕圖云夏名冕曰收禮記曰野夫黃冠鄭玄曰純衣士之祭服[索隱]收冕名其色黃故曰黃收象古質素也純讀曰緇 彤車乘白馬能明馴德[集解]徐廣曰馴古訓字[索隱]史記馴字徐廣皆讀曰訓訓順也言聖德能順人也案尚書作俊德孔安國云能明用俊德之士與此文意別也 以親九族九族既睦便章百姓[集解]徐廣曰下云便程東作然則訓平為便也駰案尚書並作平字孔安國曰百姓百官鄭玄曰百姓群臣之父子兄弟[索隱]古文尚書作平此文蓋讀平平為浦耕反平既訓因作便章其今文作辯章古平字亦作便音婢緣反則訓辯遂為辯章鄒誕生本亦同也 百姓昭明合和萬國乃命羲和[集解]孔安國曰重黎之後羲氏和氏世掌天地之官[正義]呂刑云重即羲黎即和雖別為氏族而出自重黎也按聖不獨治必須賢輔乃命相天地之官若周禮天官卿地官卿也 敬順昊天[正義]敬猶勤也元氣然廣大故云昊天釋天云春為蒼天夏為昊天秋為天冬為上天而獨言昊天者以堯能敬天大故以昊言之 數法日月星辰[正義]曆數之法日之甲乙月之大昏明遞中之星日月所會之辰定天數以為一歲之曆 敬授民時[索隱]尚書作曆象日月則此言法是訓曆象二字謂命羲和以數之法觀察日月星辰之早晚以敬授人時也[正義]書考靈耀云主春者張昏中可以種稷主夏者火昏可以種黍菽主秋者虛昏中可以種麥主冬者昴昏可以收斂也天子觀四星之中知民緩急故云敬授時也 分命羲仲居郁夷曰暘谷[集解]駰案尚書作嵎夷安國曰東表之地稱嵎日出於暘谷羲仲治東方之官[索隱]史記舊本作湯今並依尚書字案淮南子曰日出湯谷浴於咸池則谷亦有他證明矣又下曰昧谷徐廣云一作柳谷入處地名太史公博採經記而為此史廣記異聞不皆依尚書蓋郁夷亦地之別名也[正義]郁音隅陽或暘禹貢青州云嵎夷既略按嵎夷青州也堯命羲仲東方青州嵎夷之地日所出處名曰陽明之谷羲仲主東方之官若周禮春官卿 敬道日出程東作[集解]孔安國曰敬道出日平均次序東作之以務農也[索隱]劉伯莊傳昔依古史作平秩然尚書大傳曰辯秩東作則是訓秩為程言便課其程者也[正義]程音導便程如字後同訓也三春主東故言日出耕作在春故言東作命羲仲恭勤道訓萬民東作之事使有程期 日中星鳥以殷中春[集解]孔安國曰日中謂春分之日也鳥南方朱七宿殷正也春分之昏鳥星畢見以正仲春之氣節轉以推季孟則可知也[正義]下中音仲夏秋冬並同 其民析鳥獸字微[集解]孔安國曰春事既起丁壯就功言其民老壯分析也乳化曰字尚書微作尾字說文云尾交接也 申命羲叔居南交[集解]孔安國曰夏與春交此治南方之官也[索隱]孔註未是然則冬與秋交何故下無其文東嵎夷西昧谷北幽都三方皆言地而夏獨不言地乃云與春交斯不例之甚也然南方地有名交阯者或文略舉一字名地南交則是交阯不疑也[正義]羲叔主南方之官若周禮夏官卿也 便程南為致[集解]孔安國曰為化也平序南方化育之事敬行其教以致其功也[索隱]為依字讀春言東作夏言南為皆是耕作營為勸農之事孔安國強讀為訛字雖則訓化解釋亦甚紆回也[正義]為音于偽反命羲叔宜勤民事致其種殖使有程期也 日永星火以正中夏[集解]孔安國曰永長也謂夏至之日火蒼龍之中星舉中則七星見可知也以正中夏之節馬融王肅謂日長晝漏六十刻鄭玄曰五十五刻 民因鳥獸希革[集解]孔安國曰因謂老弱因就在田之丁壯以助農也夏時鳥獸毛羽希少改易也革改也 申命和仲居西土[集解]徐廣曰一無土字以為西者今天水之西縣也駰案鄭玄曰西者隴西之西今人謂之兌山 曰昧谷[集解]徐廣曰一作柳谷駰案孔安國曰日入于谷而天下冥故曰昧谷[索隱]此居治西方之官掌秋天之政也[正義]和仲主西方之官若周禮秋官卿也 敬道日入便程西成[集解]孔安國曰秋西方萬物成也 夜中星虛以正中秋[集解]孔安國曰春言日秋言夜互相備也虛玄武之中星言七星皆以秋分日見以正三秋也[索隱]虛舊依字而鄒誕生音墟案虛星主墳墓鄒氏頗得其理 其民夷易鳥獸毛毨[集解]孔安國曰夷

也。老壯者在田與夏平也。毨理也，毛更生曰毨理也。申命和叔居北方，曰幽都。【集解】孔安國曰：「北稱幽都，謂所聚也。」【索隱】案山海經曰北海之內有山名幽都，蓋是也。【正義】按：北方幽州陰聚之地。命和叔居理之北方之官，若周禮冬官卿。便在伏物。【索隱】使和叔察北方藏伏之物，謂人畜積聚等冬皆藏伏。尸子亦曰「北方者，伏方也」。尚書作「平在朔易」，今案大傳云「便在伏物」，太史公據之而書。日短，星昴，以正中冬。【集解】孔安國曰：「日短，冬至之日也。昴，白虎之中星。亦以七星並見，以正冬節也。」馬融、王肅謂日短晝漏四十刻，鄭玄曰四十五刻。其民燠，鳥獸氄毛。【集解】徐廣曰：「氄音茸。」駰案：孔安國曰「民入室處，鳥獸皆生氄毳細毛以自溫也」。歲三百六十六日，以閏月正四時。【索隱】夫周天三百六十五度四分度之一，是天度數也。而日行遲，一歲一周天；月行疾，一月一周天。日一日行一度，月一日行十三度十九分度之七，至二十九日半彊，月行天一匝，又逐及日而與會。一年十二會，是爲十二月。每月二十九日過半，年分出小月六，是每歲餘六日。又大歲三百六十六日，小歲三百六十五日，舉全數云六十六日。其實一歲唯餘十一日弱，未滿三歲已成一月，則置閏；若三年不置閏，則正月爲二月，九年差三月，則以春爲夏；十七年差六月，則四時皆反。以此四時不正，歲不成矣。故傳曰「歸餘於終，事則不悖」是也。信飭百官，【集解】徐廣曰：「古勑字。」衆功皆興。堯曰：「誰可順此事？」【正義】言將登用之嗣位也。放齊曰：「嗣子丹朱開明。」【集解】孔安國曰：「放齊，臣名。」【正義】放音方往反。鄭玄云：「帝堯胤嗣之子，名曰丹朱，開明也。」按解而達也。帝王紀云「堯娶散宜氏女，曰女皇，生丹朱」。汲冢紀年云「后稷放帝子丹朱」。范汪荊州記云「丹水縣在丹川，堯子朱之所封也」。括地志云「丹朱故城在鄧州內鄉縣西南百三十里，丹朱故爲縣」。堯曰：「吁！頑凶，不用。」【集解】孔安國曰：「吁，疑怪之辭。」【正義】左傳云：「口不道忠信之言爲嚚，心不則德義之經爲頑。」凶，訟也。言丹朱心既頑嚚，又好爭訟，不可用之。堯又曰：「誰可者？」讙兜曰：「共工旁聚布功，可用。」【集解】孔安國曰：「讙兜，臣名。」鄭玄曰：「共工，水官名。」【正義】兜音丁侯反。堯曰：「共工善言，其用僻，似恭漫天，不可。」【正義】漫音莫干反。共工善爲言語，用意邪僻也，似於恭敬，罪惡漫天，不可用也。堯又曰：「嗟，四嶽，【集解】鄭玄曰：「四嶽，四時官，主方嶽之事。」【正義】嗟歎鴻水，問四嶽誰能理也。孔安國云：「四嶽即上羲和四子也，分掌四嶽之諸侯，故稱焉。」湯湯洪水滔天，浩浩懷山襄陵，【集解】孔安國曰：「懷，包；襄，上也。」【正義】湯音商，今讀如字。蕩蕩，廣平之貌。言水奔突有所滌除，地上之物爲水漂流蕩蕩然。按：懷藏包裹之義，故懷爲包。釋言以襄爲駕，駕乘牛馬皆在上也。言水襄上乘陵，浩浩盛大，勢若漫天。下民其憂，有能使治者？」皆曰鯀可。【集解】馬融曰：「鯀，臣名，禹父。」堯曰：「鯀負命毀族，不可。」【正義】負音佩，依字通。負，違也。族，類也。鯀性佷戾，違負教命，毀敗善類，不可用也。詩云「貪人敗類」也。嶽曰：「异哉，試不可用而已。」【正義】异音異。孔安國云：「异，已也，退也。言餘人盡已，唯鯀可試，無成乃退。」堯於是聽嶽用鯀。九歲，功用不成。【正義】爾雅釋天云：「載，歲也。夏曰歲，周曰年，唐虞曰載。」李巡云：「各自紀事，不相襲也。」孫炎云：「歲，取星行一次也。祀，取四時祭祀一訖也。年，取年穀一熟也。載，取萬物始更終也。」載者，年之別名，故以載爲年也。按：功用不成，水害不息，故放退也。至明年得舜，乃殛之羽山，而用其子禹也。堯曰：「嗟！四嶽：朕在位七十載，汝能庸命，踐朕位？」【集解】鄭玄曰：「言汝諸侯之中有能順事用天命者，入處我位，統治天子之事者乎？」【正義】孔安國云：「堯年十六以唐侯升爲天子，在位七十載，時八十六，老將求代也。」嶽應曰：「鄙德忝帝位。」【正義】四嶽皆云鄙無德，若便行天子事，是辱帝位。言己等不堪也。堯曰：「悉舉貴戚及疏遠隱匿者。」衆皆言於堯曰：「有矜在民閒，曰虞舜。」【集解】孔安國曰：「無妻曰矜。」【正義】矜，古頑反。堯曰：「然，朕聞之。其何如？」嶽曰：「盲者子。父頑，母嚚，弟傲，能和以孝，烝烝治，不至姦。」【集解】孔安國曰：「不至於姦惡。」【正義】烝之升反。進也。言父頑母嚚弟傲，舜皆和以孝，進之於善，不至於姦惡也。堯曰：「吾其試哉。」【正義】欲以二女試舜，觀其理家之道也。於是堯妻之二女，【正義】妻音七計反。二女，娥皇、女英也。娥皇無子，女英生商均。舜升天子，娥皇爲后，女英爲妃。觀其德於二女。【正義】觀其爲德行於二女，以理家而觀國也。舜飭下二女於嬀汭，【集解】孔安國曰：「舜所居嬀水之汭。」【索隱】列女傳云：「二女長曰娥皇，次曰女英。」系本作「女瑩」，大戴禮作「女匽」。皇甫謐云：「嬀水在河東虞縣歷山西。」汭，水涯也，猶洛汭、渭汭然也。【正義】飭音勑。下音胡亞反。汭音芮。舜能整齊二女以義理，下二女之心於嬀汭，使行婦道於虞氏也。括地志云：「嬀汭水源出蒲州河東南山。」許慎云「水涯曰汭」。按：地記云「河東郡青山東山中有二泉，下南流者嬀水，北流者汭水。異源合流，出谷西注河。嬀水北曰汭也。」又云「河東縣二里故蒲坂城，舜所都也。城中有舜廟，城外有舜宅及二妃壇」。如婦禮。堯善之，乃使舜慎和五典，【集解】鄭玄曰：「五典，五教也。蓋試以司徒之職。」五典能從。乃徧入百官，百官時序。賓於四門，四門穆穆，諸侯遠方賓客皆敬。【集解】馬融曰：「四門，四方之門。諸侯羣臣朝者，舜賓迎之，皆有美德也。」堯使舜入山林川澤，暴風雷雨，舜行不迷。【索隱】尚書云「納于大麓」。穀梁傳云「林屬於山曰麓」。是山足曰麓，故此以爲入山林不迷。孔氏以麓訓錄，言令舜大錄萬機之政，與此不同。堯以爲聖，召舜曰：「女謀事至而言可績，三年矣。【集解】鄭玄曰：「三年者，賓四門之後三年也。」女登帝位。」舜讓於德不懌。【集解】徐廣曰：「音亦。今文尚書作『不怡』，怡，懌也。」【索隱】古文作「不嗣」，今文作「不怡」，怡即懌也。謂辭讓於德不堪，所以心意不悅懌也。正月上日，【集解】馬融曰：「上日，朔日也。」【正義】鄭玄云：「帝王易代，莫不改正。堯正建丑，舜正建子。此時未改，故依堯正月上日也。」舜受終於文祖。文祖者，堯大祖也。【集解】鄭玄曰：「文祖者，五府之大名，猶周之明堂。」【索隱】尚書帝命驗曰：「五府，五帝之廟。蒼曰靈府，赤曰文祖，黃曰神斗，白曰顯紀，黑曰玄矩。」【正義】舜受堯終帝之事於文祖也。尚書帝命驗云：「帝者承天立府，以尊天重象也。五府者，唐虞謂之五府，夏謂之世室，殷謂之重屋，周謂之明堂，皆祀五帝之所也。文祖者，赤帝熛怒之府，名曰文祖，火精光明，文章之祖，故謂之文祖，周曰明堂。神斗者，黃帝含樞紐之府，名曰神斗。斗，主也。土精澄靜，四行之主，故謂之神斗，周曰太室。顯紀者，白帝招拒之府，名顯紀。紀，法也。金精斷割萬物，故謂之顯紀，周曰總章。玄矩者，黑帝光紀之府，名曰玄矩。矩，法也。水精玄昧，能權輕重，故謂之玄矩，周曰玄堂。靈府者，蒼帝靈威仰之府，名曰靈府，周曰青陽。」於是帝堯老，命舜攝行天子之政，以觀天命。舜乃在璿璣玉衡，以齊七政。【集解】鄭玄曰：「璿璣玉衡，渾天儀也。七政，日月五星也。」【正義】說文云：「璿，美玉也。」按：舜雖受堯命，猶不自安，更以璿璣玉衡以正天文。璣爲運轉，衡爲橫簫，運璣使動於下，以衡望之，是王者正天文之器也。觀其齊與不齊，今七政齊，則已受禪爲是。蔡邕云：「玉衡長八尺，孔徑一寸，下端望之以視星宿，蓋懸璣以象天而以衡望之，轉璣窺衡以知星宿。璣徑八尺，圓周二尺五寸而彊也。」鄭玄云：「運轉者爲璣，持正者爲衡。」尚書大傳云：「政者，齊中也。謂春秋冬夏天文地理人道，所以爲政也。道正而萬事順成，故天道政之大也。」遂類於上帝，【集解】鄭玄曰：「禮祭上帝於圜丘。」【正義】五經異義云：「非時祭天謂之類，言以事類告也。時舜告攝，非常祭也。」王制云「天子將出，類于上帝」。鄭玄云：「昊天上帝，謂天皇大帝，北辰之星。」禋于六宗，【集解】鄭玄曰：「六宗，星、辰、司中、司命、風師、雨師也。」駰案：六宗義衆矣，愚謂鄭說爲長。【正義】周語云「精意以享曰禋」也。孫炎云：「禋，潔敬之祭也。」按：星，五星也。辰，日月所會十二次也。司中、司命，文昌第五、第四星也。風師，箕星也。雨師，畢星也。孔安國云：「四時，寒暑也，日月星也，水旱也。」禮祭法云：「埋少牢於大昭，祭時也；禳祈於坎壇，祭寒暑也；王宮，祭日也；夜明，祭月也；幽禜，祭星也；雩禜，祭水旱也。」司馬彪續漢書云：「安帝立六宗，祀於洛陽城西北亥地，禮比大社。魏因之。至晉初，荀顗言新祀以六宗之神，諸家說不同，乃廢之。」望于山川，【正義】望者，遙望而祭山川也。山川，五嶽四瀆也。爾雅云：「梁山，晉望也。」辯于羣神。【集解】徐廣曰：「辯音班。」駰案：鄭玄曰「羣神，若丘陵墳衍」。【正義】辯音遍，謂遍祭羣神也。揖五瑞，擇吉月日，見四嶽諸牧，班瑞。【集解】馬融曰：「揖，斂也。五瑞，公侯伯子男所執以爲瑞信也。堯將禪舜，使羣牧斂之，使舜親往班之。」【正義】揖音集。周禮典瑞云：「王執鎮圭，尺二寸；公執桓圭，九寸；侯執信圭，七寸；伯執躬圭，五寸；子執穀璧；男執蒲璧，皆五寸。」言五瑞者，王不在中也。孔文祥云：「宋末會稽脩禹廟，於廟庭山土中得五等圭璧百餘枚，形與周禮同，皆短小。此即禹會諸侯於會稽，執以禮山神而埋之。其璧今猶有在也。」歲二月，東巡狩，至於岱宗，祡，【集解】馬融曰：「舜受終後五年之二月。」鄭玄曰：「建卯之月也。祡，祭東嶽者，考績祡燎也。」【正義】按：既班瑞羣后，即東巡者，守土之諸侯會岱宗之嶽，焚柴告至也。王者巡狩，以諸侯自專一國，威福任己，恐其壅遏上命，澤不下流，故巡行問人疾苦也。風俗通云：「太山之尊者，一曰岱宗。岱，始也；宗，長也。萬物之始，陰陽交代，故爲五岳之長也。」按：二月，仲月也。仲，中也。言得其中也。望秩於山川。【正義】乃以秩望祭東方諸侯境內之名山大川也。言秩者，五岳視三公，四瀆視諸侯。遂見東方君長，合時月正日，【集解】鄭玄曰：「協正四時之月數及日名，備有失誤。」【正義】既見東方君長，乃合同四時氣節，月之大小，日之甲乙，使齊一也。周禮太史掌正歲年以序事，頒正朔於邦國，則節氣晦朔皆天子頒之。猶恐諸侯國異，或不齊同，因巡狩合正之。同律度量衡，【集解】鄭玄曰：「同音律；度，丈尺；量，斗斛；衡，斤兩也。」【正義】律之十二律，度之丈尺，量之斗斛，衡之斤兩，皆使天下相同，無制度長短輕重異也。漢律歷志虞書云：「同律度量衡，所以齊遠近，立民信也。」律有十二，陽六爲律，陰六爲呂。律以統氣類物，一曰黃鍾，二曰太蔟，三曰姑洗，四曰蕤賓，五曰夷則，六曰無射。呂以旅陽宣氣，一曰林鍾，二曰南呂，三曰應鍾，四曰大呂，五曰夾鍾，六曰中呂。度者，分、寸、尺、丈、引也，所以度長短也。本起黃鍾之長，以子穀秬黍中者，一黍之廣度之，九十分爲一分，十分爲寸，十寸爲尺，十尺爲丈，十丈爲引，而五度審矣。量者，龠、合、升、斗、斛也，所以量多少也。本起黃鍾之龠，以子穀秬黍中者，千有二百實爲一龠，合龠爲合，十合爲升，十升爲斗，十斗爲斛，而五量嘉矣。衡權者，銖、兩、斤、鈞、石也，所以稱物輕重也。本起於黃鍾之重，一龠容千二百黍，重十二銖，二十四銖爲兩，十六兩爲斤，三十斤爲鈞，四鈞爲石，而五權謹矣。衡，平也；權，重也。脩五禮，【集解】馬融曰：「吉、凶、賓、軍、嘉也。」【正義】周禮：「以吉禮事邦國之鬼神祇，以凶禮哀邦國之憂，以賓禮親邦國，以軍禮同邦國，以嘉禮親萬民也。」尚書堯典云「類于上帝」，吉禮也；「如喪考妣」，凶禮也；「羣后四朝」，賓禮也。大禹謨云「汝徂征」，軍禮也。堯典云「女于時」，嘉禮也。女音女慮反。五玉，【集解】鄭玄曰：「即五瑞也。執之曰瑞，陳列曰玉。」三帛，【集解】馬融曰：「三孤所執也。」鄭玄曰：「帛，所以薦玉也。必三者，高陽氏後用赤繒，高辛氏後用黑繒，其餘諸侯皆用白繒。」【正義】孔安國云：「諸侯世子執纁，公之孤執玄，附庸之君執黃也。」按：三統紀推伏羲爲天統，色尚赤；神農爲地統，色尚黑；黃帝爲人統，色尚白。少昊，黃帝子，亦尚白。故高陽氏爲天統，亦尚赤；堯爲人統，故用白。二生，【正義】羔、鴈也。鄭玄注周禮大宗伯云：「羔，小羊也，取其羣不失其類也。鴈，取其候時而行也。卿執羔，大夫執鴈。」按：羔鴈性馴可生爲贄。一死【正義】雉也。馬融云：「一死，雉，士所執也。」按：雉不可生爲贄，故死雉，取其守介死不失節也。爲摯。【集解】馬融曰：「摯，二生，羔、鴈，卿大夫所執；一死，雉，士所執。」【正義】摯音至。摯，執也。鄭玄云：「贄之言至，所以自致也。」韋昭云：「贄，六贄：皮帛、卿執羔，大夫執鴈，士執雉，庶人執鶩，工商執雞也。」如五器，卒乃復。【集解】馬融曰：「五器，上五玉。五玉禮終則還之，三帛已下不還也。」【正義】卒，子律反。復音伏。五月，南巡狩；八月，西巡狩；十一月，北巡狩：皆如初。歸，至于祖禰廟，【正義】禰音乃禮反。何休云：「生曰父，死曰考，廟曰禰。」用特牛禮。五歲一巡狩，羣后四朝。【集解】鄭玄曰：「巡狩之年，諸侯見於方嶽之下。其閒四年，四方諸侯分來朝於京師也。」徧告以言，【正義】徧音遍。言徧告天子治理之言也。明試以功，車服以庸。【正義】孔安國云：「功成則錫車服，以表顯其能用也。」肇十有二州，決川。【集解】馬融曰：「禹平水土，置九州。舜以冀州之北廣大，分置并州；燕齊遼遠，分燕置幽州，分齊爲營州：於是爲十二州也。」鄭玄曰：「更爲之定界，濬水害也。」象以典刑，【集解】馬融曰：「言咎繇制五常之刑，無犯之者，但有其象，無其人也。」【正義】孔安國云：「象，法也。法用常刑，用不越法也。」流宥五刑，【集解】馬融曰：「流，放；宥，寬也。一曰幼少，二曰老耄，三曰惷愚。五刑，墨、劓、剕、宮、大辟。」【正義】孔安國云：「以流放之法寬五刑也。」鄭玄云：「三宥，一曰弗識，二曰過失，三曰遺忘也。」鞭作官刑，【集解】馬融曰：「爲辨治官事者爲刑。」扑作教刑，【集解】鄭玄曰：「扑，檟楚也。扑爲教官爲刑者。」金作贖刑，【集解】馬融曰：「金，黃金也。意善功惡，使出金贖罪，坐不戒慎者。」眚災過，赦；【集解】鄭玄曰：「眚災，爲人作患害者也。過失，雖有害則赦之。」怙終【集解】徐廣曰：「一作衆。」賊，刑。【集解】鄭玄曰：「怙其姦邪，終身以爲殘賊，則用刑之。」欽哉，欽哉，惟刑之靜哉！【集解】徐廣曰：「今文云『惟刑之謐哉』。爾雅曰：『謐，靜也。』」【索隱】案：古文作「恤哉」。且今文是伏生口誦，恤、謐聲近，遂作「謐」也。

讙兜進言共工，【正義】讙兜，渾沌也。共工，窮奇也。鯀，檮杌也。三苗，饕餮也。左傳云舜臣堯，流四凶，投諸四裔，以禦魑魅也。堯曰不可而試之工師，【正義】工師，若今大匠卿也。共工果淫辟。【正義】辟，匹亦反。四嶽舉鯀治鴻水，堯以爲不可，嶽彊請試之，試之而無功，故百姓不便。三苗在江淮、荊州數爲亂。【集解】馬融曰：「三苗，國名也。」【正義】左傳云：「自古諸侯不用王命，虞有三苗，夏有觀扈。」孔安國云：「縉雲氏之後爲諸侯，號饕餮也。」吳起云：「三苗之國，左洞庭而右彭蠡。」按：洞庭，湖名，在岳州巴陵西南一里，南與青草湖連。彭蠡，湖名，在江州潯陽縣東南五十二里。以天子在北，故洞庭在西爲左，彭蠡在東爲右。今江州、鄂州、岳州，三苗之地也。淮讀曰匯，音胡罪反。今彭蠡湖也，本屬荊州。尚書云「南入于江，東匯澤爲彭蠡」是也。於是舜歸而言於帝，請流共工於幽陵，【集解】馬融曰：「北裔也。」【正義】尚書及大戴禮皆作「幽州」。括地志云：「故龔城在檀州燕樂縣界。故老傳云舜流共工幽州，居此城。」神異經云：「西北荒有人焉，人面朱髮，蛇身人手足，而食五穀禽獸，頑愚，名曰共工。」以變北狄；【集解】徐廣曰：「變，一作『燮』。」【索隱】變謂變其形及衣服，同於夷狄也。徐廣云作「燮」，燮，和也。【正義】言四凶流四裔，各於四夷放共工等爲中國之風俗也。放驩兜於崇山，【集解】馬融曰：「崇山，南裔也。」【正義】神異經云：「南方荒中有人焉，人面鳥喙而有翼，兩手足扶翼而行，食海中魚，爲人佷惡，不畏風雨禽獸，犯死乃休，名曰讙兜也。」以變南蠻；遷三苗於三危，【集解】馬融曰：「三危，西裔也。」【正義】括地志云：「三危山有三峰，故曰三危，俗亦名卑羽山，在沙州敦煌縣東南三十里。」神異經云：「西荒中有人焉，面目手足皆人形，而胳下有翼，不能飛，爲人饕餮，淫逸無理，名曰苗民。」又山海經云：「大荒北經，黑水之北，有人有翼，名曰苗民也。」以變西戎；殛鯀於羽山，【集解】馬融曰：「殛，誅也。羽山，東裔也。」【正義】殛音紀力反。孔安國云：「殛、竄、放、流，皆誅也。」括地志云：「羽山在沂州臨沂縣界。」神異經云：「東方有人焉，人形而身多毛，自解水土，知通塞，爲人自用，欲爲欲息，皆曰云是鯀也。」以變東夷：四辠而天下咸服。

堯立七十年得舜，二十年而老，令舜攝行天子之政，薦之於天。堯辟位凡二十八年而崩。【集解】徐廣曰：「堯在位凡九十八年。」駰案：皇覽曰「堯冢在濟陰城陽」。劉向曰「堯葬濟陰，丘壠山」。呂氏春秋曰「堯葬穀林」。皇甫謐曰「穀林即城陽。堯都平陽，於詩爲唐國」。【正義】皇甫謐云：「堯即位九十八年，通舜攝二十八年也。凡年百一十七歲。」孔安國云：「堯壽百一十六歲。」括地志云：「堯陵在濮州雷澤縣西三里。」郭緣生述征記云：「城陽縣東有堯冢，亦曰堯陵，有碑。」是也。括地志云：「雷澤縣本漢城陽縣也。」百姓悲哀，如喪父母。三年，四方莫舉樂，【正義】尚書云：「三載，四海遏密八音。」是也。以思堯。堯知子丹朱之不肖，不足授天下，【索隱】鄭玄曰：「肖，似也。不似，言不如人也。」皇甫謐云：「堯娶散宜氏之女，曰女皇，生丹朱。又有庶子九人，皆不肖也。」於是乃權授舜。【索隱】父子繼立，常道也；求賢而禪，權道也。權者，反常而合道。【正義】五帝官天下，老則禪賢，故權試舜也。授舜，則天下得其利而丹朱病；授丹朱，則天下病而丹朱得其利。堯曰「終不以天下之病而利一人」，而卒授舜以天下。堯崩，三年之喪畢，舜讓辟丹朱於南河之南。【集解】劉熙曰：「南河之南，最在南者。」【正義】括地志云：「故堯城在濮州鄄城縣東北十五里。竹書云昔堯德衰，爲舜所囚也。又有偃朱城，在縣西北十五里。竹書云舜囚堯，復偃塞丹朱，使不與父相見也。」按：濮州北臨漯，大川也。河在堯都之南，故曰南河。禹貢「至于南河」是也。其偃朱城所居，即舜讓避丹朱於南河之南處也。諸侯朝覲者不之丹朱而之舜，獄訟者不之丹朱而之舜，謳歌者不謳歌丹朱而謳歌舜。舜曰「天也」，夫而後之中國踐天子位焉，【集解】劉熙曰：「天子之位不可曠年，於是遂反，格於文祖而當帝位。帝王所都爲中，故曰中國。」是爲帝舜。

虞舜者，【集解】駰案謚法曰仁聖盛明曰舜【索隱】虞國名在河東大陽縣舜謚也皇甫謐云舜字都君也【正義】括地志云故虞城在陝州河北縣東北五十里虞山之上酈元注水經云軨橋東北有虞城堯以女嬪于虞之地也又宋州虞城大襄國所封之邑杜預云舜後諸侯也又越州餘姚縣顧野王云舜後支庶所封之地舜姚姓故云餘姚縣西七十里有漢上虞故縣會稽舊記云舜上虞人去虞三十里有姚丘即舜所生也周處風土記云舜東夷之人生姚丘括地志又云姚墟在濮州雷澤縣東十三里孝經援神契云舜生於姚墟按二所未詳也名曰重華。【集解】徐廣曰皇甫謐云舜以堯之二十一年甲子生三十一年甲午徵用七十九年壬午即真百歲癸卯崩【正義】尚書云重華協於帝孔安國云華謂文德也言其光文重合於堯瞽瞍姓媯妻曰握登見大虹意感而生舜於姚墟故姓姚目重瞳子故曰重華字都君龍顏大口黑色身長六尺一寸重華父曰瞽叟，【正義】叟先后反孔安國云無目曰瞽舜父有目不能分別好惡故時人謂之瞽配字曰叟叟無目之稱也瞽叟父曰橋牛，【正義】橋又音嬌橋牛父曰句望，【正義】句古侯反望音亡句望父曰敬康，敬康父曰窮蟬，窮蟬父曰帝顓頊，顓頊父曰昌意：以至舜七世矣。自從窮蟬以至帝舜，皆微爲庶人。舜父瞽叟盲，而舜母死，【索隱】皇甫謐云舜母名握登生舜於姚墟因姓姚氏也瞽叟更娶妻而生象，象傲。瞽叟愛後妻子，常欲殺舜，舜避逃；及有小過，則受罪。順事父及後母與弟，日以篤謹，匪有解。舜，冀州之人也。【正義】蒲州河東縣本屬冀州宋永初山川記云蒲坂城中有舜廟城外有舜宅及二妃壇括地志云媯州有媯水源出城中耆舊傳云即舜釐降二女於媯汭之所外城中有舜井城北有歷山山上有舜廟未詳按媯州亦冀州城是也舜耕歷山，【集解】鄭玄曰在河東【正義】括地志云蒲州河東縣雷首山一名中條山亦名歷山亦名首陽山亦名蒲山亦名襄山亦名甘棗山亦名豬山亦名狗頭山亦名薄山亦名吳山此山西起雷首山東至吳坂凡十一名隨州縣分之歷山南有舜井又云越州餘姚縣有歷山舜井濮州雷澤縣有歷山舜井二所又有姚墟云生舜處也及媯州歷山舜井皆云舜所耕處未詳也漁雷澤，【集解】鄭玄曰雷夏兗州澤今屬濟陰【正義】括地志云雷夏澤在濮州雷澤縣郭外西北山海經云雷澤有雷神龍首人頰鼓其腹則雷也陶河濱，【集解】皇甫謐曰濟陰定陶西南陶丘亭是也【正義】按於曹州濱河作瓦器也括地志云陶城在蒲州河東縣北三十里即舜所都也南去歷山不遠或陶所在則可何必定陶方得爲舜陶之陶也斯或一焉作什器於壽丘，【集解】皇甫謐曰在魯東門之北【索隱】什器什數也蓋人家常用之器非一故以十爲數猶今云什物也壽丘地名黃帝生處【正義】壽音受顏師古云軍法伍人爲伍二伍爲什則共器物故謂生生之具爲什器亦猶從軍及作役者十人爲火共畜調度也就時於負夏。【集解】鄭玄曰負夏衛地【索隱】就時猶逐時若言乘時射利也尚書大傳曰販於頓丘就時負夏孟子曰遷於負夏是也舜父瞽叟頑，母嚚，弟象傲，皆欲殺舜。舜順適不失子道，兄弟孝慈。欲殺，不可得；即求，嘗在側。舜年二十以孝聞。三十而帝堯問可用者，【正義】可用謂可爲天子也四嶽咸薦虞舜，曰可。於是堯乃以二女妻舜以觀其內，使九男與處以觀其外。舜居媯汭，內行彌謹。堯二女不敢以貴驕事舜親戚，【正義】親戚謂父瞽叟後母弟象妹顆手等也甚有婦道。堯九男皆益篤。【正義】篤惇也非唯二女恭勤婦道九男事舜皆益惇厚謹敬也舜耕歷山，歷山之人皆讓畔；【正義】韓子云歷山之農相侵畔舜往耕焉期年耕者讓畔也漁雷澤，雷澤上人皆讓居；陶河濱，河濱器皆不苦窳。【集解】史記音義曰苦音盬如字窳病也【正義】苦讀如盬音古盬麤也窳音庾一年而所居成聚，【正義】聚在喻反謂村落也二年成邑，三年成都。【正義】周禮郊野法云九夫爲井四井爲邑四邑爲丘四丘爲甸四甸爲縣四縣爲都也堯乃賜舜絺衣

與琴，【正義】絺勑遲反細葛布衣也鄭氏音竹几反爲築倉廩，予牛羊。瞽叟尚復欲殺之，使舜上塗廩，瞽叟從下縱火焚廩。舜乃以兩笠自扞而下，去，得不死。【索隱】言以笠自扞己身有似鳥張翅而輕下得不損傷皇甫謐云兩繖繖笠類列女傳云二女教舜鳥工上廩是也【正義】通史云瞽叟使舜滌廩舜告堯二女女曰時其焚汝鵲汝衣裳鳥工往舜既登廩得免去也後瞽叟又使舜穿井，舜穿井爲匿空旁出。【集解】劉熙曰舜以權謀自免亦大聖有神人之助也【索隱】空音孔列女傳所謂龍工入井是也【正義】言舜潛匿穿孔旁從他井而出也通史云舜穿井又告二女二女曰去汝裳衣龍工往入井瞽叟與象下土實井舜從他井出去也括地志云舜井在媯州懷戎縣西外城中其西又有一井耆舊傳云並舜井也舜自中出帝王紀云河東有舜井未詳舜既入深，瞽叟與象共下土實井，舜從匿空出，去。瞽叟、象喜，以舜爲已死。象曰「本謀者象。」象與其父母分，【正義】扶問反於是曰：「舜妻堯二女，與琴，象取之。牛羊倉廩予父母。」象乃止舜宮居，【正義】宮即室也爾雅云室謂之宮禮云命士以上父子異宮也鼓其琴。舜往見之。象鄂不懌，曰：「我思舜正鬱陶！」舜曰：「然，爾其庶矣！」【索隱】言汝猶當庶幾於友悌之情義也如孟子取尚書文又云惟茲臣庶女其于予治蓋欲令象共我理臣庶也舜復事瞽叟愛弟彌謹。於是堯乃試舜五典百官，皆治。昔高陽氏有才子八人，世得其利，謂之「八愷」。【集解】賈逵曰愷和也【索隱】左傳史克對季文子曰昔高陽氏有才子八人蒼舒隤敳檮戭大臨尨降庭堅仲容叔達高辛氏有才子八人，世謂之「八元」。【集解】賈逵曰元善也【索隱】左傳高辛氏有才子八人伯奮仲堪叔獻季仲伯虎仲熊叔豹季貍此十六族者，世濟其美，【索隱】濟成也言後代成前代也不隕其名。至於堯，堯未能舉。舜舉八愷，使主后土，【集解】王肅曰君治九土之宜杜預曰后土地官【索隱】禹爲司空主土則禹在八愷之中【正義】春秋正義云后君也天曰皇天地曰后土以揆百事，莫不時序。【正義】言禹度九土之宜無不以時得其次序也舉八元，使布五教于四方，【索隱】契爲司徒司徒敷五教則契在八元之數也父義，母慈，兄友，弟恭，子孝，內平外成。【正義】杜預云內諸夏外夷狄也按契作五常之教諸夏太平夷狄向化也昔帝鴻氏有不才子，【集解】賈逵曰帝鴻黃帝也不才子其苗裔讙兜也掩義隱賊，好行凶慝，天下謂之渾沌。【正義】慝惡也一本云天下之民謂之渾沌渾沌即讙兜也杜預云渾沌不開通之貌神異經云昆崙西有獸焉其狀如犬長毛四足似羆而無爪有目而不見行不開有兩耳而不聞有人知往有腹無五藏有腸直而不旋食徑過人有德行而往抵觸之有凶惡而往依憑之名渾沌莊子云南海之帝爲儵北海之帝爲忽中央之帝爲渾沌儵忽時相遇於渾沌之地渾沌待之甚善儵與忽謀欲報渾沌之德曰人皆有七竅以視聽食息此獨無有嘗試鑿之日鑿一竅七日而渾沌死按言讙兜性似故號之也少暤氏有不才子，【集解】服虔曰金天氏帝號毀信惡忠，崇飾惡言，天下謂之窮奇。【集解】服虔曰謂共工氏也其行窮其好奇【正義】謂共工言毀敗信行惡其忠直有惡言語高妙飾之故謂之窮奇按常行終必窮極好詭語奇異于人也神異經云西北有獸其狀似虎有翼能飛便勦食人知人言語聞人鬬輒食直者聞人忠信輒食其鼻聞人惡逆不善輒殺獸往饋之名曰窮奇按言共工性似故號之顓頊氏有不才子，不可教訓，不知話言，天下謂之檮杌。【集解】賈逵曰檮杌凶頑無疇匹之貌謂鯀也【正義】檮音道刀反杌音五骨反謂鯀也凶頑不可教訓不從詔令故謂之檮杌按言無疇匹言自縱恣也神異經云西方荒中有獸焉其狀如虎而大毛長二尺人面虎足猪口牙尾長一丈八尺攪亂荒中名檮杌一名傲很一名難訓按言鯀性似故號之此三族世憂之。至于堯，堯未能去。縉

雲氏有不才子，【集解】賈逵曰縉雲氏姜姓也炎帝之苗裔當黃帝時任縉雲之官也【正義】今括州縉雲縣蓋其所封也書云竄三苗也言貪飲食冒貨賄故謂之饕餮神異經云西南有人焉身多毛上頭戴豕性很惡好息積財而不用善奪人穀物彊者畏羣而擊單名饕餮言三苗性似故號之貪于飲食，冒于貨賄，天下謂之饕餮。天下惡之，比之三凶。【集解】杜預曰非帝子孫故別之以比三凶也舜賓於四門，【正義】杜預云闢四門達四聰以賓禮衆賢也乃流四凶族，遷于四裔，以御螭魅，【集解】賈逵曰四裔之地去王城四千里服虔曰螭魅人面獸身四足好惑人山林異氣所生以爲人害【正義】御音魚呂反螭音丑知反魅音媚按御禦也恐更有邪諂之人故流放四凶以御之也故下云無凶人也於是四門辟，言毋凶人也。舜入于大麓，烈風雷雨不迷，堯乃知舜之足授天下。堯老，使舜攝行天子政，巡狩。舜得舉用事二十年，而堯使攝政。攝政八年而堯崩。三年喪畢，讓丹朱，天下歸舜。而禹、皋陶、契、后稷、伯夷、夔、龍、垂、益、彭祖【索隱】彭祖即陸終氏之第三子籛鏗之後後爲大彭亦稱彭祖【正義】高姚二音皋陶字庭堅英六二國是其後也契音薛殷之祖也伯夷齊太公之祖也夔巨龜反樂官也倕音垂亦作垂內言之官也益伯翳也即秦趙之祖彭祖自堯時舉用歷夏殷封於大彭也自堯時而皆舉用，未有分職。【正義】分音符問反又如字分謂封疆爵土於是舜乃至於文祖，謀于四嶽，辟四門，明通四方耳目，命十二牧論帝德，行厚德，遠佞人，【正義】舜命十二牧論帝堯之德又敦之于民遠離邪佞之人言能如此則夷狄亦服從也則蠻夷率服。舜謂四嶽曰：「有能奮庸美堯之事者，使居官相事？」【集解】馬融曰奮明庸功也皆曰：「伯禹爲司空，可美帝功。」舜曰：「嗟，然！禹，汝平水土，維是勉哉。」禹拜稽首，讓於稷、契與皋陶。舜曰：「然，往矣。」【集解】鄭玄曰然其舉得其人汝往居此官不聽其所讓也【索隱】古文作阻饑孔氏以爲阻難也阻飢相近未知誰得舜曰：「棄，黎民始饑，【集解】徐廣曰今文尚書作祖饑祖始也汝后稷播時百穀。」【集解】鄭玄曰時讀曰蒔【正義】稷農官也播時謂四時而種百穀舜曰：「契，百姓不親，五品不馴，【集解】鄭玄曰五品父母兄弟子也王肅曰五品五常也【正義】馴音訓汝爲司徒，而敬敷五教，在寬。【集解】馬融曰五品之教舜曰：「皋陶，蠻夷猾夏，【集解】鄭玄曰猾夏侵亂中國也寇賊姦軌，【集解】鄭玄曰由內爲姦起外爲軌【正義】軌亦作宄汝作士，【集解】馬融曰獄官之長【正義】按若大理卿也五刑有服，五服三就；【集解】馬融曰五刑墨劓剕宮大辟三就謂大罪陳諸原野次罪於市朝同族適甸師氏既服五刑當就三處【正義】孔安國云服從也言輕重之中正也按墨黥其額涅以墨劓截鼻也刖刖足也宮淫刑也男子割勢婦人幽閉也大辟死刑也五流有度，【正義】度音徒洛反尚書作宅孔安國云五刑之流各有所居也五度三居：【正義】按謂其遠近爲三度維明能信。」【集解】馬融曰謂在八議君不忍刑宥之以遠五等之差亦有三等之居大罪投四裔次九州之外次中國之外當明其罪能使信服之舜曰：「誰能馴予工？」【集解】馬融曰謂主百工之官也皆曰垂可。於是以垂爲共工。【集解】馬融曰爲司空共理百工之事舜曰：「誰能馴予上下草木鳥獸？」【集解】馬融曰上謂原下謂隰皆曰益可。於是以益爲朕虞。【集解】馬融曰虞掌山澤之官名益拜稽首，讓于諸臣朱虎、熊羆。【索隱】即高辛氏之子伯虎仲熊也【正義】孔安國云朱虎熊羆二臣也垂益所讓四人皆在元凱之中也舜曰：「往矣，汝諧。」遂以朱虎、熊羆爲佐。【正義】益之佐舜曰：「嗟！四嶽，有能典朕三禮？」【集解】馬融曰三禮天神地祇人鬼之禮也鄭玄曰天事地事人事之禮也皆曰伯夷可。舜曰：「嗟！伯夷，以汝爲秩宗，【集解】

鄭玄曰主次秩尊卑【正義】若太常也漢書百官表云王莽改太常曰秩宗孔安國云秩序宗尊也主郊廟之官也夙夜維敬，直哉維靜絜。」【正義】靜清也絜明也孔安國云夙夜敬思其職典禮施政教使正直而清明伯夷讓夔、龍。舜曰：「然。【正義】孔安國云然其推賢不許其讓也以夔爲典樂，教穉子，【集解】鄭玄曰國子也案尚書作胄子孔安國曰穉胄聲相近【正義】胄直又反孔安國云胄長也謂元子以下至卿大夫子弟以歌詩蹈之舞之教長國子中和祗庸孝友直而溫，【集解】馬融曰正直而色溫和寬而栗，【集解】馬融曰寬大而謹敬戰栗也剛而毋虐，簡而毋傲；【正義】孔安國云剛失之虐簡失之傲教之以防其失也詩言意，歌長言，【集解】馬融曰歌所以長言詩之意也【正義】孔安國云詩言志以導其心歌詠其義以長其言也聲依永，律和聲，【集解】鄭玄曰聲之曲折又依長言聲中律乃爲和也【正義】孔安國云聲謂五聲宮商角徵羽也律謂六律六呂十二月之音氣也八音能諧，毋相奪倫，神人以和。【集解】鄭玄曰當依聲律和樂也日祖考來格羣后德讓其一隅也【正義】八音金石絲竹匏土革木也孔安國云倫理也八音能諧理不錯奪則神人咸和命夔使勉也夔曰：「於！予擊石拊石，百獸率舞。」【集解】鄭玄曰百獸服不氏所養者也率舞言音和也【正義】於音烏孔安國云石磬也磬音之清者拊亦擊也舉清者和則其餘皆從矣樂感百獸使相率而舞則神人和可知也按磬一片黑石不音福尤反周禮云夏官有服不氏掌服猛獸下士一人徒四人鄭玄云服不服之獸也舜曰：「龍，朕畏忌讒說殄僞，振驚朕衆，【集解】徐廣曰一云齊說殄行振驚朕衆駰案鄭玄曰所謂色取仁而行違是驚動我衆臣使之疑惑【正義】僞音危臚反言畏惡利口讒說之人兼殄絕姦僞人黨恐其驚動我衆使龍遏絕之出入其命維信實也此僞字太史公變尚書文也尚書作行音下孟反言巳畏忌有利口讒說之人殄絕無德行之官也命汝爲納言，夙夜出入朕命，惟信。」【正義】孔安國云納言喉舌之官也聽下言納于上受上言宣于下必以信也舜曰：「嗟！女二十有二人，【集解】馬融曰稷契皋陶皆居官久有成功但述而美之無所復勑禹及垂已下皆初命凡六人與上十二牧四嶽凡二十二人鄭玄曰皆格于文祖時所勑命也敬哉，惟時相天事。」【正義】相視也舜命二十二人各敬行其職惟在順時視天所宜而行事也三歲一考功，三考絀陟，遠近衆功咸興。分北三苗。【集解】鄭玄曰所竄三苗爲西裔諸侯者猶爲惡乃復分析流之此二十二人咸成厥功：皋陶爲大理，平，【正義】皋陶作士正平天下罪惡也民各伏得其實；伯夷主禮，上下咸讓；垂主工師，【正義】工師若今大匠卿也百工致功；益主虞，山澤辟；【正義】辟婢亦反開也棄主稷，百穀時茂；契主司徒，百姓親和；龍主賓客，遠人至；十二牧行而九州莫敢辟違；【正義】禹九州之民無敢辟違舜十二牧也唯禹之功爲大，披九山，【正義】披音皮義反謂傍其山邊以通九澤，決九河，定九州，各以其職來貢，不失厥宜。方五千里，至于荒服。南撫交阯、北發，【索隱】一句西戎、析枝、渠廋、氐、羌，【索隱】一句北山戎、發、息慎，【集解】鄭玄曰息慎或謂之肅慎東北夷東長、鳥夷，【索隱】此言帝舜之德皆撫及四方夷人故先以撫字總之北發當云北戶南方有地名北戶又按漢書北發是北方國名今以北發爲南方之國誤也此文省略四夷之名錯亂西戎上少一西字山戎下少一北字長字下少一東字長夷也鳥夷也其意宜然今按大戴禮亦云長夷則長是夷號又云鮮支渠搜則鮮支當此析枝也鮮析音相近鄭氏云息音肅非也且夷狄之名古書不必皆同今讀如字也【正義】鳥或作島括地志云百濟國西南海中有大島十五所皆置邑有人居屬百濟又倭國西南大海中島居凡百餘小國在京南萬三千五百里按武后改倭國爲日本國四海之內【正義】爾雅云九夷八狄七戎六蠻謂之四海咸戴帝舜之功。於是禹乃興九招之樂，【索隱】招音韶即舜樂簫韶九成故曰九招致異物，鳳皇來翔。天下明德皆自虞帝始。舜年

二十以孝聞年三十堯舉之年五十攝行天子事年五十八堯崩年六十一代堯踐帝位【集解】皇甫謐曰舜所都或言蒲阪或言平陽或言潘潘今上谷也【正義】括地志云平陽今晉州城是也潘今嬀州城是也蒲坂今蒲州南二里河東縣界蒲坂故城是也踐帝位三十九年南巡狩崩於蒼梧之野葬於江南九疑是爲零陵【集解】駰案皇覽曰舜冢在零陵營浦縣其山九谿皆相似故曰九疑傳曰舜葬蒼梧象爲之耕禮記曰舜葬蒼梧二妃不從山海經曰蒼梧山帝舜葬于陽丹朱葬于陰皇甫謐曰或曰二妃葬衡山舜之踐帝位載天子旗往朝父瞽叟夔夔唯謹【集解】徐廣曰和敬貌如子道封弟象爲諸侯【集解】駰案孟子曰封之有庳音鼻【正義】帝王紀云舜弟象封於有鼻括地志云鼻亭神在道縣北六十里故老傳云舜葬九疑象來至此後人立祠名爲鼻亭神輿地志云零陵郡應陽縣東有山山有象廟王隱晉書云此大泉陵縣北部東五里有鼻墟象所封也舜子商均亦不肖【集解】皇甫謐曰娥皇無子女英生商均【正義】譙周云以虞封舜子今宋州虞城縣括地志云虞國舜後所封邑也或云封舜子均於商故號商均也舜乃豫薦禹於天【索隱】謂告天使之攝位也十七年而崩三年喪畢禹亦乃讓舜子如舜讓堯子【正義】括地志云禹居洛州陽城者避商均非時久居也諸侯歸之然後禹踐天子位堯子丹朱舜子商均皆有疆土以奉先祀【集解】譙周曰以唐封堯之子以虞封舜之子【索隱】漢書律歷志云封堯子朱於丹淵爲諸侯商均封虞在梁國今虞城縣也【正義】括地志云定州唐縣堯後所封宋州虞城縣舜後所封也服其服禮樂如之以客見天子【正義】爲天子之賓客也天子弗臣示不敢專也自黃帝至舜禹皆同姓而異其國號以章明德【集解】徐廣曰外傳曰黃帝二十五子其得姓者十四人虞翻云以德爲氏姓又虞說以凡有二十五人其二人同姓姬又十一人爲十一姓酉祁己滕蔵任荀釐姞嬛依是也餘十二姓德薄不紀錄故黃帝爲有熊帝顓頊爲高陽帝嚳爲高辛帝堯爲陶唐【集解】韋昭曰陶唐皆國名猶湯稱殷商矣張晏曰堯爲唐侯國於中山唐縣是也帝舜爲有虞【集解】皇甫謐曰舜嬪于虞因以爲氏今河東太陽西山上虞城是也帝禹爲夏后而別氏姓姒氏契爲商姓子氏【索隱】禮緯曰禹母脩己吞薏苡而生禹因姓姒氏而契姓子氏者亦以其母吞鳦子而生棄爲周姓姬氏【集解】駰案鄭玄駁許慎五經異義曰春秋左傳無駭卒羽父請諡與族公問族於衆仲衆仲對曰天子建德因生以賜姓胙之土而命之氏諸侯以字爲氏因以爲族官有世功則有官族邑亦如之公命以字爲展氏以此言之天子賜姓命氏諸侯命族族者氏之別名也姓者所以統繫百世使不別也氏者所以別子孫之所出故世本之篇言姓則在上言氏則在下也

太史公曰【正義】太史公司馬遷自謂也自敘傳云太史公曰先人有言又云太史公曰余聞之董生又云太史公遭李陵之禍明太史公司馬遷自號也遷爲太史公官題贊首也虞喜云古者主天官者皆上公非遷學者多稱五帝尚矣【索隱】尚上也言久遠也然尚矣文出大戴禮然尚書獨載堯以來而百家言黃帝其文不雅馴【正義】馴訓也謂百家之言皆非典雅之訓薦紳先生難言之【集解】徐廣曰薦紳卽縉紳也古字假借孔子所傳宰予問五帝德及帝繫姓【正義】繫音奚計反儒者或不傳【索隱】五帝德帝繫姓皆大戴禮及孔子家語篇名以二者皆非正經故漢時儒者以爲非聖人之言故多不傳學也余嘗西至空峒【正義】余太史公自稱也嘗曾也空峒山在原州平高縣西百里黃帝問道於廣成子處北過涿鹿【正義】涿鹿山在嬀州東南五十里山側有涿鹿城卽黃帝堯舜之都東漸於海南浮江淮矣至長老皆各往往稱黃帝堯舜之處風敎固殊焉總之不離古文者近是【索隱】古文卽帝德帝系二書也近是聖人之說予觀春秋國語其發明五帝德帝繫姓章矣【索隱】太史公言已以春秋國語古書博加考驗益以發明五帝德等說甚章著也顧弟弗深考【集解】徐廣曰弟但也史記漢書見此者非一又左思蜀都賦曰弟如滇池而不詳者多以爲字誤學者安可不博觀乎【正義】顧念也弟且也太史公言博考古文擇其言表見之不虛甚章著矣思念亦且不須更深考論其所表見皆不虛【索隱】言帝德帝系所有表見者皆不爲虛妄也書缺有間矣【正義】言古文尚書缺失其間多矣而無說黃帝之語其軼乃時時見於他說【索隱】言古典殘缺有年載故曰有間然帝皇遺事散軼乃時時旁見於他記說卽帝德帝系等說也故已今採按而備論黃帝已來事耳非好學深思心知其意固難爲淺見寡聞道也余并論次擇其言尤雅者故著爲本紀書首【正義】太史公據古文并諸子百家論次擇其言語典雅者故著爲五帝本紀在史記百三十篇書之首

索隱述贊曰帝出少典居于軒丘既代炎曆遂禽蚩尤高陽嗣位靜深有謀小大遠近莫不懷柔爰洎帝嚳列聖同休帝摯之弟其號放勳就之如日望之如雲郁夷東作昧谷西賓明敭仄陋玄德升聞能讓天下賢哉二君

右述贊之體深所不安何者夫敘事美功合有首末懲惡勸善是稱褒貶觀太史公贊論之中或國有數君或士兼百行不能備論終始自可畧申梗概遂乃頗取一事偏引一奇卽爲一篇之贊將爲龜鏡誠所不取斯亦明月之珠不能無纇矣今並重爲一百三十篇之贊云

史記卷一考證

五帝本紀黃帝者正義亭亭在牟陰○牟陰漢唐皆無其縣漢地理志泰山郡鉅平縣下云有亭亭山祠然則牟陰是鉅平二字之誤又監本作封太山禪亭亭在牟陰推尋文義應複舉亭亭二字今添

而蚩尤最爲暴莫能伐集解瓚曰孔子三朝記曰蚩尤庶人之貪者○周禮肆師疏亦引三朝記云庶人之强者與此異

又正義蚩獸身人語銅頭鐵額監本作銅鐵額○臣照按徐陵文銅頭鐵額典暴軒年頭字缺今添

遂禽殺蚩尤集解皇覽曰蚩尤冢在東平郡壽張縣闞鄉城中高七丈○東平郡依後漢郡國志宜爲東平國水經注引此則竟作東郡闞鄉縣城郡國志注引皇覽作闞城高七丈水經注引皇覽作高七尺

黃帝居軒轅之邱集解山海經曰在窮山之際西射之南○臣世駿按山海經西山經曰軒轅之邱洵水出焉南流注於黑水郭璞注黃帝居此邱娶西陵氏女因號軒轅邱又海外西經曰軒轅之國在此窮山之際在女子國北窮山在其北不敢西射畏軒轅之邱郭璞注言敬畏黃帝威靈故不敢向西而射也集解不引西山軒轅之邱而引海外軒轅之國爲證已爲失誤至以西射爲地名則尤誤之誤也

是爲青陽集解太史公乃據大戴禮以嫘祖生昌意及元囂○臣世駿按戴德禮有孝昭冠辭則其後於太史公明矣集解竟以爲太史公乃據大戴禮疑有誤

青陽降居江水○大戴禮帝繫篇作降居泜水

昌意娶蜀山氏女曰昌僕○大戴禮帝繫篇作昌濮史後紀作景僕

依鬼神以剬義○剬監本作制正義曰剬古制字則本文應作剬明矣今改正

帝堯者放勳○臣德齡按柯維騏曰太史公本五帝德以放勳重華文命爲堯舜禹之名竊考堯紀放勳二字似與堯典同旨言堯之功無所不至以爲一篇總目至舜之名曰重華禹之名曰文命則名曰二字亦可屬之當時頌美之詞不必爲舜禹之命名也此論似爲得之

敬授民時正義尚書考靈耀云主春者張昏中可以種稷主夏者火昏中可以種黍菽○尚書疏引書傳云張昏中可以種穀火昏中可以種黍

便程南爲敬致集解孔安國曰平序分南方化育之事○尚書孔傳無分字

鳥獸毛毨集解孔安國曰毛更生曰毨理○尚書孔傳作毛更生整理

鳥獸氄毛集解孔安國曰鳥獸皆生氄毳細毛以自溫也○尚書孔傳氄作耎

九載功用不成○載監本作歲正義詳釋載字義則本文不得作歲也今改正

朕在位七十載汝能庸命踐朕位正義孔安國云堯年十六以唐侯升爲天子在位七十載時八十六老將求代也○徐孚遠曰據皇甫謐所記堯崩年百十八歲在位九十八年則是二十方卽位也與此不同

舜乃在璿璣玉衡以齊七政○在監本訛爲作今改正

又正義璣徑八尺圓周二尺五寸而强○臣照按尚書疏作圓周二丈五尺而强徑一者圍三有奇徑八尺圓周豈當二尺五寸正義誤

至於岱宗祡正義風俗通云泰山之尊者一曰岱宗始也長也○風俗通本文云岱始也宗長也

同律度量衡正義本起黃鐘之長以子穀秬黍中者一黍之起積千二百黍之廣度之九十分一爲一分十分爲寸○監本作本起黃鐘之管長以子穀秬黍中者一黍爲一分十分爲一寸臣照按今漢書律歷志亦同此訛遂不可解宋史律志詳之今照宋史改

丹朱之不肖不足授天下○此下監本落於是乃權授舜句并索隱正義注今添

虞舜者正義宋州虞城大襄國所封之邑○大襄疑虞思二字之誤見路史國名紀

瞽叟父曰橋牛橋牛父曰句望句望父曰敬康敬康父曰窮蟬窮蟬父曰帝顓頊顓頊父曰昌意以至舜七世矣○路史餘論曰呂梁碑劉玭作碑中叙紀虞帝之世云舜祖幕幕生窮蟬窮蟬生敬康敬康生喬牛喬牛生瞽叟瞽叟產舜命禹行水道呂梁特此節完備爲可攷質之於傳惟無句望且不言出自黃帝

陶河濱正義或陶所在則可○或陶上脫或耕二字語見水經注言無地不可耕且陶也

歷山之人皆讓畔正義韓子歷云○歷字疑衍

使主后土集解杜預曰后土地也○左傳杜預注云后土地官與此異

縉雲氏有不才子正義書云縉赤繒也○春秋疏云字書云赤繒也此明脫字字

禹皋陶契后稷伯夷夔龍垂益彭祖○臣德齡按自禹至彭祖爲十人而下文叙其分職則惟九官而無彭祖又下文舜曰嗟汝二十有二人注引書傳謂四岳九官十二牧也亦無彭祖竊疑彭祖二字是衍文

冦賊姦軌集解鄭元曰由內爲姦起外爲軌○尚書孔傳曰在外曰奸在內曰宄蓋本成十七年傳文與鄭義相反

於是以垂爲共工集解馬融曰爲司空共理百工之事○徐孚遠曰是時禹爲司空宅百揆垂何得亦爲司空抑禹自宅揆解司空之職以授垂耶將共工別爲一官與司空分職而馬說誤耶

教稺子集解孔安國曰稺胄聲相近○今尚書孔傳無此語

於是禹乃與九招之樂○臣德齡按禹字疑當作夔字蓋夔爲典樂之官而禹無作樂之事九招樂作致異物鳳凰來翔不歸其功於夔不可其叙二十二人之成功除四岳無有分職不叙外而獨遺典樂之夔亦不可且其叙禹於諸臣之後者以禹之功爲最大也而大樂之作所以告成功故又叙夔於禹之後其次序固秩然不紊也夏本紀舜德大明於是夔行樂一段尤可爲夔字明證

封弟象爲諸侯正義王隱晉書云此大泉陵縣北部東五里有鼻墟○此大泉三字疑是零陵二字之誤

孔子所傳宰予問五帝德及帝繫姓○監本誤將下文

【索隱】五帝德帝繫姓皆大戴禮云云複見於此標作【正義】今刪

史記卷二

漢　太　史　令司馬遷　撰

宋中郎外兵曹參軍裴　駰集解

唐國子博士弘文館學士司馬貞索隱

唐諸王侍讀率府長史張守節正義

夏本紀第二

夏禹【集解】諡法曰受禪成功曰禹【正義】夏者帝禹封國號也帝王紀云禹受封爲夏伯在豫州外方之南今河南陽翟是也名曰文命【索隱】尚書云文命敷于四海孔安國云外布文德教命不云是禹名太史公皆以放勳重華文命爲名孔又云虞氏舜名則堯舜禹湯皆名矣蓋古質帝王之號皆以名後代因其行追而爲諡其實禹是名故張晏云少昊已前天下之號象其德顓頊已來天下之號因其名又按系本鯀取有莘氏女謂之女志是生高密宋忠云高密禹所封國【正義】帝王紀云父鯀妻脩己見流星貫昴夢接意感又吞神珠薏苡胸坼而生禹名文命字密身九尺二寸長本西夷人也大戴禮云高陽之孫鯀之子曰文命揚雄蜀王本紀云禹本汶山郡廣柔縣人也生於石紐括地志云茂州汶川縣石紐山在縣西七十三里華陽國志云今夷人共營其地方百里不敢居牧至今猶不敢放六畜按廣柔隋改曰汶川禹之父曰鯀鯀之父曰帝顓頊【索隱】皇甫謐云鯀帝顓頊之子字熙又連山易云鯀封於崇故國語謂之崇伯鯀系本亦以鯀爲顓頊子漢書律歷志則云顓頊五代而生鯀按鯀既仕堯與舜代系殊懸舜卽顓頊六代孫則鯀非是顓頊之子蓋班氏之言近得其實顓頊之父曰昌意昌意之父曰黃帝禹者黃帝之玄孫而帝顓頊之孫也禹之曾大父昌意及父鯀皆不得在帝位爲人臣當帝堯之時鴻水滔天【索隱】一作洪鴻大也以鳥大曰鴻小曰鴈故近代文字大義者皆作鴻浩浩懷山襄陵下民其憂堯求能治水者羣臣四嶽皆曰鯀可堯曰鯀爲人負命毀族不可四嶽曰等之未有賢於鯀者願帝試之於是堯聽四嶽用鯀治水九年而水不息功用不成於是帝堯乃求人更得舜舜登用攝行天子之政巡狩行視鯀之治水無狀【索隱】言無功狀乃殛鯀於羽山以死【正義】殛音紀力反鯀之羽山化爲黃熊入于羽淵熊音乃來反下三點爲三足也束皙發蒙記云鼈三足曰熊天下皆以舜之誅爲是於是舜舉鯀子禹而使續鯀之業堯崩帝舜問四嶽曰有能成美堯之事者使居官皆曰伯禹爲司空可成美堯之功舜曰嗟然命禹女平水土維是勉之禹拜稽首讓於契后稷皐陶舜曰女其往視爾事矣禹爲人敏給克勤其德不違其仁可親其言可信聲爲律【索隱】言禹聲音應鍾律身爲度【集解】王肅曰以身爲法度【索隱】按今巫猶稱禹步稱以出【集解】徐廣一作士【索隱】按大戴禮見作士又一解云上聲與身爲律度則權衡亦出於其身故云稱以出也亹亹穆穆爲綱爲紀禹乃遂與益后稷奉帝命命諸侯百姓興人徒以傅土行山表木【集解】駰案尚書傳字作敷馬融曰敷分也【索隱】大戴禮作傅土故此紀依之傅卽付也謂付功屬役之事謂令人分布理九州之土地也表木謂刊木立爲表記尚書作隨山刊木定高山大川【集解】馬融曰定其差秩祀禮所視也駰案尚書大傳曰高山大川五嶽四瀆之屬禹傷先人父鯀功之不成受誅乃勞身焦思居外十三年過家門不敢入薄衣食致孝于鬼神【集解】馬融曰祭祀豐絜卑宮室致費於溝淢【集解】包氏曰方里爲井井間有溝溝廣深四尺十里爲成成間有淢淢廣深八尺陸行乘車水行乘船泥行乘橇【集解】徐廣曰他書或作蕝駰案孟康曰橇形如箕擿行泥上如淳曰橇音茅蕝之蕝謂以板置其泥上以通行路也【正義】按橇形如船而短小兩頭微起人曲一腳泥上擿進用拾泥上之物今杭州溫州海邊有之也山行乘檋【集解】徐廣曰檋一作橋音丘遙反駰案如淳曰檋車謂以鐵如錐頭長半寸施之履下以上山不蹉跌也又音紀錄反【正義】按上山前齒短後齒長下山前齒長後齒短也檋音與上同也左準繩右規矩【集解】王肅曰左右言常用也【索隱】左所運用堪爲人之準繩右所舉動必應規矩也載四時【集解】王肅曰所以行不違四時之宜也以開九州通九道陂九澤度九山令益予衆庶稻可種卑溼命后稷予衆庶難得之食食少調有餘相給以均諸侯禹乃行相地宜所有以貢及山川之便利禹行自冀州始冀州既載【正義】按理水及貢賦從帝都爲始也黃河自勝州東直南至華陰卽東至懷州南又東北至平州碣石山入海也東河之西南河之東南河之北皆冀州也壺口治梁及岐【集解】孔安國曰冀州堯所都也先施貢賦役載於書也鄭玄曰兩河間曰冀州地理志壺口在河東北屈梁山在左馮翊夏陽岐山在右扶風美陽【正義】括地志云壺口山在慈州吉鄉縣西南五十里冀州境也梁山在同州韓城縣東南十九里岐山在岐州岐山縣東北十里二山雍州境也孔安國曰從東循山理水而西也既脩太原至于嶽陽【集解】孔安國曰太原今爲郡名太嶽在太原西南山南曰陽【索隱】嶽太嶽卽冀州之鎮霍太山也按地理志霍太山在河東彘縣東凡如此類不引書者皆地理志文【正義】括地志云霍山在沁州沁原縣西七八十里覃懷致功【集解】孔安國曰覃懷近河地名鄭玄曰懷縣屬河內【索隱】按河內有懷縣今驗地無名覃者蓋覃懷二字或當時共爲一地之名至於衡漳【集解】孔安國曰漳水橫流【索隱】按孔註以衡爲橫非王肅云衡漳二水名地理志清漳水出上黨沾縣東北至阜城縣入河濁漳水出上黨長子縣東至鄴入清漳也【正義】括地志云故懷城在懷州武陟縣西十一里衡漳水在瀛州東北百二十五里平舒縣界也其土白壤【集解】孔安國曰土無塊曰壤賦上上錯【集解】孔安國曰上上第一錯雜也雜出第二之賦田中中【集解】孔安國曰九州之中爲第五常衞既從大陸既爲【集解】鄭玄曰地理志恒水出恒山衞水在靈壽大陸澤在鉅鹿【索隱】此文改恒山恒水皆作常避漢文帝諱故也常水出常山上曲陽縣東入滱水衞水出常山靈壽縣東入滹沱鳥夷皮服【集解】鄭玄曰鳥夷東北之民搏食鳥獸者孔安國曰服其皮明水害除【正義】括地志云靺鞨國古肅愼也在京東北萬里已下東及北各抵大海其國南有白山鳥獸草木皆白其人處山林間土氣極寒常爲穴居以深爲貴至接九梯養豕食肉衣其皮冬以猪膏塗身厚數分以禦風寒貴臭穢不潔作廁於中圜之而居多勇力善射弓長四尺如弩矢用楛長一尺八寸青石爲鏃葬則交木作槨殺猪積槨上富者至數百貧者數十以爲死人之糧以土上覆之以繩繫於槨頭出土上以酒灑酹繩腐而止無四時祭祀也夾右碣石【集解】孔安國曰碣石海畔山也入于海【集解】徐廣曰海一作河【索隱】地理志云碣石山在北平驪城縣西南太康地理志云樂浪遂城縣有碣石山長城所起又水經云在遼西臨渝縣南水中蓋碣石山有二此云夾右碣石入於海當非北平之碣石濟河維沇州【集解】鄭玄曰言沇州之界在此兩水之間九河既道【集解】馬融曰九河名徒駭太史馬頰覆釜胡蘇簡絜鉤盤鬲津雷夏既澤雍沮會同【集解】鄭玄曰雍水沮水相觸而合入此澤中地理志曰雷澤在濟陰城陽縣西北【索隱】爾雅云水自河出爲雍也【正義】括地志云雷夏澤在濮州雷澤縣郭外西北雍沮二水在雷澤西北平地也桑土既蠶於是民得下丘居土【集解】孔安國曰大水去民下丘居平土就桑蠶其土黑墳【集解】孔安國曰色黑而墳起草繇木條【集解】孔安國曰繇茂條長也厥田中下【集解】孔安國曰第六賦貞作十有三年乃同【集解】鄭玄曰貞正也治此州正作不休十三年乃有賦與八州同言功難也其賦下下其貢漆絲其篚織文【集解】孔安國曰地宜漆林又宜桑蠶織文錦綺之屬盛之筐篚而貢焉浮於濟漯通於河【集解】鄭玄曰地理志云漯水出東郡東武陽【索隱】濟水出河東垣縣王屋山東其流至濟陰故[illegible]云濟水出平原漯陰縣東漯水出東郡東武陽縣北至千乘縣而入于海海岱維青州【集解】鄭玄曰東自海西至岱東嶽曰岱山【正義】按舜分青州爲營州遼西及遼東嵎夷既略【集解】馬融曰嵎夷地名用功少曰略【索隱】孔安國曰東表之地稱嵎夷按今文尚書及帝命驗並作禺鐵在遼西鐵古夷字也濰淄其道【集解】鄭玄曰地理志濰水出琅邪淄水出泰山萊蕪縣原山【正義】括地志云密州莒縣濰山濰水所出淄州淄川縣東北七十里原山淄水所出俗傳云禹理水功畢土石黑數里之中波若漆故謂之淄水也其土白墳海濱廣潟【集解】徐廣曰一作澤又作斥厥田斥鹵【集解】鄭玄曰斥謂地鹹鹵【索隱】鹵音魯說文云鹵鹹地東方謂之斥西方謂之鹵田上下賦中上【集解】孔安國曰田第三賦第四厥貢鹽絺海物維錯【集解】孔安國曰絺細葛錯雜非一種鄭玄曰海物海魚也魚種類尤雜岱畎絲枲鉛松怪石【集解】孔安國曰畎谷也怪異好石似玉者岱山之谷出此五物皆貢之萊夷爲牧【集解】孔安國曰萊夷地名可以牧放【索隱】按左傳云萊人劫孔子孔子稱夷不亂華又云齊侯伐萊服虔以爲東萊黃縣是今按地理志黃縣有萊山恐卽此地之夷其篚檿絲【集解】孔安國曰檿桑蠶絲中爲琴瑟弦【索隱】爾雅云檿桑山桑是蠶食檿之絲也浮於汶通於濟【集解】鄭玄曰地理志汶水出泰山萊蕪縣原山西南入濟海岱及淮維徐州【集解】孔安國曰東至海北至岱南及淮淮沂其治蒙羽其蓺【集解】鄭玄曰地理志沂水出泰山蓋縣蒙羽二山名孔安國曰二水已治二山可以種蓺【索隱】水經云淮水出南陽平氏縣胎簪山北過桐柏山沂水出泰山蓋縣艾山南過下邳縣入泗蒙山在泰山蒙陰縣西羽山在東海祝其縣南殛鯀之地大野既都【集解】鄭玄曰大野在山陽鉅野北名鉅野澤孔安國曰水所停曰都東原底平【集解】鄭玄曰東原地名今東平郡卽東原【索隱】張華博物志云兗州東平郡卽尚書之東原也【正義】廣平曰原徐州在東故曰東原水去已致平復言可耕種也其土赤埴墳【集解】徐廣曰埴黏土也草木漸包【集解】孔安國曰漸進長包叢生也其田上中賦中中【集解】孔安國曰田第二賦第五貢維土五色【集解】鄭玄曰土五色者所以爲大社之封也【正義】韓詩外傳云天子社廣五丈東方青南方赤西方白北方黑上冒以黃土將封諸侯各取方土苴以白茅以爲社也太康地記云城陽姑幕有五色土封諸侯錫之茅土用爲社此土卽禹貢徐州土也今屬密州莒縣羽畎夏翟【集解】孔安國曰夏翟翟雉名也羽中旌旄羽山之谷有之嶧陽孤桐【集解】孔安國曰嶧山之陽特生桐中琴瑟鄭玄曰地理志嶧山在下邳【正義】括地志云嶧山在兗州鄒縣南二十二里鄒山記云鄒山古之嶧山言絡繹相連屬也今猶多桐樹按今獨生桐尚徵一偏似琴瑟泗濱浮磬【集解】孔安國曰泗水涯水中見石可以爲磬鄭玄曰泗水出濟陰乘氏也【正義】括地志云泗水至彭城呂梁出石磬淮夷蠙珠臮魚【集解】孔安國曰淮夷二水出蠙珠及美魚鄭玄曰淮夷淮水之上民也【索隱】按尚書云徂茲淮夷徐戎並興今徐州言淮夷則鄭解爲得蠙一作玭並步玄反臮古曁字臮與也言夷人所居淮水之處有此蠙珠與魚也又作濱濱畔也其篚玄纖縞【集解】鄭玄曰纖細也祭服之材尚細【正義】玄黑繒縞白繒以細繒染爲黑色浮于淮泗通于河【正義】括地志云泗水源在兗州泗水縣東陪尾山其源有四道因以爲名淮海維揚州【集解】孔安國曰北據淮南距海彭蠡既都陽鳥所居【集解】鄭玄曰地理志彭蠡澤在豫章彭澤西孔安國曰隨陽之鳥鴻鴈之屬冬月居此澤也【索隱】都古文尚書作豬孔安國云水所停曰豬鄭玄云南方謂都爲豬則是水聚會之義【正義】蠡音禮括地志云彭蠡湖在江州潯陽縣東南五十二里三江既入【索隱】韋昭云三江謂松江錢唐江浦陽江按地理志有南江中江北江是爲三江其南江從會稽吳縣南東入海中江從丹陽蕪湖縣東北至會稽陽羨縣東入海北江從會稽毗陵縣北東入海故下文東爲中江又東爲北江孔安國云有北有中南可知也震澤致定【集解】孔安國曰震澤吳南太湖名言三江已入致定爲震澤【索隱】震一作振地理志云會稽吳縣故周太伯所封國具區在其西古文以爲震澤又左傳稱笠澤亦謂此也【正義】澤在蘇州西四十五里三江者在蘇州東南三十里名三江口一江西南上七十里至太湖名曰松江古笠澤江一江東南上七十里至白蜆湖名曰上江亦曰東江一江東北下三百餘里入海名曰下江亦曰婁江於其分處號曰三江口顧夷吳地記云松江東北行七十里得三江口東北入海爲婁江東南入海爲東江并松江爲三江是也言理三江入海非入震澤也按太湖西南湖州諸谿從天目山下西北宣州諸山有溪並下太湖太湖東北流各至三江口入海其湖無通彭蠡及太湖處並阻山陸諸儒及地志等解三江既入皆非也周禮職方氏云揚州藪曰具區川曰三江按五湖三江者韋昭注非也其源俱不通太湖引解三江既入失之遠矣五湖者菱湖遊湖莫湖貢湖胥湖皆太湖東岸五灣爲五湖蓋古時應別今並相連菱湖在莫釐山東周迴三十餘里西口闊二里其口南則莫釐山北則徐侯山西與莫湖連莫湖在莫釐山西及北北與胥湖連胥湖在胥山西南與莫湖連各周迴五六十里西連太湖遊湖在北二十里在長山東湖西口闊二里其口東南岸樹里山西北岸長山湖周迴五六十里貢湖在長山西其口闊四五里口東南長山山南卽山陽村西北連常州無錫縣老岸湖周迴一百九十里已上湖身向東北長七十餘里兩湖西亦連太湖河渠書云於吳則通渠三江五湖貨殖傳云夫吳有三江五湖之利又太史公自敘傳云登姑蘇望五湖是也竹箭既布【集解】孔安國曰水去布生其草惟夭其木惟喬【集解】孔安國曰少長曰夭喬高也其土塗泥【集解】馬融曰漸洳也田下下賦下上上雜【集解】孔安國曰田第九賦第七雜出第六貢金三品【集解】孔安國曰金銀銅鄭玄曰金三色也瑤琨竹箭【集解】孔安國曰瑤琨皆美玉也齒革羽毛【集解】孔安國曰象齒犀皮鳥羽旄牛尾也【正義】周禮考工記云犀甲七屬兕甲六屬郭云犀似水牛猪頭大腹庳腳有角好食棘也亦有一角者按西南夷常貢旄牛尾爲旌旗之飾詩通謂之旄故尚書云右秉白旄詩云建旐設旄皆此牛也島夷卉服【集解】孔安國曰南海島夷草服葛越【正義】括地志云百濟國西南渤海中有大島十五所皆邑落有人居屬百濟又倭國武皇后改曰日本國在百濟南隔海依島而居凡百餘小國此皆揚州之東島夷也按東南之夷草服葛越焦竹之屬越卽苧祁也其篚織貝【集解】孔安國曰織細紵也貝水物也鄭玄曰貝錦名也詩云成是貝錦凡織者先染其絲織之卽成矣其包橘柚錫貢【集解】孔安國曰小曰橘大曰柚錫命乃貢言不常也鄭玄曰有錫則貢之或時乏則不貢錫所以柔金也均江海通淮泗【集解】鄭玄曰均讀曰沿沿順水行也荊及衡陽維荊州【集解】孔安國曰北據荊山南及衡山之陽江漢朝宗于海【集解】孔安國曰二水經此州而入海有似於朝百川以海爲宗宗尊也【正義】括地志云江水源出岷州南岷山南流至益州卽東南流入蜀至瀘州東流經三峽過荊州與漢水合孫卿子云江水其源可以濫觴也又云漢水源出梁州金牛縣東二十八里嶓冢山九江甚中【集解】孔安國曰江於此州界分爲九道甚得地勢之中鄭玄曰地理志九江在尋陽南皆東合爲大江【索隱】按尋陽記九江者烏江蚌江烏白江嘉靡江源江畎江提江箘江又張湏九江圖所載有三里五畎烏土白蚌九江之名不同沱涔已道【集解】孔安國曰沱江別名涔水名鄭玄曰水出江爲沱漢爲涔【索隱】涔亦作潛沱由蜀郡郫縣西東入江潛出

漢中安陽縣西北入漢故爾雅云水自江出爲沱漢出爲潛[正義]括地志云繁江水受郫江禹貢曰岷山導江東別爲沱源出益州新繁縣潛水一名復水今名龍門水源出利州綿谷縣東龍門山大石穴下也雲夢土爲治[集解]孔安國曰雲夢之澤在江南其中有平土丘水去可爲耕作畎畝之治[索隱]夢一作瞢鄭契生又音蒙按雲土夢本二澤名蓋人以二澤相近或合稱雲夢耳知者據左傳云昭王寢於雲中又楚子鄭伯田于江南之夢則是二澤各別也韋昭曰雲土今爲縣屬江夏南郡華容今按地理志云江夏有雲杜縣是其土塗泥田下中賦上下[集解]孔安國曰田第八賦第三貢羽旄齒革金三品杶榦栝栢[集解]鄭玄曰四木名孔安國曰榦柘也栢葉松身曰栝礪砥砮丹[集解]孔安國曰砥細於礪皆磨石也砮石中矢鏃丹朱類也維箘簬楛[集解]徐廣曰一作箭足杆杆卽楛也音怙箭足者矢鏃也或以箭足訓釋箘簬乎胭案鄭玄曰箘簬聆風也三國致貢其名[集解]馬融曰言箘簬楛三國所致貢其名善也包匭菁茅[集解]鄭玄曰匭纏結也菁茅茅有毛刺者給宗廟縮酒重之故包裹又纏結也[正義]括地志云辰州盧溪縣西南三百五十里有包茅山武陽記云山際出包茅有刺而三脊因名包茅山其篚玄纁璣組[集解]孔安國曰此州染玄纁色善故貢之璣珠類生於水中組綬類也九江入賜大龜[集解]孔安國曰尺二寸曰大龜出於九江山中龜不常用賜命而納之浮於江沱涔於漢踰于雒至於南河荊河惟豫州[集解]孔安國曰西南至荊山北距河水[正義]括地志云荊山在襄州荊山縣西八十里韓子云卞和得玉璞於楚之荊山卽此也河洛州北河也伊雒瀍澗既入於河[集解]孔安國曰伊出陸渾山洛出上洛山澗出澠池山瀍出河南北山四水合流而入河[索隱]伊水出弘農盧氏縣東洛水出弘農上洛縣冢嶺山瀍水出河南穀成縣替亭北澗水出弘農新安縣東皆入于河[正義]括地志云伊水出虢州盧氏縣東巒山東北流入洛水出商州洛南縣冢嶺山東流經洛州郭內又各合伊水瀍水出洛州新安縣東南流至洛州郭內南入洛澗水源出洛州新安縣東白石山東北與穀水合流經洛州郭內東流入洛也滎播既都[集解]孔安國曰滎澤名波水已成遏都[索隱]古文尚書作滎波此及今文並云滎播播是水播溢之義滎是澤名故左傳云狄及衛戰於滎澤鄭玄云今塞爲平地滎陽人猶謂其處爲滎播道荷澤被明都[集解]孔安國曰荷澤在胡陵明都澤名在河東北水流泆覆被之[索隱]荷澤在濟陰定陶縣東明都音孟猪孟猪澤在梁國睢陽縣東北爾雅左傳謂之諸今文亦爲然唯周禮稱望諸皆此地之一名[正義]括地志云荷澤在曹州濟陰縣東北九十里定陶城東今名龍池亦名九卿陂其土壤下土墳壚[集解]孔安國曰壚疏也馬融曰豫州地有三等下者墳壚也田中上賦雜上中[集解]孔安國曰田第四賦第二又雜出第一貢漆絲絺紵其篚纖絮[集解]孔安國曰細綿也錫貢磬錯[集解]孔安國曰治玉石曰錯治磬錯也浮於雒達於河華陽黑水惟梁州[集解]孔安國曰東據華山之南西距黑水[正義]括地志云黑水源出梁州城固縣西北太山汶嶓既蓺[集解]鄭玄曰地理志岷山在蜀郡湔氐道嶓冢山在漢陽西[索隱]汶一作岷又作汶嶓山封禪書一云瀆山在蜀都湔氐道西徼江水所出嶓冢山在隴西西縣漢水所出也[正義]括地志云岷山在岷州溢洛南一里連綿至蜀二千里皆名岷山嶓冢山在梁州金牛縣東二十八里湔音子踐反氐音丁奚反沱涔既道[集解]孔安國曰沱涔發源此州入荊州蔡蒙旅平[集解]孔安國曰蔡蒙二山名祭山曰旅平言治功畢也鄭玄曰地理志蔡蒙在漢嘉縣[索隱]此非徐州之蒙在蜀郡青衣縣青衣後改爲漢嘉蔡山不知所在也[正義]括地志云蒙山在雅州嚴道縣南十里和夷底績[集解]馬融曰和夷地名也其土青驪[集解]孔安國曰色青黑也田下上賦下中三錯[集解]孔安國曰田第七賦第八雜出第七第九三等貢璆鐵銀鏤砮磬[集解]孔安國曰璆玉名鄭玄曰黃金之美者謂之鏐鏤剛鐵可以刻鏤也熊羆狐貍織皮[集解]孔安國曰貢四獸之皮也織皮今罽也西傾因桓是來[集解]馬融曰治西傾山因桓水是來言無餘道也鄭玄曰地理志西傾山在隴西臨洮[索隱]桓水出蜀郡岷山西南行羌中入海也[正義]括地志云西傾山今嵹臺

山在洮州臨洮縣西南三百三十六里浮于潛踰于沔[集解]孔安國曰漢上水爲沔鄭玄曰或謂漢爲沔入于渭亂于河[集解]孔安國曰正絕流曰亂黑水西河惟雍州[集解]孔安國曰西距黑水東據河龍門之河在冀州[索隱]地理志益州滇池有黑水祠鄭玄引地說云三危山黑水出其南山海經黑水出崐崙墟西北隅也弱水既西[集解]孔安國曰導之西流至於合黎鄭玄曰衆水皆東此獨西流也[索隱]水經云弱水出張掖刪丹縣西北至酒泉會水縣入合黎山腹山海經云弱水出崐崙墟西南隅也涇屬渭汭[集解]孔安國曰屬逮也水北曰汭言治涇水入于渭也鄭玄曰地理志涇水出安定涇陽[索隱]渭水出首陽縣鳥鼠同穴山說文云水相入曰汭[正義]括地志云涇水源出原州百泉縣西南笄頭山涇谷渭水源出渭原縣西七十六里鳥鼠山今名青雀山渭有三源並出鳥鼠山東流入河按言理涇水及至渭水又理漆沮亦從渭流復理灃水亦同入渭者也漆沮既從[正義]括地志云漆水源出岐州普閏縣東南岐漆山漆溪東入渭沮水一名川水源出雍州富平縣東入櫟陽縣南漢高帝於櫟陽置萬年縣十三州地理志云萬年縣南有涇渭北有小河卽沮水也詩云古公去邠度漆沮卽此二水灃水所同[集解]灃音豐孔安國曰漆沮之水已從入渭灃水所同同於渭也[索隱]漆沮二水漆水出右扶風漆縣西沮水地理志無文而水經以灃水出北地直路縣東過馮翊祋祤縣入洛說文亦以漆沮各是一水名孔安國獨以爲一又云是洛水灃水出右扶風鄠縣南東北過上林苑[正義]括地志云雍州鄠縣終南山灃水出焉荊岐已旅[集解]孔安國曰荊在岐東非荊州之荊也[正義]括地志云荊山在雍州富平縣今名掘陵原岐山在岐州岐山縣東北十里尚書正義云洪水時祭祀禮廢已旅祭言理水功畢也按雍州荊山卽黃帝及禹鑄鼎地也襄州荊山縣西荊山卽卞和得玉璞者終南敦物至于鳥鼠[集解]孔安國曰三山名言相望也鄭玄曰地理志終南敦物皆在右扶風武功也[索隱]按左傳中南山杜預以爲終南山地理志云太一山古文以爲終南華山古文以爲敦物皆在扶風武功縣東[正義]括地志云終南山一名中南山一名太一山一名南山一名橘山一名楚山一名秦山一名周南山一名地肺山在雍州萬年縣南五十里原隰底績至于都野[集解]鄭玄曰地理志都野在武威名曰休屠澤[正義]原隰幽州地也按原高平地也隰低下地也言從渭州致功西北至凉州都野沙州三危山也括地志云都野澤在涼州姑臧縣東北二百八十里三危既度[索隱]鄭玄引河圖及地說云三危山在鳥鼠西南與岐山相連度劉伯莊音田各反尚書作宅三苗大序[集解]孔安國曰西裔之山已可居三苗之族大有次序禹之功也其土黃壤田上上賦中下[集解]孔安國曰田第一賦第六人功少貢璆琳琅玕[集解]孔安國曰璆琳皆玉名琅玕石名而似珠者浮于積石至于龍門西河[集解]孔安國曰積石山在金城西南河所經也龍門山在河東之西界[索隱]積石在金城河關縣西南龍門山在左馮翊夏陽縣西北[正義]括地志云積石山今名小積山在河州枹罕縣西七里河州在京西一千四百七十二里龍門山在同州韓城縣北五十里李奇云禹鑿通河水處廣八十步三秦記云龍門水懸船而行兩旁有山水陸不通龜魚集龍門下數千不得上上則爲龍故云暴鰓點額龍門下按河在冀州西故云西河也禹發源河水小積石山浮河東北下歷靈勝北而南行至於龍門皆雍州地也會于渭汭[正義]水經云河水又南至潼關渭水從西注之也織皮昆侖析支渠搜西戎卽序[集解]孔安國曰織皮毛布此四國在荒服之外流沙之內羌髳之屬皆就次序美禹之功及戎狄也[索隱]鄭玄以爲衣皮之人居昆侖析支渠搜三山皆在西戎王肅曰昆侖在臨羌西析支在河關西西戎西域王肅以爲地名而不言渠搜今按地理志金城臨羌縣有昆侖祠敦煌廣至縣有昆侖障朔方有渠搜縣道九山[索隱]汧壺口砥柱太行西傾熊耳嶓冢內方岐是九山也古分爲三條故地理志有北條之荊山馬融以汧爲北條西傾爲中條嶓冢爲南條鄭玄分四列汧爲陰列西傾次陰列嶓冢爲陽列岐山次陽列汧及岐至于荊山[集解]鄭玄曰地理志汧在右扶風也[索隱]汧一作岍按有汧水故其字或從山或從水猶岐山然也地理志云吳山在右扶風汧縣西荊山在左馮翊懷德縣南也[正義]括地志云汧山在隴州汧源縣西六十里其山東鄰岐岫西接隴岡汧水出焉岐山在岐州踰于

河壺口雷首[索隱]雷首山在河東蒲坂縣東南至于太嶽[集解]孔安國曰三山在冀州太嶽在上黨西也[索隱]卽霍太山也已見上[正義]括地志云壺口在慈州吉昌縣西南雷首山在蒲州河東縣太嶽霍山也在沁州沁源縣砥柱析城至于王屋[集解]孔安國曰此三山在冀州之南河之北[索隱]析城山在河東濩澤縣西南王屋山在河東垣縣東北水經云砥柱山在河東太陽縣南河水中也[正義]括地志云底柱山俗名三門山在硤石縣東北五十里黃河之中孔安國云底柱山名河水分流包山而過山見水中若柱然也括地志云析城山在澤州陽城縣西南七十里注水經云析城山甚高峻上平坦有二水東濁西淸左右不生草木括地志云王屋山在懷州王屋縣北十里古今地名云山方七百里山高萬仞本冀州之河陽山也太行常山至于碣石入于海[集解]孔安國曰此二山連延東北接碣石而入於滄海[索隱]太行山在河內山陽縣西北常山恒山是也在常山郡上曲陽縣西北[正義]括地志云太行山在懷州河內縣北二十五里有羊腸坂恒山在定州恒陽縣西北百四十里道書福地記云恒山高三千三百丈上方二十里有太玄之泉神草十九種可度俗西傾朱圉鳥鼠至于太華[集解]鄭玄曰地理志云朱圉在漢陽南太華山在弘農華陰南孔安國曰鳥鼠山渭水所出在隴西之西[索隱]圉一作圄朱圄山在天水冀縣南鳥鼠山在隴西首陽縣西南太華卽敦物山熊耳外方桐柏至于負尾[集解]鄭玄曰地理志熊耳在盧氏東外方在潁川嵩高山桐柏山在南陽平氏東南陪尾在江夏安陸東北若橫尾者[索隱]熊耳山在弘農盧氏縣東伊水所出外方山卽潁川嵩高縣嵩高山古文尚書亦以爲外方山桐柏山一名大復山在南陽平氏縣東南陪尾山在江夏安陸縣東北地理志謂之橫尾山負音陪也[正義]括地志云華山在華州華陰縣界八里熊耳山在虢州盧氏縣南五十里嵩高山亦名太室山亦名外方山在洛州陽城縣北二十三里也桐柏山在唐州東南五十里淮水出焉橫尾山古陪尾山也在安州安陸縣北六十里道嶓冢至于荊山[集解]鄭玄曰地理志荊山在南郡臨沮[正義]括地志云嶓冢山在梁州荊山在襄州荊山縣西八十里也又云荊山縣本漢臨沮縣地也沮水卽漢水也按縣孫叔敖激沮水爲雲夢澤是也內方至于大別[集解]鄭玄曰地理志內方在竟陵名立章山大別在廬江安豐縣[索隱]內方山在竟陵縣東北大別山在六安國安豐縣今土人謂之甑山[正義]括地志云章山在荊州長林縣東北六十里今漢水附章山之東與經史符會按大別山今沙洲在山上漢江經其左今俗猶云甑山注云在安豐非漢所經也汶山之陽至于衡山[索隱]在長沙湘南縣東南廣雅云岣嶁謂之衡山[正義]括地志云岷山在茂州汶川縣衡山在衡州湘潭縣西四十一里過九江至于敷淺原[集解]徐廣曰淺一作滅駰案國語曰敷淺原一名博陽山在豫章道九川[索隱]弱黑河瀁江沇淮渭洛爲九川弱水至于合黎[集解]鄭玄曰地理志弱水出張掖孔安國曰合黎水名在流沙東[索隱]水經云合黎山在酒泉會水縣東北鄭玄引地說亦以爲然孔安國云水名當是其山出弱水故所記各不同[正義]括地志云蘭門山一名合黎一名窮名山在甘州刪丹縣西南七里淮南子云弱水源出窮名山又云合黎一名羌谷水一名鮮水一名覆表水今名副投河亦名張掖河南自吐谷渾界流入甘州張掖縣今按合黎水出臨松山東而北流歷張掖故城下又北流經張掖縣二十三里又北流經合黎山折而北流經流沙磧之西入居延海行千五百里合黎山張掖縣西北二百里也餘波入于流沙[集解]孔安國曰弱水餘波西溢入流沙鄭玄曰地理志流沙居延西北名居延澤地記曰弱水西流入合黎山腹餘波入于流沙通於南海馬融王肅皆云合黎流沙是地名[索隱]地理志張掖居延縣西北有居延澤古文以爲流沙廣志流沙在玉門關外有居延澤居延城又山海經云流沙出鍾山西南行昆侖墟入海按是地兼有水故一云地名一云水名馬鄭不同抑有由也道黑水至于三危入于南海[集解]鄭玄曰地理志益州滇池有黑水祠而不記此山水所在地記曰三危山在鳥鼠之西南孔安國曰黑水自北而南經三危過梁州入南海也[正義]括地志云黑水源出伊吳縣北百二十里又南流二十里而絕三危山在沙州燉煌縣東南四十里按南海卽揚州東大海岷江下至揚州東入海也其黑水源在伊州從伊州東南三千餘里至鄯州鄯州東南四百餘里至河州入黃河河州有小積石山卽禹貢浮於積石至於龍門者然黃河

源從西南下出大崑崙東北隅東北流經于闐入鹽澤卽東南潛行入吐谷渾界大積石山又東北流至小積石山又東北流來處極遠其黑水當洪水時合從黃河而行何得入于南海南海去此甚遠阻隔南山隴山岷山之屬當是洪水浩浩處西戎不深致功古文故有疏略也道河積石[索隱]爾雅云河出昆侖墟其色白漢書西域傳云河有兩源一出葱嶺一出于闐于闐河北流與葱嶺河合東注蒲昌海一名鹽澤其水停冬夏不增減其南出積石爲中國河是河源發昆侖禹導河自積石而加功也至于龍門南至華陰[集解]孔安國曰至華陰山北而東行[正義]華陰縣在華山北本魏之陰晉縣秦惠文王更名寧秦漢高帝改曰華陰東至砥柱[集解]孔安國曰砥柱山名河水分流包山而過山見水中若柱然也在西虢之界[正義]砥柱山俗名三門山禹鑿北山三道河水故曰三門也又東至于盟津[集解]孔安國曰在洛北[索隱]盟古孟字孟津在河陰十三州記云河陽縣在於河上卽孟津是也[正義]杜預云盟河內郡河陽縣南孟津也在洛陽城北都道所湊古今爲津武王渡之近代呼爲武濟括地志云盟津周武王伐紂與八百諸侯會盟津亦曰孟津又曰富平津水經云小平津今云河陽津是也東過雒汭至于大伾[集解]孔安國曰洛汭洛入河處山再成曰伾[索隱]爾雅云山一成曰伾或以爲成皋山是[正義]李巡云山再重曰英一重曰伾括地志云大伾山今名黎陽東山又曰青壇山在衞州黎陽南七里張揖云今成皋非也北過降水至于大陸[集解]鄭玄曰地理志降水在信都南孔安國曰大陸澤名[索隱]地理志絳水字從系出信都國與虖池漳河水並流入海大陸在鉅鹿郡爾雅云晉有大陸郭璞以爲此澤也[正義]括地志云降水源出潞州屯留縣西南方東北流冀州入海北播爲九河同爲逆河[集解]鄭玄曰下尾合名曰逆河言相逆受也入于海[正義]播布也河至冀州分布爲九河下至滄州更同合爲一大河名曰逆河而夾右碣石入於渤海也嶓冢道瀁東流爲漢[集解]鄭玄曰地理志瀁水出隴西氐道至武都爲漢至江夏謂之夏水[索隱]水經云瀁水出隴西氐道縣嶓冢山東至武都沮縣爲漢水地理志云至江夏謂之夏水山海經亦以漢出嶓冢山故孔安國云泉始出山爲瀁水東南流爲沔水至漢中東行爲漢水[正義]括地志云嶓冢山水始出山沮洳故曰沮水東南爲瀁水又爲沔水至漢中爲漢水至均州爲滄浪水始欲出大江爲夏口又爲沔口漢江一名沔江也又東爲蒼浪之水[集解]孔安國曰別流也在荊州[索隱]馬融鄭玄皆以滄浪爲夏水卽漢河之別流也漁父歌曰滄浪之水淸兮可以濯吾纓是此水也[正義]括地志云均州武當縣有滄浪水庾仲雍漢水記云武當縣西四十里漢水中有洲名滄浪洲也地記云水出荊山東南流爲滄浪水過三澨入于大別[集解]孔安國曰三澨水名鄭玄曰在江夏竟陵之界[索隱]水經云三澨地名在南郡邔縣北孔安國鄭玄以爲水名今竟陵有三參水俗云是三澨水參音去聲南入于江東匯澤爲彭蠡[集解]孔安國曰匯回也水東回爲彭蠡大澤東爲北江入于海[集解]孔安國曰自彭蠡江分爲三道入震澤遂爲北江而入海汶山道江東別爲沱又東至于醴[集解]孔安國及馬融王肅皆以醴爲水名鄭玄曰醴陵名也大阜曰陵長沙有醴陵縣[索隱]按騷人所歌濯余佩於醴浦明醴是水孔安國馬融解得其實又虞喜志林以醴是江沅之別流而醴字作澧也過九江至于東陵[集解]孔安國曰東陵地名東迆北會于匯[集解]孔安國曰迆溢也東溢分流都共北會彭蠡東爲中江入于海[集解]孔安國曰有北有中南可知也[正義]括地志云禹貢三江俱會於彭蠡合爲一江入于海道沇水東爲濟入于河泆爲滎[集解]鄭玄曰地理志沇水出河東垣縣王屋山東至河內武德入河泆爲滎孔安國曰濟在溫西北滎澤在敖倉東南[索隱]水經云自河東垣縣王屋山東流爲沇水至溫縣西北爲濟水[正義]括地志云沇水出懷州王屋縣北十里王屋山頂巖下石泉亭不流其深不測至縣西北二里平地其源重發而東南流爲汜水水經云汜東至溫縣西北爲泲水又南當鞏之南北入于河釋名云濟者濟也下濟子細反按濟水入河而南截度河南岸溢滎澤在鄭州滎澤縣西北四里今無水成平地東出陶丘北[集解]孔安國曰陶丘丘再成者也鄭玄曰地理志陶丘在濟陰定陶西北[正義]括地志云陶丘在濮州鄄城西南二十四里又云在曹州城中徐才宗國都城記云

此城中高丘卽古之陶丘又東至于荷[集解]孔安國曰荷澤之水又東北會于汶[正義]汶音問地理志云汶水出泰山萊蕪縣原山西南入濟又北東入于海道淮自桐柏[正義]地理志云桐柏山在南陽平氏縣東南淮水所出按在唐州東五十餘里東會于泗沂東入于海[集解]孔安國曰與泗沂二水合入海也道渭自鳥鼠同穴[集解]孔安國曰鳥鼠共為雌雄同穴處此山遂名曰鳥鼠渭水出焉[正義]括地志云鳥鼠山今名青雀山在渭州渭源縣西七十六里山海經云鳥鼠同穴之山渭水出焉郭璞注云今在隴西首陽縣西南山有鳥鼠同穴鳥名鵌鼠名鼵鼵如人家鼠而短尾鵌似鵽而小黃黑色穴入地三四尺鼠在內鳥在外鵌音余鼵音突鵽音丁刮反也東會于灃[正義]灃音豐括地志云灃水出雍州鄠縣終南山灃谷北入渭也又東北至于涇[正義]括地志云涇水出原州百泉縣西南幵頭山涇谷東南流入渭也東過漆沮入于河[集解]孔安國曰漆沮二水名亦曰洛水出馮翊北道雒自熊耳[集解]孔安國曰在宜陽之西[正義]括地志云洛水出商州洛南縣西冢嶺山東北流入河熊耳山在虢州盧氏縣南五十里洛所經東北會于澗瀍[集解]孔安國曰會于河南城南[正義]括地志云澗水出洛州新安縣東白石山之陰地理志云瀍水出河南穀城縣朁亭北東南入於洛又東會于伊[集解]孔安國曰會於洛陽之南東北入于河[集解]孔安國曰合於鞏之東也於是九州攸同四奧既居[集解]孔安國曰四方之宅已可居也九山栞旅[集解]孔安國曰九州名山已槎木通道而旅祭也九川滌原[集解]孔安國曰九川已滌除無壅塞也九澤既陂[集解]孔安國曰九州之澤皆已陂障無決溢也四海會同六府甚脩[集解]孔安國曰六府金木水火土穀衆土交正致慎財賦[集解]鄭玄曰衆土美惡及高下得其正矣亦致其貢篚慎奉其財物之稅皆法定制而入之也咸則三壤成賦[集解]鄭玄曰三壤上中下各三等也中國賜土姓祗台德先不距朕行[集解]鄭玄曰中卽九州也天子建其國諸侯祚之土賜之姓命之氏其敬悅天子之德既先又不距違我天子政教所行令天子之國以外五百里甸服[集解]孔安國曰為天子服治田去王城面五百里內百里賦納緫[集解]孔安國曰甸內近王城者禾稾曰緫供國馬也[索隱]說文云緫聚束草也二百里納銍[集解]孔安國曰所銍刈謂禾穗[索隱]說文云銍穫禾短鎌也三百里納秸服[集解]孔安國曰秸稾也服稾役[索隱]禮郊特牲云蒲越稾秸之美則秸是稾之類也四百里粟五百里米[集解]孔安國曰所納精者少麤者多甸服外五百里侯服[集解]孔安國曰侯候也斥候而服事也百里采[集解]馬融曰采事也各受王事者二百里任國[集解]孔安國曰任王事者三百里諸侯[集解]孔安國曰三百里同為王者斥候故合三為一名侯服外五百里綏服[集解]孔安國曰綏安也服王者政教三百里揆文教[集解]孔安國曰揆度也度王者文教而行之三百里皆同二百里奮武衛[集解]孔安國曰文教之外二百里奮武衛天子所以安綏服外五百里要服[集解]孔安國曰要束以文教也三百里夷[集解]孔安國曰守平常之教事王者而已二百里蔡[集解]馬融曰蔡法也受王者刑法而已要服外五百里荒服[集解]馬融曰政教荒忽因其故俗而治之三百里蠻[集解]馬融曰蠻慢也禮簡怠慢來不距去不禁二百里流[集解]馬融曰流行無城郭常居東漸于海西被于流沙朔南暨[集解]鄭玄曰朔北方聲教訖于四海於是帝錫禹玄圭以告成功于天下[正義]帝堯也玄水色以禹理水功成故錫玄圭以表顯之天下於是太平治自此已上並尚書禹貢文皋陶作士以理民帝舜朝禹伯夷皋陶相與語帝前皋陶述其謀曰信其道德謀明輔和禹曰然如何皋陶曰於[正義]音烏歎美之辭慎其身脩[正義]以為絕句思長[集解]孔安國曰慎脩其身思為長久之道敦序九族衆明高翼

近可遠在已[集解]鄭玄曰次序九族而親之以衆明作羽翼之臣此政由近可以及遠也禹拜美言曰然皋陶曰於在知人在安民禹曰吁皆若是惟帝其難之[集解]孔安國曰言帝堯亦以為難知人則智能官人能安民則惠黎民懷之能知能惠何憂乎驩兜何遷乎有苗何畏乎巧言善色佞人[集解]鄭玄曰禹為父隱故言不及鯀皋陶曰然於亦行有九德亦言其有德乃言曰始事事[集解]孔安國曰言其人有德必言其所行事因事以為驗寬而栗[集解]孔安國曰性寬弘而能莊栗柔而立[集解]孔安國曰和柔而能立事愿而共[集解]孔安國曰愨愿而恭敬治而敬擾而毅[集解]徐廣曰擾一作柔駰案孔安國曰擾順也致果為毅直而溫簡而廉剛而實彊而義章其有常吉哉[集解]孔安國曰章明也吉善也日宣三德蚤夜翊明有家[集解]孔安國曰三德九德之中有其三也卿大夫稱家明行之可以為卿大夫日嚴振敬六德亮采有國[集解]孔安國曰嚴敬也行六德以信治事可為諸侯也馬融曰亮信采事也翕受普施九德咸事俊乂在官[集解]孔安國曰翕合也能合受三六之德而用之以布施政教使九德之人皆用事謂天子也如此則俊德理能之士並在官也百吏肅謹毋教邪淫奇謀非其人居其官是謂亂天事[索隱]此取尚書皋陶謨為文斷絕殊無次序卽班固所謂疏略抵捂是也今亦不能深考天討有罪五刑五用哉[集解]孔安國曰言用五刑必當吾言厎可行乎禹曰女言致可績行皋陶曰余未有知思贊道哉[正義]皋陶云我未有所知思之贊於古道耳謙辭也已上並尚書皋陶謨文略其經不全備也帝舜謂禹曰女亦昌言禹拜曰於予何言予思日孳孳皋陶難禹曰何謂孳孳禹曰鴻水滔天浩浩懷山襄陵下民皆服於水予陸行乘車水行乘舟泥行乘橇山行乘檋行山栞木[正義]行寒孟反栞戶寒反與益予衆庶稻鮮食[集解]孔安國曰鳥獸新殺曰鮮[索隱]予音與上與同與之與下予謂施予之予此禹言其與益施予衆庶之稻糧以決九川致四海浚畎澮[集解]鄭玄曰畎澮田間溝也致之川與稷予衆庶難得之食食少調有餘補不足徙居衆民乃定萬國為治皋陶曰然此而美也禹曰於帝慎乃在位安爾止[集解]鄭玄曰安汝之所止無妄動動則擾民輔德天下大應清意以昭待上帝命天其重命用休[集解]鄭玄曰天將重命汝以美應謂符瑞也帝曰吁臣哉臣哉臣作朕股肱耳目予欲左右有民女輔之[集解]馬融曰我欲左右助民汝當翼成我也余欲觀古人之象日月星辰作文繡服色女明之予欲聞六律五聲八音來始滑以出入五言女聽[集解]駰案尚書滑字作曶音忽鄭玄曰曶者臣見君所秉書思對命者也君亦有焉以出納政教於五官[索隱]古文尚書作在治忽今文作采政忽先儒各隨字解之今此云來始滑於義無所通蓋來采字相近滑忽聲相亂始又與治相似因誤為來始滑今依今文音采政忽三字劉伯莊云聽諸侯能為政及怠忽者是也五言謂仁義禮智信五德之言鄭玄以為出納政教五官非也予卽辟女匡拂予女無面諛退而謗予敬四輔臣[集解]駰案尚書大傳曰古者天子必有四鄰前曰疑後曰丞左曰輔右曰弼諸衆讒嬖臣君[集解]徐廣曰臣一作吾[索隱]諸衆讒嬖臣為一句君字宜屬下文德誠施皆清矣禹曰然帝卽不時布同善惡則毋功[集解]孔安國曰帝用臣不是則賢愚並位優劣同流故也帝曰[正義]此二字及下禹曰尚書並無太史公有四字帝及禹相答極為次序當應別見書毋

若丹朱傲維慢游是好毋水行舟朋淫于家[集解]鄭玄曰朋淫淫門內用絕其世予不能順是禹曰予辛壬娶塗山癸甲生啓[集解]孔安國曰塗山國名辛日娶妻至於甲四日復往治水[索隱]杜預云塗山在壽春東北皇甫謐云今九江當塗有禹廟則塗山在江南也系本曰塗山氏女名女媧是禹娶塗山氏號女媧也又按尚書云娶于塗山辛壬癸甲啓呱呱而泣予弗子今此云辛壬娶塗山癸甲生啓蓋今文尚書脫漏太史公取為言亦不稽其本意豈有辛壬娶妻經二日生子不經之甚予不子[正義]此三字為一句禹辛日娶至甲四日往理水及生啓不入門我不得名子以故能成水土之功又一云過門不入不得有子愛之心帝繫云禹娶塗山氏之子謂之女憍是生啓也以故能成水土功輔成五服至于五千里州十二師外薄四海[集解]孔安國曰薄迫言至海也[正義]爾雅云九夷八狄七戎六蠻謂之四海釋名云海晦也按夷蠻晦昧無知故云四海也咸建五長[集解]孔安國曰諸侯五國立賢者一人為方伯謂之五長以相統治各道有功苗頑不卽功[集解]孔安國曰三苗頑凶不得就官善惡分別帝其念哉帝曰道吾德乃女功序之也皋陶於是敬禹之德令民皆則禹不如言刑從之[索隱]謂不用命之人則亦以刑罰從之舜德大明於是夔行樂祖考至羣后相讓鳥獸翔舞簫韶九成鳳皇來儀[集解]孔安國曰簫韶舜樂名備樂九奏而致鳳皇也百獸率舞百官信諧帝用此作歌曰陟天之命維時維幾[集解]孔安國曰奉正天命以臨民惟在順時惟在慎微乃歌曰股肱喜哉元首起哉百工熙哉[集解]孔安國曰股肱之臣喜樂盡忠君之治功乃起百官之業乃廣皋陶拜手稽首揚言曰念哉[集解]鄭玄曰使羣臣念帝之戒率為興事慎乃憲敬哉[集解]孔安國曰率臣下為起治之事當慎汝法度敬其職乃更為歌曰元首明哉股肱良哉庶事康哉又歌曰元首叢脞哉股肱惰哉萬事墮哉[集解]孔安國曰叢脞細碎無大略也君如此則臣懈惰萬事墮廢也帝拜曰然往欽哉於是天下皆宗禹之明度數聲樂[集解]徐廣曰舜本紀云禹乃興九韶之樂為山川神主帝舜薦禹於天為嗣十七年[集解]劉熙曰若此則舜格于文祖三年之後攝禹使得祭祀與而帝舜崩三年喪畢禹辭辟舜之子商均於陽城[集解]劉熙曰今潁川陽城是也天下諸侯皆去商均而朝禹禹於是遂卽天子位[集解]皇甫謐曰都平陽或在安邑或在晉陽南面朝天下國號曰夏后姓姒氏[集解]駰案禮緯曰祖以吞薏苡生帝禹立而舉皋陶薦之且授政焉而皋陶卒[正義]帝王紀云皋陶生於曲阜曲阜偃地故帝因之而以賜姓曰偃堯禪舜命之作士舜禪禹禹卽帝位以咎陶最賢薦之於天將有禪之意未及禪會皋陶卒括地志云咎繇墓在壽州安豐縣南一百三十里故六城東東都陂內大冢也封皋陶之後於英六[集解]徐廣曰史記皆作英字而以英布是此苗裔[索隱]地理志六安國六縣咎繇後偃姓所封國英地闕不知所在以為黥布是其後也[正義]英蓋蓼也括地志云光州固始縣本春秋時蓼國偃姓皋陶之後也左傳云子燮滅蓼太康地志云蓼國先在南陽故縣今豫州鄎縣界故胡城是後徙於此括地志云故六城在壽州安豐縣南一百三十二里春秋文五年秋楚成大心滅之或在許[集解]駰案皇覽曰皋陶冢在廬江六縣[索隱]許在潁川[正義]括地志云許故城在許州許昌縣南三十里本漢許縣故許國也而后舉益任之政十年帝禹東巡狩至于會稽而崩[集解]皇甫謐曰年百歲也以天下授益三年之喪畢益讓帝禹之子啓而辟居箕山之陽[集解]駰案孟子陽字作陰劉熙曰崈高之北[正義]按陽卽陽城也括地志云陽城縣在箕山北十三里又恐箕字誤本是嵩字而字相似其陽城縣在嵩山南二十三里

則為嵩山之陽也禹子啓賢天下屬意焉及禹崩雖授益益之佐禹日淺天下未洽故諸侯皆去益而朝啓曰吾君帝禹之子也於是啓遂卽天子之位是為夏后帝啓夏后帝啓禹之子其母塗山氏之女也有扈氏不服[索隱]地理志曰扶風鄠縣是扈國[正義]括地志云雍州南鄠縣本夏之扈國也地理志云鄠縣古扈國有戶亭訓纂云戶扈鄠三字一也古今字不同耳啓伐之大戰於甘[集解]馬融曰甘有扈氏南郊地名[索隱]夏啓所伐鄠南有甘亭將戰作甘誓乃召六卿申之[集解]孔安國曰天子六軍其將皆命卿也啓曰嗟六事之人[集解]孔安國曰各有軍事故曰六事予誓告女有扈氏威侮五行怠棄三正[集解]鄭玄曰五行四時盛德所行之政也威侮暴逆之三正天地人之正道天用勦絕其命[集解]孔安國曰勦截也今予維共行天之罰[集解]孔安國曰共奉也左不攻于左右不攻于右女不共命[集解]鄭玄曰左車左右車右御非其馬之政女不共命[集解]孔安國曰御以正馬為政也三者有失皆不奉我命也用命賞于祖[集解]孔安國曰天子親征必載遷廟之祖主行有功則賞祖主前示不專也不用命僇于社[集解]孔安國曰又載社主謂之社事奔北則僇之社主前社主陰陰主殺也予則帑僇女[集解]孔安國曰非但止身辱及汝子言恥累也遂滅有扈氏天下咸朝夏后帝啓崩[集解]徐廣曰皇甫謐曰夏啓元年甲辰十年癸丑子帝太康立帝太康失國[集解]孔安國曰盤于遊田不恤民事為羿所逐不得反國昆弟五人[索隱]皇甫謐云號五觀也須于洛汭作五子之歌[集解]孔安國曰太康五弟與其母待太康于洛水之北怨其不反故作歌太康崩弟中康立是為帝中康帝中康時羲和湎淫廢時亂日[集解]孔安國曰羲氏和氏掌天地四時之官太康之後沈湎于酒廢天時亂甲乙也胤往征之作胤征[集解]孔安國曰胤國之君受王命往征鄭玄曰胤臣名中康崩子帝相立帝相崩子帝少康立[索隱]左傳魏莊子曰昔有夏之衰也后羿自鉏遷于窮石因夏人以代夏政恃其射也不修人事而信用伯明氏之讒子寒浞浞殺羿烹之以食其子子不忍食死于窮門浞因羿室生澆及豷使澆滅斟灌氏及斟尋氏而相為澆所滅后緡歸于有仍生少康有夏之臣靡自有鬲收二國之燼以滅浞而立少康少康滅澆于過后杼滅豷于戈有窮遂亡然則帝相自被篡弒中間經羿浞二氏蓋三數十年而此紀總不言之直云帝相崩子少康立疏略之甚[正義]帝王紀云帝羿有窮氏未聞其先何姓帝嚳以上世掌射正至嚳賜以彤弓素矢封之於鉏為帝司射歷虞夏羿學射於吉甫其臂長故以善射聞及夏之衰自鉏遷于窮石因夏民以代夏政帝相徙于商丘依同姓諸侯斟尋羿恃其善射不脩民事淫于田獸棄其良臣武羅伯姻熊髡尨圉而信寒浞寒浞伯明氏之讒子伯明后以讒棄之而羿以為己相寒浞殺羿於桃梧而亨之以食其子其子不忍食之死于窮門浞遂代夏立為帝寒浞襲有窮之號因羿之室生奡及豷奡多力能陸地行舟使奡帥師滅斟灌斟尋殺夏帝相封奡於過封豷於戈恃其詐力不恤民事初奡之殺帝相也妃有仍氏女曰后緡歸有仍生少康初夏之貴臣曰靡事羿羿死逃於有鬲氏收斟尋二國餘燼殺寒浞立少康滅奡於過后杼滅豷於戈有窮遂亡也按帝相被篡歷羿浞二世四十年而此紀不說亦馬遷所為疏略也奡音五告反豷音許器反括地志云故鉏城在滑州衛城縣東十里晉地記云河南有窮谷蓋本有窮氏所遷也括地志云商丘今宋州也斟灌故城在青州壽光縣東五十四里斟尋故城今青州北海縣是也故過鄉亭在萊州掖縣西北二十里本過國地故鬲城在洛州密縣界杜預云國名今平原鬲縣也戈在宋鄭之間寒國在北海平壽縣東寒亭也伯明其君也臣瓚云斟尋在河南蓋後遷北海也汲冢古文云太康居斟尋羿亦居之桀又居之尚書云太康失邦兄弟五人須于洛汭此卽太康之居為近洛也又吳起對魏武侯曰夏桀之居左河濟右太華伊闕在其南羊腸在其北又周書度邑篇云武王問太公吾將因有夏之居卽河南是也括地志云故鄩城在洛州鞏縣西南五十八里

蓋桀所居也陽翟縣又是禹所封爲夏伯帝少康崩子帝予立【索隱】音佇系本云季佇作甲者也左傳曰杼滅豷于戈國語云杼能帥禹者也帝予崩子帝槐立【索隱】槐音回系本作帝芬帝槐崩子帝芒立【索隱】音亡鄒誕生又音荒帝芒崩子帝泄立帝泄崩子帝不降立【索隱】系本作帝降帝不降崩弟帝扃立帝扃崩子帝廑立【索隱】音覲鄒誕生又音勤帝廑崩立帝不降之子孔甲是爲帝孔甲帝孔甲立好方鬼神事淫亂夏后氏德衰諸侯畔之天降龍二有雌雄孔甲不能食【正義】音寺未得豢龍氏【集解】賈逵曰豢養也穀食曰豢陶唐既衰其後有劉累【集解】服虔曰後劉累之爲諸侯者夏后賜之姓【正義】括地志云劉累故城在洛州緱氏縣南五十五里乃劉累之故地也學擾龍【集解】應劭曰擾音柔擾馴也能順養得其嗜欲于豢龍氏以事孔甲孔甲賜之姓曰御龍氏【集解】服虔曰御亦養受豕韋之後【集解】徐廣曰受一作更駰案賈逵曰劉累之後至商不絕以代豕韋之後祝融之後封於豕韋殷武丁滅之以劉累之後代之【索隱】按系本豕韋防姓龍一雌死以食夏后夏后使求懼而遷去【集解】賈逵曰夏后既饗而又使求致龍劉累不能得而懼也傳曰遷于魯縣孔甲崩子帝皐立帝皐崩【集解】駰案左傳曰皐墓在殽南陵子帝發立帝發崩子帝履癸立是爲桀【索隱】桀名也按系本帝皐生發及桀此以發生桀皇甫謐同也帝桀之時【集解】駰案諡法賊人多殺曰桀自孔甲以來而諸侯多畔夏桀不務德而武傷百姓百姓弗堪迺召湯而囚之夏臺【索隱】獄名夏曰鈞臺皇甫謐云地在陽翟是也已而釋之湯修德諸侯皆歸湯湯遂率兵以伐夏桀桀走鳴條【集解】孔安國曰地在安邑之西鄭玄曰南夷地名遂放而死【集解】徐廣曰從禹至桀十七君十四世駰案汲冢紀年曰有王與無王用歲四百七十一年矣【正義】括地志云廬州巢縣有巢湖卽尚書成湯伐桀放於南巢者也淮南子云湯敗桀於歷山與妹喜同舟浮江奔南巢之山而死國語云滿於巢湖又云夏桀伐有施施人以妹喜女焉女音女慮反桀謂人曰吾悔不遂殺湯於夏臺使至此湯乃踐天子位代夏朝天下湯封夏之後【正義】括地志云夏亭故城在汝州郟城縣東北五十四里蓋夏后所封地至周封於杞也【正義】括地志云汴州雍丘縣古杞國城也周武王封禹後號東樓公也

太史公曰禹爲姒姓其後分封用國爲姓故有夏后氏有扈氏有男氏斟尋氏彤城氏褒氏費氏【集解】徐廣曰一云斟氏尋氏【索隱】系本男作南尋作鄩費作弗而不云彤城及褒按周有彤伯蓋彤城氏之後張敖地理記云濟南平壽縣其地卽古斟尋國又下云斟戈氏按左傳系本皆云斟灌氏杞氏繒氏辛氏冥氏斟戈氏孔子正夏時學者多傳夏小正云【集解】駰案禮運稱孔子曰我欲觀夏道是故之杞而不足徵也吾得夏時焉鄭玄曰得夏四時之書其存者有小正【索隱】小正大戴記篇名正音征二自虞夏時貢賦備矣或言禹會諸侯江南計功而崩因葬焉命曰會稽會稽者會計也【集解】駰案皇覽曰禹冢在山陰縣會稽山上會稽山本名苗山在縣南去縣七里越傳曰禹到大越上苗山大會計爵有德封有功因而更名苗山曰會稽因病死葬葦棺穿壙深七尺上無瀉泄下無邸水壇高三尺土階三等周方一畝呂氏春秋曰禹葬會稽不煩人徒墨子曰禹葬會稽衣衾三領桐棺三寸地理志云山上有禹井禹祠相傳以爲下有群鳥耘田者也【索隱】抵至也音丁禮反葦棺者以葦爲棺謂蘧蒢而斂非也禹雖儉約豈萬乘之主而臣子乃以蘧蒢裹尸乎墨子言桐棺三寸差近人情【正義】括地志云禹陵在越州會稽縣南十三里廟在縣東南十一里

索隱述贊曰堯遭洪水黎人阻飢禹勤溝洫手足胼胝言乘四載動履四時娶妻有日過門不私九土既理玄圭錫茲帝啓嗣立有扈違命五子作歌太康失政羿浞斯侮夏室不競降于孔甲擾龍乖性嗟彼鳴條其終不令

史記卷二考證

夏本紀禹之父曰鯀鯀之父曰帝顓頊顓頊之父曰昌意昌意之父曰黃帝禹者黃帝之玄孫而帝顓頊之孫也禹之曾大父昌意及父鯀皆不得在帝位爲人臣○史通曰顓頊紀中已具云黃帝是顓頊祖矣此篇下云禹是顓頊孫則其上不得更言黃帝之玄孫既上云昌意及鯀不得在帝位則於下文不得復云爲人臣　臣照按夏本紀禹之父曰鯀鯀之父曰帝顓頊五帝紀瞽叟父曰橋牛橋牛父曰句望句望父曰敬康敬康父曰窮蟬窮蟬父曰帝顓頊是禹爲帝顓頊之孫而舜爲帝顓頊之六世孫矣禹爲舜之高祖行得相見已屬僅事必年大長於舜矣乃舜命禹治水時禹方娶塗山之女復受舜禪十七年而崩於會稽則禹年幼於舜又可知豈理也哉歐陽修辭而闢之當矣

壹口治梁及岐正義岐山岐州岐山縣東北十里○岐山下脫一在字

常衞既從大陸既爲索隱衞水出常山靈壽縣東入滹沱○以漢書地理志考之宜云東北入滹沱

鳥夷皮服集解鄭元曰鳥夷東北之民○尚書疏引鄭元云鳥夷東方之民惟王肅以爲東北夷

浮於濟漯通於河索隱曰濟水出河東垣縣王屋山東其流至濟陰故應劭云濟水出平原漯陰縣東漯水出東郡東武陽縣北至千乘縣而入於海○地理志平原郡漯陰縣注應劭曰漯水出東武陽東北入海東郡東武陽縣志云禹治漯水東北至千乘縣入海注應劭曰武水之陽也索隱誤以地理志本文爲應劭之說

濰淄既道集解地理志濰水出琅邪淄水出泰山萊蕪縣原山○琅邪下脫箕屋山三字

蒙羽其藝索隱蒙山在泰山蒙陰縣西○以漢書地理志考之西下脫南字

嶧陽孤桐正義今獨生桐尚徵一偏似琴瑟○推尋文義當作今獨生桐尚徵貢偏宜琴瑟

均江海通淮泗集解鄭元曰均讀曰沿沿順水行也○陸德明尚書釋文引鄭元語沿作松松當爲沿馬本作均云均平此云鄭元曰均讀曰沿與陸氏釋文所引不同

下土墳壚集解孔安國曰壚疏也○今孔傳無此文

汶嶓既藝索隱封禪書一云濆○封禪書一云瀆山

蔡蒙旅平集解鄭元曰地理志蔡蒙在漢嘉縣○臣世駿按鄭引地理志誤漢蜀郡青衣縣蒙山所在漢嘉之名至順帝始改地理志不得有其名一誤也蔡山既不知所在而與蒙山並云在漢嘉縣二誤也

至於負尾索隱負音陪○字書負從力從貝與陪同與負別

道嶓冢至於荊山正義沮水卽漢水也按縣孫叔敖激沮水爲雲夢澤是也○縣字疑衍當因孫字相近而誤

道河積石索隱其水停冬夏不增減○漢書西域傳作其水停居停下脫居字

北過降水至於大陸集解鄭元曰地理志降水在信都南○漢地理志信都國信都縣下但云絳水入海尚書疏引地理志亦云在信都縣諸本皆作南字誤也

過三澨入於大別索隱水經云三澨地名在南郡鄀縣北○南郡無鄀縣當是邔字禹貢錐指云三澨一在襄城北一在樊城南一在三洲口東皆襄陽縣地在古邔縣之北今改邔

二百里任國集解孔安國曰任王事者○今尚書孔傳作任王者事

以告成功於天下天下於是太平治○一本無下天下二字　臣照按二本皆訛應作以告成功於天天下於是太平治　臣德齡按禹之功具於禹貢故全載禹貢之文以明禹之功在萬世凡史記引用經傳全文皆有意義或謂其未及刪裁者非

衆明高翼近可遠在已集解鄭元曰次序九族而親之以衆明作羽翼之臣○今尚書疏引鄭云以衆賢明作羽翼之臣

何畏乎巧言善色佞人集解鄭元曰禹爲父隱故言不及鯀○禹爲父隱云云今尚書疏以爲馬融之言

予辛壬娶塗山癸甲生啟集解孔安國曰辛日娶妻至於甲四日復往治水○今孔傳無四字

天降龍二有雌雄孔甲不能食一段　臣德齡按載豢龍事所以明孔甲之荒淫舉其極以槪其餘也或謂降龍事無關典要似可不載者非

有男氏○路史國名紀曰世本之有男氏潛夫作南周書之有南也

史記卷三

漢　太　史　令司馬遷　撰

宋　中郎外兵曹參軍裴　駰集解

唐國子博士弘文館學士司馬貞索隱

唐諸王侍讀率府長史張守節正義

殷本紀第三

殷契【索隱】契始封商其後裔盤庚遷殷殷在鄴南遂爲天下號契是殷家始祖故言殷契【正義】括地志云相州安陽本盤庚所都卽北冢殷墟南去朝歌城百四十六里竹書紀年云盤庚字也北冢曰殷墟南去鄴四十里是舊都城西南三十里有洹水南岸三里有安陽城西有城名殷墟所謂北冢者也今按洹水在相州北四里安陽城卽相州外城母曰簡狄【索隱】狄舊本作易音同又作逷吐歷反有娀氏之女【集解】駰案淮南子曰有娀在不周之北【正義】按記云桀敗於有娀之墟有娀當在蒲州也爲帝嚳次妃三人行浴見玄鳥墮其卵簡狄取吞之因孕生契【索隱】譙周云契生堯代舜始舉之必非嚳子以其父微故不著名其母娀氏女與宗婦三人浴于川玄鳥遺卵簡狄吞之則簡狄非帝嚳次妃明也契長而佐禹治水有功帝舜乃命契曰百姓不親五品不訓汝爲司徒而敬敷五教五教在寬封於商【集解】鄭玄曰商國在太華之陽皇甫謐曰今上洛商是也【索隱】堯封契於商卽詩商頌云有娀方將帝立子生商是也【正義】括地志云商州東八十里商洛縣本商邑古之商國帝嚳之子卨所封也賜姓子氏【集解】駰案禮緯曰祖以玄鳥生子也【正義】括地志云故子城在渭州華城縣東北八十里蓋子姓之別邑契興於唐虞大禹之際功業著於百姓百姓以平契卒子昭明立昭明卒子相土立【集解】宋忠曰相土就契封於商春秋左氏傳曰閼伯居商丘相土因之【索隱】相土佐夏功著於商詩頌曰相土烈烈海外有截是也左傳曰昔陶唐氏火正閼伯居商丘相土因之是始封商也【正義】括地志云宋州城古閼伯之墟卽商丘也又云羿所封之地相土卒子昌若立昌若卒子曹圉立【索隱】系本作糧圉也曹圉卒【正義】圉音語出系本子冥立【集解】宋忠曰冥爲司空勤其官事死于水中殷人郊之【索隱】禮曰冥勤其官而水死殷人祖契而郊冥也冥卒子振立【索隱】系本作核振卒子微立【索隱】皇甫謐云微字上甲其母以甲日生故也商家生子以日爲名蓋自微始譙周以爲死稱廟主曰甲也微卒子報丁立報丁卒子報乙立報乙卒子報丙立報丙卒子主壬立主壬卒子主癸立主癸卒子天乙立是爲成湯【集解】張晏曰禹湯皆字也二王去唐虞之文從高陽之質故夏殷之王皆以名爲號諡法曰除虐去殘曰湯【索隱】湯名履書曰予小子履是也又稱天乙者譙周云夏殷之禮生稱王死稱廟主皆以帝名配之天亦帝也殷人尊湯故曰天乙從契至湯凡十四代故國語曰玄王勤商十四代興玄王契也成湯自契至湯八遷【集解】孔安國曰十四世凡八徙國都湯始居亳【集解】皇甫謐曰梁國穀熟爲南亳卽湯都也【正義】括地志云宋州穀熟縣西南三十五里南亳故城卽南亳湯都也宋州北五十里大蒙城爲景亳湯所盟地因景山爲名河南偃師爲西亳帝嚳及湯所都盤庚亦從都之從先王居【集解】孔安國曰契父帝嚳都亳湯自商丘遷焉故曰從先王居【正義】按亳偃師城也商丘宋州也湯卽位都南亳後徙西亳也括地志云亳邑故城在洛州偃師縣西十四里本帝嚳之墟商湯之都也作帝誥【索隱】一作俈上云從先王居故作帝誥孔安國以爲作誥告先王言已來居亳也湯征諸侯【集解】孔安國曰爲夏方伯得專征伐葛伯不祀湯始伐之【集解】駰案孟子曰湯居亳與葛爲鄰地理志曰葛今梁國寧陵之葛鄉湯曰予有言人視水見形視民知治不伊尹曰明哉言能聽道乃進君國子民爲善者皆在王官勉

哉勉哉湯曰汝不能敬命予大罰殛之無有攸赦作湯征伊尹名阿衡【索隱】孫子兵書伊尹名摯孔安國亦曰伊摯然解者以阿衡爲官名按阿倚也衡平也言依倚而取平書曰惟嗣王弗惠于阿衡亦曰保衡皆伊尹之官號非名也皇甫謐云伊尹力牧之後生於空桑又呂氏春秋云有侁氏女採桑得嬰兒于空桑母居伊水命曰伊尹尹正也謂湯使之正天下阿衡欲干湯而無由乃爲有莘氏媵臣【集解】駰案列女傳曰湯妃有莘氏之女【正義】括地志云古莘國在汴州陳留縣東五里故莘城是也陳留風俗傳云陳留外黃有莘昌亭本宋地莘氏邑也媵翊剩反爾雅云媵將送也負鼎俎以滋味說湯致于王道或曰伊尹處士湯使人聘迎之五反然後肯往從湯言素王及九主之事【集解】駰案劉向別錄曰九主者有法君專君授君勞君等君寄君破君國君三歲社君凡九品圖畫其形【索隱】按素王者太素上皇其道質素故稱素王九主者三皇五帝及夏禹也或曰九主謂九皇也然按注劉向所稱九主載之七錄名稱甚奇不知所憑據耳法君謂用法嚴急之君若秦孝公及始皇等也勞君謂勤勞天下若禹稷等也等君者平也謂定等威均爵賞若高祖封功臣侯雍齒也授君謂人君不能自理而政歸其臣若燕王噲授子之禹授益之比也專君謂專已獨斷不任賢臣若漢宣之比也破君謂輕敵致寇國滅君死若楚戊吳濞等是也寄君謂人困於下主驕於上離析可待故孟軻謂之寄君也國君當爲固字之訛耳固謂完城郭利甲兵而不脩德若三苗智伯之類也三歲社君謂在襁褓而主社稷若周成王漢昭平等是也又註本九主謂法君勞君等君寄君專君授君破君國君以三歲社君爲二恐非湯舉任以國政伊尹去湯適夏既醜有夏復歸于亳入自北門遇女鳩女房作女鳩女房【集解】孔安國曰鳩房二人湯之賢臣也二篇言所以醜夏而還之意也湯出見野張網四面祝曰自天下四方皆入吾網湯曰嘻盡之矣乃去其三面祝曰欲左左欲右右不用命乃入吾網諸侯聞之曰湯德至矣及禽獸當是時夏桀爲虐政淫荒而諸侯昆吾氏爲亂【正義】帝嚳時陸終之長於夏臺予昆吾氏之後也世本云昆吾者衞氏是湯乃興師率諸侯伊尹從湯湯自把鉞以伐昆吾遂伐桀湯曰格女眾庶來女悉聽朕言匪台小子【集解】馬融曰台我也敢行舉亂有夏多罪予維聞女眾言夏氏有罪予畏上帝不敢不正【集解】孔安國曰不敢不正桀之罪而誅之今夏多罪天命殛之今女有眾女曰我君不恤我眾舍我嗇事而割政【集解】孔安國曰奪民農功而爲割剝之政女其曰有罪其柰何夏王率止眾力率奪夏國【集解】孔安國曰桀之君臣相率遏止眾力使不得事農相率割剝夏之邑居有眾率怠不和【集解】馬融曰眾民相率怠惰不和同曰是日何時喪予與女皆亡【集解】駰案尚書大傳曰桀云天之有日猶吾之有民日有亡哉日亡吾亦亡矣夏德若茲今朕必往爾尚及予一人致天之罰予其大理女【集解】駰案尚書理字作賚鄭玄曰賚賜也女毋不信朕不食言【索隱】左傳云食言多矣能無肥乎是謂妄言爲食言女不從誓言予則帑僇女無有攸赦以告令師作湯誓於是湯曰吾甚武號曰武王【集解】駰案詩云武王載旆有虔秉鉞毛傳曰武王湯也桀敗於有娀之虛桀犇於鳴條【正義】括地志云高涯原在蒲州安邑縣北三十里南阪口即古鳴條陌也鳴條戰地在安邑西夏師敗績湯遂伐三嵕俘厥寶玉【集解】孔安國曰三嵕國名桀走保之今定陶也俘取也【正義】括地志云曹州濟陰縣即古定陶也東有三嵕亭是也義伯仲伯作典寶【集解】孔安國曰二臣作典寶一篇言國之常寶也湯既勝夏欲遷其社不可【集解】孔安國曰欲變置社稷而後世無及句龍者故不可而止作夏社【集解】孔安國曰言夏社不可遷之義伊尹報【集解】徐廣曰一云伊尹報政於是諸侯服湯乃踐天子位平定海內湯歸至于泰卷陶【集解】徐廣曰一無此陶字孔安國曰地名湯自三嵕而還【索隱】鄒誕生卷作餉又作泂則卷當爲泂與尚書同非衍字也其下陶字是衍耳何以知然解尚書者以大泂今定陶是也舊本或傍記其地名後人轉寫遂衍斯字也【正義】陶古銘反中壘作誥【集解】孔安國曰仲虺湯左相奚仲之後【索隱】仲虺二音作壘音如字尚書又作虺也既絀夏命【集解】孔安國曰絀其王命還亳作湯誥維三月王自至于東郊告諸侯羣后毋不有功於民勤力迺事予乃大罰殛女毋予怨曰古禹皋陶久勞于外其有功乎民民乃有安東爲江北爲濟西爲河南爲淮四瀆已脩萬民乃有居后稷降播農殖百穀三公咸有功于民故后有立【集解】徐廣曰一作土【索隱】謂禹皋陶有功於人建立其後故云有立昔蚩尤與其大夫作亂百姓帝乃弗予音與有狀【索隱】帝天也謂蚩尤作亂上天乃不佑之是爲弗與有狀言其罪大而有形狀故黃帝滅之先王言不可不勉【索隱】先王指黃帝帝堯帝舜等言禹皋繇以久勞于外故後有立及蚩尤作亂天不佑之乃致黃帝滅之皆是先王賞有功誅有罪言今汝不可不勉此湯誡其臣曰不道毋之在國【集解】徐廣曰之一作政【索隱】不道猶無道也又誡諸侯云汝爲不道我則無令汝之在國女毋我怨以令諸侯伊尹作咸有一德【集解】王肅曰言君臣皆有一德【索隱】按尚書伊尹作咸有一德在太甲時太史公記之於斯謂成湯之日其言又失次序咎單作明居【集解】馬融曰咎單湯司空也明居民之法湯乃改正朔易服色上白朝會以晝湯崩【集解】駰案皇覽曰湯冢在濟陰亳縣北東郭去縣三里冢四方方各十步高七尺上平處平地漢哀帝建平元年大司空御史長卿案行水災因行湯冢劉向曰殷湯無葬處皇甫謐曰即位十七年而踐天子位爲天子十三年年百歲而崩【索隱】長卿諸本皆作劫姓按風俗通有御氏爲漢司空御史其名長卿明劫非也亦有劫彌不得爲御史【正義】括地志云薄城北郭東三里平地有湯冢按在蒙即北薄也又云洛州偃師縣東六里有湯冢近桐宮蓋此是也太子太丁未立而卒於是迺立太丁之弟外丙是爲帝外丙帝外丙即位三年崩立外丙之弟中壬是爲帝中壬【正義】仲壬二音帝中壬即位四年崩伊尹迺立太丁之子太甲【正義】尚書孔氏序云成湯既沒太甲元年不言有外丙仲壬而太史公採世本有外丙仲壬二書不同當是信則傳信疑則傳疑太甲成湯適長孫也是爲帝太甲帝太甲元年伊尹作伊訓作肆命作徂后【集解】鄭玄曰肆命者陳政教所當爲也徂后者言湯之法度也帝太甲既立三年不明暴虐不遵湯法亂德於是伊尹放之於桐宮【集解】孔安國曰湯葬地鄭玄曰地名也有王離宮焉【正義】晉太康地記云尸鄉南有亳坂東有城太甲所放處也按尸鄉在洛州偃師縣西南五里也三年伊尹攝行政當國以朝諸侯帝太甲居桐宮三年悔過自責反善於是伊尹迺迎帝太甲而授之政帝太甲脩德諸侯咸歸殷百姓以寧伊尹嘉之迺作太甲訓三篇襃帝太甲稱太宗太宗崩子沃丁立帝沃丁之時伊尹卒既葬伊尹於亳【集解】駰案皇覽曰伊尹冢在濟陰己氏平利鄉亳近己氏【正義】括地志云伊尹墓在洛州偃師縣西北八里又云宋州楚邱縣西北十五里有伊尹墓恐非也帝王世紀云伊尹名摯爲湯相號阿衡年百歲卒天霧三日沃丁以天子禮葬之咎單遂訓伊尹事作沃丁沃丁崩弟太庚立是爲帝太庚帝太庚崩子帝小甲立【集解】徐廣曰世表云帝小甲太庚弟也帝小甲崩弟雍己立是爲帝雍己殷道衰諸侯或不至帝雍己崩弟太戊立是爲帝太戊帝太戊立伊陟爲相【集解】孔安國曰伊陟伊尹之子亳有祥桑穀共生於朝一暮大拱【集解】孔安國曰祥妖怪也二木合生不恭之罰鄭玄曰兩手搤之曰拱【索隱】此云一暮大拱尚書大傳作七日大拱與此不同帝太戊懼問伊陟伊陟曰臣聞妖不勝德帝之政其有闕與帝其修德太戊從之而祥桑枯死而去【索隱】劉伯莊言枯死而消去不見今以爲由帝修德而妖祥遂去伊陟贊言于巫咸【集解】孔安國曰贊告也巫咸臣名也【正義】按巫咸及子賢冢皆在蘇州常熟縣西海虞山上蓋二子本吳人也巫咸治王家有成作咸艾【集解】馬融曰艾治也作太戊帝太戊贊伊陟于廟言弗臣伊陟讓作原命【集解】馬融曰原臣名也命原以禹湯之道我所修也殷復興諸侯歸之故稱中宗中宗崩子帝仲丁立帝仲丁遷于隞【集解】孔安國曰地名皇甫謐曰或云河南敖倉是【索隱】隞亦作囂並音敖【正義】括地志云滎陽故城在鄭州滎澤縣西南十七里殷時敖地也河亶甲居相【集解】孔安國曰地名在河北【正義】括地志云故殷城在相州內黃縣東南十三里即河亶甲所築都之故名殷城也祖乙遷于邢【索隱】邢音耿近代本亦作耿今河東皮氏縣有耿鄉【正義】括地志云絳州龍門縣東南十二里耿城故耿國也帝仲丁崩弟外壬立是爲帝外壬仲丁書闕不具【索隱】蓋太史公知舊有仲丁書今已遺闕不具也帝外壬崩弟河亶甲立是爲帝河亶甲河亶甲時殷復衰河亶甲崩子帝祖乙立帝祖乙立殷復興巫賢任職祖乙崩子帝祖辛立帝祖辛崩弟沃甲立是爲帝沃甲【索隱】系本作開甲也帝沃甲崩立沃甲兄祖辛之子祖丁是爲帝祖丁帝祖丁崩立弟沃甲之子南庚是爲帝南庚帝南庚崩立帝祖丁之子陽甲是爲帝陽甲帝陽甲之時殷衰自中丁以來廢適而更立諸弟子弟子或爭相代立比九世亂於是諸侯莫朝帝陽甲崩弟盤庚立是爲帝盤庚帝盤庚之時殷已都河北盤庚渡河南復居成湯之故居迺五遷無定處【集解】孔安國曰自湯至盤庚凡五遷都【正義】湯自南亳遷西亳仲丁遷隞河亶甲居相祖乙居耿盤庚渡河南居西亳是五遷也殷民咨胥皆怨不欲徙【集解】孔安國曰胥相也民不欲徙皆咨嗟憂愁相與怨其上也盤庚乃告諭諸侯大臣曰昔高后成湯與爾之先祖俱定天下法則可修舍而弗勉何以成德乃遂涉河南治亳【集解】鄭玄曰治於亳之殷地商家自此徙而改號曰殷亳皇甫謐曰今偃師是也行湯之政然後百姓由寧殷道復興諸侯來朝以其遵成湯之德也帝盤庚崩弟小辛立是爲帝小辛帝小辛立殷復衰百姓思盤庚迺作盤庚三篇【索隱】尚書盤庚將治亳殷民咨胥怨作盤庚此以盤庚崩弟小辛立百姓思之乃作盤庚由不見古文也帝小辛崩弟小乙立是爲帝小乙帝小乙崩子帝武丁立帝武丁即位思復興殷而未得其佐三年不言政事決定於冢宰【集解】鄭玄曰冢宰天官卿貳王事者以觀國風武丁夜夢得聖人名曰說以夢所見視羣臣百吏皆非也於是迺使百工營求之野得說於傅險中【集解】徐廣曰尸子云傅巖在北海之洲【索隱】舊本作險亦作巖也【正義】地理志云傅險即傅說版築之處所隱之處窟名聖人窟在今陝州河北縣北七里即虞國虢國之界又有傅說祠注水經云沙澗水北出虞山南經傅巖傅說隱室前俗名聖人窟是時說爲胥靡築於傅險【集解】孔安國曰傅氏之巖在虞虢之界通道所經有澗水壞道常使胥靡刑人築護此道說賢而隱代胥靡築之以供食也見於武丁武丁曰是也得而與之語果聖人舉以爲相殷國大治故遂以傅險姓之號曰傅說帝武丁祭成湯明日有飛雉登鼎耳而呴【正義】音構呴雉鳴也詩云雉之朝雊武丁懼祖己曰【集解】孔安國曰賢臣名王勿憂先修政事祖己乃訓王曰唯天監下典厥義【集解】孔安國曰言天視下民以義爲常也降年有永有不永非天夭民中絕其命民有不若德不聽罪天既附命正厥德【集解】孔安國曰不順德言無義也不服罪不改修也天以信命正其德謂有永有不永【索隱】附依尚書音孚乃曰其柰何嗚呼王嗣敬民罔非天繼常祀毋豐于棄道【集解】孔安國曰王者主民當敬民事無非天時天時所常祀也祭祀有常不當特豐於近也【索隱】祭祀有常無爲豐殺之禮於是以棄常道武丁修政行德天下咸驩殷道復興帝武丁崩子帝祖庚立祖己嘉武丁之以祥雉爲德立其廟爲高宗遂作高宗肜日及訓【集解】孔安國曰祭之明日又祭殷曰肜周曰繹帝祖庚崩弟祖甲立是爲帝甲帝甲淫亂殷復衰【索隱】國語曰帝甲亂之七代而隕是也帝甲崩子帝廩辛立【索隱】漢書古今人表及帝王代紀皆作馮辛帝廩辛崩弟庚丁立是爲帝庚丁帝庚丁崩子帝武乙立殷復去亳徙河北帝武乙無道爲偶人【索隱】偶音寓亦如字偶五苟反偶對也以土木爲人對象於人形也謂之天神與之博令人爲行【正義】爲于僞反行胡孟反天神不勝乃僇辱之爲革囊盛血卬而射之命曰射天武乙獵於河渭之間暴雷武乙震死子帝太丁立帝太丁崩子帝乙立帝乙立殷益衰帝乙長子曰微子啟【索隱】微國號爵爲子啟名也孔子家語云微或作魏讀從微音鄒本亦然也啟母賤不得嗣【索隱】此以啟與紂異母而鄭玄稱爲同母依呂氏春秋言母當生啟時猶未正立及生紂時始正爲妃故啟大而庶紂小而嫡少子辛辛母正后辛爲嗣帝乙崩子辛立是爲帝辛天下謂之紂【集解】駰案諡法曰殘義損善曰紂帝紂資辨捷疾聞見甚敏材力過人手格猛獸【正義】帝王世紀云紂倒曳九牛撫梁易柱也知足以距諫言足以飾非矜人臣以能高天下以聲以爲皆出己之下好酒淫樂嬖於婦人愛妲己【集解】皇甫謐曰有蘇氏美女【索隱】國語有蘇氏女妲字己姓也妲己之言是從於是使師涓作新淫聲北里之舞靡靡之樂厚賦稅以實鹿臺之錢【集解】如淳曰新序曰鹿臺其大三里高千尺瓚曰鹿臺臺名今在朝歌城中【正義】括地志云鹿臺在衞縣西南二十二里而盈鉅橋之粟【集解】服虔曰鉅橋倉名許慎曰鉅鹿水之大橋也有漕粟也【索隱】鄒誕生云鉅大橋器名也紂厚賦稅故因器而大其名益收狗馬奇物充仞宮室益廣沙丘苑臺【集解】駰案爾雅曰迆邐沙丘也地理志曰在鉅鹿東北七十里【正義】括地志云沙丘臺在邢州平鄉東北二十里竹書紀年自盤庚徙殷至紂之滅二百七十三年更不徙都紂時稍大其邑南距朝歌北據邯鄲及沙丘皆爲離宮別館多取野獸蜚鳥置其中慢於鬼神大最樂戲於沙丘【集解】徐廣曰最一作聚以酒爲池【正義】括地志云酒池在衞州衞縣西二十三里太公六韜云紂爲酒池迴

船糟丘而牛飲者三千餘人爲輩　縣肉爲林【正義】戶眠反　使男女倮【正義】胡瓦反　相逐其間爲長夜之飲百姓怨望而諸侯有畔者於是紂乃重辟刑有炮烙之法【集解】駰案列女傳曰膏銅柱下加之炭令有罪者行焉輒墮炭中妲己笑名曰炮烙之刑【索隱】鄒誕生烙一音閣又云見蟻布銅斗足廢而死於是爲銅烙炊炭其下使罪人步其上與列女傳少異　以西伯昌九侯【集解】徐廣曰一作鬼侯鄴縣有九侯城【索隱】九亦依字讀鄒誕生音仇也【正義】括地志云相州滏陽縣西南五十里有九侯城亦名鬼侯城蓋殷時九侯城也　鄂侯【集解】徐廣曰一作邘音于野王縣有邘城　爲三公九侯有好女入之紂九侯女不憙淫【集解】徐廣曰一云無不憙淫　紂怒殺之而醢九侯鄂侯爭之彊辨之疾并脯鄂侯西伯昌聞之竊歎崇侯虎知之以告紂紂囚西伯羑里【集解】駰案地理志曰河內湯陰有羑里城西伯所拘處韋昭曰音酉【正義】牖一作羑音酉羑城在相州湯陰縣北九里紂囚西伯城也帝王世紀云囚文王文王之長子曰伯邑考質於殷爲紂御紂烹爲羹賜文王曰聖人當不食其子羹文王食之紂曰誰謂西伯聖者食其子羹尚不知也　西伯之臣閎夭之徒求美女奇物善馬以獻紂紂乃赦西伯西伯出而獻洛西之地以請除炮烙之刑【正義】洛水一名漆沮水在同州洛西之地謂洛西及丹坊等州也　紂乃許之賜弓矢斧鉞使得征伐爲西伯而用費中爲政【正義】費音扶未反中音仲費姓仲名　費中善諛好利殷人弗親紂又用惡來【索隱】秦之祖蜚廉子　惡來善毀讒諸侯以此益疏西伯歸乃陰修德行善諸侯多叛紂而往歸西伯西伯滋大紂由是稍失權重王子比干諫弗聽商容賢者百姓愛之紂廢之及西伯伐飢國滅之【集解】徐廣曰飢一作肌又作耆　紂之臣祖伊【集解】孔安國曰祖己後賢臣也　聞之而咎周【集解】孔安國曰咎惡也　恐奔告紂曰天既訖我殷命假人元龜【集解】徐廣曰元一作卜　無敢知吉【集解】馬融曰元龜大龜也長尺二寸孔安國曰至人以人事觀殷大龜以神靈考之皆無知吉者也　非先王不相我後人【集解】孔安國曰相助也　維王淫虐用自絕故天棄我不有安食不虞知天性不迪率典【集解】鄭玄曰王暴虐於民使不得安食逆亂陰陽不度天性傲很明德不修教法者　今我民罔不欲喪曰天曷不降威大命胡不至今王其奈何紂曰我生不有命在天乎祖伊反曰紂不可諫矣西伯既卒周武王之東伐至盟津諸侯叛殷會周者八百諸侯皆曰紂可伐矣武王曰爾未知天命乃復歸紂愈淫亂不止微子數諫不聽乃與大師少師謀遂去比干曰爲人臣者不得不以死爭迺強諫紂紂怒曰吾聞聖人心有七竅剖比干觀其心【正義】括地志云比干見微子去箕子狂乃歎曰主過不諫非忠也畏死不言非勇也過則諫不用則死忠之至也進諫不去者三日紂問何以自持比干曰修善行仁以義自持紂怒曰吾聞聖人心有七竅信諸遂殺比干刳視其心也　箕子懼乃詳狂爲奴紂又囚之殷之大師少師乃持其祭樂器奔周周武王於是遂率諸侯伐紂紂亦發兵距之牧野【集解】鄭玄曰牧野紂南郊地名也【正義】括地志云今衞州城卽殷牧野之地周武王伐紂築也　甲子日紂兵敗紂走入登鹿臺【集解】徐廣曰鹿一作廩　衣其寶玉衣赴火而死【正義】周書云紂取天智玉琰五環身以自焚　周武王遂斬紂頭縣之白旗殺妲己釋箕子之囚封比干之墓表商容之閭【索隱】皇甫謐云商容與殷人觀周軍之入則以爲人名鄭玄云商家樂官知禮容所以禮署稱容臺　封紂子武庚祿父以續殷祀【集解】譙周曰殷凡三十一世六百餘年汲冢紀年曰湯滅夏以至于受二十九王用歲四百九十六年也　令修行盤庚之政殷民大說於是周武王爲天子其後世貶帝號號爲王【索隱】按夏殷天子亦皆稱帝代以德薄不及五帝始貶帝號號之爲王故本紀皆帝而後總曰三王也　而封殷後爲諸侯屬周【正義】卽武庚祿父也　周武王崩武庚與管叔蔡叔作亂成王命周公誅之而立微子於宋以續殷後焉

太史公曰余以頌次契之事自成湯以來采於書詩契爲子姓其後分封以國爲姓有殷氏來氏宋氏空桐氏稚氏【索隱】按系本子姓無稚氏　北殷氏【索隱】系本作髦氏又有時氏蕭氏黎氏然北殷氏蓋秦寧公所伐亳王湯之後也　目夷氏孔子曰殷路車爲善而色尚白【索隱】論語孔子曰乘殷之路禮記曰殷人尚白太史公爲贊不取成文遂作此語疎也

【索隱述贊】簡狄吞乙是爲殷祖玄王啟商伊尹負俎上開三面下獻九主旋師泰卷繼相臣扈遷囂圮耿不常厥土武乙無道禍因射天帝辛淫亂拒諫賊賢九侯見醢炮烙興焉黃鉞斯杖白旗是懸哀哉瓊室殷祀用遷

史記卷三考證

殷本紀湯曰汝不能敬命○監本脫湯字今添

而諸侯昆吾氏爲亂正義帝嚳時陸終之長於夏臺子昆吾氏之後也世本云昆吾者衞氏是○推尋文義宜云陸終之長子封於昆吾夏之昆吾其後也又楚世家集解引世本云昆吾者衞是也蓋言衞地本昆吾國此氏字衍

湯遂伐三㚇○尚書序作三朡

伊尹報於是諸侯服湯○一本作畢服湯一本作心服湯

作湯誥○王若虛辨惑曰維三月王自至於東郊云云今湯誥之書具在曷嘗有此還何所據而載之也

伊尹作咸有一德咎單作明居○王若虛辨惑曰尚書湯誥篇末曰咎單作明居而咸有一德乃伊摯復政將歸時所陳在太甲三篇之下次第明甚不可亂也史記乃謂咸有一德作於湯時而列之湯誥之後明居之前豈非誤歟

湯崩集解皇覽曰湯冢在濟陰亳縣北東郭○前漢志濟陰郡無亳縣後漢志無濟陰郡梁國穀熟爲南亳蒙爲北亳河南偃師爲西亳亳本非縣名皇覽是魏時人作其所用必後漢地名此云在濟陰亳縣必有誤

伊尹乃立太丁之子太甲○尚書疏曰據經序及太甲之篇太甲必繼湯後而殷本紀云湯崩太子太丁未立而卒於是乃立太丁之弟外丙三年崩別立外丙之弟仲壬四年崩伊尹乃立太丁之子太甲與經不同彼必妄也劉歆班固不見古文謬從史記皇甫謐既得此經作帝王世紀乃述馬遷之語是其疎也臣照按外丙仲壬見於孟子不始於馬遷也古今諸儒齗齗如者祇以桐宮居憂遂謂太甲必繼成湯但安知其非爲帝仲壬服乎

迺作太甲訓三篇襃帝太甲○王若虛辨惑曰三篇之書雖曰伊尹作然自始至終皆史氏所錄豈獨伊尹襃嘉而作乎

既葬伊尹於亳集解帝王世紀伊尹名摯爲湯相號阿衡年百歲卒天霧三日○尚書疏引帝王世紀水經注引皇覽皆作大霧三日

弟太戊立○困學紀聞曰太戊爲太甲之孫三代表云太戊小甲弟則亦是沃丁弟太甲子書正義謂本紀世表必有一誤

帝陽甲之時殷衰自中丁以來廢適而更立諸弟子弟子或爭相代立比九世亂○皇王大紀曰以其世考之自沃丁至陽甲立弟者九世中丁之名誤也

得說於傅險中正義注水經云沙澗水北虞山南經傳巖○水經注本文作沙澗水北出虞山東南經傳巖

王嗣敬民罔非天繼常祀毋豐於棄道集解孔安國曰王者主民當敬民事無非天時所常祀也○以孔傳考之天時二字不復出

祖已嘉武丁之以祥雉爲德立其廟爲高宗遂作高宗肜日及訓○困學紀聞曰與書序相違王若虛辨惑曰考之於書此篇卽祖已訓王之辭其曰高宗者史氏追稱耳諸篇之體皆然而云武丁既沒祖已嘉之而作謬矣且立廟稱宗自國家之事豈獨出祖已之意哉高宗之訓乃書篇名自當全著而但云及訓此復失之太簡矣

子帝太丁立○徐孚遠曰太丁重見疑誤

殷之太師少師乃持其祭樂器奔周○王若虛辨惑曰尚書微子篇所謂太師少師卽箕子比干也今乃言奔周與書所載異矣而周紀又云紂殺王子比干囚箕子太師疵少師強抱其樂器而奔周則遷所謂太師少師者其樂工邪若殷紀所稱亦止於樂工則微子何至與此輩謀決去就而此輩之奔亦爲何併持祭器乎至宋世家則曰武王克殷微子持其祭器造於軍門前後參差殆不可曉

封紂子武庚祿父以續殷祀集解汲冢紀年曰湯滅夏以至於受二十九王用歲四百九十六年○前正義引竹書紀年云自盤庚徙殷至紂之滅七百七十三年更不徙都其相繆戾如此

史記卷四

漢　太　史　令司馬遷　撰

宋中郎外兵曹參軍裴駰集解

唐國子博士弘文館學士司馬貞索隱

唐諸王侍讀率府長史張守節正義

周本紀第四

周后稷名棄【正義】因太王所居周原因號曰周地理志云右扶風美陽縣岐山西北中水鄉周太王所邑括地志云故周城一名美陽城在雍州武功縣西北二十五里卽太王城也　其母有邰氏女曰姜原【集解】韓詩章句曰姜姓原字或曰姜原謚號也【正義】邰天來反亦作斄同說文云邰炎帝之後姜姓封邰周棄外家　姜原爲帝嚳元妃【索隱】譙周以爲棄帝嚳之冑其父亦不著與此紀異也　姜原出野見巨人跡心忻然說欲踐之踐之而身動如孕者居期而生子以爲不祥棄之隘巷【索隱】隘巷已下皆詩大雅生民篇所云誕寘之隘巷牛羊腓字之誕寘之平林會伐平林誕寘之寒冰鳥覆翼之是其事也　馬牛過者皆辟不踐徙置之林中適會山林多人遷之而棄渠中冰上飛鳥以其翼覆薦之姜原以爲神遂收養長之初欲棄之因名曰棄棄爲兒時屹如巨人之志其游戲好種樹麻菽麻菽美及爲成人遂好耕農相地之宜宜穀者稼穡焉【正義】種曰稼斂曰穡　民皆法則之帝堯聞之舉棄爲農師天下得其利有功帝舜曰棄黎民始飢【集解】徐廣曰今文尚書作祖飢祖始也　爾后稷播時百穀封棄於邰【集解】徐廣曰今斄鄉在扶風【索隱】卽詩生民曰有邰家室是也邰卽斄古今字異耳【正義】括地志云故斄城一名武功城在雍州武功縣西南二十二里古邰國后稷所封也有后稷及姜原祠毛萇云邰姜嫄國也后稷所生堯見天因邰而生后稷故因封於邰也　號曰后稷別姓姬氏【集解】禮緯曰祖以履大跡而生　后稷之興在陶唐虞夏之際皆有令德后稷卒【集解】駰案山海經大荒經曰黑水青水之間有廣都之野后稷葬焉皇甫謐曰冢去中國三萬里也　子不窋立【索隱】帝王世紀云后稷納姞氏生不窋而譙周按國語云世后稷以服事虞夏言世稷官是失其代數也若不窋親棄之子至文王千餘歲唯十四代亦不合事情【正義】括地志云不窋故城在慶州弘化縣南三里卽不窋在戎狄所居之城也毛詩疏云虞及夏殷共有千二百歲每世在位皆八十年乃可充其數耳命之短長古今一也而使十五世君在位皆八十許載子必將老始生不近人情之甚以理而推實難據信也　不窋末年夏后氏政衰去稷不務【集解】韋昭曰夏太康失國廢稷之官不復務農【索隱】國語曰棄稷不務此云去稷者

不窋以失其官而奔戎狄之間。【正義】是太史公恐棄是后稷之名，故變文云「去」也。言夏政衰，不窋去稷官，不復務農者也。不窋卒，子鞠立。鞠卒，子公劉立。公劉雖在戎狄之間，復修后稷之業，務耕種，行地宜，自漆、沮渡渭，取材用，【正義】公劉從漆縣漆水南渡渭水，至南山取材木為用也。括地志云：「豳州新平縣即漢漆縣也。漆水出岐州普閏縣東岐山，漆水東入渭。」行者有資，居者有畜積，民賴其慶。百姓懷之，多徙而保歸焉。周道之興自此始，故詩人歌樂思其德。【索隱】即詩大雅篤公劉是也。公劉卒，子慶節立，國於豳。【集解】徐廣曰：「新平漆縣之東北有豳亭。」【索隱】豳即邠也，古今字異耳。【正義】括地志云：「豳州新平縣即漢漆縣，詩豳國，公劉所邑之地也。」慶節卒，子皇僕立。皇僕卒，子差弗立。差弗卒，子毀隃立。【集解】音踰。世本作「揄」。【索隱】世本作偽榆。毀隃卒，子公非立。【索隱】世本作公非辟方。皇甫謐云公非字辟方也。公非卒，子高圉立。【集解】宋忠曰：「高圉能率稷者也，周人報之。」【索隱】世本云高圉侯侔。高圉卒，子亞圉立。【集解】系本云：「亞圉雲都。」皇甫謐云：「雲都，亞圉字。」【索隱】漢書古今表曰「雲都，亞圉弟」。按：如此說，則辟方、侯侔亦二人之名，實未能詳。亞圉卒，子公叔祖類立。【索隱】世本云：「太公組紺諸盩。」三代世表稱叔類，凡四名。皇甫謐云「公祖一名組紺諸盩，字叔類，號曰太公」也。公叔祖類卒，子古公亶父立。古公亶父復修后稷、公劉之業，積德行義，國人皆戴之。薰育戎狄攻之，欲得財物，予之。已復攻，欲得地與民。民皆怒，欲戰。古公曰：「有民立君，將以利之。今戎狄所為攻戰，以吾地與民。民之在我，與其在彼，何異。民欲以我故戰，殺人父子而君之，予不忍為。」乃與私屬遂去豳，度漆、沮，【集解】徐廣曰：「水在杜陽岐山。杜陽縣在扶風。」踰梁山，【正義】括地志云：「梁山在雍州好畤縣西北十八里。」鄭玄云：「岐山在梁山西南。」然則梁山橫長，其東當夏陽，西北臨河，其西當岐山東北，自豳適周，當踰之矣。止於岐下。【集解】徐廣曰：「岐山在扶風美陽西北，其南有周原。」駰案：皇甫謐云「邑於周地，故始改國曰周」。豳人舉國扶老攜弱，盡復歸古公於岐下。及他旁國聞古公仁，亦多歸之。於是古公乃貶戎狄之俗，而營築城郭室屋，而邑別居之。【集解】徐廣曰：「分別而為邑落也。」作五官有司。【集解】駰案：禮記曰「天子之五官曰司徒、司馬、司空、司士、司寇，典司五眾」。鄭玄曰「此殷時制」。民皆歌樂之，頌其德。【索隱】即詩頌云「后稷之孫，實維大王，居岐之陽，實始翦商」是也。古公有長子曰太伯，次曰虞仲。太姜【正義】國語云：「齊、許、申、呂四國皆姜姓也，四岳之後。」太姜之家，太姜，太王之妃，王季之母。生少子季歷，季歷娶太任，【集解】列女傳曰：「太姜有邰氏之女。太任，摯任氏中女。」【正義】國語云：「摯、疇二國任姓，奚仲、仲虺之後，太任之家也。太任，王季之妃，文王母也。」皆賢婦人。【正義】列女傳云：「太姜，太王娶以為妃，生太伯、仲雍、王季。太姜有色而貞順，率導諸子，至於成童，靡有過失。太王謀事必於太姜，遷徙必與。太任，王季娶以為妃。太任之性，端一誠莊，惟德之行。及其有身，目不視惡色，耳不聽淫聲，口不出傲言，能以胎教子，而生文王。此皆有賢行也。」生昌，有聖瑞。【正義】尚書帝命驗云：「季秋之月甲子，赤爵銜丹書入于酆，止于昌戶。其書云：『敬勝怠者吉，怠勝敬者滅；義勝欲者從，欲勝義者凶。凡事不強則不枉，不敬則不正。枉者廢滅，敬者萬世。以仁得之，以仁守之，其量百世；以不仁得之，以仁守之，其量十世；以不仁得之，以不仁守之，不及其世。』」此蓋聖瑞。古公曰：「我世當有興者，其在昌乎？」長子太伯、虞仲知古公欲立季歷以傳昌，乃二人亡如荊蠻，文身斷髮，【正義】應劭曰：「常在水中，故斷其髮，文其身，以象龍子，故不見傷害。」以讓季歷。【正義】太伯奔吳，所居城在蘇州北五十里常州無錫縣界梅里村，其城及冢見存。而云亡荊蠻者，楚滅越，其地屬楚；秦滅楚，其地屬秦；秦諱楚，改曰荊，故通號吳越之地為荊。及北人書史加云「蠻」，勢之然也。

古公卒，季歷立，是為公季。公季修古公遺道，篤於行義，諸侯順之。

公季卒，【集解】皇甫謐曰：「葬鄠縣之南山。」子昌立，是為西伯。西伯曰文王，【正義】帝王世紀云：「文王龍顏虎肩，身長十尺，胸有四乳。」雒書靈準聽云：「蒼帝姬昌，日角鳥鼻，高長八尺二寸，聖智慈理也。」遵后稷、公劉之業，則古公、公季之法，篤仁，敬老，慈少。禮下賢者，日中不暇食以待士，士以此多歸之。伯夷、叔齊在孤竹，【集解】應劭曰：「在遼西令支。」【正義】括地志云：「孤竹故城在平州盧龍縣南十二里，殷時諸侯孤竹國也，姓墨胎氏也。」聞西伯善養老，盍往歸之。太顛、閎夭、散宜生、鬻子、辛甲大夫之徒皆往歸之。【集解】駰案：劉向別錄曰「鬻子名熊，封於楚。辛甲，故殷之臣，事紂，蓋七十五諫而不聽，去至周，召公與語，賢之，告文王，文王親自迎之，以為公卿，封長子。長子，今上黨所治縣是也」。

崇侯虎譖西伯於殷紂曰：「西伯積善累德，諸侯皆嚮之，將不利於帝。」帝紂乃囚西伯於羑里。閎夭之徒患之。乃求有莘氏美女，【正義】括地志云：「古莘國城在同州河西縣南二十里。世本云莘國，姒姓，夏禹之後，即散宜生等求有莘美女獻紂者。」驪戎之文馬，【正義】括地志云：「驪戎故城在雍州新豐縣東南十六里，殷周時驪戎國城也。」按：駿馬赤鬣縞身，目如黃金，文王以獻紂也。有熊九駟，【正義】括地志云：「鄭州新鄭縣，本有熊氏之墟也。」按：九駟，三十六匹馬也。他奇怪物，因殷嬖臣費仲而獻之紂。紂大說，曰：「此一物足以釋西伯，況其多乎！」【索隱】一物謂莘氏之美女也。乃赦西伯，賜之弓矢斧鉞，使西伯得征伐。曰：「譖西伯者，崇侯虎也。」西伯乃獻洛西之地，以請紂去炮格之刑。紂許之。

西伯陰行善，諸侯皆來決平。於是虞、芮之人【集解】駰案：地理志虞在河東大陽縣，芮在馮翊臨晉縣。【正義】括地志云：「故虞城在陝州河北縣東北五十里虞山之上，古虞國也。故芮城在芮城縣西二十里，古芮國也。晉太康地記云虞西百四十里有芮城。」括地志又云：「閒原在河北縣西六十五里。」詩云「虞芮質厥成」。毛萇云：「虞、芮之君相與爭田，久而不平，乃相謂曰：『西伯仁人，盍往質焉。』乃相與朝周。入其境，則耕者讓畔，行者讓路；入其邑，男女異路，斑白不提挈；入其朝，士讓為大夫，大夫讓為卿。二國君相謂曰：『我等小人，不可履君子之庭。』乃相讓，所爭地以為閒原。」至今尚在。注引地理志芮在臨晉者，恐疏。然閒原在河東，復與虞、芮相接，臨晉在河西同州，非臨晉芮明矣。有獄不能決，乃如周。入界，耕者皆讓畔，民俗皆讓長。虞、芮之人未見西伯，皆慚，相謂曰：「吾所爭，周人所恥，何往為，祇取辱耳。」遂還，俱讓而去。諸侯聞之，曰「西伯蓋受命之君」。

明年，伐犬戎。【集解】駰案：山海經曰「有人，人面獸身，名曰犬戎」。【正義】又云：「黃帝生苗龍，苗龍生融吾，融吾生并明，并明生白犬，白犬有二，是為犬戎。」說文云：「赤狄本犬種，故字從犬。」又後漢書云：「犬戎，槃瓠之後也。今長沙武陵之郡太半是也。」又毛詩疏云：「犬戎昆夷是也。」明年，伐密須。【集解】應劭曰：「密須氏，姞姓之國。」瓚曰：「安定陰密縣是。」【正義】括地志云：「陰密故城在涇州鶉觚縣西，其東接縣城，即古密國。」杜預云：「姞姓國，在安定陰密縣也。」明年，敗耆國。【集解】徐廣曰：「一作『𠨸』。」【正義】即黎國也。鄒誕生云本或作「黎」。孔安國云黎在上黨東北。括地志云：「故黎城，黎侯國也，在潞州黎城縣東北十八里。」尚書云「西伯既戡黎」是也。殷之祖伊聞之，懼，以告帝紂。紂曰：「不有天命乎？是何能為！」明年，伐邘。【集解】徐廣曰：「邘城在野王縣西北。」音于。【正義】括地志云：「故邘城在懷州河內縣西北二十七里，古邘國城也。」左傳云「邘、晉、應、韓，武之穆也」。明年，伐崇侯虎。【正義】皇甫謐云：「夏鯀封崇，虞、夏、商、周皆有崇國，崇國蓋在豐鎬之間。」詩云「既伐于崇，作邑于豐」，是國之地也。而作豐邑，【集解】徐廣曰：「豐在京兆鄠縣東，有靈臺。鎬在上林昆明北，有鎬池，去豐二十五里，皆在長安南數十里。」【正義】括地志云：「周豐宮，周文王宮也，在雍州鄠縣東三十五里。鎬在雍州西南三十二里。」自岐下而徙都豐。明年，西伯崩，【集解】徐廣曰：「文王九十七乃崩。」【正義】括地志云：「周文王墓在雍州萬年縣西南二十八里原上也。」太子發立，是為武王。

西伯蓋即位五十年。其囚羑里，蓋益易之八卦為六十四卦。【正義】乾鑿度云：「垂皇策者羲，益卦演德者文，成命者孔也。」易正義云：「伏羲制卦，文王卦辭，周公爻辭，孔子十翼也。」按：太史公言「蓋」者，乃疑辭也。文王著演易之功，作周紀方贊其美，不敢專定重易，故稱「蓋」也。詩人道西伯，蓋受命之年稱王而斷虞芮之訟。【正義】二國相讓後，諸侯歸西伯者四十餘國，咸尊西伯為王。蓋此年受命之年稱王也。帝王世紀云：「文王即位四十二年，歲在鶉火，文王更為受命之元年，始稱王矣。」又毛詩云：「文王九十七而終，終時受命九年，則受命之元年年八十九也。」後七年而崩，【正義】七當為九。其說在後。謚為文王。【正義】謚法經緯天地曰文。改法度，制正朔矣。【正義】易緯云：「文王受命，改正朔，布王號於天下。」鄭玄信而用之，言文王稱王，已改正朔布王號矣。按：天無二日，土無二王，豈殷紂尚存而周稱王哉？若文王自稱王改正朔，則是功業成矣，武王何復得云大勳未集，欲卒父業也？禮記大傳云：「牧之野，武王之大事也。既事而退，追王大王亶父、王季歷、文王昌。」據此文乃是追王為王，何得文王自稱王改正朔也？追尊古公為太王，公季為王季：蓋王瑞自太王興。【正義】古公在邠，被戎狄攻戰，奪民，太王曰：「民之在我與彼何異，殺人父子而君之，予不忍為。」遂遠去邠，止於岐下。邠人舉國盡歸古公，他國聞古公仁，亦多歸之。乃貶戎狄之俗，為宮室屋邑，分別居之。季歷又生昌，有聖瑞，蓋是王瑞自太王興起也。然自西伯蓋即位五十年以下至太王興，在西伯崩後重述其事，為經傳不同，不可全棄，乃略而書之引，其下事必可疑，故數言「蓋」也。

武王即位，【正義】謚法：克定禍亂曰武。太公望為師，周公旦為輔，召公、畢公之徒左右王，師修文王緒業。

九年，武王上祭于畢。【集解】馬融曰：「畢，文王墓地名也。」【索隱】按：文云「上祭于畢」，則畢，天星之名。畢星主兵，故師出而祭畢星也。【正義】上音時掌反。尚書武成篇云「我文考文王誕膺天命，以撫方夏，惟九年，大統未集」。太誓篇序云：「惟十有一年，武王伐殷。」大戴禮云：「文王十五而生武王。」則武王少文王十四歲矣。禮記文王世子云：「文王九十七而終，武王九十三而終。」按：文王崩時，武王已八十三矣，八十四即位，至九十三崩，武王即位適滿十年。言十三年伐紂者，續文王受命年，欲明其卒父業故也。金縢篇云：「惟克商二年，王有疾，不豫。」按：文王受命九年而崩，十年武王服闋，觀兵孟津，十三年克紂，十五年有疾，周公請命，王有瘳，後四年而崩，則武王年九十三矣。而太史公云九年王觀兵，十一年伐紂，則以為武王即位年數，與尚書違，甚疏矣。東觀兵，至于盟津。【集解】徐廣曰：「譙周云史記武王十一年東觀兵，十三年克紂。」為文王木主，載以車，中軍。武王自稱太子發，言奉文王以伐，不敢自專。乃告司馬、司徒、司空、諸節：【集解】馬融曰：「諸受符節有司也。」「齊栗，信哉！予無知，以先祖有德臣，小子受先功，【集解】徐廣曰：「一云『予小子受先公』。」畢立賞罰，以定其功。」遂興師。師尚父號曰：【集解】鄭玄曰：「號令之軍法重者。」「總爾眾庶，與爾舟楫，後至者斬。」武王渡河，中流，白魚躍入王舟中，【集解】馬融曰：「魚者，介鱗之物，兵象也。白者，殷家之正色，言殷之兵眾與周之象也。」武王俯取以祭。既渡，有火自上復于下，至于王屋，流為烏，【索隱】此已下至火復王屋為烏，皆見周書及今文泰誓。其色赤，其聲魄云。【集解】馬融曰：「王屋，王所居屋。流，行也。魄然，安定意也。」鄭玄曰：「書說云烏有孝名。武王卒父大業，故烏瑞臻。赤者，周之正色也。」【索隱】按：今文泰誓「流為鵰」。鵰，鷙鳥也。馬融云明武王能伐紂，鄭玄云烏是孝鳥，言武王能終父業，亦各隨文而解也。是時，諸侯不期而會盟津者八百諸侯。諸侯皆曰：「紂可伐矣。」武王曰：「女未知天命，未可也。」乃還師歸。

居二年，聞紂昏亂暴虐滋甚，殺王子比干，囚箕子。太師疵、少師彊抱其樂器而犇周。於是武王遍告諸侯曰：「殷有重罪，不可以不畢伐。」【集解】徐廣曰：「一作『滅』。」乃遵文王，遂率戎車三百乘，虎賁三千人，【集解】孔安國曰：「虎賁，勇士稱也。若虎賁獸，言其猛也。」甲士四萬五千人，以東伐紂。十一年十二月戊午，師畢渡盟津，【正義】畢，盡也。從河北渡河南也。諸侯咸會。曰：「孳孳無怠！」武王乃作太誓，告于眾庶：「今殷王紂乃用其婦人之言，自絕于天，毀壞其三正，【集解】馬融曰：「動逆天地人也。」【正義】按：三正，三統也。周以建子為天統，殷以建丑為地統，夏以建寅為人統也。離逷其王父母弟，【集解】鄭玄曰：「王父母弟，祖父母之族，必言母弟，舉親者言之也。」乃斷棄其先祖之樂，乃為淫聲，用變亂正聲，怡說婦人。【集解】徐廣曰：「怡，一作『辭』。」故今予發維共行天罰。勉哉夫子，【集解】鄭玄曰：「夫子，丈夫之稱。」不可再，不可三！」二月甲子昧爽，武王朝至于商郊牧野，乃誓。【集解】徐廣曰：「一作『正』。此建丑之月，殷之正月，周之二月也。」孔安國曰：「昧，冥也。爽，明也。早旦也。」【正義】括地志云：「衛州城，故老云周武王伐紂至於商郊牧野，乃築此城。」鄭玄注水經云：「自朝歌南至清水，土地平衍，據皋跨澤，悉牧野也。」括地志又云：「紂都朝歌在衛州東北七十三里朝歌故城是也。本妹邑，殷王武丁始都之。」帝王世紀云：「帝乙復濟河北，徙朝歌，其子紂仍都焉。」武王左杖黃鉞，右秉白旄，以麾。【集解】孔安國曰：「鉞以黃金飾斧。左手杖鉞，示無事於誅。右手把旄，示有事於教令。」曰：「遠矣西土之人！」【集解】孔安國曰：「勞苦之。」武王曰：「嗟！我有國冢君，【集解】馬融曰：「冢，大也。」司徒、司馬、司空，亞旅、師氏，【集解】孔安國曰：「亞，次。旅，眾大夫也。其位次卿。師氏，大夫官，以兵守門。」千夫長、百夫長，【集解】孔安國曰：「師率，卒率。」及庸、蜀、羌、髳、微、纑、彭、濮人，【集解】孔安國曰：「八國皆蠻夷戎狄。羌在西。蜀，叟。髳、微在巴蜀。纑、彭在西北。庸、濮在江漢之南。」馬融曰：「武王所率將來伐紂也。」【正義】髳音矛。括地志云：「房州竹山縣及金州，古庸國。益州及巴、利等州，皆古蜀國。隴右岷、洮、叢等州以西，羌也。姚府以南，古髳國之地。戎府之南，古微、盧、彭三國之地。濮在楚西南。有髳州、微濮州、瀘府、彭州焉。武王率西南夷諸州伐紂也。」稱爾戈，【集解】孔安國曰：「稱，舉也。」比爾干，立爾矛，予其誓。」王曰：「古人有言『牝雞無晨。牝雞之晨，惟家之索』。【集解】孔安國曰：「索，盡也。喻婦人知外事，雌代雄鳴則家盡也。」今殷王紂維婦人言是用，自棄其先祖肆祀不答，【集解】鄭玄曰：「肆，祭名。答，問也。」昏棄其家國，遺其王父母弟不用，乃維四方之多罪逋逃是崇是長，是信是使，【集解】孔安國曰：「言紂棄其賢臣，而尊長逃亡罪人，信用之。」俾暴虐于百姓，以姦軌于商國。今予發維共行天之罰。今日之事，不過六步七步，乃止齊焉，夫子勉哉！【集解】孔安國曰：「今日戰事，不過六步七步，乃止相齊。言當旅進一心也。」不過於四伐五伐六伐七伐，乃止齊焉，勉哉夫子！【集解】孔安國曰：「伐謂擊刺也。少則四五，多則六七以為例。」尚桓桓，【集解】鄭玄曰：「威武貌。」如虎如羆，如豺如離，【集解】徐廣曰：「此訓與螭同。」于商郊，不御克犇，以役西土，【集解】鄭玄曰：「御，彊御，謂彊暴也。克，殺也。不得暴殺紂師之犇走者，當以為周之役也。」勉哉夫子！爾所不勉，其于爾身有戮。」【集解】鄭玄曰：「所，且也。」誓已，諸侯兵會者車四千乘，陳師牧野。

帝紂聞武王來，亦發兵七十萬人距武王。武王使師尚父與百夫致師，【集解】駰案：周禮環人「掌致師」。鄭玄曰：「致師者，致其必戰之志也。古者將戰，先使勇力之士犯敵焉。春秋傳曰楚許伯御樂伯，攝叔為右，以致晉師。許伯曰『吾聞致師者，御靡旌摩壘而還』。樂伯曰『吾聞致師者，左射以菆，代御執轡，御下揃馬，掉鞅而還』。攝叔曰『吾聞致師者，右入壘折馘，執俘而還』。皆行其所聞而復以大卒馳帝紂師【集解】徐廣曰：帝一作商。【正義】大卒謂戎車三百五十乘，士卒二萬六千二百五十人，有虎賁三千人。紂師雖眾，皆無戰之心，心欲武王亟入。紂師皆倒兵以戰，以開武王。武王馳之，紂兵皆崩畔紂。紂走，反入登于鹿臺之上，蒙衣其殊玉，自燔于火而死。【正義】衣音於既反。周書云甲子夕，紂取天智玉琰五環身以自焚。注：天智，玉之善者，縫環其身自厚也。凡焚四千玉也，庶玉則銷，天智玉不銷，紂身不盡也。武王持大白旗以麾諸侯，諸侯畢拜武王，武王乃揖諸侯，諸侯【正義】武王率諸侯伐天子，天子已死，諸侯畢賀，故武王揖諸侯，言先揖循其心也。畢從。武王至商國，【正義】謂至朝歌。商國百姓咸待於郊。於是武王使群臣告語商百姓曰：「上天降休！」商人皆再拜稽首，武王亦答拜。【索隱】武王雖以臣伐君，頗有慙德，不應答商人之拜。太史公失辭耳。尋上文諸侯畢拜賀武王，武王尚且報揖，無容遂下拜商人。遂入，至紂死所。武王自射之，三發而後下車，以輕劍擊之，【正義】周書作輕呂擊之。輕呂，劍名也。以黃鉞斬紂頭，縣太白之旗。已而至紂之嬖妾二女，二女皆經自殺。武王又射三發，擊以劍，斬以玄鉞，【集解】司馬法曰：夏執玄鉞。宋均曰：玄鉞用鐵，不磨礪。縣其頭小白之旗。武王已乃出復軍。其明日，除道，修社及商紂宮。及期，百夫荷罕旗以先驅。【集解】駰案：蔡邕獨斷曰前驅有九旒雲罕。東京賦曰雲罕九斿。薛綜曰旒，旗名。武王弟叔振鐸奉陳常車，周公旦把大鉞，畢公把小鉞，以夾武王。散宜生、太顛、閎夭皆執劍以衛武王。既入，立于社南大卒之左，右畢從。毛叔鄭奉明水，【集解】駰案：周禮曰司烜氏以鑑取明水於月。鄭玄曰：鑑，鏡屬也。取月之水，欲得陰陽之絜氣。陳明水以為玄酒。【索隱】明水，明水也。舊本皆無水字，今本有水字。若惟云奉明，其義未見，不知是明何物也。烜音毀。衛康叔封布茲，【集解】徐廣曰：茲者，藉席之名。諸侯病曰負茲。【索隱】茲一作苙。公明草也。言茲舉成器，言苙見絜草也。召公奭贊采，【正義】贊，佐也。采，幣也。師尚父牽牲。尹佚筴祝曰：【正義】尹佚讀筴書祝文以祭社也。「殷之末孫季紂，【正義】周書作末孫受德。受德，紂字也。殄廢先王明德，侮蔑神祇不祀，昏暴商邑百姓，其章顯聞于天皇上帝。」於是武王再拜稽首，曰：「膺更監本作受大命，革殷，受天明命。」武王又再拜稽首，乃出。封商紂子祿父殷之餘民。武王為殷初定未集，乃使其弟管叔鮮、蔡叔度相祿父治殷。【正義】地理志云：河內，殷之舊都，周既滅殷，分其畿內為三國，詩邶、鄘、衛是。邶以封紂子武庚；鄘，管叔尹之；衛，蔡叔尹之；以監殷民，謂之三監。帝王世紀云：自殷都以東為衛，管叔監之；殷都以西為鄘，蔡叔監之；殷都以北為邶，霍叔監之；是為三監。按：二說各異，未詳也。已而命召公釋箕子之囚。【集解】徐廣曰：釋一作原。命畢公釋百姓之囚，表商容之閭。命南宮括散鹿臺之財，發鉅橋之粟，以振貧弱萌隸。命南宮括、史佚展九鼎保玉。【集解】徐廣曰：保一作寶。命閎夭封比干之墓。【正義】封謂益其土及畫疆界。括地志云：比干墓在衛州汲縣北十里二百五十步。命宗祝享祠于軍。乃罷兵西歸。行狩，記政事，作武成。【集解】孔安國曰：武功成也。封諸侯，班賜宗彝，作分殷之器物。【集解】鄭玄曰：宗彝，宗廟樽也。作分器，著王之命及所受物也。武王追思先聖王，乃襃封神農之後於焦，【集解】駰案：地理志弘農陝縣有焦城，故焦國也。黃帝之後於祝，【正義】左傳云祝其，實夾谷。杜預云夾谷即祝其也。服虔云東海郡祝其縣也。

帝堯之後於薊，【集解】駰案：地理志燕國有薊縣。帝舜之後於陳，【正義】括地志云：陳州宛丘縣在陳城中，即古陳國也。帝舜後遏父為周武王陶正，武王賴其器用，封其子嬀滿於陳，都宛丘之側。大禹之後於杞。【正義】括地志云：汴州雍丘縣，古杞國。地理志云古杞國理此城。周武王封禹後於杞，號東樓公，二十一代為楚所滅。於是封功臣謀士，而師尚父為首封。封尚父於營丘，曰齊。【集解】駰案：爾雅曰：水出其前而左曰營丘。郭璞曰：今齊之營丘，淄水過其南及東。【正義】水經注：今臨菑城中有邱，云古縣邱之地，呂望所封齊之都也。營邱在縣北百步外城中。輿地志云：秦立為縣，城臨淄水，故曰臨淄也。封弟周公旦於曲阜，曰魯。【集解】應劭曰：曲阜在魯城中，委曲長七八里。【正義】帝王世紀云：炎帝自陳營都於魯曲阜。黃帝自窮桑登帝位，後徙曲阜。少昊邑于窮桑，以登帝位，都曲阜。顓頊始都窮桑，徙商丘。窮桑在魯北，或云窮桑即曲阜也。又為大庭氏之故國，又是商奄之地。皇甫謐云：黃帝生於壽丘，在魯城東門之北，居軒轅之丘。於山海經云此地窮桑之際，西射之南是也。括地志云：兗州曲阜縣外城，即周公旦子伯禽所築古魯城也。封召公奭於燕。【正義】封帝堯之後於薊，封召公奭於燕，觀其文稍似重也。水經注云：薊城西北隅有薊丘，因取名焉。括地志云：燕山在幽州漁陽縣東南六十里。宗國都城記云：周武王封召公奭於燕，地在燕山之野，故國取名焉。按：周封以五等之爵，薊、燕二國俱武王立，因燕山、薊丘為名，其地足自立國。薊微燕盛，乃并薊居之，薊名遂絕焉。今幽州薊縣，古燕國也。封弟叔鮮於管，【正義】括地志云：鄭州管城縣外城，古管國城也，周武王弟叔鮮所封。弟叔度於蔡。【正義】括地志云：豫州北七十里上蔡縣，古蔡國，武王封弟叔度於蔡是也。縣東十里有蔡岡，因名也。餘各以次受封。武王徵九牧之君，登豳之阜，以望商邑。【正義】括地志云：豳州三水縣西十里有豳原，周先公劉所都之地也。豳城在此原上，因公為名。按：蓋武王登此城望商邑。武王至于周，自夜不寐。周公旦即王所，曰：「曷為不寐？」【正義】周，鎬京也。武王伐紂還至鎬京，憂未定天之保安，故自夜不得寐也。王曰：「告女：維天不饗殷，自發未生於今六十年，麋鹿在牧，【集解】徐廣曰：此事出周書及隨巢子，云夷羊在牧。牧，郊也。夷羊，怪物也。蜚鴻滿野。【索隱】按：高誘曰蜚鴻，蠛蠓也。言飛蟲蔽田滿野，故為災，非是鴻鴈也。隨巢子作飛拾，飛拾，蟲也。【正義】蜚音飛，古飛字也。於今，猶當今。於今六十年，從帝乙二十年至伐紂年也。麋鹿在牧，喻讒佞小人在朝位也。飛鴻滿野，喻忠賢君子見放棄也。言紂父帝乙立後，殷國益衰，至伐紂六十年間，謟佞小人在於朝位，忠賢君子放遷于野，故詩云「鴻鴈于飛，肅肅其羽。之子于征，劬勞于野」。毛萇云：之子，侯伯卿士也。鄭玄云：鴻鴈知避陰陽寒暑，喻民知去無道，就有道也。天不享殷，乃今有成。【索隱】言上天不歆享殷家，故見災異，我周今乃有成王業者也。維天建殷，其登名民三百六十夫，不顯亦不賓滅，【集解】徐廣曰：一云不顧亦不賓滅，一又云不顧亦不恤也。【索隱】言天初建殷國，亦登進名賢之人三百六十夫，既無非大賢，未能興化致理，故殷家不大光昭，亦不即擯滅，以至于今也。亦見周書及隨巢子，頗復脫錯。而劉氏音被六為古，其字義亦無所通。徐廣云一本作「不顧亦不賓畫」，是學者以周書及隨巢不同，遂音改易耳。隨巢子曰：「天鬼不顧亦不賓滅。」天鬼即天神也。以至今。我未定天保，何暇寐！」王曰：「定天保，依天室，悉求夫惡，貶從殷王受。【索隱】言今悉求取夫惡人不知天命不順周家者，咸貶責之，與紂同罪，故曰貶從殷王受。日夜勞來定我西土，【集解】徐廣曰：一云肯來。【索隱】七字連作一句讀。我維顯服，及德方明。【正義】服，事也。武王答周公云：定知天之安保我位，得依天之宮室，退除殷紂之惡，日夜勞民，又安定我之西土，我維明於事，及我之德教施四方明行之，乃可於寢寐也。自此已上為王至周，自夜不寐，周公問之，故先書。自洛汭延于伊汭，居易毋固，其有夏之居。【集解】徐廣曰：夏居河南，初在陽城，後居陽翟。【索隱】言自洛汭及伊汭，其地平易無險固，是有夏之舊居。【正義】括地志云：自禹至太康與唐虞皆不易都城，然則居陽城為禹避商均時之都也。帝王世紀云：禹封夏伯，今河南陽翟是。汲冢古文云：太康居斟尋，羿亦居之，桀又居之。括地志云：故鄩城在洛州鞏縣西南五十八里也。我南望三塗，北望嶽鄙，顧詹有河，【集解】徐廣曰：周書度邑曰：武王問太公曰：吾將因有夏之居也，南望過于三塗，北望于有河。【索隱】杜預曰：三塗在陸渾南。嶽，蓋河北太行山。鄙，都鄙，謂近嶽之邑。度，周書篇名。度音徒各反。【正義】括地志云：太行、恒山連延東北接碣石，接嶽山。言北望太行、恒山之邊鄙都邑也。又晉州霍山一名太岳，在洛西北；恒山在洛東北；二說皆通。粵詹雒、伊，毋遠天室。」【正義】粵者，審慎之辭也。言審慎瞻雒、伊二水之陽，無遠離此為天室也。營周居于雒邑而後去。【正義】括地志云：故王城一名河南城，本郟鄏，周公新築，在洛州河南縣北九里苑內東北隅。自平王以下十二王皆都此城，至敬王乃遷都成周，至赧王又居王城也。帝王世紀云：王城西有郟鄏陌。左傳云成王定鼎於郟鄏。京相璠地名云：郟，山名；鄏，邑名。縱馬於華山之陽，【正義】華山在華陰縣南八里。山南曰陽也。放牛於桃林之虛；【集解】孔安國曰：桃林在華山東。【正義】括地志云：桃林在陝州桃林縣西。山海經云：夸父之山，其北有林焉，名曰桃林，廣圓三百里，中多馬。湖水出焉，北流入河也。偃干戈，振兵釋旅：【集解】駰案：公羊傳曰：入曰振旅。示天下不復用也。

武王已克殷，後二年，問箕子殷所以亡。箕子不忍言殷惡，以存亡國宜告。【集解】徐廣曰：存一作前。【索隱】六字連一句讀。【正義】箕子，殷人，不忍言殷惡，以周國之所宜言告武王，為洪範九類，以類問天道。武王亦醜，故問以天道。武王病。天下未集，群公懼，穆卜，【集解】孔安國曰：穆，敬也。周公乃祓齋，【正義】祓音廢，又音拂。齋音側皆反。祓謂除不祥求福也。自為質，【正義】音至。周公祓齋，自以贊幣告三王，請代武王，武王病乃瘳也。欲代武王，武王有瘳。後而崩，【集解】徐廣曰：封禪書曰武王克殷二年，天下未寧而崩。皇甫謐曰：武王定位元年，歲在乙酉，六年庚寅崩。駰案：皇覽曰：文王、武王、周公冢皆在京兆長安鎬聚東社中也。【正義】括地志云：武王墓在雍州萬年縣西南二十八里畢原上也。太子誦代立，是為成王。成王少，周初定天下，周公恐諸侯畔，周公乃攝行政當國。管叔、蔡叔群弟疑周公，與武庚作亂，畔周。周公奉成王命，伐誅武庚、管叔，放蔡叔。以微子開代殷後，國於宋。【正義】今宋州也。頗收殷餘民，以封武王少弟封為衛康叔。【正義】尚書洛誥云：我卜瀍水東，亦惟洛食，以居邶鄘衛之眾。又多士篇序云：成周既成，遷殷頑民。按：是為東周，古洛陽城也。括地志云：洛陽故城在洛州洛陽縣東北二十六里，周公所築，即成周城也。輿地志云：以周地在王城東，故曰東周。敬王避子朝亂，自洛邑東居此。以其迫阨不受王都，故壞翟泉而廣之。按：武王滅殷國為邶、鄘、衛，三監尹之。武庚作亂，周公滅之，徙三監之民於成周，頗收其餘眾，以封康叔為衛侯，即今衛州是也。孔安國云：以三監之餘民，國康叔為衛侯。周公懲其數叛，故使賢母弟主之也。晉唐叔得嘉穀，【集解】鄭玄曰：二苗同為一穗。獻之成王，成王以歸周公于兵所。【集解】徐廣曰：歸一作餽。周公受禾東土，魯天子之命。【集解】徐廣曰：尚書序云旅天子之命。初，管、蔡畔周，周公討之，三年而畢定，故初作大誥，次作微子之命，【集解】孔安國曰：封命之書。次歸禾，次嘉禾，次康誥、酒誥、梓材，【集解】孔安國曰：告康叔以為政之道，亦如梓人之治材也。其事在周公之篇。周公行政七年，成王長，周公反政成王，北面就群臣之位。成王在豐，使召公復營洛邑，如武王之意。周公復卜申視，卒營築，居九鼎焉。曰：「此天下之中，四方入貢道里均。」作召誥、洛誥。成王既遷殷遺民，周公以王命告，作多士、無佚。召公為保，周公為師，東伐淮夷，殘奄，【集解】鄭玄曰：奄國在淮夷之北。【正義】奄音於險反。括地志云：泗水徐城縣北三十里古徐國，即淮夷也。兗州曲阜縣奄至，即奄國之地也。遷其君薄姑。【集解】馬融曰：齊地。【正義】括地志云：薄姑故城在青州博昌縣東北六十里。薄姑氏，殷諸侯，封於此，周滅之也。

成王自奄歸，在宗周，【正義】伐奄歸鎬京也。作多方。【集解】孔安國曰：告眾方天下諸侯。既絀殷命，襲淮夷，歸在豐，作周官。【集解】孔安國曰：言周家設官分職用人之法。古文尚書敘周官書篇名。興正禮樂，度制於是改，而民和睦，頌聲興。【集解】何休曰：頌聲者，太平歌頌之聲，帝王之高致也。成王既伐東夷，息慎來賀，王賜榮伯作賄息慎之命。【集解】孔安國曰：賄，賜也。馬融曰：榮伯，周同姓，畿內諸侯，為卿大夫也。成王將崩，懼太子釗之不任，乃命召公、畢公率諸侯以相太子而立之。成王既崩，二公率諸侯，以太子釗見於先王廟，申告以文王、武王之所以為王業之不易，務在節儉，毋多欲，以篤信臨之，作顧命。【集解】鄭玄曰：臨終出命，故謂之顧。顧，將去之意也。太子釗遂立，是為康王。康王即位，徧告諸侯，宣告以文武之業以申之，作康誥。故成康之際，天下安寧，刑錯四十餘年不用。【集解】應劭曰：錯，置也。民不犯法，無所置刑。康王命作策畢公分居里，成周郊，【集解】孔安國曰：分別民之居里，異其善惡也。成定東周郊境，使有保護也。作畢命。康王卒，子昭王瑕立。昭王之時，王道微缺。昭王南巡狩不返，卒於江上。其卒不赴告，諱之也。【正義】帝王世紀云：昭王德衰，南征，濟于漢，船人惡之，以膠船進王，王御船至中流，膠液船解，王及祭公俱沒于水中而崩。其右辛游靡長臂且多力，游振得王，周人諱之。立昭王子滿，是為穆王。穆王即位，春秋已五十矣。王道衰微，穆王閔文武之道缺，乃命伯臩【集解】孔安國曰：伯冏，臣名。申誡【集解】徐廣曰：一作部。太僕【集解】應劭曰：太僕，周穆王所置，蓋太御眾僕之長，中大夫也。國之政，作臩命。【正義】尚書序云穆王令伯臩為太僕正。復寧。穆王將征犬戎，【集解】徐廣曰：一作畎。祭公謀父諫曰：【集解】韋昭曰：祭，畿內之國，周公之後，為王卿士。謀父，字也。【正義】括地志云：故祭城在鄭州管城縣東北十五里，鄭大夫祭仲邑也。釋例云：祭城在河南，上有敖倉，周公後所封也。「不可。先王耀德不觀兵。夫兵戢而時動，動則威，觀則玩，玩則無震。【集解】韋昭曰：震，懼也。是故周文公之頌曰：【集解】韋昭曰：文公，周公旦之謚。『載戢干戈，載櫜弓矢，【集解】唐固曰：櫜，韜也。我求懿德，肆于時夏，允王保之。』【集解】韋昭曰：言武王常求美德，故陳其功於是夏而歌之，信哉武王能保此時夏之美。樂章大者曰夏。先王之於民也，茂正其德而厚其性，阜其財求而利其器用，明利害之鄉，【集解】韋昭曰：鄉，方也。以文修之，使之務利而辟害，懷德而畏威，故能保世以滋大。昔我先王世后稷【集解】韋昭曰：謂弃與不窋也。唐固曰：父子相繼曰世。以服事虞夏。及夏之衰也，【正義】謂太康也。弃稷不務，【正義】言太康弃廢稷官。我先王不窋用失其官，而自竄於戎狄之閒。不敢怠業，時序其德，遵修其緒，【集解】徐廣曰：遵一作選。修其訓典，朝夕恪勤，守以敦篤，奉以忠信。奕世載德，不忝前人。【正義】前人謂后稷也。言不窋亦世載德，不忝后稷及文王武王，無不務農事。至于文王、武王，昭前之光明而加之以慈和，事神保民，無不欣喜。商王帝辛大惡于民，庶民不忍，訢載武王，以致戎于商牧。【正義】紂近郊地名牧野。是故先王非務武也，勤恤民隱而除其害也。夫先王之制，邦內甸服，邦外侯服，侯衛賓服，【集解】韋昭曰：此總言之也。侯，侯圻也。衛，衛圻也。夷蠻要服，戎翟荒服甸服者祭【集解】韋昭曰供日祭侯服者祀【集解】韋昭曰供月祀賓服者享【集解】韋昭曰供時享要服者貢【集解】韋昭曰供歲貢荒服者王【集解】韋昭曰王王事天子也詩曰莫敢不來王日祭月祀時享歲貢終王先王之順祀也【集解】徐廣曰外傳云先王之訓有不祭則修意【集解】韋昭曰先修志意以自責也畿內近知王意也有不祀則修言【集解】韋昭曰言號令也有不享則修文【集解】韋昭曰文典法也有不貢則修名【集解】韋昭曰名謂尊卑職貢之名號也有不王則修德【集解】韋昭曰遠人不服則修文德以來之序成而有不至則修刑【集解】韋昭曰序成謂上五者次序已成有不至則有刑罰也於是有刑不祭伐不祀征不享讓不貢告不王於是有刑罰之辟有攻伐之兵有征討之備有威讓之命有文告之辭布令陳辭而有不至則增修於德無勤民於遠是以近無不聽遠無不服今自大畢伯士之終也【集解】徐廣曰犬戎之君犬戎氏以其職來王【正義】賈逵云大畢伯士犬戎氏之二君也白狼白鹿犬戎之職貢也按大畢伯士終後犬戎氏常以其職來王天子曰【正義】祭公申穆王之意故云天子曰予必以不享征之且觀之兵無乃廢先王之訓而王幾頓乎【正義】幾音祈吾聞犬戎樹敦【集解】徐廣曰樹一作敏駰案韋昭曰樹立也言犬戎立性敦篤也率舊德而守終純固其有以禦我矣王遂征之得四白狼四白鹿以歸自是荒服者不至諸侯有不睦者甫侯言於王作修刑辟【集解】鄭玄曰書說云周穆王以甫侯爲相王曰吁來有國有土告汝祥刑【集解】孔安國曰告汝善用刑之道也在今爾安百姓何擇非其人【集解】王肅曰訓以安百姓之道當何所選擇乎非當選擇賢人乎何敬非其刑何居非其宜與【集解】孔安國曰當何所敬非唯五刑乎當何所居非唯及世輕重所宜乎兩造具備【集解】徐廣曰造一作遭師聽五辭【集解】孔安國曰兩謂囚證造至也兩至具備則衆獄官聽其入五刑辭【正義】漢書刑法志云五聽一曰辭聽二曰色聽三曰氣聽四曰耳聽五曰目聽周禮云辭不直則言繁目不直則視眊耳不直則對答惑色不直則貌赧氣不直則數喘也五辭簡信正於五刑【集解】孔安國曰五辭簡核信有罪驗則正之於五刑矣五刑不簡正於五罰【集解】孔安國曰不簡核謂不應五刑當正五罰出金贖罪也五罰不服正於五過【集解】孔安國曰不服不應罰也正於五過從赦免之五過之疵官獄內獄閱實其罪【集解】孔安國曰使與罰名相當【索隱】按呂刑云惟反惟內惟貨惟來今此似闕少或從省文惟鈞其過【集解】馬融曰以此五過出入人罪與犯法者等五刑之疑有赦五罰之疑有赦其審克之【集解】孔安國曰刑疑赦從罰罰疑赦從免其當清察能得其理也簡信有衆惟訊有稽【集解】孔安國曰簡核誠信有合衆心惟察其貌有所考合重之至也【索隱】訊依尚書音貌也無簡不疑共嚴天威【集解】孔安國曰無簡核誠信不聽治其獄當嚴敬天威無輕用刑黥辟疑赦其罰百率【集解】徐廣曰率即鍰也音刷孔安國曰六兩曰鍰鍰黃鐵也【索隱】鍰黃鐵鍰亦六兩故馬融曰鍰量名與呂刑鍰同舊本率亦作選閱實其罪劓辟疑赦其罰倍灑【集解】徐廣曰一作蓰五倍曰蓰孔安國曰倍百爲二百鍰也【索隱】灑音屣蓰音所解反閱實其罪臏辟疑赦其罰倍差【集解】馬融曰倍二百爲四百鍰也差者又加四百之三分一凡五百三十三三分一也【正義】倍中之差二百去三分一合三百三十三鍰二兩也宮刑其罰五百臏刑既輕其數豈加故知孔馬之說非也閱實其罪宮辟疑赦其罰五百【集解】徐廣曰一作六率閱實其罪大辟疑赦其罰千率閱實其罪墨罰之屬千劓

罰之屬千臏罰之屬五百宮罰之屬三百大辟之罰其屬二百五刑之屬三千命曰甫刑穆王立五十五年崩子共王繄扈立【索隱】世本作伊扈共王游於涇上密康公從【集解】韋昭曰康公密國之君姬姓也【正義】括地志云陰密故城在涇州鶉觚縣西東接縣城故密國也有三女奔之其母曰必致之王【集解】駰案列女傳曰康公母姓隗氏夫獸三爲羣人三爲衆女三爲粲王田不取羣【正義】曹大家云羣衆粲皆多之名也田獵得三獸王不盡收以其害深也公行不下衆【正義】曹大家云公諸侯也公之所與衆人共議也王御不參一族【集解】韋昭云御妻官也參三也一族一父子也故取姪娣以備三不參一族之女也夫粲美之物也衆以美物歸女而何德以堪之王猶不堪況爾之小醜乎小醜備物終必亡康公不獻一年共王滅密共王崩子懿王囏立【索隱】世本作堅懿王之時王室遂衰詩人作刺【集解】宋忠曰懿王自鎬徙都犬丘一曰廢丘今槐里是也時王室衰始作詩也懿王崩共王弟辟方立是爲孝王孝王崩諸侯復立懿王太子燮是爲夷王【正義】紀年云三年致諸侯翦齊哀公昴帝王世紀云十六年崩也夷王崩子厲王胡立厲王即位三十年好利近榮夷公大夫芮良夫【正義】芮伯也諫厲王曰王室其將卑乎夫榮公好專利而不知大難夫利百物之所生也天地之所載也而有專之其害多矣天地百物皆將取焉何可專也所怒甚多而不備大難以是教王王其能久乎夫王人者將導利而布之上下者也使神人百物無不得極【集解】韋昭曰極中也猶日怵惕懼怨之來也故頌曰思文后稷克配彼天立我烝民莫匪爾極大雅曰陳錫載周【集解】唐固曰言文王布錫施利以載成周道也是不布利而懼難乎故能載周以至于今今王學專利其可乎匹夫專利猶謂之盜王而行之其歸鮮矣榮公若用周必敗也厲王不聽卒以榮公爲卿士用事王行暴虐侈傲國人謗王召公諫曰【集解】韋昭曰召康王之後穆公虎爲王卿士也民不堪命矣王怒得衛巫使監謗者【集解】韋昭曰衛國之巫也【正義】監音戶銜反監察也以巫人神靈有謗毀必察也以告則殺之其謗鮮矣諸侯不朝三十四年王益嚴國人莫敢言道路以目【集解】韋昭曰以目相眄而已厲王喜告召公曰吾能弭謗矣乃不敢言召公曰是鄣之也防民之口甚於防水水壅而潰傷人必多民亦如之是故爲水者決之使導爲民者宣之使言故天子聽政使公卿至於列士獻詩【正義】詩風刺上瞽獻典【集解】韋昭曰典樂典也史獻書【正義】太史也上書諫也師箴【正義】音針師樂太師瞍賦【集解】韋昭曰無眸子曰瞍賦公卿列士所獻詩也矇誦【集解】韋昭曰有眸子而無見曰矇周禮矇主弦歌諷誦箴諫之語也百工諫庶人傳語【集解】韋昭曰庶人卑賤見時得失不得言傳以語王【正義】傳音逐緣反庶人微賤見時得失不得上言乃在街巷相傳語近臣盡規【集解】韋昭曰近臣驂僕之屬親戚補察【正義】言親戚補王過失及察是非也瞽史教誨【集解】韋昭曰瞽樂太師史太史也耆艾修之【集解】韋昭曰耆艾師傅也修理瞽史之教以聞於王而後王斟酌焉是以事行而不悖民之有口也猶土

之有山川也財用於是乎出猶其有原隰衍沃也【集解】唐固曰下平曰衍有溉曰沃衣食於是乎生口之宣言也善敗於是乎興行善而備敗所以產財用衣食者也夫民慮之於心而宣之於口成而行之若壅其口其與能幾何王不聽於是國莫敢出言三年乃相與畔襲厲王厲王出奔於彘【集解】韋昭曰彘晉地漢爲縣屬河東今曰永安【正義】括地志云晉州霍邑縣本漢彘縣後改彘曰永安從鄗奔晉也厲王太子靜匿召公之家國人聞之乃圍之召公曰昔吾驟諫王王不從以及此難也今殺王太子王其以我爲讎而懟怒乎夫事君者險而不讎懟【集解】韋昭曰在危險之中怨而不怒況事王乎乃以其子代王太子太子竟得脫召公周公二相行政號曰共和【索隱】共音如字若汲冢紀年則云共伯干王位共音恭共國伯爵言共伯攝王政故云干王位也【正義】共音巨用反韋昭云彘之亂公卿相與和而修政事號曰共和也魯連子云衛州共城縣本周共伯之國也共伯名和好行仁義諸侯賢之周厲王無道國人作難王奔於彘諸侯奉和以行天子事號曰共和元年十四年厲王死於彘共伯使諸侯奉王子靖爲宣王而共伯復歸國於衛也衛世家云釐侯十三年周厲王出奔於彘共和行政焉二十八年周宣王立四十二年釐侯卒太子共伯餘立爲君共伯弟和襲攻共伯於墓上共伯入釐侯羨自殺衛人因葬釐侯旁諡曰共伯而立和爲衛侯是爲武公按此文共伯不得立而和立爲武公武公之立在共伯卒後年歲又不相當年表亦同明紀年及魯連子非也共和十四年厲王死于彘太子靜長於召公家二相乃共立之爲王是爲宣王宣王即位二相輔之修政法文武成康之遺風諸侯復宗周十二年魯武公來朝宣王不修籍於千畝【集解】應劭云古者天子耕籍田千畝爲天下先瓚曰籍蹈籍也按宣王不修親耕之禮也虢文公諫曰【集解】賈逵曰文公文王母弟虢仲之後爲王卿士也韋昭曰文公虢叔之後西虢也宣王都鎬在畿內也【正義】括地志云虢故城在岐州陳倉縣東南十里又云虢原在晉州岳陽縣北九十里也不可王弗聽【索隱】國語曰虢文公諫云夫人之大事在農上帝之粢盛於是乎出民之蕃庶於是乎生人之供給於是乎取事具載國語三十九年戰于千畝【索隱】地名在西河介休縣王師敗績于姜氏之戎【集解】韋昭曰西戎別種四嶽之後也宣王既亡南國之師乃料民於太原【集解】韋昭曰敗於姜戎時所亡也南國漢江之間料數也唐固曰南國南陽也仲山甫諫曰【正義】毛萇云仲山甫樊穆仲也括地志云漢樊縣城在兗州瑕丘縣西南古樊國仲山甫所封也民不可料也宣王不聽卒料民四十六年宣王崩【正義】周春秋云宣王殺杜伯而無辜後三年宣王會諸侯田于圃日中杜伯起於道左衣朱衣冠操朱弓矢射宣王中心折脊而死國語云杜伯射王於鄗子幽王宮湦立【集解】徐廣曰一作生幽王二年西周三川皆震【集解】徐廣曰涇渭洛也駰案韋昭曰西周鎬京地震動故三川亦動【正義】按涇渭二水在雍州北洛水一名漆沮在雍州東北南流入渭此時以王城爲東周鎬京爲西周伯陽甫曰周將亡矣【集解】韋昭曰伯陽甫周大夫也唐固曰伯陽甫周柱下史老子也夫天地之氣不失其序若過其序民亂之也【集解】韋昭曰過失也言民不敢斥王者也陽伏而不能出陰迫而不能蒸【集解】韋昭曰蒸升也陽氣在下陰氣迫之使不能升也於是有地震今三川實震是陽失其所而填陰也【集解】韋昭曰爲陰所填笮也陽失而在陰【集解】韋昭曰在陰下也原必塞原塞國必亡夫水土演而民用也【集解】韋昭曰水土氣通爲演演猶潤也演則生物民得用之土無所演民

乏財用不亡何待昔伊洛竭而夏亡【集解】韋昭曰禹都陽城伊洛所近也河竭而商亡【集解】韋昭曰商人都衛河水所經也今周德若二代之季矣其川原又塞塞必竭夫國必依山川山崩川竭亡國之徵也川竭必山崩【集解】韋昭曰水泉不潤枯朽而崩也若國亡不過十年數之紀也【集解】韋昭曰數起於一終於十十則更故曰紀也天之所弃不過其紀是歲也三川竭岐山崩三年幽王嬖愛褒姒【索隱】褒國名夏同姓姒氏禮婦人稱國及姓其女是龍漦妖子爲人所收褒人納之于王故曰褒姒【正義】括地志云褒國故城在梁州褒城縣東二百步古褒國也褒姒生子伯服幽王欲廢太子太子母申侯女而爲后後幽王得褒姒愛之欲廢申后并去太子宜臼以褒姒爲后以伯服爲太子周太史伯陽讀史記曰【正義】諸國皆有史以記事故曰史記周亡矣昔自夏后氏之衰也有二神龍止於夏帝庭而言曰余褒之二君【集解】虞翻曰龍自號褒之二先君也夏帝卜殺之與去之與止之莫吉卜請其漦而藏之乃吉【集解】韋昭曰漦龍所吐沫沫龍之精氣也於是布幣而策告之【集解】韋昭曰以簡策之書告龍而請其漦也龍亡而漦在櫝而去之【集解】韋昭曰櫝匱也夏亡傳此器殷殷亡又傳此器周比三代莫敢發之至厲王之末【集解】虞翻曰末年王流彘之歲發而觀之漦流于庭不可除厲王使婦人裸而譟之【集解】韋昭曰譟讙呼也唐固曰羣呼曰譟漦化爲玄黿以入王後宮【索隱】亦作蚖音元玄蚖蜥蜴也後宮之童妾既齔而遭之【集解】韋昭曰毀齒曰齔女七歲而毀齒也既笄而孕【正義】笄音雞禮記云女子許嫁而笄鄭玄云笄今簪無夫而生子懼而棄之宣王之時童女謠曰檿弧萁服實亡周國【集解】韋昭曰山桑曰檿弧弓也萁木名服矢房也於是宣王聞之有夫婦賣是器者宣王使執而戮之逃於道而見鄉者後宮童妾所棄妖子出於路者【集解】徐廣曰妖一作夭夭幼少也【正義】夫婦賣檿弧者宣王欲執戮之遂逃于路遇此妖子哀而收之聞其夜啼哀而收之夫婦遂亡犇於褒褒人有罪請入童妾所棄女子者於王以贖罪【正義】國語云周幽王伐有褒褒人以褒姒女焉與虢石甫比也棄女子出於褒是爲褒姒當幽王三年王之後宮見而愛之生子伯服竟廢申后及太子以褒姒爲后伯服爲太子【索隱】左傳所謂携王奸命是也太史伯陽曰禍成矣無可奈何褒姒不好笑幽王欲其笑萬方故不笑幽王爲烽燧大鼓有寇至則舉烽火【正義】烽燧二音晝日燃燧以望火煙夜舉烽以望火光也燧土櫓也烽炬火也皆山上安之有寇舉之諸侯悉至至而無寇褒姒乃大笑幽王說之爲數舉烽火其後不信諸侯益亦不至幽王以虢石父爲卿用事國人皆怨石父爲人佞巧【集解】徐廣曰佞一作諂善諛好利王用之又廢申后去太子也申侯怒與繒西夷犬戎攻幽王【正義】繒自陵反國語云繒姒姓夏禹後括地志云繒縣在沂州承縣古侯國幽王舉烽火徵兵兵莫至遂殺幽王驪山下【索隱】驪在雍州新豐縣南故驪戎國也酈音黎徐廣曰力知反【正義】括地志云驪山在雍州新豐縣南十里土地記云驪山即藍田山按驪山之陽即藍田山虜褒姒盡取周賂而去【集解】駰案汲冢紀年曰自武王滅殷以至幽王凡二百五十七

年也[正義]按汲冢書晉咸和五年汲郡汲縣發魏襄王冢得古書冊七十五卷於是諸侯乃即申侯而共立故幽王太子宜臼是爲平王以奉周祀平王立東遷于雒邑[正義]即王城也平王以前號東都至敬王以後及戰國爲西周也辟戎寇平王之時周室衰微諸侯彊并弱齊楚秦晉始大政由方伯[集解]駰案周禮曰九命作伯鄭衆云長諸侯爲方伯四十九年魯隱公即位五十一年平王崩太子洩父[正義]音泄甫蚤死立其子林是爲桓王桓王平王孫也桓王三年鄭莊公朝桓王不禮[索隱]在魯隱六年五年鄭怨與魯易許田許田天子之用事太山田也[索隱]左傳鄭伯以璧假許田卒易祊祊是鄭祀太山之田許是魯朝京師之湯沐邑有周公廟鄭以其近故易取之此云許田天子用事太山田誤矣[正義]杜預云成王營王城有遷都之志故賜周公許田以爲魯國朝宿之邑後世因而立周公別廟焉鄭桓公友周宣王之母弟封鄭有助祭太山湯沐邑在祊鄭以天子不復巡狩故欲以祊易許田各從本國所近之宜也恐魯以周公別廟爲疑故云已廢大山之祀而欲爲魯祀周公遜辭以求也括地志云許州許昌縣南四十里有魯城周公廟在城中祊田在沂州費縣東南按宛鄭大夫八年魯殺隱公[正義]子允令公子翬殺隱公也立桓公十三年伐鄭[索隱]在魯桓五年射傷桓王桓王去歸[索隱]左傳繻葛之役祝聃射王中肩是也二十三年桓王崩子莊王佗立莊王四年周公黑肩欲殺莊王而立王子克[集解]賈逵曰莊王弟子儀也辛伯告王[集解]賈逵曰辛伯周大夫也王殺周公[索隱]左傳云初子儀有寵於桓王桓王屬諸周公辛伯諫曰並后匹嫡兩政耦國亂之本也周公不從故及於難然周公阿先王旨自取誅夷辛伯正君臣之義卒安王業二卿優劣誠可識也王子克奔燕[正義]杜預云南燕姞姓也十五年莊王崩子釐王胡齊立[正義]釐音僖釐王三年齊桓公始霸五年釐王崩子惠王閬立[索隱]世本名母涼惠王二年初莊王嬖姬姚[正義]杜預云姚姓也生子穨[索隱]莊王之子釐王之弟惠王之叔父也穨有寵及惠王即位奪其大臣園以爲圃[集解]賈逵曰大臣蔿國也故大夫邊伯等五人作亂[集解]駰案左傳曰五人者蔿國邊伯詹父子禽祝跪也謀召燕衛師[正義]南燕滑州胙城衛衛南也伐惠王惠王奔溫[正義]左傳云蘇忿生十二邑桓王奪蘇子十二邑與鄭故蘇子同五大夫伐惠王溫十二邑之一也杜預云河內溫縣也已居鄭之櫟[集解]服虔曰櫟鄭大都[正義]杜預云櫟今河南陽翟縣也立釐王弟穨爲王樂及徧舞[集解]賈逵曰徧舞皆舞六代之樂也鄭虢君怒四年鄭與虢君伐殺王穨[正義]賈逵云鄭厲公突虢公林父也復入惠王惠王十年賜齊桓公爲伯二十五年惠王崩子襄王鄭立襄王母蚤死後母曰惠后[集解]駰案左傳曰陳媯歸于京師實惠后也[正義]按陳國舜後媯姓也惠后生叔帶[索隱]惠王子襄王弟封於甘故左傳稱甘昭公[正義]惠王子襄王弟封之於甘括地志云故甘城在洛州河南縣西南二十五里左傳云甘昭公王子叔帶也洛陽記云河南縣西南二十五里有水出焉北流入洛山上有甘城即甘公采邑也有寵於惠王襄王畏之三年叔帶與戎翟謀伐襄王襄王欲誅叔帶叔帶奔齊齊桓公使管仲平戎于周使隰朋平戎于晉[集解]服虔曰戎伐周晉救周故和也王以上卿禮管仲管仲辭曰臣賤有司也有天子之二守國高在[集解]杜預曰國子高子天子所命爲齊守臣皆上卿也若節春秋來承王命何以禮焉[集解]賈逵曰節時也王肅曰春秋聘享之節也陪臣敢辭[集解]服虔曰陪重也諸侯之臣於天子故曰陪

臣王曰舅氏余嘉乃勳[集解]賈逵曰舅氏言伯舅之使也[正義]武王娶太公女爲后故呼舅氏言我善汝有平戎之功勳毋逆朕命管仲卒受下卿之禮而還[正義]杜預云管仲不敢以職自高卒受本位之禮也九年齊桓公卒十二年叔帶復歸于周[集解]駰案左傳曰王召之十三年鄭伐滑[集解]賈逵曰滑姬姓之國駰案左傳曰滑人叛鄭而服於衛也[正義]杜預云滑國都河南緱氏縣爲秦所滅時屬鄭晉後屬周事在魯僖公二十年括地志云緱氏故城本費城也在洛州緱氏縣南東二十五里也王使游孫伯服請滑[集解]賈逵曰二子周大夫鄭人囚之鄭文公怨惠王之入不與厲公爵[集解]服虔曰惠王以后之鞶鑒與鄭厲公而獨與虢公玉爵[正義]左傳云莊公二十一年王巡虢守虢公爲王宮于玤王與之酒泉鄭伯之享王王以后之鞶鑒與之虢公請器王與之爵鄭伯由是始惡於王也杜預云后鞶帶而以鏡爲飾也爵飲酒器也玤地名酒泉周邑又怨襄王之與衛滑[集解]服虔曰滑小國近鄭世世服從而更違叛鄭師伐之聽命後自懲於王王以與衛故囚伯服王怒將以翟伐鄭富辰諫[集解]服虔曰富辰周大夫曰凡我周之東徙晉鄭焉依子穨之亂又鄭之由定今以小怨棄之王不聽十五年王降翟師以伐鄭王德翟人將以其女爲后富辰諫曰平桓莊惠皆受鄭勞王棄親親翟不可從王不聽十六年王絀翟后翟人來誅殺譚伯[集解]唐固曰譚伯周大夫原伯毛伯也[索隱]按國語亦云殺譚伯而左傳太叔之難獲周公忌父原伯毛伯唐固據傳文讀譚爲原然春秋有譚國何妨此時亦仕王朝預被殺國語既云殺譚伯故太史公依之不從左傳說也富辰曰吾數諫不從如是不出王以我爲懟乎乃以其屬死之初惠后欲立王子帶故以黨開翟人翟人遂入周襄王出奔鄭[正義]公羊傳云王者無外此其言出何不能事母也鄭居王于汜[集解]杜預曰鄭南汜在襄城縣南[正義]汜音凡括地志云故汜城在許州襄城縣一里左傳云天王出居於鄭處於汜是子帶立爲王取襄王所絀翟后與居溫[正義]括地志云故溫城在懷州溫縣西三十里漢晉爲縣本周司寇蘇忿生之邑地理志云溫縣故國己姓蘇忿生所封也十七年襄王告急于晉晉文公納王而誅叔帶襄王乃賜晉文公珪鬯弓矢爲伯以河內地與晉[集解]賈逵云晉有功賞之以地陽樊溫原欑茅之田也二十年晉文公召襄王襄王會之河陽踐土[集解]賈逵曰河陽晉之溫也踐土鄭地名在河內[正義]括地志云故王宮在鄭州滎澤縣西北十五里王宮城中左傳云晉文公敗楚於城濮至於衡雍作王宮於踐土也按王城則所作在踐土城內東北隅有踐土臺東去衡雍三十餘里也諸侯畢朝書諱曰天王狩于河陽[集解]駰案左傳曰仲尼曰以臣召君不可以訓故書曰狩二十四年晉文公卒三十一年秦穆公卒三十二年襄王崩子頃王壬臣立頃王六年崩子匡王班立匡王六年崩弟瑜立是爲定王定王元年楚莊王伐陸渾之戎[集解]駰案地理志陸渾縣屬弘農郡[正義]渾音魂杜預云允姓之戎居陸渾在秦西北二國誘而徙伊川遂從戎號今洛州陸渾縣取其號也後漢書云陸渾戎自瓜州遷於伊川左傳云初平王之東遷也辛有適伊川見被髮而祭於野者曰不及百年此其戎乎其禮先亡矣按魯僖公二十二年秋秦晉遷陸渾之戎于伊川計至辛有言適百年也括地志云故麻城謂之蠻中在汝州梁縣界左傳單浮餘圍蠻氏杜預云城在河南新城東南伊洛之戎陸渾蠻氏城也俗以爲麻蠻聲相近故耳按新城今伊闕縣是也次洛使人問九鼎王使王孫滿應設以辭[集解]賈逵曰王孫滿周大夫也楚兵乃去十年楚莊王圍鄭鄭伯降已而復之十六年楚莊

王卒二十一年定王崩子簡王夷立簡王十三年晉殺其君厲公迎子周於周立爲悼公十四年簡王崩子靈王泄心立靈王二十四年齊崔杼弒其君莊公二十七年靈王崩[集解]駰案皇覽曰靈王冢在河南城西南柏亭西周山上蓋以靈王生而有髭而神故謚靈王其冢民祀之不絕子景王貴立[索隱]名貴按國語景王二十一年鑄大錢及無射單穆公及泠州鳩各設辭以諫今此不言亦其略耳景王十八年后太子聖而蚤卒二十年景王愛子朝[集解]賈逵曰景王之長庶子欲立之[正義]左傳云子朝用成周之寶珪沈於河津人得諸河上杜預云禱河求福也珪自水出也按河神不敢受故也會崩[集解]駰案皇覽曰景王冢在洛陽太倉中秦封呂不韋洛陽十萬戶故大其城并圍景王冢也子丐之黨與爭立國人立長子猛爲王子朝攻殺猛猛爲悼王晉人攻子朝而立丐是爲敬王[集解]賈逵曰敬王猛母弟敬王元年晉人入敬王子朝自立敬王不得入居澤[集解]賈逵曰澤邑周地也四年晉率諸侯入敬王于周子朝爲臣[集解]駰案春秋曰子朝奔楚皇覽曰子朝冢在南陽西鄂縣今西鄂晁氏自謂子朝後也諸侯城周十六年子朝之徒復作亂敬王奔于晉十七年晉定公遂入敬王于周三十九年齊田常殺其君簡公四十一年楚滅陳孔子卒四十二年敬王崩[集解]徐廣曰皇甫謐曰敬王四十四年元巳卯崩壬戌也子元王仁立[集解]徐廣曰世本云貞王介也元王八年崩子定王介立[集解]徐廣曰世本云元王赤也皇甫謐曰元王十一年癸未三晉滅智伯二十八年崩三子爭立立應爲貞定王[索隱]世本云元王赤皇甫謐云貞定王考據二文則是元有兩名一名仁一名赤如史記則元王爲定王父定王即貞王也依世本則元王是貞王子必有一乖誤然此定當爲貞字誤耳豈周家有兩定王代數又非遠乎皇甫謐見此疑而不決遂彌縫史記世本之謬因謂爲貞定王未爲得也定王十六年三晉滅智伯分有其地二十八年定王崩[集解]徐廣曰皇甫謐曰貞定王十年元癸亥崩壬申長子去疾立是爲哀王哀王立三月弟叔襲殺哀王而自立是爲思王思王立五月少弟嵬攻殺思王而自立是爲考王此三王皆定王之子考王十五年崩[集解]徐廣曰皇甫謐曰考哲王元辛丑崩乙卯子威烈王午立考王封其弟于河南[正義]帝王世紀云考哲王封弟揭於河南續周公之官是爲西周桓公按自敬王遷都成周號東周也桓公都王城號西周桓公是爲桓公以續周公之官職桓公卒子威公代立威公卒子惠公代立乃封其少子於鞏[集解]徐廣曰惠公之子也[正義]鞏奇拱反郭緣生述征記鞏縣周地鞏伯邑史記周顯王二年西周惠公封少子班於鞏以奉王室爲東周惠公也武公爲秦所滅以奉王號東周惠公[索隱]考王封其弟于河南爲桓公卒子威公立卒子惠公立又封少子於鞏仍襲父號曰東周惠公於是有東西二周也按世本西周桓公名揭居河南東周惠公名班居洛陽是也威烈王二十三年九鼎震命韓魏趙爲諸侯二十四年崩[集解]徐廣曰皇甫謐曰元丙辰崩己卯駰案宋忠曰威烈王葬洛陽城中東北隅也子安王驕立是歲盜殺楚聲王安王立二十六年崩[集解]皇甫謐曰安王元庚辰崩乙巳子烈王喜立烈王二年周太史儋[索隱]老子列傳曰儋即老子又曰非也驗其年代是別人[正義]幽王時有伯陽甫唐固曰伯陽甫老子也按幽王元年至孔子卒三百餘年孔子卒後一百二十九年儋見秦獻公然老子當孔子時唐固說非也見秦獻公曰[正義]秦本紀云獻公十一年見後十五年周顯王致文武胙

於秦孝公是復合時也始周與秦國合而別別五百載復合[集解]應劭曰周孝王封伯翳之後爲侯伯與周別五百載至昭王時西周君臣自歸受罪獻其邑三十六城合也韋昭曰周封秦爲始別謂秦仲也五百歲謂從秦仲至孝公彊大顯王致伯與之親合也[索隱]按周封非子爲附庸邑之秦號曰秦嬴是始合也及秦襄公始列爲諸侯是別之也自秦列爲諸侯至昭王五十二年西周君臣獻邑三十六城以入於秦凡五百一十六年是合也云五百舉其大數合十七歲而霸王者出焉[集解]徐廣曰從此後十七年而秦昭王立駰案韋昭曰武王昭王皆伯至始皇而王天下[索隱]霸王謂始皇也自周以邑入秦至始皇初立政由太后嫪毐至九年誅毐正十七年[正義]周始與秦國合者謂周秦俱黃帝之後至非子未別封是合也而別者謂非子末年周封非子爲附庸邑之秦後二十九君至秦孝公二年五百載周顯王致文武胙於秦孝公復與之親是復合也合十七歲而霸王謂從秦孝公三年至十九年周顯王致胙於秦孝公是霸也孝公子惠王稱王是王者出也然五百載者非子生秦侯已下二十八君至孝公二年都合四百八十六年兼非子邑秦之後十四年則成五百載十年烈王崩弟扁立是爲顯王[正義]扁邊典反顯王五年賀秦獻公獻公稱伯九年致文武胙於秦孝公[集解]駰案胙膰肉也左傳曰王使宰孔賜齊侯胙曰天子有事於文武二十五年秦會諸侯於周二十六年周致伯於秦孝公三十三年賀秦惠王三十五年致文武胙於秦惠王四十四年秦惠王稱王[正義]秦本紀云惠王十三年與韓魏趙並稱王其後諸侯皆爲王[索隱]謂韓魏齊趙也四十八年顯王崩子慎靚王定立慎靚王立六年崩子赧王延立[索隱]皇甫謐云名誕赧非謚謚法無赧正以微弱竊鈇逃債赧然慚愧故號曰赧耳又按尚書中候以赧爲然鄭玄云然讀曰赧王劭按古音人扇反今音奴板反爾雅面慙曰赧王赧時東西周分治[索隱]西周河南也東周鞏也王赧微弱西周與東分主政理各居一都故曰東西周按高誘曰西周王城今河南東周成周故洛陽之地王赧徙都西周[正義]敬王從王城東徙成周十世至王赧從成周西徙王城西周武公居焉西周武公之共太子死[集解]徐廣曰惠公之長子[索隱]按戰國策作東周武公有五庶子毋適立司馬翦[正義]翦音子踐反楚臣也謂楚王曰不如以地資公子咎爲請太子左成曰[正義]楚臣也不可周不聽是公之知困而交疏於周也[正義]言以地資公子咎請爲太子周若不許是楚於周交益疏不如請周君孰欲立以微告翦[正義]楚命翦適周諷周君欲立以微言告於翦令楚賀之以地周果立咎爲太子也此以上至西周武公是楚令周立公子咎爲太子也翦請令楚賀之以地果立公子咎爲太子八年秦攻宜陽[正義]括地志云故韓城一名宜陽城在洛州福昌縣東十四里即韓宜陽縣城也楚救之而楚以周爲秦故將伐之[索隱]宜陽韓地秦攻而楚救之周爲韓出兵而楚疑周爲秦因加兵伐周蘇代爲周說楚王曰何以周爲秦之禍也[索隱]蘇代爲周說楚王何以道周爲秦實不爲秦令王責周爲秦懼楚必入秦是爲禍也言周之爲秦甚於楚者欲令周入秦也故謂周秦也[索隱]周秦相近秦欲并周而外睦於周故當時諸侯咸謂周秦周知其不可解必入於秦此爲秦取周之精者也[正義]解音紀買反代言周若知楚疑親秦其計定不可解免周必親於秦也是爲秦取周精妙之計爲王計者周於秦因善之不於秦亦言善之以疏之於秦[正義]代爲王計者周親我因而善之周不親亦言善之楚若善周周必疏於秦也周絕於秦必入於郢矣[正義]郢楚都也楚既親周周必絕秦親楚矣以上至八年蘇代說楚合周秦借道兩周之間[正義]上借音精夕反下音子夜反將以伐韓周恐借之畏於韓不借

畏於秦史厭謂周君曰【正義】厭烏滅反又於豔反【索隱】周君西周武公也將王赧微弱不主盟會寄居西周耳何不令人謂韓公叔曰【集解】徐廣曰一作何應劭曰氏姓譜云以何姓爲韓後秦之敢絕周而伐韓者信東周也公何不與周地發質使之楚【正義】質音竹利反使音所吏反質使令公子及重臣等往楚爲質使秦疑楚又得不信周也質乎敵不相負也秦必疑楚不信周是韓不伐也又謂秦曰韓彊與周地將以疑周於秦也周不敢不受秦必無辭而令周不受【正義】又謂秦曰韓彊與周地令秦疑周親則周不敢不受秦必無巧辭而令周不敢不受韓地也是受地於韓而聽於秦【索隱】此史厭說韓令與周地使質於楚令秦疑楚不信周得不假道伐韓而猶聽命於秦秦召西周君西周君惡往故令人謂韓王曰【索隱】按戰國策云或人爲周君謂魏王秦召西周君將以使攻王之南陽也王何不出兵於南陽周君將以爲辭於秦【索隱】高誘註戰國策曰以魏兵在河南爲辭周君不往朝秦也周君不入秦秦必不敢踰河而攻南陽矣【正義】南陽今懷州也杜預云在晉山南以上至秦召西周君是西周君說韓令出兵河南謀秦也東周與西周戰韓救西周或爲東周說韓王曰【正義】爲音于僞反蓋或人爲東周說王令按兵毋出則周德韓矣西周故天子之國多名器重寶王案兵毋出可以德東周【正義】韓按兵不出伐東周而東周甚媿韓之恩德也而西周之寶必可以盡矣【正義】韓出兵助西周雖不攻東周西周媿其佐助寶器必盡歸於韓以上至東周與西周戰是或人說韓令無救西周也王赧謂成君楚圍雍氏【集解】徐廣曰陽翟雍氏城也戰國策曰韓兵入西周西周令成君辯說秦求救當是說此事而脫誤也【索隱】如徐此說自合當改而註紿之不合與楚圍雍氏連註【正義】雍音於恭反括地志云故雍城在洛州陽翟縣東北二十五里故老云黃帝作杵臼所封也按其地時屬韓也韓徵甲與粟於東周東周君恐召蘇代而告之代曰君何患於是臣能使韓毋徵甲與粟於周又能爲君得高都【集解】徐廣曰今河南新城縣高都城也【索隱】高誘云高都韓邑今屬上黨也【正義】括地志云高都故城一名郜都城在洛州伊闕縣北三十五里周君曰子苟能請以國聽子代見韓相國曰【集解】漢書百官表曰相國秦官駰謂韓亦有相國然則諸國共放秦也【索隱】相國公仲侈也楚圍雍氏期三月也今五月不能拔是楚病也【正義】謂楚兵弊弱也今相國乃徵甲與粟於周是告楚病也韓相國曰善使者已行矣【索隱】已止也代曰何不與周高都韓相國大怒曰吾毋徵甲與粟於周亦已多矣【正義】言幸甚也何故與周高都也代曰與周高都是周折而入於韓也秦聞之必大怒忿周即不通周使是以弊高都得完周也曷爲不與相國曰善果與周高都【正義】以上至楚圍雍氏是蘇代爲東周說韓令不徵甲而得高都三十四年蘇厲謂周君曰秦破韓魏扑師武【集解】徐廣曰扑一作小戰國策曰秦敗魏將犀武於伊闕北取趙藺離石者【集解】地理志曰西河有趙藺離石二縣【正義】藺音力刃反括地志云離石縣今石州所理縣也藺近離石皆趙二邑皆白起也是善用兵又有天命今又將兵出塞攻梁【正義】謂伊闕塞也在洛州南十九里伊闕山今名鍾山酈元注水經云兩山相對望之若闕伊水歷其間故謂之伊闕按今謂之龍門禹鑿以通水也梁破則周危矣君何不令人說白起乎曰楚有養由基者善射者也去柳葉百步而射之百發而百中之左

右觀者數千人皆曰善射有一夫立其旁曰善可教射矣養由基怒釋弓搤劒曰客安能教我射乎客曰非吾能教子支左詘右也【索隱】按列女傳曰左手如拒右手如附枝右手發之左手不知此射之道也又越絕書曰左手如附太山右手如抱嬰兒夫去柳葉百步而射之百發而百中之不以善息【索隱】言不以其善而且停息息止也少焉氣衰力倦弓撥矢鉤一發不中者百發盡息【索隱】息猶弃言幷弃前射今破韓魏扑師武北取趙藺離石者公之功多矣今又將兵出塞過兩周倍韓攻梁一舉不得前功盡棄公不如稱病而無出【正義】以上至三十四年是蘇厲爲周說白起無伐梁也四十二年秦破華陽約【集解】徐廣曰一作厄【正義】六國年表云白起擊魏華陽芒卯走括地志云故華陽城在鄭州管城縣南四十里是馬犯謂周君曰請令梁城周【索隱】華陽地名司馬彪曰華陽亭名在密縣秦昭王三十三年秦背魏約使客卿胡傷擊魏將芒卯華陽破之是馬犯見秦破魏約懼故謂周君請梁城周而設詭計也乃謂梁王曰周王病若死則犯必死矣【正義】馬犯周臣也乃說梁王曰秦破魏華陽之軍去周甚近周王憂懼圖破猶身之重病若死則犯必死也犯請以九鼎自入於王王受九鼎而圖犯【索隱】圖謀也犯謂梁王我方入鼎於王王當謀救援己也梁王曰善遂與之卒言戍周【正義】戍守也周雖未入九鼎於梁而梁信馬犯言遂與之卒令守周因謂秦王曰【正義】梁兵非戍周也將漸伐周而取九鼎實器王若不信試出師於境以觀梁王之變也梁非戍周也將伐周也王試出兵境以觀之秦果出兵又謂梁王曰【正義】馬犯說秦得秦出兵於境又重歸說梁王也周王病甚矣犯請後可而復之【索隱】按戰國策甚作瘉犯請後可而復之者言王病愈所圖不遂請在後有可之時以鼎入梁也【正義】復音扶富反復重也秦既破華陽軍今又出兵境上是周國病秦久矣犯前請卒戍周諸侯皆心疑梁取周後可更重請益卒守周乎今王使卒之周諸侯皆生心後舉事且不信不若令卒爲周城以匿事端【索隱】梁實圖周九鼎且外遺卒戍周和合秦舉兵欲侵周梁不救周是本無善周之事止是欲周危而取九鼎故諸侯皆心不信梁矣故不如匿事端使卒爲周城【正義】既諸侯生心不如令卒便爲築城以隱匿伐周之事端絕諸侯不信之心梁王遂使城周解諸侯之疑也梁王曰善遂使城周【正義】以上至四十二年是馬犯說梁王爲周築城也四十五年周君之秦客謂周最曰【索隱】最音詞喻反周之公子也公不若譽秦王之孝因以應爲太后養地【集解】徐廣曰地理志云應今潁川城父縣應鄉是也【索隱】戰國策作原原周地太后秦昭王母宣太后芊氏也【正義】括地志云故應城殷時應國在城父按應城此時屬周秦王必喜是公有秦交交善周君必以爲公功交惡勸周君入秦者必有罪矣【正義】客謂周最曰周君與秦交善是最之功也與秦交惡勸周君入秦者周最令必得勸周君之罪也以上四十五年是秦周客說周最令周君以應入秦得交善而歸也秦攻周而周最謂秦王曰爲王計者不攻周攻周實不足以利聲畏天下天下以聲畏秦必東合於齊兵弊於周合天下於齊則秦不王矣天下欲弊秦勸王攻周秦與天下弊則令不行矣【正義】令音力政反秦欲攻周最說秦曰周天子之國雖有重器名寶土地狹少不足利秦國王若攻之乃有攻天子之聲而令天下以攻天子之聲畏秦使諸侯歸於齊秦兵空弊於周則秦不王矣天下欲弊秦故勸王攻周令秦受天下弊而令教令不行於諸侯矣以上秦攻周是周最說秦也五十八年三晉距秦周令其相國之秦以秦之輕也還

其行【正義】以秦輕易周相相國於是反歸周也故客謂相國曰秦之輕重未可知也【正義】言秦之輕相國重相國亦未可知秦欲知三國之情公不如急見秦王曰請爲王聽東方之變秦王必重公重公是秦重周周以取秦也齊重則固有周聚以收齊【集解】徐廣曰一作最最亦古之聚字是周常不失重國之交也【正義】按周聚事齊而和於齊周故得齊重今相國又得秦重是相國收秦周聚收齊周常不失大國之交也秦信周發兵攻三晉【正義】三晉韓魏趙也以上五十八年是客說周相國令報三國之情得秦重也五十九年秦取韓陽城負黍【集解】徐廣曰陽城有負黍聚【正義】括地志云陽城洛州縣也負黍亭在陽城縣西南三十五里故周邑左傳云鄭伐周負黍是也今屬韓國也西周恐倍秦與諸侯約從【集解】文穎曰關東爲從關西爲橫孟康曰南北爲從東西爲橫瓚曰以利合曰從以威勢相脅曰橫【正義】按諸說未允關東地南北長長爲從六國共居之關西地東西廣廣爲橫秦獨居之將天下銳師出伊闕攻秦【正義】西周以秦取韓陽城負黍恐懼倍秦之約共諸侯連從領天下銳師從洛州南出伊闕攻秦軍令不得通陽城令秦無得通陽城秦昭王怒使將軍摎攻西周【集解】駰案漢書百官表曰前後左右將軍皆周末官也【正義】摎音糺虯反西周君犇秦【正義】謂西周武公頓首受罪盡獻其邑三十六口三萬【索隱】秦昭王之五十一年秦受其獻歸其君於周周君王赧卒【集解】宋忠曰謚曰西周武公【索隱】非也徐以西周武公是惠公之長子此周君即西周武公也蓋此時武公與王赧皆卒故連言也【正義】劉伯莊云赧是惡恥之甚輕微危弱寄住東西足爲惡號故號之曰赧帝王世紀云名誕雖居天子之位號爲諸侯之所役逼與家人無異名負責於民無以得歸乃上臺避之故周人名其臺曰逃責臺周民遂東亡秦取九鼎寶器而遷西周公於𢠸狐【集解】徐廣曰𢠸音偪𢠸狐聚與陽人聚相近在洛陽南百五十里梁新城之間【索隱】西周蓋武公之太子文公也武公卒而立爲秦所遷而東周亦不知其名號戰國策雖有周文君亦不知滅時定當何主蓋周室衰微略無紀錄故太史公雖考衆書以卒其事然二國代系甚不分明【正義】括地志云汝州外古梁城即𢠸狐聚也陽人故城即陽人聚也在汝州梁縣西四十里秦遷東周君也梁亦古梁城也在汝州梁縣西南十五里新城今洛州伊闕縣也按𢠸狐陽人在三城之間後七歲秦莊襄王滅東周【集解】徐廣曰周比亡之時凡七縣河南洛陽穀城平陰偃師鞏緱氏【正義】括地志云故穀城在洛州河南縣西北十八里苑中河陰縣城本漢平陰縣在洛州洛陽縣東北五十里三州志云在平津大河之南也魏文帝改曰河陰東西周皆入于秦周既不祀【集解】皇甫謐曰周凡三十七王八百六十七年【索隱】既盡也日食盡曰既言周祚盡滅無主祭祀【正義】按王赧卒後天下無主三十五年七雄並爭至秦始皇立天下一統十五年海內咸歸於漢矣

太史公曰學者皆稱周伐紂居洛邑綜其實不然武王營之成王使召公卜居居九鼎焉而周復都豐鎬至犬戎敗幽王周乃東徙于洛邑所謂周公葬我畢畢在鎬東南杜中【集解】徐廣曰一作社秦滅周漢興九十有餘載天子將封泰山東巡狩至河南求周苗裔封其後嘉三十里地號曰周子南君【集解】瓚曰汲冢古文謂衛將軍文子爲子南彌牟其後有子南勁朝于魏後惠成王如衛命子南爲侯秦幷六國衛最爲後疑嘉是衛後故氏子南而稱君也【正義】括地志云周承休城一名梁雀塢在汝州梁縣東北二十六里帝王世紀云漢武帝元鼎四年東巡河洛思周德乃封姬嘉三千戶地方三十里爲周子南君以奉周祀元鼎三年嘉弟昭進爵爲承休侯在此城也平帝元始四年進爲鄭公光武建武三年封姬觀爲衛公顏師古云子南其封邑之號故總言周子南君按自嘉以下皆姓姬氏著在史傳贊言子南爲氏恐非比列侯以奉其先祭祀【集解】徐廣曰自周亡乙巳至元鼎四年戊辰一百四十四年漢之九十四年也漢武元鼎四年封周後也【索隱】述贊曰后稷居邰太王作周丹開雀籙火降烏流三分既有八百不謀蒼兕誓衆白魚入舟太師抱樂箕子挏四成康之日政簡刑措南巡不還西服莫附共和之後王室多故檿弧興謠龍漦作蠹頹帶荏亂實傾周祚

史記卷四考證

周本紀周后稷正義地理志云右扶風縣岐山西北中水鄉○漢書地理志右扶風美陽縣下云岐山在西北中水鄉似脫一在字

曰姜原○監本將集解韓詩章句文混入正義內今改正

踐之而身動如孕者居期而生子○毛詩生民疏曰馬遷之言未可信也

號曰后稷○困學紀聞曰詩正義曰稷之功成實在堯時其封于邰必是堯之封故箋傳皆以爲堯本紀以后稷之號亦起舜時其言不可信也臣照按棄爲農師固在堯時而舜典明有汝后稷播時百穀之文本紀之言何不可信

亞圉卒子公叔祖類立○路史發揮曰杜預釋例云高圉僕盩九世孫而史索亦以辟方侯侔爲皆二人斯得之矣獨史記乃無辟方侯侔雲都諸盩至皇甫謐遂以爲公非高圉亞圉祖紺之字蓋牽于單穆公十四世之說乃合二人以爲一耳臣照按三代以還典籍湮沒非詩書所載但可存而弗論必欲伸此絀彼有如捕風

踰梁山正義梁山橫長其東當陽西北臨河○推尋文義陽字上脫一字據地理志宜是櫟陽

季歷娶太任正義國語曰摯疇二國任姓奚仲仲虺之後○此非國語文乃韋昭注國語文也

此一物足以釋西伯况其多乎索隱一物謂莘氏之美女也○別本此下有以殷紂淫昏好色故知然十字

于是虞芮之人正義括地志云故芮城縣西二十里古芮國也○推尋文義應云故芮城在芮城縣西二十里

後七年而崩○毛詩文王疏曰尚書武成篇曰我文考文王克成厥勳誕膺天命惟九年大統未集孔安國云言諸侯歸之九年而卒故大業未就劉歆作三統曆考上世帝王以爲文王受命九年而崩班固作漢書律曆志載其說于是賈逵馬融王肅韋昭皇甫謐

皆悉同之文王九十七而終終時受命九年受命之元年年八十九其卽諸侯之位已四十二年矣故帝王世紀云文王卽位四十二年歲在鶉火文王于是更爲受命之元年始稱王矣乃引周書稱文王受命九年惟暮之春在鎬召太子發作文傳九年猶召太子明其七年未崩故諸儒皆以爲九年而崩其伏生司馬遷以爲文王受命七年而崩故尙書周傳云文王受命一年斷虞芮之訟二年伐邘三年伐密須四年伐犬夷五年伐耆六年伐崇七年而崩史記周本紀云西伯陰行善諸侯皆來決平虞芮旣讓諸侯聞之曰西伯蓋受命之君也此是受命一年之事又曰明年伐犬夷明年伐密須明年敗耆國明年伐邘明年伐崇侯虎而作豐邑明年西伯崩此雖伐太夷與伐耆伐邘其年與書傳不次要亦七年崩也又尙書武成疏曰伏生司馬遷韓嬰之徒不見此書以爲文王受命七年而崩故鄭玄等皆依用之然則史記本文是七年而正義則依尙書武成等書謂當是九年故曰七當爲九也監本七字皆訛作十字今俱改正

百夫荷罕旗以先驅○汲冢周書作百夫荷素質之旗於王前

命南宮括散鹿臺之財○汲冢周書作南宮忽

命南宮括史佚展九鼎保玉○汲冢周書作乃命南宮百達史佚遷九鼎三巫注云三巫地名

黃帝之後於祝帝堯之後於薊○樂記封黃帝之後於薊封帝堯之後於祝與此異

登豳之阜以望商邑○汲冢周書作升汾之阜

維天建殷其登名民三百六十夫不顯亦不賓滅以至今○臣照按向以賓滅斷句而又不可得其解故索隱改賓爲擯言不卽擯滅若然則是武王滅殷之後又以封子武庚未殄而不取寐也豈聖人之心哉且於上文登名民三百六十句又如何可通竊謂滅字應從下句讀言惟天建殷而登名民三百六十可謂濟濟多士矣殷王不能顯之亦不能賓之是故滅以至今卽詩殷鑒不遠之意故下文云我未定天保何暇寐求賢以自輔而輾轉反側也三百六十斷句夫不顯亦不賓斷句乃可通

日夜勞來我西土索隱七字連作一句讀○汲冢周書度邑解文今其文曰四方赤宜未之我於西土益訛易不可解又一本我字上有定字索隱七字作八字

東伐淮夷殘奄集解鄭玄曰奄國在淮夷之北○尙書疏引鄭云奄蓋在淮夷之地故孔穎達以爲亦未能詳

申告以文王武王之所以爲王業之不易務在節儉毋多欲以篤信臨之作顧命○王若虛辨惑曰今其書但載成王末命使之率循大卞燮和天下以荅揚文武之訓而已周書有二公申告之事哉臣照按馬遷之意卽指康王之誥上半篇所言太保暨芮伯咸進相揖曰敢告天子云云耳蓋顧命與康王之誥本相連屬或古本於惟予一人釗報誥以下爲康王之誥以上皆屬顧命亦未可定不得據以訾遷也

康王卽位徧告諸侯宣告以文武之業以申之作康誥○王若虛辨惑曰以書考之此篇乃康王之誥耳若康誥則成王所以命康叔者也其謬誤如此且本紀旣先序周公作康誥酒誥等篇而於此復云書豈有兩康誥耶臣照按馬遷或本作康王之誥而相傳之訛致脫王之二字或此篇本亦名康誥後世以兩康誥而改此爲康王之誥俱未可定不得指爲惑而強辨也

穆王卽位春秋已五十矣○孔安國書傳云穆王卽位過四十矣孔疏云不知出何書也

共王弟辟方立○三代世表無辟字

瞽獻典○臣照按今國語及此紀皆作瞽獻典襄十四年左傳瞽爲詩正義引周語作瞽陳曲韋昭云瞽陳樂曲獻之於王字書册畫几上曰典曲卽册字六卽几字如堯典舜典之屬非瞽之所應獻瞽陳樂曲於義爲長

幽王二年西周三川皆震○國語作幽王三年

鄭宛與魯易許田○宛監本訛作怨今改正

二十五年惠王崩○年表在二十四年

襄王母早死後母曰惠后惠后生叔帶○左傳疏曰二十四年傳曰不穀不德得罪於母氏之寵子帶書曰天王出居於鄭辟母弟之難也如彼傳文則襄王與子帶俱是惠后所出但其母鍾愛其少子故欲廢太子而立之周本紀云襄王母早死後母曰惠后生叔帶與傳不同

叔帶奔齊○襄王四年魯僖十二年也叔帶奔齊在四年此入三年年表亦然皆與左傳不符

十二年叔帶復歸於周○左傳叔帶復歸在魯僖二十二年於襄王爲十四年年表亦然此作十二年蓋誤

十三年鄭伐滑○春秋經伐滑在魯僖二十年於襄王爲十二年

十五年王降翟師以伐鄭王德翟人將以其女爲后○左傳魯僖二十四年夏狄伐鄭取櫟於襄王爲十六年國語作十七年此與王絀翟后玩左傳文似一年事史記分載兩年

襄王乃賜晉文公珪鬯弓矢爲伯以河內地與晉○左傳魯僖二十八年天王狩於河陽賜晉文公珪弓矢爲伯此是後事

三十二年襄王崩○此是三十三年之誤合左傳及年表証之自知

子靈王泄心立○晉語作大心

二十年景王愛子朝欲立之會崩○左傳及年表景王二十五年崩此云二十年蓋脫五字

四十二年敬王崩○臣世駿按陸德明左傳釋文曰按傳敬王崩在此年世本亦爾世族譜云敬王四十二年崩敬王子元王十年春秋之傳終矣據此則敬王崩當在哀公十七年史記周本紀及十二諸侯年表敬王四十二年崩子元王仁立則敬王是魯哀十八年崩也六國年表起自元王及本紀皆云元王八年崩子定王介立定王元年是魯哀公之二十七年與杜預世族譜爲異又世本云魯哀公二十年是定王介崩子元王赤立則定王之崩年是魯哀公二十七年也衆說不同未詳孰是

王赧時東西周分治索隱西周河南也東周鞏也王赧微弱西周與東分王政理各居一都故曰東西周按高誘曰西周王城今河南東周成周故洛陽之地○大事記曰周貞定王二十八年考王初立封其弟揭于河南是爲河南桓公河南卽郟鄏武王遷九鼎周公營以爲都是爲王城洛陽周公所營下都以遷頑民是爲成周平王東遷定都王城王子朝之亂敬王徙都成周至是考王以王城故地封桓公爲平王東遷之後所謂西周者豐鎬也東周者洛陽也何以稱河南爲西周自洛陽下都視王城則在西也何以稱洛陽爲東周自河南王城視下都則在東也河南桓公卒子威公立威公卒子惠公立考王十五年河南惠公復自封其少子班于鞏以奉王號東周沒亦諡惠是時東西周雖未分治河南惠公旣號奉王者爲東周亦必自號西周矣顯王二年趙與韓分周爲二于是東西各爲列國顯王雖在東周特建空名是後史傳所載致伯賜胙之類者周王也征伐謀策稱東西周君者皆謂二周也周本紀云赧王時東西周分治非也赧王特徙都西周耳當以趙世家爲正

史厭謂周君○戰國策作史黶

還其行○徐孚遠曰按戰國策作留其行注留不進也此還字恐是遲字之誤

史記卷五

漢　太　史　令司馬遷　撰

宋　中　郞　外　兵　曹　參　軍　裴　駰集解

唐國子博士弘文館學士司馬貞索隱

唐諸王侍讀率府長史張守節正義

秦本紀第五

[索隱]秦雖嬴政之祖本西戎附庸之君豈以諸侯之邦而與五帝三王同稱本紀斯必不可可降爲秦世家

秦之先帝顓頊之苗裔[正義]黃帝之孫號高陽氏孫曰女脩女脩織玄鳥隕卵女脩吞之生子大業[索隱]女脩顓頊之裔女吞鳦子而生大業其父不著而秦趙以母族而祖顓頊非生人之義也按左傳郯國少昊之後而嬴姓蓋其族也則秦趙宜祖少昊氏[正義]列女傳云陶子生五歲而佐禹曹大家注云陶子者皋陶之子伯益也按此卽知大業是皋陶大業取少典之子曰女華女華生大費[索隱]扶味反一音祕費後以爲氏則扶味反爲得此卽秦趙之祖嬴姓之先一名伯翳尙書謂之伯益系本漢書謂之伯益是也尋檢史記上下諸文伯翳與伯益是一人不疑而陳杞系家卽敍伯翳與伯益爲二未知太史公疑而未決邪抑亦謬誤爾與禹平水土已成帝錫玄圭禹受曰非予能成亦大費爲輔帝舜曰咨爾費贊禹功其賜爾皁游[索隱]游音旒謂以皁色旒旆之旒色與玄圭色副言其大功成也然其事亦當有所出爾後嗣將大出[索隱]出猶生也言爾後嗣繁昌將大生出子孫也故左傳亦云晉公子姬出也乃妻之姚姓之玉女[集解]徐廣曰皇甫謐云賜之玄玉妻以姚姓之女也大費拜受佐舜調馴鳥獸鳥獸多馴服是爲柏翳舜賜姓嬴氏大費生子二人一曰大廉實鳥俗氏二曰若木實費氏[索隱]以仲衍鳥身人言故爲鳥俗氏俗一作洛若木以王父字爲費氏也其玄孫曰費昌子孫或在中國或在夷狄[索隱]殷紂時費仲卽昌之後也費昌當夏桀之時去夏歸商爲湯御以敗桀於鳴條大廉玄孫曰孟戲中衍[索隱]舊解以孟戲仲衍是一人今以孟仲分字當是二人名也鳥身人言[正義]身體是鳥而能人言又云口及手足似鳥也帝太戊聞而卜之使御吉遂致使御而妻之自太戊以下仲衍之後遂世有功[正義]謂費昌及仲衍以佐殷國故嬴姓多顯遂爲諸侯其玄孫曰中潏[集解]徐廣曰一作滑[正義]中音仲潏音決宋忠注世本云仲滑生飛廉在西戎保西垂生蜚廉蜚廉生惡來惡來有力[集解]駰案

晏子春秋曰手裂虎兕蜚廉善走父子俱以材力事殷紂周武王之伐紂并殺惡來是時蜚廉爲紂石北方【集解】徐廣曰皇甫謐云作石槨於北方【索隱】石下無字則不成文意亦無所見必是史記本脫皇甫謐尚得其說徐引之而竟不云是駁何字專質之甚也【正義】爲于僞反劉伯莊云霍太山紂都之北也霍太山在晉州霍邑縣按在衛州朝歌之西方還無所報爲壇霍太山【集解】駰案地理志霍太山在河東彘縣而報得石棺【正義】紂既以崩無所歸報故爲壇霍太山而祭紂報云作得石槨銘曰帝令處父不與殷亂【索隱】處父蜚廉別號賜爾石棺以華氏死遂葬於霍太山【集解】皇甫謐云去彘縣十五里有冢常祠之【索隱】言處父至忠國滅君死而不忘臣節故天賜石棺以光華其族事蓋非實譙周深所不信蜚廉復有子曰季勝【正義】音升季勝生孟增孟增幸於周成王是爲宅皋狼【正義】地理志云西河郡皋狼縣也按孟增居皋狼而生衡父皋狼生衡父衡父生造父造父以善御幸於周繆王得驥溫驪【集解】徐廣曰溫一作盜駰案郭璞云爲馬細頸驪黑色【索隱】溫音盜徐廣亦作盜鄒誕生本作駣音陶劉氏音義云盜驪也竊淺青色八駿既因色爲名竊驪爲得之也驊駵【集解】郭璞曰色如華而赤今名馬驃赤者爲棗騮騮赤馬也騄耳之駟【集解】郭璞曰紀年云北唐之君來見以一驪馬是生綠耳八駿皆因其毛色以爲名號駰案穆天子傳穆王有八駿之乘此紀不具者也【索隱】按穆王傳曰赤驥盜驪白義渠黃驊騮騄耳山子西巡狩樂而忘歸【集解】郭璞曰紀年穆王十七年西征於崑崙丘見西王母【正義】括地志云崑崙山在肅州酒泉縣南八十里十六國春秋前涼張駿酒泉守馬岌上言酒泉南山即崑崙之丘也周穆王見西王母樂而忘歸即謂此山有石室王母堂珠璣鏤飾煥若神宮按肅州在京西北二千九百六十里即小崑崙也非河源出者徐偃王作亂【集解】駰案地理志曰臨淮有徐縣云故徐國【正義】括地志云大徐城在泗州徐城縣北三十里古徐國也博物志云徐君宮人有娠而生卵以爲不祥棄於水濱孤獨母有犬鵠蒼銜所棄卵以歸覆煖之乃成小兒生偃王故宮人聞之更取養之及長襲爲徐君後鵠蒼臨死生角而九尾化爲黃龍鵠蒼或名后蒼括地志又云徐城在越州鄮縣東南入海二百里夏侯志云翁洲上有徐偃王城傳云昔周穆王巡狩諸侯共尊偃王穆王聞之令造父御乘騕褭之馬日行千里自還討之或云命楚王帥師伐之偃王乃於此處立城以終造父爲繆王御長驅歸周一日千里以救亂【正義】古史考云徐偃王與楚文王同時去周穆王遠矣且王者行有周衛豈得救亂而獨長驅日行千里乎並言此事非實按年表穆王元年去楚文王元年三百一十八年繆王以趙城封造父【集解】徐廣曰趙城在河東永安縣【正義】括地志云趙城今晉州趙城縣是本彘縣地後改曰永安即造父之邑也造父族由此爲趙氏自蜚廉生季勝已下五世至造父別居趙趙衰其後也惡來革者蜚廉子也早死有子曰女防女防生旁皋旁皋生太几太几生大駱大駱生非子以造父之寵皆蒙趙城姓趙氏非子居犬丘【集解】徐廣曰今槐里也【正義】括地志云犬丘故城一名槐里亦曰廢丘在雍州始平縣東南十里地理志云扶風槐里縣周曰犬丘懿王都之秦更名廢丘高祖三年更名槐里也好馬及畜【正義】好火到反畜許救反善養息之犬丘人言之周孝王孝王召使主馬于汧渭之間【正義】汧音牽言於二水之間在隴州以東馬大蕃息孝王欲以爲大駱適嗣申侯之女爲大駱妻生子成爲適申侯乃言孝王曰昔我先酈山之女【正義】申侯之先娶於酈山爲戎胥軒妻【正義】胥軒仲衍曾孫也生中潏以親故歸周保西垂西垂以其故和睦今我復與大駱妻生適子成申駱重婚西戎皆服所以爲王【正義】

言申駱重婚西戎皆從所以得爲王王其圖之於是孝王曰昔伯翳爲舜主畜畜多息故有土賜姓嬴今其後世亦爲朕息馬朕其分土爲附庸邑之秦【集解】徐廣曰今天水隴西縣秦亭也【正義】括地志云秦州清水縣本名秦嬴姓邑十三州志云秦亭秦谷是也周太史儋云始周與秦國合而別故天子邑之秦使復續嬴氏祀號曰秦嬴亦不廢申侯之女子爲駱適者以和西戎秦嬴生秦侯秦侯立十年卒生公伯公伯立三年卒生秦仲秦仲立三年周厲王無道諸侯或叛之西戎反王室滅犬丘大駱之族周宣王即位【集解】徐廣曰秦仲之十八年也乃以秦仲爲大夫誅西戎西戎殺秦仲秦仲立二十三年死於戎【集解】駰案毛詩序曰秦仲始大有車馬禮樂侍御之好也有子五人其長者曰莊公周宣王乃召莊公昆弟五人與兵七千人使伐西戎破之於是復予秦仲後及其先大駱地犬丘并有之爲西垂大夫【正義】注水經云秦莊公伐西戎破之周宣王與大駱犬丘之地爲西垂大夫括地志云秦州上邽縣西南九十里漢隴西郡西縣是也莊公居其故西犬丘生子三人其長男世父世父曰戎殺我大父仲我非殺戎王則不敢入邑遂將擊戎讓其弟襄公襄公爲太子莊公立四十四年卒太子襄公代立襄公元年以女弟繆嬴爲豐王妻襄公二年【正義】括地志云故汧城在隴州汧源縣東南三里帝王世紀云秦襄公二年徙都汧即此城戎圍犬丘世父擊之爲戎人所虜歲餘復歸世父七年春周幽王用褒姒廢太子立褒姒子爲適數欺諸侯諸侯叛之西戎犬戎與申侯伐周殺幽王酈山下而秦襄公將兵救周戰甚力有功周避犬戎難東徙雒邑【正義】周平王徙居王城即雒邑洛誥云我卜瀍水東瀍水西者也襄公以兵送周平王平王封襄公爲諸侯賜之岐以西之地曰戎無道侵奪我岐豐之地秦能攻逐戎即有其地與誓封爵之襄公於是始國與諸侯通使聘享之禮乃用騮駒【集解】徐廣曰赤馬黑鬣曰騮黃牛羝羊各三祠上帝西畤【集解】徐廣曰年表云立西畤祠白帝【索隱】襄公始列爲諸侯自以居西西縣名故作西畤祠白帝畤止也言神靈之所依止也亦音市謂爲壇以祭天也十二年伐戎而至岐卒生文公文公元年居西垂宮【正義】即上西縣是也三年文公以兵七百人東獵四年至汧渭之會曰昔周邑我先秦嬴於此後卒獲爲諸侯乃卜居之占曰吉【正義】括地志云郿縣故城在岐州郿縣東北十五里毛萇云郿地名也秦文公東獵汧渭之會卜居之乃營邑焉即此城也即營邑之十年初爲鄜畤【集解】徐廣曰鄜縣屬馮翊【索隱】音敷亦縣名於鄜地作畤故曰鄜畤故封禪書曰秦文公夢黃蛇自天而下屬地其口止於鄜衍史敦以爲神故立畤【正義】括地志云三畤原在岐州雍縣南二十里封禪書云秦文公作鄜畤襄公作西畤靈公作吳陽上畤並此原上因名也用三牢十三年初有史以紀事民多化者十六年文公以兵伐戎戎敗走於是文公遂收周餘民有之地至岐岐以東獻之周十九年得陳寶【索隱】按漢書郊祀志云文公獲若石云于陳倉北阪城祠之其神來若雄雉其聲殷云野雞夜鳴以一牢祠之號曰陳寶又臣瓚云陳倉縣有寶夫人祠歲與葉君神會也蘇林云質如石似肝

云語謂【正義】括地志云寶雞神祠在岐州陳倉縣東二十里故陳倉城中晉太康地志云秦文公時陳倉人獵得獸若彘而不知名牽以獻之逢二童子童子曰此名爲媦常在地中食死人腦即欲殺之拍捶其首媦亦語曰二童子名陳寶得雄者王得雌者霸陳倉人乃逐二童子化爲雉雌上陳倉北阪爲石秦祠之搜神記云其雄者飛至南陽其後光武起於南陽皆如其言也二十年法初有三族之罪【集解】張晏曰父母兄弟妻子也如淳曰父族母族妻族也二十七年伐南山大梓豐大特【集解】徐廣曰今武都故道有怒特祠圖大牛上生樹本有牛從木中出後見於豐水之中【正義】括地志云大梓樹在岐州陳倉縣南十里倉山上錄異傳云秦文公時雍南山有大梓樹文公伐之輒有大風雨樹生合不斷時有一人病夜往山中聞有鬼語樹神曰秦若使人被髮以朱絲繞樹伐汝汝得不困耶樹神無言明日病人語聞公如其言伐樹中有一青牛出走入豐水中其後牛出豐水中使騎擊之不勝有騎墮地復上髮解牛畏之入不出故置旄頭漢魏晉因之武都郡立怒特祠是大梓牛神也按今俗畫青牛障是四十八年文公太子卒賜謚爲竫公【集解】徐廣曰文公之四十四年魯隱之元年竫公之長子爲太子是文公孫也五十年文公卒葬西山【集解】徐廣曰一作曼皇甫謐云葬於西山在今隴西之西縣竫公子立是爲寧公【集解】徐廣曰一作憲寧公二年公徙居平陽【集解】徐廣曰郿之平陽亭【正義】帝王世紀云秦寧公都平陽按岐山縣有陽平鄉鄉內有平陽聚括地志云平陽故城在岐州岐山縣西四十六里秦寧公徙都之處遣兵伐蕩社【集解】徐廣曰蕩音湯社一作杜【索隱】西戎之君號曰亳王蓋成湯之胤其邑曰蕩社徐廣云一作湯杜言湯邑在杜縣之界故曰湯杜也【正義】括地志云雍州三原縣有湯陵又有湯臺在始平縣西北八里按其國蓋在三原始平之界矣三年與亳戰亳王奔戎遂滅蕩社【集解】皇甫謐云亳王號湯西夷之國也四年魯公子翬【正義】音暉弒其君十二年伐蕩氏取之寧公生十歲立立十二年卒葬西山【正義】括地志云秦寧公墓在岐州陳倉縣西北三十七里秦陵山帝王世紀云秦寧公葬西山大麓故號秦陵山也按文公亦葬西山蓋秦陵山也生子三人長男武公爲太子武公弟德公同母魯姬子生出子【正義】德公母號魯姬子寧公卒大庶長弗忌威壘【正義】壘力追反三父廢太子而立出子爲君出子六年三父等復共令人賊殺出子出子生五歲立立六年卒三父等乃復立故太子武公武公元年伐彭戲氏【正義】戲許宜反戎號也蓋同州彭衙故城是也至于華山下【正義】即華嶽之下也居平陽封宮【正義】宮名在岐州平陽城內也三年誅三父等而夷三族以其殺出子也鄭高渠眯殺其君昭公【索隱】春秋魯桓公十七年左傳作高渠彌也十年伐邽冀戎初縣之【集解】駰案地理志隴西有上邽縣應劭曰即邽戎邑也冀縣屬天水郡十一年初縣杜鄭【集解】駰案地理志京兆有鄭縣杜縣【正義】括地志云下杜故城在雍州長安縣東南九里古杜伯國華州鄭縣也毛詩譜云鄭國者周畿內之地宣王封其弟於咸林之地是爲鄭桓公按秦得皆縣之滅小虢【集解】駰案班固曰西虢在雍州【正義】虢音古伯反括地志云故虢城在岐州陳倉縣東四十里又有城亦名虢城輿地志云此虢文王母弟虢叔所封是曰西虢按此虢滅時陝州之虢猶謂之小虢又云小虢羌之別種十三年齊人管至父連稱等殺其君襄公而立公孫無知晉滅霍魏耿【索隱】春秋魯閔公元年左傳云晉滅耿滅魏滅霍又曰賜趙夙耿賜畢萬魏杜預注曰平陽皮氏縣東南有耿鄉永安縣東北有霍太山三國皆姬姓【正義】括地志云晉州霍邑縣又春秋時霍伯國韋昭云霍姬姓也括地志云故耿城今名耿倉城在絳州龍門縣東南十二里故耿國都城記云耿嬴姓國也齊雍廩【正義】雍於容反廩力甚反是雍林邑人姓名也殺無知管至父等而立齊桓公齊晉爲彊

國十九年晉曲沃始爲晉侯【索隱】晉穆侯少子成師居曲沃號曲沃桓叔至武公稱滅晉侯緡始爲晉君也齊桓公伯於鄄【正義】伯音霸鄄音絹二十年武公卒葬雍平陽初以人從死從死者六十六人有子一人名曰白白不立封平陽【正義】即雍平陽也平陽時屬雍並在岐州解在上也立其弟德公德公元年初居雍城大鄭宮【集解】徐廣曰今縣在扶風【正義】括地志云岐州雍縣南七里故雍城秦德公大鄭宮城也以犧三百牢祠鄜畤卜居雍後子孫飲馬於河【正義】卜居雍之後國益廣大後代子孫得東飲馬於龍門之河梁伯芮伯來朝【索隱】梁嬴姓芮姬姓梁國在夏陽芮國在馮翊臨晉【正義】括地志云南芮鄉故城在同州朝邑縣南三十里又有北芮城皆古芮伯國周同姓之國在畿內爲王卿士者左傳云桓公三年芮伯萬之母芮姜惡芮伯之多寵人故逐之出居魏今按芮城縣界有芮國城蓋是邑芮伯萬爭田之芮國是也二年初伏【集解】孟康曰六月伏日初也周時無至此乃有之【正義】六月三伏之節起秦德公爲之故云初伏伏者隱伏避盛暑也曆忌釋云伏者何以金氣伏藏之日也四時代謝皆以相生立春木代水水生木立夏火代木木生火立冬水代金金生水立秋以金代火金畏於火故至庚日必伏庚者金故曰伏也以狗禦蠱【集解】徐廣曰年表云初作伏祠社磔狗邑四門也【正義】蠱音古按蠱者熱毒惡氣爲傷害人故磔狗以禦之年表云初作伏祠社磔狗邑四門按磔禳也狗陽畜也以狗張磔於郭四門禳卻熱毒氣也左傳云皿蟲爲蠱顧野王云穀皆積變爲飛蠱也德公生三十三歲而立立二年卒生子三人長子宣公中子成公少子穆公長子宣公立宣公元年衛燕伐周【正義】衛惠公都即今衛州也燕南燕也周天王也括地志云滑州故城古南燕國應劭云南燕姞姓之國黃帝之後出惠王立王子頹三年鄭伯虢叔【正義】括地志云洛州汜水縣古東虢國亦鄭之制邑漢之成皋即周穆王虎牢城左傳云宮之奇曰虢仲虢叔王季之穆也殺子頹而入惠王四年作密畤【正義】括地志云漢有五畤在岐州雍縣南則鄜畤吳陽上畤下畤密畤北畤秦文公夢黃蛇自天而下屬地其口止於鄜衍作畤郊祭白帝曰鄜畤秦宣公作密畤於渭南祭青帝秦靈公作吳陽上畤祭黃帝作下畤祭炎帝漢高帝曰天有五帝今四何也待我而具五遂立黑帝祠名曰北畤是也與晉戰河陽勝之十二年宣公卒生子九人莫立立其弟成公成公元年梁伯芮伯來朝【正義】括地志云同州韓城縣南二十二里少梁故城古少梁國都城記云梁伯國嬴姓之後與秦同祖秦繆公二十年滅之芮伯來朝齊桓公伐山戎次于孤竹【正義】括地志云孤竹故城在平州盧龍縣十二里殷時諸侯竹國也成公立四年卒子七人莫立立其弟繆公【索隱】秦自宣公已上皆史失其名今按世本繆公名任好繆公任好元年自將伐茅津【正義】劉伯莊云戎號也括地志云茅津及茅城在陝州河北縣西二十里注水經云茅亭茅戎號勝之四年迎婦於晉晉太子申生姊也其歲齊桓公伐楚至邵陵五年晉獻公滅虞虢虜虞君與其大夫百里傒以璧馬賂於虞故也既虜百里傒以爲秦繆公夫人媵於秦百里傒亡秦走宛【集解】駰案地理志南陽有宛縣【正義】宛於元反今鄧州縣楚鄙人執之繆公聞百里傒賢欲重贖之恐楚人不與乃使人謂楚曰吾媵臣百里傒在焉請以五羖羊皮贖之楚人遂許與之當是時百里傒年已七十餘繆公釋其囚與語國事謝曰臣亡國之臣何足問繆公曰虞君不用子故亡非子罪也固問語三日繆公大說授之國政號曰五羖大夫百里傒讓曰臣不及臣友蹇叔蹇叔賢而世

莫知臣常游困於齊而乞食銍人【集解】徐廣曰銍一作銍【正義】銍音珍栗反銍地名在沛縣蹇叔收臣臣因而欲事齊君無知蹇叔止臣臣得脫齊難遂之周周王子頹好牛臣以養牛干之及頹欲用臣蹇叔止臣臣去得不誅事虞君蹇叔止臣臣知虞君不用臣臣誠私利祿爵且留再用其言得脫一不用及虞君難是以知其賢於是繆公使人厚幣迎蹇叔以爲上大夫秋繆公自將伐晉戰於河曲【集解】徐廣曰一作西驅棠公羊傳曰河千里而一曲也服虔曰河曲晉地杜預曰河曲在蒲坂南【正義】按河曲在華陰縣界也晉驪姬作亂太子申生死新城【正義】韋昭云曲沃新爲太子城括地志云絳州曲沃縣有曲沃故城土人爲晉曲沃新城以重耳夷吾出奔【正義】重耳奔翟夷吾奔少梁也九年齊桓公會諸侯於葵丘【正義】括地志云葵丘在曹州考城縣東南一里一百五十步郭內即桓公會處又青州臨淄縣有葵丘即傳連稱管至父所戍處晉獻公卒立驪姬子奚齊其臣里克殺奚齊荀息立卓子【集解】徐廣曰一作倬克又殺卓子及荀息夷吾使人請秦求入晉於是繆公許之使百里傒將兵送夷吾夷吾謂曰誠得立請割晉之河西八城【正義】謂同華等州地與秦及至已立而使丕鄭謝秦背約不與河西城而殺里克丕鄭聞之恐因與繆公謀曰晉人不欲夷吾實欲重耳今背秦約而殺里克皆呂甥郤芮之計也願君以利急召呂郤呂郤至則更入重耳便繆公許之使人與丕鄭歸召呂郤呂郤等疑丕鄭有間乃言夷吾殺丕鄭丕鄭子丕豹奔秦說繆公曰晉君無道百姓不親可伐也繆公曰百姓苟不便何故能誅其大臣能誅其大臣此其調也【正義】調音徒聊反言能誅大臣丕鄭云是夷吾於百姓調和也劉伯莊音徒弔反按調選也邪臣誅忠臣用是夷吾能調選兩通也不聽而陰用豹十二年齊管仲隰朋死晉旱來請粟丕豹說繆公勿與因其飢而伐之繆公問公孫支【集解】服虔曰秦大夫公孫子桑支曰飢穰更事耳不可不與問百里傒傒曰夷吾得罪於君其百姓何罪於是用百里傒公孫支言卒與之粟以船漕車轉自雍相望至絳【集解】賈逵曰雍秦國都絳晉國都也十四年秦飢請粟於晉晉君謀之羣臣虢射曰【正義】射音石也因其飢伐之可有大功晉君從之十五年興兵將攻秦繆公發兵使丕豹將自往擊之九月壬戌與晉惠公夷吾合戰於韓地【正義】左傳云僖公十五年秦晉戰於韓原秦獲晉侯以歸括地志云韓原在同州韓城縣西南十八里十六國春秋云魏顆夢父結草抗秦將杜回亦在韓原晉君棄其軍與秦爭利還而馬騺【正義】騺音致又勅利反國語云晉師潰戎馬還濘而止韋昭云濘深泥也繆公與麾下馳追之不能得晉君反爲晉軍所圍晉擊繆公繆公傷於是岐下食善馬者三百人馳冒晉軍晉軍解圍遂脫繆公而反生得晉君初繆公亡善馬岐下野人共得而食之者三百餘人【正義】括地志云野人塢在岐州雍縣東北二十里按野人盜馬食處因名焉吏逐得欲法之繆公曰君子不以畜產害人吾聞食善馬

肉不飲酒傷人乃皆賜酒而赦之三百人者聞秦擊晉皆求從從而見繆公窘亦皆推鋒爭死以報食馬之德於是繆公虜晉君以歸令於國齊宿吾將以晉君祠上帝周天子聞之曰晉我同姓爲請晉君夷吾姊亦爲繆公夫人夫人聞之乃衰絰跣曰妾兄弟不能相救以辱君命繆公曰我得晉君以爲功今天子爲請夫人是憂乃與晉君盟許歸之更舍上舍而饋之七牢【集解】賈逵曰諸侯饔餼七牢牛一羊一豕一爲一牢也十一月歸晉君夷吾夷吾獻其河西地使太子圉爲質於秦秦妻子圉以宗女是時秦地東至河【正義】晉河西八城入秦秦東境至河即龍門河也十八年齊桓公卒二十年秦滅梁芮【正義】梁芮國皆在同州秦得其地故滅二國之君二十二年晉公子圉聞晉君病曰梁我母家也【正義】子圉母梁伯之女也而秦滅之我兄弟多即君百歲後秦必留我而晉輕亦更立他子子圉乃亡歸晉二十三年晉惠公卒子圉立爲君秦怨圉亡去乃迎晉公子重耳於楚而妻以故子圉妻重耳初謝後乃受繆公益禮厚遇之二十四年春秦使人告晉大臣欲入重耳晉許之於是使人送重耳二月重耳立爲晉君是爲文公文公使人殺子圉子圉是爲懷公其秋周襄王弟帶以翟伐王王出居鄭【正義】王居于氾邑也二十五年周王使人告難於晉秦秦繆公將兵助晉文公入襄王殺王弟帶二十八年晉文公敗楚於城濮【正義】衞地也今濮州三十年繆公助晉文公圍鄭【正義】左傳僖公三十年晉侯秦伯圍鄭杜預云文公過鄭鄭不禮之鄭使人言繆公曰亡鄭厚晉於晉而得矣而秦未有利晉之彊秦之憂也繆公乃罷兵歸晉亦罷三十二年冬晉文公卒鄭人有賣鄭於秦曰我主其城門鄭可襲也繆公問蹇叔百里傒對曰徑數國千里而襲人希有得利者且人賣鄭庸知我國人不有以我情告鄭者乎不可繆公曰子不知也吾已決矣遂發兵使百里傒子孟明視蹇叔子西乞術及白乙丙將兵行日百里傒蹇叔二人哭之繆公聞怒曰孤發兵而子沮哭吾軍何也【正義】沮自呂反沮毀也左傳云蹇叔哭之曰孟子吾見師之出不見其入也二老曰臣非敢沮君軍軍行臣子與往【正義】與音預臣老遲還恐不相見故哭耳二老退謂其子曰汝軍即敗必於殽阨矣【正義】殽音故交反阨音厄春秋云魯僖公三十三年晉人及姜戎敗秦師於殽括地志云三殽山又名嶔岑山在洛州永寧縣西北二十里即古之殽道也三十三年春秦兵遂東更晉地過周北門周王孫滿曰秦師無禮【正義】左傳云秦師過周北門左右免冑而下超乘者三百乘王孫滿尚幼觀之言於王曰秦師輕而無禮必敗杜預云王城北門也謂過天子門不卷甲束兵超乘示勇也不敗何待兵至滑【正義】爲八反括地志云緱氏故城在洛州緱氏縣東二十五里滑伯國也韋昭云姬姓小國也鄭販賣賈人【正義】賣麥卦反賈音古左傳作商人也弦高【集解】人姓名持十二牛將賣之周見秦兵恐死虜因獻

其牛曰聞大國將誅鄭鄭君謹修守禦備使臣以牛十二勞軍士秦三將軍相謂曰將襲鄭鄭今已覺之往無及已滅滑滑晉之邊邑也當是時晉文公喪尚未葬太子襄公怒曰秦侮我孤因喪破我滑遂墨衰絰發兵遮秦兵於殽擊之大破秦軍無一人得脫者虜秦三將以歸文公夫人秦女也【集解】服虔曰繆公女也爲秦三將請曰繆公之怨此三人入於骨髓願令此三人歸令我君得自快烹之晉君許之歸秦三將三將至繆公素服郊迎嚮三人哭曰孤以不用百里傒蹇叔言以辱三子三子何罪乎子其悉心雪恥毋怠遂復三人官秩如故愈益厚之三十四年楚太子商臣弒其父成王代立繆公於是復使孟明視等將兵伐晉戰于彭衙【集解】杜預曰馮翊郃陽縣西北有衙城【正義】括地志云彭衙故城在同州白水縣東北六十里秦不利引兵歸戎王使由余【正義】戎人姓名於秦由余其先晉人也亡入戎能晉言聞繆公賢故使由余觀秦秦繆公示以宮室積聚由余曰使鬼爲之則勞神矣使人爲之亦苦民矣繆公怪之問曰中國以詩書禮樂法度爲政然尚時亂今戎夷無此何以爲治不亦難乎由余笑曰此乃中國所以亂也夫自上聖黃帝作爲禮樂法度身以先之僅以小治及其後世日以驕淫阻法度之威以責督於下下罷極【正義】罷音皮則以仁義怨望於上上下交爭怨而相篡弒至於滅宗皆以此類也夫戎夷不然上含淳德以遇其下下懷忠信以事其上一國之政猶一身之治不知所以治此眞聖人之治也於是繆公退而問內史廖曰【集解】駰案漢書百官表曰內史周官也孤聞鄰國有聖人敵國之憂也今由余賢寡人之害將柰之何內史廖曰戎王處辟匿未聞中國之聲君試遺其女樂以奪其志【集解】徐廣曰奪一作徇爲由余請以疏其間留而莫遣以失其期戎王怪之必疑由余君臣有間乃可虜也且戎王好樂必怠於政繆公曰善因與由余曲席而坐【正義】按牀在繆公左右相連而坐謂之曲席也傳器而食問其地形與其兵勢盡詧而後令內史廖以女樂二八遺戎王戎王受而說之終年不還於是秦乃歸由余由余數諫不聽繆公又數使人間要由余由余遂去降秦繆公以客禮禮之問伐戎之形【正義】韓國云秦繆公都地方三百里并國十四辟地千里隴西北地郡是也三十六年繆公復益厚孟明等使將兵伐晉渡河焚船大敗晉人取王官及鄗【集解】徐廣曰左傳作郊駰案服虔曰此晉地不能有【正義】鄗音郊左傳作郊杜預云書取言易也括地志云王官故城在同州澄城縣西北九十里又云南郊故城在縣北十七里又有北郊故城又有西郊古城左傳云文公三年秦伯伐晉濟河焚舟取王官及郊也括地志云蒲州猗氏縣南二里又有王官故城亦秦伯取者上文云秦地東至河蓋猗氏王官是也以報殽之役晉人皆城守不敢出於是繆公乃自茅津【集解】徐廣

曰在太陽【正義】括地志云茅津在陝州河北縣太陽縣也渡河【正義】自茅津南渡河也封殽中尸【集解】賈逵曰封識之【正義】左傳云秦伯伐晉濟河焚舟晉人不出遂自茅津濟封殽尸而還杜預云封埋藏也爲發喪哭之三日乃誓於軍曰嗟士卒聽無譁余誓告汝古之人謀黃髮番番【正義】音婆字當作皤皤白頭貌言髮白而更黃故云黃髮番番以申思謂蹇叔百里傒也則無所過以申思不用蹇叔百里傒之謀故作此誓令後世以記余過君子聞之皆爲垂涕曰嗟乎秦繆公之與人周也【集解】服虔曰周備也卒得孟明之慶三十七年秦用由余謀伐戎王益國十二開地千里遂霸西戎天子使召公過賀繆公以金鼓三十九年繆公卒葬雍【集解】駰案皇覽曰秦繆公冢在橐泉宮祈年觀下【正義】廟記云橐泉宮秦孝公造祈年觀德公起蓋在雍州城內括地志云秦穆公冢在岐州雍縣東南二里從死者百七十七人秦之良臣子輿氏三人【正義】毛萇云良善也三善臣也本傳云子車氏之三子杜預云子車秦大夫也名曰奄息仲行鍼虎亦在從死之中【正義】行音胡郎反鍼音其廉反應劭云秦穆公與羣臣飲酒酣公曰生共此樂死共此哀於是奄息仲行鍼虎許諾及公薨皆從死黃鳥詩所爲作也杜預云以人葬爲殉也括地志云三良冢在岐州雍縣一里故城內秦人哀之爲作歌黃鳥之詩君子曰秦繆公廣地益國東服彊晉西霸戎夷然不爲諸侯盟主亦宜哉死而弃民收其良臣而從死且先王崩尚猶遺德垂法況奪之善人良臣百姓所哀者乎是以知秦不能復東征也穆公子四十人其太子罃代立是爲康公康公元年往歲繆公之卒晉襄公亦卒襄公之弟名雍秦出也【正義】雍母秦女故言秦出也在秦晉趙盾欲立之使隨會【正義】韋昭云晉正卿士蔿之孫成伯之子季武子也食采於隨范故曰隨會或曰范會季范子字也來迎雍秦以兵送至令狐【集解】杜預曰在河東【正義】令音零括地志云令狐故城在蒲州猗氏縣界十五里也晉立襄公子而反擊秦師秦師敗隨會來奔二年秦伐晉取武城【正義】括地志云故武城一名武平城在華州鄭縣東北十三里也報令狐之役四年晉伐秦取少梁【正義】前入秦後歸晉今秦又取之六年秦伐晉取羈馬【集解】服虔曰晉邑也戰於河曲大敗晉軍晉人患隨會在秦爲亂乃使魏讐餘詳反【集解】服虔曰晉之魏邑大夫【正義】讐音受又作犨音同詳音羊合謀會詐而得會會遂歸晉康公立十二年卒子共公立【索隱】名貑十代至共靈公又並失名共公二年晉趙穿弒其君靈公三年楚莊王彊北兵至雒問周鼎共公立五年卒子桓公立桓公三年晉敗我一將十年楚莊王服鄭北敗晉兵於河上當是之時楚霸爲會盟合諸侯二十四年晉厲公初立與秦桓公夾河而盟歸而秦倍盟與翟合謀擊晉二十六年晉率諸侯伐秦秦軍敗走追至涇而還桓公立二十七年卒子景公立【集解】徐廣曰世本云景公名后伯車也【索隱】景公已下名又錯亂始皇本紀作哀公景公四年晉欒書弒其君厲公十五年救鄭敗晉兵於櫟【集解】杜預曰晉地也【正義】櫟音歷括地志云洛州陽翟縣古櫟邑也是時晉悼公爲盟主十八年晉悼公彊數會諸侯率以伐秦敗秦軍秦軍走晉兵

追之，遂渡涇，至棫林而還。【集解】徐廣曰：棫音域。駰案：杜預曰秦地也。二十七年，景公如晉，與平公盟，已而背之。三十六年，楚公子圍弒其君而自立，是爲靈王。景公母弟后子鍼【正義】音鉗。有寵，景公母弟富，或譖之，恐誅，乃奔晉，車重千乘。晉平公曰：「后子富如此，何以自亡？」對曰：「秦公無道，畏誅，欲待其後世乃歸。」三十九年，楚靈王彊，會諸侯於申，【正義】在鄧州南陽縣三十里。爲盟主，殺齊慶封。景公立四十年卒，子哀公立。【索隱】始皇本紀作畢公。后子復來歸秦。哀公八年，楚公子棄疾弒靈王而自立，是爲平王。十一年，楚平王來求秦女爲太子建妻。至國，女好而自娶之。十五年，楚平王欲誅建，建亡；【正義】太子建亡之鄭，鄭殺之。伍子胥奔吳。晉公室卑而六卿彊，欲內相攻，是以久秦晉不相攻。三十一年，吳王闔閭與伍子胥伐楚，楚王亡奔隨，吳遂入郢。楚大夫申包胥來告急，【正義】包胥姓公孫，封於申，故號申包胥。左傳云：申包胥如秦乞師，曰：「吳爲封豕長蛇，以荐食上國，虐始於楚。寡君失守社稷，越在草莽，使下臣告急，曰：『夷德無厭，若鄰於君，疆埸之患也。逮吳之未定，君其取分焉。若楚之遂亡，君之土也。若以君靈撫之，世以事君。』」七日不食，日夜哭泣。【正義】左傳云：申包胥對秦伯曰：「寡君越在草莽，未獲所伏，下臣何敢即安？」立依於庭牆而哭，日夜不絕聲，勺飲不入口七日。秦哀公爲賦無衣。九頓首而坐。秦師乃出。於是秦乃發五百乘救楚，【正義】左傳魯定公五年，秦子蒲、子虎帥車五百乘以救楚，敗吳師於軍祥。敗吳師。吳師歸，楚昭王乃得復入郢。哀公立三十六年卒。太子夷公，夷公蚤死，不得立，立夷公子，是爲惠公。惠公元年，孔子行魯相事。五年，晉卿中行、范氏反晉，晉使智氏、趙簡子攻之，范、中行氏亡奔齊。惠公立十年卒，子悼公立。悼公二年，齊臣田乞弒其君孺子，立其兄陽生，爲悼公。六年，吳敗齊師，齊人弒悼公，立其子簡公。九年，晉定公與吳王夫差盟，爭長於黃池，卒先吳。【集解】徐廣曰：外傳云吳王先歃。吳彊，陵中國。十二年，齊田常弒簡公，立其弟平公，常相之。十三年，楚滅陳。秦悼公立十四年卒，子厲共公立。孔子以悼公十二年卒。厲共公二年，蜀人來賂。十六年，塹河旁。以兵二萬伐大荔，取其王城。【集解】徐廣曰：今之臨晉也。臨晉有王城。【正義】荔音戾。括地志云：同州東三十里朝邑縣東三十步故王城，大荔近王城邑。二十一年，初縣頻陽。【集解】駰案：地理志馮翊有頻陽縣。【正義】括地志云：頻陽故城在雍州同官縣界，古頻陽縣城也。晉取武成。二十四年，晉亂，殺智伯，分其國與趙、韓、魏。二十五年，智開與邑人來奔。【集解】徐廣曰：一本二十六年城南鄭也。【正義】開，智伯子。伯被趙襄子等滅其國，其子與從屬來奔秦。三十三年，伐義渠，虜其王。【集解】應劭曰：義渠，北地也。【正義】括地志云：寧、慶二州，春秋及戰國時爲義渠戎國之地也。三十四年，日食。厲共公卒，子躁公立。躁公二年，南鄭反。【正義】南鄭，今梁州所理縣也。春秋及戰國時其地屬於楚也。十三年，義渠來伐，至渭南。十四年，躁公卒，立其弟懷公。【索隱】厲共公子也。生昭太子，未立而卒，太子之子是爲靈公。懷公四年，庶長鼂【正義】長，丁丈反。鼂，竹遙反。鼂，人名也。劉伯莊音潮。與大臣圍懷公，懷公自殺。懷公太子曰昭子，蚤死，大

臣乃立太子昭子之子，是爲靈公。【索隱】生獻公也。靈公，懷公孫也。靈公六年，晉城少梁，秦擊之。十三年，城籍姑。【正義】括地志云：籍姑故城在同州韓城縣北三十五里。靈公卒，子獻公不得立，【索隱】獻公名師隰。立靈公季父悼子，是爲簡公。簡公，昭子之弟而懷公子也。【索隱】簡公，懷公弟，靈公季父也。子惠公立。始皇本紀云靈公生簡公，謬也。又紀年云簡公九年卒，次敬公立，十二年卒，乃立惠公。【正義】劉伯莊云：簡公是昭子之弟，懷公之子，厲公之孫。今史記謂簡公是厲公子者，抄寫之謬。簡公六年，令吏初帶劍。【正義】春秋官吏各得帶劍。塹洛，城重泉。【集解】駰案：地理志重泉縣屬馮翊。【正義】重，直龍反。括地志云：重泉故城在同州蒲城縣東南四十五里也。十六年卒，【集解】徐廣曰：表云十五年也。子惠公立。惠公十二年，子出子生。十三年，伐蜀，取南鄭。惠公卒，出子立。出子二年，庶長改迎靈公之子獻公于河西而立之。【正義】西者，秦州西縣，秦之舊地。時獻公在西縣，故迎立之。殺出子及其母，沈之淵旁。秦以往者數易君，君臣乖亂，故晉復彊，奪秦河西地。【正義】奪前所上八城也。獻公元年，【集解】徐廣曰：丁酉。止從死。二年，城櫟陽。【集解】徐廣曰：徙都之。今萬年是也。【正義】括地志云：櫟陽故城一名萬年城，在雍州東北百二十里，櫟陽漢七年分櫟陽城內爲萬年縣，隋文帝開皇三年遷都于龍首川，今京城也，改萬年爲大興縣，至唐武德元年又改曰萬年，置在州東七里。四年正月庚寅，孝公生。十一年，周太史儋見獻公曰：「周故與秦國合而別，別五百歲復合，合七十七歲而霸王出。」十六年，桃冬花。十八年，雨金櫟陽。【正義】言雨金於秦國都，明金瑞見也。二十一年，與晉戰於石門，【正義】括地志云：堯門山俗名石門，在雍州三原縣西北三十三里，上有路，其狀若門，故老云堯鑿山爲門，因名之。武德年中於此山南置石門縣，貞觀年中改爲雲陽縣。斬首六萬，天子賀以黼黻。【集解】駰案：周禮曰：白與黑謂之黼，黑與青謂之黻。二十三年，與魏晉戰少梁，虜其將公孫痤。【正義】痤，在戈反。二十四年，獻公卒，【集解】徐廣曰：表云二十三年。子孝公立，【索隱】名渠梁。年已二十一歲矣。孝公元年，【集解】徐廣曰：庚申也。河山以東彊國六，與齊威、楚宣、魏惠、燕悼、韓哀、趙成侯並。淮泗之間【正義】並，白浪反。謂淮、泗二水。小國十餘。楚、魏與秦接界。【正義】楚北及魏西與秦相接，北自梁州漢中郡南有巴渝，過江南有黔中、巫郡也。魏西界與秦相接，南自華州鄭縣西北過渭水，濱洛水東岸，向北有上郡鄜州之地，皆築長城以界秦境。洛即漆沮水也。魏築長城，自鄭濱洛以北，有上郡。楚自漢中，南有巴、黔中。周室微，諸侯力政，爭相併。秦僻在雍州，不與中國諸侯之會盟，夷翟遇之。孝公於是布惠，振孤寡，招戰士，明功賞。下令國中曰：「昔我穆公自岐雍之間，修德行武，東平晉亂，以河爲界，【正義】即龍門河也。西霸戎翟，廣地千里，天子致伯，諸侯畢賀，爲後世開業，甚光美。會往者厲、躁、簡公、出子之不寧，國家內憂，未遑外事，三晉攻奪我先君河西地，諸侯卑秦，醜莫大焉。獻公即位，鎮撫邊境，徙治櫟陽，且欲東伐，復穆公之故地，修穆公之政令。寡人思念先君之意，常痛於心。賓客羣臣有能出奇計彊秦者，吾且尊官，與之分土。」於是乃出兵東圍陝城，西斬戎之獂王。【集解】駰案：地理志天水有獂道縣。應劭曰：獂，戎邑，音桓。衞鞅聞是令

下，西入秦，因景監【正義】監，甲暫反。閹人也。求見孝公。二年，天子致胙。三年，衞鞅說孝公變法修刑，內務耕稼，外勸戰死之賞罰，孝公善之。甘龍、杜摯等弗然，相與爭之。卒用鞅法，百姓苦之；居三年，百姓便之。乃拜鞅爲左庶長。其事在商君語中。七年，與魏惠王會杜平。【正義】在同州澄城縣界也。八年，與魏戰元里，【正義】在同州澄城縣界。有功。十年，衞鞅爲大良造，將兵圍魏安邑，降之。【集解】駰案：地理志曰河東有安邑縣。【正義】括地志云：安邑故城在絳州夏縣東北十五里，本夏之都。十二年，作爲咸陽，【正義】括地志云：咸陽故城亦名渭城，在雍州咸陽縣東十五里，京城北四十五里，即秦孝公徙都之者，今咸陽縣古之杜郵，白起死處。築冀闕，【正義】劉伯莊云：冀猶記事，闕即象魏也。秦徙都之。并諸小鄉聚，【正義】萬二千五百家爲鄉。聚猶村落之類也。集爲大縣，縣一令，【集解】駰案：漢書百官表曰縣令長皆秦官，萬戶以上爲令，秩千石至六百石；減萬戶爲長，秩五百石至三百石。皆有丞尉。四十一縣。爲田開阡陌。【索隱】風俗通曰：南北曰阡，東西曰陌。河東以東西爲阡，南北爲陌。東地渡洛。十四年，初爲賦。【集解】徐廣曰：制貢賦之法也。【索隱】譙周云：初爲軍賦也。十九年，天子致伯。【正義】伯音霸，又如字。孝公十九年，天子始封爵爲霸，即太史儋云合七十七歲而霸王出之年，故天子致伯。桓譚新論云：夫上古稱三皇五帝，而次有三王五伯，此天下君之冠首也。故言三皇以道理，而五帝用德化，三王由仁義，五伯以權智。其說之曰：無制令刑罰謂之皇，有制令而無刑罰謂之帝，賞善誅惡、諸侯朝事謂之王，興兵約盟、以信義矯世謂之伯。二十年，諸侯畢賀。秦使公子少官率師會諸侯逢澤，【集解】徐廣曰：開封東北有逢澤。【正義】括地志云：逢澤亦名逢池，在汴州浚儀縣東南十四里。朝天子。二十一年，齊敗魏馬陵。【正義】虞喜志林云：濮州甄城縣東北六十餘里有馬陵，澗谷深可以置伏，按龐涓敗即此也。二十二年，衞鞅擊魏，虜魏公子卬。封鞅爲列侯，號商君。【正義】商州商洛縣在州東八十九里，鞅所封也，契所封地。二十四年，與晉戰鴈門，【索隱】紀年云與魏戰岸門。此云鴈門，恐聲誤也。又下云敗韓岸門，蓋一地也。尋秦與韓魏戰，不當遠至鴈門也。【正義】括地志云：岸門在許州長社縣西北二十八里，今名西武亭。虜其將魏錯。【正義】錯，七故反。孝公卒，子惠文君立。【索隱】名駟。是歲，誅衞鞅。鞅之初爲秦施法，法不行，太子犯禁。【正義】爲，于僞反。鞅曰：「法之不行，自於貴戚。君必欲行法，先於太子。太子不可黥，黥其傅師。」於是法大用，秦人治。及孝公卒，太子立，宗室多怨鞅，鞅亡，因以爲反，而卒車裂以徇秦國。【集解】駰案：漢書曰商君爲法於秦，戰斬一首賜爵一級，欲爲官者五十石。其爵名：一爲公士，二上造，三簪褭，四不更，五大夫，六官大夫，七公大夫，八公乘，九五大夫，十左庶長，十一右庶長，十二左更，十三中更，十四右更，十五少上造，十六大上造，十七駟車庶長，十八大庶長，十九關內侯，二十徹侯。惠文君元年，楚、韓、趙、蜀人來朝。二年，天子賀。三年，王冠。【正義】冠音館。禮記云：年二十行冠禮也。四年，天子致文武胙。齊、魏爲王。【索隱】齊威王、魏惠王。五年，陰晉人犀首【正義】犀音西。地理志云華陰縣故陰晉，秦惠王五年更名寧秦，高祖八年更名華陰。爲大良造。【集解】駰案：犀首，官名。姓公孫，名衍。【索隱】官名，若虎牙之類。姓公孫，名衍，魏人也。六年，魏納陰晉，陰晉更名寧秦。【集解】徐廣曰：今之華陰也。七年，公子卬與魏戰，虜其將龍賈，斬首八萬。八年，魏納河西地。九年，渡河，取汾陰、皮氏。【集解】駰案：地理志云二縣屬河東。【正義】渡河取之。括地志云：汾陰故城俗名殷湯城，在蒲州汾陰縣北九里。皮氏在絳州龍門縣西一百八十步，即古皮氏城也。與魏王會應。【正義】應，乙陵反。

【正義】括地志云：故應城，因應山爲名，古之應國，在汝州魯山縣東三十里。左傳云：邘、晉、應、韓，武之穆也。圍焦，降之。【正義】括地志云：焦城在陝州城內東北百步，因焦水爲名。周同姓所封。左傳云虞、虢、焦、滑、霍、陽、韓、魏皆姬姓也。杜預云：八國皆爲晉所滅。按：武王克商，封神農之後于焦，而後封姬姓也。十年，張儀相秦，魏納上郡十五縣。【正義】今鄜、綏等州也。魏前納陰晉，次納同、丹二州，今納上郡，而盡河西濱洛之地矣。十一年，縣義渠。【正義】地理志云：北地郡義渠道，秦縣也。括地志云：寧、原、慶三州，秦北地郡，戰國及春秋時爲義渠戎國之地，周先公劉、不窋居之，古西戎也。歸魏焦、曲沃。【正義】括地志云：曲沃在陝州陝縣西南三十二里，因曲沃水爲名。按：焦、曲沃二城相近，本魏地，適屬秦，今還魏，故言歸也。義渠君爲臣。更名少梁曰夏陽。十二年，初臘。【正義】臘，盧盍反。十二月臘日也。秦惠文王始效中國爲之，故云初臘。獵禽獸以歲終祭先祖，因立此日也。風俗通云：禮傳云夏曰嘉平，殷曰清祀，周曰蜡，漢改曰臘。禮曰天子大蜡八，伊耆氏始爲蜡。蜡者，索也，歲十二月合聚萬物而索饗之。十三年四月戊午，魏君爲王，韓亦爲王。【正義】魏襄王、韓宣惠王也。使張儀伐取陝，出其人與魏。十四年，更爲元年。二年，張儀與齊楚大臣會齧桑。三年，韓、魏太子來朝。張儀相魏。五年，王游至北河。【集解】徐廣曰：戎地，在河上。【正義】按：王游觀北河，至靈夏州之黃河也。七年，樂池相秦。【正義】樂音岳。池，徒何反。裴氏音池。韓、趙、魏、燕、齊帥匈奴共攻秦。秦使庶長疾與戰脩魚，虜其將申差，【正義】脩魚，韓邑也。年表云秦敗我脩魚，得韓將鯁申差。敗趙公子渴、韓太子奐，斬首八萬二千。八年，張儀復相秦。九年，司馬錯伐蜀，滅之。【索隱】蜀，西南夷，舊有君長。故昌意娶蜀山氏女也。其後有杜宇自立爲王，號曰望帝。蜀王元年，秦惠本紀曰張儀伐蜀，蜀王開戰不勝，爲儀所滅也。伐取趙中都、西陽。【集解】駰案：地理志太原有中都縣。【正義】括地志云：中都故縣在汾州平遙縣西十二里，即西都也。西陽即中陽也，在汾州隰城縣南十里。地理志云西都、中陽屬西河郡。此云伐取趙中都、西陽，趙世家云秦取我西都及中陽，年表云秦惠文王後元九年取趙中都、西陽、安邑，趙武靈王十年秦取中都、安陽。本紀、世家、年表其縣名異，年歲實同，所伐唯一處，故具錄之以示後學。十年，韓太子蒼來質。伐取韓石章。【正義】韓地名也。伐敗趙將泥。【集解】徐廣曰：將一作莊。【正義】趙將名也。伐取義渠二十五城。十一年，樗里疾攻魏焦，降之。敗韓岸門，斬首萬，其將犀首走。公子通封於蜀。【集解】徐廣曰：是歲，王振元年。【索隱】華陽國志曰：振，王元年秦惠王封子通國爲蜀侯，以陳莊爲相。徐廣所云亦據國志而言之。燕君讓其臣子之。十二年，王與梁王會臨晉。庶長疾攻趙，虜趙將莊。張儀相楚。十三年，庶長章擊楚於丹陽，虜其將屈匄，斬首八萬；又攻楚漢中，取地六百里，置漢中郡。楚圍雍氏，秦使庶長疾助韓而東攻齊，到滿助魏攻燕。【正義】滿，或作蒲。秦將姓名也。十四年，伐楚，取召陵。丹、犂臣，蜀【正義】二戎號也，臣伏於蜀。蜀相殺蜀侯，并丹、犂二國降秦。在蜀西南姚府管內，本西南夷，戰國時滇國，唐初置犂州、丹州也。相壯【集解】徐廣曰：一作狀。殺蜀侯來降。惠王卒，子武王立。【索隱】名蕩。韓、魏、齊、楚、越【集解】徐廣曰：一作趙。皆賓從。武王元年，與魏惠王會臨晉。【集解】徐廣曰：表云哀王。【正義】按：魏惠王卒已二十五年矣。誅蜀相壯。張儀、魏章皆東出之魏。伐義渠、丹、犂。二年，初置丞相，【集解】應劭曰：丞者，承也。相者，助也。樗里疾、甘茂爲左右丞相。張儀死於魏。三年，與韓襄王會臨晉外。【正義】外謂臨晉城外，外字一作水。南公揭卒，樗里疾相韓。武王謂甘茂曰：「寡人欲容車通三川，窺周室，

死不恨矣其秋使甘茂庶長封伐宜陽【正義】在河南府福昌縣東故韓城是也此韓之大郡伐取之三川路乃通也 四年拔宜陽斬首六萬涉河城武遂【集解】徐廣曰韓邑也【正義】按此邑本屬韓近平陽韓世家云貞子居平陽九世至哀侯徙鄭楚世家云而韓猶服事秦者以先王墓在平陽而秦之武遂去之七十里故知近平陽 魏太子來朝武王有力好戲力士任鄙烏獲孟說皆至大官王與孟說舉鼎絕臏【集解】徐廣曰一作脈【正義】臏音頻忍反絕斷也臏脛骨也 八月武王死【集解】駰案皇覽曰秦武王冢在扶風安陵縣西北畢陌中大冢是也人以爲周文王冢非也周文王冢在杜中【正義】括地志云秦悼武王陵在雍州咸陽縣西北十五里也 族孟說武王取魏女爲后無子立異母弟是爲昭襄王【索隱】名則一名稷武王弟 昭襄母楚人姓芈氏號宣太后武王死時昭襄王爲質於燕燕人送歸得立昭襄王元年嚴君疾爲相【正義】蓋封蜀郡嚴道縣因號嚴君疾名也 甘茂出之魏二年彗星見【正義】彗似歲反又先到反 庶長壯與大臣諸侯公子爲逆皆誅及惠文后皆不得良死【集解】徐廣曰迎婦於楚者 悼武王后出歸魏三年王冠與楚王會黃棘【正義】棘紀力反蓋在房襄二州也 與楚上庸【集解】駰案地理志漢中有上庸縣【正義】括地志云上庸今房州竹山縣及金州是也 四年取蒲坂【正義】括地志云蒲坂故城在蒲州河東縣南堯舜所都也 彗星見五年魏王來朝應亭【集解】徐廣曰魏世家云會臨晉【正義】應音乙陵反 復與魏蒲坂六年蜀侯煇反【索隱】煇音暉華陽國志曰秦封王子煇爲蜀侯蜀侯祭歸胙於王後母疾之加毒以進王大怒使司馬錯賜煇劍此煇不同也 司馬錯定蜀庶長奐伐楚斬首二萬涇陽君質於齊【索隱】名市 日食晝晦七年拔新城【正義】楚世家云懷王二十九年秦復伐楚大破楚軍死二萬殺我將軍景缺年表云秦敗我襄城殺景缺括地志云許州襄城縣即古新城縣也按世家年表則新字誤作襄字 樗里子卒八年使將軍芈戎攻楚取新市【集解】駰案晉帝紀曰江夏有新市縣 齊使章子魏使公孫喜韓使暴鳶共攻楚方城取唐眛【索隱】暴鳶韓將姓名 趙破中山其君亡竟死齊魏公子勁韓公子長爲諸侯【索隱】別封之邑比之諸侯猶商君趙長安君然 九年孟嘗君薛文來相秦奐攻楚取八城殺其將景快十年楚懷王入朝秦秦留之薛文以金受免【正義】金受秦丞相姓名免奪其丞相 樓緩爲丞相十一年齊韓魏趙宋中山五國共攻秦【正義】蓋中山此時屬趙故云五國也 至鹽氏而還【集解】徐廣曰鹽一作監【正義】括地志云鹽故城一名司鹽城在蒲州安邑縣按掌鹽池之官因稱氏 秦與韓魏河北及封陵以和【正義】年表云秦與魏封陵與韓武遂以和按河外陝虢曲沃等地封陵在古蒲坂縣西南河曲之中武遂平陽地也 彗星見楚懷王走之趙趙不受還之秦即死歸葬十二年樓緩免穰侯魏冉爲相【正義】括地志云穰鄧州所理縣即古穰侯國 予楚粟五萬石十三年向壽伐韓取武始【集解】駰案地理志魏郡有武始縣【正義】括地志云武始故城在洺州武始縣西南十里 左更白起攻新城【正義】白起傳云白起爲左庶長將兵擊韓之新城括地志云洛州伊闕縣本是漢新城縣隋文帝改爲伊闕在洛州南七十里 五大夫禮出亡奔魏任鄙爲漢中守【集解】駰案漢書百官表曰郡守秦官 十四年左更白起攻韓魏於伊闕【正義】括地志云伊闕在洛州南十九里注水經云昔大禹疏龍門以通水兩山相對望之若闕伊水歷其間故謂之伊闕按今洛南猶謂之龍門也 斬首二十四萬虜公孫喜拔五城十五年大良造白起攻魏取垣復予之【正義】垣音袁前秦取蒲坂復以蒲坂與魏魏以爲垣今又取魏垣復與之後秦以爲蒲坂皮氏 攻楚取宛十六年左更錯取軹及鄧【集解】駰案地理志河內有軹縣南陽有鄧縣【正義】括地志云故軹城在懷州濟源縣東南十三里故鄧城在懷州河陽縣西三十一里並六國時魏邑也按二城相連故云及也 冉免封公子市宛公子悝鄧【索隱】悝號高陵君初封於彭昭襄王弟也 魏冉陶爲諸侯十七年城陽君入朝【正義】括地志云濮州雷澤縣本漢郕陽縣古郕伯姬姓之國周武王封弟季載於郕其後遷城之陽也 及東周君來朝秦以垣爲蒲坂皮氏【索隱】爲當爲易蓋字訛也【正義】蒲坂今河東縣也皮氏故城在絳州龍門縣西一里八十步 王之宜陽十八年錯攻垣【正義】蓋蒲坂皮氏又歸魏魏復以爲垣今重攻取之也 河雍決橋取之【集解】徐廣曰汲冢紀年云魏哀王二十四年改宜陽曰河雍改向曰高平向在軹之西 十九年王爲西帝齊爲東帝皆復去之呂禮來自歸齊破宋宋王在魏死溫任鄙卒二十年【集解】徐廣曰秦地有父馬生駒 王之漢中又之上郡北河二十一年【集解】徐廣曰有牡馬生牛而死 錯攻魏河內魏獻安邑秦出其人募徙河東賜爵赦罪人遷之涇陽君封宛二十二年蒙武伐齊河東爲九縣與楚王會宛與趙王會中陽【集解】駰案地理志西河有中陽縣 二十三年尉斯離【正義】尉都尉斯離名也 與三晉燕伐齊【索隱】尉秦官斯離其姓名 破之濟西王與魏王會宜陽與韓王會新城二十四年與楚王會鄢【正義】鄢於建反又音偃括地志云故偃城在襄州安養縣北三里古偃子之國 又會穰秦取魏安城【集解】駰案地理志云汝南有安城縣【正義】括地志云安城在豫州汝陽縣東南十七里 至大梁燕趙救之秦軍去魏冉免相二十五年拔趙二城與韓王會新城與魏王會新明邑二十六年赦罪人遷之穰侯冉復相二十七年錯攻楚赦罪人遷之南陽【正義】南陽及上遷之穰皆今鄧州也 白起攻趙取代光狼城【正義】括地志云光狼故城在澤州高平縣西二十里 又使司馬錯發隴西因蜀攻楚黔中【正義】今黔府也 拔之二十八年大良造白起攻楚取鄢鄧【正義】鄢鄧二城並在襄州 赦罪人遷之二十九年大良造白起攻楚取郢爲南郡【正義】括地志云郢城在荊州江陵縣東北六里楚平王築都之地也 楚王走周君來王與楚王會襄陵【集解】駰案地理志河東有襄陵縣【正義】括地志云襄陵在晉州臨汾縣東南三十五里闞駰十三州志云襄陵晉大夫犨邑也 白起爲武安君【正義】言能撫養軍士戰必剋得百姓安集故號武安故城在潞州武安縣西南五十里七國時趙邑即趙奢救閼與處也 三十年蜀守若伐取巫郡【正義】華陽國志云張若爲蜀中郡守括地志云巫郡在夔州東百里 及江南爲黔中郡【正義】括地志云黔中故城在辰州沅陵縣西二十里江南今黔府亦其地也 三十一年白起伐魏取兩城楚人反我江南【正義】黔中郡反歸楚 三十二年相穰侯攻魏至大梁破暴鳶斬首四萬鳶走魏入三縣請和三十三年客卿胡傷攻魏卷【集解】駰案地理志河南有卷縣【正義】卷音丘袁反括地志云故卷城在鄭州原武縣西北即衡雍也 蔡陽長社取之【集解】駰案地理志潁川有長社縣【正義】括地志云蔡陽今豫州上蔡水之陽古城在豫州北七十里長社故城在許州長社縣西一里皆魏邑也 擊芒卯華陽破之【集解】司馬彪曰華陽亭名在密縣【索隱】芒卯魏將蘗周云孟卯也【正義】括地志云故華城在鄭州管城縣南三十里國語云史伯對鄭桓公虢鄶十邑華其一也華陽即此城也按是時韓趙聚兵于華陽攻秦即此矣 斬首十五萬魏入南陽以和【集解】徐廣曰河內修武古曰南陽秦始皇更名河內屬魏地荊州之南陽郡本屬韓地【正義】括地志云懷州獲嘉縣即古之南陽杜預云在晉州山南河北故曰南陽秦破芒卯軍斬首十五萬魏入南陽以和 三十四年秦與魏韓上庸地爲一郡南陽免臣遷居之三十五年佐韓魏楚伐燕初置南陽郡【正義】今鄧州也前已屬秦秦置南陽郡在漢水之北釋名云在中國之南舊名陽地故以爲名焉張衡南都賦云陪京之南居漢之陽 三十六年客卿竈攻齊取剛壽【正義】括地志云故剛城在兗州龔丘縣界壽郭州之縣 予穰侯三十八年中更胡傷攻趙閼與【集解】孟康曰音焉與邑名在上黨涅縣西【正義】閼於遠反與音預閼與聚城一名烏蘇城在潞州銅鞮縣西北二十里趙奢破秦軍處又儀州和順縣即古閼與城亦云趙奢破秦軍處然儀州與潞州相近二所未詳又閼與山在潞州武安縣西南五十里趙奢拒秦軍於閼與即山北也按閼與山在武安故城西南又近武安故城蓋儀州是所封故地 不能取四十年悼太子死魏歸葬芷陽【集解】徐廣曰今霸陵【正義】括地志云芷陽在雍州藍田縣西六里三秦記云麗原東有霸川之西坂故芷陽也 四十一年夏攻魏取邢丘懷【集解】徐廣曰邢丘在平皋駰案韓詩外傳武王伐紂到于邢丘勒兵於寗更名邢丘曰懷寗曰修武【正義】括地志云平皋故城本邢丘邑漢置平皋縣在懷州武德縣東南二十里故懷城周之懷邑在懷州武陟縣西十一里也 四十二年安國君爲太子十月宣太后薨【集解】徐廣曰芈氏 葬芷陽酈山【正義】酈力知反在雍州新豐縣南十四里也 九月穰侯出之陶四十三年武安君白起攻韓拔九城斬首五萬四十四年攻韓南郡取之四十五年五大夫賁【正義】音奔五大夫官爵賁名也 攻韓取十城葉陽君【集解】一云華陽【正義】葉車涉反 悝出之國未至而死四十七年秦攻韓上黨上黨降趙秦因攻趙趙發兵擊秦相距秦使武安君白起擊大破趙於長平四十餘萬盡殺之四十八年十月韓獻垣雍【集解】司馬彪曰河南卷縣有垣雍城 秦軍分爲三軍武安君歸王齕將伐趙武安皮牢拔之司馬梗北定太原盡有韓上黨正月兵罷復守上黨其十月五大夫陵攻趙邯鄲四十九年正月益發卒佐陵陵戰不善免王齕代將其十月將軍張唐攻魏爲蔡尉捐弗守【正義】爲于僞反蔡尉姓名 還斬之五十年十月武安君白起有罪爲士伍遷陰密【集解】如淳曰嘗有爵而以罪奪爵皆稱士伍【正義】括地志云陰密故城在涇州鶉觚縣西即古密須國也 張唐攻鄭拔之十二月益發卒軍汾城旁【正義】括地志云臨汾故城在絳州正平縣東北二十五里即古臨汾縣城也按汾城即此城是也 武安君白起有罪死齕攻邯鄲不拔去還奔汾軍二月餘攻晉軍斬首六千晉楚流死河二萬人【集解】徐廣曰楚一作走【正義】按此時無楚軍走字是也 攻汾城即從唐拔寧新中【集解】徐廣曰一作曼此趙邑也【正義】唐今晉州平陽堯都也括地志云寧新中七國時魏邑秦昭襄王拔魏寧新中更名安陽城即今相州外城是也 寧新中更名安陽【集解】徐廣曰魏郡有安陽縣【正義】今相州外城古安陽城也 初作河橋【正義】此橋在同州臨晉縣東渡河至蒲州今蒲津橋也 五十一年將軍摎攻韓取陽城負黍【正義】今河南府縣也負黍亭在陽城縣西南三十五里本周邑亦時屬韓也 斬首四萬攻趙取二十餘縣首虜九萬西周君【正義】武公 背秦與諸侯約從將天下銳兵出伊闕攻秦令秦毋得通陽城於是秦使將軍摎攻西周西周君走來自歸頓首受罪盡獻其邑三十六城口三萬秦王受獻歸其君於周五十二年周民東亡其器九鼎入秦【正義】器謂寶器也禹貢金九牧鑄鼎於荊山下各象九州之物歷殷至周赧王十九年秦昭王取九鼎然一飛入泗水餘八入於秦中 周初亡五十三年天下來賓魏後秦使摎伐魏取吳城【集解】徐廣曰在大陽【正義】括地志云虞城故城在陝州河北縣東北五十里虞山之上亦名吳山周武王封弟虞仲於周之北故夏墟吳城即此城也 韓王入朝魏委國聽令五十四年王郊見上帝於雍五十六年秋昭襄王卒子孝文王立【索隱】名柱五十三而立立一年卒葬壽陵子莊襄王 尊唐八子爲唐太后【集解】徐廣曰八子者妾媵之號姓唐【正義】孝文王之母也先死故尊之晉灼云除皇后自昭儀以下秩至百石凡十四等漢書外戚傳云八子視千石比中更 而合其葬於先王【正義】以其母唐太后與昭王合葬 韓王衰絰入弔祠諸侯皆使其將相來弔祠視喪事孝文王元年赦罪人修先王功臣褒厚親戚弛苑囿孝文王除喪十月己亥即位三日辛丑卒子莊襄王立【索隱】名子楚三十二而立立四年卒葬陽陵子始皇帝 莊襄王元年大赦罪人修先王功臣施德厚骨肉而布惠於民東周君與諸侯謀秦秦使相國呂不韋誅之盡入其國秦不絕其祀以陽人地【集解】駰案地理志河南梁縣有陽人聚 賜周君奉其祭祀使蒙驁伐韓韓獻成皋鞏【正義】括地志云洛州汜水縣古之虢國亦鄭之制邑又名虎牢漢之成皋鞏音恭勇反今洛州鞏縣爾時秦滅東周韓亦得其地又獻於秦 秦界至大梁初置三川郡【集解】韋昭曰有河洛伊故曰三川駰案地理志漢高祖更名河南郡 二年使蒙驁攻趙定太原三年蒙驁攻魏高都汲【集解】徐廣曰一作波波縣亦在河內【正義】汲音急括地志云高都故城今澤州是汲故城在衛州所理汲縣西南二十五里孟康云漢波縣今鄩城是也括地志云故鄩城在懷州河內縣西三十二里左傳云蘇忿生十二邑鄩其一也 拔之攻趙榆次新城狼孟【正義】括地志云榆次并州縣即古榆次地也新城一名小平城在朔州善陽縣西南四十七里狼孟故城在并州陽曲縣東北二十六里按取三十七城并代朔三州之地矣 取三十七城四月日食四年王齕攻上黨【正義】上黨又反秦故攻之 初置太原郡【正義】上黨以北皆太原地即上三十七城也 魏將無忌率五國兵擊秦【正義】信陵君也率燕趙韓楚魏之兵擊秦也 秦卻於河外【正義】蒙驁被五國兵敗遂解而卻至於河外河外陝華二州也 蒙驁敗解而去五月丙午莊襄王卒子政立是爲秦始皇帝【索隱】年十三而立立三十七年崩葬酈邑子二世皇帝 秦王政立二十六年初并天下爲三十六郡號爲始皇帝始皇帝五十一年而崩子胡亥立是爲二世皇帝【索隱】十二而立紀云二十一立三年葬宜春秦自襄公至二世凡六百一十七歲此實本紀而注別舉之以非本文耳 三年諸侯並起叛秦趙高殺二世立子嬰子嬰立月餘諸侯誅之遂滅秦其語在始皇本紀中

太史公曰秦之先爲嬴姓其後分封以國爲姓有徐氏郯氏莒氏終黎氏【集解】徐廣曰世本作鍾離應劭曰氏姓注云有姓終黎者是也 運奄氏菟裘氏將梁氏黃氏江氏修魚氏白冥氏蜚廉氏秦氏然秦以其先造父封趙城爲趙氏

索隱述贊曰栢翳佐舜皀游是雄蜚廉事紂石椁斯營造父善馭封之趙城非子息馬厥號秦嬴禮樂射
御西垂有聲襄公救周始命列國金祠白帝龍祚水德辟應陳寶妖除豐特里奚致霸衛鞅任刺厥后吞
并卒成凶慝

史記卷五考證

秦本紀○臣德齡按殷周之興以先世積德始皇之帝
則以先世積强所致太史公作殷周本紀皆推原先
世功得以昭一代之統系至秦則分而二之曰秦本
紀曰始皇本紀其褒貶之意顯然或曰秦與始皇分
紀所以別嬴呂也其論雖纖理亦不誣
惡來革者蜚廉子也早死○余有丁曰惡來革者豈即
惡來耶但不宜復曰蜚廉子旣爲武王誅死又不宜
曰蚤死臣照按史遷紀秦趙之同出蜚廉上文云蜚
廉復有子曰季勝季勝之後爲趙乃云惡來革者蜚
廉子也言子則宜爲嗣者也大宗也言蚤死則宜若
無子矣而有子曰女防其後爲秦且言爲武王所誅
時年尙少也余有丁之議過矣
平王封襄公爲諸侯賜之岐以西之地○毛詩秦風疏
孔穎達云本紀曰賜襄公岐以西之地襄公生文公
於是文公遂收周餘民有之地至岐岐以東獻之周
如本紀之言則襄公所得自岐以西如以鄭言横有
西都八百里之地則是全得西畿言與本紀異者按
終南之山在岐之東南大夫之戒襄公已引終南爲
喻則襄公亦得岐東非唯自岐以西也卽如本紀之
言文公收周餘民又獻岐東於周則秦之東境終不
過岐而春秋之時秦境東至於河襄公已後更無功
德之君復是何世得之也明襄公救周卽得之矣本
紀之言不可信也
十三年齊人管至父連稱等殺其君襄公○左傳弑襄
公秦武十二年事立齊桓公秦武十三年事與年表
同與此異
晉滅霍魏耿○晉世家獻公之十六年滅霍魏耿據年
表是年爲秦成之三年此作武公十三年相隔二十
四年
梁伯芮伯來朝正義今按州芮城縣界有芮國城○州
上脫一字唐書地理志芮城縣武德初屬芮州貞觀
時屬陜州當是陜字
旣虜百里傒以爲秦繆公夫人媵於秦○困學紀聞曰
朱文公曰按左氏媵秦穆姬者乃井伯非百里奚也
太原閻若璩曰按孟子言百里奚先去虞自不至爲
晉所虜益知井伯者另一人且史載繆公四年乙丑
迎婦于晉左傳僖五年丙寅以媵秦繆姬亦差一年
大子申生死新城○僖四年左傳十二月戊申縊于新
城是年據年表爲秦繆之四年此入於五年後
十二年齊管仲隰朋死○齊世家秦穆公虜晉惠公復
歸之是歲管仲隰朋卒據年表是年爲秦穆之十五
年也此入于十二年
晉旱來請粟○僖十三年左傳冬晉荐饑使乞糴于秦
據年表是年爲繆公之十三年此入十二年
十八年齊桓公卒○春秋經僖十七年冬十有二月乙
亥齊侯小白卒是年于秦穆亦爲十七年
二十年秦滅梁芮○僖十九年左傳秦遂取梁年表亦
載入秦繆十九年與傳同
使百里傒子孟明視蹇叔子西乞術及白乙丙將○呂
氏春秋蹇叔有子曰申與視與師偕行高誘注曰申
白乙丙也視孟明視也左傳疏曰世族譜以百里孟
明視爲百里奚之子則姓百里名視字孟明也古人
之言名字者皆先字後名而連言之其術丙必是名
西乞白乙或字或氏不可明也或以爲西乞術白乙
丙爲蹇叔子按傳稱蹇叔之子與師言其在師中而
已若是西乞白乙則爲將帥不得云與也或說必妄
記異聞耳王若虛辨惑曰秦穆公伐鄭之役考之左
傳其諫而止之哭而送其子者獨蹇叔而已故晉原
軫曰秦違蹇叔而以貪勤民穆公曰孤違蹇叔以辱
二三子何嘗有百里奚預其間哉而司馬遷記此以
爲二老同辭不知其何據也左氏云公召孟明視西
乞術白乙丙使出師又云蹇叔之子與師蹇叔謂孟
子曰孟子吾見師之出而不見其入也哭送其子曰
吾收爾骨焉蓋孟明輩自爲將帥而蹇叔之子則士
卒之屬也此亦不相涉而遷以孟明爲百里奚子西
乞白乙爲蹇叔子又何邪或曰孔疏引世族譜云或
謂西乞術白乙丙爲蹇叔子安知子長別無所據而
必以左氏爲質乎曰此或有之然是役也主其謀者
孟明也再敗不沮卒以得逞使果爲百里奚子何奚
能苦諫其君而無一言以罪其子也以書觀之穆公
自殺敗歸卽作秦誓以自悔而遷以爲取王官封殽
尸之後不亦異乎又云君子聞之皆爲垂涕曰嗟乎
秦穆之與人周也按左氏曰君子是以知秦穆之爲
君也舉人之周也與人之一也至于孟明子桑皆有
贊美之辭凡左氏所謂君子者蓋假之爲褒貶之主
而非指乎當時之士也安有所謂聞之垂涕者哉
於是繆公退而問內史廖○韓詩外傳作內史王繆
以女樂二八遺戎王○說苑作三九
繆公以客禮禮之問伐戎之形正義韓國云秦穆公都
地方三百里○國字是子字之誤
乃使魏讐餘詳反○左傳及晉世家皆作壽餘
共公立五年卒○春秋宣四年秦伯稻卒則共公立四
年非五年矣考春秋自明
十八年晉悼公彊數會諸侯率以伐秦敗秦軍秦軍走
晉兵追之遂渡涇至棫林而還○是役也襄十四年
左傳諸侯之師濟涇而次秦人毒涇上流師人多死
晉之諸帥不和謂之遷延之役此云敗秦軍秦軍走
年表亦然與左傳相反
二十七年景公如晉與平公盟已而背之○三傳皆無
此盟
十一年楚平王來求秦女爲太子建妻○楚世家及年
表在秦哀之十年
惠公立十年卒○春秋經哀三年冬十月癸卯秦伯卒
總計在位祗得九年此與年表及始皇本紀皆作十
年
十二年齊田常弑簡公○事在秦悼之十年今此作十
二年與春秋及年表不合
智開與邑人來奔正義開智伯子○臣照按趙襄子曰
智伯死無後又史載唯輔果在正義以開爲智伯子
無據也蓋智伯之族人
十三年城籍姑靈公卒○六國年表及始皇本紀靈公
在位十年卒
合七十七歲而霸王出○此與周本紀及封禪書不同
與晉戰於石門○趙世家作石阿
與魏晉戰少梁虜其將公孫痤○魏世家同六國年表
作虜其太子趙世家作太子痤商君傳作公孫痤
孝公元年河山以東彊國六與齊威楚宣魏惠燕悼韓
哀趙成侯並淮泗之間○據年表孝公元年燕爲文
公韓爲懿侯
齊魏爲王○齊威二十六年自稱爲王以令天下于秦
爲孝公九年此因魏連言之耳
虜其將龍賈斬首八萬○魏世家作四萬五千
十一年縣義渠○臣世駿按此時義渠不得爲縣犀首
傳云其後五國伐秦陰以文繡千純婦人百人遺義
渠君義渠君起兵襲秦大敗秦李伯之下若義渠已
爲縣秦必更置令長何至十年之後反爲所敗年表
云義渠君爲臣似可據
魏君爲王韓亦爲王正義魏襄王韓宣惠王也○臣世
駿按惠文君四年齊魏爲王索隱曰齊威王魏惠王
魏世家云惠卒子襄王立襄王元年與諸侯會徐州
相王也追尊父惠王爲王與此互異豈惠王始嘗稱
王後又降號如稱帝歸帝之說耶否則秦紀但應有
十三年之書不應有四年之書矣魏世家於惠王時
亦不著稱王事
韓趙魏燕齊帥匈奴共攻秦○臣世駿按戰國策補注
曰按秦紀書韓趙魏燕齊帥匈奴伐秦年表韓魏趙
楚燕五國伐秦不勝楚世家書蘇秦約從六國共攻
秦楚懷王爲從長至函谷關秦擊之六國皆引歸齊
獨後互有不同通鑑據年表大事記據楚世家按楚
世家特詳者以從長故當以爲正年表諸國皆書不
勝齊獨後而不敢故畧不書與紀不書楚者豈以世
家文已明與修魚之戰虜韓申差年表在次年而紀
於此連書之則紀誠有誤也高誘注五國作齊宋韓
魏趙尤誤
十年韓太子蒼來質○韓世家在宣惠十九年據年表
是年爲秦惠後十一年
伐取義渠二十五城○六國年表在十一年
公子通封於蜀○六國年表在十二年作公子繇通
燕君讓其臣子之○六國年表此事在後九年
虜趙將莊○趙世家及樗里子傳作虜趙將軍莊豹
涇陽君質於齊○田完世家及年表俱在秦昭之七年
此入六年
八年使將軍芈戎攻楚取新市齊使章子魏使公孫喜
韓使暴鳶共攻楚方城取唐眛○楚世家二十八年
秦乃與齊韓魏共攻楚殺楚將唐眛取我重丘而去
年表及各世家俱同是年于秦昭爲六年
趙破中山其君亡竟死齊○趙世家及年表攻中山在
秦昭六年滅中山在秦昭十二年田完世家亦同此
敘入八年內
九年孟嘗君薛文來相○年表及田完世家薛文相秦
在秦昭八年
秦奐攻楚取八城殺其將景缺○楚世家懷王二十九
年秦復攻楚大破楚軍楚軍死二萬殺我將軍景缺
懷王恐乃使太子爲質齊以求平三十年秦復伐楚
取八城據年表爲秦昭七八兩年事也各記不同

十年楚懷王入朝秦秦留之○楚世家年表皆在秦昭八年

十一年齊韓魏趙宋中山五國共攻秦至鹽氏而還○以諸世家證年表爲秦昭之九年

左更白起攻新城○白起傳昭王十三年起爲左庶長將而擊韓之新城其明年乃爲左更

五大夫禮出亡奔魏○禮姓呂見穰侯傳彼云出奔齊

冉免○六國年表及穰侯傳冉謝病免相在昭十五年此入十六年內

封公子市宛公子悝鄧索隱悝號高陵君○穰侯傳昭王同母弟曰高陵君涇陽君索隱曰高陵名顯涇陽名悝兩注自相牴牾

齊破宋宋王在魏死溫○田完世家齊湣三十八年伐宋宋王出亡死于溫魏世家魏昭十年齊滅宋宋王死我溫年表亦同是年在秦爲昭之二十一年此入于十九年內

涇陽君封宛○十六年已封公子市宛矣此復封涇陽君疑有一誤

蒙武伐齊河東爲九縣○徐孚遠曰古史河東上有取字

魏入南陽以和正義括地志懷獲嘉縣卽古之南陽○懷字下宜有州字

四十一年夏攻魏取邢丘懷○魏世家安王九年秦拔我懷是年爲秦昭之三十九年十一年拔我郪丘卽秦四十一年也此兩年事并入一年

四十三年武安君白起攻韓拔九城○白起傳昭王四十三年白起攻韓陘城拔五城韓世家惠王九年秦拔我陘城汾旁

取陽城負黍正義今河南府縣也○府字誤以唐書地理志考之或應作告成二字

韓獻成皐鞏○韓世家秦拔我成皐滎陽不曰獻年表亦同

始皇帝五十一年而崩○　臣世駿按始皇十三年而立立三十七年而崩當得四十九年

史記卷六

漢　太　史　令司馬遷　撰

宋　中　郎　外　兵　曹　參　軍　裴　駰集解

唐　國　子　博　士　弘　文　館　學　士　司　馬　貞　索　隱

唐　諸　王　侍　讀　率　府　長　史　張　守　節　正　義

秦始皇本紀第六

秦始皇帝者，秦莊襄王子也。【索隱】莊襄王者孝文王之中子昭襄王之孫也名子楚按戰國策本名子異後爲華陽夫人嗣夫人楚人因改名子楚也莊襄王爲秦質子於趙，【正義】質音致國彊欲待弱之來相事故遣子及貴臣爲質如上音國弱懼其侵伐令子及貴臣往爲質音直實反又二國敵亦爲交質音致左傳云周鄭交質王子狐爲質於鄭鄭公子忽爲質於周是也見呂不韋姬，悅而取之，【索隱】按不韋傳云不韋陽翟大賈也其姬邯鄲豪家女善歌舞有娠而獻於子楚生始皇。以秦昭王四十八年正月生於邯鄲。及生，名爲政，姓趙氏。【集解】徐廣曰一作正宋忠云以正月旦生故名正【索隱】系本作政又生於趙故曰趙政一曰秦與趙同祖以趙城爲榮故姓趙氏【正義】正音政周正建子之正也始皇以正月旦生於趙因爲政後以始皇諱故音征年十三歲，莊襄王死，政代立爲秦王。當是之時，秦地已并巴、蜀、漢中，越宛有郢，置南郡矣；北收上郡以東，有河東、太原、上黨郡；東至滎陽，滅二周，置三川郡。呂不韋爲相，封十萬戶，號曰文信侯。招致賓客游士，欲以并天下。李斯爲舍人。【集解】文穎曰主廄內小吏官名或曰侍從賓客謂之舍人也蒙驁、王齮、麃公等爲將軍。【集解】徐廣曰齮一作齕應劭曰麃秦邑【索隱】蒙驁齊人蒙武之父蒙恬之祖王齮卽王齕昭王二十九年代大夫陵伐趙者麃公蓋麃邑公史失其姓名【正義】齮魚綺反劉伯莊云音綺後同麃彼苗反蓋秦之縣邑大夫稱公若楚制王年少，初卽位，委國事大臣。

晉陽反，元年，將軍蒙驁擊定之。二年，麃公將卒攻卷，【正義】將子匠反卒子必反卷丘員反斬首三萬。三年，蒙驁攻韓，取十三城。王齮死。十月，將軍蒙驁攻魏氏暘、有詭。【集解】徐廣曰暘音場【索隱】音暢魏之邑名歲大饑。四年，拔暘、有詭。三月，軍罷。秦質子歸自趙，趙太子出歸國。十月庚寅，蝗蟲從東方來，蔽天。天下疫。百姓內粟千石，拜爵一級。五年，將軍驁攻魏，定酸棗、【集解】駰案地理志陳留有酸棗縣【正義】括地志云酸棗故城在滑州酸棗縣北十五里古酸棗縣南燕、虛、長平、【集解】徐廣曰一作千劉案地理志汝南有長平縣也【索隱】二邑名春秋桓十二年會于虛又戰國策曰拔燕酸棗虛桃人桃人亦魏邑虛地今闕蓋與諸縣相近按今東郡燕縣東三十里有故桃城則亦非遠【正義】燕烏田反括地志云南燕城古燕國也滑州胙城縣是也姚虛在濮州雷澤縣東十三里孝經援神契云帝舜生於姚墟卽東郡也長平故城在陳州宛丘縣西六十六里雍丘、山陽城，【集解】駰案地理志陳留有雍丘縣河內有山陽縣【正義】雍於用反汴州縣皆拔之，取二十城。初置東郡。冬雷。六年，韓、魏、趙、衞、楚共擊秦，取壽陵。【正義】徐廣云在常山按本趙邑也秦出兵，五國兵罷。拔衞，迫東郡，其君角率其支屬徙居野王，阻其山以保魏之河內。

七年，彗星先出東方，見北方，五月見西方。【正義】彗音似歲反見並音行穢反孝經內記云彗出北斗兵大起彗在三台臣害君彗在太微君害臣彗在天獄諸侯作亂所指其處大惡彗在日旁子欲殺父將軍驁死。以攻龍、孤、慶都，【集解】徐廣曰慶一作麃【正義】括地志云定州恒陽縣西南四十里有白龍水又有挾龍山又定州唐縣東北五十四里有孤山蓋都山也帝王紀云望堯母慶都所居張晏云堯山在北堯母慶都山在南相去五十里北登堯山南望慶都山也注水經云望都故城東有山不連陵名之曰孤孤都聲相近疑卽都山孤山及望都故城三處相近還兵攻汲。彗星復見西方十六日。夏太后死。【索隱】莊襄王所生母【正義】子楚母也

八年，王弟長安君成蟜【正義】蟜音紀兆反成蟜者長安君名也號爲長安君將軍擊趙，反，【正義】將如字將猶領也又子匠反死屯留，【正義】括地志云屯留故城在潞州長子縣東北三十里漢屯留縣國也軍吏皆斬死，遷其民於臨洮。【正義】臨洮水故名臨洮洮州在隴右去京千五百五十一里言屯留之民被成蟜略共反故遷之於臨洮郡將軍壁死，【正義】壁邊覓反言成蟜自殺壁壘之內卒屯留、蒲鶮反，戮其屍。【集解】徐廣曰鶮一作鶴屯留蒲鶮皆地名也壁於此地時士卒死者皆戮其屍【索隱】臨洮在隴西高誘云屯留上黨之縣名謂成蟜爲將軍而反秦兵擊之而蟜壁於屯留而死屯留蒲鶮二邑之反卒雖死猶皆戮其屍鶮古鶴字【正義】卒子忽反鶮音高注同蒲鶮皆地名河魚大上，【索隱】謂河水溢魚大上平地亦言遭水害也卽漢書五行志劉向所謂豕蟲之孽明年嫪毐誅魚陰類小人象【正義】始皇八年黃河之魚西上入渭渭水也漢書五行志云魚者陰類臣民之象也十七年滅韓二十六年盡并天下自滅韓至并天下蓋十年矣周本紀云十年數之紀也天下之所棄不過其紀明關東後屬秦其象類先見也輕車重馬東就食。【索隱】言河魚大上秦人皆輕車重馬並就食於東言往河旁食魚也一云河魚大上爲災人逐東就食皆輕車重馬而去

嫪毐【正義】上郎虬反下烏改反封爲長信侯。予之山陽地，【正義】予音與括地志云山陽故城在懷州修武縣西北太行山東南令毐居之。【索隱】嫪姓毐字按漢書嫪氏出邯鄲王劭云賈侍中說秦始皇母與嫪毐淫坐誅故世人罵淫曰嫪毐也宮室車馬衣服苑囿馳獵恣毐。事無小大皆決於毐。又以河西【集解】徐廣曰河一作汾大原郡更爲毐國。

九年，彗星見，或竟天。攻魏垣、蒲陽。【正義】垣作垣垣音袁括地志云故垣城漢縣治本魏王垣也在絳州垣縣西北二十里蒲邑故城在隰州隰川縣北四十五里在蒲水之北故言蒲陽卽晉公子重耳所居邑也四月，上宿雍。【集解】駰案蔡邕曰上者尊位所在也司馬遷記事當言帝則依違但言上不敢媟言尊尊之意也己酉，王冠，帶劍。【集解】徐廣曰年二十二【正義】冠音灌禮記云年二十而冠按年二十一也長信侯毐作亂而覺，矯王御璽【集解】蔡邕曰御者進也凡衣服加於身飲食入於口妃妾接於寢皆曰御御之親愛者曰幸璽者印信也天子璽白玉螭虎鈕古者尊卑共之月令曰固封璽左傳曰季武子璽書追而與之此諸侯大夫印稱璽也衞宏曰秦以前民皆以金玉爲印龍虎鈕唯其所好秦以來天子獨以印稱璽又獨以玉羣臣莫敢用【正義】崔浩云李斯磨和璧作之漢諸帝世傳服之謂傳國璽韋曜吳書云璽方四寸上勾交五龍文曰受命于天既壽永昌漢書云文曰昊天之命皇帝壽昌按二文不同漢書元后傳云王莽令王舜逼太后取璽王太后怒投地其角小缺吳志云孫堅入洛埽除漢陵廟軍於甄官井得璽後歸魏晉懷帝永嘉五年六月帝蒙塵平陽璽入前趙劉聰至東晉成帝咸和四年石勒滅前趙得璽穆帝永和八年石勒爲慕容儁滅漢陽太守戴施入鄴得璽使何融送晉傳宋宋傳南齊南齊傳梁梁傳至天正二年侯景破梁至廣陵北齊將辛術定廣陵得璽送北齊至周建德六年正月平北齊璽入周周傳隋隋傳唐也及太后璽以發縣卒及衞卒、官騎、戎翟君公、舍人，將欲攻蘄年宮爲亂。【集解】駰案地理志蘄年宮在雍【正義】蘄巨衣反括地志云蘄年宮在岐州城西故城內王知之，令相國昌平君、昌文君發卒攻毐。【索隱】昌平君楚之公子立以爲相後徙於郢項燕立爲荊王史失其名昌文君名亦不知也戰咸陽，【正義】括地志云咸陽故城亦名渭城在雍州北五里今咸陽縣東十五里秦孝公已下都此城始皇鑄金人十二於咸陽卽此也斬首數百，皆拜爵，及宦者皆在戰中，亦拜爵一級。毐等敗走。卽令國中：有生得毐，賜錢百萬；殺之，五十萬。盡得毐等。衞尉竭、【集解】駰案漢書百官表曰衞尉秦官內史肆、佐弋竭、【集解】駰案漢書百官表曰秦時少府有佐弋漢武帝改爲佽飛掌弋射者中大夫令齊等【正義】令力政反中大夫令秦官也齊名也二十人皆梟首。【集解】駰案縣首於木上曰梟車裂以徇，滅其宗。【正義】說苑云秦始皇太后不謹幸郎嫪毐始皇取毐四支車裂之取兩弟撲殺之取太后遷之咸陽宮下令曰以太后事諫者戮而殺之蒺藜其脊諫而死者二十七人茅焦乃上說曰齊客茅焦願以太后事諫皇帝曰走告若不見闕下積死人耶使者問焦焦曰陛下車裂假父有嫉妬之心囊撲兩弟有不慈之名遷母咸陽有不孝之行蒺藜諫士有桀紂之治天下聞之盡瓦解無向秦者王乃自迎太后歸咸陽立茅焦爲傅又爵之上卿括地志云茅焦滄州人也及其舍人，輕者爲鬼薪。【集解】應劭曰取薪給宗廟爲鬼薪也如淳曰律說鬼薪作三歲【正義】言毐舍人罪重者已刑戮輕者罰徒役三歲及奪爵遷蜀四千餘家，家房陵。【正義】括地志云房陵卽今房州房陵縣古楚漢中郡地也是巴蜀之境地理志云房陵縣屬漢中郡在益州部接東南一千三百一十里也四月寒凍，有死者。【正義】四月建巳之月孟夏寒凍民有死者以秦法酷急則天應之而史書之故尚書洪範云急常寒若孔注云君行急則常寒順之楊端和攻衍氏。【索隱】端和秦將衍氏魏邑【正義】衍羊善反在鄭州彗星見西方，又見北方，從斗以南八十日。

十年，【集解】徐廣曰甲子相國呂不韋坐嫪毐免。桓齮爲將軍。齊、趙來置酒。齊人茅焦說秦王曰：「秦方以天下爲事，而大王有遷母太后之名，恐諸侯聞之，由此倍秦也。」秦王乃迎太后於雍而入咸陽，【集解】駰案說苑曰始皇帝立茅焦爲傅又爵之上卿太后大喜曰天下亢直使敗復成安秦社稷使妾母子復相見者茅君之力也復居甘泉宮。【集解】徐廣曰表云咸陽南宮也

大索，逐客，李斯上書說，乃止逐客令。李斯因說秦王，請先取韓以恐他國，於是使斯下韓。韓王患之，與韓非謀弱秦。大梁人尉繚來，說秦王曰：「以秦之彊，諸侯譬如郡縣之君，臣但恐諸侯合從，翕而出不意，此乃智伯、夫差、湣王之所以亡也。願大王毋愛財物，賂其豪臣，以亂其謀，不過亡三十萬金，則諸侯可盡。」秦王從其計，見尉繚亢禮，衣服食飲與繚同。繚曰：「秦王爲人，蜂準，【集解】徐廣曰蜂一作隆【正義】蜂字遙反準章允反蜂蠆也高鼻也文穎曰準鼻也長目，摯鳥膺，【正義】摯鳥鶻鷹突向前其性悍勇豺聲，少恩而虎狼心，居約易出人下，【正義】易以豉反言始皇居儉約之時易以謙卑下之得志亦輕食人。【正義】言始皇得天下之志亦輕易而食於人我布衣，然見我常身自下我。誠使秦王得志於天下，天下皆爲虜矣。不可與久游。」乃亡去。秦王覺，固止，以爲秦國尉，【正義】若漢太尉大將軍之比也卒用其計策。而李斯用事。

十一年，王翦、桓齮、楊端和攻鄴，取九城。王翦攻閼與、橑楊，【集解】徐廣曰橑音老在并州【正義】漢表在清河十三州志云橑陽上黨西北百八十里也皆并爲一軍。翦將十八日，軍歸斗食以下，【集解】駰案漢書百官表曰百石以下有斗

食佐史之秩，一曰得斗粟爲料。【正義】什推二人從軍。【索隱】言王翦爲將軍，中皆歸斗食以下，無功佐史，什中惟擇二人令從軍耳。取鄴安陽，桓齮將。

十二年，文信侯不韋死，竊葬。【索隱】按：不韋飲鴆死，其賓客數千人竊共葬於洛陽北芒山。其舍人臨者，晉人也逐出之；【正義】臨，力禁反。臨，哭也。若是三晉之人，逐出令歸也。秦人六百石以上奪爵，遷；【正義】上音時掌反。若是秦人哭臨者，奪其官爵，遷移於房陵。五百石以下不臨，遷，勿奪爵。【正義】若是秦人不哭臨，不奪官爵，亦遷移於房陵。自今以來，操國事不道如嫪毐、不韋者籍其門，視此。【集解】徐廣曰：「門，一作『文』。」【索隱】謂籍沒其一門皆爲徒隸，後並視此爲常。【正義】籍錄其子孫，禁不得仕宦。秋，復嫪毐舍人遷蜀者。當是之時，天下大旱，六月至八月乃雨。

十三年，桓齮攻趙平陽，【正義】括地志云：「平陽故城在相州臨漳縣西二十五里。」又云：「平陽，戰國時屬韓，後屬趙。」殺趙將扈輒。【正義】扈音戶。輒，張獵反。趙之將軍。斬首十萬。王之河南。正月，彗星見東方。十月，桓齮攻趙。

十四年，攻趙軍於平陽，取宜安，【正義】括地志云：「宜安故城在常州藁城縣西南二十五里也。」破之，殺其將軍。桓齮定平陽、武城。【正義】卽貝州武城縣外城是也。七國時趙邑。韓非使秦，秦用李斯謀，留非，非死雲陽。【正義】括地志云：「雲陽城在雍州雲陽縣西八十里，秦始皇甘泉宮在焉。」韓王請爲臣。

十五年，大興兵，一軍至鄴，一軍至太原，取狼孟。【集解】地理志太原有狼孟縣。地動。

十六年九月，發卒受地韓南陽假守騰。【正義】假，格雅反。守音狩。初令男子書年。魏獻地於秦。秦置麗邑。【正義】麗，力知反。括地志云雍州新豐縣本周時驪戎邑。左傳云晉獻公伐驪戎，杜注云在京兆新豐縣，其後秦滅之以爲邑。

十七年，內史騰攻韓，得韓王安，盡納其地，【正義】韓王安之九年，秦盡滅之。以其地爲郡，命曰潁川。地動。華陽太后卒。民大饑。

十八年，【集解】徐廣曰：「巴郡出大人，長二十五丈六尺。」大興兵攻趙，王翦將上地，【正義】上郡上縣，今綏州等是也。下井陘，【集解】服虔曰：「山名，在常山，今爲縣。」音刑。端和將河內，羌瘣伐趙，端和圍邯鄲城。

十九年，王翦、羌瘣【正義】胡罪反。盡定取趙地東陽，得趙王。【索隱】趙王遷也。【正義】趙幽繆王遷八年，秦取趙地至平陽，平陽在貝州歷亭縣界，遷王於房陵。引兵欲攻燕，屯中山。秦王之邯鄲，諸嘗與王生趙時母家有仇怨，皆阬之。秦王還，從太原、上郡歸。始皇帝母太后崩。趙公子嘉率其宗數百人之代，自立爲代王，東與燕合兵，軍上谷。大饑。

二十年，燕太子丹患秦兵至國，恐，使荊軻刺秦王。秦王覺之，體解軻以徇，而使王翦、辛勝攻燕。燕、代發兵擊秦軍，秦軍破燕易水之西。

二十一年，王賁【正義】音奔。攻薊。乃益發卒詣王翦軍，遂破燕太子軍，取燕薊城，得太子丹之首。燕王東收遼東而王之。王翦謝病老歸。新鄭反。昌平君徙於郢。大雨雪，【正義】雨，于遇反。深二尺五寸。

二十二年，王賁攻魏，引河溝灌大梁，大梁城壞，其王請降，【索隱】魏王假也。盡取其地。

二十三年，秦王復召王翦，彊起之，使將擊荊。【正義】秦號楚爲荊者，以莊襄王名子楚，諱之，故言荊也。取陳以南至平輿，【集解】駰案：地理志汝南有平輿縣。【正義】輿音餘。平輿，豫州縣也。楚淮北之地盡入於秦。虜荊王。【索隱】負芻也。秦王游至郢陳。荊將項燕立昌平君爲荊王，反秦於淮南。【集解】徐廣曰：「淮，一作『江』。」【正義】昌平也。

二十四年，王翦、蒙武攻荊，破荊軍，昌平君死，項燕遂自殺。

二十五年，大興兵，使王賁將，攻燕遼東，得燕王喜。【正義】燕王喜之五十三年燕亡。還攻代，虜代王嘉。王翦遂定荊江南地，降越君，【正義】降，閑江反。楚威王已滅越，其餘自稱君長，今降秦。置會稽郡。五月，天下大酺。【集解】服虔曰：「酺音蒲。」文穎曰：「酺，周禮族師掌春秋祭酺，爲人物災害之神。」蘇林曰：「陳留俗，三月上巳水上飲食爲酺。」【正義】天下歡樂大飲酒也。秦既平韓、趙、魏、燕、楚五國，故天下大酺也。

二十六年，齊王建與其相后勝【正義】音升。齊相姓名。發兵守其西界，不通秦。秦使將軍王賁從燕南攻齊，得齊王建。【索隱】六國皆滅也。十七年得韓王安，十九年得趙王遷，二十二年魏王假降，二十三年虜荊王負芻，二十五年得燕王喜，二十六年得齊王建。【正義】齊王建之三十四年齊國亡。

秦初并天下，令丞相、御史【正義】令，力政反，乃令之赦令、赦書。曰：「異日韓王納地效璽，請爲藩臣，已而倍約，與趙、魏合從畔秦，故興兵誅之，虜其王。寡人以爲善，庶幾息兵革。趙王使其相李牧來約盟，故歸其質子。已而倍盟，反我太原，故興兵誅之，得其王。趙公子嘉乃自立爲代王，故舉兵擊滅之。魏王始約服入秦，已而與韓、趙謀襲秦，秦兵吏誅，遂破之。荊王獻青陽以西，【集解】駰案：漢書鄒陽傳曰「越水長沙，還舟青陽」。張晏曰：「青陽，地名。」蘇林曰：「青陽，長沙縣是也。」已而畔約，擊我南郡，故發兵誅，得其王，遂定其荊地。燕王昏亂，其太子丹乃陰令荊軻爲賊，兵吏誅，滅其國。齊王用后勝計，絕秦使，欲爲亂，兵吏誅，虜其王，平齊地。寡人以眇眇之身，興兵誅暴亂，賴宗廟之靈，六王咸伏其辜，天下大定。今名號不更，無以稱成功，傳後世。其議帝號。」丞相綰、御史大夫劫、【集解】駰案：漢書百官表曰：「御史大夫，秦官。」應劭曰：「侍御史之率，故稱大夫也。」【索隱】綰姓王，劫姓馮。廷尉斯等【集解】駰案：漢書百官表曰：「廷尉，秦官。」應劭曰：「聽獄必質諸朝廷，與衆共之，兵獄同制，故稱廷尉。」皆曰：「昔者五帝地方千里，其外侯服夷服，諸侯或朝或否，天子不能制。今陛下【集解】蔡邕曰：「陛，階也，所由升堂也。天子必有近臣立於陛側，以戒不虞。謂之陛下者，羣臣與天子言，不敢指斥，故呼在陛下者與之言，因卑達尊之意也。上書亦如之。」興義兵，誅殘賊，平定天下，海內爲郡縣，【正義】郡，人所羣聚也。法令由一統，自上古以來未嘗有，五帝所不及。臣等謹與博士議曰：【集解】駰案：漢書百官表曰：「博士，秦官，掌通古今。」『古有天皇，有地皇，有泰皇，【索隱】按：天皇、地皇之下卽云泰皇，當人皇也。而封禪書云「昔者太帝使素女鼓瑟而悲」，蓋三皇已前稱泰皇。一云泰皇，太昊也。泰皇最貴。』臣等昧死上尊號，王爲『泰皇』。命爲『制』，令爲『詔』，【集解】蔡邕曰：「制書，帝者制度之命也，其文曰制。詔，詔書。詔，告也。」【正義】令音力政反。制詔三代無文，秦始有之。天子自稱曰『朕』。」【集解】蔡邕曰：「朕，我也。古者上下共稱之，貴賤不嫌，則可以同號之義也。皐陶與舜言『朕言惠可底行』，屈原曰『朕皇考』。至秦然後天子獨以爲稱，漢因而不改。」王曰：「去『泰』，【正義】去，丘呂反。著『皇』，采上古『帝』位號，號曰『皇帝』。他如議。」制曰：「可。」【集解】蔡邕曰：「羣臣有所奏請，尚書令奏之，下有司曰制，天子荅之曰可。」追尊莊襄王爲太上皇。【集解】駰案：漢高祖尊父曰太上皇，亦放此也。制曰：「朕聞太古有號毋謚，中古有號，死而以行爲謚。如此，則子議父，臣議君也，甚無謂，朕弗取焉。自今已來，除謚法。【集解】駰案：謚法，周公所作。朕爲始皇帝。後世以計數，【正義】數，色主反。二世三世至于萬世，傳之無窮。」

始皇推終始五德之傳，【集解】鄭玄曰音亭傳。【索隱】音張戀反。傳次也，謂五行之德始終相次也。漢書郊祀志曰「齊人鄒子之徒論著終始五德之運」，始皇采用。以爲周得火德，秦代周德，從所不勝。【正義】勝，申證反。秦以周爲火德，能滅火者水也，故稱從其所不勝於秦。方今水德之始，【索隱】封禪書曰秦文公獲黑龍，以爲水瑞，秦皇因自謂爲水德也。改年始，朝賀【正義】周以建子之月爲正，秦以建亥之月爲正，故其年始用十月而朝賀。皆自十月朔。衣服旄旌節旗皆上黑。【正義】周禮云「析羽爲旌」，熊虎爲旗。旄節者，編毛爲之，以象竹節。漢書云「蘇武執節在匈奴牧羊，節毛盡落」是也。韋昭云：節者，山國用人節，澤國用龍節，皆以金爲之，道路以旌節，門關用符節，都鄙用管節，皆用竹爲之。以水德屬北方，故上黑。數以六爲紀，符、法冠皆六寸，而輿六尺，六尺爲步，乘六馬。【集解】張晏曰：「水，北方，黑，終數六，故以六寸爲符，六尺爲步。」瓚曰：「水數六，故以六爲名。」譙周曰：「步以人足爲數，非獨秦制然。」【索隱】管子、司馬法皆云六尺爲步。譙周以爲步以人足，非獨秦制。又按：禮記王制曰「古者八尺爲步，今以周尺六尺四寸爲步」，步之尺數亦不同。更名河曰德水，以爲水德之始。剛毅戾深，事皆決於法，刻削毋仁恩和義，然後合五德之數。【索隱】水主陰，陰刑殺，故急法刻削，以合五德之數。於是急法，久者不赦。

丞相綰等言：「諸侯初破，燕、齊、荊地遠，不爲【正義】于僞反。置王，毋以塡之。請立諸子，唯上幸許。」始皇下其議於羣臣，羣臣皆以爲便。廷尉李斯議曰：「周文武所封子弟同姓甚衆，然後屬疏遠，相攻擊如仇讎，諸侯更相誅伐，周天子弗能禁止。今海內賴陛下神靈一統，皆爲郡縣，諸子功臣以公賦稅重賞賜之，甚足易制。天下無異意，【正義】易音以豉反。則安寧之術也。置諸侯不便。」始皇曰：「天下共苦戰鬭不休，以有侯王。賴宗廟，天下初定，又復立國，是樹兵也，而求其寧息，豈不難哉！廷尉議是。」

分天下以爲三十六郡，【集解】駰案：三十六郡者，三川、河東、南陽、南郡、九江、鄣郡、會稽、潁川、碭郡、泗水、薛郡、東郡、琅邪、齊郡、上谷、漁陽、右北平、遼西、遼東、代郡、鉅鹿、邯鄲、上黨、太原、雲中、九原、鴈門、上郡、隴西、北地、漢中、巴郡、蜀郡、黔中、長沙凡三十五，與內史爲三十六郡。【正義】風俗通云：周制天子地方千里，分爲百縣，縣有四郡，故左傳云「上大夫受縣，下大夫受郡」是也。秦始皇初置三十六郡以監縣也。郡置守、尉、監。【集解】駰案：漢書百官表曰：「秦郡守掌治其郡；有丞，尉掌佐守典武職甲卒；監御史掌監郡。」更名民曰「黔首」。【集解】應劭曰：「黔亦黎黑也。」大酺。收天下兵，【集解】應劭曰：「古者以銅爲兵。」聚之咸陽，銷以爲鍾鐻，【集解】徐廣曰：「音巨。」金人十二，重各千石，置廷宮中。【正義】漢書五行志云：二十六年，有大人長五丈，足履六尺，皆夷狄服，凡十二人，見于臨洮，故銷兵器，鑄而象之。謝承後漢書云：「銅人，翁仲其名也。」三輔舊事云：「聚天下兵器，鑄銅人十二，各重二十四萬斤。漢世在長樂宮門。」魏志董卓傳云「椎破銅人十，及鍾鐻，以鑄小錢」。關中記云「董卓壞銅人，餘二枚，徙清門裏。魏明帝欲將詣洛，載到霸城，重不可致。後石季龍徙之鄴，苻堅又徙入長安而銷之」。英雄記云「昔大人見臨洮而銅人鑄，至董卓而銅人毀也」。一法度衡石丈尺。車同軌。書同文字。地東至海暨朝鮮，【正義】暨，其記反。朝音潮。鮮音仙。海謂渤海南至揚、蘇、台等州之東海也。暨，及也。東北朝鮮國。括地志云：「高驪治平壤城，本漢樂浪郡王險城，卽古朝鮮也。」西至臨洮、羌中，【正義】洮，吐高反。括地志云：「臨洮郡卽今洮州，亦古西羌之地，在京西千五百五十一里。羌中，從臨洮西南芳州扶松府以西，並古諸羌地也。」南至北嚮戶，【集解】駰案：吳都賦曰「開北戶以向日」。劉逵曰：「日南之北戶，猶日北之南戶也。」北據河爲塞，並陰山至遼東。【集解】駰案：地理志西河有陰山縣。【正義】塞，先代反。並，白浪反。謂靈、夏、勝等州之北黃河。陰山在朔州北塞外，從河傍陰山東至遼東，築長城爲北界。徙天下豪富於咸陽十二萬戶。諸廟及章臺、上林皆在渭南。秦每破諸侯，寫放其宮室，作之咸陽北阪上，【集解】徐廣曰：「在長安西北，漢武時別名渭城。」【正義】今咸陽縣北阪上。南臨渭，自雍門【集解】徐廣曰：「在高陵縣。」【正義】今岐州雍縣東。以東至涇、渭，殿屋複道周閣相屬。【正義】複音福。屬音之欲反。廟記云：「北至九嵕、甘泉，南至長楊、五柞，東至河，西至汧渭之交，東西八百里，離宮別館相望屬也。木衣綈繡，土被朱紫，宮人不徙，窮年忘歸，猶不能遍也。」所得諸侯美人鍾鼓，以充入之。【正義】三輔舊事云：「始皇表河以爲秦東門，表汧以爲秦西門，表中外殿觀百四十五，後宮列女萬餘人，氣上衝于天。」

二十七年，始皇巡隴西、【正義】今隴右。北地，【正義】今寧州也。出雞頭山，【正義】括地志云：「雞頭山在成州上祿縣東北二十里，在京西南九百六十里。」酈元云蓋大隴山異名也。後漢書隗囂傳云「王莽塞雞頭」，卽此也。按：原州高平縣西百里亦有笄頭山，在京西北八百里，黃帝雞山之所。過回中焉。【集解】應劭曰：「回中在安定高平。」孟康曰：「回中在北地。」【正義】括地志云：「回中宮在雍州西四十里。」言始皇欲西巡隴西之北，從咸陽向西北出寧州，西南行至成州，出雞頭山，東還，過岐州回中宮。作信宮渭南，已更命信宮爲極廟，象天極。【索隱】爲宮廟象天極，故曰極廟。天官書曰「中宮曰天極」是也。自極廟道通酈山，作甘泉前殿，築甬道，【集解】應劭曰：「築垣牆如街巷。」【正義】築音竹。甬音勇。應劭曰：謂於馳道外築牆，天子於中行，外人不見。自咸陽屬之。是歲，賜爵一級。治馳道。【集解】應劭曰：「馳道，天子道也，道若今之中道。」然漢書賈山傳曰：「秦爲馳道於天下，東窮燕齊，南極吳楚，江湖之上，濱海之觀畢至。道廣五十步，三丈而樹，厚築其外，隱以金椎，樹以青松。」

二十八年，始皇東行郡縣，上鄒嶧山。【集解】韋昭曰：「鄒，魯縣，山在其北。」【正義】上，時掌反。鄒，側留反。嶧音亦。國系云「邾嶧山亦名鄒山，在兗州鄒縣南三十二里。魯穆公改邾作鄒，其山遂從邑變。山北去黃河三百餘里」。立石，與魯諸儒生議，刻石頌秦德，議封禪望祭山川之事。【正義】晉太康地記云：「爲壇於泰山以祭天，示增高也。爲墠於梁父以祭地，示增廣也。祭尚玄酒而俎魚。墠皆廣長十二丈，壇高三尺，階三等，而樹石太山之上，高三丈一尺，廣三尺，秦之刻石云。」乃遂上泰山，【正義】泰山一曰岱宗，東嶽也，在兗州博城縣西北三十里。山海經云：「泰山，其上多玉，其下多石。」郭璞云：「從泰山下至山頂百四十八里三百步。」道書福地記云：「泰山高四千九百丈二尺，周迴二千里，多芝草玉石，長津甘泉，仙人室。又有地獄六，曰鬼神之府，從西上，下有洞天，周迴三千里，鬼神考讁之府。」立石，封，祠祀。【集解】服虔曰：「增天之高，歸功於天。」張晏曰：「天高不可及，於泰山上立封禪而祭之，冀近神靈也。」瓚曰：「積土爲封。謂負土於泰山上，爲壇而祭之。」下，風雨暴至，休於樹下，因封其樹爲五大夫。【正義】封，一作「復」，音福。禪梁父。【集解】服虔曰：「禪，闢廣土地也。」瓚曰：「古者聖王封泰山，禪亭亭或梁父，皆泰山下小山。除地爲墠，祭於梁父。後改墠曰禪。」【正義】父音甫，在兗州泗水縣北八十里刻所立石其辭曰皇帝臨位作制明法臣下修飭[索隱]此泰山刻石銘其詞每三句爲韻凡十二韻下之罘碣石會稽三銘皆然[正義]飭音敕二十有六年初并天下罔不賓服親巡遠方黎民登茲泰山周覽東極從臣思迹[正義]從音才用反本原事業祗誦功德治道運行諸產得宜皆有法式大義休明垂于後世順承勿革皇帝躬聖既平天下不懈於治夙興夜寐建設長利[正義]長直良反專隆教誨訓經宣達遠近畢理咸承聖志貴賤分明男女禮順慎遵職事昭隔內外[集解]徐廣曰隔一作融靡不清淨施於後嗣化及無窮遵奉遺詔永承重戒於是乃並勃海以東[正義]並白浪反勃作渤蒲忽反過黃腄[集解]駰案地理志東萊有黃縣腄縣[正義]腄逐瑞反字或作陲括地志云黃縣故城在萊州黃縣東南二十五里古萊子國也牟平縣故城在黃縣南百三十里十三州志云牟平縣古腄縣也窮成山登之罘[集解]駰案地理志之罘山在腄縣[正義]罘音浮括地志云在萊州文登縣東北百八十里成山在文登縣西北百九十里窮猶登極也封禪書云八神五曰陽主祠之罘七曰日主祠成山成山斗入海又云之罘山在海中文登縣古腄縣也立石頌秦德焉而去南登琅邪[正義]今兗州東沂州密州即古琅邪也大樂之留三月乃徙黔首三萬戶琅邪臺下[集解]駰案地理志越王勾踐嘗治琅邪縣起臺館[索隱]山海經琅邪臺在渤海間蓋海畔有山形如臺在琅邪故曰琅邪臺[正義]括地志云密州諸城縣東南百七十里有琅邪臺越王勾踐觀臺也臺西北十里有琅邪故城吳越春秋云越王勾踐二十五年徙都琅邪立觀臺以望東海遂號令秦晉齊楚以尊輔周室歃血盟即勾踐起臺處括地志云琅邪山在密州諸城縣東南百四十里始皇立層臺於山上謂之琅邪臺臺孤立眾山之上秦王樂之留三月立石山上頌秦德復十二歲[正義]復音福復三萬戶徙臺下者作琅邪臺立石刻頌秦德明德意曰[索隱]二句爲韻維二十六年皇帝作始端平法度萬物之紀以明人事合同父子聖智仁義顯白道理東撫東土以省卒士[正義]省山井反卒子忽反事已大畢乃臨于海皇帝之功勤勞本事上農除末黔首是富普天之下摶心揖志[索隱]摶古專字左傳云如琴瑟之摶一揖音集器械一量[正義]內成曰器甲冑兜鍪之屬外成曰械戈矛弓戟之屬一量者同度量也同書文字日月所照舟輿所載皆終其命莫不得意應時動事是維皇帝匡飭異俗陵水經地[正義]陵作淩猶歷也經界也憂恤黔首朝夕不懈除疑定法咸知所辟[正義]音避方伯分職諸治經易[正義]易音以豉反言方伯分職治所理常在平易舉錯必當莫不如畫[正義]畫音戶卦反謂政理齊整分明若畫無邪惡皇帝之明臨察四方尊卑貴賤不踰次行[正義]音胡郎反姦邪不容皆務貞良細大盡力莫敢怠荒遠邇辟隱[正義]辟匹亦反專務肅莊端直敦忠事業有常皇帝之德存定四極誅亂除害興利致福節事以時諸產繁殖黔首安寧不用兵革[正義]協韻音棘六親相保終無寇賊驩欣奉教盡知法式六合之內皇帝之土西涉流沙[正義]解見夏紀南盡北戶東有東海北過大夏[索隱]協韻音戶下無不臣者音堵澤及牛馬音姥[正義]杜預云大夏太原晉陽縣按在今并州遷實沈於大夏主參即此也人迹所至無不臣者功蓋五帝澤及牛馬莫不受德各安其宇維秦王兼有天下立名爲

皇帝乃撫東土至于琅邪列侯[集解]張晏曰列侯解見序例武城侯王離列侯通武侯王賁倫侯建[索隱]爵卑於列侯無封邑者倫類也亦列侯之類成侯趙亥倫侯昌武侯成倫侯武信侯馮毋擇丞相隗狀[索隱]隗姓狀名有本作林者非顏之推云隋開皇初京師穿地得鑄秤權有銘云始皇時量器丞相隗狀王綰二人列名其作狀貌之字時令校寫親所按驗王劭亦云然斯遠古之證也[正義]隗音五罪反丞相王綰卿李斯卿王戊五大夫趙嬰五大夫楊樛從與議於海上[正義]樛音居虯反從才用反與音預言王離以下十人從始皇咸與始皇議功德於海上立石於琅邪臺下十人名字並刻頌此頌前後序兩句爲韻此三句爲韻曰古之帝者地不過千里[正義]過音戈千里謂王畿諸侯各守其封域或朝或否相侵暴亂殘伐不止猶刻金石以自爲紀古之五帝三王知教不同法度不明假威鬼神[正義]言五帝三王假借鬼神之威以欺服遠方若甚弘之比也以欺遠方實不稱名[正義]稱尺證反故不久長其身未歿諸侯倍叛法令不行今皇帝并一海內以爲郡縣天下和平昭明宗廟體道行德尊號大成羣臣相與誦皇帝功德刻于金石以爲表經既已齊人徐市等上書言海中有三神山名曰蓬萊方丈瀛洲[正義]漢書郊祀志云此三神山者其傳在勃海中去人不遠蓋曾有至者諸仙人及不死之藥皆在焉其物禽獸盡白而黃金白銀爲宮闕未至望之如雲及至三神山乃居水下臨之患且至風輒引船而去終莫能至云世主莫不甘心焉僊人居之請得齋戒與童男女求之於是遣徐市發童男女數千人入海求僊人[正義]括地志云亶洲在東海中秦始皇使徐福將童男女入海求僊人止住此洲共數萬家至今洲上人有至會稽市易者吳人外國圖云亶洲去琅邪萬里始皇還過彭城[正義]彭城徐州所理縣也州東外城古之彭國也搜神記云陸終第三子曰籛鏗封於彭爲商伯外傳云殷末滅彭祖氏齋戒禱祠欲出周鼎泗水使千人沒水求之弗得乃西南渡淮水之衡山[正義]括地志云衡山一名岣嶁山在衡州湘潭縣西四十一里岣音苟嶁音樓南郡[正義]今荊州也言欲向衡山即西北過南郡入武關至咸陽浮江至湘山祠[正義]括地志云黃陵廟在岳州湘陰縣北五十七里舜二妃之神二妃冢在湘陰北一百六十里青草山上盛弘之荊州記云青草湖南有青草山湖因山名焉列女傳云舜陟方死於蒼梧二妃死於江湘之間因葬焉按湘山者乃青草山山近湘水廟在山南故言湘山祠逢大風幾不得渡上問博士曰湘君何神博士對曰聞之堯女舜之妻而葬此[索隱]列女傳亦以湘君爲堯女按楚詞九歌有湘君湘夫人夫人是堯女則湘君當是舜今此文以湘君爲堯女是總而言之於是始皇大怒使刑徒三千人皆伐湘山樹赭其山上自南郡由武關歸[集解]應劭曰武關秦南關通南陽文穎曰武關在析西百七十里弘農界[正義]括地志云故武關在商州商洛縣東九十里春秋時少習也杜預云少習商縣武關也二十九年始皇東游至陽武博狼沙中[集解]駰案地理志河南陽武縣有博狼沙[正義]狼音浪爲盜所驚求弗得乃令天下大索十日登之罘刻石其辭曰[索隱]三句爲韻維二十九年時在中春[正義]中音仲古者帝王巡狩常以仲月陽和方起皇帝東游巡登之罘臨照于海從臣嘉觀[正義]從才用反觀音館原念休烈追誦本始大聖作治建定法度顯著綱紀外教諸侯光施文惠明以義理六國回辟[正義]必亦反貪戾無厭[正義]於廉反虐殺不已皇帝哀

衆遂發討師奮揚武德義誅信行威燀旁達[集解]徐廣曰燀充善反莫不賓服烹滅彊暴振救黔首周定四極普施明法經緯天下永爲儀則大矣哉宇縣之中[集解]駰案宇宇宙縣赤縣承順聖意[索隱]協韻音憶羣臣誦功請刻于石表垂于常式其東觀曰維二十九年皇帝春游覽省遠方逮于海隅遂登之罘昭臨朝陽觀望廣麗從臣咸念原道至明聖法初興清理疆內外誅暴彊武威旁暢振動四極禽滅六王闡并天下甾害絕息永偃戎兵皇帝明德經理宇內視聽不怠[索隱]怠協韻音銅綦反故國語范蠡曰得時不怠時不再來亦以怠與臺爲韻作立大義昭設備器咸有章旗職臣遵分各知所行事無嫌疑黔首改化遠邇同度臨古絕尤常職既定後嗣循業長承聖治羣臣嘉德祗誦聖烈請刻之罘旋遂之琅邪道上黨入[索隱]道猶從也

三十年無事

三十一年[集解]徐廣曰使黔首自實田也十二月更名臘曰嘉平[集解]駰案太原真人茅盈內紀曰始皇三十一年九月庚子盈曾祖父濛乃於華山之中乘雲駕龍白日升天先是其邑謠歌曰神仙得者茅初成駕龍上升入泰清時下玄洲戲赤城繼世而往在我盈帝若學之臘嘉平始皇聞謠歌而問其故父老具對此仙人之謠歌勸帝求長生之術於是始皇欣然乃有尋仙之志因改臘曰嘉平[索隱]廣雅曰夏曰清祀殷曰嘉平周曰大蜡亦曰臘秦更曰嘉平蓋應歌謠之詞而改從殷號也道書茅濛字初成今此云茅濛初成者爲神仙之道其意失也蓋由裴氏所引不明或後人增益濛字遂令七言之詞有衍爾賜黔首里六石米二羊始皇爲微行咸陽[集解]張晏曰若微賤之所爲故曰微行也與武士四人俱夜出逢盜蘭池[集解]駰案地理志渭城縣有蘭池宮[正義]括地志云蘭池陂即古之蘭池在咸陽縣界秦記云始皇都長安引渭水爲池築爲蓬瀛刻石爲鯨長二百丈逢盜之處也見窘武士擊殺盜關中大索二十日米石千六百

三十二年始皇之碣石使燕人盧生求羨門[集解]韋昭曰古仙人高誓[正義]亦古仙人刻碣石門[集解]徐廣曰一作盟壞城郭決通隄防其辭曰[正義]此一頌三句爲韻遂興師旅誅戮無道爲逆滅息武殄暴逆文復無罪[集解]徐廣曰復一作優[正義]復音福言秦以武力能殄息暴逆以文訓道令無罪失故復除之庶心咸服惠論功勞賞及牛馬恩肥土域皇帝奮威德并諸侯初一泰平墮壞城郭[正義]墮音許規反壞音怪墮毀也壞坼也言始皇毀坼關東諸侯舊城郭也夫自頹曰壞音戶怪反決通川防夷去險阻地勢既定黎庶無繇[正義]音遙天下咸撫男樂其疇女修其業事各有序惠被諸產久並來田[集解]徐廣曰久一作分莫不安所羣臣誦烈請刻此石垂著儀矩因使韓終侯公石生求僊人不死之藥始皇巡北邊從上郡入燕人盧生使[正義]音所吏反入海還以鬼神事因奏錄圖書曰亡秦者胡也[集解]鄭玄曰胡胡亥秦二世名也秦見圖書不知此爲人名反備北胡始皇乃使將軍蒙恬發兵三十萬人北擊胡略取河南地[正義]今靈夏勝等州秦略取之

三十三年發諸嘗逋亡人贅壻賈人略取陸梁地[集解]贅曰贅謂居窮有子使就其婦家爲贅壻[索隱]南方之人其性陸梁故曰陸梁[正義]嶺南之人多處山陸其性彊梁故曰陸梁爲桂林[集解]韋昭曰今鬱林是也象郡[集解]韋昭曰今日南南海[正義]即廣州南海縣以適遣戍[集解]徐廣曰五十萬人守五嶺[正義]適音直革反戍守也廣州記云五嶺者大庾始安臨賀揭陽桂陽輿地志云一曰臺嶺亦名塞上今名大庾二曰騎田三曰都龐四曰萌渚五曰越嶺西北斥逐匈奴自榆中[集解]徐廣曰在金城並河以東[集解]服虔曰並音傍傍依也屬之陰山[集解]徐廣曰在五原北[正義]五原今勝州也以爲三十四縣城河上爲塞又使蒙恬渡河取高闕[正義]山名在五原北兩山相對若闕甚高故言高闕陶山北假中[集解]晉灼曰王莽傳云五原北假膏壤殖穀北假地名也[索隱]高闕山名北假地名近五原[正義]鄭元注水經云黃河逕河目縣故城西縣在北假中北假地名按河目縣屬勝州今名河北漢書地理志云屬五原郡築亭障以逐戎人徙謫實之初縣[索隱]徙有罪而謫之以實初縣即上自榆中屬陰山以爲三十四縣是也故漢七科謫亦因於秦禁不得祠明星出西方[集解]徐廣曰皇甫謐云彗星見

三十四年適治獄吏不直者築長城及南越地[正義]謂戍五嶺是南方越地始皇置酒咸陽宮博士七十人前爲壽僕射周青臣[集解]駰案漢書百官表曰僕射秦官古者重武官有主射以督課之應劭曰僕主也射音夜進頌曰他時秦地不過千里賴陛下神靈明聖平定海內放逐蠻夷日月所照莫不賓服以諸侯爲郡縣人人自安樂無戰爭之患傳之萬世自上古不及陛下威德始皇悅博士齊人淳于越進曰臣聞殷周之王千餘歲封子弟功臣自爲枝輔今陛下有海內而子弟爲匹夫卒有田常六卿之臣無輔拂[正義]蒲筆反何以相救哉事不師古而能長久者非所聞也今青臣又面諛以重陛下之過非忠臣始皇下其議丞相李斯曰五帝不相復三代不相襲各以治非其相反時變異也今陛下創大業建萬世之功固非愚儒所知且越言乃三代之事何足法也異時諸侯並爭厚招游學今天下已定法令出一百姓當家則力農工士則學習法令辟禁[正義]力令性辟音避今諸生不師今而學古以非當世惑亂黔首丞相臣斯昧死言古者天下散亂莫之能一是以諸侯並作語皆道古以害今飾虛言以亂實人善其所私學[集解]徐廣曰私一作知以非上之所建立今皇帝并有天下別黑白而定一尊私學而相與非法教人聞令下則各以其學議之入則心非出則巷議夸主[正義]音口瓜反以爲名異取以爲高率羣下以造謗如此弗禁則主勢降乎上黨與成乎下禁之便臣請史官非秦紀皆燒之非博士官所職天下敢有藏詩書百家語者悉詣守尉雜燒之有敢偶語詩書棄市[集解]應劭曰禁民聚語畏其謗己[正義]偶對也以古非今者族吏見知不舉者與同罪令下三十日不燒黥爲城旦[集解]如淳曰律說論決爲髡鉗輸邊築長城晝日伺寇虜夜暮築長城城旦四歲刑也所不去者醫藥卜筮種樹之書若欲有學法令[集解]徐廣曰一無法令二字以吏爲師制曰可

三十五年除道道九原【集解】徐廣曰表云道九原通甘泉抵雲陽【集解】駰案地理志五原郡有九原縣塹山堙谷直通之於是始皇以爲咸陽人多先王之宮廷小吾聞周文王都豐武王都鎬豐鎬之閒帝王之都也乃營作朝宮渭南上林苑中先作前殿阿房【正義】房白郎反括地志云秦阿房宮亦曰阿城在雍州長安縣西北一十四里按宮在上林苑中雍州郭城西南面卽阿房宮城東面也顏師古云阿近也以其去咸陽近且號阿房東西五百步南北五十丈上可以坐萬人下可以建五丈旗【索隱】此以其形名宮也言其宮四阿旁廣也故云下可建五丈之旗也【正義】三輔舊事云阿房宮東西三里南北五百步庭中可受萬人又鑄銅人十二於宮前阿房宮以慈石爲門阿房宮之北闕門也周馳爲閣道自殿下直抵南山表南山之顛以爲闕爲復道自阿房渡渭屬之咸陽以象天極閣道絕漢抵營室也【索隱】謂爲複道渡渭屬咸陽象天文閣道絕漢抵營室也【正義】天官書曰天極紫宮後十七星絕漢抵營室曰閣道阿房宮未成成欲更擇令名名之作宮阿房故天下謂之阿房宮隱宮徒刑者七十餘萬人【正義】餘刑見於市朝宮刑一百日隱於蔭室養之乃可故曰隱宮下蠶室是乃分作阿房宮或作麗山發北山石椁乃寫蜀荊地材皆至關中計宮三百關外四百餘於是立石東海上朐界中以爲秦東門因徙三萬家麗邑【正義】麗音離五萬家雲陽皆復不事十歲盧生說始皇曰臣等求芝奇藥仙者常弗遇類物有害之者方中人主時爲微行以辟惡鬼惡鬼辟眞人至人主所居而人臣知之則害於神眞人者入水不濡入火不爇【正義】而說反陵雲氣與天地久長今上治天下未能恬倓願上所居宮毋令人知然後不死之藥殆可得也於是始皇曰吾慕眞人自謂眞人不稱朕乃令咸陽之旁二百里內宮觀二百七十復道甬道相連帷帳鐘鼓美人充之各案署不移徙行所幸有言其處者罪死始皇帝幸梁山宮【集解】徐廣曰在好畤【正義】括地志云俗名望宮山在雍州好畤縣西十二里北去梁山九里秦始皇起從山上見丞相車騎衆弗善卽此山也從山上見丞相車騎衆弗善也中人或告丞相丞相後損車騎始皇怒曰此中人泄吾語案問莫服當是時詔捕諸時在旁者皆殺之自是後莫知行之所在聽事羣臣受決事悉於咸陽宮侯生【集解】駰案說苑曰韓客侯生也盧生相與謀曰始皇爲人天性剛戾自用起諸侯并天下意得欲從以爲自古莫及己專任獄吏獄吏得親幸博士雖七十人特備員弗用丞相諸大臣皆受成事倚辨於上上樂以刑殺爲威天下畏罪持祿莫敢盡忠上不聞過而日驕下懾伏謾欺以取容秦法不得兼方【集解】徐廣曰一云并力【正義】言秦施法不得兼方者令民之有方伎不得兼兩齊試不驗輒賜死言法酷不驗輒死然候星氣者至三百人皆良士畏忌諱諛不敢端言其過天下之事無大小皆決於上上至以衡石量書【集解】駰案石百二十斤【正義】衡秤衡也言表牋奏請秤取一石日夜有程期不滿不休息日夜有呈不中呈【正義】中竹仲反不得休息貪於權勢至如此未可爲求僊藥於是乃亡去始皇聞亡乃大怒曰吾前收天下書不中用者盡去之悉召文學方術士甚衆欲以興太平方士欲練以求奇藥【集解】徐廣曰一云欲以練求今聞韓衆【正義】音終去不報徐市等費以巨萬計終不得藥徒姦利相告日聞【集解】徐廣曰一作問盧生等吾尊賜之甚厚今乃誹謗我以重吾不德也諸生在咸陽者吾使人廉問或爲訞言以亂黔首於是使御史悉案問諸生諸生傳相告引乃自除犯禁者四百六十餘人皆阬之咸陽使天下知之以懲後益發謫徙邊【集解】徐廣曰表云徙於北河榆中耐徙三處拜爵一級始皇長子扶蘇諫曰天下初定遠方黔首未集諸生皆誦法孔子今上皆重法繩之臣恐天下不安唯上察之始皇怒使扶蘇北監蒙恬於上郡【正義】括地志云上郡故城在綏州上縣東南五十里秦之上郡城也

三十六年熒惑守心有墜星下東郡至地爲石【集解】徐廣曰表云石晝隕黔首或刻其石曰始皇帝死而地分始皇聞之遣御史逐問莫服盡取石旁居人誅之因燔銷其石始皇不樂使博士爲僊眞人詩及行所游天下傳令【正義】傳逐戀反樂人謌弦之【正義】令力呈反秋使者從關東夜過華陰平舒道【正義】括地志云平舒故城在華州華陰縣西北六里水經注云渭水又東經平舒北城枕渭濱半破淪水南面通衢昔秦之將亡也江神返璧于華陰平舒道卽其處也有人持璧遮使者曰爲吾遺滈池君【集解】服虔曰水神也張晏曰武王居鎬鎬池君則武王也武王伐商故神云始皇荒淫若紂矣今亦可伐也孟康曰長安西南有滈池【索隱】按服虔云水神是也江神以璧遺鎬池之神告始皇之將終也且秦水德王故其君將亡水神先自相告也【正義】遺庾季反滈胡老反括地志云滈水源出雍州長安縣西北滈池酈元注水經云滈水承滈池北流入渭今按滈池水流入來通渠蓋酈元誤矣因言曰今年祖龍死【集解】蘇林曰祖始也龍人君象謂始皇也使者問其故因忽不見置其璧去使者奉璧具以聞始皇默然良久曰山鬼固不過知一歲事也退言曰祖龍者人之先也【集解】服虔曰龍人之先象也言王亦人之先也應劭曰祖人之先龍君之象使御府視璧乃二十八年行渡江所沈璧也於是始皇卜之卦得游徙吉遷北河榆中三萬家【正義】謂北河勝州也榆中卽今勝州榆林縣也言徙三萬家以應卜卦游徙吉也拜爵一級

三十七年十月癸丑始皇出游左丞相斯從右丞相去疾守少子胡亥愛慕請從上許之十一月行至雲夢望祀虞舜於九疑山【正義】括地志云九疑山在永州唐興縣東南一百里皇覽冢墓記云舜冢在零陵郡營浦縣九疑山言始皇至雲夢望祭虞舜於九疑山也浮江下觀籍柯渡海渚【正義】括地志云舒州同安縣東按舒州在江中疑海字誤卽此州也過丹陽【正義】括地志云丹陽郡故在潤州江寧縣東南五里秦兼并天下以爲鄣郡也至錢唐【正義】錢唐今杭州縣臨浙江【集解】晉灼曰江水至會稽山陰爲浙江音折水波惡乃西百二十里從狹中渡【集解】徐廣曰蓋在餘杭也顧夷曰餘杭者秦始皇至會稽經此立爲縣上會稽【正義】上音上掌反越州會稽山上有夏禹穴及廟祭大禹望于南海而立石刻頌秦德【索隱】三句爲韻凡二十四韻其字四寸畫如小指圓鐫今文字整頓是小篆字其文曰【正義】此二頌三句爲韻其碑見在會稽山上其文及書皆李斯皇帝休烈平一宇內德惠修長【索隱】修亦長也重文耳王劭按張徽所錄會稽南山秦始皇碑文修作攸三十有七年親巡天下周覽遠方遂登會稽宣省習俗黔首齋莊羣臣誦功本原事迹追首高明【索隱】今檢會稽刻石文首字作道雅符人情也秦聖臨國始定刑名顯陳舊章【正義】彰作章碑文作章也初平法式審別職任以立恆常六王專倍貪戾慠猛率衆自彊【正義】碑文作率衆邦彊暴虐恣行【正義】寒負力而驕數動甲兵【正義】數音朔陰通閒使【正義】閒紀莧反又如字使所吏反以事合從【正義】合音閤從子容反行爲辟方【正義】行下孟反辟匹亦反內飾詐謀【索隱】刻石文謀作計外來侵邊遂起禍殃義威誅之殄熄暴悖【集解】徐廣曰熄音息【正義】殄音田典反暴音白報反悖音背亂賊滅亡聖德廣密六合之中被澤無疆皇帝并宇兼聽萬事遠近畢清運理羣物考驗事實各載其名貴賤並通善否陳前靡有隱情飾省宣義【集解】徐廣曰一作非【正義】飾音式省音山景反飾謂文飾也省過也有子而嫁倍死不貞【正義】謂夫死有子棄之而嫁防隔內外禁止淫泆男女絜誠夫爲寄豭【索隱】豭牡豬也言夫淫他室若寄豭之豬也【正義】豭音加殺之無罪男秉義程妻爲逃嫁【正義】謂棄夫而逃嫁子不得母【正義】言妻棄夫逃嫁於人子乃失母咸化廉清大治濯俗天下承風蒙被休經皆遵度軌和安敦勉莫不順令【正義】令力呈反黔首修絜人樂同則【正義】樂音岳嘉保太平後敬奉法常治無極輿舟不傾從臣誦烈【正義】從音才用反烈美也所臚巡從諸臣咸誦美此石請刻此石光垂休銘還過吳從江乘渡【集解】駰案地理志丹陽有江乘縣【正義】乘音時升反江乘故縣在潤州句容縣北六十里本秦舊縣也渡謂濟渡也並海上北至琅邪方士徐市等入海求神藥數歲不得費多恐譴乃詐曰蓬萊藥可得然常爲大鮫魚所苦【正義】鮫音交苦音若故反故不得至願請善射與俱見則以連弩射之始皇夢與海神戰如人狀問占夢博士曰水神不可見以大魚蛟龍爲候今上禱祠備謹而有此惡神當除去而善神可致乃令入海者齎捕巨魚具而自以連弩候大魚出射之自琅邪北至榮成山【正義】卽山也在萊州弗見至之罘見巨魚射殺一魚遂並海西至平原津而病【集解】徐廣曰渡河而西【正義】今德州平原縣南六十里有張公故城城東有水津名張公渡恐此平原郡古津也漢書公孫弘平津侯亦近此蓋平津卽此津始皇渡此津而疾始皇惡言死羣臣莫敢言死事上病益甚乃爲璽書賜公子扶蘇曰與喪會咸陽而葬書已封在中車府令趙高【集解】伏儼曰主乘輿路車行符璽事所未授使者七月丙寅始皇崩於沙丘平臺【集解】徐廣曰年五十沙丘去長安二千餘里趙有沙丘宮在鉅鹿武靈王之死處【正義】括地志云沙丘臺在邢州平鄉縣東北二十里又云平鄉縣東北四十里按始皇崩在沙丘之宮平臺之中邢州去京一千六百五十里丞相斯爲上崩在外【正義】爲于僞反恐諸公子及天下有變乃祕之不發喪棺載轀涼車中【正義】棺音館又古患反故幸宦者參乘所至上食百官奏事如故宦者輒從轀涼車中可其奏事獨子胡亥趙高及所幸宦者五六人知上死趙高故嘗教胡亥書及獄律令法事胡亥私幸之高乃與公子胡亥丞相斯陰謀破去始皇所封書【正義】去丘呂反賜公子扶蘇者而更詐爲丞相斯受始皇遺詔沙丘立子胡亥爲太子更爲書賜公子扶蘇蒙恬數以罪【正義】數音色具反其賜死語具在李斯傳中行遂從井陘【集解】徐廣曰在常山抵九原【正義】抵丁禮反抵至也從沙丘至勝州三千里會暑上轀車臭乃詔從官令車載一石鮑魚【正義】鮑白卯反以亂其臭行從直道至咸陽發喪太子胡亥襲位爲二世皇帝九月葬始皇酈山始皇初卽位穿治酈山及并天下天下徒送詣七十餘萬人穿三泉下銅而致椁宮觀百官奇器珍怪徙臧滿之【集解】徐廣曰一作錮錮鑄塞也【正義】顏師古云三重之泉言至水也臧才浪反言冢內作宮觀及百官位次奇器珍怪徙滿冢中令匠作機弩矢有所穿近者輒射之以水銀爲百川江河大海機相灌輸【正義】灌音館輸音戍上具天文下具地理以人魚膏爲燭【集解】徐廣曰人魚似鮎四腳【正義】廣志云鯢魚聲如小兒啼有四足形如鱧可以治牛出伊水異物志云人魚似人形長尺餘不堪食皮利於鮫魚鋸材木入項上有小穿氣從中出秦始皇冢中以人魚膏爲燭卽此魚也出東海中今台州有之按今帝王用漆燈冢中則火不滅度不滅者久之【正義】度音田洛反二世曰先帝後宮非有子者出焉不宜皆令從死死者甚衆葬既已下或言工匠爲機臧皆知之臧重卽泄大事畢已臧閉中羨【正義】音延下同謂冢中神道下外羨門盡閉工匠臧者無復出者樹草木以象山【集解】駰案皇覽曰墳高五十餘丈周迴五里餘【正義】關中記云始皇陵在驪山泉本北流障使東西流有土無石取大石於渭山諸山括地志云秦始皇陵在雍州新豐縣西南十里

二世皇帝元年年二十一【集解】徐廣曰表云十月戊寅大赦罪人趙高爲郎中令【集解】駰案漢書百官表曰秦官掌宮殿門戶任用事二世下詔增始皇寢廟犧牲及山川百祀之禮令羣臣議尊始皇廟羣臣皆頓首言曰古者天子七廟諸侯五大夫三雖萬世世不軼毀【正義】軼音徒結反今始皇爲極廟四海之內皆獻貢職增犧牲禮咸備毋以加先王廟或在西雍【正義】於用反西雍在咸陽西今岐州雍縣故城是也又一云西雍雍西縣也或在咸陽天子儀當獨奉酌祠始皇廟自襄公已下軼毀所置凡七廟羣臣以禮進祠以尊始皇廟爲帝者祖廟皇帝復自稱朕二世與趙高謀曰朕年少初卽位黔首未集附先帝巡行郡縣以示彊威服海內今晏然不巡行卽見弱毋以臣畜天下春二世東行郡縣李斯從到碣石並海南至會稽而盡刻始皇所立刻石石旁著【正義】著丁畧反大臣從者名以章先帝成功盛德焉皇帝曰金石刻盡始皇帝所爲也今襲號而金石刻辭不稱【正義】尺證反始皇帝其於久遠也【正義】二世言始滅六國威振古今自五帝三王未及既已襲位而見金石盡刻其頌不稱始皇成功盛德甚遠矣

如後嗣爲之者不稱成功盛德丞相臣斯臣去疾【集解】徐廣曰姓馮【正義】法兵呂反御史大夫臣德昧死言臣請具刻詔書刻石因明白矣臣昧死請制曰可遂至遼東而還於是二世乃遵用趙高申法令乃陰與趙高謀曰大臣不服官吏尚彊及諸公子必與我爭爲之奈何高曰臣固願言而未敢也先帝之大臣皆天下累世名貴人也積功勞世以相傳久矣今高素小賤陛下幸稱舉令在上位管中事大臣鞅鞅特以貌從臣其心實不服今上出不因此時案郡縣守尉有罪者誅之上以振威天下下以除去上生平所不可者今時不師文而決於武力願陛下遂從時毋疑即羣臣不及謀明主收舉餘民賤者貴之貧者富之遠者近之則上下集而國安矣二世曰善乃行誅大臣及諸公子以罪過連逮少近官三郎無得立者【索隱】逮訓及也謂連及俱被捕故云連逮少小也近近侍之臣三郎謂中郎外郎散郎也【正義】漢書百官表云有議郎中郎散郎又有左右三將謂郎中車郎戶郎而六公子戮死於杜公子將閭昆弟三人囚於內宮議其罪獨後二世使使令將閭曰公子不臣罪當死吏致法焉將閭曰闕廷之禮吾未嘗敢不從賓贊也廊廟之位吾未嘗敢失節也受命應對吾未嘗敢失辭也何謂不臣願聞罪而死使者曰臣不得與謀奉書從事將閭乃仰天大呼天者三曰天乎吾無罪昆弟三人皆流涕拔劍自殺宗室振恐羣臣諫者以爲誹謗大吏持祿取容黔首振恐四月二世還至咸陽曰先帝爲咸陽朝廷小故營阿房宮爲室堂未就會上崩罷其作者復土酈山【正義】謂出土爲陵既成還復其土故言復土酈山事大畢今釋阿房宮弗就則是章先帝舉事過也復作阿房宮外撫四夷如始皇計盡徵其材士【正義】謂材官蹶張之士五萬人爲屯衛咸陽令教射狗馬禽獸當食者多【正義】謂材士及狗馬度不足下調【正義】度田洛反下行嫁反調田弔反謂下令調斂也郡縣轉輸菽粟芻稾皆令自齎糧食咸陽三百里內不得食其穀用法益刻深七月戍卒陳勝【正義】音升等反故荊地爲張楚【集解】李奇曰張大楚國也勝自立爲楚王居陳遣諸將徇地山東郡縣少年苦秦吏皆殺其守尉令丞反以應陳涉相立爲侯王合從西鄉名爲伐秦不可勝數也謁者使東方來【集解】駰案漢書百官表曰謁者秦官掌賓贊受事以反者聞二世二世怒下吏後使者至上問對曰羣盜郡守尉方逐捕今盡得不足憂上悅武臣自立爲趙王魏咎爲魏王田儋【集解】服虔曰音負擔爲齊王沛公起沛項梁舉兵會稽郡

二年冬陳涉所遣周章等將西至戲【集解】應劭曰戲弘農湖西界孟康曰水名今戲亭是也蘇林曰邑名在新豐東南三十里【正義】戲音許宜反括地志云戲水源出雍州新豐縣西南驪山水經注云戲水出驪山馮公谷東北流今新豐縣東北十一里戲水當官道即其處兵數十萬二世大驚與羣臣謀曰奈何少府章邯曰【集解】駰案漢書百官表曰少府秦官應劭曰掌山澤陂池之稅名曰禁錢以給私養自別爲藏少者小也故稱少府【正義】邯胡甘反盜已至眾彊今發近縣不及矣酈山徒多請赦之授兵以擊之二世乃大赦天下使章邯將擊破周章軍而走遂殺章曹陽【集解】晉灼曰亭名在弘農東十三里魏武帝改曰好陽【正義】括地志云曹陽故亭一名好陽亭在陝州桃林縣東南十四里即章邯殺周章處二世益遣長史司馬欣董翳佐章邯擊盜殺陳勝城父【正義】父音甫括地志云城父亳州所理縣破項梁定陶【正義】今曹州定陶縣滅魏咎臨濟【正義】今齊州縣楚地盜名將已死章邯乃北渡河擊趙王歇等於鉅鹿【正義】括地志云邢州平鄉縣城本鉅鹿離圍趙王歇即此城趙高說二世曰先帝臨制天下久故羣臣不敢爲非進邪說今陛下富於春秋初即位奈何與公卿廷決事事即有誤示羣臣短也天子稱朕固不聞聲【索隱】言天子常處禁中臣下屬望見有兆朕耳不見其形也於是二世常居禁中【集解】蔡邕曰禁中者門戶有禁非侍御者不得入故曰禁中與高決諸事其後公卿希得朝見盜賊益多而關中卒發東擊盜者毋已右丞相去疾左丞相斯將軍馮劫進諫曰關東羣盜並起秦發兵誅擊所殺亡甚眾然猶不止盜多皆以戍漕轉作事苦賦稅大也請且止阿房宮作者減省【正義】上色反四邊戍轉二世曰吾聞之韓子曰堯舜采椽不刮【索隱】采木名刮音栝茅茨不翦飯土塯【集解】徐廣曰呂靜曰飯器謂之簋【索隱】如字一音簍不作簋啜土形【集解】如淳曰土形飯器之屬瓦器【索隱】飯器以瓦爲之雖監門之養【正義】以讓反不觳於此【索隱】謂監門之卒養即卒也有廝養卒觳音學謂盡也又古學反【正義】又苦角反爾雅云觳盡也言堯舜采椽不刮茅茨不翦飯土塯啜土形雖監守門之人供養亦不盡此之陋也禹鑿龍門通大夏【正義】括地志云大夏今并州晉陽及汾絳等州是昔高辛氏子實沈居之西近河言禹鑿龍門河水道得大通并州之地不壅溢也決河亭水【正義】亭平也又云決亭壅之水放之海身自持築臿【正義】臿音初洽反築牆杵也臿鍬也爾雅云鍬謂之臿脛毋毛臣虜之勞不烈於此矣【正義】烈美也言臣虜之勞猶不美於此矣又烈酷也禹鑿龍門通大夏道決黃河洪水放之海身持鍬杵使膝脛無毛雖臣奴虜之勤勞不酷烈於此辛苦矣凡所爲貴有天下者得肆意極欲主重【正義】直拱反明法下不敢爲非以制御海內矣夫虞夏之主貴爲天子親處窮苦之實以徇百姓尚何於法朕尊萬乘毋其實吾欲造千乘之駕萬乘之屬充吾號名且先帝起諸侯兼天下天下已定外攘四夷以安邊境作宮室以章得意而君觀先帝功業有緒今朕即位二年之間羣盜並起君不能禁又欲罷先帝之所爲是上毋以報先帝次不爲朕盡忠力何以在位下去疾斯劫吏案責他罪去疾劫曰將相不辱自殺斯卒囚【正義】卒子律反囚在由反謂禁錮也就五刑

三年章邯等將其卒圍鉅鹿楚上將軍項羽將楚卒往救鉅鹿冬趙高爲丞相竟案李斯殺之夏章邯等戰數卻二世使人讓邯邯恐使長史欣請事趙高弗見又弗信欣恐亡去高使人捕追不及欣見邯曰趙高用事於中將軍有功亦誅無功亦誅項羽急擊秦軍虜王離邯等遂以兵降諸侯八月己亥【集解】徐廣曰一作卯趙高欲爲亂恐羣臣不聽乃先設驗持鹿獻於二世曰馬也二世笑曰丞相誤邪謂鹿爲馬問左右左右或默或言馬以阿順趙高或言鹿者高因陰中諸言鹿者以法後羣臣皆畏高高前數言關東盜毋能爲也及項羽虜秦將王離等鉅鹿下而前章邯等軍數卻上書請益助燕趙齊楚韓魏皆立爲王自關以東大氐【正義】音丁禮反猶略也盡畔秦吏應諸侯諸侯咸率其眾西鄉沛公將數萬人已屠武關使人私於高高恐二世怒誅及其身乃謝病不朝見二世夢白虎齧其左驂馬殺之心不樂怪問占夢卜曰涇水爲祟【正義】音雖遂反二世乃齋於望夷宮【集解】張晏曰宮在長陵西北長平觀道東故亭處是也臨涇水作之以望北夷【正義】括地志云秦望夷宮在雍州咸陽縣東南八里欲祠涇沈四白馬使使責讓高以盜賊事高懼乃陰與其壻咸陽令閻樂其弟趙成謀曰上不聽諫今事急欲歸禍於吾宗吾欲易置上更立公子嬰子嬰仁儉百姓皆載其言使郎中令爲內應【集解】徐廣曰一云郎中令趙成詐爲有大賊令樂召吏發卒追劫樂母置高舍遣樂將吏卒千餘人至望夷宮殿門縛衛令僕射曰賊入此何不止衛令曰周廬設卒甚謹【集解】駰案西京賦曰徼道外周千廬內傅薛綜曰士傳宮外內爲廬舍晝則巡行非常夜則警備不虞安得賊敢入宮樂遂斬衛令直將吏入行射郎宦者大驚或走或格格者輒死死者數十人郎中令與樂俱入射上幄坐幃二世怒召左右左右皆惶擾不鬭旁有宦者一人侍不敢去二世入內謂曰公何不蚤告我乃至於此宦者曰臣不敢言故得全使臣蚤言皆已誅安得至今閻樂前即二世數曰足下驕恣【集解】蔡邕曰羣臣士庶相與言曰殿下閣下足下侍者執事皆謙類誅殺無道天下共畔足下足下其自爲計二世曰丞相可得見否樂曰不可二世曰吾願得一郡爲王弗許又曰願爲萬戶侯弗許曰願與妻子爲黔首比諸公子閻樂曰臣受命於丞相爲天下誅足下足下雖多言臣不敢報麾其兵進二世自殺閻樂歸報趙高趙高乃悉召諸大臣公子告以誅二世之狀曰秦故王國始皇君天下故稱帝今六國復自立秦地益小乃以空名爲帝不可宜爲王如故便立二世之兄子公子嬰爲秦王以黔首葬二世杜南宜春苑中令子嬰齋當廟見受玉璽齋五日子嬰與其子二人謀曰丞相高殺二世望夷宮恐羣臣誅之乃詳以義立我我聞趙高乃與楚約滅秦宗室而王關中今使我齋見廟此欲因廟中殺我我稱病不行丞相必自來來則殺之高使人請子嬰數輩子嬰不行高果自往曰宗廟重事王奈何不行子嬰遂刺殺高於齋宮三族高家以徇咸陽子嬰爲秦王四十六日楚將沛公破秦軍入武關遂至霸上【集解】應劭曰霸水上地名在長安東三十里古名滋水秦繆公更名霸水使人約降子嬰子嬰即係頸以組白馬素車【集解】應劭曰組者天子韍也係頸者言欲自殺也素車白馬喪人之服也奉天子璽符降軹道旁【集解】徐廣曰在霸陵駰案蘇林曰亭名在長安東十三里沛公遂入咸陽封宮室府庫還軍霸上居月餘諸侯兵至項籍爲從長【索隱】謂合關東爲從長也殺子嬰及秦諸公子宗族遂屠咸陽燒其宮室虜其子女收其珍寶貨財諸侯共分之滅秦之後各分其地爲三名曰雍王塞王翟王號曰三秦項羽爲西楚霸王主命分天下王諸侯秦竟滅矣後五年天下定於漢

太史公曰秦之先伯翳嘗有勳於唐虞之際受土賜姓及殷夏之間微散至周之衰秦興邑于西垂自繆公以來稍蠶食諸侯竟成始皇始皇自以爲功過五帝地廣三王而羞與之侔善哉乎賈生推言之也曰秦并兼諸侯山東三十餘郡繕津關據險塞修甲兵而守之然陳涉以戍卒散亂之眾數百奮臂大呼不用弓戟之兵鉏櫌白梃【集解】徐廣曰櫌田器音憂【索隱】徐以櫌爲田器非也孟康以櫌爲鉏柄蓋得其近也望屋而食【索隱】言其兵蠶食天下不裹糧而行橫行天下【索隱】謂輕兵不部伍旅進也舞陽侯曰橫行匈奴中也秦人阻險不守關梁不闔長戟不刺彊弩不射楚師深入戰於鴻門曾無藩籬之艱於是山東大擾諸侯並起豪俊相立【集解】駰案鶡冠子曰德萬人者謂之俊德千人者謂之豪德百人者謂之英【索隱】謂武臣田儋魏豹之屬秦使章邯將而東征章邯因以三軍之眾要市於外以謀其上【索隱】此譏失也章邯之降由趙高用事不信任軍將一則恐誅二則楚兵既盛王離見虜遂降耳非三軍要市於外以求封爵矣羣臣之不信可見於此矣子嬰立遂不寤藉使子嬰有庸主之材僅得中佐山東雖亂秦之地可全而有宗廟之祀未當絕也秦地被山帶河以爲固四塞之國也自繆公以來至於秦王二十餘君常爲諸侯雄豈世世賢哉其勢居然也且天下嘗同心并力而攻秦矣當此之世賢智並列良將行其師賢相通其謀然困於阻險而不能進秦乃延入戰而爲之開關百萬之徒逃北而遂壞豈勇力智慧不足哉形不利勢不便也秦小邑并大城【集解】徐廣曰大一作小守險塞而軍高壘毋戰閉關據阸荷戟而守之諸侯起於匹夫以利合非有素王之行也其交未親其下未附名爲亡秦其實利之也彼見秦阻之難犯也必退師安土息民以待其敝【索隱】賈誼書安作案收弱扶罷以令大國之君不患不得意於海內貴爲天子富有天下而身爲禽者其救敗非也秦王足已不問遂過而不變二世受之因而不

攺暴虐以重禍子嬰孤立無親危弱無輔三主惑而終身不悟亡不亦宜乎當此時也世非無深慮知化之士也然所以不敢盡忠拂過者秦俗多忌諱之禁忠言未卒於口而身爲戮沒矣故使天下之士傾耳而聽重足而立拑口而不言是以三主失道忠臣不敢諫智士不敢謀天下已亂姦不上聞豈不哀哉先王知雍蔽之傷國也故置公卿大夫士以飾法設刑而天下治其彊也禁暴誅亂而天下服其弱也五伯征而諸侯從其削也內守外附而社稷存故秦之盛也繁法嚴刑而天下振及其衰也百姓怨望而海內畔矣故周五[索隱]賈誼書五作王序得其道而千餘歲不絕秦本末竝失故不長久由此觀之安危之統相去遠矣野諺曰前事之不忘後事之師也是以君子爲國觀之上古驗之當世參以人事察盛衰之理審權勢之宜去就有序變化有時故曠日長久而社稷安矣秦孝公據殽函之固擁雍州之地君臣固守而窺周室有席卷天下[索隱]按春秋緯曰諸侯冰散席卷也包舉宇內囊括四海之志[集解]張晏曰括結囊也言其能包含天下并吞八荒之心當是時商君佐之[索隱]商君衞公孫鞅仕秦爲左庶長遂爲秦制法孝公致霸封之於商號商君內立法度務耕織修守戰之備外連衡而鬬諸侯[索隱]高誘曰合關東從道之秦故曰連衡也於是秦人拱手而取西河之外孝公既沒惠王武王蒙故業因遺策南兼漢中西舉巴蜀東割膏腴之地收要害之郡諸侯恐懼會盟而謀弱秦不愛珍器重寶肥美之地以致天下之士合從締交[集解]駰案漢書音義曰締結也相與爲一當是時齊有孟嘗趙有平原楚有春申魏有信陵此四君者皆明知而忠信寬厚而愛人尊賢重士約從離衡[索隱]言孟嘗等四君皆爲其國共相約結爲從以離散秦之橫并韓魏燕楚齊趙宋衞中山之衆於是六國之士[索隱]六國者韓魏趙燕楚齊是也與秦爲七雄又六國與宋衞中山爲九國其三國蓋微又前亡有寧越徐尚蘇秦杜赫之屬爲之謀[集解]徐廣曰越一作經或自別有此人不必甯越也[索隱]寧越趙人賈誼作甯越徐尚未詳蘇秦東周洛陽人呂氏春秋杜赫以安天下說周昭文君高誘曰杜赫周人也齊明周最陳軫昭滑樓緩翟景蘇厲樂毅之徒通其意[索隱]戰國策齊明東周臣後仕秦楚及韓周最周之公子亦仕秦陳軫夏人亦仕秦昭滑楚人樓緩魏文侯之弟所謂樓子也蘇厲秦之弟仕齊樂毅本齊臣入燕燕昭王以客禮待之以爲亞卿翟景未詳也吳起孫臏帶佗兒良王廖田忌廉頗趙奢之朋制其兵[索隱]吳起衞人事魏文侯爲將孫臏孫武之後也春秋曰王廖貴先兒良貴後二人皆天下之豪士田忌齊將也廉頗趙奢皆趙之將也常以十倍之地百萬之衆叩關而攻秦秦人開關延敵九國之師逡巡遁逃而不敢進秦無亡矢遺鏃之費而天下諸侯已困矣於是從散約解爭割地而奉秦秦有餘力而制其敝追亡逐北伏尸百萬流血漂鹵[集解]徐廣曰鹵楯也因利乘便宰割天下分裂河山彊國請服弱國入朝延及孝文王莊襄王享國日淺國家無事及至秦王續六世之餘烈[集解]張晏曰孝公惠文王武王昭王孝文王莊襄王振長策而御宇內吞二周而亡諸侯履至尊而制六合執捶拊以鞭笞天下[集解]徐廣曰拊拍也音府一作搞朴[索隱]賈本論作搞朴威振四海南取百越之地[集解]韋昭曰越有百邑以爲桂林象郡百越之君俛首係頸委命下吏乃使蒙恬北築長城而守藩籬却匈奴七百餘里胡人不敢南下而牧馬士不敢彎弓而報怨於是廢先王之道焚百家之言以愚黔首墮名城[集解]應劭曰壞堅城恐人復阻以害己也殺豪傑收天下之兵聚之咸陽銷鋒鑄鐻以爲金人十二以弱黔首之民然後斬華爲城[集解]徐廣曰斬一作踐駰案服虔曰斷華山爲城[索隱]踐亦出賈本論又崔浩云踐登也因河爲津據億丈之城臨不測之谿以爲固良將勁弩守要害之處信臣精卒陳利兵而誰何[集解]如淳曰何猶問也[索隱]崔浩云何或爲呵漢舊儀宿衞郎官分五夜誰呵呵夜行者誰也何呵字同天下以定秦王之心自以爲關中之固金城千里[索隱]金城言其實且堅也韓子曰雖有金城湯池漢書張良亦曰關中所謂金城千里天府之國子孫帝王萬世之業也秦王既沒餘威振於殊俗陳涉甕牖繩樞之子[集解]服虔曰以繩係戶樞也孟康曰瓦甕爲窗也甿隸之人[集解]如淳曰甿古氓字氓民也而遷徙之徒才能不及中人非有仲尼墨翟之賢陶朱猗頓之富躡足行伍之間而倔起什伯之中[集解]駰案漢書音義曰首出十長百長之中如淳曰時皆辟屈在十百之中率罷散之卒將數百之衆而轉攻秦斬木爲兵揭竿爲旗天下雲集響應贏糧而景從山東豪俊遂並起而亡秦族矣且夫天下非小弱也雍州之地殽函之固自若也[集解]韋昭曰殽謂二殽函函谷關也陳涉之位非尊於齊楚燕趙韓魏宋衞中山之君鉏櫌棘矜[集解]服虔曰以鉏柄及棘作矛槿也如淳曰櫌椎塊椎也非錟於句戟長鎩也[集解]徐廣曰錟一作銛駰案如淳曰長刃矛也又曰矛刃下有鐵橫方上曲勾鎩所拜反適戍之衆非抗於九國之師深謀遠慮行軍用兵之道非及鄉時之士也然而成敗異變功業相反也試使山東之國與陳涉度長絜大[集解]駰案漢書音義曰絜束之絜比權量力則不可同年而語矣然秦以區區之地千乘之權招八州而朝同列百有餘年矣然後以六合爲家殽函爲宮一夫作難而七廟墮身死人手爲天下笑者何也仁義不施而攻守之勢異也秦并海內兼諸侯南面稱帝[集解]徐廣曰一本有此篇無前者秦孝公已下而又以秦并兼諸侯山東三十餘郡繼此末也[索隱]按賈誼過秦論以孝公已下爲上篇秦兼并諸侯三十餘郡爲下篇鄒誕生云太史公刪賈誼過秦論著此論當其義而省其辭褚先生增續既已混殽而世俗小智不惟刪省之旨合寫本論於此故不同也今頗亦不可分別以養四海天下之士斐然鄉風若是者何也曰近古之無王者久矣周室卑微五霸既歿令不行於天下是以諸侯力政彊侵弱衆暴寡兵革不休士民罷敝今秦南面而王天下是上有天子也既元元之民冀得安其性命莫不虛心而仰上當此之時守威定功安危之本在於此矣秦王懷貪鄙之心行自奮之智不信功臣不親士民廢王道立私權禁文書而酷刑法先詐力而後仁義以暴虐爲天下始夫并兼者高詐力安定者貴順權此言取與守不同術也秦離戰國而王天下其道不易其政不改是其所以取之守之者異也孤獨而有之故其亡可立而待借使秦王計上世之事竝殷周之迹以制御其政後雖有淫驕之主而未有傾危之患也故三王之建天下名號顯美功業長久今秦二世立天下莫不引領而觀其政夫寒者利裋褐[集解]徐廣曰一作短小襦也音豎[索隱]趙岐曰褐以毛毳織之若馬衣或以褐編衣也裋一音豎蓋謂褐布豎裁爲勞役之衣短而且狹故謂之短褐亦曰豎褐而饑者甘糟糠天下之嗸嗸新主之資也此言勞民之易爲仁也鄉使二世有庸主之行而任忠賢臣主一心而憂海內之患縞素而正先帝之過裂地分民以封功臣之後建國立君以禮天下虛囹圄而免刑戮除去收帑汙穢之罪使各反其鄉里發倉廩散財幣以振孤獨窮困之士輕賦少事以佐百姓之急約法省刑以持其後使天下之人皆得自新更節修行各慎其身塞萬民之望而以威德與天下天下集矣即四海之內皆讙然各自安樂其處唯恐有變雖有狡猾之民無離上之心則不軌之臣無以飾其智而暴亂之姦止矣二世不行此術而重之以無道壞宗廟與民[集解]徐廣曰一無此上五字更始作阿房宮繁刑嚴誅吏治刻深賞罰不當賦斂無度天下多事吏弗能紀百姓困窮而主弗收恤然後姦僞並起而上下相遁蒙罪者衆刑戮相望於道而天下苦之自君卿以下至於衆庶人懷自危之心親處窮苦之實咸不安其位故易動也是以陳涉不用湯武之賢不藉公侯之尊奮臂於大澤而天下響應者其民危也故先王見始終之變知存亡之機是以牧民之道務在安之而已天下雖有逆行之臣必無響應之助矣故曰安民可與行義而危民易與爲非此之謂也貴爲天子富有天下身不免於戮殺者正傾非也是二世之過也

襄公立享國十二年初爲西畤葬西垂[索隱]此已下重序列秦之先君立年及葬處皆當據秦紀爲說與正史小有不同今取異說重列於後襄公秦仲孫莊公子救周周始命爲諸侯初爲西畤祠白帝立十二年葬西土生文公文公立居西垂宮五十年死葬西垂[索隱]作鄜畤又作陳寶祠生靜公靜公不享國而死生憲公憲公享國十二年居西新邑死葬衙[集解]駰案地理志馮翊有衙縣[索隱]憲公滅蕩社居新邑葬衙本紀憲公徙居平陽葬西山生武公德公出子出子享國六年居西陵[索隱]一云居西陵葬衙本紀不云庶長弗忌威累參父三人率賊賊出子鄙衍葬衙武公立武公享國二十年居平陽封宮[集解]徐廣曰一云居平封宮葬宣陽聚東南[索隱]紀云葬平陽初以人從死三庶長伏其罪德公立德公享國二年居雍大鄭宮生宣公成公繆公葬陽初伏以御蠱[索隱]二年初伏本紀此已下居葬絕不言也宣公享國十二年居陽宮葬陽[索隱]四年作密畤初志閏月成公享國四年居雍之宮[集解]徐廣曰之一作走葬陽齊伐山戎孤竹繆公享國三十九年天子致霸葬雍繆公學著人[索隱]著音貯又音宁著郎宁也門屛之間曰宁謂學於宁門之人故詩云俟我於著乎而是也生康公康公享國十二年居雍高寢葬竘社生共公共公享國五年居雍高寢葬康公南生桓公桓公享國二十七年居雍太寢葬義里丘北生景公[索隱]一作僖公系本云名后伯車景公享國四十年居雍高寢葬丘里南[正義]丘一作二也生畢公[集解]徐廣曰春秋作哀公畢公享國三十六年[正義]一作三十七年葬車里北生夷公夷公不享國死葬左宮生惠公[正義]十年葬車里元年孔子行魯相事惠公享國十年葬車里康景生悼公悼公享國十五年[正義]雍本紀作十四年葬僖公西城雍生剌[正義]一作利龔公[索隱]一作厲共公剌龔公享國三十四年葬入里[集解]徐廣曰一作人生躁公[索隱]又作趮公[正義]十四年居受寢葬悼公南也懷公[正義]四年葬櫟圉氏其十年彗星見躁公享國十四年居受寢葬悼公南其元年彗星見[集解]徐廣曰年表云星晝見懷公從晉來享國四年葬櫟圉氏生靈公諸臣圍懷公懷公自殺肅靈公昭子子也[集解]徐廣曰懷公生昭子昭子生靈公[索隱]紀年及系本無肅字立十年表同紀十二年居涇陽享國十年葬悼公西生簡公簡公從晉來享國十五年葬僖公西[索隱]按本紀簡公名悼子即剌龔公之子懷公弟也且紀及系本皆以爲然今此文云靈公謬也立十六年葬僖公西生惠公其七年百姓初帶劍惠公享國十三年葬陵圉[索隱]王劭按紀年云簡公後次敬公敬公立十三年乃至惠公鄒誕即難憑時參異說生出公出公享國二年[索隱]系本謂少主出公自殺葬雍獻公享國二十三年[集解]徐廣曰靈公子[索隱]系本稱元獻公立二十二年表同紀二十四年葬囂圉生孝公孝公享國二十四年[索隱]本紀十二年葬弟圉生惠文王其十三年始都咸陽[正義]本紀云十二年作咸陽築冀闕是十三年始都之惠文王享國二十七年[索隱]十九而立葬公陵[正義]括地志云秦惠文王陵在雍州咸陽縣西北一十四里生悼武王悼武王享國四年葬永陵[集解]徐廣曰皇甫謐曰葬畢今安陵西畢陌[索隱]系本作武烈王十九而立立三年本紀曰四年[正義]括地志云秦悼武王陵在雍州咸陽縣西十里俗名周武王陵非也昭襄王享國五十六年葬芷陽[索隱]十九年而立葬芷陵也[正義]括地志云秦莊襄王陵在雍州新豐縣西南三十五里俗亦謂爲子楚始皇陵在北故亦謂爲見子陵生孝文王孝文王享國一年葬壽陵生莊襄王莊襄王享國三年葬茝陽生始皇帝呂不韋相獻公立七年初行爲市十年爲戶籍相伍孝公立十六年時桃李冬華惠文王生十九年而立立二年初行錢有新生嬰兒曰秦且王悼武王生十九年而立立三

年渭水赤三日昭襄王生十九年而立立四年初爲田開阡陌孝文王生五十三年而立莊襄王生三十二年而立立二年取太原地莊襄王元年大赦修先王功臣施德厚骨肉布惠於民東周與諸侯謀秦秦使相國不韋誅之盡入其國秦不絕其祀以陽人地賜周君奉其祭祀始皇享國三十七年葬酈邑〔正義〕酈力知反 生二世皇帝始皇生十三年而立二世皇帝享國三年葬宜春〔正義〕括地志云秦故胡亥陵在雍州萬年縣南三十四里上文葬以黔首也 趙高爲丞相安武侯二世生十二年而立〔集解〕徐廣曰本紀云二十一 右秦襄公至二世六百一十歲〔正義〕秦本紀自襄公至二世五百七十六年矣年表自襄公至二世五百六十一年三說並不同未知孰是

孝明皇帝十七年十月十五日乙丑日〔索隱〕此已下是漢孝明帝訪班固評賈馬贊中論秦二世亡天下之得失後人因取其說附之此末 周歷已移〔正義〕周初卜世三十卜年七百以五序得其道故王至三十七歲至八百六十七歷數既過秦并天下是周歷已移也 仁不代母秦直其位〔索隱〕周歷已移周亡也仁不代母謂周得木德木生火周爲漢母也言歷運之道仁恩之情子不代母而王謂火不代木言漢不合即代周也秦值其閏位得在木之間也此論者之辭也〔正義〕始皇以爲周火德秦代周從所不勝爲水德之始也按周木德也秦水德也五行之運木生火火生土土生金金生水所生者爲母出者爲子帝王之次子代母秦稱水是母代子故言若有德之君相代不母承其子直音值言秦并天下稱帝是秦德值帝王之位 呂政殘虐然以諸侯十三〔集解〕騶案始皇初爲秦王年十三也〔索隱〕呂政者始皇名政是呂不韋幸姬有娠獻莊襄王而生始皇故云呂政 并兼天下極情縱欲養育宗親三十七年兵無所不加制作政令施於後王〔正義〕謂置郡縣壞井田開阡陌不立侯王始爲伏臘又置丞相太尉御史大夫奉常郎中令僕射廷尉典客宗正少府中尉將作詹事水衡都尉監守縣令丞等皆施於後王至于隋唐矣 蓋得聖人之威河神授圖〔正義〕蓋者疑辭也言始皇之威能吞并天下稱帝疑得聖人之威靈河神之圖錄 據狼狐蹈參伐佐攻驅除〔正義〕狼音郎狼狐主弓矢星天官書云參伐主斬艾事言秦據蹈狼狐參伐之氣驅滅天下 距之稱始皇〔正義〕距音巨之至也 始皇既殁胡亥極愚酈山未畢復作阿房以遂前策云凡所爲貴有天下者肆意極欲大臣至欲罷先君所爲誅斯去疾任用趙高痛哉言乎人頭畜鳴〔正義〕畜許又反言胡亥人身有頭面口能言語辨好惡若六畜之鳴 不威不伐惡〔正義〕此五字一句也 不篤不虛亡〔正義〕言胡亥藉帝王之威器殘酷暴虐滋已惡惡既深篤以至滅亡豈其虛哉 距之不得留殘虐以促期雖居形便之國猶不得存子嬰度次得嗣冠〔正義〕音綰 玉冠佩華紱〔正義〕音拂 車黃屋〔集解〕蔡邕曰黃屋者蓋以黃爲裹 從百司〔正義〕從才用反 謁七廟小人乘非位莫不怳忽失守偷安日日獨能長念卻慮父子作權近取於戶牖之間竟誅猾臣爲君討賊高死之後賓婚未得盡相勞餐未及下咽酒未及濡脣楚兵已屠關中眞人翔霸上素車嬰組奉其符璽以歸帝者鄭伯茅旌鸞刀嚴王退舍〔集解〕騶案公羊傳曰楚莊王伐鄭鄭伯肉袒左執茅旌右執鸞刀以逆莊王莊王退舍七里何休曰茅旌鸞刀祭祀宗廟所用也執宗廟器者示以宗廟血食自歸〔正義〕旌音精嚴音莊 河決不可復壅魚爛不可復全〔索隱〕宋均曰言如魚之爛從內而出 賈誼司馬遷曰向使嬰有庸主之才僅得中佐山東雖亂秦之地可全而有宗廟之祀未當絕也秦之積衰天下土崩瓦解雖有周旦之材無所復陳其巧而以責一日之孤〔正義〕日音馹一日之孤謂子嬰 誤哉俗傳秦始皇起罪惡胡亥極得其理矣復責小子〔正義〕亦謂子嬰 云秦地可全所謂不通時變者矣紀季以酅春秋不名〔集解〕騶案春秋曰紀季以酅入于齊公羊傳曰何以不名賢之也謂設五廟以存姑姊妹也〔正義〕酅音戶圭反括地志云安平城在青州臨淄縣東十九里古紀之酅邑帝王紀云周之紀國姜姓也紀侯譖齊哀公於周懿王王烹之外傳曰紀侯入爲周土竹書云齊襄公滅紀郱鄑郚又括地志云郱城在青州臨朐縣東三十里鄑城在北海縣東北七十里郚城在密州安丘縣界郱音駢鄑音訾按秦始皇起罪惡胡亥極得其理國既崩絕箕子比干何不能存殷庸主子嬰焉能救秦之敗以賈誼史遷不通時變不如紀季之深識也季紀侯少弟不書名故曰紀季 吾讀秦紀至於子嬰車裂趙高未嘗不健其決憐其志嬰死生之義備矣〔集解〕徐廣曰班固典引曰永平十七年詔問臣固太史遷贊語中寧有非邪臣對賈誼言子嬰得中佐秦未絕也此言非是臣素知之耳〔索隱〕述贊曰六國陵替二周淪亡并一天下號爲始皇阿房雲構金狄成行南遊勒石東瞰浮梁滈池見遺沙丘告兆二世矯制趙高是與詐因指鹿災生望虎子嬰見推恩報君父下乏中佐上乃庸主欲振頹綱云誰克補

史記卷六考證

秦始皇本紀蒙驁攻韓取十三城○六國年表云取十二城

六年韓魏趙衞楚共擊秦取壽陵○趙世家悼襄王元年龐煖將趙楚魏燕之銳師攻秦蕞不拔徐廣曰蕞在新豐今此云取壽陵所將之師一作衞一作燕亦不同

其君角率其支屬徙居野王○六國年表衞君角以始皇十八年立此是衞元君十二年不名角

死屯留正義漢屯留吁國也○漢屯疑春秋二字之誤

將軍壁死正義壁邊覓反言成蟜自殺壁壘之內○徐孚遠曰上言成蟜死屯留矣此又言將軍壁死注作壁壘恐非是壁者疑是成蟜副將名壁蟜死壁不歸故又戮其士卒也　臣照按徐孚遠駁正義謂將軍壁死非成蟜自殺於壁壘之內是也顧謂疑是蟜副將名壁則似不應敘在遷其民於臨洮之下或是將軍壁討成蟜而死所將屯留蒲鶮之卒死者盡以反罪罪之而戮其屍耳

攻魏垣蒲陽正義蒲邑故城在隰州縣北四十五里○縣字上疑脫蒲字

乙酉王冠集解徐廣曰年二十二正義按年二十有一也○臣世駿按徐廣云二十二者以踰年改元計也正義云二十一者以當年改元計也徐廣以是年爲二十二故三十七年崩時注云年五十如正義之說則崩年止四十九六國表周赧王五十九年秦昭王五十一年徐廣曰乙巳則始皇生年當是壬寅十三歲時當是甲寅項羽本紀注徐廣曰項王以始皇十五年乙巳歲生則始皇元年當是乙卯此處自當以踰年改元計作二十二歲爲是但秦本紀云獻公立二十四年卒子孝公立徐廣曰獻公元年丁酉孝公元年庚申則獻之末即孝之初又不拘踰年改元之說矣

殯王御璽正義梁傳至天正二年侯景破梁○臣照按梁無天正年號侯景破梁爲簡文帝大寶元年則天正是大寶二字之誤

與韓非謀弱秦○徐孚遠曰韓非韓公子以不用於韓欲干秦王其後使秦爲李斯所譖死今云謀弱秦非也疑即李斯譖非之辭載於秦史記耳

十四年攻趙軍於平陽取宜安破之殺其將軍桓齮定平陽武城○趙世家趙遷三年秦攻赤麗宜安李牧率師與戰肥下却之李牧傳趙乃以牧爲大將軍擊秦軍於宜安大破秦軍走秦將桓齮與此齟齬

不用兵革正義協韵音棘○革與棘古通不必協也詩匪棘其欲禮記作匪革

既已齊人徐市等上書○何孟春曰徐市又作徐福非有兩名市乃古韍字漢時未有翻切但以聲相近字音注其下後人讀市作市廛字故疑福爲別名

始皇還過彭城齋戒禱祠欲出周鼎泗水使千人沒水求之弗得○困學紀聞曰周本紀秦取九鼎寶器而遷西周君於憚狐秦始皇本紀還過彭城齋戒禱祠欲出周鼎泗水使千人沒水求之弗得濟水李氏曰是時泗水在彭城宋之分九鼎何緣而至宋夫取九鼎者秦昭襄王也始皇乃莊襄之子也世數年歲相去不遠始皇東游過彭城於泗水欲出周鼎竟不得兩說牴牾如此

博浪沙中○浪一本作狼注同

逢盜蘭池正義秦記云始皇都長安○秦記本名三秦記或本作三秦記而脫三字

夜過華陰平舒道正義水經注云又東經平舒北○水經注作平舒城北

三十有七年親巡天下周覽遠方○容齋隨筆曰今人書二十字爲廿三十字爲卅四十爲卌皆說文本字也廿音入二十并也卅音先合反三十之省便古文也卌音先立反數名今直以爲四十字按秦始皇凡石刻頌德之辭皆四字一句泰山辭曰皇帝臨位二十有六年琅邪臺頌曰維二十六年皇帝始作之罘頌曰維二十九年時在中春東觀頌曰維二十九年皇帝春游會稽頌曰德會修長三十有七年此史記所載每稱年者輒五字一句嘗得泰山辭石本乃書爲廿有六年想其餘皆如是而太史公誤易之或後人傳寫之訛耳其實四字句也

樹草木以象山正義取大石於渭山諸山○渭山山字疑有誤或是城字或是水字

擊趙王歇等於鉅鹿正義離圍趙王歇即此城○離上宜有王字

雖監門之養不觳於此○余有丁曰觳當作觕訓爲粗公羊傳曰觕者曰侵精者曰伐

秦孝公據殽函之固○困學紀聞曰春秋時殽桃林晉地非秦有也

陳軫索隱陳軫夏人○臣照按陳軫夏人雖本國策語但鮑彪注曰夏中國也然則固不可以爲國名而注陳軫爲夏人矣

兒良王廖索隱春秋曰王廖貴先兒良貴後○二語出呂氏春秋上脫呂氏二字

逡巡遁逃○金石文字記曰逡巡遁逃之異文也管子桓公蹵然逡遁漢書平當傳贊逡遁有恥敘傳逡遁致仕周禮司士注王揖之皆逡遁既復位儀禮士昬禮大射禮公食大夫禮注辟逡遁鄉射禮注少退少逡遁也聘禮注辟位逡遁又三退三逡遁也又辟位逡遁又辟於其東西位逡遁也又退爲大夫降逡遁士喪禮注辟逡遁辟位也特牲饋食禮注辟位逡遁禮記玉藻注俛逡遁而退著屨也皆同此文則隸釋以爲讀如本字者非也又按晏子春秋晏子逡循對曰漢書萬章傳章逡循甚懼外戚傳逡循固讓遁又作循爾雅釋詁注循亦巡也集古以爲當作循者是也遁與循同說文彳之字亦或從辵如徃爲逞後爲逡很爲退之類從辵之字亦或從彳如退如徂延爲征迒爲彸之類漢書王莽傳後儉隆約以矯世俗師古曰後音千旬反即逡字也逡之爲後猶循之爲遁

耳

吞二周而亡諸侯○宜齋野乘曰賈誼過秦論言始皇吞二周而亡諸侯按秦昭王五十一年滅西周其後七年莊襄王滅東周四年莊襄王卒始皇方即位則吞二周乃始皇之曾祖與父非始皇也

以養四海天下之士○新書作以四海養天下之士

是其所以取之守之者異也○余有丁曰賈書作是其所以取之文意甚明史添守之者異四字似誤

生憲公○余有丁曰憲公秦紀作寧公葬西山

葬車里康景○凌稚隆曰康景二字疑衍或下有闕文按秦紀及此紀無傽公疑即景公也

傽公享國十五年正義雍本紀作十四年○雍衍文不然宜云塟雍落葬字

二世生十二年而立○徐孚遠曰二世未立時已習法律及立後恣行不義當已在成人之年矣此云生十二年而立非實也

考明皇帝十七年以下○臣照按此班固典引之文後人晝於本紀之後裴駰等亦作注解遂混入史記中今低刻一字以別之至賈生過秦論三篇馬遷全錄之似亦後人所增入恐馬遷本文亦止善哉乎賈生推言之也一句耳

史記卷七

漢　太　史　令司馬遷　撰

宋　中　郎　外　兵　曹　參　軍裴　駰集解

唐國子博士弘文館學士司馬貞索隱

唐諸王侍讀率府長史張守節正義

項羽本紀第七

【索隱】項羽崛起爭雄一朝假號西楚竟未踐天子之位而身首別離斯亦不可稱本紀宜降爲世家

項籍者下相人也【集解】駰案地理志臨淮有下相縣【索隱】縣名屬臨淮案應劭云相水出沛國沛國有相縣其水下流又因置縣故名下相也【正義】括地志云相故城在泗州宿預縣西北七十里秦縣項胡講反籍秦昔反字羽【索隱】按序傳籍字子羽也初起時年二十四其季父項梁【索隱】崔浩云伯仲叔季兄弟之次故叔云叔父季云季父梁父即楚將項燕【正義】燕烏賢反爲秦將王翦所戮者也【集解】駰案始皇本紀云項燕自殺【索隱】此云爲王翦所殺與楚漢春秋同而始皇本紀云項燕自殺不同者蓋燕爲王翦所圍逼而自殺故不同也項氏世世爲楚將封於項【索隱】地理志項城縣屬汝南【正義】括地志云今陳州項城縣城即古項子國故姓項氏項籍少時學書不成去學劍又不成項梁怒之籍曰書足以記名姓而已劍一人敵不足學學萬人敵於是項梁乃教籍兵法籍大喜略知其意又不肯竟學項梁嘗有櫟陽逮捕【索隱】按逮訓及謂有罪相連及爲櫟陽縣所逮錄也故漢史制獄有逮捕【正義】櫟音藥逮音代乃請蘄【集解】蘇林曰蘄音機縣屬沛國獄掾曹咎書抵櫟陽獄掾司馬欣以故事得已【集解】應劭曰項梁曾坐事傳繫櫟陽獄從蘄獄掾曹咎取書與司馬欣抵歸已止也韋昭曰抵至也謂梁嘗被櫟陽縣逮捕梁乃請蘄獄掾曹咎書至櫟陽獄掾司馬欣事故得止息也【索隱】服虔云抵歸也劉伯莊云抵相憑託也項梁殺人與籍避仇於吳中吳中賢士大夫皆出項梁下每吳中有大繇役及喪項梁常爲主辦陰以兵法部勒賓客及子弟以是知其能秦始皇帝游會稽渡浙江【索隱】韋昭云浙江在今錢塘浙音折晉灼音逝非也蓋其流曲折莊子所謂制河即其水也制折聲相近梁與籍俱觀籍曰彼可取而代也梁掩其口曰毋妄言族矣梁以此奇籍籍長八尺餘力能扛鼎【集解】韋昭曰扛舉也【索隱】說文云扛橫關對舉也音江才氣過人雖吳中子弟皆已憚籍矣秦二世元年七月陳涉等起大澤中【索隱】徐氏云在沛郡蘄縣其九月會稽守【集解】徐廣曰爾時未言太守【正義】守音狩漢書云景帝中二年七月更郡守爲太守通謂梁曰【集解】駰案楚漢春秋曰會稽假守殷通【正義】言假者兼攝之也江西皆反此亦天亡秦之時也吾聞先即制人後則爲人所制【索隱】謂先舉兵能制得人後則爲人所制故荀子曰制人之與爲人制也相去遠矣吾欲發兵使公及桓楚【正義】張晏云項羽殺宋義時桓楚爲羽使懷王將是時桓楚亡在澤中梁曰桓楚亡人莫知其處獨籍知之耳梁乃出誡籍持劍居外待梁復入與守坐曰請召籍使受命召桓楚守曰諾梁召籍入須臾梁眴籍曰可行矣於是籍遂拔劍斬守頭項梁持守頭佩其印綬門下大驚擾亂籍所擊殺數十百人【索隱】此不定數也自百已下或至八十九十故云數十百一府中皆慴伏【索隱】說文云讋失氣也慴音之涉反莫敢起梁乃召故所知豪吏諭以所爲起大事遂舉吳中兵使人收下縣得精兵八千人梁部署吳中豪傑爲校尉候司馬有一人不得用自言於梁梁曰前時某喪使公主某事不能辦以此不任用公衆乃皆伏於是梁爲會稽守籍爲裨將徇下縣【集解】李奇曰徇略也如淳曰徇音撫徇之徇徇其人民廣陵人召平於是爲陳王徇廣陵【正義】揚州未能下【正義】下胡嫁反以兵威服之曰下聞陳王敗走秦兵又且至乃渡江矯陳王命【正義】矯紀兆反召平從廣陵渡京口江至吳詐陳王命拜梁拜梁爲楚王上柱國【集解】徐廣曰二世之二年正月也駰案應劭曰上柱國上卿官若今相國也曰江東已定急引兵西擊秦項梁乃以八千人渡江而西聞陳嬰已下東陽【集解】晉灼曰東陽縣本屬臨淮郡漢明帝分屬下邳後復分屬廣陵【索隱】下音如字按以兵威服之曰下胡嫁反彼自歸服曰下如字讀他皆倣此東陽縣名屬廣陵【正義】括地志云東陽故城在楚州盱眙縣東七十里秦東陽縣城也在淮水南使使欲與連和俱西陳嬰者故東陽令史【集解】駰案晉灼曰漢儀注曰令吏曰令史丞吏曰丞史【正義】楚漢春秋云東陽獄史陳嬰居縣中素信謹稱爲長者東陽少年殺其令相聚數千人欲置長無適用乃請陳嬰嬰謝不能遂彊立嬰爲長縣中從者得二萬人少年欲立嬰便爲王異軍蒼頭特起【集解】應劭曰蒼頭特起言與衆異也蒼頭謂士卒皁巾若赤眉青領以相別也如淳曰魏軍兵卒之號戰國策魏有蒼頭二十萬【索隱】晉灼曰殊異其軍爲蒼頭謂著青帽如淳云特起猶言新起也按爲蒼頭軍特起欲立陳嬰爲王嬰母不許嬰稱王言天下方亂未知瞻烏所止陳嬰母謂嬰曰自我爲汝家婦未嘗聞汝先古之有貴者今暴得大名不祥不如有所屬事成猶得封侯事敗易以亡非世所指名也【集解】張晏曰陳嬰母潘旌人墓在潘旌【索隱】潘旌是邑聚之名後爲縣屬臨淮嬰乃不敢爲王謂其軍吏曰項氏世世將家有名於楚今欲舉大事將非其人不可我倚名族亡秦必矣於是衆從其言以兵屬項梁項梁渡淮黥布蒲將軍亦以兵屬焉【集解】服虔曰英布起於蒲地因以爲號如淳曰言當陽君蒲將軍皆屬項羽此自更有蒲將軍【索隱】按布姓英咎繇之後後以罪被黥故改姓黥以應相者之言韋昭云蒲姓也是英布與蒲將軍二人共以兵屬項梁也故服虔以爲英布起蒲非也按黥布初起於江湖之間凡六七萬人軍下邳【正義】被悲反下邳泗水縣也應劭云邳在薛徙此故曰下邳按有上邳故曰下邳當是時秦嘉已立景駒爲楚王【集解】駰案陳涉世家曰秦嘉廣陵人文穎曰景駒楚族景氏駒名軍彭城東【正義】括地志云徐州彭城縣古相國也秦嘉軍于此城之東欲距項梁項梁謂軍吏曰陳王先首事戰不利未聞所在今秦嘉倍陳王而立景駒逆無道乃進兵擊秦嘉秦嘉軍敗走追之至胡陵【集解】鄧展曰今胡陵屬山陽漢章帝改曰胡陸嘉還戰一日嘉死軍降景駒走死梁地項梁已并秦嘉軍軍胡陵將引軍而西章邯軍至栗【集解】徐廣曰縣名在沛項梁使別將朱雞石餘樊君與戰餘樊君死朱雞石軍敗亡走胡陵項梁乃引兵入薛【正義】括地志云故薛城古薛侯國也在徐州滕縣界黃帝之所封也左傳定公元年薛宰云薛之祖奚仲居薛爲夏車正後爲孟嘗君田文封邑也誅雞石項梁前使項羽別攻襄城【正義】許州襄城縣襄城堅守不下已拔皆阬之還報項梁項梁聞陳王定死召諸別將會薛計事此時沛公亦起沛往焉居鄛人范增【索隱】晉灼音勦絕之鄛地理志居鄛縣在廬江郡音巢是故巢國夏桀所奔荀悅漢紀云范增阜陵人年七十素居家好奇計往說項梁曰陳勝敗固當【正義】顧著作云固宜當應敗也當音如字夫秦滅六國楚最無罪自懷王入秦不反楚人憐之至今故楚南公曰【集解】徐廣曰楚人也善言陰陽駰按文穎曰南方老人也【正義】虞喜志林云南公者道士識廢興之數知亡秦者必於楚漢書藝文志云南公十三篇六國時人在陰陽家流楚雖三戶亡秦必楚也【集解】瓚曰楚人怨秦雖三戶猶足以亡秦也【索隱】臣瓚與蘇林解同韋昭以爲三戶楚三大姓昭屈景也二說皆非按左氏以畀楚師於三戶杜預註云今丹水縣北三戶亭則是地名不疑【正義】按服虔云三戶漳水津也孟康云津峽名也在鄴西三十里括地志云濁漳水又東經葛公亭北經三戶峽爲三戶津在相州滏陽縣界然則南公辨陰陽識廢興之數知秦亡必於三戶故出此言後項羽果渡三戶津破章邯軍降章邯秦遂亡是南公之善讖今陳勝首事不立楚後而自立其勢不長今君起江東楚蠭起之將【集解】如淳曰蠭起猶言蠭午也衆蠭飛起交橫若午言其多也【索隱】凡物交橫爲午言蠭之起交橫屯聚也故劉向傳註云蠭午雜沓也鄭玄云一縱一橫爲午皆爭附君者以君世世楚將爲能復立楚之後也【正義】爲于僞反於是項梁然其言乃求楚懷王孫心民間爲人牧羊立以爲楚懷王【集解】徐廣曰此時二世之二年六月從民所望也【集解】應劭曰以祖諡爲號者順民望陳嬰爲楚上柱國封五縣與懷王都盱台【集解】鄭玄曰音煦怡【正義】盱况于反眙以之反盱眙今楚州臨淮水懷王都之項梁自號爲武信君居數月引兵攻亢父【正義】亢音剛又苦浪反父音甫括地志云亢父故城在兗州任城縣南五十一里與齊田榮司馬龍且【正義】子余反軍救東阿【正義】括地志云東阿故城在濟州東阿縣西南二十五里漢東阿縣城秦時齊之阿也大破秦軍於東阿田榮即引兵歸逐其王假假亡走楚假相田角亡走趙角弟田間故齊將居趙不敢歸田榮立田儋子市爲齊王項梁已破東阿下軍遂追秦軍數使使趣齊兵欲與俱西【正義】下使色吏反趣音促田榮曰楚殺田假趙殺田角田間乃發兵項梁曰田假爲與國之王【集解】如淳曰相與交善爲與國黨與也【索隱】高誘注戰國策云與國同福之國也窮來從我不忍殺之趙亦不殺田角田間以市於齊【集解】張晏曰若市買相貿易以利也梁救榮難不用命梁忿殺假等榮未必多出兵不如依春秋寄公待以禮也又可以貿易他利以除己害遂背德可輔假以伐齊故曰市貿易也晉灼曰假故齊王建之弟欲令楚殺之以爲己利而楚保全不殺以買其計故曰市也【索隱】韋昭云市利於齊也劉氏亦云市猶要也留田假而不殺欲以要脅田榮也齊遂不肯發兵助楚項梁使沛公及項羽別攻城陽【正義】括地志云濮州雷澤縣本漢城陽在州東九十一里地理志云城陽屬濟陰郡古郕伯國姬姓之國史記周武王封季弟載于郕其後遷于城之陽故曰城陽屠之西破秦軍濮陽東【正義】括地志云濮陽縣在濮州西八十六里濮縣也古吳之國別攻城陽屠之西破秦軍濮陽縣也東即此縣東秦兵收入濮陽沛公項羽乃攻定陶【正義】定陶曹州城也從濮陽南攻定陶定陶未下去西畧地至雝丘【正義】雍丘今汴州縣也地理志云古杞國武王封禹後於杞號東樓公二十一世簡公爲楚所滅即此城也大破秦軍斬李由【集解】應劭曰由李斯子也還攻外黃【正義】括地志云故周城即外黃之地在雍丘縣東張晏曰外魏郡有內黃縣故加外也臣瓚曰縣有黃溝故名外黃未下項梁起東阿西北至定陶再破秦軍項羽等又斬李由益輕秦有驕色宋義乃諫項梁曰戰勝而將驕卒惰者敗今卒少惰矣秦兵日益臣爲君畏之項梁弗聽乃使宋義使於齊道遇齊使者高陵君顯【集解】張晏曰顯名也高陵縣名【索隱】晉灼云高陵屬琅邪曰公將見武信君乎曰然曰臣論武信君軍必敗公徐行即免死疾行則及禍秦果悉起兵益章邯擊楚軍大破之定陶項梁死沛公項羽去外黃攻陳留陳留堅守不能下沛公項羽相與謀曰今項梁軍破士卒恐乃與呂臣軍俱引兵而東呂臣軍彭城東

項羽軍彭城西沛公軍碭【集解】應劭曰碭屬梁國蘇林曰碭音唐【正義】括地志云宋州碭山縣本漢碭縣也在宋州東百五十里章邯已破項梁軍則以爲楚地兵不足憂乃渡河擊趙大破之當此時趙歇爲王陳餘爲將張耳爲相皆走入鉅鹿城章邯令王離涉閒圍鉅鹿【集解】張晏曰涉姓閒名秦將也章邯軍其南築甬道而輸之粟【集解】應劭曰恐敵抄輜重故築牆垣如街巷也陳餘爲將將卒數萬人而軍鉅鹿之北此所謂河北之軍也楚兵已破於定陶懷王恐從盱台之彭城并項羽呂臣軍自將之以呂臣爲司徒以其父呂青爲令尹【集解】應劭曰天子曰師尹諸侯曰令尹時去六國尚近故置令尹瓚曰諸侯之卿唯楚稱令尹時立楚之後故置官司皆如楚舊以沛公爲碭郡長【集解】蘇林曰長如郡守也封爲武安侯將碭郡兵初宋義所遇齊使者高陵君顯在楚軍見楚王曰宋義論武信君之軍必敗居數日軍果敗兵未戰而先見敗徵此可謂知兵矣王召宋義與計事而大悅之因置以爲上將軍項羽爲魯公爲次將范增爲末將救趙諸別將皆屬宋義號爲卿子冠軍【集解】徐廣曰一作慶子冠軍【集解】文穎曰卿子時人相褒尊之辭猶言公子也上將故言冠軍張晏曰若霍去病功冠三軍因封爲冠軍侯至今爲縣名行至安陽【索隱】傅寬傳云從攻安陽扛里則安陽與扛里俱在河南顏師古以爲今相州安陽縣按此兵猶未渡河不應即至相州安陽今檢後魏書地形志云已氏有安陽城改已氏爲楚邱今宋州楚邱西北四十里有安陽故城是也【正義】括地志云安陽縣相州所理縣七國時魏寧新中邑秦昭王拔魏寧新中更名安陽張耳傳云章邯軍鉅鹿南築甬道屬河餉王離項羽數絕邯甬道王離軍乏食項羽悉引兵渡河遂破章邯圍鉅鹿下又云渡河湛船持三日糧按從滑州白馬津齎三日糧不至邢州明此渡河相州漳河也宋義遣其子襄相齊送之至無鹽即今鄆州之東宿城是也若依顏監說在相州安陽宋義送子不可棄軍渡河南向齊西南入魯界飲酒高會非入齊之路義雖知送子曲由宋州安陽理順然向鉅鹿甚遠不能數絕章邯甬道及持三日糧至也均之二理安陽送子至無鹽爲長濟河絕甬道持三日糧寧有遲留史家多不委曲說之也留四十六日不進項羽曰吾聞秦軍圍趙王鉅鹿疾引兵渡河楚擊其外趙應其內破秦軍必矣宋義曰不然夫搏牛之蝱不可以破蟣蝨【集解】如淳曰用力多而不可以破蟣蝨猶言欲以大力伐秦而不可以救趙也【索隱】張晏云搏音博韋昭云蝱大在外蝨小在內故顏師古言以手擊牛之背可以殺其上蝱而不能破其內蝨喻方欲滅秦不可與章邯即戰也鄒氏博音附按言蝱之搏牛本不擬破其上之蟣蝨以言志在大不在小也今秦攻趙戰勝則兵罷我承其敝不勝則我引兵鼓行而西必舉秦矣故不如先鬬秦趙夫被堅執銳義不如公坐而運策公不如義因下令軍中曰猛如虎很如羊【正義】很何懇反貪如狼彊不可使者皆斬之乃遣其子宋襄相齊身送之至無鹽【索隱】按地理志東平郡之縣在今鄆州之東飲酒高會【集解】韋昭曰皆召尊爵故云高會【索隱】服虔云高會大會也天寒大雨士卒凍飢項羽曰將戮力而攻秦久留不行今歲饑民貧士卒食芋菽【集解】徐廣曰芋一作半半五升器也駰按瓚曰士卒食蔬菜以菽雜半之【索隱】芋蹲鴟也菽豆也臣瓚案漢書作半菽王劭曰言半量器名容半升也義亦通軍無見糧【正義】胡練反顏監云無見在之糧乃飲酒高會不引兵渡河因趙食與趙并力攻秦乃曰承其敝夫以秦之彊攻新造之趙其勢必舉趙趙舉而秦彊何敝之承且國兵新破王坐不安席埽境內而專屬於將軍國家安危在此一舉今不恤士卒而徇其私【索隱】謂使其子相齊是徇其私情崔浩云徇營也非社稷之臣項羽晨朝上將軍宋義即其帳中斬宋義頭出令軍中曰宋義與齊謀反楚楚王陰令羽誅之當是時諸將皆慴服莫敢枝梧【集解】如淳曰梧音悟枝梧猶枝捍也瓚曰小柱爲枝邪柱爲梧今屋梧邪柱是也【正義】枝音之移反梧音悟皆曰首立楚者將軍家也今將軍誅亂乃相與共立羽爲假上將軍【正義】未得懷王命也假攝也使人追宋義子及之齊殺之使桓楚報命於懷王懷王因使項羽爲上將軍【集解】徐廣曰二世三年十一月當陽君蒲將軍皆屬項羽項羽已殺卿子冠軍威震楚國名聞諸侯乃遣當陽君蒲將軍將卒二萬渡河【正義】漳水救鉅鹿戰少利陳餘復請兵項羽乃悉引兵渡河皆沈船破釜甑燒廬舍持三日糧以示士卒必死無一還心於是至則圍王離與秦軍遇九戰絕其甬道大破之殺蘇角【集解】文穎曰秦將也虜王離涉閒不降楚自燒殺當是時楚兵冠諸侯諸侯軍救鉅鹿下者十餘壁莫敢縱兵及楚擊秦諸將皆從壁上觀楚戰士無不一以當十楚兵呼聲動天諸侯軍無不人人惴恐【集解】駰案漢書音義曰惴音章瑞反於是已破秦軍項羽召見諸侯將諸侯將入轅門【集解】張晏曰軍行以車爲陳轅相向爲門故曰轅門無不膝行而前莫敢仰視項羽由是始爲諸侯上將軍諸侯皆屬焉章邯軍棘原【集解】張晏曰在漳南晉灼曰地名在鉅鹿南項羽軍漳南【正義】括地志云濁漳水一名漳水今俗名柳河在邢州平鄉縣南注水經云漳水一名大漳水兼有滱水之目也相持未戰秦軍數卻二世使人讓章邯章邯恐使長史欣請事至咸陽留司馬門三日【集解】駰案凡言司馬門者宮垣之內兵衞所在四面皆有司馬主武事總言之外門爲司馬門也【索隱】按天子門有兵闌曰司馬門也趙高不見有不信之心長史欣恐還走其軍不敢出故道【正義】走音奏趙高果使人追之不及欣至軍報曰趙高用事於中下無可爲者今戰能勝高必疾妒吾功戰不能勝不免於死願將軍孰計之陳餘亦遺章邯書曰白起爲秦將南征鄢郢北阬馬服【索隱】韋昭云趙奢子括也代號馬服崔浩云馬服趙官名言攻城略地不可勝計而竟賜死蒙恬爲秦將北逐戎人開榆中地數千里【索隱】服虔云金城縣所治蘇林曰在上郡崔浩云蒙恬樹榆爲塞也竟斬陽周【集解】孟康曰縣名屬上郡【正義】括地志云寧州羅川縣在州東南七十里漢陽周縣何者功多秦不能盡封因以法誅之今將軍爲秦將三歲矣所亡失以十萬數而諸侯並起滋益多彼趙高素諛日久今事急亦恐二世誅之故欲以法誅將軍以塞責使人更代將軍以脫其禍夫將軍居外久多內郤有功亦誅無功亦誅且天之亡秦無愚智皆知之今將軍內不能直諫外爲亡國將孤特獨立而欲常存豈不哀哉將軍何不還兵與諸侯爲從【索隱】此諸侯謂關東諸侯也何以知然文穎曰關東爲從關西爲橫高誘曰關東地形從長蘇秦相六國號爲合從關西地形橫長張儀相秦壞關東從使與秦合號曰連橫約共攻秦分王其地南面稱孤此孰與身伏鈇質妻子爲僇乎【索隱】公羊傳云加之鈇質何休云要斬之罪崔浩云質斬人椹也又郭註三蒼云質莝椹也章邯狐疑陰使候始成【集解】張晏曰候軍候【索隱】候官名始成其名使項羽欲約約未成項羽使蒲將軍日夜引兵度三戶【集解】服虔曰漳水津也張晏曰三戶地名在梁淇西南孟康曰津峽名也在鄴西三十里【索隱】水經注云漳水東經三戶峽爲三戶津也淇當爲湛按晉八王故事云王俊伐鄴前至梁湛孟康云在鄴西四十里又闞駰十三州志云鄴北五十里梁期故縣也字又不同軍漳南與秦戰再破之項羽悉引兵擊秦軍汙水上【集解】徐廣曰在鄴西【索隱】汙音于郡國志鄴縣有汙城酈元云汙水出武安山東南經汙城北入漳【正義】括地志云汙水源出懷州河內縣北大行山又云故邢城在河內縣西北二十七里古邢國地也左傳云邗晉應韓武之穆也大破之章邯使人見項羽欲約項羽召軍吏謀曰糧少欲聽其約軍吏皆曰善項羽乃與期洹水南殷虛上【集解】徐廣曰二世三年七月也駰按應劭曰洹水在湯陰界殷虛故殷都也瓚曰洹水在今安陽縣北去朝歌殷都一百五十里然則此殷虛非朝歌也汲冢古文曰盤庚遷於此汲冢曰殷虛南去鄴三十里是舊殷虛然則朝歌非盤庚所遷者【索隱】按釋例云洹水出汲郡林慮縣東北至長樂入清水是也汲冢古文云盤庚自奄遷于北冢曰殷虛南去鄴州三十里是殷虛南舊地名號北冢也已盟章邯見項羽而流涕爲言趙高項羽乃立章邯爲雍王置楚軍中使長史欣爲上將軍將秦軍爲前行到新安【正義】括地志云新安故城在洛州澠池縣東一十三里漢新安縣城也即坑秦卒處諸侯吏卒異時故繇使屯戍過秦中秦中吏卒遇之多無狀及秦軍降諸侯諸侯吏卒乘勝多奴虜使之輕折辱秦吏卒秦吏卒多竊言曰章將軍等詐吾屬降諸侯今能入關破秦大善即不能諸侯虜吾屬而東秦必盡誅吾父母妻子諸將微聞其計以告項羽項羽乃召黥布蒲將軍計曰秦吏卒尚衆其心不服至關中不聽事必危不如擊殺之而獨與章邯長史欣都尉翳入秦於是楚軍夜擊阬秦卒二十餘萬人新安城南【集解】徐廣曰漢元年十一月行略定秦地函谷關有兵守關不得入【集解】文穎曰時關在弘農縣衡山嶺今移在河南穀城縣【索隱】顏師古云今桃林縣南有洪溜澗水即古之函關按山形如函故稱函關【正義】括地志云函谷關在陝州桃林縣西南十二里秦函谷關也圖記云西去長安四百餘里路在谷中故以爲名又聞沛公已破咸陽項羽大怒使當陽君等擊關項羽遂入至于戲西沛公軍霸上未得與項羽相見沛公左司馬曹無傷使人言於項羽曰沛公欲王關中使子嬰爲相珍寶盡有之項羽大怒曰旦日饗士卒爲擊破沛公軍當是時項羽兵四十萬在新豐鴻門【集解】孟康曰在新豐東十七里舊大道北下阪口名沛公兵十萬在霸上范增說項羽曰沛公居山東時貪於財貨好美姬今入關財物無所取婦女無所幸此其志不在小吾令人望其氣皆爲龍虎成五采此天子氣也急擊勿失楚左尹項伯者項羽季父也【索隱】名纏字伯後封射陽侯素善留侯張良張良是時從沛公項伯乃夜馳之沛公軍私見張良具告以事欲呼張良與俱去曰毋從俱死也張良曰臣爲韓王送沛公【正義】爲于僞反沛公今事有急亡去不義不可不語良乃入具告沛公沛公大驚曰爲之奈何張良曰誰爲大王爲此計者曰鯫生說我曰距關毋內諸侯秦地可盡王也故聽之【集解】徐廣曰鯫音士垢反駰案服虔曰鯫音淺鯫小人貌也瓚曰楚漢春秋鯫姓也良曰料大王士卒足以當項王乎沛公默然曰固不如也且爲之奈何張良曰請往謂項伯言沛公不敢背項王也沛公曰君安與項伯有故張良曰秦時與臣游項伯殺人臣活之今事有急故幸來告良沛公曰孰與君少長良曰長於臣沛公曰君爲我呼入吾得兄事之張良出要項伯項伯即入見沛公沛公奉卮酒爲壽約爲婚姻曰吾入關秋毫不敢有所近籍吏民封府庫而待將軍所以遣將守關者備他盜之出入與非常也日夜望將軍至豈敢反乎願伯具言臣之不敢倍德也項伯許諾謂沛公曰旦日不可不蚤自來謝項王沛公曰諾於是項伯復夜去至軍中具以沛公言報項王因言曰沛公不先破關中公豈敢入乎今人有大功而擊之不義也不如因善遇之項王許諾沛公旦日從百餘騎來見項王至鴻門謝曰臣與將軍戮力而攻秦將軍戰河北臣戰河南然不自意能先入關破秦得復見將軍於此今者有小人之言令將軍與臣有郤項王曰此沛公左司馬曹無傷言之不然籍何以至此項王即日因留沛公與飲項王項伯東嚮坐亞父南嚮坐亞父者范增也【集解】如淳曰亞次也尊敬之次父猶管仲爲仲父沛公北嚮坐張良西嚮侍范增數目項王舉所佩玉玦以示之者三項王默然不應范增起出召項莊【正義】項羽從弟謂曰君王爲人不忍若入前爲壽壽畢請以劍舞因擊沛公於坐殺之不者若屬皆且爲所虜莊則入爲壽壽畢曰君王與沛公飲軍中無以爲樂請以劍舞項王曰諾項莊拔劍起舞項伯亦拔劍起舞常以身翼蔽沛公莊不得擊於是張良至軍門見樊噲樊噲曰今日之事何如良曰甚急今者項莊拔劍舞其意常在沛公也噲曰此迫矣臣請入與之同命噲即帶劍擁盾入軍門【正義】擁紆拱反盾食允反交戟之衞士欲止不內樊噲側其盾以撞【正義】撞直江反衞士仆地噲遂入披帷西嚮立瞋目視項王【正義】瞋昌真反頭髮上指目眦盡裂【正義】眦自賜反項王按劍而跽曰【索隱】其紀反謂長跪客何爲者張良曰沛公之參乘樊噲者也項王曰壯士賜之卮酒則與斗卮酒噲拜謝起立而飲之項王曰賜之彘肩則與一生彘肩樊噲

覆其盾於地加彘肩上拔劍切而啗之【索隱】啗徒覽反凡以食餧人則去聲自食則上聲項王曰壯士能復飲乎樊噲曰臣死且不避巵酒安足辭夫秦王有虎狼之心殺人如不能舉刑人如恐不勝天下皆叛之懷王與諸將約曰先破秦入咸陽者王之今沛公先破秦入咸陽毫毛不敢有所近封閉宮室還軍霸上以待大王來故遣將守關者備他盜出入與非常也勞苦而功高如此未有封侯之賞而聽細說欲誅有功之人此亡秦之續耳竊為大王不取也項王未有以應曰坐樊噲從良坐坐須臾沛公起如廁因招樊噲出沛公已出項王使都尉陳平【集解】徐廣曰一本無都字召沛公沛公曰今者出未辭也為之奈何樊噲曰大行不顧細謹大禮不辭小讓如今人方為刀俎我為魚肉何辭為於是遂去乃令張良留謝良問曰大王來何操曰我持白璧一雙欲獻項王玉斗一雙欲與亞父會其怒不敢獻公為我獻之張良曰謹諾當是時項王軍在鴻門下沛公軍在霸上相去四十里沛公則置車騎脫身獨騎與樊噲夏侯嬰靳彊紀信等【索隱】漢書作紀通通紀成之子四人持劍盾步走從酈山下道芷陽間行沛公謂張良曰從此道至吾軍不過二十里耳度我至軍中公乃入沛公已去間至軍中張良入謝曰沛公不勝桮杓不能辭謹使臣良奉白璧一雙再拜獻大王足下玉斗一雙再拜奉大將軍足下項王曰沛公安在良曰聞大王有意督過之脫身獨去已至軍矣【集解】如淳曰脫身逃還其軍項王則受璧置之坐上亞父受玉斗置之地拔劍撞而破之曰唉【集解】徐廣曰唉烏來反【索隱】音虛其反皆歎恨發聲之辭豎子不足與謀奪項王天下者必沛公也吾屬今為之虜矣沛公至軍立誅殺曹無傷居數日項羽引兵西屠咸陽殺秦降王子嬰燒秦宮室火三月不滅收其貨寶婦女而東人或說項王曰關中阻山河四塞【集解】徐廣曰東函谷南武關西散關北蕭關地肥饒可都以霸項王見秦宮室皆以燒殘破又心懷思欲東歸曰富貴不歸故鄉如衣繡夜行誰知之者說者曰人言楚人沐猴而冠耳果然【集解】張晏曰沐猴獼猴也【索隱】言獼猴不任久著冠帶以喻楚人性躁暴果然言果如人言也項王聞之烹說者【集解】駰案楚漢春秋揚子法言云說者是蔡生漢書云是韓生項王使人致命懷王懷王曰如約乃尊懷王為義帝項王欲自王先王諸將相謂曰天下初發難時【集解】服虔曰兵初起時【正義】難乃憚反假立諸侯後以伐秦然身被堅執銳首事暴露於野【正義】暴蒲北反三年滅秦定天下者皆將相諸君與籍之力也義帝雖無功故當分其地而王之諸將皆曰善乃分天下立諸將為侯王項王范增疑沛公之有天下業已講解【集解】蘇林曰講和也【索隱】服虔云解折伏也說文云講和解也漢書作媾解蘇林云媾和也是媾之與講俱訓和也業事也言雖有疑心然事已和解也又惡負約恐諸侯叛之乃陰謀曰巴蜀道險秦之遷人皆居蜀乃曰巴蜀亦關中地也故立沛公為漢王【集解】徐廣曰以正月立王巴蜀漢中都南鄭【正義】括地志云南鄭梁州所理縣也而三分關中王秦降將以距塞漢王項王乃立章邯為雍王王咸陽以西都廢邱【索隱】孟康曰縣名今槐里是也韋昭曰周時名犬邱懿王所都秦欲廢之故曰廢邱【正義】括地志云犬邱故城一名廢邱古城在雍州始平縣東南十里地理志云漢高二年引水灌廢邱章邯自殺更廢邱曰槐里長史欣者故為櫟陽獄掾嘗有德於項梁都尉董翳者本勸章邯降楚故立司馬欣為塞王【集解】韋昭曰在長安東名桃林塞王咸陽以東至河都櫟陽【集解】蘇林曰櫟音藥【正義】括地志云櫟陽故城一名萬年城在雍州櫟陽東北二十五里秦獻公之城櫟陽即此也立董翳為翟王王上郡都高奴【集解】文穎曰上郡秦所置項羽以董翳為翟王更名為翟【索隱】按今鄜州有高奴城【正義】括地志云延州州城即漢高奴縣徙魏王豹為西魏王王河東都平陽瑕邱申陽者【集解】徐廣曰一云瑕邱公也服虔曰瑕邱縣屬山陽申姓陽名文穎曰姓瑕邱字申陽瓚曰瑕邱公申陽是瑕邱縣名張耳嬖臣也先下河南郡迎楚河上故立申陽為河南王都雒陽【正義】括地志云洛陽故城在洛州洛陽縣東北二十六里周公所築即成周城也輿地志云成周之地秦莊襄王以為洛陽縣三川守理之後漢都洛陽改為雒漢以火德忌水故去洛旁水而加隹隹於行次為土土水之忌也水得土而流土得水而柔故除隹以加水韓王成因故都都陽翟【正義】括地志云陽翟洛州縣也左傳云鄭伯突入于櫟杜預云櫟鄭別都今河南陽翟縣是也地理志云陽翟縣屬潁川郡夏禹之國趙將司馬卬定河內數有功故立卬為殷王王河內都朝歌徙趙王歇為代王趙相張耳素賢又從入關故立耳為常山王王趙地都襄國【正義】括地志云邢州城本漢襄國縣秦置三十六郡於此置信都縣屬鉅鹿郡項羽改曰襄國立張耳為常山王理信都地理志云故邢侯國也帝王世紀云邢侯為紂三公以忠諫被誅史記云周武王封周公旦之子為邢侯左傳云凡蔣邢茅周公之胤也當陽君黥布為楚將常冠軍故立布為九江王都六【正義】括地志云故六城在壽州安豐縣南百三十二里本六國偃姓皋繇之後所封也黥布亦皋繇之後居六也鄱君吳芮率百越佐諸侯又從入關故立芮為衡山王都邾【集解】韋昭曰鄱音蒲河反初吳芮為鄱令故號曰鄱君今鄱陽縣是也文穎曰邾音朱縣名屬江夏【正義】鄱作番音婆說文云邾音誅括地志云故邾城在黃州黃岡縣東南二十里本春秋時邾國邾子曹姓俠居至魯隱公徙蘄音機義帝柱國共敖【正義】共音恭將兵擊南郡功多因立敖為臨江王都江陵【集解】駰案漢書音義曰本南郡改為臨江國【正義】江陵荊州縣史記江陵故郢都也徙燕王韓廣為遼東王【集解】徐廣曰都無終燕將臧荼從楚救趙因從入關故立荼為燕王都薊徙齊王田市為膠東王【集解】徐廣曰都即墨【正義】括地志云即墨故城在萊州膠水縣南六十里古齊地本漢舊縣膠音交在膠水之東齊將田都從共救趙因從入關故立都為齊王都臨菑【索隱】按高紀及田儋傳云臨濟此言臨菑誤【正義】菑側其反括地志云青州臨菑縣即古臨菑地也一名齊城古營邱之地所封齊之都也少昊時有爽鳩氏虞夏時有季崱殷時有逄伯陵殷末有薄姑氏為諸侯國此地後太公封方五百里故秦所滅齊王建孫田安項羽方渡河救趙田安下濟北數城引其兵降項羽故立安為濟北王都博陽【正義】濟北在田榮者數負項梁又不肯將兵從楚擊秦以故不封成安君【正義】案地理志云成安縣在潁川郡屬豫州陳餘棄將印去不從入關然素聞其賢有功於趙聞其在南皮故因環封三縣【集解】駰案漢書音義曰繞南皮三縣以封之【正義】括地志云故南皮城在滄州南皮縣北四里本漢皮縣即陳餘所封也番君將梅鋗【集解】韋昭曰呼玄反功多故封十萬戶侯項王自立為西楚霸王【正義】貨殖傳云淮北沛陳汝南南郡為西楚也彭城以東東海吳廣陵為東楚也衡山九江江南豫章長沙為南楚王九郡都彭城【集解】孟康曰舊名江陵為南楚吳為東楚彭城為西楚【正義】彭城徐州縣漢之元年四月諸侯罷戲下各就國【索隱】戲音羲水名也言下者如許下洛下然也按上文云項羽入至戲西鴻門沛公還軍霸上是羽初停軍於戲水下今言諸侯罷戲下是各受封邑訖自戲下各就國何須假借文字以為旌麾之下乎顏師古劉伯莊之說皆非項王出之國使人徙義帝曰古之帝者地方千里必居上游【集解】文穎曰居水之上流也游或作流乃使使徙義帝長沙郴縣【集解】如淳曰郴音綝趣義帝行其羣臣稍稍背叛之乃陰令衡山臨江王擊殺之江中【集解】文穎曰郴縣有義帝冢歲時常祠不絕韓王成無軍功項王不使之國與俱至彭城廢以為侯已又殺之臧荼之國因逐韓廣之遼東廣弗聽荼擊殺廣無終并王其地田榮聞項羽徙齊王市膠東而立齊將田都為齊王乃大怒不肯遣齊王之膠東因以齊反迎擊田都田都走楚齊王市畏項王乃亡之膠東就國田榮怒追擊殺之即墨榮因自立為齊王而西擊殺濟北王田安并王三齊【集解】駰案漢書音義曰齊與濟北膠東【正義】三齊記云右即墨中臨淄左平陸謂之三齊榮與彭越將軍印令反梁地陳餘陰使張同夏說說齊王田榮曰項羽為天下宰不平今盡王故王於醜地而王其羣臣諸將善地逐其故主趙王乃北居代餘以為不可聞大王起兵且不聽不義願大王資餘兵請以擊常山以復趙王請以國為扞蔽齊王許之因遣兵之趙陳餘悉發三縣兵與齊并力擊常山大破之張耳走歸漢陳餘迎故趙王歇於代反之趙趙王因立陳餘為代王是時漢還定三秦項羽聞漢王皆已并關中且東齊趙叛之大怒乃以故吳令鄭昌為韓王以距漢令蕭公角等【集解】蘇林曰官號也或曰蕭令也時令皆稱公擊彭越彭越敗蕭公角等漢使張良徇韓乃遺項王書曰漢王失職欲得關中如約即止不敢東又以齊梁反書遺項王曰齊欲與趙并滅楚楚以此故無西意而北擊齊徵兵九江王布布稱疾不往使將將數千人行項王由此怨布也漢之二年冬項羽遂北至城陽田榮亦將兵會戰田榮不勝走至平原平原民殺之遂北燒夷齊城郭室屋皆阬田榮降卒係虜其老弱婦女徇齊至北海多所殘滅齊人相聚而叛之於是田榮弟田橫收齊亡卒得數萬人反城陽項王因留連戰未能下春漢王部【集解】徐廣曰一作劫【索隱】按漢書作劫字五諸侯兵【集解】徐廣曰塞翟魏殷河南騶按應劭曰雍翟塞殷韓也韋昭曰塞翟殷韓魏雍時已敗也【索隱】按徐廣韋昭皆數翟塞及殷韓等顏師古不數三秦謂常山河南韓魏殷顧脩意略同乃以陳餘兵為五未知孰是鄙意按韓王鄭昌拒漢漢使韓信擊破之則是韓兵不下而已被散也韓不在此數五諸侯者塞翟河南魏殷也【正義】師古云諸家之說皆非張良遺羽書曰漢王欲得關中如約即止不敢復東謂出關之東也今羽乃聞漢王東之時漢固已得三秦矣五諸侯者謂常山河南韓魏殷也此年十月常山王張耳降河南王申陽降韓王鄭昌降魏王豹降虜殷王卬皆漢東之後故知謂此為五諸侯時雖未得常山之地功臣年表云張耳棄國與大臣歸漢則當亦有士卒爾時雍王猶在廢邱被圍即非五諸侯之數也尋此紀文昭然可曉前賢注釋並失指趣高紀及漢書皆言劫五諸侯兵凡兵初降士卒未有自指麾故須劫略而行又云發關中兵收三河士發謂差點撥發也收謂劫略收斂也韋昭云河南河東河內中陽都雒陽韓王成都陽翟皆河南也魏豹都平陽河東也司馬卬都朝歌張耳都襄國河內也此三河士則五諸侯兵也更著雍塞翟則成八諸侯矣重明顏公之說是故韓信傳云漢二年出關收魏河南韓殷王皆降是凡五十六萬人東伐楚項王聞之即令諸將擊齊而自以精兵三萬人南從魯出胡陵【正義】括地志云徐州魯兗州曲阜縣也地理志云胡陵在山陽縣屬也四月漢皆已入彭城收其貨寶美人日置酒高會項王乃西從蕭【正義】括地志云徐州蕭縣古蕭叔之國春秋時為宋附庸帝王世紀云周封子姓之別為附庸也晨擊漢軍而東至彭城日中大破漢軍【集解】張晏曰一日之中也或曰旦擊之至日中大破漢軍皆走相隨入穀泗水【集解】瓚曰二水皆在沛彭城殺漢卒十餘萬人漢卒皆南走山【正義】走音奏楚又追擊至靈壁東【集解】徐廣曰在彭城【索隱】孟康曰故小縣在彭城南【正義】括地志云靈壁故城在徐州符離縣西北九十里睢水上【集解】徐廣曰睢水於彭城入泗水【正義】睢音雖括地志云睢水首受浚儀縣蒗蕩水東經取慮入泗過郡西行至一千二百六十里者矣其漢軍却為楚所擠【集解】服虔曰擠音濟民之濟瓚曰排擠也多殺漢卒十餘萬人皆入睢水睢水為之不流【正義】為于偽反圍漢王三匝於是大風從西北而起折木發屋揚沙石窈冥晝晦【集解】徐廣曰窈亦作窅字逢迎楚軍楚軍大亂壞散而漢王乃得與數十騎遁去欲過沛收家室而西楚亦使人追之沛取漢王家家皆亡不與漢王相見漢王道逢得孝惠魯元【集解】服虔曰元長也食邑於魯韋昭曰元謚也乃載行楚騎追漢王漢王急推墮孝惠魯元車下滕公常下收載之如是者三曰雖急不可以驅奈何棄之於是遂得脫求太公呂后不相遇審食其從太公呂后間行求漢王【集解】瓚曰其音基如淳曰間出間步微行皆同義也【索隱】食音異其音基鄙審趙三人同名其音合並同以六國時衛有司馬食其並茶其名反遇楚軍楚軍遂與歸報項王項王常置軍中是時呂后兄周呂侯【集解】徐廣曰名澤【正義】蘇林云以姓名侯也晉灼云外戚表周呂侯澤也呂縣名封於呂以為國顏師古云周呂封名令武其謚也蘇云以姓名侯非也為漢將兵居下邑【集解】徐廣曰在梁【正義】括地志云宋州碭山縣本下邑縣也在宋州東一百五十里按今下邑在宋州東一百十里漢王間往從之稍稍收其士卒至滎陽諸敗軍皆會蕭何亦發關中老弱未傅悉詣滎陽【集解】服虔曰傅音附孟康曰古者二十而傅三年耕有一年儲故二十三年而後役之如淳曰律年二十三傅之疇官各從其父疇內學之高不滿六尺二寸以下為罷癃漢儀注民年二十三為正一歲為衛士一歲為材官騎士習射御騎馳戰陣又曰年五十六衰老乃得免為庶民就田里今老弱未嘗傅者皆發之未

二十三爲弱過五十六爲老食貨志曰月爲更卒已復爲正一歲屯戍一歲力役三十倍於古者【索隱】按姚氏云古者更卒不過一月踐更五月而休又顏云五當爲三言一歲之中三月居更三日戍邊總九十三日古者役人歲不過三日此所謂一歲力役三十倍於古也斯說得之復大振楚起於彭城常乘勝逐北與漢戰滎陽南京索閒漢敗楚【集解】應劭曰京縣名屬河南有索亭晉灼曰索音柵【正義】括地志云京縣城在鄭州滎陽縣東南二十里鄭之京邑也晉太康地志云鄭太叔段所居邑滎陽縣即大索城杜預云成皐東有大索城又有小索故城在滎陽縣北四里京相璠地名云京縣有大索亭小索亭大小氏兄弟居之故有小大之號按楚與漢戰滎陽南京索閒即此三城耳楚以故不能過滎陽而西項王之救彭城追漢王至滎陽田橫亦得收齊立田榮子廣爲齊王漢王之敗彭城諸侯皆復與楚而背漢漢軍滎陽築甬道屬之河以取敖倉粟【集解】瓚曰敖地名在滎陽西北山臨河有太倉【正義】括地志云敖倉在鄭州滎陽縣西十五里縣門之東北臨汴水南帶三皇山秦時置倉於敖山名敖倉云漢之三年項王數侵奪漢甬道漢王食乏恐請和割滎陽以西爲漢項王欲聽之歷陽侯范增曰【正義】括地志云和州歷陽縣本漢舊縣也淮南子云歷陽之都一夕而爲湖漢帝時歷陽淪爲歷湖漢易與耳今釋弗取後必悔之項王乃與范增急圍滎陽漢王患之乃用陳平計閒項王項王使者來爲太牢具舉欲進之見使者詳驚愕曰吾以爲亞父使者乃反項王使者更持去以惡食食項王使者【正義】上食如字下音寺使者歸報項王項王乃疑范增與漢有私稍奪之權范增大怒曰天下事大定矣君王自爲之願賜骸骨歸卒伍項王許之行未至彭城疽發背而死【集解】駰案皇覽曰亞父冢在廬江居巢縣郭東居巢廷中有亞父井吏民皆祭亞父於居巢廷上長吏初視事皆祭然後從政後更造祠於郭東至今祠之【正義】疽七餘反崔浩云疽附骨癰也括地志云鼈山在廬州巢縣東北五里昔范增居此山之陽後佐項羽漢將紀信說漢王曰事已急矣請爲王誑楚爲王王可以閒出於是漢王夜出女子滎陽東門被甲二千人楚兵四面擊之紀信乘黃屋【正義】李斐云天子車以黃繒爲蓋裏車傳左纛【集解】李斐曰纛毛羽幢也在乘輿車衡左方上柱之蔡邕曰以犛牛尾爲之如斗或在騑頭或在衡上也曰城中食盡漢王降楚軍皆呼萬歲漢王亦與數十騎從城西門出走成皐【正義】括地志云成皐故縣在洛州汜水縣西南二里項王見紀信問漢王安在信曰漢王已出矣項王燒殺紀信漢王使御史大夫周苛樅公【集解】駰案樅音七從反魏豹守滎陽周苛樅公謀曰反國之王難與守城乃共殺魏豹楚下滎陽城生得周苛項王謂周苛曰爲我將我以公爲上將軍封三萬戶周苛罵曰若不趣降漢漢今虜若若非漢敵也項王怒烹周苛幷殺樅公漢王之出滎陽南走宛葉得九江王布行收兵復入保成皐漢之四年項王進兵圍成皐漢王逃【集解】晉灼曰獨出意【索隱】音徒彫反漢書作跳字獨與滕公出成皐北門【集解】徐廣曰北門名玉門渡河走脩武從張耳韓信軍諸將稍稍得出成皐從漢王楚遂拔成皐欲西漢使兵距之鞏令其不得西是時彭越渡河擊楚東

阿殺楚將軍薛公項王乃自東擊彭越漢王得淮陰侯兵欲渡河南鄭忠說漢王乃止壁河內使劉賈將兵佐彭越燒楚積聚【正義】積音積賜反項王東擊破之走彭越漢王則引兵渡河復取成皐軍廣武就敖倉食項王已定東海來西與漢俱臨廣武而軍【集解】孟康曰於滎陽築兩城相對爲廣武在敖倉西三皇山上【正義】括地志云東廣武西廣武在鄭州滎陽縣西二十里戴延之西征記云三皇山上有二城東曰東廣武西曰西廣武各在一山頭相去百步汴水從廣澗中東南流今涸無水城各有三面在敖倉西郭緣生述征記云一澗橫絕上過名曰廣武相對皆立城塹遂號東西廣武相守數月當此時彭越數反梁地絕楚糧食項王患之爲高俎置太公其上【集解】如淳曰高俎几之上李奇曰軍中巢櫓方面人謂之俎也【索隱】俎亦机之類故夏侯湛新論爲机猶俎也比太公於牲肉故置之俎上姚察按左氏楚子登巢車以望晉軍杜預謂車上櫓也故李氏云軍中巢櫓又引晉人亦謂此爲俎也【正義】括地志云東廣武城有高壇卽是項羽坐太公俎上者今名項羽堆亦呼爲太公亭顏師古云俎者所以薦肉示欲烹之故置俎上告漢王曰今不急下吾烹太公漢王曰吾與項羽俱北面受命懷王曰約爲兄弟吾翁卽若翁必欲烹而翁則幸分我一桮羹項王怒欲殺之項伯曰天下事未可知且爲天下者不顧家雖殺之無益秖益禍耳項王從之楚漢久相持未決丁壯苦軍旅老弱罷轉漕項王謂漢王曰天下匈匈數歲者徒以吾兩人耳願與漢王挑戰【集解】李奇曰挑身獨戰不復須衆也挑音荼了反瓚曰挑戰擿嬈敵求戰古謂之致師決雌雄毋徒苦天下之民父子爲也漢王笑謝曰吾寧鬬智不能鬬力項王令壯士出挑戰漢有善騎射者樓煩【集解】應劭曰樓煩胡也今樓煩縣楚挑戰三合樓煩輒射殺之項王大怒乃自被甲持戟挑戰樓煩欲射之項王瞋目叱之樓煩目不敢視手不敢發遂走還入壁不敢復出漢王使人閒問之乃項王也漢王大驚於是項王乃卽漢王相與臨廣武閒而語漢王數之項王怒欲一戰漢王不聽項王伏弩射中漢王漢王傷走入成皐項王聞淮陰侯已舉河北破齊趙且欲擊楚乃使龍且【集解】韋昭曰音子閭反往擊之淮陰侯與戰騎將灌嬰擊之大破楚軍殺龍且韓信因自立爲齊王項王聞龍且軍破則恐使盱台人武涉往說淮陰侯淮陰侯弗聽是時彭越復反下梁地絕楚糧項王乃謂海春侯大司馬曹咎等曰謹守成皐則漢欲挑戰愼勿與戰毋令得東而已我十五日必誅彭越定梁地復從將軍乃東行擊陳留【正義】括地志云陳留汴州縣也在州東五十里本漢陳留郡及陳留縣之地孟康云留鄭邑也後爲陳所幷故曰陳留臣瓚又按宋有留彭城留是也此留屬陳故曰陳留外黃外黃不下數日已降項王怒悉令男子年十五已上詣城東欲阬之外黃令舍人兒年十三【集解】蘇林曰令之舍人兒也瓚曰稱兒者以其幼弱故係其父春秋傳曰仍叔之子是也往說項王曰彭越彊劫外黃【正義】彊其兩反外黃恐故且降待大王大王至又皆阬之百姓豈有歸心從此

以東梁地十餘城皆恐莫肯下矣項王然其言乃赦外黃當阬者東至睢陽【正義】括地志云宋州外城本漢睢陽縣也地理志云睢陽縣故宋國也聞之皆爭下項王漢果數挑楚軍戰楚軍不出使人辱之五六日大司馬怒渡兵汜水【集解】張晏曰汜水在濟陰界如淳曰汜音祀左傳曰鄙在鄭地汜瓚曰高祖攻曹咎成皐渡汜水而戰今成皐城東汜水是也【索隱】案今此水名汜水音似張晏云在濟陰亦未全失按古濟水當截河而南又東流溢爲滎澤然水南曰陰此亦在濟之陰非彼濟陰郡耳臣瓚之說是【正義】括地志云汜水源出洛州汜水縣東南三十二里方山山海經云浮戲之山汜水出焉士卒半渡漢擊之大破楚軍盡得楚國貨賂大司馬咎長史翳塞王欣皆自剄汜水上【集解】鄭玄曰剄音經鼎反以刀割頸爲剄大司馬咎者故蘄獄掾長史欣亦故櫟陽獄吏兩人嘗有德於項梁是以項王信任之當是時項王在睢陽聞海春侯軍敗則引兵還漢軍方圍鍾離眛於滎陽東【集解】駰案漢書音義曰眛音末項王至漢軍畏楚盡走險阻是時漢兵盛食多項王兵罷食絕漢遣陸賈說項王請太公項王弗聽漢王復使侯公往說項王項王乃與漢約中分天下割鴻溝以西者爲漢【集解】文穎曰於滎陽下引河東南爲鴻溝以通宋鄭陳蔡曹衛與濟汝淮泗會於楚卽今官渡水也【正義】應劭云在滎陽東二十里張華云大梁城在浚儀縣北縣西北渠水東經此城南又北屈分爲二渠其一渠東南流始皇鑿引河水以灌大梁謂之鴻溝楚漢會此處也其一渠東經陽武縣南爲官渡水按張華此說是鴻溝而東者爲楚項王許之卽歸漢王父母妻子軍皆呼萬歲漢王乃封侯公爲平國君【正義】楚漢春秋云上欲封之乃肯見曰此天下之辯士所居傾國故號曰平國君按說歸太公呂后能和平郡國匿弗肯復見曰此天下辯士所居傾國故號爲平國君項王已約乃引兵解而東歸漢欲西歸張良陳平說曰漢有天下太半【集解】韋昭曰凡數三分有二爲太半一爲少半而諸侯皆附之楚兵罷食盡此天亡楚之時也不如因其機而遂取之今釋弗擊此所謂養虎自遺患也【正義】遺惟季反漢王聽之漢五年漢王乃追項王至陽夏南【集解】如淳曰夏音賈【正義】括地志云陳州太康縣本漢陽夏縣也續漢書郡國志云陽夏縣屬陳國按太康縣城夏后太康所築隋改陽夏爲太康止軍與淮陰侯韓信建成侯彭越期會而擊楚軍至固陵【集解】徐廣曰在陽夏駰按晉灼曰卽固始也【正義】括地志云固陵縣名也在陳州宛丘縣西北四十二里而信越之兵不會楚擊漢軍大破之漢王復入壁深塹而自守謂張子房曰諸侯不從約爲之柰何對曰楚兵且破信越未有分地【集解】李奇曰信越等未有益地之分也韋昭曰信等雖名爲王未有所畫經界其不至固宜君王能與共分天下今可立致也卽不能事未可知也君王能自陳以東傅海盡與韓信【正義】傅音附著也陳卽陳州古陳國都也自陳者海幷齊舊地盡與齊王韓信也睢陽以北至穀城以與彭越【正義】括地志云穀城故在濟州東阿縣東二十六里睢陽宋州也自宋州以北至濟州穀城際黃河盡與相國彭越使各自爲戰【正義】爲于僞反則楚易敗也漢王曰善於是乃發使者告韓信彭越曰幷力擊楚楚破自陳以東傅海與齊王睢陽以北至穀城與彭相國使者至韓

信彭越皆報曰請今進兵韓信乃從齊往劉賈軍從壽春並行屠城父【集解】如淳曰並行並擊之【正義】父音甫壽州壽春縣也城父亳州縣也屠謂多刑殺也劉賈入圍壽州引兵過淮北屠殺亳州城父而東北至垓下至垓下【集解】徐廣曰在沛之洨縣洨下交切駰按應劭曰垓音該李奇曰沛洨縣聚邑名也【索隱】張揖三蒼注云垓堤名在沛郡【正義】按垓下是高岡絕巖今猶高三四丈其聚邑及堤在垓之側因取名焉今在亳州真源縣東十里與老君相接洨音戶交反大司馬周殷叛楚以舒屠六【集解】如淳曰以舒之衆屠破六縣【正義】括地志云舒今廬江則故舒城是也故六城在壽州安豐南百三十二里偃姓咎繇之後按周殷叛楚兼舉九江郡之兵隨劉賈而至垓下舉九江兵【正義】九江郡壽州也楚考烈王二十二年自陳徙壽春號云郢至王負芻爲秦將王翦蒙武所滅於是置九江郡應劭云自廬江尋陽分爲北江隨劉賈彭越皆會垓下詣項王項王軍壁垓下兵少食盡漢軍及諸侯兵圍之數重夜聞漢軍四面皆楚歌【集解】應劭曰楚歌者謂鷄鳴歌也漢已略得其地故楚歌者多鷄鳴時歌也【正義】顏師古云楚人之歌也猶言吳謳越吟若鷄鳴爲歌之名於理則可不得云鷄鳴時也高祖戚夫人楚舞自爲楚歌豈亦鷄鳴時乎按顏說是也項王乃大驚曰漢皆已得楚乎是何楚人之多也項王則夜起飲帳中有美人名虞【集解】徐廣曰一云姓虞氏【正義】括地志云虞姬墓在濠州定遠縣東六十里長老傳云項羽美人冢也常幸從駿馬名騅【正義】音隹顏野王云青白色也釋畜云蒼白雜毛騅也常騎之於是項王乃悲歌忼慨自爲詩曰力拔山兮氣蓋世時不利兮騅不逝騅不逝兮可奈何虞兮虞兮奈若何歌數闋美人和之【正義】和音胡臥反楚漢春秋云歌曰漢兵已略地四方楚歌聲大王意氣盡賤妾何聊生項王泣數行下【正義】數色庾反行色郎反左右皆泣莫能仰視於是項王乃上馬騎【正義】其倚反凡單乘曰騎後同麾下【正義】麾亦作戲同呼危反壯士騎從者八百餘人直夜潰圍南出馳走平明漢軍乃覺之令騎將灌嬰以五千騎追之項王渡淮騎能屬者百餘人耳【正義】屬音燭項王至陰陵【集解】徐廣曰在淮南【正義】括地志云陰陵縣故城在濠州定遠縣西北六十里地理志云陰陵縣屬九江郡迷失道問一田父田父紿曰左【集解】文穎曰紿欺也欺令左去左乃陷大澤中以故漢追及之項王乃復引兵而東至東城【集解】駰案漢書音義曰縣名屬臨淮【正義】括地志云東城縣故城在濠州定遠縣東南五十里地理志云東城縣屬九江郡乃有二十八騎漢騎追者數千人項王自度不得脫謂其騎曰吾起兵至今八歲矣身七十餘戰所當者破所擊者服未嘗敗北遂霸有天下然今卒困於此【正義】卒子律反此天之亡我非戰之罪也今日固決死願爲諸君決戰必三勝之爲諸君潰圍斬將刈旗令諸君知天亡我非戰之罪也乃分其騎以爲四隊四嚮漢軍圍之數重項王謂其騎曰吾爲公取彼一將令四面騎馳下期山東爲三處【正義】期遇山東分爲三處漢軍不知項羽處括地志云九頭山在滁州全椒縣西北九十六里江表傳云項羽敗至烏江漢兵追羽至此一日九戰因名於是項王大呼【正義】火故反馳下漢軍皆披靡【正義】上披彼反靡言精體低垂遂斬漢一將是時赤泉侯爲騎將追項王項王瞋目叱之赤泉侯人馬俱驚辟易數里【正義】言人馬俱驚開張易舊處乃至數里與其騎會爲三處漢軍不知項

王所在乃分軍爲三復圍之項王乃馳復斬漢一都尉殺數十百人復聚其騎亡其兩騎耳乃謂其騎曰何如騎皆伏曰如大王言於是項王乃欲東渡烏江【集解】瓚曰在牛渚【索隱】按晉初屬臨淮【正義】括地志云烏江亭卽和州烏江縣是也晉初爲縣注水經云水又北左傳黃律口漢書所謂烏江亭長檥船以待項羽卽此也烏江亭長檥船待【集解】徐廣曰檥音儀一音俄【集解】應劭曰檥正也孟康曰檥音蟻附也附船著岸也如淳曰南方人謂整船向岸曰檥【索隱】檥字諸家各以意解爾鄒誕本作樣船以尚反劉氏亦有此音謂項王曰江東雖小地方千里衆數十萬人亦足王也願大王急渡今獨臣有船漢軍至無以渡項王笑曰天之亡我我何渡爲且籍與江東子弟八千人渡江而西今無一人還縱江東父兄憐而王我我何面目見之縱彼不言籍獨不愧於心乎乃謂亭長曰吾知公長者吾騎此馬五歲【正義】騎音奇所當無敵嘗一日行千里不忍殺之以賜公乃令騎皆下馬步行持短兵接戰獨籍所殺漢軍數百人項王身亦被十餘創顧見漢騎司馬呂馬童曰若非吾故人乎馬童面之【集解】張晏曰以故人難視斫之故背之如淳曰面不正視也指王翳曰此項王也【集解】如淳曰指示王翳項王乃曰吾聞漢購我頭千金【正義】漢以一斤金爲千金當一萬錢也邑萬戶吾爲若德【集解】徐廣曰亦可是功德之德【正義】爲于僞反言呂馬童與項羽先是故人舊有恩德於羽一云德行也乃自刎而死王翳取其頭餘騎相蹂踐爭項王相殺者數十人最其後郎中騎楊喜騎司馬呂馬童郎中呂勝楊武各得其一體五人共會其體皆是分其地爲五封呂馬童爲中水侯【索隱】按晉書地道記其中水縣屬河間【正義】地理志云中水縣屬涿郡應劭云在易滱二水之中故曰中水封王翳爲杜衍侯【索隱】按地理志縣在南陽按表作王翥也【正義】括地志云杜衍故縣在鄧州南陽縣西八里封楊喜爲赤泉侯【索隱】按漢書表及後漢作慧音火志反南陽有丹水縣疑赤泉後改封楊武爲吳防侯【索隱】地理志縣名屬汝南故房子國【正義】吳防豫州縣括地志云吳房縣本漢舊縣孟康云吳王闔廬弟夫概奔楚楚封於此爲唐谿氏本房子國以封吳故曰吳房封呂勝爲涅陽侯【集解】徐廣曰五人後卒皆諡壯侯【索隱】地理志南陽縣名【正義】涅年結反括地志云涅陽故城在鄧州穰縣東北六十里本漢舊縣也應劭云在涅水之陽項王已死【集解】徐廣曰漢五年之十二月也項王以始皇十五年己巳歲生死時年三十一楚地皆降漢獨魯不下漢乃引天下兵欲屠之爲其守禮義爲主死節乃持項王頭示魯魯父兄乃降始楚懷王初封項籍爲魯公及其死魯最後下故以魯公禮葬項王穀城【集解】駰案皇覽曰項羽冢在東郡穀城東去縣十五里【正義】括地志云項羽墓在濟州東阿縣東二十七里穀城西三里遠征記項羽墓在穀城西北三里半許毀壞有碣石項王之墓漢王爲發哀泣之而去諸項氏枝屬漢王皆不誅乃封項伯爲射陽侯【集解】徐廣曰項伯名纏字伯【正義】射音食夜反括地志云楚州山陽本漢射陽縣吳地志云在射水之陽故曰射陽桃侯【集解】徐廣曰名襄其子舍爲丞相【正義】括地志云故城在滑州胙城縣東四十里漢書云高祖十二年封劉襄爲桃侯也平皋侯【集解】徐廣曰名佗【正義】括地志云平皋故城在懷州武德縣東二十里漢平皋縣按佗音徒何反玄武侯【集解】徐廣曰諸侯表中不見皆項氏賜姓劉氏

太史公曰吾聞之周生曰【集解】文穎曰周時賢者【正義】孔文祥云周生漢時儒者姓周也按太史公云吾聞之周生則是漢人與太史公耳目相接明矣舜目蓋重瞳子【集解】駰按尸子曰舜兩眸子是謂重瞳又聞項羽亦重瞳子羽豈其苗裔邪何興之暴也夫秦失其政陳涉首難豪傑蠭起相與並爭不可勝數然羽非有尺寸乘勢起隴畝之中三年遂將五諸侯滅秦【集解】駰案此時山東六國而齊趙韓魏燕五國並起從伐秦故云五諸侯分裂天下而封王侯政由羽出號爲霸王位雖不終近古以來未嘗有也及羽背關懷楚【正義】顏師古云背關背約不王高祖於關中懷楚謂思東歸而都彭城放逐義帝而自立怨王侯叛己難矣自矜功伐奮其私智而不師古謂霸王之業欲以力征經營天下五年卒亡其國【正義】卒音子律反五年謂高帝元年至五年殺項羽東城身死東城尚不覺寤而不自責過矣乃引天亡我非用兵之罪也豈不謬哉

【索隱述贊】亡秦鹿走偽楚狐鳴雲鬱沛谷劍挺吳城勳開魯甸勢合碭兵卿子無罪亞父推誠始救趙歇終誅子嬰違約王漢背關懷楚常遷上游臣迫故主靈壁大振成皋久拒戰非無功天實不與嗟彼蓋代卒爲凶豎

史記卷七考證

項羽本紀索隱項羽不可稱本紀宜降爲世家○臣照按史法天子則稱本紀者蓋祖述馬遷之文馬遷之前固無所爲本紀也但馬遷之意並非以本紀爲天子之服物采章若黃屋左纛然非天子不可用也特以天下之權之所在則其人係天下之本卽謂之本紀若秦本紀言秦未得天下之先天下之勢已在秦也呂后本紀呂后固亦未若武氏之篡也而天下之勢固在呂后則亦曰本紀也後世史官以君爲本紀臣爲列傳固亦無可議者但是宗馬遷之史法而小變之固不得轉據後以議前也索隱之說謬矣

項梁嘗有櫟陽逮捕○諸本皆無捕字惟北監本有之

廣陵人召平○臣世駿按水經注廣陵城楚漢之間爲東陽郡高祖六年爲荆國十一年爲吳城景帝四年更名江都武帝元狩三年更曰廣陵此紀言廣陵者蓋史家追書之也

楚雖三戶亡秦必楚也集解瓚曰楚人怨秦雖三戶猶足以亡秦也索隱臣瓚與蘇林解同韋昭以爲三戶楚三大姓昭屈景也二說皆非按左氏以畀楚師於三戶杜預注云今丹水縣北三戶亭則是地名不疑正義按服虔云三戶漳水津也孟康云津峽名也在鄴西三十里括地志云濁漳水又東經葛公亭北經三戶峽爲三戶津在相州滏陽縣界然則南公辨陰陽識廢興之數知秦亡必于三戶故出此言後項羽果渡三戶津破章邯軍降章邯秦遂亡是南公之善識○臣照按三戶只依瓚說爲是作地名解迂矣曰雖曰必其義何居其後兵渡三戶亦偶合耳正義亦是曲爲傅會

西破秦軍濮陽東正義括地志云濮陽縣在濮州西八十六里濮縣也古吳之國○古吳是昆吾二字之誤

趙歇爲王陳餘爲將張耳爲相皆走入鉅鹿城○或云此處餘耳皆走入城下云餘軍於外豈入而復出耶張耳陳餘傳云張耳與趙王歇走入鉅鹿城王離圍之陳餘北收常山兵得數萬人軍鉅鹿北則餘固未嘗入城也蓋下文陳餘爲將句與此處王相二句照應此處陳餘爲將句當是刊落未盡耳臣照按趙王將相皆入鉅鹿城故章邯令王離涉間圍鉅鹿陳餘爲將故北收常山兵數萬軍鉅鹿北圍固非項刻可合也餘之得出而收兵固也叙王與將相固不得獨舍將不言而餘之軍鉅鹿北以爲將故則又不得不重叙也以爲刊落未盡過矣

項羽召見諸侯將諸侯將入轅門○一本無下諸侯將三字

故立申陽爲河南王都雒陽正義漢都洛陽改爲雒漢以火德忌水故去洛旁水而加佳佳于行次爲土土水之忌也水得土而流土得水而柔故除佳以加水○此魚豢典略語水經注及魏志注中亦引之火德作火行水之忌也作水之牡也

故立芮爲衡山王都邾正義春秋時邾國曹姓狹居至魯隱公徙蘄○春秋隱公世無邾徙蘄事

故立都爲齊王都臨菑正義括地志云青州臨菑縣地卽古臨菑地也一名齊城古營邱之地所封齊之都也○文有舛誤據漢書地理志宜云青州臨菑縣地一名齊城卽古營邱之地師尚父所封齊之都也

使劉賈將兵佐彭越燒楚積聚項王東擊破之走彭越漢王則引兵渡河復取成皋○歸有光曰漢高紀使劉賈佐彭越燒楚積聚羽乃令曹咎守成皋而引兵定梁地漢破咎兵汜水上復取成皋是一事而此紀前後倒置遂作兩段若漢先取成皋楚無緣得令咎守之也考漢書紀傳自明

與漢俱臨廣武而軍正義戴延之西征記云○側字衍

雎陽以北至穀城以與彭越正義括地志云穀城故在齊州東阿縣東二十六里○故下宜有城字

至垓下正義與老君相接○老君下宜有廟字

於是項王乃欲東渡烏江正義注水經云水又北左傳黃律口漢書所謂烏江亭長檥船以待項羽卽此也○此條今本水經注無之

封呂勝爲涅陽侯正義括地志云涅陽故地城在鄧州穰縣東北六十里○涅陽故地城地字衍文

及羽背關懷楚正義顏師古云背約不王高祖於關中懷楚謂思東歸而都彭城○顧炎武曰謂舍關中形勝之地而都彭城若如師古之解乃背約非背關也

史記卷八

漢　太　史　令司馬遷　撰

宋　中郎外兵曹參軍裴　駰集解

唐　國子博士弘文館學士司馬貞索隱

唐　諸王侍讀率府長史張守節正義

高祖本紀第八

高祖【集解】駰案漢書音義曰諱邦張晏曰禮謚法無高以爲功最高而爲漢帝之太祖故特起名焉沛豐邑中陽里人姓劉氏【集解】李斐曰沛小沛也劉氏隨魏徙大梁移在豐居中陽里孟康曰後沛爲郡豐爲縣【索隱】按高祖劉累之後別食邑於范士會之裔留秦不反更爲劉氏劉氏隨魏徙大梁後居豐今言姓劉氏者是左傳天子建德因生以賜姓胙之土命之氏諸侯以字爲謚因以爲族說者以爲天子賜姓命氏諸侯命族族者氏之別名也然則因生賜姓若舜生姚墟以爲姚姓封之於虞卽號有虞氏是也若其後子孫更不得賜姓卽遂以虞爲姓云姓虞氏今此云姓劉氏亦其義也故姓者所以統繫百代使不別也氏者所以別子孫之所出又系本篇言姓則在上言氏則在下故五帝本紀云禹姓姒氏契姓子氏棄姓姬氏是也按漢改泗水爲沛郡治相城故注以沛爲小沛也字季【索隱】按漢書名邦字季此單云字亦又可疑按漢高祖長兄名伯次名仲不見別名則季亦是名也故項岱云高祖小字季卽位易名邦後因諱邦不諱季所以季布猶稱姓父曰太公【索隱】皇甫謐云名執嘉王符云太上皇名煓與湍同音【正義】春秋握成圖云劉媼夢赤鳥如龍戲已生執嘉母曰劉媼【集解】文穎曰幽州及漢中皆謂老嫗爲媼孟康曰長老尊稱也左師謂太后曰媼愛燕后賢長安君禮樂志地神曰媼媼母別名也音烏老反【索隱】韋昭云媼婦人長老之稱皇甫謐云媼蓋姓王氏又據春秋握成圖以爲執嘉妻含始遊洛池生劉季詩含神霧亦云姓字肯非正史所出蓋無可取今近有人云母溫氏貞時打得班固泗水亭長古碑文其字分明作溫字云母溫氏貞與賈膺復徐彥伯魏奉古等執對反覆沉歎古人未聞聊記異見於何取實也孟康注地神曰媼者禮樂志云后土富媼張晏云坤爲母故稱媼也【正義】帝王世紀云漢昭靈后含始游洛池有寶雞銜赤珠出炫曰石吞之生高祖詩含神霧亦云含始卽昭靈后也陳留風俗傳云沛公起兵野戰喪皇妣於黃鄉天下平定使使者以梓宮招魂幽於是丹蛇在水自洒躍入梓宮其浴處有遺髮謚曰昭靈夫人漢儀注云高帝母起兵時死小黃城後於小黃立陵廟括地志云小黃故城在汴州陳留縣東北三十三里顏師古云皇甫謐等妄引讖記好奇騁博強爲高祖父母名字皆非正史所說蓋無取焉寧有劉媼本姓實存史遷肯不詳載卽理而言斷可知矣其先劉媼嘗息大澤之陂夢與神遇是時雷電晦冥太公往視則見蛟龍於其上【索隱】按詩含神霧云赤龍感女媼劉季興又廣雅云有鱗曰蛟龍已而有身遂產高祖高祖爲人隆準而龍顏【集解】服虔曰準音拙應劭曰隆高也準頰權準也顏額顙也齊人謂之顙汝南淮泗之間曰顏文穎曰準鼻也【索隱】

始皇蜂目長準蓋鼻高起文穎曰高祖感龍而生故其顏貌似龍長頸而高鼻美須髯左股有七十二黑子【正義】河圖云帝劉季口角戴勝斗胸龜背龍股長七尺八寸合誠圖云赤帝體爲朱鳥其表龍顏多黑子按左陽也七十二黑子者赤帝七十二日之數也木火土金水各居一方一歲三百六十日四方分之各得九十日土居中央並索四季各十八日俱成七十二日故高祖七十二黑子者應火德七十二日之徵也有一本七十日者非也許北人呼爲黶子吳楚謂之誌誌記也仁而愛人喜施【正義】喜許記反施尸豉反意豁如也【集解】服虔曰豁達也常有大度不事家人生產作業及壯試爲吏【集解】應劭曰試補吏爲泗水亭長【正義】秦法十里一亭十亭一鄉亭長主亭之吏高祖爲泗水亭長也國語有寓室即今之亭也亭長蓋今里長也民有訟諍吏留平辨得成其政括地志云泗水亭在徐州沛縣東一百步有高祖廟也廷中吏無所不狎侮好酒及色常從王媼武負貰酒【集解】韋昭曰貰賒也【索隱】鄒誕生貰音世與字林聲韻並同又音時夜反廣雅云貰賒也說文云貰貸也臨淮有貰縣漢書功臣表貰陽侯劉纏而此紀作射陽則貰亦射也醉臥武負王媼見其上常有龍怪之高祖每酤留飲酒讎數倍【集解】如淳曰讎亦售【索隱】樂彥云借讎爲售蓋古字少假借耳今亦依字讀蓋高祖大度既貰飲且讎其數倍價也及見怪歲竟此兩家常折券棄責【索隱】周禮小司寇聽稱責以傅別鄭司農云傅別券書也鄭玄云傅別謂大手書於札中而別之也然則古用簡札書故可折至歲終總棄不責也高祖常繇咸陽【集解】應劭曰繇役也【索隱】韋昭云秦所都武帝更名渭城應劭云今長安也按關中記云孝公都咸陽今渭城是在渭北始皇都咸陽今城南大城是也名咸陽者山南曰陽水北亦曰陽其地在渭水之北又在九嵕諸山之南故曰咸陽縱觀觀秦皇帝【正義】包愷云上音館下音官恣意故縱觀也喟然太息曰嗟乎大丈夫當如此也單父人呂公【集解】駰案漢書音義曰單音善父音甫【索隱】韋昭云單父縣名屬山陽崔浩云史失其名但舉姓而言公又按漢舊儀云呂公汝南新蔡人又相經云魏人呂公名文字叔平也善沛令避仇從之客因家沛焉沛中豪桀吏聞令有重客皆往賀蕭何爲主吏【集解】孟康曰主吏功曹也主進【集解】文穎曰主賦斂禮進爲之帥【索隱】鄭氏云主賦斂禮錢也顏師古曰進者會禮之財字本作賮聲轉爲進宣帝數負進義與此同令諸大夫曰【正義】大夫客之貴者總稱之進不滿千錢坐之堂下高祖爲亭長素易諸吏乃紿爲謁曰賀錢萬實不持一錢【集解】應劭曰紿欺也音殆【索隱】韋昭云紿詐也劉氏云紿欺負也何休云紿疑也謂高祖素狎易諸吏乃詐爲謁謁謂以札書姓名若今之通刺而兼載錢穀也謁入呂公大驚起迎之門呂公者好相人見高祖狀貌因重敬之引入坐蕭何曰劉季固多大言少成事高祖因狎侮諸客遂坐上坐【正義】上在果反下在臥反無所詘【正義】丘忽反酒闌【集解】文穎曰闌言希也謂飲酒者半罷半在謂之闌呂公因目固留高祖【正義】言不敢對衆顯言故目動而留之高祖竟酒後呂公曰臣少好相人【集解】張晏曰古人相與語多自稱臣自卑下之道若今人相與語皆自稱僕相人多矣無如季相願季自愛臣有息女【正義】息生也謂所生之女也願爲季箕帚妾酒罷呂媼怒呂公曰公始常欲奇此女與貴人沛令善公求之不與何自妄許與劉季呂公曰此非兒女子所知也卒與劉季呂公女乃呂后也生孝惠魯元公主【集解】服虔曰元長也食邑於魯韋昭曰元謚也【正義】漢帝嫡女曰公主儀比諸侯姊妹曰長公主儀比諸侯王姑曰大長公主儀比諸侯王高祖爲亭長時常告歸之田【集解】服虔曰告音如嗥呼之嗥李斐曰休謁之名也吉曰告凶曰寧孟康曰古者名

吏休假曰告告又音嚳漢律吏二千石有予告賜告予告者在官有功最法所當得者也賜告者病滿三月當免天子優賜復其告使得帶印紱將官屬歸家治疾也【索隱】韋昭云告請歸乞假也音告語之告戰國策曰商君告歸延篤以爲告歸令之歸寧也劉伯莊顏師古並音古篤反服音如嗥呼之嗥按東觀漢記田邑傳云邑年三十歷卿大夫號歸罷厭事少所嗜欲尋號與嗥同古者當有此語令服虔雖據田邑號歸亦恐未爲得然此告字當音誥誥號聲相近故後告歸遂變也呂后與兩子居田中耨有一老父過請飲呂后因餔之【正義】必捕反以食飼人也父本請飲呂后因飼之國語云國中童子無不餔老父相呂后曰夫人天下貴人令相兩子見孝惠曰夫人所以貴者乃此男也相魯元亦皆貴老父已去高祖適從旁舍來呂后具言客有過相我子母皆大貴高祖問曰未遠乃追及問老父老父曰鄉者夫人嬰兒皆似君君相貴不可言高祖乃謝曰誠如父言不敢忘德及高祖貴遂不知老父處高祖爲亭長乃以竹皮爲冠令求盜之薛治之【集解】應劭曰以竹始生皮作冠今鵲尾冠是也求盜者舊時亭有兩卒其一爲亭父掌開閉埽除一爲求盜掌逐捕盜賊薛魯國縣也有作冠師故往治之【索隱】應劭云一名長冠側竹皮裹以縱前高七寸廣三寸如板又蔡邕獨斷云長冠楚製也高祖以竹皮爲之謂之劉氏冠司馬彪輿服志亦以劉氏冠爲鵲尾冠應劭云舊亭卒名弩父陳楚謂之亭父或云亭部淮泗謂之求盜也時時冠之【正義】音館及貴常冠所謂劉氏冠【正義】音官顏師古云後號爲劉氏冠其後詔曰爵非公乘以上不得冠劉氏冠即此乃是也高祖以亭長爲縣送徒酈山徒多道亡自度比至皆亡之【正義】度田洛反比必寐反到豐西澤中止飲夜乃解縱所送徒曰公等皆去吾亦從此逝矣徒中壯士願從者十餘人高祖被酒【正義】被加也夜徑澤中【索隱】舊音經按廣雅云徑小道音古定反言酒後故夜徑行澤中不敢由正路且從小徑令一人行前【正義】行音下孟反行前者還報曰前有大蛇當徑【索隱】鄭玄云步道曰徑願還高祖醉曰壯士行何畏乃前拔劍擊斬蛇【索隱】漢舊儀云斬蛇劍長七尺又高祖云吾以布衣提三尺劍取天下二文不同者崔豹古今注當高祖爲亭長理應提三尺劍耳及貴當別得七尺寶劍故兩因言之【正義】按其蛇大理須別求是劍斬之三尺劍者常佩之劍括地志云斬蛇溝源出徐州豐縣中平地故老云高祖斬蛇處至縣西十五里入泡水也蛇遂分爲兩【索隱】謂斬蛇分爲兩段徑開行數里醉因臥後人來至蛇所有一老嫗夜哭人問何哭嫗曰人殺吾子故哭之人曰嫗子何爲見殺嫗曰吾子白帝子也化爲蛇當道今爲赤帝子斬之【集解】應劭曰秦襄公自以居西戎主少昊之神作西畤祠白帝至獻公時櫟陽雨金以爲瑞又作畦畤祠白帝少昊金德也赤帝堯後謂漢也殺之者明漢當滅秦也秦自謂水漢初自謂土皆失之至光武乃改定【索隱】按太康地理志云畤在櫟陽故城內其時若畦故曰畦畤音戶圭反應劭注云秦自謂水者按秦文公獲黑龍命河爲德水是也又按春秋合誠圖云水神哭子襄敗宋均以爲高祖斬白蛇而神母哭則此母水精也此皆謬說又註云至光武乃改者謂改漢爲火德秦爲金德與兩金及赤帝子之理合也故哭人乃以嫗爲不誠欲笞之【集解】徐廣曰一作苦【索隱】說文云笞擊也漢書作苦謂欲困辱之嫗因忽不見後人至高祖覺【索隱】包愷音古孝反後人告高祖高祖乃心獨喜自負【集解】應劭曰負恃也【索隱】晉灼云自恃斬蛇事諸從者日益畏之秦始皇帝常曰東南有天子氣於是因東游以厭之【索隱】厭音一涉反又一冉反廣雅云厭鎮也高祖即自疑

亡匿隱於芒碭山澤巖石之間【集解】徐廣曰芒今臨淮縣也碭縣在梁駰按應劭曰二縣之界有山澤之固故隱於其間也【正義】括地志云宋州碭山縣在州東一百五十里本漢碭縣也碭山在縣東呂后與人俱求常得之高祖怪問之呂后曰季所居上常有雲氣【正義】顏師古曰京房易兆候云何以知賢人隱四方常有大雲五色具而不雨其下有賢人隱矣故呂后望雲氣而得之故從往常得季高祖心喜沛中子弟或聞之多欲附者矣秦二世元年【集解】徐廣曰高祖時年四十八【索隱】應劭云始皇欲以一至萬示不相襲始者一故至子稱二世崔浩云二世始皇子胡亥又按善文稱隱士云趙高爲二世殺十七兄而立爲王則二世是第十八子也秋陳勝等起蘄至陳而王號爲張楚【索隱】蘄縣名屬沛音機又音祈諸郡縣皆多殺其長吏以應陳涉沛令恐欲以沛應涉掾主吏蕭何曹參【索隱】按漢書蕭曹傳參爲獄掾何爲主吏乃曰君爲秦吏今欲背之率沛子弟恐不聽願君召諸亡在外者可得數百人因劫衆【索隱】說文云以力脅之也衆不敢不聽乃令樊噲召劉季劉季之衆已數十百人矣【索隱】漢書作數百人劉伯莊云數十人或至百人則是百人已下也於是樊噲從劉季來沛令後悔恐其有變乃閉城城守欲誅蕭曹蕭曹恐踰城保劉季【集解】韋昭曰以爲保鄣劉季乃書帛射城上謂沛父老曰天下苦秦久矣今父老雖爲沛令守諸侯並起今屠沛【索隱】范曄謂剋城多所誅殺故云屠沛今共誅令擇子弟可立者立之以應諸侯則家室完不然父子俱屠無爲也父老乃率子弟共殺沛令開城門迎劉季欲以爲沛令劉季曰天下方擾諸侯並起今置將不善壹敗塗地【索隱】言一朝破敗使肝腦塗地吾非敢自愛恐能薄【正義】能才能也高祖謙言才能薄劣不能完全其衆能者獸形色似熊足似鹿爲物堅中而强力人之有賢才者皆謂之能也不能完父兄子弟此大事願更相推擇可者蕭曹等皆文吏自愛恐事不就後秦種族其家盡讓劉季諸父老皆曰平生所聞劉季諸珍怪當貴且卜筮之莫如劉季最吉於是劉季數讓衆莫敢爲乃立季爲沛公【集解】徐廣曰九月也駰按漢書音義曰舊楚僭稱王其縣宰爲公陳涉爲楚王沛公起應涉故從楚制稱曰公祠黃帝祭蚩尤於沛庭【集解】應劭曰左傳曰黃帝戰於阪泉以定天下蚩尤好五兵故祠祭之求福祥也瓚曰管仲云葛盧山發而出水金從之出蚩尤受之以作劍戟【索隱】按管子云葛盧之山發而出金今注引發作交誤也而釁鼓【集解】應劭曰釁祭也殺牲以血塗鼓釁呼曰釁瓚曰按禮記及大戴禮有釁廟之禮皆無祭事【索隱】說文云釁血祭也司馬法曰血于鼙鼓者神戎器也顏師古曰殺牲以血祭者皆名爲釁臣瓚以爲皆無祭事非也又古人新成鍾鼎亦必釁之應劭曰釁呼爲釁馬融註周禮灼龜之兆云謂其象似玉瓦原之釁罅是用名之此說皆非罅音火嫁反旗幟皆赤【索隱】墨翟云幟帛長丈五廣半幅字詁云幟標也字林又云熊旗五游謂與士卒爲期於其下故曰旗也幟或作識或作志嵇康音試蕭該音幟由所殺蛇白帝子殺者赤帝子故上赤於是少年豪吏如蕭曹樊噲等皆爲收沛子弟二三千人攻胡陵方與【集解】鄭德曰音房豫屬山陽郡【索隱】鄒展曰胡陵縣名屬山陽章帝改曰胡陸還守豐秦二世二年陳涉之將周章軍西至戲而還【索隱】應劭云章字文陳人文穎云戲在新豐東二十里戲亭北孟康云水名也又述征記云戲水自驪山馮公谷北流歷戲亭東入渭按今其水東惟有戲驛存還謂爲章邯所破而還邯音

酣燕趙齊魏皆自立爲王【索隱】按漢書高紀二世二年八月武臣自立爲趙王田儋自立爲齊王韓廣自立爲燕王魏咎自立爲魏王項氏起吳秦泗川監平【集解】文穎曰泗川今沛郡也高祖更名沛秦時御史監郡若今刺史平名也【索隱】如淳云秦并天下爲三十六郡置守尉監故此有監平下有守壯則平壯皆名也將兵圍豐二日出與戰破之命雍齒守豐引兵之薛泗川守壯敗於薛走至戚【集解】如淳曰壯名也戚音將毒反【索隱】晉灼云東海縣也鄭德包愷並如字讀李登音千笠反【正義】括地志云沂州臨沂縣有漢戚縣故城地理志云臨沂縣屬東海郡沛公左司馬得泗川守壯殺之【索隱】顏師古云得司馬之名非也按後云左司馬曹無傷自此已下更不見替易是左司馬無傷得泗川守壯而殺之沛公還軍亢父【集解】鄭德曰亢音人相亢荅父音甫屬任城郡【索隱】舊音剛劉伯莊包愷並音若浪反【正義】音剛又苦浪反括地志云亢父縣也沛公屯軍於此至方與周市來攻方與未戰陳王使魏人周市略地周市使人謂雍齒曰豐故梁徙也【集解】文穎曰梁惠王孫假爲秦所滅轉東徙於豐故曰豐梁徙今魏地已定者數十城齒今下魏魏以齒爲侯守豐不下且屠豐雍齒雅不欲屬沛公【集解】服虔曰雅故也蘇林曰雅素也及魏招之即反爲魏守豐沛公引兵攻豐不能取沛公病還之沛沛公怨雍齒與豐子弟叛之聞東陽甯君秦嘉【集解】文穎曰秦嘉東陽郡人也爲甯縣君瓚曰陳勝傳曰廣陵人秦嘉然則嘉非東陽人也秦嘉初起兵於郯號曰大司馬又不爲甯縣君東陽甯君自一人秦嘉又自一人【索隱】按下文直云東陽甯君又別言秦嘉則臣瓚之說爲得顏師古以甯是姓君者時人號之立景駒爲假王在留【索隱】韋昭云今彭城留縣也【正義】括地志云留城在徐州沛縣東南五十里即張良所封處乃往從之欲請兵以攻豐是時秦將章邯從陳別將司馬尼【集解】如淳曰從陳涉將也涉在陳其將相別在他許皆稱陳尼章邯司馬尼【索隱】謂章邯從陳別將將兵向他處而遣司馬尼將兵北定楚地孔文祥曰邯別遣尼居相又一說云從謂追逐之言章邯討逐陳別將而司馬尼別將兵北定楚地也理亦通也將兵北定楚地屠相至碭【索隱】韋昭云相沛縣應劭云碭梁國蘇林音唐又音宕【正義】括地志云故相城在徐州符離縣西北九十里碭在宋州東一百五十里東陽甯君沛公引兵西與戰蕭西【索隱】韋昭云蕭沛之縣名謂在蕭縣之西不利還收兵聚留引兵攻碭三日乃取碭因收碭兵得五六千人攻下邑拔之【索隱】范曄云得城爲拔韋昭云下邑縣名屬梁國也還軍豐聞項梁在薛【正義】今徐州滕縣故薛城也從騎百餘往見之【集解】徐廣曰三月項梁益沛公卒五千人五大夫將十人【集解】蘇林曰五大夫第九爵也以五大夫爲將凡十人也沛公還引兵攻豐【集解】徐廣曰表云拔之雍齒奔魏從項梁月餘項羽已拔襄城【索隱】韋昭云潁川縣【正義】襄城許州縣還項梁盡召別將居薛聞陳王定死因立楚後懷王孫心爲楚王治盱台【索隱】韋昭云臨淮縣音吁夷【正義】楚縣也項梁號武信君居數月北攻亢父救東阿【索隱】韋昭云東郡之縣名【正義】濟州縣也破秦軍齊軍歸楚獨追北【集解】服虔曰師敗曰北使沛公項羽別攻城陽屠之【索隱】地理志城陽屬濟陰軍濮陽之東【正義】濮陽故城在濮州西八十六里本漢濮陽縣與秦軍戰破之秦軍復振【集解】李奇曰振整也如淳曰振起也收敗卒自振迅而復起也守濮陽環水【集解】文穎曰決水以自環守爲固也張晏曰依河水以自環繞作壘【正義】按二說皆通其濮陽縣北臨黃河言秦軍北阻黃河南鑿溝引黃河水環繞作壁壘爲固楚軍乃去楚軍去而攻定陶【索隱】地理志云濟陰縣定

陶未下，沛公與項羽西略地至雍丘之下【索隱】韋昭云故杞國今陳留縣與秦軍戰，大破之，斬李由。還攻外黃【索隱】韋昭云上陳留縣【正義】在雍丘東外黃未下。項梁再破秦軍，有驕色。宋義諫，不聽【索隱】荀悅漢紀云故楚令尹宋義當別有所出秦益章邯兵，夜銜枚擊項梁【集解】駰案周禮有銜枚氏鄭玄曰銜枚止言語囂讙也枚狀如箸橫銜之繣結於項者繣音獲大破之定陶，項梁死。沛公與項羽方攻陳留，聞項梁死，引兵與呂將軍俱東。呂臣軍彭城東，項羽軍彭城西，沛公軍碭。章邯已破項梁軍，則以為楚地兵不足憂，乃渡河，北擊趙，大破之。當是之時，趙歇為王【索隱】歇蘇林音如字鄒誕音遏絕之遏徐廣音烏轄反今依字讀秦將王離圍之鉅鹿城，此所謂河北之軍也。秦二世三年，楚懷王見項梁軍破，恐，徙盱台都彭城，并呂臣、項羽軍自將之。以沛公為碭郡長【正義】括地志云宋州本秦碭郡蘇林云長如郡守韋昭云秦名曰守是時改曰長封為武安侯，將碭郡兵。封項羽為長安侯，號為魯公。呂臣為司徒，其父呂青為令尹【索隱】按表青封信陽侯【正義】應劭云天子曰師尹諸侯曰令尹時去六國近故渭令尹臣瓚曰諸侯之卿唯楚稱令尹其餘國不稱時立楚之後故置官司皆如楚舊也趙數請救，懷王乃以宋義為上將軍，項羽為次將，范增為末將，北救趙。令沛公西略地入關。與諸將約，先入定關中者王之【索隱】韋昭云函谷武關也又三輔舊事云西以散關為限東以函谷為界二關之中謂之關中當是時，秦兵彊，常乘勝逐北，諸將莫利先入關。獨項羽怨秦破項梁軍，奮【索隱】韋昭云憤激也願與沛公西入關。懷王諸老將皆曰：「項羽為人僄悍猾賊【索隱】說文云僄疾也悍勇也一云僄輕也音匹妙反漢書作剽賊也項羽嘗攻襄城，襄城無遺類，皆阬之【集解】徐廣曰遺一作噍噍食也音在妙反駰按如淳曰類無復有活而噍食者也青州俗言無孑遺為無噍類諸所過無不殘滅。且楚數進取【集解】如淳曰楚謂陳涉也數進取多所攻取前陳王【集解】音義曰陳涉也項梁皆敗。不如更遣長者扶義而西【正義】遣長者扶持仁義而西告諭秦長少令降下也告諭秦父兄。秦父兄苦其主久矣，今誠得長者往，毋侵暴，宜可下。今項羽僄悍，今【集解】徐廣曰無此字不可遣。獨沛公素寬大長者，可遣。」卒不許項羽，而遣沛公西略地，收陳王、項梁散卒。乃道碭至成陽，與杠里【集解】駰案漢書音義曰道由碭也成陽杠里二縣名【索隱】成陽縣名在濟陰韋昭云在潁州非也服虔云杠里縣名如淳云秦軍所屯地名秦軍夾壁，破魏二軍。楚軍出兵擊王離，大破之【集解】徐廣曰表云三年十月攻破東郡尉及王離軍於成武南沛公引兵西，遇彭越昌邑【正義】地理志云昌邑屬山陽括地志云在曹州成武縣東北三十二里有梁邱故城是也因與俱攻秦軍，戰不利。還至栗【索隱】韋昭云縣名屬沛也遇剛武侯【集解】應劭曰楚懷王將也駰案漢書音義曰功臣表云棘蒲剛侯陳武武一姓柴剛武侯宜為剛侯武魏將也瓚曰功臣表柴武以將軍起薛別救東阿至霸上入漢中非懷王將也又非魏將也倒未有稱謚【正義】顏師古云史失其名姓唯識其爵號不知誰也不當改乃剛侯武應氏以為懷王將又云魏將無據矣表六年三月封孟顏二人說是奪其軍，可四千餘人，并之。與魏將皇欣、魏申徒武蒲之軍【正義】並魏將也欣字或作訢音許斤反蒲漢書作滿並通也并攻昌邑，昌邑未拔。西過高陽【集解】文穎曰聚邑名也屬陳留圉縣瓚曰陳留傳曰在雍丘西南酈食其【集解】鄭德曰音歷異基謂監門，曰：「諸將過此者多，吾視沛公大人長者。」乃求見說沛公。沛公方踞牀，使兩女子洗足。酈生不拜，長揖，曰：「足下必欲誅無道秦，不宜踞見長者。」於是沛公起，攝衣謝之，延上坐。食其說沛公襲陳留【集解】駰案漢書音義曰春秋傳曰輕行無鐘鼓曰襲得秦積粟。乃以酈食其為廣野君【索隱】韋昭云在山陽酈商為將，將陳留兵，與偕攻開封【索隱】韋昭云河南縣開封未拔。西與秦將楊熊戰白馬【索隱】韋昭云東郡縣【正義】括地志云白馬故城在滑州衛南縣西南二十四里戴延之西征記云白馬故城衛之漕邑又戰曲遇東【索隱】徐廣云曲遇在中牟韋昭云志不載司馬彪郡國志中牟有曲遇聚也大破之。楊熊走之滎陽【索隱】韋昭云故衛地河南縣也二世使使者斬以徇【集解】徐廣曰四月南攻潁陽，屠之。因張良遂略韓地轘轅【集解】文穎曰河南新鄭南至潁川南北皆韓地也以良累世相韓故因之瓚曰轘轅險道名在緱氏東南【索隱】按十三州志云河南緱氏縣以山為名一云轘轅九十二曲是險道也當是時，趙別將司馬卬方欲渡河入關，沛公乃北攻平陰【集解】駰案地理志河南有平陰縣今河陰是也絕河津。南，戰雒陽東，軍不利，還至陽城【正義】今洛州夏禹所都收軍中馬騎，與南陽守齮戰犨東【集解】駰案地理志南陽有犨縣【索隱】齮音蟻許慎以為側齧也破之。略南陽郡，南陽守齮走，保城守宛【正義】守音狩宛於元反括地志云南陽縣故城在宛大城之南隅其西南有二面皆故宛城沛公引兵過而西。張良諫曰：「沛公雖欲急入關，秦兵尚衆，距險。今不下宛，宛從後擊，彊秦在前，此危道也。」於是沛公乃夜引兵從他道還，更旗幟，黎明，圍宛城三匝【索隱】黎音犂黎猶比也謂比至天明也漢書作遲音值值待也謂待天明時皆言早意也楚漢春秋曰上南攻宛匿旌旗人銜枚馬束舌雞未鳴已圍宛城三匝。南陽守欲自剄。其舍人陳恢曰：「死未晚也。」乃踰城見沛公，曰：「臣聞足下約，先入咸陽者王之。今足下留守宛。宛，大郡之都也，連城數十，人民衆，積蓄多，吏人自以為降必死，故皆堅守乘城【索隱】李奇曰乘守也韋昭曰乘登也今足下盡日止攻，士死傷者必多；引兵去宛，宛必隨足下後：足下前則失咸陽之約，後又有彊宛之患。為足下計，莫若約降，封其守，因使止守，引其甲卒與之西。諸城未下者，聞聲爭開門而待，足下通行無所累。」沛公曰：「善。」【集解】徐廣曰七月也乃以宛守為殷侯【索隱】韋昭曰在河內封陳恢千戶。引兵西，無不下者。至丹水【正義】括地志云故丹城在鄧州內鄉縣西南百三十里南去丹水二百步汲冢紀年云后稷放帝子丹朱于丹水是也輿地志云秦為丹水縣也地理志云丹水屬弘農郡抱朴子云丹水出丹魚先夏至十日夜伺之魚浮水側光照如火網而取之割其血以塗足可以步行水上長居川中不溺高武侯鰓【集解】蘇林曰鰓音魚之鰓晉灼曰功臣表戚鰓也襄侯王陵降西陵【集解】韋昭曰漢封王陵為安國侯初起兵時在南陽南陽有穰縣疑襄當為穰而無禾字省耳今邵公或作召字此類多矣瓚曰時韓成封穰侯江夏有襄是所封【索隱】按王陵封安國侯是定天下為丞相時封耳此言襄侯當如臣瓚解蓋初封江夏之襄也還攻胡陽【集解】一云陵【索隱】韋昭云南陽縣遇番君別將梅鋗，與皆，降析、酈【集解】如淳曰持益反【索隱】鄒誕生音錫歷蘇林如淳音擲析屬弘農酈屬南陽出地理志而左傳云析一名白羽析今內鄉縣酈今菊潭縣也遣魏人甯昌使秦，使者未來。是時章邯已以軍降項羽於趙矣。

初，項羽與宋義北救趙，及項羽殺宋義，代為上將軍，諸將黥布皆屬，破秦將王離軍，降章邯，諸侯皆附。及趙高已殺二世，使人來，欲約分王關中。沛公以為詐，乃用張良計，使酈生、陸賈往說秦將，啗以利，因襲攻武關，破之【索隱】左傳云楚司馬起豐析以臨上雒謂晉人曰將通於少習杜預以為商縣武關又太康地理志武關當冠軍縣西峽關在武關之西又與秦軍戰於藍田南，益張疑兵旗幟，諸所過毋得掠鹵【集解】應劭曰鹵與虜同秦人憙，秦軍解，因大破之。又戰其北，大破之。乘勝，遂破之。

漢元年十月【集解】如淳曰張蒼傳云以高祖十月至霸上故因秦以十月為歲首【正義】沛公已未年七月至霸上項羽封十八諸侯沛公封漢王後劉項五年戰鬬漢遂滅楚天下歸漢故郤書初至霸上戰之月沛公兵遂先諸侯至霸上【正義】故霸陵在雍州萬年縣東北二十五里漢霸陵文帝之陵邑也東南去霸陵十里地理志云霸陵故芷陽文帝更名三秦記云霸城秦穆公築為宮因名霸城漢於此置霸陵廟記云霸城漢文帝築沛公入關遂至霸上即此也。秦王子嬰素車白馬，係頸以組，封皇帝璽符節【索隱】韋昭云天子印稱璽又獨以玉符兵將也節使者所擁也說文云符信也漢制以竹長六寸分而相合釋名云節為號令賞罰之節也又節毛上下相重取象竹節又漢官儀曰子嬰上始皇璽因服御之代代傳受號云漢傳國璽【正義】按天子有六璽皇帝行璽皇帝之璽皇帝信璽天子行璽天子之璽天子信璽皇帝信璽凡事皆用之璽令施行天子信璽以遷拜封王侯之璽以發兵皆以武都紫泥封青布囊白素兩端無縫三秦記云紫泥水在今成州輿地志云漢封詔璽用紫泥則此水之泥也，降軹道旁【索隱】軹音只漢書宮殿疏云軹道亭東去霸城觀四里觀東去霸水百步蘇林云在長安東十三里【正義】軹音紙括地志云軹道在雍州萬年縣東北十六里苑中。諸將或言誅秦王【索隱】楚漢春秋曰樊噲請殺之。沛公曰：「始懷王遣我，固以能寬容；且人已服降，又殺之，不祥。」乃以秦王屬吏【正義】屬之欲反屬付也。遂西入咸陽，欲止宮休舍【正義】休息也言欲居止宮殿中而息也，樊噲、張良諫，乃封秦重寶財物府庫，還軍霸上。召諸縣父老豪桀曰：「父老苦秦苛法久矣，誹謗者族【索隱】劉伯莊樂彥同音方未反，偶語者棄市【集解】應劭曰秦禁民聚語偶對也瓚曰始皇本紀曰偶語詩書者棄市【索隱】按禮云刑人於市與衆棄之故今律謂殺刑為棄也。吾與諸侯約，先入關者王之，吾當王關中。與父老約，法三章耳：殺人者死，傷人及盜抵罪【集解】應劭曰抵至也又當也除秦酷政但至於罪也李斐曰傷人有曲直盜贓有多少罪名不可豫定故凡言抵罪未知抵何罪也張晏曰秦法一人犯罪舉家及鄰伍坐之今但當其身坐合於康誥父子兄弟罪不相及也【索隱】韋昭云抵當也謂使各當其罪今按秦法有三族之刑漢但約法三章耳殺人者死傷人及盜者使之抵罪餘並不論其辜以言省刑也則抵訓為至殺人以外唯傷人及盜使至罪名耳。餘悉除去秦法。諸吏人皆案堵如故【集解】應劭曰案次第堵牆堵也。凡吾所以來，為父老除害，非有所侵暴，無恐！且吾所以還軍霸上，待諸侯至而定約束耳。」乃使人與秦吏行縣鄉邑，告諭之。秦人大喜，爭持牛羊酒食獻饗軍士。沛公又讓不受，曰：「倉粟多，非乏，不欲費人。」人又益喜，唯恐沛公不為秦王。

或說沛公【索隱】楚漢春秋云解先生云遣守函谷無內項王而張良世家云鯫生說我言鯫小也小生即解生曰：「秦富十倍天下，地形彊。今聞章邯降項羽，項羽乃號為雍王，王關中。今則來，沛公恐不得有此。可急使兵守函谷關【正義】顏師古曰今桃林南有洪溜澗古函谷也其水北流入河西岸猶有舊關餘跡西征記云道形如函也其水山原壁立數十仞谷中容一車，無內諸侯軍，稍徵關中兵以自益，距之。」沛公然其計，從之。十一月中，項羽果率諸侯兵西，欲入關，關門閉。聞沛公已定關中，大怒，使黥布等攻破函谷關。十二月中，遂至戲【正義】許宜反。沛公左司馬曹無傷聞項王怒，欲攻沛公，使人言項羽曰：「沛公欲王關中，令子嬰為相，珍寶盡有之。」欲以求封【正義】曹無傷欲求項羽封。亞父勸項羽擊沛公【索隱】范增也項羽得范增號曰亞父言尊之亞於父猶管仲齊謂仲父父並音甫。方饗士，旦日合戰。是時項羽兵四十萬，號百萬。沛公兵十萬，號二十萬，力不敵。會項伯欲活張良，夜往見良，因以文諭項羽【正義】項羽本紀云項伯曰沛公不先破關中公豈敢入乎今人有大功擊之不義此以文諭之，項羽乃止。沛公從百餘騎，驅之鴻門【索隱】姚察云在新豐古城東未至戲水道南有斷原南北洞門是也，見謝項羽。項羽曰：「此沛公左司馬曹無傷言之。不然，籍何以至此！」沛公以樊噲、張良故，得解歸。歸，立誅曹無傷。

項羽遂西，屠燒咸陽秦宮室，所過無不殘破。秦人大失望，然恐，不敢不服耳。

項羽使人還報懷王。懷王曰：「如約。」項羽怨懷王不肯令與沛公俱西入關，而北救趙，後天下約【正義】懷王初約先入咸陽者王之令羽北救趙故失約在後也。乃曰：「懷王者，吾家項梁所立耳，非有功伐，何以得主約！本定天下，諸將及籍也。」乃佯尊懷王為義帝，實不用其命。

正月【正義】崔浩云史官以正月紀四時故書正月也荀悅云先春後正月也顏師古云凡此諸月號皆太初正曆之後記事者追改之非當時本稱也以十月為歲首即以十月為正月今此正月當是謂之四月也他皆放此，項羽自立為西楚霸王，王梁、楚地九郡，都彭城。負約，更立沛公為漢王【正義】梁州本漢中郡以漢水為名，王巴、蜀、漢中【集解】徐廣曰三十一縣，都南鄭。三分關中，立秦三將：章邯為雍王【正義】以岐州雍縣為名，都廢丘；司馬欣為塞王【正義】塞先代反韋昭云在長安東名桃林塞按桃林塞今華州潼關也顏師古云取河華之固為扼塞耳非桃林，都櫟陽【索隱】因葬太上皇改名曰萬年；董翳為翟王【正義】文穎云本上郡秦所置項羽以董翳為王更名曰翟也，都高奴。楚將瑕丘申陽為河南王【正義】在黃河之南故曰河南郎今河南府，都洛陽。趙將司馬卬為殷王【正義】以商帝盤庚國殷中之地改商為殷在相州安陽縣郎北冢殷墟南去朝歌百三十六里故號殷王都朝歌，都朝歌。趙王歇徙王代。趙相張耳為常山王，都襄國。當陽君黥布為九江王，都六【索隱】韋昭云當陽南郡縣名地理志六縣屬六安國。懷王柱國共敖為臨江王【正義】孟康云本南郡改為臨江國是也，都江陵。番君吳芮為衡山王，都邾【索隱】太康地理志云楚滅邾遷其人於江南因名縣。燕將臧荼為燕王，都薊。故燕王韓廣徙王遼東。廣不聽，臧荼攻殺之無終。封成安君陳餘河間三縣，居南皮。封梅鋗十萬戶。

四月，兵罷戲下【正義】戲音麾許慎注淮南子云戲大旗也，諸侯各就國。漢王之國，項王使卒三萬人從，楚與諸侯之慕從者數萬人，從杜南【正義】韋昭云今陵邑括地志云杜陵故城在雍州萬年縣東南十五里漢杜陵縣宣帝陵邑也北去宣帝陵五里廟記云故杜伯國 入蝕中【集解】李奇曰蝕音力在杜南如淳曰蝕入漢中道川谷名【索隱】孟康音食王劭按說文作鍾器名也地形似器故名之 去輒燒絕棧道【索隱】按系家是用張良計也棧道閣道也音士諫反包愷音士版反崔浩云險絕之處傍鑿山巖而施版梁爲閣 以備諸侯盜兵襲之亦示項羽無東意至南鄭諸將及士卒多道亡歸士卒皆歌思東歸韓信說漢王曰【集解】徐廣曰韓王信非淮陰侯 項羽王諸將之有功者而王獨居南鄭是遷也【集解】韋昭曰若有罪見遷徙 軍吏士卒皆山東之人也日夜跂而望歸【正義】跂音丘賜反說文云跂舉踵也司馬彪云跂望也 及其鋒而用之可以有大功天下已定人皆自寧不可復用不如決策東鄉爭權天下項羽出關使人徙義帝曰古之帝者地方千里必居上游【正義】游音流 乃使使徙義帝長沙郴縣趣義帝行【正義】趣音促 羣臣稍倍叛之乃陰令衡山王臨江王擊之殺義帝江南項羽怨田榮立齊將田都爲齊王田榮怒因自立爲齊王殺田都而反楚予彭越將軍印令反梁地楚令蕭公角擊彭越彭越大破之陳餘怨項羽之弗王已也令夏說說田榮【正義】上音悅下音稅 請兵擊張耳齊予陳餘兵擊破常山王張耳張耳亡歸漢迎趙王歇於代復立爲趙王趙王因立陳餘爲代王項羽大怒北擊齊八月漢王用韓信之計從故道【集解】駰案地理志武都有故道縣 還襲雍王章邯邯迎擊漢陳倉【正義】今岐州縣也 雍兵敗還走止戰好畤【集解】孟康曰畤音止神靈之所在也縣名屬右扶風 又復敗走廢丘漢王遂定雍地東至咸陽引兵圍雍王廢丘【索隱】按荀悅漢紀令樊噲圍之 而遣諸將略定隴西北地上郡令將軍薛歐【正義】音烏后反 王吸出武關【索隱】按表歐以舍人從爲將軍封廣平侯吸以中涓從爲將軍封清陽侯 因王陵兵南陽【集解】如淳曰王陵亦聚黨數千人居南陽【正義】括地志云王陵故城在商州上洛縣南三十一里荊州記云昔漢高祖入秦王陵起兵丹水以應之此城王陵所築因名也 以迎太公呂后於沛楚聞之發兵距之陽夏【索隱】韋昭云縣名屬淮陽後屬陳夏音更雅反 不得前令故吳令鄭昌爲韓王距漢兵

二年漢王東略地塞王欣翟王翳河南王申陽皆降韓王昌不聽使韓信擊破之於是置隴西北地上郡渭南【集解】徐廣曰後曰京兆 河上【集解】徐廣曰馮翊 中地郡【集解】徐廣曰扶風 關外置河南郡【集解】徐廣曰十一月漢王至陝 更立韓太尉信爲韓王諸將以萬人若以一郡降者封萬戶繕治河上塞【集解】晉灼曰晁錯傳秦時北攻胡築河上塞 諸故秦苑囿園池皆令人得田之正月虜雍王弟章平大赦罪人漢王之出關至陝撫關外父老還張耳來見漢王厚遇之二月令除秦社稷更立漢社稷三月漢王從臨晉渡魏王豹將兵從下河內虜殷王置河內郡南渡平陰津至雒陽新城【正義】括地志云洛州伊闕縣在州南七十里本漢新城也隋文帝改新城爲伊闕取伊闕山爲名也 三老董公遮說漢王【正義】百官表云十里一亭亭有長十亭一鄉鄉有三老掌教化皆秦制也又欒彥云橫道自言曰遮楚漢春秋云董公八十二遂封爲成侯 以義帝死故漢王聞之袒而大哭【集解】如淳曰袒亦如禮袒踊 遂爲義帝發喪臨三日發使者告諸侯曰天下共立義帝北面事之今項羽放殺義帝於江南大逆無道寡人親爲發喪諸侯皆縞素悉發關內兵收三河士【集解】韋昭曰河南河東河內 南浮江漢以下【正義】南收三河士發關內兵從雍州入子午道至漢中歷漢水而下從是東行至徐州擊楚 願從諸侯王擊楚之殺義帝者是時項王北擊齊田榮與戰城陽田榮敗走平原【正義】德州平原縣是 平原民殺之齊皆降楚楚因焚燒其城郭係虜其子女齊人叛之田榮弟橫立榮子廣爲齊王齊王反楚城陽項羽雖聞漢東既已連齊兵欲遂破之而擊漢漢王以故得劫五諸侯兵遂入彭城項羽聞之乃引兵去齊從魯【正義】兗州曲阜也 出胡陵【正義】地理志云胡陵在山陽郡 至蕭【正義】徐州蕭縣 與漢大戰彭城靈壁東【正義】在徐州符離縣西北九十里 睢水上大破漢軍多殺士卒睢水爲之不流乃取漢王父母妻子於沛置之軍中以爲質當是時諸侯見楚彊漢敗還皆去漢復爲楚塞王欣亡入楚呂后兄周呂侯爲漢將兵居下邑【集解】徐廣曰在梁 漢王從之稍收士卒軍碭漢王乃西過梁地至虞【集解】徐廣曰在梁 使謁者隨何之九江王布所曰公能令布舉兵叛楚項羽必留擊之得留數月吾取天下必矣隨何往說九江王布布果背楚楚使龍且往擊之漢王之敗彭城而西行使人求家室家室亦亡不相得敗後乃獨得孝惠六月立爲太子大赦罪人令太子守櫟陽諸侯子在關中者皆集櫟陽爲衞引水灌廢丘廢丘降章邯自殺更名廢丘爲槐里於是令祠官祀天地四方上帝山川以時祀之興關內卒乘塞【集解】李奇曰乘守也 是時九江王布與龍且戰不勝與隨何間行歸漢漢王稍收士卒與諸將及關中卒益出是以兵大振榮陽破楚京索間

三年魏王豹謁歸視親疾至卽絕河津反爲楚漢王使酈生說豹豹不聽漢王遣將軍韓信擊大破之虜豹遂定魏地置三郡曰河東【正義】今蒲州也 太原【正義】今并州 上黨【正義】今潞州 漢王乃令張耳與韓信遂東下井陘擊趙斬陳餘趙王歇其明年立張耳爲趙王漢王軍榮陽南築甬道【集解】甬音勇韋昭云起土築牆中間爲道應劭云恐敵抄輜重故築垣牆如街巷 屬之河以取敖倉【正義】孟康云敖地名在榮陽西北山上臨河有大倉太康地理志云秦建敖倉於成皋 與項羽相距歲餘項羽數侵奪漢甬道漢軍乏食遂圍漢王漢王請和割榮陽以西者爲漢項王不聽漢王患之乃用陳平之計予陳平金四萬斤以間疏楚君臣於是項羽乃疑亞父亞父是時勸項羽遂下榮陽及其見疑乃怒辭老願賜骸骨歸卒伍未至彭城而死漢軍絕食乃夜出女子東門二千餘人被甲楚因四面擊之將軍紀信乃乘王駕詐爲漢王誑楚楚皆呼萬歲之城東觀以故漢王得與數十騎出西門遁令御史大夫周苛魏豹樅公守榮陽諸將卒不能從者盡在城中周苛樅公相謂曰反國之王難與守城因殺魏豹【集解】徐廣曰按月表三年七月王出榮陽八月殺魏豹而又云四年三月周苛死四月豹死二者不同項羽紀周苛樅公皆是三年中 漢王之出榮陽入關收兵欲復東袁生說漢王曰漢與楚相距榮陽數歲漢常困願君王出武關項羽必引兵南走王深壁令榮陽成皋間且得休使韓信等輯河北趙地連燕齊君王乃復走榮陽未晚也如此則楚所備者多力分漢得休復與之戰破楚必矣漢王從其計出軍宛葉間【正義】宛於元反葉式涉反宛鄧州縣也葉汝州縣水經注云本楚惠王封諸梁子高之故邑也 與黥布行收兵項羽聞漢王在宛果引兵南漢王堅壁不與戰是時彭越渡睢水與項聲薛公戰下邳彭越大破楚軍項羽乃引兵東擊彭越漢王亦引兵北軍成皋項羽已破走彭越聞漢王復軍成皋乃復引兵西拔榮陽誅周苛樅公而虜韓王信遂圍成皋漢王跳【集解】徐廣曰音逃【索隱】如淳云跳走也晉灼按劉澤傳跳驅至長安說文音徒調反通俗文云超通爲跳 獨與滕公共車出成皋玉門【集解】徐廣曰項羽紀云北門名玉門【索隱】夏侯嬰爲滕令故呼爲滕公 北渡河馳宿修武自稱使者晨馳入張耳韓信壁而奪之軍乃使張耳北益收兵趙地使韓信東擊齊漢王得韓信軍則復振引兵臨河南饗軍小修武南【集解】晉灼曰在大修武城東 欲復戰郎中鄭忠乃說止漢王使高壘深塹勿與戰漢王聽其計使盧綰【集解】蘇林曰綰音以繩綰結物之綰 劉賈將卒二萬人騎數百渡白馬津【索隱】卽黎陽津也南界東郡白馬縣 入楚地與彭越復擊破楚軍燕郭西【索隱】故南燕國也在東郡秦以爲縣 遂復下梁地十餘城淮陰已受命東未渡平原漢王使酈生往說齊王田廣廣叛楚與漢和共擊項羽韓信用蒯通計遂襲破齊齊王烹酈生東走高密項羽聞韓信已舉河北兵破齊趙且欲擊楚則使龍且周蘭【集解】徐廣曰一作簡 往擊之韓信與戰騎將灌嬰擊大破楚軍殺龍且齊王廣奔彭越當此時彭越將兵居梁地往來苦楚兵絕其糧食

四年項羽乃謂海春侯大司馬曹咎曰謹守成皋若漢挑戰【正義】挑田鳥反下同 愼勿與戰無令得東而已我十五日必定梁地復從將軍乃行擊陳留外黃睢陽下之漢果數挑楚軍楚軍不出使人辱之五六日大司馬怒渡兵汜水【正義】汜音祀在成皋故城東 士卒半渡漢擊之大破楚軍盡得楚國金玉貨賂大司馬咎長史欣皆自剄汜水上項羽至睢陽聞海春侯破乃引兵還漢軍方圍鍾離眛於榮陽東項羽至盡走險阻韓信已破齊使人言曰齊邊楚【集解】文穎曰邊近也 權輕不爲假王恐不能安齊漢王欲攻之留侯曰不如因而立之使自爲守乃遣張良操印綬立韓信爲齊王【集解】徐廣曰二月 項羽聞龍且軍破則恐使盱台人武涉往說韓信韓信不聽楚漢久相持未決丁壯苦軍旅老弱罷轉饟漢王項羽相與臨廣武之間而語項羽欲與漢王獨身挑戰漢王數項羽曰始與項羽俱受命懷王曰先入定關中者王之項羽負約王我於蜀漢罪一【索隱】負音佩也 項羽矯殺卿子冠軍而自尊罪二【集解】徐廣曰卿一作慶【索隱】韋昭云宋義之號如淳曰卿者卿大夫之尊子者子男之爵冠者人之首也尊宋義故加此號 項羽已救趙當還報而擅劫諸侯兵入關罪三懷王約入秦無暴掠項羽燒秦宮室掘始皇帝冢私收其財物罪四又彊殺秦降王子嬰罪五詐阬秦子弟新安二十萬王其將罪六項羽皆王諸將善地【索隱】謂章邯等 而徙逐故主【索隱】謂田氏趙歇韓廣之屬也 令臣下爭叛逆罪七項羽出逐義帝彭城自都之奪韓王地并王梁楚多自予罪八項羽使人陰弒義帝江南罪九夫爲人臣而弒其主殺已降爲政不平主約不信天下所不容大逆無道罪十也吾以義兵從諸侯誅殘賊使刑餘罪人擊殺項羽何苦乃與公挑戰項羽大怒伏弩射中漢王漢王傷胷乃捫足曰虜中吾指【索隱】捫摸也中胷而捫足者蓋以矢初中痛悶不知所在故爾或云胷而捫足權以安士卒之心也 漢王病創臥張良彊請漢王起行勞軍以安士卒毋令楚乘勝於漢漢王出行軍【正義】行寒孟反 病甚因馳入成皋【索隱】三輔故事曰楚漢相距於京索間六年身被大創十二矢石通中過者有四言漢王病創也 病愈西入關至櫟陽存問父老置酒梟故塞王欣頭櫟陽市【索隱】梟縣首於木也欣自剄於汜水上今梟之於櫟陽者以舊都故梟以示之也 留四日復如軍軍廣武關中兵益出當此時彭越將兵居梁地往來苦楚兵絕其糧食田橫往從之項羽數擊彭越等齊王信又進擊楚項羽恐乃與漢王約中分天下割鴻溝而西者爲漢鴻溝而東者爲楚【索隱】應劭云在榮陽東南二十里蓋引河東南入淮泗也張華云一渠東流經浚儀是始皇所鑿引河灌大梁謂之鴻溝一渠東至陽武南爲官渡水北征記云中牟臺下臨汴水是爲官渡水也 項王歸漢王父母妻子軍中皆呼萬歲乃歸而別去項羽解而東歸漢王欲引而西歸用留侯陳平計乃進兵追項羽至陽夏南止軍與齊王信建成侯彭越期會而擊楚軍至固陵不會楚擊漢軍大破之漢王復入壁深塹而守之用張良計於是韓信彭越皆往及劉賈入楚地圍壽春【正義】今壽州 漢王敗固陵【集解】晉灼曰固始 乃使使者召大司馬周殷舉九江兵而迎之【集解】徐廣曰周殷以兵隨劉賈 武王行屠城父【正義】父音甫今亳州縣 隨何劉賈齊梁諸侯

皆大會垓下〔集解〕徐廣曰七月立武王布爲淮南王

五年高祖與諸侯兵共擊楚軍與項羽決勝垓下淮陰侯將三十萬自當之孔將軍居左費將軍居右皇帝在後絳侯柴將軍在皇帝後項羽之卒可十萬淮陰先合不利郤孔將軍費將軍縱〔正義〕二人韓信將也縱兵擊項羽也以縱字爲絕句孔將軍蓼侯孔熙費將軍費侯陳賀也楚兵不利淮陰侯復乘之〔正義〕復扶富反乘猶登也進也大敗垓下項羽卒聞漢軍楚歌〔索隱〕應劭云楚歌令鷄鳴歌也顔遊秦云楚歌猶吳謳也按高祖令戚夫人楚舞自爲楚歌是楚人之歌聲也以爲漢盡得楚地項羽乃敗而走是以兵大敗使騎將灌嬰追殺項羽東城〔集解〕徐廣曰十二月斬首八萬遂略定楚地魯爲楚堅守不下漢王引諸侯兵北示魯父老項羽頭魯乃降遂以魯公號葬項羽穀城還至定陶馳入齊王壁奪其軍正月諸侯及將相相與共請尊漢王爲皇帝漢王曰吾聞帝賢者有也空言虛語非所守也吾不敢當帝位羣臣皆曰大王起微細誅暴逆平定四海有功者輒裂地而封爲王侯大王不尊號皆疑不信臣等以死守之漢王三讓不得已曰諸君必以爲便便國家甲午〔集解〕徐廣曰二月甲午乃即皇帝位汜水之陽〔集解〕蔡邕曰上古天子稱皇其次稱帝其次稱王秦承三王之末爲漢驅除自以德兼三皇五帝故并以爲號漢高祖受命功德宜之因而不改〔正義〕汜音敷劍反括地志云高祖即位壇在曹州濟陰縣界張晏曰汜水在濟陰界取其汜愛弘大而潤下皇帝曰義帝無後齊王韓信習楚風俗徙爲楚王都下邳〔正義〕音被悲反泗州下邳縣是楚王韓信之都立建成侯彭越爲梁王都定陶〔正義〕曹州濟陰縣城是梁王彭越之都故韓王信爲韓王都陽翟〔正義〕洛州陽翟縣是韓王信之都徙衡山王吳芮爲長沙王都臨湘〔正義〕括地志云潭州長沙縣本漢臨湘縣長沙王吳芮都之芮墓在長沙縣北四里番君之將梅鋗有功從入武關故德番君淮南王布燕王臧荼趙王敖皆如故天下大定高祖都雒陽諸侯皆臣屬故臨江王驩〔集解〕徐廣曰一作尉爲項羽叛漢令盧綰劉賈圍之不下數月而降殺之雒陽五月兵皆罷歸家諸侯子在關中者復之十二歲其歸者復之六歲食之〔正義〕食音寺一歲高祖置酒雒陽南宮〔正義〕括地志云南宮在雒州雒陽縣東北二十六里洛陽故城中輿地志云秦時已有南北宮高祖曰列侯諸將無敢隱朕皆言其情吾所以有天下者何項氏之所以失天下者何高起王陵對曰〔集解〕孟康曰姓高名起瓚曰漢帝年紀高帝時有信平侯臣陵都武侯臣起魏相丙吉奏高帝時奏事有將軍臣陵臣起事陛下慢而侮人項羽仁而愛人然陛下使人攻城略地所降下者因以予之與天下同利也項羽妒賢嫉能有功者害之賢者疑之戰勝而不予人功得地而不予人利此所以失天下也高祖曰公知其一未知其二夫運籌策帷帳之中決勝於千里之外吾不如子房鎮國家撫百姓給餽饟不絕糧道吾不如蕭何連百萬之軍戰必勝攻必取吾不如韓信此三人皆人傑也吾能用之此吾所以取天下也項羽有一范增而不能用此其所以爲我擒也高祖欲長都雒陽齊人劉敬說及留侯勸上入都關中高祖是日駕入都關中六月大赦天下十月燕王臧荼反攻下代地高祖自將擊之得燕王臧荼即立太尉盧綰爲燕王使丞相噲將兵攻代其秋利幾反〔正義〕幾音機姓名也項羽之將爲陳縣令降漢高帝徵諸侯利幾恐故反高祖自將兵擊之利幾走利幾者項氏之將項氏敗利幾爲陳公不隨項羽亡降高祖高祖侯之潁川高祖至雒陽舉通侯籍召之〔集解〕如淳曰得在通侯之籍而利幾恐故反

六年高祖五日一朝太公如家人父子禮太公家令說太公曰天無二日土無二王今高祖雖子人主也太公雖父人臣也奈何令人主拜人臣如此則威重不行後高祖朝太公擁彗〔集解〕李奇曰爲恭也如今卒持帚者也迎門卻行高祖大驚下扶太公太公曰帝人主也奈何以我亂天下法於是高祖乃尊太公爲太上皇〔集解〕蔡邕曰不言帝非天子也〔索隱〕按本紀秦始皇追尊莊襄王爲太上皇已有故事矣蓋太上者無上也皇者德大於帝故尊其父號太上皇也心善家令言賜金五百斤〔索隱〕顧氏按荀悅云雖天子必有尊也無父猶設三老況其存乎家令之言過矣晉灼云善其發悟已心因得尊崇父號也十二月人有上變事告楚王信謀反上問左右左右爭欲擊之用陳平計乃僞遊雲夢〔集解〕韋昭曰在南郡華容縣會諸侯於陳楚王信迎即因執之是日大赦天下田肯賀〔索隱〕漢紀及漢書作肯劉顯云相傳作肯也因說高祖曰甚善陛下得韓信又治秦中〔集解〕如淳曰時山東人謂關中爲秦中秦形勝之國〔集解〕張晏曰秦地帶山河得形勢之勝便者〔索隱〕韋昭云地形險固故能勝人也帶河山之險縣隔千里持戟百萬秦得百二焉〔集解〕應劭曰河山之險與諸侯相懸隔地絕千里所以能禽諸侯者得天下之利百二也李斐曰河山之險由地勢高順流而下易故天下於秦懸隔千里持戟百萬秦得百二焉蘇林曰得百中之二焉秦地險固二萬人足當諸侯百萬人也〔索隱〕服虔云謂函谷關去長安千里爲懸隔按以河山險固形勝其勢如隔千里虞喜云百二者得百之二言諸侯持戟百萬秦地險固百倍於天下故云得百二焉言倍之也蓋言秦兵當二百萬也齊得十二亦如之故爲東西秦言勢相敵但立文相避故云十二言餘諸侯十萬齊地形勝亦倍於他國當二十萬人地勢便利其以下兵於諸侯譬猶居高屋之上建瓴水也〔集解〕如淳曰瓴盛水瓶也居高屋之上而翻瓴水言其向下之勢易也建音蹇晉灼曰許愼曰瓴罋似瓶者夫齊東有琅邪即墨之饒南有泰山之固西有濁河之限〔集解〕晉灼曰齊西有平原河水東北過高唐高唐即平原也孟津號黃河故曰濁河北有勃海之利〔索隱〕崔浩云勃旁跌也旁跌出者橫在濟北故齊都賦云海旁出爲勃名曰勃海郡地方二千里持戟百萬縣隔千里之外〔索隱〕言齊境濶不啻千里故云千里之外齊得十二焉〔集解〕應劭曰齊得十二之二故齊王稱東帝後復歸之卒爲秦所滅者利鈍之勢異也李斐曰齊有山河之限地方二千里是與天下懸隔也設有持戟百萬之衆齊得十中之二焉百萬十分之二亦二十萬也但文相避爾故言東西秦其勢亦敵也蘇林曰十二得十中之二二十萬人當百萬言齊雖固不如秦二萬乃當百萬故此東西秦也非親子弟莫可使王齊矣高祖曰善賜黃金五百斤後十餘日封韓信爲淮陰侯分其地爲二國高祖曰將軍劉賈數有功以爲荊王〔索隱〕乃王吳地在淮東也姚察按虞喜云總言吳別言荊者以山命國也今西南有荊山在陽羨界賈封吳地而號荊王指取此義太康地理志陽羨縣本名荊溪王淮東弟交爲楚王王淮西子肥爲齊王王七十餘城民能齊言者皆屬齊〔集解〕駰案漢書音義曰此言時民流移故使齊言者還齊也〔正義〕按言齊之遠國大秦中故封子肥七十餘城近齊城邑能齊言者咸割屬齊親子故大其都也孟說恐非乃論功與諸列侯剖符行封徙韓王信太原〔索隱〕信初都陽翟也

七年匈奴攻韓王信馬邑〔正義〕搜神記云昔秦人築城於武周塞以備胡城將成而崩者數矣有馬馳走周旋反覆父老異之因依以築城乃不崩遂名馬邑括地志云朔州城漢馬邑縣城也攻韓信於馬邑即此城信因與謀反太原白土〔集解〕徐廣曰在上郡曼丘臣王黃立故趙將趙利爲王以反高祖自往擊之會天寒士卒墮指者什二三遂至平城〔正義〕括地志云朔州定襄縣本漢平城縣縣東北三十里有白登山山上有臺名曰白登臺漢書匈奴傳云冒頓圍高帝於白登七日即此也服虔云白登臺名去平城七里李穆叔趙記云平城東七里有土山高百餘尺方十餘里亦謂此也匈奴圍我平城七日而後罷去令樊噲止定代地立兄劉仲爲代王二月高祖自平城過趙雒陽至長安長樂宮成丞相已下徙治長安〔索隱〕漢儀注高祖六年更名咸陽曰長安三輔舊事渭城本咸陽地高帝爲新城七年屬長安也

八年高祖東擊韓王信餘反寇於東垣〔集解〕駰案地理志曰東垣高帝更名曰眞定蕭丞相營作未央宮〔正義〕括地志云未央宮在雍州長安縣西北十里長安故城中顏師古云未央殿雖南嚮而當上書奏事謁見之徒皆詣北闕公車司亦在北焉是則以北闕爲正門而又有東門東闕至於西南兩面無門闕也蕭何初立未央宮以厭勝之術理宜然乎按北闕爲正者蓋秦作前殿渡渭水屬之咸陽以象天極閣道絕漢抵營室立東闕北闕〔集解〕駰案關中記曰東有蒼龍闕北有玄武闕玄武所謂北闕〔索隱〕東闕名蒼龍北闕名玄武無西南二闕者蓋蕭何以厭勝之法故不立也又說文云闕門觀也秦家舊宮皆在渭北而立東闕北闕蓋取其便前殿武庫太倉高祖還見宮闕壯甚怒謂蕭何曰天下匈匈苦戰數歲成敗未可知是何治宮室過度也蕭何曰天下方未定故可因遂就宮室且夫天子以四海爲家非壯麗無以重威且無令後世有以加也高祖乃說高祖之東垣過柏人〔正義〕括地志云柏人故城在邢州柏人縣西北十二里漢柏人屬趙國趙相貫高等謀弒高祖高祖心動因不留代王劉仲棄國亡自歸雒陽廢以爲合陽侯〔正義〕括地志云郃陽故城在同州河西縣南二里魏文侯十七年攻秦至鄭而還築郃水之陽也

九年趙相貫高等事發覺夷三族廢趙王敖爲宣平侯是歲徙貴族楚昭屈景懷齊田氏關中未央宮成高祖大朝諸侯羣臣置酒未央前殿高祖奉玉卮〔集解〕應劭曰鄉飮酒禮器也受四升起爲太上皇壽曰始大人常以臣無賴〔集解〕晉灼曰許愼曰賴利也無利入於家也或曰江湖之間謂小兒多詐狡猾爲無賴不能治產業不如仲力今某之業所就孰與仲多殿上羣臣皆呼萬歲大笑爲樂

十年十月淮南王黥布梁王彭越燕王盧綰荊王劉賈楚王劉交齊王劉肥長沙王吳芮皆來朝長樂宮〔正義〕括地志秦櫟陽故宮在雍州櫟陽縣北三十五里秦獻公所造三輔黃圖云高祖都長安未有宮居櫟陽宮也春夏無事七月太上皇崩櫟陽宮楚王梁王皆來送葬〔集解〕駰案漢書云葬萬年赦櫟陽囚更命酈邑曰新豐〔正義〕酈音力知反括地志云新豐故城在雍州新豐縣西南四里漢新豐宮也太上皇時悽愴不樂高祖竊因左右問故答以平生所好皆屠販少年酤酒賣餅鬬雞蹴踘以此爲歡今皆無此故不樂高祖乃作新豐徙諸故人實之太上皇乃悅按前于酈邑築城寺徙其民實之未改其名太上皇崩後命曰新豐八月趙相國陳豨〔集解〕鄧展曰東海人名豬曰豨反代地上曰豨嘗爲吾使甚有信代地吾所急也故封豨爲列侯〔集解〕徐廣曰豨攻定臧荼有功封陽夏侯以相國守代今乃與王黃等劫掠代地代地吏民非有罪也其赦代吏民九月上自東往擊之至邯鄲上喜曰豨不南據邯鄲而阻漳水吾知其無能爲也聞豨將皆故賈人也上曰吾知所以與之乃多以金啗豨將豨將多降者

十一年高祖在邯鄲誅豨等未畢豨將侯敞將萬餘人游行王黃軍曲逆〔集解〕文穎曰今中山蒲陰是張春渡河〔正義〕陳豨將也又劉伯莊云彼時聊城在黃河之東王莽時乾今濁河西北也今在博州西北深丘道里記云王莽元城人居近河側祖父墳墓爲水所衝引河入深川此王莽河因枯也擊聊城〔集解〕徐廣曰在平原〔正義〕括地志云故聊城在博州聊城縣西二十里春秋時齊之西界聊攝也戰國時亦爲齊地秦漢皆爲東郡之聊城也漢使將軍郭蒙與齊將擊大破之太尉周勃〔集解〕駰案漢書百官表曰太尉秦官應劭曰自上安下曰尉武官悉以爲稱道太原入定代地〔集解〕韋昭曰道猶從至馬邑馬邑不下即攻殘之豨將趙利守東垣高祖攻之不下月餘卒罵高祖高祖怒城降令出罵者斬之不罵者原之於是乃分趙山北立子恆以爲代王都晉陽〔集解〕如淳曰文紀言都中都又文帝過太原復晉陽中都二歲以還都於中都也春淮陰侯韓信謀反關中夷三族夏梁王彭越謀反廢遷蜀復欲反遂夷三族立子恢爲梁王子友爲淮陽王秋七月淮南王黥布反東并荊王劉賈地北渡淮楚王交走入薛高祖自往擊之立子長爲淮南王

十二年十月高祖已擊布軍會甀〔集解〕徐廣曰在蘄縣西駰按漢書音義曰會音儈保邑名甀音直僞反〔索隱〕漢書甀作缶音保非也布走令別將追之高祖還歸過沛留置酒沛宮〔正義〕括地志云沛宮故地在徐州沛縣東南二十里一步悉召故人父老子弟縱酒發沛中兒得百二十人教之歌酒酣〔集解〕應劭曰不醒不醉曰酣一曰酣洽也高祖擊筑〔集解〕韋昭曰筑古樂有弦擊之不鼓〔正義〕音竹應劭云狀似瑟而大頭安弦以竹擊之故名曰筑顏師古云今筑形似瑟而小細項自爲歌詩曰大風起兮雲飛揚威加海內兮歸故鄉安得猛士兮守四方令兒皆和習之高祖乃起舞慷慨傷懷泣數行下謂沛父兄曰游子悲故鄉吾雖都關中萬歲後吾魂魄猶樂思沛且朕自沛公以誅暴逆遂有天下其以沛

為朕湯沐邑【集解】騶案風俗通義曰漢書註沛人語初發皆言其其者楚言也高祖始登帝位教令言其後以爲常爾 復其民世世無有所與沛父兄諸母故人日樂飲極驩道舊故爲笑樂十餘日高祖欲去沛父兄固請留高祖高祖曰吾人衆多父兄不能給乃去沛中空縣皆之邑西獻【集解】如淳曰獻牛酒 高祖復留止張【集解】張晏曰張帷帳【正義】音張亮反 飲三日沛父兄皆頓首曰沛幸得復豐未復唯陛下哀憐之高祖曰豐吾所生長極不忘耳吾特爲其以雍齒故反我爲魏沛父兄固請乃并復豐比沛於是拜沛侯劉濞【集解】服虔曰濞音帔 爲吳王漢將別擊布軍洮水南北【集解】徐廣曰洮音道在江淮間 皆大破之追得斬布鄱陽樊噲別將兵定代斬陳豨當城【索隱】代之縣名【正義】括地志云當城在朔州定襄縣界土地十三州記云當城在高柳東八十里縣當常山故曰當城 十一月高祖自布軍至長安十二月高祖曰秦始皇帝楚隱王【索隱】世家作幽王名捍負芻之兄 陳涉魏安釐王【索隱】史闕名昭王之子王假之祖 齊湣王【索隱】名地宣王子王建祖 趙悼襄王【索隱】名偃孝成王丹之子幽王遷之父 皆絕無後予守冢各十家秦皇帝二十家魏公子無忌五家赦代地吏民爲陳豨趙利所劫掠者皆赦之陳豨降將言豨反時燕王盧綰使人之豨所與陰謀上使辟陽侯迎綰【正義】審食其也括地志云辟陽故城在冀州信都縣西三十五里漢舊縣 綰稱病辟陽侯歸具言綰反有端矣二月使樊噲周勃將兵擊燕王綰赦燕吏民與反者立皇子建爲燕王高祖擊布時爲流矢所中行道病病甚呂后迎良醫醫入見高祖問醫曰病可治於是高祖嫚罵之曰吾以布衣提三尺劍取天下此非天命乎命乃在天雖扁鵲何益遂不使治病賜金五十斤罷之已而呂后問曰陛下百歲後蕭相國即死令誰代之上曰曹參可問其次上曰王陵可然陵少戇陳平可以助之陳平智有餘然難以獨任周勃重厚少文然安劉氏者必勃也可令爲太尉呂后復問其次上曰此後亦非而所知也盧綰與數千騎居塞下候伺幸上病愈自入謝四月甲辰高祖崩長樂宮【集解】皇甫謐曰高祖以秦昭王五十一年生至漢十二年年六十三 四日不發喪呂后與審食其謀曰諸將與帝爲編戶民今北面爲臣此常怏怏今乃事少主非盡族是天下不安人或聞之語酈將軍【集解】騶案漢書曰酈商 酈將軍往見審食其曰吾聞帝已崩四日不發喪欲誅諸將誠如此天下危矣陳平灌嬰將十萬守滎陽樊噲周勃將二十萬定燕代此聞帝崩諸將皆誅必連兵還鄉以攻關中大臣內叛諸侯外反亡可翹足而待也審食其入言之乃以丁未發喪大赦天下盧綰聞高祖崩遂亡入匈奴丙寅葬【集解】徐廣曰五月 已巳立太子【正義】丙寅葬後四日至己巳即立太子爲帝有本脫已字者妄引漢書云已下者非 至太上皇廟【正義】三輔黃圖云太上皇廟在長安城香室南馮翊府北括地志云漢太上皇廟在雍州長安縣西北長安故城中酒池之北高帝廟北高帝廟亦在故城中也 羣臣皆曰高祖起微細撥亂世反之正平定天下爲漢太祖功最高上尊號爲高皇帝太子襲號爲皇帝孝惠帝也令郡國諸侯各立高祖廟以歲時祠及孝惠五年思高祖之悲樂沛以沛宮爲高祖原廟【集解】徐廣曰光武紀曰上幸豐祠高祖於原廟駰按謂原者再也先既已立廟今又再立故謂之原廟 高祖所教歌兒百二十人皆令爲吹樂後有缺輒補之高帝八男長庶齊悼惠王肥次孝惠呂后子次戚夫人子趙隱王如意次代王恒已立爲孝文帝薄太后子次梁王恢呂太后時徙爲趙共王次淮陽王友呂太后時徙爲趙幽王次淮南厲王長次燕王建

太史公曰夏之政忠忠之敝小人以野【集解】鄭玄曰忠質厚也野少禮節也 故殷人承之以敬敬之敝小人以鬼【集解】鄭玄曰多威儀如事鬼神 故周人承之以文文之敝小人以僿【集解】徐廣曰一作薄駰按史記音隱曰僿音西志反鄭玄曰文尊卑之差也薄苟習文法無悃誠也【索隱】鄭音先代反鄭本作薄音扶各反本一作僿而徐廣云一作薄是本不同也然此語本出禮表記作其民之敝利而巧文而不慙賊而蔽也裴又引音隱云僿音西志者蔽僿聲相近故以蔽爲僿爾 故救僿莫若以忠【集解】鄭玄曰復反始 三王之道若循環終而復始周秦之間可謂文敝矣秦政不改反酷刑法豈不繆乎故漢興承敝易變使人不倦得天統矣朝以十月車服黃屋左纛葬長陵【集解】皇甫謐曰長陵山東西廣百二十丈高十三丈在渭水北去長安城三十五里【正義】括地志云長陵在雍州咸陽縣東三十里

索隱述贊曰高祖初起始自徒中言從泗上即號沛公嚱命豪傑奮發材雄彤雲鬱陽素靈告豐龍變星聚蛇分徑空項氏主命負約棄功王我巴蜀實憤于衷三秦既北五兵遂東汜水即位咸陽築宮威加四海還歌大風

史記卷八考證

高祖本紀姓劉氏索隱因生賜姓若舜生姚墟以爲姚姓封之於虞號有虞氏其後子孫即遂以虞爲姓云姓虞氏今此云姓劉氏亦其義也○吳仁傑兩漢刊誤補遺曰索隱之說非也姓與氏相近而不同古者賜姓命氏如賜姓曰董氏曰豢龍析姓氏而二之則固有別矣劉氏本陶唐氏之後則劉者氏也非姓也於此當云高祖劉氏出自祁姓可也此誤自太史公啟之

常從王媼武負貰酒索隱鄒誕生貰音世與字林聲韻並同又音時夜反廣雅云貰賒也說文云貰貸也臨淮有貰陽縣漢書功臣表貰陽侯劉纏而此記射陽則貰亦射也○顏師古曰貰賒也李登呂忱並音式制反而今之讀者謂與射同乃引地名射陽其字作貰以爲登驗此說非也假令地名爲射自是假借當時所呼別有意義豈得即定其字以爲正音乎

此兩家常折券棄責索隱周禮小司寇聽稱責以傳別○周禮小司寇但有正之以傳別約劑之文聽稱責以傳別本小宰職中語

生孝惠魯元公主正義漢帝制句女曰公主句儀比諸侯句○推尋文義宜云漢制句帝女曰公主句

乃以竹皮爲冠索隱應劭曰一名長冠側竹皮裏以縱前高七寸廣三寸如板○後漢書輿服志云高七寸廣三寸促漆纚爲之制如板然則側竹皮裏以縱前七字應是竹皮裏以纚之訛

吾子白帝子也化爲蛇當道今爲赤帝子斬之集解應劭曰秦襄公自以居西戎主少昊之神作西畤祠白帝至獻公時櫟陽雨金以爲瑞又作畦畤祠白帝少昊金德也赤帝堯後謂漢也殺之者明當漢滅秦也秦自謂水漢初自謂土皆失之至光武乃改定○黃氏日抄曰白帝子注謂指秦葉碧巷先生以爲西楚徐孚遠曰沈休文以爲白帝金也金生水白帝之子水赤帝火也火生土赤帝之子土也然則秦自謂水漢自謂土不爲失也失在誤以赤帝子爲赤帝也

高祖覺索隱包愷伯莊音古孝反○伯莊上宜有劉字

隱於芒碭山澤巖石之間正義括地志云宋州碭山縣在州東一百五十里本漢碭陽縣也○陽字疑衍

季所居上常有雲氣正義顏師古曰京房易兆候云○隋書經籍志作易飛候

還攻外黃索隱韋昭云上陳留縣○上字衍外黃縣屬陳留郡蓋云陳留之縣耳或上字係在字之訛下縣字衍

因襲攻武關破之索隱左傳云楚司馬起豐析以臨上雒○哀四年左傳云司馬起豐析與狄戎以臨上雒

封皇帝璽符節正義天子信璽以還拜封王侯之璽以發兵○據唐書禮志之璽上有天子二字

漢王堅壁不與戰○一本無王字

十月燕王臧荼反○凌稚隆曰十月字疑誤高祖用秦正十月後事當屬次年

高祖雖子人主也○王若虛辨惑曰是時未有高祖號劉子元辨之誠中其病漢書改爲皇帝是矣

其以沛爲朕湯沐邑集解騶案風俗通義曰漢書注沛人語初發聲皆言其其者楚言也高祖始登帝位教令言其後以爲常爾○王若虛辨惑曰予謂不然戒辭用其字自是本法古文如是者何可勝舉而云楚語獨爾不亦妄乎

楚隱王陳涉索隱世家作幽王名捍負芻之兄○臣世駿按此五字相連始皇本紀云陳勝自立爲楚王月表云二世元年七月楚隱王陳涉起兵入秦陳涉世家云陳勝葬碭謚曰隱王高祖時爲陳涉置守冢三十家碭至今血食索隱乃截楚隱王三字另作一人而楚無此王則以幽王當之殊屬牽強且幽王亦名悼不名捍也或以六國爲疑則燕韓業已不與安見楚之必不可遺哉

高祖崩長樂宮集解皇甫謐曰高祖以秦昭王五十一年生至漢十二年年六十三○臣世駿按高祖生年乙巳至是年丙午當是六十二

朝以十月車服黃屋左纛○左監本訛作志今改正

史記卷九

漢　太　史　令司馬遷　撰

宋中郎外兵曹參軍裴　駰集解

唐國子博士弘文館學士司馬貞索隱

唐諸王侍讀率府長史張守節正義

呂后本紀第九

【索隱】呂太后本以女主臨朝自孝惠崩後立少帝而始稱制正合附惠紀而論之不然或別爲呂后本紀豈得全沒孝惠而獨稱呂后本紀合依班氏分爲二紀焉

呂太后者【集解】徐廣曰呂后父呂公漢元年爲臨泗侯四年卒高后元年追謚曰呂宣王 高祖微時妃也【集解】騶案漢書音義曰諱雉【索隱】字娥姁也 生孝惠帝【集解】騶案漢書音義曰諱盈 女魯元太后及高祖爲漢王得定陶戚姬【集解】如淳曰姬音怡衆妾之總稱也漢官曰姬妾數百蘇林曰清河國有妃里而題門作姬瓚曰漢秩祿令及茂陵書姬內官也秩比二千石位次婕妤下在七子八子之上【索隱】如淳音怡非也茂陵書云姬是內官是矣然官號及婦人通稱姬姬者周之姓所以左傳稱伯姬叔姬以言天子之宗女貴於他姓故遂以姬爲婦人美號故詩曰雖有姬姜不棄顦顇是也 愛幸生趙隱王如意孝惠爲人仁弱高祖以爲不類我常欲廢太子立戚姬子如意如意類我戚姬幸常從上之關東日夜啼泣欲立其子代太子呂后年長常留守希見上益疏如意立爲趙王後幾代太子者數矣【索隱】幾音其紀反又音祈 賴大臣爭之及留侯策【索隱】謂張良叔孫通等令太子卑詞安車以迎四皓也 太子得毋廢呂后爲人剛毅佐高祖定

天下所誅大臣多呂后力呂后兄二人皆爲將長兄周呂侯〔集解〕徐廣曰名澤高祖八年卒諡令武侯追諡曰悼武王死事封其子呂台爲酈侯〔集解〕徐廣曰酈一作鄜〔索隱〕鄜音台蕭該音怡蘇林音胎子產爲交侯〔集解〕徐廣曰台弟也次兄呂釋之爲建成侯〔集解〕徐廣曰惠帝二年卒諡康王高祖十二年四月甲辰崩長樂宮太子襲號爲帝是時高祖八子長男肥孝惠兄也異母〔索隱〕母曰曹姬肥爲齊王餘皆孝惠弟戚姬子如意爲趙王薄夫人子恒爲代王諸姬子子恢爲梁王子友爲淮陽王子長爲淮南王子建爲燕王高祖弟交爲楚王兄子濞爲吳王非劉氏功臣番君吳芮子臣爲長沙王呂后最怨戚夫人及其子趙王乃令永巷囚戚夫人而召趙王〔集解〕如淳曰列女傳曰周宣王后脫簪珥待罪永巷後改爲掖庭〔索隱〕永巷別宮名有長巷故名之也韋昭云以爲在掖門內故謂之掖庭也使者三反趙相建平侯周昌謂使者曰高帝屬臣趙王趙王年少竊聞太后怨戚夫人欲召趙王幷誅之臣不敢遣王王且亦病不能奉詔呂后大怒迺使人召趙相趙相徵至長安迺使人復召趙王王來未到孝惠帝慈仁知太后怒自迎趙王霸上與入宮自挾與趙王起居飲食太后欲殺之不得間孝惠元年十二月帝晨出射趙王少不能蚤起太后聞其獨居使人持酖飲之〔集解〕應劭曰酖鳥食蝮以其羽畫酒中飲之立死犂明孝惠還〔集解〕徐廣曰犂猶比也諸言犂明者將明之時趙王已死於是乃徙淮陽王友爲趙王夏詔賜酈侯父追諡爲令武侯〔索隱〕令音齡太后遂斷戚夫人手足去眼煇耳飲瘖藥使居廁中命曰人彘居數日迺召孝惠帝觀人彘孝惠見問知其戚夫人迺大哭因病歲餘不能起使人請太后曰此非人所爲臣爲太后子終不能治天下孝惠以此日飲爲淫樂不聽政故有病也二年楚元王齊悼惠王皆來朝十月孝惠與齊王燕飲太后前孝惠以爲齊王兄置上坐如家人之禮太后怒迺令酌兩卮酖置前令齊王起爲壽齊王起孝惠亦起取卮欲俱爲壽太后乃恐自起泛孝惠卮〔索隱〕泛音捧汎也齊王怪之因不敢飲詳醉去問知其酖齊王恐自以爲不得脫長安憂齊內史士〔集解〕徐廣曰一作出說王曰太后獨有孝惠與魯元公主〔集解〕如淳曰公羊傳曰天子嫁女於諸侯必使諸侯同姓者主之故謂之公主百官表列侯所食曰國皇后公主所食曰邑諸侯王女曰公主蘇林曰公五等尊爵也春秋聽臣子以稱君父婦人稱主有主孟啗我之比故云公主贊曰天子之女雖食湯沐之邑不君其民〔索隱〕啗音徒濫反主是謂里克妻卽優施之語事見國語孟者且也言且啗我物我教汝婦事夫之道此卽婦人稱主之意耳比音必二反今王有七十餘城而公主迺食數城王誠以一郡上太后爲公主湯沐邑太后必喜王必無憂於是齊王迺上城陽之郡尊公主爲王太后〔集解〕如淳曰張敖子偃爲魯王故公主得爲太后呂后喜許之迺置酒齊邸〔正義〕漢法諸侯各起邸第於京師樂飲罷歸齊王三年方築長安城

四年就半五年六年城就〔索隱〕漢宮闕疏四年築東面五年築北面漢舊儀城方六十三里經緯各十二里三輔舊事云城形似北斗也諸侯來會十月朝賀七年秋八月戊寅孝惠帝崩〔集解〕皇甫謐曰帝以秦始皇三十七年生崩時年二十三發喪太后哭泣不下留侯子張辟彊爲侍中〔集解〕應劭曰入侍天子故曰侍中年十五謂丞相曰太后獨有孝惠今崩哭不悲君知其解乎〔正義〕解紀賣反言哭解情有所思也又音戶賣反解節解也又紀買反謂解說也丞相曰何解辟彊曰帝毋壯子〔正義〕毋音無太后畏君等君今請拜呂台呂產呂祿爲將將兵居南北軍及諸呂皆入宮居中用事如此則太后心安君等幸得脫禍矣丞相迺如辟彊計太后說其哭迺哀呂氏權由此起迺大赦天下九月辛丑葬〔集解〕駰案漢書云葬安陵皇覽曰山高三十二丈廣袤百二十步居地六十畝皇甫謐曰去長陵十里去長安北三十五里太子卽位爲帝謁高廟元年號令一出太后太后稱制議欲立諸呂爲王問右丞相王陵王陵曰高帝刑白馬盟曰非劉氏而王天下共擊之今王呂氏非約也太后不說問左丞相陳平絳侯周勃勃等對曰高帝定天下王子弟今太后稱制王昆弟諸呂無所不可太后喜罷朝王陵讓陳平絳侯曰始與高帝啑血盟〔索隱〕啑鄒音使接反又云或作喢又音丁牒反諸君不在邪今高帝崩太后女主欲王呂氏諸君從欲阿意背約何面目見高帝地下陳平絳侯曰於今面折廷爭臣不如君夫全社稷定劉氏之後君亦不如臣王陵無以應之十一月太后欲廢王陵乃拜爲帝太傅〔集解〕應劭曰古官傅者覆也贊曰大戴禮曰傅之德義奪之相權王陵遂病免歸迺以左丞相平爲右丞相以辟陽侯審食其爲左丞相〔索隱〕韋昭云辟陽信都之縣名左丞相不治事令監宮中如郎中令食其故得幸太后常用事公卿皆因而決事迺追尊酈侯父爲悼武王欲以王諸呂爲漸四月太后欲侯諸呂迺先封高祖之功臣郎中令無擇〔集解〕徐廣曰姓馮爲博城侯〔正義〕括地志云兗州博城本漢博城縣魯元公主薨賜諡爲魯元太后子偃爲魯王魯王父宣平侯張敖也封齊悼惠王子章爲朱虛侯〔索隱〕虛音墟琅邪縣也〔正義〕括地志云朱虛故城在青州臨朐縣東六十里漢朱虛縣也十三州志云丹朱遊故虛故云朱虛也虛猶邱也朱猶丹也以呂祿女妻之齊丞相壽爲平定侯〔集解〕徐廣曰姓齊少府延爲梧侯〔集解〕徐廣曰姓陽成也延以軍匠起作宮築城也乃封呂種爲沛侯〔集解〕徐廣曰釋之子也〔正義〕括地志云徐州沛縣古城也呂平爲扶柳侯〔集解〕徐廣曰太后姊子也母字長姁〔正義〕括地志云扶柳故城在冀州信都縣西三十里澤中多柳故曰扶柳張買爲南宮侯〔集解〕徐廣曰其父越人爲高祖騎將太后欲王呂氏先立孝惠後宮子彊爲淮陽王〔集解〕韋昭曰今陳留郡子不疑爲常山王〔正義〕括地志云常山故城在恒州眞定縣南八里本漢東垣邑也子山爲襄城侯〔索隱〕按下文更名義又改名弘農漢書襄城侯唯云名弘蓋史省文按志襄城屬潁川子朝爲軹侯〔索隱〕韋昭云河內有軹縣音紙〔正義〕括地志云故軹城在懷州濟源縣東南十三里七國時魏邑子武爲壺關侯

太后風大臣大臣請立酈侯呂台爲呂王〔正義〕初呂台爲呂王後呂產王梁更名梁曰呂太后許之建成康侯釋之卒嗣子有罪廢立其弟呂祿爲胡陵侯〔正義〕縣名屬山陽章帝改曰胡陸續康侯〔集解〕徐廣曰祿釋之少子後二年常山王薨以其弟襄城侯山爲常山王更名義十一月呂王台薨諡爲肅王太子嘉代立爲王三年無事〔集解〕駰案漢書云秋星晝見四年封呂須爲臨光侯呂他爲俞侯〔索隱〕他音駝俞音輸〔正義〕括地志云故俞城在德州平原縣西南三十里漢俞縣呂他邑也呂更始爲贅其侯〔集解〕徐廣曰表云呂后弟子淮陽丞相呂勝爲贅其侯〔索隱〕按表贅其在臨淮呂忿爲呂城侯〔正義〕括地志云故呂城在鄧州南陽縣西三十里呂尙先祖封及諸侯丞相五人〔集解〕徐廣曰中邑侯朱通山都侯王恬開松茲侯徐厲滕侯呂更始醴陵侯越宣平侯女爲孝惠皇后時無子佯爲有身取美人子名之〔正義〕劉伯莊云諸美人元幸呂氏懷身而入宮生子殺其母立所名子爲太子孝惠崩太子立爲帝帝壯或聞其母死非眞皇后子迺出言曰后安能殺吾母而名我我未壯壯卽爲變太后聞而患之恐其爲亂迺幽之永巷中言帝病甚左右莫得見太后曰凡有天下治爲萬民命〔集解〕徐廣曰一無此字者蓋之如天容之如地上有懽心以安百姓百姓欣然以事其上懽欣交通而天下治今皇帝病久不已迺失惑惛亂不能繼嗣奉宗廟祭祀不可屬天下其代之羣臣皆頓首言皇太后爲天下齊民計所以安宗廟社稷甚深羣臣頓首奉詔帝廢位太后幽殺之五月丙辰立常山王義爲帝更名曰弘不稱元年者以太后制天下事也以軹侯朝爲常山王置太尉官絳侯勃爲太尉五年八月淮陽王薨以弟壺關侯武爲淮陽王六年十月太后曰呂王嘉居處驕恣廢之以肅王台弟呂產爲呂王夏赦天下封齊悼惠王子興居爲東牟侯〔索隱〕韋昭云東萊縣七年正月太后召趙王友友以諸呂女爲后弗愛愛他姬諸呂女妒怒去讒之於太后誣以罪過曰呂氏安得王太后百歲後吾必擊之太后怒以故召趙王趙王至置邸不見令衞圍守之弗與食其羣臣或竊饋輒捕論之趙王餓乃歌曰諸呂用事兮劉氏危迫脅王侯兮彊授我妃我妃既妒兮誣我以惡讒女亂國兮上曾不寤我無忠臣兮何故棄國自決中野兮蒼天舉直〔集解〕徐廣曰舉一作與于嗟不可悔兮寧蚤自財爲王而餓死兮誰者憐之呂氏絕理兮託天報仇丁丑趙王幽死以民禮葬之長安民冢次己丑日食晝晦太后惡之心不樂乃謂左右曰此爲我也二月徙梁王恢爲趙王呂王產徙爲梁王梁王不之國爲帝太傅立皇子平昌侯太爲呂王更名梁曰呂呂曰濟川太后女弟呂須〔索隱〕韋昭云樊噲妻封臨光侯有女爲營陵侯劉澤妻澤爲大將軍太后王諸呂恐卽崩後劉將軍

爲害乃以劉澤爲琅邪王以慰其心梁王恢之徙王趙心懷不樂太后以呂產女爲趙王后王后從官皆諸呂擅權微伺趙王趙王不得自恣王有所愛姬王后使人酖殺之王乃爲歌詩四章令樂人歌之王悲六月卽自殺太后聞之以爲王用婦人棄宗廟禮廢其嗣宣平侯張敖卒以子偃爲魯王敖賜諡爲魯元王秋太后使使告代王欲徙王趙代王謝願守代邊太傅產丞相平等言武信侯呂祿〔集解〕徐廣曰呂后兄子也前封胡陵侯蓋號曰武信上侯位次第一〔集解〕如淳曰功大者位在上功臣侯表有第一第二之次也請立爲趙王太后許之追尊祿父康侯爲趙昭王九月燕靈王建薨有美人子太后使人殺之無後國除八年十月立呂肅王子東平侯呂通爲燕王封通弟呂莊爲東平侯三月中呂后祓還〔正義〕祓芳弗反又音廢後同過軹道見物如蒼犬據高后掖〔集解〕徐廣曰據音戟忽弗復見卜之云趙王如意爲祟高后遂病掖傷高后爲外孫魯元王偃年少蚤失父母孤弱迺封張敖前姬兩子侈爲新都侯壽爲樂昌侯〔集解〕徐廣曰今細陽之池陽鄉以輔魯元王偃及封中大謁者張釋爲建陵侯〔集解〕徐廣曰一云張釋卿駰案如淳曰百官表謁者掌賓贊受事灌嬰爲中謁者後常以奄人爲之諸官加中者多奄人也呂榮爲祝茲侯〔集解〕徐廣曰呂后昆弟子諸中宦者令丞皆爲關內侯食邑五百戶〔集解〕如淳曰列侯出關就國關內侯但爵其身有加異者與關內之邑食其租稅也風俗通義曰秦時六國未平將帥皆家關中稱關內侯七月中高后病甚迺令趙王呂祿爲上將軍軍北軍呂王產居南軍呂太后誡產祿曰高帝已定天下與大臣約曰非劉氏王者天下共擊之今呂氏王大臣弗平我卽崩帝年少大臣恐爲變必據兵衞宮愼毋送喪毋爲人所制辛巳高后崩遺詔賜諸侯王各千金〔集解〕蔡邕曰皇子封爲王者其實古諸侯也加號稱王故謂之諸侯王王子封爲侯者謂之諸侯將相列侯郎吏皆以秩賜金大赦天下以呂王產爲相國以呂祿女爲帝后高后已葬〔集解〕皇甫謐曰合葬長陵皇覽曰高帝呂后山各一所也以左丞相審食其爲帝太傅朱虛侯劉章有氣力東牟侯興居其弟也皆齊哀王弟居長安當是時諸呂用事擅權欲爲亂畏高帝故大臣絳灌等未敢發朱虛侯婦呂祿女陰知其謀恐見誅乃陰令人告其兄齊王欲令發兵西誅諸呂而立朱虛侯欲從中與大臣爲應齊王欲發兵其相弗聽八月丙午齊王欲使人誅相相召平乃反舉兵欲圍王王因殺其相遂發兵東詐奪琅邪王兵幷將之而西語在齊王語中齊王乃遺諸侯王書曰高帝平定天下王諸子弟悼惠王王齊悼惠王薨孝惠帝使留侯良立臣爲齊王孝惠崩高后用事春秋高聽諸呂擅廢帝更立又比殺三趙王〔索隱〕比音如字比猶頻也趙隱王如意趙幽王友趙王恢是三趙王也滅梁趙燕以王諸

呂分齊爲四忠臣進諫上惑亂弗聽今高后崩而帝春秋富未能治天下固恃大臣諸侯而諸呂又擅自尊官聚兵嚴威劫列侯忠臣矯制以令天下宗廟所以危寡人率兵入誅不當爲王者漢聞之相國呂產等乃遣潁陰侯灌嬰將兵擊之灌嬰至滎陽乃謀曰諸呂權兵關中欲危劉氏而自立今我破齊還報此益呂氏之資也乃留屯滎陽使使諭齊王及諸侯與連和以待呂氏變共誅之齊王聞之乃還兵西界待約呂祿呂產欲發亂關中內憚絳侯朱虛等外畏齊楚兵又恐灌嬰畔之欲待灌嬰兵與齊合而發猶與未決【索隱】猶鄒音以獸反與音預又作豫崔浩云猶猨類也卬鼻長尾性多疑又說文云猶獸名多疑故比之也按狐性亦多疑度冰而聽水聲故云狐疑也今解者又引老子與猶兮冬涉川猶兮若畏四鄰故以爲猶與且按狐聽水而此云猶兮冬涉川則猶與是狐類不疑若畏四鄰則猶定是獸自不保同類故云畏四鄰也當是時濟川王太淮陽王武常山王朝名爲少帝弟及魯元王呂后外孫皆年少未之國居長安趙王祿梁王產各將兵居南北軍皆呂氏之人列侯羣臣莫自堅其命太尉絳侯勃不得入軍中主兵曲周侯酈商老病其子寄與呂祿善絳侯乃與丞相陳平謀使人劫酈商令其子寄往紿說呂祿曰高帝與呂后共定天下劉氏所立九王【索隱】吳楚齊淮南琅邪代常山王朝淮陽王武濟川王太是九王也呂氏立三王【索隱】梁王產趙王祿燕王通也皆大臣之議事已布告諸侯諸侯皆以爲宜今太后崩帝少而足下佩趙王印不急之國守藩乃爲上將將兵留此爲大臣諸侯所疑足下何不歸將印以兵屬太尉請梁王歸相國印與大臣盟而之國齊兵必罷大臣得安足下高枕而王千里此萬世之利也呂祿信然其計欲歸將印以兵屬太尉使人報呂產及諸呂老人或以爲便或曰不便計猶豫未有所決呂祿信酈寄時與出游獵過其姑呂嬃嬃大怒曰若爲將而棄軍呂氏今無處矣【索隱】顏師古以爲言見誅滅無處所也乃悉出珠玉寶器散堂下曰無爲他人守也左丞相食其免八月庚申旦平陽侯窋行御史大夫事見相國產計事郎中令賈壽使從齊來因數產曰王不蚤之國今雖欲行尚可得邪具以灌嬰與齊楚合從欲誅諸呂告產乃趣產急入宮平陽侯頗聞其語乃馳告丞相太尉太尉欲入北軍不得入襄平侯通尚符節【集解】徐廣曰姓紀張晏曰紀信子也尚主也今符節令【索隱】張晏云紀信子又晉灼云信被焚死不見有後按功臣表襄平侯紀通父成以將軍定三秦死事子侯則通非信子張說謬誤乃令持節矯內太尉北軍太尉復令酈寄與典客劉揭【集解】駰案漢書百官表曰典客秦官也掌諸侯歸義蠻夷先說呂祿曰帝使太尉守北軍欲足下之國急歸將印辭去不然禍且起呂祿以爲酈兄【集解】徐廣曰音況字也名寄不欺已遂解印屬典客而以兵授太尉太尉將之入軍門行令軍中曰爲呂氏右襢爲劉氏左襢軍中皆左襢爲劉氏太尉行至將軍呂祿亦已解上將印去太尉遂將北軍然尚有南軍平陽侯聞之以呂產謀告丞相平丞相平迺召朱虛侯佐太尉太尉令朱虛侯監軍門令平陽侯告衛尉毋入相國產殿門呂產不知呂祿已去北軍迺入未央宮欲爲亂殿門弗得入徘徊往來平陽侯恐弗勝馳語太尉太尉尚恐不勝諸呂未敢訟言誅之【集解】徐廣曰訟一作公駰案韋昭曰訟猶公也【索隱】韋昭以訟爲公徐廣亦云然蓋公爲得之公言猶明言也又解者云訟誦說也迺遣朱虛侯謂曰急入宮衛帝朱虛侯請卒太尉予卒千餘人入未央宮門遂見產廷中日餔時遂擊產產走天風大起以故其從官亂莫敢鬭逐產殺之郎中府吏廁中【集解】如淳曰百官表郎中令掌宮殿門戶故其府在宮中後轉爲光祿勳也朱虛侯已殺產帝命謁者持節勞朱虛侯朱虛侯欲奪節信謁者不肯朱虛侯則從與載因節信馳走斬長樂衛尉呂更始還馳入北軍報太尉太尉起拜賀朱虛侯曰所患獨呂產今已誅天下定矣遂遣人分部悉捕諸呂男女無少長皆斬之辛酉捕斬呂祿而笞殺呂嬃使人誅燕王呂通而廢魯王偃壬戌以帝太傅食其復爲左丞相戊辰徙濟川王王梁立趙幽王子遂爲趙王遣朱虛侯章以誅諸呂氏事告齊王令罷兵灌嬰兵亦罷滎陽而歸諸大臣相與陰謀曰少帝及梁淮陽常山王皆非眞孝惠子也呂后以計詐名他人子殺其母養後宮令孝惠子之立以爲後及諸王以彊呂氏今皆已夷滅諸呂而置所立卽長用事吾屬無類矣不如視諸王最賢者立之或言齊悼惠王高帝長子今其適子爲齊王推本言之高帝適長孫可立也大臣皆曰呂氏以外家惡而幾危宗廟亂功臣今齊王母家駟鈞駟鈞惡人也卽立齊王則復爲呂氏欲立淮南王以爲少母家又惡迺曰代王方今高帝見子最長仁孝寬厚太后家薄氏謹良且立長故順以仁孝聞於天下便迺相與共陰使人召代王代王使人辭謝再反然後乘六乘傳【集解】張晏曰備漢朝有變欲馳還也或曰傳車六乘後九月【集解】文穎曰卽閏九月也時律曆廢不知閏謂之後九月也以十月爲歲首至九月則歲終後九月則閏月晦日己酉至長安舍代邸大臣皆往謁奉天子璽上代王共尊立爲天子代王數讓羣臣固請然後聽東牟侯興居曰誅呂氏吾無功請得除宮迺與太僕汝陰侯滕公入宮前謂少帝曰足下非劉氏不當立乃顧麾左右執戟者掊兵罷去【集解】徐廣曰掊音仆有數人不肯去兵宦者令張澤諭告亦去兵滕公迺召乘輿車載少帝出【集解】蔡邕曰律曰敢盜乘輿服御物天子至尊不敢渫瀆言之故託於乘輿也乘猶載也輿猶車也天子以天下爲家不以京師宮室爲常處則當乘車輿以行天下故羣臣託乘輿以言之也故或謂之車駕少帝曰欲將我安之乎滕公曰出就舍舍少府迺奉天子法駕【集解】蔡邕曰天子有大駕小駕法駕上乘金根車駕六馬有五時副車駕四馬侍中參乘屬車三十六乘迎代王於邸報曰宮謹除代王卽夕入未央宮有謁者十人持戟衛端門曰天子在也足下何爲者而入代王迺謂太尉太尉往諭謁者十人皆掊兵而去代王遂入而聽政夜有司分部誅滅梁淮陽常山王及少帝於邸代王立爲天子二十三年崩謚爲孝文皇帝

太史公曰孝惠皇帝高后之時黎民得離戰國之苦君臣俱欲休息乎無爲故惠帝垂拱高后女主稱制政不出房戶天下晏然刑罰罕用罪人是希民務稼穡衣食滋殖

【索隱述贊】高祖猶微呂氏作妃及正軒掖尚私食其志懷安忍性挾猜疑置鴆齊悼殘彘戚姬孝惠崩殞其哭不悲諸呂用事天下示私大臣菹醢支孽芟夷禍盈斯驗蒼狗爲菑

史記卷九考證

呂氏本紀迺令酌兩卮酖置前○酖監本訛作酌今改正

太后欲侯諸呂迺先封高祖之功臣郎中令無擇爲博城侯正義括地志云兗州博城本漢博城縣城○二城字皆誤宜云本漢博縣漢博縣屬泰山郡

齊丞相壽爲平定侯集解徐廣曰姓齊○功臣表作齊受此作壽

封呂嬃爲臨光侯呂他爲俞侯更始爲贅其侯集解徐廣曰表云呂后弟子淮陽丞相呂勝爲贅其侯又呂忿爲呂成侯及諸侯丞相五人集解徐廣曰中邑侯朱通山都侯王恬開松茲侯徐厲滕侯呂更始醴陵侯越○臣世駿按贅其侯名似應從年表作勝侯更始自屬滕侯之名本文偶誤耳否則同時受封者有兩呂更始未必然也滕侯與贅其皆諸侯相贅其呂侯昆弟子滕侯不詳支屬而皆以八年坐呂后事誅則其爲同宗可知然贅其不入侯相之例而滕侯不附諸呂之中其以親疏別歟

取美人子名之正義劉伯莊云諸美人元幸呂氏懷身而入宮生子○徐孚遠曰本言張皇后無子不言惠帝無子美人子卽後宮所生非必元幸呂氏懷身而入宮者　臣照按年表孝惠後宮子在呂后時爲王者至孝文時並以非皇子誅此紀云夜有司分部誅滅梁淮陽常山王及少帝於邸如果孝惠子則古今儒者能不議絳灌爲篡弒耶且孝文寬仁豈有誅戮孝惠子孫之理劉伯莊語豈爲無據徐孚遠駁之非也

見物如蒼犬據高后掖○后監本訛作氏今改正

封張敖前姬兩子侈爲新都侯壽爲樂昌侯○年表新都作信都壽作受張耳陳餘傳云壽爲樂昌侯與此同侈爲信都侯與年表同三處互異

呂榮爲祝茲侯○臣世駿按年表祝茲侯呂榮注索隱曰漢書作琅邪松茲侯徐厲注徐廣曰松一作祝廣蓋以文帝紀云祝茲侯軍棘門而絳侯世家亦云祝茲侯徐厲軍棘門也徐厲封於高后四年在呂榮前中間未嘗失封則榮不得封于祝茲明矣似應從漢書爲是但上年方以劉澤爲琅邪王而榮復爲琅邪侯豈琅邪有王國又侯國耶

史記卷十

漢　太　史　令司馬遷　撰
宋　中　郎　外　兵　曹　參　軍裴　駰集解
唐　國　子　博　士　弘　文　館　學　士司馬貞索隱
唐　諸　王　侍　讀　率　府　長　史張守節正義

孝文本紀第十

孝文皇帝【集解】駰案漢書音義曰諱恒高祖中子也高祖十一年春已破陳豨軍定代地立爲代王都中都【正義】括地志云中都故城在汾州平遙縣西南十二里秦屬太原郡也太后薄氏子卽位十七年高后八年七月高后崩九月諸呂呂產等欲爲亂以危劉氏大臣共誅之謀召立代王事在呂后語中丞相陳平太尉周勃等使人迎代王代王問左右郎中令張武等張武等議曰漢大臣皆故高帝時大將習兵多謀詐此其屬意非止此也特畏高帝呂太后威爾今已誅諸呂新啑血京師【集解】駰案公羊傳曰京大師衆也天子之居必以衆大之辭言也【索隱】漢書啑作喋音跕丁牒反漢書陳湯杜業皆言喋血無盟歃事廣雅云喋履也謂履涉之此以迎大王爲名實不可信願大王稱疾毋往以觀其變中尉宋昌進曰【索隱】東觀漢記宋楊傳宋義後有宋昌又會稽典錄昌宋義孫也羣臣之議皆非也夫秦失其政諸侯豪傑並起人人自以爲得之者以萬數然卒踐天子之位者劉氏也天下絕望一矣高帝封王子

弟，地犬牙相制，【索隱】言封子弟境土交接若犬之牙不正相當而相銜入也。此所謂磐石之宗也，【索隱】言其固如磐石。此語見太公六韜。天下服其彊，二矣。漢興，除秦苛政，約法令，施德惠，人人自安，難動搖，三矣。夫以呂太后之嚴，立諸呂爲三王，擅權專制，然而太尉以一節入北軍，【索隱】即紀通所矯帝之節。一呼士皆左袒，爲劉氏，叛諸呂，卒以滅之。此乃天授，非人力也。今大臣雖欲爲變，百姓弗爲使，其黨寧能專一邪？方今內有朱虛、東牟之親，外畏吳、楚、淮南、琅邪、齊、代之彊。方今高帝子獨淮南王與大王，大王又長，賢聖仁孝，聞於天下，故大臣因天下之心而欲迎立大王，大王勿疑也。」代王報太后計之，猶與未定。卜之龜，卦兆得大橫。【集解】應劭曰：「以荊灼龜，文正橫。」占曰：「大橫庚庚，余爲天王，夏啓以光。」【集解】服虔曰：「庚橫貌也。」李奇曰：「庚其繇文也。」張晏曰：「橫行無思不服。庚，更也。言去諸侯而即帝位也。先是五帝官天下，老則禪賢。王啓始傳父爵，乃能光洽先君之基業。文帝亦襲父迹，言似夏啓者也。」【索隱】荀悅云：「大橫，龜兆橫理也。」按：庚猶更，言以諸侯更帝位也。繇，抽也，所以抽出吉凶之情也。杜預云：「繇，兆辭也。」音胄。漢書蓋寬饒云「五帝官天下，三王家天下。官以傳賢人，家以傳子孫」。官猶公也，謂不私也。代王曰：「寡人固已爲王矣，又何王？」卜人曰：「所謂天王者乃天子。」於是代王乃遣太后弟薄昭往見絳侯，絳侯等具爲昭言所以迎立王意。薄昭還報曰：「信矣，毋可疑者。」代王乃笑謂宋昌曰：「果如公言。」乃命宋昌參乘，張武等六人乘傳詣長安。至高陵休止，【正義】括地志云：「高陵故城在雍州高陵縣西南一里。本名橫橋，架渭水上。三輔舊事云秦於渭南有興樂宮，渭北有咸陽宮，秦昭王欲通二宮之間，造長橫橋，三百八十步。橋北京石木中舊有忖留神像，此神嘗與魯班語，班令其出，留曰：『我貌醜，卿善圖物容，不出。』班於是拱手與語曰：『出頭見我。』留乃出首，班以脚畫地，忖留覺之，便沒水，故置其像於水上，唯有腰以上。魏太祖馬見而驚，命移下之。」而使宋昌先馳之長安觀變。昌至渭橋，【集解】蘇林曰：「渭橋在長安北三里。」【索隱】三輔故事：咸陽宮在渭北，興樂宮在渭南，秦昭王通兩宮之間，作渭橋，長三百八十步。又關中記云石柱以北屬扶風，石柱以南屬京兆也。丞相以下皆迎。宋昌還報。代王馳至渭橋，羣臣拜謁稱臣。代王下車拜。太尉勃進曰：「願請間言。」【索隱】包愷音閑，言欲向空閒處語。顏師古云：「間，容也。猶言中間請容暇之頃，當有所陳，不欲即公論也。」宋昌曰：「所言公，公言之。所言私，王者不受私。」太尉乃跪上天子璽符。代王謝曰：「至代邸而議之。」【索隱】說文云：「邸，屬國舍。」遂馳入代邸。羣臣從至。丞相陳平、太尉周勃、大將軍陳武、御史大夫張蒼、宗正劉郢、【集解】駰案：漢書百官表曰：「宗正，秦官。」應劭曰：「周成王時彤伯入爲宗正。」朱虛侯劉章、東牟侯劉興居、典客劉揭皆再拜言曰：「子弘等皆非孝惠帝子，不當奉宗廟。臣謹請與陰安侯【集解】蘇林曰：「高帝兄伯妻羹頡侯母丘嫂也。」列侯頃王后【集解】徐廣曰：「代頃王劉仲之妻。」駰按：蘇林曰「仲子濞爲吳王，故追謚爲頃王，王后也」。如淳曰：「頃王后封陰安侯。時呂嬃爲臨光侯，蕭何夫人亦爲酇侯。又宗室表此時無陰安，知其爲頃王后也。」【索隱】按：蘇林、徐廣、韋昭以爲二人，封號而樂彥、如淳以頃王后別封陰安侯，與漢祠令相會，今以陰安是別人封爵，非也。頃王后是代頃王后，文帝之伯母，代王降爲郃陽侯，故云列侯頃王后。韋昭曰：「陰安屬魏郡也。」與琅邪王、宗室、大臣、列侯、吏二千石議曰：『大王高帝長子，宜爲高帝嗣。』願大王即天子位。」代王曰：「奉高帝宗廟，重事也。寡人不佞，不足以稱宗廟。願請楚王計宜者，【集解】蘇林曰：「楚王名交，高帝弟。」【索隱】交，高帝弟，最尊，言更請楚王計宜者，故下云皆爲宜也。寡人不敢當。」羣臣皆伏固請。代王西鄉讓者三，南鄉讓者再。【集解】如淳曰：「讓羣臣也。」或曰賓主位東西面，君臣位南北面，故西鄉坐，三讓不受，羣臣猶稱宜，乃更迴坐，示變即君位之漸也。丞相平等皆曰：「臣伏計之，大王奉高帝宗廟最宜稱，雖天下諸侯萬民以爲宜。臣等爲宗廟社稷計，不敢忽。願大王幸聽臣等。臣謹奉天子璽符再拜上。」代王曰：「宗室將相王列侯以爲莫宜寡人，寡人不敢辭。」遂即天子位。羣臣以禮次侍。乃使太僕嬰與東牟侯興居清宮，【集解】應劭曰：「舊典，天子行幸所至，必遣靜宮令先案行清靜殿中，以虞非常。」【索隱】按：漢儀云皇帝起居，索室清宮而後行。奉天子法駕，迎于代邸。【索隱】漢官儀云：「天子鹵簿有大駕、法駕、小駕。大駕公卿奉引，大將軍參乘，屬車八十一乘。法駕公卿不在鹵簿中，惟京兆尹、執金吾、長安令奉引，侍中參乘，屬車三十六乘。」皇帝即日夕入未央宮。乃夜拜宋昌爲衞將軍，鎮撫南北軍。以張武爲郎中令，行殿中。還坐前殿。於是夜下詔書曰：「間者諸呂用事擅權，謀爲大逆，欲以危劉氏宗廟，賴將相列侯宗室大臣誅之，皆伏其辜。朕初即位，其赦天下，賜民爵一級，女子百戶牛酒，【集解】蘇林曰：「男賜爵，女子賜牛酒。」【索隱】按：封禪書云「百戶牛一頭，酒十石」。樂彥云婦人無夫或無子不霑爵，故賜之。酺五日。」【集解】文穎曰：「漢律，三人已上無故羣飲，罰金四兩。今詔橫賜得令會聚飲食五日。」【索隱】說文云：「酺，王者布德，大飲酒也。」出錢爲醵，出食爲酺。又按：趙武靈王滅中山，酺五日，是其所起遠也。

孝文皇帝元年十月庚戌，徙立故琅邪王澤爲燕王。辛亥，皇帝即阼，【正義】主人階也。謁高廟。右丞相平徙爲左丞相，【正義】此時尚右。太尉勃爲右丞相，大將軍灌嬰爲太尉。諸呂所奪齊楚故地，皆復與之。壬子，遣車騎將軍薄昭迎皇太后于代。皇帝曰：「呂產自置爲相國，呂祿爲上將軍，擅矯遣灌將軍嬰將兵擊齊，欲代劉氏，嬰留滎陽弗擊，與諸侯合謀以誅呂氏。呂產欲爲不善，丞相陳平與太尉周勃謀奪呂產等軍。朱虛侯劉章首先捕呂產等。太尉身率襄平侯通持節承詔入北軍。典客劉揭身奪趙王呂祿印。益封太尉勃萬戶，賜金五千斤。丞相陳平、灌將軍嬰邑各三千戶，金二千斤。朱虛侯劉章、襄平侯通、東牟侯劉興居邑各二千戶，金千斤。」【集解】徐廣曰：「十一月辛丑。」封典客揭爲陽信侯，【索隱】韋昭云勃海縣。【正義】括地志云：「陽信故城在滄州無棣縣東南三十里，漢陽信縣。」賜金千斤。

十二月，上曰：「法者，治之正也，所以禁暴而率善人也。今犯法已論，而使毋罪之父母妻子同產坐之，及爲收帑，朕甚不取。其議之。」有司皆曰：「民不能自治，故爲法以禁之。相坐坐收，所以累其心，使重犯法，所從來遠矣。如故便。」上曰：「朕聞法正則民慤，罪當則民從。且夫牧民而導之善者，吏也。其既不能導，又以不正之法罪之，是反害於民爲暴者也。何以禁之？朕未見其便，其孰計之。」有司皆曰：「陛下加大惠，德甚盛，非臣等所及也。請奉詔書，除收帑諸相坐律令。」【集解】應劭曰：「帑，子也。秦法，一人有罪，并坐其家室。今除此律。」

正月，有司言曰：「蚤建太子，所以尊宗廟。請立太子。」上曰：「朕既不德，上帝神明未歆享也，天下人民未有嗛志。【索隱】嗛者，不滿之意也。未有嗛志，言天下皆志不滿也。漢書嗛作慊，音篋。今縱不能博求天下賢聖有德之人而禪天下焉，而曰豫建太子，是重吾不德也。謂天下何？其安之。」【索隱】言何以謂於天下也。其，發聲也。安者，徐也，言徐徐以待也。有司曰：「豫建太子，所以重宗廟社稷，不忘天下也。」上曰：「楚王，季父也，春秋高，閱天下之義理多矣，【集解】如淳曰：「閱猶言多所更歷也。」明於國家之大體。吳王於朕，兄也，惠仁以好德。淮南王，弟也，秉德以陪朕。【集解】文穎曰：「陪，輔也。」豈爲不豫哉！諸侯王宗室昆弟有功臣，多賢及有德義者，若舉有德以陪朕之不能終，是社稷之靈，天下之福也。今不選舉焉，而曰必子，人其以朕爲忘賢有德者而專於子，非所以憂天下也。朕甚不取也。」有司皆固請曰：「古者殷周有國，治安皆千餘歲，古之有天下者莫不長焉，用此道也。【索隱】言古之有天下者無長於立子，故云莫長焉。用此道者，用殷周立子之道，故安治千有餘歲也。立嗣必子，所從來遠矣。高帝親率士大夫，始平天下，建諸侯，爲帝者太祖。諸侯王及列侯始受國者皆亦爲其國祖。子孫繼嗣，世世弗絕，天下之大義也，故高帝設之以撫海內。今釋宜建而更選於諸侯及宗室，非高帝之志也。更議不宜。【索隱】言不宜更別議。子某最長，純厚慈仁，請建以爲太子。」上乃許之。因賜天下民當代父後者爵各一級。【集解】韋昭曰：「文帝以立子爲後，不欲獨饗其福，故賜天下爲父後者爵。」封將軍薄昭爲軹侯。【集解】徐廣曰：「正月乙巳也。」

三月，有司請立皇后。薄太后曰：「諸侯皆同姓，立太子母爲皇后。」【索隱】謂帝之子爲諸侯王，皆同姓。姓，生也，言皆同母生，故立太子母也。皇后姓竇氏。上爲立后故，賜天下鰥寡孤獨窮困及年八十已上孤兒九歲已下布帛米肉各有數。上從代來，初即位，施德惠天下，塡撫諸侯四夷皆洽驩，乃循從代來功臣。上曰：「方大臣之誅諸呂迎朕，朕狐疑，皆止朕，唯中尉宋昌勸朕，以得保奉宗廟。已尊昌爲衞將軍，其封昌爲壯武侯。【集解】徐廣曰：「四月辛亥封，三十四年，景帝中四年，奪侯，國除。」【索隱】韋昭云膠東縣。【正義】括地志云：「壯武故城在萊州即墨縣西六十里，古萊夷國，有漢壯武縣故城。」諸從朕六人，官皆至九卿。」【正義】漢置九卿：一曰太常，二曰光祿，三曰衞尉，四曰太僕，五曰廷尉，六曰大鴻臚，七曰宗正，八曰大司農，九曰少府。是爲九卿也。

上曰：「列侯從高帝入蜀、漢中者六十八人皆益封各三百戶，故吏二千石以上從高帝潁川守尊等十人食邑六百戶，淮陽守申屠嘉等十人五百戶，衞尉定等十人四百戶。封淮南王舅父趙兼爲周陽侯，【正義】括地志云：「周陽故城在絳州聞喜縣東二十九里。」齊王舅父駟鈞爲清郭侯。」【集解】如淳曰：「邑名。六國時齊有清郭君。」清音靜。【索隱】按：表駟鈞封鄔侯，不同者，蓋後徙封於鄔。鄔屬鉅鹿。秋，封故常山丞相蔡兼爲樊侯。【索隱】韋昭云樊，東平縣名。【正義】括地志云：「漢樊縣城在兗州瑕丘縣西南二十五里。地理志云樊縣，古樊國，仲山甫所封。」

人或說右丞相曰：「君本誅諸呂，迎代王，今又矜其功，受上賞，處尊位，禍且及身。」右丞相勃乃謝病免罷，左丞相平專爲丞相。【集解】徐廣曰：「八月中。」

二年十月，丞相平卒，復以絳侯勃爲丞相。上曰：「朕聞古者諸侯建國千餘，各守其地，以時入貢，民不勞苦，上下驩欣，靡有遺德。今列侯多居長安，邑遠，吏卒給輸費苦，而列侯亦無由教馴其民。【正義】馴，古訓字。其令列侯之國，爲吏及詔所止者，遣太子。」【集解】張晏曰：「爲吏，謂以卿大夫爲兼官者。詔所止，特以恩愛見留者。」

十一月晦，日有食之。【正義】按：說文云日蝕則朔，月蝕則望，而云晦日食之，恐曆錯誤。十二月望，日又食。【集解】徐廣曰：「此云望日又食，按漢書及五行志無此日蝕文也。一本作『月食』，然史書不紀月蝕。」上曰：「朕聞之，天生蒸民，爲之置君以養治之。人主不德，布政不均，則天示之以菑，以誡不治。乃十一月晦，日有食之，適見于天，菑孰大焉！朕獲保宗廟，以微眇之身託于兆民君王之上，天下治亂，在朕一人，唯二三執政猶吾股肱也。朕下不能理育羣生，上以累三光之明，其不德大矣。令至，其悉思朕之過失，及知見思之所不及，匄以告朕。及舉賢良方正能直言極諫者，以匡朕之不逮。因各飭其任職，務省繇費以便民。朕既不能遠德，故憪然念外人之有非，【集解】駰案：漢書音義曰：「憪然猶介然也。非，訢非也。」【索隱】蘇林云憪寢視不安之貌，蓋近其意，餘說皆疎。音下故反。是以設備未息。今縱不能罷邊屯戍，而又飭兵厚衞，其罷衞將軍軍。太僕見馬遺財足，【索隱】遺猶留也。財字與纔同，言太僕見在之馬，今留纔足充事也。餘皆以給置傳。」【索隱】按：廣雅云「置，驛也」。續漢書云「驛馬三十里一置」。故樂彥亦云傳、置一也。言乘傳者以傳次受名，乘置者以馬取匹。傳音丁戀反。如淳云：「律，四馬高足爲傳置，四馬中足爲馳置，下足爲乘置，一馬二馬爲軺置，急乘一馬曰乘也。」

正月，上曰：「農，天下之本，其開籍田，【集解】應劭曰：「古者天子耕籍田千畝，爲天下先。籍者，帝王典籍之常。」韋昭曰：「籍，借也。借民力以治之，以奉宗廟，且以勸率天下，使務農也。」瓚曰：「景帝詔曰『朕親耕，后親桑，爲天下先』。本以躬親爲義，不得以假借爲稱也。籍，蹈籍也。」朕親率耕，以給宗廟粢盛。」【集解】應劭曰：「黍稷曰粢，在器中曰盛。」

三月，有司請立皇子爲諸侯王。上曰：「趙幽王幽死，朕甚憐之，已立其長子遂爲趙王。遂弟辟彊及齊悼惠王子朱虛侯章、東牟侯興居有功，可王。」乃立趙幽王少子辟彊爲河間王，以齊劇郡立朱虛侯爲城陽王，立東牟侯爲濟北王，皇子武爲代王，子參爲太原王，子揖爲梁王。

上曰：「古之治天下，朝有進善之旌，【集解】應劭曰：「旌，幡也。堯設之五達之道，令民進善也。」如淳曰：「欲有進善者，立於旌下言之。」誹謗之木，【集解】服虔曰：「堯作之，橋梁交午柱頭。」應劭曰：「橋梁邊板，所以書政治之愆失也。至秦去之，今乃復施也。」【索隱】按：尸子云「堯立誹謗之木」。誹音非，亦音沸。韋昭云：「慮政有闕失，使書於木，此堯時然也，後代因以爲飾。今宮外橋梁頭四柱木是。」鄭玄注禮云：「一縱一橫爲午，謂以木貫表柱四出，即今之華表。」崔浩云：

以爲木貫柱四出名桓陳楚俗桓聲近和又云和表則華與和又相訛也所以通治道而來諫者今法有誹謗妖言之罪是使衆臣不敢盡情而上無由聞過失也將何以來遠方之賢良其除之民或祝詛上以相約結而後相謾[集解]駰案漢書音義曰民相結共祝詛上也謾者而後謾而止之不舉祝詛也[索隱]韋昭云謾相抵讕也說文云謾欺也謂初相約共行祝後相欺誑中道而止之也吏以爲大逆其有他言而吏又以爲誹謗此細民之愚無知抵死朕甚不取自今以來有犯此者勿聽治九月初與郡國守相爲銅虎符竹使符[集解]應劭曰銅虎符第一至第五國家當發兵遣使者至郡合符符合乃聽受之竹使符皆以竹箭五枚長五寸鐫刻篆書第一至第五張晏曰符以代古之珪璋從簡易也[索隱]漢舊儀銅虎符發兵長六寸竹使符出入徵發說文云符分而合之小顏云右留京師左與之古今註云銅虎符銀錯書之張晏云銅取其同心也

三年十月丁酉晦日有食之十一月上曰前日計遣列侯之國或辭未行丞相朕之所重其爲朕率列侯之國絳侯勃免丞相就國以太尉潁陰侯嬰爲丞相罷太尉官屬丞相四月城陽王章薨淮南王長與從者魏敬殺辟陽侯審食其五月匈奴入北地居河南爲寇帝初幸甘泉[集解]蔡邕曰天子車駕所至民臣以爲僥倖故曰幸至見令長三老官屬親臨軒作樂賜食帛越巾刀佩帶民爵有級數或賜田租之半故因是謂之幸[索隱]應劭云甘泉宮名在雲陽一名林光臣瓚云甘泉山名林光秦離宮名又顧氏按邢承宗西征賦註云甘泉木名今按因地有甘泉以名山則山木皆通也六月帝曰漢與匈奴約爲昆弟毋使害邊境所以輸遺匈奴甚厚今右賢王離其國將衆居河南降地非常故往來近塞捕殺吏卒驅保塞蠻夷令不得居其故陵轢邊吏入盜甚敖無道非約也其發邊吏騎八萬五千詣高奴遣丞相潁陰侯灌嬰擊匈奴匈奴去發中尉[集解]駰案漢書百官表曰中尉秦官材官屬衛將軍軍長安辛卯帝自甘泉之高奴因幸太原見故羣臣皆賜之舉功行賞諸民里賜牛酒復晉陽中都民[正義]晉陽故城在汾州平遙縣西南十三里三歲留游太原十餘日濟北王興居聞帝之代欲往擊胡乃反發兵欲襲滎陽於是詔罷丞相兵遣棘蒲侯陳武爲大將軍將十萬往擊之祁侯賀爲將軍軍滎陽[集解]徐廣曰賀姓繒以文帝十一年卒謚曰穀[索隱]漢書音義祁音遲賀姓繒繒古國夏同姓也[正義]括地志云并州祁縣城晉大夫祁奚之邑七月辛亥帝自太原至長安乃詔有司曰濟北王背德反上詿誤吏民爲大逆濟北吏民兵未至先自定及以軍地邑降者皆赦之復官爵與王興居去來亦赦之[集解]徐廣曰乍去乍來也駰按張晏曰雖始與興居反今降赦之八月破濟北軍虜其王赦濟北諸吏民與王反者

六年有司言淮南王長廢先帝法不聽天子詔居處毋度出入擬於天子擅爲法令與棘蒲侯太子奇謀反遣人使閩越及匈奴發其兵欲以危宗廟社稷羣臣議皆曰長當棄市帝不忍致法於王赦其罪廢勿王羣臣請處王蜀嚴道邛都[集解]徐廣曰漢書本或作郵字或直云邛僰邛都乃本是西南夷爾時未通嚴道有邛僰山[正義]邛其恭反括地志云嚴道今爲縣即邛州所理縣也縣有蠻夷曰道故曰嚴道邛都縣本都國漢爲縣今嶲州也西南夷傳云滇池以北君長以十數邛都最大是也按羣臣請處淮南王長蜀之嚴道不爾更遠邛都西有邛僰山也又云邛僰山在雅州滎經縣界滎經武德年間置本秦嚴地華陽國志云邛筰山故邛人筰人界也山巖峭峻曲回九折乃至上下有凝冰按即王尊登者也今從九折西南行至嶲州山多雨少晴俗呼名爲漏天帝許之長未到處所行病死上憐之後十六年追尊淮南王長謚爲厲王立其子三人爲淮南王[索隱]名安阜陵侯也衡山王[索隱]名勃安陽侯也廬江王[索隱]名賜周陽侯也

十三年夏上曰蓋聞天道禍自怨起而福繇德興百官之非宜由朕躬今祕祝之官移過于下[集解]應劭曰祕祝之官移過于下國家諱之故曰祕以彰吾之不德朕甚不取其除之五月齊太倉令淳于公有罪當刑[索隱]名意爲齊太倉令故謂太倉公也詔獄逮徙繫長安太倉公無男有女五人太倉公將行會逮罵其女曰生子不生男有緩急非有益也其少女緹縈[索隱]緹音啼鄒氏音體也自傷泣乃隨其父至長安上書曰妾父爲吏齊中皆稱其廉平今坐法當刑妾傷夫死者不可復生刑者不可復屬雖復欲改過自新其道無由也妾願沒入爲官婢贖父刑罪使得自新書奏天子天子憐悲其意乃下詔曰蓋聞有虞帝之時畫衣冠異章服以爲僇[正義]晉書刑法志云三皇設言而民不違五帝畫衣冠而民知禁犯黥者皁其巾犯劓者丹其服犯臏者墨其體犯宮者雜其屨大辟之罪殊刑之極布其衣裾而無領緣投之於市與衆棄之而民不犯何則至治也今法有肉刑三而姦不止[集解]李奇曰約法三章無肉刑文帝則有肉刑孟康曰黥劓二左右趾合一凡三[索隱]韋昭云斷趾黥劓之屬崔浩漢律序云文帝除肉刑而宮不易張斐註云以淫亂人族類故不易之也其咎安在非乃朕德薄而教不明歟吾甚自愧故夫馴道不純而愚民陷焉詩曰愷悌君子民之父母今人有過教未施而刑加焉或欲改行爲善而道無由也朕甚憐之夫刑至斷支體刻肌膚終身不息何其楚痛而不德也豈稱爲民父母之意哉其除肉刑上曰農天下之本務莫大焉今勤身從事而有租稅之賦是爲本末者無以異其於勸農之道未備其除田之租稅[集解]李奇曰本農也末賈也言農與賈俱出租無異也故除田租

十四年冬匈奴謀入邊爲寇攻朝那塞殺北地都尉卭[集解]徐廣曰姓孫封其子單爲缾侯匈奴所殺上乃遣三將軍軍隴西北地上郡中尉周舍爲衛將軍郎中令張武爲車騎將軍軍渭北車千乘騎卒十萬帝親自勞軍勒兵申教令賜軍吏卒帝欲自將擊匈奴羣臣諫皆不聽皇太后固要帝[集解]如淳曰必不得自征也帝乃止於是以東陽侯張相如爲大將軍成侯赤爲內史[集解]徐廣曰赤姓董欒布爲將軍擊匈奴匈奴遁走春上曰朕獲執犧牲珪幣以事上帝宗廟十四年于今歷日縣長以不敏不明而久撫臨天下朕甚自愧其廣增諸祀墠場珪幣昔先王遠施不求其報望祀不祈其福右賢左戚[集解]韋昭曰右猶高左猶下也[索隱]劉德云先賢後親也先民後已至明之極也今吾聞祠官祝釐[集解]如淳曰釐福也賈誼傳受釐坐宣室[索隱]音禧福也皆歸福朕躬不爲百姓朕甚愧之夫以朕不德而躬享獨美其福百姓不與焉是重吾不德其令祠官致敬毋有所祈是時北平侯張蒼爲丞相方明律歷魯人公孫臣上書陳終始傳五德事[索隱]五行之德帝王相承傳易終而復始故云終始傳五德之事傳音轉也言方今土德時土德應黃龍見當改正朔服色制度天子下其事與丞相議丞相推以爲今水德始明正十月上黑事以爲其言非是請罷之

十五年黃龍見成紀[集解]韋昭曰成紀縣屬天水天子乃復召魯公孫臣以爲博士申明土德事於是上乃下詔曰有異物之神見於成紀無害於民歲以有年朕親郊祀上帝諸神禮官議毋諱以勞朕[集解]駰案漢書音義曰言無所諱以朕爲勞勿有司禮官皆曰古者天子夏躬親禮祀上帝於郊故曰郊於是天子始幸雍郊見五帝以孟夏四月答禮焉趙人新垣平以望氣見因說上設立渭陽五廟[集解]韋昭曰在渭城欲出周鼎當有玉英見[集解]駰案瑞應圖云玉英五常並脩則見

十六年上親郊見渭陽五帝廟亦以夏答禮而尚赤

十七年得玉杯[集解]應劭曰新垣平詐令人獻之刻曰人主延壽於是天子始更爲元年[索隱]秦本紀惠文王十四年更爲元年又汲冢竹書魏惠王亦有後元當取法於此又按封禪書以新垣平候日再中故改元也令天下大酺其歲新垣平事覺夷三族後二年上曰朕既不明不能遠德是以使方外之國或不寧息夫四荒之外不安其生[索隱]顧胤按爾雅孤竹北戶西王母日下謂之四荒封畿之內勤勞不處二者之咎皆自於朕之德薄而不能遠達也間者累年匈奴並暴邊境多殺吏民邊臣兵吏又不能諭吾內志以重吾不德也夫久結難連兵中外之國將何以自寧今朕夙興夜寐勤勞天下憂苦萬民爲之怛惕不安未嘗一日忘於心故遣使者冠蓋相望結軼音轍於道以諭朕意於單于[集解]韋昭曰使車往還故轍如結也相如曰結軼還轅[索隱]鄒氏軼音逸漢書作轍顧氏按司馬彪云結謂車轍回旋錯結也今單于反古之道計社稷之安便萬民之利親與朕俱棄細過偕之大道結兄弟之義以全天下元元之民[索隱]戰國策云制海內子元元非兵不可高誘註云元元善也又按姚察云古者謂人云善人也因善爲元故云黎元其言元元者非一人也顧野王云元元猶喁喁可憐愛貌未安其說聊記異也和親已定始于今年後六年冬匈奴三萬人入上郡三萬人入雲中以中大夫令勉[集解]徐廣曰衛尉改名也駰案漢書百官表景帝初改衛尉爲中大夫令非此年也[索隱]中大夫令是官號勉其名後此官改爲光祿勳虞世南以此稱中大夫令是史家追書爾顏遊秦以令是姓勉是名爲中大夫據風俗通令姓令尹子文之後爲車騎將軍軍飛狐[集解]如淳曰在代郡蘇林曰在上黨故楚相蘇意爲將軍軍句注[集解]應劭曰山險名也在陰館[索隱]伏儼向音俱包愷音鉤也將軍張武屯北地河內守周亞夫爲將軍居細柳[集解]徐廣曰在長安西駰按如淳曰長安圖細柳倉在渭北近石徼張揖曰在昆明池南今有柳市是也[索隱]按三輔故事細柳在直城門外阿房宮西北維又匈奴傳云細柳在長安西如淳云在渭北非也宗正劉禮爲將軍居霸上祝茲侯[集解]徐廣曰表作松茲侯姓徐名悍軍棘門[集解]徐廣曰在渭北駰按孟康曰在長安北秦時宮門也如淳曰三輔黃圖棘門在橫門外以備胡數月胡人去亦罷天下旱蝗帝加惠令諸侯毋入貢弛山澤[集解]韋昭曰弛廢也其常禁以利民減諸服御狗馬損郎吏員發倉庾以振貧民[集解]應劭曰水漕倉曰庾胡公曰在邑曰倉在野曰庾[索隱]鄭玄註三蒼云庾倉無屋也胡公名廣後漢太尉作漢官解詁民得賣爵[索隱]崔浩云富人欲爵貧人欲錢故聽買賣

孝文帝從代來即位二十三年宮室苑囿狗馬服御無所增益有不便輒弛以利民嘗欲作露臺[集解]徐廣曰露一作靈[索隱]顧氏按新豐南驪山上猶有臺之舊址也召匠計之直百金上曰百金中民十家之產吾奉先帝宮室常恐羞之何以臺爲上常衣綈衣[集解]如淳曰賈誼云身衣皁綈所幸慎夫人令衣不得曳地幃帳不得文繡以示敦朴爲天下先治霸陵皆以瓦器不得以金銀銅錫爲飾不治墳欲爲省毋煩民南越王尉佗自立爲武帝然上召貴尉佗兄弟以德報之佗遂去帝稱臣與匈奴和親匈奴背約入盜然令邊備守不發兵深入惡煩苦百姓吳王詐病不朝就賜几杖羣臣如袁盎等稱說雖切常假借用之[集解]蘇林曰假音休假借者以物借人羣臣如張武等受賂遺金錢覺上乃發御府金錢賜之以愧其心弗下吏專務以德化民是以海內殷富興於禮義後七年六月己亥帝崩於未央宮[集解]徐廣曰年四十七遺詔曰朕聞蓋天下萬物之萌生靡不有死死者天地之理物之自然者奚可甚哀當今之時世咸嘉生而惡死厚葬以破業重服以傷生吾甚不取且朕既不德無以佐百姓今崩又使重服久臨以離寒暑之數哀人之父子傷長幼之志損其飲食絕鬼神之祭祀以重吾不德也謂天下何朕獲保宗廟以眇眇之身託于天下君王之上二十有餘年矣賴天地之靈社稷之福方內安寧[集解]瓚曰方四方也內中也猶云中外也靡有兵革[集解]徐廣曰一云方內安兵革息朕既不敏常畏過行以羞先帝之遺德維年之久長懼于不終今乃幸以天年得復供養于高廟朕之不明與嘉之[集解]如淳曰與發聲也得卒天年已善矣其奚哀悲之有其令天下吏民令到出臨三日皆釋服毋禁取婦嫁女祠祀飲酒食肉者自當給喪事服臨者皆無踐[集解]服虔曰踐翦也謂無斬衰也孟康曰踐跣也晉灼曰漢語作跣跣徒跣也[索隱]漢語是書名荀爽所作經帶無過三寸毋布車及兵器[集解]應劭曰無以布衣車及兵器也不施輕車介士也毋發人男女哭臨宮殿宮殿中當臨者皆以旦夕各十五舉聲禮畢罷非旦夕臨時禁毋得擅哭已下服大紅十五

日小紅十四日纖七日釋服【集解】服虔曰當言大功小功布也纖細布衣也應劭曰紅者中祥大祥以紅爲領緣也纖者禫也凡三十六日而釋服【索隱】已下謂柩已下於壙劉德云紅功也男功非一故以工力爲字而女工唯在於絲故以系工爲字三十六日以日易月也佗不在令中者皆以此令比率從事布告天下使明知朕意霸陵山川因其故【集解】應劭曰因山爲藏不復起墳山下川流不遏絕也就其水名以爲陵號【索隱】霸是水名水徑於山亦曰霸山即芷陽地也毋有所改歸夫人以下至少使【集解】應劭曰夫人以下有美人良人八子七子長使少使凡七輩皆遣歸家重絕人類也令中尉亞夫爲車騎將軍屬國悍爲將屯將軍【集解】徐廣曰悍姓徐駰按漢書百官表典屬國秦官掌蠻夷降者李奇曰馮奉世爲右將軍以將屯將軍爲名此監主諸屯也郎中令武爲復土將軍【集解】如淳曰主穿壙塡瘞事者【索隱】復音伏謂穿壙出土下棺已而塡之即以爲墳故云復土復反還也又音福發近縣見卒萬六千人發內史卒萬五千人藏郭穿復土屬將軍武【索隱】百官表云內史掌理京師之官景帝更名京兆尹乙巳【集解】駰案漢書云乙巳葬皇甫謐曰霸陵去長安七十里羣臣皆頓首上尊號曰孝文皇帝太子即位于高廟丁未襲號曰皇帝孝景皇帝元年十月制詔御史蓋聞古者祖有功而宗有德【集解】應劭曰始取天下者爲祖高帝稱高祖是也始治天下者爲宗文帝稱太宗是也制禮樂各有由聞歌者所以發德也舞者所以明功也高廟酎【集解】張晏曰正月旦作酒八月成名曰酎酎之言純也至武帝時因八月嘗酎會諸侯廟中出金助祭所謂酎金也奏武德文始五行之舞【集解】孟康曰武德高祖所作也文始舜舞也五行周舞也武德者其舞人執干戚文始舞執羽籥五行舞冠冕服法五行色見禮樂志【索隱】應劭云禮樂志文始舞本舜韶舞高祖更名文始示不相襲五行舞本周武舞秦始皇更名五行舞按今言奏武德文始五行之舞者其樂總象武王樂言高祖以武定天下既示不相襲其作樂之始先奏文始以羽籥衣文繡居先次即奏五行五行即武舞執干戚而衣有五行之色也孝惠廟酎奏文始五行之舞孝文皇帝臨天下通關梁不異遠方【集解】張晏曰孝文十二年除關不用傳令遠近若一除誹謗去肉刑賞賜長老收恤孤獨以育羣生減嗜欲不受獻【集解】徐廣曰減一作滅不私其利也罪人不帑【集解】蘇林曰刑不及妻子不誅無罪除肉刑出美人重絕人之世朕既不敏不能識此皆上古之所不及而孝文皇帝親行之德厚侔天地利澤施四海靡不獲福焉明象乎日月而廟樂不稱朕甚懼焉其爲孝文皇帝廟爲昭德之舞【集解】文穎曰景帝采高祖武德舞作昭德舞薦之於文帝廟見禮樂志以明休德然後祖宗之功德著於竹帛施於萬世永永無窮朕甚嘉之其與丞相列侯中二千石禮官具爲禮儀奏丞相臣嘉等言陛下永思孝道立昭德之舞以明孝文皇帝之盛德皆臣嘉等愚所不及臣謹議曰功莫大於高皇帝德莫盛於孝文皇帝高皇廟宜爲帝者太祖之廟孝文皇帝廟宜爲帝者太宗之廟天子宜世世獻祖宗之廟郡國諸侯宜各爲孝文皇帝立太宗之廟諸侯王列侯使者侍祠天子歲獻祖宗之廟【集解】張晏曰王及列侯歲時遣使詣京師侍祠助祭也如淳曰若光武廟在章陵南陽太守稱使者往祭是也不使侯王祭者諸侯不得祖天子也凡臨祭宗廟皆爲侍祭請著之竹帛宣布天下制曰可

太史公曰孔子言必世然後仁【集解】孔安國曰三十年曰世如有受命王者必三十年仁政乃成善人之治國百年亦可以勝殘去殺【集解】王肅曰勝殘暴之人使不爲惡去殺不用殺也誠哉是言漢興至孝文四十有餘載德至盛也廩廩鄉改正服封禪矣謙讓未成於今嗚呼豈不仁哉

【索隱】述贊曰孝文在代兆遇大橫宋昌建策絳侯奉迎南面而讓天下歸誠務農先籍布德偃兵除帑削謗政簡刑清綈衣率俗露臺不營法寬張武獄恤緹縈霸陵如故千年頌聲

史記卷十考證

孝文本紀至高陵休止正義三輔舊事云秦於渭南有興樂宮渭北有咸陽宮秦昭王欲通二宮之間造橫長橋三百八十步橋北京石水中有忖留神像○京石二字不可解水經注云橋之南北有隄激立石柱柱南京兆主之柱北馮翊主之有令丞各領徒一千五百人橋之北首壘石水中故謂之石柱橋也則京石或係壘石之訛

羣臣以禮次侍○侍監訛作待今改正

天下人民未有嗛志○顧炎武曰此與樂毅傳先王以爲慊於志同皆厭足之意荀子愪然不慊又曰由俗謂之道盡嗛也又曰嚮萬物之美而不能嗛也又曰不自嗛其行者言濫過戰國策齊桓公夜半不嗛又曰膳啗之嗛於口並是慊字而誤從口大學此之謂自謙亦慊字而誤從言呂氏春秋苛可以慊劑貌辨者吾無辭爲也亦慊字而誤從人

諸侯皆同姓立太子母爲皇后索隱謂帝之子爲諸侯王皆同姓姓生也言皆同母生故立太子母也○顧炎武曰文帝前后死竇氏妾也諸侯皆同姓謂無甥舅之國可娶索隱解非

乃循從代來功臣○余有丁曰循謂次及之也漢書作修字

封齊王舅父駟鈞爲清郭侯索隱按表駟鈞封鄔侯不同者蓋後徙封於鄔○臣世駿按年表作清都徐廣曰一作鄔索隱曰漢表作鄔此注誤脫漢字但年表駟鈞以文帝元年封前六年有罪國除享國甚短並無徙封之說年表例凡始封某後別封者俱次第詳載并注明轉從絕續之由鈞果從封絕與表何以止錄其前封而表則直書其以清都失國耶恐郭都鄔鄔俱以偏傍形似而差如曹疇曹壽曹時之類其作鄔與鄔者又并清字脫去耳

白以告朕○徐孚遠曰白宜作丐疑字訛也

復晉陽中都民三歲正義晉陽故城在汾州平遙縣西南○顧炎武曰此當言中都故城在汾州平遙縣西南言晉陽誤也然此注已見卷首中都下

畫衣冠異章服以爲僇正義晉書刑法志云三皇設言而民不違五帝畫衣冠而民知禁○晉書刑法志云五帝畫象而民知禁

祝茲侯軍棘門集解徐廣曰表作松茲侯姓徐名悍○臣祖庚按年表松茲侯徐厲始封厲傳子悼文帝七年侯悼元年也棘門之屯文帝後六年事自當是悼爲將軍其時厲死久矣然周勃世家又明云祝茲侯徐厲軍棘門豈悼嗣侯於文帝後七年年表脫一後字耶二者必有一誤悼之與悍亦未知孰是

史記卷十一

漢　太　史　令司馬遷　撰

宋　中　郎　外　兵　曹　參　軍　裴　駰　集解

唐　國　子　博　士　弘　文　館　學　士　司馬貞　索隱

唐　諸　王　侍　讀　率　府　長　史　張守節　正義

孝景本紀第十一

孝景皇帝者【集解】駰案漢書音義曰諱啓【正義】謚法曰布義行剛曰景孝文之中子也母竇太后孝文在代時前后有三男及竇太后得幸前后死及三子更死故孝景得立元年四月乙卯赦天下乙巳賜民爵一級五月除田半租爲孝文立太宗廟令羣臣無朝賀匈奴入代與約和親二年春封故相國蕭何孫係爲武陵侯【集解】徐廣曰漢書亦作係鄒誕生本作係音奚又按漢書功臣表及蕭何傳皆云孫嘉疑其人有二名男子二十而得傳【索隱】音附荀悅云傳正卒也小顏云舊法二十三而傳今改也四月壬午孝文太后崩【索隱】薄后也葬芷陽西曰少陵也廣川長沙王皆之國【索隱】廣川王彭祖長沙王發皆景帝子遣就國丞相申屠嘉卒八月以御史大夫開封侯陶青爲丞相彗星出東北秋衡山雨雹【正義】雨于付反大者五寸深者二尺熒惑逆行守北辰月出北辰間歲星逆行天廷中置南陵及內史祋祤爲縣【集解】徐廣曰地理志云文帝七年置駰按地理志百官表南陵縣文帝置也分內史爲左右及祋祤爲縣皆景帝二年不得如徐所云【索隱】鄒誕生祋音都會反又音丁活反祤音羽又音詡三年正月乙巳赦天下長星出西方天火燔雒陽東宮大殿城室【集解】徐廣曰雒一作淮【索隱】漢書作淮陽王宮殿故徙王於魯也吳王濞【正義】音披備反高祖兄仲子故漢高祖十二年封三十三年反楚王戊【正義】高祖弟楚王交孫二十一年反都彭城趙王遂【正義】高祖孫幽王友子嗣二十六年反都邯鄲膠西王卬【正義】卬五郎反高祖孫齊悼惠王子故昌侯十年反都密州高密縣濟南王辟光【正義】辟音壁高祖孫齊悼惠王子故扐侯立十一年反括地志云濟南故城在淄川長山縣西北三十里菑川王賢【正義】高祖孫齊悼惠王子故武成侯立十一年反都劇括地志云菑州縣也故劇城在青州壽光縣南三十一里故紀國膠東王雄渠【正義】高祖孫齊悼惠王子故白石侯立十一年反都即墨括地志云即墨故城在密州膠水縣東南六十里即膠東國也反發兵西鄉天子爲誅晁錯遣袁盎諭告不止遂西圍梁上乃遣大將軍竇嬰太尉周亞夫將兵誅之六月乙亥赦亡軍及楚元王子蓺等【正義】蓺魚曳反字亦作藝音同與謀反者封大將軍竇嬰爲魏其侯【正義】地理志云魏其屬琅邪立楚元王子平陸侯劉禮爲楚王【索隱】韋昭云平陸西河縣禮即向之從祖父也立皇子端爲膠西王子勝爲中山王徙濟北王志【正義】濟北國今濟州盧縣即濟北王所都爲菑川王淮陽王餘【正義】淮陽國今陳州爲魯王【正義】今兗州曲阜縣汝南王非【正義】汝南國今豫州爲江都王【正義】江都國今揚州也吳王濞所都反誅景帝改爲江都國封皇子非也齊王將廬【正義】齊國青州臨淄也將廬悼惠王之孫襄王之子年表云燕王嘉皆薨【集解】徐廣曰表云五年薨【索隱】廬悼惠王孫齊王襄之子漢書作閭嘉劉澤之子四年夏立太子立皇子徹爲膠東王六月甲戌赦天下後九月更以弋陽爲陽陵【正義】括地志云漢景帝陵也在雍州咸陽縣東三十里按杜作壽陵也復置津關用傳出入【集解】應劭曰文帝十二年除關無用傳至此復置傳以七國新反備非常也張晏曰傳信也若今過所也如淳曰傳音檄傳之傳兩行書繒帛分持其一出入關合之乃得過謂之傳【索隱】傳音丁戀反冬以趙國爲邯鄲郡【集解】駰案地理志趙國景帝以爲邯鄲郡五年三月作陽陵渭橋【索隱】景帝豫作壽陵也按趙系家趙肅侯十五年起壽陵後代因之也五月募徙陽陵予錢二十萬江都大暴風從西方來壞城十二丈丁卯封長公主子蟜爲隆慮侯【索隱】音林閭避殤帝諱改之徙廣川王爲趙王六年春封中尉趙綰爲建陵侯【正義】括地志云建陵故縣在沂州承縣界江都丞相嘉爲建平侯【集解】徐廣曰姓程隴西太守渾邪爲平曲侯【正義】括地志云平曲縣故城在瀛州文安縣北七十里趙丞相嘉爲江陵侯【集解】徐廣曰姓蘇故將軍布爲鄃侯梁楚二王皆薨後九月伐馳道樹殖蘭池【集解】徐廣曰殖一作埴七年冬廢栗太子爲臨江王【正義】臨江忠州縣雖王臨江而都江陵十二月晦日有食之春免徒隸作陽陵者丞相青免二月乙巳以太尉條侯【正義】條田彫反字亦作蓨音同周亞夫爲丞相四月乙巳立膠東王太后爲皇后【索隱】按系家太后槐里人父仲兄信封蓋侯后故金氏妻

女弟姁兒也丁巳立膠東王爲太子名徹

中元年封故御史大夫周苛孫平爲繩侯【集解】徐廣曰平一作應【索隱】苛周昌之兄故御史大夫周昌子左車爲安陽侯四月乙巳赦天下賜爵一級除禁錮地動衡山原都雨雹大者尺八寸

中二年二月匈奴入燕遂不和親三月召臨江王來卽死中尉府中夏立皇子越爲廣川王子寄爲膠東王封四侯【集解】文穎曰楚相張尚太傅趙夷吾趙相建德內史王悍此四人各諫其王無使反不聽皆殺之故封其子【索隱】韋昭云張尚子當居趙夷吾子周建德子橫王悍子棄九月甲戌日食

中三年冬罷諸侯御史中丞春匈奴王二人率其徒來降皆封爲列侯【正義】漢書表云中三年安陵侯子軍桓侯賜遒侯陸彊容城侯徐盧易侯僕黯范陽侯代翁侯邯鄲七人以匈奴王降皆封爲列侯按紀言二人者是匈奴二王爲首降立皇子方乘爲清河王三月彗星出西北丞相周亞夫死以御史大夫桃侯劉舍爲丞相四月地動九月戊戌晦日食軍東都門外【集解】按三輔黃圖東出北第一門曰宣平門外曰東都門

中四年三月置德陽宮【集解】瓚曰是景帝廟也帝自作之諱不言廟故言宮西京故事云景帝廟爲德陽宮大蝗秋赦徒作陽陵者

中五年夏立皇子舜爲常山王封十侯【正義】惠景間年表云亞王侯盧他之龍盧侯陳留蟜乘氏侯劉買桓邑侯劉明蓋侯王信按其五人是中元五年封餘檢不獲中元三年匈奴王二人降封爲列侯惠景間表云匈奴王降爲侯者有七人疑其五人是十侯之數六月丁巳赦天下賜爵一級天下大潦更命諸侯丞相曰相秋地動

中六年二月己卯行幸雍郊見五帝三月雨雹四月梁孝王城陽共王【正義】城陽今濮州雷澤縣古城陽也共音恭謚法嚴敬故事曰恭汝南王皆薨立梁孝王子明爲濟川王【正義】表云分梁置也子彭離爲濟東王【正義】表云分梁置也子定爲山陽王【正義】地理志云景帝中六年別爲山陽國屬兗州子不識爲濟陰王【正義】地理志云景帝中六年別爲濟陰國屬兗州案今曹州是也梁分爲五封四侯更命廷尉爲大理將作少府爲將作大匠主爵中尉爲都尉【集解】駰案漢書百官表曰主爵中尉秦官掌列侯長信詹事爲長信少府【集解】駰案漢書百官表曰詹事秦官掌皇后太子家應劭曰詹省也給也瓚曰茂陵書詹事秩二千石也張晏曰以太后所居宮爲名長信宮則曰長信少府長樂宮則曰長樂少府將行爲大長秋【集解】駰案漢書百官表曰將行秦官應劭曰長秋皇后卿大行爲行人【集解】服虔曰天子死未有謚稱大行晉灼曰禮有大行小行主謚官故以此名之如淳曰不反之辭也瓚曰大行是官名掌九儀之制以賓諸侯【索隱】鄭玄云命者五謂公侯伯子男爵者四孤卿大夫士是九也奉常爲太常【集解】駰案漢書百官表曰奉常秦官掌宗廟禮儀典客爲大行【索隱】韋昭云大行官名秦時云典客景帝初改云大行後更名大鴻臚武帝因而不改故漢書景紀有大鴻臚百官表又云武帝改名大鴻臚鴻臚附也以言其掌四夷賓客若皮臚之在外附於身也復有大行令故諸侯薨大鴻臚奏謚列侯薨則大行奏謚按大行令卽鴻臚之屬官也治粟內史爲大農【集解】駰案漢書百官表曰治粟內史秦官掌穀貨也以大內爲二千石【集解】韋昭曰大內京師府藏置左右內官屬大內【索隱】主天子之私財曰小內小內卽屬大內也七月辛亥日食八月匈奴入上郡

後元年冬更命中大夫爲衛尉【正義】漢書百官表云衛尉秦官掌宮門衛屯兵景帝初更名中大夫後元年復爲衛尉三月丁酉赦天下賜爵一級中二千石諸侯相爵右庶長四月大酺五月丙戌地動【集解】徐廣曰丙一作甲其蚤食時復動上庸地動二十二日壞城垣七月乙巳日食丞相劉舍免八月壬辰以御史大夫綰爲丞相封爲建陵侯【索隱】姓衛

後二年正月地一日三動郅將軍擊匈奴【正義】郅眞栗反郅都傳云匈奴刻木爲郅都而射不中酺五日令內史郡不得食馬粟沒入縣官令徒隸衣七緵布【正義】衣於旣反緵祖工反緵八十縷也與布相似七升布用五百六十緵止馬舂【索隱】止人爲馬舂粟爲歲不登也爲歲不登禁天下食不造歲省列侯遣之國【集解】晉灼曰文紀遣列侯之國今又省之三月匈奴入鴈門十月租長陵田大旱衡山國河東雲中郡【正義】衡山國今衡州河東今蒲州雲中郡今勝州民疫

後三年十月日月皆食赤五日十二月晦雷【集解】徐廣曰一作書字又作圖字實所未詳日如紫五星逆行守太微月貫天庭中【索隱】天庭卽龍星右角也按石氏星傳曰龍在左角曰天田右角曰天庭正月甲寅皇太子冠甲子孝景皇帝崩【集解】皇甫謐曰帝以孝惠七年生年四十八遺詔賜諸侯王以下至民爲父後爵一級天下戶百錢出宮人歸其家復無所與太子卽位是爲孝武皇帝【集解】駰案漢書云二月癸酉帝葬陽陵皇甫謐曰陽陵山方百二十步高十四丈去長安四十五里三月封皇太后弟蚡爲武安侯弟勝爲周陽侯置陽陵【集解】蘇林曰蚡音鼢【索隱】蚡音扶粉反按外戚世家皇太后母臧兒初嫁王氏生子信而寡更嫁長陵田氏生蚡及勝

太史公曰漢興孝文施大德天下懷安至孝景不復憂異姓而晁錯刻削諸侯遂使七國俱起合從而西鄉以諸侯大盛而錯爲之不以漸也及主父偃言之而諸侯以弱卒以安【索隱】主父偃上言令天子下推恩之令令諸侯各得分邑其子弟於是遂弱卒以安也安危之機豈不以謀哉

索隱述贊曰景帝卽位因修靜默勉人於農率下以德制度斯創禮法可則一朝吳楚作起凶慝提局成壘拒輪致戮晁錯雖誅梁城未克條侯出將追奔逐北坐見梟掠立翦牟賊如何太尉後卒下獄惜哉明君斯功不錄

史記卷十一考證

孝景本紀二年春封故相國蕭何孫係爲武陵侯集解徐廣曰漢書亦作係鄒誕生本作徯音奚又按漢書功臣表及蕭何傳皆云孫嘉疑其人有二名○表亦作嘉與此互異表又作武陽并封邑亦不同

以御史大夫綰爲丞相封爲建陵侯○余有丁曰綰卽前六年用中尉封者此複出

令徒隸衣七緵布正義七升布用五百六十緵○緵係縷字之誤

史記卷十二

漢　太　史　令司馬遷　撰

宋　中郎外兵曹參軍裴　駰集解

唐　國子博士弘文館學士司馬貞索隱

唐　諸王侍讀率府長史張守節正義

孝武本紀第十二

【集解】駰案太史公自序曰作今上本紀其述事皆云今上今天子或言孝武帝者悉後人所定也張晏曰武紀褚先生補作也先生名少孫漢博士也【索隱】褚先生補史記合集武帝事以編年今止取封禪書補之信其才之薄也張晏云褚先生潁川人仕元成間韋稜云褚顗家傳褚少孫梁相褚大弟之孫宣帝時爲博士寓居沛事大儒王式號先生續太史公書阮孝緒亦以爲然

孝武皇帝者【集解】駰案漢書音義曰諱徹【正義】謚法云克定禍亂曰武孝景中子也【索隱】按景十三王傳廣川王以上皆是武帝兄自河間王德以至廣川凡有八人則帝第九也母曰王太后孝景四年以皇子爲膠東王孝景七年栗太子廢爲臨江王以膠東王爲太子孝景十六年崩太子卽位爲孝武皇帝【集解】張晏曰武帝以景帝元年生七歲爲太子爲太子十歲而景帝崩時年十六矣孝武皇帝初卽位尤敬鬼神之祀元年漢興已六十餘歲矣【集解】徐廣曰六十七年歲在辛丑天下乂安薦紳之屬【索隱】薦音搢搢挺也言挺笏於紳帶之間事出禮內則今作薦者古字假借爾漢書作縉紳皆望天子封禪改正度也而上鄉儒術招賢良趙綰王臧等以文學爲公卿欲議古立明堂城南以朝諸侯【索隱】城南長安城南門外也關中記云明堂在長安城門外杜門之西草巡狩封禪改歷服色事未就會竇太后治黃老言不好儒術使人微伺得趙綰等姦利事【集解】徐廣曰微伺察之召案綰臧綰臧自殺【正義】漢書孝武二年御史大夫趙綰坐請無奏事太皇太后及郎中令王臧皆下獄自殺應劭曰王臧儒者欲立明堂辟雍太后素好黃老術非薄六經因欲絕奏事太后太后怒故令自殺諸所興爲者皆廢後六年竇太后崩其明年上徵文學之士公孫弘等明年上初至雍郊見五畤【正義】音止括地志云漢五帝畤在岐州雍縣南孟康云畤者神靈之所止按五畤者鄜畤密畤吳陽畤北畤先是秦文公作鄜畤祭白帝秦宣公作密畤祭青帝秦靈公作吳陽上畤祭黃帝下畤祭赤帝漢高祖作北畤祭黑帝是五畤也後常三歲一郊是時上求神君舍之上林中蹏氏觀【集解】徐廣曰蹏音帝【索隱】鄒誕生音斯觀名也神君者長陵女子以子死悲哀故見神於先後宛若【集解】孟康曰產乳而死兄弟妻相謂先後宛若字【索隱】鄒誕生音先後並去聲卽今妯娌也韋昭云先姒後娣宛音冤宛若祠之其室民多往祠平原君往祠【集解】徐廣曰武帝外祖母也駰案蔡邕曰異姓婦人以恩澤封者曰君儀比長公主【索隱】徐云武帝外祖母則是臧兒也其後子孫以尊顯及武帝卽位則厚禮置祠之內中聞其言不見其人云是時而李少君亦以祠竈穀道卻老方見上【集解】李奇曰食穀道引或曰辟穀不食之道【索隱】如淳云祠竈可以致福按禮竈者老婦之祭盛於盆尊於瓶說文周禮以竈祠祝融淮南子炎帝作火官死爲今之竈神司馬彪注莊子云浩竈神也如美女衣赤李弘範音詣上尊之少君者故深澤侯【集解】徐廣曰姓趙景帝時絕封入以主方【集解】徐廣曰進納於天子而主方一云侯人主方駰按如淳曰侯家人主方藥者也匿其年及所生長常自謂七十能使物卻老【集解】如淳曰物鬼物也瓚曰物藥物也其游以方徧諸侯無妻子人聞其能使物及不死更饋遺之常餘金錢帛衣食人皆以爲不治產業而饒給又不知其何所人愈信爭事之少君資好方善爲巧發奇中【集解】如淳曰時時發言有所中也嘗從武安侯飲【索隱】服虔云田蚡也韋昭云武安屬魏郡坐中有年九十餘老人少君乃言與其大父游射處老人爲兒時從其大父識其處一坐盡驚少君見上上有故銅器問少君少君曰此器齊桓公十年陳於柏寢【集解】服虔曰地名有臺也瓚曰晏子書柏寢臺名也【正義】括地志云柏寢臺在青州千乘縣東北二十一里韓子云景公與晏子遊於少海登柏寢之臺而望其國公曰美哉堂乎後代孰將有此晏子曰其田氏乎公曰寡人有國而田氏家奈何對曰奪之則近賢遠不肖治其煩亂輕其刑罰助窮乏恤孤寡行恩惠崇節儉雖十田氏其如堂何卽此也已而案其刻果齊桓公器一宮盡駭以少君爲神數百歲人也少君言於上曰祠竈則致物致物而丹砂可化爲黃金黃金成以爲飲食器則益壽益壽而海中蓬萊僊者可見見之以封禪則不死黃帝是也臣嘗游海上見安期生【索隱】服虔云古之眞人食巨棗大如瓜安期生僊者通蓬萊中合則見人不合則隱於是天子始親祠竈而遣方士入海求蓬萊安期生之屬而事化丹砂諸藥齊爲黃金矣【索隱】齊音劑分劑之劑居久之李少君病死天子以爲化去不死也而使黃錘【集解】韋昭曰人姓名【正義】音直僞反史寬舒受其方【集解】駰案漢書音義曰二人皆方士求蓬萊安期生莫能得而海上燕齊怪迂之方士多相效更言神事矣亳人薄誘忌【集解】徐廣曰一云亳人謬忌也【索隱】亳山陽縣名姓謬名忌居亳故下稱薄忌此文則衍薄字而謬又誤作誘也奏祠泰一方曰天神貴者泰一【索隱】按樂汁徵圖云紫微宮北極天一泰一宋均以爲天一泰一北極之別名春秋緯云紫極之別名又名紫宮天皇曜魄寶之所理也泰一佐曰五帝【正義】五帝五天帝也國語注云蒼帝靈威仰赤帝熛怒白帝白招矩黑帝叶光紀黃帝含樞紐尚書帝命驗云蒼帝名靈威仰赤帝名文祖黃帝名神協白帝名顯紀黑帝名玄矩佐者謂配祭也古者天子以春秋祭泰一東南郊用太牢具七日【集解】徐廣曰一云日一太牢具七日爲壇開八通之鬼道於是天子令太祝立其祠長安東南郊常奉祠如忌方其後人有上書言古者天子三年一用太牢具祠神三一天一地一泰一天子許之令太祝領祠之於忌泰一壇上如其方後人復有上書言古者天子常以春秋解祠祠黃帝用一梟破鏡【集解】孟康曰梟鳥名食母破鏡獸名食父黃帝欲絕其類使百物祠皆用之破鏡如貙而虎眼或云直用破鏡如淳曰漢使東郡送梟五月五日爲梟羹以賜百官以惡鳥故食之冥羊【集解】服虔曰神名也用羊祠馬行【正義】神名用一青牡馬泰一皋山山君地長【正義】丁丈反三並神名

用牛武夷君【正義】神名用乾魚陰陽使者以一牛【集解】駰案漢書音義曰陰陽之神也令祠官領之如其方而祠於忌泰一壇旁其後天子苑有白鹿以其皮爲幣【索隱】按食貨志幣以白鹿皮方尺緣以績以薦璧得以黃金一斤代之又漢律皮幣率鹿皮方尺直金一斤以發瑞應造白金焉【正義】白金三品武帝所鑄也如淳曰雜鑄銀錫爲白金也平準書云造銀錫爲白金以爲天用莫如龍地用莫如馬人用莫如龜故白金三品其一曰重八兩圜之其文龍名曰白選直三千二曰重差小方之其文馬直五百三曰復小橢之其文龜直三百錢譜云白金第一其形圓如錢肉好圓文爲一龍白銀第二其形方小長肉好亦小長好上下文爲二馬白銀第三其形似龜肉好小是文爲龜甲也其明年郊雍獲一角獸若麃然【集解】韋昭曰楚人謂麋爲麃【索隱】麃音步交反按韋昭云體若麕而一角春秋所謂有麕而角是也楚人謂麋爲麃又周書王會云麃者若鹿爾雅云麃大鹿也牛尾一角郭璞云漢武獲一角獸若麃謂之麟是也有司曰陛下肅祗郊祀上帝報享錫一角獸蓋麟云【正義】漢書終軍傳云從上雍獲白麟一角藏肉設武備而不爲害所以爲仁獸於是以薦五畤畤加一牛以燎【正義】力召反焚也賜諸侯白金以風符應合于天地【集解】晉灼曰符瑞也瓚曰風示諸侯以此符瑞之應於是濟北王以爲天子且封禪乃上書獻泰山及其旁邑天子受之更以他縣償之常山王有辠遷天子封其弟於眞定以續先王祀而以常山爲郡然後五嶽皆在天子之郡其明年齊人少翁【正義】漢武故事云少翁年二百歲色如童子以鬼神方見上上有所幸王夫人【集解】徐廣曰齊懷王閎之母也駰按桓譚新論云武帝有所愛幸姬王夫人窈窕好容質性婐佞【正義】漢書作李夫人夫人卒少翁以方術蓋夜致王夫人及竈鬼之貌云天子自帷中望見焉於是乃拜少翁爲文成將軍賞賜甚多以客禮禮之文成言曰上卽欲與神通宮室被服不象神神物不至乃作畫雲氣車及各以勝日【集解】駰案漢書音義曰如火勝金用丙與丁日不用庚辛駕車辟惡鬼又作甘泉宮中爲臺室畫天地泰一諸神而置祭具以致天神居歲餘其方益衰神不至乃爲帛書以飯牛【正義】飯房晚反書絹帛上爲怪言語以飼牛詳弗知也言此牛腹中有奇殺而視之得書書言甚怪天子疑之有識其手書問之人果僞書於是誅文成將軍【正義】漢武故事云文成誅月餘日使者藉貨關東還逢之於漕亭還見言之上乃疑發其棺無所見唯有竹筒一枚捕驗問無蹤跡也而隱之其後則又作栢梁銅柱承露僊人掌之屬矣【集解】蘇林曰僊人以手掌擎盤承甘露也【索隱】服虔云用梁百頭按今字皆作柏三輔故事云臺高二十丈用香柏爲殿梁香聞十里中建章宮承露盤高三十丈大七圍以銅爲之有僊人掌承露和玉屑飲之故張衡賦曰立脩莖之僊掌承雲表之淸露是也文成死明年天子病鼎湖甚【集解】晉灼曰在湖縣韋昭曰地名近宜春【索隱】湖縣名屬京兆後屬弘農昔黃帝採首陽山銅鑄鼎於湖曰鼎湖卽今之湖城縣也韋昭以爲近宜春亦甚疎巫醫無所不致至不愈游水發根【集解】服虔曰游水縣名發根人姓名晉灼曰地理志游水水名在臨淮淮浦也【索隱】顏師古以游水姓發根名蓋或因水爲姓或曰發樹根也乃言曰上郡有巫病而鬼下之上召置祠之甘泉及病使人問神君【集解】韋昭

曰卽病巫之神神君言曰天子毋憂病病少愈彊與我會甘泉於是病愈遂幸甘泉病良已【集解】孟康曰良已善已謂愈也大赦天下置壽宮神君【集解】服虔曰立此便宮也瓚曰宮奉神之宮也楚辭曰蹇將澹兮壽宮神君最貴者大夫其佐曰大禁司命之屬皆從之非可得見聞其音與人言等時去時來來則風肅然也居室帷中時晝言然常以夜天子祓然後入【集解】駰案漢書音義曰崇潔自祓除然後入因巫爲主人關飲食所欲者言行下【集解】李奇曰神所欲言上輒爲下之又置壽宮北宮【正義】括地志云壽宮北宮皆在雍州長安縣西北三十里長安故城中漢書云武帝壽宮以處神君張羽旗設供具以禮神君神君所言上使人受書其言命之曰書法【集解】駰案漢書音義曰或云書之法也【正義】書音畫按畫一之法其所語世俗之所知也毋絕殊者而天子獨喜其事祕世莫知也其後三年有司言元宜以天瑞命不宜以一二數【集解】蘇林曰得黃龍鳳皇諸瑞以名年【正義】孝景以前卽位以一二數至其終武帝卽位初有年號改元以建元爲始一元曰建元二元以長星曰元光三元以郊得一角獸曰元狩云【集解】徐廣曰按諸紀元光後有元朔元朔後得元狩其明年冬天子郊雍議曰今上帝朕親郊而后土毋祀則禮不荅也有司與太史公【集解】韋昭曰說者以談爲太史公失之矣史記稱遷爲太史公者是外孫楊惲所稱【索隱】姚察按司馬遷傳亦以談爲太史公非惲所加又按虞喜志林云古者主天官皆上公自周至漢其職轉卑然朝會坐位猶居公上尊天之道其官屬仍以舊名尊而稱公公名當起於此故如淳云太史公位在丞相上天下郡國計書先上太史公副上丞相其義是也而桓譚新論以爲太史公造書成示東方朔朔爲平定因署其下太史公者皆東方朔所加之也楊惲繼此而稱爾祠官寬舒等議天地牲角繭栗今陛下親祀后土后土宜於澤中圜丘爲五壇壇一黃犢太牢具已祠盡瘞而從祠衣上黃於是天子遂東始立后土祠汾陰脽上【集解】徐廣曰元鼎四年時也駰按蘇林曰脽音誰如淳曰河之東岸特堆堀長四五里廣二里餘高十餘丈汾陰縣在脽之上后土祠在縣西汾在脽之北西流與河合也【索隱】漢書舊儀作葵上者蓋河東人呼誰與葵同故爾如寬舒等議上親望拜如上帝禮禮畢天子遂至滎陽而還過雒陽下詔曰三代邈絕遠矣難存其以三十里地封周後爲周子南君以奉先王祀焉是歲天子始巡郡縣侵尋於泰山矣【索隱】侵尋卽浸淫也故晉灼云遂往之意也小顏云侵淫漸染之義蓋尋淫聲相近假借用爾師古叔父游秦亦解漢書故稱師古爲小顏也其春樂成侯【集解】徐廣曰姓丁名義後與欒大俱誅也【索隱】韋昭云河閒縣按郊祀志樂成侯登而徐廣據表云姓丁名義未詳爾上書言欒大欒大膠東宮人【集解】服虔曰王家人故嘗與文成將軍同師已而爲膠東王尚方而樂成侯姊爲康王后【集解】孟康曰膠東王后也毋子康王死他姬子立爲王而康后有淫行與王不相中得相危以法康后聞文成已死而欲自媚於上乃遣欒大因樂成侯求見言方天子既誅文成後悔恨其早死惜其方不盡及見欒大大悅大爲人長美言多方略而敢

爲大言處之不疑大言曰臣嘗往來海中見安期羨門之屬【索隱】韋昭云羨門古仙人應劭曰名子高顧以爲臣賤不信臣又以爲康王諸侯耳不足予方臣數言康王康王又不用臣臣之師曰黃金可成而河決可塞不死之藥可得僊人可致也臣恐效文成則方士皆掩口惡敢言方哉上曰文成食馬肝死耳子誠能修其方我何愛乎大曰臣師非有求人人者求之陛下必欲致之則貴其使者令爲親屬以客禮待之勿卑使各佩其信印乃可使通言於神人神人尚肯邪不邪致尊其使然後可致也於是上使先驗小方鬭旗旗自相觸擊【正義】音其又本或作棊說文云棊博棊也高誘注淮南子云取雞血與針磨擣之以和磁石用塗棊頭曝乾之置局上卽相拒不止也是時上方憂河決而黃金不就【正義】鍊丹砂鉛錫爲黃金不就乃拜大爲五利將軍居月餘得四金印佩天士將軍地士將軍大通將軍天道將軍印制詔御史昔禹疏九江決四瀆閒者河溢皋陸隄繇不息【正義】顏師古云皋水旁地也廣平曰陸言水大汎溢自皋及陸而築作隄徭役甚多不暇休息也朕臨天下二十有八年天若遺朕士而大通焉【集解】韋昭曰言欒大能通天意故封樂通【索隱】樂通在臨淮高平縣乾稱蜚龍鴻漸于般【集解】駰案漢書音義曰般水涯堆也漸進也武帝云得欒大如鴻進於般一舉千里得道若飛龍在天意庶幾與焉其以二千戶封地士將軍大爲樂通侯【集解】韋昭曰樂通臨淮高平也賜列侯甲第【集解】駰案漢書音義曰有甲乙第次故曰第僮千人乘輿斥車馬帷帳器物以充其家【集解】駰案漢書音義曰或云斥不用也韋昭曰嘗在服御【索隱】孟康云斥不用之車馬是也又以衛長公主妻之【集解】孟康曰衛太子妹如淳曰衛太子姊也蔡邕曰帝女曰公主公主儀比諸侯姊妹曰長公主儀比諸侯王駰按此帝女也而云長公主未詳齎金萬斤更名其邑曰當利公主【集解】地理志云東萊有當利縣天子親如五利之第使者存問所給連屬於道自大主將相以下皆置酒其家獻遺之【集解】徐廣曰太主武帝姑也駰按韋昭曰竇太后之女也於是天子又刻玉印曰天道將軍使使衣羽衣夜立白茅上五利將軍亦衣羽衣立白茅上受印以示弗臣也而佩天道者且爲天子道天神也於是五利常夜祠其家欲以下神神未至而百鬼集矣然頗能使之其後治裝行東入海求其師云大見數月佩六印貴振天下而海上燕齊之閒莫不搤腕而自言有禁方能神僊矣【集解】服虔曰滿手曰搤瓚曰搤執持也其夏六月中汾陰巫錦【集解】應劭曰錦巫名爲民祠魏脽后土營旁【集解】應劭曰魏國也脽若丘之類見地如鉤狀掊視得鼎【索隱】掊音步溝反說文掊把也鼎大異於衆鼎文鏤無款識【集解】韋昭曰款刻也【索隱】識猶表識怪之言吏吏告河東太守勝勝以聞天子使使驗問巫錦得鼎無姦詐乃以禮祠迎鼎至甘泉從行上薦之【集解】如淳曰以鼎從行上至甘泉將薦之於天也至中山

【集解】徐廣曰河渠書鑿涇水自中山西【索隱】此山在馮翊谷口縣西近九嵕山土人呼爲中山河渠書韓使水工鄭國說秦鑿涇水自中山西卽此山也晏溫【集解】如淳曰三輔謂日出淸濟爲晏晏而溫也【索隱】許慎注淮南云晏無雲也有黃雲蓋焉有麃過上自射之因以祭云至長安【集解】徐廣曰一云從行薦之或曰祭鼎也公卿大夫皆議請尊寶鼎天子曰閒者河溢歲數不登故巡祭后土祈爲百姓育穀今年豐廡未有報鼎曷爲出哉有司皆曰聞昔太帝興神鼎一【索隱】師古以太帝卽太昊伏羲氏以文在黃帝之前故也一者一統天地萬物所繫終也黃帝作寶鼎三象天地人也禹收九牧之金鑄九鼎皆嘗鬺亨【集解】徐廣曰亨煮也鬺音觴皆嘗以亨牲牢而祭祀也【索隱】言鼎以亨牲而饗嘗也鬺字又作觴音殤漢書郊祀志云鼎空足曰鬲以象三德鬲音歷謂足中不實者名之也上帝鬼神【集解】服虔曰以祭祀上帝或曰嘗亨酌也遭聖則興【正義】遭逢也鼎雖淪泗水逢聖興起故出汾陰西至甘泉也遷于夏商周德衰宋之社亡【正義】社主民也社以石爲之宋社卽亳社也周武王伐紂乃立亳社以爲監戒覆上棧下使通天地陰陽之氣周禮衰國將危民故宋之社爲亡殷復也鼎乃淪伏而不見頌云自堂徂基【正義】此以下至胡考之休是周頌絲衣之詩自堂徂基內往外基門內塾也鄭玄云門側之堂謂之塾釋經使士升堂視壺濯及籩豆之屬降往於塾牲自羊徂牛充庖乃舉鼏告潔禮之次也自羊徂牛【正義】自堂往塾先視羊後及牛也毛萇云先小後大也鼐鼎及鼒【集解】韋昭曰爾雅云鼎絕大謂之鼐圜弇上謂之鼒不虞不驁胡考之休【索隱】毛詩傳云吳譁也姚氏按何承天云此虞當爲吳音洪霸反說文以吳一口大言也此作虞者與吳聲相近故假借也或者本文借此虞爲騶虞字也今鼎至甘泉光潤龍變承休無疆合茲中山有黃白雲降【集解】韋昭曰與中山所見黃雲之氣合也蓋若獸爲符【集解】服虔曰雲若獸在車蓋也晉灼曰蓋辭也或曰符謂瑞應也路弓乘矢【集解】韋昭曰路大也四矢爲乘集獲壇下報祠大饗【集解】徐廣曰一云大報饗祠也惟受命而帝者心知其意【集解】服虔曰高祖受命知之也宜見鼎於其廟而合德焉鼎宜見於祖禰藏於帝廷以合明應制曰可入海求蓬萊者【正義】蓬萊方丈瀛洲勃海中三神山也言蓬萊不遠而不能至者殆不見其氣上乃遣望氣佐候其氣云其秋上幸雍且郊【索隱】以雍地形高故云或曰五帝泰一之佐也宜立泰一而上親郊之上疑未定齊人公孫卿曰今年得寶鼎其冬辛巳朔旦冬至與黃帝時等卿有札書曰黃帝得寶鼎宛侯問於鬼臾區【集解】駰案漢書音義曰區黃帝時人【索隱】鄭玄云黃帝佐也李奇曰黃帝時諸侯本作申區者非藝文志作鬼容區也區對曰黃帝得寶鼎神策是歲己酉朔旦冬至得天之紀終而復始於是黃帝迎日推策後率二十歲【正義】率音律又音類又所律反三音並通後皆放此也得朔旦冬至凡二十推三百八十年黃帝僊登于天卿因所忠欲奏之所忠視其書不經疑其妄書謝曰寶鼎事已決矣尚何以爲卿因嬖人奏之上大悅召問卿對曰受此書申功【集解】駰案封禪書功字作公申功已死上曰申功何人也卿曰申功齊人也與安期生通受黃帝言無書獨有此

鼎書曰漢興復當黃帝之時漢之聖者在高祖之孫且曾孫也寶鼎出而與神通封禪封禪七十二王【正義】河圖云王者封太山禪梁父易姓登崇有七十二君也唯黃帝得上泰山封申功曰漢主亦當上封上封則能僊登天矣黃帝時萬諸侯而神靈之封居七千【集解】應劭曰黃帝時諸侯會封禪者七千人李奇曰說仙道得封者七千國張晏曰神靈之封謂山川之守天下名山八而三在蠻夷五在中國中國華山首山太室泰山東萊此五山黃帝之所常遊與神會黃帝且戰且學僊患百姓非其道乃斷斬非鬼神者百餘歲然後得與神通黃帝郊雍上帝宿三月鬼臾區號大鴻死葬雍故鴻冢是也【集解】蘇林曰今雍有鴻冢其後黃帝接萬靈明廷明廷者甘泉也所謂寒門者谷口也【集解】徐廣曰寒一作塞漢書音義曰黃帝仙於寒門也【索隱】服虔云寒門黃帝所僊之處小顏云谷中山之谷口漢時爲縣今呼爲冶谷去甘泉八十里盛夏凜然故曰寒門黃帝采首山銅鑄鼎於荊山下【集解】晉灼曰地理志首山屬河東蒲坂荊山在馮翊懷德縣鼎既成有龍垂胡顊下迎黃帝【索隱】顏師古云胡謂頷下垂肉也顊其毛也故童謠曰何當爲君鼓龍胡是也黃帝上騎羣臣後宮從上龍七千餘人龍乃上去餘小臣不得上乃悉持龍顊龍顊拔墮黃帝之弓百姓仰望黃帝既上天乃抱其弓與龍胡顊號故後世因名其處曰鼎湖【正義】括地志云湖水源出虢州湖城縣南三十五里夸父山北流入河即鼎湖也其弓曰烏號於是天子曰嗟乎吾誠得如黃帝吾視去妻子如脫躧耳乃拜卿爲郎東使候神於太室上遂郊雍至隴西西登空桐【正義】空桐山在原州平高縣西一百里幸甘泉令祠官寬舒等具泰一祠壇壇放薄忌泰一壇壇三垓【集解】徐廣曰垓次也駰按李奇曰垓重也三重壇也【索隱】鄒氏曰垓一作陔言壇階三重五帝壇環居其下各如其方黃帝西南除八通鬼道【集解】服虔曰坤位在未黃帝從土位泰一所用如雍一畤物而加醴棗脯之屬殺一犛牛以爲俎豆牢具而五帝獨有俎豆【集解】韋昭曰無犛牛醴之屬醴進【索隱】師古云具俎豆酒醴而進之一曰進謂雜物之具所以加禮也其下四方地爲餟食【索隱】餟音竹芮反謂連續而祭之漢志作腏古字亦通說文曰餟祭酹也【正義】劉伯莊云謂繞壇設諸神祭座相連綴也羣神從者及北斗云已祠胙餘皆燎之其牛色白鹿居其中彘在鹿中水而洎之【集解】徐廣曰洎音居器反肉汁也駰案晉灼曰此說合牲物燎之也【正義】劉伯莊云以太羹和祭食燎之按以鹿內牛中以彘內鹿中水沾酒也祭日以牛祭月以羊彘特【索隱】特一牲也言若牛若羊若彘止一特也泰一祝宰則衣紫及繡五帝各如其色日赤月白十一月辛巳朔旦冬至昧爽天子始郊拜泰一朝朝日夕夕月【集解】應劭曰天子春朝日秋夕月拜日東門之外朝日以朝夕月以夕瓚曰漢儀郊泰一時皇帝平旦出竹宮東向揖日其夕西向揖月便用郊日不用春秋也則揖而見泰一如雍禮其贊饗曰天始以寶鼎神策授皇帝朔而又朔終而復始皇帝敬拜見焉而衣上黃其

祠列火滿壇壇旁亨炊具有司云祠上有光焉公卿言皇帝始郊見泰一雲陽【正義】括地志云漢雲陽宮在雍州雲陽縣北八十一里有通天臺即黃帝以來祭天圜丘之處武帝以五月避暑八月乃還有司奉瑄玉【集解】孟康曰璧大六寸謂之瑄【索隱】瑄音宣嘉牲薦饗【正義】漢書儀曰祭天養牛五歲至二千斤是夜有美光及晝黃氣上屬天太史公祠官寬舒等曰神靈之休祐福兆祥宜因此地光域【集解】徐廣曰地一作夜立泰畤壇以明應令太祝領祀及臘間祠三歲天子一郊見其秋爲伐南粵告禱泰一以牡【集解】徐廣曰一作牝荊畫旛【集解】如淳曰荊之無子者皆以潔齊之道也晉灼曰牡荊節間不相當者韋昭曰以牡荊爲柄者也日月北斗登龍以象天一三星爲泰一鋒【集解】徐廣曰天官書曰天極星明者泰一常居也斗口三星曰天一駰按晉灼曰晝一星在後三星在前爲太一鋒也名曰靈旗【正義】李奇云畫旗樹泰一壇上名靈旗畫日月北斗登龍等爲兵禱則太史奉以指所伐國【正義】韋昭云牡剛也荊彊按用牡荊指伐國取其剛爲稱故畫此旗指之而五利將軍使不敢入海之泰山祠上使人微隨驗實無所見五利妄言見其師其方盡多不讎上乃誅五利【正義】漢武故事云東方朔言欒大無狀上發怒乃斬之其冬公孫卿候神河南見僊人跡緱氏城上有物若雉往來城上天子親幸緱氏城視跡問卿得無效文成五利乎卿曰僊者非有求人主人主求之其道非少寬假神不來言神事事如迂誕【正義】迂音于誕音但迂遠也誕大也積以歲乃可致於是郡國各除道繕治宮觀名山神祠所以望幸矣其年既滅南越上有嬖臣李延年以好音見上善之下公卿議曰民間祠尚有鼓舞之樂今郊祠而無樂豈稱乎公卿曰古者祀天地皆有樂而神祇可得而禮或曰泰帝使素女【索隱】亦謂太昊【正義】泰帝謂太昊伏羲氏鼓五十弦瑟悲帝禁不止故破其瑟爲二十五弦於是塞南越禱祠泰一后土始用樂舞益召歌兒作二十五弦【集解】徐廣曰瑟也及箜篌瑟自此起【集解】徐廣曰應劭云武帝令樂人侯調始造箜篌其來年冬上議曰古者先振兵澤旅【集解】徐廣曰古釋字作澤然後封禪乃遂北巡朔方勒兵十餘萬還祭黃帝冢橋山澤兵須如【集解】李奇曰地名也上曰吾聞黃帝不死今有冢何也或對曰黃帝已僊上天羣臣葬其衣冠既至甘泉爲且用事泰山【正義】道書福地記云泰山高四千九百丈二尺周回二千里先類祠泰一自得寶鼎上與公卿諸生議封禪【正義】白虎通云王者易姓而起天下太平功成封禪以告太平禪梁父之址廣厚也刻石紀號著己之功績天以高爲尊地以厚爲德故增泰山之高以效天禪梁父之址以報地封者附廣之禪者將以功相傳授之封禪用希曠絕莫知其儀禮而羣儒采封禪尚書周官王制之望祀射牛事【集解】蘇林曰當祭廟射其牲以除不祥瓚曰射牛示親殺也【索隱】天子射牛示親殺也事見國語齊人丁公年九十餘曰封者合不死之名也秦皇帝不得上封陛下必欲上稍上卽

無風雨遂上封矣上於是乃令諸儒習射牛草封禪儀【索隱】見應劭漢官儀也數年至且行天子既聞公孫卿及方士之言黃帝以上封禪皆致怪物與神通欲放黃帝以嘗接神僊人蓬萊士高世比德於九皇【集解】張晏曰三皇之前有人皇九首韋昭曰上古人皇者九人也而頗采儒術以文之羣儒既以不能辯明封禪事又牽拘於詩書古文而不敢騁上爲封祠器示羣儒羣儒或曰不與古同徐偃又曰太常諸生行禮不如魯善周霸屬圖封事【集解】服虔曰屬會也會諸儒圖封事於是上絀偃霸盡罷諸儒弗用三月遂東幸緱氏禮登中嶽【集解】文穎曰嵩高山也在潁川陽城縣太室【集解】韋昭曰嵩高山有太室少室之山有石室故以名之從官在山下聞若有言萬歲云【正義】漢儀注云有稱萬歲可十萬人聲問上上不言問下下不言於是以三百戶封太室奉祠命曰崇高邑【正義】顏師古云以崇奉嵩高山故謂之崇高也東上泰山山之草木葉未生乃令人上石立之泰山巔上遂東巡海上行禮祠八神【集解】文穎曰祭太一并祭名山於泰壇西南開除八通鬼道故言八神也一曰八方之神【索隱】韋昭云八神謂天地陰陽日月星辰主四時之屬今按郊祀志一曰天主祠天齊二曰地主祠太山梁父三曰兵主祠蚩尤四曰陰主祠三山五曰陽主祠之罘六曰月主祠之萊山七曰日主祠成山八曰四時主祠琅邪齊人之上疏言神怪奇方者以萬數然無驗者乃益發船令言海中神山者數千人求蓬萊神人公孫卿持節常先行候名山至東萊言夜見一人長數丈就之則不見見其跡甚大類禽獸云羣臣有言見一老父牽狗言吾欲見巨公【集解】駰案漢書音義曰巨公謂武帝已忽不見上既見大跡未信及羣臣有言老父則大以爲僊人也宿留海上與方士傳車及間使求僊人以千數四月還至奉高上念諸儒及方士言封禪人人殊不經難施行天子至梁父禮祠地主乙卯令侍中儒者皮弁薦紳射牛行事封泰山下東方如郊祠泰一之禮封廣丈二尺高九尺其下則有玉牒書書祕禮畢天子獨與侍中奉車子侯【集解】駰案漢書百官表曰奉車都尉掌乘輿車武帝初置韋昭曰子侯霍去病之子也上泰山亦有封其事皆禁明日下陰道丙辰禪泰山下阯東北肅然山如祭后土禮天子皆親拜見衣上黃而盡用樂焉江淮閒一茅三脊【集解】孟康曰所謂靈茅也爲神藉五色土益雜封縱遠方奇獸蜚禽及白雉諸物頗以加祠兕旄牛犀象之屬弗用皆至泰山然後去封禪祠其夜若有光晝有白雲起封中天子從封禪還坐明堂【集解】漢書音義曰天子初封泰山山東北阯古時有明堂處則此所坐者明年秋乃作明堂羣臣更上壽於是制詔御史朕以眇眇之身承至尊兢兢焉懼弗任維德菲薄不明于禮樂脩祀泰一若有象景光屑如有望【集解】瓚曰聞呼萬歲者三依依

震於怪物欲止不敢遂登封泰山至於梁父而后禪肅然【集解】服虔曰肅然山名在梁父自新嘉與士大夫更始賜民百戶牛一酒十石加年八十孤寡布帛二匹復博奉高蛇丘【集解】鄭玄曰蛇音移歷城毋出今年租稅其赦天下如乙卯赦令行所過毋有復作事在二年前皆勿聽治又下詔曰古者天子五載一巡狩用事泰山諸侯有朝宿地其令諸侯各治邸泰山下【正義】諸侯各於泰山朝宿地起第准擬天子用事泰山而居止天子既已封禪泰山無風雨菑而方士更言蓬萊諸神山若將可得於是上欣然庶幾遇之乃復東至海上望冀遇蓬萊焉奉車子侯暴病一日死上乃遂去並海上北至碣石巡自遼西歷北邊至九原五月返至甘泉【集解】駰案漢書音義曰周萬八千里也有司言寶鼎出爲元鼎以今年爲元封元年其秋有星茀于東井【集解】韋昭曰秦分野也後衛太子兵亂茀音佩後十餘日有星茀于三能【集解】韋昭曰三能三公後連坐誅之望氣王朔言候獨見其星出如瓠【索隱】郊祀志塡星出如瓠故顏師古以德星即塡星今按此紀惟止言德星則德星歲星也歲星所在有福故曰德星食頃復入焉有司言曰陛下建漢家封禪天其報德星云其來年冬郊雍五帝還拜祝祠泰一贊饗曰德星昭衍厥維休祥壽星仍出【索隱】壽星南極老人星也見則天下理安故言之也淵耀光明信星昭見【索隱】信星鎭星也信屬土土曰鎭星漢志爲得之皇帝敬拜泰【集解】徐廣曰一無此字祝之饗其春公孫卿言見神人東萊山若云見天子天子於是幸緱氏城拜卿爲中大夫遂至東萊宿留之【索隱】音秀溜宿留遲待之意若依字讀則言宿而留是有所待並通亦數日毋所見見大人跡復遣方士求神怪采芝藥以千數是歲旱於是天子既出毋名乃禱萬里沙【集解】應劭曰萬里沙神祠也在東萊曲城孟康曰沙徑三百餘里過祠泰山【集解】鄧展曰泰山自東復有小泰山瓚曰即今之泰山還至瓠子【集解】服虔曰瓠子隄名蘇林曰在甄城以南濮陽以北廣百步深五丈許瓚曰所決河名自臨塞決河【索隱】按河渠書武帝自臨塞決河將軍以下皆負薪塡之留二日沈祠而去【索隱】沈白馬祭河決於是作瓠子歌見河渠書使二卿將卒塞決河河徙二渠復禹之故跡焉是時既滅南越越人勇之【集解】韋昭曰越人名也乃言越人俗信鬼而其祠皆見鬼數有效昔東甌王敬鬼壽至百六十歲後世謾怠故衰耗乃令越巫立越祝祠安臺無壇亦祠天神上帝百鬼而以雞卜【集解】駰案漢書音義曰持雞骨卜如鼠卜【正義】雞卜法用雞一狗一生祝願訖卽殺雞狗煮熟又祭獨取雞兩眼骨上自有孔裂似人物形則吉不足則凶今嶺南猶行此法也上信之越祠雞卜始用焉公孫卿曰僊人可見而上往常遽以故不見今陛下可爲觀如緱氏城【集解】韋昭曰如猶比也置脯棗神人宜可致且僊人好樓居於是上令長安則作蜚廉桂觀【集解】應劭曰飛廉神禽能致風氣晉灼曰身似鹿頭如雀有角而蛇尾文如豹文也甘泉則

作益延壽觀使卿持節設具而候神人乃作通天臺【集解】徐廣曰在甘泉【索隱】漢書作通天臺於甘泉宮按漢書舊儀臺高五十丈去長安二百里望見長安城置祠具其下將招來神僊之屬於是甘泉更置前殿始廣諸宮室【索隱】姚氏案揚雄云甘泉本因秦離宮既奢泰武帝復增通天高光迎風宮外近則有洪厓旁皇儲胥弩阹遠則有石關封巒枝鵲露寒棠梨師得遊觀屈奇瑰偉又有高華溫德法相會成宮白虎走狗天梯嵣臺仙人弩思觀皆壯麗也夏有芝生殿防內中【集解】徐廣曰元封二年也【索隱】按生芝九莖作芝房歌天子爲塞河興通天臺若有光云【集解】李奇曰爲此作事而有光應瓚曰作通天臺也乃下詔曰甘泉防生芝九莖【集解】應劭曰芝芝草也其葉相連如淳曰瑞應圖云王者敬事耆老不失舊故則芝草生赦天下毋有復作其明年伐朝鮮夏旱公孫卿曰黃帝時封則天旱乾封【正義】乾音干顏師古云三歲不雨暴所封之土令乾三年上乃下詔曰天旱意乾封乎【集解】蘇林曰天旱欲使封土乾燥如淳曰但祭不立尸爲乾封其令天下尊祠靈星焉【正義】靈星即龍星也張晏云龍星左角曰天田則農祥也見而祭之其明年上郊雍通回中道巡之【集解】徐廣曰在扶風汧縣春至鳴澤【集解】服虔曰鳴澤澤名也在涿郡遒縣北界從西河歸其明年冬上巡南郡【集解】徐廣曰元封五年也至江陵而東登禮灊之天柱山號曰南嶽【集解】應劭曰灊縣屬廬江南嶽霍山也文穎曰天柱山在灊縣南有祠浮江自尋陽出樅陽【集解】駰案地理志廬江有樅陽縣過彭蠡祀其名山川北至琅邪並海上四月中至奉高脩封焉初天子封泰山泰山東北阯古時有明堂處處險不敞上欲治明堂奉高旁未曉其制度濟南人公玉帶上黃帝時明堂圖【索隱】玉或音肅公玉姓帶名姚氏按風俗通齊湣王臣有公玉冉其後也音語錄反三輔決錄云杜陵有玉氏音肅說文以爲從玉音畜牧之畜今讀公玉與決錄音同然二姓單複有異單姓者音肅後漢司徒玉況是其後也明堂圖中有一殿四面無壁以茅蓋通水圜宮垣爲複道上有樓從西南入命曰昆侖【索隱】玉帶明堂圖中爲複道有樓從西南入名其道曰昆侖言其似昆侖山之五城十二樓故名之也天子從之入以拜祠上帝焉於是上令奉高作明堂汶上【集解】徐廣曰在元封二年秋如帶圖及五年脩封則祠泰一五帝於明堂上坐令高皇帝祠坐對之祠后土於下房以二十太牢天子從昆侖道入始拜明堂如郊禮禮畢燎堂下而上又上泰山有秘祠其顛而泰山下祠五帝各如其方黃帝并赤帝而有司侍祠焉泰山上舉火下悉應之其後二歲十一月甲子朔旦冬至推歷者以本統天子親至泰山以十一月甲子朔旦冬至日祠上帝明堂每修封禪其贊饗曰天增授皇帝泰元神筴【索隱】按贊饗之辭言天授皇帝泰元神筴周而復始又按黃帝得寶鼎神筴則泰元者古昔上皇創歷之號故此云泰元神筴者周而復始也周而復始皇帝敬拜泰一東至海上考入海及方士求神者莫驗然益遣冀遇之十一月乙酉【集解】徐廣曰二十二日也柏梁裁十二月甲午朔上親禪高里【集解】伏儼曰山名在泰山下祠后土臨勃海將以望祠蓬萊之屬冀至殊庭焉【集解】駰案漢書音義曰蓬萊庭【索隱】冀漢書作幾幾近也冀望也並通服虔曰蓬萊中僊人庭者異也言入僊人異域也上還以柏梁裁故朝受計甘泉【正義】顏脂云栢梁被燒故受計獻之物於甘泉也顏師古曰受郡國計簿也公孫卿曰黃帝就青靈臺十二日燒【集解】徐廣曰一作月黃帝乃治明庭明庭甘泉也方士多言古帝王有都甘泉者其後天子又朝諸侯甘泉甘泉作諸侯邸勇之乃曰越俗有火裁復起屋必以大用勝服之於是作建章宮【正義】括地志云建章宮在雍州長安縣西二十里長安故城西度爲千門萬戶前殿度高未央其東則鳳闕高二十餘丈【索隱】三輔黃圖曰武帝營建章起鳳闕高二十五丈闕中記一名別風闕以言別四方之風西京賦曰閶闔之內別風嶕嶢是也三輔故事云北有圜闕高二十丈上有銅鳳皇故曰鳳闕也其西則唐中數十里虎圈【索隱】如淳曰詩云中唐有甓鄭玄云唐堂庭也爾雅以廟中路謂之唐西京賦曰前開唐中彌望廣濠也【正義】圈其遠反括地志云虎圈今在長安城中西偏也其北治大池漸臺【正義】顏師古云漸浸也臺在池中爲水所浸故曰漸按王莽死此臺也高二十餘丈名曰泰液【正義】臣瓚云泰液言象陰陽津液以作池也池中有蓬萊方丈瀛洲壺梁象海中神山龜魚之屬【索隱】三輔故事云殿北海池北岸有石魚長二丈廣五尺西岸有石龜二枚各長六尺其南有玉堂璧門大鳥之屬【索隱】漢武故事玉堂基與未央前殿等去地十二丈乃立神明臺【索隱】漢宮闕疏云臺高五十丈上有九室常置九天道士百人井幹樓度五十餘丈輦道相屬焉【索隱】關中記宮北有井幹臺高五十丈積木爲樓言築累萬木轉相交架如井幹司馬彪注莊子云井幹井欄也又崔譔云以四邊爲幹猶築之有楨幹又諸本多作幹一本作幹音說文云幹井橋夏漢改曆以正月爲歲首而色尚黃官名【集解】徐廣曰一無名字更印章以五字【集解】張晏曰漢據土德土數五故用五爲印文也若丞相曰丞相之印章諸卿及守相印文不足五字者以之足也因爲太初元年是歲西伐大宛蝗大起丁夫人【集解】韋昭曰丁姓夫人名雒陽虞初等以方祠詛匈奴大宛焉其明年有司言雍五畤無牢熟具芬芳不備乃命祠官進畤犢牢具五色食所勝【集解】孟康曰若火勝金則祠赤帝以白牡而以木耦馬代駒焉【索隱】一音偶孟康云寓寄龍形於木又姚氏云寓假也以言假木龍馬一駟非寄寓龍馬形於木也獨五帝用駒行親郊用駒及諸名山川用駒者悉以木耦馬代行過乃用駒他禮如故其明年東巡海上考神仙之屬未有驗者方士有言黃帝時爲五城十二樓【集解】應劭曰昆侖縣圃五城十二樓仙人之所常居也以候神人於執期【集解】駰案漢書音義曰執期地名也命曰迎年【正義】顏師古云迎年若言祈年上許作之如方明年上親禮祠上帝衣上黃焉公玉帶曰黃帝時雖封泰山然風后封鉅【集解】應劭曰封鉅黃帝師岐伯【正義】張揖云岐伯黃帝太醫令黃帝封東泰山禪凡山【集解】徐廣曰在瑯邪朱虛縣汶水所出凡山亦在朱虛合符然後不死焉天子既令設祠其至東泰山東泰山卑小不稱其聲乃令祠官禮之而不封禪焉其後令帶奉祠候神物夏遂還泰山修五年之禮如前而加禪祠石閭石閭者在泰山下阯南方方士多言此僊人之閭也故上親禪焉其後五年復至泰山修封【集解】徐廣曰天漢三年李陵以天漢二年敗也還過祭常山今天子所興祠泰一后土三年親郊祠建漢家封禪五年一修封薄忌泰一及三一冥羊馬行赤星五寬舒之祠官【集解】李奇曰祀名也【索隱】赤星即上靈星祠靈星龍左角赤故曰赤星五者太一也三一也冥羊也馬行也赤星也凡五並令祠官寬舒領之以歲時致禮凡六祠【索隱】五者之外有正太一后土祠故云六也皆太祝領之至如八神諸神明年凡山他名祠行過則祀去則已方士所興祠各自主其人終則已祠官弗主他祠皆如其故今上封禪其後十二歲而還徧於五嶽四瀆矣而方士之候祠神人入海求蓬萊終無有驗而公孫卿之候神者猶以大人跡爲解無其效天子益怠厭方士之怪迂語矣然終羈縻弗絕冀遇其眞自此之後方士言祠神者彌衆然其效可睹矣【集解】徐廣曰猶今人云其事已可知矣皆不信之耳

太史公曰余從巡祭天地諸神名山川而封禪焉入壽宮侍祠神語究觀方士祠官之言於是退而論次自古以來用事於鬼神者具見其表裏後有君子得以覽焉至若俎豆珪幣之詳獻酬之禮則有司存焉

【索隱述贊】曰孝武纂極四海承平志尚奢麗尤敬神明壇開八道接通五城朝覲五利夕拜文成祭非祀典巡乖卜征登嵩勒岱望景傳聲迎年祀日改曆定正疲耗中土事彼邊兵日不暇給人無聊生俯觀嬴政幾欲齊衡

史記卷十二考證

孝武本紀○魏書王肅傳云武帝聞其述史記取孝景及己本紀覽之於是大怒削而投之於今此兩紀有錄無書衛宏漢舊儀注云太史公作景帝本紀極言其短及武帝過武帝怒而削去後坐舉李陵陵降匈奴故下太史公蠶室有怨言下獄死此紀乃元成間褚先生取班書補之　臣照按漢書司馬遷傳云十篇缺有錄無書張晏曰遷沒之後亡景紀武紀禮書樂書兵書漢興以來將相年表日者列傳三王世家龜策列傳傅靳列傳元成之間褚先生補缺作武帝紀三王世家龜策日者傳言辭鄙陋非遷本意也而顏師古則云序目本無兵書張晏云亡失此說非也信矣顧張晏所稱褚先生補書惟一紀一世家二傳而餘六篇並未著爲誰氏所補又六篇中兵書既屬本無則止九篇與班固所云十篇缺者又不符合然則其五篇之果缺與否并亦難信也今擇其如孝武本紀等灼然無疑者則低一行刻以別之餘並存疑子曰吾猶及史之闕文也古人疑以傳疑其爲功後世豈淺耶今不聽史記之闕而補之魚目明珠混不可辨亦可惜已顏班固作史時十篇雖亡而或後人得之若河內女子舜典二十八字之類亦屬事之所有或今之所缺轉不至十篇之多惜載籍闕如不可得而考也至若孝武本紀更與餘篇不同自叙目內並不云孝武本紀也遷死於武帝之前安得有孝武之稱目云作今上本紀夫既曰今上本紀則自當有目無書且遷作本紀自黃帝以至武帝則自當無書而有其目班固云十篇缺並不載何十篇缺則固意數今上本紀與否尚未可知後人奮起補之補之而又全錄封禪書以爲孝武本紀愚陋妄謬極矣恐褚先生亦不至於此張晏所爲褚先生補者亦臆說也至遷傳云遷死後其書稍出宣帝時遷外孫楊惲祖述其書遂宣布焉乃魏書王肅傳謂武帝聞其述史記取孝景及己本紀覽之大怒削而投之於今此兩紀有錄無書誠齊東之語矣又遷腐刑後爲中書令尊寵任事故人任安責其不能薦天下豪俊遷報書云云具載本傳書云僕誠已著此書藏之名山傳之其人通邑大都則償僕前辱之失雖萬被戮豈有悔哉是遷被腐刑久而書尚未成也乃衛宏舊漢儀注云太史公作景紀極言其短及武帝過武帝怒而削去後坐舉李陵陵降匈奴故下蠶室是書成於救李陵之前何其謬哉且馬遷本傳但云遷死其書稍出並不言其下獄死而衛宏又以爲武帝以遷有怨言下獄死皆所爲無稽之談也

少君者故深澤侯入以主方集解徐廣曰進納於天子而主方一云侯人主方駰案如淳曰侯家人主方藥者也○臣世駿按封禪書作深澤侯舍人此明脫舍人二字徐裴紛紛持疑未相覈對耳

而使黃錘史寬舒受其方集解韋昭曰人姓名駰案漢書音義曰二人皆方士○臣召南按始皇紀云過黃腄注云地理志東萊有黃縣腄縣恐史寬舒蓋黃腄間人錘與腄字體小異或傳寫各別只是地名非別有黃錘其人也年表有錘侯索隱曰縣屬東萊字亦從金不從月

神君最貴者大夫○封禪書言最貴者太一此作大夫疑傳寫之誤

得四金印佩天士將軍地士將軍大通將軍天道將軍印○臣照按封禪書無天道將軍四字此有之疑天

道卽大通傳寫之誤後人不知妄加以此爲四金印耳其實合五利將軍爲四也下文云天若遺朕士而大通焉卽天士地士大通之解也下天道將軍則刻玉印立白茅上受之

上帝鬼神集解服虔曰以祭祀上帝或曰嘗烹酌也○或曰嘗烹酌也六字宜在前徐廣曰皆嘗以烹牲牢而祭祀也下錯簡在此

宋之社亡正義覆上棧下使通天地陰陽之氣○通上宜有不字

於是甘泉更置前殿始廣諸宮室索隱姚氏按揚雄云○云字宜作傳下乃班固漢書之文非甘泉賦中語也

芝生殿防內中○臣照按隸辨曰校官碑董並字公防按卽防字唐公房碑君字公防房亦作防隸釋云隸法房字其戶皆在側故人多不曉或作防或作昉皆誤也據此則今本史記武帝紀芝生殿內防中漢書溝洫志築宮其上名曰宣防皆防字傳寫之誤內中二字必有一衍或曰按爾雅防卽今屏風防若是屏風諸儒必有注解今無之知防爲房之訛也

史記卷十三

漢　太　史　令司馬遷　撰

宋中郎外兵曹參軍裴駰集解

唐國子博士弘文館學士司馬貞索隱

唐諸王侍讀率府長史張守節正義

三代世表第一

索隱應劭云表者錄其事而見之按禮有表記而鄭玄云表明也謂事微而不著須表明也故言表也正義言代者以五帝久古傳記少見夏殷以來乃有尚書略有年月比於五帝事迹易明故舉三代爲首表表者明也明言事儀

太史公曰五帝三代之記尚矣索隱按此表依帝繫及系本其實叙五帝三代而篇唯名三代系表者以三代代系長遠宜以名篇且三代皆出自五帝故叙三代要從五帝而起首也劉氏云尚猶久古也尚矣之文元出大戴禮彼云黃帝尚矣自殷以前諸侯不可得而譜正義譜布也列其事也周以來乃頗可著孔子因史文次春秋紀元年正時日月蓋其詳哉至於序尚書則略無年月或頗有然多闕不可錄故疑則傳疑蓋其慎也余讀諜記索隱諜音牒牒者記系謚之書也下云稽歷譜諜謂歷代之譜諜也黃帝以來皆有年數稽其歷譜諜終始五德之傳索隱音轉謂帝王更王以金木水火土之五德傳次相承終而復始故云終始五德之傳也古文咸不同乖異夫子之弗論次其年月豈虛哉於是以五帝繫諜尚書集世紀黃帝以來訖共和爲世表索隱按大戴禮有五帝德及帝繫篇蓋太史公取此二篇之諜及尚書集而紀黃帝以來爲系表也厲王奔彘周召二公共相王室故曰共和皇甫謐云共伯和干王位則以共國伯爵和其名也干王位言篡也與史遷之說不同蓋異說耳

帝王世國號	顓頊屬	俈屬	堯屬	舜屬	夏屬	殷屬	周屬
黃帝號有熊	黃帝生昌意	黃帝生玄囂	黃帝生玄囂	黃帝生昌意	黃帝生昌意	黃帝生玄囂	黃帝生玄囂
帝顓頊黃帝孫起黃帝至顓頊三世	昌意生顓頊爲高陽氏	玄囂生蟜極	玄囂生蟜極	昌意生顓頊顓頊生窮蟬索隱系本作窮係宋忠云窮係謚也	昌意生顓頊	玄囂生蟜極蟜極生高辛	玄囂生蟜極蟜極生高辛
帝俈黃帝曾孫起黃帝至帝俈四世號高辛		蟜極生高辛高辛生帝俈索隱黃帝玄孫	蟜極生高辛高辛生放勛	窮蟬生敬康敬康生句望		高辛生卨	高辛生后稷爲周祖
帝堯起黃帝至俈子五世號唐堯			放勛爲堯	句望生蟜牛蟜牛生瞽叟		卨爲殷祖	后稷生不窋
帝舜黃帝玄孫之玄孫號虞				瞽叟生重華是爲帝舜	顓頊生鯀鯀生文命索隱漢書顓頊五代而生鯀此及帝系皆云顓頊生鯀是古文闕其代系也	卨生昭明	不窋生鞠
帝禹黃帝耳孫號夏					文命是爲禹	昭明生相土	鞠生公劉
帝啓伐有扈作甘誓						相土生昌若	公劉生慶節
帝太康						昌若生曹圉曹圉生冥	慶節生皇僕皇僕生差弗
帝仲康太康弟						冥生振	差弗生毀渝毀渝生公非
帝相						振生微微生報丁	公非生高圉高圉生亞圉
帝少康						報丁生報乙報乙生報丙	亞圉生公祖類
帝予索隱直呂反亦作宁正義相爲遇澆所滅後緡歸有仍生少康其子予復禹績						報丙生主壬主壬生主癸	公祖類生太王亶父
帝槐索隱音回一音懷系本作芬						主癸生天乙是爲殷湯從湯至黃帝十七世	亶父生季歷季歷生文王昌益易卦
帝芒索隱音亡一作荒							文王昌生武王發
帝泄索隱音薛							

帝不降

帝扃　不降弟【索隱】古熒反

帝廑　【索隱】其靳反，又音勤

帝孔甲　不降子。好鬼神，淫亂。不好德，二龍去

帝皋　【索隱】宋忠云墓在崤南陵

帝發　【索隱】帝皋子也。系本云帝皋生發及履癸，履癸一名桀

帝履癸　是爲桀

從禹至桀十七世。從黃帝至桀二十世

殷湯代夏氏　從黃帝至湯十七世

帝外丙　湯太子太丁蚤卒，故立次弟外丙

帝仲壬　外丙弟

帝太甲　故太子太丁子。淫，伊尹放之桐宮。三年，悔過自責，伊尹乃迎之復位

帝沃丁　伊尹卒

帝太庚　沃丁弟

帝小甲　太庚弟。殷道衰，諸侯或不至【索隱】殷本紀及系本皆云小甲太庚子

帝雍己　小甲弟

帝太戊　雍己弟。以桑穀生，稱中宗

帝中丁

帝外壬　中丁弟

帝河亶甲　外壬弟

帝祖乙

帝祖辛

帝沃甲　祖辛弟【索隱】系本作開甲

帝祖丁　祖辛子

帝南庚　沃甲子

帝陽甲　祖丁子

帝盤庚　陽甲弟。徙河南

帝小辛　盤庚弟

帝小乙　小辛弟

帝武丁　雉升鼎耳雊。得傅說。稱高宗

帝祖庚

帝甲　祖庚弟。淫【集解】徐廣曰：一云淫德，殷衰

帝廩辛　【索隱】或作馮辛，系本作祖辛，誤也。按上祖乙已生祖辛，故知非也

帝庚丁　廩辛弟。殷徙河北

帝武乙　慢神，震死

帝太丁

帝乙　殷益衰

帝辛　是爲紂，弒

從湯至紂二十九世。從黃帝至紂四十六世

周武王伐殷　從黃帝至武王十九世

	魯	齊	晉	秦	楚	宋	衛	陳	蔡	曹	燕
成王誦【索隱】本或作庸，非	周公旦。初封，武王弟	太公尚。初封，文王、武王師	唐叔虞。初封，武王子	惡來。助紂。父飛廉，有力。初封	熊繹。繹父鬻熊。初封，事文王	微子啓。初封，紂庶兄	康叔。初封，武王弟	胡公滿。初封，舜之後	叔度。初封，武王弟	叔振鐸。初封，武王弟	召公奭。初封，周同姓
康王釗　刑錯四十餘年【索隱】克堯反，又音昭	魯公伯禽	丁公呂伋	晉侯燮	女防	熊乂	微仲。啓弟	康伯【索隱】康叔子王孫牟父也	申公	蔡仲		九世至惠侯
昭王瑕　南巡不返，不赴，諱之【索隱】音遐。宋忠云：昭王南伐楚，辛由靡爲左，涉漢中流而隕，由靡承王，遂卒不復，周乃侯其後于西翟也	考公	乙公	武侯	旁皋	熊黮【索隱】吐感反，又徒感反，又杜減反，鄒氏又作黕音	宋公	孝伯	相公	蔡伯	太伯	
穆王滿　作甫刑。荒服不至	煬公。考公弟	癸公	成侯	大几	熊勝	丁公	嗣伯	孝公	宮侯	仲君	
恭王伊扈	幽公	哀公	厲侯	大駱	熊煬	湣公。丁公弟	𨑓伯【索隱】音捷	慎公	厲侯	宮伯	
懿王堅　周道衰，詩人作刺	魏公【索隱】系本作微公，名弗甚	胡公	靖侯	非子	熊渠	煬公。湣公弟	靖伯	幽公	武侯	孝伯	
孝王辟方　懿王弟	厲公	獻公。弒胡公		秦侯	熊無康	厲公	貞伯	釐公		夷伯	
夷王燮　懿王子	獻公。厲公弟	武公		公伯	熊鷙紅	釐公	頃侯				
厲王胡　以惡聞遇亂，出奔，遂死于彘	眞公			秦仲	熊延。紅弟		釐侯				
共和　二伯行政	武公。眞公弟				熊勇						

張夫子問褚先生曰【索隱】褚先生名少孫，元成間爲博士。張夫子未詳：「詩言契、后稷皆無父而生。今案諸傳記咸言有父，父皆黃帝子也【索隱】按：上契及后稷皆帝嚳子，此云黃帝子者，謂是黃帝之子孫耳。按嚳是黃帝曾孫，而契、棄是玄孫也，得無與詩謬乎？」褚先生曰：「不然。詩言契生於卵，后稷人迹者，欲見其有天命精誠之意耳。鬼神不能自成，須人而生，柰何無父而生乎！一言有父，一言無父，信以傳信，疑以傳疑，故兩言之。堯知契、稷皆賢人，天之所生，故封之契七十里，後十餘世至湯，王天下。堯知后稷子孫之後王也，故益封之百里，其後世且千歲，至文王而有天下。詩傳曰：湯之先爲契，無父而生。契母與姊妹浴於玄丘水，有燕銜卵墮之，契母得，故含之，誤吞之，即生契【索隱】按：史所引出詩緯，故曰詩傳。殷本紀云玄鳥翔水遺卵，娀簡狄取而吞之。契生而賢，堯立爲司徒，姓之曰子氏。子者茲；茲，益大也。詩人美而頌之曰殷社詩云土芒芒，天命玄鳥，降而生商。商者質，殷號也。文王之先爲后稷，后稷亦無父而生。后稷母爲姜嫄【索隱】有邰氏之女也。韋昭云姜姓嫄字也，出見大人蹟而履踐之，知於身，則生后稷。姜嫄以爲無父，賤而棄之道中，牛羊避不踐也。抱之山中，抱音

普茅反抱又如字【索隱】山者養之又捐之大澤鳥覆席食之姜嫄怪之於是知其天子乃取長之堯知其賢才立以爲大農姓之曰姬氏姬者本也詩人美而頌之曰厥初生民深脩益成而道后稷之始也孔子曰昔者堯命契爲子氏爲有湯也命后稷爲姬氏爲有文王也太王命季歷明天瑞也太伯之吳遂生源也【索隱】言太伯之讓季歷居吳不返者欲使傳文王武王撥亂反正成周道遂天下生生之源本也天命難言非聖人莫能見舜禹契后稷皆黃帝子孫也黃帝策天命而治天下德澤深後世故其子孫皆復立爲天子是天之報有德也人不知以爲氾從布衣匹夫起耳夫布衣匹夫安能無故而起王天下乎其有天命然黃帝後世何王天下之久遠邪曰傳云天下之君王爲萬夫之黔首請贖民之命者帝有福萬世黃帝是也五政明則脩禮義因天時舉兵征伐而利者王有福千世蜀王黃帝後世也【索隱】按系本蜀無姓相承云黃帝後世子孫也且黃帝二十五子分封賜姓或於蠻夷蓋當然也蜀王本紀云朱提有男子杜宇從天而下自稱望帝亦蜀王也則杜姓出唐杜氏蓋陸終氏之胤亦黃帝之後也【正義】譜記普云蜀之先肇於人皇之際黃帝與子昌意娶蜀山氏女生帝嚳立封其支庶於蜀歷虞夏商周衰先稱王者蠶叢國破子孫居姚巂等處至今在漢西南五千里常來朝降輸獻於漢非以其先之有德澤流後世邪行道德豈可以忽乎哉人君王者舉而觀之漢大將軍霍子孟名光者亦黃帝後世也【索隱】按系本云霍國眞姓後周武王封弟叔處於霍是姬姓亦黃帝後也此可爲博聞遠見者言固難爲淺聞者說也何以言之古諸侯以國爲姓霍者國名也武王封弟叔處於霍後世晉獻公滅霍公後世爲庶民往來居平陽平陽在河東河東晉地分爲魏國以詩言之亦可爲周世周起后稷后稷無父而生以三代世傳言之后稷有父名高辛高辛黃帝曾孫黃帝終始傳曰【索隱】蓋謂五行讖緯之說若今之童謠也漢與百有餘年有人不短不長出白燕之鄉【正義】一本作白彘按霍光平陽人平陽今晉州霍邑本秦時霍伯國漢爲彘縣後漢改彘曰永安隋又改爲霍邑遍檢記傳無白燕之名疑白彘是鄉之名持天下之政時有嬰兒主【索隱】謂昭帝也郤行車【索隱】言霍光持政擅權過帝令如郤行車使不前也霍將軍者本居平陽白燕臣爲郎時與方士考功【正義】謂年老爲方士最功也會旗亭下西京賦曰旗亭五里薛綜曰旗亭市樓也立旗於上故取名焉爲臣言豈不偉哉【索隱】褚先生蓋腐儒也設主客引詩傳云契棄無父及據帝系皆帝嚳之子是也而末引蜀王霍光竟欲證何事而言之不經蕪穢正史輒云豈不偉哉亦何誣也

索隱述贊曰高辛之胤大啓禎祥脩己吞薏石紐興王天命玄鳥簡狄生商姜嫄履跡祚流岐昌俱膺歷運互有興亡風餘周召刑措成康出彘之後諸侯日彊

史記卷十三考證

三代世表○臣德齡按五帝時以天下爲公器子賢則傳子子不賢則更擇人故黃帝不立其子元囂昌意而立其孫高陽高陽不立其子窮蟬而立其族子高辛高辛以長而立摯摯崩堯踐大位內外咸服略無疑阻及堯禪舜舜禪禹舉大統之傳若行所無事公天下之勢使之然也自禹底定山川咸則三壤成賦中邦勢乃不得不家天下蓋運會自然而然非禹有所利於其間自是而大統歸於一姓禪讓不可復行曰夏曰殷曰周遠紹五帝列爲三代立隆萬世史遷表而敘之所以作以後萬萬世有天下者之模範也以本紀首述五帝而三代世系又皆出於黃帝故仍自黃帝敘起而名其篇則曰三代世表司馬貞索隱但以三代代系計論似未竟其義

周屬

差弗生毀渝○本紀渝作隃

夏

帝芒索隱音亾一作荒○監本作一作芦人今改正

殷

帝小甲索隱小甲大庚子○監本庚訛作康今改正

帝中丁○監本注云俗本作仲丁臣照按此注既非集解亦非索隱正義不知爲誰氏之語且中郎仲古字作中耳非有異義也史記內古字甚多不應獨注此一字今刪

帝禼辛索隱或作馮辛系本作祖辛誤也按上祖乙己生祖辛故知非也○臣照按禮記云周人以諱事神是諱名之典始于周人殷未有也自禼辛以前莫不以十干爲名則同名者多矣何獨疑焉雖系本作祖辛未知是否然索隱之說固非也

周

周武王伐殷○臣照按上文云殷湯代夏氏則此亦應云周武王代殷

昭王瑕索隱宋忠云昭王南伐楚辛由靡爲左○本紀由作游

楚

熊鷙紅○世家鷙作摯

殷社亾亾○秦藩本有詩云土三字注今從之臣照按毛詩本文作宅殷土亾亾今曰殷社不得謂之亾亾也先儒必有引詩以証其失者特此三字不知其爲集解歟索隱歟正義歟姑仍秦藩本之舊俾後世有考凡卷內未經添明集解等陰文字者俱放此

史記卷十四

漢　太　史　令司馬遷　撰

宋　中　郎　外　兵　曹　參　軍裴　駰集解

唐國子博士弘文館學士司馬貞索隱

唐諸王侍讀率府長史張守節正義

十二諸侯年表第二

【索隱】篇言十二實敘十三者賤夷狄不數吳又霸在後故也不數吳而敘之者闔閭霸盟上國故也

太史公讀春秋歷譜諜【索隱】按劉杳云三代系表旁行邪上竝效周譜譜起周代藝文志有古帝王譜又自古爲春秋學者有年歷譜諜之說故杜元凱作春秋長歷及公子譜蓋因於舊說故太史

公得焉也讀至周厲王未嘗不廢書而歎也曰嗚呼師摯見之矣[集解]鄭玄曰師摯太師之名周道衰微鄭衛之音作正樂廢而失節魯太師摯識關雎之聲首理其亂紂爲象箸而箕子唏[索隱]鄒氏及劉氏著皆音直慮反卽筯也今按箕子云爲象箸必爲玉杯則箸者是樽也音治略反唏歎聲音許既反又音希希亦聲餘故記曰夫子曰噫其甚也亦音饑周道缺詩人本之衽席關雎作仁義陵遲鹿鳴刺焉及至厲王以惡聞其過[索隱]惡音烏故反過音古臥反故國語云厲王止謗道路以目公卿懼誅而禍作厲王遂奔于彘[索隱]彘地名在河東後爲永安縣也亂自京師始而共和行政焉是後或力政彊乘弱興師不請天子然挾王室之義[索隱]挾音協以討伐爲會盟主政由五伯[索隱]伯音霸五伯者齊桓公晉文公秦穆公宋襄公楚莊王也諸侯恣行[索隱]行音下孟反侈不軌賊臣篡子滋起矣齊晉秦楚其在成周微甚封或百里或五十里晉阻三河齊負東海楚介江淮[索隱]介音界言楚以江淮爲界一云介者夾也秦因雍州之固四國迭興更爲伯主文武所褒大封皆威而服焉是以孔子明王道干七十餘君莫能用故西觀周室論史記舊聞興於魯而次春秋上記隱下至哀之獲麟約其辭文去其煩重[索隱]去音羌呂反重音逐龍反言約史記修春秋去其重複之文也以制義法王道備人事浹七十子之徒口受其傳指[索隱]傳音逐宣反爲有所刺譏褒諱挹損之文辭不可以書見也魯君子左丘明懼弟子人人異端各安其意失其眞故因孔子史記具論其語成左氏春秋鐸椒爲楚威王傅爲王不能盡觀春秋采取成敗卒四十章爲鐸氏微[索隱]鐸椒所撰名鐸氏微者春秋有微婉之辭故也趙孝成王時其相虞卿上采春秋下觀近世亦著八篇爲虞氏春秋[正義]按其文八篇藝文志云十五篇虞卿撰呂不韋者秦莊襄王相亦上觀尚古刪拾春秋集六國時事以爲八覽六論十二紀爲呂氏春秋及如荀卿孟子公孫固韓非之徒各往往捃摭春秋之文以著書不可勝紀[索隱]荀況孟軻韓非皆著書自稱子宋有公孫固無所述此固蓋齊人韓固傳詩者也漢相張蒼曆譜五德[索隱]按張蒼著終始五德傳也上大夫董仲舒推春秋義頗著文焉[索隱]春秋繁露是

太史公曰儒者斷其義馳說者騁其辭不務綜其終始歷人取其年月數家[索隱]數音疎具反謂陰陽術數之家也隆於神運[集解]徐廣曰一作通譜諜獨記世謚其辭略欲一觀諸要難[索隱]觀音官難音奴丹反於是譜十二諸侯自共和訖孔子表見春秋國語學者所譏盛衰大指著于篇爲成學治古文者[集解]徐廣曰一云治國聞者也要刪焉[索隱]言表見春秋國語本爲成學之人攻文之士以欲覽其要故刪爲此篇焉

		庚申				甲子		
周		共和元年以宣王少大臣共和行政[集解]徐廣曰自共和元年歲在庚申訖敬王四十三年凡三百六十五年共和在春秋前一百一十九年[索隱]宣王少周召二公共相王室故曰共和宣王厲王之子也	二厲王子居召公宮是爲宣王	三	四	五	六	七
魯	真公濞[索隱]系本作愼公摯鄒誕本作愼公嘷眞公伯禽之玄孫	十五年一云十四年	十六	十七	十八	十九	二十	二十一
齊	武公壽[索隱]太公五代孫獻公子也宋忠曰武公十年宣王大臣共行政故號曰共和十四年宣王卽位	十年	十一	十二	十三	十四	十五	十六
晉	靖侯宜臼[索隱]唐叔五代孫厲侯之子宋忠曰唐叔已下五代無年紀	十八年	釐侯司徒元年	二	三	四	五	六
秦	秦仲[索隱]非子曾孫公伯之子宣王命爲大夫誅西戎也	四年	五	六	七	八	九	十
楚	熊勇[索隱]楚芈姓鬻熊之後因氏熊熊勇熊延之子熊繹九世孫	七年	八	九	十	熊嚴元年	二	三
宋	釐公舉[索隱]微仲七代孫厲公之子	十八年	十九	二十	二十一	二十二	二十三	二十四
衛	釐侯[索隱]康叔七代孫頃侯之子頃侯賂周始命爲侯	十四年	十五	十六	十七	十八	十九	二十
陳	幽公寧[索隱]胡公五代孫也	十四年	十五	十六	十七	十八	十九	二十
蔡	武侯[索隱]蔡仲五代孫也	二十三年	二十四	二十五	二十六	夷侯元年	二	三
曹	夷伯[索隱]名喜振鐸六代孫也	二十四年	二十五	二十六	二十七	二十八	二十九	三十
鄭								
燕	惠侯[索隱]召公奭九世孫也	二十四年	二十五	二十六	二十七	二十八	二十九	三十
吳								

							甲戌	
八	九	十	十一	十二	十三	十四　宣王即位，共和罷。［索隱］二相還政宣王，稱元年也。	宣王元年。厲王子。	二
二十二	二十三	二十四	二十五	二十六	二十七	二十八	二十九	三十
十七	十八	十九	二十	二十一	二十二	二十三	二十四	二十五
七	八	九	十	十一	十二	十三	十四	十五
十一	十二	十三	十四	十五	十六	十七	十八	十九
四	五	六	七	八	九	十	熊霜元年	二
二十五	二十六	二十七	二十八	惠公覸元年。［索隱］覸音閑，又音下板反。	二	三	四	五
二十一	二十二	二十三	二十四	二十五	二十六	二十七	二十八	二十九
二十一	二十二	二十三	陳釐公孝元年	二	三	四	五	六
四	五	六	七	八	九	十	十一	十二
幽伯彊元年	二	三	四	五	六	七	八	九
三十一	三十二	三十三	三十四	三十五	三十六	三十七	三十八	釐侯莊元年。［索隱］徐廣云一無莊

									甲申		
	三	四	五	六	七	八	九	十	十一	十二	十三
	武公敖元年	二	三	四	五	六	七	八	九	十	懿公戲元年
	二十六	齊厲公無忌元年	二	三	四	五	六	七	八	九	文公赤元年
	十六	十七	十八	晉獻侯籍元年	二	三	四	五	六	七	八
	二十	二十一	二十二	二十三	莊公元年。［索隱］其名也。［正義］按秦之先公並不記名，恐非其名。	二	三	四	五	六	七
	三	四	五	六	熊徇元年	二	三	四	五	六	七
	六	七	八	九	十	十一	十二	十三	十四	十五	十六
	三十	三十一	三十二	三十三	三十四	三十五	三十六	三十七	三十八	三十九	四十
	七	八	九	十	十一	十二	十三	十四	十五	十六	十七
	十三	十四	十五	十六	十七	十八	十九	二十	二十一	二十二	二十三
	戴伯鮮元年	二	三	四	五	六	七	八	九	十	十一
字。按燕失年紀及君名，此言莊者衍字也。	二	三	四	五	六	七	八	九	十	十一	十二

							甲午	
十四	十五	十六	十七	十八	十九	二十	二十一	二十二
二	三	四	五	六	七	八	九	孝公稱元年。伯御立為君，稱為諸公子云。伯御武
二	三	四	五	六	七	八	九	十
九	十	十一	穆侯弗生元年。［索隱］按系家名費生，或作潰生。系本名弗生，則生是穆公之名，費潰弗不同耳。	二	三	四。取齊女為夫人。	五	六
八	九	十	十一	十二	十三	十四	十五	十六
八	九	十	十一	十二	十三	十四	十五	十六
十七	十八	十九	二十	二十一	二十二	二十三	二十四	二十五
四十一	四十二	武公和元年	二	三	四	五	六	七
十八	十九	二十	二十一	二十二	二十三	二十四	二十五	二十六
二十四	二十五	二十六	二十七	二十八	釐侯所事元年	二	三	四
十二	十三	十四	十五	十六	十七	十八	十九	二十
								鄭桓公友元年。始封。周宣王母弟。［索隱］宣王二十
十三	十四	十五	十六	十七	十八	十九	二十	二十一

									甲辰		
	二十三	二十四	二十五	二十六	二十七	二十八	二十九	三十	三十一	三十二	
公孫	二	三	四	五	六	七	八	九	十	十一	周宣王誅伯御立其
	十一	十二	成公說元年。[索隱]系家說作脫	二	三	四	五	六	七	八	
	七 以伐條生太子仇	八	九	十 以千畝戰生仇弟成師二子名反君子譏之後亂	十一	十二	十三	十四	十五	十六	
	十七	十八	十九	二十	二十一	二十二	二十三	二十四	二十五	二十六	
	十七	十八	十九	二十	二十一	二十二	熊鄂元年	二	三	四	
	二十六	二十七	二十八	二十九	三十	三十一 惠公薨	宋戴公立元年	二	三	四	
	八	九	十	十一	十二	十三	十四	十五	十六	十七	
	二十七	二十八	二十九	三十	三十一	三十二	三十三	三十四	三十五	三十六	
	五	六	七	八	九	十	十一	十二	十三	十四	
	二十一	二十二	二十三	二十四	二十五	二十六	二十七	二十八	二十九	三十	
二年封之鄭立三十六年與幽王俱死犬戎	二	三	四	五	六	七	八	九	十	十一	
	二十二	二十三	二十四	二十五	二十六	二十七	二十八	二十九	三十	三十一	

									甲寅				
	三十三	三十四	三十五	三十六	三十七	三十八	三十九	四十	四十一	四十二	四十三	四十四	四十五
弟稱是為孝公	十二	十三	十四	十五	十六	十七	十八	十九	二十	二十一	二十二	二十三	二十四
	九	齊莊公贖元年	二	三	四	五	六	七	八	九	十	十一	十二
	十七	十八	十九	二十	二十一	二十二	二十三	二十四	二十五	二十六	二十七 穆侯卒弟殤叔自立太子仇出奔	晉殤叔元年	二
	二十七	二十八	二十九	三十	三十一	三十二	三十三	三十四	三十五	三十六	三十七	三十八	三十九
	五	六	七	八	九	楚若敖元年。[索隱]熊儀也號若敖	二	三	四	五	六	七	八
	五	六	七	八	九	十	十一	十二	十三	十四	十五	十六	十七
	十八	十九	二十	二十一	二十二	二十三	二十四	二十五	二十六	二十七	二十八	二十九	三十
	陳武公靈元年	二	三	四	五	六	七	八	九	十	十一	十二	十三
	十五	十六	十七	十八	十九	二十	二十一	二十二	二十三	二十四	二十五	二十六	二十七
	曹惠伯雉元年。[索隱]雉一作兕	二	三	四	五	六	七	八	九	十	十一	十二	十三
	十二	十三	十四	十五	十六	十七	十八	十九	二十	二十一	二十二	二十三	二十四
	三十二	三十三	三十四	三十五	三十六	燕頃侯元年	二	三	四	五	六	七	八

					甲子							
四十六	幽王元年	二 三川震	三 王取褒姒	四	五	六	七	八	九	十	十一 幽王為犬戎所殺	平王元年東徙
二十五	二十六	二十七	二十八	二十九	三十	三十一	三十二	三十三	三十四	三十五	三十六	三十七
十三	十四	十五	十六	十七	十八	十九	二十	二十一	二十二	二十三	二十四	二十五
三	四 仇攻殺殤叔立為文侯	晉文侯仇元年	二	三	四	五	六	七	八	九	十	十一
四十	四十一	四十二	四十三	四十四	秦襄公元年	二	三	四	五	六	七 始列為諸侯	八 初立西畤
九	十	十一	十二	十三	十四	十五	十六	十七	十八	十九	二十	二十一
十八	十九	二十	二十一	二十二	二十三	二十四	二十五	二十六	二十七	二十八	二十九	三十
三十一	三十二	三十三	三十四	三十五	三十六	三十七	三十八	三十九	四十	四十一	四十二	四十三
十四	十五	陳夷公說元年	二	三	陳平公燮元年	二	三	四	五	六	七	八
二十八	二十九	三十	三十一	三十二	三十三	三十四	三十五	三十六	三十七	三十八	三十九	四十
十四	十五	十六	十七	十八	十九	二十	二十一	二十二	二十三	二十四	二十五	二十六
二十五	二十六	二十七	二十八	二十九	三十	三十一	三十二	三十三	三十四	三十五	三十六 以幽王故為犬戎所殺	鄭武公元年
九	十	十一	十二	十三	十四	十五	十六	十七	十八	十九	二十	二十一

雒邑	二	三	甲戌四	五	六	七	八
	三十八	魯惠公弗生元年〔索隱〕系家作弗湟系本作弗皇	二	三	四	五	六
	二十六	二十七	二十八	二十九	三十	三十一	三十二
	十二	十三	十四	十五	十六	十七	十八
祠曰帝	九	十	十一	十二伐戎至岐而死	秦文公元年	二	三
	二十二	二十三	二十四	二十五	二十六	二十七	楚寗敖元年〔索隱〕按系家若敖子熊坎立是為霄敖此作寗敖恐是霄變為寗也劉伯莊但
	三十一	三十二	三十三	三十四	宋武公司空元年	二	三
	四十四	四十五	四十六	四十七	四十八	四十九	五十
	九	十	十一	十二	十三	十四	十五
	四十一	四十二	四十三	四十四	四十五	四十六	四十七
	二十七	二十八	二十九	三十	三十一	三十二	三十三
〔索隱〕名滑突滑一作撅董音胡忽反	二	三	四	五	六	七	八
	二十二	二十三	二十四	燕哀侯元年	二	燕鄭侯元年	二

	九	十	十一	十二	十三	甲申十四	十五	十六	十七	十八
	七	八	九	十	十一	十二	十三	十四	十五	十六
	三十三	三十四	三十五	三十六	三十七	三十八	三十九	四十	四十一	四十二
	十九	二十	二十一	二十二	二十三	二十四	二十五	二十六	二十七	二十八
	四	五	六	七	八	九	十作鄜畤	十一	十二	十三
隨字而音更不分析	二	三	四	五	六	楚蚡冒元年〔索隱〕鄭氏云蚡一作粉音憤冒音亾報反又音默	二	三	四	五
	四	五	六	七	八	九	十	十一	十二	十三
	五十一	五十二	五十三	五十四	五十五	衛莊公楊元年	二	三	四	五
	十六	十七	十八	十九	二十	二十一	二十二	二十三	陳文公圉元年生桓公鮑厲公他他母蔡女	二
	四十八	蔡共侯興元年	二	蔡戴侯元年	二	三	四	五	六	七
	三十四	三十五	三十六	曹穆公元年	二	三	曹桓公終生元年	二	三	四
	九	十取申侯女武姜	十一	十二	十三	十四生莊公寤生	十五	十六	十七生太叔段	十八
	三	四	五	六	七	八	九	十	十一	十二

十九	二十	二十一	二十二	二十三	甲午二十四	二十五	二十六	二十七	二十八	二十九
十七	十八	十九	二十	二十一	二十二	二十三	二十四	二十五	二十六	二十七
四十三	四十四	四十五	四十六	四十七	四十八	四十九	五十	五十一	五十二	五十三
二十九	三十	三十一	三十二	三十三	三十四	三十五	晉昭侯元年封季弟成師於曲沃曲沃大於國君子譏曰晉人亂自曲沃始矣	二	三	四
十四	十五	十六	十七	十八	十九作祠陳寶	二十	二十一	二十二	二十三	二十四
六	七	八	九	十	十一	十二	十三	十四	十五	十六
十四	十五	十六	十七	十八生魯桓公母	宋宣公力元年	二	三	四	五	六
六	七	八	九	十	十一	十二	十三	十四	十五	十六
三	四	五	六	七	八	九	十陳文公卒	陳桓公元年	二	三
八	九	十	蔡宣侯措父元年	二	三	四	五	六	七	八
五	六	七	八	九	十	十一	十二	十三	十四	十五
十九	二十	二十一	二十二	二十三	二十四	二十五	二十六	二十七	母欲立段公不聽鄭莊公寤生元年祭仲生	二
十三	十四	十五	十六	十七	十八	十九	二十	二十一	二十二	二十三

				甲辰			
三十	三十一	三十二	三十三	三十四	三十五	三十六	三十七
二十八	二十九	三十	三十一	三十二	三十三	三十四	三十五
五十四	五十五	五十六	五十七	五十八	五十九	六十	六十一
五	六	潘父殺昭侯納成師不克昭侯子立是為孝侯〔索隱〕昭侯文侯仇之子系家云晉大臣潘父殺昭侯迎曲沃桓叔晉人攻之立昭侯子平是為孝侯	二	三	四	五	六
二十五	二十六	二十七	二十八	二十九	三十	三十一	三十二
十七	楚武王立	二	三	四	五	六	七
七	八	九	十	十一	十二	十三	十四
十七愛妾子州吁州吁好兵	十八	十九	二十	二十一	二十二	二十三	夫人無子桓公立衛桓公
四	五	六	七	八	九	十	十一
九	十	十一	十二	十三	十四	十五	十六
十六	十七	十八	十九	二十	二十一	二十二	二十三
三	四	五	六	七	八	九	十
二十四	二十五	二十六	二十七	二十八	二十九	三十	三十一

							甲寅			
	三十八	三十九	四十	四十一	四十二	四十三	四十四	四十五	四十六	四十七
	三十六	三十七	三十八	三十九	四十	四十一	四十二	四十三	四十四	四十五
	六十二	六十三	六十四	齊釐公祿父元年	二同母弟夷仲年生公孫毋知也	三	四	五	六	七
	七	八	九曲沃桓叔成師卒子代立為莊伯	十	十一	十二	十三	十四	十五	十六曲沃莊伯殺孝侯晉人立孝侯子郤為鄂
	三十三	三十四	三十五	三十六	三十七	三十八	三十九	四十	四十一	四十二
	八	九	十	十一	十二	十三	十四	十五	十六	十七
	十五	十六	十七	十八	十九公卒命立弟和為穆公	宋穆公和元年	二	三	四	五
完元年	二弟州吁驕桓黜之出奔	三	四	五	六	七	八	九	十	十一
	十二	十三	十四	十五	十六	十七	十八	十九	二十	二十一
	十七	十八	十九	二十	二十一	二十二	二十三	二十四	二十五	二十六
	二十四	二十五	二十六	二十七	二十八	二十九	三十	三十一	三十二	三十三
	十一	十二	十三	十四	十五	十六	十七	十八	十九	二十
	三十二	三十三	三十四	三十五	三十六	燕穆侯元年	二	三	四	五

	四十八	四十九	五十一	五十二	桓王元年	二
	四十六	魯隱公息姑元年母聲子〔集解〕徐廣曰春秋隱元年歲在己未〔索隱〕系家名息系本名息姑也	二	三二月日蝕	四	五
	八	九	十	十一	十二	十三
侯	晉鄂侯郤元年曲沃彊於晉〔索隱〕有本郤作都者誤也鄂邑郤其名	二	三	四	五	六
	四十三	四十四	四十五	四十六	四十七	四十
	十八	十九	二十	二十一	二十二	二十
	六	七	八	九公屬孔父立殤公馮奔鄭	宋殤公與夷元年	二
	十二	十三	十四	十五	十六州吁弒君自立	衛宣
	二十二	二十三	二十四	二十五	二十六衛石碏來告故執州吁	二十
	二十七	二十八	二十九	三十	三十一	三十
	三十四	三十五	三十六	三十七	三十八	三十
	二十一	二十二段作亂奔	二十三公悔思母不見穿地相見	二十四侵周取禾	二十五	二十
	六	七	八	九	十	十一

使虢公伐晉之曲沃	甲子 三	四	五	六	七	八	九
公觀魚于棠君子譏之	六 鄭人來渝平	七	八 易許田君子譏之	九 三月大雨震電	十	十一 大夫翬請殺桓公求爲相公不聽即殺公	魯桓公允元年母宋武公女生手文爲魯
	十四	十五	十六	十七	十八	十九	二十
鄂侯卒曲沃莊伯復攻晉立鄂侯子光爲哀侯	晉哀侯光元年	二 莊伯卒子稱立爲武公	三	四	五	六	七
八	四十九	五十	秦寧公元年	二	三	四	五
三	二十四	二十五	二十六	二十七	二十八	二十九	三十
鄭伐我我伐鄭	三	四	五	六	七 諸侯敗我我師與衛人伐鄭	八	九
公元年晉共立之討州吁	二	三	四	五	六	七	八
七	二十八	二十九	三十	三十一	三十二	三十三	三十四
二	三十三	三十四	三十五	蔡桓侯封人元年	二	三	四
九	四十	四十一	四十二	四十三	四十四	四十五	四十六
六	二十七 始朝王王不禮	二十八	二十九 與魯祊易許田	三十	三十一	三十二	三十三 以璧加魯易許田
	十二	十三	十四	十五	十六	十七	十八

	十	十一	十二	甲戌 十三 伐鄭	十四
夫人【索隱】允一作兀音五忽反徐廣云一作軌	二 宋賂以鼎入於太廟君子譏之	三 翬迎女齊侯送女君子譏之	四	五	六
	二十一	二十二	二十三	二十四	二十五 山戎伐我
	八	晉小子元年	二	三	曲沃武公殺小子周伐曲沃立晉哀侯弟湣爲晉侯晉侯湣元年【索隱】湣音旻
	六	七	八	九	十
	三十一	三十二	三十三	三十四	三十五 侵隨隨爲善政得止
	華督見孔父妻好悅之華督殺孔父及殺殤公宋公馮元年華督爲相	二	三	四	五
	九	十	十一	十二	十三
	三十五	三十六	三十七	三十八	弟他殺太子免代立國亂再赴陳厲公他元年【索隱】他音徒何反陳大夫五
	五	六	七	八	九
	四十七	四十八	四十九	五十	五十一
	三十四	三十五	三十六	三十七 伐周傷王	三十八 太子忽救齊齊將妻之
	燕宣侯元年	二	三	四	五

	十五	十六	十七	十八	十九	二十	二十一	二十二	甲申 二十三	莊王元年生子頹
	七	八	九	十	十一	十二	十三	十四	十五 天王求車非禮	十六 公會晉謀伐鄭
	二十六	二十七	二十八	二十九	三十	三十一	三十二 毋知釐公令秩服如太子	三十三	齊襄公諸兒元年貶毋知秩服毋知怨	二
	二	三	四	五	六	七	八	九	十	十一
	十一	十二	秦出公元年	二	三	四	五	六 三父殺出公立其兄武公	秦武公元年伐彭至華山	二
	三十六	三十七 伐隨弗拔但盟罷兵	三十八	三十九	四十	四十一	四十二	四十三	四十四	四十五
	六	七	八	九	十 執祭仲	十一	十二	十三	十四	十五
	十四	十五	十六	十七	十八 太子伋弟壽爭死	十九	衛惠公朔元年	二	三 朔奔齊立黔牟	衛黔牟元年
父後立爲厲公	二 生敬仲完	三 周史卜完後世王齊	四	五	六	七 公淫蔡蔡殺公	陳莊公林元年桓公子	二	三	四
	十	十一	十二	十五	十四	十五	十六	十七	十八	十九
	五十二	五十三	五十四	五十五	曹莊公射姑元年	二	三	四	五	六
	三十九	四十	四十一	四十二	四十三	鄭厲公突元年	二	三 諸侯伐我報宋故	四 祭仲立忽公出居櫟	鄭昭公元年忽母鄧女
	六	七	八	九	十	十一	十二	十三	燕桓公元年	二

	二 有兄弟	三	四 周公欲殺王而立子克王誅周公克奔燕	五	六	七	八	九
	十七 日食不書日官失之	十八 公與夫人如齊齊侯通焉使彭生殺公於車上	魯莊公同元年	二	三	四	五	六
	三	四 殺魯桓公誅彭生	五	六	七	八 伐紀去其都邑	九	十
	十二	十三	十四	十五	十六	十七	十八	十九
	三	四	五	六	七	八	九	十
	四十六	四十七	四十八	四十九	五十	五十一 王伐隨夫人心動王卒軍中	楚文王貲元年始都郢	二 伐申
	十六	十七	十八	十九	宋湣公捷元年	二	三	四
	二	三	四	五	六	七	八	九
	五	六	七	陳宣公杵臼元年杵臼莊公弟	二	三	四	五
	二十	蔡哀侯獻舞元年	二	三	四	五	六	七
	七	八	九	十	十一	十二	十三	十四
祭仲取之	二 渠彌殺昭公	鄭子亹元年齊殺子亹昭公弟	鄭子嬰元年子亹之弟	二	三	四	五	六
	三	四	五	六	七	燕莊公元年	二	三

	甲午							
	十	十一	十二	十三	十四	十五	釐王元年	二
	七 星隕如雨與雨偕	八 子糾來奔與管仲俱避毋知亂	九 魯欲與糾入後小白齊距魯使生致管仲	十 齊伐我為糾故	十一 臧文仲弔宋水	十二	十三 曹沫劫桓公反所亡地	十四
	十一	十二 毋知弒君自立	齊桓公小白元年春齊殺毋知	二	三	四	五 與魯人會柯	六
	二十	二十一	二十二	二十三	二十四	二十五	二十六	二十七
	十一	十二	十三	十四	十五	十六	十七	十八
過鄧鄧人曰楚可取鄧侯不許	三	四	五 息夫人陳女過蔡蔡不禮惡之	六 伐蔡獲哀侯以歸	七	八	九	十
	五	六	七	八	九 宋大水公自罪魯使臧文仲來弔	十 萬殺君仇牧有義	宋桓公御說元年莊公子	二
	十 齊立惠公黔牟奔周	衛惠公朔復入十四年	十五	十六	十七	十八	十九	二十
	六	七	八	九	十	十一	十二	十三
	八	九	十	十一 楚虜我侯	十二	十三	十四	十五
	十五	十六	十七	十八	十九	二十	二十一	二十二
	七	八	九	十	十一	十二	十三	十四
	四	五	六	七	八	九	十	十一

		甲辰		
三	四	五	惠王元年取陳后	二 燕衛伐王王奔
十五	十六	十七	十八	十九
七 始霸會諸侯于鄄	八	九	十	十一
二十八 曲沃武公滅晉侯湣以寶獻周周命武公為晉君并其地	晉武公稱并晉已立二十八年不更元因其元年	二十九 武公卒子詭諸立為獻公	晉獻公詭諸元年	二
十九	二十 葬雍初以人從死	秦德公元年武公弟	二 初作伏祠社磔狗邑四門	秦宣公元年
十一	十二 伐鄧滅之	十三	堵敖囏元年【集解】徐廣曰一作動【索隱】囏音艱系家作莊敖劉音壯此作堵敖劉氏云亦作杜堵杜聲相近又與系家乖未詳其由也	二
三	四	五	六	七 取衛女文公弟
二十一	二十二	二十三	二十四	二十五
十四	十五	十六	十七	十八
十六	十七	十八	十九	二十
二十三	二十四	二十五	二十六	二十七
鄭厲公元年厲公亾後七歲復入	二 諸侯伐我	三	四	五
十二	十三	十四	十五	十六 伐王王奔溫立

溫立子頹	三	四 誅頹入惠王	五 太子母早死惠后生叔帶	六	七	八	九	甲寅 十 賜齊侯命	十一	十二
	二十	二十一	二十二	二十三 公如齊觀社	二十四	二十五	二十六	二十七	二十八	二十九
	十二	十三	十四 陳完自陳來奔田常始此也[正義]齊桓公十四年陳宣公二十一年周惠王之五年	十五	十六	十七	十八	十九	二十	二十一
	三	四	五 伐驪戎得姬	六	七	八 盡殺故晉侯羣公子	九 始城絳都之	十	十一	十二 太子申生居曲沃重耳居蒲城夷吾
	二	三	四 作密畤	五	六	七	八	九	十	十一
	三	四	五 弟惲殺堵敖自立	楚成王惲元年	二	三	四	五	六	七
	八	九	十	十一	十二	十三	十四	十五	十六	十七
	二十六	二十七	二十八	二十九	三十	三十一	衛懿公赤元年	二	三	四
	十九	二十	二十一 厲公子完奔齊	二十二	二十三	二十四	二十五	二十六	二十七	二十八
	蔡穆侯肸元年	二	三	四	五	六	七	八	九	十
	二十八	二十九	三十	三十一	曹釐公夷元年	二	三	四	五	六
	六	七 救周亂入王	鄭文公捷元年	二	三	四	五	六	七	八
子頹	十七 鄭執我仲父	十八	十九	二十	二十一	二十二	二十三	二十四	二十五	二十六

	十三	十四	十五	十六	十七	十八	十九
	三十	三十一	三十二 莊公弟叔牙鴆死子般季友奔陳立湣公	魯湣公開元年	二 慶父殺湣公季友自陳立申為釐公殺慶父	魯釐公申元年哀姜喪自齊至	二
	二十二	二十三 伐山戎為燕也	二十四	二十五	二十六	二十七 殺女弟魯莊公夫人淫故	二十八 為衛築楚丘救
居屈驪姬故	十三	十四	十五	十六 伐魏耿霍始封趙夙耿畢萬魏始此	十七 申生將軍君子知其廢	十八	十九 荀息以幣假道
	十二	秦成公元年	二	三	四	秦穆公任好元年	二
	八	九	十	十一	十二	十三	十四
	十八	十九	二十	二十一	二十二	二十三	二十四
	五	六	七	八 翟伐我公好鶴士不戰滅我國	國怨惠公亂滅其後更立黔牟弟衛戴公元年	衛文公燬元年戴公弟也	二 齊桓公率諸侯為我
	二十九	三十	三十一	三十二	三十三	三十四	三十五
	十一	十二	十三	十四	十五	十六	十七
	七	八	九	曹昭公元年	二	三	四
	九	十	十一	十二	十三	十四	十五
	二十七	二十八	二十九	三十	三十一	三十二	三十三

	甲子 二十	二十一	二十二	二十三	二十四	二十五 襄王立畏太叔[集解]徐廣曰皇甫謐云二十四年惠王崩
	三	四	五	六	七	八
狄戎伐	二十九 與蔡姬共舟蕩公公怒歸蔡姬	三十 率諸侯伐蔡蔡潰遂伐楚責包茅貢	三十一	三十二 率諸侯伐鄭	三十三	三十四
于虞以伐虢滅下陽	二十	二十一 申生以驪姬譖自殺重耳奔蒲夷吾奔屈	二十二 滅虞虢重耳奔狄	二十三 夷吾奔梁	二十四	二十五 伐翟以重耳故
	三	四 迎婦于晉	五	六	七	八
	十五	十六 齊伐我至陘使屈完盟	十七	十八 伐許許君肉袒謝楚釋之	十九	二十
	二十五	二十六	二十七	二十八	二十九	三十 公疾太子茲父讓兄目夷賢公不聽
城楚丘	三	四	五	六	七	八
	三十六	三十七	三十八	三十九	四十	四十一
	十八 以女故齊伐我	十九	二十	二十一	二十二	二十三
	五	六	七	八	九	曹共公元年
	十六	十七	十八	十九	二十	二十一
	燕襄公元年	二	三	四	五	六

				甲戌	
襄王元年諸侯立王	二	三 戎伐我太叔帶召之欲誅叔帶叔帶奔齊	四	五	六
九 齊率我伐晉亂至高梁還	十	十一	十二	十三	十四
三十五 夏會諸侯于葵丘天子使宰孔賜胙命無拜	三十六 使隰朋立晉惠公	三十七	三十八 使管仲平戎于周欲以上卿禮讓受下卿	三十九 使仲孫請王言叔帶王怒	四十
二十六 公卒立奚齊里克殺之及卓子立夷吾	晉惠公夷吾元年誅里克倍秦約	二	三	四 饑請粟秦與我	五 秦饑請粟
九 夷吾使郤芮賂求入	十 丕鄭子豹亡來	十一 救王伐戎戎去	十二	十三 丕豹欲無與公不聽輸晉粟起雍至絳	十四
二十一	二十二	二十三 伐黃	二十四	二十五	二十六 滅六英
三十一 公薨未葬齊桓會葵丘	宋襄公茲父元年目夷相	二	三	四	五
九	十	十一	十二	十三	十四
四十二	四十三	四十四	四十五	陳穆公款元年	二
二十四	二十五	二十六	二十七	二十八	二十九
二	三	四	五	六	七
二十二	二十三	二十四 有妾夢天與之蘭生穆公蘭	二十五	二十六	二十七
七	八	九	十	十一	十二

	七	八	九	十	十一	十二	十三	十四
	十五 五月日有食之不書史官失之	十六	十七	十八	十九	二十	二十一	二十二
	四十一	四十二 王以戎寇告齊齊徵諸侯戍周	四十三	齊孝公昭元年	二	三	四	五
晉倍之	六 秦虜惠公復立之	七 重耳聞管仲死去翟之齊	八	九	十	十一	十二	十三
	十五 以盜食善馬士得破晉	十六 為河東置官司	十七	十八	十九 滅梁梁好城不居民罷相驚故亡 [索隱] 好去聲罷音皮	二十	二十一	二十二
	二十七	二十八	二十九	三十	三十一	三十二	三十三 執宋襄公復歸之	三十四
	十六	七 隕五石六鷁退飛過我都	八	九	十	十一	十二 召楚盟	十三
	十五	十六	十七	十八	十九	二十	二十一	二十二
	三	四	五	六	七	八	九	十
	蔡莊公甲午元年	二	三	四	五	六	七	八
	八	九	十	十一	十二	十三	十四	十五
	二十八	二十九	三十	三十一	三十二	三十三	三十四	三十五
	十三	十四	十五	十六	十七	十八	十九	二十

	甲申		
叔帶復歸於周	十五	十六 王奔氾氾鄭地也 [索隱] 氾音凡又音似	十七 晉納王
	二十三	二十四	二十五
歸王弟帶	六 伐宋以其不同盟	七	八
太子圉質秦亡歸 [索隱] 圉晉惠公夷吾之子也圉音禦質音致又如字	十四 圉立為懷公	晉文公元年誅子圉魏武子為魏大夫趙衰為原大夫咎犯曰求伯莫如內王	二
	二十三 迎重耳於楚厚禮之妻之女重耳願歸	二十四 以兵送重耳	二十五 欲內王軍河上
	三十五 重耳過厚禮之	三十六	三十七
泓之戰楚敗之 [索隱] 穀梁傳戰于泓水之上系家云十二年宋師大敗傷股	十四 公疾死泓戰	宋成公王臣元年	二
	二十三 重耳從齊過無禮	二十四	二十五
	十一	十二	十三
	九	十	十一
	十六 重耳過無禮僖負羈私善	十七	十八
君如楚宋伐我	三十六 重耳過無禮叔詹諫	三十七	三十八
	二十一	二十二	二十三

十八	十九	二十 王狩河陽	二十一	二十二	二十三	二十四
二十六	二十七	二十八 公如踐土會朝	二十九	三十	三十一	三十二
九	十 孝公薨弟潘因衛子開方殺孝公子立潘	齊昭公潘元年 會晉敗楚朝周王	二	三	四	五
三 宋服	四 救宋報曹衛恥	五 侵曹伐衛取五鹿執曹伯諸侯敗楚而朝河陽周命賜公土地	六	七 聽周歸衛成公與秦圍鄭	八	九 文公薨
二十六	二十七	二十八 會晉伐楚朝周	二十九	三十 圍鄭有奇言卽去	三十一	三十二 將襲鄭蹇叔曰不可
三十八	三十九 使子玉伐宋	四十 晉敗子玉于城濮	四十一	四十二	四十三	四十四
三 倍楚親晉	四 楚伐我我告急於晉	五 晉救我楚兵去	六	七	八	九
衛成公鄭元年	二	三 晉伐我取五鹿公出奔立公子瑕會晉朝復歸晉	四 晉以衛與宋	五 周入成公復衛	六	七
十四	十五	十六 會晉伐楚朝周王	陳共公朔元年	二	三	四
十二	十三	十四 會晉伐楚朝周王	十五	十六	十七	十八
十九	二十	二十一 晉伐我執公復歸之	二十二	二十三	二十四	二十五
三十九	四十	四十一	四十二	四十三 秦晉圍我以晉故	四十四	四十五 文公薨
二十四	二十五	二十六	二十七	二十八	二十九	三十

甲午				
二十五	二十六	二十七	二十八	二十九
三十三 僖公薨	魯文公興元年	二	三 公如晉	四
六 狄侵我	七	八	九	十
晉襄公驩元年 破秦于殽	二 伐衛衛伐我	三 秦報我殽敗于汪	四 秦伐我取王官我不出	五 伐秦圍邧新城【索隱】邧音阮
三十三 襲鄭晉敗我殽	三十四 敗殽三將歸公復其官	三十五 伐晉報殽敗我于汪	三十六 以孟明等伐晉晉不敢出	三十七 晉伐我圍邧新城
四十五	四十六 王欲殺太子立職太子恐與傅潘崇殺王王欲食熊蹯死不聽自立爲王	楚穆王商臣元年 以其太子宅賜崇爲相	二 晉伐我	三 滅江
十	十一	十二	十三	十四
八	九 晉伐我我伐晉	十	十一	十二 公如晉
五	六	七	八	九
十九	二十	二十一	二十二	二十三
二十六	二十七	二十八	二十九	三十
鄭穆公蘭元年 秦襲我弦高詐之	二	三	四	五
三十一	三十二	三十三	三十四	三十五

三十	三十一	三十二	三十三 襄王崩
五	六	七	八 王使衛來
十一	十二	十三	十四
六 趙成子欒貞子霍伯臼季皆卒【索隱】成子名衰貞子名枝霍伯先且居也封之於霍臼季賢臣也四大夫皆此年卒	七 公卒趙盾爲太子少欲更立君恐誅遂立太子爲靈公	晉靈公夷皋元年 趙盾專政	二 秦伐我取
三十八	三十九 繆公薨葬殉以人從死者百七十人君子譏之故不言卒	秦康公罃元年【索隱】罃音乙耕反	二
四 滅六蓼	五	六	七
十五	十六	十七 公孫固殺成公	宋昭公杵臼元年
十三	十四	十五	十六
十	十一	十二	十三
二十四	二十五	二十六	二十七
三十一	三十二	三十三	三十四
六	七	八	九
三十六	三十七	三十八	三十九

		求金以葬非禮		武城報令狐之戰			襄公之子【集解】徐廣曰一云成公少子【索隱】徐廣說是也							
	頃王元年	九	十五	三 率諸侯救鄭	三	八 伐鄭以其服晉	二	十七	十四	二十八	三十五	十 楚伐我	四十	
甲辰	二	十	十六	四 伐秦拔少梁秦取我北徵【索隱】徵音澄蓋今之澄城也	四 晉伐我取少梁我伐晉取北徵	九	三	十八	十五	二十九	曹文公壽元年	十一	燕桓公元年	
	三	十一 敗長翟于鹹而歸得長翟	十七	五	五	十	四 敗長翟長丘	十九	十六	三十	二	十二	二	
	四	十二	十八	六 秦取我羈馬與秦戰河曲秦師遁	六 伐晉取羈馬怒與我大戰河曲	十一	五	二十	十七	三十一	三	十三	三	
	五	十三	十九	七 得隨會	七 晉詐得隨	十二	六	二十一	十八	三十二	四	十四	四	

					會									
	六 頃王崩公卿爭政故不赴	十四 彗星入北斗周史曰七年齊宋晉君死	二十 昭公卒弟商人殺太子自立是爲懿公	八 趙盾以車八百乘納捷菑平王室	八	楚莊王侶元年	七	二十二	陳靈公平國元年	三十三	五	十五	五	
	匡王元年	十五 六月辛丑日蝕 齊伐我	齊懿公商人元年	九 我入蔡	九	二	八	二十三	二	三十四 晉伐我莊侯薨	六 齊入我郛	十六	六	
	二	十六	二 不得民心	十	十	三 滅庸	九 襄夫人使衛伯殺昭公弟鮑立	二十四	三	蔡文公申元年	七	十七	七	
	三	十七 齊伐我	三 伐魯	十一 率諸侯平宋	十一	四	宋文公鮑元年昭公弟晉率諸侯伐我	二十五	四	二	八	十八	八	
	四	十八 襄仲殺嫡立庶子爲宣公	四 公刖邴歜父而奪閻職妻二人共殺公立桓公子惠公	十二	十二	五	二	二十六	五	三	九	十九	九	

	五	魯宣公俀元年魯立宣公不正公室卑	齊惠公元年取魯濟西之田	十三 趙盾救陳宋伐鄭	秦共公和元年	六 伐宋陳以倍我服晉故	三 楚鄭伐我以我倍楚故也	二十七	六	四	十	二十 與楚侵陳遂侵宋晉使趙盾伐我以倍晉故	十	
甲寅	六 匡王崩	二	二 王子成父敗長翟	十四 趙穿殺靈公趙盾使穿迎公子黑臀于周立之趙氏賜公族	二	七	四 華元以羊羹陷于鄭	二十八	七	五	十一	二十一 與宋師戰獲華元	十一	
	定王元年	三	三	晉成公黑臀元年伐鄭	三	八 伐陸渾至雒問鼎輕重	五 贖華元亡歸圍曹	二十九	八	六	十二 宋圍我	二十二 華元亡歸	十二	
	二	四	四	二	四	九 若敖氏爲亂滅之伐鄭	六	三十	九	七	十三	鄭靈公夷元年公子歸生以黿故殺靈公	十三	
	三	五	五	三 中行桓子荀林父救鄭伐陳	五	十	七	三十一 楚伐鄭與我平晉中行桓子距	十	八	十四	鄭襄公堅元年靈公庶弟楚伐晉來救	十四	

	四	五	六	七	八	九	甲子 十
	六	七	八 七月日蝕	九	十 四月日蝕	十一	十二
	六	七	八	九	十 惠公卒崔杼有寵高國奔衛	齊頃公無野元年	二
	四 與衛侵陳	五	六 與魯伐秦獲秦諜殺之絳市六日而蘇	七 使桓子伐楚以諸侯師伐陳救鄭成公薨	景公據元年與宋伐鄭	二	三 救鄭爲楚
	秦桓公元年	二	三 晉伐我獲諜	四	五	六	七
	十一	十二	十三 伐陳滅舒蓼	十四 伐鄭晉郤缺救鄭敗我	十五	十六 率諸侯誅陳夏徵舒立陳靈公子午	十七 圍鄭鄭伯
	八	九	十	十一	十二	十三	十四 伐陳
楚救鄭伐我	三十二 與晉侵陳	三十三	三十四	三十五	衛穆公遫元年齊高國來奔	二	三
	十一 晉衛侵我	十二	十三 楚伐我滅舒蓼	十四	十五 夏徵舒以其母辱殺靈公	陳成公午元年靈公太子	二
	九	十	十一	十二	十三	十四	十五
	十五	十六	十七	十八	十九	二十	二十一
	二	三	四	五 楚伐我晉來救敗楚師	六 晉宋楚伐我	七	八
	十五	十六	燕宣公元年	二	三	四	五 楚圍我我

	十一	十二	十三	十四	十五	十六	十七	十八
	十三	十四	十五 初稅畝	十六	十七 日蝕	十八 宣公薨	魯成公黑肱元年春齊取我隆	二 與晉伐齊
	三	四	五	六	七 晉使郤克來齊婦人笑之克怒歸去	八 晉伐敗我	九	十 晉郤克敗
所敗河上	四	五 伐鄭	六 救宋執解揚有使節秦伐我	七 隨會滅赤翟	八 使郤克于齊婦人笑之克怒歸	九 伐齊執子彊兵罷	十	十一 與魯敗齊
	八	九	十 伐晉	十一	十二	十三	十四	十五
肉袒謝釋之	十八	十九 圍宋爲殺使者	二十 圍宋五月華元告子反以誠楚罷	二十一	二十二	二十三 莊王薨	楚共王審元年	二 秋申公巫
	十五	十六 殺楚使者楚圍我	十七 華元告楚楚去	十八	十九	二十	二十一	二十二
	四	五	六	七	八	九	十	十一 穆公薨與
	三	四	五	六	七	八	九	十
	十六	十七	十八	十九	二十 文公薨	蔡景公固元年	二	三
	二十二	二十三 文公薨	曹宣公盧元年	二	三	四	五	六
	九	十 晉伐我	十一 佐楚伐宋執解揚	十二	十三	十四	十五	十六
單辭以解	六	七	八	九	十	十一	十二	十三

	十九	甲戌 二十	二十一 定王崩	簡王元年	二
齊歸我汶陽竊與楚盟	三 會晉宋衛曹伐楚鄭	四 公如晉晉不敬公欲倍晉合於楚	五	六	七
公于鞌虜逢丑父	十一 頃公如晉欲王晉晉不敢受	十二	十三	十四	十五
	十二 始置六卿率諸侯伐鄭	十三 魯公來不敬	十四 梁山崩伯宗隱其人而用其言	十五 使欒書救鄭遂侵蔡	十六 以巫臣始通於吳而謀楚
	十六	十七	十八	十九	二十
臣竊徵舒母奔晉以爲邢大夫冬伐衛魯救齊	三	四 子反救鄭	五 伐鄭倍我故也鄭悼公來訟	六	七 伐鄭
	宋共公瑕元年	二	三	四	五
諸侯敗齊反侵地楚伐我	衛定公臧元年	二	三	四	五
	十一	十二	十三	十四	十五
	四 伐鄭	五	六	七 晉侵我	八
	七	八	九	十	十一
	十七 晉率諸侯伐我	十八 晉欒書取我范襄公薨	鄭悼公費元年公如楚訟	二 悼公薨楚伐我晉使欒書來救	鄭成公睔元年悼公弟也楚伐我〔索隱〕睔音古困反
	十四	十五	燕昭公元年	二	三
				吳壽夢元年	二 巫臣來謀伐楚

三	四	五	六	七	八	甲申九	十	十一
八	九	十 公如晉送葬諱之	十一	十二	十三 會晉伐秦	十四	十五 始與吳通會鍾離	十六 宣伯告晉欲殺季文
十六	十七 頃公薨	齊靈公環元年	二	三	四 伐秦	五	六	七
十七 復趙武田邑侵蔡	十八 執鄭成公伐鄭秦伐我	十九	晉厲公壽曼元年	二	三 伐秦至涇敗之獲其將成差	四	五 三郤讒伯宗殺之伯宗好直諫	六 敗楚鄢陵
二十一	二十二 伐晉	二十三	二十四 與晉侯夾河盟歸倍盟	二十五	二十六 晉率諸侯伐我	二十七	秦景公元年	二
八	九 救鄭冬與晉成	十	十一	十二	十三	十四	十五 許畏鄭請徙葉	十六 救鄭不利子反醉軍
六	七	八	九	十	十一 晉率我伐秦	十二	十三 宋華元奔晉復還	宋平公成元年
六	七	八	九	十	十一	十二 定公薨	衛獻公衎元年	二
十六	十七	十八	十九	二十	二十一	二十二	二十三	二十四
九 晉侯伐我	十	十一	十二	十三	十四	十五	十六	十七
十二	十三	十四	十五	十六	十七 晉率我伐秦	曹成公負芻元年	二 晉執我公以歸	三
二	三 與楚盟公如晉執公伐我	四 晉率諸侯伐我	五	六	七 伐秦	八	九	十 倍晉盟楚晉伐我楚來救
四	五	六	七	八	九	十	十一	十二
三	四	五	六	七	八	九	十 與魯會鍾離	十一

	十二	十三	十四 簡王崩	靈王元年生有髭	二	三	四
子文子得以義脫	十七	十八 成公薨	魯襄公午元年圍宋彭城	二 會晉城虎牢	三	四 公如晉	五 季文子卒
	八	九	十 我不救鄭晉伐我使太子光質於晉	十一	十二 伐萊	十三	十四
	七	八 欒書中行偃殺厲公立襄公孫為悼公	晉悼公元年圍宋彭城	二 率諸侯伐鄭城虎牢	三 魏絳辱楊干	四 魏絳說和戎狄狄朝晉	五
	三	四	五	六	七	八	九
敗殺子反歸	十七	十八 為魚石伐宋彭城	十九 侵宋救鄭	二十	二十一 使子重伐吳至衡山使何忌侵陳	二十二 伐陳	二十三 伐陳
	二	三 楚伐彭城封魚石	四 楚侵我取犬丘晉誅魚石歸我彭城	五	六	七	八
	三	四	五 圍宋彭城	六	七	八	九
	二十五	二十六	二十七	二十八	二十九 倍楚盟楚侵我	三十 楚伐我	成公薨陳哀
	十八	十九	二十	二十一	二十二	二十三	二十四
	四	五	六	七	八	九	十
	十一	十二 與楚伐宋	十三 晉伐取我兵次洧上楚來救	十四 成公薨晉率諸侯伐我	鄭釐公惲元年	二	三
	十三 昭公薨	燕武公元年	二	三	四	五	六
	十二	十三	十四	十五	十六 楚伐我	十七	十八

	甲午五	六	七	八	九 王叔奔晉	十
	六	七	八 公如晉	九 與晉伐鄭會河上問公年十一可冠於衛	十 楚鄭侵我西鄙	十一 三桓分為三軍各將軍
	十五	十六	十七	十八 與晉伐鄭	十九 令太子光高厚會諸侯鍾離	二十
	六	七	八	九 率齊魯宋衛曹伐鄭秦伐我	十 率諸侯伐鄭荀罃伐秦	十一 率諸侯伐鄭秦敗我櫟公曰吾用魏絳九合諸侯賜之樂
	十	十一	十二	十三 伐晉楚為我援	十四 晉伐我	十五 我使庶長鮑伐晉救鄭敗之櫟
	二十四	二十五 圍陳	二十六 伐鄭	二十七 伐鄭師于武城為秦	二十八 使子囊救鄭	二十九 鄭晉伐我
	九	十	十一	十二 晉率我伐鄭師	十三 鄭伐我衛來救	十四 楚鄭伐我
	十	十一	十二	十三 晉率我伐鄭師曹鞭公幸妾	十四 救宋	十五
公弱元年	二	三 楚圍我為公亡歸	四	五	六	七
	二十五	二十六	二十七 鄭侵我	二十八 晉率我伐鄭	二十九	三十
	十一	十二	十三	十四	十五	十六
	四	五 子駟使賊夜殺釐公詐以病卒赴諸侯	鄭簡公嘉元年釐公子	二 誅子駟晉率諸侯伐我我與盟楚怒伐我	三 晉率諸侯伐我楚來救子孔作亂子產攻之	四 與楚伐宋晉率諸侯伐我秦來救
	七	八	九	十	十一	十二
	十九	二十	二十一	二十二	二十三	二十四

				甲辰		
十一	十二	十三	十四	十五	十六	十七
十二公如晉	十三	十四日蝕	十五日蝕齊伐我	十六齊伐我地震齊復伐我北鄙	十七齊伐我北鄙	十八與晉伐齊
二十一	二十二	二十三衛獻公來奔	二十四伐魯	二十五伐魯	二十六伐魯	二十七晉圍臨淄晏嬰大破之
十二	十三	十四率諸侯大夫伐秦敗棫林【索隱】棫音或	十五悼公薨	晉平公彪元年伐敗楚于湛坂【索隱】湛音視林反地名也	二	三率魯宋衛鄭圍齊大破之
十六	十七	十八晉諸侯大夫伐我敗棫林	十九	二十	二十一	二十二
三十	三十一吳伐我敗之共王薨	楚康王招元年共王太子出奔吳【索隱】系本名招	二	三晉伐我敗湛坂	四	五伐鄭
十五	十六	十七	十八	十九	二十伐陳	二十一晉率我伐齊
十六	十七	十八孫文子攻公公奔齊立定公弟秋	衛殤公狄元年定公弟	二	三伐曹	四
八	九	十	十一	十二	十三宋伐我	十四
三十一	三十二	三十三	三十四	三十五	三十六	三十七
十七	十八	十九	二十	二十一	二十二伐衛	二十三成公薨
五	六	七	八	九	十	十一晉率我圍齊楚伐我
十三	十四	十五	十六	十七	十八	十九武公薨
二十五壽夢卒	吳諸樊元年楚敗我	二季子讓位楚伐我	三	四	五	六

十八	十九	二十	二十一	二十二	二十三
十九	二十日蝕	二十一公如晉日再蝕	二十二孔子生	二十三	二十四侵齊日再蝕
二十八廢光立子牙為太子光與崔杼殺牙自立晉衛伐我	齊莊公元年	二	三晉欒逞來奔晏嬰曰不如歸之【索隱】音盈晉大夫也	四欲遣欒逞入曲沃伐晉取朝歌	五畏晉通楚晏子謀
四與衛伐齊	五	六魯襄公來殺羊舌虎	七欒逞奔齊	八	九
二十三	二十四	二十五	二十六	二十七	二十八
六	七	八	九	十	十一與齊通率陳蔡伐鄭救齊
二十二	二十三	二十四	二十五	二十六	二十七
五晉率我伐齊	六	七	八	九齊伐我	十
十五	十六	十七	十八	十九	二十楚率我伐鄭
三十八	三十九	四十	四十一	四十二	四十三楚率我伐鄭
曹武公勝元年	二	三	四	五	六
十二子產為卿	十三	十四	十五	十六	十七子產曰范宣子為政我請伐陳
燕文公元年	二	三	四	五	六
七	八	九	十	十一	十二

	甲寅			
二十四	二十五	二十六	二十七	景王元年
二十五齊伐我北鄙以報孝伯之師	二十六	二十七日蝕	二十八公如楚葬康王	二十九吳季子來觀周樂盡知樂所為
六晉伐我報朝歌崔杼以莊公通其妻殺之立其弟為景公	齊景公杵臼元年如晉請歸衛獻公	二慶封欲專誅崔氏杼自殺	三冬鮑高欒氏謀慶封發兵攻慶封慶封奔吳	四吳季札來使與晏嬰歡
十伐齊至高唐報太行之役	十一誅衛殤公復入獻公	十二	十三	十四吳季札來曰晉政卒歸韓魏趙
二十九公如晉盟不結	三十	三十一	三十二	三十三
十二吳伐我以報舟師之役射殺吳王	十三率陳蔡伐鄭	十四	十五康王薨	楚熊郟敖元年
二十八	二十九	三十	三十一	三十二
十一	十二齊晉殺殤公復內獻公	衛獻公衎後元年	二	三
二十一鄭伐我	二十二楚率我伐鄭	二十三	二十四	二十五
四十四	四十五	四十六	四十七	四十八
七	八	九	十	十一
十八伐陳入陳	十九楚率陳蔡伐我	二十	二十一	二十二吳季札來謂子產曰政將歸子子以禮幸
燕懿公元年	二	三	四懿公薨	燕惠公元年齊高止來奔
十三諸樊伐楚迫巢門傷射以薨	吳餘祭元年	二	三齊慶封來奔	四守門閽殺餘祭季札使諸侯

	二	三	四	五	六	七
	三十	三十一 襄公薨昭公年十九有童心	魯昭公稠元年	二 公如晉至河晉謝還之	三	四 稱病不會
	五	六	七	八 齊田無宇送女	九 晏嬰使晉見叔向曰齊政歸田氏叔向曰晉公室卑	十
	十五	十六	十七 秦后子來奔	十八 齊田無宇來送女	十九	二十
	三十四	三十五	三十六 公弟后子奔晉車千乘	三十七	三十八	三十九
	二	三 王季父圍爲令尹	四 令尹圍殺郟敖自立爲靈王	楚靈王圍元年共王子肘玉	二	三 夏合諸侯
	三十三	三十四	三十五	三十六	三十七	三十八
	衛襄公惡元年	二	三	四	五	六 稱病不會
	二十六	二十七	二十八	二十九	三十	三十一
	四十九 爲太子取楚女公通焉太子殺公自立	蔡靈侯班元年	二	三	四	五
	十二	十三	十四	十五	十六	十七 稱病不會
脫於尼矣	二十三 諸公子爭寵欲殺子產子皮止之	二十四	二十五	二十六	二十七 夏如晉冬如楚	二十八 子產
	二	三	四	五	六 公欲殺公卿立幸臣公卿誅幸臣公恐出奔齊	七
	五	六	七	八	九	十 楚誅慶封

	甲子 八	九	十	十一	十二	十三
楚	五	六	七 季武子卒日蝕	八 公如楚楚召之賀章華臺	九	十 四月日蝕
	十一	十二 公如晉請伐燕入其君	十三 入燕君	十四	十五	十六
	二十一 秦后子歸秦	二十二 齊景公來請伐燕入其君	二十三 入燕君	二十四	二十五	二十六 春有星出婺女十月公薨
	四十 公卒后子自晉歸	秦哀公元年	二	三	四	五
宋地盟伐吳朱方誅慶封冬報我取五城	四 率諸侯伐吳	五 伐吳次乾谿	六 執芋尹亡人入章華	七 就章華臺內亡人實之滅陳	八 弟棄疾將兵定陳	九
	三十九	四十	四十一	四十二	四十三	四十四 平公薨
	七	八	九 夫人姜氏無子	衛靈公元年	二	三
	三十二	三十三	三十四	三十五 弟招作亂哀公自殺	陳惠公吳元年哀公孫也楚來定我	二
	六	七	八	九	十	十一
楚	十八	十九	二十	二十一	二十二	二十三
日三國不會	二十九	三十	三十一	三十二	三十三	三十四
	八	九 齊伐我	惠公歸至卒燕悼公元年	二	三	四
	十一 楚率諸侯伐我	十二 楚伐我次乾谿	十三	十四	十五	十六

十四	十五	十六	十七	甲戌 十八 后太子卒	十九
十一	十二 朝晉至河晉謝之歸	十三	十四	十五 日蝕	十六 公如晉葬
十七	十八 公如晉	十九	二十	二十一	二十二
晉昭公夷元年	二	三	四	五	六 公卒六卿
六	七	八	九	十	十一
十 醉殺蔡侯使棄疾圍之棄疾居之爲蔡侯	十一 王伐徐以恐吳次乾谿民罷於役怨王	十二 棄疾作亂自立靈王自殺復陳蔡	楚平王居元年共王子抱玉	二 王爲太子取秦女好自取之	三
宋元公佐元年	二	三	四	五	六
四	五 公如晉朝嗣君	六	七	八	九
三	四	五 楚平王復陳立惠公	六	七	八
十二 靈侯如楚楚殺之使棄疾居之爲蔡侯	蔡侯廬元年景侯子	二 楚平王復我立景侯子廬【集解】徐廣曰一本景侯子廬	三	四	五
二十四	二十五	二十六	二十七	曹平公須元年	二
三十五	三十六 公如晉	鄭定公寧元年	二	三	四 火欲禳之
五	六	七	燕共公元年	二	三
十七	吳餘昧元年	二	三	四	吳僚元年

	二十	二十一	二十二	二十三	二十四	二十五	敬王元年	二
留之葬公恥之	十七 正月朔日蝕彗星見辰	十八	十九 地震	二十 齊景公與晏子狩入魯問禮	二十一 公如晉至河晉謝之歸日蝕	二十二 日蝕	二十三 地震	二十
	二十三	二十四	二十五	二十六 獵魯界因入魯	二十七	二十八	二十九	三十
彊公室卑矣	晉頃公棄疾元年	二	三	四	五	六 周室亂公平亂立敬王	七	八
	十二	十三	十四	十五	十六	十七	十八	十九
	四 與吳戰	五	六	七 誅伍奢尚太子建奔宋伍胥奔吳	八 蔡侯來奔	九	十 吳伐敗我	十一
	七	八 火	九	十 公毋信詐殺諸公子楚太子建來奔見亂之鄭	十一	十二	十三	十四
	十	十一 火	十二	十三	十四	十五	十六	十七
	九	十 火	十一	十二	十三	十四	十五 吳敗我兵取胡沈	十六
	六	七	八	九 平公薨靈公孫東國殺平侯子而自立	蔡悼侯東國元年奔楚	二	三	蔡昭
	三	四 平公薨	曹悼公午元年	二	三	四	五	六
子產曰不如修德	五	六 火	七	八 楚太子建從宋來奔	九	十	十一 楚建作亂殺之	十二
	四	五 共公薨	燕平公元年	二	三	四	五	六
	二 與楚戰	三	四	五 伍員來奔	六	七	八 公子光敗楚	九

	甲申 三	四	五	六	七
四 鸛鵒來巢	二十五 公欲誅季氏三桓氏攻公公出居鄆〔索隱〕音運	二十六 齊取我鄆以處公	二十七	二十八 公如晉求入晉弗聽處之乾侯	二十九 公自乾侯如鄆
	三十一	三十二 彗星見晏子曰田氏有德於齊可畏	三十三	三十四	三十五
	九	十 知躒趙鞅內王於王城	十一	十二 六卿誅公族分其邑各使其子為大夫	十三
	二十	二十一	二十二	二十三	二十四
吳卑梁人爭桑伐我取鍾離	十二	十三 欲立子西子西不肯秦女子為昭王	楚昭王珍元年誅無忌以說眾	二	三
	十五	宋景公頭曼元年〔索隱〕曼音萬	二	三	四
	十八	十九	二十	二十一	二十二
	十七	十八	十九	二十	二十一
侯申元年悼侯弟	二	三	四	五	六
	七	八	九	曹襄公元年〔集解〕徐廣曰一作聲	二
	十三	十四	十五	十六	鄭獻公蠆元年
公如晉請內王	七	八	九	十	十一
	十	十一	十二 公子光使專諸殺僚光立	吳闔閭元年	二

	八	九	十 晉使諸侯為我築城	十一	十二	甲午 十三
齊侯曰主君公恥之復之乾侯	三十	三十一 日蝕	三十二 公卒乾侯	定公宋元年昭公喪自乾侯至	二	三
	三十六	三十七	三十八	三十九	四十	四十一
	十四 頃公薨	晉定公午元年	二 率諸侯為周築城	三	四	五
	二十五	二十六	二十七	二十八	二十九	三十
	四 吳三公子來奔封以扞吳	五 吳伐我六潛	六	七 囊瓦伐吳吳敗我豫章蔡侯來朝〔索隱〕囊瓦楚大夫子常也子囊之孫	八	九 蔡昭侯留三歲得裘故歸
	五	六	七	八	九	十
	二十三	二十四	二十五	二十六	二十七	二十八
	二十二	二十三	二十四	二十五	二十六	二十七
	七	八	九	十 朝楚以裘故留	十一	十二 與子常裘得歸如晉請伐楚
	三	四	五 平公弟通殺襄公自立	曹隱公元年	二	三
	二	三	四	五	六	七
	十二	十三	十四	十五	十六	十七
	三 三公子奔楚	四 伐楚取六潛	五	六 楚伐我迎擊敗之取楚之居巢	七	八

十四 與晉率諸侯侵楚	十五	十六 王子朝之徒作亂故王奔晉	十七 劉子迎王晉入王	十八	十九
四	五 陽虎執季桓子與盟釋之日蝕	六	七 齊伐我	八 陽虎欲伐三桓三桓攻陽虎虎奔陽關	九 伐陽虎虎奔齊
四十二	四十三	四十四	四十五 侵衛伐魯	四十六 魯伐我我伐魯	四十七 囚陽虎虎奔晉
六 周與我率諸侯侵楚	七	八	九 入周敬王	十 伐衛	十一 陽虎來奔
三十一 楚包胥請救	三十二	三十三	三十四	三十五	三十六 哀公薨
十 吳蔡伐我入郢昭王亡伍子胥鞭平王墓	十一 秦救至吳去昭王復入	十二 吳伐我番楚恐徙都鄀[索隱]鄀音若	十三	十四 子西為民泣民亦泣蔡昭侯恐	十五
十一	十二	十三	十四	十五	十六 陽虎來奔
二十九 與蔡爭長	三十	三十一	三十二 齊侵我	三十三 晉魯侵伐我	三十四
二十八	陳懷公柳元年	二	三	四 公如吳吳留之因死吳	陳湣公越元年
十三 與衛爭長衛侵我吳與我伐楚郢	十四	十五	十六	十七	十八
四	曹靖公路元年	二	三	四 靖公薨	曹伯陽元年
八	九	十 魯侵我	十一	十二	十三 獻公薨
十八	十九	燕簡公元年	二	三	四
九 與蔡伐楚入郢	十	十一 伐楚取番	十二	十三 陳懷公來留之死于吳	十四

			甲辰	
二十	二十一	二十二	二十三	二十四
十 公會齊侯于夾谷孔子相齊歸我地[索隱]司馬彪郡國志夾谷在祝其縣西南	十一	十二 齊來歸女樂季桓子受之孔子行	十三	十四
四十八	四十九	五十 歸魯女樂	五十一	五十二
十二	十三	十四	十五 趙鞅伐范中行	十六
秦惠公元年彗星見	二 生躁公懷公簡公	三	四	五
十六	十七	十八	十九	二十
十七	十八	十九	二十	二十一
三十五	三十六	三十七 伐魯	三十八 孔子來祿之如魯	三十九 太子蒯聵出奔
二	三	四	五	六 孔子來
十九	二十	二十一	二十二	二十三
二	三 國人有夢衆君子立社宮謀亡曹振鐸請待公孫彊許之	四 衛伐我	五	六 公孫彊好射獻鴈君使為司城
鄭聲公勝元年鄭益弱	二	三	四	五 子產卒
五	六	七	八	九
十五	十六	十七	十八	十九 伐越越敗我傷闔閭指以死

	二十五	二十六	二十七	二十八	二十九	三十	三十一
	十五 定公薨日蝕	魯哀公蔣元年	二	三 地震	四	五	六
	五十三	五十四 伐晉	五十五 輸范中行氏粟	五十六	五十七 田乞救范氏	五十八 景公薨立嬖姬子為太子	齊晏孺子元年田乞詐立陽生殺孺子
	十七	十八 趙鞅圍范中行朝歌齊伐我	十九 趙鞅圍范中行鄭來救我敗之	二十	二十一 趙鞅拔邯鄲柏人有之	二十二 趙鞅敗范中行中行奔齊伐衛	二十三
	六	七	八	九	十 惠公薨	秦悼公元年	二
	二十一 滅胡以吳敗我倍之	二十二 率諸侯圍蔡	二十三	二十四	二十五	二十六	二十七 救陳王死城父
	二十二 鄭伐我	二十三	二十四	二十五 孔子過宋桓魋惡之	二十六	二十七	二十八 伐曹
	四十	四十一 伐晉	四十二 靈公薨蒯聵子輒立晉納太子蒯聵于戚	衛出公輒元年	二	三 晉伐我救范氏故	四
	七	八 吳伐我	九	十	十一	十二	十三 吳伐我楚來救
	二十四	二十五 楚伐我以吳怨故	二十六 畏楚私召吳人乞遷于州來州來近吳	二十七	二十八 大夫共誅昭侯	蔡成公朔元年	二
夢者之子亡去	七	八	九	十 宋伐我	十一	十二	十三 宋伐我
	八 伐宋	七	八 救范中行氏與趙鞅戰于鐵敗我師	九	十	十一	十二
	十	十一	十二	燕獻公元年	二	三	四
	吳王夫差元年	二 伐越	三	四	五	六	七 伐陳

三十二	七 公會吳王于繒吳徵百牢季康子使子貢謝之	齊悼公陽生元年	二十四 侵衛	三	楚惠王章元年	二十九 侵鄭圍曹	五 晉侵我	十四	三	十四 宋圍我鄭救我	十三	五	八 魯會我繒
甲寅 三十三	八 吳爲鄒伐我至城下盟而去齊取我三邑	二 伐魯取三邑	二十五	四	二 子西召建子勝於吳爲白公	三十 曹倍我我滅之	六	十五	四	十五 宋滅曹虜伯陽	十四	六	九 伐魯
三十四	九	三	二十六	五	三 伐陳陳與吳故	三十一 鄭圍我敗之于雍丘	七	十六 倍楚與吳成	五		十五 圍宋宋敗我師雍丘伐我	七	十
三十五	十 與吳伐齊	四 吳魯伐我鮑子殺悼公齊人立其子壬爲簡公	二十七 使趙鞅伐齊	六	四 伐鄭	三十二 伐鄭	八 孔子自陳來	十七	六		十六	八	十一 與魯伐齊救陳誅伍員
三十六	十一 齊伐我冉有言故迎孔子孔子歸	齊簡公元年 魯與吳敗我	二十八	七	五	三十三	九 孔子歸魯	十八	七		十七	九	十二 與魯敗齊
三十七	十二 與吳會橐皋用田賦【索隱】橐音託皋音高縣名在壽春	二	二十九	八	六 白公勝數請子西伐鄭以父怨故	三十四	十 公如晉與吳會橐皋	十九	八		十八 宋伐我	十	十三 與魯會橐皋
三十八	十三 與吳會黃池	三	三十 與吳會黃池爭長	九	七 伐陳	三十五 鄭敗我師	十一	二十	九		十九	十一 敗宋師	十四 與晉會黃池
三十九	十四 西狩獲麟衛出公來奔	四 田常殺簡公立其弟爲平公常相之專國權	三十一	十	八	三十六	十二 父蒯聵入輒出亡	二十一	十		二十	十二	十五
四十	十五 子服景伯使齊子貢爲介齊歸我侵地	齊平公鶩元年景公子也齊自是稱田氏【索隱】鶩音五高反	三十二	十一	九	三十七 熒惑守心子韋曰善	衛莊公蒯聵元年	二十二	十一		二十一	十三	十六
四十一	十六 孔子卒	二	三十三	十二	十 白公勝殺令尹子西攻惠王葉公攻白公白公自殺惠王復國	三十八	二	二十三 楚滅陳殺湣公	十二		二十二	十四	十七
四十二	十七	三	三十四	十三	十一	三十九	三 莊公辱戎州人戎州人與趙簡子攻莊公出奔		十三		二十三	十五	十八 楚敗我
甲子 四十三 敬王崩【集解】徐廣曰歲在甲子	十八 二十七卒	四 二十五卒	三十五 三十六卒	十四 卒子厲公立	十二 五十七卒	四十 六十四卒	衛君起元年石傅逐起出輒復入【索隱】傅音圃或作專音數		十四 十九卒		二十四 三十八卒	十六 二十八卒	十九 二十三卒【索隱】二十三年滅

索隱述贊曰太史表次抑有條理起自共和訖於孔子十二諸侯各編年紀興亡繼及盛衰臧否惡不捨過善必揚美絕筆獲麟義取同恥

史記卷十四考證

十二諸侯年表索隱篇言十二實叙十三者賤夷狄不數吳○臣德齡按是表主春秋吳于春秋之季始通上國而壽夢以前自不得列于是表然則十二之號固不得不仍其舊司馬貞之論鑿矣

周

皇甫謐曰二十四年惠王崩○春秋僖八年爲惠王二十五年冬十有二月丁未天王崩左氏以僖七年閏月惠王崩八年十二月告喪謚之說依左氏也趙匡以左氏爲不足憑吳澄曰惠王前年冬有疾今年歲終乃崩此不知何所本也

襄王十四年叔帶復歸於周○本紀十二年春秋左傳與表同

三十三年襄王崩○本紀三十二年春秋文八年秋八月戊申天王崩左傳秋襄王崩與表同

頃王五年崩○本紀六年春秋與紀同

敬王十六年王子朝之徒作亂故王奔晉○本紀同左傳天王處於姑蕕辟儋翩之亂也杜注姑蕕周地據此則王未嘗奔晉也

四十三年敬王崩○本紀四十二年左傳哀十九年冬叔青如京師敬王崩故也據此則敬王四十四年崩無疑徐廣曰歲在甲子非一本又作徐廣曰皇甫謐曰敬王四十四年崩元己卯崩壬戌按通鑑敬王元年壬午崩年乙丑己卯乃景王二十三年敬王烏得稱元壬戌乃敬王四十一年豈有崩後三年元王方卽位乎其誤不辨而明矣

魯

孝公立三十八年卒○世家二十七年按周宣王誅伯
御立孝公在伯御之十一年其年乃孝公元年而表
以伯御元年爲孝公元年故孝公多十一年矣
桓公十六年公會晉謀伐鄭○世家會于曹謀伐鄭春
秋公會宋公蔡侯衞侯于曹左傳會于曹謀伐鄭也
則晉當是曹
僖公十五年五月日有食之不書史官失之○世家不
載左傳不書朔與日官失之也不書下疑脫朔與日
三字
文公八年王使衞來求金○世家不載春秋九年事
成公元年春齊取我隆○世家二年春秋左傳與世家
同隆作龍
昭公稠○世家作裯徐廣曰一作袑春秋與表同
十年四月日蝕○世家不載春秋亦無其事
二十四年鸜鵒來巢○世家二十五年春秋左傳與世
家同
二十五年公出居鄆○世家二十六年春秋昭二十五
年九月已亥公孫於齊次於陽州十有二月齊侯取
鄆二十六年公至自齊居於鄆據此則取鄆在二十
五年居鄆在二十六年表與世家小有參差耳
哀公七年公會吳王於繒○春秋繒作鄫穀梁作繒
齊
莊公贖○世家贖作購
釐公二十五年山戎伐我○世家山作北
桓公七年會諸侯於鄄○春秋同世家鄄作甄
昭公二十年卒○世家十九年春秋文十四年爲齊昭
二十年夏五月乙亥齊侯潘卒與表同
懿公四年公刖邴歜父而奪閻職妻○左傳同世家邴
歜作丙戎閻作庸
惠公二年王子成父敗長翟○世家成作城
晉
孝侯十六年曲沃莊伯殺孝侯○世家十五年
晉侯潛○世家春秋俱作緡
獻公二十六年公卒立奚齊里克殺之及卓子立夷吾
○世家同卓子作悼子按春秋僖九年晉里克殺其
君之子奚齊左傳里克殺公子卓又春秋僖十年晉
里克弑其君卓及其大夫荀息經傳不同表云及卓
子蓋依傳也
襄公三年秦報我殽敗於汪○世家秦使孟明伐晉報
殽之役取晉汪以歸按春秋文二年爲晉襄三年秦

穆三十五年春王二月甲子晉侯及秦師戰於彭衙
秦師敗績左傳春秦孟明視帥師伐晉以報殽之役
又春秋冬晉人宋人陳人鄭人伐秦左傳伐秦取汪
以報彭衙之役據此則報殽敗汪自是兩事而表與
世家連類而及耳又彭衙之戰秦本紀在穆三十四
年與春秋異鄭世家穆公三年從晉伐秦敗秦於汪
又與秦本紀晉世家經傳不同
景公據○世家同春秋據作獳
厲公壽曼○世家同春秋壽曼作州蒲
頃公棄疾○世家春秋棄疾俱作去疾
秦
穆公十六年爲河東置官司○左傳秦始征晉河東置
官司焉係十五年事本紀與傳同
三十年圍鄭有奇言郎去○本紀三十年助晉人圍鄭
鄭使人言於繆公秦乃罷兵春秋僖三十年晉人秦
人圍鄭左傳甲午晉侯秦伯圍鄭佚之狐言於鄭伯
日若使燭之武見秦君師必退紀與經傳事同文異
奇言二字太史公斷文也
三十五年伐晉報殽敗我於汪○本紀三十六年以報
殽之役無敗汪事說詳晉襄三年
共公五年卒○本紀文也表因之春秋宣四年秦伯稻
卒則共公立四年非五年矣
桓公元年○當在魯宣五年
二十七年卒○本紀文也春秋成十四年秦伯卒則桓
公立二十八年明矣表因本紀之誤是以秦桓之事
俱與春秋異而遞誤一年耳
楚
文王五年息夫人陳女過蔡○世家不載春秋左傳在
莊十年爲楚文六年是當與伐蔡獲哀侯以歸同入
六年
十三年卒○世家文也春秋莊二十年爲堵敖元年則
文王立十五年堵敖立三年表因世家之誤也
成王惲○春秋惲作頵穀梁作髡
二十六年滅六英○世家云滅英無六字徐廣曰一本
作黄春秋楚成二十四年滅黄二十九年齊人徐人
伐英楚穆四年秋楚人滅六據此則楚成二十六年
六英俱未滅當從滅黄其編年亦當從春秋
莊王侶○春秋侶作旅穀梁作呂
六年伐宋陳○世家云伐宋無陳左傳楚子侵陳遂侵
宋與表同

康王招○春秋招作昭
靈王圍○春秋圍作虔
七年就章華臺內亡人實之○世家同左傳昭七年爲
楚靈六年爲章華之臺納亡人以實之據此卽六年
表內執芋尹亡人入章華之事此爲羨文
滅陳○世家八年春秋左傳與表同左傳昭十一年楚
公子棄疾帥師圍蔡韓宣子問於叔向對曰楚王奉
孫吳以討於陳曰將定而國陳人聽命然則定陳者
滅陳之詐詞也且定陳之言在楚靈七年經傳無八
年定陳之文
昭王珍○春秋珍作軫
四年吳三公子來奔○世家同左傳魯昭三十年吳子
使徐人執掩餘使鍾吾人執燭庸二公子奔楚據此
則三字誤
七年囊瓦伐吳○世家同春秋左傳定二年秋楚人伐
吳據此當是楚靈八年
惠王四年伐鄭○世家六年白公請兵令子西伐鄭無
四年伐鄭之事春秋哀十年冬楚公子結帥師伐陳
年同事異疑陳鄭音近而誤耳
宋
惠公○世家三十年卒子哀公立哀公元年卒子戴公
立與表異又戴公世家無名則立字立君之謂也表
誤以爲戴公名耳
殤公十年華督殺公○世家春秋同
莊公馮元年○春秋在桓三年至莊二年乙酉宋公馮
卒據此則宋莊立十八年明矣乃世家誤以十九年
卒表遂以殤公被弑之年爲莊公元年故有十九年
耳
桓公御說○世家御作禦
成公王臣○穀梁王作壬
文公鮑○世家鮑作鮑革
共公瑕○春秋瑕作固
平公成○公羊成作戌
景公頭曼○春秋頭曼作欒
二十九年侵鄭衞魯○世家不載春秋春宋皇瑗帥師
侵鄭無侵衞魯之文秋宋人圍曹則魯當是曹是年
晉曼多帥師侵衞則侵衞當是晉事
衞
莊公十七年州吁長好兵○世家十八年
宣公元年晉共立之討州吁○世家衞桓十六年春秋

隱四年九月衞人殺州吁於濮冬十有二月衞人立
晉與世家同
惠公三年朔奔齊立黔牟○世家四年春秋桓十六年
十有一月衞侯朔出奔齊與世家同
朔復入十四年○按惠公立四年亡八年通十二年世
家云通凡十三年
懿公八年翟伐我○世家九年春秋閔二年狄入衞與
世家同
文公二十三年重耳從齊過無禮○世家十六年左傳
與表同第按左傳重耳處狄十二年而行過衞衞文
公不禮焉及齊齊桓公妻之然則重耳從狄過衞非
從齊過衞也
成公三十一年楚伐鄭與我平晉中行桓子距楚救鄭
伐我○世家不載春秋宣五年爲陳靈十年楚人伐
鄭左傳楚子伐鄭陳及楚平晉荀林父救鄭伐陳據
此當是陳靈之事
獻公十五年救鄭敗晉師櫟○世家不載春秋襄十一
年夏晉率諸侯伐鄭衞與之秋晉率諸侯伐鄭會於
蕭魚衞亦與之無救鄭之文冬秦人伐晉左傳秦庶
長鮑庶長武帥師伐晉以救鄭己丑秦晉戰於櫟晉
師敗績據此當是秦景十五年事
殤公狄○春秋狄作剽
靈公三十七年伐魯○世家不載春秋定十二年衞公
孟彄帥師伐曹魯當是曹
出公十二年父蒯聵入輒出亡○世家同春秋哀十六
年春己卯衞世子蒯聵自戚入衞衞侯輒來奔據此
則哀十六年爲出十四年非十二年明甚而蒯聵元
年亦非哀十五年矣
陳
弟他殺太子免代立國亂再赴陳厲公他元年陳大夫
五父後立爲厲公○左傳桓五年文公子他殺太子
免而代之公疾病而亂作則殺免在陳桓三十八年
又春秋桓六年蔡人殺陳佗則是年佗不得稱元也
桓十二年爲陳厲七年八月壬辰陳侯躍卒則厲公
名躍而非佗也孔穎達曰躍爲厲公世家本文也莊
二十二年傳陳厲公蔡出也故蔡人殺五父而立之
五父卽佗六年殺佗而厲公立也陳世家以佗與五
父爲二人言蔡人爲佗殺五父及桓公太子免而立
佗是爲厲公立七年太子免之三弟躍林杵臼共弑
厲公而立躍是爲利公利公立五月卒林立是爲莊

公按傳五父佗一人而世家以爲二人按經蔡人殺佗在桓公卒之明年不得爲佗立七年也佗以魯桓六年見殺躍以魯桓十二年始卒不得爲躍立五月也旣以佗爲厲公又妄稱躍爲利公世本本無利公皆是馬遷妄說也據孔氏之辨則表仍世家之誤明矣至七年表云公淫蔡蔡殺公俱非厲公躍徐廣曰班氏云桓公之弟

成公二十九年倍楚盟楚侵我○世家二十九年倍楚盟三十年楚共王伐陳春秋襄三年陳侯使袁僑如會左傳楚子辛爲令尹欲侵於小國陳成公使袁僑如會求成據此則是年陳爲請盟非倍盟也且經傳俱無楚侵陳之文又襄四年左傳春楚師爲陳叛故將伐陳三月陳成公卒聞喪乃止夏楚彭名侵陳據此則當在陳成三十年

哀公弱○春秋弱作溺

湣公二十三年楚滅陳○世家二十四年左傳哀十七年秋七月己卯楚公孫朝帥師滅陳與世家同

蔡

宣侯措父○春秋作宣公考父

景侯固○世家固作同春秋與表同

二十八年晉率我伐鄭○世家不載春秋襄九年蔡景二十八年曹成十四年也冬公會晉侯宋公衞侯曹伯莒子邾子滕子薛伯杞伯小邾子齊世子光伐鄭不及蔡據此疑是曹成之事誤入於蔡者

靈侯班○世家春秋班俱作般

蔡侯廬○世家春秋同左傳廬作盧

元年○世家滅蔡三歲楚平王立廬爲平侯春秋昭十一年冬十有一月丁酉楚師滅蔡十三年蔡侯廬歸于蔡據此則昭十二年廬不得稱爲元也

悼侯東國○春秋昭二十一年蔡侯朱出奔楚二十三年蔡侯東國卒於楚朱穀梁作東第攷朱無歸入蔡之文東國無出奔之事汪克寬曰東卽東國誤爲朱也

曹

戴伯鮮○世家鮮作蘇

宣公廬○世家廬作彊春秋廬作盧

成公二十二年伐衞○世家不載春秋襄十七年夏衞石買帥師伐曹無曹伐衞之文

平公須○世家須作頃春秋與表同

靖公路○世家春秋路俱作露

鄭

桓公周宣王母弟○世家云宣王庶弟

莊公寤生元年祭仲生○世家封弟段於京祭仲諫之左傳同生疑是諫

二十九年與魯璧易許田○世家云與魯祊易許田春秋隱八年三月鄭伯使宛來歸祊左傳鄭伯請釋泰山之祀而祀周公以泰山之祊易許田據此璧當是祊又春秋桓元年爲莊三十三年鄭伯以璧假許田表同世家不載

昭公元年忽母鄧女祭仲取之○文義未詳按世家初祭仲甚有寵于莊公公使娶鄧女生太子忽故祭仲立之則太史公書之者見立忽之由此也取當是娶

子嬰○世家同春秋子嬰作子儀

厲公亡後七歲復入○世家厲公初立四歲居櫟十七歲復入立七歲與亡凡二十八年與左傳同表誤

襄公元年楚伐晉來救○世家五年事元年楚縱宋伐鄭非楚伐也亦無晉救之文

十八年晉欒書取我范○世家不載左傳取汜祭杜注鄭地成皐縣東有汜水范字當誤

成公三年與楚盟○世家楚共王使人來與盟鄭人私與盟據此則春秋鄭成元年馬陵之盟自是兩事

釐公惲○世家同春秋作髡頑

簡公喜○世家春秋喜俱作嘉

二年誅子駟○左傳襄十年冬十月戊辰殺子駟據此是鄭簡三年世家與傳同

十七年子產曰范宣子爲政我請伐陳○世家不載左傳范宣子爲政子產寓書于子西以告宣子宣子說乃輕幣是行也鄭伯朝晉爲重幣故且請伐陳也據此則子產曰三字似羨文

二十八年子產曰三國不會○世家不載左傳夏諸侯如楚晉衞曹邾不會鄭伯先待于申楚王使問禮於左師與子產子產曰小國共職敢不薦守獻伯子男會公之禮六據此不會者四國三字當誤子產曰下疑有脫文

定公四年火欲禳之子產曰不如修德○左傳昭十八年事是鄭定六年也世家與傳同

十一年楚建作亂殺之○世家十年

燕

獻公蠆○公羊蠆作蠆

宣公五年楚圍我我早辭以解○世家不載春秋宣十二年楚子圍鄭左傳鄭伯肉袒牽羊以迎王曰其君能下人必能信用其民矣退三十里而許之平疑是鄭襄八年誤入於燕者

平公六年公如晉請內王○世家不載左傳昭二十四年鄭伯如晉子太叔相曰王室之不寧晉之恥也獻子乃徵會於諸侯期以明年二十五年會於黃池謀王室也疑是鄭定十二年誤入於燕者

簡公十一年敗宋師○世家不載春秋哀十三年春鄭罕達帥師取宋師於嵒左傳同無燕敗宋師之文疑是鄭聲十九年誤入於燕者

吳

餘祭十七年餘眜四年○按春秋襄二十九年閽弒吳子餘祭則餘祭止四年也襄十三年爲餘眜元年昭十五年春王正月吳子夷末卒則餘眜凡十七年也世家誤編年歲表遂因之故餘眜之事皆誤屬餘祭耳

餘眜○春秋作夷末公羊作夷眜

闔閭四年伐楚六潛○世家潛作灊

夫差十八年楚敗我○世家越敗吳師于笠澤左傳哀十七年三月越子伐吳吳師大亂遂敗之據此楚當是越

史記卷十五

漢　太　史　令司馬遷　撰

宋　中　郎　外　兵　曹　參　軍裴　駰集解

唐　國　子　博　士　弘　文　館　學　士司馬貞索隱

唐　諸　王　侍　讀　率　府　長　史張守節正義

六國表第三

[索隱]六國乃魏韓趙楚燕齊并秦凡七國號曰七雄

太史公讀秦記[索隱]卽秦國之史記也故下云秦燒詩書諸侯史記尤甚獨有秦記又不載日月是也至犬戎敗幽王周東徙洛邑秦襄公始封爲諸侯作西畤用事上帝僭端見矣禮曰天子祭天地諸侯祭其域內名山大川今秦雜戎翟之俗先暴戾後仁義位在藩臣而臚於郊祀君子懼焉[索隱]按臚字訓陳也出爾雅又以言秦是諸侯而陳天子郊祀實僭也猶季氏旅於泰山然[正義]臚作臚音旅祭名又旅陳也及文公踰隴攘夷狄尊陳寶營岐雍之間而穆公脩政東竟至河則與齊桓晉文中國侯伯侔矣是後陪臣執政大夫世祿六卿擅晉權征伐會盟威重於諸侯及田常殺簡公而相齊國諸侯晏然弗討海內爭於戰功矣三國終之卒分晉田和亦滅齊而有之六國之盛自此始務在彊兵并敵謀詐用而從衡短長之說起矯稱蠭出誓盟不信雖置質剖符猶不能約束也秦始小國僻遠諸夏賓之比於戎翟至獻公之後常雄諸侯論秦之德義不如魯衞之暴戾者量秦之兵不如三晉之彊也然卒并天下非必險固便形勢利也蓋若天所助焉或曰東方物所始生西方物之成孰夫作事者必於東南收功實者常於西北故禹興於西羌[集解]皇甫謐曰孟子稱禹生石紐西夷人也傳曰禹生自西羌是也[正義]禹生於茂州汶川縣本冉駹國皆西羌湯起于亳[集解]徐廣曰京兆杜縣有亳亭周之王也以豐鎬伐殷秦之帝用雍州興漢之興自蜀漢秦既得意燒天下詩書諸侯史記尤甚爲其有所刺譏也詩書所以復見者多藏人家而史記獨藏周室以故滅惜哉惜哉獨有秦記又不載日月其文略不具然戰國之權變亦有可頗采者何必上古秦取天下多暴然世異變成功大[索隱]以言人君制法當隨時代之異而變易其政則其成功大若居今行古猶膠柱而調瑟也傳曰法後王何也以其近己而俗變相類議卑而易行也[正義]易以政反後王近代之王法與己連接世俗之變及相類也故議卑淺而易識行耳學者牽於所聞見秦在帝位日淺不察其終始因舉而笑之[索隱]舉猶皆也不敢道此與以耳食無異[索隱]按言俗學淺識舉而笑秦此猶耳食不能知味也悲夫余於是因秦記踵春秋之後起周元王[索隱]按此表起周元王元年春秋迄元王八年表六國時事訖二世凡二百七十年著諸所聞興壞之端後有君子以覽觀焉

周	元王元年[集解]徐廣曰乙丑皇甫謐曰元年癸酉二十八年庚子崩[索隱]元王名仁系本名赤敬王子八年崩子定
秦	厲共公元年[索隱]悼公子三十四年卒子躁公立
魏獻子	衞出公輒後元年[索隱]二十一年季父黔逐出公而自立爲悼公
韓宣子	
趙簡子	四十二[索隱]系家簡子名鞅文子武之孫景叔成之子
楚	楚惠王章十三年與伐我[集解]徐廣曰亦魯哀公十九年[索隱]五十七年卒
燕	燕獻公十七年[索隱]二十八年卒
齊	齊平公驁五年[索隱]二十九年卒

王介立	二	三	四	五	六	七
	二 蜀人來賂	三	四	五 楚人來賂	六 義渠來賂繇諸乞援 [集解]一作爰	七 彗星見
	晉定公卒 [索隱]系本定公名午	晉出公錯元年 [索隱]系本名鑿				
	四十三 [索隱]按簡子以項公九年在位項公十四年卒而定公立定公四十七年卒是四十三年爲簡子在位之年又至出公十七年是在位六十年也	四十四	四十五	四十六	四十七	四十八 衛莊公飲大夫不解履公怒卽攻公公
	十四 越圍吳吳怨	十五	十六 越滅吳	十七 蔡景侯卒 [索隱]按景字誤合作成侯徐廣不辨卽言或作成按景侯卽成侯之高祖父	十八 蔡聲侯元年 [索隱]名產成侯之子	十九 王子英奔秦
	十八	十九	二十	二十一	二十二	二十三
	六	七 越人始來	八	九 晉知伯瑤來伐我	十	十一

	八	定王元年 [集解]徐廣曰癸酉左傳盡此皇甫謐曰貞定王元年癸亥十年壬申崩 [索隱]定王名介二十八年崩	二	三	四	五	六
	八	九	十 庶長將兵拔魏城彗星見 [集解]拔一作捕	十一	十二	十三	十四 晉人楚人來賂
						知伯伐鄭駟桓子如齊求救	鄭聲公卒 [索隱]聲公名勝
奔宋	四十九	五十	五十一	五十二	五十三	五十四 知伯謂簡子欲廢太子襄子襄子怨知伯	五十五
	二十	二十一	二十二 魯哀公卒 [索隱]系本名蔣	二十三 魯悼公元年三桓勝魯如小侯 [索隱]系本悼公名寧	二十四	二十五	二十六
	二十四	二十五	二十六	二十七	二十八	燕孝公元年	二
	十二	十三	十四	十五	十六	十七 救鄭晉師去中行文子謂田常乃今知以亡	十八

	七	八	九	十	十一	十二	十三
	十五	十六 塹阿旁伐大荔補龐戲城	十七	十八	十九	二十 公將師與綿諸戰	二十一
							晉哀公忌元年 [正義]表云晉出
獻公子也三十七年卒子哀公易立八年鄭殺哀公立弟丑爲共公也	鄭哀公元年						
	五十六	五十七	五十八	五十九	六十	襄子元年未除服登夏屋誘代王以金斗殺代王封伯魯子周爲代成君 [索隱]襄子名無恤後四年與韓魏敗智伯晉陽分其地始有三晉也	二
	二十七	二十八	二十九	三十	三十一	三十二 蔡聲侯卒	三十三 蔡元侯元年
	三	四	五	六	七	八	九
	十九	二十	二十一	二十二	二十三	二十四	二十五

	十四
	二十二
公錯十八年晉哀公忌二年晉懿公驕立十七年而卒世本云昭公生桓子雝雝生忌忌生懿公驕世家云晉出公十七年晉哀公驕十八年而無懿公按出公道死知伯乃立昭公曾孫驕為晉君是為哀公哀公大父雍晉昭公少子號戴子戴子生忌忌善知伯早死故知伯欲并晉未敢乃立忌子驕為君據三處不同未知孰是	衛悼公黔元年
	三
	三十四
	十
	齊宣公就匝元年本作積【索隱】積平公子

	十五	十六	十七	十八
	二十三	二十四	二十五晉大夫知開率其邑人來奔	二十六左庶長城南鄭
		魏桓子敗知伯于晉陽【索隱】桓子名駒		
		韓康子敗知伯于晉陽【索隱】康子名虎		
	四與知伯分范中行地	五襄子敗知伯晉陽與魏韓三分其地	六	七
	三十五	三十六	三十七	三十八
	十一	十二	十三	十四
立五十一年子康公貸立	二	三	四	五宋景公卒【集解】徐廣曰按左傳景公死至此九十九年【索隱】系家景公元公子名頭曼已見十二諸侯表徐廣說謬景公立六十四年卒公子特殺太子自立號昭公與前昭公杵臼相去略九十年知徐誤

十九	二十	二十一	二十二	二十三	二十四	二十五	二十六	二十七	二十八	考王元年【集解】徐廣曰辛丑	二	三	四	五	六
二十七	二十八越人來迎女	二十九晉大夫知寬率其邑人來奔	三十	三十一	三十二	三十三伐義渠虜其王	三十四日蝕晝晦星見	秦躁公元年	二南鄭反	三	四	五	六	七	八六月雨雪日月蝕
衛敬公元年													晉幽公柳元年服韓魏		
八	九	十	十一	十二	十三	十四	十五	十六	十七	十八	十九	二十	二十一	二十二	二十三
三十九蔡侯齊元年	四十	四十一	四十二楚滅蔡	四十三	四十四滅杞杞夏之後	四十五	四十六	四十七	四十八	四十九	五十	五十一	五十二	五十三	五十四
十五	燕成公元年	二	三	四	五	六	七	八	九	十	十一	十二	十三	十四	十五
六宋昭公元年	七	八	九	十	十一	十二	十三	十四	十五	十六	十七	十八	十九	二十	二十一

七	八	九	十	十一	十二	十三	十四	十五	威烈王元年[集解]徐廣曰丙辰[索隱]名午考王子	二	三	四
九	十	十一	十二	十三 義渠來伐侵至渭陽	十四	秦懷公元年生靈公	二	三	四 庶長鼂殺懷公太子蚤死大臣立太子之子爲靈公	秦靈公元年生獻公	二	三 作上下時
			衛昭公元年						衛悼公亹元年	魏文侯斯元年[索隱]生武侯擊	二	三
										韓武子元年[索隱]生景侯虔	二 鄭幽公元年韓殺之	三 鄭立幽公子爲繻公元年
二十四	二十五	二十六	二十七	二十八	二十九	三十	三十一	三十二	三十三 襄子卒	趙桓子元年[索隱]桓子嘉襄子弟也元年卒明年國人共立襄子子獻侯浣	趙獻侯元年	二
五十五	五十六	五十七	楚簡王仲元年滅莒	二	三 魯悼公卒	四 魯元公元年	五	六	七	八	九	十
十六	燕湣公元年	二	三	四	五	六	七	八	九	十	十一	十二
二十二	二十三	二十四	二十五	二十六	二十七	二十八	二十九	三十	三十一	三十二	三十三	三十四

五	六	七	八	九	十	十一
四	五	六	七 與魏戰少梁	八 城塹河瀕初以君主妻河[索隱]謂初以此年取他女爲君主君主猶公主也妻河謂嫁之河伯故魏俗猶爲河伯取婦蓋其遺風殊異其事故云初	九	十 補龐城城籍姑靈公卒立其季父悼子是爲簡公[索隱]按龐及籍姑皆城邑之名補者修也謂修
四	五 盜殺晉幽公立其子止	六 晉烈公止元年魏城少梁	七	八 復城少梁	九	十
四	五	六	七	八	九	十
三	四	五	六	七	八	九
十一	十二	十三	十四	十五	十六	十七
十三	十四	十五	十六	十七	十八	十九
三十五	三十六	三十七	三十八	三十九	四十	四十一

	十二	十三	十四	十五	十六	十七	十八	十九
龐而城籍姑也	秦簡公元年	二 與晉戰敗鄭下	三	四	五 日蝕	六 初令吏帶劍	七 塹洛城重泉初租禾	八
	十一 衛慎公元年	十二	十三 公子擊圍繁龐出其民人	十四	十五	十六 伐秦築臨晉元里	十七 擊宋中山伐秦至鄭還築洛陽[集解]徐廣曰一云擊宋中山置合陽世家云攻秦至鄭而還築雒陰合陽	十八 文侯受經子夏過段干木之閭常式
	十一	十二	十三	十四	十五	十六	韓景侯虔元年伐鄭取雍丘鄭城京	二 鄭敗韓于負黍
	十 中山武公初立[集解]徐廣曰定王之孫西周桓公之子	十一	十二	十三 城平邑	十四	十五	趙烈侯籍元年魏使太子伐中山	二
	十八	十九	二十	二十一	二十二	二十三	二十四 簡王卒	楚聲王當元年魯穆公元年
	二十	二十一	二十二	二十三	二十四	二十五	二十六	二十七
	四十二	四十三 伐晉毀黃城圍陽狐	四十四 伐魯莒及安陽	四十五 伐魯取都[集解]徐廣曰世家云取一城	四十六	四十七	四十八 取魯郕	四十九 與鄭會于西城伐衛取毋丘

二十	二十一	二十二	二十三 九鼎震	二十四	安王元年 [集解]徐廣曰庚辰	二	三 王子定奔晉	四	五	六
九	十	十一	十二	十三	十四 伐魏至陽狐	十五	秦惠公元年 [索隱]簡公子史無名	二	三 日蝕	四
十九	二十 卜相李克翟璜爭	二十一	二十二 初爲侯	二十三	二十四 伐秦至陽狐	二十五 太子罃生	二十六 虢山崩壅河	二十七	二十八	二十九
三	四	五	六 初爲侯	七	八	九 鄭圍陽翟	韓列侯元年 [索隱]名取系本作武侯也	二 鄭殺其相駟子陽	三 鄭人殺君三月盜殺韓相俠累 [集解]徐廣曰一作法其	四 鄭相子陽之徒殺其君
三	四	五	六 初爲侯	七 烈侯好音欲賜歌者田徐越侍以仁義乃止	八	九	趙武公元年	二	三	四
二	三	四	五 魏韓趙始列爲諸侯	六 盜殺聲王	楚悼王類元年	二 三晉來伐我至桑丘	三 歸榆關于鄭	四 敗鄭師圍鄭鄭人殺子陽	五	六
二十八	二十九	三十	三十一	燕釐公元年	二	三	四	五	六	七
五十	五十一 田會以廩丘反	齊康公貸元年	二 宋悼公元年	三	四	五	六	七	八	九

	七	八	九	十	十一	十二	十三	十四	十五	十六	十七
	五 伐諸縣	六	七	八	九 伐韓宜陽取六邑	十 與晉戰武城縣陝	十一 太子生	十二	十三 蜀取我南鄭	秦出子元年 [索隱]惠公子	二 庶長改迎靈公太子立爲獻公殺出子
	三十	三十一	三十二 伐鄭城酸棗	三十三 晉孝公傾元年	三十四	三十五 齊伐取襄陵	三十六 秦侵晉	三十七	三十八	魏武侯元年 襲邯鄲敗焉 [索隱]武侯名擊	二 城安邑王垣
繻公	五 鄭康公元年	六 救魯鄭反負黍	七	八	九 秦伐宜陽取六邑	十	十一	十二	十三	韓文侯元年	二 伐鄭取陽城伐宋到彭城執宋君
	五	六	七	八	九	十	十一	十二	十三	趙敬侯元年 武公子朝作亂奔魏	二
	七	八	九 伐韓取負黍	十	十一	十二	十三	十四	十五	十六	十七
	八	九	十	十一	十二	十三	十四	十五	十六	十七	十八
	十 宋休公元年	十一 伐魯取最	十二	十三	十四	十五 魯敗我平陸	十六 與晉衛會濁澤	十七	十八	十九 田常曾孫田和始列爲諸侯遷康公海上食一城 [索隱]和田常曾孫亦號太公	二十 伐魯破之田和卒

十八	十九	二十	二十一	二十二	二十三	二十四	二十五	二十六	烈王元年 [集解]徐廣曰丙午
秦獻公元年 [索隱]名師隰靈公太子	二 城櫟陽	三 日蝕晝晦	四 孝公生	五	六 初縣蒲藍田善明氏	七	八	九	十 日蝕
三	四	五	六	七 伐齊至桑丘	八	九 翟敗我澮伐齊至靈丘	十 晉靜公俱酒元年	十一 魏韓趙滅晉絕無後	十二
三	四	五	六	七 伐齊至桑丘鄭敗晉	八	九 伐齊至靈丘	十	十一 韓哀侯元年分晉國	二 滅鄭康公二十年滅無後
三	四 魏敗我兔臺 [索隱]兔音土故反亦作菟	五	六	七 伐齊至桑丘	八 襲衛不克	九 伐齊至靈丘	十	十一 分晉國	十二
十八	十九	二十	二十一	楚肅王臧元年	二	三	四 蜀伐我茲方	五 魯共公元年	六
十九	二十	二十一	二十二	二十三	二十四	二十五	二十六	二十七	二十八
二十一 田和子桓公午立	二十二	二十三	二十四	二十五 伐燕取桑丘	二十六 康公卒田氏遂并齊而有之太公望之後絕祀	齊威王因齊元年自田常至威王威王始以齊彊天下	二	三 三晉滅其君	四

二	三	四	五	六徐廣曰齊威王朝周	七	顯王元年[集解]徐廣曰癸丑	二	三
十一縣櫟陽	十二	十三	十四	十五	十六民大疫日蝕	十七櫟陽雨金四月至八月	十八	十九敗韓魏洛陽
十三	十四	十五衛聲公元年敗趙北藺	十六伐楚取魯陽	惠王元年	二敗韓馬陵	三齊伐我觀津	四	五與韓會宅陽城
三	四	五	六韓嚴殺其君	莊侯元年[索隱]系家作懿侯系本無名	二魏敗我馬陵	三	四	五
趙成侯元年	二	三伐衛取都鄙七十三魏敗我藺	四	五伐齊于甄魏敗我懷	六敗魏涿澤圍惠王	七侵齊至長城	八	九
七	八	九	十魏取我魯陽	十一	楚宣王良夫元年	二	三	四
二十九	三十敗齊林營	燕桓公元年	二	三	四	五	六	七
五	六魯伐入陽關晉伐我至鱄陵[索隱]劉氏鱄音屬沇反又音專	七宋辟公元年[索隱]辟音璧辟公名辟兵生剔成按宋後微弱君薨未必有謚辟兵其名也猶剔成然也	八	九趙伐我甄	十宋剔成元年	十一伐魏取觀趙歸我長城	十二	十三

	四	五賀秦	六	七	八	九致胙于秦[集解]徐廣曰紀年東周惠公傑薨	十	十一	十二	十三
	二十	二十一章蟜[集解]徐廣曰一云車騎與晉戰石門天子賀[集解]徐廣曰一作阿斬首六萬	二十二	二十三與魏戰少梁虜其太子	秦孝公元年彗星見西方	二天子致胙	三	四	五	六
武都	六伐宋取儀臺	七	八	九與秦戰少梁虜我太子	十取趙皮牢衛成侯元年	十一	十二星晝墮有聲	十三	十四與趙會鄗	十五魯衛宋鄭侯來[集解]徐
	六	七	八	九魏敗我于澮大雨三月	十	十一	十二	韓昭侯元年秦敗我西山	二宋取我黃池魏取我朱	三
	十	十一	十二	十三魏敗我于澮	十四	十五	十六	十七	十八趙孟如齊	十九與燕會阿與齊宋會平
	五	六	七	八	九	十	十一	十二	十三君尹黑迎女秦	十四
	八	九	十	十一	燕文公元年	二	三	四	五	六
	十四	十五	十六	十七	十八	十九	二十	二十一鄒忌以鼓琴見威王	二十二封鄒忌爲成侯	二十三與趙會平陸

	十四	十五	十六	十七	十八	十九	二十
	七與魏王會杜平	八與魏戰元里斬首七千取少梁	九	十衛公孫鞅爲大良造伐安邑降之	十一城商塞衛鞅圍固陽降之	十二初取小邑爲三十一縣令爲田開阡陌	十三初爲縣有秩史
廣曰紀年魯共侯來朝邯鄲成侯會燕成侯平安邑	十六與秦孝公會杜平侵宋黃池宋復取之	十七與秦戰元里秦取我少梁	十八邯鄲降齊敗桂陵	十九諸侯圍我襄陵築長城塞固陽	二十歸趙邯鄲	二十一與秦遇形[索隱]形地名商君死形地劉氏云阡陌道非也	二十二
	四	五	六伐東周取陵觀廩丘	七	八申不害相	九	十韓姬弒其君悼公[索隱]姬一作[illegible]同音怡韓之大
陸	二十	二十一魏圍我邯鄲	二十二魏拔邯鄲	二十三	二十四魏歸邯鄲與魏盟漳水上	二十五	趙肅侯元年[索隱]名語
	十五	十六	十七	十八魯康公元年	十九	二十	二十一
	七	八	九	十	十一	十二	十三
	二十四與魏會田于郊	二十五	二十六敗魏桂陵	二十七	二十八	二十九	三十

			夫姓名按韓無悼公未詳				
二十一	十四 初爲賦	二十三	十一 昭侯如秦	二	二十二	十四	三十一
二十二	十五	二十四	十二	三 公子范襲邯鄲不勝死	二十三	十五	三十二
二十三	十六	二十五	十三	四	二十四	十六	三十三 殺其大夫牟辛
三十四	十七	二十六	十四	五	二十五	十七	三十四
二十五 諸侯會	十八	二十七 丹封名會丹魏大臣也	十五	六	二十六	十八	三十五 田忌襲齊不勝
二十六 致伯秦	十九 城武城從東方壯丘來歸天子致伯	二十八	十六	七	二十七 魯景公偃元年	十九	三十六
二十七	二十 諸侯畢賀會諸侯于澤朝天子 集解徐廣曰紀年作逢澤	二十九 中山君爲相	十七	八	二十八	二十	齊宣王辟彊元年
二十八	二十一 馬生人	三十 齊虜我太子申殺將軍龐涓	十八	九	二十九	二十一	二 敗魏馬陵田忌田嬰田盼將孫子爲師 集解徐廣曰楚世家云田盼者齊之將而齊世家不說田盼或者爾時三人皆

							出征乎
二十九	二十二 封大良造商鞅	三十一 秦商君伐我虜我公子卬	十九	十	三十	二十二	三 與趙會伐魏
三十	二十三 與晉戰岸門	三十二 公子赫爲太子	二十	十一	楚威王熊商元年	二十三	四
三十一	二十四 秦大荔圍合陽孝公薨商君反死彤地	三十三 衞鞅亡歸我怒弗內	二十一	十二	二	二十四	五
三十二	秦惠文王元年楚韓趙蜀人來	三十四	二十二 申不害卒	十三	三	二十五	六
三十三 賀秦	二 天子賀行錢宋太丘社亡	三十五 孟子來王問利國對曰君不可言利	二十三	十四	四	二十六	七 與魏會平阿南
三十四	三 王冠拔韓宜陽	三十六	二十四 秦拔我宜陽	十五	五	二十七	八 與魏會于甄
三十五	四 天子致文武胙魏夫人來	魏襄王元年與諸侯會徐州以相王	二十五 旱作高門屈宜臼曰昭侯不出此門	十六	六	二十八 蘇秦說燕	九 與魏會徐州諸侯相王
三十六	五 陰晉人犀首爲大良造	二 秦敗我雕陰	二十六 高門成昭侯卒不出此門	十七	七 圍齊於徐州	二十九	十 楚圍我徐州
三十七	六 魏以陰晉爲和命曰寧秦 集解徐廣曰今之華陰	三 伐趙衞平侯元年	韓宣惠王元年	十八 齊魏伐我我決河水浸之	八	燕易王元年	十一 與魏伐趙
三十八	七 義渠內	四	二	十九	九	二	十二

	亂庶長操將兵定之						
三十九	八 魏入少梁河西地于秦	五 與秦河西地少梁秦圍我焦曲沃	三	二十	十	三	十三
四十	九 度河取汾陰皮氏圍焦降之與魏會應	六 與秦會應秦取汾陰皮氏	四	二十一	十一 魏敗我陘山	四	十四
四十一	十 張儀相公子桑圍蒲陽降之魏納上郡	七 入上郡于秦	五	二十二	楚懷王槐元年	五	十五 宋君偃元年
四十二	十一 義渠君爲臣歸魏焦曲沃	八 秦歸我焦曲沃	六	二十三	二	六	十六
四十三	十二 初臘會龍門	九	七	二十四	三	七	十七
四十四	十三 四月戊午魏君爲王	十	八 魏敗我韓舉	趙武靈王元年魏敗我趙護	四	八	十八
四十五	相張儀將兵取陝初更元年	十一 衞嗣君元年	九	二 城鄗	五	九	十九
四十六	二 相張儀與齊楚會齧桑	十二	十 君爲王	三	六 敗魏襄陵	十 君爲王	齊湣王地元年
四十七	三 張儀免相相魏	十三 秦取曲沃平周女化爲丈夫	十一	四 與韓會區鼠	七	十一	二

四十八	四	十四	十二	五 取韓女爲夫人	八	十二	三 封田嬰於薛
愼靚王元年 [集解]徐廣曰辛丑	五 王北遊戎地至河上	十五	十三	六	九	燕王噲元年	四 迎婦于秦
二	六	十六	十四 秦來擊我取鄢	七	十 城廣陵	二	五
三	七 五國共擊秦不勝而還	魏哀王元年 擊秦不勝	十五 擊秦不勝	八 擊秦不勝	十一 擊秦不勝	三 擊秦不勝	六 宋自立爲王
四	八 與韓趙戰斬首八萬張儀復相	二 齊敗我觀津	十六 秦敗我修魚得韓將申差	九 與韓魏擊秦齊敗我觀澤	十二	四	七 敗魏趙觀澤
五	九 擊蜀滅之取趙中都西陽安邑	三	十七	十 秦取我中都西陽安邑	十三	五 君讓其臣子之國顧爲臣	八
六	十	四	十八	十一 秦敗我將軍英	十四	六	九
周赧王元年 [集解]徐廣曰丁未 [索隱]赧音泥簡反宋忠曰赧諡也皇甫謐云名誕也	十一 侵義渠得二十五城	五 秦拔我曲沃歸其人走犀首岸門	十九	十二 徐廣曰紀年云立燕公子職	十五 魯平公元年	七 君噲及相子之皆死	十
二	十二 樗里子擊藺陽虜趙將公子繇通封蜀 [索隱]繇音由秦之公子	六 秦來立公子政爲太子與秦王會臨晉	二十	十三 秦拔我藺虜將趙莊	十六 張儀來相	八	十一

三	十三 庶長章擊楚斬首八萬	七 擊齊虜聲子於濮與秦擊燕	二十一 秦助我攻楚圍景痤	十四	十七 秦敗我將屈丐 [索隱]丐音蓋楚大夫	九 燕人共立公子平	十二
四	十四 蜀相殺蜀侯	八 圍衛	韓襄王元年	十五	十八	燕昭王元年	十三
五	秦武王元年 誅蜀相壯張儀魏章皆死於魏	九 與秦會臨晉	二	十六 吳廣入女生子阿立爲惠王后	十九	二	十四
六	二 初置丞相樗里子甘茂爲丞相	十 張儀死	三	十七	二十	三	十五
七	三	十一 與秦會應 [集解]徐廣曰在潁川大城	四 與秦會臨晉秦擊我宜陽	十八	二十一	四	十六
八	四 拔宜陽城斬首六萬涉河城武遂	十二 太子往朝秦	五 秦拔我宜陽斬首六萬	十九 初胡服	二十二	五	十七
九	秦昭王元年	十三 秦擊皮氏未拔而解	六 秦復與我武遂	二十	二十三	六	十八
十	二 彗星見桑君爲亂誅	十四 秦武王后來歸	七	二十一	二十四 秦來迎婦	七	十九
十一	三	十五	八	二十二	二十五 與秦王會黃棘秦復歸我上庸	八	二十
十二	四 彗星見	十六 秦拔我蒲坂晉陽封陵	九 秦取武遂	二十三	二十六 太子質秦	九	二十一

十三	五 魏王來朝	十七 與秦會臨晉復我蒲坂	十 太子嬰與秦王會臨晉因至咸陽而歸	二十四	二十七	十	二十二
十四	六 蜀反司馬錯往誅蜀守煇定蜀日蝕晝晦伐楚	十八 與秦擊楚	十一 秦取我穰與秦擊楚	二十五 趙攻中山惠后卒	二十八 秦韓魏齊敗我將軍唐眛於重丘	十一	二十三 與秦擊楚使公子將大有功
十五	七 樗里疾卒擊楚斬首三萬魏冉爲相	十九	十二	二十六	二十九 秦取我襄城殺景缺	十二	二十四 秦使涇陽君來爲質
十六	八 楚王來因留之	二十 與齊王會于韓	十三 齊魏王來立咎爲太子	二十七	三十 王入秦秦取我八城	十三	二十五 涇陽君復歸秦薛文入相秦
十七	九	二十一 與齊韓共擊秦於函谷河渭絕一日	十四 與齊魏共擊秦	趙惠文王元年 以公子勝爲相封平原君	楚頃襄王元年 秦取我十六城	十四	二十六 與魏韓共擊秦孟嘗君歸相齊
十八	十 楚懷王亡之趙趙弗內	二十二	十五	二 楚懷王亡來弗內	二	十五	二十七
十九	十一 彗星見復與魏封陵	二十三	十六 與齊魏擊秦秦與我武遂和	三	三 懷王卒於秦來歸葬	十六	二十八
二十	十二 樓緩免穰侯魏冉爲丞相	魏昭王元年 秦尉錯來擊我襄城	韓釐王咎元年	四 圍殺主父與齊燕共滅中山	四 魯文侯元年 [集解]徐廣曰一作湣	十七	二十九 佐趙滅中山
二十一	十三 任鄙爲漢中守	二 與秦戰不利解	二	五	五	十八	三十 田甲劫王相薛文走
二十二	十四 白起擊	三 佐韓擊	三 秦敗我	六	六	十九	三十一

	伊闕斬首二十四萬	秦秦敗我兵伊闕	伊闕二十四萬虜將喜				
二十三	十五 魏冉免相	四	四	七 迎婦秦	七	二十	三十二
二十四	十六	五	五 秦拔我宛	八	八	二十一	三十三
二十五	十七 魏入河東四百里	六 芒卯以詐見重	六 與秦武遂地方二百里	九	九	二十二	三十四
二十六	十八 客卿錯擊魏至軹取城大小六十一	七 秦擊我取城大小六十一	七	十	十	二十三	三十五
二十七	十九 十月為帝十二月復為王任鄙卒	八	八	十一 秦拔我桂陽〔集解〕徐廣曰一作梗	十一	二十四	三十六 為東帝二月復為王
二十八	二十	九 秦拔我新垣曲陽之城	九	十二	十二	二十五	三十七
二十九	二十一 魏納安邑及河內	十 宋王死我温	十 秦敗我兵夏山	十三	十三	二十六	三十八 齊滅宋
三十	二十二 蒙武擊齊	十一	十一	十四 與秦會中陽	十四 與秦會宛	二十七	三十九 秦拔我列城九
三十一	二十三 尉斯離與韓魏燕趙共擊齊破之	十二 與秦擊齊濟西與秦王會西周	十二 與秦擊齊濟西與秦王會西周	十五 取齊昔陽	十五 取齊淮北	二十八 與秦三晉擊齊燕獨入至臨菑取其寶器	四十 五國共擊湣王王走莒
三十二	二十四 與楚會穰	十三 秦拔我安城兵至大梁而還	十三	十六 與秦王會穰	十六	二十九	齊襄王法章元年
三十三	二十五	十四 大水衛懷君元年	十四 與秦會兩周間	十七 秦拔我兩城	十七	三十	二
三十四	二十六 魏冉復為丞相	十五	十五	十八 秦拔我石城	十八	三十一	三
三十五	二十七 擊趙斬首二萬地動壞城	十六	十六	十九 秦敗我軍斬首三萬	十九 秦擊我與秦漢北及上庸地	三十二	四
三十六	二十八	十七	十七	二十 與秦會黽池藺相如從	二十 秦拔鄢西陵	三十三	五 殺燕騎劫
三十七	二十九 白起擊楚拔郢更東至竟陵以為南郡	十八	十八	二十一	二十一 秦拔我郢燒夷陵王亡走陳	燕惠王元年	六
三十八	三十 白起封為武安君	十九	十九	二十二	二十二 秦拔我巫黔中	二	七
三十九	三十一	魏安釐王元年秦拔我兩城封弟公子無忌為信陵君	二十	二十三	二十三 秦所拔我江旁反秦	三	八
四十	三十二	二 秦拔我兩城軍大梁下韓來救與秦溫以和	二十一 暴鳶救魏為秦所敗走開封	二十四	二十四	四	九
四十一	三十三	三 秦拔我四城斬首四萬	二十二	二十五	二十五	五	十
四十二	三十四 白起擊魏華陽軍芒卯走得三晉將斬首十五萬	四 與秦南陽以和	二十三	二十六	二十六	六	十一
四十三	三十五	五 擊燕	韓桓惠王元年	二十七	二十七 擊燕魯頃公元年	七	十二
四十四	三十六	六	二	二十八 藺相如攻齊至平邑	二十八	燕武成王元年	十三
四十五	三十七	七	三	二十九 秦拔我閼與趙奢將擊秦大敗之賜號曰馬服	二十九	二	十四 秦擊我剛壽
四十六	三十八	八	四	三十 秦擊我閼與城不拔	三十	三	十五
四十七	三十九	九 秦拔我懷	五	三十一	三十一	四	十六
四十八	四十 太子質於魏者死歸葬芷陽	十	六	三十二	三十二	五	十七
四十九	四十一	十一 秦拔我廩丘〔集解〕徐廣曰或作邢丘	七	三十三	三十三	六	十八
五十	四十二 宣太后薨安國君為太子	十二	八	趙孝成王元年秦拔我三城平原君相	三十四	七 齊田單拔中陽	十九
五十一	四十三	十三	九 秦拔我陘城汾旁	二	三十五	八	齊王建元年
五十二	四十四 秦攻韓取南陽〔集解〕徐廣曰一作郡	十四	十 秦擊我太行	三	三十六	九	二

五十三	五十四	五十五	五十六	五十七	五十八	五十九 [集解]徐廣曰乙巳赧王卒					
四十五 秦攻韓取十城	四十六 王之南鄭	四十七 白起破趙長平殺卒四十五萬	四十八	四十九	五十 王齕鄭安平圍邯鄲及齕還軍拔新中	五十一	五十二 取西周王 [集解]徐廣曰丙午王稽棄市	五十三	五十四	五十五	五十六
十五	十六	十七	十八	十九	二十 公子無忌救邯鄲秦兵解去	二十一 韓魏楚救趙新中秦兵罷	二十二	二十三	二十四	二十五 衛元君元年	二十六
十一	十二	十三	十四	十五	十六	十七 秦擊我陽城救趙新中	十八	十九	二十	二十一	二十二
四	五 使廉頗距秦於長平	六 使趙括代廉頗將白起破括四十五萬	七	八	九 秦圍我邯鄲楚魏救我	十	十一	十二	十三	十四	十五 平原君卒
楚考烈王元年秦取我州黄歇爲相	二	三	四	五	六 春申君救趙	七 救趙新中	八 取魯魯君封於莒	九	十 徙於鉅陽	十一	十二 柱國景伯死
十	十一	十二	十三	十四	燕孝王元年	二	三	燕王喜元年	二	三	四 伐趙趙破我軍殺栗腹
三	四	五	六	七	八	九	十	十一	十二	十三	十四

	秦孝文王元年 [集解]徐廣曰辛亥文王后曰華陽后生莊襄王子楚母曰夏太后	秦莊襄王楚元年 [集解]徐廣曰壬子蒙驁取成皋滎陽元年初置三川郡呂不韋相取東周	蒙驁擊趙榆次新城狼孟得三十七城日蝕	王齮擊上黨初置太原郡魏公子無忌率五國卻我軍河外蒙驁解去 [集解]徐廣曰齮一作齕	始皇帝元年 [集解]徐廣曰乙卯擊定晉陽作鄭國渠
	二十七	二十八	二十九	三十 無忌率五國兵敗秦軍河外	三十一
	二十三	二十四 秦拔我成皋滎陽	二十五	二十六 秦拔我上黨	二十七
	十六	十七	十八	十九	二十 秦拔我晉陽
	十三	十四 楚滅魯頃公遷下邑爲家人絕祀	十五 春申君徙封於吳	十六	十七
人 [索隱]姓字燕相也	五	六	七	八	九
	十五	十六	十七	十八	十九

二	三 蒙驁擊韓取十三城王齮死	四 七月蝗蔽天下百姓納粟千石拜爵一級	五 蒙驁取魏酸棗二十城初置東郡	六 五國共擊秦	七 彗星見北方西方夏太后薨蒙驁死	八 嫪毐封長信侯	九 彗星見竟天嫪毐爲亂遷其舍人于蜀彗星復見	十 相國呂不韋免齊趙來置酒太后入咸陽大索
三十二	三十三	三十四 信陵君死	魏景湣王元年秦拔我二十城	二 秦拔我朝歌衛從濮陽徙野王	三 秦拔我汲	四	五 秦拔我垣蒲陽衍	六
二十八	二十九 秦拔我十二城	三十	三十一	三十二	三十三	三十四	韓王安元年	二
二十一	趙悼襄王偃元年	二 太子從質秦歸	三 趙相魏相會魯柯盟	四	五	六	七	八 入秦置酒
十八	十九	二十	二十一	二十二 王東徙壽春命曰郢	二十三	二十四	二十五 李園殺春申君	楚幽王悼元年
十	十一	十二 趙拔我武遂方城	十三 劇辛死於趙	十四	十五	十六	十七	十八
二十	二十一	二十二	二十三	二十四	二十五	二十六	二十七	二十八 入秦置酒

十一　呂不韋之河南王翦擊鄴閼與取九城	七	三	九　秦拔我閼與鄴取九城	二	十九	二十九
十二　發四郡兵助魏擊楚呂不韋卒復嫪毒舍人遷蜀者	八　秦助我擊楚	四	趙王遷元年　集解徐廣曰幽愍元年	三　秦魏擊我	二十	三十
十三　桓齮擊平陽殺趙扈輒斬首十萬因東擊趙王之河南彗星見	九	五	二　秦拔平陽敗我扈輒斬首十萬　索隱輒人姓字趙將有別漢扈輒也	四	二十一	三十一
十四　桓齮定平陽武城宜安韓使非來我殺非韓王請爲臣	十	六	三　秦拔我宜安	五	二十二	三十二
十五　興軍至鄴一軍至太原取狼孟	十一	七	四　秦拔我狼孟鄱吾軍鄴　索隱鄱音婆又音盤縣名在常山	六	二十三　太子丹質於秦亡來歸	三十三
十六　置麗邑發卒受韓南陽地	十二　獻城秦	八　秦來受地	五　地大動	七	二十四	三十四
十七　內史勝擊得韓王安盡取其地置潁川郡華陽太后薨	十三	九　秦虜王安	六	八	二十五	三十五
十八	十四　衞君角元年	秦滅韓	七	九	二十六	三十六
十九　王翦拔趙虜王遷之邯鄲帝太后薨	十五		八　秦王翦虜王遷邯鄲公子嘉自立爲代王	十　幽王卒弟郝立爲哀王三月負芻殺哀王	二十七	三十七
二十　燕太子使荊軻刺王覺之王翦將擊燕	魏王假元年		代王嘉元年	楚王負芻元年負芻哀王庶兄	二十八　太子丹使荊軻刺秦王秦伐我	三十八
二十一　王賁擊楚	二		二	二　秦大破我取十城	二十九　秦拔我薊得太子丹王徙遼東	三十九
二十二　王賁擊魏得其王假盡取其地	三　秦虜王假		三	三	三十	四十
二十三　王翦蒙武擊破楚軍殺其將項燕			四	四　秦破我將項燕	三十一	四十一
二十四　王翦蒙武破楚虜其王負芻			五	五　秦虜王負芻	三十二	四十二
二十五　王賁擊燕虜王喜又擊代虜王嘉五月天下大酺			六　秦將王賁虜王嘉秦滅趙	秦滅楚	三十三　秦虜王喜拔遼東	四十三
二十六　王賁擊齊虜王建初并天下立爲皇帝					秦滅燕	四十四　秦虜王建
二十七　更命河爲德水爲金人十二命民曰黔首同天下書分爲三十六郡						秦滅齊
二十八　爲阿房宮之衡山治馳道帝之琅邪道南郡入爲太極廟賜戶三十爵一級						
二十九　郡縣大索十日帝之琅邪道上黨入						
三十						
三十一　更命臘曰嘉平賜黔首里六石米二羊以嘉平大索二十日						
三十二　帝之碣石道上郡入						
三十三　遣諸逋亡及賈人贅婿略取陸梁爲桂林南海象郡以適戍西北取戎爲三十四縣　集解徐廣曰一云四十四縣是也又云二十四縣　築長城河上蒙恬將三十萬						
三十四　適治獄吏不直者築長城及南方越地覆獄故失						
三十五　爲直道道九原通甘泉						
三十六　徙民於北河榆中耐徙三處　集解徐廣曰一作家拜爵一級　石晝隕東郡有文言地分						
三十七　十月帝之會稽琅邪還至沙丘崩子胡亥立爲二世皇帝殺蒙恬道						

九原入復行錢

二世元年
十月戊寅大赦罪人十一月為兎園十二月就阿房宮其九月郡縣皆反楚兵至戲章邯擊卻之出衛君角為庶人

二
將軍章邯長史司馬欣都尉董翳追楚兵至河誅丞相斯去疾將軍馮劫

三
趙高反二世自殺高立二世兄子嬰子嬰立刺殺高夷三族諸侯入秦嬰降為項羽所殺尋誅羽天下屬漢

索隱述贊曰春秋之後王室益卑楚彊南服秦霸西垂三卿分晉八代與嫣遞主盟會互為雄雌二周前滅六國後梟壯哉嬴氏吞并若斯

史記卷十五考證

六國年表

周

元王元年徐廣曰乙丑○臣祖庚按通鑑元年丙寅則乙丑乃敬王四十四年徐廣以敬王崩在甲子故以乙丑為元索隱元王八年崩亦誤以乙丑為元耳皇甫謐曰元年癸酉二十八年庚子崩按通鑑元王在位七年癸酉乃定王元年在位二十八年應入定王表內誤列于此

定王元年皇甫謐曰元年癸亥十年壬申崩○臣祖庚按通鑑癸亥乃敬王四十二年壬申則元王崩年也又本紀敬王四十二年崩謐蓋據本紀即以癸亥為元耳應入元王表內誤列于此

安王三年王子定奔晉○本紀不載

秦

厲共公元年○臣祖庚按通鑑在敬王四十四年則元王元年乃厲共二年也

五年楚人來賂○本紀不載臣照按年表有而本紀無者六國都有而秦表為最此下六年義渠來賂緜諸乞來援七年彗星見十年庶長將兵拔魏城彗星見十四年晉人楚人來賂十六年補龐戲城二十年公將師與綿諸戰二十六年左庶長城南鄭二十八年越人來迎女二十九年晉大夫知伯寬率其邑人來奔躁公八年六月雨雪日月蝕懷公元年生靈公靈公元年生獻公三年作上下畤八年城塹河瀕初以君主妻河十年補龐城簡公二年與晉戰敗鄭下五年日蝕十四年伐魏至陽狐惠公三年日蝕五年伐諸緜九年伐韓宜陽取六邑十年與晉戰武城縣陝獻公三年日蝕晝晦六年初縣蒲藍田善明氏十年日蝕十一年縣櫟陽十六年民大疫日蝕十九年敗韓魏洛陽孝公元年彗星見西方十一年城商塞衛鞅圍固陽降之十三年初為縣有秩史十九年城武城從東方牡邱來歸二十一年馬生人二十四年秦大荔圍合陽惠文王二年宋太邱社亡三年拔韓宜陽四年魏夫人來七年義渠內亂庶長操將兵定之十二年會龍門昭王十七年魏入河東四百里二十七年地動壞城五十二年王稽棄市十一年呂不韋之河南十二年發四郡兵助魏擊楚本紀皆不載古人之意今不可得而見矣今彙列于此其他異同仍分條各著焉

靈公七年與魏戰少梁○本紀作六年大事記曰出師在六年而戰在七年也

十年○城籍姑靈公卒立其季父悼子是為簡公本紀俱作十三年

簡公十五年簡公卒○本紀作十六年

惠公十一年太子生○本紀作十二年

十三年蜀取我南鄭○本紀作伐蜀取南鄭

獻公十七年櫟陽雨金四月至八月○本紀作十八年而不紀月

二十三年與魏戰少梁虜其太子○本紀與魏晉戰少梁虜其將公孫痤無太子之文

孝公十二年初取小邑為三十一縣○本紀作四十一

二十三年與晉戰岸門○本紀作二十四年岸門作鴈門

惠文王八年與韓趙戰斬首八萬○本紀七年共擊秦當即此事通鑑七年五國皆敗走八年大敗韓師於修魚無趙則屬兩事未悉温公所據

九年取趙中都西陽安邑○本紀無安邑前十年衛鞅圍魏安邑降之安邑非趙地表蓋衍文耳趙世家作西都中陽與秦紀表互異

十一年侵義渠得二十五城○本紀作十年

十二年樗里子擊藺陽虜趙將公子緜通封於蜀○本紀十一年樗里疾攻魏焦降之非藺陽也十二年虜將莊又本紀十一年公子通封於蜀無緜字

武王元年張儀魏章皆死於魏○本紀張儀魏章東出之魏魏世家張儀魏章皆歸於魏死字疑誤

昭王七年魏冉為相○本紀作十二年

十年楚懷王亡之趙○本紀作十一年

十五年魏冉免相○本紀作十六年

十八年客卿錯擊魏至軹取城大小六十一○本紀作十六年又秪稱左更錯取軹及鄧無取城大小六十一之文通鑑亦作十八年云秦大良造白起伐魏取六十一城又似兩事

三十年白起封武安君○本紀作二十九年

四十四年秦攻韓取南陽○本紀作南郡

五十二年取西周王○本紀云周初亡臣祖庚按通鑑遷西周公於憚狐之聚取疑是遷王疑是公傳寫之訛也

始皇帝二十一年王賁擊楚○本紀王賁攻薊不云擊

楚

二十三年殺其將項燕○本紀作二十四年
二十七年更命河爲德水爲金人十二命民曰黔首同天下書分爲三十六郡○本紀作二十六年
二十八年爲阿房宮○本紀三十五年二十六年築宮咸陽北阪上二十七年作信宮總非二十八年事也
三十三年西北取戎爲四十四縣○本紀作三十四縣

魏

衞悼公○世家作懷公
文侯斯○世家作都
五年魏誅晉幽公○世家作盜殺幽公
十七年雒陰合陽○通鑑合作郃
十八年受經子夏過段干木之閭常式○世家作二十五年
二十年卜相李克○世家作二十五年
二十四年伐秦至陽狐○本紀作秦伐我至陽狐
晉孝公傾○世家作頎
三十六年秦侵晉○世家作秦侵我陰晉表葢脫我陰二字
惠王五年與韓會宅陽城武都○世家都作堵
九年與秦戰少梁虜我太子○詳見秦獻二十三年
十六年與秦孝公會杜平○監本訛有十六年年下有徐廣曰三字衍文今去
襄王二年秦敗我雕陰○此與五年魏獻少梁河西地於秦自是兩事通鑑與表同世家則并入五年
哀王六年秦來立公子政爲太子○世家來作求
七年虜聲子於濮○世家徐廣注聲子作贅子
安釐王十一年秦拔我廩丘○世家作鄟丘

韓

文侯七年鄭敗晉○世家敗作反
哀侯六年韓嚴殺其君○世家同通鑑韓嚴遂弒其君哀侯以韓廆爲相而愛嚴遂二人相害遂刺廆於朝并中哀侯據此則表與世家俱脫遂字
昭侯六年取陵觀廩丘○世家廩作邢
宣惠王十年君爲王○世家作十一年
襄王十六年與齊魏擊秦秦與我武遂和○臣祖庚按通鑑齊韓魏伐秦秦割河東三城以和卽十四年事也世家擊秦事與通鑑同已見十四年表內此又書擊秦者羨文也
釐王二十一年暴鳶救魏○世家鳶作鷔
桓惠王二十九年秦拔我十二城○世家作十三城

趙

襄子元年以金斗殺代王○世家斗作料
烈侯元年魏使太子伐中山○世家魏文侯伐中山使太子擊守之通鑑晉魏斯擊宋使樂羊伐中山使其子擊守中山據此伐當是守
敬侯八年襲衞不克○世家不載
成侯六年敗魏涿澤○世家涿作濁正義曰音濁葢齊康公會晉衞於濁澤齊威王敗魏於濁澤卽此地也
武靈王二年城鄗○世家作三年
十年秦取我中都西陽安邑○說見秦惠文後九年
十二年立燕公子職○世家作十一年
二十五年趙攻中山○世家作二十三年
惠文王元年以公子勝爲相封平原君○世家不載
二年楚懷王亡來弗內○世家不載
四年圍殺主父與齊燕共滅中山○世家三年滅中山
四年圍主父餓死
七年迎婦秦○臣祖庚按趙無迎婦于秦之事惟楚世家楚迎婦於秦通鑑亦云楚君迎婦於秦楚頃襄七年事也表文下格卽楚頃襄七年悞入上格趙惠文七年耳
十五年取齊昔陽○世家作十六年
孝成王元年平原君相○世家不載通鑑趙以公子勝爲相在赧王四十九年惠文三十三年也其非孝成元年明矣且惠文元年表內已書爲相至此又書姘訛可知
九年秦圍我邯鄲○世家在七年
楚魏救我○世家在八年
十五年平原君卒○世家作十四年
趙王遷○世家作幽
二年秦拔我平陽敗扈輒斬首十萬○世家秦攻武城扈輒率師救之軍敗死焉
三年秦拔我宜安○世家秦攻宜安李牧率師却之與表異通鑑秦伐趙取宜安平陽武城與表同據此則李牧却之者二年事也拔平陽拔宜安俱三年事世家誤其年故表前後參差耳

楚

惠王二十二年魯哀公卒○通鑑貞定王元年魯哀公卒於有山氏世家同據此則二十一年也
悼王二年三晉來伐我至桑丘○世家作乘丘
懷王二十四年秦來迎婦○世家云秦昭王初立乃厚賂於楚楚往迎婦臣祖庚按秦來秦來賂楚也迎婦楚往迎婦也當作兩句讀
頃襄王元年秦取我十六城○世家云取析十五城而去徐廣曰旣取析又并左右十五城也廣葢因表爲十六城而遷就其詞
二十年秦拔鄢西陵○世家拔我西陵不云鄢
考烈王十四年楚滅魯頃公遷下邑○魯世家作卞邑徐廣注一作卞通鑑遷其君於卞卞春秋魯邑名卽古卞明國也戰國時屬楚則下邑應作卞邑

燕

燕人共立公子平○臣照按燕王噲七年已爲齊所殺死二年而燕乃立平燕國二年無君則表內七格後八格不應書八字九格不應書九字噲已死矣誰之八年九年耶

齊

宣公四十四年伐魯莒及安陽○世家莒作葛陽作陵

湣王三年封田嬰於薛○世家同臣祖庚按顯王四十八年爲湣王三年齊號薛公田文爲孟嘗君初齊王封田嬰於薛嬰卒文嗣立號孟嘗君據此則是年田文號孟嘗君非封田嬰於薛也

史記卷十六

漢　太史　令司馬遷　撰

宋中郎外兵曹參軍裴駰集解

唐國子博士弘文館學士司馬貞索隱

唐諸王侍讀率府長史張守節正義

秦楚之際月表第四

[索隱]張晏云時天下未定參錯變易不可以年記故列其月今按秦楚之際擾攘僭篡運數又促故以月紀事而名表也

太史公讀秦楚之際曰初作難發於陳涉虐戾滅秦自項氏撥亂誅暴平定海內卒踐帝祚成於漢家五年之間號令三嬗音善[索隱]古禪字音市戰反三嬗謂陳涉項氏漢高祖也自生民以來未始有受命若斯之亟也[索隱]音己力反亟訓急也昔虞夏之興積善累功數十年德洽百姓攝行政事考之於天[集解]韋昭曰謂舜受禪在璇璣玉衡以齊七政然後在位湯武之王乃由契后稷修仁行義十餘世不期而會孟津八百諸侯猶以爲未可其後乃放弒[索隱]按謂湯放桀武王討紂也秦起襄公章於文繆獻孝之後稍以蠶食六國百有餘載至始皇乃能并冠帶之倫以德若彼[索隱]卽契后稷及秦襄公文公穆公也用力如此[索隱]謂湯武及始皇也蓋一統若斯之難也秦既稱帝患兵革不休以有諸侯也於是無尺土之封墮壞名城銷鋒鏑[集解]徐廣曰鏑作鍉[索隱]鏑音的注鍉字亦音的按秦銷鋒鏑作金人十二以弱天下之兵也鉏豪桀維萬世之安[索隱]維訓度謂計度令萬世安也然王跡之興起於閭巷合從討伐軼於三代鄉秦之禁適足以資賢者爲驅除難耳[索隱]鄉音向許亮反謂秦前時之禁兵及不封樹諸侯適足以資後之賢者卽高帝也言爲之驅除患難也故憤發其所爲天下雄[索隱]指漢高祖安在無土不王[集解]白虎通曰聖人無土不王使舜不遭堯當如夫子老於闕里也此乃傳之所謂大聖乎[索隱]高祖起布衣卒傳之天位實所謂大聖豈非天哉豈非天哉非大聖孰能當此受命而帝者乎

秦	二世元年[集解]徐廣曰壬辰[正義]七月陳涉起陳八月武臣起趙九月項梁起吳田儋起齊沛公初起韓廣起燕十二月魏咎起魏陳王立之二年六月韓成起韓項梁立之也	七月	八月	九月楚兵至戲	二年十月	十一月	十二月	端月[索隱]二世二年正月也秦諱正謂之端
楚		楚隱王陳涉起兵入秦[索隱]涉起凡六月盡二世元年十二月也	二葛嬰爲涉徇九江立襄彊爲楚王[索隱]涉之二月也	三周文兵至戲敗走葛嬰聞涉王卽殺彊	四誅葛嬰	五周文死	六陳涉死	楚王景駒始秦嘉立之[索隱]八月項梁殺之
項				項梁號武信君[索隱]二世元年九月立至二年九月章邯殺梁於定陶	二	三	四	五涉將召平矯拜項梁爲楚柱國急西擊秦
趙			武臣始至邯鄲自立爲趙王始[索隱]凡四月爲李良所殺當二世元年八月也	二	三	四李良殺武臣張耳陳餘走	五	趙王歇始立張耳陳餘立之[索隱]項羽立爲代王後
齊				齊王田儋始儋狄人諸田宗彊從弟榮弟橫[索隱]至二世二年六月章邯殺儋	二儋之起殺狄令自王	三	四	五讓景駒以擅自王不請我
漢				沛公初起[索隱]凡十四月懷王封沛公爲武安侯將碭郡兵	二擊胡陵方與破秦監軍	三殺泗水守拔薛西周市東略地豐沛間[集解]徐廣曰泗水屬東海	四雍齒叛沛公以豐降魏沛公還攻豐不能下	五沛公聞景駒王在留往從與擊秦軍碭西[集解]徐
燕				韓廣爲趙略地至薊自立爲燕王始[索隱]項羽後分燕爲二臧荼爲燕王廣爲遼東王後韓信殺廣	二	三	四	五
魏				魏王咎始咎在陳不得歸國[集解]徐廣曰魏咎曹咎字皆作臼音舊[索隱]至二世二年六月咎自殺	二	三齊趙共立周市市不肯曰必立魏咎云	四咎自陳歸立陳涉死	五章邯已破涉圍咎臨濟
韓								

	一		漢滅歇立張耳		廣日一作蕭			
二月	二　嘉爲上將軍	六　梁渡江陳嬰黥布皆屬	二	六　景駒使公孫慶讓齊誅慶	六　攻下碭收得兵六千與故凡九千人	六	六	
三月	三	七	三	七	七　攻拔下邑遂擊豐豐不拔聞項梁兵眾往請擊之	七	七	
四月	四　梁擊殺景駒秦嘉遂入薛兵十餘萬眾	八	四	八	八　沛公如薛見項梁梁益沛公卒五千擊豐拔之	八	八　臨濟急周市如齊楚請救	
五月	五	九	五	九	九　雍齒奔魏	九	九	
六月	楚懷王始都盱台故懷王孫梁立之〔索隱〕懷王孫名心也項梁與諸侯尊爲義帝羽殺之	十　梁求楚懷王孫得之民間立爲楚王	六	十　儋救臨濟章邯殺田儋榮走東阿	十　沛公如薛共立楚懷王	十	十　咎自殺臨濟降秦	韓王韓成始〔索隱〕項羽更王之不使就封數月殺之立鄭昌爲韓王降漢漢封韓信爲王
七月	二　陳嬰爲柱國	十一　天大雨三月不見星	七	十一　齊立田假爲王秦急圍榮東阿	十一　沛公與項羽北救東阿破秦軍濮陽東屠城陽	十一	十一　咎弟豹走東阿	二
八月	三	十二　救東阿破秦軍乘勝至定陶項梁有驕色	八	楚救榮得解歸逐田假立儋子市爲齊王始	十二　沛公與項羽西略地斬三川守李由於雍丘	十二	十二	三

九月	四　徙都彭城	十三　章邯破殺項梁於定陶項羽恐還軍彭城	九	二　田假走楚楚趨齊救趙田榮以假故不肯	十三　沛公聞項梁死還軍從懷王軍於碭	十三	魏豹自立爲魏王都平陽始	四
後九月〔集解〕徐廣曰應閏建酉	五　拜宋義爲上將軍	懷王封項羽於魯爲次將屬宋義北救趙	十　秦兵圍歇鉅鹿陳餘出救兵	三　楚殺假乃出兵項羽怒田榮	十四　懷王封沛公爲武安侯將碭郡兵西約先至咸陽王之	十四	二	五
三年十月	六	二	十一　章邯失邯鄲徙其民於河內	四　齊將田都叛榮往助項羽救趙	十五　攻破東郡尉及王離軍於武城南	十五　使將臧荼救趙	三	六　從項羽略入關
十一月	七　拜籍上將軍	三　羽矯殺宋義將其兵渡河救鉅鹿	十二	五	十六	十六	四	七
十二月	八	四　大破秦軍鉅鹿下諸侯將皆屬項羽	十三　楚救至秦圍解	六　故齊王建孫田安下濟北從項羽救趙	十七　救趙至栗得皇訢武蒲軍與秦軍戰破之	十七	五　豹救趙	八
端月	九	五　虜秦將王離	十四　張耳怒陳餘棄將印去	七　項羽田榮分齊爲二國	十八	十八	六	九
二月	十	六　攻破章邯章邯軍卻	十五	八	十九　得彭越軍昌邑襲陳留用酈食其策軍得積粟	十九	七	十
三月	十一	七	十六	九	二十　攻開封破秦將楊熊熊走滎陽秦斬熊以徇	二十	八	十一

四月	十二	八　楚急攻章邯章邯恐使長史欣歸秦請兵趙高讓之	十七	十	二十一　攻潁陽略韓地北絕河津	二十一	九	十二
五月	二年一月	九　趙高欲誅欣欣恐亡走告章邯謀叛秦	十八	十一	二十二	二十二	十	十三
六月	二	十　章邯與楚約降未定項羽許而擊之	十九　張耳從楚西入秦	十二	二十三　攻南陽守齮破之陽城郭東〔集解〕徐廣曰陽城在南陽	二十三	十一	十四
七月	三	十一　項羽與章邯期殷虛章邯等已降與盟以邯爲雍王	二十	十三	二十四　降下南陽封其守齮	二十四	十二	十五　申陽下河南降楚
八月趙高殺二世	四	十二　以秦降都尉翳長史欣爲上將將秦降軍	二十一　趙王歇留國陳餘亡居南皮	十四	二十五　攻武關破之	二十五	十三	十六
九月子嬰爲王	五	十三	二十二	十五	二十六　攻下嶢及藍田以留侯策所戰皆降	二十六	十四	十七
十月〔集解〕徐廣曰歲在乙未	六	十四　項羽將諸侯兵四十餘	二十三　張耳從楚西入秦	十六	二十七　漢元年秦王子嬰降沛	二十七	十五　從項羽略地遂入關	十八

	十一月	十二月	義帝元年一月		二月 徙都江南郴
	七	八	九	諸侯尊懷王爲義帝	西楚霸王項籍始爲天下主命立十八王
萬行畧地西至於河南	十五 羽詐坑殺秦降卒二十萬人於新安	十六 至關中誅秦王子嬰屠燒咸陽分天下立諸侯	十七 分楚爲四	項籍自立爲西楚霸王	[索隱]高祖及十八諸侯受封之月漢書異姓王
				分爲衡山	王吳芮始故番君
				分爲臨江	王共敖始故楚柱國
				分爲九江	王英布始故楚將
	二十四	二十五 分趙爲代國	二十六	更名爲常山	王張耳始故楚將[索隱]故趙相
				分爲代	二十七 王趙歇始故趙王
	十七	十八 項羽怨榮殺之分齊爲三國[索隱]臨淄 濟北 膠東	十九	更名爲臨淄	王田都始故齊將
				分爲濟北	王田安始故齊將
				分爲膠東	二十 王田市始故齊王
公入破咸陽平秦還軍霸上待諸侯約	二十八 沛公出令三章秦民大悅	二十九 與項羽有郤見之戲下講解羽倍約分關中爲四國[索隱]漢 雍 塞 翟	正月	分關中爲漢	二月 漢王始故沛公
				分關中爲雍	王章邯始故秦將
				分關中爲塞	王司馬欣始故秦將[索隱]故秦長史
				分關中爲翟	王董翳始故秦將[索隱]故秦都尉
	二十八	二十九 臧荼從入分燕爲二國[索隱]燕 遼東也	三十	燕	王臧荼始故燕將
				分爲遼東	二十一 王韓廣始故燕王
	十六	十七 分魏爲殷國	十八	更爲西魏	十九 王魏豹始故魏王
				分爲殷	王司馬卬始故趙將
	十九	二十 分韓爲河南國	二十一	韓	二十二 王韓成始故韓將[索隱]故韓王
				分爲河南	王申陽始故楚將

			三
			二 都彭城
表云一月應劭云諸侯王始受封之月十八王同時	稱一月以非正元故云一月高祖十月至霸上改元	至此月漢四月也	二 都江都 [索隱]漢表云二月應
			二 都邾
			二 都江陵
			二 都六
			二 都襄國
			二十八 都代
			二 都臨淄
			二 都博陽
			二十一 都即墨
			三月 都南鄭
			二 都廢丘
			二 都櫟陽
			二 都高奴
			二 都薊
			三十二 都無終
			二十 都平陽 [索隱]後從漢又
			二 都朝歌
			二十三 都陽翟 [索隱]姚氏
			二 都洛陽

劭云諸侯王始都國之月十八王同時稱二月

叛韓信虜之漢四年周苛殺豹也

云韓成是項梁所立不與十七國封此云十八王並 項羽所命不細區別又高紀云項羽與成至彭城廢 爲侯又殺之是不令就國當以陽翟爲都而不之其

	四
	三 諸侯罷戲下兵皆之國
	三
	三
	三
	三
	二十九 索隱 趙歇前爲趙王已二十六月今徙王代之三月故云二十九月共膠東市之前爲齊王十九韓廣魏豹韓成五人並先爲王
	三
	三
	二十二
	四月
	三
	三
	三
	三
	三十三
	二十一
	三
所封國也	二十四
	三

	五	六	七	八	九
	四	五	六	七	八
	四	五	六	七	八
	四	五	六	七	八
	四	五	六	七	八
	四	五	六	七	八
已經多月故因舊月而數	三十	卌一	卌二	卌三	卌
	四 田榮擊都都降楚	五 齊王田榮始故齊相	二	三	四
	四	五	六 田榮擊殺安屬齊	七	
	二十三	二十四 田榮擊殺市屬齊			
	五月	六月	七月	八月	九
	四	五	六	七 邯守廢丘漢圍之	八
	四	五	六	七 欣降漢國除	屬漢
	四	五	六	七 翳降漢國除	屬漢
	四	五	六	七	八
	三十四	卌五	卌六	卌七 臧荼擊殺廣無終滅之屬燕	
	二十二	二十三	二十四	二十五	二
	四	五	六	七	八
	二十五	二十六	二十七 項羽誅成	韓王鄭昌始項王立之	二
	四	五	六	七	八

	十 項羽滅義帝 索隱 羽使九江王布殺之漢王爲舉哀			
	九	十	十一	十二
	九	十	十一	十二
	九	十	十一	十二
	九	十	十一	十二
	九 耳降漢		歇以陳餘爲代王號成安君	二
四	卌五 歇復王趙	卌六 代王歇還王趙	卌七	卌八
	五	六	七	八 項籍擊榮走平原平原民殺之
月	十月 王至陝 集解 徐廣曰弘農陝縣	十一月	十二月	正月
	九	十 漢拔我隴西	十一	十二 漢拔我北地
爲河南郡				
爲上郡				
	九	十	十一	十二
十六	二十七	二十八	二十九	三十
	九	十	十一	十二
	三	韓王信始漢立之	二	三
	九	屬漢爲河南郡		

二年一月	二	三項羽以兵三萬破漢兵五十六萬	四	五
二年一月	二	三	四	五
十三	十四	十五	十六	十七
二年一月	二	三	四	五
三	四	五	六	七
卅九	四十	四十一	四十二	四十三
項籍立故齊王田假爲齊王	二田榮弟橫反城陽擊假走楚楚殺假	三齊王田廣始廣榮子橫立之	二	三
二月	三月王擊殷	四月王伐楚至彭城壞走	五月王走滎陽	六月王入關立太子
二年一月	二	三	四	五漢殺邯廢丘
二年一月	二	三	四	五
卅一	卅二降漢爲廢王	卅三從漢伐楚	卅四豹歸叛漢	卅五
十三	十四降漢卬廢	爲河內郡屬漢		
四	五	六從漢伐楚	七	八

	六	七	八	九	十
	六	七	八	九	十
	十八	十九	二十	二十一	二十二
	六	七	八	九	十
	八	九	十	十一	十二漢將韓信斬陳餘
	四十四	四十五	四十六	四十七	四十八漢滅歇立張耳屬漢爲郡
	四	五	六	七	八
復如滎陽	七月	八月	九月	後九月[集解]徐廣曰應閏建巳	三年十月
	屬漢爲隴西北地中地郡				
	六	七	八	九	十
	卅六	卅七	卅八漢將韓信虜豹屬漢爲河東上黨郡		
	九	十	十一	十二	二年一月

十一	十二	三年一月	二	三	四		五	六
十一	十二	三年一月	二	三	四		五	六
二十三	二十四	二十五	二十六	二十七	二十八		二十九	三十
十一	十二布身降漢地屬項籍							
十三屬漢爲太原郡								
九	十	十一	十二	十三	十四		十五	十六
十一月	十二月	正月	二月	三月	四月	楚圍王滎陽	五月	六月王出滎陽[集]
十一	十二	三年一月	二	三	四	四	五	六
二	三	四	五	六	七	七	八	九

	七	八	九	十		十一 漢將韓信擊殺龍且
	七	八	九	十		十一
	卅一 王敖薨臨江王驩始敖子		二	三		四
						趙王張耳始漢立之
	十七	十八	十九	二十		二十一 漢將韓信擊殺廣屬
解徐廣曰項羽高紀七月出滎陽	七月	八月 周苛樅公殺魏豹	九月	四年	十月	十一月
	七					
		八	九	十		十一
	十	十一	十二	三年	一月	二

十二	四年一月	二	三 漢御史周苛入楚	四		五
十二	四年一月	二	三	四		五
五	六	七	八	九		十
二	三	四	五	六		七
漢為郡		齊王韓信始漢立之	二	三		四
十二月	正月	二月 立信王齊	三月 周苛入楚	四月 王出滎陽	豹死 集解徐廣曰項羽紀曰王出成皋	五月
十二	四年一月	二	三	四		五
三	四	五	六	七		八

六	七	八	九	十	十一	十二 誅籍	齊王韓信
六	七	八	九	十	十一	十二	十三
十一	十二	十三	十四	十五	十六	十七 漢虜驩屬	漢為南郡
	淮南王英布始漢立之	二	三	四	五	六	七 淮南
八	九	十	十一	十二	二年一月	二	三 趙國
五	六	七	八	九	十	十一	十二
六月	七月 立布為淮南王	八月	九月 太公呂后歸自楚	五年 十月	十一月	十二月	正月
六	七	八	九	十	十一	十二	五年
							復置梁國
九	十	十一	十二	四年一月	二	三	四 韓王
							分臨江為

徙楚王	二	三	四	五	六	七	八
徙王長沙	屬淮南國						
國	八	九	十	十一	十二	二年一月	二
	四	五	六	七	八	九耳薨諡景王	趙王張敖
徙王楚屬漢南四郡							
殺項籍天下平諸侯臣屬漢	二月甲午王更號即皇帝位於定陶	三月	四月	五月	六月帝入關	七月	八月
一月燕國	二	三	四	五	六	七	八
	一月梁王彭越始	二	三	四	五	六	七
信徙王代都馬邑	五	六	七	八	九	十	十一
長沙國	衡山王吳芮為長沙王【索隱】改封也	二	三	四	五	六芮薨諡文王	長沙王成

	九王得故項羽將鍾離昧斬之以聞	十
	三	四
立耳子	二	三
帝自將誅燕	九月	後九月【集解】徐廣曰應閏建寅
	九反漢虜荼【索隱】漢書作四年九月誤也	燕王盧綰始漢太尉
	八	九
	十二	五年一月
臣始芮子	二	三

索隱述贊曰秦失其鹿群雄競逐狐鳴楚祠龍興沛谷武臣自王魏豹必復田儋據齊英布居六項王主命義帝見弒以月繫年道悠運速洶洶天下瞻烏誰屋真人霸上卒享天祿

史記卷十六考證

秦楚之際月表○臣照按古人之書用卷軸後世易為篇帙便於省覽然表宜卷軸篇帙轉不便也史記十表中此表最為舛誤無一善本可從如既稱月表矣忽又稱某年某月定非龍門本文推尋其理蓋後人以漢王當自紀年號不當同于凡諸侯王而韓信等漢臣自當奉漢朔因而紀年也傳襲之久又誤將非漢臣而亦改稱年者甚且以二世之三年五月為楚懷王之二年一月則其紀年紀月誠不可得而解夫秦楚之間惟不得盡以漢元紀年是以紀月今謂之紀年歟則非一月謂之紀月歟則應稱十三月究其為何月則一月乃秦正之七月夏正之五月其二月則秦正之八月夏正之十月天時人事俱舛讀者目眩心迷且既謂之一月則從一至百之稱是以十八王之一月趙歇便稱三十一月韓成便稱二十一月魏豹便稱十九月若紀之以年則一年若于月理不可通矣今將顯明易改者一一定正至于通體仍依舊式刊刻不敢臆專也惟仿蔡沈尚書考定武成之例別為表文刊之于後以備稽觀庶可識太史公之本意云至篇內改正之處既難枚舉且大段規模從舊細處不足縷陳

秦	二世元年七月	八月	九月楚兵至戲	二年十月	十一月
楚	楚隱王陳涉起兵入秦	二月葛嬰為涉徇九江立襄彊為楚王	三月周文兵至戲敗而葛嬰聞涉王即殺彊	四月誅葛嬰	五月周文死
項			項梁號武信君	二月	三月
趙		武臣始至邯鄲自立為趙王	二月	三月	四月李良殺武臣張耳陳餘走
齊			齊王田儋始儋狄人諸田宗彊從弟榮榮弟橫儋之起殺狄令自王索隱至二世二年六月章邯殺儋	二月	三月
漢			沛公初起	二月擊胡陵方與破秦監軍	三月殺泗水守拔薛西周市東略地豐沛間
燕			韓廣為趙略地至燕自立為燕王始	二月	三月
魏			魏王咎始咎在陳不得歸國	二月	三月齊趙共立周市市不肯曰必立魏咎云
韓					

十二月	六月 陳涉死	四月		四月	四月 雍齒叛沛公，以豐降魏。沛公還攻豐，不能下	四月	四月 咎自陳歸，立	
端月	楚王景駒始，秦嘉立之	五月 涉將召平矯拜項梁爲楚柱國，急西擊秦	趙王歇始，張耳、陳餘立之 一	五月 讓景駒以擅自王不請我。景駒使公孫慶讓齊，誅慶	五月 沛公聞景駒王在留，往從，與擊秦軍碭西	五月	五月 章邯已破涉，圍咎臨濟	
二月	二月 嘉爲上將軍	六月 梁渡江，陳嬰、黥布皆屬	二月	六月	六月 攻下碭，收得兵六千，與故凡九千人	六月	六月	
三月	三月	七月	三月	七月	七月 攻拔下邑，遂擊豐，豐不拔。聞項梁兵衆，往請擊豐	七月	七月	
四月	四月 梁擊殺景駒、秦嘉，遂入薛，兵十餘萬衆	八月	四月	八月	八月 沛公如薛見項梁，梁益沛公卒五千，擊豐，拔之。雍齒奔魏	八月	八月 臨濟急，周市如齊、楚請救	
五月		九月	五月	九月	九月	九月	九月	
六月	楚懷王始，都盱台。故懷王孫，梁立之 索隱懷王孫名心也	十月 梁求楚懷王孫，得之民間，立爲楚王	六月	十月 儋救臨濟，章邯殺田儋。榮走東阿	十月 沛公如薛，共立楚懷王	十月	十月 咎自殺，臨濟降秦。咎弟豹走東降	韓王韓成始
七月	二月 陳嬰爲柱國	十一月 天大雨，三月不見星	七月	齊王田假爲王，秦急圍榮東阿	十一月 沛公與項羽北救東阿，破秦軍濮陽，東屠城陽	十一月		二月
八月	三月	十二月 救東阿，破秦軍，乘勝至定陶，項梁有驕色	八月	楚救榮，得解歸，逐田假。立儋子市爲齊王，始	十二月 沛公與項羽西略地，斬三川守李由於雍丘	十二月		三月

九月	四月 徙都彭城	十三月 章邯破殺於定陶，項羽恐，還軍彭城	九月	二月 田假走楚，楚趣齊救趙。田榮以假故，不肯出兵。項羽怨田榮	十三月 沛公聞項梁死，還軍，從懷王軍於碭	十三月	魏豹自立爲魏王，都平陽，始	四月
後九月	五月 拜宋義爲上將軍	懷王封項羽於魯，爲次將，屬宋義，北救趙	十月 秦軍圍歇鉅鹿，陳餘不出救兵	三月	十四月 懷王封沛公爲武安侯，將碭郡兵西，約先至咸陽王之	十四月	二月	五月
三年十月	六月	二月	十一月 章邯入邯鄲，徙其民於河內	四月 齊將田都叛榮，往助項羽救趙	十五月 攻破東郡尉及王離軍於武城南	十五月 使將臧荼救趙	三月	六月
十一月	七月 拜籍上將軍	三月 羽矯殺宋義，將其兵渡河救鉅鹿	十二月	五月 故齊王建孫田安下濟北，從項羽救趙	十六月	十六月	四月	七月
十二月	八月	四月 大破秦軍鉅鹿下，諸侯將皆屬項羽	十三月 楚救至，秦圍解	六月	十七月 至栗，得皇訢、武蒲軍，與秦軍戰，破之	十七月	五月 豹救趙	八月
端月	九月	五月	十四月 張耳怒陳餘，棄將印去	七月	十八月	十八月	六月	九月
二月	十月	六月	十五月	八月	十九月 得彭越軍昌邑，襲陳留，用酈食其策，軍得積粟	十九月	七月	十月
三月	十一月	七月	十六月	九月	二十月 攻開封，破秦將楊熊，熊走滎陽，秦斬熊以徇	二十月	八月	十一月
四月	十二月	八月 楚急攻章邯，章邯恐，使長史欣歸秦請兵，趙高讓之	十七月	十月	二十一月 攻潁陽，略韓地，北絕河津	二十一月	九月	十二月
五月	十三月	九月 趙高欲誅欣，欣恐，亡走章邯，謀叛秦	十八月	十一月	二十二月	二十二月	十月	十三月
六月	十四月	十月 章邯與楚約降，未定，項羽許而擊之	十九月 張耳從楚西入秦	十二月	二十三月 攻南陽守齮，破之陽城郭東	二十三月	十一月	十四月

七月	十五月	十一月 項羽與章邯期殷虛，章邯等已降，與盟，以邯爲雍王	二十月	十三月	二十四月 降下南陽，封其守齮	二十四月	十二月	十五月 申陽下河南，降楚
八月 趙高殺二世	十六月	十二月 以秦降都尉翳、長史欣爲上將，將秦降軍	二十一月 趙王歇留國，陳餘亡居南皮	十四月	二十五月 攻武關，破之	二十五月	十三月	十六月
九月 子嬰爲王	十七月	十三月	二十二月	十五月	二十六月 攻下嶢及藍田。以留侯策，不戰皆降	二十六月	十四月	十七月
十月 集解徐廣曰歲在乙未	十八月	十四月 項羽將諸侯兵四十餘萬，行略地，西至於河南	二十三月 張耳從楚西入秦	十六月	二十七月 漢元年，秦王子嬰降。沛公入破咸陽，平秦，還軍霸上，待諸侯約	二十七月	十五月 從項羽略地，遂入關	十八月
十一月	十九月	十五月 羽詐阬殺秦降卒二十萬人於新安	二十四月	十七月	二十八月 沛公出令三章，秦民大悅	二十八月	十六月	十九月
十二月	二十月	十六月 至關中，誅秦王子嬰，屠燒咸陽，分天下，立諸侯	二十五月	十八月	二十九月 與項羽有郄，見之戲下，講解	二十九月	十七月	二十月
正月	二十一月 分楚爲四國	十七月	二十六月 分趙爲代國	十九月 項羽怨榮，分齊爲三國	三十月 羽倍約，分關中爲四國	三十月 臧荼從入，分燕爲二國	十八月 分魏爲殷國	二十一月 分韓爲河南國

義帝元年

諸侯尊懷王爲義帝，徙都江南郴
項籍爲天下主命，立十八王，都彭城
楚分爲衡山，都邾　爲臨江，都江陵　爲九江，都六
趙更名爲常山，都襄國　分爲代，都代
齊更名爲臨菑，都臨菑　分爲濟北，都博陽　爲膠東，都即墨
漢爲關中，都南鄭　爲雍，都廢丘　爲塞，都櫟陽　爲翟，都高奴
燕都薊　分爲遼東，都無終
魏更爲西魏，都平陽　分爲殷，都朝歌
韓分爲河南，都洛陽

楚　項　趙　齊　漢　秦　燕　魏　韓

義帝		一月	二月	三月	四月	五月	六月
西楚	項籍自立為西楚霸王始	一月	二月	三月　諸侯罷戲下各之國	四月	五月	六月
衡山	王吳芮始故番君	一月	二月	三月	四月	五月	六月
臨江	王共敖始故楚柱國	一月	二月	三月	四月	五月	六月
九江	王英布始故楚將	一月	二月	三月	四月	五月	六月
常山	王張耳始故楚將[illegible]趙相	一月	二月	三月	四月	五月	六月
代	王趙歇始故趙王	二十七月　[illegible]	二十八月	二十九月	三十月	三十一月	三十二月
臨菑	王田都始故齊將	一月	二月	三月	四月　田榮擊都都降楚	齊王田榮始故齊相	二月
濟北	王田安始故齊將	一月	二月	三月	四月	五月	六月　田榮擊殺安屬齊
膠東	王田市始故齊王	三十月	三十一月	三十二月	三十三月	三十四月　田榮擊殺市屬齊	
漢	漢王始故沛公	一月	二月	三月	四月	五月	六月
雍	王章邯始故秦將	一月	二月	三月	四月	五月	六月
塞	王司馬欣始故秦將	一月	二月	三月	四月	五月	六月
翟	王董翳始故秦將	一月	二月	三月	四月	五月	六月
燕	王臧荼始故燕將	一月	二月	三月	四月	五月	六月
遼東	王韓廣始故燕王	三十一月	三十二月	三十三月	三十四月	三十五月	三十六月
西魏	王魏豹始故魏王	十九月	二十月	二十一月	二十二月	二十三月	二十四月
殷	王司馬卬始故趙將	一月	二月	三月	四月	五月	六月
韓		二十二月	二十三月	二十四月	二十五月	二十六月	二十七月　項羽誅成
河南	王申陽始故楚將	一月	二月	三月	四月	五月	六月

義帝	七月	八月	九月　項羽殺義帝
西楚	七月	八月	九月
衡山	七月	八月	九月
臨江	七月	八月	九月
九江	七月	八月	九月
常山	七月	八月	九月　耳降漢
代	三十三月	三十四月	三十五月　歇復王趙
齊	三月	四月	五月
漢	七月	八月	九月　王至[illegible]
雍	七月　邯守廢丘漢圍之	八月	九月
塞	欣降漢國除屬漢為渭南河上郡		
翟	翳降漢國除屬漢為上郡		
燕	七月	八月	九月
遼東	三十七月　臧荼擊廣無終滅之屬燕		
西魏	二十五月	二十六月	二十七月
殷	七月	八月	九月
韓	韓王鄭昌始項羽立之	二月	三月
河南	七月	八月	九月

楚	十月	十一月	十二月	十三月	十四月	十五月　項羽以兵三萬破漢兵五十六萬	十六月	十七月
衡山	十月	十一月	十二月	十三月	十四月	十五月	十六月	十七月
臨江	十月	十一月	十二月	十三月	十四月	十五月	十六月	十七月
九江	十月	十一月	十二月	十三月	十四月	十五月	十六月	十七月
趙	三十六月	三十七月	三十八月	三十九月	四十月	四十一月	四十二月	四十三月
代		歇以陳餘為代王	二月	三月	四月	五月	六月	七月
齊	六月	七月	八月　項籍擊榮走平原平原民殺之	項籍立故齊王田假為王	二月　田榮弟橫反城陽擊假假走楚楚殺假	齊王田廣始廣榮子橫立之	二月	三月
漢	十月	十一月	十二月	十三月	十四月　王擊殷	十五月　王伐楚	十六月　王走滎陽	十七月　王入關立太子復如滎陽
雍	十月　漢拔我隴西	十一月	十二月　漢拔我北地	十三月	十四月	十五月	十六月	十七月　漢殺邯廢丘屬漢為隴西北地上郡
燕	十月	十一月	十二月	十三月	十四月	十五月	十六月	十七月
魏	二十八月	二十九月	三十月	三十一月	三十二月　降漢[illegible]	三十三月　從漢伐楚	三十四月　豹歸叛漢	三十五月
殷	十月	十一月	十二月	十三月	十四月　卬降漢廢為河內郡屬漢			
韓	韓王信始漢立之	二月	三月	四月	五月	六月　從漢伐楚	七月	八月
河南	屬漢為河南郡							

楚	十八月	十九月	二十月	二十一月	二十二月
衡山	十八月	十九月	二十月	二十一月	二十二月
臨江	十八月	十九月	二十月	二十一月	二十二月
九江	十八月	十九月	二十月	二十一月	二十二月
趙	四十四月	四十五月	四十六月	四十七月	四十八月　漢滅歇屬漢為太原郡
代	八月	九月	十月	十一月	十二月　漢將韓信斬陳餘屬漢為代郡
齊	四月	五月	六月	七月	八月
漢	十八月	十九月	二十月	二十一月　是為二年後九月	二十二月
燕	十八月	十九月	二十月	二十一月	二十二月
魏	三十六月	三十七月	三十八月　漢將韓信虜豹屬漢為河東上黨郡		
韓	九月	十月	十一	十二月	十三月

楚	二十三月	二十四月	二十五月	二十六月	二十七月	二十八月	二十九月	三十月	三十一月	三十二月	三十三月	三十四月
衡山	二十三月	二十四月	二十五月	二十六月	二十七月	二十八月	二十九月	三十月	三十一月	三十二月	三十三月	三十四月
臨江	二十三月	二十四月	二十五月	二十六月	二十七月	二十八月	二十九月	三十月	三十一月　王敖薨	臨江王驩始敖子	二月	三月
九江	二十三月	二十四月　布身降漢地屬項籍										
齊	九月	十月	十一月	十二月	十三月	十四月	十五月	十六月	十七月	十八月	十九月	二十月
漢	二十三月	二十四月	二十五月　是為三年正月	二十六月	二十七月	二十八月　楚圍王滎陽	二十九月	三十月　王出滎陽	三十一月	三十二月　周苛樅公殺魏豹	三十三月	三十四月
燕	二十三月	二十四月	二十五月	二十六月	二十七月	二十八月	二十九月	三十月	三十一月	三十二月	三十三月	三十四月
韓	十四月	十五月	十六月	十七月	十八月	十九月	二十月	二十一月	二十二月	二十三月	二十四月	二十五月

楚	三十五月　漢將韓信擊殺龍且	三十六月	三十七月	三十八月
衡山	三十五月	三十六月	三十七月	三十八月
臨江	四月	五月	六月	七月
趙	王張耳始漢立之	二月	三月	四月
齊	漢將韓信擊廣廣屬漢為郡			王韓信始漢立之
漢	三十五月	三十六月	三十七月	三十八月　立信王齊
燕	三十五月	三十六月	三十七月	三十八月
韓	二十六月	二十七月	二十八月	二十九月

楚	衡山	臨江	淮南	趙	齊	漢	燕	韓
三十九月 漢御史周苛入楚	三十九月	八月		五月	二月	三十九月 周苛入楚	三十九月	三十月
四十月	四十月	九月		六月	三月	四十月 王出滎陽豹死	四十月	三十一月
四十一月	四十一月	十月		七月	四月	四十一月	四十一月	三十二月
四十二月	四十二月	十一月		八月	五月	四十二月	四十二月	三十三月
四十三月	四十三月	十二月	王英布始漢立之	九月	六月	四十三月 立布為淮南王	四十三月	三十四月
四十四月	四十四月	十三月	二月	十月	七月	四十四月	四十四月	三十五月
四十五月	四十五月	十四月	三月	十一月	八月	四十五月	四十五月	三十六月
四十六月	四十六月	十五月	四月	十二月	九月	四十六月 太公呂后歸自楚	四十六月	三十七月
四十七月	四十七月	十六月	五月	十三月	十月	四十七月	四十七月	三十八月
四十八月 誅籍	四十八月	十七月 漢虜驩	六月	十四月	十一月	四十八月	四十八月	三十九月

漢五年

項籍誅天下平諸侯臣屬漢
徙齊王信王楚齊屬漢南四郡
徙衡山王芮王長沙都臨湘衡山屬淮南國
分臨江為長沙國
復置梁國都定陶
徙韓王信王代都馬邑

漢	楚	淮南	趙	燕	梁	代	長沙
正月	十二月 王信始	七月	十五月	四十九月	王彭越始	三十九月 王韓信始	四十九月 王芮始
二月	十三月	八月	十六月	五十月	二月	四十月	五十月
三月 甲午王更號即皇帝位于定陶	十四月	九月	十七月	五十一月	三月	四十一月	五十一月
四月	十五月	十月	十八月	五十二月	四月	四十二月	五十二月
五月	十六月	十一月	十九月	五十三月	五月	四十三月	五十三月
六月 帝入關	十七月	十二月	二十月	五十四月	六月	四十四月	五十四月
七月	十八月	十三月	二十一月 耳薨謚景王	五十五月	七月	四十五月	五十五月 芮薨謚文王
八月 帝自將誅燕	十九月	十四月	趙王張敖耳子	五十六月 荼反	八月	四十六月	長沙成王臣始芮子
九月 虜荼	二十月 王得故項羽將鍾離昧斬之以聞	十五月	二月	燕王盧綰始漢太尉	九月	四十七月	二月
後九月	二十一月	十六月	三月	二月	十月	四十八月	三月

史記卷十七

漢　太　史　令司馬遷　撰
宋　中郎外兵曹參軍裴　駰集解
唐　國子博士弘文館學士司馬貞索隱
唐　諸王侍讀率府長史張守節正義

漢興以來諸侯年表第五

〔索隱〕應劭云雖名為王其實如古之諸侯

太史公曰殷以前尚矣周封五等公侯伯子男然封伯禽康叔於魯衞地各四百里親親之義襃有德也太公於齊兼五侯地尊勤勞也武王成康所封數百而同姓五十五〔索隱〕按漢書封國八百同姓五十餘顧氏據左傳魏子謂成鱄云武王克商光有天下兄弟之國十有五人姬姓之國四十人是也地上不過百里下三十里以輔衞王室管蔡康叔曹鄭或過或損幽厲之後王室缺侯伯彊國興焉天子微弗能正非德不純形勢弱也〔索隱〕純善也亦云純一言周王非德不純一形勢弱也漢興序二等〔集解〕韋昭曰漢封功臣大者王小者侯也高祖末年非劉氏而王者若無功上所不置〔集解〕徐廣曰一云非有功上所置而侯者天下共誅之高祖子弟同姓為王者九國〔集解〕徐廣曰齊楚荊淮南燕趙梁代淮陽〔索隱〕徐氏九國不數吳蓋以荊絕乃封吳故也仍以淮陽為九今按下文所列有十國者以長沙異姓故言九國也唯獨長沙異姓而功臣侯者百餘人自鴈門太原以東至遼陽〔集解〕韋昭曰遼東遼陽縣為燕代國常山以南太行左轉度河濟阿甄以東薄海為齊趙國自陳以西南至九疑東帶江淮穀泗〔集解〕徐廣曰穀水在沛薄會稽為梁楚吳淮南長沙國皆外接於胡越而內地北距山以東盡諸侯地大者或五六郡連城數十置百官宮觀僭於天子漢獨有三河東郡潁川南陽自江陵以西至蜀北自雲中至隴西與內史〔正義〕京兆也凡十五郡而公主列侯頗食邑其中何者天下初定骨肉同姓少故廣彊庶孽以鎮撫四海用承衞天子也漢定百年之間親屬益疏諸侯或驕奢忕邪臣計謀為淫亂〔索隱〕忕音誓忕訓習言習於邪臣之謀計故爾雅云忕猶狃也狃亦訓習大者叛逆小者不軌于法以危其命殞身亡國天子觀於上古然後加惠使諸侯得推恩分子弟國邑〔索隱〕按武帝用主父偃言而下推恩之令也故齊分為七〔集解〕徐廣曰城陽濟北濟南菑川膠東膠西是分為七趙分為六〔集解〕徐廣曰河間廣川中山常山清河梁分為五〔集解〕徐廣曰濟陰濟川濟東山陽也淮南分三〔集解〕徐廣曰廬江衡山及天子支庶子為王王子支庶為侯百有餘焉吳楚時前後諸侯或以適削地〔索隱〕適音宅或作過是以燕代無北邊郡吳淮南長沙無南邊郡〔集解〕如淳曰長沙之南更置郡燕代以北更置緣邊郡其所有饒利兵馬器械三國皆失之也〔正義〕景帝時漢境北至燕代燕代之北未列為郡吳長沙之國南至嶺南嶺南越未平亦無南邊郡齊趙梁楚支郡名山陂海咸納於漢諸侯稍微大國不過十餘城小侯不過數十里上足以奉貢職供養祭祀以蕃輔京師而漢郡八九十形錯諸侯間犬牙相臨〔索隱〕錯音七各反錯謂交錯相衡如犬牙故云犬牙相制言犬牙參差也秉其阸塞地利彊本幹弱枝葉之勢也尊卑明而萬事各得其所矣臣遷謹記高祖以來至太初諸侯譜其下益損之時令後世得覽形勢雖彊要之以仁義為本

高祖元年	
楚	〔索隱〕高祖五年封韓
齊	〔索隱〕四年封韓信六
荊	〔索隱〕六年封劉賈十
淮南	〔索隱〕四年封英
燕	〔索隱〕五年封盧綰十
趙	〔索隱〕四年封張耳其
梁	〔索隱〕五年封彭越十
淮陽	〔索隱〕十一年封
代	〔索隱〕二年封韓王信
長沙	〔索隱〕五年吳芮

四 | 三 | 二
城彭都 | 也交弟王年六信
信王初 | 菑臨都 | 肥子封年
吳都 | 也濞子兄封國吳立年其殺所布英爲賈年一
乙月十 | 春壽都 | 長子立誅反年一十布
薊都 | 也建子封年二十奴匈入亡年一
張王初 | 鄲邯都 | 意如子立年九侯平宣爲廢年八立敖子年明薨年
陽淮都 | 恢子立年二十誅反年一
陳都 | 彊子帝惠封國爲復年元后高都爲年二後友子
三 | 二 | 孫王韓故信徙始年五起帝高表 及紀本日廣徐〔集解〕邑馬都年元信王韓初月一十 | 恒子立年一十奴匈降年五
王沙長爲立臣王成子年六薨

九 | 八 | 七 | 六 | 五
朝來 四 | 三 | 二 | 弟祖高交年元交王初午丙月正 | 廢反年元王楚爲徙信王齊
朝來 四 | 三 | 二 | 子祖高肥年元肥王惠悼王初子甲月正 | 楚徙 二 | 國相故年元
四 | 三 | 二 | 年元賈劉王初午丙月正
朝來 六 | 五 | 四 | 三 | 二 | 年元布英王武王初丑
五 | 四 | 三 | 二 | 年元綰盧王初子壬月九
子祖高意如年元意如王隱王初 | 廢 四 | 三 | 一 | 年元敖王
年元耳
朝來 五 | 四 | 三 | 二 | 年元越彭王初
漢歸亡國其棄王代代攻奴匈 四 | 三 | 二 | 年元喜王初 | 郡爲除國奴匈降 四
四 | 三 | 二 | 年元臣王成薨年 元芮吳王文王初未乙月二

年元 惠孝 | 二十 | 一十 | 十
八 | 七 | 六 | 朝來 五
八 | 七 | 六 | 朝來 五
二 | 侯沛故子仲兄祖高濞年 元濞王初丑辛月十國吳爲更 | 郡爲除 國殺所布英爲 六 | 朝來 五
三 | 二 | 子祖高長年元 長王厲午庚月二十 | 誅反朝來 七
二 | 子祖高 建年元建王靈王初午甲月三 | 奴匈於入亡月十云一日廣徐〔集解〕 七 | 朝來 六
年元友名趙於徙王陽淮 | 死 四 | 三 | 二
三 | 二 | 子祖高恢年 元恢王初午丙月三 | 誅反朝來 六
郡爲 | 二 | 趙徙子祖高友年 元友王初寅丙月三
三 | 二 | 子祖高恒年 元恒王初子丙月二 | 都中都代置後
八 | 七 | 六 | 朝來 五

	二	三	四	五	六	七	高后元年	二
	九來朝	十	十一來朝	十二	十三	十四來朝	十五	十六
						初置魯國	四月元王張偃元年偃高后外孫故趙王敖子	二
	九來朝	十	十一來朝	十二	十三薨	哀王襄元年	二	三
	三	四	五	六來朝	七	八來朝	九	十
	四	五	六來朝	七	八	九來朝	十	十一
	三	四	五	六來朝	七	八來朝	九	十
是為幽王	二	三	四來朝	五	六	七來朝	八	九
						初置常山國	四月辛卯哀王不疑元年薨	七月癸巳初王義元
	四	五	六	七	八	九來朝	十	十一
						初置呂國	四月辛卯呂王台元年薨	十一月癸亥呂王嘉
						復置淮陽國	四月辛卯初王懷王強元年強惠帝子	二
	四	五	六	七	八	九	十	十一
	哀王回元年	二	三	四	五	六	七	恭王右元年

	三	四	五
	十七	十八	十
	三	四	五
	四來朝	五	六
	十一	十二	十
	十二	十三	十
	十一	十二	十
	十	十一	十
年皇子哀王弟義孝惠子故襄城侯立為帝	二	五月丙辰初王朝元年朝惠帝子故軹侯[索隱]軹音章是反軹縣在河內後文帝以封舅薄昭	二
	十二	十三	十
元年嘉肅王子	二	三	四
	三	四	五
	十二	十三	十
	二來朝	三	四

	六	七	八
九	二十	二十一	二十二
	六	七	八
	七	八	九
	初置琅邪國	王澤元年故營陵侯[索隱]營陵縣名屬北海	二
三	十四	十五	十六
四來朝	十五	十六	十七
三	十四	十五絕	十月辛丑初王呂通
二	十三	十四幽死	初王呂祿元年呂后
	三	四	五非子誅國除為
四	十五	十六徙王趙自殺王呂產元年	二有罪誅為郡
	嘉廢七月丙辰呂產元年肅王弟故汶侯[索隱]汶音交汶水所出縣名在沛	二呂產徙王梁七月丁巳王太元年惠帝子	三
無嗣	初王武元年武孝惠帝子故壺關侯		二
四	十五	十六	十七
	五	六	七

	孝文前元年	二	三	四	五	六	七	八	九	十	十一	十二	十三	十四	十五
	二十三	夷王郢元年	二	三	四薨	王戊元年	二	三	四	五	六	七	八來朝	九	十
	九廢爲侯														
															初置衡山
	十薨	文王則元年	二	三	四	五	六	七來朝	八	九	十	十一來朝	十二	十三	十四薨無
	初置成陽郡	二月乙卯景王章元年。章悼惠王子，故朱虛侯。[索隱]朱虛縣名，屬琅邪	二	共王喜元年	二	三	四	五	六來朝	七	八徙淮南爲郡屬齊				復置城陽國
	初置濟北	二月乙卯王興居元年。興居悼惠王子，故東牟侯。[索隱]東牟縣屬東萊	二	爲郡											復置濟北國
															分爲濟南國
	三徙燕	國除爲郡													分爲菑川都劇
															分爲膠西都宛
															分爲膠東都即
	十七	十八	十九來朝	二十	二十一	二十二	二十三	二十四	二十五	二十六	二十七	二十八	二十九	三十	三十一
	十八	十九	二十來朝	二十一	二十二	二十三王無道遷蜀死雍爲郡						城陽王喜徙淮南元年	二	三	四徙城陽
元年。肅王子，故東平侯。九月誅，國除。[索隱]東平縣屬梁國	十月庚戌琅邪王澤徙燕元年	二是爲敬王薨	康王嘉元年	二	三	四	五	六來朝	七	八	九	十	十一	十二來朝	十三來朝
兄子胡陵侯誅，國除。[索隱]胡陵縣屬山陽	十月庚戌趙王遂元年。幽王子	二	三	四	五	六	七來朝	八	九	十	十一	十二來朝	十三	十四	十五
	分爲河間都樂成	二月乙卯初王文王辟彊元年。辟彊趙幽王子。[索隱]辟音壁	二	三	四	五	六	七來朝	八	九	十	十一來朝	十二	十三薨	哀王福元年薨
															初置廬江國
郡	初置太原都晉陽	二月乙卯初王參元年。參文帝子	二	三更爲代王											
	復置梁國	二月乙卯初王懷王勝元年。勝文帝子	二	三	四	五	六來朝	七	八	九	十來朝薨無後	十一淮陽王武徙梁元年是爲孝王	十二	十三	十四來朝
	三武誅國除	武元年。武文帝子	復置淮陽國	代王武徙淮陽三年	四	五	六來朝	七	八來朝	九	十來朝徙梁爲郡				
	十八爲文帝	二月乙卯初王	二徙淮陽	三太原王參更號爲代王，三年實居太原，是爲孝王	四	五	六來朝	七	八	九	十來朝	十一	十二	十三	十四
	八	九	靖王著元年	二	三	四	五	六	七	八來朝	九	十	十一	十二	十三

		後元年	二	三	四	五
	十六					
	十二	十二	十三	十四	十五	十六 來朝
	四月丙寅王勃元年淮南厲王子故安陽侯	二	三	四	五	六
	四月丙寅孝王將閭元年齊悼惠王子故陽盧侯	二	三	四 來朝	五	六
後	淮南王喜徙城陽十三年	十四	十五	十六	十七	十八 來朝
	四月丙寅初王志元年齊悼惠王子故安都侯	二	三	四 來朝	五 來朝	六 來朝
	四月丙寅初王辟光元年齊悼惠王子故扐侯	二	三	四 來朝	五	六
	四月丙寅初王賢元年齊悼惠王子故武城侯	二	三	四	五	六
集解徐廣曰樂安有宛縣	四月丙寅初王卬元年齊悼惠王子故平昌侯	二	三	四	五	六 來朝
墨	四月丙寅初王雄渠元年齊悼惠王子故白石侯	二	三	四	五	六
	三十二	三十主	三十四	三十五	三十六	三十七
	四月丙寅王安元年淮南厲王子故阜陵侯	二	三	四	五	六
	十四	十五	十六	十七	十八 來朝	十九
	十六	十七	十八	十九	二十 來朝	二十一
無後國除爲郡						
	四月丙寅王賜元年淮南厲王子故陽周侯	二	三	四	五	六
	十五	十六	十七	十八 來朝	十九	二十
	十五	十六	十七 薨	恭王登元年	二	三
	十四	十五	十六	十七	十八	十九

六	七	孝景前元年	二	三
十七	十八	十九	二十 來朝	二十一 反誅
			分楚復置魯國	六月乙亥淮陽王徙魯元
七	八	九	十	十一
七	八	九	十	十一
十九	二十	二十一	二十二	二十三
七	八	九	十 來朝	十一 徙菑川
七	八	九	十	十一 反誅
七	八	九	十	十一 反誅濟北王志
七	八	九	十	十一 反誅六月乙亥
七	八	九	十	十一 反誅
三十八	三十九	四十	四十一	四十二 反誅
七 來朝	八	九	十	十一
二十	二十一	二十二	二十三	二十四
二十二	二十三	二十四	二十五 來朝	二十六 反誅
		復置河間國	三月甲寅初王獻王德元年景帝子	二 來朝
		初置廣川都信都	三月甲寅王彭祖元年景帝子	二 來朝
			初置中山都盧奴	六月乙亥靖王勝元年景
七	八	九	十	十一
二十一 來朝	二十二	二十三	二十四 來朝	二十五 來朝
		初置臨江都江都	三月甲寅初王閼元年景帝子索隱閼音遏	二
		初置汝南	三月甲寅初王非元年景帝子	二
		初置淮陽國	三月甲寅初王餘元年景帝子徙魯	二
四	五	六	七	八
二十 來朝	二十一 來朝薨無後國除	復置長沙國	三月甲寅定王發元年景帝子	二

	四	五
	四月乙巳立太子	
	文王禮元年王子故平陸侯	二
年是爲恭王	二 來朝	三
	十二 徙濟北盧江王賜徙衡山王元年	三
	懿王壽元年	二 來朝
	二十四	二十五
	衡山王勃徙濟北十二年	十三 薨是爲貞王
	爲郡	
徙菑川十一年是爲懿王	十二	十三
子王端元年景帝子索隱謚法能優其德曰子	二	三
	四月乙巳初王元年是爲孝武帝	二
	初置江都六月乙亥汝南王非爲江都王元年是爲易王索隱謚法好更故舊爲易	二
	十二	十三 來朝
	二十五	二十六 薨
	爲郡	廣川王彭祖徙趙四年是
	三	四
	三	四 徙趙國除爲信都郡
帝子	二一	三
	十二 徙衡山國除爲郡	
	二十六	二十七
	三 薨無後國除爲郡	
	三 徙江都	
	爲郡	十
	九	四
	三	

	六	七十一月乙丑太子廢		中元年	二	三
	三來朝薨	安王道元年		二來朝	三	四
	四	五		六來朝	七	八
	三	四		五	六	七來朝
	三	四		五	六	七
	二十六	二十七		二十八	二十九來朝	三十
	武王胡元年	二		三	四	五
	十四	十五		十六來朝	十七來朝	十八
	四	五		六來朝	七	八
	三	四四月丁巳爲太子		五復置膠東國	四月乙巳初王康王寄元年景帝子	二
	三	四		五	六	七
	十四	十五		十六	十七	十八
	王定國元年	二		三	四	五來朝
爲敬肅王	五	六		七	八來朝	九
	五	六		七	八來朝	九
				復置廣川國	四月乙巳惠王越元年景帝子	二
	四	五來朝		六	七	八
					初置清河都濟陽	三月丁巳哀王乘元
	二十八	二十九來朝		三十	三十一來朝	三十二
	復置臨江國	十一月乙丑初王閔王榮	元年景帝子太子廢爲王	二	三	四坐寢廟壖垣爲
	十一	十二		十三	十四	十五來朝
	五來朝	六來朝		七	八	九

	四	五		六	後
	五	六來朝		七	八
	九	十		十一	十
	八	九		十	十
	八	九		十	十
	三十一	三十二		三十三薨	頃王
	六	七		八	九
	十九	二十		二十一	二
	九	十		十一	十
	三	四來朝		五	六
	八	九		十	十
	十九來朝	二十		二十一	二
	六	七		八	九
	十	十一		十二	十
	十	十一		十二	十
	三	四		五	六
	九來朝	十		十一	十
年景帝子	二	三		四	五
	復置常山國	三月丁巳初王憲王舜元年	孝景子	二	三
	三十三	三十四		三十五來朝薨	恭王
		分爲濟川國		五月丙戌初王明元年梁孝王子	二
宮自殺國除爲南郡【索隱】音如川反壖垣廟境外之壖邊也		分爲濟東國		五月丙戌初王彭離元年梁孝王子	二
		分爲山陽國		五月丙戌初王定元年梁孝王子	二
		分爲濟陰國		五月丙戌初王不識元年梁孝王子	二
	十六	十七		十八	十
	十來朝	十一來朝		十二	十

元元年	二	三	孝武建元元年	二	三
	九	十	十一	十二來朝	十三
二	十三	十四	十五	十六來朝	十七
二	十二	十三	十四	十五	十六
一	十二來朝	十三	十四	十五	十六
延元年【索隱】頃音傾城陽王子	二	三	四	五	六
	十來朝	十一	十二	十三	十四
十二來朝	二十三	二十四	二十五	二十六	二十七
二	十三	十四	十五	十六	十七
	七	八來朝	九	十	十一
一	十二	十三	十四	十五	十六
十二	二十三	二十四	二十五	二十六來朝	二十七
來朝	十來朝	十一	十二	十三	十四
三來朝	十四	十五	十六	十七	十八
三來朝	十四	十五	十六	十七	十八
	七	八	九	十	十一
二	十三	十四	十五	十六	十七來朝
	六	七	八	九來朝	十
	四	五	六	七	八
買元年孝王子	二	三	四	五	六
	二	四	五	六	七坐射殺中傅廢遷房陵【集解】徐廣曰一作
	三	四	五	六	七
	三	四	五	六	七
薨無後國除					
九	二十	二十一	二十二	二十三	二十四來朝
三	十四	十五	十六	十七	十八來朝

	四	五	六
	十四	十五	十六
	十八	十九	二十
	十七	十八	十九
	十七	十八	十九
	七	八	九
	十五	十六	十七
	二十八	二十九	三十
	十八	十九	二十朝來
	十二	十三	十四
	十七朝來	十八	十九
	二十八	二十九	三十
	十五	十六	十七
	十九	二十	二十一朝來
	十九	二十	二十一
	十二	繆王元年[集解]徐廣曰齊立四十五年以征和元年乙丑有罪病死謚曰繆[索隱]廣川惠王子謚法名與實乖曰繆	二
	十八	十九	二十
	十一	十二薨無後國除爲郡	
	九朝來	十	十一
	七薨	平王襄元年	
太傅	八爲郡		
	八	九	十
	八	九薨無後國除爲郡	
	二十五	二十六	二十七
	十九	二十	二十一

元光元年	二	三	四	五	六	元朔元年
十七	十八朝來	十九朝來	二十	二十一	二十二薨	襄王注元年
二十一	二十二	二十三	二十四	二十五	二十六薨	安王光元年
二十	二十一	二十二	二十三	二十四	二十五	二十六
二十	二十一	二十二卒	厲王次昌元年	二	三	四
十朝來	十一	十二	十三	十四朝來	十五	十六
十八	十九	二十	二十一	二十二	二十三	二十四朝來
三十一	三十二	三十三	三十四	三十五薨	靖王建元年	二
二十一	二十二	二十三	二十四	二十五	二十六	二十七
十五朝來	十六	十七	十八	十九	二十	二十一
二十	二十一	二十二	二十三	二十四	二十五	二十六
三十一	三十二	三十三	三十四	三十五	三十六	三十七
十八朝來	十九	二十	二十一	二十二	二十三	二十四坐禽獸行自殺國除
二十二	二十三	二十四	二十五	二十六	二十七朝來	二十八
二十二	二十三	二十四	二十五	二十六朝來	恭王不害元年	二
三	四	五	六	七	八	九
二十一	二十二朝來	二十三朝來	二十四	二十五	二十六	二十七
十二	十三	十四	十五	十六	十七	十八
三	四	五	六	七	八	九
十一	十二	十三	十四朝來	十五	十六	十七
二十八	二十九	王義元年	二	三	四	五
二十二	二十三朝來	二十四朝來	二十五	二十六	二十七	康王庸元年

	二	三	四	五	六	元狩元年
	二	三	四朝來	五	六	七
	二	三	四	五	六	七
	二十七	二十八	二十九	三十	三十一	三十二反自殺國除
	五薨無後國除爲郡					
	十七	十八	十九	二十	二十一朝來	二十二
	二十五	二十六	二十七	二十八	二十九	三十
	三	四	五	六	七	八
	二十八朝來	二十九	三十	三十一	三十二	三十三
	二十二	二十三	二十四	二十五朝來	二十六	二十七
	王建元年	二	三	四	五	六
	三十八	三十九	四十	四十一安有罪削二國縣	四十二	四十三反自殺爲六安郡
爲郡						
	二十九	三十	三十一	三十二	三十三	三十四朝來
	三	四薨	剛王堪元年	二	三	四
	十	十一	十二	十三	十四朝來	十五
	二十八	二十九朝來	三十	三十一	三十二	三十三
	十九	二十	二十一	二十二朝來	二十三	二十四
	十朝來	十一	十二	十三	十四	十五
	十八	十九	二十朝來	二十一	二十二	二十三
	六	七	八	九	十	十一
	二	三	四	五	六	七

二		三	四	五	六
八		九	十來朝	十一	十二
八來朝		九	十	十一	三十二
				復置齊國	四月乙巳
二十三		二十四	二十五	二十六來朝薨	敬王義元
三十二		三十二來朝	三十三	三十四	三十
九		十	十一	十二來朝	十三
三十四		三十五	三十六	三十七	三十
二十八		哀王賢元年	二	三	四
七反自殺國除爲廣陵郡				更爲廣陵國	四月乙巳
以故陳爲都七月丙子[集解]徐廣曰一云壬子初王	恭王慶元年膠東王子	二	三	四	五
				復置燕國	四月乙巳
三十五		三十六	三十七	三十八	三十
五		六	七	八	九來朝
十六		十七	十八	十九	二十
三十四		三十五來朝	三十六	三十七	三十
二十五		二十六	二十七	二十八	二十
十六		十七	十八	十九	三十
二十四		二十五	二十六來朝	二十七	二十
十二來朝		十三	十四	十五	十六
八來朝		九	十	十一	三十二

	元鼎元年	二	三
	十三	十四薨	節王純元年
	十三	十四來朝	十五
			初置泗水都郯[集解]徐廣曰泗水屬東海
初王懷王閎元年武帝子	二	三	四
年	二	三	四
五	三十六	三十七	三十八
	十四	十五	十六
八	三十九	四十	四十一
	五	六	七
初王胥元年武帝子	二	三	四
	六	七	八
初王剌王旦元年武帝子[索隱]謚法暴慢無親曰剌	二	三	四
九	四十	四十一	四十二
	十	十一	十二薨
	二十一來朝	二十二	二十三
	三十九	四十	四十一來朝
八			復置清河國
	三十	三十一	三十二薨子爲王
九來朝	二十一	二十二	二十三
八	二十九剌攻殺人遷上庸國爲大河郡		
	十七	十八來朝	十九徙清河爲太原郡
	十三	十四	十五來朝

四	五	六
二十六	三十七	四十八
思王商元年[集解]徐廣曰一云勤王商元年商恒山憲王子	二	三
五	六	七
五	六	七
三十九	四十	四十一來朝
十七	十八	十九
四十二	四十三	四十四
八	九	十
五	六	七
九	十	十一來朝
五	六	七
四十三	四十四	四十五
頃王授元年	二	三
二十四	三十五來朝	二十六
四十二薨	四十三哀王昌元年卽年薨	康王昆侈元年[索隱]蕭該云謚法好樂怠政曰康漢書作
代王義徙清河二十年是爲剛王	二十一	二十二
更爲眞定國頃王平元年常山憲王子	二	三
二十四	二十五	二十六
十六	十七	十八

	元封元年	二	三	四	五	六
	五	六	七	八	九	十
	十九	二十	二十一來朝	二十二	二十三朝泰山	二十
	四	五	六	七	八	九
	八薨無後國除爲郡					
	八來朝	九薨	惠王武元年	二	三	四
	四十二	四十三	四十四	四十五	四十六朝泰山	四十
	二十	頃王遺元年[索隱]濟南王辟光之子	二	三	四	五
	四十五	四十六	四十七薨無後國除			
	十一	十二	十三	十四	戴王通平元年	二
	八	九	十	十一	十二	十三
	十二	十三	十四	十五	十六	十七
	八	九	十	十一	十二	十三
	四十六	四十七	四十八	四十九	五十	五十
	四	五	六	七	八	九
	二十七	二十八	二十九	三十	三十一	三十
褫見後名	二	三	四	五	六	七
	二十三	二十四	二十五來朝	二十六	二十七	二十
	四來朝	五	六	七	八	九來朝
	二十七	二十八	二十九	三十	三十一	三十
	十九	二十	二十一	二十二	二十三	二十

	太初元年	二	三	四
	十一	十二	十三	十四
四	二十五	二十六	二十七	二十八
	十	薨子哀王安世元年即戴王賀元年安世子[索隱]賀廣川惠王子	二	三
	五	六	七薨	荒王賀元年
七	四十八	四十九	五十	五十一
	六	七	八	九
	三	四	五	六
	十四	十五	十六	十七
	十八來朝	十九	二十	二十一
	十四	十五	十六	十七
二	五十二	五十三	五十四	五十五
	十	十一	十二	十三
二	三十三	三十四	三十五	三十六
	八	九來朝	十	十一
八	二十九	三十	三十一	三十二
	十	十一	十二	十三
二	三十三	三十四	三十五	三十六來朝
四	二十五	二十六	二十七	二十八來朝

[集解]徐廣曰孝武太始二年廣陵中山真定王來朝孝宣本始元年趙來朝二年廣川來朝四年清河來朝孝宣地節元年梁來朝二年河間來朝三年濟北來朝濟北分平原太山二郡

[索隱]述贊曰漢有天下爰鑒興亡始誓河岳言峻寵章淮陰就楚彭越封梁荊燕懿戚齊趙棣棠犬牙相制麟趾有光降及文景代有英王魯恭梁孝濟北城陽仁賢足紀忠烈斯彰

史記卷十七考證

漢興以來諸侯年表○臣照按此表格數旣多年代又遠邦國分併又屢更且集解索隱正義參雜其間一字一行連篇累牘使閱者心惛目迷業未半而思去其間是否難定今將訛字之顯者改正仍將舊本刻於前而別爲考定表文於後以便參觀其集解等注已經見前故不著也

高帝

	元年	二年	三年	四年	五年	六年	七年	八年	九年	十年	十一年	十二年
楚 都彭城					齊王信徙爲楚王元年反廢	正月丙午初王交元年交高祖弟	二	三	四	五來朝	六	七
齊 都臨菑				二月初王信元年	徙楚	正月甲子初王悼惠王肥元年肥高祖子	二	三	四	五來朝	六	七
荊 都吳						正月丙午初王劉賈元年	二	三	四	五來朝	六爲英布所殺國除爲郡	更爲吳國十月辛丑初王濞元年濞高祖兄仲子故沛侯
淮南 都壽春				七月乙丑初王武王英布元年	二	三	四	五	六	七來朝反	布誅十二月庚午厲王長元年長高祖子	二
燕 都薊					九月壬子初王盧綰元年	二	三	四	五	六來朝	七十月亡入於匈奴	三月甲午初王靈王建元年建高祖子
趙 都邯鄲			十一月王耳元年		關王張敖元年	二	三	四廢	初王隱王如意高祖子	二	三	四
梁 都定陶					初王彭越元年	二	三	四	五	六來朝反誅	三月丙午初王恢元年恢高祖子	二
淮陽 都淮陽											三月丙寅初王友元年友高祖子	二
代 都馬邑					韓王信徙王代降匈奴爲郡					復置代都中都	二月丙子初王口元年口高祖子	二
長沙 都臨湘					七年乙未文王吳芮薨	成王臣元年	二	三	四	五	六	七

孝惠帝

	元年
楚	八
齊	八
吳	二
淮南	三
燕	二
趙	王薨淮陽王友徙于趙元年是爲幽王
梁	三
淮陽	爲郡
代	三
長沙	八薨

	二年	三年	四年	五年	六年	七年
	九 來朝	十	十一 來朝	十二	十三	十四
	九	十	十一	十二	十三 薨	哀王襄元年
	三	四	五	六	七	八
	四	五	六 來朝	七	八	九 來朝
	三	四	五	六 來朝	七	八 來朝
	二	三	四 來朝	五	六	七 來朝
	四	五	六	七	八	九 來朝
	四	五	六	七	八	九
	哀王回元年	二	三	四	五	六

呂后

	元年	二年	三年	四年	五年	六年
楚	十五	十六	十七	十八	十九	二十
魯	初置。四月，元王張偃元年。偃，高后外孫，故趙王敖子。	二	三	四	五	六
齊	二	三	四 來朝	五	六	七
吳	九	十	十一	十二	十三	十四
淮南	十	十一	十二	十三	十四 來朝	十五
燕	九	十	十一	十二	十三	十四
趙	八	九	十	十一	十二	十三
常山	初置。四月辛卯，哀王不疑元年。薨。	七月癸巳，初王義元年。哀王弟。義，孝惠子，故襄城侯。	二	義立為帝。五月丙辰，初王朝元年。朝，惠帝子，故軹侯。	二	三
梁	十	十一	十二	十三	十四	十五
呂	初置。四月辛卯，呂王台元年。薨。	十一月癸亥，王呂嘉元年。嘉，肅王子。	二	三	四	嘉廢。七月丙辰，王呂產元年。產，肅王弟，故洨侯。
淮陽	復置。四月辛卯，初王懷王彊元年。彊，惠帝子。	二	三	四	五 薨，無嗣。	初王武元年。武，孝惠帝子，故壺關侯。
代	十	十一	十二	十三	十四	十五
長沙	七 薨。	恭王右元年	二	三	四	五

	七年	八年
楚	二十一	二十二
魯	七	八 廢為侯。
齊	八	九
琅邪	初置國。王澤元年。故營陵侯。	二
吳	十五	十六
淮南	十六	十七
燕	十五 絕。	十月辛丑，初王呂通元年。肅王子，故東平侯。九月誅，國除。
趙	十四 幽死。	初王呂祿元年。呂后兄子，故胡陵侯。誅，為郡。
常山	四	五 非子，誅，國除。
梁	十六 徙王趙，自殺。王呂產元年。	二 有罪，誅，國除。
呂	呂產徙王梁。七月丁巳，王太元年。惠帝子。	二 非子，誅，國除。
淮陽	二	三 武誅，國除。
代	十六	十七
長沙	六	七

孝文帝

廢魯。初分齊為城陽、濟北國，後又分為濟南、菑川、膠東、膠西，并齊為七國。分趙為河間，都樂成。置太原國，都晉陽。復置梁國。廢琅邪，徙王王燕。廢淮陽。

	前元年	二年	三年	四年	五年
楚	二十三	夷王郢元年	二	三	四 薨
齊	十 薨	文王則元年	二	三	四
城陽		二月乙卯，景王章元年。章，悼惠王子，故朱虛侯。	二	共王喜元年	二
濟北		二月乙卯，王興居元年。興居，悼惠王子，故東牟侯。	二 反，誅，為郡。		
吳	十七	十八	十九 來朝	二十	二十一
淮南	十八	十九	二十 來朝	二十一	二十二
燕	十月庚戌，琅邪王澤徙燕元年。	二 是為敬王，薨。	康王嘉元年	二	三
趙	十月庚戌，趙王遂元年。幽王子。	二	三	四	五
河間		二月乙卯，初王文王辟彊元年。趙幽王子。	二	三	四
太原		二月乙卯，初王參元年。參，文帝子。	二	三 徙王代。	四
梁		二月乙卯，初王懷王勝元年。勝，文帝子。	二	三	四
淮陽				復置淮陽國。徙代王武王淮陽元年。	二
代	十八 為文帝。	二月乙卯，初王武元年。武，文帝子。		太原王參更代王三年。實居太原，是為孝王。	二
長沙	八	九	靖王著元年	二	三

	六年	七年	八年	九年	十年	十一年
楚	王戊元年	二	三	四	五	六
齊	五	六	七 來朝	八	九	十
城陽	三	四	五	六 來朝	七	八 徙王淮南，為郡屬齊。
濟北						
吳	二十二	二十三	二十四	二十五	二十六	二十七
淮南	二十三 王無道，遷蜀，死雍，為郡。					
燕	四	五	六 來朝	七	八	九
趙	六	七 來朝	八	九	十	十一
河間	五	六	七 來朝	八	九	十
太原						
梁	五	六 來朝	七	八	九	十 來朝 薨，無後。
淮陽	三	四 來朝	五	六 來朝	七	八 來朝 徙梁，為郡。
代	三	四 來朝	五	六	七	八 來朝
長沙	四	五	六	七	八 來朝	九

	十二年	十三年	十四年	十五年
楚	七	八 來朝	九	十
齊	十一	十二	十三	十四 薨，無後。
城陽				
濟北				
吳	二十八	二十九	三十	三十一
淮南	城陽王喜徙淮南元年	二	三	四
燕	十	十一	十二 來朝	十三 來朝
趙	十二 來朝	十三	十四	十五
河間	十一	十二	十三 薨	哀王福元年。薨，無後，國除為郡。
太原				
梁	淮陽王武徙梁元年。是為孝王。	二	三	四 來朝
淮陽				
代	九	十	十一	十二
長沙	十	十一	十二	十三

	十六年	後元年	二年	三年
楚	十一	十二	十三	十四
衡山	初置衡山。四月丙寅，王勃元年。淮南厲王子，故安陽侯。	二	三	四
齊	四月丙寅，孝王將閭元年。齊悼惠王子，故陽虛侯。	二	三	四 來朝
城陽	復置城陽。淮南王喜復徙城陽，後元年。	二	三	四
濟北	初置濟北。四月丙寅，王志元年。齊悼惠王子，故安都侯。	二	三	四 來朝
濟南	初置濟南。四月丙寅，王辟光元年。齊悼惠王子，故扐侯。	二	三	四 來朝
菑川	初置菑川，都劇。四月丙寅，王賢元年。齊悼惠王子，故武城侯。	二	三	四
膠西	初置膠西，都宛。四月丙寅，王卬元年。齊悼惠王子，故平昌侯。	二	三	四
膠東	初置膠東，都即墨。四月丙寅，王雄渠元年。齊悼惠王子，故白石侯。	二	三	四
吳	三十二	三十三	三十四	三十五
淮南	喜徙城陽。四月丙寅，王安元年。淮南厲王子，故阜陵侯。	二	三	四
燕	十四	十五	十六	十七
趙	十六	十七	十八	十九
廬江	初置廬江。四月丙寅，王賜元年。淮南厲王子，故陽周侯。	二	三	四
梁	五	六	七	八 來朝
代	十三	十四	十五 薨	恭王登元年
長沙	十四	十五	十六	十七

	四年	五年	六年	七年
楚	十五	十六 來朝	十七	十八
衡山	五	六	七	八
齊	五	六	七	八
城陽	五	六 來朝	七	八
濟北	五 來朝	六	七	八
濟南	五	六 來朝	七	八
菑川	五	六	七	八
膠西	五	六 來朝	七	八
膠東	五	六	七	八
吳	三十六	三十七	三十八	三十九
淮南	五	六	七 來朝	八
燕	十八 來朝	十九	二十	二十一
趙	二十 來朝	二十一	二十二	二十三
廬江	五	六	七	八
梁	九	十	十一	十二
代	二	三	四	五
長沙	十八	十九	二十 來朝	二十一 來朝 薨，無後，國除。

孝景帝

復置魯河間淮陽長沙常山初置廣川中山臨江汝南江都清河濟川濟東山陽濟陰

	前元年	二年	三年
楚	十九	二十	二十一 反，誅。
魯			六月乙亥，淮陽王徙魯元年。是為恭王。
衡山	九	十	十一
齊	九	十	十一 薨。
城陽	九	十 來朝	十一
濟北	九	十	十一 徙菑川。
濟南	九	十	十一 反，誅，為郡。
菑川	九	十	十一 反，誅。濟北王志徙菑川元年，是為懿王。
膠西	九	十	十一 反，誅。六月乙亥，初王端元年。景帝子。
膠東	九	十	十一 反，誅。
吳	四十一	四十二	四十三 反，誅。
淮南	九	十	十一
燕	二十三	二十四	二十五
趙	二十四	二十五 來朝	二十六 反，誅，為郡。
河間		復置國。三月甲寅，初王獻王德元年。景帝子。	二 來朝
廣川		初置國，都信都。三月甲寅，初王彭祖元年。景帝子。	二 來朝
中山			初置，都盧奴。六月乙亥，初王靖王勝元年。景帝子。
廬江	九	十	十一 徙衡山，國除為郡。
梁	十三	十四	十五 來朝
臨江		初置國，都江陵。三月甲寅，初王閼元年。景帝子。	二
汝南		初置國。三月甲寅，初王非元年。景帝子。	
淮陽		初置國。三月甲寅，初王餘元年。景帝子。	
代	六	七	八
長沙		復置國。三月甲寅，定王發元年。景帝子。	二

	四年 四月乙巳，立太子。	五年	六年	七年 十一月乙丑，太子廢。	中元年	二年
楚	文王禮元年。元王子，故平陸侯。	二	三 來朝 薨	安王道元年	二 來朝	三
魯	二 來朝	三	四	五	六 來朝	七
衡山	十二 徙濟北。廬江王賜徙衡山元年。	二	三	四	五	六
齊	懿王壽元年	二 來朝	三	四	五	六
城陽	十二	十三	十四	十五	十六	十七
濟北	衡山王勃徙濟北元年	二 薨。是為貞王。	武王胡元年	二	三	四
菑川	二	三	四	五	六	七 來朝
膠西	二	三	四	五	六 來朝	七
膠東	四月乙巳，初王徹元年。是為孝武帝。	二	三	四 四月丁巳，為太子。		復置國。四月乙巳，初王康王寄元年。景帝子。
江都	初置國。六月乙亥，汝南王非為江都王元年。是為易王。	二	三	四	五	六
淮南	十二	十三 來朝	十四	十五	十六	十七
燕	二十六	二十七 薨	王定國元年	二	三	四
趙		廣川王彭祖徙趙元年。是為敬肅王。	二	三	四	五 來朝
河間	三	四	五	六	七	八 來朝
廣川	三	四 徙趙，國除為郡。				復置國。四月乙巳，初王惠王越元年。景帝子。
中山	二	三	四	五 來朝	六	七
梁	十六	十七	十八	十九 來朝	二十	二十一
臨江	三 薨，無後，國除為郡。			復置國。十一月乙丑，初王閔王榮元年。景帝太子，廢為王。	二	三
汝南	三 徙江都。					
代	九	十	十一	十二	十三	十四
長沙	三	四	五 來朝	六 來朝	七	八

	三年	四年	五年	六年	後元年	二年	三年
楚	四	五	六 來朝	七	八	九	十
魯	八	九	十	十一	十二	十三	十四
衡山	七 來朝	八	九	十	十一	十二	十三
齊	七	八	九	十	十一	十二 來朝	十三
城陽	十八	十九	二十	二十一 薨	頃王延元年	二	三
濟北	五	六	七	八	九	十 來朝	十一
菑川	八	九	十	十一	十二 來朝	十三	十四
膠西	八	九	十	十一	十二	十三	十四
膠東	二	三	四	五	六	七	八 來朝
江都	七	八	九	十	十一	十二	十三
淮南	十八	十九	二十	二十一	二十二	二十三	二十四
燕	五 來朝	六	七	八	九 來朝	十 來朝	十一
趙	六	七	八	九	十 來朝	十一	十二
河間	九	十	十一	十二	十三 來朝	十四	十五
廣川	二	三	四	五	六	七	八
中山	八	九 來朝	十	十一	十二	十三	十四
清河	初置國。三月丁巳，初王哀王乘元年。景帝子。	二	三	四	五	六	七
常山			復置國。三月丁巳，初王憲王舜元年。景帝子。	二	三	四	五
梁	二十二	二十三	二十四	二十五 來朝 薨	恭王買元年。孝王子。	二	三
濟川				分梁為五國。五月丙戌，初王明元年。梁孝王子。	二	三	四
濟東				分梁為國。五月丙戌，初王彭離元年。梁孝王子。	二	三	四
山陽				分梁為國。五月丙戌，初王定元年。梁孝王子。	二	三	四
濟陰				分梁為國。五月丙戌，初王不識元年。梁孝王子。	二 薨，無後。		
臨江	四 坐侵廟壖垣為宮，自殺，國除為南郡。						
代	十五 來朝	十六	十七	十八	十九	二十	二十一
長沙	九	十 薨	十一 來朝	十二	十三	十四	十五

孝武帝

	建元元年	二年	三年	四年	五年	六年
楚	十一	十二 來朝	十三	十四	十五	十六
魯	十五	十六 來朝	十七	十八	十九	二十
衡山	十四	十五	十六	十七	十八	十九
齊	十四	十五	十六	十七	十八	十九
城陽	四	五	六	七	八	九
濟北	十二	十三	十四	十五	十六	十七
菑川	十五	十六	十七	十八	十九	二十
膠西	十五	十六	十七	十八	十九	二十 來朝
膠東	九	十	十一	十二	十三	十四
江都	十四	十五	十六	十七 來朝	十八	十九
淮南	二十五	二十六 來朝	二十七	二十八	二十九	三十
燕	十二	十三	十四	十五	十六	十七
趙	十三	十四	十五	十六	十七	十八
河間	十六	十七	十八	十九	二十	二十一
廣川	九	十	十一	十二 薨	繆王齊元年	二
中山	十五	十六	十七	十八	十九	二十
清河	八	九	十	十一	十二 薨，無後，國除為郡。	
常山	六	七	八	九	十	十一
梁	四	五	六	七 薨	平王襄元年	二
濟川	五	六	七 坐射殺其中傅，廢遷房陵，國除為郡。			
濟東	五	六	七	八	九	十
山陽	五	六	七	八	九 薨，無後，國除為郡。	
代	二十二	二十三	二十四 來朝	二十五	二十六	二十七
長沙	十六	十七	十八 來朝	十九	二十	二十一

	元光元年	二年	三年	四年	五年	六年	元朔元年	二年	三年	四年	五年	六年	元狩元年
楚	十七	十八 來朝	十九 來朝	二十	二十一	二十二 薨	襄王注元年	二	三	四 來朝	五	六	七
魯	二十一	二十二	二十三	二十四	二十五	二十六 薨	安王光元年	二	三	四	五	六	七
衡山	二十	二十一	二十二	二十三	二十四	二十五	二十六	二十七	二十八	二十九	三十	三十一	三十二 反，自殺，國除。
齊	二十	二十一	二十二 薨	厲王次昌元年	二	三	四	五 薨，無後，國除為郡。					
城陽	十 來朝	十一	十二	十三	十四	十五	十六	十七	十八	十九	二十	二十一 來朝	二十二
濟北	十八	十九	二十	二十一	二十二	二十三	二十四	二十五	二十六	二十七	二十八	二十九	三十
菑川	二十一	二十二	二十三	二十四	二十五 薨	靖王建元年	二	三	四	五	六	七	八
膠西	二十一	二十二	二十三	二十四	二十五	二十六	二十七	二十八	二十九	三十	三十一	三十二	三十三
膠東	十五 來朝	十六	十七	十八	十九	二十	二十一	二十二 來朝	二十三	二十四	二十五	二十六	二十七
江都	二十	二十一	二十二	二十三	二十四	二十五	二十六	王建元年	二	三	四	五	六
淮南	三十一	三十二	三十三	三十四	三十五	三十六	三十七	三十八	三十九	四十	四十一 有罪，削國二縣。	四十二	四十三 反，自殺，國除為郡。
燕	十八 來朝	十九	二十	二十一	二十二	二十三	二十四 坐禽獸行，自殺，國除為郡。						
趙	十九	二十	二十一	二十二	二十三	二十四	二十五	二十六	二十七	二十八	二十九	三十	三十一 來朝
河間	二十二	二十三	二十四	二十五	二十六 來朝 薨	共王不害元年	二	三	四 薨	剛王堪元年	二	三	四
廣川	三	四	五	六	七	八	九	十	十一	十二	十三	十四 來朝	十五
中山	二十一	二十二 來朝	二十三 來朝	二十四	二十五	二十六	二十七	二十八	二十九 來朝	三十	三十一	三十二	三十三
常山	十二	十三	十四	十五	十六	十七	十八	十九	二十	二十一	二十二 來朝	二十三	二十四
梁	三	四	五	六	七	八	九	十 來朝	十一	十二	十三	十四	十五
濟東	十一	十二	十三	十四	十五	十六	十七	十八	十九	二十	二十一	二十二	二十三
代	二十八	二十九 薨	王義元年	二	三	四	五	六	七	八	九	十	十一
長沙	二十二	二十三 來朝	二十四 來朝	二十五	二十六	二十七 薨	康王庸元年	二	三	四	五	六	七

	二年
楚	八
魯	八 來朝
城陽	二十三
濟北	三十一
菑川	九
膠西	三十四
膠東	二十八 薨
江都	七 反，自殺，國除為廣陵郡。
六安	初置國，以故陳為都。七月丙子，初王恭王慶元年。膠東康王子。
趙	三十二
河間	五
廣川	十六
中山	三十四
常山	二十五
梁	十六
濟東	二十四
代	十二 來朝
長沙	八 來朝

	三年	四年	五年	六年	元鼎元年	二年	三年
楚	九	十 來朝	十一	十二	十三	十四 薨	節王純元年
魯	九	十	十一	十二	十三	十四 來朝	十五
齊				復置國四月乙巳初王懷王閎元年武帝子	二	三	四
城陽	二十四	二十五	二十六 來朝 薨	敬王義元年	二	三	四
濟北	三十二	三十三	三十四	三十五	三十六	三十七	三十八
菑川	十	十一	十二 來朝	十三	十四	十五	十六
膠西	三十五	三十六	三十七	三十八	三十九	四十	四十一
膠東	哀王賢元年	二	三	四	五	六	七
廣陵				以江都為廣陵國四月乙巳初王胥元年武帝子	二	三	四
六安	二	三	四	五	六	七	八
燕				復置國四月乙巳初王剌王旦元年武帝子	二	三	四
趙	三十三	三十四	三十五	三十六	三十七	三十八	三十九
河間	六	七	八	九	十	十一	十二 薨
廣川	十七	十八	十九	二十	二十一 來朝	二十二	二十三
中山	三十五	三十六	三十七	三十八	三十九	四十	四十一
常山	二十六	二十七	二十八	二十九 來朝	三十	三十一	三十二 薨
梁	十七	十八	十九	二十	二十一	二十二	二十三
濟東	二十五	二十六 來朝	二十七	二十八	二十九 剽攻殺人遷上庸國為大河郡		
代	十三	十四	十五	十六	十七	十八	十九
長沙	九	十	十一	十二	十三	十四	十五

	四年	五年	六年	元封元年	二年	三年	四年	五年	六年	太初元年	二年	三年	四年
楚	二	三	四	五	六	七	八	九	十	十一	十二	十三	十四
魯	十六	十七	十八	十九	二十	二十一 來朝	二十二	二十三 朝太山	二十四	二十五	二十六	二十七	二十八
泗水	初置國都郯思王商元年常山憲王子	二	三	四	五	六	七	八	九	十	薨子哀王安世元年卽薨戴王賀元年安世子	二	三
齊	五	六	七	八 薨無後國除為郡									
城陽	五	六	七	八	九 薨	惠王武元年	二	三	四	五	六	七 薨	荒王賀元年
濟北	三十九	四十	四十一 來朝	四十二	四十三	四十四	四十五	四十六	四十七	四十八	四十九	五十	五十一
菑川	十七	十八	十九	二十 薨	頃王遺元年	二	三	四	五	六	七	八	九
膠西	四十二	四十三	四十四	四十五	四十六	四十七 薨無後國除							
膠東	八	九	十	十一	十二	十三	十四 薨	戴王通平元年	二	三	四	五	六
廣陵	五	六	七	八	九	十	十一	十二	十三	十四	十五	十六	十七
六安	九	十	十一 來朝	十二	十三	十四	十五	十六	十七	十八	十九	二十	二十一
燕	五	六	七	八	九	十	十一	十二	十三	十四	十五	十六	十七
趙	四十	四十一	四十二	四十三	四十四	四十五	四十六	四十七	四十八	四十九	五十	五十一	五十二
河間	頃王授元年	二	三	四	五	六	七	八	九	十	十一	十二	十三
廣川	二十四	二十五	二十六	二十七	二十八	二十九	三十	三十一	三十二	三十三	三十四	三十五	三十六
中山	四十二 薨	哀王昌元年卽年薨	康王昆侈元年	二	三	四	五	六	七	八	九 來朝	十	十一
清河	代王義徙清河元年是為剛王	二	三	四	五	六 來朝	七	八	九	十	十一	十二	十三
真定	更常山為真定國頃王平元年常山憲王子	二	三	四	五	六	七	八	九 來朝	十	十一	十二	十三
梁	二十四	二十五	二十六	二十七	二十八	二十九	三十	三十一	三十二	三十三	三十四	三十五	三十六
代	王徙清河國為太原郡												
長沙	十六	十七	十八	十九	二十	二十一	二十二	二十三	二十四	二十五	二十六	二十七	二十八

史記卷十八

漢　太　史　令司馬遷　撰

宋　中郎外兵曹參　軍裴　駰集解

唐　國子博士弘文館學士司馬貞索隱

唐　諸　王　侍　讀　率　府　長　史張守節正義

高祖功臣侯年表第六

〔正義〕高祖初定天下表明有功之臣而侯之若蕭曹等

太史公曰古者人臣功有五品以德立宗廟定社稷曰勳以言曰勞用力曰功明其等曰伐積日曰閱封爵之誓曰使河如帶泰山若厲〔應劭曰封爵之誓國家欲使功臣傳祚無窮帶衣帶也厲砥石也河當何時如衣帶山當何時如厲石言如帶厲國乃絕耳〕國以永寧爰及苗裔始未嘗不欲固其根本而枝葉稍陵夷衰微也余讀高祖侯功臣察其首封所以失之者曰異哉所聞書曰協和萬國遷于夏商或數千歲蓋周封八百幽厲之後見於春秋尚書有唐虞之侯伯歷三代千有餘載自全以蕃衛天子豈非篤於仁義奉上法哉漢興功臣受封者百有餘人〔索隱〕按下文高祖功臣百三十七人兼外戚及王子凡一百四十三人受封天下初定故大城名都散亡戶口可得而數者十二三〔索隱〕言十分纔二三在耳是以大侯不過萬家小者五六百戶後數世民咸歸鄉里戶益息蕭曹絳灌之屬或至四萬小侯自倍〔索隱〕倍其初封時戶數也富厚如之子孫驕溢忘其先淫嬖至太初百年之間見侯五〔正義〕謂平陽侯曹宗曲周侯酈終根陽河侯齊仁戴侯秘蒙穀陵侯馮偃也餘皆坐法隕命亡國耗矣罔亦少密焉然皆身無兢兢於當世之禁云居今之世志古之道所以自鏡也〔索隱〕言居今之代志識古之道得以自鏡當代之存亡也未必盡同帝王者各殊禮而異務要以成功為統紀豈可緄乎觀所以得尊寵及所以廢辱亦當世得失之林也〔索隱〕言觀今人臣所以得尊寵者必由忠厚被廢辱者亦由驕淫是言見在興廢亦當代得失之林也何必舊聞於是謹其終始表見其文頗有所不盡本末著其明疑者闕之後有君子欲推而列之得以覽焉

國名〔正義〕此國名匡左行一道咸是諸侯所封國名也	侯功	高祖十二	孝惠七	高后八	孝文二十三	孝景十六	建元至元封六年三十六太初元年盡後元二年十八	侯第〔索隱〕姚氏云蕭何第一曹參二張敖三周勃四樊噲五酈商六奚涓七夏侯嬰八灌嬰九傅寬十靳歙十一王陵十二陳武十三王吸十四薛歐十五周昌十六丁復十七蟲達十

	平陽 [索隱]漢書地理志平陽縣屬河東	信武 [索隱]地理志無信武縣當是後廢也	清陽 [索隱]漢表作清河定侯地理志清陽縣屬清河郡也
	以中涓從起沛至霸上侯以將軍入漢以左丞相出征齊魏以右丞相爲平陽侯萬六百戶 如淳曰謁主通書謂出納君命石奮爲謁中涓受陳平謁是也春秋傳曰涓人疇漢儀註天子有中涓如黃門皆中官者	以中涓從起宛朐入漢以騎都尉定三秦擊項羽別定江陵侯五千三百戶以車騎將軍攻黥布陳豨	以中涓從起豐至霸上爲騎郎將入漢以將軍擊項羽功侯三千一百戶
	七 六年十二月甲申懿侯曹參元年 [索隱]懿謚也	七 六年十二月甲申肅侯靳歙元年 [索隱]靳姓音紀覲反歙音攝又音吸	七 六月十二月甲申定侯王吸元年 [索隱]楚漢春秋作清陽侯王隆
	五 其二年爲相國 二 六年十月靖侯窋元年	七	七
	八	五 六年夷侯亭元年 三	八
	十九 後元四年簡侯奇元年 四	十八 後元三年侯亭坐事國人過律奪侯國除	七 元年哀侯彊元年 [索隱]彊音其良切 十六 八年孝侯伉元年 [索隱]伉音苦浪切
	三 四年夷侯時元年 [索隱]時或作畤音止又音市案漢書衛青傳平陽侯曹壽尚平陽公主卽此人當是字訛也 十三		四 五年哀侯不害元年 十二
	十 元光五年恭侯襄元年 十六 元鼎三年今侯宗元年 十		七 元光二年侯不害薨無後國除
	四 征和二年侯宗坐太子死國除		
八史記與漢表同而楚漢春秋則不同者陸賈記事在高祖惠帝時漢書是後定功臣等列及陳平受呂后命而定或已改邑號故人名亦別且高祖初定唯十八侯呂后令陳平終竟以下列侯第錄凡一百四十三人也	二 [索隱]漢書音義曰曹參位第二而表在首蕭何位第一而表在十三者以封先後故也又按封參在六年十二月封何在六年正月高祖十月因秦改元故十二月在正月前也漢表具記位次而亦依封前後錄也	十一	十四

汝陰 [索隱]汝陰縣屬汝南凡縣名皆據地理志不言者從省文	陽陵 [索隱]陽陵縣屬馮翊楚漢春秋作陰陵	廣嚴 [索隱]晉書地道記廣縣在東莞嚴謚也下又云壯班馬二史並誤	廣平 [索隱]縣名屬臨淮
以令史從降沛爲太僕常奉車爲滕公竟定天下入漢中至孝惠魯元侯六千九百戶常爲太僕	以舍人從起橫陽至霸上爲魏將入漢定三秦屬淮陰定齊爲齊丞相侯二千六百戶	以中涓從起沛至霸上爲連敖入漢以騎將定燕趙得將軍侯二千二百戶	以舍人從起豐至霸上爲郎中入漢以將軍擊項羽鍾離眛功侯四千五百戶
七 六年十二月甲申文侯夏侯嬰元年	七 六年十二月甲申景侯傅寬元年	七 六年十二月甲申壯侯召歐元年 [索隱]歐烏后切	七 六年十二月甲申敬侯薛歐元年
七	五 六年隨頃侯靖元年 二	七	七
八	八	八	八 元年靖侯山元年
八 九年夷侯竈元年 七 十六年恭侯賜元年 八	十四 十五年恭侯則元年 九	一 二年戴侯勝元年 九 十一年恭侯嘉元年至 十三 後元七年嘉薨無後國除	十八 後元三年侯澤元年
十六	三 前四年侯偃元年 十三		五 八 中二年有罪絕 平棘 中五年復封節侯澤元年 五
七 元光二年侯頗元年 十九 元鼎二年侯頗坐尚公主與父御婢姦罪自殺國除	十八 元狩元年侯偃坐與淮南王謀反國除		十五 其十年爲丞相 元朔四年侯穰元年 三 元狩元年穰受淮南王財物稱臣在赦前詔問謾罪國除
八	十	二十八	十五

博陽 [索隱]博陽縣在汝南	曲逆 [索隱]縣名屬中山章帝改曰蒲陰	堂邑 [索隱]縣名屬臨淮
以舍人從起碭以刺客將入漢以都尉擊項羽滎陽絕甬道擊殺卒追功侯	以故楚都尉漢王二年初從修武爲都尉遷爲護軍中尉出六奇計定天下侯五千戶	以自定東陽爲將屬項梁爲楚柱國四歲項羽死屬漢定豫章浙江都折自立爲王壯息侯千八百戶復相楚元年王十一年
七 六年十二月甲申壯侯陳濞元年 [索隱]楚漢春秋名贖	七 六年十二月甲申獻侯陳平元年	七 六年十二月甲申安侯陳嬰元年
七	七 其五年爲左丞相	七
八	八 其元年徙爲右丞相後專爲丞相相孝文二年	四 五年恭侯祿元年 四
十八 後元三年侯始元年 五	二 三年恭侯買元年 五年簡侯悝元年 十九	二 三年夷侯午元年 二十一
四 前五年侯始有罪國除 中五年復封始 塞 [索隱]塞在桃林之西 二 後元元年始有罪國除	四 五年侯何元年 十二	十六
	十 元光五年侯何坐略人妻棄市國除	十一 元光六年季須元年 十三 元鼎元年侯須坐母長公主卒未除服姦兄弟爭財當死自殺國除
十九	四十七	八十六

周呂【索隱】勳云周呂國也按周及呂皆國名濟陰有呂都縣	建成【索隱】縣名屬沛郡	留【索隱】韋昭云留今在彭城
以呂后兄初起以客從入漢爲侯還定三秦將兵先入碭漢王之解彭城往從之復發兵佐高祖定天下功侯	以呂后兄初起以客從擊三秦漢王入漢而釋之還豐沛奉衞呂宣王太上皇天下已平封釋之爲建成侯【索隱】呂宣王呂公謚也	以廄將從起下邳以韓申徒下韓國言上張旗志秦王恐降解上與項羽之郄爲漢王請漢中地常計謀平天下侯萬戶
六年正月丙戌令武侯呂澤元年 三 【索隱】令武謚也一云令邑武謚也又改封令令縣名在榮陽出苻地道記 九年子台封鄜侯元年 四【索隱】鄜音歷一作郎音歙皆縣名	六年正月丙戌康侯釋之元年 七	六年正月丙午文成侯張良元年 七
七 有罪	二 三年侯則元年 五 有罪	七
	元年五月丙寅封則弟大中大夫呂祿元年 胡陵 七 八年祿爲趙王國除追尊康侯爲昭王祿以趙王謀爲不善大臣誅祿遂滅呂	二 三年不疑元年 六
		四 五年侯不疑坐與門大夫謀殺故楚內史當死贖爲城旦國除
		六十二

射陽【索隱】縣名屬臨淮射一作貰	酇【索隱】酇音贊縣名在沛劉氏云以何子祿嗣無後國除呂后封何夫人於南陽鄼恐非也	曲周【索隱】縣名屬廣平
兵初起與諸侯共擊秦爲漢左令尹漢王與項羽有郄於鴻門項伯纏解難以破子羽纏嘗有功封射陽侯	以客初起從入漢爲丞相備守蜀及關中給軍食佐上定諸侯爲法令立宗廟侯八千戶	以將軍從起岐攻長社以南別定漢中及蜀定三秦擊項羽侯四千八百戶
六年正月丙午侯項纏元年賜姓劉氏 七【索隱】即項伯也	六年正月丙午文終侯蕭何元年 七 元年爲丞相九年爲相國	六年正月丙午景侯酈商元年 七
二 三年侯纏卒嗣子睢有罪國除	二 三年哀侯祿元年 五	七
	一 二年懿侯同元年同祿母 七	八
	元年同有罪封何小子延元年 筑陽 十九【索隱】筑音逐縣名 後元四年煬侯遺元年 一 五年侯則元年 三	元年侯寄元年 二十三
	一 有罪 武陽 前二年封煬侯弟幽侯嘉元年 七 中二年侯勝元年 八	九 有罪 繆 中三年封商他子靖侯堅元年 七
	元朔二年侯勝坐不敬絕 十三 酇 元狩三年封何孫恭侯慶元年 三 元狩六年侯壽成元年 十 元封四年壽成爲太常犧牲不如令國除	元光四年康侯遂元年 九 元朔三年侯宗元年 五 元鼎二年侯終根元年 十一 後二年五月侯終根坐祝詛誅國除 十一
		六

絳【索隱】縣名屬河東	舞陽【索隱】縣名屬潁川	潁陰【索隱】縣名屬潁川
以中涓從起沛至霸上爲侯定三秦食邑爲將軍入漢定隴西擊項羽守嶢關定泗水東海八千一百戶	以舍人起沛從至霸上爲侯入漢定三秦爲將軍擊項籍再益封從破燕執韓信侯五千戶	以中涓從起碭至霸上爲昌文君入漢定三秦食邑以車騎將軍屬淮陰定齊淮南及下邑殺項籍侯五千戶
六年正月丙午武侯周勃元年 七	六年正月丙午武侯樊噲元年 七 其七年爲將軍相國三月	六年正月丙午懿侯灌嬰元年 七
七	六 七年侯伉元年呂須子 一	七
八 其四年爲太尉	八 坐呂氏誅族	八
元年爲右丞相三年免復爲丞相 十一 十二年侯勝之元年 六 後二年封勃子亞夫元年 條 六	元年封樊噲子荒侯市人元年 二十三	一年爲太尉 四 三爲丞相 五年侯平元年 十九
其三年爲太尉七年爲丞相有罪國除 十三 平曲 後元年封勃子恭侯堅元年 三	六 七年侯它廣元年 六 中元五年侯它廣非市人子國除	九 中三年侯彊元年 七
十六 元朔五年侯建德元年 十二 元鼎五年侯建德坐酎金國除		六 有罪絕 元光二年封嬰孫賢爲臨汝侯侯賢元年 九 元朔五年侯賢行賕罪國除
四	五	九

汾陰 〔索隱〕縣名，屬河東。	初起以職志擊破秦，入漢，出關，以內史堅守敖倉，以御史大夫定諸侯，比清陽侯，二千八百戶。〔索隱〕如淳云：職志，官名，主幡旗。	六年正月丙午，悼侯周昌元年。七	三 建平 四年，哀侯開方元年。四 有罪，絕。	八	四 前五年，侯意元年。十三 有罪，絕。	安陽 八 中二年，封昌孫左車。 建元元年，有罪，國除。			十六
梁鄒 〔索隱〕梁鄒，縣名，屬濟南。	兵初起，以謁者從擊破秦，入漢，以將軍擊定諸侯功，比博陽侯，二千八百戶。	六年正月丙午，孝侯武儒元年。七〔索隱〕漢書作虎。	四 五年，侯最元年。三	八	二十三	十六	六 元光元年，頃侯嬰齊元年。三 元光四年，侯山柎元年。〔索隱〕柎音趺。二十 元鼎五年，侯山柎坐酎金，國除。		二十
成 〔索隱〕縣名，屬涿郡。	兵初起，以舍人從擊秦，為都尉，入漢，定三秦，出關，以將軍定諸侯功，比厭次侯，二千八百戶。	六年正月丙午，敬侯董渫元年。七〔索隱〕渫音息列反。	元年，康侯赤元年。七	八	二十三	六 有罪，絕。 節氏 中五年，復封康侯赤元年。〔索隱〕節氏，縣名。五	建元四年，恭侯罷軍元年。三 元光三年，侯朝元年。五 元狩三年，侯朝為濟南太守，與成陽王女通，不敬，國除。十三		二十五
蓼 〔索隱〕縣名，屬六安。	以執盾前元年從起碭，以左司馬入漢，為將軍，三以都尉擊項羽，屬韓信，功侯。〔索隱〕即漢五年，圍羽垓下，淮陰侯將四十萬自當之，孔將軍居左，費將軍居右，是也。費將軍即下費侯陳賀也。	六年正月丙午，侯孔藂元年。七〔索隱〕姚氏按：孔子家語云子武生子魚及子文，子文生最，字子產。說文以最為積聚，此字作藂，不同。	七	八	八 九年，侯臧元年。十五	十六	元朔三年，侯臧坐為太常，南陵橋壞，衣冠車不得度，國除。〔索隱〕按：孔藂云臧歷位九卿，為御史大夫，辭曰：「臣經學，乞為太常典禮。臣業以安國綱紀古訓。」武帝難違其意，遂拜太常，典禮賜如三公。臧子琳位至諸吏，琳子璜失侯爵。此云臧國除，當是後更封其子也。十四		三十
費 〔索隱〕費音祕，一音扶未反，縣名，屬東海。	以舍人前元年從起碭，以左司馬入漢，用都尉屬韓信，擊項羽，有功，為將軍，定會稽、浙江、湖陽，侯。	六年正月丙午，圉侯陳賀元年。七〔集解〕徐廣曰：圉，一作幽。	七	八	元年，共侯常元年。二十三	二年，侯偃元年。一 中元二年，有罪，絕。八 中六年，封賀子侯最元年。巢 後元三年，最薨，無後，國除。四			
陽夏 〔索隱〕縣名，屬淮陽。	以特將將卒五百人，前元年從起宛、朐，至霸上，為侯，以游擊將軍別定代，已破臧荼，封豨為陽夏侯。〔索隱〕豨音虛肥反。	六年正月丙午，侯陳豨元年。五 十年八月，豨以趙相國將兵守代。漢使召豨，豨反，以其兵與王黃等畧代，自立為燕。漢殺豨靈丘。							
隆慮 〔索隱〕縣名，屬河內，音林閭。隆避殤帝諱，故改之。	以卒從起碭，以連敖入漢，以長鈹都尉擊項羽，有功，侯。〔索隱〕徐廣以連敖為典客官，長鈹為官名。說文云鈹者劍刀裝也。鈹音數皮反。漢表作鉟，音丕。	六年正月丁未，哀侯周竈元年。七〔索隱〕漢表作克。	七	八	十七 後元二年，侯通元年。六	七 中元年，侯通有罪，國除。			三十四
陽都 〔索隱〕漢志闕。晉書地道記屬瑯邪。	以趙將從起鄴，至霸上，為樓煩將，入漢，定三秦，別降翟王，屬悼武王，殺龍且彭城，為大司馬，破羽軍葉，拜為將軍，忠臣，侯，七千八百戶。	六年正月戊申，敬侯丁復元年。七〔索隱〕復音伏。	七	五 六年，趙侯甯元年。三	九 十年，侯安成元年。十四	一 二年，侯安成有罪，國除。			十七
新陽 〔索隱〕漢表作陽信，縣名，屬汝南。	以漢五年用左令尹初從，功比堂邑侯，千戶。	六年正月壬子，朝侯呂清元年。七	三 四年，頃侯世元年。四	八	六 七年，懷侯義元年。二 九年，惠侯它元年。十五	四 五年，恭侯善元年。五 中三年，侯譚元年。七	二十八 元鼎五年，侯譚坐酎金，國除。		八十一

東武 【索隱】縣名屬琅邪郡	汁邡 如淳曰汁音什邡音方【索隱】汁又如字縣屬廣漢	棘蒲	都昌	武彊
以戶衞徐廣曰一云從起薛屬悼武王破秦軍扛里楊熊軍曲遇入漢為越徐廣曰一云城將軍定三秦以都尉堅守敖倉為將軍破籍軍功侯二千戶	以趙將前三年從定諸侯侯二千五百戶功比平定侯齒故沛豪有力與上有郄故晚從	以將軍前元年率將二千五百人起薛別救東阿至霸上二歲十月入漢擊齊歷下軍田既功侯	以舍人前元年從起沛以騎隊卒先降翟王虜章邯功侯	以舍人從至霸上以騎將入漢還擊項羽屬丞相寧功侯用將軍擊黥布侯
六年正月戊午 七 貞侯郭蒙元年	六年三月戊子 七 肅侯雍齒元年	六年三月丙午 七 剛侯陳武元年	六年三月庚子 七 莊侯朱軫元年	六年三月庚子 七 莊侯莊不識元年
七	二 三年荒侯巨元年 五	七	七	七
五 六年侯它元年 三	八	八	元年剛侯率元年 八	六 七年簡侯嬰元年 二
二十三	二十三	十六 後元年侯武薨嗣子奇反不得置後國除	七 六年夷侯詘元年 十六	十七 後二年侯青翟元年 六
五 六年侯它棄市國除	二 三年侯野元年 十四 中元六年終侯桓元年		二 元年恭侯偃元年 五 三年侯辟彊元年 中元年辟彊薨無後國除	十六
	二十八 元鼎五年終侯桓坐酎金國除			二十五 元鼎二年侯青翟坐為丞相與長史朱買臣等逮御史大夫湯不直國除
四十一	五十七	十三	二十三	三十三

貰 【索隱】縣名屬鉅鹿音世一音時夜反	海陽 【索隱】海陽亦南越縣地理志闕	南安 【索隱】縣名屬犍為建安亦有此縣	肥如 【索隱】縣名屬遼西
以越戶將從破秦入漢定三秦以都尉擊項羽千六百戶功比臺侯	以越隊將從破秦入漢定三秦以都尉擊項羽侯千八百戶	以河南將軍漢王三年降晉陽以亞將破臧荼侯九百戶【索隱】亞將漢表作連將	以魏太僕三年初從以車騎都尉破龍且及彭城侯千戶
六年三月庚子齊侯呂元年【集解】徐廣曰呂一作台 二 【索隱】謚法執心克莊曰齊 八年恭侯方山元年 五	六年三月庚子齊信侯搖毋餘元年 七 【索隱】毋餘東越之族也	六年三月庚子 七 莊侯宣虎元年	六年三月庚子 七 敬侯蔡寅元年
七	二 三年哀侯昭襄元年 五	七	七
八	四 五年康侯建元年 四	八	八
元年煬侯赤元年 十一 十二年康侯遺元年 十二	二十三	九年恭侯戎元年 八 十一 後四年侯千秋元年 四	三年莊侯成元年 二 十四 後元年侯奴元年 七
十六	三 四年哀侯省元年 十 中六年侯省薨無後國除	七 中元元年千秋坐傷人免	元年侯奴薨無後國除
十六 元朔五年侯僨元年【索隱】僨音七淨反 八 元鼎元年侯僨坐殺人棄市國除			
三十六	三十七	六十三	六十六

曲城 【索隱】漢志闕表在涿郡	河陽 【索隱】縣名屬河內	淮陰 【索隱】縣名屬臨淮
以曲城戶將卒三十七人初從起碭至霸上為執珪為二隊將屬悼武王入漢定三秦以都尉破項羽軍陳下功侯四千戶為將軍擊燕代拔之	以卒前元年起碭從以二隊將入漢擊項羽身得郎將處功侯以丞相定齊地	兵初起以卒從項梁梁死屬項羽為郎中至咸陽亡從入漢為連敖典客蕭何言為大將軍別定魏齊為王徙楚坐擅發兵廢為淮陰侯【索隱】典客漢表作粟客蓋字誤傳作治粟都尉或先為連敖典客也
六年三月庚子 七 圉侯蟲逢元年 【索隱】楚漢春秋云夜侯蟲達蓋改封也夜縣屬東萊又謚法威德強武曰圉子恭侯捷封垣故位次曰夜侯垣亦誤	六年三月庚子 七 莊侯陳涓元年	六年四月 五 侯韓信元年 十一年信謀反關中呂后誅信夷三族國除
七	七	
八	八	
元年侯捷元年 八 有罪絕 後三年復封恭侯捷元年 五	元年 三 侯信元年 四年侯信坐不償人責過六月奪侯國除	
十三 有罪絕 垣 後元年復封恭侯捷元年 三		
建元二年 一 侯皋柔元年 元鼎三年侯皋柔坐為汝南太守知民不用赤側錢為賦 二十五 為賦國除【索隱】時用赤側錢而汝南不用為賦		
十八	二十九	

芒 【索隱】縣名屬沛	故市 【索隱】縣名屬河南	柳丘 【索隱】縣名屬渤海	魏其 【索隱】縣名屬琅邪
以門尉前元年初起碭至霸上爲武定君入漢還定三秦以都尉擊項羽侯	以執盾初起入漢爲河上守遷爲假相擊項羽侯千戶功比平定侯	以連敖從起薛以二隊將入漢定三秦以都尉破項籍軍爲將軍侯千戶	以舍人從沛以郎中入漢爲周信侯定三秦遷爲郎中騎將破籍東城侯千戶
三 六年侯昭元年【集解】徐廣曰昭一作起漢書年表云芒侯耏跖【索隱】耏跖音而只耏又音人才反字林以多鬚髮曰耏耏姓也左傳有耏班 九年侯昭有罪國除	三 六年四月癸未侯閻澤赤元年 四 九年夷侯毋害元年	七 六年六月丁亥齊侯戎賜元年	七 六年六月丁亥莊侯周定元年
	七	七	七
	八	四 五年定侯安國元年 四	四 五年侯間元年 四
	十九 後四年戴侯積元年 四	二十三	二十三
張 十三 孝景三年昭以故芒侯將兵從太尉亞夫擊吳楚有功復封 二 後元三年二月張侯申元年	四 孝景五年侯穀嗣 十二	三 四年敬侯嘉成元年 十 後元元年侯角嗣有罪國除	二 前三年侯間反國除
十七 元朔六年侯申坐尚南宮公主不敬國除【索隱】主景帝女初南宮侯張生尚之有罪後張侯耏申尚之	二十八 元鼎五年侯穀坐酎金國除		
	五十五	三十九	四十四

祁 【索隱】縣名屬太原	平 【索隱】縣名屬河南	魯 【索隱】縣名屬魯國
以執盾漢王三年初起從晉陽以連敖擊項籍漢王敗走賀方將軍擊楚追騎以故不得進漢王顧謂賀祁子留彭城軍執圭東擊羽急絕其近壁侯千四百戶【集解】徐廣曰戰彭城爲尉敗斬將又云漢王顧歎賀祁戰彭城斬將	兵初起以舍人從擊秦以郎中入漢以將軍定諸侯守洛陽功侯比費侯賀千三百戶	以舍人從起沛至咸陽爲郎中入漢以將軍從定諸侯侯四千八百戶功比舞陽侯死事無代侯【集解】徐廣曰漢書云魯侯涓涓死無子封毋疵
七 六年六月丁亥穀侯繒賀元年【索隱】謚法行見中外曰穀	六 六年六月丁亥悼侯沛嘉元年 一 十二年靖侯奴元年	七 六年中毋侯疵元年
七	七	七
八	八	四 五年毋侯疵薨無後國除
十一 十二年頃侯湖元年 十二	十五 十六年侯執元年 八	
五 六年侯它元年 十一	十一 中元五年侯執有罪國除	
十八 元光二年侯它坐從射擅罷不敬國除【集解】徐廣曰射一作耐		
五十一	三十二	七

故城 【索隱】漢表作城父屬沛郡	任侯 【索隱】縣名屬廣平	棘丘 【索隱】漢志棘丘地闕	阿陵 【索隱】縣名屬涿郡
兵初起以謁者從入漢以將軍擊諸侯以右丞相備守淮陽功比厭次侯二千戶	以騎都尉漢五年從起東垣擊燕代屬雍齒有功侯爲車騎將軍	以執盾隊史前元年從起碭破秦以治粟內史入漢以上郡守擊定西魏地功侯	以連敖前元年從單父以塞疏入漢還定三秦屬悼武王以都尉擊籍功侯【集解】徐廣曰一云塞路一云以衆入漢中【索隱】按路字誤爲疏小顏云主進塞要路也
七 六年中莊侯尹恢元年	七 六年侯張越元年	七 六年侯襄元年【索隱】襄名也史失姓及謚	七 六年七月庚寅頃侯郭亭元年
二 三年侯開方元年 五	七	七	七
二 三年侯方奪侯爲關內侯	二 三年侯越坐匿死罪免爲庶人國除	四 四年侯襄奪侯爲士伍國除	八
			二 三年惠侯歐元年 二十一
			一 前二年侯勝客元年 八 南 有罪絕 四 中六年靖侯延居元年
			十一 元光六年侯則元年 十七 元鼎四年侯則坐酎金國除
二十六			二十七

昌武 [索隱]漢志昌武闕	初起以舍人從以郎中入漢定三秦以郎中將擊諸侯侯九百八十戶比魏其侯	七 六年七月庚寅靖信侯單甯元年 [索隱]單音善甯音佞	五 六年夷侯如意元年 二	八	二十三	十 中四年康侯賈成元年 六	十 元光五年侯得元年 四 元朔三年侯得坐傷人二旬內死棄市國除	四十五
高苑 [索隱]縣名屬千乘	初起以舍人從入漢定三秦以中尉破籍侯千六百戶比斥丘侯	七 六年七月戊戌制侯丙倩元年 [索隱]倩音七淨反	七 元年簡侯得元年	八	十五 十六年孝侯武元年 八	十六	二 建元元年侯信元年 建元三年侯信坐出入屬車間奪侯國除	四十一
宣曲 [索隱]漢志闕	以卒從起留以騎將入漢定三秦破籍軍滎陽為郎騎破鍾離眛軍固陵侯六百七十戶	七 六年七月戊戌齊侯丁義元年	七	八	十 十一年侯通元年 十三	四 有罪 絕 中五年復封發侯通元年 中六年侯通婁有罪國除		四十三
絳陽 [索隱]漢志闕漢表作終陵也	以越將從起留入漢定三秦擊臧荼侯七百四十戶從攻馬邑及布	七 六年七月戊戌齊侯華無害元年	七	八	三 四年恭侯勃齊元年 十六 後元四年侯祿元年 四	三 前四年侯祿出界有罪國除		四十六
東茅 [索隱]漢志闕	以舍人從碭至霸上以二隊入漢定三秦以都尉擊項羽破臧荼侯捕韓信為將軍益邑千戶	七 六年八月丙辰敬侯劉釗元年	七	八	二十三 三年侯吉元年 十六年侯吉奪爵國除			四十八

斥丘 [索隱]縣名屬魏郡	以舍人從起豐以左司馬入漢以亞將攻籍克敵為東郡都尉擊破籍武城為漢中尉擊布為斥丘侯千戶 [集解]徐廣曰一云城武	七 六年八月丙辰懿侯唐厲元年	七	八	八 九年恭侯鼂元年 十三 後元六年侯賢元年 二	十六	二十五 元鼎二年侯尊元年 三 元鼎五年侯尊坐酎金國除	四十
臺 [索隱]臨淄郡有臺鄉縣	以舍人從起碭用隊率入漢以都尉擊籍籍死轉擊臨江屬將軍賈功侯以將軍擊燕	七 六年八月甲子定侯戴野元年	七	八	三 四年侯才元年 二十	三 三年侯才反國除		三十五
安國 [索隱]縣名屬中山	以客從起豐以廄將別定東郡南陽從至霸上入漢守豐上東因從戰不利奉孝惠魯元出睢水中及堅守豐封雍侯五千戶	七 六年八月甲子武侯王陵元年	七 其六年為右丞相	七 八年哀侯忌元年 一	二十三 元年終侯游元年 [集解]徐廣曰游一作耶	十六	二十 建元元年三月安侯辟方元年 元狩三年侯定元年 八 元鼎五年侯定坐酎金國除	十二

樂成 [索隱]漢志闕	以中涓騎從碭中為騎將入漢定三秦侯以都尉擊籍屬灌嬰殺龍且更為樂成侯千戶	七 六年八月甲子節侯丁禮元年	七	八	四 五年夷侯馬從元年 十八 後七年武侯客元年 一	十六	二十五 元鼎二年侯義元年 三 元鼎五年侯義坐言五利侯不道棄市國除	四十二
辟陽 [索隱]縣名屬信都	以舍人初起侍呂后孝惠沛三歲十月呂后入楚食其從一歲侯	七 六年八月甲子幽侯審食其元年	七	八	三 四年侯平元年 二十	二 三年平坐反國除		五十九
安平 [索隱]縣名屬涿郡	以謁者漢王三年初從定諸侯有功秩舉蕭何功侯二千戶	七 六年八月甲子敬侯鄂千秋元年	二 三年簡侯嘉元年 五	七 八年頃侯應元年 一	十三 十四年煬侯寄元年 十	十五 後三年侯但元年 一	十八 元狩元年坐與淮南王女陵通遺淮南書稱臣盡力棄市國除	六十一
蒯成 [索隱]漢志闕晉書地道記屬北地按緤封池陽後定封蒯成音苦懷反一音裴小顏音普肯反	以舍人從起沛至霸上侯入漢定三秦食邑池陽擊項羽軍滎陽絕甬道從出度平陰遇淮陰侯軍襄國楚漢約分鴻溝以緤為信戰不利不敢離上侯三千三百戶	七 六年八月甲子尊侯周緤元年 十二年十月乙未定蒯成	七	八	五 緤子昌代有罪國除	中元年封緤子康侯應鄲元年 [索隱]鄲音多 一 中二年侯中居元年 [索隱]中音仲 八	二十六 元鼎三年中居坐為太常有罪國除	二十二

北平【索隱】縣名屬中山	高胡【索隱】漢志闕	厭次【索隱】漢志闕晉書地道記屬平原後乃屬樂陵國	平皋【索隱】縣名屬河南	復陽【索隱】縣名屬南陽復音伏應劭云在桐栢山下復木之陽
以客從起陽武至霸上爲常山守得陳餘爲代相徙趙相侯爲計相四歲淮南相十四歲千三百戶	以卒從起杠里入漢以都尉擊籍以都尉定燕侯千戶	以愼將前元年從起留入漢以都尉守廣武功侯	項它漢六年以碭郡長初從賜姓爲劉氏功比戴侯彭祖五百八十戶	以卒從起薛以將軍入漢以右司馬擊項羽侯千戶
六年八月丁丑 七 文侯張蒼元年	六年中侯 七 陳夫乞元年	六年中侯元頃元年 七 【集解】徐廣曰漢書作爰類	七年六月癸亥 六 煬侯劉它元年	七年十月甲子 六 剛侯陳胥元年
七	七	七	四 五年恭侯遠元年 三	七
八	八	八	八	八
二十三 其四爲丞相五歲罷	四 五年殤侯程嗣薨無後國除	元年侯賀元年 五 六年侯賀謀反國除	二十三	十 十一年恭侯嘉元年 十三
五 六年康侯奉元年 八 後元年侯類元年 三			元年節侯光元年 十六	五 六年康侯拾元年 十一
四 建元五年侯類坐臨諸侯喪後不敬國除			建元元年侯勝元年 二十八 元鼎五年侯勝坐酎金國除	十二 元朔元年侯彊元年 七 元狩二年坐父拾非嘉子國除
六十五	八十二	二十四	百二十一	四十九

陽河【索隱】縣名屬上黨	朝陽【索隱】縣名屬南陽	棘陽【索隱】棘音紀力反縣名屬南陽	涅陽【索隱】縣名屬南陽
以中謁者從入漢以郎中騎從定諸侯侯五百戶功比高胡侯	以舍人從起薛以連敖入漢以都尉擊項羽後攻韓王信侯千戶	以卒從起胡陵入漢以郎將迎左丞相軍以擊諸侯侯千戶	以騎士漢王三年從出關以郎將擊斬項羽侯千五百戶比杜衍侯
七年十月甲子齊哀侯元年 三 漢表云齊侯其石 十年侯安國元年 三	七年三月壬寅齊侯華寄元年 六	七年七月丙辰莊侯杜得臣元年 六	七年中莊侯呂勝元年 六 【索隱】五侯斬項羽皆諡莊漢表以避諱皆改作嚴誤也
七	七	七	七
八	元年文侯要元年 八	八	八
二十三	十三 十四年侯當元年 十	五 六年質侯但元年 十八	四 五年莊侯子成實非子不當爲侯國除
十 中元四年侯午元年中絕 六	十六	十六	
元鼎四年恭侯章元年【索隱】埤音卑 二十七 埤山 元封元年侯仁元年 三 征和三年十月仁與母坐祝詛大逆無道國除 廿	十三 元朔二年侯當坐教人上書枉法罪國除	九 元光四年懷侯武元年 七 元朔五年侯武薨無後國除	
八十三	六十九	八十一	百四

平棘【索隱】縣名屬常山	羹頡	深澤【索隱】縣名屬中山	栢至【索隱】漢志闕
以客從起亢父斬章邯所署蜀守用燕相侯千戶	以高祖兄子從軍擊反韓王信爲郎中將信母嘗有罪高祖微時太上憐之故封爲羹頡侯	以趙將漢王三年降屬淮陰侯定趙齊楚以擊平城侯七百戶	以駢憐從起昌邑以說衛入漢以中尉擊籍侯千戶漢表師古曰二馬曰駢憐謂駢兩騎爲軍翼也說讀曰稅說衛謂軍行止舍主爲衛也【索隱】姚氏憐聲近駢憐猶比隣也
七年中懿侯執元年 六 【集解】徐廣曰漢書作林摯	七年中侯劉信元年 六 【索隱】高祖兄子	八年十月癸丑齊侯趙將夜元年 五 【索隱】漢表作將夕	七年七月戊辰靖侯許溫元年 六 【索隱】漢表作許盎靖音淨
七	七	七	七
七 八年侯辟彊元年 一	元年信有罪削爵一級爲關內侯	奪 一 絕 二年復封封二年絕	二年有罪絕 一 三年復封溫如故 六
五 六年侯辟彊有罪鬼薪國除		十四年復封將夜元年 四 後元二年戴侯頭元年 六	元年簡侯祿元年 十四 十五年哀侯昌元年 九
		二 三年侯循元年 罪 七 絕 中五年封頭子夷侯胡元年 五	十六
		十六 元朔五年夷侯胡薨無後國除	七 元光二年恭侯如安元年 十三 元狩三年侯福元年 五 元鼎二年侯福有罪國除
六十四		九十八	五十八

中水 [索隱]縣名屬涿郡應劭云易滱二水之中	杜衍 [索隱]縣名屬南陽	赤泉 [索隱]漢志闕
以中郎騎將漢王元年從起好畤以司馬擊龍且後共斬項羽侯千五百戶	以郎中騎漢王三年從起下邳屬淮陰從灌嬰共斬項羽侯千七百戶	以郎中騎漢王二年從起杜屬淮陰後從灌嬰共斬項羽侯千九百戶
七年正月己酉 六 莊侯呂馬童元年	七年正月己酉莊侯王翳 六 元年[索隱]漢表作王翥	七年正月己酉 六 莊侯楊喜元年
七	七	七
八	六年共侯 五 福元年 三	元年奪絕 一 二年復封 七
十年夷侯 九 假元年 三 十三年共侯 十一 青肩元年	五年侯市 四 臣元年 七 二十年侯 十二 翕元年	十三年定 十一 侯殷元年 十二
十六	有罪絕後元元年復封翳子疆 十二 侯郢人元年[集解]徐廣曰疆一作景 三	四年侯無 三 害元年 有罪 臨汝 絕 中五年復封 五 侯無害元年
建元六年靖 五 侯德元年 一 元光元年侯 廿 宜成元年 元鼎五年宜成 三 坐酎金國除	元光四年侯 九 定國元年 元狩四年侯定 十二 國有罪國除	七 元光二年侯無害有罪國除
百一	百二	百三

栒 [索隱]縣名屬扶風音荀故周文王封其子之邑河東亦有郇城	武原 [索隱]漢志闕	磨 [索隱]漢志闕表作歷歷縣在信都劉氏依字讀言天下地名多既無定證但依字是不決之詞地之與邑並無磨誤也
以燕將軍漢王四年從曹咎軍爲燕相告燕王荼反侯以燕相國定盧奴千九百戶	漢四年以梁將軍初從擊韓信陳豨黥布功侯二千八百戶功比高陵	以趙衛將軍漢王三年從起盧奴擊項羽敖倉下爲將軍攻臧荼有功侯千戶
八年十月丙辰 五 頃侯溫疥元年	八年十二月丁未 五 靖侯衛胠元年 [索隱]漢表胠作怯音怯	八年十月癸酉 五 簡侯程黑元年
七	三 四年共侯寄元年 四	七
八	八	二 三年孝侯釐元年 六
五 六年文侯 十七 仁元年 後元七年 一 侯河元年	二十三	十六 後元元年侯竈元年 七
十 中元四年侯河有罪國除	三 四年侯不 十三 害元年 後二年不害坐葬過律國除	七 中元元年竈有罪國除
九十一	九十二	九十二

橐 [索隱]漢志橐縣屬山陽	宋子 [索隱]漢志宋子縣屬鉅鹿	猗氏 [索隱]縣名屬河東
高帝七年爲將軍從擊代陳豨有功侯六百戶	以漢三年以趙羽林將初從擊定諸侯功比磨侯五百四十戶	以舍人從起豐入漢以都尉擊項羽侯二千四百戶
八年十二月丁未 五 祗侯陳錯元年 [索隱]漢表作錯音措三蒼云九江人名鐵曰錯	八年十二月丁卯惠侯 四 許瘛元年瘛音充志反 [索隱]瘛音尺制反郭璞音胡計反亦作瘱字林音巨月反 十二年共侯 一 不疑元年	八年三月丙戌敬侯 五 陳遬元年[索隱]遬音速
二 三年懷侯嬰元年 五	七	六 七年靖侯交元年 一
八	八	八
六 七年恭侯 十四 應元年 五年侯 三 安元年	九 十年侯九元年 十四	二十三
十六	八 中元二年侯九坐買塞外禁物罪國除	二 三年頃侯差元年薨無後國除
不得千秋父[集解]徐廣 十 曰千秋父以元朔元年立 元狩二年侯 二 千秋元年 七 元鼎五年侯千 九 秋坐酎金國除		
百二十四	九十九	五十

清 索隱清縣屬東郡	彊 索隱漢志闕	彭 索隱漢表屬東海郡	吳房 索隱縣名屬汝南
以弩將初起從入漢以都尉擊項羽代侯比彭侯千戶	以客吏初起從入漢以都尉擊項羽代侯比彭侯千戶	以卒從起薛以弩將入漢以都尉擊項羽代侯千戶	以郎中騎將漢王元年從下邽擊夏陽以都尉斬項羽有功侯七百戶
八年三月丙戌 五 簡侯空中元年 集解徐廣曰空一作窒 索隱窒中姓見風俗通	八年三月丙戌 三 簡侯留勝元年 十一年戴侯章元年 二	八年三月丙戌 五 簡侯秦同元年	八年三月辛巳 五 莊侯楊武元年
七 元年頃侯聖元年	七	七	七
八	八	八	八
七 八年康侯鮒元年 十六	十三年侯服元年 十二 十五年侯服有罪國除 二	二 三年戴侯執元年 廿一	十一 十二年侯去疾元年 十二
十六		二 三年侯武元年 十一 後元元年侯武有罪國除	十四 後元元年去疾有罪國除
元狩三年恭侯石元年 廿 元鼎四年侯生元年 七 元鼎五年侯生坐酎金國除 一			
七十一	七十二	七十	九十四

甯 索隱漢表甯陽屬濟南郡	昌 索隱縣名屬琅邪	共 索隱縣名屬河南
以舍人從起碭入漢以都尉擊臧荼功侯千戶	以齊將漢王四年從淮陰侯起無鹽定齊擊籍及韓王信於代侯千戶	以齊將漢王四年從淮陰侯起臨淄擊籍及韓王信於平城有功侯千二百戶
八年四月辛卯 五 莊侯魏選元年	八年六月戊申 五 圉侯盧卿元年 索隱漢表姓旅旅卽盧古旅弓字	八年六月壬子 五 莊侯盧罷師元年
七	七	七
八	八	八
十五 十六年恭侯連元年 八	十四 十五年侯通元年 九	七年惠侯黨元年 六 十五年懷侯商元年 八 後四年侯商薨無後國除 五
元年侯指元年 三 四年侯指坐出國界有罪國除	二 二年侯通反國除	
七十八	百九	百十四

閼氏 索隱縣名屬安定	安丘 索隱安丘縣屬北海	合陽 索隱合陽屬馮翊	襄平 索隱縣名屬臨淮
以代太尉漢王三年降為鴈門守以特將平代反寇侯千戶 索隱漢表太尉作太與爵名音余	以卒從起方與屬魏豹二歲五月以執鈹入漢以司馬擊籍以將軍定代侯三千戶	高祖兄兵初起侍太公守豐天下已平以六年正月立仲為代王高祖八年匈奴攻代王棄國亡廢為合陽侯	兵初起紀成以將軍從擊破秦入漢定三秦功定平侯戰好畤死事子通襲成功侯
八年六月壬子 四 節侯馮解敢元年 十二年恭侯它元年 一	八年七月癸酉 五 懿侯張說元年 索隱說音悅	八年九月丙午 五 侯劉仲元年 集解徐廣曰一名嘉	八年九月丙午 五 侯紀通元年
薨無後絕	七	仲子濞為吳王 二 以子吳王故尊仲謚為代頃侯	七
	八		八
二年封恭侯遺腹子文侯遺元年 十四 十六年恭侯勝之元年 八	十二 十三年恭侯奴元年 十一		二十三
五 前六年侯平元年 十一	三年敬侯執元年 三 四年康侯訢元年 十三		九 中元三年康侯相夫元年 七
二十八 元鼎五年侯平坐酎金國除	十 元狩元年侯指元年 八 元鼎四年侯指坐入上林謀盜鹿國除 九		元朔元年侯夷吾元年 十二 元封二年夷吾薨無後國除 十九
百	六十七		

龍 [索隱]盧江有龍舒縣，蓋其地也	繁 [索隱]地理志魏郡有繁陽，恐別有繁縣，志闕	陸梁 [索隱]如淳按：始皇紀所謂陸梁地，今在江南也
以卒從漢王元年起霸上，以謁者擊籍，斬曹咎，侯，千戶	以趙騎將從，漢三年從擊諸侯，侯，比吳房侯，千五百戶	詔以爲列侯，自置吏，受令長沙王
八年後九月己未，敬侯陳署元年 五	九年十一月壬寅，莊侯彊瞻元年 四 [索隱]漢表作平嚴侯張瞻師	九年三月丙辰，侯須毋元年 [索隱]漢表作無須 三 十二年，共侯桑元年 一
七	四 五年，康侯昫獨元年 一云侯惇 三	七
六 七年，侯堅元年 二	八	八
十六 後元元年，侯堅奪侯，國除	二十三	十八 後三年，康侯慶忌元年 五
	三 四年，侯寄元年 六 中三年，侯安國元年 七	十六 元年，侯冉元年
	十八 元狩元年，安國爲人所殺，國除	二十八 元鼎五年，侯冉坐酎金，國除
八十四	九十五	百三十七

高京 [集解]徐廣曰：一作景	離	義陵 [集解]徐廣曰：一作陽 [索隱]義陵縣在汝南	宣平 [索隱]楚漢春秋南宮侯張耳，此作宣平侯敖，敖，耳子，廉平錄第時，耳已薨故也
周苛起兵，以內史入，從擊破秦，爲御史大夫，入漢，圍取諸侯，堅守滎陽，功比辟陽。苛以御史大夫死事，子成爲後，襲侯	元年四月戊寅，鄧弱元年	以長沙柱國侯，千五百戶	兵初起，張耳誅秦，爲相，合諸侯兵鉅鹿，破秦定趙，爲常山王。陳餘反，襲耳，棄國，與大臣歸漢。漢定趙，爲王。卒，子敖嗣。其臣貫高不善，廢爲侯
九年四月丙寅，侯周成元年 四	失此侯始所起及所絕 [索隱]按楚漢春秋亦闕。漢表成帝時光祿大夫滑堪旁占驗，曰鄧弱以長沙將兵侯，是所起也	九年九月丙午，侯吳程元年 四	九年四月，武侯張敖元年 四
七		三 四年，侯種元年 四	七
八		六 七年，侯種薨，無後，國除。皆失諡	六 信平 [集解]徐廣曰：改封信平 薨，子偃爲魯王，國除
二十 後五年，坐謀反，繫死，國除，絕			九年，以故魯王爲南宮侯 十五 十六年，哀侯歐元年 八
中元年，封成孫應元年 繩 侯平嗣，不得元年			九 中三年，侯生元年 七
元狩四年，平坐爲太常不繕治園陵，不敬，國除			七 罪，絕 睢陽 元光三年，封偃孫侯廣元年 十六 元鼎二年，侯昌元年 十三 太初三年，侯昌爲太常，乏祠，國除
六十		百三十四	三

東陽 [索隱]縣名，屬臨淮	開封 [索隱]縣名，屬河南	沛 [索隱]縣名，屬沛郡
高祖六年爲中大夫，以河間守擊陳豨力戰功，侯，千三百戶	以右司馬漢王五年初從，以中尉擊燕，定代，侯，比共侯，二千戶	高祖兄合陽侯劉仲子，侯
十一年十二月癸巳，武侯張相如元年 二	十一年十二月丙辰，閔侯陶舍元年 一 十二年，夷侯青元年 一	十一年十二月癸巳，侯劉濞元年 二 十二年十月辛丑，侯濞爲吳王，國除
七	七 景帝時爲丞相	
八	八	
五 十六年，共侯殷元年 五 後元五年，戴侯安國元年 三	二十三	
三 四年，哀侯彊元年 十三	九 中元三年，節侯偃元年 七	
建元元年，侯彊薨，無後，國除	十 元光元年，侯睢元年 十八 元鼎五年，侯睢坐酎金，國除	
百十八	百十五	

慎陽 索隱慎陽屬汝南如淳曰音震闞駰云合作滇陽永平五年失印更刻遂誤以水爲心續漢書作須陽也	禾成 索隱漢志闕	堂陽 索隱縣名屬鉅鹿	祝阿 索隱縣名屬平原
爲淮陰舍人告淮陰侯信反侯二千戶	以卒漢二年初從以郎中擊代斬陳豨侯千九百戶	以中涓從起沛以郎入漢以將軍擊籍爲惠侯坐守滎陽降楚免後復來以郎擊籍爲上黨守擊豨侯八百戶	以客從起齧桑以上隊將入漢以將軍定魏太原破井陘屬淮陰侯以缻度軍擊籍及攻豨侯八百戶
二 十一年十二月甲寅侯欒說元年 索隱漢表作樂說	二 十一年正月己未孝侯公孫耳元年 索隱漢表耳作昔	二 十一年正月己未哀侯孫赤元年	二 十一年正月己未孝侯高邑元年
七	七	七	七
八	八	八 元年侯德元年	八
二十三	四 五年懷侯漸元年 九 十四年侯漸薨無後國除	二十三	四 五年侯成元年 十四 後三年侯成坐事國人過律國除
十二 中元六年靖侯願之元年 四		十三 中六年侯德有罪國除	
二十二 建元元年侯買之元年 元狩五年侯買之坐鑄白金棄市國除			
百三十一	百十七	七十七	七十四

長脩 索隱縣名屬河東	江邑 索隱漢志闕	營陵 索隱縣名屬北海	土軍 索隱包愷云地理志西河有土軍縣
以漢二年用御史初從出關以內史擊諸侯功比須昌侯以廷尉死事千九百戶	以漢五年爲御史用奇計從御史大夫周昌爲趙相而伐陳豨功侯六百戶	以三年爲郎中擊項羽以將軍擊陳豨得王黃爲侯與高祖疏屬劉氏世爲衞尉萬二千戶	高祖六年爲中地守以廷尉擊陳豨侯千三百戶就國後爲燕相
二 十一年正月丙辰平侯杜恬元年一云杜恪 索隱按位次曰信平侯	二 十一年正月辛未侯趙堯元年	二 十一平侯劉澤元年	二 十一年二月丁亥武侯宣義元年 索隱按位次曰信成侯也
二 三年懷侯中元年 五	七	七	五 六年孝侯莫如元年 二
八	元年侯堯有罪國除	五 六年侯澤爲琅邪王國除	八
四 五年侯喜元年 十九			二十三
八 罪絕 中五年復封陽平侯相夫元年 五			二 三年康侯平元年 十四
三十三 元封四年侯相夫坐爲太常與樂令無可當鄭舞人擅繇不如令闌出函谷關國除			五 建元六年侯生元年 八 元朔二年生坐與人妻姦罪國除
一百八		八十八	百二十二

廣阿 索隱縣名屬鉅鹿	須昌 索隱縣名屬東郡	臨轅
以客從起沛爲御史守豐二歲擊籍爲上黨守陳豨反堅守侯千八百戶後遷御史大夫	以謁者漢王元年初起漢中雍軍塞陳謁上上計欲還衍言從他道道通後爲河間守陳豨反誅都尉相如功侯千四百戶	初起從爲郎以都尉守蘄城以中尉侯五百戶
二 十一年二月丁亥懿侯任敖元年	二 十一年二月己酉貞侯趙衍元年	二 十一年二月乙酉堅侯戚鰓元年
七	七	四 五年夷侯觸龍元年 三
八	八	八
二 三年夷侯竟元年 一 二十 四年敬侯但元年	十五 十六年戴侯福元年 四 後元四年侯不害元年	二十三
十六	四 五年侯不害有罪國除	三 四年共侯忠元年 十三
四 建元五年侯越元年 二十 元鼎二年侯越坐爲太常廟酒酸不敬國除		三 建元四年侯賢元年 二十五 元鼎五年侯賢坐酎金國除
八十九	百七	百十六

汲侯 【索隱】漢表作伋伋與汲並縣名屬河內	寧陵 【索隱】縣名屬陳留	汾陽 【索隱】縣名屬太原
高祖六年為太僕擊代稀有功侯千二百戶為趙太傅	以舍人從陳留以郎入漢破曹咎成皐為上解隨馬都尉擊陳稀功侯千戶	以郎中騎千人前二年從起陽夏擊項羽以中尉破鍾離昧功侯
十一年二月己巳終侯公上不害元年 二 【索隱】姓公上不害名也	十一年二月辛亥夷侯呂臣元年 二	十一年二月辛亥侯靳彊元年 二
一 二年夷侯武元年 六	七	七
八	八	三 三年共侯解元年 六
十三 十四年康侯通元年 十	十 十一年戴侯射元年 十三	二十三
十六	三 四年惠侯始元年 一 五年侯始薨無後國除	四 五年康侯胡元年 十二
一 建元二年侯廣德元年 九 元光五年廣德坐妻精大逆罪頗連廣德棄市國除		絕 元鼎五年江鄒侯石元年 十九 太始四年五月丁卯侯石坐為太常行太僕事治嗇夫可年益縱年國除
百二十三	七十三	九十六

戴 【索隱】戴地名音再應劭云章帝改考城在故留縣	衍 【索隱】漢志闕	平州 【索隱】漢志闕晉書地道記屬巴郡
以卒從起沛以卒開漢城門為太公僕以中令擊稀侯千二百戶	以漢二年為燕令以都尉下楚九城堅守燕侯九百戶	漢王四年以燕相從擊籍還擊荼以故二千石將為列侯千戶
十一年二月癸酉敬侯彭祖元年 二 【索隱】漢表彭祖姓祕音轡韋昭音符蔑反非也今檢史記諸本並作祕今見有姓祕者	十一年七月乙巳簡侯翟盱元年 二 【索隱】盱音況于反	十一年八月甲辰共侯昭涉掉尾元年 二 【索隱】昭涉姓掉尾名
七	七	七
二 三年共侯悼元年 六	三 四年祗侯山元年 二 六年節侯嘉元年 三	八
七 八年夷侯安國元年 十六	二十三	一 二年戴侯福元年 三 五年懷侯它人元年 四 元年孝侯馬童元年 十五
十六	十六	十四 後元二年侯昧元年 二
十二 元朔五年侯安期元年 十二 元鼎五年侯蒙元年 二十五 後元元年五月甲戌坐祝詛無道國除	二 建元三年侯不疑元年 十 元朔元年不疑坐挾詔書論罪國除	二十二 元狩五年侯昧坐行馳道中更呵馳去罪國除
百二十六	百三十	百十一

中牟 【索隱】縣名屬河南	邔 漢書音義音巨已反 【索隱】邔縣屬南郡周成雜字解詁云邔音跽	博陽 【索隱】縣名屬彭城	陽義 【集解】徐廣曰一作羨 【索隱】縣屬宜陽漢表義作羨
以卒從起沛入漢以郎中擊布功侯二千三百戶始高祖微時有急給高祖一馬故得侯	以故羣盜長臨江將已而為漢擊臨江王及諸侯破布功侯千戶	以卒從起豐以隊卒入漢擊籍成皐有功為將軍布反定吳郡侯千四百戶	以荊令尹漢王五年初從擊鍾離昧及陳公利幾破之徙為漢大夫從至陳取韓信還為中尉從擊布功侯二千戶
十二年十月乙未共侯單父聖元年 一 【索隱】漢表作單父左車	十二年十月戊戌莊侯黃極忠元年 一	十二年十一月辛丑節侯周聚元年 一	十二年十月壬寅定侯靈常元年 一
七	七	七	七
八	八	八	六 七年共侯賀元年 二
七 八年敬侯繒元年 十二 二十年戴侯終根元年 十二	十一 十二年慶侯榮盛元年 九 後元五年共侯明元年 三	八 九年侯遬元年 十五	六 七年哀侯勝元年 六 十二年侯勝薨無後國除
十六	十六	十二 中五年侯遬奪爵一級國除	
十 元光五年侯舜元年 十八 元鼎五年侯舜坐酎金國除	十六 元朔五年侯遂元年 八 元鼎元年遂坐賣宅縣官故貴國除		
百二十五	百十一	五十三	百十九

下相 【索隱】縣名屬臨淮	德 【索隱】漢志闕表在濟南	高陵 【索隱】高陵縣屬琅邪	期思 【索隱】縣名屬汝南	穀陵
以客從起沛用兵從擊破齊田解軍以楚丞相堅守彭城擊布軍功侯二千戶	以代頃王子侯頃王吳王濞父也廣濞之弟也	以騎司馬漢王元年從起廢丘以都尉破田橫龍且追籍至東城以將軍擊布九百戶	淮南王布中大夫有郄上書告布反侯二千戶布盡殺其宗族	以卒從前二年起柘擊籍定代爲將軍功侯
十二年十月乙酉莊侯冷耳元年 一	十二年十一月庚辰哀侯劉廣元年 一	十二年十一月丁亥圉侯王周元年 一 【索隱】漢表作王虞人	十二年十二月癸卯康侯賁赫元年 一 【索隱】賁姓音肥又如字	十二年正月乙丑定侯馮谿元年 一
七	七	七	七	七
八	二 三年頃侯通元年 六	二 三年惠侯并弓元年 六	八	八
二 三年侯愼元年 二十一	二十三	十二 十三年侯行元年 十一	十三 十四年赫薨無後國除	六 七年共侯熊元年 十七
二 三年三月侯愼反國除	五 六年侯齕元年 十一	一 二年反國除		二 三年隱侯卬元年 二 五年獻侯解元年 十二
	二十七 元鼎四年侯何元年 一 元鼎五年侯何坐酎金國除			三 建元四年侯偃元年
八十五	百二十七	九十二	百二十二	百五

戚 【索隱】漢志闕晉地道記屬東海	壯 【集解】徐廣曰一作莊 【索隱】漢表作嚴避明帝諱	成陽 【索隱】縣名屬汝南
以都尉漢二年初起櫟陽攻廢丘破之因擊項籍別屬丞韓信破齊軍攻臧荼遷爲將軍擊信侯合千戶	以楚將漢王三年降起臨菑以郎中擊籍陳豨功侯六百戶	以魏郎漢王二年從起陽武擊籍屬魏豹豹反屬相國彭越以太原尉定代侯六百戶
十二年十二月癸卯圉侯季必元年 一 【索隱】按灌嬰傳云重泉人李必此作季誤也	十二年正月乙丑敬侯許倩元年 一	十二年十月乙酉定侯意元年 一
七	七	七
八	八	八
三 四年齊侯班元年 二十	二十三	十 十一年侯信元年 十三
十六	一 二年共侯恢元年 十五	十六
二 建元三年侯信成元年 二十 元狩五年侯信成坐爲太常縱丞相侵神道壖不敬國除	一 建元二年殤侯則元年 九 元光五年侯廣宗元年 十五 元鼎元年侯廣宗坐酎金國除	建元元年侯信罪鬼薪國除
九十	百十二	百十

桃 【索隱】縣名屬信都	高梁	紀信	甘泉 【集解】徐廣曰一作景 【索隱】按志甘泉闕疑甘泉是甘水漢表作景侯
以客從漢王二年從起定陶以大謁者擊布侯千戶爲淮陰守項氏親也賜姓	食其兵起以客從擊破秦以列侯入漢還定諸侯常使約和諸侯列卒兵聚侯功比平侯嘉以死事子疥襲食其功侯九百戶	以中涓從起豐以騎將入漢以將軍擊籍後攻盧綰侯七百戶	以車司馬漢王元年初從起高陵屬劉賈以都尉從軍侯
一 十二年二月丁巳安侯劉襄元年	十二年三月丙寅共侯酈疥元年 一	十二年六月壬辰匡侯陳倉元年 一	十二年六月壬辰侯王競元年 一 【索隱】漢表作王競
七	七	七	六 七年戴侯莫搖元年 一
一 奪絕二年復封襄 七	八	二 三年夷侯開元年 六	八
九 十年哀侯舍元年景帝時爲丞相 十四	二十三	十七 後二年六月侯陽元年 六	十 十一年侯嫖元年 十三 【索隱】嫖音匹抄反漢表作嬹音火孕反說文嬹悅也
十六	十六	二 三年陽反國除	九 十年侯嫖有罪國除
建元元年厲侯申元年 十三 元朔二年侯自爲元年 十五 元鼎五年侯自爲坐酎金國除	元光三年侯勃元年 八 十 元狩元年坐詐詔衡山王取金當死病死國除		
百三十五	六十六	八十	百六

煮棗 [索隱]徐廣云在宛句	以越連敖從起豐別以郎將入漢擊諸侯以都尉侯九百戶	十二年六月壬辰靖侯赤元年 一 [索隱]漢表作端侯革朱革音蕀亦作赤謨也棘姓孟子成之後	七	八	二年赤子康侯武元年 一 二十二	中二年侯昌元年 八 二 中四年有罪國除			七十五
張 [索隱]縣名屬廣平	以中涓騎從起豐以郎將入漢從擊諸侯七百戶	十二年六月壬辰節侯毛澤元年 一 [索隱]一作釋之	七	八	十一年夷侯慶元年 十三年侯舜元年 十 二 十一	十二 中六年侯舜有罪國除			七十九
鄢陵 [索隱]縣名屬潁川	以卒從起豐入漢以郡尉擊籍茶侯七百戶	十二年中莊侯朱濞元年 一	七	四年恭侯慶元年 三 五	六 七年恭侯慶薨無後國除				五十二
菌 [集解]徐廣曰一作鹵	以中涓前元年從起擊父不入關以擊籍布燕王綰得南陽侯二千七百戶	十二年六月莊侯張平元年 一	七	五年侯勝元年 四 四	三 四年侯勝有罪國除				四十八

索隱述贊曰聖賢影響風雲潛契高祖膺籙功臣命世起沛入秦憑謀仗計紀勳書爵河盟山誓蕭曹輕重絳灌權勢咸就封國式盟罪戾仁賢者祀昏虐者替永監前修良慙固蔕

史記卷十八考證

高祖功臣侯年表高祖十二○臣召南按此表格式與漢表不同此表以天子紀年爲主高惠呂后文景及武帝一朝自爲一格如高祖在位十二年凡係六年所封概書七字以此侯自六年至十二年實七年也其七年封者用六字八年封者用五字以次而減其大例也漢表以侯之世次爲主是以每一世爲一格

侯第○臣召南按此表位次有重見者如東武侯郭蒙及高苑侯丙倩皆四十一東茅侯劉釗及菌侯張平皆四十八肥如侯蔡寅及高梁侯酈疥皆六十六彊侯留勝及寧陵侯呂臣皆七十二棘陽侯杜得臣及新陽侯呂清皆八十一武原侯衛胠及磨侯程黑高陵侯王周皆九十二邔侯黃極忠及平州侯昭涉掉尾皆百十一卽漢表亦有重見其誤蓋無可考今自酇侯第一數至陸梁侯一百三十七其中位次闕者二十一也三十八也五十六也六十八也九十七也百二十八也百二十九也雖漢表較爲詳備可以補史表所不及然其闕者自如偏校各本並合

平陽征和二年侯宗○顧炎武日知錄曰史記作於太初中平陽侯下元鼎三年今侯宗者作史記時見爲侯也下又云征和二年云云則後人所加也卷中書征和者二後元者一

陽陵索隱縣屬馮翊○臣召南按此陽陵別是一地必非左馮翊之陽陵以地理志證之陽陵故弋陽景帝更名是漢初不名陽陵也

廣嚴侯呂毆○呂漢表作召當是字形相近而誤

堂邑侯定豫章折江都折自立爲王壯思○臣召南按折卽浙字漢表又作漸亦浙字也壯思漢表作壯息

留侯萬戶○臣召南按是時列侯戶數惟平陽萬六百戶次卽留侯萬戶爲最大雖酇侯絳侯其戶皆不滿萬此高祖之特厚子房也

酇同祿母○臣召南按漢表作封何夫人祿母同爲侯孝文元年罷較此表爲明但不言同謚懿侯又漢表筑陽高后二年定侯延以何少子封孝文元年更爲酇亦詳於此表

潁陰定齊淮南及下邑○齊漢表作齊是

汾陰○按第三格有建平二字以漢表核之無有漢表是

費○臣召南按此侯闕位次漢表作三十一以本紀證之費將軍與孔將軍分居左右功應相類蓼侯第三十則費侯第三十一是也史表脫耳

新陽侯呂清八十一○臣召南按漢表作呂青位次八十七据表中有比堂邑侯語堂邑侯第八十六則漢表是也此表一字訛

東武以戶衛○監本以集解徐廣曰文雜廁敘功中遂不可句以漢表證之史表本文當云以戶衛起薛屬悼武王破秦軍杠里楊熊軍曲遇入漢爲越將定三秦以都尉堅守敖倉爲將軍破籍軍功侯二千戶徐廣疑衛字或作從又据漢表作爲城將附書其下既以集解雜入本文又於入漢之上衍一漢字今皆改正

貰齊侯呂○呂漢表作傳胡害

淮陰爲連敖典客索隱漢表作粟客○臣召南按漢表作票客故師古音頻妙反注云或者以其票疾而賓客禮之故云票客也据索隱所云粟客又與顏本不同

東茅補韓信爲將軍○漢表作捕韓信是也此侯劉釗漢表作劉到

安國以客從起豐云云○臣召南按此表所敘與漢表不同漢表蓋從陳丞相世家也然使陵從最後高帝何以列之於十八侯中耶史表亦或可信

甯侯魏選○選漢表作遬

襄平功定平侯○臣召南按漢書表作功比平定侯是也平定侯卽齊受呂后元年所封此侯之封在前而云功比某人者其辭皆呂后二年陳平等所差次也

又按此表襄平侯闕位次漢表作六十六未知是否

宣平侯三○臣召南按高祖作十八侯位次惟蕭曹灼

然可知張敖無功而第三師古謂呂后曲升之是也
但不知高祖所定誰第三耳
博陽索隱縣名屬彭城○臣召南按博陽既封陳濞不應復封周聚索隱云屬彭城則應作傅陽卽春秋之偪陽國也傳博字形相近而誤
壯索隱漢作嚴避明帝諱○据此則壯應作莊

史記卷十九

漢　太　史　令司馬遷　撰
宋　中　郎　外　兵　曹　參　軍　裴　駰　集解
唐　國　子　博　士　弘　文　館　學　士　司　馬　貞　索隱
唐　諸　王　侍　讀　率　府　長　史　張　守　節　正義

惠景間侯者年表第七

太史公讀列封至便侯【索隱】便音鞭縣名吳淺所封 曰有以也夫長沙王者著令甲稱其忠焉 鄧展曰漢約非劉氏不王如芮王故著令使特王或曰以芮至忠故著令也瓚曰漢以芮忠故特王之以非制故特著令 昔高祖定天下功臣非同姓疆土而王者八國【索隱】謂齊王韓信韓王信燕王盧綰梁王彭越趙王張耳淮南王英布臨江王共敖長沙王吳芮也 至孝惠時唯獨長沙全禪五世以無嗣絕【集解】徐廣曰孝文後七年靖王著無嗣【索隱】禪者傳也按諸侯王表芮國至五世而絕也 竟無過為藩守職信矣故其澤流枝庶毋功而侯者數人【索隱】按此表芮子淺封便侯傳至玄孫又封成王臣之子為流臨侯亦至曾孫 及孝惠訖孝景間五十載追修高祖時遺功臣及從代來吳楚之勞諸侯子弟若肺腑【索隱】肺音柿腑音附柿木札也附木皮也以喻人主疎末之親如木札出於木樹皮附於樹也詩云如塗塗附注云附木皮是也 外國歸義封者九十有餘咸表始終當世仁義成功之著者也【索隱】異姓國八王者吳芮英布張耳共敖韓王信彭越盧綰韓信也

國名	便	軑	平都		扶柳
侯功	【索隱】漢志縣名屬桂陽音鞭 長沙王子侯二千戶	【索隱】音大縣名在江夏 長沙相侯七百戶	【索隱】在東海 以齊將高祖三年降定齊侯千戶	右孝惠時三	【索隱】縣名屬信都 高后姊長姁子侯
孝惠七	七 元年九月頃王吳淺元年	六 二年四月庚子侯利倉元年 【索隱】漢書作軑侯朱倉	二 五年六月乙亥孝侯劉到元年		
高后八	八	二 三年侯豨元年 六	八		七 元年四月庚寅侯呂平元年 八年侯平坐呂氏事誅國除
孝文二十三	二十二 後七年恭侯信元年 一	十五 十六年侯彭祖元年 八	二 三年侯成元年 二十一		
孝景十六	五 前六年侯廣志元年 十一	十六	十四 後二年侯成有罪國除		
建元至元封六年三十六	二十九 元鼎五年侯千秋坐酎金國除	三十 元封元年侯秩為東海太守行過不請擅發卒兵為衛當斬會赦國除			
太初已後					

國名	郊	南宮	梧	平定	博成
侯功	【索隱】縣名屬沛郡一作汶 呂后兄悼武王身佐高祖定天下呂氏佐高祖治天下天下大安封武王少子產為郊侯	【索隱】縣名屬信都 以父越人為高祖騎將從軍以大中大夫侯	【索隱】縣名屬彭城 以軍匠從起郟入漢後為少府作長樂未央宮築長安城先就功侯五百戶	【索隱】漢志闕或鄉名 以卒從高祖起留以家車吏入漢以梟騎都尉擊項籍得樓煩將功用齊丞相侯一云項涓	以悼武王郎中兵初起從高祖起豐攻雍丘擊項籍力戰奉衛悼武王出滎陽功侯
孝惠七					
高后八	五 元年四月辛卯侯呂產元年 六年七月壬辰產為呂王國除 高后八年九月產以呂王為漢相謀為不善大臣誅產遂滅諸呂	七 元年四月丙寅侯張買元年 八年侯買坐呂氏事誅國除	六 元年四月乙酉齊侯陽成延元年 七年敬侯去疾元年 二	八 元年四月乙酉敬侯齊受元年	三 元年四月乙酉敬侯馮無擇元年 四年侯代元年 四 八年侯代坐呂氏事誅國除
孝文二十三			二十三	一 二年齊侯市人元年 四 六年恭侯應元年 十八	
孝景十六			九 中三年靖侯偃元年 七	十六	
建元至元封六年三十六			八 元光三年侯戎奴元年 十四 元狩五年侯戎奴坐謀殺季父棄市國除	七 元光二年康侯延居元年 十八 元鼎二年侯昌元年 二 元鼎四年侯昌有罪國除	
太初已後					

沛【索隱】縣名，屬沛郡。	襄成【索隱】縣名，屬潁川。	軹【索隱】縣名，屬河內。	壺關	沅陵【索隱】縣近長沙，漢志屬武陵。	上邳
呂后兄康侯少子，侯，奉呂宣王寢園。	孝惠子，侯。	孝惠子，侯。	孝惠子，侯。	長沙嗣成王子，侯。	楚元王子，侯。
元年四月乙酉，侯呂種元年。七 為不其侯。一 八年，侯種坐呂氏事誅，國除。	元年四月辛卯，侯義元年。一 二年，侯義為常山王，國除。	元年四月辛卯，侯朝元年。三 四年，侯朝為常山王，國除。	元年四月辛卯，侯武元年。四 五年，侯武為淮陽王，國除。	元年十一月壬申，頃侯吳陽元年。八	二年五月丙申，侯劉郢客元年。七
				十七 後二年，頃侯福元年。六	孝文元年，侯郢客為楚王，國除。一
				十一 中元五年，哀侯周元年。四 後二年，侯周薨，無後，國除。	

朱虛【索隱】縣名，屬琅邪。	昌平【索隱】縣名，屬上谷。	贅其【索隱】縣名，屬臨淮。	中邑	樂平	山都
齊悼惠王子，侯。	孝惠子，侯。	呂后昆弟子，用淮陽丞相侯。	以執矛從高祖入漢，以中尉破曹咎，用呂相侯，六百戶。	以隊卒從高祖起沛，屬皇訢，以郎擊陳餘，用衛尉侯，六百戶。	高祖五年為郎中柱下令，以衛將軍擊陳豨，用梁相侯。
二年五月丙申，侯劉章元年。七	四年二月癸未，侯太元年。三 七年，太為呂王，國除。	四年四月丙申，侯呂勝元年。四 八年，侯勝坐呂氏事誅，國除。	四年四月丙申，貞侯朱通元年。五	四年四月丙申，簡侯衛無擇元年。二 六年，恭侯勝元年。三	四年四月丙申，貞侯王恬開元年。五
一 孝文二年，侯章為城陽王，國除。			十七 後元二年，侯悼元年。六	二十三	三 四年，惠侯中黃元年。二十
			十五 後元三年，侯悼有罪，國除。	十五 後三年，侯侈元年。一	三 四年，敬侯觸龍元年。十三
				五 建元六年，侯侈坐以買田宅不法，又請求吏罪，國除。	二十二 元狩五年，侯當元年。八 元封元年，侯當坐與奴闌入上林苑，國除。

松茲【集解】徐廣曰：松一作祝。【索隱】縣名，屬廬江。	成陶【集解】徐廣曰：一作陰。【索隱】漢志闕。	俞【集解】如淳曰：音輸。【索隱】縣名，屬清河。	滕【索隱】劉氏云作「勝」，恐誤。今按：滕縣屬沛郡。	醴陵【索隱】縣名，屬長沙。	呂成
兵初起，以舍人從起沛，以郎吏入漢，還得雍王邯家屬功，用常山丞相侯。	以卒從高祖起單父，為呂氏舍人，度呂氏淮之功，用河南守侯，五百戶。	以連敖從高祖破秦，入漢，以都尉定諸侯，功比朝陽侯。嬰死，子乇襲功，用大中大夫侯。【索隱】乇音旣。	以舍人郎中十二歲，以都尉屯霸上，用楚相侯。	以卒從漢王三年初起櫟陽，以卒吏擊項籍，為河南都尉，長沙相，侯，六百戶。	呂后昆弟子，侯。
四年四月丙申，夷侯徐厲元年。五	四年四月丙申，夷侯周信元年。五	四年四月丙申，侯呂乇元年。四 八年，侯乇坐呂氏事誅，國除。	四年四月丙申，侯呂更始元年。四 八年，侯更始坐呂氏事誅，國除。	四年四月丙申，侯越元年。五	四年四月丙申，侯呂忿元年。四 八年，侯忿坐呂氏事誅，國除。
六 七年，康侯悼元年。十七	十一 十二年，孝侯勃元年。三 十五年，侯勃有罪，國除。			三 孝文四年，侯越有罪，國除。	
十二 中元六年，侯偃元年。四					
五 建元六年，侯偃有罪，國除。					

國名	侯功	孝惠七	高后八	孝文二十三	孝景十六	建元至元封六年三十六	太初已後
東牟 索隱縣名，屬東萊。	齊悼惠王子侯。		六年四月丁酉，侯劉興居元年。三	一　二年，侯興居爲濟北王，國除。			
鍾 索隱一作鉅。縣名，屬東萊。	呂肅王子侯。		六年四月丁酉，侯呂通元年。二　八年，侯通爲燕王，坐呂氏事，國除。				
信都 索隱縣名，屬信都。	以張敖、魯元太后子侯。		八年四月丁酉，侯侈元年。一	元年，侯侈有罪，國除。			
樂昌	以張敖、魯元太后子侯。		八年四月丁酉，侯受元年。一	元年，侯受有罪，國除。			
祝茲 索隱漢書作琅邪。	呂后昆弟子侯。		八年四月丁酉，侯呂瑩元年。坐呂氏事誅，國除。				
建陵 索隱漢表在東海。	以大謁者侯，宦者，多奇計。		八年四月丁酉，侯張澤元年。九月，奪侯，國除。索隱澤一名釋。				
東平 集解徐廣曰：一作「康」。索隱縣名，屬東平。	以燕王呂通弟侯。		八年五月丙辰，侯呂莊元年。坐呂氏事誅，國除。				
右高后時三十一				孝文三十二	孝景十六		
陽信 索隱漢表在新野，志屬渤海，恐有二縣。	高祖十二年爲郎。以典客奪趙王呂祿印，關殿門拒呂產等入，共尊立孝文，侯，二千戶。			元年二月辛丑，侯劉揭元年。十四　十五年，侯中意元年。九	五　六年，侯中意有罪，國除。		
軹 索隱縣名，屬河內。	高祖十年爲郎。從軍，十七歲爲太中大夫。迎孝文代，用車騎將軍迎太后，侯，萬戶。薄太后弟。			元年四月乙巳，侯薄昭元年。十　十一年，易侯戎奴元年。十三	十六	一　建元二年，侯梁元年。	
壯武 索隱縣名，屬膠東。	以家吏從高祖起山東，以都尉從之滎陽，食邑。以代中尉勸代王入，驂乘至代邸，王卒爲帝，功侯，千四百戶。			元年四月辛亥，侯宋昌元年。二十三	十一　中元四年，侯昌奪侯，國除。		
清都 集解徐廣曰：一作「鄡」，音苦堯反。索隱漢表作鄔侯，鄔，太原縣。	以齊哀王舅父侯。索隱舅父即舅，猶姨日姨母也。			元年四月辛未，侯駟鈞元年。五　前六年，鈞有罪，國除。			
周陽 索隱縣名，屬上郡。	以淮南厲王舅父侯。			元年四月辛未，侯趙兼元年。五　前六年，兼有罪，國除。			
樊 索隱縣名，屬東牟。	以睢陽令從高祖初起阿，以韓家子還定北地，用常山相侯，千二百戶。			元年六月丙寅，侯蔡兼元年。十四　十五年，康侯客元年。九　集解徐廣曰：客一作容。	九　中元三年，恭侯平元年。七	十三　元朔二年，侯辟方元年。十四　元鼎四年，侯辟方有罪，國除。	
管 索隱管，古國，今爲縣，屬滎陽。	齊悼惠王子侯。			四年五月甲寅，恭侯劉罷軍元年。二　六年，侯戎奴元年。十八	二　三年，侯戎奴反，國除。		
瓜丘 索隱縣在魏郡。	齊悼惠王子侯。			四年五月甲寅，侯劉甯國元年。十一　十五年，侯偃元年。九	二　三年，侯偃反，國除。		
營 索隱漢表在濟南。	齊悼惠王子侯。			四年五月甲寅，平侯劉信都元年。十　十四年，侯廣元年。十	二　三年，侯廣反，國除。		
楊虛	齊悼惠王子侯。			四年五月甲寅，恭侯劉將廬元年。十二　索隱漢書作將閭。　十六年，侯將廬爲齊王，有罪，國除。			

朸 音力【索隱】縣名，屬平原	齊悼惠王子侯			四年五月甲寅，侯劉辟光元年。十二 十六年，侯辟光為濟南王，國除			
安都	齊悼惠王子侯			四年五月甲寅，侯劉志元年。十二 十六年，侯志為濟北王，國除			
平昌【索隱】縣名，屬平原	齊悼惠王子侯			四年五月甲寅，侯劉卬元年。十二 十六年，侯卬為膠西王，國除			
武城【索隱】漢志闕。凡闕者，或鄉名，或寡廢，故志不載	齊悼惠王子侯			四年五月甲寅，侯劉賢元年。十二 十六年，侯賢為菑川王，國除			
白石【索隱】縣名，屬金城	齊悼惠王子侯			四年五月甲寅，侯劉雄渠元年。十二 十六年，侯雄渠為膠東王，國除			
波陵【索隱】漢表波作泜，音抵	以陽陵君侯			七年三月甲寅，康侯魏駟元年。五 十二年，康侯魏駟薨，無後，國除			
南鄭【集解】徐廣曰一作朝。【索隱】韋昭音貞，一音程。李彤云河內有鄭亭，音頼	以信平君侯			七年三月丙寅，侯起元年。一 【索隱】起也，史失其姓 孝文時坐父故奪爵級，關內侯			
阜陵【索隱】縣名，屬九江	以淮南厲王子侯			八年五月丙午，侯劉安元年。八 十六年，安為淮南王，國除			
安陽【索隱】縣名，屬馮翊	以淮南厲王子侯			八年五月丙午，侯勃元年。八 十六年，侯勃為衡山王，國除			
陽周	以淮南厲王子侯			八年五月丙午，侯劉賜元年。八 十六年，侯賜為廬江王，國除			
東城【索隱】縣名，屬九江	以淮南厲王子侯			八年五月丙寅，哀侯劉良元年。七 十五年，侯良薨，無後，國除			
犁【索隱】縣名，屬東郡	以齊相召平子侯，千四百十戶			十年四月癸丑，頃侯召奴元年。十一 後五年，侯澤元年。三	十六	十六 元朔五年，侯延元年。 十九 元封六年，侯延坐不出持馬，斬，國除	
鉼【索隱】縣名，屬琅邪	以北地都尉孫卬，匈奴入北地，力戰死事，子侯			十四年三月丁巳，侯孫鄲元年。十	二 前三年，侯鄲謀反，國除		
弓高【索隱】漢表在營陵	以匈奴相國降，故韓王信孽子，侯，千二百三十七戶			十六年六月丙子，莊侯韓穨當元年。八	前元年，侯則元年。十六	十六 元朔五年，侯則薨，無後，國除	
襄成【索隱】志屬潁川	以匈奴相國降侯，故韓王信太子之子，侯，千四百三十二戶			十六年六月丙子，哀侯韓嬰元年。七 後七年，侯澤之元年。一	十六	十五 元朔四年，侯澤之坐詐病不從，不敬，國除	
故安【索隱】縣名，屬涿郡	孝文元年，舉淮陽守從高祖入漢功侯，食邑五百戶；用丞相侯，一千七百一十二戶			後三年四月丁巳，節侯申屠嘉元年。五	二 前三年，恭侯元年。 十四	元狩二年，清安侯臾元年。十九 元鼎元年，臾坐為九江太守有罪，國除。五	
章武【索隱】縣名，屬渤海	以孝文后弟侯，萬一千八百六十九戶			後七年六月乙卯，景侯竇廣國元年。一	六 十 前七年，恭侯完元年	元光三年，侯常生元年。八 元狩元年，侯常坐謀殺人未殺，罪，國除。十	
南皮【索隱】縣名，屬勃海	以孝文后兄竇長君子侯，六千四百六十戶			後七年六月乙卯，侯竇彭祖元年。一	十六	建元六年，夷侯良元年。五 元光五年，侯桑林元年。五 元鼎五年，侯桑林坐酎金罪，國除。十八	

國名	侯功	孝惠七	高后八	孝文二十三	孝景十六	建元至元封六年三十六	太初已後
	右孝文時二十八				孝景十六		
平陸 【索隱】縣名，屬西河。又有東平陸，在東平。	楚元王子，侯，三千二百六十七戶。				元年四月乙巳，侯劉禮元年。一云乙卯。一 三年，侯禮為楚王，國除。		
休	楚元王子侯。				元年四月乙巳，侯富元年。二 三年，侯富以兄子戊為楚王反，富與家屬至長安北闕自歸，不能相教，上印綬。詔復王。後以平陸侯為楚王，更封富為紅侯。		
沈猶 【索隱】漢表在高苑。	楚元王子，侯，千三百八十戶。				元年四月乙巳，夷侯劉穢元年。十六	四 建元五年，侯受元年。十八 元狩五年，侯受坐故為宗正聽謁不具宗室，不敬，國除。	
紅 【索隱】楚元王傳休侯富免，後封紅侯，此則並列，誤也。漢表[illegible]音[illegible]邑[illegible]，盩二鄉名。王莽封劉歆為紅休侯。一云紅即虹縣。	楚元王子，侯，千七百五十戶。				元年四月乙巳，莊侯富元年。一云禮侯。四 前七年，悼侯澄元年。二 中元年，敬侯發元年。發一作嘉。九	十五 元朔四年，侯章元年。一 元朔五年，侯章薨，無後，國除。	
宛朐 【索隱】縣名，屬濟陰。	楚元王子侯。				元年四月乙巳，侯劉埶元年。二 【索隱】蕭該埶音藝。三年，侯埶反，國除。		

國名	侯功	孝惠七	高后八	孝文二十三	孝景十六	建元至元封六年三十六	太初已後
魏其 【索隱】縣名，屬琅邪。	以大將軍屯滎陽，扞吳楚七國反，已破，為侯，三千三百五十戶。				三年六月乙巳，侯竇嬰元年。十四	建元元年為丞相，二歲免。九 元光四年，侯嬰坐爭灌夫事，上書稱為先帝詔，矯制，罪，棄市，國除。	
棘樂	楚元王子，侯，戶千二百一十三。				三年八月壬子，敬侯劉調元年。十四	建元二年，恭侯應元年。一 元朔元年，侯慶元年。十一 元鼎五年，侯慶坐酎金，國除。十六	
俞 【索隱】俞音輸。縣名，屬清河。	以將軍吳楚反時擊齊有功。布故越舍人，越反時布使齊，還已梟越，布祭哭之，當亨，出忠言，高祖赦之。黥布反，布為都尉，戶千八百。				六年四月丁卯，侯欒布元年。六 中元五年，侯布薨。	十 元朔二年，一 侯賁元年。元狩六年，侯賁坐為太常廟犧牲不如令，有罪，國除。	
建陵	以將軍擊吳楚功，用中尉侯，戶一千三百一十。				六年四月丁卯，敬侯衛綰元年。十一	十 元光五年，侯信元年。十八 元鼎五年，侯信坐酎金，國除。	
建平 【索隱】縣名，屬沛郡。	以將軍擊吳楚功，用江都相侯，戶三千一百五十。				六年四月丁卯，哀侯程嘉元年。十一	七 元光二年，節侯橫元年。二 元光三年，侯回元年。元光四年，侯回薨，無後，國除。	
平曲 【索隱】漢表在高城。	以將軍擊吳楚功，用隴西太守侯，戶三千二百二十。				六年四月己巳，侯公孫昆邪元年。五 【索隱】漢書昆作渾。中元四年，侯昆邪有罪，國除。太僕賀父。		

國名	侯功	孝惠七	高后八	孝文二十三	孝景十六	建元至元封六年三十六	太初已後
江陽 【索隱】縣名，在東海。	以將軍擊吳楚功，用趙相侯，戶二千五百四十七。				六年四月壬申，康侯蘇嘉元年。【集解】徐廣曰：蘇，一作籍。【索隱】漢表作蘇息。四 中元二年，懿侯盧元年。【集解】徐廣曰：一作哀侯。七	二 建元三年，侯明元年。十五 元朔六年，侯雕元年。十一 元鼎五年，侯雕坐酎金，國除。	
遽 【索隱】漢表鄉名，在常山。	以趙相建德，王遂反，建德不聽，死事，子侯，戶千九百七十。				中元二年四月乙巳，侯橫元年。【索隱】史失其姓。六 後元二年，侯橫有罪，國除。		
新市 【索隱】縣名，屬鉅鹿。	以趙內史王慎，王遂反，慎不聽，死事，子侯，戶千十四。				中元二年四月乙巳，侯康元年。五 後元元年，殤侯始昌元年。三	九 元光四年，殤侯始昌為人所殺，國除。	
商陵 【索隱】漢表在臨淮。	以楚太傅趙夷吾，王戊反，不聽，死事，子侯，一千四十五戶。				中元三年四月乙巳，侯周元年。八	二十九 元鼎五年，侯周坐為丞相知列侯酎金輕，下廷尉，自殺，國除。	
山陽	以楚相張尚，王戊反，尚不聽，死事，子侯，戶千一百一十四。				中元二年四月乙巳，侯當居元年。八	十六 元朔五年，侯當居坐為太常程博士弟子故不以實，罪，國除。【集解】徐廣曰：程，一作揮。	
安陵	以匈奴王降侯，戶一千五百一十七。				中元三年十一月庚子，侯子軍元年。七	五 建元六年，侯子軍薨，無後，國除。	

垣　【索隱】縣名。屬河東	以匈奴王降侯				中元三年十二月丁　三　丑侯賜元年　六年賜死不得及嗣		
遒　【索隱】縣名。屬涿郡音茲鳩反	以匈奴王降侯戶五千五百六十九				中元三年十二月丁丑侯隆彊元年不得隆彊嗣	後元年四月甲辰侯則坐使巫齊少君祠祝詛上大逆無道國除　【集解】徐廣曰漢書云武後二年	
容成　【索隱】縣名。屬涿郡	以匈奴王降侯七百戶				中元三年十二月丁　七　丑侯攜徐盧元年	建元元年康　十四　侯綽元年　元朔三年　二十二　侯光元年	十八　後元二年三月壬辰侯光坐祠祝詛國除
易　【索隱】縣名。屬涿郡	以匈奴王降侯				中元三年十二月丁　六　丑侯僕黥元年　後元二年侯僕黥薨無嗣		
范陽　【索隱】縣名。屬涿郡	以匈奴王降侯戶千一百九十七				中元三年十二月丁　七　丑端侯代元年	元光二年懷　七　侯德元年　二　元光四年侯德薨無後國除	
翕　【索隱】漢表在內黃	以匈奴王降侯				中元三年十二月丁　七　丑侯邯鄲元年	九　元光四年侯邯鄲坐行來不請長信不敬國除	

亞谷　【索隱】一作亞父。漢表在河內	以匈奴東胡王降故燕王盧綰子侯千五百戶				中元五年四月丁巳　二　簡侯它父元年　後元元年安　三　侯種元年	建元元年康　十一　侯偏元年　元光六年　二十五　侯賀元年	十五　征和三年七月辛巳侯賀坐太子事國除
隆慮　【索隱】音林閭。縣名。屬河內	以長公主嫖子侯戶四千一百二十六				中元五年五月丁丑　五　侯蟜元年　【集解】徐廣曰按本紀乃前五年非中元年	二十四　元鼎元年侯蟜坐母長公主薨未除服姦禽獸行當死自殺國除	
乘氏　【索隱】縣名。屬濟陰	以梁孝王子侯				中元五年五月丁卯　一　侯買元年　中元六年侯買嗣爲梁王國除		
桓邑	以梁孝王子侯				中元五年五月丁卯　一　侯明元年　中六年爲濟川王國除		
蓋　【索隱】漢表在渤海	以孝景后兄侯戶二千八百九十				中元五年五月甲戌　五　靖侯王信元年	二十　元狩三年侯偃元年　八　元鼎五年侯偃坐酎金國除	
塞	以御史大夫前將軍兵擊吳楚功侯戶千四十六				後元元年八月　三　侯直不疑元年	三　建元四年侯相如元年　十二　元朔四年侯堅元年　十三　元鼎五年堅坐酎金國除	

武安　【索隱】縣名。屬魏郡	以孝景后同母弟侯戶八千二百一十四				後元三年三月　一　侯田蚡元年	九　元光四年侯梧元年　五　元朔三年侯梧坐以襜褕入宮廷中不敬國除	
周陽　【索隱】縣名。屬上郡	以孝景后同母弟侯戶六千二十六				後元三年三月　一　懿侯田勝元年	十一　元光六年侯彭祖元年　八　元狩二年侯彭祖坐當歸與章侯宅不與罪國除	

右孝景時三十一

索隱述贊曰惠景之際天下已平諸呂搆禍吳楚連兵條侯出討壯武奉迎薄竇恩澤張趙忠貞本枝分蔭外腑歸誠新市死事建陵勳榮咸開青社俱受丹青旋窺甲令吳便有聲

史記卷十九考證

惠景間侯者年表功臣非同姓彊土而王者八國注吳芮英布張耳共敖韓王信彭越盧綰韓信也○臣召南按注以共敖當八國之數非也高祖滅項氏之月即虜敖子驩臨江國屬漢爲南郡矣安得數之當是二燕前臧荼後盧綰耳

軑侯倉○按漢表作黎朱倉

郊索隱縣名屬沛郡○臣召南按地理志沛郡有洨縣無郊縣則唐以前本作洨不誤也呂后本紀作交漢表作汶皆係傳寫之失

中邑侯朱通○按表作朱進

樂平侯衛無擇○按樂平漢表作樂成無擇各本俱作無澤蓋誤

松茲侯徐厲徐廣曰松一作祝○臣召南按將相名臣表文帝後六年祝茲侯徐厲軍棘門與本紀合漢表作祝茲侯是也但索隱云縣屬廬江則唐以前本已

作松茲矣

鍾索隱縣名屬東萊○按如索隱說當依地理志作腄

壯武侯以都尉從之滎陽○臣召南按漢表無之字以文義推測此之字當是守字

犁索隱縣名屬東郡○臣召南按地理志東郡有黎縣無犁縣則漢表作黎是也

缾索隱縣名屬琅邪○按漢表作缾以地理志証之字應從缶

故安侯食邑五百戶○臣召南按申屠嘉之食邑五百戶乃文帝元年錄高祖功臣賜嘉爵關內侯食邑耳非列侯之侯也本紀及傳甚明食邑五百戶上侯字蓋衍文漢表可証

新市侯以趙內史王愼○臣召南按楚元王世家作內史王悍漢表亦然則此表作王愼又云愼不聽二愼字皆悍字之譌

遒○臣召南按地理志應作遒又按侯隆彊漢表作隆彊

容成索隱縣名屬涿郡○臣召南按漢表作容城以地理志証之此亦應作容城又按侯名攜徐盧漢表無攜字

范陽端侯代○按漢表作靖侯范代

亞谷征和二年○顧炎武日知錄曰此表書征和者一後元者三皆後人所加也

史記卷二十

漢 太 史 令司馬遷 撰

宋 中郎外兵曹參軍裴 駰集解

唐國子博士弘文館學士司馬貞索隱

唐 諸王侍讀率府長史張守節正義

建元以來侯者年表第八

索隱七十二國太史公舊餘四十五國褚先生補也

太史公曰匈奴絕和親攻當路塞閩越擅伐東甌請降二夷交侵當盛漢之隆以此知功臣受封侔於祖考矣何者自詩書稱三代戎狄是膺荆荼是徵毛詩傳曰膺當也鄭玄曰徵艾也索隱荼音舒徵音澄齊桓越燕伐山戎武靈王以區區趙服單于秦繆用百里霸西戎吳楚之君以諸侯役百越況乃以中國一統明天子在上兼文武席卷四海內輯億萬之衆豈以晏然不爲邊境征伐哉自是後遂出師北討彊胡南誅勁越將卒以次封矣

國名	侯功	元光	元朔	元狩	元鼎	元封	太初已後
翕 索隱音歙 按漢表在內黃	匈奴相降侯元朔二年屬車騎將軍擊匈奴有功益封	三 四年七月壬午侯趙信元年	五 六年侯信爲前將軍擊匈奴遇單于兵敗信降匈奴國除				
持裝 索隱漢表裝作轅在南陽	匈奴都尉降侯	一 六年後九月丙寅侯樂元年	六	六	元年侯樂死無後國除		
親陽 索隱漢表在舞陽	匈奴相降侯		二年十月癸巳侯月氏元年 五 五年侯月氏坐亡斬國除				
若陽 索隱漢表在平氏	匈奴相降侯		二年十月癸巳侯猛元年 五 五年侯猛坐亡斬國除				
長平 索隱地理志縣名屬汝南	以元朔二年再以車騎將軍擊匈奴取朔方河南功侯元朔五年以大將軍擊匈奴破右賢王益封三千戶		二年二月丙辰烈侯衛青元年 五 集解徐廣曰青以元封五年薨	六	六	六	太初元年今侯伉元年

平陵【索隱】漢表在武當	以都尉從車騎將軍青擊匈奴功侯以元朔五年用游擊將軍從大將軍益封		二年二月丙辰侯蘇建元年 五	六	六 六年侯建爲右將軍與翕侯信俱敗獨身脫來歸當斬贖國除		
岸頭【索隱】漢表在皮氏	以都尉從車騎將軍擊匈奴功侯元朔六年從大將軍益封		二年六月壬辰侯張次公元年 五	元年次公坐與淮南王女陵姦及受財物罪國除			
平津	以丞相詔所襃侯		三年十一月乙丑獻侯公孫弘元年 四	二 三年侯慶元年 四	六	三 四年侯慶坐爲山陽太守有罪國除	
涉安	以匈奴單于太子降侯		三年四月丙子侯於單元年【索隱】單音丹 三 五年卒無後國除				
昌武【索隱】表在舞陽	以匈奴王降侯以昌武侯從驃騎將軍擊左賢王功益封		四年七月庚申堅侯趙安稽元年 三	六	六	二 二年侯充國元年 五	太初元年侯充國薨亡後國除
襄城【索隱】漢表作襄武侯按韓嬰亦封襄城侯地理志襄城在潁川襄武在隴西	以匈奴相國降侯		四年七月庚申侯無龍元年一云乘龍 三	六	六	六	太初二年無龍從浞野侯戰死 一 四年侯病已元年 二

南奅【集解】徐廣曰匹孝反	以騎將軍從大將軍青擊匈奴得王功侯太初二年以丞相封爲葛繹侯		五年四月丁未侯公孫賀元年 二	六	四 五年賀坐酎金國除絕十歲		十三 太初二年三月丁卯封葛繹侯征和二年賀子敬聲有罪國除
合騎【索隱】表在高城	以護軍都尉三從大將軍擊匈奴至右賢王庭得王功侯元朔六年益封		五年四月丁未侯公孫敖元年 二	一 二年侯敖將兵擊匈奴與驃騎將軍期後畏懦當斬贖爲庶人國除			
樂安【索隱】表在昌地理志昌縣在琅邪	以輕車將軍再從大將軍青擊匈奴得王功侯		五年四月丁未侯李蔡元年 二	四 五年侯蔡以丞相侯盜孝景園神道壖地罪自殺國除			
龍頟【索隱】地理志縣名屬平原劉氏音額崔浩音洛又云屬齊今在河閒有龍頟雀村與弓高相近	以都尉從大將軍青擊匈奴得王功侯元鼎六年以橫海將軍擊東越功爲按道侯【索隱】漢表以龍頟案道爲二人封非也韋昭云案道屬齊		五年四月丁未侯韓說元年 二	六	四 五年侯說坐酎金國絕二歲復侯	元年五月丁卯按道侯說元年 六	十三 征和二年子長代有罪絕子曾復封爲龍頟侯

隨成【索隱】表在千乘	以校尉三從大將軍青擊匈奴攻農吾先登石累得王功侯【索隱】累音壘險阻地名漢表作臺音門		五年四月乙卯侯趙不虞元年 二	三 三年侯不虞坐爲定襄都尉匈奴敗太守以聞非實坐謾國除【索隱】謂上聞天子狀不實爲謾而國除謾音木千反			
從平【索隱】表在樂昌	以校尉三從大將軍青擊匈奴至右賢王庭數爲鴈行上石山先登功侯		五年四月乙卯公孫戎奴元年 二	一 二年侯戎奴坐爲上郡太守發兵擊匈奴不以聞謾國除			
涉軹【索隱】漢表軹在西安無涉字地理志西安在齊郡涉軹猶從驃然皆當時意也故上又有涉安侯	以校尉三從大將軍青擊匈奴至右賢王庭得王虜閼氏功侯		五年四月丁未侯李朔元年 二	元年侯朔有罪國除			
宜春【索隱】志縣名屬汝南豫章亦有之	以父大將軍青破右賢王功侯		五年四月丁未侯衞伉元年 二	六	元年侯伉坐矯制不害國除		
陰安【索隱】志縣名屬魏郡	以父大將軍青破右賢王功侯		五年四月丁未侯衞不疑元年 二	六	四 五年侯不疑坐酎金國除		

發干【索隱】志縣名屬東郡	博望【索隱】志縣名屬南陽	冠軍【索隱】縣名屬南陽	衆利【索隱】表在陽城姑莫後以封伊即軒也	潦【索隱】表在舞陽
以父大將軍青破右賢王功侯	以校尉從大將軍六年擊匈奴知水道及前使絕域大夏功侯	以嫖姚校尉再從大將軍六年從大將軍擊匈奴斬相國功侯元狩二年以驃騎將軍擊匈奴至祁連益封迎渾邪王益封擊左右賢王益封	以上谷太守四從大將軍六年擊匈奴首虜千級以上功侯	以匈奴趙王降侯
五年四月丁未 二 侯衛登元年	六年三月甲辰 一 侯張騫元年	六年四月壬申景桓侯霍去病元年 一	六年五月壬辰侯郝賢元年【索隱】郝音呼惡反又音釋 一	
六	一 二年侯騫坐以將軍擊匈奴畏懦當斬贖國除	六	一 二年侯賢坐為上谷太守入戍卒財物上計謾罪國除	元年七月壬午悼侯趙王煖訾元年 一【索隱】煖音況遠反訾音即移反 二年煖訾死無後國除
四 五年侯登坐酎金國除		元年哀侯嬗元年 六		
		元年哀侯嬗薨無後國除【集解】徐廣曰嬗字子侯為武帝奉車登封泰山暴病死		

宜冠【索隱】冠音官表在昌也	煇渠【索隱】鄉名按表在魯陽煇上下並音徽	從驃【索隱】從驃騎以得封故曰從驃後封浞野侯	下麾【索隱】表在猗氏麾音撝	漯陰【索隱】表在平原
以校尉從驃騎將軍二年出再擊匈奴功侯故匈奴歸義	以校尉從驃騎將軍二年再出擊匈奴得王功侯以校尉從驃騎將軍二年虜五王功益封故匈奴歸義	以司馬再從驃騎將軍數深入匈奴得兩王子騎將功侯以匈河將軍元封三年擊樓蘭功復侯	以匈奴王降侯	以匈奴渾邪王將衆十萬降侯萬戶
二年正月己亥 二 侯高不識元年 四年不識擊匈奴戰軍功增首不以實當斬贖罪國除	二年二月乙丑忠侯僕多元年 五【索隱】漢表作僕朋此云僕多與衛青傳同	二年五月丁丑 五 侯趙破奴元年	二年六月乙亥 五 侯呼毒尼元年	二年七月壬午 四 定侯渾邪元年
	三 四年侯電元年 三	四 五年侯奴坐酎金國除	四 五年煬侯伊即軒元年 二	元年魏侯蘇元年 六【索隱】魏謚蘇名謚法克捷行軍曰魏
	六	浞野 三年侯破奴元年 四	六	五 五年魏侯蘇薨無後國除
	四	一 二年侯破奴以浚稽將軍擊匈奴失軍為虜所得國除	四	

煇渠【索隱】韋昭云僕多所封則作煇渠應庀所封則作渾渠二者皆鄉名在魯陽今並作煇渠誤也按漢表及傳亦作煇孔文祥云同是元狩中封則邑分封二人也其義為得	河綦【索隱】表在濟南	常樂【索隱】表在濟南	符離【索隱】縣名屬沛郡
以匈奴王降侯	以匈奴右王與渾邪降侯	以匈奴大當戶與渾邪降侯	以右北平太守從驃騎將軍四年擊右王將重會期首虜二千七百人功侯【索隱】將字上屬重者再也會期言再赴期將去聲重平聲
三年七月壬午 四 悼侯扁訾元年【索隱】漢表作悼侯應庀庀讀為必二反扁北顯反訾子移反	三年七月壬午康侯烏犂元年【索隱】漢書作會犂 四	三年七月壬午 四 肥侯稠雕元年【索隱】漢書衛青傳作雕離	四年六月丁卯 三 侯路博德元年
一 二年侯扁訾死無後國除	二 三年餘利鞮元年 四	六	六
	六	六	六
	四	二 太初三年今侯廣漢元年	太初元年侯路博德有罪國除

一三二

國名	侯功	元光	元朔	元狩	元鼎	元封	太初已後
壯【索隱】表在東平	以匈奴歸義匈奴因淳王從驃騎將軍四年擊左王，以少破多，捕虜二千一百人，功侯。			四年六月丁卯侯復陸支元年。 三	二 三年，今侯偃元年。 四	六	四
衆利	以匈奴歸義樓剸王從驃騎將軍四年擊右王，手自劍合，功侯。【索隱】剸音專。手自劍謂手劍其王而合戰，得封。			四年六月丁卯質侯伊即軒元年。 三	六	五 六年，今侯當時元年。 一	四
湘成【索隱】表在陽成	以匈奴符離王降侯。			四年六月丁卯侯敞屠洛元年。 三	四 五年，侯敞屠洛坐酎金，國除。		
義陽【索隱】表在平氏	以北地都尉從驃騎將軍四年擊左王，得王，功侯。			四年六月丁卯侯衛山元年。 三	六	六	四
散【索隱】表在陽成	以匈奴都尉降侯。			四年六月丁卯侯董荼吾元年。【索隱】劉氏荼音大姑反。蓋譔耳，今以其人名余吾，余吾匈奴水名也。 三	六	六	二 太初三年，今侯安漢元年。 二
臧馬【索隱】表在朱盧	以匈奴王降侯。			四年六月丁卯康侯延年元年。 一 五年，侯延年死，不得置後，國除。			

國名	侯功	元光	元朔	元狩	元鼎	元封	太初已後
周子南君【索隱】表在長社	以周後紹封。				四年十一月丁卯侯姬嘉元年。 三	三 四年，君賀元年。 三	四
樂通【索隱】韋昭云在臨淮高平	以方術侯。				四年四月乙巳侯五利將軍樂大元年。 一 五年，侯大有罪，斬，國除。		
瞭【索隱】音遼。表在舞陽	以匈奴歸義王降侯。				四年六月丙午侯次公元年。 一 五年，侯次公坐酎金，國除。		
術陽【索隱】表在下邳	以南越王兄越高昌侯。				四年侯建德元年。 一 五年，侯建德有罪，國除。		
龍亢【索隱】音抗。云龍闕。左傳齊侯圍龍，龍，魯邑。蕭該云廣德所封止是龍，有亢音誤也。	以校尉摎世樂擊南越死事子侯。【索隱】摎音居虯反。				五年三月壬午侯廣德元年。 二	六 六年，侯廣德有罪，國除。	
成安【索隱】漢表在郟，志在陳留	以校尉韓千秋擊南越死事子侯。				五年三月壬子侯延年元年。 二	六 六年，侯延年有罪，國除。	

國名	侯功	元光	元朔	元狩	元鼎	元封	太初已後
昆【索隱】表在鉅鹿	以屬國大且渠擊匈奴功侯。				五年五月戊戌侯渠復累元年。【索隱】樂彥累音力委反，顏師古音力追反。 二	六	四
騏【索隱】志屬河東，表在北屈	以屬國騎擊匈奴，捕單于兄，功侯。				五年五月壬子侯駒幾元年。一云騎幾。 二	六	四
梁期【索隱】志屬魏郡	以屬國都尉五年間出擊匈奴，得復累絺縵等，功侯。				五年七月辛巳侯任破胡元年。 二	六	四
牧丘【索隱】表在平原	以丞相及先人萬石積德謹行侯。				五年九月丁丑恪侯石慶元年。 二	六	二 三年，侯德元年。 二
瞭【索隱】表在下邳	以南越將降侯。				六年三月乙酉侯畢取元年。 一 【索隱】初以封公次，又封畢取。	六	四
將梁	以樓船將軍擊南越，推鋒卻敵，侯。				六年三月乙酉侯楊僕元年。 一	三 四年，侯僕有罪，國除。	

安道 【索隱】表在南陽	隨桃 【索隱】表在南陽	湘成 【索隱】表在堵陽	海常 【索隱】表在琅邪	北石 【索隱】漢表作外石，在濟南	下酈 【索隱】漢表作鄘
以南越揭陽令聞漢兵至自定降侯	以南越蒼梧王聞漢兵至降侯	以南越桂林監聞漢兵破番禺，諭甌駱兵四十餘萬降侯	以伏波司馬捕得南越王建德功侯	以故東越衍侯佐繇王斬餘善功侯	以故甌駱左將斬西于王功侯
六年三月乙酉 一 侯揭陽令定元年	六年四月癸亥 一 侯趙光元年	六年五月壬申侯監居翁元年 一 【索隱】監，官也。居，姓。翁，字	六年七月乙酉 一 侯蘇弘元年		
六	六	六	六	元年正月壬午 六 侯吳陽元年	元年四月丁酉侯左將黃同元年 六 【索隱】西南夷傳甌駱將左黃同，則左是姓，恐誤。漢表云將黃同，則左將是官，不疑
四	四	四	太初元年侯弘死無後國除	三 太初四年今侯首元年	四

繚嫈 【索隱】繚音繚繞之繚，嫈按字林音乙庚反，西南夷傳音聊嫈	蘌兒 【索隱】韋昭云在吳越界，今爲鄉也	開陵 【索隱】表在臨淮	臨蔡 【索隱】表在河內	東城 【索隱】表在九江	無錫 【索隱】表在會稽
以故校尉從橫海將軍說擊東越功侯	以軍卒斬東越徇北將軍功侯	以故東越建成侯與繇王共斬東越王餘善功侯	以故南越郎聞漢兵破番禺爲伏波得南越相呂嘉功侯	以故東越繇王斬東越王餘善功侯萬戶	以東越將軍漢兵至棄軍降侯
元年五月乙卯 一 侯劉福元年 二年侯福有罪國除	元年閏月癸卯莊侯轅終古元年 六 徐廣曰閏四月也	元年閏月癸卯 六 侯建成元年	元年閏月癸卯 六 侯孫都元年	元年閏月癸卯 六 侯居服元年	元年 六 侯多軍元年
	太初元年終古死無後國除	四	四	四	四

涉都 【索隱】表在南陽	平州 【索隱】表在梁父	荻苴 【索隱】音狄 蛆 表在勃海	澅清 【索隱】表在齊，澅音獲。水名，在齊，又音乎卦反	騠茲 【索隱】騠音啼，表在琅邪	浩
以父棄故南海守漢兵至以城邑降子侯	以朝鮮將漢兵至降侯	以朝鮮相漢兵至圍之降侯	以朝鮮尼谿相使人殺其王右渠來降侯	以小月氏若苴王將眾降侯 【索隱】苴音子餘反	以故中郎將將兵捕得車師王功侯
元年中 六 侯嘉元年	三年四月丁卯侯唊元年 一 如淳曰唊音頰 四年侯唊薨無後國除	三年四月侯朝鮮相韓陰元年 四	三年六月丙辰侯朝鮮尼谿相侯叅元年 四	四年十一月丁卯侯稽谷姑元年 三	四年正月甲申 一 侯王恢元年 四年四月侯恢坐使酒泉矯制罪當死贖國除封凡三月
二 太初三年侯嘉薨無後國除		四	四	太初元年侯稽谷姑薨無後國除	

瓡讘[集解]徐廣曰在河東瓡音胡讘音之涉反[索隱]縣名按表在河東志亦同即狐字	以小月氏王將衆千騎降侯					四年正月乙酉侯杅者元年[索隱]杅音烏亦音汙 二 六年侯勝元年 一	四
幾[索隱]音機表在河東	以朝鮮王子漢兵圍朝鮮降侯					四年三月癸未侯張路歸義元年[索隱]韋昭云路茹落反 二 六年侯張路使朝鮮謀反死國除	
涅陽[索隱]表在齊志屬南陽	以朝鮮相路人漢兵至首先降道死其子侯					四年三月壬寅康侯子最元年 三	二 太初二年侯最死無後國除

右太史公本表

當塗[索隱]表在九江 魏不害以圉守尉捕淮陽反者公孫勇等侯

蒲[索隱]表在琅邪 蘇昌以圉尉史捕淮陽反者公孫勇等侯

潦陽[索隱]潦音遼表在清河 江德以圉廄嗇夫共捕淮陽反者公孫勇等侯

富民[索隱]表在蘄 田千秋家在長陵以故高廟寢郎上書諫孝武曰子弄父兵罪當笞父子之怒自古有之蚩尤畔父黃帝涉江上書至意拜爲大鴻臚征和四年爲丞相封三千戶至昭帝時病死子順代立爲虎牙將軍擊匈奴不至質誅死國除[漢書音義曰質所期處也]

右孝武封國名

後進好事儒者褚先生曰太史公記事盡於孝武之事故復修記孝昭以來功臣侯者編於左方令後好事者得覽觀成敗長短絕世之適得以自戒焉當世之君子行權合變度時施宜希世用事以建功有土封侯立名當世豈不盛哉觀其持滿守成之道皆不謙讓驕蹇爭權喜揚聲譽知進不知退終以殺身滅國以三得之[以三得之者即上所謂行權合變度時施宜希世用事也]及身失之不能傳功於後世令恩德流子孫豈不悲哉夫龍頟侯曾爲前將軍世俗順善厚重謹信不與政事退讓愛人其先起於晉六卿之世有土君國以來爲王侯子孫相承不絕歷年經世以至于今凡八百餘歲豈可與功臣及身失之者同日而語之哉悲夫後世其誡之

博陸 霍光家在平陽以兄驃騎將軍故貴前事武帝覺捕得侍中謀反者馬何羅等功侯三千戶[文穎曰博廣陸平取其嘉名無此縣也食邑北海河東瓚曰漁陽有博陸城也]中輔幼主昭帝爲大將軍謹信用事擅治尊爲大司馬益封邑萬戶後事宣帝歷事三主天下信鄉之益封二萬戶子禹代立謀反族滅國除

秺[漢書音義曰音妒在濟陰成武今有亭] 金翁叔名日磾以匈奴休屠王太子從渾邪王將衆五萬降漢歸義侍中事武帝覺捕侍中謀反者馬何羅等功侯三千戶中事昭帝謹厚益封三千戶子弘代立爲奉車都尉事宣帝

安陽[索隱]表在蕩陰志屬汝南 上官桀家在隴西以善騎射從軍稍貴事武帝爲左將軍覺捕斬侍中謀反者馬何羅弟重合侯通功侯三千戶中事昭帝與大將軍霍光爭權因以謀反族滅國除

桑樂[索隱]表在千乘 上官安以父桀爲將軍故貴侍中事昭帝安女爲昭帝夫人立爲皇后故侯三千戶驕蹇與大將軍霍光爭權因以父子謀反族滅國除

富平[索隱]志屬平原 張安世家在杜陵以故御史大夫張湯子武帝時給事尚書爲尚書令事昭帝謹厚習事爲光祿勳右將軍輔政十三年無適過侯三千戶及事宣帝代霍光爲大司馬用事益封萬六千戶子延壽代立爲太僕侍中

義陽[索隱]表在平氏 傅介子家在北地以從軍爲郎爲平樂監昭帝時刺殺外國王天子下詔書曰平樂監傅介子使外國殺樓蘭王以直報怨不煩師有功其以邑千三百戶封介子爲義陽侯子厲代立爭財相告有罪國除

商利[索隱]表在徐郡 王山齊人也故爲丞相史會騎將軍上官安謀反山說安與俱入丞相斬安山以軍功爲侯三千戶上書願治民爲代太守爲人所上書言繫獄當死會赦出爲庶人國除

建平[索隱]表在濟陽 杜延年以故御史大夫杜周子給事大將軍幕府發覺謀反者騎將軍上官安等罪封爲侯邑二千七百戶拜爲太僕元年出爲西河太守五鳳三年入爲御史大夫

弋陽[索隱]志屬汝南 任宮以故上林尉捕格謀反者左將軍上官桀殺之便門封爲侯二千戶後爲太常及行衛尉事節儉謹信以壽終傳於子孫

宜城[索隱]表在濟陰 燕倉以故大將軍幕府軍吏發謀反者騎將軍上官安罪有功封侯邑二千戶爲汝南太守有能名

宜春[索隱]志屬汝南 王訢家在齊本小吏佐史稍遷至右輔都尉武帝數幸扶風郡訢共置辦拜爲右扶風至孝昭時代桑弘羊爲御史大夫元鳳三年代田千秋

爲丞相封二千戶立二年爲人所上書言暴自殺不殊子代立爲屬國都尉

安平 【索隱】表在汝南，志屬涿郡。楊敞家在華陰故給事大將軍幕府稍遷至大司農爲御史大夫元鳳六年代王訢爲丞相封二千戶立二年病死子賁代立十三年病死子翁君代立爲典屬國三歲以季父惲故出惡言繫獄當死得免爲庶人國除

右孝昭時所封國名

陽平 【索隱】志屬東郡。蔡義家在溫故師受韓詩爲博士給事大將軍幕府爲杜城門候入侍中授昭帝韓詩爲御史大夫是時年八十衰老常兩人扶持乃能行然公卿大臣議以爲爲人主師當以爲相以元平元年代楊敞爲丞相封二千戶病死絕無後國除

扶陽 【索隱】志屬沛郡，表在蕭。韋賢家在魯通詩禮尚書爲博士授魯大儒入侍中爲昭帝師遷爲光祿大夫大鴻臚長信少府以爲人主師本始三年代蔡義爲丞相封扶陽侯千八百戶爲丞相五歲多恩不習吏事免相就第病死子玄成代立爲太常坐祠廟騎奪爵爲關內侯

平陵 【索隱】表在武當。范明友家在隴西以家世習外國事使護西羌事昭帝拜爲度遼將軍擊烏桓功侯二千戶取霍光女爲妻地節四年與諸霍子禹等謀反族滅國除

營平 【索隱】表在濟南。趙充國以隴西騎士從軍得官侍中事武帝數將兵擊匈奴有功爲護軍都尉中事昭帝昭帝崩議立宣帝決疑定策以安宗廟功侯封二千五百戶

陽成 【索隱】表在濟陰。非也，且濟陰有城陽縣耳，而潁川、汝南又各有陽城縣，城字從土在陽之下，今此似誤，不可分別也。田延年以軍吏事昭帝發覺上官桀謀反事後留遲不得封爲大司農本造廢昌邑王議立宣帝決疑定策以安宗廟功侯二千七百戶逢昭帝崩方上事並急因以盜都內錢三千萬 漢書百官表曰司農屬官有都內 發覺自殺國除

平丘 【索隱】志屬陳留，表在肥城。王遷家在衞 【索隱】一作衙，音牙。地理志衙縣在馮翊。爲尚書郎習刀筆之文侍中事昭帝帝崩立宣帝決疑定策以安宗廟功侯二千戶爲光祿大夫秩中二千石坐受諸侯王金錢財漏洩中事誅死國除

樂成 【索隱】表在平氏，志屬南陽。霍山山者大將軍光兄子也光未死時上書曰臣兄驃騎將軍去病從軍有功病死賜謚景桓侯絕無後臣光願以所封東武陽邑三千五百戶分與山天子許之拜山爲侯後坐謀反族滅國除

冠軍 【索隱】志屬南陽。霍雲以大將軍兄驃騎將軍適孫爲侯地節三年天子下詔書曰驃騎將軍去病擊匈奴有功封爲冠軍侯薨卒子侯代立病死無後春秋之義善善及子孫其以邑三千戶封雲爲冠軍侯後坐謀反族滅國除

平恩 【索隱】志屬魏郡。許廣漢家昌邑坐事下蠶室獨有一女嫁之宣帝未立時素與廣漢出入相通卜相者言當大貴以故廣漢施恩甚厚地節三年封爲侯邑三千戶病死無後國除

昌水 【索隱】表在於陵。田廣明故郎爲司馬稍遷至南郡都尉淮陽太守鴻臚左馮翊昭帝崩議廢昌邑王立宣帝決疑定策以安宗廟本始三年封爲侯邑二千三百戶爲御史大夫後爲祁連將軍擊匈奴軍不至質當死自殺國除

高平 【索隱】志屬臨淮。魏相家在濟陰少學易爲府卒史以賢良舉爲茂陵令遷河南太守坐賊殺不辜繫獄當死會赦免爲庶人有詔守茂陵令爲揚州刺史入爲諫議大夫復爲河南太守遷爲大司農御史大夫地節三年譖毀韋賢代爲丞相封千五百戶病死長子賓代立坐祠廟失侯

博望 【索隱】志屬南陽。許中翁 名舜。以平恩侯許廣漢弟封爲侯邑二千戶亦故有私恩爲長樂衞尉死子延年代立

樂平 許翁孫以平恩侯許廣漢少弟故爲侯封二千戶拜爲彊弩將軍擊破西羌還更拜爲大司馬光祿勳亦故有私恩故得封嗜酒好色以早病死子湯代立

將陵 史子回 名曾。以宣帝大母家封爲侯二千六百戶與平臺侯昆弟行也子回妻宜君故成王孫嫉妒絞殺侍婢四十餘人盜斷婦人初產子臂膝以爲媚道爲人所上書言論棄市子回以外家故不失侯

平臺 【索隱】志屬常山。史子叔 名玄。以宣帝大母家封爲侯二千五百戶衞太子時史氏內一女於太子嫁一女魯王今見魯王亦史氏外孫也外家有親以故貴數得賞賜

樂陵 【索隱】志屬臨淮，平原亦有樂陵。史子長 名高。以宣帝大母家貴侍中重厚忠信以發覺霍氏謀反事封三千五百戶

博成 【索隱】表在臨淮。張章父故潁川人爲長安亭長失官之北闕上書寄宿霍氏第舍臥馬櫪間夜聞養馬奴相與語言諸霍氏子孫欲謀反狀因上書告反爲侯封三千戶

都成 【索隱】志屬潁川。金安上先故匈奴以發覺故大將軍霍光子禹等謀反事有功封侯二千八百戶安上者奉車都尉秺侯從羣子行謹善退讓以自持欲傳功德於子孫

平通 【索隱】表在博陽。楊惲家在華陰故丞相楊敞少子任爲郎好士自喜知人居衆人中常與人顏色以故高昌侯董忠引與屏語言霍氏謀反狀共發覺告反侯二千戶爲光祿勳到五鳳四年作爲妖言大逆罪腰斬國除

高昌 【索隱】志屬千乘。董忠父故潁川陽翟人以習書詣長安忠有材力能騎射用短兵給事期門 漢書東方朔傳曰武帝微行出與侍中常侍武騎及待詔隴西北地良家子能騎射者期諸殿門故有期門之號 與張章相習知章告語忠霍禹謀反狀忠以語常侍騎郎楊惲共發覺告反侯二千戶今爲梟騎都尉侍中坐祠宗廟乘小車奪百戶

爰戚 趙成 【索隱】漢表作趙長平。用發覺楚國事侯二千三百戶地節元年楚王與廣陵王謀反成發覺反狀天子推恩廣德義下詔書曰無治廣陵王廣陵王不變更後復坐祝詛滅國自殺國除今帝復立子爲廣陵王

酇 地節三年天子下詔書曰朕聞漢之興相國蕭何功第一今絕無後朕甚憐之其以邑三千戶封蕭何玄孫建世爲酇侯

平昌 王長君 名無故。家在趙國常山廣望邑人也衞太子時嫁太子家爲太子男史皇孫爲配生子男絕不聞聲問行且四十餘歲至今元康元年中詔徵立以爲侯封五千戶宣帝舅父也

樂昌 【索隱】表在汝南。王稚君 名武。家在趙國常山廣望邑人也以宣帝舅父外家封爲侯邑五千戶平昌侯王長君弟也

邛成 【索隱】表在濟陰。王奉光家在房陵以女立爲宣帝皇后故封千五百戶言奉光初生時夜見光其上傳聞者以爲當貴云後果以女故爲侯

安遠 【索隱】表在慎。鄭吉家在會稽以卒伍起從軍爲郎使護將弛刑士田渠棃會匈奴單于死國亂相攻日逐王將衆來降漢先使語吉吉將吏卒數百人往迎之衆頗有欲還者因斬殺其渠率遂與俱入漢以軍功侯二千戶

博陽 【索隱】表在南頓。邴吉家在魯本以治獄爲御史屬給事大將軍幕府常施舊恩宣帝遷爲御史大夫封侯二千戶神爵二年代魏相爲丞相立五歲病死子翁孟代立爲將軍侍中甘露元年坐祠宗廟不乘大車而騎至廟門有罪奪爵爲關內侯

建成 【索隱】表在沛。黃霸家在陽夏以役使徙雲陽以廉吏爲河內守丞遷爲廷尉監行丞相長史事坐見知夏侯勝非詔書大不敬罪久繫獄三歲從勝學尚書會赦以賢良舉爲揚州刺史潁川太守善化男女異路耕者讓畔賜黃金百斤秩中二千石居潁川入爲太子太傅遷御史大夫五鳳三年代邴吉爲丞相封千八百戶

西平 【索隱】表在臨淮。于定國家在東海本以治獄給事爲廷尉史稍遷御史中丞上書諫昌邑王遷爲光祿大夫爲廷尉乃師受春秋變道行化謹厚愛人遷爲御史大夫代黃霸爲丞相

右孝宣時所封

陽平 【索隱】表在東郡。王稚君 名傑。【索隱】漢表名禁。家在魏郡故丞相史女爲太子妃太子立爲帝女爲皇后故侯千二百戶初元以來方盛貴用事游宦求官於京師者多得其力未聞其有知略廣宣於國家也

【索隱】述贊曰：孝武之代，天下多虞。南討閩越，北擊單于。長平鞠旅，冠軍前驅。術陽銜璧，臨蔡破禺。博陸上宰，平津巨儒。金章且佩，紫綬行紆。昭帝已後，勳寵不殊。惜哉絕筆，褚氏補諸。

史記卷二十考證

建元以來侯者年表長平○臣召南按漢表列長平冠軍於外戚恩澤甚爲失平夫以衞霍之戰伐功勳其將校得封者皆稱功臣豈可以呂竇王田例哉史記敘功於長平不曰皇后弟於冠軍不曰皇后姊子可謂公論

樂安○臣召南按傳與此同漢表作安樂葢誤

隨成○按漢表作隨城

潦侯趙王嫂訾○按漢表嫂作援

下麾○按漢表作下摩

煇渠悼侯扁訾○臣召南按匈奴傳作鷹庀而此表作扁訾索隱既以漢表應庀注之又爲扁訾定音則舊本已然久矣

河綦康侯烏犁索隱漢書作禽犁○臣召南按驃騎傳作禽梨

常樂侯稠雕○驃騎傳作銅離漢書作雕離

符離索隱縣名屬沛郡○臣召南按地理志沛郡有符離縣驃騎傳封博德爲符離侯與表正合漢表作邳離云在朱虛

壯索隱表在東平○按漢表作杜索隱表字衍

冢利質侯伊卽軒○臣召南按驃騎傳作伊卽軒是也

軒軒字形相似而誤耳

義陽侯衞山○傳作邢山

臧馬康侯延年○按漢表作雕延年

安道侯揭陽令定○臣召南按此侯初爲南越揭陽令故以官冠其名漢表徑作揭陽定則似姓揭陽矣又如湘成侯監居翁以其本爲桂林監故稱之非姓監也漢初人往往以官連名如稱趙佗爲尉佗

北石索隱漢表作外石○按東越傳亦作北石

蘌兒索隱韋昭曰在吳越界今爲鄉也○臣召南按蘌兒應作禦兒卽所云勾踐之地至於禦兒者是也東越傳錢塘轅終古斬徇北將軍爲禦兒侯漢書音義曰禦兒今吳南亭是則知此作蘌兒葢傳寫之訛

開陵侯建成○臣召南按東越傳封建成侯敖爲開陵侯則建成乃此侯故爵而其名曰敖也此及漢表並誤以其故爵爲名

臨蔡侯孫都○臣召南按南越傳越郞都稽得嘉封爲臨蔡侯則此侯姓都名稽如此表則姓孫名都矣

平州侯唊○臣召南按漢表作王唊以朝鮮傳證之漢表是此表脫王字

澅清侯朝鮮尼谿相侯參○臣召南按漢表作參以傳證之朝鮮尼谿相乃其故官此表三年六月丙辰下但當云侯參元年不當有侯朝鮮尼谿相六字也漢表是

幾侯張咯歸義○臣召南按朝鮮傳此侯名長以漢表證之此侯姓張名咯然則此表張咯下歸義二字衍

涅陽○按朝鮮傳作溫陽以漢表證之涅陽是

史記卷二十一

漢　太　史　令司馬遷　撰

宋　中　郎　外　兵　曹　參　軍裴　駰集解

唐　國　子　博　士　弘　文　館　學　士司馬貞索隱

唐　諸　王　侍　讀　率　府　長　史張守節正義

建元以來王子侯者年表第九

制詔御史諸侯王或欲推私恩分子弟邑者令各條上，朕且臨定其號名。

太史公曰盛哉天子之德一人有慶天下賴之

國名	王子號	元光	元朔	元狩	元鼎	元封	太初
兹	河間獻王子	五年正月壬子侯劉明元年 二	三 三年侯明坐謀反殺人棄市國除 集解徐廣曰一作掠殺人棄市				
安成 索隱表在豫章	長沙定王子	六年七月乙巳思侯劉蒼元年 一	六	六	元年今侯自當元年 六	六	四
宜春	長沙定王子	六年七月乙巳侯劉成元年 一	六	六	四 五年侯成坐酎金國除		
句容 索隱表在會稽	長沙定王子	六年七月乙巳哀侯劉黨元年 一	元年哀侯黨薨無後國除				
句陵 集解徐廣曰一作容陵	長沙定王子	六年七月乙巳侯劉福元年 一	六	六	四 五年侯福坐酎金國除		
杏山	楚安王子	六年後九月壬戌侯劉成元年 一	六	六	四 五年侯成坐酎金國除		
浮丘 索隱表在沛	楚安王子	六年後九月壬戌侯劉不審元年 一	六	四 五年今侯霸元年 二	四 五年侯霸坐酎金國除		
廣戚	魯共王子		元年十一月丁酉節侯劉擇元年 集解徐廣曰擇一作將 六	元年侯始元年 六	四 五年侯始坐酎金國除		
丹楊 索隱表在無湖	江都易王子		元年十二月甲辰哀侯敢元年 六	元年侯敢薨無後國除			

盱台	江都易王子		元年十二月甲辰侯劉象之元年。[索隱]表作蒙之。六	六	四 五年，侯象之坐酎金國除。		
湖孰[索隱]表在丹陽。	江都易王子		元年正月丁卯頃侯劉胥元年。[索隱]表作胥行。六	六	四 五年，今侯聖元年。 二	六	四
秩陽[索隱]表作秣陵。	江都易王子		元年正月丁卯終侯劉漣元年。[索隱]表名纏。六	六	三 四年，終侯漣薨，無後，國除。		
睢陵[索隱]表在淮陵。	江都易王子		元年正月丁卯侯劉定國元年。六	六	四 五年，侯定國坐酎金國除。		
龍丘[索隱]表在琅邪。	江都易王子		二年五月乙巳侯劉代元年。五	六	四 五年，侯代坐酎金國除。		
張梁	江都易王子		二年五月乙巳哀侯劉仁元年。五	六	二 三年，今侯順元年。 四	六	四

劇	菑川懿王子		二年五月乙巳原侯劉錯元年。五	六	一 二年，孝侯廣昌元年。 五	六	四
壤	菑川懿王子		二年五月乙巳夷侯劉高遂元年。五	六	元年，今侯延元年。 六	六	四
平望	菑川懿王子		二年五月乙巳夷侯劉賞元年。五	二 三年，今侯楚人元年。 四	六	六	四
臨原[索隱]表作臨衆。	菑川懿王子		二年五月乙巳敬侯劉始昌元年。五	六	六	六	四
葛魁[集解]徐廣曰：「葛，一作莒。」[索隱]表、志闕，或名郗。	菑川懿王子		二年五月乙巳節侯劉寬元年。五	三 四年，今侯戚元年。 三	二 三年，侯戚坐殺人棄市，國除。		
益都	菑川懿王子		二年五月乙巳侯劉胡元年。五	六	六	六	四

平酌[索隱]漢表作平的，志屬北海。	菑川懿王子		二年五月乙巳戴侯劉疆元年。五	六	元年，思侯中時元年。 六	六	四
劇魁[索隱]志屬北海。	菑川懿王子		二年五月乙巳夷侯劉墨元年。五	六	六	元年，侯昭元年。 三 四年，侯德元年。 三	四
壽梁[索隱]表在壽樂。	菑川懿王子		二年五月乙巳侯劉守元年。五	六	四 五年，侯守坐酎金國除。		
平度[索隱]志屬東萊。	菑川懿王子		二年五月乙巳侯劉衍元年。五	六	六	六	四
宜成[索隱]表在平原。	菑川懿王子		二年五月乙巳康侯劉偃元年。五	六	六 元年，侯福元年。	六	太初元年，侯福坐殺弟棄市，國除。
臨朐[索隱]表在東海。	菑川懿王子		二年五月乙巳哀侯劉奴元年。五	六	六	六	四

雷 〔索隱〕表在東海	東莞 〔索隱〕志屬琅邪	辟 〔索隱〕表在東海	尉文 〔索隱〕表在南郡	封斯 〔索隱〕志屬常山	榆丘
城陽共王子	城陽共王子	城陽共王子	趙敬肅王子	趙敬肅王子	趙敬肅王子
二年五月甲戌侯劉稀元年 五	二年五月甲戌侯劉吉元年 三 五年侯吉有痼疾不朝廢國除	二年五月甲戌節侯劉壯元年 三 五年侯朋元年 二	二年六月甲午節侯劉丙元年 五	二年六月甲午共侯劉胡陽元年 五	二年六月甲午侯劉壽福元年 五
六		六	元年侯犢元年 六	六	六
五 五年侯稀坐酎金國除		四 五年侯朋坐酎金國除	四 五年侯犢坐酎金國除	六	四 五年侯壽福坐酎金國除
				六	
				三 四年今侯如意元年	

襄嚵 〔索隱〕韋昭云廣平縣嚵音仕咸反又仕儉反	郈會 〔索隱〕志屬魏郡	朝 〔索隱〕凡侯不言郡縣皆表志闕	東城 〔索隱〕志屬九江	陰城	望廣 〔索隱〕志屬涿郡
趙敬肅王子	趙敬肅王子	趙敬肅王子	趙敬肅王子	趙敬肅王子	中山靖王子
二年六月甲午侯劉建元年 五	二年六月甲午侯劉仁元年 五	二年六月甲午侯劉義元年 五	二年六月甲午侯劉遺元年 五	二年六月甲午侯劉蒼元年 五	二年六月甲午侯劉安中元年 五
六	六	六	六	六	六
四 五年侯建坐酎金國除	六	二 二年今侯祿元年 四	元年侯遺有罪國除	六	六
	六	六		元年侯蒼有罪國除	六
	四	四			四

將梁 〔索隱〕表在涿郡	新館 〔索隱〕表在涿郡	新處 〔索隱〕表在涿郡	陘城 〔索隱〕表在涿郡志屬中山	蒲領 〔索隱〕表在東海	西熊
中山靖王子	中山靖王子	中山靖王子	中山靖王子	廣川惠王子	廣川惠王子
二年六月甲午侯劉朝平元年 五	二年六月甲午侯劉未央元年 五	二年六月甲午侯劉嘉元年 五	二年六月甲午侯劉貞元年 五	三年十月癸酉侯劉嘉元年 四	三年十月癸酉侯劉明元年 四
六	六	六	六		
四 五年侯朝平坐酎金國除	四 五年侯未央坐酎金國除	四 五年侯嘉坐酎金國除	四 五年侯貞坐酎金國除		

棗彊 索隱志在清河	畢梁 索隱表在魏郡	房光 索隱表在魏郡	距陽	蔞安 索隱蔞音力俱反漢表蔞節侯無安字節謚也	阿武
廣川惠王子	廣川惠王子	河間獻王子	河間獻王子	河間獻王子	河間獻王子
三年十月癸酉侯劉晏元年 四	三年十月癸酉侯劉嬰元年 四	三年十月癸酉侯劉殷元年 四	三年十月癸酉侯劉白元年 四	三年十月癸酉侯劉遐元年 四	三年十月癸酉湣侯劉豫元年 四
	六	六	四 五年侯渡元年 二	六	六
	六	元年侯殷有罪國除	四 五年侯渡有罪國除	六	六
	三 四年侯嬰有罪國除			元年今侯嬰元年 六	六
				四	二 三年今侯寬元年 二

參戶 索隱志屬勃海	州鄉 索隱志屬涿郡	成平 索隱表在南皮	廣 索隱表在勃海	蓋胥 索隱漢志在太山表在魏郡	陪安 索隱表在魏郡
河間獻王子	河間獻王子	河間獻王子	河間獻王子	河間獻王子	濟北貞王子
三年十月癸酉侯劉勉元年 四	三年十月癸酉節侯劉禁元年 四	三年十月癸酉侯劉禮元年 四	三年十月癸酉侯劉順元年 四	三年十月癸酉侯劉讓元年 四	三年十月癸酉康侯劉不害元年 四
六	六	二 三年侯禮有罪國除	六	六	六
六	六		四 五年侯順坐酎金國除	四 五年侯讓坐酎金國除	一 二年哀侯秦客元年 一 三年侯秦客薨無嗣國除
六	五 六年今侯惠元年 一				
四	四				

榮簡 集解徐廣曰一作營簡 索隱漢表作榮關在茌平	周堅	安陽 索隱表在平原	五據 索隱表在泰山	富	陪 索隱表在平原
濟北貞王子	濟北貞王子	濟北貞王子	濟北貞王子	濟北貞王子	濟北貞王子
三年十月癸酉侯劉騫元年 四	三年十月癸酉侯劉何元年 四	三年十月癸酉侯劉桀元年 四	三年十月癸酉侯劉臒丘元年 索隱舊作臒音勃劉氏烏霍反 四	三年十月癸酉侯劉龔元年 四	三年十月癸酉繆侯劉明元年 四
二 三年侯騫有罪國除	四 五年侯當時元年 二	六	六	六	六
	四 五年侯當時坐酎金國除	六	四 五年侯臒丘坐酎金國除	六	二 三年侯邑元年 二 五年侯邑坐酎金國除
		六		六	
		四		四	

蕢【集解】徐廣曰一作散【索隱】蕢音蒯漢表作蕢在平原今平原無蕢縣此例非一蕢鄉名也	平【索隱】志屬河南	羽【索隱】志屬平原	胡母【索隱】表在泰山	離石【索隱】表在上黨志屬西河	邵【索隱】表在山陽
濟北貞王子	濟北貞王子	濟北貞王子	濟北貞王子【索隱】自陪安侯不害已下十一人是濟北貞王子而漢表自安陽侯已下是濟北式王子同是元朔三年十月封恐因此誤也	代共王子	代共王子
三年十月癸酉侯劉信元年 四	三年十月癸酉侯劉遂元年 四	三年十月癸酉侯劉成元年 四	三年十月癸酉侯劉楚元年 四	三年正月壬戌侯劉綰元年 四	三年正月壬戌侯劉慎元年 四
六	元年侯遂有罪國除	六	六	六	六
四 五年侯信坐酎金國除		六	四 五年侯楚坐酎金國除	六	六
		六		六	六
		四		四	四

利昌【索隱】志屬齊郡	藺【索隱】志屬西河	臨河【索隱】志屬朔方	隰成【索隱】志屬西河	土軍【索隱】志屬西河	皋狼【索隱】表在臨淮
代共王子	代共王子	代共王子	代共王子	代共王子	代共王子
三年正月壬戌侯劉嘉元年 四	三年正月壬戌侯劉憙元年 四	三年正月壬戌侯劉賢元年 四	三年正月壬戌侯劉忠元年 四	三年正月壬戌侯劉郢客元年 四	三年正月壬戌侯劉遷元年 四
六	六	六	六	六	六
六	六	六	六	侯郢客坐與人妻姦棄市	六
六	六	六	六		六
四	四	四	四		四

千章【集解】徐廣曰一作斥【索隱】表在平原	博陽【索隱】志屬汝南	寧陽【索隱】表在濟南	瑕丘【索隱】志屬山陽	公丘【索隱】志屬沛郡	郁狼【索隱】韋昭云屬魯志不載狼音盧當反又音郎
代共王子	齊孝王子	魯共王子	魯共王子	魯共王子	魯共王子
三年正月壬戌侯劉遇元年 四	三年三月乙卯康侯劉就元年 四	三年三月乙卯節侯劉恢元年 四	三年三月乙卯節侯劉貞元年 四	三年三月乙卯夷侯劉順元年 四	三年三月乙卯侯劉騎元年 四
六	六	六	六	六	六
六	二 三年侯終吉元年 二 五年侯終吉坐酎金國除	六	六	六	四 五年侯騎坐酎金國除
六		六	六	六	
四		四	四	四	

西昌	魯共王子		三年三月乙卯侯劉敬元年 四	六	四 五年侯敬坐酎金國除		
陘城 【索隱】漢表作陸地在壽光於趙爲得靖王子貞已封陘二人不應重封	中山靖王子		三年三月癸酉侯劉義元年 四	六	四 五年侯義坐酎金國除		
邯平 【索隱】表在廣平	趙敬肅王子 【索隱】以異年封故別見於此		三年四月庚辰侯劉順元年 四	六	四 五年侯順坐酎金國除		
武始 【索隱】表在魏	趙敬肅王子 【索隱】後立爲趙王		三年四月庚辰侯劉昌元年 四	六	六	六	四
象氏 【索隱】韋昭云在鉅鹿	趙敬肅王子		三年四月庚辰節侯劉賀元年 四	六	六	二 三年思侯安德元年 四	
易 【索隱】志屬涿郡表在鄗	趙敬肅王子		三年四月庚辰安侯劉平元年 四	六	六	四 五年今侯種元年 二	四
洛陵 【索隱】表作路陵在南陽	長沙定王子		四年三月乙丑侯劉章元年 三	一 二年侯章有罪國除			
攸輿 【索隱】按今長沙有攸縣本名攸輿漢表在南陽	長沙定王子		四年三月乙丑侯劉則元年 三	六	六	六	元年侯則篡死罪棄死國除
茶陵 【索隱】表在桂陽志屬長沙	長沙定王子		四年三月乙丑侯劉欣元年 三	六	一 二年哀侯陽元年 五	六	元年侯陽薨無後國除
建成 【索隱】表在豫章	長沙定王子		四年三月乙丑侯劉拾元年 三	五 六年侯拾坐不朝不敬國除			
安衆 【索隱】志屬南陽	長沙定王子		四年三月乙丑康侯劉丹元年 三	六	六	五 六年今侯山拊元年 【索隱】拊音趺	四
葉 【索隱】葉音攝縣名屬南陽	長沙定王子		四年三月乙丑康侯劉嘉元年 三	六	四 五年侯嘉坐酎金國除		
利鄉	城陽共王子		四年三月乙丑康侯劉嬰元年 三	二 三年侯嬰有罪國除			
有利 【索隱】表在東海	城陽共王子		四年三月乙丑侯劉釘元年 三	元年侯釘坐遺淮南書稱臣棄市國除			
東平 【索隱】表在東海	城陽共王子		四年三月乙丑侯劉慶元年 三	二 三年侯慶坐與姊妹姦有罪國除			
運平 【索隱】表在東海	城陽共王子		四年三月乙丑侯劉訢元年 三	六	四 五年侯訢坐酎金國除		
山州	城陽共王子		四年三月乙丑侯劉齒元年 三	六	四 五年侯齒坐酎金國除		
海常 【索隱】表在琅邪	城陽共王子		四年三月乙丑侯劉福元年 三	六	四 五年侯福坐酎金國除		

釣丘【索隱】漢表作鷄丘	城陽共王子		四年三月乙丑侯劉憲元年 三	三 四年今侯秩德元年 三	六	六	四
南城	城陽共王子		四年三月乙丑侯劉貞元年 三	六	六	六	四
廣陵【集解】徐廣曰一作陽	城陽共王子		四年三月乙丑常侯劉表元年 三	四 五年侯成元年 二	四 五年侯成坐酎金國除		
莊原【索隱】漢表作杜原	城陽共王子		四年三月乙丑侯劉皋元年 三	六	四 五年侯皋坐酎金國除		
臨樂【索隱】韋昭云縣名屬勃海	中山靖王子		四年四月甲午敦侯劉光元年【索隱】謚法善行不怠曰敦 三	六	六	五 六年今侯建元年 一	四
東野	中山靖王子		四年四月甲午侯劉章元年 三	六	六	六	四
高平【索隱】表在平原	中山靖王子		四年四月甲午侯劉嘉元年 三	六	四 五年侯嘉坐酎金國除		
廣川	中山靖王子		四年四月甲午侯劉頗元年 三	六	四 五年侯頗坐酎金國除		
千鍾【集解】徐廣曰一作重【索隱】漢表作重侯在平原地理志有重丘	河間獻王子		四年四月甲午侯劉搖元年一云劉陰 三	一 二年侯陰不使人爲秋請有罪國除			
披陽【索隱】蕭該披音皮劉氏音皮彼反志屬千乘	齊孝王子		四年四月乙卯敬侯劉燕元年 三	六	四 五年今侯隅元年 二	六	四
定【索隱】定地名	齊孝王子		四年四月乙卯敬侯劉越元年【索隱】漢表作數侯數謚也說文云數讀如羅 三	六	三 四年今侯德元年 三	六	四
稻【索隱】志屬琅邪	齊孝王子		四年四月乙卯夷侯劉定元年 三	六	二 三年今侯都陽元年 四	六	四
山【索隱】表在勃海	齊孝王子		四年四月乙卯侯劉國元年 三	六	六	六	四
繁安	齊孝王子		四年四月乙卯侯劉忠元年 三	六	六	六	三 四年今侯壽元年
柳	齊孝王子		四年四月乙卯康侯劉陽元年 三	六	三 四年侯罷師元年 三	四 五年今侯自爲元年 二	四
雲【索隱】志屬琅邪	齊孝王子		四年四月乙卯夷侯劉信元年 三	六	五 六年今侯歲發元年 一	六	四
牟平【集解】徐廣曰一作羊【索隱】志屬東萊	齊孝王子		四年四月乙卯共侯劉渫元年【索隱】渫音薛 三	二 三年今侯奴元年 四	六	六	四
柴【索隱】志屬泰山	齊孝王子		四年四月乙卯原侯劉代元年 三	六	六	六	四

柏陽 〔索隱〕表在中山	趙敬肅王子		五年十一月辛酉侯劉終古元年 二	六	六	六	四
鄗 〔索隱〕漢表鄗作鄡音許昭反志屬常山郡	趙敬肅王子		五年十一月辛酉侯劉延年元年 二	六	四 五年侯延年坐酎金國除		
桑丘 〔索隱〕表在深澤	中山靖王子		五年十一月辛酉節侯劉洋元年〔索隱〕漢表名將夜 二	六	三 四年今侯德元年 三	六	四
高丘	中山靖王子		五年三月癸酉哀侯劉破胡元年 二	六	元年侯破胡薨無後國除		
柳宿 〔索隱〕表在涿郡	中山靖王子		五年三月癸酉夷侯劉蓋元年 二	三 三年侯蘇元年 四	四 五年侯蘇坐酎金國除		
戎丘	中山靖王子		五年三月癸酉侯劉讓元年 二	六	四 五年侯讓坐酎金國除		

樊輿	中山靖王子		五年三月癸酉節侯劉條元年 二	六	六	六	四
曲成 〔索隱〕表在涿郡	中山靖王子		五年三月癸酉侯劉萬歲元年 二	六	四 五年侯萬歲坐酎金國除		
安郭 〔索隱〕表在涿郡	中山靖王子		五年三月癸酉侯劉博元年 二	六	六	六	四
安險 〔索隱〕志屬中山	中山靖王子		五年三月癸酉侯劉應元年 二	六	四 五年侯應坐酎金國除		
安遙 〔索隱〕表作安道	中山靖王子		五年三月癸酉侯劉恢元年 二	六	四 五年侯恢坐酎金國除		
夫夷	長沙定王子		五年三月癸酉敬侯劉義元年 二	六	四 五年今侯禹元年 二	六	四

舂陵 〔索隱〕志屬南陽	長沙定王子		五年六月壬子侯劉買元年 二	六	六	六	四
都梁 〔索隱〕志屬零陵	長沙定王子		五年六月壬子敬侯劉遂元年 二	六	一 元年今侯係元年 六	六	四
洮陽 〔索隱〕志屬零陵洮音滔又音道	長沙定王子		五年六月壬子靖侯劉狗彘元年〔索隱〕漢表名將燕 二	五 六年侯狗彘薨無後國除			
泉陵 〔索隱〕志屬零陵	長沙定王子		五年六月壬子節侯劉賢元年 二	六	六	六	四
終弋 〔索隱〕表在汝南	衡山王賜子		六年四月丁丑侯劉廣置元年 一	六	四 五年侯廣置坐酎金國除		
麥 〔索隱〕表在琅邪	城陽頃王子			元年四月戊寅侯劉昌元年 六	四 五年侯昌坐酎金國除		

鉅合【索隱】表在平原	昌【索隱】志屬琅邪	賁【索隱】或作費音祕又扶味反表在琅邪	雩殷【索隱】志屬琅邪表作虖覆音呼加反	石洛【索隱】表在琅邪	扶浸【索隱】漢表作挾術在琅邪浸音浸
城陽頃王子	城陽頃王子	城陽頃王子	城陽頃王子	城陽頃王子	城陽頃王子
元年四月戊寅侯劉發元年 六	元年四月戊寅侯劉差元年 六	元年四月戊寅侯劉方元年 六	元年四月戊寅康侯劉澤元年 六	元年四月戊寅侯劉敬元年 六	元年四月戊寅侯劉昆吾元年 六
四 五年侯發坐酎金國除	四 五年侯差坐酎金國除	四 五年侯方坐酎金國除	六	六	六
			六	六	六
			四	四	四

挍【索隱】音効志闕或說者以爲琅邪被縣恐非	朸【索隱】音勒朸縣屬平原	父城【集解】徐廣曰一作六【索隱】志在遼西表在東海	庸【索隱】表在琅邪	翟【索隱】表在東海	鱝【索隱】表在襄賁音奔又音肥縣名
城陽頃王子	城陽頃王子	城陽頃王子	城陽頃王子	城陽頃王子	城陽頃王子
元年四月戊寅侯劉霸元年【索隱】挍城陽頃王子二十二人挍侯名雲挍蓋侯名霸此止十九人疑脫 六	元年四月戊寅侯劉讓元年 六	元年四月戊寅侯劉光元年 六	元年四月戊寅侯劉譚元年【索隱】漢表名餘 六	元年四月戊寅侯劉壽元年 六	元年四月戊寅侯劉應元年 六
六	六	四 五年侯光坐酎金國除	六	四 五年侯壽坐酎金國除	四 五年侯應坐酎金國除
六	六		六		
四	四		四		

彭【索隱】表在東海	瓡【集解】徐廣曰一作報縣【索隱】名志屬北海顏師古曰即狐字	虛水【索隱】虛音墟志屬琅邪	東淮【索隱】表在東海	栒【索隱】栒音荀表作枸音俱在東海按志栒在扶風與枸別也	涓【索隱】表作淯在東海音育按淯水在南陽南陽有淯陽縣疑表非也
城陽頃王子	城陽頃王子	城陽頃王子	城陽頃王子	城陽頃王子	城陽頃王子
元年四月戊寅侯劉偃元年 六	元年四月戊寅侯劉息元年 六	元年四月戊寅侯劉禹元年 六	元年四月戊寅侯劉類元年 六	元年四月戊寅侯劉買元年 六	元年四月戊寅侯劉不疑元年 六
四 五年侯偃坐酎金國除	六	六	四 五年侯類坐酎金國除	四 五年侯買坐酎金國除	四 五年侯不疑坐酎金國除
	六	六			
	四	四			

陸 索隱表在壽光	菑川靖王子			元年四月戊寅侯劉何元年 六	六	六	四
廣饒 索隱志屬齊郡	菑川靖王子			元年十月辛卯康侯劉國元年 六	六	六	四
缾 索隱缾音瓶韋昭云古缾邑音蒲經反志屬琅邪	菑川靖王子			元年十月辛卯侯劉成元年 六	六	六	四
俞閭	菑川靖王子			元年十月辛卯侯劉不害元年 六	六	六	四
甘井 索隱表在鉅鹿	廣川穆王子			元年十月乙酉侯劉元元年 六	六	六	四
襄陵 索隱表在鉅鹿志屬河東	廣川穆王子			元年十月乙酉侯劉聖元年 六	六	六	四

皐虞 索隱志屬琅邪	膠東康王子				元年五月丙午侯劉建元年 三 四年今侯處元年 三	六	四
魏其 索隱志屬琅邪	膠東康王子				元年五月丙午暢侯劉昌元年 六	六	四
祝茲 索隱按志松茲在廬江亦作祝茲表在琅邪劉氏云諸侯封名史漢表多有不同不敢輒改今亦略檢表志同異以備多識也	膠東康王子				元年五月丙午侯劉延元年 四 五年延坐棄印綬出國不敬國除		

索隱述贊曰漢氏之初矯枉過正欲大本枝先封同姓建元已後藩翰克盛主父上言推恩下令長沙濟北中山趙敬分邑廣封振振在詠扞城禦侮曄曄輝映百足不僵一人有慶

史記卷二十一考證

建元以來王子侯者年表○臣召南按漢書直題曰王子侯表起自高祖之封羹頡而史記截自建元最有深意蓋武帝以前卽有王子封侯出自特恩非通例也至主父偃之策行則王子無不封侯而諸侯益弱矣

安成○按漢表作安城

浮邱侯劉不審○臣召南按漢表作不害是也漢人名不害者頗多如高祖功臣有公上不害武帝功臣有魏不害

丹陽○臣召南按地理志丹陽縣屬丹陽郡皆作陽字至沈約宋志始作丹楊蓋丹陽者丹水之陽後又以多楊改稱丹楊也說見前

盱台○地理志作盱眙

壤○漢表作懷昌

劇魁侯劉墨○漢表作黑

平度侯劉衍○漢表作行

雷侯劉稀○漢表作豨

辟○漢表作辟土

封斯侯劉胡陽○臣召南按漢表作胡傷是也漢時多以不害無傷爲名

望廣侯劉安中○漢表作忠則此侯單名也

距陽侯劉白○白漢表作匄當由字形相似而異耳

成平○漢表作平城

陪安索隱在魏郡○臣召南按漢表作陰安以地理志證之陰安縣屬魏郡索隱云在魏郡則古本亦作陰安後傳寫誤耳

周堅○漢表作周望

安陽侯劉桀○漢表作樂

富侯劉龔○漢表作龍

陪侯劉明○漢表作則

邵侯劉愼○漢表作順

藺侯劉憙○漢表作罷軍

寧陽侯劉恢○漢表作恬

瑕丘侯劉貞○漢表作政

郁狼侯劉騎○漢表作驕

洛陵侯劉章○臣召南按漢表作童當是漢世諸王如城陽王章功在帝室海內所共聞必不至犯其名也

葉侯劉嘉○漢表作喜
鈞邱侯劉憲○漢表作寬
披陽索隱志屬千乘○臣召南按地理志千乘郡有被陽縣然則此表披陽當作被陽
柳侯劉陽○陽漢表作陽已
樊輿侯劉條○條漢表作修
安郭侯劉博○博漢表作傳富
都梁侯劉遂○遂漢表作定
父城索隱志在遼西○臣召南按地理志遼西有文城縣則索隱以前本作文城與漢表同後來傳寫誤耳
祝茲侯劉延○延漢表作延年

史記卷二十二

漢　太　史　令司馬遷　撰
宋　中　郎　外　兵　曹　參　軍　裴　駰　集解
唐　國　子　博　士　弘　文　館　學　士　司　馬　貞　索隱
唐　諸　王　侍　讀　率　府　長　史　張　守　節　正義

漢興以來將相名臣年表第十

年	大事記 [索隱]謂誅伐封建薨叛	相位 [索隱]置立丞相太尉三公	將位 [索隱]命將興師	御史大夫位 [索隱]亞相
高皇帝元年	春，沛公爲漢王，之南鄭。秋，還定雍。	一　丞相蕭何守漢中。		御史大夫周苛守滎陽。
二　立太子	春，定塞、翟、魏、河南、韓、殷國。夏，伐項籍，至彭城。還據滎陽。	二　守關中。	一　太尉長安侯盧綰。	
三	魏豹反。使韓信別定魏，伐趙。楚圍我滎陽。	三	二	
四	使韓信別定齊及燕，太公自楚歸，與楚界洪渠。	四	三　周苛守滎陽　死	御史大夫汾陽侯周昌。[索隱]汾陽屬河東。
五　入都關中。[索隱]咸陽也。東函谷，南嶢武，西散關，北蕭關。在四關之中，用劉敬、張良之計故也。	冬，破楚垓下，殺項籍。春，王踐皇帝位定陶。[索隱]垓音核，堤名，在洨縣。定陶在濟陰，氾水之陽。	五　罷太尉官	四　後九月，綰爲燕王。	
六	尊太公爲太上皇。劉仲爲代王。立大市。更命咸陽曰長安。[索隱]按：上盧綰已封長安侯者，蓋當時別有長安號。	六　封爲酇侯。張蒼爲計相。[索隱]計相主天下書計及計吏。		
七	長樂宮成，自櫟陽徙長安。伐匈奴，匈奴圍我平城。	七		
八	擊韓信反虜於趙城。貫高作亂，明年覺，誅之。匈奴攻代王，代王棄國亡，廢爲郃陽侯。[索隱]郃音合，在馮翊。劉仲封	八		
九	未央宮成，置酒前殿，太上皇輦上坐，帝奉玉巵上壽，曰：「始常以臣不如仲力，今臣功孰與仲多？」太上皇笑，殿上稱萬歲。徙齊田、楚昭、屈、景于關中。	九　遷爲相國。		御史大夫昌爲趙丞相。
十	太上皇崩。陳豨反代地。	十		御史大夫江邑侯趙堯。
十一	誅淮陰、彭越。黥布反。	十一	周勃爲太尉。攻代。後官省。	
十二	冬，擊布。還，沛。夏，上崩，置長陵。	十二		

孝惠元年	趙隱王如意死。始作長安城西北方。除諸侯丞相為相。	十三		
二	楚元王、齊悼惠王來朝。七月辛未，何薨。	十四 七月癸巳，齊相平陽侯曹參為相國。		
三	初作長安城。蜀湔氐反，擊之。[索隱]湔音煎，氐音低。蜀郡縣名。	二		
四	三月甲子，赦，無所復作。	三		
五	為高祖立廟於沛城成，置歌兒一百二十人。八月乙丑，參卒。	四		
六	七月，齊悼惠王薨。立太倉、西市。八月赦齊。	一 十月乙巳，安國侯王陵為右丞相。十月己巳，曲逆侯陳平為左丞相。	置太尉官	廣阿侯任敖為御史大夫。[集解]徐廣曰：漢書在高后元年。
七	上崩。大臣用張辟彊計，呂氏權重，以呂台為呂王。立少帝。己卯，葬安陵。	二		
高后元年	王孝惠諸子。置孝悌力田。	三 十一月甲子，徙平為右丞相，辟陽侯審食其為左丞相。		
二	十二月，呂王台薨，子嘉代立為呂王。行八銖錢。	四 平 二 食其		平陽侯曹窋。一本為御史大夫在六年。[索隱]窋音竹律反。
三		五 三		
四	廢少帝，更立常山王弘為帝。	六 四 置太尉官	一 絳侯周勃為太尉	
五	八月，淮陽王薨，以其弟壺關侯武為淮陽王。令戍卒歲更。	七 五	二	
六	以呂產為呂王。四月丁酉，赦天下。晝昏。	八 六	三	
七	趙王幽死，以呂祿為趙王，梁王徙趙，自殺。	九 七	四	
八	七月，高后崩。九月，誅諸呂。後九月，代王至，踐皇帝位。後九月，食其免相。	十 七月辛巳，為帝太傅；九月丙戌，復為丞相。八	五 隆慮侯竈為將軍，擊南越。[集解]徐廣曰：姓周。	御史大夫蒼
孝文元年	除收孥相坐律。立太子。賜民爵。	十一 十一月辛巳，平徙為左丞相，太尉絳侯周勃為右丞相。	六 勃為相，潁陰侯灌嬰為太尉。	
二	除誹謗律。皇子武為代王，參為太原王，勝為梁王。十月，丞相平薨。	一 十一月乙亥，絳侯勃復為丞相。	一	
三	徙代王武為淮陽王。上幸太原。濟北王反。匈奴大入上郡。以地盡與太原。太原更號代。十一月壬子，勃免相，之國。	一 十一月乙亥，太尉潁陰侯灌嬰為丞相。罷太尉官。	二 棘蒲侯陳武為大將軍，擊濟北；昌侯盧卿、共侯盧罷師、甯侯遬、深澤侯將夜皆為將軍，屬武；祁侯賀將兵屯滎陽。[集解]徐廣曰：遬姓魏，將夜姓趙。	
四	十二月乙巳，嬰卒。	正月甲午，御史大夫北平侯張蒼為丞相。	安丘侯張說為將軍，擊胡，出代。	關中侯申屠嘉為御史大夫。
五	除錢律，民得鑄錢。	二		
六	廢淮南王，遷嚴道，道死雍。[索隱]嚴道在蜀，雍在扶風。	三		
七	四月丙子，初置南陵。	四		
八	太僕汝陰侯滕公卒。[索隱]夏侯嬰為滕令，故曰滕公。	五		
九	溫室鐘自鳴。以芷陽鄉為霸陵。[索隱]芷音止，又音昌致反。地理志有芷陽縣，霸陵今霸水。	六		御史大夫敬

年	大事記	相位	將位	御史大夫位
十	諸侯王皆至長安	七		
十一	上幸代地動	八		
十二	河決東郡金堤徙淮陽王爲梁王	九		
十三	除肉刑及田租稅律戍卒令	十		
十四	匈奴大入蕭關發兵擊之及屯長安旁	十一	成侯董赤內史欒布昌侯盧卿隆慮侯竈甯侯遬皆爲將軍東陽侯張相如爲大將軍皆擊匈奴中尉周舍郎中令張武皆爲將軍屯長安旁	
十五	黃龍見成紀上始郊見雍五帝	十二		
十六	上始見渭陽五帝	十三		
後元元年	新垣平詐言方士覺誅之	十四		
二	匈奴和親地動 八月戊辰蒼免相	十五 八月庚午御史大夫申屠嘉爲丞相封故安侯		御史大夫青
三	置谷口邑	二		
四		三		
五	上幸雍	四		

年	大事記	相位	將位	御史大夫位
六	匈奴三萬人入上郡二萬人入雲中	五	以中大夫令免爲車騎將軍軍飛狐故楚相蘇意爲將軍軍句注將軍張武屯北地河內守周亞夫爲將軍軍細柳宗正劉禮軍霸上祝茲侯徐厲軍棘門以備胡數月胡去亦罷【索隱】句如字又音鉤	
七	六月己亥孝文皇帝崩其年丁未太子立民出臨三日葬霸陵	六	中尉亞夫爲車騎將軍郎中令張武爲復土將軍屬國捍爲將屯將軍詹事戎奴爲車騎將軍侍太后【索隱】復音伏捍戶幹反亦作悍【集解】徐廣曰姓徐名厲卽祝茲侯	
孝景元年	立孝文皇帝廟郡國爲太宗廟	七 置司徒官		
二	立皇子德爲河間王閼爲臨江王餘爲淮南王非爲汝南王彭祖爲廣川王發爲長沙王四月中孝文太后崩 嘉卒	開封侯陶青爲丞相		御史大夫錯
三	吳楚七國反發兵擊皆破	二	中尉條侯周亞夫爲太尉	

年	大事記	相位	將位	御史大夫位
	之皇子端爲膠西王勝爲中山王		擊吳楚曲周侯酈寄爲大將軍擊趙竇嬰爲大將軍屯滎陽欒布爲大將軍擊齊【索隱】條一作修渤海有修市縣	
四	立太子	三	二 太尉亞夫	御史大夫蚡
五	置陽陵邑 丞相北平侯張蒼卒	四	三	
六	徙廣川王彭祖爲趙王	五	四	御史大夫陽陵侯岑邁
七	廢太子榮爲臨江王四月丁巳膠東王立爲太子 青罷相	六月乙巳太尉條侯亞夫爲丞相 罷太尉官	五 遷爲丞相	御史大夫舍
中元元年		二		
二	皇子越爲廣川王寄爲膠東王	三		
三	皇子乘爲清河王 亞夫免相	四 御史大夫桃侯劉舍爲丞相		御史大夫綰
四	臨江王徵自殺葬藍田燕數萬爲銜土置冢上	二		
五	皇子舜爲常山王	三		
六	梁孝王武薨分梁爲五國王諸子子買爲梁王明爲濟川王彭離	四		

	後元元年	二	三	孝武建元元年[索隱]年之有號始自武帝，自建元至後元，共十一號。	二	三	四	五	六
爲濟東王，定爲山陽王，不識爲濟陰王。	五月，地動。七月乙巳，日蝕。舍免相。		正月甲子，孝景崩。二月丙子，太子立。	綰免相。	置茂陵。嬰免相。	東甌王廣武侯望率其衆四萬餘人來降，處廬江郡。		行三分錢。[集解]徐廣曰：漢書云半兩，四分曰兩。	正月，閩越王反。孝景太后崩。昌免相。
	五 八月壬辰，御史大夫建陵侯衞綰爲丞相。	二	三	四 魏其侯竇嬰爲丞相。置太尉。	二月乙未，太常柏至侯許昌爲丞相。蚡免太尉。罷太尉官。	二	三	四	五 六月癸巳，武安侯田蚡爲丞相。
		六月丁丑，御史大夫岑邁卒。		武安侯田蚡爲太尉。					青翟爲太子太傅。
	御史大夫不疑			御史大夫抵。漢表云牛抵。	御史大夫趙綰。[索隱]代衞綰者。		御史大夫青翟。[索隱]姓莊。		御史大夫安國

	元光元年	二	三	四	五	六	元朔元年	二
[集解]徐廣曰：景帝母竇氏。		帝初之雍，郊見五畤。	五月丙子，決河于瓠子。	十二月丁亥，地動。蚡卒。	十月，族灌夫家，棄魏其侯市。	南夷始置郵亭。	衞夫人立爲皇后。	
	二	三	四	五 平棘侯薛澤爲丞相。	二	三	四	五
		夏，御史大夫韓安國爲護軍將軍，衞尉李廣爲驍騎將軍，太僕公孫賀爲輕車將軍，大行王恢爲將屯將軍，太中大夫李息爲材官將軍，篡單于馬邑，不合，誅恢。				大中大夫衞青爲車騎將軍，出上谷；衞尉李廣爲驍騎將軍，出鴈門；大中大夫公孫敖爲騎將軍，出代；太僕公孫賀爲輕車將軍，出雲中：皆擊匈奴。	車騎將軍青出鴈門，擊匈奴。衞尉韓安國爲將屯將軍，軍代，明年，屯漁陽卒。	春，車騎將軍
				御史大夫歐				

	三	四	五	六	元狩元年
	匈奴敗代太守友。[集解]徐廣曰：太守姓共，名友。	匈奴入寇襄、代、上郡。	匈奴敗代都尉朱英。澤免相。		十月中，淮南王安、衡山王賜謀反，皆自殺，國除。
	六	七	八 十一月乙丑，御史大夫公孫弘爲丞相，封平津侯。	二	三
衞青出雲中，至高闕，取河南地。			春，長平侯衞青爲大將軍，擊右賢；衞尉蘇建爲游擊將軍，屬青；左內史李沮爲彊弩將軍；太僕賀爲車騎將軍；代相李蔡爲輕車將軍；岸頭侯張次公爲將軍；大行息爲將軍：皆屬大將軍，擊匈奴。[索隱]沮音子如反。	大將軍青再出定襄擊胡。合騎侯公孫敖爲中將軍，太僕賀爲左將軍，郎中令李廣爲後將軍，翕侯趙信爲將軍，敗降匈奴。衞尉蘇建爲將軍，敗，身脫。左內史沮爲彊弩將軍。皆屬青。	
	御史大夫弘				御史大夫蔡

二	匈奴入鴈門、代郡。江都王建反。膠東王子慶立爲六安王。弘卒。	四 御史大夫樂安侯李蔡爲丞相。	冠軍侯霍去病爲驃騎將軍，擊胡，至祁連；合騎侯敖爲將軍，出北地；博望侯張騫、郎中令李廣爲將軍，出右北平。	御史大夫湯
三	匈奴入右北平、定襄。	二		
四		三	大將軍青出定襄，郎中令李廣爲前將軍，太僕公孫賀爲左將軍，主爵趙食其爲右將軍，平陽侯曹襄爲後將軍，擊單于。	
五	蔡坐侵園堧，自殺。[索隱]堧音而緣反。堧，垣外地也。	四 太子少傅武彊侯莊青翟爲丞相。		
六	四月乙巳，皇子閎爲齊王，旦爲燕王，胥爲廣陵王。	二		
元鼎元年		三		
二	青翟有罪，自殺。	四 太子太傅高陵侯趙周爲丞相。	湯有罪，自殺。	御史大夫慶
三		二		
四	立常山憲王子平爲真定王，常山憲王子商爲泗水王。六月中，河東汾陰得寶鼎。	三		

五	三月中，南越相嘉反，殺其王及漢使者。九月，丞相周坐酎金，自殺。	四 九月辛巳，御史大夫石慶爲丞相，封牧丘侯。	衛尉路博德爲伏波將軍，出桂陽；主爵楊僕爲樓船將軍，出豫章；皆破南越。	
六	十二月，東越反。	二	故龍頟侯韓說爲橫海將軍，出會稽；樓船將軍楊僕出豫章；中尉王溫舒出會稽；皆破東越。	
元封元年		三		御史大夫寬 [索隱]兒寬
二		四	秋，樓船將軍楊僕、左將軍荀彘出遼東，擊朝鮮。	
三		五		
四		六		
五		七		
六		八		
太初元年	改曆，以正月爲歲首。[索隱]始用夏正也。	九		
二	正月戊申，慶卒。	十 三月丁卯，太僕公孫賀爲丞相，封葛繹侯。		
三		二		御史大夫延廣
四		三		
天漢元年		四		御史大夫卿 [索隱]王卿
二		五		
三		六		御史大夫周 [索隱]杜周

四		七	春，貳師將軍李廣利出朔方，至余吾水上；游擊將軍韓說出五原；因杅將軍公孫敖皆擊匈奴。[索隱]杅音于。因杅，地名。	
太始元年 [索隱]班固云司馬遷記事訖于天漢。自此以後，後人所續。即褚先生所補也。後史所記，又無異呼，故今不討論也。		八		
二		九		
三		十		御史大夫勝之
四		十一		
征和元年	冬，賀坐爲蠱死。	十二		
二	七月壬午，太子發兵，殺游擊將軍說、使者江充。	三月丁巳，涿郡太守劉屈氂爲丞相，封彭城侯。		御史大夫成
三	六月，劉屈氂因蠱斬。	二	春，貳師將軍李廣利出朔方，以兵降胡。重合侯莽通出酒泉，御史大夫商丘成出河西，擊匈奴。	
四		六月丁巳，大鴻臚田千秋爲丞相，封富民侯。		
後元元年		二		
二		三	二月己巳，光祿大夫霍光爲大將軍，博陸侯；都尉金日磾爲車騎將軍，秺侯；太	

孝昭始元元年		四 九月日磾卒	僕安陽侯上官桀爲大將軍	
二		五		
三		六		
四		七	三月癸酉衛尉王莽爲左將軍騎都尉上官安爲車騎將軍	
五		八		
六		九		
元鳳元年		十	九月庚午光祿勳張安世爲右將軍	御史大夫訢
二		十一		
三		十二	十二月庚寅中郎將范明友爲度遼將軍擊烏桓	
四	三月甲戌千秋卒	三月乙丑御史大夫王訢爲丞相封富春侯		御史大夫楊敞
五	十二月庚戌訢卒	二		
六		十一月乙丑御史大夫楊敞爲丞相封安平侯	九月庚寅衛尉平陵侯范明友爲度遼將軍擊烏丸	
元平元年	敞卒	九月戊戌御史大夫蔡義爲丞相封陽平侯	四月甲申光祿大夫龍頟侯韓曾爲前將軍五月丁酉水衡都尉趙充國爲後將軍右將軍張安世爲車騎將軍	御史大夫昌水侯田廣明

孝宣本始元年		二		
二		三	七月庚寅御史大夫田廣明爲祁連將軍龍頟侯韓曾爲後將軍營平侯趙充國爲蒲類將軍度遼將軍平陵侯范明友爲雲中太守富民侯田順爲虎牙將軍皆擊匈奴	
二	三月戊子皇后崩 六月乙丑義薨	六月甲辰長信少府韋賢爲丞相封扶陽侯 田廣明田順擊胡還皆自殺充國奪將軍印		御史大夫魏相
四	十月乙卯立霍后	二		
地節元年		三		
二		四 三月庚午將軍光卒	二月丁卯侍中中郎將霍禹爲右將軍	
三	立太子 五月甲申賢老賜金百斤	六月壬辰御史大夫魏相爲丞相封高平侯	七月安世爲大司馬衛將軍禹爲大司馬	御史大夫邴吉
四		二 七月壬寅禹腰斬		
元康元年		三		
二		四		
三		五		
四		六 八月丙寅安世卒		

神爵元年	上郊甘泉太畤汾陰后土	七	四月樂成侯許延壽爲彊弩將軍後將軍充國擊羌酒泉太守辛武賢爲破羌將軍韓曾爲大司馬車騎將軍	
二	上郊雍五畤祋栩出寶璧玉器	八		
三	三月相卒	四月戊戌御史大夫邴吉爲丞相封博陽侯		御史大夫望之
四		二		
五鳳元年		三		
二		四 五月己丑曾卒	五月延壽爲大司馬車騎將軍	御史大夫霸
三	正月吉卒	三月壬申御史大夫黃霸爲丞相封建成侯		御史大夫延年
四		二		
甘露元年		三 三月丁未延壽卒		
二	赦殊死賜高年及鰥寡孤獨帛女子牛酒	四		御史大夫定國
三	三月己丑霸薨	七月丁巳御史大夫于定國爲丞相封西平侯		太僕陳萬年爲御史大夫
四		二		
黃龍元年		三	樂陵侯史子長爲大司馬車騎將軍太子太傅蕭望之爲前將軍	

孝元初元元年		四		
二		五		
三		六	十二月執金吾馮奉世爲右將軍	
四		七		
五		八	二月丁巳平恩侯許嘉爲左將軍	中少府貢禹爲御史大夫十二月丁未長信少府薛廣德爲御史大夫
永光元年	十月戊寅定國免	九 七月子長免就第	九月衛尉平昌侯王接爲大司馬車騎將軍 二月廣德免	七月太子太傅韋玄成爲御史大夫
二	三月壬戌朔日食	二月丁酉御史大夫韋玄成爲丞相封扶陽侯丞相賢子	七月太常任千秋爲奮武將軍擊西羌雲中太守韓次君爲建威將軍擊羌後不行	二月丁酉右扶風鄭弘爲御史大夫
三		二	右將軍平恩侯許嘉爲車騎將軍侍中光祿大夫樂昌侯王商爲右將軍右將軍馮奉世爲左將軍	
四		三		
五		四		
建昭元年		五		
二		六	弘免	光祿勳匡衡爲御史大夫
三	六月甲辰玄成薨	七月癸亥御史大夫匡衡爲丞相封樂安侯		衛尉繁延壽爲御史大夫
四		二		
五		三		
竟寧元年		四	六月己未衛尉楊平侯王鳳爲大司馬大將軍 延壽卒	三月丙寅太子少傅張譚爲御史大夫
孝成建始元年		五		
二		六		
三	十二月丁丑衡免	七 八月癸丑遣光祿勳詔收上印綬免賜金二百斤	十月右將軍樂昌侯王商爲光祿大夫左將軍執金吾弋陽侯任千秋爲右將軍 譚免	廷尉尹忠爲御史大夫
四		三月甲申右將軍樂昌侯王商爲右丞相	任千秋爲左將軍長樂衛尉史丹爲右將軍	少府張忠爲御史大夫
河平元年		二		
二		三		
三		四	十月辛卯史丹爲左將軍太僕平安侯王章爲右將軍	
四	四月壬寅丞相商免	六月丙午諸吏散騎光祿大夫張禹爲丞相		
陽朔元年		二		
二		三	張忠卒	六月太僕王音爲御史大夫
三		四	九月甲子御史大夫王音爲車騎將軍	十月乙卯光祿勳于永爲御史大夫
四		五 七月乙丑右將軍光祿勳平安侯王章卒	閏月壬戌永卒	
鴻嘉元年	三月禹卒	四月庚辰薛宣爲丞相		

索隱述贊曰高祖初起嘯命羣雄天下未定王我漢中三傑既得六奇獻功章邯已破蕭何築宮周勃厚重朱虛至忠平津作相條侯總戎丙魏立志湯堯飾躬天漢之後表述非功

史記卷二十二考證

漢興以來將相名臣年表與楚界洪渠○臣召南按洪渠即鴻溝也後書郡國志曰滎陽有鴻溝水即楚漢約分界處古字洪鴻通用故每以洪範爲鴻範

王踐皇帝位定陶索隱在濟陰汜水之陽○按汜水當作氾水各本俱誤

立大市更名咸陽曰長安○臣召南按此表多可以補本紀之闕如立大市本紀所無也又按漢書地理志長安高帝五年置此作六年更名咸陽曰長安必得其實漢志蓋追書耳但咸陽自漢元年即更名新城漢志與曹參傳合

孝惠元年除諸侯丞相爲相○臣召南按本紀無此事至孝景本紀中五年書更命諸侯丞相曰相此漢書百官公卿表所据也且以本紀証之呂太后元年封齊丞相壽爲平定侯則此事不在惠帝世明矣

蜀湔氏反擊之○按此事本紀無

立太倉西市○按此事本紀無漢書紀即据此書起西市修敖倉

孝文四年關中侯申屠嘉爲御史大夫○臣召南按漢表此年張蒼爲丞相其御史大夫名圍至七年馮敬

爲御史大夫至十六年嘉始爲御史大夫則此表誤也張丞相列傳曰蒼已爲丞相嘉遷爲御史大夫蓋十六年蒼猶爲相耳

七年初置南陵○ 臣召南按地理志南陵文帝七年置即据此文但孝景本紀二年又書置南陵

溫室鐘自鳴○ 臣召南按此及十年之諸侯王皆至長安後三年之置谷口邑皆本紀所無而地理志於谷口縣亦不言置自文帝

以芷陽鄉爲霸陵索隱地理志有芷陽縣○按索隱此句誤地理志曰霸陵故芷陽文帝更名志未嘗有芷陽縣也

詹事戎奴爲車騎將軍侍太后○ 臣召南按本紀無此句又一時不得有兩車騎將軍必傳寫之誤也

孝景元年置司徒官○ 臣召南按此文不可解前漢總稱丞相至哀帝元壽二年始更名大司徒漢書本紀及公卿表可徵也

欒布爲大將軍○ 臣召南按是時欒布爲將軍非大將軍也大字疑衍

御史大夫陽陵侯岑邁○ 臣召南按漢表無此文於七年即曰太僕劉舍爲御史大夫是也功臣侯表並無岑邁姓名而是時陽陵侯爲傅寬曾孫傅偃可知此文之誤於後二年書岑邁卒亦誤也

元光三年決河於瓠子○按文義當云河決於瓠子

史記卷二十三

漢 太 史 令司馬遷 撰

宋中郎外兵曹參軍裴 駰集解

唐國子博士弘文館學士司馬貞索隱

唐諸王侍讀率府長 史張守節正義

禮書第一

【索隱】書者五經六籍總名也此之八書紀國家大體班氏謂之志志亦記也【正義】天地位日月明四時序陰陽和風雨節羣品滋茂萬物宰制君臣朝儀尊卑貴賤有序咸謂之禮五經六籍咸謂之書故曲禮云道德仁義非禮不成教訓正俗非禮不備分爭辨訟非禮不決云云

太史公曰洋洋美德乎【索隱】洋音羊洋洋美盛皃鄒誕生音翔非也宰制萬物役使羣衆豈人力也哉【正義】言天地宰制萬物役使羣品順四時而動咸有成功豈藉人力營爲哉是美盛大衆多之德也故孔子曰四時行焉百物生焉余至大行禮官【索隱】大行秦官主禮儀漢景帝改曰大鴻臚鴻臚者掌九賓之儀也觀三代損益乃知緣人情而制禮依人性而作儀其所由來尚矣人道經緯萬端規矩無所不貫誘進以仁義束縛以刑罰故德厚者位尊祿重者寵榮所以總一海內而整齊萬民也人體安駕乘【正義】乘時證反爲之金輿錯衡以繁其飾【集解】駰案周禮王之五路有金路鄭元曰以金飾諸末【索隱】錯鏤衡軛爲文飾也詩曰約軝錯衡毛傳云錯衡文衡也【正義】爲于僞反錯作總七公反目好五色爲之黼黻文章以表其能耳樂鐘磬爲之調諧八音以蕩其心口甘五味爲之庶羞酸鹹以致其美【集解】駰案周禮曰羞用百有二十品鄭元曰羞出於牲及禽獸以備其滋味謂之庶羞鄭衆曰羞者進也情好珍善爲之琢磨圭璧以通其意故大路越席【集解】服虔曰大路祀天車也越席結括草以爲席也王肅曰不緣也【正義】按括草蒲草越戶括反皮弁布裳【集解】駰案周禮曰王視朝則皮弁服鄭元曰皮弁之服十五升白布衣素積爲裳也【正義】以鹿子皮爲弁也按襞積素布爲裳也朱絃洞越【集解】鄭元曰朱絃練朱絲絃也越瑟底孔大羹元酒【集解】鄭元曰大羹肉湆不調以鹽菜也元酒水也所以防其淫侈救其彫敝【索隱】彫謂彫飾也言彫飾是奢侈之弊也是以君臣朝廷尊卑貴賤之序下及黎庶車輿衣服宮室飲食嫁娶喪祭之分事有宜適物有節文仲尼曰禘自既灌而往者吾不欲觀之矣【集解】孔安國曰禘祫之禮爲序昭穆也故毀廟之主及羣廟之主皆合食於太祖灌者酌鬱鬯灌於太祖以降神也既灌之後列尊卑序昭穆而魯逆祀躋僖公亂昭穆故不欲觀之周衰禮廢樂壞大小相踰管仲之家兼備三歸【集解】包氏曰三歸娶三姓女也婦人謂嫁曰歸循法守正者見侮於世奢溢僭差者謂之顯榮自子夏門人之高弟也【索隱】言子夏是乃孔子門人之中高弟者謂才優而品第高也故論語四科有文學子游子夏也猶云出見紛華盛麗而說入聞夫子之道而樂二者心戰未能自決而況中庸以下漸漬於失教被服於成俗乎孔子曰必也正名於衛【集解】駰案論語子路曰衛君待子而爲政子將奚先子曰必也正名乎馬融曰正百事之名所居不合仲尼沒後受業之徒沈湮而不舉或適齊楚或入河海【正義】論語云太師摯適齊亞飯干適楚鼓方叔入於河少師陽擊磬襄入於海魯哀公時禮樂崩人皆去也豈不痛哉至秦有天下悉內六國禮儀采擇其善雖不合聖制其尊君抑臣朝廷濟濟依古以來【正義】秦采擇六國禮儀尊君抑臣朝廷濟濟依古以來典法行之至于高祖光有四海叔孫通頗有所增益減損大抵皆襲秦故【集解】應劭曰抵至也臣瓚曰抵歸也【索隱】按大抵猶大略也臣瓚以抵訓爲歸則是六略大歸其義皆通於一自天子稱號【正義】稱尺證反下至佐僚及宮室官名少所變改孝文即位有司議欲定儀禮孝文好道家之學以爲繁禮飾貌無益於治躬化謂何耳【正義】孝文本紀云上身衣弋綈所幸慎夫人令衣不曳地幃帳不得文繡治霸陵皆以瓦器是躬化節儉謂何嫌耳不須繁禮飾貌也故罷去之孝景時御史大夫晁錯明於世務刑名數干諫孝景曰諸侯藩輔臣子一例古今之制也今大國專治異政不稟京師恐不可傳後孝景用其計而六國畔逆【正義】吳楚趙菑川濟南膠西爲六國也齊孝王狐疑城守三國兵圍齊齊使路中大夫告天子故不言七國以錯首名天子誅錯以解難【正義】上紀買反下乃憚反事在袁盎語中是後官者養交安祿而已莫敢復議今上即位招致儒術之士令共定儀十餘年不就或言古者太平萬民和喜瑞應辨至【正義】辨音遍乃采風俗定制作上聞之制詔御史曰蓋受命而王各有所由興殊路而同歸謂因民而作追俗爲制也議者咸稱太古百姓何望漢亦一家之事典法不傳謂子孫何化隆者閎博治淺者褊狹可不勉與乃以太初之元改正朔【集解】應劭曰初用夏正以正月爲歲首改年爲太初易服色封泰山定宗廟百官之儀以爲典常垂之於後云

禮由人起人生有欲欲而不得則不能無忿忿而無度量則爭【正義】爭音諍爭則亂先王惡其亂故制禮義以分之養人之欲給人之求使欲不窮於物物不屈於欲【正義】屈羣物反二者相待而長是禮之所起也故禮者養也稻粱五味所以養口也椒蘭芬茝所以養鼻也【索隱】茝音止又音昌改反鐘鼓管絃所以養耳也刻鏤文章所以養目也疏房牀第几席所以養體也【集解】服虔曰簀謂之第【索隱】疏謂窗也【正義】第側里反故禮者養也君子既得其養又好其辨也所謂辨者貴賤有等長少有差貧富輕重皆有稱也故天子大路越席所以養體也【正義】謂蒲草爲席既潔且柔潔可以祀神柔可以養體也側載臭茝所以養鼻也【索隱】劉氏云側持也臭香也茝香草也言天子行持得以香草自隨也其餘則否臭爲香者山海經云臭如蘪蕪易曰其臭如蘭是臭爲草之香也今以側爲邊側載者置也言天子之側常置芳香於左右前有錯衡所以養目也注見前和鸞之聲【集解】鄭元曰和鸞皆鈴也所以爲車行節也韓詩內傳曰鸞在衡和在軾前升車則馬動馬動則鸞鳴鸞鳴則和應服虔曰鸞在鑣和在衡續漢書輿服志曰鸞雀立衡也【正義】皇侃云鸞以金爲鸞懸鈴其中於衡上以爲遲疾之節所以正威儀行舒疾也步中武象驟中韶濩所以養耳也【集解】鄭元曰武王樂也象武舞也韶舜樂也濩湯樂也【正義】步猶緩緩車則和鸞之音中於武象驟車中於韶濩也龍旂九斿所以養信也【集解】駰案周禮曰交龍爲旂【正義】斿音流寢兕持虎鮫韅【集解】徐廣曰鮫魚皮可以飾服器音交韅者當馬掖之革音呼見反【索隱】寢兕者以兕牛皮爲席持虎者以猛獸皮文飾倚較及伏軾故云持虎劉氏云畫於蓋竿及楯杖等以今所見爲說也鮫韅者以鮫魚皮飾韅韅馬腹帶也【正義】兕音似爾雅云兕似牛彌龍所以養威也【集解】徐廣曰乘輿車金薄璆龍爲輿倚較文虎伏軾龍首衡軛【索隱】彌亦音弭謂金飾衡軛爲龍此皆王者服御崇飾所以示威武故云所以養威也此文皆出大戴禮蓋是荀卿所說劉氏云薄猶飾也璆然龍貌音虯故大路之馬必信至教順然後乘之所以養安也孰知夫士出死要節之所以養生也【索隱】言人誰知夫志士推誠守死要立名節仍是養生安身之本故下云人苟生之爲見若者必死是解上意言人苟以貪生之爲見不能見危致命若者必死若猶如也言執心爲見如此者必刑戮及身故云必死下文皆放此也【正義】夫音扶要音腰孰知猶審知也出死猶處死也審知志士推誠處死要立名節若曹沫芽焦所以養生命也孰知夫輕費用之所以養財也【正義】費音芳味反輕猶薄言審知輕薄費用則能畜聚所以養財貨也孰知夫恭敬辭讓之所以養安也【正義】言審知恭敬辭讓所以養體安身孰知夫禮義文理之所以養情也【正義】言審知禮義文章理所以養其情性此四科是儒者有禮義故兩得之也人苟生之爲見若者必死【正義】苟且若如此也言平凡好生之人且見操節之士以禮義處死養得其生有劾如此者必死也苟利之爲見若者必害【正義】言平凡好利之人且見利義之士以輕省費用養得其財有劾如此者必害身也怠惰之爲安若者必危【正義】惰徒臥反言平凡怠惰之人且見有禮之士以恭敬禮讓養得安樂有劾如此者必危亡也情勝之爲安若者必滅【索隱】上禮義文理之所以養情也【正義】言平凡好勝之人且見利義之士禮義文理養得其情性有劾如此者必滅亡也此四科是墨者無禮義故兩失之也故聖人一之於禮義則兩得之矣一之於情性則兩失之矣故儒者將使人兩得之者也墨者將使人兩失之者也【索隱】墨者不尚禮義而任儉嗇無愚故使人兩失之易曰悅以使人人忘其死是也是儒墨之分【正義】分音扶問反分猶等也若儒等者是治辨之極彊固之本威行之道功名之總則天下歸矣治辨之極也彊固之本也【索隱】自此已下皆是儒分之功也【正義】堅固也言國以禮義四方欽仰無有攻故爲彊而且堅固之本也威行之道也【正義】以禮義導天下天下伏而歸之故爲威行之道也功名之總也【正義】以禮義率天下天下咸遵之故爲功名之總總合也聚也王公由之【正義】由禮義也所以一天下臣諸侯也弗由之所以捐社稷也故堅革利兵不足以爲勝【索隱】覆上功名之總也高城深池不足以爲固嚴令繁刑不足以爲威由其道則行不由其道則廢楚人鮫革犀兕所以爲甲堅如金石宛之鉅鐵【集解】徐廣曰大剛曰鉅【正義】宛城今鄧州南陽縣是音於元反鉅剛鐵也施鑽如蠭蠆【索隱】鑽謂矛刃及矢鏃也輕利剽遬【正義】上匹妙反下音速剽遬疾也卒如熛風【正義】卒村忽反熛必遙反熛風疾也然而兵殆於垂涉唐昧死焉【集解】許慎曰垂涉地名也莊蹻起楚分而爲四【索隱】蹻其略反楚將之名言其起兵亂後楚遂分爲四按漢志滇王莊蹻之後也【正義】以起字爲絕句或云楚莊王苗裔也括地志云師州黎州在京西南五千六百七十里國楚威王時莊蹻王滇則爲滇國之地楚昭王徙都郡莊蹻王滇楚襄王徙都陳楚考烈王徙都壽春故秦逼乃四分也然昭王雖在莊蹻之前故荀卿著言之也參是豈無堅革利兵哉【索隱】參者驗也言驗楚豈無利兵哉【正義】參七含反言蹻楚國豈無堅甲利兵哉爲其不由禮義故衆分也其所以統之者非其道故也汝潁以爲險【正義】括地志云汝水源出汝州魯山縣西伏牛山亦名猛山汝水至豫州郾城縣名濆水爾雅云河有雍汝有濆汝之別名潁水源出洛州嵩高縣東南三十五里陽乾山俗名潁山地理志高陵山汝水出東南至新蔡縣入淮陽乾江山潁水出東至下蔡入淮地江漢以爲池【正義】江即岷江從蜀入楚在荊州南漢從漢中東南入江四水爲楚之險固也阻之以鄧林緣之以方城【集解】駰案山海經曰夸父與日逐走入日渴欲得飲飲於河渭不足北飲大澤未至道渴而死棄其杖化爲鄧林駰謂鄧林後遂爲林名【索隱】按裴氏引山海經以爲夸父棄杖爲鄧林其言北飲大澤蓋非在中國也劉氏以爲今襄州南鳳林山是古鄧祁侯之國在楚之北境故云阻以鄧林也【正義】括地志云方城房州竹山縣東南四十一里其山頂上平四面險山南有城長十餘里名爲方城即此山也然而秦師至鄢郢舉若振槁【索隱】

振動也擊也槁乾葉也【正義】鄢音鄢括地志云古城在襄州安養縣北三里古鄢子之國鄧之南鄙也又率道縣南九里有故鄢城漢惠帝改曰宜城也郢城荊州江陵縣東北六里卽吳公子光伐楚楚平王恐城郢者也又楚武王始都郢紀南故城是也在江陵北十五里是豈無固塞險阻哉其所以統之者非其道故也紂剖比干囚箕子爲炮烙刑殺無辜時臣下懍然莫必其命【索隱】言無人必保其性命然而周師至而令不行乎下不能用其民是豈令不嚴刑不峻哉其所以統之者非其道故也古者之兵戈矛弓矢而已然而敵國不待試而詘【集解】徐廣曰試一作誠也【正義】詘丘勿反詘用也城郭不集溝池不掘【正義】掘音求勿反又音求厥反固塞不樹機變不張然而國晏然不畏外而固者無他故焉明道而均分之【正義】分音扶問反言明儒墨之分使禮義均等則下應之如影響耳時使而誠愛之則下應之如景響有不由命者然後俟之以刑則民知辠矣【正義】事君以禮義民有不由禮義者然後待之以刑則民知罪伏刑矣故刑一人而天下服辠人不尤其上知辠之在己也是故刑罰省而威行如流無他故焉由其道故也故由其道則行不由其道則廢古者帝堯之治天下也蓋殺一人刑二人而天下治傳曰威厲而不試刑措而不用天地者生之本也先祖者類之本也【正義】類種類也君師者治之本也無天地惡生【正義】惡音烏無先祖惡出無君師惡治三者偏亡則無安人【索隱】鄒氏偏音遍【正義】偏疋然反故禮上事天下事地尊先祖而隆君師是禮之三本也故王者天太祖【集解】駰案毛詩敘曰文武之功起於后稷故推以配天焉諸侯不敢懷【索隱】懷思也言諸侯不敢思以太祖配天而食也又一解王之子孫爲諸侯不思祀其父祖故禮云諸侯不敢祖天子蓋與此同意大夫士有常宗【集解】駰案禮記曰別子爲祖繼別爲宗百世不遷者謂別子之後也所以辨貴賤貴賤治得之本也郊疇乎天子【索隱】疇類也天子類得郊天餘並不合祭今大戴禮作郊止乎天子當是也止或作疇因誤耳社至乎諸侯【索隱】言天子已下至諸侯得立社函及士大夫【集解】函音含【索隱】含謂包容諸侯已下至士大夫得祭社故禮云大夫成羣立社曰置社亦曰里社也鄒誕生音啗徒濫反意義亦通但不見古文各以意爲說耳今按大戴禮作導及士大夫導亦通也今此爲啗者當以導與蹈同後足字失止唯有卩存故使解者得以穿鑿而用也所以辨尊者事尊卑者事卑宜鉅者鉅宜小者小故有天下者事七世有一國者事五世有五乘之地者事三世【集解】鄭元曰古者方十里其中六十四井出兵車一乘此兵法之賦有三乘之地者事二世【集解】駰案穀梁傳曰天子至于士皆有廟天子七諸侯五大夫三士二始封之者必爲其太祖有特牲而食者不得立宗廟【集解】駰案禮記曰庶人祭於寢所以辨積厚者流澤廣積薄者流澤狹也大饗上元尊俎上腥魚【集解】鄭元曰大享祫祭先王以腥魚爲俎實不臑孰之也先大羹貴食飲之本也大饗上元尊而用薄酒食先黍稷而飯稻粱祭嚌先大羹【集解】鄭元曰嚌至齒而飽庶羞貴本而親用也貴本之謂文親用之謂理兩者合而成文以歸太一是謂太

隆【索隱】貴本親用兩者合而成文以歸於太一太一者天地之本也得禮之文理是合於太一也隆者盛也高也得禮文理歸於太一是謂禮之盛也故尊之上元尊也【正義】皇侃云元酒水也上古未有酒而始之祭但酌水用之至晚世雖有酒存古禮尚用水代酒也俎之上腥魚也豆之上大羹一也【索隱】尊之上元尊俎之上腥魚豆之上大羹三者如一皆是本故云一也利爵弗啐也【集解】鄭元曰啐入口也【索隱】按儀禮祭畢獻祝西面告成是爲利爵祭初未行無算爵故不啐入口也成事俎弗嘗也【索隱】成事卒哭之祭故記曰卒哭曰成事既是卒哭始從吉祭故受胙爵而不嘗俎也三宥之弗食也【索隱】禮祭必立宥以勸尸食至三飯而後止每飯有宥一人故有三宥既是勸尸故不相食也大昏之未廢齊也【索隱】廢齊謂婚禮父親醮子而迎之前故曲禮云齊戒以告鬼神是昏禮有齊也大廟之未內尸也始絕之未小斂一也【索隱】此五者皆以禮之初始質而未備亦是貴本之義故云一也大路之素幬也【集解】駰案禮記曰乘素車貴其質也鄭元曰素車殷輅也【索隱】幬音稠謂車蓋以素帷亦質之也郊之麻絻【集解】駰案周禮曰王祀昊天上帝服大裘而冕論語曰麻冕禮也孔安國曰冕緇布冠古者績麻三十升布以爲之【正義】絻音免亦作冕喪服之先散麻一也【集解】駰案儀禮士喪禮曰始死主人散帶垂之三尺禮記曰大功已上散帶也【索隱】大路已下三事相似如一故云一也散麻取其質無文飾亦貴本也三年哭之不反也【集解】駰案禮記曰斬衰之哭若往而不反清廟之歌【集解】鄭元曰清廟謂作樂歌清廟一倡而三歎【集解】鄭元曰倡發歌句者三歎三人從歎縣一鐘尚拊膈【集解】徐廣曰一作搏膈【索隱】縣音懸拊音撫膈音格膈縣鍾格也不擊其鍾而拊其格不取其聲亦質也鄒氏膈音膊蓋依大戴禮也而鄭注禮云搏拊祝敔也朱絃而通越也【索隱】大瑟而練朱其絃又通其下孔使聲濁且遲上質而貴本不取其聲文自三年已下四事皆不取其聲也凡禮始乎脫【索隱】脫猶疏略也始初也言禮之初尚疏略也成乎文【索隱】言禮成就有文飾也終乎稅【集解】徐廣曰一作悅【索隱】稅音悅言禮終卒和悅人情大戴禮作終於隆隆盛也故至備情文俱盡【集解】徐廣曰古情字或假借作請諸子中多有此【正義】言情文俱盡是禮之至備也其次情文代勝【索隱】音昇又音尸證反或文勝情或情勝文是情文更代相勝大戴禮作迭興其下復情以歸太一【索隱】言其情文俱失歸心渾沌天地之初復禮之本是歸太一也天地以合日月以明四時以序星辰以行江河以流萬物以昌好惡以節喜怒以當以爲下則順以爲上則明【正義】自天地以下八事大禮之備情文俱盡故用爲下則順用爲上則明也太史公曰至矣哉【索隱】已下亦是太史公取荀卿禮論之意極言禮之損益以結禮書之論也立隆以爲極而天下莫之能益損也本末相順【索隱】謂禮之盛文理合以歸太一至禮之殺復情以歸太一隆殺皆歸太一者是本末相順也終始相應【索隱】禮始於脫終於稅稅亦殺也殺與脫略是始終相應也【正義】應乙陵反當也至文有以辨【索隱】言禮之至文能辨尊卑貴賤故云有以辨也至察有以說【索隱】言禮之至察有以明隆殺損益委曲情文足以悅人心故云有以說也天下從之者治不從者亂從之者安不從者危小人不能則也【正義】小人猶庶人也則法也言天下士以上至於帝王能從禮者則治安不能從禮者則危亂庶人擬於事不能法禮也禮之貌誠深矣堅白同異之察入焉而溺【索隱】有本作懸誠深者非也【正義】言禮之貌信深厚矣雖有鄒子堅白同異之辯明察入於禮義之中自然成懦弱敗壞之體也其貌誠大矣擅作典制褊陋之說入焉而嗛【索隱】言擅作典制褊陋之說入禮則自嗛望知其小矣【正義】言禮之貌信廣大矣雖有擅

作典制褊陋之說文辭入於禮義之中自然成淫俗褊陋之言其貌誠高矣暴慢恣睢輕俗以爲高之屬入焉而墜【索隱】恣睢猶毀訾也言訾毀禮者自取墜滅【正義】言禮之貌信尊高矣雖有暴慢恣睢輕俗以爲高之屬入於禮義之中自然成墜落暴慢輕俗之人故繩誠陳【集解】鄭元曰誠猶審也陳設也謂彈畫也則不可欺以曲直衡誠縣【集解】鄭元曰衡稱也縣謂錘也【正義】縣音懸則不可欺以輕重規矩誠錯【索隱】錯置也規車也矩曲尺也【正義】錯七故反則不可欺以方員君子審禮則不可欺以詐偽【正義】詐偽謂堅白同異擅作典制暴戾恣睢自高也故陳繩曲直定懸衡輕重分錯規矩方員自消滅矣故繩者直之至衡者平之至也規矩者方員之至也禮者人道之極也然而不法禮不足禮謂之無方之民【集解】鄭元曰方猶道也法禮足禮謂之有方之士禮之中能思索【索隱】索求也謂之能慮能慮勿易【正義】易輕易也謂之能固能慮能固加好之焉聖矣【正義】好火到反言人以行禮之中又能思審索求其禮謂之能慮又不輕易其禮謂之能堅固能慮固其禮更加好之乃聖人矣天者高之極也地者下之極也日月者明之極也無窮者廣大之極也聖人者道之極也【正義】道謂禮義也言人有禮義則爲聖人比於天地日月廣大之極也以財物爲用以貴賤爲文以多少爲異以隆殺爲要【索隱】隆猶厚也殺猶薄也文貌繁情欲省禮之隆也文貌省情欲繁禮之殺也文貌情欲相爲內外表裏並行而雜禮之中流也【正義】言文飾情用表裏外內合於儒墨是得禮情之中而流行不息也君子上致其隆下盡其殺而中處其中【正義】中謂情文也步驟馳騁廣騖不外【正義】騖音務言君子之人上存文飾下務減省而合情文處得其中縱有戰陣殺戮邪惡則不棄於禮義矣三皇步五帝驟三王馳五伯騖也是以君子之性守宮庭也【索隱】言其性守正不遠行如常守宮庭也【正義】宮庭聽朝處喻君子心內常守禮義若宮庭焉人域是域士君子也【索隱】域居也言君子之行非人居弗居也【正義】處乎凡人域之中能知禮義之域限卽爲士及君子也外是民也【索隱】外謂人域之外非人所居之地以喻禮義之外別爲他行卽是小人故云外是人也於是中焉房皇周浹曲直得其次序聖人也【索隱】房音旁旁皇猶徘徊也周浹猶周匝言徘徊周浹委曲得禮之序動不失中則是聖人之行也故厚者禮之積也大者禮之廣也【索隱】言君子聖人有厚大之德則爲理之所歸積益弘廣也故曰甘受和白受采忠信之人可以學禮荀無忠信之人則禮不虛道然此文皆荀卿禮論之所載者也高者禮之隆也明者禮之盡也【正義】言君子內守其禮德厚大積廣至於高尊明禮則是禮之終竟也此書是褚先生取荀卿禮論兼爲之

【索隱述贊】曰禮因人心非從天下合誠飾貌救弊興雅以制黎甿以事宗祏情文可重豐殺難假仲尼坐樹孫通蕝野聖人作教罔不由者

史記卷二十三考證

禮書故制禮義以分之○秦藩本凌本皆無分之二字

二者相待而長○荀子禮論作相持而長

疏房牀第几席所以養體也○別本無几席二字凌本以爲二字疑衍　臣照按禮論疏房檖貌牀第几筵所以養體也此特刪撮之耳未必衍也

側載臭茝○按荀子禮論作側載睪芷

寢兕持虎鮫韅彌龍集解徐廣曰乘輿車金薄繆龍爲輿倚較○臣世駿按徐廣所云蓋本續漢書輿服志文劉昭注又引徐廣曰繆交錯之形也則字作繆不作璆明矣索隱云璆然龍貌非是

必信至教順○禮論作倍至教順

情勝之爲安○禮論作情說一本作情性

是儒墨之分索隱易曰悅以使人人忘其死是也○易作說以先民民忘其勞說以犯難民忘其死

彊固之本也○荀子議兵篇作彊國

弗由之所以捐社稷也○議兵篇捐作隕

宛之鉅鐵施鑽如蠭蠆○臣照按議兵篇云宛鉅鐵釶慘如蠭蠆楊倞注云釶與鍦同矛也正義斷句誤

然而兵殆於垂涉○議兵篇作垂沙楊倞曰漢地志沛國有垂鄉

莊蹻起楚分而爲四正義括地志云師州黎州在京西南五千六百七十里○唐無師州地理志云黎州至京師二千九百五十里

參是豈無堅革利兵哉○臣照按議兵篇云莊蹻起楚分而爲四參蓋參卽三字原屬上句索隱正義蓋仍傳襲之訛而強爲之解

汝潁以爲險正義地理志陽乾江山潁水出東至下蔡入淮地○陽乾山名江字衍

不畏外而固者○議兵篇作不畏外而明內

諸侯不敢懷○禮論作壞楊倞注云司馬貞云思也蓋誤耳

所以辨貴賤貴賤治得之本也○禮論作所以別貴始貴始得之本也楊倞注云得當爲德言德之本在貴始穀梁傳有此語

函及士大夫○函啗字之誤禮論楊倞注引司馬貞曰啗音含苞也言士大夫皆得苞立社

有特牲而食者○禮論作持手而食者

利爵弗啐也○禮論啐作醮

三宥之弗食也○禮論作三臭

大昏之未廢齊也○禮論作發齊

大路之素幬也○禮論作大路之素未集也

朱弦而通越○臣照按楊倞注禮論引史記作洞越今本作通轉與荀子不異倞唐人所見本必不誤

始乎脫成乎文終乎稅○按禮論作始乎稅成乎文終

予悅校

以爲下則順以爲上則明太史公曰至矣哉○按禮論以爲上則明下云萬物變而不亂貳之則喪也禮豈不至矣哉

禮之貌誠深矣○禮論貌作理

入馬而弱○禮論弱作溺

入馬而嗛○禮論嗛作衰

廣鶩不外○廣鶩禮論作厲鶩

是以君子之性守宮庭也○性守禮論作壇宇

明者禮之盡也正義此書是褚先生取荀卿禮論兼爲之○臣顯按自禮由人起至儒墨之分出於禮論自治辨之極也至刑措而不用出於議兵篇自天地者生之本也至末又出禮論張晏所稱褚先生補書惟孝武本紀三王世家日者列傳龜策列傳未嘗及禮書也今攷太史公曰洋洋美德乎以下至垂之於後云句所爲太史公禮書當如是止矣其禮由人起以下則後人少其書而取荀卿子文補之耳不知禮意禮制已備舉數百言之內不必復補也若夫制裁禮論之文橫加太史公曰四字作禮書贊則謬戾已甚恐褚先生不至是

史記卷二十四

漢　太　史　令司馬遷　撰

宋中郎外兵曹參軍裴　駰集解

唐國子博士弘文館學士司馬貞索隱

唐諸王侍讀率府長史張守節正義

樂書第二

【正義】天有日月星辰地有山陵河海歲有萬物成熟國有聖賢宮觀周域官僚人有言語衣服體貌端修咸謂之樂樂書者猶樂記也鄭元云以其記樂之義也此於別錄屬樂記蓋十一篇合爲一篇十一篇者有樂本有樂論有樂施有樂言有樂禮有樂情有樂化有樂象有賓牟賈有師乙有魏文侯今雖合之亦略有分焉劉向校書得樂書二十三篇著於別錄今樂記雖有十一篇其名猶存也

太史公曰余每讀虞書至於君臣相敕維是幾安而股肱不良萬事墮壞未嘗不流涕也成王作頌推己懲艾【正義】音刈 悲彼家難【正義】乃憚反家難謂文王囚羑里武王伐紂 可不謂戰戰恐懼善守善終哉【正義】言成王作頌悲文王戰戰恐懼推己戒勵爲治是善守善終也 君子不爲約則脩德【正義】爲于僞反 滿則棄禮佚能思初安能惟始沐浴膏澤而歌詠勤苦非大德誰能如斯傳曰治定功成禮樂乃興海內人道益深其德益至所樂者益異滿而不損則溢盈而不持則傾凡作樂者所以節樂【正義】音洛言不樂至荒淫也 君子以謙退爲禮以損減爲樂樂其如此也以爲州異國殊情習不同故博采風俗協比聲律【正義】比音鼻 以補短移化助流政教天子躬於明堂臨觀而萬民咸蕩滌邪穢斟酌飽滿以飾厥性故云雅頌之音理而民正嘄噭之聲興而士奮【索隱】嘄音姑堯反又音叫噭音擊 鄭衞之曲動而心淫及其調和諧合鳥獸盡感而況懷五常含好惡自然之勢也治道虧缺而鄭音興起封君世辟【索隱】辟亦君也【正義】辟并亦反 名顯鄰州爭以相高自仲尼不能與齊優遂容於魯【索隱】齊人歸女樂而孔子行言不能遂容於魯而去也或作逐客謬矣 雖退正樂以誘世作五章以刺時【索隱】按家語云孔子嗤季桓子作歌引詩曰彼婦之口可以出走彼婦之謁可以死敗優哉游哉聊以卒歲此是五章之刺也 猶莫之化陵遲以至六國流沔沈佚遂往不反卒於喪身滅宗并國於秦秦二世尤以爲娛丞相李斯進諫曰放棄詩書極意聲色祖伊所以懼也【正義】祖伊諫殷紂紂不聽孔安國云祖己後賢臣也 輕積細過恣心長夜紂所以亡也趙高曰五帝三王樂各殊名示不相襲朝廷下至人民得以接歡喜合殷勤非此和說不通解澤不流【正義】說音悅解音蟹言非此和適懽悅之事不通解散恩澤之事不流各一世之化也二世故名之也 亦各一世之化度時之樂何必華山之騄耳而後行遠乎二世然之高祖過沛詩三侯之章令小兒歌之【索隱】按過沛詩卽大風歌也其辭曰大風起兮雲飛揚威加海內兮歸故鄉安得猛士兮守四方是也侯語辭也詩曰侯其禕而者是也兮亦語辭也沛詩有三兮故云三侯也 高祖崩令沛得以四時歌儛宗廟孝惠孝文孝景無所增更於樂府習常隸舊而已【正義】隸音異 至今上卽位作十九章【索隱】按禮樂志安世房中樂有十九章 令侍中李延年次序其聲拜爲協律都尉通一經之士不能獨知其辭皆集會五經家相與共講習讀之乃能通知其意多爾雅之文漢家常以正月上辛祠太一甘泉以昏時夜祠到明而終常有流星經於祠壇上使僮男僮女七十人俱歌春歌青陽夏歌朱明【集解】瓚曰爾雅云春曰青陽夏曰朱明 秋歌西暤【集解】韋昭曰西方少暤也 冬歌元冥【正義】禮記月令云元冥水官也 世多有故不論【索隱】言四時歌多有其詞故此不論載今見漢書禮樂志 又嘗得神馬渥洼水中【集解】李斐曰南陽新野有暴利長當武帝時遭刑屯田燉煌界人數於此水旁見羣野馬中有奇異者與凡馬異來飲此水傍利長先爲土人持勒靽於水傍後馬玩習久之代土人持勒靽收得其馬獻之欲神異此馬云從水中出蘇林曰注音窐曲之窐也【索隱】注音烏花反蘇林音窐窐卽窊也 復次以爲太一之歌歌曲曰太一貢兮天馬下【索隱】按禮樂志貢作況況與貢意亦通【正義】大一北極大星也 霑赤汗兮沫流赭【集解】應劭曰大宛馬汗血霑濡也流沫如赭 騁容與兮跇萬里【集解】孟康曰跇音逝如淳曰跇謂超踰也【索隱】鄭誕生云跇一作世音跇 今安匹兮龍與友後伐大宛得千里馬馬名蒲梢【集解】應劭曰大宛舊有天馬種蹋石汗血汗從前肩髆出如血號一日千里【索隱】梢音史交反又作騷亦同音 次作以爲歌歌詩曰天馬來兮從西極經萬里兮歸有德承靈威兮降外國涉流沙兮四夷服中尉汲黯進曰凡王者作樂上以承祖宗下以化兆民今陛下得馬詩以爲歌協於宗廟先帝百姓豈能知其音邪上默然不悅丞相公孫弘曰黯誹謗聖制當族

凡音之起由人心生也【正義】皇侃云此章有三品故名爲樂本備言音聲所起故名樂本夫樂之起其事有二一是人心感樂樂聲從心而生一是樂感人心心隨樂聲而變也 人心之動物使之然也【正義】物者外境也外有善惡來觸於心則應觸而動故云物使之然也 感於物而動故形於聲【集解】鄭元曰宮商角徵羽雜比曰音單出曰聲形猶見也王肅曰物事也謂哀樂喜怒和敬之事感人而動見於聲 聲相應故生變【集解】鄭元曰樂之器彈其宮則衆宮應然而不足樂是以變之使雜也【正義】崔靈恩云緣五聲各自相應不足爲樂故變使雜令聲音諧和也 變成方謂之音【集解】鄭元曰方猶文章【正義】皇侃云單聲不足故變雜五聲使交錯成文乃謂爲音也 比音而樂之及干戚羽旄謂之樂也【集解】鄭元曰干楯也戚斧也武舞所執也羽翟羽也旄旄牛尾文舞所執也【正義】比音鼻次也音五音也言五音雖雜猶未足爲樂復須次比器之音及文武所執之物共相諧會乃是由音得名爲樂武陰文陽故所執有輕重異 樂者音之所由生也【正義】合音乃成樂是樂由音而生諸樂生起所由之生也 其本在人心感於物也【正義】本猶初也物外境也言將欲明樂隨心見故更陳此句也 是故其哀心感者其聲噍以殺【集解】鄭元曰噍踧也【索隱】噍音如字鄒誕生作嗎音將妙反【正義】殺所介反噍踧急也若外境痛苦則其心哀感戚在心故樂聲踧急而殺也此下六者皆人君見前境來感已而制樂音隨心見之也 其樂心感者其聲嘽以緩【集解】鄭元曰嘽寬綽之貌【正義】嘽寬也若外境可美則其心歡樂歡樂在心故樂聲必隨而寬緩也 其喜心感者其聲發以散【集解】鄭元曰發揚也【正義】若外境會意其心喜悅喜在心故樂聲發揚也 其怒心感者其聲麤以厲【正義】若外境乖失故已心怒恚怒隨心心隨怒而發揚故無輭矦則樂聲麤彊而嚴厲也 其敬心感者其聲直以廉【正義】廉隅也若外境尊高故已心悚敬悚在內則樂聲直而有廉角也 其愛心感者其聲和以柔【正義】柔軟也若外境憐慕故已心愛惜愛惜在內則樂和柔也 六者非性也【正義】性本靜寂無此六事六事之生由感見而動故云非性 感於物而後動【集解】鄭元曰言人聲在所見非有常 是故先王慎所以感之【正義】六事隨見而動非關本性先王聖人在上制正禮以防之故先王慎所以感之者也 故禮以導其志樂以和其聲政以一其行【正義】胡孟反 刑以防其姦禮樂刑政其極一也【集解】鄭元曰極至也【正義】四事防慎所感之由也用禮教會其志用樂諧和其聲用法律齊其行用刑辟防其凶民不復流僻徒感防之使同其一敬不爲非也極至也 所以同民心而出治道也【集解】鄭元曰此其所謂至也【正義】上四事功成民同其心俱不邪僻故治道出也民心所觸有前六者不同故聖人用後四者制之 凡音者生人心者也【正義】此樂本章第二段明樂感人心也人心卽君人心也樂音善惡由君上心之所好故云生於人心者也 情動於中故形於聲【正義】情也中猶心也心既感物而動故形見於聲也 聲成文謂之音【正義】謂之音清濁雖異各見於外成於文采並謂之音也 是故治世之音安以樂其政和【正義】樂音洛言平理之世其音安靜而歡樂也 亂世之音怨以怒其政乖【集解】徐廣曰一作煩【正義】亂世之音民心怨怒樂聲亦怨由其政乖僻故也 亡國之音哀以思其民困【正義】思音四亡國謂將欲滅亡之國樂音悲哀而愁思亡國之時民之心哀思其樂音亦哀思由其民困苦故也 聲音之道與政通矣【集解】鄭元曰言以八音和否隨政也【正義】政和則聲音安樂政乖則聲音怨怒是聲音之道與政通矣 宮爲君【集解】王肅曰居中總四方【索隱】宮絃最大用八十一絲聲重而尊故爲君【正義】宮屬土居中央總四方君之象也 商爲臣【集解】王肅曰秋義斷【索隱】商是金金爲決斷臣事也絃用七十二絲次宮如臣次君者也 角爲民【集解】王肅曰春物並生各以區別民之象也【索隱】絃用六十四絲聲居宮羽之中比君爲劣比物爲優故音清濁中人之象也【正義】角屬木以其清濁中民之象 徵爲事【集解】王肅曰夏物盛故事多【索隱】徵屬夏夏時生長萬物皆成形體事亦有體故配事絃用五十四絲【正義】徵屬火以其徵清事之象也 羽爲物【集解】王肅曰冬物聚【索隱】羽爲水最清物之象故爲物絃用四十八絲 五者不亂則無惉懘之音矣【集解】鄭元曰惉懘弊敗不和之貌也【索隱】又一本作怗懘省也【正義】惉弊也懘敗也君臣民事物五者各得其用不相壞亂則五音之響無弊敗也 宮亂則荒其君驕【集解】鄭元曰荒猶散【正義】宮亂則其聲放散由其君驕溢故也 商亂則槌其臣壞【集解】徐廣曰槌今禮作陂也【索隱】槌音都回反陂音詖【正義】商音亂其聲欹邪不正由其臣不理於官壞故也 角亂則憂其民怨【正義】角音亂其聲憂愁由政虐民怨故也 徵亂則哀其事勤【正義】徵音亂其聲哀苦由繇役不休其民事勤勞 羽亂則危其財匱【正義】羽音亂其聲傾危由君賦重於其民貧乏之故也 五者皆亂迭相陵謂之慢【正義】迭互也陵越也五聲並不和則君臣上下互相陵越所以謂之爲慢也 如此則國之滅亡無日矣【集解】鄭元曰君臣民事物其道亂則其音應而亂也【索隱】無日猶言無復一日也以言君臣陵慢如此無復一日則國之滅亡朝夕可待也 鄭衞之音亂世之音也比於慢矣【集解】鄭元曰比猶同【正義】鄭音好濫淫志衞音促速煩志並是亂世之音雖亂而未滅亡故比慢也比必以反 桑間濮上之音【集解】鄭元曰濮水之上地有桑間在濮陽南【正義】昔殷紂使師延作長夜靡靡之樂以致亡國武王伐紂此樂師師延將樂器投濮水而死後晉國樂師師涓夜過此水聞水中作此樂因聽而寫之既得還國爲晉平公奏之師曠撫之曰此亡國之音也得此必於桑間濮上乎紂之所由亡也 亡國之音也其政散其民流誣上行私而不可止【正義】若用此濮上之音其政必離散而民人流徙逃亡緣臣誣上各行私情國卽滅亡而不可禁止也 凡音者生於人心者也【正義】此樂本章第三段也前第一段明人心感樂第二段明樂感人心此段聖人制正樂以應之此段自有二重自凡音至反人道爲一重却應第二段樂感人心也又自人心生而靜至王道備矣爲一重却應第一段人心感樂也 樂者通於倫理者也【集解】鄭元曰倫猶類也理分也【正義】音初生自君心形而成樂樂成則能通於百姓使各盡其類分故曰通倫理者也 是故知聲而不知音者禽獸是也知音而不知樂者衆庶是也唯君子爲能知樂【集解】鄭元曰禽獸知此爲聲耳不知其宮商之變八音並作克諧曰樂 是故審聲以知音【正義】聲爲音本若欲知音當須審定其聲然後音可知 審音以知樂【正義】音爲樂本前審定其音然後可知樂也 審樂以知政【正義】樂爲政本前審定其樂然後政可知也 而治道備矣【正義】前審定其本後識其末則爲治之道乃可備也 是故不知聲者不可與言音不知音者不可與言樂知樂則幾於禮矣【集解】鄭元曰幾近也【正義】禮謂治國之禮包萬事萬事備具始是禮極今知樂者但正君臣民事物五者之情於禮未極故云幾於禮也 禮樂皆得謂之有德德者得也【集解】鄭元曰聽樂而知政之得失則能正君臣民事物之禮【正義】若聽樂而知禮則是禮樂皆得二者備具則是有德之君也又言有德之人是能得禮樂之情故云德者得也 是故樂之隆非極音也【集解】鄭元曰隆猶盛也極猶窮也【正義】大樂之盛本在移風易俗非窮鐘鼓之音故云非極音也故論語樂云樂云鐘鼓云乎哉是也 食饗之禮非極味也【正義】食音嗣食享謂宗廟祭也大禮之盛本在安上治民非崇玉帛至味故云非極味也故論

語禮云禮云玉帛云乎哉是也清廟之瑟[集解]鄭元曰清廟謂作樂歌清廟王肅曰於清廟中所鼓之瑟朱絃而疏越[集解]鄭元曰越瑟底孔畫疏之使聲遲一倡而三歎有遺音者矣[集解]鄭元曰遺猶餘也王肅曰未盡音之極[正義]倡音唱一唱謂一人始唱歌三歎謂三人讚歎也樂歌此文王之道不極音聲故但以熟弦廣孔少唱寡和此音有德傳於無窮是有餘音不已一云所重在德本不在音是有遺餘音念之不忘也大饗之禮[正義]大饗即食饗也變食言大崇其名故也不尚重味故食言大也此言禮盛不作至味之事尚元酒[正義]祭之禮祫則列元尊在上五齊在下也而俎腥魚[正義]腥魚者生魚也俎有生腊是俎性而兼載生魚也大羹不和[正義]和胡臥反大羹肉汁也祫祭有肉汁爲羹無鹽菜之芼和也有遺味者矣[正義]遺亦餘也此著質素之食禮人主誠設之道不極滋味故尚明水而腥魚此禮可重流芳竹帛傳之無已有餘味一云禮本在德不在甘味故用水而遺味也是故先王之制禮樂也非以極口腹耳目之欲也將以教民平好惡而反人道之正也[集解]鄭元曰教之使知好惡[正義]好火到反惡烏故反平均也言先王制禮作樂本是教訓澆民平於好惡之理故去惡歸善不爲口腹耳目之欲令反歸人之正道也人生而靜天之性也[正義]此第三段第二重也人初生未有情欲其情欲至靜稟于自然是天之性也感於物而動性之頌也[集解]徐廣曰頌音容[正義]今禮作欲其心雖靜感於外情因物而動是性之貪慾也物至知知然後好惡形焉[集解]王肅曰事至能以智知之然後情之好惡見[正義]上知音智好惡無節於內知誘於外不能反己天理滅矣[集解]王肅曰內無定節智爲物所誘於外情從之動而失其天性[正義]言好惡不自節量於心唯知情欲誘之於外不能反還己躬之善則天性滅絕矣夫物之感人無窮而人之好惡無節則是物至而人化物也[集解]鄭元曰隨物變化[正義]夫物不一故言無窮也若人心嗜慾無底隨好惡不能節之則與之而化故云人化物也人化物也者滅天理而窮人欲者也[集解]鄭元曰言無所不爲[正義]心隨物化則滅天性而恣人心之欲也於是有悖逆詐僞之心有淫佚作亂之事是故彊者脅弱衆者暴寡知者詐愚勇者苦怯疾病不養老幼孤寡不得其所此大亂之道也是故先王制禮樂人爲之節[集解]鄭元曰爲作法度以遏其欲也王肅曰以人爲之節言得其中也衰麻哭泣[正義]此以下並是陳禮節人之事也制五服哭泣所以紀喪事之節不使背死忘生也事死者難故以哀哭爲前也所以節喪紀也鐘鼓干戚所以和安樂也婚姻冠笄所以別男女也[集解]鄭元曰男二十而冠女許嫁而笄[正義]冠音貫笄音雞射鄉食饗所以正交接也[集解]鄭元曰射鄉大射鄉飲酒禮節民心樂和民聲政以行之刑以防之禮樂刑政四達而不悖則王道備矣樂者爲同禮者爲異[集解]鄭元曰同謂協好惡也異謂別貴賤[正義]此第二章名爲樂論其中有四段此章論禮樂同異也夫樂使率土合和是同也禮使父子殊別是爲異也同則相親異則相敬樂勝則流[集解]王肅曰流遁不能自還禮勝則離[集解]王肅曰離析而不親[正義]勝式證反勝過也禮樂雖有同異而又相須也若樂過和同而無禮則流慢無復尊卑之敬若禮過殊隔無樂則親屬離析無復骨肉之愛也合情飾貌者禮樂之事也[集解]鄭元曰欲其並行彬彬然[正義]樂和內是合情也禮檢迹是飾貌也禮義立則貴賤等矣[集解]鄭元曰等階級樂文同則上下和矣[正義]文謂聲成文也若作樂文采諧同則上下並和是樂和民聲也好惡著則賢不

肖別矣[正義]好惡並去聲又並如字著張慮反若法律分明善惡章著則賢愚斯別是政化行矣刑禁暴爵舉賢則政均矣[正義]王者爲用刑則禁制暴慢疏爵以舉賞賢良則政治均平是禁暴而又言舉賢者示刑最爲重不宜獨行必須賞罰兼明也然禮樂之用非政不行明須四事連行也仁以愛之義以正之如此則民治行矣[正義]言禮樂刑政既均又須仁以愛民義以正民如此則民順理正行矣樂由中出[集解]鄭元曰和在心[正義]此樂論第二段謂樂功也出猶生也爲人在中和有未足故生此樂也禮自外作[集解]鄭元曰敬在貌[正義]作猶起也爲人在外敬有未足故起此禮也樂由中出故靜[正義]樂和心在內故云靜禮自外作故文[集解]鄭元曰文猶動[正義]禮肅人貌貌在外故云動大樂必易[正義]易以豉反朱絃疏越是也大禮必簡[集解]鄭元曰易簡若於清廟大饗然[正義]元酒腥魚是也樂至則無怨禮至則不爭[集解]鄭元曰至猶達也行也[正義]樂主和和達則民無復怨怒也禮主謙謙達則民不爭競也揖讓而治天下者禮樂之謂也暴民不作諸侯賓服兵革不試[集解]鄭元曰賓協也試用也五刑不用百姓無患天子不怒如此則樂達矣合父子之親[正義]前云禮至不爭故致天下尊卑之序也禮使父慈子孝是合父子之親也即父事三老也明長幼之序[正義]長坐幼立是明長幼之序即兄事五更是也以敬四海之內[正義]孝經云教以孝所以敬天下之爲人父教以弟所以敬天下之爲人兄教以臣所以敬天下之爲君即是敬四海之內也天子如此則禮行矣[正義]言天子能躬行禮則如此則禮行矣合父子以下悉自天子自身行之也大樂與天地同和[正義]此樂論第三段論禮與樂唯聖能識也言天地以氣氤氳合生萬物大樂之理順陰陽律呂生養萬物是大樂與天地同和也大禮與天地同節[集解]鄭元曰言順天地之氣與其數也[正義]言天有日月地有山川高卑殊形生用各別大禮辯尊卑貴賤等差異別是大禮與天地同節和故百物不失[集解]鄭元曰不失其性[正義]樂與天地同和能生成萬物節故祀天祭地[集解]鄭元曰成物有功報焉[正義]禮與天地同節有尊卑上下報萬物之功明則有禮樂[集解]鄭元曰教人者也[正義]明猶外也言聖王能使樂與天地同和禮與天地同節又能顯明其禮樂以教人也幽則有鬼神[集解]鄭元曰助天地成物者也易曰知鬼神之情狀則聖人精氣謂之神賢智之精氣謂之鬼也[正義]幽內也言聖王又能內敬鬼神助天地生成萬物如此則四海之內合敬同愛矣[正義]言行禮同節故四海合敬矣樂同和故四海同愛矣禮者殊事合敬者也[正義]尊卑貴賤之別是殊事也之同以莊敬是合敬也樂者異文合愛者也[正義]宮商錯而成文隨事而制變是異文同以勸愛是合愛也禮樂之情同故明王以相沿也[集解]鄭元曰沿猶因述也殷因於夏周因於殷[正義]樂主和禮主敬致化是同以其致化情同故明王相因述也故事與時並[集解]鄭元曰爲事在其時也王肅曰有其時然後得立其事[正義]言聖王所爲之事與所當之時並行也若堯舜揖讓之事與淳和之時並行湯武干戈之事與澆薄之時並行也此句明禮也名與功偕[集解]鄭元曰爲名在於其功也偕猶俱也王肅曰有功然後得受其名[正義]名謂樂名也功者揖讓干戈之功也聖王制樂之名與所建之功俱作也若堯舜樂名咸池大韶湯武樂名大護大武也故鐘鼓管磬羽籥干戚樂之器也[正義]此陳樂事也鐘鼓之屬是樂之器有形質故爲事也詘信俯仰級兆舒疾[集解]徐廣曰級今禮作綴鄭元曰兆其外營域[索隱]綴舞者酇列也又按下文其舞行及遠及短禮皆作綴蓋是字之殘缺耳故此爲級而下又爲及也並依字讀義亦雖通恐違古記耳樂之文也[正義]文飾之事也簠簋俎豆制度文章禮之器也升降

上下周旋裼襲禮之文也故知禮樂之情者能作[正義]既能窮本知變又能著誠去僞所以能述作故謂之聖也識禮樂之文者能述[集解]鄭元曰述謂訓其義[正義]謂上文屈伸俯仰升降上下是也作者之謂聖[正義]堯舜禹湯之屬述者之謂明[正義]游夏之屬是也明聖者述作之謂也樂者天地之和也禮者天地之序也[正義]此樂論第四段謂禮樂之情也樂法天地之氣故云天地之和禮法天地之形故云天地之序禮樂從天地而來王者必明於天地然後能興禮樂也和故百物皆化序故群物皆別[集解]鄭元曰化猶生也別謂形體異也樂由天作禮以地制[集解]鄭元曰言法天地[正義]天用和氣化物物從氣化是由天作也地有高下區分以生萬物禮有品節殊文是由地制也過制則亂過作則暴[集解]鄭元曰過猶誤也暴失文武意也明於天地然後能興禮樂也[正義]禮樂既不可誤故須明天地者乃可制作也論倫無患樂之情也[集解]王肅曰言能合道論中倫理而無患也[正義]既云聖人識禮樂之情此以下更說其情狀不同也倫類也賀瑒云樂使物得類序而無害是樂之情也欣喜驩愛樂之容也[正義]容猶事也賀瑒云八音克諧使物欣喜此樂之事迹也中正無邪禮之質也[集解]鄭元曰質猶本[正義]明禮情也質本也禮以心內中正無有邪僻是禮之本莊敬恭順禮之制也[正義]明禮之事也謂容貌莊敬謹恭慎是禮之節制也若夫禮樂之施於金石越於聲音用於宗廟社稷事于山川鬼神則此所以與民同也[集解]王肅曰自天子至民人皆貴禮之敬樂之和以事鬼神先祖也[正義]言四者施用祭祀隨世而異則前王所不專故又云則此所以與民同言隨世也王者功成作樂治定制禮[集解]鄭元曰功成治定同時耳功主于王業治主乎敬民[正義]此第三章名樂禮章言明王治制禮作樂故名樂禮章其中有三段一明禮樂齊其用必對二明禮樂法天地之事三明天應禮樂也其功大者其樂備其治辨者其禮具[集解]徐廣曰辨一作別[集解]鄭元曰辨偏也[正義]辨皮勉反又遍練反一夫禮樂必由功治有大小故禮樂應之而廣狹也若上世民淳易化故王者功治廣偏是以禮樂亦備也而殷周民澆難化故王者功治狹則禮樂亦不具干戚之舞非備樂也[集解]鄭元曰樂以文德爲備若咸池也[正義]證樂不備也干戚周武也樂以文德爲備故朱絲疏越干戚之舞故非備樂也亨孰而祀非達禮也[集解]鄭元曰達猶具也至敬不享味而貴氣臭[正義]禮不具也謂腥俎元尊表誠象古而已不在芬苾孰味乃澆世爲之非達禮也五帝殊時不相沿樂三王異世不相襲禮[集解]鄭元曰言其有損益[正義]庾蔚之云樂與五帝禮成於三王者之功禮隨世之質文崔靈恩云五帝淳澆不同故不相沿爲樂三王文質不等故不得相襲爲禮樂極則憂禮粗則偏矣[集解]鄭元曰樂人之所好也害在淫侉禮人之所勤也害在倦略及夫敦樂而無憂禮備而不偏者其唯大聖乎天高地下萬物散殊而禮制行也[集解]鄭元曰禮爲異[正義]天高於上地卑於下萬物布散殊別於其中而大聖制禮別異尊卑是象天而行故云禮制行矣以節制爲禮義故云禮制流而不息合同而化而樂興也[集解]鄭元曰樂爲同[正義]天地二氣流行不息合同氤氳化生萬物而大聖作樂合同人心是以象天地而起故云樂興也春作夏長仁也秋斂冬藏義也仁近於樂義近於禮[集解]鄭元曰言樂法陽而生禮法陰而成[正義]近其靳反春夏生長萬物故爲仁愛樂主和同故仁近於樂也秋則斂藏是義萬姓故義近於禮也樂主斷割禮爲節限故義近於禮也樂者敦和率神而從天[集解]鄭元曰敦和樂貴同[正義]此釋仁近樂之義言樂之爲體敦厚和同因循聖人之神氣而

從順於天禮者辨宜居鬼而從地[集解]鄭元曰別宜禮尚異也孫炎曰居鬼品處人鬼之志也[正義]此解義近禮之由居鬼猶循神也鬼謂先賢也禮之爲體尊卑殊別各有其宜因居先賢鬼氣而從順於地分別禮分故聖人作樂以應天作禮以配地禮樂明備天地官矣[集解]鄭元曰各得其事也王肅曰各得其位也天尊地卑君臣定矣[正義]此樂禮章第二段明禮樂法天地事也言君尊於上臣卑於下是象天地定矣高卑已陳貴賤位矣[集解]鄭元曰高卑謂山澤也位矣尊卑之位象山澤動靜有常小大殊矣[集解]鄭元曰動靜陰陽用事也小大萬物也大者常存小者隨陰陽出入也方以類聚物以羣分則性命不同矣[集解]鄭元曰方謂行蟲物謂殖生者也性之言生也命生之長短也[正義]性生也萬物各有嗜好謂之性命者長短夭壽也所稟之物既稟大小之殊性命天壽不同也故在天成象在地成形[集解]鄭元曰象光耀形體貌[正義]言日月星辰之光耀草木鳥獸之體貌也如此則禮者天地之別也[正義]結禮之別也如此則聖人制禮殊別是天地之分別也亦是辯宜居鬼而從地也地氣上隮[集解]鄭元曰隮升也天氣下降[正義]明禮樂法天地氣也天地二氣之升降合而生物故樂以氣法地弦歌聲氣升降相合以致民也然氣從下升此樂象氣故從地始也形以上尊故禮象形從天始也陰陽相摩[正義]二氣切摩而萬物生發作樂亦合聲氣切摩使民心生敬也天地相蕩[集解]鄭元曰蕩動也[正義]天地八動也天地化物八節更相感動作樂亦令八音相感動也鼓之以雷霆[正義]萬物雖以氣生而物未發故雷霆以鼓動之如樂用鐘鼓以發節也大雷曰霆奮之以風雨[集解]鄭元曰奮迅也[正義]萬物皆以風雨奮迅而出如樂用儛奮迅以象之使發人情也動之以四時[正義]萬物生長隨四時而動如樂各逐心內所須而奏之煖之以日月[正義]煖音暄遠反萬物之生必須日月煖照如樂有蘊藉使人宜昭也蘊藉者歌不直言而長言嗟歎之屬也而百物化興焉[集解]鄭元曰百物化生如此則樂者天地之和也[正義]結樂之和也如此則聖人作樂法天地和同是樂者天地之和也亦是敦和率神而從天也化不時則不生[正義]此樂禮章第三段明天地應禮樂也前聖人既作禮樂此明天地應樂也若人王行化失時天地應以惡氣毀物故云化不時則不生也男女無別則亂登[集解]鄭元曰登成也樂失則害物禮失則亂人[正義]此明天地應禮也若人君行禮男女無別則天地應而錯亂成之也此天地之情也[正義]結隨禮得失而應之是天地之情也然樂是氣化故云害物禮是形教故言亂人也及夫禮樂之極乎天而蟠乎地[集解]鄭元曰極至也蟠猶委也行乎陰陽而通乎鬼神[正義]言陰陽和禮樂與鬼神並助天地而成化也窮高極遠而測深厚[集解]鄭元曰高遠三辰也深厚山川也言禮樂之道上至於天下委於地則其間無所不之矣樂著太始而禮居成物[集解]王肅曰著明也太始謂天也成物謂地也[索隱]樂能明太始是法天也地能成萬物故禮所以法地也[正義]著猶處也天爲萬物之始故曰太始天蒼而氣化樂亦氣化故云處太始也地體盤薄長成萬物也在地成形禮亦形教故云居成也故曰居天高故曰著也地卑著不息者天也著不動者地也[集解]鄭元曰著猶明白也息謂休止也[索隱]運生不息者天之功也故易乾卦云天行健君子以自強不息著萬物不動者地之德也故易坤卦云安貞之吉是也[正義]此美禮樂配天地也著處也言樂氣化運生不息者天也禮制尊卑定位成養萬物處不移動者地也一動一靜者天地之間也[集解]鄭元曰間謂百物也[正義]此美禮樂若分則配天地若合則與百物齊一也靜動而生萬物稟天地靜而生故呼百物爲天地之間也故聖人曰禮云樂云[集解]鄭元曰言禮樂之法天地也[正義]引聖證此章也言聖人云明此一章是禮樂法天地也故言

聖人曰禮云樂云動靜其並用事如天地間物有動靜也其昔者舜作五弦之琴以歌南風【集解】鄭元曰南風長養之風也言父母之長養己也其辭未聞也王肅曰南風育養民之詩也其辭曰南風之薰兮可以解吾民之慍兮【索隱】此詩之辭出尸子及家語【正義】此第四章名樂施明禮樂前備後施布天下也中有三段一明施樂以賜諸侯也二明施樂須節既賜之所以宜節也三明禮樂所施各有本意本德世本神農作琴今云舜作者非謂舜始造也改用五弦琴特歌南風詩始自舜也五弦者無文武二弦唯宮商角徵羽之五弦也南風是孝子之詩也南風養萬物而孝子之歌也得父母生長如萬物得南風也舜有孝行故以五弦之琴歌南風詩以教理天下之孝也夔始作樂以賞諸侯【集解】鄭元曰夔欲舜與天下之君共此樂故天子之爲樂也以賞諸侯之有德者也德盛而教尊五穀時孰然後賞之以樂【正義】陳其合賞也若諸侯孝德明盛教化尊嚴年穀豐稔故天子賞樂也天下因而法之故其治民勞者其舞行級遠【正義】行音胡郎反級音子衛反本或作綴音同此明雖得樂賜而隨功德優劣也舞位行列也綴謂酇列也若諸侯治民勞苦由君德薄王賞之以樂則舞人少不滿列去酇疏遠者也其治民佚者其舞行級短【集解】王肅曰遠以象民行之勞近以象民行之逸【正義】佚音逸若諸侯治民暇逸由君德盛王賞舞人多則滿列去酇促近也庾蔚之云此爲虞夏禮也虞猶淳故可隨功賜樂殷周漸澆易生忿怨不宜有優劣是以同制諸侯六佾故與周禮不同也故觀其舞而知其德【正義】觀其舞人多少去綴近位遠即知其君德薄厚也聞其謚而知其行【集解】鄭元曰謚者行之迹【正義】行音胡孟反制死謚隨君德故聞死謚則知其生行此一句此擬其舞也泰章章之也【集解】鄭元曰堯樂名言堯德章明【正義】既生時舞則知德死則聞謚驗行故更引死後聞樂則知行事辭之也大章堯樂也章明也民樂堯德大明故名樂曰大章後人聞大章則知堯生時德大明上章是堯德之明下章是後明於堯德白虎通云大章大明天地之道咸池備也【集解】鄭元曰黃帝所作樂名堯增修而用之咸皆也池之言施也言德之無不施也王肅曰包容浸潤行化皆然故曰備也韶繼也【集解】鄭玄曰舜樂名言能繼堯之德夏大也【集解】鄭元曰禹樂名言禹能大堯舜之德殷周之樂盡也【集解】鄭元曰言盡人事也周禮曰殷曰大濩周曰大武天地之道寒暑不時則疾【正義】此則樂施章第二段明施樂須節也既必須節故引譬例寒暑天地之氣也若寒暑不時則民多疾疫也風雨不節則饑【正義】有聲形故爲事也若風雨天事也風雨有飄凄厲不有時節則穀損民饑也教者民之寒暑也【集解】鄭元曰教謂樂也教不時則傷世【正義】寒暑不時既爲民疾苦樂教不時則傷世俗之化也事者民之風雨也事不節則無功【正義】風雨不節則民飢饉禮事不節則治無功也然則先王之爲樂也以法治也【集解】王肅曰作樂所以法治行也善則行象德矣【集解】王肅曰君行善即臣下之行皆象君之德【正義】此廣樂所以須節也言先王爲樂必以法制行善則臣下之行皆象君之德也夫豢豕爲酒【集解】鄭元曰以穀食犬豕曰豢【正義】此言禮須節也豢養也言前王豢犬豕及作酒之事本以爲禮也非以爲禍也祀神祇設賓客和親族禮賢能而實非爲民作禍災也而獄訟益煩則酒之流生禍也【集解】鄭元曰小人飲之善酗以致獄訟【正義】此禮事也言民得豢酒無復節限卒至沉酗鬭爭殺傷而刑獄益生煩多則是酒之流害生其禍也是故先王因爲酒禮一獻之禮賓主百拜【集解】鄭元曰一獻士飲酒之禮百拜以喻多也終日飲酒而不得醉焉此先王之所以備酒禍也故酒食者所以合歡也【正義】此結節功也既防酒禍故飲不醉爭以時合歡適也樂者所以象德也【正義】此樂施章第三段明禮樂之所施各有本意在於象德也此言樂意也言樂之所施於人

本有和愛之德也禮者所以閉淫也【正義】此言禮意也言禮之所施於人大止邪淫過失也是故先王有大事必有禮以哀之【集解】鄭元曰大事謂死喪【正義】民有喪則先王制衰麻哭泣之禮以節之使其各遂哀情是禮以哀之也有大福必有禮以樂之【正義】樂音洛大福祭祀者慶也民慶必歌舞飲食庶羞之禮使不過而各遂歡樂是有以樂之也哀樂之分皆以禮終【正義】分扶問反結二事哀樂雖反皆用禮節各終其分故云皆以禮終樂也者施也禮也者報也【集解】鄭元曰言樂出而不反而禮有往來【正義】施式豉反此第六段樂象法章第五段不以交第而亂升在此此段明禮樂用別也庾蔚之云樂者所以宣暢四氣導達情性功及物而不知其所報即是出而不反所以謂施也禮者所以通彼之意故有往必有來所以謂報也樂樂其所自生【集解】鄭元曰自由也【正義】此廣施也樂名所起由民下之心所樂生非有所報也而禮反其所自始【正義】此廣報也反猶報也禮生無名但是事耳隨時得質文之事而報之樂章德【正義】聞名知德若大章是也禮報情反始也【集解】孫炎曰作樂者緣民所樂於己之德若舜之民樂其紹堯也周之民樂其伐紂而作武也制禮者本己所由得民心殷尚質周尚文是也【正義】禮報人情而制隨質文之始也所謂大路者天子之輿也【正義】此以下廣言禮以報爲體之事輿車也大路天子之車也諸侯朝天子修其職貢若有勳勞者天子賜之大路也龍旂九旒天子之旌也【正義】庾蔚之云龍旂九旒上公之旌青黑緣者天子之葆龜也【集解】駰案公羊傳曰龜青緣何休曰緣甲頓也千歲之龜青頓明乎吉凶也【索隱】葆與寶同史記多作此字頓音耳占反【正義】緣以絹反從之以牛羊之羣則所以贈諸侯也【集解】鄭元曰贈諸侯謂來朝將去送之以禮也【正義】合結上諸事皆是天子送諸侯禮也言五等諸侯朝畢反去天子贈之大路龍旂寶龜又送之以牛羊之羣也樂也者情之不可變者也【正義】此第七章明樂之情與之符達鬼神合而不可變也中有三段一明禮樂情達鬼神也二證禮樂達鬼神之事三明識禮樂之本可尊也前第六章明象象必見情故以樂主情樂變則情變故云情之不可變也禮也者理之不可易者也【集解】鄭元曰理猶事也【正義】禮主事禮別也故云事之不可易者也樂統同【正義】解情不變也同和合之情者也統領禮別異【集解】鄭元曰統同同和合也辨異異尊卑之位也【正義】解事不可易也禮別於尊卑之事也禮樂之說貫乎人情矣【正義】貫猶通也言人情莫過於同異而禮樂能統同辨異故其說理能通人情窮本知變樂之情也【正義】庾蔚之云樂能通和性分使各不失其所是窮自然之本也人不失其所守是知變通之情也著誠去僞禮之經也【正義】著竹慮反去丘呂反著明也經常也著明誠信達去詐僞是理之常行也禮樂見天地之情【正義】見胡練反合明禮樂也禮出於地尊卑有序是見地情也樂出於天遠近和合是見天之情也達神明之德降興上下之神【正義】達通也禮樂不失則天降甘露地出醴泉是通於神明之德也【集解】鄭元曰降下也興猶出也【正義】樂六變天神下八變地祇出是興降上下之神而凝是精粗之體【集解】鄭元曰凝猶成也精粗謂萬物大小也領猶理也領父子君臣之節治也是故大人舉禮樂則天地將爲昭焉【正義】爲于僞反昭音照此樂情章第二段明禮樂能通達鬼神之事前既云能通鬼神此明其事也大人聖人與天地合德故舉禮樂爲教而天地從之大明也天地欣合陰陽相得【正義】欣喜也合行故天氣下地氣蒸合陰陽交會故相得也論體謂之天地論氣謂之陰陽也煦嫗覆育萬物【集解】鄭元曰氣曰煦體曰嫗然後草木茂區萌達【集解】鄭元曰屈生曰區【正義】區音勾草木據其成體之茂區萌據其新牙故曰達達猶出也菽豆之屬直出曰萌稻稷之屬也羽翮奮角觡生【集解】鄭元曰無䚡曰觡【索隱】牛羊有䚡曰角麋鹿無䚡曰觡【正義】觡加客反羽

翮鳥也角觡獸也得天地覆育煦嫗故飛者則奮翅翮走者則生角觡也蟄蟲昭蘇【集解】鄭元曰昭曉也蟄蟲以發出爲曉更息曰蘇【正義】蟄蟲得陰陽煦嫗故皆出地上如夜得曉如死更有氣也羽者嫗伏毛者孕鬻【集解】鄭元曰孕任也鬻生也【正義】伏房富反羽鳥也毛獸也二氣既交萬物生乳故鳥生卵嫗伏之獸懷孕而生育之者也胎生者不殰而卵生者不殈【集解】鄭元曰內敗曰殰殈裂也【正義】殰音讀殈音呼覓反胎生獸也卵生鳥也懷任在內而死曰殰卵坼不成子曰殈令和氣不殰殈也則樂之道歸焉耳【集解】孫炎曰樂和陰陽故歸此也【正義】庾蔚之云一論天地二氣萬物各得其所乃歸於樂耳樂者非謂黃鍾大呂弦歌干揚也【集解】鄭元曰揚鉞也【索隱】干楯也揚與鍚同皇侃以揚爲舉恐非也【正義】此樂情章第三段明識禮樂本者爲尊識末者爲卑黃鍾大呂之屬故云非謂也揚舉也謂舉楯以爲舞也樂之末節也【正義】黃鍾以下是樂之末節也故童者舞之【正義】末事易之不足貴重故使童子小兒舞奏之也布筵席陳尊俎列籩豆以升降爲禮者【正義】此亦明末也用禮之本在著誠去僞安上理民不在鋪筵席樽俎升降爲禮之事也禮之末節也【正義】布筵以下是禮之末節也故有司掌之【集解】鄭元曰言禮樂之本由人君也禮本著誠去僞樂本窮本知變【正義】有司典禮小官也末節事易解不爲可重故小官掌其事也樂師辯乎聲詩故北面而弦【集解】王肅曰不知其義故北面而弦鄭元曰弦謂鼓琴瑟【正義】此更引事證樂師曉樂者辯別聲詩謂歌也言樂師雖能別歌詩並是末事故北面言坐處卑也宗祝辯乎宗廟之禮故後尸【正義】此禮事也宗祝大祝即有司之屬也雖能分別正宗廟之禮然佐於尸而非爲敬之主爲卑故在尸後也商祝辯乎喪禮故後主人【集解】鄭元曰商祝祝習商禮者商人教以敬於接神【正義】商祝者殷商之神祝習商家禮以相佐喪事故云辯乎喪禮其雖掌喪事而非發喪之主故在主人後言處賤也是故德成而上【正義】上謂堂上也德成謂人君禮樂德成則爲君故居堂上南面尊之也藝成而下【正義】下謂堂下也藝成謂樂師伎藝雖成唯識禮樂之末故在堂下北面卑之也行成而先【正義】行胡孟反先猶前也尸及喪主也行成謂尸尊而人孝故爲行成事成而後【集解】鄭元曰德三德也行三行也藝才伎也先謂位在上也後謂在下也【正義】事爲劣故爲在宗商二祝也識尸及主人後也是故先王有上有下有先有後然後可以有制於天下也【集解】鄭元曰言尊卑備乃可制作以爲治【正義】故先王使上下前後尊卑分乃可制禮作樂以班於天下也樂者聖人之所樂也【正義】此樂施章第三段後也謂在此樂之後又用此章如周公六年乃爲禮也廣爲象其德也故云聖人之所以觀德也而可以善民心其感人深其風移俗易故先王著其教焉【集解】鄭元曰謂立司樂以下使教國子也夫人有血氣心知之性【正義】此第五章名樂言明樂歸趣之事中有三段一言人心隨王之樂也二明前王制正樂化民也三言邪樂不可化民也前既以施人人必應之言其歸趣也此言人心隨王之樂也夫人不生則已既已生必有血氣心知之性也而無哀樂喜怒之常【正義】性合五常之行有喜怒哀樂之分但其發無常時隨外境所觸故亦無常也應感起物而動【正義】外物來感心心觸感來起動應之故有上四事也然後心術形焉【集解】鄭元曰言在所以感之也術所由也形猶見也是故志微焦殺之音作而民思憂【集解】鄭元曰志微意細也吳公子札曰其細已甚【正義】殺音所界反又色例反思音先利反此以下皆言心樂感而應見外事也若人君盡情志細劣其樂音焦戚殺急不舒緩也音既局促故民應之而憂也嘽緩慢易繁文簡節之音作而民康樂【集解】鄭元曰簡節少易也【正義】嘽昌單反易以豉反樂音洛嘽

綽也緩和也慢疏也繁文多也康和樂安也言人君道德綽和疏易則樂音多文采與節奏簡略而下民所以安粗厲猛起奮末廣賁之音作而民剛毅【集解】王肅曰粗厲猛起發揚奮末浸疾廣賁廣大之也【正義】粗音麤賁房粉反又音墳粗略也厲嚴也猛剛也起動也末支體也廣大也賁氣充也言人君若性麤嚴剛動而四支奮躍則樂充大民應之所以剛毅也廉直經正莊誠之音作而民肅敬【集解】孫炎曰經法也【索隱】經今禮本作勁【正義】經音勁言人君廉直勁正則樂音矜嚴而誠信故民應之所以肅敬也寬裕肉好順成和動之音作而民慈愛【集解】王肅曰肉好言音之洪美【正義】肉仁救反好火到反肉肥也謂音如肉之肥言人君寬容肥好則樂音順成而和動故民應之所以慈愛也流辟邪散狄成滌濫之音作而民淫亂【集解】王肅曰狄成言成而似夷狄之音也滌濫放蕩濫僭差也【正義】辟疋亦反邪音斜狄音惕滌音條也往來疾速也往來速而成故云狄成往來疾而僭濫故云滌濫也言君上流淫縱僻回邪放散則樂音有往來速疾僭差之響故民應之而淫亂也心本無此六事由隨樂而起也是故先王本之情性【正義】此樂言章第二段也前言民隨樂變此言先王制正樂化民也言聖人制樂必本人之性情也稽之度數制之禮義【正義】稽考也制樂又考天地度數爲之如律呂應十二月八音應八風之屬也合生氣之和道五常之行【集解】鄭元曰生氣陰陽也五常五行也【正義】道音導行胡孟反合應使之陽而不散陰而不密【集解】鄭元曰密之言閉也【正義】陽謂稟陽氣多人也陽氣舒散人稟陽多則奢陰氣閉密人稟陰多則鎮密今以樂通二者之性皆使中和故陽者不散陰者不密也剛氣不怒柔氣不懾【集解】鄭元曰懾猶恐懼也【正義】懾之涉反懼也性剛者好怒柔者好懼今以樂和使各得其所不至怒懼也四暢交於中而發作於外【正義】四陰陽剛柔也暢通也交互也中心也今以樂調和四事通暢交互於中心而行用舉動發於外不至散密怒懾者也皆安其位而不相奪也【正義】此結樂爲本情性之事也閉陽開陰抑剛引柔悉使中庸故天下安其位無復相侵奪之也然後立之學等【集解】鄭元曰等差也各用其材之差學之也【正義】前用樂陶情和暢然後乃以樂語樂舞二事教之民各隨已性才等差而學之以備分也廣其節奏省其文采【集解】鄭元曰省猶審習之也文采謂節奏合也以繩德厚也【集解】鄭元曰繩猶度也王肅曰繩法也其德厚薄也類小大之稱【集解】孫炎曰作樂器大小稱十二律【索隱】類今禮作律比終始之序【集解】鄭元曰始於宮終於羽以象事行【集解】鄭元曰宮爲君商爲臣使親疏貴賤長幼男女之理皆形見於樂【正義】此結以下緣本而教親疏以下之理悉章著樂功使聞者皆知而見睦情也故曰樂觀其深矣【正義】此引古語證觀感人之深矣土敝則草木不長水煩則魚鼈不大【正義】此樂言章第三段言邪樂不可化民將言邪樂之由故此前以天地爲譬此以地爲譬也敝猶勞熟煩猶數擾動也土過勞熟水過撓動則草木魚鼈不長大也氣衰則生物不育【正義】此以天譬也氣者天時氣也若衰微則生物不復成遂也世亂則禮慝而樂淫【正義】此合譬也世謂時世亂其禮不備樂不節故流淫過度木土勞敝則草木魚鼈不長大如時世濁亂之禮樂不可爲化矣是故其聲哀而不莊樂而不安【正義】樂音洛此證淫樂之事也淫樂則聲哀而無莊敬雖奏以自樂必致傾危非自安之道故云樂而不安若關雎樂而不淫哀而不傷是有莊敬而安者也慢易以犯節【正義】易以豉反言無莊敬慢易也無節奏故云犯節也即是哀而不莊也流湎以忘本【正義】湎音沔靡靡無窮失於終止故言忘本即樂而不安之義也廣則容姦【正義】言淫慝禮樂聲無節也廣謂聲緩也容含也其聲緩者則含容姦僞也狹則思欲【集解】王肅曰其音廣大則容姦僞其狹者則使人思利欲也【正

義愱聲急也其聲急者則思欲攻之也感滌蕩之氣而滅平和之德[正義]感動也言此惡樂能動善人滌蕩之善氣使失其所而滅善人平和之德也是以君子賤之也[正義]君子用樂調和是故賤於動滅平和之氣也凡姦聲感人而逆氣應之[正義]此第六章名樂象也本第八失次也明人君作樂則天地必法象應之中有五段一明淫樂正樂俱能成象二明君子所從正樂皆有本非可假僞四證第三段有本不僞之由五明禮樂之用前有譜故明其用也今此明淫正二樂俱能成象故先言淫樂爲習應人事也言君奏姦聲之樂以感動人民則天地應之而生逆亂之氣也逆氣成象[集解]鄭元曰成象謂人樂習之也而淫樂興焉[正義]興生也若逆氣流行於世而民又習之爲法故云成象既習亂爲法故民之樂聲生於淫佚也正聲感人而順氣應之順氣成象而和樂興焉[正義]言順氣流行民習成法故樂聲亦生於和也倡和有應[正義]倡音昌尚反和胡臥反君唱之天地和之民應之故云唱和有應也回邪曲直各歸其分[正義]分房問反此是有應也回邪不正也曲折也直不邪也言相應和表直影正表曲影邪各歸其分也而萬物之理以類相動也[正義]姦聲致應正聲招順是以天下萬物之理各隨君善惡以類而相動也是故君子反情以和其志[集解]鄭元曰反猶本也[正義]此樂象章第二段也明君子從正樂也君子人君也反猶本也民下所習既從於君故君宜本情不使流宕以自安和其志也比類以成其行[正義]行胡孟反萬物之理以類相動故君子比於正類以成已行也姦聲亂色不留聰明淫樂慝禮不接於心術惰慢邪辟之氣不設於身體[正義]此以下皆反情性之類事也術道也既本情和志又比類成行故姦聲亂色不留聰明淫樂慝禮不與心道相接情慢邪僻不設置已身也聲色是事故云聰明而氣無形故於身爲設也使耳目鼻口心知百體皆由順正以行其義[正義]百體謂身體百節既不行姦亂已下諸事故能使諸行並由順正以行其德美化其天下也不留聰明於姦聲亂色故耳目得順正也不用心術接淫慝禮樂故心知得順正也不設身於邪僻故百體得順正也不言鼻口者不一也亦因戒鼻味順正也然後發以聲音文以琴瑟[正義]其身已正故然後乃可制樂爲化故用歌之音聲內發已之德用琴瑟之響外發已之行歌者在上此是堂上之樂故前明之也動以干戚飾以羽旄從以簫管[正義]又用干戚羽旄簫管從而播之絲竹在下此是堂下之樂故後明之也奮至德之光動四氣之和以著萬物之理[集解]孫炎曰奮發也至德之光天地之道也四氣之和四時之化也著猶誠也是故清明象天廣大象地終始象四時周旋象風雨[集解]王肅曰清明廣大終始周旋皆樂之節奏容儀發動也[正義]歷解樂所以能通天地言歌聲清明是象天氣也廣大謂鍾鼓有形質是象地形也謂奏歌周而復始如四時循環也若樂六變九變謂舞人迴旋如風雨從天而下也五色成文而不亂八風從律而不姦百度得數而有常[集解]鄭元曰五色五行也八風從律應節至也百度百刻也言日月晝夜不失正也王肅曰至樂之極能使然耳小大相成[正義]大小謂日聲小大相通以成歲也賀瑒云十二月律互爲宮羽而相成也終始相生[正義]歲月終而更始也賀瑒云五行宮商迭相爲終始也倡和清濁代相爲經[集解]鄭元曰清謂蕤賓至應鍾也濁謂黃鍾至仲呂也[正義]代更也經常也日月半歲陰陽更相爲常也卽還相爲宮也故樂行而倫清[集解]鄭元曰倫謂人道也[正義]謂上正樂之行也謂下事張本也卽樂行之事也由正樂既行故人民之道清也耳目聰明[正義]不視聽姦亂故視聽明血氣和平[正義]口鼻心知百體皆由從正故血氣和平移風易俗天下皆寧[正義]既皆由從正以行其義故風移俗革天下陰陽皆安寧移是移從之名易是改易之稱也文王之囿自有文王

之風桀紂之邦亦有桀紂之風桀紂之後文王之風被於紂民易前之惡俗從今之善俗上行謂之風下習謂之俗故曰樂者樂也[正義]引舊語樂名廣譬前事邪正之樂雖異是其人所樂故名曰樂也君子樂得其道[正義]雖其人所樂而名爲樂而人心不同故所樂有異有異而名通故皆名樂君子堯舜也道謂仁義故制樂亦仁義也小人樂得其欲[正義]小人桀紂也人欲邪淫也以道制欲則樂而不亂[正義]若君子在上小人在下君子樂用仁義以制小人之欲則天下安樂而不敢爲亂也以欲忘道則惑而不樂[集解]鄭元曰道謂仁義也欲謂邪淫也[正義]若小人在上君子在下則小人肆縱其慾忘正道而天下從化皆爲亂惑不得安樂是故君子反情以和其志[正義]若以道制欲則是君子以欲忘道則爲小人故君子之人本情修性以和其志不使逐欲忘道反情以至其行也廣樂以成其教[正義]內本情和志而外又廣於樂以成其教然後發以聲音以著萬物之理也樂行而民鄉方[正義]君上內和志行樂教流行故民皆向君子之道卽仁義制欲者故樂行而倫清以至天下安寧也可以觀德矣[集解]鄭元曰方猶道也[正義]結樂使人知上之事故觀知其德也德者性之端也[正義]此樂象章第三段明邪正有本皆可爲也德得理也性之端本也言人稟性皆以得理爲本也樂者德之華也[正義]得理於內樂爲外故云德華也金石絲竹樂之器也[正義]歷解所須也樂爲德華若莫之能用故須金石之器也詩言其志也[正義]前金石爲器須用詩述申其志志在心不述不暢故用詩述之也歌詠其聲也[正義]若直述其志則無醞藉之美故又長言歌詠使聲音之美可得而聞之也舞動其容也[正義]若直詠歌未暢故又舉手蹈足以動其形容也三者本乎心然後樂氣從之[正義]三者志聲容也樂氣詩歌舞也君子前有三德爲本乎心後乃詩歌舞可觀故云然後樂氣從之也是故情深而文明[正義]德爲性本故曰情深也樂爲德華故云文明氣盛而化神[正義]歌舞樂氣從之故云氣盛天下咸寧故曰化神也和順積中而英華發外唯樂不可以爲僞[集解]鄭元曰三者本志也聲也容也言無此本於內則不能爲樂耳[正義]內外將合而無有虛假不可以爲僞也樂者心之動也[正義]此樂象章第四段也明證前第三段樂本之事豫有前境可樂而心動應之故云樂者心之動也聲者樂之象也[正義]象法也樂無聲則不彰故聲爲樂之法也文采節奏聲之飾也[正義]若直有聲而無法度故須文采節奏聲之儀飾也君子動其本[正義]本德也心之動必應德也樂其象[正義]德行必應法也然後治其飾[正義]飾文采節奏也前動心有德次行樂有法然後乃理其文飾也是故先鼓以警戒[集解]鄭元曰將奏樂先擊鼓以警戒衆也[正義]此引武王伐紂之事證前有德後有飾也武王聖人是前有德也而用此節奏是後有飾也先鼓者爲武王伐紂未戰之前鳴皮鼓以警戒使軍衆逆備也今作武王樂者未奏之前鳴皮鼓以人使預備具也是明志後有事也三步以見方[集解]鄭元曰將舞必先三舉足以見其舞之漸也王肅曰舞武樂三步爲一節者以見伐道也[正義]見胡練反三步足三步也見方謂方將也武王伐紂未戰之前兵士樂奮其勇出軍陣前三歩示勇氣方將戰也今作樂象之舞者將欲舞先舉足三頓爲步以表方將舞之勢也再始以著往[集解]鄭元曰武舞再更始以明伐時再往也[正義]著竹慮反再始謂兩過爲始也著明也文王受命十一年而武王除喪至孟津觀兵曰紂未可伐也乃還師是一始也至十三年更興師伐之是再始也今舞武者前成列將欲舞而不舞是一始也去復更來是二過始明象武王再往故云再始著往也復亂以飭歸[集解]鄭元曰謂鳴鐃而退明以整歸也[正義]復伏也飭音勅復亂者紂凶亂而安復之飭歸者武王伐紂勝鳴金鐃整武而歸也以去奏皮鼓歸奏金鐃者皮文也金武也初示文德使紂自改之則不伐紂既不改因而用兵用兵既竟故鳴金鐃而歸示用已竟也今奏武舞初皮鼓警衆末鳴鐃

以歸象伐紂已竟也鐃鐙鐸也奮疾而不拔也[集解]王肅曰舞雖奮疾而不失節若樹木得疾風而不拔[正義]謂舞形也奮迅疾速也拔傾側也伐紂時士卒歡喜奮迅急速以尚威勢猛而不傾側也今武舞亦奮迅急而速不傾倒象極幽而不隱[集解]鄭元曰極幽謂歌也[正義]皆謂文采節奏也獨樂其志不厭其道[集解]王肅曰樂能使仁人獨樂其志不厭倦其道也[正義]言武王諸將人各欣悅象武王有德天下之志並無厭干戈君臣之道備舉其道不私其欲[正義]緣人人不厭故作樂者事事法之欲備舉武王之道耳非爲私情之所欲也是以情見而義立[正義]不厭武王之道其情既見則不私其欲義亦立也樂終而德尊[正義]爲樂之理既終是象德之事其德亦尊顯也君子以好善小人以息過[正義]樂理周足象德可尊以此教世何往而不可君子聞之則好善小人聞之則改過也故曰生民之道樂爲大焉[正義]此引舊語結樂道之爲大君子曰禮樂不可以斯須去身[正義]此第十章名爲樂化章第十以化民故次賓牟賈成第十也其章中皆言樂陶化爲善也凡四段一明人生禮樂恒與己俱也二明禮樂不可偏用各有一失也三明聖人制禮作樂之由也四明聖人制禮作樂天下服從此初段明人生禮樂恒與己俱也恒故能化化故在前也引君子之言以張本也斯須俄頃也失之者死故俄頃不可去身者也致樂以治心[集解]鄭元曰致猶深審也樂由中出故治心也則易直子諒之心油然生矣[集解]王肅曰易平正直子諒愛信也鄭玄曰油新生好貌易直子諒之心生則樂樂則安安則久久則天天則神天則不言而信神則不怒而威[集解]鄭元曰若善心生則寡於利欲寡於利欲則樂矣志明行成不言而見信如天也不怒而見畏如神也致樂以治心者也[正義]結所由也有威信由於深審樂以結心之故致禮以治躬者也[正義]前明樂治心今明禮檢迹若深審於禮以治身則莊敬也鄭元云禮自外作故治身也治躬則莊敬莊敬則嚴威[集解]鄭元曰禮自外作故治身也[正義]既身莊敬然人望而畏之是威嚴也治內雖見發明樂句多治外易觀發明禮句少而又結也心中斯須不和不樂而鄙詐之心入之矣[集解]鄭元曰謂利欲生也外貌斯須不莊不敬而慢易之心入之矣[集解]鄭元曰易輕易也故樂也者動於內者也禮也者動於外者也樂極和禮極順內和而外順則民瞻其顏色而弗與爭也望其容貌而民不生易慢焉德煇動乎內而民莫不承聽理發乎外而民莫不承順[集解]鄭元曰德煇顏色潤澤也理容貌進止也孫炎曰德煇明惠也理言行也故曰知禮樂之道舉而錯之天下無難矣[正義]錯七故反引舊語證民莫不承聽莫不承順也聖王有能詳審極致禮樂之道舉而措之於天下天下悉從無難爲之事也樂也者動於內者也禮也者動於外者也[正義]此樂化章第二段也明禮樂不可偏用各有一失既方明所失故前更言其所發外內不同也動亦感故禮主其謙[集解]鄭元曰人所倦也王肅曰自謙損也樂主其盈[集解]鄭元曰人所歡也王肅曰充氣志也禮謙而進以進爲文[集解]鄭元曰進者謂自勉強也文猶美也善也王肅曰禮自減損所以進德修業也樂盈而反以反爲文[集解]鄭元曰反謂自抑止也王肅曰樂充氣志而反本也禮謙而不進則銷樂盈而不反則放[集解]鄭元曰放淫於聲樂不能止也故禮有報[集解]孫炎曰報謂禮尚往來以勸進之王肅曰禮自減損而以進爲報也而樂有反[集解]孫炎曰反謂曲終還更始禮得其報則樂樂得其反則安禮之報樂之反其義一也[集解]鄭元曰俱起立於中不銷不放夫樂者樂也

人情之所不能免也[正義]此樂化章第三段也明聖人所以制樂由人樂於歌舞故聖人制樂以和樂之故云樂者樂也但樂是人所貪貪不能自止故云人情也樂必發諸聲音形於動靜人道也[集解]鄭元曰人道人之所爲也聲音動靜性術之變盡於此矣[集解]鄭元曰不可過故人不能無樂樂不能無形[集解]鄭元曰形聲音動靜也形而不爲道不能無亂先王惡其亂故制雅頌之聲以道之使其聲足以樂而不流使其文足以綸而不息[集解]鄭元曰文篇辭也息銷也使其曲直繁省廉肉節奏[集解]鄭元曰曲直歌之曲折繁省廉肉聲之洪殺也足以感動人之善心而已矣不使放心邪氣得接焉是先王立樂之方也[集解]鄭元曰方道也是故樂在宗廟之中君臣上下同聽之則莫不和敬在族長鄉里之中長幼同聽之則莫不和順在閨門之內父子兄弟同聽之則莫不和親故樂者審一以定和比物以飾節節奏合以成文[集解]鄭元曰審一審其人聲也比物謂雜金革土匏之屬以成文五聲八音克諧相應和也所以合和父子君臣附親萬民也是先王立樂之方也故聽其雅頌之聲志意得廣焉[正義]前云先王制之聲音形於動靜故此證其事也此是發於聲音也民聽正聲得益盛德之美志意得廣大也執其干戚習其俯仰詘信容貌得莊焉行其綴兆[集解]鄭元曰綴表也所以表行列也要其節奏[集解]鄭元曰要猶會也行列得正焉進退得齊焉故樂者天地之齊中和之紀[集解]鄭元曰紀總要之名人情之所不能免也夫樂者先王之所以飾喜也[正義]此樂化章第四段也明樂惟聖人在上者制作天下乃從服也若內有喜則外歌舞以飾之故云王以樂飾喜也軍旅鈇鉞者先王之所以飾怒也故先王之喜怒皆得其儕矣喜則天下和之怒則暴亂者畏之先王之道禮樂可謂盛矣魏文侯問於子夏曰[正義]此章第八名文侯問也文侯故晉大夫畢萬之後見子夏而問於樂也吾端冕而聽古樂[集解]鄭元曰端玄衣也古樂先王之正樂也[正義]此文侯問事也端冕謂玄冕凡冕服其制正幅袂二尺二寸故稱端也著玄冕衣與玄端同色故曰端冕聽古樂也此當是廟中聽樂玄冕祭服也則唯恐臥聽鄭衞之音則不知倦敢問古樂之如彼何也新樂之如此何也子夏荅曰今夫古樂進旅而退旅[集解]鄭元曰旅猶俱也俱進俱退言其齊一也[正義]子夏之荅凡有三初則舉古禮次新樂以酬問意又因更別說以詩引文侯欲使更問也此是荅述古樂之情旅衆也和正以廣[集解]鄭元曰無姦聲也弦匏笙簧合守拊鼓[集解]鄭元曰合皆也言衆皆待擊鼓乃作也拊者以韋爲表裝之以糠也[正義]拊音數武反拊一名相亦奏古笙樂也匏瓠屬也四十六簧笙十九至十三簧也簧施於匏笙之管端者也合會也守待也拊者皮爲之以糠實如革囊也用手撫之鼓也言奏弦匏笙簧之時若欲令堂上作樂則撫拊堂上樂工聞撫拊乃弦歌也若欲令堂下作樂則擊鼓堂下樂工聞鼓乃吹管播樂也言弦匏笙簧皆待拊鼓故言會守拊鼓也始奏以文止亂以武[集解]鄭元曰文謂鼓武謂金也治亂以相訊疾以雅[集解]孫炎曰整其亂行節之以相赴敵迅疾趨之以雅鄭玄曰相拊也亦以節樂雅亦樂器名狀如漆筩中有椎君子於是語於是道古修身及家平均天下此古樂之發也今夫新樂進俯退俯

姦【集解】鄭元曰俯猶曲也言不齊一也【正義】此第二逮雜樂也俯曲也新樂行列不齊而進退曲也聲以淫溺而不止【集解】王肅曰姦聲淫使人溺而不能自止及優侏儒【集解】王肅曰俳優短人也獶雜子女不知父子【集解】鄭元曰獶獮猴也言舞者如獮猴戲亂男女尊卑也樂終不可以語不可以道古此新樂之發也【正義】此結新樂答也今君之所問者樂也所好者音也【正義】此第三別誘引文侯更問前故說此句言文侯所問乃是樂而好鏗鏘之音非律呂克諧之正樂也夫樂之與音相近而不同【集解】鄭元曰鏗鏘之類皆爲音應律乃爲樂文侯曰敢問如何【集解】鄭元曰欲知音樂異意子夏答曰夫古者天地順而四時當【正義】當丁浪反此答古樂之由也天地從四時當聖人在上故也民有德而五穀昌疾疢不作而無祆祥此之謂大當【集解】鄭元曰當謂不失其所也然後聖人作爲父子君臣以爲之紀綱紀綱既正天下大定天下大定然後正六律和五聲弦歌詩頌此之謂德音德音之謂樂詩曰莫其德音其德克明克明克類克長克君王此大邦克順克俾【集解】鄭元曰德正應和曰莫照臨四方曰明勤施無私曰類教誨不倦曰長慶賞刑威曰君慈和徧服曰順俾當作比擇善而從之曰比俾於文王其德靡悔既受帝祉施于孫子此之謂也【集解】鄭元曰施延也言文王之德皆能如此故受天福延及後世也今君之所好者其溺音與【集解】鄭元曰言無文王之德則所好非樂文侯曰敢問溺音者何從出也子夏答曰鄭音好濫淫志【集解】鄭元曰濫濫竊姦聲也【正義】子夏歷道四國之所由以答文侯也宋音燕女溺志【集解】王肅曰燕歡悅衞音趣數煩志【集解】孫炎曰趣數音促速而數變化鄭元曰煩勞也齊音驁辟驕志四者皆淫於色而害於德是以祭祀不用也【集解】鄭元曰言四國出此溺音詩曰肅雍和鳴先祖是聽夫肅肅敬也雍雍和也夫敬以和何事不行【集解】鄭元曰古者樂敬且和故無事而不用溺音無所施爲人君者謹其所好惡而已矣君好之則臣爲之上行之則民從之詩曰誘民孔易此之謂也【集解】鄭元曰誘進也孔甚也言民從君之所好惡進之於善無難也然後聖人作爲鞉鼓椌楬壎篪【集解】鄭元曰椌楬謂柷敔【索隱】壎以土爲之大如鵝子形似錘吹之爲聲篪以竹爲之六孔一孔上出名翹橫吹之今之橫笛是也詩云伯氏吹壎仲氏吹篪是也此六者德音之音也【集解】鄭元曰六者爲本以其聲質然後鍾磬竽瑟以和之干戚旄狄以舞之此所以祭先王之廟也所以獻醻酳酢也所以官序貴賤各得其宜也【集解】鄭元曰官序貴賤謂尊卑樂器列數有差此所以示後世有尊卑長幼序也鍾聲鏗鏗以立號【集解】鄭元曰號令所以警衆也王肅曰鍾聲高故以之立號也號以立橫【集解】鄭元曰橫充也謂氣作充滿橫以立武君子聽鍾聲則思武臣石聲硜【集解】王肅曰聲果勁硜以立別【集解】鄭元曰謂分明於節義別以致死君子聽磬聲則思死封疆之臣絲聲哀哀以立廉【集解】鄭元曰廉廉隅廉以立志君子聽琴瑟之聲則思志義之臣竹聲濫【集解】王肅曰濫會諸音濫以立會會以聚衆君子聽竽笙簫管之聲則思畜聚之臣鼓鼙之聲讙讙以立動動

以進衆君子聽鼓鼙之聲則思將帥之臣【集解】鄭元曰聞讙囂則人意動作也君子之聽音非聽其鏗鏘而已也彼亦有所合之也【集解】鄭元曰以聲合己意賓牟賈侍坐於孔子【正義】此第九章名賓牟賈問者蓋孔子之問本爲牟賈而設故云牟賈問也孔子與之言及樂曰夫武之備戒之已久何也【集解】鄭元曰武謂周舞也備戒擊鼓警衆也【正義】此孔子問牟賈及樂之事凡有五問此其一也備戒者謂將欲作樂前鳴鼓警戒使樂人各備容儀言初欲奏樂時既已備戒使有節奏故今武舞者備戒已久疑其遲久故問之也答曰病不得其衆也【集解】鄭元曰病猶憂也以不得衆心爲憂憂其難【正義】牟賈答也亦有五而二答是三答非今答是也言武王伐紂時憂不得衆心故前鳴鼓戒衆久之乃出戰也故今舞者久久乃出象武王憂不得衆心故也永歎之淫液之何也【集解】鄭元曰永歎淫液歌遲之也【正義】此第二問也答曰恐不逮事也【集解】鄭元曰逮及也事戎事也【正義】此答亦是也言衆士望武王欲伐速恒恐不及戎事之機故有永歎淫液之聲發揚蹈厲之已蚤何也【集解】王肅曰厲疾也備戒雖久至其發作又疾也【正義】第三問也發初也揚擧袂也蹈頓足蹋地厲顔色勃然如戰色也問樂舞何意發初揚袂又蹈頓足蹋地勃然作色何如此也答曰及時事也【集解】鄭元曰時至武事當施也王肅曰欲令之事各及時【正義】此答非也牟賈意言發揚蹈厲象武王一人意欲及時之事故早爲此者也鄭亦隨賈意注之也武坐致右憲左何也【集解】王肅曰右膝至地左膝去地也【正義】憲音軒第四問也坐跪也致至也軒起也問舞人何忽有時而跪也答曰非武坐也【集解】鄭元曰言武之事無坐也【正義】此答亦非也牟賈言武畜之士不應有坐也聲淫及商何也【集解】王肅曰聲深淫貪商【正義】第五問也答曰非武音也【集解】王肅曰言武王不獲已爲天下除殘非貪商也【正義】此答又非也子曰若非武音則何音也【正義】孔子評其答武音不貪但不如其實解理空言其非反問也答曰有司失其傳也【集解】鄭元曰有司典樂者傳猶說也【正義】傳直緣反賈答言武王非有貪是有司傳之謬故有此妄如非有司失其傳則武王之志荒矣【集解】鄭元曰荒老耄也言典樂者失其說時人妄說也【正義】賈又云假令非傳者謬妄則是武王末年年志荒耄之時故有貪商之聲也子曰唯丘之聞諸萇弘亦若吾子之言是也【集解】鄭元曰萇弘周大夫【索隱】大戴禮云孔子適周訪禮於老聃學樂於萇弘是也【正義】萇音直良反吾子牟賈也言我聞萇弘所言亦如賈今所言之也賓牟賈起免席而請曰【正義】免猶避也前所答四事五不被叩問今疑不知前答之是非故起而問也夫武之備戒之已久則既聞命矣【集解】孫炎曰聞命謂言是敢問遲之遲而又久何也【集解】鄭元曰遲之遲謂久立於綴子曰居吾語汝【集解】鄭元曰居猶安坐也夫樂者象成者也【集解】王肅曰象成功而爲樂總干而山立【集解】王肅曰總持干楯山立不動武王之事也【正義】此下明應象成之事也答所以遲也象武王伐紂持楯立以待諸侯至故云武王之事也發揚蹈厲太公之志也【集解】王肅曰志在鷹揚也【正義】答遲久已竟而牟賈前答發揚蹈厲以爲象武王欲及時事非也言此是太公志耳太公相武王伐紂志願武王之速得自奮其威勇以助之也武亂皆坐周召之治也【集解】王肅曰武亂武之治也皆坐以象安民無事也【正義】賈前答武坐非也因又爲之說言當伐紂時士卒行伍有亂者周召二公以治正之使其跪敬致右軒左以待處分故今八佾象爾時之亂挨相正之則俱跪乃更起以作行列象周召之事耳非武舞有坐之也且夫武始而北出【集解】鄭元曰始奏象觀兵盟津時也【正義】說五事既竟而遲久之意未周故更廣其象成之事非答前五事故云且夫也始而北出者謂奏樂象武王觀兵孟津之時也王居鎬在南紂居朝歌在河北

故儛者南來時向北尚象之也再成而滅商【集解】鄭元曰成猶奏也再奏象克殷時【正義】再成謂儛者再來奏時也儛者初始前一向北而不儛象武王前觀孟津不伐而反也至再往而向北遂奏成擊刺三成而南【集解】王肅曰誅紂已而南【正義】儛者第三奏往而轉向南象武王勝紂向南還鎬之時也四成而南國是疆【集解】王肅曰有南國以爲疆界【正義】儛者第四奏象周太平時南方荊蠻竝來歸服爲周之疆界五成而分陝周公左召公右【集解】王肅曰分陝東西而治【正義】儛者至第五奏而東西中分之爲左右二部象周太平後周公召公分職爲左右二伯之時六成復綴以崇天子【集解】鄭元曰六奏象兵還振旅也復綴反位止也王肅曰以象尊崇天子夾振之而四伐盛威於中國也【集解】王肅曰振威武也四伐者伐四方與紂同惡者一擊一刺爲一伐也【正義】夾音古合反夾振謂武王與大將軍夾軍而奮鐸以振動士卒也言當奏武樂時亦兩人執鐸夾之爲節之象也凡四伐到一止當伐紂時士卒皆四伐一止也故牧誓云今日之事不過四伐五伐是也故作武樂儛者亦以干戈伐之象也分夾而進【集解】徐廣曰一作遲事蚤濟也【集解】王肅曰分部而竝進者欲事早成久立於綴以待諸侯之至也【集解】鄭元曰象武王伐紂待諸侯也且夫女獨未聞牧野之語乎【集解】鄭元曰欲語以作武樂之意【正義】今衞州所理汲縣即牧野之地也更欲語牟賈奏武樂遲久之意其語即下所陳是也武王克殷反商【集解】鄭元曰反當爲及謂至紂都也未及下車【正義】車戎車也軍法一車三人乘之步卒七十二牧誓云戎車三百兩則二萬二千五百人也而封黃帝之後於薊封帝堯之後於祝【正義】地理志云平原郡祝阿縣也薊音計幽州縣是也封帝舜之後於陳【正義】陳州宛丘縣故陳城是也下車而封夏后氏之後於杞【正義】汴州雍丘縣故杞國封殷之後於宋封王子比干之墓【集解】鄭元曰積土爲封封比干之墓崇賢也釋箕子之囚使之行商容而復其位【集解】徐廣曰周本紀曰命召公釋箕子之囚又曰表商容之閭庶民弛政庶士倍祿【集解】鄭元曰弛政去紂時苛役倍祿復其紂時薄者濟河而西【正義】濟渡也河黃河也武王伐紂事畢從懷州河陽縣南渡河至洛州從洛城而西歸鎬京也馬散華山之陽【集解】鄭元曰散猶放而弗復乘牛散桃林之野【集解】徐廣曰在弘農縣今曰桃丘而不復服【正義】示無復用服亦乘也桃林在華山之旁此二處並是牛馬放生地初伐就此取之今事竟歸之前處故尚書武成篇序云武王伐殷往伐歸獸是也車甲弢【集解】徐廣曰音韜而藏之府庫而弗復用倒載干戈苞之以虎皮【集解】鄭元曰包干戈以虎皮明能以武服兵也將率之士使爲諸侯名之曰建櫜【集解】王肅曰所以能櫜弓矢而不用者將率之士力也故建以爲諸侯謂之建櫜也然後天下知武王之不復用兵也散軍而郊射【集解】鄭元曰郊射爲射宮於郊也王肅曰郊有學宮可以習禮也左射貍首右射騶虞而貫革之射息也【集解】鄭元曰左東學右西學也貍首騶虞所歌爲節也貫革射穿甲革也裨冕搢笏而虎賁之士稅劍也【集解】鄭元曰裨冕衣裨衣而冠冕也裨衣衮之屬也搢插也祀乎明堂而民知孝【集解】鄭元曰文王之廟爲明堂朝覲然後諸侯知所以臣耕籍【集解】鄭元曰耕籍籍田也然後諸侯知所以敬五者天下之大教也食三老五更於太學【集解】鄭元曰老更互言之耳皆老人更知三德五事者也周名太學曰東膠天子袒而割牲執醬而饋執爵而酳冕而總干【集解】鄭元曰冕而總干在舞位所以教諸侯之悌也若此則周道四達禮樂交通則夫武之遲久不亦宜乎

【集解】鄭元曰言武遲久爲重禮樂也子貢見師乙而問焉【集解】鄭元曰師樂官也乙名也曰賜聞聲歌各有宜也【集解】鄭元曰氣順性如賜者宜何歌也師乙曰乙賤工也【集解】鄭元曰樂人稱工何足以問所宜請誦其所聞而吾子自執焉【集解】鄭元曰執猶處也寬而靜柔而正者宜歌頌廣大而靜疏達而信者宜歌大雅恭儉而好禮者宜歌小雅正直清廉而謙者宜歌風肆直而慈愛者【集解】鄭元曰肆正也宜歌商溫良而能斷者宜歌齊夫歌者直己而陳德【集解】鄭元曰各因其德歌所宜動己而天地應焉四時和焉星辰理焉萬物育焉【集解】鄭元曰育生也故商者五帝之遺聲也商人志之故謂之商齊者三代之遺聲也齊人志之故謂之齊明乎商之詩者臨事而屢斷【集解】鄭元曰以其肆直明乎齊之詩者見利而讓也【集解】鄭元曰以其溫良而能斷也臨事而屢斷勇也見利而讓義也有勇有義非歌孰能保此故歌者上如抗下如隊曲如折止如槁木居中矩句中鉤累累乎殷如貫珠【集解】鄭元曰言歌聲之著動人心之審而有此聲故歌之爲言也長言之也【集解】鄭元曰長言引其聲說之故言之言之不足故長言之長言之不足故嗟嘆之嗟嘆之不足故不知手之舞之足之蹈之【集解】鄭元曰手舞足蹈歡之至子貢問樂【正義】結此前事悉是答子貢問之事其樂記者公孫尼子次撰也爲樂記通天地貫人情辯政治故細解之以前劉向別錄篇次與鄭目錄同而樂記篇次又不依鄭目今此文篇次顛倒者以褚先生升降故今亂也今逐舊次第隨段記之使後略知也以後文出褚意耳凡音由於人心天之與人有以相通如景之象形響之應聲故爲善者天報之以福爲惡者天與之以殃其自然者也故舜彈五弦之琴歌南風之詩而天下治紂爲朝歌北鄙之音身死國亡舜之道何弘也紂之道何隘也夫南風之詩者生長之音也舜樂好之樂與天地同意得萬國之驩心故天下治也夫朝歌者不時也北者敗也鄙者陋也紂樂好之與萬國殊心諸侯不附百姓不親天下畔之故身死國亡而衞靈公之時【正義】時衞都楚丘楚丘故城在宋州楚丘縣北三十里衞之楚丘邑也將之晉至於濮水之上舍【正義】括地志云在曹州離狐縣界即師延投處也夜半時聞鼓琴聲問左右皆對曰不聞乃召師涓曰吾聞鼓琴音問左右皆不聞其狀似鬼神爲我聽而寫之師涓曰諾因端坐援琴聽而寫之明日曰臣得之矣然未習也請宿習之靈公曰可因復宿明日報曰習矣即去之晉見晉平公平公置酒於施惠之臺【正義】一本虒祁之堂左傳云虒祁之宮杜預云虒祁地名也在絳州西四十里臨汾水也酒酣靈公曰今者來聞新聲請奏之平公曰可即令師涓坐師曠旁援琴鼓之未終師曠撫而止之曰此亡國之聲也不可聽平公曰何道出師曠曰師延所作也與紂爲

靡靡之樂武王伐紂師延東走自投濮水之中故聞此聲必於濮水之上先聞此聲者國削平公曰寡人所好者音也願遂聞之師涓鼓而終之平公曰音無此最悲乎師曠曰有平公曰可得聞乎師曠曰君德義薄不可以聽之平公曰寡人所好者音也願聞之師曠不得已援琴而鼓之一奏之有元鶴二八集乎廊門再奏之延頸而鳴舒翼而舞平公大喜起而為師曠壽反坐問曰音無此最悲乎師曠曰有昔者黃帝以大合鬼神今君德義薄不足以聽之聽之將敗平公曰寡人老矣所好者音也願遂聞之師曠不得已援琴而鼓之一奏之有白雲從西北起再奏之大風至而雨隨之飛廊瓦左右皆奔走平公恐懼伏於廊屋之間晉國大旱赤地三年聽者或吉或凶夫樂不可妄興也太史公曰夫上古明王舉樂者非以娛心自樂快意恣欲將欲為治也正教者皆始於音音正而行正故音樂者所以動盪血脈通流精神而和正心也故宮動脾而和正聖商動肺而和正義角動肝而和正仁徵動心而和正禮羽動腎而和正智故樂所以內輔正心而外異貴賤也上以事宗廟下以變化黎庶也琴長八尺一寸正度也弦大者為宮而居中央君也商張右傍其餘大小相次不失其次序則君臣之位正矣故聞宮音使人溫舒而廣大聞商音使人方正而好義聞角音使人惻隱而愛人聞徵音使人樂善而好施聞羽音使人整齊而好禮夫禮由外入樂自內出故君子不可須臾離禮須臾離禮則暴慢之行窮外不可須臾離樂須臾離樂則姦邪之行窮內故樂音者君子之所養義也夫古者天子諸侯聽鐘磬未嘗離於庭卿大夫聽琴瑟之音未嘗離於前所以養行義而防淫佚也夫淫佚生於無禮故聖王使人耳聞雅頌之音目視威儀之禮足行恭敬之容口言仁義之道故君子終日言而邪辟無由入也

【索隱述贊】曰樂之所興在乎防欲陶心暢志舞手蹈足舜日簫韶融稱屬續審音知政觀風變俗端如貫珠清同叩玉洋洋盈耳咸英餘曲

史記卷二十四考證

樂書○臣照按樂書謂褚先生補者亦出張守節正義今攷太史公曰以下敘虞書以至秦二世見古樂之失傳自高祖過沛至天馬來志漢樂之梗槩後載汲黯正直之言公孫詔諛之語以結之以明漢樂之所以不興當馬遷之時所應作之樂書如是止矣然則樂書未嘗不竟也後人復將樂記全寫入公孫弘語之下又取晉平公事不經之談以附益之而馬遷之義始晦矣今別而出之

樂者音之所由生也正義合音乃成樂是樂由音而生諸樂生起所由之生也○文似有誤宜云諸樂生起之所由也

其聲麤以厲正義心隨怒而發揚故無繳殺○今禮記疏作繳殺又以發揚無輒殺為喜心所感

是故先王慎所以感之正義六事隨見而動非關本性

先王聖人在上制正禮以防之○先王二字衍

凡音者生於人心者也正義自人心生而靜至王道備矣為一重○心字衍宜云自人生而靜

則是物至而人化物也集解鄭元曰隨物變化○今鄭注禮記無此語

和故百物不失正義樂與天地同和能生成性萬物○性字衍

欣喜驩愛樂之容也正義賀瑒云八音克諧使物欣喜○禮記疏引賀瑒云使物歡欣

干戚之舞非備樂也正義干戚周武也○周武疑武舞二字之誤

夔始作樂以賞諸侯集解鄭元曰夔欲舜與天下之君共此樂○今鄭注無此語

教者民之寒暑也教不時則傷世事者民之風雨也事不節則無功○衞湜禮記集說引張守節曰樂以氣和民心如天地寒暑以氣生化故謂樂為民之寒暑也風雨之事謂之禮也禮以形教故曰事也天地之以風雨奮潤萬物猶以禮安治萬民故謂禮為民之風雨也與今本史記正義不同

禮樂見天地之情○監本作順天地之誠臣照按樂記作禮樂見天地之情正義云見胡練反又云見地之情見天之情可知古本亦作見天地之情也今依樂記改正

胎生者不殰集解鄭元曰內敗曰殰○鄭注樂記曰內敗曰殰陸氏釋文云內乃對反或作骨肉之肉者誤則唐時本亦有作肉者矣然究是內字

樂者非謂黃鐘大呂弦歌干揚也集解鄭元曰揚鉞也○今鄭注樂記無此語

然後可以有制於天下也集解鄭元曰言尊卑備乃可制作以為治○鄭注樂記作可以為治法

而鄙詐之心入之矣集解鄭元曰謂利欲生也○鄭注樂記云鄙詐是貪多利偽生

彼亦有所合之也集解鄭元曰以聲合己意○鄭注樂記云以聲合成己之志

肆直而慈愛者集解鄭元曰肆正也○今鄭注樂記無此語

累累乎殷如貫珠集解鄭元曰言歌聲之著動人心之審而有此聲○鄭注樂記作如有此事

而衞靈公之時正義時衞都楚邱楚故城在宋州楚邱縣北三十里○楚邱下楚字衍

史記卷二十五

漢　太　史　令司馬遷　撰

宋　中郎外兵曹參軍裴　駰集解

唐　國子博士弘文館學士司馬貞索隱

唐　諸王侍讀率府長史張守節正義

律書第三

王者制事立法物度軌則壹禀於六律【索隱】律有十二陽六為律黃鐘太蔟姑洗蕤賓夷則無射陰六為呂大呂夾鐘中呂林鐘南呂應鐘是也名曰律者釋名云律述也所以述陽氣也律歷志云呂旅陽宣氣也秦古律用竹又用玉漢末以銅為之呂亦稱閒故有六律六閒之說元閒大呂二閒夾鐘是也漢京房知五音六律之數十二律之變至六十猶八卦之變為六十四卦也故中呂上生執始執始下生去滅上下相生終於南呂而六十律畢 六律為萬事根本焉【索隱】律歷志云夫推歷生律制器規圜矩方權重衡平準繩嘉量探賾索隱鉤深致遠莫不用焉是萬事之根本也 其於兵械尤所重【索隱】易稱師出以律是於兵械尤重也【正義】內成曰器外成曰械械謂弓矢殳矛戈戟劉伯莊云吹律審聲聽樂知政師曠審歌知晉楚之彊弱故云兵家尤所重 故云望敵知吉凶【索隱】凡敵陣之上皆有氣色氣強則聲強聲強則其眾勁律者所以通氣故知吉凶也【正義】凡兩軍相敵上皆有雲氣及日暈天官書云暈等力鈞厚長大有勝薄短小無勝故望雲氣知勝負彊弱引舊語乃曰故云 聞聲效勝負【正義】周禮云太史執同律以聽軍聲而詔其吉凶左傳云師曠知南風之不競即其類 百王不易之道也武王伐紂吹律聽聲【索隱】其事當有所出今則未詳 推孟春以至于季冬殺氣相并【正義】人君暴虐酷急即常寒應寒生北方乃殺氣也武王伐紂吹律從春至冬殺氣相并律亦應之故洪範咎徵云急常寒若是也 而音尚宮【正義】兵書云夫戰大師吹律合商則戰勝軍士強角則軍擾多變失士心宮則軍和士卒同心徵則將急數怒軍士勞羽則兵弱少威焉 同聲相從物之自然何足怪哉兵者聖人所以討彊暴平亂世夷險阻救危殆自含血戴角之獸見犯則校而況於人懷好惡喜怒之氣喜則愛心生怒則毒螫加【正義】螫音釋 情性之理也昔黃帝有涿鹿之戰以定火災【集解】文穎曰神農子孫暴虐黃帝伐之故以定火災 顓頊有共工之陳以平水害【集解】文穎曰共工主水官也少昊氏衰秉政作虐故顓頊伐之本主水官因為水行也 成湯有南巢之伐以殄夏亂【正義】南巢今廬州巢縣是也淮南子云湯伐桀放之歷山與末喜同舟浮江奔南巢之山而死按巢即山名古巢伯之國云南巢者在中國之南也 遞興遞廢勝者用事所受於天也自是之後名士迭興晉用咎犯【正義】狐偃也咎季也又云胥臣也 而齊用王子【索隱】徐廣云子成父 吳用孫武申明軍約賞罰必信卒伯諸侯兼列邦土雖不及三代之誥誓然身寵君尊當世顯揚可不謂榮焉豈與世儒闇於大較【索隱】大較大法也淳于髡曰車不較則不勝其任是也較音角 不權輕重猥云德化不當用兵大至窘辱失守【索隱】徐廣云如宋襄公是也 小乃侵犯削弱遂執不移等哉故教笞不可廢於家刑罰不可捐於國誅伐不可偃於天下用之有巧拙行之有逆順耳夏桀殷紂手搏豺狼足追四馬勇非微也百戰克勝諸侯懾服權非輕也秦二世宿軍無用之地【索隱】謂常擁兵郊野之外也【正義】謂三十萬備北闕五十萬守五嶺也云連兵於邊陲即是宿軍無用之地也 連兵於邊陲力非弱也結怨匈奴絓禍於越【正義】絓胡卦反顧野王云絓者所礙 勢非寡也及其威盡勢極閭巷之人為敵國咎生窮武之不知足甘得之心不息也高祖有天下三邊外畔大國之王雖稱蕃輔臣節未盡會高祖厭苦軍事亦有蕭張之謀故偃武一休息羈縻不備歷至孝文即位將軍陳武等議曰南越朝鮮【正義】潮仙二音高驪平壤城本漢樂浪郡王險城即古朝鮮地時朝鮮王滿據之也 自全秦時內屬為臣子後且擁兵阻阸選蠕觀望【集解】阸音尼貢反選音思兗反蠕音而兗反【索隱】蠕音歡選蠕謂動身欲有進取之狀也 高祖時天下新定人民小安未可復興兵今陛下仁惠撫百姓恩澤加海內宜及士民樂用征討逆黨以一封疆孝文曰朕能任衣冠【正義】朕音而禁反 念不到此會呂氏之亂功臣宗室共不羞恥誤居正位常戰戰慄慄恐事之不終且兵凶器雖克所願動亦耗病謂百姓遠方何又先帝知勞民不可煩故不以為意朕豈自謂能今匈奴內侵軍吏無功邊民父子荷兵日久【正義】荷音何我反 朕常為動心傷痛無日忘之今未能銷距願且堅邊設候結和通使休寧北陲為功多矣且無議軍故百姓無內外之繇得息肩於田畝天下殷富粟至十餘錢鳴雞吠狗煙火萬里可謂和樂者乎

太史公曰文帝時會天下新去湯火【索隱】謂秦亂楚漢交兵之時如遺湯火即書云民墜塗炭也 人民樂業因其欲然能不擾亂故百姓遂安自年六七十翁亦未嘗至市井游敖嬉戲如小兒狀孔子所稱有德君子者邪【索隱】論語曰善人為邦百年亦可以勝殘去殺也 書曰七正二十八舍【索隱】七正者日月五星也七者可以正天時又孔安國曰七正日月五星各異政二十八舍即二十八宿之所舍也舍止也宿次也言日月五星運行或舍於二十八次之分也 律歷天所以通五行八正之氣【索隱】八正謂八節之氣以應八方之風 天所以成孰萬物也舍者日月所舍舍者舒氣也不周風居西北主殺生東壁居不周風東主辟生氣而東【索隱】辟音闢 之至於營室【索隱】定星也定中而可作室故曰營室【正義】天官書云營室為清廟曰離宮閣道是有宮室象此言主營胎陽氣而產之二說不同 營室者主營胎陽氣【集解】徐廣曰胎一作含

而產之東至于危危垝也【索隱】垝音跪毀反 言陽氣之危垝故曰危十月也律中應鐘【正義】應乙證反白虎通云應者應也言萬物應陽而動下藏也 應鐘者陽氣之應不用事也其於十漢初依秦以十月爲歲首故起應鐘二子爲亥亥者該也【索隱】律歷志云該閡於亥【正義】孟康云閡藏塞也陰雜陽氣藏塞爲萬物作種也 言陽氣藏於下故該也廣莫風居北方廣莫者言陽氣在下陰莫陽廣大也故曰廣莫東至於虛虛者能實能虛言陽氣冬則宛藏於虛【正義】宛音蘊 日冬至則一陰下藏一陽上舒故曰虛東至于須女【索隱】婺女名也 言萬物變動其所陰陽氣未相離尚相如胥也故曰須女十一月也律中黃鐘【正義】白虎通云黃中和之氣言陽氣於黃泉之下動養萬物也 黃鐘者陽氣踵黃泉而出也其於十二子爲子子者滋也滋者言萬物滋於下也其於十母爲壬癸壬之爲言任也言陽氣任養萬物於下也癸之爲言揆也言萬物可揆度故曰癸東至牽牛牽牛者言陽氣牽引萬物出之也牛者冒也言地雖凍能冒而生也牛者耕植種萬物也東至於建星建星者建諸生也十二月律中大呂大呂者其於十二子爲丑丑者紐也言陽氣在上未降萬物厄紐未敢出條風居東北主出萬物條之言條治萬物而出之故曰條風南至於箕箕者言萬物根棋【集解】徐廣曰一作横 故曰箕正月也律中泰蔟【正義】蔟音千豆反白虎通云泰者大也蔟者湊也言萬物始大湊地而出之也 泰蔟者言萬物蔟生也故曰泰蔟其於十二子爲寅寅言萬物始生螾然也【索隱】螾音引又音慎 故曰寅南至於尾言萬物始生如尾也南至於心言萬物始生有華心也【集解】徐廣曰一作莖 南至於房房者言萬物門戶也至于門則出矣明庶風居東方明庶者明衆物盡出也二月也律中夾鐘【正義】白虎通云夾孚甲也言萬物孚甲種類分也 夾鐘者言陰陽相夾厠也其於十二子爲卯卯之爲言茂也言萬物茂也其於十母爲甲乙甲者言萬物剖符甲而出也【集解】符音孚【索隱】符甲猶孚甲也 乙者言萬物生軋軋也南至于氐【正義】氐音丁禮反 氐者言萬物皆至也南至於亢亢者言萬物亢見也南至于角角者言萬物皆有枝格如角也三月也律中姑洗【正義】姑音沽洗音先典反白虎通云沽者故也洗者鮮也言萬物去故就新莫不鮮明也 姑洗者言萬物洗生其於十二子爲辰辰者言萬物之蜄也【集解】蜄音之愼反【索隱】蜄音振或作振同音律歷志云振美於辰 清明風居東南維主風吹萬物而西之軫軫者言萬物益大而軫軫然西至於翼翼者言萬物皆有羽翼也四月也律中中呂【正義】中音仲白虎通云言陽氣將極中充大也故復中言之也 中呂者言萬物盡旅而西行也其於十二子爲巳巳者言陽氣之已盡也西至于七星七星者陽數成於七故曰七星西至于張張者言萬物皆張也西至于注【索隱】注音丁救反注咮也天官書云柳爲鳥咮則注柳星也 注者言萬物之始衰陽氣下注故曰注五月也律中蕤賓【正義】蕤音仁佳反白虎通云蕤者下也賓者敬也言陽氣上極陰氣始賓敬之也 蕤賓者言陰氣幼少故曰蕤痿陽不用事故曰賓景風居南方景者言陽氣道竟故曰景風其於十二子爲午午者陰陽交故曰午【索隱】律歷志云咢布於午也 其於十母爲丙丁丙者言陽道著明故曰丙丁者言萬物之丁壯也故曰丁西至于弧弧者言萬物之吳落【集解】徐廣曰吳一作柔 且就死也西至于狼狼者言萬物可度量斷萬物故曰狼涼風居西南維主地地者沈奪萬物氣也【正義】沈一作洗 六月也律中林鐘【正義】白虎通云林者衆也言萬物成熟種類多也 林鐘者言萬物就死氣林林然其於十二子爲未未者言萬物皆成有滋味也【索隱】律歷志昧薆於未其意殊 北至於罰罰者言萬物氣奪可伐也北至于參【正義】音所林反 參言萬物可參也故曰參七月也律中夷則【正義】白虎通云夷傷也則法也言萬物始傷被刑法也 夷則言陰氣之賊【集解】徐廣曰一作則 萬物也其於十二子爲申申者言陰用事申賊萬物【集解】徐廣曰一作則【索隱】律歷志物堅於申也 故曰申北至于濁【索隱】按爾雅云濁謂之畢 濁者觸也言萬物皆觸死也故曰濁北至于留【索隱】留即昴毛傳亦以留爲昴 留者言陽氣之稽留也故曰留八月也律中南呂【正義】白虎通云南任也言陽氣尚任包大生薺麥也 南呂者言陽氣之旅入藏也其於十二子爲酉酉者萬物之老也【索隱】律歷志留熟於酉也 故曰酉閶闔風居西方閶者倡也闔者藏也言陽氣道萬物闔黃泉也其於十母爲庚辛庚者言陰氣庚萬物故曰庚辛者言萬物之辛生故曰辛北至于胃胃者言陽氣就藏皆胃胃也北至于婁婁者呼萬物且內之也北至于奎【集解】徐廣曰一作畫【索隱】天官書奎爲溝瀆婁爲聚衆胃爲天倉今此說異及六律十母又與漢書不同各是異家之說也 奎者主毒螫殺萬物也奎而藏之九月也律中無射【正義】音亦白虎通云射終也言萬物隨陽而終當復隨陰而起無有終已此說六呂十干十二支與漢書不同 無射者陰氣盛用事陽氣無餘也故曰無射其於十二子爲戌戌者言萬物盡滅故曰戌【索隱】律歷志畢入於戌也

律數

九九八十一以爲宮

三分去一五十四以爲徵

三分益一七十二以爲商

三分去一四十八以爲羽

三分益一六十四以爲角

黃鐘長八寸十分一宮【索隱】案上文云律九九八十一故云長八寸十分一而漢書云黃鐘長九寸者九分之寸也劉歆鄭元等皆以長九寸即十分之寸不依此法也云宮者黃鐘爲律之首宮爲五音之長十一月以黃鐘爲宮則聲得其正舊本多作七分蓋誤也

大呂長七寸五分三分一【索隱】謂十一月以黃鐘爲宮五行相次大呂爲商者大呂所以助陽宣化

太蔟長七寸七分二角

夾鐘長六寸一分三分一

姑洗長六寸七分四羽【索隱】亦以金生水故也

仲呂長五寸九分三分二徵

蕤賓長五寸六分三分一

林鐘長五寸七分四角【索隱】水生木故以爲角不用蕤賓者以陰氣起陽不用事故去也

夷則長五寸四分三分二商

南呂長四寸七分八徵

無射長四寸四分三分二

應鐘長四寸二分三分二羽

生鐘分【索隱】此算術生鐘律之法也【正義】分音扶問反

子一分【索隱】自此已下十一辰皆以三乘之爲黃鐘積實之數也 丑三分二【索隱】案律黃鐘長九寸林鐘爲衡衡長六寸以九比六三分少一故云丑三分二即是黃鐘三分去一下生林鐘數也 寅九分八【索隱】十二律以黃鐘爲主黃鐘長九寸太蔟長八寸圍八分寅九分八即是林鐘三分益一上生太蔟之義也【正義】孟康云元氣始起於子未分之時天地人混合爲一故子數獨一漢書律歷志云太極元氣函三爲一行於十二辰始動於子參之於丑得三又參之於寅得九又參之於卯得二十七又參之於辰得八十一又參之於巳得二百四十三又參之於午得七百二十九又參之於未得二千一百八十七又參之於申得六千五百六十一又參之於酉得萬九千六百八十三又參之於戌得五萬九千四十九又參之於亥得十七萬七千一百四十七此陰陽合德氣鐘於子化生萬物者也然丑三分二寅九分八者並是分之餘數而漢書不說也 卯二十七分十六【索隱】此以丑三乘寅寅三乘卯得二十七南呂爲卯衝長五寸三分寸之一以三約二十七得九即黃鐘之本數又以三約十六得五三分之一即南呂之長故云卯二十七分十六亦是太蔟三分去一下生南呂之義已下八辰並準此然丑三分二寅九分八者皆分之餘數也 辰八十一分六十四巳二百四十三分一百二十八午七百二十九分五百一十二未二千一百八十七分一千二十四申六千五百六十一分四千九十六酉一萬九千六百八十三分八千一百九十二戌五萬九千四十九分三萬二千七百六十八亥十七萬七千一百四十七分六萬五千五百三十六

生黃鐘

術曰以下生者倍其實三其法【索隱】案蔡邕云陽生陰爲下生陰生陽爲上生又律歷志云陰陽相生自黃鐘始而左旋八八爲五孟康註云從子數辰至未得八下生林鐘數又自未至寅亦得八上生太蔟律是也然上下相生皆以此爲率今云以下生者謂黃鐘下生林鐘黃鐘長九寸倍其實者二九十八三其法者以三爲法約之得六爲林鐘之長也 以上生者四其實三其法【索隱】四其實者謂林鐘上生太蔟林鐘長六寸以四乘六得二十四以三約之得八即爲太蔟之長也 上九商八羽七角六宮五徵九【索隱】此五聲之數亦上生三分益一上生三分宮去一下生徵徵益一上生商商去一下生羽羽益一上生角然此文似數錯未暇研覈也 置一而九三之以爲法【索隱】漢書律歷志曰太極元氣函三爲一行之於十二辰始動於子參之於丑得三又參之於寅得九是謂置一而九三之也韋昭曰置一而九以三乘之是也樂彥云一氣生於子至丑而三是一三也又自丑至酉爲九皆以三乘之是九三也 實如法得長一寸【索隱】實謂以子一乘丑三至亥得十七萬七千一百四十七爲實數如法謂以上萬九千六百八十三之法除實得九爲黃鐘之長言得一者算術設法辭也得下有長一下有寸者皆衍字也韋昭云得九寸之一也姚氏謂得一即黃鐘之子數 凡得九寸命曰黃鐘之宮故曰音始於宮窮於角【索隱】即如上文宮下生徵徵上生商商下生羽羽上生角是其窮也 數始於一終於十成於三氣始於冬至周而復生神生於無形【正義】無形爲太易氣天地未形之時言神本在太虛之中而無形也 成於有形【正義】天地既分二儀已質萬物之形成於天地之間神在其中 然後數形而成聲【正義】數謂天數也聲謂宮商角徵羽也言天數旣形則能成其五聲也 故曰神使氣氣就形形理如類有可類或未形而未類或同形而同類類而可班類而可識聖人知天地識之別故從有以至未有【正義】從有謂萬物形質也未有謂天地未形也 以得細若氣微若聲【正義】氣謂太易之氣聲謂五聲之聲也 然聖人因神而存之【正義】言聖人因神理其形體尋迹至於太易之氣故云因神而存之上云從有以至未有是也 雖妙必効情核其華道者明矣【正義】妙謂微妙之性也効猶見也核研核也華道神妙之道也言人雖有微妙之性必須稽督已之情理然後研核神妙之道乃能究其形體辯其成聲故謂明矣故下云非有聖心以乘聰明孰能存天地之神而成形之情哉是也 非有聖心以乘聰明孰能存天地之神而成形之情哉神者物受之而不能知及其去來【正義】言萬物受神妙之氣不能知覺及神去來亦不能識其往復也 故聖人畏而欲存之唯欲存之神之亦存【正義】言聖人畏神妙之理難識而欲常存存之唯欲常存之故其神亦存也 其欲存之者故莫貴焉【正義】言平凡之人欲得精神存者故亦莫如貴神之妙焉

太史公曰在旋璣玉衡以齊七政即天地二十八宿【正義】宿音息袖反又音肅謂東方角亢氐房心尾箕南方井鬼柳星張翼軫西方奎婁胃昴畢觜參北方斗牛女虛危室壁凡二十八宿一百二十八宿星也 十母【正義】十干甲乙丙丁戊己庚辛壬癸 十二子【正義】十二支子丑寅卯辰巳午未申酉戌亥 鐘律調自上古建律運歷造日度可據而度也【正義】度音田洛反 合符節通道德即從斯之謂也

索隱述贊曰自昔軒后爰命伶綸雄雌是聽厚薄伊均以調氣候以軌星辰軍容取節樂器斯因自微知著測化窮神大哉虛受含養生人

史記卷二十五考證

律書壹稟於六律索隱漢京房知五音六律之數十二律之變至六十律○臣照按律有六而音有五六律之間爲六呂而成十二五音之間爲變宮變徵而爲七然十二仍六也七仍五也若自此律至彼律彼呂則其間分數豈止六十引而伸之百千萬億不能盡猶如入海筭沙矣即音又豈止于七大而雷霆小而蠛蠓亦百千萬億不能盡也然而統之五音則盡矣加之以二變則五音旋相爲宮矣律亦如之統之以六則盡矣間之以六呂則可以正五音矣音者天也律者地也音者陽也律者陰也以天統地以陰從陽

則萬物靡不該舉于其中若枚舉夫物謂天地陰陽莫不在物則物可盡數耶京房六十律何以異是後世律呂之失傳由京房始所爲求明而反晦

其於兵械尤所重○臣照按械字爲戒字之訛蓋審幾察徵莫精於律氣者生死之根也氣不可見以聲察之兵者千萬人之死生係焉故于兵戒爲尤重也於器械何涉索隱曰師出以律故于兵械爲尤重也或索隱之文本亦作戒未可定若正義謂械者弓矢殳矛戈戟則以傳訛爲械而穿鑿附會也

武王伐紂吹律聽聲索隱其事當有所出今則未詳○臣照按至今明載周國語何未詳也

而音尚宮○正義監本訛舛不可讀今據周禮典同注改

成湯有南巢之伐以殄夏亂正義淮南子云湯伐桀放之歷山與末喜同舟浮江奔南巢之山而死○臣世駿按淮南修務訓云整兵鳴條困夏南巢譙以其過放之歷山無末喜同舟之語

五月也律中蕤賓蕤賓者言陰氣幼少故曰蕤痿陽不用事故曰賓景風居南方景者言陽氣道竟故曰景風其於十二子爲午午者陰陽交故曰午其於十母爲丙丁丙者言陽道著明故曰丙丁者言萬物之丁壯也故曰丁西至於弧弧者言萬物之吳落且就死也西至於狼狼者言萬物可度量斷萬物故曰狼涼風居西南維主地地者沉奪萬物氣也六月也律中林鐘林鐘者言萬物就死氣林林然其於十二子爲未未者言萬物皆成有滋味也北至於罰罰者言萬物氣奪可伐也北至於參參者言萬物可參也故曰參七月也○一本作五月也律中蕤賓蕤賓者言陰氣幼少故曰蕤痿陽不用事故曰賓其於十二子爲午午者陰陽交故曰午其於十母爲丙丁丙者言陽道著明故曰丙丁者言萬物之丁壯也故曰丁景風居南方景者言陽氣道竟故曰景風六月也律中林鐘林鐘者言萬物就死氣林林然其於十二子爲未未者言萬物皆成有滋味也西至於弧弧者言萬物之吳落且就死也西至於狼狼者言萬物可度量斷萬物故曰狼涼風居西南維主地地者沉奪萬物氣也北至於罰罰者言萬物氣奪可伐也北至於參參者言萬物可參也故曰參七月也

律數○蔡元定曰黃鐘八寸十分一林鐘五寸十分四太簇七寸十分二南呂四寸十分八姑洗六寸十分四應鐘四寸二分三分二蕤賓五寸六分三分二強四百八十六大呂七寸五分三分二強四百□□五夷則五寸□□三分二弱二百十一六夾鐘六寸七分三分一強一百九十八無射四寸四分三分二強六百□□二仲呂五寸九分三分二強五百八十一按律書此章所記分寸之法與他說不同以難曉故多誤蓋取黃鐘之律九寸一寸九分凡八十一分而又以十約之爲寸故云八寸十分一本作七分一者誤也今以相生次序列而正之其應鐘以下則有小分小分以三爲法如歷家太少餘分強弱耳其法未密也今以二千一百八十七爲全分七百二十九爲三分一千四百五十八爲三分二餘分之多者爲強少者爲弱列於逐律之下其誤字悉正之隋志引此章中黃鐘林鐘太簇應鐘四律寸分以爲與班固司馬彪鄭氏蔡邕杜夔荀勗所論雖尺有增減而十二律之寸數並同則是時律書尚未誤也及司馬貞索隱始以舊本作七分一爲誤其誤亦未久也洸括亦曰此章七字皆當作十字誤屈中畫耳大要律書用相生分數相生之法以黃鐘爲八十一分今以十爲寸法故有八寸一分漢前後志及諸家用審度分數審度之法以黃鐘之長爲九十分亦以十爲寸法故有九十分法雖不同其長短則一故隋志云寸數並同也

神者物受之而不能知及其去來○臣照按及字衍文言物受之而不能知其去來也何以不能知以知者神知之神不知神猶日不見日眼不見眼也雖然神無去來受者物而神者物物則本無去來無知而無不知也

又按張晏數闕書有兵書無律書而顏師古謂自叙目錄本無兵書竊意律之爲用兵其大者張晏或即以律書爲兵書未可知也其文固太史公之文非後人所能補蓋以漢武用兵不以律而推原本始舉孝文以爲法殆即所謂兵戒者歟

史記卷二十六

漢　太　史　令司馬遷　撰

宋　中　郎　外　兵　曹　參　軍　裴　駰集解

唐國子博士弘文館學士司馬貞索隱

唐諸王侍讀率府長史張守節正義

曆書第四

昔自在古曆建正作於孟春〔索隱〕案古曆者謂黃帝調曆以前有上元太初曆等皆以建寅爲正謂之孟春也及顓頊夏禹亦以建寅爲正唯黃帝及殷周魯並建子爲正而秦正建亥漢初因之至武帝元封七年始改用太初曆仍以周正建子爲十一月朔旦冬至改元太初焉今案此文至於十二月節皆出大戴禮虞史伯夷之辭也於時冰泮發蟄百草奮興秭鳺先滜〔集解〕徐廣曰秭音姊鳺音規子鳺鳥也一名鷤鴂〔索隱〕秭鳺先滜謂子鳺鳥春氣發動則先出野澤而鳴也又案大戴禮作瑞雉無釋其旨當是字體各有訛變耳鷤音弟鴂音桂楚辭云慮鷤鴂之先鳴使夫百草爲之不芳解者以鷤鴂爲杜鵑也物乃歲具生於東次順四時卒于冬分時〔索隱〕卒音子律反分如字卒盡也言建曆起孟春盡季冬則一歲之事具也冬盡之後分爲來春故云冬分也雞三號卒明〔集解〕徐廣曰卒一作平又云卒斯也〔索隱〕三號三鳴也言夜至雞三鳴則天曉乃始爲正月一日言異歲也徐廣云卒一作平又作斯於文皆便撫十二節卒于丑〔正義〕撫猶循也自平明寅至雞鳴丑凡十二辰辰盡丑又至明朝寅使一日一夜故日幽明日月成故明也明者孟也幽者幼也幽明者雌雄也雌雄代興而順至正之統也日歸于西起明于東月歸於東起明于西正不率天又不由人〔索隱〕此文出大戴禮是孔子稱周太史之詞則凡事易壞而難成矣王者易姓受命必慎始初改正朔易服色推本天元順承厥意〔索隱〕言王者易姓而興必當推本天之元氣行運所在以定正朔以承天意故云承順厥意也

太史公曰神農以前尚矣蓋黃帝考定星曆〔索隱〕系本及律曆志黃帝使羲和占日常儀占月臾區占星氣伶綸造律呂大橈作甲子隸首作筭數容成綜此六術而著調曆也建立五行起消息〔正義〕皇侃云乾者陽生爲息坤者陰死爲消也正閏餘〔集解〕駰案漢書音義曰以歲之餘爲閏故曰閏餘〔正義〕鄧平落下閎云一月之日二十九日八十一分日之四十三按計其餘分成閏故云正閏餘也每一歲三百六十六日餘六日小月六日是一歲餘十二日大計三十三月則一閏之耳於是有天地神祇物類之官是謂五官〔正義〕應劭云黃帝受命有雲瑞故以雲紀官春官爲青雲夏官爲縉雲秋官爲白雲冬官爲黑雲中官爲黃雲按黃帝置五官各以物類名其職掌也各司其序不相亂也民是以能有信神是以能有明德民神異業敬而不瀆故神降之嘉生〔集解〕應劭曰嘉穀也民以物享〔正義〕劉伯莊云物事也人皆順事而享福也災禍不生所求不匱少皞氏之衰也九黎亂德〔集解〕駰案漢書音義曰少皞時諸侯作亂者民神雜擾不可放物〔索隱〕放音昉依也禍菑荐至莫盡其氣〔索隱〕荐音在見反荐集也字或作薦古字假借用耳顓頊受之乃命南正重司天以屬神命火正黎司地以屬民〔集解〕應劭曰黎陰官也火數二二地數也故火正司地以屬萬民〔索隱〕案左傳重爲句芒木正黎爲祝融火正此言南者劉氏以爲南字誤非也蓋重黎二人元是木火之官兼司天地職而天是陽南是陽位故木亦是陽所以木正爲南正也而火是地正亦稱北正者火數二二地數地陰主北方故火正亦稱北正爲此故也臣瓚以爲古文火字似北未爲深得也使復舊常無相侵瀆其後三苗服九黎之德〔正義〕孔安國云三苗縉雲氏之後諸侯也按服從也言九黎之君在少皞之世作亂今三苗之君從九黎亂德故南北二官皆廢使曆數失序故二官咸廢所職而閏餘乖次孟陬殄滅攝提無紀曆數失序〔集解〕駰案漢書音義曰次十二次也史推曆失閏則斗建與月名錯正月爲孟陬閏餘乖錯不與正歲相值謂之殄滅攝提星名隨斗杓所指建十二月若曆誤春三月當指辰而指巳是謂失序〔索隱〕案正月爲陬音鄒又作娵楚詞云攝提貞于孟陬言曆數乖誤乃使孟陬殄滅不得其正也天官書云攝提三星若鼎足句直斗杓所指以建時節故爲攝提格格至也言攝隨月建至故云格也堯復遂重黎之後不忘舊者使復典之而立羲和之官明時正度則陰陽調風雨節茂氣至民無夭疫年耆禪舜申戒文祖云〔集解〕徐廣曰戒一作敕〔正義〕言於文祖之廟以申戒舜也天之歷數在爾躬〔集解〕何晏曰歷數謂列次也舜亦以命禹〔集解〕孔安國曰舜亦以堯命己之辭命禹也由是觀之王者所重也夏正以正月殷正以十二月周正以十一月蓋三王之正若循環窮則反本天下有道則不失紀序無道則正朔不行於諸侯幽厲之後周室微陪臣執政史不記時君不告朔〔集解〕鄭玄曰禮人君每月告朔於廟有祭謂之朝享故疇人子弟分散〔集解〕如淳曰家業世世相傳爲疇律年二十三傳之疇官各從其父學〔索隱〕韋昭云疇類也孟康云同類之人明曆者也樂彥云疇昔知星人也或在諸夏或在夷狄是以其禨祥廢而不統〔集解〕如淳曰呂氏春秋荊人鬼而越人禨今之巫祝禱祠淫祀之比也晉灼曰禨音珠璣之璣周襄王二十六年閏三月而春秋非之先王之正時也履端於始〔集解〕韋昭曰謂正曆必先稱端始也若十一月朔旦冬至也舉正於中〔集解〕韋昭曰氣在望中則時日昬明皆正也歸邪〔集解〕音餘於終〔集解〕韋昭曰邪餘分也終閏月也中氣在晦則後月閏在望是其正中也履端於始序則不愆舉正於中民則不惑歸邪於終事則不悖其後戰國並爭在於彊國禽敵救急解紛而已豈遑念斯哉是時獨有鄒衍明於五德之傳〔正義〕傳音竹戀反五德五行也而散消息之分以顯諸侯而亦因秦滅六國兵戎極煩又升至尊之日淺未暇遑也而亦頗推五勝〔集解〕駰案漢書音義曰五行相勝秦以周爲火用水勝之也而自以爲獲水德之瑞更名河曰德水而正〔正義〕音征以秦始皇名諱之故改也以十月色上黑然曆度閏餘未能睹其眞也漢興高祖曰北畤待我而起亦自以爲獲水德之瑞雖明習曆及張蒼等咸以爲然是時天下初定方綱紀大基高后女主皆未遑故襲秦正朔服色至孝文時魯人公孫臣以終始五德上書言漢得土德宜更元改正朔易服色當有瑞瑞黃龍見事下丞相張蒼張蒼亦學律曆以爲非是罷之其後黃龍見成紀張蒼自黜所欲論著不成而新垣平以望氣見頗言正曆服色事貴幸後作亂故孝文帝廢不復問至今上即位招致方士唐都分其天部〔集解〕駰案漢書音義曰謂分部二十八宿爲距度而巴落下閎運筭轉曆〔集解〕徐廣曰陳術云徵士巴郡落下閎也〔索隱〕姚氏案益部耆舊傳云閎字長公明曉天文隱於落下武帝徵待詔太史於地中轉渾天改顓頊曆作太初曆拜侍中不受也然後日辰之度

與夏正同，乃改元，更官號，封泰山。因詔御史曰：「乃者有司言星度之未定也，廣延宣問，以理星度，未能詹也。[集解]徐廣曰詹一作售也[索隱]漢書作讎讎即售也故徐廣作售韋昭云讎比校也鄭德云相應爲讎也蓋聞昔者黃帝合而不死，名察度驗，定清濁，起五部，建氣物分數。[集解]應劭曰言黃帝造歷得仙名節會察寒暑致啟閉分至定清濁起五部五部金木水火土也建氣物分數皆敍歷之意也孟康曰合作也黃帝作歷歷終復始無窮已故曰不死清濁律聲之清濁也五部五行也天有四時爲五行也氣二十四氣物萬物也分歷數之分也[索隱]日黃帝聖德與虛合契升龍登仙於天故日合而不死題名宿度候察進退謂三辰之度吉凶之驗也[索隱]臣瓚解爲得案漢書作名察發斂韋昭云發斂擧斂也又續漢書以爲道義之發斂景之長短則發斂是日行道去極盈縮者也然蓋尚矣。書缺樂弛，朕甚閔焉。朕唯未能循明也，紬績日分，[索隱]紬音宙又如字紬績者女工紬緝之意以言造歷算運者猶若女工緝而織之也率應水德之勝。[集解]徐廣曰蓋以爲應土德土勝水今日順夏至，[索隱]謂夏至冬至也黃鐘爲宮，林鐘爲徵，太蔟爲商，南呂爲羽，姑洗爲角。自是以後，氣復正，羽聲復清，名復正變，以至子日當冬至，則陰陽離合之道行焉。十一月甲子朔旦冬至已詹，其更以七年爲太初元年。[索隱]改元封七年爲太初元年然漢始以建亥爲年首今改以建子故以七年爲元年章昭云漢興至此百二歲案律歷志云乃以前歷上元太初四千六百一十七歲至元封七年復得閼逢攝提之歲中冬十一月甲子朔旦冬至也年名「焉逢攝提格」，[集解]徐廣曰歲陰在寅左行歲星在丑右行[索隱]爾雅云歲在甲曰焉逢寅曰攝提格則此甲寅之年十一月甲子朔旦夜半冬至也此篇末亦云寅名攝提則是甲寅不疑也又據二年名單閼三年名執徐等年次分明而漢志以爲其年在丙子當是班固用三統與太初歷不同故與太史公說有異而爾雅近代之作所記年名又皆不同也蘇林云左行右行歲與星行所在之次月名「畢聚」，日得甲子，夜半朔旦冬至。」[集解]文穎曰律居陰而治陽歷居陽而治陰更相治間不容髮五家文悖異推太初之元也[索隱]聚音娵案僖公云天元之始於十一月甲子夜半朔旦冬至日月若連珠俱起牽牛之初歲雄在閼逢雌在攝提格月雄在畢雌在訾訾則娵訾之宿日雄在甲雌在子在子是陽氣支干之首也

歷術甲子篇[索隱]以十一月朔旦冬至得甲子甲子是陽氣支干之首故以甲子命歷術爲篇首非謂此年歲在甲子也

太初元年，歲名「焉逢攝提格」，[索隱]甲歲雄也漢書作閼逢亦音焉與此音同攝提格[索隱]寅歲陰也此依爾雅甲寅之歲若據漢志以爲丙子之年也月名「畢聚」，[索隱]謂月值畢及娵訾也畢月雄也聚月雌也日得甲子，[索隱]謂十一月冬至朔旦得甲子也[正義]置大餘五十四算每年加五十四日滿六十日除之奇算留之每至閏後一年加二十三算亦滿六十日除之奇算留之若纔足六十日明年云無大餘無小餘也又明年以置五十四算如上法置小餘三百四十八算每年加三百四十八分滿九百三十八分成一日歸上餘算留之若至閏後一年加八百四十七分亦滿九百三十八分成日歸大餘奇留之明年以加三百四十八算如上法也夜半朔旦冬至。[索隱]以建子爲正故以夜半爲朔其至與朔同日故云夜半朔旦冬至若建寅爲正則以平旦爲朔[正義]置大餘五算加五日滿六十日則除之後年更置五算如上法置小餘八算每年加八算滿三十二分爲一日歸大餘後年更置八算如上法大餘者日也小餘者日之奇分也正北[索隱]謂蔀首十一月甲子朔旦時加子爲冬至故云正北也然每歲行周天全度外餘有四分之一以十二辰分之冬至常居四仲故子年在子丑年在卯寅年在午卯年在酉至後十九年章首在酉故云正西其正南正東並準此[正義]黃鐘管子時氣應稱正北順行四時仲所至爲正月一日是歲之始盡一章十九年黃鐘管應在酉則稱正西他皆放此十二[索隱]歲有十二月有閏則云十三月

無大餘　無小餘[索隱]其歲甲子朔旦日月合於牽牛之初餘分皆盡故無大小餘[正義]無大小餘者以生閏月之歲有三百五十四日三百四十八分除五甲三百日餘有五十四日三百四十八分餘未滿六十日故置爲來年大小餘亦爲大初元年日行甲子朔旦冬至前年無奇日分故無大小餘也

無大餘　無小餘[索隱]上大小餘謂朔之大小餘此謂冬至大小餘冬至亦與朔同日並無餘分至與朔法異故重列之

焉逢攝提格太初元年[索隱]漢志太初元年歲在丙子據此則甲寅歲爾雅釋天云歲陽者甲乙丙丁戊己庚辛壬癸十干是也歲陰者子丑寅卯辰巳午未申酉戌亥十二支是也歲陽在甲云焉逢謂歲干也歲陰在寅云攝提格謂歲支也[正義]焉音於乾反後同　十二

大餘五十四[索隱]歲十二月六大六小合三百五十四日以六除之五六三十除三百五十四日故下云大餘者日也[正義]月朔旦甲子日法也　小餘三百四十八[索隱]太初歷法一月之日二十九日九百四十分日之四百九十九每兩月合成五十九日又餘五十八今十二月合餘六箇五十八得此三百四十八數故云小餘者月也[正義]未滿日之分數也其分每滿九百四十則成一日即歸上成五十日矣大餘五十四日每歲除小月六日則成三百五十四日除五甲三百日猶餘五十四日爲未滿六十日故稱大餘五十四小餘三百四十八者其大數五十四之外更餘分三百四十八故稱小餘三百四十八也此大小餘是月朔甲子日朔以非閏月之數一歲則有三百五十四日三百四十八分每六十日之餘爲未滿六十日故有大小餘也是太初元年奇日奇分也

大餘五[索隱]一周天三百六十五度四分度之一日行一度去歲十一月朔在牽牛初爲冬至今歲十一月又至牽牛初爲一周以六甲除之六六三十六除三百六十餘五故云大餘五也[正義]冬至甲子日法也　小餘八[索隱]即四分之一小餘滿三十二從大餘一四八三十二故云小餘八明年又加八得十六故下云小餘十六又明年又加八得二十四故下云小餘二十四又明年加八得三十二爲滿故下云無小餘並可依太初歷法行之也[正義]未滿日之分數也其分每滿三十二則成一日即歸上成六矣大餘五者每歲三百六十五日除六甲三百六十日猶餘五日故稱大餘五小餘八者每歲三百六十五日四分日之一則一日三十二分是一歲三百六十五日八分故稱小餘是冬至甲子日法未生閏月之數每六十日除之爲未滿六十日故有大小餘也此是太初元年奇日奇分也

端蒙單閼二年[集解]徐廣曰單閼一作亶安[索隱]端蒙乙也爾雅作旃蒙單閼卯也丹遏二音又音蟬焉歲在乙卯也[正義]單音丹又音特連反閼音烏葛反又於連反　閏十三

大餘四十八　小餘六百九十六

大餘十　小餘十六

游兆執徐三年[索隱]游兆景也爾雅作柔兆執徐辰也[正義]三年丙辰歲也　十二

大餘十二　小餘六百三

大餘十五　小餘二十四

彊梧大荒落四年[索隱]彊梧丁也大荒落巳也[正義]梧音語四年丁巳歲也　十二

大餘七　小餘十一

大餘二十一　無小餘

徒維敦牂天漢元年[索隱]徒維戊也敦牂午也[正義]牂音作郎反天漢元年戊午歲也　閏十三

大餘一　小餘三百五十九

大餘二十六　小餘八

祝犁協洽二年[索隱]祝犁己也爾雅作著雍協洽未也[正義]二年己未歲也　十二

大餘二十五　小餘二百六十六

大餘三十一　小餘十六

商橫涒灘三年[索隱]商橫庚也爾雅作上章涒灘申也本作赤奮若非也天官書及爾雅申爲涒灘丑爲赤奮若今自太初已來計歲與天官書不同者有四蓋後之歷術改也[正義]涒音吐魂反灘音吐丹反又作涒漢字音與上同三年庚申歲也　十二

大餘十九　小餘六百一十四

大餘三十六　小餘二十四

昭陽作噩四年[索隱]昭陽辛也爾雅作重光作噩酉也[正義]四年辛酉歲也　閏十三

大餘十四　小餘二十二

大餘四十二　無小餘

橫艾淹茂太始元年[索隱]橫艾壬也爾雅作玄黓淹茂戌也[正義]太始元年壬戌歲也　十二

大餘三十七　小餘八百六十九

大餘四十七　小餘八

尚章大淵獻二年[索隱]尚章癸也爾雅作昭陽大淵獻亥也一本作困敦非也天官書子爲困敦與爾雅同[正義]二年癸亥歲也　閏十三

大餘三十二　小餘二百七十七

大餘五十二　小餘一十六

焉逢困敦三年[索隱]焉逢甲也困敦子也一本作大淵獻非也天官書云亥爲大淵獻與爾雅同[正義]敦音頓三年甲子歲也　十二

大餘五十六　小餘一百八十四

大餘五十七　小餘二十四

端蒙赤奮若四年[索隱]端蒙乙也赤奮若丑也一本作涒灘非也天官書申爲涒灘與爾雅同四年已後自太始征和已下訖篇末其年次甲乙皆准此並褚先生所續也[正義]四年乙丑歲也　十二

大餘五十　小餘五百三十二

大餘三　無小餘[正義]准前解小餘是日之餘分也自右歷書已下小餘又非是年名復不周備恐褚先生及後人所加

游兆[集解]徐廣曰一作游桃攝提格征和元年[正義]李巡註云爾雅云萬物承陽而起故曰攝提格起也孔文祥云以歲在寅正月出東方爲衆星之紀以攝提宿故曰攝提以其爲歲月之首起於孟陬故云格正也　閏十三

大餘四十四　小餘八百八十

大餘八　小餘八

彊梧單閼二年[正義]李巡云言陽氣推萬物而起故曰單閼單盡閼止也　十二

大餘八　小餘七百八十七

大餘十三　小餘十六

徒維執徐三年[正義]李巡云伏蟄之物皆敷舒而出故云執徐也　十二

大餘三　小餘一百九十五

大餘十八　小餘二十四

祝犁大芒落四年[集解]芒一作荒[正義]姚察云言萬物皆熾盛而大出霍然落之故云荒落也　閏十三

大餘五十七　小餘五百四十三

大餘二十四　無小餘

商橫敦牂後元元年[正義]爾雅云敦盛也牂壯也言萬物盛壯也　十二

大餘二十一　小餘四百五十

大餘二十九　小餘八

昭陽汁洽二年[集解]汁一作協[正義]李巡云言陰陽化生萬物和合故曰協洽也　閏十三

大餘十五　小餘七百九十八

大餘三十四　小餘十六

橫艾涒灘始元元年正西[集解]涒灘一作芮漢[正義]孫炎註云爾雅云涒灘萬物吐秀傾垂之貌也　十二

大餘三十九　小餘七百五

大餘三十九　小餘二十四

尚章作噩二年[集解]噩一作鄂[正義]李巡云作鄂萬物皆落枝起之貌也　十二

大餘三十四　小餘一百一十三

大餘四十五　無小餘

焉逢淹茂三年[集解]淹一作閹[正義]李巡云言萬物皆蔽冒故曰閹茂蔽冒也　閏十三

大餘二十八　小餘四百六十一

大餘五十　小餘八

端蒙大淵獻四年[正義]孫炎云淵深也獻萬物於天深於藏蓋也　十二

大餘五十二　小餘三百六十八

大餘五十五　小餘十六

游兆困敦五年[正義]孫炎云困敦混沌也言萬物萌混沌於黃泉之下也　十二

大餘四十六　小餘七百一十六

無大餘　小餘二十四

彊梧赤奮若六年[正義]李巡云陽氣奮迅萬物而起無不若其性故曰赤奮若若順也　閏十三

大餘四十一　小餘一百二十四

大餘六　無小餘

徒維攝提格元鳳元年　十二

大餘五　小餘三十一

大餘十一　小餘八

祝犁單閼二年　十二

大餘五十九　小餘三百七十九

大餘十六　小餘十六

商橫執徐三年　閏十三

大餘五十三　小餘七百二十七

大餘二十一　小餘二十四

昭陽大荒落四年　十二
大餘十七　小餘六百三十四
大餘二十七　無小餘
橫艾敦牂五年　閏十三
大餘十二　小餘四十二
大餘三十二　小餘八
尚章汁洽六年　十二
大餘三十五　小餘八百八十九
大餘三十七　小餘十六
焉逢涒灘元平元年　十二
大餘三十　小餘二百九十七
大餘四十二　小餘二十四
端蒙作噩本始元年　閏十三
大餘二十四　小餘六百四十五
大餘四十八　無小餘
游兆閹茂二年　十二
大餘四十八　小餘五百五十二
大餘五十三　小餘八
彊梧大淵獻三年　十二
大餘四十二　小餘九百
大餘五十八　小餘十六
徒維困敦四年　閏十三
大餘三十七　小餘三百八
大餘三　小餘二十四
祝犂赤奮若地節元年　十二
大餘一　小餘二百一十五
大餘九　無小餘
商橫攝提格二年　閏十三
大餘五十五　小餘五百六十三
大餘十四　小餘八
昭陽單閼三年正南　十二
大餘十九　小餘四百七十
大餘十九　小餘十六
橫艾執徐四年　十二
大餘十三　小餘八百一十八
大餘二十四　小餘二十四
尚章大荒落元康元年　閏十三
大餘八　小餘二百二十六
大餘三十　無小餘
焉逢敦牂二年　十二

大餘三十二　小餘一百三十三
大餘三十五　小餘八
端蒙協洽三年　十二
大餘二十六　小餘四百八十一
大餘四十　小餘十六
游兆涒灘四年　閏十三
大餘二十　小餘八百二十九
大餘四十五　小餘二十四
彊梧作噩神雀元年　十二
大餘四十四　小餘七百三十六
大餘五十一　無小餘
徒維淹茂二年　十二
大餘三十九　小餘一百四十四
大餘五十六　小餘八
祝犂大淵獻三年　閏十三
大餘三十二　小餘四百九十二
大餘一　小餘十六
商橫困敦四年　十二
大餘五十七　小餘三百九十九
大餘六　小餘二十四
昭陽赤奮若五鳳元年　閏十三
大餘五十一　小餘七百四十七
大餘十二　無小餘
橫艾攝提格二年　十二
大餘十五　小餘六百五十四
大餘十七　小餘八
尚章單閼三年　十二
大餘十　小餘六十二
大餘二十二　小餘十六
焉逢執徐四年　閏十三
大餘四　小餘四百一十
大餘二十七　小餘二十四
端蒙大荒落甘露元年　十二
大餘二十八　小餘三百一十七
大餘三十三　無小餘
游兆敦牂二年　十二
大餘二十二　小餘六百六十五
大餘三十八　小餘八
彊梧協洽三年　閏十三
大餘十七　小餘七十三

大餘四十三　小餘十六
徒維涒灘四年　十二
大餘四十　小餘九百二十
大餘四十八　小餘二十四
祝犂作噩黃龍元年　閏十三
大餘三十五　小餘三百二十八
大餘五十四　無小餘
商橫淹茂初元元年正東　十二
大餘五十九　小餘二百二十五
大餘五十九　小餘八
昭陽大淵獻二年　十二
大餘五十三　小餘五百八十三
大餘四　小餘十六
橫艾困敦三年　閏十三
大餘四十七　小餘九百三十一
大餘九　小餘二十四
尚章赤奮若四年　十二
大餘十一　小餘八百三十八
大餘十五　無小餘
焉逢攝提格五年　十二
大餘六　小餘二百四十六
大餘二十　小餘八
端蒙單閼永光元年　閏十三
無大餘　小餘五百九十四
大餘二十五　小餘十六
游兆執徐二年　十二
大餘二十四　小餘五百一
大餘三十　小餘二十四
彊梧大荒落三年　十二
大餘十八　小餘八百四十九
大餘三十六　無小餘
徒維敦牂四年　閏十三
大餘十三　小餘二百五十七
大餘四十一　小餘八
祝犂協洽五年　十二
大餘三十七　小餘一百六十四
大餘四十六　小餘十六
商橫涒灘建昭元年　閏十三
大餘三十一　小餘五百一十二
大餘五十一　小餘二十四

昭陽作噩二年　十二
大餘五十五　小餘四百一十九
大餘五十七　無小餘
橫艾閹茂三年　十二
大餘四十九　小餘七百六十七
大餘二　小餘八
尚章大淵獻四年　閏十三
大餘四十四　小餘一百七十五
大餘七　小餘十六
焉逢困敦五年　十二
大餘八　小餘八十二
大餘十二　小餘二十四
端蒙赤奮若竟寧元年　十二
大餘二　小餘四百三十
大餘十八　無小餘
游兆攝提格建始元年　閏十三
大餘五十六　小餘七百七十八
大餘二十三　小餘八
彊梧單閼二年　十二
大餘二十　小餘六百八十五
大餘二十八　小餘十六
徒維執徐三年
大餘十五　小餘九十三
大餘三十三　小餘二十四
祝犂大荒落四年

右歷書大餘者日也小餘者月也端旃蒙者年名也支丑名赤奮若寅名攝提格干丙名游兆正北冬至加子時正西加酉時正南加午時正東加卯時

索隱述贊曰歷數之興其來尚矣重黎是司容成斯紀推步天象消息母子五勝輪環三正互起孟陬貞歲曦人順執敬授之方履端爲美

史記卷二十六考證

歷書正閏餘正義一月之日二十九日八十一分日之四十三○監本誤作四十八今改正

又小月六月○監本誤作小月大月今改正

其更以七年爲太初元年○臣照按武帝太初元年歲在丁丑非甲寅也此云年名馬逢攝提格月名畢聚日得甲子夜半朔旦冬至者蓋著太初歷術之元非是年爲甲寅年甲寅月十一月甲子朔旦冬至也況年爲甲寅月則爲丙寅必不得爲畢聚也司馬貞輩

不明歷法故紛紛聚訟耳又按歷術甲子篇第一章蓋後人因上文焉逢至冬至二十一字引而不發難以推步故續此一篇于後以申其義非遷本書也後復有焉逢攝提格太初元年以至末祝犂大荒落建始四年則又後人推術而續增之已不知太初元年甲寅之爲托始而直以爲武帝太初元年爲甲寅矣故所紀甲子無一不悞如建始四年爲壬辰而悞以爲己巳也其文既叙至成帝建始四年則非馬遷本文不待辨矣竊恐尚非褚少孫之筆又按歲在焉逢攝提格甲寅年也月在畢聚甲寅月也甲寅年則正月爲丙寅甲寅月則歲爲壬癸今曰歲在甲寅月正甲寅日得甲子者謂甲寅歲之前十一月則甲子正月建丙寅之十一月則亦甲子也歷從夏時則日月在畢聚歷從周正則曰歲在焉逢攝提格蓋夏時周正皆所以敬授人時而歷元必從冬至起則一也元必始甲無始壬癸之理則文必如是乃明也是故不特武帝太初元年非歲在甲寅亘古固無甲寅年之甲寅月也

月名畢聚○按爾雅月在甲曰畢爲月陽又曰正月爲陬邢昺疏曰正月得甲則曰畢陬若史記歷書云月名畢聚也陬古字作聚讀爲陬音

史記卷二十七

漢　太　史　令司馬遷　撰

宋中郎外兵曹參軍裴　駰集解

唐國子博士弘文館學士司馬貞索隱

唐諸王侍讀率府長史張守節正義

天官書第五

【索隱】案天文有五官官者星官也星座有尊卑若人之官曹列位故曰天官【正義】張衡云文耀麗乎天其動者有七日月五星是也日者陽精之宗月者陰精之宗五星五行之精衆星列布體生於地精成於天列居錯峙各有所屬在野象物在朝象官在人象事其以神著有五列焉是有三十五名一居中央謂之北斗四布於方各七爲二十八舍日月運行歷示吉凶五緯躔次用告禍福

中宮天極星【索隱】姚氏案春秋元命包云宮之爲言宣也宣氣立精爲神垣又文耀鉤曰中宮大帝其精北極星含元出氣流精生一也爾雅云北極謂之北辰又春秋合誠圖云北辰其星五在紫微中楊泉物理論云北極天之中陽氣之北極也極南爲太陽極北爲太陰日月五星行太陰則無光行太陽則能照故爲昏明寒暑之限極也其一明者太一常居也【索隱】案春秋合誠圖云紫微大帝室太一之精也【正義】泰一天帝之別名也劉伯莊云泰一天神之最尊貴者也旁三星三公或曰子屬【正義】三公三星在北斗杓東又三公三星在北斗魁西並爲太尉司徒司空之象主變出陰陽佐機務占以從爲不吉居常則安金火守之並爲告也後句四星末大星正妃餘三星後宮之屬也【索隱】句音鉤句曲也援神契云辰極橫后妃四星從大妃光明又按星經以後句四星名爲四輔其句陳六星爲六宮亦主六軍與此不同也環之匡衛十二星藩臣皆曰紫宮【索隱】元命包曰紫之言此也宮之言中也言天神運動陰陽開閉皆在此中也宋均又以爲十二宮中外位各定總謂之紫宮也前列直斗口三星隋北端兌若見若不曰陰德【索隱】劉氏直音如字直當也又音直隋音他果反北一作比案漢書天文志北作比端作耑兌作銳銳謂星形尖邪也文耀鉤曰陰德爲天下綱宋均以爲陰行德者道常也【正義】星經云陰德二星在紫微宮內尚書西主施德惠者故贊陰德遺惠周急賑撫占以不明爲宜明新君踐極也又云陰德星中宮女主之象星動搖衆起宮掖貴嬪內妾惡之或曰天一【正義】天一一星彊閶闔外天帝之神主戰鬭知人吉凶明而有光則陰陽和萬物成人主吉不然反是太一一星次天一南亦天帝之神主使十六神知風雨水旱兵革饑饉疾疫占以不明及移爲災也星經云天一太一二星主王者卽位令諸立赤子而傳國位者星不欲微微則廢立不當其次宗廟不享食也紫宮左三星曰天槍右三星曰天棓【集解】蘇林曰音棓打之棓【索隱】槍音七庚反棓音皮韋昭音剖詩緯云天槍三星天棓五星在斗杓左右主槍人棓人石氏星讚云天槍天棓八星備非常之變也【正義】槍麗掌反天棓五星在女牀東北天子先驅所以禦兵也占星不具國兵起也後六星絕漢抵營室曰閣道【索隱】絕度也抵屬也又案樂汁圖徵云閣道北斗之輔石氏云閣道六星神所乘也【正義】漢天河也直度曰絕抵至也營室七星天子之宮亦爲玄宮亦爲清廟主上公亦天子離宮別館也王者道被草木營室歷九象而可觀閣道六星在王良北飛閣之道天子欲遊別宮之道占一星不見則輦路不通動搖則宮掖之內起兵也北斗七星所謂旋璣玉衡以齊七政【索隱】春秋運斗樞云斗第一天樞第二旋第三璣第四權第五衡第六開陽第七搖光第一至第四爲魁第五至第七爲杓合而爲斗文耀鉤云斗者天之喉舌玉衡屬杓魁爲旋璣徐整長曆云北斗七星星間相去九千里其二陰星不見者相去八千里也尚書旋作璿馬融云璿美玉也璣渾天儀可轉旋故曰旋璣衡其中橫筩以璿爲璣以玉爲衡蓋貴天象也鄭玄注大傳言渾儀其中筩爲旋璣外規爲玉衡也大傳云七政謂春秋冬夏天文地理人道所以爲政也人道正而萬事順成又馬融注尚書云七政者北斗七星各有所主第一曰主日法天第二曰主月法地第三曰命火謂熒惑也第四曰煞土謂塡星也第五曰伐水謂辰星也第六曰危木謂歲星也第七曰罰金謂太白也日月五星各異故名曰七政也杓攜龍角【集解】孟康曰杓北斗杓也龍角東方宿也攜連也【正義】按角星爲天關其間天門其內天庭黃道所經七曜所行左角爲理主刑其南爲太陽道右角爲將主兵其北爲太陰道也蓋天之三門故其星明大則天下太平賢人在位不然反是衡殷南斗【集解】晉灼曰衡斗之中央殷中也【索隱】宋均云殷當也魁枕參首【正義】枕之禁反衡斗衡也魁斗第一星也言北宮斗衡直北當之魁枕於參之首北斗之杓連於龍角南斗六星爲天廟丞相太宰之位主薦賢良授爵祿又主兵一曰天機南二星天梁中央一星天相北二星天府庭也占斗星盛明王道和平爵祿行不然反是參主斬刈又爲天獄主殺罰其中三星橫列者三將軍東北曰左肩主左將西北曰右肩主右將東南曰左足主後將軍西南曰右足主偏將軍故軒轅氏占參應七將也中央三小星曰伐天之都尉也主戎狄之國不欲明明若與參等大臣謀亂兵起夷狄內戰七將皆明主天下兵振芒角張王道缺參失色軍散敗參芒角動搖邊候有急參左足入玉井中及金火守皆爲起兵用昏建者杓杓自華以西南【集解】孟康曰傳曰斗第七星法太白主杓斗之尾也尾爲陰又其用昏昏陰位在西方故主西南【索隱】說文云杓斗柄音匹遙反卽招搖也【正義】杓東北第七星也華華山也言北斗昏建用斗杓星指寅也杓華山西南之地也夜半建者衡【集解】徐廣曰第五星衡殷中州河濟之間【集解】孟康曰假令杓昏建寅衡夜半亦建寅【正義】衡北斗衡也言北斗夜半建用斗衡指寅殷當也斗衡黃河濟水之間地也平旦建者魁魁海岱以東北也【集解】孟康曰傳曰斗第一星法於日主齊也魁斗之首首陽也又其用在明陽與明德在東方故主東北齊分【正義】言北斗旦建用斗魁指寅也海岱代郡也言魁星主海岱之東北地也隨三時所指有三建也斗爲帝車運于中央臨制四鄉分陰陽建四時均五行移節度定諸紀皆繫於斗【索隱】姚氏案宋均云言是大帝乘車巡狩故無所不紀也斗魁戴匡六星曰文昌宮【集解】晉灼曰似匡故曰戴匡【索隱】文耀鉤云文昌宮爲天府孝經援神契云文者精所聚昌者揚天紀輔拂並居以成天象故曰文昌宮一曰上將二曰次將三曰貴相四曰司命五曰司中六曰司祿【索隱】春秋元命包曰上將建威武次將正左右貴相理文緒司祿賞功進士司命主災咎司中主左理也在斗魁中貴人之牢【集解】孟康曰傳曰天理四星在斗魁中貴人牢名曰天理【索隱】樂汁圖徵曰天理貴人牢宋均曰以理牢獄也【正義】占明及其中有星則貴人下獄也魁下六星兩兩相比者名曰三能【集解】蘇林曰能音台三能色齊君臣和不齊爲乖戾【索隱】案漢書東方朔陳泰階六符孟康曰泰階三台也台星凡六星六符六星之符驗也應劭引黃帝泰階六符經曰泰階者天子之三階上階上星爲男主下星爲女主中階上星爲諸侯三公下星爲卿大夫下階上星爲士下星爲庶人三階平則陰陽和風雨時不平則稼穡不成冬雷夏霜天行暴令好興甲兵脩宮榭廣苑囿則上階爲之坼也輔星明近輔臣親彊斥小疏弱【集解】孟康曰在北斗第六星旁蘇林曰斥遠也【正義】大臣象也占欲其小而明若大而明則臣奪君政小而不明則臣不任職明大與斗合國兵暴起暗而遠斗臣不死則奪若近臣專貴排賢用佞則輔生角近臣擅國符印將謀社稷則輔生翼不然則死杓端有兩星一內爲矛招搖【集解】孟康曰近北斗者招搖招搖爲天矛晉灼曰梗河三星天矛天鋒招搖一星耳【索隱】案詩汎歷樞云梗河中招搖爲胡兵宋均云招搖星在梗河內樂汁圖徵云梗河天矛星宋均以爲梗河名天矛則梗河是星名也一外爲盾天鋒【集解】晉灼曰外遠北斗也在招搖南一名玄戈【正義】星經云梗河星爲戟劍之星若星不見或進退不定鋒鏑亂起將爲邊境之患也有句圜十五星屬杓【索隱】句音鉤圜音員其形如環卽貫索星也【正義】屬音燭曰賤人之牢其牢中星實則囚多虛則開出【索隱】詩汎歷樞云賤人牢一曰天獄又樂汁圖徵云連營賤人牢宋均以爲連營貫索也【正義】貫索九星在七公前一曰連索一曰連營一曰天牢主法律禁暴彊故爲賤人牢也牢口一星爲門欲其開也九星悉見則獄事繁不見則刑務簡動搖則斧鉞用中虛則改元口開則有赦人主憂若閉口及星入牢中有自繫死者常夜候之一星不見有小喜二星不見則賜祿三星不見則人主德令且赦遠十七日近十六日若有客星出覘其小大有大赦小亦如之天一槍棓矛盾動搖角大兵起【集解】李奇曰角芒角東宮蒼龍房心心爲明堂【索隱】文耀鉤云東宮蒼帝其精爲龍爾雅云大辰房心尾也李巡曰大辰蒼龍宿之體最明也春秋說題辭云房心爲明堂天王布政之宮尚書運期授曰所謂房四表之道宋均云四星間有三道日月五星所從出入也大星天王前後星子屬不欲直直則天王失計【索隱】鴻範五行傳曰心之大星天王也前星太子後星庶子房爲府曰天駟【索隱】爾雅云天駟房也詩汎歷樞云房爲天馬主車駕宋均云房既近心爲明堂又別爲天府及天駟也其陰右驂【正義】房星君之位亦主左驂亦主良馬故爲駟王者恒祠之是馬祖也旁有兩星曰衿【索隱】衿音其炎反元命包曰鉤鈐兩星以閑防神府闓舒爲主鉤距以備非常也【正義】占明而近房天下同心鉤鈐房之間有客星出及疏拆者皆地動之祥也北一星曰舝【集解】徐廣曰音轄【正義】說文云舝車軸端鍵也兩相穿背也星經云鍵閉一星在房東北掌管籥也占不居其所則宮門不禁居則反是也東北曲十二星曰旗【正義】兩旗者左旗九星在河鼓左也右旗九星在河鼓右也皆天之鼓旗所以爲旌表占欲其明大光潤將軍吉不然爲兵憂及不居其所則津梁不通動搖則兵起旗中四星曰天市中六星曰市樓市中星衆者實其虛則耗【正義】耗貧無也天市二十二星在房心東北主國市聚交易之所一曰天旗明則市吏急商人無利忽然不明反是市中星衆則歲實稀則歲虛熒惑犯戮不忠之臣彗星出當徙市易都客星入兵大起出之有貴喪也房南衆星曰騎官左角李右角將【索隱】李卽理法官也故元命包云左角理物以起右角將率而動又石氏云左角爲天田右角爲天門也大角者天王帝廷【索隱】援神契云大角爲坐候宋均云坐帝坐也【正義】大角一星在兩攝提間人君之象也占其明盛黃潤則天下大同也其兩旁各有三星鼎足句之曰攝提攝提者直斗杓所指以建時節故曰攝提格【集解】晉灼曰如鼎之句曲【索隱】元命包云攝提之爲言提攜也言能提斗攜角以接於下也【正義】攝提六星夾大角大臣之象恒直斗杓所指紀八節察萬事者也占色溫溫不明而大者人君吉客星入之主人受制也亢爲疏廟主疾【索隱】元命包云亢四星爲廟廷文耀鉤爲疏廟宋均以爲疏外也廟或爲朝也【正義】聽政之所也其占明大則輔臣忠天下寧不然則反是也其南北兩大星曰南門【正義】南門二星在庫樓南天之外門占明則氐羌貢暗則諸夷叛客星守之外兵且至也氐爲天根主疫【索隱】星經云氐四星爲路寢聽朝所居其占明大則臣下奉度春秋合誠圖云氐爲宿宮也爾雅云天根氐也孫炎以爲角亢下繫於氐若木之有根宋均云疫疾也三月榆莢落故主疾疫也然此時物雖生而日宿在奎行毒氣故有疫疾也【正義】氐房心三宿爲火於辰在卯宋之分野尾爲九子曰君臣斥絕不和【索隱】宋均云屬後宮場故得兼子子必九者取尾有九星也元命包云尾九星箕四星爲後宮之場也【正義】尾箕尾爲析木之津於辰在寅燕之分野尾九星爲後宮亦爲九子星近心第一星爲后次三星妃次三星嬪末二星妾占均明大小相承則後宮敘而多子不然則不金火守之後宮兵起若明暗不常妃嫡乖亂妾媵失序箕爲敖客曰口舌【索隱】宋均云敖調弄也箕以簸揚調弄爲象箕又受物有去來去來客之象也詩云維南有箕載翕其舌又詩緯云箕爲天口主出氣是箕有舌象讒言故詩曰哆兮侈兮成是南箕謂爲敖客行謁讒也【正義】敖音傲箕主八風亦后妃之府也移徙入河國人相食金火入守天下亂月宿其野爲風起火犯守角則有戰房心王者惡之也【索隱】韋昭曰火熒惑【正義】熒惑犯守箕尾氐星自生芒角則有戰陣之事若熒惑守房心及房心自生芒角則王者惡之也南宮朱鳥【索隱】文耀鉤云南宮赤帝其精爲朱鳥也【正義】柳八星爲朱鳥味天之廚宰主尚食和滋味權衡【集解】孟康曰軒轅爲權太微爲衡【正義】權四星在軒轅尾西主烽火備警急占以明爲安靜不明則警急動搖芒角亦如之衡太微之庭也衡太微三光之廷【索隱】宋均曰太微天帝南宮也三光日月五星也匡衛十二星藩臣【索隱】春秋合誠圖曰太微主法式陳星十二以備武患也【正義】太微宮垣十星在翼軫地天子之宮庭五帝之坐十二諸侯之府也其外蕃九卿也南蕃中二星間爲端門次東第一星爲左執法廷尉之象第二星爲上相第三星爲次相第四星爲次將第五星爲上將端門西第一星爲右執法御史大夫之象也第二星爲上將第三星爲次將第四星爲次相第五星爲上相其東垣北左執法上相兩星間名曰左掖門上將兩星間名曰東華門上相次相上將次將間名曰太陽門其西垣右執法上相間名曰右掖門上將間名曰西華門次將次相間名曰中華門次相兩星間名曰太陰門各依其名是其職也占與紫宮垣同也西將東相南四星執法中端門門左

右掖門。門內六星，諸侯。【正義】內五諸侯五星，列在帝庭。其星並欲光明潤澤，若枯燥則各於其處受其災變，大至誅戮，小至流亡；若動搖，則擅命以干主者。審其分以占之，則無惑也。又云五諸侯五星在東井北河，主刺舉，戒不虞。又曰理陰陽，察得失。一曰帝師，二曰帝友，三曰三公，四曰博士，五曰太史。此五者爲天子定疑議也。占：明大潤澤，大小齊等，則國之福；不然，則上下相猜忌，臣不用。其內五星，五帝坐。【索隱】詩含神霧云五精星坐，其東蒼帝坐，神名靈威仰，精爲青龍之類是也。【正義】黃帝坐一星，在太微宮中，含樞紐之神。四星夾黃帝坐：蒼帝東方靈威仰之神；赤帝南方赤熛怒之神；白帝西方白招矩之神；黑帝北方叶光紀之神。五帝並設，神靈集謀者也。占：五座明而光，則天子得天地之心；不然，則失位。金、火來守，入太微，若順入，軌道，司其出之所守，則爲天子所誅也。其逆入，若不軌道，以所犯命之。中坐，成形，羣下從謀也。後聚一十五星，蔚然，【集解】徐廣曰：「一云哀烏。」曰郎位；【索隱】漢書作「哀烏」，則哀烏、蔚然皆星之貌狀。其星所以象郎位也。【正義】郎位十五星，在太微中帝坐東北，周之元士，漢之光祿、中散、諫議，此三署郎中，是今之尚書郎。占：欲其大小均耀，光潤有之，吉也。傍一大星，將位也。【索隱】宋均云爲羣郎之將帥也。【正義】將，子象反。郎將一星在郎位東北，所以爲武備，今之左右中郎將。占：大而明角，將恣，不可當也。月、五星順入，軌道，【索隱】韋昭云：「謂循軌道不邪逆也。順入，從西入也。」【正義】謂月、五星順入軌道入太微庭也。司其出，所守，天子所誅也。【索隱】宋均云：「司察日月五星所守列宿，若請官屬不去十日者，於是天子命使誅之也。」其逆入若不軌道，以所犯命之；中坐，成形，皆羣下從謀也。【集解】晉灼曰：「中坐，犯帝座也。成形，禍福之形見也。」【索隱】宋均云：「逆入，從東入，不由康衢而入也。以其所犯命者，亦謂隨所犯之位，天子必命誅討其人也。」【正義】命，名也。謂月、五星逆入，不依軌道，司察其所犯太微中帝坐，必成其刑戮，皆是羣下相從而謀上也。金、火尤甚。【索隱】案：火主銷物，而金爲兵，故尤急，則水、土、木爲小變也。【正義】若金、火逆入，不軌道，犯帝坐，尤甚於月及水、土、木也。廷藩西有隋星五，曰少微，士大夫。【索隱】隋音他果反。宋均云：「南北爲隋。隋，謂垂下也。」春秋合誠圖云：「少微，處士位。」又天官占云：「一名處士星也。」【正義】廷，太微廷。藩，衞也。少微四星，在太微南北列：第一星，處士也；第二星，議士也；第三星，博士也；第四星，大夫也。占以明大黃潤，則賢士舉；不明，反是；月、五星犯守，處士憂，宰相易也。權，軒轅。軒轅，黃龍體。【集解】孟康曰：「形如騰龍。」【索隱】援神契曰：「軒轅十二星，後宮所居。」石氏星讚以軒轅龍體，主后妃也。【正義】軒轅十七星，在七星北，黃龍之體，主雷雨之神，後宮之象也。陰陽交感，激爲雷電，和爲雨，怒爲風，亂爲霧，凝爲霜，散爲露，聚爲雲氣，立爲虹蜺，離爲背璚，分爲抱珥。二十四變，皆軒轅主之。其大星，女主也；次北一星，夫人也；次北一星，妃也；其次諸星，皆次妃之屬。女主南一小星，女御也；左一星，少民，后宗也；右一星，大民，太后宗也。占：欲其小黃而明，吉；大明，則爲後宮爭競；移徙，則國人流迸；東西角大張而振，后族敗；水、火、金守軒轅，女主惡也。前大星，女主象；旁小星，御者後宮屬。月、五星守犯者，如衡占。【索隱】宋均云：「責在后黨嬉讒賊，與占此祥，天子亦當誅之。」東井爲水事。【索隱】元命包云：「東井八星主水衡也。」其西曲星曰鉞。【正義】東井八星，鉞一星，輿鬼五星，一星爲質，爲鶉首，於辰在未，皆秦之分野。一大星，黃道所經，爲天之亭候，主水衡事，法令所取平也。王者用法平，則井星明而端列。鉞一星，附井之前，主伺奢淫而斬之。占：不欲明；明與井齊，或搖動，則天子用鉞於大臣；月宿井，有風雨之變。鉞北，北河；南，南河；【正義】南河三星，北河三星，分夾東井南北，置而爲戒。南河南戒，一曰陽門，亦曰越門；北河北戒，一曰陰門，亦爲胡門。兩戒間，三光之常道也。占：以南星不見，則南道不通；北亦如之。動搖及火守，中國兵起也。又云動則胡、越爲變，或連近臣以結之。兩河、天闕間爲關梁。【索隱】宋均云：「兩河六星，知逆邪；言關梁之限，知邪僞也。」【正義】闕丘二星，在河南，天子之雙闕，諸侯之兩觀，亦象魏縣書之府。金、火守之，主兵戰闕下也。輿鬼，鬼祠事；中白者爲質。【集解】晉灼曰：「輿鬼五星，其中白者爲質。」【正義】輿鬼五星，主祠事，天目也，主視明察姦謀。東北星主積馬，東南星主積兵，西南星主積布帛，西北星主積金玉，隨其變占之。中一星爲積尸，一名質，主喪死祠祀。占：鬼星明大，穀成；不明，百姓散。質欲其忽忽不明，明則兵起，大臣誅，下人死之。

火守南北河，兵起，穀不登。故德成衡，觀成潢，【集解】晉灼曰：「日月五星不軌道也。衡，太微廷也。觀，占也。潢，五帝車舍。」傷成鉞，【集解】晉灼曰：「賊傷之占，先成形於鉞。」【索隱】案：德成衡，則能平物，故有德公平者，先成形於衡。觀成潢，潢爲帝車舍，言王者遊觀，亦先成形於潢也。傷成鉞者，傷，敗也，言王者敗德，亦先成形於鉞，以言有敗亂，則有鉞誅之形。按文耀鉤則云「德成潢，敗成鉞」，其意異也。又此下文「禍成井」，「誅成質」，皆是東井下義，總列於此也。禍成井，【集解】晉灼曰：「東井主水事，火入之，一星居其旁，天子且以火敗，故曰禍也。」誅成質。【集解】晉灼曰：「熒惑入輿鬼、天質，占曰大臣有誅。」柳爲鳥注，主木草。【索隱】案：漢書天文志「注」作「咮」。爾雅云：「鳥咮謂之柳。」孫炎云：「咮，朱鳥之口，柳其星聚也。」以注爲柳星，故主草木也。【正義】咮，丁救反，一作「注」。柳八星，星七星，張六星，爲鶉火，於辰在午，皆周之分野。柳爲朱鳥咮，天之厨宰，主尚食，和滋味。占以順明爲吉；金、火守之，國兵大起。七星，頸，爲員官，主急事。【索隱】案：宋均云「頸，朱鳥頸也。員官，喉也。物在喉嚨，終不久留，故主急事也」。【正義】七星爲頸，一名天都，主衣裳文繡，主急事。以明爲吉，暗爲凶；金、火守之，國兵大起。張，素，爲厨，主觴客。【索隱】素，嗉也。爾雅云：「鳥張嗉。」郭璞云：「嗉，鳥受食之處也。」【正義】張六星，六爲嗉，主天厨飲食賞賚觴客。占以明爲吉，暗爲凶；金、火守之，國兵大起。翼爲羽翮，主遠客。【正義】翼二十二星，軫四星，長沙一星，轄二星，合軫七星皆爲鶉尾，於辰在巳，楚之分野。翼二十二星爲天樂府，又主夷狄，亦主遠客。占：明大，禮樂興，四夷服；徙，則天子舉兵以罰亂者。軫爲車，主風。【索隱】宋均云：「軫四星居中，又有二星爲左右轄，車之象也。軫與巽同位，爲風，車動行疾似之也。」【正義】軫四星，主冢宰輔臣，又主車騎，亦主風。占：明大，則車騎用；太白守之，天下學校散，文儒失業，兵戈大興；熒惑守之，南方有不用命之國，當發兵伐之；辰星守之，徐泗有戮者。其旁有一小星，曰長沙，【正義】長沙一星在軫中，主壽命。占：明，主長壽，子孫昌也。星星不欲明；明與四星等，若五星入軫中，兵大起。【索隱】宋均云：「五星主行使，使動兵車亦動也。」軫南衆星曰天庫樓；庫有五車。車星角若益衆，及不具，無處車馬。

西宮咸池，【索隱】文耀鉤云：「西宮白帝，其精白虎。」【正義】咸池三星，在五車中，天潢南，魚鳥之所託也。金犯守之，兵起；火守之，有災也。曰天五潢。五潢，五帝車舍。【索隱】案：元命包曰：「咸池主五穀，其星五者各有所職。咸池，言穀生於水，吐秀含實，主秋成，故一名五帝車舍，言以車載穀而販也。」【正義】五車五星，三柱九星，在畢東北，天子五兵車舍也。西北大星曰天庫，主太白，秦也。次東北曰天獄，主辰，燕、趙也。次東曰天倉，主歲，衞、魯也。次東南曰司空，主鎮，楚也。次西南曰卿，主熒惑，魏也。占：五車均明，柱皆見，則倉庫實；不見，其國絕食，兵且起。五車三柱有變，各以其國占之。三柱出外，兵出；柱入，兵入。柱出一月，米貴三倍，期二年；出三月，貴十倍，期三年；柱出不與天倉相近，軍出，米貴，轉粟千里；柱倒立，尤甚。火入，天下旱；金入，兵；水入，水也。火入，旱；金，兵；水，水。中有三柱；柱不具，兵起。【索隱】謂火、金、水入五潢，則各致此災也。宋均云：「不言木、土者，木、土德星，於此不爲害也。」奎曰封豕，爲溝瀆。【正義】奎，苦圭反。十六星。婁三星爲降婁，於辰在戌，魯之分野。奎，天之府庫，一曰天豕，亦曰封豕，主溝瀆。西南大星，所謂天豕目。占：以明爲吉；星不欲團圜，團圜則兵起；暗，則臣干命之咎；亦不欲開闔無常，當有白衣稱命於山谷者。五星犯奎，人主爽德，權臣擅命，不可禁者；王者宗祀不潔，則奎動搖；若有光，則近臣謀上之應，亦庶人饑饉之厄。太白守奎，胡、貊之憂，可以伐之。熒惑星守之，則有水之憂，連以三年。塡星、歲星守之，中國之利，外國不利，可以興師動衆，斬斷無道。婁爲聚衆。【正義】婁三星爲苑，牧養犧牲以共祭祀，亦曰聚衆。占：動搖，則衆兵聚；金、火守之，兵起也。胃爲天倉。【正義】胃三星，昴七星，畢八星，爲大梁，於辰在酉，趙之分野。謂主倉廩，五穀之府也。占：明，則天下和平，五穀豐稔；不然，反是。其南衆星曰廥積。【集解】如淳曰：「芻藁積爲廥也。」【正義】芻藁六星，在天苑西，主積藁草者。不見，則牛馬暴死；火守，災起也。昴曰髦頭，胡星也，爲白衣會。【正義】昴七星爲髦頭，胡星，亦爲獄事。明，天下獄訟平；暗，爲刑罰濫。六星明與大星等，大水且至，其兵大起；搖動若跳躍者，胡兵大起；一星不見，皆兵之憂也。畢曰罕車，爲邊兵，主弋獵。【索隱】爾雅云：「濁謂之畢。」也孫炎爲掩兎之畢，或呼爲濁，因以名星也。【正義】畢八星曰罕車，爲邊兵，主弋獵。其大星曰天高，一曰邊將，主四夷之尉也。星明大，天下安，遠夷入貢；失色，邊亂。畢動，兵起。月宿則多雨。毛萇云：「畢所以掩兎也。」其大星旁小星爲附耳。附耳搖動，有讒亂臣在側。【正義】附耳一星，屬畢大星之下，次天高東南隅，主爲人主聽得失，伺愆過。星明，中國微，邊寇警；移動，則讒佞行；入畢，國起兵。昴、畢間爲天街。其陰，陰國；陽，陽國。【集解】孟康曰：「陰，西南，坤維，河山已北國。陽，河山已南國。」【索隱】元命包云：「畢爲天階。」爾雅云：「大梁，昴。」孫炎云：「昴、畢之間，日月五星出入要道，若津梁。」【正義】天街二星，在畢、昴間，主國界也。街南爲華夏之國，街北爲夷狄之國。土、金守，胡兵入也。參爲白虎。【正義】觜三星，參三星，外四星，爲實沈，於辰在申，魏之分野，爲白虎形也。三星直者，是爲衡石。【集解】孟康曰：「參三星者，白虎宿中，東西直，似稱衡。」下有三星，兌，曰罰，爲斬艾事。【集解】孟康曰：「在參間，上小下大，故曰銳。」晉灼曰：「三星少斜列，無銳形。」【正義】罰亦作伐。春秋運斗樞云：「參伐事主斬艾。」其外四星，左右肩股也。小三星隅置，曰觜觿，爲虎首，主葆旅事。【集解】如淳曰：「關中俗謂桑榆孽生爲葆。」晉灼曰：「葆，菜也。野生曰旅，今之饑民采旅生也。」【索隱】姚氏案：宋均云：「葆，守也。旅猶軍旅也。言佐參伐以斬除凶也。」【正義】觜，子思反。觿，胡規反。葆音保。觜觿爲虎首，主收斂葆旅事也。葆旅，野生之可食者。占：金、木來守，國易政，災起也。其南有四星，曰天廁。【正義】天廁四星，在屏東，主溷也。占：色黃，吉；青與白，皆凶；不見，則人寢疾。廁下一星，曰天矢。【正義】天矢一星，在廁南，占與天廁同。矢黃則吉；青、白、黑，凶。其西有句曲【正義】句音鉤。九星，三處羅：一曰天旗，【正義】參旗九星，在參西，天旗也，指麾遠近以從命者。王者斬伐當理，則天旗曲直理順；不然，則兵動於外，可以憂之；若明而稀，則邊寇將動；不然則不。二曰天苑，【正義】天苑十六星，如環狀，在畢南，天子養禽獸之所。稀暗，則多死亡。三曰九斿。【集解】徐廣曰：「音流。」【正義】九斿九星，在玉井西南，天子之兵旗，所以導軍進退，亦領州列邦。並不欲搖動，搖動則九州分散，人民失業，信命亦不通於中國，憂。金、火守之，亂起也。其東有大星曰狼。狼角變色，多盜賊。【正義】狼一星，參東南。狼爲野將，主侵掠。占：非其處，則人相食；色黃白而明，吉；赤角，兵起；金、火守，亦如之。下有四星曰弧，直狼。【正義】弧九星，在狼東南，天之弓也，以伐叛懷遠，又主備賊盜之知姦邪者。弧矢向狼動移，多盜；明大變色，亦如之；矢不直狼，多盜；引滿，則天下盡兵也。狼比地有大星，曰南極老人。老人見，治安；不見，兵起。常以秋分時候之于南郊。附耳入畢中，兵起。【集解】晉灼曰：「比地，近地也。」【正義】老人一星，在弧南，一曰南極，爲人主壽命延長之應。常以秋分之曙見於景，春分之夕見於丁。見則國長命，故謂之壽昌，天下安寧；不見，人主憂也。

北宮玄武，【索隱】文耀鉤云：「北宮黑帝，其精玄武。」爾雅云：「玄枵，虛也。」又云：「北陸，虛也。」解者以陸爲道，孫炎曰：「陸，中也。北方之宿中也。」【正義】南斗六星，牽牛六星，並北宮玄武之宿。虛、危。【正義】虛二星，危三星，爲玄枵，於辰在子，齊之分野。虛主死喪哭泣事，又爲邑居廟堂祭祀禱祝之事，亦天之冢宰，主平理天下，覆藏萬物。占：動，則有死喪哭泣之應；火守，則天子將兵；水守，則人饑饉；金守，臣下兵起。危爲宗廟祀事，主天府天市架屋。占：動，則有土功；火守，天下兵；水守，下謀上也。危爲蓋屋；【索隱】宋均云：「危上一星高，旁兩星隋下，似乎蓋屋也。」【正義】蓋屋二星，在危南，主天子所居宮室之官也。占：金、火守入，國兵起；孛，尤甚。危爲架屋，蓋屋自有星，恐文誤也。虛爲哭泣之事。【索隱】姚氏案：荊州占以爲其宿二星，南星主哭泣。虛中六星，不欲明，明則有大喪也。其南有衆星，曰羽林天軍。【正義】羽林四十五星，三三而聚散，在壘壁陳南，天軍也，亦天宿衞，主兵革。不見，天下亂；金、火、水入，軍起也。軍西爲壘，或曰鉞。【正義】壘壁陳十二星，橫列在營室南，天軍之垣壘。占：五星入，皆兵起，將軍死也。旁有一大星爲北落。北落若微亡，軍星動角益希，及五星犯北落，入軍，軍起。火、金、水尤甚：火，軍憂；水，患；木、土，軍吉。【集解】駰案：漢書音義曰：「木星、土星入北落，則吉也。」【正義】北落師門一星，在羽林西南，天軍之門也。長安城北落門，以象此也。主非常，以候兵。占：明，則軍安；微弱，則兵起。金、火守，有兵，爲虜犯塞；土、木，則吉。危東六星，兩兩相比，曰司空。【正義】比音鼻。比，近也。危東兩兩相比者，是司命等星也。司空唯一星耳，又不在危東，恐「命」字誤爲「空」也。司命二星，在虛北，主喪送；司祿二星，在司命北，主官；司危二星，在司祿北，主危亡；司非二星，在危北，主愆過：皆司之職。占：大，爲君憂；常，則吉也。營室爲清廟，曰離宮、閣道。【索隱】元命包云：「營室十星，埏陶精類，始立紀綱，包物爲室。」又爾雅云：「營室謂之定。」郭璞云：「定，正也。天下作宮室者，皆以營室中爲正也。」荊州占云：「閣道，王良旗也，有六星。」漢中四星，曰天駟。【索隱】元命包云：「漢中四星曰騎，一曰天駟也。」旁一星，曰王良。王良策馬，車騎滿野。【索隱】春秋合誠圖云：「王良主天馬也。」【正義】王良五星，在奎北河中，天子奉御官也。其動策馬，則兵騎滿野；客星守之，則津橋不通；金、火守入，皆兵之憂也。策一星，在王良前，主天子僕也。占以動搖移易在王良前，或居馬後，則爲策馬，策馬而兵動也。按：章周騰宇叔達，南昌人，爲侍御史。桓帝當南郊，平明應出，騰仰觀曰：「夫王者象星，今宮中星及策馬星悉不動，上明日必不出。」至四更，皇太子卒，遂止也。旁有八星，絕漢，曰天潢。天潢旁，江星。江星動，人涉水。【索隱】元命包曰：「潢主河渠，所以度神通四方。」宋均云：「天潢，天津也。津，湊也。主計度也。」【正義】天江四星，在尾北，主太陰也。不欲明；明而動，水暴出；其星明大，水不禁也。杵、臼四星，在危南。【正義】杵三星，在丈人星旁，主軍糧。占：正下直臼，吉；與臼不相當，軍糧絕也。臼星在南，主舂。其占：覆則歲大饑，仰則大熟也。匏瓜；有青黑星守之，魚鹽貴。【索隱】荊州占云：「匏瓜一名天雞，在河鼓東。匏瓜明，則歲大熟也。」【正義】匏音白包反。匏瓜五星，在離珠北，天子果園。占：明大光潤，歲熟；不，則包果之實不登；客守，魚鹽貴也。南斗爲廟，【正義】南斗六星，在南也。其北建星。建星者，旗也。【正義】建六星，在斗北，臨黃道，天之都關也。斗建之間，七曜之道，亦主旗輅。占：動搖，則人勞；不然，則不；月暈，蛟龍見，牛馬疫；月、五星犯守，大臣相謀，爲關梁不通及大水也。牽牛爲犧牲。【正義】牽牛爲犧牲，亦爲關梁。其北二星，一曰即路，一曰聚火。又上一星，主道路；次二星，主關梁；次三星，主南越。占：明大，關梁通；不明，不通，天下牛疫死；移入漢中，天下乃亂也。其北河鼓。河鼓大星，上將；左右，左右將。【索隱】爾雅云：「河鼓謂之牽牛。」孫炎云：「河鼓之旗十二星，在牽牛北。」或名河鼓爲牽牛也。【正義】河鼓三星，在牽牛北，主軍鼓，蓋天子三將軍：中央大星，大將軍；其南左星，左將軍；其北右星，右將軍：所以備關梁而拒難也。占：明大光潤，將軍吉；動搖差戾，亂兵起；直，將有功；曲，則將失計也。自昔傳牽牛織女七月七日相見，此星也。婺女，【索隱】爾雅云：「須女謂之務女。」是也。或作「婺」字。【正義】須女四星，亦婺女，天少府也。南斗、牽牛、須女皆爲星紀，於辰在丑，越之分野，而斗牛爲吳之分野也。須女，賤妾之稱，婦職之卑者，主布帛裁製嫁娶。占：水守之，萬物不成；火守，布帛貴，人多死；土守，有女喪；金守，兵起也。其北織女。織女，天女孫也。【集解】徐廣曰：「孫，一作『名』。」【索隱】荊州占云：「織女，一名天女，天子女也。」【正義】織女三星，在河北天紀東，天女也，主果蓏絲帛珍寶。占：王者至孝於神明，則三星俱明；不然，則暗而微，天下女工廢；明，則理；大星怒而角，布帛踊貴；不見，則兵起。晉書天文志云：「太史令陳卓總甘、石、巫咸三家所著星圖，大凡二百八十三官，一千四百六十四星，以爲定紀。」今略其昭昭者，以備天官云。

察日月之行以揆歲星順逆。【索隱】姚氏案：天官占云：「歲星一曰應星，一曰經星，一曰紀星。」物理論云：「歲行一次，謂之歲星，則十二歲而星一周天也。」【正義】晉灼云：「太歲在四仲，則歲行三宿；太歲在四孟四季，則歲行二宿。二八十六，三四十二，而行二十八宿，十二歲而周天。」曰東方木，主春，日甲乙。義失者，罰出歲星。【正義】天官云：「歲星者，東方木之精，蒼帝之象也。其色明而內黃，天下安寧。夫歲星欲春不動，動則農廢。歲星贏縮，以其舍命國。所在之國，不可伐，可以罰人。失次，則民多病；見，則喜。其所居國，人主有福，不可以搖動。人主怒，無光，仁道失。歲星順行，仁德加也。歲星，農官，主五穀。」天文志云：「春，日甲乙。四時，春也；五常，仁也；五事，貌也。人主仁虧，貌失，逆時令，傷木氣，則罰見歲星。」歲星贏縮，以其舍命國。所在國不可伐，可以罰人。【索隱】案：天文志曰：「凡五星早出爲贏，贏爲客；晚出爲縮，縮爲主人。五星贏縮，必有天應見杓也。【正義】舍，所止宿也。命，名也。其趨舍而前曰贏，【索隱】趨音聚，謂促也。退舍曰縮。贏，其國有兵不復；縮，其國有憂，將亡，【正義】將音子匠反。國傾敗。其所在，五星皆從而聚於一舍，其下之國可以義致天下。【索隱】漢高帝元年，五星皆聚東井。天文志云其年歲星在東井，故四星從而聚也。

以攝提格歲：【索隱】太歲在寅，歲星正月晨出東方。按爾雅歲在寅爲攝提格。李巡云言萬物承陽起，故曰攝提格。格，起也。歲陰左行在寅，歲星右轉居丑。正月，與斗、牽牛晨出東方，名曰監德。【索隱】歲星在寅正月晨見東方之名。已下皆出石氏星經文。云星在斗、牽牛，失次應見於杓也。漢書天文志則載甘氏及太初星歷所在之宿不同也。色蒼蒼有光。其失次，有應見柳。歲早，水；晚，旱。

歲星出，東行十二度，百日而止，反逆行；逆行八度，百日，復東行。歲行三十度十六分度之七，率日行十二分度之一，十二歲而周天。出常東方，以晨；入於西方，用昏。

單閼歲：【索隱】在卯也。歲星二月晨出東方。爾雅云卯爲單閼。李巡云陽氣推萬物而起，故曰單閼。單，盡也。閼，止也。歲陰在卯，星居子。以二月與婺女、虛、危晨出，曰降入，【索隱】卽歲星二月晨見東方之名。其餘準此。大有光。其失次，有應見張。名曰降入。其歲大水。

執徐歲：【索隱】爾雅辰爲執徐。李巡云伏蟄之物皆振舒而出，故曰執徐。執，蟄也。徐，舒也。歲陰在辰，星居亥。以三月居與營室、東壁晨出，曰青章。青青甚章。其失次，有應見軫。曰青章。歲早，旱；晚，水。

大荒駱歲：【索隱】爾雅云在巳爲大荒駱。姚氏云言萬物皆熾盛而大出，霍然落落，故曰荒駱也。歲陰在巳，星居戌。以四月與奎、婁、胃、昴晨出，曰跰踵。【集解】徐廣曰：「一曰路嶂。」【索隱】天文志作「路嶂」。字詁云「嶂，今作踵」也。【正義】跰，白邊反。踵，之勇反。熊熊赤色，有光。其失次，有應見亢。

敦牂歲：【索隱】爾雅云在午爲敦牂。孫炎云敦，盛也。牂，壯也。言萬物盛壯。韋昭云敦音頓。歲陰在午，星居酉。以五月與胃、昴、畢晨出，曰開明。【集解】徐廣曰：「一曰天津。」【索隱】天文志作「啓明」。炎炎有光。【正義】炎，鹽驗反。偃兵；唯利公王，不利治兵。其失次，有應見房。歲早，旱；晚，水。

叶洽歲：【索隱】爾雅云在未爲叶洽。李巡云陽氣欲化萬物，故曰協洽。協，和也。洽，合也。歲陰在未，星居申。以六月與觜觿、【正義】觜，子斯反。觿，胡規反。參晨出，曰長列。昭昭有光。利行兵。其失次，有應見箕。

涒灘歲：【索隱】爾雅云在申爲涒灘。李巡云涒灘，物吐秀傾垂之貌。涒，他昆反。灘，他丹反。歲陰在申，星居未。以七月與東井、輿鬼晨出，曰天音。昭昭白。其失次，有應見牽牛。

作鄂歲：【索隱】爾雅在酉爲作鄂。李巡云作鄂皆物芒枝起之貌。鄂音愕。案：下文云「作作有芒」，則李巡解亦近。天文志諮音而格反，與史記及爾雅並異。歲陰在酉，星居午。以八月與柳、七星、張晨出，曰爲長王。作作有芒。國其昌，熟穀。其失次，有應見危。曰大章。有旱而昌，有女喪，民疾。

閹茂歲：【索隱】爾雅云在戌曰閹茂。孫炎云萬物皆蔽冒，故曰閹茂。閹，蔽也。茂，冒也。天文志作「掩茂」。歲陰在戌，星居巳。以九月與翼、軫晨出，曰天睢，【索隱】劉氏音吁唯反。白色大明。其失次，有應見東壁。歲水，女喪。

大淵獻歲：【索隱】爾雅云在亥爲大淵獻。孫炎云淵，深也。大獻萬物於深，謂蓋藏之於外也。歲陰在亥，星居辰。以十月與角、亢晨出，曰大章。【集解】徐廣曰：「一曰天皇。」【索隱】天文志亦作「天皇」。蒼蒼然，星若躍而陰出旦，是謂正平。起師旅，其率必武；其國有德，將有四海。其失次，有應見婁。

困敦歲：【索隱】爾雅在子爲困敦。孫炎云困敦，混沌也。言萬物初萌，混沌於黃泉之下。歲陰在子，星居卯。以十一月與氐、房、心晨出，曰天泉。玄色甚明。江池其昌。不利起兵。其失次，有應見昴。

赤奮若歲：【索隱】爾雅云在丑爲赤奮若。李巡云言陽氣奮迅。若，順也。歲陰在丑，星居寅。以十二月與尾、箕晨出，曰天皓。【索隱】音昊。漢志亦作「昊」。黫然黑色甚明。【索隱】黫音烏閑反。其失次，有應見參。

當居不居，居之又左右搖，未當去去之，與他星會，其國凶。所居久，國有德厚。其角動，乍小乍大，若色數變，人主有憂。

其失次舍以下，進而東北，三月生天棓，長四尺，末兌。【索隱】天文志此皆甘氏星經文，而志又兼載石氏。此皆不取石氏名，申甘氏名。【正義】棓音蒲講反。歲星之精散而爲天槍、天棓、天衡、天猾、國皇、天欃、及登天、荊眞、若天猿、天垣、蒼彗，皆以應凶災也。天棓者，一名覺星，本類星，末銳，長四丈，出東北方、西方。其出則天下兵爭也。進而東南，三月生彗星，長二丈，類彗。【正義】天彗者，一名掃星，本類星，末類彗，小者數寸，長或竟天，而體無光，假日之光，故夕見則東指，晨見則西指，若日南北，皆隨日光而指。光芒所及爲災變，見則兵起，除舊布新，彗所指之處弱也。退而西北，三月生天欃，長四丈，末兌。【集解】韋昭曰：「欃音參差之參。」【正義】欃，楚咸反。天欃者，在西南，長四丈，銳。京房云：「天欃爲兵，赤地千里，枯骨籍籍。」天文志云：「天欃主兵亂也。」退而西南，三月生天槍，長數丈，兩頭兌。【正義】槍，楚行反。天槍者，長數丈，兩頭銳，出西南方，其見不過三月，必有破國亂君，伏死其辜。天文志云：「孛天槍夕出西南，占曰爲兵喪亂。其六年十一月，匈奴入上郡、雲中，漢起兵以衞京師也。」謹視其所見之國，不可舉事用兵。其出如浮如沈，其國有土功；如沈如浮，其野亡。色赤而有角，其所居國昌。迎【集解】徐廣曰：「迎，一作御。」角而戰者，不勝。星色赤黃而沈，所居野大穰。【正義】穰，人羊反。豐熟也。色青白而赤灰，所居野有憂。歲星入月，其野有逐相；與太白鬬，【集解】韋昭曰：「星相擊爲鬬。」其野有破軍。

歲星一曰攝提，曰重華，曰應星，曰紀星。營室爲清廟，歲星廟也。

察剛氣以處熒惑。【集解】徐廣曰：「剛，一作罰。」【索隱】案：姚氏引廣雅「熒惑謂之執法」。天官占云「熒惑方伯象，司察妖孽」，則徐云「察罰氣」爲是。春秋緯文耀鉤云「赤帝熛怒之神，爲熒惑，位南方，禮失則罰出」。晉灼云「常以十月入太微，受制而出，行列宿，司無道，出入無常」也。曰南方火，主夏，日丙、丁。禮失，罰出熒惑，熒惑失行是也。出則有兵，入則兵散。以其舍命國。熒惑爲勃亂，殘賊、疾、喪、饑、兵。【集解】徐廣曰：「以下云熒惑爲理，外則理兵，內則理政。」【正義】天官占云：「熒惑爲執法之星，其行無常，以其舍命國：爲殘賊，爲疾，爲喪，爲饑，爲兵。環繞勾曲，芒角動搖，乍前乍後，其殃逾甚。熒惑主死喪，大鴻臚之象；主甲兵，大司馬之義；伺驕奢亂孽，執法官也。其精爲風伯，惑童兒歌謠嬉戲也。」反道二舍以上，居之，三月有殃，五月受兵，七月半亡地，九月太半亡地。因與俱出入，國絕祀。居之，殃還至，雖大當小；【索隱】案：還音旋。疾也。若熒惑反道居其舍所致殃禍速疾，則雖大反小。久而至，當小反大。【索隱】久謂行遲也。如此，其禍小反大，言久腊毒也。其南爲丈夫，北爲女子喪。【索隱】宋均云：「熒惑守輿鬼，南爲丈夫受其咎，北則女子受其凶也。」若角動繞環之，及乍前乍後，左右，殃益大。與他星鬬，【正義】凡五星鬬，皆爲戰鬬，兵不在外，則爲內亂。鬬謂光芒相及。光相逮，爲害；不相逮，不害。五星皆從而聚于一舍，其下國可以禮致天下。【正義】三星若合，是謂驚立絕行，其國外內有兵與喪，人民饑乏，改立侯王。四星若合，是爲太陽，其國兵喪暴起，君子憂，小人流。五星若合，是謂易行，有德者受慶，奄有四方；無德者受殃，乃以死亡也。

法，出東行十六舍而止；逆行二舍；六旬，復東行，自所止數十舍，十月而入西方；伏【集解】晉灼曰：「伏不見。」行五月，出東方。其出西方曰「反明」，主命者惡之。東行急，一日行一度半。

其行東、西、南、北疾也。兵各聚其下；用戰，順之勝，逆之敗。熒惑從太白，軍憂；離之，軍卻。出太白陰，有分軍；行其陽，有偏將戰。當其行，太白逮之，破軍殺將。【索隱】宋均云：「太白宿主軍，來衝拒也。」其入守犯太微、【集解】孟康曰：「犯，七寸已內光芒相及也。」韋昭曰：「自下觸之曰犯，居其宿曰守。」軒轅、營室，主命惡之。心爲明堂，熒惑廟也。謹候此。

歷斗之會以定塡星之位。【索隱】晉灼曰：「常以甲辰之元始建斗，歲行一宿，二十八歲而周天。」廣雅曰：「塡星一名地侯。」文耀鉤曰：「塡，黃帝含樞紐之精，其體旋璣，中宿之分也。」曰中央土，主季夏，日戊、己，黃帝，主德，女主象也。歲塡一宿，其所居國吉。未當居而居，若已去而復還，還居之，其國得土，不乃得女。若當居而不居，既已居之，又西東去，其國失土，不乃失女，不可舉事用兵。其居久，其國福厚；易，福薄。【集解】徐廣曰：「易猶輕速也。」

其一名曰地侯，主歲。歲行十二度百十二分度之五，日行二十八分度之一，二十八歲周天。其所居，五星皆從而聚于一舍，其下之國，可重致天下。【正義】重音逐隴反。言五星皆從塡星，其下之國倚重而致天下，以塡主木土故也。禮、德、義、殺、刑盡失，而塡星乃爲之動搖。

贏，爲王不寧；其縮，有軍不復。塡星，其色黃，九芒，音曰黃鐘宮。其失次上二三宿曰贏，有主命不成，不乃大水。失次下二三宿曰縮，有后戚，其歲不復，不乃天裂若地動。斗爲文太室，塡星廟，天子之星也。

木星與土合，爲內亂，饑，主勿用戰，敗；水則變謀而更事；火爲旱；金爲白衣會【正義】星經云：「凡五星，木與土合爲內亂，饑；與水合爲變謀，更事；與火合爲饑，爲旱；與金合爲白衣會也。」若水。金在南曰牝牡，年穀熟。金在北，歲偏無。【索隱】晉灼曰：「歲，陽也；太白，陰也。故曰牝牡。」【正義】星經云：「金在南，木在北，名曰牝牡，年穀大熟；金在北，木在南，其年或有或無。」火與水合爲焠，與金合爲鑠，爲喪，皆不可舉事，用兵大敗。土爲憂，主孽卿；【集解】晉灼曰：「火入水，故曰焠。」【索隱】案：謂火與水俱從塡星合也。【正義】焠，忽內反。星經：「凡五星，火與水合爲焠，用兵舉事大敗；與金合爲鑠，爲喪，不可舉事用兵，從軍爲憂，離之軍卻；與土合爲憂，主孽卿；與木合，饑，戰敗也。」【索隱】文耀鉤云：「水土合則成鑪冶，鑪冶成則火興，火興則土之子焠，金成銷鑠，金鑠則土無子，無子輔父則益妖孽，故子憂也。」大饑，戰敗，爲北軍，【正義】爲北，軍北也。凡軍敗曰北。軍困，舉事大敗。土與水合，穰而擁閼，【正義】擁，於拱反。閼，烏葛反。有覆軍，【集解】徐廣曰：「或云木火土三星若合，是謂驚立絕行。」其國不可舉事。出，亡地；入，得地。金爲疾，爲內兵，亡地。三星若合，其宿地國外內有兵與喪，改立公王。四星合，兵喪並起，君子憂，小人流。五星合，是謂易行，有德，受慶，改立大人，奄有四方，子孫蕃昌；無德，受殃若亡。五星皆大，其事亦大；皆小，事亦小。

蚤出者爲贏，贏者爲客。晚出者爲縮，縮者爲主人。必有天應見於杓星。同舍爲合。相陵爲鬬，【集解】孟康曰：「陵，相冒占過也。」韋昭曰：「突掩爲陵。」七寸以內必之矣。【索隱】韋昭云：「必有禍也。」

五星色白圜，爲喪旱；赤圜，則中不平，爲兵；青圜，爲憂水；黑圜，爲疾，多死；黃圜，則吉。赤角犯我城，黃角地之爭，白角哭泣之聲，青角有兵憂，黑角則水。意，【集解】徐廣曰：「一作志。」行窮兵之所終。五星同色，天下偃兵，百姓寧昌。春風秋雨，冬寒夏暑，動搖常以此。

塡星出百二十日而逆西行，西行百二十日反東行。見三百三十日而入，入三十日復出東方。太歲在甲寅，鎭星在東壁，故在營室。

察日行以處位太白。【索隱】太白辰出東方曰啓明，故察日行以處太白之位。韓詩云：「太白晨出東方爲啓明，昏見西方爲長庚。」又孫炎注爾雅亦以爲晨出東方高三丈，命曰啓明；昏見西方高三舍，命曰太白。【正義】晉灼云：「常以正月甲寅與熒惑晨出東方，二百四十日而入，又出西方，二百四十日而入，入三十五日而復出東方。出以寅戌，入以丑未。」天官占云：「太白者，西方金之精，白帝之子，上公，大將軍之象也。一名殷星，一名大正，一名熒星，一名官星，一名梁星，一名滅星，一名大囂，一名大衰，一名大爽。徑一百里。」天文志云：「其日庚辛，四時秋也，五常義也，五事言也。人主義虧言失，逆時令，傷金氣，罰見太白。春見東方以晨，秋見西方以夕也。」曰西方，秋，司兵，月行及天矢，【正義】太白五芒出，早爲月蝕，晚爲天矢及彗。其精散爲天杵、天柎、伏靈、大敗、司姦、天狗、賊星、天殘、卒起星，是古曆星。若竹彗、牆星、㰌星、白雚，皆以示變也。日庚、辛，主殺。殺失者，罰出太白。太白失行，以其舍命國。其出行十八舍二百四十日而入。入東方，伏行十一舍百三十日；其入西方，伏行三舍十六日而出。當出不出，當入不入，是謂失舍，不有破軍，必有國君之篡。

其紀上元，【正義】其紀上元，是星古歷初起上元之法也。以攝提格之歲，與營室晨出東方，至角而入；與營室夕出西方，至角而入；與角晨出，入畢；與角夕出，入畢；與畢晨出，入箕；與畢夕出，入箕；與箕晨出，入柳；與箕夕出，入柳；與柳晨出，入營室；與柳夕出，入營室。凡出入東西各五，爲八歲，二百二十日，【集解】徐廣曰：「一云三十二日。」復與營室晨出東方。其大率，歲一周天。【索隱】案：上元是古歷之名。言用上元紀歷法，則攝提歲而太白與營室晨出東方，至角而入；與營室夕出西方，至角而入。凡出入東西各五，爲八歲二百三十日，復與營室晨出東方，太率歲一周天也。其始出東方，行遲，率日半度，一百二十日，必逆行一二舍；上極而反，東行，行日一度半，一百二十日入。其庳，近日，曰明星，柔；高，遠日，曰大囂，【集解】徐廣曰：「囂，一作變。」剛。其始出西，行疾，率日一度半，百二十日；上極而行遲，日半度，百二十日，旦入，必逆行一二舍而入。其庳，近日，曰太白，柔；高，遠日，曰大相，剛。出以辰、戌，入以丑、未。

當出不出，未當入而入，天下偃兵，兵在外，入。未當出而出，當入而不入，下起兵，有破國。其當期出也，其國昌。其出東爲東，入東爲北方；出西爲西，入西爲南方。所居久，其鄉利；疾，【集解】蘇林曰：「疾，過也。」其鄉凶。

出西逆行至東，正西國吉。出東至西，正東國吉。其出不經天；經天，天下革政。【索隱】孟康曰：「謂出東入西，出西入東也。太白，陰星，出東當伏東，出西當伏西，過午爲經天。又晉灼曰：日陽也，日出則星沒，太白晝見午上，爲經天也小以角動，兵起。始出大，後小，兵弱；出小，後大，兵強。出高，用兵深吉，淺凶；庳，淺吉，深凶。日方南金居其南，日方北金居其北，曰贏，〔正義〕鄭元云：方猶向也。謂晝漏半而置土圭表陰陽，審其南北也。影短於土圭謂之日南，是地於日爲近南也；影長於土圭謂之日北，是地於日爲近北也。凡日影於地，千里而差一寸。周禮云：日南則影短多暑，日北則影長多寒。孟康云：會謂太白也。影，日中之影也。侯王不寧，用兵進吉退凶。日方南金居其北，日方北金居其南，曰縮，侯王有憂，用兵退吉進凶。用兵象太白：太白行疾，疾行；遲，遲行。角，敢戰。動搖躁，躁。圜以靜，靜。順角所指，吉；反之，皆凶。出則出兵，入則入兵。赤角，有戰；白角，有喪；黑圜角，憂，有水事；青圜小角，憂，有木事；黃圜和角，有土事，有年。〔正義〕太白星圓，天下和平；若芒角，有土事有年，謂豐熟也。其已出三日而復，有微入，入三日乃復盛出，是謂耎，〔集解〕晉灼曰：耎，退之不進。〔索隱〕耎音奴亂反。其下國有軍敗將北。其已入三日又復微出，出三日而復盛入，其下國有憂；師有糧食兵革，遺人用之；〔正義〕遺，唯季反。卒雖衆，將爲人虜。其出西失行，外國敗；其出東失行，中國敗。其色大圜黃滜，滜音澤。可爲好事；其圜大赤，兵盛不戰。太白白，比狼；赤，比心；黃，比參左肩；蒼，比參右肩；黑，比奎大星。〔正義〕比，卑耳反，下同。比，類也。晉書天文志云：凡五星有色，大小不同，各依其行而應時節。色變有類：凡青比參左肩，赤比心大星，黃比參右肩，白比狼星，黑比奎大星。不失本色而應其四時者，吉；色害其行，凶也。參，色林反，下同。五星皆從太白而聚乎一舍，其下之國可以兵從天下。〔正義〕晉書天文志云：凡五星所出所行所直之辰，其國爲得位者，歲星以德，熒惑有禮，鎮星有福，太白兵強，辰星陰陽和。所行所直之辰，順其色而角者勝，其色害者敗。居實有得，居虛無得也。色勝位，行勝色，行得盡勝之。居實，有得也；居虛，無得也。〔索隱〕實謂星所合居之宿，虛謂贏縮也。行勝色，〔集解〕晉灼曰：太白行得度者勝色也。〔正義〕勝音升剩反，下同。色勝位，有位勝無位，有色勝無色，行得盡勝之。〔集解〕晉灼曰：行應天度，雖有色得位，行盡勝之。行重而色位輕。星經得字作德。出而留桑榆間，〔集解〕晉灼曰：行遲而下也。凡望雲氣，平望在桑榆上者，餘二千里。疾其下國。〔正義〕疾，漢書作病也。上而疾，未盡其日，過參天，〔集解〕晉灼曰：三分天過其一，此在戌酉之間。疾其對國。〔集解〕孟康曰：謂出東入西，出西入東。上復下，下復上，有反將。其入月，將僇。金、木星合，光，其下戰不合，兵雖起而不鬭；合相毀，野有破軍。出西方，昏而出陰，陰兵彊；暮食出，小弱；夜半出，中弱；雞鳴出，大弱：是謂陰陷於陽。其在東方，乘明而出陽，陽兵之彊；雞鳴出，小弱；夜半出，中弱；昏出，大弱：是謂陽陷於陰。太白伏也，以出兵，兵有殃。其出卯南，南勝北方；出卯北，北勝南方；正在卯，東國利。出酉北，北勝南方；出酉南，南勝北方；正在酉，西國勝。其與列星相犯，小戰；五星，大戰。其相犯，太白出其南，南國敗；出其北，北國敗。行疾，武；不行，文。色白五芒，出蚤爲月蝕，晚爲天矢及彗星，將發其國。出東爲德，舉事左之迎之，吉。出西爲刑，舉事右之背之，吉。反之皆凶。太白光見景，戰勝。晝見而經天，是謂爭明，彊國弱，小國彊，女主昌。亢爲疏廟，太白廟也。太白，大臣也，其號上公。其他名殷星、太正、營星、觀星、宮星、明星、大衰、大澤、終星、大相、天浩、序星、月緯。大司馬位謹候此。

察日辰之會，以治辰星之位。〔索隱〕即正四時以治辰星之位也。皇甫謐曰：辰星一名毚星，或曰鉤星。元命包曰：北方辰星水，生物布其紀，故辰星理四時。宋均曰：辰星正四時之法，得與北辰同名也。〔正義〕晉灼曰：常以二月春分見奎、婁，五月夏至見東井，八月秋分見角、亢，十一月冬至見牽牛。出以辰戌，入以丑未，二旬而入。晨候之東方，夕候之西方也。曰北方水，太陰之精，主冬，日壬、癸。刑失者，罰出辰星，〔正義〕天官占云：辰星，北水之精，黑帝之子，宰相之祥也。一名細極，一名鉤星，一名爨星，一名伺祠。一百里，亦偏將、廷尉象也。天文志云：其日壬癸，四時冬也，五常智也，五事聽也。人主智虧聽失，逆時令，傷水氣，則罰見辰星也。以其宿命國。是正四時：仲春春分，夕出郊奎、婁、胃東五舍，爲齊；仲夏夏至，夕出郊東井、輿鬼、柳東七舍，爲楚；仲秋秋分，夕出郊角、亢、氐、房東四舍，爲漢；仲冬冬至，晨出郊東方，與尾、箕、斗、牽牛俱西，爲中國。其出入常以辰、戌、丑、未。其蚤，爲月蝕；晚，爲彗星及天矢。〔集解〕孟康曰：辰星、月相凌，不見者則所蝕也。〔索隱〕宋均云：星辰與月同精，月爲大臣，先期而出，是躁也，失則當誅，故月蝕者所以爲災禍也。辰星，陰也；彗亦陰，陰謀未成，故曉出也。張晏曰：彗所以除舊布新。其時宜效不效爲失，〔正義〕效，見也。言宜見不見爲失，罰之也。追兵在外不戰。一時不出，其時不和；四時不出，天下大饑。其當效而出也，色白爲旱，黃爲五穀熟，赤爲兵，黑爲水。出東方，大而白，有兵於外，解。常在東方，其赤，中國勝；其西而赤，外國利。無兵於外而赤，兵起。其與太白俱出東方，皆赤而角，外國大敗，中國勝；其與太白俱出西方，皆赤而角，外國利。五星分天之中，積於東方，中國利；積於西方，外國用者利。五星皆從辰星而聚於一舍，其所舍之國可以法致天下。辰星不出，太白爲客；其出，太白爲主。出而與太白不相從，野雖有軍，不戰。出東方，太白出西方；若出西方，太白出東方，爲格，野雖有兵不戰。〔索隱〕謂辰星出西方，辰，水也；太白出東方，太白，金也。水生金，母子不相從，故野有軍不戰。令母子各出一方，故爲格。格謂不和同，故野雖有兵不戰也。失其時而出，爲當寒反溫，當溫反寒。當出不出，是謂擊卒，兵大起。其入太白中而上出，破軍殺將，客軍勝；下出，客亡地。辰星來抵太白，太白不去，將死。正旗上出，破軍殺將，客勝；下出，客亡地。視旗所指，以命破軍。〔索隱〕案：旗蓋太白芒角似旌旗。〔正義〕旗，星名，有九星，言辰星上則破軍殺將客勝也。其繞環太白，若與鬭，大戰，客勝。免過太白，〔索隱〕案：廣雅云辰星謂之免星，則辰星之別名免，或作毚也。間可椷劍，〔集解〕蘇林曰：椷音函。函，容也。其間可容一劍。〔索隱〕案：蘇所說，則椷字本有函音，故字從咸也。小戰，客勝。免居太白前，軍罷；出太白左，小戰；摩太白，有數萬人戰，主人吏死；出太白右，去三尺，軍急約戰。青角，兵憂；黑角，水。赤行窮兵之所終。免七命，曰小正、辰星、天欃、安周星、細爽、能星、鉤星。〔索隱〕謂免星凡有七名。命者，名也。小正，一也；辰星，二也；天欃，三也；安周星，四也；細爽，五也；能星，六也；鉤星，七也。其色黃而小，出而易處，天下之文變而不善矣。免五色，青圜憂，白圜喪，赤圜中不平，黑圜吉。赤角犯我城，黃角地之爭，白角號泣之聲。

其出東方，行四舍四十八日，其數二十日，而反入於東方；其出西方，行四舍四十八日，其數二十日，而反入於西方。其一候之營室、角、畢、箕、柳。出房、心間，地動。辰星之色：春，青黃；夏，赤白；秋，青白，而歲熟；冬，黃而不明。即變其色，其時不昌。春不見，大風，秋則不實。夏不見，有六十日之旱，月蝕。秋不見，有兵，春則不生。冬不見，陰雨六十日，有流邑，夏則不長。七星爲員官，辰星廟，蠻夷星也。

角、亢、氐，兗州。房、心，豫州。尾、箕，幽州。斗，江、湖。牽牛、婺女，揚州。虛、危，青州。營室至東壁，并州。奎、婁、胃，徐州。昴、畢，冀州。觜觿、參，益州。〔正義〕括地志云：漢武帝置十三州，改梁州爲益州。廣漢，廣漢今益州咎縣是也。分今河內、上黨、雲中。然按星經，益州，魏地，畢、觜、參之分，今河內、上黨、雲中。是未詳也。東井、輿鬼，雍州。柳、七星、張，三河。翼、軫，荆州。

兩軍相當，日暈；〔集解〕如淳曰：暈讀曰運。暈等，力鈞；厚長大，有勝；薄短小，無勝。重抱大破無。抱爲和，背不和，爲分離相去。直爲自立，立侯王；指暈若曰殺將。負且戴，有喜。圍在中，中勝；在外，外勝。青外赤中，以和相去；赤外青中，以惡相去。氣暈先至而後去，居軍勝。先至先去，前利後病；後至後去，前病後利；後至先去，前後皆病，居軍不勝。見而去，其發疾，雖勝無功。見半日以上，功大。白虹屈短，〔集解〕李奇曰：屈或爲尾也。韋昭曰：短而直。上下兌，有者下大流血。日暈制勝，近期三十日，遠期六十日。其食，食所不利；復生，生所利；而食益盡，爲主位。以其直及日所宿，加以日時，用命其國也。

月行中道，安寧和平。陰間，多水，陰事。外北三尺，陰星。北三尺，〔索隱〕案：中道，房室星之中間也。房有四星，若人之房有三間有四表然，故曰房。南爲陽間，北爲陰間，則中道房星之中間也。故房是日月五星之常行道。然黃道赤經房星，若月行得中道，故陰陽和平。若行陰間，多陰事；陽間，則人主驕恣。若歷陰星、陽星之南北太陰、太陽之道，則有大水若兵，及大旱若喪也。太陽亦在陽間之南各三尺也。太陰，大水，兵。陽間，驕恣。陽星，多暴獄。太陽，大旱喪也。〔索隱〕太陰、太陽皆道也。月行近之，故有水旱兵喪也。角、天門，十月爲四月，十一月爲五月，十二月爲六月，水發，近三尺，遠五尺。〔索隱〕謂月行入角與天門，若十月犯之，當爲來年四月成災；十一月，則主五月也。犯四輔，輔臣誅。〔索隱〕案：謂月犯房星也。四輔，房四星也。房以輔心，故曰四輔也。行南北河，以陰陽言，旱水兵喪。〔正義〕南河三星，北河三星。若月行北河以陰，則水、兵；南河以陽，則旱、喪也。月蝕歲星，其宿地，饑若亡。熒惑也亂，塡星也下犯上，太白也彊國以戰敗，辰星也女亂。〔正義〕孟康云：凡星入月，見月中，爲星蝕月；月掩星，星滅，爲月蝕星也。食大角，〔集解〕徐廣曰：一云食于大角。〔正義〕大角一星，在兩攝提間，人君之象也。主命者惡之；心，則爲內賊亂也；列星，其宿地憂。〔索隱〕謂月蝕列星，二十八宿當其分地有憂，謂兵及喪也。月食始日，五月者六，六月者五，五月復六，六月者一，而五月者五，凡百一十三月而復始。〔索隱〕始日謂曆始起之日也。依此文計，唯有一百二十一月，與元數甚爲懸校。既無太初曆術，不可得而推定。今以漢志三統曆法計，則五月者七，六月者一，又五月者一，六月者五，五月者一，凡一百三十五月而復始耳。或術家各異，或傳寫錯謬，故此不同，無以明知也。故月蝕，常也；日蝕，爲不臧也。甲、乙，四海之外，日月不占。〔集解〕晉灼曰：海外遠，甲乙日時不以占候。丙、丁，江、淮、海岱也。戊、己，中州、河、濟也。庚、辛，華山以西。壬、癸，恒山以北。日蝕，國君；月蝕，將相當之。

國皇星，〔正義〕國皇星，大而赤，類南極老人，去地三丈，如炬火。見則內外有兵喪之難。大而赤，〔集解〕孟康曰：歲星之精散所爲也。五星之精散爲六十四變，記不盡。狀類南極。〔集解〕徐廣曰：南極老人星。所出，其下起兵，兵彊；其衝不利。

昭明星，〔索隱〕案：春秋合誠圖云：赤帝之精，象如太白，七芒。釋名爲筆星，氣有一枝，末銳似筆，亦曰日華星也。大而白，無角，乍上乍下。〔集解〕孟康曰：形如三足机，机上有九彗上向，熒惑之精也。所出國，起兵，多變。

五殘星，〔索隱〕孟康云：星表有青氣如暈，有毛，塡星之精也。〔正義〕五殘，一名五鋒，出正東東方之分野。狀類辰星，去地可六七丈。見則五穀毀敗之徵，大臣誅亡之象。出正東東方之野。其星狀類辰星，去地可六丈。大〔集解〕徐廣曰：大，一作六。

賊星，〔集解〕孟康曰：形如彗，九尺，太白之精。〔正義〕天賊星者，一名六賊，出正南南方之野，星去地可六丈，大而赤，數動有光，出則禍合天下。出正南南方之野。星去地可六丈，大而赤，數動有光。

司危星，〔集解〕孟康曰：星大而有尾，兩角，熒惑之精也。〔正義〕司危者，出正西西方分野也。大如太白，去地可六丈，見則天子以不義失國而豪傑起。出正西西方之野。星去地可六丈，大而白，類太白。

獄漢星，〔集解〕孟康曰：青中赤表，下有三彗縱橫，亦塡星之精。漢書天文志獄漢一名咸漢。出正北北方之野。星去地可六丈，大而赤，數動，察之中青。此四野星所出，出非其方，其下有兵，衝不利。

四鎭星所出四隅，去地可四丈。

地維咸光，〔正義〕四鎭星出四隅，去地可四丈。地維咸光星亦出四隅，去地可三丈，若月始出，所見下有亂者亡，有德者昌也。亦出四隅，去地可三丈，若月始出。所見下，有亂；亂者亡，有德者昌。

燭星，狀如太白，〔集解〕孟康曰：星上有三彗上出，亦塡星之精。其出也不行。見則滅。所燭者，城邑亂。

如星非星，如雲非雲，命曰歸邪。〔集解〕李奇曰：邪音蛇。孟康曰：星有兩赤彗上向，上有蓋狀如氣，下連星。歸邪出，必有歸國者。

星者，金之散氣，本曰火。〔集解〕孟康曰：星，石也。星衆，國吉；少則凶。

漢者，亦金之散氣，〔索隱〕案：水生於金，散氣即水氣。河圖括地象曰：河精爲天漢也。其本曰水。漢，星多，多水；少則旱，〔集解〕孟康曰：漢，河漢也。水生於金。多少謂漢中星。其大經也。

天鼓，有音如雷非雷，音在地而下及地。其所往者，兵發其下。

天狗，狀如大奔星，〔集解〕孟康曰：星有尾，旁有短彗，下有如狗形者，亦太白之精。有聲，

其下止地類狗所墮及炎火【索隱】炎音豔 望之如火光炎炎衝天其下圜如數頃田處上兌者則有黃色千里破軍殺將

格澤星者【索隱】格澤一音鶴鐸又音格澤格胡客反 如炎火之狀黃白起地而上下大上兌其見也不種而穫不有土功必有大害

蚩尤之旗【集解】孟康曰熒惑之精也晉灼曰呂氏春秋曰其色黃上白下 類彗而後曲象旗見則王者征伐四方

旬始出於北斗旁【集解】徐廣曰蚩尤也旬一作營 狀如雄雞其怒青黑象伏鼈【集解】李奇曰怒當音帑晉灼曰帑雌也或曰怒色青

枉矢類大流星蛇行而倉黑望之如有毛羽然

長庚如一匹布著天【正義】著音直略反 此星見兵起

星墜至地則石也【正義】春秋云星隕如雨是也今吳郡西鄉見有落星石其石天下多有也

河濟之間時有墜星

天精而見景星景星者德星也其狀無常常出於有道之國【集解】孟康曰精明也有赤方氣與青方氣相連赤方中有兩黃星青方中一黃星凡三星合為景星【索隱】韋昭云精謂清朗漢書作暒亦作姓郭璞注三蒼云暒雨止無雲也【正義】景星狀如半月生於晦朔助月為明見則人君有德明聖之慶也

凡望雲氣【正義】春秋元命包云陰陽聚為雲氣也釋名云雲猶云云衆盛也氣猶餼然也有聲即無形也 仰而望之三四百里平望在桑榆上餘二千里登高而望之下屬地者三千里雲氣有獸居上者勝【正義】勝音升剩反雲雨氣相敵也兵書云雲或如雄雞臨城有城必降

自華以南氣下黑上赤嵩高三河之郊氣正赤恒山之北氣下黑上青勃碣海岱之間氣皆黑江淮之間氣皆白

徒氣白土功氣黃車氣乍高乍下往往而聚騎氣卑而布卒氣摶【集解】如淳曰摶專也或曰摶音徒端反 前卑而後高者疾前方而高後兌而卑者卻其氣平者其行徐前高而後卑者不止而反氣相遇者卑勝高【索隱】遇音偶漢書作偶 兌勝方氣來卑而循車通者【集解】車通車轍也避漢武諱故曰通 不過三四日去之五六里見氣來高七八尺者不過五六日去之十餘二十里見氣來高丈餘二丈者不過三四十日去之五六十里見稍雲精白者其將悍其士怯其大根而前絕遠者當戰青白其前低者戰勝其前赤而仰者戰不勝

陣雲如立垣杼雲類杼軸【索隱】姚氏案兵書云營上雲氣如織勿與戰也 雲摶兩端兌杓雲如繩者居前亙天【索隱】劉氏杓音時酌反又說文音丁了反許慎注淮南云杓引也 其半半天其蜺者類闕旗故【索隱】蜺音五結反亦作蜺音同 鉤雲句曲【正義】句音古侯反 諸此雲見以五色合占而澤摶密【正義】崔豹古今注云黃帝與蚩尤戰於涿鹿之野常有五色雲氣金枝玉葉止於帝上有花葩之象故因作華蓋也京房易飛候云視四方常有大雲五色具其下賢人隱也青雲潤澤蔽日在西北為舉賢良也 其見動人乃有占兵必起合鬭其直王朔所候決於日旁日旁雲氣人主象【正義】洛書云有雲象人青衣無手在日西天子之氣 皆如其形以占

故北夷之氣如羣畜穹閭【索隱】鄒氏云一作弓閭天文志作弓字音穹蓋謂以氊為閭崇穹然而宋均云穹閭獸名亦異說也 南夷之氣類舟船幡旗大水處敗軍場破國之虛下有積錢【集解】徐廣曰古作泉字 金寶之上皆有氣不可不察海旁蜄氣象樓臺廣野氣成宮闕然雲氣各象其山川人民所聚積【正義】淮南子云土地各以類生人是故山氣多男澤氣多瘖風氣多聾林氣多躄木氣多傴石氣多力險阻氣多壽谷氣多痺丘氣多狂衍氣多仁陵氣多貪輕土多利足重土多遲清水音小濁水音大湍水人重中土多聖人皆象其氣皆應其類也

故候息耗者入國邑視封疆田疇之正治【集解】如淳曰蔡邕云麻田曰疇 城郭室屋門戶之潤澤次至車服畜產精華實息者吉虛耗者凶

若煙非煙若雲非雲郁郁紛紛蕭索輪囷是謂卿雲【正義】卿音慶 卿雲見喜氣也若霧非霧【索隱】霧音如字一音蒙又亡遘反爾雅云天氣下地不應曰霧言蒙昧不明也 衣冠而不濡見則其域被甲而趨天雷電蝦虹辟歷夜明者陽氣之動者也春夏則發秋冬則藏故候者無不司之

天開縣物【集解】孟康曰謂天裂而見物象天開示縣象 地動坼絕【正義】趙世家幽繆王遷五年代地動自樂徐以西北至平陰臺屋牆垣太半壞地坼東西百三十步 山崩及徙川塞谿垘【集解】徐廣曰土雍曰垘音服駰案孟康曰谿谷也垘崩也蘇林曰垘流也 水澹澤竭地長見象城郭門閭閨臬枯槁宮廟邸第人民所次謠俗車服觀民飲食五穀草木觀其所屬倉府廄庫四通之路六畜禽獸所產去就魚鼈鳥鼠觀其所處鬼哭若呼其人逢俉化言誠然【索隱】俉迎也劉伯莊曰音五故反逢俉謂相逢而驚也俉亦作迕音同化當為訛字之誤耳

凡候歲美惡謹候歲始歲始或冬至日產氣始萌臘明日人衆卒歲一會飲食發陽氣故曰初歲正月旦王者歲首立春日四時之卒始也【索隱】謂立春日是去年四時之終卒今年之始也【正義】謂正月旦歲之始時之始日之始月之始故云四始言以四時之日候歲吉凶也 而漢魏鮮【集解】孟康曰人姓名作占候者 集臘明正月旦決八風

風從南方來大旱西南小旱西方有兵西北戎菽為【集解】孟康曰戎菽胡豆也為成也【索隱】韋昭云戎菽大豆也又郭璞注爾雅亦云胡豆與孟康同 小雨【集解】徐廣曰一無此兩字 趣兵【索隱】趣音促謂風從西北來則戎菽成而又有小雨則其國趣兵起也 北方為中歲東北為上歲【集解】韋昭曰歲大穰 東方大水東南民有疾疫歲惡故八風各與其衝對課多者為勝多勝少久勝亟疾勝徐

旦至食為麥食至日昳為稷昳至餔為黍餔至下餔為菽下餔至日入為麻欲終日有雨有雲有風有日【正義】正月旦欲其終一日有風有日則一歲之中五穀豐熟無災害也 當其時者深而多實無雲有風日當其時淺而多實有雲風無日當其時深而少實有日無雲不風當其時者稼有敗如食頃小敗熟五斗米頃大敗風復起有雲其稼復起各以其時用雲色占種其所宜其雨雪若寒歲惡是日光明聽都邑人民之聲聲宮則歲善吉商則有兵徵旱羽水角歲惡或從正月旦比數雨【索隱】比音鼻律反數音疏舉反謂以比數日以候一歲之雨以知豐穰也 率日食一升至七升而極【集解】孟康曰月一日雨民有一升之食二日雨民有二升之食如此至七日 過之不占數至十二日日直其月占水旱【集解】孟康曰月一日雨正月水 為其環城千里內占則其為天下候竟正月【集解】孟康曰月三十日周天歷二十八宿然後可占天下【正義】按月列宿日風雲有變占其國并太歲所在則知其歲豐稔水旱饑饉也 月所離列宿【索隱】韋昭云離歷也 日風雲占其國然必察太歲所在在金穰水毀木饑火旱此其大經也

正月上甲風從東方宜蠶風從西方若旦黃雲惡冬至短極縣土炭【集解】孟康曰先冬至三日縣土炭於衡兩端輕重適均冬至日陽氣至則炭重夏至日陰氣至則土重晉灼曰蔡邕律歷記候鍾律權土炭冬至陽氣應黃鍾通土炭輕而衡仰夏至陰氣應蕤賓通土炭重而衡低進退先後五日之中 炭動鹿解角蘭根出泉水躍略以知日至要決晷景歲星所在五穀逢昌其對為衝歲乃有殃【正義】言晷景歲星行不失次則無災異五穀逢其昌盛若晷景歲星行而失舍有所衝則歲乃有殃禍災變也

太史公曰自初生民以來世主曷嘗不歷日月星辰及至五家【索隱】案謂五紀歲月日星辰歷數各有一家顓頊之故曰五家也 三代【正義】五家黃帝高陽高辛唐虞堯舜也三代夏殷周也言生民以來何曾不歷日月星辰及至五帝三王亦於紹繼而明天數陰陽也 紹而明之內冠帶外夷狄分中國為十有二州仰則觀象於天俯則法類於地天則有日月地則有陰陽天有五星地有五行天則有列宿地則有州域三光者陰陽之精氣本在地而聖人統理之幽厲以往尚矣所見天變皆國殊窟穴家占物怪以合時應其文圖籍禨祥不法【正義】禨音機顧野王云禨祥吉凶之先見也按自古以來所見天變國皆異具所說不同及家占物怪用合時應者書其文并圖籍凶吉並不可法則故孔子論六經記異事而說其所應不書變見之蹤也 是以孔子論六經紀異而說不書至天道命不傳傳其人不待告【正義】待須也言天道性命忽有志事可傳授之則傳其大指微妙自在天性不須深告語也 告非其人雖言不著【正義】著作慮反著明也言天道性命告非其人雖為言說不得著明微妙曉其意也

昔之傳天數者高辛之前重黎【正義】左傳云蔡墨曰少昊氏之子曰黎為火正號祝融即火行之官知天數 於唐虞羲和【正義】羲氏和氏掌天地四時之官也 有夏昆吾【正義】昆吾陸終之子虞翻云昆吾名樊為己姓封昆吾世本云昆吾衛者也 殷商巫咸【正義】巫咸殷賢臣也本吳人冢在蘇州常熟海隅山上子賢亦在此也 周室史佚萇弘【正義】史佚周武王時太史尹佚也萇弘周靈王時大夫也 於宋子韋鄭則裨竈【正義】裨竈鄭大夫也 在齊甘公【集解】徐廣曰或曰甘公名德也本是魯人【正義】七錄云楚人戰國時作天文星占八卷 楚唐昧【正義】莫葛反 趙尹皐魏石申【正義】七錄云石申魏人戰國時作天文八卷也

夫天運三十歲一小變百年中變五百載大變三大變一紀三紀而大備此其大數也為國者必貴三五【索隱】三五謂三十歲一小變五百歲一大變 上下各千歲然後天人之際續備

太史公推古天變未有可考于今者蓋略以春秋二百四十二年之間【正義】謂從隱公元年至哀公十四年獲麟也隱公十一年桓公十八年莊公三十二年閔公二年僖公三十三年文公十八年宣公十八年成公十八年襄公三十一年昭公三十二年定公十五年哀公十四年凡二百四十二年也 日蝕三十六【正義】三年二月乙巳桓公三年七月壬辰朔十七年十月朔莊公十八年三月朔二十五年六月辛未朔二十六年十二月癸亥朔三十年九月庚午朔僖公五年九月戊申朔十二三月庚午朔十五年五月朔文公元年二月癸亥朔十五年六月辛卯朔宣公八年七月甲子朔十年四月丙辰朔十七年六月癸卯朔成公十六年六月丙辰朔十七年十二月丁巳朔襄公十四年二月乙未朔十五年八月丁巳朔二十年十月丙辰朔二十一年九月庚戌朔十月庚辰朔二十三年二月癸酉朔二十四年七月甲子朔八月癸巳朔二十七年十二月乙亥朔昭公七年四月甲辰朔十五年六月丁巳朔十七年六月甲戌朔二十一年七月壬午朔二十二年十二月癸酉朔二十四年五月乙未朔三十一年十二月辛亥朔定公五年三月辛亥朔十二年十一月丙寅朔十五年八月庚辰朔凡蝕三十六也 彗星三見【正義】謂文公十四年七月有星孛入于北斗昭公十七年冬有星孛于大辰哀公十三年有星孛于東方 宋襄公時星隕如雨【正義】謂僖公十五年正月戊申朔隕石于宋五也 天子微諸侯力政【集解】徐廣曰一作征 五伯代興【正義】趙岐注孟子云齊桓晉文秦穆宋襄楚莊也 更為主命自是之後衆暴寡大并小秦楚吳越夷狄也為彊伯【正義】秦非子初邑於秦地在西戎楚子鬻熊始封丹陽荊蠻吳太伯居吳周章因封吳號勾吳越祖少康之子初封於越以守禹祀地稱東越皆戎狄之地故言夷狄也後秦穆楚莊吳闔閭越勾踐皆得封為伯也 田氏篡齊【正義】周安王二十三年康公卒田和并齊而立為齊侯 三家分晉【正義】周安王二十六年魏武侯韓文侯趙敬侯共滅晉靜公而三分其地 並為戰國爭於攻取兵革更起城邑數屠因以饑饉疾疢焦苦臣主共憂患其察禨祥候星氣尤急近世十二諸侯七國相王【正義】王于放反謂漢景帝三年吳王濞楚王戊趙王遂濟南王辟光菑川王賢膠東王雄渠也 言從衡者繼踵而皐唐甘石因時務論其書傳故其占驗淩雜米鹽【正義】淩雜交亂也米鹽細碎也言皐唐甘石等因時務論其書傳中災異所記錄者故其占驗交亂細碎其語在漢書五行志中也

二十八舍主十二州【正義】二十八舍謂東方角亢氐房心尾箕北方斗牛女虛危室壁西方奎婁胃昴畢觜參南方井鬼柳星張翼軫星經云角亢鄭之分野兗州氐房心宋之分野豫州尾箕燕之分野幽州南斗牽牛吳越之分野揚州須女虛齊之分野青州危室壁衛之分野并州奎婁魯之分野徐州胃昴趙之分野冀州畢觜參魏之分野益州東井輿鬼秦之分野雍州柳星張周之分野三河翼軫楚之分野荊州也 斗秉兼之【正義】言北斗所建秉十二辰兼十二州二十八宿自古所用從來久遠矣 所從來久矣秦之疆也候在太白占於狼弧【正義】太白狼弧皆西方之星故秦占候也 吳楚之疆候在熒惑占於鳥衡【正義】熒惑鳥衡皆南方之星故吳楚之占候也鳥衡柳星也一本作注張也 燕齊之疆候在辰星占於虛危【正義】辰星虛危皆北方之星故燕齊占候也 宋鄭之疆候在歲星占於房心【正義】歲星房心皆東方之星故宋鄭占候也 晉之疆亦候在辰星占於參罰【正義】辰星參罰皆北方西方之星故晉占候也

及秦并吞三晉燕代自河山以南者中國【正義】河黃河也山華山也從華山及黃河以南為中國也 中國於四海內則在東南為陽【正義】爾雅云九夷八狄七戎六蠻謂之四海之內中國從河山東南為陽也 陽則日歲星熒惑填星【正義】日人質反填音鎮日陽也歲星屬東方熒惑屬南方填星屬中央皆在南及東為陽也 占於街南畢主之【正義】天街二星主畢昴主國界也街南為華夏之國街北為夷狄之國則畢星主陽也 其西北則胡貉月氏諸衣旃裘引弓之民為陰【正義】貉音陌氏音支從河山西北及秦晉為陰也 陰則月太白辰星【正義】月陰也太白屬西方辰星屬北方皆在北西為陰也 占於街北昴主之【正義】天街星北為夷狄之國則昴星主之陰也 故中國山川東北流其維首在隴蜀【正義】言中國山及川東北流行若南

山首在崑崙葱嶺東北行連隴山至南山華山渡河東北盡碣石山黃河首起崑崙山渭水岷江發源出隴山皆東北東入渤海也尾沒于勃碣是以秦晉好用兵[集解]韋昭曰秦晉西南維之北爲陰猶與胡貉引弓之民同故好用兵復占太白太白主中國而胡貉數侵掠[正義]主貊領也入也星經云太白在北月在南中國敗太白在南月在北中國不敗也是狐貉數侵掠之也獨占辰星辰星出入躁疾常主夷狄其大經也此更爲客主人[正義]更格行反下同星經云辰星不出太白爲客辰星出太白爲主人辰星太白不相從雖有軍不戰辰星出東方太白出西方若辰星出西方太白出東方爲格野雖有兵不戰合宿乃戰辰星入太白中五日及入而上出破軍殺將客勝不出客亡地視旗所指熒惑爲孛外則理兵內則理政故曰雖有明天子必視熒惑所在[索隱]此春秋緯文耀鉤故云故曰也諸侯更彊時菑異記無可錄者秦始皇之時十五年彗星四見久者八十日長或竟天其後秦遂以兵滅六王并中國外攘四夷死人如亂麻因以張楚並起三十年之間[正義]謂從秦始皇十六年起兵滅韓至漢高祖五年滅項羽則三十六年矣兵相駘藉[集解]蘇林曰駘音臺登躡也不可勝數自蚩尤以來未嘗若斯也項羽救鉅鹿枉矢西流山東遂合從諸侯西坑秦人誅屠咸陽漢之興五星聚于東井平城之圍[索隱]漢高祖之七年月暈參畢七重[索隱]天文志其占者畢昴間天街也街北胡也街南中國也昴爲匈奴參爲趙畢爲邊兵是歲高祖自將兵擊匈奴至平城爲冒頓所圍七日乃解則天象有若符契七重者主七日也諸呂作亂日蝕晝晦吳楚七國叛逆彗星數丈天狗過梁野及兵起遂伏尸流血其下元光元狩蚩尤之旗再見長則半天其後京師師四出[正義]元光元年太中大夫衛青等伐匈奴元狩二年冠軍侯霍去病等擊胡元鼎五年衛尉路博德等破南越及韓說破東越并破西南夷開十餘郡元封元年樓船將軍楊僕擊朝鮮誅夷狄者數十年而伐胡尤甚越之亡熒惑守斗[正義]南斗爲吳越之分野朝鮮之拔星茀于河戒[索隱]茀音佩即孛星也天文志武帝元封之中星孛于河戒其占日南戒爲越門北戒爲胡門其後漢兵擊拔朝鮮以爲樂浪玄菟郡朝鮮在海中越之象居北方胡之域也其河戒即南河北河也兵征大宛星茀招搖[正義]招搖一星次北斗杓端主胡兵也占角變則兵革大行此其犖犖大者[索隱]犖音力卓反犖犖事之分明也若至委曲小變不可勝道由是觀之未有不先形見而應隨之者也夫自漢之爲天數者星則唐都氣則王朔占歲則魏鮮故甘石歷五星法唯獨熒惑有反逆行逆行所守及他星逆行日月薄蝕[集解]孟康曰日月無光曰薄京房易傳曰日赤黃爲薄或曰不交而蝕曰薄韋昭曰氣往迫之爲薄虧毀爲蝕皆以爲占余觀史記考行事百年之中五星無出而不反逆行反逆行嘗盛大而變色日月薄蝕行南北有時此其大度也故紫宮[正義]中宮也房心[正義]東宮也權衡[正義]南宮也咸池[正義]西宮也虛危[正義]北宮也列宿部星[正義]五宮列宿部內之星也此天之五官坐位也爲經不移徙大小有差闊狹有常[集解]孟康曰闊狹若三台星相去遠近水火金木填星[集解]徐廣曰木火土三星若合是謂驚立絕行此五星者天之五佐[正義]言水火金木土五星佐天行德也爲經緯[正義]五星行南北爲經東西爲緯也見伏有時所過行贏縮有度日變脩德月變省刑星變結和凡天變過度乃占國君彊大有德者昌弱小飾詐者亡大上修德其次修政其次修救其次修禳正下無之夫常星之變希見而三光之占亟用日月暈適[集解]徐廣曰適者災變咎徵也李斐曰適見災於天劉向以爲日月蝕及星逆行非太平之常自周衰以來人事亂故天文應之遂變耳駰案孟康曰暈日旁氣也適日之將食先有黑氣之變雲風此天之客氣其發見亦有大運然其與政事俯仰最近天人之符此五者天之感動爲天數者必通三五[索隱]三謂三辰五謂五星終始古今深觀時變察其精粗則天官備矣

蒼帝行德天門爲之開[索隱]謂王者行春令布德澤被天下則上應靈威仰之帝而天門爲之開以發德化也天門即左右角間也[正義]爲於偶反下同蒼帝東方靈威仰之帝也春萬物開發東作起則天發其德化天門爲之開也赤帝行德天牢爲之空[索隱]謂王者行德以應火精之帝謂舉大禮封諸侯之地則是赤帝行德夏陽主舒散故天牢爲之空則人主當赦過宥罪者也[正義]赤帝南方赤熛怒之帝也夏萬物茂盛功作大興則天施德惠天牢爲之空虛也天牢六星在北斗魁下不對中台主秉禁暴亦貴人之牢也黃帝行德天矢爲之起[正義]黃帝中央含樞紐之帝季夏萬物盛大則當大赦含養羣品也風從西北來必以庚辛一秋中五至大赦三至小赦白帝行德以正月二十日二十一日月暈圍常大赦載謂有太陽也一曰白帝行德[索隱]一曰二曰謂占星之家異說太史公兼記之耳畢昴爲之圍[正義]白帝西方白招矩之帝也秋萬物咸成則暈圍畢昴三暮帝德乃成也圍三暮德乃成不三暮及圍不合德不成二曰以辰圍不出其旬

黑帝行德天關爲之動[正義]黑帝北方協光紀之帝也冬萬物閉藏爲之動爲之開閉也天關一星在五車南畢西北爲天門日月五星所道主邊事亦爲限隔內外障絕往來禁道之作違者占芒角有兵起五星守之主貴人多死也天行德天子更立年[索隱]案天謂北極紫微宮言王者當天心則北辰有光輝是行德也若北辰有光輝則天子更立年也不德風雨破石三能三衡者天廷也客星出天廷有奇令[索隱]上云南宮朱鳥權衡衡太微三光之廷則三衡者即太微也其謂之三者日月五星也然斗星第六第五亦名衡又參三星亦名衡然並不爲天廷[正義]晉書天文志云三台主開德宣符也所以和陰陽而理萬物也三衡者北斗魁四星爲璇璣杓三星爲玉衡人君之象號令主也又太微天子宮庭也太微爲衡衡主平也爲天庭理法平辭理也按言三台三衡者皆天帝之庭號令舒散平理也故言三台三衡之廷若有客星出三台三衡之廷必有奇異教令也

索隱述贊曰在天成象有同影響觀文察變其來自往天官既書太史攸掌雲物必記星辰可仰盈縮匪忒應驗無爽至哉玄監云誰欲罔

史記卷二十七考證

天官書正義張衡云○此係晉書天文志所載張衡之語而正義引之監本有五列焉句有訛作育又日月運行歷示吉凶五緯纏度用告禍福四句脫去歷示吉凶五緯纏度八字今俱添改

中宮天極星索隱宣氣立精○宣監本訛作宮今改正

旁三星三公或曰子屬正義主變出陰陽佐機務○出字疑化字之誤

後宮之屬也索隱辰極橫后妃四星端○端一本作從　臣照按從即縱對橫而言端即耑直也端與從未審孰是姑仍監本之舊

隋北端兌○臣照按北之當爲比端之當爲耑兌之當爲銳索隱詳之矣唯隋字但云音他果反而未申其義蓋隋即橢橢比者斜相連也耑直也耑銳者直而尖也古字通用者多加以傳寫之訛遂不可曉

或曰天一正義主王者即位令諸立赤子而傳國位者○考星經應作主王者即位及諸立太子而傳國位者

絕漢抵營室曰閣道索隱又按樂汁圖徵云○樂汁圖徵緯書也監本脫徵字今添

以齊七政索隱春秋運斗樞云○樞監本訛作極今改正

又徐整長歷云○監本脫徐字今添

魁枕參首正義○臣照按張守節此條蓋引用天文志參合星經爲之歲久傳訛舛錯殊甚至不可讀今依晉書改正而書其原文如左

正義枕之禁反衡斗衡也魁斗第一星也言北方斗斗衡直當北之魁枕於參星之道北斗之杓連於龍角南斗六星爲天廟丞相太宰之位主薦賢良授爵祿又主兵天機南二星魁天梁中央一星天相北二星天府庭也占斗星盛明王道和平爵祿行不然反是參主斬刈又爲天獄主殺罰其中三星橫列者三將軍東主後將軍西南曰右足主偏將軍故軒轅氏占之以北曰左肩主左將軍西北曰右肩主右將軍東南曰左足應七將也中央三小星曰伐天之都尉也主戎狄之國不欲明若芒角張明與參等大臣謀亂兵起夷狄內戰七將皆明天下主兵振王道缺參失色軍散敗動搖邊侯有急參左足入玉井中及金火守皆爲起兵

斗爲帝車索隱言是大帝乘車巡狩○監本脫言字今添

五日司中索隱司中主左理也○左理一本作大理

貴人之牢索隱樂汁圖徵曰○監本脫徵字今添

又天理貴人牢○監本作天寶理貴人牢寶字衍今刪

輔星明近正義排賢用佞○監本訛作用賢排佞今改正

杓端有兩星集解更河三星○查晉書更作梗今依晉書改正

虛則開出索隱詩汜歷樞云○汜監本訛作紀今改正

又正義九星悉見則獄事繁○九監本訛作占今改正

又視其大小大有大赦○視監本訛作見今改正

旁有兩星曰鈐○鈐監本訛作衿今改正

又索隱鈐音其炎反○監本脫鈐字今添

北一星曰牽正義占不居其所則宮門不禁居則反是也○監本作占一反不居其所衍一反二字今刪又則津梁不通宮門不禁今查津梁不通四字係下文東北曲十二星曰旗注文重出於此今亦刪

故曰攝提格正義色溫溫不明而大者人君吉○吉監本訛作恐今改正

氐爲天根主疫索隱氐四星爲路寢○路監本訛作露今改正

又正義氐房心三星爲火○火監本訛作灾今改正

尾爲九子正義次三星夫人次九嬪末爲妾○監本訛作次三星並爲次九嬪末二星爲妾今改正

火犯守角則有戰房心王者惡之也正義熒惑犯守箕尾氐星自生芒角則有戰陣之事若熒惑守房心及房心自生芒角則王者惡之也○臣照按正義以角爲芒角之角竊謂馬遷之意指角宿而言謂熒惑犯角星或守角星當有戰鬬若犯房心或守房心則災及人君也考之星占亦復如是

權衡正義太微之廷也○微監本訛作尾今改正

門內六星諸侯正義諸侯五星在東井東北近北河主刺舉戒不虞○臣照按舊本作東井在北河主判舉東井北河兩星名又相離甚遠定有訛舛今據宋史及星經知在東井東北近北河也判舉宋史作刺舉今並改正

其內五星五帝坐○監本正義遺羣下從謀也五字今據本書補

又白招矩○招字監本誤作昭以其所犯命之命字監本誤作名今俱改正

權軒轅軒轅黃龍體前大星女主象旁小星御者後宮屬正義次北一星夫人也○監本脫一字又脫右一星大民太后宗也九字又脫后族二字今據宋史天文志補

其西曲星曰鉞正義輿鬼五星一星爲質○監本誤作輿鬼四星爲質一星今改正

又占不欲明明與井齊或搖動則天子用鉞于大臣○監本少一明字今添

鉞北北河南南河正義南北置而爲戒南河南戒一曰陽門亦曰越門北河北戒一曰陰門亦爲胡門○監本脫南河南戒四字今添

中白者爲質正義輿鬼五星主祠事天目也○監本五譌作四目譌作田今俱改正

又欲其智畧不明○監本譌作欲其没不明今改正

禍成井集解火入之一星居其旁天子且以火敗○火入之監本脫之字今添又一星疑應作客星

誅成質○臣照按本書云白者爲質此云誅成質晉書天文志云鬼中一星名鈇鑕蓋質卽鑕也古字少後人多加偏傍以分之遂疑爲兩字耳

柳爲鳥注正義星七星○七監本譌作一今改正

翼爲羽翮○翮監本譌作融今改正

又正義翼二十二星○監本譌作二十星今改正

軫爲車主風正義辰星守之徐灑有戮者○監本作徐洒有戮之者之字衍今去

星星不欲明明與四星等若五星入軫星中兵大起○漢書天文志同臣照按上星字應作轄星星不欲明句不成文理且五星入軫卽五星聚軫矣乃大吉也若五星不拘何星入軫則無歲無之又安得兵大起考晉書天文志乃知上星字爲轄字之誤蓋軫四星旁有轄星若轄星明與四星等卽入軫中而視之若五星矣斯兵大起也索隱注宋均云五星主行使行使動兵車亦動也五星五字亦應作轄轄同主行使也

軫南衆星曰天庫○監本有正義注天庫一星主太白秦也在五星中十三字查係下文五帝車舍正義文重出在此今刪

西宮咸池索隱文耀鉤云○耀鉤監本譌作羅鉤今改正

五帝車舍索隱吐秀含實主秋成○監本譌作舍秀含實主秋垂今改正

又正義亦東北曰天獄○曰監本譌作星今改正

又其國絕食兵且起○且監本譌作見今改正

又三柱出外兵出柱入兵入柱出一月米貴三倍期二年○監本譌作三柱入出一月米貴三倍今改正

又柱倒立尤甚○監本譌柱王尤其今改正

奎曰封豕主溝瀆正義人主夷德○監本譌作臣主其德今改正

又熒惑星守之○守監本譌作主今改正

其南衆星曰廥積集解芻藁積爲廥也正義芻藁六星○藁監本俱譌作蒿今改正

昴曰髦頭正義昴七星○七監本譌作一今改正

畢曰罕車爲邊兵正義主四夷之尉也○監本脫主字今添

昴畢間爲天街正義土金守胡兵入也○土一本作火

主葆旅事正義葆旅野生之可食者○者監本譌作也今改正

又國易政○政監譌作正今改正

其南有四星曰天廁正義天廁四星在屏東○監本脫東字今據宋史天文志添

其東有大星曰狼狼角變色多盜賊正義金火守亦如之○舊本作金木火守亦如之臣照按星占木爲德星守則爲休祥木字乃衍文也今刪

危爲蓋屋○屋監本譌作室今改

又正義危爲蓋屋蓋屋自有星恐文誤也○監本少下蓋屋二字今添

虛爲哭泣之事索隱姚氏按荆州占以爲其宿二星南星主哭泣虛中六星不欲明明則有大喪也○臣照按星圖虛南二星爲哭哭東二星爲泣荆州占旣云虛中六星則是合哭泣四星言之矣又以爲其宿二星南星主哭泣文必有誤

其南有衆星曰羽林天軍正義羽林四十五星○監本作三十五星伏查晉書天文志及步天歌皆作四十五星今改正

又正義天軍也亦天宿衞主兵革不見天下亂○監本譌作亦天宿衞之兵革出今改正

軍西爲壘或曰鉞正義占五星入皆兵起○監本作占之非故兵起語不可解今據晉書天文志改五星入皆兵起

營室爲淸廟○臣照按二十八宿列于天官書五宮者唯二十七壁不與焉爾雅亦同至分野則曰營室至東壁并州較他宿亦多一至字殆室壁本一星若曰室之壁云爾

旁一星曰王良正義金火守入皆兵之憂也○監本譌作皆其之憂也今改正

牽牛爲犧牲○正義二星主關梁下脫次三星主南越六字今據宋史天文志添

其北河鼓索隱孫炎云河鼓之旗十二星○臣照按星圖河鼓左右旗各九星

失者罰出歲星正義歲星盈縮以其舍命國所在之國不可伐○監本脫以其舍命國五字今添

以十月與角亢晨出曰大章集解徐廣曰一曰天皇索隱天文志亦作天皇○監本天皇俱譌作大星今改正

長二丈類彗○監本譌作類彗星今改正

熒惑熒惑爲勃亂殘賊疾喪饑兵○臣照按熒惑熒惑句似複出熒惑二字

又正義天官占云○占監本譌作志今改

五星皆從而聚于一舍正義四星若合是爲太陽○太陽監本誤作大王今據晉書天文志改

謹候此○此三字應在熒惑章下舊本列於塡星章首今改正下太白章謹候此三字亦同

大饑戰敗爲北軍軍困○臣照按正義曰爲北軍北也凡軍敗曰北然則張守節時尙無戰敗爲北軍之文也惟無戰敗之字故張守節解此北字曰敗若本文有之則不應爲此解也疑原文係大饑戰爲北困六字傳寫譌謬將注混入耳

曰西方秋司兵月行及天矢正義星是古歷星若竹彗牆星摚星白雚○臣照按正義此文皆隱括晉書天文志爲之其數妖星名尙少三星一曰若星一曰帚星一曰若彗然則星是古歷星若六字乃若星帚星若彗之譌也

爲八歲二百二十日○八監本譌作百今改正

可以兵從天下正義晉書天文志○監本脫字甚多至不可解今以晉書天文志本文改正

出而留桑榆間集解凡望雲氣平望在桑榆上者○監本譌作正出氣平正出桑榆上者今改正

當出不出是謂擊卒○擊監本譌作繫今改正

正旗上出正義旗星名有九星言辰星上則破軍殺將客勝也○辰星上句疑有脫字當作辰星出其上

鬪可椷劍○監本有正義漢書云辰星過太白間太白可椷劍明廣雅是也略無文理定係傳譌今刪

七星爲員官辰星廟蠻夷星也○按此三句當在夏則不長之下舊錯簡在翼軫荆州下今改正

居軍不勝○軍監本譌作暈今改正

見半日以上功大○大監本作太連下白字爲太白遂不可解今改正

行南北河以陰陽言旱水兵喪正義若月行北河以陰則水兵南河以陽則旱喪也○監本譌作自行北河以陰則南河以陽則水旱兵喪也今改正

其星狀類辰星去地可六丈大集解徐廣曰大一作六○臣照按大下疑有脫字漢書天文志云五殘星大而黃下賊星大而赤司危星大而白獄漢星大而赤可證徐廣一作六之譌非也

星者金之散氣本曰火集解孟康曰星石也○監本譌作星名也今改正

其蚩者類闕旗故○臣照按監本將索隱文刻于闕旗之下遂使故字連下句乍讀不覺細味之故鉤雲句曲故字作何解耶類闕旗鼓斷句蓋言杓雲之蚩者如闕旗而又色黴敗也

而澤搏宓其見動人乃有占○臣照按宓字不可解蓋密字也鈇其下半傳寫至今

天開縣物○臣照按此節文多譌謬不可強解

四始者候之日正義謂正月旦歲之始時之始日之始月之始故云四始言以四時之日候歲吉凶也○臣照按四始本書明指冬至臘明元旦立春四日言正義專以正月旦言又不著所本殊不可憑且謂以四時之日候歲吉凶更不可解

史記卷二十八

漢　太　史　令司馬遷　撰

宋中郎外兵曹參軍裴駰集解

唐國子博士弘文館學士司馬貞索隱

唐諸王侍讀率府長史張守節正義

封禪書第六

【正義】泰山上築土爲壇以祭天報天之功故曰封泰山下小山上除地報地之功故曰禪言禪者神之也白虎通云或曰封者金泥銀繩或曰石泥金繩封之印璽也五經通義云易姓而王致太平必封泰山禪梁父荷天命以爲王使理羣生告太平於天報羣神之功

自古受命帝王曷嘗不封禪蓋有無其應而用事者矣未有睹符瑞見而不臻乎泰山者也雖受命而功不至至矣而德不洽洽矣而日有不暇給是以卽事用希傳曰三年不爲禮禮必廢三年不爲樂樂必壞每世之隆則封禪答焉及衰而息厥曠遠者千有餘載近者數百載故其儀闕然堙滅其詳不可得而記聞云尚書曰舜在琁璣玉衡以齊七政遂類于上帝禋于六宗望山川徧羣神輯五瑞擇吉月日見四岳諸牧還瑞【集解】徐廣曰還一作班歲二月東巡狩至于岱宗岱宗泰山也【正義】括地志云泰山一曰岱宗東嶽也在兗州博城縣西北三十里周禮云兗州鎭曰岱宗柴望秩于山川遂覲東后東后者諸侯也合時月正日同律度量衡脩五禮

五玉三帛二生一死贄五月巡狩至南岳南岳衡山也【正義】括地志云衡山一名峋嶁山在衡州湘潭縣西四十一里八月巡狩至西岳西岳華山也【正義】括地志云華山在華州華陰縣南八里古文以爲敦物周禮云豫州鎮曰華山十一月巡狩至北岳北岳恒山也【正義】括地志云恒山在定州恒陽縣西北百四十里周禮云并州鎮曰恒山皆如岱宗之禮中岳嵩高也【索隱】獨不言至者蓋以天子所都也【正義】括地志云嵩山亦名太室亦名外方也在洛州陽城縣西北二十三里五載一巡狩禹遵之後十四世至帝孔甲淫德好神神瀆二龍去之【索隱】如淳案國語二龍漦于夏庭是也其後三世湯伐桀欲遷夏社不可作夏社後八世至帝太戊有桑穀生於廷一暮大拱懼伊陟【集解】徐廣曰陟古作敕曰妖不勝德太戊脩德桑穀死伊陟贊巫咸巫咸之興自此始【索隱】尚書伊陟贊于巫咸孔安國云贊告也巫咸臣名今此云巫咸之興自此始則以巫咸爲巫覡然楚詞亦以巫咸主神蓋太史以巫咸是殷臣以巫接神事太戊使禳桑穀之災所以伊陟贊巫咸故云巫咸之興自此始也後十四世帝武丁得傅說爲相殷復興焉稱高宗有雉【集解】徐廣曰一作鷮音鷸登鼎耳雊武丁懼祖己曰脩德武丁從之位以永寧後五世帝武乙慢神而震死【索隱】謂武乙射天後獵于河渭而震死也後三世帝紂淫亂武王伐之由此觀之始未嘗不肅祗後稍怠慢也周官曰冬日至祀天於南郊迎長日之至夏日至祭地祇皆用樂舞而神乃可得而禮也天子祭天下名山大川五岳視三公四瀆視諸侯諸侯祭其疆內名山大川四瀆者江河淮濟也天子曰明堂辟雍【集解】韋昭曰水外四周圜如辟雍蓋以節觀者也諸侯曰泮宮【集解】張晏曰制度半於天子之辟雍【索隱】服虔云天子水匝爲辟雍諸侯水不匝至半爲泮宮禮統又云半有水而半有宮是也周公既相成王郊祀后稷以配天【集解】王肅曰配天於南郊祀之宗祀文王於明堂以配上帝【集解】鄭玄曰上帝者天之別名也神無二主故異其處避后稷也自禹興而脩社祀后稷稼穡故有稷祠郊社所從來尚矣自周克殷後十四世世益衰禮樂廢諸侯恣行而幽王爲犬戎所敗【集解】徐廣曰犬一作戎周東徙雒邑秦襄公攻戎救周始列爲諸侯【正義】秦襄公周平王元年封也秦襄公既侯居西垂【正義】漢隴西郡西縣也今在秦州上邽縣西南九十里也自以爲主少皞之神作西畤祠白帝其牲用駵駒黃牛羝羊各一云【索隱】毛詩傳云赤馬黑鬣曰駵也羝牡羊其後十六年秦文公東獵汧渭之間卜居之而吉【索隱】地理志汧水出汧縣西北入渭皇甫謐云文公徙都汧也【正義】括地志云郿縣故城在岐州郿縣東北十五里即此城也文公夢黃蛇自天下屬地其口止於鄜衍【集解】李奇曰鄜音孚山阪曰衍【索隱】鄜地名後爲縣屬馮翊衍者鄭衆註周禮云下平曰衍又李奇云三輔謂山陵間爲衍也文公問史敦敦曰此上帝之徵君其祠之於是作鄜畤用三牲郊祭白帝焉自未作鄜畤也而雍旁故有吳陽武畤【集解】李奇曰於旁有吳陽也雍東有好畤皆廢無祠或曰自古以雍州積高神明之隩故立畤郊上帝諸神祠皆聚云蓋黃帝時嘗用事雖晚周亦郊焉其語不經見搢紳者不道【集解】李奇曰搢插也

搢笏於紳紳大帶【索隱】姚氏云搢當作縉鄭衆註周禮云搢讀曰薦謂垂之於紳帶之間今案鄭意以搢爲薦則薦亦是進進而置於紳帶之間故史記亦多作薦字也作鄜畤後九年文公獲若石云于陳倉北阪城祠之【集解】蘇林曰質如石似肝臣瓚曰在北或曰在陳倉北【索隱】服虔云語辭也【正義】三秦記云太白山西有陳倉山山有石雞與山雞不別趙高燒山山雞飛去而石雞不去晨鳴山頭聲聞三里或言是玉雞括地志云陳倉山在岐州陳倉縣南又云寶雞神祠在漢陳倉縣故城中今陳倉縣東石雞在陳倉山上祠在陳倉城故言獲若石于陳倉北阪城祠之其神或歲不至或歲數來來也常以夜光輝若流星從東南來集于祠城則若雄雞其聲殷云野雞夜雊【集解】如淳曰野雞雉也呂后名雉故曰野雞日殷聲也云足句之辭也以一牢祠命曰陳寶【集解】瓚曰陳倉縣有寶夫人祠或一歲二歲與葉君合葉神來時天爲之殷殷雷鳴雉爲之雊在長安正西五百里韋昭曰在陳倉縣寶而祠之故曰陳寶【索隱】列異傳云陳倉人得異物以獻之道遇二童子云此名爲媦在地下食死人腦媦乃言彼二童子名陳寶得雄者王得雌者霸乃逐童子化爲雉秦穆公大獵果獲其雌爲立祠祭有光雷電之聲雄止南陽有赤光長十餘丈來入陳倉祠中所以代俗謂之寶夫人祠抑有由也葉縣名在南陽葉君即雄雉之神故時與夫人神合也作鄜畤後七十八年秦德公既立卜居雍後子孫飲馬於河遂都雍雍之諸祠自此興用三百牢於鄜畤【索隱】秦本紀德公元年以犧三百牢祠鄜畤今案百當爲白秦君西祠少昊牲尚白牢秦諸侯也雖奢僭祭郊本特牲不可用三百牢以祭天蓋字誤作伏祠【索隱】服虔云周時無伏秦始作之漢舊儀云伏者萬鬼行故閉晝日不干求也東觀漢記和帝初令伏閉書日是也又曆忌釋曰伏者何金氣伏藏之名四時代謝皆以相生而春木代水水生木夏火代木木生火也冬水代金金生水也至秋則以金代火金畏於火故凡至庚日必伏庚者金也磔狗邑四門以禦蠱菑【索隱】案樂彥云左傳皿蟲爲蠱梟磔之鬼亦爲蠱故月令云大儺旁磔注云磔攘也厲鬼亦爲蠱將出害人旁磔於四方之門故此亦磔狗邑四門也風俗通云殺犬磔攘也德公立二年卒其後六年秦宣公作密畤於渭南祭青帝其後十四年秦繆公立病臥五日不寤寤乃言夢見上帝上帝命繆公平晉亂史書而記藏之府而後世皆曰秦繆公上天秦繆公即位九年齊桓公既霸會諸侯於葵丘【正義】括地志云葵丘在曹州考城縣東南一里五十步郭內即桓公所會處也而欲封禪管仲曰【索隱】今管子書封禪篇是古者封泰山禪梁父者【正義】括地志云梁父山在兖州泗水縣北八十里也七十二家【正義】韓詩外傳云孔子升泰山觀易姓而王可得而數者七十餘人不得而數者萬數也按管仲所記自無懷氏以下十二家其六十家無紀錄也而夷吾所記者十有二焉昔無懷氏【集解】服虔曰古之王者在伏羲前見莊子封泰山禪云云【集解】李奇曰云云山在梁父東【索隱】晉灼云云云山在蒙陰縣故城東北下有云云亭【正義】括地志云云云山在兖州博野縣西南三十里也虙羲封泰山禪云云神農封泰山禪云云炎帝封泰山禪云云【索隱】鄧展云神農後子孫亦稱炎帝而登封者律曆志黃帝與炎帝戰于阪泉豈黃帝與神農身戰乎皇甫謐云炎帝傳位八代也黃帝封泰山禪亭亭【集解】徐廣曰在鉅平服虔曰亭亭山在牟陰【索隱】應劭云亭亭在鉅平北十餘里服虔云在牟陰非也【正義】括地志云亭亭山在兖州博城縣西南三十里也顓頊封泰山禪云云帝嚳封泰山禪云云堯封泰山禪云云舜封泰山禪云云禹封泰山禪會稽【索隱】晉灼云本名茅山吳越春秋云禹巡天下登茅山以朝羣臣乃大會計更名茅山爲會稽亦曰苗山也【正義】括地志云會稽山一名衡山在越州會稽縣東南一十二里也湯封泰山禪云云周成王封泰山禪社

首【集解】應劭曰山名在博縣晉灼曰在鉅平南十三里皆受命然後得封禪桓公曰寡人北伐山戎【索隱】服虔云蓋今鮮卑是也過孤竹【正義】括地志云孤竹故城在平州盧龍縣南十二里殷時孤竹國也西伐大夏涉流沙束馬縣車上卑耳之山【集解】韋昭曰將上山纏束其馬懸鉤其車也卑耳卽齊語所謂辟耳【索隱】卑耳山名在河東大陽卑讀如字也齊語卽春秋外傳語之書也辟音僻賈逵云山險也南伐至召陵【正義】召音邵括地志云邵陵故城在豫州郾城縣東四十五里也登熊耳山以望江漢【索隱】荊州記順陽益陽二縣東北有熊耳山東西各一峯如熊耳狀因以爲名齊桓公登之或云弘農熊耳非也兵車之會三【索隱】案左傳兵車之會三謂魯莊十三年會北杏平宋亂僖四年侵蔡遂伐楚六年伐鄭圍新城是也而乘車之會六【索隱】案左氏乘車之會六謂莊十四年會于鄄十五年又會鄄十六年盟于幽僖五年會首止八年盟于洮九年會葵丘九合諸侯一匡天下諸侯莫違我昔三代受命亦何以異乎於是管仲睹桓公不可窮以辭因設之以事曰古之封禪鄗上之黍北里之禾【集解】應劭曰鄗上山也鄗音藿蘇林曰鄗上北里皆地名【索隱】韋昭云設以不可得之物應劭云光武改高邑曰鄗姚氏云鄗縣屬常山一云鄗上山名所以爲盛江淮之間一茅三脊所謂靈茅【集解】孟康曰所以爲藉也東海致比目之魚【集解】韋昭曰各有一目不比不行其名曰鰈【索隱】鰈音吐答反郭璞云如牛脾身薄細鱗紫黑色一眼兩片合乃得行今江東呼爲王餘魚亦曰版魚西海致比翼之鳥【集解】韋昭曰各有一翼不比不飛其名曰鶼鶼【索隱】山海經云崇丘之山有鳥狀如鳧一翼一目相得乃飛名曰蠻蠻郭璞註爾雅亦作鶼鶼然後物有不召而自至者十有五焉今鳳皇麒麟不來嘉穀不生而蓬蒿藜莠茂鴟梟數至而欲封禪毋乃不可乎於是桓公乃止是歲秦繆公內晉君夷吾其後三置晉國之君平其亂【索隱】三置晉君謂惠公懷公文公也繆公立三十九年而卒其後百有餘年而孔子論述六藝傳略言易姓而王封泰山禪乎梁父者七十餘王矣其俎豆之禮不章蓋難言之或問禘之說孔子曰不知知禘之說其於天下也視其掌【集解】孔安國曰爲魯諱也包氏曰孔子謂或人言知禘之說者於天下之事如指視以掌中之物言其易也詩云紂在位文王受命政不及泰山武王克殷二年天下未寧而崩爰周德之洽維成王成王之封禪則近之矣及後陪臣執政季氏旅於泰山仲尼譏之【集解】馬融曰旅祭名禮諸侯祭山川在封內者陪臣祭泰山非禮也是時萇弘以方事周靈王諸侯莫朝周周力少萇弘乃明鬼神事設射狸首狸首者諸侯之不來者【集解】徐廣曰狸一名不來依物怪欲以致諸侯諸侯不從而晉人執殺萇弘【集解】駰案皇覽曰弘冢在洛陽東北山上周人之言方怪者自萇弘其後百餘年秦靈公作吳陽上畤祭黃帝【集解】徐廣曰距作密畤二百五十年作下畤祭炎帝【索隱】吳陽地名蓋在岳之南又上云雍旁有故吳陽武畤今蓋因武畤又作上下畤以祭黃帝炎帝後四十八年周太史儋見秦獻公【索隱】儋音丁甘反孟康云周老子也韋昭案年表儋在孔子後百餘年非老聃也曰秦始與周合合而離五百歲當復合【索隱】大顏歷評諸家而云周平王封襄公始列爲諸侯是乃爲別至昭王五十二年西周君臣獻邑凡五百一十六年是爲合此言五百年舉全數也合十七年而霸王出焉【索隱】自昭王滅周之後至始皇元年誅嫪毐正一十

七年孟康云謂周封秦爲別秦幷周爲合此襄公爲霸始皇爲王故云霸王出者也【正義】王于放反秦周俱黃帝之後至非子未別封是合也而離者謂非子末年周封非子爲附庸邑之秦是離也五百歲當復合者謂從非子後二十九君至秦孝公二年五百歲周顯王致文武胙於秦孝公復與之親是復合也十七年霸王出焉者謂從秦孝公三年至十九年周顯王致伯於秦孝公是霸出也至惠王稱王王者出焉然五百歲者非子生秦侯已下二十八君至孝公二年合四百八十六年兼非子邑秦之後十四年則成五百歲矣諸家解皆非也櫟陽雨金秦獻公自以爲得金瑞故作畦畤櫟陽而祀白帝【集解】晉灼曰漢注在隴西西縣人先祠山下形如種韭畦畦各一土封【索隱】漢舊儀云祭人先於隴西西縣人先山山上皆有土人山下有時如種韭畦時中各有一土封故云畦時其後百二十歲而秦滅周【集解】徐廣曰去太史儋言時百二十年周之九鼎入于秦或曰宋太丘社亡【集解】駰案爾雅曰古陵太丘【索隱】應劭云亡淪入地非也案亡謂社主亡也郭璞云宋有太丘社以社名此地也而鼎沒于泗水彭城下其後百一十五年而秦幷天下秦始皇既幷天下而帝或曰黃帝得土德黃龍地螾見【集解】應劭曰螾丘蚓也黃帝土德故地見其神蚓大五六圍長十餘丈韋昭曰黃者地色螾亦地物故以爲瑞【索隱】此史所記出呂氏春秋也螾音引夏得木德青龍止於郊草木暢茂殷得金德銀自山溢【集解】蘇林曰流出也周得火德有赤烏之符【索隱】尚書中候及呂氏春秋皆云有火自天止于王屋流爲赤烏五至以穀俱來今秦變周水德之時昔秦文公出獵獲黑龍此其水德之瑞於是秦更命河曰德水以冬十月爲年首色上黑度以六爲名【正義】張晏云水北方黑水終數六故以方六寸爲符六尺爲步音上大呂事統上法【集解】服虔曰政上法令也瓚曰水陰陰主刑殺故上法即帝位三年東巡郡縣祠騶嶧山頌秦功業【索隱】騶縣之嶧山騶縣本邾國魯穆公改作鄒從征記北巖有秦始皇所勒之銘於是徵從齊魯之儒生博士七十人至乎泰山下諸儒生或議曰古者封禪爲蒲車惡傷山之土石草木【索隱】蒲車謂蒲裹車輪也埽地而祭席用菹稭【集解】應劭曰稭禾稾也去其皮以爲席如淳曰菹蒩曰藉稭讀曰戛晉灼曰菹藉也【索隱】周禮祭祀供茅菹說文云菹茅藉也言其易遵也始皇聞此議各乖異難施用由此絀儒生而遂除車道上自泰山陽至巔立石頌秦始皇帝德明其得封也從陰道下禪於梁父其禮頗采太祝之祀雍上帝所用而封藏皆祕之世不得而記也始皇之上泰山中阪遇暴風雨休於大樹下諸儒生既絀不得與用於封事之禮聞始皇遇風雨則譏之於是始皇遂東游海上行禮祠名山大川及八神求僊人羨門之屬八神將自古而有之或曰太公以來作之齊所以爲齊以天齊也【集解】蘇林曰當天中央齊其祀絕莫知起時八神一曰天主祠天齊天齊淵水居臨菑南郊山下者【索隱】顧氏案解道彪齊記云臨菑城南有天齊泉五泉並出有異於常言如天之腹齊也小顏云下者謂最下也二曰地主祠太山梁父蓋天好陰祠之必於高山之下小山之上命曰時【集解】徐廣曰一云之下上時命曰時【索隱】此之一云與漢書郊祀志文同也地貴陽祭之必於澤中圜丘云三曰兵主祠蚩尤蚩尤在東平陸監鄉齊之西境也【集解】徐廣曰屬東平郡【索隱】監音闞皇覽云蚩尤冢在東平郡

壽張縣闞鄉城中也。四曰陰主，祠三山。【索隱】小顏以爲下所謂三神山。顧氏案地理志東萊曲成有參山，即此三山，非海中之三神山也。五曰陽主，祠之罘。【正義】括地志云：之罘山在萊州文登縣西北九十里。六曰月主，祠之萊山。【集解】韋昭曰：在東萊長廣縣。皆在齊北，並勃海。七曰日主，祠成山。成山斗入海，【集解】韋昭曰：成山在東萊不夜，斗入海。【索隱】案：解道彪齊記云不夜城，古有日夜出見於東境，故萊子立城，以不夜爲名也。斗入海，謂斗絕曲入海也。最居齊東北隅，以迎日出云。八曰四時主，祠琅邪。琅邪在齊東方，【索隱】山海經云琅邪臺在勃海間。案：是山形如臺。地理志琅邪縣有四時祠也。蓋歲之所始。皆各用一牢具祠，而巫祝所損益，珪幣雜異焉。自齊威、宣之時，【索隱】謂威王、宣王也。騶子之徒【集解】韋昭曰：名衍。論著終始五德之運，【集解】如淳曰：今其書有五德終始。五德各以所勝爲行。秦謂周爲火德，滅火者水，故自謂之水德。及秦帝而齊人奏之，故始皇采用之。而宋毋忌、正伯僑、充尚、羨門子高【集解】韋昭曰：皆古人名，效仙者。【索隱】樂彥引老子戒經云月中仙人宋毋忌。白澤圖云火之精曰宋毋忌。蓋其人火仙也。司馬相如云正伯僑古仙人。顧氏案裴秀冀州記云緱氏仙人廟者，昔有王喬，犍爲武陽人，爲柏人令，於此得仙，非王子喬也。充尚無所見。羨門高者，秦始皇使盧生求羨門子高是也。最後皆燕人，【索隱】最後猶言甚後也。服虔說止有四人，是也。小顏云自宋毋忌至最後凡五人，劉伯莊亦同此說，恐未詳。爲方僊道，形解銷化，【集解】服虔曰：尸解也。張晏曰：人老而解去，故骨如變化也。今山中有龍骨，世人謂之龍解骨化。依於鬼神之事。騶衍以陰陽主運【集解】如淳曰：今其書有主運。五行相次轉用事，隨方面爲服。【索隱】主運是騶子之書篇名。顯於諸侯，而燕齊海上之方士傳其術不能通，然則怪迂阿諛苟合之徒自此興，不可勝數也。自威、宣、燕昭使人入海求蓬萊、方丈、瀛州。此三神山者，其傳在勃海中，【集解】服虔曰：傳音附。或曰其傳書云爾。瓚曰：世人相傳之。去人不遠；患且至，則船風引而去。蓋嘗有至者，諸僊人及不死之藥皆在焉。其物禽獸盡白，而黃金銀爲宮闕。未至，望之如雲；及到，三神山反居水下。臨之，風輒引去，終莫能至云。世主莫不甘心焉。【索隱】謂心甘羨也。及至秦始皇并天下，至海上，則方士言之不可勝數。始皇自以爲至海上而恐不及矣，使人乃齎童男女入海求之。船交海中，皆以風爲解，【索隱】顧野王云：皆自解說遇風不至也。曰未能至，望見之焉。其明年，始皇復游海上，至琅邪，過恒山，從上黨歸。後三年，游碣石，考入海方士，【集解】服虔曰：疑詐，故考之。瓚曰：考校其虛實也。從上郡歸。後五年，始皇南至湘山，遂登會稽，並海上，冀遇海中三神山之奇藥。不得，還至沙丘崩。【正義】括地志云：沙丘臺在邢州平鄉東北二十里。二世元年，東巡碣石，並海南，歷泰山，至會稽，皆禮祠之，而刻勒始皇所立石書旁，以章始皇之功德。【索隱】小顏云：今此諸山皆有始皇所刻石及胡亥重刻其文，並具存也。其秋，諸侯畔秦。三年而二世弒死。始皇封禪之後十三歲，秦亡。諸儒生疾秦焚詩書，誅僇文學，百姓怨其法，天下畔之，皆譌曰：「始皇上泰山，爲暴風雨所擊，不得封禪。」此豈所謂無其德而用事者邪？【索隱】即封禪書序云「蓋有無其應而用事者矣」，此當有所本，太史公再引以爲說也。

昔三代之君皆在河洛之間，【正義】世本云：夏禹都陽城，避商均也；又都平陽，或在安邑，或在晉陽。帝王世紀云：殷湯都亳，在梁，又都偃師，至盤庚徙河北，又徙偃師也。周文、武都酆、鄗，至平王徙都河南。按：三代之居皆在河洛之間也。故嵩高爲中岳，而四岳各如其方，四瀆咸在山東。至秦稱帝，都咸陽，則五岳、四瀆皆并在東方。自五帝以至秦，軼興軼衰，名山大川或在諸侯，或在天子，其禮損益世殊，不可勝記。及秦并天下，令祠官所常奉天地名山大川鬼神可得而序也。於是自殽以東，【索隱】殽即崤山，杜預云崤在弘農澠池縣西南，即今之二崤山是也。亦音豪。名山五，大川祠二。曰太室。太室，嵩高也。恒山，泰山，會稽，湘山。【索隱】地理志湘山在長沙。水曰濟，曰淮。【索隱】風俗通云濟廟在臨邑，淮廟在平氏也。春以脯酒爲歲祠，因泮凍，【集解】服虔曰：解凍。【索隱】泮音普半反。秋涸凍，【索隱】案：字林涸竭也，音下各反。小顏云涸讀與沍同。沍，凝也，音下故反。春則解，秋則凝。冬塞禱祠。【索隱】賽音先代反。賽謂報神福也。其牲用牛犢各一，牢具珪幣各異。自華以西，名山七，名川四。曰華山，【正義】括地志云：華山在華州華陰縣南八里。古文以爲敦物也。注云：華嶽本一山當河，河水過而行曲，河神巨靈手盪腳蹋，開而爲兩，今腳跡在東首陽下，手掌在華山，今呼爲仙掌。河流於二山之間也。薄山。薄山者，襄山也。【集解】徐廣曰：蒲阪縣有襄山，或字誤也。【索隱】應劭云：襄山在潼關北十餘里。穆天子傳云自河首襄山。酈元水經云：薄山統目與襄山不殊，在今芮城北，與中條山相連。是薄山一名襄山也。【正義】薄音白落反。襄音色眉反。括地志云：薄山亦名襄山，一名寸棘山，一名渠山，一名雷首山，一名獨頭山，一名首陽山，一名吳山，一名條山，在陝州芮城縣北十里。此山西起雷山，東至吳坂，凡十名，以州縣分之，多在蒲州，今史文云自華以西，未詳也。岳山，岐山，【集解】徐廣曰：武功縣有大壺山，又有岳山。【索隱】地理志岐山在美陽縣西北也。吳岳，【集解】徐廣曰：在汧也。【索隱】徐說非也。案：地理志汧有垂山，無岳山也。鴻冢，瀆山。瀆山，蜀之汶山也。【索隱】黃帝臣大鴻葬雍，鴻冢蓋因大鴻葬爲名也。地理志蜀郡湔氐道，嶓山在西，郭璞注云山在汶陽郡廣陽縣，一名瀆山也。水曰河，祠臨晉；【索隱】韋昭曰：臨晉，馮翊縣。地理志臨晉有河水祠。【正義】即同州馮翊縣，本漢臨晉縣也。故大荔，秦獲之，更名。括地志云：大河祠在同州朝邑縣南三十里。山海經云：冰夷人面乘兩龍也。太公金匱云：馮脩也。龍魚河圖云：河伯姓呂，名公子，夫人姓馮，名夷。河伯字也，華陰潼鄉隄首人，水死化爲河伯。應劭云：夷，馮夷也，乃水仙也。沔，祠漢中；【索隱】水經云：沔水出武都沮縣，東南注漢，所謂漢水，故祠之漢中。樂彥云：漢女者，漢神是也。湫淵，祠朝那；【集解】蘇林曰：湫淵在安定朝那縣，方四十里，停不流，冬夏不增減，不生草木。音將蓼反。【索隱】湫音子小反，又音子由反。即龍之所處也。【正義】括地志云：朝那湫祠在原州平高縣東南二十里。湫谷水源出寧州安定縣。江水，祠蜀。【索隱】風俗通云：江出嶓山，廟在江都。地理志江都有江水祠。蓋漢初祠之於源，後祠之於委也。廣雅云：江神謂之奇相。江記云：帝女也，卒爲江神。華陽國志云：蜀守李冰於彭門闕立江神祠三所。漢舊儀云：祭四瀆用三牲圭沉，有車馬紺蓋。【正義】括地志云：江瀆祠在益州成都縣南八里。秦并天下，江水祠蜀。亦春秋泮涸禱塞，如東方名山川；而牲牛犢牢具珪幣各異。而四大冢鴻、岐、吳、岳，皆有嘗禾。【集解】孟康曰：以新穀祭。【索隱】案：謂四山爲大冢。爾雅云山頂曰冢。蓋亦因鴻冢而爲號也。陳寶節來祠。【集解】服虔曰：陳寶神應節來也。其河加有嘗醪。此皆在雍州之域，近天子之都，故加車一乘，騮駒四。霸、產、【正義】括地志云：霸水古滋水也，亦名藍谷水，即秦嶺水之下流也，在雍州藍田縣。滻水即荊溪狗枷之下流也，在雍州萬年縣也。長水、灃、澇、【集解】徐廣曰：音勞。駰案：漢書音義曰：長，水名，在鄠縣界。【索隱】百官表有長水校尉。沈約宋書云營近長水，因以爲名。水經云長水出白鹿原，今之荊溪水是也。十三州記灃水出鄠縣南也。【正義】括地志云：灃水源在雍州長安縣西南山灃谷。涇、渭皆非大川，以近咸陽，盡得比山川祠，而無諸加。【集解】韋昭曰：無車駒之屬。汧、洛、【正義】括地志云：汧水源出隴州汧源縣西南汧山，東入渭。洛水源出慶州洛源縣白於山，南流入渭。又云洛水出商州洛南縣西冢嶺山，東北流入河。按有三洛水，未知祠何者。二淵、【正義】括地志云：二川源在慶州華池縣西，嶺東二川合，因名也。鳴澤、【索隱】服虔云：鳴澤在涿郡遒縣北界。【正義】括地志云：鳴澤在幽州范陽縣西十五里。按遒縣在易州淶水縣北一里，故遒城是也，澤在遒南。蒲山、岳壻山【集解】徐廣曰：壻音先許反。之屬，爲小山川，亦皆歲禱塞泮涸祠，禮不必同。而雍有日、月、參、辰、【索隱】漢書舊儀云：祭參、辰於池陽谷口，夾道在右爲壇也。南北斗、熒惑、太白、歲星、填星、二十八宿、風伯、雨師、四海、九臣、【集解】晉灼曰：自此以下星至天淵玉女，凡二十六小神，不設。十四臣、【索隱】九臣、十四臣，並不見其名數所出，故昔賢皆不論也。諸布、諸嚴、諸逑之屬，【索隱】爾雅：祭星曰布。或云諸布是祭星之處。逑音求，未詳。漢書作「遂」。百有餘廟。西亦有數十祠。【索隱】即隴西之西縣，秦之舊都，故有祠焉。於湖有周天子祠。【索隱】地理志湖縣屬京兆，有周天子祠二所。於下邽有天神。灃、滈有昭明、【索隱】樂彥引河圖云：熒惑星散爲昭明。天子辟池。【索隱】樂彥云：辟池即滈池，所謂華陰平舒道逢使者持璧以遺滈池君，故曰璧池。今案：謂天子辟池，即周天子辟雍之地。故周文王都酆，武王都鄗，既立靈臺，則亦有辟雍耳。張衡亦以辟池爲雍也。於社、亳有三社主之祠、【集解】韋昭曰：亳音薄，湯所都。瓚曰：濟陰薄縣是。【索隱】徐廣云京兆杜縣有亳亭，則社字誤，合作杜亳。且據文列於下，皆是地邑，則杜是縣，案秦寧公與亳王戰，亳王奔戎，遂滅湯社。皇甫謐亦云周桓王時自有亳王號湯，非殷也。而臣瓚以亳爲成湯之邑，故云在濟陰，非也。案謂社亳二邑有三社主之祠也。壽星祠；【索隱】壽星，蓋南極老人星也，見則天下理安，故祠之以祈福壽也。【正義】角亢在辰爲壽星。三月之時，萬物始生，建於春氣，布養各盡其性，不罹災夭，故壽。而雍菅廟亦有杜主。【集解】李奇曰：菅，茅也。【索隱】地理志杜陵故國，有杜主祠四。杜主，故周之右將軍，【索隱】墨子云：周宣王殺杜伯不以罪，後宣王田於圃，見杜伯執弓矢射，宣王伏弢而死。【正義】括地志云：杜祠在雍州長安縣西南二十五里。其在秦中，最小鬼之神者。【索隱】謂其鬼雖小而有神靈者也。各以歲時奉祠。唯雍四時上帝爲尊，【索隱】雍有五時，而言四者，顧氏以爲兼下文上帝爲五，非也。案四時據秦舊而言。秦襄公始列爲諸侯而作西時，文公卜居汧渭之間而作鄜時，皆非雍也。至秦德公卜居雍，而後宣公作密時，祠青帝；靈公作上時，祠黃帝，下時，祠炎帝；獻公作畦時，祠白帝，是爲四時。高祖增黑帝而五也。【正義】括地志云：鄜時、吳陽上下時，是言秦用四時祠上帝，青、黃、赤、白最尊貴之也。其光景動人民唯陳寶。故雍四時春以爲歲禱，因泮凍，秋涸凍，冬塞祠，五月嘗駒，及四仲之月月祠，若月祠陳寶節來一祠。春夏用騂，秋冬用駵。時駒四匹，木禺龍欒車一駟，【集解】駰案：漢書音義曰：禺，寄也，寄生龍形於木也。【索隱】禺音偶，謂偶其形於木，禺馬亦然。欒車謂車有鈴，乃有和欒之節，故取名也。木禺車馬一駟，各如其帝色。黃犢羔各四，珪幣各有數，皆生瘞埋，無俎豆之具。【正義】豆以木爲之，受四升，高尺二寸。其中大夫以上赤雲氣畫，諸侯加象飾口足，天子玉飾之也。三年一郊。秦以冬十月爲歲首，故常以十月上宿郊見，【集解】李奇曰：宿猶齋戒也。通權火，【集解】張晏曰：權火，烽火也，狀若井挈皐矣。其法類稱，故謂之權。欲令光明遠照通祀所也。漢祀五時於雍，五里一烽火。如淳曰：權，舉也。【索隱】權如字，一音爟。周禮有司爟，爟火官，張晏解非也。拜於咸陽之旁，而衣上白，其用如經祠云。【集解】服虔曰：經，常也。西時、畦時祠如其故，上不親往。諸此祠皆太祝常主，以歲時奉祠之。

至如他名山川諸鬼及八神之屬，上過則祠，去則已。郡縣遠方神祠者，民各自奉祠，不領於天子之祝官。祝官有祕祝，即有菑祥，輒祝祠移過於下。【正義】謂有災祥，輒令祝官祠祭，移其咎惡於衆官及百姓也。漢興，高祖之微時，嘗殺大蛇。有物曰：「蛇，白帝子也，而殺者赤帝子。」高祖初起，禱豐枌榆社。【集解】張晏曰：枌，白榆也。社在豐東北十五里。或曰枌榆，鄉名，高祖里社。徇沛，爲沛公，則祠蚩尤，釁鼓旗。遂以十月至灞上，與諸侯平咸陽，立爲漢王。因以十月爲年首，而色上赤。二年，東擊項籍而還入關，問故秦時上帝祠何帝也。對曰：「四帝，有白、青、黃、赤帝之祠。」高祖曰：「吾聞天有五帝，而有四，何也？」莫知其說。於是高祖曰：「吾知之矣，乃待我而具五也。」乃立黑帝祠，命曰北時。有司進祠，上不親往。悉召故秦祝官，復置太祝、太宰，如其故儀禮。因令縣爲公社。【集解】李奇曰：猶官社。下詔曰：「吾甚重祠而敬祭。今上帝之祭及山川諸神當祠者，各以其時禮祠之如故。」【集解】徐廣曰：高祖本紀曰二年六月，令祠官祀天地四方上帝山川，以時祀之。後四歲，天下已定，詔御史，令豐謹治枌榆社，常以四時春以羊彘祠之。令祝官立蚩尤之祠於長安。長安置祠祝官、女巫。其梁巫，祠天、地、天社、天水、房中、堂上之屬；【索隱】禮樂志有安世房中歌，皆謂祭時房中堂上歌先祖之功德也。晉巫，祠五帝、東君、雲中、司命、巫社、巫族人、先炊之屬；【索隱】廣雅云：東君，日也。王逸注楚詞云：雲中，雲神也。東君、雲中亦見歸藏易也。周禮以槱燎祠司命。鄭衆云：司命，文昌四星也。【正義】先炊，古炊母之神也。秦巫，祠社主、巫保、族纍之屬；【索隱】社主即上文三社之主。巫保、族纍二神名。纍音力追反。荊巫，祠堂下、巫先、司命、施糜之屬；【集解】應劭曰：先人所在之國，及有靈施化民人，又貴悉置祠巫祝，博求神靈之意。文穎曰：巫，掌神之位次者也。范氏世仕於晉，故祠祝有晉巫。范會支庶留秦爲劉氏，故有秦巫。劉氏隨魏都大梁，故有梁巫。後徙豐，豐屬荊，故有荊巫。【索隱】巫先謂古巫之先有靈者，蓋巫咸之類也。施糜，鄭玄謂主施糜粥之神。九天巫，祠九天：【索隱】孝武本紀云立九天廟於甘泉。三輔故事云胡巫事九天於神明臺。淮南子云中央曰鈞天，東方蒼天，東北旻天，北方玄天，西北幽天，西方皓天，西南朱天，南方炎天，東南陽天，是爲九天也。【正義】太玄經云：一中天，二羨天，三徒天，四罰更天，五睟天，六郭天，七咸天，八治天，九成天也。皆以歲時祠宮中。其河巫祠河於臨晉，而南山巫祠南山秦中。秦中者，二世皇帝。【集解】張晏曰：子產云匹夫匹婦強死者，魂魄能依人爲厲。各有時月。其後二歲，或曰周興而邑邰，立后稷之祠，至今血食天下。【正義】顏師古云：祭有牲牢，故言血食。遍於天下。於是高祖制詔御史：「其令郡國縣立靈星祠，常以歲時祠以牛。」【集解】張晏曰：龍星左角曰天田，則農祥也。晨見而祭。【正義】漢舊儀云：五年修復周家舊祠，祀后稷於東南，爲民祈農報厥功。夏則龍星見而始雩。龍星左角爲天田，右角爲天庭。天田爲司馬，教人種百穀爲稷。靈者，神也。辰之神爲靈星，故以壬辰日祠靈星於東南，金勝爲土相也。廟記云靈星祠在長安城東十里。高祖十年春，有司請令縣常以春三月及時臘祠社稷以羊豕，民里社各自財以祠。制曰：「可。」其後十八年，孝文帝即位。即位十三年，下詔曰：「今祕祝移過于下，朕甚不取。自今除之。」始名山大川在諸侯，諸侯祝各自奉祠，天子官不領及齊淮南國廢，令太祝盡以歲時致禮如故。【正義】齊有泰山，淮南有天柱山，二山初天子祝官不領，遂廢其祀，令諸侯奉祠。今令太祝盡以歲時致禮，如秦故儀。是歲，制曰：「朕即位十三年于今，賴宗廟之靈，社稷之福，方內乂安，民人靡疾。間者比年登，朕之不德，何以饗此？皆上帝諸神之賜也。蓋聞古者饗其德必報其功，欲有增諸神祠。有司議增雍五畤路車各一乘，駕被具；【正義】顏師古云：「駕車被馬之飾皆具。」西畤畦畤禺車各一乘，禺馬四匹，駕被具；其河、湫、漢水【正義】河，黃河；湫，湫泉。加玉各二；【正義】言二水祭時各加玉璧二枚。及諸祠，各增廣壇場，珪幣俎豆以差加之。而祝釐者歸福於朕，百姓不與焉。自今祝致敬，毋有所祈。」魯人公孫臣上書曰：「始秦得水德，今漢受之，推終始傳，則漢當土德，土德之應黃龍見。宜改正朔，易服色，色上黃。」是時丞相張蒼好律歷，以為漢乃水德之始，故河決金堤，【集解】駰案：漢書音義曰「在東郡界」。其符也。【索隱】謂河決乃水德之符應也。年始冬十月，色外黑內赤，【集解】服虔曰：「十月陰氣在外，黑；陽氣伏在地，故內赤。」與德相應。如公孫臣言，非也。罷之。後三歲，黃龍見成紀。【集解】徐廣曰：「在文帝十五年春。」【正義】按：成紀，今秦州縣也。文帝乃召公孫臣，拜為博士，與諸生草改歷服色事。其夏，下詔曰：「異物之神見于成紀，無害於民，歲以有年。朕祈郊上帝諸神，禮官議，無諱以勞朕。」有司皆曰「古者天子夏親郊，祠上帝於郊，故曰郊」。於是夏四月，文帝始郊見雍五畤祠，衣皆上赤。其明年，趙人新垣平以望氣見上，言「長安東北有神氣，成五采，若人冠絻焉。或曰東北神明之舍，西方神明之墓也。【集解】張晏曰：「神明，日也。日出東方，舍謂陽谷；日沒於西，墓謂北谷也。」天瑞下，宜立祠上帝，以合符應」。於是作渭陽五帝廟，同宇，帝一殿，面各五門，各如其帝色。祠所用及儀亦如雍五畤。【集解】韋昭曰：「宇謂上同下異，禮所謂複廟重屋也。」瓚曰：「一營宇之中立五廟。」【正義】括地志云：「渭陽五帝廟在雍州咸陽縣東三十里。」宮殿疏云：「五帝廟一宇五殿也。」按：一宇之內而設五帝，各依其方帝別為一殿，而門各如帝色也。夏四月，文帝親拜霸渭之會，【集解】如淳曰：「二水之會也。」【正義】渭陽五廟在二水之合北岸。以郊見渭陽五帝。五帝廟南臨渭，北穿蒲池溝水，【正義】顏師古云：「蒲池，為池而種蒲也。『蒲』字或作『蘭』，言其水恐顏說非。」按：括地志云渭北咸陽縣有蘭池，始皇逢盜蘭池者也。言穿溝引渭水入蘭池也。疑「蘭」字誤作為「蒲」，重更錯失。權火舉而祠，若光煇然屬天焉。於是貴平上大夫，賜累千金。而使博士諸生刺六經中作王制，【索隱】小顏云：「刺，謂采取之也。」劉向七錄云：「文帝所造書有本制、兵制、服制篇。」刺音七賜反。謀議巡狩封禪事。文帝出長安門，【集解】徐廣曰：「在霸陵。」駰案：如淳曰「亭名也」。【正義】括地志云：「長安門故亭在雍州萬年縣東北苑中。後館陶公主長門園，武帝以長門名宮，即此。」若見五人於道北，遂因其直北立五帝壇，【集解】孟康曰：「直，值也。值其立處以作壇。」祠以五牢具。其明年，新垣平使人持玉杯，上書闕下獻之。平言上曰「闕下有寶玉氣來者」。已視之，果有獻玉杯，刻曰「人主延壽」。平又言「臣候日再中」。【索隱】晉灼云：「淮南云魯陽公與韓構戰，戰酣日暮，援戈麾之，日為却三舍。」豈其然乎？

居頃之，日卻復中。於是始更以十七年為元年，令天下大酺。平言曰：「周鼎亡在泗水中，今河溢通泗，臣望東北汾陰直有金寶氣，意周鼎其出乎？兆見不迎則不至。」於是上使使治廟汾陰南，臨河，欲祠出周鼎。【集解】徐廣曰：「是後三十七年，鼎出汾陰。」人有上書告新垣平所言氣神事皆詐也。下平吏治，誅夷新垣平。自是之後，文帝怠於改正朔服色神明之事，而渭陽、長門五帝使祠官領，以時致禮，不往焉。明年，匈奴數入邊，興兵守禦。後歲少不登。數年而孝景即位。十六年，祠官各以歲時祠如故，無有所興，至今天子。【集解】駰案：自此後武帝事，諸先生取為武帝本紀，注解已在第十二卷，今直載徐義。今天子初即位，尤敬鬼神之祀。元年，漢興已六十餘歲矣，天下乂安，搢紳之屬皆望天子封禪改正度也，而上鄉儒術，招賢良，趙綰、王臧等以文學為公卿，欲議古立明堂城南，以朝諸侯。草巡狩封禪改歷服色事未就。會竇太后治黃老言，不好儒術，使人微伺得趙綰等姦利事，召案綰、臧，綰、臧自殺，諸所興為皆廢。後六年，竇太后崩。其明年，徵文學之士公孫弘等。明年，今上初至雍，郊見五畤。後常三歲一郊。【索隱】漢舊儀云：「元年祭天，二年祭地，三年祭五畤，三歲一遍，皇帝自行也。」是時上求神君，舍之上林中蹏氏觀。神君者，長陵女子，以子死見神於先後宛若。宛若祠之其室，民多往祠。平原君往祠，其後子孫以尊顯。及今上即位，則厚禮置祠之內中。聞其言，不見其人云。是時李少君亦以祠竈、穀道、卻老方見上，上尊之。少君者，故深澤侯舍人，【索隱】案：表深澤侯趙將夜，以高祖八年封侯，至元朔五年侯胡薨，無後，國除。主方。匿其年及其生長，常自謂七十，能使物，卻老。其游以方徧諸侯。無妻子。人聞其能使物及不死，更饋遺之，常餘金錢衣食。人皆以為不治生業而饒給，又不知其何所人，愈信，爭事之。少君資好方，善為巧發奇中。嘗從武安侯飲，【索隱】武安侯，田蚡也。坐中有九十餘老人，少君乃言與其大父游射處，老人為兒時從其大父，識其處，一坐盡驚。少君見上，上有故銅器，問少君。少君曰：「此器齊桓公十年陳於柏寢。」【索隱】韓子云：「齊景公與晏子遊於少海，登柏寢之臺而望其國。」已而案其刻，果齊桓公器。一宮盡駭，以為少君神，數百歲人也。少君言上曰：「祠竈則致物，致物而丹沙可化為黃金，黃金成以為飲食器則益壽，益壽而海中蓬萊僊者乃可見，見之以封禪則不死，黃帝是也。臣常游海上，見安期生，安期生食巨棗，大如瓜。【索隱】包愷云：「臣」或作「巨」。安期生僊者，通蓬萊中，合則見人，不合則隱。」於是天子始親祠竈，遣方士入海求蓬萊安期生之屬，而事化丹沙諸藥齊為黃金矣。居久之，李少君病死。天子以為化去不死，而使黃錘【集解】徐廣曰：「錘音才恚反。錘縣、黃縣皆在東萊。」

史寬舒受其方。求蓬萊安期生莫能得，而海上燕齊怪迂之方士多更來言神事矣。亳人謬忌奏祠太一方，曰：「天神貴者太一，【索隱】樂汁徵圖曰：「天宮，紫微。北極，天一、太一。」宋均云：「天一、太一，北極神之別名。」春秋佐助期曰：「紫宮，天皇曜魄寶之所理也。」石氏云：「天一、太一各一星，在紫宮門外，立承事天皇大帝。」太一佐曰五帝。古者天子以春秋祭太一東南郊，用太牢，七日，為壇開八通之鬼道。」【索隱】司馬彪續漢書祭祀志云：「壇有八陛，通道以為門。」又三輔黃圖云：「上帝壇八觚，神道八通，廣三十步也。」於是天子令太祝立其祠長安東南郊，常奉祠如忌方。其後人有上書，言「古者天子三年壹用太牢祠神三一：天一、地一、太一」。天子許之，令太祝領祠之於忌太一壇上，如其方。後人復有上書，言「古者天子常以春解祠，【索隱】謂祠祭以解殃咎，求福祥也。祠黃帝用一梟破鏡；冥羊用羊；祠馬行用一青牡馬；太一、澤【集解】徐廣曰：「澤，一作皋。」山君地長用牛；【索隱】此則人上書言古天子祭太一，太一天神也。澤山，本紀作「峄山」。澤山君地長，謂祭地於峄山，同用太牢，故云用牛，蓋是異代之法也。武夷君用乾魚；【索隱】顧氏案：地理志云建安有武夷山，溪有仙人葬處，即漢書所謂武夷君。是時既用越巫勇之，疑即此神。今案：其祀用乾魚，兼不享牲牢，或如顧說也。陰陽使者以一牛」。令祠官領之如其方，而祠於忌太一壇旁。其後，天子苑有白鹿，以其皮為幣，以發瑞應，造白金焉。【索隱】樂彥云：「謂龍、馬、龜也。」其明年，郊雍，【集解】徐廣曰：「武帝立已十九年。」獲一角獸，若麟然。有司曰：「陛下肅祇郊祀，上帝報享，錫一角獸，蓋麟云。」於是以薦五畤，畤加一牛以燎。錫諸侯白金，風符應合于天也。於是濟北王以為天子且封禪，乃上書獻泰山及其旁邑。天子以他縣償之。常山王有罪，遷，天子封其弟於真定，以續先王祀，【集解】徐廣曰：「元鼎四年時。」而以常山為郡，然後五岳皆在天子之邦。其明年，齊人少翁以鬼神方見上。上有所幸王夫人，【集解】徐廣曰：「外戚傳曰趙之王夫人幸，有子，封為齊王。」夫人卒，少翁以方蓋夜致王夫人及竈鬼之貌云，【索隱】漢書作李夫人卒，帝悼之，李少翁致其形，帝為作賦。此云王夫人，新論亦同，未詳。天子自帷中望見焉。於是乃拜少翁為文成將軍，賞賜甚多，以客禮禮之。文成言曰：「上即欲與神通，宮室被服非象神，神物不至。」乃作畫雲氣車，及各以勝日駕車辟惡鬼。【索隱】樂彥云：「畫以勝日者，謂畫青車以甲乙，畫赤車以丙丁，畫元車以壬癸，畫白車以庚辛，畫黃車以戊己。將有水事則乘黃車，故云駕車辟惡鬼也。」又作甘泉宮，中為臺室，畫天、地、太一諸鬼神，而置祭具以致天神。居歲餘，其方益衰，神不至。乃為帛書以飯牛，詳不知，言曰此牛腹中有奇。殺視得書，書言甚怪。天子識其手書，問其人，果是偽書，於是誅文成將軍，隱之。其後則又作柏梁、銅柱、【集解】徐廣曰：「元鼎二年時。」承露仙人掌之屬矣。文成死明年，天子病鼎湖甚，【索隱】三輔黃圖云：「鼎湖，宮名，在藍田。」韋昭云：「地名，近宜春。」案：湖本屬京兆，後分屬弘農，恐非鼎湖處也。巫醫無所不致，不愈。游水發根言上郡有巫，病而鬼神下之。上召置祠之甘泉。及病，使人問神君。神君言曰：「天

子無憂病。病少愈，彊與我會甘泉。」於是病愈，遂起，幸甘泉，病良已。大赦，置酒壽宮神君。壽宮神君最貴者太一，其佐曰大禁、司命之屬，皆從之。非可得見，聞其言，言與人音等。時去時來，來則風肅然。居室帷中。時晝言，然常以夜。天子祓，然後入。因巫為主人，關飲食。所以言，行下。又置壽宮、北宮，張羽旗，設供具，以禮神君。神君所言，上使人受書其言，命之曰「書法」。其所語，世俗之所知也，無絕殊者，而天子心獨喜。其事祕，世莫知也。其後三年，有司言元宜以天瑞命，不宜以一二數。一元曰「建」，二元以長星曰「光」，三元以郊得一角獸曰「狩」云。其明年冬，天子郊雍，議曰：「今上帝朕親郊，而后土無祀，則禮不答也。」有司與太史公、祠官寬舒議：「天地牲角繭栗。今陛下親祠后土，后土宜於澤中圜丘為五壇，壇一黃犢太牢具，已祠盡瘞，而從祠衣上黃。」於是天子遂東，始立后土【集解】徐廣曰：「元鼎四年。」祠汾陰脽丘，如寬舒等議。上親望拜，如上帝禮。禮畢，天子遂至滎陽而還。過雒陽，下詔曰：「三代邈絕，遠矣難存。其以三十里地封周後為周子南君，以奉其先祀焉。」是歲，天子始巡郡縣，侵尋於泰山矣。其春，樂成侯上書言欒大。欒大，膠東宮人，故嘗與文成將軍同師，已而為膠東王尚方。而樂成侯姊為康王后，【索隱】康王名寄。無子。康王死，他姬子立為王。【集解】徐廣曰：「以元狩二年薨。」而康后有淫行，與王不相中，【索隱】三蒼云：「中，得也。」相危以法。康后聞文成已死，而欲自媚於上，乃遣欒大因樂成侯求見言方。天子既誅文成，後悔其蚤死，惜其方不盡，及見欒大，大說。大為人長美，言多方略，而敢為大言，處之不疑。大言曰：「臣常往來海中，見安期、羨門之屬。顧以臣為賤，不信臣。又以為康王諸侯耳，不足與方。臣數言康王，康王又不用臣。臣之師曰：『黃金可成，而河決可塞，不死之藥可得，僊人可致也。』然臣恐效文成，則方士皆奄口，惡敢言方哉！」上曰：「文成食馬肝死耳。【索隱】論衡云：「氣勃而毒盛，故食走馬肝殺人。」儒林傳曰「食肉無食馬肝」是也。子誠能脩其方，我何愛乎！」【索隱】上語欒大云：「子誠能脩文成方，我更何所愛惜乎？」謂不吝金寶祿位也。大曰：「臣師非有求人，人者求之。陛下必欲致之，則貴其使者，令有親屬，以客禮待之，勿卑，使各佩其信印，乃可使通言於神人。神人尚肯邪不邪。致尊其使，然後可致也。」於是上使驗小方，鬭棊，棊自相觸擊。【索隱】顧氏案：萬畢術云：「取雞血雜磨針鐵，擣和磁石，棊頭置局上，自相抵擊也。」是時上方憂河決，而黃金不就，乃拜大為五利將軍。居月餘，得四印，【索隱】謂五利將軍、天士將軍、地士將軍、大通將軍為四也。佩天士將軍、地士將軍、大通將軍印。制詔御史：「昔禹疏九江，決四瀆。間者河溢皋陸，隄繇不息。朕臨天下二十有八年，【集解】徐廣曰：「元鼎四年也。」天若遺

朕士而大通焉乾稱蜚龍鴻漸于般朕意庶幾與焉其以二千戶封地士將軍大爲樂通侯賜列侯甲第僮千人乘轝斥車馬帷幄器物以充其家又以衞長公主妻之【索隱】衞子夫之子曰衞太子女曰衞長公主是衞后長女也非如帝姊曰長公主之例也齎金萬斤更命其邑曰當利公主【索隱】地理志東萊有當利縣天子親如五利之第使者存問供給相屬於道自大主【集解】徐廣曰武帝姑將相以下皆置酒其家獻遺之於是天子又刻玉印曰天道將軍使使衣羽衣夜立白茅上五利將軍亦衣羽衣夜立白茅上受印以示不臣也而佩天道者且爲天子道天神也於是五利常夜祠其家欲以下神神未至而百鬼集矣然頗能使之其後裝治行東入海求其師云大見數月佩六印【索隱】更加樂通侯及天道將軍印爲六印貴震天下而海上燕齊之間莫不搤捥而自言有禁方能神僊矣其夏六月中汾陰巫錦爲民祠魏脽后土營旁見地如鉤狀掊視得鼎鼎大異於衆鼎文鏤無款識怪之言吏吏告河東太守勝勝以聞天子使使驗問巫得鼎無姦詐乃以禮祠迎鼎至甘泉從行上薦之至中山【集解】徐廣曰河渠書曰鑿涇水自中山西曣嗢有黃雲蓋焉有麃過上自射之因以祭云【集解】徐廣曰一云從行上薦之或者祭鼎也至長安公卿大夫皆議請尊寶鼎天子曰間者河溢歲數不登故巡祭后土祈爲百姓育穀今歲豐廡未報鼎曷爲出哉有司皆曰聞昔泰帝興神鼎一【索隱】孔文祥云泰帝太昊也一者壹統天地萬物所繫終也黃帝作寶鼎三象天地人禹收九牧之金鑄九鼎皆嘗亨鬺【集解】徐廣曰鬺亨煑也音觴皆嘗以亨牲牢而祭祀上帝鬼神遭聖則興鼎遷于夏商周德衰宋之社亡鼎乃淪沒伏而不見頌云自堂徂基自羊徂牛鼐鼎及鼒不吳不驁胡考之休今鼎至甘泉光潤龍變承休無疆合茲中山【集解】徐廣曰關中亦復有中山也非魯中山有黃白雲降蓋若獸爲符路弓乘矢集獲壇下報祠大享【集解】徐廣曰一云大報祠享唯受命而帝者心知其意而合德焉鼎宜見於祖禰藏于帝廷以合明應制曰可入海求蓬萊者言蓬萊不遠而不能至者殆不見其氣上乃遣望氣佐候其氣云其秋上幸雍且郊或曰五帝太一之佐也宜立太一而上親郊之上疑未定齊人公孫卿曰今年得寶鼎其冬辛巳朔旦冬至與黃帝時等卿有札書曰黃帝得寶鼎宛朐問於鬼臾區鬼臾區對曰黃帝得寶鼎神策是歲己酉朔旦冬至得天之紀終而復始於是黃帝迎日推策後率二十歲復朔旦冬至凡二十推三百八十年黃帝僊登于天卿因所忠欲奏之所忠視其書不經疑其妄書謝曰寶鼎事已決矣尚何以爲卿因嬖人奏之上大說乃召問卿對曰受此

書申公申公已死上曰申公何人也卿曰申公齊人與安期生通受黃帝言無書獨有此鼎書曰漢興復當黃帝之時曰漢之聖者在高祖之孫且曾孫也寶鼎出而與神通封禪封禪七十二王唯黃帝得上泰山封申公曰漢主亦當上封上封則能僊登天矣黃帝時萬諸侯而神靈之封居七千【索隱】韋昭云黃帝時萬國以其修神靈得封者七千國或爲七十國欒彥云以舜爲神明之後封嬀滿於陳之類是也顧氏案國語仲尼云山川之守足以紀綱天下者其守爲神汪芒氏之君守封禺之山也天下名山八而三在蠻夷五在中國中國華山首山太室泰山東萊此五山黃帝之所常游與神會黃帝且戰且學僊患百姓非其道者乃斷斬非鬼神者【索隱】謂有非毀鬼神之人乃斷理而誅斬之百餘歲然後得與神通黃帝郊雍上帝宿三月鬼臾區號大鴻死葬雍故鴻冢是也其後黃帝接萬靈明廷明廷者甘泉也所謂寒【集解】徐廣曰一作塞門者谷口也黃帝采首山銅鑄鼎於荊山下鼎既成有龍垂胡髯下迎黃帝【索隱】說文云胡牛垂頷也釋名云胡在咽下垂者則所謂龍胡也黃帝上騎羣臣後宮從上者七十餘人龍乃上去餘小臣不得上乃悉持龍髯龍髯拔墮墮黃帝之弓百姓仰望黃帝既上天乃抱其弓與胡髯號故後世因名其處曰鼎湖其弓曰烏號於是天子曰嗟乎吾誠得如黃帝吾視去妻子如脫躧耳乃拜卿爲郎東使候神於太室上遂郊雍至隴西西登崆峒幸甘泉令祠官寬舒等具太一祠壇祠壇放薄忌太一壇壇三垓【集解】徐廣曰階次也五帝壇環居其下各如其方黃帝西南除八通鬼道太一其所用如雍一畤物而加醴棗脯之屬殺一貍牛以爲俎豆牢具而五帝獨有俎豆醴進其下四方地爲醊食羣臣從者及北斗云已祠胙餘皆燎之其牛色白鹿居其中彘在鹿中水而洎之【集解】徐廣曰洎一作酒灌水於釜中曰洎音冀祭日以牛祭月以羊彘特【索隱】樂彥云祭日以太牢月以少牢特不用牝也小顏云牛羊若彘止一牲故云特也太一祝宰則衣紫及繡五帝各如其色日赤月白十一月辛巳朔旦冬至昧爽天子始郊拜太一朝朝日夕夕月則揖而見太一如雍郊禮其贊饗曰【索隱】顧氏云饗祀祠也漢舊儀云贊饗一人秩六百石是也天始以寶鼎神策授皇帝朔而又朔終而復始皇帝敬拜見焉而衣上黃其祠列火滿壇壇旁亨炊具有司云祠上有光焉公卿言皇帝始郊見太一雲陽有司奉瑄玉嘉牲薦饗是夜有美光及晝黃氣上屬天太史公祠官寬舒等曰神靈之休祐福兆祥宜因此地光域立太畤壇以明應令太祝領秋及臘間祠三歲天子一郊見其秋爲伐南越告禱太一以牡荊畫幡日月北斗登龍以象太一三星爲太一鋒【集解】徐廣曰天極星明者太一常居也斗口三星曰太一命曰靈旗爲兵禱則

太史奉以指所伐國而五利將軍使不敢入海之泰山祠上使人隨驗實毋所見五利妄言見其師其方盡多不讎【索隱】鄭德云相應爲讎謂其言語不相應無驗也上乃誅五利其冬公孫卿候神河南言見僊人跡緱氏城上有物如雉往來城上天子親幸緱氏城視跡問卿得毋效文成五利乎卿曰僊者非有求人主人主者求之其道非少寬假神不來言神事事如迂誕積以歲乃可致也於是郡國各除道繕治宮觀名山神祠所以望幸也其春既滅南越上有嬖臣李延年以好音見上善之下公卿議曰民間祠尚有鼓舞樂今郊祀而無樂豈稱乎公卿曰古者祠天地皆有樂而神祇可得而禮或曰太帝使素女鼓五十弦瑟悲帝禁不止故破其瑟爲二十五弦於是賽南越禱祠太一后土始用樂舞益召歌兒作二十五弦【集解】徐廣曰瑟及空侯【集解】徐廣曰應劭云武帝令樂人侯調始造此器琴瑟自此起其來年冬上議曰古者先振兵釋旅【集解】徐廣曰古釋字作澤然後封禪乃遂北巡朔方勒兵十餘萬還祭黃帝冢橋山釋兵須如【集解】徐廣曰須一作涼上曰吾聞黃帝不死今有冢何也或對曰黃帝已僊上天羣臣葬其衣冠既至甘泉爲且用事泰山先類祠太一自得寶鼎上與公卿諸生議封禪封禪用希曠絕莫知其儀禮而羣儒采封禪尚書周官王制之望祀射牛事齊人丁公年九十餘曰封禪者合不死之名也秦皇帝不得上封陛下必欲上稍上即無風雨遂上封矣上於是乃令諸儒習射牛草封禪儀數年至且行天子既聞公孫卿及方士之言黃帝以上封禪皆致怪物與神通欲放黃帝以上接神僊人蓬萊士高世比德於九皇而頗采儒術以文之羣儒既已不能辨明封禪事又牽拘於詩書古文而不能騁上爲封禪祠器示羣儒羣儒或曰不與古同徐偃又曰太常諸生行禮不如魯善周霸屬圖封禪事於是上絀偃霸而盡罷諸儒不用三月遂東幸緱氏禮登中岳太室從官在山下聞若有言萬歲云問上上不言問下下不言於是以三百戶封太室奉祠命曰崇高邑東上泰山泰山之草木葉未生乃令人上石立之泰山巔上遂東巡海上行禮祠八神齊人之上疏言神怪奇方者以萬數然無驗者乃益發船令言海中神山者數千人求蓬萊神人公孫卿持節常先行候名山至東萊言夜見大人長數丈就之則不見見其跡甚大類禽獸云羣臣有言見一老父牽狗言吾欲見巨公已忽不見上即見大跡未信及羣臣有言老父則大以爲僊人也宿留海上予方士傳車及間使求僊人以千數四月還至奉高上念諸儒及

方士言封禪人人殊不經難施行天子至梁父禮祠地主乙卯令侍中儒者皮弁薦紳射牛行事封泰山下東方如郊祠太一之禮封廣丈二尺高九尺其下則有玉牒書書祕禮畢天子獨與侍中奉車子侯上泰山亦有封其事皆禁明日下陰道丙辰禪泰山下阯東北肅然山如祭后土禮天子皆親拜見衣上黃而盡用樂焉江淮間一茅三脊爲神藉五色土益雜封縱遠方奇獸蜚禽及白雉諸物頗以加禮兕牛犀象之屬不用皆至泰山祭后土封禪祠其夜若有光晝有白雲起封中天子從禪還坐明堂羣臣更上壽於是制詔御史朕以眇眇之身承至尊兢兢焉懼不任維德菲薄不明于禮樂脩祠太一若有象景光屑如有望震於怪物欲止不敢遂登封泰山至于梁父而後禪肅然自新嘉與士大夫更始賜民百戶牛一酒十石加年八十孤寡布帛二匹復博奉高蛇丘歷城無出今年租稅其大赦天下如乙卯赦令行所過毋有復作事在二年前皆勿聽治又下詔曰古者天子五載一巡狩用事泰山諸侯有朝宿地其令諸侯各治邸泰山下天子既已封泰山無風雨災而方士更言蓬萊諸神若將可得於是上欣然庶幾遇之乃復東至海上望冀遇蓬萊焉奉車子侯暴病一日死【索隱】新論云武帝出璽印石財有朕兆子侯則沒印帝畏惡故殺之風俗通亦云然顧胤案武帝集帝與子侯家語云道士皆言子侯得仙不足悲此說是也上乃遂去並海上北至碣石巡自遼西歷北邊至九原五月反至甘泉有司言寶鼎出爲元鼎以今年爲元封元年其秋有星茀于東井後十餘日有星茀于三能望氣王朔言候獨見旗星出如瓜食頃復入焉有司皆曰陛下建漢家封禪天其報德星云【索隱】樂彥包愷並作旗星旗星即德星也將瑞圖云旗星之極芒艷如旗本亦作旗也其來年冬郊雍五帝還拜祝祠太一贊饗曰德星昭衍厥維休祥壽星仍出淵耀光明信星昭見皇帝敬拜太祝之享其春公孫卿言見神人東萊山若云欲見天子天子於是幸緱氏城拜卿爲中大夫遂至東萊宿留之數日無所見見大人跡云復遣方士求神怪采芝藥以千數是歲旱於是天子既出無名乃禱萬里沙過祠泰山還至瓠子自臨塞決河留二日沈祠而去使二卿將卒塞決河徙二渠復禹之故跡焉是時既滅兩越越人勇之乃言越人俗鬼而其祠皆見鬼數有效昔東甌王敬鬼壽百六十歲後世怠慢故衰耗乃令越巫立越祝祠安臺無壇亦祠天神上帝百鬼而以雞卜上信之越祠雞卜始用公孫卿曰僊人可見而上往常遽以故不見今陛下可爲觀如緱城【集解】徐廣曰一云如緱氏城置脯棗神人宜可致

也且僊人好樓居於是上令長安則作蜚廉桂觀甘泉則作益延壽觀【索隱】小顏以爲作益壽延壽二館漢武故事云作延壽觀高二十丈使卿持節設具而候神人乃作通天莖臺【集解】徐廣曰在甘泉【索隱】漢書並無莖字疑衍也置祠具其下將招來僊神人之屬於是甘泉更置前殿始廣諸宮室夏有芝生殿房內中【集解】徐廣曰元封二年天子爲塞河興通天臺若見有光云乃下詔甘泉房中生芝九莖赦天下毋有復作其明年伐朝鮮夏旱公孫卿曰黃帝時封則天旱乾封三年上乃下詔曰天旱意乾封乎其令天下尊祠靈星焉其明年上郊雍通回中道巡之春至鳴澤從西河歸其明年冬上巡南郡至江陵【集解】徐廣曰元封五年而東登禮灊之天柱山號曰南岳浮江自尋陽出樅陽過彭蠡禮其名山川北至琅邪並海上四月中至奉高脩封焉初天子封泰山泰山東北阯古時有明堂處處險不敞上欲治明堂奉高旁未曉其制度濟南人公玉帶上黃帝時明堂圖明堂圖中有一殿四面無壁以茅蓋通水圜宮垣爲複道上有樓從西南入命曰昆侖天子從之入以拜祠上帝焉於是上令奉高作明堂汶上【集解】徐廣曰在元封二年秋如帶圖及五年脩封則祠太一五帝於明堂上坐令高皇帝祠坐對之祠后土於下房以二十太牢天子從昆侖道入始拜明堂如郊禮禮畢燎堂下而上又上泰山自有祕祠其巔而太山下祠五帝各如其方黃帝并赤帝而有司侍祠焉山上舉火下悉應之其後二歲十一月甲子朔旦冬至推曆者以本統天子親至泰山以十一月甲子朔旦冬至日祠上帝明堂毋脩封禪【集解】徐廣曰常五年一脩耳今適二年故但祠於明堂其贊饗曰天增授皇帝太元神策周而復始皇帝敬拜太一東至海上考入海及方士求神者莫驗然益遣冀遇之十一月乙酉柏梁裁十二月甲午朔上親禪高里祠后土臨勃海將以望祀蓬萊之屬冀至殊廷焉上還以柏梁裁故朝受計甘泉公孫卿曰黃帝就青靈臺十二日燒黃帝乃治明廷明廷甘泉也方士多言古帝王有都甘泉者其後天子又朝諸侯甘泉甘泉作諸侯邸勇之乃曰越俗有火裁復起屋必以大用勝服之於是作建章宮度爲千門萬戶前殿度高未央其東則鳳闕高二十餘丈其西則唐中數十里虎圈其北治大池漸臺高二十餘丈命曰太液池中有蓬萊方丈瀛洲壺梁象海中神山龜魚之屬其南有玉堂璧門大鳥之屬乃立神明臺井幹樓度五十丈輦道相屬焉夏漢改曆以正月爲歲首而色上黃官名更印章以五字爲太初元年是歲西伐大宛蝗大起丁夫人雒陽虞初等以方祠詛匈奴大宛焉其明年有司上言雍五畤無牢熟具芬芳不備乃令祠官進畤犢牢具色食所勝而以木禺馬代駒焉獨五月嘗駒行親郊用駒及諸名山川用駒者悉以木禺馬代行過乃用駒他禮如故其明年東巡海上考神僊之屬未有驗者方士有言黃帝時爲五城十二樓以候神人於執期命曰迎年上許作之如方命曰明年上親禮祠上帝焉公玉帶曰黃帝時雖封泰山然風后封臣岐伯令黃帝封東泰山禪凡【集解】徐廣曰一作丸山合符然後不死焉天子既令設祠具至東泰山泰山卑小不稱其聲乃令祠官禮之而不封禪焉其後令帶奉祠候神物夏遂還太山脩五年之禮如前而加以禪祠石閭石閭者在泰山下阯南方方士多言此僊人之閭也故上親禪焉其後五年復至泰山脩封【集解】徐廣曰天漢三年還過祭恒山今天子所興祠太一后土三年親郊祠建漢家封禪五年一脩封薄忌太一及三一冥羊馬行赤星五寬舒之祠官以歲時致禮【索隱】郊祀志云祠官寬舒議祠后土爲五壇故謂之五寬舒祠官也凡六祠皆太祝領之至如八神諸明年凡山他名祠行過則祠行去則已方士所興祠各自主其人終則已祠官不主他祠皆如其故今上封禪其後十二歲而還徧於五岳四瀆矣而方士之候祠神人入海求蓬萊終無有驗而公孫卿之候神者猶以大人之跡爲解無有效天子益怠厭方士之怪迂語矣然羈縻不絕冀遇其眞自此之後方士言神祠者彌衆然其效可睹矣

太史公曰余從巡祭天地諸神名山川而封禪焉入壽宮侍祠神語究觀方士祠官之意於是退而論次自古以來用事於鬼神者具見其表裏後有君子得以覽焉若至俎豆珪幣之詳獻酬之禮則有司存

【索隱】述贊曰禮載升中書稱肆類古今盛典皇王能事登封報天降禪除地飛英騰實金泥石記漢承遺緒斯道不墜仙閭肅然揚休勒誌

史記卷二十八考證

封禪書至矣而德不洽○監本訛作至梁父矣衍梁父二字今改正

覩其掌詩云紂在位文王受命○　臣照按詩云二字不審所謂注家皆略蓋唐時無此文也蓋覩其掌云爲句衍一詩字耳

必於高山之下小山之上命曰時○集解索隱文俱有脫誤不可解

宋母忌索隱欒彥引老子道經云月中仙人宋毋忌○今五千言中無此語

汧洛正義洛水商州洛南縣西冢嶺山○推尋文義洛水下脫出字

杜主故周之右將軍正義括地志云杜祠雍州長安縣西南二十五里○推尋文義杜祠下脫在字

色外黑內赤集解服虔曰十月陰氣在外黑陽氣尙伏在地故內赤○按漢書郊祀志注引服虔云十月陰氣在外故外黑此脫故外二字

日天神貴者太一索隱欒汁徵圖○當作樂汁圖徵

碁自相觸擊索隱碁頭畐局上○推尋文義碁頭上脫塗字

史記卷二十九

漢　太　史　令司馬遷　撰

宋中郎外兵曹參軍裴　駰集解

唐國子博士弘文館學士司馬貞索隱

唐諸王侍讀率府長史張守節正義

河渠書第七

夏書曰禹抑鴻水【索隱】抑音憶抑者遏也洪水滔天故禹遏之不令害人也漢書溝洫志作堙堙抑皆塞也十三年過家不入門陸行載車水行載舟泥行蹈毳山行即橋【集解】徐廣曰橋近遙反一作檋檋直轅車也音已足反尸子曰山行乘樏音力追反又曰行塗以楯行險以撮行沙以軌又曰乘風車音去喬反【索隱】毳字亦作橇同音昌芮反注以撮子芮反又子絕反與蕝音同以別九州隨山浚川任土作貢通九道陂九澤【正義】顏師古云通九州之道及障遏其澤也度九山【正義】度田洛反釋名云山者產也治木以志九州山澤所生物產言於地所宜商而度之以制貢賦然河菑衍溢害中國也尤甚唯是爲務故道河自積石歷龍門【正義】在同州韓城縣北五十里爲鑿廣八十步南到華陰【正義】華陰縣也魏之陰晉秦惠文王更名寧秦漢高帝改曰華陰東下砥柱【正義】底柱山俗名三門山在硤石縣東北五十里在河之中及孟津雒汭至于大邳【正義】孟津在洛州河陽縣南門外孔安國云山再成曰邳按在衛州黎陽縣南七里於是禹以爲河所從來者高水湍悍【集解】韋昭曰湍疾悍彊也難以行平地數爲敗乃廝二渠以引其河【集解】駰案漢書音義曰廝分也二渠其一出貝丘西南二折者也其一則漯川【索隱】廝漢書作灑史記舊本亦作灑字從水按韋昭云疏決爲灑字音疏跬反廝即分其流泄其怒是也二渠其一則漯川其二王莽時遂空也北載之高地過降水【正義】降水源出潞州屯留縣西南方山東北至于大陸【正義】大陸澤在邢州及趙州界一名廣河澤一名鉅鹿澤也播爲九河【正義】言過降水及大陸水之口至冀州分爲九河也同爲逆河入于勃海【集解】瓚曰禹貢曰夾右碣石入于海然則河口之入海乃在碣石武帝元光二年河徙東郡更注勃海禹時不注勃海也九川既疏九澤既灑諸夏艾安功施于三代自是之後滎陽下引河東南爲鴻溝【索隱】楚漢中分之界文穎云即今官渡水也蓋爲二流一南經陽武爲官渡水一東經大梁城即河溝今之汴河是也以通宋鄭陳蔡曹衛與濟汝淮泗會于楚西方則通渠漢水雲夢之野東方則通鴻溝江淮之間於吳則通渠三江五湖【集解】韋昭曰五湖湖名耳實一湖今太湖是也在吳西南【索隱】三江按地理志北江從會稽毗陵縣北東入海中江從丹陽蕪湖縣東北至會稽陽羨縣東入海南江從會稽吳縣南東入海故禹貢有北江中江也五湖郭璞江賦云具區兆滆彭蠡青草洞庭又云太湖周五百里故曰五湖於齊則通菑濟之間於蜀蜀守冰【集解】駰案漢書曰冰姓李鑿離碓【集解】晉灼曰古堆字辟沫水之害【索隱】辟音避沫音末案說文云沫水出蜀西南徼外與青衣合東南入海也穿二江成都之中【正義】括地志云大江一名汶江一名管橋水一名清江亦名水江西南自溫江縣界流來又云郫江一名成都江一名市橋江亦名中日江亦曰內江西北自新繁縣界流來二江並在益州成都縣界杜預益州記云二江者郫江流江也風俗通云秦昭王使李冰爲蜀守開成都縣兩江溉田萬頃神須取女二人以爲婦冰自以女與神婚徑至神祠勸神酒酒杯澹澹因厲聲責之因忽不見良久有兩牛鬭於江岸有間輒還流汗謂官屬曰吾鬭疲極不當相助耶南向腰中正白者我綬也主簿刺殺北面者江神遂死華陽國志云蜀時濯錦流江中則鮮明也此渠皆可行舟有餘則用溉浸百姓饗其利至于所過往往引其水益用溉田疇之渠以萬億計然莫足數也西門豹引漳水溉鄴【正義】括地志云漳水一名濁漳水源出潞州長子縣西力黃山地理志云濁漳水出長子鹿谷山東至鄴入清漳按力黃鹿谷二山北鹿也鄴相州之縣也以富魏之河內而韓聞秦之好興事欲罷之毋令東伐【集解】如淳曰欲罷勞之息秦伐韓之計乃使水工鄭國【集解】韋昭曰鄭國能治水故曰水工間說秦令鑿涇水自中山西邸瓠口爲渠【索隱】小顏云中音仲即今九嵕山之東中山是也邸至也瓠口即谷口郊祀志所謂寒門谷口是也與池陽相近故曰田於河所池陽谷口也【正義】括地志云中山一名仲山在雍州雲陽縣西十五里又云焦穫藪亦名瓠口在涇陽北城外也邸至也至渠首起雲陽縣西南二十五里今枯也並北山東注洛【集解】徐廣曰出馮翊懷德縣三百餘里欲以溉田中作而覺秦欲殺鄭國鄭國曰始臣爲間然渠成亦秦之利也【索隱】溝洫志鄭國曰臣爲韓延數歲之命爲秦建萬世之功是也秦以爲然卒使就渠渠就用注塡閼之水溉澤鹵之地四萬餘頃【索隱】溉音古代反澤一作舄音昔本或作斥則如字讀之收皆畝一鍾於是關中爲沃野無凶年秦以富彊卒并諸侯因命曰鄭國渠漢興三十九年孝文時河決酸棗東潰金隄【正義】括地志云金隄一名千里隄在白馬縣東五里於是東郡大興卒塞之其後四十有餘年今天子元光之中而河決於瓠子東南注鉅野【正義】括地志云鄆州鉅野縣東北大澤是通於淮泗於是天子使汲黯鄭當時興人徒塞之輒復壞是時武安侯田蚡爲丞相其奉邑食鄃【索隱】鄃音輸韋昭云清河縣也【正義】貝州縣也鄃居河北河決而南則鄃無水菑邑收多蚡言於上曰江河之決皆天事未易以人力爲彊塞塞之未必應天而望氣用數者亦以爲然於是天子久之不事復塞也是時鄭當時爲大農言曰異時關東漕粟從渭中上度六月而罷而漕水道九百餘里時有難處引渭穿渠起長安並南山下至河三百餘里徑易漕度可令三月罷而渠下民田萬餘頃又可得以溉田此損漕省卒而益肥關中之地得穀天子以爲然令齊人水工徐伯表【索隱】舊說徐伯表水工姓名也小顏云表者巡行穿渠之處而表記之若今豎標表不是名也悉發卒【集解】徐廣曰一云悉衆數萬人穿漕渠三歲而通通以漕大便利其後漕稍多

而渠下之民頗得以溉田矣。其後河東守番係言漕從山東西[索隱]番音婆又音潘詩小雅云番維司徒番氏也係音系從山東西者謂從山東運漕而西入關也歲百餘萬石，更砥柱之限，敗亡甚多，而亦煩費。穿渠引汾[正義]括地志云汾水源出嵐州靜樂縣北百三十里管涔山北東南流入并州即西南流入至絳州蒲州入河也溉皮氏、汾陰[正義]括地志云皮氏故城在絳州龍門縣西百三十步自秦漢魏晉皮氏縣皆治也汾陰故城俗名殷湯城在蒲州汾陰縣北九里漢汾陰縣下，引河溉汾陰、蒲坂下，度可得五千頃。五千頃故盡河壖[集解]韋昭曰壖音而緣反謂緣河壖地[索隱]又音人兗反棄地，民茭牧其中耳[索隱]茭乾草也謂收茭及牧畜於中，今溉田之，度可得穀二百萬石以上。穀從渭上，與關中無異，而砥柱之東可無復漕。天子以爲然，發卒數萬人作渠田。數歲，河移徙，渠不利，則田者不能償種。久之，河東渠田廢，予越人，令少府以爲稍入。[集解]如淳曰時越人有徙者以田與之其租稅入少府[索隱]其田既薄越人徙居者習水利故與之而稍少其稅入之於少府其後人有上書欲通褒斜道[集解]韋昭曰褒中縣也斜谷名音邪瓚曰褒斜二水名[正義]括地志云褒谷在梁州褒城縣北五十里斜水源出褒城縣西北九十八里衙嶺山與褒水同源而派流漢書溝洫云褒水通沔斜水通渭皆以行船是也按褒城即褒中縣也及漕事，下御史大夫張湯。湯問其事，因言：「抵蜀從故道[正義]括地志云鳳州兩當縣本漢故道縣也在州西五十里，故道多阪，回遠。今穿褒斜道，少阪，近四百里；而褒水通沔，斜水通渭，皆可以行船漕。漕從南陽[正義]南陽郡今鄧州上沔入褒，褒之絕水至斜，間百餘里，以車轉，從斜下下渭。如此，漢中之穀可致，山東從沔無限[正義]無限言多也山東謂河南之東山南之東及江南淮南皆經砥柱主運令全從沔便於三門之漕也，便於砥柱之漕。且褒斜材木竹箭之饒，擬於巴蜀。」天子以爲然，拜湯子卬爲漢中守，發數萬人作褒斜道五百餘里。道果便近，而水湍石[集解]徐廣曰湍一作溲，不可漕。其後莊熊羆言：「臨晉[正義]括地志云同州本臨晉城也一名大荔城亦曰馮翊城民願穿洛以溉重泉以東萬餘頃故鹵地。誠得水，可令畝十石。」[正義]洛漆沮水也括地志云重泉故城在同州蒲城縣東南四十五里在同州西北亦四十五里於是爲發卒萬餘人穿渠，自徵引洛水至商顏下。[集解]服虔曰顏音崖應劭曰徵在馮翊或曰商顏山名[索隱]徵音懲縣名也小顏云即今之澄城也顏又如字岸善崩，[正義]言商原之崖岸土性疏故善崩毀也乃鑿井，深者四十餘丈。往往爲井，井下相通行水。水頹以絕商顏，[集解]瓚曰下流曰顏東至山嶺十餘里間。井渠之生自此始。穿渠得龍骨，[正義]括地志云伏龍祠在同州馮翊縣西北四十里故老云漢時自徵穿渠引洛得龍骨其後立祠因以伏龍爲名今祠頗有靈驗也故名曰龍首渠。作之十餘歲，渠頗通，猶未得其饒。

自河決瓠子後二十餘歲，歲因以數不登，而梁楚之地尤甚。天子既封禪巡祭山川，其明年，旱，乾封少雨。天子乃使汲仁、郭昌發卒數萬人塞瓠子決。於是天子已用事萬里沙，[正義]括地志云萬里沙在華州鄭縣東北二十里也則還自臨決河，沈白馬玉璧于河，令羣臣從官自將軍已下皆負薪寘決河。是時東郡燒草，以故薪柴少，而下淇園之竹以爲楗。[集解]晉灼曰衞之苑也多竹篠[集解]如淳曰樹竹塞水決之口稍稍布插接樹之水稍弱補令密謂之楗以草塞其裏乃以土填之有石以石爲之[索隱]楗音其免反楗者樹於水中稍下竹及土石者也

天子既臨河決，悼功之不成，乃作歌曰：「瓠子決兮將柰何？皓皓旰旰兮閭殫爲河！[集解]如淳曰殫盡也州閭盡爲河殫爲河兮地不得寧，功無已時兮吾山平。[集解]徐廣曰東郡東阿有魚山或者是乎[集解]如淳曰恐水漸山使平也韋昭曰鑿山以填河也吾山平兮鉅野溢，[集解]如淳曰瓠子決灌鉅野澤使溢也魚沸鬱兮柏冬日。[集解]徐廣曰柏猶迫也冬日行天邊若與水相連矣駰案漢書音義曰鉅野滿溢則衆魚沸鬱而滋長也迫冬日乃止延道弛兮離常流，[集解]徐廣曰延一作正駰案晉灼曰河道皆弛壞[索隱]言河之決由其源道延長弛溢故使其道皆離常流也蛟龍騁兮方遠遊。歸舊川兮神哉沛，[集解]瓚曰水還舊道則羣害消除神祐滂沛不封禪兮安知外！爲我謂河伯兮何不仁，泛濫不止兮愁吾人？齧桑浮兮淮泗滿，[集解]張晏曰齧桑地名也如淳曰邑名爲水所浮漂久不反兮水維緩。」一曰：「河湯湯兮激潺湲，北渡迂兮浚流難。搴長茭兮沈美玉，[集解]如淳曰搴取也茭草也音郊一曰茭竿也取長竿樹之用著石間以塞決河瓚曰竹葦絙謂之茭下所以引致上石者也[索隱]搴音己免反茭一作茇音廢郗氏又音絞也河伯許兮薪不屬。[集解]如淳曰旱燒故薪不足薪不屬兮衞人罪，燒蕭條兮噫乎何以禦水！頹林竹兮楗石菑，[集解]如淳曰河決楗不能禁故言菑韋昭曰楗柱也木立死曰菑宣房塞兮萬福來。」於是卒塞瓠子，築宮其上，名曰宣房宮。而道河北行二渠，復禹舊迹，而梁、楚之地復寧，無水災。

自是之後，用事者爭言水利。朔方、西河、河西、酒泉皆引河及川谷以溉田；而關中輔渠、靈軹[集解]如淳曰地理志盩厔有靈軹渠[索隱]案溝洫志兒寬爲左內史奏請穿六輔渠小顏云今尚謂之輔渠亦曰六渠也引堵水；[集解]徐廣曰一作諸川汝南、九江引淮；東海引鉅定；[集解]瓚曰鉅定澤名太山下引汶水：皆穿渠爲溉田，各萬餘頃。佗小渠披山通道者，不可勝言。然其著者在宣房。

太史公曰：余南登廬山，觀禹疏九江，遂至于會稽太湟，[集解]徐廣曰一作濕上姑蘇，望五湖；東闚洛汭、大邳，迎河，行淮、泗、濟、漯、洛渠；西瞻蜀之岷山及離碓；北自龍門至于朔方。曰：甚哉，水之爲利害也！余從負薪塞宣房，悲瓠子之詩而作河渠書。[集解]徐廣曰溝洫志行田二百畝分賦田與一夫二百畝以田惡故更歲耕之

索隱述贊曰水之利害自古而然禹疏溝洫隨山濬川云泊後世非無聖賢鴻溝既劃龍骨斯穿填閼攸墾黎蒸有年宣房在詠梁楚獲全

史記卷二十九考證

河渠書功無已時兮吾山平集解徐廣曰東郡東阿有魚山或者是乎駰按如淳曰恐水漸山使平也○水經注馬頰水又南北流逕山南山即吾山也

史記卷三十

漢　太　史　令司馬遷　撰

宋　中郎外兵曹參軍裴　駰集解

唐　國子博士弘文館學士司馬貞索隱

唐　諸王侍讀率府長史張守節正義

平準書第八[集解]駰案漢書百官表曰大司農屬官有平準令[索隱]大司農屬官有平準令丞者以均天下郡國輸斂貴則糶之賤則買之平賦以相準輸歸于京都故命曰平準

漢興，接秦之弊，丈夫從軍旅，老弱轉糧饟，作業劇而財匱，自天子不能具鈞駟，[索隱]天子駕駟馬其色宜齊同今言國家貧天子不能具鈞色之駟馬漢書作醇駟醇與純一色也或作騂非也而將相或乘牛車，齊民無藏蓋。[集解]如淳曰齊等無有貴賤故謂之齊民若今言平民矣晉灼曰中國被教之民也蘇林曰無物可蓋藏於是爲秦錢重難用，更令民鑄錢，[集解]駰案漢書食貨志曰鑄榆莢錢[索隱]顧氏案古今注云秦錢半兩徑寸二分重十二銖漢錢重三銖錢譜云文爲漢興也一黃金一斤，[索隱]如淳云時以錢爲貨黃金一斤直萬錢非也又臣瓚下注云秦以一鎰爲一金漢以一斤爲一金是其義也約法省禁。而不軌逐利之民，蓄積餘業以稽市物，物踊騰糶，[集解]李奇曰稽貯滯也如淳曰稽考也考校市物價貴賤有時晉灼曰踊甚也言計市物賤而豫益蓄之也物貴而出賣故使物甚騰也漢書糶字作躍[索隱]李奇云稽貯滯韋昭云稽留待也稽字當如李韋二釋晉灼及馬融訓稽爲計及考於義爲疎如淳曰踊騰猶低昂也低昂者作貴作賤也今案漢書糶字作躍者謂物踊貴而價起有如物之騰躍而起也然糶者出賣之名故食貨志云大熟則上糶三而舍一是也米至石萬錢，馬一匹則百金。[集解]瓚曰秦以一鎰爲一金漢以一斤爲一金

天下已平，高祖乃令賈人不得衣絲乘車，重租稅以困辱之。孝惠、高后時，爲天下初定，復弛商賈之律，然市井之子孫亦不得仕宦爲吏。量吏祿，度官用，以賦於民。而山川園池市井[正義]古人未有市及井若朝聚井汲水便將貨物於井邊貨賣故言市井租稅之入，自天子以至于封君湯沐邑，皆各爲私奉養焉，不領於天下之經費。[索隱]案經訓常言封君已下皆以湯沐邑爲私奉養故不領入天子之常稅爲一年之費也漕轉山東粟，以給中都官，歲不過數十萬石。[索隱]說文云漕水轉穀也一云車運曰轉水運曰漕中都猶都內也皆天子之倉府以給中都官者即今太倉以畜官儲者也至孝文時，莢錢益多，輕，[集解]如淳曰如榆莢也乃更鑄四銖錢，其文爲「半兩」，令民縱得自鑄錢。故吳，諸侯也，以即山鑄錢，[索隱]案即訓就言就出銅之山鑄錢故下文云即銅山是也一解即山山名也富埒天子，[集解]徐廣曰埒者際畔言鄰接相次也駰案孟康曰富與天子等而微減也或曰埒等也其後卒以叛逆。鄧通，大夫也，以鑄錢財過王者。故吳、鄧氏錢布天下，而鑄錢之禁生焉。

匈奴數侵盜北邊，屯戍者多，邊粟不足給食當食者。於是募民能輸及轉粟於邊者拜爵，爵得至大庶長。[索隱]漢書食貨志云文帝用晁錯言令人入粟邊六百石爵上造稍增至四千石爲五大夫萬二千石爲大庶長各以多少爲差孝景時，上郡以西旱，亦復脩賣爵令，而賤其價以招民；及徒復作，得輸粟縣官以除罪。益造苑馬以廣用，[索隱]謂增益苑囿造廄而養馬以廣用則馬是軍國之用也而宮室列觀輿馬益增脩矣。

至今上即位數歲，漢興七十餘年之間，國家無事，非遇水旱之災，民則人給家足，都鄙廩庾皆滿，而府庫餘貨財。京師之錢累巨萬，[集解]韋昭曰巨萬今萬萬貫朽而不可校。[集解]如淳曰校數也太倉之粟陳陳相因，充溢露積於外，至腐敗不可食。衆庶街巷有馬，阡陌之間成羣，而乘字牝者儐而不得聚會。[集解]駰案漢書音義曰皆乘父馬有牝馬間其間則相踶齧故斥不得出會同守閭閻者食粱肉，爲吏者長子孫，[集解]如淳曰時無事吏不數轉至于子孫長大而不轉職任居官者以爲姓號。[集解]如淳曰倉氏庾氏是也[索隱]案如淳注出食貨志也故人人自愛而重犯法，先行義而後絀恥辱焉。當是之時，網疏而民富，役財驕溢，或至兼并豪黨之徒，以武斷於鄉曲。[索隱]鄉曲豪富無官位而以威勢主斷曲直故曰武斷也宗室有土公卿大夫以下，爭于奢侈，室廬輿服僭于上，無限度。物盛而衰，固其變也。

自是之後，嚴助、朱買臣等招來東甌，[正義]烏侯反今台州永寧是也事兩越，[正義]南越及閩越南越今廣州南海也閩越今建州建安也江淮之間蕭然煩費矣。唐蒙、司馬相如開路西南夷，鑿山通道千餘里，以廣巴蜀，巴蜀之民罷焉。彭吳賈滅朝鮮，置滄海之郡，[索隱]彭吳賈人姓名始開其道而滅之朝鮮番名則燕齊之間靡然發動。及王恢設謀馬邑，匈奴絕和親，侵擾北邊，兵連而不解，天下苦其勞，而干戈日滋。行者齎，居者送，中外騷擾而相奉，百姓抏弊以巧法，[索隱]三蒼抏音五官反鄒氏又音五亂反案抏者耗也消耗之名言百姓貧弊故行巧抵之法也財賂衰耗而不贍。入物者補官，出貨者除罪，選舉陵遲，廉恥相冒，武力進用，法嚴令具。興利之臣自此始也。[集解]韋昭曰弘羊孔僅之屬也

其後漢將歲以數萬騎出擊胡，及車騎將軍衞青取匈奴河南地，[正義]謂靈夏三州地取在元朔二年築朔方。[正義]今夏州也括地志云夏州秦上郡漢分置朔方郡魏不改隋置夏州當是時，漢通西南夷道，作者數萬人，千里負擔饋糧，率十餘鍾致一石，[集解]駰案漢書音義曰鍾六石四斗散幣於邛僰以集之。[索隱]應劭云臨邛屬蜀僰屬犍爲數歲道不通，蠻夷因以數攻，吏發兵誅之。[索隱]謂發軍興以誅之也悉巴蜀租賦不足以更之，[集解]韋昭曰更續也或曰更償也乃募豪民田南夷，入粟縣官，而內受錢於都內。[集解]服虔曰入穀於外縣受錢於內府也東至滄海之郡，人徒之費擬於南夷。又興十萬餘人築衞朔方，轉漕甚遼遠，自山東咸被其勞，費數十百巨萬，府庫益虛。乃募民能入奴婢得以終身復，爲郎增秩，及入羊爲郎，始於此。

其後四年，[集解]徐廣曰元朔五年而漢遣大將將六將軍，軍十餘萬，擊右賢王，獲首虜萬五千級。明年，大將軍將六將軍仍再出擊胡，得首虜萬九千級。捕斬首虜之士受賜黃金二十餘萬斤，虜數萬人皆得厚賞，衣食仰給縣官；而漢軍之士馬死者十餘萬，兵甲之財轉漕之費不與焉。於是大農陳藏錢[集解]韋昭曰陳久也經耗，賦稅既竭，猶

不足以奉戰士有司言天子曰朕聞五帝之教不相復而治禹湯之法不同道而王所由殊路而建德一也北邊未安朕甚悼之日者大將軍攻匈奴斬首虜萬九千級留蹛無所食[索隱]蹛音逝謂貯也韋昭云音滯謂積也又案古今字詁蹛今滯字則蹛與滯同謂富人貯滯積穀則貧者無所食也議令民得買爵及贖禁錮免減罪請置賞官命曰武功爵[集解]瓚曰茂陵中書有武功爵一級曰造士二級曰閑輿衞三級曰良士四級曰元戎士五級曰官首六級曰秉鐸七級曰千夫八級曰樂卿九級曰執戎十級曰左庶長十一級曰軍衞此武帝所制以寵軍功級十七萬凡直三十餘萬金[索隱]大顏云一金萬錢也計十一級級十七萬合百八十七萬金而此云三十餘萬金其數必有誤者顧氏案或解云初一級十七萬自此已上每級加二萬至十七級合成三十七萬也諸買武功爵官首者試補吏先除[索隱]官首武功爵第五也位稍高故得試為吏先除用也千夫如五大夫[索隱]千夫武功十一等爵第七五大夫舊二十等爵第九也言千夫爵秩比於五大夫故楊僕以千夫為吏殆謂此其有罪又減二等爵得至樂卿[集解]徐廣曰爵名也駰案漢書音義曰十爵左庶長以上至十八爵為大庶長也名樂卿樂卿者朝位從九卿加樂者別正卿又十九爵為樂公食公卿祿而無職[索隱]蓋此言武功置爵唯得至於樂卿也臣瓚所引茂陵書蓋後人記其爵次耳今注稱十爵至十八庶長為樂卿十九至二十為樂公乃以舊二十爵釋武功爵蓋亦臆說爾非也大顏亦以為然以顯軍功軍功多用越等大者封侯卿大夫小者郎吏吏道雜而多端則官職耗廢自公孫弘以春秋之義繩臣下取漢相張湯用峻文決理為廷尉於是見知之法生[集解]張晏曰吏見知不舉劾為故縱而廢格沮誹窮治之獄用矣[集解]如淳曰廢格天子文法使不行也誹謂非上所行若顏異反脣之比也[索隱]格音閣沮音才緒反誹音非謂廢格天子之命而不行及沮敗誹謗之者皆被窮治故云廢格沮誹之獄用矣其明年淮南衡山江都王謀反迹見而公卿尋端治之竟其黨與而坐死者數萬人長吏益慘急而法令明察當是之時招尊方正賢良文學之士或至公卿大夫公孫弘以漢相布被食不重味為天下先然無益於俗稍騖於功利矣其明年驃騎仍再出擊胡獲首四萬其秋渾邪王率數萬之眾來降於是漢發車二萬乘迎之既至受賞賜及有功之士是歲費凡百餘巨萬初先是往十餘歲河決觀[集解]徐廣曰觀縣名也屬東郡光武改曰衞公國梁楚之地固已數困而緣河之郡隄塞河輒決壞費不可勝計其後番係欲省砥柱之漕穿汾河渠以為溉田作者數萬人鄭當時為渭漕渠回遠鑿直渠自長安至華陰作者數萬人朔方亦穿渠作者數萬人各歷二三朞功未就費亦各巨萬十數天子為伐胡盛養馬馬之來食長安者數萬匹卒牽掌者關中不足乃調旁近郡而胡降者皆衣食縣官縣官不給天子乃損膳解乘輿駟出御府禁藏以贍之其明年山東被水菑民多飢乏於是天子遣使者虛郡國倉廥[集解]徐廣曰音膾以振貧民猶不足又募豪富人相貸假尚不能相救乃徙貧民於關以西及充朔方以南新秦中[集解]服虔曰地名在北方千里如淳曰長安已北朔方已南瓚曰秦逐匈奴以收河南地徙民以實之謂之新秦今以地空故復徙民以實之七十餘萬口衣食皆仰給縣官數歲假予產業使者分部護之冠蓋相望其費以億計不可勝數於是縣官大空而富商大賈或蹛財役貧[集解]駰案漢書音義曰蹛停也一曰貯也[索隱]蕭該案字林云貯塵也音佇此謂居積停滯塵久也子貢發貯鬻財是也轉轂百數[集解]李奇曰車也廢居居邑[集解]徐廣曰廢居者貯畜之名也有所廢有所畜言其乘時射利也駰案服虔曰居穀於邑也如淳曰居賤物於邑中以待貴[索隱]劉氏云廢出賣也居停蓄也是出賣於居者為廢故徐氏曰有所費有所畜是也封君皆低首仰給[集解]晉灼曰低音抵距也服虔曰仰給於商賈[索隱]服虔說是也而劉伯莊以為封君及大商皆低首營私以自給不佐天子非也冶鑄煑鹽財或累萬金而不佐國家之急黎民重困於是天子與公卿議更錢造幣以贍用而摧浮淫并兼之徒是時禁苑有白鹿而少府多銀錫自孝文更造四銖錢至是歲四十餘年從建元以來用少縣官往往即多銅山而鑄錢民亦閒盜鑄錢不可勝數錢益多而輕[集解]如淳曰磨錢取鋊故也瓚曰鑄錢者多故錢輕輕亦賤也物益少而貴[集解]如淳曰但鑄作錢不作餘物有司言曰古者皮幣諸侯以聘享金有三等黃金為上白金為中赤金為下[集解]駰案漢書音義曰白金銀也赤金丹陽銅也[索隱]說文云銅赤金也注云丹陽銅者神農經云西方金山有丹陽銅也今半兩錢法重四銖[集解]韋昭曰文為半兩實重四銖而姦或盜摩錢裏取鋊[集解]徐廣曰音容呂謂曰冶器法謂之鎔錢益輕薄而物貴則遠方用幣煩費不省乃以白鹿皮方尺緣以藻繢[集解]徐廣曰藻一作紫為皮幣直四十萬王侯宗室朝覲聘享必以皮幣薦璧然後得行又造銀錫為白金[集解]如淳曰雜鑄銀錫為白金也以為天用莫如龍[索隱]易云行天莫如龍是也地用莫如馬[索隱]易云行地莫如馬是也人用莫如龜[索隱]禮云諸侯以龜為寶是也故白金三品其一曰重八兩圜之其文龍名曰白選直三千[索隱]顧氏案錢譜其文為龍形隱起肉好皆圜文又作雲霞之象選蘇林音選擇之選包愷及劉氏音息戀反尚書大傳云夏后氏不殺不刑死罪罰二千饌馬融云饌六兩漢書作撰二字音同也晉灼案黃圖云直三千三百也二曰重差小方之其文馬直五百[索隱]謂以八兩差為三品此重六兩下小撱重四兩也云以重差小者謂半兩為重故差小重六兩而其形方錢譜肉好皆方隱起馬形肉好之下又有連珠文也三曰復小撱之其文龜直三百[索隱]撱音湯果反爾雅注撱者狹長也謂長而去四角也錢譜肉圓好方皆隱起龜甲文令縣官銷半兩錢更鑄三銖錢文如其重盜鑄諸金錢罪皆死而吏民之盜鑄白金者不可勝數於是以東郭咸陽孔僅為大農丞領鹽鐵事[索隱]東郭姓咸陽名也案風俗通東郭牙齊大夫咸陽其後也桑弘羊以計算用事侍中咸陽齊之大煑鹽孔僅南陽大冶皆致生累千金故鄭當時進言之弘羊雒陽賈人子以心計年十三侍中故三人言利事析秋豪矣[索隱]言百物毫芒至秋皆美細今言弘羊等三人言利事纖悉能分析其秋毫也法既益嚴吏多廢免兵革數動民多買復及五大夫徵發之士益鮮於是除千夫五大夫為吏不欲者出馬故吏皆通適令伐棘上林[集解]韋昭曰欲令出馬無馬者令伐棘[索隱]謂故吏先免者皆適令伐棘上林不謂無馬者韋說非也作昆明池[索隱]案黃圖武帝穿昆明池周四十里以習水戰荀悅云昆明子居滇河中故習水戰以伐之也其明年大將軍驃騎大出擊胡[集解]徐廣曰元狩四年得首虜八九萬級賞賜五十萬金漢軍馬死者十餘萬匹轉漕車甲之費不與焉是時財匱戰士頗不得祿矣有司言三銖錢輕易姦詐乃更請諸郡國鑄五銖錢周郭其下令不可磨取鋊焉大農上鹽鐵丞孔僅咸陽言山海天地之藏也皆宜屬少府[索隱]韋昭云少府天子私所給賜經用也公用屬大司農陛下不私以屬大農佐賦願募民自給費因官器作煑鹽官與牢盆[集解]如淳曰牢廩食也古者名廩為牢也盆者煑鹽盆[索隱]蘇林云牢價直也今世人言雇手牢盆小顏云蘇說是樂彥云牢乃盆名其說異也浮食奇民欲擅管山海之貨[集解]張晏曰若人執倉庫之管籥或曰管固[索隱]包愷奇音羈謂侯也非農工之儔故言奇也擅音善以致富羨役利細民[索隱]羨音弋戰反羨饒也與衍同義其沮事之議不可勝聽[索隱]沮止也僅等言山海之藏宜屬大農奇人欲擅其利必有沮止之議此不可聽許也敢私鑄鐵器煑鹽者釱左趾[集解]史記音義曰釱音徒計反韋昭曰釱以鐵為之著左趾以代刖也[索隱]三蒼云釱踏腳鉗也字林音大計反張斐漢晉律序云狀如跟衣著足下重六斤以代刖至魏武改以械代釱也沒入其器物郡不出鐵者置小鐵官[集解]鄧展曰鑄故鐵便屬在所縣使孔僅東郭咸陽乘傳舉行天下鹽鐵作官府除故鹽鐵家富者為吏吏道益雜不選而多賈人矣商賈以幣之變多積貨逐利於是公卿言郡國頗被菑害貧民無產業者募徙廣饒之地陛下損膳省用出禁錢以振元元寬貸賦而民不齊出於南畝[集解]李奇曰齊皆也商賈滋眾貧者畜積無有皆仰縣官異時算軺車賈人緡錢皆有差請算如故[集解]李斐曰緡絲也以貫錢也一貫千緡出二十算也詩云維絲伊緡如淳曰胡公名錢為緡者詩云氓之蚩蚩抱布貿絲故謂之緡也[索隱]異時猶前時也說文云軺小車也傳子言漢代賤乘軺今則貴之言算軺車者有軺車使出稅一算二算也緡音旻諸賈人末作貰貸買居邑稽諸物[索隱]稽者停留也即上文所謂廢居居邑也及商以取利者雖無市籍各以其物自占[索隱]郭璞云占自隱度也謂各自隱度其財物多少為文簿送之官也若不盡皆沒入於官占音之贍反率緡錢二千而一算[集解]瓚曰此緡錢為是儲緡錢也故隨其用所施施於利重者其算亦多諸作有租及鑄[集解]如淳曰以手力所作而賣之率緡錢四千一算非吏比者三老北邊騎士[集解]如淳曰非吏而得與吏比者官謂三老北邊騎士也樓船令邊郡選富者為車騎士軺車以一算商賈人軺車二算[集解]如淳曰商賈有軺車使出二算重其賦也船五丈以上一算匿不自占占不悉戍邊一歲沒入緡錢[索隱]悉盡也具也若通其家財不周悉盡者罰戍邊一歲有能告者以其半畀之賈人有市籍者及其家屬皆無得籍名田以便農[索隱]謂賈人有市籍不許以名占田也敢犯令沒入田僮[索隱]若賈人更占田則沒其田及僮僕皆入之於官天子乃思卜式之言召拜式為中郎爵左庶長賜田十頃布告天下使明知之初卜式者河南人也以田畜為事親死式有少弟弟壯式脫身出分獨取畜羊百餘田宅財物盡予弟式入山牧十餘歲羊致千餘頭買田宅而其弟盡破其業式輒復分予弟者數矣是時漢方數使將擊匈奴卜式上書願輸家之半縣官助邊天子使使問式欲官乎式曰臣少牧不習仕宦不願也使問曰家豈有冤欲言事乎式曰臣生與人無分爭式邑人貧者貸之不善者教順之所居人皆從式式何故見冤於人無所欲言也使者曰苟如此子何欲而然式曰天子誅匈奴愚以為賢者宜死節於邊有財者宜輸委如此而匈奴可滅也使者具其言入以聞天子以語丞相弘弘曰此非人情不軌之臣不可以為化而亂法願陛下勿許於是上久不報式數歲乃罷式式歸復田牧歲餘會軍數出渾邪王等降縣官費眾倉府空其明年貧民大徙皆仰給縣官無以盡贍卜式持錢二十萬予河南守以給徙民河南上富人助貧人者籍天子見卜式名識之曰是固前而欲輸其家半助邊乃賜式外繇四百人[集解]駰案漢書音義曰外繇謂戍邊也一人出三百錢謂之過更式歲得十二萬錢也一說在繇役之外得復除四百人式又盡復予縣官是時富豪皆爭匿財唯式尤欲輸之助費天子於是以式終長者故尊顯以風百姓初式不願為郎上曰吾有羊上林中欲令子牧之式乃拜為郎布衣屩而牧羊[集解]韋昭曰屩草也歲餘羊肥息上過見其羊善之式曰非獨羊也治民亦猶是也以時起居惡者輒斥去毋令敗羣上以式為奇拜為緱氏令試之緱氏便之遷為成皋令將漕最上以為式朴忠拜為齊王太傅而孔僅之使天下鑄作器三年中拜為大農列於九卿[集解]徐廣曰元鼎二年時丙寅歲而桑弘羊為大農丞筦諸會計事稍稍置均輸以通貨物矣[集解]孟康曰謂諸當所輸於官者皆令輸其土地所饒平其所在時價官更於佗處賣之輸者既便而官有利漢書百官表大司農屬官有均輸令始令吏得入穀補官郎至六百石自造白金五銖錢後五歲赦吏民之坐盜鑄金錢死者數十萬人其不發覺相殺者不可勝計赦自出者百餘萬人然不能半自出天下大抵無慮皆鑄金錢矣[索隱]抵歸也劉氏云大抵猶大略也案大抵無慮者謂言大略歸於鑄錢更無他事從慮也犯者眾吏不能盡誅取於是遣博士褚大徐偃等分曹循行郡國[集解]服虔曰分曹職案行舉兼并之徒守相為吏者而御史大夫張湯方隆貴用事減宣杜周等為中丞義縱尹齊王溫舒等用慘急刻深為九卿而直指夏蘭之屬始出矣而大農顏異誅[集解]徐廣曰元狩四年時壬戌歲也初異為濟南亭長以廉直稍遷至九卿上與張湯既造白鹿皮幣問異異曰今王侯朝賀以蒼璧直數千而其皮薦反四十萬本末不相稱天子不說張湯又與異有郤及人有告異以它議事下張湯治異異與客語客語初令下有

不便者【集解】李奇曰異與客語道詔令初下有不便處也異不應微反脣湯奏異當九卿見令不便不入言而腹誹論死自是之後有腹誹之法以此而公卿大夫多諂諛取容矣天子既下緡錢令而尊卜式百姓終莫分財佐縣官於是楊可告緡錢縱矣郡國多姦鑄錢【索隱】謂多姦巧雜以鉛錫也錢多輕而公卿請令京師鑄鍾官赤側【集解】如淳曰以赤銅爲其郭也今錢見有赤側者不知作法云何【索隱】鍾官掌鑄赤側之錢韋昭曰側邊也一當五賦官用非赤側不得行【集解】駰案漢書音義曰俗所謂紫紺錢也白金稍賤民不寶用縣官以令禁之無益歲餘白金終廢不行是歲也張湯死【集解】徐廣曰元鼎二年而民不思【索隱】樂彥云諸所廢興附上罔下皆自湯故人不思也其後二歲赤側錢賤民巧法用之不便又廢於是悉禁郡國無鑄錢專令上林三官【集解】駰案漢書百官表水衡都尉武帝元鼎二年初置掌上林苑屬官有上林均輸鍾官辨銅令然則上林三官其是此三令乎鑄錢既多而令天下非三官錢不得行諸郡國所前鑄錢皆廢銷之輸其銅三官而民之鑄錢益少計其費不能相當唯眞工大姦乃盜爲之卜式相齊而楊可告緡徧天下【集解】瓚曰商賈居積及伎巧之家非桑農所生出謂之緡茂陵中書有緡田奴婢是也【索隱】楊姓可名也如淳云告緡令楊可所告言中家以上大抵皆遇告杜周治之獄少反者【集解】如淳曰治匿緡之罪其獄少有反者【索隱】反音幡反謂反使從輕也劉德爲京兆尹每行縣多所平反是也乃分遣御史廷尉正監分曹【索隱】如淳云曹輩也謂分曹輩而出爲使也往即治郡國緡錢得民財物以億計奴婢以千萬數田大縣數百頃小縣百餘頃宅亦如之於是商賈中家以上大率破民偷甘食好衣不事畜藏之產業而縣官有鹽鐵緡錢之故用益饒矣益廣關置左右輔【集解】徐廣曰元鼎三年丁卯歲徙函谷關於新安東界初大農筦鹽鐵官布多【索隱】謂布泉布置水衡欲以主鹽鐵及楊可告緡錢上林財物衆乃令水衡主上林上林既充滿益廣是時越欲與漢用船戰逐【集解】韋昭曰戰鬬驅逐也乃大修昆明池列觀環之治樓船高十餘丈旗幟加其上甚壯【索隱】蓋始穿昆明池欲與滇王戰今乃更大修之將與南越呂嘉戰逐故作樓船於是楊僕有將軍之號又下文云因南方樓船卒二十餘萬擊南越也昆明池有豫章館豫章地名以言將出軍於豫章也於是天子感之乃作柏梁臺高數十丈宮室之脩由此日麗乃分緡錢諸官而水衡少府大農太僕各置農官往往即郡縣比沒入田田之【索隱】謂比者所沒入之田也其沒入奴婢分諸苑養狗馬禽獸及與諸官官益新置多【集解】如淳曰水衡少府太僕司農皆有農官是爲多徙奴婢衆而下河漕度四百萬石【索隱】樂彥云度猶運也及官自糴乃足【索隱】謂天子所給廩食者多故不如官自糴乃足也所忠言世家子弟【集解】如淳曰世世有祿秩家【索隱】所忠人姓名服虔云掌故官取書於司馬相如者封禪書公孫卿因所忠言寶鼎是也唯姚察獨以爲所忠非也富人或鬬雞走狗馬弋獵博戲亂齊民【索隱】齊音如字齊整之人也乃徵諸犯令相引數千人命曰株送徒入財者得補郎郎選衰矣【集解】應劭曰株根本也送引也如淳曰株根蒂也諸坐博戲事決爲徒者能入錢得補郎也或曰先至者爲根【索隱】李奇云先至者爲魁株也送當作選選引也應李二音是先至之人令之相引似若得其株本則枝葉自將故曰株送徒又文穎曰凡鬬雞勝者爲株傳云陽溝之雞三歲爲株今則鬬雞走馬者用之因其鬬雞本勝時名故云株選徒者也是時山東被河菑及歲不登數年人或相食方一二千里天子憐之詔曰江南火耕水耨【集解】應劭曰燒草下水種稻草與稻並生高七八寸因悉芟去復下水灌之草死獨稻長所謂火耕水耨也令飢民得流就食江淮間欲留之處遣使冠蓋相屬於道護之下巴蜀粟以振之其明年天子始巡郡國東渡河河東守不意行至不辦自殺行西踰隴隴西守以行往卒【集解】駰案漢書音義曰踰度也卒倉卒天子從官不得食隴西守自殺於是上北出蕭關從數萬騎獵新秦中以勒邊兵而歸新秦中或千里無亭徼【集解】如淳曰徼亦卒求盜之屬也晉灼曰徼塞也瓚曰既無亭候又不徼遮無衛邊之備也於是誅北地太守以下而令民得畜牧邊縣【集解】駰案漢書音義曰令民得畜牧於邊縣也瓚曰先是新秦中千里無民畏寇不敢畜牧令設亭徼故民得畜牧也官假馬母三歲而歸及息什一以除告緡用充仞新秦中【集解】李奇曰邊有官馬今令民能畜官母馬者滿三歲歸之也及有蕃息與當出緡算者皆復令居新秦中又充仞之也謂與民母馬令得爲馬種令十母馬還官一駒此爲息什一也瓚曰前以邊用不足故設告緡之令設亭徼邊民無警皆得田牧新秦中已充故除告緡不復取於民既得寶鼎立后土太一祠【集解】徐廣曰元鼎四年立后土五年立太畤公卿議封禪事而天下郡國皆豫治道橋繕故宮及當馳道縣縣治官儲設供具而望以待幸其明年南越反西羌侵邊爲桀於是天子爲山東不贍赦天下因南方樓船卒二十餘萬人擊南越數萬人發三河以西騎擊西羌又數萬人渡河築令居【索隱】令音零姚氏音連韋昭云金城縣初置張掖酒泉郡【集解】徐廣曰元鼎六年而上郡朔方西河河西開田官斥塞卒【集解】如淳曰塞候斥卒六十萬人戍田之中國繕道餽糧遠者三千近者千餘里皆仰給大農邊兵不足乃發武庫工官兵器以贍之車騎馬乏絕縣官錢少買馬難得乃著令令封君以下至三百石以上吏以差出牝馬天下亭亭有畜牸馬歲課息齊相卜式上書曰臣聞主憂臣辱南越反臣願父子與齊習船者往死之天子下詔曰卜式雖躬耕牧不以爲利有餘輒助縣官之用今天下不幸有急而式奮願父子死之雖未戰可謂義形於內賜爵關內侯金六十斤田十頃布告天下天下莫應列侯以百數皆莫求從軍擊羌越至酎少府省金【集解】如淳曰省視諸侯金有輕有重也或曰至嘗酎飲宗廟時少府視其金多少也而列侯坐酎金失侯者百餘人【集解】如淳曰漢儀注王子爲侯侯歲以戶口酎黃金於漢廟皇帝臨受獻金以助祭大祀日飲酎飲酎受金金少不如斤兩色惡王削縣侯免國【索隱】劉氏云言列侯多以百而數故坐酎金失侯者一百六人也乃拜式爲御史大夫【集解】徐廣曰元鼎六年式既在位見郡國多不便縣官作鹽鐵鐵器苦惡【集解】瓚曰謂作鐵器民患苦其不好賈貴【索隱】言鹽既苦器又惡故買賣貴也苦又音古言器苦窳不好凡病之器云苦窳窳音庾事見本紀苦如字讀亦通或彊令民賣買之而船有算商者少物貴乃因孔僅言船算事上由是不悅卜式漢連兵三歲誅羌滅南越番禺以西至蜀南者置初郡十七【集解】徐廣曰南越爲九郡駰案晉灼曰元鼎六年定越地以爲南海蒼梧鬱林合浦交阯九眞日南珠崖儋耳郡定西南夷以爲武都牂柯越巂沈犂汶山郡及地理志西南夷傳所置犍爲零陵益州郡凡十七也且以其故俗治毋賦稅南陽漢中以往郡各以地比給初郡【索隱】比音鼻南陽漢中已往之郡各以其地比近給初郡初郡即西南初置之郡也吏卒奉食幣物傳車馬被具【索隱】奉音扶用反包氏同而初郡時時小反殺吏漢發南方吏卒往誅之閒歲萬餘人費皆仰給大農大農以均輸調鹽鐵助賦故能贍之然兵所過縣爲以訾給毋乏而已不敢言擅賦法矣【集解】徐廣曰擅一作經經常也唯取用足耳不暇顧經常法則矣其明年元封元年卜式貶秩爲太子太傅而桑弘羊爲治粟都尉領大農盡代僅筦天下鹽鐵弘羊以諸官各自市相與爭物故騰躍而天下賦輸或不償其僦費【索隱】服虔云雇載云僦言所輸物不足償其雇載之費也僦音子就反乃請置大農部丞數十人分部主郡國各往往縣置均輸鹽鐵官令遠方各以其物貴時商賈所轉販者爲賦而相灌輸置平準于京師都受天下委輸召工官治車諸器皆仰給大農大農之諸官盡籠天下之貨物貴即賣之賤則買之如此富商大賈無所牟大利【集解】如淳曰牟取也則反本而萬物不得騰踊故抑天下物名曰平準天子以爲然許之於是天子北至朔方東到太山巡海上並北邊以歸所過賞賜用帛百餘萬匹錢金以巨萬計皆取足大農弘羊又請令吏得入粟補官及罪人贖罪令民能入粟甘泉各有差以復終身不告緡他郡國各輸急處【索隱】謂他郡能入粟輸所在急要之處也而諸農各致粟山東漕益歲六百萬石一歲之中太倉甘泉倉滿邊餘穀諸物均輸帛五百萬匹民不益賦而天下用饒於是弘羊賜爵左庶長黃金再百斤焉是歲小旱上令官求雨卜式言曰縣官當食租衣稅而已今弘羊令吏坐市列肆【索隱】謂吏坐市肆行列之市販物求利亨弘羊天乃雨

太史公曰農工商交易之路通而龜貝金錢刀布之幣興焉【索隱】錢本名泉言貨之流如泉也故周有泉府之官及景王乃鑄大錢布者言貨流布故周禮有三夫之布食貨志貨布長二寸五分首長八分足枝長八分刀者錢也食貨志有契刀錯刀契刀長二寸直五百錯刀以黃金錯直五千以其形如刀故曰刀以其利於人也又古者貨貝寶龜食貨志有十朋五貝皆用爲貨各有多少兩貝爲朋故直二百一十六元龜十朋故直二千一百六十已下各有差也所從來久遠自高辛氏之前尚矣靡得而記云故書道唐虞之際詩述殷周之世安寧則長庠序先本絀末以禮義防于利事變多故而亦反是是以物盛則衰時極而轉【集解】徐廣曰轉一作衰一質一文終始之變也禹貢九州各因其土地所宜人民所多少而納職焉湯武承弊易變使民不倦各兢兢所以爲治而稍陵遲衰微齊桓公用管仲之謀通輕重之權【集解】管子有輕重之法徼山海之業以朝諸侯用區區之齊顯成霸名魏用李克盡地力爲彊君自是之後天下爭於戰國貴詐力而賤仁義先富有而後推讓故庶人之富者或累巨萬而貧者或不厭糟糠有國彊者或并羣小以臣諸侯而弱國或絕祀而滅世以至於秦卒并海內虞夏之幣金爲三品【索隱】即下或黃或白或赤也黃黃金也白白銀也赤赤銅也見食貨志或黃或白或赤或錢或布【集解】如淳曰布於民間也或刀【集解】如淳曰名錢爲刀者以其利於民或龜貝及至秦中一國之幣爲三等黃金以溢名【集解】孟康曰二十兩爲溢爲上幣銅錢識曰半兩重如其文爲下幣而珠玉龜貝銀錫之屬爲器飾寶藏不爲幣然各隨時而輕重無常於是外攘夷狄內興功業海內之士力耕不足糧饟女子紡績不足衣服古者嘗竭天下之資財以奉其上猶自以爲不足也無異故云事勢之流相激使然曷足怪焉

索隱述贊曰平準之立通貨天下既入縣官或振華夏其名刀布其文龍馬增算告緡裒多益寡弘羊心計卜式長者都內克殷取贍郊野

史記卷三十考證

平準書物踊騰糶索隱按漢書糶字作躍者謂物踊貴而價起有如物之騰躍而起也然糶者出賣之名故食貨志云大熟則上糶三而舍一是也○臣世駿按作躍則宜屬上句作糶則宜屬下句

布衣屩而牧羊集解韋昭曰屩草也○推尋文義宜云屩草履也

徒奴婢衆○徒一本作徙

名工官治車諸器○名一本作召

史記卷三十一

漢　太　史　令　司馬遷　撰

宋　中　郎　外　兵　曹　參　軍　裴駰　集解

唐　國　子　博　士　弘　文　館　學　士　司馬貞　索隱

唐　諸　王　侍　讀　率　府　長　史　張守節　正義

吳太伯世家第一

【索隱】系家者記諸侯本系也言其下及子孫常有國故孟子曰陳仲子齊之系家又董仲舒曰王者封諸侯非官之也得以代代爲家者也

吳太伯【集解】韋昭曰後武王追封爲吳伯故曰吳太伯【索隱】國語黃池之會晉定公使謂吳王夫差曰夫命圭有命固曰吳伯不曰吳王是吳本伯爵也范甯解論語曰太者善大之稱伯者長也周太王之元子故

曰太伯稱仲雍季歷皆以字配名則伯亦是爵但其名史籍先闕耳[正義]吳國號也太伯居梅里在常州無錫縣東南六十里至十九世孫壽夢居之號句吳壽夢卒諸樊南徙吳至二十一代孫光使子胥築闔閭城都之今蘇州也 太伯弟仲雍[索隱]伯仲季是兄弟次第之字若表德之字意義與名相符則系本曰吳孰哉居蕃離宋忠曰孰哉仲雍字蕃離今吳之餘暨也解者云雍是孰食故曰雍字孰哉也 皆周太王之子而王季歷之兄也季歷賢而有聖子昌太王欲立季歷以及昌於是太伯仲雍二人乃奔荊蠻文身斷髮示不可用[集解]應劭曰常在水中故斷其髮文其身以象龍子故不見傷害[正義]江熙云太伯少弟季歷生文王昌有聖德太伯知其必有天下故欲傳國於季歷以太王病託採藥於吳越不反太王薨而季歷立一讓也季歷薨而文王立二讓也文王薨而武王立遂有天下三讓也又釋云太王病託採藥生不事之以禮一讓也太王薨而不反使季歷主喪不葬之以禮二讓也斷髮文身示不可用使季歷主祭祀不祭之以禮三讓也 以避季歷季歷果立是爲王季而昌爲文王太伯之奔荊蠻自號句吳[集解]宋忠曰句吳太伯始所居地名[索隱]荊者楚之舊號以州言之曰荊蠻者閩也南夷之名蠻亦稱越此言自號句吳吳名起於太伯明以前未有吳號地在楚越之界故稱荊蠻顏師古註漢書以吳言句者夷之發聲猶言於越耳此言號句吳當如顏解而註引宋忠以爲地名者系本居篇云孰哉居蕃離孰姑徙句吳宋氏見史記有太伯自號句吳之文遂彌縫解彼云是太伯始所居地名裴氏引之恐非其義蕃離既有其地句吳何總不知真實吳人不聞別有城邑曾名句吳則系本之文或難依信 荊蠻義之從而歸之千餘家立爲吳太伯太伯卒[集解]皇覽曰太伯冢在吳縣北梅里聚去城十里 無子弟仲雍立是爲吳仲雍仲雍卒[索隱]吳地記曰仲雍冢在吳郡常孰縣西海虞山上與言偃冢並列 子季簡立季簡卒子叔達立叔達卒子周章立是時周武王克殷求太伯仲雍之後得周章周章已君吳因而封之乃封周章弟虞仲於周之北故夏虛[集解]徐廣曰在河東大陽縣 是爲虞仲[索隱]夏都安邑虞仲都大陽之虞城在安邑南故曰夏虛左傳曰太伯虞仲太王之昭則虞仲是太王之子必也又論語稱虞仲夷逸隱居放言是仲雍稱虞仲今周章之弟亦稱虞仲者蓋周章之弟字仲始封於虞故曰虞仲則仲雍本字仲而爲吳之始祖故後代亦稱虞仲所以祖與孫同號也 列爲諸侯周章卒子熊遂立熊遂卒子柯相立[正義]柯音歌相音相匠反 柯相卒子彊鳩夷立彊鳩夷卒子餘橋疑吾立[正義]橋音蹻驕反 餘橋疑吾卒子柯盧立柯盧卒子周繇立[正義]繇音遙又如字 周繇卒子屈羽立[正義]屈居勿反 屈羽卒子夷吾立夷吾卒子禽處立禽處卒子轉立[索隱]譙周古史考云柯轉 轉卒子頗高立[索隱]古史考作顒夢 頗高卒子句卑立[索隱]古史考云畢軫 是時晉獻公滅周北虞虞公以開晉伐虢也[索隱]春秋經僖公五年冬晉人執虞公左氏二年傳曰晉荀息請以屈產之乘與垂棘之璧假道於虞以伐虢虞公許之且請先伐虢宮之奇諫不聽晉里克荀息帥師會虞師伐虢滅下陽五年傳曰晉侯復假道伐虢宮之奇以其族行曰虞不臘矣八月甲午晉侯圍上陽冬十有二月滅虢師還遂襲虞滅之 句卑卒子去齊立去齊卒子壽夢立[正義]夢莫公反 壽夢立而吳始益大稱王自太伯作吳五世而武王克殷封其後爲二其一虞在中國其一吳在夷蠻十二世而晉滅中國之虞中國之虞滅二世而夷蠻之吳興[正義]中國之虞滅後二世合七十一年至壽夢而興大稱王 大凡從太伯至壽夢十九世[索隱]壽夢是仲雍十八代孫 王壽夢二年[索隱]自壽夢已下始有其年春秋唯記卒計壽夢二年當成公七年 楚之亡大夫申公巫臣怨楚將子反而奔晉自晉使吳教吳用兵乘車令其子爲吳行人[集解]服虔曰行人掌國賓客之禮籍以待四方之使賓大客受小客之幣辭[索隱]左氏成二年曰巫臣聘齊及鄭使介反幣而以夏姬行遂奔晉七年傳曰子重子反殺巫臣之族而分其室巫臣遺二子書曰余必使爾罷於奔命以死巫臣使於吳吳子壽夢說之乃通吳于晉教吳乘車教之戰陣教之叛楚寘其子狐庸焉使爲行人吳始伐楚伐巢伐徐郯陵之會吳入州來子重子反於是乎一歲七奔命 吳於是始通於中國吳伐楚十六年楚共王伐吳至衡山[集解]杜預曰吳興烏程縣南也[索隱]春秋經襄三年楚公子嬰齊帥師伐吳左傳曰楚子重伐吳爲簡之師克鳩茲至于衡山也 二十五年王壽夢卒[索隱]襄十二年經曰秋九月吳子乘卒左傳曰壽夢計從成六年至此正二十五年系本曰吳孰姑徙句吳宋忠曰孰姑壽夢也代謂祝夢乘諸也壽孰音相近姑之言諸也毛詩傳讀姑爲諸孰姑壽夢是一人又名乘也 壽夢有子四人長曰諸樊[索隱]春秋經書吳子遏左傳稱諸樊蓋遏是其名諸樊是其號公羊傳遏作謁 次曰餘祭次曰餘眛[索隱]左氏曰闔戴吳杜預曰餘祭也又襄二十八年左氏齊慶封奔吳吳句餘與之朱方杜預曰句餘吳子夷末也按餘祭以襄二十九年卒則二十八年賜慶封邑不得是夷末但句餘或別是一人杜預誤以爲夷末爾推史記公羊作餘眛左氏及穀梁並爲夷末句餘音字各異不得爲一[正義]祭側界反眛莫葛反 次曰季札[索隱]公羊傳曰謁也餘祭也夷眛也與季子同母者四季子弱而才兄弟皆愛之同欲以爲君季子猶不受請兄弟迭爲君而致國乎季子皆曰諾故謁也死餘祭也立餘祭也死夷眛也立夷眛也死則國宜之季子季子使而亡焉僚者長庶也即之闔閭曰將從先君之命與則國宜之季子也如不從君之命則宜立者我也僚惡得爲君乎於是使專諸刺僚史記壽夢四子亦約公羊文但以僚爲餘眛子爲異耳左氏其文不明服虔用公羊杜預依史記及吳越春秋下註徐廣引系本云夷眛生光引吳越春秋云王僚夷眛子今檢系本吳越春秋並無此語然按左氏狐庸對趙文子謂夷末甚德而度其天所啓也必此君之子孫實終之若以僚爲夷末子不應此言又光言我王嗣則光是夷眛子明僚是壽夢庶子 季札賢而壽夢欲立之季札讓不可於是乃立長子諸樊攝行事當國王諸樊元年[集解]駰案系本曰諸樊徙吳也[索隱]按左氏襄十四年 諸樊已除喪讓位季札季札謝曰曹宣公之卒也諸侯與曹人不義曹君[集解]服虔曰宣公曹伯廬也以魯成公十三年會晉侯伐秦卒於師曹君公子負芻也負芻在國聞宣公卒殺太子而自立故曰不義之也 將立子臧子臧去之以成曹君[集解]服虔曰子臧負芻庶兄[索隱]成十三年左傳曰曹宣公卒于師曹人使公子負芻守使公子欣時逆曹宣公之喪秋負芻殺其太子而自立杜預曰皆宣公庶子也負芻成公也欣時子臧也十五年傳曰會于戚討曹成公也執而歸諸京師諸侯將見子臧於王而立之子臧辭曰前志有之曰聖達節杜預曰聖人應天命不拘常禮也次守節杜預曰謂賢者下失節杜預曰愚者妄動也爲君非吾節也雖不能聖敢失守乎遂逃奔宋 君子曰能守節矣君義嗣[集解]王肅曰義宜也嫡子嗣國得禮之宜杜預曰諸樊嫡子故曰義嗣[索隱]君子者左丘明所爲史評仲尼之辭指仲尼爲君子也 誰敢干君有國非吾節也札雖不材願附於子臧之義吳人固立季札季札棄其室而耕乃舍之[正義]舍音捨 秋吳伐楚楚敗我師四年晉平公初立[索隱]左傳襄十六年春葬晉悼公平公即位是也 十三年王諸樊卒[索隱]春秋經襄二十五年十有二月吳子遏伐楚門于巢卒左氏曰吳子諸樊伐楚以報舟師之役門于巢巢牛臣曰吳王勇而輕若啓之將親門我獲射之必殪是君也死彊其少安從之吳子門焉牛臣隱於短牆以射之卒 有命授弟餘祭欲傳以次必致國於季札而止以稱先王壽夢之意且嘉季札之義兄弟皆欲致國令以漸至焉季札封於延陵故號曰延陵季子[索隱]襄三十一年左傳趙文子問於屈狐庸曰延州來季子其果立乎杜預曰延州來季札邑昭二十七年左傳曰吳子使延州來季子聘於上國杜預曰季子本封延陵後復封州來故曰延州來成七年左傳曰吳入州來杜預曰州來楚邑淮南下蔡縣是昭十三年傳吳伐州來二十三年傳吳滅州來則州來本爲楚邑吳伐滅以封季子也地理志云會稽毗陵縣季札所居太康地理志曰故延陵邑季札所居栗頭有季札祠地理志云沛郡下蔡縣古州來國爲楚所滅後吳取之至夫差遷昭侯於州來公羊傳曰季子去之延陵終身不入吳國何休曰不入吳朝廷也此云封於延陵謂國而賜之以采邑杜預春秋釋例土地名則云延州來闕不知何故而爲是言 王餘祭三年齊相慶封有罪自齊來犇吳吳予慶封朱方之縣[集解]駰案吳地記曰朱方秦改曰丹徒 以爲奉邑以女妻之富於在齊四年吳使季札聘於魯[集解]駰案在春秋魯襄公二十九年 請觀周樂[集解]服虔曰周樂魯所受四代之樂也杜預曰魯以周公故有天子禮樂 爲歌周南召南[集解]杜預曰此皆各依其本國歌所常用聲曲 曰美哉始基之矣[集解]王肅曰言始造王基也 猶未也[集解]賈逵曰言未有雅頌之成功也杜預曰猶有商紂未盡善也 然勤而不怨[集解]杜預曰未能安樂然其音不怨怒 歌邶鄘衛[集解]杜預曰武王伐紂分其地爲三監三監叛周公滅之并三監之地更封康叔故三國盡被康叔之化 曰美哉淵乎憂而不困者也[集解]賈逵曰淵深也杜預曰亡國之音哀以思其民困衛康叔武公德化深遠雖遭宣公淫亂懿公滅亡民猶秉義不至於困 吾聞衛康叔武公之德如是是其衛風乎[集解]賈逵曰康叔遭管叔蔡叔之難武公罹幽王褒姒之變故曰康叔武公之德如是杜預曰康叔武公皆衛之令德君也聽聲以爲別故有疑言 歌王[集解]服虔曰王室當在雅衰微而列在風故國人猶尊之故稱王猶春秋之王人也杜預曰王黍離也 曰美哉思而不懼其周之東乎[集解]服虔曰平王東遷雒邑杜預曰宗周殞滅故憂思猶有先王之遺風故不懼也[正義]思音肆 歌鄭[集解]賈逵曰鄭風東鄭是 曰其細已甚民不堪也是其先亡乎[集解]服虔曰其風細弱已甚攝於大國之間無遠慮持久之風故曰民不堪將先亡也 歌齊曰美哉泱泱乎大風也哉[集解]服虔曰泱泱舒緩深遠有大和之意其詩風刺辭約而義微體疏而不切故曰大風[索隱]泱於良反泱泱猶汪汪洋洋美盛貌也杜預曰弘大之聲 表東海者其太公乎[集解]王肅曰言爲東海之表式 國未可量也[集解]服虔曰國之興衰世數長短未可量也杜預曰言其或將復興 歌豳曰美哉蕩蕩乎樂而不淫[集解]賈逵曰蕩然無憂自樂而不荒淫也 其周公之東乎[集解]杜預曰周公遭管蔡之變東征爲成王陳后稷先公不敢荒淫以成王業故言其周公東乎 歌秦曰此之謂夏聲夫能夏則大大之至也其周之舊乎[集解]杜預曰秦仲始有車馬禮樂去戎狄之音而有諸夏之聲故謂之夏聲及襄公佐周平王東遷而受其故地故曰周之舊也 歌魏曰美哉渢渢乎大而婉儉而易行以德輔此則盟主也[集解]徐廣曰盟一作明駰案賈逵曰其志大直而有曲體歸中和中庸之德難成而實易行故曰以德輔此則明主也杜預曰惜其國小無明君[索隱]渢音馮又音泛杜預曰中庸之聲婉約也大而約則儉節易行左傳盟作明故徐廣亦云一作明此以聽聲知政言其明聽爾非盟會也 歌唐曰思深哉其有陶唐氏之遺風乎不然何憂之遠也[集解]杜預曰晉本唐國故有堯之遺風憂深思遠情發於聲也 非令德之後誰能若是歌陳曰國無主其能久乎[集解]杜預曰淫聲放蕩無所畏忌故曰國無主 自鄶以下無譏焉[集解]服虔曰鄶以下及曹風也其國小無所刺譏 歌小雅[集解]杜預曰小雅小正亦樂歌之章 曰美哉思而不貳[集解]杜預曰思文武之德無貳叛之心也 怨而不言[集解]王肅曰非不能言畏罪咎也 其周德之衰乎[集解]杜預曰衰小也 猶有先王之遺民也[集解]杜預曰謂有殷王餘俗故未大衰 歌大雅[集解]杜預曰大雅陳文王之德以正天下 曰廣哉熙熙乎[集解]杜預曰熙熙和樂聲 曲而有直體[集解]杜預曰論其聲 其文王之德乎 歌頌[集解]杜預曰頌者以其成功告於神明 曰至矣哉[集解]賈逵曰言道備至也 直而不倨[集解]杜預曰倨傲也 曲而不詘[集解]杜預曰詘撓也 近而不偪[集解]杜預曰謙退也 遠而不攜[集解]杜預曰攜貳也 遷而不淫[集解]服虔曰遷徙也文王徙酆武王居鄗杜預曰淫過蕩也 復而不厭[集解]杜預曰常日新也 哀而不愁[集解]杜預曰知命也 樂而不荒[集解]杜預曰節之以禮也 用而不匱[集解]杜預曰德弘大 廣而不宣[集解]杜預曰不自顯也 施而不費[集解]杜預曰因民所利而利之 取而不貪[集解]杜預曰義然後取 處而不底[集解]杜預曰守之以道 行而不流[集解]杜預曰制之以義 五聲和八風平[集解]杜預曰宮商角徵羽謂之五聲八方之氣謂之八風 節有度守有序[集解]杜預曰八音克諧節有度也無相奪倫守有序也 盛德之所同也[集解]杜預曰頌有殷魯故曰盛德之所同 見舞象箾南籥者[集解]賈逵曰象文王之樂武象也箾舞曲也南籥以籥舞也[索隱]箾音朔又蘇彫反 曰美哉猶有憾[集解]服虔曰憾恨也恨不及己以伐紂而致太平也[索隱]憾或作感字省耳亦讀爲憾又音胡暗反 見舞大武[集解]賈逵曰大武周公所作武王樂也 曰美哉周之盛也其若此乎見舞韶護者[集解]賈逵曰韶護殷成湯樂大護也 曰聖人之弘也[集解]賈逵曰弘大也 猶有慙德聖人之難也[集解]服虔曰慙於始伐而無聖佐故曰聖人之難也 見舞大夏[集解]賈逵曰夏禹之樂大夏也 曰美哉勤而不德[集解]服虔曰禹勤其身以治水土也 非禹其誰能及之見舞招箾[集解]服虔曰有虞氏之樂大韶也[索隱]韶箾二字體變耳 曰德至矣哉大矣[集解]服虔曰至帝王之道極於韶也盡美盡善也 如天之無不幬也[集解]賈逵曰幬覆也 如地之無不載也雖甚盛德無以加矣觀止矣若有他樂吾不敢觀[集解]服虔曰周用六代之樂堯曰咸池黃帝曰雲門魯受四代下周二等故不舞其二季札知之故曰有他樂吾不敢請 去魯遂使齊說晏平仲曰子速納邑與政[集解]服虔曰入邑與政職於公不與國家之事 無邑無政乃免於難齊國之政將有所歸未得所歸難未息也故晏子因陳桓子以納政與邑是以免於欒高之難[正義]難乃憚反在魯昭公八年欒施高彊二氏作難陳桓子和之乃解也 去齊使於鄭見子產如舊交謂子產曰鄭之執政侈難將至矣政必及子子爲政慎以禮[集解]服虔曰禮所以經國家利社稷也 不然鄭國將敗去鄭適衛說蘧瑗史狗史鰌公子荊公叔發公子朝曰衛多君子未有患也自衛如晉將舍於宿[集解]駰案左傳曰將宿於戚[索隱]按太史公欲自爲一家事雖出於左氏文則隨義而換既以舍字替宿宿遂以宿字替戚戚既是邑名理應不易今宜讀宿爲戚戚衛邑孫文子舊所食也 聞鐘聲[集解]服虔曰孫文子鼓鐘作樂也 曰異哉吾聞之辯而不德必加於戮[集解]服虔曰辯若鬭辯也夫以辯爭不以德居之必加於刑戮也 夫子獲罪於君以在此[集解]賈逵曰夫子孫文子也獲罪出獻公以戚畔也 懼猶不足而又可以畔乎[索隱]按春秋左氏傳曰而又何樂此畔字宜讀曰樂樂謂聞鐘聲也畔非其義耳 夫子之在此猶燕之巢于幕也[集解]王肅曰言至危也 君在殯而可以樂乎[集解]賈逵曰言衛君獻公棺在殯未葬 遂去之文子聞之終身不聽琴瑟[集解]服虔曰聞義而改也琴瑟不聽況于鐘鼓乎 適晉說趙文子[索隱]名武 韓宣子[索隱]名起世本云名秦[正義] 魏獻子[索隱]名舒 曰

晉國其萃於三家乎【集解】服虔曰言晉國之祚將集於三家 將去，謂叔向曰吾子勉之君侈而多良大夫皆富政將在三家【集解】杜預曰富必厚施故政在三家也 吾子直【集解】服虔曰直不能曲撓以從衆 必思自免於難季札之初使北過徐君徐君好季札劍口弗敢言季札心知之爲使上國未獻還至徐徐君已死於是乃解其寶劍繫之徐君冢樹而去【正義】括地志云徐君廟在泗州徐城縣西南一里即延陵季子掛劍之徐君也 從者曰徐君已死尙誰予乎季子曰不然始吾心已許之豈以死倍吾心哉七年楚公子圍弑其王夾敖而代立是爲靈王【索隱】春秋經襄二十五年吳子過卒二十九年閽殺吳子餘祭昭十五年吳子夷末卒是餘祭立四年餘眛在位十七年系家倒錯二王之年此七年正是餘眛之三年昭元年經曰冬十有一月楚子麇卒左傳曰楚公子圍將聘于鄭未出境聞王有疾而還入問王疾縊而弑之孫卿曰以冠纓絞之遂殺其二子幕及平夏葬王于郟謂之郟敖 十年楚靈王會諸侯而以伐吳之朱方以誅齊慶封吳亦攻楚取三邑而去【集解】駰案左傳曰吳伐楚入棘櫟麻以報朱方之役【索隱】杜預註彼云皆楚東鄙邑也譙周云鄭縣東北有棘亭汝陰新蔡縣東北有櫟亭按解者以麻即襄城縣故麻城是也 十一年楚伐吳至雩婁【集解】服虔曰雩婁楚之東邑【索隱】昭五年左傳曰楚子伐吳吳使沈尹射待命於巢薳啓彊待命于雩婁今直言至雩婁略耳 十二年楚復來伐次於乾谿【集解】杜預曰乾谿在譙國城父縣南楚東境 楚師敗走十七年王餘祭卒【索隱】春秋襄二十九年經曰閽殺吳子餘祭左傳曰吳人伐越獲俘焉以爲閽使守舟吳子餘祭觀舟閽以刀殺之公羊傳曰近刑人則輕死之道也合在季札聘魯之前倒錯於此 弟餘眛立王餘眛二年楚公子弃疾弑其君靈王代立焉【索隱】據春秋即餘眛十五年也昭十三年經曰夏四月楚公子比自晉歸于楚弑其君虔于乾谿楚公子弃疾殺公子比左氏具載詞繁不錄公子比弃疾皆靈王弟也比即子干也靈王公子圍也即位後易名爲虔弃疾即位後易名熊居是爲平王史記以平王遂有楚國故曰弃疾弑君春秋以子干爲王故曰比弑其君彼此各有意義也 四年王餘眛卒欲授弟季札季札讓逃去於是吳人曰先王有命兄卒弟代立必致季子季子今逃位則王餘眛後立今卒其子當代乃立王餘眛之子僚爲王【索隱】此文以爲餘眛子公羊傳以爲壽夢庶子 王僚二年公子光伐楚【集解】徐廣曰世本云夷昧生光越春秋曰王僚夷昧子與史記同 敗而亡王舟光懼襲楚復得王舟而還【集解】駰案左傳曰舟名餘皇【索隱】計僚元年當昭十六年此二年公子光亡王舟事在左氏昭十七年 五年楚之亡臣伍子胥來奔公子光客之【索隱】左傳昭二十年曰伍員如吳言伐楚之利於州于杜預曰州于吳子僚也公子光曰是宗爲戮而欲反其讎不可從也員曰彼將有他志余姑爲之求士而鄙以待之乃見鱄設諸焉而耕於鄙是謂以客禮接之 公子光者王諸樊之子也【索隱】此文以爲諸樊子系本以爲夷眛子也 常以爲吾父兄弟四人當傳至季子季子卽不受國光父先立卽不傳季子光當立陰納賢士欲以襲王僚八年吳使公子光伐楚敗楚師迎楚故太子建母於居巢以歸因北伐敗陳蔡之師九年公子光伐楚拔居巢鍾離【集解】服虔曰鍾離州來西邑也【索隱】昭二十四年經曰冬吳滅巢左氏曰楚子爲舟師以略吳疆沈尹戌曰此行也楚必亡邑不撫民而勞之吳不動而速之吳人踵楚邊人不備遂滅巢及鍾離而還地理志居巢屬廬江鍾離屬九江應劭曰鍾離子之國也 初楚邊邑卑梁氏之處女與

吳邊邑之女爭桑【索隱】左氏無其事 二女家怒相滅兩國邊邑長聞之怒而相攻滅吳之邊邑吳王怒故遂伐楚取兩都而去【正義】兩都即鍾離居巢 伍子胥之初奔吳說吳王僚以伐楚之利公子光曰胥之父兄爲僇於楚欲自報其仇耳未見其利於是伍員知光有他志【集解】服虔曰欲取國 乃求勇士專諸【集解】賈逵曰吳勇士【索隱】專或作剸左傳作鱄設諸刺客傳曰諸堂邑人也【正義】吳越春秋專諸豐邑人伍子胥初亡楚如吳時遇之於途專諸方與人鬭甚不可當其妻呼還子胥怪而問其狀專諸曰夫屈一人之下必申萬人之上胥因而相之雄貌深目侈口熊背知其勇士 見之光光喜乃客伍子胥子胥退而耕於野以待專諸之事【索隱】依左傳即上五年公子光客之是也事合記於五年不應略彼而更具於此也 十二年冬楚平王卒【索隱】昭二十六年春秋經書楚子居卒是也按十二諸侯年表及左傳合在僚十二年 十三年春吳欲因楚喪而伐之【索隱】據表及左氏傳此合在十二年事並見昭二十七年左傳 使公子蓋餘燭庸【集解】賈逵曰二公子皆吳王僚之弟【索隱】春秋作掩餘而史記並作蓋餘音同而字異者或謂太史公被腐刑不欲言掩也賈逵及杜預並刺客傳皆云二公子王僚母弟而昭二十三年左傳曰光帥右掩餘帥左杜註云掩餘吳王壽夢子又系族譜亦云二公子並壽夢子若依公羊僚爲壽夢子則與系族譜合也 以兵圍楚之六灊【集解】杜預曰灊在廬江六縣西南 使季札於晉以觀諸侯之變【集解】服虔曰察强弱 楚發兵絕吳兵後吳兵不得還於是吳公子光曰此時不可失也【集解】賈逵曰時言可殺王時也 告專諸曰不索何獲【集解】服虔曰不索當何時得也 我眞王嗣當立吾欲求之季子雖至不吾廢也【集解】服虔曰聘晉還至也 專諸曰王僚可殺也母老子弱【集解】服虔曰母老子弱專諸託其母子於光也王肅曰專諸言王母老子弱也【索隱】依王肅解與史記同於理無失服虔杜預見左傳下文云我爾身也以其子爲卿遂强解是無若我何猶言我無若是何語不近情過爲迂回非也 而兩公子將兵攻楚楚絕其路方今吳外困於楚而內空無骨鯁之臣是無奈我何光曰我身子之身也【集解】服虔曰言我身猶爾身也 四月丙子光伏甲士於窟室【集解】杜預曰掘地爲室也【索隱】春秋經唯言夏四月左氏亦云丙子當別有按據不知出何書 而謁王僚飲【索隱】作請左氏作饗王 王僚使兵陳於道自王宮至光之家門階戶席皆王僚之親也人夾持鈹【集解】音披【索隱】劉逵註吳都賦鈹兩刃小刀 公子光詳爲足疾入于窟室【集解】杜預曰恐難作王黨殺已素避之也【索隱】詳音陽爲如字左氏曰光僞足疾詳即僞也或讀此爲字音僞非也豈伴僞重言邪 使專諸置匕首於炙魚之中【集解】服虔曰全魚炙也【索隱】劉氏曰匕首短劍也按鹽鐵論以爲長尺八寸通俗文云其頭類匕故曰匕首短而可袖者 以進食手匕首刺王僚鈹交於匈【集解】賈逵曰交專諸匈也 遂弑王僚公子光竟立爲王是爲吳王闔廬闔廬乃以專諸子爲卿季子至曰苟先君無廢祀民人無廢主社稷有奉乃吾君也吾敢誰怨乎哀死事生以待天命【集解】服虔曰待天命之終也 非我生亂立者從之先人之道也【集解】杜預曰吳自諸樊已下兄弟相傳而不立適是亂由先人起也季子自知力不能討光故云 復命哭僚墓【集解】服虔曰復命於僚哭其墓也【正義】復音伏下同 復位而待【集解】杜預曰復本位待光命 吳公子燭庸蓋餘二人將兵遇圍於楚者聞公子光弑王僚自立乃以其兵降楚楚封之於

舒【索隱】左氏昭二十七年曰掩餘奔徐燭庸奔鍾吾三十年經曰吳滅徐徐子奔楚左傳曰吳子使徐人執掩餘使鍾吾人執燭庸二公子奔楚楚子大封而定其徙無封舒之事當是舒徐字亂又且疏略也 王闔廬元年舉伍子胥爲行人而與謀國事楚誅伯州犂其孫伯嚭亡奔吳【集解】徐廣曰伯州犂孫也史記與吳越春秋同嚭音披美反 吳以爲大夫三年吳王闔廬與子胥伯嚭將兵伐楚拔舒殺吳亡將二公子光謀欲入郢將軍孫武曰民勞未可待之【索隱】左傳此年有子胥對耳無孫武事也 四年伐楚取六與灊五年伐越敗之六年楚使子常囊瓦伐吳【正義】左傳云楚囊瓦爲令尹杜預云囊之孫子常 迎而擊之大敗楚軍於豫章取楚之居巢而還【索隱】左傳定在十年當爲闔廬七年 九年吳王闔廬謂伍子胥孫武曰始子之言郢未可入今果如何【索隱】言今欲伐楚可否也 二子對曰楚將子常貪而唐蔡皆怨之王必欲大伐必得唐蔡乃可闔廬從之悉興師與唐蔡西伐楚【索隱】定四年經蔡侯以吳子及楚人戰于柏舉楚師敗績吳入郢是也 至於漢水楚亦發兵拒吳夾水陳【正義】音陣 吳王闔廬弟夫槩【正義】音古代反 欲戰闔廬弗許夫槩曰王已屬臣兵兵以利爲上尙何待焉遂以其部五千人襲冒楚楚兵大敗走於是吳王遂縱兵追之比至郢五戰楚五敗楚昭王亡出郢奔鄖【集解】服虔曰鄖楚縣【正義】左傳云鄖公辛之弟懷也 鄖公弟欲弑昭王昭王與鄖公奔隨【集解】服虔曰隨楚與國也 而吳兵遂入郢子胥伯嚭鞭平王之尸以報父讎【索隱】左氏無此事 十年春越聞吳王之在郢國空乃伐吳吳使別兵擊越楚告急秦秦遣兵救楚擊吳吳師敗闔廬弟夫槩見秦越交敗吳吳王留楚不去夫槩亡歸吳而自立爲吳王闔廬聞之乃引兵歸攻夫槩夫槩敗奔楚楚昭王乃得以九月復入郢而封夫槩於堂谿爲堂谿氏【集解】司馬彪曰汝南吳房有堂谿亭【正義】括地志云豫州吳房縣在州西北九十里應劭云吳王闔廬弟夫槩奔楚楚封之於堂谿氏本房子國以封吳故曰吳房 十一年吳王使太子夫差伐楚取番楚恐而去郢徙都【集解】服虔曰鄀楚邑【索隱】定六年左傳四月己丑吳太子終纍敗楚舟師杜預曰闔廬子夫差兄此以爲夫差當謂名異而一人耳左傳又曰獲潘子臣小惟子及大夫七人楚於是乎遷郢於鄀此言番番音潘楚邑名子臣即其邑之大夫也 十五年孔子相魯【索隱】定十年左傳曰夏公會齊侯於祝其實夾谷孔丘相犂彌言於齊侯曰孔丘知禮而無勇是也杜預以爲相會儀也而史遷孔子系家云攝行相事按左氏孔丘以公退曰士兵之又使茲無還揖對蓋是攝國相也 十九年夏吳伐越越王句踐迎擊之檇李【集解】賈逵曰檇李越地杜預曰吳郡嘉興縣南有檇李城也檇音醉 越使死士挑戰【集解】徐廣曰死一作宣越世家亦然或者以爲人名氏乎駰案賈逵曰死士死罪人也鄭衆曰死士欲以死報恩者也杜預曰敢死之士也【正義】挑音田鳥反 三行造吳師呼自剄【集解】駰案左傳曰使罪人三行屬劍於頸 吳師觀之越因伐吳敗之姑蘇【集解】駰案越絕書曰闔廬起姑蘇臺三年聚材五年乃成高見三百里【索隱】姑蘇臺名在吳縣西三十里 傷吳王闔廬指軍却七里吳王病傷而死【索隱】左傳定十四年越子大敗之靈姑浮以戈擊闔廬傷將指還卒於陘去檇李七里此云擊之檇里又云敗之姑蘇自爲乖異杜預註檇里在嘉興縣南靈姑浮越大夫也 闔廬使立太子夫差謂曰爾

而忘句踐殺汝父乎對曰不敢三年乃報越【集解】駰案越絕書曰闔廬冢在吳縣昌門外名曰虎丘下池廣六十步水深一丈五尺桐棺三重澒池六尺玉鳧之流扁諸之劍三千方員之口三千槃郢魚腸之劍在焉卒十餘萬人治之取土臨湖葬之三日白虎居其上故號曰虎丘【索隱】此以爲闔廬謂夫差夫差對闔廬若左氏傳則云對曰者夫差對所使之人也澒音胡貢反以水銀爲池 王夫差元年【集解】駰案越絕書曰太伯到夫差二十六代且千歲【索隱】按太伯至壽夢十九代諸樊已下六王唯二十五年 以大夫伯嚭爲太宰【索隱】左傳定四年伯嚭爲太宰當闔廬九年非夫差代也 習戰射常以報越爲志二年吳王悉精兵以伐越敗之夫椒【集解】賈逵曰夫椒越地杜預曰太湖中椒山也【索隱】賈逵云越地蓋近得之然其地闕不知所在杜預以爲太湖中椒山非戰所夫椒與椒山不得爲一且夫差以報越爲志又伐越當至越地何乃不離吳境近在太湖中又按越語云敗五湖也 報姑蘇也越王句踐乃以甲兵五千人棲於會稽【集解】賈逵曰會稽山名【索隱】鳥所止宿曰棲越爲吳敗依山林故以鳥棲爲喻左傳作保國語作棲 使大夫種因吳太宰嚭而行成【集解】服虔曰行成求成也【索隱】大夫官也種名也吳越春秋以爲種姓文而劉氏云姓大夫非也【正義】國語云越飾美女八人納太宰嚭曰子苟然放越之罪 請委國爲臣妾吳王將許之伍子胥諫曰昔有過氏殺斟灌以伐斟尋【集解】賈逵曰過國名也斟灌斟尋夏同姓也夏后相依斟灌而國故曰殺夏后相也【索隱】過音戈寒浞之子澆所封國也猗姓國晉地道記曰東萊掖縣有過鄉北有過城是古之過國也斟灌斟尋夏同姓賈氏據系本而知也按地理志北海壽光縣應劭云古斟灌禹後今灌亭是也又平壽縣應劭云故斟尋禹後今㪷城是也㪷與斟同 滅夏后帝相【集解】服虔曰夏后相啓之孫 帝相之妃后緡方娠【集解】賈逵曰緡有仍之姓也杜預曰娠懷身也 逃於有仍【集解】賈逵曰有仍國名后緡之家 而生少康【集解】服虔曰后緡遺腹子 少康爲有仍牧正【集解】王肅曰牧正牧官之長也 有過又欲殺少康少康奔有虞【集解】賈逵曰有虞帝舜之後杜預曰梁國虞縣 有虞思夏德於是妻之以二女而邑之於綸【集解】賈逵曰綸虞邑 有田一成有衆一旅【集解】賈逵曰方十里爲成五百人爲旅 後遂收夏衆撫其官職【集解】服虔曰因此基業稍收取夏遺民餘衆撫修夏之故官憲典 使人誘之遂滅有過氏【索隱】左傳云使女艾諜澆季杼誘殪遂滅過氏杜預曰諜候也 復禹之績祀夏配天【集解】服虔曰以鯀配天也 不失舊物【集解】賈逵曰物職也杜預曰物事也 今吳不如有過之彊而句踐大於少康今不因此而滅之又將寬之不亦難乎且句踐爲人能辛苦今不滅後必悔之吳王不聽聽太宰嚭卒許越平與盟而罷兵去七年吳王夫差聞齊景公死而大臣爭寵新君弱乃興師北伐齊子胥諫曰越王句踐食不重味衣不重采弔死問疾且欲有所用其衆此人不死必爲吳患今越在腹心疾而王不先而務齊不亦謬乎吳王不聽遂北伐齊敗齊師於艾陵【集解】杜預曰艾陵齊地【索隱】此之七年魯哀公六年也左氏此年無伐齊事哀十一年有敗齊師於艾陵 至繒【集解】杜預曰琅邪繒縣 召魯哀公而徵百牢季康子使子貢以周禮說太宰嚭乃得止【集解】賈逵曰周禮王合諸侯享禮十有二牢上公九牢侯伯七牢子男五牢【索隱】事在哀七年當夫差八年不應上連七年按左傳曰子服景伯對不聽乃與之非謂季康子使子貢說得不用百牢太宰嚭自別召康子乃使子貢辭之耳 因留略地於齊魯之南九年爲騶伐魯至與魯盟乃去【索隱】左傳騶作邾杜預註左傳亦曰邾今魯國騶縣是也騶邾聲相近自

亂耳聽宜音郁十年因伐齊而歸十一年復北伐齊越王句踐率其衆以朝吳厚獻遺之吳王喜唯子胥懼曰是棄吳也【索隱】左氏作豢吳豢養也諫曰越在腹心今得志於齊猶石田無所用【集解】王肅曰石田不可耕且盤庚之誥有顛越勿遺【集解】服虔曰顛隕也越墜也顛越無道則割絕無遺也【索隱】左傳曰其顛越不共則劓殄無遺育無俾易種於茲邑是商所以興也今君易之此卽艾陵戰時也商之以興【集解】徐廣曰一本作盤庚之誥有顛之越之商之以興子胥傳誥曰有顛越商之興吳王不聽使子胥於齊子胥屬其子於齊鮑氏【集解】服虔曰鮑氏齊大夫杜預云私使人至齊國屬其子【索隱】左傳直云使於齊按左氏又云反役王聞之明非子胥自使也還報吳王吳王聞之大怒賜子胥屬鏤之劍以死【集解】服虔曰屬鏤劍名賜使自刎【索隱】劍名見越絕書【正義】屬音燭鏤音力于反將死曰樹吾墓上以梓令可爲器【索隱】傳云樹吾墓檟檟可材也吳其亡乎梓檟相類因變文耳抉吾眼置之吳東門以觀越之滅吳也【索隱】抉烏穴反此國語文彼以抉爲踣又云以手抉之【集解】王肅曰孤不使大夫得有見乃盛以鴟夷投之江也【正義】吳俗傳云子胥亡後越從松江北開渠至橫山東北築城伐吳子胥乃與越軍夢令從東南入破吳越王卽移向三江口岸立壇殺白馬祭子胥杯動酒盡越乃開渠子胥作濤盪羅城東開入滅吳至今猶號曰示浦門曰鱔鯓是從東門入滅吳也齊鮑氏弒齊悼公吳王聞之哭於軍門外三日【集解】服虔曰諸侯相臨之禮【索隱】公名陽生左傳哀十年曰吳伐齊南鄙齊人弒悼公不言鮑氏又鮑牧以哀八年爲悼公所殺今言鮑氏蓋其宗黨爾且此伐在艾陵戰之前年今記於後亦爲顛倒錯亂也乃從海上【集解】徐廣曰上作中攻齊齊人敗吳吳王乃引兵歸十三年吳名魯衛之君會於橐皋【集解】服虔曰橐皋地名也杜預曰在淮南逡遒縣東南【索隱】哀公十二年左傳曰公會吳於橐皋衛侯會吳於鄖此并言會衛橐皋者按左傳吳徵會於衛初衛殺吳行人懼謀於子羽子羽曰不如止也子木曰往也衛侯本不欲赴會故魯以夏會衛及秋乃會之爾所以太史公言其名魯衛會於橐皋也鄖發陽也廣陵海陵縣東南有發繇口橐皋縣名在壽春橐音吐各反皋音姑逡音七巡反遒才猷反十四年春吳王北會諸侯於黃池【集解】杜預曰陳留封邱縣南有黃亭近濟水欲霸中國以全周室六月戊子越王句踐伐吳乙酉越五千人與吳戰丙戌虜吳太子友丁亥入吳吳人告敗於王夫差夫差惡其聞也【集解】賈逵曰惡其聞諸侯或泄其語吳王怒斬七人於幕下【集解】服虔曰以絕口七月辛丑吳王與晉定公爭長吳王曰於周室我爲長【集解】杜預曰吳爲太伯後晉定公曰於姬姓我爲伯【集解】杜預曰爲侯伯趙鞅怒將伐吳乃長晉定公【集解】徐廣曰黃池之盟吳先歃晉次之與外傳同駰案賈逵曰外傳曰吳先歃晉亞之先叙晉晉有信又所以外吳【索隱】此依左傳文按左傳趙鞅呼司馬寅曰日旰矣大事未成二臣之罪也建鼓整列二臣死之長幼必可知也是趙鞅怒司馬寅對曰請姑視之反曰肉食者無墨今吳王有墨國其勝乎杜預曰墨氣色下也國爲敵所勝也又曰太子死乎且夷德輕不忍久請少待之乃先晉人是也徐賈所云據國語不與左傳合非也左氏魯襄之伐晉楚爲會先書晉晉有信耳外傳卽國語也書有二名也外吳者吳夷賤之不許同中國故言外吳王已盟與晉別欲伐宋太宰嚭曰可勝而不能居也乃引兵歸國國亡太子內空王居外久士皆罷敝於是乃使厚幣以與越平十五年齊田常殺簡公十八年越益彊越王句踐率兵使伐敗吳師於笠澤楚滅陳二十年越王句踐復伐吳【索隱】哀十九年左氏曰越人侵楚以誤吳也杜預曰誤吳使不爲備也無伐吳事也二十一年遂圍吳二十三年十一月丁卯越敗吳越王句踐欲遷吳王夫差於甬東【集解】賈逵曰甬東越東鄙甬江東也韋昭曰句章東海口外州也【索隱】國語曰甬句東越地會稽句章縣東海中州也按今鄮縣卽是其處予百家居之吳王曰孤老矣不能事君王也吾悔不用子胥之言自令陷此遂自剄死【集解】駰案越絕書曰夫差冢在猶亭西卑猶位越王使干戈人一塿土以葬之近太湖去縣五十七里【索隱】左傳云乃縊越人以歸猶亭亭名卑猶位三字共爲地名吳地記曰徐枕山一名卑猶山是也塿音路禾反小竹籠以盛土也越王滅吳誅太宰嚭以爲不忠而歸

太史公曰孔子言太伯可謂至德矣三以天下讓民無得而稱焉【集解】王肅曰太伯弟季歷賢又生聖子昌昌必有天下故太伯以天下三讓於王季其讓隱故無得而稱言之者所以爲王德也余讀春秋古文乃知中國之虞與荊蠻句吳兄弟也延陵季子之仁心慕義無窮見微而知清濁嗚呼又何其閎覽博物君子也【集解】駰案皇覽曰延陵季子冢在毘陵縣暨陽鄉至今吏民皆祀事【索隱】述贊曰太伯作吳高讓雄圖周章受國別封於虞壽夢初霸始用兵車三子遞立延陵不居光既篡位是稱闔閭王僚見殺賊由專諸夫差輕越取敗姑蘇甬東之恥空慙伍胥

史記卷三十一考證

吳太伯世家吳太伯正義至二十一代孫光使子胥築闔閭城都之○子胥監本訛作子齊今改正

太伯弟仲雍索隱孰哉仲雍字藩籬今吳之餘暨也○藩籬監本訛作孰籬今改正

文身斷髮示不可用○困學紀聞曰傳言太伯端委仲雍斷髮史記云二人皆文身斷髮示不可用與傳異

將立子臧索隱愚者妄動也○愚監本訛作懸今改正

君子曰能守節矣索隱君子者左邱明所謂史評仲尼之詞指仲尼爲君子也○臣照按季札聘魯孔子八歲讓國時孔子未生也其引子臧之事何遽得孔子論斷之語而稱之左氏于孔子論斷類皆明著其說其稱君子曰者是記當時之君子有此語耳或以爲邱明自謂或以君子爲孔子皆未達左氏之義也

又正義嫡子嗣國得禮之宜○禮監本訛作體今改正

猶有先王之遺民也集解杜預曰謂有殷王餘俗故未大○徐孚遠曰杜注非也蓋言文武之遺民周衰尚在鎬京無緣有殷王餘俗

十七年王餘祭卒○臣人龍按左傳及十二諸侯年表餘祭于四年爲闔所殺此作十七年是與傳表互異然年表既言闔殺餘祭而仍書十七年又似餘祭死于是年爲眞

弟餘眜立○春秋作夷末公羊傳作夷眜

初楚邊邑卑梁氏之處女與吳邊邑之女爭桑○臣照按楚世家吳之邊邑卑梁與楚邊邑鍾離小童爭桑滅卑梁人卑梁大夫怒發邑兵攻鍾離楚王聞之怒發國兵滅卑梁吳王聞之亦大怒發兵滅鍾離居巢則卑梁爲吳邊邑鍾離爲楚邊邑明矣此云楚邊邑卑梁氏云云則又似卑梁爲楚之邊邑也

胥之父兄爲僇于楚欲自報其仇耳○之一本作以

人夾持鈹索隱曰兩刃小刀○監本訛作兩刀小刃今改正

有虞思夏德於是妻之以二女而邑之於綸○臣照按左傳思是虞君名此直作思念之思

十三年吳召魯衛之君會於橐皋○臣世駿按左傳橐皋之會但有魯君年表並同秋徵會于衛乃會于鄖耳此并兩事爲一

史記卷三十二

漢　太史令　司馬遷　撰

宋　中郎外兵曹參軍　裴駰　集解

唐　國子博士弘文館學士　司馬貞　索隱

唐　諸王侍讀率府長史　張守節　正義

齊太公世家第二

【正義】括地志云天齊池在青州臨淄縣東南十五里封禪書云齊之所以爲齊者以天齊

太公望呂尚者東海上人【集解】駰案呂氏春秋曰東夷之士【索隱】譙周曰姓姜名牙炎帝之裔伯夷之後掌四岳有功封之於呂子孫從其封姓呂尚其後也按後文王得之渭濱云吾先君太公望子久矣故號太公望蓋牙是字尚是其名後武王號爲師尚父則尚父官名其先祖嘗爲四嶽佐禹平水土甚有功虞夏之際封於呂【集解】徐廣曰呂在南陽宛縣或封於申姓姜氏【索隱】地理志申在南陽宛縣申伯之國呂亦在宛縣之西也夏商之時申呂或封枝庶子孫或爲庶人尚其後苗裔也本姓姜氏從其封姓故曰呂尚呂尚蓋嘗窮困年老矣【索隱】譙周曰呂望常屠牛於朝歌賣飯於孟津以魚釣奸周西伯【正義】奸音干括地志云茲泉水源出岐州岐山縣西南凡谷呂氏春秋云太公釣於茲泉遇文王酈元云磻磎中有泉謂之茲泉泉水潭積自成淵渚卽太公釣處今人謂之凡谷石壁深高幽篁邃密林澤秀阻人跡罕及東南隅有石室蓋太公所居也水次有磻石可釣處卽太公垂釣之所其投竿跪餌兩膝遺跡猶存是有磻磎之稱也其水清泠神異北流十二里注于渭說苑云呂望年七十釣于渭渚三日三夜魚無食者望卽忿脫其衣冠上有農人者古之異人謂望曰子姑復釣必細其綸芳其餌徐徐而投無令魚駭望如其言初下得鮒次得鯉刺魚腹得書書文曰呂望封於齊望知其異西伯將出獵卜之曰所獲非龍非彲【集解】徐廣曰勑知反【索隱】餘本亦作螭字非虎非羆所獲霸王之輔於是周西伯獵果遇太公於渭之陽與語大說曰自吾先君太公曰當有聖人適周周以興子眞是邪吾太公望子久矣故號之曰太公望載與俱歸立爲師或曰太公博聞嘗事紂紂無道去之游說諸侯無所遇而卒西歸周西伯或曰呂尚處士隱海濱周西伯拘羑里散宜生閎夭素知而招呂尚呂尚亦曰吾聞西伯賢又善養老盍往焉三人者爲西伯求美女奇物獻之於紂以贖西伯西伯得以出反國言呂尚所以事周雖異然要之爲文武師周西伯昌之脫羑里歸與呂尚陰謀修德以傾商政其事多兵權與奇計【正義】六韜云武王問太公曰律之音聲可以知三軍之消息乎太公曰深哉王之問也夫律管十二其要有五宮商角徵羽此其正聲也萬代不易五行之神道之常也可以知敵金木水火土各以其勝攻之其法以天清淨無陰雲風雨夜半遣輕騎往至敵人之壘九百步偏持律管橫耳大呼驚之有聲應管其來甚微角管聲應當以白虎徵管聲應當以玄武商管聲應當以勾陳五管聲盡不應無有商聲當以青龍此五行之府佐勝之徵成敗之機也故後世之言兵及周之陰權皆宗太公爲本謀周西伯政平及斷虞芮之訟而詩人稱西伯受命曰文王伐崇密須犬夷【索隱】郡國志密須在東郡廩邱縣北今曰顧城密須姞姓在河南密縣東故密城是也與安定姬姓密國各不同大作豐邑天下三分其二歸周者太公之謀計居多文王崩武王卽位九年欲修文王業東伐以觀諸侯集否師行師尚父【集解】駰案劉向別錄曰師之尚之父之故曰師尚父父亦男子之美號也左杖黃鉞右把白旄以誓曰蒼兕蒼兕【索隱】本或作蒼雉按馬融曰蒼兕主舟楫官名又王充云蒼兕者水獸九頭今誓衆令急濟故言蒼兕以懼之總爾衆庶與爾舟楫後至者斬遂至盟津諸侯不期而會者八百諸侯諸侯皆曰紂可伐也武王曰未可還師與太公作此太誓居二年紂殺王子比干囚箕子武王將伐紂卜龜兆不吉風雨暴至羣公盡懼唯太公彊之勸武王武王於是遂行十一年【集解】徐廣曰一作三年正月甲子誓於牧野伐商紂紂師敗績紂反走登鹿臺遂追斬紂明日武王立于社羣公奉明水【索隱】周本紀毛叔鄭奉明水衛康叔封布采席【索隱】周本紀衛康叔封布茲茲是席故此亦云采席也師尚父牽牲史佚策祝以告神討紂之罪散鹿臺之錢發鉅橋之粟以振貧民封比干墓釋箕子囚遷九鼎修周政與天下更始師尚父謀居多於是武王已平商而王天下封師尚父於齊營邱【正義】營邱在青州臨淄北百步外城中東就國道宿行遲逆旅之人曰吾聞時難得而易失客寢甚安殆非就國者也太公聞之夜衣而行犂明至國【索隱】犂里奚反犂猶比也又犂猶遲也萊侯來伐與之爭營邱營邱邊萊萊人夷也會紂之亂而周初定未能集遠方是以與太公爭國太公至國修政因其俗簡其禮通商工之業便魚鹽

之利而人民多歸齊齊爲大國及周成王少時管蔡作亂淮夷【正義】孔安國云淮夷之徐州之戎畔周乃使召康公【集解】服虔曰召公奭命太公曰東至海西至河南至穆陵北至無棣【集解】服虔曰是皆太公始受封土地疆境所至也【索隱】舊說云穆陵在會稽非也按今淮南有故穆陵門是楚之境無棣在遼西孤竹服虔以爲太公受封境界所至不然也蓋言其征伐所至之城五侯九伯實得征之【集解】杜預曰五等諸侯九州之伯皆得征討其罪齊由此得征伐爲大國都營邱蓋太公之卒百有餘年【集解】駰案禮記曰太公封於營邱比及五世皆反葬於周鄭玄曰太公受封留爲太師死葬於周五世之後乃葬齊皇覽曰呂尚冢在臨菑縣城南去縣十里子丁公呂伋【集解】徐廣曰一作及【正義】謚法述義不克曰丁立丁公卒子乙公得立乙公卒子癸公慈母立【索隱】系本作祭公慈母譙周亦曰祭公慈心也癸公卒子哀公不辰立【索隱】系本作不臣譙周亦作不辰宋忠曰哀公荒淫田遊史作還詩以刺之也哀公時紀侯譖之周周烹哀公【集解】徐廣曰周夷王而立其弟靜是爲胡公【正義】謚法彌年壽考曰胡胡公徙都薄姑【正義】括地志云薄姑城在青州博昌縣東北六十里而當周夷王之時哀公之同母少弟山怨胡公乃與其黨率營邱人襲攻殺胡公而自立是爲獻公【索隱】宋忠云其黨周馬繻人將胡公於貝水殺之而山自立也獻公元年盡逐胡公子因徙薄姑都治臨菑九年獻公卒子武公壽立武公九年周厲王出奔居彘【正義】直厲反括地志云晉州霍邑縣也鄭玄云霍山在彘本秦時霍伯國十年王室亂大臣行政號曰共和二十四年周宣王初立二十六年武公卒子厲公無忌立厲公暴虐故胡公子復入齊齊人欲立之乃與攻殺厲公胡公子亦戰死齊人乃立厲公子赤爲君是爲文公而誅殺厲公者七十人文公十二年卒子成公脫立【索隱】系本及譙周皆作說字成公九年卒子莊公購立【索隱】劉氏音神欲反系家及系本並作贖莊公二十四年犬戎殺幽王周東徙雒秦始列爲諸侯五十六年晉弒其君昭侯六十四年莊公卒子釐公祿甫立釐公九年魯隱公初立十九年魯桓公弒其兄隱公而自立爲君二十五年北戎伐齊鄭使太子忽來救齊齊欲妻之忽曰鄭小齊大非我敵遂辭之三十二年釐公同母弟夷仲年死其子曰公孫無知釐公愛之令其秩服奉養比太子三十三年釐公卒太子諸兒立是爲襄公襄公元年始爲太子時嘗與無知鬬及立絀無知秩服無知怨四年魯桓公與夫人如齊齊襄公故嘗私通魯夫人魯夫人者襄公女弟也自釐公時嫁爲魯桓公婦及桓公來而襄公復通焉魯桓公知之怒夫人夫人以告齊襄公齊襄公與魯君飲醉之使力士彭生抱上魯君車因拉殺魯桓公【集解】駰案公羊傳曰摍幹而殺之何休曰摍折聲也【正義】拉音力合反桓公下車則死矣魯人以爲讓【索隱】讓猶責也而齊襄公殺彭生以謝魯八年伐紀紀遷去其邑【集解】徐廣曰年表云去其都邑【索隱】春秋莊四年紀侯大去其國左氏云違齊難也十二年初襄公使連稱管至父

戍葵邱【集解】賈逵曰連稱管至父皆齊大夫【索隱】杜預云臨淄西有地名葵邱又下三十五年會諸侯於葵邱當僖公九年杜預曰陳留外黃縣東有葵邱不同者蓋葵邱有兩處杜意以戍葵邱當不遠出齊境故引臨淄縣西之葵邱若三十五年會諸侯於葵邱杜又以不合在本國故引外黃東葵邱爲註所以不同也瓜時而往及瓜而代【集解】服虔曰瓜時七月及瓜謂後年瓜時往戍一歲卒瓜時而公弗爲發代或爲請代公弗許故此二人怒因公孫無知謀作亂連稱有從妹在公宮無寵【集解】服虔曰爲妾在宮也使之間襄公【集解】王肅曰伺公之間隙曰事成以女爲無知夫人冬十二月襄公游姑棼【集解】賈逵曰齊地也【正義】音扶云反遂獵沛邱【集解】杜預曰樂安博昌縣南有地名貝邱【正義】左傳云齊襄公田於貝邱墜車傷足即此也見彘從者曰彭生【集解】服虔曰公見彘從者乃見彭生鬼改形爲豕也公怒射之彘人立而啼公懼墜車傷足失屨反而鞭主屨者茀【正義】非佛反下同茀主屨者也三百茀出宮而無知連稱管至父等聞公傷乃遂率其衆襲宮逢主屨茀茀曰且無入驚宮驚宮未易入也無知弗信茀示之創【正義】音瘡乃信之待宮外令茀先入茀先入卽匿襄公戶閒良久無知等恐遂入宮茀反與宮中及公之幸臣攻無知等不勝皆死無知入宮求公不得或見人足於戶閒發視乃襄公遂弒之而無知自立爲齊君桓公元年春齊君無知游於雍林【集解】賈逵曰渠邱大夫也【索隱】本亦作雍廩左傳曰雍廩殺無知杜預曰雍廩齊大夫此云游雍林雍林人嘗有怨無知遂襲殺之蓋以雍林爲邑名其地有人殺無知賈言渠邱大夫者蓋雍林爲渠邱大夫也雍林人嘗有怨無知及其往游雍林人襲殺無知告齊大夫曰無知弒襄公自立臣謹行誅唯大夫更立公子之當立者唯命是聽初襄公之醉殺魯桓公通其夫人殺誅數不當淫於婦人數欺大臣羣弟恐禍及故次弟糾奔魯其母魯女也管仲召忽傅之次弟小白奔莒鮑叔傅之小白母衞女也有寵於釐公小白自少好善大夫高傒【集解】賈逵曰齊正卿高敬仲也【正義】音奚及雍林人殺無知議立君高國先陰召小白於莒魯聞無知死亦發兵送公子糾而使管仲別將兵遮莒道射中小白帶鉤小白佯死管仲使人馳報魯魯送糾者行益遲六日至齊則小白已入高傒立之是爲桓公桓公之中鉤佯死以誤管仲已而載溫車中馳行亦有高國內應故得先入立發兵距魯秋與魯戰于乾時【集解】杜預曰乾時齊地也時水在樂安界岐流旱則涸竭故曰乾時魯兵敗走齊兵掩絕魯歸道齊遺魯書曰子糾兄弟弗忍誅請魯自殺之召忽管仲讎也請得而甘心醢之不然將圍魯魯人患之遂殺子糾于笙瀆【集解】賈逵曰魯地句瀆也【索隱】按鄒誕生本作莘瀆莘笙聲相近笙如字瀆音豆論語作溝瀆蓋後代聲轉而字異故諸文不同也召忽自殺管仲請囚桓公之立發兵攻魯心欲殺管仲鮑叔牙曰臣幸得從君君竟以立君之尊臣無以增君君將治齊卽高傒與叔牙足也君且欲霸王非管夷吾不可夷吾所居國國重

不可失也於是桓公從之乃詳爲召管仲欲甘心實欲用之管仲知之故請往鮑叔牙迎受管仲及堂阜而脫桎梏【集解】賈逵曰堂阜魯北境杜預曰堂阜齊地東莞蒙陰縣西北有夷吾亭或曰鮑叔解夷吾縛於此因以爲名也齋祓而見桓公桓公厚禮以爲大夫任政桓公既得管仲與鮑叔隰朋【集解】徐廣曰或作崩也高傒修齊國政連五家之兵【集解】駰案國語曰管子制國五家爲軌十軌爲里四里爲連十連爲鄉以爲軍令設輕重魚鹽之利【索隱】管子有理人輕重之法七篇輕重謂錢也又有捕魚煮鹽法也以贍貧窮祿賢能齊人皆說二年伐滅郯【集解】徐廣曰一作譚【索隱】春秋魯莊十年齊師滅譚是也杜預云譚國在濟南平陵縣西南然此郯乃東海郯縣蓋亦不當作郯字也郯子奔莒初桓公亡時過郯郯無禮故伐之五年伐魯魯將師敗魯莊公請獻遂邑以平【集解】杜預曰遂在濟北蛇邱縣東北桓公許與魯會柯而盟【集解】杜預曰此柯今濟北東阿齊之阿邑猶祝柯今爲祝阿魯將盟曹沫以匕首劫桓公於壇上【集解】何休曰土基三尺階三等曰壇會必有壇者爲升降揖讓稱先君以相接也曰反魯之侵地桓公許之已而曹沫去匕首北面就臣位桓公後悔欲無與魯地而殺曹沫管仲曰夫劫許之而倍信殺之【集解】徐廣曰一云已許之而倍信殺劫也愈一小快耳而棄信於諸侯失天下之援不可於是遂與曹沫三敗所亡地於魯諸侯聞之皆信齊而欲附焉七年諸侯會桓公於甄【集解】杜預曰甄衞地今東郡甄城也而桓公於是始霸焉十四年陳厲公子完號敬仲來奔齊【正義】完音桓齊桓公欲以爲卿讓於是以爲工正【集解】賈逵曰掌百工田成子常之祖也二十三年山戎伐燕【集解】服虔曰山戎北狄蓋今鮮卑也何休曰山戎者戎中之別名也燕告急於齊齊桓公救燕遂伐山戎至于孤竹而還燕莊公遂送桓公入齊境桓公曰非天子諸侯相送不出境吾不可以無禮於燕於是分溝割燕君所至與燕命燕君復修召公之政納貢于周如成康之時諸侯聞之皆從齊二十七年魯湣公母曰哀姜桓公女弟也哀姜淫於魯公子慶父慶父弒湣公哀姜欲立慶父魯人更立釐公【集解】徐廣曰史記僖字皆作釐桓公召哀姜殺之二十八年衞文公有狄亂告急於齊齊率諸侯城楚邱而立衞君【集解】賈逵曰衞地也【索隱】杜預曰不言城衞衞未遷楚邱武城縣南卽今之衞南縣是也二十九年桓公與夫人蔡姬戲船中蔡姬習水蕩公【集解】賈逵曰蕩搖也公懼止之不止出船怒歸蔡姬弗絕蔡亦怒嫁其女桓公聞而怒興師往伐三十年春齊桓公率諸侯伐蔡蔡潰【集解】服虔曰民逃其上曰潰也遂伐楚楚成王興師問曰何故涉吾地管仲對曰昔召康公命我先君太公曰五侯九伯若實征之以夾輔周室【集解】駰案左傳曰周公太公股肱周室夾輔成王也賜我先君履【集解】杜預曰所踐履之界東至海西至河南至穆陵北至無棣楚貢包茅不入王祭不共【集解】賈逵曰包茅菁茅包匭之也以供祭祀杜預曰尚書包匭菁茅茅之爲異未審是以來責昭王南征不復是以來問【集解】服虔曰周昭王

南巡狩涉漢未濟船解而溺昭王王室諱之不以赴諸侯不知其故故桓公以爲辭責問楚也【索隱】宋忠云昭王南伐楚辛由靡爲右涉漢中流而隕由靡逐王遂卒不復周乃侯其後于西翟楚王曰貢之不入有之寡人罪也敢不共乎昭王之出不復君其問之水濱【集解】杜預曰昭王時漢非楚境故不受罪齊師進次于陘【集解】杜預曰陘楚地潁川召陵縣南有陘亭左傳曰凡師一宿爲舍再宿爲信過信爲次夏楚王使屈完將兵扞齊齊師退次召陵【集解】杜預曰召陵潁川縣桓公矜屈完以其衆屈完曰君以道則可若不則楚方城以爲城【集解】服虔曰方城山在漢南韋昭曰方城楚北之阨塞杜預曰方城山在南陽葉縣南是也【索隱】地理志葉縣南有長城號曰方城則杜預韋昭說爲得而服氏云在漢南未知有何依據江漢以爲溝君安能進乎乃與屈完盟而去過陳陳袁濤塗詐齊令出東方覺秋齊伐陳【集解】駰案左傳曰討不忠也是歲晉殺太子申生三十五年夏會諸侯于葵邱【集解】杜預曰陳留外黃縣東有葵邱也周襄王使宰孔賜桓公文武胙彤弓矢大路【集解】賈逵曰大路諸侯朝服之車謂之金路命無拜桓公欲許之管仲曰不可乃下拜受賜【集解】韋昭曰下堂拜賜也秋復會諸侯於葵邱益有驕色周使宰孔會諸侯頗有叛者【集解】駰案公羊傳曰葵邱之會桓公震而矜之叛者九國晉侯病後遇宰孔宰孔曰齊侯驕矣第無行從之是歲晉獻公卒里克殺奚齊卓子【集解】徐廣曰史記卓多作悼【正義】卓尹角反秦穆公以夫人入公子夷吾爲晉君桓公於是討晉亂至高梁【集解】服虔曰晉地也杜預曰在平陽縣西南使隰朋立晉君還是時周室微唯齊楚秦晉爲彊晉初與會【正義】與音預下同獻公死國內亂秦穆公辟遠不與中國會盟楚成王初收荊蠻有之夷狄自置唯獨齊爲中國會盟而桓公能宣其德故諸侯賓會於是桓公稱曰寡人南伐至召陵望熊山北伐山戎離枝孤竹【集解】駰案地理志云令支縣有孤竹城疑離枝卽令支也令離聲相近應劭曰令音鈴鈴離聲亦相近管子亦作離字【索隱】離枝音零支又音令祇又如字離枝孤竹皆古國名秦以離支爲縣故地理志云遼西令支縣有孤竹城爾雅曰孤竹北戶西王母日下謂之四荒也西伐大夏涉流沙【正義】大夏并州晉陽是也束馬懸車登太行至卑耳山【正義】卑音壁劉伯莊及韋昭並如字而還諸侯莫違寡人寡人兵車之會三【正義】左傳云魯莊十三年會北杏以平宋亂僖四年侵蔡遂伐楚六年伐鄭圍新城也乘車之會六【正義】左傳云魯莊十四年會于鄄十五年又會鄄十六年同盟于幽僖五年會首止八年盟于洮九年會葵邱是也九合諸侯一匡天下【正義】匡正也一匡天下謂定襄王爲太子之位昔三代受命有何以異於此乎吾欲封泰山禪梁父管仲固諫不聽乃說桓公以遠方珍怪物至乃得封桓公乃止三十八年周襄王弟帶與戎翟合謀伐周齊使管仲平戎於周周欲以上卿禮管仲管仲頓首曰臣陪臣安敢三讓乃受下卿禮以見三十九年周襄王弟帶來奔齊齊使仲孫請王爲帶謝襄王怒弗聽四十一年秦穆公虜晉惠公復歸之是歲管仲隰朋皆卒【正義】括地志云管仲冢在青州臨淄縣南二十一里牛山上與桓公冢連隰朋墓在青州臨淄縣東北七里也管仲病桓公問曰羣臣誰可相者管

仲曰知臣莫如君公曰易牙如何【正義】即雍巫也賈逵云雍巫雍人名巫易牙也對曰殺子以適君非人情不可公曰開方如何【正義】管子云衛公子開方去其千乘之太子而臣事君也對曰倍親以適君非人情難近公曰豎刁如何【正義】刁鳥條反顏師古云豎刁易牙皆齊桓公臣管仲有病桓公往問之曰將何以教寡人管仲曰願君遠易牙豎刁公曰易牙烹其子以快寡人尚可疑耶對曰人之情非不愛其子也其子之忍又將何愛於君公曰豎刁自宮以近寡人猶尚疑耶對曰人之情非不愛其身也其身之忍又將何有於君公曰諾管仲遂盡逐之而公食不甘心不怡者三年公曰仲父不已過乎於是皆即召反明年公有病易牙豎刁相與作亂塞宮門築高牆不通人有一婦人踰垣入至公所公曰我欲食婦人曰吾無所得又曰我欲飲婦人曰吾無所得公曰何故曰易牙豎刁相與作亂塞宮門築高牆不通人故無所得公慨然歎涕出曰嗟乎聖人所見豈不遠哉若死者有知我將何面目見仲父乎蒙衣袂而死乎壽宮蟲流於戶蓋以楊門之扇二月不殯也對曰自宮以適君非人情難親管仲死而桓公不用管仲言卒近用三子三子專權四十二年戎伐周周告急於齊齊令諸侯各發卒戍周是歲晉公子重耳來桓公妻之四十三年初齊桓公之夫人三曰王姬徐姬蔡姬皆無子【索隱】系本徐嬴姓禮婦人稱國及姓今此言徐姬者然姬是衆妾之總稱故漢祿秩令云姬妾數百婦人亦總稱姬姬未必盡是姓桓公好內【集解】服虔曰內婦官也多內寵如夫人者六人長衛姬生無詭【索隱】左氏作無虧少衛姬生惠公元鄭姬生孝公昭葛嬴生昭公潘密姬生懿公商人宋華子【集解】賈逵曰宋華氏之女子姓生公子雍桓公與管仲屬孝公於宋襄公以為太子雍巫有寵於衛共姬【集解】賈逵曰雍巫雍人名巫易牙字【索隱】賈逵以雍巫為易牙字未知何據按管子有棠巫恐與雍巫是一人也因宦者豎刁以厚獻於桓公亦有寵桓公許之立無詭【集解】杜預曰易牙既有寵於公為長衛姬請立管仲卒五公子皆求立冬十月乙亥齊桓公卒易牙入與豎刁因內寵殺群吏【集解】服虔曰內寵如夫人者六人羣吏諸大夫也杜預曰內寵內官之有權寵者而立公子無詭為君太子昭奔宋桓公病五公子各樹黨爭立及桓公卒遂相攻以故宮中空莫敢棺【正義】音古患反桓公尸在牀上六十七日尸蟲出于戶十二月乙亥無詭立乃棺赴辛巳夜斂殯【集解】徐廣曰斂一作臨也桓公十有餘子要其後立者五人無詭立三月死無謚次孝公次昭公次懿公次惠公孝公元年三月宋襄公率諸侯兵送齊太子昭而伐齊齊人恐殺其君無詭齊人將立太子昭四公子之徒攻太子太子走宋宋遂與齊人四公子戰五月宋敗齊四公子師而立太子昭是為齊孝公宋以桓公與管仲屬之太子故來征之以亂故八月乃葬齊桓公【集解】皇覽曰桓公冢在臨菑城南七里所菑水南【正義】括地志云齊桓公墓在臨菑縣南二十一里牛山上亦名鼎足山一名牛首堈一所二墳晉永嘉末人發之初得版次得水銀池有氣不得入經數日乃牽犬入中得金蠶數十薄珠襦玉匣繒綵軍器不可勝數又以人殉葬骸骨狼籍也六年春齊伐宋以其不同盟于齊也【集解】服虔曰魯僖公十九年諸侯盟于齊以無忘桓公之德宋襄公欲行霸道不與盟故伐之夏宋襄公卒七年晉文公立十年孝公卒孝公弟潘因衛公子開方殺

孝公子而立潘是為昭公昭公桓公子也其母曰葛嬴昭公元年晉文公敗楚於城濮【正義】賈逵云衛地也而會諸侯踐土朝周天子使晉稱伯【正義】音霸六年翟侵齊晉文公卒秦兵敗於殽十二年秦穆公卒十九年五月昭公卒子舍立為齊君舍之母無寵於昭公國人莫畏昭公之弟商人以桓公死爭立而不得陰交賢士附愛百姓百姓說及昭公卒子舍立孤弱即與衆十月即墓上弒齊君舍而商人自立是為懿公懿公桓公子也其母曰密姬懿公四年春初懿公為公子時與丙戎之父獵爭獲不勝及即位斷丙戎父足而使丙戎僕【集解】賈逵曰僕御也【索隱】左氏作邴歜僕【正義】左傳云乃掘而刖之杜預云斷其尸足也庸職之妻好公內之宮使庸職驂乘【索隱】左氏作閻職此言庸職不同者傳所云閻姓職名也此言庸職庸非姓蓋謂受雇職之妻史意不同字亦異耳五月懿公游於申池【集解】杜預曰齊南城門名申門齊城無池惟此門左右有池疑此是也左思齊都賦註曰申池海濱齊藪也二人浴戲職曰斷足子戎曰奪妻者二人俱病此言乃怨謀與公游竹中二人弒懿公車上棄竹中而亡去懿公之立驕民不附齊人廢其子而迎公子元於衛立之是為惠公惠公桓公子也其母衛女曰少衛姬避齊亂故在衛惠公二年長翟來【集解】駰按穀梁傳曰身橫九畝斷其首而載之眉見於軾王子城父攻殺之【集解】賈逵曰王子城父齊大夫埋之於北門晉趙穿弒其君靈公十年惠公卒子頃公無野立【正義】頃音傾初崔杼有寵於惠公惠公卒高國畏其偪也逐之崔杼奔衛頃公元年楚莊王彊伐陳二年圍鄭鄭伯降已復國鄭伯六年春晉使郤克於齊齊使夫人帷中而觀之郤克上夫人笑之郤克曰不是報不復涉河歸請伐齊晉侯弗許齊使至晉郤克執齊使者四人河內殺之八年晉伐齊齊以公子彊質晉晉兵去十年春齊伐魯衛魯衛大夫如晉請師皆因郤克【索隱】成二年左傳魯臧宣叔衛孫桓子如晉皆主於郤克是晉使郤克以車八百乘【集解】賈逵曰八百乘六萬人為中軍將士燮將上軍欒書將下軍以救魯衛伐齊六月壬申與齊侯兵合靡笄下【集解】徐廣曰靡一作摩賈逵曰靡笄山名也【索隱】靡如字靡笄山名在濟南與代地磨笄不同癸酉陳于鞌【集解】服虔曰鞌齊地名也逢丑父【集解】賈逵曰齊大夫為齊頃公右頃公曰馳之破晉軍會食射傷郤克流血至履克欲還入壁其御曰我始入再傷不敢言疾恐懼士卒願子忍之遂復戰戰齊急丑父恐齊侯得乃易處頃公為右車絓於木而止【正義】絓胡卦反止也有所礙也晉小將韓厥伏齊侯車前曰寡君使臣救魯衛戲之丑父使頃公下取飲【正義】左傳云及華泉驂絓於木而止丑父使公下如華泉取飲鄭周父御佐車宛茷為右載齊侯以免因得亡脫去入其軍晉郤克欲殺丑父丑父曰代君死而見僇後人臣無忠其君者矣克舍之丑父遂得亡歸齊於是晉軍追齊至馬陵

【集解】徐廣曰一作陘駰案賈逵曰馬陘齊地也齊侯請以寶器謝【集解】駰案左傳曰賂以紀甗玉磬也不聽必得笑克者蕭桐叔子【集解】杜預曰桐叔蕭君之字齊侯外祖父子女也難斥言其母故遠言之賈逵曰蕭附庸子姓令齊東畝【集解】服虔曰欲令齊隴畝東行【索隱】壟畝東行則晉車馬東向齊行易也對曰叔子齊君母齊君母亦猶晉君母子安置之且子以義伐而以暴為後其可乎於是乃許令反魯衛之侵地【正義】左傳云晉師及齊國使齊人歸我汶陽之田也十一年晉初置六卿賞鞌之功齊頃公朝晉欲尊王晉景公【索隱】王劭按張衡曰禮諸侯朝天子執玉既授而反之若諸侯自相朝則不授玉齊頃公戰敗朝晉而授玉是欲尊晉侯為王王太史公採其言而書之此文不云授玉王氏之說復有所依聊記異耳晉景公不敢受乃歸歸而頃公弛苑囿薄賦斂振孤問疾虛積聚以救民民亦大說厚禮諸侯竟頃公卒百姓附諸侯不犯十七年頃公卒【集解】駰案皇覽曰頃公冢近呂尚冢子靈公環立靈公九年晉欒書弒其君厲公十年晉悼公伐齊齊令公子光質晉十九年立子光為太子高厚傅之令會諸侯盟於鍾離【正義】括地志云鍾離故城在沂州承縣界二十七年晉使中行獻子伐齊【索隱】荀偃祖林父代為中行後改姓為中行氏獻子名偃齊師敗靈公走入臨菑晏嬰止靈公靈公弗從曰君亦無勇矣晉兵遂圍臨菑臨菑城守不敢出晉焚郭中而去二十八年初靈公取魯女生子光以為太子仲姬戎姬戎姬嬖仲姬生子牙屬之戎姬戎姬請以為太子公許之仲姬曰不可光之立列於諸侯矣【集解】服虔曰數從諸侯征伐盟會今無故廢之君必悔之公曰在我耳遂東太子光【集解】賈逵曰徙之東垂使高厚傅牙為太子靈公疾崔杼迎故太子光而立之是為莊公莊公殺戎姬五月壬辰靈公卒莊公即位執太子牙於句竇之邱殺之八月崔杼殺高厚晉聞齊亂伐齊至高唐【集解】杜預曰高唐在祝阿縣西北莊公三年晉大夫欒盈【集解】徐廣曰史記多作逞奔齊莊公厚客待之晏嬰田文子諫公弗聽四年齊莊公使欒盈閒入晉曲沃【集解】賈逵曰欒盈之邑為內應以兵隨之上太行入孟門【集解】賈逵曰孟門太行皆晉山隘也【索隱】孟門山在朝歌東北太行山在河內溫縣西欒盈敗齊兵還取朝歌【集解】賈逵曰晉邑六年初棠公妻好【集解】賈逵曰棠公齊棠邑大夫棠公死崔杼取之莊公通之數如崔氏以崔杼之冠賜人侍者曰不可崔杼怒因其伐晉欲與晉合謀襲齊而不得閒莊公嘗笞宦者賈舉賈舉復侍為崔杼閒公【集解】服虔曰伺公閒隙【正義】閒音閑又如字以報怨五月莒子朝齊齊以甲戌饗之崔杼稱病不視事乙亥公問崔杼病遂從崔杼妻崔杼妻入室與崔杼自閉戶不出公擁柱而歌【集解】服虔曰公以為姜氏不知己在外故歌以命之也一曰公自知見欺恐不得出故歌以自悔宦者賈舉遮公從官而入閉門崔杼之徒持兵從中起公登臺而請解不許請盟不許請自殺於廟不許皆曰君之臣杼疾病不能聽命【集解】服虔曰言不能親聽公命近於公

宮【集解】服虔曰崔杼之宮近公宮淫者或詐稱公陪臣爭趣【集解】徐廣曰爭一作扞【索隱】左傳作扞掫此為爭趣者是太史公變左傳之文言陪臣但爭趣有淫者耳更不知他命也有淫者不知二命【集解】杜預曰言得淫人受崔子命討之不知他命也公踰牆射中公股公反墜遂弒之晏嬰立崔杼門外【集解】賈逵曰聞難而來曰君為社稷死則死之為社稷亡則亡之【集解】服虔曰謂以公義為社稷死亡也如是者臣亦隨之死亡若為己死己亡非其私暱誰敢任之【集解】服虔曰言君自以己之私欲取死亡之禍則私近之臣所當任也【集解】杜預曰私暱所親愛也非所親愛無為當其禍也門開而入枕公尸而哭三踊而出人謂崔杼必殺之崔杼曰民之望也舍之得民【集解】服虔曰置之所以得人心丁丑崔杼立莊公異母弟杵臼【集解】徐廣曰史記多作著臼是為景公景公母魯叔孫宣伯女也景公立以崔杼為右相慶封為左相二相恐亂起乃與國人盟曰不與崔慶者死晏子仰天曰嬰所不獲唯忠於君利社稷者是從不肯盟慶封欲殺晏子崔杼曰忠臣也舍之齊太史書曰崔杼弒莊公崔杼殺之其弟復書崔杼復殺之少弟復書崔杼乃舍之景公元年初崔杼生子成及彊其母死取東郭女生明東郭女使其前夫子無咎與其弟偃【正義】杜預云東郭偃東郭姜之弟也相崔氏成有罪【正義】左傳云成有疾而廢之杜預云有惡疾也二相急治之立明為太子成請老於崔杼崔杼許之二相弗聽曰崔宗邑不可【集解】杜預曰濟陽東朝陽縣西北有崔氏城也成彊怒告慶封【正義】左傳成彊告慶封曰夫子身亦子所知也唯無咎與偃是從父兄莫得進矣恐害夫子敢以告慶封曰苟利夫子必去之難吾助汝乃殺東郭偃棠無咎於崔氏朝也其妻及崔杼告縊死崔明奔魯慶封與崔杼有郤欲其敗也成彊殺無咎偃於崔杼家家皆奔亡崔杼怒無人使一宦者御見慶封慶封曰請為子誅之使崔杼仇盧蒲嫳【集解】賈逵曰嫳齊大夫慶封之屬攻崔氏殺成彊盡滅崔氏崔氏婦自殺崔杼無歸亦自殺慶封為相國專權三年十月慶封出獵初慶封已殺崔杼益驕嗜酒好獵不聽政令慶舍用政【集解】服虔曰舍慶封之子也生傳其職政與子已有內郤田文子謂桓子曰亂將作田鮑高欒氏相與謀慶氏慶舍發甲圍慶封宮四家徒共擊破之慶封還不得入奔魯齊人讓魯封奔吳吳與之朱方聚其族而居之富於在齊其秋齊人徙葬莊公僇崔杼尸於市以說衆九年景公使晏嬰之晉與叔向私語曰齊政卒歸田氏田氏雖無大德以公權私有德於民民愛之十二年景公如晉見平公欲與伐燕十八年公復如晉見昭公二十六年獵魯郊因入魯與晏嬰俱問魯禮三十一年魯昭公辟季氏難奔齊齊欲以千社封之【集解】賈逵曰二十五家為一社千社二萬五千家也子家止昭公昭公乃請齊伐魯取鄆【正義】鄆鄆城也以居昭公三十二年彗星見景公坐柏寢嘆曰堂堂誰有此乎【集解】服虔曰景公自恐德薄不能久享齊國故曰誰有此也羣臣皆泣晏子笑公怒晏

子曰臣笑羣臣諛甚景公曰彗星出東北當齊分野寡人以爲憂晏子曰君高臺深池賦斂如弗得刑罰恐弗勝茀星將出彗星【正義】茀音佩謂客星侵近邊側欲相害又曰彗息歲反若帚形見其境有亂也何懼乎公曰可禳否晏子曰使神可祝而來【正義】祝音章受反亦可禳而去也百姓苦怨以萬數而君令一人禳之安能勝衆口乎是時景公好治宮室聚狗馬奢侈厚賦重刑故晏子以此諫之四十二年吳王闔閭伐楚入郢四十七年魯陽虎攻其君不勝奔齊請齊伐魯鮑子諫景公乃囚陽虎陽虎得亡奔晉四十八年與魯定公好會夾谷【集解】服虔曰東海祝其縣是也犂鉏曰孔丘知禮而怯請令萊人爲樂【集解】杜預曰萊人齊所滅萊夷【索隱】鉏音卽餘反卽犂彌也因執魯君可得志景公害孔丘相魯懼其霸故從犂鉏之計方會進萊樂孔子歷階上使有司執萊人斬之以禮讓景公景公慙乃歸魯侵地以謝而罷去是歲晏嬰卒五十五年范中行反其君於晉晉攻之急來請粟田乞欲爲亂樹黨於逆臣說景公曰范中行數有德於齊不可不救乃使乞救而輸之粟五十八年夏景公夫人燕姬適子死景公寵妾芮姬生子荼【索隱】左傳云鬻姒之子荼鬻則荼母姓姒此作芮姬不同也譙周依左氏作鬻姒鄒誕生本作芮姁姁音五句反荼少其母賤無行諸大夫恐其爲嗣乃言願擇諸子長賢者爲太子景公老惡言嗣事又愛荼母欲立之憚發之口乃謂諸大夫曰爲樂耳國何患無君乎秋景公病命國惠子高昭子【集解】杜預曰惠子國夏也昭子高張也立少子荼爲太子逐羣公子遷之萊【集解】服虔曰萊齊東鄙邑景公卒【集解】駰案皇覽曰景公冢與桓公冢同處太子荼立是爲晏孺子冬未葬而羣公子畏誅皆出亡荼諸異母兄公子壽駒黔奔衞【集解】徐廣曰一云壽黔奔衞【索隱】壽一作嘉三人奔衞【正義】三公子公子駔陽生奔魯【索隱】左氏作公子鉏二人奔魯萊人歌之曰景公死乎弗與埋三軍事乎弗與謀【集解】服虔曰萊人見五公子遠遷鄙邑不得與景公葬埋之事及國三軍之謀故愍而歌杜預曰稱謚蓋葬後而爲此歌哀羣公子失所也師乎師乎胡黨之乎【集解】服虔曰師衆也黨所也言公子徒衆何所適也晏孺子元年春田乞僞事高國者每朝乞驂乘言曰子得君大夫皆自危欲謀作亂又謂諸大夫曰高昭子可畏及未發先之大夫從之六月田乞鮑牧乃與大夫以兵入公宮攻高昭子昭子聞之與國惠子救公公師敗田乞之徒追之國惠子奔莒遂反殺高昭子晏圉奔魯【集解】賈逵曰圉晏嬰之子八月齊秉意茲【集解】徐廣曰左傳八月齊邴意茲奔魯田乞敗二相乃使人之魯召公子陽生陽生至齊私匿田乞家十月戊子田乞請諸大夫曰常之母有魚菽之祭【集解】何休曰齊俗婦人首祭事言魚豆者示薄陋無所有也幸來會飲會飲田乞盛陽生橐中置坐中央發橐出陽生曰此乃齊君矣大夫皆伏謁將與大夫盟而立之鮑牧醉乞誣大夫曰吾與鮑牧謀共立陽生鮑牧怒曰子忘景公之命乎諸大夫相視欲悔陽生前頓首曰可則立之否則已鮑牧恐禍起乃復曰皆景公子也何爲不可乃與盟立陽生是爲悼公悼公入宮使人遷晏孺子於駘【集解】賈逵曰齊邑殺之幕下而逐孺子母芮子芮子故賤而孺子少故無權國人輕之悼公元年齊伐魯取讙闡【集解】杜預曰闡在東平剛縣北【索隱】二邑名讙在博城縣初陽生亡在魯季康子以其妹妻之及歸卽位使迎之季姬與季魴侯通【集解】杜預曰魴侯康子叔父也言其情魯弗敢與故齊伐魯竟迎季姬季姬嬖齊復歸魯侵地鮑子與悼公有郤不善四年吳魯伐齊南方鮑子弒悼公赴于吳吳王夫差哭於軍門外三日將從海入討齊齊人敗之吳師乃去晉趙鞅伐齊至賴而去【集解】服虔曰賴齊邑齊人共立悼公子壬是爲簡公【集解】徐廣曰年表云簡公壬者景公之子也簡公四年春初簡公與父陽生俱在魯也闞止有寵焉【集解】賈逵曰闞止子我也【索隱】左氏監作闞音苦濫反闞在東平須昌縣東南及卽位使爲政田成子憚之驟顧於朝【集解】杜預曰心不安故數顧也御鞅言簡公【集解】賈逵曰鞅齊大夫也【索隱】鞅名爲僕御之官故曰御鞅亦田氏之族按系本陳桓子无宇產子亹亹產子獻獻產鞅也曰田闞不可並也君其擇焉【集解】杜預曰擇用一人也弗聽子我夕【集解】服虔曰夕省事田逆殺人逢之【集解】服虔曰子我將往夕省事於君而逢逆之殺人也杜預曰逆子行陳氏宗遂捕以入【集解】杜預曰執逆入至於朝也田氏方睦【集解】服虔曰陳常方欲謀有齊國故和其宗族使囚病而遺守囚者酒【集解】服虔曰使陳逆詐病而遺也醉而殺守者得亡子我盟諸田於陳宗【集解】服虔曰子我見陳逆得生出而恐爲陳氏所怨故與盟而請和也陳宗宗長之家初田豹欲爲子我臣【集解】賈逵曰豹陳氏族也使公孫言豹【集解】賈逵曰公孫齊大夫也杜預曰言介達之意豹有喪而止後卒以爲臣【集解】杜預曰終喪也幸於子我子我謂曰吾盡逐田氏而立女可乎對曰我遠田氏矣【集解】服虔曰言與陳氏宗疏遠也且其違者不過數人【集解】服虔曰違者不從子我者何盡逐焉遂告田氏子行曰彼得君弗先必禍子【集解】服虔曰彼謂闞止也子行陳常也子行舍於公宮【集解】服虔曰止於公宮爲陳氏作內間也夏五月壬申成子兄弟四乘如公【集解】服虔曰成子兄弟八人二人共一乘故曰四乘【索隱】系本陳僖子乞產成子常簡子齒宣子其夷穆子安廩丘子尚盈茲子芒盈惠子得凡七人杜預又取昭子莊以充八人之數按系本昭子是桓公之子成子之叔父又不名莊恐彊相證會言四乘有八人耳今按田完系家云田常兄弟四人如公宮與此事同今此唯稱四乘不云人數知四乘謂兄弟四人乘車而入非二人共乘也然其昆弟三人不見者蓋時或不在不同入公宮不可彊以四乘爲八人添叔父爲兄弟之數服虔杜預之失也子我在幄【集解】杜預曰幄帳也聽政之處也出迎之遂入閉門【集解】服虔曰成子兄弟見子我出遂突入反閉門子我不得復入宦者禦之【集解】服虔曰闔豎以兵禦陳氏子行殺宦者【集解】服虔曰舍於公宮故得殺之公與婦人飲酒于檀臺【集解】服虔曰當陳氏入時飲酒於此臺成子遷諸寢【集解】服虔曰欲徙公令居寢也公執戈將擊之【集解】杜預曰疑其作亂也大史子餘【集解】服虔曰齊大夫曰非不利也將除害也【集解】杜預曰言將爲公除害也成子出舍于庫【集解】杜預曰以公怒故也聞公猶怒將出【集解】服虔曰出奔也曰何所無君子行拔劍曰需事之賊也【集解】杜預曰需疑則害事誰非田宗【集解】杜預曰言陳氏宗族衆多所不殺子者有如田宗【集解】杜預曰言子若欲出我必殺子明如陳宗乃止子我歸屬徒【集解】服虔曰會徒衆攻闈與大門【集解】服虔曰宮中之門曰闈大門公門也皆弗勝乃出田氏追之豐丘人執子我以告【集解】賈逵曰豐丘陳氏邑也殺之郭關【集解】服虔曰齊關名成子將殺大陸子方【集解】服虔曰子方子我之黨大夫東郭賈也田逆請而免之以公命取車於道【集解】杜預曰子方取道中行人車出雍門【集解】杜預曰齊城門田豹與之車弗受曰逆爲余請豹與余車余有私焉事子我而有私於其讎何以見魯衞之士【集解】服虔曰子方將欲奔魯衞也左傳曰東郭賈奔衞庚辰田常執簡公于徐州【集解】春秋作舒州賈逵曰陳氏邑也【索隱】徐音舒其字從人左氏作舒舒陳氏邑說文作郐郐在薛縣也公曰余蚤從御鞅言不及此甲午田常弒簡公于徐州田常乃立簡公弟驁是爲平公【索隱】系本及譙周皆作敬誤也平公卽位田常相之專齊之政割齊安平以東爲田氏封邑【集解】徐廣曰年表云平公之時齊自是稱田氏【索隱】曰安平齊邑地理志云涿郡有安平縣平公八年越滅吳二十五年卒子宣公積立宣公五十一年卒子康公貸立田會反廩丘【索隱】田會齊大夫廩邑名東郡有廩丘縣也康公二年韓魏趙始列爲諸侯十九年田常曾孫田和始爲諸侯遷康公海濱二十六年康公卒呂氏遂絕其祀田氏卒有齊國爲齊威王彊於天下

太史公曰吾適齊自泰山屬之琅邪北被于海膏壤二千里其民闊達多匿知其天性也以太公之聖建國本桓公之盛修善政以爲諸侯會盟稱伯不亦宜乎洋洋哉固大國之風也

【索隱述贊】太公佐周實秉陰謀既表東海乃居營丘小白致霸九合諸侯及溺內寵釁鍾蟲流莊公失德崔杼作亂陳氏傳政厚貨輕收悼簡遘禍田闞非儔泯泯餘烈一變何由

史記卷三十二考證

齊太公世家虞夏之際封于呂集解徐廣曰呂在南陽宛縣西○臣召南按路史國名紀曰呂侯爵伯夷之封杜預謂在南陽宛西南陽今隸鄧定後周倂入南陽而太公乃出東呂呂莒也博物志曲海城有東呂鄉東呂里太公望所出也與徐廣說異

以漁釣奸周西伯正義凡谷○凡一本作凡又正義此條訛脫殊甚今俱考原文改正

獻公元年盡逐胡公子因徙薄姑都治臨菑○臣照按毛詩疏曰古者諸侯之居逼隘則王者遷其邑而定其居時齊居逼隘故王使仲山甫往城而定之也既言所定不知定在何處故毛傳云蓋去薄姑而遷於臨菑也毛時書籍猶多去聖未遠雖言蓋爲疑辭其當有所依約而言也史記云獻公徙薄姑都治臨菑計獻公當夷王之時與此傳不合毛公在馬遷之前其言當有準據

反而鞭主屨者茀三百○臣照按左傳作誅屨於徒人費誅責也言責失屨之罪于徒人費也此以爲主屨與傳異

曹沫以匕首劫桓公于壇上○習學記言曰遷言曹沫以匕首劫齊桓公遂與沫三敗所亡地此事公羊先見按左氏魯莊公九年納糾敗于乾時幾獲十年有長勺之勝劌實主之齊猶未已與宋次乘丘公子偃敗宋師齊乃還十三年北杏之會齊將稱霸其冬魯乃會盟于柯是三戰而再勝未嘗失地三年不交兵何用要劫二十三年曹劌復諫觀社詳其前後詞語豈操匕首于壇坫之間者耶

諸侯會桓公於甄○年表作鄄臣世駿按經典釋文甄音絹一音眞或音蔪又舉然反或作鄄

蔡潰集解民逃其上○上監本訛作土今改正

六年翟侵齊晉文公卒○左傳晉文公卒于齊昭公之五年在翟伐齊之前此作六年

十九年五月昭公卒○年表作二十年

卽與衆十月卽墓上弒齊君舍○按春秋經作九月左傳云以七月乙卯夜杜注云書九月從告此云十月疑十爲七字之誤

懿公桓公子也其母曰密姬○董份曰按上旣曰某姬生某公矣則此復曰其母曰某姬恐衍

懿公游于申池集解曰杜預曰齊南城門名申門齊城無池惟此門左右有池疑此是也左思齊都賦注曰申池海濱齊藪也○臣照按襄十八年左傳晉侯伐齊己亥焚雍門及西郭南郭劉難士弱率諸侯之師焚申池之竹木申池與西郭南郭近則杜預所謂申門之池者是矣杜預原注稱齊南城西門名申門裴駰刪去西字耳

六年春晉使郤克於齊○左傳及年表郤克使齊在頃公七年爲魯宣之十七年

郤克執齊使者四人河內殺之○左傳齊侯使高固晏弱蔡朝南郭偃會及斂盂高固逃歸晉人執晏弱于野王執蔡朝于原執南郭偃于溫苗賁皇言于晉侯晉人緩之逸此云殺之與傳異

十年春齊伐魯衞○臣照按左傳成公二年春齊侯伐我北鄙衞侯使孫良夫石稷甯相向禽將侵齊是齊

魯非伐衞也

皆因郤克索隱衞孫桓子○桓監本訛作相今改正

仲姬戎姬○此句上應有脫字

崔杼迎故太子光而立之是爲莊公○徐孚遠曰前言崔杼奔衞不言其歸國又杼非命卿何以得專冊立皆闕文

八月崔杼殺高厚晉聞齊亂伐齊至高唐○臣照按左傳莊公卽位執公子牙于句瀆之丘以夙沙衞異已衞奔高唐以叛晉士匄侵齊及穀聞喪而還此皆在崔杼殺高厚前爲五月事馬遷并二事爲一又有晉使至高唐之文皆與傳異

成請老于崔杼○臣照按左傳成請老於崔杜預注齊南東朝陽縣西北有崔氏城成欲居崔邑以終老此作崔杼明衍杼字

悼公元年齊伐魯取讙闡○左傳及十二諸侯年表齊取讙闡在悼公二年

吳師乃去晉○監本誤作吳帥齊去晉今改正

齊人共立悼公子壬是爲簡公集解徐廣曰年表云簡公壬者景公之子也○年表云鮑子殺悼公齊人立其子壬爲簡公無景公之子語

子宣公積立○積年表作就匜

史記卷三十三

漢　太　史　令司馬遷　撰

宋中郎外兵曹參軍裴　駰集解

唐國子博士弘文館學士司馬貞索隱

唐諸王侍讀率府長　史張守節正義

魯周公世家第三

周公旦者周武王弟也【集解】譙周曰以太王所居周地爲其采邑故謂周公【索隱】周地名在岐山之陽本太王所居後以爲周公之采邑故曰周公卽今之扶風雍東北故周城也謚曰周文公見國語 自文王在時旦爲子孝篤仁異於羣子【索隱】鄒誕生本孝作敬 及武王卽位旦常輔翼武王用事居多武王九年東伐至盟津周公輔行十一年伐紂至牧野【正義】衞州卽牧野之地東北去朝歌七十三里 周公佐武王作牧誓破殷入商宮已殺紂周公把大鉞召公把小鉞以夾武王釁社告紂之罪于天及殷民釋箕子之囚封紂子武庚祿父使管叔蔡叔傅之以續殷祀徧封功臣同姓戚者封周公旦於少昊之虛曲阜【正義】括地志云兗州曲阜縣外城卽魯公伯禽所築也 是爲魯公周公不就封留佐武王武王克殷二年天下未集武王有疾不豫羣臣懼太公召公乃繆卜【集解】徐廣曰古書穆字多作繆 周公曰未可以戚我先王【集解】孔安國曰戚近也未可以死近先王也鄭玄曰二公欲就文王廟卜戚憂也未可憂怖我先王也 周公於是乃自以爲質設三壇周公北面立戴璧秉圭【集解】孔安國曰璧以禮神圭以爲贄 告于大王王季文王【集解】孔安國曰告謂祝辭 史策祝【集解】孔安國曰史爲策書祝詞也鄭玄曰策周公所作謂簡書也祝者讀此簡書以告三王 曰惟爾元孫王發勤勞阻疾【集解】徐廣曰阻一作淹 若爾三王是有負子之責於天以旦代王發之身【集解】孔安國曰太子之責謂疾不可救也不可救于天則當以旦代之死生有命不可請代聖人敘臣子之心以垂世教【索隱】尚書負爲丕今此爲負者謂三王負上天之責故我當代之鄭玄曰丕讀曰負 旦巧能多材多蓺能事鬼神【集解】孔安國曰言可以代武王之意 乃王發不如旦多材多蓺不能事鬼神乃命于帝庭敷佑四方【集解】馬融曰武王受命于天帝之庭布其道以佑助四方 用能定汝子孫于下地四方之民罔不敬畏【集解】孔安國曰言武王用受命帝庭之故能定先人子孫於天下四方之民無不敬畏也 無墜天之降葆命我先王亦永有所依歸【集解】孔安國曰言不救則墜天寶命也救之則先王長有所依歸矣鄭玄曰降下也寶猶主也所依歸爲宗廟之主也【正義】墜直類反 今我其卽命於元龜【集解】孔安國曰就受三王之命於元龜卜知吉凶者也馬融曰元龜大龜也 爾之許我我其以璧與圭歸以俟爾命【集解】孔安國曰許謂疾瘳待命當以事神也馬融曰待汝命武王當愈我當死也 爾不許我我乃屏璧與圭【集解】孔安國曰不許不愈也屏藏言不得事神 周公已令史策告大王王季文王欲代武王發於是乃卽三王而卜卜人皆曰吉發書視之信吉【集解】孔安國曰占兆書也 周公喜開籥乃見書遇吉【集解】王肅曰籥藏占兆書管也 周公入賀武王曰王其無害旦新受命三王維長終是圖【集解】孔安國曰我新受三王命武王維長終是謀周之道 茲道能念予一人【集解】馬融曰一人天子也鄭玄曰茲此也 周公藏其策金縢匱中【集解】孔安國曰藏之於匱緘之以金不欲人開也 誡守者勿敢言明日武王有瘳其後武王既崩成王少在強葆之中【索隱】強葆卽襁褓古字少假借用之【正義】強闊八寸長八尺用約小兒於背而負行葆小兒被也 周公恐天下聞武王崩而畔周公乃踐阼代成王攝行政當國管叔及其羣弟流言於國曰周公將不利於成王【集解】孔安國曰放言於國以誣周公以惑成王也 周公乃告太公望召公奭曰我之所以弗辟【正義】音避 而攝行政者恐天下畔周無以告我先王大王王季文王三王之憂勞天下久矣於今而后成武王蚤終成王少將以成周我所以爲之若此於是卒相成王而使其子伯禽代就封於魯周公戒伯禽曰我文王之子武王之弟成王之叔父我於天下亦不賤矣然我一沐三握髮一飯三吐哺起以待士猶恐失天下之賢人子之魯慎無以國驕人管蔡武庚等果率淮夷而反周公乃奉成王命興師東伐作大誥遂誅管叔殺武庚放蔡叔收殷餘民以封康叔於衞封微子於宋以奉殷祀寧淮夷東土二年而畢定諸侯咸服宗周天降祉福唐叔得禾異母同穎【集解】徐廣曰一作穗穎卽穗也【索隱】尚書母作畝此爲母義並通 獻之成王成王命唐叔以餽周公於東土作餽禾周公既受命禾嘉天子命【集解】徐廣曰嘉一作魯今書序作旅也【索隱】魯字誤史意云周公嘉天子命於文不必作魯 作嘉禾東土以集周公歸報成王乃爲詩貽王命之曰鴟鴞【集解】駰案毛詩序曰成王未知周公之志公乃爲詩以遺王名之曰鴟鴞毛傳曰鴟鴞鸋鴂也 王亦未敢訓周公【集解】徐廣曰訓一作誚【索隱】尚書作誚誚讓也此作訓字誤耳義無所通徐氏合定其本何須云一作誚也 成王七年二月乙未王朝步自周至豐【集解】馬融曰周鎬京也豐文王廟所在朝者舉事上朝將卽土中易都大事故告文王武王廟鄭玄曰步行也堂下謂之步豐鎬異邑而言步者告武王廟卽行出廟入廟不以遠爲父恭也【索隱】豐文王所作邑後武王都鎬於豐立文王廟按豐在鄠縣東臨豐水東去鎬二十五里也 使太保召公先之雒相土【集解】鄭玄曰相視也 其三月周公往營成周雒邑【集解】駰案公羊傳曰成周者何東周也何休曰名爲成周者周道始成王所都也 卜居焉曰吉遂國之成王長能聽政於是周公乃還政於成王成王臨朝周公之代成王治南面倍依以朝諸侯【集解】駰案禮記曰周公朝諸侯于明堂之位天子負斧依南向而立鄭玄曰周公攝王位以明堂之禮儀朝諸侯也不於宗廟避王也天子周公也負之爲言倍也斧依爲斧文屏風於戶牖之間周公於前立也 及七年後還政成王北面就臣位匔匔如畏然【集解】徐廣曰一作匑匑謹敬貌也見三蒼音窮窮一本作夔夔也 初成王少時病周公乃自揃其蚤沈之河以祝於神曰王少未有識奸神命者乃旦也亦藏其策於府成王病有瘳及成王用事人或譖周公周公奔楚【索隱】經典無文其事或別有所出而譙周云秦既燔書時人欲言金縢之事失其本末乃云成王少時病周公禱河欲代王死藏祝策於府成王用事人讒周公周公奔楚成王發府見策乃迎周公又與蒙恬傳同事或然也 成王發府見周公禱書乃泣反周公周公歸恐成王壯治有所淫佚乃作多士作毋逸毋逸稱爲人父母爲業至長久子孫驕奢忘之以亡其家爲人子可不慎乎故昔在殷王中宗嚴恭敬畏天命自度【集解】孔安國曰用法度也 治民震懼不敢荒寧【集解】馬融曰知民之勞苦不敢荒廢自安也 故中宗饗國七十五年其在高宗【正義】武丁也 久勞于外爲與小人【集解】孔安國曰父小乙使之久居人間勞是稼穡與小人出入同事也馬融曰武丁爲太子時其父小乙使行役有所勞役於外與小人從事知小人艱難勞苦也鄭玄曰爲父小乙將師役於外也 作其卽位乃有亮闇三年不言【集解】孔安國曰武丁起其卽王位則小乙死乃有信嘿三年不言言孝行著也鄭玄曰楣謂之梁闇謂廬也 言乃讙【集解】鄭玄曰讙喜悅也言乃喜悅則臣民望其言久矣 不敢荒寧密靖殷國【集解】馬融曰寧安也 至于小大無怨【集解】孔安國曰小大之政民無怨者言無非也 故高宗饗國五十五年【集解】駰案尚書云五十九年 其在祖甲【集解】孔安國曰王肅云祖甲湯孫太甲也馬融曰祖甲武丁子帝甲也【索隱】按紀年太甲惟得十二年此云祖甲享國三十三年知祖甲是帝甲明矣 不義惟王久爲小人【集解】孔安國曰爲王不義久爲小人之行伊尹放之桐宮馬融曰祖甲有兄祖庚而祖甲賢武丁欲立之祖甲以王廢長立少不義逃亡民間故曰不義惟王久爲小人也武丁死祖庚立祖庚死祖甲立 于外知小人之依能保施小民不侮鰥寡【集解】孔安國曰小人之所依依仁政也故能安順於衆民不敢侮慢惸獨也 故祖甲饗國三十三年【集解】王肅曰先中宗後祖甲先盛德後有過也 多士稱曰自湯至于帝乙無不率祀明德帝無不配天者【集解】孔安國曰無敢失天道者故無不配天也 在今後嗣王紂誕淫厥佚不顧天及民之從也【集解】徐廣曰一作敬之也駰案馬融曰紂大淫樂其逸無所能顧念於天施顯道於民而敬之也 其民皆可誅周多士文王日中昃不暇食饗國五十年作此以誡成王成王在豐天下已安周之官政未次序於是周公作周官官別其宜作立政【集解】孔安國曰周公既致政成王恐其怠忽故以君臣立政爲戒也 以便百姓百姓說周公在豐病將沒曰必葬我成周【集解】徐廣曰衞世家云管叔欲襲成周然則或說尚書者不以成周爲洛陽乎諸侯年表敘曰齊晉楚秦其在成周微之甚也 以明吾不敢離成王周公既卒成王亦讓葬周公於畢【正義】括地志周公墓在雍州咸陽北十三里畢原上 從文王以明予小子不敢臣周公也周公卒後秋未穫暴風雷雨禾盡偃大木盡拔周國大恐成王與大夫朝服以開金縢書【索隱】尚書武王崩後有此雷風之異今此言周公卒後更有暴風之變始開金縢之書此不然也蓋由史遷不見古文尚書故謬爾 王乃得周公所自以爲功代武王之說【集解】徐廣曰一作簡駰案孔安國曰所藏請命策書本也 二公及王乃問史百執事【集解】孔安國曰二公倡王啟之故先見書也史百執事皆從周公請命者鄭玄曰問者問審然否也 史百執事曰信有昔周公命我勿敢言成王執書以泣【集解】鄭玄曰泣者傷周公忠孝如是而無知之者 曰自今後其無繆卜乎【集解】孔安國曰本欲敬卜吉凶今天意可知故止 昔周公勤勞王家惟予幼人弗及知今天動威以彰周公之德惟朕小子其迎我國家禮亦宜之【集解】王肅曰亦宜褒有德也【正義】孔安國云周公以成王未寤故留東未還成王改過自新遣使者迎之亦國家禮有德之宜也王孔二說非也按言成王以開金縢之書知天風雷以彰周公之德故成王亦設郊天之禮以迎我國家先祖配食之禮亦當宜之故成王出郊天乃雨反風也 王出郊天乃雨反風禾盡起【集解】孔安國曰郊以玉幣謝天也天卽反風起禾明郊之是也馬融曰反風還反也 二公命國人凡大木所偃盡起而築之【集解】徐廣曰築拾也駰案馬融曰禾爲木所偃者起其木拾其下禾乃無所失亡也 歲則大孰於是成王乃命魯得郊【集解】駰案禮記曰魯君祀帝于郊配以后稷天子之禮 祭文王【集解】駰案禮記曰諸侯不得祖天子鄭玄曰魯以周公之故立文王之廟也 魯有天子禮樂者以褒周公之德也周公卒子伯禽固已前受封是爲魯公【索隱】周公元子就封於魯次子留相王室代爲周公其餘食小國者六人凡蔣邢茅胙祭也 魯公伯禽之初受封之魯三年而後報政周公周公曰何遲也伯禽曰變其俗革其禮喪三年然後除之故遲大公亦封於齊五月而報政周公周公曰何疾也曰吾簡其君臣禮從其

俗爲也及後聞伯禽報政遲乃歎曰嗚呼魯後世其北
面事齊矣夫政不簡不易民不有近平易近民民必歸
之【集解】徐廣曰一本云政不簡不行不行不樂不樂則不易不易平易近民民必歸之又一本云大民不簡不
易有近乎簡易民必歸之【索隱】言爲政簡易者民必附近之近謂親近也伯禽即位之後有
管蔡等反也淮夷徐戎亦並興反【集解】孔安國曰淮浦之夷徐州之戎並起
爲寇於是伯禽率師伐之於肸作肸誓【集解】徐廣曰一作鮮一作獮駰案尚
書作柴孔安國曰魯東郊之地名也【索隱】尚書作柴誓今尚書大傳作鮮誓鮮誓即肸誓古今字異義亦殺也
鮮獮也言於肸地誓衆因行獮田之禮以取鮮獸而祭故字或作鮮或作獮柴地名即魯卿季氏之費邑曰
陳爾甲冑無敢不善無敢傷牿【正義】古毒反牿牛馬牢也令臣無傷其牢恐牛
馬逸馬牛其風臣妾逋逃【集解】鄭玄曰風走逸臣妾廝役之屬也勿敢越逐
敬【集解】徐廣曰一作振復之【集解】孔安國曰勿敢弃越壘伍而求逐也衆人有得佚馬牛逃臣妾皆敬
還無敢寇攘踰牆垣【集解】鄭玄曰寇劫取也因其亡失曰攘魯人三郊三
隧【集解】王肅曰邑外曰郊郊外曰隧不言四者東郊留守故言三也峙爾芻茭糗糧楨
榦【集解】孔安國曰皆當儲峙汝糧使足食多積芻茭供軍牛馬馬融曰楨榦皆築具楨在前榦在兩傍【正義】
糗去九反楨音貞無敢不逮我甲戌築而征徐戎【集解】孔安國曰甲戌日當
築攻敵壘距壓之屬無敢不及有大刑【集解】馬融曰大刑死刑作此肸誓遂
平徐戎定魯魯公伯禽卒【集解】徐廣曰皇甫謐云伯禽以成王元年封四十六年康
王十六年卒子考公酋立【索隱】系本作就鄒本作遒考公四年卒立弟熙
是謂煬公【索隱】熙一作怡煬公築茅【集解】徐廣曰一作第又作夷闕門【集解】駰案
世本曰煬公徙魯宋忠曰今魯國六年卒子幽公宰立【索隱】世本名圉幽公十
四年幽公弟潰殺幽公而自立是爲魏公【集解】徐廣曰世本作微公
【索隱】系本潰作弗音沸魏作微且古書多用魏字作微則太史公意亦不殊魏公五十年卒
子厲公擢立【索隱】擢音持角反厲公三十七年卒魯人立其
弟具是爲獻公獻公三十二年卒【集解】徐廣曰劉歆云五十年皇甫謐云三
十六年子真公濞立【索隱】真音慎本亦作慎公按衛亦有真侯可通也濞系本作摯或作嚊音
匹位反鄒誕本作慎公弊也真公十四年周厲王無道出奔彘共和
行政二十九年周宣王即位三十年真公卒弟敖立是
爲武公武公九年春武公與長子括少子戲【正義】許義反又音許
宜反後同西朝周宣王宣王愛戲欲立戲爲魯太子周之樊
仲山父諫宣王曰廢長立少不順不順必犯王命犯王
命必誅之故出令不可不順也令之不行政之不立【集解】
韋昭曰令不行則政不立行而不順民將弃上【集解】韋昭曰使長事少故民將弃上夫
下事上少事長所以爲順今天子建諸侯立其少是敎
民逆也【集解】唐固曰言不敎之順而敎之逆若魯從之諸侯效之王命將
有所壅【集解】韋昭曰言先王立長之命將壅塞不行也若弗從而誅之是自誅
王命也【集解】韋昭曰先王之命立長今魯亦立長若誅之是自誅王命也誅之亦失不
誅亦失【集解】韋昭曰誅之王命不誅則王命廢王其圖之宣王弗聽卒立
戲爲魯太子夏武公歸而卒【集解】徐廣曰劉歆云立二年戲立是爲
懿公懿公九年懿公兄括之子伯御與魯人攻弒懿公
而立伯御爲君【正義】伯拔嫁反伯御即位十一年周宣王伐魯

殺其君伯御而問魯公子能道順【集解】徐廣曰順一作訓【正義】道音導順音
訓諸侯者以爲魯後樊穆仲曰【集解】韋昭曰穆仲山父之謚也猶魯叔孫穆
子謂之穆叔也魯懿公弟稱【正義】尺證反肅恭明神敬事耆老賦事
行刑必問於遺訓而咨於固實【集解】徐廣曰固一作故韋昭曰故實故事之是
者不干所問不犯所知宣王曰然能訓治其民矣乃立
稱於夷宮【集解】韋昭曰夷宮者宣王祖父夷王之廟古者爵命必於祖廟是爲孝公自
是後諸侯多畔王命孝公二十五年諸侯畔周犬戎殺
幽王秦始列爲諸侯二十七年孝公卒子弗湟立【集解】徐廣
曰表云弗生也【索隱】系本作弗皇年表作孝公子弗生是爲惠公惠公三十年晉
人弒其君昭侯四十五年晉人又弒其君孝侯四十六
年惠公卒長庶子息攝當國行君事是爲隱公【索隱】隱公名息
系本名息姑初惠公適夫人無子【正義】適音的公賤妾聲子生子
息息長爲娶於宋宋女至而好惠公奪而自妻之【索隱】左傳
宋武公生仲子仲子手中有魯夫人文故歸魯生桓公今此云惠公奪息婦而自妻又經傳不言惠公無道左氏文
亦分明不知太史公何據而爲此說譙周亦深不信生子允【集解】徐廣曰一作軌【索隱】一作兀五忽反
登宋女爲夫人以允爲太子及惠公卒爲允少故魯人
共令息攝政不言即位隱公五年觀漁於棠【集解】賈逵曰棠魯地
陳漁而觀之杜預曰高平方與縣北有武棠亭魯侯觀漁臺也八年與鄭易天子之太
山之邑祊及許田君子譏之【集解】駰案穀梁傳曰祊者鄭伯之所受命於天子而
祭太山之邑也許田魯之朝宿之邑天子在上諸侯不得以地相與十一年冬公子揮
諂謂隱公曰百姓便君君其遂立吾請爲君殺子允君
以我爲相【集解】駰案左傳曰羽父請殺桓公將以求大宰也隱公曰有先君命
吾爲允少故攝代今允長矣吾方營菟裘之地而老焉
以授子【集解】服虔曰菟裘魯邑也營菟裘以作宮室欲居之以終老也杜預曰菟裘在泰山梁父縣南
允政揮懼子允聞而反誅之乃反譖隱公於子允曰隱
公欲遂立去子子其圖之請爲子殺隱公子允許諾十
一月隱公祭鍾巫【集解】賈逵曰鍾巫祭名也齊于社圃【集解】杜預曰社圃園名
館于蔿氏【集解】服虔曰館舍也蔿氏魯大夫揮使人弒隱公于蔿氏而
立子允爲君是爲桓公桓公元年鄭以璧易天子之許
田【集解】穀梁傳曰鄭以祊不足當許田故復加璧二年以宋之賂鼎入於太廟
君子譏之【集解】駰案穀梁傳曰桓公內弒其君外成人之亂受賂而退以事其祖非禮也公羊傳曰
周公廟曰太廟三年使揮迎婦于齊爲夫人六年夫人生子與
桓公同日故名曰同同長爲太子十六年會于曹伐鄭
入厲公十八年春公將有行【集解】杜預曰始議行事也遂與夫人如
齊申繻諫止公【集解】賈逵曰申繻魯大夫公不聽遂如齊齊襄公通
桓公夫人公怒夫人夫人以告齊侯夏四月丙子齊襄
公饗公【集解】服虔曰爲公設享讌之禮公醉使公子彭生抱魯桓公因
命彭生摺其脅公死于車魯人告于齊曰寡君畏君之
威不敢寧居來修好禮禮成而不反無所歸咎請得彭
生以除醜於諸侯齊人殺彭生以說魯立太子同是爲

莊公莊公母夫人因留齊不敢歸魯莊公五年冬伐衛
內衛惠公八年齊公子糾來奔九年魯欲內子糾於齊
後桓公桓公發兵擊魯魯急殺子糾召忽死齊告魯生
致管仲魯人施伯曰【正義】世本云施伯魯惠公孫齊欲得管仲非殺
之也將用之用之則爲魯患不如殺以其屍與之【索隱】亦
作死字莊公不聽遂囚管仲與齊齊人相管仲十三年魯
莊公與曹沬會齊桓公於柯曹沬劫齊桓公求魯侵地
已盟而釋桓公桓公欲背約管仲諫卒歸魯侵地十五
年齊桓公始霸二十三年莊公如齊觀社【集解】韋昭曰齊因祀社蒐
軍實以示軍容公往觀之三十二年初莊公築臺臨黨氏【集解】賈逵曰黨氏魯
大夫任姓見孟女【集解】賈逵曰黨氏之女【索隱】左傳云初公築臺臨黨氏見孟任從之閟杜預曰孟長
任字也非姓耳說而愛之許立爲夫人割臂以盟【集解】服虔曰割其臂以與
公盟孟女生子斑斑長說梁氏女【集解】杜預曰梁氏魯大夫也往觀圉
人犖自牆外與梁氏女戲【集解】服虔曰圉人掌養馬者犖其名也【正義】犖力角反
斑怒鞭犖莊公聞之曰犖有力焉遂殺之是未可鞭而
置也斑未得殺會莊公有疾莊公有三弟長曰慶父次
曰叔牙次曰季友莊公取齊女爲夫人曰哀姜哀姜無
子哀姜娣【正義】娣田戾反曰叔姜生子開莊公無適嗣愛孟女
欲立其子斑莊公病而問嗣於弟叔牙叔牙曰一繼一
及魯之常也【集解】何休曰父死子繼兄死弟及慶父在可爲嗣君何憂
莊公患叔牙欲立慶父退而問季友季友曰請以死立
斑也莊公曰曩者叔牙欲立慶父奈何季友以莊公命
命叔牙待於鍼巫氏【集解】杜預曰鍼巫氏魯大夫也使鍼季劫飲叔牙
以鴆【集解】服虔曰鴆鳥一曰運日鳥曰飲此則有後奉祀不然死且無
後牙遂飲鴆而死魯立其子爲叔孫氏【集解】杜預曰不以罪誅故得立
後世繼其祿也八月癸亥莊公卒季友竟立子斑爲君如莊公
命侍喪舍于黨氏【正義】未至公宮止於舅氏先時慶父與哀姜私通
欲立哀姜娣子開及莊公卒而季友立斑十月己未慶
父使圉人犖殺魯公子斑於黨氏季友奔陳【集解】服虔曰季友內
知慶父之情力不能誅故避其難出奔慶父竟立莊公子開是爲湣公【索隱】
系本名啟今此作開避漢景帝諱耳春秋作閔公也湣公二年慶父與哀姜通
益甚哀姜與慶父謀殺湣公而立慶父慶父使卜齮襲
殺湣公於武闈【集解】賈逵曰卜齮魯大夫也宮中之門謂之闈【正義】齮魚綺反闈音韋季
友聞之自陳與湣公弟申如邾請魯求內之魯人欲誅
慶父慶父恐奔莒於是季友奉子申入立之是爲釐公
【索隱】湣公之弟名申成季相之魯國以理於是魯人爲僖公作魯頌釐公亦莊公少子
哀姜恐奔邾季友以賂如莒求慶父慶父歸使人殺慶
父慶父請奔弗聽乃使大夫奚斯行哭而往慶父聞奚
斯音乃自殺齊桓公聞哀姜與慶父亂以危魯乃召之
邾而殺之以其屍歸戮之魯魯釐公請而葬之季友母

陳女故亡在陳陳故佐送季友及子申季友之將生也
父魯桓公使人卜之曰男也其名曰友間于兩社爲公
室輔【集解】賈逵曰兩社周社亳社也兩社之間朝廷執政之臣所在季文亡則魯不昌
及生有文在掌曰友遂以名之號爲成季其後爲季氏
慶父後爲孟氏也釐公元年以汶陽鄪封季友【集解】賈逵曰汶
陽鄪魯二邑杜預曰汶陽汶水北地汶水出泰山萊蕪縣【索隱】鄪今作費音祕按費在汶水之北則汶陽
非邑賈言二邑非也地理志東海費縣固云魯季氏邑蓋尚書費誓即是其地季友爲相九
年晉里克殺其君奚齊卓子【集解】徐廣曰卓一作悼齊桓公率釐
公討晉亂至高梁而還【索隱】晉地在平陽縣立晉惠公十七年齊
桓公卒二十四年晉文公即位三十三年釐公卒子興
立是爲文公文公元年楚太子商臣弒其父成王代立
三年文公朝晉襄公十一年十月甲午魯敗翟于鹹【集解】
服虔曰魯地也獲長翟喬如富父終甥舂其喉以戈殺之【集解】
服虔曰富父終甥魯大夫也舂猶衝埋其首於子駒之門【集解】賈逵曰子駒魯郭門名以
命宣伯【集解】服虔曰宣伯叔孫得臣子喬如也得臣獲喬如以名其子使後世旌識其功初宋
武公之世鄋瞞伐宋【集解】服虔曰武公周平王時在春秋前二十五年鄋瞞長翟國名【正
義】鄋作瘦音所劉反瞞莫寒反司徒皇父帥師禦之以敗翟于長丘【集解】
杜預曰宋地名獲長翟緣斯【集解】賈逵曰喬如之祖晉之滅路【集解】在魯宣公十五
年獲喬如弟棼如齊惠公二年鄋瞞伐齊齊王子城父
獲其弟榮如埋其首於北門【集解】駰案年表齊惠公二年魯宣公之二年衛
人獲其季弟簡如【集解】服虔曰獲與喬如同時鄋瞞由是遂亡【集解】杜預
曰長翟之種絕十五年季文子使於晉十八年二月文公卒文
公有二妃長妃齊女哀姜【索隱】此哀非謚蓋以哭而過市國人哀之謂之哀姜生
子惡及視次妃敬嬴嬖愛生子俀【集解】徐廣曰一作倭【索隱】倭音人唯反
私事襄仲【集解】服虔曰襄仲公子遂襄仲欲立之叔仲曰不可【集解】服虔
曰叔仲惠伯襄仲請齊惠公惠公新立欲親魯許之冬十月
襄仲殺子惡及視而立俀是爲宣公哀姜歸齊哭而過
市曰天乎襄仲爲不道殺適立庶【正義】適音的市人皆哭魯
人謂之哀姜魯由此公室卑三桓彊【集解】服虔曰三桓魯桓公之族仲孫
叔孫季孫宣公俀十二年楚莊王彊圍鄭鄭伯降復國之十
八年宣公卒子成公黑肱立【集解】徐廣曰肱一作股立是爲成公季
文子曰使我殺適立庶失大援者襄仲【集解】服虔曰援助也仲殺適立
庶國政無常鄰國非之是失大援助也杜預曰襄仲立宣公南通於楚既不固又不能堅事齊晉故云失大援
襄仲立宣公公孫歸父有寵【集解】服虔曰歸父襄仲之子宣公欲去
三桓與晉謀伐三桓會宣公卒季文子怨之歸父奔齊
成公二年春齊伐取我隆【集解】駰案左傳作龍杜預曰魯邑在泰山博縣西南夏
公與晉郤克敗齊頃公於鞌齊復歸我侵地四年成公
如晉晉景公不敬魯魯欲背晉合於楚或諫乃不十年
成公如晉晉景公卒因留成公送葬魯諱之【索隱】經不書其葬唯
言公如晉是諱之十五年始與吳王壽夢會鍾離【正義】括地志云鍾離國故

城在濠州鍾離縣東五里十六年宣伯告晉欲誅季文子【集解】服虔曰宣伯叔孫僑如文子有義晉人弗許十八年成公卒子午立是為襄公是時襄公三歲也襄公元年晉立悼公往年冬晉欒書弒其君厲公四年襄公朝晉五年季文子卒家無衣帛之妾廄無食粟之馬府無金玉以相三君【索隱】宣成襄也君子曰季文子廉忠矣九年與晉伐鄭晉悼公冠襄公於衛【集解】駰案左傳曰冠于成公之廟假鍾磬焉禮也季武子從相行禮十一年三桓氏分為三軍【集解】韋昭曰周禮天子六軍諸侯大國三軍魯伯禽之封舊有三軍其後削弱二軍而已季武子欲專公室故益中軍以為三軍三家各征其一【索隱】征謂起徒役也武子為三軍故一卿主一軍之征賦十二年朝晉十六年晉平公即位二十一年朝晉平公二十二年孔丘生【正義】生在周靈王二十一年魯襄二十二年晉平七年吳諸樊十年二十五年齊崔杼弒其君莊公立其弟景公二十九年吳延陵季子使魯問周樂盡知其意魯人敬焉三十一年六月襄公卒其九月太子卒【集解】駰案左傳曰毀也【索隱】左傳云胡女敬歸之子子野立三月卒魯人立齊歸之子裯為君【集解】徐廣曰裯一作袑服虔曰胡歸姓之國也齊謚也【索隱】系本作稠徐廣作袑袑音紹也是為昭公昭公年十九猶有童心【集解】服虔曰言無成人之志而有童子之心穆叔不欲立【索隱】魯大夫叔孫豹宣伯僑如之弟曰太子死有母弟可立不即立長【集解】服虔曰無母弟則立庶子之長年鈞擇賢義鈞則卜之【集解】杜預曰先人事後卜筮義鈞謂賢等今裯非適嗣且又居喪意不在戚而有喜色若果立必為季氏憂季武子弗聽卒立之比及葬三易衰【集解】杜預曰言其嬉戲無度君子曰是不終也昭公三年朝晉至河晉平公謝還之魯恥焉四年楚靈王會諸侯於申昭公稱病不往七年季武子卒八年楚靈王就章華臺召昭公昭公往賀【集解】駰案春秋云七年三月公如楚賜昭公寶器已而悔復詐取之【集解】駰案左傳曰好以大屈服虔曰大屈寶金可以為劍一曰大屈弓名魯連書曰楚子享魯侯于章華與之大曲之弓既而悔之大屈所謂大曲之弓也十二年朝晉至河晉平公謝還之十三年楚公子棄疾弒其君靈王代立十五年朝晉晉留之葬晉昭公魯恥之二十年齊景公與晏子狩竟因入魯問禮【索隱】齊系家亦然左傳無其事二十一年朝晉至河晉謝還之二十五年春鸜鵒來巢【集解】駰案周禮曰鸜鵒不踰濟公羊傳曰非中國之禽也宜穴而巢穀梁傳曰來者來中國也師已曰文成之世童謠曰【集解】賈逵曰師已魯大夫也文成魯文公成公鸜鵒來巢公在乾侯鸜鵒入處公在外野季氏與郈氏鬭雞【集解】徐廣曰一本作厚世本亦然鬭雞【集解】杜預曰季平子郈昭伯二家相近故鬭雞季氏芥雞羽【集解】服虔曰擣芥子播其雞羽可以坌郈氏雞目杜預曰或云以膠沙播之為芥雞郈氏金距【集解】服虔曰以金鍜距季平子怒而侵郈氏【集解】服虔曰怒其不下己也侵郈氏之宮地以自益郈昭伯亦怒平子【索隱】系本昭伯名惡魯孝公之後稱郈氏臧昭伯之弟會偽讒臧氏匿季氏【集解】賈逵曰昭伯臧孫賜也【索隱】系本臧會臧頃伯也宣叔許之孫與昭伯賜為從父昆弟也臧昭伯囚季氏人季平子怒囚臧氏老【集解】服虔曰老臧氏家之大臣臧郈氏以難告

昭公昭公九月戊戌伐季氏遂入平子登臺請曰君以讒不察臣罪誅之請遷沂上弗許【集解】杜預曰魯城南自有沂水平子欲出城待罪也大沂水出蓋縣南入泗水請囚於鄪弗許【集解】服虔曰鄪季氏邑請以五乘亡弗許【集解】服虔曰言五乘自省約以出子家駒曰【索隱】魯大夫仲孫氏之族名駒謚懿伯君其許之政自季氏久矣為徒者衆衆將合謀弗聽郈氏曰必殺之叔孫氏之臣戾【集解】駰案左傳曰鬷戾謂其衆曰無季氏與有孰利皆曰無季氏是無叔孫氏戾曰然救季氏遂敗公師孟懿子【集解】賈逵曰懿子仲孫何忌聞叔孫氏勝亦殺郈昭伯郈昭伯為公使故孟氏得之三家共伐公公遂奔己亥公至于齊齊景公曰請致千社待君子家曰棄周公之業而臣於齊可乎乃止子家曰齊景公無信不如早之晉弗從叔孫見公還見平子平子頓首初欲迎昭公孟孫季孫後悔乃止二十六年春齊伐魯取鄆【集解】賈逵曰魯邑而居昭公焉夏齊景公將內公令無受魯賂申豐汝賈【集解】賈逵曰申豐汝賈魯大夫許齊臣高齕子將粟五千庾【集解】賈逵曰十六斗為庾五千庾八萬斗【索隱】一本子將上有貨字子將即梁丘據也齕音紇子將家臣也左傳子將作子猶子將言於齊侯曰羣臣不能事魯君有異焉【集解】服虔曰異猶怪也宋元公為魯如晉求內之道卒【集解】駰案春秋曰宋公佐卒于曲棘叔孫昭子求內其君無病而死【索隱】昭子名婼即穆叔子不知天棄魯乎抑魯君有罪于鬼神也願君且待齊景公從之二十八年昭公如晉求入季平子私於晉六卿六卿受季氏賂諫晉君晉君乃止居昭公乾侯【集解】杜預曰乾侯在魏郡斥丘縣晉境內邑二十九年昭公如鄆齊景公使人賜昭公書自謂主君【集解】服虔曰大夫稱主比公於大夫故稱主君昭公恥之怒而去乾侯三十一年晉欲內昭公召季平子平子布衣跣行因六卿謝罪【集解】王肅曰示憂戚六卿為言曰晉欲內昭公衆不從晉人止三十二年昭公卒於乾侯魯人共立昭公弟宋為君是為定公定公立趙簡子問史墨【集解】服虔曰史墨晉史蔡墨曰季氏亡乎史墨對曰不亡季友有大功於魯受鄪為上卿至于文子武子世增其業魯文公卒東門遂【集解】服虔曰東門襄仲也居東門故稱東門遂【索隱】系本並作述鄒誕作林又系本遂產子家歸父及昭子子嬰也殺適立庶魯君於是失國政政在季氏於今四君矣民不知君何以得國是以為君慎器與名不可以假人【集解】杜預曰器車服名爵號定公五年季平子卒陽虎私怒囚季桓子與盟乃捨之七年齊伐我取鄆以為魯陽虎邑以從政八年陽虎欲盡殺三桓適而更立其所善庶子以代之載季桓子將殺之桓子詐而得脫三桓共攻陽虎陽虎居陽關【集解】服虔曰陽關魯邑九年魯伐陽虎陽虎奔齊已而奔晉趙氏【正義】左傳云仲尼曰趙氏其世有亂乎杜預云受亂人故十年定公與齊景公會於夾谷孔子行相事齊欲襲魯君孔子以禮歷

階誅齊淫樂齊侯懼乃止歸魯侵地而謝過十二年使仲由毀三桓城【集解】服虔曰仲由子路收其甲兵孟氏不肯墮城【集解】杜預曰墮毀伐之不克而止季桓子受齊女樂孔子去【集解】孔安國曰桓子使定公受齊女樂君臣相與觀之廢朝禮三日十五年定公卒子將立是為哀公【索隱】系本將亦作蔣哀公五年齊景公卒六年齊田乞弒其君孺子七年吳王夫差彊伐齊至繒徵百牢於魯季康子使子貢說吳王及太宰嚭以禮詘之吳王曰我文身不足責禮乃止八年吳為鄒伐魯至城下盟而去齊伐我取三邑十年伐齊南邊十一年齊伐魯季氏用冉有有功思孔子孔子自衛歸魯十四年齊田常弒其君簡公於徐州孔子請伐之哀公不聽十五年使子服景伯子貢為介適齊齊歸我侵地田常初相欲親諸侯十六年孔子卒二十二年越王句踐滅吳王夫差二十七年春季康子卒夏哀公患三桓將欲因諸侯以劫之三桓亦患公作難故君臣多間【集解】賈逵曰間隙也公游于陵阪【集解】服虔曰陵阪地名遇孟武伯於衛【索隱】一本作衛非也左傳於孟氏之衢曰請問余及死乎【集解】杜預曰問己可得以壽死不對曰不知也公欲以越伐三桓八月哀公如陘氏【集解】杜預曰陘氏即有山氏三桓攻公公奔于衛去如鄒遂如越國人迎哀公復歸卒于有山氏【集解】徐廣曰皇甫謐云哀公元年甲辰終庚午子寧立是為悼公悼公之時三桓勝魯如小侯卑於三桓之家十三年三晉滅智伯分其地有之三十七年悼公卒【集解】徐廣曰一本云悼公即位三十年乃於秦惠王卒楚懷王死年合又自悼公以下盡與劉歆曆譜合而反違年表未詳何故皇甫謐云悼公四十年元辛未終庚戌子嘉立是為元公元公二十一年卒【集解】徐廣曰皇甫謐云元辛亥終辛未子顯立是為穆公【索隱】系本顯作不衍穆公三十三年卒【集解】徐廣曰皇甫謐云元壬申終甲辰子奮立是為共公共公二十二年卒【集解】徐廣曰皇甫謐云元乙巳終丙寅子屯立是為康公【索隱】屯音竹倫反康公九年卒【集解】徐廣曰皇甫謐云元丁卯終乙亥子匽立是為景公【索隱】匽音偃景公二十九年卒【集解】徐廣曰皇甫謐云元丙子終甲辰子叔立是為平公【索隱】系本叔作旅是時六國皆稱王平公十二年秦惠王卒二十二年平公卒【集解】徐廣曰皇甫謐云元乙巳終甲子子賈立是為文公【索隱】系本作湣公鄒誕亦同系家或作文公文公七年楚懷王死于秦二十三年文公卒【集解】徐廣曰皇甫謐云元乙丑終丁亥子讎立是為頃公頃公二年秦拔楚之郢【集解】徐廣曰年表云文公十八年秦拔郢楚走陳楚頃王東徙于陳十九年楚伐我取徐州【集解】徐廣曰徐州在魯東今薛縣【索隱】說文䣄邾之下邑在魯東又郡國志曰魯國薛縣六國時曰徐州又紀年云梁惠王三十一年下邳遷于薛故名曰徐州則徐與䣄並音舒二十四年楚考烈王伐滅魯頃公亡遷於下邑【集解】徐廣曰下一作卞【索隱】下邑謂國外之小邑本或作卞邑然魯有卞邑與此不同為家人魯絕祀頃公卒于柯【集解】徐廣曰皇甫謐云元戊子終辛亥【索隱】春秋齊及魯盟于柯杜預云柯齊邑今濟北東阿魯起周公至頃公凡三十四世

太史公曰余聞孔子稱曰甚矣魯道之衰也洙泗之間齗齗如也【集解】徐廣曰漢書地理志云魯濱洙泗之間其民涉渡幼者扶老者而代其任俗既薄長老不自安與幼者相讓故曰齗齗如也齗魚斤反東州語也蓋幼者患苦長者長者忿愧自守故齗齗爭辭所以為道衰也【索隱】齗讀如論語誾誾如也言魯道雖微而洙泗之間尚誾誾如也鄒誕生亦音銀又作斷斷如尚書讀則斷斷是專一之義徐廣又引地理志音五覲反云齗齗是鬭爭之貌故繁欽遂行賦云涉洙泗而飲馬恥少長之齗齗是也今按下文云至于揖讓之禮則從矣魯尚有揖讓之風如論語音誾為得之觀慶父及叔牙閔公之際何其亂也隱桓之事襄仲殺適立庶三家北面為臣親攻昭公昭公以奔至其揖讓之禮則從矣而行事何其戾也

【索隱述贊】武王既沒成王幼孤周公攝政負扆據圖及還臣列北面匑如元子封魯少昊之墟夾輔王室世職不渝降及孝公穆仲致譽隱能讓國春秋之初丘明執簡褒貶備書

史記卷三十三考證

魯周公世家乃為詩貽王命之曰鴟鴞王亦未敢訓周公○徐孚遠曰乃為詩至訓周公十七字宜在上文我所以為之若此句下

初成王少時病周公乃自揃其蚤沈之河以祝於神曰王少未有識奸神命者乃旦也亦藏其策於府成王病有瘳及成王用事人或譖周公周公奔楚成王發府見周公禱書乃泣反周公○困學紀聞曰呂子進曰考之於書啟金縢之書在周公未薨前而無揃蚤事此蓋一事傳之者不同耳習學記言曰是時楚未有國公奚之焉詩書以為居東而異說以為南奔

周公在豐病將沒○徐孚遠曰周公作洛後成王治鎬京周公治洛尚書甚明曰必葬我成周即其地也無緣在豐

武公九年春武公與長子括少子戲西朝周宣王○年表武公立十年而卒是為周宣王之十二年下文云夏武公歸而卒是立九年也與表互異

二十七年孝公卒○年表作三十八年宣王誅伯御在伯御之十一年其年乃孝公元年而表以伯御元年為孝公元年故較世家多十一年

慶父竟立莊公子開是為湣公索隱系本名曰啓○左傳疏曰杜世族譜云名啓方

於是季友奉子申入立之是為釐公索隱湣公之弟名曰申○杜預注左傳僖公閔公庶兄成風之子

獲喬如弟棼如○左傳作焚如

襄公元年晉立悼公○左傳及年表晉悼公立於成公十八年二月乙酉非襄公元年

季氏芥雞羽集解服虔曰擣芥子播其雞羽可以坌郈

氏雜目○左傳疏引此語是賈逵之說非服虔也齊伐我取三邑○左傳八年夏齊人取讙及闡二邑齊世家亦作取二邑十五年使子服景伯子貢爲介適齊齊歸我侵地○臣世駰按齊歸我讙闡在八年春秋經傳無十五年歸侵地之事大約因歸成之語而誤耳卒于有山氏集解徐廣曰皇甫謐云哀公元甲辰終庚午○年表甲辰爲定公十三年哀公元爲丁未左傳疏曰傳稱國人施罪于有山氏不得復歸而卒于其家也

史記卷三十四

漢　太　史　令司馬遷　撰

宋中郎外兵曹參軍裴　駰集解

唐國子博士弘文館學士司馬貞索隱

唐諸王侍讀率府長史張守節正義

燕召公世家第四

召公奭與周同姓姓姬氏[集解]譙周曰周之支族食邑於召謂之召公[索隱]召者畿內采地奭始食於召故曰召公或說者以爲文王受命取岐周故墟召地分爵二公故詩有周召二南言皆在岐山之陽故言南也後武王封之北燕在今幽州薊縣故城是也亦以元子就封而次子留周室代爲召公至宣王時召穆公虎其後也周武王之滅紂封召公於北燕[集解]駰案世本曰居北燕宋忠曰有南燕故云北燕其在成王時召公爲三公自陝以西召公主之自陝以東周公主之[集解]何休曰陝者蓋今弘農陝縣是也成王既幼周公攝政當國踐阼召公疑之作君奭[集解]孔安國曰尊之曰君陳古以告之故以名篇君奭不說周公[集解]馬融曰召公以周公既攝政致太平功配文武不宜復列在臣位故不說以爲周公苟貪寵也周公乃稱湯時有伊尹假于皇天[集解]孔安國曰伊摯佐湯功大至天謂致太平也鄭玄曰皇天北極大帝也在太戊時則有若伊陟臣扈假于上帝巫咸治王家[集解]孔安國曰伊陟臣扈率伊尹之職使其君不隕祖業故至天之功不隕巫咸治王家言其不及二臣馬融曰道至于上帝謂奉天時也鄭玄曰上帝太微中其所統也在祖乙時則有若巫賢[集解]孔安國曰時賢臣有如此巫賢也賢咸子巫氏也在武丁則有若甘般[集解]孔安國曰高宗即位甘般佐之後有傳說卒維茲有陳保乂有殷[集解]徐廣曰一無此九字駰案王肅曰循此數臣有陳列之功安治有殷也於是召公乃說召公之治西方甚得兆民和召公巡行鄉邑有棠樹[正義]今之棠梨樹也括地志云召伯廟在洛州壽安縣西北五里召伯聽訟甘棠之下周人思之不伐其樹後人懷其德因立廟有棠在九曲城東阜上決獄政事其下自侯伯至庶人各得其所無失職者召公卒而民人思召公之政懷棠樹不敢伐歌詠之作甘棠之詩自召公已下九世至惠侯[索隱]并國史先失也又自惠侯已下皆無名亦不言屬推召王父子有名蓋在戰國時旁見他說耳燕四十二代有二惠侯二釐侯二宣侯三桓侯二文侯蓋國史微失本謚故重耳燕惠侯當周厲王奔彘共和之時惠侯卒子釐侯立[正義]釐音僖是歲周宣王初即位釐侯二十一年鄭桓公初封於鄭三十六年釐侯卒子頃侯立頃侯二十年周幽王淫亂爲犬戎所弒秦始列爲諸侯二十四年頃侯卒子哀侯立哀侯二年卒子鄭侯立[索隱]謚法無鄭鄭或是名鄭侯三十六年卒子繆侯立繆侯七年而魯隱公元年也十八年卒子宣侯立[索隱]譙周云系本謂燕自宣侯已上皆父子相傳故無所疑桓侯已下並不言屬以其難明故也按今系本無燕代系宋忠依太史公書以補其闕尋徐廣作音尚引系本蓋近代始散逸耳宣侯十三年卒子桓侯立[集解]徐廣曰古史考曰世家自宣侯已下不說其屬以其難明故也桓侯七年卒[集解]駰案系本曰桓侯徙臨易宋忠曰今河間易縣是也子莊公立莊公十二年齊桓公始霸十六年與宋衞共伐周惠王惠王出奔溫立惠王弟穨爲周王[集解]譙周曰按春秋傳燕與子穨逐周惠王者乃南燕姞姓也系家以爲北燕失之[索隱]譙周云據左氏燕與衞伐周惠王乃是南燕姞姓而系家以爲北燕伯故著史考云此燕是姞姓今檢左氏莊十九年衞師燕師伐周二十年齊伐山戎傳云執燕仲父三十年齊伐山戎傳曰謀山戎以其病燕故也據傳文及此記元是北燕不疑杜君妄說仲父是南燕伯爲伐周故且燕衞俱是姬姓故有伐周納王之事若是姞燕與衞伐周爲鄭何以得伐燕而不伐衞乎十七年鄭執燕仲父而內惠王于周二十七年山戎來侵我齊桓公救燕遂北伐山戎而還燕君送齊桓公出境桓公因割燕所至地予燕[正義]予音與括地志云燕留故城在滄州長蘆縣東北十七里即齊桓公分溝割燕君所至地與燕因築此城故名燕留使燕共貢天子如成周時職使燕復修召公之法三十三年卒子襄公立襄公二十六年晉文公爲踐土之會稱伯三十一年秦師敗于殽三十七年秦穆公卒四十年襄公卒桓公立桓公十六年卒[索隱]譙周云系家襄公生宣伯無桓今檢史記並有桓公立十六年又宋忠據此史補系家亦有桓公是允南所見本異則是燕有三桓公也宣公立宣公十五年卒昭公立昭公十三年卒武公立是歲晉滅三郤大夫武公十九年卒文公立文公六年卒懿公立懿公元年齊崔杼弒其君莊公四年卒子惠公立惠公元年齊高止來奔六年惠公多寵姬公欲去諸大夫而立寵姬宋大夫共誅姬宋[索隱]宋其名也或作宗劉氏云其父兄爲執政故諸大夫共滅之惠公懼奔齊四年齊高偃如晉請共伐燕入其君晉平公許與齊伐燕入惠公惠公至燕而死[索隱]春秋昭三年北燕伯款奔齊至六年又云齊伐北燕一與此文合左傳無納款之文而云將納簡公晏子曰燕君不入矣齊遂受賂而還事與此乖而又以款爲簡公簡公後惠公四代則與春秋經傳不相協未可強言也燕立悼公悼公七年卒共公立共公五年卒平公立晉公室卑六卿始彊大平公十八年吳王闔閭破楚入郢十九年卒簡公立簡公十二年卒獻公立[索隱]王劭按紀年簡公後次孝公無獻公然紀年之書多是譌謬聊記異耳晉趙鞅圍范中行於朝歌獻公十二年齊田常弒其君簡公十四年孔子卒二十八年獻公卒孝公立孝公十二年韓魏趙滅智伯分其地[索隱]按紀年智伯滅在成公二年也三晉彊十五年孝公卒成公立成公十六年卒[索隱]按紀年成侯名載滑公立滑公三十一年卒釐公立[索隱]年表作釐侯莊徐廣云一無莊字按燕失年紀及其君名表言莊者衍字也是歲三晉列爲諸侯[索隱]按紀年作文公二十四年卒簡公立十三年而三晉命邑爲諸侯與此不同釐公三十年伐齊敗于林營[索隱]林營地名一云林地名於林地立營故曰林營釐公卒[索隱]紀年作簡公四十五年卒妄也按上簡公生獻公則此當是釐但立年又誤耳桓公立桓公十一年卒文公立[索隱]系本已上文公爲閔公則湣與閔同而上懿公之父又謚文公是歲秦獻公卒秦益彊文公十九年齊威王卒二十八年蘇秦始來見說文公文公予車馬金帛以至趙趙肅侯用之因約六國爲從長[正義]從足從反長丁丈反秦惠王以其女爲燕太子婦二十九年文公卒太子立是爲易王易王初立齊宣王因燕喪伐我取十城蘇秦說齊使復歸燕十城十年燕君爲王[索隱]燕君即易王也言君初以十年稱王也上言易王者易謚也後追書謚耳蘇秦與燕文公夫人私通懼誅乃說王使齊爲反間欲以亂齊[集解]駰案孫子兵法曰反間者因敵間而用之者也凡軍之所欲擊城之所欲攻人之所欲殺必先知其守將左右謁者門者舍人之姓名令吾之間必索敵間之來間我者因而利導舍之故反間可得用也[正義]使音所史反間音紀莧反易王立十二年卒子燕噲立燕噲既立齊人殺蘇秦蘇秦之在燕與其相子之爲婚而蘇代與子之交及蘇秦死而齊宣王復用蘇代燕噲三年與楚三晉攻秦不勝而還子之相燕貴重主斷蘇代爲齊使於燕[索隱]按戰國策曰子之使蘇代侍質子於齊齊使代報燕是也燕王問曰齊王奚如對曰必不霸燕王曰何也對曰不信其臣蘇代欲以激燕王以尊子之也於是燕王大信子之子之因遺蘇代百金[正義]瓚云秦以一鎰爲一金孟康云二十四兩曰鎰而聽其所使鹿毛壽[集解]徐廣曰一作厝毛又曰甘陵縣本名厝[索隱]春秋後語亦作厝毛壽又韓子作潘壽謂燕王不如以國讓相子之人之謂堯賢者以其讓天下於許由許由不受有讓天下之名而實不失天下今王以國讓於子之子之必不敢受是王與堯同行也燕王因屬國於子之子之大重[索隱]大重謂尊貴也或曰禹薦益已[索隱]以己配益則益已是伯益而經傳無其文未知所由或曰己語終辭而以啓人爲吏[索隱]人猶臣也謂以啓臣爲益吏也及老而以啓爲不足任乎天下傳之於益已而啓與交黨攻益奪之天下謂禹名傳天下於益已而實令啓自取之今王言屬國於子之而吏無非太子人者[索隱]此人亦謂臣也是名屬子之而實太子用事也王因收印自三百石吏已上而效之子之[索隱]鄭玄云效呈也以印呈與子之子之南面行王事而噲老不聽政顧爲臣[索隱]顧猶反也言噲反爲子之臣也有本作願者非國事皆決於子之三年國大亂百姓恫恐[索隱]恫猶痛也民皆恐懼將軍市被[正義]人姓名與太子平謀將攻子之諸將謂齊湣王曰因而赴之破燕必矣齊王因令人謂燕太子平曰寡人聞太子之義將廢私而立公飭君臣之義[正義]飭音勑明父子之位寡人之國小不足以爲先後[正義]先後並去聲雖然則唯太子所以令之太子因要黨聚衆將軍市被圍公宮攻子之不克將軍市被及百姓反攻太子平將軍市被死以徇因構難數月死者數萬衆人恫恐百姓離志孟軻謂齊王曰今伐燕此文武之時不可失也[索隱]謂如武王成文王之業伐紂之時然此語與孟子不同王因令章子將五都之兵[集解]駰案章子齊人見孟子[索隱]五都即齊也按臨淄是五都之一以因北地之衆以伐燕[索隱]北地即齊之北邊也士卒不戰城門不閉燕君噲死齊大勝燕子之亡[集解]徐廣曰年表云君噲及太子相子之皆死駰案汲冢紀年曰齊人禽子之而醢其身也二年而燕人共立太子平是爲燕昭王[集解]徐廣曰噲立七年而死其九年燕人共立太子平[索隱]按上文太子平謀攻子之而年表又云君噲及太子相子之皆死紀年又云子之殺公子平今此文云立太子平是爲燕昭王則年表紀年爲謬也而趙系家云武靈王聞燕亂召公子職於韓立以爲燕王使樂池送之裴駰亦以此系家無趙送公子職之事當是遙立職而送之事竟不就則昭王名平非職明矣進退參詳是年表既誤而紀年因之而妄說耳燕昭王於破燕之後即位卑身厚幣以招賢者謂郭隗曰齊因孤之國亂而襲破燕孤極知燕小力少不足以報然誠得賢士以共國以雪先王之恥孤之願也先生視可者得身事之郭隗曰王必欲致士先從隗始況賢於隗者豈遠千里哉於是昭王爲隗改築宮而師事之樂毅自魏往鄒衍自齊往劇辛自趙往士爭趨燕燕王弔死問孤與百姓同甘苦二十八年燕國殷富士卒樂軼輕戰於是遂以樂毅爲上將軍與秦楚三晉合謀以伐齊齊兵敗湣王出亡於外燕兵獨追北入至臨淄盡取齊寶燒其宮室宗廟齊城之不下者獨唯聊莒即墨[索隱]按餘篇及戰國策並無聊字其餘皆屬燕六歲昭王三十三年卒子惠王立惠王爲太子時與樂毅有隙及即位疑毅使騎劫代將樂毅亡走趙齊田單以即墨擊敗燕軍騎劫死燕兵引歸齊悉復得其故城湣王死于莒乃立其子爲襄王惠王七年卒[索隱]按趙系家惠文王二十八年燕相成安君公孫操弒其王樂資以爲即惠王也徐廣按年表是年燕武成王元年武成即惠王子則惠王爲成安君弒明矣此不言者燕遠諱不告或太史公之說疎也韓魏楚共伐燕燕武成王立武成王七年齊田單伐我拔中陽十三年秦敗趙於長平四十餘萬十四年武成王卒子孝王立孝王元年秦圍邯鄲者解去三年卒子今王喜立[索隱]今王猶今上也有作金者非也按謚法無金今王喜四年秦昭王卒燕王命相栗腹約歡趙以五百金爲趙王酒還報燕王曰趙王壯者皆死長平其孤未壯可伐也王召昌國君樂間問之對曰趙四戰之國[正義]趙東鄰燕西接秦境南錯韓魏北連胡貊故言四戰其民習兵不可伐王曰吾以五而伐一[索隱]謂以五人而伐一人對曰不可燕王怒羣臣皆以爲可卒起二軍車二千乘栗腹將而攻鄗[集解]徐廣曰在常山今曰高邑[索隱]鄗氏音火角反一音昊卿秦攻代[正義]今代州也唯獨大夫將渠謂燕王曰[索隱]人名姓也一云上卿秦及此將渠皆卿將官秦渠其名也國史變文而書遂失姓爾戰國策云慶秦慶是姓也卿其官耳與人通關約交以五百金

飲人之王使者報而反攻之不祥兵無成功燕王不聽自將偏軍隨之將渠引燕王綬止之曰王必無自往往無成功王蹵之以足將渠泣曰臣非以自爲爲王也燕軍至宋子〔集解〕徐廣曰屬鉅鹿 趙使廉頗將擊破栗腹於鄗破卿秦樂乘於代〔索隱〕戰國策曰廉頗以二十萬遇栗腹於鄗樂乘以五萬遇慶秦於代燕人大敗與此不同 樂間奔趙廉頗逐之五百餘里圍其國燕人請和趙人不許必令將渠處和燕相將渠以處和〔集解〕以將渠爲相〔索隱〕謂欲令將渠處之使和也 趙聽將渠解燕圍六年秦滅東西周置三川郡七年秦拔趙榆次三十七城秦置太原郡九年秦王政初卽位十年趙使廉頗將攻繁陽〔集解〕徐廣曰屬魏郡 拔之趙孝成王卒悼襄王立使樂乘代廉頗廉頗不聽攻樂乘樂乘走廉頗奔大梁十二年趙使李牧攻燕拔武遂〔集解〕徐廣曰屬河間 方城〔集解〕徐廣曰屬涿有督亢亭 劇辛故居趙與龐煖善〔索隱〕煖音況遠反 已而亡走燕燕見趙數困于秦而廉頗去令龐煖將也欲因趙弊攻之問劇辛辛曰龐煖易與耳燕使劇辛將擊趙趙使龐煖擊之取燕軍二萬殺劇辛秦拔魏二十城置東郡十九年秦拔趙之鄴〔正義〕卽相州鄴縣也 九城趙悼襄王卒二十三年太子丹質於秦亡歸燕二十五年秦虜滅韓王安置潁川郡二十七年秦虜趙王遷滅趙趙公子嘉自立爲代王燕見秦且滅六國秦兵臨易水〔集解〕徐廣曰出涿郡故安也 禍且至燕太子丹陰養壯士二十人使荊軻獻督亢地圖於秦〔索隱〕徐廣云涿有督亢亭地理志屬廣陽然督亢之田在燕東甚良沃欲獻秦故畫其圖而獻焉 因襲刺秦王秦王覺殺軻使將軍王翦擊燕二十九年秦攻拔我薊燕王亡徙居遼東斬丹以獻秦三十年秦滅魏三十三年秦拔遼東虜燕王喜卒滅燕是歲秦將王賁〔正義〕賁音奔王翦子 亦虜代王嘉

太史公曰召公奭可謂仁矣甘棠且思之況其人乎燕北迫蠻貉內措齊晉〔索隱〕措交雜也又作錯劉氏云爭錯也 崎嶇彊國之間最爲弱小幾滅者數矣然社稷血食者八九百歲於姬姓獨後亡豈非召公之烈耶

〔索隱述贊〕曰召伯作相分陝而治人惠其德甘棠是思莊送霸主惠羅寵姬文公約趙蘇秦騁辭易王初立齊宣我欺燕噲無道禪位子之昭王待士思報臨菑督亢不就卒見芟夷

史記卷三十四考證

燕召公世家惠公多寵姬欲去諸大夫而立寵姬宋大夫共誅姬宋○臣照按三姬字俱應作臣世表云公欲殺公卿立幸臣公卿誅幸臣公恐出奔齊然則三姬字並爲臣字之訛無疑也公欲立寵姬爲妃何必去諸大夫而後得立耶

及蘇秦死而齊宣王復用蘇代○臣照按田完世家及六國年表齊宣王卒後四年燕王噲方立齊人殺蘇秦及齊破燕並是齊湣王事與孟子異乃此處却謂是齊宣太史公不應首鼠兩端盍宜爲湣字之訛也顧孟子作齊宣而史記作齊湣其故不可得而考矣

而噲老不聽政顧爲臣○不監本訛作大今改正

齊城之不下者獨唯聊莒卽墨索隱按餘篇及戰國策竝無聊字○徐孚遠曰燕將已下聊城與惠王有郄而不歸則聊字衍文且齊城不拔者向惟二也

悉復得其故城○故監本作敗今依宋本作故

十三年秦敗趙於長平四十餘萬○六國年表及秦本紀秦昭襄之四十七年于趙孝成王爲六年是年秦阬趙卒於燕武成王爲十二年此云十三年與趙世家合於秦本紀及年表差一年

殺劇辛○臣照按六國年表劇辛死於趙在十三年又按昭王卽位劇辛自趙往至此經七十年歷五王當有兩劇辛耶否則皆傳訛也

史記卷三十五

漢　太　史　令司馬遷　撰
宋　中　郎　外　兵　曹　參　軍裴　駰集解
唐國子博士弘文館學士司馬貞索隱
唐諸王侍讀率府長史張守節正義

管蔡世家第五

管叔鮮〔正義〕音仙括地志云鄭州管城縣外城卽管國城也是叔鮮所封國也 蔡叔度者周文王子而武王弟也武王同母兄弟十人母曰太姒〔正義〕國語云杞繒二國姒姓夏禹之後太姒文王之妃武王之母列女傳云太姒者武王之母禹後姒氏之女也在郃之陽在渭之涘仁而明道文王喜之親迎于渭造舟爲梁及入太姒思齊旦夕勤勞以盡婦道太姒號曰文母文王理外文母治內太姒生十男教誨自少及長未嘗見邪僻之事言常以正道持之也 文王正妃也其長子曰伯邑考次曰武王發次曰管叔鮮次曰周公旦次曰蔡叔度次曰曹叔振鐸次曰成叔武〔正義〕括地志云濮州雷澤縣東南九十一里漢郕陽縣古郕伯姬姓之國其後遷於成之陽 次曰霍叔處〔正義〕處昌汝反括地志云晉州霍邑縣本漢彘縣也鄭玄注周禮云霍山在彘本春秋時霍伯國地 次曰康叔封次曰冄季載〔正義〕冄一作𨛬音奴甘反或作𨛬音同冄國名也季載人名也伯邑考最長所以加伯諸中子咸言叔以載最少故言季載 冄季載最少同母昆弟十人〔集解〕徐廣曰文王之子爲侯者十有六國 唯發旦賢左右輔文王〔正義〕左音佐右音祐並去聲 故文王舍伯邑考而以發爲太子及文王崩而發立是爲武王伯邑考既已前卒矣武王已克殷紂平天下封功臣昆弟於是封叔鮮於管〔集解〕杜預曰管在滎陽京縣東北 封叔度於蔡〔集解〕駰案世本曰居上蔡 二人相紂子武庚祿父治殷遺民封叔旦於魯而相周爲周公封叔振鐸於曹封叔武於成〔索隱〕按春秋隱五年衞師入郕杜預曰東平剛父縣有郕鄉後漢地理志以爲成本國又地理志云廩丘縣南有成故城應劭曰武王封弟季載於成是古之成邑應仲遠誤云季載封耳 封叔處於霍〔索隱〕春秋閔元年晉滅霍地理志云河東彘縣霍太山在東北是霍叔之所封 康叔封冄季載皆少未得封〔索隱〕孔安國曰康畿內國名地闕叔字也封叔名耳 武王既崩成王少周公旦專王室管叔蔡叔疑周公爲之不利於成王乃挾武庚以作亂周公旦承成王命伐誅武庚殺管叔而放蔡叔遷之與車十乘徒七十人從而分殷餘民爲二其一封微子啓於宋以續殷祀其一封康叔爲衞君是爲衞康叔封季載於冄〔索隱〕冄國也載名也季字也冄或作𨛬國語曰冄季鄭姬賈逵曰文王子聃季之國也莊十八年楚武王克權遷於那處杜預曰那處楚地南郡編縣有那口城聃與𨛬音奴甘反 冄季康叔皆有馴行〔索隱〕如字音遜馴善也 於是周公舉康叔爲周司寇冄季爲周司空〔索隱〕事見左傳定公四年 以佐成王治皆有令名於天下蔡叔度既遷而死其子曰胡胡乃改行率德馴善周公聞之而舉胡以爲魯卿士〔索隱〕尚書云蔡仲克庸祗德周公以爲卿士叔卒乃命諸王邦之蔡元無仕魯之文又伯禽居魯乃是七年致政之後此言乃說居攝政之初未知史遷何憑而有斯言也 魯國治於是周公言於成王復封胡於蔡以奉蔡叔之祀是爲蔡仲〔集解〕宋忠曰胡徙居新蔡 餘五叔皆就國無爲天子吏者〔索隱〕五叔管叔蔡叔成叔曹叔霍叔

蔡仲卒子蔡伯荒立蔡伯荒卒子宮侯立宮侯卒子厲侯立厲侯卒子武侯立武侯之時周厲王失國奔彘共和行政諸侯多叛周武侯卒子夷侯立夷侯十一年周宣王卽位二十八年夷侯卒子釐侯所事立釐侯三十九年周幽王爲犬戎所殺周室卑而東徙秦始得列爲諸侯〔正義〕周幽王爲犬戎所殺平王東徙洛邑秦襄公以兵救因送平王至洛故平王封襄公 四十八年釐侯卒子共侯興立共侯二年卒子戴侯立戴侯十年卒子宣侯措父立宣侯二十八年魯隱公初立三十五年宣侯卒子桓侯封人立桓侯三年魯弒其君隱公二十年桓侯卒弟哀侯獻舞立哀侯十一年初哀侯娶陳息侯亦娶陳〔集解〕杜預曰息國汝南新息縣 息夫人將歸過蔡蔡侯不敬息侯怒請楚文王來伐我我求救於蔡蔡必來楚因擊之可以有功楚文王從之虜蔡哀侯以歸哀侯留九歲死於楚凡立二十年卒蔡人立其子肸是爲繆侯繆侯以其女弟爲齊桓公夫人十八年齊桓公與蔡女戲船中夫人蕩舟桓公止之不止公怒歸蔡女而不絕也蔡侯怒嫁其弟〔索隱〕弟女弟卽蕩舟之姬 齊桓公怒伐蔡蔡潰遂虜繆侯南至楚邵陵已而諸侯爲蔡謝齊齊侯歸蔡侯二十九年繆侯卒子莊侯甲午立莊侯三年齊桓公卒十四年晉文公敗楚於城濮二十年楚太子商臣弒其父成王代立二十五年秦穆公卒三十三年楚莊王卽位三十四年莊侯卒子文侯申立文侯十四年楚莊王伐陳殺夏徵舒十五年楚圍鄭鄭降楚楚復醳之〔正義〕醳音釋 二十年文侯卒子景侯同立景侯元年楚莊王卒二十九年景侯爲太子般娶婦於楚而景侯通焉太子弒景侯而自立是爲靈侯靈侯二年楚公子圍弒其王郟敖而自立爲靈王〔正義〕郟紀洽反敖五高反 九年陳司徒招弒其君哀公〔索隱〕招或作苕又並音時遙反 楚使公子棄疾滅陳而有之十二年楚靈王以靈侯弒其父誘蔡靈侯于申〔正義〕故申城在鄧州 伏甲飲之醉而殺之刑其士卒七十人令公子棄疾圍蔡十一月滅蔡使棄疾爲蔡公〔正義〕蔡之大夫也 楚滅蔡三歲楚公子棄疾弒其君靈王代立爲平王平王乃求蔡景侯少子廬立之是爲平侯〔集解〕宋忠曰平侯徙下蔡〔索隱〕今系本無者近脫耳 是年楚亦復立陳楚平王初立欲親諸侯故復立陳蔡後〔集解〕駰案世本曰平侯者靈侯般之孫太子友之子 平侯九年卒靈侯般之孫東國攻平侯子而自立是爲悼侯悼侯父曰隱太子友隱太子友者靈侯之太子平侯立而殺隱太子故平侯卒而隱太子之子東國攻平侯子而代立是爲悼侯悼侯三年卒弟昭侯申立昭侯十年朝楚昭王持美裘二獻其一於昭王而自衣其一楚相子常欲之不與子常讒蔡侯留之楚三年蔡侯知之乃獻其裘於子常子常受之乃言歸蔡侯蔡侯歸而之晉請與晉伐楚十三年春與衞靈公會邵陵蔡侯私於周萇弘以求長於衞〔集解〕服虔曰載書使蔡在衞上 衞使史鰌言康叔之功德乃長衞夏爲晉滅沈〔集解〕杜預曰汝南平輿縣有沈亭 楚怒攻蔡蔡昭侯使其子爲質於吳以共伐楚〔正義〕質音致 冬與吳王闔閭遂破楚入郢蔡怨子常子常恐奔鄭十四年吳去而楚昭王復國十六年楚令尹爲其民泣以謀蔡蔡昭侯懼二十六年孔子如蔡楚昭王伐蔡蔡恐告急於吳吳爲蔡遠約遷以自近易以相救昭侯私許不與大夫計吳人來救蔡因遷蔡于州來〔索隱〕州來在淮南下蔡縣 二十八年昭侯將朝于吳大夫恐其復遷乃令賊利殺昭侯〔索隱〕利賊名也 已而誅賊利以解過而立昭侯子朔是爲成侯〔集解〕徐廣曰或作景 成侯四年宋滅曹十年齊田常弒其君簡公十三年楚滅陳十九年成侯卒子聲侯產立聲侯十五年卒子元侯立元侯六年卒子侯齊立侯齊四年楚惠王滅蔡蔡侯齊亡蔡遂絕祀後陳滅三十三年〔索隱〕魯哀十七年楚滅陳其楚滅蔡絕其祀又在滅陳之後三十三年卽在春秋後二十三年 伯邑考其後不知所封武王發其後爲周有本紀言管叔鮮作亂誅死無後周公旦其後爲魯有

世家言蔡叔度其後為蔡有世家言曹叔振鐸其後為曹有世家言【索隱】曹亦姬姓之國而文之昭春秋之時亦稱彊國傳數十代而後亡豈可附管蔡亡國之末而沒其篇弟自合析為一篇成叔武其後世無所見霍叔處其後晉獻公時滅霍康叔封其後為衛有世家言冄季載其後世無所見

太史公曰管叔作亂無足載者然周武王崩成王少天下既疑賴同母之弟成叔冄季之屬十人為輔拂是以諸侯卒宗周故附之世家言

曹叔世家【索隱】按上文叔振鐸其後為曹有系家言則曹亦合題系家今附管蔡之末不別題篇爵蓋以曹小而少事迹因附管蔡之末而不出題者且又管雖無後仍是蔡曹之兄故繫管蔡而略曹曹叔振鐸者周武王弟也武王已克殷紂封叔振鐸於曹【集解】宋忠曰濟陰定陶縣叔振鐸卒子太伯脾立太伯卒子仲君平立仲君平卒子宮伯侯立宮伯侯卒子孝伯雲立孝伯雲卒子夷伯喜立夷伯二十三年周厲王奔于彘三十年卒弟幽伯彊立幽伯九年弟蘇殺幽伯代立是為戴伯戴伯元年周宣王已立三歲三十年戴伯卒子惠伯兕立【集解】孫檢曰兕音徐子反曹惠伯或名雉或名弟或後名弟兕也【索隱】按年表作惠公伯雉註引孫檢未詳何代或云齊人亦恐其人不註史記所以王儉七志阮孝緒七錄並無不知裴駰何所從錄惠伯二十五年周幽王為犬戎所殺因東徙益卑諸侯畔之秦始列為諸侯三十六年惠伯卒子石甫立其弟武殺之代立是為繆公繆公三年卒子桓公終生立【集解】孫檢曰一作終湦湦音生桓公三十五年魯隱公立四十五年魯弒其君隱公四十六年宋華父督弒其君殤公及孔父五十五年桓公卒子莊公夕姑立【索隱】夕音亦即射姑也同音亦莊公二十三年齊桓公始霸三十一年莊公卒子釐公夷立釐公九年卒子昭公班立昭公六年齊桓公敗蔡遂至楚召陵九年昭公卒子共公襄立共公十六年初晉公子重耳其亡過曹曹君無禮欲觀其駢脅【集解】韋昭曰駢者并幹也【正義】駢白邊反脅許業反釐負羈諫不聽【正義】釐音僖曹大夫私善於重耳二十一年晉文公重耳伐曹虜共公以歸令軍毋入釐負羈之宗族閭或說晉文公曰昔齊桓公會諸侯復異姓今君囚曹君滅同姓何以令於諸侯晉乃復歸共公二十五年晉文公卒三十五年共公卒子文公壽立文公二十三年卒子宣公彊立【索隱】左傳宣公名盧宣公十七年卒弟成公負芻立成公三年晉厲公伐曹虜成公以歸已復釋之【索隱】案左傳成十五年晉厲公執負芻歸於京師晉立宣公弟子臧子臧曰聖達節次守節下失節為君非吾節也遂逃奔宋曹人請於晉晉人謂子臧反國吾歸而君子臧反晉於是歸負芻五年晉欒書中行偃使程滑弒其君厲公二十三年成公卒子武公勝立武公二十六年楚公子棄疾弒其君靈王代立二十七年武公卒子平公頃立平公四年卒子悼公午立是歲宋衛陳鄭皆火悼公八年宋景公立九年悼公朝於宋宋囚之曹立其弟野是為聲公悼公死於宋歸葬聲公五年平公弟通弒聲公代立是為隱公【索隱】譙周云春秋無其事今檢系本及春秋悼伯卒弟露立謚靖公實無聲公隱公蓋是彼文自疏也隱公四年聲公弟露弒隱公代立是為靖公靖公四年卒子伯陽立伯陽三年國人有夢衆君子立于社宮【集解】賈逵曰社宮社也鄭衆曰社宮中有室屋者謀欲亡曹曹叔振鐸止之請待公孫彊許之旦求之曹無此人夢者戒其子曰我亡爾聞公孫彊為政必去曹無離曹禍【索隱】離即罹被也及伯陽即位好田弋之事六年曹野人公孫彊亦好田弋獲白鴈而獻之且言田弋之說因訪政事伯陽大說之有寵使為司城以聽政夢者之子乃亡去公孫彊言霸說於曹伯十四年曹伯從之乃背晉干宋【集解】賈逵曰以小加大【索隱】干謂犯也言曹因棄晉而犯宋遂至滅也裴氏引賈逵註云以小加大者加陵也小即曹大謂晉及宋也宋景公伐之晉人不救十五年宋滅曹執曹伯陽及公孫彊以歸而殺之曹遂絕其祀

太史公曰【索隱】檢諸本或無此論余尋曹共公之不用僖負羈乃乘軒者三百人【正義】晉世家云晉師入曹數之以其不用僖負羈言而美女乘軒三百人也知唯德之不建及振鐸之夢豈不欲引曹之祀者哉如公孫彊不脩厥政叔鐸之祀忽諸【正義】至如公孫彊不脩霸道之政而伯陽之子立叔鐸猶尚饗祭祀豈合忽絕之哉

【索隱述贊】曰武王之弟管蔡及霍周公居相流言是作狼跋致艱鴟鴞討惡胡能改行克復其爵獻舞執楚過息禮薄穆侯虜齊蕩舟乖諾曹共輕晉負羈先覺伯陽夢社祚傾振鐸

史記卷三十五考證

管蔡世家其長子曰伯邑考次曰武王發次曰管叔鮮次曰周公旦次曰蔡叔度次曰曹叔振鐸次曰成叔武次曰霍叔處次曰康叔封次曰冄季載○臣照按十子長次各書不同毛詩疏曰左傳云周公為太宰康叔為司寇聃季為司空通武王伯邑考為五人又曰五叔無官則其餘五者皆字叔又曰曹為伯甸非尚年也則曹叔振鐸是康叔聃季之兄夫管蔡霍為三監蔡與衞爭長明其皆母弟也郕于富辰之言當在蔡霍之間五叔者曹管蔡郕霍曹應在管之上皇甫謐則曰文王娶太姒生伯邑考武王發次管叔鮮次蔡叔度次郕叔武次霍叔處次周公旦次曹叔振鐸次康叔封次聃季載其名與史記同其次亦異左傳疏曰富辰言文之昭十六國蔡在魯上明以長幼為次賈逵等皆言蔡叔周公兄馬遷之言多辟繆云今亦莫定孰是姑列其同異如此

餘五叔皆就國索隱五叔管叔蔡叔成叔曹叔霍叔○左傳杜預注云五叔管叔鮮蔡叔度成叔武霍叔處毛叔聃也孔穎達疏云史記云聃季載杜云毛叔聃又不數叔振鐸者杜以振鐸非周公同母故不數之或杜別有所見不以管蔡世家為說

子宣侯措父立○春秋作考父

悼侯父曰隱太子友隱太子友者靈侯之太子○監本少隱太子友四字今添

衞使史鰌言康叔之功德○左傳作祝鮀此作史鰌

隱公四十六年宋華父督弒其君殤公及孔父○年表作四十七年

史記卷三十六

漢　太　史　令司馬遷　撰

宋　中　郎　外　兵　曹　參　軍　裴　駰　集解

唐國子博士弘文館學士司馬貞　索隱

唐諸王侍讀率府長史張守節　正義

陳杞世家第六

陳胡公滿者虞帝舜之後也昔舜為庶人時堯妻之二女居于媯汭其後因為氏姓姓媯氏舜已崩傳禹天下而舜子商均為封國【索隱】按商均所封虞即今之梁國虞城是也夏后之時或失或續【索隱】按夏代猶封虞思虞遂是也至于周武王克殷紂乃復求舜後【索隱】按左傳虞遏父為周陶正以服事武王杜注遏父舜之後陶正官名是生滿者也得媯滿封之於陳【索隱】左傳曰武王以元女太姬配虞胡公而封之陳以備三恪以奉帝舜祀是為胡公胡公卒子申公犀侯立申公卒弟相公皋羊立相公卒立申公子突是為孝公孝公卒子慎公圉戎立慎公當周厲王時慎公卒子幽公寧立幽公十二年周厲王奔于彘二十三年幽公卒子釐公孝立釐公六年周宣王即位三十六年釐公卒子武公靈立武公十五年卒子夷公說立是歲周幽王即位夷公三年卒弟平公燮立【正義】燮先牒反平公七年周幽王為犬戎所殺周東徙秦始列為諸侯二十三年平公卒子文公圉立文公元年取蔡女生子佗【正義】徒何反十年文公卒長子桓公鮑立桓公二十三年魯隱公初立二十六年衞殺其君州吁三十三年魯弒其君隱公三十八年正月甲戌己丑陳桓公鮑卒【索隱】陳亂故再赴其日【正義】甲戌己丑凡十六日桓公弟佗其母蔡女故蔡人為佗殺五父及桓公太子免而立佗【集解】譙周曰春秋傳謂佗即五父世家與傳違【索隱】譙周云世家與春秋傳違者按左傳桓公五年文公子佗殺桓公太子免而代立經六年蔡人殺陳佗立桓公子躍為厲公而左傳以厲公名躍佗立未踰年故無謚又莊二十二年傳云陳厲公蔡出也故蔡人殺五父而立之則佗與五父俱為蔡人所殺其事不異是一人明矣史記既以佗為厲公遂以躍為利公尋厲利聲相近遂誤以佗為厲公五父為別人是太史公錯耳而班固又以厲公為桓公弟又誤也是為厲公桓公病而亂作國人分散故再赴【集解】徐廣曰班氏云厲公躍者桓公之弟也厲公二年生子敬仲完周太史過陳陳厲公使以周易筮之卦得觀之否【集解】賈逵曰坤下巽上觀坤下乾上否觀爻在六四變而之否是為觀國之光利用賓于王【集解】杜預曰此周易觀卦六四爻辭也易之為書六爻皆有變象又有互體聖人隨其義而論之此其代陳有國乎不在此其在異國【正義】六四變內卦為中國外卦為異國非此其身在其子孫【正義】內卦為身外卦為子孫變在外故知在子孫也若在異國必姜姓【正義】六四變此爻是辛未觀上體巽未為羊巽為女女乘羊故為姜姜齊姓故知在齊姜姓太嶽之後【集解】杜預曰姜姓之先為堯四嶽也物莫能兩大陳衰此其昌乎【正義】周敬王四十一年楚惠王殺陳湣公齊簡公周敬王三十九年田常殺之厲公取蔡女蔡女與蔡人亂厲公數如蔡淫七年厲公所殺桓公太子免之三弟長曰躍中曰林少曰杵臼共令蔡人誘厲公以好女與蔡人共殺厲公【集解】駰案公羊傳曰淫于蔡蔡人殺之而立躍是為利公利公者桓公子也利公立五月卒立中弟林是為莊公莊公七年卒少弟杵臼立是為宣公宣公三年楚武王卒楚始彊十七年周惠王取陳女為后二十一年宣公後有嬖姬生子款欲立之乃殺其太子禦寇禦寇素愛厲公子完完懼禍及已乃奔齊齊桓公欲使陳完為卿完曰羈旅之臣【集解】賈逵曰羈寄旅客也幸得免負擔君之惠也不敢當高位桓公使為工正【正義】周禮云冬官為考工主器械齊懿仲欲妻陳敬仲卜之占曰是謂鳳皇于飛和鳴鏘鏘【集解】杜預曰雄曰鳳雌曰皇雄雌俱飛相和而鳴鏘鏘然也猶敬仲夫妻有聲譽有媯之後將育于姜【集解】杜預曰媯陳姓齊姜姓五世其昌並于正卿【集解】服虔曰言完後五世與卿並列八世之後莫之與京【集解】賈逵曰京大也【正義】按陳敬仲八代孫田常之子襄子磐也而杜以常為八代者以桓子無宇生武子開與釐子乞皆相繼事齊故以常為八代三十七年齊桓公伐蔡蔡敗南侵楚至召陵還過陳陳大夫轅濤塗惡其過陳詐齊令出東道東道惡桓公怒執陳轅濤塗是歲晉獻公殺其太子申生四十五年宣公卒子款立是為穆公穆公五年齊桓公卒十六年晉文公敗楚師于城濮是歲穆公卒子共公朔立共公六年楚太子商臣弒其父成王代立是為穆王十一年秦

穆公卒十八年共公卒子靈公平國立靈公元年楚莊王卽位六年楚伐陳十年陳及楚平十四年靈公與其大夫孔寧儀行父皆通於夏姬【正義】列女傳云陳女夏姬者陳大夫夏徵舒之母御叔之妻也三爲王后七爲夫人公侯爭之莫不迷惑失意杜預云夏姬鄭穆公女陳大夫御叔之妻左傳云殺御叔弒靈侯戮夏南出孔儀喪陳國衷其衣以戲於朝【集解】駰案左傳曰衷其衵服穀梁傳曰或衣其衣或中其襦泄冶諫曰君臣淫亂民何效焉靈公以告二子二子請殺泄冶公弗禁遂殺泄冶【集解】駰案春秋陳殺其大夫泄冶十五年靈公與二子飲於夏氏公戲二子曰徵舒似汝二子曰亦似公【集解】杜預曰靈公卽位十五年徵舒已爲卿年大無嫌是公子也蓋以夏姬淫放故謂其子多似以爲戲徵舒怒靈公罷酒出徵舒伏弩廐門射殺靈公【集解】駰案左傳曰公出自其廐孔寧儀行父皆奔楚靈公太子午奔晉徵舒自立爲陳侯徵舒故陳大夫也夏姬御叔之妻舒之母也成公元年冬楚莊王爲夏徵舒殺靈公率諸侯伐陳謂陳曰無驚吾誅徵舒而已已誅徵舒因縣陳而有之羣臣畢賀申叔時使於齊來還獨不賀【集解】賈逵曰叔時楚大夫莊王問其故對曰鄙語有之牽牛徑人田田主奪之牛徑則有罪矣奪之牛不亦甚乎今王以徵舒爲賊弒君故徵兵諸侯以義伐之已而取之以利其地則後何以令於天下是以不賀莊王曰善乃迎陳靈公太子午於晉而立之復君陳如故是爲成公孔子讀史記至楚復陳曰賢哉楚莊王輕千乘之國而重一言【索隱】謂申叔時之語【正義】家語云孔子讀史記至楚復陳喟然曰賢哉楚莊王輕千乘之國而重一言之信非申叔時之忠弗能建其義非楚莊王之賢不能受其訓也二十八年楚莊王卒二十九年陳倍楚盟三十年楚共王伐陳是歲成公卒子哀公弱立楚以陳喪罷兵去哀公三年楚圍陳復釋之二十八年楚公子圍弒其君郟敖自立爲靈王三十四年初哀公娶鄭長姬生悼太子師少姬生偃【索隱】昭八年經云陳侯之弟招殺陳世子偃師左傳曰陳哀公元妃鄭姬生悼太子偃師今此云兩姬又分偃師爲二人亦恐此非二妾長妾生留少妾生勝留有寵哀公哀公屬之其弟司徒招哀公病三月招殺悼太子立留爲太子哀公怒欲誅招招發兵圍守哀公哀公自經殺【集解】徐廣曰三十五年時招卒立留爲陳君四月陳使使赴楚楚靈王聞陳亂乃殺陳使者【索隱】卽司徒招又一名君使公子弃疾發兵伐陳陳君留奔鄭九月楚圍陳十一月滅陳使弃疾爲陳公招之殺悼太子也太子之子名吳出奔晉晉平公問太史趙曰陳遂亡乎對曰陳顓頊之族【集解】出顓頊故爲顓頊之族陳氏得政於齊乃卒亡【集解】賈逵曰物莫能兩盛自幕至于瞽瞍無違命【集解】賈逵曰幕舜後虞思也至于瞽瞍無聞違天命以廢絕者鄭衆曰幕舜之先也駰案國語賈義爲長【索隱】賈逵以幕爲虞思也傳言自幕至瞽瞍知幕在瞽瞍之前非虞思明矣而舜重之以明德至於遂【集解】杜預曰遂舜後蓋殷之興存舜之後而封遂言舜德乃至於遂也【索隱】重音持用反

杜預以謂舜有明德乃至遂有國義亦然也且文云自幕至瞽瞍無違命舜重之以明德是言舜有明德爲天子也乃云殷封遂代守之亦舜德也宋忠云虞思之後箕伯直柄中衰殷湯封遂於陳以爲舜後是也世世守之及胡公周賜之姓【集解】杜預曰胡公滿遂之後也事周武王賜姓曰嬀封之陳使祀虞帝且盛德之後必百世祀虞之世未也其在齊乎楚靈王滅陳五歲楚公子弃疾弒靈王代立是爲平王平王初立欲得和諸侯乃求故陳悼太子師之子吳立爲陳侯是爲惠公惠公立探續哀公卒時年而爲元空籍五歲矣【索隱】惠公探取哀公死楚滅陳之後爲元年故今空經年籍五歲矣一云籍借也爲借失國之後年爲五年之七年陳火十五年吳王僚使公子光伐陳取胡沈而去【索隱】系本云胡歸姓沈姬姓國在汝南平輿胡亦在汝南二十八年吳王闔閭與子胥敗楚入郢是年惠公卒子懷公柳立懷公元年吳破楚在郢召陳侯陳侯欲往大夫曰吳新得意楚王雖亡與陳有故不可倍懷公乃以疾謝吳四年吳復召懷公懷公恐如吳吳怒其前不往留之因卒吳陳乃立懷公之子越是爲湣公【索隱】按左傳湣公名周是史記不同也湣公六年孔子適陳吳王夫差伐陳取三邑而去十三年吳復來伐陳陳告急楚楚昭王來救軍於城父吳師去是年楚昭王卒於城父時孔子在陳【索隱】按孔子以魯定公十四年適陳當湣公之六年上文說是此十三年孔子仍在陳凡經八年何其久也十五年宋滅曹十六年吳王夫差伐齊敗之艾陵使人召陳侯陳侯恐如吳楚伐陳二十一年齊田常弒其君簡公二十三年楚之白公勝殺令尹子西子綦襲惠王葉公攻敗白公白公自殺二十四年楚惠王復國以兵北伐殺陳湣公遂滅陳而有之是歲孔子卒

杞東樓公者夏后禹之後苗裔也【索隱】杞國名也東樓公謚號也不名者並史失耳宋忠曰杞今陳留雍丘縣故地理志云雍丘縣故杞國周武王封禹後爲東樓公是也蓋周封杞而居雍丘至春秋時杞已遷東國故左氏隱四年傳云莒人伐杞取牟婁牟婁者東邑也僖十四年傳云杞遷緣陵地理志北海有營陵淳于公之縣臣瓚云卽春秋緣陵淳于公所都之邑又州國杞後改國號曰州而稱淳于公故春秋桓五年經云州公如曹傳曰淳于公如曹是也然杞後代又稱子者以其微小又僻居東夷故二十九年經稱杞子來盟傳曰書曰子賤之也殷時或封或絕周武王克殷紂求禹之後得東樓公封之於杞【集解】宋忠曰杞今陳留雍丘縣也以奉夏后氏祀東樓公生西樓公西樓公生題公題公生謀娶公【集解】徐廣曰謀一作謨【索隱】娶子臾反謀娶公當周厲王時謀娶公生武公武公立四十七年卒子靖公立靖公二十三年卒子共公立共公八年卒子德公立【集解】徐廣曰世本曰惠公【索隱】系本譙周並作惠公又云惠公生成公及桓公是此系家說成公一代下云弟桓公姑容立是也且成公又見春秋經傳故左氏莊二十五年云杞成公娶魯女有婚姻之好至僖二十三年卒始赴而書左傳云成公也未同盟故不書名是杞有成公必當如譙周所說也德公十八年卒弟桓公姑容立【集解】徐廣曰世本曰惠公立十八年生成公及桓公成公立十八年桓公立十七年桓公十七年卒子孝公匄立【索隱】匄音蓋孝公十七年卒弟文公益姑立

文公十四年卒弟平公鬱立【索隱】一作郁釐譙周云名鬱來蓋鬱郁釐來聲相近遂不同也平公十八年卒子悼公成立悼公十二年卒子隱公乞立七月隱公弟遂弒隱公自立是爲釐公釐公十九年卒子湣公維立湣公十五年楚惠王滅陳十六年湣公弟閼路弒湣公代立是爲哀公【索隱】閼音遏哀公殺兄湣公而立謚哀譙周云謚懿也哀公立十年卒湣公子敕立【集解】徐廣曰敕一作速是爲出公出公十二年卒子簡公春立立一年楚惠王之四十四年滅杞杞後陳亡三十四年杞小微其事不足稱述

舜之後周武王封之陳至楚惠王滅之有世家言禹之後周武王封之杞楚惠王滅之有世家言契之後爲殷殷有本紀言殷破周封其後於宋齊湣王滅之有世家言后稷之後爲周秦昭王滅之有本紀言皐陶之後或封英六【索隱】本或作蓼六皆通然蓼六皆咎繇之後據系本二國皆偃姓故春秋文五年傳云楚人滅六臧文仲聞六與蓼滅曰皐陶庭堅不祀忽諸杜預云蓼與六皆咎繇後地理志云六安故國皐陶後偃姓爲楚所滅又僖十七年齊人徐人伐英氏杜預曰英六皆皐陶後國名是有英蓼英六實未能詳或者英或號蓼楚穆王滅之無譜伯夷之後至周武王復封於齊曰太公望陳氏滅之有世家言伯翳之後至周平王時封爲秦項羽滅之有本紀言【索隱】秦祖伯翳解者以翳益則爲一人今言十一人敘伯翳而又別言垂益則是二人也且按舜本紀敘十人無翳而有彭祖彭祖亦墳典不載未知太史公意如何恐多是誤然據秦本紀敘翳之功云佐舜馴調鳥獸與舜典命益作虞若予上下草木鳥獸文同則爲一人必矣今未詳其所以垂益夔龍其後不知所封不見也右十一人者皆唐虞之際名有功德臣也其五人之後皆至帝王【索隱】舜禹身爲帝王其稷契及翳則後代皆爲帝王也餘乃爲顯諸侯滕薛騶夏殷周之間封也小不足齒列弗論也【索隱】滕不知本封蓋軒轅氏之子有滕姓是其祖也後周封文王子錯叔繡於滕故宋忠云今沛國公丘是滕國也薛奚仲之後任姓蓋夏殷所封故春秋有滕侯薛侯邾曹姓之國陸終氏之子會人之後邾國今魯國騶縣是也然三國微小春秋時亦預會盟蓋史缺無可敘列也又許太叔太岳之胤二邾曹姓之君並通好諸侯同盟大國不宜全沒其事亦可敘其本末補許邾世家周武王時侯伯尚千餘人及幽厲之後諸侯力攻相并江黃胡沈之屬不可勝數【索隱】系本江黃二國並嬴姓又地理志江國在汝南安陽縣故弗采著于傳上

太史公曰舜之德可謂至矣禪位於夏而後世血食者歷三代及楚滅陳而田常得政於齊卒爲建國百世不絕苗裔茲茲有土者不乏焉至禹於周則杞微甚不足數也楚惠王滅杞其後越王勾踐興

【索隱述贊】盛德之祀必及百世舜禹餘烈陳杞是繼嬀滿受封東樓纂世閼路篡逆夏姬淫嬖二國衰微或淪或替前後傷亡楚惠勾踐勃興田和吞噬蟬聯血食豈其苗裔

史記卷三十六考證

陳杞世家其後因爲氏姓姓嬀氏○臣照按左傳疏曰世本帝舜姚姓又哀元年傳稱虞思妻少康以二姚則是自舜以下猶姓姚也昭八年傳曰胡公不淫故周賜之姓是胡公之裔乃姓嬀史記則以爲胡公之前已姓嬀與左傳異

釐公六年周宣王卽位○年表在釐公五年

二十八年楚莊王卒○年表陳成公八年楚莊王薨

十六年吳王夫差伐齊敗之艾陵○左傳及年表俱在陳湣公之八年

二十四年楚惠王復國以兵北伐殺陳湣公遂滅陳而有之是歲孔子卒○年表陳亡于湣公二十三年孔子亦卒於是年此作二十四年與左傳合與孔子之卒差一年

以奉夏后氏祀○祀監本訛作杞今改正

滕薛騶夏殷周之間封也索隱周封文王子錯叔繡於滕○世本及杜預世族譜皆云周文王子錯叔繡唯漢地理志以爲周懿王子

故弗采著於傳上○臣照按上當是云字之訛各本皆同故弗改

史記卷三十七

漢　太　史　令司馬遷　撰

宋　中　郎　外　兵　曹　參　軍　裴　駰集解

唐國子博士弘文館學士司馬貞索隱

唐諸王侍讀率府長史張守節正義

衞康叔世家第七

衞康叔名封周武王同母少弟也【索隱】康畿內國名宋忠曰康叔從康徙封衞衞卽殷墟定昌之地畿內之康不知所在也其次尚有冉季冉季最少武王已克殷紂復以殷餘民封紂子武庚祿父比諸侯以奉其先祀勿絕爲武庚未集【索隱】集和也恐其有賊心武王乃令其弟管叔蔡叔傅相武庚祿父以和其民武王既崩成王少周公旦代成王治當國管叔蔡叔疑周公乃與武庚祿父作亂欲攻成周【索隱】成周洛陽其時周公相成王營洛邑猶居西周鎬京管蔡欲構難先攻成周於是周公東居洛邑伐管蔡周公旦以成王命興師伐殷殺武庚祿父管叔放蔡叔以武庚殷餘民封康叔爲衞君居河淇間故商墟【索隱】宋忠云今定昌也周公旦懼康叔齒少乃申告康叔曰必求殷之賢人君子長者問其先殷所以興所以亡而務愛民告以紂所以亡者以淫於酒酒之失婦人是用故紂之亂自此始爲梓材【正義】若梓人爲材君子觀爲法則也梓匠人也示君子可法則故謂之康誥酒誥梓材以命

之康叔之國，既以此命，能和集其民，民大說。成王長，用事，舉康叔為周司寇，賜衛寶祭器，以章有德。【集解】駰案：左傳曰分康叔以大路、大旂、少帛、綪茷、旃旌、大呂。賈逵曰：大路，金路也。少帛，雜帛也。綪茷，大赤也。通帛為旃，析羽為旌。大呂，鍾名。鄭衆曰：綪茷，旃名也。康叔卒，子康伯代立。【索隱】系本曰康伯名髡。宋忠曰即王孫牟也，事周康王為大夫。按左傳所稱王孫牟父是也。牟髡聲相近，故不同耳。譙周古史考無康伯，而云子牟伯立，蓋以不宜父子俱諡康，故因其名云牟伯也。康伯卒，子孝伯立。孝伯卒，子嗣伯立。嗣伯卒，子疌伯立。【集解】駰案：史記音義曰疌音捷。【索隱】系本作摯伯。疌伯卒，子靖伯立。靖伯卒，子貞伯立。【索隱】系本作箕伯。貞伯卒，子頃侯立。頃侯厚賂周夷王，夷王命衛為侯。【索隱】康誥稱命爾侯于東土，又云孟侯，朕其弟小子封，則康叔初封已為侯也。比子康伯即稱伯者，謂方伯之伯耳，非至子即降爵為伯也。故孔安國曰：孟，長也。五侯之長，謂方伯。方伯，州牧也。故五代孫祖恒為方伯耳。至頃侯德衰，不監諸侯，乃從本爵而稱侯，非是至子而削爵，及頃侯賂夷王而稱侯也。頃侯立十二年卒，子釐侯立。釐侯十三年，周厲王出奔于彘，共和行政焉。二十八年，周宣王立。四十二年，釐侯卒，太子共伯餘立為君。共伯弟和有寵於釐侯，多予之賂；和以其賂賂士，以襲攻共伯於墓上，共伯入釐侯羨自殺。【索隱】羨音延。延，墓道。又音以戰反。恭伯名餘也。衛人因葬之釐侯旁，謚曰共伯，而立和為衛侯，是為武公。【索隱】和殺恭伯代立，此說非也。按：季札美康叔、武公之德。又國語稱武公年九十五矣，猶箴誡於國，恭恪于朝，作抑自儆，至於沒身，謂之睿聖。又詩著衛世子恭伯早卒，不云被殺。若武公殺兄而代立，豈可以為訓而形之于國史乎？蓋太史公採雜說而為此記耳。武公即位，修康叔之政，百姓和集。四十二年，犬戎殺周幽王，武公將兵往佐周平戎，甚有功，周平王命武公為公。五十五年，卒，子莊公揚立。莊公五年，取齊女為夫人，好而無子。又取陳女為夫人，生子，蚤死。陳女女弟亦幸於莊公，而生子完。【索隱】女弟戴嬀也。子完為州吁所殺，戴嬀歸陳。詩燕燕于飛是也。完母死，莊公令夫人齊女子之，立為太子。【索隱】子之，謂養之為子也。齊女即莊姜也。詩碩人篇閔之是也。莊公有寵妾，生子州吁。十八年，州吁長，好兵，莊公使將。石碏諫莊公【集解】賈逵曰：石碏，衛上卿。曰：庶子好兵，使將，亂自此起。不聽。二十三年，莊公卒，太子完立，是為桓公。桓公二年，弟州吁驕奢，桓公絀之，州吁出奔。十三年，鄭伯弟段攻其兄，不勝，亡，而州吁求與之友。十六年，州吁收聚衛亡人以襲殺桓公，州吁自立為衛君。為鄭伯弟段欲伐鄭，請宋、陳、蔡與俱，三國皆許州吁。州吁新立，好兵，弒桓公，衛人皆不愛。石碏乃因桓公母家於陳，詳為善州吁。至鄭郊，石碏與陳侯共謀，使右宰醜進食，因殺州吁于濮，【集解】服虔曰：右宰醜，衛大夫。濮，陳地。【索隱】賈逵云濮陳地。按：濮水首受河，又受汴，汴亦受河，東北至離狐，分為二，俱東北至鉅野入濟，則濮在曹衛之間。賈言陳地，非也。若據地理志，陳留封丘縣濮水受泲，當言陳留太也。而迎桓公弟晉於邢而立之，【集解】賈逵曰：邢，周公之胤，姬姓國。是為宣公。宣公七年，魯弒其君隱公。九年，宋督弒其君殤公，及孔父。十年，晉曲沃莊伯弒其君哀侯。十八年，初，宣公愛夫人夷姜，夷姜

生子伋，以為太子，而令右公子傅之。右公子為太子取齊女，未入室，而宣公見所欲為太子婦者好，說而自取之，更為太子取他女。宣公得齊女，生子壽、子朔，令左公子傅之。【集解】杜預曰：左右，媵之子，因以為號。太子伋母死，宣公正夫人與朔共讒惡太子伋。宣公自以其奪太子妻也，心惡太子，欲廢之。及聞其惡，大怒，乃使太子伋於齊而令盜遮界上殺之。【正義】左傳云：衛宣公使太子伋之齊，使盜待諸莘，將殺之。杜預曰：莘，衛地。與太子白旄，而告界盜見持白旄者殺之。且行，子朔之兄壽，太子異母弟也，知朔之惡太子而君欲殺之，乃謂太子曰：「界盜見太子白旄，即殺太子，太子可毋行。」太子曰：「逆父命求生，不可。」遂行。壽見太子不止，乃盜其白旄而先馳至界。界盜見其驗，即殺之。壽已死，而太子伋又至，謂盜曰：「所當殺乃我也。」盜并殺太子伋，以報宣公。宣公乃以子朔為太子。十九年，宣公卒，太子朔立，是為惠公。惠公四年，左右公子怨惠公之讒殺前太子伋而代立，乃作亂，攻惠公，立太子伋之弟黔牟為君，惠公犇齊。衛君黔牟立八年，齊襄公率諸侯奉王命共伐衛，納衛惠公，誅左右公子。衛君黔牟犇于周，惠公復立。惠公立三年出亡，亡八年復入，與前通年凡十三年矣。二十五年，惠公怨周之容舍黔牟，與燕伐周。周惠王犇溫，衛、燕立惠王弟頹為王。二十九年，鄭復納惠王。三十一年，惠公卒，子懿公赤立。懿公即位，好鶴，【正義】括地志云：故鶴城在滑州匡城縣西南十五里。左傳云：衛懿公好鶴，鶴有乘軒者。狄伐衛，公欲戰，國人受甲者皆曰使鶴，鶴實有祿位，余焉能戰。俗傳懿公養鶴於此城，因名也。淫樂奢侈。九年，翟伐衛，衛懿公欲發兵，兵或畔。大臣言曰：「君好鶴，鶴可令擊翟。」翟於是遂入，殺懿公。懿公之立也，百姓大臣皆不服。自懿公父惠公朔之讒殺太子伋代立至於懿公，常欲敗之，卒滅惠公之後而更立黔牟之弟昭伯頑之子申為君，是為戴公。戴公申元年卒。齊桓公以衛數亂，乃率諸侯伐翟，為衛築楚邱，【正義】括地志云：城武縣有楚邱亭。立戴公弟燬為衛君，【集解】駰案：賈誼書曰：衛侯朝於周，周行人問其名，答曰衛侯辟疆。周行人還之，曰：啟疆、辟疆，天子之號，諸侯弗得用。衛侯更其名曰燬，然後受之。【正義】燬音毀。是為文公。文公以亂故犇齊，齊人入之。初，翟殺懿公也，衛人憐之，思復立宣公前死太子伋之後，伋子又死，而代伋死者子壽又無子。太子伋同母弟二人：其一曰黔牟，黔牟嘗代惠公為君，八年復去；其二曰昭伯。昭伯、黔牟皆已前死，故立昭伯子申為戴公。戴公卒，復立其弟燬為文公。文公初立，輕賦平罪，【索隱】輕賦稅，平斷刑也。平或作卒，卒謂士卒也。罪字連下讀，蓋亦一家之義爾。身自勞，與百姓同苦，以收衛民。十六年，晉公子重耳過，無禮。十七年，齊桓公卒。二十五年，文公卒，子成公鄭立。成公三年，晉欲

假道於衛救宋，成公不許。晉更從南河度，【集解】服虔曰：南河，濟南之東南流河也。杜預曰：從汲郡南度，出衛南。救宋。徵師於衛，衛大夫欲許，成公不肯。大夫元咺攻成公，成公出犇。【索隱】犇楚。【正義】咺，況遠反。晉文公重耳伐衛，分其地予宋，討前過無禮及不救宋患也。衛成公遂出犇陳。【索隱】左傳衛侯聞楚師敗，懼，出犇楚，遂適陳也。二歲，如周求入，與晉文公會。晉使人鴆衛成公，成公私於周主鴆，令薄，得不死。【索隱】按：私謂賂之也。已而周為請晉文公，卒入之衛，而誅元咺，衛君瑕出犇。【索隱】是元咺所立者，成公入而殺之。故僖三十年經云：衛殺其大夫元咺及公子瑕。此言犇，非也。七年，晉文公卒。十二年，成公朝晉襄公。十四年，秦穆公卒。二十六年，齊邴歜弒其君懿公。【索隱】邴歜與左氏同，而齊系家作邴戎者，蓋邴歜掌御戎車，故號邴戎。邴音丙，歜亦作蠲。三十五年，成公卒，【集解】駰案：世本曰成公徙濮陽。宋忠曰：濮陽，帝丘地名。子穆公遬立。【正義】遬音速。穆公二年，楚莊王伐陳，殺夏徵舒。三年，楚莊王圍鄭，鄭降，復釋之。十一年，孫良夫救魯伐齊，復得侵地。穆公卒，子定公臧立。定公十二年卒，子獻公衎立。獻公十三年，公令師曹教宮妾鼓琴，【集解】賈逵曰：師曹，樂人。妾不善，曹笞之。妾以幸惡曹於公，公亦笞曹三百。十八年，獻公戒孫文子、甯惠子食，皆往。日旰不召，【集解】服虔曰：孫文子，林父也。甯惠子，甯殖也。敕戒二子，欲共晏食，皆服朝衣待命。旰，晏也。而去射鴻於囿。二子從之，【集解】服虔曰：從公於囿。公不釋射服與之言。【集解】駰案：左傳曰不釋皮冠。二子怒，如宿。【集解】服虔曰：孫文子邑也。【索隱】左傳作戚，此亦音戚。孫文子子數侍公飲，【集解】駰案：左傳曰文子子，即孫蒯也。使師曹歌巧言之卒章。【集解】杜預曰：巧言，詩小雅也。其卒章曰：彼何人斯，居河之麋。無拳無勇，職為亂階。公欲以譬文子居河上而為亂。師曹又怒公之嘗笞三百，乃歌之，欲以怒孫文子，報衛獻公。文子語蘧伯玉，伯玉曰：「臣不知也。」【集解】賈逵曰：伯玉，衛大夫。遂攻出獻公。獻公犇齊，齊置衛獻公於聚邑。孫文子、甯惠子共立定公弟秋為衛君，是為殤公。【集解】徐廣曰：班氏云獻公弟焱。殤公秋立，封孫文子林父於宿。十二年，甯喜與孫林父爭寵相惡，殤公使甯喜攻孫林父。林父犇晉，復求入故衛獻公。獻公在齊，齊景公聞之，與衛獻公如晉求入。晉為伐衛，誘與盟。衛殤公會晉平公，平公執殤公與甯喜而復入衛獻公。獻公亡在外十二年而入。獻公後元年，誅甯喜。三年，吳延陵季子使過衛，見蘧伯玉、史鰌，曰：「衛多君子，其國無故。」過宿，孫林父為擊磬，曰：「不樂，音大悲，使衛亂乃此矣。」是年，獻公卒，子襄公惡立。襄公六年，楚靈王會諸侯，襄公稱病不往。九年，襄公卒。初，襄公有賤妾，幸之，有身，夢有人謂曰：「我康叔也，令若子必有衛，名而子曰元。」妾怪之，問孔成子。【集解】服虔曰：衛卿孔烝鉏。成子曰：「康叔者，衛祖也。」及生子，男也，以告襄公。襄公曰：「天所置也。」名之曰元。襄公夫人無子，於是乃立元為嗣，是為靈公。靈公五年，朝晉昭公。六年，楚公子

棄疾弒靈王自立，為平王。十一年，火。三十八年，孔子來，祿之如魯。後有隙，孔子去。後復來。三十九年，太子蒯聵與靈公夫人南子有惡，【集解】賈逵曰：南子，宋女。欲殺南子。蒯聵與其徒戲陽遬謀，朝，使殺夫人。【集解】賈逵曰：戲陽遬，太子家臣。【正義】戲音羲。戲陽後悔，不果。蒯聵數目之，夫人覺之，懼，呼曰：【正義】呼，火故反。「太子欲殺我！」靈公怒，太子蒯聵犇宋，已而之晉趙氏。四十二年春，靈公游于郊，令子郢僕。【集解】賈逵曰：僕，御也。郢，靈公少子也，字子南。靈公怨太子出犇，謂郢曰：「我將立若為後。」郢對曰：「郢不足以辱社稷，君更圖之。」【集解】服虔曰：郢自謂已無德，不足立以汙辱社稷。夏，靈公卒，夫人命子郢為太子，曰：「此靈公命也。」郢曰：「亡人太子蒯聵之子輒在也，不敢當。」於是衛乃以輒為君，是為出公。六月乙酉，趙簡子欲入蒯聵，乃令陽虎詐命衛十餘人衰絰歸，【集解】服虔曰：衰絰，為若從衛來迎太子也。簡子送蒯聵。衛人聞之，發兵擊蒯聵。蒯聵不得入，入宿而保，衛人亦罷兵。出公輒四年，齊田乞弒其君孺子。八年，齊鮑子弒其君悼公。孔子自陳入衛。九年，孔文子問兵於仲尼，仲尼不對。其後魯迎仲尼，仲尼反魯。十二年，初，孔圉文子取太子蒯聵之姊，生悝。孔氏之豎渾良夫美好，孔文子卒，良夫通於悝母。太子在宿，悝母使良夫於太子。太子與良夫言曰：「苟能入我國，報子以乘軒，免子三死，毋所與。」【集解】杜預曰：軒，大夫車也。三死，死罪三。【正義】杜預云：三罪，紫衣、袒裘、帶劍也。紫衣，君服也。熱故偏袒。不敬也。衛侯求令名者，與之食焉。太子請使良夫。良夫紫衣狐裘，不釋劍而食。太子使牽退，數之罪而殺之。與之盟，許以悝母為妻。閏月，良夫與太子入，舍孔氏之外圃。【集解】服虔云：圃，園。昏，二人蒙衣而乘，【集解】服虔曰：二人謂良夫、太子。蒙衣，為婦人之服，以巾蒙其頭而共乘也。宦者羅御如孔氏。孔氏之老欒甯問之，【集解】服虔曰：家臣欒老問其姓名。稱姻妾以告。【集解】賈逵曰：婚姻家妾也。遂入，適伯姬氏。【集解】服虔曰：入孔氏家，適伯姬所居。既食，悝母杖戈而先，【集解】服虔曰：先至孔悝所。太子與五人介，輿猳從之。【集解】賈逵曰：介，被甲也。豭豚，欲以盟故也。伯姬劫悝於廁，彊盟之，遂劫以登臺。【集解】服虔曰：於臺上召衛群臣。欒甯將飲酒，炙未熟，聞亂，使告仲由。【集解】服虔曰：季路為孔氏邑宰，故告之。召護駕乘車，【集解】服虔曰：召護，衛大夫。駕乘車，不駕兵車也。言無距父之意。行爵食炙，【集解】服虔曰：欒甯使召季路，乃行爵食炙。奉出公輒犇魯。【集解】服虔曰：召護奉衛侯。仲由將入，遇子羔將出，【集解】賈逵曰：子羔，衛大夫高柴，孔子弟子也。將出犇。曰：「門已閉矣。」子路曰：「吾姑至矣。」【集解】杜預曰：且欲至門。子羔曰：「不及，莫踐其難。」【集解】賈逵曰：言家臣憂不及國，不得踐履其難。鄭衆曰：是時輒已出，不及事，不當踐其難。子羔言不及，以為季路欲死國也。子路曰：「食焉不辟其難。」【集解】服虔曰：言食悝之祿，欲救悝之難，此明其不死國也。子羔遂出。子路入，及門，公孫敢闔門，曰：「毋入為也！」【集解】服虔曰：公孫敢，衛大夫。言輒已出，無為復入。子路曰：「是公孫也？求利而逃其難。由不然，利其祿，必救其患。」有使者出，子路乃得入。曰：「太子焉用孔悝？雖殺之，必或繼之。」【集解】王肅曰：必有繼續其後攻太子

且曰太子無勇若燔臺必舍孔叔太子聞之懼下石乞孟黶敵子路[集解]服虔曰二子蒯聵之臣敵當也以戈擊之割纓子路[正義]燔音煩舍音捨黶音乙減反曰君子死冠不免[集解]服虔曰不使冠在地結纓而死[正義]纓冠纓也孔子聞衞亂曰嗟乎柴也其來乎由也其死矣孔悝竟立太子蒯聵是爲莊公莊公蒯聵者出公父也居外怨大夫莫迎立元年卽位欲盡誅大臣曰寡人居外久矣子亦嘗聞之乎羣臣欲作亂乃止二年魯孔丘卒三年莊公上城見戎州[集解]賈逵曰戎州戎人之邑[索隱]左傳云戎州人攻之是也隱二年公會戎于潛杜預云陳留濟陽縣東南有戎城濟陽與衞近故莊公登臺而望見戎州又七年云戎伐凡伯于楚丘是戎與衞相近也曰戎虜何爲是戎州病之十月戎州告趙簡子簡子圍衞十一月莊公出奔[索隱]左傳莊公本由晉趙氏納之立而背晉晉伐衞衞人出莊公立公子般師晉師退莊公復入般師出奔初公登城見戎州己氏之妻髮美髡之以爲夫人髢又欲翦戎州衆逐石圃故石圃攻莊公莊公懼踰北牆折股入己氏己氏殺之今系家不言莊公復入及死己氏直云出奔亦其疏也又左傳云衞復立般師齊伐衞立公子起執般師明年衞石圃逐其君起起奔齊齊出公輒復歸是左氏詳而系家略也衞人立公子斑師爲衞君[集解]駰案左傳曰斑師襄公之孫齊伐衞虜斑師更立公子起爲衞君[集解]服虔曰起靈公子衞君起元年衞石曼尃逐其君起[索隱]左傳作石圃此尃音圃穀梁作曼姑尃或音姑諸本多無曼字起奔齊衞出公輒自齊復歸立初出公立十二年亡亡在外四年復入出公後元年賞從亡者立二十一年卒[索隱]按出公初立十二年亡在外四年復入九年卒是立二十一年自卽位至卒凡經二十五年而卒于越出公季父黔攻出公子而自立是爲悼公悼公五年卒[索隱]紀年云四年卒于越系本名虔子敬公弗立[集解]駰案世本云敬公費也敬公十九年卒子昭公糾立[索隱]系本云黴公生梎公舟非也是時三晉彊衞如小侯屬之[正義]屬趙也昭公六年公子亹[正義]音尾弒之代立是爲懷公懷公十一年公子頹弒懷公而代立是爲慎公慎公父公子適[索隱]音的系本適作虔虔悼公也適父敬公也慎公四十二年卒子聲公訓立[索隱]訓亦作馴同休運反系本作聖公馳聲公十一年卒子成侯遬立[索隱]音速系本作不逝按上穆公已名遬不可成侯更名則系本是也成侯十一年公孫鞅入秦[索隱]秦本紀云孝公元年鞅入秦又按年表成侯與秦孝公同年然則十一年當爲元年字誤爾十六年衞更貶號曰侯二十九年成侯卒子平侯立平侯八年卒子嗣君立[索隱]樂資據紀年以嗣君卽孝襄侯也嗣君五年更貶號曰君獨有濮陽四十二年卒子懷君立懷君三十一年朝魏魏囚殺懷君魏更立嗣君弟是爲元君元君爲魏壻故魏立之[集解]徐廣曰班氏云元君者懷君之弟元君十四年秦拔魏東地秦初置東郡更徙衞野王縣而并濮陽爲東郡[索隱]魏都大梁濮陽黎陽並是魏之東地故立郡名東郡也二十五年元君卒子君角立[集解]駰案年表云元君十一年秦置東郡十二年徙野王三十三年卒[索隱]年表與此不同徐註備矣君角九年秦并天下立爲始皇帝二十一年二世廢君角爲庶人衞絕祀

太史公曰余讀世家言至於宣公之太子以婦見誅弟壽爭死以相讓此與晉太子申生不敢明驪姬之過同俱惡傷父之志然卒死亡何其悲也或父子相殺兄弟相滅亦獨何哉

[索隱]述贊曰司寇受封梓材有作成錫厥器夷加其爵暨武能修從文始約詩美歸燕傳矜石碏皮冠射鴻乘軒使鶴宣縱淫嬖臺生伋朔蒯聵得罪出公行惡衞祚日衰失於君角

史記卷三十七考證

衞康叔世家告以紂所以亡者以淫於酒酒之失婦人是用故紂之亂自此始○王若虛辨惑曰酒誥之文曷嘗有用婦人語

頃侯厚賂周夷王夷王命衞爲侯○顧炎武曰是頃侯以前之稱伯乃伯子男之伯也索隱以爲方伯之伯雖有詩序毛丘責衞伯之文可據鄭氏箋曰衞康叔封爵稱侯今日伯者時爲州伯周禮九命作伯然非太史公意也且古亦無以方伯之伯而繫謚者周公召公二伯也其謚則曰文公康公○臣照按衞始封侯見于書爲方伯見于詩詩書並有文豈得復疑索隱謂史遷之誤是也顧炎武申龍門而難小司馬泥矣謂古無以方伯之伯而繫謚者安知其無耶何不卽舉衞爲有之驗耶

共伯入釐侯羨自殺○臣照按大事記曰武公在位五十五年國語又稱武公年九十有五猶箴儆于國計其初卽位其齒益已四十餘矣使果弒共伯而篡立則共伯見弒之時其齒又加長於武公安得謂之蚤死乎髦者子事父母之飾諸侯旣小斂則脫之史記謂釐侯已葬而共伯自殺則是時共伯已脫髦矣詩安得猶謂之髧彼兩髦乎是共伯未嘗有見弒之事武公未嘗有篡弒之惡也

莊公五年取齊女爲夫人好而無子又取陳女爲夫人生子蚤死陳女女弟亦幸於莊公而生子完完母死○毛詩疏曰禮諸侯不再娶且莊姜仍在左傳唯言又娶于陳不言爲夫人世家云又娶陳女爲夫人非也左傳唯言戴嬀生桓公莊姜養之以爲己子不言其死云完母死亦非也

太子完立是爲桓公○左傳疏曰石碏言將立州吁乃定之矣請定州吁明太子之位未定衞世家言立完爲太子非也

爲鄭伯弟段欲伐鄭○臣召南按左傳及宋世家鄭內公子馮州吁弒君自立欲免諸侯故爲公子馮而伐鄭此云因州吁友于叔段爲段伐鄭與彼異

十年晉曲沃莊伯弒其君哀侯○臣照按莊伯卒于哀侯之二年是爲衞宣之三年此莊伯二字明是武公之誤觀年表及晉世家自見

惠公立三年出亡○臣人龍按上文云四年此云三年又按左傳魯桓公十六年冬惠公奔齊則四年是矣與前通年凡十三年矣○許應元曰左傳衞朔立四年出亡八年復入通年十二此言十三年旣與左傳不同又與上文年數不合

二十九年鄭復納惠王○左傳及年表俱在二十七年

齊桓公以衞數亂乃率諸侯伐翟爲衞築楚邱立戴公弟燬爲衞君○臣照按左傳魯僖之二年諸侯城楚邱事在衞文之二年年表亦同此敘在文公立前與彼互異

十六年晉公子重耳過無禮○左傳及年表俱在二十三年

成公出奔楚○臣照按左傳衞侯請盟晉人弗許衞侯欲與楚國人不欲故出其君以說于晉衞侯出於襄牛杜預曰襄牛衞地又下文索隱云楚師敗懼乃出奔楚此索隱衍文

齊置衞獻公于聚邑○臣世駿按左傳齊人以郲寄衞侯杜預曰郲齊所滅郲國音來此作聚互異

孫文子甯惠子共立定公弟秋爲衞君○秋左傳作剽

孫林父爲擊磬曰不樂音大悲使衞亂乃此矣○王若虛辨惑曰吳世家云季札自衞如晉將舍於宿聞鐘聲曰異哉吾聞之辨而不德必加于戮夫子獲罪于君以在此懼猶不足而又可以畔乎夫子之在此猶燕之巢于幕也君在殯而可以樂乎遂去之文子聞之終身不聽琴瑟衞世家云季子過宿孫文子爲擊磬曰不樂音大悲使衞亂乃此矣一以爲鐘一以爲磬此未足深病然如前說則是文子自作樂而季子適聞之也如後說則是文子爲札而作也前說則罪其不自愧懼而安于娛樂後說則以音聲之悲而知其爲亂之徵是何乖異而不同耶按前說本於左氏當是後說正有他據亦相矛盾而不應取也且左氏但言又何樂而史記改之云可以畔乎其義亦乖蓋獲罪于君卽所謂畔也而何在于擊鐘耶司馬貞旣知其非矣而曰畔字讀爲樂亦强爲之說也

元君十四年秦拔魏東地秦初置東郡更徙衞野王縣而并濮陽爲東郡○六國年表作十一年

史記卷三十八

漢　太　史　令司馬遷　撰

宋　中郎外兵曹參軍裴　駰集解

唐　國子博士弘文館學士司馬貞索隱

唐　諸王侍讀率府長史張守節正義

宋微子世家第八

微子開者[集解]孔安國曰微畿內國名子爵也爲紂卿士[索隱]按尚書微子之命篇云命微子啟代殷後今此名開者避漢景帝諱也殷帝乙之首子而紂之庶兄也[索隱]按尚書亦以爲殷王元子而是紂之兄呂氏春秋云生微子時母猶爲妾及爲妃而生紂故微子爲紂同母庶兄紂既立不明淫亂於政微子數諫紂不聽及祖伊以周西伯昌之修德滅阢[集解]徐廣曰阢音耆[索隱]耆卽黎也鄒誕云本鷙音黎孔安國云黎在上黨東北卽今之黎亭阢國懼禍至以告紂紂曰我生不有命在天乎是何能爲於是微子度紂終不可諫欲死之及去未能自決乃問於太師少師[集解]孔安國曰太師三公箕子也少師孤卿比干也曰殷不有治政不治四方[集解]孔安國曰言殷不有治政四方之事將必亡也我祖遂陳於上[集解]馬融曰我祖湯也孔安國曰言湯遂其功陳力於上世也紂沈湎於酒婦人是用亂敗湯德於下[集解]馬融曰下下世也殷既小大好草竊姦宄[集解]孔安國曰草野盜竊又爲姦宄於外內卿士師師非度[集解]馬融曰非但小人學爲姦宄卿士巳下轉相師效爲非法度皆有罪辜乃無維獲[集解]鄭玄曰獲得也羣臣皆有是罪其爵祿又無常得之者言屢相攻奪小民乃並興相爲敵讎[集解]孔安國曰卿士既亂而小民各起共爲敵讎言不和同今殷其典喪若涉水無津涯[集解]徐廣曰一作涉水無舟航言危也駰謂典國典也[索隱]尚書典作淪篆字變易其義亦殊喪音息浪反殷遂喪越至于今[集解]馬融曰越於也於是至矣於今到矣曰太師少師[集解]馬融曰重呼告之我其發出往[集解]鄭玄曰發起也紂禍敗如此我其起作出往也[索隱]往尚書作狂蓋亦今文尚書意異爾吾家保于喪[集解]徐廣曰一云於是家保駰案馬融曰卿大夫稱家今女無故告[集解]王肅曰無意告我也是微子求救誨也予顛躋如之何其[集解]馬融曰躋猶墜也恐顛墜於非義當如之何也鄭玄曰其語助也齊魯之間聲如姬記曰何居太師若曰王子天篤下菑亡殷國[集解]孔安國曰微子帝乙元子故曰王子天生紂爲亂是下菑也鄭玄曰少師不答志在必死[正義]菑音災乃毋畏畏不用老長[集解]孔安國曰上不畏天菑下不畏賢人違戾耆老之長不用其教今殷民乃陋淫神祇之祀[集解]徐廣曰一云今殷民侵神犧又一云陋淫神祇駰案馬融曰天曰神地曰祇[索隱]尚書作攘竊劉氏云陋淫猶輕穢也今誠得治國國治身死不恨爲死終不得治不如去遂亡箕子者[集解]馬融曰箕國名也子爵也紂親戚也[索隱]司馬彪曰箕子名胥餘馬融王肅以箕子爲紂之諸父服虔杜預以爲紂之庶兄杜預云梁國蒙縣有箕子冢始爲象箸[索隱]箸音持略反按下文云爲象箸必爲玉杯杯箸事相近周禮六樽有犧象著壺泰山著尊者著地無足是也劉氏音直慮反則杯箸亦食用之物並通爲器箕子歎曰彼爲象箸必爲玉桮爲桮則必思遠方珍怪之物而御之矣輿馬宮室之漸自此始不可振也紂爲淫泆箕子諫不聽人或曰可以去矣箕子曰爲人臣諫不聽而去是彰君之惡而自說於民吾不忍爲也乃被髮佯狂而爲奴遂

隱而鼓琴以自悲故傳之曰箕子操【集解】駰案風俗通曰其道閉塞憂愁而作者命其曲曰操操者言遇菑遭害困厄窮迫雖怨恨失意猶守禮義不懼不懾樂道而不改其操也王子比干者亦紂之親戚也見箕子諫不聽而爲奴則曰君有過而不以死爭則百姓何辜乃直言諫紂紂怒曰吾聞聖人之心有七竅信有諸乎乃遂殺王子比干刳視其心微子曰父子有骨肉而臣主以義屬故父有過子三諫不聽則隨而號之人臣三諫不聽則其義可以去矣於是太師少師乃勸微子去遂行【集解】駰案時比干已死而云少師者似誤周武王伐紂克殷微子乃持其祭器造於軍門肉袒面縛【索隱】肉袒者袒而露肉也面縛者縛手於背而面向前也劉氏云面即背也義稍迂左牽羊右把茅膝行而前以告於是武王乃釋微子復其位如故武王封紂子武庚祿父以續殷祀使管叔蔡叔傅相之武王既克殷訪問箕子武王曰於乎維天陰定下民相和其居【集解】孔安國曰天不言而默定下民助合其居使有常生之資也我不知其常倫所序【集解】孔安國曰言我不知天所以定民之常道理次序問何由箕子對曰在昔鯀陻鴻水汩陳其五行【集解】孔安國曰陻塞汩亂也治水失道是亂陳五行帝乃震怒不從鴻範九等常倫所斁【集解】徐廣曰一作釋駰案鄭玄曰帝天也天以鯀如是乃震動其威怒不與天道大法九類言王所問所由敗也鯀則殛死禹乃嗣興【集解】鄭玄曰春秋傳曰舜之誅也殛鯀其舉也興禹天乃錫禹鴻範九等常倫所序【集解】孔安國曰天與禹洛出書也神龜負文而出列於背有數至于九禹遂因而第之以成九類初一曰五行二曰五事三曰八政四曰五紀五曰皇極六曰三德七曰稽疑八曰庶徵九曰嚮用五福畏用六極【集解】馬融曰言天所以畏懼人用六極五行一曰水二曰火三曰木四曰金五曰土【集解】鄭玄曰此數本諸陰陽所生之次也水曰潤下火曰炎上【集解】孔安國曰言其自然之常性也木曰曲直【集解】孔安國曰木可揉使曲直也金曰從革【集解】馬融曰金之性從人而更可銷鑠土曰稼穡【集解】王肅曰種之曰稼斂之曰穡潤下作鹹【集解】孔安國曰水鹵所生炎上作苦【集解】孔安國曰焦氣之味曲直作酸【集解】孔安國曰木實之性從革作辛【集解】孔安國曰金氣之味稼穡作甘【集解】孔安國曰甘味生於百穀五行以下箕子所陳五事一曰貌二曰言三曰視四曰聽五曰思貌曰恭言曰從【集解】馬融曰發言當使可從視曰明聽曰聰思曰睿【集解】馬融曰睿通也恭作肅從作治【集解】馬融曰出令而從所以爲治也明作智聰作謀【集解】孔安國曰所謀必成當也馬融曰上聰則下進其謀睿作聖【集解】孔安國曰於事無不通謂之聖八政一曰食二曰貨三曰祀四曰司空【集解】馬融曰司空掌營城郭主空土以居民五曰司徒【集解】孔安國曰主徒衆教以禮義六曰司寇【集解】馬融曰主誅寇害七曰賓【集解】鄭玄曰掌諸侯朝覲之官八曰師【集解】鄭玄曰掌軍旅之官五紀一曰歲二曰月三曰日四曰星辰【集解】馬融曰星二十八宿辰日月之所會也鄭玄曰星五星也五曰歷數【集解】孔安國曰歷數節氣之度以爲歷數敬授民時皇極皇建其有極【集解】孔安國曰大中之道大立其有中謂行九疇之義斂時五福用傅錫其庶民【集解】馬融曰當斂是五福之道用布與衆民維時其庶民于女極【集解】馬融曰以其能斂是五福故衆民於汝取中正以歸心也錫女

保極【集解】鄭玄曰又賜女以守中之道凡厥庶民毋有淫朋人毋有比德維皇作極【集解】孔安國曰民有善則無淫過朋黨之惡比周之德惟天下皆大爲中正也凡厥庶民有猷有爲有守女則念之【集解】馬融曰凡其庶民有謀有爲有所執守當思念其行有所趣舍也不協于極不離于咎皇則受之【集解】孔安國曰凡民之行雖不合於中而不罹於咎惡皆可進用大法受之而安而色曰予所好德女則錫之福【集解】孔安國曰女當安女顏色以謙下人人曰我所好者德也女則與之爵祿時人斯其維皇之極【集解】孔安國曰不合于中之人女與之福則是人此其惟大之中言可勉進也毋侮鰥寡而畏高明【集解】馬融曰高明顯寵者不枉法畏之人之有能有爲使羞其行而國其昌【集解】王肅曰使進其行任之以政則國爲之昌凡厥正人既富方穀【集解】孔安國曰正直之人既當爵祿富之又當以善道接之女不能使有好于而家時人斯其辜【集解】孔安國曰不能使正人有好於國家則是人斯其詐取罪而去也于其毋好女雖錫之福其作女用咎【集解】鄭玄曰無好於女家之人雖賜之以爵祿其動作爲女用惡謂爲天子結怨於民毋偏毋頗遵王之義【集解】孔安國曰偏不平頗不正言當修先王正義以治民毋有作好遵王之道【集解】馬融曰好私好毋有作惡遵王之路毋偏毋黨王道蕩蕩【集解】孔安國曰言開辟也鄭玄曰黨朋黨毋黨毋偏王道平平【集解】孔安國曰言下治也毋反毋側王道正直【集解】馬融曰反反道也側傾側也會其有極【集解】鄭玄曰謂君也當會聚有中之人以爲臣也歸其有極【集解】鄭玄曰謂臣也當就有中之君而事之曰王極之傳言【集解】馬融曰王者當盡極行之使臣下布陳其言是夷是訓于帝其順【集解】馬融曰是大中而常行之用是教訓天下於天爲順也凡厥庶民極之傳言【集解】馬融曰亦盡極數陳其言於上也是順是行【集解】王肅曰民納言於上而得中者則順而行之以近天子之光【集解】王肅曰近猶益也順行民言所以益天子之光曰天子作民父母以爲天下王【集解】王肅曰政教務中民善是用所以爲民父母而爲天下所歸往三德一曰正直【集解】鄭玄曰中平之人二曰剛克三曰柔克【集解】鄭玄曰克能也剛而能柔柔而能剛寬猛相濟以成治功平康正直【集解】孔安國曰世平康用正直治之彊不友剛克【集解】孔安國曰友順也世彊禦不順以剛能治之內友柔克【集解】孔安國曰世和順以柔能治之也【索隱】內當爲燮燮和也沈漸剛克【集解】馬融曰沈陰也潛伏也陰伏之謀謂賊臣亂子非一朝一夕之漸君親無將將而誅焉【索隱】尚書作沈潛此字作漸其義當依馬注高明柔克【集解】馬融曰高明君子亦以德懷也維辟作福維辟作威維辟玉食【集解】馬融曰辟君也玉食美食不言王者關諸侯也鄭玄曰作福專爵賞也作威專刑罰也玉食備珍美也臣無有作福作威玉食臣有作福作威玉食其害于而家凶于而國人用側頗辟民用僭忒【集解】孔安國曰在位不端平則下民僭差稽疑擇建立卜筮人【集解】孔安國曰龜曰卜蓍曰筮考正疑事當選擇知卜筮人而建立之乃命卜筮曰雨曰濟曰涕【集解】駰案尚書作圛【索隱】涕音亦尚書作驛孔安國曰氣駱驛不連續今此文作涕是涕泣亦相連之狀曰霧【集解】徐廣曰一曰湊曰被【索隱】霧音蒙然蒙與霧亦通徐氏所見本涕作湊蒙作被義通而字變耳曰克曰貞曰悔凡七卜五占之用二衍貣【集解】鄭玄曰卜五占之用謂雨濟圛霧克也二衍貣謂貞悔也將立卜筮人乃先命名兆卦而分別之兆卦之名凡七龜用五易用二審此道者乃立之也雨者兆之體氣如雨然也濟者如雨止之雲氣在上者也圛者色澤而光明也霧者氣不釋鬱冥冥也克者如祲氣之色相犯也內卦曰貞貞正也外卦曰悔悔之言晦也晦猶終也卦象多變故言衍貣立時人爲卜筮【集解】鄭玄曰立是能

分別兆卦之名者以爲卜筮人三人占則從二人之言【集解】鄭玄曰從其多者蓍龜之道幽微難明慎之深女則有大疑謀及女心謀及卿士謀及庶人謀及卜筮【集解】孔安國曰先盡謀慮然後卜筮以決之女則從龜從筮從卿士從庶民從是之謂大同【集解】孔安國曰大同於吉而身其康彊而子孫其逢吉【集解】孔安國曰動不違衆故後世遇吉也女則從龜從筮從卿士逆庶民逆吉卿士從龜從筮從女則逆庶民逆吉庶民從龜從筮從女則逆卿士逆吉【集解】鄭玄曰此三者皆從多故爲吉女則從龜從筮逆卿士逆庶民逆作內吉作外凶【集解】鄭玄曰此逆者多以故舉事於境內則吉境外則凶龜筮共違于人用靜吉用作凶【集解】孔安國曰安以守常則吉動則凶鄭玄曰龜筮皆與人謀相違人雖三從猶不可以舉事庶徵曰雨曰暘曰奧曰寒曰風曰時【集解】孔安國曰雨以潤物暘以乾物煖以長物寒以成物風以動物五者各以時所以爲衆驗五者來備各以其序庶草繁廡【集解】孔安國曰言五者備至各以次序則衆草木蕃廡滋豐也一極備凶一極亡凶【集解】孔安國曰一者備極過甚則凶一者極無不至亦凶謂其不時失敘之謂也曰休徵【集解】孔安國曰敘美行之驗曰肅時雨若【集解】孔安國曰君行敬則時雨順之曰治時暘若【集解】孔安國曰君政治則時暘順之曰知時奧若【集解】孔安國曰君昭哲則時煖順之曰謀時寒若【集解】孔安國曰君能謀則時寒順之曰聖時風若【集解】孔安國曰君通理則時風順之曰咎徵【集解】孔安國曰敘惡行之驗曰狂常雨若【集解】孔安國曰君行狂妄則常雨順之曰僭常暘若【集解】孔安國曰君行僭差則常暘順之曰舒常奧若【集解】孔安國曰君行逸豫則常煖順之【索隱】舒依字讀按下有曰急也曰急常寒若【集解】孔安國曰君行急則常寒順之曰霧常風若【集解】孔安國曰君行霧闇則常風順之王眚維歲【集解】馬融曰言王者所省職如歲兼四時也卿士維月【集解】孔安國曰卿士各有所掌如月之有別師尹維日【集解】孔安國曰衆正官之吏分治其職如日之有歲月也歲月日時毋易【集解】孔安國曰各順常百穀用成治用明【集解】孔安國曰歲月無易則百穀成君臣無易則政治明畯民用章家用平康【集解】孔安國曰賢臣顯用國家平寧日月歲時既易百穀用不成治用昏不明畯民用微家用不寧庶民維星【集解】孔安國曰星民象故衆民惟若星也星有好風星有好雨【集解】馬融曰箕星好風畢星好雨日月之行有冬有夏【集解】孔安國曰日月之行冬夏各有常度月之從星則以風雨【集解】孔安國曰月經于箕則多風離于畢則多雨政教失常以從民欲亦所以亂五福一曰壽二曰富三曰康寧【集解】鄭玄曰康寧平安四曰攸好德【集解】孔安國曰所好者德福之道五曰考終命【集解】孔安國曰各成其短長之命以自終不橫夭六極一曰凶短折【集解】鄭玄曰未齔曰凶未冠曰短未婚曰折【索隱】未齔未毀齒也音楚恡反二曰疾三曰憂四曰貧五曰惡【集解】孔安國曰惡醜陋也六曰弱【集解】鄭玄曰愚懦不壯毅曰弱於是武王乃封箕子於朝鮮【索隱】朝鮮音潮仙地因水爲名而不臣也其後箕子朝周過故殷虛感宮室毀壞生禾黍箕子傷之欲哭則不可欲泣爲其近婦人【索隱】婦人之性多涕泣也乃作麥秀之詩以歌詠之其詩曰麥秀漸漸兮禾黍油油【索隱】漸漸麥芒之狀音子廉反又依字讀油油者禾黍之苗光悅貌彼狡僮兮不與我好兮所謂狡童者紂也殷民聞之皆爲流涕【集解】杜預曰梁國蒙縣有箕子冢武王崩成王少周公旦代行

政當國管蔡疑之乃與武庚作亂欲襲成王周公【集解】徐廣曰一云欲襲成周周公既承成王命誅武庚殺管叔放蔡叔乃命微子開代殷後奉其先祀作微子之命以申之國于宋【集解】駰案世本曰宋更曰睢陽微子故能仁賢乃代武庚故殷之餘民甚戴愛之微子開卒立其弟衍是爲微仲【集解】駰案禮記曰微子舍其孫腯而立衍也鄭玄曰微子適子死立其弟衍殷禮也【索隱】家語微子弟仲思名衍一名泄嗣微子爲宋公雖遷爵易位而班級不過其故故以舊官爲稱故二微雖爲宋公猶微至子稽乃稱宋公也微仲卒子宋公稽立【索隱】譙周云未諡故名之宋公稽卒子丁公申立丁公申卒子湣公共立湣公共卒弟煬公熙立煬公即位湣公子鮒祀弒煬公而自立【集解】徐廣曰鮒一作魴【索隱】譙周亦作魴祀據左氏鮒湣公庶子也弒煬公欲立太子弗父何何讓不受曰我當立是爲厲公厲公卒子釐公舉立釐公十七年周厲王出奔彘二十八年釐公卒子惠公覸立【集解】呂忱曰覸音古莧反惠公四年周宣王即位三十年惠公卒子哀公立哀公元年卒子戴公立戴公二十九年周幽王爲犬戎所殺秦始列爲諸侯三十四年戴公卒子武公司空立武公生女爲魯惠公夫人生魯桓公十八年武公卒子宣公力立宣公有太子與夷十九年宣公病讓其弟和曰父死子繼兄死弟及天下通義也我其立和和亦三讓而受之宣公卒弟和立是爲穆公穆公九年病召大司馬孔父謂曰先君宣公舍太子與夷而立我我不敢忘我死必立與夷也孔父曰羣臣皆願立公子馮穆公曰毋立馮吾不可以負宣公於是穆公使馮出居于鄭八月庚辰穆公卒兄宣公子與夷立是爲殤公君子聞之曰宋宣公可謂知人矣立其弟以成義然卒其子復享之殤公元年衞公子州吁弒其君完自立欲得諸侯使告於宋曰馮在鄭必爲亂可與我伐之宋許之與伐鄭至東門而還二年鄭伐宋以報東門之役其後諸侯數來侵伐九年大司馬孔父嘉妻好出道遇太宰華督督說目而觀之【集解】服虔曰督戴公之孫【集解】服虔曰目者極視睛不轉也督利孔父妻乃使人宣言國中曰殤公即位十年耳而十一戰【集解】賈逵曰一戰伐鄭圍其東門二戰取其禾三戰取邾田四戰邾鄭伐宋入其郛五戰伐鄭圍長葛六戰鄭以王命伐宋七戰魯敗宋師于菅八戰宋衞入鄭九戰伐戴十戰鄭入宋十一戰鄭伯以虢師大敗宋民苦不堪皆孔父爲之我且殺孔父以寧民是歲魯弒其君隱公十年華督攻殺孔父取其妻殤公怒遂弒殤公而迎穆公子馮於鄭而立之是爲莊公莊公元年華督爲相九年執鄭之祭仲要以立突爲鄭君祭仲許竟立突十九年莊公卒子湣公捷立湣公七年齊桓公即位九年宋水魯使臧文仲往弔水【集解】賈逵曰問凶曰弔湣公自罪曰寡人以不能事鬼神政不修故水臧文仲善此言此言乃公子子魚教湣公也十

年夏宋伐魯戰於乘丘【集解】徐廣曰乘一作賸駰案杜預曰乘丘魯地　魯生虜宋南宮萬【集解】賈逵曰南宮氏萬名宋卿　宋人請萬萬歸宋十一年秋湣公與南宮萬獵因博爭行湣公怒辱之曰始吾敬若今若魯虜也萬有力病此言遂以局殺湣公于蒙澤【集解】賈逵曰蒙澤宋澤名也杜預曰宋地梁國有蒙縣　大夫仇牧聞之以兵造公門萬搏牧牧齒著門闔死【集解】何休曰闔門扇　因殺太宰華督乃更立公子游爲君諸公子犇蕭公子禦說犇亳【集解】服虔曰蕭亳宋邑也杜預曰今沛國有蕭縣蒙縣西北有亳城也　萬弟南宮牛將兵圍亳冬蕭及宋之諸公子共擊殺南宮牛弒宋新君游而立湣公弟禦說是爲桓公宋萬犇陳宋人請以賂陳陳人使婦人飲之醇酒【集解】服虔曰宋萬多力勇不可執故先使婦人誘而飲之酒醉而縛之　以革裹之歸宋【集解】駰案左傳曰以犀革裹之　宋人醢萬也【集解】服虔曰醢肉醬　桓公二年諸侯伐宋至郊而去三年齊桓公始霸二十三年迎衛公子燬於齊立之是爲衛文公文公女弟爲桓公夫人秦穆公即位三十年桓公病太子茲甫讓其庶兄目夷爲嗣桓公義太子意竟不聽三十一年春桓公卒太子茲甫立是爲襄公以其庶兄目夷爲相未葬而齊桓公會諸侯于葵丘襄公往會襄公七年宋地霣星如雨與雨偕下【集解】駰案左傳曰隕石于宋五隕星也　六鶂退蜚【集解】駰案公羊傳曰視之則六察之則鶂徐察之則退飛【索隱】按僖十六年左傳霣石于宋五霣星也六鶂退飛過宋都是當宋襄公之時訪內史叔興曰吉凶焉在對曰君將得諸侯而不終也然莊七年傳又云恒星不見夜中星霣如雨與雨偕也且與雨偕下自在別年不與霣石退鶂之事同此史以霣石爲霣星遂連恒星不見之時與雨偕爲文故與左傳小異也　風疾也【集解】賈逵曰風起於遠至宋都高而疾故鶂逢風却退　八年齊桓公卒宋欲爲盟會十二年春宋襄公爲鹿上之盟【集解】杜預曰鹿上宋地汝陰有原鹿縣【索隱】按汝陰原鹿其地在楚僖二十一年宋人齊人楚人盟于鹿上是也然襄公求諸侯于楚楚纔許之許未合至汝陰鹿上今濟陰乘氏縣北有鹿城蓋此地也　以求諸侯於楚楚人許之公子目夷諫曰小國爭盟禍也不聽秋諸侯會宋公盟于盂【集解】杜預曰盂宋地　目夷曰禍其在此乎君欲已甚何以堪之於是楚執宋襄公以伐宋冬會于亳以釋宋公子魚曰禍猶未也十三年夏宋伐鄭子魚曰禍在此矣秋楚伐宋以救鄭襄公將戰子魚諫曰天之弃商久矣不可冬十一月襄公與楚成王戰于泓【集解】駰案穀梁傳曰戰于泓水之上　楚人未濟目夷曰彼衆我寡及其未濟擊之公不聽已濟未陳又曰可擊公曰待其已陳陳成宋人擊之宋師大敗襄公傷股國人皆怨公公曰君子不困人於阸不鼓不成列【集解】何休曰軍法以鼓戰以金止不鼓不戰也不成列未成陳　子魚曰兵以勝爲功何常言與【集解】徐廣曰一云尚何言與　必如公言即奴事之爾又何戰爲楚成王已救鄭鄭享之去而取鄭二姬以歸【索隱】謂鄭夫人芈氏姜氏之女既是鄭女故云二姬　叔瞻曰成王無禮【正義】謂取鄭二姬也　其不没乎爲禮卒於無別有以知其不遂霸也是年晉公子重耳過宋襄公以傷於楚欲得晉援厚禮重耳以馬二十乘【集解】服虔曰八十匹　十四年夏襄公病傷於泓而竟卒【索隱】春秋戰于泓在僖二十二年重耳過宋及襄公卒在二十三年今此文以重耳過與傷泓共歲故云是年又重耳過與宋襄公卒共是一歲則不合更云十四年是進退俱不合於左氏蓋太史公之疎爾　子成公王臣立成公元年晉文公即位三年倍楚盟親晉以有德於文公也四年楚成王伐宋宋告急於晉五年晉文公救宋楚兵去九年晉文公卒十一年楚太子商臣弒其父成王代立十六年秦穆公卒十七年成公卒【正義】年表云公孫固殺成公　成公弟禦殺太子及大司馬公孫固【正義】世本云宋莊公孫名固爲大司馬　而自立爲君宋人共殺君禦而立成公少子杵臼【正義】年表云宋昭元年杵臼襄公之子徐廣曰一云成公少子　是爲昭公昭公四年宋敗長翟緣斯於長丘【集解】駰案魯世家云宋武公之世獲緣斯於長丘今云此時未詳【索隱】春秋文公十一年魯敗翟于鹹獲長狄緣斯於長丘齊系家惠公二年長翟來王子城父攻殺之此並取左傳之說散於諸國系家今考其年歲亦頗相協而魯系家云武公此云昭公蓋此昭當爲武然前代雖已有武公此杵臼當亦謚武也若將不然豈下五代公子特爲君又豈謚昭乎　七年楚莊王即位九年昭公無道國人不附昭公弟鮑革【集解】徐廣曰一無革字　賢而下士先襄公夫人欲通於公子鮑不可【集解】服虔曰襄公夫人周襄王之姊王姬也不可鮑不肯也　乃助之施於國【正義】施貳是反襄夫人助公子鮑布施恩惠於國人也　因大夫華元爲右師【正義】公子華元鮑因請得爲右師華元戴公五代孫華督之曾孫也　昭公出獵夫人王姬使衛伯攻殺昭公杵臼弟鮑革立是爲文公文公元年晉率諸侯伐宋責以弒君聞文公定立乃去二年昭公子因文公母弟須與武繆戴莊桓之族爲亂文公盡誅之出武繆之族【集解】賈逵曰出逐也　四年春鄭命楚伐宋宋使華元將鄭敗宋囚華元華元之將戰殺羊以食士其御羊羮不及【集解】駰案左傳曰御羊斟也　故怨馳入鄭軍故宋師敗得囚華元宋以兵車百乘文馬四百匹【集解】賈逵曰文貍文也王肅曰文馬畫馬也【正義】按文馬者裝飾其馬四百匹用牽車百乘遺鄭贖華元也又云文馬赤鬣縞身目如黃金　贖華元未盡入華元亡歸宋十四年楚莊王圍鄭鄭伯降楚楚復釋之十六年楚使過宋宋有前仇執楚使九月楚莊王圍宋十七年楚以圍宋五月不解宋城中急無食華元乃夜私見楚將子反子反告莊王王問城中何如曰析骨而炊【集解】何休曰析破人骨也　易子而食莊王曰誠哉言我軍亦有二日糧以信故遂罷兵去二十二年文公卒子共公瑕立始厚葬君子譏華元不臣矣共公九年華元善楚將子重又善晉將欒書兩盟晉楚十三年共公卒華元爲右師魚石爲左師司馬唐山攻殺太子肥欲殺華元華元犇晉魚石止之至河乃還【集解】駰案皇覽曰華元冢在陳留小黃縣城北　誅唐山乃立共公少子成是爲平公【集解】駰案左傳曰魚石奔楚　平公三年楚共王拔宋之彭城以封宋左師魚石四年諸侯共誅魚石而歸彭城於宋三十五年楚公子圍弒其君自立爲靈王四十四年平公卒子元公佐立元公三年楚公子棄疾弒靈王自立爲平王八年宋火十年元公毋信詐殺諸公子大夫華向氏作亂楚平王太子建來犇見諸華氏相攻亂建去如鄭十五年元公爲魯昭公避季氏居外爲之求入魯行道卒子景公頭曼立【索隱】按曼立音萬　景公十六年魯陽虎來奔已復去二十五年孔子過宋宋司馬桓魋惡之欲殺孔子孔子微服去三十年曹倍宋又倍晉宋伐曹晉不救遂滅曹有之【正義】宋景公滅曹在魯哀公八年周敬王三十三年也　三十六年齊田常弒簡公三十七年楚惠王滅陳熒惑守心心宋之分野也景公憂之司星子韋曰可移於相景公曰相吾之股肱曰可移於民景公曰君者待民曰可移於歲景公曰歲饑民困吾誰爲君子韋曰天高聽卑君有君人之言三熒惑宜有動於是候之果徙三度六十四年景公卒宋公子特攻殺太子而自立是爲昭公【索隱】特一作得按左傳景公無子取元公庶曾孫公孫周之子得及啟畜于公宮景公卒先立啟後立得是爲昭公與此全乖未知太史公據何爲此說　昭公者元公之曾庶孫也昭公父公孫糾糾父公子褍秦【集解】徐廣曰褍音端　褍秦即元公少子也景公殺昭公父糾【索隱】左傳云名周　故昭公怨殺太子而自立昭公四十七年卒子悼公購由立【集解】駰案年表云四十九年【索隱】購音古候反　悼公八年卒【索隱】紀年爲十八年　子休公田立休公二十三年卒子辟公辟兵立【集解】徐廣曰一云辟公兵【索隱】紀年作桓侯璧兵則璧兵謚桓也又莊子云桓侯行未出城門其前驅呼辟蒙人止之後爲狂也司馬彪云呼辟使人避道蒙人以桓侯名辟而前驅呼辟故爲狂也　辟公三年卒子剔成立【集解】駰案年表云剔成君也【索隱】王劭按紀年云宋剔成肝廢其君璧而自立　剔成四十一年剔成弟偃攻襲剔成剔成敗犇齊偃自立爲宋君君偃十一年自立爲王【索隱】戰國策呂氏春秋皆以偃謚康王　東敗齊取五城南敗楚取地三百里西敗魏軍乃與齊魏爲敵國盛血以韋囊縣而射之命曰射天淫於酒婦人羣臣諫者輒射之於是諸侯皆曰桀宋【索隱】晉太康地記言其似桀也　宋其復爲紂所爲不可不誅告齊伐宋王偃立四十七年齊湣王與魏楚伐宋殺王偃遂滅宋而三分其地【集解】駰案年表云偃立四十三年

太史公曰孔子稱微子去之箕子爲之奴比干諫而死殷有三仁焉【集解】何晏曰仁者愛人三人行異而同稱仁者何也以其俱在憂亂而寧民也夏侯玄曰微子仕之窮也箕子比干智之窮也故或盡材而止或盡心而留皆其極也致極斯君子之事矣是以三仁不同而其歸一揆也　春秋譏宋之亂自宣公廢太子而立弟【集解】駰案公羊傳曰君子大居正宋之禍宣公爲之也　國以不寧者十世【索隱】公羊春秋有此說左氏則無譏焉　襄公之時修行仁義欲爲盟主其大夫正考父美之故追道契湯高宗殷所以興作商頌【集解】駰案韓詩商頌章句亦美襄公【索隱】今按毛詩商頌序云正考父於周之大師得商頌十二篇以那爲首國語亦同此說今五篇存皆是商家祭祀樂章非考父追作也又考父佐戴武宣則在襄公前且百許歲安得述而美之斯謬說爾　襄公既敗於泓而君子或以爲多【集解】駰案公羊傳曰君子大其不鼓不成列臨大事而不忘大禮有君而無臣以爲雖文王之戰亦不過此也　傷中國闕禮義襃之也【索隱】襄公臨大事不忘大禮而君子或以爲多且傷中國之亂闕禮義之舉遂不嘉宋襄之盛德太史公襃而述之故云襃之也　宋襄之有禮讓也

索隱述贊曰殷有三仁微箕紂親一囚一去不顧其身頌美有客書稱作賓卒傳冢嗣或敘彝倫微仲之後世載忠勤穆亦能讓實爲知人傷泓之役有君無臣偃號桀宋天之棄殷

史記卷三十八考證

宋微子世家及祖伊以周西伯昌之脩德滅阢阢國懼禍至以告紂○臣照按阢國二字疑衍文

於是太師少師乃勸微子去遂行○王若虛辨惑曰微子度紂終不可諫欲死之及去未能自決乃問太師少師曰云云太師若曰云云誠得治國國治身死不恨爲死終不得治不如去遂亡則微子既已去矣而復記箕子之所以奴比干之所以死而終之曰微子以爲父子有骨肉而臣主以義屬父有過子三諫不聽則隨而號之人臣三諫不聽則可以去矣于是太師少師乃勸微子去遂行何耶

左牽羊右把茅○孔穎達左傳疏曰史記之言多有錯繆微子手縛于後故以口銜璧又焉得牽羊把茅也　臣照按孟子曰盡信書則不如無書此類是也微子適周尚在大會孟津之前則周固殷諸侯以王之庶兄而之其國何面縛銜璧輿櫬而請死乎此春秋時傳聞之紕繆而因而襲之者耳亦不止史遷所載手縛於後而又左牽羊右把茅之謂自相矛盾即左氏所載亦不可信也

乃命微子開代殷後奉其先祀作微子之命以申之國于宋○毛詩振鷺疏曰以樂記之文知武王初即封微子于宋矣但未知爵之尊卑國之大小耳至成王既殺武庚命爲殷後當爵爲公地方百里至制禮之後當受上公之地更方五百里史記以爲成王之時始封微子于宋與樂記文乖其說非也

煬公即位十年爾○臣照按既云即位十年何得編於九年之下左傳此事本在十年則上文九年九字葢十字之訛也

是歲魯弒其君隱公○左傳及魯世家年表隱公弒于宋殤公之八年

九年執鄭之祭仲要以立突爲鄭君祭仲許竟立突○

左傳及年表俱作十年

十年夏宋伐魯戰於乘丘○左傳宋殤九年爲魯莊之十一年夏宋爲乘丘之役秋宋大水公使弔焉此叙戰乘丘於大水之後又書曰十年

十一年秋○臣世駿按殤公立十年而被弑此云十一年秋一字蓋衍文

襄公七年宋地賓星如雨與雨偕下六鷁退蜚○王若虛辨惑曰魯莊公七年四月辛卯夜中星隕如雨僖公十六年正月戊申隕石于宋五是月六鷁退飛過宋都左氏云隕石于宋隕星也史記世家乃謂宋襄公七年宋地隕星如雨與雨俱下六鷁退蜚按春秋星隕如雨初不指其在宋且莊公七年之四月與僖公十六年之正月相去亦遠矣安得併爲宋地同時之事乎蓋見左氏釋隕石爲隕星故誤誌焉而隕石之事反遺而不書

楚成王已救鄭鄭享之去而取鄭二姬以歸叔瞻曰成王無禮其不沒乎爲禮卒于無別有以知其不遂霸也○徐孚遠曰以上楚事著於宋傳失刪正也

子成公王臣立○穀梁傳作壬臣

昭公四年宋敗長翟緣斯於長丘○臣清植按黃震日鈔曰史載宋昭公四年敗長翟緣斯於長丘而魯世家稱當宋武公之世武公實爲昭公九世祖是史自爲矛盾也今考魯世家文公十一年獲長翟僑如史追載宋武獲長翟緣斯之事緣斯者僑如之祖也宋昭公之四年正當魯文公之十一年是獲僑如之歲非獲緣斯之歲也緣斯於僑如爲祖則獲緣斯者爲宋武公非宋昭公也二事參考則魯世家所載近是宋世家所載非是也裴駰以爲未詳或者世次莫定當闕疑與

夫人王姬使衞伯攻殺昭公杵臼弟鮑革立○左傳昭公將田孟諸未至夫人王姬使帥甸攻而殺之此云衞伯不知何據又左傳及年表皆作鮑此云鮑革亦互異

昭公子因文公母弟須與武繆戴莊桓之族爲亂○左傳爲亂者武繆之族攻之者戴莊桓之族與此異

鄭命楚伐宋○徐孚遠曰左傳云鄭公子歸生受命於楚伐宋此云鄭命楚伐宋恐誤臣照按此傳寫倒置耳蓋楚命鄭伐宋

楚以圍宋五月不解○臣照按杜預注左傳云在宋積九月此云五月不解蓋承公羊傳夏五月宋人及楚人平之文年表遂云圍宋五月其誤正與此同呂氏春秋云莊王圍宋九月康王圍宋五月聲王圍宋十月

共公瑕立○三傳共公名固

共公九年華元善楚將子重又善晉將欒書兩盟晉楚○徐孚遠曰在左傳向戍之事也此言華元爲誤陳子龍曰宋共公之元年爲晉成公之三年傳無兩盟晉楚之事是時鄭方黨楚晉宋同伐鄭其明年華元始聘魯其訛爲魯襄二十七年宋之盟無疑

司馬唐山○左傳作蕩澤

乃立共公少子成○公羊傳作戍

子景公頭曼立○春秋作欒

三十七年楚惠王滅陳○左傳三十九年魯哀公之十七年也

襄公之時修行仁義欲爲盟主其大夫正考父美之故追道契湯高宗殷所以興作商頌○朱子曰太史公蓋本韓詩之說頌皆天子之事非宋所有其辭古奧亦不類周世之文

史記卷三十九

漢　太　史　令司馬遷　撰

宋　中　郎　外　兵　曹　參　軍裴　駰集解

唐　國　子　博　士　弘　文　館　學　士司馬貞索隱

唐　諸　王　侍　讀　率　府　長　史張守節正義

晉世家第九

唐叔虞者周武王子而成王弟【索隱】唐叔以夢及手文而名曰虞至成王誅唐之後因戲削桐而封之叔字也故曰唐叔虞而唐有晉水至子燮改其國號曰晉侯然晉初封于唐故稱晉唐叔虞也且唐本堯後封在夏墟而都於鄂鄂今在大夏是也及成王滅唐之後又分徙之於許郢之間故春秋有唐成公是也即今之唐州者也　初武王與叔虞母會時【集解】駰案左傳曰邑姜方娠太叔服虔曰邑姜武王后齊太公女　夢天謂武王曰余命女生子名虞余與之唐及生子文在其手曰虞故遂因命之曰虞武王崩成王立唐有亂【正義】括地志云故唐城在絳州翼城縣西二十里即堯裔子所封春秋云夏孔甲時有堯苗裔劉累者以豢龍事孔甲夏后嘉之賜氏御龍以更豕韋之後龍一雌死潛醢之以食夏后既而使求之懼而遷於魯縣夏后蓋別封劉累之孫于大夏之墟爲侯至周成王時唐人作亂成王滅之而封太叔更遷唐人子孫于杜謂之杜伯即范匄所云在周爲唐杜氏按魯縣汝州魯山縣是今隨州棗陽縣東南一百五十里上唐鄉故城即後子孫徙於唐　周公誅滅唐成王與叔虞戲削桐葉爲珪以與叔虞曰以此封若史佚因請擇日立叔虞成王曰吾與之戲爾史佚曰天子無戲言言則史書之禮成之樂歌之於是遂封叔虞於唐唐在河汾之東方百里故曰唐叔虞【集解】駰案世本曰居鄂宋忠曰鄂地今在大夏【正義】括地志云故鄂城在慈州昌寧縣東二里按與絳州夏縣相近禹都安邑故城在縣東北十五里故云在大夏也然封于河汾二水之東方百里正合在晉州平陽縣不合在鄂未詳　姓姬氏字子于唐叔子燮是爲晉侯【正義】燮音先牒反括地志云故唐城在并州晉陽縣北二里城記云堯築也宗國都城記云唐叔虞之子燮父徙居晉水傍今并理故唐城唐者即燮父初徙之處也毛詩譜云叔虞子燮父以堯墟南有晉水改曰晉侯　晉侯子寧族是爲武侯【索隱】系本作曼期譙周作曼旗也　武侯之子服人是爲成侯成侯子福是爲厲侯【索隱】系本作輻　厲侯之子宜曰是爲靖侯靖侯已來年紀可推自唐叔至靖侯五世無其年數靖侯十七年周厲王迷惑暴虐國人作亂厲王出奔于彘大臣行政故曰共和【正義】厲王奔彘周召和其百姓行政號曰共和　十八年靖侯卒子釐侯司徒立釐侯十四年周宣王初立十八年釐侯卒子獻侯籍立【索隱】系本及譙周皆作蘇　獻侯十一年卒子穆侯費王立【索隱】鄒誕本作弗生或作潰王潰音祕　穆侯四年取齊女姜氏爲夫人七年伐條生太子仇【集解】杜預曰條晉地　十年伐千畝有功【集解】杜預曰西河界休縣南有地名千畝　生少子名曰成師【集解】杜預曰意取能成其衆也　晉人師服曰【集解】賈逵曰晉大夫　異哉君之命子也太子曰仇仇者讎也少子曰成師成師大號成之者也名自命也物自定也今適庶名反逆此後晉其能毋亂乎二十七年穆侯卒弟殤叔自立太子仇出奔殤叔三年周宣王崩四年穆侯太子仇率其徒襲殤叔而立是爲文侯文侯十年周幽王無道犬戎殺幽王周東徙而秦襄公始列爲諸侯三十五年文侯仇卒子昭侯伯立昭侯元年封文侯弟成師于曲沃【索隱】河東之縣名漢武帝改曰聞喜也　曲沃邑大於翼翼晉君都邑也【索隱】翼本晉都也自孝侯已下一號翼侯平陽絳邑縣東翼城是也　成師封曲沃號爲桓叔靖侯庶孫欒賓【正義】世本云欒叔賓父也　相桓叔桓叔是時年五十八矣好德晉國之衆皆附焉君子曰晉之亂其在曲沃矣末大於本而得民心不亂何待七年晉大臣潘父弒其君昭侯而迎曲沃桓叔桓叔欲入晉晉人發兵攻桓叔桓叔敗還歸曲沃晉人共立昭侯子平爲君是爲孝侯誅潘父孝侯八年曲沃桓叔卒子鱓代桓叔是爲曲沃莊伯【索隱】鱓音時戰反又音善又音鼉　孝侯十五年曲沃莊伯弒其君晉孝侯于翼晉人攻曲沃莊伯莊伯復入曲沃晉人復立孝侯子郄爲君是爲鄂侯【索隱】系本作郄而他本亦作都【正義】郄音郄戟反　鄂侯二年魯隱公初立鄂侯六年卒曲沃莊伯聞晉鄂侯卒乃興兵伐晉周平王使虢公將兵伐曲沃莊伯莊伯走保曲沃晉人共立鄂侯子光是爲哀侯哀侯二年曲沃莊伯卒子稱代莊伯立【正義】稱尺證反　是爲曲沃武公哀侯六年魯弒其君隱公哀侯八年晉侵陘廷【集解】賈逵曰翼南鄙邑名　陘廷與曲沃武公謀九年伐晉于汾旁【正義】白郎反汾水之旁　虜哀侯晉人乃立哀侯子小子爲君是爲小子侯【集解】駰案禮記曰天子未除喪曰余小子生名之死亦名之鄭玄曰晉有小子侯是取之天子也　小子元年曲沃武公使韓萬殺所虜晉哀侯【集解】賈逵曰韓萬曲沃桓叔之子莊伯弟　曲沃益彊晉無如之何晉小子之四年曲沃武公誘召晉小子殺之周桓王使虢仲【正義】馬融云周武王克商封文王異母弟虢仲於夏陽　伐曲沃武公武公入于曲沃乃立晉哀侯弟緡爲晉侯晉侯緡四年宋執鄭祭仲而立突爲鄭君晉侯十九年齊人管至父弒其君襄公晉侯二十八年齊桓公始霸曲沃武公伐晉侯緡滅之盡以其寶器賂獻于周釐王釐王命曲沃武公爲晉君列爲諸侯於是盡併晉地而有之曲沃武公已即位三十七年矣更號曰晉武公晉武公始都晉國前即位曲沃通年三十八年武公稱者先晉穆侯曾孫也【索隱】晉有兩穆侯言先以別後　曲沃桓叔孫也桓叔者始封曲沃武公莊伯子也自桓叔初封曲沃以至武公滅晉也凡六十七歲而卒代晉爲諸侯武公代晉二歲卒與曲沃通年即位凡三十九年而卒子獻公詭諸立獻公元年周惠王弟頹攻惠王惠王出奔居鄭之櫟邑【索隱】櫟鄭邑今河南陽翟是也故鄭之十邑有櫟有華　五年伐驪戎得驪姬【集解】韋昭曰西戎之別在驪山也　驪姬弟俱愛幸之八年士蔿說公曰【集解】賈逵曰士蔿晉大夫　故晉之羣公子多不誅亂且起乃使盡殺諸公子而城聚都之【集解】賈逵曰聚晉邑　命曰絳始都絳【索隱】春秋莊二十六年傳士蔿城絳是也杜預曰今平陽絳邑縣應劭曰絳水出西南也　九年晉羣公子既亡奔虢虢以其故再伐晉弗克十年晉欲伐虢士蔿曰且待其亂十二年驪姬生奚齊獻公有意廢太子乃曰曲沃吾先祖宗廟所在而蒲邊秦屈邊翟【集解】韋昭曰蒲今蒲坂屈北屈皆在河東杜預曰蒲今平陽蒲子縣是也　不使諸子居之我懼焉於是使太子申生居曲沃公子重耳居蒲公子夷吾居屈獻公與驪姬子奚齊居絳晉國以此知太子不立也太子申生其母齊桓公女也曰齊姜早死申生同母女弟爲秦穆公夫人重耳母翟之狐氏女也夷吾母重耳母女弟也獻公子八人而太子申生重耳夷吾皆有賢行及得驪姬乃遠此三子十六年晉獻公作二軍【集解】駰案左傳曰王使虢公命曲沃伯以一軍爲晉侯今始爲二軍　公將上軍太子申生將下軍趙夙御戎畢萬爲右伐滅霍滅魏滅耿【集解】服虔曰三國皆姬姓魏在晉之蒲坂河東也杜預曰平陽皮氏縣東南有耿鄉永安縣東北有霍太山也【索隱】按永安縣西南汾水西有霍城古霍國有霍水出霍太山地理志河東河北縣古魏國地記亦以爲然服虔云在蒲坂非也地記又曰皮氏縣汾水南耿城是故耿國也　還爲太子城曲沃賜趙夙耿賜畢萬魏以爲大夫士蔿曰太子不得立矣分之都城【集解】服虔曰邑有先君之主曰都　而位以卿【集解】賈逵曰謂將下軍　先爲之極【集解】服虔曰言其祿位極盡於此　又安得立不如逃之無使罪至爲吳太伯不亦可乎【集解】王肅曰太伯知天命在王

季奔吳不反猶有令名【集解】王肅曰雖去猶可有令名何與其坐而及禍也太子不從卜偃曰畢萬之後必大【集解】賈逵曰卜偃晉掌卜大夫郭偃萬盈數也魏大名也【集解】服虔曰數從一至萬爲滿魏喻巍巍高大也以是始賞天開之矣【集解】服虔曰以魏賞畢萬是爲天開其福天子曰兆民諸侯曰萬民今命之大以從盈數其必有衆【集解】杜預曰以魏從萬有衆多之象初畢萬卜仕於晉國遇屯之比【集解】賈逵曰震下坎上屯坤下坎上比屯初九變之比辛廖占之曰吉【集解】賈逵曰辛廖晉大夫屯固比入吉孰大焉【集解】杜預曰屯險難也所以爲堅固比親密所以得入其後必蕃昌十七年晉侯使太子申生伐東山【集解】賈逵曰東山赤狄別種里克諫獻公【集解】賈逵曰里克晉卿里季也曰太子奉冢祀社稷之粢盛以朝夕視君膳者也【集解】服虔曰膳飲食故曰冢子君行則守有守則從【集解】服虔曰有代太子守則從之從曰撫軍【集解】服虔曰助君撫循軍士守曰監國古之制也夫率師專行謀也【集解】杜預曰率師者必專謀軍事誓軍旅【集解】杜預曰宣號令君與國政之所圖也【集解】賈逵曰國政正卿也非太子之事也師在制命而已【集解】杜預曰命將軍所制稟命則不威專命則不孝故君之嗣適不可以帥師君失其官【集解】杜預曰太子統師是失其官率師不威將安用之【集解】杜預曰專命則不孝是爲師必不威也公曰寡人有子未知其太子誰立里克不對而退見太子太子曰吾其廢乎里克曰太子勉之教以軍旅【集解】賈逵曰將下軍不共是懼何故廢乎且子懼不孝毋懼不得立【集解】服虔曰不得立己修己而不責人則免於難太子帥師公衣之偏衣【集解】服虔曰偏裻之衣偏異色駁不純裻在中左右異故曰偏衣杜預曰偏衣左右異色其半似公服韋昭曰偏半也分身之半以授太子【正義】上衣去聲下衣如字佩之金玦【集解】服虔曰以金爲玦也韋昭曰金玦兵要也【正義】玦音決里克謝病不從太子太子遂伐東山十九年獻公曰始吾先君莊伯武公之誅晉亂而虢常助晉伐我【正義】言虢助晉伐曲沃也又匿晉亡公子果爲亂弗誅後遺子孫憂乃使荀息以屈產之乘【集解】何休曰屈產出名馬之地乘備駟也假道於虞虞假道遂伐虢【集解】賈逵曰虞在晉南虢在虞南取其下陽以歸【集解】服虔曰下陽虢邑也在大陽東北三十里穀梁傳曰下陽虞虢之塞邑獻公私謂驪姬曰吾欲廢太子以奚齊代之驪姬泣曰太子之立諸侯皆已知之而數將兵百姓附之奈何以賤妾之故廢適立庶君必行之妾自殺也驪姬詳譽太子而陰令人譖惡太子而欲立其子二十一年驪姬謂太子曰君夢見齊姜太子速祭曲沃【集解】服虔曰齊姜廟所在歸釐於君太子於是祭其母齊姜於曲沃上其薦胙於獻公獻公時出獵置胙於宮中驪姬使人置毒藥胙中居二日【索隱】傳云六日獻公從獵來還宰人上胙獻公獻公欲饗之驪姬從旁止之曰胙所從來遠宜試之祭地地墳【集解】韋昭曰將飲先祭示有先也墳起也與犬犬死與小臣小臣死【集解】韋昭曰小臣官名掌陰事今閹士也驪姬泣曰太子何忍也其父而欲弒代之況他人乎且君老矣旦暮之人曾不能待而欲弒之謂獻公曰太子所以然者不過以妾及奚齊之故妾願子母辟之他國若早自殺毋徒使母子爲太子所魚肉也始君欲廢之妾猶恨之至於今妾殊自失於此【索隱】太子之行如此妾前見君欲廢而恨之今乃自以恨爲失也太子聞之奔新城【集解】韋昭曰新城曲沃也新爲太子城獻公怒乃誅其傅杜原款或謂太子曰爲此藥者乃驪姬也太子何不自辭明之太子曰吾君老矣非驪姬寢不安食不甘即辭之君且怒之不可或謂太子曰可奔他國太子曰被此惡名以出人誰內我我自殺耳十二月戊申申生自殺於新城【索隱】國語云申生乃雉經於新城廟此時重耳夷吾來朝人或告驪姬曰二公子怨驪姬譖殺太子驪姬恐因譖二公子申生之藥胙二公子知之二子聞之恐重耳走蒲夷吾走屈保其城自備守初獻公使士蔿爲二公子築蒲屈城弗就【正義】蔿爲詭反爲于僞反夷吾以告公公怒士蔿士蔿謝曰邊城少寇安用之退而歌曰狐裘蒙茸一國三公吾誰適從【集解】服虔曰蒙茸以言亂貌三公言君與二公子將敵故不知所從卒就城及申生死二子亦歸保其城二十二年獻公怒二子不辭而去果有謀矣乃使兵伐蒲蒲人之宦者勃鞮【集解】韋昭曰伯楚寺人勃之字也於文公時爲勃鞮也【正義】勃白沒反鞮都提反命重耳促自殺重耳踰垣宦者追斬其衣袪【集解】服虔曰袪袂也重耳遂奔翟使人伐屈屈城守不可下是歲也晉復假道於虞以伐虢虞之大夫宮之奇諫虞君曰晉不可假道也是且滅虞虞君曰晉我同姓不宜伐我宮之奇曰太伯虞仲太王之子也太伯亡去是以不嗣虢仲虢叔王季之子也爲文王卿士其記勳在王室藏於盟府【集解】杜預曰盟府司盟之官也將虢是滅何愛于虞且虞之親能親於桓莊之族乎桓莊之族何罪盡滅之虞之與虢脣之與齒脣亡則齒寒虞公不聽遂許晉宮之奇以其族去虞其冬晉滅虢虢公醜奔周【集解】皇覽曰虢公冢在河內溫縣郭東濟水南大冢是也其城南有虢公臺還襲滅虞虜虞公及其大夫井伯百里奚【正義】南雍州記云百里奚宋井伯宛人也以媵秦穆姬【集解】杜預曰穆姬獻公女送女曰媵以屈辱之而修虞祀【集解】服虔曰虞所祭祀命祀也荀息牽曩所遺虞屈產之乘馬奉之獻公獻公笑曰馬則吾馬齒亦老矣【集解】騶案公羊傳曰蓋戲之也何休曰以馬齒戲喻荀息之年老也二十三年獻公遂發賈華等伐屈【集解】賈逵曰賈華晉右行大夫屈潰【正義】民逃其上曰潰夷吾將奔翟冀芮曰不可【集解】韋昭曰冀芮晉大夫重耳已在矣今往晉必移兵伐翟翟畏晉禍且及不如走梁梁近於秦秦彊吾君百歲後可以求入焉遂奔梁二十五年晉伐翟翟以重耳故亦擊晉於齧桑【集解】騶案左傳作采桑服虔曰翟地【索隱】裴氏云左傳作采桑按今平陽縣南七十里河水有采桑津是晉境服虔云翟地亦頗相近然字作齧桑齧桑衞地恐非也晉兵解而去當此時晉彊西有河西與秦接境北邊翟東至河內【索隱】河曲也內音汭驪姬弟生悼子【索隱】左傳作卓子音恥角反弟女弟也二十六年夏齊桓公大會諸侯於葵丘【正義】在曹州考城縣東南一里晉獻公病行後未至逢周之宰孔宰孔曰齊桓公益驕不務德而務遠略諸侯弗平君第毋會【索隱】第但也毋如晉何獻公亦病復還歸病甚乃謂荀息曰吾以奚齊爲後年少諸大臣不服恐亂起子能立之乎荀息曰能獻公曰何以爲驗對曰使死者復生生者不慙爲之驗【索隱】謂荀息受公命而立奚齊雖復身死不背生時之命是謂死者復生也言生者見荀息不背君命而死不爲之羞慙也於是遂屬奚齊於荀息荀息爲相主國政秋九月獻公卒里克邳鄭欲內重耳以三公子之徒作亂【集解】賈逵曰邳鄭晉大夫三公子申生重耳夷吾謂荀息曰三怨將起秦晉輔之子將何如荀息曰吾不可負先君言十月里克殺奚齊于喪次獻公未葬也荀息將死之或曰不如立奚齊弟悼子而傅之荀息立悼子而葬獻公十一月里克弒悼子于朝【集解】騶案列女傳曰鞭殺驪姬于市荀息死之君子曰詩所謂白珪之玷猶可磨也斯言之玷不可爲也【集解】杜預曰詩大雅言此言之缺難治甚於白珪其荀息之謂乎不負其言初獻公將伐驪戎卜曰齒牙爲禍【集解】韋昭曰齒牙謂兆端左右釁拆有似齒牙中有縱畫以象讒言之爲害也及破驪戎獲驪姬愛之竟以亂晉里克等已殺奚齊悼子使人迎公子重耳於翟【正義】國語云里克及邳鄭使屠岸迎夷吾公子重耳於翟曰國亂民擾得國在亂治民在擾子盍入乎欲立之重耳謝曰負父之命【正義】負音佩出奔父死不得修人子之禮侍喪重耳何敢入大夫其更立他子還報里克里克使迎夷吾於梁夷吾欲往呂省【正義】省音眚杜預云姓瑕呂名飴甥字子金郤芮【正義】郤成子即冀芮曰內猶有公子可立者而外求難信計非之秦輔彊國之威以入恐危乃使郤芮厚賂秦約曰即得入請以晉河西之地與秦乃遺里克書曰誠得立請遂封子於汾陽之邑【集解】賈逵曰汾水名汾陽晉地也【索隱】國語云命里克汾陽之田百萬命邳鄭以負蔡之田七十萬今此不言亦疎略也秦繆公乃發兵送夷吾於晉齊桓公聞晉內亂亦率諸侯如晉秦兵與夷吾亦至晉齊乃使隰朋會秦俱入夷吾立爲晉君是爲惠公齊桓公至晉之高梁而還歸惠公夷吾元年使邳鄭謝秦曰始夷吾以河西地許君今幸得入立大臣曰地者先君之地君亡在外何以得擅許秦者寡人爭之弗能得故謝秦亦不與里克汾陽邑而奪之權四月周襄王使周公忌父【集解】賈逵曰周卿士會齊秦大夫共禮晉惠公惠公以重耳在外畏里克爲變賜里克死謂曰微里子寡人不得立雖然子亦殺二君一大夫【集解】服虔曰奚齊悼子荀息也爲子君者不亦難乎里克對曰不有所廢君何以興欲誅之其無辭乎乃言爲此臣聞命矣遂伏劍而死於是邳鄭使謝秦未還故不及難晉君改葬恭太子申生【集解】韋昭曰獻公時申生葬不如禮故改葬之秋狐突之下國【集解】服虔曰晉所滅國以爲下邑一曰曲沃有宗廟故謂之國在絳下故曰下國也遇申生申生與載而告之【集解】杜預曰忽如夢而相見狐突本爲申生御故復使登車曰夷吾無禮余得請於帝【集解】服虔曰帝天帝請罰有罪將以晉與秦秦將祀余狐突對曰臣聞神不食非其宗君其祀毋乃絕乎君其圖之申生曰諾吾將復請帝後十日【集解】騶案左傳曰七日新城西偏將有巫者見我焉【集解】杜預曰將因巫以見許之遂不見【集解】杜預曰狐突許其言申生之象亦沒及期而往復見申生告之曰帝許罰有罪矣弊於韓【集解】賈逵曰弊敗也韓晉韓原兒乃謠曰恭太子更葬矣【索隱】更改也更葬謂改葬後十四年晉亦不昌昌乃在兄邳鄭使秦聞里克誅乃說秦繆公曰呂省郤稱冀芮實爲不從【集解】杜預曰三子晉大夫不從與秦賂也【索隱】呂省左傳作呂甥若重賂與謀出晉君入重耳事必就秦繆公許之使人與歸報晉厚賂三子三子曰幣厚言甘此必邳鄭賣我於秦遂殺邳鄭及里克邳鄭之黨七輿大夫【集解】韋昭曰七輿申生下軍之衆大夫也杜預曰侯伯七命副車七乘邳鄭子豹奔秦言伐晉繆公弗聽惠公之立倍秦地及里克誅七輿大夫國人不附二年周使召公過【集解】韋昭曰召公召武公爲王卿士禮晉惠公惠公禮倨【索隱】謂受玉惰也事見僖十一年召公譏之四年晉饑乞糴於秦繆公問百里奚【集解】服虔曰秦大夫百里奚曰天菑流行國家代有救菑恤鄰國之道也與之邳鄭子豹曰伐之繆公曰其君是惡其民何罪卒與粟自雍屬絳五年秦饑請糴於晉晉君謀之慶鄭曰【集解】杜預曰慶鄭晉大夫以秦得立已而倍其地約晉饑而秦貸我今秦饑請糴與之何疑而謀之虢射曰【集解】服虔曰虢射惠公舅往年天以晉賜秦秦弗知取而貸我今天以秦賜晉晉其可以逆天乎遂伐之惠公用虢射謀不與秦粟而發兵且伐秦秦大怒亦發兵伐晉六年春秦繆公將兵伐晉晉惠公謂慶鄭曰秦師深矣【集解】韋昭曰深入境一曰深尤重奈何鄭曰秦內君君倍其賂晉饑秦輸粟秦饑而晉倍之乃欲因其饑伐之其深不亦宜乎晉卜御右慶鄭皆吉公曰鄭不孫【集解】服虔曰孫順乃更令步陽御戎家僕徒爲右【集解】服虔曰二子晉大夫也進兵九月壬戌秦繆公晉惠公合戰韓原【索隱】在馮翊夏陽北二十里今之韓城縣是惠公馬鷙不行【索隱】鷙音竹二反謂馬重而陷之於泥秦兵至公窘召慶鄭爲御鄭曰不用卜敗不亦當乎遂去更令梁繇靡御【正義】韋昭云梁繇靡大夫也虢射爲右輅秦繆公【集解】服虔曰輅迎也【索隱】音五稼反鄒誕音或額反繆公壯士冒敗晉軍晉軍敗遂失秦繆公反獲晉公以歸秦將以祀上帝晉君姊爲繆公夫人衰經涕泣公曰得晉侯將以爲樂今乃如此且吾聞箕子見唐叔之初封曰其後必當大矣晉庸可滅乎乃與晉侯盟王城【集解】杜預曰馮翊臨晉縣東有王城而許

之歸晉侯亦使呂省等報國人曰孤雖得歸毋面目見社稷卜日立子圉晉人聞之皆哭秦繆公問呂省晉國和乎對曰不和小人懼失君亡親〔正義〕君惠公也親父母也言懼失君國亂恐亡父母不憚立子圉也不憚立子圉曰必報讐寧事戎狄〔正義〕小人言立子圉爲君之後必報秦終不事秦寧事戎狄其君子則愛君而知罪以待秦命曰必報德有此二故不和於是秦繆公更舍晉惠公餽之七牢〔正義〕餽音匱一牛羊一豕爲一牢十一月歸晉侯晉侯至國誅慶鄭修政教謀曰重耳在外諸侯多利內之欲使人殺重耳於狄重耳聞之如齊八年使太子圉質秦〔正義〕質音致初惠公亡在梁梁伯以其女妻之生一男一女梁伯卜之男爲人臣女爲人妾故名男爲圉女爲妾〔集解〕服虔曰圉人掌養馬臣之賤者不聘曰妾十年秦滅梁梁伯好土功治城溝〔集解〕賈逵曰溝塹也民力罷〔正義〕音皮怨其衆數相驚曰秦寇至民恐惑秦竟滅之十三年晉惠公病內有數子太子圉曰吾母家在梁梁今秦滅之我外輕於秦而內無援於國君卽不起病大夫輕更立他公子乃謀與其妻俱亡歸秦女曰子一國太子辱在此秦使婢子侍〔集解〕服虔曰曲禮云世婦以下自稱婢子婢子婦人之卑稱以固子之心子亡矣我不從子亦不敢言子圉遂亡歸晉十四年九月惠公卒太子圉立是爲懷公子圉之亡秦怨之乃求公子重耳欲內之子圉之立畏秦之伐也乃令國中諸從重耳亡者與期期盡不到者盡滅其家狐突之子毛及偃從重耳在秦弗肯召懷公怒囚狐突突曰臣子事重耳有年數矣今召之是教之反君也何以教之懷公卒殺狐突秦繆公乃發兵送內重耳使人告欒郤之黨〔正義〕欒枝郤縠之屬爲內應殺懷公於高梁入重耳重耳立是爲文公晉文公重耳晉獻公之子也自少好士年十七有賢士五人曰趙衰狐偃咎犯文公舅也賈佗先軫魏武子自獻公爲太子時重耳固已成人矣獻公卽位重耳年二十一獻公十三年以驪姬故重耳備蒲城守秦獻公二十一年獻公殺太子申生驪姬讒之恐不辭獻公而守蒲城獻公二十二年獻公使宦者履鞮趣殺重耳〔索隱〕履鞮卽左傳之勃鞮亦曰寺人披也重耳踰垣宦者逐斬其衣袪重耳遂奔狄狄其母國也是時重耳年四十三從此五士其餘不名者數十人至狄狄伐咎如〔集解〕賈逵曰赤狄之別隗姓〔索隱〕咎音高鄒誕本作囷如又云或作四得二女以長女妻重耳生伯儵〔正義〕直留反叔劉以少女妻趙衰生盾〔索隱〕左傳云伐廧咎如獲其二女以叔隗妻趙衰生盾公子取季隗生伯儵叔劉則叔隗長而季隗少乃不同也居狄五歲而晉獻公卒里克已殺奚齊悼子乃使人迎欲立重耳重耳畏殺因固謝不敢入已而晉更迎其弟夷吾立之是爲惠公惠公七年畏重耳乃使宦者履鞮與

壯士欲殺重耳重耳聞之乃謀趙衰等曰始吾奔狄非以爲可用與〔索隱〕與起也非狄可用興起故奔之也以近易通故且休足休足久矣固願徙之大國夫齊桓公好善志在霸王收恤諸侯今聞管仲隰朋死此亦欲得賢佐盍往乎於是遂行重耳謂其妻曰待我二十五年不來乃嫁其妻笑曰犂二十五年〔索隱〕犂猶比也〔正義〕杜預云言將死入木也不復成嫁也吾冢上柏大矣雖然妾待子重耳居狄凡十二年而去過衛衛文公不禮去過五鹿〔集解〕賈逵曰衛地杜預曰今衛縣西北有地名五鹿平陽元城縣東亦有五鹿飢而從野人乞食野人盛土器中進之重耳怒趙衰曰土者有土也君其拜受之至齊齊桓公厚禮而以宗女妻之有馬二十乘重耳安之重耳至齊二歲而桓公卒會豎刀等爲內亂齊孝公之立諸侯兵數至留齊凡五歲重耳愛齊女毋去心趙衰咎犯乃於桑下謀行齊女侍者在桑下聞之以告其主其主乃殺侍者〔集解〕服虔曰懼孝公怒故殺之以滅其口勸重耳趣行重耳曰人生安樂孰知其他必死於此〔集解〕徐廣曰一云人生一世必死於此不能去齊女曰子一國公子窮而來此數士者以子爲命子不疾反國報勞臣而懷女德竊爲子羞之且不求何時得功乃與趙衰等謀醉重耳載以行行遠而覺重耳大怒引戈欲殺咎犯咎犯曰殺臣成子偃之願也重耳曰事不成我食舅氏之肉咎犯曰事不成犯肉腥臊何足食乃止遂行過曹曹共公不禮欲觀重耳駢脅曹大夫釐負羈曰晉公子賢又同姓窮來過我奈何不禮共公不從其謀負羈乃私遺重耳食置璧其下重耳受其食還其璧去過宋宋襄公新困兵於楚傷於泓聞重耳賢乃以國禮禮於重耳〔索隱〕以國君之禮禮之也宋司馬公孫固善於咎犯曰宋小國新困不足以求入更之大國乃去過鄭鄭文公弗禮鄭叔瞻諫其君曰晉公子賢而其從者皆國相且又同姓鄭之出自厲王而晉之出自武王鄭君曰諸侯亡公子過此者衆安可盡禮叔瞻曰君不禮不如殺之且後爲國患鄭君不聽重耳去之楚楚成王以適諸侯禮待之〔索隱〕適音敵重耳謝不敢當趙衰曰子亡在外十餘年小國輕子況大國乎今楚大國而固遇子子其毋讓此天開子也遂以客禮見之成王厚遇重耳重耳甚卑成王曰子卽反國何以報寡人重耳曰羽毛齒角玉帛君王所餘未知所以報王曰雖然何以報不穀重耳曰卽不得已與君王以兵車會平原廣澤請辟王三舍〔集解〕賈逵曰司馬法從遯不過三舍三舍九十里也楚將子玉怒曰王遇晉公子至厚今重耳言不孫請殺之成王曰晉公子賢而困於外久從者皆國器此天所置庸可殺乎且言何以易之〔索隱〕子玉請殺重耳楚成王不許言人之出言不可輕易之也居楚數月而晉太子圉亡秦秦怨之聞重耳在楚乃召之成王曰楚遠更數國乃至晉秦晉接境秦君賢子其勉行厚送重耳重耳至秦繆公以宗女五人妻重耳故子圉妻與往重耳不欲受司空季子〔集解〕服虔曰胥臣臼季也曰其國且伐況其故妻乎且受以結秦親而求入子乃拘小禮忘大醜乎遂受繆公大歡與重耳飲趙衰歌黍苗詩〔集解〕韋昭曰詩云芃芃黍苗陰雨膏之繆公曰知子欲急反國矣趙衰與重耳下再拜曰孤臣之仰君如百穀之望時雨是時晉惠公十四年秋惠公以九月卒子圉立十一月葬惠公十二月晉國大夫欒郤等聞重耳在秦皆陰來勸重耳趙衰等反國爲內應甚衆於是秦繆公乃發兵與重耳歸晉晉聞秦兵來亦發兵拒之然皆陰知公子重耳入也唯惠公之故貴臣呂郤之屬〔正義〕呂甥郤芮也不欲立重耳重耳出亡凡十九歲而得入時年六十二矣晉人多附焉文公元年春秦送重耳至河咎犯曰臣從君周旋天下過亦多矣臣猶知之況於君乎請從此去矣重耳曰若反國所不與子犯共者河伯視之〔索隱〕視猶見也乃投璧河中以與子犯盟是時介子推從在船中乃笑曰天實開公子而子犯以爲己功而要市於君固足羞也吾不忍與同位乃自隱渡河秦兵圍令狐晉軍于廬柳〔集解〕韋昭曰廬柳晉地名二月辛丑咎犯與秦晉大夫盟於郇〔集解〕杜預曰解縣西北有郇城〔索隱〕音荀郇文王之子所封又音環壬寅重耳入于晉師丙午入于曲沃丁未朝于武宮〔集解〕賈逵曰文公之祖武公廟也卽位爲晉君是爲文公羣臣皆往懷公圉奔高梁戊申使人殺懷公懷公故大臣呂省郤芮本不附文公文公立恐誅乃欲與其徒謀燒公宮殺文公文公不知始嘗欲殺文公宦者履鞮知其謀欲以告文公解前罪求見文公文公不見使人讓曰蒲城之事女斬予袪其後我從狄君獵女爲惠公來求殺我惠公與女期三日至而女一日至何速也女其念之宦者曰臣刀鋸之餘不敢以二心事君倍主故得罪於君君已反國其毋蒲翟乎且管仲射鉤桓公以霸今刑餘之人以事告而君不見禍又且及矣於是見之遂以呂郤等告文公文公欲召呂郤呂郤等黨多文公恐初入國國人賣己乃爲微行會秦繆公於王城〔索隱〕杜預云馮翊臨晉縣東有故王城今名武鄉城國人莫知三月己丑呂郤等果反焚公宮不得文公文公之衞徒與戰呂郤等引兵欲奔秦繆公誘呂郤等殺之河上晉國復而文公得歸夏迎夫人於秦秦所與文公妻者卒爲夫人秦送三千人爲衞以備晉亂文公修政施惠百姓賞從亡者及功臣大者封邑小者尊爵未盡行賞周

襄王以弟帶難出居鄭地來告急晉晉初定欲發兵恐他亂起是以賞從亡未至隱者介子推推亦不言祿祿亦不及推曰獻公子九人唯君在矣惠懷無親外內弃之天未絕晉必將有主主晉祀者非君而誰天實開之二三子以爲己力不亦誣乎竊人之財猶曰是盜況貪天之功以爲己力乎下冒其罪上賞其姦上下相蒙〔集解〕服虔曰蒙欺也難與處矣其母曰盍亦求之以死誰懟推曰尤而效之罪有甚焉且出怨言不食其祿母曰亦使知之若何對曰言身之文也身欲隱安用文之文之是求顯也其母曰能如此乎與女偕隱至死不復見介子推從者憐之乃懸書宮門曰龍欲上天五蛇爲輔〔索隱〕龍喻重耳五蛇卽五臣狐偃趙衰魏武子司空季子及子推也舊云五臣有先軫顛頡今恐二人非其數龍已升雲四蛇各入其宇一蛇獨怨終不見處所文公出見其書曰此介子推也吾方憂王室未圖其功使人召之則亡遂求所在聞其入緜上山中〔集解〕賈逵曰緜上晉地杜預曰西河介休縣南有地名緜上於是文公環緜上山中而封之以爲介推田〔集解〕徐廣曰一作圓號曰介山以記吾過且旌善人〔集解〕賈逵曰旌表也從亡賤臣壺叔曰君三行賞賞不及臣敢請罪文公報曰夫導我以仁義防我以德惠此受上賞輔我以行卒以成立此受次賞矢石之難汗馬之勞此復受次賞若以力事我而無補吾缺者此受次賞三賞之後故且及子晉人聞之皆說二年春秦軍河上將入王〔索隱〕河上晉地趙衰曰求霸莫如入王尊周周晉同姓晉不先入王後秦入之毋以令于天下方今尊王晉之資也三月甲辰晉乃發兵至陽樊〔集解〕服虔曰陽樊周地陽邑名也樊仲山之所居故曰陽樊圍溫入襄王于周四月殺王弟帶周襄王賜晉河內陽樊之地四年楚成王及諸侯圍宋宋公孫固如晉告急先軫曰報施定霸於今在矣〔集解〕杜預曰報宋贈馬之施狐偃曰楚新得曹而初婚於衛若伐曹衛楚必救之則宋免矣於是晉作三軍〔集解〕王肅曰始復成國之禮半周軍也趙衰舉郤縠將中軍郤臻佐之使狐偃將上軍狐毛佐之命趙衰爲卿欒枝將下軍〔集解〕賈逵曰欒枝欒賓之孫先軫佐之荀林父御戎魏犨爲右〔正義〕犨昌由反又音受往伐冬十二月晉兵先下山東而以原封趙衰〔集解〕杜預曰河內沁水縣西北有原城五年春晉文公欲伐曹假道於衛衛人弗許還自河南度侵曹伐衛正月取五鹿二月晉侯齊侯盟于斂盂〔集解〕杜預曰衛地也衛侯請盟晉晉人不許衛侯欲與楚國人不欲故出其君以說晉衛侯居襄牛〔集解〕服虔曰衛地也公子買守衛楚救衛不卒〔集解〕徐廣曰一作勝晉侯圍曹三月丙午晉師入曹數之以其不用釐負羈言而用美女乘軒者三百人也令軍毋入僖負羈宗家以報德楚圍宋宋

復告急晉文公欲救則攻楚爲楚嘗有德不欲伐也欲釋宋宋又嘗有德於晉患之【索隱】晉若攻楚則傷楚子逆其入秦之德文欲釋宋不救乃虧宋公賂馬之惠進退有難是以患之先軫曰執曹伯分曹衛地以與宋楚急曹衛其勢宜釋宋【索隱】楚初得曹又新婚於衛今晉執曹伯而分曹衛之地與宋則楚急曹衛其勢宜釋宋也於是文公從之而楚成王乃引兵歸楚將子玉曰王遇晉至厚今知楚急曹衛而故伐之是輕王王曰晉侯亡在外十九年困日久矣果得反國險阨盡知之能用其民天之所開不可當子玉請曰非敢必有功願以間執讒慝之口也【集解】服虔曰子玉非敢求有大功但欲執蔿賈讒慝之口謂子玉過三百乘不能入也杜預曰執猶塞也楚王怒少與之兵於是子玉使宛春告晉【集解】賈逵曰宛春楚大夫請復衛侯而封曹臣亦釋宋咎犯曰子玉無禮矣君取一臣取二勿許【集解】韋昭曰君文公也臣子玉也一謂釋宋圍二謂復曹衛先軫曰定人之謂禮楚一言定三國子一言而亡之我則毋禮不許楚是棄宋也不如私許曹衛以誘之執宛春以怒楚【集解】韋昭曰怒楚令必戰既戰而後圖之【集解】杜預曰須勝負決乃定計晉侯乃囚宛春於衛且私許復曹衛曹衛告絕於楚楚得臣怒【集解】服虔曰得臣子玉擊晉師晉師退軍吏曰爲何退文公曰昔在楚約退三舍可倍乎楚師欲去得臣不肯四月戊辰宋公齊將秦將與晉侯次城濮【集解】賈逵曰衛地也【索隱】宋公成公王臣齊將國歸父秦將小子憖也己巳與楚兵合戰楚兵敗得臣收餘兵去甲午晉師還至衡雍【集解】杜預曰衡雍鄭地今滎陽卷縣也作王宮于踐土【集解】服虔曰既敗楚師襄王自往臨踐土賜命晉侯晉侯聞而爲之作宮【索隱】杜預云踐土鄭地然據此文晉師還至衡雍衡雍在河南也故劉氏云踐土在河南下文踐土土在河北今元城縣西有踐土驛義或然也初鄭助楚楚敗懼使人請盟晉侯晉侯與鄭伯盟五月丁未獻楚俘於周【正義】俘音孚囚也駟介百乘徒兵千【集解】服虔曰駟介駟馬被甲也徒兵步卒也天子使王子虎命晉侯爲伯【集解】賈逵曰王子虎周大夫賜大輅彤弓矢百玈弓矢千【集解】賈逵曰大輅金輅彤弓赤玈弓黑也諸侯賜弓矢然後征伐【正義】彤徒冬反玈音盧秬鬯一卣珪瓚【集解】賈逵曰秬黑黍鬯香酒也所以降神卣器名諸侯賜珪瓚然後爲鬯虎賁三百人【集解】賈逵曰天子卒曰虎賁晉侯三辭然後稽首受之【集解】賈逵曰稽首首至地周作晉文侯命王若曰父義和【集解】孔安國曰同姓故稱曰父馬融曰王順曰父能以義和我諸侯【索隱】尚書文侯之命是平王命晉文侯仇之語今此乃是襄王命文公重耳之事代數懸隔勳策全乖太史公雖復彌縫左氏而系家頗亦時有疎謬裴氏集解亦引孔馬之注而都不言時代乖角何習迷而同醉也然計平王至襄王爲七代仇至重耳爲十一代而十三侯又平王元年至魯僖二十八年當襄二十年爲一百三十餘歲矣學者頗合討論之劉伯莊以爲蓋天子命晉同此一辭尤爲非也丕顯文武能慎明德【集解】孔安國曰文王武王能詳慎顯用明德昭登於上布聞在下【集解】馬融曰昭明也上謂天下謂人維時上帝集厥命于文武【集解】孔安國曰惟以是故集成其王命德流子孫恤朕身繼予一人永其在位【集解】孔安國曰當憂念我身則我一人長安在位於是晉文公稱伯癸亥王子虎盟諸侯於王庭【集解】服虔曰王庭踐土也【索隱】服氏知王庭是踐土者據二十八年五月公會晉侯盟于踐土又此上文四月甲午作王宮于踐土王庭卽王宮也晉焚楚軍火數日不息文公歎左右曰勝楚而君猶憂何文公曰吾聞能戰勝安者唯聖人是以懼且子玉猶在庸可喜乎子玉之敗而歸楚成王怒其不用其言貪與晉戰讓責子玉子玉自殺晉文公曰我擊其外楚誅其內內外相應於是乃喜六月晉人復入衛侯壬午晉侯度河北歸國行賞狐偃爲首或曰城濮之事先軫之謀文公曰城濮之事偃說我毋失信先軫曰軍事勝爲右吾用之以勝然此一時之說偃言萬世之功奈何以一時之利而加萬世功乎是以先之冬晉侯會諸侯於溫欲率之朝周力未能恐其有畔者乃使人言周襄王狩于河陽壬申遂率諸侯朝王於踐土【索隱】左氏五月盟于踐土冬會諸侯于溫天王狩于河陽壬申朝于王所此文亦說冬朝于王當合于河陽溫地不合取五月踐土之文也孔子讀史記至文公曰諸侯無召王王狩河陽者春秋諱之也丁丑諸侯圍許曹伯臣或說晉侯曰齊桓公合諸侯而國異姓今君爲會而滅同姓曹叔振鐸之後晉唐叔之後合諸侯而滅兄弟非禮晉侯說復曹伯於是晉始作三行【集解】服虔曰辟天子六軍故謂之三行荀林父將中行先縠將右行【索隱】左傳屠擊將右行與此文異先蔑將左行【集解】杜預曰三行無佐疑大夫帥也【索隱】按左傳荀林父並是卿而云大夫帥者非也不置佐者當避天子也或新置三行官未備耳七年晉文公秦穆公共圍鄭以其無禮於文公亡過時及城濮時鄭助楚也圍鄭欲得叔瞻叔瞻聞之自殺鄭持叔瞻告晉晉曰必得鄭君而甘心焉鄭恐乃間令使謂秦穆公曰【索隱】使謂燭之武也亡鄭厚晉於晉得矣而秦未爲利君何不解鄭得爲東道交【索隱】交猶好也諸本及左氏皆作主秦伯說罷兵晉亦罷兵九年冬晉文公卒子襄公歡立是歲鄭伯亦卒鄭人或賣其國於秦【正義】左傳云秦晉伐鄭燭之武說秦師罷令杞子逢孫楊孫三大夫戍鄭杞子自鄭使告於秦曰鄭人使我掌其北門之管若潛師以來國可得也秦繆公發兵往襲鄭十二月秦兵過我郊襄公元年春秦師過周無禮王孫滿譏之兵至滑鄭賈人弦高將市于周遇之以十二牛勞秦師秦師驚而還滅滑而去晉先軫曰秦伯不用蹇叔反其衆心此可擊欒枝曰未報先君施於秦擊之不可先軫曰秦侮吾孤伐吾同姓何德之報遂擊之襄公墨衰絰【集解】賈逵曰墨變凶杜預曰以凶服從戎故墨之四月敗秦師于殽虜秦三將孟明視西乞秫白乙丙以歸遂墨以葬文公【集解】服虔曰非禮也杜預曰記禮所由變也文公夫人秦女謂襄公曰秦欲得其三將戮之公許遣之先軫聞之謂襄公曰患生矣軫乃追秦將秦將渡河已在船中頓首謝卒不反後三年秦果使孟明伐晉報殽之敗取晉汪以歸【索隱】左氏傳文公二年秦孟明視伐晉報殽之役無取晉汪之事又其年冬晉先且居等伐秦取汪彭衙而還則汪是秦邑止可晉伐秦取之豈得秦伐晉而取汪也或者晉先取之秦今伐晉而取汪是汪從晉來故云取晉汪而歸也彭衙在郃陽北汪不知所在四年秦繆公大興兵伐我渡河取王官【正義】括地志云王官故城在同州澄城縣西北六十里左傳文三年秦伐晉取王官卽此先言渡河史文顚倒耳封殽尸而去晉恐不敢出遂城守五年晉伐秦取新城【集解】服虔曰秦邑新所作城也報王官役也六年趙衰成子欒貞子咎季子犯霍伯皆卒【集解】賈逵曰欒貞子欒枝也霍伯先且居也趙盾代趙衰執政七年八月襄公卒太子夷皐少晉人以難故【集解】服虔曰晉國數有患難欲立長君趙盾曰立襄公弟雍好善而長先君愛之且近於秦秦故好也立善則固事長則順奉愛則孝結舊好則安賈季曰不如其弟樂辰嬴嬖於二君【集解】服虔曰辰嬴懷嬴也二君懷公文公立其子民必安之趙盾曰辰嬴賤班在九人下【集解】服虔曰班次也其子何震之有【集解】賈逵曰震威也且爲二君嬖淫也爲先君子【正義】樂文公子也不能求大而出在小國僻也母淫子僻無威【正義】僻疋亦反言樂僻隱在陳而遠無援也陳小而遠無援將何可乎使士會如秦迎公子雍賈季亦使人召公子樂於陳趙盾廢賈季以其殺陽處父【集解】駰案左傳曰此時賈佗爲太師陽處父爲太傅十月葬襄公十一月賈季奔翟是歲秦繆公亦卒靈公元年四月秦康公曰昔文公之入也無衞故有呂郤之患乃多與公子雍衞太子母繆嬴日夜抱太子以號泣於朝曰先君何罪其嗣亦何罪舍適而外求君將安置此【集解】服虔曰此太子出朝則抱以適趙盾所頓首曰先君奉此子而屬之子曰此子材吾受其賜不材吾怨子【集解】王肅曰怨其教導不至也今君卒言猶在耳【集解】杜預曰在宣子之耳而棄之若何趙盾與諸大夫皆患穆嬴且畏誅乃背所迎而立太子夷皐是爲靈公發兵以距秦送公子雍者趙盾爲將往擊秦敗之令狐先蔑隨會亡奔秦秋齊宋衛鄭曹許君皆會趙盾盟於扈【集解】杜預曰鄭地滎陽卷縣西北有扈亭以靈公初立故也四年伐秦取少梁秦亦取晉之郩【集解】徐廣曰年表云北徵也【索隱】按左傳文十年春晉人伐秦取少梁夏秦伯伐晉取北徵北徵卽年表所謂今云郩者字誤也徵音懲亦馮翊之縣名六年秦康公伐晉取羈馬晉侯怒使趙盾趙穿郤缺擊秦大戰河曲趙穿最有功七年晉六卿患隨會之在秦常爲晉亂乃詳令魏壽餘反晉降秦秦使隨會之魏因執會以歸晉八年周頃王崩公卿爭權故不赴【索隱】春秋魯文十二年頃王崩周公閱與王孫蘇爭政故不赴是也晉使趙盾以車八百乘平周亂而立匡王【索隱】左傳文十四年晉趙盾以諸侯之師八百乘納捷菑于邾邾不克乃還而周公閱與王孫蘇訟于晉趙宣子平王室而復之則以車八百乘自是宣子納捷菑不關王室之事但文相連耳恐此誤是年楚莊王初卽位十二年齊人弒其君懿公十四年靈公壯侈厚斂以彫牆【集解】賈逵曰彫畫也從臺上彈人觀其避丸也宰夫胹熊蹯不熟【集解】服虔曰蹯熊掌其肉難熟【正義】胹音而蹯音樊靈公怒殺宰夫使婦人持其屍出棄之過朝趙盾隨會前數諫不聽已又見死人手二人前諫隨會先諫不聽靈公患之使鉏麑刺趙盾【集解】賈逵曰鉏麑晉力士【正義】鉏音鋤麑音迷盾閨門開居處節鉏麑退歎曰殺忠臣棄君命罪一也遂觸樹而死【集解】杜預曰趙盾庭樹也初盾常田首山【集解】徐廣曰蒲坂縣有雷首山見桑下有餓人餓人示眯明也【索隱】鄒誕生音示眯彌卽左傳之提彌明音市移反劉氏亦音祁爲時移反則祁提二字同音而凡史記作示者卽周禮古本地神曰祇皆作示鄒爲祁者蓋由祁提音相近字遂變爲祁也眯音米反以眯爲彌亦音相近耳又據左氏宣公二年桑下餓人是靈輒也其示眯明是嗾獒者也眯明鬬而死今合二人爲一人殆非也盾與之食食其半問其故曰宦三年【集解】服虔曰宦宦學士也未知母之存不願遺母盾義之益與之飯肉已而爲晉宰夫趙盾弗復知也九月晉靈公飲趙盾酒伏甲將攻盾公宰示眯明知之恐盾醉不能起而進曰君賜臣觴三行【索隱】如字可以罷欲以去趙盾令先毋及難盾既去靈公伏士未會先縱齧狗名敖【集解】何休曰犬四尺曰敖【索隱】縱足用反又作蔟又作嗾同素后反明爲盾搏殺狗盾曰棄人用狗雖猛何爲然不知明之爲陰德也已而靈公縱伏士出逐趙盾示眯明反擊靈公之伏士伏士不能進而竟脫盾盾問其故曰我桑下餓人問其名弗告【集解】服虔曰不望報明亦因亡去盾遂奔未出晉境乙丑盾昆弟將軍趙穿襲殺靈公於桃園【集解】虞翻曰園名也而迎趙盾趙盾素貴得民和靈公少侈民不附故爲弒易【索隱】易以豉反盾復位晉太史董狐書曰趙盾弒其君以視於朝盾曰弒者趙穿我無罪太史曰子爲正卿而亡不出境反不誅國亂非子而誰孔子聞之曰董狐古之良史也書法不隱【集解】杜預曰不隱盾之罪宣子良大夫也爲法受惡【集解】服虔曰聞義則服杜預曰善其爲法受屈也【正義】爲于僞反惜也出疆乃免【集解】杜預曰越境則君臣之義絕可以不討賊也趙盾使趙穿迎襄公弟黑臀于周而立之是爲成公成公者文公少子其母周女也壬申朝于武宮成公元年賜趙氏爲公族【集解】服虔曰公族大夫也伐鄭鄭倍晉故也三年鄭伯初立附晉而棄楚楚怒伐鄭晉往救之六年伐秦虜秦將赤【索隱】赤郎斥謂斥候之人也按宣八年左傳云晉伐秦獲秦諜殺諸絳市蓋彼諜卽此赤也晉成公六年與魯宣八年正同故知然也七年成公與楚莊王爭彊會諸侯于扈陳畏楚不會晉使中行桓子伐陳【索隱】桓子荀林父也因救鄭與楚戰敗楚師是年成公卒子景公據立景公元年春陳大夫夏徵舒弒其君靈公二年楚莊王伐陳誅徵舒三年楚莊王圍鄭鄭告急晉晉使荀林父將中軍隨會將上軍趙朔將下軍郤克欒書先縠韓厥鞏朔佐之六月至河聞楚已服鄭鄭伯肉袒與盟而去荀林父欲還先縠曰凡來救鄭不至不可將率離心卒度河楚已服鄭欲飲馬于河爲名而去楚與晉軍大戰鄭新附楚畏之反助楚攻晉晉軍敗走河爭度船中人

指甚衆。楚虜我將智罃歸。而林父曰臣爲督將軍敗當誅請死景公欲許之隨會曰昔文公之與楚戰城濮成王歸殺子玉而文公乃喜今楚已敗我師又誅其將是助楚殺仇也乃止四年先縠以首計而敗晉軍河上恐誅乃奔翟與翟謀伐晉晉覺乃族縠縠先軫子也五年伐鄭爲助楚故也是時楚莊王彊以挫晉兵河上也六年楚伐宋宋來告急晉晉欲救之伯宗謀曰【集解】賈逵曰伯宗晉大夫楚天方開之不可當乃使解揚紿爲救宋【集解】服虔曰解揚晉大夫鄭人執與楚楚厚賜使反其言令宋急下解揚紿許之卒致晉君言楚欲殺之或諫乃歸解揚七年晉使隨會滅赤狄八年使郤克於齊齊頃公母從樓上觀而笑之所以然者郤克僂而魯使蹇衞使眇故齊亦令人如之以導客郤克怒歸至河上曰不報齊者河伯視之至國請君欲伐齊景公問知其故曰子之怨安足以煩國弗聽魏文子請老休辟郤克克執政九年楚莊王卒晉伐齊齊使太子彊爲質於晉晉兵罷十一年春齊伐魯取隆【索隱】劉氏云隆卽龍也魯北有隆山又此年當魯成二年經書齊侯伐我北鄙傳曰圍龍又鄙誕及別本作俼字俼當作鄆文十二年季孫行父帥師城諸及鄆鄆卽俼也字變耳地理志云在東莞縣東魯告急衞衞與魯皆因郤克告急於晉乃使郤克欒書韓厥以兵車八百乘與魯衞共伐齊夏與頃公戰於鞌【索隱】地名傷困頃公頃公乃與其右易位下取飲以得脫去齊師敗走晉追北至齊頃公獻寶器以求平不聽郤克曰必得蕭桐姪子爲質【索隱】傳作叔子齊使曰蕭桐姪子頃公母頃公母猶晉君母奈何必得之不義請復戰晉乃許與平而去楚申公巫臣盜夏姬以奔晉晉以巫臣爲邢大夫【集解】賈逵曰邢晉邑十二年冬齊頃公如晉欲上尊晉景公爲王景公讓不敢晉始作六卿【集解】賈逵曰初作六軍僭王也韓厥鞏朔趙穿荀騅趙括趙旃皆爲卿【索隱】騅音隹諡文子也智罃自楚歸十三年魯成公朝晉晉弗敬魯怒去倍晉晉伐鄭取氾十四年梁山崩【集解】穀梁公羊傳曰梁山河上山杜預曰在馮翊夏陽縣北也問伯宗伯宗以爲不足怪也【集解】徐廣曰年表云伯宗隱其人用其言十六年楚將子反怨巫臣滅其族巫臣怒遺子反書曰必令子罷於奔命乃請使吳令其子爲吳行人教吳乘車用兵吳晉始通約伐楚十七年誅趙同趙括族滅之韓厥曰趙衰趙盾之功豈可忘乎奈何絕祀乃復令趙庶子武爲趙後復與之邑十九年夏景公病立其太子壽曼爲君是爲厲公後月餘景公卒厲公元年初立欲和諸侯與秦桓公夾河而盟歸而秦倍盟與翟謀伐晉三年使呂相讓秦【集解】賈逵曰呂相晉大夫因與諸侯伐秦至涇敗秦於麻隧虜其將成差五年三郤讒伯宗殺之【集解】賈逵曰三郤郤錡郤犨郤至伯宗以好直諫得此禍國人以是不附厲公六年春鄭倍晉與楚盟晉怒欒書曰不可以當吾世而失諸侯乃發兵厲公自將五月渡河聞楚兵來救范文子請公欲還郤至曰發兵誅逆見彊辟之無以令諸侯遂與戰癸巳射中楚共王目楚兵敗於鄢陵【集解】徐廣曰一作鄢服虔曰鄢陵鄭之東南地也【索隱】鄢音偃又於建反子反收餘兵拊循欲復戰晉患之共王召子反其侍者豎陽穀進酒子反醉不能見王怒讓子反子反死王遂引兵歸晉由此威諸侯欲以令天下求霸厲公多外嬖姬歸欲盡去羣大夫而立諸姬兄弟寵姬兄曰胥童嘗與郤至有怨及欒書又怨郤至不用其計而遂敗楚【集解】駰案左傳曰欒書欲待楚師退而擊之郤至云楚有六間不可失也乃使人間謝楚楚來詐厲公曰鄢陵之戰實至召楚欲作亂內子周立之會與國不具是以事不成厲公告欒書欒書曰其殆有矣願公試使人之周【集解】虞翻曰周京師微考之果使郤至於周欒書又使公子周見郤至郤至不知見賣也厲公驗之信然遂怨郤至欲殺之八年厲公獵與姬飲郤至殺豕奉進宦者奪之【索隱】宦者孟張郤至射殺宦者公怒曰季子欺予【集解】杜預曰公反以爲郤至奪豕也將誅三郤未發也郤錡欲攻公曰我雖死公亦病矣郤至曰信不反君智不害民勇不作亂失此三者誰與我我死耳十二月壬午公令胥童以兵八百人襲攻殺三郤胥童因以劫欒書中行偃于朝曰不殺二子患必及公公曰一旦殺三卿寡人不忍益也對曰人將忍君【集解】杜預曰人謂書偃公弗聽謝欒書等以誅郤氏罪大夫復位二子頓首曰幸甚幸甚公使胥童爲卿閏月乙卯厲公游匠驪氏【集解】賈逵曰匠驪氏晉外嬖大夫在翼者欒書中行偃以其黨襲捕厲公囚之殺胥童而使人迎公子周【集解】徐廣曰一作糾于周而立之是爲悼公悼公元年正月庚申欒書中行偃弒厲公葬之【集解】駰案左傳曰葬之于翼東門之外以一乘車【集解】杜預曰言不以君禮葬也諸侯葬車七乘厲公囚六日死死十日庚午智罃迎公子周來至絳刑雞與大夫盟而立之是爲悼公辛巳朝武宮二月乙酉卽位悼公周者其大父捷晉襄公少子也不得立號爲桓叔桓叔最愛桓叔生惠伯談談生悼公周周之立年十四矣悼公曰大父父皆不得立而辟難於周客死焉寡人自以疏遠毋幾爲君【索隱】幾音冀謂望也今大夫不忘文襄之意而惠立桓叔之後賴宗廟大夫之靈得奉晉祀豈敢不戰戰乎大夫其亦佐寡人於是逐不臣者七人修舊功施德惠收文公入時功臣後秋伐鄭鄭師敗遂至陳三年晉會諸侯【索隱】於雞澤也悼公問羣臣可用者祁傒舉解狐解狐傒之仇復問舉其子祁午君子曰祁傒可謂不黨矣外舉不隱仇內舉不隱子方會諸侯悼公弟楊干亂行【集解】賈逵曰行陳也魏絳戮其僕【集解】賈逵曰僕御也悼公怒或諫公公卒賢絳任之政使和戎戎大親附十一年悼公曰自吾用魏絳九合諸侯【集解】服虔曰九合一謂會于戚二會城棣救陳三會于鄬四會于邢丘五同盟于戲六會于相七戊寅鄭虎牢八同盟于亳城北九會于蕭魚和戎翟魏子之力也賜之樂三讓乃受之冬秦取我櫟【索隱】音歷釋例云在河北地闕十四年晉使六卿率諸侯伐秦度涇大敗秦軍至棫林而去十五年悼公問治國於師曠師曠曰唯仁義爲本冬悼公卒子平公彪立平公元年伐齊齊靈公與戰靡下【集解】徐廣曰靡一作歷【索隱】劉氏靡音眉綺反卽靡笄也齊師敗走晏嬰曰君亦毋勇何不止戰遂去晉追遂圍臨菑盡燒屠其郭中東至膠南至沂齊皆城守晉乃引兵歸六年魯襄公朝晉晉欒逞有罪奔齊八年齊莊公微遣欒逞於曲沃以兵隨之齊兵上太行欒逞從曲沃中反襲入絳絳不戒平公欲自殺范獻子止公以其徒擊逞逞敗走曲沃曲沃攻逞逞死遂滅欒氏宗逞者欒書孫也【集解】駰案左傳逞作盈其入絳與魏氏謀齊莊公聞逞敗乃還取晉之朝歌去以報臨菑之役也十年齊崔杼弒其君莊公晉因齊亂伐敗齊於高唐去報太行之役也十四年吳延陵季子來使與趙文子韓宣子魏獻子語曰晉國之政卒歸此三家矣十九年齊使晏嬰如晉與叔嚮語叔嚮曰晉季世也公厚賦爲臺池而不恤政政在私門其可久乎晏子然之二十二年伐燕二十六年平公卒子昭公夷立昭公六年卒六卿彊公室卑【索隱】韓趙魏范中行及智氏爲六卿後韓趙魏爲三卿而分晉政故曰三晉子頃公去疾立頃公六年周景王崩王子爭立晉六卿平王室亂立敬王九年魯季氏逐其君昭公昭公居乾侯十一年衞宋使使請晉納魯君季平子私賂范獻子獻子受之乃謂晉君曰季氏無罪不果入魯君十二年晉之宗家祁傒孫叔嚮子相惡於君六卿欲弱公室乃遂以法盡滅其族而分其邑爲十縣各令其子爲大夫晉益弱六卿皆大十四年頃公卒子定公午立定公十一年魯陽虎奔晉趙鞅簡子舍之十二年孔子相魯十五年趙鞅使邯鄲大夫午不信欲殺午午與中行寅范吉射親攻趙鞅【索隱】寅荀偃之孫射音亦范獻子士鞅之子鞅走保晉陽定公圍晉陽荀櫟韓不信魏侈與范中行爲仇乃移兵伐范中行范中行反晉君擊之敗范中行范中行走朝歌保之韓魏爲趙鞅謝晉君乃赦趙鞅復位二十二年晉敗范中行氏二子奔齊三十年定公與吳王夫差會黃池爭長趙鞅時從卒長吳【集解】徐廣曰吳世家說黃池之盟云趙鞅怒將戰吳乃長晉定公左氏傳云乃先晉人外傳云吳公先歃晉公次之三十一年齊田常弒其君簡公而立簡公弟驁爲平公三十三年孔子卒三十七年定公卒子出公鑿立出公十七年【集解】徐廣曰年表云出公立十八年或云二十年知伯與趙韓魏共分范中行地以爲邑出公怒告齊魯欲以伐四卿【索隱】時趙韓魏共滅范氏及中行氏而分其地猶有智氏與三晉故云四卿四卿恐遂反攻出公出公奔齊道死故知伯乃立昭公曾孫驕爲晉君是爲哀公【索隱】趙系家云驕是爲懿公又年表云出公十八年次哀公忌二年次懿公驕十七年紀年又云出公二十三年奔楚乃立昭公之孫是爲敬公系本亦云昭公生桓公子雍生忌忌生懿公驕然晉趙系家及年表並皆不同何況紀年之說也哀公大父雍晉昭公少子也號爲戴子【集解】徐廣曰世本作桓子雍注云戴子戴子生忌忌善知伯早死故知伯欲盡并晉未敢乃立忌子驕爲君當是時晉國政皆決知伯晉哀公不得有所制知伯遂有范中行地最彊哀公四年趙襄子韓康子魏桓子共殺知伯盡并其地【索隱】如紀年之說此乃出公二十二年事十八年哀公卒子幽公柳立幽公之時晉畏反朝韓趙魏之君【索隱】畏懼也爲衰弱故反朝韓趙魏也宋忠引此注系本而畏字作衰獨有絳曲沃餘皆入三晉十五年魏文侯初立【索隱】按紀年魏文侯初立在敬公十八年十八年幽公淫婦人夜竊出邑中盜殺幽公【索隱】紀年云夫人秦嬴賊公於高寢之上魏文侯以兵誅晉亂立幽公子止是爲烈公【索隱】系本幽公生烈成公止又年表云魏誅幽公立其弟止也烈公十九年周威烈王賜趙韓魏皆命爲諸侯二十七年烈公卒子孝公頎立【索隱】系本云孝公傾欣紀年以孝公爲桓公故韓子有晉桓侯孝公九年魏武侯初立襲邯鄲不勝而去十七年孝公卒【索隱】紀年云桓公二十年趙成侯韓共侯遷桓公於屯留已後更無晉事子靜公俱酒立【索隱】系本云靜公俱也是歲齊威王元年也靜公二年魏武侯韓哀侯趙敬侯滅晉後而三分其地【索隱】紀年云魏武侯以桓公十九年卒韓哀侯趙敬侯並以桓公十五年卒又趙系家列侯十六年與韓分晉封晉君端氏其後十年肅侯徙晉於屯留不同也靜公遷爲家人晉絕不祀

太史公曰晉文公古所謂明君也亡居外十九年至困約及卽位而行賞尚忘介子推況驕主乎靈公旣弒其後成景致嚴至厲太刻大夫懼誅禍作悼公以後日衰六卿專權故君道之御其臣下固不易哉

【索隱述贊】曰天命叔虞卒封於唐桐圭旣削河汾是荒文侯雖嗣曲沃日彊未知本末祚傾桓莊獻公昬惑太子罹殃重耳致霸朝周河陽靈旣喪德厲亦無防四卿侵侮晉祚遂亡

史記卷三十九考證

晉世家初武王與叔虞母會時夢天謂武王曰余命女生子名虞○左傳疏曰世家謂此夢爲武王之夢也若是武王之夢此傳直云武王方生太叔其文足矣何以須言邑姜方震也邑姜方震而夢明是邑姜夢矣安得以爲武王夢也薄姬之夢龍據其身燕姞之夢蘭爲己子彼皆夢發于母此何以夢發于父是馬

遷之妄言耳

史佚曰天子無戲言言則史書之禮成之樂歌之○說苑君道篇又以爲周公曰言則史書之工誦之士稱之褚先生補梁孝王世家亦作周公

唐叔子燮是爲晉侯正義宗國都城記唐叔虞之子燮父徙居晉水傍今并理故唐城唐者卽燮父初徙之處○秦藩本此下有其城南半入州城中創爲坊城牆北半見在共十七字

孝侯八年曲沃桓叔卒○年表作九年

孝侯十五年曲沃莊伯弑其君晉孝侯于翼○左傳魯惠之四十五年曲沃莊伯伐翼弑孝侯年表作十六年

曲沃莊伯聞鄂侯卒乃興兵伐晉○毛詩唐風疏曰隱五年左傳曲沃莊伯伐翼翼侯奔隨秋王命虢父伐曲沃而立哀侯于翼六年傳曰翼九宗五正頃父之子嘉父逆晉侯于隨納諸鄂晉人謂之鄂侯則哀侯之立鄂侯未卒世家則言卒

晉侯緡四年宋執鄭祭仲而立突爲鄭君○左傳此事在魯桓之十一年於晉侯爲五年年表作六年此又作四年

晉侯十九年齊人管至父弑其君襄公○左傳及齊世家年表於魯爲莊之八年於齊爲襄之十二年合之晉侯當是二十一年此作十九年

先晉穆侯曾孫也索隱晉有兩穆侯言先以別後○臣照按三代世表及左氏並無兩穆侯以別先後索隱不知何據而作此論也然則先者何蓋起事之辭猶左傳云初也

獻公元年周惠王弟穨攻惠王○左傳周本紀鄭世家年表俱在惠王之二年於獻公亦二年

太子申生其母齊桓公女也曰齊姜○臣照按左傳齊姜爲武公之妾獻公烝之生秦穆夫人及太子申生晉世家云獻公卽位重耳年二十一證之年表重耳生年爲齊襄之元年後十二年齊桓方立申生爲太子其年必長於重耳齊姜二十而生申生在齊桓卽位之年已三十餘歲矣齊桓在位四十三年卽位時亦不過與齊姜之年相上下焉得謂爲其女乎孔穎達左傳疏亦詳辨之

申生同母女弟爲秦穆公夫人○秦本紀云太子申生姊左傳亦叙在申生上此則云女弟或弟字爲姊字之譌

夷吾母重耳母女弟也○臣照按左傳獻公娶二女於戎大戎狐姬生重耳小戎子生夷吾杜預注云大戎唐叔子孫別在戎狄者小戎允姓之戎子女也正義曰晉語云狐氏出自唐叔狐伯行之子實生重耳狐偃其舅也昭九年傳曰先王居檮杌于四裔故允姓之奸居於瓜州知戎爲允姓也此以夷吾母卽重耳母之女弟蓋以大戎子小戎子之稱而淆訛也左傳疏曰虢射惠公之舅狐偃文公之舅二母固不得爲姊妹矣

獻公子八人○臣照按左傳介子推曰獻公之子九人卽下文敍介子推語亦曰九人也則八字乃九字之訛耳

趙衰曰土者有土也君其拜受之○左傳作子犯之言且言何以易之索隱言人之出言不可輕易之也○臣照按楚子之意謂重耳言不可易也玉帛之會則有定典無磬國以事人之理唯兵事之會乃得以退避申報而數極于三退三舍以避可以報矣眞有國家者之言何以易之猶孟子言聖人不易我言之易非小司馬之說也

聞其入綿上山中於是文公環綿上山中而封之以爲介推田號曰介山○顧炎武曰左傳晉侯求之不獲以綿上爲之田蓋子推既隱求之不得未幾而死故以田祿其子耳楚辭九章云思久故之親身兮因縞素而哭之明文公在時之推已死史記則云聞其入縣上山云云然則受此田者何人乎於義有所不通矣

趙衰曰求霸莫如入王尊周○左傳作狐偃之言

而用美女乘軒者三百人也○徐孚遠曰乘軒三百人蓋小人濫位詩所謂三百赤芾也史云美女亦誤

六年趙衰成子欒貞子咎季子犯霍伯皆卒○左傳是年祇書四大夫卒而子犯不書則子犯不死于是年明矣年表亦同子犯二字蓋衍

子景公據立○左傳據作獳

魏文子請老休辟郤克○左傳請老以辟郤克者范文子也

十七年誅趙同趙括族滅之韓厥曰趙衰趙盾之功豈可忘乎奈何絕祀乃復令趙庶子武爲趙後復與之邑○徐孚遠曰此與趙世家所載不同

立其太子壽曼爲君○春秋經壽曼作州蒲

秋伐鄭鄭師敗遂至陳○左傳晉韓厥伐鄭入其郛敗其徒兵于洧上晉師自鄭以鄫之師侵楚焦夷及陳在悼公二年之夏五月此作元年秋也

平公元年伐齊○左傳伐齊事在魯襄之十八年於晉平爲三年年表同此作元年

九年魯季氏逐其君昭公昭公居乾侯○左傳昭公是年居鄆晉頃之十二年乃居乾侯

十五年趙鞅使邯鄲大夫午不信欲殺午午與中行寅范吉射親攻趙鞅○左傳晉趙鞅謂邯鄲午曰歸我衛貢五百家吾舍諸晉陽午許諾歸告其父兄父兄不可趙孟怒召午而囚諸晉陽遂殺午趙稷涉賓以邯鄲叛夏六月上軍司馬籍秦圍邯鄲邯鄲午荀寅之甥也荀寅范吉射之姻也而相與睦故不與圍邯鄲秋七月范氏中行氏伐趙氏之宮據此是午前死而范中行乃攻趙鞅也此則云午與范中行親攻趙鞅與范中行爲仇

荀櫟韓不信魏侈○左傳作荀躒魏曼多

三十年定公與吳王夫差會黃池爭長趙鞅時從卒長吳○黃震曰抄曰黃池之會吳晉爭長而史於吳世家曰長晉於晉世家曰長吳自相矛盾未知孰是

子出公鑿立○六國年表鑿作錯

史記卷四十

漢　太　史　令司馬遷　撰

宋　中　郎　外　兵　曹　參　軍裴　駰集解

唐　國子博士弘文館學士司馬貞索隱

唐　諸　王　侍　讀　率　府　長　史張守節正義

楚世家第十

楚之先祖出自帝顓頊高陽高陽者黃帝之孫昌意之子也高陽生稱【正義】音尺證反稱生卷章卷章生重黎【集解】徐廣曰世本云老童生重黎及吳回譙周曰老童卽卷章【索隱】重氏黎氏二官代司天地重爲木正黎爲火正據左氏少昊氏之子曰重顓頊氏之子曰黎今以重黎爲一人乃是顓頊之子孫者劉氏云少昊氏之後曰重顓頊氏之後曰重黎對彼重則單稱黎若自言當家則稱重黎故楚及司馬氏皆重黎之後非關少昊之重愚謂此解爲當重黎爲帝嚳高辛居火正【索隱】此重黎爲火正彼少昊氏之後重自爲木正知此重黎卽彼之黎也甚有功能光融天下帝嚳命曰祝融【集解】虞翻曰祝大融明也韋昭曰祝始也共工氏作亂帝嚳使重黎誅之而不盡帝乃以庚寅日誅重黎而以其弟吳回爲重黎後復居火正爲祝融吳回生陸終陸終生子六人坼剖而產焉【集解】干寶曰先儒學士多疑此事譙允南通才達學精核數理者也作古史考以爲作者妄記廢而不論余亦尤其生之異也然案六子之世子孫有國升降六代數千年間迭至霸王天將興之必有尤物乎若夫前志所傳脩已背坼而生禹簡狄胷剖而生契歷代久遠莫足相證近魏黃初五年汝南屈雍妻王氏生男兒從右胳下水腹上出而平和自若數月創合母子無恙斯蓋近事之信也以今況古固知注記者之不妄也天地云爲陰陽變化安可守之一端概以常理乎詩云不坼不副無災無害原詩人之旨明古之婦人嘗有坼剖而產者矣又有因產而遇災害者故美其無害也【索隱】系本云陸終娶鬼方氏之妹謂之女嬇其長一曰昆吾【集解】虞翻曰昆吾名樊爲己姓封昆吾世本曰昆吾者衛是也【索隱】系本云其一曰樊是爲昆吾宋忠曰昆吾國名己姓所出左傳曰衛侯夢見披髮登昆吾之觀今濮陽城中有昆吾臺是【正義】括地志云濮陽縣古昆吾國也昆吾故城在縣西三十里臺在縣西百步卽昆吾墟也二曰參胡【集解】騶案世本曰參胡者韓是也【索隱】系本云二曰惠連是爲參胡參胡宋忠曰參胡國名斯姓無後三曰彭祖【集解】虞翻曰名翦爲彭姓封於大彭世本曰彭祖者彭城是也【索隱】系本云三曰籛鏗是爲彭祖虞翻所云是也【正義】括地志云彭城古彭祖國也外傳云殷末滅彭祖國也虞翻云名翦神仙傳云彭祖諱鏗帝顓頊之玄孫至殷末年已七百六十七歲而不衰老遂往流沙之西非壽終也四曰會人【集解】騶案世本曰會人者鄭是也【索隱】系本云四曰求言是爲鄶人宋忠曰求言名也妘姓所出鄶國也【正義】括地志云故鄶城在鄭州新鄭縣東北二十二里毛詩譜云昔高辛氏之土祝融之墟歷唐至周重黎之後妘姓處其地是爲鄶國爲鄭武公所滅也五曰曹姓【集解】騶案世本曰曹姓者邾是也【索隱】系本云其五曰安是爲曹姓宋忠云安名也曹姓者諸曹所出也【正義】括地志云故邾國在黃州黃岡縣東南百二十一里史記云邾子曹姓也六曰季連芈姓楚其後也【索隱】系本云六曰季連是爲芈姓季連者楚是也宋忠曰季連名也芈姓諸楚所出楚之先芈音彌是反芈羊聲也昆吾氏夏之時嘗爲侯伯桀之時湯滅之彭祖氏殷之時嘗爲侯伯殷之末世滅彭祖氏季連生附沮【集解】孫檢曰一作祖【索隱】沮音才敘反附沮生穴熊其後中微或在中國或在蠻夷弗能紀其世周文王之時季連之苗裔曰鬻熊鬻熊子事文王蚤卒其子曰熊麗熊麗生熊狂熊狂生熊繹熊繹當周成王之時舉文武勤勞之後嗣而封熊繹於楚蠻封以子男之田姓芈氏居丹陽【集解】徐廣曰在南郡枝江縣【正義】潁容三傳例云楚居丹陽今枝江縣故城是括地志云歸州巴東縣東南四里歸故城楚子熊繹之始國也又熊繹墓在歸州秭歸縣輿地志云秭歸縣東有丹陽城周迴八里熊繹始封也楚子熊繹與魯公伯禽衛康叔子牟晉侯燮齊太公子呂伋俱事成王熊繹生熊艾熊艾生熊䵣【索隱】一作黮音土感反䵣音與但反與亶同字亦作亶也熊䵣生熊勝熊勝以弟熊楊爲後【索隱】鄒誕本作熊錫錫又作煬熊楊生熊渠熊渠生子三人當周夷王之時王室微諸侯或不朝相伐熊渠甚得江漢閒民和乃興兵伐庸【集解】杜預曰庸今上庸縣【正義】括地志云房州竹山縣本漢上庸縣古之庸國昔周武王伐紂庸蠻在焉楊粵【索隱】有本作楊雩音吁地名也今音越譙周作楊越至于鄂【正義】五各反劉伯莊云地名在楚之西後徙楚今東鄂州是括地志云鄂州向城縣南二十里西鄂故城是楚西鄂熊渠曰我蠻夷也不與中國之號謚乃立其長子康爲句亶王【集解】張瑩曰今江陵也【索隱】系本康作庸亶作袒地理志江陵南郡之縣也楚文王自丹陽徙都之中子紅爲鄂王【集解】騶案九州記曰鄂今武昌【索隱】有本作摯紅音贄紅從下文熊贄紅蕭古史考及鄒氏劉氏等無音摯紅恐非也【正義】括地志武昌縣鄂王舊都今鄂王神卽熊渠子之神也少子執疵爲越章王【索隱】系本無執字越作就【正義】卽弑鄂王紅者也皆在江上楚蠻之地及周厲王之時暴虐熊渠畏其伐楚亦去其王後爲熊毋康【集解】徐廣曰卽渠之長子毋康早死熊渠卒子熊摯紅立摯紅卒其弟弒而代立曰熊延【索隱】如此史意卽上鄂王紅也譙周以爲熊渠卒子熊翔立卒長子摯有疾少子熊延立此云摯紅卒其弟弒而自立曰熊延欲會此代系則

翔亦毋康之弟熊渠者既卒毋康又早卒其摯紅立而被延弒故史考言摯有疾而此言弒也【正義】譙周言摯有疾此言弒未詳宋均注樂緯云熊渠嫡嗣曰熊摯有惡疾不得為後別居於夔為楚附庸後王命曰夔子也熊延生熊勇熊勇六年而周人作亂攻厲王厲王出奔彘熊勇十年卒弟熊嚴為後熊嚴十年卒有子四人長子伯霜中子仲雪次子叔堪【索隱】堪一作湛少子季徇【索隱】徇旬俊反熊嚴卒長子伯霜代立是為熊霜熊霜元年周宣王初立熊霜六年卒三弟爭立仲雪死叔堪亡避難於濮【集解】杜預曰建寧郡南有濮夷【正義】按建寧晉郡在蜀南與獄相近劉伯莊云濮在楚西南孔安國云庸濮在漢之南按成公元年楚地千里孔說是也而少弟季徇立是為熊徇熊徇十六年鄭桓公初封於鄭二十二年熊徇卒子熊咢立【索隱】咢音鄂亦作噩熊咢九年卒子熊儀立是為若敖若敖二十年周幽王為犬戎所弒周東徙而秦襄公始列為諸侯二十七年若敖卒子熊坎立是為霄敖【索隱】坎若感反一作菌又作欿霄敖六年卒子熊眴立【集解】徐廣曰眴音舜【索隱】按玉篇眴在口部顧氏云楚之先卽蚡冒也劉音舜其近代本字有從目者故劉氏有舜音非也是為蚡冒【索隱】古本蚡作扮音憤冒音亡北反或亡報反蚡冒十三年晉始亂以曲沃之故蚡冒十七年卒蚡冒弟熊通弒蚡冒子而代立是為楚武王武王十七年晉之曲沃莊伯弒主國晉孝侯十九年鄭伯弟段作亂二十一年鄭侵天子之田二十三年衞弒其君桓公二十九年魯弒其君隱公三十一年宋太宰華督弒其君殤公三十五年楚伐隨【集解】賈逵曰隨姬姓杜預曰隨國今義陽隨縣【正義】括地志云隨州外城古隨國地世本云楚武王墓在豫州新息隨姬姓也武王卒師中而兵罷括地志云上蔡縣東北五十里隨曰我無罪楚曰我蠻夷也今諸侯皆為叛相侵或相殺我有敝甲欲以觀中國之政請王室尊吾號隨人為之周請尊楚王室不聽還報楚三十七年楚熊通怒曰吾先鬻熊文王之師也蚤終成王舉我先公乃以子男田令居楚蠻夷皆率服而王不加位我自尊耳乃自立為武王與隨人盟而去於是始開濮地而有之五十一年周召隨侯數以立楚為王楚怒以隨背己伐隨武王卒師中而兵罷【集解】駰案皇覽曰楚武王冢在汝南郡鮦陽縣葛陂鄉城東北民謂之楚王岑漢永平中葛陵城北祝里社下於土中得銅鼎而名曰楚武王由是知楚武王之冢民傳言秦項赤眉之時欲發之輒頹壞塡壓不得發也【正義】有本注葛陂鄉作葛陵鄉者誤也地理志云新蔡縣西北六十里有葛陂鄉卽費長房投竹成龍之陂因為鄉名子文王熊貲立始都郢【正義】括地志云紀南故城在荊州江陵縣北五十里杜預云國都於郢今南郡江陵縣北紀南城是括地志云又至平王更城郢在江陵縣東北六里故郢城是也文王二年伐申過鄧【正義】括地志云故申城在鄧州南陽縣北三十里晉太康地志云周宣王舅所封故鄧城在襄州安養縣北二十里春秋之鄧國莊十六年楚文王滅之鄧人曰楚王易取鄧侯不許也【集解】服虔曰鄧曼姓六年伐蔡【正義】豫州上蔡縣在州北七十里古蔡國也縣外城蔡國城也虜蔡哀侯以歸已而釋之楚彊陵江漢間小國小國皆畏之十一年齊桓公始霸楚亦始大十二年伐鄧滅之十三年卒子熊囏立【集解】

駰案史記音隱云古艱字是為杜敖【索隱】杜作壯側狀反杜敖五年欲殺其弟熊惲【索隱】惲音紆粉反左氏作頵紆頵反惲奔隨與隨襲弒杜敖代立是為成王成王惲元年初卽位布德施惠結舊好於諸侯使人獻天子天子賜胙曰鎮爾南方夷越之亂無侵中國於是楚地千里十六年齊桓公以兵侵楚至陘山【正義】杜預云陘楚地潁川召陵縣南有陘亭括地志云陘山在鄭州西南一百一十里卽此山也楚成王使將軍屈完以兵禦之【正義】屈曲勿反完音桓楚族也與桓公盟桓公數以周之賦不入王室楚許之乃去十八年成王以兵北伐許【集解】駰案地理志曰潁川許昌縣故許國也許君肉袒謝乃釋之二十二年伐黃【索隱】汝南弋陽縣故黃國【正義】括地志云黃國故城漢弋陽縣也秦時黃都嬴姓在光州定城縣四十里也二十六年滅英【集解】徐廣曰年表及他本皆作英一本作黃【正義】英國在淮南蓋蓼國也不知改名時也三十三年宋襄公欲為盟會召楚楚王怒曰召我我將好往襲辱之遂行至盂【正義】音于宋地也遂執辱宋公已而歸之三十四年鄭文公南朝楚楚成王北伐宋敗之泓射傷宋襄公襄公遂病創死三十五年晉公子重耳過楚成王以諸侯客禮饗而厚送之於秦三十九年魯僖公來請兵以伐齊楚使申侯將兵伐齊取穀【集解】杜預曰濟北穀城縣【正義】括地志云穀在濟州東阿縣東二十六里置齊桓公子雍焉齊桓公七子皆奔楚楚盡以為上大夫滅夔夔不祀祝融鬻熊故也【集解】服虔曰夔楚熊渠之孫熊摯之後夔在巫山之陽秭歸鄉是也【索隱】譙周作滅歸歸卽夔之地名歸縣之鄉也夏伐宋宋告急於晉晉救宋成王罷歸將軍子玉請戰成王曰重耳亡居外久卒得反國天之所開不可當子玉固請乃與之少師而去晉果敗子玉於城濮成王怒誅子玉四十六年初成王將以商臣為太子語令尹子上子上曰君之齒未也【集解】杜預曰齒年也言尚少而又多內寵絀乃亂也楚國之舉常在少者【集解】賈逵曰舉立也且商臣蠭目而豺聲忍人也【集解】服虔曰言忍為不義不可立也王不聽立之後又欲立子職【集解】賈逵曰職商臣庶弟也而絀太子商臣商臣聞而未審也告其傅潘崇曰何以得其實崇曰饗王之寵姬【集解】駰案姬當作妹江芊而勿敬也商臣從之江芊【正義】芊亡爾反怒曰宜乎王之欲殺若而立職也商臣告潘崇曰信矣崇曰能事之乎【集解】服虔曰若立職子能事之曰不能能亡去乎曰不能能行大事乎【集解】服虔曰謂弒君曰能冬十月商臣以宮衞兵圍成王成王請食熊蹯而死【集解】杜預曰熊掌難熟冀久將有外救之援也不聽丁未成王自絞殺商臣代立是為穆王穆王立以其太子宮予潘崇使為太師掌國事穆王三年滅江【集解】杜預曰江國在汝南安陽縣四年滅六蓼六蓼皋陶之後【集解】杜預曰六國今廬江六縣蓼國今安豐蓼縣八年伐陳十二年卒子莊王侶立莊王卽位三年不出號令日夜為樂令國中曰有敢諫者死無赦伍舉入諫莊王左抱鄭姬右抱越女坐鍾

鼓之間伍舉曰願有進隱【集解】駰案隱謂隱藏其意曰有鳥在於阜三年不蜚不鳴是何鳥也莊王曰三年不蜚蜚將沖天三年不鳴鳴將驚人舉退矣吾知之矣居數月淫益甚大夫蘇從乃入諫王曰若不聞令乎對曰殺身以明君臣之願也於是乃罷淫樂聽政所誅者數百人所進者數百人任伍舉蘇從以政國人大說是歲滅庸【正義】房州竹邑縣令是也六年伐宋獲五百乘八年伐陸渾戎【集解】服虔曰陸渾戎在洛西南【正義】允姓之戎徙居陸渾遂至洛觀兵於周郊【集解】服虔曰觀兵示周也周定王使王孫滿勞楚王【集解】服虔曰以郊勞禮迎之也楚王問鼎小大輕重【集解】杜預曰示欲逼周取天下對曰在德不在鼎莊王曰子無阻九鼎【正義】喙許衞反凡戟有鉤喙口之尖也言楚國戟之鉤口尖有折者足以為鼎言鼎易得也楚國折鉤之喙足以為九鼎王孫滿曰嗚呼君王其忘之乎昔虞夏之盛遠方皆至貢金九牧【集解】服虔曰使九州之牧貢金鑄鼎象物【集解】賈逵曰象所圖物著之於鼎百物而為之備使民知神姦【集解】杜預曰圖鬼神百物之形使民逆備之也桀有亂德鼎遷於殷載祀六百【集解】賈逵曰載祀皆年也商曰祀王肅曰載祀者猶言年也殷紂暴虐鼎遷於周德之休明雖小必重【集解】杜預曰不可遷其姦回昏亂雖大必輕【集解】杜預曰言可移昔成王定鼎于郟鄏【集解】杜預曰郟鄏今河南縣西有郟鄏陌武王遷之成王定之【索隱】按周書郟雒北山名音甲鄏謂田厚鄏故以名焉卜世三十卜年七百天所命也周德雖衰天命未改鼎之輕重未可問也楚王乃歸九年相若敖氏【集解】駰案左傳曰子越椒人或讒之王恐誅反攻王王擊滅若敖氏之族十三年滅舒【集解】杜預曰廬江六縣東有舒城也十六年伐陳殺夏徵舒徵舒弒其君故誅之也已破陳卽縣之羣臣皆賀申叔時使齊來不賀王問對曰鄙語曰牽牛徑人田田主取其牛徑者則不直矣取之牛不亦甚乎且王以陳之亂而率諸侯伐之以義伐之而貪其縣亦何以復令於天下莊王乃復陳國後十七年春楚莊王圍鄭三月克之入自皇門【集解】賈逵曰鄭城門何休曰郭門也鄭伯肉袒牽羊以逆【集解】賈逵曰肉袒牽羊示服為臣隸也曰孤不天不能事君君用懷怒以及敝邑孤之罪也敢不唯命是聽賓之南海若以臣妾賜諸侯亦唯命是聽若君不忘厲宣桓武【集解】杜預曰周厲王宣王鄭之所自出也鄭武公桓公始封之賢君也不絕其社稷使改事君孤之願也非所敢望也敢布腹心楚羣臣曰王勿許莊王曰其君能下人必能信用其民庸可絕乎莊王自手旗左右麾軍引兵去三十里而舍遂許之平【集解】杜預曰退一舍而禮鄭潘尫入盟子良出質【集解】駰案潘尫楚大夫子良鄭伯弟夏六月晉救鄭與楚戰大敗晉師河上遂至衡雍而歸二十年圍宋以殺楚使也【索隱】左傳宣十四年楚子使申舟聘于齊曰無假道于宋華元曰過我而不假道鄙我也鄙我亡也殺其使者必伐我伐我亦亡也亡一也乃殺之楚子聞之投袂而起九月圍宋是也圍宋五月城中食盡易子而食析骨而炊

宋華元出告以情莊王曰君子哉遂罷兵去二十三年莊王卒子共王審立共王十六年晉伐鄭鄭告急共王救鄭與晉兵戰鄢陵晉敗楚射中共王目共王召將軍子反子反嗜酒從者豎陽穀進酒醉王怒射殺子反遂罷兵歸三十一年共王卒子康王招立康王立十五年卒子員立【索隱】員音云左傳作麇是為郟敖康王寵弟公子圍【集解】徐廣曰史記多作回子比子晳棄疾郟敖三年以其季父康王弟公子圍為令尹主兵事四年圍使鄭道聞王疾而還十二月己酉圍入問王疾絞而弒之【集解】荀卿曰以冠纓絞之左傳曰葬王于郟謂之郟敖遂殺其子莫及平夏使赴於鄭伍舉問曰誰為後【集解】服虔曰問來赴者對曰寡大夫圍伍舉更曰共王之子圍為長【集解】杜預曰伍舉更赴辭使從禮告終稱嗣不以篡弒赴諸侯子比奔晉而圍立是為靈王靈王三年六月楚使使告晉欲會諸侯諸侯皆會楚於申伍舉曰昔夏啓有鈞臺之饗【集解】杜預曰河南陽翟縣南有鈞臺陂商湯有景亳之命周武王有盟津之誓成王有岐陽之蒐【集解】賈逵曰岐山之陽康王有豐宮之朝【集解】服虔曰豐宮成王廟所在也杜預曰豐在始平鄠縣東有靈臺康王於是朝諸侯穆王有塗山之會齊桓有召陵之師晉文有踐土之盟君其何用靈王曰用桓公【集解】杜預曰用會召陵之意也時鄭子產在焉於是晉宋魯衞不往靈王已盟有驕色伍舉曰桀為有仍之會有緡叛之【集解】賈逵曰仍緡國名也紂為黎山之會東夷叛之【集解】服虔曰黎東夷國名也子姓幽王為太室之盟戎翟叛之【集解】杜預曰太室中嶽也君其慎終七月楚以諸侯兵伐吳圍朱方八月克之囚慶封滅其族以封徇曰無效齊慶封弒其君而弱其孤以盟諸大夫【集解】杜預曰齊崔杼弒其君慶封其黨故以弒君罪責之也封反曰莫如楚共王庶子圍弒其君兄之子員而代之立【集解】駰案穀梁傳曰軍人粲然皆笑於是靈王使棄疾殺之七年就章華臺【集解】杜預曰南郡華容縣有臺在城內下令內亡人實之八年使公子棄疾將兵滅陳十年召蔡侯醉而殺之使棄疾定蔡因為陳蔡公十一年伐徐以恐吳【集解】駰案左傳曰使蕩侯等圍徐靈王次於乾谿以待之王曰齊晉魯衞其封皆受寶器我獨不今吾使使周求鼎以為分其予我乎【集解】服虔曰有功德受分器析父對曰其予君王哉【集解】賈逵曰析父楚大夫【索隱】據左氏此是右尹子革之辭史蓋誤也昔我先王熊繹辟在荊山蓽露藍蔞【集解】徐廣曰蓽一作暴駰案服虔曰蓽露柴車素大輅也藍蔞言衣敝壞其蔞藍蔞然也以處草莽跋涉山林【集解】服虔曰草行曰跋水行曰涉以事天子唯是桃弧棘矢以共王事【集解】服虔曰桃弧棘矢所以禳其災言楚地山林無所出也齊王舅也【集解】服虔曰齊呂伋成王之舅晉及魯衞王母弟也楚是以無分而彼皆有周今與四國服事君王將唯命是從豈敢愛鼎靈王曰昔我皇祖伯父昆吾舊許是宅【集解】服虔曰陸終氏六子長曰昆吾少曰季連季連楚之祖故謂昆吾為伯父也昆吾曾居許地故曰舊

許是宅今鄭人貪其田不我予今我求之其予我乎對曰周不愛鼎鄭安敢愛田靈王曰昔諸侯遠我而畏晉今吾大城陳蔡不羹【集解】韋昭曰三國楚別都也潁川定陵有東不羹襄城有西不羹【正義】括地志云不羹故城在許州襄城縣東三十里地理志云此乃西不羹也賦皆千乘諸侯畏我乎對曰畏哉靈王喜曰析父善言古事焉【正義】左傳昭十二年析父謂子革曰吾子楚國之望也今與王言如響國其若之何杜預云譏其順王心如響應聲也按此對王言是子革之辭太史公云析父誤也析父時爲王僕見子革對故歎也十二年春楚靈王樂乾谿不能去也國人苦役初靈王會兵於申僇越大夫常壽過【索隱】僇辱也殺蔡大夫觀起【索隱】觀音官觀姓起名起子從亡在吳【索隱】從音才松反乃勸吳王伐楚爲間越大夫常壽過而作亂爲吳間使矯公子棄疾命召公子比於晉至蔡與吳越兵欲襲蔡令公子比見棄疾與盟於鄧【集解】杜預曰潁川邵陵縣西有鄧城【正義】括地志云故鄧城在豫州郾城縣東三十五里按在古召陵縣西十里是也遂入殺靈王太子祿立子比爲王公子子晳爲令尹棄疾爲司馬先除王宮觀從從師于乾谿令楚衆曰國有王矣先歸復爵邑田室後者遷之楚衆皆潰去靈王而歸靈王聞太子祿之死也自投車下而曰人之愛子亦如是乎侍者曰甚是王曰余殺人之子多矣能無及此乎右尹曰【集解】駰案左傳曰右尹子革請待於郊以聽國人【集解】服虔曰聽國人欲爲誰王曰衆怒不可犯曰且入大縣而乞師於諸侯王曰皆叛矣又曰且奔諸侯以聽大國之慮王曰大福不再祇取辱耳於是王乘舟將欲入鄢【集解】服虔曰鄢楚別都也杜預曰襄陽宜城縣【正義】音偃括地志云故鄢城在襄州安養縣北三里在襄州北五里南去荊州二百五十里按王自夏口從漢水上入鄢也左傳云王沿夏將欲入鄢是也括地志云鄢水源出襄州義清縣西界託伏山水經云蠻水即鄢水是也右尹度王不用其計懼俱死亦去王亡靈王於是獨傍偟山中野人莫敢入王王行遇其故鋗人【集解】韋昭曰今之中涓謂曰爲我求食我已不食三日矣鋗人曰新王下法有敢饟王從王者罪及三族且又無所得食王因枕其股而臥鋗人又以土自代逃去王覺而弗見遂饑不能起芊尹申無宇之子申亥曰吾父再犯王命【集解】服虔曰斷王旌執人於章華之宮王弗誅恩孰大焉乃求王遇王饑於釐澤奉之以歸夏五月癸丑王死申亥家【正義】左傳云夏五月癸亥王縊於芊尹申亥是也申亥以二女從死并葬之是時楚國雖已立比爲王畏靈王復來又不聞靈王死故觀從謂初王比曰不殺棄疾雖得國猶受禍王曰余不忍從曰人將忍王王不聽乃去棄疾歸國人每夜驚曰靈王入矣乙卯夜棄疾使船人從江上走呼曰靈王至矣國人愈驚又使曼成然告初王比及令尹子晳曰王至矣國人將殺君司馬將至矣【集解】杜預曰司馬謂棄疾君蚤自圖無取辱焉衆怒如水火不可救也初王及子晳遂自殺丙辰棄疾即位

爲王改名熊居是爲平王平王以詐弒兩王而自立恐國人及諸侯叛之乃施惠百姓復陳蔡之地而立其後如故歸鄭之侵地存恤國中脩政教吳以楚亂故獲五率以歸【集解】服虔曰五率蕩侯潘子司馬督囂尹午陵尹喜平王謂觀從恣爾所欲欲爲卜尹王許之【集解】賈逵曰卜尹卜師大夫官初共王有寵子五人無適立乃望祭羣神請神決之使主社稷而陰與巴姬【集解】賈逵曰共王妾埋璧於室內【正義】左傳云埋璧於太室之庭杜預云太室祖廟也召五子齋而入康王跨之【集解】服虔曰兩足各跨璧一邊杜預曰過其上靈王肘加之子比子晳皆遠之平王幼抱而入再拜壓紐故康王以長立至其子失之圍爲靈王及身而弒子比爲王十餘日子晳不得立又俱誅四子皆絕無後唯獨棄疾後立爲平王竟續楚祀如其神符初子比自晉歸韓宣子問叔向曰子比其濟乎對曰不就宣子曰同惡相求如市賈焉【集解】服虔曰謂國人共惡靈王者如市賈之人求利也何爲不就對曰無與同好誰與同惡【集解】服虔曰言無黨於內當與誰共同好惡取國有五難有寵無人一也【集解】杜預曰寵須賢人而固有人無主二也【集解】杜預曰雖有賢人當須內主爲應有主無謀三也【集解】杜預曰謀策謀也有謀而無民四也【集解】杜預曰民衆也有民而無德五也【集解】杜預曰四者既備當以德成之子比在晉十三年矣晉楚之從不聞通者可謂無人矣【集解】杜預曰晉楚之士從子比遊皆非達人族盡親叛可謂無主矣【集解】杜預曰無親族在楚無釁而動可謂無謀矣【集解】服虔曰言靈王尚在而妄動取國故謂無謀爲羈終世可謂無民矣【集解】杜預曰終身羈客在於晉是無民亡無愛徵可謂無德矣【集解】杜預曰楚人無愛念者王虐而不忌【集解】杜預曰靈王暴虐無所畏忌將自亡子比涉五難以弒君誰能濟之有楚國者其棄疾乎君陳蔡方城外屬焉【正義】方城山在許州葉縣西十八里也苛慝不作盜賊伏隱私欲不違【集解】服虔曰不以私欲違民心民無怨心先神命之國民信之芊姓有亂必季實立楚之常也子比之官則右尹也數其貴寵則庶子也以神所命則又遠之民無懷焉將何以立宣子曰齊桓晉文不亦是乎【集解】服虔曰皆庶子而出奔對曰齊桓衞姬之子也有寵於釐公有鮑叔牙賓須無隰朋以爲輔有莒衞以爲外主【集解】賈逵曰齊桓出奔莒自莒先入衞人助之有高國以爲內主【集解】服虔曰國子高子齊之正卿從善如流【集解】服虔曰言其疾施惠不倦有國不亦宜乎昔我文公狐季姬之子也有寵於獻公好學不倦生十七年有士五人有先大夫子餘子犯以爲腹心【集解】賈逵曰子餘趙衰有魏犨賈佗以爲股肱有齊宋秦楚以爲外主【集解】賈逵曰齊妻之宋贈之馬以楚享以九獻秦送內之有欒郤狐先以爲內主【集解】賈逵曰四姓晉大夫【正義】杜預云謂欒枝郤縠狐突先軫也亡十九年守志彌篤惠懷棄民【集解】服虔曰言惠懷棄民不恤民從而與之【正義】以懷惠棄民故民相從而歸心於文公故文公有國不亦宜乎子比無施於民無援於外去晉晉不送歸楚

楚不迎何以有國子比果不終焉卒立者棄疾【正義】左傳云獲神一也有民二也令德三也寵貴四也居常五也有五利以去五難誰能害之杜預云獲神當璧拜也有民民信也令德無苛慝也寵貴妃子也居常棄疾季也如叔向言也平王二年使費無忌如秦【集解】服虔曰楚大夫【索隱】傳作無極極忌聲相近爲太子建【正義】左傳云楚子之在蔡也郹陽之女奔之生太子建杜預云郹蔡邑也郹古覓反娶婦婦好來未至無忌先歸說平王曰秦女好可自娶爲太子更求平王聽之卒自娶秦女生熊珍更爲太子娶是時伍奢爲太子太傅無忌爲少傅無忌無寵於太子常讒惡太子建建時年十五矣其母蔡女也無寵於王王稍益疏外建也六年使太子建居城父守邊【正義】父音甫括地志云城父故城在許州葉縣東北四十五里即杜預云襄城城父縣也又許州襄城縣東四十里亦有父城故城一所服虔云城父楚北境乃是父城之名非建所守杜預云言成父又誤也傳及酈元水經注云楚大城城父使太子建居之即十三州志云太子建所居城父謂今亳州城父縣也按今亳州有城父縣是建所守者也地理志云潁川有父城縣沛郡有城父縣此二名別耳無忌又日夜讒太子建於王曰自無忌入秦女太子怨亦不能無望於王王少自備焉且太子居城父擅兵外交諸侯且欲入矣平王召其傅伍奢責之伍奢知無忌讒乃曰王奈何以小臣疏骨肉無忌曰今不制後悔也於是王遂囚伍奢而召其二子而告以免父死乃令司馬奮揚召太子建欲誅之太子聞之亡奔宋無忌曰伍奢有二子不殺者爲楚國患盍以免其父召之必至於是王使使謂奢能致二子則生不能將死奢曰尚至胥不至王曰何也奢曰尚之爲人廉死節慈孝而仁聞召而免父必至不顧其死胥之爲人智而好謀勇而矜功知來必死必不來然爲楚國憂者必此子於是王使人召之曰來吾免爾父伍尚謂伍胥曰聞父免而莫奔不孝也父戮莫報無謀也度能任事智也子其行矣我其歸死伍尚遂歸伍胥彎弓屬矢出見使者曰父有何罪以召其子爲將射使者還走遂出奔吳伍奢聞之曰胥亡楚國危哉楚人遂殺伍奢及尚十年楚太子建母在居巢【正義】廬州巢縣是也開吳吳使公子光伐楚遂敗陳蔡取太子建母而去楚恐城郢【正義】在江陵縣東北六里已解於前按傳城郢在昭公二十三年下重言城郢杜預云楚用子囊遺言以築郢城矣今畏吳復脩以自固也初吳之邊邑卑梁【正義】卑梁邑近鍾離也與楚邊邑鍾離小童爭桑兩家交怒相攻滅卑梁人卑梁大夫怒發邑兵攻鍾離楚王聞之怒發國兵滅卑梁吳王聞之大怒亦發兵使公子光因建母家攻楚遂滅鍾離居巢楚乃恐而城郢【索隱】去年已城郢今又重言據左氏昭二十三年城郢二十四年無重城郢之文是史記誤也十三年平王卒將軍子常曰太子珍少且其母乃前太子建所當娶也欲立令尹子西子西平王之庶弟也有義子西曰國有常法更立則亂言之則致誅乃立太子珍是爲

昭王昭王元年楚衆不說費無忌以其讒亡太子建殺伍奢子尚與郤宛宛之宗姓伯氏子嚭及子胥皆奔吳吳兵數侵楚楚人怨無忌甚楚令尹子常【正義】名瓦左傳云囊瓦伐吳誅無忌以說衆衆乃喜四年吳三公子【集解】駰案昭二十七年公子掩餘奔徐公子燭庸奔鍾離此言三公子非奔楚楚封之以扞吳五年吳伐取楚之六潛【正義】故六城在壽州安豐縣南百三十二里偃姓皋陶之後所封也潛城楚之潛邑在霍山縣東二百步七年楚使子常伐吳吳大敗楚於豫章【正義】今洪州也十年冬吳王闔閭伍子胥伯嚭與唐蔡俱伐楚楚大敗吳兵遂入郢辱平王之墓以伍子胥故也吳兵之來楚使子常以兵迎之夾漢水陣吳伐敗子常子常亡奔鄭楚兵奔吳乘勝逐之五戰及郢己卯昭王出奔庚辰吳人入郢【集解】駰案春秋云十一月庚辰昭王亡也至雲夢雲夢不知其王也射傷王王走鄖【正義】音云括地志云安州安陸縣城本春秋時鄖國城鄖公之弟懷曰平王殺吾父【集解】服虔曰父曼成然【正義】成然立平王貪求無厭平王殺之今我殺其子不亦可乎鄖公止之然恐其弒昭王乃與王出奔隨【正義】括地志云隨州城外古隨國城隨姬姓也又云楚昭王城在隨州縣北七里左傳云吳師入郢楚昭王奔隨隨人處之公宮之北即此城是也吳王聞昭王往即進擊隨謂隨人曰周之子孫封於江漢之間者楚盡滅之欲殺昭王王從臣子綦乃深匿王自以爲王謂隨人曰以我予吳隨人卜予吳不吉乃謝吳王曰昭王亡不在隨吳請入自索之隨不聽吳亦罷去昭王之出郢也使申包胥【集解】服虔曰楚大夫王孫包胥請救於秦秦以車五百乘救楚楚亦收餘散兵與秦擊吳十一年六月敗吳於稷【集解】賈逵曰楚地也會吳王弟夫概見吳王兵傷敗乃亡歸自立爲王闔閭聞之引兵去楚歸擊夫概夫概敗奔楚楚封之堂谿【正義】地理志云堂谿故城在豫州偃城縣西八十五里也號爲堂谿氏楚昭王滅唐【集解】杜預曰義陽安昌縣東南上唐鄉【正義】括地志云上唐鄉故城在隨州棗陽縣東南百五十里古之唐國也世本云唐姬姓之國九月歸入郢十二年吳復伐楚取番【正義】片寒反又音婆括地志云饒州鄱陽縣春秋時爲楚東境秦爲番縣屬九江郡今爲鄱陽縣也楚恐去郢北徙都鄀【正義】音若括地志云楚昭王故城在襄州樂鄉縣東北三十三里在故都城東五里即楚國故昭王徙都鄀城也十六年孔子相魯二十年楚滅頓【集解】駰案地理志汝南頓縣故頓子國【正義】括地志云陳州南頓縣故頓子國應劭云古頓子國姬姓也逼於陳後南徙故日南頓滅胡【集解】杜預曰汝南縣西北胡城【正義】括地志云故胡城在豫州偃城縣界二十一年吳王闔閭伐越越王句踐射傷吳王遂死吳由此怨越而不西伐楚二十七年春吳伐陳楚昭王救之軍城父十月昭王病於軍中有赤雲如鳥夾日而蜚【集解】杜預曰雲在楚上唯楚見之昭王問周太史太史曰是害於楚王然可移於將相將相聞是言乃請自以身禱於神昭王曰將相孤之股肱也今移禍庸去是身乎弗聽卜而河爲祟大夫請禱河昭王曰自吾先王受封望不過江漢

【集解】服虔曰謂所受王命祀其國中山川爲望【正義】按江荆州南大江也漢江也二水楚境內也河黃河非楚境也而河非所獲罪也止不許孔子在陳聞是言曰楚昭王通大道矣其不失國宜哉昭王病甚乃召諸公子大夫曰孤不佞再辱楚國之師今乃得以天壽終孤之幸也讓其弟公子申爲王不可又讓次弟公子結亦不可乃又讓次弟公子閭五讓乃後許爲王將戰庚寅昭王卒於軍中子閭曰王病甚舍其子讓羣臣臣所以許王以廣王意也今君王卒臣豈敢忘君王之意乎乃與子西子綦謀伏師閉塗【集解】徐廣曰一作壁【正義】左傳云謀潛師閉塗按潛師密發往迎也閉塗防斷外寇也爲昭王薨於軍嗣子未定恐有鄰國及諸公子之變故伏師閉塗迎越女之子章立爲惠王也迎越女之子章立之【集解】服虔曰閉塗不通外使也越女昭王之妾【索隱】閉塗卽擯塗也故下立惠王後卽罷兵歸葬服虔說非是爲惠王然後罷兵歸葬昭王惠王二年子西召故平王太子建之子勝於吳以爲巢大夫號曰白公【集解】徐廣曰伍子胥傳曰使勝守楚之邊邑鄢駰案服虔曰白邑名楚邑大夫皆稱公杜預曰汝陰褒信縣西南有白亭【正義】巢今廬州居巢縣也括地志云白亭在豫州褒信東南三十二里褒信本漢鄖縣之地後漢分鄖置褒信縣在今褒信縣東七十七里白公好兵而下士欲報仇六年白公請兵令尹子西伐鄭初白公父建亡在鄭鄭殺之白公亡走吳子西復召之故以此怨鄭欲伐之子西許而未爲發兵八年晉伐鄭鄭告急於楚楚使子西救鄭受賂而去白公勝怒乃遂與勇力死士石乞等襲殺令尹子西子綦於朝因劫惠王置之高府【集解】賈逵曰高府府名也杜預曰楚別府欲弒之惠王從者屈固負王亡走昭王夫人宮【集解】服虔曰昭王夫人惠王母越女也白公自立爲王月餘會葉公來救楚楚惠王之徒與共攻白公殺之惠王乃復位是歲也【集解】徐廣曰惠王之十年滅陳而縣之十三年吳王夫差彊陵齊晉來伐楚十六年越滅吳【正義】表云越滅吳在元王四年四十二年楚滅蔡【正義】周定王二十二年四十四年楚滅杞【正義】周定王二十四年與秦平是時越已滅吳而不能正江淮北【正義】正長也江淮北謂廣陵徐泗等州也楚東侵廣地至泗上五十七年惠王卒子簡王中立【正義】中音仲簡王元年北伐滅莒【正義】括地志云密州莒縣故國也言北伐者莒在徐泗之北八年魏文侯韓武子趙桓子始列爲諸侯二十四年簡王卒子聲王【正義】謚法云不生其國曰聲也當立聲王六年盜殺聲王子悼王熊疑立悼王二年三晉來伐楚至乘丘而還【集解】徐廣曰年表三年歸榆關于鄭【正義】年表云三晉公子伐我至乘丘誤也已解在年表中地理志云乘丘故城在兗州瑕丘縣西北三十五里是也四年楚伐周鄭殺子陽九年伐韓取負黍十一年三晉伐楚敗我大梁榆關【索隱】此榆關當在大梁之西楚厚賂秦與之平二十一年悼王卒子肅王臧立肅王四年蜀伐楚取茲方【正義】古今地名云荆州松滋縣古鳩茲地卽茲方是也於是楚爲扞關以距之【集解】駰案李熊說公孫述曰東守巴郡距扞關之口【索隱】郡國志曰巴郡魚復縣有扞關十年魏取我魯陽【集解】駰案地理志云南陽

有魯陽縣【正義】括地志云汝州魯山本漢魯陽縣也古魯縣以古魯山爲名也十一年肅王卒無子立其弟熊良夫是爲宣王宣王六年周天子賀秦獻公秦始復彊而三晉益大魏惠王齊威王尤彊三十年秦封衛鞅於商南侵楚是年宣王卒子威王熊商立威王六年周顯王致文武胙於秦惠王七年齊孟嘗君父田嬰欺楚楚威王伐齊敗之於徐州【集解】徐廣曰時楚已滅越而伐齊齊說越令攻楚故云齊欺楚而令齊必逐田嬰田嬰恐張丑僞謂楚王曰王所以戰勝於徐州者田盼子不用也【索隱】盼子嬰同族盼子者有功於國而百姓爲之用嬰子弗善而用申紀申紀者大臣不附百姓不爲用故王勝之也今王逐嬰子嬰子逐盼子必用矣復搏其士卒以與王遇【索隱】搏音膊亦有作附讀戰國策作整必不便於王矣楚王因弗逐也十一年威王卒子懷王熊槐立魏聞楚喪伐楚取我陘山【正義】括地志云陘山在鄭州新鄭縣西南三十里懷王元年張儀始相秦惠王四年秦惠王初稱王六年楚使柱國昭陽將兵而攻魏破之於襄陵得八邑【索隱】襄陵縣名在河東古本作八邑今亦作八城又移兵而攻齊齊王患之【集解】徐廣曰懷王六年昭陽移和而攻齊軍門曰和陳軫適爲秦使齊齊王曰爲之奈何陳軫曰王勿憂請令罷之卽往見昭陽軍中曰願聞楚國之法破軍殺將者何以貴之昭陽曰其官爲上柱國封上爵執珪陳軫曰其有貴於此者乎昭陽曰令尹陳軫曰今君已爲令尹矣此國冠之上【索隱】冠音貫令尹中最尊故以國爲言猶如卿子冠軍然臣請得譬之人有遺其舍人一卮酒者舍人相謂曰數人飲此不足以徧請遂畫地爲蛇蛇先成者獨飲之一人曰吾蛇先成舉酒而起曰吾能爲之足及其爲之足而後成人奪之酒而飲之曰蛇固無足今爲之足是非蛇也今君相楚而攻魏破軍殺將功莫大焉冠之上不可以加矣【索隱】冠音官今又移兵而攻齊攻齊勝之官爵不加於此攻之不勝身死爵奪有毀於楚此爲蛇爲足之說也不若引兵而去以德齊此持滿之術也昭陽曰善引兵而去燕韓君初稱王秦使張儀與楚齊魏相會盟齧桑【正義】徐廣云在梁與彭城之間十一年蘇秦約從山東六國兵攻秦楚懷王爲從長至函谷關秦出兵擊六國六國兵皆引而歸齊獨後十二年齊湣王伐敗趙魏軍秦亦伐敗韓與齊爭長十六年秦欲伐齊而楚與齊從親秦惠王患之乃宣言張儀免相使張儀南見楚王謂楚王曰敝邑之王所甚說者無先大王雖儀之所甚願爲門闌之廝者亦無先大王敝邑之王所甚憎者無先齊王雖儀之所甚憎者亦無先齊王而大王和之【索隱】和謂楚與齊相親也是以敝邑之王不得事王而令儀亦不得爲門闌之廝也王爲儀閉關而絕齊

今使使者從儀西取故秦所分楚商於之地方六百里【集解】商於之地在今順陽郡南鄉丹水二縣有商城在於中故謂之商於【索隱】地理志丹水及商屬弘農今言順陽者是魏晉始分置順陽郡商城丹水俱隸之如是則齊弱矣是北弱齊西德於秦私商於以爲富此一計而三利俱至也懷王大悅乃置相璽於張儀日與置酒宣言吾復得吾商於之地羣臣皆賀而陳軫獨弔懷王曰何故陳軫對曰秦之所爲重王者以王之有齊也今地未可得而齊交先絕是楚孤也夫秦又何重孤國哉必輕楚矣且先出地而後絕齊則秦計不爲先絕齊而後責地則必見欺於張儀見欺於張儀則王必怨之怨之是西起秦患北絕齊交西起秦患北絕齊交則兩國之兵必至【索隱】兩國謂韓魏臣故弔楚王弗聽因使一將軍西受封地張儀至秦詳醉墜車稱病不出三月地不可得楚王曰儀以吾絕齊爲尚薄邪乃使勇士宋遺北辱齊王齊王大怒折楚符而合於秦秦齊交合張儀乃起朝謂楚將軍曰子何不受地從某至某廣袤六里楚將軍曰臣之所以見命者六百里不聞六里卽以歸報懷王懷王大怒興師將伐秦陳軫又曰伐秦非計也不如因賂之一名都與之伐齊是我亡於秦【索隱】謂失商於之地取償於齊也吾國尚可全今王已絕於齊而責欺於秦是吾合秦齊之交而來天下之兵也國必大傷矣楚王不聽遂絕和於秦發兵西攻秦秦亦發兵擊之十七年春與秦戰丹陽【索隱】此丹陽在漢中秦大敗我軍斬甲士八萬虜我大將軍屈匄裨將軍逢侯丑等七十餘人遂取漢中之郡楚懷王大怒乃悉國兵復襲秦戰於藍田【正義】藍田在雍州東南八十里從藍田關入藍田縣大敗楚軍韓魏聞楚之困乃南襲楚至於鄧楚聞乃引兵歸十八年秦使使約復與楚親分漢中之半以和楚楚王曰願得張儀不願得地張儀聞之請之楚秦王曰楚且甘心於子奈何張儀曰臣善其左右靳尚靳尚又能得事於楚王幸姬鄭袖袖所言無不從者且儀以前使負楚以商於之約今秦楚大戰有惡臣非面自謝楚不解且大王在楚不宜敢取儀誠殺儀以便國臣之願也儀遂使楚至懷王不見因而囚張儀欲殺之儀私於靳尚靳尚爲請懷王曰拘張儀秦王必怒天下見楚無秦必輕王矣又謂夫人鄭袖曰秦王甚愛張儀而王欲殺之今將以上庸之地六縣賂楚以美人聘楚王以宮中善歌者爲之媵楚王重地秦女必貴而夫人必斥矣夫人不若言而出之鄭袖卒言張儀於王而出之儀出懷王因善遇儀儀因說楚王以叛從約而與秦合親約婚姻張儀已去屈原使從齊來諫王曰何不誅張儀懷王悔使人追

儀弗及是歲秦惠王卒二十年齊湣王欲爲從長【索隱】俗本或作二十六年按下文始言二十四年又更有二十年則此云二十六年衍字也當是二十年事又徐廣校二十年取武遂三十三年歸武遂則此二十二十一年之事乎惡楚之與秦合乃使使遺楚王書曰寡人患楚之不察於尊名也今秦惠王死武王立張儀走魏樗里疾公孫衍用而楚事秦夫樗里疾善乎韓而公孫衍善乎魏楚必事秦韓魏恐必因二人求合於秦則燕趙亦宜事秦四國爭事秦則楚爲郡縣矣王何不與寡人并力收韓魏燕趙與爲從而尊周室以案兵息民令於天下莫敢不樂聽則王名成矣王率諸侯並伐破秦必矣王取武關蜀漢之地【正義】武關在商州東一百八十里商洛縣界蜀巴蜀漢漢中郡私吳越之富而擅江海之利韓魏割上黨西薄函谷則楚之彊百萬也且王欺於張儀亡地漢中兵銼藍田天下莫不代王懷怒今乃欲先事秦願大王孰計之楚王業已欲和於秦見齊王書猶豫不決下其議羣臣羣臣或言和秦或曰聽齊昭雎曰【索隱】雎音七余反王雖東取地於越不足以刷恥必且取地於秦而後足以刷恥於諸侯王不如深善齊韓以重樗里疾如是則王得韓齊之重以求地矣秦破韓宜陽【索隱】弘農之縣在澠池西南而韓猶復事秦者以先王墓在平陽【索隱】非堯都也秦之武遂去之七十里【索隱】亦非河間國之縣則韓之平陽秦之武遂並當在宜陽左右以故尤畏秦不然秦攻三川【正義】洛州也趙攻上黨楚攻河外韓必亡楚之救韓不能使韓不亡然存韓者楚也韓已得武遂於秦以河山爲塞【正義】河蒲河西黃河也山韓西境也所報德莫如楚厚臣以爲其事王必疾齊之所信於韓者以韓公子昧爲齊相也【正義】昧莫葛反後同韓已得武遂於秦王甚善之使之以齊韓重樗里疾疾得齊韓之重其主弗敢棄疾也今又益之以楚之重樗里子必言秦復與楚之侵地矣於是懷王許之竟不合秦而合齊以善韓【集解】徐廣曰懷王之二十二年秦拔宜陽取武遂二十三年秦復歸韓武遂然則已非二十年事矣二十四年倍齊而合秦秦昭王初立乃厚賂於楚楚往迎婦二十五年懷王入與秦昭王盟約於黃棘秦復與楚上庸二十六年齊韓魏爲楚負其從親而合於秦三國共伐楚楚使太子入質於秦而請救秦乃遣客卿通將兵救楚三國引兵去二十七年秦大夫有私與楚太子鬭楚太子殺之而亡歸二十八年秦乃與齊韓魏共攻楚殺楚將唐眛取我重丘而去二十九年秦復攻楚大破楚楚軍死者二萬殺我將軍景缺懷王恐乃使太子爲質於齊以求平三十年秦復伐楚取八城秦昭王遺楚王書曰始寡人與王約爲弟兄盟于黃棘太子爲質至驩也太子陵殺寡人之重臣不謝而亡去寡人誠不勝怒使

兵侵君王之邊今聞君王乃令太子質於齊以求平寡人與楚接境壤界故爲婚姻【正義】婿父爲姻婦父爲婚相謂曰婚姻兩婿相謂曰婭所從相親久矣而今秦楚不驩則無以令諸侯寡人願與君王會武關面相約結盟而去寡人之願也敢以聞下執事楚懷王見秦王書患之欲往恐見欺無往恐秦怒昭雎曰王毋行而發兵自守耳秦虎狼不可信有并諸侯之心懷王子子蘭勸王行曰奈何絕秦之驩心於是往會秦昭王昭王詐令一將軍伏兵武關號爲秦王楚王至則閉武關遂與西至咸陽【索隱】右扶風渭城縣故咸陽城也朝章臺如蕃臣不與亢禮楚懷王大怒悔不用昭子言秦因留楚王要以割巫黔中之郡楚王欲盟秦欲先得地楚王怒曰秦詐我而又彊要我以地不復許秦秦因留之楚大臣患之乃相與謀曰吾王在秦不得還要以割地而太子爲質於齊齊秦合謀則楚無國矣乃欲立懷王子在國者昭雎曰王與太子俱困於諸侯而今又倍王命而立其庶子不宜乃詐赴於齊齊湣王謂其相曰不若留太子以求楚之淮北相曰不可郢中立王是吾抱空質而行不義於天下也或曰不然郢中立王因與其新王市曰予我下東國吾爲王殺太子不然將與三國共立之然則東國必可得矣齊王卒用其相計而歸楚太子太子橫至立爲王是爲頃襄王乃告于秦曰賴社稷神靈國有王矣頃襄王橫元年秦要懷王不可得地楚立王以應秦秦昭王怒發兵出武關攻楚大敗楚軍斬首五萬取析十五城而去【集解】徐廣曰年表云取十六城既取析又并取左右十五城也駰案地理志弘農有析縣【正義】括地志云鄧州內鄉縣城本楚析邑一名丑淹置析縣因析水爲名也 二年楚懷王亡逃歸秦覺之遮楚道懷王恐乃從閒道走趙以求歸趙主父在代【索隱】主字亦作王 其子惠王初立行王事恐不敢入楚王楚王欲走魏秦追至遂與秦使復之秦懷王遂發病頃襄王三年懷王卒于秦秦歸其喪於楚楚人皆憐之如悲親戚諸侯由是不直秦秦楚絕六年秦使白起伐韓於伊闕【正義】括地志云伊闕山在洛州南十九里也 大勝斬首二十四萬秦乃遺楚王書曰楚倍秦秦且率諸侯伐楚爭一旦之命願王之飭士卒得一樂戰楚頃襄王患之乃謀復與秦平七年楚迎婦於秦秦楚復平十一年齊秦各自稱爲帝月餘復歸帝爲王十四年楚頃襄王與秦昭王好會于宛結和親十五年楚王與秦三晉燕共伐齊取淮北十六年與秦昭王好會於鄢其秋復與秦王會穰十八年楚人有好以弱弓微繳加歸鴈之上者頃襄王聞召而問之對曰小臣之好射鶀鴈羅鸗【集解】徐廣曰呂靜曰鸗野鳥也音龍【索隱】鶀音其小鴈也鄒誕鸗音盧動反劉氏音龍是小鳥名 小矢之發也何足爲大王道也且稱楚之大因大王之賢所弋非直此也昔者三王以弋道德五霸以弋戰國故秦魏燕趙者鶀鴈也齊魯韓衛者青首也【索隱】小鳧有青首者 鄒費郯邳者羅鸗也【索隱】鄒音騶費音秘 外其餘則不足射者見鳥六雙以王何取【索隱】以喻下文秦趙等十二國故云六雙 王何不以聖人爲弓以勇士爲繳時張而射之此六雙者可得而囊載也其樂非特朝夕之樂也【索隱】夕猶昔也 其獲非特鳧鴈之實也王朝張弓而射魏之大梁之南加其右臂而徑屬之於韓則中國之路絕而上蔡之郡壞矣還射圉之東【索隱】還音患遶也射音石 解魏左肘【索隱】解音紀買反 而外擊定陶則魏之東外棄而大宋方與二郡者舉矣【正義】圉音語城在汴州雍丘縣東言王朝張弓射魏大梁汴州之南則加大梁之右臂連韓鄭則河北中國之路向東南斷絕則韓上蔡之郡自破壞矣復遶射雍丘圉城之東便解散魏左肘宋州而外擊曹定陶及魏東之外解棄則宋方與兩郡並舉 且魏斷二臂顛越矣膺擊郯國大梁可得而有也王綪繳蘭臺【集解】徐廣曰綪縈也音爭蘭一作簡【正義】鄭玄云綪屈也江沔之間謂之縈收繩索綪也按繳絲繩繫弋射鳥也若膺擊郯國大梁已了收弋繳於蘭臺蘭臺桓山之別名也 乃飲馬西河定魏大梁此一發之樂也若王之於弋誠好而不厭則出寶弓碆新繳【集解】徐廣曰以石傅弋繳曰碆碆音波【索隱】碆作磻音播傳音附 射噣鳥於東海還蓋長城以爲防【集解】徐廣曰噣一作獨還音宦蓋一作益益縣在樂安蓋縣在泰山濟北盧縣有長城東至海也【索隱】噣音晝謂大鳥之有鉤喙者以比齊也還音患謂遶也蓋者覆也言射者還遶蓋覆使無飛走之路因以長城爲防也徐以蓋爲益縣非也地理志云長城在濟南也【正義】太山郡記云太山西北有長城緣河徑太山千餘里至瑯琊臺入海齊記云齊宣王乘山嶺之上築長城東至海西至濟州千餘里以備楚括地志云長城西北起濟州平陰縣緣河歷太山北岡上經濟州淄州即西南兗州博城縣北東至密州瑯琊臺入海蘇代記云齊有長城巨防足以爲塞也 朝射東莒【正義】括地志云密州莒縣故莒子國地理志云周武王封少昊之後嬴姓於莒始都計斤春秋時始居莒也 夕發浿丘【集解】徐廣曰在清河【正義】括地志云浿丘丘名也在青州臨淄縣西北二十五里也 夜加即墨顧據午道【索隱】顧反也午道當在齊西界一從一橫爲午道蓋亦未詳其處【正義】劉伯莊云齊西界按蓋在博州之西境也 則長城之東收而太山之北舉矣【正義】言從齊州長城東至海太山之北黃河之南盡舉收於楚 西結境於趙【正義】言得齊地約結於趙爲境界定從約也 而北達於燕【索隱】北一作杜杜者寬大之名言齊晉既復取燕不難也【正義】北達言四通無所滯礙言燕無山河之限也 三國布翄【集解】徐廣曰音翅一作屬【索隱】三國齊趙燕也翄式鼓反 則從不待約而可成也北遊目於燕之遼東而南登望於越之會稽此再發之樂也若夫泗上十二諸侯左縈而右拂之可一旦而盡也今秦破韓以爲長憂得列城而不敢守也伐魏而無功擊趙而顧病【索隱】顧猶反也 則秦魏之勇力屈矣楚之故地漢中析酈可得而復有也王出寶弓碆新繳涉鄳塞【集解】徐廣曰或以爲冥今江夏一作黽【正義】括地志云故鄳城在陝州河北縣東十里虞邑也杜預云河東太陽有鄍城是也徐言江夏亦誤也 而待秦之倦也山東河內【正義】謂華山之東懷州河內之郡 可得而一也勞民休衆南面稱王矣故曰秦爲大鳥負海內而處東面而立左臂據趙之西南右臂傅楚鄢郢膺擊韓魏【索隱】韓魏當秦之前故云膺擊俗本作鷹非 垂頭中國【索隱】垂頭猶申頸也言欲吞山東 處既形便勢有地利奮翼鼓翅方三千里則秦未可得獨招而夜射也欲以激怒襄王故對以此言襄王因召與語遂言曰夫先王爲秦所欺而客死於外怨莫大焉今以匹夫有怨尚有報萬乘白公子胥是也今楚之地方五千里帶甲百萬猶足以踊躍中野也而坐受困臣竊爲大王弗取也於是頃襄王遣使於諸侯復爲從欲以伐秦秦聞之發兵來伐楚楚欲與齊韓連和伐秦因欲圖周周王赧使武公【集解】徐廣曰定王之曾孫西周惠公之子 謂楚相昭子曰三國以兵割周郊地以便輸而南器以尊楚臣以爲不然夫弒共主臣世君【索隱】共主世君俱是周自謂也共主言周爲天下共所宗主也世世君言周室代代君於天下 大國不親以衆脅寡小國不附大國不親小國不附不可以致名實名實不得不足以傷民夫有圖周之聲非所以爲號也昭子曰乃圖周則無之雖然周何故不可圖也對曰軍不五不攻城不十不圍夫一周爲二十晉【正義】言周主之國其地雖小諸侯尊之故敵二十晉 公之所知也韓嘗以二十萬之衆辱於晉之城下銳士死中士傷而晉不拔公之無百韓以圖周此天下之所知也夫怨結於兩周以塞鄒魯之心【索隱】鄒魯有禮義之國今楚欲結怨兩周而奪九鼎是塞鄒魯之心 交絕於齊【正義】楚本與齊韓和伐秦因欲圖周齊不與圖周故齊交絕於楚也 聲失天下其爲事危矣夫危兩周以厚三川【正義】三川兩周之地韓多有之言厚韓也 方城之外【正義】方城之外許州葉縣東北也言楚取兩周則韓強必弱楚方城之外也 必爲韓弱矣何以知其然也西周之地絕長補短不過百里名爲天下共主裂其地不足以肥國得其衆不足以勁兵雖無攻之名爲弒君然而好事之君喜攻之臣發號用兵未嘗不以周爲終始是何也見祭器在焉欲器之至而忘弒君之亂今韓以器之在楚臣恐天下以器讎楚也臣請譬之夫虎肉臊其兵利身【索隱】謂虎以爪牙爲兵而自利於防身也 人猶攻之也若使澤中之麋蒙虎之皮人之攻之必萬之於虎【索隱】攻易而利大也【正義】野澤之麋蒙衣虎皮人之攻取必萬倍於虎也譬楚伐周收祭器其猶麋蒙虎皮矣 裂楚之地足以肥國詘楚之名足以尊主今子將以欲誅殘天下之共主居三代之傳器【索隱】謂九鼎也 吞三翮六翼以高世主【索隱】翮亦作鬲同音歷三翮六翼亦謂九鼎也空足曰翮六翼即六耳翼近耳旁事具小爾雅 非貪而何周書曰欲起無先故器南則兵至矣於是楚計輟不行十九年秦伐楚楚軍敗割上庸漢北地予秦【正義】謂割房金均三州及漢水之北與秦 二十年秦將白起拔我西陵【集解】徐廣曰屬江夏【正義】括地志云西陵故城在黃州黃山西二里 二十一年秦將白起遂拔我郢燒先王墓夷陵【集解】徐廣曰年表云拔郢燒夷陵【索隱】夷陵陵名後爲縣屬南郡【正義】括地志云峽州夷陵縣是也在荊州西應劭云夷山在西北 楚襄王兵散遂不復戰東北保於陳城二十二年秦復拔我巫黔中郡二十三年襄王乃收東地兵得十餘萬復西取秦所拔我江旁十五邑以爲郡距秦二十七年使三萬人助三晉伐燕復與秦平而入太子爲質於秦楚使左徒侍太子於秦三十六年頃襄王病太子亡歸秋頃襄王卒太子熊元代立【索隱】系本作完 是爲考烈王考烈王以左徒爲令尹封以吳號春申君考烈王元年納州于秦以平【集解】徐廣曰南郡有州陵縣 是時楚益弱六年秦圍邯鄲趙告急楚楚遣將軍景陽救趙七年至新中【索隱】趙地無其名字誤鉅鹿有新市中當爲市也【正義】新中相州安陽縣也七國時魏寧新中邑秦莊襄王拔之更名安陽也 秦兵去【集解】徐廣曰年表云六年春申君救趙十年徙於距陽 十二年秦昭王卒楚王使春申君弔祠于秦十六年秦莊襄王卒秦王趙政立二十二年與諸侯共伐秦不利而去楚東徙都壽春【正義】壽春在壽州壽春縣是也 命曰郢二十五年考烈王卒子幽王悍立李園殺春申君幽王三年秦魏伐楚秦相呂不韋卒九年秦滅韓十年幽王卒同母弟猶代立是爲哀王哀王立二月餘哀王庶兄負芻之徒襲殺哀王而立負芻爲王是歲秦虜趙王遷王負芻元年燕太子丹使荊軻刺秦王二年秦使將軍伐楚大敗楚軍亡十餘城三年秦滅魏四年秦將王翦破我軍於蘄【索隱】機祈二音 而殺將軍項燕五年秦將王翦蒙武遂破楚國虜楚王負芻滅楚名爲楚郡云【集解】孫檢曰秦虜楚王負芻滅去楚名以楚地爲三郡【索隱】裴注頻引孫檢不知其人本末蓋齊人也

太史公曰楚靈王方會諸侯於申誅齊慶封作章華臺求周九鼎之時志小天下及餓死于申亥之家爲天下笑操行之不得悲夫勢之於人也可不慎與棄疾以亂立嬖淫秦女甚乎哉幾再亡國【索隱】幾音祈

索隱述贊曰鬻熊之嗣周封於楚僻在荊蠻蓽路藍縷及通而霸僭號曰武文既代申成亦赦許子圍篡嫡商臣殺父天禍未悔憑姦自怙昭困奔亡懷迫囚虜項襄考烈祚衰南土

史記卷四十考證

楚世家卷章生重黎○尚書疏曰按昭二十九年左傳稱少昊氏有子曰重顓頊氏有子曰黎則重黎二人各出一帝而史記并以重黎爲楚國之祖吳回爲重黎以重黎爲官號此乃史記之繆故束晳譏馬遷并兩人以爲一謂此是也困學紀聞曰詩正義曰楚語稱顓頊命南正重司天以屬神命火正黎司地以屬民則黎爲火正高陽時也言高辛者以重黎是顓頊命之歷及高辛仍爲此職故二文不同也黎實祝融重爲南正而楚世家同以重黎爲祝融謬也世家又云帝嚳誅重黎而以其弟吳回爲重黎後復居火正

為祝融鄭語以八姓為黎後者以吳回繫黎之後復居黎職故本之黎也左傳少皡氏有子曰重顓頊氏有子曰黎史記以重黎為一人又言以吳回為重黎皆謬　臣照按史遷所載信以傳信疑以傳疑與其過而廢之毋寧過而存之故往往兩存其說非自相矛盾也至此以重黎為一人與左傳不同者左傳後出太史公或未之見後人據左傳以駁之固當然傳聞異辭於數千年後斷左傳之必是而史遷之必非亦何所憑耶惟劉氏為調停之說而小司馬信之稱以為當則大不然劉氏謂對彼重則单稱黎若自言當家則稱重黎夫南正重司天北正黎司地重黎者二人之名猶夫周召蕭曹云爾寧有對周對蕭而言則单稱召单稱曹自言當家則稱周召稱蕭曹之理耶名之不可假借猶夫南北天地之不可混而一也寧有對彼南則单稱北對彼天則单稱地自言當家則稱南北稱天地之理耶

乃立其長子康為句亶王○大戴禮帝繫篇作無康

次子叔堪少子季徇○鄭語作叔熊季紃

蚡冒弟熊通弒蚡冒子而代立是為楚武王○杜預注左傳云蚡冒楚武王父劉炫據楚世家以為蚡冒是兄不得為父孔穎達疏云世家之文多有紕繆與經傳異者非是一條杜氏非不見其文但見而不用耳

王室不聽還報○監本作還報楚宋本無楚字今依宋本刪

乃自立為武王○顧炎武曰乃自立句為武王句蓋言自立為王後諡為武王耳古文簡故連屬言之如管蔡世家楚公子圍弒其王郟敖而自立為靈王衛世家鄭世家皆云楚公子棄疾弒靈王自立為平王司馬穰苴傳至常曾孫和因自立為齊威王又如韓世家晉作六卿而韓厥在一卿之位號為獻子與此文勢正同劉炫云號為武武非謚也此說鑿矣項梁立楚懷王孫心為楚懷王尉佗自立為南越武帝此後世事爾

十三年卒子熊貲立○臣世駿按左傳楚文王于魯莊五年即位至十九年卒在位共十五年世家年表並不同

二十二年伐黃○左傳及年表俱在二十三年

三十九年魯僖公來請兵以伐齊楚使申侯將兵伐齊取穀○春秋經魯僖二十六年公以楚師伐齊取穀是年為楚成之三十八年

晉果敗子玉於城濮○左傳晉救宋在楚成三十九年戰城濮在四十年

子莊王侶立○春秋經及國語俱作旅穀梁作呂

伍舉曰願有進隱曰有鳥在於阜三年不蜚不鳴是何鳥也○困學紀聞曰三年不蜚不鳴楚世家謂伍舉進隱于莊王滑稽傳謂淳于髡說齊威王此一事而兩見然莊王時嬖人伍參見左氏傳舉其子也新序以為士慶呂氏春秋以為成公賈不言伍舉

六年伐宋獲五百乘○左傳魯宣二年春鄭公子歸生受命于楚伐宋宋華元樂呂御之二月壬子戰于大棘宋師敗績囚華元獲樂呂及甲車四百六十乘俘二百五十人馘百人據年表魯宣之二年為楚莊之七年

共王審立○楚語作葴

王怒射殺子反○臣召南按左氏子反自殺非莊王殺之也惟呂氏春秋有斬子反之語此又作射殺

子康王招立○春秋經及國語俱作昭

於是晉宋魯衛不往○臣世駿按春秋經魯昭四年夏楚子蔡侯陳侯鄭伯許男徐子滕子頓子胡子沈子小邾子宋世子佐淮夷會于申此云宋不往誤

七年就章華臺○左傳楚子成章華之臺在魯昭七年於楚為靈王六年

起子從亡在吳乃勸吳王伐楚○余有丁曰左傳觀起楚共王殺之子從事蔡大夫朝吳非亡在吳也亦無勸吳伐楚事

王行遇其故鋗人○吳語鋗作涓

遇王飢於釐澤○左傳國語皆曰乃求王遇諸棘闈

楚乃恐而城郢索隱去年已城郢今又重言據左氏昭二十三年城郢二十四年無重城郢之文是史記誤也○臣照按是申明上文城郢之故非此復城郢也史原不誤索隱正義兩家皆失之

太子珍少○左傳作太子壬國語及越世家又作軫

七年楚使子常伐吳吳大敗楚于豫章正義今洪州也○左傳魯定二年秋楚伐吳于豫章是年楚昭之八年也

王從臣子綦○左傳國語皆作子期

二十年楚滅頓滅胡○春秋經滅頓在魯定之十四年滅胡在十五年滅胡之年于楚昭為二十一年年表同此作二十年

二十一年吳王闔閭伐越越王勾踐射傷吳王遂死○左傳及吳世家吳王伐越而死左魯定之十四年是年于楚昭為二十年

昭王問周太史○說苑云太史州黎

是歲也滅陳而縣之集解徐廣曰惠王之十年○左傳魯哀十七年秋七月己卯楚公孫朝帥師滅陳是年於楚為惠王之十一年徐廣作十年蓋據年表

八年魏文侯韓武子趙桓子始列為諸侯○臣世駿按楚簡王八年三家皆初立尚未列為諸侯也周本紀威烈王二十三年命韓趙魏為諸侯是年於楚為聲王五年蓋後二十二年

子悼王熊疑立○六國年表及通鑑俱作類

四年楚伐周鄭殺子陽○臣照按周本紀無此事六國年表是年敗鄭師圍鄭鄭人殺子陽疑周字係鄭字之訛

嬰子弗而用申紀○國策作申縛

西起秦患北絕齊交則兩國之兵必至○顧炎武曰此兩國卽謂秦齊也索隱以為韓魏非

迺使勇士宋遺北辱齊王○臣照按戰國策遣勇士從宋遺齊王書折券絕交又張儀傳乃使勇士至宋借宋之符北罵齊王則宋遺非人名也疑當作迺使勇士從宋遺書北辱齊王落從字書字

不如因賂之一名都與之伐齊是我亡於秦取償於齊也索隱謂失商於之地也○徐孚遠曰索隱之言非也謂賂以名都故也若商於乃虛約耳不為亡地

趙主父在代索隱主字亦作王○徐孚遠曰惠王父武靈王自號主父故史因之索隱誤也

二十七年使三萬人助三晉伐燕○戰國策齊韓魏共攻燕燕使太子請救于楚楚王使景陽將而救之此云助三晉伐燕與楚策異

楚遣將軍景陽救趙○六國年表云春申君救趙春申君列傳云秦圍邯鄲邯鄲告急于楚楚使春申君將兵往救之此作景陽與彼互異

九年秦滅韓○韓世家正義曰亡在秦始皇帝十七年是年為楚幽之八年

同母弟猶代立是為哀王○六國年表作弟郝立

四年秦將王翦破我軍於蘄而殺將軍項燕五年秦將王翦蒙武遂破楚國虜楚王負芻○秦始皇本紀作二十三年虜荊王二十四年項燕自殺

史記卷四十一

漢　太　史　令司馬遷　撰

宋中郎外兵曹參軍裴　駰集解

唐國子博士弘文館學士司馬貞索隱

唐諸王侍讀率府長史張守節正義

越王勾踐世家第十一

越王勾踐其先禹之苗裔而夏后帝少康之庶子也[正義]吳越春秋云禹周行天下還歸大越登茅山以朝四方羣臣封有功爵有德崩而葬焉至少康恐禹迹宗廟祭祀之絕乃封其庶子於越號曰無餘賀循會稽記云少康其少子號曰於越越國之稱始此越絕記云無餘都會稽山南故越城是也封於會稽以奉守禹之祀文身斷髮披草萊而邑焉後二十餘世至於允常[正義]輿地志云越侯傳國三十餘葉歷殷至周敬王時有越侯夫譚子曰允常拓土始大稱王春秋貶為子號為於越杜注云於語發聲也允常之時與吳王闔廬戰而相怨伐允常卒子勾踐立是為越王元年吳王闔廬聞允常死乃興師伐越越王勾踐使死士挑戰三行至吳陳呼而自剄吳師觀之越因襲擊吳師吳師敗於檇李[集解]杜預曰吳郡嘉興縣南有檇李城[索隱]事在左傳魯定公十四年射傷吳王闔廬闔廬且死告其子夫差曰必毋忘越三年勾踐聞吳王夫差日夜勒兵且以報越越欲先吳未發往伐之范蠡諫曰不可臣聞兵者凶器也戰者逆德也爭者事之末也陰謀逆德好用凶器試身於所末上帝禁之行者不利越王曰吾已決之矣遂興師吳王聞之悉發精兵擊越敗之夫椒[集解]杜預曰夫椒在吳郡吳縣太湖中椒山是也[索隱]夫音符椒音焦本又作湫音小反賈逵云地名國語云敗之五湖則杜預云在椒山為非事具哀公元年越王乃以餘兵五千人保棲於會稽[集解]杜預曰上會稽山也[索隱]鄒誕云保山曰棲猶鳥棲於木以避害也故六韜曰軍處山之高者則曰棲吳王追而圍之越王謂范蠡曰[正義]會稽典錄云范蠡字少伯越之上將軍也本是楚宛三戶人佯狂倜儻負俗文種為宛令遣吏謁奉吏還曰范蠡本國狂人生有此病種笑曰吾聞士有賢俊之姿必有佯狂之譏內懷獨見之明外有不知之毀此固非二三子之所知也駕車而往蠡避之後知種之必來謂兄嫂曰今日有客願假衣冠有頃種至抵掌而談旁人觀者聳聽之矣以不聽子故至於此為之奈何蠡對曰持滿者與天[集解]韋昭曰與天天道盈而不溢[索隱]與天天與也言持滿不溢與天同道故天與之定傾者與人[集解]虞翻曰人道尚謙卑以自牧[索隱]人主有定傾之功人與之節事者以地[集解]韋昭曰時不至不可彊生事不究不可彊成[索隱]國語以作與此以亦與義也言地能財成萬物人主宜節用以法地故地與之韋昭等解恐非卑辭厚禮以遺之不許而身與之市[集解]韋昭曰市利也謂委管籥屬國家以身隨之[正義]卑作言辭厚遺珍寶不許平越王身往事之如市賈貨易以利此是定傾危之計勾踐曰諾乃令大夫種行成於吳[索隱]大夫官種名也一云大夫姓猶司馬司空之比非也成者平也求和於吳也[正義]吳越春秋云大夫種姓文名種字子禽荊平王時為宛令之三戶之里范蠡從犬竇蹲而吠之從吏恐文種慚令人引衣而鄣之文種曰無鄣也吾聞犬之所吠者人今吾到此有聖人之氣行而求之來至於此且人身而犬吠者謂我是人也乃下車拜蠡不為禮膝行頓首曰君王亡臣勾踐使陪臣種敢告下執事勾踐請為臣妻為妾吳王將

許之子胥言於吳王曰天以越賜吳勿許也種還以報勾踐勾踐欲殺妻子燔寶器觸戰以死種止勾踐曰夫吳太宰嚭貪可誘以利請間行言之【索隱】間音紀閑反間行猶微行於是勾踐乃以美女寶器令種間獻吳太宰嚭【索隱】國語云越飾美女二人使大夫種遺太宰嚭嚭受乃見大夫種於吳王種頓首言曰願大王赦勾踐之罪盡入其寶器不幸不赦勾踐將盡殺其妻子燔其寶器悉五千人觸戰必有當也【索隱】言悉五千人觸戰或有能當吳兵者故國語作耦耦亦相當對之名又下云無乃傷君王所愛乎是有當則傷也嚭因說吳王曰越以服爲臣若將赦之此國之利也吳王將許之子胥進諫曰今不滅越後必悔之勾踐賢君種蠡良臣若反國將爲亂吳王弗聽卒赦越罷兵而歸勾踐之困會稽也喟然嘆曰吾終於此乎種曰湯繫夏臺文王囚羑里晉重耳犇翟齊小白犇莒其卒王霸由是觀之何遽不爲福乎吳既赦越越王勾踐反國乃苦身焦思置膽於坐坐臥即仰膽飲食亦嘗膽也曰女忘會稽之恥邪身自耕作夫人自織食不加肉衣不重采折節下賢人厚遇賓客振貧弔死【集解】徐廣曰弔一作葬與百姓同其勞欲使范蠡治國政蠡對曰兵甲之事種不如蠡鎮撫國家親附百姓蠡不如種於是舉國政屬大夫種而使范蠡與大夫柘稽行成爲質於吳【索隱】越大夫也國語作諸稽郢二歲而吳歸蠡勾踐自會稽歸七年拊循其士民欲用以報吳大夫逢同諫曰【索隱】逢姓同名故楚有逢伯者是國新流亡今乃復殷給繕飾備利吳必懼懼則難必至且鷙鳥之擊也必匿其形今夫吳兵加齊晉怨深於楚越名高天下實害周室德少而功多必淫自矜爲越計莫若結齊親楚附晉以厚吳吳之志廣必輕戰是我連其權三國伐之越承其弊克可也勾踐曰善居二年吳王將伐齊子胥諫曰未可臣聞勾踐食不重味與百姓同苦樂此人不死必爲國患吳有越腹心之疾齊與吳疥癬也【索隱】疥癬音介鮮願王釋齊先越吳王弗聽遂伐齊敗之艾陵【索隱】在魯哀十一年虜齊高國以歸【索隱】國惠子高昭子讓子胥子胥曰王毋喜王怒子胥欲自殺王聞而止之越大夫種曰臣觀吳王政驕矣請試嘗之貸粟以卜其事請貸吳王欲與子胥諫勿與王遂與之越乃私喜子胥言曰王不聽諫後三年吳其墟乎太宰嚭聞之乃數與子胥爭越議因讒子胥曰伍員貌忠而實忍人其父兄不顧安能顧王王前欲伐齊員彊諫已而有功用是反怨王王不備伍員員必爲亂與逢同共謀讒之王王始不從乃使子胥於齊聞其託子於鮑氏王乃大怒曰伍員果欺寡人役反使人賜子胥屬鏤劍以自殺子胥大笑曰我令而父霸【索隱】而汝也父闔廬也我又立若若初欲分吳國半予我我不受已今若反以讒誅我嗟乎嗟乎一人固不能獨立報使者曰必取吾眼置吳東門以觀越兵入也【索隱】國語云吳王慍曰孤不使大夫得見乃盛以鴟夷投之于江也於是吳任嚭政居三年勾踐召范蠡曰吳已殺子胥導諛者衆可乎對曰未可至明年春吳王北會諸侯於黃池【索隱】在哀十三年吳國精兵從王惟獨老弱與太子留守【索隱】按春秋左氏傳太子名友勾踐復問范蠡蠡曰可矣乃發習流二千【索隱】虞書云流宥五刑按流放之罪人使之習戰任爲卒伍有二千人也【正義】謂先慣習流利戰陣死者二千人也教士四萬人【索隱】謂常所教練之兵也故孔子曰以不教民戰是謂棄之是也君子六千人【集解】韋昭曰君子王所親近有志行者猶吳所謂賢良齊所謂士也虞翻曰言君養之如子【索隱】謂君所子養有恩惠者又按左氏楚沈尹戌帥都君子以濟師杜預曰都君子都邑之士有復除者國語云王以私卒君子六千人也諸御千人伐吳【索隱】諸御謂諸理事之官在軍有職掌者吳師敗遂殺吳太子吳告急於王王方會諸侯於黃池懼天下聞之乃祕之吳王已盟黃池乃使人厚禮以請成越越自度亦未能滅吳乃與吳平其後四年越復伐吳吳士民罷弊輕銳盡死於齊晉而越大破吳因而留圍之三年吳師敗越遂復棲吳王於姑蘇之山吳王使公孫雄【集解】虞翻曰吳大夫肉袒膝行而前請成越王曰孤臣夫差敢布腹心異日嘗得罪於會稽夫差不敢逆命得與君王成以歸今君王舉玉趾而誅孤臣孤臣惟命是聽意者亦欲如會稽之赦孤臣之罪乎勾踐不忍欲許之范蠡曰會稽之事天以越賜吳吳不取今天以吳賜越越其可逆天乎且夫君王蚤朝晏罷非爲吳邪謀之二十二年一旦而棄之可乎且夫天與弗取反受其咎伐柯者其則不遠君忘會稽之厄乎勾踐曰吾欲聽子言吾不忍其使者范蠡乃鼓進兵曰王已屬政於執事【集解】虞翻曰執事蠡自謂也使者去不者且得罪【集解】虞翻曰我爲子得罪【索隱】虞翻注蓋依國語之文今案此文謂使者宜速去不去得罪於越義亦通吳使者泣而去勾踐憐之乃使人謂吳王曰吾置王甬東君百家【集解】杜預曰甬東會稽勾章縣東海中洲也【索隱】吳語云與之夫婦三百是也吳王謝曰吾老矣不能事君王遂自殺乃蔽其面【正義】今之面衣是其遺象也越絕云吳王曰聞命矣以三寸帛幎吾兩目使死者有知吾慚見伍子胥公孫聖以爲無知吾恥生者越王則解綬以幎其目遂伏劍而死幎音覓顧野王云大巾覆也曰吾無面以見子胥也越王乃葬吳王而誅太宰嚭勾踐已平吳乃以兵北渡淮與齊晉諸侯會於徐州致貢於周周元王使人賜勾踐胙命爲伯勾踐已去渡淮南以淮上地與楚【集解】駰案楚世家曰越滅吳而不能正江淮北楚東侵廣地至泗上歸吳所侵宋地於宋與魯泗東方百里當是時越兵橫行於江淮東諸侯畢賀號稱霸王【索隱】越在蠻夷少康之後地遠國小春秋之初未通上國國史既微畧無世系故紀年稱爲於粵子據此文勾踐平吳之後周元王始命爲伯後遂僭而稱王也范蠡遂去自齊遺大夫種書曰蜚鳥盡良弓藏狡兔死走狗烹【集解】徐廣云狡一作郊越王爲人長頸鳥喙可與共患難不可與共樂子何不去種見書稱病不朝人或讒種且作亂越王乃賜種劍曰子教寡人伐吳七術【正義】越絕云九術一曰尊天事鬼二曰重財幣以遺其君三曰貴糴粟槀以空其邦四曰遺之好美以熒其志五曰遺之巧匠使起宮室高臺以盡其財以疲其力六曰貴其諛臣使之易伐七曰彊其諫臣使之自殺八曰邦家富而備器利九曰堅甲利兵以承其弊寡人用其三而敗吳其四在子子爲我從先王試之種遂自殺勾踐卒【索隱】紀年云晉出公十年十一月於粵子勾踐卒是爲菼執子王鼫與立【索隱】鼫音石與音餘按紀年云於粵子勾踐卒次鹿郢立六年卒樂資云越語謂鹿郢爲鼫與也王鼫與卒子王不壽立王不壽卒【索隱】紀年云不壽立十年見殺是爲盲姑次朱勾立子王翁立王翁卒【索隱】紀年於粵子朱勾三十四年滅滕三十五年滅郯三十七年朱勾卒子王翳立王翳卒子王之侯立【索隱】紀年云翳三十三年遷於吳三十六年七月太子諸咎弒其君翳十月粵殺諸咎粵滑吳人立子錯枝爲君明年大夫寺區定粵亂立無余之十二年寺區弟思弒其君莽安次無顓立無顓八年薨是爲菼蠋卯故莊子云越人三弒其君子搜患之逃乎丹穴不肯出越人薰之以艾乘以王輿樂資云號曰無顓蓋無顓後乃次無彊也則王之侯即無余之也王之侯卒子王無彊立【索隱】蓋無顓之弟也音其良反王無彊時越興師北伐齊西伐楚與中國爭彊當楚威王之時越北伐齊齊威王使人說越王曰越不伐楚大不王小不伯圖越之所爲不伐楚者爲不得晉也韓魏固不攻楚韓之攻楚覆其軍殺其將則葉陽翟危【正義】葉式涉反今許州葉縣陽翟河陽翟縣也二邑此時屬韓與楚犬牙交境若伐楚恐二邑爲楚所危魏亦覆其軍殺其將則陳上蔡不安【正義】陳今陳州也上蔡今豫州上蔡縣也二邑此時屬魏與楚犬牙交境魏若伐楚恐二邑爲楚所危也故二晉之事越也【正義】言韓魏與楚隣令越合於二晉而伐楚不至於覆軍殺將馬汗之力不效所重【集解】徐廣曰效猶見也於得晉者何也【正義】從不至已下此是齊使者重難越王越王曰所求於晉者不至頓刃接兵而況于攻城圍邑乎【正義】頓刃築營壘也接兵戰也越王言韓魏之事越猶不至頓刃接兵而況更有攻城圍邑韓魏始服乎言畏秦而故事越也願魏以聚大梁之下願齊之試兵南陽莒地以聚常郯之境【索隱】南陽在齊之西界莒之西也常邑名蓋田文所封之邑郯故郯國二邑皆齊之南地則方城之外不南【正義】方城山在許州葉縣西南十八里外謂許州豫州等言魏兵在大梁之下楚方城之兵不得南伐越也淮泗之間不東商於析酈宋胡之地【集解】徐廣曰胡國今之汝陰【索隱】四邑並屬南陽楚之西南也宋胡作宗胡宗胡邑名胡姓之宗因以名邑杜預云汝陰縣北有故胡城是也【正義】酈音櫟括地志云商洛縣則古商國城也荊州圖副云鄧州內鄉縣東七里於村即於中地也括地志又云鄧州內鄉縣楚邑也故酈縣在鄧州新城縣西北三十里按商於析酈在商鄧二州界縣邑也夏路以左【集解】徐廣曰蓋謂江夏之夏【索隱】徐氏以爲江夏非也劉氏云楚適諸夏路出方城人向北行以西爲左故云夏路以左其意爲得也不足以備秦【正義】括地志云故長城在鄧州內鄉縣東七十五里南入穰縣北連翼望山無土之處累石爲固襄王控霸南土爭彊中國多築列城於北方以適華夏號爲方城按此說劉氏爲得云邑徒衆少不足備秦嶢武二關之道也江南泗上不足以待越矣【正義】江南洪饒等州春秋時爲楚東境也泗上徐州春秋時楚北境也二境並與越鄰言不足當伐越則齊秦韓魏得志於楚也是二晉不戰而分地不耕而穫之不此之爲而頓刃於河山之間以爲齊秦用所待者如此其失計奈何其以此王也齊使者曰幸也越之不亡也吾不貴其用智之如目見豪毛而不見其睫也今王知晉之失計而不自知越之過是目論也【索隱】言越王知晉之失不自覺越之過猶人眼能見豪毛而自不見其睫故謂之目論也王所待於晉者非其馬汗之力也又非可與合軍連和也將待之以分楚衆也今楚衆已分何待於晉越王曰奈何曰楚三大夫張九軍北圍曲沃【集解】徐廣曰一作北面曲沃【正義】括地志云曲沃故城在陝縣西三十二里於中在鄧州內鄉縣東七里爾時曲沃屬魏於中屬秦二地相近故楚圍之於中以至無【集解】徐廣曰無一作西假之關者三千七百里【正義】按無假之關當在江南長沙之西北言從曲沃於中西至漢中巴巫黔中千餘里不備秦晉也景翠之軍北聚魯齊南陽分有大此者乎【正義】魯兖州也齊密州莒縣邑南至泗上也南陽鄧州也時屬韓也言楚又備此三國也分散有大此者乎且王之所求者鬭晉楚也晉楚不鬭越兵不起是知二五而不知十也此時不攻楚臣以是知越大不王小不伯復讎龐長沙【集解】徐廣曰一作寵【正義】復扶富反言今越北欲鬭晉楚南復讎敵楚之四邑龐長沙竟陵澤也龐長沙出粟之地竟陵澤出材木之地此邑近長沙潭衡之境越若窺兵西通無假之關則西邑不得北上貢於楚之郢都矣戰國時永郴衡潭岳鄂江洪饒並是東南境屬楚也袁吉虔撫歙宣並越西境屬越也楚之粟也竟澤陵楚之材也【索隱】劉氏曰復者發語之聲非也言發語聲者文勢然也則是脫況字耳讐當作犨犨邑名字訛耳則犨龐長沙是三邑也竟澤陵當爲竟陵澤言竟之山澤出材木故楚有七澤蓋其一也合上文爲四邑也越窺兵通無【集解】徐廣曰無一作西假之關此四邑者不上貢事於郢矣臣聞之圖王不王其敝可以伯然而不伯者王道失也故願大王之轉攻楚也於是越遂釋齊而伐楚楚威王興兵而伐之大敗越殺王無彊盡取故吳地至浙江北破齊於徐州【集解】徐廣曰周顯王之四十六年【索隱】按紀年粵子無顓薨後十年楚伐徐州無楚敗越殺無彊之語是無彊爲無顓之後紀年不得錄也而越以此散諸族子爭立或爲王或爲君濱於江南海上【正義】今台州臨海縣是也服朝於楚後七世至閩君搖佐諸侯平秦漢高帝復以搖爲越王以奉越後東越閩君皆其後也范蠡【集解】太史公曰素王妙論曰蠡南陽人列仙傳云蠡徐人【正義】吳越春秋云蠡字少伯乃楚宛三戶人也越絕云在越爲范蠡在齊爲鴟夷子皮在陶爲朱公又云居楚曰范伯謂大夫種曰三王則三皇之苗裔也五伯乃五帝之末世也天運曆紀千歲一至黃帝之元執辰破巳霸王之氣見於地戶伍子胥以是挾弓矢干吳王於是要大夫種入吳此時馮同相與共戒之伍子胥在自餘不能關其辭蠡曰吳越二邦同風共俗地戶之位非吳則越乃入越越王常與言盡日方退事越王勾踐既苦身戮力與勾踐深謀二十餘年竟滅吳報會稽之恥北渡兵於淮以臨齊晉號令中國以尊周室勾踐以霸而范蠡稱上將軍還反國范蠡以爲大名之下難以久居且勾踐爲人可與同患難與處安爲書辭勾踐曰臣聞主憂臣勞主辱臣死昔者君王辱於會稽所以不死爲此事也今既以雪恥臣請從會稽之誅勾踐曰孤將與子分國而有之不然將加誅于子范蠡曰

君行令臣行意乃裝其輕寶珠玉自與其私徒屬乘舟浮海以行終不反於是勾踐表會稽山以爲范蠡奉邑【索隱】國語云乃環會稽三百里以爲范蠡之地奉音扶用反 范蠡浮海出齊變姓名自謂鴟夷子皮【索隱】范蠡自謂也以吳王殺子胥而盛以鴟夷今蠡自以有罪故爲號也韋昭曰鴟夷革囊也或曰生牛皮也 耕于海畔苦身戮力父子治產居無幾何致產數千萬齊人聞其賢以爲相范蠡喟然嘆曰居家則致千金居官則至卿相此布衣之極也久受尊名不祥乃歸相印盡散其財以分與知友鄉黨而懷其重寶閒行以去止于陶【集解】徐廣曰今之濟陰定陶【正義】括地志云陶山在濟州平陰縣東三十五里此山之陽也今山南五里猶有朱公冢 以爲此天下之中交易有無之路通爲生可以致富矣於是自謂陶朱公復約要父子耕畜廢居候時轉物逐什一之利居無何則致貲累巨萬【集解】徐廣曰萬萬也 天下獨陶朱公朱公居陶生少子少子及壯而朱公中男殺人囚於楚朱公曰殺人而死職也然吾聞千金之子不死於市告其少子往視之乃裝黃金千溢置褐器中載以一牛車且遣其少子朱公長男固請欲行朱公不聽長男曰家有長子曰家督今弟有罪大人不遣乃遣少弟是吾不肖欲自殺其母爲言曰今遣少子未必能生中子也而先空亡長男奈何朱公不得已而遣長子爲一封書遺故所善莊生【索隱】據其時代非莊周也然驗其行事非子休而誰能信任於楚王乎【正義】年表周元王四年越滅吳范蠡遂去齊歸定陶後遺莊生金莊周與魏惠王同時從周元王四年至齊宣王元年一百三十年此莊生非莊子 曰至則進千金于莊生所聽其所爲慎無與爭事長男既行亦自私齎數百金至楚莊生家負郭披藜藋到門居甚貧然長男發書進千金如其父言莊生曰可疾去矣慎毋留即弟出勿問所以然長男既去不過莊生而私留以其私齎獻遺楚國貴人用事者莊生雖居窮閻然以廉直聞於國自楚王以下皆師尊之及朱公進金非有意受也欲以成事後復歸之以爲信耳故金至謂其婦曰此朱公之金有如病不宿誡後復歸勿動而朱公長男不知其意以爲殊無短長也莊生間時入見楚王言某星宿某此則害於楚楚王素信莊生曰今爲奈何莊生曰獨以德爲可以除之楚王曰生休矣寡人將行之王乃使使者封三錢之府【集解】國語曰周景王時將鑄大錢賈逵說云虞夏商周金幣三等或赤或白或黃黃爲上幣銅錢爲下幣韋昭曰錢者金幣之名所以貿買物通財用也單穆公云古者有母權子子權母而行然則三品之來古而然矣駰謂楚之三錢賈逵之說近之 楚貴人驚告朱公長男曰王且赦曰何以也曰每王且赦常封三錢之府昨暮王使使封之【集解】駰案或曰王且赦常封三錢之府者錢幣至重慮人或逆知有赦盜竊之所以封錢府備盜竊也漢靈帝時河內張成能候風角知將有赦教子殺人捕得七日赦出此其類也 朱公長男以爲赦弟固當出也重千金虛棄莊生無所爲也乃復見莊生莊生驚曰若不去邪長男曰固未也初爲事弟弟今議自赦故辭生去莊生知其意欲復得其金曰若自入室取金長男即自入室取金持去獨自歡幸莊生羞爲兒子所賣乃入見楚王曰臣前言某星事王言欲以脩德報之今臣出道路皆言陶之富人朱公之子殺人囚楚其家多持金錢賂王左右故王非能恤楚國而赦乃以朱公子故也楚王大怒曰寡人雖不德耳奈何以朱公之子故而施惠乎令論殺朱公子明日遂下赦令朱公長男竟持其弟喪歸至其母及邑人盡哀之唯朱公獨笑曰吾固知必殺其弟也彼非不愛其弟顧有所不能忍者也是少與我俱見苦爲生難故重棄財至如少弟者生而見我富乘堅驅良逐狡兔豈知財所從來故輕去之非所惜吝前日吾所爲欲遣少子固爲其能棄財故也而長者不能故卒以殺其弟事之理也無足悲者吾日夜固以望其喪之來也故范蠡三徙成名於天下非苟去而已所止必成名卒老死于陶故世傳曰陶朱公【集解】張華曰陶朱公冢在南郡華容縣西樹碑云是越之范蠡也【正義】盛弘之荊州記云荊州華容縣西有陶朱公冢樹碑云是越范蠡范蠡本宛三戶人與文種俱入越吳亡後自適齊而終陶朱公登仙未聞葬此所由括地志云陶朱公冢也又云濟州平陰縣東三十里陶山南五里有陶朱公冢并止於陶山之陽按葬處有三未詳其處

太史公曰禹之功大矣漸九川【集解】徐廣曰漸者亦引進通導之意也字或宜然 定九州至于今諸夏艾安及苗裔勾踐苦身焦思終滅彊吳北觀兵中國以尊周室號稱霸王【集解】徐廣曰一作主 勾踐可不謂賢哉蓋有禹之遺烈焉范蠡三遷皆有榮名名垂後世臣主若此欲毋顯得乎

【索隱述贊】曰越祖少康至于允常其子始霸與吳爭彊檇李之役闔閭見傷會稽之恥勾踐欲當種誘以利蠡悉其良折節下士致膽思嘗卒復讎寇遂殄吳疆後不量力滅於無彊

史記卷四十一考證

越王勾踐世家後二十餘世至於允常○允常吳越春秋作元常高氏越史曰夏自少康至桀中十二世按少康元年壬午至周敬王元年壬午凡一千五百六十一年吳之伐越見春秋昭公三十二年敬王十年也至是二千五百七十年矣越之傳國至於元常何止二十餘世耶

吳師敗於檇李○越絕書作就李吳世家作姑蘇

越王謂范蠡曰正義會稽典錄云○典監本訛作典今改正

乃令大夫種行成於吳正義范蠡從犬竇蹲而吠之○犬監本訛作人今改正

二歲而吳歸蠡勾踐自會稽歸○國語勾踐與范蠡入官於吳三年而吳人遣之越絕書亦作越王入官於吳三年吳王歸之

大夫逢同諫曰○越絕書作馮同吳越春秋作扶同

屬齊高國以歸○臣照按哀十一年左傳戰于艾陵展如敗高子國子敗胥門巢王卒助之大敗齊師獲國書公孫夏閭丘明陳書東郭書革車八百乘甲首三千以獻於公是高子敗國子見虜也後又云歸國子之元想當時殁於陳耳此兼言高子與左傳異

乃發習流二千索隱虞書云流宥五刑按流放之罪人使之習戰任爲卒伍有二千人也正義謂先慣習流利戰陣死者二千人也○徐天祐吳越春秋注曰笠澤之戰越以三軍潛涉蓋以舟師勝此所謂習流是即習水戰之兵若曰使罪人習戰越一小國流放者何至二千人哉

教士四萬人○吳越春秋教士作俊士

吳王使公孫雄○吳越春秋作王孫駱國語作王孫雄

誅太宰嚭○臣照按吳世家越王滅吳誅太宰嚭伍子胥傳亦云殺王夫差而誅太宰嚭吳越春秋誅嚭并妻子但越滅吳之後二年是爲哀公二十四年左傳公如越將妻公而多與之地季孫懼使因太宰嚭而納賂焉乃止然則吳之亡也嚭遂仕越固無恙也

子教寡人伐吳七術正義四曰遺之好美以熒其志○臣照按熒猶惑也作榮者非

子王鼫與立○左傳作適郢吳越春秋作與夷即位一年卒

商於析酈宋胡之地正義酈音擲○酈字無擲音疑擲字之誤

盡取故吳地至浙江○臣照按兩漢刊誤補遺曰吳故地在今吳松江太湖北太史公所云豈以吳伐越嘗至會稽耶勾踐棲于會稽韋昭謂山在今山陰南七里是吳師入越嘗絕江而至山陰不止浙江之北而已其實入越與入郢同雖嘗深入其國都而不能有其地然則吳地止於松江非浙江也王仲任以爲餘暨以南屬越錢塘以北屬吳錢塘之江兩國界址又唐人詩有到江吳地盡隔岸越山多之句皆未深考之故

北破齊於徐州集解徐廣曰周顯王之四十六年○攷通鑑在周顯王之三十五年

史記卷四十二

漢　太　史　令司馬遷　撰

宋中郎外兵曹參軍裴　駰集解

唐國子博士弘文館學士司馬貞索隱

唐諸王侍讀率府長史張守節正義

鄭世家第十二

鄭桓公友者周厲王少子而宣王庶弟也【集解】徐廣曰年表云母弟 宣王立二十二年友初封于鄭【索隱】鄭縣名屬京兆秦武公十一年初縣杜鄭是也又系本云桓公居棫林徙拾宋忠云棫林與拾皆舊地名是封桓公乃名爲鄭耳至秦之縣鄭是鄭武公東徙新鄭之後其舊鄭乃是故都故秦始改爲縣也出地理志 封三十三歲百姓皆便愛之幽王以爲司徒【集解】韋昭曰幽王八年爲司徒【索隱】韋昭據國語以爲說耳 和集周民周民皆說河雒之間人便思之爲司徒一歲幽王以褒后故王室治多邪諸侯或畔之於是桓公問太史伯【集解】虞翻曰周大史 曰王室多故予安逃死乎太史伯對曰獨雒之東土河濟之南可居公曰何以對曰地近虢鄶【集解】徐廣曰虢在成皋鄶在密縣駰案虞翻曰虢姬姓東虢也鄶妘姓【正義】括地志云洛州汜水縣古東虢叔之國東虢君也又云故鄶城在鄭州新鄭縣東北三十三里 虢鄶之君貪而好利【索隱】鄭語云虢叔恃勢鄶仲恃險皆有驕侈又加之以貪冒是也虢叔文王弟鄶妘姓之國也 百姓不附今公爲司徒民皆愛公公誠請居之虢鄶之君見公方用事輕分公地公誠居之虢鄶之民皆公之民也公曰吾欲南之江上何如對曰昔祝融爲高辛氏火正其功大矣而其於周未有興者楚其後也周衰楚必興興非鄭之利也公曰吾欲居西方何如【索隱】國語曰公曰謝西之九州何如韋昭曰謝申伯之國謝西有九州二千五百家爲州其說蓋異此 對曰其民貪而好利難久居公曰周衰何國興者對曰齊秦晉楚乎夫齊姜姓伯夷之後也伯夷佐堯典禮秦嬴姓伯翳之後也伯翳佐舜懷柔百物及楚之先皆嘗有功於天下而周武王克紂後成王封叔虞于唐【集解】徐廣曰晉世家曰唐叔虞姓姬氏字子于【索隱】唐者古國堯之後其君曰叔虞何以知然據此系家下文云唐人之季代曰唐叔虞當武王邑姜方動大叔夢天帝命而子曰虞與之唐及生有文在手曰虞遂以名之及武王滅唐而國大叔故因以稱唐叔虞杜預亦曰取唐君之名是也 其地阻險以此有德與周衰並亦必興矣桓公曰善於是卒言王東徙其民雒東而虢鄶果獻十邑【集解】虞翻曰十邑謂虢鄶鄢蔽補丹依畯歷華也【索隱】國語云太史伯曰若克二邑鄢蔽補丹依畯歷華君之土也虞翻註皆依國語爲說 竟國之【集解】韋昭曰後武公竟取十邑地而居之今河南新鄭也 二歲犬戎殺幽王於驪山下并殺桓公鄭人共立其子掘突【正義】上求勿反下戶骨反 是爲武公【索隱】譙周云名突滑皆非也蓋古史失其名太史公循舊失而妄記之耳何以知其然者按下文其孫昭公名忽厲公名突豈有孫與祖同名乎當是舊史雜記昭厲忽突之名遂誤以掘突爲武公之字耳 武公十年娶申侯女【正義】括地志云故申城在鄧州南陽縣北三十里左傳云鄭武公取於申也 爲夫人曰武姜生太子寤生生之難及生夫人弗愛後生少子叔段段生易夫人愛之【集解】

徐廣曰年表云十四年生寤生十七年生太叔段二十七年武公疾夫人請公欲立段爲太子公弗聽是歲武公卒寤生立是爲莊公莊公元年封弟段於京【集解】賈逵曰京鄭都邑杜預曰今滎陽京縣號太叔祭仲曰京大於國非所以封庶也莊公曰武姜欲之我弗敢奪也段至京繕治甲兵與其母武姜謀襲鄭二十二年段果襲鄭武姜爲內應莊公發兵伐段段走伐京京人畔段段出走鄢【集解】杜預曰鄢今鄢陵也【正義】鄢音烏古反今新鄭縣南鄢頭有村多萬家舊作鄢鄢潰段出奔共【集解】賈逵曰共國名也杜預曰共今汲郡共縣也【正義】按今衛州共城縣是也於是莊公遷其母武姜於城潁【集解】賈逵曰鄭地也【正義】疑許州臨潁縣是也誓言曰不至黃泉【集解】服虔曰天玄地黃泉在地中故言黃泉毋相見也居歲餘已悔思母潁谷之考叔【集解】賈逵曰潁谷鄭地【正義】括地志云潁水源出洛州嵩高縣東南三十里陽乾山今俗名潁山泉源出山之東谷其側有古人居處俗名爲潁墟故老云是潁考叔故居卽鄭元注水經所謂潁谷也有獻於公公賜食考叔曰臣有母請君食賜臣母莊公曰我甚思母惡負盟奈何考叔曰穿地至黃泉則相見矣於是遂從之見母二十四年宋繆公卒公子馮奔鄭鄭侵周地取禾【索隱】左傳隱二年鄭武公莊公爲平王卿士王貳于虢及王崩周人將畀虢公政夏四月鄭祭足帥師取溫之麥秋又取成周之禾二十五年衛州吁弒其君桓公自立與宋伐鄭以馮故也二十七年始朝周桓王桓王怒其取禾弗禮也【索隱】杜預曰桓公卽位周鄭交惡至是始朝故言始也左傳又曰周桓公言於王曰我周之東遷晉鄭焉依善鄭以勸來者猶懼不蔇況不禮焉鄭不來矣二十九年莊公怒周弗禮與魯易祊許田【索隱】許田近許之地魯朝宿之邑祊者鄭所受助祭太山之湯沐邑鄭以天子不能復巡守故以祊易許田各從其近三十三年宋殺孔父三十七年莊公不朝周周桓王率陳蔡虢衛伐鄭莊公與祭仲高渠彌發兵自救【索隱】左傳稱祭仲足蓋祭是邑其人名仲字仲足故傳云祭封人仲足是也此繻葛之戰在魯桓五年彌作昧並音迷王師大敗祝瞻射中王臂【索隱】左氏作祝聃祝瞻請從之鄭伯止之曰犯長且難之況敢陵天子乎乃止夜令祭仲問王疾三十八年北戎伐齊齊使求救鄭遣太子忽將兵救齊齊釐公欲妻之忽謝曰我小國非齊敵也時祭仲與俱勸使取之曰君多內寵【集解】服虔曰言庶子有寵者多太子無大援將不立三公子皆君也所謂三公子者太子忽其弟突次弟子亹也【索隱】此文則數太子忽及突子亹爲三而杜預云不數太子以子突子亹子儀爲三蓋得之四十三年鄭莊公卒初祭仲甚有寵於莊公莊公使爲卿公使娶鄧女生太子忽故祭仲立之是爲昭公莊公又娶宋雍氏女【集解】賈逵曰雍氏黃帝之孫姞姓之後爲宋大夫生厲公突雍氏有寵於宋【集解】服虔曰爲宋正卿故曰有寵宋莊公聞祭仲之立忽乃使人誘召祭仲而執之曰不立突將死亦執突以求賂焉祭仲許宋與宋盟以突歸立之昭公忽聞祭仲以宋要立其弟突九月辛亥忽出奔衛己亥突至鄭立是爲厲公厲公四年祭仲專國政厲公患之陰使其壻雍糾欲殺祭仲【集解】賈逵曰雍糾鄭大夫糾妻祭仲女也知之謂其母曰父與夫孰親母曰父一而已人盡夫也【集解】杜預曰婦人在室則天父出則天夫女以爲疑故母以所生爲本解之女乃告祭仲祭仲反殺雍糾戮之於市厲公無奈祭仲何怒糾曰謀及婦人死固宜哉夏厲公出居邊邑櫟【集解】宋衷曰今潁川陽翟縣【索隱】按櫟音歷卽鄭初得十邑之歷也祭仲迎昭公忽六月乙亥復入鄭卽位秋鄭厲公突因櫟人殺其大夫單伯【集解】杜預曰鄭守櫟大夫也【索隱】按左傳作檀伯事在桓十五年此文誤爲單伯者蓋亦有所因也按魯莊公十四年厲公自櫟侵鄭事與單伯會齊師伐宋相連故知誤耳遂居之諸侯聞厲公出奔伐鄭弗克而去宋頗予厲公兵自守於櫟鄭以故亦不伐櫟昭公二年自昭公爲太子時父莊公欲以高渠彌爲卿太子忽惡之莊公弗聽卒用渠彌爲卿及昭公卽位懼其殺己冬十月辛卯渠彌與昭公出獵射殺昭公於野祭仲與渠彌不敢入厲公乃更立昭公弟子亹爲君是爲子亹也無謚號子亹元年七月齊襄公會諸侯於首止【集解】服虔曰首止近鄭之地杜預曰首止衛地陳留襄邑縣東南有首鄉鄭子亹往會高渠彌相從祭仲稱疾不行所以然者子亹自齊襄公爲公子之時嘗會鬬相仇及會諸侯祭仲請子亹無行子亹曰齊彊而厲公居櫟卽不往是率諸侯伐我內厲公我不如往往何遽必辱且又何至是卒行於是祭仲恐齊并殺之故稱疾子亹至不謝齊侯齊侯怒遂伏甲而殺子亹高渠彌亡歸【索隱】左氏云轘高渠彌歸與祭仲謀召子亹弟公子嬰於陳而立之是爲鄭子【索隱】左氏以鄭子名子儀此云嬰蓋別有所見是歲齊襄公使彭生醉拉殺魯桓公鄭子八年齊人管至父等作亂弒其君襄公十二年宋人長萬弒其君湣公鄭祭仲死十四年故鄭亡厲公突在櫟者使人誘劫鄭大夫甫瑕要以求入【索隱】左傳作傅瑕此本多假借亦依字讀瑕曰舍我我爲君殺鄭子而入君厲公與盟乃舍之六月甲子瑕殺鄭子及其二子而迎厲公突突自櫟復入卽位初內蛇與外蛇鬬於鄭南門中內蛇死居六年厲公果復入入而讓其伯父原【索隱】左傳謂之原繁曰我亡國外居伯父無意入我亦甚矣原曰事君無二心人臣之職也原知罪矣遂自殺厲公於是謂甫瑕曰子之事君有二心矣遂誅之瑕曰重德不報誠然哉厲公突後元年齊桓公始霸五年燕衛與周惠王弟頹伐王【索隱】惠王莊王孫僖王子子頹莊王之妾王姚所生事在莊十九年王出奔溫立弟頹爲王六年惠王告急鄭厲公發兵擊周王子頹弗勝於是與周惠王歸王居于櫟七年春鄭厲公與虢叔襲殺王子頹而入惠王于周秋厲公卒子文公踕立【索隱】踕音在接反系本云文公徙鄭宋忠云卽新鄭也厲公初立四歲亡居櫟居櫟十七歲復入立七歲與亡凡二十八年文公十七年齊桓公以兵破蔡遂伐楚至召陵二十四年文公之賤妾曰燕姞【集解】賈逵曰姞南燕姓夢天與之蘭【集解】賈逵曰蘭香名也曰余爲伯鯈余爾祖也【集解】賈逵曰伯鯈南燕祖以是爲而子【集解】王肅曰以是蘭也爲汝子之名蘭有國香以夢告文公文公幸之而子之草蘭爲符遂生子名曰蘭三十六年晉公子重耳過文公弗禮文公弟叔詹曰重耳賢且又同姓窮而過君不可無禮文公曰諸侯亡公子過者多矣安能盡禮之詹曰君如弗禮遂殺之弗殺使卽反國爲鄭憂矣文公弗聽三十七年春晉公子重耳反國立是爲文公秋鄭入滑滑聽命已而反與衛於是鄭伐滑【索隱】左傳僖二十四年鄭公子士洩堵俞彌帥師伐滑周襄王使伯犕請滑【索隱】犕音服左氏王使伯服游孫伯如鄭請滑杜預云二子周大夫知伯犕卽伯服也鄭文公怨惠王之亡在櫟而文公父厲公入之而惠王不賜厲公爵祿【索隱】此言爵祿與左氏說異左傳云鄭伯享王王以后之鞶鑑與之虢公請器王予之爵則爵酒器非爵祿也故曰與左氏說異又怨襄王之與衛滑故不聽襄王請而囚伯犕王怒與翟人伐鄭弗克冬翟攻伐襄王襄王出奔鄭鄭文公居王于氾三十八年晉文公入襄王成周四十一年助楚擊晉自晉文公之過無禮故背晉助楚四十三年晉文公與秦穆公共圍鄭討其助楚攻晉者及文公過時之無禮也初鄭文公有三夫人寵子五人皆以罪蚤死公怒溉【集解】徐廣曰一作瑕【索隱】音既左傳作瑕逐羣公子子蘭奔晉從晉文公圍鄭時蘭事晉文公甚謹愛幸之乃私於晉以求入鄭爲太子晉於是欲得叔詹爲僇鄭文公恐不敢謂叔詹言詹聞言於鄭君曰臣謂君君不聽臣晉卒爲患然晉所以圍鄭以詹詹死而赦鄭國詹之願也乃自殺鄭人以詹尸與晉晉文公曰必欲一見鄭君辱之而去鄭人患之乃使人私於秦曰破鄭益晉非秦之利也秦兵罷晉文公欲入蘭爲太子以告鄭鄭大夫石癸曰吾聞姞姓乃后稷之元妃【集解】杜預曰姞姓之女爲后稷妃其後當有興者子蘭母其後也且夫人子盡已死餘庶子無如蘭賢今圍急晉以爲請利孰大焉遂許晉與盟卒而立子蘭爲太子晉兵乃罷去四十五年文公卒子蘭立是爲繆公繆公元年春秦繆公使三將將兵欲襲鄭至滑逢鄭賈人弦高詐以十二牛勞軍故秦兵不至而還晉敗之於崤初往年鄭文公之卒也鄭司城繒賀以鄭情賣之秦兵故來三年鄭發兵從晉伐秦敗秦兵於汪往年【集解】徐廣曰繆公之二年楚太子商臣弒其父成王代立二十一年與宋華元伐鄭華元殺羊食士不與其御羊斟怒以馳鄭鄭囚華元宋贖華元元亦亡去晉使趙穿以兵伐鄭二十二年鄭繆公卒子夷立是爲靈公靈公元年春楚獻黿於靈公子家子公將朝靈公【集解】賈逵曰二子鄭卿也子公之食指動【集解】服虔曰第二指謂子家曰佗日指動必食異物及入見靈公進黿羹子公笑曰果然靈公問其笑故具告靈公靈公召之獨弗予羹子公怒染其指【集解】駰案左傳曰染指於鼎嘗之而出公怒欲殺子公子公與子家謀先夏弒靈公鄭人欲立靈公弟去疾去疾讓曰必以賢則去疾不肖必以順則公子堅長堅者靈公庶弟【集解】徐廣曰年表云靈公庶兄去疾之兄也於是乃立子堅是爲襄公襄公立將盡去繆氏繆氏者殺靈公子公之族家也去疾曰必去繆氏我將去之乃止皆以爲大夫襄公元年楚怒鄭受宋賂縱華元伐鄭鄭背楚與晉親五年楚復伐鄭晉來救之六年子家卒國人復逐其族以其弒靈公也七年鄭與晉盟鄢陵八年楚莊王以鄭與晉盟來伐圍鄭三月鄭以城降楚楚王入自皇門鄭襄公肉袒掔羊以迎曰孤不能事邊邑使君王懷怒以及弊邑孤之罪也敢不惟命是聽君王遷之江南及以賜諸侯亦惟命是聽若君王不忘厲宣王桓武公哀不忍絕其社稷錫不毛之地【集解】何休曰墝埆不生五穀曰不毛謙不敢求肥饒使復得改事君王孤之願也然非所敢望也敢布腹心惟命是聽莊王爲卻三十里而後舍楚羣臣曰自郢至此士大夫亦久勞矣今得國舍之何如莊王曰所爲伐伐不服也今已服尚何求乎卒去晉聞楚之伐鄭發兵救鄭其來持兩端故遲比至河楚兵已去晉將率或欲渡或欲還卒渡河莊王聞還擊晉鄭反助楚大破晉軍於河上十年晉來伐鄭以其反晉而親楚也十一年楚莊王伐宋宋告急于晉晉景公欲發兵救宋伯宗諫晉君曰天方開楚未可伐也乃求壯士得霍人解揚字子虎誆楚令宋毋降過鄭鄭與楚親乃執解揚而獻楚楚王厚賜與約使反其言令宋趣降三要乃許於是楚登解揚樓車【集解】服虔曰樓車所以窺望敵軍兵法所謂雲梯者杜預曰樓車車上望櫓也令呼宋遂負楚約而致其晉君命曰晉方悉國兵以救宋宋雖急慎毋降楚晉兵今至矣楚莊王大怒將殺之解揚曰君能制命爲義臣能承命爲信受吾君命以出有死無隕【集解】服虔曰隕隧也莊王曰若之許我已而背之其信安在解揚曰所以許王欲以成吾君命也將死顧謂楚軍曰爲人臣毋忘盡忠得死者楚王諸弟皆諫王赦之於是赦解揚使歸晉爵之爲上卿十八年襄公卒子悼公濆立【索隱】劉音祕鄒本一作弗一作沸左傳作費音扶味反悼公元年鄦公【集解】徐廣曰音許許公靈公也惡鄭於楚悼公使弟睔於楚自訟【索隱】睔音公遜反訟不直楚囚睔於是鄭悼公來與晉平遂親睔私於楚子反子反言歸睔於鄭二年楚伐鄭晉兵來

救是歲悼公卒立其弟睔是爲成公成公三年楚共王曰鄭成公孤有德焉使人來與盟成公私與盟秋成公朝晉晉曰鄭私平於楚執之使欒書伐鄭四年春鄭患晉圍公子如乃立成公庶兄繻爲君〔索隱〕繻音須鄭氏云一作繻其四月晉聞鄭立君乃歸成公鄭人聞成公歸亦殺君繻迎成公晉兵去十年背晉盟盟於楚晉厲公怒發兵伐鄭楚共王救鄭晉楚戰鄢陵楚兵敗晉射傷楚共王目俱罷而去十三年晉悼公伐鄭兵於洧上〔集解〕服虔曰洧水名〔正義〕括地志云洧水在鄭州新鄭縣北三里古新鄭城南韓詩外傳云鄭俗二月桃花水出時會於溱洧水上以自祓除洧在古城城南與溱水合鄭城守晉亦去十四年成公卒子惲立是爲釐公〔索隱〕惲音紆粉反左傳作髡原釐公五年鄭相子駟朝釐公釐公不禮子駟怒使厨人藥殺釐公〔集解〕徐廣曰年表云子駟使賊夜弒釐公赴諸侯曰釐公暴病卒立釐公子嘉嘉時年五歲是爲簡公簡公元年諸公子謀欲誅相子駟子駟覺之反盡誅諸公子二年晉伐鄭鄭與盟晉去冬又與楚盟子駟畏誅故兩親晉楚三年相子駟欲自立爲君公子子孔使尉止殺相子駟而代之子孔又欲自立子產曰子駟爲不可而誅之今又效之是亂無時息也於是子孔從之而相鄭簡公四年晉怒鄭與楚盟伐鄭鄭與盟楚共王救鄭敗晉兵簡公欲與晉平楚又囚鄭使者十二年簡公怒相子孔專國權誅之而以子產爲卿十九年簡公如晉請衛君還而封子產以六邑〔集解〕服虔曰四井爲邑子產讓受其三邑二十二年吳使延陵季子於鄭見子產如舊交謂子產曰鄭之執政者侈難將至政將及子子爲政必以禮不然鄭將敗子產厚遇季子二十三年諸公子爭寵相殺又欲殺子產公子或諫曰子產仁人鄭所以存者子產也勿殺乃止二十五年鄭使子產於晉問平公疾平公曰卜而曰實沈臺駘爲祟史官莫知敢問對曰高辛氏有二子長曰閼伯季曰實沈居曠林〔集解〕賈逵曰曠大也不相能也日操干戈以相征伐后帝弗臧〔集解〕賈逵曰后帝堯也臧善也遷閼伯于商丘主辰〔集解〕賈逵曰商邱在漳南杜預曰商邱宋地服虔曰辰大火主祀也商人是因故辰爲商星〔集解〕服虔曰商人契之先湯之始祖相土封閼伯之故地因其故國而代之遷實沈于大夏主參〔集解〕服虔曰大夏在汾澮之間主祀參星杜預曰大夏今晉陽縣唐人是因服事夏商〔集解〕賈逵曰唐人謂陶唐氏之胤劉累也事夏帝孔甲封於大夏因實沈之國子孫服事夏商也〔正義〕括地志云故唐城在絳州翼城縣西二十里徐才宗國都城記云唐國帝堯之裔子所封春秋云夏孔甲時有堯苗胄劉累者以豢龍事孔甲夏后嘉之賜曰御龍氏以更豕韋之後龍一雌死潛醢之以食夏后既而使求之懼而遷於魯縣夏后蓋別封劉累之後於大夏之墟爲唐侯至周成王時唐人作亂成王滅之而封大叔遷唐子孫於杜謂之杜伯范氏所云在周爲唐杜氏也地記云唐氏在大夏之墟屬河東安邑縣今在絳城西北一百里有唐城者以爲唐舊國然則叔虞之封卽此地也其季世曰唐叔虞〔集解〕杜預曰唐人之季世其君曰叔虞當武王邑姜方娠大叔夢帝謂己〔集解〕賈逵曰帝天也己武王也余命而子曰虞〔集解〕杜預曰取唐君之名乃與之唐屬之參而蕃育其子孫及生有文在其掌曰虞遂以命之及成王滅唐而國大叔焉故參爲晉星〔集解〕賈逵曰晉主祀參參爲晉星由是觀之則實沈參神也昔金天氏有裔子曰昧爲玄冥師〔集解〕服虔曰金天少皞也玄冥水官也師長也昧爲水官之長生允格臺駘〔集解〕服虔曰允格臺駘兄弟也臺駘能業其官〔集解〕服虔曰脩昧之職宣汾洮〔集解〕賈逵曰宣猶通也汾洮二水名障大澤〔集解〕服虔曰陂障其水也以處太原〔集解〕服虔曰太原汾水名杜預曰太原晉陽也臺駘之所居也帝用嘉之國之汾川〔集解〕服虔曰帝顓頊也沈姒蓐黃實守其祀〔集解〕賈逵曰四國臺駘之後也今晉主汾川而滅之〔集解〕賈逵曰滅四國由是觀之則臺駘汾洮神也然是二者不害君身山川之神則水旱之菑禜之〔集解〕服虔曰禜爲營攢用幣也若有旱則禜祭山川之神以祈福也日月星辰之神則雪霜風雨不時禜之若君疾飲食哀樂女色所生也平公及叔嚮曰善博物君子也厚爲之禮於子產二十七年夏鄭簡公朝晉冬畏楚靈王之彊又朝楚子產從二十八年鄭君病使子產會諸侯與楚靈王盟於申誅齊慶封三十六年簡公卒子定公寧立秋定公朝晉昭公定公元年楚公子棄疾弒其君靈王而自立爲平王欲行德諸侯歸靈王所侵鄭地于鄭四年晉昭公卒其六卿彊公室卑子產謂韓宣子曰爲政必以德毋忘所以立六年鄭火公欲禳之子產曰不如脩德八年楚太子建來奔十年太子建與晉謀襲鄭鄭殺建建子勝奔吳十一年定公如晉晉與鄭謀誅周亂臣入敬王于周〔索隱〕王避弟子朝之亂出居狄泉在昭二十三年至二十六年晉鄭入之經曰天王入于成周是也十三年定公卒子獻公蠆立獻公十三年卒子聲公勝立當是時晉六卿彊侵奪鄭鄭遂弱聲公五年鄭相子產卒〔正義〕括地志云子產墓在新鄭縣西南三十五里酈元注水經云子產墓在潩水上累石爲方墳墳東北向鄭城杜預曰言不忘本也鄭人皆哭泣悲之如亡親戚子產者鄭成公少子也爲人仁愛人事君忠厚孔子嘗過鄭與子產如兄弟云及聞子產死孔子爲泣曰古之遺愛也〔集解〕賈逵云愛惠也杜預云子產見愛有古人遺風也兄事子產八年晉范中行氏反晉告急於鄭鄭救之晉伐鄭敗鄭軍於鐵〔集解〕杜預曰戚城南鐵邱〔正義〕括地志云鐵邱在滑州衛南縣東南十五里十四年宋景公滅曹二十年齊田常弒其君簡公而常相於齊二十二年楚惠王滅陳孔子卒三十六年晉知伯伐鄭取九邑三十七年聲公卒子哀公易立〔集解〕駰案年表云三十八年哀公八年鄭人弒哀公而立聲公弟丑是爲共公共公三年三晉滅知伯三十年共公卒子幽公已立幽公元年韓武子伐鄭殺幽公鄭人立幽公弟駘是爲繻公〔集解〕駰案年表曰鄭立幽公子駘繻或作繚繻公十五年韓景侯伐鄭取雍丘鄭城京十六年鄭伐韓敗韓兵於負黍〔集解〕徐廣曰在陽城〔正義〕括地志云負黍亭在洛州陽城縣西南三十五里故國邑也二十年韓趙魏列爲諸侯二十三年鄭圍韓之陽翟二十五年鄭君殺其相子陽二十七年子陽之黨共弒繻公駘而立幽公弟乙爲君是爲鄭君〔集解〕徐廣曰一本云立幽公弟乙陽爲君是爲康公六國年表云立幽公子駘又以鄭君陽爲鄭康公乙班固云鄭康公乙爲韓所滅鄭君乙立二年鄭負黍反復歸韓十一年韓伐鄭取陽城二十一年韓哀侯滅鄭并其國

太史公曰語有之以權利合者權利盡而交疏甫瑕是也甫瑕雖以劫殺鄭子內厲公厲公終背而殺之此與晉之里克何異守節如荀息身死而不能存奚齊變所從來亦多故矣

〔索隱述贊〕曰厲王之子得封於鄭代職司徒緇衣在詠虢鄶獻邑祭足專命莊既犯王厲亦奔命居櫟克入夢蘭疏慶伯服生四叔詹尸聘簡之後公室不競負黍雖還韓哀日蹙

史記卷四十二考證

鄭世家鄭桓公友者周厲王少子而宣王庶弟也○臣照按春秋之例母弟稱弟繫兄爲尊以異於其餘公子僖二十四年左傳曰鄭有厲宣之親以厲王之子而兼云宣王明是其母弟也服虔杜預皆云母弟此鄭世家云宣王庶弟皇甫謐亦云庶弟乃年表又云鄭桓公友宣王母弟世家年表同出馬遷不宜自乖異豈傳聞異辭故兩著於管耶

友初封於鄭索隱系本云桓公居域林○鄭康成詩譜韋昭國語註皆作咸林

於是卒言王東徙其民雒東而虢鄶果獻十邑○臣照按虢鄶獻十邑事先儒多言其非實毛詩疏云馬遷見國語有史伯爲桓公謀取十邑之文不知桓身未得故傳會爲此說耳外傳云皆子男之國虢鄶爲大則八邑各爲其國非虢鄶之地無由得獻之桓公也又左傳疏云按鄭語桓公始謀未取之也武公始國非桓公也全滅虢鄶非獻邑也

又集解十邑謂虢鄶鄢蔽補丹依畴歷莘也○監本訛丹爲舟訛莘爲華今俱改正

又索隱虞翻注皆依國語爲說○說監本訛作記今改正

生太子寤生生之難及生夫人弗愛後生少子叔段段生易夫人愛之○臣照按十六國春秋西燕慕容覬妻晝寢而生子左右以告方寤而起其夫曰此兒易生似鄭莊公據此則鄭莊公生之易也諸儒解左傳者並不用馬遷之說

潁谷之考叔正義卽酈元注水經○元監本訛作云今改正

三十三年宋殺孔父○春秋經宋督殺孔父在魯桓二年據年表於鄭莊爲三十四年

九月辛亥忽出奔衛○辛亥左傳作丁亥

夏厲公出居邊邑櫟○春秋經魯桓十五年五月鄭伯突出奔蔡秋九月鄭伯突入于櫟

秋厲公卒○春秋經魯莊二十一年夏五月辛酉鄭伯突卒此秋字應是夏字之訛

子文公踕立○左傳作捷監本訛作踺今改正

冬翟攻伐襄王○攻左傳事在秋

鄭司城繒賀以鄭情賣之○余有丁曰左傳賣鄭者杞子乃秦人之戍鄭者

敗秦兵於汪○左傳秦晉戰於彭衙秦師敗績此汪疑彭衙之誤

鄭與晉盟鄢陵○左傳作辰陵

孤之罪也○之監本訛作乏今改正

兵於洧上正義與溱水合○合監本訛作名今改正

而國太叔焉○焉監本訛作爲今改正

秋定公朝晉昭公○左傳事在夏

十三年定公卒○年表十六年卒

子獻公蠆立○公羊作囋

聲公五年鄭相子產卒○臣照按左傳魯昭二十年鄭子產有疾疾數月而卒是年當鄭定公之八年距聲公五年葢相隔二十七年矣應從左傳

子產者鄭成公少子也○徐孚遠曰按傳子產公子發之子公孫僑非成公少子也

二十二年楚惠王滅陳○哀十七年左傳楚滅陳是年於聲公爲二十三年

共公三年晉滅知伯○六國年表在共公二年

史記卷四十三

漢　太　史　令司馬遷　撰

宋　中　郎　外　兵　曹　參　軍裴　駰集解

唐　國　子　博　士　弘　文　館　學　士司馬貞索隱

唐　諸　王　侍　讀　率　府　長　史張守節正義

趙世家第十三

趙氏之先與秦共祖至中衍爲帝大戊御〔正義〕中音仲其後世蜚廉有子二人而命其一子曰惡來事紂爲周所殺其後爲秦惡來弟曰季勝其後爲趙季勝生孟增孟增幸於周成王是爲宅皋狼〔集解〕徐廣曰或云皋狼地名在西河〔索隱〕按如此說是名

孟增號宅皋狼而徐廣云皋狼地名在西河者按地理志皋狼是西河郡之縣名蓋孟增幸於周成王成王居之於皋狼故云皋狼 皋狼生衡父衡父生造父造父幸於周繆王造父取驥之乘匹[索隱]言造父取八駿品其色齊其力使馴調也並四日乘兩日匹[正義]乘食證反並四日乘兩日疋取八駿品其力使均馴 與桃林[正義]括地志云桃林在陝州桃林縣西至潼關皆爲桃林塞地山海經云夸父之山北有林焉名日桃林廣闊三百里中多馬造父於此得驊騮騄耳之乘獻周穆王也 盜驪驊騮綠耳獻之繆王繆王使造父御西巡狩見西王母樂之忘歸[索隱]穆天子傳曰穆王與西王母觴於瑤池之上作歌是樂而忘歸也而譙周不信此事而云余嘗聞之代俗以東西陰陽所出入宗其神謂之王父母或曰地名在西域有何據乎 而徐偃王反[正義]括地志云大徐城在泗州徐城縣北三十里古之徐國也博物志云徐君宮人娠生卵以爲不祥棄於水濱孤獨母有犬名鵠倉銜所棄卵以歸覆煖之遂成小兒生偃王故宮人聞之更收養之及長襲爲徐君後鵠倉臨死生角而九尾實黃龍也鵠倉或名后倉 繆王日馳千里馬攻徐偃王大破之[索隱]譙周曰徐偃王與楚文王同時去周穆王遠矣且王者行有周衛豈聞亂而獨長驅日行千里乎並言此事非實也 乃賜造父以趙城[正義]晉州趙城縣即造父邑也 由此爲趙氏自造父已下六世至奄父曰公仲周宣王時伐戎爲御及千畝戰[正義]括地志云千畝原在晉州岳陽縣北九十里也 奄父脫宣王奄父生叔帶叔帶之時周幽王無道去周如晉事晉文侯始建趙氏于晉國自叔帶以下趙宗益興五世而生趙夙趙夙晉獻公之十六年伐霍魏耿而趙夙爲將伐霍霍公求犇齊[集解]徐廣曰求一作來 晉大旱卜之曰霍太山爲祟使趙夙召霍君於齊復之以奉霍太山之祀晉復穰晉獻公賜趙夙耿[索隱]今河東皮氏縣耿鄉 夙生共孟當魯閔公之元年也共孟生趙衰字子餘[索隱]系本云公明生共孟及趙夙夙生成季衰衰生宣孟盾左傳云衰趙夙弟而此云共孟生衰譙周亦以此爲誤 趙衰卜事晉獻公及諸公子莫吉卜事公子重耳吉即事重耳重耳以驪姬之亂亡奔翟趙衰從翟伐廧咎如得二女翟以其少女妻重耳長女妻趙衰而生盾初重耳在晉時趙衰妻亦生趙同趙括趙嬰齊趙衰從重耳出亡凡十九年得反國重耳爲晉文公趙衰爲原大夫居原任國政[索隱]系本云成季徙原宋忠云今鴈門原平縣也[正義]括地志云原平故城漢原平縣也在代州崞縣南三十五里崞音郭按宋忠說非也括地志云故原城在懷州濟源縣西北二里左傳云襄王以原賜晉文公原不服文公伐原以示信原降以趙衰爲原大夫即此也原本周畿內邑也 文公所以反國及霸多趙衰計策語在晉事中趙衰既反晉晉之妻固要迎翟妻而以其子盾爲適嗣晉妻三子皆下事之晉襄公之六年而趙衰卒謚爲成季趙盾代成季任國政二年而晉襄公卒太子夷皋年少盾爲國多難欲立襄公弟雍雍時在秦使使迎之太子母日夜啼泣[索隱]穆嬴也 頓首謂趙盾曰先君何罪釋其適子而更求君趙盾患之恐其宗與大夫襲誅之迺遂立太子是爲靈公發兵距所迎襄公弟於秦者靈公既立趙盾益專國政靈公立十四年益驕趙盾驟諫靈公弗聽及食熊蹯胹不熟

殺宰人持其尸出趙盾見之靈公由此懼欲殺盾盾素仁愛人嘗所食桑下餓人反扞救盾盾以得亡未出境而趙穿弒靈公而立襄公弟黑臀是爲成公趙盾復反任國政君子譏盾爲正卿亡不出境反不討賊故太史書曰趙盾弒其君晉景公時[索隱]成公之子名據 而趙盾卒謚爲宣孟子朔嗣趙朔晉景公之三年朔爲晉將下軍救鄭與楚莊王戰河上朔娶晉成公姊爲夫人晉景公之三年大夫屠岸賈欲誅趙氏[集解]徐廣曰按年表救鄭及誅滅皆景公三年 初趙盾在時夢見叔帶持要而哭甚悲已而笑拊手且歌盾卜之兆絕而後好趙史援占之曰此夢甚惡非君之身乃君之子然亦君之咎至孫趙將世益衰屠岸賈者始有寵於靈公及至於景公而賈爲司寇將作難乃治靈公之賊以致趙盾偏告諸將曰盾雖不知猶爲賊首以臣弒君子孫在朝何以懲罪請誅之韓厥曰靈公遇賊趙盾在外吾先君以爲無罪故不誅今諸君將誅其後是非先君之意而今妄誅妄誅謂之亂臣有大事而君不聞是無君也屠岸賈不聽韓厥告趙朔趣亡朔不肯曰子必不絕趙祀朔死不恨韓厥許諾稱疾不出賈不請而擅與諸將攻趙氏於下宮殺趙朔趙同趙括趙嬰齊皆滅其族趙朔妻成公姊有遺腹走公宮匿趙朔客曰公孫杵臼杵臼謂朔友人程嬰曰胡不死程嬰曰朔之婦有遺腹若幸而男吾奉之即女也吾徐死耳居無何而朔婦免身生男屠岸賈聞之索於宮中夫人置兒絝中祝曰趙宗滅乎若號即不滅若無聲及索兒竟無聲已脫程嬰謂公孫杵臼曰今一索不得後必且復索之奈何公孫杵臼曰立孤與死孰難程嬰曰死易立孤難耳公孫杵臼曰趙氏先君遇子厚子彊爲其難者吾爲其易者請先死乃二人謀取他人嬰兒負之衣以文葆[集解]徐廣曰小兒被曰葆 匿山中程嬰出謬謂諸將軍曰嬰不肖不能立趙孤誰能與我千金吾告趙氏孤處諸將皆喜許之發師隨程嬰攻公孫杵臼杵臼謬曰小人哉程嬰昔下宮之難不能死與我謀匿趙氏孤兒今又賣我縱不能立而忍賣之乎抱兒呼曰天乎天乎趙氏孤兒何罪請活之獨殺杵臼可也諸將不許遂殺杵臼與孤兒諸將以爲趙氏孤兒良已死皆喜然趙氏真孤乃反在程嬰卒與俱匿山中居十五年晉景公疾卜之大業之後不遂者爲祟景公問韓厥厥知趙孤在乃曰大業之後在晉絕祀者其趙氏乎夫自中衍者皆嬴姓也中衍人面鳥噣降佐殷帝大戊及周天子皆有明德下及幽厲無道而叔帶去周適晉事先君文侯至于成公世有

立功未嘗絕祀今吾君獨滅趙宗國人哀之故見龜策唯君圖之景公問趙尚有後子孫乎韓厥具以實告於是景公乃與韓厥謀立趙孤兒召而匿之宮中諸將入問疾景公因韓厥之眾以脅諸將而見趙孤趙孤名曰武諸將不得已乃曰昔下宮之難屠岸賈爲之矯以君命并命羣臣非然孰敢作難微君之疾羣臣固且請立趙後今君有命羣臣之願也於是召趙武程嬰徧拜諸將遂反與程嬰趙武攻屠岸賈滅其族復與趙武田邑如故[集解]徐廣曰推次晉復與趙武田邑是景公之十七年也而乃是春秋成公八年經書晉殺其大夫趙同趙括左傳於此說立趙武事者註云終說之耳非此年也 及趙武冠爲成人程嬰乃辭諸大夫謂趙武曰昔下宮之難皆能死我非不能死我思立趙氏之後今趙武既立爲成人復故位我將下報趙宣孟與公孫杵臼趙武啼泣頓首固請曰武願苦筋骨以報子至死而子忍去我死乎程嬰曰不可彼以我爲能成事故先我死今我不報是以我事爲不成遂自殺趙武服齊衰三年爲之祭邑春秋祠之世世勿絕[集解]駰案新序曰程嬰公孫杵臼可謂信友厚士矣嬰之自殺下報亦過矣[正義]今河東趙氏祠先人猶別舒一座祭二士矣 趙氏復位十一年而晉厲公殺其大夫三郤欒書畏及乃遂殺其君厲公更立襄公曾孫周[集解]徐廣曰年表云襄公孫也[索隱]晉系家云襄公少子名周 是爲悼公晉由此大夫稍彊趙武續趙宗二十七年晉平公立平公十二年而趙武爲正卿十三年吳延陵季子使於晉曰晉國之政卒歸於趙武子韓宣子魏獻子之後矣趙武死謚爲文子文子生景叔[索隱]系本云景叔名成 景叔之時齊景公使晏嬰於晉[集解]徐廣曰平公之十九年 晏嬰與晉叔向語嬰曰齊之政後卒歸田氏叔向亦曰晉國之政將歸六卿六卿侈矣而吾君不能恤也趙景叔卒生趙鞅是爲簡子趙簡子在位晉頃公之九年簡子將合諸侯戍於周其明年入周敬王于周辟弟子朝之故也晉頃公之十二年六卿以法誅公族祁氏羊舌氏分其邑爲十縣六卿各令其族爲之大夫晉公室由此益弱後十三年魯賊臣陽虎來奔趙簡子受賂厚遇之趙簡子疾五日不知人大夫皆懼醫扁鵲視之出董安于問[集解]韋昭曰安于簡子家臣 扁鵲曰血脈治也而何怪在昔秦繆公嘗如此七日而寤寤之日告公孫支與子輿[索隱]二子秦大夫公孫支子桑 曰我之帝所甚樂吾所以久者適有學也帝告我晉國將大亂五世不安其後將霸未老而死霸者之子且令而國男女無別公孫支書而藏之[索隱]藏一作籍籍錄也謂當時即記錄書之於籍也 秦讖於是出矣獻公之亂文公之霸而襄公敗秦師於殽而歸縱淫此子之所聞今主君之疾與之同不出三日疾必間間必有言也

居二日半簡子寤語大夫曰我之帝所甚樂與百神游於鈞天廣樂九奏萬舞不類三代之樂其聲動人心有一熊欲來援我帝命我射之中熊熊死又有一羆來我又射之中羆羆死帝甚喜賜我二笥皆有副吾見兒在帝側帝屬我一翟犬曰及而子之壯也以賜之帝告我晉國且世衰七世而亡[正義]謂晉定公出公哀公幽公烈公孝公靜公爲七世靜公二年爲三晉所滅據此及年表簡子之疾在定公十一年 嬴姓將大敗周人於范魁之西[正義]嬴趙姓也周人謂衛也晉亡之後趙成侯三年取衛都鄙七十三是也賈逵云川阜曰魁也 而亦不能有也[索隱]范魁地名不知所在蓋趙地也 今余思虞舜之勳適余將以其冑女孟姚配而七世之孫[索隱]即姓嬴吳廣之女姚姓孟字也 七代孫武靈王也 董安于受言而書藏之以扁鵲言告簡子簡子賜扁鵲田四萬畝他日簡子出有人當道辟之不去從者怒將刃之當道者曰吾欲有謁於主君從者以聞簡子召之曰譆吾有所見子晰也[索隱]簡子見當道者乃寤曰譆是故吾前夢所見者知其名日子晰也 當道者曰屏左右願有謁簡子屏人當道者曰主君之疾臣在帝側簡子曰然有之子之見我我何爲當道者曰帝令主君射熊與羆皆死簡子曰是且何也當道者曰晉國且有大難主君首之帝令主君滅二卿夫熊與羆皆其祖也[正義]范氏中行氏之祖也 簡子曰帝賜我二笥皆有副何也[正義]副謂皆子姓也 當道者曰主君之子將克二國於翟皆子姓也[正義]謂代及智氏也 簡子曰吾見兒在帝側帝屬我一翟犬曰及而子之長以賜之夫兒何謂以翟犬當道者曰兒主君之子也翟犬者代之先也主君之子且必有代及主君之後嗣且有革政而胡服[正義]謂今時服也廢除裘裳也 并二國於翟[正義]武靈王略中山地至寧葭西略胡地至樓煩榆中是也 簡子問其姓而延之以官當道者曰臣野人致帝命耳遂不見簡子書藏之府異日姑布子卿見簡子[集解]司馬彪曰姑布姓子卿字 簡子徧召諸子相之子卿曰無爲將軍者簡子曰趙氏其滅乎子卿曰吾嘗見一子於路殆君之子也簡子召子毋卹毋卹至則子卿起曰此真將軍矣簡子曰此其母賤翟婢也奚道貴哉子卿曰天所授雖賤必貴自是之後簡子盡召諸子與語毋卹最賢簡子乃告諸子曰吾藏寶符於常山上先得者賞諸子馳之常山上求無所得毋卹還曰已得符矣簡子曰奏之毋卹曰從常山上臨代代可取也[正義]地道記云恒山在上曲陽縣西北百四十里北行四百五十里得恒山岌號飛狐口北則代郡也 簡子於是知毋卹果賢乃廢太子伯魯而以毋卹爲太子後二年晉定公之十四年范中行作亂明年春簡子謂邯鄲大夫午曰歸我衛士五百家吾將置之晉陽[集解]服虔曰往年趙鞅圍衛衛人恐懼故貢五百家鞅置之邯鄲又欲更徙於晉陽 午許諾歸而其父兄不聽[集解]服虔曰午之諸父兄及邯鄲中

長老倍言趙鞅捕午囚之晉陽乃告邯鄲人曰我私有誅午也諸君欲誰立[集解]杜預曰午趙鞅同族別封邯鄲故使邯鄲人更立午宗親也遂殺午趙稷涉賓以邯鄲反[集解]服虔曰稷午子晉君使籍秦圍邯鄲[集解]駰案左傳曰籍秦此時爲上軍司馬[索隱]系本籍秦晉大夫籍游之孫籍談之子荀寅范吉射與午善[集解]駰案左傳曰午荀寅之甥荀寅范吉射之姻[索隱]系本云晉大夫逝遨生桓伯林父林父生宣伯庚庚生獻伯偃偃生穆伯吳吳生寅本姓荀自荀偃將中軍晉改中軍曰中行因氏焉元與智氏同祖逝遨故智氏亦稱荀范氏晉大夫隰叔之子士蔿之後蔿生成伯缺缺生武子會會生文叔燮燮生宣叔匄匄生獻子鞅鞅生吉射也不肯助秦而謀作亂董安于知之十月范中行氏[正義]按會食邑於范因爲范氏又中行寅本姓荀自荀偃將中軍爲中行因號中行氏元與智氏同承襄逝遨姓荀氏伐趙鞅鞅奔晉陽晉人圍之范吉射荀寅仇人魏襄等謀逐荀寅以梁嬰父代之[集解]賈逵曰梁嬰父晉大夫也逐吉射以范皋繹代之[集解]服虔曰范氏之側室子荀躒言於晉侯曰[集解]服虔曰荀躒智文子[索隱]系本云逝遨生莊子首首生武子罃罃生莊子朔朔生悼子盈盈生文子躒躒生宣子申申生智伯瑤君命大臣始亂者死今三臣始亂[集解]賈逵曰范中行趙也而獨逐鞅用刑不均請皆逐之十一月荀躒韓不佞魏哆奉公命以伐范中行氏[索隱]不佞韓簡子哆魏簡子系本名取也不克范中行氏反伐公公擊之范中行敗走丁未二子奔朝歌[索隱]范吉射荀寅也韓魏以趙氏爲請[集解]服虔曰以其罪輕於荀范也[正義]按趙鞅被范中行伐乃奔晉陽以其罪輕故韓魏爲請晉君而得入絳十二月辛未趙鞅入絳盟于公宮其明年知伯文子謂趙鞅曰范中行雖信爲亂安于發之是安于與謀也晉國有法始亂者死夫二子已伏罪而安于獨在趙鞅患之安于曰臣死趙氏定晉國寧吾死晚矣遂自殺趙氏以告知伯然後趙氏寧孔子聞趙簡子不請晉君而執邯鄲午保晉陽故書春秋曰趙鞅以晉陽畔趙簡子有臣曰周舍好直諫周舍死簡子每聽朝常不悅大夫請辠簡子曰大夫無罪吾聞千羊之皮不如一狐之腋諸大夫朝徒聞唯唯不聞周舍之鄂鄂是以憂也[集解]駰案韓詩外傳曰周舍立於門下三日三夜簡子使問之曰子欲見寡人何事對曰願爲鄂鄂之臣墨筆操牘從君之過而日有記月有成歲有效也簡子由此能附趙邑而懷晉人晉定公十八年趙簡子圍范中行于朝歌中行文子奔邯鄲[索隱]荀寅也明年衞靈公卒簡子與陽虎送衞太子蒯聵于衞衞不內居戚[正義]括地志云故戚城在相州澶水縣東三十里杜預云戚衞邑在頓丘縣西有戚城是也晉定公二十一年簡子拔邯鄲中行文子奔柏人簡子又圍柏人中行文子范昭子遂奔齊[索隱]吉射也趙竟有邯鄲柏人范中行餘邑入于晉趙名晉卿實專晉權奉邑侔於諸侯晉定公三十年定公與吳王夫差爭長於黃池趙簡子從晉定公卒長吳定公三十七年卒而簡子除三年之喪期而已是歲越王勾踐滅吳晉出公十一年知伯伐鄭趙簡子疾使太子毋卹將而圍鄭知伯醉以酒灌

擊毋卹毋卹羣臣請死之毋卹曰君所以置毋卹爲能忍詢然亦慍知伯知伯歸因謂簡子使廢毋卹簡子不聽毋卹由此怨知伯晉出公十七年簡子卒[集解]張華曰趙簡子冢在臨水界二冢並上氣成樓闕太子毋卹代立是爲襄子趙襄子元年越圍吳[正義]年表及趙世家云左傳越滅吳在簡子三十五年已在襄子元年前十五年矣何得更有越圍吳之事從此以下至問吳王是三十年事文歟誤在此耳襄子降喪食使楚隆問吳王[正義]左哀公二十年傳云簡子死襄子嗣立以越圍吳故降父之祭饌而使楚隆慰問王爲哀公十三年簡子在黃池之役與吳王質言曰好惡同之故減祭饌及問吳王也而趙世家及六國年表云此年晉定公卒簡子除三年之喪服朞而已按簡子死及使吳年月皆誤與左傳文不同襄子姊前爲代王夫人簡子既葬未除服北登夏屋[集解]徐廣曰山在廣武[正義]括地志云夏屋山一名賈屋山今名賈母山在代州鴈門縣東北三十五里夏屋與句注山相接蓋北方之險亦天下之阻路所以分別內外也請代王使廚人操銅枓[正義]音斗合作枓其形方有柄取斟水器說文云鈞也以食代王及從者行斟陰令宰人各[集解]徐廣曰一作雒以枓擊殺代王及從官遂興兵平代地其姊聞之泣而呼天摩笄自殺代人憐之所死地名之爲摩笄之山[正義]笄今簪也括地志云摩笄山一名磨笄山亦名爲山在蔚州飛狐縣東北百五十里魏土地記云代郡東南二十五里有馬頭山趙襄子既殺代王使人迎其姊代王夫人曰以弟慢夫非仁也以夫怨弟非義也磨笄自殺而死使者亦自殺也遂以代封伯魯子周爲代成君伯魯者襄子兄故太子太子蚤死故封其子襄子立四年知伯與趙韓魏盡分其范中行故地晉出公怒告齊魯欲以伐四卿四卿恐遂共攻出公出公奔齊道死知伯乃立昭公曾孫驕是爲晉懿公[索隱]或作哀公其大父名雍即昭公少子號戴子也知伯益驕請地韓魏韓魏與之請地趙趙不與以其圍鄭之辱知伯怒遂率韓魏攻趙趙襄子懼乃奔保晉陽原過從後至於王澤[正義]括地志云王澤在絳州正平縣南七里也見三人自帶以上可見自帶以下不可見與原過竹二節莫通曰爲我以是遺趙毋卹原過既至以告襄子襄子齊三日親自剖竹有朱書曰趙毋卹余霍泰山[集解]徐廣曰在河東永安縣山陽侯天使也三月丙戌余將使女反滅知氏女亦立我百邑余將賜女林胡之地至于後世且有伉王赤黑龍面而鳥噣鬢麋髭顒大膺大胸脩下而馮左衽界乘[集解]徐廣曰脩或作隨界一作介奄有河宗[正義]穆天子傳云河宗之子孫蒯柏絮按蓋在龍門河之上流嵐勝二州之地也至于休溷諸貉[正義]音陌自河宗休溷諸貉乃戎狄之地也南伐晉別[正義]趙南伐晉之別邑謂韓魏之邑也北滅黑姑[正義]亦戎國襄子再拜受三神之令三國攻晉陽歲餘引汾水灌其城城不浸者三版[正義]何休云八尺曰版城中懸釜而炊易子而食羣臣皆有外心禮益慢唯高共[集解]徐廣曰一作赫不敢失禮襄子懼乃夜使相張孟同私於韓魏[索隱]戰國策作張孟談談者史遷之父名遷例改爲同韓魏與合謀以三月丙戌三國反滅知氏共分其地於是襄子行賞高共爲上張孟同曰晉陽之難唯共無

功襄子曰方晉陽急羣臣皆懈唯共不敢失人臣禮是以先之於是趙北有代南并知氏彊於韓魏遂祠三神於百邑使原過主霍泰山祠祀[正義]括地志云三神祠今名原過祠在霍山側也其後娶空同氏[正義]括地志云崆峒山在肅州福祿縣東南六十里古西戎地又原州平高縣西百里亦有崆峒山即黃帝問廣成子道處俱是西戎地未知孰是生五子襄子爲伯魯之不立也不肯立子且必欲傳位與伯魯子代成君成君先死乃取代成君子浣立爲太子[索隱]代成君名周伯魯之子系本云代成君子起即襄子之子不云伯魯非也襄子立三十三年卒浣立是爲獻侯獻侯少即位治中牟[集解]駰案地理志云河南中牟縣趙獻侯自耿徙此瓚曰中牟在春秋之時是鄭之疆內也及三卿分晉則在魏之邦土也趙界自漳水以北不及此春秋傳曰衞侯如晉過中牟按中牟非衞適晉之次也汲郡古文曰齊師伐趙東鄙圍中牟此中牟不在趙之東也按中牟當漯水之北[索隱]此趙中牟在河北非鄭之中牟[正義]按五鹿在魏州元城縣東十二里鄴即相州湯陰縣西五十八里有牟山蓋中牟邑在此山側也襄子弟桓子逐獻侯自立於代[索隱]系本云襄子子桓子與此不同一年卒國人曰桓子立非襄子意乃共殺其子而復迎立獻侯十年中山武公初立[集解]徐廣曰西周桓公之子桓公者考王弟而定王子[索隱]中山古鮮虞國姬姓也系本云中山武公居顧桓公徙靈壽爲趙武靈王所滅不言誰之子孫徐廣云西周桓公之子亦無所據蓋未得其實十三年城平邑[集解]駰案地理志云代郡有平邑縣十五年獻侯卒子烈侯籍立烈侯元年魏文侯伐中山使太子擊守之六年魏韓趙皆相立爲諸侯追尊獻子爲獻侯烈侯好音謂相國公仲連曰寡人有愛可以貴之乎公仲曰富之可貴之則否烈侯曰然夫鄭歌者槍石二人[索隱]槍音七羊反槍與石二人名吾賜之田人萬畝公仲曰諾不與居一月烈侯從代來問歌者田公仲曰求未有可者有頃烈侯復問公仲終不與乃稱疾不朝番吾君[集解]徐廣曰番音盤常山有番吾縣[正義]括地志云番吾故城在恒州房山縣東二十里番蒲古今音異耳自代來謂公仲曰君實好善而未知所持今公仲相趙於今四年亦有進士乎公仲曰未也番吾君曰牛畜荀欣徐越皆可公仲乃進三人及朝烈侯復問歌者田何如公仲曰方使擇其善者牛畜侍烈侯以仁義約以王道烈侯逌然[正義]逌音由古字與攸同言牛畜以仁義約以王道故止歌者田攸攸氣行貌寬緩也明日荀欣侍以選練舉賢任官使能明日徐越侍以節財儉用察度功德所與無不充君說烈侯使使謂相國曰歌者之田且止官牛畜爲師荀欣爲中尉徐越爲內史[正義]漢書百官公卿表云少府內史周官秦因之掌治京師賜相國衣二襲[正義]單複具爲一襲九年烈侯卒弟武公立[索隱]譙周云系本及說趙語者並無其事蓋別有所據武公十三年卒趙復立烈侯太子章是爲敬侯是歲魏文侯卒敬侯元年武公子朝作亂不克出奔魏趙始都邯鄲二年敗齊于靈丘[集解]駰案地理志云代郡有靈丘縣三年救魏于廩丘大敗齊人四年魏敗我兔臺築剛平[正義]兔臺剛平並在河北以侵衞五年齊魏爲衞攻趙取我剛平六

年借兵於楚伐魏取棘蒲[正義]今趙州平棘縣古棘蒲邑也八年拔魏黃城[集解]杜預曰陳留外黃縣東有黃城[正義]括地志云故黃城在魏州冠氏縣南因黃溝爲名按陳留外黃城非隨所別也九年伐齊齊伐燕趙救燕十年與中山戰于房子[正義]趙州房子縣是十一年魏韓趙共滅晉分其地伐中山又戰於中人[集解]徐廣曰中山唐縣有中人亭[正義]括地志云中山故城一名中人亭在定州唐縣東北四十一里春秋時鮮虞國之中人邑也十二年敬侯卒子成侯種立成侯元年公子勝與成侯爭立爲亂二年六月雨雪三年大戊午爲相[集解]徐廣曰戊一作成伐衞取鄉邑七十三魏敗我藺[正義]地理志云藺屬西河郡也四年與秦戰高安[正義]蓋在河東敗之五年伐齊于鄄[正義]濮州鄄城縣是魏敗我懷攻鄭敗之以與韓韓與我長子[集解]駰案地理志云上黨有長子縣六年中山築長城伐魏敗涿澤[正義]涿音濁徐廣云長杜有濁澤非也括地志云濁水源出蒲州解縣東北平地爾時魏都安邑韓趙伐魏豈河南至長杜也解縣濁水近於魏都當是也圍魏惠王七年侵齊至長城[正義]齊長城西頭在齊州平陰縣太山記云太山西北有長城緣河經太山千餘里至琅邪入海括地志云所侵處在密州南三十里也與韓攻周八年與韓分周以爲兩[集解]徐廣曰顯王二年馬紀無此[正義]括地志云史記周顯王二年西周惠公封少子班於鞏爲東周其子武公爲秦所滅郭緣生述征記云鞏縣本周鞏伯邑九年與齊戰阿下[集解]徐廣曰戰亦作會也[正義]阿東阿也今濟州東阿縣也十年攻衞取甄十一年秦攻魏趙救之石阿[正義]蓋在石隰等州界也十二年秦攻魏少梁[正義]少梁故城在同州韓城縣南二十二里古少梁國也趙救之十三年秦獻公使庶長國伐魏少梁虜其太子痤魏敗我澮取皮牢[集解]徐廣曰魏年表曰取趙皮牢[正義]括地志云澮水縣在絳州翼城縣東南二十五里按皮牢當在澮之側成侯與韓昭侯遇上黨十四年與韓攻秦十五年助魏攻齊十六年與韓魏分晉封晉君以端氏[集解]徐廣曰在平陽[正義]端氏澤州縣也十七年成侯與魏惠王遇葛孽[集解]徐廣曰在馬邱年表曰十八年趙孟如齊十九年與齊宋會平陸[正義]兗州縣也平陸城即古厥國也與燕會阿[正義]括地志云故葛城一名依城又名西阿城在瀛州高陽縣西北五十里以徐兗二水並過其西又祖經其北曲曰阿以齊有東阿故曰西阿城地理志云瀛州屬河間趙分也按燕趙即此地二十年魏獻榮椽因以爲檀臺[集解]徐廣曰襄國縣有檀臺[索隱]劉氏云榮椽蓋地名其中有高處可以爲臺非也按榮椽是良材可爲椽登飾有光榮所以魏獻之故趙因用之以爲檀臺[正義]鄭玄云榮屋翼也說文云椽榱也屋梠之兩頭起者爲榮也括地志云檀臺在洺州臨洺縣北二里二十一年魏圍我邯鄲二十二年魏惠王拔我邯鄲齊亦敗魏於桂陵[正義]括地志云故桂城在曹州乘氏縣東北二十一里故老云此即桂陵也二十四年魏歸我邯鄲與魏盟漳水上秦攻我藺二十五年成侯卒公子緤[正義]音薛與太子肅侯爭立[索隱]系本云肅侯名語緤敗亡奔韓肅侯元年奪晉君端氏徙處屯留[正義]括地志云屯留故城在潞州長子縣東北三十里本漢屯留縣城也二年與魏惠王遇於陰晉[正義]地理志云華陰縣魏之陰晉秦惠文王更名寧秦高帝更名華陰今屬華州三年公子范襲邯鄲不勝而死四年朝天子六年攻齊拔高唐七年公子刻攻魏首垣[正義]蓋在河北也十一年秦孝公使商君伐魏虜其將公子卬趙伐魏十二年

秦孝公卒商君死十五年起壽陵【集解】徐廣云在常州魏惠王卒十六年肅侯游大陵【集解】徐廣曰太原有大陵縣亦曰陵【正義】括地志云大陵城在并州文水縣北十三里漢大陵縣城出於鹿門【正義】并州盂縣西有白鹿泓源出白鹿山南渚蓋鹿門在北山水之側也大戊午扣馬【集解】呂忱曰扣牽馬曰耕事方急一日不作百日不食肅侯下車謝十七年圍魏黃不克【集解】騶案地理志云山陽有黃縣【正義】黃城在魏州前拔之郤爲魏今趙圍之矣築長城【正義】劉伯莊云蓋從雲中以北至代接趙長城從蔚州北西至嵐州北盡趙界又疑此長城在漳水之北趙南界十八年齊魏伐我我決河水灌之兵去二十二年張儀相秦趙疵與秦戰敗秦殺疵河西取代藺離石二十三年韓舉【集解】徐廣曰韓將與齊魏戰死于桑邱【集解】騶案地理志云泰山有桑邱縣【正義】括地志云桑邱城在易州遂城縣界或云在泰山非也此時齊伐燕桑邱三晉皆來救之不得在泰山有桑邱縣此說甚謬也二十四年肅侯卒秦楚燕齊魏出銳師各萬人來會葬子武靈王立【索隱】名雍武靈王元年【集解】徐廣曰年表云魏敗我趙護陽文君趙豹相梁襄王與太子嗣韓宣王與太子倉來朝信宮【正義】在洺州臨洺縣也武靈王少未能聽政博聞師三人左右司過三人及聽政先問先王貴臣肥義加其秩國三老年八十月致其禮三年城鄗四年與韓會于區鼠【正義】蓋在河北五年娶韓女爲夫人八年韓擊秦不勝而去五國相王趙獨否曰無其實敢處其名乎令國人謂己曰君九年與韓魏共擊秦秦敗我斬首八萬級齊敗我觀澤【正義】括地志云觀澤故城在魏州頓邱縣東十八里也十年秦取我西都及中陽【集解】徐廣曰年表云秦取中都西陽安邑十一年秦敗我將軍英太原有中都縣西河有中陽縣齊破燕燕相子之爲君君反爲臣十一年王召公子職於韓立以爲燕王【集解】徐廣曰紀年亦云爾使樂池送之【集解】騶案燕世家子之死後燕人共立太子平是爲燕昭王無趙送公子職爲燕王之事當是趙聞燕亂遙立職爲燕王雖使樂池送之竟不能就【索隱】燕系家無其事蓋是疎也今此云使樂池送之必是憑舊史爲說且紀年之書其說又同則裴騶之解得其旨十三年秦拔我藺虜將軍趙莊【正義】莊一作茌音疋姆反楚魏王來過邯鄲十四年趙何攻魏十六年秦惠王卒王遊大陵他日王夢見處女鼓琴而歌詩曰美人熒熒兮顏若苕之榮【集解】蔡邕曰陵苕之草其華紫【正義】苕音條毛詩疏云苕饒也幽州謂之翹饒蔓似勞豆而細葉似蒺藜而青其華細綠色可生食味如小豆藿也又本草經曰陵苕生下濕水中七月生華葉草可以染帛煮沐頭髮即黑也命乎命乎曾無我嬴【集解】蔡邕曰言有命嬴姓生遇其時人莫知己貴盛登端也【正義】按命名也嬴娃嬴也言世衆名共美好曾無我好嬴也重言名呼者以談說衆也異日王飲酒樂數言所夢想見其狀吳廣聞之因夫人而內其女娃嬴【集解】方言曰娃美也吳有館娃之宮孟姚也【集解】徐廣曰古史考云內其女曰娃【索隱】孟姚吳廣女舜之後故上文云余思虞舜之勳故命其胄女孟姚以配而七代之孫是也然後封虞在河東太陽山西有上虞城是亦曰吳城虞吳音相近故舜後亦姓吳非獨太伯虞仲之裔孟姚甚有寵於王是爲惠后十七年王出九門【集解】徐廣曰在常山【正義】本戰國時趙邑戰國策云本有宮室而居趙武靈王改爲九門爲野臺【集解】徐廣曰野一作望【正義】括地志云野臺一名義臺在定州新樂縣西南六十三里以望齊中山之境十八年秦武王

與孟說舉龍文赤鼎絕臏而死【集解】徐廣曰一作絕脈音亡丁反趙王使代相趙固迎公子稷於燕送歸立爲秦王是爲昭王十九年春正月大朝信宮召肥義與議天下五日而畢王北略中山之地至於房子【正義】趙州縣也遂之代北至無窮西至河登黃華之上【正義】黃華蓋西河側之山名也召樓緩謀曰我先王因世之變以長南藩之地屬阻漳滏之險立長城又取藺郭狼敗林人【正義】即林胡也於荏而功未遂今中山在我腹心北有燕【正義】地理志云趙分晉北有信都中山又得涿郡之高陽鄚州鄉東有清河河間又得渤海郡東平舒等五縣在河以北故言北有燕東有胡【正義】趙東有瀛州之東北營州之境即東胡烏丸之地服虔云東胡烏丸之先後爲鮮卑也西有林胡樓煩秦韓之邊【正義】林胡樓煩即嵐勝之北也嵐勝以南石州離石藺等七國時趙邊邑也秦隔河也晉洺潞澤等州皆七國時韓地爲並趙西境也而無彊兵之救是亡社稷奈何夫有高世之名必有遺俗之累吾欲胡服樓緩曰善羣臣皆不欲於是肥義侍王曰簡襄主之烈計胡翟之利爲人臣者寵有孝悌長幼順明之節通有補民益主之業【正義】寵貴寵也通達理也凡爲人臣有孝弟長幼順明之節制者得貴寵也有補民益主之功業者爲達理也此兩者臣之分也今吾欲繼襄王之跡開於胡翟之鄉而卒世不見也【正義】卒子律反盡也言盡世闇不見補民益主之忠臣也爲敵弱【正義】我爲胡服敵人必困弱也用力少而功多可以毋盡百姓之勞而序往古之勳【正義】序重也往古謂趙簡子襄子也夫有高世之功者負遺俗之累【正義】負留也言古周公孔子留衣冠禮義之俗今變爲胡服是負留風俗之譴累也有獨智之慮者任驁民之怨【正義】言世有獨計智之思慮者必任隱逸敖慢之民怨望也今吾將胡服騎射以教百姓而世必議寡人奈何肥義曰臣聞疑事無功疑行無名王既定負遺俗之慮殆無顧天下之議矣夫論至德者不和於俗成大功者不謀於衆昔者舜舞有苗禹袒裸國非以養欲而樂志也務以論德而約功也愚者闇成事智者覩未形則王何疑焉王曰吾不疑胡服也吾恐天下笑我也狂夫之樂智者哀焉愚者所笑賢者察焉世有順我者胡服之功未可知也雖驅世以笑我胡地中山吾必有之於是遂胡服矣使王緤告公子成曰寡人胡服將以朝也亦欲叔服之家聽於親而國聽於君古今之公行也子不反親臣不逆君兄弟之通義也【集解】徐廣曰兄弟一作元夷元始也夷平也今寡人作教易服而叔不服吾恐天下議之也制國有常利民爲本從政有經令行爲上明德先論於賤而行政先信於貴今胡服之意非以養欲而樂志也事有所止而功有所出【集解】騶案出猶成也【正義】鄭玄云止至也事成功立然後善也今寡人恐叔之逆從政之經以輔叔之議且寡人聞之事利國者行無邪因貴戚者名不累故願慕公叔之義以成胡服之功使緤謁之叔【索隱】絕句請服焉公子成再拜稽首曰臣固聞

王之胡服也臣不佞寢疾未能趨走以滋進也王命之臣敢對因竭其愚忠曰臣聞中國者蓋聰明徇智之所居也【集解】徐廣曰五帝本紀曰幼而徇齊萬物財用之所聚也賢聖之所教也仁義之所施也詩書禮樂之所用也異敏技能之所試也遠方之所觀赴也蠻夷之所義行也今王舍此而襲遠方之服變古之教易古之道逆人之心而怫學者離中國故臣願王圖之也使者以報王曰吾固聞叔之疾也我將自往請之王遂往之公子成家因自請之曰夫服者所以便用也禮者所以便事也聖人觀鄉而順宜因事而制禮所以利其民而厚其國也夫翦髮文身錯臂左衽【索隱】錯臂亦文身謂以丹青錯畫其臂孔衍作右臂左衽謂右衽其臂也甌越之民也【索隱】劉氏云今珠崖儋耳謂之甌人是有甌越【正義】按屬南越故言甌越也輿地志云交阯周時爲駱越秦時曰西甌文身斷髮避龍則西甌駱又在番吾之西南越及甌駱皆芊姓也世本云越芊姓也與楚同祖是也黑齒雕題【集解】劉逵曰以草染齒用白作黑鄭玄曰雕文謂刻其肌以青丹涅之卻冠秫絀【集解】徐廣曰戰國策作秫縫絀亦縫紩之別名也鉥者綦鍼也古字多假借故作秫絀耳此蓋言其女功鍼縷之麤拙也又一本作鮭冠黎緤也大吳之國也故禮服莫同其便一也鄉異而用變事異而禮易是以聖人果可以利其國不一其用果可以便其事不同其禮儒者一師而俗異中國同禮而教離況於山谷之便乎故去就之變智者不能一遠近之服賢聖不能同窮鄉多異曲學多辯不知而不疑異於己而不非者公焉而衆求盡善也今叔之所言者俗也吾所言者所以制俗也吾國東有河薄洛之水【集解】徐廣曰安平經縣西有漳水津名薄洛津與齊中山同之【正義】爾時齊與中山相親中山趙共薄洛水故言與齊中山同之須有舟楫之備無舟楫之用自常山以至代上黨【集解】徐廣曰一云自常山以下代上黨以東東有燕東胡之境而西有樓煩秦韓之邊今無騎射之備故寡人無舟楫之用夾水居之民將何以守河薄洛之水變服騎射以備燕三胡秦韓之邊【索隱】林胡樓煩東胡是三胡也且昔者簡主不塞晉陽以及上黨而襄主并戎取代以攘諸胡此愚智所明也先時中山負齊之彊兵侵暴吾地係累吾民引水圍鄗微社稷之神靈則鄗幾於不守也先王醜之而怨未能報也今騎射之備近可以便上黨之形而遠可以報中山之怨而叔順中國之俗以逆簡襄之意惡變服之名以忘鄗事之醜非寡人之所望也公子成再拜稽首曰臣愚不達於王之義敢道世俗之聞臣之辠也今王將繼簡襄之意以順先王之志臣敢不聽命乎再拜稽首乃賜胡服明日服而朝於是始出胡服令也趙文趙造周袑【集解】徐廣曰戰國策作紹袑音紹趙俊皆諫止王毋胡服如故法便王曰先王不同俗何古之法帝王不相襲何禮之循虙戲神農教而不誅黃帝堯舜誅而不怒

及至三王隨時制法因事制禮法度制令各順其宜衣服器械各便其用故禮也不必一道而便國不必古聖人之興也不相襲而王夏殷之衰也不易禮而滅然則反古未可非而循禮未足多也且服奇者志淫則是鄒魯無奇行也【索隱】按鄒魯好長纓是奇服也服非其志皆淫辟也而有孔門顏冉之屬豈是無奇行哉俗辟者民易則是吳越無秀士也【索隱】言方俗辟處山谷而人皆改易不通大化則是吳越無秀士何得有延州來及大夫種之屬哉且聖人利身謂之服便事謂之禮夫進退之節衣服之制者所以齊常民也非所以論賢者也故齊民與俗流賢者與變俱故諺曰以書御者不盡馬之情以古制今者不達事之變循法之功不足以高世法古之學不足以制今子不及也遂胡服招騎射二十年王略中山地至寧葭【索隱】一作蔓葭縣名在中山也西略胡地至榆中【正義】勝州北河北岸也林胡王獻馬歸使樓緩之秦仇液之韓王賁之楚富丁之魏趙爵之齊代相趙固主胡致其兵二十一年攻中山趙袑爲右軍許鈞爲左軍公子章爲中軍王并將之牛翦將車騎趙希并將胡代趙與之陘【集解】徐廣曰一作陸又作陘或宜言趙與之陘陘者山絕之名常山有井陘中山有苦陘上黨有閼與【正義】與音預陘音荊陘山也在并州陘縣東南十八里然趙希并將代趙之兵與諸軍向井陘之側共出定州上曲陽蓋合軍攻取丹邱華陽鴟上之關合軍曲陽【集解】徐廣曰上曲陽在常山下曲陽在鉅鹿【正義】括地志云上曲陽故城在定州曲陽縣西五里按合軍曲陽即上曲陽也以在常山也攻取丹邱【正義】蓋邢州丹邱縣也華陽【正義】括地志云北岳有五別名一曰蘭臺府二曰列女宮三曰華陽臺四曰紫臺五曰太一宮按北岳恒山在定州恒陽縣北百四十里鴟之塞【正義】上昌之反下先代反徐廣曰鴟一作鴻鴻上故關今名汝城在定州唐縣東北六十里本晉鴻上關城也又有鴻上水源出唐縣北葛洪山接北岳恒山與鴻上塞皆在定州然一本作鳴字誤也王軍取鄗石邑【集解】徐廣曰在常山【正義】括地志云石邑故城在恒州鹿泉縣南三十五里六國時舊邑封龍【正義】括地志云封龍山一名飛龍山在恒州鹿泉縣南四十五里邑因山爲名東垣中山獻四邑請和王許之罷兵二十三年攻中山二十五年惠后卒【索隱】謂武靈王之后韓太子章之母惠文王之嫡母也惠后卒後吳娃始當正室至孝成二年稱惠文后卒是也而下文又云吳娃死後娃子何寵衰憐故太子欲兩王之是誤也使周袑胡服傅王子何二十六年復攻中山攘地北至燕代西至雲中九原二十七年五月戊申大朝於東宮傳國立王子何以爲王王廟見禮畢出臨朝大夫悉爲臣肥義爲相國并傅王是爲惠文王惠文王惠后吳娃子也武靈王自號爲主父主父欲令子主治國而身胡服將士大夫西北略胡地而欲從雲中九原直南襲秦於是詐自爲使者入秦秦昭王不知已而怪其狀甚偉非人臣之度使人逐之而主父馳已脫關矣審問之乃主父也秦人大驚主父所以入秦者欲自略地形因觀秦王之爲人也惠文王【集解】徐廣曰元年以公子勝爲相封平原二年主父行新地遂出代西遇樓煩王於西河而致其兵三年滅中山遷其王於膚

施〔集解〕徐廣曰在上郡〔正義〕今延州膚施縣也 起靈壽〔集解〕徐廣曰在常山 北地方從代道大通還歸行賞大赦置酒酺五日封長子章爲代安陽君〔正義〕括地志云東安陽故城在朔州定襄縣界地理志云東安陽縣屬代郡 章素侈心不服其弟所立主父又使田不禮相章也李兌謂肥義曰公子章彊壯而志驕黨衆而欲大殆有私乎田不禮之爲人也忍殺而驕二人相得必有謀陰賊起一出身徼幸夫小人有欲輕慮淺謀徒見其利而不顧其害同類相推俱入禍門以吾觀之必不久矣子任重而勢大亂之所始禍之所集也子必先患仁者愛萬物而智者備禍於未形不仁不智何以爲國子奚不稱疾毋出傳政於公子成毋爲怨府毋爲禍梯肥義曰不可昔者主父以王屬義也曰毋變而度毋異而慮堅守一心以歿而世義再拜受命而籍之今畏不禮之難而忘吾籍變孰大焉進受嚴命退而不全負孰甚焉變負之臣不容於刑諺曰死者復生生者不愧〔正義〕肥義報李兌云必盡傳何爲王不可僵章及田不禮而生異心使死者復更生并見在生者並見傳王無變令我不愧之若荀息也 吾言已在前矣吾欲全吾言安得全吾身且夫貞臣也難至而節見忠臣也累至而行明子則有賜而忠我矣雖然吾有語在前者也終不敢失李兌曰諾子勉之矣吾見子已今年耳涕泣而出李兌數見公子成以備田不禮之事異日肥義謂信期曰〔索隱〕即下文高信也〔正義〕上音申 公子與田不禮甚可憂也其於義也聲善而實惡此爲人也不子不臣吾聞之也姦臣在朝國之殘也讒臣在中主之蠹也此人貪而欲大內得主而外爲暴矯令爲慢以擅一旦之命不難爲也禍且逮國今吾憂之夜而忘寐飢而忘食盜賊出入不可不備自今以來若有召王者必見吾面我將先以身當之無故而王乃入信期曰善哉吾得聞此也四年朝羣臣安陽君亦來朝主父令王聽朝而自從旁觀窺羣臣宗室之禮見其長子章傫然也反北面爲臣詘於其弟心憐之於是乃欲分趙而王章於代計未決而輟主父及王游沙丘異宮〔正義〕在邢州平鄉縣東北二十里也 公子章即以其徒與田不禮作亂詐以主父令召王肥義先入殺之高信即與王戰公子成與李兌自國至乃起四邑之兵入距難殺公子章及田不禮滅其黨賊而定王室公子成爲相號安平君李兌爲司寇公子章之敗往走主父主父開之〔索隱〕開謂開門而納之俗本亦作閉者非也譙周及孔衍皆作開之閉謂藏也〔正義〕謂不責其反叛之罪容其入宮閉藏也 成兌因圍主父宮公子章死公子成李兌謀曰以章故圍主父即解兵吾屬夷矣乃遂圍主父令宮中人後出者夷宮中人悉出主父欲出不得又不得食探爵鷇而食之〔集解〕綦毋邃曰鷇爵子也〔索隱〕生受哺者謂之鷇 三月餘而餓死沙丘宮〔集解〕應劭曰武靈王葬代郡靈丘縣 主父定死乃發喪赴諸侯是時王少成兌專政畏誅故圍主父主父初以長子章爲太子後得吳娃愛之爲不出者數歲生子何乃廢太子章而立何爲王吳娃死愛弛憐故太子欲兩王之猶豫未決故亂起以至父子俱死爲天下笑豈不痛乎〔集解〕徐廣曰或無此十四字 主父死惠文王立立五年與燕鄚易〔集解〕徐廣曰皆屬涿郡鄚音莫 八年城南行唐〔集解〕徐廣曰在常山〔正義〕行寒庚反括地志云行唐縣屬冀州爲南行唐築城 九年趙梁將與齊合軍攻韓至魯關下及〔正義〕劉伯莊云蓋在南陽魯陽關按汝州魯山縣古魯陽城 十年秦自置爲西帝十一年董叔與魏氏伐宋得河陽於魏秦取梗陽〔集解〕杜預曰太原晉陽縣南梗陽城也〔索隱〕地理志云太原榆次有梗陽鄉與杜預所據小別也〔正義〕括地志云梗陽故城在并州淸源縣南百二十步分晉陽縣置本漢榆次縣地春秋晉大夫祁氏邑也 十二年趙梁將攻齊十三年韓徐爲將攻齊公主死〔索隱〕蓋吳娃女惠文王之姊 十四年相國樂毅將趙秦韓魏燕攻齊取靈丘〔索隱〕年表及韓魏等系家五國攻齊在明年然此下文十五年重擊齊是此文爲得蓋此年同伐齊耳〔正義〕蔚邱縣也 與秦會中陽〔正義〕括地志云中陽故城在汾州隰城縣南漢中陽縣也 十五年燕昭王來見趙與韓魏秦共擊齊齊王敗走燕獨深入取臨菑十六年秦復與趙數擊齊齊人患之蘇厲爲齊遺趙王書曰臣聞古之賢君其德行非布於海內也教順非洽於民人也祭祀時享非數常於鬼神也甘露降時雨至年穀豐熟民不疾疫衆人善之然而賢主圖之今足下之賢行功力非數加於秦也怨毒積怒非素深於齊也秦趙與國以彊徵兵於韓秦誠愛趙乎其實憎齊乎物之甚者賢主察之秦非愛趙而憎齊也欲亡韓而吞二周故以齊餤天下恐事之不合故出兵以劫魏趙恐天下畏己也故出質以爲信恐天下亟反也故徵兵於韓以威之聲以德與國而實伐空韓〔索隱〕與國趙也秦令爲與國秦徵兵於韓共趙伐齊以威韓和趙是以德與國也 臣以秦計爲必出於此夫物固有勢異而患同者楚久伐而中山亡今齊久伐而韓必亡破齊王與六國分其利也亡韓秦獨擅之收二周西取祭器秦獨私之賦田計功王之獲利孰與秦多說士之計曰韓亡三川〔正義〕河南之地兩川之間 魏亡晉國〔正義〕河北之地安邑河內 市朝未變而禍已及矣燕盡齊之北地去沙邱鉅鹿斂三百里〔正義〕沙邱邢州也鉅鹿冀州也齊北界貝州也斂減也言破齊滅韓之後燕之南界秦之東界相去減三百里趙國在中間也 韓之上黨去邯鄲百里燕秦謀王之河山間三百里而通矣秦之上郡〔正義〕鄜延等州也 近挺關至於榆中者千五百里秦以三郡攻王之上黨〔正義〕秦上黨郡今澤潞儀沁等四州之地兼相州之半韓總有之至七國時趙得儀沁二州之地韓猶有潞州及澤州之半半屬趙魏沁州在羊腸坂之西儀并代三州在句注山之南秦以三郡攻趙之澤潞則句注之南趙無地然秦始皇置上黨郡此言之者太史公郤引前書也他皆倣此 羊腸之西〔正義〕太行山坂道名南屬懷州北屬澤州 句注之南〔正義〕句注山在代州西北也 非王有已踰句注斬常山而守之三百里而通於燕代馬胡犬不東下〔正義〕言秦踰句注山斬常山而守之西北代馬胡犬不東入沙州崑山之玉亦不出至趙矣郭璞云胡地野犬似狐而小 崑山之玉不出此三寶者亦非王有已王久伐齊從彊秦攻韓其禍必至於此願王熟慮之且齊之所以伐者以事王也〔正義〕以趙王爲事也而秦必伐之也 天下屬行以謀王也〔正義〕上音燭下胡郎反言秦欲令齊稱帝與約五國共滅趙三分趙地 燕秦之約成而兵出有日矣五國三分王之地〔正義〕謂秦齊韓魏燕三分趙之地也 齊倍五國之約而殉王之患〔正義〕齊王以身從趙王之患也 西兵以禁彊秦秦廢帝請服〔正義〕言秦齊相約欲更重稱帝故言廢帝也 反高平根柔於魏〔集解〕徐廣曰紀年云魏哀王四年改陽曰河雍向曰高平也根柔一作樓柔一作平柔〔正義〕返還也括地志云高平故城在懷州河陽縣西四十里紀年云魏哀王改向曰高平也根柔未詳兩邑魏地也 反巠分〔集解〕徐廣曰一作王公 先俞於趙〔集解〕徐廣曰爾雅曰西俞鴈門是也〔正義〕巠音邢分字誤當作山字括地志云句注山一名西陘山在代州鴈門縣西北四十里俞音戍郭注云西俞鴈門山也按西先俞相近蓋陘山西隃二山之地並在代州鴈門縣皆趙地也 齊之事王宜爲上佼〔索隱〕佼猶行也 而今乃抵辠〔正義〕謂共秦伐齊也 臣恐天下後事王者之不敢自必也願王熟計之也今王毋與天下攻齊天下必以王爲義齊抱社稷而厚事王天下必盡重王義王以天下善秦秦暴王以天下禁之是一世之名寵制於王也於是趙乃輟謝秦不擊齊王與燕王遇廉頗將攻齊昔陽〔正義〕括地志云昔陽故城一名陽城在并州樂平縣東春秋釋地名云昔陽肥國所都也樂平城沾縣東昔陽城肥國白狄別種也樂平縣漢沾縣城也 取之十七年樂毅將趙師攻魏伯陽〔正義〕括地志云伯陽故城一名邯會城在相州鄴縣西五十五里七國時魏邑漢邯會城 而秦怨趙不與己擊齊伐趙拔我兩城十八年秦拔我石城〔正義〕地理志云右北平有石城縣括地志云石城在相州林慮縣西南九十里疑相州石城是 王再之衞東陽決河水〔正義〕括地志云東陽故城在貝州歷亭縣界按東陽先屬衞今屬趙河歷貝州南東北流過河南岸即魏地也故言王再之衞東陽伐魏氏也 伐魏氏大潦漳水出魏冉來相趙十九年秦敗我二城趙與魏伯陽趙奢將攻齊麥丘取之二十年廉頗將攻齊王與秦昭王遇西河外〔集解〕徐廣曰年表云與秦會黽池 二十一年趙徙漳水武平西〔正義〕括地志云武平亭今名渭城在瀛州文安縣北七十二里按二十七年又徙漳水武平南 二十二年大疫置公子丹爲太子二十三年樓昌將攻魏幾〔正義〕音祈傳云伐齊幾拔之又戰國策云秦敗閼與及攻魏幾幾邑或屬齊或屬魏當在相潞之間也 不能取十二月廉頗將攻幾取之二十四年廉頗將攻魏房子〔集解〕徐廣曰屬常山 拔之因城而還又攻安陽取之二十五年燕周將攻昌城〔集解〕徐廣曰屬齊郡〔索隱〕燕周趙人爲趙將〔正義〕括地志云故昌城在淄州淄川縣東北四十里也 高唐取之與魏共擊秦秦將白起破我華陽〔正義〕括地志云故華陽城在鄭州管城縣南四十里司馬彪云華陽亭在今洛州密縣是時韓趙聚兵於華陽西攻秦 得一將軍二十六年取東胡〔正義〕今營州也 歐代地〔索隱〕蓋東胡叛趙驅略代地人衆以叛故取之也 二十七年徙漳水武平南封趙豹爲平陽君〔集解〕戰國策曰趙豹平陽君惠文王母弟 河水出大潦二十八年藺相如伐齊至平邑〔正義〕括地志云平邑故城在魏州昌樂縣東北四十里也 罷城北九門大城〔正義〕恒州九門縣城 燕將成安君公孫操弑其王〔集解〕徐廣曰年表云是燕武成王元年〔索隱〕樂資云其王即惠王 二十九年秦韓相攻而圍閼與〔正義〕上於連反下音預括地志云閼與聚落今名烏蘇城在潞州銅鞮縣西北二十里又儀州和順縣城亦云韓閼與邑二所未詳又有閼與山在洺州武安縣西五十里蓋是也 趙使趙奢將擊秦大破秦軍閼與下賜號爲馬服君〔正義〕因馬服山爲號也虞喜志林云馬兵之首也號曰馬服者言能服馬也括地志云馬服山在邯鄲縣西北十里也 三十三年惠文王卒太子丹立是爲孝成王孝成王元年〔集解〕徐廣曰平原君相也 秦伐我拔三城趙王新立太后用事秦急攻之趙氏求救於齊齊曰必以長安君〔正義〕長安君者以長安善故名也 爲質兵乃出〔索隱〕孔衍云長安君惠文后之少子也趙亦有長安今其地闕 太后不肯大臣彊諫太后明謂左右曰復言長安君爲質者老婦必唾其面左師觸龍言願見太后太后盛氣而胥之入〔集解〕駰案胥猶須也穀梁傳曰胥其出也 徐趨而坐自謝曰老臣病足曾不能疾走不得見久矣竊自恕而恐太后體之有所苦也故願望見太后太后曰老婦恃輦而行〔索隱〕束晳云趙惠文王子何者吳廣之甥娃嬴之子也如系家計之則武靈王十六年夢吳娃而納之至二十七年王崇及惠文王三十二年卒孝成王元年遣長安君質於齊若娃年十八入王宮至此在六十左側亦可稱老矣而束晳言太后纔三十有奇者謬也 曰食得毋衰乎曰恃粥耳曰老臣閒者殊不欲食乃彊步日三四里少益嗜食和於身也太后曰老婦不能太后不和之色少解左師公曰老臣賤息舒祺最少不肖而臣衰竊憐愛之願得補黑衣之缺以衞王宮昧死以聞太后曰敬諾年幾何矣對曰十五歲矣雖少願及未塡溝壑而託之太后曰丈夫亦愛憐少子乎對曰甚於婦人太后笑曰婦人異甚對曰老臣竊以爲媼之愛燕后賢於長安君太后曰君過矣不若長安君之甚左師公曰父母愛子則爲之計深遠媼之送燕后也持其踵爲之泣念其遠也亦哀之矣已行非不思也祭祀則祝之曰必勿使反豈非計長久爲子孫相繼爲王也哉太后曰然左師公曰今三世以前至於趙主之子孫爲侯者其繼有在者乎曰無有曰微獨趙諸侯有在者乎曰老婦不聞也曰此其近者禍及其身遠者及其子孫豈人主之子侯則不善哉位尊而無功奉厚而無勞而挾重器多也今媼尊長安君之位而封之以膏腴之地多與之重器而不及今令有功於國一旦山陵崩長安君何以自託於趙老臣以媼爲長安君之計短也故以爲愛之不若燕后太后曰諾恣君之所使之於是爲長安君約車百乘質於齊齊兵乃出子義聞之〔索隱〕子義趙之賢人 曰人主之子骨肉之親也猶不能持無功之尊無勞

之奉而守金玉之重也而況於予乎齊安平君【正義】括地志云安平城在青州臨淄縣東十九里古紀之酅邑也田單將趙師而攻燕中陽【正義】燕無中陽括地志云中山故城一名中人亭在定州唐縣東北四十一里爾時屬燕國也拔之又攻韓注人【正義】邑名也括地志云注城在汝州梁縣西十五里蓋是其地也拔之二年惠文后卒田單爲相四年王夢衣偏裻之衣【正義】杜預云偏左右異色裻在中左右異故曰偏按裻衣背縫也乘飛龍上天不至而墜見金玉之積如山明日王召筮史敢占之曰夢衣偏裻之衣者殘也乘飛龍上天不至而墜者有氣而無實也見金玉之積如山者憂也後三日韓氏上黨守馮亭使者至曰韓不能守上黨入之於秦其吏民皆安爲趙不欲爲秦有城市邑十七願再拜入之趙聽王所以賜吏民王大喜召平陽君豹告之曰馮亭入城市邑十七受之何如對曰聖人甚禍無故之利王曰人懷吾德何謂無故乎對曰夫秦蠶食韓氏地中絕不令相通固自以爲坐而受上黨之地也韓氏所以不入於秦者欲嫁其禍於趙也秦服其勞而趙受其利雖彊大不能得之於小弱小弱顧能得之於彊大乎豈可謂非無故之利哉且夫秦以牛田之【集解】徐廣曰一無之字【正義】秦蠶食韓氏國中斷不通夫牛耕田種穀至秋則收之成熟之義也言秦伐韓上黨勝有日矣若牛田之必冀其收穫矣水通糧【正義】秦從渭水漕東入河洛軍擊韓上黨也蠶食上乘倍戰者【正義】秦承謟反蠶食桑葉漸進必盡也司馬法云百畝爲夫夫三爲屋屋三爲井井十爲通通十爲成成出革車一乘七十二人也上乘天下第一也倍戰力攻也韓國四戰之地軍士慣習倍於餘國裂上國之地其政行不可與爲難必勿受也【正義】上國秦地也言韓上黨之地以列爲秦國之地其政已行趙不可與秦作難必莫受馮亭十七邑也王曰今發百萬之軍而攻踰年歷歲未得一城也今以城市邑十七幣吾國此大利也【正義】馮亭將十七邑入趙若幣帛之見遺此大利也趙豹出王召平原君與趙禹而告之對曰發百萬之軍而攻踰歲未得一城今坐受城市邑十七此大利不可失也王曰善乃令趙勝受地告馮亭曰敝國使者臣勝敝國君使勝致命以萬戶都三封太守【正義】爾時未合言太守至漢景帝始加太守此言太衍字也千戶都三封縣令皆世世爲侯吏民皆益爵三級吏民能相安皆賜之六金馮亭垂涕不見使者曰吾不處三不義也爲主守地不能死固不義一矣入之秦不聽主令不義二矣賣主地而食之不義三矣趙遂發兵取上黨【集解】駰案漢書馮奉世傳曰趙封馮亭爲華陵君與趙將括距秦戰死於長平宗族由是分散或在趙在趙者爲官師將官師將子爲代相及秦滅六國而馮亭之後馮無擇馮去疾馮劫皆爲秦將相焉漢興馮唐即代相之子也上黨記云馮亭冢在壺關城西五里廉頗將軍軍長平【正義】括地志云長平故城在澤州高平縣西二十一里即白起敗括於長平處七年廉頗免而趙括代將秦人圍趙括趙括以軍降卒四十餘萬皆阬之王悔不聽趙豹之計故有長平之禍焉王還不聽秦秦圍邯鄲【集解】徐廣曰在九年武垣令【集解】徐廣曰河間有武垣縣本屬涿郡【正義】括地志云武垣故城今瀛州城是也傅豹王容蘇射率燕衆反燕地【正義】武垣此時屬趙與燕接境故云率燕衆反燕地也趙以靈丘【正義】括地志云靈邱蔚州理縣也封楚相春申君八年平原君如楚請救還楚來救及魏公子無忌亦來救【正義】魏公子傳云趙王以鄗爲公子湯沐邑年表云九年公子無忌救邯鄲圍在九年其文錯誤耳秦圍邯鄲乃解十年燕攻昌壯【集解】徐廣曰一作壯【正義】壯字誤當作城括地志云昌城故城在冀州信都縣西北五里此時屬趙故攻之也五月拔之趙將樂乘慶舍攻秦信梁軍破之【集解】徐廣曰年表云新中軍也【索隱】信梁秦將也【正義】信梁蓋王齕也秦本紀云昭襄王五十年王齕從唐拔寧新中寧新中更名安陽今相州理縣也年表云韓魏楚救趙新中軍秦兵罷是也太子死【集解】徐廣曰是年周赧王卒或者太子云天子乎【索隱】趙太子也史失名而秦攻西周拔之徒父祺出【索隱】徒父祺趙大夫名十一年城元氏【集解】地理志常山有元氏縣【正義】元氏趙州縣縣上原武陽君鄭安平死【集解】徐廣曰故秦將降趙也收其地十二年邯鄲廥燒【集解】徐廣曰廥廄之名音膾也【索隱】廥積芻藁之處爲火所燒也十四年平原君趙勝死【索隱】在十五年表十五年以尉文封相國廉頗爲信平君【索隱】尉文蓋地名或曰尉官文名謂以尉文所食之地以封廉頗也古文質畧文省耳【正義】尉文蓋蔚州地也信平廉頗號也燕王令丞相栗腹約驩以五百金爲趙王酒還歸報燕王曰趙氏壯者皆死長平其孤未壯可伐也王召昌國君樂閒而問之對曰趙四戰之國也其民習兵伐之不可王曰吾以衆伐寡二而伐一可乎對曰不可王曰吾卽以五而伐一可乎對曰不可燕王大怒羣臣皆以爲可燕卒起二軍車二千乘栗腹將而攻鄗卿秦將而攻代【索隱】二人皆燕將姓名廉頗爲趙將破殺栗腹虜卿秦樂閒【正義】三人皆燕將姓也十六年廉頗圍燕以樂乘爲武襄君【正義】襄舉也上也言樂乘功最高也十七年假相大將武襄君攻燕圍其國十八年延陵鈞【集解】徐廣曰代郡有延陵縣率師從相國信平君助魏攻燕秦拔我榆次【集解】徐廣曰在太原三十七城十九年趙與燕易土【索隱】音亦謂燕易縣也以龍兌汾門臨樂與燕【集解】徐廣曰龍兌汾門在北新城方城有臨鄉【正義】括地志云北新城故城在易州遂城縣西南二十里按遂城西南二十五里有龍山邢子勵趙記云龍山有四麓各有一穴大如車輪春風出東秋風出西夏風出南冬風出北不相奪倫按蓋謂龍兌也汾門括地志云易州永樂縣有徐水出廣昌嶺三源奇發同瀉一澗流至北平縣東南歷石門中俗謂之龍門水經其間奔激南出觸石成井蓋汾字誤也遂城及永樂北新城地也臨樂括地志云臨鄉故城在幽州固安六十七里燕以葛武陽平舒與趙【集解】徐廣曰葛城在高陽平舒在代郡【正義】括地志云故葛城又名西河城在瀛州高陽縣西北五十里平舒故城在蔚州靈丘縣北九十三里二十年秦王政初立秦拔我晉陽二十一年孝成王卒廉頗將攻繁陽取之【集解】徐廣曰在頓丘【正義】括地志云繁陽故城在相州內黃縣東北二十七里應劭云繁水之北故曰繁陽也使樂乘代之廉頗攻樂乘樂乘走廉頗亡入魏子偃立是爲悼襄王悼襄王元年大備【集解】徐廣曰一作脩【正義】行大備之禮也魏欲通平邑中牟之道不成【正義】平邑在魏州昌樂縣東北三十里相州湯陰縣西五十八里有中牟山按中牟山之側時二邑皆屬魏欲渡黃河作道相通遂不成也二年李牧將攻燕拔武遂方城【集解】徐廣曰武遂屬安平【正義】括地志云易州遂城戰國時武遂城也方城故在幽州固安縣南十七里時二邑屬燕趙使李牧拔之也秦召春平君因而留之泄鈞【正義】人姓名也爲之謂文信侯曰春平君者趙王甚愛之而郎中妬之故相與謀曰春平君入秦秦必留之故相與計而內之秦也今君留之是絕趙而郎中之計中也君不如遣春平君而留平都【正義】括地志云平都縣在新興郡與陽周縣相近春平君者言行信於王王必厚割趙而贖平都文信侯曰善因遣之【集解】徐廣曰年表云太子從質秦歸【正義】按太子卽春平君也城韓皋三年龐煖將攻燕禽其將劇辛四年龐煖將趙楚魏燕之銳師攻秦蕞【集解】徐廣曰在新豐不拔移攻徐取饒安【集解】徐廣曰在渤海又云饒屬北海安屬平原【正義】饒安滄州縣也七國時屬齊戰國時屬趙五年傅抵【正義】上音付下音邸趙將姓名將居平邑慶舍將東陽【正義】屬貝州在河北岸河外師守河梁【正義】河外河南岸魏州地也河梁橋也六年封長安君以饒【正義】卽饒陽也瀛州饒陽縣東十里饒陽故城漢縣也明長安縣是號也魏與趙鄴九年趙攻燕取貍陽城【正義】按燕無貍陽疑貍字誤當作漁陽故城在檀州密雲縣南十八里燕漁陽郡城也按趙東界至瀛州則檀州在北趙攻燕取漁陽城也兵未罷秦攻鄴拔之【集解】徐廣曰今饒陽在河間又年表曰拔鄴與九城悼襄王卒子幽繆王遷立幽繆王遷元年【集解】徐廣曰又云潛王世本云孝成王丹生悼襄王偃偃生今王遷年表及史考趙遷皆無謚【索隱】徐廣云王遷無謚今唯此獨稱幽繆王者蓋秦滅趙之後人臣竊追謚之太史公或別有所見而記也城柏人二年秦攻武城【集解】徐廣曰年表云秦敗我平陽扈輒率師救之軍敗死焉三年秦攻赤麗宜安【正義】括地志云宜安故城在恒州槀城縣西南二十里也李牧率師與戰肥下卻之【正義】括地志云肥纍故城在恒州槀城縣西七里春秋時肥子國白狄別種也封牧爲武安君四年秦攻番吾【正義】上音婆又音盤又作蒲括地志云蒲吾城在恒州房山縣東二十里也李牧與之戰卻之五年代地大動自樂徐以西【集解】徐廣曰樂徐一作除北至平陰【正義】樂徐在晉州平陰在汾州也臺屋牆垣太半壞地坼東西百三十步【正義】其坼溝見在亦在晉汾二州界也六年大饑民譌言曰趙爲號秦爲笑以爲不信視地之生毛七年秦人攻趙趙大將李牧將軍司馬尚將擊之李牧誅司馬尚免趙怱及齊將顏聚代之趙怱軍破顏聚亡去以王遷降【正義】淮南子云趙王遷流於房陵思故鄉則爲作山木之謳聞之者莫不隕涕括地志云趙王遷墓在房州房陵縣西九里也八年十月邯鄲爲秦

太史公曰吾聞馮王孫曰趙王遷其母倡也【集解】徐廣曰列女傳曰邯鄲之倡嬖於悼襄王悼襄王廢適子嘉而立遷遷素無行信讒故誅其良將李牧用郭開豈不謬哉秦旣虜遷趙之亡大夫共立嘉爲王王代六歲秦進兵破嘉遂滅趙以爲郡

【索隱述贊】曰趙氏之世與秦同祖周穆平徐乃封造父帶始事晉夙初有土岸賈矯誅韓厥立武寶符臨代卒居伯魯簡夢翟犬靈歌處女胡服雖彊建立非所頗牧不用王遷囚虜

史記卷四十三考證

趙世家見西王母樂之忘歸索隱或曰地名在西域有何據乎○臣照按爾雅觚竹北戶西王母日下謂之四荒烏得謂無據乎

居原任國攻索隱今鴈門原平縣也○原平監本作平原考後漢書地理志改正

殺趙朔趙同趙括趙嬰齊○容齋隨筆曰春秋於魯成公八年書晉殺趙同趙括於十年書晉景公卒相去二年而史記乃有屠岸賈欲滅趙氏程嬰公孫杵臼共匿趙孤十五年景公復立趙氏之說以年世考之則自同括死後景公又卒厲公立八年而弒悼公公立又五年矣其乖妄如是嬰杵臼之事乃戰國俠士刺客所爲春秋時風俗無此也困學紀聞曰左傳正義曰欒書將下軍則於時朔已死矣不得與同括俱死也晉君明諸臣強無容有屠岸賈輒廁其間如此專恣呂成公云史記失於傳聞之差是時晉室正盛而云索莊姬子於宮中晉宮中自有紀綱不容如此趙朔已亡而云與同括同時死以二者考之見其誤

趙朔妻成公姊有遺腹○考要曰同括死時已有趙武無遺腹之說又事出莊姬不關岸賈未知史遷何據

更立襄公曾孫周集解徐廣曰年表云襄公孫也索隱晉系家云襄公少子名周○晉世家云悼公周者其大父捷襄公少子也與此同與索隱不符年表亦脫曾字與此異

嬴姓將大敗周人於范魁之西正義取衞都鄗○監本訛作衞取都鄗今改正

吾有所見子晣也索隱簡子見當道者乃寤曰嘻是故吾前夢所見者知其名曰子晣也○徐孚遠曰吾見子晣者蓋言夢中見子甚明白也不謂其人名晣

簡子曰奏之○簡監本訛作節今改正

晉定公之十四年范中行作亂○余有丁曰范中行氏因邯鄲午而作亂其說見下此先言之誤

陰令宰人各以枓擊殺代王及從官集解徐廣曰一作雛○臣照按徐孚遠曰本文各字蓋言殺代王及其從官各用銅枓擊之也徐廣曰一作雛則以雛爲宰人名也今按徐廣說是蓋以枓擊殺代王者猶寘劍魚中之類代王旣死其從官之被殺固不必問其用何器矣寧有令庖人盡持枓以爲戰具之理耶

唯高共集解徐廣曰一作赫○韓非子及淮南人間訓作高赫呂氏春秋作高赦

敗齊于靈邱集解地理志曰代郡有靈邱縣○余有丁

曰此靈邱齊地非代郡之靈邱

命乎命乎曾無我嬴○列女傳作命兮命兮逢天時而生曾莫我嬴嬴

十八年秦武王與孟說舉龍文赤鼎絕臏而死○按年表在十九年

寵有孝悌長幼順明之節○戰國策作窮有辭讓之節

禹袒祼國○按戰國策云禹袒入祼國

王緤○戰國策作王孫緤

兄弟之通義也集解徐廣曰兄弟一作元夷元始也夷平也○戰國策作先王

吾國東有河薄洛之水集解徐廣曰安平經縣西有漳水津名薄洛津○按秦藩本此下有正義按安平縣屬定州也共八字

仇液之韓○戰國策作仇赫

二十五年惠后卒索隱謂武靈王之后前太子章之母惠文王之嫡母也惠后卒後吳娃始當正室至孝成二年稱惠文后卒是也而下文又云吳娃死後娃子何寵衰故太子欲兩王之是誤也○厄林曰子長旣云是爲惠后又云二十七年立王子何爲王是爲惠文王惠文王惠后吳娃子也又云吳娃死後子何寵衰反覆著明則此二十五年卒者其爲孟姚無疑不得以爲子章母也若惠文后卒者是惠文之后故稱惠文后耳自春秋夫人及歷代帝王妃后謚皆從夫或別自易諱未有從其子謚者而獨子何之母仍子謚稱歷考古今未聞斯典

主父死惠文王立○徐孚遠曰主父已傳位於子此云惠文王立誤也

怨毒積怒非素深於齊也○戰國策作怨毒積惡非曾深陵於韓也

且齊之所以伐者以事王也正義以趙王爲事也而秦必伐之也○徐孚遠曰此注不明蓋言齊之所以見惡於天下者以其服事趙也故下云齊倍約而殉王之患爲齊解於趙語

反高平根柔於魏反巠分先俞於趙○戰國策作反溫軹高平於魏反三公什清於趙

左師觸龍言願見太后○臣照按說苑桀臣有左師觸龍荀子議兵篇微子開封于宋曹觸龍斷於軍觸龍古有是名戰國策作觸讋并下言字作一字蓋誤也

老婦恃輦而行索隱束晳云趙惠文王子何者吳廣之甥娃嬴之子也如系家計之則武靈王十六年夢吳娃而納之至二十七年王薨及惠文王三十二年卒孝成王元年遣長安君質於齊若娃年二十入王宮至此在六十左側亦可稱老矣而束廣徵言太后纔三十有奇者誤也○厄林曰以惠文后爲吳娃則長安君主父之子也至是時已三四十歲矣尚需其母愛憐之乎吳娃以主父十六年入宮子何之生應在十七年則二十七年惠文爲王已得齡十一二矣惠文王三十三矣上去東宮時十二年下至孝成元年合得四十六年使王后長于惠文理亦有之卽與惠文並歲亦已望五十矣素問女子六七面皆焦髮始白七七形壞無子何得不稱老婦以此而觀廣徵謂三十有奇果未爲得也

有城市邑十七○戰國策作七十

七年廉頗免而趙括代將秦人圍趙括趙括以軍降卒四十餘萬皆阬之○按年表阬卒在六年

虜卿秦樂間○徐孚遠曰樂間以諫燕王不聽自歸趙非戰敗被虜也

秦召春平君○戰國策作春平侯

君不如遣春平君而留平都○戰國策平都下有侯字

吾聞馮王孫曰○馮唐傳云唐子遂字王孫與余善

史記卷四十四

史記卷四十四

漢　太　史　令　司馬遷　撰

宋　中　郎　外　兵　曹　參　軍　裴　駰　集解

唐　國　子　博　士　弘　文　館　學　士　司　馬　貞　索隱

唐　諸　王　侍　讀　率　府　長　史　張　守　節　正義

魏世家第十四

魏之先畢公高之後也畢公高與周同姓【索隱】左傳富辰說文王之子十六國有畢原豐郇言畢公是文王之子此云與周同姓似不用左氏之說馬融亦云畢毛文王庶子 武王之伐紂而高封於畢【集解】杜預曰畢在長安縣西北【正義】括地志云畢原在雍州萬年縣西南二十八里 於是爲畢姓其後絕封爲庶人或在中國或在夷狄其苗裔曰畢萬事晉獻公獻公之十六年趙夙爲御畢萬爲右以伐霍耿魏滅之以耿封趙夙以魏封畢萬【正義】魏城在陝州芮城縣北五里鄭玄詩譜云魏姬姓之國武王伐紂而封焉 爲大夫卜偃曰【索隱】晉掌卜大夫郭偃也 畢萬之後必大矣萬滿數也魏大名也以是始賞天開之矣天子曰兆民諸侯曰萬民今命之大以從滿數其必有衆初畢萬卜事晉遇屯之比辛廖占之曰吉屯固比入吉孰大焉其必蕃昌畢萬封十一年晉獻公卒四子爭更立晉亂而畢萬之世彌大從其國名爲魏氏生武子【索隱】左傳武子名犨系本云畢萬生芒季芒季生武仲州州與犨聲相近字因以異代亦不同 魏武子以魏諸子事晉公子重耳晉獻公之二十一年武子從重耳出亡十九年反重耳立爲晉文公而令魏武子襲魏氏之後封列爲大夫治於魏生悼子魏悼子徙治霍【索隱】系本云武仲生莊子絳無悼子又系本居篇曰魏武子居魏悼子徙霍宋忠曰霍地名今河東彘縣也則是有悼子系本卿大夫代自脫耳然魏今河北魏縣是也【正義】晉州霍邑縣漢彘縣也後漢改曰永安隋改曰霍邑本春秋時霍伯國也 生魏絳魏絳事晉悼公悼公三年會諸侯悼公弟楊干亂行魏絳僇辱楊干【索隱】左傳云僇楊干之僕 悼公怒曰合諸侯以爲榮今辱吾弟將誅魏絳或說悼公悼公止卒任魏絳政使和戎翟戎翟親附悼公之十一年曰自吾用魏絳八年之中九合諸侯戎翟和子之力也賜之樂三讓然後受之徙治安邑【正義】安邑在絳州夏縣安邑故城是 魏絳卒謚爲昭子【集解】徐廣曰世本曰莊子【索隱】系本錯也居篇又曰昭子徙安邑亦與此文同 生魏嬴嬴生魏獻子【索隱】系本云獻子名荼荼莊子之子無魏嬴也 獻子事晉昭公昭公卒而六卿彊公室卑晉頃公之十二年韓宣子老魏獻子爲國政晉宗室祁氏羊舌氏相惡六卿誅之盡取其邑爲十縣六卿各令其子爲之大夫獻子與趙簡子中行文子范獻子並爲晉卿【索隱】簡子趙鞅文子荀寅獻子范吉射 其後十四歲而孔子相魯後四歲趙簡子以晉陽之亂也而與韓魏共攻范中行氏魏獻子生魏侈【索隱】侈他本亦作哆蓋哆字誤而代數錯也系本獻子生簡子取取生襄子侈而左傳云魏曼多是也則侈是襄子中間少簡子一代 魏侈與趙鞅共攻范中行氏魏侈之孫曰魏桓子【索隱】系本云襄子生桓子駒 與韓康子趙襄子共伐滅知伯【索隱】康子名虎襄子名無恤智伯知瑤也本姓荀亦曰荀瑤【正義】知音智括地志云故智城在蒲州虞鄉縣西北四十里古今地名云解縣有智城蓋謂此也 分其地桓子之孫曰文侯都【集解】徐廣曰世本云斯也【索隱】系本桓子生文侯斯其傳云獮子撰是魏駒之子與此系代亦不同也 魏文侯元年秦靈公之元年也與韓武子趙桓子周威王同時【索隱】系本武子名啓章康子之子桓子名嘉襄子之子 六年城少梁十三年使子擊圍繁龐出其民十六年伐秦築臨晉元里十七年伐中山使子擊守之趙倉唐傅之子擊逢文侯之師田子方於朝歌引車避下謁田子方不爲禮子擊因問曰富貴者驕人乎且貧賤者驕人乎子方曰亦貧賤者驕人耳夫諸侯而驕人則失其國大夫而驕人則失其家貧賤者行不合言不用則去之楚越若脫躧然奈何其同之哉子擊不懌而去西攻秦至鄭而還築雒陰合陽【正義】雒漆沮水也城在水南郃陽郃水之北括地志云郃陽故城在同州河西縣南三里雒陰在同州西也 二十二年魏趙韓列爲諸侯二十四年秦伐我至陽狐【正義】括地志云陽狐郭在魏州元城縣東北三十里也 二十五年子擊生子罃【索隱】罃音乙耕反擊武侯名 文侯受子夏經藝客段干木過其閭未嘗不軾也【正義】過先臥反文侯軾干木閭也皇甫謐高士傳云木晉人也守道不仕魏文侯欲見造其門干木踰牆避之文侯以客禮待之出過其閭而軾其僕曰君何軾曰段干木賢者也不趨勢利懷君子之道隱處窮巷聲馳千里吾安得勿軾干木先乎德寡人先乎勢干木富乎義寡人富乎財勢不若德貴財不若義高又請爲相不肯後卑己固請見與語文侯立倦不敢息淮南子云段干木晉之大駔而爲文侯師呂氏春秋云魏文侯見段干木立倦而不敢息及見翟璜踞於堂而與之言翟璜不悅文侯曰段干木官之則不肯祿之則不受今汝欲官則相至欲祿則上卿至既受吾賞又責吾禮無乃難乎 秦嘗欲伐魏或曰魏君賢人是禮國人稱仁上下和合未可圖也文侯由此得譽於諸侯任西門豹守鄴而河內稱治【索隱】大河在鄴東故名鄴爲河內【正義】古帝王之都多在河東河北故呼河北爲河內河南爲河外又云河從龍門南至華陰東至衞州折東北入海曲繞冀州故言河內云也

魏文侯謂李克曰先生嘗敎寡人曰家貧則思良妻國亂則思良相今所置非成則璜【集解】徐廣曰文侯弟名成 二子何如李克對曰臣聞之卑不謀尊疏不謀戚臣在闕門之外不敢當命文侯曰先生臨事勿讓李克曰君不察故也居視其所親富視其所與達視其所舉窮視其所不爲貧視其所不取五者足以定之矣何待克哉文侯曰先生就舍寡人之相定矣李克趨而出過翟璜之家翟璜曰今者聞君召先生而卜相果誰爲之李克曰魏成子爲相矣翟璜忿然作色曰以耳目之所覩記臣何負於魏成子西河之守臣之所進也君內以鄴爲憂臣進西門豹君謀欲伐中山臣進樂羊中山已拔無使守之臣進先生君之子無傅臣進屈侯鮒臣何以負於魏成子李克曰且子之言克於子之君者豈將比周以求大官哉君問而置相非成則璜二子何如克對曰君不察故也居視其所親富視其所與達視其所舉窮視其所不爲貧視其所不取五者足以定之矣何待克哉是以知魏成子之爲相也且子安得與魏成子比乎魏成子以食祿千鍾什九在外什一在內是以東得卜子夏田子方段干木此三人者君皆師之子之所進五人者君皆臣之子惡得與魏成子比也翟璜逡巡再拜曰璜鄙人也失對願卒爲弟子

二十六年虢山崩壅河【集解】徐廣曰在陝駰案地理志曰弘農陝縣故虢國北虢在太陽東虢在滎陽【正義】括地志云虢山在陝州陝縣西二里臨黃河今臨河有岡阜似是頹山之餘也 三十二年伐鄭城酸棗敗秦于注【集解】司馬彪曰河南梁縣有注城也【正義】括地志云注城在汝州梁縣西十五里注或作鑄也 三十五年齊伐取我襄陵【集解】徐廣曰今在南平陽縣也 三十六年秦侵我陰晉【集解】徐廣曰今之華陰【索隱】年表作齊侵陰晉秦本紀云惠王六年魏納陰晉更名曰寧秦徐氏云今之華陰也 三十八年伐秦敗我武下【正義】括地志云故武城一名武之平城在華州鄭縣東十三里 得其將識【索隱】識將名也武下魏地 是歲文侯卒【索隱】紀年云五十年卒 子擊立是爲武侯

魏武侯元年趙敬侯初立【索隱】紀年云魏武侯元年當趙烈侯之十四年不同也又系本敬侯名章 公子朔爲亂不勝奔魏與魏襲邯鄲魏敗而去二年城安邑王垣【索隱】紀年十一年城洛陽及安邑王垣徐廣曰垣縣有王屋山故曰王垣【正義】括地志云故城漢垣縣本魏王垣也在絳州垣縣西北二十里 七年伐齊至桑丘【正義】年表云齊伐燕取桑丘故魏救燕伐齊至桑丘也括地志云桑丘故城俗名敬城在易州遂城縣界 九年翟

敗我于澮。【索隱】澮音古外反。于澮，於澮水之側。【正義】括地志云：澮高山又云澮山，在絳州翼城縣東北二十五里。澮水出此山也。使吳起伐齊，至靈丘。【正義】靈丘，蔚州縣也。時屬齊，故三晉伐之也。齊威王初立。【索隱】按紀年齊幽公之十八年而威王立。十一年，與韓趙三分晉地，滅其後。十三年，秦獻公縣櫟陽。十五年，敗趙北藺。【正義】在石州，趙之西北。屬趙，故云趙北藺也。十六年，伐楚，取魯陽。【正義】今汝州魯山縣也。武侯卒，【索隱】紀年云武侯二十六年卒。子罃立，是為惠王。

惠王元年。初，武侯卒也，子罃與公中緩【正義】中音仲。爭為太子。公孫頎自宋入趙，【索隱】頎音祁。紀年云武侯元年封公子緩。趙侯種、韓懿侯伐我，取蔡，而惠成王伐趙，圍濁陽。七年，公子緩如邯鄲以作難，是說此事也。自趙入韓，謂韓懿侯曰：【索隱】懿侯，哀侯之子。「魏罃與公中緩爭為太子，君亦聞之乎？今魏罃得王錯，【集解】徐廣曰：汲冢紀年惠王二年，魏大夫王錯出奔韓也。挾上黨，固半國也。因而除之，【集解】徐廣曰：除一作倍。【正義】按：除，除魏罃及王錯也。破魏必矣，不可失也。」懿侯說，乃與趙成侯合軍并兵以伐魏，戰于濁澤，【集解】徐廣曰：長社有濁澤。【索隱】系本云成侯名種。魏氏大敗，魏君圍。趙謂韓曰：「除魏君，立公中緩，割地而退，我且利。」韓曰：「不可。殺魏君，人必曰暴；割地而退，人必曰貪。不如兩分之。魏分為兩，不彊於宋、衛，則我終無魏之患矣。」趙不聽。韓不說，以其少卒夜去。惠王之所以身不死，國不分者，二家謀不和也。若從一家之謀，則魏必分矣。故曰「君終無適子，其國可破也」。【索隱】此蓋古人之言及俗說，故云「故曰」。

二年，魏敗韓于馬陵，敗趙于懷。三年，齊敗我觀。【集解】徐廣曰：齊世家云獻觀以和。年表曰伐魏取觀，今衛縣也。【索隱】田完系家云敗魏於濁澤而圍惠王，惠王請獻觀以和。【正義】魏州魏城縣，古之觀國。國語云夏啟子太康第五弟之所封也。夏衰滅之。五年，與韓會宅陽。城【正義】括地志云：宅陽故城一名北宅，在鄭州滎陽縣東南十七里。武堵。為秦所敗。【集解】徐廣曰：年表曰秦敗韓魏洛陽。六年，伐取宋儀臺。【索隱】表亦作義臺。然義臺見莊子，司馬彪亦曰臺名。郭象云義臺，靈臺也。九年，伐敗韓于澮。與秦戰少梁，虜我將公孫痤。【集解】徐廣曰：年表云虜我太子也。取龐。秦獻公卒，子孝公立。十年，伐取趙皮牢。彗星見。十二年，星晝墜，有聲。十四年，與趙會鄗。十五年，魯、衛、宋、鄭君來朝。【索隱】紀年魯恭侯、宋桓侯、衛成侯、鄭釐侯來朝，皆在十四年。鄭釐侯者，韓昭侯也。韓哀侯滅鄭而徙都之，遂改號曰鄭。十六年，與秦孝公會杜平。侵宋黃池，宋復取之。十七年，與秦戰元里，秦取我少梁。圍趙邯鄲。十八年，拔邯鄲。趙請救于齊，齊使田忌、孫臏救趙，敗魏桂陵。十九年，諸侯圍我襄陵。築長城，塞固陽。【正義】塞，先代反。括地志云：桐陽縣，漢舊縣也，在銀州銀城縣界。按：魏築長城，自鄭濱洛，北達銀州，至勝州固陽縣為塞也。固陽有連山，東至黃河，西南至夏、會等州。桐音固。二十年，歸趙邯鄲，與盟漳水上。【正義】邯鄲，洺州縣也。漳水名。漳水源出洺州武安縣三門山也。二十一年，與秦會彤。趙成侯卒。【集解】徐廣曰：年表云二十七年丹封名會。丹，魏大臣也。二十八年，齊威王卒。中山君相魏。【索隱】魏文侯滅中山，使子擊守之，後尋復國，至是始令相魏。其中山後又為趙所滅。

三十年，魏伐趙，【正義】孫臏傳云魏與趙攻韓，韓告急齊。此文誤耳。魏伐趙，趙請救齊，齊使孫臏救趙，敗魏桂陵，乃在十八年也。趙告急齊。齊宣王用孫子計，救趙擊魏。魏遂大興師，使龐涓將，而令太子申為上將軍。過外黃，外黃徐子【集解】劉向別錄曰：徐子，外黃人也。外黃時屬宋。【正義】括地志云：故圉城有南北二城，在汴州雍丘縣界，本屬外黃，即太子申見徐子之地也。謂太子曰：「臣有百戰百勝之術。」太子曰：「可得聞乎？」客曰：「固願效之。」曰：「太子自將攻齊，大勝并莒，【正義】莒，密州縣也，在齊東南。言從西破齊，并至莒地，則齊上盡矣。則富不過有魏，貴不益為王。若戰不勝齊，則萬世無魏矣。此臣之百戰百勝之術也。」太子曰：「諾，請必從公之言而還矣。」客曰：「太子雖欲還，不得矣。彼勸太子戰攻，欲啜汁者眾。【正義】啜，穿悅反。汁之入，反冀功勳者眾也。太子雖欲還，恐不得矣。」太子因欲還，其御曰：「將出而還，與北同。」太子果與齊人戰，敗於馬陵。【集解】徐廣曰：在元城。【索隱】按紀年二十八年，與齊田盼戰于馬陵。又上二年，魏敗韓馬陵，十八年，趙又敗魏桂陵。桂陵與馬陵異處。【正義】虞喜志林云：馬陵在濮州鄄城縣東北六十里，有陵，澗谷深峻，可以置伏。按：龐涓敗即此也。徐說馬陵在魏州元城縣東南一里，龐涓敗非此地也。田完世家云宣王二年，魏伐趙，趙與韓親，共擊魏，趙不利，戰於南梁。韓請救於齊。齊使田忌、田嬰將，孫子為師，救韓、趙以擊魏，魏大破之馬陵。按：南梁在汝州。又此傳云太子為上將軍，過外黃。又孫臏傳云魏與趙攻韓，韓告急齊，齊使田忌將而往，直走大梁。魏將龐涓聞之，去韓而歸，齊軍已過而西矣。按孫子減竈退軍，三日行至馬陵，遂殺龐涓，虜太子申，大破魏軍。當如虞喜之說，從汴州外黃退至濮州六十里是也。然趙韓共擊魏，戰困於南梁，韓急請救於齊，齊師走大梁，敗魏馬陵，豈合更渡河北至魏州元城哉？徐說定非也。齊虜魏太子申，殺將軍涓，軍遂大破。

三十一年，秦、趙、齊共伐我，【索隱】紀年云二十九年五月，齊田盼伐我東鄙；九月，秦衛鞅伐我西鄙；十月，邯鄲伐我北鄙。王攻衛鞅，我師敗績。是也。然言二十九年，不同。秦將商君詐我將軍公子卬而襲奪其軍，破之。秦用商君，東地至河，而齊、趙數破我，安邑近秦，於是徙治大梁。【集解】徐廣曰：今浚儀。駰案：汲冢紀年曰梁惠成王九年四月甲寅，徙都大梁也。【索隱】紀年以為惠王九年，蓋誤也。【正義】陳留風俗傳云：魏之都也。畢萬十葉徙大梁。按：今汴州浚儀也。以公子赫為太子。三十三年，秦孝公卒，商君亡秦歸魏，魏怒，不入。三十五年，與齊宣王會平阿南。【集解】駰案：地理志沛郡有平阿縣也。

惠王數敗於軍旅，卑禮厚幣以招賢者。鄒衍、淳于髡、孟軻皆至梁。梁惠王曰：「寡人不佞，兵三折於外，太子虜，上將死，國以空虛，以羞先君宗廟社稷，寡人甚醜之。叟不遠千里，【集解】劉熙曰：叟，長老之稱，依皓首之言。辱幸至弊邑之廷，將何以利吾國？」孟軻曰：「君不可以言利若是。夫君欲利則大夫欲利，大夫欲利則庶人欲利，上下爭利，國則危矣。為人君，仁義而已矣，何以利為！」

三十六年，復與齊王會甄。是歲，惠王卒，【索隱】紀年云惠成王三十六年改元稱一年，未卒也。子襄王立。【索隱】系本襄王名嗣。

襄王元年，與諸侯會徐州，【集解】徐廣曰：今薛縣。相王也。追尊父惠王為王。【集解】徐廣曰：二年伐趙。五年，秦敗我龍賈軍四萬五千于雕陰，【集解】徐廣曰：在上郡。【正義】括地志云：雕陰故縣在鄜州洛交縣北三十里，雕陰故城是也。圍我焦、曲沃。【正義】括地志云：故焦城在陝縣東北百步古虢城中東北隅，周同姓也。曲沃有城，在陝縣西南三十二里，按今有曲沃店也。予秦河西之地。【正義】自華州北至同州，並魏河北之地，盡入秦也。六年，與秦會應。【集解】徐廣曰：潁川父城有應鄉也。【正義】應，乙陵反。括地志云：故應城，故應鄉也，在汝州魯山縣東三十里。秦取我汾陰、皮氏、焦。【正義】括地志云：汾陰故城在蒲州汾陰縣北九里。皮氏故城在絳州龍門縣西一百八十步也。魏伐楚，敗之陘山。【集解】徐廣曰：在密縣。【正義】括地志云：陘山在鄭州新鄭縣西南三十里。七年，魏盡入上郡于秦。【正義】括地志云：上郡故城在綏州上縣東南五十里，秦魏之上郡地也。按：丹、鄜、延、綏等州，北至固陽，並上郡地。魏築長城界秦，自華州鄭縣已北，濱洛至慶州洛源縣白於山，即東北至勝州固陽縣，東至河，西上郡之地，盡入於秦。秦降我蒲陽。【正義】在隰州隰川縣蒲邑故城是也。八年，秦歸我焦、曲沃。十二年，楚敗我襄陵。諸侯執政與秦相張儀會齧桑。【集解】徐廣曰：在梁與彭城之間。十三年，張儀相魏。魏有女子化為丈夫。秦取我曲沃【正義】絳州桐鄉縣，晉曲沃邑。平周。【正義】十三州志云：古平周縣在汾州介休縣西五十里也。十六年，襄王卒，子哀王立。張儀復歸秦。【集解】荀勗曰：和嶠云：紀年起自黃帝，終於魏之今王。今王者，魏惠成王子。案太史公書惠成王但言惠王，惠王子曰襄王，襄王子曰哀王。惠王三十六年卒，襄王立十六年卒，并惠、襄為五十二年。今案古文惠成王立三十六年，改元稱一年，改元後十七年卒。太史公書為誤分惠成之世，以為二王之年數也。世本惠王生襄王而無哀王，然則今王者魏襄王也。【索隱】系本襄王生昭王而無哀王，蓋脫一代耳。孔衍敘魏語亦有哀王。而紀年說惠成王三十六年，又稱後元一，十七年卒。此文分惠王之歷以為二王之年，又有哀王，凡二十三年，紀事甚明，蓋無足疑。然則是紀年之作失哀王之代，故分襄王之年為惠王後元，即以襄王之年包哀王之代耳。

哀王元年，五國共攻秦，【正義】韓、魏、楚、趙、燕也。不勝而去。二年，齊敗我觀津。【正義】括地志云：觀津城在冀州棗強縣東南二十五里，本趙邑，今屬魏也。五年，秦使樗里子伐取我曲沃，【索隱】樗里子，秦昭王弟，名疾，居樗里，故因號焉。走犀首岸門。【集解】徐廣曰：潁陰有岸亭。【索隱】犀首，官名，即公孫衍。劉氏云河東皮氏縣有岸頭亭也。【正義】括地志云：岸門在許州長社縣西北十八里，今名西武亭。六年，秦求立公子政為太子。【索隱】公子政，魏公子也。與秦會臨晉。七年，攻齊。【集解】徐廣曰：年表云擊齊，虜聲子於濮也。與秦伐燕。八年，伐衛，拔列城二。【索隱】紀年云八年翟章伐衛。衛君患之。如耳見衛君【正義】如耳，魏大夫姓名也。曰：「請罷魏兵，免成陵君可乎？」衛君曰：「先生果能，孤請世世以衛事先生。」如耳見成陵君曰：「昔者魏伐趙，斷羊腸，拔閼與，【集解】徐廣曰：在上黨。【正義】閼，於連反。與音預。羊腸坂道在太行山上，南口懷州，北口潞州。閼與故城在潞州及儀州。若斷羊腸，拔閼與，北連恒州，則趙國東西斷而為二也。約斬趙，趙分而為二，所以不亡者，魏為從主也。今衛已迫亡，將西請事於秦。與其以秦醳衛，不如以魏醳衛，【正義】醳音釋。衛之德魏必終無窮。」成陵君曰：「諾。」如耳見魏王曰：「臣有謁於衛。衛故周室之別也，其稱小國，多寶器。今國迫於難而寶器不出者，其心以為攻衛醳衛不以王為主，故寶器雖出必不入於王也。臣竊料之，先言醳衛者必受衛者也。」如耳出，成陵君入，以其言見魏王。魏王聽其說，罷其兵，免成陵君，終身不見。

九年，與秦王會臨晉。張儀、魏章皆歸于魏。【索隱】章為魏將，後又相秦。魏相田需死，楚害張儀、犀首、薛公。【索隱】薛公，田文也。楚相昭魚謂蘇代【索隱】昭魚，昭奚恤也。曰：「田需死，吾恐張儀、犀首、薛公有一人相魏者也。」代曰：「然相者欲誰而君便之？」昭魚曰：「吾欲太子之自相也。」【索隱】太子，即襄王也。代曰：「請為君北，必相之。」昭魚曰：「奈何？」對曰：「君其為梁王，代請說君。」昭魚曰：「奈何？」對曰：「代也從楚來，昭魚甚憂，曰：『田需死，吾恐張儀、犀首、薛公有一人相魏者也。』代曰：『梁王，長主也，必不相張儀。張儀相，必右秦而左魏。犀首相，必右韓而左魏。薛公相，必右齊而左魏。梁王，長主也，必不便也。』王曰：『然則寡人孰相？』代曰：『莫若太子之自相。太子之自相，是三人者皆以太子為非常相也，皆將務以其國事魏，欲得丞相璽也。以魏之彊，而三萬乘之國輔之，魏必安矣。故曰莫若太子之自相也。』」遂北見梁王，以此告之。太子果相魏。

十年，張儀死。十一年，與秦武王會應。十二年，太子朝於秦。秦來伐我皮氏，未拔而解。十四年，秦來歸武王后。十六年，秦拔我蒲反、陽晉、封陵。【索隱】紀年作晉陽、封谷。【正義】陽晉當作晉陽也，史文誤。括地志云：晉陽故城今名晉城，在蒲州虞鄉縣西三十五里。表云魏哀王十六年秦拔我杜陽晉陽，即此城也。封陵亦在蒲州。按：陽晉故城在曹州，解在蘇秦傳也。十七年，與秦會臨晉。秦予我蒲反。十八年，與秦伐楚。【集解】徐廣曰：年表與齊王會于韓。二十一年，與齊、韓共敗秦軍函谷。【集解】徐廣曰：河渭絕一日。二十三年，秦復予我河外及封陵為和。哀王卒，【索隱】汲冢紀年終於哀王二十年，昭王三年喪畢始稱元年也。子昭王立。【索隱】系本昭王名遬。

昭王元年，秦拔我襄城。二年，與秦戰，我不利。三年，佐韓攻秦，秦將白起敗我軍伊闕二十四萬。六年，予秦河東地方四百里。芒卯以詐重。七年，秦拔我城大小六十一。八年，秦昭王為西帝，齊湣王為東帝，月餘，皆復稱王歸帝。九年，秦拔我新垣、曲陽之城。【正義】年表及括地志云：曲陽故城在懷州濟源縣西十里。新垣近曲陽，未詳端的所之處也。十年，齊滅宋，宋王死我溫。十二年，與秦、趙、韓、燕共伐齊，敗之濟西，湣王出亡。燕獨入臨菑。與秦王會西周。【正義】即王城也，今河南郡城也。十三年，秦拔我安城。【正義】括地志云：安城故城在豫州汝陽縣東南七十一里。兵到大梁，去。十八年，秦拔郢，楚王徙陳。十九年，昭王卒，子安釐王立。【索隱】系本安釐王名圉。

安釐王元年，秦拔我兩城。二年，又拔我三城，軍大梁下，韓來救，予秦溫以和。三年，秦拔我四城，斬首四萬。四年，秦破我及韓、趙，殺十五萬人，走我將芒卯。魏將段干子請予秦南陽【集解】徐廣曰：在修武。以和。蘇代謂魏王曰：「欲璽者段干子也，欲地者秦也。今王使欲地者制璽，使欲璽者制地，魏氏地不盡則不知已。且夫以地事秦，譬猶抱薪救火，薪不盡，火不滅。」王曰：「是則然也。雖然，事始已行，不可更矣。」對曰：「王獨不見夫博之所以貴梟者，便則食，不便則止矣。今王曰『事始已行，不可更』，是何王之用智不如用梟也？」【正義】博頭有刻為梟形者，擲得梟者合食其子，若不便，則為餘行也。

九年，秦拔我懷。十年，秦太子外質於魏死。十一年，秦拔我郪丘。【集解】徐廣曰：郪一作「廩丘」，又作「邢丘」。郪丘今為宋公縣。【索隱】郪，七系反，又音妻。【正義】郪，七私反，又音妻。地理志云汝南郡新郪縣。應劭曰：秦伐魏取郪丘，漢興為新郪。章帝封殷後，更名宋也。

秦昭王謂左右曰：「今時韓、魏與始孰彊？」對曰：「不如始彊王曰今時如耳魏齊與孟嘗芒卯孰賢對曰不如王曰以孟嘗芒卯之賢率彊韓魏以攻秦猶無奈寡人何也今以無能之如耳魏齊而率弱韓魏以伐秦其無奈寡人何亦明矣左右皆曰甚然中旗馮琴而對曰 索隱戰國策作推琴春秋後語作伏琴而韓子作推瑟說苑作伏瑟五文各不同 王之料天下過矣當晉六卿之時知氏最彊滅范中行又率韓魏之兵以圍趙襄子於晉陽決晉水以灌晉陽之城 正義括地志云晉水源出并州晉陽縣西懸甕山山海經云懸甕之山晉水出焉東南流注汾水昔趙襄子保晉陽智氏防山以水灌之不沒者三版其瀆乘高西注入晉陽城以周溉灌東南出城注於汾陽也 不湛者三版知伯行水魏桓子御韓康子爲參乘知伯曰吾始不知水之可以亡人之國也乃今知之汾水可以灌安邑 正義安邑在絳州夏縣本魏都汾水東北歷安邑西南入河也 絳水可以灌平陽 正義平陽晉州本韓都也括地志云絳水一名白水今名弗泉源出絳山飛泉奮湧揚波注縣積壑二十許丈望之極爲奇觀矣按引此灌平陽城也 魏桓子肘韓康子韓康子履魏桓子肘足接於車上而知氏地分身死國亡爲天下笑今秦兵雖彊不能過知氏韓魏雖弱尚賢其在晉陽之下也此方其用肘足之時也願王之勿易也 索隱易音以豉反 於是秦王恐齊楚相約而攻魏魏使人求救於秦冠蓋相望也而秦救不至魏人有唐雎者年九十餘矣謂魏王曰老臣請西說秦王令兵先臣出魏王再拜遂約車而遣之唐雎到入見秦王秦王曰丈人芒然乃遠至此甚苦矣夫魏之來求救數矣寡人知魏之急已唐雎對曰大王已知魏之急而救不發者臣竊以爲用策之臣無任矣夫魏一萬乘之國也然所以西面而事秦稱東藩受冠帶祠春秋者以秦之彊足以爲與也 索隱與謂許與爲親而結和也 今齊楚之兵已合於魏郊矣而秦救不發亦將賴其未急也使之大急彼且割地而約從王尚何救焉必待其急而救之是失一東藩之魏而彊二敵之齊楚則王何利焉於是秦昭王遽爲發兵救魏魏氏復定趙使人謂魏王曰爲我殺范痤吾請獻七十里之地魏王曰諾使吏捕之圍而未殺痤因上屋騎危 集解危棟上也 索隱騎音奇禮云中屋履危蓋升屋以避兵也 謂使者曰與其以死痤市不如以生痤市有如痤死趙不予王地則王將奈何故不若與先定割地然後殺痤魏王曰善痤因上書信陵君曰痤故魏之免相也趙以地殺痤而魏王聽之有如彊秦亦將襲趙之欲則君且奈何信陵君言於王而出之魏王以秦救之故欲親秦而伐韓以求故地無忌謂魏王曰秦與戎翟同俗有虎狠之心貪戾好利無信不識禮義德行苟有利焉不顧親戚兄弟若禽獸耳此天下之所識也非有所施厚積德也故太后母也而以憂死穰侯舅也功莫大焉而竟逐之兩弟無罪而再奪之國此於親戚若此而況於仇讎之國乎今王與秦共伐韓而益近秦患臣甚惑之而王不識則不明羣臣莫以聞則不忠今韓氏以一女子奉一弱主內有大亂外交彊秦魏之兵王以爲不亡乎韓亡秦有鄭地與大梁鄰 索隱戰國策亦作鄰俗本或作鄭非 王以爲安乎王欲得故地今負彊秦之親王以爲利乎秦非無事之國也韓亡之後必將更事更事必就易與利就易與利必不伐楚與趙矣是何也夫越山踰河絕韓上黨而攻彊趙是復閼與之事 索隱復音扶富反謂前年秦韓相攻閼與而趙奢破秦軍也 秦必不爲也若道河內倍鄴朝歌絕漳滏水與趙兵決於邯鄲之郊是知伯之禍也秦又不敢伐楚道涉山谷 索隱道猶行也涉谷是往楚之險路從秦向楚有兩道涉谷是西道河外是東道 行三千里 正義劉伯莊云秦兵向楚有兩道涉谷是西道河外是東道從褒斜入梁州即東南至申州攻石城山險阨之塞也 而攻冥阨之塞 集解孫檢曰楚之險塞也徐廣曰或以爲今江夏鄳縣 正義冥音盲括地志云石城山在申州鍾山縣東南二十一里魏攻冥阨即此山上有故石城水經注云或言在鄳指此山也呂氏春秋云九塞此其一也 所行甚遠所攻甚難 索隱攻亦作致戰國策見作致軍言致軍糧難也 秦又不爲也若道河外倍大梁 正義從河外出函谷關歷同州南至鄭州東向陳州則背大梁也 右蔡左召陵 集解徐廣曰一無左字 正義上蔡縣在豫州北七十里邵陵故城亦在豫州郾城縣東四十五里並在陳州西從汴州南行向陳州之西郊則上蔡邵陵在南面向東皆身之右定無左字也 與楚兵決於陳郊秦又不敢故曰秦必不伐楚與趙矣又不攻衞與齊矣 正義衞齊皆在韓趙魏之東故秦不伐也 夫韓亡之後兵出之日非魏無攻已秦固有懷茅 集解徐廣曰在脩武縣有茅亭 正義茅卯包反懷州武陟縣西十一里故懷城本周邑後屬晉左傳云周與鄭人蘇忿生十二邑其一曰攢茅括地志云在懷州獲嘉縣東北二十五里也獲嘉古脩武也 邢丘 集解徐廣曰在平皋 正義括地志云平皋故城在懷州武德縣東南二十里本邢丘邑也以其在河之皋地也 城垝津以臨河內 索隱戰國策云邢丘安城此少安字垝津在河北垝音九毀反 正義垝音詭字誤當作延括地志云延津故城在衞州清淇縣西南二十六里杜預云汲郡城南有延津是也 河內共汲必危 集解徐廣曰汲縣屬河內 索隱汲亦作波波及汲皆縣名俱屬河內 有鄭地 集解徐廣曰成皐滎陽亦屬鄭 得垣雍 集解徐廣曰垣雍城在卷縣屬魏也卷縣又有長城經陽武到蜜者也 正義雍於用反括地志云故城在鄭州原武縣西北七里釋例地名卷縣理或垣城也言韓亡之後秦有鄭地得垣雍城從滎澤決溝灌大梁城也 決滎澤水灌大梁大梁必亡王之使者出過而惡安陵氏於秦 集解徐廣曰召陵有安陵鄉征羌有安陵亭 正義括地志云鄢陵縣西北十五里李奇云六國時爲安陵也言魏王使者出向秦云共伐韓以成過失而更惡安陵氏於秦令伐之重非也 秦之欲誅之久矣秦葉陽昆陽與武陽鄰 正義括地志云葉陽今許州葉縣也昆陽故城在葉縣北二十五里舞陽故城在葉縣東十里此時葉陽昆陽屬秦舞陽屬魏也 聽使者之惡之 索隱聽平聲使去聲 隨安陵氏而亡之 正義隨猶聽也無忌說言使者惡安陵氏亦聽秦亡安陵氏然繞舞陽之北以東臨許許必危矣秦有許地魏國可無害 繞舞陽之北以東臨許南國必危 正義今許州許昌縣南西四十里許昌故城是也此時屬韓在魏之南故言南國括地志云周時爲許國武王伐紂所封地理志云潁川許縣古許國姜姓四岳之後大叔所封二十四君爲楚所滅三卿背晉其地屬韓 國無害已夫憎韓不愛安陵氏可也夫不患秦之不愛南國非也異日者秦在河西晉國去梁千里 集解徐廣曰魏國之界千里 正義河西同州也晉國都絳州魏都安邑皆在河東去大梁有千里也 有河山以闌之有周韓以閒之從林鄉軍 集解徐廣曰林鄉在宛縣 索隱劉氏云林地名蓋春秋時鄭地之棐林在大梁之西北徐廣云在宛縣非也 正義括地志云宛陵故城在鄭州新鄭縣東北三十八里本鄭舊縣也按劉徐二說是其地也 以至于今秦七攻魏五入囿中 集解徐廣曰一作城也 索隱圃即圃田鄭藪屬魏戰國策作國中 正義括地志云圃田澤在鄭州管城縣東三里周禮云豫州藪曰圃田也 邊城盡拔文臺墮垂都焚 集解徐廣曰一云魏山都焚句陽有垂亭 索隱文臺臺名列士傳曰隱陵君施酒文臺也垂地名有朝日都並魏邑名 正義墮許規反括地志云文臺在曹州冤句縣西北六十五里也 林木伐麋鹿盡而國繼以圍又長驅梁北東至陶衞之郊 正義陶曹州定陶也衞即宋州楚丘縣衞文公都之秦兵歷取其郊也 北至平監 集解徐廣曰平縣屬河南 所亡於秦者山南山北 正義山華山也華山之東南七國時鄧州屬韓汝州屬魏華山之北同華銀綏並魏地也 河外河內 正義河外謂華州以東至虢陝河內謂蒲州以東至懷衞也 大縣數十 集解徐廣曰一作百 名都數百 集解徐廣曰一作十 秦乃在河西晉去梁千里而禍若是矣又況於使秦無韓有鄭地無河山而闌之無周韓而閒之去大梁百里禍必由此矣異日者從之不成也 索隱從音足松反 楚魏疑而韓不可得也今韓受兵三年秦撓之以講識亡不聽 索隱撓音苦孝反謂韓被秦之兵撓擾已經三年云欲講說與韓和識猶知也戰國策云韓知亡猶不聽也 投質於趙請爲天下鴈行頓刃楚趙必集兵皆識秦之欲無窮也非盡亡天下之國而臣海內必不休矣是故臣願以從事王 索隱從足松反從事謂合從事王也戰國策亦然 王速受楚趙之約趙挾韓之質 索隱言韓以質子入趙則趙挾韓質而親韓也 以存韓而求故地韓必效之 索隱效猶致也謂致故地於趙也 此士民不勞而故地得其功多於與秦共伐韓而又與彊秦鄰之禍也 正義無忌令魏王速受楚趙之從趙楚挾持韓之質以存韓而魏以求地韓必效之勝於與秦伐韓又與秦鄰之禍也 夫存韓安魏而利天下此亦王之天時已通韓上黨於共甯 集解徐廣曰朝歌有甯鄉 正義共衞州共城縣甯懷州脩武縣本殷之甯邑韓詩外傳云武王伐紂勒兵於甯故曰脩武今魏開通共甯之道使韓上黨得直路而行也 使道安成 正義括地志云故安城在鄭州原武縣東南二十里時屬魏也 出入賦之是魏重質韓以其上黨也今有其賦足以富國韓必德魏愛魏重魏畏魏韓必不敢反魏是韓則魏之縣也魏得韓以爲縣衞大梁河外必安矣今不存韓二周安陵必危楚趙大破衞齊甚畏天下西鄉而馳秦入朝而爲臣不久矣二十年秦圍邯鄲信陵君無忌矯奪將軍晉鄙兵以救趙 正義括地志云魏德故城一名晉鄙城在衞縣西北五十里即公子無忌奪晉鄙兵地故名魏德城 趙得全無忌因留趙二十六年秦昭王卒三十年無忌歸魏率五國兵攻秦敗之河內走蒙驁魏太子增質於秦秦怒欲囚魏太子增或爲增謂秦王曰 索隱戰國策作蘇秦爲公子增謂秦王 公孫喜固謂魏相曰 索隱戰國策作公孫衍 請以魏疾擊秦秦王怒必囚增魏王又怒擊秦秦必傷今王囚增是喜之計中也故不若貴增而合魏以疑之於齊韓秦乃止增三十一年秦王政初立三十四年安釐王卒太子增立是爲景湣王 索隱系本安釐王生景愍王午也 信陵君無忌卒景湣王元年秦拔我二十城以爲秦東郡二年秦拔我朝歌衞徙野王 集解徐廣曰衞從濮陽徙野王 三年秦拔我汲五年秦拔我垣蒲陽衍 集解徐廣曰十二年獻城於秦 正義括地志云故垣城本魏王垣也在絳州垣縣西北二十里蒲邑故城在隰州隰川縣南四十五里在蒲水之北故曰蒲陽衍地名在鄭州 十五年景湣王卒子王假立王假元年燕太子丹使荊軻刺秦王秦王覺之 集解徐廣曰二年新鄭反 三年秦灌大梁虜王假 集解驪案列女傳曰秦殺假 遂滅魏以爲郡縣

太史公曰吾適故大梁之墟墟中人曰秦之破梁引河溝而灌大梁三月城壞王請降遂滅魏說者皆曰魏以不用信陵君故國削弱至於亡余以爲不然天方令秦平海內其業未成魏雖得阿衡之佐曷益乎 索隱譙周云以予所聞所謂國之亡者有賢者而不用也如用之何有亡哉使紂用三仁周不能王況秦虎狼乎

索隱述贊曰畢公之苗因國爲姓大名始賞盈數自正冑裔繁昌世載忠正陽干就戮智氏奔命文始建侯武實彊盛大梁東徙長安北偵卯既無功卬亦外聘王假削弱虜於秦政

史記卷四十四考證

魏世家生武子索隱代亦不同○同監本訛作周今改正

生魏侈索隱魏曼多是也○多監本訛作侈今改正

與韓武子趙桓子周威王同時○臣照按威字下疑脫烈字

築雒陰合陽○六國年表雒陰作雒陽紀年作汾陰

文侯受子夏經藝客段干木○六國年表在十八年此入二十五年

今所置非成則璜○說苑臣術篇作季成子翟觸又作公孫季成翟黃韓詩外傳亦作翟黃

居視其所親富視其所與達視其所舉窮視其所不爲貧視其所不取○說苑臣術篇作貴視其所舉富視其所與貧視其所不取窮視其所不爲

臣進屈侯鮒○說苑鮒作附

齊伐取我襄陵○六國年表襄陵作襄陽

公子朔爲亂○趙世家六國年表俱作公子朝

戰於濁澤○趙世家及年表俱作涿澤

二年魏敗韓于馬陵敗趙于懷○六國年表敗懷是元年事敗馬陵是二年事

虜我將公孫痤○商君傳作公叔座

是歲惠王卒○困學紀聞曰左傳後序曰古書紀年篇魏惠王三十六年改元從一年始至十六年而稱惠成王卒卽惠王也疑史記誤分惠成之世以爲後王年也朱子曰惠襄哀之年見於竹書明甚史記蓋失其實邵子皇極之書乃從史記而不取竹書

五年秦敗我龍賈軍四萬五千于雕陰圍我焦曲沃予秦河西之地○秦本紀惠文君七年敗龍賈八年魏納河西地是兩年事此併入一年

吾欲太子之自相也索隱太子卽襄王也○臣照按余有丁曰戰國策是哀王時事太子當是昭王索隱解誤今按襄王乃哀王之父豈得謂太子卽襄王乎當是昭王無疑司馬貞未必誤至于此乃傳寫之襲謬也

秦將白起敗我軍伊闕二十四萬○臣照按秦紀云左更白起攻韓魏於伊闕斬首二十四萬蓋合韓魏之兵共斬首二十四萬耳魏韓兩世家各言二十四萬益失實矣

芒卯以詐重○秦藩本此下有索隱言卯以智詐見重于魏共九字

二年又拔我三城○六國年表作秦拔我兩城

蘇代謂魏王曰○蘇代戰國策作孫臣

不湛者三版○湛一本作浸

此亦王之天時已○天時國策作大時

史記卷四十五

漢　太　史　令　司馬遷　撰
宋　中　郎　外　兵　曹　參　軍　裴駰　集解
唐　國　子　博　士　弘　文　館　學　士　司馬貞　索隱
唐　諸　王　侍　讀　率　府　長　史　張守節　正義

韓世家第十五

韓之先與周同姓姓姬氏其後苗裔事晉得封於韓原【正義】括地志云韓原在同州韓城縣西南八里又韓城在縣南十八里故古韓國也曰韓武子【索隱】按左氏傳云邘晉應韓武之穆則韓是武王之子然詩稱韓侯出祖則是有韓而先滅今據此文云其後裔事晉封於原曰韓武子則武子本是韓侯之後晉又封之於韓原卽今之馮翊韓城是也然按系本及左傳舊說皆謂韓萬是曲沃桓叔之子卽是晉之支庶又國語叔向謂韓宣子能修武子之德起再拜謝曰自桓叔已下嘉吾子之賜亦言桓叔是韓之祖也今以韓侯之後別有桓叔非關曲沃之桓叔如此則與太史公之意亦有異耳武子後三世有韓厥【索隱】系本云萬生賕伯賕伯生定伯簡簡生輿輿生獻子厥從封姓爲韓氏韓厥晉景公之三年晉司寇屠岸賈將作亂誅靈公之賊趙盾趙盾已死矣欲誅其子趙朔韓厥止賈賈不聽厥告趙朔令亡朔曰子必能不絕趙祀死不恨矣韓厥許之及賈誅趙氏厥稱疾不出程嬰公孫杵臼之藏趙孤趙武也厥知之景公十一年厥與郤克將兵八百乘伐齊敗齊頃公于鞍【正義】音安括地志云故鞍城今俗名馬鞍城在濟州平陰縣十里獲逢丑父於是晉作六卿而韓厥在一卿之位號爲獻子晉景公十七年病卜大業之不遂者爲祟韓厥稱趙成季之功今後無祀以感景公景公問曰尚有世乎厥於是言趙武而復與故趙氏田邑續趙氏祀晉悼公之十年韓獻子老獻子卒子宣子代宣子徙居州【索隱】宣子名起州今在河內是也【正義】括地志云懷州武德縣本周司寇蘇忿生之州邑也晉平公十四年吳季札使晉曰晉國之政卒歸於韓魏趙矣晉頃公十二年韓宣子與趙魏共分祁氏羊舌氏十縣晉定公十五年宣子與趙簡子侵伐范中行氏宣子卒子貞子代立貞子徙居平陽【索隱】系本作平子名須宣子子也又云景子居平陽平陽在山西宋忠曰今河東平陽縣【正義】平陽晉州城是貞子卒子簡子代【集解】徐廣曰史記多無簡子莊子而云貞子生康子班氏亦同【索隱】按系本有簡子名不信莊子名庚趙系家亦有簡子名不佞也簡子卒子莊子代莊子卒子康子代【索隱】康子名虎康子與趙襄子魏桓子共敗知伯分其地地益大大於諸侯康子卒子武子代【索隱】武子名啓章武子二年伐鄭殺其君幽公十六年武子卒子景侯立【索隱】紀年及世本皆作景子名虔景侯虔元年伐鄭取雍丘二年鄭敗我負黍六年與趙魏俱得列爲諸侯九年鄭圍我陽翟景侯卒子列侯取立【索隱】系本作武侯也列侯三年聶政殺韓相俠累【集解】徐廣曰六年救魯也【索隱】戰國策作殺韓傀高誘曰韓傀俠累也九年秦伐我宜陽取六邑十三年列侯卒子文侯立【索隱】紀年無文侯系本無列侯是歲魏文侯卒文侯二年伐鄭取陽城伐宋到彭城執宋君七年伐齊至桑丘鄭反晉九年伐齊至靈丘【正義】靈丘蔚州縣也此時屬燕十年文侯卒子哀侯立哀侯元年與趙魏分晉國二年滅鄭因徙都鄭【索隱】紀年魏武侯二十一年韓滅鄭哀侯入于鄭二十二年晉桓公邑哀侯于鄭是韓既徙都因改號曰鄭故戰國策謂韓惠王曰鄭惠王猶魏徙大梁稱梁王然也六年韓嚴弑其君哀侯而子懿侯立【索隱】年表懿侯作莊侯又紀年云晉桓公邑哀侯于鄭韓山堅賊其君哀侯而韓若山立若山卽懿侯也則韓嚴爲韓山堅也戰國策又有嚴仲子名遂又恐是韓嚴懿侯二年魏敗我馬陵【正義】在魏州元城縣東南一里五年與魏惠王會宅陽【正義】在鄭州也九年魏敗我澮【集解】徐廣曰大雨三月也【正義】澮古外反在陵州澮水之上也十二年懿侯卒子昭侯立昭侯元年秦敗我西山二年宋取我黃池【集解】徐廣曰在平丘魏取朱六年伐東周【正義】河南鞏縣取陵觀邢丘八年申不害相韓脩術行道國內以治諸侯不來侵伐十年韓姬弑其君悼公【索隱】姬亦作玘並音羊之反姬是韓大夫而王劭亦云不知悼公何君也十一年昭侯如秦二十二年申不害死二十四年秦來拔我宜陽二十五年旱作高門屈宜臼【集解】許慎曰屈宜臼楚大夫在魏也曰昭侯不出此門何也不時吾所謂時者非時日也人固有利不利時昭侯嘗利矣不作高門往年秦拔宜陽今年旱昭侯不以此時卹民之急而顧益奢此謂時絀舉贏【集解】徐廣曰時衰耗而作奢侈二十六年高門成昭侯卒果不出此門子宣惠王立【索隱】紀年鄭昭侯武薨次威侯立威侯七年與邯鄲圍襄陵五月梁惠王會威侯于巫沙十月鄭宣王朝梁不見威侯之卒下敗韓舉在威侯八年而此系家卽以爲宣惠王之年又上有殺悼公悼公又不知是誰之謚則韓微小國史失代系故此文及系本不同今亦不可考也

宣惠王五年張儀相秦八年魏敗我將韓舉【索隱】按此則舉是韓將不疑而紀年云韓舉趙將蓋舉本趙將後入韓又紀年云其敗當韓威王八年是不同也十一年君號爲王與趙會區鼠十四年秦伐敗我鄢【集解】徐廣曰潁川鄢陵縣音於乾反【正義】今許州鄢陵縣西北十五里有鄢陵故城是也十六年秦敗我脩魚虜得韓將鯁申差於濁澤【集解】徐廣曰一云鯁中差長社有濁澤【索隱】脩魚地名鯁申差二將名鯁音瘦亦作鰒【正義】按濁澤者蓋誤當作觀澤年表云秦惠文王更元八年與韓戰斬首八萬韓宣惠王十六年秦敗我脩魚得將軍申差魏哀王二年齊敗我觀澤趙武靈王九年與韓魏擊秦齊湣王七年敗魏世家云濁澤定誤矣徐廣又云濁澤在長社不譏錯誤之甚括地志云觀澤在魏州頓丘縣東十八里韓氏急公仲謂韓王曰【索隱】公仲韓相國名侈與國非可恃也今秦之欲伐楚久矣王不如因張儀爲和於秦賂以一名都具甲與之南伐楚此以一易二之計也【索隱】一謂名都也二謂使不伐韓而又與之伐楚也韓王曰善乃警公仲之行【索隱】警戒也戰國策作儆亦同將西購於秦【索隱】戰國策作講講亦謀議與購求意通楚王聞之大恐召陳軫告之陳軫曰秦之欲伐楚久矣今又得韓之名都一而具甲秦韓幷兵而伐楚此秦所禱祀而求也今已得之矣楚國必伐矣王聽臣爲之警四境之內起師言救韓命戰車滿道路發信臣多其車重其幣使信王之救已也縱韓不能聽我韓必德王也【索隱】言韓王信楚之救雖不能聽楚猶待楚救至折入於秦猶德於楚也必不爲鴈行以來【索隱】言韓以楚必救己已雖隨秦來戰猶德於王故不爲鴈行而來言不同心旅進也是秦韓不和也兵雖至楚不大病也爲能聽我絕和於秦秦必大怒以厚怨韓韓之南交楚必輕秦輕秦其應秦必不敬是因秦韓之兵而免楚國之患也楚王曰善乃警四境之內興師言救韓命戰車滿道路發信臣多其車重其幣謂韓王曰不穀國雖小已悉發之矣願大國遂肆志於秦不穀將以楚徇韓【索隱】徇從死也言以死助韓韓王聞之大說乃止公仲之行【索隱】止不令西之秦公仲曰不可夫以實伐我者秦也以虛名救我者楚也王恃楚之虛名而輕絕彊秦之敵王必爲天下大笑且楚韓非兄弟之國也又非素約而謀伐秦也已有伐形因發兵言救韓此必陳軫之謀也且王已使人報於秦矣今不行是欺秦也夫輕欺彊秦而信楚之謀臣恐王必悔之韓王不聽遂絕於秦秦因大怒益甲伐韓大戰楚救不至韓十九年大破我岸門【集解】徐廣曰潁陰有岸亭【正義】括地志云岸門在許州長社縣西北十八里今名西武亭矣太子倉質於秦以和二十一年【集解】徐廣曰周赧王之三年也與秦共攻楚【集解】徐廣曰圍景座也敗楚將屈丐斬首八萬於丹陽【索隱】故楚都在今均州【正義】左傳例云楚居丹陽今枝江縣故城是也是歲宣惠王卒太子倉立是爲襄王【集解】徐廣曰一云周赧王六年韓襄哀王三年張儀死赧王九年襄哀王六年秦昭王立

襄王四年與秦武王會臨晉其秋秦使甘茂攻我宜陽五年秦拔我宜陽【正義】括地志云故韓城一名宜陽城在洛州福昌縣東十四里韓宜陽城也斬首六萬秦武王卒六年秦復與我武遂九年秦復取我武遂十年太子嬰朝秦而歸【集解】徐廣曰與秦會臨晉因至咸陽而還十一年秦伐我取穰【正義】穰人羊反鄧州縣也郭仲產南雍州記云楚之別邑秦初侵楚封公子悝爲穰侯後屬韓秦昭王取之也與秦伐楚敗楚將唐眛十二年太子嬰死公子咎公子蟣蝨爭爲太子時蟣蝨質於楚蘇代謂韓咎曰蟣蝨亡在楚楚王欲內之甚今楚兵十餘萬在方城之外【索隱】方城楚之北境之外謂北境之地也【正義】括地志云方城山在許州葉縣西南十八里左傳云楚大夫屈完對齊桓公曰楚國方城以爲城杜預曰方城山在南陽葉縣南公何不令楚王築萬室之都雍氏之旁【集解】徐廣曰在陽翟【正義】括地志云故雍氏城在洛州陽翟縣二十五里故老云黃帝臣雍父作杵臼也韓必起兵以救之公必將矣公因以韓楚之兵奉蟣蝨而內之其聽公必矣必以楚韓封公也韓咎從其計楚圍雍氏【集解】徐廣曰秦本紀惠王後元十三年周赧王三年楚懷王十七年齊湣王十二年皆云楚圍雍氏紀年於此亦說楚景翠圍雍氏韓宣王卒秦助韓共敗楚屈丐又云齊宋圍煮棗皆與史記年表及田完世家符同然則此卷所云王十二年韓咎從其計以上是楚從圍雍氏赧王之十五年事也又說楚圍雍氏以下是楚前圍雍氏赧王之三年事韓求救於秦秦未爲發使公孫昧入韓公仲曰子以秦爲且救韓乎對曰秦王之言曰請道南鄭藍田【正義】南鄭梁州縣藍田雍州縣秦王言或出雍州西南至鄭或出雍州東南歷藍田出嶢關俱繞楚北境以待韓使而東救雍氏如此遲緩近不合於楚矣出兵於楚以待公殆不合矣【索隱】殆不合於南鄭公仲曰子以爲果乎對曰秦王必祖張儀之故智【集解】徐廣曰祖者宗之習之謂也故智謂前時計謀也楚威王攻梁也張儀謂秦王曰與楚攻魏魏折而入於楚韓固其與國也是孤秦也不如出兵以到之【索隱】到猶欺也俗云張到然戰國策作勁勁強也魏楚大戰秦取西河之外以歸今其狀陽言與韓其實陰善楚公待秦而到必輕與楚戰楚陰得秦之不用也必易與公相支也【索隱】言楚陰知秦不爲公用亦必易與公相支拒也公戰而勝楚遂與公乘楚施三川而歸【正義】施猶設也三川周天子都也言韓戰勝楚則秦與韓駕御於楚卽於天子之都張設救韓之功衍霸王之迹加威諸侯乃歸咸陽是也公戰不勝楚楚塞三川守之【正義】楚乃塞南河四關守之韓不能

救川三公不能救也竊爲公患之司馬庚〔集解〕徐廣曰一作唐三反於郢甘茂與昭魚〔集解〕徐廣曰楚相國〔索隱〕戰國策謂之昭獻也遇於商於其言收璽實類有約也〔索隱〕劉氏云詐言昭魚來秦欲得秦官之印璽收取之義也公仲恐曰然則奈何曰公必先韓而後秦先身而後張儀公不如亟以國合於齊楚〔正義〕先以身存韓之計而後知張儀爲秦到魏之計不如急以國合於齊楚齊楚必委國於公公之所惡者張儀也其實猶不無秦也〔正義〕惡烏故反公孫昧言公仲所惡者張儀到魏之計雖以國合於齊楚其實猶不輕欺無秦也於是楚解雍氏圍〔集解〕徐廣曰甘茂傳曰楚懷王以兵圍韓雍氏韓使公仲告急於秦秦昭王新立不肯救甘茂爲韓言之乃下師於殽以救韓也又云周赧王十五年韓襄王十二年秦擊楚斬首二萬敗楚襄城殺景缺周本紀赧王八年之後云楚圍雍氏此當韓襄王十二年魏哀王十九年紀年於此亦說楚人敗然其時張儀已死十年矣〔正義〕自此已上十二年並是楚圍雍氏赧王之十五年一段事也前注徐廣云楚圍雍氏之下是楚前圍雍氏赧王三年事徐說非也徐見下文云先身而後張儀及公之所惡者張儀也言張儀尚存楚又兩度圍雍氏故生此前後之見甚誤也然是公孫昧却述張儀時事說韓相公仲耳蘇代又謂秦太后弟芉戎〔索隱〕芉姓戎名秦宣太后弟號新城君曰公叔伯嬰恐秦楚之內蟣虱也〔索隱〕戰國策公叔伯嬰與蟣虱及公子咎並是襄王子然伯嬰卽太子嬰前死故咎與蟣虱又爭立此取戰國策說伯嬰未立之先亦與蟣虱爭立故事重而文倒也公何不爲韓求質於楚〔索隱〕令韓求楚更以別人爲質以替蟣虱也〔正義〕爲于僞反下同楚王聽入質子於韓〔索隱〕質子蟣虱也〔正義〕蘇代令芉戎爲韓求蟣虱入於韓楚不聽當云楚王不聽入質子於韓承前脫不字耳則公叔伯嬰知秦楚之不以蟣虱爲事必以韓合於秦楚秦楚挾韓以窘魏魏氏不敢合於齊是齊孤也公又爲秦求質子於楚〔索隱〕令芉戎教秦於楚索韓所送質子令入之於秦也楚不聽怨結於韓韓挾齊魏以圍楚楚必重公〔正義〕言韓合齊魏以圖楚楚必尊重芉戎以求秦救矣公挾秦楚之重以積德於韓公叔伯嬰必以國待公於是蟣虱竟不得歸韓〔正義〕自此已前蘇代數計皆不成故韓竟立咎爲太子也韓立咎爲太子齊魏王來〔正義〕蘇代爲韓許故得齊魏王來十四年與齊魏王共擊秦至函谷而軍焉十六年秦與我河外及武遂襄王卒太子咎立是爲釐王釐王三年使公孫喜率周魏攻秦秦敗我二十四萬虜喜伊闕五年秦拔我宛〔正義〕宛於元反宛鄧州縣也時屬韓也六年與秦武遂地二百里〔正義〕此武遂及上武遂皆宜陽近地十年秦敗我師于夏山十二年與秦昭王會西周而佐秦攻齊齊敗湣王出亡十四年與秦會兩周間二十一年使暴鳶〔正義〕音捐韓將姓名救魏爲秦所敗鳶走開封二十三年趙魏攻我華陽〔正義〕司馬彪云華陽山名在密縣鄭州管城縣南四十里韓告急於秦秦不救韓相國謂陳筮〔集解〕徐廣曰一作笙〔索隱〕戰國策作田苓曰事急願公雖病爲一宿之行陳筮見穰侯穰侯曰事急乎故使公來陳筮曰未急也穰侯怒曰是可以爲公之主使乎夫冠蓋相望告敝邑甚急公來言未急何也陳筮曰彼韓急則將變而佗從以未急故復來耳穰侯曰君無見王請令發兵救韓八日而至敗趙魏於華陽之下

是歲釐王卒子桓惠王立桓惠王元年伐燕九年秦拔我陘城汾旁〔正義〕陘音刑秦拔陘城於汾水之旁陘故城在絳州曲沃縣西北二十里汾水之旁也十年秦擊我於太行〔正義〕太行山在懷州河內縣北二十五里也我上黨郡守以上黨郡降趙十四年秦拔趙上黨〔正義〕韓上黨也從太行山西北澤潞等州是也殺馬服子卒四十餘萬於長平十七年秦拔我陽城負黍〔正義〕古今地名云負黍在洛州陽城西三十七里也二十二年秦昭王卒二十四年秦拔我城皋滎陽二十六年秦悉拔我上黨二十九年秦拔我十三城三十四年桓惠王卒子王安立王安五年秦攻韓韓急使韓非使秦秦留非因殺之九年秦虜王安盡入其地爲潁川郡韓遂亡〔正義〕亡在秦始皇帝十七年

太史公曰韓厥之感晉景公紹趙孤之子武以成程嬰公孫杵臼之義此天下之陰德也韓氏之功於晉未覩其大者也然與趙魏終爲諸侯十餘世宜乎哉

〔索隱述贊〕曰韓氏之先實宗周武事微國小春秋無語後裔事晉韓原是處趙孤克立智伯可取既徙平陽又侵負黍景趙僭侯惠文僭主秦敗脩魚魏會區鼠韓非雖使不禁狼虎

史記卷四十五考證

韓世家曰韓武子索隱國語叔向謂韓宣子能修武子之德○臣照按傳稱叔向謂宣子有欒武子之貧以爲能其德矣其云修武子之德者自謂欒懷子耳索隱誤

武子後三世有韓厥索隱系本云萬生賕伯賕伯生定伯簡簡生輿輿生獻子厥○攷左傳正義引世本云桓叔生子萬萬生求伯求伯生子輿子輿生獻子厥與此所引不同

韓嚴弑其君哀侯而子懿侯立○吳師道戰國策補注曰策曰東孟之會韓王及相皆在焉聶政刺韓傀兼中哀侯又曰聶政刺相兼中哀侯許異蹙哀侯而殪之是故哀侯爲君而許異終身相焉夫哀侯既弑其子懿侯卽立許異將誰相哉此乃烈侯三年之事但戰國策誤以爲哀侯耳又威烈王五年韓嚴遂弑哀侯解者引正義云紀年晉桓公邑哀侯於鄭韓山堅賊其君哀侯而立韓君山山堅卽韓嚴也君山卽懿侯也愚按此事國策誤合二事爲一司馬遷兩存而不決故溫公與劉道原書蘇氏古史皆疑之史記年表世家兩書韓嚴是聶政之事乃嚴遂而弑哀侯者乃韓嚴通鑑書嚴遂弑哀侯綱目書嚴遂下註哀侯以韓廆爲相而愛韓遂二人相害遂刺廆於朝併中哀侯亦仍誤也

韓姬弑其君悼公索隱王邵亦云不知悼公何君也○徐乎遠曰盩以邵侯首尾二十六年中間特云殺悼公故曰不知悼公何君也盩史誤

十一年君號爲王○按楚世家及六國年表韓君稱王在楚懷之六年是年於韓爲十年此作十一年

公子蟣虱○戰國策作幾瑟

請道南鄭藍田出兵於楚以待公殆不合矣○國策云請道于南鄭藍田以入攻楚出兵于三川以待公殆不合兵於南鄭矣

司馬庚三反於郢集解徐廣曰一作唐○戰國策作司馬康

史記卷四十六

漢　太　史　令司馬遷　撰

宋　中　郎　外　兵　曹　參　軍裴　駰集解

唐國子博士弘文館學士司馬貞索隱

唐諸王侍讀率府長　史張守節正義

田敬仲完世家第十六

陳完者陳厲公佗之子也〔索隱〕佗音徒何反此系家以佗爲厲公而左傳厲公名躍陳系家又有利公躍利卽厲也是厲公名躍非名佗也蓋佗是厲公之兄立未踰年無謚今此云厲公佗非也佗一名五父故經云蔡人殺陳佗傳又云蔡人殺五父是也完生周太史過陳陳厲公使卜完卦得觀之否是爲觀國之光利用賓于王此其代陳有國乎不在此而在異國乎非此其身也在其子孫若在異國必姜姓姜姓四嶽之後〔集解〕杜預云姜姓之先爲堯四嶽也物莫能兩大陳衰此其昌乎〔正義〕陳湣公周敬王四十一年爲楚惠王所滅齊簡公周敬王三十九年被田常所殺厲公者陳文公少子也其母蔡女文公卒厲公兄鮑立是爲桓公桓公與佗異母及桓公病蔡人爲佗殺桓公鮑及太子免而立佗爲厲公厲公既立娶蔡女蔡女淫於蔡人數歸厲公亦數如蔡桓公之少子林怨厲公殺其父與兄乃令蔡人誘厲公而殺之林自立是爲莊公故陳完不得立爲陳大夫厲公之殺以淫出國故春秋曰蔡人殺陳佗罪之也莊公卒立弟杵臼是爲宣公宣公十一年殺其太子禦寇禦寇與完相愛恐禍及已完故奔齊齊桓公欲使爲卿辭曰羇旅之臣幸得免負檐君之惠也不敢當高位桓公使爲工正〔正義〕工巧之長若將作大匠齊懿仲欲妻完卜之占曰是謂鳳皇于蜚和鳴鏘鏘有媯之後將育于姜五世其昌並于正卿八世之後莫之與京卒妻完完之奔齊齊桓公立十四年矣完卒謚爲敬仲仲生穉孟夷〔索隱〕系本作夷孟思蓋穉是名孟夷字也敬仲之如齊以陳字爲田氏〔集解〕徐廣曰應劭云始食采地由是改姓田氏〔索隱〕據此文敬仲奔齊以陳田二字聲相近遂爲田氏〔正義〕按敬仲既奔齊不欲稱本故國號故改陳字爲田氏田穉孟夷生湣孟莊〔集解〕徐廣曰一作芷〔索隱〕系本作閔孟克芷昌改反田湣孟莊生文子須無田文子事齊莊公晉之大夫欒逞作亂於晉來奔齊〔索隱〕逞音盈史記多作逞字齊莊公厚客之晏嬰與田文子諫莊公弗聽文子卒生桓子無宇田桓子無宇有力事齊莊公甚有寵無宇卒生武子開與釐子〔正義〕釐音僖乞田釐子乞事齊景公爲大夫其收賦稅於民以小斗受之其粟予民以大斗行陰德於民而景公弗禁由此田氏得齊衆心宗族益彊民思田氏晏子數諫景公景公弗聽已而使於晉與叔向私語曰齊國之政其卒歸於田氏矣晏嬰卒後范中行氏反晉晉攻之急范中行請粟於齊田乞欲爲亂樹黨於諸侯乃說景公曰范中行數有德於齊齊不可不救齊使田乞救之而輸之粟景公太子死後有寵姬曰芮子生子荼〔集解〕徐廣曰一作弱子〔索隱〕荼音舒又如字景公病命其相國惠子與高昭子以子荼爲太子〔索隱〕惠子名夏昭子名張景公卒兩相高國立荼是爲晏孺子而田乞不說欲立景公佗子陽生陽生素與乞歡晏孺子之立也陽生奔魯田乞僞事高昭子國惠子者每朝代參乘言曰始諸大夫不欲立孺子孺子既立君相之大夫皆自危謀作亂又紿大夫曰高昭子可畏也及未發先之諸大夫從之田乞鮑牧與大夫以兵入公室攻高昭子昭子聞之與國惠子救公公師敗田乞之衆追國惠子惠子奔莒遂反殺高昭子晏孺子奔魯田乞使人之魯迎陽生陽生至齊匿田乞家請諸大夫曰常之母有魚菽之祭幸而來會飲會飲田氏田乞盛陽生橐中〔索隱〕橐音託橐中謂皮橐之中置坐中央發橐出陽生曰此乃齊君矣大夫皆伏謁將盟立之田乞誣曰吾與鮑牧謀共立陽生也鮑牧怒曰大夫忘景公之命乎諸大夫欲悔陽生乃頓首曰可則立之不可則已鮑牧恐禍及已乃復曰皆景公之子何爲不可遂立陽生於田乞之家是爲悼公乃使人遷晏孺子於駘〔正義〕音臺又音台賈逵云齊地也而殺孺子荼悼公既立田乞爲相專齊政四年田乞卒子常

代立是爲田成子鮑牧與齊悼公有郤弒悼公齊人共立其子壬是爲簡公田常成子與監止【集解】駰案監一作闞【索隱】監如字又苦濫反監姓止名俱爲左右相相簡公田常心害監止監止幸於簡公權弗能去於是田常復修釐子之政以大斗出貸以小斗收齊人歌之曰嫗乎采芑歸乎田成子【索隱】言嫗之采芑菜皆歸入于田成子以刺齊國之政將歸陳氏也齊大夫朝御鞅諫簡公【索隱】御官也鞅名也亦田氏之族曰田監不可竝也君其擇焉君弗聽子我者監止之宗人也【索隱】齊系家云子我夕賈逵云即監止也尋其文意當是監止今云宗人太史誤爾常與田氏有郤田氏疏族田豹事子我有寵子我曰吾欲盡滅田氏適以豹代田氏宗豹曰臣於田氏疏矣不聽已而豹謂田氏曰子我將誅田氏田氏弗先禍及矣子我舍公宮田常兄弟四人乘如公宮欲殺子我子我閉門簡公與婦人飲檀臺【正義】在青州臨淄縣東北一里將欲擊田常太史子餘曰田常非敢爲亂將除害簡公乃止田常出聞簡公怒恐誅將出亡田子行曰需事之賊也【索隱】需音須需者疑也疑必致難故云事之賊也田常於是擊子我子我率其徒攻田氏不勝出亡田氏之徒追殺子我及監止簡公出奔田氏之徒追執簡公于徐州【索隱】徐音舒徐州齊邑薛縣是也非九州之徐【正義】齊之西北界上地名在勃海郡東平縣也簡公曰蚤從御鞅之言不及此難田氏之徒恐簡公復立而誅己遂殺簡公簡公立四年而殺於是田常立簡公弟鷔是爲平公平公卽位田常爲相田常既殺簡公懼諸侯共誅己乃盡歸魯衞侵地西約晉韓魏趙氏南通吳越之使修功行賞親於百姓以故齊復定田常言於齊平公曰德施人之所欲君其行之刑罰人之所惡臣請行之行之五年齊國之政皆歸田常田常於是盡誅鮑晏監止及公族之彊者而割齊自安平以東【集解】徐廣曰安平在北海【索隱】司馬彪郡國志北海東安平六國時曰安平徐廣說是【正義】括地志云安平城在青州臨淄縣東十九里古紀國之酅邑青州卽北海郡也至琅邪【正義】琅邪沂州也從安平已東萊登沂密等州皆自爲田常封邑也自爲封邑大於平公之所食田常乃選齊國中女子長七尺以上爲後宮後宮以百數而使賓客舍人出入後宮者不禁及田常卒有七十餘男【索隱】鮑昱云陳成子有數十婦生男百餘人與此亦異然譙允南按春秋陳恒爲人雖志大負殺君之名至於行事亦修整故能自保非苟爲禽獸之行夫成事在姦雖子七十祇以長亂事豈然哉言其非實也田常卒子襄子盤代立【集解】徐廣曰盤一作塈【索隱】塈音許既反系本作班相齊常謚爲成子田襄子既相齊宣公三晉殺知伯【集解】徐廣曰宣公之三年時也分其地襄子使其兄弟宗人盡爲齊都邑大夫與三晉通使且以有齊國襄子卒子莊子白立【索隱】系本名伯田莊子相齊宣公宣公四十三年伐晉毀黃城圍陽狐【正義】括地志云故黃城在魏州冠氏縣南十里陽狐郭在魏州元城縣東北三十二里也明年伐魯葛及安陵【正義】括地志云故魯城在許昌縣南四十里本魯朝宿邑長葛故城在許州長葛縣北十二里鄭之葛邑也鄢陵故城在許州鄢陵縣西北十五里李奇云六國時爲安陵也明年取魯之一城莊子卒子太公和立【索隱】紀年齊宣公十五年田莊子卒明年立田悼子悼子卒乃次立田和是莊子後有悼子蓋立年無幾所以作系本及史記者不得錄也而莊周及鬼谷子亦云田成子殺齊君十二代而有齊國今據系本系家自成子至王建之滅祇十代若如紀年則悼子及侯剡卽有十二代與莊子鬼谷說同明紀年亦非妄說也田太公相齊宣公宣公四十八年取魯之郕【正義】郕音城括地志云故郕城在兗州泗水縣西北五十里說文云郕魯孟邑是也明年宣公與鄭人會西城伐衞取毋丘【索隱】毋音貫古國名衞之邑今作毋者字殘缺爾【正義】括地志云故貫城卽古貫國故貫今名蒙澤城在曹州濟陰縣南五十六里也宣公五十一年卒田會自廩丘反【索隱】紀年宣公五十一年公孫會以廩丘叛於趙十二月宣公薨於周正爲明年二月宣公卒子康公貸立【集解】徐廣曰十一年伐魯取最【索隱】貸音土代反最音祖外反貸立十四年淫於酒婦人不聽政太公乃遷康公於海上食一城以奉其先祀明年魯敗齊平陸【集解】徐廣曰東平平陸【正義】兗州縣也三年太公與魏文侯會濁澤【集解】徐廣曰康公之十六年【索隱】徐廣蓋依年表爲說而不省此上文貸立十四年又云明年魯敗齊平陸又三年會濁澤是十八年表及此註竝誤求爲諸侯魏文侯乃使使言周天子及諸侯請立齊相田和爲諸侯周天子許之康公之十九年田和立爲齊侯列於周室紀元年齊侯太公和立二年和卒【集解】徐廣曰伐魯破之子桓公午立【索隱】紀年齊康公五年田侯午生二十二年田侯剡立後十年齊田午弒其君及孺子喜而爲公春秋後傳亦云田午弒田侯及其孺子喜而兼齊是爲桓侯與此系家不同也桓公午五年秦魏攻韓韓求救於齊齊桓公召大臣而謀【索隱】大臣謂騶忌段干朋如戰國策則威王二十六年邯鄲之役有此謀臣爾又南梁之難在宣王二年有騶子田忌孫臏之謀戰國策又有張丑其詞前後交互是記者所取各異故不同也曰蚤救之孰與晚救之騶忌曰不若勿救段干朋曰【索隱】段干姓朋名也戰國策作段干綸不救則韓且折而入於魏不若救之田臣思曰【索隱】戰國策作田期思紀年謂之徐州子期蓋卽田忌也過矣君之謀也秦魏攻韓楚趙必救之是天以燕予齊也桓公曰善乃陰告韓使者而遣之韓自以爲得齊之救因與秦魏戰楚趙聞之果起兵而救之齊因起兵襲燕國取桑丘【正義】括地志云桑丘故城俗名敬城在易州遂城縣界時齊伐燕桑丘魏趙來救之魏趙世家竝云伐齊至桑丘皆是易州六年救衞桓公卒【索隱】紀年梁惠王十三年當齊桓公十八年後威王始見則桓公十九年而卒與此不同子威王因齊立是歲故齊康公卒絕無後奉邑皆入田氏齊威王元年三晉因齊喪來伐我靈丘【正義】靈丘河東蔚州縣按靈丘此時屬齊三晉因喪伐之韓魏趙世家云伐齊至靈丘皆是蔚州三年三晉滅晉後而分其地六年魯伐我入陽關【集解】徐廣曰在鉅平【正義】括地志云魯陽關故城在兗州博城縣南二十九里西臨汶水也晉伐我至博陵【正義】在濟州西界也七年衞伐我取薛陵九年趙伐我取甄威王初卽位以來不治委政卿大夫九年之間諸侯竝伐國人不治於是威王召卽墨大夫而語之曰自子之居卽墨也【正義】萊州膠水縣南六十里卽墨故城是也毀言日至然吾使人視卽墨田野闢民人給官無留事東方以寧是子不事吾左右以求譽也封之萬家召阿大夫語曰自子之守阿譽言日聞然使使視阿田野不闢民貧苦昔日趙攻甄【正義】音絹卽濮州甄城縣北合在卽墨字上也子弗能救衞取薛陵子弗知是子以幣厚吾左右以求譽也是日烹阿大夫及左右嘗譽者皆幷烹之遂起兵西擊趙衞敗魏於濁澤而圍惠王惠王請獻觀以和解趙人歸我長城於是齊國震懼人人不敢飾非務盡其誠齊國大治諸侯聞之莫敢致兵於齊二十餘年騶忌子以鼓琴見威王威王說而舍之右室須臾王鼓琴騶忌子推戶入曰善哉鼓琴王勃然不說去琴按劍曰夫子見容未察何以知其善也騶忌子曰夫大弦濁以春溫者君也小弦廉折以清者相也【集解】琴操曰大弦者君也寬和而溫小弦者臣也清廉而不亂【索隱】春秋後語溫字作春春氣溫養亦相通蔡邕曰凡絃以緩急爲清濁琴緊其絃則清緩其絃則濁清濁者言琴之聲也攫之深【集解】徐廣曰以爪持也攫音巳足反醳之愉者【集解】徐廣曰一作舒【索隱】醳音釋與下文舍字竝同愉音舒政令也鈞諧以鳴大小相益回邪而不相害者四時也吾是以知其善也王曰善語音騶忌子曰何獨語音夫治國家而弭人民皆在其中王又勃然不說曰若夫語五音之紀信未有如夫子者也若夫治國家而弭人民又何爲乎絲桐之間騶忌子曰夫大弦濁以春溫者君也小弦廉折以清者相也攫之深而醳之愉者政令也鈞諧以鳴大小相益回邪而不相害者四時也夫復而不亂者所以治昌也連而徑者所以存亡也故曰琴音調而天下治夫治國家而弭人民者無若乎五音者王曰善騶忌子見三月而受相印淳于髡見之曰善說哉髡有愚志願陳諸前騶忌子曰謹受教淳于髡曰得全全昌失全全亡【索隱】得全謂人臣事君之禮全具無失故云得全也全昌者謂若無失則身名獲昌故云全昌也騶忌子曰謹受令請謹毋離前【索隱】謂佩服此言常無離君故曰謹毋離前淳于髡曰豨膏棘軸所以爲滑也然而不能運方穿【索隱】豨膏猪脂也棘軸以棘木爲車軸至滑而堅也然而穿孔若方則不能運轉言逆理反經也故下忌曰請謹事左右言每事須順從也騶忌子曰謹受令請謹事左右淳于髡曰弓膠昔幹【集解】徐廣曰一作乾所以爲合也然而不能傅合疏罅【索隱】幹音孤旱反昔久舊也幹弓幹也考工記作析幹則析昔音相近言作弓之法以膠被昔幹而納諸檠中是猶以勢令人合也傅音附罅音呼嫁反以言膠幹可以勢暫合而久亦不能常傅合於疏罅隙縫以言人臣自宜彌縫得所豈待拘以禮制法式者故下云請自附於萬民也騶忌子曰謹受令請謹自附於萬民淳于髡曰狐裘雖弊不可補以黃狗之皮騶忌子曰謹受令請謹擇君子毋雜小人其間淳于髡曰大車不較不能載其常任琴瑟不較不能成其五音【索隱】較者校量也言有常制若車不較則車不能載常任琴瑟不較則琴不能成五音騶忌子曰謹受令請謹修法律而督姦吏淳于髡說畢趨出至門而面其僕曰是人者吾語之微言五其應我若響之應聲是人必封不久矣【集解】駰案新序曰齊稷下先生喜議政事騶忌既爲齊相稷下先生淳于髡之屬七十二人皆輕騶忌以爲設以微辭騶忌必不能及乃相與俱往見騶忌淳于髡之徒禮倨騶忌之禮卑淳于髡等稱辭騶忌知之如應響淳于髡等辭詘而去騶忌之禮倨淳于髡之禮卑故所以尚干將莫耶者貴其立斷也所以尚騏驥者爲其立至也必且歷日曠久則絲氂能挈石駑馬亦能致遠是以聰明捷敏人之美材也居朞年封以下邳號曰成侯威王二十三年與趙王會平陸二十四年與魏王會田於郊魏王問曰王亦有寶乎威王曰無有【索隱】韓嬰詩外傳以爲齊宣王其說不同所以異也梁王曰若寡人國小也尚有徑寸之珠照車前後各十二乘者十枚奈何以萬乘之國而無寶乎威王曰寡人之所以爲寶與王異吾臣有檀子者【索隱】檀子齊臣檀姓子男子美稱大夫皆稱子盼子田盼也黔夫及種首皆臣名事悉具戰國策使守南城則楚人不敢爲寇東取泗上十二諸侯皆來朝【索隱】鄒莒宋魯之比吾臣有盼子者使守高唐則趙人不敢東漁於河吾吏有黔夫者使守徐州則燕人祭北門趙人祭西門【集解】賈逵曰齊之北門西門也言燕趙之人畏見侵伐故祭以求福徙而從者七千餘家吾臣有種首者使備盜賊則道不拾遺將以照千里豈特十二乘哉梁惠王慚不懌而去二十六年魏惠王圍邯鄲趙求救於齊齊威王召大臣而謀曰救趙孰與勿救騶忌子曰不如勿救段干朋曰不救則不義且不利威王曰何也對曰夫魏氏幷邯鄲其於齊何利哉且夫救趙而軍其郊是趙不伐而魏全也故不如南攻襄陵【正義】襄陵故城在兗州鄒縣也以弊魏邯鄲拔而乘魏之弊威王從其計其後成侯騶忌與田忌不善公孫閱謂成侯忌曰【索隱】戰國策作公孫閈公何不謀伐魏田忌必將戰勝有功則公之謀中也戰不勝非前死則後北而命在公矣於是成侯言威王使田忌南攻襄陵十月邯鄲拔齊因起兵擊魏大敗之桂陵【索隱】在威王二十六年【正義】在曹州乘氏縣東北二十一里於是齊最彊於諸侯自稱爲王以令天下三十三年殺其大夫牟辛【集解】徐廣曰一作夫人【索隱】牟辛大夫姓字也徐廣與年表竝作夫人王劭按紀年云齊桓公十一年弒其君母宣王八年殺其王后然則夫人之字或如紀年之說三十五年公孫閱又謂成侯忌曰公何不令人操十金卜於市曰我田忌之人也吾三戰而三勝聲威天下欲爲大事亦吉乎不吉乎卜者出因令人捕爲之卜者驗其辭於王之所田忌聞之因遂率其徒襲攻臨淄求成侯不勝而奔【索隱】按戰國策田忌前敗魏於馬陵因被讒不得入齊歷十年乃出奔也是時齊都臨淄且孟嘗列傳云田忌襲齊之邊邑其言爲得卽與系家不同也三十六年威王卒子宣王辟彊立宣王元年秦用商鞅周致伯於秦孝公二年魏伐趙趙與韓親共擊魏趙不利戰於南梁【索隱】晉太康地記曰戰國謂梁爲南梁者別之於大梁少梁也【正義】括地志云故梁在汝州西南二百步晉太康地記云戰國時謂南梁者別之於大梁少梁也古蠻子邑也宣王召田忌復故位韓氏請救於齊宣王召大

臣而謀曰蚤救孰與晚救騶忌子曰不如勿救田忌曰弗救則韓且折而入於魏不如蚤救之【索隱】紀年威王十四年田盼伐梁戰馬陵戰國策云南梁之難有張田對云早救之此云鄒忌者王劭云此時鄒忌已死四年又齊威此時未稱王故戰國策謂之田侯今此以田侯為宣王又橫稱鄒忌者蓋此說皆誤爾 孫子曰【索隱】孫臏 夫韓魏之兵未弊而救之是吾代韓受魏之兵顧反聽命於韓也且魏有破國之志韓見亡必東面而愬於齊矣吾因深結韓之親而晚承魏之弊則可重利而得尊名也宣王曰善乃陰告韓之使者而遣之韓因恃齊五戰不勝而東委國於齊齊因起兵使田忌田嬰將【集解】徐廣曰嬰一作盼 孫子為帥救韓趙以擊魏大敗之馬陵【索隱】在宣王二年 殺其將龐涓虜魏太子申其後三晉之王皆因田嬰朝齊王於博望【正義】括地志云博望故城在鄧州向城縣東南四十五里 盟而去【集解】徐廣曰表云三年與趙會博望伐魏 七年與魏王會平阿南【正義】沛郡平阿縣也 明年復會甄魏惠王卒【索隱】按紀年梁惠王乃是齊湣王為東帝秦昭王為西帝時此時梁惠王改元稱一年未卒也而系家及其後即為魏襄王之年又以此文當齊宣王時實所不能詳考 明年與魏襄王會徐州諸侯相王也十年楚圍我徐州十一年與魏伐趙趙決河水灌齊魏兵罷十八年秦惠王稱王宣王喜文學游說之士自如騶衍淳于髡【正義】贅聟齊之稷下先生也 田駢【正義】白眠反藝文志云田駢齊人游稷下號天口駢作田子二十五篇也 接予【正義】齊人藝文志云接子二篇在道家流 慎到【正義】趙人戰國時處士藝文志作慎子四十二篇也 環淵【正義】楚人孟子傳云環淵著書上下篇也 之徒七十六人皆賜列第為上大夫不治而議論是以齊稷下學士復盛且數百千人【集解】駰案劉向別錄曰齊有稷門城門也談說之士期會於稷下也【索隱】齊地記曰齊城西門側系水左右有講室趾往往存焉蓋因側系水故曰稷門古側稷音相近爾又虞喜曰齊有稷山立館其下以待游士亦異說也春秋傳曰莒子如齊盟于稷門是也 十九年宣王卒子湣王地立【索隱】系本名遂 湣王元年秦使張儀與諸侯執政會于齧桑三年封田嬰於薛四年迎婦于秦七年與宋攻魏敗之觀澤十二年攻魏楚圍雍氏【集解】徐廣曰在陽翟屬韓 秦敗屈丐蘇代謂田軫曰臣願有謁於公其為事甚完使楚利公成為福不成亦為福今者臣立於門客有言曰魏王謂韓馮張儀曰【集解】徐廣曰韓之公仲侈也 煑棗將拔【集解】徐廣曰在濟陰宛朐 齊兵又進子來救寡人則可矣不救寡人寡人弗能拔【索隱】能猶勝也言不勝其拔故聽齊拔之耳 此特轉辭也秦韓之兵毋東旬餘則魏氏轉韓從秦秦逐張儀【索隱】逐謂臨逐也 交臂而事齊楚此公之事成也田軫曰奈何使無東對曰韓馮之救魏之辭必不謂韓王曰馮以為魏必曰馮將以秦韓之兵東却齊宋馮因摶【集解】徐廣曰音專專猶并合制領之謂也【索隱】摶音團謂握領也徐亦通 三國之兵乘屈丐之弊南割於楚故地必盡得之矣張儀救魏之辭必不謂秦王曰儀以為魏必曰儀且以秦韓之兵東距齊宋儀將摶三國之兵乘屈丐之弊【正義】屈丐楚將為秦所敗今更欲乘之

南割於楚名存亡國實伐三川而歸【索隱】三川韓也 此王業也公令楚王與韓氏地【索隱】公謂陳軫 使秦制和謂秦王曰請與韓地而王以施三川【正義】施張設也言秦王與天子都張設迫脅也 韓氏之兵不用而得地於楚韓馮之東兵之辭且謂秦何曰秦兵不用而得三川伐楚韓以窘魏魏氏不敢東是孤齊也張儀之東兵之辭且謂何曰秦韓欲地而兵有案聲威發於魏魏氏之欲不失齊楚者有資矣魏氏轉秦韓爭事齊楚楚王欲而無與地【集解】徐廣曰楚王欲得魏來事已而不欲與韓地也 公令秦韓之兵不用而得地有一大德也【正義】蘇代謂陳軫令秦韓之兵不戰伐而得地陳軫於秦韓豈不有大恩德 秦韓之王劫於韓馮張儀而東兵以徇服魏公常執左券以責於秦韓【索隱】券要也左不正也言我以右執其左而責之【正義】左券下右券上也蘇代說陳軫以上券令秦韓不用兵得地而以券責秦韓劫韓馮張儀以徇服魏故秦韓善陳軫而惡張儀多取矣 此其善於公而惡張子多資矣十三年秦惠王卒二十二年與秦擊敗楚於重丘【集解】徐廣曰表曰與秦擊楚使公子將大有功 二十四年秦使涇陽君質於齊二十五年歸涇陽君于秦孟嘗君薛文入秦即相秦文亡去二十六年【集解】徐廣曰孟嘗君為相 齊與韓魏共攻秦至函谷軍焉二十八年秦與韓河外以和兵罷二十九年趙殺其主父齊佐趙滅中山【集解】徐廣曰三十年田甲劫王相薛文走 三十六年王為東帝秦昭王為西帝蘇代自燕來入齊見於章華東門【集解】駰案左思齊都賦注曰齊小城北門也而此言東門不知為是一門非耶【正義】括地志云齊城章華之東有閭門武鹿門也 齊王曰嘻善子來秦使魏冉致帝子以為何如對曰王之問臣也卒而患之所從來微願王受之而勿備稱也秦稱之天下安之王乃稱之無後也且讓爭帝名無傷也秦稱之天下惡之王因勿稱以收天下此大資也且天下立兩帝王以天下為尊齊乎尊秦乎王曰尊秦曰釋帝天下愛齊乎愛秦乎王曰愛齊而憎秦曰兩帝立約伐趙孰與伐桀宋之利【集解】駰案宋世家云宋王偃諸侯皆曰桀宋也 王曰伐桀宋利對曰夫約鈞然與秦為帝而天下獨尊秦而輕齊釋帝則天下愛齊而憎秦伐趙不如伐桀宋之利故願王明釋帝以收天下倍約賓秦無爭重而王以其間舉宋夫有宋衛之陽地危【集解】駰案陽地濮陽之地【正義】按衛此時河南獨有濮陽也 有濟西趙之阿東國危【正義】阿東阿也爾時屬趙故云東國危 有淮北楚之東國危【正義】淮北徐泗也東國謂下相僮取慮也 有陶平陸梁門不開【正義】陶定陶今曹州也平陸兗州縣也在大梁東界 釋帝而貸之以伐桀宋之事國重而名尊燕楚所以形服天下莫敢不聽此湯武之舉也敬秦以為名而後使天下憎之此所謂以卑為尊者也願王孰慮之於是齊去帝復為王秦亦去帝位三十八年伐宋秦昭王怒曰吾愛宋與愛新城陽晉【正義】括地志云新城故城在宋州宋城縣界陽晉故城在曹州乘氏縣西北三十七里

同韓聶與吾友也而攻吾所愛何也蘇代為齊謂秦王曰韓聶之攻宋所以為王也齊彊輔之以宋楚魏必恐恐必西事秦是王不煩一兵不傷一士無事而割安邑也【正義】年表云秦昭王二十一年魏納安邑及河內 此韓聶之所禱於王也秦王曰吾患齊之難知一從一衡其說何也對曰天下國令齊可知乎齊以攻宋其知事秦以萬乘之國自輔不西事秦則宋治不安【索隱】戰國策作宋地不安 中國白頭游敖之士皆積智欲離齊秦之交伏式結軼西馳者未有一人言善齊者也【索隱】軼音蛭軼者車轍也言車轍往還如結戰國策作結轍 伏式結軼東馳者未有一人言善秦者也何則皆不欲齊秦之合也何晉楚之智而齊秦之愚也晉楚合必議齊秦齊秦合必圖晉楚請以此決事秦王曰諾於是齊遂伐宋宋王出亡死於溫【正義】懷州有溫城 齊南割楚之淮北西侵三晉欲以并周室為天子泗上諸侯鄒魯之君皆稱臣諸侯恐懼三十九年秦來伐拔我列城九四十年燕秦楚三晉合謀各出銳師以伐敗我濟西【集解】徐廣曰案其餘諸傳無楚伐齊事年表云楚取淮北 王解而卻燕將樂毅遂入臨淄盡取齊之寶藏器湣王出亡之衛衛君辟宮舍之稱臣而共具湣王不遜衛人侵之湣王去走鄒魯有驕色鄒魯君弗內遂走莒楚使淖齒將兵救齊【索隱】淖音女教反 因相齊湣王淖齒遂殺湣王而與燕共分齊之侵地鹵器【正義】鹵掠齊寶器也 湣王之遇殺其子法章變名姓為莒太史敫【集解】徐廣曰音躍一音皎 家庸太史敫女奇法章狀貌以為非恆人憐而常竊衣食之而與私通焉淖齒既以去莒莒中人及齊亡臣相聚求湣王子欲立之法章懼其誅已也久之乃敢自言我湣王子也於是莒人共立法章是為襄王以保莒城而布告齊國中王已立在莒矣襄王既立立太史氏女為王后是為君王后生子建太史敫曰女不取媒因自嫁非吾種也汙吾世終身不覩君王后賢不以不覩故失人子之禮襄王在莒五年田單以即墨攻破燕軍迎襄王於莒入臨菑齊故地盡復屬齊齊封田單為安平君【正義】安平城在青州臨淄縣東十九里古紀之酅邑也 十四年秦擊我剛壽十九年襄王卒子建立王建立六年秦攻趙齊楚救之秦計曰齊楚救趙親則退兵不親遂攻之趙無食請粟於齊齊不聽周子曰【索隱】蓋齊之謀臣史失名也戰國策以周子為蘇秦而楚字皆作燕然此時蘇秦死已久矣 不如聽之以退秦兵不聽則秦兵不卻是秦之計中而齊楚之計過也且趙之於齊楚扞蔽也【正義】此時秦伐趙上黨欲克無意伐齊楚故言趙之於齊楚為扞蔽也 猶齒之有脣也脣亡則齒寒今日亡趙明日患及齊楚且救趙之務宜若奉漏甕沃焦釜也夫救趙高義也卻秦兵顯名也義救亡國

威卻彊秦之兵不務為此而務愛粟為國計者過矣齊王弗聽秦破趙於長平四十餘萬遂圍邯鄲十六年秦滅周君王后卒二十三年秦置東郡二十八年王入朝秦秦王政置酒咸陽三十五年秦滅韓三十七年秦滅趙三十八年燕使荊軻刺秦王秦王覺殺軻明年秦破燕燕王亡走遼東明年秦滅魏秦兵次於歷下四十二年秦滅楚明年虜代王嘉滅燕王喜四十四年秦兵擊齊齊王聽相后勝計不戰以兵降秦秦虜王建遷之共【集解】駰案地理志河內有共縣【正義】今衛州共城縣也 遂滅齊為郡天下壹并於秦秦王政立號為皇帝始君王后賢事秦謹與諸侯信齊亦東邊海上秦日夜攻三晉燕楚五國各自救於秦以故王建立四十餘年不受兵君王后死后勝相齊多受秦間金多使賓客入秦秦又多予金客皆為反間勸王去從朝秦不修攻戰之備不助五國攻秦秦以故得滅五國五國已亡秦兵卒入臨淄民莫敢格者王建遂降遷於共故齊人怨王建不蚤與諸侯合從攻秦聽姦臣賓客以亡其國歌之曰松耶柏耶住建共者客耶【集解】徐廣曰戰國策曰秦處建於共松柏間也【索隱】耶音邪謂是建客耶客說建住言遂乃失策令建遷共今在河內也 疾建用客之不詳也【索隱】謂不詳審用客不知其善否也

太史公曰蓋孔子晚而喜易易之為術幽明遠矣非通人達才孰能注意焉故周太史之卦田敬仲完占至十世之後及完奔齊懿仲卜之亦云田乞及常所以比犯二君【索隱】比如字又頻律反二君即悼公簡公也僖子廢晏孺子鮑牧以乞故殺悼公而成子又殺簡公故云田氏比犯二君也 專齊國之政非必事勢之漸然也蓋若遵厭兆祥云

索隱述贊曰田完避難奔于太姜始顧羈旅終為鳳皇物莫兩盛代五其昌二君比犯三晉爭彊和始擅命威遂稱王湣急燕趙弟列康莊秦假東帝莒立法章王建失國松柏蒼蒼

史記卷四十六考證

田敬仲完世家敬仲之如齊以陳字為田氏○顧炎武曰此亦太史公之誤春秋傳未有稱田者至戰國時始為田耳

子太公和立索隱莊周及鬼谷子亦云田成子殺齊君十二代而有齊國○徐孚遠曰莊生在齊宣王時豈得逆數王建以為十二代葢總言田氏擅齊之數

騶忌曰○徐孚遠曰騶忌始以鼓琴干成王不宜在桓公已與廷議且其事與下文所載亦相類

段干朋曰○此與下文救趙之事戰國策皆作段干綸春秋後語作段干萠

孫子曰○戰國策以為田臣思之言

孫子爲帥○帥一本作師

夫約鈞然○臣照按戰國策補注曰言齊秦俱相約如此一本無然字疑鈞字卽約字之訛而又重出耳去鈞然二字文義自明

燕秦楚三晉合謀各出銳師以伐敗我濟西集解徐廣曰按其餘諸傳無楚伐齊事年表云楚取淮北○臣照按樂毅傳燕使樂毅約趙惠文王別使連楚魏令趙嚪秦以伐齊之利樂毅并護趙楚韓魏燕之兵以伐齊焉得云無楚伐齊事也

疾建用客之不詳也索隱謂不詳審用客不知其善否也○臣照按古字簡少詳佯祥三字通爲詳此詳字作祥解

史記卷四十七

漢　太　史　令司馬遷　撰

宋　中郎外兵曹參軍裴駰集解

唐　國子博士弘文館學士司馬貞索隱

唐　諸王侍讀率府長史張守節正義

孔子世家第十七

【索隱】敎化之主吾之師也爲帝王之儀表示人倫之準的自子思以下代有哲人繼世象賢誠可仰同列國前史既定吾無間然又孔子非有諸侯之位而亦稱系家者以是聖人爲敎化之主又代有賢哲故亦稱系家焉【正義】孔子無侯伯之位而稱世家者太史公以孔子布衣傳十餘世學者宗之自天子王侯中國言六藝者宗於夫子可謂至聖故爲世家

孔子生魯昌平鄉陬邑【集解】徐廣曰陬音騶孔安國曰陬孔子父叔梁紇所治邑【索隱】陬是邑名昌平鄉號孔子居魯之陬邑昌平鄉之闕里也【正義】括地志云故鄒城在兗州泗水縣東南六十里昌平山在泗水縣南六十里孔子生昌平鄉蓋鄉取山爲名故闕里在泗水縣南五十里輿地志云鄒城西界闕里有尼丘山按今尼丘山在兗州鄒城闕里卽此也括地志云兗州曲阜縣魯城西南三里有闕里中有孔子宅宅中有廟伍緝之從征記云闕里背洙面泗卽此也按夫子生在鄒長徙曲阜仍號闕里其先宋人也曰孔防叔【索隱】家語孔子宋微子之後宋襄公生弗父何以讓弟厲公弗父何生宋父周周生世子勝勝生正考父考父生孔父嘉五世親盡別爲公族姓孔氏孔父生子木金父金父生睪夷睪夷生防叔畏華氏之逼而奔魯故孔氏爲魯人防叔生伯夏伯夏生叔梁紇【正義】括地志云叔梁紇廟亦名尼丘山祠在兗州泗水縣五十里尼丘山東趾地理志云魯縣有尼丘山有叔梁紇廟紇與顏氏女野合而生孔子【索隱】家語云梁紇娶魯之施氏生九女其妾生孟皮孟皮病足乃求婚於顏氏徵在從父命爲婚其文甚明今此云野合者蓋謂梁紇老而徵在少非當壯室初筓之禮故云野合謂不合禮儀故論語云野哉由也又先進於禮樂野人也皆言野者是不合禮耳【正義】男八月生齒八歲毀齒二八十六陽道通八八六十四陽道絕女七月生齒七歲毀齒二七十四陰道通七七四十九陰道絕婚姻過此者皆爲野合故家語云梁紇娶魯施氏女生九女乃求婚於顏氏顏氏有三女小女徵在據此婚過六十四矣禱於尼丘得孔子魯襄公二十二年而孔子生【索隱】公羊傳襄公二十一年十有一月庚子孔子生今以爲二十二年蓋以周正十一月屬明年故誤也後序孔子卒云七十二歲每少一歲也生而首上圩頂【索隱】圩音烏項音鼎圩頂言頂上窊也故孔子頂如反宇反宇者若屋宇之反中低而四傍高也【正義】括地志云女陵山在兗州曲阜縣南二十八里干寶三日紀云徵在生孔子空桑之地今名空竇在魯南山之空竇中無水當祭時灑埽以告輒有清泉自石門出足以周用祭訖泉枯今俗名女陵山故因名曰丘云字仲尼姓孔氏丘生而叔梁紇死【索隱】家語云生三歲而梁紇死葬於防山【正義】括地志云防山在兗州曲阜縣東二十五里禮記云孔子母合葬於防也防山在魯東由是孔子疑其父墓處母諱之也【索隱】謂孔子少孤不的知父墳處非謂不知其葬地徵在笄年適於梁紇無幾而老死是少寡蓋以爲嫌不從送葬故不知墳處遂不告爾非諱之也孔子爲兒嬉戲常陳俎豆【正義】俎豆以木爲之受四升高尺二寸大夫以上赤雲氣諸侯加象飾足天子玉飾也設禮容孔子母死乃殯五父之衢【正義】括地志云五父衢在兗州曲阜縣西南二里魯城內衢道也蓋其愼也【集解】徐廣曰魯縣有闕里孔子所居也又有五父之衢也【索隱】謂孔子不知父墓乃且殯其母於五父之衢是其謹愼也【正義】愼謂以紼引棺就殯所也郰人【正義】郰音鄒輓父之母誨孔子父墓然後往合葬於防焉孔子要經季氏饗士孔子與往【正義】與音預季氏饗飲魯文學之士孔子與迎而往陽虎以孔子少故折之也陽虎絀曰季氏饗士非敢饗子也【索隱】家語孔子之母喪既練而見不非之也今此謂孔子實要經與饗爲陽虎所絀亦近誣矣一作要經要猶帶經也故劉氏云嗜學之意是也孔子由是退孔子年十七魯大夫孟釐子病且死【索隱】昭七年左傳云孟僖子病不能相禮乃講學之及其將死召大夫云云按謂病者不能禮爲病非疾困之謂也至二十四年僖子卒賈逵云仲尼時年三十五矣是此文誤也誡其嗣懿子曰孔丘聖人之後【集解】服虔曰聖人謂商湯滅於宋【集解】杜預曰孔子六世祖孔父嘉爲宋華督所殺其子奔魯也其祖弗父何始有宋而嗣讓厲公【集解】杜預曰弗父何孔父嘉之高祖宋愍公之長子厲公之兄也何嫡嗣當立以讓厲公也及正考父佐戴武宣公【集解】服虔曰正考父弗父何之曾孫三命茲益恭故鼎銘云【集解】杜預曰三命上卿也考父廟之鼎一命而僂再命而傴三命而俯【集解】服虔曰僂傴俯皆恭敬之貌也循牆而走【集解】杜預曰言不敢安行亦莫敢余侮【集解】杜預曰其恭如是人亦不敢侮慢饘於是粥於是以餬余口【集解】杜預曰於是鼎中爲饘鬻鬻屬言至儉也其恭如是吾聞聖人之後雖不當世必有達者也【集解】王肅曰謂若弗父何殷湯之後而不繼世爲宋君杜預曰聖人之後有明德而不當大位謂正考父今孔丘年少好禮其達者歟吾卽沒若必師之及釐子卒懿子與魯人南宮敬叔往學禮焉【索隱】左傳及系本敬叔與懿子皆孟僖子之子不應更言魯人亦太史公之疏爾是歲季武子卒平子代立孔子貧且賤及長嘗爲季氏史【索隱】有本作委吏按趙岐曰委吏主委積倉庫之吏料量平嘗爲司職吏而畜蕃息由是爲司空已而去魯斥乎齊逐乎宋衞困於陳蔡之間於是反魯孔子長九尺有六寸人皆謂之長人而異之魯復善待由是反魯

南宮敬叔言魯君曰請與孔子適周【索隱】莊子云孔子年五十一南見老聃蓋系家亦依此爲說而不究其旨趣也何者孔子適周豈訪禮之時卽在十七耶且孔子見老聃云甚矣道之難行也此非十七之人語也乃既壯之後言爾魯君與之一乘車兩馬一豎子俱適周問禮蓋見老子云辭去而老子送之曰吾聞富貴者送人以財【索隱】莊周財作軒仁人者送人以言吾不能富貴竊仁人之號【集解】王肅曰謙言竊仁人之名送子以言曰聰明深察而近於死者好議人者也博辯廣大危其身者發人之惡者也爲人子者毋以有己【集解】王肅曰身父母之有【索隱】家語作無以有己爲人子者爲人臣者毋以有己【索隱】家語作無以惡己爲人臣者王肅云言聽則仕不用則去保身全行臣之節也孔子自周反于魯弟子稍益進焉是時也晉平公淫六卿擅權東伐諸侯楚靈王兵彊陵轢中國齊大而近於魯魯小弱附於楚則晉怒附於晉則楚來伐不備於齊齊師侵魯魯昭公之二十年而孔子蓋年三十矣齊景公與晏嬰來適魯景公問孔子曰昔秦穆公國小處辟其霸何也對曰秦國雖小其志大處雖辟行中正身舉五羖【正義】百里奚也爵之大夫起纍紲之中與語三日授之以政以此取之【索隱】家語無此一句孟子以爲不然之言也雖王可也其霸小矣景公說孔子年三十五而季平子與郈昭伯以鬭雞故【正義】郈音后括地志云鬭雞臺二所相去十五步在兗州曲阜縣東南三里魯城中左傳昭二十五年季氏與郈昭伯鬭雞季氏芥雞翼郈氏爲金距之處得罪魯昭公昭公率師擊平子平子與孟氏叔孫氏三家共攻昭公昭公師敗奔於齊齊處昭公乾侯【正義】相州城安縣東南三十里斥丘故城本春秋時乾侯之邑其後頃之魯亂孔子適齊爲高昭子家臣欲以通乎景公與齊太師語樂聞韶音學之三月不知肉味【集解】周氏曰孔子在齊聞習韶樂之盛美故忘於肉味也【索隱】按論語子語魯太師樂非齊太師也又子在齊聞韶三月不知肉味無學之文今此合論語齊魯兩文而爲此言恐失事實齊人稱之景公問政孔子孔子曰君君臣臣父父子子【集解】孔安國曰當此之時陳恒制齊君不君臣不臣故以此對也景公曰善哉信如君不君臣不臣父不父子不子雖有粟吾豈得而食諸【集解】孔安國曰言將危也陳氏果滅齊他日又復問政於孔子孔子曰政在節財景公說將欲以尼谿田封孔子【索隱】此說出晏子及墨子其文微異晏嬰進曰夫儒者滑稽而不可軌法倨傲自順不可以爲下崇喪遂哀破產厚葬不可以爲俗游說乞貸不可以爲國自大賢之息周室既衰禮樂缺有間【索隱】息者生也言上古大賢生則有禮樂至周室微而始缺有間也今孔子盛容飾繁登降之禮趨詳之節累世不能殫其學當年不能究其禮君欲用之以移齊俗非所以先細民也後景公敬見孔子不問其禮異日景公止孔子曰奉子以季氏吾不能以季孟之間待之【集解】孔安國曰魯三卿季氏爲正卿最貴孟氏爲下卿不用事言待之以二者之間也【索隱】劉氏奉音扶用反非也今奉音如字謂奉侍孔子如魯季氏之職故下文云以季孟之間待之也齊大夫欲害孔子孔子聞之景公曰吾老矣弗能用也孔子遂行反乎魯

孔子年四十二魯昭公卒於乾侯定公立定公立五年夏季平子卒桓子嗣立季桓子穿井得土缶中若羊【集解】韋昭曰羊生羊也故謂之怪也【索隱】家語云桓子穿井於費得物如土缶其中有羊焉是也問仲尼云得狗【集解】韋昭曰獲羊而言狗者以孔子博物測之仲尼曰以丘所聞羊也丘聞之木石之怪夔罔閬【集解】韋昭曰木石謂山也或云夔一足越人謂之山繅也或言獨足魍魎山精好學人聲而迷惑人也【索隱】夔音逵閬音兩家語作魍魎繅音騷山繅獨一足是山神名故謂之夔夔一足獸狀如人也水之怪龍罔象【集解】韋昭曰龍神獸也非常見故曰怪或云罔象食人一名沐腫【索隱】沐腫音木腫土之怪墳羊【集解】唐固曰墳羊雌雄未成者也吳伐越墮會稽【集解】王肅曰墮毀也【索隱】會稽山名越之所都隳毀也吳伐越在魯哀元年得骨節專車【集解】韋昭曰骨一節其長專車專擅也吳使使問仲尼骨何者最大仲尼曰禹致羣神於會稽山【集解】韋昭曰羣神謂主山川之君爲羣神之主故謂之神也防風氏後至禹殺而戮之【集解】韋昭曰防風氏違命後至故禹殺之陳尸爲戮其節專車此爲大矣吳客曰誰爲神仲尼曰山川之神足以綱紀天下其守爲神【集解】王肅曰守山川之祀者爲神謂諸侯也韋昭曰足以綱紀天下謂名山大川能興雲致雨以利天下也社稷爲公侯【集解】王肅曰但守社稷無山川之祀者直爲公侯而已皆屬於王者客曰防風何守仲尼曰汪罔氏之君守封禺之山【集解】韋昭曰封封山禺禺山在吳郡永安縣駰案晉太康元年改永安爲武康縣今屬吳興郡爲釐姓【索隱】釐音僖家語云姓漆蓋誤系本無漆姓在虞夏商爲汪罔於周爲長翟今謂之大人【集解】王肅曰周之初及當孔子之時其名異也客曰人長幾何仲尼曰僬僥氏三尺短之至也【集解】韋昭曰僬僥西南蠻之別名也【索隱】案括地志在大秦國北也長者不過十之數之極也【集解】王肅曰十之謂三丈也數極於此也於是吳客曰善哉聖人桓子嬖臣曰仲梁懷與陽虎有隙陽虎欲逐懷公山不狃止之【集解】孔安國曰不狃爲季氏宰【索隱】狃音女九反鄒氏云一作蹂論語作弗擾其秋懷益驕陽虎執懷桓子怒陽虎因囚桓子與盟而醳之【正義】醳音釋陽虎由此益輕季氏季氏亦僭於公室陪臣執國政是以魯自大夫以下皆僭離於正道故孔子不仕退而脩詩書禮樂弟子彌衆至自遠方莫不受業焉定公八年公山不狃不得意於季氏因陽虎爲亂欲廢三桓之適【正義】適音嫡更立其庶孼陽虎素所善者遂執季桓子桓子詐之得脫定公九年陽虎不勝奔于齊是時孔子年五十公山不狃以費畔季氏使人召孔子孔子循道彌久溫溫無所試莫能己用曰蓋周文武起豐鎬而王【索隱】檢家語及孔氏之書並無此言故桓譚亦以爲誣今費雖小儻庶幾乎欲往子路不說止孔子孔子曰夫召我者豈徒哉如用我其爲東周乎【集解】何晏曰興周道於東方故曰東周也然亦卒不行其後定公以孔子爲中都宰一年四方皆則之【索隱】家語作西方王肅云魯國近東故西方諸侯皆取法則焉由中都宰爲司空由司空爲大司寇定公十年

春及齊平【索隱】及與也平成也謂與齊和好故云平夏齊大夫犂鉏言於景
公曰魯用孔丘其勢危齊乃使使告魯爲好會會於夾
谷【集解】徐廣曰司馬彪云今在祝其縣也魯定公且以乘車好往孔子攝
相事曰臣聞有文事者必有武備有武事者必有文備
古者諸侯出疆必具官以從請具左右司馬定公曰諾
具左右司馬會齊侯夾谷爲壇位土階三等以會遇之
禮相見【集解】王肅曰會遇之禮禮之簡略也揖讓而登獻酬之禮畢齊有
司趨而進曰請奏四方之樂景公曰諾於是旍旄羽袚
矛戟劍撥鼓噪而至【索隱】家語作萊人以兵鼓噪劫定公袚音弗謂舞者所執故周禮樂
有袚舞撥音伐撥謂大楯也孔子趨而進歷階而登【索隱】歷階謂歷級也故王肅
云歷階登階不聚足不盡一等舉袂而言曰吾兩君爲好會夷狄
之樂何爲於此請命有司有司却之不去則左右視晏
子與景公景公心怍麾而去之有頃齊有司趨而進曰
請奏宮中之樂景公曰諾優倡侏儒爲戲而前孔子趨
而進歷階而登不盡一等曰匹夫而熒惑諸侯者罪當
誅【索隱】熒惑謂經營而惑亂也家語作熒侮請命有司有司加法焉手足異
處景公懼而動知義不若歸而大恐告其羣臣曰魯以
君子之道輔其君而子獨以夷狄之道教寡人使得罪
於魯君爲之柰何有司進對曰君子有過則謝以質小
人有過則謝以文君若悼之則謝以實於是齊侯乃歸
所侵魯之鄆汶陽龜陰之田以謝過【集解】服虔曰三田汶陽田也龜山名
陰之田得其田不得其山也杜預曰太山博縣北有龜山【索隱】左傳鄆讙及龜陰之田則三田皆在汶陽也【正
義】鄆今鄆州鄆城縣在兗州龔邱縣東北五十四里故謝城在龔邱縣東七十里齊歸侵魯龜陰之田以謝魯
魯築城於此以旌孔子之功因名謝城定公十三年夏孔子言於定公曰
臣無藏甲大夫毋百雉之城【集解】王肅曰高丈長丈曰堵三堵曰雉使仲
由爲季氏宰將墮三都【集解】服虔曰三都三家之邑也於是叔孫氏先
墮郈【集解】杜預曰東平無鹽縣東南郈鄉亭【正義】括地志云郈亭在鄆州宿城縣東三十二里季氏
將墮費公山不狃叔孫輒率費人襲魯公與三子入于
季氏之宮【集解】服虔曰三子季孫孟孫叔孫也登武子之臺費人攻之弗
克入及公側【集解】服虔曰人有入及公之臺側孔子命申句須樂頎下
伐之【集解】服虔曰申句須樂頎魯大夫費人北國人追之敗諸姑蔑【集解】
杜預曰魯國卞縣南有姑蔑城【正義】括地志云姑蔑故城在兗州泗水縣東四十五里按泗水縣本漢卞縣也
二子奔齊遂墮費將墮成【集解】杜預曰泰山鉅平縣東南有成城也【正義】括地志云
故郕城在兗州泗水縣西北五十里公斂處父【集解】服虔曰成宰也謂孟孫曰墮成
齊人必至于北門且成孟氏之保鄣無成是無孟氏也
我將弗墮十二月公圍成弗克定公十四年孔子年五
十六由大司寇行攝相事有喜色門人曰聞君子禍至
不懼福至不喜孔子曰有是言也不曰樂其以貴下人
乎於是誅魯大夫亂政者少正卯與聞國政三月粥羔
豚者弗飾賈男女行者別於塗塗不拾遺四方之客至

乎邑者不求有司【集解】王肅曰有司常供其職客求而有在也皆予之以歸
【索隱】家語作皆如歸齊人聞而懼曰孔子爲政必霸霸則吾地近
焉我之爲先并矣盍致地焉犂鉏曰請先嘗沮之沮之
而不可則致地庸遲乎於是選齊國中女子好者八十
人皆衣文衣而舞康樂【索隱】家語作容璣王肅云舞曲名也文馬三十駟
遺魯君陳女樂文馬於魯城南高門外季桓子微服往
觀再三將受乃語魯君爲周道游往觀終日【索隱】謂請魯君爲周
徧道路游行因出觀齊之女樂怠於政事子路曰夫子可以行矣孔子
曰魯今且郊如致膰乎大夫【集解】王肅曰膰祭肉則吾猶可以止
桓子卒受齊女樂三日不聽政郊又不致膰俎於大夫
孔子遂行宿乎屯【集解】駰案屯在魯之南也【索隱】屯地名而師已送曰夫
子則非罪孔子曰吾歌可夫歌曰彼婦之口可以出走
彼婦之謁可以死敗【集解】王肅曰言婦人之口請謁足以憂使人死敗故可以出走也
蓋優哉游哉維以卒歲【集解】王肅曰言仕不遇也故且優游以終歲師已反
桓子曰孔子亦何言師已以實告桓子喟然歎曰夫子
罪我以羣婢故也夫孔子遂適衛主於子路妻兄顏濁
鄒家【索隱】孟子曰孔子於衛主顏讎由彌子之妻與子路之妻兄弟也今此云濁鄒是子路之妻兄所說不同
衛靈公問孔子居魯得祿幾何對曰奉粟六萬衛人
亦致粟六萬【索隱】若六萬石似太多當是六萬斗亦與漢之秩祿不同【正義】六萬小斗計當今二千石也周之斗升斤兩皆用小也居頃之或譖孔子於衛靈公靈公使
公孫余假一出一入【索隱】謂以兵仗出入以脅夫子也孔子恐獲罪焉
居十月去衛將適陳過匡【正義】故匡城在滑州匡城縣西南十里顏刻爲僕
以其策指之曰昔吾入此由彼缺也【索隱】謂昔所被攻缺破之處也【正義】琴操云孔子到匡郭外顏淵舉策指匡穿垣曰往與陽貨正從此入匡人聞其言告君曰往者陽貨今復來乃率衆圍孔子數日乃和琴而歌音曲甚哀有暴風擊軍士僵仆於是匡人乃知孔子聖人自解也匡人
聞之以爲魯之陽虎陽虎嘗暴匡人匡人於是遂止孔
子【索隱】匡宋邑也家語云匡人簡子以甲士圍夫子孔子狀類陽虎拘焉五日
顏淵後子曰吾以汝爲死矣顏淵曰子在回何敢死【集解】包氏曰言夫子在已無所致死也匡人拘孔子益急弟子懼孔子曰文
王既沒文不在茲乎【集解】孔安國曰茲此也言文王雖已沒其文見在此此自謂其身也
天之將喪斯文也後死者不得與于斯文也【集解】孔安國曰文王既沒故孔子自謂後死也言天將喪此文者本不當使我知之今使我知之未欲喪之也天之未喪
斯文也匡人其如予何【集解】馬融曰如予何猶言奈我何也天未喪此文則我當傳之匡人欲奈我何言不能違天以害已孔子使從者爲甯武子臣於衛然後
得去【索隱】家語子路彈劍而歌孔子和之曲三終匡人解圍而去今此取論語文王既沒之文及從者臣甯武子然後得去蓋夫子再厄匡人或設辭以解圍或彈劍而釋難今此合論語家語之文以爲一事故彼此文交互耳去即過蒲【集解】徐廣曰長垣縣有匡城蒲鄉【正義】括地志故蒲城在滑州匡城縣北十五里匡城本漢長垣縣月餘反乎衛主蘧伯玉家靈公夫人有南子
者使人謂孔子曰四方之君子不辱欲與寡君爲兄弟
者必見寡小君寡小君願見孔子孔子辭謝不得已而見之

夫人在絺帷中孔子入門北面稽首夫人自帷中再拜
環珮玉聲璆然【正義】璆音虯孔子曰吾鄉爲弗見見之禮答
焉【索隱】上見如字下見去聲言我不爲相見之禮現而答之子路不說孔子矢之曰
予所不者天厭之天厭之【集解】欒肇曰見南子者時不獲已猶文王之拘羑里也天厭之者言我之否屈乃天命所厭也蔡謨曰矢陳也夫子爲子路陳天命也居衛月餘靈公
與夫人同車宦者雍渠參乘出使孔子爲次乘招搖市
過之【集解】徐廣曰招搖翱翔也【索隱】家語作遊過市孔子曰吾未見好德如好
色者也【集解】何晏曰疾時薄於德厚於色故發此言也李充曰使好德如好色則棄邪而反正矣於
是醜之去衛過曹是歲魯定公卒孔子去曹適宋【集解】徐廣曰年表定公十三年孔子至衛十四年至陳哀公三年孔子過宋與弟子習禮大樹下
宋司馬桓魋欲殺孔子拔其樹孔子去弟子曰可以速
矣孔子曰天生德於予桓魋其如予何【集解】包氏曰天生德者謂授以聖性德合天地吉無不利故曰其如予何孔子適鄭與弟子相失孔子獨立
郭東門鄭人或謂子貢曰【索隱】家語姑布子卿謂子貢曰東門有人其
顙似堯【索隱】家語云河目而隆顙其顙似堯其項類皋陶其肩類子產然
自要以下不及禹三寸纍纍若喪家之狗【集解】王肅曰喪家之狗主人哀荒不見飲食故纍然而不得意孔子生於亂世道不得行故纍然不得志之貌也韓詩外傳曰喪家之狗既斂而槨有席而祭顧望無人也子貢以實告孔子孔子欣然笑曰形
狀末也而似喪家之狗然哉然哉孔子遂至陳主於司
城貞子家歲餘吳王夫差伐陳取三邑而去趙鞅伐朝
歌楚圍蔡蔡遷于吳吳敗越王勾踐會稽有隼集于陳
廷而死楛矢貫之石砮矢長尺有咫【集解】韋昭曰隼鷙鳥今之鶚也楛木名砮鏃也以石爲之八寸曰咫楛矢貫之墜而死【正義】隼音筍毛詩義疏云鶚齊人謂之擊征或謂之題肩或曰省鷹春化爲布穀此屬數種皆爲隼陳湣公使使問仲尼【索隱】家語國語作陳惠公非也按惠公以魯昭元年立定四年卒又按系家湣公十六年孔子適陳十三年亦在陳則此湣公爲是仲
尼曰隼來遠矣此肅慎之矢也【正義】肅慎國記云肅慎其地在夫餘國東北河六十日行其弓四尺強勁弩射四百步今之靺鞨國方有此矢昔武王克商通道九夷
百蠻【集解】王肅曰九夷東方夷有九種也百蠻夷狄之百種使各以其方賄來貢
【集解】王肅曰各以其方面所有之財賄而來貢使無忘職業於是肅慎貢楛矢
石砮長尺有咫先王欲昭其令德以肅慎矢分大姬【集解】韋昭曰大姬武王元女也配虞胡公而封諸陳分同姓以珍玉展親
【集解】韋昭曰展重也玉謂若夏后氏之璜分異姓以遠方職使無忘服【集解】王肅曰使無忘服從於王也故分陳以肅慎矢試求之故府果得之【集解】韋昭曰故府舊府也孔子居陳三歲會晉楚爭彊更伐陳及吳侵
陳陳常被寇孔子曰歸與歸與吾黨之小子狂簡進取
不忘其初於是孔子去陳過蒲會公叔氏以蒲畔蒲人
止孔子弟子有公良孺者以私車五乘從孔子其爲人
長賢有勇力謂曰吾昔從夫子遇難於匡今又遇難於
此命也已吾與夫子再罹難寧鬭而死鬭甚疾蒲人懼
【索隱】家語云寧我鬭死挺劍而合衆將與之戰蒲人懼是也謂孔子曰苟毋適衛吾

出子與之盟出孔子東門孔子遂適衛子貢曰盟可負
耶孔子曰要盟也神不聽衛靈公聞孔子來喜郊迎問
曰蒲可伐乎對曰可靈公曰吾大夫以爲不可今蒲衛
之所以待晉楚也【正義】衛在濮州蒲在滑州在衛西也韓魏及楚從西向東伐先在蒲後及衛以衛伐之無乃不可乎孔子曰其男子有死之志【集解】王肅曰公叔氏欲以蒲適他國而男子欲死之不樂適他婦人有保西河之志【集解】王肅曰婦人恐懼欲保西河無戰意也【索隱】曰此西河在衛地非魏之西河也吾所伐者不過四
五人【集解】王肅曰本與公叔同畔者靈公曰善然不伐蒲靈公老怠於
政不用孔子孔子喟然歎曰苟有用我者朞月而已三
年有成【集解】孔安國曰言誠有用我於政事者朞年而可以行其政教必三年乃有成也孔子
行佛肸爲中牟宰【集解】孔安國曰晉大夫趙簡子之邑宰趙簡子攻范中
行伐中牟【索隱】此河北之中牟蓋在漢陽西佛肸畔使人召孔子孔子
欲往子路曰由聞諸夫子其身親爲不善者君子不入
也【集解】孔安國曰不入其國今佛肸親以中牟畔子欲往如之何孔
子曰有是言也不曰堅乎磨而不磷不曰白乎涅而不
淄【集解】孔安國曰磷薄也涅可以染皁者也言至堅者磨之而不薄至白者染之於涅中而不黑君子雖在濁亂不能汙也我豈匏瓜也哉焉能繫而不食【集解】何晏曰言匏瓜得繫一處者不食故也吾自食物當東西南北不得如不食之物繫滯一處孔子擊磬有荷蕢而
過門者曰有心哉擊磬乎【集解】何晏曰蕢草器也有心謂契契然也硜硜乎
莫己知也夫而已矣【集解】何晏曰硜硜信己而已言亦無益也孔子學鼓琴
師襄子【索隱】家語師襄子曰吾雖以擊磬爲官然能於琴蓋師襄子魯人論語謂之擊磬襄是也十
日不進師襄子曰可以益矣孔子曰丘已習其曲矣未
得其數也有閒曰已習其數可以益矣孔子曰丘未得
其志也有閒曰已習其志可以益矣孔子曰丘未得其
爲人也有閒曰有所穆然深思焉有所怡然高望而遠
志焉曰丘得其爲人黯然而黑【集解】王肅曰黯黑貌幾然而長【集解】徐廣曰詩云頎而長兮【索隱】幾與注頎並音祈家語無此四字眼如望羊【集解】王肅曰望羊望羊視也
心如王四國非文王其誰能爲此也師襄子辟席再
拜曰師蓋云文王操也孔子既不得用於衛將西見趙
簡子至於河而聞竇鳴犢舜華之死也【集解】徐廣曰或作鳴鐸竇犨又作竇鳴犢舜華也【索隱】家語云聞趙簡子殺竇犨鳴犢及舜華國語云鳴鐸竇犨則竇犨字鳴犢聲轉字異或作鳴鐸慶華當作舜華諸說皆同臨河而歎曰美哉水洋洋乎丘之不
濟此命也夫子貢趨而進曰敢問何謂也孔子曰竇鳴
犢舜華晉國之賢大夫也趙簡子未得志之時須此兩
人而後從政及其已得志殺之乃從政丘聞之也刳胎
殺夭則麒麟不至郊竭澤涸漁則蛟龍不合陰陽【索隱】有角曰蛟龍能興雲致雨調和陰陽之氣覆巢毀卵則鳳皇不翔何則君子
諱傷其類也夫鳥獸之於不義也尚知辟之而況乎丘
哉乃還息乎陬鄉作爲陬操以哀之【集解】王肅曰陬操琴曲名也【索隱】此陬鄉非魯之陬邑家語云作槃操也而反乎衛入主蘧伯玉家他日靈公

問兵陳【集解】孔安國曰軍陳行列之法孔子曰俎豆之事則嘗聞之軍旅之事未之學也【集解】鄭玄曰萬二千五百人爲軍五百人爲旅軍旅末事本未立不可教以末明日與孔子語見蜚鴈仰視之色不在孔子孔子遂行復如陳夏衛靈公卒【索隱】此魯哀二年也立孫輒是爲衛出公六月趙鞅內太子蒯聵于戚陽虎使太子絻八人衰絰僞自衛迎者哭而入遂居焉冬蔡遷于州來是歲魯哀公三年而孔子年六十矣齊助衛圍戚以衛太子蒯聵在故也夏魯桓釐廟燔南宮敬叔救火孔子在陳聞之曰災必於桓釐廟乎【集解】服虔曰桓釐當毀而魯事非禮之廟故孔子聞有火災知其必桓釐也已而果然秋季桓子病輦而見魯城喟然歎曰昔此國幾興矣以吾獲罪於孔子故不興也顧謂其嗣康子曰我即死若必相魯相魯必召仲尼後數日桓子卒康子代立已葬欲召仲尼公之魚曰昔吾先君用之不終終爲諸侯笑今又用之不能終是再爲諸侯笑康子曰則誰召而可曰必召冉求於是使使召冉求冉求將行孔子曰魯人召求非小用之將大用之也是日孔子曰歸乎歸乎吾黨之小子狂簡斐然成章吾不知所以裁之【集解】孔安國曰簡大也孔子在陳思歸欲去曰吾黨之小子狂者進取於大道妄穿鑿以成章不知所以裁制當歸以裁耳【索隱】此系家再有歸與之辭者前辭出孟子此辭出論語蓋止是一稱歸與二書各記之今前後再引亦失之也子贛知孔子思歸送冉求因誡曰即用以孔子爲招云冉求既去明年孔子自陳遷于蔡蔡昭公將如吳吳召之也前昭公欺其臣遷州來後將往大夫懼復遷公孫翩射殺昭公【集解】徐廣曰哀公四年也楚侵蔡秋齊景公卒【集解】徐廣曰哀公五年也明年孔子自蔡如葉葉公問政孔子曰政在來遠附邇他日葉公問孔子於子路子路不對【集解】孔安國曰葉公名諸梁楚大夫食采於葉僭稱公不對未知所以對也孔子聞之曰由爾何不對曰其爲人也學道不倦誨人不厭發憤忘食樂以忘憂不知老之將至云爾去葉反于蔡長沮桀溺耦而耕孔子以爲隱者使子路問津焉【集解】鄭玄曰耜廣五寸二耜爲耦津濟渡處也【正義】括地志云黃城山俗名菜山在許州葉縣西南二十五里聖賢冢墓記云黃城山即長沮桀溺所耕處下有東流水則子路問津處也長沮曰彼執輿者爲誰子路曰爲孔丘曰是魯孔丘與曰然曰是知津矣【集解】馬融曰言數周流自知津處桀溺謂子路曰子爲誰曰爲仲由曰子孔丘之徒與曰然桀溺曰悠悠者天下皆是也而誰以易之【集解】孔安國曰悠悠者周流之貌也言當今天下治亂同空舍此適彼故曰誰以易之且與其從辟人之士豈若從辟世之士哉【集解】何晏曰士有辟人之法有辟世之法長沮桀溺謂孔子爲士從辟人之法己之爲士則從辟世之法也耰而不輟【集解】鄭玄曰耰覆種也輟止也覆種不止不以津告子路以告孔子孔子憮然曰【集解】何晏曰爲其不達己意而非己鳥獸不可與同羣【集解】孔安國曰隱於山林是同羣天下有道丘不與易也【集解】何晏曰凡天下有道者丘皆不與易也己大而人小故也他日子路行遇荷

蓧丈人【集解】包氏曰丈人老者蓧草器名也曰子見夫子乎丈人曰四體不勤五穀不分孰爲夫子【集解】包氏曰丈人云不勤勞四體不分植五穀誰爲夫子而索也植其杖而芸【集解】孔安國曰植倚也除草曰芸子路以告孔子孔子曰隱者也復往則亡【集解】孔安國曰子路反至其家丈人出行不在孔子遷于蔡三歲吳伐陳楚救陳【集解】徐廣曰哀公四年也軍于城父聞孔子在陳蔡之閒楚使人聘孔子孔子將往拜禮陳蔡大夫謀曰孔子賢者所刺譏皆中諸侯之疾今者久留陳蔡之閒諸大夫所設行皆非仲尼之意今楚大國也來聘孔子孔子用於楚則陳蔡用事大夫危矣於是乃相與發徒役圍孔子於野不得行絕糧從者病莫能興【集解】孔安國曰興起也孔子講誦弦歌不衰子路慍見曰君子亦有窮乎孔子曰君子固窮小人窮斯濫矣【集解】何晏曰濫溢也君子固亦有窮時但不如小人窮則濫溢爲非子貢色作孔子曰賜爾以予爲多學而識之者與曰然【集解】孔安國曰然謂多學而識之非與【集解】孔安國曰問今不然也孔子曰非也予一以貫之【集解】何晏曰善有元事有會天下殊塗而同歸百慮而一致知其元則衆善舉矣故不待學以一知之孔子知弟子有慍心乃召子路而問曰詩云匪兕匪虎率彼曠野【集解】王肅曰率循也言非兕虎而循曠野也吾道非耶吾何爲於此子路曰意者吾未仁耶人之不我信也【集解】王肅曰言人不信吾豈以未仁乎意者吾未知耶人之不我行也【集解】王肅曰言人不使通行而困窮者豈以吾未智乎孔子曰有是乎由譬使仁者而必信安有伯夷叔齊【正義】言仁者必使四方信之安有伯夷叔齊餓死乎使知者而必行安有王子比干【正義】言智者必使處事通行安有王子比干剖心子路出子貢入見孔子曰賜詩云匪兕匪虎率彼曠野吾道非耶吾何爲於此子貢曰夫子之道至大也故天下莫能容夫子夫子蓋少貶焉孔子曰賜良農能稼而不能爲穡【集解】王肅曰種之爲稼斂之爲穡言良農能善種之未必能斂穫之良工能巧而不能爲順【集解】王肅曰言良工能巧而已不能每順人之意君子能脩其道綱而紀之統而理之而不能爲容今爾不脩爾道而求爲容賜而志不遠矣子貢出顏回入見孔子曰回詩云匪兕匪虎率彼曠野吾道非耶吾何爲於此顏回曰夫子之道至大故天下莫能容雖然夫子推而行之不容何病不容然後見君子夫道之不脩也是吾醜也夫道既已大脩而不用是有國者之醜也不容何病不容然後見君子孔子欣然而笑曰有是哉顏氏之子使爾多財吾爲爾宰【集解】王肅曰宰主財者也爲汝主財言志之同也於是使子貢至楚楚昭王興師迎孔子然後得免昭王將以書社地七百里封孔子【集解】服虔曰書籍也【索隱】古者二十五家爲里里則各立社則書社者書其社之人名於籍蓋以七百里書社之人封孔子也故下冉求云雖累千社而夫子不利是也楚令尹子西曰王之使使諸侯有如子貢者乎曰無有王之輔相有如顏回者乎曰無有王之將率有如子路者乎曰無

有王之官尹有如宰予者乎曰無有且楚之祖封於周號爲子男五十里今孔丘述三王之法明周召之業王若用之則楚安得世世堂堂方數千里乎夫文王在豐武王在鎬百里之君卒王天下今孔丘得據土壤賢弟子爲佐非楚之福也昭王乃止其秋楚昭王卒于城父楚狂接輿歌而過孔子【集解】孔安國曰接輿楚人也佯狂而來歌欲以感切夫子也曰鳳兮鳳兮何德之衰【集解】孔安國曰比孔子於鳳鳥鳳鳥待聖君乃見非孔子周行求合故曰衰也往者不可諫兮【集解】孔安國曰已往所行不可復諫止也來者猶可追也【集解】孔安國曰自今已來可追自止避亂隱居已而已而今之從政者殆而【集解】孔安國曰言已而者言世亂已甚不可復治也再言之者傷之深也孔子下欲與之言趨而去弗得與之言【集解】包氏曰下下車也於是孔子自楚反乎衛是歲也孔子年六十三而魯哀公六年也其明年吳與魯會繒徵百牢【索隱】此哀七年時也百牢牢具一百也周禮上公九牢侯伯七牢子男五牢今吳徵百牢夷不識禮故子貢對以周禮而後吳亡是徵也【正義】括地志云故鄫城在沂州承縣地理志云繒縣屬東海郡也太宰嚭召季康子康子使子貢往然後得已孔子曰魯衛之政兄弟也【集解】包氏曰周公康叔既爲兄弟康叔睦於周公其國之政亦如兄弟也是時衛君輒父不得立在外諸侯數以爲讓而孔子弟子多仕於衛衛君欲得孔子爲政子路曰衛君待子而爲政子將奚先【集解】包氏曰問往將何所先行孔子曰必也正名乎【集解】馬融曰正百事之名也子路曰有是哉子之迂也何其正也【集解】包氏曰迂猶遠也言孔子之言遠於事也孔子曰野哉由也【集解】孔安國曰野不達也夫名不正則言不順言不順則事不成事不成則禮樂不興禮樂不興則刑罰不中【集解】孔安國曰禮以安上樂以移風二者不行則有淫刑濫罰也刑罰不中則民無所錯手足矣夫君子爲之必可名言之必可行【集解】王肅曰所名之事必可得而言所言之事必可得遵行者君子於其言無所苟而已矣其明年冉有爲季氏將師與齊戰於郎克之【集解】徐廣曰此哀公十一年也去吳會繒已四年矣年表哀公十年孔子自陳至衛也【索隱】徐說去會四年是也按左氏及此文孔子是時在衛歸魯不見有在陳之文在陳當哀公之初蓋年表謬爾【正義】括地志云郎亭在徐州滕縣西五十三里季康子曰子之於軍旅學之乎性之乎冉有曰學之於孔子季康子曰孔子何如人哉對曰用之有名播之百姓質諸鬼神而無憾求之至於此道雖累千社夫子不利也【索隱】二十五家爲社千社即二萬五千家康子曰我欲召之可乎對曰欲召之則毋以小人固之則可矣而衛孔文子【集解】服虔曰文子衛卿也將攻太叔【集解】駰案左傳曰太叔名疾問策於仲尼仲尼辭不知退而命載而行曰鳥能擇木木豈能擇鳥乎【集解】服虔曰鳥喻己木以喻所之之國文子固止會季康子逐公華公賓公林以幣迎孔子孔子歸魯孔子之去魯凡十四歲而反乎魯【索隱】前文孔子以定公十四年去魯計至此十三年魯系家云定公十二年孔子去魯則首尾計十五年矣魯哀公問政對曰政在選臣季康子問政曰舉直錯諸枉【集解】包氏曰錯置也舉正直之人用之廢置邪枉之

人【索隱】論語季康子問政子曰政者正也又哀公問曰何爲則人服子曰舉直錯諸枉則人服今此初論康子問政未合以孔子答哀公使人服之事蓋太史撮略論語爲文而失事實則枉者直康子患盜孔子曰苟子之不欲雖賞之不竊【集解】孔安國曰欲情欲也言民化於上不從其所令從其所好也然魯終不能用孔子孔子亦不求仕孔子之時周室微而禮樂廢詩書缺追迹三代之禮序書傳上紀唐虞之際下至秦繆編次其事曰夏禮吾能言之杞不足徵也殷禮吾能言之宋不足徵也【集解】包氏曰徵成也杞宋二國夏殷之後也夏殷之禮吾能說之杞宋之君不足以成也足則吾能徵之矣觀殷夏所損益曰後雖百世可知也【集解】何晏曰物類相召勢數相生其變有常故可預知者也以一文一質周監二代郁郁乎文哉吾從周【集解】孔安國曰監視也言周文章備於二代當從之也故書傳禮記自孔氏孔子語魯太師樂其可知也始作翕如【集解】何晏曰太師樂官名也五音始奏翕如盛也縱之純如【集解】何晏曰言五音既發放縱盡其聲純和諧也皦如【集解】何晏曰言其音節明也繹如也以成【集解】何晏曰縱之以純如皦如繹如言樂始於翕如而成於三者也吾自衛反魯然後樂正雅頌各得其所【集解】鄭玄曰反魯魯哀公十一年冬是時道衰樂廢孔子來還乃正之故雅頌各得其所古者詩三千餘篇及至孔子去其重【正義】重逐龍反去丘呂反取可施於禮義上采契后稷中述殷周之盛至幽厲之缺始於衽席故曰關雎之亂以爲風始【正義】亂理也詩小序云關雎后妃之德也風之始也所以風天下而正夫婦也毛萇云關關和聲也雎鳩王雎也鳥摯而有別后妃悅樂君子之德無不和諧又不淫其色慎固幽深若雎鳩之有別然後可以風化天下夫婦有別則父子親父子親則君臣敬君臣敬則朝廷正朝廷正則王化成也按王雎金口鶚也鹿鳴爲小雅始【正義】小序云鹿鳴宴羣臣嘉賓也既飲食之又實幣帛筐篚以將其厚意然後忠臣嘉賓得盡其心矣毛萇云鹿得苹呦呦然鳴而相呼懇誠發乎中以興嘉樂賓客當有懇誠相招呼以成禮也文王爲大雅始【正義】小序云文王受命作周也鄭玄云文王初爲西伯有功於民其德著見於天故天命之以爲王使君天下也清廟爲頌始【正義】小序云清廟祀文王也周公既成雒邑朝諸侯率以祀文王焉毛萇云清廟者祭有清明之德者之宮也謂祭文王也天德清明文王象焉故祭之而歌此詩也三百五篇孔子皆弦歌之以求合韶武雅頌之音禮樂自此可得而述以備王道成六藝孔子晚而喜易序【正義】序易序卦也夫子作十翼謂上彖下彖上象下象上繫下繫文言序卦說卦雜卦也易正義曰文王既繇六十四卦分爲上下二篇先後之次其理不易孔子就上下二經各序其相次之義彖【正義】彖吐亂反上彖卦下辭下彖爻卦下辭易正義曰夫子所作統論一卦之義或說其卦德或說其卦義或說其卦名莊氏云彖斷也言斷定一卦之義也繫【正義】如字又音系易正義云繫辭者聖人繫屬此辭於爻卦之下分爲上下篇者以簡編重大是以分之又言繫辭者取綱系之義也象【正義】上象卦辭下象爻辭易正義云萬物之體自然各有形象聖人設卦以寫萬物之象今夫子釋此卦之象也說卦【正義】易正義云說卦者陳說八卦德業變化法象所爲也文言【正義】易正義云夫子贊明易道申說義理釋乾坤二卦經文之言故稱文言又雜卦者六十四卦以爲義於序卦之外別言聖人之興因時而作隨其事宜不必相因襲當有損益又云雜揉衆卦錯綜其義或以同相類或以異相明按史不出雜卦故附之讀易韋編三絕曰假我數年若是我於易則彬彬矣孔子以詩書禮樂教弟子蓋三千焉身通六藝者七十有二人如顏濁鄒之徒【正義】濁音卓鄒音聚顏濁鄒非七十二人數也頗受業者甚衆孔子以四教文行

忠信【集解】何晏曰四者有形質可擧以教　絕四毋意【集解】何晏曰以道爲度故不任意也　毋必【集解】何晏曰用之則行舍之則藏故無專必也　毋固【集解】何晏曰無可無不可故無固行也　毋我【集解】何晏曰述古而不自作處羣萃而不自異唯道是從故不有其身也　所愼齊戰疾【集解】何晏曰此三者人所不能愼而夫子愼也　子罕言利與命與仁【集解】何晏曰罕者希也利者義之和也命者天之命也仁者行之盛也寡能及之故希言之也　不憤不啓擧一隅不以三隅反則弗復也【集解】鄭玄曰孔子與人言必待其人心憤憤口悱悱乃後啓發爲說之如此則識思之深也說則擧一端以語之其人不思其類則不重教也　其於鄉黨恂恂似不能言者【集解】王肅曰恂恂溫恭貌也【索隱】有本作逡逡音七旬反　其於宗廟朝廷辯辯言唯謹爾【集解】鄭玄曰辯辯而謹敬也【索隱】論語作便便　朝與上大夫言誾誾如也【集解】孔安國曰中正之貌也　與下大夫言侃侃如也【集解】孔安國曰和樂貌　入公門鞠躬如也趨進翼如也【集解】孔安國曰言端好也　君召使儐【集解】鄭玄曰有賓客使迎之也　色勃如也【集解】孔安國曰必變色　君命召不俟駕行矣【集解】鄭玄曰急趨君命出行而車駕隨之　魚餒肉敗割不正不食【集解】孔安國曰魚敗曰餒也　席不正不坐食於有喪者之側未嘗飽也是日哭則不歌見齊衰瞽者雖童子必變【集解】包氏曰瞽盲　三人行必得我師【集解】何晏曰言我三人行本無賢愚擇善而從之不善而改之無常師也　德之不脩學之不講聞義不能從不善不能改是吾憂也【集解】孔安國曰夫子常以此四者爲憂也　使人歌善則使復之然後和之【集解】何晏曰樂其善故使重歌而自和也　子不語怪力亂神【集解】王肅曰怪怪異也力謂若奡盪舟烏獲擧千鈞之屬也亂謂臣弑君子弑父也神謂鬼神之事或無益於教化或所不忍言也李充曰力不由理斯怪力也神不由正斯亂神也怪力亂神有與於邪無益於教故不言也　子貢曰夫子之文章可得聞也【集解】何晏曰章明文彩形質著見可以耳目修也　夫子言天道與性命弗可得聞也已【集解】何晏曰性者人之所受以生也天道者元亨日新之道深微故不可得而聞之　顏淵喟然嘆曰仰之彌高鑽之彌堅【集解】何晏曰言不可窮盡　瞻之在前忽焉在後【集解】何晏曰言忽恍不可爲形象　夫子循循然善誘人【集解】何晏曰循循次序貌也誘進也言夫子正以此道進勸人學有次序也　博我以文約我以禮欲罷不能既竭我才如有所立卓爾雖欲從之蔑由也已【集解】孔安國曰言夫子既以文章開博我又以禮節節約我使我欲罷不能已竭吾才矣其有所立則卓然不可及言己雖蒙夫子之善誘猶不能及夫子所立也　達巷黨人童子曰大哉孔子博學而無所成名【集解】鄭玄曰達巷者黨名五百家爲黨此黨之人美孔子博學道藝不成一名而已　子聞之曰我何執執御乎執射乎我執御矣【集解】鄭玄曰吾執御者欲明六藝之卑也以謙　牢曰子云不試故藝【集解】鄭玄曰牢者弟子子牢也試用也言孔子自云我不見用故多伎藝也　魯哀公十四年春狩大野【集解】服虔曰大野藪名魯田圃之常處蓋今鉅野是也【正義】括地志云獲麟堆在鄆州鉅野縣東十二里春秋哀十四年經云西狩獲麟宗國都城記鉅野故城東十里澤中有土臺廣輪四五十步俗云獲麟堆去魯城可三百餘里　叔孫氏車子鉏商獲獸【集解】服虔曰車子微者也鉏商名也【索隱】春秋傳及家語並云車子鉏商而服虔以子爲姓非也今以車子爲主軍車士微者之人也故略其姓則子非姓也　以爲不祥仲尼視之曰麟也取之【集解】服虔曰麟非時所常見故怪之以爲不祥也仲尼名之曰麟然後魯人乃取之也明麟爲仲尼至也　曰河不出圖雒不出書吾已矣夫【集解】孔安國曰聖人受命則河出圖今無此瑞吾已矣夫者不得見河圖八卦是也　顏淵死孔子曰天喪予【集解】何休曰予我也天生顏淵爲夫子輔佐死者是天將亡夫子之證也　及西狩見麟曰吾道窮矣【集解】何休曰麟者太平之獸聖人之類也時得麟而死此天亦告夫子將殁之證故云爾　喟然嘆曰莫知我夫子貢曰何爲莫知子【集解】何晏曰子貢怪夫子言何爲莫知己故問之　子曰不怨天不尤人【集解】馬融曰孔子不用於世而不怨天不知己亦不尤人　下學而上達【集解】孔安國曰下學人事上達天命　知我者其天乎【集解】何晏曰聖人與天地合其德故曰唯天知己　不降其志不辱其身伯夷叔齊乎【集解】鄭玄曰言其直己之心不入庸君之朝　謂柳下惠少連降志辱身矣謂虞仲夷逸隱居放言【集解】包氏曰放置也置不復言世務也　行中清廢中權【集解】馬融曰清純潔也遭世亂自廢棄以免患合於權也　我則異於是無可無不可【集解】馬融曰亦不必進亦不必退唯義所在　子曰弗乎弗乎君子病殁世而名不稱焉吾道不行矣吾何以自見於後世哉乃因史記作春秋上至隱公下訖哀公十四年十二公據魯親周【索隱】言夫子修春秋以魯爲主故云據魯周雖微而親周王者以見天下之有宗主也　故殷運之三代【正義】殷中也又中運夏殷周之事也　約其文辭而指博故吳楚之君自稱王而春秋貶之曰子踐土之會實召周天子而春秋諱之曰天王狩於河陽推此類以繩當世貶損之義後有王者擧而開之春秋之義行則天下亂臣賊子懼焉孔子在位聽訟文辭有可與人共者弗獨有也至於爲春秋筆則筆削則削子夏之徒不能贊一辭弟子受春秋孔子曰後世知丘者以春秋而罪丘者亦以春秋【集解】劉熙曰知者行堯舜之道者罪者在王公之位見貶絕者　明歲子路死於衞孔子病子貢請見孔子方負杖逍遙於門曰賜汝來何其晚也孔子因歎歌曰太山壞乎【集解】鄭玄曰太山衆山所仰　梁柱摧乎哲人萎乎【集解】王肅曰萎頓也　因以涕下謂子貢曰天下無道久矣莫能宗予【集解】王肅曰道不行也　夏人殯於東階周人於西階殷人兩柱間昨暮予夢坐奠兩柱之間予殆殷人也後七日卒【集解】鄭玄曰明聖人知命也【正義】括地志云漢封夫子十二代孫忠爲襃城侯生光爲丞相封侯平帝封孔霸孫莽二千戶爲襃城侯後漢封十七代孫志爲襃成侯魏封二十二代孫羨爲崇聖侯晉封二十三代孫震爲奉聖亭侯後魏封二十七代孫爲崇聖大夫孝文帝又封三十一代孫珍爲崇聖侯高齊改封珍爲恭聖侯周武帝改封鄒國公隋文帝仍舊封鄒國公煬帝改爲紹聖侯皇唐給復二千戶封孔子裔孫孔德倫爲襃聖侯也　孔子年七十三以魯哀公十六年四月己丑卒【索隱】若孔子以魯襄二十一年生至哀十六年爲七十三若襄二十二年生則孔子年七十二經傳生年不定使夫子壽數不明　哀公誄之曰旻天不弔不憖遺一老【集解】王肅曰弔善也憖且也一老謂孔子也　俾屏余一人以在位煢煢余在疚【集解】王肅曰疚病也　嗚呼哀哉尼父毋自律【集解】王肅曰父丈夫之顯稱也律法也言毋以自爲法也　子貢曰君其不沒於魯乎夫子之言曰禮失則昏名失則愆失志爲昏失所爲愆【索隱】左傳及家語文皆同　生不能用死而誄之非禮也稱余一人非名也【集解】服虔曰天子自謂一人非諸侯所當名也　孔子葬魯城北泗上【集解】皇覽曰孔子冢去城一里冢塋百畝冢南北廣十步東西十三步高一丈二尺冢前以瓴甓爲祠壇方六尺與地平本無祠堂冢塋中樹以百數皆異種魯人世世無能名其樹者民傳言孔子弟子異國人各持其方樹來種之其樹柞枌雒離女貞五味毚檀之樹孔子塋中不生荊棘及刺人草【索隱】離音藜藜草名也女貞一作安貴香名出西域五味藥草名毚音讒毚檀樹之別種也　弟子皆服三年三年心喪畢相訣而去【索隱】訣音決別也　則哭各復盡哀或復留唯子貢廬於冢上【索隱】家語無上字且禮云適墓不登壟豈合廬於冢上乎蓋上者亦邊側之義　凡六年然後去弟子及魯人往從冢而家者百有餘室因命曰孔里魯世世相傳以歲時奉祠孔子冢而諸儒亦講禮鄉飲大射於孔子冢孔子冢大一頃故所居堂弟子內後世因廟藏孔子衣冠琴車書【索隱】謂孔子所居之堂其弟子之中孔子沒後後代因廟藏夫子平生衣冠琴書於壽堂中　至于漢二百餘年不絕高皇帝過魯以太牢祠焉諸侯卿相至常先謁然後從政孔子生鯉字伯魚【索隱】家語孔子年十九娶於宋之亓官氏之女一歲而生伯魚伯魚之生也魯昭公使人遺之鯉魚夫子榮君之賜因以名其子爲鯉也　伯魚年五十先孔子死【集解】皇覽曰伯魚冢在孔子冢東與孔子並大小相望也　伯魚生伋字子思年六十二嘗困於宋子思作中庸【集解】皇覽曰子思冢在孔子冢南大小相望　子思生白字子上年四十七子上生求字子家年四十五子家生箕字子京年四十六子京生穿字子高年五十一子高生子愼年五十七嘗爲魏相子愼生鮒年五十七爲陳王涉博士死於陳下鮒弟子襄年五十七嘗爲孝惠皇帝博士遷爲長沙太守長九尺六寸子襄生忠年五十七忠生武武生延年及安國安國爲今皇帝博士至臨淮太守蚤卒安國生卬卬生驩

太史公曰詩有之高山仰止景行行止雖不能至然心鄉往之余讀孔氏書想見其爲人適魯觀仲尼廟堂車服禮器諸生以時習禮其家余祗回留之不能去云【索隱】祗敬也言祗敬遲迴不能去之有本亦作低迴義亦通　天下君王至于賢人衆矣當時則榮沒則已焉孔子布衣傳十餘世學者宗之自天子王侯中國言六藝者折中於夫子【索隱】離騷云明五帝以折中王師叔云折中正也宋均云折斷也中當也言欲折斷其物而用之與度相中當也　可謂至聖矣

【索隱】述贊曰孔子之先胄于商國弗父能讓正考銘勤防叔來奔鄹人倚立尼丘誕聖闕里生德七十升堂四方取則行誅兩觀攝相夾谷歎鳳遽衰泣麟何促九流仰鏡萬古欽躅

史記卷四十七考證

孔子世家齊處昭公乾侯○余有丁曰乾侯晉地晉人以居公者齊處公于鄆非乾侯也

爲高昭子家臣欲以通乎景公○余有丁曰昭二十年齊世家記景公與晏嬰狩魯界因入魯問禮於孔子自此晏與孔子相友善今魯亂孔子適齊必因晏以通于景公而世家謂爲高昭子家臣以通景公或誤

吳伐越墮會稽得骨節專車○余有丁曰吳伐越事在哀公元年家語云吳子使聘于魯問之孔子命使者曰無以吾命也賓既將事及發幣于大夫及孔子孔子爵之既徹俎而燕然後客執骨而問今載于定公五年此時吳未墮會稽安得獲骨之事

孔子使從者爲甯武子臣於衞○致堂管見曰穆公末武子之子相已與孫良夫將兵侵齊武子非老則卒矣穆公卒歷定公獻公凡三十七年至靈公三十八年而孔子來使有兩武子則可若猶俞也其年當百有五六十矣何子長之疎也

孔子學鼓琴師襄子○余有丁曰師襄子即擊磬襄子用魯舉爲司樂之官及孔子去魯而襄子入于海史記載學琴於去魯之後殆非也歷聘紀年記孔子二十九歲適衞學琴庶幾近之

心如王四國○一本無心字

今孔丘述三王之法○臣照按東都賦事勤乎三五李善注引史記楚子西曰孔丘述三五之法明周召之業按此則王字乃後來傳寫之誤

吳與魯會繒正義括地志云故鄫城在沂丞縣○臣照按沂下疑脫州字唐書地理志丞縣屬沂州

孔子年七十三以魯哀公十六年四月己丑卒索隱若孔子以魯襄二十一年生至哀十六年爲七十三若襄二十二年生則孔子年七十二經傳生年不定使夫子壽數不明○攷年表自襄公二十二年庚戌至哀公十六年壬戌正七十三年若自襄二十一年己酉至壬戌則七十四矣索隱不知如何計算

史記卷四十八

漢　太　史　令　司馬遷　撰
宋　中郎外兵曹參軍　裴　駰　集解
唐　國子博士弘文館學士　司馬貞　索隱
唐　諸王侍讀率府長史　張守節　正義

陳涉世家第十八

陳勝者陽城人也【索隱】勝立數月而死無後亦稱系家者以其遣王侯將相竟滅秦爲首事故也然時因擾起自匹夫假託妖祥一朝稱楚歷年不永勳業蔑如繼之齊魯曾何等級可降爲列傳　字涉【索隱】韋昭云陽城屬潁川地理志屬汝南不同者按郡縣之名隨代分割蓋陽城舊屬汝南史遷云今爲汝陰後又隸潁川韋昭據以爲說故其不同他皆放此【正義】卽

南陽縣也吳廣者陽夏人也字叔[索隱]夏音賈韋昭云淮陽縣後屬陳[正義]括地志云陳州太康縣本漢陽夏縣也陳涉少時嘗與人傭耕[索隱]廣雅云傭役也謂役力而受雇直也輟耕之壟上悵恨久之曰苟富貴無相忘傭者笑而應曰若爲傭耕何富貴也陳涉太息曰嗟乎燕雀安知鴻鵠之志哉[索隱]尸子云鴻鵠之鷇羽翼未合而有四海之心是也鴻鵠是一鳥若鳳皇然非鴻鴈與黃鵠也鵠音戶酷反二世元年七月發閭左適戍漁陽九百人屯大澤鄉[集解]徐廣曰在沛郡蘄縣[索隱]閭左謂居閭里之左也秦時復除者居閭左今力役凡在閭左者盡發之也又云凡居以富強爲右貧弱爲左秦役戍多富者役盡兼取貧弱者而發之也適音直革反又音磔故漢書有七科適戍者屯兵而守也地理志漁陽縣名在漁陽郡也[正義]括地志云漁陽故城在檀州密雲縣南十八里在漁水之陽也陳勝吳廣皆次當行爲屯長會天大雨道不通度已失期失期法皆斬陳勝吳廣乃謀曰今亡亦死舉大計亦死等死死國可乎[索隱]謂欲經營國國假使不成而敗猶愈爲戍卒而死也陳勝曰天下苦秦久矣吾聞二世少子也不當立[索隱]姚氏按隱士遺章邯書云李斯爲二世廢十七兄而立今王則二世是始皇第十八子也當立者乃公子扶蘇扶蘇以數諫故上使外將兵今或聞無罪二世殺之百姓多聞其賢未知其死也[索隱]如淳曰扶蘇自殺故人不知其死或以爲不知何坐而死故天下寃二世殺之或誤爲非今宜依文而解直是扶蘇爲二世所殺而百姓未知故欲詐自稱也項燕爲楚將數有功愛士卒楚人憐之或以爲死或以爲亡今誠以吾衆詐自稱公子扶蘇項燕爲天下唱宜多應者[索隱]漢書作倡倡謂先也說文云倡首也吳廣以爲然乃行卜[索隱]行者先也一云行往也卜者知其指意曰足下事皆成有功然足下卜之鬼乎[集解]蘇林曰狐鳴祠中則是也瓚曰假託鬼神以威衆也故勝廣曰此教我威衆也[索隱]裴注引蘇林臣瓚義亦當矣而李奇又云卜者戒曰所卜事雖成當死爲鬼惡指斥言之而勝失其旨用依鬼神起怪蓋亦得其指也陳勝吳廣喜念鬼[索隱]念者思也謂思念欲假鬼神之事曰此教我先威衆耳乃丹書帛曰陳勝王置人所罾魚腹中[集解]駰案漢書音義曰罾音曾文穎曰罾魚網也卒買魚亨食得魚腹中書固以怪之矣又間令吳廣之次近所旁叢祠中[集解]張晏曰戍人所止處也叢鬼所馮焉[索隱]服虔云間音中間之間鄭氏云間謂竊令人行也孔文祥云伺候間隙不欲令衆知之次師所次舍處也墨子云建國必擇木之脩茂者以爲叢位高誘注戰國策云叢祠神祠叢樹也夜篝火[集解]徐廣曰或作帶也篝者籠也音溝[索隱]漢書作搆火郭璞云篝籠是也狐鳴呼曰大楚興陳勝王卒皆夜驚恐旦日卒中往往語皆指目陳勝吳廣素愛人士卒多爲用者將尉醉[索隱]尉官也漢舊儀大縣三人其尉將屯九百人故云將尉也廣故數言欲亡忿恚尉令辱之以激怒其衆尉果笞廣尉劍挺[集解]徐廣曰挺猶脫也[索隱]按脫卽奪也說文云挺拔也案謂尉劍拔而廣因奪之故得殺尉廣起奪而殺尉陳勝佐之并殺兩尉召令徒屬曰公等遇雨皆已失期失期當斬藉第令毋斬[集解]服虔曰藉假也第次第也應劭曰藉吏士名藉也今失期當斬就使藉第幸得不斬戍死者固十六七此激怒其衆也蘇林曰第且也[索隱]第一音次第之第小顏云第但也劉氏云藉音子夜反應劭讀如字各以意言蘇說爲近也而戍死者固十六七且壯士不死卽已死卽舉大名耳[索隱]大名謂大名稱也王侯將相寧有種乎徒屬皆曰敬受命乃詐稱公子扶蘇項燕從民欲也袒右稱大楚爲壇而盟祭以尉首陳勝自立爲將軍吳廣爲都尉攻大澤鄉收而攻蘄蘄下[索隱]蘄音機又音祈縣名屬沛郡下者降也謂以兵臨蘄而卽降也乃令符離人葛嬰將兵徇蘄以東[索隱]韋昭云符離屬沛郡李奇云徇略也音辭峻反攻銍酇苦柘譙皆下之[集解]徐廣曰苦柘屬陳餘皆在沛也行收兵北至陳[索隱]地理志陳縣屬淮陽車六七百乘騎千餘卒數萬人攻陳[正義]今陳州城也本楚襄王築古陳國城也陳守令皆不在[索隱]張晏云郡守縣令皆不在也地理志及秦三十六郡並無陳郡則陳止是縣令言守令則守非官也與下守丞同也則皆是衍字獨守丞與戰譙門中[索隱]蓋謂陳縣之城門一名麗譙故曰譙門中非上譙縣之門也譙縣前已下故弗勝守丞死乃入據陳數日號令召三老豪桀與皆來會計事三老豪桀皆曰將軍身被堅執銳伐無道誅暴秦復立楚國之社稷功宜爲王陳涉乃立爲王號爲張楚[索隱]李奇云欲張大楚國故稱張楚也當此時諸郡縣苦秦吏者皆刑其長吏殺之以應陳涉乃以吳叔爲假王監諸將以西擊滎陽令陳人武臣張耳陳餘徇趙地令汝陰人鄧宗徇九江郡當此時楚兵數千人爲聚者不可勝數葛嬰至東城立襄彊爲楚王[索隱]東城縣名地理志屬九江[正義]括地志云東城故城在濠州定遠縣東南五十里也嬰後聞陳王已立因殺襄彊還報至陳陳王誅殺葛嬰陳王令魏人周市北徇魏地吳廣圍滎陽李由爲三川守[索隱]三川今洛陽也地有伊洛河故曰三川秦曰三川漢曰河南郡李由李斯子也守滎陽吳叔弗能下陳王徵國之豪傑與計以上蔡人房君蔡賜爲上柱國[集解]駰案漢書音義曰房君官號也姓蔡名賜瓚曰房邑君也[索隱]房邑也爵之於房號曰房君晉灼按張耳傳言相國房君者蓋謂爾涉初號楚因楚有柱國之官故以官蔡賜蓋其時草創亦未置相國之官也[正義]豫州吳房縣本房子國是所封也周文陳之賢人也[集解]文穎曰卽周章嘗爲項燕軍視日[集解]如淳曰視日時吉凶舉動之占也司馬季主爲日者事春申君自言習兵陳王與之將軍印西擊秦行收兵至關車千乘卒數十萬至戲軍焉[正義]卽京東戲亭也秦令少府章邯免酈山徒人奴產子[集解]服虔曰家人之產奴也[索隱]小顏云猶今言家產奴也悉發以擊楚大軍盡敗之周文敗走出關止次曹陽二三月[索隱]晉灼云亭名也在弘農東十三里小顏云曹水之陽也其水出陝縣西南峴頭山北流入河魏武帝改爲好陽也[正義]括地志云曹陽故亭亦名好陽亭在陝州桃林縣東南十四里崔浩云曹陽坑名自南出北通於河按魏武帝改曰好陽也章邯追敗之復走次澠池十餘日[正義]澠池河南府縣是也章邯擊大破之周文自剄軍遂不戰[集解]徐廣曰十一月也[索隱]越系家勾踐使罪人三行屬劍於頸曰不敢逃刑乃自剄郭璞注三蒼以爲剄刺也武臣到邯鄲自立爲趙王陳餘爲大將軍張耳召騷爲左右丞相陳王怒捕繫武臣等家室欲誅之柱國曰秦未亡而誅趙王將相家屬此生一秦也不如因而立之陳王乃遣使者賀趙而徙繫武臣等家屬宮中而封耳子張敖爲成都君[正義]成都蜀郡縣涉遥封之趣趙兵亟入關[索隱]趣音促謂催促也亟音棘亟急也趙王將相相與謀曰王王趙非楚意也楚已誅秦必加兵於趙計莫如毋西兵使使北徇燕地以自廣也趙南據大河北有燕代楚雖勝秦不敢制趙若楚不勝秦必重趙趙乘秦之弊可以得志於天下趙王以爲然因不西兵而遣故上谷卒史韓廣將兵北徇燕地燕故貴人豪傑謂韓廣曰楚已立王趙又已立王燕雖小亦萬乘之國也願將軍立爲燕王韓廣曰廣母在趙不可燕人曰趙方西憂秦南憂楚其力不能禁我且以楚之彊不敢害趙王將相之家趙獨安敢害將軍之家韓廣以爲然乃自立爲燕王居數月趙奉燕王母及家屬歸之燕當此之時諸將之徇地者不可勝數周市北徇地至狄[集解]徐廣曰今之臨濟狄人田儋殺狄令自立爲齊王以齊反擊周市市軍散還至魏地欲立魏後故甯陵君咎爲魏王[集解]應劭曰魏諸公子名咎欲立六國後以樹黨[索隱]晉灼云甯陵今在梁國按今梁國有甯陵縣是字轉異耳[正義]括地志云宋州甯陵縣城古甯陵城也時咎在陳王所不得之魏魏地已定欲相與立周市爲魏王周市不肯使者五反陳王乃立甯陵君咎爲魏王遣之國周市卒爲相將軍田臧等相與謀曰周章軍已破矣秦兵旦暮至我圍滎陽城弗能下秦軍至必大敗不如少遺兵足以守滎陽[索隱]遺作遺遺謂留餘也悉精兵迎秦軍今假王驕不知兵權不可與計非誅之事恐敗因相與矯王令以誅吳叔獻其首於陳王陳王使使賜田臧楚令尹印使爲上將田臧乃使諸將李歸等守滎陽城自以精兵西迎秦軍於敖倉與戰田臧死軍破章邯進兵擊李歸等滎陽下破之李歸等死陽城人鄧說將兵居郟[索隱]地理志云陽城縣屬潁川說音悅凡人名皆音悅郟音訣小顏云郟東海之縣名非也按章邯軍此時未至東海此郯別是地名或恐郯當作郟郟是郟鄏之地或者是陝陝字邑或在右見下有東海郯縣故誤也[正義]屬海州郯當作郟音紀洽反郟卽春秋時郟地楚郟敖葬之今汝州郟縣城是鄧說是陽城人陽城河南府縣與郟城縣相近又走陳蓋郟字誤作郯耳章邯別將擊破之鄧說軍散走陳銍人伍徐[集解]徐廣曰一作逢[索隱]地理志銍縣名屬沛漢書作伍逢將兵居許[正義]括地志云許州許昌縣本漢許縣地理志云許縣故國姜姓四岳之後大叔所封二十四君爲楚所滅漢以爲縣魏文帝卽位改許曰許昌也章邯擊破之伍徐軍皆散走陳陳王誅鄧說陳王初立時陵人秦嘉[集解]駰案地理志泗水國有陵縣也銍人董緤符離人朱雞石取慮人鄭布[索隱]地理志取慮縣名屬臨淮音秋閭二音取又音子臾反徐人丁疾等皆特起將兵圍東海[正義]今海州也守慶於郯陳王聞乃使武平君畔爲將軍[集解]張晏曰畔名也監郯下軍秦嘉不受命嘉自立爲大司馬惡屬武平君告軍吏曰武平君年少不知兵事勿聽因矯以王命殺武平君畔章邯已破伍徐擊陳柱國房君死章邯又進兵擊陳西張賀軍陳王出監戰軍破張賀死臘月[集解]張晏曰秦之臘月夏之九月瓚曰建丑之月也[索隱]顏遊秦云按史記表二世十月誅葛嬰十一月周文死十二月陳涉死瓚說是也宗稟荆楚記云臘節在十二月故因是謂之臘月也陳王之汝陰還至下城父[索隱]按舊讀以陳王從汝陰還至城父縣因降下之故云還至下城父又顏氏按郡國志山桑縣有下城父聚在城父縣東下讀如字其說爲得之其御莊賈殺以降秦陳勝葬碭[正義]音唐今宋州碭山縣是謚曰隱王陳王故涓人將軍呂臣[集解]應劭曰涓人知謁者將軍姓呂名臣也晉灼曰呂氏春秋荆莊伯令謁者駕令涓人取冠[索隱]涓音公玄反服虔云給通如今謁者爲倉頭軍起新陽[集解]徐廣曰在汝南也[索隱]韋昭云軍皆著青帽故曰倉頭[正義]括地志云新陽故城在豫州眞陽縣西南四十二里漢新陽縣城應劭云在新水之陽也攻陳下之殺莊賈復以陳爲楚[索隱]爲如字讀謂以陳地爲楚國初陳王至陳令銍人宋留將兵定南陽入武關留已徇南陽聞陳王死南陽復爲秦宋留不能入武關乃東至新蔡遇秦軍宋留以軍降秦秦傳留至咸陽車裂留以徇秦嘉等聞陳王軍破出走乃立景駒爲楚王[集解]徐廣曰正月嘉爲上將軍引兵之方與[正義]房預二音方與兖州縣也欲擊秦軍定陶下[正義]今曹州也使公孫慶使齊王欲與并力俱進齊王曰聞陳王戰敗不知其死生楚安得不請而立王公孫慶曰齊不請楚而立王楚何故請齊而立王且楚首事當令於天下田儋誅殺公孫慶秦左右校[索隱]卽左右校尉軍也復攻陳下之呂將軍走收兵復聚鄱盜[集解]駰案鄱音婆英布居江中爲羣盜陳勝之起布歸番君吳芮故謂之鄱盜者也當陽君黥布之兵相收復擊秦左右校破之青波[集解]駰案漢書音義曰地名也復以陳爲楚會項梁立懷王孫心爲楚王陳勝王凡六月已爲王王陳其故人嘗與傭耕者聞之之陳扣宮門曰吾欲見涉宮門令欲縛之自辯數乃置[集解]晉灼曰數音朋友數斯疏矣[索隱]數音疏主反謂自辯說數與涉有故舊事驗也又音朔數謂自辨往數與涉有故也不肯爲通陳王出遮道而呼涉陳王聞之乃召見載與俱歸入宮見殿屋帷帳客曰夥頤涉之爲王沈沈者[集解]應劭曰沈沈宮室深邃之貌也沈音長含反含一作金[索隱]服虔云楚人謂多爲夥又言頤者助聲之辭也謂涉爲王宮殿帷帳其物夥多驚而偉之故稱夥頤也劉伯莊以沈沈猶談談謂人呼爲沈沈猶俗云談談深也楚人謂多爲夥故天下傳之夥涉爲王由陳涉始客出入愈益發舒言陳王故情或說陳王曰客愚無知顓妄言輕威陳王斬之諸陳王故人皆自引去由是無親陳王者[索隱]顧氏引孔叢子云陳勝爲王妻之父兄往焉勝以衆賓待之妻父怒云怙彊而傲長者不能久焉不辭而去是其事類也陳王以朱房爲中正胡武爲司過主司羣臣諸將徇地至令之不是者繫而罪之以苛察爲忠其所不善者弗下吏輒自治之[索隱]謂朱房胡武等以素所不善者卽自驗問不往下吏也陳王信用之諸將以其故不親附此其所以敗也陳勝雖已死其所置遣侯王將相竟亡秦由涉首事也高祖時爲陳涉置守冢三十家碭至今血食

褚先生曰[集解]徐廣曰一作太史公駰案班固奏事云太史遷取賈誼過秦上下篇以爲秦始皇本紀陳涉世家下贊文然則言褚先生者非也[索隱]徐廣裴駰據所見別本及班彪奏事皆云合作太

史公今據此是褚先生述史記加此贊首地形險阻數句然後始稱賈生之言因卽改太史公之目而自題已位號也已下義並見始皇本紀地形險阻所以爲固也兵革刑法所以爲治也猶未足恃也夫先王以仁義爲本而以固塞文法爲枝葉豈不然哉吾聞賈生之稱曰秦孝公據殽函之固【集解】韋昭曰殽謂二殽函函谷關也擁雍州之地君臣固守以窺周室有席卷天下包舉宇內囊括四海之意并吞八荒之心當是時也商君佐之內立法度務耕織脩守戰之備外連衡而鬬諸侯於是秦人拱手而取西河之外孝公既沒惠文王武王昭王蒙故業因遺策南取漢中西舉巴蜀東割膏腴之地收要害之郡諸侯恐懼會盟而謀弱秦不愛珍器重寶肥饒之地以致天下之士合從締交相與爲一當此之時齊有孟嘗趙有平原楚有春申魏有信陵此四君者皆明知而忠信寬厚而愛人尊賢而重士約從連衡兼韓魏燕趙宋衞中山之衆於是六國之士有甯越徐尚蘇秦杜赫之屬爲之謀齊明周最【正義】音聚陳軫邵滑【正義】邵作昭樓緩翟景蘇厲樂毅之徒通其意吳起孫臏帶他兒良王廖田忌廉頗趙奢之倫制其兵嘗以什倍之地百萬之師仰關而攻秦【索隱】仰字亦作卬並音仰謂秦地形高故並仰向關門而攻秦有作卬字非也秦人開關而延敵九國之師逃而不敢進【索隱】九國者謂六國之外更有宋衞中山秦無亡矢遺鏃之費而天下固已困矣於是從散約敗爭割地而賂秦秦有餘力而制其弊追亡逐北伏尸百萬流血漂櫓【索隱】說文云櫓大楯也因利乘便宰割天下分裂山河彊國請服弱國入朝施及孝文王莊襄王享國之日淺國家無事及至始皇奮六世之餘烈振長策而御宇內吞二周而亡諸侯履至尊而制六合執敲朴以鞭笞天下【索隱】臣瓚云短曰敲長曰朴威振四海南取百越之地以爲桂林象郡百越之君俛首繫頸委命下吏乃使蒙恬北築長城而守藩籬卻匈奴七百餘里胡人不敢南下而牧馬士亦不敢貫弓而報怨【索隱】貫音烏還反又如字貫謂上絃也於是廢先王之道燔百家之言以愚黔首墮名城殺豪俊收天下之兵聚之咸陽銷鋒鍉【集解】徐廣曰一作鏑鑄以爲金人十二【索隱】各重千石坐高二丈號曰翁仲以弱天下之民然後踐華爲城因河爲池據億丈之城臨不測之谿以爲固良將勁弩守要害之處信臣精卒陳利兵而誰何【索隱】猶今巡更問何誰也天下已定始皇之心自以爲關中之固金城千里子孫帝王萬世之業也始皇既沒餘威振於殊俗然而陳涉甕牖繩樞之子甿隸之人【集解】徐廣曰田民曰甿音亡更反而遷徙之徒也材能不及中人非有仲尼墨翟之賢陶朱猗頓之富也躡足行伍之閒俛仰仟佰之中【索隱】仟佰謂千人百人之長也漢書作仟陌如淳云時皆辟屈在阡陌之中陌音貊率罷散之卒將數百之衆而轉攻秦斬木爲兵揭竿爲旗天下雲會響應贏糧而景從山東豪俊遂並起而亡秦族矣且天下非小弱也雍州之地殽函之固自若也陳涉之位非尊於齊楚燕趙韓魏宋衞中山之君也鉏耰棘矜非銛於句戟長鎩也【索隱】鉏耰謂鉏木也論語曰耰而不輟是也棘戟也矜戟柄音勤適戍之衆非儔於九國之師也深謀遠慮行軍用兵之道非及鄉時之士也【索隱】鄉音香亮反鄉時猶往時也蓋謂孟嘗信陵蘇秦陳軫之比也然而成敗異變功業相反也嘗試使山東之國與陳涉度長絜大【索隱】絜音下結反謂如結束知其大小也比權量力則不可同年而語矣然而秦以區區之地致萬乘之權抑八州而朝同列【索隱】謂秦彊而抑八州使朝己也漢書作招八州亦通百有餘年矣然後以六合爲家殽函爲宮一夫作難而七廟隳身死人手爲天下笑者何也仁義不施而攻守之勢異也【索隱】施音式豉反言秦虎狼之國其仁心不施及於天下故亡也

【索隱】述贊曰天下匈匈海內乏主掎鹿爭捷瞻烏爰處陳勝首事厥號張楚鬼怪是憑鴻鵠自許葛嬰東下周文西拒始親朱房又任胡武夥頤見殺腹心不與莊賈何人反噬城父

史記卷四十八考證

陳涉世家高祖時爲陳涉置守冢三十家○高祖紀作十家

史記卷四十九

漢　太　史　令司馬遷　撰

宋　中　郎　外　兵　曹　參　軍　裴　駰集解

唐　國　子　博　士　弘　文　館　學　士　司　馬　貞索隱

唐　諸　王　侍　讀　率　府　長　史張守節正義

外戚世家第十九

【索隱】外戚紀后妃也后族亦代有封爵故也漢書則編之列傳中王隱則謂之紀而在列傳之首

自古受命帝王及繼體守文之君【索隱】繼體謂非創業之主而是嫡子繼先帝之正體而立者也守文猶法也謂非受命創制之君但守先帝法度爲之主耳非獨內德茂也蓋亦有外戚之助焉【索隱】謂非獨君德於內茂盛亦有賢后妃外戚之親以助教化也夏之興也以塗山【索隱】韋昭云塗山國名禹所娶在今九江應劭曰九江當塗有禹墟禹娶塗山氏之女憍生啟而桀之放也以末喜【索隱】國語桀伐有施有施人以末喜女焉【集解】韋昭曰有施喜姓之國末喜其女也殷之興也以有娀【索隱】有娀國名其女簡狄吞燕卵而生契故詩云天命玄鳥降而生商是也紂之殺也嬖妲己【索隱】國語殷辛伐有蘇有蘇氏以妲己女焉按有蘇國也己姓也妲字也包愷云妲音丁達反周之興也以姜原及大任【索隱】系本云帝嚳上妃有邰女之女曰姜原鄭玄箋詩云姜姓嫄名履大人跡生后稷大任文王之母故詩云摯仲氏任毛詩云摯國任姓之中女也而幽王之禽也淫於襃姒【索隱】國語曰幽王伐有襃襃人以襃姒女焉按襃是國名姒是其姓卽龍漦之子襃人育而以女於幽王也然此文自夏之興至襃姒皆是史蘇之詞見國語及列女傳故易基乾坤詩始關雎書美釐降春秋譏不親迎【索隱】公羊紀裂繻來逆女傳曰外逆女不書此何以書譏何譏爾始不親迎也夫婦之際人道之大倫也禮之用唯婚姻爲兢兢夫樂調而四時和陰陽之變萬物之統也【索隱】以言若樂聲調能令四時和而陰陽變陰陽變則能生萬物是陰陽夫婦也夫婦道和而能化生萬物人爲之本故云萬物之統也可不慎與人能弘道無如命何甚哉妃匹之愛【索隱】妃音配又如字君不能得之於臣【索隱】以言夫婦親愛之情雖君父之尊而不奪臣子所好愛使移其本意是不能得也故曰匹夫不可奪志也父不能得之於子況卑下乎既驩合矣或不能成子姓【索隱】鄭玄註禮記云姓者子姓謂衆孫也卽趙飛燕等是也能成子姓矣或不能要其終【索隱】按謂有始不能要其終也以言雖有子姓而意不能要終如栗姬衞后等是也豈非命也哉孔子罕稱命蓋難言之也非通幽明之變惡能識乎性命哉【索隱】惡音烏猶於何也

太史公曰秦以前尚略矣其詳靡得而記焉漢興呂娥姁【集解】徐廣曰姁音況羽反呂后姊字長姁【索隱】娥姁呂后字按漢書小顏云呂后名雉字娥姁爲高祖正后男爲太子及晚節色衰愛弛而戚夫人有寵【索隱】漢書云得定陶戚姬其子如意幾代太子者數矣及高祖崩呂氏夷戚氏誅趙王而高祖後宮唯獨無寵疏遠者得無恙【索隱】爾雅云恙憂也一說古者野居露宿恙噬人蟲也故人相恤云得無恙乎呂后長女爲宣平侯張敖妻敖女爲孝惠皇后【索隱】皇甫謐云名嫣呂太后以重親故欲其生子萬方終無子詐取後宮人子爲子及孝惠帝崩天下初定未久繼嗣不明於是貴外家王諸呂以爲輔而以呂祿女爲少帝后欲連固根本牢甚然無益也高后崩合葬長陵【集解】駰案關中記曰高祖陵在西呂后陵在東漢帝后同塋則爲合葬不合陵也諸陵皆如此祿產等懼誅謀作亂大臣征之天誘其統【集解】徐廣曰一作衷卒滅呂氏唯獨置孝惠皇后居北宮【索隱】在未央北故曰北宮【正義】括地志云北宮在雍州長安縣西北十三里與桂宮相近在長安故城中迎立代王是爲孝文帝奉漢宗廟此豈非天耶非天命孰能當之

薄太后父吳人姓薄氏秦時與故魏王宗家女魏媪通【索隱】媪音烏老反然媪是婦人之老者通號故趙太后自稱媪及劉媪衞媪之屬是也生薄姬而薄父死山陰因葬焉【索隱】顧氏按冢墓記薄父冢在會稽縣西北禖山上今猶有兆域禖音莊洽反【正義】括地志云禖山在越州會稽縣西北三里一名禖山禖音莊洽反及諸侯畔秦魏豹立爲魏王而魏媪內其女於魏宮媪之許負所相相薄姬云當生天子是時項羽方與漢王相距滎陽天下未有所定豹初與漢擊楚及聞許負言心獨喜因背漢而畔中立更與楚連和漢使曹參等擊虜魏王豹以其國爲郡而薄姬輸織室豹已死漢王入織室見薄姬有色詔內後宮歲餘不得幸始姬少時與管夫人趙子兒相愛約曰先貴無相忘已而管夫人趙子兒先幸漢王漢王坐河南宮成皋臺【索隱】按是河南宮之成皋臺漢書作成皋靈臺西征記云武牢城內有高祖殿西南有武庫也【正義】括地志云洛州汜水縣古東虢州故鄭之制邑漢之成皋縣也此兩美人相與笑薄姬初時約漢王聞之問其故兩人具以實告漢王漢王心慘然憐薄姬是日召而幸之薄姬曰昨暮夜妾夢蒼龍據吾腹高帝曰此貴徵也吾爲女遂成之一幸生男是爲代王其後薄姬希見高祖高祖崩諸御幸姬戚夫人之屬呂太后怒皆幽之不得出宮而薄姬以希見故得出從子之代爲代王太后太后弟薄昭從如代代王立十七年高后崩大臣議立後疾外家呂氏彊皆稱薄氏仁善故迎代王立爲孝文皇帝而太后改號曰皇太后弟薄昭封爲軹侯【索隱】地理志云軹縣在河內恐地遠非其封案長安東有軹道亭或當是所封也薄太后母亦前死葬櫟陽北於是乃追尊薄父爲靈文侯會稽郡置園邑三百家長丞已下吏奉守冢寢廟上食祠如法而櫟陽北亦置靈文侯夫人園如靈文侯園儀薄太后以爲母家魏王後早失父母其奉薄太后諸魏有力者於是召復魏氏及尊賞賜各以親疏受之薄氏侯者凡一人薄太后後文帝二年以孝景帝前二年崩葬南陵【索隱】按廟記云在霸陵南十里故謂之南陵按今在長安東滻水東原上名曰少陰在霸陵西南故曰東望吾子西望吾夫是也【正義】括地志云南陵故縣在雍州萬年縣東南二十四里漢南陵縣本薄太后陵邑在東北去縣六里以呂后會葬長陵故特自起陵近孝文皇帝霸陵【集解】徐廣曰霸陵縣有軹道亭

竇太后【索隱】皇甫謐云名猗房趙之清河觀津人也【正義】在冀州棗彊縣東北二十五里呂太后時竇姬以良家子入宮侍太后太后出宮人以賜諸王各五人竇姬與在行中竇姬家在清河欲如趙近家請其主遣宦者吏【正義】謂宦者爲吏主發遣宮人也必置我籍趙之伍中宦者忘之誤置其籍代伍中籍奏詔可當行竇姬涕泣怨其宦者不欲往相彊乃肯行至代代王獨幸竇姬生女嫖【索隱】嫖音匹消反後生兩男而代王王后生四男先代王未入立爲帝而王后卒後代王立爲帝而王后所生四男更病死孝文帝立數月公卿請立太子而竇姬長男最長立爲太子立竇姬爲皇后女嫖爲長公主其明年立少子武爲代王已而又徙梁是爲梁孝

王竇皇后親早卒葬觀津【索隱】皇甫謐云竇太后父少遭秦亂隱身漁釣墜泉而死景帝立太后遣使者填父所墜淵起大墳於觀津城南人間號爲竇氏青山【正義】括地志云竇少君墓在冀州武邑縣東南二十七里於是薄太后乃詔有司追尊竇后父爲安成侯母曰安成夫人令清河置園邑二百家長丞奉守比靈文園法竇皇后兄竇長君【索隱】建字長君弟曰竇廣國字少君少君年四五歲時家貧爲人所略賣其家不知其處傳十餘家至宜陽爲其主入山作炭寒臥岸下百餘人岸崩盡壓殺臥者少君獨得脫不死自卜數日當爲侯從其家之長安【索隱】謂從其宜陽之主人家而皆往長安爲居也聞竇皇后新立家在觀津姓竇氏廣國去時雖小識其縣名及姓又常與其姊採桑墮用爲符信上書自陳竇皇后言之於文帝召見問之具言其故果是又復問他何以爲驗對曰姊去我西時與我決於傳舍中【索隱】決別也傳音轉傳舍謂郵亭傳置之舍蓋竇后初入宮時別其弟於傳舍之中也丐沐沐我【索隱】丐音蓋丐者乞也沐米潘也謂乞潘爲弟沐也請食飯我乃去於是竇后持之而泣泣涕交橫下侍御左右皆伏地泣助皇后悲哀乃厚賜田宅金錢封公昆弟家於長安【索隱】公亦祖也謂皇后同祖之昆弟如竇嬰即皇后從昆弟之比亦得家於長安故劉氏云公昆弟謂廣國等也絳侯灌將軍等曰吾屬不死命乃且縣此兩人兩人所出微不可不爲擇師傅賓客又復效呂氏大事也於是乃選長者士之有節行者與居竇長君少君由此爲退讓君子不敢以尊貴驕人竇皇后病失明文帝幸邯鄲愼夫人尹姬皆毋子孝文帝崩孝景帝立乃封廣國爲章武侯【索隱】地理志縣名屬勃海【正義】括地志云滄州魯城縣長君前死封其子彭祖爲南皮侯【索隱】地理志縣名屬勃海【正義】括地志云故南皮城在滄州南皮縣北四里漢南皮縣也吳楚反時竇太后從昆弟子竇嬰任俠自喜將兵以軍功爲魏其侯【索隱】地理志縣名屬琅邪竇氏凡三人爲侯竇太后好黃帝老子言帝及太子諸竇不得不讀黃帝老子尊其術竇太后後孝景帝六歲建元六年崩【索隱】當武帝建元六年此文是也而漢書作元光誤也合葬霸陵遺詔盡以東宮金錢財物賜長公主嫖

王太后槐里人【索隱】皇甫謐云后名娡音志地理志右扶風槐里本名廢丘【正義】括地志云太丘故城一名槐里亦曰廢丘城在雍州始平縣東南十里也母曰臧兒臧兒者故燕王臧荼孫也臧兒嫁爲槐里王仲妻生男曰信與兩女【索隱】即后及兒姁也而仲死臧兒更嫁長陵田氏生男蚡勝臧兒長女嫁爲金王孫婦生一女矣而臧兒卜筮之曰兩女皆當貴因欲奇兩女【索隱】奇者異之也漢書作倚倚依也乃奪金氏金氏怒不肯予決乃內之太子宮太子幸愛之生三女一男男方在身時王美人夢日入其懷以告太子太子曰此貴徵也未生而孝文帝崩孝景帝即位王夫人生男【索隱】即武帝也漢武故事云帝以乙酉年七月七日生於猗蘭殿也先是臧兒又入其少女兒姁【索隱】姁音況羽反兒姁生四男【索隱】謂廣川王越膠東王寄清河王舜常山王憲也景帝爲太子時薄太后以薄氏女爲妃及景帝立立妃曰薄皇后皇后毋子毋寵薄太后崩廢薄皇后景帝長男榮其母栗姬栗姬齊人也立榮爲太子長公主嫖有女欲予爲妃栗姬妒而景帝諸美人皆因長公主見景帝得貴幸皆過栗姬【索隱】過音戈謂踰之栗姬日怨怒謝長公主不許長公主欲予王夫人王夫人許之長公主怒而日讒栗姬短於景帝曰栗姬與諸貴夫人幸姬會常使侍者祝唾其背挾邪媚道景帝以故望之【索隱】望猶責望謂恨之也景帝嘗體不安心不樂屬諸子爲王者於栗姬曰百歲後善視之栗姬怒不肯應言不遜景帝恚心嗛之而未發也【索隱】嗛音銜漢書作銜銜猶恨也長公主日譽王夫人男之美景帝亦賢之又有曩者所夢日符計未有所定王夫人知帝望栗姬因怒未解陰使人趣大臣立栗姬爲皇后大行奏事畢【索隱】大行禮官行音衡曰子以母貴母以子貴【索隱】此皆公羊傳之文今太子母無號宜立爲皇后景帝怒曰是而所宜言邪遂案誅大行而廢太子爲臨江王栗姬愈恚恨不得見以憂死卒立王夫人爲皇后其男爲太子封皇后兄信爲蓋侯【索隱】地理志縣名屬太山景帝崩太子襲號爲皇帝尊皇太后母臧兒爲平原君【正義】德州縣也封田蚡爲武安侯【索隱】地理志縣名屬魏郡【正義】括地志云武安故城在洺州武安縣西南七里六國時趙邑漢武安縣城也勝爲周陽侯【索隱】地理志縣名屬上郡【正義】括地志云周陽故城在絳州聞喜縣東二十九里也景帝十三男一男爲帝十二男皆爲王而兒姁早卒其四子皆爲王王太后長女號曰平陽公主【正義】括地志云平陽故城即晉州城西面今平陽故城東面也城記云堯築也次爲南宮公主【正義】冀州縣南宮也次爲林慮公主【索隱】林慮縣名屬河內本名隆慮避殤帝諱改名林慮也【正義】林慮音盧相州縣也蓋侯信好酒田蚡勝貪巧於文辭王仲早死葬槐里追尊爲共侯置園邑二百家及平原君卒從田氏葬長陵置園比共侯園而王太后後孝景帝十六歲以元朔四年崩合葬陽陵【正義】括地志云陽陵在雍州咸陽縣東四十里王太后家凡三人爲侯

衛皇后字子夫生微矣蓋其家號曰衛氏【正義】衛青傳云父鄭季爲吏給事平陽侯家與侯妾衛媼通生青故冒衛氏出平陽侯邑【集解】徐廣曰平陽侯曹壽尚平陽公主子夫爲平陽主謳者武帝初即位數歲無子平陽主求諸良家子女十餘人飾置家武帝祓【集解】徐廣曰三月上巳臨水祓除謂之禊呂后本紀亦云三月祓還過軹道蓋與游字相似故或定之也【索隱】小顏云祓音廢今亦音拂謂祓禊之遊木自潔故云祓除也霸上還因過平陽主主見所侍美人上弗說既飲謳者進上望見獨說衛子夫是日武帝起更衣子夫侍尚衣軒中得幸【正義】尚主也於主衣車中得幸也上還坐驩甚賜平陽主金千斤主因奏子夫奉送入宮子夫上車平陽主拊其背曰行矣彊飯勉之即貴無相忘入宮歲餘竟不復幸武帝擇宮人不中用者斥出歸之衛子夫得見涕泣請出上憐之復幸遂有身尊寵日隆召其兄衛長君弟青爲侍中而子夫後大幸有寵凡生三女一男【索隱】三女謂諸邑石邑及衛長公主後封爲當利公主也男名據【索隱】即戾太子初上爲太子時娶長公主女爲妃立爲帝妃立爲皇后姓陳氏【索隱】漢武故事云后名阿嬌即長公主嫖女也曾祖父嬰堂邑侯傳至午尚長公主生后也無子上之得爲嗣大長公主有力焉【集解】徐廣曰即景帝姊嫖也以故陳皇后驕貴聞衛子夫大幸恚幾死者數矣上愈怒陳皇后挾婦人媚道其事頗覺於是廢陳皇后【索隱】漢書云女子楚服等坐爲皇后咒詛大逆無道相連誅者三百餘人乃廢后居長門宮故司馬相如賦云陳皇后別在長門宮愁悶悲思奉黃金百斤爲相如取酒乃爲作頌以奏皇后復親幸作頌信工也復親幸之恐非實也而立衛子夫爲皇后陳皇后母大長公主景帝姊也數讓武帝姊平陽公主曰帝非我不得立已而棄捐吾女壹何不自喜而倍本乎平陽公主曰用無子故廢耳陳皇后求子與醫錢凡九千萬然竟無子衛子夫已立爲皇后先是衛長君死乃以衛青爲將軍擊胡有功封爲長平侯【索隱】地理志縣名屬汝南青三子在襁褓中皆封爲列侯及衛皇后所謂姊衛少兒少兒生子霍去病以軍功封冠軍侯【索隱】地理志冠軍屬河陽號驃騎將軍青號大將軍立衛皇后子據爲太子衛氏枝屬以軍功起家五人爲侯及衛后色衰趙之王夫人幸有子爲齊王【索隱】名閎王夫人早卒而中山李夫人有寵有男一人爲昌邑王【索隱】名髆【正義】名賀李夫人早卒其兄李延年以音幸號協律【索隱】李延年之女弟漢書云帝悼之李少翁致其形帝爲作賦協律者故倡也兄弟皆坐姦族是時其長兄廣利爲貳師將軍伐大宛不及誅還而上既夷李氏後憐其家乃封爲海西侯【正義】漢武帝令李廣利征大宛國近西海故號海西侯也他姬子二人爲燕王廣陵王【索隱】漢書云李姬生燕王旦廣陵王胥也其母無寵以憂死及李夫人卒則有尹婕妤之屬更有寵然皆以倡見非王侯有土之女士不可以配人主也

褚先生曰【正義】疑此元成之間褚少孫續之也臣爲郎時問習漢家故事者鍾離生曰王太后在民間時所生子女者【集解】徐廣曰名俗【正義】按後封修成君者父爲金王孫王孫已死景帝崩後武帝已立王太后獨在而韓王孫名嫣素得幸武帝承間白言太后有女在長陵也武帝曰何不蚤言乃使使往先視之在其家武帝乃自往迎取之蹕道先驅旄騎出橫城門【集解】如淳曰橫音光三輔黃圖云北面西頭門【正義】括地志云渭橋本名橫橋架渭水上在雍州咸陽縣東南二十二里按此橋對門也乘輿馳至長陵當小市西入里里門閉暴開門乘輿直入此里通至金氏門外止使武騎圍其宅爲其亡走身自往取不得也即使左右羣臣入呼求之家人驚恐女亡匿內中牀下扶持出門令拜謁武帝下車泣曰嚄【索隱】烏百反蓋恡之辭爾【正義】嚄責失聲驚愕貌也大姊何藏之深也詔副車載之迴車馳還而直入長樂宮行詔門著引籍【正義】武帝道上詔令通名狀於門使引入至太后所通到謁太后太后曰帝倦矣何從來帝曰今者至長陵得臣姊與俱來顧曰謁太后太后曰女某邪曰是也太后爲下泣女亦伏地泣武帝奉酒前爲壽奉錢千萬奴婢三百人公田百頃甲第以賜姊太后謝曰爲帝費焉於是召平陽主南宮主林慮主三人俱來謁見姊因號曰修成君有子男一人女一人男號爲修成子仲【索隱】金氏之甥修成君之子也而名仲者與帝外祖王氏同字恐非也女爲諸侯王王后【集解】徐廣曰嫁爲淮南王安太子妃也此二子非劉氏以故太后憐之修成子仲驕恣陵折吏民皆患苦之

衛子夫立爲皇后后弟衛青字仲卿以大將軍封爲長平侯四子長子伉爲侯世子侯世子常侍中貴幸其三弟皆封爲侯各千三百戶一曰陰安侯【索隱】名不疑地理志陰安縣名屬魏郡【正義】括地志云陰安故城在魏州頓丘縣北六十里也二曰發干侯【索隱】名登地理志發干縣名屬東郡【正義】括地志云發干故城在博州堂邑縣西南二十三里三曰宜春侯【索隱】名伉地理志宜春縣名屬汝南【正義】括地志云宜春故城在豫州汝陽縣西六十七里貴震天下天下歌之曰生男無喜生女無怒獨不見衛子夫霸天下是時平陽主寡居當用列侯尚主主與左右議長安中列侯可爲夫者皆言大將軍可主笑曰此出吾家常使令騎從我出入耳奈何用爲夫乎左右侍御者曰今大將軍姊爲皇后三子爲侯富貴振動天下主何以易之乎於是主乃許之言之皇后令白之武帝乃詔衛將軍尚平陽公主焉

褚先生曰丈夫龍變傳曰蛇化爲龍不變其文家化爲國不變其姓丈夫當時富貴百惡滅除光耀榮華貧賤之時何足累之哉

武帝時幸夫人尹婕妤【索隱】韋昭云婕承也妤助也一云美好也聲類云幸也字亦從女漢舊儀云皇后爲婕妤下輿禮比丞相邢夫人號娙娥衆人謂之娙何【索隱】服虔云娙音近妍徐廣音五耕反鄒誕生音華字林音五經反說文解字云娙長也好也許慎云秦晉之間謂好爲娙又方言云美貌謂之娙娥漢舊儀云娙娥秩比將軍御史大夫娙何秩比中二千石【索隱】崔浩云中猶滿也漢制九卿已上秩一歲滿二千斛又漢官儀云中二千石俸月百八十斛容華秩比二千石【索隱】二千石是郡守之秩漢官儀云其俸月百二十斛又有真二千石者如淳云諸侯王相在郡守上秩真二千石漢律真二千石俸月二萬拔是二萬斛則二萬斗亦是二千石也崔浩云列卿已上秩石皆正二千石則是真二千石也其云中二千石亦不滿二千蓋千八九百爾此崔氏說今兼引而解之婕妤秩比列侯常從婕妤遷爲皇后尹夫人與邢夫人同時並幸有詔不得相

見尹夫人自請武帝願望見邢夫人帝許之卽令他夫人飾從御者數十人爲邢夫人來前尹夫人前見之曰此非邢夫人身也帝曰何以言之對曰視其身貌形狀不足以當人主矣於是帝乃詔使邢夫人衣故衣獨身來前尹夫人望見之曰此眞是也於是乃低頭俛而泣自痛其不如也諺曰美女入室惡女之仇

褚先生曰浴不必江海要之去垢馬不必騏驥要之善走士不必賢世要之知道女不必貴種要之貞好傳曰女無美惡入室見妒士無賢不肖入朝見嫉美女者惡女之仇豈不然哉

鉤弋夫人姓趙氏河間人也[索隱]漢書云武帝過河間望氣者言此有奇女天子亟使使召之女兩手皆拳上自披之手卽伸由是得幸號曰拳夫人後居鉤弋宮號曰鉤弋夫人列僊傳云發手得一玉鉤故號焉黃圖云鉤弋宮在城外漢武故事云宮在直門南廟記云宮有千門萬戶不可記其名也昭帝卽位追尊太后父趙父爲順成侯[正義]括地志云鉤弋宮在長安城中門名堯母門也得幸武帝生子一人昭帝是也武帝年七十乃生昭帝昭帝立時年五歲爾[集解]徐廣曰武帝崩年正七十昭帝年八歲爾[索隱]此褚先生之記漢書云元始三年生昭帝又誤按元始當作太始也衞太子廢後未復立太子而燕王旦上書願歸國入宿衞武帝怒立斬其使者於北闕上居甘泉宮召畫工圖畫周公負成王也於是左右羣臣知武帝意欲立少子也後數日帝譴責鉤弋夫人夫人脫簪珥叩頭帝曰引持去送掖庭獄夫人還顧帝曰趣行女不得活夫人死雲陽宮[索隱]三輔故事云葬甘泉宮南後昭帝起雲陵邑三千戶漢武故事云旣殯香聞十里上疑非常人發棺無尸衣履存焉[正義]括地志云雲陽宮秦之甘泉宮在雍州雲陽縣西北八十里秦始皇作甘泉宮去長安三百里黃帝以來祭圜丘處也時暴風揚塵百姓感傷使者夜持棺往葬之[正義]括地志云雲陽陵漢鉤弋夫人陵也在雲陽縣西北五十八里孝武帝鉤弋趙婕妤昭帝之母齊人姓趙少好清靜六年臥病右手捲飲食少望氣者云東北有貴人推而得之召到姿色甚佳武帝持其手伸之得玉鉤後生昭帝武帝末年殺夫人殯之而尸香一日昭帝更葬之棺但存絲履也宮記云武帝思之爲起通靈臺於甘泉常有一靑鳥集臺上往來至宣帝時乃止封識其處其後帝閒居問左右曰人言云何左右對曰人言且立其子何去其母乎帝曰然是非兒曹愚人所知也往古國家所以亂也由主少母壯也女主獨居驕蹇淫亂自恣莫能禁也女不聞呂后邪故諸爲武帝生子者無男女其母無不譴死豈可謂非賢聖哉昭然遠見爲後世計慮固非淺聞愚儒之所及也謚爲武豈虛哉

[索隱]述贊曰禮貴夫婦易敘乾坤配陽成化比月居尊河洲降淑天曜垂軒德著任姒慶流媯嫄建我炎曆斯道克存呂權大寶善玄言自茲已降立嬖以恩內無常主後嗣不繁

史記卷四十九考證

外戚世家於是廢陳皇后索隱廢后居長門宮故司馬相如賦云陳皇后別在長門宮愁悶悲思奉黃金百斤爲相如取酒乃爲作頌以奏皇后復親幸作頌信工也復親幸之恐非實也○臣照按復幸之說不虛但不復其位耳觀下文求子云云非復幸於帝亦何求之有

而中山李夫人有寵有男一人爲昌邑王索隱名髆正義名賀○臣照按昌邑哀王髆李夫人子也賀乃髆子入立而復廢者正義誤

而上旣夷李氏後憐其家乃封爲海西侯○余有丁曰匈奴大宛傳廣利封時李氏未誅後以將軍伐匈奴聞其家用巫蠱族乃降匈奴此文誤

褚先生曰○臣照按正義文則是張守節時尚無褚先生曰四字故有此注此四字後人所加

衞青四子長子伉爲侯世子其三弟皆封爲侯○臣照按衞將軍傳青三子伉爲宜春侯不疑爲陰安侯登爲發干侯伉坐法失侯青卒乃嗣長平侯此云四子者但見一門四侯則伉居長自當嗣侯餘三侯自各爲一弟而不知伉之一封一爵也此褚先生之誤索隱亦只注三侯而於四子三弟之說略不置辨

史記卷五十

漢　太　史　令司馬遷　撰
宋中郎外兵曹參軍裴　駰集解
唐國子博士弘文館學士司馬貞索隱
唐諸王侍讀率府長史張守節正義

楚元王世家第二十

楚元王劉交者高祖之同母少弟也字游[正義]年表云都彭城[集解]徐廣曰一作父[索隱]漢書作同父言同父以明異母也高祖兄弟四人長兄伯伯蚤卒始高祖微時嘗辟事時時與賓客過巨嫂食[集解]徐廣曰漢書云丘嫂也[索隱]劉氏云巨一作丘應劭云丘姓也孟康云丘空也兄亡空有嫂也今此作巨巨大也謂長嫂也嫂厭叔叔與客來嫂詳爲羹盡櫟釜[索隱]櫟音歷謂以杓歷釜勞使爲聲漢書作轑音勞賓客以故去已而視釜中尚有羹高祖由此怨其嫂及高祖爲帝封昆弟而伯子獨不得封太上皇以爲言高祖曰某非忘封之也爲其母不長者耳於是乃封其子信爲羹頡侯[集解]徐廣曰羹頡侯以高祖七年封十三年高后元年有罪削爵一級爲關內侯[索隱]羹頡爵號非縣名以其櫟釜故也[正義]括地志云羹頡山在嬀州懷戎縣東南十五里按高祖取其山名爲侯號者怨故也而王次兄仲於代[集解]徐廣曰次兄名喜字仲以六年立爲代王其年罷卒謚頃王有子曰濞高祖六年已禽楚王韓信於陳乃以弟交爲楚王都彭城[索隱]漢書云楚王王薛郡東海彭城三十六郡也卽位二十三年卒子夷王郢立[索隱]漢書名郢客也夷王四年卒子王戊立王戊立二十年冬坐爲薄太后服私姦削東海郡[索隱]漢書云私姦服舍中姚察云姦於服舍非必宮中又按集註服虔云私姦中人以罪重故至削郡也春戊與吳王合謀反其相張尚太傅趙夷吾諫不聽戊則殺尚夷吾起兵與吳西攻梁破棘壁[正義]括地志云大棘故城在宋州寧陵縣西七十里州卽梁棘壁至昌邑南[正義]括地志云有梁丘故城在曹州成武縣東北三十二里也與漢將周亞夫戰漢絕吳楚糧道士卒飢吳王走楚王戊自殺軍遂降漢漢已平吳楚孝景帝欲以德侯子續吳[集解]徐廣曰德侯名廣吳王濞之弟也其父曰仲以元王子禮續楚竇太后曰吳王老人也宜爲宗室順善今乃首率七國紛亂天下奈何續其後不許吳許立楚後是時禮爲漢宗正乃拜禮爲楚王奉元王宗廟是爲楚文王文王立三年卒子安王道立安王二十二年卒子襄王經立襄王立十四年卒子王純代立王純立地節二年中人上書告楚王謀反王自殺國除入漢爲彭城郡[集解]徐廣曰純立十七年卒謚節二子延壽立十九年死[索隱]太史公唯記王純爲國人告反國除蓋延壽後更封至十九年又謀反誅死故不同也[正義]漢書云王純嗣十六年子延壽嗣與趙何齊謀反延壽自殺立三十二年國除與此不同地節是宣帝年號去天漢四年二十九年仍隔昭帝世言到地節二年以下者蓋褚先生誤也

趙王劉遂者其父高祖中子[正義]年表云都邯鄲名友謚曰幽幽王以憂死故爲幽高后王呂祿於趙一歲而高后崩大臣誅諸呂呂祿等乃立幽王子遂爲趙王孝文帝卽位二年立遂弟辟彊[索隱]音壁強又音闢彊取趙之河間郡爲河間王以爲文王[正義]河間今瀛州也立十三年卒子哀王福立一年卒無子絕後國除入于漢遂旣王趙二十六年孝景帝時坐鼂錯以適削趙王常山之郡吳楚反趙王遂與合謀起兵其相建德內史王悍諫不聽[索隱]建德其相名史失姓也遂燒殺建德王悍發兵屯其西界欲待吳與俱西北使匈奴與連和攻漢漢使曲周侯酈寄擊之趙王遂還城守邯鄲相距七月吳楚敗於梁不能西匈奴聞之亦止不肯入漢邊欒布自破齊還乃并兵引水灌趙城趙城壞趙王自殺邯鄲遂降[正義]邯鄲洺州縣也趙幽王絕後

太史公曰國之將興必有禎祥君子用而小人退國之將亡賢人隱亂臣貴使楚王戊毋刑申公遵其言[索隱]漢書申公名培王戊胥靡之趙任防與先生[集解]駰案趙堯傳曰趙人防與公也[索隱]此及漢書雖不見趙不用防與公蓋當時猶知事迹或別有所見故太史公明引以結其贊豈有篡殺之謀爲天下僇哉賢人乎賢人乎非質有其內惡能用之哉甚矣安危在出令存亡在所任誠哉是言也

[索隱]述贊曰漢封同姓楚有令名旣滅韓信王于彭城穆生致醴韋孟作程王戊棄德與吳連兵太后命禮爲楚罪輕文襄繼立世挺才英如何趙遂代殞厥聲興亡之兆所任宜明

史記卷五十考證

楚元王世家嫂詳爲羹盡櫟釜索隱謂以杓歷釜旁使爲聲○杓歷釜監本訛作枸歷蚤今改正

戊則殺尚夷吾○徐孚遠曰則殺疑賊殺也

取趙之河間郡爲河間王以爲文王立十三年卒○臣照按文義似當云取趙之河間郡以爲河間王文王立十三年卒

史記卷五十一

漢　太　史　令司馬遷　撰
宋中郎外兵曹參軍裴　駰集解
唐國子博士弘文館學士司馬貞索隱
唐諸王侍讀率府長史張守節正義

荆燕世家第二十一

荆王劉賈諸劉者不知其何屬[集解]駰案年表云都吳也漢書賈高帝從父兄[索隱]注引漢書則班固或別有所見也初起時漢王元年還定三秦劉賈爲將軍定塞地[索隱]卽桃林之塞從東擊項籍漢四年漢王之敗成皋北渡河得張耳韓信軍軍修武深溝高壘使劉賈將二萬人騎數百渡白馬津入楚地[正義]括地志云黎陽一名白馬津在滑州白馬縣北三十里按賈從此津南過入楚地也燒其積聚以破其業無以給項王軍食已而楚兵擊劉賈賈輒壁不肯與戰而與彭越相保漢五年漢王追項籍至固陵[集解]徐廣曰在陽夏[正義]括地志云固陵名在陳州宛丘縣西北四十二里使劉賈南渡淮圍壽春[正義]今壽州壽春縣是也還至使人間招楚大司馬周殷周殷反楚佐劉賈舉九江迎武王黥布兵皆會垓下共擊項籍漢王因使劉賈將九江兵與太尉盧綰西南擊臨江王共尉[索隱]共敖之子共尉已死以臨江爲南郡[正義]今荆州也漢六年春會諸侯於陳[正義]今陳州也廢楚王信囚之分其地爲二國當是時也

高祖子幼昆弟少又不賢欲王同姓以鎮天下乃詔曰將軍劉賈有功及擇子弟可以爲王者羣臣皆曰立劉賈爲荊王王淮東五十二城【索隱】表云劉賈都吳又漢書以東陽郡封賈東陽郎臨淮故云王淮東【正義】括地志云西北四十里蓋此縣是也高祖弟交爲楚王王淮西三十六城【正義】淮以西徐泗濠等州也因立子肥爲齊王始王昆弟劉氏也高祖十一年秋淮南王黥布反東擊荊荊王賈與戰不勝走富陵【索隱】地理志縣名屬臨淮【正義】括地志云富陵故城在楚州盱眙縣東北六十里爲布軍所殺高祖自擊破布十二年立沛侯劉濞爲吳王王故荊地

燕王劉澤者諸劉遠屬也【集解】駰案漢書澤高祖從昆弟【索隱】楚漢春秋田子春說張卿云劉澤宗家也按言宗家疏遠矣然則班固言從祖昆弟當別有所見高帝三年澤爲郎中高帝十一年澤以將軍擊陳豨得王黃爲營陵侯【索隱】地理志縣名在北海【正義】括地志云營陵故城在青州北海縣南三十里高后時齊人田生游乏資以畫干營陵侯澤【集解】晉灼曰楚漢春秋田子春服虔曰以計畫干之也文穎曰以工畫得寵也【索隱】兩家之義並通澤大說之用金二百斤爲田生壽田生已得金卽歸齊二年澤使人謂田生曰弗與矣【集解】孟康曰與黨與言不復與我爲與也文穎曰不得與汝相知田生如長安不見澤而假大宅令其子求事呂后所幸大謁者張子卿【集解】徐廣曰名澤駰案如淳曰閹人也居數月田生子請張卿臨親修具張卿許往田生盛帷帳共具譬如列侯張卿驚酒酣乃屛人說張卿曰臣觀諸侯王邸第百餘皆高祖一切功臣【索隱】此一切猶一例同時也非如他一切訓權時也今呂氏雅故本推轂高帝就天下【集解】如淳曰呂公知高祖相貴以女妻之推轂使爲長者瓚曰謂諸呂共推轂高祖征伐成帝業雅正意也【索隱】雅訓素也謂呂氏素心奉推高祖取天下若人推轂欲前進塗然也推音昌誰反功至大又親戚太后之重太后春秋長諸呂弱太后欲立呂產爲呂王王代太后又重發之【集解】文穎曰欲發之恐大臣不聽鄧展曰重難發事恐大臣不聽今卿最幸大臣所敬何不風大臣以聞太后太后必喜諸呂已王萬戶侯亦卿之有【正義】高后紀云封張卿爲建陵侯太后心欲之而卿爲內臣不急發恐禍及身矣張卿大然之乃風大臣語太后太后朝因問大臣大臣請立呂產爲呂王太后賜張卿千斤金張卿以其半與田生田生弗受因說之曰呂產王也諸大臣未大服今營陵侯澤諸劉爲大將軍獨此尙觖望【索隱】觖音決又音窺睡反今卿言太后列十餘縣王之彼得王喜去諸呂王益固矣張卿入言太后然之乃以營陵侯劉澤爲琅邪王琅邪王乃與田生之國田生勸澤急行毋留出關太后果使人追止之已出卽還及太后崩琅邪王澤乃曰帝少諸呂用事劉氏孤弱乃引兵與齊王合謀西【集解】駰案漢書音義曰澤王齊爲齊王所劫不得去乃說王求詣京師齊具車送之不爲本與齊合謀也【索隱】漢書齊王傳云使祝午劫琅邪王王齊因留琅邪王不得反國澤乃說求入關齊乃送之與此文不同者劉氏以爲燕齊兩史各言其主立功之迹太史公聞疑遂各記之則所謂實錄欲誅諸呂至梁聞漢遣灌將軍屯滎陽澤還兵備西界遂跳驅至長安【集解】駰案漢書音義曰跳驅驟至長安也【索隱】跳他彫反脫獨去也又音條謂疾去也代王亦從代至諸將相與琅邪王共立代王爲天子天子乃徙澤爲燕王乃復以琅邪予齊復故地【集解】李奇曰本齊地分以王澤今復與齊也澤王燕二年薨諡爲敬王傳子嘉爲康王至孫定國與父康王姬姦生子男一人奪弟妻爲姬與子女三人姦定國有所欲誅殺臣肥如令郢人【集解】如淳曰定國自欲有所殺餘臣肥如令郢人以告之【索隱】如淳意以肥如亦臣名令郢人以告定國也小顏以爲定國欲有所誅殺餘臣而肥如令郢人乃告定國也按地理志肥如在遼西郢人等告定國定國使謁者以他法劾捕格殺郢人以滅口至元朔元年郢人昆弟復上書具言定國陰事以此發覺詔下公卿皆議曰定國禽獸行亂人倫逆天當誅上許之定國自殺國除爲郡

太史公曰荊王王也由漢初定天下未集故劉賈雖屬疏然以策爲王塡淮江之閒劉澤之王權激呂氏【索隱】謂田子春欲王劉澤先使張卿說封呂產乃恐以大臣觖望澤卒得王故爲權激諸呂也然劉澤卒南面稱孤者三世事發相重豈不爲偉乎【集解】晉灼曰澤以金與田生以事張卿言之呂后而劉澤得王故曰事發相重或曰事起於相重也【索隱】謂先發呂氏令重而我亦得其功是事發相重也偉盛也蓋盛其能激發也

索隱述贊曰劉賈初從首定三秦既渡白馬遂圍壽春始迎黥布絕間周殷賞功胙土與楚爲隣營陵始爵勳由擊陳田生遊說受賜千斤權激諸呂事發榮身徙封傳嗣亡於郢人

史記卷五十一考證

荊燕世家使劉賈將二萬人騎數百渡白馬津入楚地燒其積聚○按高紀此事在漢三年項羽本紀與此俱作漢四年

漢五年漢王追項籍至固陵使劉賈南渡淮圍壽春○高紀在四年

以畫干營陵侯澤集解文穎曰以工畫得寵也○黃氏日抄曰田生所干劉澤之畫卽明年所施於張子卿之計曰弗與云者弗與我施行所畫促之之辭爾澤劉氏也而王諸呂乃出其計其罪大矣故太史公之贊曰劉澤之王權激呂氏而釋之者弗察謂畫爲工畫謂與爲黨與夫於干劉澤不言其所畫而於干張子卿言之文法之相爲先後如此而釋之者弗能察故夫史遷之文深遠矣

史記卷五十二

漢　太　史　令司馬遷　撰

宋　中　郎　外　兵　曹　參　軍　裴　駰集解

唐　國　子　博　士　弘　文　館　學　士　司　馬　貞　索　隱

唐　諸　王　侍　讀　率　府　長　史　張　守　節　正　義

齊悼惠王世家第二十二

齊悼惠王劉肥者高祖長庶男也【正義】年表云都臨淄其母外婦也曰曹氏高祖六年立肥爲齊王食七十城諸民能齊言者皆予齊王【索隱】謂其語音及名物異於楚魏孟康云此時人多流亡故使齊言者皆還齊王齊王孝惠帝兄也孝惠帝二年齊王入朝惠帝與齊王燕飲亢禮如家人【索隱】謂齊王是兄不爲君臣禮而乃自亢敵如家人行兄弟之禮故太后怒呂太后怒且誅齊王齊王懼不得脫乃用其內史勳計獻城陽郡以爲魯元公主湯沐邑【正義】括地志云濮州雷澤縣本漢城陽縣按後爲郡也呂太后喜乃得辭就國悼惠王卽位十三年以惠帝六年卒子襄立是爲哀王哀王元年孝惠帝崩呂太后稱制天下事皆決於高后二年高后立其兄子酈侯呂台爲呂王【集解】徐廣曰酈一作鄜【索隱】二字皆音乎郿縣名在馮翊鄜縣在南陽台音胎呂后兄子【正義】按酈音呈益反括地志云故酈城在鄧州新城縣西北四十里蓋此縣是也割齊之濟南郡爲呂王奉邑【正義】括地志云濟南故城在淄州長山縣西北三十五里哀王三年其弟章入宿衛於漢呂太后封爲朱虛侯【索隱】地理志縣名屬琅邪以呂祿女妻之後四年封章弟興居爲東牟侯【索隱】地理志縣名屬東萊皆宿衛長安中哀王八年高后割齊琅邪郡【正義】今沂州也立營陵侯劉澤爲琅邪王其明年趙王友入朝幽死于邸三趙王皆廢高后立諸呂爲三王【集解】徐廣曰燕趙梁擅權用事朱虛侯年二十有氣力忿劉氏不得職嘗入侍高后燕飲高后令朱虛侯劉章爲酒吏章自請曰臣將種也請得以軍法行酒高后曰可酒酣章進飲歌舞已而曰請爲太后言耕田歌高后兒子畜之笑曰顧而父知田耳若生而爲王子安知田乎【索隱】顧猶念也而及若皆謂汝章曰臣知之太后曰試爲我言田章曰深耕穊種立苗欲疏非其種者鉏而去之呂后默然頃之諸呂有一人醉亡酒章追拔劍斬之而還報曰有亡酒一人臣謹行法斬之太后左右皆大驚業已許其軍法無以罪也因罷自是之後諸呂憚朱虛侯雖大臣皆依朱虛侯劉氏爲益彊其明年高后崩趙王呂祿爲上將軍呂王產爲相國皆居長安中聚兵以威大臣欲爲亂朱虛侯章以呂祿女爲婦知其謀乃使人陰出告其兄齊王欲令發兵西朱虛侯東牟侯爲內應以誅諸呂因立齊王爲帝齊王既聞此計乃與其舅父駟鈞郎中令祝午中尉魏勃陰謀發兵【索隱】舅謂舅父猶姨稱姨母齊相召平聞之【索隱】廣陵人召平與東陵侯召平及此召平皆似別人也功臣表平子奴以父功封黎侯也乃發卒衞王宮魏勃紿召平曰王欲發兵非有漢虎符驗也而相君圍王固善勃請爲君將兵衞衞王召平信之乃使魏勃將兵圍王宮勃既將兵使圍相府召平曰嗟乎道家之言當斷不斷反受其亂乃是也遂自殺於是齊王以駟鈞爲相魏勃爲將軍祝午爲內史悉發國中兵使祝午東詐琅邪王曰呂氏作亂齊王發兵欲西誅之齊王自以兒子年少不習兵革之事願舉國委大王大王自高帝將也習戰事齊王不敢離兵【索隱】服虔云不敢離其兵而到琅邪使臣請大王幸之臨菑見齊王計事并將齊兵以西平關中之亂琅邪王信之以爲然西馳見齊王齊王與魏勃等因留琅邪王而使祝午盡發琅邪國而并將其兵琅邪王劉澤既見欺不得反國乃說齊王曰齊悼惠王高皇帝長子推本言之而大王高皇帝適長孫也當立今諸大臣狐疑未有所定而澤於劉氏最爲長年大臣固待澤決計今大王留臣無爲也不如使我入關計事齊王以爲然乃益具車送琅邪王琅邪王既行齊遂舉兵西攻呂國之濟南於是齊哀王遺諸侯王書曰高帝平定天下王諸子弟悼惠王於齊悼惠王薨惠帝使留侯張良立臣爲齊王惠帝崩高后用事春秋高聽諸呂擅廢高帝所立又殺三趙王【正義】隱王如意幽王友梁王恢徙趙並高祖子也滅梁燕趙【正義】梁王恢徙燕王建梁王恢徙趙分滅無後也以王諸呂分齊國爲四【索隱】謂濟南琅邪城陽并齊爲四也【正義】琅邪郡封劉澤濟南郡以爲呂王奉邑城陽爲魯元公主湯沐邑也忠臣進諫上惑亂不聽今高后崩皇帝春秋富【索隱】小顏云年幼也比之於財方未匱竭故謂之富也未能治天下固恃大臣諸將今諸呂又擅自尊官聚兵嚴威劫列侯忠臣矯制以令天下宗廟所以危今寡人率兵入誅不當爲王者漢聞齊發兵而西相國呂產乃遣大將軍灌嬰東擊之灌嬰至滎陽乃謀曰諸呂將兵居關中欲危劉氏而自立我今破齊還報是益呂氏資也乃留兵屯滎陽使使喻齊王及諸侯與連和以待呂氏之變而共誅之齊王聞之乃西取其故濟南郡亦屯兵於齊西界以待約呂祿呂產欲作亂關中朱虛侯與太尉勃丞相平等誅之朱虛侯首先斬呂產於是太尉勃等乃得盡誅諸呂而琅邪王亦從齊至長安大臣議欲立齊王而琅邪王及大臣曰齊王母家駟鈞惡戾虎而冠者也【集解】張晏曰言鈞惡戾如虎而著冠方以呂氏故幾亂天下今又立齊王是欲復爲呂氏也代王母家薄氏君子長者且代王又親高帝子於今見在且最爲長以子則順以善人則大臣安於是大臣乃謀迎立代王而遣朱虛侯以誅呂氏事告齊王令罷兵灌嬰在滎

陽聞魏勃本教齊王反既誅呂氏罷齊兵使使召責問魏勃勃曰失火之家豈暇先言大人而後救火乎[索隱]此蓋譬俗之言謂救火之急不暇先啓家長也亦猶國家有難不暇待詔命也 因退立股戰而栗恐不能言者終無他語灌將軍熟視笑曰人謂魏勃勇妄庸人耳[索隱]妄庸言凡庸劣之人 何能爲乎乃罷魏勃[索隱]罷謂不罪而放遣之 魏勃父以善鼓琴見秦皇帝及魏勃少時欲求見齊相曹參家貧無以自通乃常獨早夜掃齊相舍人門外相舍人怪之以爲物而伺之[索隱]姚氏云物怪物 得勃勃曰願見相君無因故爲子掃欲以求見於是舍人見勃曹參因以爲舍人一爲參御言事參以爲賢言之齊悼惠王悼惠王召見則拜爲內史始悼惠王得自置二千石及悼惠王卒而哀王立勃用事重於齊相王既罷兵歸而代王來立是爲孝文帝孝文帝元年盡以高后時所割齊之城陽琅邪濟南郡復與齊而徙琅邪王王燕益封朱虛侯東牟侯各二千戶是歲齊哀王卒太子側立是爲文王齊文王元年漢以齊之城陽郡立朱虛侯爲城陽王以齊濟北郡[正義]今濟州濟北王所都 立東牟侯爲濟北王二年濟北王反漢誅殺之地入于漢後二年孝文帝盡封齊悼惠王子罷軍等七人皆爲列侯[正義]罷音不 齊文王立十四年卒無子國除地入于漢後一歲孝文帝以所封悼惠王子分齊爲王齊孝王將閭以悼惠王子揚虛侯爲齊王故齊別郡盡以王悼惠王子子志爲濟北王子辟光爲濟南王子賢爲菑川王子卬爲膠西王子雄渠爲膠東王與城陽齊凡七王[索隱]謂將閭爲齊王志爲濟北王卬膠西王辟光濟南王賢菑川王章城陽王雄渠爲膠東王 齊孝王十一年吳王濞楚王戊反興兵西告諸侯曰將誅漢賊臣鼂錯以安宗廟膠西膠東菑川濟南皆擅發兵應吳楚欲與齊齊孝王狐疑城守不聽三國兵共圍齊[集解]張晏曰膠西菑川濟南也 齊王使路中大夫告於天子[集解]張晏曰姓路爲中大夫[索隱]史失名故言姓及官顧氏按路氏譜中大夫名卬也卬五剛反 天子復令路中大夫還告齊王善堅守吾兵今破吳楚矣路中大夫至三國兵圍臨菑數重無從入三國將劫與路中大夫盟曰若反言漢已破矣齊趣下三國不且見屠路中大夫既許之至城下望見齊王曰漢已發兵百萬使太尉周亞夫擊破吳楚方引兵救齊齊必堅守無下三國將誅路中大夫齊初圍急陰與三國通謀約未定會聞路中大夫從漢來喜及其大臣乃復勸王毋下三國居無何漢將欒布平陽侯等兵至齊[索隱]平陽侯按表是簡侯曹奇 擊破三國兵解齊圍已而復聞齊初與三國有謀將欲移兵伐齊齊孝王懼乃飲藥自殺景帝聞之以爲齊首善以迫劫有謀非其罪也乃立孝王太子壽爲齊王是爲懿王續齊後而膠西膠東濟南菑川王咸誅滅地入于漢徙濟北王王菑川齊懿王立二十二年卒子次景立是爲厲王齊厲王其母曰紀太后太后取其弟紀氏女爲厲王后王不愛紀氏女太后欲其家重寵[索隱]重直龍反謂欲世世寵貴於王宮 令其長女紀翁主入王宮[索隱]如淳云諸王女云翁主稱其母姓故謂之紀翁主 正其後宮毋令得近王欲令愛紀氏女王因與其姊翁主姦齊有宦者徐甲入事漢皇太后[索隱]謂王太后武帝母也 皇太后有愛女曰修成君修成君非劉氏[集解]張晏曰王太后前嫁金氏所生 太后憐之修成君有女名娥太后欲嫁之於諸侯宦者甲乃請使齊必令王上書請娥皇太后喜使甲之齊是時齊人主父偃知甲之使齊以取后事亦因謂甲卽事成幸言偃女願得充王後宮甲既至齊風以此事紀太后大怒曰王有后後宮具備且甲齊貧人急[集解]徐廣曰一作及 乃爲宦者入事漢無補益乃欲亂吾王家且主父偃何爲者乃欲以女充後宮徐甲大窮還報皇太后曰王已願尙娥然有一害恐如燕王燕王者與其子昆弟姦新坐以死亡國故以燕感太后太后曰無復言嫁女齊事事浸潯不得聞於天子主父偃由此亦與齊有郤主父偃方幸於天子用事因言齊臨菑十萬戶市租千金[索隱]市租謂所賣之物出租日得千金言齊人衆而且富也 人衆殷富巨於長安此非天子親弟愛子不得王此今齊王於親屬益疏乃從容言呂太后時齊欲反吳楚時孝王幾爲亂今聞齊王與其姊亂於是天子乃拜主父偃爲齊相且正其事主父偃既至齊乃急治王後宮宦者爲王通於姊翁主所者令其辭證皆引王王年少懼大罪爲吏所執誅乃飲藥自殺絕無後是時趙王懼主父偃一出廢齊恐其漸疏骨肉乃上書言偃受金及輕重之短[索隱]謂偃挾齊不娶女之恨因言齊之短爲輕重之辭蓋言臨菑富及吳楚孝王時事是也 天子亦既囚偃公孫弘言齊王以憂死毋後國入漢非誅偃無以塞天下之望遂誅偃齊厲王立五年死毋後國入于漢齊悼惠王後尙有二國城陽及菑川菑川地比齊天子憐齊爲悼惠王冢園在郡割臨菑東環悼惠王冢園邑盡以予菑川以奉悼惠王祭祀城陽景王章齊悼惠王子[正義]年表云都莒也 以朱虛侯與大臣共誅諸呂而章身首先斬相國呂王產於未央宮孝文帝既立益封章二千戶賜金千斤孝文二年以齊之城陽郡立章爲城陽王立二年卒子喜立是爲共王共王八年徙王淮南[索隱]當孝文帝之十二年也[正義]年表云都陳也 四年復還王城陽凡三十三年卒子建延立是爲頃王頃王二十八年卒子義立是爲敬王敬王九年卒子武立是爲惠王惠王十一年卒子順立是爲荒王荒王四十六年卒子恢立是爲戴王[集解]徐廣曰甘露二年 戴王八年卒子景立至建始三年十五歲卒[正義]建始成帝年號從建始四年上至天漢四年六十七矣蓋褚先生次之 濟北王興居齊悼惠王子[正義]都濟州也 以東牟侯助大臣誅諸呂功少及文帝從代來興居曰請與太僕嬰入清宮廢少帝共與大臣尊立孝文帝孝文帝二年以齊之濟北郡立興居爲濟北王與城陽王俱立立二年反始大臣誅呂氏時朱虛侯功尤大許盡以趙地王朱虛侯盡以梁地王東牟侯及孝文帝立聞朱虛東牟之初欲立齊王故絀其功及二年王諸子乃割齊二郡以王章興居章興居自以失職奪功章死而興居聞匈奴大入漢漢多發兵使丞相灌嬰擊之文帝親幸太原以爲天子自擊胡遂發兵反於濟北天子聞之罷丞相及行兵皆歸長安使棘蒲侯柴將軍擊破虜濟北王[集解]張晏曰柴武 王自殺地入于漢爲郡後十二年文帝十六年復以齊悼惠王子安都侯志爲濟北王[索隱]地理志安都闕[正義]安都故城在瀛州高陽縣西南三十九里 十一年吳楚反時志堅守不與諸侯合謀吳楚已平徙志王菑川濟南王辟光齊悼惠王子[正義]辟音壁都濟南郡 以勒侯孝文十六年爲濟南王[索隱]勒漢書作朸皆音力地理志縣名屬平原也 十一年與吳楚反漢擊破殺辟光以濟南爲郡地入于漢菑川王賢齊悼惠王子[正義]年表云菑川王都劇故城在青州壽光縣西三十一里 以武城侯文帝十六年爲菑川王[索隱]按地理志縣名屬平原也[正義]貝州縣 十一年與吳楚反漢擊破殺賢天子因徙濟北王志王菑川志亦齊悼惠王子以安都侯王濟北菑川王反毋後乃徙濟北王王菑川凡立三十五年卒謚爲懿王子建代立是爲靖王二十年卒子遺代立是爲頃王三十六年卒子終古立是爲思王二十八年卒子尙立是爲孝王五年卒子橫立至建始三年十一歲卒[正義]亦褚少孫次之 膠西王卬齊悼惠王子[正義]卬五郎反年表云都高苑括地志云高苑故城在淄州長山縣北四里 以昌平侯文帝十六年爲膠西王[正義]括地志云昌平故城在幽州東南六十里也 十一年與吳楚反漢擊破殺卬地入于漢爲膠西郡膠東王雄渠齊悼惠王子[正義]年表云都卽墨故城在萊州膠東縣南六十里 以白石侯文帝十六年爲膠東王[索隱]地理志縣名屬金城[正義]白石古城在德州安德縣北二十里 十一年與吳楚反漢擊破殺雄渠地入于漢爲膠東郡

太史公曰諸侯大國無過齊悼惠王以海內初定子弟少激秦之無尺土封故大封同姓以塡萬民之心及後分裂固其理也

[索隱]述贊曰漢矯秦制樹屏自彊表海大國悉封齊王呂后肆怒乃獻城陽哀王嗣立其力不量朱虛仕漢功大策長東牟受賞稱亂貽殃膠東濟北雄渠辟光齊雖七國忠孝者昌

史記卷五十二考證

齊悼惠王世家懿王子次景立是爲厲王○年表作次昌

脩成君有女名娥太后欲嫁之於諸侯○臣照按褚先生補外戚世家云脩成君女一人徐廣以爲嫁淮南者也年表齊厲王以元朔二年薨徐甲謀請娥事自在是年以前而淮南傳謝歸脩成君女在元朔三五間蓋娥嫁齊不售嫁淮南又離絕也

史記卷五十三

漢　太　史　令　司馬遷　撰

宋　中郎外兵曹參軍　裴駰　集解

唐　國子博士弘文館學士　司馬貞　索隱

唐　諸王侍讀率府長史　張守節　正義

蕭相國世家第二十三

[索隱]蕭相國曹相國留侯絳侯五宗三王六篇可合爲一篇

蕭相國何者沛豐人也[索隱]春秋緯蕭何感昴精而生典獄制律 以文無害爲沛主吏掾[集解]駰案漢書音義曰文無害有文無所枉害也律有無害都吏如今言公平吏一曰無害者如言無比陳留閒語也[索隱]裴注已列數家今更引二說應劭云雖爲吏而不刻害韋昭云爲有文理無傷害也漢書云何爲主吏主吏功曹也又云何爲沛掾是何爲功曹掾 高祖爲布衣時何數以吏事護高祖[索隱]說文云護救視也 高祖爲亭長常左右之高祖以吏繇咸陽吏皆送奉錢三何獨以五[集解]李奇曰或三百或五百也[索隱]奉音扶用反謂資俸之如字讀謂奉送之也劉氏云時錢有重者一當百故有送錢三者 秦御史監郡者與從事常辨之[集解]張晏曰何與共事脩辨明何素有方略也蘇林曰辟何與從事也秦時無刺史以御史監郡[索隱]何與御史從事常辨明言稱職也 何乃給泗水卒史[集解]徐廣曰沛縣有泗水亭秦以沛爲泗水郡駰按文穎曰何爲泗水郡卒史[索隱]如淳按律郡卒史書佐各十人也卒祖忽反 事第一[索隱]謂課最居第一 秦御史欲入言徵何何固請得毋行及高祖起爲沛公何常爲丞督事[索隱]謂高祖起沛令何爲丞常監督庶事也 沛公至咸陽諸將皆爭走金帛財物之府分之[索隱]走音奏奏者趣向之也 何獨先人收秦丞相御史律令圖書藏之沛公爲漢王以何爲丞相項王與諸侯屠燒咸陽而去漢王所以具知天下阸塞戶口多少彊弱之處民所疾苦者以何具得秦圖書也何進言韓信漢王以信爲大將軍語在淮陰侯事中漢王引兵東定三秦何以丞相留收巴蜀塡撫諭告使給軍食漢二年漢王與諸侯擊楚何守關中侍太子治櫟陽爲法令約束立宗廟社稷宮室縣邑輒奏上可許以從事卽不及奏上輒以便宜施行上來以聞[集解]應劭曰上來還乃以所爲聞之 關中事計戶口轉漕給軍[索隱]轉劉氏音張戀反漕水運也 漢王數失軍遁

去何常興關中卒輒補缺上以此專屬任何關中事漢三年漢王與項羽相距京索之間上數使使勞苦丞相鮑生謂丞相曰王暴衣露蓋數使使勞苦君者有疑君心也爲君計莫若遣君子孫昆弟能勝兵者悉詣軍所上必益信君於是何從其計漢王大說漢五年既殺項羽定天下論功行封羣臣爭功歲餘功不決高祖以蕭何功最盛封爲酇侯【集解】文穎曰音贊瓚曰今南陽酇縣也孫檢曰有二縣音字多亂其屬沛郡者音嵯屬南陽者音讚按茂陵書蕭何國在南陽宜呼讚今多呼嵯嵯舊字作鄼今皆作酇所由亂也【索隱】瓚云今南陽酇縣顧氏云南陽郡名也太康地理志云魏武帝建安中分南陽立南鄉郡晉武帝改曰順陽郡是也所食邑多功臣皆曰臣等身被堅執銳多者百餘戰少者數十合攻城略地大小各有差今蕭何未嘗有汗馬之勞徒持文墨議論不戰顧反居臣等上何也高帝曰諸君知獵乎曰知之知獵狗乎曰知之高帝曰夫獵追殺獸兔者狗也而發蹤指示獸處者人也今諸君徒能得走獸耳功狗也至如蕭何發蹤指示功人也且諸君獨以身隨我多者兩三人今蕭何舉宗數十人皆隨我功不可忘也羣臣皆莫敢言列侯畢已受封及奏位次皆曰平陽侯曹參身被七十創攻城略地功最多宜第一上已撓功臣多封蕭何【集解】應劭曰撓屈也【索隱】音女教反至位次未有以復難之然心欲何第一關內侯鄂君進曰【索隱】功臣表鄂千秋封安平侯羣臣議皆誤夫曹參雖有野戰略地之功此特一時之事夫上與楚相距五歲常失軍亡衆逃身遁者數矣然蕭何常從關中遣軍補其處非上所詔令召而數萬衆會上之乏絕者數矣夫漢與楚相守滎陽數年軍無見糧蕭何轉漕關中給食不乏陛下雖數亡山東蕭何常全關中以待陛下此萬世之功也今雖亡曹參等百數何缺於漢漢得之不必待以全奈何欲以一旦之功而加萬世之功哉蕭何第一曹參次之高祖曰善於是乃令蕭何賜帶劍履上殿入朝不趨上曰吾聞進賢受上賞蕭何功雖高得鄂君乃益明於是因鄂君故所食關內侯邑封爲安平侯【集解】徐廣曰以謁者從定諸侯有功秩舉蕭何功故因侯二千戶封九年卒至玄孫但坐與淮南王安通棄市國除【正義】括地志云澤州安平縣本漢安平縣是日悉封何父子兄弟十餘人皆有食邑乃益封何二千戶以帝嘗繇咸陽時何送我獨贏奉錢二也【索隱】謂人皆三何獨五所以爲贏二也音盈漢十一年陳豨反高祖自將至邯鄲未罷淮陰侯謀反關中呂后用蕭何計誅淮陰侯語在淮陰事中上已聞淮陰侯誅使使拜丞相何爲相國益封五千戶令卒五百人一都尉爲相國衞諸君皆賀召平獨弔召平者故秦東陵侯秦破爲布衣貧種瓜於長安城東瓜美故世俗謂之東陵瓜從召平以爲名也召平謂相國曰禍自此始矣上暴露於外而君守於中非被矢石之事而益君封置衞者以今者淮陰侯新反於中疑君心矣夫置衞衞君非以寵君也願君讓封勿受悉以家私財佐軍則上心說相國從其計高帝乃大喜漢十二年秋黥布反上自將擊之數使使問相國何爲相國爲上在軍乃拊循勉力百姓悉以所有佐軍如陳豨時客有說相國曰君滅族不久矣夫君位爲相國功第一可復加哉然君初入關中得百姓心十餘年矣皆附君常復孳孳得民和上所爲數問君者畏君傾動關中今君胡不多買田地賤貰貸以自汙【正義】貰音世又食夜反賒也貸天得反上心乃安於是相國從其計上乃大說上罷布軍歸民道遮行上書言相國賤彊買民田宅數千萬上至相國謁上笑曰夫相國乃利民【索隱】謂相國取入田宅以爲己利故云乃利人也所以令相國自謝之民所上書皆以與相國曰君自謝民相國因爲民請曰長安地狹上林中多空地棄願令民得入田毋收稾爲禽獸食【索隱】苗子還種田人留稾入官上大怒曰相國多受賈人財物乃爲請吾苑乃下相國廷尉械繫之數日王衞尉侍【集解】如淳曰百官公卿表衞尉王氏無名字前問曰相國何大罪陛下繫之暴也上曰吾聞李斯相秦皇帝有善歸主有惡自與今相國多受賈豎金而爲民請吾苑以自媚於民故繫治之王衞尉曰夫職事苟有便於民而請之眞宰相事陛下柰何乃疑相國受賈人錢乎且陛下距楚數歲陳豨黥布反陛下自將而往當是時相國守關中搖足則關以西非陛下有也相國不以此時爲利今乃利賈人之金乎且秦以不聞其過亡天下李斯之分過又何足法哉【索隱】李斯歸惡而自予是分過也陛下何疑宰相之淺也【集解】韋昭曰用意淺高帝不懌是日使使持節赦出相國相國年老素恭謹入徒跣謝高帝曰相國休矣相國爲民請苑吾不許我不過爲桀紂主而相國爲賢相吾故繫相國欲令百姓聞吾過也何素不與曹參相能及何病孝惠自臨視相國病因問曰君即百歲後誰可代君者對曰知臣莫如主孝惠曰曹參何如何頓首曰帝得之矣臣死不恨矣何置田宅必居窮處爲家不治垣屋曰後世賢師吾儉不賢毋爲勢家所奪孝惠二年相國何卒【集解】駰案東觀漢記云蕭何墓在長陵東司馬門道北百步【正義】括地志云蕭何墓在雍州咸陽縣東北三十七里謚爲文終侯【集解】徐廣曰功臣表蕭何以客初起從也後嗣以罪失侯者四世絕天子輒復求何後封續酇侯功臣莫得比焉

太史公曰蕭相國何於秦時爲刀筆吏錄錄未有奇節【索隱】錄音祿及漢興依日月之末光何謹守管籥因民之疾奉法順流與之更始淮陰黥布等皆以誅滅而何之勳爛焉位冠羣臣聲施後世與閎夭散宜生等爭烈矣

【索隱述贊】曰蕭何爲吏文而無害及佐興王舉宗從沛關中既守轉輸是賴漢軍屢疲秦兵必會約法可久收圖可大指獸發蹤其功實最政稱畫一居乃非泰鑾紀寵勤式旌礪帶

史記卷五十三考證

蕭相國世家吏皆送奉錢三何獨以五○臣照按李奇曰或三百或五百索隱則謂時有當百錢疑皆非也文明曰奉錢則是就其本奉十之三爲贈而何獨以奉十之五耳

何獨先人收秦丞相御史律令圖書藏之○人一本作入

封爲酇侯集解文穎曰音贊瓚曰今南陽酇縣也孫檢曰有二縣音字多亂其屬沛郡者音嵯屬南陽者音讚按茂陵書蕭何國在南陽宜呼讚今多呼嵯嵯舊字作鄼今皆作酇所由亂也索隱瓚云今南陽酇縣顧氏云南陽郡名也太康地理志云魏武帝建安中分南陽立南鄉郡晉武帝改曰順陽郡是也○資暇錄曰漢相蕭何封爲酇侯舉代呼爲嵯有呼贊者則反掩口而哂深可訝也鄒氏分明云屬沛郡者音嵯屬南陽者音贊又茂陵書云蕭何國在南陽合二家之說音贊不音嵯明矣司馬貞誠知音贊不能痛爲指揮將來而但云字當音贊今多呼爲嵯遂使後學兒今呼爲嵯字咸曰且宜從衆是誤也

史記卷五十四

漢　太　史　令司馬遷　撰

宋　中　郎　外　兵　曹　參　軍　裴　駰集解

唐國子博士弘文館學士司馬貞索隱

唐諸王侍讀率府長史張守節正義

曹相國世家第二十四

平陽侯曹參者【正義】晉州城即平陽故城也沛人也【集解】張華曰曹參字敬伯【索隱】地理志云平陽縣屬河東春秋緯及博物志並云曹參字敬伯【正義】按沛今徐州縣也秦時爲沛獄掾而蕭何爲主吏居縣爲豪吏矣高祖爲沛公而初起也參以中涓從【集解】駰案漢書音義曰中涓如中謁者【索隱】涓音古玄反將擊胡陵【正義】縣名在方與南方與【索隱】地理志二縣皆屬山陽陵縣名在方與之南方音房與音預【正義】胡陵兗州縣也攻秦監公軍【集解】駰案漢書音義曰監御史監郡者公名秦一郡置守尉監三人【索隱】本紀泗川監名平則平是名公爲相尊之稱大破之東下薛擊泗水守軍薛郭西復攻胡陵取之徙守方與方與反爲魏擊之【正義】曹參擊方與豐反爲魏攻之【索隱】時雍齒守豐爲魏反沛公賜爵七大夫擊秦司馬𡰥【正義】音夷軍碭東破之取碭狐父【集解】徐廣曰伍被曰吳濞敗於狐父【索隱】地理志碭屬梁國狐父地名在梁碭之間徐氏引伍被云吳濞敗於狐父是吳與梁相拒而敗處【正義】括地志云狐父亭在宋州碭山縣東南三十里祁善置【集解】文穎曰善置名也晉灼曰祁音抵【索隱】司馬彪郡國志穀熟有祁亭劉氏音遲又如字善置名漢爲驛置館【正義】括地志云故祁城在宋州下邑縣東北四十九里漢祁城縣也言取碭狐父及祁縣之善置又攻下邑以西至虞【索隱】地理志下邑虞皆屬梁國【正義】宋州下邑縣在州東百一十里漢下邑城今碭山縣是虞城縣在州北五十里古虞國商均所封擊章邯車騎攻爰戚及亢父【集解】徐廣曰宣帝時有爰戚侯【索隱】蘇林云爰戚縣名屬山陽功臣表爰戚侯趙成地理志云亢父縣名屬東平【正義】戚音寂劉音七歷反今在兗州南近亢父縣括地志亢父故城在兗州任城縣南五十一里先登遷爲五大夫北救東阿【索隱】時章邯圍田榮於東阿【正義】今濟州東阿也擊章邯軍陷陳追至濮陽攻定陶取臨濟【正義】淄州高苑縣西北二里狄故城安帝改曰臨濟南救雍丘擊李由軍破之殺李由虜秦候一人秦將章邯破殺項梁也沛公與項羽引而東楚懷王以沛公爲碭郡長將碭郡兵於是乃封參爲執帛【集解】張晏曰孤卿也或曰楚官名號曰建成君【索隱】地理志建成縣屬沛郡遷爲戚公【索隱】謂遷參爲戚令【正義】即爰戚縣也是時屬沛郡屬碭郡其後從攻東郡尉軍破之成武南【索隱】地理志成武縣屬山陽【正義】成地名周武王封弟季載於成其後代遷於成之陽故曰成陽【正義】成陽故城濮州雷澤縣是擊王離軍成陽南【索隱】縣名在濟陰復攻之杠里大破之追北西至開封擊趙賁軍破之【索隱】賁音奔圍趙賁開封城中西擊秦將楊熊軍於曲遇破之【集解】徐廣曰在中牟【索隱】曲丘羽反遇牛凶反【正義】司馬彪郡國志云中牟有曲遇聚按中牟鄭州縣也虜秦司馬及御史各一人遷爲執珪【集解】張晏曰侯伯執珪以朝位比之如淳曰呂氏春秋得伍員者位執珪古爵名從攻陽武【正義】括地志云陽武故城在鄭州陽武縣東北十八里漢陽武縣也下轘轅緱氏【索隱】地理志陽武緱氏二縣屬河南轘轅道名在緱氏南【正義】緱氏洛州縣也括地志云轘轅故關在洛州緱氏縣東南四十里十三州志云轘轅道凡十二曲險道也絕河津【正義】津渡處括地志云平陰故津在洛州洛陽縣東北五十里還擊趙賁軍尸北破之【集解】徐廣曰尸在偃師孟康曰尸鄉北【正義】破趙賁軍於尸鄉之北也括地志云尸鄉亭在洛州偃師縣在洛州東南也從南攻犨與南陽守齮戰陽城郭東陷陳【集解】徐廣曰陽城在南陽應劭云今堵陽【索隱】堵陽是南陽之縣【正義】陷南陽守於陽城郭東也取宛虜齮盡定南陽郡從西攻武關嶢關取之【正義】括地志云故武關在商州商洛縣東九十里藍田關在雍州藍田縣東南九十里即秦嶢關也前攻秦軍藍田南【正義】藍田縣在雍州東南八十里因藍田山爲名又夜擊其北秦軍大破遂至咸陽滅秦項羽至以沛公爲漢王漢王封參爲建成侯從至漢中【正義】梁州本漢中郡遷爲將軍從還定三秦初攻下辯故道【索隱】辯音皮莧反【正義】括地志云成州同谷縣本漢下辯道又云鳳州兩當縣本漢故道縣在州西五十里

雍斄【索隱】地理志云縣名，屬右扶風。斄音貽，一作部，音貽。【正義】括地志云故雍縣南七里故斄城，一名武功縣西南二十二里，古部國也。擊章平軍於好畤南，破之，【正義】括地志云好畤城在雍州好畤縣東南十三里。圍好畤，取壤鄉。【集解】文穎曰：地名。擊三秦軍壤東及高櫟，破之。【索隱】櫟音歷。按：文穎云壤鄉、高櫟皆地名，在右扶風，今其地闕。【正義】皆村邑名。壤鄉今在雍州武功縣東南二十餘里，高壤坊是；高櫟近壤鄉也。復圍章平，章平出好畤走。因擊趙賁、內史保軍，破之。東取咸陽，更命曰新城。【索隱】漢書高帝元年咸陽名新城，武帝改名曰渭城。參將兵守景陵【集解】駰案：漢書音義曰：縣名也。二十日，三秦使章平等攻參，參出擊，大破之。賜食邑於寧秦。【集解】蘇林曰：今華陰。參以將軍引兵圍章邯於廢丘。【正義】周曰犬丘，秦更名廢丘，漢更名槐里，今故城在雍州始平縣東南十里。以中尉從漢王出臨晉關。【正義】即蒲津關也，在臨晉縣，故言臨晉關，今在同州也。至河內，下修武，【正義】今懷州獲嘉縣古修武也。渡圍津。【集解】徐廣曰：東郡白馬有圍津。【索隱】顧氏按：水經注白馬津有韋鄉、韋津城。圍與韋同，古今字變爾。【正義】括地志云：黎陽津一名白馬津，在滑州白馬縣北三十里。帝王世紀云白馬縣南有韋城，故豕韋國也。續漢書郡國志云白馬有韋城。東擊龍且、項他定陶，破之。東取碭、蕭、彭城。【正義】徐州二縣。擊項籍軍，漢軍大敗走。參以中尉圍取雍丘。王武反於黃，【集解】徐廣曰：內黃縣有黃澤。程處反於燕，【集解】徐廣曰：東郡燕縣。駰案：漢書音義曰：皆漢將。往擊，盡破之。柱天侯反於衍氏，【索隱】柱天侯不知其誰，封衍氏，魏邑。地理志云柱天在盧江潛縣。又進破取衍氏。擊羽嬰於昆陽，追至葉。還攻武彊，【集解】徐廣曰：武彊城在陽武。【正義】括地志云武彊故城在鄭州管城縣東北三十一里。因至滎陽。參自漢中為將軍中尉，從【索隱】才用反。擊諸侯，及項羽敗，還至滎陽，凡二歲。高祖三年，拜為假左丞相，入屯兵關中。月餘，魏王豹反，以假左丞相別與韓信東攻魏將軍孫遬軍東張，大破之。【集解】徐廣曰：張者地名。功臣表有張侯毛澤之。駰案：蘇林曰：屬河東。【索隱】遬音速。【正義】括地志云張陽故城一名東張城，在蒲州虞鄉縣西北四十里。因攻安邑，得魏將王襄。擊魏王於曲陽，【正義】括地志云上曲陽定州恒陽縣是，下曲陽在定州鼓城縣西五里。追至武垣，【集解】徐廣曰：河東有垣縣。【正義】括地志云武垣縣今瀛州城是。地理志云武垣縣屬涿郡也。生得魏王豹。取平陽，【正義】晉州城是。得魏王母妻子，盡定魏地，凡五十二城。賜食邑平陽。因從韓信擊趙相國夏說軍於鄔東，大破之，斬夏說。【集解】徐廣曰：鄔縣在太原，音烏古反。韓信與故常山王張耳引兵下井陘，擊成安君，而令參還圍趙別將戚將軍於鄔城中。戚將軍出走，追斬之。乃引兵詣敖倉漢王之所。韓信已破趙，為相國，東擊齊。參以右丞相屬韓信，攻破齊歷下軍，遂取臨菑。還定濟北郡，攻著、漯陰、平原、鬲、盧。【索隱】地理志著縣屬濟南，盧縣屬泰山，漯陰、平原、鬲三縣屬平原。漯音他合反。【正義】括地志云平原故城在德州平原縣東南十里，鬲城在德州安德縣西北十五里，盧縣今濟州理縣是也。已而從韓信擊龍且軍於上假密，【集解】文穎曰：或以為高密。【索隱】漢書亦作假密。按：下定齊七十縣，則上假密非高密，亦是齊地，今闕。大破之，斬龍且，虜其將軍周蘭。定齊，凡得七十餘縣。得故齊王田廣相田光，其守相許章，及故齊膠東將軍田既。韓信為齊王，引兵詣陳，與漢王共破項羽，而參留平齊未服者。

項籍已死，天下定，漢王為皇帝，韓信徙為楚王，齊為郡。參歸漢相印。高帝以長子肥為齊王，而以參為齊相國。以高祖六年賜爵列侯，與諸侯剖符，世世勿絕。食邑平陽萬六百三十戶，號曰平陽侯，除前所食邑。以齊相國擊陳豨將張春軍，破之。黥布反，參以齊相國從悼惠王將兵車騎十二萬人，與高祖會擊黥布軍，大破之。南至蘄，還定竹邑、相、蕭、留。【索隱】地理志蘄、竹邑、相、蕭四縣屬沛，留屬彭城。韋昭云：今屬彭城。則漢初亦屬沛也。【正義】括地志云：徐州符離縣城，漢竹邑城也。李奇云今竹邑也。故相城在符離縣西北九十里。輿地志云宋共公自睢陽徙相子城，又還睢陽。蕭，徐州古蕭叔國城也。故留城在徐州沛縣東南五十里，張良所封。參功：凡下二國，縣一百二十二；得王二人，相三人，將軍六人，大莫敖【集解】駰案：漢書音義曰：楚之卿號。郡守、司馬、候、御史各一人。

孝惠帝元年，除諸侯相國法，更以參為齊丞相。參之相齊，齊七十城。天下初定，悼惠王富於春秋，參盡召長老諸生，問所以安集百姓，如齊故俗，諸儒以百數，言人人殊，參未知所定。聞膠西有蓋公，善治黃老言，使人厚幣請之。既見蓋公，蓋公為言治道貴清靜而民自定，推此類具言之。參於是避正堂，舍蓋公焉。其治要用黃老術，故相齊九年，齊國安集，大稱賢相。

惠帝二年，蕭何卒。參聞之，告舍人趣治行，「吾將入相」。居無何，使者果召參。參去，屬其後相曰：「以齊獄市為寄，慎勿擾也。」後相曰：「治無大於此者乎？」參曰：「不然。夫獄市者，所以并容也，今君擾之，姦人安所容也？吾是以先之。」【集解】駰案：漢書音義曰：夫獄市兼受善惡，若窮極，姦人無所容竄；姦人無所容竄，久且為亂。秦人極刑而天下畔，孝武峻法而獄繁，此其效也。老子曰「我無為而民自化，我好靜而民自正」。參欲以道化其本，不欲擾其末。

參始微時，與蕭何善；及為將相，有郤。至何且死，所推賢唯參。參代何為漢相國，舉事無所變更，一遵蕭何約束。

擇郡國吏木詘於文辭，重厚長者，即召除為丞相史。吏之言文刻深，欲務聲名者，輒斥去之。日夜飲醇酒。卿大夫已下吏及賓客見參不事事，【集解】如淳曰：不事丞相之事。來者皆欲有言。至者，參輒飲以醇酒，間之，欲有所言，復飲之，醉而後去，終莫得開說，以為常。【集解】如淳曰：開謂有所啟白。

相舍後園近吏舍，吏舍日飲歌呼。從吏惡之，無如之何，乃請參游園中，聞吏醉歌呼，從吏幸相國召按之。乃反取酒張坐飲，亦歌呼與相應和。

參見人之有細過，專掩匿覆蓋之，府中無事。

參子窋【索隱】音張律反。為中大夫。惠帝怪相國不治事，以為「豈少朕與」？【索隱】少者，不足之詞，故胡亥亦云「丞相豈少我哉」。蓋帝以丞相豈不是嫌少於我哉。小顏以為我年少，非也。乃謂窋曰：「若歸，試私從容問而父曰：『高帝新棄群臣，帝富於春秋，君為相，日飲，無所請事，何以憂天下乎？』然無言吾告若也。」【索隱】謂惠帝語窋「無得言我告汝」，令諫汝父，當自云是己意也。窋既洗沐歸，閒侍，自從其所諫參。參怒，而笞窋二百，曰：「趣入侍，天下事非若所當言也。」至朝時，惠帝讓參曰：「與窋胡治乎？【集解】如淳曰：猶言用窋為治。【索隱】胡，何也。言語參何為治窋也。乃者我使諫君也。」參免冠謝曰：「陛下自察聖武孰與高帝？」上曰：「朕乃安敢望先帝乎！」曰：「陛下觀臣能孰與蕭何賢？」上曰：「君似不及也。」參曰：「陛下言之是也。且高帝與蕭何定天下，法令既明，今陛下垂拱，參等守職，遵而勿失，不亦可乎？」惠帝曰：「善。君休矣！」

參為漢相國，出入三年。卒，謚懿侯。子窋代侯。百姓歌之曰：「蕭何為法，顜若畫一；【集解】徐廣曰：顜音古項反。【索隱】漢書顜作講。畫訓直，又訓明，言法明直若畫一也。講亦作覯。小顏云：覯，和也。畫一，言其法整齊也。曹參代之，守而勿失。載其清淨，民以寧一。」

平陽侯窋，高后時為御史大夫。孝文帝立，免為侯。立二十九年卒，謚為靜侯。子奇代侯，立七年卒，謚為簡侯。子時代侯。時尚平陽公主，生子襄。時病癘，歸國。立二十三年卒，謚夷侯。子襄代侯。襄尚衛長公主，生子宗。立十六年卒，謚為共侯。子宗代侯。征和二年中，宗坐太子死，國除。

太史公曰：曹相國參攻城野戰之功所以能多若此者，以與淮陰侯俱。及信已滅，而列侯成功，唯獨參擅其名。參為漢相國，清靜極言合道。然百姓離秦之酷後，參與休息無為，故天下俱稱其美矣。

【索隱述贊】曹參初起，為沛豪吏。始從中涓，先圖善置。執珪執帛，攻城略地。衍氏既誅，昆陽失位。北禽夏說，東討田既。剖符定封，功無與二。市獄勿擾，清淨不事。尚主平陽，代享其利。

史記卷五十四考證

曹相國世家王武反於黃集解徐廣曰內黃縣有黃澤○臣照按漢書作王武反於外黃以樊噲傳參看似黃字上脫一外字

柱天侯反於衍氏索隱柱天侯不知其誰封衍氏魏邑地理志云柱天在盧江潛縣○臣林曰柱天侯亦猶建成侯奉春君之類假以嶶稱不必指其食邑且漢書地理志盧江灊縣天柱山在南復非柱天也是時王武反外黃程處反燕柱天侯反衍氏服虔云皆漢將則漢王所封也漢元年盧江屬楚又安得以楚地封其將軍哉

擊魏王於曲陽正義括地志云上曲陽定州恒陽縣是下曲陽在定州鼓城縣西五里○余有丁曰此必魏自有曲陽定州之曲陽時屬趙

斬龍且虜其將軍周蘭○臣照按灌嬰傳云從韓信攻龍且於高密身生得亞將周蘭蓋是時參嬰並隸於信故敘功略同而其實擒蘭者嬰也嬰傳於降彭城之後又云攻苦譙復得亞將周蘭蓋前此逸去嬰終得之

征和二年中宗坐太子死國除○臣照按征和出天漢之限豈又褚先生所續乎年表亦同

史記卷五十五

漢　太　史　令　司馬遷　撰

宋　中郎外兵曹參軍　裴駰　集解

唐　國子博士弘文館學士　司馬貞　索隱

唐　諸王侍讀率府長史　張守節　正義

留侯世家第二十五

留侯張良者，【正義】括地志云：故留城在徐州沛縣東南五十五里，今城內有張良廟也。其先韓人也。【索隱】韋昭云：留今屬彭城。按：良求封留，以始見高祖於留故也。漢書云良字子房。按：王符、皇甫謐並以良為韓之公族，姬姓也。秦索賊急，乃改姓名。而韓先有張去疾及張譴，恐非良之先代也。良既歷代相韓，故知其先韓人。顧氏按：後漢書云張良出於城父，城父縣屬潁川也。【正義】括地志云：城父在汝州郟縣東三十里也。大父開地相韓昭侯、宣惠王、襄哀王。【集解】應劭曰：大父，祖父。開地，名。父平相釐王、悼惠王。【索隱】韓世家及系本釐作桓惠王。悼惠王二十三年，平卒。卒二十歲，秦滅韓。良年少，未宦事韓。韓破，良家僮三百人，弟死不葬，悉以家財求客刺秦王，為韓報仇，以大父、父五世相韓故。【索隱】謂大父及父相韓五王，故云五世。

良嘗學禮淮陽。【正義】今陳州也。東見倉海君。【集解】如淳曰：秦郡縣無倉海。或曰東夷君長。【索隱】姚察以武帝時東夷濊君降，為倉海郡，或因以名，蓋得其近耳。【正義】漢書武帝紀云元年東夷濊君南閭等降，為倉海郡，今貊濊國，得之。太史公修史時已降為郡，自書之。括地志云：濊貊在高麗南，新羅北，東至大海西。得力士，為鐵椎重百二十斤。秦皇帝東游，良與客狙【集解】服虔曰：狙，伺候也。應劭曰：狙，七預反，伺也。徐廣曰：伺候也。音千恕反。【索隱】應劭曰：狙，伺也。一云狙，伏伺也，謂狙之伺物，必伏而候之，故今云狙候是也。擊秦皇帝博浪沙中，【索隱】服虔曰：地在陽武南。按：今浚儀西北四十里有博浪城。【正義】晉地理記云鄭陽武縣有博浪沙。按：今當官道也。誤中副車。【索隱】漢官儀天子屬車三十六乘。屬車即副車，而奉車郎御而從後。秦皇帝大怒，大索天下，求賊甚急，為張良故也。良乃更名姓，亡匿下邳。

良嘗閒從容步游下邳圯上，【集解】徐廣曰：圯，橋也。東楚謂之圯。音怡。【索隱】嘗訓經也。閒音閑字也。從容，閒暇也。從容謂從任其容止，不矜莊也。邳，披眉反。按：地理志下邳縣屬東海，又云邳在薛，後徙此，有上邳，故此云下邳。李奇云：上下邳人謂橋為圯。文穎云：汜水上橋也。應劭云：圯水之上也。姚察見史記本有作「土」旁者，乃引今會稽東湖大橋名為圯，圯亦音夷，理或然也。有一老父，衣褐，至良所，直墮其履圯下，【索隱】崔浩云：直猶故也。亦恐不然。直言正也，謂至良所正墮其履也。顧謂良曰：「孺子，下取履！」良鄂然，欲毆之。【集解】徐廣曰：一云良怒，欲罵之。【索隱】毆，烏后反爲其老，彊忍，下取履。父曰：「履我！」良業爲取履，因長跪履之。【索隱】業猶本先也。謂良心先已爲取，故遂跪而履之。父以足受，笑而去。良殊大驚，隨目之。父去里所，復還，【集解】徐廣曰：一云「爲其老，彊忍下取履，因進之。父以足受，笑而去。良殊大驚，父去里所，復還」。曰：「孺子可教矣。後五日平明，與我會此。」良因怪之，跪曰：「諾。」五日平明，良往。父已先在，怒曰：「與老人期，後，何也？」去，曰：「後五日早會。」五日雞鳴，良往。父又先在，復怒曰：「後，何也？」去，曰：「後五日復早來。」五日，良夜未半往。有頃，父亦來，喜曰：「當如是。」出一編書，【集解】徐廣曰：編，一作「篇」。曰：「讀此則爲王者師矣。後十年興。十三年孺子見我濟北，穀城山下黃石即我矣。」【正義】括地志云：穀城山一名黃山，在濟州東阿縣東。濟州故濟北郡。孔文祥云黃石公鬚眉皆白，杖丹黎，履赤舄。遂去，無他言，不復見。旦日視其書，乃太公兵法也。【正義】七錄云：太公兵法一袠三卷。太公，姜子牙，周文王師，封齊侯也。良因異之，常習誦讀之。居下邳，爲任俠。項伯常殺人，從良匿。後十年，陳涉等起兵，良亦聚少年百餘人。景駒自立爲楚假王，在留。良欲往從之，道遇沛公。沛公將數千人，略地下邳西，遂屬焉。沛公拜良爲廄將。【集解】駰案：漢書音義曰：廄將，官名。良數以太公兵法說沛公，沛公善之，常用其策。良爲他人言，皆不省。良曰：「沛公殆天授。」【索隱】殆訓近也。故遂從之，不去見景駒。及沛公之薛，見項梁。項梁立楚懷王。良乃說項梁曰：「君已立楚後，而韓諸公子橫陽君成賢，可立爲王，益樹黨。」項梁使良求韓成，立以爲韓王。以良爲韓申徒，【集解】徐廣曰：即司徒耳，但語音訛轉，故字亦隨改。與韓王將千餘人西略韓地，得數城，秦輒復取之，往來爲游兵潁川。沛公之從雒陽南出轘轅，良引兵從沛公，下韓十餘城，擊破楊熊軍。沛公乃令韓王成留守陽翟，與良俱南，攻下宛，西入武關。沛公欲以兵二萬人擊秦嶢下軍，【集解】徐廣曰：嶢音堯。良說曰：「秦兵尚彊，未可輕。臣聞其將屠者子，賈豎易動以利。願沛公且留壁，使人先行，爲五萬人具食，【集解】徐廣曰：五，一作「百」。益爲張旗幟諸山上，爲疑兵，【索隱】旗幟音其試。令酈食其持重寶啗秦將。」秦將果畔，欲連和俱西襲咸陽，沛公欲聽之。良曰：「此獨其將欲叛耳，恐士卒不從。不從必危，不如因其解擊之。」【索隱】謂卒將離心而懈怠。沛公乃引兵擊秦軍，大破之。遂北至藍田，再戰，秦兵竟敗。遂至咸陽，秦王子嬰降沛公。沛公入秦宮，宮室帷帳狗馬重寶婦女以千數，意欲留居之。樊噲諫沛公出舍，沛公不聽。【集解】徐廣曰：一本「噲諫曰：『沛公欲有天下耶？將欲爲富家翁耶？』沛公曰：『吾欲有天下。』噲曰：『今臣從入秦宮，所觀宮室帷帳珠玉重寶鐘鼓之飾，奇物不可勝極，入其後宮，美人婦女以千數，此皆秦所以亡天下也。願沛公急還霸上，無留宮中。』沛公不聽」。良曰：「夫秦爲無道，故沛公得至此。夫爲天下除殘賊，宜縞素爲資。【集解】晉灼曰：資，藉也。欲沛公反秦奢泰，服儉素以爲藉也。今始入秦，即安其樂，此所謂『助桀爲虐』。且『忠言逆耳利於行，毒藥苦口利於病』，【索隱】見孔子家語。願沛公聽樊噲言。」沛公乃還軍霸上。

項羽至鴻門下，欲擊沛公，項伯乃夜馳入沛公軍，私見張良，欲與俱去。良曰：「臣爲韓王送沛公，今事有急，亡去不義。」乃具以語沛公。沛公大驚，曰：「爲將柰何？」良曰：「沛公誠欲倍項羽邪？」沛公曰：「鯫生【索隱】鯫謂小魚也，音趨勾反。臣瓚按：楚漢春秋鯫生本姓解。教我距關無內諸侯，秦地可盡王，故聽之。」良曰：「沛公自度能卻項羽乎？」沛公默然良久，曰：「固不能也。今爲柰何？」良乃固要項伯。項伯見沛公。沛公與飲爲壽，結賓婚。令項伯具言沛公不敢倍項羽，所以距關者，備他盜也。及見項羽後解，語在項羽事中。

漢元年正月，沛公爲漢王，王巴蜀。漢王賜良金百溢，珠二斗，良具以獻項伯。漢王亦因令良厚遺項伯，使請漢中地。【集解】如淳曰：本但與巴蜀，故請漢中地。項王乃許之，遂得漢中地。漢王之國，良送至襃中，【正義】括地志云：襃谷在梁州襃城縣北五十里南中山。昔秦欲伐蜀，路無由入，乃刻石爲牛五頭，置金於後，僞言此牛能屎金，以遺蜀。蜀侯貪信之，乃令五丁共引牛，塹山堙谷，致之成都。秦遂尋道伐之，因號曰石牛道。蜀賦以石門在漢中之西，襃中之北是。又云斜水源出襃城縣西北衙嶺山，與襃水同源而派。漢書溝洫志云襃水通沔，斜水通渭，皆以行船。遣良歸韓。良因說漢王曰：「王何不燒絕所過棧道，示天下無還心，以固項王意。」乃使良還。行，燒絕棧道。良至韓，韓王成以良從漢王故，項王不遣成之國，從與俱東。良說項王曰：「漢王燒絕棧道，無還心矣。」乃以齊王田榮反書告項王。項王以此無西憂漢心，而發兵北擊齊。項王竟不肯遣韓王，乃以爲侯，又殺之彭城。良亡，間行歸漢王，漢王亦已還定三秦矣。復以良爲成信侯，從東擊楚。至彭城，漢敗而還。至下邑，漢王下馬踞鞍而問曰：「吾欲捐關以東等棄之，誰可與共功者？」良進曰：「九江王黥布，楚梟將，與項王有郄；彭越與齊王田榮反梁地：此兩人可急使。而漢王之將獨韓信可屬大事，當一面。即欲捐之，捐之此三人，則楚可破也。」漢王乃遣隨何說九江王布，而使人連彭越。及魏王豹反，使韓信將兵擊之，因舉燕、代、齊、趙。然卒破楚者，此三人力也。

張良多病，未嘗特將也，常爲畫策臣，時時從漢王。漢三年，項羽急圍漢王滎陽，漢王恐憂，與酈食其謀橈楚權。食其曰：「昔湯伐桀，封其後於杞。武王伐紂，封其後於宋。今秦失德棄義，侵伐諸侯社稷，滅六國之後，使無立錐之地。陛下誠能復立六國後世，畢已受印，此其君臣百姓必皆戴陛下之德，莫不鄉風慕義，願爲臣妾。德義已行，陛下南鄉稱霸，楚必斂衽而朝。」漢王曰：「善。趣刻印，先生因行佩之矣。」食其未行，張良從外來謁。漢王方食，曰：「子房前！客有爲我計橈楚權者。」具以酈生語告，曰：「於子房何如？」良曰：「誰爲陛下畫此計者？陛下事去矣。」漢王曰：「何哉？」張良對曰：「臣請藉前箸爲大王籌之。」【集解】張晏曰：求借所食之箸用指畫也。或曰前世湯武箸明之事，以籌度今時之不若也。曰：「昔者湯伐桀而封其後於杞者，度能制桀之死命也。今陛下能制項籍之死命乎？」曰：「未能也。」「其不可一也。武王伐紂封其後於宋者，度能得紂之頭也。今陛下能得項籍之頭乎？」曰：「未能也。」「其不可二也。武王入殷，表商容之閭，【索隱】崔浩云：表者，標牓其里門。商容，紂時賢人也。韓詩外傳曰：商容執羽籥，馮於馬徒，欲以化紂而不能，遂去，伏於太行山。武王欲以爲三公，固辭而不受。餘解在商紀。釋箕子之拘，【集解】徐廣曰：釋，一作「式」。拘，一作「囚」。封比干之墓。今陛下能封聖人之墓，表賢者之閭，式智者之門乎？」曰：「未能也。」「其不可三也。發鉅橋之粟，散鹿臺之錢，以賜貧窮。今陛下能散府庫以賜貧窮乎？」曰：「未能也。」「其不可四矣。殷事已畢，偃革爲軒，【集解】如淳曰：革者，革車也。軒者，赤黻乘軒也。偃武備而治禮樂也。【索隱】蘇林云：革者，兵車也。軒者，朱軒皮軒也。謂廢兵車而用乘車也。說文云：軒，曲周屏車。倒置干戈，覆以虎皮，以示天下不復用兵。今陛下能偃武行文，不復用兵乎？」曰：「未能也。」「其不可五矣。休馬華山之陽，示以無所爲。今陛下能休馬無所用乎？」曰：「未能也。」「其不可六矣。放牛桃林之陰，【索隱】晉灼云：在弘農南閿鄉谷中。應劭十三州記：弘農有桃丘聚，古桃林也。山海經云：夸父之山北有桃林，廣三百里。以示不復輸積。今陛下能放牛不復輸積乎？」曰：「未能也。」「其不可七矣。且天下游士離其親戚，棄墳墓，去故舊，從陛下游者，徒欲日夜望咫尺之地。今復六國，立韓、魏、燕、趙、齊、楚之後，天下游士各歸事其主，從其親戚，反其故舊墳墓，陛下與誰取天下乎？其不可八矣。且夫楚唯無彊，六國立者復橈而從之，【集解】駰案：漢書音義曰：唯當使楚無彊，彊則六國弱從之。【索隱】荀悅漢紀此事云：獨可使楚無彊，彊則六國屈橈而從之。又韋昭云：令無彊楚者若六國立，必復屈橈從楚。是二說之意同。陛下焉得而臣之？誠用客之謀，陛下事去矣。」漢王輟食吐哺，罵曰：「豎儒，幾敗而公事！」【索隱】高祖罵酈生爲豎儒，謂此儒生豎子耳。幾音祈。幾，殆近也。而公，高祖自謂也。漢書作「乃公」。令趣銷印。

漢四年，韓信破齊而欲自立爲齊王，漢王怒。張良說漢王，漢王使良授齊王信印，語在淮陰事中。其秋，漢王追楚至陽夏南，戰不利而壁固陵，諸侯期不至。良說漢王，漢王用其計，諸侯皆至。語在項籍事中。

漢六年正月，封功臣。良未嘗有戰鬬功，高帝曰：「運籌策帷帳中，決勝千里外，子房功也。自擇齊三萬戶。」良曰：「始臣起下邳，與上會留，此天以臣授陛下。陛下用臣計，幸而時中，臣願封留足矣，不敢當三萬戶。」乃封張良爲留侯，與蕭何等俱封。

六年，上已封大功臣二十餘人，其餘日夜爭功不決，未得行封。上在雒陽南宮，從複道【集解】如淳曰：複音複，上下有道，故謂之複道。韋昭云：閣道。望見諸將往往相與坐沙中語。上曰：「此何語？」留侯曰：「陛下不知乎？此謀反耳。」上曰：「天下屬安定，何故反乎？」留侯曰：「陛下起布衣，以此屬取天下。今陛下爲天子，而所封皆蕭、曹故人所親愛，而所誅者皆生平所仇怨。今軍吏計功，以天下不足徧封，此屬畏陛下不能盡封，恐又見疑平生過失【集解】徐廣曰：多作「生平」。及誅，故即相聚謀反耳。」上乃憂曰：「爲之柰何？」留侯曰：「上平生所憎，羣臣所共知，誰最甚者？」上曰：「雍齒與我故，【集解】駰案：漢書音義曰：未起時有故怨。數嘗窘辱我。我欲殺之，爲其功多，故不忍。」留侯曰：「今急先封雍齒以示羣臣，羣臣見雍齒封，則人人自堅矣。」於是上乃置酒，封雍齒爲什方侯，【索隱】縣名，屬廣漢。【正義】括地志云：雍齒城在益州什邡縣南四十步。漢什邡縣，漢初封雍齒爲侯國。而急趣丞相、御史定功行封。羣臣罷酒，皆喜曰：「雍齒尚爲侯，我屬無患矣。」

劉敬說高帝曰：「都關中。」上疑之。左右大臣皆山東人，多勸上都雒陽：「雒陽東有成皋，西有殽黽，倍河，向伊雒，其固亦足恃。」留侯曰：「雒陽雖有此固，其中小，不過數百里，田地薄，四面受敵，此非用武之國也。夫關中左殽函，【正義】殽，三殽山也，在洛州永寧縣西北二十八里。函谷關在陝州桃林縣西南十二里。右隴蜀，【正義】隴山南連蜀之嵋山，故云右隴蜀也。沃野千里，南有巴蜀之饒，北有胡苑之利，【索隱】崔浩云：苑馬牧外接胡地，馬生於胡，故云胡苑之利。【正義】博物志云：北有胡苑之塞。按：上郡、北地之北與胡接，可以牧養禽獸，又多致胡馬，故謂胡苑之利也。阻三面而守，獨以一面東制諸侯。諸侯安定，河渭漕輓天下，西給京師；諸侯有變，順流而下，足以委輸。此所謂金城千里，天府之國也，【索隱】此言謂者，蓋是依憑古語。言秦有四塞之國，如金城也。蘇秦說秦惠王云：秦地勢形便，所謂天府，是所憑也。劉敬說是也。」於是高帝即日駕，西都關中。【索隱】周禮三日詢國遷，乃爲大事。高祖即日西遷者，蓋謂其日即定計，非即日遂行也。

留侯從入關。留侯性多病，即道引不食穀，【集解】駰案：漢書音義曰：服辟穀之藥，而靜居行氣。杜門不出歲餘。

上欲廢太子，立戚夫人子趙王如意。大臣多諫爭，未能得堅決者也。呂后恐，不知所爲。人或謂呂后曰：「留侯善畫計策，上信用之。」呂后乃使建成侯呂澤劫留侯，曰：「君常爲上謀臣，今上欲易太子，君安得高枕而臥乎？」留侯曰：「始上數在困急之中，幸用臣策。今天下安定，以愛欲易太子，骨肉之間，雖臣等百餘人何益。」呂澤彊要曰：「爲我畫計。」留侯曰：「此難以口舌爭也。顧上有不能致者，天下有四人。【索隱】四人，四皓也，謂東園公、綺里季、夏黃公、角里先生。按：陳留志云：園公姓唐，字宣明，居園中，因以爲號。夏黃公姓崔名廣，字少通，齊人，隱居夏里脩道，故號曰夏黃公。角里先生，河內軹人，太伯之後，姓周名術，字元道，京師號曰霸上先生，一曰角里先生。孔父祕記作「祿里」。皆王劭據崔氏、周氏世譜及陶潛四八目而爲此說。四人者年老矣，皆以爲上慢侮人，故逃匿山中，義不爲漢臣。然上高此四人。今公誠能無愛金玉璧帛，令太子爲書，卑辭安車，因使辯士固請，宜來。來，以爲客，時時從入朝，令上見之，則必異而問之。問之，上知此四人賢，則一助也。」於是呂后令呂澤使人奉太子書，卑辭厚禮，迎此四人。四人至，客建成侯所。漢十一年，黥布反上病欲使太子將往擊之四人相謂曰凡來者將以存太子太子將兵事危矣乃說建成侯曰太子將兵有功則位不益太子無功還則從此受禍矣且太子所與俱諸將皆嘗與上定天下梟將也今使太子將之此無異使羊將狼也皆不肯爲盡力其無功必矣臣聞母愛者子抱【索隱】此語出韓子 令戚夫人日夜侍御趙王如意常抱居前上曰終不使不肖子居愛子之上明乎其代太子位必矣君何不急請呂后承間爲上泣言黥布天下猛將也善用兵今諸將皆陛下故等夷【集解】徐廣曰夷猶儕也【索隱】如淳曰等夷言等輩 乃令太子將此屬無異使羊將狼莫肯爲用且使布聞之則鼓行而西耳【集解】晉灼曰鼓行而西言無所畏也 上雖病彊載輜車臥而護之諸將不敢不盡力上雖苦爲妻子自彊於是呂澤立夜見呂后呂后承間爲上泣涕而言如四人意上曰吾惟豎子固不足遣而公自行耳於是上自將兵而東羣臣居守皆送至灞上留侯病自彊起至曲郵【集解】司馬彪曰長安縣東有曲郵聚【索隱】郵音尤按司馬彪漢書郡國志長安有曲郵聚今在新豐西俗謂之郵頭漢書舊儀云五里一郵郵人居間相去二里半按郵乃今之候 見上曰臣宜從病甚楚人剽疾願上無與楚人爭鋒因說上曰令太子爲將軍監關中兵上曰子房雖病彊臥而傳太子是時叔孫通爲太傅留侯行少傅事漢十二年上從擊破布軍歸疾益甚愈欲易太子留侯諫不聽因疾不視事叔孫太傅稱說引古今以死爭太子上詳許之猶欲易之及燕置酒太子侍四人從太子年皆八十有餘鬚眉皓白衣冠甚偉上怪之問曰彼何爲者四人前對各言名姓曰東園公角里先生綺里季夏黃公上乃大驚曰吾求公數歲公辟逃我今公何自從吾兒游乎四人皆曰陛下輕士善罵臣等義不受辱故恐而亡匿竊聞太子爲人仁孝恭敬愛士天下莫不延頸欲爲太子死者故臣等來耳上曰煩公幸卒調護太子【集解】如淳曰調護猶營護也 四人爲壽已畢趨去上目送之召戚夫人指示四人者曰我欲易之彼四人輔之羽翼已成難動矣呂后眞而主矣戚夫人泣上曰爲我楚舞吾爲若楚歌歌曰鴻鴈高飛一舉千里羽翮已就橫絕四海橫絕四海當可奈何雖有矰繳【集解】韋昭曰繳弋射也其矢曰矰【索隱】馬融注周禮云矰者繳繫短矢謂之矰一說云矰一弦可以仰射高者故云矰也 尚安所施歌數闋【索隱】音曲宄反謂曲終也說文云闋事也 戚夫人噓唏流涕上起去罷酒竟不易太子者留侯本招此四人之力也留侯從上擊代出奇計馬邑下【集解】徐廣曰一云出奇計下馬邑 及立蕭何相國【集解】駰案漢書音義曰何時未爲相國勸高祖立之 所與上從容言天下事甚衆非天下所以存亡故不著留侯乃稱曰家世相韓及韓滅不愛萬金之資爲韓報讎彊秦天下振動今以三寸舌爲帝者師【索隱】春秋緯云舌在口長三寸象斗玉衡 封萬戶位列侯此布衣之極於良足矣願棄人間事欲從赤松子游耳【索隱】赤松子神農時雨師能入火自燒崑崙山上隨風雨上下也 乃學辟穀道引輕身【集解】徐廣曰一云乃學道引欲輕舉也【索隱】辟音賓亦反 會高帝崩呂后德留侯乃彊食之曰人生一世間如白駒過隙何至自苦如此乎留侯不得已彊聽而食後八年卒謚爲文成侯子不疑代侯【集解】徐廣曰文成侯立十六年卒子不疑代立十年坐與門大夫吉謀殺故楚內史當死贖爲城旦國除 子房始所見下邳圮上老父與太公書者後十三年從高帝過濟北果見穀城山下黃石取而葆祠之【集解】徐廣曰史記珍寶字皆作葆 留侯死并葬黃石冢【正義】括地志云漢張良墓在徐州沛縣東六十五里與留城相近也 每上冢伏臘祠黃石留侯不疑孝文帝五年坐不敬國除

太史公曰學者多言無鬼神然言有物【索隱】物謂精怪及藥物也 至如留侯所見老父予書亦可怪矣【索隱】詩緯云風后黃帝師又化爲老子以書授張良父後化爲黃石亦異說耳 高祖離困者數矣而留侯常有功力焉豈可謂非天乎上曰夫運籌策帷帳之中決勝千里外吾不如子房余以爲其人計魁梧奇偉【集解】應劭曰魁梧丘虛壯大之意【索隱】蘇林云梧音悟蕭該云今讀爲吾非也小顏云言其可驚悟於人 至見其圖狀貌如婦人好女蓋孔子曰以貌取人失之子羽【索隱】子羽澹臺滅明字也仲尼弟子傳云狀貌甚惡又家語云子羽有君子之容而行不稱其貌與史記文同也 留侯亦云

【索隱述贊】曰留侯倜儻志懷憤惋五代相韓一朝歸漢進履宜假運籌神算橫陽既立申徒作扞灞上扶危固陵靜亂人稱三傑辯推八難赤松願遊白駒難絆嗟彼雄略曾非魁岸

史記卷五十五考證

留侯世家留侯張良者其先韓人也索隱按王符皇甫謐並以良爲韓之公族姬姓也秦索賊急乃改姓名而韓先有張去疾及張譴恐非良之先代也○困學紀聞曰張良張仲三十代孫張老十七代孫張氏譜云仲見詩老見春秋禮記

孺子見我濟北穀城山下黃石卽我矣正義孔文祥云黃石公鬚眉皆白杖丹藜履赤舄○臣照按杖字疑衍因下杖字而誤

沛公曰鯫生○一本此下有集解徐廣曰呂靜曰鯫魚也音此垢反共十三字

放牛桃林之陰索隱應劭十三州記弘農有桃丘聚古桃林也○臣照按十三州記乃闞駰所作見水經注及隋唐志索隱云應劭疑誤否則應劭下有一曰字

於是上迺置酒封雍齒爲什方侯○臣照按王世貞云功臣年表曹參至陳平九人皆以十二月甲申封張良至陳豨十三人以正月丙午封周竈以丁未封丁復以戊申封呂青以壬子封雍齒始與郭蒙以戊午封而諸將陳武等以三月丙申庚子等日繼封然則曹參諸公遠者先三十四日而沙中偶語之輩僅陳武輩二十餘人耳此曹非有大功何敢偶語意者歸美留侯之諡談未必實也○臣竊謂世貞之言過矣夫良豈與沙中偶語者共謀而知之如是哪乎亦審乎天下之大機大勢而知其必有是耳匹夫匹婦一能勝予況陳武輩二十餘人陳豨且反世貞又何以能保陳武輩不反且論功行賞自有次第豈盡裂土而封之不封而受賞者又豈止陳武輩二十餘人且良所謂謀反者甚言之耳心所不向卽爲反萌良豈告人反以圖己功哉書生妄疑古人所爲好事之過也

天下有四人索隱四人四皓也云云○臣照按漢書王貢傳序曰漢興有園公綺里季夏黃公角里先生顏師古注曰四皓稱號本起於此更無姓名可稱蓋隱居之人匿跡遠害不自標顯秘其氏族故史傳無得而詳至于後代皇甫謐之徒及諸地理書說蔵爲四人施安姓氏自相錯互語又不經班氏不載於書諸家皆臆說今並棄略一無取焉○臣謂師古之見卓矣索隱所引陳留志有姓名者又止三人無綺里季名字蓋有脫文而今陳留志無其書莫可考也或云姓朱名暉字文季恐皆臆說綺里季或云當連夏字讀作綺里季夏其黃公則黃爲姓顧皇甫謐高士傳已作夏黃公陶潛聖賢羣輔錄亦然莫定其孰是也陶潛四八目卽聖賢羣輔錄別名四八目蓋所載如四佐四凶八元八愷之類四與八居多後人遂呼之爲四八目耳

史記卷五十六

漢　太　史　令司馬遷　撰

宋中郞外兵曹參軍裴　駰集解

唐國子博士弘文館學士司馬貞索隱

唐諸王侍讀率府長史張守節正義

陳丞相世家第二十六

陳丞相平者陽武戶牖鄉人也【集解】徐廣曰陽武屬魏地戶牖今爲東昏縣屬陳留【索隱】徐廣云陽武屬魏而地理志屬河南郡蓋後陽武分屬梁國耳徐又云戶牖今爲東昏縣屬陳留與漢書地理志同按是秦時戶牖鄉屬陽武至漢以戶牖爲東昏縣隸陳留郡也【正義】陳留風俗傳云東昏縣地故陽武之戶牖鄉也括地志云東昏故城在汴州陳留縣東北九十里 少時家貧好讀書有田三十畝獨與兄伯居伯常耕田縱平使游學平爲人長美色人或謂陳平曰貧何食而肥若是其嫂嫉平之不視家生產曰亦食糠覈耳【集解】徐廣曰覈音核駰案孟康曰麥糠中不破者也晉灼曰覈音紇京師謂麤屑爲紇頭 有叔如此不如無有伯聞之逐其婦而棄之及平長可娶妻富人莫肯與者貧者平亦恥之久之戶牖富人有張負【索隱】按負是婦人老宿之稱猶武負之類也然此張負既稱富人或恐是丈夫爾 張負女孫五嫁而夫輒死人莫敢娶平欲得之邑中有喪平貧侍喪以先往後罷爲助張負既見之喪所獨視偉平平亦以故後去負隨平至其家家乃負郭窮巷【索隱】高誘注戰國策云負背郭居也 以弊席爲門然門外多有長者車轍【索隱】一作軌按言長者所乘安車與載運之車轍轍或別 張負歸謂其子仲曰吾欲以女孫予陳平張仲曰平貧不事事一縣中盡笑其所爲獨奈何予女乎負曰人固有好美如陳平而長貧賤者乎卒與女爲平貧乃假貸幣以聘予酒肉之資以內婦負誡其孫曰毋以貧故事人不謹事兄伯如事父事嫂如母【集解】駰案兄伯已逐其婦此嫂疑後娶也 平既娶張氏女齎用益饒游道日廣里中社平爲宰【索隱】其里名庫上里社者據蔡邕陳留東昏庫上里社碑云惟斯庫里古陽武之戶牖鄉陳平由此社宰遂相高祖也 分肉食甚均父老曰善陳孺子之爲宰平曰嗟乎使平得宰天下亦如是肉矣陳涉起而王陳使周市略定魏地立魏咎爲魏王與秦軍相攻於臨濟陳平固已前謝其兄伯【集解】駰案漢書音義曰謝語其兄往事魏 從少年往事魏王咎於臨濟魏王以爲太僕說魏王不聽人或讒之陳平亡去久之項羽略地至河上陳平往歸之從入破秦賜平爵卿【集解】張晏曰禮秩如卿不治事 項羽之東王彭城也漢王還定三秦而東殷王反楚項羽乃以平爲信武君將魏王咎客在楚者以往擊降殷王而還項王使項悍拜平爲都尉賜金二十溢居無何漢王攻下殷王項王怒將誅定殷者將吏陳平懼誅乃封其金與印使使歸項王而平身間行杖劍亡渡河船人見其美丈夫獨行疑其亡將要中當有金玉寶器目之欲殺平平恐乃解衣裸而佐刺船船人知其無有乃止平遂至修武降漢【集解】徐廣曰漢二年【索隱】漢書張敞與朱邑書云陳平須魏倩而後進孟康云郞無知也 因魏無知求見漢王漢王召入是時萬石君奮爲漢王中涓【集解】徐廣曰亦曰涓人 受平謁入見平平等七人俱進賜食王曰罷就舍矣平曰臣爲事來所言不可以過今日於是漢王與語而說之問曰子之居楚何官曰爲都尉是日乃拜平爲都尉使爲參乘典護軍諸將盡讙【索隱】讙譁也音權又音喧漢書作咨怨 曰大王一日得楚之亡卒未知其高下而卽與同載反使監護軍長者漢王聞之愈益幸平遂與東伐項王至彭城爲楚所敗引而還收散兵

至滎陽以平爲亞將屬於韓王信軍廣武絳侯灌嬰等咸讒陳平曰平雖美丈夫如冠玉耳其中未必有也集解駰案漢書音義曰飾冠以玉光好外見中非所有臣聞平居家時盜其嫂事魏不容亡歸楚歸楚不中又亡歸漢今日大王尊官之令護軍臣聞平受諸將金金多者得善處金少者得惡處平反覆亂臣也願王察之漢王疑之召讓魏無知無知曰臣所言者能也陛下所問者行也今有尾生孝己之行集解如淳曰孝己高宗之子有孝行而無益於勝負之數陛下何暇用之乎楚漢相距臣進奇謀之士顧其計誠足以利國家不耳且盜嫂受金又何足疑乎漢王召讓平曰先生事魏不中遂事楚而去今又從吾游信者固多心乎平曰臣事魏王魏王不能用臣說故去事項王項王不能信人其所任愛非諸項即妻之昆弟雖有奇士不能用平乃去楚聞漢王之能用人故歸大王臣臝身來不受金無以爲資誠臣計畫有可采者顧大王用之使無可用者金具在請封輸官得請骸骨漢王乃謝厚賜拜爲護軍中尉盡護諸將諸將乃不敢復言其後楚急攻絕漢甬道圍漢王於滎陽城久之漢王患之請割滎陽以西以和項王不聽漢王謂陳平曰天下紛紛何時定乎陳平曰項王爲人恭敬愛人士之廉節好禮者多歸之至於行功爵邑重之士亦以此不附今大王慢而少禮士廉節者不來然大王能饒人以爵邑士之頑鈍嗜利無恥者集解如淳曰猶無廉隅亦多歸漢誠各去其兩短襲其兩長天下指麾則定矣然大王恣侮人不能得廉節之士顧楚有可亂者彼項王骨鯁之臣亞父鍾離眛龍且周殷之屬不過數人耳大王誠能出捐數萬斤金行反間間其君臣以疑其心項王爲人意忌信讒必內相誅漢因舉兵而攻之破楚必矣漢王以爲然乃出黃金四萬斤與陳平恣所爲不問其出入陳平既多以金縱反間於楚軍宣言諸將鍾離眛等爲項王將功多矣然而終不得裂地而王欲與漢爲一以滅項氏而分王其地項羽果意不信鍾離眛等項王既疑之使使至漢漢王爲太牢具舉進見楚使即詳驚曰吾以爲亞父使乃項王使復持去更以惡草具進楚使集解駰案漢書音義曰草粗也索隱戰國策云食馮諼以草具如淳云藁草麤惡之具也楚使歸具以報項王項王果大疑亞父亞父欲急攻下滎陽城項王不信不肯聽亞父聞項王疑之乃怒曰天下事大定矣君王自爲之願請骸骨歸歸未至彭城疽發背而死陳平乃夜出女子二千人滎陽城東門楚因擊之陳平乃與漢王從城西門夜出去遂入關收散兵復東其明年淮陰侯破齊自立爲齊

王使使言之漢王漢王大怒而罵陳平躡漢王集解駰案漢書音義曰躡謂躡漢王足漢王亦悟乃厚遇齊使使張子房卒立信爲齊王封平以戶牖鄉用其奇計策卒滅楚常以護軍中尉從定燕王臧荼漢六年人有上書告楚王韓信反高帝問諸將諸將曰亟發兵坑豎子耳高帝默然問陳平平固辭謝曰諸將云何上具告之陳平曰人之上書言信反有知之者乎曰未有曰信知之乎曰不知陳平曰陛下精兵孰與楚上曰不能過平曰陛下將用兵有能過韓信者乎上曰莫及也平曰今兵不如楚精而將不能及而舉兵攻之是趣之戰也竊爲陛下危之上曰爲之奈何平曰古者天子巡狩會諸侯南方有雲夢陛下第出僞游雲夢索隱蘇林云第且也小顏云但也會諸侯於陳陳楚之西界正義陳今陳州也韓信都彭城號楚王故陳州爲楚西界也信聞天子以好出游其勢必無事而郊迎謁謁而陛下因禽之此特一力士之事耳高帝以爲然乃發使告諸侯會陳吾將南游雲夢上因隨以行行未至陳楚王信果郊迎道中高帝豫具武士見信至即執縛之載後車信呼曰天下已定我固當烹高帝顧謂信曰若毋聲而反明矣武士反接之集解駰案漢書音義曰反縛兩手遂會諸侯于陳盡定楚地還至雒陽赦信以爲淮陰侯而與功臣剖符定封於是與平剖符世世勿絕爲戶牖侯平辭曰此非臣之功也上曰吾用先生謀計戰勝剋敵非功而何平曰非魏無知臣安得進上曰若子可謂不背本矣乃復賞魏無知其明年以護軍中尉從攻反者韓王信於代卒至平城爲匈奴所圍七日不得食高帝用陳平奇計使單于閼氏集解蘇林曰閼氏音焉支如漢皇后圍以得開高帝既出其計祕世莫得聞集解駰案桓譚新論或云陳平爲高帝解平城之圍則言其事祕世莫得而聞也此以工妙踔善故藏隱不傳焉子能權知斯事否吾應之曰此策乃反薄陋拙惡故隱而不泄高帝見圍七日而陳平往說閼氏閼氏言於單于而出之以是知其所用說之事矣彼陳平必言漢有好麗美女爲道其容貌天下無有今困急已馳使歸迎取欲進與單于單于見此人必大好愛之愛之則閼氏日以遠疏不如及其未到令漢得脫去去亦不持女來矣閼氏婦女有妬媢之性必憎惡而事去之此說簡而要及得其用則欲使神怪故隱匿不泄也劉子駿聞吾言乃立稱善焉按漢書音義應劭說此事大旨與桓論略同不知是應全取桓論或別有所聞乎今觀桓論似本無說高帝南過曲逆集解駰案地理志縣屬中山也索隱章帝醜其名改云蒲陰也上其城望見其屋室甚大曰壯哉縣吾行天下獨見洛陽與是耳顧問御史曰曲逆戶口幾何對曰始秦時三萬餘戶間者兵數起多亡匿今見五千戶於是乃詔御史更以陳平爲曲逆侯盡食之除前所食戶牖其後常以護軍中尉從攻陳豨及黥布凡六出奇計輒益邑凡六益封奇計或頗祕世莫能聞也高帝從破布軍還病創徐行至長安燕王盧綰反上使樊噲以相國將兵攻之

既行人有短惡噲者高帝怒曰噲見吾病乃冀我死也用陳平謀而召絳侯周勃受詔牀下曰陳平亟馳傳載勃代噲將平至軍中即斬噲頭二人既受詔馳傳未至軍行計之曰樊噲帝之故人也功多且又乃呂后弟呂須之夫有親且貴帝以忿怒故欲斬之則恐後悔寧囚而致上上自誅之未至軍爲壇以節召樊噲噲受詔即反接載檻車使詣長安而令絳侯勃代將將兵定燕反縣平行聞高帝崩平恐呂太后及呂須讒怒乃馳傳先去逢使者詔平與灌嬰屯於滎陽平受詔立復馳至宮哭甚哀因奏事喪前呂太后哀之曰君勞出休矣平畏讒之就因固請得宿衞中太后乃以爲郎中令曰傅教孝惠集解如淳曰傅相之傅也是後呂須讒乃不得行樊噲至則赦復爵邑孝惠帝六年相國曹參卒以安國侯王陵爲右丞相集解徐廣曰王陵以客從起豐以廄將別守豐上東因從戰不利奉孝惠魯元出雎水中封爲雍侯高祖八年定食安國二十二年卒謚武侯至玄孫坐酎金國除陳平爲左丞相王陵者故沛人始爲縣豪高祖微時兄事陵陵少文任氣好直言及高祖起沛入至咸陽陵亦自聚黨數千人居南陽不肯從沛公及漢王之還攻項籍陵乃以兵屬漢項羽取陵母置軍中陵使至則東鄉坐陵母欲以招陵陵母既私送使者泣曰爲老妾語陵謹事漢王漢王長者也無以老妾故持二心妾以死送使者遂伏劍而死項王怒烹陵母陵卒從漢王定天下以善雍齒雍齒高帝之仇而陵本無意從高帝以故晚封爲安國侯安國侯既爲右丞相二歲孝惠帝崩高后欲立諸呂爲王問王陵王陵曰不可問陳平陳平曰可呂太后怒乃詳遷陵爲帝太傅實不用陵陵怒謝疾免杜門竟不朝請七年而卒陵之免丞相呂太后乃徙平爲右丞相以辟陽侯審食其爲左丞相左丞相不治常給事於中集解孟康曰不在治處便止宮中也食其亦沛人漢王之敗彭城西楚取太上皇呂后爲質食其以舍人侍呂后其後從破項籍爲侯幸於呂太后及爲相居中百官皆因決事呂須常以前陳平爲高帝謀執樊噲數讒曰陳平爲相非治事日飲醇酒戲婦女陳平聞日益甚呂太后聞之私獨喜面質呂須於陳平曰鄙語曰兒婦人口不可用顧君與我何如耳無畏呂須之讒也呂太后立諸呂爲王陳平僞聽之及呂太后崩平與太尉勃合謀卒誅諸呂立孝文皇帝陳平本謀也審食其免相集解徐廣曰審食其初以舍人起侍呂后孝惠帝於沛又從在楚封二十五年文帝三年死子平代代二十二年景帝三年坐謀反國除一本云食其免後三歲爲淮南王所殺文帝令其子平嗣侯菑川王反辟陽近菑川平降之國除孝文帝立以爲太尉勃親以兵誅呂氏功多陳平欲讓勃尊位乃病謝孝文帝初

立怪平病問之平曰高祖時勃功不如臣平及誅諸呂臣功亦不如勃願以右丞相讓勃於是孝文帝乃以絳侯勃爲右丞相位次第一平徙爲左丞相位次第二賜平金千斤益封三千戶居頃之孝文皇帝既益明習國家事朝而問右丞相勃曰天下一歲決獄幾何勃謝曰不知問天下一歲錢穀出入幾何勃又謝不知汗出沾背愧不能對於是上亦問左丞相平平曰有主者上曰主者謂誰平曰陛下即問決獄責廷尉問錢穀責治粟內史上曰苟各有主者而君所主者何事也平謝曰主臣集解張晏曰若今人謝曰惶恐也馬融龍虎賦曰勇怯見之莫不主臣孟康曰主臣主羣臣也若今言人主也韋昭曰言主臣道不敢欺也索隱蘇林與孟康同既古人所未了故並存兩解陛下不知其駑下使待罪宰相宰相者上佐天子理陰陽順四時下育萬物之宜外鎮撫四夷諸侯內親附百姓使卿大夫各得任其職焉孝文帝乃稱善右丞相大慙出而讓陳平曰君獨不素教我對陳平笑曰君居其位不知其任邪且陛下即問長安中盜賊數集解駰案漢書音義曰頭數也君欲彊對邪於是絳侯自知其能不如平遠矣居頃之絳侯謝病請免相陳平專爲一丞相孝文帝二年丞相陳平卒謚爲獻侯子共侯買代侯二年卒子簡侯恢代侯二十三年卒子何代侯三十三年何坐略人妻棄市國除始陳平曰我多陰謀是道家之所禁吾世即廢亦已矣終不能復起以吾多陰禍也然其後曾孫陳掌以衞氏親貴戚願得續封陳氏然終不得集解徐廣曰陳掌者衞青之子壻

太史公曰陳丞相平少時本好黃帝老子之術方其割肉俎上之時其意固已遠矣傾側擾攘楚魏之間卒歸高帝常出奇計救紛糾之難振國家之患及呂后時事多故矣然平竟自脫定宗廟以榮名終稱賢相豈不善始善終哉非知謀孰能當此者乎

索隱述贊曰曲逆窮巷門多長者宰肉先均佐喪後罷魏楚更用腹心難假棄印封金剚船露躶間行歸漢委質麾下滎陽計全平城圍解推陵讓勃哀多益寡應變合權克定宗社

史記卷五十六考證

陳丞相世家事嫂如母集解駰案兄伯已逐其婦此嫂疑後娶也○臣照按司馬遷特載陳平兄伯逐婦事專爲下文盜嫂語明其誣耳至事兄伯如父事嫂如母固是諛辭連類而及不必有嫂乃云然裴駰必求其嫂以實之亦鑿矣

平謝曰主臣集解張晏曰若今人謝曰惶恐也馬融龍虎賦曰勇怯見之莫不主臣孟康曰主臣主羣臣也若今言人主也韋昭曰言主臣道不敢欺也索隱蘇

林與孟康同既古人所未了故並存兩解○臣曌按如孟韋之說于馮唐傳之主臣更通不去自應從張晏作皇恐解索隱於此依違其說不若馮唐傳注之詳確也

曾孫陳掌以衞氏親貴戚集解徐廣曰陳掌者衞青之子婿○按衞將軍傳但云青姊少兒與掌通徐注或有錯誤

史記卷五十七

漢　太　史　令司馬遷　撰
宋　中　郎　外　兵　曹　參　軍　裴　駰　集解
唐　國　子　博　士　弘　文　館　學　士　司　馬　貞　索隱
唐　諸　王　侍　讀　率　府　長　史　張　守　節　正義

絳侯周勃世家第二十七

絳侯周勃者沛人也其先卷人【集解】徐廣曰卷縣在滎陽【索隱】韋昭云屬河南地理志亦然然則後置滎陽郡而卷隸焉音丘玄反字林音丘權反【正義】括地志云故卷城在鄭州原武縣西北七里釋例地名云卷縣所理垣雍城也徙沛勃以織薄曲為生【集解】蘇林曰薄一名曲月令曰具曲植【索隱】謂勃本以織蠶薄為生業也韋昭云北方謂薄為曲許慎注淮南云曲葦薄也郭璞注方言云植懸曲柱也音直吏反常為人吹簫給喪事【集解】如淳曰以樂喪家若俳優瓚曰吹簫以樂喪賓若樂人也【索隱】左傳歌虞殯猶今挽歌類也歌者或有簫管材官引彊【集解】駰案漢書音義曰能引彊弓官如今挽彊司馬也【索隱】晉灼云申屠嘉為材官蹶張高祖之為沛公初起勃以中涓從攻胡陵下方與方與反與戰卻適【集解】駰案適漢書作敵攻豐擊秦軍碭東還軍留及蕭復攻碭破之下下邑先登賜爵五大夫攻蒙虞取之【索隱】二縣名地理志屬梁國擊章邯車騎殿【集解】服虔曰暑得殿兵也如淳曰殿不進也瓚曰在軍後曰殿孫檢曰一說上功曰最下功曰殿戰功曰多周勃事中有此三品與諸將俱計功則曰殿最獨捷則曰多多義見周禮故此云擊章邯車騎殿又云先至城下為多又云攻槐里好畤最是也定魏地攻爰戚東緡【集解】徐廣曰屬山陽【索隱】小顏音昬非也地理志山陽有東緡縣音旻然則戶牖之為東緡音昬是屬陳留者音昬屬山陽者音旻也【正義】緡眉貧反括地志云東緡故城漢縣也在兗州金鄉縣界以往至栗取之【正義】括地志云栗屬沛郡也攻齧桑先登【索隱】徐氏云在梁彭城間擊秦軍阿下破之【索隱】謂東阿之下追至濮陽下甄城攻都關【索隱】地理志縣名屬山陽定陶襲取宛朐【正義】宛劬二音今曹州縣在州西四十七里得單父令【正義】善甫二音宋州縣也夜襲取臨濟攻張【集解】駰案漢書音義曰攻壽張【索隱】地理志東郡壽梁縣光武改曰壽張以前至卷破之擊李由軍雍丘下攻開封先至城下為多【集解】文穎曰勃士卒至者多如淳曰周禮戰功曰多後章邯破殺項梁沛公與項羽引兵東如碭自初起沛還至碭一歲二月【索隱】謂初起沛及還至碭得一歲又更二月也楚懷王封沛公號安武侯為碭郡長沛公拜勃為虎賁令【集解】徐廣曰一云句盾令【索隱】漢書云襄賁令賁音肥縣名屬東海徐廣又云句盾令所見本各別也以令從沛公定魏地攻東郡尉於城武破之擊王離軍破之攻長社先登攻潁陽緱氏【正義】緱音鉤洛州縣絕河津【正義】即古平陰津在洛州洛陽縣東北五十里擊趙賁軍尸北【索隱】賁音肥人姓名也尸鄉今偃師也北謂尸縣之北南攻南陽守齮破武關嶢關破秦軍於藍田至咸陽滅秦項羽至以沛公為漢王漢王賜勃爵為威武侯【索隱】或是封號未必縣名也從入漢中拜為將軍還定三秦至秦賜食邑懷德【正義】括地志云懷德故城在同州朝邑縣西南四十三里攻槐里好畤最【集解】如淳曰於將率之中功為最【索隱】地理志二縣屬右扶風擊趙賁內史保於咸陽最北攻漆【索隱】地理志漆縣在右扶風【正義】今豳州新平縣古漆縣也擊章平姚卬軍【索隱】卬音五郎反平下將西定汧【正義】口肩反今隴州汧源縣本漢汧縣地也還下郿頻陽【正義】郿音眉括地志云郿縣故城在岐州郿縣東北十五里頻陽故城在宜州土門縣南三里今土門縣併入同官縣屬雍州宜州廢也【索隱】地理志二縣屬左馮翊也圍章邯廢丘【索隱】地理志右扶風槐里周曰犬丘懿王都之秦更名廢丘高祖三年更名槐里而此云槐里者據後而書之又云廢丘者以章邯本都廢丘而亡亦據舊書之破西丞【集解】徐廣曰天水有西縣【正義】括地志云西縣故城在秦州上邽縣西南九十里本漢西縣地擊盜巴軍破之【集解】如淳曰章邯將攻上邽【正義】音圭秦州縣也東守嶢關轉擊項籍攻曲逆最還守敖倉追項籍籍已死因東定楚地泗川東海郡凡得二十二縣還守雒陽櫟陽賜與潁陽侯共食鍾離【索隱】地理志縣名屬九江古鍾離子國【正義】括地志云潁陽故城在陳州南頓縣西北鍾離故城在濠州鍾離縣東北五里以將軍從高帝擊反者燕王臧荼破之易下【索隱】荼如字讀易水名因以為縣在涿郡謂破荼軍於易水之下言近水也【正義】括地志云易縣故城在幽州歸義縣東南十五里燕桓侯所徙都臨易是也所將卒當馳道為多【索隱】小顏以當高祖所行之道或以馳道為秦之馳道故賈山傳云秦為馳道東窮燕齊也賜爵列侯剖符世世勿絕食絳八千一百八十戶號絳侯【正義】括地志云絳邑故城在絳州曲沃縣南二里或以為秦之舊邑漢絳縣也以將軍從高帝擊反韓王信於代降下霍人【索隱】蕭該云左傳以偪陽子歸納諸霍人杜預云晉邑也或作霍【正義】霍音瑣又音蘇寡反顏師古云音山寡反按霍字當作葰地理志云葰人縣屬太原郡括地志云葰人故城在代州繁畤縣界漢葰人縣也按葰人列傳作霍人其音亦同以前至武泉【集解】徐廣曰屬雲中【正義】括地志云武泉故城在朔州北二百二十里擊胡騎破之武泉北轉攻韓信軍銅鞮破之【正義】括地志云銅鞮故城在潞州銅鞮縣東十五里州西六十五里在并州東南地還降太原六城【正義】并州縣從銅鞮還并降六城也擊韓信胡騎晉陽下破之下晉陽後擊韓信軍於硰石破之【集解】應劭曰硰音沙或曰地名【索隱】晉灼音赤座反【正義】按在樓煩縣西北追北八十里還攻樓煩三城【正義】地理志云在鴈門郡括地志云在并州崞縣界因擊胡騎平城下【正義】地理志云朔州定襄本漢平城縣也所將卒當馳道為多勃遷為太尉擊陳豨屠馬邑所將卒斬豨將軍乘馬絺【集解】徐廣曰姓乘馬【索隱】絺名也乘音始證反擊韓信陳豨趙利軍於樓煩破之得豨將宋最鴈門守圂【索隱】圂音胡困反因轉攻得雲中守遫【索隱】音速【正義】括地志云雲中故城在勝州榆林縣東北四十里秦雲中郡丞相箕肆將勳【集解】徐廣曰箕一作冀勳一作專一作轉【索隱】劉氏肆音如字包愷音以四反漢書勳亦作轉字並誤耳定鴈門郡十七縣雲中郡十二縣因復擊豨靈丘破之【索隱】地理志縣名屬代郡【正義】括地志云靈丘故城在蔚州靈丘縣東十里漢縣也斬豨得豨丞相程縱將軍陳武都尉高肆定代郡九縣燕王盧綰反勃以相國代樊噲將擊下薊得綰大將抵丞相偃守陘【集解】張晏曰盧綰郡守陘其名太尉弱御史大夫施屠渾都【集解】徐廣曰在上谷【索隱】施名也居滅之也地理志渾都縣屬上谷一云御史大夫姓施名居渾都【正義】括地志云嬀州昌平縣本漢渾都縣破綰軍上蘭【正義】括地志云嬀州懷戎縣東北有馬蘭溪水恐是復擊破綰軍沮陽【集解】徐廣曰在上谷駰案服虔曰沮音俎【索隱】按地理志沮陽縣屬上谷【正義】括地志云上谷郡故城在嬀州懷戎縣東北百一十里燕上谷秦因不改漢為沮陽縣追至長城【正義】即燕長城邑長城亦名燕長城在嬀州北今是定上谷十二縣右北平十六縣遼西遼東二十九縣漁陽二十二縣最從高帝【索隱】最都凡也謂總舉其從高祖攻戰克獲之數也得相國一人丞相二人將軍二千石各三人別破軍二下城三定郡五縣七十九得丞相大將各一人勃為人木彊敦厚高帝以為可屬大事勃不好文學每召諸生說士東鄉坐而責之【集解】如淳曰勃自東鄉坐責諸生說士不以賓主之禮趣為我語其椎少文如此【集解】瓚曰令直言勿稱經書也韋昭曰椎不撓曲直至如椎【索隱】大顏云俗謂愚為鈍椎音直追反今按椎如字讀之謂勃召說士東向而坐責之云趣為我語其質樸之性以斯推之其少文皆如此勃既定燕而歸高祖已崩矣以列侯事孝惠帝孝惠帝六年置太尉官【集解】徐廣曰功臣表及將相表皆高后四年始置太尉【正義】下云以勃為太尉十歲高后崩按孝惠六年高后八年是十年耳而功臣表及將相表云高后四年置太尉官未詳以勃為太尉十歲高后崩呂祿以趙王為漢上將軍呂產以呂王為漢相國秉漢權欲危劉氏勃為太尉不得入軍門陳平為丞相不得任事於是勃與平謀卒誅諸呂而立孝文皇帝其語在呂后孝文事中文帝既立以勃為右丞相賜金五千斤食邑萬戶居月餘人或說勃曰君既誅諸呂立代王威震天下而君受厚賞處尊位以寵久之即禍及身矣勃懼亦自危乃謝請歸相印上許之歲餘丞相平卒上復以勃為丞相十餘月上曰前日吾詔列侯就國或未能行丞相吾所重其率先之乃免相就國歲餘每河東守尉行縣至絳絳侯勃自畏恐誅常被甲令家人持兵以見之其後人有上書告勃欲反【集解】徐廣曰文帝四年時下廷尉廷尉下其事長安逮捕勃治之勃恐不知置辭吏稍侵辱之勃以千金與獄吏獄吏乃書牘背示之【集解】李奇曰吏所執簿【索隱】簿即牘也故魏志秦宓以簿擊頰則亦簡牘之類也曰以公主為證公主者孝文帝女也勃太子勝之尚之【集解】韋昭曰尚奉也不敢言娶故獄吏教引為證勃之益封受賜盡以予薄昭及繫急薄昭為言薄太后太后亦以為無反事文帝朝太后以冒絮提文帝【集解】徐廣曰提音弟駰案應劭曰陌額絮也如淳曰太后恚怒遭得左右物提之也晉灼曰巴蜀異物志謂頭上巾為冒絮【索隱】服虔云綸絮也提音弟又音啼非也蕭該音底提者擲也蕭音為得恚者嗔也遭者逢也謂太后嗔乃逢冒絮因以提帝陌音貊陌之陌入聲方言云幧巾南楚之間云陌頭也曰絳侯綰皇帝璽【集解】應劭曰言勃誅諸呂手帝璽時尚不反況今更有異乎將兵於北軍不以此時反今居一小縣顧欲反邪文帝既見絳侯獄辭乃謝曰吏事方驗而出之於是使使持節赦絳侯復爵邑絳侯既出曰吾嘗將百萬軍然安知獄吏之貴乎絳侯復就國孝文帝十一年卒謚為武侯子勝之代侯六歲尚公主不相中【集解】如淳曰猶言不相合當也坐殺人國除絕一歲文帝乃擇絳侯勃子賢者河內守亞夫封為條侯【集解】徐廣曰表皆作脩字駰案服虔曰脩音條【索隱】地理志脩縣屬勃海郡【正義】括地志云故蓨城在德州蓨縣南十二里漢縣續絳侯後條侯亞夫自未侯為河內守時許負相之【索隱】應劭云河內溫人老嫗也姚氏按楚漢春秋高祖封負為鳴雌亭侯是知婦人亦有封邑曰君後三歲而侯侯八歲為將相持國秉【索隱】秉音柄貴重矣於人臣無兩其後九歲而君餓死亞夫笑曰臣之兄已代父侯矣有如卒子當代亞夫何說侯乎然既已貴如負言又何說餓死指示我許負指其口曰有從理入口【索隱】從音子容反從理橫理此餓死法也居三歲其兄絳侯勝之有罪孝文帝擇絳侯子賢者皆推亞夫乃封亞夫為條侯續絳侯後文帝之後六年匈奴大入邊乃以宗正劉禮為將軍軍霸上【正義】廟記云霸陵即霸上按霸陵城在雍州萬年縣東北二十五里祝茲侯徐厲為將軍軍棘門【正義】孟康云秦時宮門也括地志云棘門在渭北十餘里秦王門名也以河內守亞夫為將軍軍細柳【正義】括地志云細柳倉在雍州咸陽縣西南三十里也以備胡上自勞軍至霸上及棘門軍直馳入將以下騎送迎已而之細柳軍軍士吏被甲銳兵刃彀弓弩持滿【索隱】彀音古候反張也天子先驅至不得入先驅曰天子且至軍門都尉曰將軍令曰軍中聞將軍令不聞天子之詔【索隱】六韜云軍中之事不聞君命居無何上至又不得入於是上乃使使持節詔將軍吾欲入勞軍亞夫乃傳言開壁門壁門士吏謂從屬車騎曰將軍約軍中不得驅馳於是天子乃按轡徐行至營將軍亞夫持兵揖曰介胄之士不拜請以軍禮見【集解】應劭曰禮介者不拜【索隱】應劭云左傳晉郤克三肅使者而退杜預注肅若今揖鄭眾注周禮肅拜云但俯下手今時撎是天子為動改容式車【索隱】軾者車前橫木若有敬則俯身而憑之使人稱謝皇帝敬勞將軍成禮而去既出軍門羣臣皆驚文帝曰嗟乎此真將軍矣曩者霸上棘門軍若兒戲耳其將固可襲而虜也至於亞夫可得而犯邪稱善者久之月餘三軍皆罷乃拜亞夫為中尉【正義】漢書百官表云中尉秦官掌徼巡京師武帝太初元年更名執金吾應劭云吾者禦也掌執金吾以禦非常顏師古云金吾鳥名主辟不祥天子出行職主先導以備非常故執此鳥之象因以名官也孝文且崩時誡太子曰即有緩急周亞夫真可任將兵文帝崩拜亞夫為車騎將軍孝景三年吳楚反亞夫以中尉為太尉【正義】漢書百官表云太尉秦官掌武元狩四年置大將軍大司馬即今十二衛大將軍及兵部尚書也東擊吳

楚因自請上曰：「楚兵剽輕，【索隱】漢書亞夫至淮陽問鄧都尉，鄧都尉爲畫此計，亞夫從之。今此云自請者，蓋此亦聞疑而傳疑，漢史得其實也。剽音七妙反，輕讀從去聲。難與爭鋒。願以梁委之，【索隱】謂以梁委之於吳，使吳兵不得過也。亦有作餧音，亦通。絕其糧道，乃可制。」上許之。太尉既會兵滎陽，吳方攻梁，梁急，請救。太尉引兵東北走昌邑，深壁而守。梁日使使請太尉，太尉守便宜，不肯往。梁上書言景帝，景帝使使詔救梁。太尉不奉詔，堅壁不出，而使輕騎兵弓高侯等【索隱】韓頹當也。【正義】弓高，滄州縣也。絕吳楚兵後食道。吳兵乏糧，飢，數欲挑戰，終不出。夜，軍中驚，內相攻擊擾亂，至於太尉帳下。太尉終卧不起。頃之，復定。後吳奔壁東南陬，【集解】如淳曰：「陬，隅也。」【索隱】陬音鄒，又音子侯反。太尉使備西北。已而其精兵果奔西北，不得入。吳兵既餓，乃引而去。太尉出精兵追擊，大破之。吳王濞棄其軍，而與壯士數千人亡走，保於江南丹徒。【索隱】地理志縣屬會稽。【正義】括地志云丹徒故城在潤州丹徒縣東南十八里，漢丹徒縣也。晉太康地志云吳王濞反走丹徒，越人殺之於此城南。徐州記云秦使赭衣鑿其地，因謂之丹徒。鑿處今在故縣西北六里丹徒峴東南，連亘盤紆，屈曲有象龍形，故秦鑿絕頂，濶百餘步，又夾坑龍首以毀其形，坑之所在即今龍月二湖，悉成田也。漢兵因乘勝，遂盡虜之，降其兵，購吳王千金。月餘，越人斬吳王頭以告。凡相攻守三月，而吳楚破平。【正義】越人即丹徒人，越滅吳，丹徒地屬楚，秦滅楚後，置三十六郡，丹徒縣屬會稽郡，故以丹徒爲越人也。於是諸將乃以太尉計謀爲是。由此梁孝王與太尉有郤。歸，復置太尉官。五歲，遷爲丞相，景帝甚重之。景帝廢栗太子，丞相固爭之，不得。景帝由此疏之。而梁孝王每朝，常與太后言條侯之短。

竇太后曰：「皇后兄王信可侯也。」景帝讓曰：「始南皮、章武侯【集解】徐廣曰：「南皮，竇彭祖，太后兄子。章武侯，太后弟廣國。」先帝不侯，及臣即位乃侯之。信未得封也。」竇太后曰：「人主各以時行耳。【索隱】謂人主各當其時而行事，不必一一相法也。【正義】人主作人生。自竇長君在時，竟不得侯，死後乃封其子彭祖顧得侯。【索隱】許慎注淮南子云：「顧，反也。」吾甚恨之。帝趣侯信也！」景帝曰：「請得與丞相議之。」丞相議之，亞夫曰：「高皇帝約『非劉氏不得王，非有功不得侯。不如約，天下共擊之』。今信雖皇后兄，無功，侯之，非約也。」景帝默然而止。

其後匈奴王徐盧等五人降，景帝欲侯之以勸後。丞相亞夫曰：「彼背其主降陛下，陛下侯之，則何以責人臣不守節者乎？」景帝曰：「丞相議不可用。」乃悉封徐盧等爲列侯。【索隱】功臣表唯徐盧封容城侯。亞夫因謝病。景帝中三年，以病免相。

頃之，景帝居禁中，召條侯，賜食。獨置大胾，【集解】韋昭曰：「胾，大臠也。」音側吏反。【索隱】臠音李轉反，謂肉臠也。無切肉，又不置櫡。條侯心不平，顧謂尚席取櫡。【集解】應劭曰：「尚席，主席者。」【索隱】顧氏按：輿服雜事云尚席掌武帳帷幔也。櫡音筯，漢書作箸。箸者，食所用也。留侯云借前箸以籌之。禮曰羹之有菜者用梜，梜亦箸之類，故鄭玄云今人謂箸爲梜是也。景帝視而笑曰：「此非不足君所乎？」【集解】孟康曰：「設胾無筯者，此非不足滿於君所乎？嫌恨之。」如淳曰：「非故不足君之食具也，偶失之。」【索隱】言不設箸者，此蓋非我意，於君有不足乎？故如淳云非故不足君之食具，偶失之耳。蓋當然也。所以帝視而笑也。若本不爲足，當別有辭，未必爲之笑也。孟康、晉灼雖探古人之情，亦未能得其實。顧氏亦同孟氏之說，又引魏武賜荀彧虛器，各記異說也。條侯免冠謝。上起，條侯因趨出。景帝以目送之，曰：「此怏怏者非少主臣也！」

居無何，條侯子爲父買工官尚方【集解】徐廣曰：一作「西」。【索隱】工官，即尚方之工，所作物屬尚方，故云工官尚方。甲楯五百被【集解】徐廣曰：音披。駰案：如淳曰：「工官，名也。」張晏曰：「被，具也。五百具甲楯。」可以葬者。取庸苦之，不予錢。庸知其盜買縣官器，【索隱】縣官謂天子也。所以謂國家爲縣官者，夏官王畿內縣即國都也。王者官天下，故曰縣官也。怒而上變告子，事連汙條侯。【索隱】汙音烏故反。書既聞上，上下吏。吏簿責條侯，【集解】如淳曰：「簿問其情。」條侯不對。景帝罵之曰：「吾不用也。」【集解】孟康曰：「不用汝對，欲殺之也。」如淳曰：「恐獄吏畏其復用事，不敢折辱。」【索隱】孟康、如淳已備兩解，大顏以孟說爲得。而姚察又別一解云帝責此吏不得亞夫直辭，以爲不足任用，故召亞夫別詣廷尉，使責問。召詣廷尉。【正義】景帝見條侯不對簿，因責罵之曰吾不任用汝也，故召詣廷尉，使重推劾耳。餘說皆非也。廷尉責曰：「君侯欲反邪？」亞夫曰：「臣所買器，乃葬器也，何謂反邪？」吏曰：「君侯縱不反地上，即欲反地下耳。」吏侵之益急。初，吏捕條侯，條侯欲自殺，夫人止之，以故不得死，遂入廷尉。因不食五日，嘔血而死。國除。

絕一歲，景帝乃更封絳侯勃他子堅爲平曲侯，續絳侯後。十九年卒，謚爲共侯。子建德代侯，十三年，爲太子太傅。坐酎金不善，元鼎五年，有罪，國除。【集解】徐廣曰：諸列侯坐酎金失侯者，皆在元鼎五年。但此辭句如有顛倒。【索隱】紀云坐酎金不善，復云元鼎五年，有罪，國除，似重有罪，故云顛倒。而漢書云爲太子太傅，坐酎金免官，後有罪，國除。其文又錯也。按：表坐免官至元鼎五年坐酎金，又失侯，所以二史記之各有不同也。

條侯果餓死。死後，景帝乃封王信爲蓋侯。

太史公曰：絳侯周勃始爲布衣時，鄙朴人也，才能不過凡庸。及從高祖定天下，在將相位，諸呂欲作亂，勃匡國家難，復之乎正。雖伊尹、周公，何以加哉！亞夫之用兵，持威重，執堅忍，穰苴曷有加焉！足己而不學，【索隱】亞夫自以己之智謀足而不學古人，所以不體權變而動有違忤。守節不遜，【索隱】守節謂爭栗太子、不封王信、徐盧等。不遜謂顧尚席取箸、不對制獄是也。終以窮困。悲夫！

索隱述贊曰：絳侯佐漢，質厚敦篤。始擊碭東，亦圍尸北。所攻必取，所討咸克。陳豨伏誅，臧荼破國。事居送往，推功伏德。列侯就第，太尉下獄。繼相條侯，紹封平曲。惜哉賢將，父子代辱。

史記卷五十七考證

絳侯周勃世家擊反者燕王臧荼○臣照案：馬遷書反者燕王臧荼及韓王信，皆以明韓信輩之不反，至本傳則從國史所書，俾兩不相揜。

亞夫東擊吳楚，因自請上曰○索隱：漢書亞夫至淮陽問鄧都尉，鄧都尉爲畫此計，亞夫從之。今此云自請者，蓋此亦聞疑而傳疑，漢史得其實也○臣照按：鄧都尉畫計見吳王濞傳，馬遷固已兩存其說矣，況從人之畫究須自請，索隱之說贅。

坐酎金不善元鼎五年有罪國除○顧炎武曰：當云元鼎五年坐酎金不善國除，衍有罪二字。

史記卷五十八

漢　太　史　令司馬遷　撰

宋中郎外兵曹參軍裴　駰集解

唐國子博士弘文館學士司馬貞索隱

唐諸　王侍讀率府長　史張守節正義

梁孝王世家第二十八

梁孝王武者，孝文皇帝子也，而與孝景帝同母。母，竇太后也。

孝文帝凡四男：長子曰太子，是爲孝景帝；次子武；次子參；次子勝。【正義】漢書勝作揖，又云諸姬生代孝王參、梁懷王揖，言諸姬者，衆妾卑賤，史不書姓，故云諸姬也。孝文帝即位二年，以武爲代王，【集解】徐廣曰：都中都。【正義】括地志云中都故城在汾州平遙縣西十二里。以參爲太原王，【集解】徐廣曰：都晉陽。【正義】括地志云并州太原，地名大明城，即古晉陽城，智伯與韓魏攻趙襄子於晉陽，即此城是也。以勝爲梁王。【集解】徐廣曰：都睢陽。【索隱】漢書梁王名揖，蓋是矣。按景帝子中山靖王名勝，是史記誤耳。【正義】括地志云宋州宋城縣在州南二里外城中，本漢之睢陽縣也。漢文帝封子武於大梁，以其卑濕，徙睢陽，故改曰梁也。二歲，徙代王爲淮陽王。【集解】徐廣曰：都陳。【正義】即古陳國城也。以代盡與太原王，號曰代王。參立十七年，孝文後二年卒，謚爲孝王。子登嗣立，是爲代共王。立二十九年，元光二年卒。子義立，是爲代王。十九年，漢廣關，以常山爲限，而徙代王王清河。【集解】徐廣曰：都清陽。【正義】括地志云：清陽故城在貝州清陽縣西北八里也。清河王徙以元鼎三年也。

初，武爲淮陽王十年，而梁王勝卒，謚爲梁懷王。懷王最少子，愛幸異於他子。其明年，徙淮陽王武爲梁王。梁王之初王梁，孝文帝之十二年也。梁王自初王通歷已十一年矣。【索隱】謂自文帝二年初封代，後徙淮陽，又徙梁，通數文帝二年至十二年徙梁，爲十一年也。

梁王十四年，入朝。十七年，十八年，比年入朝，留。其明年，乃之國。二十一年，入朝。二十二年，孝文帝崩。二十四年，入朝。二十五年，復入朝。是時上未置太子也。上與梁王燕飲，嘗從容言曰：「千秋萬歲後傳於王。」王辭謝。雖知非至言，然心內喜。太后亦然。

其春，吳楚齊趙七國反。吳楚先擊梁棘壁，【集解】文穎曰：地名。【索隱】按左氏傳宣公二年宋華元戰于大棘，杜預云在襄邑東南，蓋即棘壁是也。【正義】括地志云大棘故城在宋州寧陵縣西南七十里。殺數萬人。梁孝王城守睢陽，而使韓安國、張羽等爲大將軍，以距吳楚。吳楚以梁爲限，不敢過而西，與太尉亞夫等相距三月。吳楚破，而梁所破殺虜略與漢中分。【集解】駰案：漢書音義曰：梁所虜吳楚之捷略與漢等。明年，漢立太子。其後梁最親，有功，又爲大國，居天下膏腴地。地北界泰山，西至高陽，【集解】徐廣曰：在陳留圉縣。駰案：司馬彪曰：圉有高陽亭也。【索隱】圉縣屬陳留。高陽，鄉名也。注引司馬彪者，出續漢書郡國志也。四十餘城，皆多大縣。

孝王，竇太后少子也，愛之，賞賜不可勝道。於是孝王築東苑，【索隱】築，謂建也。白虎通云：苑所以東者何？蓋以東方生物故也。方三百餘里。【索隱】蓋言其奢，非實辭。或者梁國封城之方也。【正義】括地志云：兔園在宋州宋城縣東南十里。葛洪西京雜記云：梁孝王苑中有落猿巖、棲龍岫、雁池、鶴洲、鳧島。諸宮觀相連，奇果佳樹，瑰禽異獸，靡不畢備。俗人言梁孝王竹園也。廣睢陽城七十里。【索隱】蘥林云：廣其徑也。太康地理記云城方十三里，梁孝王築之，鼓倡節杵而後下和之者稱睢陽曲。今踵以爲故，所以樂家有睢陽曲，蓋採其遺音也。大治宮室，爲複道，自宮連屬於平臺五十餘里。【集解】徐廣曰：睢陽有平臺里。駰案：如淳曰：「在梁東北，離宮所在也。」晉灼曰：「或說在城中東北角。」【索隱】如淳曰：在梁東北，離宮所在也。按：今城東二十里臨新河有故臺址，不甚高，俗云平臺。又一名脩竹院。西京雜記云有落猿巖、鳧洲、雁渚，連亘七十餘里是也。得賜天子旌旗，出從千乘萬騎。【索隱】漢官儀云：天子法駕三十六乘，大駕八十一乘，皆備千乘萬騎而出也。東西馳獵，擬於天子。出言趕，入言警。【索隱】漢舊儀云：皇帝輦動稱警，出殿則傳蹕，止人清道，言出入者互文耳，入亦有蹕。招延四方豪桀，自山以東游說之士，莫不畢至，齊人羊勝、公孫詭、鄒陽之屬。公孫詭多奇邪計，【索隱】周禮有奇衺之人。鄭玄云：奇衺譎觚非常也。奇音紀宜反，衺音斜也。初見王，賜千金，官至中尉，梁號之曰公孫將軍。梁多作兵器弩弓矛數十萬，而府庫金錢且百巨萬，【索隱】如淳云：巨，亦大，與大百萬同也。韋昭云：大百萬，今萬萬。珠玉寶器多於京師。

二十九年十月，梁孝王入朝。景帝使使持節乘輿駟馬，迎梁王於關下。【集解】鄧展曰：「但將駟馬往。」瓚曰：「稱乘輿駟馬，則車馬皆往，言不駕六馬耳。天子副車駕駟馬。」既朝，上疏因留，以太后親故。王入則侍景帝同輦，出則同車游獵，射禽獸上林中。梁之侍中、郎、謁者著籍引出入天子殿門，與漢宦官無異。【正義】著，竹略反。籍謂名簿也，若今通引出入門也。

十一月，上廢栗太子，竇太后心欲以孝王爲後嗣。大臣及袁盎等有所關說於景帝，【索隱】袁盎云漢家法周道立子，是有所關涉之說於帝也。一云關者，隔也，引事而關隔其說，不得行也。竇太后議格，【集解】如淳曰：攱閣不得下。【索隱】張晏云：格，止也。服虔云：格謂格閣不行。蘇林音閣。周成雜字攱閣也。通俗文云：高置立攱棚云攱閣。字林音紀，又音詭也。亦遂不復言以梁王爲嗣事由此。以事祕，世莫知。乃辭歸國。

其夏四月，上立膠東王爲太子。梁王怨袁盎及議臣，乃與羊勝、公孫詭之屬陰使人刺殺袁盎及他議臣十餘人。逐其賊，未得也。於是天子意梁王，【索隱】謂意疑梁刺之。逐賊，果梁使之。乃遣使冠蓋相望於道，覆按梁，捕公孫詭、羊勝。公孫詭、羊勝匿王後宮。使者責二千石急，梁相軒邱豹及內史韓安國進諫王。【正義】姓軒邱，名豹也。王乃命勝、詭皆自殺，出之。上由此怨望於梁王。梁王恐，乃使韓安國因長公主謝罪太后，然後得釋。上怒稍解，因上書請朝。既至關，茅蘭說王〔集解〕駰案：漢書音義曰茅蘭，孝王臣。使乘布車〔集解〕張晏曰：布車，降服自比喪人。從兩騎入，匿於長公主園。漢使使迎王，王已入關，車騎盡居外，不知王處。太后泣曰「帝殺吾子」。景帝憂恐。於是梁王伏斧質於闕下，謝罪，然後太后、景帝大喜，相泣，復如故。悉召王從官入關。然景帝益疏王，不同車輦矣。三十五年冬，復朝。上疏欲留，上弗許。歸國，意忽忽不樂。北獵良山〔索隱〕漢書作梁山。述征記云良山際清水，今壽張縣南有良山，服虔云是此山也。〔正義〕括地志云梁山在鄆州壽張縣南三十五里，即獵處也。有獻牛，足出背上〔索隱〕張晏云足當處下，所以輔身也，今出背上，象孝王背朝以干上也。北者陰也，又在梁山，明爲梁也。牛者丑之畜，衝在六月，北方數六，故六月六日薨也。孝王惡之。六月中，病熱，六日卒，謚曰孝王〔索隱〕述征記碭有梁孝王之冢。孝王慈孝，每聞太后病，口不能食，居不安寢，常欲留長安侍太后。太后亦愛之。及聞梁王薨，竇太后哭極哀，不食，曰「帝果殺吾子」。景帝哀懼，不知所爲。與長公主計之，乃分梁爲五國〔索隱〕長子買梁共王，子明濟川王，子彭離濟東王，子定山陽王，子不識濟陰王。盡立孝王男五人爲王，女五人皆食湯沐邑。於是奏之太后，太后乃說，爲帝加壹飡。梁孝王長子買爲梁王，是爲共王；子明爲濟川王；子彭離爲濟東王；子定爲山陽王；子不識爲濟陰王。孝王未死時，財以巨萬計，不可勝數。及死，藏府餘黃金尚四十餘萬斤，他財物稱是。梁共王三年，景帝崩。共王立七年卒，子襄立，是爲平王。

梁平王襄〔索隱〕漢書作讓。十四年，母曰陳太后。共王母曰李太后。李太后，親平王之大母也。而平王之后姓任，曰任王后。任王后甚有寵於平王襄。初，孝王在時，有罍樽，直千金〔集解〕鄭德曰：上蓋刻爲雲雷象。〔索隱〕應劭曰：詩云「酌彼金罍」，罍有畫雲雷之象，以金飾之。孝王誡後世，善保罍樽，無得以與人。任王后聞而欲得罍樽。平王大母李太后曰：「先王有命，無得以罍樽與人。他物雖百巨萬，猶自恣也。」任王后絕欲得之。平王襄直使人開府取罍樽，賜任王后。李太后大怒，漢使者來，欲自言，平王襄及任王后遮止，閉門，李太后與爭門，措指〔集解〕晉灼曰：許慎措，置也。措以爲笮。〔索隱〕措音迮，側格反。漢書王陵傳迫迮前隊，皆作此字。說文云迫，笮也。謂爲門扉所笮。遂不得見漢使者。李太后亦私與食官長及郎中尹霸等士通亂〔正義〕張先生舊本有「士」字，先生疑是衍字，又不敢除，故以朱大點其字中心。今按：食官長及郎中尹霸等是士人，太后與通亂，其義亦通也。而王與任王后以此使人風止李太后，李太后內有淫行，亦已。後病薨。病時，任后未嘗請病；薨，又不持喪。元朔中，睢陽人類犴反者〔索隱〕韋昭云犴音岸。按：類犴反，人姓名也。反字或作友。人有辱其父，而與淮陽太守客出同車。太守客出下車，類犴反殺其仇於車上而去。淮陽太守怒，以讓梁二千石。二千石以下求反甚急，執反親戚。反知國陰事，乃上變事，具告知王與大母爭樽狀。時丞相以下具知之，欲以傷梁長吏，其書聞天子。天子下吏驗問，有之。公卿請廢襄爲庶人。天子曰：「李太后有淫行，而梁王襄無良師傅，故陷不義。」乃削梁八城，梟任王后首于市。梁餘尚有十城。襄立三十九年卒，謚爲平王。子無傷立爲梁王也。

濟川王明者，梁孝王子，以桓邑侯〔索隱〕地理志桓邑闕。孝景中六年爲濟川王。七歲，坐射殺其中尉，漢有司請誅，天子弗忍誅，廢明爲庶人。遷房陵，地入于漢爲郡。

濟東王彭離者，梁孝王子，以孝景中六年爲濟東王。二十九年，彭離驕悍，無人君禮，昏暮私與其奴亡命少年數十人行剽殺人，取財物以爲好〔集解〕如淳曰：以是爲好喜之事。所殺發覺者百餘人，國皆知之，莫敢夜行。所殺者子上書言。漢有司請誅，上不忍，廢以爲庶人，遷上庸，地入于漢，爲大河郡。

山陽哀王定者，梁孝王子，以孝景中六年爲山陽王。九年卒，無子，國除，地入于漢，爲山陽郡。

濟陰哀王不識者，梁孝王子，以孝景中六年爲濟陰王。一歲卒，無子，國除，地入于漢，爲濟陰郡。

太史公曰：梁孝王雖以親愛之故，王膏腴之地，然會漢家隆盛，百姓殷富，故能植其財貨，廣宮室，車服擬於天子。然亦僭矣。

褚先生曰：臣爲郎時，聞之於宮殿中老郎吏好事者稱道之也。竊以爲令梁孝王怨望，欲爲不善者，事從中生。今太后，女主也，以愛少子故，欲令梁王爲太子。大臣不時正言其不可狀，阿意治小，私說意以受賞賜，非忠臣也。齊如魏其侯竇嬰之正言也〔索隱〕竇嬰、袁盎皆言如周家立子，不合立弟。何以有後禍？景帝與王燕見，侍太后飲，景帝曰：「千秋萬歲之後傳王。」太后喜說。竇嬰在前，據地言曰：「漢法之約，傳子適孫，今帝何以得傳弟，擅亂高帝約乎！」於是景帝默然無聲。太后意不說。故成王與小弱弟立樹下，取一桐葉以與之，曰：「吾用封汝。」周公聞之，進見曰：「天王封弟，甚善。」成王曰：「吾直與戲耳。」周公曰：「人主無過舉，不當有戲言，言之必行之。」於是乃封小弟以應縣〔索隱〕此說與晉世家不同，事與封叔虞同，彼云封唐，此云封應。應亦成王之弟，或別有所見，故不同。〔正義〕括地志云：故應城，故應鄉也，在汝州魯山縣東四十里。呂氏春秋云成王戲削桐葉爲圭，以封叔虞，非應侯也。又汲冢古文云殷時已有應國，非成王所造也。是後成王沒齒不敢有戲言，言必行之。孝經曰：「非法不言，非道不行。」此聖人之法言也。今主上不宜出好言於梁王。梁王上有太后之重，驕蹇日久，數聞景帝好言，千秋萬世之後傳王，而實不行。又諸侯王朝見天子，漢法凡當四見耳。始到，入小見；到正月朔旦，奉皮薦璧玉賀正月，法見；後三日，爲王置酒，賜金錢財物；後二日，復入小見，辭去。凡留長安不過二十日。小見者，燕見於禁門內，飲於省中，非士人所得入也。今梁王西朝，因留，且半歲。入與人主同輦，出與同車。示風以大言而實不與，令出怨言，謀畔逆，乃隨而憂之，不亦遠乎！非大賢人，不知退讓。今漢之儀法，朝見賀正月者，常一王與四侯俱朝見，十餘歲一至。今梁王常比年入朝見，久留。鄙語曰「驕子不孝」，非惡言也。故諸侯王當爲置良師傅，相忠言之士，如汲黯、韓長孺等，敢直言極諫，安得有患害！蓋聞梁王西入朝，謁竇太后，燕見，與景帝俱侍坐於太后前，語言私說。太后謂帝曰：「吾聞殷道親親，周道尊尊，其義一也〔索隱〕殷人尚質，親親，謂親其弟而授之。周人尚文，尊尊，謂尊祖之正體，故立其子，尊其祖也。安車大駕，用梁孝王爲寄。」景帝跪席舉身曰：「諾。」罷酒出，帝召袁盎諸大臣通經術者曰：「太后言如是，何謂也？」皆對曰：「太后意欲立梁王爲帝太子。」帝問其狀，袁盎等曰：「殷道親親者，立弟。周道尊尊者，立子。殷道質，質者法天，親其所親，故立弟。周道文，文者法地，尊者敬也，敬其本始，故立長子。周道，太子死，立適孫。殷道，太子死，立其弟。」帝曰：「於公何如？」皆對曰：「方今漢家法周，周道不得立弟，當立子。故春秋所以非宋宣公。宋宣公死，不立子而與弟。弟受國死，復反之與兄之子。弟之子爭之，以爲我當代父後，即刺殺兄子。以故國亂，禍不絕。故春秋曰『君子大居正，宋之禍宣公爲之』。臣請見太后白之。」袁盎等入見太后：「太后言欲立梁王，梁王即終，欲誰立？」太后曰：「吾復立帝子。」袁盎等以宋宣公不立正，生禍，禍亂後五世不絕，小不忍害大義狀報太后。太后乃解說，即使梁王歸就國。而梁王聞其議出於袁盎諸大臣所，怨望，使人來殺袁盎。袁盎顧之曰：「我所謂袁將軍者也，公得毋誤乎？」刺者曰：「是矣！」刺之，置其劍，劍著身。視其劍，新治。問長安中削厲工，工曰：「梁郎某子來治此劍〔索隱〕謂梁國之郎，是孝王官屬，某子，史失其姓名也。」以此知而發覺之，發使者捕逐之。獨梁王所欲殺大臣十餘人，文吏窮本之，謀反端頗見。太后不食，日夜泣不止。景帝甚憂之。問公卿大臣，大臣以爲遣經術吏往治之，乃可解。於是遣田叔、呂季主往治之。此二人皆通經術，知大禮。來還，至霸昌廄〔正義〕括地志云：漢霸昌廄在雍州萬年縣東北三十八里。取火悉燒梁之反辭，但空手來對景帝。景帝曰：「何如？」對曰：「言梁王不知也。造爲之者，獨其幸臣羊勝、公孫詭之屬爲之耳。謹以伏誅死，梁王無恙也。」景帝喜說，曰：「急趨謁太后。」太后聞之，立起坐飡，氣平復。故曰，不通經術知古今之大禮，不可以爲三公及左右近臣。少見之人，如從管中闚天也。

索隱述贊曰：文帝少子，徙封於梁。太后鍾愛，廣築睢陽。旌旗警蹕，勢擬天王。功扞吳楚，計醜孫羊。竇嬰正議，袁盎劫傷。漢窮梁獄，冠蓋相望。禍成驕子，致此猖狂。雖分五國，卒亦不昌。

史記卷五十八考證

梁孝王世家乃使韓安國因長公主謝罪太后○歸有光曰：安國傳因長公主謝太后，事在前，非爲勝、詭事。

使乘布車集解張晏曰布車降服自比喪人○顧炎武曰：乘布車，謂微服而行，使人不知耳，無降服自比喪人之意。

史記卷五十九

漢　太　史　令司馬遷　撰

宋　中　郎　外　兵　曹　參　軍裴　駰集解

唐國子博士弘文館學士司馬貞索隱

唐諸王侍讀率府長史張守節正義

五宗世家第二十九

〔索隱〕景帝子十四人，一武帝，餘十三人爲王。漢書謂之景十三王。此名五宗者，十三人爲王，其母五人，同母者爲宗也。

孝景皇帝子凡十三人爲王，而母五人，同母者爲宗親。栗姬子曰榮、德、閼于〔索隱〕閼音遏。漢書無「于」字。程姬子曰餘、非、端。賈夫人子曰彭祖、勝。唐姬子曰發。王夫人兒姁子曰越、寄、乘、舜〔索隱〕姁音況羽反。兒姁，夫人名，王皇后之妹也。

河間獻王德，以孝景帝前二年用皇子爲河間王〔索隱〕漢書云大行令奏謚法曰聰明睿智曰獻。好儒學，被服造次必於儒者。山東諸儒多從之游。二十六年卒〔集解〕駰案：漢名臣奏杜業奏曰：「河間獻王經術通明，積德累行，天下雄俊衆儒皆歸之。孝武帝時，獻王朝，被服造次必於仁義。問以五策，獻王輒對無窮。孝武帝艴然難之，謂獻王曰：『湯以七十里，文王百里，王其勉之。』王知其意，歸即縱酒聽樂，因以終。」〔索隱〕問以五策，按：漢書詔策問三十餘事。被服造次，按：小顏云被服，言常居處其中。造次，謂所向所行，皆法於儒者。子共王不害立，四年卒，子剛王基代立。十二年卒，子頃王授代立〔索隱〕漢書云授。謚頃，音傾。

臨江哀王閼于以孝景帝前二年用皇子爲臨江王三年卒無後國除爲郡

臨江閔王榮以孝景前四年爲皇太子四歲廢用故大子爲臨江王四年坐侵廟壖垣爲宮【索隱】服虔云宮外之餘地顧野王云牆外行馬內田音人椽反又音軟又音奴亂反壖垣牆外之短垣也上徵榮行祖於江陵北門【索隱】祖者行神而祭之故曰祖也風俗通云共工氏之子曰修好遠遊故祀爲祖神又崔浩云黃帝之子嫘祖好遠遊而死於道因以爲行神亦不知其何據蓋見其謂之祖因以爲嫘祖非也據帝系及本紀皆言嫘祖黃帝妃無爲行神之由也又聘禮云出祖釋軷祭酒脯而已按今祭禮以軷壤土爲壇於道則用黃牴或用狗以其牴血釁左輪【正義】荊州圖副云漢臨江閔王榮始都江陵城坐侵廟壖地爲宮被徵出城北門而車軸折父老共流涕曰吾王不反矣既而爲郅都所訊懼而縊死自此後北門存而不啓蓋爲榮不以道終也既已上車軸折車廢江陵父老流涕竊言曰吾王不反矣榮至詣中尉府簿中尉郅都責訊王王恐自殺葬藍田燕數萬銜土置冢上百姓憐之榮最長死【正義】顏師古云榮實最長而傳居二王後者以其從太子廢後乃爲王也無後國除地入于漢爲南郡

右三國本王皆栗姬之子也

魯共王餘以孝景前二年用皇子爲淮陽王二年吳楚反破後以孝景前三年徙爲魯王好治宮室苑囿狗馬季年好音不喜辭辯爲人吃二十六年卒子光代爲王初好音輿馬晚節嗇【正義】晚節猶言末年吝嗇貪恡也惟恐不足於財

江都易王非以孝景前二年用皇子爲汝南王【索隱】謚法好更故舊曰易吳楚反時非年十五有材力上書願擊吳景帝賜非將軍印擊吳吳已破二歲徙爲江都王治吳故國以軍功賜天子旌旗元光五年匈奴大入漢爲賊非上書願擊匈奴上不許非好氣力治宮觀招四方豪傑驕奢甚立二十六年卒子建立爲王七年自殺淮南衡山謀反時建頗聞其謀自以爲國近淮南恐一日發爲所并卽陰作兵器而時佩其父所賜將軍印載天子旗以出易王死未葬建有所說易王寵美人淖姬【集解】蘇林曰淖音泥淖【正義】女孝反夜使人迎與姦服舍中【索隱】淖音女教反淖姓也齊有淖齒是也漢書云建召易王所愛淖姬等十人與姦服舍中也及淮南事發治黨與頗及江都王建建恐因使人多持金錢事絕其獄而又信巫祝使人禱祠妄言建又盡與其姊弟姦【索隱】漢書云建女弟徵臣爲蓋侯子婦以易王喪來歸建復與姦也事既聞漢公卿請捕治建天子不忍使大臣卽訊王王服所犯遂自殺國除地入于漢爲廣陵郡

膠西于王端以孝景前三年吳楚七國反破後端用皇子爲膠西王【索隱】按逸周書謚法云能優其德曰于端爲人賊戾又陰痿【正義】委危反不能御婦人一近婦人病之數月而有愛幸少年爲郞爲郞者頃之與後宮亂端禽滅之及殺其子母數犯上法漢公卿數請誅端天子爲兄弟之故不忍而端所爲滋甚有司再請削其國去太半端心慍遂爲無訾省【集解】蘇林曰爲無所訾錄無所省錄【正義】顏師古云訾財也省視也言不能視錄貲財府庫壞漏盡腐財物以巨萬計終不得收徙令吏毋得收租賦端皆去衞【索隱】謂不置宿衞人封其宮門從一門出游數變名姓爲布衣之他郡國相二千石往者奉漢法以治端輒求其罪告之無罪者詐藥殺之所以設詐究變【索隱】究窮也故郭璞云究謂窮盡彊足以距諫智足以飾非相二千石從王治則漢繩以法故膠西小國而所殺傷二千石甚衆立四十七年卒竟無男代後國除地入于漢爲膠西郡

右三國本王皆程姬之子也

趙王彭祖以孝景前二年用皇子爲廣川王趙王遂反破後彭祖王廣川四年徙爲趙王十五年孝景帝崩彭祖爲人巧佞卑諂足恭而心刻深【索隱】刻害深無仁恩好法律持詭辯以中人【索隱】謂詭詐之辯以傷中人彭祖多內寵姬及子孫相二千石欲奉漢法以治則害於王家是以每相二千石至彭祖衣皁布衣自行迎除二千石舍【索隱】謂彭祖自爲二千石掃除其舍以迎之也多設疑事以作動之得二千石失言中忌諱輒書之二千石欲治者則以此迫劫不聽乃上書告及汙以姦利事彭祖立五十餘年相二千石無能滿二歲輒以罪去大者死小者刑以故二千石莫敢治而趙王擅權使使卽縣爲賈人榷會【集解】韋昭曰平會兩家買賣之賈也榷者禁他家獨王家得爲之【索隱】榷音角獨言榷謂酤榷也會音儈古外反謂爲賈人專榷買賣之賈儈以取利若今之和市矣韋昭則訓榷爲平其注解亦得入多於國經租稅【索隱】經常也謂王家入多於國家常納之租稅以是趙王家多金錢然所賜姬諸子亦盡之矣彭祖取故江都易王寵姬王建所盜與姦淖姬者爲姬甚愛之彭祖不好治宮室禨祥【集解】服虔曰求福也【索隱】按埤蒼云禨祅祥也列子云荊人鬼越人禨謂楚信鬼神越信禨祥者也好爲吏事上書願督國中盜賊常夜從走卒行徼【索隱】上下孟反下工弔反徼是郊外路謂巡徼而伺察境界邯鄲中諸使過客以彭祖險陂莫敢留邯鄲其太子丹與其女及同產姊姦與其客江充有郤充告丹丹以故廢趙更立太子

中山靖王勝以孝景前三年用皇子爲中山王十四年孝景帝崩勝爲人樂酒【正義】樂五教反好內有子枝屬百二十餘人常與兄趙王相非曰兄爲王專代吏治事王者當日聽音樂聲色趙王亦非之曰中山王徒日淫不佐天子拊循百姓何以稱爲藩臣立四十二年卒【索隱】漢書建元三年濟川中山王等來朝聞樂而泣天子問其故對以大臣內讒肺腑日疎其言甚雄壯詞切而理文天子加親親之好可謂漢之英藩矣子哀王昌立一年卒子昆侈代爲中山王【索隱】漢書昆侈謚康王子頃王輔嗣至孫國除也

右二國本王皆賈夫人之子也

長沙定王發發之母唐姬故程姬侍者景帝召程姬程姬有所辟不願進【索隱】姚氏按釋名云天子諸侯羣妾以次進御有月事者止不御更不口說故以丹注面目的的爲識令女史見之王粲神女賦以爲脫袿裳免簪笄施玄的的結羽叙的卽釋名所云也說文云姅女汙也漢律云見姅變不得侍祠姅音半而飾侍者唐兒使夜進上醉不知以爲程姬而幸之遂有身已乃覺非程姬也及生子因命曰發以孝景前二年用皇子爲長沙王以其母微無寵故王卑溼貧國【集解】應劭曰景帝後二年諸王來朝有詔更前稱壽歌舞定王但張袖小舉手左右笑其拙上怪問之對曰臣國小地狹不足迴旋帝以武陵零陵桂陽屬焉立二十七年卒子康王庸立二十八年卒子鮒鮈立【集解】服虔曰鮈音拘爲長沙王

右一國本王唐姬之子也

廣川惠王越以孝景中二年用皇子爲廣川王十二年卒子齊立爲王【索隱】漢書齊謚繆王謚法傷人蔽賢曰繆齊有幸臣桑距已而有罪欲誅距距亡王因禽其宗族距怨王乃上書告王齊與同產姦自是之後王齊數上書告言漢公卿及幸臣所忠等【索隱】漢書告中尉秦彭祖子去嗣坐暴虐勃亂國除也【正義】所忠姓名

膠東康王寄以孝景中二年用皇子爲膠東王二十八年卒淮南王謀反時寄微聞其事私作樓車鏃矢戰守備候淮南之起【集解】應劭曰樓車所以窺看敵國營壘之虛實也【索隱】左傳云登樓車以窺宋人謂看敵國營壘之虛實也李巡注爾雅金矢以金爲箭鏃鏃字林音子木反及吏治淮南之事辭出之【集解】如淳曰窮治其辭出此事寄於上最親【集解】徐廣曰其母武帝母妹【正義】寄母王夫人卽王皇后之妹於上爲從母故寄於諸兄弟最爲親愛也意傷之發病而死不敢置後於是上聞寄有長子者名賢母無寵少子名慶母愛幸寄常欲立之爲不次因有過遂無言上憐之乃以賢爲膠東王奉康王嗣而封慶於故衡山地爲六安王膠東王賢立十四年卒謚爲哀王子慶爲王【集解】徐廣曰他本亦作慶字惟一本作建不宜得與叔父同名相承之誤六安王慶以元狩二年用膠東康王子爲六安王

清河哀王乘以孝景中三年用皇子爲清河王十二年卒無後國除地入于漢爲清河郡

常山憲王舜以孝景中五年用皇子爲常山王舜最親景帝少子驕怠多淫數犯禁上常寬釋之立三十二年卒太子勃代立爲王初憲王舜有所不愛姬生長男梲【集解】蘇林曰音奪【索隱】鄒氏音之悅反許愼說文解字云他活反字從木梲以母無寵故亦不得幸於王王后脩生太子勃王內多所幸姬生子平子商王后希得幸及憲王病甚諸幸姬常侍病故王后亦以妒媢不常侍病【索隱】媢音亡報反鄒氏作媢郭璞註三蒼云媢丈夫妒也又云妒女爲媢輒歸舍醫進藥太子勃不自嘗藥又不宿留侍病及王薨王后太子乃至憲王雅不以長子梲爲人數及薨又不分與財物郞或說太子王后令諸子與長子梲共分財物太子王后不聽太子代立又不收恤梲梲怨王后太子漢使者視憲王喪梲自言憲王病時王后太子不侍及薨六日出舍【集解】如淳曰服舍也太子勃私姦飲酒博戲擊筑與女子載馳環城過市入牢視囚天子遣大行騫【索隱】按是張騫驗王后及問王勃請逮勃所與姦諸證左王又匿之吏求捕勃大急使人致擊笞掠擅出漢所疑囚者有司請誅憲王后脩及王勃上以脩素無行使梲陷之罪勃無良師傅不忍誅有司請廢王后脩徙王勃以家屬處房陵上許之勃王數月遷于房陵國絕月餘天子爲最親乃詔有司曰常山憲王蚤夭后妾不和適孽誣爭陷于不義以滅國朕甚閔焉其封憲王子平三萬戶爲眞定王封子商三萬戶爲泗水王【正義】泗水海州眞定王平元鼎四年用常山憲王子爲眞定王泗水思王商以元鼎四年用常山憲王子爲泗水王十一年卒子哀王安世立十一年卒無子於是上憐泗水王絕乃立安世弟賀爲泗水王

右四國本王皆王夫人兒姁子也其後漢益封其支子爲六安王泗水王二國凡兒姁子孫於今爲六王

太史公曰高祖時諸侯皆賦【集解】徐廣曰國所出有皆入於王也得自除內史以下漢獨爲置丞相黃金印諸侯自除御史廷尉正博士擬於天子自吳楚反後五宗王世漢爲置二千石去丞相曰相銀印諸侯獨得食租稅奪之權其後諸侯貧者或乘牛車也

索隱述贊曰景十三子五宗親睦栗姬既廢臨江折軸閼于早薨河間儒服餘好宮苑端事馳逐江都有才中山淫福長沙地小膠東造鏃仁賢者代悖亂者族兒姁四王分封爲六

史記卷五十九考證

五宗世家入多於國經租稅索隱經常也謂王家入多於國家常納之租稅○徐孚遠曰索隱不明謂王專榷會之利故市租之入反多於田租也

史記卷六十

漢 太 史 令司馬遷 撰
宋 中 郎 外 兵 曹 參 軍 裴 駰集解
唐國子博士弘文館學士司馬貞索隱
唐諸王侍讀率府長史張守節正義

三王世家第三十

大司馬臣去病[索隱]姓霍昧死再拜上疏皇帝陛下：陛下過聽，使臣去病待罪行間。宜專邊塞之思慮，暴骸中野無以報，乃敢惟他議以干用事者，誠見陛下憂勞天下，哀憐百姓以自忘，虧膳貶樂，損郎員。皇子賴天，能勝衣趨拜，至今無號位師傅官。陛下恭讓不恤，群臣私望，不敢越職而言。臣竊不勝犬馬心，昧死願陛下詔有司，因盛夏吉時定皇子位。[索隱]明堂月令云季夏月可以封諸侯立大官是也唯陛下幸察。臣去病昧死再拜以聞皇帝陛下。三月乙亥，御史臣光守尚書令奏未央宮。制曰：「下御史。」六年三月戊申朔，乙亥，御史臣光守尚書令丞非[索隱]奏狀有尚書令官位而史闕其名耳丞非者或尚書左右丞非其名也下御史書到，言：丞相臣青翟[索隱]莊青翟也、御史大夫臣湯[索隱]張湯、太常臣充[索隱]趙充、大行令臣息[索隱]李息、太子少傅臣安[索隱]任安也行宗正事昧死上言：大司馬去病上疏曰：「陛下過聽，使臣去病待罪行間。宜專邊塞之思慮，暴骸中野無以報，乃敢惟他議以干用事者，誠見陛下憂勞天下，哀憐百姓以自忘，虧膳貶樂，損郎員。皇子賴天，能勝衣趨拜，至今無號位師傅官。陛下恭讓不恤，群臣私望，不敢越職而言。臣竊不勝犬馬心，昧死願陛下詔有司，因盛夏吉時定皇子位。唯願陛下幸察。」制曰「下御史」。臣謹與中二千石、二千石臣賀等議：[正義]公孫賀古者裂地立國，並建諸侯以承天子，所以尊宗廟重社稷也。今臣去病上疏，不忘其職，因以宣恩，乃道天子卑讓自貶以勞天下，慮皇子未有號位。臣青翟、臣湯等宜奉義遵職，愚憧而不逮事。方今盛夏吉時，臣青翟、臣湯等昧死請立皇子臣閎[集解]徐廣曰一作闓、臣旦、臣胥為諸侯王。昧死請所立國名。制曰：「蓋聞周封八百，姬姓並列，或子男附庸。禮『支子不祭』。云並建諸侯所以重社稷，朕無聞焉。且天非為君生民也。[索隱]傳曰天生蒸民立君以司牧之是言生人為立君長司牧之耳非天為君而生人也朕之不德，海內未洽，乃以未教成者彊君連城，即股肱何勸？[集解]徐廣曰一作敦一作易一作觀也[索隱]謂皇子等並未習教義也皇子未習教義而彊使為諸侯王君以連城之人則大臣何有所勸其更議以列侯家之。」三月丙子，奏未央宮。丞相臣青翟、御史大夫臣湯昧死言：臣謹與列侯臣嬰齊、中二千石二千石臣賀、諫大夫博士臣安等議曰：伏聞周封八百，姬姓並列，奉承天子。康叔以祖考顯，而伯禽以周公立，咸為建國諸侯，以相傳為輔。百官奉憲，各遵其職，而國統備矣。竊以為並建諸侯所以重社稷者，四海諸侯各以其職奉貢祭。支子不得奉祭宗祖，禮也。封建使守藩國，帝王所以扶德施化。陛下奉承天統，明開聖緒，尊賢顯功，興滅繼絕。續蕭文終之後於酇，[索隱]蕭何諡文終也蕭何初封沛之酇音贊後其子續封南陽之酇音嵯也褒厲群臣平津侯等。[索隱]公孫弘之封平津侯也平津高成之鄉名[正義]公孫弘所封平津鄉在滄州鹽山南四十一里也昭六親之序，明天施之屬，使諸侯王封君得推私恩分子弟戶邑，錫號尊建百有餘國。[索隱]武帝廣推恩之詔分王諸侯王子弟故有百餘國而家皇子為列侯，則尊卑相踰，[索隱]謂諸侯王子已爲列侯而今又家皇子爲列侯是尊卑相踰越矣列位失序，不可以垂統於萬世。臣請立臣閎、[索隱]齊王也王夫人子臣旦、[索隱]燕王也漢書云李姬之子臣胥[索隱]廣陵王也為諸侯王。三月丙子，奏未央宮。制曰：「康叔親屬有十而獨尊者，褒有德也。周公祭天命郊，故魯有白牡、騂剛之牲。[集解]駰案公羊傳曰魯祭周公何以爲牲周公用白牡魯公用騂剛何休曰白牡殷牲也騂剛赤脊周牲也群公不毛，[集解]何休曰不毛不純色也賢不肖差也。高山仰止，景行嚮之，朕甚慕焉。所以抑未成，家以列侯可。」四月戊寅，奏未央宮。丞相臣青翟、御史大夫臣湯昧死言：臣青翟等與列侯吏二千石、諫大夫、博士臣慶等議：昧死奏請立皇子為諸侯王。制曰：「康叔親屬有十而獨尊者，褒有德也。周公祭天命郊，故魯有白牡、騂剛之牲。群公不毛，賢不肖差也。高山仰止，景行嚮之，朕甚慕焉。所以抑未成，家以列侯可。」臣青翟、臣湯、博士臣將行等伏聞康叔親屬有十，武王繼體，周公輔成王，其八人皆以祖考之尊建為大國。康叔之年幼，周公在三公之位，而伯禽據國於魯，蓋爵命之時，未至成人。康叔後扞祿父之難，伯禽殄淮夷之亂。昔五帝異制，周爵五等，春秋三等，[集解]鄭玄曰春秋變周之文從殷之質合伯子男以爲一則殷爵三等者公侯伯也皆因時而序尊卑。高皇帝撥亂世反諸正，[索隱]春秋公羊傳文昭至德，定海內，封建諸侯，爵位二等。[索隱]謂王與列侯也皇子或在襁褓而立為諸侯王，奉承天子，為萬世法則，不可易。陛下躬親仁義，體行聖德，表裏文武。顯慈孝之行，廣賢能之路。內褒有德，外討強暴。極臨北海，[正義]匈奴傳云霍去病伐匈奴北臨翰海西湊月氏，[正義]湊音臻氏音支月氏西戎國名在蔥嶺之西也匈奴、西域舉國奉師。輿械之費不賦於民，虛御府之藏以賞元戎，[集解]駰案詩云元戎十乘以先啓行韓嬰章句曰元戎大戎謂兵車也車有大戎十乘謂車縵輪馬被甲衡扼之上盡有劍戟名曰陷軍之車所以冒突先啓敵家之行伍也毛傳云夏后氏曰鉤車先正也殷曰寅車先疾也周曰元戎先良也開禁倉以振貧窮，減戍卒之半。百蠻之君，靡不鄉風承流稱意。遠方殊俗，重譯而朝，澤及方外。故珍獸至，嘉穀興，天應甚彰。今諸侯支子封至諸侯王，而家皇子為列侯。[索隱]謂立膠東王子慶爲六安王常山王子平爲真定王商爲泗水王是也臣青翟、臣湯等竊伏孰計之，皆以為尊卑失序，使天下失望，不可。臣請立臣閎、臣旦、臣胥為諸侯王。四月癸未，奏未央宮，留中不下。丞相臣青翟、太僕臣賀、行御史大夫事太常臣充、太子少傅臣安行宗正事昧死言：臣青翟等前奏大司馬臣去病上疏言，皇子未有號位，臣謹與御史大夫臣湯、中二千石、二千石、諫大夫、博士臣慶等昧死請立皇子臣閎等為諸侯王。陛下讓文武，躬自切，及皇子未教。群臣之議，儒者稱其術，或誖其心。陛下固辭弗許，家皇子為列侯。臣青翟等竊與列侯臣壽成等二十七人議，[集解]徐廣曰蕭何之玄孫酇侯壽成後爲太常也皆曰以為尊卑失序。高皇帝建天下，為漢太祖，王子孫，廣支輔。先帝法則弗改，所以宣至尊也。臣請令史官擇吉日，具禮儀上，御史奏輿地圖，[索隱]謂地爲輿者天地有覆載之德故謂天爲蓋謂地爲輿故地圖稱輿地圖疑自古有此名非始漢也他皆如前故事。制曰：「可。」四月丙申，奏未央宮。太僕臣賀行御史大夫事昧死言：太常臣充言卜入四月二十八日乙巳，可立諸侯王。臣昧死奏輿地圖，請所立國名。禮儀別奏。臣昧死請。制曰：「立皇子閎為齊王，旦為燕王，胥為廣陵王。」四月丁酉，奏未央宮。六年[集解]徐廣曰一云元狩四月戊寅朔，癸卯，御史大夫湯下丞相，丞相下中二千石，二千石下郡太守、諸侯相，丞書從事下當用者。如律令。

維六年四月乙巳，皇帝使御史大夫湯廟立子閎為齊王。曰：於戲，小子閎，[索隱]此封齊王策文也按武帝策此三王皆自手製於戲如言嗚呼戲音稱受茲青社！[集解]張晏曰王者以五色土爲太社封四方諸侯各以其方色土與之苴以白茅歸以立社[索隱]蔡邕獨斷云皇子封爲王受天子太社之土若封東方諸侯則割青土藉以白茅授之以立社謂之茅土齊在東方故云青社朕承祖考，維稽古建爾國家，封于東土，世為漢藩輔。於戲念哉！恭朕之詔，惟命不于常。人之好德，克明顯光。義之不圖，俾君子怠。[索隱]謂若不圖於義則君子懈怠無歸附心悉爾心，允執其中，天祿永終。厥有愆不臧，乃凶于而國，害于爾躬。於戲，保國艾民，可不敬與！王其戒之。[集解]徐廣曰立八年無後絕

右齊王策

維六年四月乙巳，皇帝使御史大夫湯廟立子旦為燕王。曰：於戲，小子旦，受茲玄社！朕承祖考，維稽古，[索隱]褚先生解云維者度也稽者當也言當順古道也魏高貴鄉公云稽同也古天也謂堯能同天建爾國家，封于北土，世為漢藩輔。於戲！葷粥氏虐老獸心，[索隱]按匈奴傳其國貴壯賤老壯者食肥美老者食其餘也是虐老也侵犯寇盜，加以姦巧邊萌。[索隱]萌一作甿韋昭云甿民也三蒼云邊人云甿也於戲！朕命將率徂征厥罪，萬夫長，千夫長，三十有二君皆來，[集解]張晏曰時所獲三十二帥也降旗奔師。[集解]如淳曰偃其旗鼓而來降[索隱]漢書君作師期作旗而服虔云以三十二軍中之將下旗去之也如淳云即昆邪王偃旗鼓降時也若如此意則三十二軍非軍將蓋戎狄酋帥有三十二君來降也葷粥徙域，[集解]張晏曰匈奴徙東也北州以綏。[集解]臣瓚曰綏安也悉爾心，毋作怨，毋俷德，[集解]徐廣曰俷一作菲[索隱]蘇林云菲本亦作俷俷敗也孔文祥云菲薄也漢書作棐[正義]俷音符味反毋乃廢備。[索隱]褚先生解云無乏武備常備匈奴也非教士不得從徵。[集解]張晏曰士不素習不應召[索隱]韋昭云士非素教習不得從軍徵發故孔子曰不教而戰是謂棄之正謂此也褚先生解云非習禮義不得在於側也於戲，保國艾民，可不敬與！王其戒之。[集解]徐廣曰立三十年自殺國除

右燕王策

維六年四月乙巳，皇帝使御史大夫湯廟立子胥為廣陵王。曰：於戲，小子胥，受茲赤社！朕承祖考，維稽古建爾國家，封于南土，世為漢藩輔。古人有言曰：「大江之南，[正義]謂京口南至荆州以南也五湖之間，[索隱]五湖者具區洮滆彭蠡青草洞庭或曰太湖五百里故曰五湖也其人輕心。揚州保疆，[集解]徐廣曰一作彊駰案李奇曰保恃也三代要服，不及以政。」於戲！悉爾心，戰戰兢兢，乃惠乃順，毋侗好佚，毋邇宵人，[集解]應劭曰無好逸游之事邇近小人張晏曰侗音同[索隱]褚先生解云無好佚樂馳騁弋獵鄭氏宵音讒讒亦小人也或作佞人維法維則。書云：「臣不作威，不作福。」靡有後羞。於戲，保國艾民，可不敬與！王其戒之。[集解]徐廣曰立六十四年自殺

右廣陵王策

太史公曰：古人有言曰「愛之欲其富，親之欲其貴」。故王者彊土建國，封立子弟，所以褒親親，序骨肉，尊先祖，貴支體，廣同姓於天下也。是以形埶彊而王室安。自古至今，所由來久矣。非有異也，故弗論著也。燕齊之事，無足采者。然封立三王，天子恭讓，群臣守義，文辭爛然，甚可觀也，是以附之世家。

索隱述贊曰三王封冊舊史爛然褚氏後補冊書存焉去病建議青翟上宣天子沖挹志在急賢太常具禮請立齊燕閎國負海旦社惟玄宵人不邇葷粥遠邊明哉監戒式防厥愆

褚先生曰：臣幸得以文學為侍郎，好覽觀太史公之列傳。傳中稱三王世家文辭可觀，求其世家終不能得。竊從長老好故事者取其封策書，編列其事而傳之，令後世得觀賢主之指意。蓋聞孝武帝之時，同日而俱拜三子為王：封一子於齊，一子於廣陵，一子於燕。各因子才力智能，及土地之剛柔，人民之輕重，為作策以申戒之。謂王：「世為漢藩輔，保國治民，可不敬與！王其戒之。」夫賢主所作，固非淺聞者所能知，非博聞彊記君子者所不能究竟其意。至其次序分絕，文字之上下，簡之參差長短，皆有意，人莫之能知。謹論次其真草詔書，編於左方。令覽者自通其意而解說之。

王夫人者，趙人也，與衞夫人並幸武帝，而生子閎。閎

且立爲王時其母病武帝自臨問之曰子當爲王欲安所置之王夫人曰陛下在妾又何等可言者帝曰雖然意所欲欲於何所王之王夫人曰願置之雒陽武帝曰雒陽有武庫敖倉天下衝阸漢國之大都也先帝以來無子王於雒陽者去雒陽餘盡可王夫人不應武帝曰關東之國無大於齊者齊東負海而城郭大古時獨臨菑中十萬戶天下膏腴地莫盛於齊者矣王夫人以手擊頭謝曰幸甚王夫人死而帝痛之使使者拜之曰皇帝謹使使太中大夫明奉璧一賜夫人爲齊王太后子閎王齊年少無有子立不幸早死國絕爲郡天下稱齊不宜王云所謂受此土者諸侯王始封者必受土於天子之社歸立之以爲國社以歲時祠之春秋大傳曰天子之國有泰社東方青南方赤西方白北方黑上方黃故將封於東方者取青土封於南方者取赤土封於西方者取白土封於北方者取黑土封於上方者取黃土各取其色物裹以白茅封以爲社此始受封於天子者也此之爲主土主土者立社而奉之也朕承祖考祖者先也考者父也維稽古維者度也念也稽者當也當順古之道也齊地多變詐不習於禮義故戒之曰恭朕之詔唯命不可爲常人之好德能明顯光不圖於義使君子怠慢悉若心信執其中天祿長終有過不善乃凶于而國而害于若身齊王之國左右維持以禮義不幸中年早夭然全身無過如其策意傳曰青采出於藍而質青於藍者敎使然也遠哉賢主昭然獨見誡齊王以慎內誡燕王以無作怨無俷德誡廣陵王以慎外無作威與福夫廣陵在吳越之地其民精而輕故誡之曰江湖之間其人輕心揚州保彊三代之時迫要使從中國俗服不大及以政敎以意御之而已無侗好佚無邇宵人維法是則無長好佚樂馳騁弋獵淫康而近小人常念法度則無羞辱矣三江五湖有魚鹽之利銅山之富天下所仰故誡之曰臣不作福者勿使行財幣厚賞賜以立聲譽爲四方所歸也又曰臣不作威者勿使因輕以倍義也會孝武帝崩孝昭帝初立先朝廣陵王胥厚賞賜金錢財幣直三千餘萬益地百里邑萬戶會昭帝崩宣帝初立緣恩行義以本始元年中裂漢地盡以封廣陵王胥四子一子爲朝陽侯【正義】括地志云朝陽故城在鄧州穰縣南八十里應劭云在朝水之陽也一子爲平曲侯【正義】地理志云平曲縣屬東海郡又云在瀛州文安縣北七十里一子爲南利侯【正義】括地志云南利故城在豫州上蔡縣東八十五里最愛少子弘立以爲高密王【正義】括地志云高密故城在密州高密縣西南四十里其後胥果作威福通楚王使者楚王宣言曰我先元王高帝少弟也封三十二城今地邑益少我欲與廣陵王共發兵云立廣陵王爲上我復王楚三十二城如元王時事發覺公卿有司請行罰誅天子以骨肉之故不忍致法於胥下詔書無治廣陵王獨誅首惡楚王傳曰蓬生麻中不扶自直【索隱】已下并見荀卿子白沙在泥中與之皆黑者土地敎化使之然也其後胥復祝詛謀反自殺國除燕土墝埆北迫匈奴其人民勇而少慮故誡之曰葷粥氏無有孝行而禽獸心以竊盜侵犯邊民朕詔將軍往征其罪萬夫長千夫長三十有二君皆來降旗奔師葷粥徙域遠處北州以安矣悉若心無作怨者勿使從俗以怨望也無俷德者勿使上背德也無廢備者無乏武備常備匈奴也非敎士不得從徵者言非習禮義不得在於側也會武帝年老長而太子不幸薨未有所立而旦使來上書請身入宿衞於長安孝武見其書擊地怒曰生子當置之齊魯禮義之鄉乃置之燕趙果有爭心不讓之端見矣於是使使即斬其使者於闕下會武帝崩昭帝初立旦果作怨而望大臣自以長子當立與齊王子劉澤等謀爲叛逆出言曰我安得弟在者【索隱】案昭帝鉤弋夫人所生武帝崩時年纔七八歲耳胥旦早封在外實合有疑然武帝春秋高惑於內寵誅太子而立童孺能不使胥旦疑怨亦由權臣輔政貪立幼主之利遂得鉤弋子當陽斷實父德不弘遂令子道不順然犬各吠非其主太中宗正人臣之職亦當使燕喻之 今立者乃大將軍子也欲發兵事發覺當誅昭帝緣恩寬忍抑案不揚公卿使大臣請遣宗正與太中大夫公戶滿意御史二人偕往使燕風喻之【索隱】宗正官名必以宗室有德者爲之不知何人公戶姓滿意名爲太中大夫是使二人又有侍御史二人皆往使治燕王也 到燕各異日更見責王宗正者主宗室諸劉屬籍先見王爲列陳道昭帝實武帝子狀侍御史乃復見王責之以正法問王欲發兵罪名明白當坐之漢家有正法王犯纖介小罪過即行法直斷耳安能寬王驚動以文法王意益下心恐公戶滿意習於經術最後見王稱引古今通義國家大禮文章爾雅【索隱】爾近也雅正也其書於正字義訓爲近故云爾雅相承云周公作以敎成王又云子夏作之以解詩書 謂王曰古者天子必內有異姓大夫所以正骨肉也外有同姓大夫所以正異姓也【索隱】內云有異姓大夫以正骨肉蓋錯也內合言同姓宗正是也外合言異姓太中大夫是也 周公輔成王誅其兩弟故治武帝在時尚能寬王今昭帝始立年幼富於春秋未臨政委任大臣古者誅罰不阿親戚故天下治方今大臣輔政奉法直行無敢所阿恐不能寬王王可自謹無自令身死國滅爲天下笑於是燕王旦乃恐懼服罪叩頭謝過大臣欲和合骨肉難傷之以法其後旦復與左將軍上官桀等謀反宣言曰我次太子太子不在我當立大臣共抑我云云大將軍光輔政與公卿大臣議曰燕王旦不改過悔正行惡不變於是修法直斷行罰誅旦自殺國除如其策指有司請誅旦妻子孝昭以骨肉之親不忍致法寬赦旦妻子免爲庶人傳曰蘭根與白芷漸之滫中【集解】徐廣曰滫者漸米汁也音先糾反【索隱】白芷香草也音止又音昌改反漸漬也滫如禮滫瀡之滫謂洗也音思酒反【正義】言雖香草以米汁漬之無復香氣君子不欲附近庶人不服者爲漸漬然也以旦謀叛君子庶人皆不附近 君子不近庶人不服者所以漸然也宣帝初立推恩宣德以本始元年中盡復封燕王旦兩子一子爲安定侯【正義】漢表在鉅鹿郡 立燕故太子建爲廣陽王以奉燕王祭祀【正義】括地志云廣陽故城今在幽州良鄉縣東北三十七里

史記卷六十考證

三王世家○柯維騏曰太史公書原缺三王世家獨其贊語尚存故褚先生取廷臣之議及封策書補之

續蕭文終之後於酇索隱蕭何初封沛之酇音贊後其子續封南陽之酇音嵯也○臣照按年表酇廢而紹以筑陽筑陽廢而紹以武陽武陽廢而紹以酇索隱于年表及蕭相國世家俱只辨音贊之非音嵯並無續封南陽應音嵯之酇之說此處所云不知何本且紹封筑陽改武陽亦俱並注明

傳曰蓬生麻中不扶自直索隱已下並見荀卿子○臣照按蓬生麻中二語見荀勸學篇下文今本荀子所無

偕往使燕風喻之索隱皆往使治燕王也○燕王監本訛作廣陵今改正

傳曰蘭根與白芷漸之滫中○荀子勸學篇作蘭槐之根是爲芷其漸之滫

史記卷六十一

漢　太　史　令司馬遷　撰

宋　中郎外兵曹參軍裴　駰集解

唐　國子博士弘文館學士司馬貞索隱

唐　諸王侍讀率府長史張守節正義

伯夷列傳第一

【索隱】列傳者謂敍列人臣事跡令可傳於後世故曰列傳【正義】其人行跡可序列故曰列傳

夫學者載籍極博猶考信於六藝詩書雖缺然虞夏之文可知也【索隱】孔子系家稱古詩三千餘篇孔子刪三百五篇爲詩今亡五篇又書緯稱孔子求得黃帝玄孫帝魁之書迄秦穆公凡三千三百三十篇乃刪以一百篇爲尚書十八篇爲中候今百篇之內見亡四十二篇是詩書又有缺亡者也尚書有堯典舜典大禹謨備言虞夏禪讓之事故云虞夏之文可知也 堯將遜位讓於虞舜舜禹之間岳牧咸薦乃試之於位典職數十年【正義】舜禹皆典職事二十餘年然後踐帝位 功用既興然後授政示天下重器【索隱】言天下者是王者之重器故莊子云天下之大器是也則大器亦謂之重器 王者大統傳天下若斯之難也而說者曰堯讓天下於許由【正義】皇甫謐高士傳云許由字武仲堯聞致天下而讓焉乃退而遁於中嶽潁水之陽箕山之下隱堯又召爲九州長由不欲聞之洗耳於潁水濱時有巢父牽犢欲飲之見由洗耳問其故對曰堯欲召我爲九州長惡聞其聲是故洗耳巢父曰子若處高岸深谷人道不通誰能見子子故浮游欲聞求其名譽汙吾犢口牽犢上流飲之許由歿葬此山亦名許由山在洛州陽城縣南十三里 許由不受恥之逃隱及夏之時有卞隨務光者此何以稱焉【索隱】說者謂諸子雜記也然堯讓於許由及夏時有卞隨務光等殷湯讓之天下並不受而逃事具莊周讓王篇【正義】經史唯稱伯夷叔齊不及許由卞隨務光者不少槩見何以哉故言何以稱焉爲不稱說之也 太史公曰余登箕山【索隱】蓋楊惲東方朔見其文稱余而加太史公曰也 其上蓋有許由冢云孔子序列古之仁聖賢人如吳太伯伯夷之倫詳矣余以所聞由光義至高【索隱】謂太史公聞莊周說許由務光等也莊子堯讓天下於許由由遂逃箕山洗耳於潁水卞隨自投於桐水務光負石自沉於盧水是義至高 其文辭不少槩見何哉【索隱】按槩是梗槩謂略也蓋以由光義至高而詩書之文辭遂不少梗槩載見何以如此哉是太史公疑說者之言或非實也【正義】槩古代反 孔子曰伯夷叔齊不念舊惡怨是用希求仁得仁又何怨乎余悲伯夷之意睹軼詩可異焉【索隱】謂悲其兄弟相讓又義不食周粟而餓死睹音覩軼音逸謂見逸詩之文即下采薇之詩是也不編入三百篇故云逸詩也可異焉者按論語云求仁得仁又何怨乎今其詩云我安適歸矣于嗟徂兮命之衰矣是怨詞也故云可異焉 其傳曰伯夷叔齊孤竹君之二子也【索隱】其傳蓋韓詩外傳及呂氏春秋也其傳云孤竹君是殷湯三月丙寅日所封相傳至夷齊之父名初字子朝伯夷名允字公信叔齊名智字公達解者云夷齊謚也伯仲又其長少之字地理志孤竹城在遼西令支縣應劭云伯夷之國君姓墨胎氏【正義】本前注丙寅作殷湯正月三日丙寅括地志云孤竹古城在盧龍縣南十二里殷時諸侯孤竹國也 父欲立叔齊及父卒叔齊讓伯夷伯夷曰父命也遂逃去叔齊亦不肯立而逃之國人立其中子於是伯夷叔齊聞西伯昌善養老盍往歸焉【索隱】劉氏云盍者疑詞蓋謂其年老歸就西伯也 及至西伯卒武王載木主號爲文王東伐紂伯夷叔齊叩馬而諫曰父死不葬爰及干戈可謂

孝乎以臣弒君可謂仁乎左右欲兵之太公曰此義人也扶而去之武王已平殷亂天下宗周而伯夷叔齊恥之義不食周粟隱於首陽山采薇而食之【集解】馬融曰首陽山在河東蒲坂華山之北河曲之中【索隱】薇蕨也爾雅云蕨鱉也【正義】陸璣毛詩草木疏云薇山菜也莖葉皆似小豆蔓生其味亦如小豆藿可作羹亦可生食也及餓且死作歌其辭曰登彼西山兮采其薇矣【索隱】西山卽首陽山以暴易暴兮不知其非矣【索隱】以武王之暴臣易殷紂之暴主而不自知其非矣神農虞夏忽焉沒兮我安適歸矣【索隱】犧農虞夏敦樸禪讓之道超忽久矣終沒矣今逢此君臣爭奪故我安適歸于嗟徂兮命之衰矣【索隱】吁嗟嗟歎之辭也徂者往也死也言已今日餓死亦是命運之衰薄不遇大道之時至憂而餓死遂餓死於首陽山由此觀之怨邪非邪【索隱】太史公言已觀此詩之情似是有怨邪又疑其云非是怨邪【正義】曹大家注幽通賦云夷齊餓於首陽山在隴西首又戴延之西征記云洛陽東北首陽山有夷齊祠今在偃師縣西北又孟子云夷齊避紂居北海之濱首陽山說文云首陽山在遼西史傳及諸書夷齊餓於首陽凡五所各有案據先後不詳莊子云伯夷叔齊西至岐陽見周武王伐殷曰吾聞古之士遭治世不避其任遇亂世不爲苟存今天下闇周德衰其並乎周以塗吾身也不若避之以絜吾行二子北至於首陽之山遂飢餓而死又下詩登彼西山是今清源縣首陽山在岐陽西北明卽夷齊餓死處也或曰天道無親常與善人若伯夷叔齊可謂善人者非耶【索隱】又自起論云若夷齊之行如此可謂善人者耶又非善人者耶亦疑也積仁絜行如此而餓死且七十子之徒仲尼獨薦顏淵爲好學然回也屢空糟糠不厭【索隱】厭言飫也謂不飫飽也糟糠貧者之所飡也故曰糟糠之妻是也然顏子一簞食瓢飲未見有糟糠之文而卒蚤夭天之報施善人其何如哉盜跖日殺不辜【索隱】盜跖與跖同音之石反跖柳下惠弟見莊子爲篇名【正義】按跖者黃帝時大盜之名以柳下惠弟爲天下大盜故世放古號之盜跖肝人之肉【索隱】劉氏云謂取人肉爲生肝非也莊子云跖方休卒太山之陽膾人肝而餔之暴戾恣睢【索隱】暴戾謂兇暴而惡戾也鄒誕生恣音資睢音千餘反劉氏恣音如字睢音休季反恣睢謂恣行爲睢惡之貌也【正義】睢仰白目怒貌也言盜跖兇暴惡戾恣性怒白目也聚黨數千人橫行天下竟以壽終【集解】駰案皇覽曰盜跖冢在河東大陽臨河曲直弘農華陰潼鄉然按盜跖卽柳下惠弟也【索隱】直音如字直者當也或音值非也潼音同按潼水名因爲鄉今之潼津關是亦爲縣【正義】括地志云盜跖冢在陝州河北縣西二十里河北縣本漢大陽縣也又今齊州平陵縣有盜跖冢未詳也是遵何德哉【索隱】言盜跖無道橫行天下竟以壽終是其人遵行何德而致此哉此其尤大彰明較著者也【索隱】較明也言伯夷有德而餓死盜跖暴戾而壽終是賢不遇而惡道長尤大著明之證若至近世操行不軌專犯忌諱而終身逸樂富厚累世不絕【索隱】謂若魯桓楚靈晉獻齊襄之比是也或擇地而蹈之【索隱】謂不仕闇君不飲盜泉褁足高山之頂窮滄洲之濱是也【正義】謂北郭騷鮑焦等是也時然後出言【索隱】論語夫子時然後言行不由徑【索隱】澹臺滅明之行非公正不發憤而遇禍災者不可勝數也【索隱】謂人臣之節非公正之事不感激發憤或出忠言或致身命而卒遇禍災者不可勝數謂龍逢比干屈平伍胥之比余甚惑焉儻所謂天道是邪非邪【索隱】太史公或於不軌而逸樂公正而遇害爲天道之非而又是邪深惑之也蓋天道玄遠聽暗遭或窮通數會不由行事所以行善未必福行惡未必禍故先達皆猶昧之也【正義】儻音他蕩反儻未定之詞也爲天道不敢的言是非故云儻也子曰道不同不相爲謀亦各從其志也【正義】太史公引孔子之言證前事也言天道人道不同一任其運遇亦各從其志意也故曰富貴如可求雖執鞭之士吾亦爲之【集解】鄭玄曰富貴不可求而得之當修德以得之若於道可求而得之者雖執鞭賤職我亦爲之如不可求從吾所好【集解】孔安國曰所好者古人之道歲寒然後知松柏之後凋【集解】何晏曰大寒之後衆木皆死然後松柏少凋傷平歲衆木亦有不死者故須歲寒然後別之喻凡人處治世亦能自修整與君子同在濁世然後知君子之正不苟容也舉世混濁清士乃見【索隱】老子曰國家昏亂有忠臣是擧代混濁則士之清潔者乃彰見故上文歲寒然後知松柏之後凋先爲此言張本也【正義】言天下泯亂清潔之士不撓不苟合於盜跖也豈以其重若彼其輕若此哉【索隱】謂伯夷讓德之重若彼采薇而餓死之輕若此又一解云操行不軌富厚累代是其重若彼公正發憤而遇禍災是其輕若此也【正義】重謂盜跖等也輕謂夷齊由光等也君子疾沒世而名不稱焉【索隱】自此以下雖論伯夷得夫子而名彰顏回附驥尾而行著蓋亦欲微見己之著撰不已亦是疾沒世而名不稱焉故引賈子貪夫徇財烈士徇名是也又引同明相照同類相求雲從龍風從虎者言物各從類以相求太史公言已亦是操行廉直而不用於代卒陷非罪與伯夷相類故寄此而發論【正義】君子疾沒世後懼名湮沒而不稱若夷齊顏回絜行立名後代稱述亦太史公欲漸見己立名著述之美也賈子曰【索隱】賈誼也作鵩鳥賦云然故太史公引而稱之也貪夫徇財【正義】徇才迅反徇求也瓚云已身從物曰徇烈士徇名夸者死權【索隱】言貪權勢以矜夸者至死不休故云死權也衆庶馮生【索隱】馮者恃也音凭言衆庶之情蓋恃矜其生也鄒誕生作每生每者冒也卽貪之義【正義】太史公引賈子譬作史記若貪夫徇財烈士徇名夸者死權衆庶馮生乃成其史記同明相照【索隱】已下並繫辭文同類相求【正義】天欲雨而柱礎潤同德者相應雲從龍風從虎【集解】王肅曰龍擧而景雲屬虎嘯而谷風興張播曰猶言雲從龍風從虎也聖人作而萬物覩【集解】馬融曰作起也【索隱】又引此句者謂聖人起而居位則萬物之情皆得覩見故已今日又得著書言世情之輕重也【正義】此有識也聖人有養生之德萬物有長養之情故相感應也此以上至同明相照是周易乾象辭也太史公引此等相感者欲見述作之意合萬物有睹也孔子沒後五百歲而已當之故作史記使萬物見覩之也太史公序傳云先人有言自周公卒五百歲而有孔子孔子卒後至於今五百歲有能紹明世正易傳繼春秋本詩書禮樂之際意在斯乎小子何敢讓焉作述六經云易著天地陰陽四時五行故長於變禮經紀人倫故長於行書記先王之事故長於政詩記山川谿谷禽獸草木牝牡雌雄故長於風樂樂所以立故長於和春秋辨是非故長於治人是故禮以節人樂以發和書以導事詩以達意易以道化春秋以道義撥亂世反之正莫近於春秋按述作而萬物睹見伯夷叔齊雖賢得夫子而名益彰【正義】伯夷叔齊雖有賢行得夫子稱揚而名益彰著萬物雖有生養之性得太史公作述而世事益覩見顏淵雖篤學附驥尾而行益顯【索隱】蒼蠅附驥尾而致千里以喻顏回因孔子而名彰巖穴之士趨舍有時若此類名堙滅而不稱悲夫【正義】趨音趨舍音捨趨向也捨廢也言隱處之士時有附驥尾而名隤達若堙滅不稱數者亦可悲痛閭巷之人欲砥行立名者【正義】砥音旨礪行修德在鄉閭者若不託貴大之士何得封侯爵賞而名留後代也非附青雲之士惡能施於後世哉

索隱述贊曰天道平分與善徒云賢而餓死盜且聚羣吉凶倚伏報施糾紛子罕言命得自前聞嗟彼素士不附青雲

史記卷六十一考證

伯夷列傳○監本有小注云索隱本伯夷傳第一老子莊子韓非同傳第三索隱云二人教跡全乖不宜同傳先賢已有成說今則不可依循宜令老子尹喜莊周同爲傳其韓非可居商君傳末正義本老子莊子伯夷居列傳之首正義曰老子莊子開元二十三年奉勅并爲列傳首處夷齊上然漢武帝之時佛教未興道教已設道則禁惡咸致正理制御邪人未有佛教可導故列老莊於申韓之上今旣佛道齊妙興法乖流理居列傳之首也蓋唐崇老教謬取老子居列傳首而與伯夷合爲一卷甚爲無謂夫奔義激世莫先伯夷而老莊法意流爲申韓太史公敘述自有深意豈宜妄爲軒輊今以伯夷傳居首爲一卷次以管晏爲一卷次以老莊申韓爲一卷以復太史公之舊云　臣照按升老子于伯夷之上誠爲開元時謬見而張守節遽之良可嗤笑明監本改依太史公之舊是矣但不著改之者之名不知語出何人今若仍刊卷首後人讀之轉生迷惑是以刪去其小司馬妄議史公老子韓非同傳欲加改竄殊屬無謂亦并刪焉而著之于此

太史公曰余登箕山索隱蓋楊惲東方朔見其文稱余而加太史公曰也○臣照按史家所爲史贊者自東漢後漸有其稱馬遷之時惡有是哉其作伯夷管晏列傳全以議論行文與別傳迥別何獨致疑于太史公曰四字也登箕山而見許由冢者蓋司馬談遷蓋述父語云爾

豈以其重若彼其輕若此哉索隱謂伯夷讓德之重若彼采薇而餓死之輕若此又一解云操行不軌富厚累代是其重若彼公正發憤而遇禍災是其輕若此也正義重謂盜跖等也輕謂夷齊由光等也○顧炎武曰其重若彼謂人之重富貴也其輕若此謂清士之輕富貴也

史記卷六十二

漢　太　史　令司馬遷　撰

宋　中郎外兵曹參軍裴駰集解

唐　國子博士弘文館學士司馬貞索隱

唐　諸王侍讀率府長史張守節正義

管晏列傳第二

管仲夷吾者潁上人也【索隱】潁水名地理志潁水出陽城漢有潁陽臨潁二縣今有潁上縣【正義】韋昭云管仲姬姓之後管嚴之子敬仲也少時常與鮑叔牙游鮑叔知其賢管仲貧困常欺鮑叔【索隱】呂氏春秋管仲與鮑叔同賈南陽及分財利而管仲常欺鮑叔多自取鮑叔知其有母不以爲貪鮑叔終善遇之不以爲言已而鮑叔事齊公子小白管仲事公子糾及小白立爲桓公公子糾死管仲囚焉鮑叔遂進管仲【正義】齊世家云鮑叔牙曰君將治齊則高傒與叔牙足矣君且欲霸王非管夷吾不可夷吾所居國國重不可失也於是桓公從之韋昭云鮑叔齊大夫姒姓之後鮑叔之子叔牙也管仲既用任政於齊齊桓公以霸九合諸侯一匡天下管仲之謀也【正義】管子云桓公以九惠之敎一曰老二曰慈三曰孤四曰疾五曰獨六曰病七曰通八曰賑九曰絕也管仲曰吾始困時嘗與鮑叔賈分財利【正義】賈音古多自與鮑叔不以我爲貪知我貧也吾嘗爲鮑叔謀事而更窮困鮑叔不以我爲愚知時有利不利也吾嘗三仕三見逐於君鮑叔不以我爲不肖知我不遭時也吾嘗三戰三走鮑叔不以我爲怯知我有老母也公子糾敗召忽死之吾幽囚受辱鮑叔不以我爲無恥知我不羞小節而恥功名不顯於天下也生我者父母知我者鮑子也鮑叔既進管仲以身下之子孫世祿於齊有封邑者十餘世【索隱】世本云莊仲山產敬仲夷吾夷吾產武子鳴鳴產桓子啓方啓方產成子孺孺產莊子盧盧產悼子其夷其夷產襄子武武產景子耐涉耐涉產微凡十代世譜同常爲名大夫天下不多管仲之賢而多鮑叔能知人也【正義】國語云齊桓公使鮑叔爲相辭曰臣之不若夷吾者五寬和惠民不若也治國家不失其柄不若也忠惠可結於百姓不若也制禮義可法於四方不若也執枹鼓立於軍門使百姓皆加勇不若也管仲既任政相齊以區區之齊在海濱【正義】齊國東濱海也通貨積財富國彊兵與俗同好惡故其稱曰【索隱】是夷吾著書所稱管子者其書有此言今畧其太畧也倉廩實而知禮節衣食足而知榮辱上服度則六親固【正義】上之服御物有制度則六親堅固也六親謂外祖父母一父母二姊妹三妻兄弟之子四從母之子五女之子六也王弼云父母兄弟妻子也四維不張國乃滅亡【集解】管子曰四維者禮義廉恥也下令如流水之原令順民心故論卑而易行【正義】言爲政令卑下鮮少而百姓易作行也俗之所欲因而予之俗之所否因而去之其爲政也善因禍而爲福轉敗而爲功貴輕重慎權衡【索隱】輕重謂錢也管子有輕重篇【正義】輕重謂恥辱也權衡謂得失也有恥辱甚貴重之有得失甚戒慎之桓公實怒少姬【索隱】謂怒蕩舟而未絕蔡人嫁之南襲蔡管仲因而伐楚責包茅不入貢於周室桓公實北征山戎而管仲因而令燕脩召公之政於柯之會【正義】今齊州東阿也桓公欲背曹沫之約【索隱】沫音妹左傳作曹劌【正義】沫莫葛反管仲因而信之【正義】以劫許之歸魯侵地諸侯由是歸齊故曰知與之爲取政之寶也【索隱】老子曰將欲取之必固與之是知此爲政之所寶也管仲富擬於公室有三歸反坫【正義】三歸三姓女也婦人謂嫁曰歸齊人不以爲侈管仲卒齊國遵其政常彊於諸侯【正義】括地志云管仲冢在青州臨淄縣南二十一里牛山之阿說苑云齊桓公使管仲治國管仲對曰賤不能臨貴桓公以爲上卿而國不治曰何故管仲對曰貧不能使富桓公賜之齊市租而國不治桓公曰何故對曰疏不能制近桓公立以爲仲父齊國大安而遂霸天下孔子曰管仲之賢而不得此三權者亦不能使其君南面而稱伯後百餘年而有晏子焉

晏平仲嬰者萊之夷維人也【集解】駰案劉向別錄曰萊者今東萊地也【索隱】名嬰

平謚仲字父桓子名弱也【正義】晏子齊記云齊城三百里有夷安即晏平仲之邑漢爲夷安縣屬高密國應劭云故萊夷維邑 事齊靈公莊公景公【索隱】世本及系本靈公名環莊公名光景公名杵臼 以節儉力行重於齊既相齊食不重肉妾不衣帛其在朝君語及之即危言【正義】謂己謙讓非云功能 語不及之即危行【正義】行下孟反謂君不知己增脩業行畏責及也 國有道即順命無道即衡命【正義】衡秤也謂國無道則制秤量之可行即行 以此三世顯名於諸侯越石父賢在縲紲中【正義】縲音力追反縲黑索也紲繫也晏子春秋云晏子之晉至中牟覩弊冠反裘負薪息於塗側晏子問曰何者對曰我石父也苟免饑凍爲人臣僕晏子解左驂贖之載與俱歸案與此文小異 晏子出遭之塗解左驂贖之載歸弗謝入閨久之越石父請絕晏子戄然【正義】戄況縛反皇覽云晏子冢在臨淄城南菑水南桓公冢西北括地志云齊桓公墓在青州臨淄縣東南二十三里鼎足上又云齊晏嬰冢在齊子城北門外晏子云吾生近市死豈易吾志乃葬故宅後人名曰清節里按恐皇覽誤乃管仲冢也 攝衣冠謝曰嬰雖不仁免子於厄何子求絕之速也石父曰不然吾聞君子詘於不知己而信於知己者【索隱】信讀曰申周禮皆然申於知己謂以彼知我而我志獲申 方吾在縲紲中彼不知我也夫子既已感寤而贖我是知己知己而無禮固不如在縲紲之中晏子於是延入爲上客晏子爲齊相出其御之妻從門閒而闚其夫其夫爲相御擁大蓋策駟馬意氣揚揚甚自得也既而歸其妻請去夫問其故妻曰晏子長不滿六尺身相齊國名顯諸侯今者妾觀其出志念深矣常有以自下者今子長八尺乃爲人僕御然子之意自以爲足妾是以求去也其後夫自抑損晏子怪而問之御以實對晏子薦以爲大夫

太史公曰吾讀管氏牧民山高乘馬輕重九府【集解】劉向別錄曰九府書民閒無有山高一名形勢【索隱】皆管仲著書篇名九府蓋錢之府藏其書論鑄錢之輕重故云輕重九府餘如別錄之說【正義】七略云管子十八篇在法家 及晏子春秋【索隱】嬰所著書名晏子春秋今其書有七十篇故下云其書世多有也【正義】七略云晏子春秋七篇在儒家 詳哉其言之也既見其著書欲觀其行事故次其傳至其書世多有之是以不論論其軼事【正義】軼音逸 管仲世所謂賢臣然孔子小之豈以爲周道衰微桓公既賢而不勉之至王乃稱霸哉【正義】言管仲世所謂賢臣孔子所以小之者蓋以爲周道衰桓公賢主管仲何不勸勉輔弼至於帝王乃自稱霸主哉故孔子小之云蓋爲前疑夫子小管仲爲此 語曰將順其美匡救其惡故上下能相親也豈管仲之謂乎【正義】言管仲相齊順百姓之美匡救國家之惡令君臣百姓相親者是管之能也 方晏子伏莊公尸哭之成禮然後去豈所謂見義不爲無勇者邪【索隱】左傳崔杼弒莊公晏嬰入枕莊公尸股而哭之成禮而出崔杼欲殺之是也 至其諫說犯君之顏此所謂進思盡忠退思補過者哉假令晏子而在余雖爲之執鞭所忻慕焉【索隱】太史公之羨慕仰企平仲之行假令晏生在世巳雖與之爲僕隸爲之執鞭亦所忻慕其好賢樂善如此賢哉良史可以示人臣之炯戒也

索隱述贊曰夷吾成霸平仲稱賢粟乃實廩豆不掩肩轉禍爲福危言獲全孔賴左衽史忻執鞭成禮而去人望存焉

史記卷六十二考證

管晏列傳鮑叔既進管仲以身下之子孫世祿於齊有封邑者十餘世索隱世本云莊仲山產敬仲夷吾夷吾產武子鳴鳴產桓子啓方啓方產成子孺孺產莊子盧盧產悼子其夷其夷產襄子武武產景子耐涉耐涉產微凡十代世譜同○王鏊曰此十餘世是言鮑叔而索隱所注似言管氏不知何故

常爲名大夫天下不多管仲之賢而多鮑叔能知人也

正義執枹鼓立於軍門使百姓皆加勇猛不若也○國語無猛字

慎權衡正義權衡謂得失也○徐孚遠曰權衡鈞石之類蓋與民取平之意正義非也

晏子戄然正義皇覽云晏子冢在臨淄城南菑水南桓公冢西北括地志云齊桓公墓在青州臨淄縣東南二十三里鼎足上又云齊晏嬰冢在齊子城北門外晏子云吾生近市死豈易吾志乃葬故宅後人名曰清節里按恐皇覽誤乃管仲冢也○徐孚遠曰此注雜在越石父事中爲不倫也

史記卷六十三

漢　太　史　令司馬遷　撰

宋　中郎外兵曹參軍裴駰集解

唐　國子博士弘文館學士司馬貞索隱

唐　諸王侍讀率府長史張守節正義

老莊申韓列傳第三

老子者【正義】朱韜玉札及神仙傳云老子楚國苦縣瀨鄉曲仁里人也姓李名耳字伯陽一名重耳外字聃身長八尺八寸黃色美眉長耳大目廣額疏齒方口厚脣額有三五達理日角月懸鼻有雙柱耳有三門足蹈二五手把十文周時人李母八十一年而生又玄妙內篇云李母懷胎八十一載逍遙李樹下迺割左腋而生又云玄妙玉女夢流星入口而有娠七十二年而生老子又上元經云李母晝夜見五色珠大如彈丸自天下因吞之即有娠張君相云老子者是號非名老考也子孳也考教衆理達成聖孳乃孳生萬物善化濟物無遺也 楚苦縣厲鄉曲仁里人也【集解】駰案地理志曰苦縣屬陳國【索隱】地理志誤也苦縣本屬陳春秋時楚滅陳而苦又屬楚故云楚苦縣至高帝十一年立淮陽國陳縣苦縣皆屬焉裴氏所引不明見苦縣在陳縣下因云苦屬陳今檢地理志苦實屬淮陽郡苦音怙【正義】按年表云淮陽國景帝三年廢至天漢修史之時楚節王純都彭城相近疑苦此時屬楚國故太史公書之括地志云苦縣在亳州谷陽縣界有老子宅及廟廟中有九井尚存在今亳州真源縣厲音賴晉太康地記云苦縣城東有瀨鄉祠老子所生地也 姓李氏名耳字伯陽謚曰聃【索隱】按葛玄云李氏女所生因母姓也又云生而指李樹因以爲姓許慎云聃耳漫也故名耳字聃今作字伯陽非正也然老子號伯陽父此傳不稱【正義】聃耳漫無輪也神仙傳云外字曰聃按字號也疑老子耳漫無輪故世號曰聃 周守藏室之史也【索隱】按藏室史乃周藏書室之史也又張湯傳老子爲柱下史即藏室之柱下因以爲官名【正義】云藏在浪反 孔子適周將問禮於老子【索隱】大戴記亦云然 老子曰子所言者其人與骨皆已朽矣獨其言在耳且君子得其時則駕不得其時則蓬累而行【索隱】劉氏云蓬累猶扶持也累音六水反說者云頭戴物兩手扶之而行謂之蓬累也蓋也累隨也以言若得明君則駕車服冕不遇時則自覆蓋相攜隨而去也【正義】蓬沙磧上轉蓬也累轉行貌也言君子得明主則駕車而事不遭時則若蓬轉流移而行可止則止也蓬其狀若皤蒿細葉蔓生於沙漠中風吹則根斷隨風轉移也皤蒿江東呼爲斜蒿云 吾聞之良賈深藏若虛君子盛德容貌若愚【索隱】良賈謂善貨賣之人賈音古深藏謂隱其寶貨不令人見故云若虛而君子之人身有盛德其容貌謙退有若愚魯之人然嵇康高士傳亦載此語文則小異云良賈深藏外形若虛君子盛德容貌若不足也 去子之驕氣與多欲態色與淫志【正義】姿態之容色與淫慾之志皆無益於夫子須去除也 是皆無益於子之身吾所以告子若是而已孔子去謂弟子曰鳥吾知其能飛魚吾知其能游獸吾知其能走走者可以爲罔游者可以爲綸飛者可以爲矰至於龍吾不能知其乘風雲而上天吾今日見老子其猶龍邪老子修道德其學以自隱無名爲務居周久之見周之衰迺遂去至關關令尹喜曰子將隱矣彊爲我著書【索隱】李尤函谷關銘云尹喜要老子留作二篇而崔浩以尹喜又爲散關令是也【正義】抱朴子云老子西遊遇關令尹喜於散關爲喜著道德經一卷謂之老子或以爲函谷關括地志云散關在岐州陳倉縣東南五十二里函谷關在陝州桃林縣西南十二里彊其兩反爲于僞反 於是老子迺著書上下篇言道德之意五千餘言而去莫知其所終【集解】駰案列仙傳曰關令尹喜者周大夫也善內學星宿服精華隱德行仁時人莫知老子西遊喜先見其氣知真人當過候物色而迹之果得老子老子亦知其奇爲著書與老子俱之流沙之西服具勝實莫知其所終亦著書九篇名關令子【索隱】列仙傳是劉向所記物色而迹謂視其氣物有異色而尋迹之又按列異傳老子西遊關令尹喜望見有紫氣浮關而老子果乘青牛而過也 或曰老萊子亦楚人也【正義】太史公疑老子或是老萊子故書之列仙傳云老萊子楚人當時世亂逃世耕於蒙山之陽莞葭爲牆蓬蒿爲室枝木爲牀蓍艾爲席菹芰爲食墾山播種五穀楚王至門迎之遂去至於江南而止曰鳥獸之毛可績而衣其遺粒足食也 著書十五篇言道家之用與孔子同時云蓋老子百有六十餘歲或言二百餘歲【索隱】此前古好事者據外傳以老子生年至孔子時故百六十歲或言二百餘歲者即以周太史儋爲老子故二百餘歲【正義】蓋或皆疑辭也世不的知故言蓋及或也玉清云老子以周平王時見衰於是去孔子世家云孔子問禮於老子在周景王時孔子蓋年三十也去平王十二王此傳云儋即老子也秦獻公與烈王同時去平王二十一王說者不一不可知也故葛仙公序云老子體于自然生乎大始之先起乎無因經歷天地終始不可稱載也 以其脩道而養壽也自孔子死之後百二十九年【集解】徐廣曰實百一十九年 而史記周太史儋見秦獻公曰始秦與周合而離離五百歲而復合合七十歲而霸王者出焉【索隱】周秦二本紀並云始周與秦國合而別別五百載又合合七十歲而霸王者出然與此傳離合相反尋其意義亦並不違 或曰儋即老子或曰非也世莫知其然否老子隱君子也老子之子名宗宗爲魏將封於段干【集解】駰案此云封於段干段干應是魏邑名也而魏世家有段干木段干子田完世家有段干朋疑此三人是姓段干也本蓋因邑爲姓左傳所謂邑亦如之是也風俗通氏姓注云姓段名干木恐或失之矣天下自別有段姓何必段干木邪 宗子注【索隱】音鑄【正義】之樹反 注子宮宮玄孫假【索隱】音古雅反【正義】作假音霞 假仕於漢孝文帝而假之子解爲膠西王卬太傅因家於齊焉世之學老子者則絀儒學【索隱】絀音黜黜退而後之也 儒學亦絀老子道不同不相爲謀豈謂是邪李耳無爲自化清靜自正【索隱】太史公因其行事於當篇之末結以此言亦是贊也又云此是昔人所評老聃之德故太史公引以記之【正義】此都結老子之教也言無所造爲而自化清淨不撓而民自歸正也

莊子者蒙人也【集解】駰案地理志蒙縣屬梁國【索隱】劉向別錄云宋之蒙人也【正義】郭緣生述征記云蒙縣莊周之本邑也 名周周嘗爲蒙漆園吏【正義】括地志云漆園故城在曹州冤句縣北十七里此云莊周爲漆園吏即此按其城古屬蒙縣 與梁惠王齊宣王同時其學無所不闚然其要本歸於老子之言故其著書十餘萬言大抵率寓言也【索隱】大抵猶言大略也其書十餘萬言率皆立主客使之相對語故云偶言又音寓寓寄也故別錄云作人姓名使相與語是寄辭於其人故莊子有寓言篇【正義】率音律寓音遇率猶類也寓寄也 作漁父盜跖胠篋【索隱】胠篋猶言開篋也胠音袪亦有音去劫反【正義】胠音丘魚反篋音苦頰反胠開也篋箱類也此莊子三篇名皆詆毀自古聖君賢臣孔子之徒營求名譽咸以喪身非抱素任眞之道也 以詆訿孔子之徒【索隱】詆音邸訿音呰謂詆訐毀訾孔子也 以明老子之術畏累虛亢桑子之屬皆空語無事實【索隱】按莊子畏累虛篇名也即老聃弟子畏累鄒氏畏音於鬼反累音壘劉氏畏音烏罪反累路罪反郭象云今東萊也亢音庚亢桑子王劭本作庚桑司馬彪云庚桑楚人姓名【正義】莊子云庚桑楚者老子弟子北居畏累之山成玄英云山在魯亦云在深州此篇寄庚桑楚以明至人之德衛生之經若槁木無情死灰無心禍福不至惡有人災然莊子雜篇庚桑楚已下皆空設言語無有實事也 然善屬書離辭【正義】屬音燭離辭猶分析其辭句 指事類情用剽剝儒墨【正義】剽疋妙反剝猶攻擊也 雖當世宿學不能自解免也其言洸洋自恣以適己【索隱】洸洋音汪羊又音晃養又作瀁【正義】洋音翔己音紀 故自王公大人不能器之楚威王聞莊周賢【正義】威王當周顯王三十年 使使厚幣迎之許以爲相莊周笑謂楚使者曰千金重利卿相尊位也子獨不見郊祭之犧牛乎養食之數歲衣以文繡以入太廟當是之時雖欲爲孤豚豈可得乎【索隱】孤小也特也願爲小豚不可得【正義】不羣也豚小猪臨宰時願爲孤小豚不可得也 子亟去【索隱】音棘猶急也 無汚我【索隱】汚烏故反 我寧游戲汚瀆之中自快【索隱】汚瀆音烏讀瀆汚之小渠也 無爲有國者所羈終身不仕以快吾志焉【正義】莊子云莊子釣於濮水之上楚王使大夫往曰願以境內累莊子持竿不顧曰吾聞楚有神龜死二千歲矣巾笥藏之廟堂之上此龜寧無爲留骨而貴乎寧生曳尾泥中乎大夫曰寧曳尾塗中莊子曰往矣吾將曳尾於塗中與此傳不同

申不害者京人也【索隱】申子名不害按別錄云京今河南京縣【正義】按地志云京縣故城縣東南二十里鄭之京邑也 故鄭之賤臣學術以干韓昭侯【索隱】術即刑名法術 昭侯用爲相內修政教外應諸侯十五年終申子之身國治兵彊無侵韓者【索隱】王劭按紀年云韓昭侯之世兵寇屢交異乎此言 申子之學本於黃老而主刑名著書二篇號曰申子【集解】駰案劉向別錄曰今民間所有上書二篇中書六篇皆合二篇已過太史公所記也【正義】阮孝緒七略云申子三卷也

韓非者韓之諸公子也【正義】阮孝緒七略云韓子二十卷韓世家云王安五年非使秦九年虜王安韓非亡 喜刑名法術之學【集解】駰案新序曰申子之書言人主當執術無刑因

循以督責臣下其責深刻故號曰術商鞅所爲書號曰法皆曰刑名故號曰刑名法術之書【索隱】著書三十餘篇號曰韓子 而其歸本於黃老【索隱】劉氏云黃老之法不尚繁華清簡無爲君臣自正韓非之論詆駮浮淫法制無私而名實相稱故曰歸於黃老斯未爲得其本旨今按韓子書有解老喻老二篇是大抵亦崇黃老之學也 非爲人口吃【正義】音訖 不能道說而善著書與李斯俱事荀卿【正義】孫卿子二十二卷名況趙人楚蘭陵令避漢宣帝諱改姓孫也 斯自以爲不如非非見韓之削弱數以書諫韓王【索隱】韓王安也 韓王不能用於是韓非疾治國不務脩明其法制執勢以御其臣下富國彊兵而以求人任賢反舉浮淫之蠹而加之於功實之上以爲儒者用文亂法而俠者以武犯禁寬則寵名譽之人急則用介冑之士【正義】介甲也冑兜鍪也 今者所養非所用【索隱】言非疾時君以祿養其臣者乃皆安祿養交之臣非勇悍忠梗及折衝禦侮之人也 所用非所養【索隱】言人主臨事任用並非常所祿養之士故難可盡其死力也 悲廉直不容於邪枉之臣【索隱】又非姦邪諂諛之臣不容廉直之士 觀往者得失之變【正義】韓非見王安不用忠良令國削弱故觀往古有國之君則得失之變異而作韓子二十卷 故作孤憤五蠹內外儲說林說難十餘萬言【索隱】此皆非所著書篇名也孤憤憤孤直不容於時也五蠹蠹政之事有五也內外儲按韓子有內外儲說篇內儲言明君執術以制臣下利之在己故曰內也外儲言明君觀聽臣下之言行以斷其賞罰賞罰在彼故曰外也儲蓄二事所謂明君也說林者廣說諸事其多若林故曰說林也今韓子有說林上下二篇說難者說前人行事與己不同而詰難之故其書有說難篇 然韓非知說之難爲說難書甚具終死於秦不能自脫【索隱】說音稅難音奴干反言游說之道爲難故曰說難其書詞甚高故特載之然此篇亦與韓子微異煩省小不同劉伯莊亦申其意粗釋其微文幽旨故有劉說也

說難曰凡說之難非吾知之有以說之難也【正義】凡說難識情理不當人主之心恐犯逆鱗說之難知故言非吾知之有以說之乃爲難 又非吾辯之難能明吾意之難也【正義】能分明吾意以說之亦又未爲難也向非甚難 又非吾敢橫失能盡之難也【索隱】韓子橫失作橫佚劉氏云吾之所言無橫無失陳辭發策能盡說情此雖是難尚非難也【正義】橫擴孟反又非吾敢有橫失理能盡說己之情此雖是難尚非極難 凡說之難在知所說之心可以吾說當之【索隱】劉氏云關說之難正在於此也按說之心者謂人君之心也言以人臣疎末射尊重之意貴賤隔絕旨趣難知自非高識莫近幾會故曰說之難也乃須審明人主之意必以說合其情故云吾說當之也【正義】前者三說並未爲難凡說之難者正在於此言深揣知前人意可以吾說當之閒與前人心會說則行乃是難矣 所說出於爲名高者也而說之以厚利則見下節而遇卑賤必棄遠矣【索隱】謂所說之主中心本出欲立高名者也說臣乃陳厚利是其見下節也既不會高情故遇卑賤必棄遠矣劉氏云稽古羲黃祖述堯舜是爲名高也 所說出於厚利者也而說之以名高則見無心而遠事情必不收矣【索隱】亦謂所說之君出意本規厚利而說臣乃陳名高之節則是說者無心遠於我之事情必不收用也故劉氏曰若秦孝公志於彊國而商鞅說以帝王故怒而不用也 所說實爲厚利而顯爲名高者也【索隱】韓子實字作陰陽也謂其君實爲厚利而詐作欲爲名高之節也【正義】前人必欲厚利詐慕名高則陽收其說實疎遠之 而說之以名高則陽收其身而實疏之若說之以厚利則陰用其言而顯棄其身【索隱】謂若下文云鄭武公陰欲伐胡而關其思極論深計雖知說當終遭顯戮也【正義】前人好利厚詐慕名高說之以厚利則陰用說者之言而顯不收其身說士不可不察 此之不可不知也

夫事以密成而以泄敗未必其身泄之也而語及其所匿之事如是者身危【正義】事多相類語言或說其相類之事前人覺悟便成漏泄故身危也 貴人有過端而說者明言善議以推其惡者則身危【正義】人主有過失之端緒而引美善之議以推人主之惡則身危 周澤未渥也而語極知說行而有功則德亡【正義】渥霑濡也人臣事君未滿周至之恩澤而說事當理事行有功君不以爲恩德故德亡 說不行而有敗則見疑如是者身危【索隱】謂人臣事上其道未合至周之恩未沾渥於下而輒吐誠極知其道說有功則其德亦亡無也韓子作則見忘然見忘勝於德亡也又若說不行而有敗則見疑如是者身危是恩意未深輒評時政不爲所信更致嫌疑若下文所云鄭父以墻壞有盜却爲見疑卽其類也【正義】說事不行或行有敗壞則必致危殆若此者身危也 夫貴人得計而欲自以爲功說者與知焉則身危【正義】與音預人主先得其計己功說者知前發其蹤跡身必危亡 彼顯有所出事迺自以爲也故說者與知焉則身危【索隱】謂人主明有所出事乃自以爲功而說者與知是則以爲間故身危【正義】人主明所出事乃以有所營爲說者預知其計而說者身亡危 彊之以其所必不爲【索隱】劉氏云若項羽必欲衣錦東歸而說者彊述關中違旨忤情自招誅滅也 止之以其所不能已者身危【索隱】劉氏云若漢景帝欲廢栗太子而周亞夫彊欲止之竟不從其言後遂下獄也【正義】彊其兩反人主必不欲有爲而說者彊令爲之人主已營爲而說者彊止之者身危 故曰與之論大人則以爲間己【正義】間音紀莧反說彼大人之短以爲竊己之事情乃爲則讒間之 與之論細人則以爲鬻權【索隱】韓子鬻權作賣重謂鬻彼細微之人言堪大用則疑其挾詐而賣我之權【正義】鬻音育劉伯莊云論則疑其挾詐賣己之權 論其所愛則以爲借資【正義】說人主愛行人主以爲借己之資藉也 論其所憎則以爲嘗己【正義】論說人主所憎惡人主則以爲嘗試於己也 徑省其辭則不知而屈之【索隱】謂人主意在文華而說者但徑提省略其辭則以說者爲無知而見屈辱也【正義】省山景反 汎濫博文則多而久之【索隱】謂人主志在簡要而說者務於浮辭汎濫博涉文華則君上嫌其多迂誕文而無當【正義】汎浮辭也博聞廣言句也言浮說廣陳必多詞理時乃永久人主疲惓 順事陳意則曰怯懦而不盡【正義】懦音乃亂反說者陳言順人主之意則或怯懦而不盡事情也 慮事廣肆則曰草野而倨侮【正義】草野猶鄙陋也廣陳言詞多有鄙陋乃成倨傲侮慢 此說之難不可不知也凡說之務在知飾所說之所敬而滅其所醜【索隱】所說謂所說之主也飾其所敬者說士當知人主之所敬而時以文飾之滅其所醜謂人主有所避諱而醜之說者當滅其事端而不言也 彼自知其計則無以其失窮之【正義】前人自知其失誤說士無以失誤窮極之乃爲訕上也 自勇其斷則無以其敵怒之【索隱】謂人主自勇其斷說士無以己意而攻閒之是以卑下之謀自敵於上以致譴怒也【正義】斷音端亂反劉伯莊云貴人斷甲爲是說者以乙破之乙之理難同怒以下敵上也 自多其力則無以其難概之【索隱】概猶格也劉氏云秦昭王決欲攻趙白起苦諫其難遂己之心拒格君上故致杜郵之僇【正義】概古代反 規異事與同計譽異人與同行者則以飾之無傷也【正義】劉伯莊云貴人與甲同計與乙同行者說士陳言無傷甲乙也 有與同失者則明飾其無失也【索隱】按上文言人主規事譽人與人同計同行今說者之詞不得傷於同計同行之人仍可文飾其類也又若人主與同失者而說者則可明飾其無失也【正義】人主與甲同失說者文飾甲之無失 大忠無所拂辭【索隱】拂音佛大忠之人志在匡君於善君初不從則且退止待君之悅而又幾諫卽不拂悟於君也 悟言無所擊排【索隱】謂大忠說諫之詞本欲歸於安人興化亦無別有所擊射排擯按韓子作擊摩 迺後申其辯知焉此所以親近不疑【正義】拂悟當爲咈忤古字假借耳咈違也忤逆也言大忠之事擬安民興化事在匡弼君初不擊排乃後周澤霑濡君臣道合乃敢辯智說爲此所以親近而不見疑是知盡之難 知盡之難也【集解】徐廣曰知一作得難一作辭【索隱】謂人臣盡知事上之道難也韓子作得盡之辭【正義】言說士知諫說之難也能盡此說之道得當人主之心君臣相合乃是知盡之難也 得曠日彌久而周澤既渥【索隱】謂君臣道合曠日已久誠著於君也君之渥澤周浹於臣魚水相須鹽梅相和也 深計而不疑交爭而不罪迺明計利害以致其功直指是非以飾其身以此相持此說之成也【正義】夫知盡之難則君臣道合故得曠日彌久而周澤既渥深計而君不疑與君交爭而不罪面得明計國之利害以致其功直指是非任爵祿於身以此君臣相執持此說之成也 伊尹爲庖【正義】殷本紀云乃爲有莘氏媵臣負鼎俎以滋味說湯致王道是也 百里奚爲虜【正義】晉世家云虢滅虞公及大夫百里以媵秦穆姬也 皆所由干其上也故此二子者皆聖人也猶不能無役身而涉世如此其汙也【正義】汙音烏故反庖虜是汙 則非能仕之所設也【索隱】韓子作能士之所恥也 宋有富人天雨牆壞其子曰不築且有盜其鄰人之父亦云暮而果大亡其財其家甚知其子而疑鄰人之父【正義】其子鄰父說皆當矣而切見疑非處知則難乎 昔者鄭武公欲伐胡【正義】世本云胡歸姓也括地志云胡城在豫州郾城縣界 迺以其子妻之因問羣臣曰吾欲用兵誰可伐者關其思曰胡可伐迺戮關其思曰胡兄弟之國也子言伐之何也胡君聞之以鄭爲親己而不備鄭鄭人襲胡取之此二說者其知皆當矣【正義】當當浪反 然而甚者爲戮薄者見疑非知之難也處知則難矣昔者彌子瑕見愛於衞君衞國之法竊駕君車者罪至刖既而彌子之母病人聞往夜告之彌子矯駕君車而出君聞之而賢之曰孝哉爲母之故而犯刖罪與君游果園彌子食桃而甘不盡而奉君君曰愛我哉忘其口而念我及彌子色衰而愛弛得罪於君君曰是嘗矯駕吾車又嘗食我以其餘桃故彌子之行未變於初也前見賢而後獲罪者愛憎之至變也故有愛於主則知當而加親見憎於主則罪當而加疏故諫說之士不可不察愛憎之主而後說之矣夫龍之爲蟲也【正義】龍蟲類也故言龍之爲蟲 可擾狎而騎也然其喉下有逆鱗徑尺人有嬰之則必殺人人主亦有逆鱗說之者能無嬰人主之逆鱗則幾矣【索隱】幾庶也謂庶幾於善諫說【正義】說者能不犯人主逆鱗則庶幾矣 人或傳其書至秦秦王見孤憤五蠹之書曰嗟乎寡人得見此人與之游死不恨矣李斯曰此韓非之所著書也秦因急攻韓韓王始不用非及急迺遣非使秦秦王悅之未信用李斯姚賈害之毀之曰韓非韓之諸公子也今王欲并諸侯非終爲韓不爲秦此人之情也今王不用久留而歸之此自遺患也不如以過法誅之秦王以爲然下吏治非李斯使人遺非藥使自殺韓非欲自陳不得見秦王後悔之使人赦之非已死矣【集解】駰案戰國策曰秦王封姚賈千戶以爲上卿韓非短之曰賈梁監門子盜於梁臣於趙而逐取世監門子梁大盜趙逐臣與同社稷之計非所以厲羣臣也王召賈問之賈荅云云迺誅韓非也 申子韓子皆著書傳於後世學者多有余獨悲韓子爲說難而不能自脫耳

太史公曰老子所貴道虛無因應變化於無爲故著書辭稱微妙難識莊子散道德放論要亦歸之自然申子卑卑【集解】駰案自勉勵之意也 施之於名實韓子引繩墨切事情明是非其極慘礉【集解】駰案胡革反用法慘急而鞫礉深刻 少恩皆原於道德之意而老子深遠矣

索隱述贊曰伯陽立教清淨無爲道尊東魯迹竄西垂莊蒙栩栩申害卑卑刑名有術說難極知悲彼周防終亡李斯

史記卷六十三考證

老莊申韓列傳老子者正義朱韜玉札及神仙傳云○臣照按漢武惑于神仙方士並宗老子故司馬遷作老子傳著其鄉里詳考其子孫以明老子者亦人耳非所謂乘雲氣御飛龍不可方物者故一則曰老子隱君子也再則曰老子隱君子也良史心苦矣正義翻引神仙荒唐謬悠之論以爲史注夏蟲不可語氷有如是

合七十歲而霸王者出焉○周本紀封禪書云合十七歲秦本紀云七十七歲

史記卷六十四

漢　太　史　令司馬遷　撰

宋中郎外兵曹參軍裴駰集解

唐國子博士弘文館學士司馬貞索隱

唐諸王侍讀率府長史張守節正義

司馬穰苴列傳第四

司馬穰苴者田完之苗裔也【索隱】穰苴田氏之族爲大司馬故曰司馬穰苴也【正義】穰音若羊反苴音子徐反田穰苴爲司馬官主兵 齊景公時晉伐阿甄而燕侵河上【索隱】阿甄皆齊邑晉太康地記曰阿卽東阿也地理志云甄城縣屬濟陰【正義】河上黃河南岸地卽滄德二州北界 齊師敗績景公患之晏嬰乃薦田穰苴曰穰苴

雖田氏庶孽然其人文能附衆武能威敵願君試之景公召穰苴與語兵事大說之以爲將軍【索隱】謂命之爲將以將軍也將音卹匠反遂以將軍爲官名故尸子曰十萬之師無將軍則亂六國時有此官將兵扞燕晉之師穰苴曰臣素卑賤君擢之閭伍之中加之大夫之上士卒未附百姓不信人微權輕願得君之寵臣國之所尊以監軍乃可於是景公許之使莊賈往穰苴既辭與莊賈約曰旦日日中會於軍門【索隱】按旦日謂明日日中時期會於軍門穰苴先馳至軍立表下漏待賈【索隱】立表謂立木爲表以視日景下漏謂下滴漏以知刻數也賈素驕貴以爲將己之軍而己爲監不甚急【正義】己音紀監甲暫反親戚左右送之留飲日中而賈不至穰苴則仆表決漏【索隱】仆音赴仆者臥其表也決漏謂決去壺中漏水以賈失期過日中故也入行軍勒兵申明約束約束既定夕時莊賈乃至穰苴曰何後期爲賈謝曰不佞大夫親戚送之故留穰苴曰將受命之日則忘其家臨軍約束則忘其親援枹鼓之急則忘其身【索隱】援音袁枹音浮【正義】援作操枹音孚謂鼓挺也今敵國深侵邦內騷動士卒暴露於境君寢不安席食不甘味百姓之命皆懸於君何謂相送乎召軍正問曰軍法期而後至者云何對曰當斬莊賈懼使人馳報景公請救既往未及反於是遂斬莊賈以徇三軍三軍之士皆振慄久之景公遣使者持節赦賈馳入軍中穰苴曰將在軍君令有所不受【集解】魏武帝曰苟便於事不拘君命問軍正曰軍中不馳今使者馳云何正曰當斬使者大懼穰苴曰君之使不可殺之乃斬其僕車之左駙馬之左驂以徇三軍【索隱】謂斬其使者僕車之左駙又斬馬之左驂以御馬在左故也【正義】駙音附劉伯莊云駙者箱外之立木承重較者徇行示也遣使者還報然後行士卒次舍井竈飲食問疾醫藥身自拊循之悉取將軍之資糧享士卒身與士卒平分糧食最比【正義】比作甲必耳反其羸弱者三日而後勒兵病者皆求行爭奮出爲之赴戰晉師聞之爲罷去燕師聞之度水而解【正義】度黃河水北去而解於是追擊之遂取所亡封內故境而引兵歸未至國釋兵旅解約束誓盟而後入邑景公與諸大夫郊迎勞師成禮然後反歸寢既見穰苴尊爲大司馬田氏日以益尊於齊已而大夫鮑氏高國之屬害之譖於景公景公退穰苴苴發疾而死田乞田豹之徒由此怨高國等【索隱】田乞田僖子豹亦僖子之族也其後及田常殺簡公盡滅高子國子之族至常曾孫和因自立爲齊威王【索隱】此文誤也當云田和自立至其孫因齊號爲齊威王故世家云田和自立號太公其孫號威王也用兵行威大放穰苴之法【正義】放方往反而諸侯朝齊齊威王使大夫追論古者司馬兵法而附穰苴於其中因號曰司馬穰苴兵法

太史公曰余讀司馬兵法閎廓深遠雖三代征伐未能竟其義如其文也亦少褒矣【索隱】謂司馬法說行兵揖讓有三代之法而齊區區小國又嘗戰國之時故云少褒若夫穰苴區區爲小國行師何暇及司馬兵法之揖讓乎世既多司馬兵法以故不論著穰苴之列傳焉

索隱述贊曰燕侵河上齊師敗績嬰薦穰苴武能威敵斬賈以徇三軍驚惕我卒既彊彼寇退壁法行司馬實賴宗戚

史記卷六十四考證

司馬穰苴列傳齊景公時晉伐阿甄而燕侵河上○古史曰太史公爲司馬穰苴傳言齊景公拔以爲將遂以成功歸爲大司馬大夫高國害之譖而殺之其言甚美世皆信之予以春秋左氏考之未有燕晉伐齊者也而戰國策稱司馬穰苴執政者也湣王殺之故大臣不附意者穰苴湣王之臣嘗爲湣王却燕晉而戰國雜說遂以爲景公時耶習學記言曰左氏前後載齊事甚詳使有穰苴暴起立功不應遺落也况伐阿鄄侵河上皆景公時所無大司馬亦非齊官遷故稱田乞田豹由此怨高國若不考信於左氏者蓋作書之人夸大其詞而遷信之爾

史記卷六十五

漢　太　史　令司馬遷　撰

宋　中　郎　外　兵　曹　參　軍　裴　駰集解

唐　國　子　博　士　弘　文　館　學　士　司　馬　貞索隱

唐　諸　王　侍　讀　率　府　長　史　張守節正義

孫子吳起列傳第五

孫子武者齊人也【正義】魏武帝云孫子者齊人事於吳王闔閭爲吳將作兵法十三篇以兵法見於吳王闔廬闔廬曰子之十三篇【正義】七錄云孫子兵法三卷案十三篇爲上卷又有中下二卷吾盡觀之矣可以小試勒兵乎對曰可闔廬曰可試以婦人乎曰可於是許之出宮中美女得百八十人孫子分爲二隊以王之寵姬二人各爲隊長【索隱】隊徒對反長竹兩反皆令持戟令之曰汝知而心與左右手背乎婦人曰知之孫子曰前則視心左視左手右視右手後卽視背婦人曰諾約束既布乃設鈇鉞卽三令五申之於是鼓之右婦人大笑孫子曰約束不明申令不熟將之罪也復三令五申而鼓之左婦人復大笑孫子曰約束不明申令不熟將之罪也既已明而不如法者吏士之罪也乃欲斬左右隊長吳王從臺上觀見且斬愛姬大駭趣使使下令【索隱】趣音促急也使音色吏反曰寡人已知將軍能用兵矣寡人非此二姬食不甘味願勿斬也孫子曰臣既已受命爲將將在軍君命有所不受遂斬隊長二人以徇用其次爲隊長於是復鼓之婦人左右前後跪起皆中規矩繩墨無敢出聲於是孫子使使報王曰兵既整齊王可試下觀之唯王所欲用之雖赴水火猶可也吳王曰將軍罷休就舍寡人不願下觀孫子曰王徒好其言不能用其實於是闔廬知孫子能用兵卒以爲將西破彊楚入郢北威齊晉顯名諸侯孫子與有力焉

孫武既死【集解】駰案越絕書曰吳縣巫門外大冢孫武冢也去縣十里【索隱】越絕書子貢所著恐非也其書多記吳越亡後土地或後人所錄【正義】七錄云越絕十六卷或云伍子胥撰後百餘歲有孫臏臏生阿鄄之間臏亦孫武之後世子孫也孫臏嘗與龐涓俱學兵法【索隱】臏頻忍反龐皮江反涓古玄反龐涓既事魏得爲惠王將軍而自以爲能不及孫臏乃陰使召孫臏臏至龐涓恐其賢於己疾之則以法刑斷其兩足而黥之欲隱勿見齊使者如梁【正義】今汴州孫臏以刑徒陰見說齊使齊使以爲奇竊載與之齊齊將田忌善而客待之忌數與齊諸公子馳逐重射孫子見其馬足不甚相遠馬有上中下輩於是孫子謂田忌曰君弟重射【索隱】弟且也重射好射也臣能令君勝田忌信然之與王及諸公子逐射千金【正義】射音石逐而射賭千金及臨質【索隱】質猶對也將欲對射之時也一云質謂堋非也孫子曰今以君之下駟與彼上駟取君上駟與彼中駟取君中駟與彼下駟既馳三輩畢而田忌一不勝而再勝卒得王千金於是忌進孫子於威王威王問兵法遂以爲師其後魏伐趙趙急請救於齊齊威王欲將孫臏臏辭謝曰刑餘之人不可於是乃以田忌爲將而孫子爲師居輜車中坐爲計謀田忌欲引兵之趙孫子曰夫解雜亂紛糾者不控捲【索隱】謂事之雜亂紛糾也解雜亂紛糾者當善以手解之不可控捲而擊之捲卽拳也劉氏云控總捲縮非也救鬭者不搏撠【索隱】音搏戟謂救鬭者當善搗解之無以手助相搏撠則其怒益熾矣按撠謂以手持撠刺人也批亢擣虛【索隱】批音白結反亢音苦浪反按批者相排批也音白滅反言敵人相亢拒也擣者擊也衝也虛者空也按謂前人相亢必須批之彼兵若虛則衝擣之欲令擊梁之虛也此當是舊語故孫子以言之也形格勢禁則自爲解耳【索隱】謂若批其相亢擊擣彼虛則是事形相格而其勢自禁止則彼自爲解兵也今梁趙相攻輕兵銳卒必竭於外老弱罷於內君不若引兵疾走大梁據其街路衝其方虛彼必釋趙而自救是我一舉解趙之圍而收弊於魏也【索隱】謂齊今引兵據大梁之衝是衝其方虛之時梁必釋趙而自救是一舉釋趙而弊魏田忌從之魏果去邯鄲與齊戰於桂陵大破梁軍後十五年【索隱】王劭按紀年梁惠王十七年齊田忌敗梁桂陵至二十七年十二月齊田盼敗梁馬陵計相去無十三歲也魏與趙攻韓韓告急於齊齊使田忌將而往直走大梁魏將龐涓聞之去韓而歸齊軍既已過而西矣孫子謂田忌曰彼三晉之兵素悍勇而輕齊齊號爲怯善戰者因其勢而利導之兵法百里而趣利者蹶上將【集解】魏武帝曰蹶猶挫也【索隱】蹶音巨月反劉氏云蹶猶斃五十里而趣利者軍半至使齊軍入魏地爲十萬竈明日爲五萬竈又明日爲三萬竈龐涓行三日大喜曰我固知齊軍怯入吾地三日士卒亡者過半矣乃棄其步軍與其輕銳倍日并行逐之孫子度其行暮當至馬陵馬陵道狹而旁多阻隘可伏兵乃斫大樹白而書之曰龐涓死于此樹之下於是令齊軍善射者萬弩夾道而伏期曰暮見火舉而俱發龐涓果夜至斫木下見白書乃鑽火燭之讀其書未畢齊軍萬弩俱發魏軍大亂相失龐涓自知智窮兵敗乃自剄曰遂成豎子之名【索隱】豎子謂臏齊因乘勝盡破其軍虜魏太子申以歸孫臏以此名顯天下世傳其兵法

吳起者衞人也好用兵嘗學於曾子事魯君齊人攻魯魯欲將吳起吳起取齊女爲妻而魯疑之吳起於是欲就名遂殺其妻以明不與齊也魯卒以爲將將而攻齊大破之魯人或惡吳起曰起之爲人猜忍人也其少時家累千金游仕不遂遂破其家鄉黨笑之吳起殺其謗己者三十餘人而東出衞郭門與其母訣齧臂而盟曰起不爲卿相不復入衞遂事曾子居頃之其母死起終不歸曾子薄之而與起絕起乃之魯學兵法以事魯君魯君疑之起殺妻以求將夫魯小國而有戰勝之名則諸侯圖魯矣且魯衞兄弟之國也而君用起則是棄衞魯君疑之謝吳起吳起於是聞魏文侯賢欲事之文侯問李克曰吳起何如人哉李克曰起貪而好色【索隱】王劭云此李克言吳起貪下文云魏文侯知起廉盡能得士心又公叔之僕稱起爲人節廉豈前貪而後廉何言之相反也今李克言起貪者起本家累千金破產求仕非實貪也蓋言貪者是貪榮名耳故母死不赴殺妻將魯是也或者起未委質於魏猶有貪迹及其見用則盡廉能亦何異乎陳平之爲人也然用兵司馬穰苴不能過也於是魏文侯以爲將擊秦拔五城起之爲將與士卒最下者同衣食臥不設席行不騎乘親裹贏糧與士卒分勞苦卒有病疽者起爲吮之【索隱】吮音弋兗反又才兗反卒母聞而哭之人曰子卒也而將軍自吮其疽何哭爲母曰非然也往年吳公吮其父其父戰不旋踵遂死於敵吳公今又吮其子妾不知其死所矣是以哭之文侯以吳起善用兵廉平盡能得士心乃以爲西河守以拒秦韓魏文侯既卒起事其子武侯武侯浮西河而下中流顧而謂吳起曰美哉乎山河之固此魏國之寶也起對曰在德不在險昔三苗氏左洞庭右彭蠡德義不脩禹滅之夏桀之居左河濟右泰華伊闕在其南羊腸在其北【集解】瓚曰今河南城爲直之皇甫謐曰壺關有羊腸阪在太原晉陽西北九十里脩政不仁湯放之殷紂之國左孟門【索隱】劉氏按紂都朝歌今孟山在其西今言左

則東邊別有孟門也右太行常山在其北大河經其南脩政不德武王殺之由此觀之在德不在險若君不脩德舟中之人盡爲敵國也【集解】駰案揚子法言曰美哉言乎使起之用兵每若斯則太公何以加諸武侯曰善卽封吳起爲西河守甚有聲名魏置相相田文【索隱】呂氏春秋作商文吳起不悅謂田文曰請與子論功可乎田文曰可起曰將三軍使士卒樂死敵國不敢謀子孰與起文曰不如子起曰治百官親萬民實府庫子孰與起文曰不如子起曰守西河而秦兵不敢東鄉韓趙賓從子孰與起文曰不如子起曰此子三者皆出吾下而位加吾上何也文曰主少國疑大臣未附百姓不信方是之時屬之於子乎屬之於我乎起默然良久曰屬之子矣文曰此乃吾所以居子之上也吳起乃自知弗如田文田文旣死公叔爲相【索隱】韓之公族尚魏公主而害吳起公叔之僕曰起易去也公叔曰柰何其僕曰吳起爲人節廉而自喜名也君因先與武侯言曰夫吳起賢人也而侯之國小又與彊秦壤界臣竊恐起之無留心也武侯卽曰柰何君因謂武侯曰試延以公主起有留心則必受之無留心則必辭矣以此卜之君因召吳起而與歸卽令公主怒而輕君吳起見公主之賤君也則必辭於是吳起見公主之賤魏相果辭魏武侯武侯疑之而弗信也吳起懼得罪遂去卽之楚楚悼王素聞起賢至則相楚明法審令捐不急之官廢公族疏遠者以撫養戰鬬之士要在彊兵破馳說之言從橫者於是南平百越北并陳蔡却三晉西伐秦諸侯患楚之彊故楚之貴戚盡欲害吳起及悼王死宗室大臣作亂而攻吳起吳起走之王尸而伏之擊起之徒因射刺吳起并中悼王【索隱】楚系家悼王名疑悼王旣葬太子立【索隱】肅王臧也乃使令尹盡誅射吳起而并中王尸者坐射起而夷宗死者七十餘家

太史公曰世俗所稱師旅皆道孫子十三篇吳起兵法世多有故弗論論其行事所施設者語曰能行之者未必能言能言之者未必能行孫子籌策龐涓明矣然不能蚤救患於被刑吳起說武侯以形勢不如德然行之於楚以刻暴少恩亡其軀悲夫

【索隱】述贊曰孫子兵法一十三篇美人旣斬良將得焉刖孫臏脚籌策龐涓吳起相魏西河稱賢慘礉事楚死後留權

史記卷六十五考證

孫子吳起列傳君弟重射索隱重射好射也○徐孚遠曰重射者再射也索隱非

救鬭者不搏撠索隱按撠謂以手持撠刺人也○余有丁曰撠義當爲擊非矛戟也

批亢擣虛索隱按批者相排批也言敵人相亢拒也擣者擊也衝也虛者空也按謂前人相亢必須批之彼兵若虛則衝擣之欲令擊梁之虛也此當是舊語故孫子以言之也○顧炎武曰索隱非也此與劉敬傳搤其肮之肮同張晏曰肮嚨也下文所謂據其街路是也以敵人所不及備故之虛

卽封吳起爲西河守○徐孚遠曰前旣爲西河守矣此又云蓋雜引而未刪正　臣照按徐說非也武侯曰善卽封吳起蓋加以封耳下乃云爲西河守甚有聲名而不得爲相今并作一句讀遂疑此句重出

公叔爲相索隱韓之公族○臣照按戰國策公叔疑爲魏公叔痤非韓公族也公叔痤爲魏將而與韓趙戰澮北禽樂祚賞田百萬祿之反走再拜而辭以讓吳起之後則并害起者也此與國策參差不同

史記卷六十六

漢　太　史　令司馬遷　撰

宋　中　郎　外　兵　曹　參　軍　裴　駰集解

唐　國　子　博　士　弘　文　館　學　士　司　馬　貞索隱

唐　諸　王　侍　讀　率　府　長　史　張　守　節正義

伍子胥列傳第六

伍子胥者楚人也名員員父曰伍奢員兄曰伍尚其先曰伍舉以直諫事楚莊王【索隱】舉直諫見左氏楚世家有顯故其後世有名於楚楚平王有太子名曰建使伍奢爲太傅費無忌爲少傅【索隱】左氏作費無極無忌不忠於太子建平王使無忌爲太子取婦於秦秦女好無忌馳歸報平王曰秦女絕美王可自取而更爲太子取婦平王遂自取秦女而絕愛幸之生子軫更爲太子取婦無忌旣以秦女自媚於平王因去太子而事平王恐一旦平王卒而太子立殺已乃因讒太子建建母蔡女也無寵於平王平王稍益疏建使建守城父【集解】駰案地理志潁川有城父縣【索隱】城父本陳邑楚伐陳而有之備邊兵頃之無忌又日夜言太子短於王曰太子以秦女之故不能無怨望願王少自備也自太子居城父將兵外交諸侯且欲入爲亂矣平王乃召其太傅伍奢考問之伍奢知無忌讒太子於平王因曰王獨柰何以讒賊小臣疏骨肉之親乎無忌曰王今不制其事成矣王且見禽於是平王怒囚伍奢而使城父司馬奮揚往殺太子【索隱】奮揚城父司馬之姓名也行未至奮揚使人先告太子太子急去不然將誅太子建亡奔宋無忌言於平王曰伍奢有二子皆賢不誅且爲楚憂可以其父質而召之不然且爲楚患王使使謂伍奢曰能致汝二子則生不能則死伍奢曰尚爲人仁呼必來員爲人剛戾忍訽【集解】駰案音犬詬反【索隱】鄒氏作詬詬罵也音逅能成大事彼見來之并禽其勢必不來王不聽使人召二子曰來吾生汝父不來今殺奢也伍尚欲往員曰楚之召我兄弟非欲以生我父也恐有脫者後生患故以父爲質詐召二子二子去則父子俱死何益父之死往而令讎不得報耳不如奔他國借力以雪父之恥俱滅無爲也伍尚曰我知往終不能全父命然恨父召我以求生而不往後不能雪恥終爲天下笑耳謂員可去矣汝能報殺父之讎我將歸死尚旣就執使者捕伍胥伍胥貫【集解】駰案烏還反弓執矢嚮使者【索隱】劉氏貫音彎又音古患反謂滿張弓使者不敢進伍胥遂亡聞太子建之在宋往從之奢聞子胥之亡也曰楚國君臣且苦兵矣伍尚至楚楚并殺奢與尚也伍胥旣至宋宋有華氏之亂【索隱】春秋昭二十年宋華亥向寧華定與君爭而出奔是也乃與太子建俱奔於鄭鄭人甚善之太子建又適晉晉頃公曰太子旣善鄭鄭信太子太子能爲我內應而我攻其外滅鄭必矣滅鄭而封太子太子乃還鄭事未會會自私欲殺其從者從者知其謀乃告之於鄭鄭定公與子產誅殺太子建建有子名勝伍胥懼乃與勝俱奔吳到昭關【索隱】其關在江西乃吳楚之境昭關欲執之伍胥遂與勝獨身步走幾不得脫追者在後至江江上有一漁父乘船知伍胥之急乃渡伍胥伍胥旣渡解其劍曰此劍直百金以與父父曰楚國之法得伍胥者賜粟五萬石爵執珪豈徒百金劍邪不受伍胥未至吳而疾止中道乞食【集解】張勃曰子胥乞食處在丹陽溧陽縣【索隱】張勃晉人吳鴻臚儼之子作吳錄裴氏注引之溧音栗水名也至於吳吳王僚方用事公子光爲將伍胥乃因公子光以求見吳王久之楚平王以其邊邑鍾離與吳邊邑卑梁氏俱蠶兩女子爭桑相攻乃大怒至於兩國舉兵相伐吳使公子光伐楚拔其鍾離居巢而歸【索隱】二邑楚縣也鍾離在六安古鍾離子之國世本謂之終犂嬴姓之國居巢亦國也桀奔南巢其國蓋遠尚書序巢伯來朝蓋因居之於淮南楚地伍子胥說吳王僚曰楚可破也願復遣公子光公子光謂吳王曰彼伍胥父兄爲戮於楚而勸王伐楚者欲以自報其讎耳伐楚未可破也伍胥知公子光有內志欲殺王而自立未可說以外事乃進專諸於公子光【索隱】左傳謂專設諸退而與太子建之子勝耕於野五年而楚平王卒初平王所奪太子建秦女生子軫及平王卒軫竟立爲後是爲昭王吳王僚因楚喪使二公子將兵往襲楚楚發兵絕吳兵之後不得歸吳國內空而公子光乃令專諸襲刺吳王僚而自立是爲吳王闔廬闔廬旣立得志乃召伍員以爲行人而與謀國事楚誅其大臣郤宛伯州犂伯州犂之孫伯嚭亡奔吳【集解】徐廣曰伯州犂者晉伯宗之子也伯州犂之子曰郤宛郤宛之子曰伯嚭宛亦姓伯又別氏郤楚世家云殺郤宛宛之宗姓伯氏子曰嚭吳世家云楚誅伯州犂其孫伯嚭奔吳也亦以嚭爲大夫前王僚所遣二公子將兵伐楚者道絕不得歸【索隱】公子燭庸及蓋餘也後聞闔廬弒王僚自立遂以其兵降楚楚封之於舒闔廬立三年乃興師與伍胥伯嚭伐楚拔舒遂禽故吳反二將軍因欲至郢將軍孫武曰民勞未可且待之乃歸四年吳伐楚取六與灊【集解】駰案六古國皐陶之後所封灊縣有天柱山五年伐越敗之六年楚昭王使公子囊瓦【集解】駰案左傳楚公子貞字子囊其孫名瓦字子常此言公子又兼稱囊瓦誤也將兵伐吳吳使伍員迎擊大破楚軍於豫章【集解】駰案豫章在江南【索隱】按杜預云昔豫章在江北蓋後徙之於江南取楚之居巢九年吳王闔廬謂子胥孫武曰始子言郢未可入今果何如二子對曰楚將囊瓦貪而唐蔡皆怨之王必欲大伐之必先得唐蔡乃可闔廬聽之悉興師與唐蔡伐楚與楚夾漢水而陳吳王之弟夫概將兵請從【索隱】概音古賚反王不聽遂以其屬五千人擊楚將子常【集解】駰案子常公孫瓦子常敗走奔鄭於是吳乘勝而前五戰遂至郢【集解】駰案郢楚都【索隱】郢音以正反又以井反己卯楚昭王出奔庚辰吳王入郢昭王出亡入雲夢盜擊王王走鄖【集解】駰案音云國名【索隱】走音奏走向也鄖古之鄖國鄖公弟懷曰平王殺我父我殺其子不亦可乎鄖公恐其弟殺王與王奔隨【正義】今有楚昭王故城昭王奔隨之處宮之北城卽是吳兵圍隨謂隨人曰周之子孫在漢川者楚盡滅之隨人欲殺王王子綦匿王己自爲王以當之隨人卜與王於吳不吉乃謝吳不與王伍員與申包胥爲交員之亡也謂包胥曰我必覆楚包胥曰我必存之及吳兵入郢伍子胥求昭王旣不得乃掘楚平王墓出其尸鞭之三百然後已申包胥亡於山中使人謂子胥曰子之報讎其以甚乎吾聞之人衆者勝天天定亦能破人【正義】申包胥言聞人衆者雖一時凶暴勝天及天降其凶亦破於彊暴之人今子故平王之臣親北面而事之今至於僇死人此豈其無天道之極乎伍子胥曰爲我謝申包胥曰吾日暮塗遠吾故倒行而逆施之【索隱】倒音丁老反施如字子胥言志在復讎常恐且死不遂本心今幸而報豈論道理乎譬如人行前途尚遠而日勢已暮故其在顚倒疾行逆理施事何得責吾順理乎於是申包胥走秦告急求救於秦秦不許包胥立於秦廷晝夜哭七日七夜不絕其聲秦哀公憐之曰楚

雖無道有臣若是可無存乎乃遣車五百乘救楚擊吳六月敗吳兵於稷【集解】駰案稷丘地名在郊外【索隱】左傳作稷丘會吳王久留楚求昭王而闔廬弟夫概乃亡歸自立爲王闔廬聞之乃釋楚而歸擊其弟夫概夫概敗走遂奔楚楚昭王見吳有內亂乃復入郢封夫概於堂谿【集解】徐廣曰在慎縣駰案地理志汝南有吳房縣應劭曰夫概奔楚封於堂谿本房子國以封吳故曰吳房然則不得在慎縣也【正義】案今豫州吳房縣在州西北九十里爲堂谿氏楚復與吳戰敗吳吳王乃歸後二歲闔廬使太子夫差將兵伐楚取番【集解】音普寒反又音婆【索隱】蓋鄱陽也楚懼吳復大來乃去郢徙於鄀【集解】楚地音若【索隱】今闔當是時吳以伍子胥孫武之謀西破彊楚北威齊晉南服越人其後四年孔子相魯後五年伐越越王勾踐迎擊敗吳於姑蘇傷闔廬指【正義】姑蘇當作檇李乃文誤也左傳戰檇李傷將指卒於陘是也解在吳世家軍卻闔廬病創【集解】駰案楚良反將死謂太子夫差曰爾忘勾踐殺爾父乎夫差對曰不敢忘是夕闔廬死夫差既立爲王以伯嚭爲太宰習戰射二年後伐越敗越於夫湫【集解】駰案音椒【索隱】又如字【正義】太湖中椒山也解在吳世家越王勾踐乃以餘兵五千人棲於會稽之上【正義】土地名在越州會稽縣東南十二里使大夫種厚幣遺吳太宰嚭以請和【索隱】劉氏云大夫姓種名非也按今吳南有文種墟則種姓文爲大夫官也【正義】高誘云大夫種姓文氏字子禽楚郢人求委國爲臣妾吳王將許之伍子胥諫曰越王爲人能辛苦今王不滅後必悔之吳王不聽用太宰嚭計與越平其後五年而吳王聞齊景公死而大臣爭寵新君弱乃興師北伐齊伍子胥諫曰勾踐食不重味弔死問疾且欲有所用之也此人不死必爲吳患今吳之有越猶人之有腹心疾也而王不先越而乃務齊不亦謬乎吳王不聽伐齊大敗齊師於艾陵【正義】括地志云艾山在兗州博城縣南百六十里本齊博邑遂滅鄒魯之君以歸【正義】鄒君居兗州鄒縣魯曲阜縣益疏子胥之謀其後四年吳王將北伐齊越王勾踐用子貢之謀乃率其衆以助吳而重寶以獻遺太宰嚭太宰嚭既數受越賂其愛信越殊甚日夜爲言於吳王吳王信用嚭之計伍子胥諫曰夫越腹心之病今信其浮辭詐僞而貪齊破齊譬猶石田無所用之且盤庚之誥曰有顛越不恭劓殄滅之俾無遺育無使易種于茲邑此商之所以興願王釋齊而先越若不然後將悔之無及而吳王不聽使子胥於齊子胥臨行謂其子曰吾數諫王王不用吾今見吳之亡矣汝與吳俱亡無益也乃屬其子於齊鮑牧而還報吳吳太宰嚭既與子胥有隙因讒曰子胥爲人剛暴少恩猜賊其怨望恐爲深禍也前日王欲伐齊子胥以爲不可王卒伐之而有大功子胥恥其計謀不用乃反怨望而今王又復伐齊子胥專愎彊諫【索隱】愎皮逼反沮毀用事【集解】駰案沮自呂反徙幸吳之敗以自勝其計謀耳今王自行悉國中武力以伐齊而子胥諫不用因輟謝詳病不行王不可不備此起禍不難且嚭使人微伺之其使於齊也乃屬其子於齊之鮑氏夫爲人臣內不得意外倚諸侯自以爲先王之謀臣今不見用常鞅鞅怨望願王早圖之吳王曰微子之言吾亦疑之乃使使賜伍子胥屬鏤之劍【集解】駰案鏤于反曰子以此死伍子胥仰天歎曰嗟乎讒臣嚭爲亂矣王乃反誅我我令若父霸自若未立時諸公子爭立我以死爭之於先王幾不得立【正義】幾音祈若既得立欲分吳國予我我顧不敢望也然今若聽諛臣言以殺長者乃告其舍人曰必樹吾墓上以梓令可以爲器【正義】器謂棺也以吳必亡也左傳云樹吾墓檟檟可材也吳其亡乎而抉吾眼縣吳東門之上【索隱】抉音烏穴反抉亦決也【正義】東門謂鱏門也今名葑門鱏音普姑反鱏音覆浮反越軍開示浦子胥濤盪羅城開此門有鱏鱏隨濤入故以名門顧野王云鱏魚一名江豚欲風則涌之也以觀越寇之入滅吳也乃自剄死吳王聞之大怒乃取子胥尸盛以鴟夷革【集解】應劭曰取馬革爲鴟夷鴟夷榼形【正義】盛音成榼音古曷反浮之江中【集解】徐廣曰魯哀公十一年表云吳王夫差十一年也【正義】吳人憐之爲立祠於江上【正義】吳地記云越軍於蘇州東南三十里三江口又向下三里臨江北岸立壇殺白馬祭子胥杯動酒盡後因立廟於此江上今其側有浦名上壇浦至晉會稽太守麋豹移廟吳郭東門內道南今廟見在因命曰胥山【集解】張晏曰胥山在太湖邊去江不遠百里故云江上【正義】吳地記云胥山太湖邊胥湖東岸山西臨胥湖山有古葬胥二王廟按其廟不干子胥事太史誤矣張注又非吳王既誅伍子胥遂伐齊齊鮑氏殺其君悼公而立陽生吳王欲討其賊不勝而去其後二年吳王召魯衛之君會之橐皋【索隱】音拓皋杜預云地名在淮南逡遒縣東南【正義】橐皋故縣在廬州巢縣西北五十六里其明年因北大會諸侯於黃池【正義】在汴州封丘縣南七里以令周室越王勾踐襲殺吳太子【索隱】左傳太子名友破吳兵吳王聞之乃歸使使厚幣與越平後九年越王勾踐遂滅吳殺王夫差而誅太宰嚭以不忠於其君而外受重賂與己比周也【正義】紀鼻二音伍子胥初所與俱亡故楚太子建之子勝者在於吳吳王夫差之時楚惠王欲召勝歸楚葉公諫曰【正義】葉式涉反杜預云子高沈諸梁勝好勇而陰求死士殆有私乎惠王不聽遂召勝使居楚之邊邑鄢【集解】徐廣曰潁川鄢陵是【正義】鄢音偃括地志云故鄢城在豫州郾城縣南五里與褒信白亭相近號爲白公【集解】徐廣曰汝南褒信縣有白亭【正義】括地志云白亭在豫州褒信縣南四十二里又有白公故城又許州扶溝縣北四十五里北又有白亭也白公歸楚三年而吳誅子胥白公勝既歸楚怨鄭之殺其父乃陰養死士求報鄭歸楚五年請伐鄭楚令尹子西許之兵未發而晉伐鄭鄭請救於楚楚使子西往救與盟而還白公勝怒曰非鄭之仇乃子西也勝自礪劍人問曰【索隱】左傳作子期之子平見曰王孫何自礪也何以爲勝曰欲以殺子西子西聞之笑曰勝如卵耳何能爲也其後四歲白公勝與石乞襲殺楚令尹子西司馬子綦於朝【索隱】左傳作子期也石乞曰不殺王不可乃劫之王如高府【索隱】杜預云楚之別府石乞從者屈固【集解】徐廣曰一作惠王從者屈固楚世家亦云王從者【索隱】蓋此本爲得而左傳云石乞尹門圉公陽穴宮負王以如昭夫人之宮則公陽是楚之大夫王之從者也負楚惠王亡走昭夫人之宮【索隱】昭王夫人即惠王母乃越女是也葉公聞白公爲亂率其國人攻白公白公之徒敗亡走山中自殺【正義】左傳云白公奔山而縊而虜石乞而問白公尸處不言將亨石乞曰事成爲卿不成而亨固其職也終不肯告其尸處遂亨石乞而求惠王復立之

太史公曰怨毒之於人甚矣哉王者尚不能行之於臣下況同列乎向令伍子胥從奢俱死何異螻蟻棄小義雪大恥名垂於後世悲夫方子胥窘於江上【索隱】窘音求殞反道乞食志豈嘗須臾忘郢邪故隱忍就功名非烈丈夫孰能致此哉白公如不自立爲君者其功謀亦不可勝道者哉

【索隱】述贊曰讒人罔極交亂四國嗟彼伍氏被茲凶慝員獨忍詬志復冤毒霸吳起師伐楚逐北鞭尸雪恥抉眼棄德

史記卷六十六考證

伍子胥列傳其先曰伍舉以直諫事楚莊王索隱舉直諫見左氏楚世家○臣照按舉直諫見楚世家左氏無之左氏載直諫者伍參也

遂滅鄒魯之君以歸○臣照按此與左傳及魯世家俱不符且與下文召魯衛之君會之橐皋句相刺謬疑文有誤

史記卷六十七

漢　太　史　令司馬遷　撰
宋　中郎外兵曹參軍裴駰集解
唐　國子博士弘文館學士司馬貞索隱
唐　諸王侍讀率府長史張守節正義

仲尼弟子列傳第七

孔子曰受業身通者七十有七人【索隱】孔子家語亦有七十七人唯文翁孔廟圖作七十二人皆異能之士也德行顏淵閔子騫冉伯牛仲弓政事冉有季路言語宰我子貢【索隱】論語一曰德行二曰言語三曰政事四曰文學今此文政事在言語上是其記有異也文學子游子夏師也僻【集解】馬融曰子張才過人失於邪僻文過參也魯【集解】孔安國曰魯鈍也曾子遲鈍柴也愚【集解】何晏曰愚直之愚由也喭【集解】鄭玄曰子路之行失於畔喭【索隱】論語先言柴次參次師次由今傳序之亦與論語不同不得輒言其喭也【正義】畔音畔又音岸回也屢空賜不受命而貨殖焉億則屢中【集解】何晏曰言回庶幾於聖道雖數空匱而樂在其中賜不受教命唯財貨是殖億度是非蓋美回所以勵賜也一曰屢猶每也空猶虛中也以聖人之善道教數子之庶幾猶不至於知道者各內有此害也其於庶幾每能虛中者唯回懷道深遠不虛心不能知道子貢無數子之病然亦不知道者雖不窮理而幸中雖非天命而偶富亦所以不虛心也孔子之所嚴事於周則老子於衛蘧伯玉【集解】大戴禮外寬而內直自設於隱括之中直己而不直人汲汲於仁以善自終蓋蘧伯玉之行於齊晏平仲於楚老萊子於鄭子產【集解】大戴禮君擇臣而使之臣擇君而事之有道順命無道衡命蓋晏平仲之行也【索隱】大戴記云蹈忠而行信終日言不在尤之內國無道處賤不悶貧而能樂蓋老萊子之行於魯孟公綽數稱臧文仲柳下惠【集解】大戴禮孝恭慈仁允德圖義約貨去怨蓋柳下惠之行銅鞮伯華介山子然孔子皆後之不竝世【集解】駰案大戴禮曰孔子云國家有道其言足以興國家無道其默足以容蓋銅鞮伯華之所行觀於四方不忘其親苟思其親不盡其樂蓋介山子然之行也說苑曰孔子歎曰銅鞮伯華無死天下有定矣晉太康地記云銅鞮晉大夫羊舌赤之邑世號赤曰銅鞮伯華【索隱】自臧文仲已下孔子皆後之不竝世其所嚴事自老子及公綽已上皆孔子同時人也按大戴禮撰禮號曰大戴禮合八十五篇其四十七篇亡見今存者有三十八篇今裴氏所引在衛將軍篇孔子稱郤奚對晉平公之辭唯舉銅鞮介山二人之行也家語又云不忌不念舊怨蓋伯夷叔齊之行思天而敬人服義而行信蓋趙文子之行事君不愛其死謀身不遺其友蓋隨武子之行地理志銅鞮縣名屬上黨【正義】鞮丁奚反按銅鞮潞州縣

顏回者魯人也字子淵少孔子三十歲【正義】少成妙反顏淵問仁孔子曰克己復禮天下歸仁焉【集解】馬融曰克己約身也孔安國曰復反也身能反禮則爲仁矣孔子曰賢哉回也【集解】衛瓘曰非大賢樂道不能若此故以稱之【索隱】衛瓘字伯玉晉太保亦注論語故裴引之一簞食一瓢飲【集解】孔安國曰簞笥也在陋巷人不堪其憂回也不改其樂【集解】孔安國曰顏回樂道雖簞食在陋巷不改其所樂也回也如愚【集解】孔安國曰於孔子之言默而識之如愚也退而省其私亦足以發回也不愚【集解】孔安國曰察其退還與二三子說釋道義發明大體知其不愚用之則行舍之則藏唯我與爾有是夫【集解】孔安國曰言可行則行可止則止唯我與顏回同也樂肇曰用己而後行不假隱以自高不屈道以要名時人無知其實者唯我與爾有是行【正義】樂肇字永高平人晉尚書郎作論語疑釋十卷論語駁二卷回年二十九髮盡白蚤死【索隱】家語亦云年二十九而髮白三十二而死王肅云此久遠之書年數錯誤未可詳也校其年則顏回死時孔子年六十一然則伯魚年五十先孔子卒時孔子且七十也今此爲顏回先伯魚死而論語曰顏回死顏路請子之車孔子曰鯉也死有棺而無槨或爲設事之辭按顏回死在伯魚之前故知論語爲設詞孔子哭之慟曰自吾有回門人益親【集解】王肅曰顏回爲孔子胥附之友能使門人日親孔子魯哀公問弟子孰爲好學孔子對曰有顏回者好學不遷怒不貳過不幸短命死矣今也則亡【集解】何晏曰凡人任情喜怒違理顏回任道怒不過分遷者移也怒當其理不移易也不貳過者有不善未嘗復行

閔損字子騫【集解】鄭玄曰孔子弟子目錄云魯人少孔子十五歲孔子曰孝哉閔子騫人不間於其父母昆弟之言【集解】陳羣曰言子騫上事父母下順兄弟動靜盡善故人不得有非間之言不仕大夫不食汙君之祿【索隱】論語季氏使閔子騫爲費宰子騫曰善爲我辭焉是不仕大夫不食汙君之祿也如有復我者

【集解】孔安國曰復我者重來召我必在汶上矣【集解】孔安國曰去之汶水上欲北如齊冉耕字伯牛【集解】鄭玄曰魯人孔子以爲有德行伯牛有惡疾孔子往問之自牖執其手【集解】包氏曰牛有惡疾不欲見人孔子從牖執其手曰命也夫斯人也而有斯疾命也夫【集解】包氏曰再言之者痛之甚也冉雍字仲弓【集解】鄭玄曰魯人【索隱】家語云伯牛之宗族少孔子二十九歲仲弓問政孔子曰出門如見大賓使民如承大祭【集解】孔安國曰莫尚乎敬在邦無怨在家無怨【集解】包氏曰在邦爲諸侯在家爲卿大夫孔子以仲弓爲有德行曰雍也可使南面【集解】包氏曰可使南面者言任諸侯之治仲弓父賤人孔子曰犁牛之子騂且角雖欲勿用山川其舍諸【集解】何晏曰犁雜文騂赤色也角者角周正中犧牲雖欲以其所生犂而不用山川寧肯舍之乎言父雖不善不害於子之美冉求字子有【集解】鄭玄曰魯人少孔子二十九歲爲季氏宰季康子問孔子曰冉求仁乎曰千室之邑百乘之家【集解】孔安國曰千室卿大夫之邑卿大夫稱家諸侯千乘大夫故曰百乘求也可使治其賦仁則吾不知也【集解】孔安國曰賦兵賦也仁道至大不可全名也復問子路仁乎孔子對曰如求求問曰聞斯行諸【集解】包氏曰賑窮救乏之事也子曰行之子路問聞斯行諸子曰有父兄在如之何其聞斯行之【集解】孔安國曰當白父兄不可自專子華怪之敢問問同而答異孔子曰求也退故進之由也兼人故退之【集解】鄭玄曰言冉有性謙退子路務在勝尚人各因其人之失而正之

仲由字子路卞人也【集解】徐廣曰尸子曰子路卞之野人【索隱】家語仲由一字季路亦云是卞人也少孔子九歲子路性鄙好勇力志伉直冠雄雞佩豭豚【集解】冠以雄雞佩以豭豚二物皆勇子路好勇故冠帶之陵暴孔子孔子設禮稍誘子路子路後儒服委質【索隱】服虔注左氏云古者始事必先書其名於策委死之質於君然後爲臣示必死節於其君也因門人請爲弟子子路問政孔子曰先之勞之【集解】孔安國曰先導之以德使民信之然後勞之易曰悅以使民民忘其勞請益曰無倦【集解】孔安國曰子路嫌其少故請益曰無倦者行此二事無倦則可子路問君子尚勇乎孔子曰義之爲上君子好勇而無義則亂小人好勇而無義則盜【集解】李充曰既稱君子不職爲亂階也若君親失道國家昏亂其於赴患致命而不知正義者則亦陷乎爲亂而受不義之責也【索隱】充字弘度晉中書侍郎亦作論語解子路有聞未之能行唯恐有聞【集解】孔安國曰前所聞未及行故恐復有所聞不得並行孔子曰片言可以折獄者其由也與【集解】孔安國曰片猶偏也聽訟必須兩辭以定是非偏信一言以折獄者唯子路可也由也好勇過我無所取材【集解】欒肇曰適用曰材好勇過我用故云無所取【索隱】肇字求初晉尚書郎作論語義也若由也不得其死然【集解】孔安國曰不得以壽終也衣敝縕袍【集解】孔安國曰縕枲著也與衣狐貉者立而不恥者其由也與由也升堂矣未入於室也【集解】馬融曰升我堂矣未入於室耳季康子問仲由仁乎孔子曰千乘之國可使治其賦不知其仁子路喜從游遇長沮桀溺荷蓧丈人子路爲季氏宰季孫問曰子路可謂大臣與孔子曰可謂具臣矣【集解】孔安國曰言備臣數而已子路爲蒲大夫

【索隱】蒲衞邑子路爲之宰辭孔子孔子曰蒲多壯士又難治然吾語汝恭以敬可以執勇【集解】駰案言恭謹謙敬勇猛不能害故曰執也寬以正可以比衆【集解】駰案音鼻言寬大清正衆必歸近之恭正以靜可以報上初衞靈公有寵姬曰南子靈公太子蕢聵得過南子懼誅出奔及靈公卒而夫人欲立公子郢郢不肯曰亡人太子之子輒在於是衞立輒爲君是爲出公出公立十二年其父蕢聵居外不得入子路爲衞大夫孔悝之邑宰【索隱】服虔云爲孔悝之邑宰蕢聵乃與孔悝作亂【索隱】左傳蒯聵入孔悝家悝母伯姬劫悝於廁彊與之盟而立蒯聵非悝本心自作亂也謀入孔悝家遂與其徒襲攻出公出公奔魯而蕢聵入立是爲莊公方孔悝作亂子路在外聞之而馳往遇子羔出衞城門謂子路曰出公去矣而門已閉子可還矣毋空受其禍子路曰食其食者不避其難子羔卒去有使者入城城門開子路隨而入造蕢聵蕢聵與孔悝登臺子路曰君焉用孔悝請得而殺之蕢聵弗聽於是子路欲燔臺蕢聵懼乃下石乞壺黶攻子路擊斷子路之纓子路曰君子死而冠不免遂結纓而死孔子聞衞亂曰嗟乎由死矣已而果死故孔子曰自吾得由惡言不聞於耳【集解】王肅曰子路爲孔子侍衞故侮慢之人不敢有惡言是以惡言不聞於孔子耳是時子貢爲魯使於齊【索隱】左傳子貢爲魯使齊在哀十五年蓋此文錯誤也聊亦記之

宰予字子我【集解】鄭玄曰魯人利口辯辭既受業問三年之喪不已久乎君子三年不爲禮禮必壞三年不爲樂樂必崩舊穀既沒新穀既升鑽燧改火期可已矣【集解】馬融曰周書月令有更火之文春取榆柳之火夏取棗杏之火季夏取桑柘之火秋取柞楢之火冬取槐檀之火一年之中鑽火各異木故曰改火子曰於汝安乎曰安汝安則爲之君子居喪食旨不甘聞樂不樂故弗爲也【集解】孔安國曰旨美也責其無仁於親故言汝安則爲之宰我出子曰予之不仁也子生三年然後免於父母之懷【集解】馬融曰生未三歲爲父母所懷抱也夫三年之喪天下之通義也【集解】孔安國曰自天子達於庶人宰我晝寢子曰朽木不可雕也【集解】包氏曰朽腐也雕彫琢刻畫糞土之牆不可圬也【集解】王肅曰圬墁也二者喻雖施功猶不成也宰我問五帝之德子曰予非其人也【集解】王肅曰言不足以明五帝之德也宰我爲臨菑大夫【索隱】謂仕齊都臨菑故云爲臨菑大夫與田常作亂以夷其族孔子恥之【索隱】左氏無宰我與田常作亂之文然有闞止字子我而因爭寵遂爲陳恒所殺恐字與宰予相涉因誤云然

端木賜衞人字子貢少孔子三十一歲子貢利口巧辭孔子常黜其辯問曰汝與回也孰愈【集解】孔安國曰愈猶勝也對曰賜也何敢望回回也聞一以知十賜也聞一以知二子貢既已受業問曰賜何人也孔子曰汝器也【集解】孔安國曰言汝器用之人曰何器也曰瑚璉也【集解】包氏曰瑚璉黍稷器夏曰瑚殷曰璉周曰簠簋宗廟之器貴陳子禽問子貢曰仲尼焉學子貢曰文武之道未墜於地在人賢者識其大者不賢者識其小者莫不有文武之道夫子焉不學【集解】孔安國曰文武之道未墜落於地賢與不賢各有所識夫子無所不從學而亦何常師之有【集解】孔安國曰無所不從學故無常師又問曰孔子適是國必聞其政求之與抑與之與【集解】鄭玄曰怪孔子所至之邦必與聞國政求而得之邪抑人君自願與之爲治子貢曰夫子溫良恭儉讓以得之夫子之求之也其諸異乎人之求之也【集解】鄭玄曰言夫子行此五德而得之與人求之異明人君自與之子貢問曰富而無驕貧而無諂何如孔子曰可也【集解】孔安國曰未足多也不如貧而樂道富而好禮【集解】鄭玄曰樂謂志於道不以貧爲憂苦也

田常欲作亂於齊憚高國鮑晏故移其兵欲以伐魯孔子聞之謂門弟子曰夫魯墳墓所處父母之國國危如此二三子何爲莫出子路請出孔子止之子張子石【索隱】公孫龍也請行孔子弗許子貢請行孔子許之遂行至齊說田常曰君之伐魯過矣夫魯難伐之國其城薄以卑其地狹以泄【索隱】越絕書其泄字作淺其君愚而不仁大臣僞而無用其士民又惡甲兵之事此不可與戰君不如伐吳夫吳城高以厚地廣以深甲堅以新士選以飽重器精兵盡在其中又使明大夫守之此易伐也田常忿然作色曰子之所難人之所易子之所易人之所難而以教常何也子貢曰臣聞之憂在內者攻彊憂在外者攻弱今君憂在內吾聞君三封而三不成者大臣有不聽者也今君破魯以廣齊戰勝以驕主破國以尊臣【集解】王肅曰鮑晏等帥師若破國則臣尊矣而君之功不與焉則交日疏於主是君上驕主心下恣羣臣求以成大事難矣夫上驕則恣臣驕則爭是君上與主有郤下與大臣交爭也如此則君之立於齊危矣故曰不如伐吳伐吳不勝民人外死大臣內空是君上無彊臣之敵下無民人之過孤主制齊者唯君也田常曰善雖然吾兵業已加魯矣去而之吳大臣疑我奈何子貢曰君按兵無伐臣請往使吳王令之救魯而伐齊君因以兵迎之田常許之使子貢南見吳王說曰臣聞之王者不絕世霸者無彊敵千鈞之重加銖兩而移今以萬乘之齊而私千乘之魯與吳爭彊竊爲王危之且夫救魯顯名也伐齊大利也以撫泗上諸侯誅暴齊以服彊晉利莫大焉名存亡魯實困彊齊智者不疑也吳王曰善雖然吾嘗與越戰棲之會稽越王苦身養士有報我心子待我伐越而聽子子貢曰越之勁不過魯吳之彊不過齊王置齊而伐越則齊已平魯矣且王方以存亡繼絕爲名夫伐小越而畏彊齊非勇也夫勇者不避難仁者不窮約智者不失時王者不絕世以立其義今存越示諸侯以仁救魯伐齊威加晉國諸侯必相率而朝吳霸業成

矣且王必惡越【索隱】惡猶畏也臣請東見越王令出兵以從此實空越名從諸侯以伐也吳王大說乃使子貢之越越王除道郊迎身御至舍而問曰此蠻夷之國大夫何以儼然辱而臨之子貢曰今者吾說吳王以救魯伐齊其志欲之而畏越曰待我伐越乃可如此破越必矣且夫無報人之志而令人疑之拙也有報人之意使人知之殆也事未發而先聞危也三者舉事之大患勾踐頓首再拜曰孤嘗不料力乃與吳戰困於會稽痛入於骨髓日夜焦脣乾舌徒欲與吳王接踵而死孤之願也遂問子貢子貢曰吳王爲人猛暴羣臣不堪國家敝於數戰士卒弗忍百姓怨上大臣內變子胥以諫死【索隱】王劭按家語越絕書並無此五字是時子胥未死太宰嚭用事順君之過以安其私是殘國之治也今王誠發士卒佐之以徼其志【集解】駰案徼結堯反王肅曰徼射其志重寶以說其心卑辭以尊其禮其伐齊必也彼戰不勝王之福矣戰勝必以兵臨晉臣請北見晉君令共攻之弱吳必矣其銳兵盡於齊重甲困於晉而王制其敝此滅吳必矣越王大說許諾送子貢金百鎰劍一良矛二子貢不受遂行報吳王曰臣敬以大王之言告越王越王大恐曰孤不幸少失先人內不自量抵罪於吳軍敗身辱棲于會稽國爲虛莽【集解】駰案虛音墟莽音莫朗反【索隱】有本作棘恐誤也賴大王之賜使得奉俎豆而脩祭祀死不敢忘何謀之敢慮後五日越使大夫種頓首言於吳王曰東海役臣孤勾踐使者臣種敢修下吏問於左右今竊聞大王將興大義誅彊救弱困暴齊而撫周室請悉起境內士卒三千人孤請自被堅執銳以先受矢石因越賤臣種奉先人藏器甲二十領鈇屈盧之矛【索隱】鈇音趺謂斧也劉氏云一本無此字屈盧矛名步光之劍以賀軍吏吳王大說以告子貢曰越王欲身從寡人伐齊可乎子貢曰不可夫空人之國悉人之衆又從其君不義君受其幣許其師而辭其君吳王許諾乃謝越王於是吳王乃遂發九郡兵伐齊子貢因去之晉謂晉君曰臣聞之慮不先定不可以應卒【索隱】卒謂急卒也言計慮不先定不可以應卒有非常之事兵不先辨不可以勝敵今夫齊與吳將戰彼戰而不勝越亂之必矣與齊戰而勝必以其兵臨晉晉君大恐曰爲之奈何子貢曰脩兵休卒以待之晉君許諾子貢去而之魯吳王果與齊人戰於艾陵【索隱】左傳哀公十一年大破齊師獲七將軍之兵而不歸果以兵臨晉與晉人相遇黃池之上【索隱】左傳黃池之會在哀公十三年越入吳吳與越平也吳晉爭彊晉人擊大敗吳師越王聞之涉江襲吳去城七里而軍吳王聞之去晉而歸與越戰於五湖三戰不勝城門不守越遂圍王宮殺夫差而

戮其相。【索隱】左傳越滅吳在哀公二十二年，則事並懸隔數年，蓋此文欲終說其事，故其辭相連也。破吳三年，東向而霸。故子貢一出，存魯，亂齊，破吳，彊晉而霸越。子貢一使，使勢相破，十年之中，五國各有變。【索隱】按：左傳謂魯齊晉吳越也。故云子貢一出存魯亂齊破吳彊晉而霸越。子貢好廢舉，與時轉貨貲。【集解】駰案：廢舉謂停貯也。與時謂逐時也。夫物賤則買而停貯，值貴即逐時轉易，貨賣取資利也。【索隱】家語「貨」作「化」。王肅云：「廢舉謂買賤賣貴也。轉化謂隨時轉貨以殖其資也。」劉氏云：「廢謂物貴而賣之，舉謂物賤而買之。轉貨謂轉貴收賤也。」喜揚人之美，不能匿人之過。常相魯衛，家累千金，卒終于齊。

言偃，吳人，【索隱】家語云魯人。按：偃仕魯為武城宰耳。今吳郡有言偃冢，蓋吳郡人為是。字子游。少孔子四十五歲。子游既已受業，為武城宰。【正義】括地志云：在兗州即南城也。輿地志云：南武城縣，魯武邑。城子游為宰者也，在泰山郡。孔子過，聞弦歌之聲。孔子莞爾而笑，【集解】何晏曰：「莞爾，小笑貌。」曰：「割雞焉用牛刀？」【集解】孔安國曰：「言治小何須用大道。」子游曰：「昔者偃聞諸夫子曰：君子學道則愛人，小人學道則易使。」【集解】孔安國曰：「道謂禮樂也。樂以和人，人和則易使。」孔子曰：「二三子，【集解】孔安國曰：「從行者。」偃之言是也。前言戲之耳。」【集解】孔安國曰：「戲以治小而用大。」孔子以為子游習於文學。

卜商字子夏。【集解】駰案：家語云衛人。鄭玄曰溫國卜商。【索隱】溫國今河內溫縣，元屬衛故。少孔子四十四歲。子夏問：「巧笑倩兮，美目盼兮，素以為絢兮，何謂也？」【集解】馬融曰：「倩，笑貌。盼，動目貌。絢，文貌。此上二句在衛風碩人之二章，其下一句逸詩。」子曰：「繪事後素。」【集解】鄭玄曰：「繪，畫文也。凡繪畫先布眾色，然後以素分布其間，以成其文，喻美女雖有倩盼美質，亦須禮以成也。」曰：「禮後乎？」【集解】何晏曰：「孔言繪事後素，子夏聞而解，知以素喻禮，故曰禮後乎。」孔子曰：「商始可與言詩已矣。」【集解】包氏曰：「能發明我意，可與言詩。」子貢問：「師與商孰賢？」子曰：「師也過，商也不及。」【集解】孔安國曰：「言俱不得中。」「然則師愈與？」曰：「過猶不及。」子謂子夏曰：「汝為君子儒，無為小人儒。」【集解】何晏曰：「君子之儒將以明道，小人為儒則矜其名。」孔子既沒，子夏居西河教授，【索隱】在河東郡之西界，蓋近龍門。劉氏云今同州河西縣有子夏石室學堂在也。【正義】西河郡今汾州也。爾雅云兩河間曰冀州。禮記云自東河至於西河。河東故號龍門河為西河，漢因為西河郡，汾州也。子夏所教處。括地志云：謁泉山一名隱泉山，在汾州隰城縣北四十里。注水經云其山崖壁五崖半有一石室，去地五十丈，頂上平地十許頃。隨國集記云此為子夏石室，退老西河居此。有卜商神祠，今見在。為魏文侯師。【索隱】子夏文學著於四科，序詩，傳易。又孔子以春秋屬商。又傳禮，著在禮志。而此史並不論，空記論語小事，亦其疏也。【正義】文侯都安邑。孔子卒後，子夏教於西河之上，文侯師事之，咨問國政焉。其子死，哭之失明。

顓孫師，陳人，【索隱】鄭玄目錄陽城人。陽城縣名，亦屬陳郡也。字子張。少孔子四十八歲。子張問干祿，【集解】鄭玄曰：「干，求也。祿，祿位也。」孔子曰：「多聞闕疑，慎言其餘，則寡尤；【集解】包氏曰：「尤，過也。疑則闕之，其餘不疑，猶慎言之，則少過。」多見闕殆，慎行其餘，則寡悔。【集解】包氏曰：「殆，危也。所見危者闕而不行，則少悔。」言寡尤，行寡悔，祿在其中矣。」【集解】鄭玄曰：「言行如此，雖不得祿，得祿之道。」他日從在陳蔡閒，困，問行。孔子曰：「言忠信，行篤敬，雖蠻貊之國行也；言不忠信，行不篤敬，雖州里行乎哉！【集解】鄭玄曰：「二千五百家為州，五家為鄰，五鄰為里。行乎哉，言不可行。」立則見其參於前也，在輿則見其倚於衡也，夫然後行。」【集解】包氏曰：「衡，軛也。言思念忠信，立則常想見參然在前，在輿則若倚車軛。」子張書諸紳。【集解】孔安國曰：「紳，大帶也。」子張問：「士何如斯可謂之達矣？」孔子曰：「何哉，爾所謂達者？」子張對曰：「在國必聞，在家必聞。」【集解】鄭玄曰：「言士之所在，皆能有名譽。」孔子曰：「是聞也，非達也。夫達者，質直而好義，察言而觀色，慮以下人，【集解】馬融曰：「常有謙退之志，察言語，觀顏色，知其所欲，其念慮常欲下於人。」在國及家必達。【集解】馬融曰：「謙尊而光，卑而不可踰。」夫聞也者，色取仁而行違，居之不疑，【集解】馬融曰：「此言佞人也。佞人假仁者之色，行之則違，安居其偽而不自疑。」在國及家必聞。」【集解】馬融曰：「佞人黨多。」

曾參，南武城人，【索隱】武城屬魯，當時魯更有北武城，故言南也。【正義】括地志云：南武城在兗州，子游為宰者。地理志云定襄有武城，清河有武城，故此云南武城也。字子輿。少孔子四十六歲。孔子以為能通孝道，【正義】韓詩外傳云：曾子曰：「吾嘗仕為吏，祿不過鍾釜，尚猶欣欣而喜者，非以為多也，樂道養親也。親沒之後，吾嘗南游於越，得尊官，堂高九仞，榱提三尺，轉轂百乘，然猶北向而泣者，非為賤也，悲不見吾親也。」故授之業。作孝經。死於魯。

澹臺滅明，【集解】包氏曰：「澹臺，姓；滅明，名。」【正義】括地志云：延津在濟州靈昌縣東七里。注水經云：黃河水至此為之延津。昔澹臺子羽齎千金璧渡河，陽侯波起，兩蛟夾舟。子羽曰：「吾可以義求，不可以威劫。」操劍斬蛟，蛟死，乃投璧於河，三投而輒躍出，乃毀璧而去，亦無恡意，即此津也。武城人。【正義】括地志云：在兗州。字子羽。少孔子三十九歲。狀貌甚惡。欲事孔子，孔子以為材薄。既已受業，退而修行，行不由徑，非公事不見卿大夫。【集解】包氏曰：「言其公且方。」南游至江，【索隱】今吳國東南有澹臺湖，即其遺迹所在也。從弟子三百人，設取予去就，名施乎諸侯。孔子聞之，曰：「吾以言取人，失之宰予；以貌取人，失之子羽。」【索隱】家語：子羽有君子之容，而行不勝其貌；宰我有文雅之辭，而智不充其辯。孔子曰：「以容取人，則失之子羽；以言取人，則失之宰予。」今云滅明狀貌甚惡，則以子羽形陋也，正與家語相反。【正義】按：澹臺子羽墓在兗州鄒城縣是也。

宓不齊字子賤。【集解】孔安國曰：「魯人。」【正義】顏氏家訓云：兗州永昌郡城，舊單父縣地也。東有子賤碑，漢世所立，乃云濟南伏生即子賤之後，是虙之與伏，古來通字，誤為宓，較可明矣。虙字從虍音呼，下從必；宓字從宀音綿，下俱為必，世傳寫誤也。少孔子四十九歲。【索隱】家語云少孔子三十歲，此云四十九，不同。孔子謂子賤：「君子哉！魯無君子，斯焉取斯？」【集解】包氏曰：「如魯無君子，子賤安得此行而學行之？」子賤為單父宰，【正義】宋州縣也。說苑云：宓子賤理單父，彈琴，身不下堂，單父理。巫馬期以星出，以星入，而單父亦理。巫馬期問其故。宓子賤曰：「我之謂任人，子之謂任力。任力者勞，任人者逸。」反命於孔子，曰：「此國有賢不齊者五人，【索隱】家語云不齊所父事者三人，所兄事者五人，所友者十一人，與此不同。教不齊所以治者。」孔子曰：「惜哉不齊所治者小，所治者大則庶幾矣。」

原憲字子思。【集解】鄭玄曰：「魯人。」【索隱】家語云宋人，所記不同。少孔子三十六歲。子思問恥。孔子曰：「國有道，穀。國無道，穀，恥也。」【集解】孔安國曰：「穀，祿也。邦有道當食祿，君無道而在其朝，食其祿，是恥辱也。」子思曰：「克伐怨欲不行焉，可以為仁乎？」【集解】馬融曰：「克，好勝人也。伐，自伐其功。怨，忌小怨也。欲，貪欲也。」孔子曰：「可以為難矣，仁則吾弗知也。」【集解】包氏曰：「四者行之難，未知以為仁。」孔子卒，原憲亡在草澤中。【索隱】家語云隱居衛。子貢相衛，而結駟連騎，排藜藿入窮閻，過謝原憲。憲攝敝衣冠見子貢。子貢恥之，曰：「夫子豈病乎？」原憲曰：「吾聞之，無財者謂之貧，學道而不能行者謂之病。若憲，貧也，非病也。」子貢慚，不懌而去，終身恥其言之過也。

公冶長，齊人，字子長。【索隱】家語魯人，名萇，范寧云字子芝。孔子曰：「長可妻也，雖在縲紲之中，【集解】孔安國曰：「縲，黑索；紲，攣也。所以拘罪人。」非其罪也。」以其子妻之。【集解】張華曰：「公冶長墓在城陽姑幕城東南五里所，墓極高。」

南宮括字子容。【集解】孔安國曰：「容，魯人。」【索隱】家語作南宮縚，按：其人是孟僖子之子仲孫閱也。蓋居南宮，因姓焉。問孔子曰：「羿善射，奡盪舟，【集解】孔安國曰：「羿，有窮之君，篡夏后位，其徒寒浞殺之，因其室而生奡。奡多力，能陸地行舟，為夏后少康所殺。」【正義】羿音詣。盪，大浪反。俱不得其死然；禹稷躬稼而有天下。」孔子弗答。【集解】馬融曰：「禹盡力於溝洫，稷播百穀，故曰躬稼也。禹及其身，及後世皆王。括意欲以禹稷比孔子，孔子謙，故不答。」容出，孔子曰：「君子哉若人！上德哉若人！」【集解】孔安國曰：「賤不義而貴德，故曰君子。」國有道，不廢；【集解】孔安國曰：「不廢言見用。」國無道，免於刑戮。三復「白珪之玷」，【集解】孔安國曰：「詩云『白珪之玷，尚可磨也；斯言之玷，不可為也。』南容讀詩至此，三反之，是其心敬慎於言。」以其兄之子妻之。

公晳哀字季次。【集解】駰案：孔子家語云齊人。【索隱】家語作公晳克。孔子曰：「天下無行，多為家臣，仕於都；唯季次未嘗仕。」【索隱】家語云未嘗屈節為人臣，故孔子特賞歎之。亦見游俠傳。

曾蒧字晳。【集解】駰案：蒧音點。孔安國曰：「晳，曾參父。」侍孔子，孔子曰：「言爾志。」蒧曰：「春服既成，冠者五六人，童子六七人，浴乎沂，風乎舞雩，詠而歸。」【集解】徐廣曰：「一作饋。」駰案：包氏曰：「暮春者，季春三月也。春服既成，衣單袷之時。我欲得冠者五六人，童子六七人，浴於沂水之上，風涼於舞雩之下，歌詠先王之道，歸夫子之門。」孔子喟爾嘆曰：「吾與蒧也！」【集解】周氏曰：「善蒧之獨知時也。」

顏無繇【集解】駰案：音遙。【正義】繇音由。字路。路者，顏回父，【索隱】家語：顏由字路，回之父也。孔子始教於闕里而受學焉。少孔子六歲。故此傳云父子異時事孔子，故易稱顏氏之子也。父子嘗各異時事孔子。顏回死，顏路貧，請孔子車以葬。【集解】孔安國曰：「賣車以作椁。」孔子曰：「材不材，亦各言其子也。鯉也死，有棺而無椁，吾不徒行以為之椁，以吾從大夫之後，不可以徒行。」【集解】孔安國曰：「鯉，孔子之子伯魚也。孔子時為大夫，言從大夫之後，不可徒行，謙辭也。」

商瞿，【正義】其俱反。魯人，字子木。少孔子二十九歲。孔子傳易於瞿，瞿傳楚人馯臂子弘，【集解】徐廣曰：「馯音寒。」【正義】馯音汗。顏師古云：「馯，姓也。」漢書及荀卿子皆云子弓，此作弘，蓋誤也。應劭云子弓子夏門人。弘傳江東人矯子庸疵，【集解】駰案：矯音橋。疵，自移反。【正義】漢書作橋庇，云魯人。顏師古云：「橋庇，字子庸。」疵傳燕人周子家豎，【正義】豎音時庾反。周豎字子家。漢書作周醜也。豎傳淳于人光子乘羽，【正義】光乘字子羽。括地志云：淳于國在密州安丘縣東三十里，古之州國，周武王封淳于國。羽傳齊人田子莊何，【正義】田何字子莊。何傳東武人【集解】徐廣曰：「屬琅邪。」王子中同，【正義】括地志云：東武縣今密州諸城縣是也。漢書作王同，字子仲。同傳菑川人楊何。【正義】漢書云：字叔元。按：商瞿至楊何凡八代。何元朔中以治易為漢中大夫。

高柴字子羔。【集解】鄭玄曰：「衛人。」【正義】家語云齊人。少孔子三十歲。子羔長不盈五尺，受業孔子，孔子以為愚。子路使子羔為費郈宰，【正義】括地志云：鄆州宿縣二十三里郈亭。孔子曰：「賊夫人之子！」【集解】包氏曰：「子羔學未熟習而使為政，所以賊害人。」子路曰：「有民人焉，有社稷焉，何必讀書然後為學？」【集解】孔安國曰：「言治人事神於是而習，亦學也。」孔子曰：「是故惡夫佞者。」【集解】孔安國曰：「疾其以給應遂己非而不知窮也。」

漆雕開字子開。【集解】鄭玄曰：「魯人也。」【正義】家語云蔡人，字子若，少孔子十一歲，習尚書，不樂仕。孔子使開仕，對曰：「吾斯之未能信。」【集解】孔安國曰：「仕進之道，未能信者，未能究習。」孔子說。【集解】鄭玄曰：「善其志道深。」

公伯僚字子周。【集解】馬融曰：「魯人。」【正義】家語有申繚子周，古史考云疑公伯僚是讒愬之人，孔子不責而云命，非弟子之流也。周愬子路於季孫，子服景伯以告孔子，曰：「夫子固有惑志，僚也，【集解】孔安國曰：「季孫信讒，恚子路也。」吾力猶能肆諸市朝。」【集解】鄭玄曰：「吾勢猶能辯子路之無罪於季孫，使之誅僚而肆之也。有罪既刑，陳其尸曰肆。」孔子曰：「道之將行，命也；道之將廢，命也。公伯僚其如命何！」

司馬耕字子牛。【集解】孔安國曰：「宋人。」牛多言而躁。問仁於孔子。孔子曰：「仁者其言也訒。」【集解】孔安國曰：「訒，難也。」曰：「其言也訒，斯可謂之仁乎？」子曰：「為之難，言之得無訒乎！」【集解】孔安國曰：「行仁難，言仁亦不得不訒。」問君子，子曰：「君子不憂不懼。」【集解】孔安國曰：「牛兄桓魋將為亂，牛自宋來學，常憂懼，故孔子解之也。」曰：「不憂不懼，斯可謂之君子乎？」子曰：「內省不疚，夫何憂何懼！」【集解】包氏曰：「疚，病也。自省無罪惡，無可憂懼。」

樊須字子遲。【集解】鄭玄曰：「齊人。」【正義】家語云魯人。少孔子三十六歲。樊遲請學稼，孔子曰：「吾不如老農。」請學圃，曰：「吾不如老圃。」【集解】馬融曰：「樹五穀曰稼，樹菜蔬曰圃。」樊遲出，孔子曰：「小人哉樊須也！上好禮，則民莫敢不敬；上好義，則民莫敢不服；上好信，則民莫敢不用情。【集解】孔安國曰：「情，實也。言民化上，各以實應。」夫如是，則四方之民襁負其子而至矣，焉用稼！」【集解】包氏曰：「禮義與信足以成德，何用學稼以教民乎？負子之器曰襁。」樊遲問仁，子曰：「愛人。」問智，曰：「知人。」

有若【集解】鄭玄曰：「魯人。」【正義】家語云魯人，字有，少孔子三十三歲，不同。少孔子十三歲。有若曰：「禮之用，和為貴，先王之道斯為美。小大由之，有所不行；知和而和，不以禮節之，亦不可行也。」【集解】馬融曰：「人知禮貴和，而每事從和，不以禮為節，亦不可以行也。」「信近於義，言可復也；【集解】何晏曰：「復猶覆也。義不必信，信非義也。以其言可覆，故曰近義。」恭近於禮，遠恥辱也；【集解】何晏曰：「恭不合禮，非禮也。以其能遠恥辱，故曰近禮。」因不失其親，亦可宗也。」【集解】孔安國曰：「因，親也。言所親不失其親，亦可宗敬。」孔子既沒，弟子思慕，有若狀似孔子，弟子相與共立為師，師之如夫子時也。他日，弟子進問曰：「昔夫子當行，使弟子持雨具，已而果雨。弟子問曰：『夫子何以知之？』夫子曰：『詩不云乎？「月離于畢，俾滂沱矣。」【集解】駰案：毛傳曰：「畢，噣也。月離陰星則雨。」昨暮月不宿畢乎？』他日，月宿畢，竟不雨。商瞿年長無子，其母為取室。【正義】家語云：瞿年三十八無子，母欲更娶室，孔子曰：「瞿年過四十當有五丈夫子。」果然。中備云：魯人商瞿使向齊國，瞿年四十，今後使行遠路，畏慮恐絕無子。夫子正月與瞿俱行，告曰：「後有五丈夫子。」子貢曰：「何以知之？」子曰：「卦遇大畜，艮之二世，九二甲寅木為世，立五景行水為應

世生外象生象來爻生互內象艮別子應有五子一子短命顏回云何以知之內象是本子一艮變爲二醜三
陽爻五於是五子一子短命何以知短命他以故也孔子使之齊瞿母請之孔子
曰無憂瞿年四十後當有五丈夫子[集解]駰案五男也已而果
然敢問夫子何以知此有若默然無以應弟子起曰有
子避之此非子之座也
公西赤字子華[集解]鄭玄曰魯人少孔子四十二歲子華使於
齊冉有爲其母請粟孔子曰與之釜[集解]馬融曰六斗四升曰釜請
益曰與之庾[集解]包氏曰十六斗曰庾冉子與之粟五秉[集解]馬融曰十六斛
曰秉五秉合八十斛孔子曰赤之適齊也乘肥馬衣輕裘吾聞君
子周急不繼富[集解]鄭玄曰非冉有與之太多
巫馬施字子旗[集解]鄭玄曰魯人[正義]音其少孔子三十歲陳司敗
[集解]孔安國曰司敗官名陳大夫也問孔子曰魯昭公知禮乎孔子曰知
禮退而揖巫馬旗曰吾聞君子不黨君子亦黨乎魯君
娶吳女爲夫人命之爲孟子孟子姓姬諱稱同姓故謂
之孟子魯君而知禮孰不知禮[集解]孔安國曰相助匿非曰黨禮同姓不婚而
君娶之當稱吳姬諱曰孟子施以告孔子孔子曰丘也幸苟有過人
必知之臣不可言君親之惡爲諱者禮也[集解]孔安國曰以司敗之
言告也諱國惡禮也聖人之道弘故受之爲過也
梁鱣字叔魚少孔子二十九歲[集解]駰案鱣一作鯉孔子家語曰齊人
顏幸字子柳少孔子四十六歲[集解]鄭玄曰魯人
冉孺字子魯少孔子五十歲[集解]駰案魯一作曾家語曰魯人
曹卹字子循少孔子五十歲
伯虔字子析少孔子五十歲[正義]家語云子晳
公孫龍字子石少孔子五十三歲[集解]鄭玄曰楚人[正義]家語云衞人孟子
云趙人莊子云堅白之談也自子石已右三十五人頗有年名及受
業聞見于書傳其四十有二人無年及不見書傳者紀
于左[索隱]家語此例唯有三十七人其公良孺秦商顏亥叔仲會四人家語有事迹史記闕然自公伯寮
秦冉鄡單三人家語不載而別有琴牢陳亢縣亶當此三人之數皆互有也如文翁圖所記又有林放蘧伯玉
申棖申堂俱是後人以所見增益今殆不可考
冉季字子產[集解]鄭玄曰魯人[正義]家語云冉季字子產
公祖句茲字子之[正義]句音鉤
秦祖字子南[集解]鄭玄曰秦人
漆雕哆字子斂[集解]駰案哆赤者反鄭玄曰魯人
顏高字子驕[正義]孔子在衞南子招夫子爲次乘過市顏高爲御
漆雕徒父
壤駟赤字子徒[集解]鄭玄曰秦人
商澤[集解]駰案家語曰字子季
石作蜀字子明
任不齊字選[集解]鄭玄曰楚人
公良孺字子正[集解]鄭玄曰陳人賢而有勇[正義]孔子周遊常以家車五乘從孔子孔子世家
本云語在三十五人中今在三十二人數恐太史公誤也
后處字子里[集解]鄭玄曰齊人
秦冉字開[正義]家語云無此人王肅家語此等惟三十七人其公良孺秦商顏亥仲叔會四人家語
有事迹而史記闕公伯寮秦冉鄡單家語不載而別有琴牢陳亢縣亶三人
公夏首字乘[集解]鄭玄曰魯人
奚容葴字子晳[正義]衞人
公堅定字子中[集解]鄭玄曰魯人或曰晉人
顏祖字襄[正義]魯人
鄡單字子家[集解]駰案鄡苦堯反單音善徐廣曰一云鄡單鉅鹿有鄡縣太原有鄔縣
句井疆[集解]鄭玄曰衞人[正義]句作鉤
罕父黑字子索[集解]駰案家語曰罕父黑字索
秦商字子丕[集解]鄭玄曰楚人[正義]家語云魯人字丕茲
申黨字周[正義]魯人
顏之僕字叔[集解]鄭玄曰魯人
榮旂字子祺
縣成字子祺[集解]鄭玄曰魯人[正義]縣音玄
左人郢字行[集解]鄭玄曰魯人
燕伋字思
鄭國字子徒[正義]家語云薛邦字徒史記作國者避高祖諱薛字與鄭字誤耳
秦非字子之[集解]鄭玄曰魯人
施之常字子恒
顏噲字子聲[集解]鄭玄曰魯人
步叔乘字子車[集解]鄭玄曰齊人
原亢籍[集解]駰案家語曰名亢字籍[正義]亢作冗仁勇反
樂欬字子聲[正義]魯人
廉絜字庸[集解]鄭玄曰衞人
叔仲會字子期[集解]鄭玄曰魯人[索隱]家語魯人少孔子五十四歲與孔琁年相比二孺子俱
執筆迭侍於夫子孟武伯見而訪之
顏何字冉[集解]鄭玄曰魯人[索隱]家語字稱
狄黑字晳[索隱]家語載本各異
邦巽字子斂[集解]鄭玄曰魯人[索隱]家語作選字子斂文翁圖作國選蓋亦避漢諱改之劉氏作
邦巽邦音圭所見各異
孔忠[集解]駰案家語云忠字子蔑孔子兄之子
公西輿如字子上[索隱]家語載亦同此
公西葴字子上[集解]鄭玄曰魯人[索隱]家語作子尚也
太史公曰學者多稱七十子之徒譽者或過其實毀者
或損其眞鈞之未覩厥容貌則論言弟子籍出孔氏古
文近是余以弟子名姓文字悉取論語弟子問并次爲
篇疑者闕焉
[索隱]述贊曰教興闕里道在郰鄉異能就列秀士升堂依仁遊藝合志同方將師宮尹俎豆琳瑯惜哉不
霸空臣素王

史記卷六十七考證
仲尼弟子列傳宰我爲臨菑大夫與田常作亂以夷其
族孔子恥之○容齋續筆曰史記稱宰我爲齊臨菑
大夫與田常作難以夷其族孔子恥之蘇子由作古
史精爲辯之以爲子我者闞止也與田常爭齊政爲
常所殺以其字亦曰子我故戰國之書誤以爲宰予
此論既出聖門高弟得免非義之謗東坡又引李斯
諫書田常陰取齊國殺宰予於庭是其不從田常故
爲所殺也予又考之子路之死孔子曰由也死矣又
曰天祝予哭於中庭使人覆醢其悲之如是不應宰
我遇禍略無一言孟子所載三子論聖人賢于堯舜
等語疑是夫子沒後所談不然師在而各出意見議
之無復質正恐非也然則宰我不死於田常更可證
矣而淮南子又有一說云將相攝威擅勢私門成黨
而使道不行故使陳成田常鴟夷子皮得成其難使
呂氏絕祀子皮謂范蠡也蠡浮海變姓名游齊時簡
公之難已十餘年矣說苑亦云田常與宰我爭宰我
將攻之鴟夷子皮告田常遂殘宰我此說尤爲無稽
是以蠡爲助田氏爲齊禍其不分賢逆如此
孔子既沒子夏居西河教授爲魏文侯師○容齋續筆
曰按史記所書子夏少孔子四十四歲孔子卒時子
夏年二十八矣是時周敬王四十一年後一年元王
立歷貞定王考王至威烈王二十三年魏始爲侯去
孔子卒時七十五年文侯爲大夫二十二年而爲侯
又六年而卒姑以始侯之歲計之則子夏已百三歲
矣方爲諸侯師豈其然乎
孔子以爲能通孝道正義堂高九仞榱提三尺軀數百
乘○軀韓詩外傳作轉
司馬耕○家語耕上有黎字
樊須字子遲少孔子三十六歲○家語作四十六歲
梁鱣字叔魚少孔子二十九歲○家語作三十九歲
伯虔○虔家語作處
公孫龍字子石少孔子五十三歲○顧炎武曰按漢書
注公孫龍趙人爲堅白異同之說者與平原君同時
去夫子近二百年殆非也且云少孔子五十三歲則
當田常伐魯之年僅十三四歲爾而曰子張子石請
行豈甘羅外黃舍人兒之比乎
漆雕徒父○家語名從
公堅定○堅家語作肩
榮旂字子祺○家語旂作祈祺作顏
步叔乘○朱彝尊云應劭風俗通云凡氏于字伯仲叔
季是也氏有太叔仲叔則有少叔無足異者子車之
姓家語史記諸書皆作步而廣韻注云孔子弟子有
少叔乘係複姓
原亢籍○亢家語作忼或作桃
樂欬○欬家語作欣
叔仲會字子期索隱家語魯人少孔子五十四歲○朱
彝尊云魯峻石壁畫像云少孔子五十歲

史記卷六十八

漢　太　史　令司馬遷　撰
宋中郎外兵曹參軍裴　駰集解
唐國子博士弘文館學士司馬貞索隱
唐諸王侍讀率府長史張守節正義

商君列傳第八

商君者[正義]秦封於商故號商君衞之諸庶孽公子也名鞅姓公孫
氏其祖本姬姓也鞅少好刑名之學事魏相公叔痤[索隱]
公叔氏痤名也痤音在戈反爲中庶子[索隱]官名也魏已置之非自秦也周禮夏官謂之諸子禮
記文王世子謂之庶子掌公族也公叔痤知其賢未及進會痤病魏惠
王親往問病[索隱]卽魏侯之子名罃後徙大梁而稱梁也曰公叔病有如不
可諱將柰社稷何公叔曰痤之中庶子[索隱]戰國策云衞庶子也公
孫鞅年雖少有奇才願王舉國而聽之王嘿然王且去
痤屏人言曰王卽不聽用鞅必殺之無令出境王許諾
而去公叔痤召鞅謝曰今者王問可以爲相者我言若
王色不許我我方先君後臣因謂王卽弗用鞅當殺之
王許我汝可疾去矣且見禽鞅曰彼王不能用君之言
任臣又安能用君之言殺臣乎卒不去惠王既去而謂
左右曰公叔病甚悲乎欲令寡人以國聽公孫鞅也豈
不悖哉[索隱]疾重而悖亂也[正義]悖音背公叔既死公孫鞅聞秦孝公
下令國中求賢者將脩繆公之業東復侵地迺遂西入
秦因孝公寵臣景監以求見孝公[索隱]景姓楚之族也監音甲彡去聲平聲
竝通孝公既見衞鞅語事良久孝公時時睡弗聽罷而孝
公怒景監曰子之客妄人耳安足用邪景監以讓衞鞅
衞鞅曰吾說公以帝道其志不開悟矣後五日復求見
鞅鞅復見孝公益愈然而未中旨罷而孝公復讓景監
景監亦讓鞅鞅曰吾說公以王道而未入也請復見鞅
鞅復見孝公孝公善之而未用也罷而去孝公謂景監
曰汝客善可與語矣鞅曰吾說公以霸道其意欲用之
矣誠復見我我知之矣衞鞅復見孝公公與語不自知

鄒之前於席也語數日不厭景監曰子何以中吾君吾君之驩甚也鞅曰吾說君以帝王之道比三代【正義】比必寐反說者以五帝三王之事比至孝公以三代帝王之道方興孝公曰太久遠吾不能 而君曰久遠吾不能待且賢君者各及其身顯名天下安能邑邑待數十百年以成帝王乎故吾以彊國之術說君【索隱】音稅 君大說之耳【索隱】音悅 然亦難以比德於殷周矣孝公既用衞鞅鞅欲變法恐天下議己衞鞅曰疑行無名疑事無功且夫有高人之行者固見非於世【索隱】商君書非作負 有獨知之慮者必見敖於民【索隱】商君書作必見訾於人也【正義】敖五到反 愚者闇於成事知者見於未萌民不可與慮始而可與樂成論至德者不和於俗成大功者不謀於衆是以聖人苟可以彊國不法其故【索隱】言救弊爲政之術所爲苟可以彊國則不必要須法於故事也 苟可以利民不循其禮孝公曰善甘龍曰【索隱】孝公之臣甘姓名龍也甘氏出春秋時甘昭公子帶之後 不然聖人不易民而教知者不變法而治因民而教不勞而成功緣法而治者吏習而民安之衞鞅曰龍之所言世俗之言也常人安於故俗學者溺於所聞以此兩者居官守法可也非所與論於法之外也三代不同禮而王五伯不同法而霸智者作法愚者制焉賢者更禮不肖者拘焉【索隱】言賢智之人作法更禮而愚不肖者不明變通而輒拘制不使之行斯亦信然矣 杜摯曰利不百不變法功不十不易器法古無過循禮無邪衞鞅曰治世不一道便國不法古故湯武不循古而王【索隱】商君書作脩古 夏殷不易禮而亡【索隱】指殷紂夏桀也 反古者不可非而循禮者不足多孝公曰善以衞鞅爲左庶長卒定變法之令令民爲什伍【索隱】劉氏云五家爲保十家相連也【正義】或爲十保或爲五保 而相收司連坐【索隱】收司謂相糾發也一家有罪而九家連舉發若不糾舉則什家連坐恐變令不行故設重禁 不告姦者腰斬告姦者與斬敵首同賞【索隱】謂告姦一人則得爵一級故云與斬敵首同賞也 匿姦者與降敵同罰【索隱】律降敵者誅其身沒其家今匿姦者言當與之同罰也 民有二男以上不分異者倍其賦【正義】民有二男不別爲活者一人出兩課 有軍功者各以率受上爵【集解】駰案音律 爲私鬭者各以輕重被刑大小僇力本業耕織致粟帛多者復其身事末利及怠而貧者舉以爲收孥【索隱】末利謂工商也蓋農桑爲本故上云本業耕織也怠者懈也周禮謂之疲民以言懈怠不事事之人而貧者則糾舉而收錄其妻子沒爲官奴婢蓋其法特重於古也孥音奴 宗室非有軍功論不得爲屬籍【索隱】謂宗室若無軍功則不得入屬籍謂除其籍則雖無功不及爵秩也 明尊卑爵秩等級各以差次名田宅臣妾衣服以家次【索隱】謂各隨其家爵秩之班次亦不使僭侈踰等 有功者顯榮無功者雖富無所芬華令既具未布恐民之不信已乃立三丈之木於國都市南門募民有能徙置北門者予十金民怪之莫敢徙復曰能徙者予五十金有一人徙之輒予五十金以明不欺卒下令令行於民朞年秦民之國都言初令之不便者以千數【索隱】謂鞅新變之法令爲初令也 於是太子犯法衞鞅曰法之不行自上犯之將法太子太子君嗣也不可施刑刑其傅公子虔黥其師公孫賈明日秦人皆趨令【索隱】趨音七踰反趨者向也附也 行之十年秦民大說道不拾遺山無盜賊家給人足民勇於公戰怯於私鬭鄉邑大治秦民初言令不便者有來言令便者衞鞅曰此皆亂化之民也盡遷之於邊城其後民莫敢議令於是以鞅爲大良造【索隱】卽大上造也秦之第十六爵名也今云良造者或後變其名耳 將兵圍魏安邑降之居三年作爲築冀闕宮庭於咸陽【索隱】冀闕卽魏闕也冀記也出列教令當記於此門闕 秦自雍徙都之而令民父子兄弟同室內息者爲禁而集小都鄉邑聚爲縣置令丞凡三十一縣爲田開阡陌封疆【正義】南北曰阡東西曰陌按謂驛塍也疆音彊封聚土也疆界也謂界上封記也 而賦稅平平斗桶【集解】鄭玄曰音勇今之斛也【索隱】音統量器名也 權衡丈尺行之四年公子虔復犯約劓之居五年秦人富彊天子致胙【正義】音左故反 於孝公諸侯畢賀其明年齊敗魏兵於馬陵虜其太子申殺將軍龐涓其明年衞鞅說孝公曰秦之與魏譬若人之有腹心疾非魏幷秦秦卽幷魏何者魏居嶺阸之西都安邑【索隱】蓋安邑之東山嶺險阸之地卽今蒲州之中條已東連汾晉之嶮嶝是也阸阻也 與秦界河而獨擅山東之利利則西侵秦病則東收地今以君之賢聖國賴以盛而魏往年大破於齊諸侯畔之可因此時伐魏魏不支秦必東徙東徙秦據河山之固東鄉以制諸侯此帝王之業也孝公以爲然使衞鞅將而伐魏魏使公子卬將而擊之軍既相距衞鞅遺魏將公子卬書曰吾始與公子驩今俱爲兩國將不忍相攻可與公子面相見盟樂飲而罷兵以安秦魏魏公子卬以爲然會盟已飲而衞鞅伏甲士而襲虜魏公子卬因攻其軍盡破之以歸秦魏惠王兵數破於齊秦國內空日以削恐乃使使割河西之地獻於秦以和而魏遂去安邑徙都大梁【索隱】紀年曰梁惠王二十九年秦衞鞅伐梁西鄙則徙大梁在惠王之二十九年也【正義】從蒲州安邑徙汴州浚儀也 梁惠王曰寡人恨不用公叔痤之言也衞鞅既破魏還秦封之於商十五邑號爲商君【集解】徐廣曰弘農商縣也【索隱】於商二縣名在弘農紀年云秦封商鞅在惠王三十年與此文亦同【正義】於商在鄧州內鄉縣東七里古於邑也商洛縣在商州東八十九里本商邑周之商國按十五邑近此三邑 商君相秦十年【索隱】戰國策云孝公行商君法十八年而死於此文不同者按此直云相秦十年耳而戰國策乃云行商君法十八年蓋連其未作相之年說也 宗室貴戚多怨望者趙良見商君商君曰鞅之得見也從孟蘭皋【索隱】孟蘭皋人姓名也言鞅前因蘭皋得與趙良相見也 今鞅請得交可乎趙良曰僕弗敢願也孔丘有言曰推賢而戴者進聚不肖而王者退僕不肖故不敢受命僕聞之曰非其位而居之曰貪位非其名而有之曰貪名僕聽君之義則恐僕貪位貪名也故不敢聞命商君曰子不說吾治秦與【索隱】說音悅與音予 趙良曰反聽之謂聰內視之謂明自勝之謂彊【索隱】謂守謙敬人自伏非是爲自勝若是者乃爲彊若爭名得勝此非彊之道 虞舜有言曰自卑也尚矣君不若道虞舜之道無爲問僕矣商君曰始秦戎翟之教父子無別同室而居今我更制其教而爲其男女之別大築冀闕營如魯衞矣子觀我治秦也孰與五羖大夫賢趙良曰千羊之皮不如一狐之掖千人之諾諾不如一士之諤諤武王諤諤以昌殷紂墨墨以亡【正義】以殷紂比商君 君若不非武王乎則僕請終日正言而無誅可乎商君曰語有之矣貌言華也至言實也苦言藥也甘言疾也夫子果肯終日正言鞅之藥也鞅將事子子又何辭焉趙良曰夫五羖大夫荊之鄙人也【正義】百里奚南陽宛人屬楚故云荊 聞秦繆公之賢而願望見行而無資自粥於秦客被褐食牛期年繆公知之舉之牛口之下而加之百姓之上秦國莫敢望焉相秦六七年而東伐鄭三置晉國之君【索隱】謂立晉惠公懷公文公也 一救荊國之禍【索隱】十二諸侯年表穆公二十八年會晉救楚朝周此云救荊未詳 發教封內而巴人致貢施德諸侯而八戎來服由余聞之款關請見【集解】韋昭曰款叩也 五羖大夫之相秦也勞不坐乘暑不張蓋行於國中不從車乘不操干戈功名藏於府庫德行施於後世五羖大夫死秦國男女流涕【正義】音體 童子不歌謠舂者不相杵【集解】鄭玄曰相謂送杵聲以音聲自勸也 此五羖大夫之德也今君之見秦王也因嬖人景監以爲主非所以爲名也相秦不以百姓爲事而大築冀闕非所以爲功也刑黥太子之師傅殘傷民以駿刑是積怨畜禍也教之化民也深於命【索隱】劉氏云教謂商鞅之令也命謂秦君之命也言人畏鞅甚於秦君 民之效上也捷於令【索隱】上謂商鞅之處分令謂秦君之教令 今君又左建外易非所以爲教也【索隱】左建謂以左道建立威權也外易謂在外革易君命也 君又南面而稱寡人日繩秦之貴公子詩曰相鼠有體人而無禮人而無禮何不遄死以詩觀之非所以爲壽也公子虔杜門不出已八年矣君又殺祝懽而黥公孫賈詩曰得人者興失人者崩此數事者非所以得人也君之出也後車十數從車載甲多力而駢脅者爲驂乘持矛而操闟【集解】駰案所及反 戟者【集解】徐廣曰一作寮屈盧之勁矛干將之雄戟【索隱】闟亦作鈒同所及反鄒誕音此鷵反寮音遼屈音九勿反按屈盧干將並古良匠造矛戟者名【正義】顧野王云鋋也方言云矛吳揚江淮南楚五湖之間謂之鍦其柄謂之矜釋名云戟格也旁有格 旁車而趨此一物不具君固不出書曰恃德者昌恃力者亡【索隱】此是周書之言孔子所刪之餘 君之危若朝露尚將欲延年益壽乎則何不歸十五都【索隱】衞鞅所封商於二縣以爲國其中凡有十五都故趙良勸令歸之【正義】公孫鞅封商於十五邑故云十五都 灌園於鄙勸秦王顯巖穴之士養老存孤敬父兄序有功尊有德可以少安君尚將貪商於之富寵秦國之教畜百姓之怨秦王一旦捐賓客而不立朝秦國之所以收君者豈其微哉【索隱】謂鞅於秦無仁恩故秦國之所以將收錄鞅者其效甚明故云豈其微哉 亡可翹足而待商君弗從後五月而秦孝公卒太子立公子虔之徒告商君欲反發吏捕商君商君亡至關下欲舍客舍人不知其是商君也曰商君之法舍人無驗者坐之商君喟然歎曰嗟乎爲法之敝一至此哉去之魏魏人怨其欺公子卬而破魏師弗受商君欲之他國魏人曰商君秦之賊秦彊而賊入魏弗歸不可遂內秦商君既復入秦走商邑【索隱】走音奏走向也 與其徒屬發邑兵北出擊鄭【集解】徐廣曰京兆鄭縣也【索隱】地理志京兆有鄭縣秦本紀云初縣杜鄭按其地是鄭桓公友之所封 秦發兵攻商君殺之於鄭黽池【集解】徐廣曰黽或作彭【索隱】鄭黽池者時黽池屬鄭故也而徐廣云黽或作彭按鹽鐵論云商君困於彭池故也黽音亡忍反【正義】黽池去鄭三百里蓋秦兵至鄭破商邑兵而商君東走至黽乃擒殺之 秦惠王車裂商君以徇曰莫如商鞅反者遂滅商君之家

太史公曰商君其天資刻薄人也【索隱】謂天資其人爲刻薄之行刻謂用刑深刻薄謂棄仁義不悃誠也 跡其欲干孝公以帝王術挾持浮說非其質矣【索隱】說音如字浮說卽虛說也謂鞅得用刑政深刻又欺魏將是其天資自有狙詐則初爲孝公論帝王之術是浮說耳非本性也 且所因由嬖臣及得用刑公子虔欺魏將卬不師趙良之言亦足發明商君之少恩矣余嘗讀商君開塞耕戰書與其人行事相類【索隱】按商君書開謂刑嚴峻則政化開塞謂布恩賞則政化塞其意本於嚴刑少恩又爲田開阡陌及言斬敵首賜爵是耕戰書也 卒受惡名於秦有以也夫【集解】駰案新序論曰秦孝公保崤函之固以廣雍州之地東并河西北收上郡國富兵彊長雄諸侯周室歸籍四方來賀爲戰國霸君秦遂以彊六世而并諸侯亦皆商君之謀也夫商君極身無二慮盡公不顧私使民內急耕織之業以富國外重戰伐之賞以勸戎士法令必行內不私貴寵外不偏疏遠是以令行而禁止法出而姦息故雖書云無偏無黨詩云周道如砥其直如矢司馬法之勵戎士周后稷之勸農業無以易此此所以并諸侯也故孫卿曰四世有勝非幸也數也然無信諸侯畏而不親夫霸君若齊桓晉文者桓不倍柯之盟文不負原之期而諸侯畏其彊而親信之存亡繼絕四方歸之此管仲舅犯之謀也今商君倍公子卬之舊恩棄交魏之明信詐取三軍之衆故諸侯畏其彊而不親信也藉使孝公遇齊桓晉文得諸侯之統將合諸侯之君驅天下之兵以伐秦秦則亡矣天下無桓文之君故秦得以兼諸侯衞鞅始自以爲知霸王之德原其事不論也昔周召施善政及其死也後世思之蔽芾甘棠之詩是也嘗舍於樹下後世思其德不忍伐其樹況害其身乎管仲奪伯氏邑三百戶無怨言今衞鞅內刻刀鋸之刑外深鈇鉞之誅步過六尺者有罰棄灰於道者被刑一日臨渭而論囚七百餘人渭水盡赤號哭之聲動於天地畜怨積讎比於丘山所逃莫之隱所歸莫之容身死車裂滅族無姓其去霸王之佐亦遠矣然惠王殺之亦非也可輔而用也使衞鞅施寬平之法加之以恩申之以信庶幾霸者之佐哉【索隱】新序是劉歆所撰其中論商君故裴氏引之藉音胙字合作胙誤爲藉耳按本紀周歸文武胙於孝公者是也說苑云秦法棄灰於道者刑是其事也

【索隱】述贊曰衞鞅入秦景監是因王道不用霸術見親政必改革禮豈因循既欺魏將亦怨秦人如何作法逆旅不賓

史記卷六十八考證

商君列傳於是以鞅爲大良造將兵圍魏安邑降之○顧炎武曰此必安邑字誤其下文曰魏惠王使使割河西之地獻於秦以和而魏遂去安邑徙都大梁乃是自安邑徙都之事耳安邑魏都其王在焉豈得圍而便降秦本紀昭王二十一年魏獻安邑若已降于五十年之前何煩再獻乎

作爲築冀闕宮庭於咸陽○董份曰既云作爲又云築何也恐有衍字

余嘗讀商君開塞耕戰書【索隱】按商君書開謂刑嚴峻則政化開塞謂布恩賞則政化塞其意本於嚴刑少恩又爲田開阡陌及言斬敵首賜爵是耕戰書也○焦竑曰司馬貞蓋未見鞅書臆爲之說耳開塞乃其第七篇謂道塞久矣今欲開之必刑九而賞一刑用於將過則大邪不生賞施於告奸則細過不失大邪不生細過不失則國治矣

史記卷六十九

漢　太　史　令司馬遷　撰

宋　中　郎　外　兵　曹　參　軍裴　駰集解

唐國子博士弘文館學士司馬貞索隱

唐諸王侍讀率府長　史張守節正義

蘇秦列傳第九

蘇秦者東周雒陽人也【索隱】蘇秦字季子蓋蘇忿生之後已姓也譙周云秦兄弟五人秦最少兄代代弟厲及辟鵠並爲游說之士此下云秦弟代代弟厲未詳【正義】戰國策云蘇秦雒陽乘軒里人也藝文志云蘇子三十一篇在縱橫流敬王以子朝之亂從王城東遷雒陽故城乃號東周以王城爲西周 東事師於齊而習之於鬼谷先生【集解】徐廣曰潁川陽城有鬼谷蓋是其人所居因爲號駰案風俗通義曰鬼谷先生六國時從橫家【索隱】鬼谷地名也扶風池陽潁川陽城並有鬼谷墟蓋是其人所居因爲號又樂壹注鬼谷子書云蘇秦欲神秘其道故假名鬼谷 出游數歲大困而歸【索隱】戰國策此語在說秦王之後 兄弟嫂妹妻妾竊皆笑之曰周人之俗治產業力工商逐什二以爲務今子釋本而事口舌困不亦宜乎蘇秦聞之而慙自傷乃閉室不出出其書徧觀之【索隱】音遍觀謂盡觀覽其書 曰夫士業已屈首受書【索隱】謂士之立操業者素也本也言本已屈首低頭受書於師也 而不能以取尊榮雖多亦奚以爲於是得周書陰符伏而讀之期年以出揣摩曰此可以說當世之君矣【集解】駰案戰國策曰乃發書陳篋數十得太公陰符之謀伏而讀之簡練以爲揣摩讀書欲睡引錐自刺其股血流至踵曰安有說人主不能出其金玉錦繡取卿相之尊者乎期年揣摩成鬼谷子有揣摩篇也【索隱】戰國策云得太公陰符之謀則陰符是太公兵法揣音初委反摩音姥何反鄒誕本作揣靡靡讀亦爲摩王劭云揣情摩意是鬼谷之二章名非爲一篇也高誘曰揣定也摩合也定諸侯使讎其術以成六國之從也江邃曰揣人主之情摩而近之其意當矣 求說周顯王顯王左右素習知蘇秦皆少之【索隱】謂王之左右素慣習知蘇秦浮說多不中當世以爲秦智說淺故少之劉氏云少謂輕之 弗信乃西至秦秦孝公卒說惠王曰秦四塞之國【正義】東有黃河有函谷蒲津龍門合河等關南有南山及武關嶢關西有大隴山及隴山關大震烏蘭等關北有黃河南塞是四塞之國也 被山帶渭東有關河【正義】又爲地界里江謂岷江從渭州隴山之西南流入蜀東至荊揚入海河謂黃河從同州小積石山東北流至勝州南流至華州又東北流經魏滄等州入海各是萬里已下 西有漢中南有巴蜀北有代馬【索隱】謂代郡馬邑也地理志代郡又有馬城縣一云代馬謂代郡兼有胡馬之利 此天府也【索隱】周禮春官有天府鄭玄曰府物所藏言尊此所藏若天府然 以秦士民之衆兵法之教可以吞天下稱帝而治秦王曰毛羽未成不可以高蜚文理未明不可以幷兼方誅商鞅疾辯士弗用乃東之趙趙肅侯令其弟成爲相號奉陽君奉陽君弗說之去游燕歲餘而後得見說燕文侯【索隱】說音稅燕文侯史失名 曰燕東有朝鮮遼東【索隱】朝鮮音潮仙二水名 北有林胡樓煩【索隱】地理志樓煩屬鴈門郡【正義】林胡國名朔嵐已北 西有雲中九原【索隱】地理志雲中九原二郡名秦曰九原漢武帝改曰五原郡【正義】二郡並在勝州也雲中郡城在榆林縣東北四十里九原郡在榆林縣西界 南有嘑沱易水【集解】駰案周禮曰正北曰幷州其川嘑沱鄭玄曰嘑沱出鹵城【索隱】嘑沱水名幷州之川也音呼沱地理志鹵城縣名屬代郡嘑沱河自縣東至參合又東至文安入海也【正義】呼沱出代州繁畤縣東南流經五臺山北東南流過定州流入海易水出易州縣東流過幽州歸義縣東與呼沱河合也 地方二千餘里帶甲數十萬車六百乘騎六千匹粟支數年【索隱】戰國策車七百乘粟支十年 南有碣石鴈門之饒【索隱】戰國策碣石山在常山九門縣地理志大碣石山在右北平驪城縣西南是也【正義】鴈門山在代燕西門 北有棗粟之利民雖不佃作而足於棗粟矣此所謂天府者也夫安樂無事不見覆軍殺將無過燕者大王知其所以然乎夫燕之所以不犯寇被甲兵者以趙之爲蔽其南也秦趙五戰秦再勝而趙三勝秦趙相斃而王以全燕制其後此燕之所以不犯寇也且夫秦之攻燕也踰雲中九原過代上谷彌地數千里雖得燕城秦計固不能守也秦之不能害燕亦明矣今趙之攻燕也發號出令不至十日而數十萬之軍軍於東垣矣【索隱】地理志高帝改曰真定【正義】趙之東邑在恒州真定縣南八里故常山城是也 渡嘑沱涉易水不至四五日而距國都矣故曰秦之攻燕也戰於千里之外趙之攻燕也戰於百里之內夫不憂百里之患而重千里之外計無過於此者是故願大王與趙從親天下爲一則燕國必無患矣文侯曰子言則可然吾國小西迫彊趙【正義】貝冀燕趙四州七國時屬趙即燕西界 南近齊【正義】河北博滄德三州齊地北境與燕相接隔黃河 齊趙彊國也子必欲合從以安燕寡人請以國從於是資蘇秦車馬金帛以至趙而奉陽君已死即因說

趙肅侯【索隱】世本云肅侯名言 曰天下卿相人臣及布衣之士皆高賢君之行義皆願奉教陳忠於前之日久矣【正義】奉符用反 雖然奉陽君妬君而不任事是以賓客游士莫敢自盡於前者今奉陽君捐館舍君乃今復與士民相親也臣故敢進其愚慮竊爲君計者莫若安民無事且無庸有事於民也安民之本在於擇交擇交而得則民安擇交而不得則民終身不安請言外患齊秦爲兩敵而民不得安倚秦攻齊而民不得安倚齊攻秦而民不得安故夫謀人之主伐人之國常苦出辭斷絕人之交也願君愼勿出於口請別白黑所以異陰陽而已矣【索隱】戰國策云請屏左右白言所以異陰陽其說異此然則別白黑者蘇秦言已今論楚國之利必使分明有如白黑分別陰陽殊異也 君誠能聽臣燕必致旃裘狗馬之地齊必致魚鹽之海楚必致橘柚之園韓魏中山皆可使致湯沐之奉而貴戚父兄皆可以受封侯夫割地包利五伯之所以覆軍禽將而求也封侯貴戚湯武之所以放弒而爭也今君高拱而兩有之此臣之所以爲君願也今大王與秦則秦必弱韓魏與齊則齊必弱楚魏【正義】楚東淮泗之上與齊接境 魏弱則割河外韓弱則效宜陽宜陽效則上郡絕【正義】宜陽即韓城也在洛州西韓大郡也上郡在同州北言韓弱與秦宜陽城則上郡路絕矣 河外割則道不通【正義】河外同華等地也言魏弱與秦河外地則道路不通上郡矣華山記云此山分秦晉之境晉之西鄙則曰陰晉秦之東邑則曰寧秦 楚弱則無援此三策者不可不孰計也夫秦下軹道則南陽危【正義】軹音止故亭在雍州萬年縣東北十六里苑中南陽懷州河南也七國時屬韓言秦兵下軹道從東渭橋歷北道過蒲津攻韓即南陽危矣 劫韓包周則趙氏自操兵【正義】周都洛陽秦若劫取韓南陽是包裹周都也趙邯鄲故須危起兵自守【索隱】操兵戰國策作銷鑠 據衛取淇卷則齊必入朝秦【集解】駰案卷丘權反【索隱】戰國策云據衛取淇無卷字【正義】衛地濮陽也卷城在鄭州武原縣西北七里言秦得卷則齊必來朝秦 秦欲已得乎山東則必舉兵而嚮趙矣秦甲渡河踰漳據番吾則兵必戰於邯鄲之下矣【集解】徐廣曰常山有蒲吾縣【索隱】徐氏所引據地里志而知也【正義】番音婆又音蒲又音盤疑古番吾公邑也括地志云蒲吾故城在鎮州常山縣東二十里漳水在潞州言秦兵渡河歷南陽入羊腸經澤潞渡漳水守蒲吾城則與趙戰於都城下矣 此臣之所以爲君患也當今之時山東之建國莫彊於趙趙地方二千餘里帶甲數十萬車千乘騎萬匹粟支數年西有常山【正義】在鎮州西 南有河漳【正義】河字一作清漳即漳河也在潞州地理志濁漳出長子鹿谷山東至鄴入清漳 東有清河【正義】清河今貝州 北有燕國【正義】三家分晉趙得晉陽襄子又伐戎取代既云西有常山者趙都邯鄲近北燕也 燕固弱國不足畏也秦之所害於天下者莫如趙然而秦不敢舉兵伐趙者何也畏韓魏之議其後也然則韓魏趙之南蔽也秦之攻韓魏也無有名山大川之限稍蠶食之傅國都而止【集解】駰案音附 韓魏不能支秦必入臣於秦秦無韓魏之規則禍必中於趙矣此臣之所以爲君患也臣聞堯無三夫之分舜無咫尺之地以有天下禹無百人之聚以王諸侯湯武之士不過三千車不過三百乘卒不過三萬立爲天子誠得其道也是故明主外料其敵之彊弱內度其士卒賢不肖不待兩軍相當而勝敗存亡之機固已形於胸中矣豈掩於衆人之言而以冥冥決事哉臣竊以天下之地圖案之諸侯之地五倍於秦料度諸侯之卒十倍於秦六國爲一并力西鄉而攻秦秦必破矣今西面而事之見臣於秦夫破人之與破於人也【正義】破人謂破前敵也破於人爲被前敵破 臣人之與臣於人也【索隱】臣人謂己爲彼臣也臣於人者謂我爲主使彼臣已也【正義】臣人謂己得人爲臣臣於人謂己事他人 豈可同日而論哉夫衡人者【正義】衡音橫謂爲秦人 皆欲割諸侯之地以予秦【索隱】案衡人即游說從橫之士也東西爲橫南北爲從秦地形東西橫長故張儀相秦爲連橫 秦成則高臺榭美宮室聽竽瑟之音前有樓闕軒轅【索隱】戰國策云前有軒轅又史記俗本有作軒冕者非本文也 後有長姣美人【索隱】姣音絞說文云姣好也 國被秦患而不與其憂是故夫衡人日夜務以秦權恐愒諸侯【集解】駰案愒音呼曷反【索隱】恐音起拱反愒音許曷反謂相恐脅也鄒氏愒音憩義 以求割地故願大王孰計之也臣聞明主絕疑去讒屏流言之迹塞朋黨之門故尊主廣地彊兵之計臣得陳忠於前矣故竊爲大王計莫如一韓魏齊楚燕趙以從親以畔秦令天下之將相會於洹水之上【集解】徐廣曰洹水出汲郡林慮縣 通質刳白馬而盟【索隱】質如字又音贄以要言通其交質之情也 要約曰秦攻楚齊魏各出銳師以佐之韓絕其糧道【索隱】謂擁兵於嶢關之外又守宜陽也 趙涉河漳【索隱】謂趙亦涉河漳而西欲與韓相援以阻秦軍 燕守常山之北秦攻韓魏【正義】謂道蒲津之東攻之 則楚絕其後【索隱】謂出兵武關以絕秦兵之後 齊出銳師而佐之趙涉河漳燕守雲中秦攻齊則楚絕其後韓守成皋【正義】在洛州汜水縣 魏塞其道【索隱】其道即河內之道戰國策其作午 趙涉河博關【集解】徐廣曰齊威王六年晉伐齊到博陵東郡有博平縣 燕出銳師以佐之秦攻燕則趙守常山楚軍武關齊涉勃海【正義】齊從滄州渡河至瀛州 韓魏皆出銳師以佐之秦攻趙則韓軍宜陽楚軍武關魏軍河外【索隱】河外謂陝及曲沃等處也【正義】謂同華州 齊涉清河【正義】齊從貝州過河而西 燕出銳師以佐之諸侯有不如約者以五國之兵共伐之六國從親以賓秦【索隱】謂六國之軍共爲合從相親獨以秦爲賓而共伐之 則秦甲必不敢出於函谷以害山東矣如此則霸王之業成矣趙王曰寡人年少立國日淺未嘗得聞社稷之長計也今上客有意存天下安諸侯寡人敬以國從乃飾車百乘黃金千鎰白璧百雙錦繡千純【集解】駰案純匹端名周禮曰純帛不過五兩【索隱】按一鎰一金也鄭玄曰一鎰二十四分之一其說各異純音淳高誘注戰國策音屯屯束也又禮鄉射云某賢於某若干純純數也音旋 以約諸侯是時周天子致文武之胙於秦惠王惠王使犀首攻魏禽將龍賈取魏之雕陰且欲東兵【索隱】魏地也劉氏云在龍門河之西

北。按地理志雕陰縣屬上郡。【正義】在鄜州洛交縣北三十四里。蘇秦恐秦兵之至趙也，乃激怒張儀，入之于秦。於是說韓宣惠王【索隱】世本韓宣王，昭侯之子也。曰：「韓北有鞏、洛、成皋之固，【索隱】二邑本屬東周，後爲韓邑。地理志二縣並屬河南。西有宜陽、商阪之塞，【集解】徐廣曰：商一作常。【索隱】劉氏云商阪之塞蓋在商洛之間，適秦楚之險塞也。【正義】宜陽在洛州福昌縣東十四里。商阪即商山也，在商洛縣南一里，亦曰楚山，武關在焉。東有宛、穰、洧水，【集解】駰案：宛，於袁反。洧，于鬼反。【索隱】地理志宛、穰二縣名，並屬南陽。洧，水名，出南方。【正義】在新鄭東南流入潁。南有陘山，【集解】徐廣曰：召陵有陘亭。【正義】在新鄭西南三十里。地方九百餘里，帶甲數十萬，天下之彊弓勁弩皆從韓出。谿子、【集解】駰案：許慎云南方谿子蠻夷柘弩，皆善材。【索隱】許慎注淮南子以爲南方谿子蠻出柘弩及竹弩。少府時力、距來者，【集解】韓有谿子弩，又有少府所造二種之弩。【索隱】案：時力者，謂作之得時，力倍於常，故名時力也。距來者，謂弩勢勁利，足以距來敵也。【索隱】韓又有少府所造時力、距來二種之弩，其名並具淮南子。皆射六百步之外。韓卒超足而射，百發不暇止，【集解】超足謂超騰用勢，蓋起足蹋之而射也。故下云「蹠勁弩」是也。【正義】超足，齊足也。夫欲放弩，皆坐，舉足踏弩，兩手擧機，然後發之。遠者括蔽洞胷，近者鏑弇心。韓卒之劍戟皆出於冥山、【集解】徐廣曰：莊子曰「南行至郢，北面而不見冥山」。駰案：司馬彪曰冥山在朔州北。【索隱】郭象云冥山在乎太極。李軌云在韓國。棠谿、【集解】徐廣曰：汝南吳房有棠谿亭。【正義】故城在豫州偃城縣西八十里。鹽鐵論云有棠谿之劍是。墨陽、【集解】駰案：淮南子曰墨陽之莫邪也。合膊、【集解】駰案：音附。徐廣曰一作伯。【索隱】戰國策作合伯，春秋後語作合相。鄧師、宛馮、【集解】徐廣曰：滎陽有馮池。【索隱】鄧國有工鑄劍，因名鄧師。宛人於馮池鑄劍，故號宛馮。龍淵、太阿，【集解】吳越春秋曰：楚王召風胡子而告之曰：「寡人聞吳有干將，越有歐冶，寡人欲因子請此二人作劍，可乎？」風胡子曰：「可。」乃往見二人作劍，一曰龍淵，二曰太阿。【索隱】案：晉太康地理記曰汝南西平有龍泉水，可以淬刀劍，特堅利，故有龍泉之劍，楚之寶劍也。以特堅利，故有堅白之論云「黃所以爲堅也，白所以爲利也」，齊辨之曰「白所以爲不堅，黃所以爲不利」也。故天下之寶劍韓爲衆，一曰棠谿，二曰墨陽，三曰合膊，四曰鄧師，五曰宛馮，六曰龍泉，七曰太阿，八曰莫邪，九曰干將也。然干將、莫邪匠名也，其劍皆出西平縣，今有鐵官令別領戶，是古鑄劍之地也。皆陸斷牛馬，水截鵠鴈，當敵則斬堅甲鐵幕，【集解】徐廣曰：陽城出鐵。【索隱】戰國策云「當敵則斬堅甲盾鞮鍪鐵幕」。劉氏云謂以鐵爲臂脛之衣，言其劍皆能斬之。革抉㕸芮，【集解】徐廣曰：一作決。【索隱】謂以革爲射決。決，射鞲也。【集解】駰案：㕸音伐。【索隱】㕸與瞂同。芮音如字，謂繫楯之紛綬也。【正義】方言云：盾，自關東謂之瞂，關西謂之盾。無不畢具。以韓卒之勇，被堅甲，蹠勁弩，帶利劍，一人當百，不足言也。夫以韓之勁與大王之賢，乃西面事秦，交臂而服，羞社稷而爲天下笑，無大於此者矣。是故願大王孰計之。大王事秦，秦必求宜陽、成皋。今茲效之，明年又復求割地。【索隱】鄭玄注禮云：效猶呈見也。與則無地以給之，不與則棄前功而受後禍。且大王之地有盡而秦之求無已，以有盡之地而逆無已之求，此所謂市怨結禍者也，不戰而地已削矣。臣聞鄙諺曰：『寧爲雞口，無爲牛後。』【索隱】戰國策云：「寧爲雞尸，不爲牛從。」延篤注云：「尸，雞中主也。從，謂牛子也。言寧爲雞中之主，不爲牛之從後也。」【正義】雞口雖小，猶進食；牛後雖大，乃出糞也。今西面交臂而臣事秦，何異於牛後乎？夫以大王之賢，挾彊韓之兵，而有牛後之名，臣竊爲大王羞之。」於是韓王勃然作色，攘臂瞋目，按劍仰天太息曰：【索隱】太息謂久蓄氣而大呼也。「寡人雖不肖，必不能事秦。今主君詔以趙王之教，敬奉社稷以從。」【索隱】主君指蘇秦也。禮，卿大夫稱主，今嘉蘇子合從諸侯，褒而美之，故稱曰主君。

又說魏襄王【索隱】世本惠王子，名嗣。曰：「大王之地，南有鴻溝、【集解】徐廣曰：在滎陽。陳、汝南、許、郾、【集解】徐廣曰：在潁川。於憾切。【索隱】音偃，又於建反。戰國策作鄢。地理志潁川有許縣，又有鄢陵縣，鄢不同，必有一誤。鄢音焉。【正義】陳、汝南，今豫州縣也。昆陽、召陵、【集解】駰案：地理志云潁川有昆陽、舞陽縣，召陵、新郪屬汝南。【索隱】地理志昆陽、舞陽屬潁川，召陵、新郪屬汝南。按：新郪即漢章帝建初四年徙封殷後宋公於此，更名宋，新郪屬。舞陽、新都、新郪，【集解】駰案：地理志汝南有新郪縣，南陽有新都縣。【索隱】戰國策直云新郪，無新都二字。【正義】召陵在豫州。菑棗、【集解】徐廣曰：在宛句。【正義】曹州宛句縣也。無胥、【索隱】按：其地闕。西有長城之界，【集解】徐廣曰：滎陽卷縣有長城，經陽武到密。【正義】長城蓋據地險爲之。北有河外、卷、衍、酸棗，【正義】謂河南地。【集解】徐廣曰：卷縣有長城。【索隱】衍，地名，在鄭州原武縣北七里。酸棗在滑州。衍，徐云。【正義】說衍地名。地方千里。地名雖小，然而田舍廬廡之數，曾無所芻牧。人民之衆，車馬之多，日夜行不絕，輷輷殷殷，【正義】輷音宏。殷音隱。若有三軍之衆。臣竊量大王之國不下楚。然衡人怵王交彊虎狼之秦以侵天下，【正義】衡音橫。怵音卹。卒有秦患，【正義】卒音忽。不顧其禍。夫挾彊秦之勢以內劫其主，罪無過此者。魏，天下之彊國也；王，天下之賢王也。今乃有意西面而事秦，稱東藩，築帝宮，【索隱】謂爲秦築宮，備其巡狩而舍之，故謂之帝宮。受冠帶，祠春秋，【索隱】謂冠帶制度皆受秦之法，春秋貢奉以助秦祭祀。臣竊爲大王恥之。臣聞越王勾踐戰敝卒三千人，禽夫差於干遂；【索隱】干遂，地名，不知所在。然干是水旁之高地，故有江干、河干是也。又左思吳都賦云長干延屬，是干爲江旁之地。遂者，道也，於江干有遂道，因爲名也。【正義】在蘇州吳縣西北四十餘里萬安山前遂西南太湖，夫差敗於姑蘇，禽於干遂，相去四十餘里。武王卒三千人，革車三百乘，制紂於牧野：【正義】今衞州城是也。周武王伐紂於牧野築之。豈其士卒衆哉，誠能奮其威也。今竊聞大王之卒，武士二十萬，【集解】駰案：漢書刑法志曰魏氏武卒衣三屬之甲，操十二石之弩，負矢五十，置戈其上，冠冑帶劍，贏三日之糧，日中而趨百里，中試則復其戶，利其田宅。【索隱】衣音意。屬音燭。三屬謂甲衣也，覆膊一也，甲裳二也，脛衣三也。甲之有裳，見左傳。贏音盈，謂賚糗糧。中音竹仲反，謂其筋力能負重，所以得中試。復音福。中試之人，國家當優復之，上田宅，故云利其田宅也。蒼頭二十萬，【索隱】謂以青巾裹頭，以異於衆。荀卿子魏有蒼頭二十萬是也。奮擊二十萬，廝徒十萬，【索隱】廝音斯。謂廝養馬之賤者，今起之爲卒。【正義】廝音斯，謂炊烹供養雜役。車六百乘，騎五千匹。此其過越王勾踐、武王遠矣，今乃聽於羣臣之說而欲臣事秦。夫事秦必割地以效實，【索隱】謂割地獻秦以效己之誠實。故兵未用而國已虧矣。凡羣臣之言事秦者，皆姦人，非忠臣也。夫爲人臣，割其主之地以求外交，偷取一時之功而不顧其後，破公家而成私門，外挾彊秦之勢以內劫其主，以求割地，願大王孰察之。周書曰：『緜緜不絕，蔓蔓奈何？毫氂不伐，將用斧柯。』前慮不定，後有大患，將奈之何？大王誠能聽臣，六國從親，專心并力壹意，則必無彊秦之患。故敝邑趙王使臣效愚計，【索隱】此效猶呈見也。奉明約，在大王之詔詔之。」魏王曰：「寡人不肖，未嘗得聞明教。今主君以趙王之詔詔之，敬以國從。」

因東說齊宣王【索隱】世本名辟彊，威王之子也。曰：「齊南有泰山，東有琅邪，西有清河，【正義】即貝州。北有勃海，此所謂四塞之國也。齊地方二千餘里，帶甲數十萬，粟如丘山。三軍之良，五家之兵，【索隱】高誘注戰國策云五家即五國也。進如鋒矢，【索隱】戰國策作「疾如錐矢」，高誘曰錐矢，小矢，喻徑疾也。呂氏春秋曰所貴錐矢者，爲其應聲而至。齊君之進若錐芒之刃、艮弓之矢，用之有進而無退。【正義】無退。戰如雷霆，解如風雨。即有軍役，未嘗倍泰山，絕清河，涉勃海也。【正義】言臨淄自足也。絕、涉，皆度也。勃海，滄州也。齊有軍役，不用度河取二部。臨菑之中七萬戶，臣竊度之，不下戶三男子，三七二十一萬，不待發於遠縣，而臨菑之卒固已二十一萬矣。臨菑甚富而實，其民無不吹竽鼓瑟，彈琴擊筑，【正義】筑似琴而大頭，圓五絃，擊之不鼓。鬬雞走狗，六博蹹鞠者。【集解】駰案：劉向別錄曰：「蹹鞠者，傳言黃帝所作，或曰起戰國之時。蹹鞠，兵勢也，所以練武士，知有材也，皆因嬉戲而講練之。」【索隱】王逸注楚詞云「博，著也。行六棊，故云六博」。蹹，徒臘反。鞠，求六反。【索隱】別錄云蹵鞠，促六反。崔豹云起黃帝時，習兵之勢也。臨菑之塗，車轂擊，人肩摩，連衽成帷，舉袂成幕，揮汗成雨，家殷人足，志高氣揚。夫以大王之賢與齊之彊，天下莫能當。今乃西面而事秦，臣竊爲大王羞之。且夫韓、魏之所以重畏秦者，爲與秦接境壤界也。兵出而相當，不出十日而戰勝存亡之機決矣。韓、魏戰而勝秦，則兵半折，四境不守；戰而不勝，則國以危亡隨其後。是故韓、魏之所以重與秦戰，而輕爲之臣也。今秦之攻齊則不然。倍韓、魏之地，過衞陽晉之道，【集解】徐廣曰：魏哀王十六年，秦拔魏蒲阪、陽晉、封陵。【索隱】陽晉，魏邑也。劉氏云衞之陽晉，蓋在衞國之西南也。【正義】言秦伐齊，背韓魏之地，徐說陽晉非也，乃是晉陽耳。衞地名，蓋曹、濮等州也。故在曹州乘氏縣西北三十七里。徑乎亢父之險，【索隱】亢音剛，又苦浪反。地理志縣名，屬東平國。【正義】故縣在兗州任城縣南五十一里。車不得方軌，騎不得比行，【正義】言不得兩車並行。百人守險，千人不敢過也。秦雖欲深入，則狼顧，【正義】狼性怯，走常還顧。恐韓、魏之議其後也。是故恫疑虛猲，【集解】駰案：呼葛反。【索隱】恫音通。恫，恐懼也。猲，本亦作喝，呼合反。高誘曰虛猲，喘息懼貌也。劉氏云秦自疑懼不敢進兵，虛作恐猲之詞以脅韓魏也。【正義】言秦雖至亢父，猶恐懼，狼顧虛作喝擊之勢，不敢進伐齊明矣。驕矜而不敢進，則秦之不能害齊亦明矣。夫不深料秦之無奈齊何，而欲西面而事之，是羣臣之計過也。今無臣事秦之名而有彊國之實，臣是故願大王少留意計之。」齊王曰：「寡人不敏，僻遠守海，窮道東境之國也，未嘗得聞餘教。今足下以趙王詔詔之，敬以國從。」

乃西南說楚威王【索隱】威王名商，宣王之子。曰：「楚，天下之彊國也；王，天下之賢王也。西有黔中、巫郡，【集解】徐廣曰：今之武陵。【正義】今朗州，楚黔中郡，其故城在辰州西二十里，皆盤瓠後也。【集解】徐廣曰：巫郡者，南郡之西界。【正義】巫郡，夔州巫山縣是。東有夏州、海陽，【集解】駰案：左傳楚莊王伐陳，鄉取一人焉以歸，謂之夏州。而注者不說夏州所在。車胤撰桓溫集云夏口城上數里有洲名夏州，東有夏州，謂此也。【索隱】裴駰據左傳及車胤說夏州，其文甚明，而劉伯莊以爲夏州，州侯之本國，亦未之爲得。地理志海陽地闕，劉氏云楚之東境也。【正義】大江中州也，夏水口在荊州江陵縣東南二十五里。南有洞庭、蒼梧，【索隱】今青草湖是也，在岳州界。蒼梧，地名，地理志有蒼梧郡。【正義】蒼梧山在道州南。北有陘塞、郇陽，【集解】徐廣曰：春秋曰「遂伐楚，次于陘」。楚威王十一年，魏敗楚陘山。析縣有鈞水，或者郇陽今之順陽乎？一本「北有汾陘之塞」也。【索隱】陘山在楚北境。郇音荀。郇陽地當在汝南潁川之界，檢地理志及太康地記，北境並無郇邑。郇邑在河東晉地。計郇陽當是新陽，聲相近，字變耳。汝南有新陽縣，應劭云在新水之陽，猶幽邑變爲栒邑，圖陰變爲鄘，亦當然也。徐氏云郇陽當是順陽，蓋疎也。【正義】陘山在鄭州新鄭縣西南三十里。順陽故城在鄧州穰縣西百四十里。地方五千餘里，帶甲百萬，車千乘，騎萬匹，粟支十年。此霸王之資也。夫以楚之彊與王之賢，天下莫能當也。今乃欲西面而事秦，則諸侯莫不西面而朝於章臺之下矣。秦之所害莫如楚，楚彊則秦弱，秦彊則楚弱，其勢不兩立。故爲大王計，莫如從親以孤秦。大王不從，秦必起兩軍，一軍出武關，一軍下黔中，則鄢郢動矣。【集解】徐廣曰：今南郡宜城。【正義】鄢鄉故城在襄州率道縣南九里。安郢城在荊州江陵縣東北六里。秦兵出武關則臨鄢，下黔中則臨郢矣。臣聞治之其未亂也，爲之其未有也。患至而後憂之，則無及已。故願大王蚤孰計之。大王誠能聽臣，臣請令山東之國奉四時之獻，以承大王之明詔，委社稷，奉宗廟，練士厲兵，在大王之所用之。大王誠能用臣之愚計，則韓、魏、齊、燕、趙、衞之妙音美人必充後宮，燕、代橐駝良馬必實外廄。故從合則楚王，衡成則秦帝。今釋霸王之業，而有事人之名，臣竊爲大王不取也。夫秦，虎狼之國也，有吞天下之心。秦，天下之仇讎也。衡人皆欲割諸侯之地以事秦，此所謂養仇而奉讎者也。夫爲人臣，割其主之地以外交彊虎狼之秦，以侵天下，卒有秦患，不顧其禍。夫外挾彊秦之威以內劫其主，以求割地，大逆不忠，無過此者。故從親則諸侯割地以事楚，衡合則楚割地以事秦，此兩策者相去遠矣，二者大王何居焉？故敝邑趙王使臣效愚計，奉明約，在大王詔之。」楚王曰：「寡人之國西與秦接境，秦有舉巴蜀并漢中之心。秦，虎狼之國，不可親也。而韓、魏迫於秦患，不可與深謀，與深謀恐反人以入於秦，故謀未發而國已危矣。寡人自料以楚當秦，不見勝也；內與羣臣謀，不足恃也。寡人臥不安席，食不甘味，心搖搖然如縣旌而無所終薄。【集解】駰案：薄，白洛反。今主君欲一天下，收諸侯，存危國，寡人謹奉社稷以從。」

於是六國從合而并力焉。蘇秦爲從約長，并相六國。北報趙王，乃行過雒陽，車騎輜重，諸侯各發使送之甚衆，疑於王者。【索隱】疑作擬讀。周顯王聞之恐懼，除道，使人郊勞。【集解】駰案：儀禮曰賓至近郊，君使卿朝服用束帛勞。蘇秦之昆弟妻嫂側目不敢仰視，俯伏侍取食。蘇秦笑謂其嫂曰：「何前倨而後恭也？」嫂委蛇蒲服，【索隱】委蛇謂以面掩地而進，若蛇行也。蒲服即匍匐，音蒲仆。以面掩地而謝曰：「見季子位高金多也。」【集解】譙周曰：蘇秦字季子【索隱】按其嫂呼小叔爲季子耳未必卽其字允南卽以爲字未之得也蘇秦喟然嘆曰此一人之身富貴則親戚畏懼之貧賤則輕易之況衆人乎且使我有雒陽負郭田二頃【索隱】負背也枕也近城之地沃潤流澤最爲膏腴故曰負郭吾豈能佩六國相印乎於是散千金以賜宗族朋友初蘇秦之燕貸百錢爲資及得富貴以百金償之徧報諸所嘗見德者其從者有一人獨未得報乃前自言蘇秦曰我非忘子子之與我至燕再三欲去我易水之上方是時我困故望子深是以後子子今亦得矣蘇秦既約六國從親歸趙趙肅侯封爲武安君乃投從約書於秦【索隱】投當作設今本並作投言設者謂宣布其從約六國之事以告於秦若作投甚爲易解秦兵不敢闚函谷關十五年其後秦使犀首欺齊魏與共伐趙欲敗從約齊魏伐趙趙王讓蘇秦蘇秦恐請使燕必報齊蘇秦去趙【集解】徐廣曰自初說燕至此三年而從約皆解秦惠王以其女爲燕太子婦是歲文侯卒太子立是爲燕易王易王初立齊宣王因燕喪伐燕取十城易王謂蘇秦曰往日先生至燕而先王資先生見趙遂約六國從今齊先伐趙次至燕以先生之故爲天下笑先生能爲燕得侵地乎蘇秦大慙曰請爲王取之蘇秦見齊王再拜俯而慶仰而弔【索隱】劉氏云當時慶弔應有其詞但史家不錄耳齊王曰是何慶弔相隨之速也蘇秦曰臣聞飢人所以飢而不食烏喙者【集解】本草經曰烏頭一名烏喙【索隱】音卓又許穢反今之毒藥烏頭是【正義】廣雅云奚毒附子也一歲爲烏喙三歲爲附子四歲爲烏頭五歲爲天雄爲其愈充腹而與餓死同患也【索隱】劉氏以愈猶暫非也按謂飢人食烏頭則愈益充腹少時毒發而與飢死同患也斃音弊今燕雖弱小卽秦王之少壻也大王利其十城而長與彊秦爲仇今使弱燕爲鴈行而彊秦敝其後以招天下之精兵是食烏喙之類也齊王愀然變色【索隱】愀音自酉反又七小反曰然則奈何蘇秦曰臣聞古之善制事者轉禍爲福因敗爲功大王誠能聽臣計卽歸燕之十城燕無故而得十城必喜秦王知以己之故而歸燕之十城亦必喜此所謂棄仇讎而得石交者也夫燕秦俱事齊則大王號令天下莫敢不聽是王以虛辭附秦以十城取天下此霸王之業也王曰善於是乃歸燕之十城人有毀蘇秦者曰左右賣國反覆之臣也將作亂蘇秦恐得罪歸而燕王不復官也蘇秦見燕王曰臣東周之鄙人也無有分寸之功而王親拜之於廟而禮之於廷今臣爲王卻齊之兵而攻得十城宜以益親今來而王不官臣者人必有以不信傷臣於王者臣之不信王之福也臣聞忠信者所以自爲也進取者所以爲人也且臣之說齊王曾非欺之也臣棄老母於東周固去自爲而行進取也今有孝如曾參廉如伯夷信如尾生得此三人

者以事大王何若王曰足矣蘇秦曰孝如曾參義不離其親一宿於外王又安能使之步行千里而事弱燕之危王哉廉如伯夷義不爲孤竹君之嗣不肯爲武王臣不受封侯而餓死首陽山下有廉如此王又安能使之步行千里而行進取於齊哉信如尾生與女子期於梁下女子不來水至不去抱柱而死有信如此王又安能使之步行千里卻齊之彊兵哉臣所謂以忠信得罪於上者也燕王曰若不忠信耳豈有以忠信而得罪者乎蘇秦曰不然臣聞客有遠爲吏而其妻私於人者其夫將來其私者憂之妻曰勿憂吾已作藥酒待之矣居三日其夫果至妻使妾舉藥酒進之妾欲言酒之有藥則恐其逐主母也欲勿言乎則恐其殺主父也於是乎詳僵而棄酒【索隱】詳音羊詳詐也僵仆也音薑主父大怒笞之五十故妾一僵而覆酒上存主父下存主母然而不免於笞惡在乎忠信之無罪也夫臣之過不幸而類是乎燕王曰先生復就故官益厚遇之易王母文侯夫人也與蘇秦私通燕王知之而事之加厚蘇秦恐誅乃說燕王曰臣居燕不能使燕重而在齊則燕必重燕王曰唯先生之所爲於是蘇秦詳爲得罪於燕而亡走齊齊宣王以爲客卿【集解】徐廣曰燕易王之十年時齊宣王卒湣王卽位說湣王厚葬以明孝高宮室大苑囿以明得意欲破敝齊而爲燕燕易王卒【集解】徐廣曰易王十二年卒燕噲立爲王其後齊大夫多與蘇秦爭寵者而使人刺蘇秦不死殊而走【集解】風俗通義稱漢令蠻夷戎狄有罪當殊殊者死也與誅同指而此云不死殊而走者蘇秦時雖不卽死然是死創故云殊齊王使人求賊不得蘇秦且死乃謂齊王曰臣卽死車裂臣以徇於市曰蘇秦爲燕作亂於齊如此則臣之賊必得矣於是如其言而殺蘇秦者果自出齊王因而誅之燕聞之曰甚矣齊之爲蘇生報仇也【集解】徐廣曰生一作先蘇秦既死其事大泄齊後聞之乃恨怒燕燕甚恐蘇秦之弟曰代代弟蘇厲見兄遂亦皆學及蘇秦死代乃求見燕王欲襲故事曰臣東周之鄙人也竊聞大王義甚高鄙人不敏釋鉏耨而干大王至於邯鄲所見者絀於所聞於東周臣竊負其志及至燕廷觀王之羣臣下吏王天下之明王也燕王曰子所謂明王者何如也對曰臣聞明王務聞其過不欲聞其善臣請謁王之過夫齊趙者燕之仇讎也韓魏者燕之援國也今王奉仇讎以伐援國非所以利燕也王自慮之此則計過無以聞者非忠臣也王曰夫齊者固寡人之讎所欲伐也直患國敝力不足也子能以燕伐齊則寡人舉國委子對曰凡天下戰國七燕處弱焉獨戰則不能有所附則無不重南附楚

楚重西附秦秦重中附韓魏韓魏重且苟所附之國重此必使王重矣【正義】言附諸國諸國重而燕尊重今夫齊長主而自用也【索隱】謂齊王年長也或作齊彊故言長主南攻楚五年畜聚竭西困秦三年士卒罷敝北與燕人戰覆三軍得二將【集解】徐廣曰齊覆三軍而燕失二將【索隱】戰國策云獲二將亦謂燕之二將是燕之失也然而以其餘兵南面舉五千乘之大宋【正義】齊表云齊湣王三十八年滅宋乃當赧王二十九年此說乃燕噲之時當周慎王之時齊宋在前三十餘年恐文誤矣而包十二諸侯此其君欲得其民力竭惡足取乎且臣聞之數戰則民勞久師則兵敝矣燕王曰吾聞齊有清濟濁河【正義】濟漯二水上承黃河並漯青之北流入海黃河又一源從洛魏二州界北流入海亦齊西北界可以爲固長城鉅防【集解】徐廣曰濟北盧縣有防門又有長城東至海【正義】長城西頭在濟州平陰縣界竹書紀年云梁惠王二十年齊閔王築防以爲長城太山記云太山西有長城緣河經太山餘一千里至琅邪臺入海足以爲塞誠有之乎對曰天時不與雖有清濟濁河惡足以爲固民力罷敝雖有長城鉅防惡足以爲塞且異日濟西不師【正義】濟州以西也所以備趙也河北不師【正義】謂滄博等州在漯河之北所以備燕也今濟西河北盡已役矣封內敝矣夫驕君必好利而亡國之臣必貪於財王誠能無羞寵子母弟以爲質【正義】音致寶珠玉帛以事左右彼將有德燕而輕亡宋則齊可亡已燕王曰吾終以子受命於天矣燕乃使一子質於齊而蘇厲因燕質子而求見齊王齊王怨蘇秦欲囚蘇厲燕質子爲謝已遂委質爲齊臣【正義】質音至實反燕相子之與蘇代婚而欲得燕權乃使蘇代侍質子於齊齊使代報燕燕王噲問曰齊王其霸乎曰不能曰何也曰不信其臣於是燕王專任子之已而讓位燕大亂齊伐燕殺王噲子之【集解】徐廣曰是周赧王之元年時也燕立昭王而蘇代蘇厲遂不敢入燕皆終歸齊齊善待之蘇代過魏魏爲燕執代齊使人謂魏王曰齊請以宋地封涇陽君【正義】涇陽君秦王弟名悝也涇陽雍州縣也齊蘇子告秦共伐宋以封涇陽君然齊假設此策以救蘇代秦必不受秦非不利有齊而得宋地也【正義】宋地又得齊事秦然秦不信齊及蘇代恐爲不成也不信齊王與蘇子也今齊魏不和如此其甚則齊不欺秦秦信齊齊秦合涇陽君有宋地非魏之利也故王不如東蘇子秦必疑齊而不信蘇子矣齊秦不合天下無變伐齊之形成矣於是出蘇代代之宋宋善待之齊伐宋宋急蘇代乃遺燕昭王書曰【正義】此書爲宋說燕令莫助齊梁夫列在萬乘而寄質於齊【正義】燕前有一子質於齊名卑而權輕奉萬乘助齊伐宋民勞而實費夫破宋殘楚淮北肥大【正義】更以淮北之地加於齊都是彊萬乘之國而齊總并之是益一齊齊讎彊而國害此三者皆國之大敗也然且王行之者將以取信於齊也齊加不信於王而忌燕愈甚是王之計過矣夫以宋加之淮北彊萬乘之國也而齊并之是益一齊也北夷

方七百里【索隱】謂山戎北狄附齊者【正義】齊桓公伐山戎令支斬孤竹而南歸海濱諸侯莫不來服加之以魯衞彊萬乘之國也而齊并之是益二齊也夫一齊之彊燕猶狼顧而不能支今以三齊臨燕其禍必大矣雖然智者舉事因禍爲福轉敗爲功齊紫敗素也【集解】徐廣曰取敗素染以爲紫【正義】齊君好紫故齊俗尚之取惡素帛染爲紫其價十倍貴於餘喩齊雖有大名而國中以困弊也韓子云齊桓公好服紫一國盡服紫當時十素不得一紫公患之管仲曰君欲正之何不試之勿衣也公謂左右曰惡紫臭公語三日境內莫有衣紫者而賈十倍【索隱】謂紫色價貴於帛十倍而本是敗素以喩齊雖有大名而其國中困弊也越王勾踐棲於會稽復殘彊吳而霸天下此皆因禍爲福轉敗爲功者也今王若欲因禍爲福轉敗爲功則莫若挑霸齊而尊之【正義】挑田鳥反敎持也使使盟於周室焚秦符曰【正義】符徵兆也其大上計破秦其次必長賓之【索隱】長如字賓音擯【正義】大好上計策破秦次計長擯秦關西秦挾賓以待破秦王必患之秦五世伐諸侯今爲齊下秦王之志苟得窮齊不憚以國爲功然則王何不使辯士以此言說秦王曰燕趙破宋肥齊尊之爲之下者燕趙非利之也燕趙不利而勢爲之者以不信秦王也然則王何不使可信者接收燕趙令涇陽君高陵君【集解】徐廣曰馮翊高陵縣【索隱】二人秦王母弟也高陵君名顯涇陽君名悝先於燕趙秦有變因以爲質則燕趙信秦秦爲西帝燕爲北帝趙爲中帝立三帝以令於天下韓魏不聽則秦伐之齊不聽則燕趙伐之天下孰敢不聽天下服聽因驅韓魏以伐齊曰必反宋地歸楚淮北反宋地歸楚淮北燕趙之所利也並立三帝燕趙之所願也夫實得所利尊得所願燕趙棄齊如脫躧矣今不收燕趙齊霸必成諸侯贊齊而王不從是國伐也諸侯贊齊而王從之是名卑也今收燕趙國安而名尊不收燕趙國危而名卑夫去尊安而取危卑智者不爲也秦王聞若說必若刺心然則王何不使辯士以此若言說秦秦必取齊必伐矣夫取秦厚交也伐齊正利也尊厚交務正利聖王之事也燕昭王善其書曰先人嘗有德蘇氏子之之亂而蘇氏去燕燕欲報仇於齊非蘇氏莫可乃召蘇代復善待之與謀伐齊竟破齊湣王出走久之秦召燕王燕王欲往蘇代約燕王曰楚得枳【集解】徐廣曰巴郡有枳縣【正義】枳支是反今涪州城在秦枳縣在江南而國亡【集解】徐廣曰燕昭王三十三年秦拔楚鄢【正義】按西陵在黃州齊得宋而國亡【正義】年表云齊湣王三十八年滅宋三十年五國共擊湣王王走莒齊楚不得以有枳宋而事秦者何也則有功者秦之深讎也秦取天下非行義也暴也秦之行暴正告天下【索隱】正告謂顯然而告天下告楚曰蜀地之甲乘船浮於汶【集解】駰案眉貧反【索隱】卽江所出之岷山乘夏水而下江【索隱】夏音暇謂夏潦之水盛漲時也五日而至郢漢中之甲乘船出於巴【索隱】巴水名與漢水相近【正義】巴嶺山在梁州南一百九十里周地志云南渡老子水登巴嶺山南回記大江此南是古巴國因以名山

乘夏水而下漢四日而至五渚【集解】駰案戰國策曰秦與荊人戰大破荊襲郢取洞庭五渚然則五渚在洞庭【索隱】五渚五處洲也劉氏以為五渚宛鄧之間臨漢水不得在洞庭或說五渚即五湖與劉氏說各不同寡人積甲宛東下隨【索隱】宛縣之東而下隨邑智者不及謀勇士不及怒寡人如射隼矣【索隱】易曰射隼於高墉之上獲之無不利秦王言我今伐楚必當捷獲也【正義】隼若今之鶻也王乃欲待天下之攻函谷不亦遠乎楚王為是故十七年事秦秦正告韓曰我起乎少曲【索隱】地名近宜陽也【正義】在懷州河陽縣西北解在范雎傳一日而斷太行【正義】太行山羊腸坂道北過韓上黨也我起乎宜陽而觸平陽【正義】宜陽平陽皆韓大都也二日而莫不盡繇【索隱】音搖動也我離兩周而觸鄭【正義】離歷也歷二周而東觸新鄭鄭州韓國都五日而國舉【索隱】離如字謂兵以離二周也而乃觸擊於鄭故五日國舉舉猶拔也韓氏以為然故事秦秦正告魏曰我舉安邑塞女戟韓氏太原卷【正義】卷軌免反劉伯莊云太原當為太行卷猶斷絕我下軹道南陽封冀【集解】徐廣曰霸陵有軹道亭河東皮氏有冀亭也【索隱】女戟地名在太行山之西劉氏卷音軌免反非也又音邱權反按舉安邑塞女戟及卒韓氏韓國宜陽也太原縣名魏地不至太原亦無別名太行字原當為京京及卷皆屬滎陽是魏之境軹是河內軹縣言道者亦衍字徐廣引霸陵自軹道亭非魏之境蓋誤南陽即河內也封封陵也冀冀邑也皆在魏境故徐廣引河東皮氏有冀亭是也包兩周【集解】徐廣曰張儀云下河東取成皋也【正義】兩周王城及鞏乘夏水浮輕舟彊弩在前銛戈在後【集解】徐廣曰銛由冉反劉伯莊云音四廉反利也【正義】決滎口魏無大梁【索隱】滎澤之口與今汴河口通其水深可以灌大梁故云無大梁也決白馬之口魏無外黃濟陽【索隱】白馬河津在東郡決其流以灌外黃濟陽也【正義】故黃城在曹州考城縣東二十四里濟陽故城在曹州冤朐縣西南三十五里決宿胥之口【集解】徐廣曰紀年曰魏救山塞集胥口【正義】淇水出衞州淇縣界之淇水東至黎陽入河魏志云武帝於淇口東因宿胥故瀆開白溝道清淇二水入焉【索隱】紀年作胥蓋亦津名今其地不知所在魏無虛頓丘【集解】徐廣曰秦始皇五年取魏酸棗燕虛長平【索隱】虛頓丘地名與酸棗相近【正義】虛謂殷墟今相州所理是頓丘故城在魏州頓丘縣東北二十里括地志云二國此時屬魏陸攻則擊河內水攻則滅大梁魏氏以為然故事秦秦欲攻安邑恐齊救之則以宋委於齊曰宋王無道為木人以寫寡人射其面寡人地絕兵遠不能攻也王苟能破宋有之寡人如自得之已得安邑塞女戟因以破宋為齊罪【索隱】秦令齊滅宋仍以破宋為齊之罪秦欲攻韓恐天下救之則以齊委於天下曰齊王四與寡人約四欺寡人必率天下以攻寡人者三有齊無秦有秦無齊必伐之必亡之已得宜陽少曲致藺石因以破齊為天下罪秦欲攻魏重楚【索隱】重猶附也尊也【正義】畏楚救魏則以南陽委於楚曰【正義】南陽鄧州地本韓地也韓先事秦今楚取南陽故言與韓且絕矣寡人固與韓且絕矣殘均陵塞鄳阸【集解】徐廣曰鄳江夏鄳縣均一作約【索隱】鄳音盲均陵在南陽今之均州鄳縣名在江夏【正義】均州故城在隨州西南五十里蓋均陵也又申州羅山縣本漢鄳縣申州有平靖關蓋古鄳縣之阸塞苟利於楚寡人如自有之魏棄與國而合於秦因以塞鄳阸為楚罪兵困於林中【集解】徐廣曰河南苑陵有林鄉重燕趙以膠東委於燕以濟西委於趙趙得講於魏至公子延因犀首屬行而攻趙【索隱】講和解也秦與魏和也至當為質謂以公子延為質也犀首者公孫衍也本魏將因之以屬軍行行音胡郎反謂車兵相續也兵傷於譙石遇敗於陽馬【索隱】譙石陽馬並趙之地名非縣邑也而重魏則以葉蔡委於魏已得講於趙則劫魏不為割困則使太后弟穰侯為和嬴則兼欺舅與母【索隱】嬴猶勝也舅穰侯母太后也適燕者曰以膠東【索隱】適音宅適者責也下同適趙者曰以濟西適魏者曰以葉蔡適楚者曰以塞鄳阸適齊者曰以宋此必令言如循環用兵如刺蜚母不能制舅不能約龍賈之戰【集解】駰案魏襄王五年秦敗我龍賈軍岸門之戰【集解】駰案韓宣惠王十九年秦大敗我岸門封陵之戰【集解】駰案魏哀王十六年秦敗我封陵高商之戰【集解】駰案此戰事不見趙莊之戰【集解】駰案趙肅侯二十二年趙莊與秦戰敗秦殺趙莊河西秦之所殺三晉之民數百萬今其生者皆死秦之孤也西河之外上雒之地三川晉國之禍三晉之半秦禍如此其大也【索隱】以言西河之外上雒之地及三川晉國皆是秦與魏戰之處也秦兵禍敗我三晉之半是秦禍如此其大者而燕趙之秦者皆以爭事秦說其主【索隱】燕趙之人往秦者謂游說之士此臣之所大患也燕昭王不行蘇代復重於燕燕使約諸侯從親如蘇秦時或從或不而天下由此宗蘇氏之從約代厲皆以壽死名顯諸侯

太史公曰蘇秦兄弟三人皆游說諸侯以顯名【索隱】譙允南以為蘇氏兄弟五人更有蘇辟蘇鵠典略亦同其說蓋按蘇氏譜云然也其術長於權變而蘇秦被反間以死天下共笑之諱學其術然世言蘇秦多異異時事有類之者皆附之蘇秦夫蘇秦起閭閻連六國從親此其智有過人者吾故列其行事次其時序毋令獨蒙惡聲焉

【索隱述贊】季子周人師事鬼谷揣摩既就陰符伏讀合從離衡佩印者六天王除道家人扶服賢哉代厲繼榮黨族

史記卷六十九考證

蘇秦列傳前有樓闕軒轅○顧炎武曰當作軒縣周禮小胥正樂縣之位王宮縣諸侯軒縣注謂軒縣者闕其南面

六國從親以賓秦索隱謂六國之軍共為合從相親獨以秦為賓而共伐之也○臣照按賓字國策原作擯若索隱之意則竟以為主賓之賓既以為賓未聞伐賓之義

鐵幕索隱劉氏云謂以鐵為臂脛之衣言其劍皆能斬之○徐孚遠曰鐵幕是障面劉言臂脛之衣是重言甲恐非也

五家之兵索隱高誘注戰國策云五家即五國也○王維禎曰五家之兵管子之制也高誘注欠明

驕矜而不敢進○驕矜國策作高躍

蘇秦去趙集解徐廣曰自初說燕至此三年○徐孚遠曰正文云秦兵不出于五年而徐云自初說至此三年二說懸殊

而燕王不復官也○國策作不復館

齊伐宋宋急○余有丁曰按傳中前言舉宋此復言宋急者何也據齊表此殷是前殷必誤

齊紫敗素也而賈十倍索隱以喻齊雖有大名而其國中困弊也○董份曰齊紫本敗素而價十倍此正轉敗為功之意非言齊國困弊也

則莫若挑霸齊而尊之○國策挑作遙

焚秦符正義符徵兆也○臣照按符者節信也張儀傳云借宋之符焚秦符者絕之也楚世家云齊折楚符而合于秦解作徵兆非

乘夏水而下江索隱謂夏潦之水盛漲時也○臣照按宜為夏水之口夏水通漢亦通江似不得以夏潦之水為解也

兵傷於譙石遇敗於陽馬○國策作離石馬陵

史記卷七十

漢　太　史　令司馬遷　撰

宋　中　郎　外　兵　曹　參　軍裴　駰集解

唐國子博士弘文館學士司馬貞索隱

唐諸王侍讀率府長史張守節正義

張儀列傳第十

張儀者魏人也【集解】駰案呂氏春秋曰儀魏氏餘子【索隱】晉有大夫張老又河東有西張城張氏為魏人必也而呂覽以為魏氏餘子則蓋魏之支庶也又書略說以餘子謂之季子也【正義】左傳晉有公族餘子公行杜預云皆官卿之嫡為公族大夫餘子嫡子之母弟也公行庶子掌公戎行也藝文志云張子十篇在縱橫流始嘗與蘇秦俱事鬼谷先生學術蘇秦自以不及張儀張儀已學而游說諸侯【索隱】說音稅嘗從楚相飲已而楚相亡璧門下意張儀曰儀貧無行必此盜相君之璧共執張儀掠笞數百不服醳之【集解】駰案醳音釋【索隱】古釋字其妻曰嘻【索隱】嘻音僖鄭玄曰嘻悲恨之聲子毋讀書游說安得此辱乎張儀謂其妻曰視吾舌尚在不其妻笑曰舌在也儀曰足矣蘇秦已說趙王而得相約從親【索隱】從音足容反然恐秦之攻諸侯敗約後負念莫可使用於秦者乃使人微感張儀曰子始與蘇秦善今秦已當路子何不往游以求通子之願張儀於是之趙上謁求見蘇秦蘇秦乃誡門下人不為通又使不得去者數日已而見之坐之堂下賜僕妾之食因而數讓之【索隱】按謂數設詞而讓之讓亦責也數音朔曰以子之材能乃自令困辱至此吾寧不能言而富貴子子不足收也謝去之張儀之來也自以為故人求益反見辱怒念諸侯莫可事獨秦能苦趙乃遂入秦蘇秦已而告其舍人曰張儀天下賢士吾殆弗如也今吾幸先用而能用秦柄者獨張儀可耳然貧無因以進吾恐其樂小利而不遂故召辱之以激其意子為我陰奉之乃言趙王發金幣車馬使人微隨張儀與同宿舍稍稍近就之奉以車馬金錢所欲用為取給而弗告張儀遂得以見秦惠王惠王以為客卿與謀伐諸侯蘇秦之舍人乃辭去張儀曰賴子得顯方且報德何故去也舍人曰臣非知君知君乃蘇君蘇君憂秦伐趙敗從約以為非君莫能得秦柄故感怒君使臣陰奉給君資盡蘇君之計謀今君已用請歸報張儀曰嗟乎此吾在術中而不悟吾不及蘇君明矣吾又新用安能謀趙乎為吾謝蘇君蘇君之時儀何敢言且蘇君在儀寧渠能乎【集解】駰案渠音詎【索隱】古字少假借耳張儀既相秦為文檄【集解】徐廣曰一作尺之檄【索隱】王劭按春秋後語云丈二尺檄許慎云檄二尺書也為檄即傳檄爾告楚相曰始吾從若飲【索隱】若汝也下文而亦訓汝我不盜而璧若笞我若善守汝國我顧且盜而城苴蜀相攻擊【集解】徐廣曰譙周曰益州天苴讀為苞黎之苞音與巴相近以為今之巴郡【索隱】苴音巴謂巴蜀之夷自相攻擊也今作苴者按巴苴是草名今論巴遂誤作苴也或巴人巴郡本因芭苴得名所以其字遂以苴為巴也注引天苴即巴苴也譙周蜀人也知天苴之音讀為芭苴之芭按芭籬即織木葺為葦籬也今江南亦謂葦籬曰芭籬【正義】華陽國志云昔蜀王封其弟于漢中號曰苴侯因命之邑曰葭萌苴侯與巴王為好巴與蜀為讎故蜀王怒伐苴苴奔巴求救於秦秦遣張儀從子午道伐蜀王自葭萌禦之敗績走至武陽為秦軍所害秦遂滅蜀因滅巴蜀二郡括地志云苴侯都葭萌今利州益昌縣五十里葭萌故城是蜀侯都益州巴子城在合州石鏡縣南五里故墊江縣也巴子都江州在都之北又峽州界也各來告急於秦秦惠王欲發兵以伐蜀以為道險狹難至而韓又來侵秦秦惠王欲先伐韓後伐蜀恐不利欲先伐蜀恐韓襲秦之敝猶豫未能決司馬錯與張儀爭論於惠王之前【索隱】錯音七各反又音七故反司馬錯欲伐蜀張儀曰不如伐韓王曰請聞其說儀曰親魏善楚下兵三川塞斜谷之口【集解】徐廣曰一作尋成皋鞏縣有尋口【索隱】尋斜聲相近故其名或也戰國策作轘轅緱氏之口亦其地相近也斜谷地名【正義】括地志云溫泉水即尋水出洛州鞏縣西南四十里注水經云鄩城水出北山鄩溪又有故鄩城在鞏縣西南五十八里按洛州維氏縣東南四十里與鄩溪相近之地當屯留之道【正義】屯留潞州縣也道即太行羊腸阪道也魏絕南陽【正義】南陽懷州也是當屯留之道令魏絕斷韓上黨之路也楚臨南鄭【正義】是塞斜谷之口也令楚兵臨鄭南塞轘轅緱口斷南陽之兵也秦攻新城宜陽【索隱】新城當在河南伊闕之左右【正義】洛州福昌縣也以臨二周之郊誅周王之罪侵楚魏之地周自知不能救九鼎寶器必出據九鼎案圖籍挾天子以令於天下天下莫敢不聽此王業也今夫蜀西僻之國而戎翟之倫

也敝兵勞衆不足以成名得其地不足以爲利臣聞爭名者於朝爭利者於市今三川周室天下之朝市也而王不爭焉顧爭於戎翟去王業遠矣司馬錯曰不然臣聞之欲富國者務廣其地欲彊兵者務富其民欲王者務博其德三資者備而王隨之矣今王地小民貧故臣願先從事於易夫蜀西僻之國也而戎翟之長也有桀紂之亂以秦攻之譬如使豺狼逐羣羊得其地足以廣國取其財足以富民【索隱】戰國策取作得繕兵不傷衆而彼已服焉【正義】繕音膳同膳具食也拔一國而天下不以爲暴利盡西海而天下不以爲貪【索隱】西海爲蜀川也海者珍藏所聚生猶謂秦中爲陸海然也其實西亦有海所以云西海【正義】海之言晦也西夷晦昧無知故言海也言利盡西方羌戎是我一舉而名實附也【索隱】名謂博其德也實謂得土地財寶也而又有禁暴止亂之名今攻韓劫天子惡名也而未必利也又有不義之名而攻天下所不欲危矣臣請論其故【索隱】論者告也陳也故謂陳不宜伐之端由也周天下之宗室也齊韓之與國也周自知失九鼎韓自知亡三川【正義】韓自知亡二周故與周并力合謀也將二國并力合謀以因乎齊趙而求解乎楚魏以鼎與楚以地與魏王弗能止也此臣之所謂危也不如伐蜀完惠王曰善寡人請聽子卒起兵伐蜀十月取之【索隱】六國年表在惠王二十二年十月也【正義】表云秦惠王後元年十月擊滅之遂定蜀貶蜀王更號爲侯而使陳莊相蜀蜀既屬秦秦以益彊富厚輕諸侯秦惠王十年使公子華【集解】徐廣曰一作革與張儀圍蒲陽【索隱】魏之邑名【正義】在隰州隰川縣蒲邑故城是也降之儀因言秦復與魏而使公子繇質於魏儀因說魏王曰秦王之遇魏甚厚魏不可以無禮魏因入上郡少梁謝秦惠王惠王乃以張儀爲相更名少梁曰夏陽【集解】徐廣曰夏陽在梁山龍門【索隱】夏音下山名亦曰大夏禹所都【正義】少梁城同州韓城縣南二十三里夏陽城在縣南二十里梁山在縣東南十九里龍門山在縣北五十里儀相秦四歲立惠王爲王【正義】表云惠王之十三年周顯王之三十四年也居一歲爲秦將取陝築上郡塞其後二年使與齊楚之相會齧桑東還而免相相魏以爲秦欲令魏先事秦而諸侯效之魏王不肯聽儀秦王怒伐取魏之曲沃平周復陰厚張儀益甚張儀慙無以歸報留魏四歲而魏襄王卒哀王立張儀復說哀王哀王不聽於是張儀陰令秦伐魏魏與秦戰敗明年齊又來敗魏於觀津【集解】駰案觀音貫秦復欲攻魏先敗韓申差軍斬首八萬諸侯震恐而張儀復說魏王曰魏地方不至千里卒不過三十萬地四平諸侯四通輻湊無名山大川之限從鄭至梁二百餘里車馳人走不待力而至梁南與楚境西與韓境北與趙境東與齊境卒戍四方守亭鄣者不下十萬梁之地勢固戰場也梁南與楚而不與齊則齊攻其東東與齊而不與趙則趙攻其北不合於韓則韓攻其西不親於楚則楚攻其南此所謂四分五裂之道也且夫諸侯之爲從者將以安社稷尊主彊兵顯名也今從者一天下約爲昆弟刑白馬以盟洹【集解】駰案洹音桓水之上以相堅也而親昆弟同父母尚有爭錢財而欲恃詐僞反覆蘇秦之餘謀其不可成亦明矣大王不事秦秦下兵攻河外【索隱】河之西即曲沃平周之邑也【正義】河外即卷衍燕酸棗據卷衍酸棗【集解】駰案卷丘權反衍以善反【索隱】卷在河南衍地名【正義】卷衍屬鄭州燕滑州胙城縣酸棗屬滑州皆黃河南岸地劫衛取陽晉【正義】故城在曹州秦氏縣西北三十七里則趙不南趙不南而梁不北梁不北則從道絕從道絕則大王之國欲毋危不可得也秦折韓而攻梁【索隱】戰國策折作挾也韓怯於秦秦韓爲一梁之亡可立而須也此臣之所爲大王患也爲大王計莫如事秦事秦則楚韓必不敢動無楚韓之患則大王高枕而臥【正義】枕針鴆反國必無憂矣且夫秦之所欲弱者莫如楚而能弱楚者莫如梁楚雖有富大之名而實空虛其卒雖多然而輕走易北不能堅戰悉梁之兵南面而伐楚勝之必矣割楚而益梁虧楚而適秦嫁禍安國此善事也大王不聽臣秦下甲士而東伐雖欲事秦不可得矣且夫從人多奮辭而少可信說一諸侯而成封侯是故天下之游談士莫不日夜搤腕瞋目切齒以言從之便以說人主人主賢其辯而牽其說豈得無眩哉臣聞之積羽沉舟羣輕折軸衆口鑠金積毀銷骨故願大王審定計議且賜骸骨辟魏哀王於是乃倍從約而因儀請成於秦張儀歸復相秦三歲而魏復背秦爲從秦攻魏取曲沃明年魏復事秦秦欲伐齊齊楚從親於是張儀往相楚楚懷王聞張儀來虛上舍而自館之曰此僻陋之國子何以敎之儀說楚王曰大王誠能聽臣閉關絕約於齊臣請獻商於之地六百里【索隱】劉氏云商今之商州有古商城其西二百餘里有古於城使秦女得爲大王箕帚之妾秦楚娶婦嫁女長爲兄弟之國此北弱齊而西益秦也計無便此者楚王大說而許之羣臣皆賀陳軫獨弔之楚王怒曰寡人不興師發兵得六百里地羣臣皆賀子獨弔何也陳軫對曰不然以臣觀之商於之地不可得而齊秦合齊秦合則患必至矣楚王曰有說乎陳軫對曰夫秦之所以重楚者以其有齊也今閉關絕約於齊則楚孤秦奚貪夫孤國而與之商於之地六百里張儀至秦必負王是北絕齊交西生患於秦也而兩國之兵必俱至善爲王計者不若陰合而陽絕於齊使人隨張儀苟與吾地絕齊未晚也不與吾地陰合謀計也楚王曰願陳子閉口毋復言以待寡人得地乃以相印授張儀厚賂之於是遂閉關絕約於齊使一將軍隨張儀張儀至秦詳失綏墮車不朝三月【正義】詳音羊楚王聞之曰儀以寡人絕齊未甚邪乃使勇士至宋借宋之符北罵齊王齊王大怒折節而下秦秦齊之交合張儀乃朝謂楚使者曰臣有奉邑六里願以獻大王左右楚使者曰臣受令於王以商於之地六百里不聞六里還報楚王楚王大怒發兵而攻秦陳軫曰軫可發口言乎攻之不如割地反以賂秦與之并兵而攻齊是我出地於秦取償於齊也王國尚可存楚王不聽卒發兵而使將軍屈匄擊秦秦齊共攻楚斬首八萬殺屈匄遂取丹陽【集解】徐廣曰在枝江漢中之地【正義】今梁州也在漢水北楚又復益發兵而襲秦至藍田大戰楚大敗於是楚割兩城以與秦平秦要楚欲得黔中地【正義】要音腰欲以武關外易之【正義】即商於之地楚王曰不願易地願得張儀而獻黔中地秦王欲遣之口弗忍言張儀乃請行惠王曰彼楚王怒子之負以商於之地是且甘心於子張儀曰秦彊楚弱臣善靳尚尚得事楚夫人鄭袖袖所言皆從且臣奉王之節使楚楚何敢加誅假令誅臣而爲秦得黔中之地臣之上願遂使楚楚懷王至則囚張儀將殺之靳尚謂鄭袖曰子亦知子之賤於王乎鄭袖曰何也靳尚曰秦王甚愛張儀而不欲出之【索隱】不字當作必時張儀爲楚所囚故必欲出之也【正義】秦王不欲出張儀使楚若欲自行令秦欲以上庸地及美人贖儀今將以上庸之地六縣【正義】今房州也賂楚以美人聘楚以宮中善歌謳者爲媵楚王重地尊秦秦女必貴而夫人斥矣不若爲言而出之於是鄭袖日夜言懷王曰人臣各爲其主用今地未入秦秦使張儀來至重王王未有禮而殺張儀秦必大怒攻楚妾請子母俱遷江南毋爲秦所魚肉也懷王後悔赦張儀厚禮之如故張儀既出未去聞蘇秦死【索隱】此時當秦惠王之後元十四年乃說楚王曰秦地半天下兵敵四國被險帶河四塞以爲固虎賁之士百餘萬車千乘騎萬匹積粟如丘山法令既明士卒安難樂死主明以嚴將智以武雖無出甲席卷常山之險必折天下之脊【索隱】常山於天下在北有若人之脊也【正義】古之帝王多都河北河東故也天下有後服者先亡且夫爲從者無以異於驅羣羊而攻猛虎虎之與羊不格明矣今王不與猛虎而與羣羊臣竊以爲大王之計過也凡天下彊國非秦而楚非楚而秦兩國交爭其勢不兩立大王不與秦秦下甲據宜陽韓之上地不通下河東取成皐韓必入臣梁則從風而動秦攻楚之西韓梁攻其北社稷安得毋危且夫從者聚羣弱而攻至彊不料敵而輕戰國貧而數舉兵危亡之術也臣聞之兵不如者勿與挑戰【正義】挑田鳥反粟不如者勿與持久夫從人飾辯虛辭高主之節言其利不言其害卒有秦禍【正義】卒忽勿反無及爲已是故願大王之孰計之秦西有巴蜀大船積粟起於汶山【正義】汶音泯浮江以下至楚三千餘里舫船載卒【索隱】舫音方謂並兩船也一舫載五十人與三月之食下水而浮一日行三百餘里里數雖多然而不費牛馬之力不至十日而距扞關【集解】徐廣曰巴郡魚復有扞水扞關【索隱】扞關在楚之西界復音伏地理志巴郡有魚復縣【正義】在硤州巴山縣界扞關驚則從境以東盡城守矣黔中巫郡非王之有秦舉甲出武關南面而伐則北地絕【正義】楚之北境斷絕秦兵之攻楚也危難在三月之內而楚待諸侯之救在半歲之外此其勢不相及也夫待弱國之救忘彊秦之禍此臣所以爲大王患也大王嘗與吳人戰五戰而三勝陳卒盡矣偏守新城存民苦矣【索隱】偏音匹連反此之新城當在吳楚之間也【正義】新攻得之城未詳所在臣聞功大者易危而民敝者怨上夫守易危之功而逆彊秦之心臣竊爲大王危之且夫秦之所以不出兵函谷十五年以攻齊趙者陰謀有合【集解】徐廣曰一作吞天下之心楚嘗與秦構難戰於漢中【索隱】其地在秦之山南楚之西北漢水南之地名曰漢中也楚人不勝列侯執珪死者七十餘人遂亡漢中楚王大怒興兵襲秦戰於藍田此所謂兩虎相搏者也【集解】徐廣曰搏或音戟夫秦楚相敝而韓魏以全制其後計無危於此者矣願大王孰計之秦下甲攻衛陽晉必大關天下之匈【集解】徐廣曰關一作開【索隱】以常山爲天下脊則此衛及陽晉當天下胸蓋其地是秦晉齊楚之交道也以言秦兵據陽晉是大關天下胸則他國不得動也大王悉起兵以攻宋不至數月而宋可舉舉宋而東指則泗上十二諸侯盡王之有也【索隱】邊近泗水之側當戰國之時有十二諸侯宋魯邾莒之比也凡天下而以信約從親相堅者蘇秦封武安君相燕卽陰與燕王謀伐破齊而分其地乃詳有罪出走入齊齊王因受而相之居二年而覺齊王大怒車裂蘇秦於市夫以一詐僞之蘇秦而欲經營天下混壹諸侯【索隱】混本一作棍同胡本反其不可成亦明矣今秦與楚接境壤界固形親之國也大王誠能聽臣臣請使秦太子入質於楚楚太子入質於秦請以秦女爲大王箕帚之妾效萬室之都以爲湯沐之邑長爲昆弟之國終身無相攻伐臣以爲計無便於此者於是楚王已得張儀而重出黔中地與秦欲許之屈原曰前大王見欺於張儀張儀至臣以爲大王烹之今縱弗忍殺之又聽其邪說不可許王曰許儀而得黔中美利也後而倍之不可故卒許張儀與秦親張儀去楚因遂之韓說韓王曰韓地險惡山居五穀所生非菽而麥民之食大抵飯菽藿羹一歲不收民不饜糟糠地不過九百里無二歲之食料大王之卒悉之不過三十萬而廝徒負養在其中矣【索隱】廝徒謂廝役之賤者負養謂負擔以

給養公家亦賤人也除守徼亭鄣塞見卒不過二十萬而已矣秦帶甲百餘萬車千乘騎萬匹虎賁之士跿跔科頭【集解】駰案跿跔音徒俱跳躍也又云偏舉一足曰跿跔科頭謂不著兜鍪入敵【索隱】跔又音劬戰國策作虎摯之士貫頤奮戟者至不可勝計【集解】駰案言執戟奮怒而入陳也【正義】兩手捧頤而直入敵言其勇也又有執戟者奮怒而趨入陣也秦馬之良戎兵之衆探前趹後蹄間三尋【索隱】謂馬前足探向前後足趹於後趹音烏穴反趹謂後足抉地言馬之走勢疾也七尺曰尋言馬走之疾前後蹄間一擲而過三尋也騰者不可勝數山東之士被甲蒙冑以會戰秦人捐甲徒裼以趨敵【索隱】徒跣也裼袒也謂袒而見肉也左挈人頭右挾生虜夫秦卒與山東之卒猶孟賁之與怯夫以重力相壓猶烏獲之與嬰兒夫戰孟賁烏獲之士以攻不服之弱國無異垂千鈞之重於鳥卵之上必無幸矣夫羣臣諸侯不料地之寡而聽從人之甘言好辭比周以相飾也皆奮曰聽吾計可以彊霸天下夫不顧社稷之長利而聽須臾之說詿誤人主無過此者大王不事秦秦下甲據宜陽斷韓之上地東取成皋滎陽則鴻臺之宮桑林之苑【集解】徐廣曰桑一作栗【索隱】此皆韓之宮苑亦見戰國策非王之有也夫塞成皋絕上地則王之國分矣先事秦則安不事秦則危夫造禍而求其福報計淺而怨深逆秦而順楚雖欲毋亡不可得也故爲大王計莫如爲【集解】駰案于僞反秦秦之所欲莫如弱楚而能弱楚者莫如韓非以韓能彊於楚也其地勢然也今王西面而事秦以攻楚秦王必喜夫攻楚以利其地轉禍而說秦計無便於此者韓王聽儀計張儀歸報秦惠王封儀五邑號曰武信君使張儀東說齊湣王曰天下彊國無過齊者大臣父兄殷衆富樂然而爲大王計者皆爲一時之說不顧百世之利從人說大王者必曰齊西有彊趙南有韓與梁齊負海之國也地廣民衆兵彊士勇雖有百秦將無柰齊何大王賢其說而不計其實夫從人朋黨比周莫不以從爲可臣聞之齊與魯三戰而魯三勝國以危亡隨其後雖有戰勝之名而有亡國之實是何也齊大而魯小也今秦之與齊也猶齊之與魯也秦趙戰於河漳之上再戰而趙再勝秦戰於番吾之下再戰又勝秦【索隱】番音盤又音婆趙之邑也四戰之後趙之亡卒數十萬邯鄲僅存雖有戰勝之名而國已破矣是何也秦彊而趙弱今秦楚嫁女娶婦爲昆弟之國韓獻宜陽梁效河外【索隱】河外之南邑若曲沃平周等也【正義】謂同華州地也趙入朝澠【集解】駰案綿善反池割河間以事秦【索隱】河漳之間邑割以事秦耳【正義】河間瀛州縣大王不事秦秦驅韓梁攻齊之南地悉趙兵渡清河指博關【正義】博關在博州趙兵從貝州度黃河指博關則漯河南臨淄即墨危矣臨菑即墨非王之有也國一日見攻雖欲事秦不可得也是故願大王孰計之也齊王曰齊僻陋隱居東海之上未嘗聞社稷之長利也乃許張儀張儀去西說趙王曰敝邑秦王使使臣効愚計於大王大王收率天下以賓秦秦兵不敢出函谷關十五年大王之威行於山東敝邑恐懼懾伏繕甲厲兵飾車騎【正義】飾音勑習馳射力田積粟守四封之內愁居懾處不敢動搖唯大王有意督過之也【索隱】督者正其事而責之督過是深責其過也今以大王之力舉巴蜀并漢中包兩周遷九鼎守白馬之津秦雖僻遠然而心忿含怒之日久矣今秦有敝甲凋兵軍於澠池願渡河踰漳據番吾會邯鄲之下願以甲子合戰以正殷紂之事敬使使臣先聞左右凡大王之所信爲從者恃蘇秦蘇秦熒惑諸侯以是爲非以非爲是欲反齊國而自令車裂於市夫天下之不可一亦明矣今楚與秦爲昆弟之國而韓梁稱爲東藩之臣齊獻魚鹽之地此斷趙之右臂也夫斷右臂而與人鬭失其黨而孤居求欲毋危豈可得乎今秦發三將軍其一軍塞午道【索隱】此午道當在趙之東齊之西也午道地名也鄭玄云一縱一橫爲午謂交道也告齊使興師渡清河軍於邯鄲之東一軍軍成皋驅韓梁軍於河外【正義】河外謂鄭滑州北臨河一軍軍於澠池約四國爲一以攻趙趙服必四分其地是故不敢匿意隱情先以聞於左右臣竊爲大王計莫如與秦王遇於澠池面相見而口相結請案兵無攻願大王之定計趙王曰先王之時奉陽君專權擅勢蔽欺先王獨擅綰事寡人居屬師傅不與國謀計先王棄羣臣寡人年幼奉祀之日新心固竊疑焉以爲一從不事秦非國之長利也乃且願變心易慮割地謝前過以事秦方將約車趨行【正義】趨音趣適聞使者之明詔趙王許張儀張儀乃去北之燕說燕昭王曰大王之所親莫如趙昔趙襄子嘗以其姊爲代王妻欲并代約與代王遇於句注之塞【正義】句注山在代州也上音勾乃令工人作爲金斗長其尾【索隱】斗音主凡方者爲斗若安長柄則名爲枓音主尾即斗之柄其形若刀者是也令可以擊人與代王飲陰告廚人曰即酒酣樂進熱啜【索隱】啜音昌悅反謂熱歠之是羹也下云廚人進斟斟謂羹汁故名汁曰斟左氏傳公羊傳云羊羹不斟是也反斗以擊之【正義】反斗即倒柄擊也於是酒酣樂進熱啜廚人進斟因反斗以擊代王殺之王腦塗地其姊聞之因摩笄以自刺故至今有摩笄之山【集解】駰案笄婦人之首飾如今象牙擿【正義】笄今簪也摩笄山在蔚州飛孤縣東北百五十里代王之亡天下莫不聞夫趙王之狠戾無親大王之所明見且以趙王爲可親乎趙興兵攻燕再圍燕都而劫大王大王割十城以謝今趙王已入朝澠池効河間以事秦今大王不事秦秦下甲雲中九原驅趙而攻燕則易水長城【正義】並在易州界非大王之有也且今時趙之於秦猶郡縣也不敢妄舉師以攻伐今王事秦秦王必喜趙不敢妄動是西有彊秦之援而南無齊趙之患是故願大王孰計之燕王曰寡人蠻夷僻處雖大男子裁【集解】駰案音在如嬰兒言不足以采正計今上客幸教之請西面而事秦獻恒山之尾五城【索隱】尾猶末也謂獻恒山之末五城以與秦燕王聽儀儀歸報未至咸陽而秦惠王卒武王立武王自爲太子時不說張儀及即位羣臣多讒張儀曰無信左右賣國以取容秦必復用之恐爲天下笑諸侯聞張儀有郤武王皆畔衡復合從秦武王元年羣臣日夜惡張儀未已而齊讓又至張儀懼誅乃因謂秦武王曰儀有愚計願効之王曰奈何對曰爲秦社稷計者東方有大變然後王可以多割得地也今聞齊王甚憎儀儀之所在必興師伐之故儀願乞其不肖之身之梁齊必興師而伐梁梁齊之兵連於城下而不能相去王以其間伐韓入三川出兵函谷而毋伐以臨周祭器必出【索隱】凡王者大祭祀必陳設文物軒車彝器等因謂此爲祭器也挾天子按圖籍此王業也秦王以爲然乃具革車三十乘入儀之梁齊果興師伐之梁哀王恐張儀曰王勿患也請令罷齊兵乃使其舍人馮喜之楚【索隱】此與戰國策同舊本作憙誤也借使之齊謂齊王曰王甚憎張儀雖然亦厚矣王之託儀於秦也齊王曰寡人憎儀儀之所在必興師伐之何以託儀對曰是乃王之託儀也夫儀之出也固與秦王約曰爲王計者東方有大變然後王可以多割得地今齊王甚憎儀儀之所在必興師伐之故儀願乞其不肖之身之梁齊必興師伐之齊梁之兵連於城下而不能相去王以其間伐韓入三川出兵函谷而無伐以臨周祭器必出挾天子案圖籍此王業也秦王以爲然故具革車三十乘而入之梁也今儀入梁王果伐之是王內罷國而外伐與國【索隱】謂齊之伐梁也梁之與齊先相許與約從爲鄰故云與國也廣鄰敵以內自臨而信儀於秦王也此臣之所謂託儀也齊王曰善乃使解兵張儀相魏一歲卒於魏也【索隱】年表云張儀以哀王十年卒紀年云梁哀王九年五月卒

陳軫者游說之士與張儀俱事秦惠王皆貴重爭寵張儀惡陳軫於秦王曰軫重幣輕使秦楚之間將爲國交也今楚不加善於秦而善軫者軫自爲厚而爲王薄也且軫欲去秦而之楚王胡不聽乎王謂陳軫曰吾聞子欲去秦之楚有之乎軫曰然王曰儀之言果信矣軫曰非獨儀知之也行道之士盡知之矣昔子胥忠於其君而天下爭以爲臣曾參孝於其親而天下願以爲子故賣僕妾不出閭巷而售者良僕妾也出婦嫁於鄉曲者良婦也今軫不忠其君楚亦何以軫爲忠乎忠且見棄軫不之楚何歸乎王以其言爲然遂善待之居秦期年秦惠王終相張儀而陳軫奔楚楚未之重也而使陳軫使於秦過梁欲見犀首犀首謝弗見軫曰吾爲事來公不見軫軫將行不得待【索隱】軫語犀首言我故來欲有教汝之事何不相見異日犀首見之陳軫曰公何好飲也犀首曰無事也曰吾請令公厭事可乎【索隱】厭一豔反厭者飽也謂欲令其多事曰奈何曰田需約諸侯從親【索隱】需時爲魏相楚王疑之未信也公謂於王曰臣與燕趙之王有故數使人來曰無事何不相見願謁行於王王雖許公公請毋多車以車三十乘可陳之於庭明言之燕趙燕趙客聞之馳車告其王使人迎犀首楚王聞之大怒曰田需與寡人約而犀首之燕趙是欺我也怒而不聽其事齊聞犀首之北使人以事委焉犀首遂行三國相事皆斷於犀首軫遂至秦韓魏相攻朞年不解秦惠王欲救之問於左右左右或曰救之便或曰勿救便惠王未能爲之決陳軫適至秦惠王曰子去寡人之楚亦思寡人不陳軫對曰王聞夫越人莊舃乎王曰不聞曰越人莊舃仕楚執珪有頃而病楚王曰舃故越之鄙細人也今仕楚執珪貴富矣亦思越不中謝【索隱】謂侍御之官也對曰凡人之思故在其病也彼思越則越聲不思越則楚聲使人往聽之猶尚越聲也今臣雖棄逐之楚豈能無秦聲哉惠王曰善今韓魏相攻朞年不解或謂寡人救之便或曰勿救便【索隱】此張儀等計策寡人不能決願子爲子主計之【索隱】子指陳軫也子主謂楚王也餘爲寡人計之陳軫對曰亦嘗有以夫卞莊子刺虎聞於王者乎【索隱】戰國策作館莊子館謂逆旅舍其人字莊子或作卞莊子莊子欲刺虎館豎子止之曰兩虎方且食牛食甘必爭爭則必鬭鬭則大者傷小者死從傷而刺之一舉必有雙虎之名卞莊子以爲然立須之有頃兩虎果鬭大者傷小者死莊子從傷者而刺之一舉果有雙虎之功今韓魏相攻朞年不解是必大國傷小國亡從傷而伐之一舉必有兩實此猶莊子刺虎之類也臣主與王何異也【索隱】臣主謂軫之主楚王也秦惠王以言我主與王俱宜待韓魏之斃而擊之亦無以異也惠王曰善卒弗救大國果傷小國亡秦興兵而伐大尅之此陳軫之計也

犀首者魏之陰晉人也【集解】司馬彪曰犀首魏官名若今虎牙將軍名衍姓公孫氏與張儀不善張儀爲秦之魏魏王相張儀犀首弗利故令人謂韓公叔曰張儀已合秦魏矣其言曰【正義】此張儀合秦魏之辭魏攻南陽秦攻三川魏王所以貴張子者欲得韓地也且韓之南陽已舉矣子何不少委焉以爲衍功則秦魏之交可錯矣【索隱】錯音措錯停止也然則魏必圖秦而棄儀收韓而相衍公叔以爲便因委之犀首以爲功果

相魏張儀去【集解】徐廣曰復相秦 義渠君朝於魏犀首聞張儀復相秦害之犀首乃謂義渠君曰道遠不得復過【索隱】音戈言義渠道遠今日已後不復得更過相見也 請謁事情【索隱】謂欲以秦之緩急告語之也 曰中國無事【索隱】謂山東諸侯齊魏之六國【正義】中國謂關東六國無事不共攻秦 秦得燒掇焚杅【集解】徐廣曰一孤切【索隱】掇音都活反謂焚燒而侵掠也焚杅音煩烏謂焚蹂而牽掣也戰國策云且燒焫獲君之國是說其事也 君之國有事【索隱】謂山東諸國共伐秦也 秦將輕使重幣事君之國【索隱】謂秦求親義渠君也【正義】有事謂六國攻秦秦苦被攻伐則必輕使重幣事義渠國欲令相助犀首此言者令義渠君勿援秦也 其後五國伐秦【索隱】按表秦惠王後元七年楚魏齊韓趙五國共攻秦是其事也 會陳軫謂秦王曰義渠君者蠻夷之賢君也不如賂之以撫其志秦王曰善乃以文繡千純【索隱】凡絲綿布帛等一段謂一純音屯 婦女百人遺義渠君義渠君致羣臣而謀曰此公孫衍所謂邪【索隱】謂上文犀首云君之國有事秦將輕使重幣事君之國故云公孫衍之所謂因起兵襲秦以傳張儀也 乃起兵襲秦大敗秦人李伯之下【索隱】謂義渠破秦軍於李伯之下則李伯人名或邑號戰國策作泉 張儀已卒之後犀首入相秦嘗佩五國之相印爲約長【索隱】犀首後相五國或從或橫常爲約長

太史公曰三晉多權變之士夫言從衡彊秦者大抵皆三晉之人也夫張儀之行事甚於蘇秦然世惡蘇秦者以其先死而儀振暴其短以扶其說【索隱】暴音步卜反振謂振揚而暴露其短扶謂說彼之非成我之是扶會己之說辭也 成其衡道【索隱】張儀說六國使連衡而事秦故云成其衡道然山東地形從長蘇秦相六國令從親而賓秦也關西地形衡長張儀相六國令破其從而連秦之衡故蘇爲合從張爲連衡也 要之此兩人眞傾危之士哉

【索隱】述贊曰儀未遭時頻被困辱及相秦惠先韓後蜀連衡齊魏傾危誑惑陳軫挾權犀首騁欲如何三晉繼有斯德

史記卷七十考證

張儀列傳從鄭至梁二百餘里○臣照按戰國策云從鄭至梁不過百里從陳至梁二百餘里通鑑地理通釋曰按九域志鄭州至東京一百四十里陳州至東京二百四十五里當以國策爲正

則從境以東○戰國策作從竟陵以東

五戰而三勝○徐孚遠曰越滅吳楚滅越懷王時吳之屬楚久矣安得與吳人五戰此言誤也

且夫秦之所以不出兵函谷十五年以攻齊趙者○戰國策補注云按此前二年五年六年皆有攻趙之事而攻齊則無之若云不攻齊則猶可通也

楚王大怒○徐孚遠曰當言大王今言楚王亦誤也

熱歠索隱謂熱而歠之也下云厨人進斟斟謂羹汁故名汁曰斟左氏傳公羊傳云羊羹不斟是也○臣照按左傳云羊羹不徧羊斟是華元之御此誤引之公羊傳又無此語

梁哀王恐○春秋後語作魏襄王

館暨子止之○國策作管與止之

臣主與王何異也索隱臣主謂軫之主楚王也王秦惠王以言我主與王俱宜待韓魏之斃而擊之亦無以異也○徐孚遠曰軫言己之爲秦王計不後于楚王也索隱言秦楚俱宜待二國之弊此說非也

其後五國伐秦○戰國策補注曰按秦紀書韓趙魏燕齊帥匈奴伐秦年表韓魏趙楚燕五國伐秦不勝楚世家書蘇秦約從六國共攻秦楚懷王爲從長至函谷關秦擊之六國皆引歸齊獨後互有不同

史記卷七十一

漢　太　史　令司馬遷　撰

宋　中　郎　外　兵　曹　參　軍裴　駰集解

唐國子博士弘文館學士司馬貞索隱

唐諸王侍讀率府長史張守節正義

樗里子甘茂列傳第十一

樗里子者名疾秦惠王之弟也【索隱】樗木名也音攄高誘曰其里有樗樹故曰樗里然疾居渭南陰鄉之樗里故號曰樗里子又紀年則謂之諸里疾 與惠王異母母韓女也樗里子滑稽多智【索隱】滑音骨稽音雞鄒誕解云滑亂也稽同也謂辯捷之人言非若是言是若非謂能亂同異也一云滑稽酒器可轉注吐酒不已以言俳優之人出口成章詞不窮竭如滑稽之吐酒不已也【正義】滑讀爲淈水流自出稽計也言其智計宣吐如泉流出無盡故揚雄酒賦云鴟夷滑稽腹大如壺是也顏師古曰滑稽轉利之稱也滑亂也稽疑也其變無留也一說稽考也言其滑亂不可考較 秦人號曰智囊秦惠王八年爵樗里子右更【索隱】右更秦爵第十四 使將而伐曲沃【正義】故城在陝州縣西南三十二里 盡出其人【索隱】年表云十一年拔魏曲沃歸其人秦本紀惠文王後元八年五國共圍秦使庶長疾與戰脩魚斬首八萬十一年樗里疾攻魏焦降之則焦與曲沃同在十一年拔明矣而傳云八年拔之不同王劭按本紀年表及此傳三處記秦伐國並不同又與紀年不合今殆不可考也 取其城地入秦秦惠王二十五年使樗里子爲將伐趙虜趙將軍莊豹拔藺【正義】藺縣在石州 明年助魏章攻楚敗楚將屈丐取漢中地秦封樗里子號爲嚴君【索隱】按嚴君是爵邑之號當是封之嚴道也 秦惠王卒太子武王立逐張儀魏章而以樗里子甘茂爲左右丞相秦使甘茂攻韓拔宜陽使樗里子以車百乘入周周以卒迎之意甚敬楚王怒讓周以其重秦客游騰爲周說楚王曰智伯之伐仇猶【集解】許慎曰仇猶夷狄之國【索隱】高誘注戰國策以仇猶爲厹由韓子作仇由地理志臨淮有仇猶縣也【正義】括地志云并州孟縣外城俗名原仇山亦名仇猶夷狄之國也韓子云智伯欲伐仇猶國道險難不通乃鑄大鍾遺之載以廣車仇猶大悅除塗內之赤章蔓支諫曰不可此小所以事大而今大以遺小卒必隨不可不聽遂內之蔓支因斷轂而馳至十九日而仇猶亡也 遺之廣車【集解】駰案戰國策曰智伯欲伐仇猶遺之大鍾載以廣車周禮曰廣車之萃鄭玄曰廣車橫陳之車 因隨之以兵仇猶遂亡何則無備故也齊桓公伐蔡號曰誅楚其實襲蔡今秦虎狼之國使樗里子以車百乘入周周以仇猶蔡觀焉故使長戟居前彊弩在後名曰衞疾【正義】防衞樗里子 而實囚之且夫周豈能無憂其社稷哉恐一旦亡國以憂大王楚王乃悅秦武王卒昭王立樗里子又益尊重昭王元年樗里子將伐蒲【索隱】紀年云樗里疾圍蒲不克而秦惠王薨事與此合【正義】蒲故城在滑州匡城縣北十五里卽子路作宰地 蒲守恐請胡衍【索隱】胡衍人姓名也 胡衍爲蒲謂樗里子曰公之攻蒲爲秦乎爲魏乎爲魏則善矣爲秦則不爲賴矣【集解】駰案賴利也 夫衞之所以爲衞者以蒲也【正義】蒲是衞國之鄣衞 今伐蒲入於魏衞必折而從之【索隱】戰國策云今蒲入於秦衞必折而入於魏與此文相反 魏亡西河之外【正義】謂同華等州 而無以取者兵弱也今幷衞於魏魏必彊魏彊之日西河之外必危矣且秦王將觀公之事害秦而利魏王必罪公樗里子曰奈何胡衍曰公釋蒲勿攻臣試爲公入言之以德衞君樗里子曰善胡衍入蒲謂其守曰樗里子知蒲之病矣其言曰必拔蒲衍能令釋蒲勿攻蒲守恐因再拜曰願以請因效金三百斤曰秦兵苟退請必言子於衞君使子爲南面故胡衍受金於蒲以自貴於衞於是遂解蒲而去還擊皮氏【正義】故城在絳州龍門縣西百四十步魏邑 皮氏未降又去昭王七年樗里子卒葬于渭南章臺之東【索隱】按黃圖在漢長安故城西 曰後百歲是當有天子之宮夾我墓樗里子疾室在於昭王廟西渭南陰鄉樗里故俗謂之樗里子至漢興長樂宮在其東未央宮在其西【正義】漢長樂宮在長安縣西北十五里未央宮在長安縣西北十四里皆在長安故城中也 武庫正直其墓【索隱】直如字讀直猶當也 秦人諺曰力則任鄙智則樗里

甘茂者下蔡人也【索隱】地理志下蔡縣屬汝南也【正義】今潁州縣卽州來國 事下蔡史舉先生【索隱】戰國策及韓子云史舉上蔡監門者 學百家之說因張儀樗里子而求見秦惠王王見而說之使將而佐魏章略定漢中地惠王卒武王立張儀魏章去東之魏蜀侯煇【索隱】煇音暉又音胡昆反秦之公子封蜀也華陽國志作暉壯音側狀反姓陳也 相壯反秦使甘茂定蜀還而以甘茂爲左丞相以樗里子爲右丞相秦武王三年謂甘茂曰寡人欲容車通三川以窺周室而寡人死不朽矣甘茂曰請之魏約以伐韓而令向壽輔行【正義】餉受二音人姓名 甘茂至謂向壽曰子歸言之於王曰魏聽臣矣然願王勿伐事成盡以爲子功向壽歸以告王王迎甘茂於息壤【索隱】山海經啓筮云昔伯鯀竊帝之息壤以堙洪水或是此也【正義】秦邑 甘茂至王問其故對曰宜陽大縣也上黨南陽積之久矣【索隱】上黨南陽積貯日久【正義】韓之北三郡積貯在河南宜陽縣之日久矣 名曰縣其實郡也今王倍數險行千里攻之難【正義】謂函谷及三崤五谷 昔曾參之處費魯人有與曾參同姓名者殺人人告其母曰曾參殺人其母織自若也頃之一人又告之曰曾參殺人其母尚織自若也頃又一人告之曰曾參殺人其母投杼下機踰牆而走夫以曾參之賢與其母信之也三人疑之其母懼焉今臣之賢不若曾參王之信臣又不如曾參之母信曾參也疑臣者非特三人臣恐大王之投杼也始張儀西幷巴蜀之地北開西河之外南取上庸天下不以多張子而以賢先王魏文侯令樂羊將而伐中山三年而拔之樂羊返而論功文侯示之謗書一篋樂羊再拜稽首曰此非臣之功也主君之力也今臣羇旅之臣也樗里子公孫奭【索隱】戰國策作公孫衍【正義】奭音釋 二人者挾韓而議之王必聽之是王欺魏王而臣受公仲侈【集解】徐廣曰一作馮 之怨也王曰寡人不聽也請與子盟卒使丞相甘茂將兵伐宜陽五月而不拔樗里子公孫奭果爭之武王召甘茂欲罷兵甘茂曰息壤在彼【正義】甘茂歸至息壤與秦王盟恐後樗里子公孫奭伐韓今二子果爭之武王召甘茂欲罷兵故甘茂云息壤在彼邑也 王曰有之因大悉起兵使甘茂擊之斬首六萬遂拔宜陽韓襄王使公仲侈入謝與秦平武王竟至周而卒於周其弟立爲昭王【索隱】趙系家昭王名稷系本云名側 王母宣太后楚女也楚懷王怨前秦敗楚於丹陽而韓不救乃以兵圍韓雍氏【索隱】秦惠王二十六年楚圍雍氏至昭王七年又圍雍氏韓求救於秦是再圍也劉氏云此是前圍雍氏當赧王之七年戰國策及紀年與此並不同【正義】故城在洛州洛陽縣東北二十里 韓使公仲侈告急於秦秦昭王新立太后楚人不肯救公仲因甘茂茂爲韓言於秦昭王曰公仲方有得秦救故敢扞楚也今雍氏圍秦師不下殽公仲且仰首而不朝公叔且以國南合於楚楚韓爲一魏氏不敢不聽然則伐秦之形成矣不識坐而待伐孰與伐人之利秦王曰善乃下師於殽以救韓楚兵去秦使向壽平宜陽而使樗里子甘茂伐魏皮氏向壽者宣太后外族也而與昭王少相長故任用向壽如楚【集解】徐廣曰一作和 楚聞秦之貴向壽而厚事向壽向壽爲秦守宜陽將以伐韓韓公仲使蘇代謂向壽曰禽困覆車【集解】駰案譬禽獸得困急猶能抵觸傾覆人車 公破韓辱公仲公仲收國復事秦自以爲必可以封【正義】公仲自以爲必可得秦封 今公與

楚解口地【索隱】解口，秦地名，近韓，今將與楚也。【正義】上紀買反。公，向壽也。解口猶關口，得言向壽於秦開口則楚人必得封地也。封小令尹以杜陽【索隱】又封楚之小令尹以杜陽。杜陽，秦之地，今以封楚令尹，是秦楚相合也。秦楚合，復攻韓，韓必亡。韓亡，公仲且躬率其私徒以閼【集解】駰案：閼，烏合反。於秦【正義】公仲恐韓亡，欲將私徒往宜陽閼向壽也。願公熟慮之也。」向壽曰：「吾合秦楚非以當韓也，子爲壽謁之公仲【正義】子，蘇代也。向壽恐，令蘇代謁報公仲，云秦韓交可合。曰秦韓之交可合也。」蘇代對曰：「願有謁於公【正義】公，向壽也。言向壽亦黨於楚，與公孫奭、甘茂黨韓魏同也。人曰貴其所以貴者貴。王之愛習公也，不如公孫奭；其智能公也，不如甘茂。今二人者皆不得親於秦事，而公獨與王主斷於國者，何？彼有以失之也。【索隱】彼言公孫奭及甘茂也。有以失之，謂不見委任，情有所失。【正義】言秦王雖愛習公孫奭、甘茂，秦事不親委者，謂黨韓魏也。今國事獨與向壽主斷者，不如壽黨於楚以事秦王，有以失之也。公孫奭黨於韓，而甘茂黨於魏，故王不信也。今秦楚爭彊而公黨於楚，是與公孫奭、甘茂同道也，公何以異之？【正義】蘇氏云向壽與公孫奭、甘茂皆有黨，言無異也。改異黨楚之意。人皆言楚之善變也，而公必亡之，是自爲責也。【正義】楚善變改，不可信，若變改，向壽必亡敗，是自爲責。公不如與王謀其變也，善韓以備楚，如此則無患矣。【正義】令秦親韓而備楚之變改，則向壽無患矣。韓氏必先以國從公孫奭而後委國於甘茂。韓，公之讐也。【正義】韓氏必先委二人，故韓爲向壽之讐。今公言善韓以備楚，是外舉不辟讐也。」向壽曰：「然，吾甚欲韓合。」對曰：「甘茂許公仲以武遂【集解】徐廣曰：「秦昭王元年予韓武遂。」反宜陽之民【正義】武遂、宜陽本韓邑也，秦伐取之，今欲還韓，令其民得反歸居之。今公徒收之，甚難。【正義】蘇代言甘茂許公仲以武遂，又歸宜陽之民，令向壽徒收之，甚難事也。」向壽曰：「然則奈何？武遂終不可得也。」對曰：「公奚不以秦爲韓求潁川於楚？【正義】潁川，許州也。楚侵韓潁川，蘇代令向壽以秦威重爲韓求，就楚求索潁川，是親向壽。此韓之寄地也。公求而得之，是令行於楚而以其地德韓也。公求而不得，是韓楚之怨不解【集解】駰案：巳買反。而交走秦也。【索隱】韓楚怨不解，二國交走向秦也。秦楚爭彊，而公徐過楚以收韓，此利於秦。【集解】徐廣曰：「過，一作適。」【正義】若二國皆事秦，公則漸說楚之過失以收韓，此利於秦也。」向壽曰：「奈何？」對曰：「此善事也。甘茂欲以魏取齊，公孫奭欲以韓取齊。今公取宜陽以爲功，收楚韓以安之，而誅齊魏之罪，【正義】言公孫奭、甘茂皆欲以秦挾韓魏而取齊，今向壽取宜陽爲功，收楚韓安以事秦，而責齊魏之罪，是公孫奭、甘茂不得同合韓魏於秦以伐齊也。是以公孫奭、甘茂無事也。」甘茂竟言秦昭王，以武遂復歸之韓。【正義】年表云秦昭王元年予韓武遂也。向壽、公孫奭爭之，不能得。向壽、公孫奭由此怨，讒甘茂。茂懼，輟伐魏蒲阪，亡去。【集解】徐廣曰：「昭王元年擊魏皮氏，未拔去。」樗里子與魏講，罷兵。【索隱】鄒氏云講讀曰媾。媾猶和。

甘茂之亡秦奔齊，逢蘇代。代爲齊使於秦。甘茂曰：「臣得罪於秦，懼而遯逃，無所容跡。臣聞貧人女與富人女會績，貧人女曰：『我無以買燭，而子之燭光幸有餘，子可分我餘光，無損子明而得一斯便焉。』今臣困而君方使秦而當路矣。茂之妻子在焉，願君以餘光振之。」蘇代許諾。遂致使於秦。已，因說秦王曰：「甘茂，非常士也。其居於秦，累世重矣。自殽塞及至鬼谷，【集解】徐廣曰：「在陽城。」【索隱】鬼谷在關內雲陽是也。【正義】三殽在洛州永寧縣西北。其地形險易皆明知之。彼以齊約韓魏反以圖秦，非秦之利也。」秦王曰：「然則奈何？」蘇代曰：「王不若重其贄，厚其祿以迎之，使彼來則置之鬼谷，【正義】劉伯莊云：此鬼谷，關內雲陽，非陽城者也。按：陽城鬼谷時屬韓，秦不得言置之。終身勿出。」秦王曰：「善。」即賜之上卿，以相印迎之於齊。甘茂不往。蘇代謂齊湣王曰：「夫甘茂，賢人也。今秦賜之上卿，以相印迎之。甘茂德王之賜，好爲王臣，故辭而不往。今王何以禮之？」齊王曰：「善。」即位之上卿而處之。【索隱】處猶留也。秦因復甘茂之家【正義】復音福。以市於齊。

齊使甘茂於楚，楚懷王新與秦合婚而驩。【集解】徐廣曰：「昭王二年時迎婦於楚。」而秦聞甘茂在楚，使人謂楚王曰：「願送甘茂於秦。」楚王問於范蜎【集解】徐廣曰：「一作蠉。」【索隱】休緣反，又音休軟反。戰國策一作蛛字。曰：「寡人欲置相於秦，孰可？」對曰：「臣不足以識之。」楚王曰：「寡人欲相甘茂，可乎？」對曰：「不可。夫史舉，下蔡之監門也，大不爲事君，小不爲家室，以苟賤不廉聞於世，甘茂事之順焉。故惠王之明，武王之察，張儀之辯，而甘茂事之，取十官而無罪。茂誠賢者也，然不可相於秦。夫秦之有賢相，非楚國之利也。且王前嘗用召滑於越，【集解】徐廣曰：「滑，一作涓。」而內行章義之難，【索隱】召滑內心猜詐，外則佯章恩義，而辛包藏禍心，構難於楚。戰國策云「內句章昧之難」也。越國亂，故楚南塞厲門【集解】徐廣曰：「一作瀨湖。」【正義】劉伯莊云：厲門，度嶺南之要路。而郡江東。【正義】吳越之城皆爲楚之都邑。計王之功所以能如此者，越國亂而楚治也。今王知用諸越而忘用諸秦，臣以王爲鉅過矣。然則王若欲置相於秦，則莫若向壽者可。夫向壽之於秦王，親也，少與之同衣，長與之同車，以聽事。王必相向壽於秦，則楚國之利也。」於是使使請秦相向壽於秦。秦卒相向壽。而甘茂竟不得復入秦，卒於魏。

甘茂有孫曰甘羅。

甘羅者，甘茂孫也。茂既死後，甘羅年十二，事秦相文信侯呂不韋。【索隱】戰國策甘羅事呂不韋爲庶子。秦始皇帝使剛成君蔡澤於燕，三年而燕王喜使太子丹入質於秦。秦使張唐往相燕，欲與燕共伐趙以廣河間之地。張唐謂文信侯曰：「臣嘗爲秦昭王伐趙，趙怨臣，曰：『得唐者與百里之地。』今之燕必經趙，臣不可以行。」文信侯不快，未有以彊也。甘羅曰：「君侯何不快之甚也？」文信侯曰：「吾令剛成君蔡澤事燕三年，燕太子丹已入質矣，吾自請張卿相燕而不肯行。」【索隱】即張唐也，卿字也。甘羅曰：「臣請行之。」文信侯叱曰：「去！我身自請之而不肯，女焉能行之？」【正義】女音汝。焉，乙連反。甘羅曰：「夫項橐生七歲爲孔子師。【索隱】橐音託。其道故云項橐。今臣生十二歲於茲矣，君其試臣，何遽叱乎？」於是甘羅見張卿曰：「卿之功孰與武安君？」卿曰：「武安君南挫彊楚，北威燕趙，戰勝攻取，破城墮邑，不知其數，臣之功不如也。」甘羅曰：「應侯之用於秦也，孰與文信侯專？」【索隱】應侯，范雎也。張卿曰：「應侯不如文信侯專。」甘羅曰：「卿明知其不如文信侯專與？」曰：「知之。」甘羅曰：「應侯欲攻趙，武安君難之，去咸陽七里而立死於杜郵。今文信侯自請卿相燕而不肯行，臣不知卿所死處矣。」張唐曰：「請因孺子行。」令裝治行。行有日，甘羅謂文信侯曰：「借臣車五乘，請爲張唐先報趙。」文信侯乃入言之於始皇曰：「昔甘茂之孫甘羅，年少耳，然名家之子孫，諸侯皆聞之。今者張唐欲稱疾不肯行，甘羅說而行之。今願先報趙，請許遣之。」始皇召見，使甘羅於趙。趙襄王郊迎甘羅。甘羅說趙王曰：「王聞燕太子丹入質秦歟？」曰：「聞之。」曰：「聞張唐相燕歟？」曰：「聞之。」「燕太子丹入秦者，燕不欺秦也。張唐相燕者，秦不欺燕也。燕秦不相欺者，伐趙，危矣。燕秦不相欺無異故，欲攻趙而廣河間。王不如齎臣五城以廣河間，【索隱】齎音側奚反，一音資。謂割五城與臣也。請歸燕太子，與彊趙攻弱燕。」趙王立自割五城以廣河間。秦歸燕太子。趙攻燕，得上谷三十城，【索隱】戰國策云得三十六縣。【正義】上谷，今嬀州也，在幽州西北。令秦有十一。【索隱】謂以十一城與秦也。甘羅還報秦，乃封甘羅以爲上卿，復以始甘茂田宅賜之。

太史公曰：樗里子以骨肉重，固其理，而秦人稱其智，故頗采焉。甘茂起下蔡閭閻，顯名諸侯，重彊齊楚。【集解】徐廣曰：「恐或疑此當云『見重彊齊』，誤脫一字。」【正義】甘茂爲彊齊楚所重。甘羅年少，然出一奇計，聲稱後世。雖非篤行之君子，然亦戰國之策士也。方秦之彊時，天下尤趨謀詐哉。

索隱述贊曰：嚴君名疾，厥號智囊。既親且重，稱兵外攘。甘茂並相，初佐魏章。始推向壽，乃攻宜陽。甘羅妙歲，卒起張唐。

史記卷七十一考證

樗里子甘茂列傳虜趙將軍莊豹○秦本紀作虜趙將莊

今伐蒲入於魏衞必折而從之○顧炎武曰：此文誤，當依索隱所引戰國策文爲正

蜀侯煇相壯反○臣照按：華陽國志秦滅蜀，封公子通爲蜀侯，以陳壯爲相，壯反，殺蜀侯通，秦誅壯，封子煇爲蜀侯，煇爲後母所譖自殺，與此異

不如公孫奭○奭，戰國策作郝

則置之鬼谷○臣照按：戰國策作槐谷，補注曰：春秋後語注：槐里之谷，今京兆始平之地，與此異

史記卷七十二

漢　太　史　令司馬遷　撰

宋中郎外兵曹參軍裴　駰集解

唐國子博士弘文館學士司馬貞索隱

唐諸王侍讀率府長史張守節正義

穰侯列傳第十二

穰侯魏冉者，秦昭王母宣太后弟也。【索隱】宣太后之異父長弟也，姓魏，名冉，封之穰。地理志穰縣在南陽。宣太后者，惠王之妃，姓芈氏，曰芈八子也。其先楚人，姓芈氏。【正義】芈，亡爾反。秦武王卒，無子，立其弟爲昭王。昭王母故號爲芈八子，及昭王即位，芈八子號爲宣太后。宣太后非武王母。武王母號曰惠文后，先武王死。【索隱】秦本紀云昭王二年，庶長壯與大臣、公子爲逆，皆誅，及惠文后皆不得良死。又按紀年云秦內亂，殺其太后及公子雍、公子壯是也。宣太后二弟：其異父長弟曰穰侯，姓魏氏，名冉；同父弟曰芈戎，爲華陽君。【索隱】華陽，韓地，後屬秦。芈戎後又號新城君。【正義】司馬彪云華陽，亭名，在洛州密縣。又黃華城在鄭州管城縣南三十里，即此。而昭王同母弟曰高陵君【索隱】名顯。涇陽君。【索隱】名悝。而魏冉最賢，自惠王、武王時任職用事。武王卒，諸弟爭立，唯魏冉力爲能立昭王。昭王即位，以冉爲將軍，衞咸陽。誅季君之亂，【集解】徐廣曰：「年表曰季君爲亂，誅。本紀曰庶長壯與大臣、公子謀反，伏誅。」【索隱】按：季君即公子壯，僭立而號曰季君。穰侯力能立昭王，爲將軍，衞咸陽，誅季君及惠文后，故本紀言「伏誅」，又云「及惠文后皆不得良死」，蓋謂惠文后時黨公子壯欲立之，及壯誅而太后憂死，故云「不得良死」，亦史諱之也。又逐武王后出之魏，亦事勢然耳。而逐武王后出之魏，昭王諸兄弟不善者皆滅之，威振秦國。昭王少，宣太后自治，任魏冉爲政。

昭王七年，樗里子死，而使涇陽君質於齊。趙人樓緩來相秦，趙不利，乃使仇液之秦，【索隱】戰國策作仇郝，蓋是一人而記別也。【正義】音亦，姓名。請以魏冉爲秦相。仇液將行，其客宋公【索隱】戰國策作宋交。謂液曰：「秦不聽公，樓緩必怨公。公不若謂樓緩曰『請爲公毋急秦』。秦王見趙請相魏冉之不急，且不聽公。公言而事不成，以德樓子；事成，魏冉故德公矣。」於是仇液從之。而秦果免樓緩而魏冉相秦。

欲誅呂禮，禮出奔齊。昭王十四年，魏冉舉白起，使代向壽將而攻韓、魏，敗之伊闕，斬首二十四萬，虜魏將公孫喜。明年，又取楚之宛、葉。魏冉謝病免相，以客卿壽燭爲相。其明年，燭免，復相冉，乃封魏冉於穰，復益封陶，【集解】徐廣曰：「一作陰。」【索隱】陶即定陶也。徐廣云作陰，陶陰字本易惑也。王劭案：定陶見有魏冉冢，作陰誤也。號曰穰侯。

穰侯封四歲，爲秦將攻魏。魏獻河東方四百里。拔魏之河內，取城大小六十餘。昭王十九年，秦稱西帝，齊稱東帝。月餘，呂禮來，而齊、秦各復歸帝爲王。魏冉復相秦，六歲而免。免二歲，復相秦。四歲，而使白起拔楚之郢，秦置南郡。乃封白起爲武安君。白起者，穰侯之所任舉也，相善。於是穰侯之富，富於王室。

昭王三十二年，穰侯爲相國，將兵攻

魏走芒卯【集解】騶案上莫卯反下陌飽反入北宅【集解】徐廣曰魏惠王五年與韓會宅陽【正義】竹書云宅陽一名北宅括地志云宅陽故城在鄭州滎陽縣西南十七里遂圍大梁梁大夫須賈說穰侯曰臣聞魏之長吏謂魏王曰昔梁惠王伐趙戰勝三梁【集解】徐廣曰田完世家云魏伐趙趙不利戰於南梁【索隱】三梁即南梁也拔邯鄲趙氏不割而邯鄲復歸齊人攻衛拔故國殺子良【索隱】衛之故國蓋楚丘也下文故地亦同謂楚丘也戰國策衛字皆作燕子良作子之恐非也衛人不割而故地復反衛趙之所以國全兵勁而地不并於諸侯者以其能忍難而重出地也宋中山數伐割地而國隨以亡臣以為衛趙可法而宋中山可為戒也秦貪戾之國也而毋親蠶食魏氏又盡晉國【索隱】河西河東河內並是魏地即故晉國今言秦蠶食魏氏盡晉國之地也戰勝暴子【集解】徐廣曰韓將暴鳶割八縣地未畢入兵復出矣夫秦何猒之有哉今又走芒卯入北宅此非敢攻梁也且劫王以求多割地王必勿聽也今王背楚趙而講秦【索隱】講和也楚趙怒而去王與王爭事秦秦必受之秦挾楚趙之兵以復攻梁則國求無亡不可得也願王之必無講也王若欲講少割而有質不然必見欺【索隱】謂與秦欲講少割地而求秦質子恐不然必被秦欺也此臣之所聞於魏也【索隱】須賈說穰侯言魏人謂梁王而求質必是欺我即聞魏見欺於秦也願君王之以是慮事也周書曰惟命不于常此言幸之不可數也夫戰勝暴子割八縣此非兵力之精也又非計之工也天幸為多矣今又走芒卯入北宅以攻大梁是以天幸自為常也智者不然臣聞魏氏悉其百縣勝甲以上戍大梁臣以為不下三十萬以三十萬之衆守梁七仞之城【集解】騶案爾雅曰四尺謂之仞倍仞謂之尋臣以為湯武復生不易攻也夫輕背楚趙之兵陵七仞之城戰三十萬之衆而志必舉之臣以為自天地始分以至于今未嘗有者也攻而不拔秦兵必罷陶邑必亡【索隱】陶一作魏言秦前攻得魏之城邑秦罷則亡而還於魏也【正義】定陶近大梁穰侯攻梁兵疲定陶必為魏伐則前功必棄矣今魏氏方疑可以少割收也【索隱】賈引魏人之說不許王講於秦是言魏氏方疑可以少割地而收魏也願君逮楚趙之兵未至於梁亟以少割收魏魏方疑而得以少割為利必欲之則君得所欲矣楚趙怒於魏之先已也必爭事秦從以此散【索隱】楚趙怒魏之與秦講皆爭事秦是東方從國於是解散也【正義】從足松反而君後擇焉且君之得地豈必以兵哉割晉國秦兵不攻而魏必效絳安邑又為陶開兩道【索隱】穰侯封陶魏效絳與安邑是得河東地言從秦適陶開河西河東之兩道【正義】穰侯故封定陶及宋及單父是陶之南道也魏之安邑及絳是陶北道幾盡故宋【索隱】幾音祈此時宋已滅是秦將盡得宋地也衛必效單父秦兵可全而君制之何索而不得何為而不成願君熟慮之而無行危【索隱】言莫行圍梁之危事穰侯曰善乃罷梁圍【正義】表云魏安釐王二年秦軍大梁城韓來救與秦溫以和也明年魏背秦與齊從親秦使穰侯伐魏斬首四萬走魏將暴鳶得魏三縣

穰侯益封明年穰侯與白起客卿胡傷復攻趙韓魏破芒卯於華陽下斬首十萬取魏之卷【集解】騶案丘權反蔡陽長社趙氏觀津且與趙觀津益趙以兵伐齊【索隱】既得觀津仍令趙伐齊而秦又以兵益助趙也齊襄王懼使蘇代為齊陰遺穰侯書曰臣聞往來者言曰秦將益趙甲四萬以伐齊臣竊必之弊邑之王曰【索隱】告齊王言秦必定不益兵以助趙【正義】臣蘇代也必知秦與趙甲四萬以伐齊王謂齊王也秦王明而熟於計穰侯智而習於事必不益趙甲四萬以伐齊是何也夫三晉之相與也秦之深讎也百相背也百相欺也不為不信不為無行今破齊以肥趙趙秦之深讎不利於秦此一也秦之謀者必曰破齊弊晉楚【正義】今晉楚伐齊晉楚之國亦弊敗而後制晉楚之勝夫齊罷國也以天下攻齊如以千鈞之弩決潰癰也必死安能弊晉楚此二也秦少出兵則晉楚不信也多出兵則晉楚為制於秦齊恐不走秦必走晉楚此三也秦割齊以啖晉楚晉楚案之以兵秦反受敵此四也是晉楚以秦謀齊以齊謀秦也何晉楚之智而秦齊之愚此五也故得安邑以善事之亦必無患矣秦有安邑韓氏必無上黨矣取天下之腸胃與出兵而懼其不反也孰利臣故曰秦王明而熟於計穰侯智而習於事必不益趙甲四萬以伐齊矣於是穰侯不行引兵而歸昭王三十六年相國穰侯言客卿竈欲伐齊取剛壽【集解】徐廣曰濟北有剛縣【正義】故剛城在兖州龔丘縣界壽張鄆州縣也以廣其陶邑於是魏人范睢自謂張祿先生譏穰侯之伐齊乃越三晉以攻齊也以此時奸說秦昭王昭王於是用范睢范睢言宣太后專制穰侯擅權於諸侯涇陽君高陵君之屬太侈富於王室於是秦昭王悟乃免相國令涇陽之屬皆出關就封邑穰侯出關輜車千乘有餘穰侯卒於陶而因葬焉秦復收陶為郡

太史公曰穰侯昭王親舅也而秦所以東益地弱諸侯嘗稱帝於天下天下皆西鄉稽首者穰侯之功也及其貴極富溢一夫開說身折勢奪而以憂死況於羇旅之臣乎

索隱述贊曰穰侯智識應變無方內倚太后外輔昭王四登相位再列封疆摧齊撓楚破魏圍梁一夫開說憂憤而亡

史記卷七十二考證

穰侯列傳戰勝暴子○戰國策作睪子

此臣之所聞於魏也索隱須賈說穰侯言魏人謂梁王若少割而求質必是欺我即聞魏見欺於秦也○董份曰自臣聞至不然必見欺皆須賈述衛人之言故粘之曰此臣之所聞于魏也言其所聞于魏之言如此也詞意極明索隱解謬

穰侯與白起客卿胡傷復攻趙韓魏破芒卯於華陽下○戰國策校注曰大事記華陽之役秦救韓而擊趙魏年表列傳或云得三晉將或云攻趙韓魏皆記者之誤

斬首十萬○秦本紀作十五萬

史記卷七十三

漢　太　史　令司馬遷　撰

宋　中　郎　外　兵　曹　參　軍裴　駰集解

唐國子博士弘文館學士司馬貞索隱

唐諸王侍讀率府長史張守節正義

白起王翦列傳第十三

白起者郿人也【正義】郿音眉岐州縣善用兵事秦昭王昭王十三年而白起為左庶長將而擊韓之新城【索隱】在河南也【正義】今洛州伊闕是歲穰侯相秦舉任鄙以為漢中守其明年白起為左更攻韓魏於伊闕【正義】今洛城南十九里伊闕山號曰龍門是也斬首二十四萬又虜其將公孫喜拔五城起遷為國尉【正義】言太尉涉河取韓安邑以東到乾河【集解】徐廣曰音干騶案郭璞曰今河東聞喜縣東北有乾河口因名乾河里但有故溝處無復水也【索隱】魏以安邑入秦然安邑以東至乾河皆韓故地故云取韓安邑明年白起為大良造攻魏拔之取城小大六十一明年起與客卿錯攻垣城拔之【集解】徐廣曰河東垣縣後五年白起攻趙拔光狼城【索隱】地理志不載光狼城蓋屬趙國【正義】光狼故城在澤州高平縣西二十五里也後七年白起攻楚拔鄢鄧五城【集解】徐廣曰昭王二十八年【正義】鄢鄧二邑在襄州其明年攻楚拔郢燒夷陵【正義】夷陵今峽州郭下縣遂東至竟陵【正義】故城在郢州長壽縣南百五十里今復州亦是其地也楚王亡去郢東走徙陳秦以郢為南郡白起遷為武安君武安君因取楚定巫黔中郡昭王三十四年白起攻魏拔華陽走芒卯而虜三晉將斬首十三萬與趙將賈偃戰沉其卒二萬人於河中昭王四十三年白起攻韓陘城【正義】陘城故城在曲沃縣西北二十里在絳州東北三十五里也拔五城斬首五萬四十四年白起攻南陽太行道絕之【集解】徐廣曰此南陽河內脩武是也【正義】案南陽屬韓秦攻之則韓太行羊腸道絕矣四十五年伐韓之野王【索隱】地理志野王縣屬河內在太行東南孟康曰古邢國也野王降秦上黨道絕其守馮亭與民謀曰鄭道已絕【集解】徐廣曰河南新鄭韓之國都也【索隱】鄭國即韓之都在河南秦伐野王是上黨歸韓之道絕也韓必不可得為民秦兵日進韓不能應不如以上黨歸趙趙若受我秦怒必攻趙趙被兵必親韓韓趙為一則可以當秦因使人報趙趙孝成王與平陽君平原君計之【索隱】平陽君未詳何人平陽君曰不如勿受受之禍大於所得平原君曰無故得一郡受之便趙受之因封馮亭為華陽君【正義】常山一名華陽解在趙世家四十六年秦攻韓緱氏藺【集解】徐廣曰屬潁川【索隱】今其地闕西河別有藺縣也【正義】按檢諸地記潁川無藺括地志云洛州嵩縣本夏之綸國也在緱氏東南六十里地理志云綸氏屬潁川郡按既攻緱氏藺二邑合相近恐綸藺聲相似字隨音而轉作藺拔之四十七年秦使左庶長王齕【集解】騶案音紇攻韓取上黨上黨民走趙趙軍長平【集解】徐廣曰在泫氏【索隱】地理志泫氏今在上黨郡也【正義】長平故城在澤州高平縣西北一里也以按據上黨民【索隱】謂屯兵長平以據按上黨四月齕因攻趙趙使廉頗將趙軍士卒犯秦斥兵【索隱】謂犯秦之斥候兵也秦斥兵斬趙裨將茄【索隱】音加裨將名六月陷趙軍取二鄣四尉【索隱】鄣堡城尉官也【正義】括地志云趙鄣故城一名都尉城今名趙東城在澤州高平縣西二十五里又有故穀城此二城即二鄣也七月趙軍築壘壁而守之秦又攻其壘取二尉敗其陣【集解】徐廣曰一作乘奪西壘壁【正義】趙西壘在澤州高平縣北六里是也即廉頗堅壁以待秦王齕奪趙西壘壁者廉頗堅壁以待秦秦數挑戰【正義】數音朔挑田鳥反趙兵不出趙王數以為讓而秦相應侯又使人行千金於趙為反間【正義】紀莧反曰秦之所惡獨畏馬服子趙括將耳廉頗易與且降矣趙王既怒廉頗軍多失亡軍數敗又反堅壁不敢戰而又聞秦反間之言因使趙括代廉頗將以擊秦秦聞馬服子將乃陰使武安君白起為上將軍而王齕為尉裨將令軍中有敢泄武安君將者斬趙括至則出兵擊秦軍秦軍詳敗而走【正義】詳音羊張二奇兵以劫之趙軍逐勝追造秦壁【正義】秦壁一名秦壘今亦名長壘壁堅拒不得入而秦奇兵二萬五千人絕趙軍後又一軍五千騎絕趙壁間趙軍分而為二糧道絕而秦出輕兵擊之趙戰不利因築壁堅守【正義】趙壁今名趙東壘亦名趙東長壘在澤州高平縣北五里即趙括築壁自敗處以待救至秦王聞趙食道絕王自之河內賜民爵各一級發年十五以上悉詣長平【索隱】時已屬秦故發其兵遮絕趙救及糧食至九月趙卒不得食四十六日皆內陰相殺食來攻秦壘欲出為四隊四五復之不能出其將軍趙括出銳卒自搏戰秦軍射殺趙括括軍敗卒四十萬人降武安君武安君計曰前秦已拔上黨上黨民不樂為秦而歸趙趙卒反覆非盡殺之恐為亂乃挾詐而盡阬殺之遺其小者二百四十人歸趙前後斬首虜四十五萬人趙人大震四十八年十月秦復定上黨郡【索隱】秦前攻趙已破上黨今趙兵復定其郡其餘城猶屬趙秦分軍為二王齕攻皮牢拔之【正義】故城在絳州龍門縣西一里司馬梗定太原【正義】太原趙地秦定取也韓趙恐使蘇代厚幣說秦相應侯曰武安君禽馬服子乎曰然又曰即圍邯鄲乎曰然趙亡則秦王王矣武安君為三公武安君所為秦戰勝攻取者七十

餘城南定鄢郢漢中【正義】鄢在襄州率道縣南九里郢在荊州江陵縣東六里漢中今襄州之地北禽趙括之軍雖周召呂望之功不益於此矣今趙亡秦王王則武安君必為三公君能為之下乎雖無欲為之下固不得已矣秦嘗攻韓圍邢丘【集解】徐廣曰平皐有邢丘【正義】邢丘今懷州武陵縣東南二十里平皐縣城是也困上黨上黨之民皆反為趙天下不樂為秦民之日久矣今亡趙北地入燕東地入齊南地入韓魏則君之所得民亡幾何人【集解】徐廣曰亡音無也故不如因而割之【正義】因白起之攻割取韓趙之地無以為武安君功也於是應侯言於秦王曰秦兵勞請許韓趙之割地以和且休士卒王聽之割韓垣雍趙六城以和【集解】徐廣曰卷縣有垣雍城【正義】釋地名云卷縣所理垣雍城按今在鄭州原武縣西北七里也正月皆罷兵武安君聞之由是與應侯有隙其九月秦復發兵使五大夫王陵攻趙邯鄲是時武安君病不任行【正義】任入針反堪也四十九年正月陵攻邯鄲少利秦益發兵佐陵陵兵亡五校武安君病愈秦王欲使武安君代陵將武安君言曰邯鄲實未易攻也且諸侯救日至彼諸侯怨秦之日久矣今秦雖破長平軍而秦卒死者過半國內空遠絕河山而爭人國都趙應其內諸侯攻其外破秦軍必矣不可秦王自命不行乃使應侯請之武安君終辭不肯行遂稱病秦王使王齕代陵將八九月圍邯鄲不能拔楚使春申君及魏公子將兵數十萬攻秦軍秦軍多失亡武安君言曰秦不聽臣計今如何矣秦王聞之怒彊起武安君【正義】彊其兩反武安君遂稱病篤應侯請之不起於是免武安君為士伍遷之陰密【集解】徐廣曰屬安定【正義】故城在涇州鶉觚縣城西即古陰密國密康公國也武安君病未能行居三月諸侯攻秦軍急秦軍數卻使者日至秦王乃使人遣白起不得留咸陽中武安君既行出咸陽西門十里至杜郵【索隱】按故渭北杜郵今在咸陽城中【正義】說文云郵境上行舍道路所經過今咸陽縣城本秦之郵也在雍州西北三十五里秦昭王與應侯群臣議曰白起之遷其意尚怏怏不服有餘言秦王乃使使者賜之劍自裁武安君引劍將自到曰我何罪于天而至此哉良久曰我固當死長平之戰趙卒降者數十萬人我詐而盡阬之是足以死遂自殺武安君之死也以秦昭王五十年十一月死而非其罪秦人憐之鄉邑皆祭祀焉【集解】何晏曰白起之降趙卒詐而阬其四十萬豈徒酷暴之謂乎後亦難以重得志矣向使衆人皆豫知降之必死則張虛捲猶可畏也況於四十萬被堅執銳哉天下見降秦之將頭顱似山歸秦之衆骸積成丘則後日之戰死當死耳何衆肯服何城肯下乎是為雖能裁四十萬之命而適足以彊天下之戰欲以要一朝之功而乃更堅諸侯之守故兵進而自伐其勢軍勝而還喪其計何者設使趙衆復合馬服更生則後日之戰必非前日之對也況今皆使天下為後日乎其所以終不敢復加兵於邯鄲者非但憂平原之補袒諸侯之救至也徒諱之而不言耳若不悟而不諱則毋所以遠智也可謂善戰而拙勝長平之事秦民之十五以上者皆荷戟而向趙矣秦王又親自賜民爵於河內夫以秦彊而十五以上死傷過半者此為破趙之功小傷秦之敗大又何以稱奇哉若後之役戍不豫其論者則秦衆多矣降者可致也必不可致者本自當戰殺不當受降詐也戰殺雖難降殺雖易然降殺之為害禍大於劇戰也【索隱】捲音拳袒音淘莧反字亦作綻捩音救

王翦者頻陽東鄉人也【索隱】地理志頻陽縣屬左馮翊應劭曰在頻水之陽也【正義】故城在雍州東同官縣界也少而好兵事秦始皇始皇十一年翦將攻趙閼與【正義】與音預破之拔九城十八年翦將攻趙歲餘遂拔趙趙王降盡定趙地為郡明年燕使荊軻為賊於秦秦王使王翦攻燕燕王喜走遼東翦遂定燕薊而還【正義】薊音計秦使翦子王賁擊荊【集解】徐廣曰秦諱楚故云荊也【索隱】賁音奔荊兵敗還擊魏魏王降遂定魏地秦始皇既滅三晉走燕王而數破荊師秦將李信者年少壯勇嘗以兵數千逐燕太子丹至於衍水中卒破得丹始皇以為賢勇於是始皇問李信吾欲攻取荊於將軍度用幾何人而足李信曰不過用二十萬人始皇問王翦王翦曰非六十萬人不可始皇曰王將軍老矣何怯也李將軍果勢壯勇【集解】徐廣曰勢一作新其言是也遂使李信及蒙恬將二十萬南伐荊王翦言不用因謝病歸老於頻陽李信攻平與【集解】音余【正義】在潁東北五十四里蒙恬攻寢【集解】徐廣曰今固始寢丘【索隱】固始縣屬淮陽寢丘地名也大破荊軍信又攻鄢郢破之於是引兵而西與蒙恬會城父【索隱】在汝南即應鄉【正義】言引兵而會城父則是汝州郟城縣東父城者也括地志云汝州郟城縣東四十里有父城故城即服虔云城父楚北境者也又許州葉縣東北四十五里亦有父城故城即杜預云襄城城父縣者也此二城父之名耳服虔城父是誤也左傳及注水經云楚大城城父使太子建居之十三州志云太子建所居城父謂今亳州城父是也此三家之說是城父之名地理志云潁川父城縣沛郡城父縣據縣屬郡其名自分古先儒多惑故使其名錯亂荊人因隨之三日三夜不頓舍大破李信軍入兩壁殺七都尉秦軍走始皇聞之大怒自馳如頻陽見謝王翦曰寡人以不用將軍計李信果辱秦軍今聞荊兵日進而西將軍雖病獨忍棄寡人乎王翦謝曰老臣罷病悖亂【正義】罷音皮悖音背唯大王更擇賢將始皇謝曰已矣將軍勿復言王翦曰大王必不得已用臣非六十萬人不可始皇曰為聽將軍計耳於是王翦將兵六十萬人始皇自送至灞上王翦行請美田宅園池甚衆始皇曰將軍行矣何憂貧乎王翦曰為大王將有功終不得封侯故及大王之嚮臣臣亦及時以請園池為子孫業耳始皇大笑王翦既至關使使還請善田者五輩【集解】徐廣曰善一作菑【索隱】謂使者五度請也或曰將軍之乞貸亦已甚矣王翦曰不然夫秦王怚【集解】駰案音麤而不信人【集解】徐廣曰怚一作粗今空秦國甲士而專委於我【集解】徐廣曰專亦作摶又作剸我不多請田宅為子孫業以自堅顧令秦王坐而疑我邪王翦東代李信擊荊荊聞王翦益軍而來乃悉國中兵以拒秦王翦至堅壁而守之不肯戰荊兵數出挑戰終不出王翦日休士洗沐而善飲食撫循之親與士卒同食久之王翦使人問軍中戲乎對曰方投石超距【集解】徐廣曰超一作拔駰案漢書云甘延壽投石拔距絕於等倫張晏曰范蠡兵法飛石重十二斤為機發行三百步延壽有力能以手投之拔距超距也【索隱】超距猶跳躍也於是王翦曰士卒可用矣荊數挑戰而秦不出乃引而東翦因舉兵追之令壯士擊大破荊軍至蘄南【正義】徐州縣也殺其將軍項燕荊兵遂敗走秦因乘勝略定荊地城邑歲餘虜荊王負芻竟平荊地為郡縣因南征百越之君而王翦子王賁與李信破定燕齊地秦始皇二十六年盡并天下王氏蒙氏功為多名施於後世秦二世之時王翦及其子賁皆已死而又滅蒙氏陳勝之反秦秦使王翦之孫王離擊趙圍趙王及張耳鉅鹿城【正義】今邢州平鄉縣城本秦鉅鹿郡城也或曰王離秦之名將也今將彊秦之兵攻新造之趙舉之必矣客曰不然夫為將三世者必敗必敗者何也以其所殺伐多矣其後受其不祥今王離已三世將矣居無何項羽救趙擊秦軍果虜王離王離軍遂降諸侯

太史公曰鄙語云尺有所短寸有所長白起料敵合變出奇無窮聲震天下然不能救患於應侯王翦為秦將夷六國當是時翦為宿將始皇師之然不能輔秦建德固其根本偷合取容以至圽身【集解】徐廣曰圽音沒及孫王離為項羽所虜不亦宜乎彼各有所短也

【索隱】述贊曰白起王翦俱善用兵遞為秦將拔齊破荊趙任馬服長平遂阬楚陷李信翦上卒行賁離繼出三代無名

史記卷七十三考證

白起王翦列傳昭王十三年而白起為左庶長○秦本紀昭王十三年起為左更

明年白起為大良造攻魏拔之取城小大六十一明年起與客卿錯攻垣城拔之○臣照按此與秦本紀魏世家六國表所載互異紀云十五年大良造白起攻魏取垣復予之十六年左更錯取軹及鄧魏世家云秦拔我城大小六十一則當在昭王十七年此傳却在昭王十五年六國表昭王十八年客卿錯擊魏至軹取城大小六十一年分不同事亦不一

武安君因取楚定巫黔中郡○秦本紀蜀守若伐取巫郡及江南為黔中郡非起所取與此互異

而虜三晉將斬首十三萬○秦本紀及六國表皆作十五萬五譌為三或傳寫之誤穰侯傳又作十萬

昭王四十三年白起攻韓陘城拔五城○秦本紀云拔九城韓世家及六國表云秦拔我陘城汾城

趙孝成王與平陽君平原君計之索隱平陽君未詳何人○臣照按平陽君趙豹趙世家注云戰國策曰惠文王母弟也

其九月秦復發兵使五大夫王陵攻趙邯鄲○秦本紀作十月

還之陰密正義即古陰密國○秦本紀正義云即古密須國

以秦昭王五十年十一月死○秦本紀作十二月

史記卷七十四

漢　太　史　令司馬遷　撰
宋中郎外兵曹參軍裴　駰集解
唐國子博士弘文館學士司馬貞索隱
唐諸王侍讀率府長史張守節正義

孟子荀卿列傳第十四

【索隱】按序傳孟嘗君第十四而此傳為第十五蓋後人差降之矣

太史公曰余讀孟子書至梁惠王問何以利吾國未嘗不廢書而歎也曰嗟乎利誠亂之始也夫子罕言利者常防其原也故曰放於利而行多怨自天子至於庶人好利之弊何以異哉

孟軻騶人也【索隱】軻音苦何反又苦賀反鄒魯地名又云本邾人徙鄒故也【正義】軻字子輿為齊卿鄒兗州縣受業子思之門人【索隱】王劭以人為衍字則以軻親受業孔伋之門也今言門人者乃受業於子思之弟子也道既通游事齊宣王宣王不能用適梁梁惠王不果所言則見以為迂遠而闊於事情當是之時秦用商君富國彊兵楚魏用吳起戰勝弱敵齊威王宣王用孫子田忌之徒而諸侯東面朝齊天下方務於合從連衡以攻伐為賢而孟軻乃述唐虞三代之德是以所如者不合退而與萬章之徒【索隱】孟子有萬章公明高等並軻之門人也萬姓章名序詩書述仲尼之意作孟子七篇其後有騶子之屬齊有三騶子其前鄒忌以鼓琴干威王因及國政封為成侯而受相印先孟子其次騶衍後孟子騶衍睹有國者益淫侈不能尚德若大雅整之於身施及黎庶矣乃深觀陰陽消息而作怪迂之變終始大聖之篇十餘萬言其語閎大不經必先驗小物推而大之至於無垠先序今以上至黃帝學者所共術大並世盛衰【集解】駰案並蒲浪反【索隱】言其大體隨代盛衰觀時而說事因載其禨祥度制推而遠之至天地未生窈冥不可考而原也先列中國名山大川通谷禽獸水土所殖物類所珍因而推之及海外人之所不能睹稱引天地剖判以來五德轉移治各有宜

而符應若茲。以爲儒者所謂中國者，於天下乃八十一分居其一分耳。【索隱】桓寬王充並以衍之所言迂怪虛妄熒惑六國之君因納其異說所謂匹夫而熒惑諸侯也中國名曰赤縣神州。赤縣神州內自有九州，禹之序九州是也，不得爲州數。中國外如赤縣神州者九，乃所謂九州也。於是有裨海環之，【索隱】裨音脾裨海小海也九州之外更有大瀛海故知此裨是小海也且將有裨將裨是小義也人民禽獸莫能相通者，如一區中者，乃爲一州。如此者九，乃有大瀛海環其外，天地之際焉。其術皆此類也。然要其歸，必止乎仁義節儉，君臣上下六親之施，始也濫耳。【索隱】濫即濫觴是江源之初始故此文意以濫爲初也謂衍之術言君臣上下六親之際行事之所施所治皆可以爲後代之本故云濫耳王公大人初見其術，懼然顧化，【索隱】懼音劬謂衍之術皆動人心見者莫不懼然駐想又內心留顧而已化之欲從其術也化者是易常聞而貴異術也其後不能行之。是以騶子重於齊。適梁，梁惠王郊迎，執賓主之禮。適趙，平原君側行襒席。【索隱】按字林云襒音疋結反韋昭音敷蔑反張揖三蒼訓詁云襒拂也謂側行而衣襒席爲敬不敢正坐當賓主之禮也如燕，昭王擁彗先驅，【索隱】彗帚也謂爲之埽地以衣袂擁帚而却行恐坐埃之及長者所以爲敬也請列弟子之座而受業，築碣石宮，【正義】碣石宮在幽州薊縣西三十里寧臺之東身親往師之。作主運。【索隱】劉向別錄云鄒子書有主運篇其游諸侯見尊禮如此，豈與仲尼菜色陳蔡，孟軻困於齊梁同乎哉！【索隱】仲尼孟子法先王之道行仁義之化且菜色困窮而鄒衍執詭怪熒惑諸侯其見禮重如此可爲長太息哉故武王以仁義伐紂而王，伯夷餓不食周粟；衞靈公問陳，而孔子不答；梁惠王謀欲攻趙，孟軻稱太王去邠。【索隱】孟子太王去邠是軻對滕文公語今云梁惠王謀攻趙與孟子不同此豈有意阿世俗苟合而已哉！持方枘欲內圜鑿，其能入乎？【索隱】方枘是筍也圜鑿是孔也謂工人斲木以方枘而內之圜孔不可入也故楚詞云以方枘而納圜鑿者吾知其鉏鋙而不入也謂戰國時仲尼孟軻以仁義干世主猶方枘圜鑿然也或曰伊尹負鼎而勉湯以王，百里奚飯牛車下而繆公用霸，作先合，然後引之大道。騶衍其言雖不軌，儻亦有牛鼎之意乎？【索隱】呂氏春秋云函牛之鼎不可以烹雞是其有牛鼎也言衍之術迂大儻若大用之是有牛鼎之意而譙周亦云觀太史公此論是愛奇之甚矣

自騶衍與齊之稷下先生，如淳于髡、慎到、環淵、接子、田駢、騶奭之徒，【索隱】按稷齊之城門也或云稷山名謂齊之學士集於稷門之下也環淵接子古著書人之稱號也駢音步堅反必步堅反【正義】慎子十卷在法家則戰國時處士接子二篇田子二十五篇齊人游稷下號天口接田二人道家騶奭十二篇陰陽家各著書言治亂之事，以干世主，豈可勝道哉！

淳于髡，齊人也。博聞彊記，學無所主。其陳說，慕晏嬰之爲人也，然而承意觀色爲務。客有見髡於梁惠王，惠王屏左右，獨坐而再見之，終無言也。惠王怪之，以讓客曰：「子之稱淳于先生，管晏不及，及見寡人，寡人未有得也。豈寡人不足爲言邪？何故哉？」客以謂髡。髡曰：「固也。吾前見王，王志在驅逐；後復見王，王志在音聲：吾是以默然。」客具以報王，王大駭，曰：「嗟乎，淳于先生誠聖人也！前淳于先生之來，人有獻善馬者，寡人未及視，會先生至。後先生之來，人有獻謳者，未及試，亦會先生來。寡人雖屏人，然私心在彼，有之。」【索隱】謂私心實在彼馬與謳也有之謂我實有此二事也後淳于髡見，壹語連三日三夜無倦。惠王欲以卿相位待之，髡因謝去。於是送以安車駕駟，束帛加璧，黃金百鎰。終身不仕。

慎到，趙人。田駢、接子，齊人。環淵，楚人。皆學黃老道德之術，因發明序其指意。故慎到著十二論，【集解】徐廣曰今慎子劉向所定有四十一篇環淵著上下篇，而田駢、接子皆有所論焉。

騶奭者，齊諸騶子，亦頗采騶衍之術以紀文。於是齊王嘉之，自如淳于髡以下，皆命曰列大夫，爲開第康莊之衢，【集解】騶案爾雅曰四達謂之衢五達謂之康六達謂之莊高門大屋，尊寵之。覽天下諸侯賓客，言齊能致天下賢士也。

荀卿，趙人。【索隱】名況卿者時人相尊而號爲卿也仕齊爲祭酒仕楚爲蘭陵令後亦謂之孫卿子者避漢宣帝諱也年五十始來游學於齊。騶衍之術迂大而閎辯；奭也文具難施；淳于髡久與處，時有得善言。故齊人頌曰：「談天衍，雕龍奭，炙轂【集解】徐廣曰一作亂謂過髡。」【集解】騶案劉向別錄曰騶衍之所言五德終始天地廣大書言天事故曰談天騶奭修衍之文飾若雕鏤龍文故曰雕龍別錄曰過字作騶者車之盛膏器也炙之雖盡猶有餘流者言淳于髡智不盡如炙轂也左思齊都賦注曰言其多智難盡如脂膏過之有潤澤也【索隱】劉氏云轂衍字也今按文稱炙轂過則是器名音如字謂盛脂之器名過與鍋字相近蓋即指器也轂即車轂過爲潤轂之物則轂非衍字明矣田駢之屬皆已死齊襄王時，【索隱】襄王名法章湣王子莒人所立者而荀卿最爲老師。齊尚脩列大夫之缺，而荀卿三爲祭酒焉。【索隱】禮食必祭先飲酒亦然必以席中之尊者一人當祭耳後因以爲官名故吳王濞爲劉氏祭酒是也而卿三爲祭酒者謂荀卿出入前後三度處列大夫康莊之位而皆爲其所尊故云三爲祭酒齊人或讒荀卿，荀卿乃適楚，而春申君以爲蘭陵令。【正義】蘭陵縣屬東海郡今沂州承縣有蘭陵山春申君死而荀卿廢，因家蘭陵。李斯嘗爲弟子，已而相秦。荀卿嫉濁世之政，亡國亂君相屬，不遂大道而營於巫祝，信禨祥，鄙儒小拘，如莊周等又猾稽亂俗，於是推儒墨道德之行事興壞，序列著數萬言而卒。因葬蘭陵。

而趙亦有公孫龍爲堅白同異之辯，【集解】騶案晉太康地記云汝南西平縣有龍淵水可用淬刀劍特堅利故有堅白之論云黃所以爲堅也白所以爲利也或辯之曰白所以爲不堅黃所以爲不利【索隱】龍即仲尼弟子也此云趙人弟子傳作衞人鄭玄云楚人各不能知其眞又下文云並孔子同時或云在其後所以知非別人也【正義】藝文志公孫龍子十四篇顏師古云即爲堅白之辯者按平原君傳鄒衍同時括地志云西平縣豫州西北百四十里有龍淵水也劇子之言；【集解】徐廣曰按應劭氏姓注云處子也【索隱】著書之人姓劇氏而稱子也前史不記其名故趙有劇孟及劇辛也魏有李悝，盡地力之教；【正義】藝文志李子三十二篇李悝相魏文侯富國強兵楚有尸子、長盧；【集解】騶案劉向別錄曰楚有尸子疑謂其在蜀今案尸子書晉人也名佼秦相衞鞅客也衞鞅商君謀事畫計立法理民未嘗不與佼規也商君被刑佼恐幷誅乃亡逃入蜀自爲造此二十篇書凡六萬餘言卒因葬蜀【索隱】尸子名佼音絞長盧未詳【正義】長盧九篇楚人阿之吁子焉。【集解】徐廣曰阿者今之東阿【索隱】吁音芋別錄作芋子今吁亦如字【正義】按東齊州也藝文志云吁子十八篇名嬰齊人七十子之後顏師古云音弭按是齊人阿又屬齊恐顏公誤也自如孟子至于吁子，世多有其書，故不論其傳云。

蓋墨翟，宋之大夫，善守禦，爲節用。【集解】騶案墨子曰公輸般爲雲梯之械成將以攻宋墨子聞之至於郢見公輸般墨子解帶爲城以牒爲械公輸般九設攻城之機變墨子九距之公輸般之攻械盡墨子之守固有餘公輸般詘而言曰吾知所以距子矣吾不言墨子亦曰吾知子之所以距我者吾不言楚王問其故墨子曰公輸子之意不過欲殺臣殺臣宋莫能守可攻也然臣之弟子禽滑釐等三百人已持臣守圉之器在宋城上而待楚寇矣雖殺臣不能絕也楚王曰善哉吾請無攻宋城矣【索隱】公輸爲雲梯之械者按梯構木瞰高也雲者言其昇高入雲故曰雲梯之械者器也謂攻城之樓櫓也與器械同墨子解帶爲城者謂墨子所衛解身上革帶以爲城也以牒爲械者牒小木札也械者樓櫓等公輸般之攻械盡者劉氏云械謂飛梯撞車飛石車弩之具也詘音屈謂般技已盡墨守有餘滑釐者墨子弟子之字也釐音狸或曰並孔子時，或曰在其後。【索隱】按別錄云墨子書有文子文子子夏之弟子問於墨子如此則墨子者在七十子後也

索隱述贊曰：六國之末，戰勝相雄。軻遊齊魏，其說不通。退而著述，稱吾道窮。蘭陵事楚，鄒衍談空。康莊雖列，莫見收功。

史記卷七十四考證

孟子荀卿列傳始也濫耳索隱濫即濫觴是江源之初始故此文意以濫爲初也○顧炎武曰濫者氾而無節之謂猶莊子之洸洋自恣也注引濫觴之義以爲初者非

儻亦有牛鼎之意乎索隱呂氏春秋云函牛之鼎不可以烹鷄是其有牛鼎也言衍之述迂大儻若大用之是有牛鼎之意而譙周亦云觀太史公此論是愛奇之甚矣○詹惟修曰牛鼎之說不必他求卽上文伊尹負鼎百里奚飯牛也索隱舉呂氏春秋及譙周之說意竊不然太史公言孔孟不合于當時者始進不能投時好如尹與奚也今衍以不軌之說見尊於諸侯是尹鼎奚牛之意豈若孔孟哉二子求奇太過是遺近而求遠

春申君死而荀卿廢○臣照按戰國策及韓詩外傳春申君因客之說使人謝孫子孫子去之趙趙以爲上卿又因客之說使人請於趙孫子僞喜謝之以書因爲賦遺之中有譏夫將將以瞽爲明以聾爲聰之語是春申未死而荀卿已去蘭陵矣荀子賦篇可證也馬遷之說與諸家異

史記卷七十五

漢　太　史　令司馬遷　撰

宋　中　郎　外　兵　曹　參　軍　裴　駰　集解

唐　國　子　博　士　弘　文　館　學　士　司　馬　貞　索隱

唐　諸　王　侍　讀　率　府　長　史　張　守　節　正義

孟嘗君列傳第十五

孟嘗君名文，姓田氏。文之父曰靖郭君田嬰。田嬰者，齊威王少子而齊宣王庶弟也。【索隱】戰國策及諸書並無此言蓋諸田之別子也故戰國策每稱嬰子盼子高誘注云田盼田嬰也王劭又按戰國策云齊貌辨謂宣王曰王方爲太子時辨謂靖郭君不若廢太子更立郊師靖郭君不忍宣王大息曰寡人少殊不知以此言之嬰非宣王弟明也田嬰自威王時任職用事，與成侯鄒忌及田忌將而救韓伐魏。成侯與田忌爭寵，成侯賣田忌。田忌懼，襲齊之邊邑，不勝，亡走。會威王卒，宣王立，知成侯賣田忌，乃復召田忌以爲將。宣王二年，田忌與孫臏、田嬰俱伐魏，敗之馬陵，虜魏太子申而殺魏將龐涓。【索隱】紀年當梁惠王二十八年至三十一年改爲後元年宣王七年，田嬰使於韓、魏，韓、魏服於齊。嬰與韓昭侯、魏惠王會齊宣王東阿南，盟而去。【正義】東阿齊州縣也【索隱】紀年當惠王之後元十一年作平阿又云十三年會齊威王于甄與此明年齊宣王與梁惠王會甄文同但齊之威宣二王文舛互不同也明年，復與梁惠王會甄。【集解】騶案音絹是歲，梁惠王卒。宣王九年，田嬰相齊。齊宣王與魏襄王會徐州而相王也。【正義】紀年云梁惠王三十年下邳遷于薛改名徐州楚威王聞之，怒田嬰。明年，楚伐敗齊師於徐州，而使人逐田嬰。田嬰使張丑說楚威王，威王乃止。田嬰相齊十一年，宣王卒，湣王即位。即位三年，而封田嬰於薛。【索隱】紀年以爲梁惠王後元十三年四月齊威王封田嬰于薛十月齊城薛十四年薛子嬰來朝十五年齊威王薨嬰初封彭城【正義】薛故城在今徐州滕縣南四十四里也

初，田嬰有子四十餘人，其賤妾有子名文，文以五月五日生。嬰告其母曰：「勿舉也。」其母竊舉生之。【索隱】上舉謂初誕而舉之下舉謂浴而乳之生謂長養之也及長，其母因兄弟而見其子文於田嬰。田嬰怒其母曰：「吾令若去此子，而敢生之，何也？」文頓首，因曰：「君所以不舉五月子者，何故？」嬰曰：「五月子者，長與戶齊，將不利其父母。」【索隱】風俗通云俗說五月五日生子男害父女害母也文曰：「人生受命於天乎？將受命於戶邪？」嬰默然。文曰：「必受命於天，君何憂焉。必受命於戶，則可高其戶耳，誰能至者！」嬰曰：「子休矣。」久之，文承間問其父嬰曰：「子之子爲何？」曰：「爲孫。」「孫之孫爲何？」曰：「爲玄孫。」「玄孫之孫爲何？」曰：「不能知也。」【索隱】爾雅云玄孫之子爲來孫來孫之子爲昆孫昆孫之子爲仍孫仍孫之子爲雲孫又有耳孫亦是玄孫之子不同也文曰：「君用事相齊，至今三王矣，齊不加廣而君私家富累萬金，門下不見一賢者。文聞將門必有將，相門必有相。今君後宮蹈綺縠而士不得短褐，【索隱】短音豎褐謂褐衣而豎裁之以其省而便事也僕妾餘粱肉而士不厭糟糠。今

君又尚厚積餘藏欲以遺所不知何人【索隱】遺音唯季反猶言不知欲遺與何人也而忘公家之事日損文竊怪之於是嬰乃禮文使主家待賓客賓客日進名聲聞於諸侯諸侯皆使人請薛公田嬰以文爲太子嬰許之嬰卒謚爲靖郭君【集解】駰案皇覽曰靖郭君冢在魯國薛城中東南陬【索隱】謚爲靖郭君者謂死後別號之曰靖郭耳則靖郭或封邑號故漢齊王舅父駟鈞封靖郭侯是也陬音鄒亦音緅陬者城隅也而文果代立於薛是爲孟嘗君孟嘗君在薛招致諸侯賓客及亡人有罪者皆歸孟嘗君孟嘗君舍業厚遇之【索隱】舍業者捨弃其家產業而厚事賓客也劉氏云舍音赦謂爲之築舍立居業也以故傾天下之士食客數千人無貴賤一與文等孟嘗君待客坐語而屏風後常有侍史主記君所與客語問親戚居處客去孟嘗君已使使存問獻遺其親戚孟嘗君曾待客夜食有一人蔽火光客怒以飯不等輟食辭去孟嘗君起自持其飯比之客慚自剄士以此多歸孟嘗君孟嘗君客無所擇皆善遇之人人各自以爲孟嘗君親己秦昭王聞其賢乃先使涇陽君爲質於齊以求見孟嘗君孟嘗君將入秦賓客莫欲其行諫不聽蘇代謂曰今旦代從外來見木偶人與土偶人相與語【索隱】偶音遇謂以土木爲之偶類於人也蘇代以土偶比涇陽君木偶比孟嘗君木偶人曰天雨子將敗矣土偶人曰我生於土敗則歸土今天雨流子而行未知所止息也今秦虎狼之國也而君欲往如有不得還君得無爲土偶人所笑乎孟嘗君乃止齊湣王二十五年復卒使孟嘗君入秦昭王卽以孟嘗君爲秦相人或說秦昭王曰孟嘗君賢而又齊族也今相秦必先齊而後秦秦其危矣於是秦昭王乃止囚孟嘗君謀欲殺之孟嘗君使人抵昭王幸姬求解【索隱】抵音丁禮反按抵謂觸冒而求之也幸姬曰妾願得君狐白裘【集解】韋昭曰以狐之白毛爲裘謂集狐腋之毛言美而難得者此時孟嘗君有一狐白裘直千金天下無雙入秦獻之昭王更無他裘孟嘗君患之徧問客莫能對最下坐有能爲狗盜者曰臣能得狐白裘乃夜爲狗以入秦宮臧中【正義】藏在浪反取所獻狐白裘至以獻秦王幸姬幸姬爲言昭王昭王釋孟嘗君孟嘗君得出卽馳去更封傳變名姓以出關【索隱】更改也改前封傳而易姓名不言是孟嘗君封傳令之驛券也夜半至函谷關【正義】關在陝州桃林縣西南十三里秦昭王後悔出孟嘗君求之已去卽使人馳傳逐之孟嘗君至關關法雞鳴而出客孟嘗君恐追至客之居下坐者有能爲雞鳴而雞盡鳴遂發傳出出如食頃秦追果至關已後孟嘗君出乃還始孟嘗君列此二人於賓客賓客盡羞之及孟嘗君有秦難卒此二人拔之自是之後客皆服孟嘗君過趙趙平原君客之趙人聞孟嘗君賢出觀之皆笑曰始以薛公爲魁然也今視之乃眇小丈

夫耳孟嘗君聞之怒客與俱者下斫擊殺數百人遂滅一縣以去齊湣王不自得以其遣孟嘗君【索隱】得一作德是湣王遣孟嘗君自言已無德故也孟嘗君至則以爲齊相任政孟嘗君怨秦將以齊爲韓魏攻楚因與韓魏攻秦【集解】徐廣曰年表曰韓魏齊共擊秦軍於函谷而借兵食於西周蘇代爲西周謂曰【索隱】戰國策作韓慶爲西周謂薛公也君以齊爲韓魏攻楚九年取宛葉以北以彊韓魏【正義】宛在鄧州葉在許州二縣以北舊屬楚二國共沒以入韓魏今復攻秦以益之韓魏南無楚憂西無秦患則齊危矣韓魏必輕齊畏秦臣爲君危之君不如令弊邑深合於秦而君無攻又無借兵食君臨函谷而無攻令弊邑以君之情謂秦昭王曰薛公必不破秦以彊韓魏其攻秦也欲王之令楚王割東國以與齊【正義】東國郯徐夷而秦出楚懷王以爲和君令弊邑以此惠秦秦得無破而以東國自免也秦必欲之楚王得出必德齊齊得東國益彊而薛世世無患矣秦不大弱而處三晉之西三晉必重齊薛公曰善因令韓魏賀秦使三國無攻而不借兵食於西周矣是時楚懷王入秦秦留之故欲必出之秦不果出楚懷王孟嘗君相齊其舍人魏子爲孟嘗君收邑入【索隱】舍人官號記其姓而畧其名故云魏子收謂收其國之租稅三反而不致一入孟嘗君問之對曰有賢者竊假與之以故不致入孟嘗君怒而退魏子居數年人或毀孟嘗君於齊湣王曰孟嘗君將爲亂及田甲劫湣王湣王意疑孟嘗君孟嘗君乃奔【集解】徐廣曰湣王三十四年田甲劫王薛文走魏子所與粟賢者聞之乃上書言孟嘗君不作亂請以身爲盟遂自剄宮門以明孟嘗君湣王乃驚而蹤跡驗問孟嘗君果無反謀乃復召孟嘗君孟嘗君因謝病歸老於薛湣王許之其後秦亡將呂禮相齊欲困蘇代代乃謂孟嘗君曰周最於齊至厚也【正義】周最周之公子而齊王逐之而聽親弗【集解】駰案親弗人姓名【索隱】戰國策作祝弗蓋祝爲得之相呂禮者欲取秦也齊秦合則親弗與呂禮重矣有用齊秦必輕君君不如急北兵趨趙以和秦魏收周最以厚行且反齊王之信【索隱】周最本厚於齊今欲逐之而相秦之亡將蘇代謂孟嘗令齊收周最以自厚其行又且得反齊王之有信以不逐周最也又禁天下之變【索隱】變謂齊秦合則親弗呂禮用用則秦齊輕孟嘗也齊無秦則天下集齊親弗必走則齊王孰與爲其國也於是孟嘗君從其計而呂禮嫉害於孟嘗君孟嘗君懼乃遺秦相穰侯魏冉書曰吾聞秦欲以呂禮收齊齊天下之彊國也子必輕矣齊秦相取以臨三晉呂禮必并相矣是子通齊以重呂禮也若齊免於天下之兵其讎子必深矣子不如勸秦王伐齊齊破吾請以所得封子齊破秦畏晉之彊秦必重子以取晉晉國弊於齊而畏秦晉必重子以取秦是子破齊以爲功挾晉

以爲重是子破齊定封秦晉交重子若齊不破呂禮復用子必大窮於是穰侯言於秦昭王伐齊而呂禮亡後齊湣王滅宋益驕欲去孟嘗君孟嘗君恐乃如魏魏昭王以爲相西合於秦趙與燕共伐破齊齊湣王亡在莒遂死焉齊襄王立而孟嘗君中立於諸侯無所屬齊襄王新立畏孟嘗君與連和復親薛公文卒謚爲孟嘗君【集解】駰案皇覽曰孟嘗君冢在魯國薛城中向門東向門出北邊門也詩云居常與許鄭玄曰常或作嘗在薛之南孟嘗邑于薛城【索隱】孟嘗襲父封薛而號曰孟嘗君此云謚非也孟字嘗邑名嘗邑在薛之旁【正義】括地志云孟嘗君墓在徐州滕縣五十二里卒在齊襄王之時也諸子爭立而齊魏共滅薛孟嘗絕嗣無後也初馮驩【集解】駰案音歡復作煖音許袁反聞孟嘗君好客躡蹻而見之【索隱】蹻音脚字亦作屩又作𪨊孟嘗君曰先生遠辱何以敎文也馮驩曰聞君好士以貧身歸於君孟嘗君置傳舍十日【索隱】傳音逐緣反按傳舍幸舍及代舍並當上中下三等之客所舍之名耳孟嘗君問傳舍長曰客何所爲答曰馮先生甚貧猶有一劍耳又蒯【集解】駰案苦怪反茅之類可爲繩言其劍把無物可裝以小繩纏之也緱【集解】駰案音侯亦作候謂把劍之處【索隱】蒯草名音蒯嘳之劉緱謂把劍之物言其劍無物可裝但以蒯繩纏之故云蒯緱也彈其劍而歌曰長鋏歸來乎食無魚孟嘗君遷之幸舍食有魚矣五日又問傳舍長答曰客復彈劍而歌曰長鋏歸來乎出無輿孟嘗君遷之代舍出入乘輿車矣五日孟嘗君復問傳舍長舍長答曰先生又嘗彈劍而歌曰長鋏歸來乎無以爲家孟嘗君不悅居朞年馮驩無所言孟嘗君時相齊封萬戶於薛其食客三千人邑入不足以奉客【正義】奉符用反使人出錢於薛歲餘不入貸錢者多不能與其息【索隱】與猶還也息猶利也客奉將不給孟嘗君憂之問左右何人可使收債於薛者傳舍長曰代舍客馮公形容狀貌甚辯長者無他伎能【集解】駰案伎亦作技宜可令收債孟嘗君乃進馮驩而請之曰賓客不知文不肖幸臨文者三千餘人邑入不足以奉賓客故貸息錢於薛薛歲不入民頗不與其息今客食恐不給願先生責之馮驩曰諾辭行至薛召取孟嘗君錢者皆會得息錢十萬乃多釀酒買肥牛召諸取錢者能與息者皆來不能與息者亦來皆持取錢之券書合之齊爲會日殺牛置酒酒酣乃持券如前合之能與息者與爲期貧不能與息者取其券而燒之曰孟嘗君所以貸錢者爲民之無者以爲本業也所以求息者爲無以奉客也今富給者以要期貧窮者燔券書以捐之諸君彊飲食有君如此豈可負哉坐者皆起再拜孟嘗君聞馮驩燒券書怒而使使召驩驩至孟嘗君曰文食客三千人故貸錢於薛文奉邑少【索隱】言文之奉邑少故令出息于薛也而民尚多不以時與其息客食恐不足故請先生收責之聞先生得錢卽以多

具牛酒而燒券書何馮驩曰然不多具牛酒卽不能畢會無以知其有餘不足有餘者爲要期不足者雖守而責之十年息愈多急卽以逃亡自捐之若急終無以償上則爲君好利不愛士民下則有離上抵負之名非所以厲士民彰君聲也焚無用虛債之券捐不可得之虛計令薛民親君而彰君之善聲也君有何疑焉孟嘗君乃拊手而謝之齊王惑於秦楚之毀以爲孟嘗君名高其主而擅齊國之權遂廢孟嘗君諸客見孟嘗君廢皆去馮驩曰借臣車一乘可以入秦者必令君重於國而奉邑益廣可乎孟嘗君乃約車幣而遣之馮驩乃西說秦王曰天下之游士馮軾結靷西入秦者無不欲彊秦而弱齊馮軾結靷東入齊者無不欲彊齊而弱秦此雄雌之國也勢不兩立爲雄雄者得天下矣秦王跽而問之曰何以使秦無爲雌而可馮驩曰王亦知齊之廢孟嘗君乎秦王曰聞之馮驩曰使齊重於天下者孟嘗君也今齊王以毀廢之其心怨必背齊背齊入秦則齊國之情人事之誠盡委之秦齊地可得也豈直爲雄也君急使使載幣陰迎孟嘗君不可失時也如有齊覺悟復用孟嘗君則雌雄之所在未可知也秦王大悅乃遣車十乘黃金百鎰以迎孟嘗君馮驩辭以先行至齊說齊王曰天下之游士馮軾結靷東入齊者無不欲彊齊而弱秦者馮軾結靷西入秦者無不欲彊秦而弱齊者夫秦齊雄雌之國秦彊則齊弱矣此勢不兩雄今臣竊聞秦遣使車十乘載黃金百鎰以迎孟嘗君孟嘗君不西則已西入相秦則天下歸之秦爲雄而齊爲雌雌則臨淄卽墨危矣王何不先秦使之未到復孟嘗君而益與之邑以謝之孟嘗君必喜而受之秦雖彊國豈可以請人相而迎之哉折秦之謀而絕其霸彊之畧齊王曰善乃使人至境候秦使秦使車適入齊境使還馳告之王召孟嘗君而復其相位而與其故邑之地又益以千戶秦之使者聞孟嘗君復相齊還車而去矣自齊王毀廢孟嘗君諸客皆去後召而復之馮驩迎之未到孟嘗君太息歎曰文常好客遇客無所敢失食客三千有餘人先生所知也客見文一日廢皆背文而去莫顧文者今賴先生得復其位客亦有何面目復見文乎如復見文者必唾其面而大辱之馮驩結轡下拜孟嘗君下車接之曰先生爲客謝乎馮驩曰非爲客謝也爲君之言失夫物有必至事有固然君知之乎孟嘗君曰愚不知所謂也曰生者必有死物之必至也富貴多士貧賤寡友事之固然也君獨不見夫朝趨市者乎【索隱】趨音娶趨向也又音趍

明旦側肩爭門而入日暮之後過市朝者掉臂而不顧
〔索隱〕過光臥反朝音潮言市之行列有如朝位因言市朝云耳非好朝而惡暮所期物
忘其中〔索隱〕期物謂入市心中所期之物利人平明側肩爭門而入至日暮所期忘其中忘者無也其中市朝之中言日暮物盡故掉臂不顧也今君失位賓客皆去不足以怨士
而徒絕賓客之路願君遇客如故孟嘗君再拜曰敬從
命矣聞先生之言敢不奉教焉
太史公曰吾嘗過薛其俗閭里率多暴桀子弟與鄒魯
殊問其故曰孟嘗君招致天下任俠姦人入薛中蓋六
萬餘家矣世之傳孟嘗君好客自喜名不虛矣
〔索隱述贊〕靖郭之子威王之孫旣彊其國實高其門好客喜士見重平原雞鳴狗盜魏子馮驩如何承睫薛縣徒存

史記卷七十五考證

孟嘗君列傳卽位三年而封田嬰於薛索隱紀年以爲
梁惠王後元十三年四月齊威王封田嬰于薛十月
齊城薛十四年薛子嬰來朝十五年齊威王薨嬰初
封彭城皆與此文異○戰國策校注曰史以田嬰之
封在湣王三年從通鑑則在宣王二十二年按嬰自
威王時任職用事而文之言曰君用事相齊至今三
王矣三王者威宣閔也故大事記以嬰卒文立附見
於閔王元年策曰受薛於先王先王之廟在薛則是
威王之世嬰已受封史亦不合索隱引紀年云云考
之史梁惠王後元十三年在今封嬰前一年不得爲
威王之世亦皆不合惟梁惠前十三年則正當威王
時疑此處有差互而嬰之封薛則實威王之世也
欲以遺所不知何人索隱遺音唯季反猶言不知欲遺
與何人也○董份曰遺所不知何人因前問玄孫之
孫爲何曰不能知也故此言遺之不能知之子孫耳
見木偶人與土偶人相與語索隱蘇代以土偶比涇陽
君木偶比孟嘗君○徐孚遠曰索隱非也涇陽君亦
質於他國安得比土偶
齊湣王不自得以其遣孟嘗君索隱得一作德是湣王
遺孟嘗君自言己無德故也○董份曰不自得者言
己遣之幾爲秦害故不自安耳索隱謬
九年取宛葉以北○鮑彪戰國策注曰九字誤當云六
或五又曰按楚記三國攻楚秦救之引去與此言取
宛葉小駁
其舍人魏子爲孟嘗君收邑入○唐順之曰魏子馮驩
豈一事而傳聞異耶臣照按晏子北郭騷事與此亦
大同小異蓋戰國時習尚如此則流言亦如此舉不
足信也
收周最以厚行○戰國策作以爲後行
初馮驩聞孟嘗君好客○習學記言曰馮驩事與戰國
策馮煖稍殊史記蓋別有所本其義爲勝也
孟嘗君不悅○凌稚隆曰按國策無以爲家下云左右
皆惡之以爲貪而不知足孟嘗君問馮公有親乎對
曰有老母孟嘗君使人給其食用無使乏于是馮驩
不復歌史記以左右惡之爲孟嘗君不悅似誤
馮驩乃西說秦王○國策作馮煖西遊梁
馮驩曰非爲客謝也爲君之言失夫物有必至事有固
然君知之乎○臣照按此本國策譚拾子語自馮驩
至此疑亦褚先生續爲之與史文不類

史記卷七十六

漢　太　史　令司馬遷　撰
宋　中　郎　外　兵　曹　參　軍裴　駰集解
唐國子博士弘文館學士司馬貞索隱
唐諸王侍讀率府長史張守節正義

平原君虞卿列傳第十六

平原君趙勝者趙之諸公子也〔集解〕徐廣曰魏公子傳曰趙惠文王弟〔正義〕勝式證反諸子中勝最賢喜賓客賓客蓋至者數千人平原
君相趙惠文王及孝成王三去相三復位封於東武城
〔集解〕徐廣曰屬清河〔正義〕今貝州武城縣也平原君家樓臨民家民家有躄
者槃散行汲〔集解〕駰案散亦作跚〔索隱〕躄音壁散音先寒反亦作跚音同〔正義〕躄跛也平原
君美人居樓上臨見大笑之明日躄者至平原君門請
曰臣聞君之喜士士不遠千里而至者以君能貴士而
賤妾也臣不幸有罷癃之病〔集解〕徐廣曰癃音隆病也〔索隱〕罷音皮癃音呂宮反罷癃背疾言腰曲而背隆高也而君之後宮臨而笑臣臣願得笑臣者
頭平原君笑應曰諾躄者去平原君笑曰觀此豎子乃
欲以一笑之故殺吾美人不亦甚乎終不殺居歲餘賓
客門下舍人稍稍引去者過半平原君怪之曰勝所以
待諸君者未嘗敢失禮而去者何多也門下一人前對
曰以君之不殺笑躄者以君爲愛色而賤士士卽去耳
於是平原君乃斬笑躄者美人頭自造門進躄者因謝
焉其後門下乃復稍稍來是時齊有孟嘗魏有信陵楚
有春申故爭相傾以待士〔集解〕徐廣曰待一作得秦之圍邯鄲〔正義〕趙惠文王九年秦昭王十五年趙使平原君求救合從於楚約與食客
門下有勇力文武備具者二十人偕平原君曰使文能
取勝則善矣文不能取勝則歃血於華屋之下必得定
從而還士不外索取於食客門下足矣得十九人餘無
可取者無以滿二十人門下有毛遂者前自贊於平原
君曰遂聞君將合從於楚約與食客門下二十人偕不
外索今少一人願君卽以遂備員而行矣平原君曰先
生處勝之門下幾年於此矣毛遂曰三年於此矣平原
君曰夫賢士之處世也譬若錐之處囊中其末立見今
先生處勝之門下三年於此矣左右未有所稱誦勝未
有所聞是先生無所有也先生不能先生留毛遂曰臣
乃今日請處囊中耳使遂蚤得處囊中乃穎脫而出〔索隱〕環鄭玄曰穎也脫吐活反非特其末見而已平原君竟與毛遂偕十
九人相與目笑之而未發也〔索隱〕發一作廢鄭玄云皆目視而輕笑之未能卽廢弃之也毛遂比至楚與十九人論議十九人皆服平原君
與楚合從言其利害日出而言之日中不決十九人謂
毛遂曰先生上毛遂按劍歷階而上謂平原君曰從之
利害兩言而決耳今日出而言從日中不決何也楚王
謂平原君曰客何爲者也平原君曰是勝之舍人也楚
王叱曰胡不下吾乃與而君言汝何爲者也毛遂按劍
而前曰王之所以叱遂者以楚國之衆也今十步之內
王不得恃楚國之衆也王之命懸於遂手吾君在前叱
者何也且遂聞湯以七十里之地王天下文王以百里
之壤而臣諸侯豈其士卒衆多哉誠能據其勢而奮其
威今楚地方五千里持戟百萬此霸王之資也以楚之
彊天下弗能當白起小豎子耳率數萬之衆興師以與
楚戰一戰而舉鄢郢再戰而燒夷陵三戰而辱王之先
人此百世之怨而趙之所羞而王弗知惡焉〔正義〕惡烏故反合
從者爲楚非爲趙也吾君在前叱者何也楚王曰唯唯
誠若先生之言謹奉社稷而以從毛遂曰從定乎楚王
曰定矣毛遂謂楚王之左右曰取雞狗馬之血來〔索隱〕盟之所用牲貴賤不同天子用牛及馬諸侯以犬及豭大夫已下用雞今此總言盟之用血故云取雞狗馬之血來耳毛遂奉銅盤〔索隱〕奉音捧若周禮則用珠盤也而跪進之楚王曰王
當歃血而定從次者吾君次者遂遂定從於殿上毛遂
左手持盤血而右手招十九人曰公相與歃此血於堂
下〔索隱〕歃音所甲反公等錄錄〔集解〕駰案音祿〔索隱〕音六王劭云錄錄借字耳又說文云錄錄隨從之貌也所謂因人成事者也平原君已定從而歸歸至於
趙曰勝不敢復相士勝相士多者千人寡者百數自以
爲不失天下之士今乃於毛先生而失之也毛先生一
至楚而使趙重於九鼎大呂〔索隱〕九鼎大呂國之寶器言毛遂至楚使趙重於九鼎大呂謂天子所重也〔正義〕大呂周廟大鐘毛先生以三寸之舌彊於百萬
之師勝不敢復相士遂以爲上客平原君旣返趙楚使
春申君將兵赴救趙魏信陵君亦矯奪晉鄙軍往救趙
皆未至秦急圍邯鄲邯鄲急且降平原君甚患之邯鄲
傳舍吏子李同〔正義〕名談太史公諱改也說平原君曰君不憂趙亡
邪平原君曰趙亡則勝爲虜何爲不憂乎李同曰邯鄲
之民炊骨易子而食可謂急矣而君之後宮以百數婢
妾被綺縠餘粱肉而民褐衣不完糟糠不厭民困兵盡
或剡木爲矛矢而君器物鍾磬自若使秦破趙君安得
有此使趙得全君何患無有今君誠能令夫人以下編
於士卒之間分功而作家之所有盡散以饗士士方其
危苦之時易德耳〔正義〕言士方危苦之時易有恩德於是平原君從之
得敢死之士三千人李同遂與三千人赴秦軍秦軍爲
之卻三十里亦會楚魏救至秦兵遂罷邯鄲復存李同
戰死封其父爲李侯〔集解〕徐廣曰河內成皋有李城〔正義〕懷州溫縣本李城也李同父所封隋煬帝從故溫城移縣於此虞卿欲以信陵君之存邯鄲爲平原君
請封公孫龍聞之夜駕見平原君曰龍聞虞卿欲以信
陵君之存邯鄲爲君請封有之乎平原君曰然龍曰此
甚不可且王舉君而相趙者非以君之智能爲趙國無
有也割東武城而封君者非以君爲有功也而以國人
無勳乃以君爲親戚故也君受相印不辭無能割地不
言無功者亦自以爲親戚故也今信陵君存邯鄲而請
封是親戚受城而國人計功也〔集解〕徐廣曰一本是親戚受城而以國許人此甚不可且虞卿操其兩權事成操右券以責〔索隱〕言虞卿論平原君取封事成則操其右券以責其報德也事不成以虛名德君君必勿聽
也平原君遂不聽虞卿平原君以趙孝成王十五年卒
〔索隱〕六國年表及世家並云十四年卒與此不同子孫代後竟與趙俱亡平原
君厚待公孫龍公孫龍善爲堅白之辯及鄒衍過趙〔索隱〕過音戈言至道乃絀公孫龍〔集解〕劉向別錄曰齊使鄒衍過趙平原君見公孫龍及其徒綦毋子之屬論白馬非馬之辯以問鄒子鄒子曰不可彼天下之辯有五勝三至而辭正爲下辯者別殊類使不相害序異端使不相亂抒意通指明其所謂使人與知焉不務相迷也故勝者不失其所守不勝者得其所求若是故辯可爲也及至煩文以相假飾辭以相惇巧譬以相移引人聲使不得及其意如此害大道夫繳紛爭言而競後息不能無害君子坐皆稱善〔索隱〕抒音墅抒者舒也繳音糾謂繳繞紛亂爭言而競後息不能無害也
虞卿者游說之士也躡蹻擔簦〔集解〕徐廣曰蹻草履也簦長柄笠音登笠有柄者謂之簦〔索隱〕蹻音腳說趙孝成王一見賜黃金百鎰白璧一雙
再見爲趙上卿故號爲虞卿〔集解〕譙周曰食邑於虞〔索隱〕趙之虞屬河東太陽縣

今之虞鄉縣是也秦趙戰於長平趙不勝亡一都尉趙王召樓昌與虞卿曰軍戰不勝尉復死【集解】徐廣曰復一作係寡人使束甲而趨之何如樓昌曰無益也不如發重使爲媾【集解】古后反求和曰媾【索隱】按媾亦講講亦和也虞卿曰昌言媾者以爲不媾軍必破也而制媾者在秦且王之論秦也欲破趙之軍乎不邪王曰秦不遺餘力矣必且欲破趙軍虞卿曰王聽臣發使出重寶以附楚魏楚魏欲得王之重寶必內吾使趙使入楚魏秦必疑天下之合從且必恐如此則媾乃可爲也趙王不聽與平陽君爲媾發鄭朱入秦秦內之趙王召虞卿曰寡人使平陽君爲媾於秦秦已內鄭朱矣卿以爲奚如虞卿對曰王不得媾軍必破矣天下賀戰勝者皆在秦矣鄭朱貴人也入秦秦王與應侯必顯重以示天下楚魏以趙爲媾必不救王秦知天下不救王則媾不可得成也應侯果顯鄭朱以示天下賀戰勝者終不肯媾長平大敗遂圍邯鄲爲天下笑秦既解邯鄲圍而趙王入朝使趙郝【集解】徐廣曰一作赦駰案郝音釋約事於秦割六縣而媾虞卿謂趙王曰秦之攻王也倦而歸乎王以其力尚能進愛王而弗攻乎王曰秦之攻我也不遺餘力矣必以倦而歸也虞卿曰秦以其力攻其所不能取倦而歸王又以其力之所不能取以送之是助秦自攻也來年秦復攻王王無救矣王以虞卿之言告趙郝趙郝曰虞卿誠能盡秦力之所至乎誠知秦力之所不能進此彈丸之地弗予令秦來年復攻王王得無割其內而媾乎王曰請聽子割矣子能必使來年秦之不復攻我乎趙郝對曰此非臣之所敢任也他日三晉之交於秦相善也今秦善韓魏而攻王王之所以事秦必不如韓魏也今臣爲足下解負親之攻【索隱】爲足下解其負擔而親自攻之也開關通幣齊交韓魏至來年而王獨取攻於秦此王之所以事秦必在韓魏之後也此非臣之所敢任也王以告虞卿虞卿對曰郝言不媾來年秦復攻王王得無割其內而媾乎今媾郝又以不能必秦之不復攻也今雖割六城何益來年復攻又割其力之所不能取而媾此自盡之術也不如無媾秦雖善攻不能取六縣趙雖不能守終不失六城秦倦而歸兵必罷我以六城收天下以攻罷秦是我失之於天下而取償於秦也吾國尚利孰與坐而割地自弱以彊秦哉今郝曰秦善韓魏而攻趙者必以爲韓魏不救趙也而王之軍必孤又以王之事秦不如韓魏也是使王歲以六城事秦也卽坐而城盡來年秦復求割地王將與之乎弗與是棄前功而挑秦禍也與之則無地而給之語曰彊者善攻弱者不能守今坐而聽秦秦兵不弊而多得地是彊秦而弱趙也以益彊之秦而割愈弱之趙其計故不止矣且王之地有盡而秦之求無已以有盡之地而給無已之求其勢必無趙矣趙王計未定樓緩從秦來趙王與樓緩計之曰予秦地何如毋予孰吉緩辭讓曰此非臣之所能知也王曰雖然試言公之私【索隱】按私謂私心也樓緩對曰王亦聞夫公甫文伯母乎【正義】季康子從祖母文伯名歜康子從父昆弟公甫文伯仕於魯病死女子爲自殺於房中者二人其母聞之弗哭也其相室曰【正義】謂傅婢之類也焉有子死而弗哭者乎其母曰孔子賢人也逐於魯而是人不隨也今死而婦人爲之自殺者二人若是者必其於長者薄而於婦人厚也故從母言之是爲賢母從妻言之是必不免爲妒妻故其言一也言者異則人心變矣今臣新從秦來而言勿予則非計也言予之恐王以臣爲爲秦也故不敢對使臣得爲大王計不如予之王曰諾虞卿聞之入見王曰此飾說也王昚勿予【集解】徐廣曰昚音愼樓緩聞之往見王王又以虞卿之言告樓緩樓緩對曰不然虞卿得其一不得其二夫秦趙構難而天下皆說何也曰吾且因彊而乘弱矣今趙兵困於秦天下之賀戰勝者則必盡在於秦矣故不如亟割地爲和以疑天下而慰秦之心不然天下將因秦之彊怒乘趙之弊瓜分之趙且亡何秦之圖乎故曰虞卿得其一不得其二願王以此決之勿復計也虞卿聞之往見王曰危哉樓子之所以爲秦者是愈疑天下而何慰秦之心哉獨不言其示天下弱乎且臣言勿予者非固勿予而已也秦索六城於王而王以六城賂齊齊秦之深讎也得王之六城并力西擊秦齊之聽王不待辭之畢也則是王失之於齊而取償於秦也而齊趙之深讎可以報矣而示天下有能爲也王以此發聲兵未窺於境臣見秦之重賂至趙而反媾於王也從秦爲媾韓魏聞之必盡重王重王必出重寶以先於王則是王一舉而結三國之親而與秦易道也【正義】前取秦攻今得賂是易道也易音亦趙王曰善則使虞卿東見齊王與之謀秦虞卿未返秦使者已在趙矣樓緩聞之亡去趙於是封虞卿以一城居頃之而魏請爲從趙孝成王召虞卿謀過平原君【索隱】過音戈平原君曰願卿之論從也虞卿入見王王曰魏請爲從對曰魏過【集解】駰案先臥反王曰寡人固未之許對曰王過王曰魏請從卿曰魏過寡人未之許又曰寡人過然則從終不可乎對曰臣聞小國之與大國從事也有利則大國受其福有敗則小國受其禍今魏以小國請其禍而王以大國辭其福臣故曰王過魏亦過竊以爲從便王曰善乃合魏爲從虞卿旣以魏齊之故不重萬戶侯卿相之印與魏齊閒行卒去趙困於梁魏齊已死不得意乃著書【索隱】魏齊與應侯有仇秦求之急乃抵虞卿卿弃相印乃與齊閒行亡歸梁以託信陵君信陵君疑未決齊自殺故虞卿失相乃窮愁而著書也上采春秋下觀近世曰節義稱號揣摩政謀凡八篇以刺譏國家得失世傳之曰虞氏春秋【正義】藝文志云十五篇

太史公曰平原君翩翩濁世之佳公子也然未睹大體鄙語曰利令智昏平原君貪馮亭邪說使趙陷長平兵四十餘萬衆邯鄲幾亡【集解】譙周曰長平之陷乃趙王信閒易將之咎何怨平原受馮亭哉虞卿料事揣情爲趙畫策何其工也及不忍魏齊卒困於大梁庸夫且知其不可況賢人乎然虞卿非窮愁亦不能著書以自見於後世云

索隱述贊曰翩翩公子天下奇器笑姬從戮義士增氣兵解李同盟定毛遂虞卿躡蹻受賞料事乃困魏齊著書見意

史記卷七十六考證

平原君虞卿列傳秦之圍邯鄲○正義趙惠文王九年秦昭王十五年○臣照按六國年表邯鄲之圍在趙孝成王九年秦昭王五十年若趙惠文王九年則秦昭王十七年正義有誤字

非以君爲有功也而以國人無勳○顧炎武曰當作一句讀言非國人無功而不封君獨有功而封也

趙王召樓昌○顧炎武曰樓昌樓緩恐是一人虞卿進說亦是一事記者或以爲趙王不聽或以爲聽之太史公兩收之而不覺其重爾

王以虞卿之言告趙郝○戰國策作樓緩新序同

史記卷七十七

漢　太　史　令司馬遷　撰

宋　中　郞　外　兵　曹　參　軍裴　駰集解

唐　國　子　博　士　弘　文　館　學　士司馬貞索隱

唐　諸　王　侍　讀　率　府　長　史張守節正義

信陵君列傳第十七

魏公子無忌者魏昭王少子而魏安釐王異母弟也昭王薨安釐王卽位封公子爲信陵君【索隱】地理志無信陵或曰是鄉邑名是時范雎亡魏相秦以怨魏齊故秦兵圍大梁破魏華陽下軍走芒卯魏王及公子患之公子爲人仁而下士士無賢不肖皆謙而禮交之不敢以其富貴驕士士以此方數千里爭往歸之致食客三千人當是時諸侯以公子賢多客不敢加兵謀魏十餘年公子與魏王博而北境傳舉烽言趙寇至且入界【集解】文穎曰作高木櫓櫓上作桔槔桔槔頭兜零以薪置其中謂之烽常眂之有寇卽火然舉之以相告魏王釋博欲召大臣謀公子止王曰趙王田獵耳非爲寇也【正義】爲于僞反復博如故王恐心不在博居頃復從北方來傳言曰趙王獵耳非爲寇也魏王大驚曰公子何以知之公子曰臣之客有能探得趙王陰事者趙王所爲客輒以報臣臣以此知之是後魏王畏公子之賢能不敢任公子以國政魏有隱士曰侯嬴【索隱】嬴音盈又曹植音羸瘦之羸年七十家貧爲大梁夷門監者公子聞之往請欲厚遺之不肯受曰臣脩身絜行數十年終不以監門困故而受公子財公子於是乃置酒大會賓客坐定公子從車騎虛左自迎夷門侯生侯生攝弊衣冠直上載公子上坐不讓欲以觀公子公子執轡愈恭侯生又謂公子曰臣有客在市屠中願枉車騎過之公子引車入市侯生下見其客朱亥俾倪【索隱】俾音浦計反倪音五計反鄒誕生俾音疋未反倪音五弟反【正義】不正視也故久立與其客語微察公子公子顏色愈和當是時魏將相宗室賓客滿堂待公子舉酒市人皆觀公子執轡從騎皆竊罵侯生侯生視公子色終不變乃謝客就車至家公子引侯生坐上坐徧贊賓客【索隱】徧音遍贊告也謂以侯生徧告賓客賓客皆驚酒酣公子起爲壽侯生前侯生因謂公子曰今日嬴之爲公子亦足矣【集解】徐廣曰爲一作羞嬴乃夷門抱關者也而公子親枉車騎自迎嬴於衆人廣坐之中不宜有所過今公子故過之然嬴欲就公子之名故久立公子車騎市中過客以觀公子公子愈恭市人皆以嬴爲小人而以公子爲長者能下士也於是罷酒侯生遂爲上客侯生謂公子曰臣所過屠者朱亥此子賢者世莫能知故隱屠閒耳公子往數請之朱亥故不復謝公子怪之魏安釐王二十年秦昭王已破趙長平軍又進兵圍邯鄲公子姊爲趙惠文王弟平原君夫人數遺魏王及公子書請救於魏魏王使將軍晉鄙【索隱】魏將姓名將十萬衆救趙秦王使使者告魏王曰吾攻趙旦暮且下而諸侯敢救者已拔趙必移兵先擊之魏王恐使人止晉鄙留軍壁鄴名爲救趙實持兩端以觀望平原君使者冠蓋相屬於魏讓魏公子曰勝所以自附爲婚姻者以公子之高義爲能急人之困今邯鄲旦暮降秦而魏救不至安在公子能急人之困也且公子縱輕勝棄之降秦獨不憐公子姊邪公子患之數請魏王及賓客辯士說王萬端魏王畏秦終

不聽公子公子自度終不能得之於王計不獨生而令趙亡乃請賓客約車騎百餘乘欲以客往赴秦軍與趙俱死行過夷門見侯生具告所以欲死秦軍狀辭決而行侯生曰公子勉之矣老臣不能從公子行數里心不快曰吾所以待侯生者備矣天下莫不聞今吾且死而侯生曾無一言半辭送我我豈有所失哉復引車還問侯生侯生笑曰臣固知公子之還也曰公子喜士名聞天下今有難無他端而欲赴秦軍譬若以肉投餒虎何功之有哉尚安事客然公子遇臣厚公子往而臣不送以是知公子恨之復返也公子再拜因問侯生乃屏人閒語【索隱】閒音閑謂靜語也曰嬴聞晉鄙之兵符常在王臥內而如姬最幸出入王臥內力能竊之嬴聞如姬父為人所殺如姬資之三年【索隱】舊解資之三年謂服齊衰也今按資者畜也謂欲為父報仇之資畜於心已得三年也自王以下欲求報其父仇莫能得如姬為公子泣公子使客斬其仇頭敬進如姬如姬之欲為公子死無所辭顧未有路耳公子誠一開口請如姬如姬必許諾則得虎符奪晉鄙軍北救趙而西卻秦此五霸之伐也公子從其計請如姬如姬果盜晉鄙兵符與公子公子行侯生曰將在外主令有所不受以便國家公子卽合符而晉鄙不授公子兵而復請之事必危矣臣客屠者朱亥可與俱此人力士晉鄙聽大善不聽可使擊之於是公子泣侯生曰公子畏死邪何泣也公子曰晉鄙嚄唶【集解】駰案上音烏白反下音莊白反【索隱】嚄唶謂多詞句也【正義】聲類云嚄大笑唶大呼宿將往恐不聽必當殺之是已泣耳豈畏死哉於是公子請朱亥朱亥笑曰臣乃市井鼓刀屠者而公子親數存之所以不報謝者以為小禮無所用今公子有急此乃臣效命之秋也遂與公子俱公子過謝侯生侯生曰臣宜從老不能請數公子行日以至晉鄙軍之日北鄉自剄以送公子公子遂行至鄴矯魏王令代晉鄙晉鄙合符疑之舉手視公子曰今吾擁十萬之衆屯於境上國之重任今單車來代之何如哉欲無聽朱亥袖四十斤鐵椎椎殺晉鄙公子遂將晉鄙軍勒兵下令軍中曰父子俱在軍中父歸兄弟俱在軍中兄歸獨子無兄弟歸養得選兵八萬人進兵擊秦軍秦軍解去遂救邯鄲存趙趙王及平原君自迎公子於界平原君負韊矢【集解】呂忱曰韊盛弩矢【索隱】韊音蘭謂以盛矢如今之胡簏而短也呂姓忱名作字林者為公子先引趙王再拜曰自古賢人未有及公子者也當此之時平原君不敢自比於人公子與侯生決至軍侯生果北鄉自剄魏王怒公子之盜其兵符矯殺晉鄙公子亦自知也已卻秦存趙使將將其軍歸魏而公子獨與客留趙趙孝成王德公子之矯奪晉鄙兵而存趙乃與平原君計以五城封公子公子聞之意驕矜而有自功之色客有說公子曰物有不可忘或有不可不忘夫人有德於公子公子不可忘也公子有德於人願公子忘之也且矯魏王令奪晉鄙兵以救趙於趙則有功矣於魏則未為忠臣也公子乃自驕而功之竊為公子不取也於是公子立自責似若無所容者趙王埽除自迎執主人之禮引公子就西階公子側行辭讓從東階上【集解】駰案禮記曰主人就東階客就西階客若降等則就主人之階自言辠過以負於魏【索隱】負音佩無功於趙趙王侍酒至暮口不忍獻五城以公子退讓也公子竟留趙趙王以鄗為公子湯沐邑【索隱】鄗音霍趙邑名屬常山魏亦復以信陵奉公子公子留趙公子聞趙有處士毛公藏於博徒薛公藏於賣漿家【集解】徐廣曰漿或作醬【索隱】徐案別錄云也公子欲見兩人兩人自匿不肯見公子公子聞所在乃閒步往從此兩人游甚歡平原君聞之謂其夫人曰始吾聞夫人弟公子天下無雙今吾聞之乃妄從博徒賣漿者游公子妄人耳夫人以告公子公子乃謝夫人去曰始吾聞平原君賢故負魏王而救趙以稱平原君平原君之游徒豪舉耳【索隱】謂豪者舉之舉亦音據也不求士也無忌自在大梁時常聞此兩人賢至趙恐不得見以無忌從之游尚恐其不我欲也今平原君乃以為羞其不足從游乃裝為去夫人具以語平原君平原君乃免冠謝固留公子平原君門下聞之半去平原君歸公子天下士復往歸公子公子傾平原君客公子留趙十年不歸秦聞公子在趙日夜出兵東伐魏魏王患之使使往請公子公子恐其怒之乃誡門下有敢為魏王使通者死賓客皆背魏之趙莫敢勸公子歸毛公薛公兩人【索隱】史失其名往見公子曰公子所以重於趙名聞諸侯者徒以有魏也今秦攻魏魏急而公子不恤使秦破大梁而夷先王之宗廟公子當何面目立天下乎語未及卒公子立變色告車趣駕歸救魏魏王見公子相與泣而以上將軍印授公子公子遂將魏安釐王三十年公子使使遍告諸侯諸侯聞公子將各遣將將兵救魏公子率五國之兵破秦軍於河外走蒙驁遂乘勝逐秦軍至函谷關抑秦兵【索隱】抑音憶謂以兵威之秦兵不敢出當是時公子威振天下諸侯之客進兵法公子皆名之故世俗稱魏公子兵法【集解】駰案劉歆七略有魏公子兵法二十一篇圖七卷【索隱】公子所得進兵法而必稱其名以言其恕也秦王患之乃行金萬斤於魏求晉鄙客令毀公子於魏王曰公子亡在外十年矣今為魏將諸侯將皆屬諸侯徒聞魏公子不聞魏王公子亦欲因此時定南面而王諸侯畏公子之威方欲共立之秦數使反閒偽賀公子得立為魏王未也魏王日聞其毀不能不信後果使人代公子將公子自知再以毀廢乃謝病不朝與賓客為長夜飲飲醇酒多近婦女日夜為樂飲者四歲竟病酒而卒其歲魏安釐王亦薨秦聞公子死使蒙驁攻魏拔二十城初置東郡其後秦稍蠶食魏十八歲而虜魏王屠大梁【索隱】魏王名假高祖始微少時數聞公子賢及卽天子位每過大梁常祠公子高祖十二年從擊黥布還為公子置守冢五家世世歲以四時奉祠公子

太史公曰吾過大梁之墟求問其所謂夷門夷門者城之東門也天下諸公子亦有喜士者矣然信陵君之接巖穴隱者不恥下交有以也名冠諸侯不虛耳高祖每過之而令民奉祠不絕也

索隱述贊曰信陵下士鄰國相傾以公子故不敢加兵頗知朱亥盡禮侯嬴遂却晉鄙終辭趙城毛薛見重萬古希聲

史記卷七十七考證

信陵君列傳徒豪舉耳索隱謂豪者舉之舉亦音據也○顧炎武曰謂特貌為豪傑舉動非直欲求有用之士也

公子使使徧告諸侯○唐順之曰信陵君書不載之本傳中在魏世家

諸侯之客進兵法公子皆名之索隱公子所得進兵法而必稱其名以言其恕也○董份曰客進兵書而總名于公子故世稱魏公子兵法索隱與本文正相反

史記卷七十八

漢　太　史　令司馬遷　撰

宋 中 郎 外 兵 曹 參 軍 裴 駰集解

唐國子博士弘文館學士司馬貞索隱

唐 諸 王 侍 讀 率 府 長 史張守節正義

春申君列傳第十八

春申君者楚人也名歇姓黃氏游學博聞事楚頃襄王【索隱】名橫考烈王完之父頃襄王以歇為辯使於秦秦昭王使白起攻韓魏敗之於華陽禽魏將芒卯韓魏服而事秦秦昭王方令白起與韓魏共伐楚未行而楚使黃歇適至於秦聞秦之計當是之時秦已前使白起攻楚取巫黔中之郡拔鄢郢東至竟陵【正義】竟陵屬江夏郡也楚頃襄王東徙治於陳縣【正義】今陳州也黃歇見楚懷王之為秦所誘而入朝遂見欺留死於秦頃襄王其子也秦輕之恐壹舉兵而滅楚歇乃上書說秦昭王曰天下莫彊於秦楚今聞大王欲伐楚此猶兩虎相與鬭兩虎相與鬭而駑犬受其弊【索隱】謂兩虎鬭乃受弊於駑犬劉氏云受猶承也不如善楚臣請言其說臣聞物至則反冬夏是也【正義】至極也極則反也冬至陰之極夏至陽之極致至則危【集解】徐廣曰致或作安累棊是也今大國之地徧天下有其二垂【正義】言極東西此從生民已來萬乘之地未嘗有也先帝文王莊王之身三世不忘接地於齊以絕從親之要【索隱】要音腰以言山東從韓魏是共腰今王使盛橋守事於韓【索隱】秦使盛橋守事於韓亦如楚使召滑相趙然也並內行章義之難盛橋以其地入秦是王不用甲不信威【索隱】信音申而得百里之地王可謂能矣王又舉甲而攻魏杜大梁之門舉河內拔燕酸棗虛【集解】徐廣曰秦始皇五年取酸棗燕虛蘇代曰決宿胥之口魏無虛頓丘桃【集解】徐廣曰燕縣有桃城入邢【集解】徐廣曰平皋有邢丘【正義】邢丘在懷州武德縣東南二十里魏之兵雲翔而不敢捄王之功亦多矣王休甲息衆三年而後復之又并蒲衍首垣【集解】徐廣曰蘇秦云北有河外卷衍長垣縣有蒲鄉【索隱】此蒲在衞之長垣蒲鄉也衍在河南與卷近首蓋牛首垣卽長垣非河東之垣也垣音圓以臨仁平丘【集解】徐廣曰屬陳留【索隱】仁及平丘二縣名謂以兵臨此二縣則黃及濟陽等自嬰城而守也地理志平丘縣屬陳留仁闕黃濟陽嬰城【集解】徐廣曰蘇代云決白馬之口魏無黃濟陽【正義】故黃城在曹州考城縣東濟陽故城在曹州宛句縣西南嬰城未詳而魏氏服王又割濮磨之北【集解】徐廣曰濮水北於鉅野入濟【索隱】地名近濮注齊秦之要絕楚趙之脊【正義】劉伯莊云言秦得魏地楚趙之絕從天下五合六聚而不敢救王之威亦單矣【集解】徐廣曰單亦作殫【索隱】按單音丹單盡也言王之威盡行也王若能持功守威絀攻取之心而肥仁義之地使無後患三王不足四五伯不足六也王若負人徒之衆仗兵革之彊乘毀魏之威而欲以力臣天下之主臣恐其有後患也詩曰靡不有初鮮克有終易曰狐涉水濡其尾【正義】言狐惜其尾每涉水舉尾不令濕比至極困則濡之譬不可力臣之也此言始之易終之難也何以知其然也昔智氏見伐趙之利而不知榆次之禍【索隱】智伯敗於榆次也地理志屬太原有梗陽鄉是也【正義】榆次并州縣也水經云榆次縣南洞過水側有鑿臺吳見伐齊之便而不知干隧之敗【索隱】干隧吳之敗處地名于水邊也隧道路也【正義】干隧吳地名也出萬安山西南一里太湖卽吳王夫差自剄處在蘇州西北四十里此二國者非無大功也沒利於前而易患於後也【索隱】謂智伯及吳王沒伐趙及伐齊之利於前而自易其患於後後卽榆次干隧之難也吳之信越也從而伐齊【索隱】從音縱用反劉氏云從猶領也既勝齊人於艾陵【正義】艾山在兗州博縣南六十里也還為越王禽三渚之浦【集解】駰案戰國策曰三江之浦【正義】吳俗傳云越軍得子胥夢從東入伐吳越王卽從三江北岸立壇殺白馬祭子胥杯動酒盡乃開渠由三浦入破吳王於姑蘇敗干隧也智氏之信韓魏也從而伐趙攻晉陽

城【正義】井州城 勝有日矣韓魏叛之殺智伯瑤於鑿臺之下【集解】徐廣曰鑿臺在楡次 今王妒楚之不毀也而忘毀楚之彊韓魏也臣爲王慮而不取也詩曰大武遠宅而不涉【正義】言大軍不遠涉攻伐 從此觀之楚國援也鄰國敵也詩云趯趯毚兔遇犬獲之【集解】駰案韓嬰章句曰趯趯往來貌獲得也言趯趯之毚兔謂狡兔數往來逃匿其跡有時遇犬得之毛傳曰毚兔狡兔也鄭玄曰遇犬犬之馴者謂田犬【索隱】趯音天歷反毚音讒 他人有心予忖度之今王中道而信韓魏之善王也此正吳之信越也臣聞之敵不可假時不可失臣恐韓魏卑辭除患而實欲欺大國也【索隱】大國謂秦也 何則王無重世之德於韓魏而有累世之怨焉【索隱】重世猶再世也 夫韓魏父子兄弟接踵而死於秦者將十世矣本國殘社稷壞宗廟毀刳腹絕腸折頸摺頤【集解】徐廣曰一作顚【索隱】摺音拉頤音夷 首身分離暴骸骨於草澤頭顱僵仆相望於境父子老弱係脰束手爲羣虜者相及於路鬼神孤傷無所血食人民不聊生族類離散流亡爲僕妾者盈滿海內矣故韓魏之不亡秦社稷之憂也今王資之與攻楚不亦過乎且王攻楚將惡出兵【正義】惡音烏 王將借路於仇讎之韓魏乎兵出之日而王憂其不返也是王以兵資於仇讎之韓魏也王若不借路於仇讎之韓魏必攻隨水右壤隨水右壤此皆廣川大水山林谿谷不食之地也【索隱】楚都陳隨水之右壤蓋在隨之西今鄧州之西其地多山林者是也 王雖有之不爲得地是王有毀楚之名而無得地之實也且王攻楚之日四國必悉起兵以應王秦楚之兵構而不離魏氏將出而攻留方與銍湖陵碭蕭相故宋必盡【正義】徐州西宋州東兗州南並故宋地 齊人南面攻楚泗上必舉【正義】此時徐泗屬齊也 此皆平原四達膏腴之地而使獨攻【索隱】若秦楚構兵不休則魏盡故宋齊取泗上是使齊魏獨攻伐而得其利者也 王破楚以肥韓魏於中國而勁齊韓魏之彊足以校於秦【索隱】校音教謂足以與秦爲敵也一云校者報也言力爲報秦 齊南以泗水爲境東負海北倚河而無後患天下之國莫彊於齊魏齊魏得地葆利而詳事下吏一年之後爲帝未能其於禁王之爲帝有餘矣【索隱】言齊一年之後卽能爲帝而能禁秦爲帝有餘力矣以禁字作楚者誤也 夫以王壤土之博人徒之衆兵革之彊壹舉事而樹怨於楚遲令韓魏歸帝重於齊是王失計也【集解】徐廣曰遲一作還【索隱】遲音値値猶乃也令音力呈反韓魏重齊令歸帝號此秦之失計也 臣爲王計莫若善楚秦楚合而爲一以臨韓韓必斂手王施以東山之險帶以曲河之利韓必爲關內之侯若是而王以十萬戍鄭梁氏寒心許鄢陵嬰城而上蔡召陵不往來也如此而魏亦關內侯矣王壹善楚而關內兩萬乘之主注地於齊【索隱】注謂以兵裁之 齊右壤可拱手而取也【正義】右壤謂泗州之南北也 王之地一經兩海【索隱】西海至東海皆是秦地【正義】廣言橫度中國東西也 要約天下是燕趙無齊楚齊楚無燕趙也然後危動燕趙直搖齊楚此四國者不待痛而服矣昭王曰善於是乃止白起而謝韓魏發使賂楚約爲與國黃歇受約歸楚楚使歇與太子完入質於秦秦留之數年楚頃襄王病太子不得歸而楚太子與秦相應侯善於是黃歇乃說應侯曰相國誠善楚太子乎應侯曰然歇曰今楚王恐不起疾秦不如歸其太子太子得立其事秦必重而德相國無窮是親與國而得儲萬乘也若不歸則咸陽一布衣耳楚更立太子必不事秦夫失與國而絕萬乘之和非計也願相國孰慮之應侯以聞秦王秦王曰令楚太子之傅先往問楚王之疾返而後圖之黃歇爲楚太子計曰秦之留太子也欲以求利也今太子力未能有以利秦也歇憂之甚而陽文君子二人在中王若卒大命太子不在陽文君子必立爲後太子不得奉宗廟矣不如亡秦與使者俱出臣請止以死當之楚太子因變衣服爲楚使者御以出關而黃歇守舍常爲謝病度太子已遠秦不能追歇乃自言秦昭王曰楚太子已歸出遠矣歇當死願賜死昭王大怒欲聽其自殺也應侯曰歇爲人臣出身以徇其主太子立必用歇故不如無罪而歸之以親楚秦因遣黃歇歇至楚三月楚頃襄王卒【集解】徐廣曰三十六年 太子完立是爲考烈王考烈王元年以黃歇爲相封爲春申君【正義】然四君封邑檢皆不獲唯平原有地又非趙境並蓋號謚而孟嘗是謚 賜淮北地十二縣後十五歲黃歇言之楚王曰淮北地邊齊其事急請以爲郡便因并獻淮北十二縣請封於江東考烈王許之春申君因城故吳墟【正義】虛音墟闔閭今蘇州也於城內小城西北別築城居之今圯毀也又大內北瀆四從五橫至今猶存又攻破楚門爲昌門 以自爲都邑春申君既相楚是時齊有孟嘗君趙有平原君魏有信陵君方爭下士招致賓客以相傾奪輔國持權春申君爲楚相四年秦破趙之長平軍四十餘萬五年圍邯鄲邯鄲告急於楚楚使春申君將兵往救之秦兵亦去春申君歸春申君相楚八年爲楚北伐滅魯【索隱】年表云八年取魯封魯君於莒十四年滅也 以荀卿爲蘭陵令當是時楚復彊趙平原君使人於春申君春申君舍之於上舍趙使欲夸楚爲瑇瑁簪刀劍室以珠玉飾之請命春申君客春申君客三千餘人其上客皆躡珠履以見趙使趙使大慙春申君相十四年秦莊襄王立以呂不韋爲相封爲文信侯取東周春申君相二十二年諸侯患秦攻伐無已時乃相與合從西伐秦【集解】徐廣曰始皇六年 而楚王爲從長春申君用事至函谷關秦出兵攻諸侯兵皆敗走楚考烈王以咎春申君春申君以此益疏客有觀津人朱英【正義】觀音館今魏州觀城縣也 謂春申君曰人皆以楚爲彊而君用之弱其於英不然先君時善秦二十年而不攻楚何也秦踰黽隘之塞【正義】黽隘之塞在申州黽音盲也 而攻楚不便假道於兩周背韓魏而攻楚不可今則不然魏旦暮亡不能愛許鄢陵其許魏割以與秦秦兵去陳百六十里【集解】徐廣曰在許東南 臣之所觀者見秦楚之日鬭也楚於是去陳徙壽春而秦徙衞野王作置東郡【正義】濮滑州兼河北置東郡濮州本衞都而徙野王也 春申君由此就封於吳行相事楚考烈王無子春申君患之求婦人宜子者進之甚衆卒無子趙人李園持其女弟欲進之楚王聞其不宜子恐久毋寵李園求事春申君爲舍人已而謁歸故失期還謁春申君問之狀對曰齊王使使求臣之女弟與其使者飲故失期春申君曰娉入乎對曰未也春申君曰可得見乎曰可於是李園乃進其女弟卽幸於春申君知其有身李園乃與其女弟謀園女弟承閒以說春申君曰楚王之貴幸君雖兄弟不如也今君相楚二十餘年而王無子卽百歲後將更立兄弟則楚更立君後亦各貴其故所親君又安得長有寵乎非徒然也君貴用事久多失禮於王兄弟兄弟誠立禍且及身何以保相印江東之封乎今妾自知有身矣而人莫知妾幸君未久誠以君之重而進妾於楚王王必幸妾妾賴天有子男則是君之子爲王也楚國盡可得孰與身臨不測之罪乎春申君大然之乃出李園女弟謹舍而言之楚王楚王召入幸之遂生子男立爲太子以李園女弟爲王后楚王貴李園園用事李園既入其女弟立爲王后子爲太子恐春申君語泄而益驕陰養死士欲殺春申君以滅口而國人頗有知之者春申君相二十五年楚考烈王病朱英謂春申君曰世有毋望之福【正義】無望猶不望而忽至也 又有毋望之禍【索隱】周易有无妄卦其義殊也 今君處毋望之世【正義】謂生死無常 事毋望之王【正義】謂喜怒不節 安可以無毋望之人乎【正義】謂吉凶忽爲 春申君曰何謂毋望之福曰君相楚二十餘年矣雖名相國實楚王也今楚王病旦暮且卒而君相少主因而代立當國如伊尹周公王長而反政不卽遂南面稱孤而有楚國此所謂毋望之福也春申君曰何謂毋望之禍曰李園不治國而君之仇也【索隱】言園是春申之仇也戰國策作君之舅謂爲王舅與此異 不爲兵而養死士之日久矣楚王卒李園必先入據權而殺君以滅口此所謂毋望之禍也春申君曰何謂毋望之人對曰君置臣郎中楚王卒李園必先入臣爲君殺李園此所謂毋望之人也春申君曰足下置之李園弱人也僕又善之且又何至此朱英知言不用恐禍及身乃亡去後十七日楚考烈王卒李園果先入伏死士於棘門之內【正義】壽州城門 春申君入棘門園死士俠刺春申君斬其頭投之棘門外【正義】楚考烈王二十五年秦始皇九年 於是遂使吏盡滅春申君之家而李園女弟初幸春申君有身而入之王所生子者遂立是爲楚幽王【索隱】按楚捍有母弟猶有庶兄負芻及昌平君是楚君完非無子而上文云考烈王無子誤也 是歲也秦始皇帝立九年矣嫪毐亦爲亂於秦覺夷其三族而呂不韋廢

太史公曰吾適楚觀春申君故城宮室盛矣哉初春申君之說秦昭王及出身遣太子歸何其智之明也後制於李園旄矣【集解】徐廣曰旄音耄 語曰當斷不斷反受其亂春申君失朱英之謂邪

【索隱述贊】曰黃歇辯智權略秦楚太子獲歸身作宰輔珠炫趙客邑開吳土烈王寡胤李園獻女無妄成災朱英徒語

史記卷七十八考證

春申君列傳偏天下有其二垂正義言極東西○臣照按秦盡有西方之地而又克蜀凡楚之上流攻取殆盡則所謂二垂者指西南兩面耳正義之說未合夫東界韓魏至齊而極秦地固紬于東也

先帝文王莊王之身○國策作文王武王之身

今王使盛橋守事於韓○戰國策作成橋補注曰劉伯莊云橋音嶠

黃濟陽嬰城正義嬰城未詳○鮑彪戰國策注曰嬰猶縈也蓋二邑環兵自守

王又割濮磨之北○戰國策補注曰江漢南之濮乃書所謂彭濮之濮沮水磨城遠不相涉下文北屬之燕可見濮卽衞之濮上水出東郡濮陽南入鉅野者也索隱云磨地近濮按史表有磨侯程黑索隱云表作歷歷縣在信都地邑並無磨愚按此字作磨與歷通猶樂毅書磨室之類新序正作濮歷則其字甚明

王之威亦單矣○戰國策單作憚新序作單董份曰詩云單及鬼方單延也又云俾爾單厚單大也蓋言王之威延被諸國而大也臣照按單盡也言竭盡而無餘也

而肥仁義之地○戰國策地作誠新序作地

鬼神孤傷○戰國策作狐祥新序作潢洋

遲令韓魏歸帝徐廣曰遲一作還○徐孚遠曰于義還字爲長當是誤書也

春申君爲楚相四年秦破趙之長平軍四十餘萬五年圍邯鄲邯鄲告急於楚楚使春申君將兵往救之○

考烈王元年春申君為相六年救趙世家年表皆同此作五年

史記卷七十九

漢　太　史　令司馬遷　撰
宋　中　郎　外　兵　曹　參　軍裴　駰集解
唐國子博士弘文館學士司馬貞索隱
唐諸　王　侍讀　率　府　長　史張守節正義

范雎蔡澤列傳第十九

范雎者魏人也字叔游說諸侯欲事魏王家貧無以自資乃先事魏中大夫須賈【索隱】漢書百官表中大夫秦官此魏有中大夫蓋古官也姓須名賈蓋密須氏之後須賈為魏昭王使於齊【索隱】世本昭王名遫襄王之子范雎從留數月未得報齊襄王聞雎辯口【索隱】襄王名法章乃使人賜雎金十斤及牛酒雎辭謝不敢受須賈知之大怒以為雎持魏國陰事告齊故得此饋令雎受其牛酒還其金既歸心怒雎以告魏相魏相魏之諸公子曰魏齊魏齊大怒使舍人笞擊雎折脅摺齒【索隱】摺音力荅反謂打折其脅而又拉折其齒也雎佯死即卷以簀【索隱】簀謂葦荻之薄也用之以裹其屍也置廁中賓客飲者醉更溺雎【索隱】更音羹溺即溲也溺音年弔反溲音所留反【正義】溺古尿字故僇辱以懲後令無妄言者雎從簀中謂守者曰公能出我我必厚謝公守者乃請出棄簀中死人魏齊醉曰可矣范雎得出後魏齊悔復召求之魏人鄭安平聞之乃遂操范雎亡伏匿更名姓曰張祿當此時秦昭王使謁者王稽於魏鄭安平詐為卒侍王稽【正義】卒祖律反王稽問魏有賢人可與俱西游者乎鄭安平曰臣里中有張祿先生欲見君言天下事其人有仇不敢晝見王稽曰夜與俱來鄭安平夜與張祿見王稽語未究王稽知范雎賢謂曰先生待我於三亭之南【索隱】三亭亭名在魏境之邊道亭也今無其處一云魏之郊境總有三亭皆祖餞之處如今與期三亭之南蓋送餞已畢無人之處所也【正義】括地志云三亭岡在汴州尉氏縣西南三十七里按三亭岡在山部中名也蓋岡亭謀為南與私約而去王稽辭魏去過載范雎入秦至湖關【索隱】地理志京兆有湖縣本名胡武帝更名湖即今湖城也【正義】今虢州湖城縣也望見車騎從西來范雎曰彼來者為誰王稽曰秦相穰侯東行縣邑范雎曰吾聞穰侯專秦權惡內諸侯客【索隱】內音納亦如字內猶入也此恐辱我我寧且匿車中有頃穰侯果至勞王稽因立車而語曰關東有何變曰無有又謂王稽曰謁君得無與諸侯客子俱來乎無益徒亂人國耳王稽曰不敢即別去范雎曰吾聞穰侯智士也其見事遲鄉者疑車中有人忘索之【索隱】索搜也先格反於是范雎下車走曰此必悔之行十餘里果使騎還索車中無客乃已王稽遂與范雎入咸陽已報使因言曰魏有張祿先生天下辯士也曰秦王之國危於累卵【正義】按說苑云晉靈公造九層之臺費用千金謂左右曰敢有諫者斬荀息聞之上書求見靈公張弩持矢見之曰臣不敢諫也臣能累十二博棊加九雞子其上公曰子為寡人作之荀息正顏色定志意以棊子置下加九雞子其上左右懼慴息靈公氣息不續公曰危哉危哉荀息曰不危也復有危於此者公曰願見之荀息曰九層之臺三年不成男不耕女不織國用空虛鄰國謀議將興社稷亡滅君欲何望靈公曰寡人之過也乃至於此即壞九層臺也得臣則安然不可以書傳也臣故載來秦王弗信使舍食草具【索隱】謂亦舍之而食以下客之具然草具謂麤食草菜之饌具也待命歲餘當是時昭王已立三十六年南拔楚之鄢郢楚懷王幽死於秦秦東破齊湣王常稱帝後去之數困三晉猒天下辯士無所信穰侯華陽君【集解】徐廣曰華一作葉【索隱】穰侯謂冉宣太后之異父弟穰縣在南陽華陽芈戎宣太后之同父弟亦號為新城君是也昭王母宣太后之弟也而涇陽君高陵君皆昭王同母弟也穰侯相三人者更將有封邑以太后故私家富重於王室及穰侯為秦將且欲越韓魏而伐齊綱壽欲以廣其陶封范雎乃上書曰臣聞明主立政【索隱】戰國策立作涖有功者不得不賞有能者不得不官勞大者其祿厚功多者其爵尊能治衆者其官大故無能者不敢當職焉有能者亦不得蔽隱使以臣之言為可願行而益利其道以臣之言為不可久留臣無為也語曰庸主賞所愛而罰所惡明主則不然賞必加於有功而刑必斷於有罪今臣之胸不足以當椹質【索隱】椹音陟林反椹者莝椹也質劉刃也謂腰斬者為椹質也而要不足以待斧鉞豈敢以疑事嘗試於王哉雖以臣為賤人而輕辱獨不重任臣者之無反復於王邪且臣聞周有砥砨宋有結綠梁有縣藜【集解】薛綜曰縣藜一曰美玉楚有和璞【正義】璞音玄劉伯莊云珠玉璞也此四寶者土之所生良工之所失也而為天下名器然則聖王之所棄者獨不足以厚國家乎臣聞善厚家者取之於國善厚國者取之於諸侯天下有明主則諸侯不得擅厚者何也為其割榮也【索隱】割榮即上之擅厚謂擅權也良醫知病人之死生而聖主明於成敗之事利則行之害則舍之疑則少嘗之雖舜禹復生弗能改已語之至者臣不敢載之於書其淺者又不足聽也意者臣愚而不槩於王心邪【集解】徐廣曰一作說音同【索隱】戰國策槩作關謂關涉於王心也徐作音同非也亡其言臣者賤而不可用乎【索隱】亡猶輕蔑也自非然者臣願得少賜游觀之間望見顏色一語無效請伏斧質於是秦昭王大說乃謝王稽使以傳車召范雎【集解】徐廣曰一云使持車【索隱】徐按戰國策文也於是范雎乃得見於離宮【正義】長安故城本秦離宮在雍長安北十三里也詳為不知永巷而入其中【正義】永巷宮中獄也王來而宦者怒逐之曰王至范雎繆為曰秦安得王秦獨有太后穰侯耳欲以感怒昭王昭王至聞其與宦者爭言遂延迎謝曰寡人宜以身受命久矣會義渠之事急寡人旦暮自請太后今義渠之事已寡人乃得受命竊閔然不敏【索隱】鄒誕生本作惽然音昏或又作閔音敏閔猶惽闇也敬執賓主之禮范雎辭讓是日觀范雎之見者羣臣莫不洒然變色易容者【集解】徐廣曰洒先典反【索隱】鄭玄云洒然肅敬之貌秦王屏左右宮中虛無人秦王跽而請【索隱】跽其紀反跽者長跽兩膝被地曰先生何以幸教寡人范雎曰唯唯有間秦王復跽而請曰先生何以幸教寡人范雎曰唯唯若是者三秦王跽曰先生卒不幸教寡人邪范雎曰非敢然也臣聞昔者呂尚之遇文王也身為漁父而釣於渭濱耳若是者交疏也已說而立為太師載與俱歸者其言深也故文王遂收功於呂尚而卒王天下鄉使文王疏呂尚而不與深言是周無天子之德而文武無與成其王業也今臣羇旅之臣也交疏於王而所願陳者皆匡君之事處人骨肉之間願效愚忠而未知王之心也此所以王三問而不敢對者也臣非有畏而不敢言也臣知今日言之於前而明日伏誅於後然臣不敢避也大王信行臣之言死不足以為臣患亡不足以為臣憂漆身為厲【索隱】厲音賴癩病也言漆塗身生瘡如病癩被髮為狂不足以為臣恥且以五帝之聖焉而死三王之仁焉而死五伯之賢焉而死烏獲任鄙之力焉而死成荊【集解】徐廣曰一作羌孟賁【集解】許慎曰成荊古勇士孟賁衛人王慶忌【集解】駰案吳越春秋曰吳王僚子慶忌夏育之勇焉而死【集解】駰案漢書音義曰或云夏育衛人力舉千鈞死者人之所必不免也處必然之勢可以少補於秦此臣之所大願也臣又何患哉伍子胥橐載而出昭關夜行晝伏至於陵水無以餬其口【索隱】劉氏云陵水即栗水也陵栗聲相近故惑也膝行蒲伏稽首肉袒鼓腹吹篪【集解】徐廣曰一作簫乞食於吳市卒興吳國闔閭為伯使臣得盡謀如伍子胥加之以幽囚終身不復見是臣之說行也臣又何憂箕子接輿漆身為厲被髮為狂無益於主假使臣得同行於箕子可以有補所賢之主是臣之大榮也臣有何恥臣之所恐者獨恐臣死之後天下見臣之盡忠而身死因以是杜口裹足莫肯鄉秦耳足下上畏太后之嚴下惑於姦臣之態【索隱】態謂姦臣諂詐之態也居深宮之中不離阿保之手終身迷惑無與昭姦【正義】昭明也無與明其姦惡大者宗廟滅覆小者身以孤危此臣之所恐耳若夫窮辱之事死亡之患臣不敢畏也臣死而秦治是臣死賢於生秦王跽曰先生是何言也夫秦國辟遠寡人愚不肖先生乃幸辱至於此是天以寡人慁先生【集解】徐廣曰亂先生也音溷【索隱】二字並音胡困反慁猶汩亂之意而存先王之宗廟也寡人得受命於先生是天所以幸先王而不棄其孤也先生奈何而言若是事無小大上及太后下至大臣願先生悉以教寡人無疑寡人也范雎拜秦王亦拜范雎曰大王之國四塞以為固北有甘泉谷口【正義】括地志云甘泉山一名鼓原俗名磨石嶺在雍州雲陽縣西北九十里關中記云甘泉宮在甘泉山上年代永久無復甘泉之名失其實也宮北云有連山土人為磨石嶺郊祀志公孫卿言黃帝得仙寒門寒門者谷口也按九嵕山西謂之谷口即古寒門也在雍州醴泉縣東北四十里南帶涇渭右隴蜀左關阪奮擊百萬戰車千乘利則出攻不利則入守此王者之地也民怯於私鬭而勇於公戰此王者之民也王并此二者而有之夫以秦卒之勇車騎之衆以治諸侯譬若馳韓盧而搏蹇兔也【索隱】戰國策云韓盧者天下之壯犬也是韓盧為犬謂馳韓盧而搏蹇兔以喻秦強言取諸侯之易也霸王之業可致也而羣臣莫當其位至今閉關十五年不敢窺兵於山東者是穰侯為秦謀不忠而大王之計有所失也秦王跽曰寡人願聞失計然左右多竊聽者范雎恐未敢言內先言外事以觀秦王之俯仰因進曰夫穰侯越韓魏而攻齊綱壽非計也少出師則不足以傷齊多出師則害於秦臣意王之計欲少出師而悉韓魏之兵也則不義矣今見與國之不親也越人之國而攻可乎其於計疏矣且昔齊湣王南攻楚破軍殺將再辟地千里【正義】辟尺亦反而齊尺寸之地無得焉者豈不欲得地哉形勢不能有也諸侯見齊之罷弊君臣之不和也興兵而伐齊大破之士辱兵頓皆咎其王曰誰為此計者乎王曰文子為之【索隱】謂田文孟嘗君也猶戰國策謂田盼田嬰為盼子嬰子也大臣作亂文子出奔故齊所以大破者以其伐楚而肥韓魏也此所謂借賊兵齎盜糧者也【索隱】借音子夜反一作藉亦音同齎音側奚反言為盜齎糧也王不如遠交而近攻得寸則王之寸也得尺亦王之尺也今釋此而遠攻不亦繆乎且昔者中山之國地方五百里趙獨吞之功成名立而利附焉天下莫之能害也今夫韓魏中國之處而天下之樞也王其欲霸必親中國以為天下樞以威楚趙楚彊則附趙趙彊則附楚楚趙皆附齊必懼矣齊懼必卑辭重幣以事秦齊附而韓魏因可虜也昭王曰吾欲親魏久矣而魏多變之國也寡人不能親請問親魏奈何對曰王卑詞重幣以事之不可則割地而賂之不可因舉兵而伐之王曰寡人敬聞命矣乃拜范雎為客卿謀兵事卒聽范雎謀使五大

夫縮伐魏拔懷【集解】徐廣曰昭王三十九年後二歲拔邢丘客卿范雎復說昭王曰秦韓之地形相錯如繡秦之有韓也譬如木之有蠹也人之有心腹之病也天下無變則已天下有變其爲秦患者孰大於韓乎王不如收韓昭王曰吾固欲收韓韓不聽爲之奈何對曰韓安得無聽乎王下兵而攻滎陽則鞏成皋之道不通【正義】言宜陽陝虢之師不得下相救北守太行之道則上黨之師不下【正義】言澤潞之師不得下太行相救王一興兵而攻滎陽則其國斷而爲三【正義】新鄭已南一宜陽令二澤潞三夫韓見必亡安得不聽乎若韓聽而霸事因可慮矣王曰善且欲發使於韓范雎日益親復說用數年矣因請間說曰【正義】間音閑臣居山東時聞齊之有田文不聞其有王也聞秦之有太后穰侯華陽高陵涇陽不聞其有王也夫擅國之謂王能利害之謂王制殺生之威之謂王今太后擅行不顧穰侯出使不報華陽涇陽等擊斷無諱【集解】駰案諱畏也高陵進退不請四貴備而國不危者未之有也爲此四貴者下乃所謂無王也然則權安得不傾令安得從王出乎臣聞善治國者乃內固其威而外重其權穰侯使者操王之重決制於諸侯剖符於天下政適【集解】徐廣政適音征敵伐國莫敢不聽戰勝攻取則利歸於陶國弊御於諸侯【索隱】弊者斷也御者制也言穰侯執權以制御主斷於諸侯也戰敗則結怨於百姓而禍歸於社稷詩曰木實繁者披其枝【正義】披音片被反披其枝者傷其心大其都者危其國尊其臣者卑其主崔杼淖齒管齊【索隱】淖姓也音尼敎反漢有淖姬是也高誘曰管典也言二人典齊權而行弒逆也【正義】淖齒楚人齊滑王臣射王股擢王筋【索隱】言射王股淚也按崔杼射莊公之股淖齒縮滑王之筋是說二君事縣之於廟梁宿昔而死李兌管趙囚主父於沙丘【正義】沙丘臺在邢州平鄉縣東北三十里百日而餓死今臣聞秦太后穰侯用事高陵華陽涇陽佐之卒無秦王此亦淖齒李兌之類也且夫三代所以亡國者君專授政縱酒馳騁弋獵不聽政事其所授者妬賢嫉能御下蔽上以成其私不爲主計而主不覺悟故失其國今自有秩以上至諸大吏下及王左右無非相國之人者見王獨立於朝臣竊爲王恐萬世之後有秦國者非王子孫也昭王聞之大懼曰善於是廢太后逐穰侯高陵華陽涇陽君於關外秦王乃拜范雎爲相收穰侯之印使歸陶因使縣官給車牛以徙千乘有餘到關關閱其寶器寶器珍怪多於王室秦封范雎以應號爲應侯【索隱】劉氏云河東臨晉有應亭則秦地有應也又按本紀以應爲太后養地解者云在潁川之應鄉未知孰是【正義】括地志云故應城古應鄉在汝州魯山縣東四十里也當是時秦昭王四十一年也范雎既相秦秦號曰張祿而魏不知以爲范雎已死久矣魏聞秦且東伐韓魏魏使須賈於秦范雎聞之爲微行敝衣間步之邸【正義】劉云諸國客館見須賈須賈見之而驚曰范叔固無恙乎范雎曰然須賈笑曰范叔有說於秦邪曰不也雎前日得過於魏相故亡逃至此安敢說乎須賈曰今叔何事范雎曰臣爲人庸賃須賈意哀之留與坐飲食曰范叔一寒如此哉乃取其一綈袍以賜之【索隱】綈厚繒也音啼蓋今之絁也【正義】今之麤袍須賈因問曰秦相張君公知之乎吾聞幸於王天下之事皆決於相君今者事之去留在張君孺子豈有客習於相君者哉【索隱】劉氏云孺子蓋謂雎爲小子范雎曰主人翁習知之唯雎亦得謁雎請爲君見於張君須賈曰吾馬病車軸折非大車駟馬吾固不出范雎曰願爲君借大車駟馬於主人翁范雎歸取大車駟馬爲須賈御之入秦相府府中望見有識者皆避匿須賈怪之至相舍門謂須賈曰待我我爲君先入通於相君須賈待門下持車良久問門下曰范叔不出何也門下曰無范叔須賈曰鄉者與我載而入者門下曰乃吾相張君也須賈大驚自知見賣乃肉袒膝行因門下人謝罪於是范雎盛帷帳侍者甚衆見之須賈頓首言死罪曰賈不意君能自致於青雲之上賈不敢復讀天下之書不敢復與天下之事賈有湯鑊之罪請自屏於胡貉之地唯君死生之范雎曰汝罪有幾曰擢賈之髮以續賈之罪尚未足范雎曰汝罪有三耳昔者楚昭王時而申包胥爲楚卻吳軍楚王封之以荊五千戶包胥辭不受爲丘墓之寄於荊也今雎之先人丘墓亦在魏公前以雎爲有外心於齊而惡雎於魏齊公之罪一也當魏齊辱我於廁中公不止罪二也更醉而溺我公其何忍乎罪三矣然公之所以得無死者以綈袍戀戀有故人之意故釋公乃謝罷入言之昭王罷歸須賈須賈辭於范雎范雎大供具盡請諸侯使與坐堂上食飲甚設而坐須賈於堂下置莝豆其前令兩黥徒夾而馬食之數曰爲我告魏王急持魏齊頭來不然者我且屠大梁須賈歸以告魏齊魏齊恐亡走趙匿平原君所范雎既相王稽謂范雎曰事有不可知者三有不可奈何者亦三宮車一日晏駕【集解】應劭曰天子當晨起早作如方崩殞故稱晏駕韋昭曰凡初崩爲晏駕者臣子之心猶謂宮車當駕而晚出是事之不可知者一也君卒然捐館舍是事之不可知者二也使臣卒然塡溝壑是事之不可知者三也宮車一日晏駕君雖恨於臣無可奈何君卒然捐館舍君雖恨於臣亦無可奈何使臣卒然塡溝壑君雖恨於臣亦無可奈何范雎不懌乃入言於王曰非王稽之忠莫能內臣於函谷關非大王之賢聖莫能貴臣今臣官至於相爵在列侯王稽之官尚止於謁者非其內臣之意也昭王召王稽拜爲河東守三歲不上計【集解】司馬彪曰凡郡長治民進賢勸功決訟檢姦常以春行所至縣勸民農桑振救乏絕秋冬遣無害吏案訊問諸囚平其罪法論課殿最歲盡遣吏上計又任鄭安平昭王以爲將軍范雎於是散家財物盡以報所嘗困戹者一飯之德必償睚眦之怨必報【索隱】睚音崖賣反眦音士賣反睚眦謂相嗔怒而見齒也范雎相秦二年秦昭王之四十二年東伐韓少曲【集解】徐廣曰蘇代曰起少曲一日而斷太行【索隱】劉氏以爲蓋在太行西南高平拔之【正義】括地志云南韓王故城在懷州河陽縣西北四十里俗謂之韓王城非也秦時周桓王以與鄭紀年云鄭侯使辰歸晉陽向更名高平拔之則少曲當與高平相近秦昭王聞魏齊在平原君所欲爲范雎必報其讎乃詳爲好書遺平原君曰寡人聞君之高義願與君爲布衣之友君幸過寡人寡人願與君爲十日之飲平原君畏秦且以爲然而入秦見昭王昭王與平原君飲數日昭王謂平原君曰昔周文王得呂尚以爲太公齊桓公得管夷吾以爲仲父今范君亦寡人之叔父也范君之仇在君之家願使人歸取其頭來不然吾不出君於關平原君曰貴而爲友者爲賤也富而爲交者爲貧也【索隱】上爲如字下爲音于僞反以言富貴而結交情深者爲有貧賤之時不可忘之也夫魏齊者勝之友也在固不出也今又不在臣所昭王乃遺趙王書曰王之弟在秦范君之仇魏齊在平原君之家王使人疾持其頭來不然吾舉兵而伐趙又不出王之弟於關趙孝成王乃發卒圍平原君家急魏齊夜亡出見趙相虞卿虞卿度趙王終不可說乃解其相印與魏齊亡間行念諸侯莫可以急抵者乃復走大梁欲因信陵君以走楚信陵君聞之畏秦猶豫未肯見曰虞卿何如人也時侯嬴在旁曰人固未易知知人亦未易也夫虞卿躡屩檐簦一見趙王賜白璧一雙黃金百鎰再見拜爲上卿三見卒受相印封萬戶侯當此之時天下爭知之夫魏齊窮困過虞卿虞卿不敢重爵祿之尊解相印捐萬戶侯而間行急士之窮而歸公子公子曰何如人人固不易知知人亦未易也信陵君大慙駕如野迎之魏齊聞信陵君之初難見之怒而自剄趙王聞之卒取其頭予秦秦昭王乃出平原君歸趙昭王四十三年秦攻韓汾陘拔之【索隱】陘音邢陘蓋在韓之西界與汾相近也【正義】按陘庭故城在絳州曲沃縣西北二十里汾水之陽因城河上廣武【索隱】劉氏云此河上蓋近河北之地本屬韓今秦得而城後五年昭王用應侯謀縱反間賣趙趙以其故令馬服子代廉頗將【索隱】馬服子趙括之號也虞喜志林云馬兵之首號也曰馬服者言服馬也鄒氏頗音疋波反秦大破趙於長平遂圍邯鄲已而與武安君白起有隙言而殺之【集解】徐廣曰在五十年【索隱】徐據秦本紀及表而知也任鄭安平使將擊趙鄭安平爲趙所圍急以兵二萬人降趙應侯席藁請罪秦之法任人而所任不善者各以其罪罪之於是應侯罪當收三族秦昭王恐傷應侯之意乃下令國中有敢言鄭安平事者以其罪罪之而加賜相國應侯食物日益厚以順適其意後二歲王稽爲河東守與諸侯通坐法誅【集解】徐廣曰五十二年而應侯日益以不懌昭王臨朝歎息應侯進曰臣聞主憂臣辱主辱臣死今大王中朝而憂臣敢請其罪昭王曰吾聞楚之鐵劍利而倡優拙【正義】論士能善卒不戰夫鐵劍利則士勇倡優拙則思慮遠夫以遠思慮而御勇士吾恐楚之圖秦也夫物不素具不可以應卒今武安君既死而鄭安平等畔內無良將而外多敵國吾是以憂欲以激勵應侯【索隱】激音擊應侯懼不知所出蔡澤聞之往入秦也

蔡澤者燕人也游學干諸侯小大甚衆不遇而從唐舉相【集解】駰案荀卿曰梁有唐舉【索隱】荀卿書作唐莒曰吾聞先生相李兌曰百日之內持國秉政有之乎【索隱】按左傳云國子實執齊秉服虔曰秉權柄也曰有之曰若臣者何如唐舉孰視而笑曰先生曷鼻巨肩【集解】徐廣曰曷一作仰巨一作渠【索隱】曷鼻謂鼻如蝎虫也巨肩肩巨於項也蓋項低而肩竪也曷其例反魋顏蹙齃膝攣【集解】駰案攣兩膝曲也徐廣曰一作率【索隱】魋音徒回反魋顏謂顏貌魋回若魋梧然也齃音烏曷反蹙齃謂鼻蹙眉膝攣謂膝又攣曲也吾聞聖人不相殆先生乎蔡澤知唐舉戲之乃曰富貴吾所自有吾所不知者壽也願聞之唐舉曰先生之壽從今以往者四十三歲蔡澤笑謝而去謂其御者曰吾持粱刺齒肥【集解】駰案持粱作飯也刺齒二字當作齧又作齕也【索隱】持粱謂作粱米飯而持其器以食也刺齒肥當爲齧肥謂食肥肉也躍馬疾驅懷黃金之印結紫綬於要揖讓人主之前食肉富貴四十三年足矣去之趙見逐入韓魏遇奪釜鬲於塗【集解】駰案爾雅曰款足者謂之鬲郭璞曰鼎曲腳【索隱】釜音父鬲音歷款者空也言其足中空也而郭氏云鼎曲腳者以款訓曲故云曲腳也聞應侯任鄭安平王稽皆負重罪於秦應侯內慙蔡澤乃西入秦將見昭王使人宣言以感怒應侯曰燕客蔡澤天下雄俊弘辯智士也彼一見秦王秦王必困君而奪君之位應侯聞曰五帝三代之事百家之說吾既知之衆口之辯吾皆摧之是惡能困我而奪我位乎使人召蔡澤蔡澤入則揖應侯應侯固不快及見之又倨應侯因讓之曰子常宣言欲代我相秦寧有之乎對曰然應侯曰請聞其說蔡澤曰吁君何見之晚也夫四時之序成功者去夫人生百體堅彊手足便利耳目聰明而心聖智豈非士之願與應侯曰然蔡澤曰質仁秉義行道施德得志於天下天下懷樂敬愛而尊慕之皆願以爲君王豈不辯智之期與應侯曰然蔡澤復曰富貴顯榮成理萬物使各得其所性命壽長終其天年而不夭傷天下繼其統守其業傳之無窮名實純粹澤流千里【集解】徐廣曰一本無此字世世稱之而無絕與天

地終始豈道德之符而聖人所謂吉祥善事者與應侯曰然蔡澤曰若夫秦之商君楚之吳起越之大夫種其卒然亦可願與應侯知蔡澤之欲困己以說【集解】駰案式拙反復謬曰何爲不可夫公孫鞅之事孝公也極身無貳慮盡公而不顧私設刀鋸以禁姦邪信賞罰以致治披腹心示情素蒙怨咎欺舊友奪魏公子卬安秦社稷利百姓卒爲秦禽將破敵攘地千里吳起之事悼王也使私不得害公讒不得蔽忠言不取苟合行不取苟容不爲危易行行義不辟難【集解】徐廣曰一云不困毀譽然爲霸主彊國不辭禍凶大夫種之事越王也主雖困辱悉忠而不解主雖絕亡盡能而弗離成功而弗矜貴富而不驕怠若此三子者固義之至也忠之節也是故君子以義死難視死如歸生而辱不如死而榮士固有殺身以成名唯義之所在雖死無所恨何爲不可哉蔡澤曰主聖臣賢天下之盛福也君明臣直國之福也父慈子孝夫信妻貞家之福也故比干忠而不能存殷子胥智而不能完吳申生孝而晉國亂是皆有忠臣孝子而國家滅亂者何也無明君賢父以聽之故天下以其君父爲僇辱而憐其臣子【索隱】言以比干子胥申生皆至忠孝而見誅放故令天下言爲其君父之所僇辱而憐其臣子也今商君吳起大夫種之爲人臣是也其君非也故世稱三子致功而不見德豈慕不遇世死乎夫待死而後可以立忠成名是微子不足仁孔子不足聖管仲不足大也夫人之立功豈不期於成全邪身與名俱全者上也名可法而身死者其次也名在僇辱而身全者下也於是應侯稱善蔡澤少得閒因曰夫商君吳起大夫種其爲人臣盡忠致功則可願矣閎夭事文王周公輔成王也豈不亦忠聖乎以君臣論之商君吳起大夫種其可願孰與閎夭周公哉應侯曰商君吳起大夫種弗若也蔡澤曰然則君之主慈仁任忠惇厚舊故其賢智與有道之士爲膠漆義不倍功臣孰與秦孝公楚悼王越王乎應侯曰未知何如也蔡澤曰今王親忠臣不過秦孝公楚悼王越王君之設智能爲主安危修政治亂彊兵批患折難【索隱】批音白結反又音豐雞反批患謂擊而卻之折音之列反廣地殖穀富國足家彊主尊社稷顯宗廟天下莫敢欺犯其主主之威蓋震海內功彰萬里之外聲名光輝傳於千世君孰與商君吳起大夫種應侯曰不若蔡澤曰今主之親忠臣不忘舊故不若孝公悼王句踐而君之功績愛信親幸又不若商君吳起大夫種然而君之祿位貴盛私家之富過於三子而身不退者恐患之甚於三子竊爲君危之語曰日中則移月滿則虧物盛則衰天地之常數也進退盈縮與時變化聖人之常道也故國有道則仕國無道則隱聖人曰飛龍在天利見大人不義而富且貴於我如浮雲今君之怨已讐而德已報意欲至矣而無變計竊爲君不取也且夫翠鵠犀象其處勢非不遠死也而所以死者惑於餌也蘇秦智伯之智非不足以辟辱遠死也而所以死者惑於貪利不止也是以聖人制禮節欲取於民有度使之以時用之有止故志不溢行不驕常與道俱而不失故天下承而不絕昔者齊桓公九合諸侯一匡天下至於葵丘之會有驕矜之志畔者九國吳王夫差兵無敵於天下勇彊以輕諸侯陵齊晉故遂以殺身亡國夏育太史噭叱呼駭三軍【集解】徐廣曰呼一作噾【索隱】二人勇者夏育賁育也噭音皎【正義】呼大故反然而身死於庸夫【索隱】高誘云夏育爲田搏所殺然太史噭未知誰之所殺恐非齊襄王時太史也此皆乘至盛而不返道理不居卑退處儉約之患也夫商君爲秦孝公明法令禁姦本尊爵必賞有罪必罰平權衡正度量調輕重決裂阡陌以靜生民之業而一其俗勸民耕農利土一室無二事力田稸積習戰陳之事是以兵動而地廣兵休而國富故秦無敵於天下立威諸侯成秦國之業功已成矣而遂以車裂楚地方數千里持戟百萬白起率數萬之師以與楚戰一戰舉鄢郢以燒夷陵再戰南幷蜀漢又越韓魏而攻彊趙北坑馬服誅屠四十餘萬之衆盡之于長平之下流血成川沸聲若靁遂入圍邯鄲使秦有帝業楚趙天下之彊國而秦之仇敵也自是之後楚趙皆懾伏不敢攻秦者白起之勢也身所服者七十餘城功已成矣而遂賜劒死於杜郵吳起爲楚悼王立法卑減大臣之威重罷無能廢無用損不急之官塞私門之請一楚國之俗禁游客之民精耕戰之士南收揚越北幷陳蔡破橫散從使馳說之士無所開其口禁朋黨以厲百姓定楚國之政兵震天下威服諸侯功已成矣而卒枝解大夫種爲越王深謀遠計免會稽之危以亡爲存因辱爲榮墾草入邑【索隱】劉氏云入猶充也謂招攜離散充滿城邑也辟地殖穀率四方之士專上下之力輔句踐之賢報夫差之讐卒擒勁吳令越成霸功已彰而信矣句踐終負而殺之此四子者功成不去禍至於身此所謂信而不能詘往而不能返者也【索隱】信音申詘音屈謂己志展而不退范蠡知之超然辟世長爲陶朱公君獨不觀夫博者乎或欲大投或欲分功【集解】班固弈旨曰博縣於投不必在行駰謂投瓊也【索隱】言夫博弈或欲大投其瓊以致勝或觀其勢弱則大投地分而分功以遠救事具小爾雅方言云所以投博謂之枰枰局也此皆君之所明知也今君相秦計不下席謀不出廊廟坐制諸侯利施三川以實宜陽【正義】施猶展也言伐得三川之地以實宜陽言展開三川實宜陽決羊腸之險塞太行之道又斬范中行之塗六國不得合從棧道千里通於蜀漢使天下皆畏秦秦之欲得矣君之功極矣此亦秦之分功之時也如是而不退則商君白公【集解】徐廣曰白起吳起大夫種是也吾聞之鑒於水者見面之容鑒於人者知吉與凶書曰成功之下不可久處四子之禍君何居焉君何不以此時歸相印讓賢者而授之退而巖居川觀必有伯夷之廉長爲應侯世世稱孤而有許由延陵季子之讓喬松之壽孰與以禍終哉即君何居焉忍不能自離疑不能自決必有四子之禍矣易曰亢龍有悔此言上而不能下信而不能詘往而不能自返者也願君孰計之應侯曰善吾聞欲而不知止失其所以欲有而不知足失其所以有先生幸教睢敬受命於是乃延入坐爲上客後數日入朝言於秦昭王曰客新有從山東來者曰蔡澤其人辯士明於三王之事五伯之業世俗之變足以寄秦國之政臣之見人甚衆莫及臣不如也臣敢以聞秦昭王召見與語大說之拜爲客卿應侯因謝病請歸相印昭王彊起應侯應侯遂稱病篤范睢免相昭王新說蔡澤計畫遂拜爲秦相東收周室蔡澤相秦數月人或惡之懼誅乃謝病歸相印號爲綱成君居秦十餘年事昭王孝文王莊襄王卒事始皇帝爲秦使於燕三年而燕使太子丹入質於秦

太史公曰韓子稱長袖善舞多錢善賈信哉是言也范睢蔡澤世所謂一切辯士然游說諸侯至白首無所遇者非計策之拙所爲說力少也及二人羈旅入秦繼踵取卿相垂功於天下者固彊弱之勢異也然士亦有偶合賢者多如此二子不得盡意豈可勝道哉然二子不困尼惡能激乎【索隱】二子范睢蔡澤也睢厄於齊折脅摺齒澤困於趙被逐弃鬲是也惡音烏激音擊

【索隱】述贊曰應侯始困橐載而西說行計立貴平寵稽倚秦市趙卒報魏齊綱成辯智范睢招攜勢利傾奪一言成蹊

史記卷七十九考證

范睢蔡澤列傳亡其言臣者賤而不可用乎索隱亡猶輕蔑也○余有丁曰亡字轉語猶言無乃也索隱解輕蔑非是

閼齊之有田文○戰國策作田單鮑彪注曰史云田文非也文去齊至是已一十餘年不得近舍單遠論文也

令馬服子代廉頗將索隱馬服子趙括之號也○凌稚隆曰馬服君之子故曰馬服子索隱非

鄭安平爲趙所圍急○圍字監本訛作困字今改正

豈道德之符○顧炎武曰豈下當有非字

豈不亦忠聖乎○一本無聖字

史記卷八十

漢　太　史　令司馬遷　撰

宋中郎外兵曹參軍裴　駰集解

唐國子博士弘文館學士司馬貞索隱

唐諸王侍讀率府長史張守節正義

樂毅列傳第二十

樂毅者其先祖曰樂羊樂羊爲魏文侯將伐取中山【正義】今定州魏文侯封樂羊以靈壽【集解】徐廣曰屬常山【索隱】地理志常山有靈壽縣中山桓公所都之地【正義】今鎮州靈壽樂羊死葬於靈壽其後子孫因家焉中山復國至趙武靈王時復滅中山而樂氏後有樂毅樂毅賢好兵趙人舉之及武靈王有沙丘之亂【集解】徐廣曰趙有沙丘宮近鉅鹿乃去趙適魏聞燕昭王以子之之亂而齊大敗燕燕昭王怨齊未嘗一日而忘報齊也燕國小辟遠力不能制於是屈身下士先禮郭隗【正義】說苑云燕昭王問於隗曰寡人地狹民寡齊人取薊八城匈奴驅樓煩之下以孤之不肖得承宗廟恐社稷危存之有道乎隗曰帝者之臣其名臣其實師王者之臣其名臣其實友霸者之臣其名臣其實賓危國之臣其名臣其實虜今王將自東面目指氣使以求臣則廝役之才至矣南面聽朝不失揖讓之理以求臣則人臣之才至矣北面等禮不乘之以勢以求臣則朋友之才至矣西面逡巡以求臣則師傅之才至矣誠欲與霸王同道隗請爲天下之士開路於是常置隗爲上客以招賢者樂毅於是爲魏昭王使於燕燕王以客禮待之樂毅辭讓遂委質爲臣燕昭王以爲亞卿久之當是時齊湣王彊南敗楚相唐昧於重丘【索隱】昧音莫葛反地理志重丘縣名屬平原【正義】在冀州城武縣界西摧三晉於觀津【索隱】地理志觀津縣名屬信都漢初屬清河也【正義】在冀州武邑縣東南二十五里遂與三晉擊秦助趙滅中山破宋廣地千餘里與秦昭王爭重爲帝已而復歸之諸侯皆欲背秦而服於齊湣王自矜百姓弗堪於是燕昭王問伐齊之事樂毅對曰齊霸國之餘業也地大人衆未易獨攻也王必欲伐之莫如與趙及楚魏於是使樂毅約趙惠文王別使連楚魏令趙嚪秦以伐齊之利【集解】徐廣曰嚪進說之意【索隱】嚪音田濫反字與啗同諸侯害齊湣王之驕暴皆爭合從與燕伐齊樂毅還報燕昭王悉起兵使樂毅

爲上將軍趙惠文王以相國印授樂毅樂毅於是并護趙楚韓魏燕之兵以伐齊【索隱】護謂總領之也 破之濟西諸侯兵罷歸而燕軍樂毅獨追至於臨菑齊湣王之敗濟西亡走保於莒樂毅獨留徇齊齊皆城守樂毅攻入臨菑盡取齊寶財物祭器輸之燕燕昭王大說親至濟上勞軍行賞饗士封樂毅於昌國【集解】徐廣曰屬齊【索隱】地理志縣名屬齊郡【正義】故昌城在淄州淄川縣東北四十里也 號爲昌國君於是燕昭王收齊鹵獲以歸而使樂毅復以兵平齊城之不下者樂毅留徇齊五歲下齊七十餘城皆爲郡縣以屬燕唯獨莒卽墨未服【正義】卽墨今萊州 會燕昭王死子立爲燕惠王惠王自爲太子時嘗不快於樂毅及卽位齊之田單聞之乃縱反閒於燕曰齊城不下者兩城耳然所以不早拔者聞樂毅與燕新王有隙欲連兵且留齊南面而王齊之所患唯恐他將之來於是燕惠王固已疑樂毅得齊反閒乃使騎劫代將而召樂毅【索隱】騎劫燕將姓名 樂毅知燕惠王之不善代之畏誅遂西降趙趙封樂毅於觀津號曰望諸君【索隱】望諸澤名在齊蓋趙有之故號焉戰國策望作藍也 尊寵樂毅以警動於燕齊齊田單後與騎劫戰果設詐誑燕軍遂破騎劫於卽墨下而轉戰逐燕北至河上【正義】滄德二州之北河也 盡復得齊城而迎襄王於莒入於臨菑燕惠王後悔使騎劫代樂毅以故破軍亡將失齊又怨樂毅之降趙恐趙用樂毅而乘燕之弊以伐燕燕惠王乃使人讓樂毅且謝之曰先王舉國而委將軍將軍爲燕破齊報先王之讎天下莫不震動寡人豈敢一日而忘將軍之功哉會先王棄羣臣寡人新卽位左右誤寡人寡人之使騎劫代將軍爲將軍久暴露於外故召將軍休且計事將軍過聽以與寡人有隙遂捐燕歸趙將軍自爲計則可矣而亦何以報先王之所以遇將軍之意乎樂毅報遺燕惠王書曰臣不佞不能奉承王命以順左右之心恐傷先王之明有害足下之義故遁逃走趙今足下使人數之以罪臣恐侍御者不察先王之所以畜幸臣之理又不白臣之所以事先王之心故敢以書對臣聞賢聖之君不以祿私親其功多者賞之其能當者處之故察能而授官者成功之君也論行而結交者立名之士也臣竊觀先王之舉也見有高世主之心【正義】樂毅見燕昭王有自高尊世上人主之心故假魏節使燕 故假節於魏以身得察於燕先王過舉廁之賓客之中立之羣臣之上不謀父兄以爲亞卿【正義】杜預云父兄同姓羣臣也 臣竊不自知自以爲奉令承教可幸無罪故受令而不辭先王命之曰我有積怨深怒於齊不量輕弱而欲以齊爲事臣曰夫齊霸國之餘業而最勝之遺事也練於兵甲習於戰攻王若欲伐之必與天下圖之與天下圖之莫若結於趙且又淮北宋地楚魏之所欲也趙若許而約四國攻之齊可大破也先王以爲然具符節南使臣於趙顧反命起兵擊齊以天之道先王之靈河北之地隨先王而舉之濟上【正義】濟上在濟水之上 濟上之軍受命擊齊大敗齊人輕卒銳兵長驅至國齊王遁而走莒僅以身免珠玉財寶車甲珍器盡收入於燕齊器設於寧臺【索隱】燕臺也【正義】括地志云按元英磨室二宮皆燕宮在幽州薊縣西四里寧臺之下 大呂陳於元英【索隱】大呂齊鐘名元英燕宮殿名也 故鼎反乎磨室【集解】徐廣曰磨歷也【索隱】燕鼎前輸於齊今反入於磨室亦宮名戰國策作歷室也【正義】括地志云歷室燕宮名也高誘云燕噲亂齊伐燕殺噲得鼎今反歸燕故鼎 薊丘之植植於汶篁【集解】徐廣曰竹田曰篁謂燕之疆界移於齊之汶水【索隱】薊丘燕所都之地言燕之薊丘所植植齊王汶上之竹徐注非也【正義】幽州薊地西北隅有薊丘又汶水源出兗州博城縣東北原山西南入泲 自五伯已來功未有及先王者也先王以爲慊於志【索隱】慊音苦簟反亦作嗛嗛者常慊然而不愜其志也 故裂地而封之使得比小國諸侯臣竊不自知自以爲奉命承教可幸無罪是以受命不辭臣聞賢聖之君功立而不廢故著於春秋蚤知之士名成而不毀故稱於後世若先王之報怨雪恥夷萬乘之彊國收八百歲之蓄積及至棄羣臣之日餘教未衰執政任事之臣修法令慎庶孽施及乎萌隸皆可以教後世臣聞之善作者不必善成善始者不必善終昔伍子胥說聽於闔閭而吳王遠迹至郢夫差弗是也賜之鴟夷而浮之江吳王不寤先論之可以立功故沈子胥而不悔子胥不蚤見主之不同量是以至於入江而不化【索隱】言子胥怨恨故雖投江而神不化猶爲波濤之神也 夫免身立功以明先王之迹臣之上計也離毁辱之誹謗【索隱】誹音方昧反 墮先王之名【索隱】墮音許規反 臣之所大恐也臨不測之罪以幸爲利義之所不敢出也【索隱】謂既臨不測之罪以幸免爲利今我仍義先王之恩雖身託外國而心亦不敢出也 臣聞古之君子交絕不出惡聲【正義】言君子之人交絕不說己長而談彼短 忠臣去國不絜其名【索隱】言忠臣去離本國不自潔其名云己無罪故禮曰大夫去其國不說人以無罪是也【正義】言不絜已名而咎於君若箕子不忍言殷惡是也 臣雖不佞【索隱】不佞猶不才也 數奉教於君子矣【索隱】數音朔言我以數經奉教令於君子卽識禮之人謂己在外猶云己罪不說王之有非故下云不察疏遠之行斯亦忠臣之節 恐侍御者之親左右之說不察疏遠之行故敢獻書以聞唯君王之留意焉【集解】騶案夏侯玄曰觀樂生遺燕惠王書其殆庶乎知機合道以禮始終者與又其喻昭王曰伊尹放太甲而不疑太甲受放而不怨是存大業於至公而以天下爲心者也夫欲極道之量務以天下爲心者必致其主於盛隆合其趣於先王苟君臣同符則大業定矣於斯時也樂生之志千載一遇也夫千載一遇之世亦將行千載一隆之道豈其局迹當時止於兼并而已哉夫兼并者非樂生之所屑彊燕而廢道又非樂生之所求也不屑苟利心無近事不求小成斯意兼天下者也則舉齊之事所以運其機而動四海也夫討齊以明燕主之義此兵不興於爲利矣圍城而害不加於百姓此仁心著於遐邇矣舉國不謀其功除暴不以威力此至德全於天下矣邁全德以率列國則幾於湯武之事矣樂生方恢大綱以縱二城收民明信以待其弊將使卽墨莒人顧仇其上願釋干戈賴我猶親善守之智無所施之然則求仁得仁卽墨大夫之義仕窮則從微子適周之道開彌廣之路以待田單之徒長容善之風以申齊士之志使夫忠者遂節勇者義著昭之東海屬之華裔我澤如春民應如草道光宇宙賢智託心鄰國傾慕四海延頸思戴燕主仰望風聲二城必從則王業隆矣雖淹留於兩邑乃致速於天下也不幸之變世所不圖敗於垂成時運固然若乃逼之以威劫之以兵攻取之事求欲速之功使燕齊之士流血於二城之下奓殺傷之殘以示四海之人是縱暴易亂以成其私鄰國望之其猶豺虎既大墮稱兵之義而喪濟溺之仁且虧齊士之節廢廉善之風掩宏通之度棄王德之隆雖二城幾於可拔霸王之事逝其遠矣然則燕雖兼齊其與世主何以殊哉其與鄰國何以相傾樂生豈不知拔二城之速了哉顧城拔而業乖也豈不慮不速之致變哉顧業乖與變同繇是觀之樂生之不屠二城未可量者也 於是燕王復以樂毅子樂閒爲昌國君【索隱】閒音紀閑反 而樂毅往來復通燕燕趙以爲客卿樂毅卒於趙【集解】張華曰望諸君冢在邯鄲西數里 樂閒居燕三十餘年燕王喜用其相栗腹之計【索隱】栗姓腹名漢有栗姬 欲攻趙而問昌國君樂閒樂閒曰趙四戰之國也【索隱】言趙數距四方之敵故云四戰之國【正義】東鄰燕齊西邊秦樓煩南界韓魏北迫匈奴 其民習兵伐之不可燕王不聽遂伐趙趙使廉頗擊之大破栗腹之軍於鄗禽栗腹樂乘樂乘者樂閒之宗也於是樂閒奔趙趙遂圍燕燕重割地以與趙和趙乃解而去燕王恨不用樂閒樂閒既在趙乃遺樂閒書曰紂之時箕子不用犯諫不怠以冀其聽商容不達身祇辱焉以冀其變及民志不入獄囚自出【索隱】民志不入謂國亂而人離心向外故云不入又獄囚自出是政亂而士師不爲之守法也 然後二子退隱故紂負桀暴之累二子不失忠聖之名何者其憂患之盡矣今寡人雖愚不若紂之暴也燕民雖亂不若殷民之甚也室有語不相盡以告鄰里【正義】言家室有忿爭不決必告鄰里今故以書相告也 二者寡人不爲君取也【正義】二者謂燕君未如紂燕民未如殷民復相告子反燕以疑君民之惡是寡人不爲君取之 樂閒樂乘怨燕不聽其計二人卒留趙趙封樂乘爲武襄君【索隱】樂乘樂毅之宗人也 其明年樂乘廉頗爲趙圍燕燕重禮以和乃解後五歲趙孝成王卒襄王使樂乘代廉頗廉頗攻樂乘樂乘走廉頗亡入魏其後十六年而秦滅趙其後二十餘年高帝過趙問樂毅有後世乎對曰有樂叔高帝封之樂鄉【集解】徐廣曰在北新城【正義】地理志云信都有樂鄉縣 號曰華成君華成君樂毅之孫也而樂氏之族有樂瑕公樂臣公【集解】騶案一作巨公 趙且爲秦所滅亡之齊高密樂臣公善修黃帝老子之言顯聞於齊稱賢師

太史公曰始齊之蒯通及主父偃讀樂毅之報燕王書未嘗不廢書而泣也樂臣公學黃帝老子其本師號曰河上丈人不知其所出河上丈人教安期生安期生教毛翕公毛翕公教樂瑕公樂瑕公教樂臣公【索隱】本亦作巨公 樂臣公教蓋公【索隱】蓋音古闔反蓋公史不記名 蓋公教於齊高密膠西爲曹相國師

【索隱述贊】昌國忠讓人臣所無連兵五國濟西爲墟燕王受閒空聞報書義士慷慨明君軾閭閒乘繼將芳規不渝

史記卷八十考證

樂毅列傳以幸爲利義之所不敢出也索隱謂既臨不測之罪以幸免爲利今我仍義先王之恩雖身託外國而心亦不敢出也○余有丁曰爲利卽所爲乘燕之敝者索隱解未明

故敢獻書以聞集解騶案夏侯元曰○臣照按集解所引與今所傳王羲之帖小有異同互有長短至其殆庶乎知機合道句帖作庶乎幾合乎道者是庶乎幾義見易繫辭

乃遺樂閒書○顧炎武曰燕王遺樂閒書恐卽樂毅事而傳者誤以爲其子

室有語不相盡以告鄰里正義言家室有忿爭不決必告鄰里今故以書相告也○顧炎武曰謂一室之中有不和之語乃不自相規勸而告之鄰里此爲情之薄矣正義謂必告者非

樂閒樂乘怨燕不聽其計○戰國策補注曰新序以此爲燕惠王遺樂毅書考之毅答惠王書云今足下使人數之以罪而史所載惠王讓毅無數罪之語前燕王使人讓毅云云當是此章之首蓋錯簡也且末云樂閒樂乘怨不用其計於乘何與史趙世家孝成王十五年廉頗破殺栗腹虜慶秦樂閒則是閒爲將而被虜燕世家則云奔趙又趙孝成王十六年廉頗圍燕以樂乘爲武襄君二十一年孝成王卒廉頗將攻繁陽取之使樂乘代之頗攻乘乘走據策史所記多舛故知此書非樂閒事而新序之語爲是云

樂瑕公教樂臣公○臣照按田叔傳學黃老術於樂巨公所臣與巨二者必有一誤

史記卷八十一

漢　太　史　令司馬遷　撰
宋　中　郎　外　兵　曹　參　軍裴　駰集解
唐國子博士弘文館學士司馬貞索隱
唐　諸　王　侍　讀　率　府　長　史張守節正義

廉頗藺相如列傳第二十一

廉頗者趙之良將也趙惠文王十六年廉頗爲趙將伐齊大破之取晉陽【索隱】陽晉衞地後屬齊今趙取之司馬彪郡國志曰今衞國陽晉城是也有本作晉陽非也晉陽在太原雖亦趙地非齊所取也【正義】故城在曹州乘氏縣西北四十七里 拜爲上卿以勇氣聞於諸侯藺相如者趙人也爲趙宦者令

繆賢舍人趙惠文王時得楚和氏璧秦昭王聞之使人遺趙王書願以十五城請易璧趙王與大將軍廉頗諸大臣謀欲予秦秦城恐不可得徒見欺欲勿予即患秦兵之來計未定求人可使報秦者未得宦者令繆賢曰臣舍人藺相如可使王問何以知之對曰臣嘗有罪竊計欲亡走燕臣舍人相如止臣曰君何以知燕王臣語曰臣嘗從大王與燕王會境上燕王私握臣手曰願結友以此知之故欲往相如謂臣曰夫趙彊而燕弱而君幸於趙王故燕王欲結於君今君乃亡趙走燕燕畏趙其勢必不敢留君而束君歸趙矣君不如肉袒伏斧質請罪則幸得脫矣臣從其計大王亦幸赦臣臣竊以爲其人勇士有智謀宜可使於是王召見問藺相如曰秦王以十五城請易寡人之璧可予不相如曰秦彊而趙弱不可不許王曰取吾璧不予我城奈何相如曰秦以城求璧而趙不許曲在趙趙予璧而秦不予趙城曲在秦均之二策寧許以負秦曲王曰誰可使者相如曰王必無人臣願奉璧往使城入趙而璧留秦城不入臣請完璧歸趙趙王於是遂遣相如奉璧西入秦秦王坐章臺見相如相如奉璧奏秦王秦王大喜傳以示美人及左右左右皆呼萬歲相如視秦王無意償趙城乃前曰璧有瑕請指示王王授璧相如因持璧却立倚柱怒髮上衝冠謂秦王曰大王欲得璧使人發書至趙王趙王悉召羣臣議皆曰秦貪負其彊以空言求璧償城恐不可得議不欲予秦璧臣以爲布衣之交尚不相欺況大國乎且以一璧之故逆彊秦之驩不可於是趙王乃齋戒五日使臣奉璧拜送書於庭何者嚴大國之威以脩敬也今臣至大王見臣列觀禮節甚倨得璧傳之美人以戲弄臣臣觀大王無意償趙王城邑故臣復取璧大王必欲急臣臣頭今與璧俱碎於柱矣相如持其璧睨柱欲以擊柱秦王恐其破璧乃辭謝固請召有司案圖指從此以往十五都予趙相如度秦王特以詐佯爲予趙城實不可得乃謂秦王曰和氏璧天下所共傳寶也趙王恐不敢不獻趙王送璧時齋戒五日今大王亦宜齋戒五日設九賓於廷【集解】韋昭曰九賓則周禮九儀【索隱】周禮大行人別九賓謂九服之賓客也列士傳云設九牢也【正義】劉伯莊云九賓者周王備之禮天子臨軒九服同會秦趙何得九賓但亦陳設車輅文物耳臣乃敢上璧秦王度之終不可彊奪遂許齋五日舍相如廣成傳舍【索隱】廣成是傳舍之名傳音張戀反相如度秦王雖齋決負約不償城乃使其從者衣褐懷其璧從徑道亡歸璧于趙秦王齋五日後乃設九賓禮於庭引趙使者藺相如相如至謂秦王曰秦自繆公以來二十餘君未嘗有堅明約束者也臣誠恐見欺於王而負趙故令人持璧歸間至趙矣且秦彊而趙弱大王遣一介之使至趙趙立奉璧來今以秦之彊而先割十五都予趙趙豈敢留璧而得罪於大王乎臣知欺大王之罪當誅臣請就湯鑊唯大王與羣臣孰計議之秦王與羣臣相視而嘻【索隱】音希嘻乃驚而怒之辭也左右或欲引相如去秦王因曰今殺相如終不能得璧也而絕秦趙之驩不如因而厚遇之使歸趙趙王豈以一璧之故欺秦邪卒廷見相如畢禮而歸之相如既歸趙王以爲賢大夫使不辱於諸侯拜相如爲上大夫秦亦不以城予趙趙亦終不予秦璧

其後秦伐趙拔石城【集解】徐廣曰惠文王十八年【索隱】劉氏云蓋謂石邑也【正義】故石城在相州林慮縣南九十里也明年復攻趙殺二萬人秦王使使者告趙王欲與王爲好會於西河外澠池【索隱】在西河之南故云外按表在趙惠文王二十年趙王畏秦欲毋行廉頗藺相如計曰王不行示趙弱且怯也趙王遂行相如從廉頗送至境與王訣曰王行度道里會遇之禮畢還不過三十日三十日不還則請立太子爲王以絕秦望王許之遂與秦王會澠池【集解】徐廣曰二十年秦王飲酒酣曰寡人竊聞趙王好音請奏瑟趙王鼓瑟秦御史前書曰某年月日秦王與趙王會飲令趙王鼓瑟藺相如前曰趙王竊聞秦王善爲秦聲請奉盆缻秦王以相娛樂【集解】駰案風俗通義曰缶者瓦器所以盛酒漿秦人鼓之以節歌也【索隱】缻音缶【正義】缻音缶秦王怒不許於是相如前進缻因跪請秦王秦王不肯擊缻相如曰五步之內相如請得以頸血濺大王矣【正義】濺音贊左右欲刃相如相如張目叱之左右皆靡於是秦王不懌爲一擊缻相如顧召趙御史書曰某年月日秦王爲趙王擊缻秦之羣臣曰請以趙十五城爲秦王壽藺相如亦曰請以秦之咸陽爲趙王壽秦王竟酒終不能加勝於趙趙亦盛設兵以待秦秦不敢動既罷歸國以相如功大拜爲上卿位在廉頗之右【索隱】王劭按董勛答禮曰職高者名錄在上於人爲右職卑者名錄在下於人爲左是以謂下遷爲左【正義】秦漢以前用右爲上

廉頗曰我爲趙將有攻城野戰之大功而藺相如徒以口舌爲勞而位居我上且相如素賤人吾羞不忍爲之下宣言曰我見相如必辱之相如聞不肯與會相如每朝時常稱病不欲與廉頗爭列已而相如出望見廉頗相如引車避匿於是舍人相與諫曰臣所以去親戚而事君者徒慕君之高義也今君與廉頗同列廉君宣惡言而君畏匿之恐懼殊甚且庸人尚羞之況於將相乎臣等不肖請辭去藺相如固止之曰公之視廉將軍孰與秦王曰不若也相如曰夫以秦王之威而相如廷叱之辱其羣臣相如雖駑獨畏廉將軍哉顧吾念之彊秦之所以不敢加兵於趙者徒以吾兩人在也今兩虎共鬭其勢不俱生吾所以爲此者以先國家之急而後私讎也廉頗聞之肉袒負荊【索隱】肉袒者謂袒衣而露肉也負荊者荊楚也可以爲鞭也因賓客至藺相如門謝罪曰鄙賤之人不知將軍寬之至此也卒相與驩爲刎頸之交【索隱】崔浩云要齊生死而刎頸無悔也

是歲廉頗東攻齊破其一軍居二年廉頗復伐齊幾拔之【集解】徐廣曰幾邑名也案趙世家惠文王二十三年頗將攻魏之幾邑取之而齊世家及年表無伐齊幾拔之事疑幾是邑名而或屬齊或屬魏耳田單在齊不得至於拔也【索隱】世家與此列傳合而戰國策云秦敗閼與反攻魏幾是幾亦屬魏故裴駰云或屬齊屬魏也【正義】幾音祈在相潞之間後三年廉頗攻魏之防陵【集解】徐廣曰一作房子【索隱】按防陵在楚之西屬漢中郡魏有房子蓋陵字誤也【正義】城在相州安陽縣南二十里因防水爲名安陽拔之後四年藺相如將而攻齊至平邑而罷【正義】故城在魏州昌樂縣東北三十里其明年趙奢破秦軍閼與下

趙奢者趙之田部吏也收租稅而平原君家不肯出租奢以法治之殺平原君用事者九人平原君怒將殺奢奢因說曰君於趙爲貴公子今縱君家而不奉公則法削法削則國弱國弱則諸侯加兵諸侯加兵是無趙也君安得有此富乎以君之貴奉公如法則上下平上下平則國彊國彊則趙固而君爲貴戚豈輕於天下邪平原君以爲賢言之於王王用之治國賦國賦大平民富而府庫實秦伐韓軍於閼與王召廉頗而問曰可救不對曰道遠險狹難救又召樂乘而問焉樂乘對如廉頗言又召問趙奢奢對曰其道遠險狹譬之猶兩鼠鬭於穴中將勇者勝王乃令趙奢將救之兵去邯鄲三十里而令軍中曰有以軍事諫者死秦軍軍武安西【集解】徐廣曰屬魏郡在邯鄲西秦軍鼓譟勒兵武安屋瓦盡振軍中候有一人言急救武安趙奢立斬之堅壁留二十八日不行復益增壘秦間來入趙奢善食而遣之間以報秦將秦將大喜曰夫去國三十里【正義】國謂邯鄲趙之都也而軍不行乃增壘閼與非趙地也趙奢既已遣秦間乃卷甲而趨之二日一夜至令善射者去閼與五十里而軍軍壘成秦人聞之悉甲而至軍士許歷請以軍事諫趙奢曰內之許歷曰秦人不意趙師至此其來氣盛將軍必厚集其陣以待之不然必敗趙奢曰請受令許歷曰請就鈇質之誅趙奢曰胥後令【索隱】按胥須古人通用今者胥後令謂胥爲須須待也待後令謂許歷之言更不擬誅之故更待後令也【正義】胥猶須也軍去城都三十里而不行有計過險狹恐人諫令急救武安乃出此令今垂戰須得謀策不用前令故云須後令云耳邯鄲許歷復請諫【索隱】邯鄲二字當爲欲戰謂臨戰之時許歷復諫也王粲詩云許歷爲完士一言猶敗秦是言趙奢用其計遂破秦軍也江遂曰漢令稱完而不髡曰耐是完士未免從軍也曰先據北山上者勝【正義】閼與山在洛州武安縣西南五十里趙奢拒秦軍於閼與即此山也按括地志云言拒秦軍在此山疑其太近洛州既去邯鄲三十里而軍又云趙之二日一夜至閼與五十里而軍壘成據今洛州去潞州三百里間而隔相州恐潞州閼與聚城是所拒據處後至者敗趙奢許諾即發萬人趨之秦兵後至爭山不得上趙奢縱兵擊之大破秦軍秦軍解而走遂解閼與之圍而歸

趙惠文王賜奢號爲馬服君以許歷爲國尉趙奢於是與廉頗藺相如同位後四年趙惠文王卒子孝成王立七年秦與趙兵相距長平時趙奢已死【集解】張華曰趙奢冢在邯鄲界西山上謂之馬服山而藺相如病篤趙使廉頗將攻秦秦數敗趙軍趙軍固壁不戰秦數挑戰廉頗不肯秦之閒言曰秦之所惡獨畏馬服君趙奢之子趙括爲將耳趙王因以括爲將代廉頗藺相如曰王以名使括若膠柱而鼓瑟耳括徒能讀其父書傳不知合變也趙王不聽遂將之趙括自少時學兵法言兵事以天下莫能當嘗與其父奢言兵事奢不能難然不謂善括母問奢其故奢曰兵死地也而括易言之使趙不將括即已若必將之破趙軍者必括也及括將行其母上書言於王曰括不可使將王曰何以對曰始妾事其父時爲將身所奉飯飲而進食者以十數【正義】奉音捧所友者以百數大王及宗室所賞賜者盡以予軍吏士大夫受命之日不問家事今括一旦爲將東向而朝軍吏無敢仰視之者王所賜金帛歸藏於家而日視便利田宅可買者買之王以爲何如其父父子異心願王勿遣王曰母置之吾已決矣括母因曰王終遣之即有如不稱妾得無隨坐乎王許諾趙括既代廉頗悉更約束易置軍吏秦將白起聞之縱奇兵詳敗走而絕其糧道分斷其軍爲二士卒離心四十餘日軍餓趙括出銳卒自搏戰秦軍射殺趙括括軍敗數十萬之衆遂降秦秦悉阬之趙前後所亡凡四十五萬明年秦兵遂圍邯鄲歲餘幾不得脫賴楚魏諸侯來救乃得解邯鄲之圍趙王亦以括母先言竟不誅也

自邯鄲圍解五年而燕用栗腹之謀曰趙壯者盡於長平其孤未壯舉兵擊趙趙使廉頗將擊大破燕軍於鄗殺栗腹遂圍燕燕割五城請和乃聽之趙以尉文封廉頗爲信平君【集解】徐廣曰尉文邑名按漢書表有尉文節侯云在南郡蓋尉官也文名也謂取尉文所食之邑復以封頗而號爲信平君也【索隱】信平號也爲假相國廉頗之免長平歸也失勢之時故客盡去及復用爲將客又復至廉頗曰客退矣客曰吁君何見之晚也夫天下以市道交君有勢我則從君君無勢則去此固其理也有何怨乎居六年趙使廉頗伐魏之繁陽【集解】徐廣曰屬魏郡【正義】在相州內黃縣東北也拔之趙孝成王卒子悼襄王立使樂乘代廉頗廉頗怒攻樂乘樂乘走廉頗遂奔魏之大梁其明年趙乃以李牧爲將而攻燕拔武遂方

城【索隱】地理志武遂屬河間國方城屬廣陽也【正義】武遂易州遂地也方城幽州固安縣南十里居梁久之魏不能信用趙以數困於秦兵趙王思復得廉頗廉頗亦思復用於趙趙王使使者視廉頗尚可用否廉頗之仇郭開多與使者金令毀之趙使者既見廉頗廉頗為之一飯斗米肉十斤被甲上馬以示尚可用趙使還報王曰廉將軍雖老尚善飯然與臣坐頃之三遺矢矣【索隱】謂數起便也矢一作屎趙王以為老遂不召楚聞廉頗在魏陰使人迎之廉頗一為楚將無功曰我思用趙人廉頗卒死于壽春【正義】廉頗墓在壽州壽春縣北四里藺相如墓在邯鄲西南六里

李牧者趙之北邊良將也常居代鴈門備匈奴【正義】今鴈門縣在代地故云代鴈門也以便宜置吏市租皆輸入莫府【集解】如淳曰將軍征行無常處所在為治故言莫府莫大也【索隱】如淳解莫為大非也崔浩云古者出征為將帥軍還則罷理無常處以幕帟為府署故曰幕府則莫當作幕字之誤也為士卒費日擊數牛饗士習射騎謹烽火多閒諜【索隱】上紀見反下音牒厚遇戰士為約曰匈奴即入盜急入收保有敢捕虜者斬匈奴每入烽火謹輒入收保不敢戰如是數歲亦不亡失然匈奴以李牧為怯雖趙邊兵亦以為吾將怯趙王讓李牧李牧如故趙王怒召之使他人代將歲餘匈奴每來出戰出戰數不利失亡多邊不得田畜【正義】許六反復請李牧牧杜門不出固稱疾趙王乃復彊起使將兵牧曰王必用臣臣如前乃敢奉令王許之李牧至如故約匈奴數歲無所得終以為怯邊士日得賞賜而不用皆願一戰於是乃具選車得千三百乘選騎得萬三千匹百金之士五萬人【集解】駰案管子曰能破敵擒將者賞百金彀者十萬人【索隱】彀音古候反彀謂能射也悉勒習戰大縱畜牧人民滿野匈奴小入詳北不勝以數千人委之【索隱】委謂弃之恣其殺畧也單于聞之大率眾來入李牧多為奇陳張左右翼擊之大破殺匈奴十餘萬騎滅襜襤【集解】駰案襜都甘反襤路談反徐廣曰一作臨駰又案如淳曰胡名也在代北破東胡降林胡單于奔走其後十餘歲匈奴不敢近趙邊城趙悼襄王元年廉頗既亡入魏趙使李牧攻燕拔武遂方城居二年龐煖破燕軍殺劇辛【索隱】煖即馮煖也龐音皮江反煖音況遠反又音喧劇辛本趙人仕燕後七年秦破趙殺將扈輒於武遂城【索隱】扈氏輒名漢張耳時有扈輒也劉氏云武遂本韓地別在趙西恐非地理志河間武遂也斬首十萬趙乃以李牧為大將軍擊秦軍於宜安【正義】在恆州稾城縣西南二十里大破秦軍走秦將桓齮【索隱】齮音蟻封李牧為武安君居三年秦攻番吾【索隱】縣名地理志在常山音婆又音盤【正義】在恆州房山縣東二十里也李牧擊破秦軍南距韓魏趙王遷七年秦使王翦攻趙趙使李牧司馬尚禦之秦多與趙王寵臣郭開金為反閒言李牧司馬尚欲反趙王乃使趙葱及齊將顏聚代李牧李牧不受命趙使人微捕得李牧斬之廢司馬尚後三月王翦因急擊趙大破殺趙葱虜趙王遷及其將顏聚遂滅趙

太史公曰知死必勇非死者難也處死者難方藺相如引璧睨柱及叱秦王左右勢不過誅然士或怯懦【集解】徐廣曰一作㥜懦而不敢發相如一奮其氣威信敵國【索隱】信音申退而讓頗名重太山其處智勇可謂兼之矣

【索隱述贊】清飈凜凜壯氣熊熊各竭誠義遞為雌雄和璧聘返澠池好通負荊知懼屈節推工安邊定策頗牧之功

史記卷八十一考證

廉頗藺相如列傳龐煖破燕軍殺劇辛索隱煖即馮煖也○臣照按燕世家云劇辛故居趙與龐煖善戰國策云齊人有馮煖者史記作馮驩似馮煖即馮驩不言其歸趙也虞殷佑高士傳鶡冠子楚人馮煖嘗師事之煖後顯於趙鶡冠子懼其荐己乃與煖絕索隱謂龐煖即馮煖不知何據

秦多與趙王寵臣郭開金為反閒○臣照按戰國策秦王賚頓弱以金北遊燕趙而殺李牧史記稱秦多與趙王寵臣郭開金為反間而殺牧廉頗傳稱頗之仇郭開與使者金使毀頗張釋之傳云趙用李牧幾霸會趙王遷立其母倡也遷用郭開讒卒誅李牧列女傳云趙悼后者邯鄲倡女前嫁亂一宗族既寡悼襄王以其美而娶之李牧諫不聽後生子遷立為幽閔王后通於春平侯多受秦賂而使王誅其良將李牧趙亡後大夫怨倡后之譖太子喜殺李牧乃殺倡后滅其家諸說大同小異今並著之

史記卷八十二

漢　太　史　令司馬遷　撰

宋　中郎外兵曹參軍裴　駰集解

唐　國子博士弘文館學士司馬貞索隱

唐　諸王侍讀率府長史張守節正義

田單列傳第二十二

田單者齊諸田疏屬也【索隱】單音丹湣王時單為臨菑市掾不見知及燕使樂毅伐破齊齊湣王出奔已而保莒城燕師長驅平齊而田單走安平【集解】徐廣曰今之東安平也在青州臨菑縣東十九里古紀之酅邑齊改為安平秦滅齊改為東安平縣屬齊郡以定州有安平故加東字【索隱】地理志東安平屬淄川國令其宗人盡斷其車軸末而傅鐵籠【集解】徐廣曰傅音附【索隱】斷音都緩反斷其軸恐長相撥也以鐵裹軸頭堅而易進也傅者著其軸與轂以鐵鍱附軸末施轄於轂中以制轂也又方言曰車轊齊謂之籠郭璞云車軸也已而燕軍攻安平城壞齊人走爭塗以轊折車敗【集解】徐廣曰轊車軸頭也音衛為燕所虜唯田單宗人以鐵籠故得脫東保即墨燕既盡降齊城唯獨莒即墨不下燕軍聞齊王在莒并兵攻之淖齒【集解】徐廣曰多作悼齒也既殺湣王於莒因堅守距燕軍數年不下燕引兵東圍即墨即墨大夫出與戰敗死城中相與推田單曰安平之戰田單宗人以鐵籠得全習兵立以為將軍以即墨距燕頃之燕昭王卒惠王立與樂毅有隙田單聞之乃縱反閒於燕宣言曰齊王已死城之不拔者二耳樂毅畏誅而不敢歸以伐齊為名實欲連兵南面而王齊齊人未附故且緩攻即墨以待其事齊人所懼唯恐他將之來即墨殘矣燕王以為然使騎劫代樂毅樂毅因歸趙燕人士卒忿而田單乃令城中人食必祭其先祖於庭飛鳥悉翔舞城中下食燕人怪之田單因宣言曰神來下教我乃令城中人曰當有神人為我師有一卒曰臣可以為師乎因反走田單乃起引還東鄉坐師事之卒曰臣欺君誠無能也田單曰子勿言也因師之每出約束必稱神師乃宣言曰吾唯懼燕軍之劓所得齊卒置之前行【正義】故郎反與我戰即墨敗矣燕人聞之如其言城中人見齊諸降者盡劓皆怒堅守唯恐見得單又縱反閒曰吾懼燕人掘吾城外冢墓僇先人可為寒心燕軍盡掘壟墓燒死人即墨人從城上望見皆涕泣共欲出戰怒自十倍田單知士卒之可用乃身操版插【索隱】操音七高反插音初洽反【正義】古之軍行常負版插也與士卒分功妻妾編於行伍之閒盡散飲食饗士令甲卒皆伏使老弱女子乘城遣使約降於燕燕軍皆呼萬歲田單又收民金得千溢令即墨富豪遺燕將曰即墨即降願無虜掠吾族家妻妾令安堵燕將大喜許之燕軍由此益懈田單乃收城中得千餘牛為絳繒衣畫以五綵龍文束兵刃於其角而灌脂束葦於尾燒其端鑿城數十穴夜縱牛壯士五千人隨其後牛尾熱怒而奔燕軍燕軍夜大驚牛尾炬火光明炫燿燕軍視之皆龍文所觸盡死傷五千人因銜枚擊之而城中鼓譟從之老弱皆擊銅器為聲聲動天地燕軍大駭敗走齊人遂夷殺其將騎劫燕軍擾亂奔走齊人追亡逐北所過城邑皆畔燕而歸田單兵日益多乘勝燕日敗亡卒至河上【索隱】齊之北界近河東蓋齊舊地也而齊七十餘城皆復為齊乃迎襄王於莒入臨菑而聽政襄王封田單號曰安平君【索隱】以單初起安平故以為號

太史公曰兵以正合以奇勝【集解】駰案魏武帝曰先出合戰為正後出為奇也正者當敵奇兵擊不備【索隱】奇謂權詐也引魏武蓋亦軍令也善之者出奇無窮【索隱】兵不厭詐故云善之出奇無窮謂權變多也奇正還相生【正義】猶當合也言正兵當陣張左右翼掩其不備則奇正合敗敵也如環之無端【索隱】言用兵之術或用奇計使前敵不可測量如尋環中不知端際也夫始如處女適人開戶【集解】徐廣曰適音敵【索隱】言兵始如處女之軟弱則敵人輕侮開戶不為備【正義】敵人謂燕軍也言燕軍被田單反間易將及被卒燒壟墓而令齊卒甚怒是敵人為單開門戶也後如脫兔適不及距【集解】駰案魏武帝曰處女示弱脫兔往疾也【索隱】克捷之後卷甲而趨有如兔之得脫而疾走也敵不及距者若脫兔忽過而敵忘其所距也其田單之謂邪初淖齒之殺湣王也莒人求湣王子法章得之太史嬓之家【正義】嬓音皎嬓為人灌園嬓女憐而善遇之後法章私以情告女女遂與通及莒人共立法章為齊王以莒距燕而太史氏女遂為后所謂君王后也燕之初入齊聞畫邑人王蠋賢【集解】劉熙曰齊西南近邑畫音獲【索隱】畫音胡卦反蠋音觸亦音歜【正義】括地志云戟里城在臨淄西北三十里春秋時棘邑又云澅邑蠋所居即此邑因澅水為名也令軍中曰環畫邑三十里無入以王蠋之故已而使人謂蠋曰齊人多高子之義吾以子為將封子萬家蠋固謝燕人曰子不聽吾引三軍而屠畫邑王蠋曰忠臣不事二君貞女不更二夫齊王不聽吾諫故退而耕於野國既破亡吾不能存今又劫之以兵為君將是助桀為暴也與其生而無義固不如烹遂經其頸於樹枝自奮絕脰而死【索隱】經猶繫也何休云脰頸齊語也音豆齊亡大夫聞之曰王蠋布衣也義不北面於燕況在位食祿者乎乃相聚如莒求諸子立為襄王

【索隱述贊】軍法以正實尚奇兵斷軸自免反閒先行羣鳥或眾五牛揚旌卒破騎劫皆復齊城襄王嗣位乃封安平

史記卷八十二考證

田單列傳乃縱反閒於燕宣言曰○言監本訛作王今改正

夫始如處女適人開戶後如脫兔適不及距○語出孫子九地篇

索隱述贊曰五牛揚旌○監本誤刻於其田單之謂邪句下今移正　臣照按厄林曰宋書臧質傳柳元景檄書八鑾搖響五牛舒旆又謝晦傳尚書符荊州曰警蹕前驅五牛整旆梁書王僧辯表云解五牛於冀州秣六馬於譙郡魏收魏書外國序云五牛一指六師騁路又太昌三年詔曰五牛警旆七萃按郡皆六朝麗語而小司馬效之顧考晉輿服志五牛旗乎吳後所造以五牛建旗車設五牛青赤在左黃在中白黑在右元帝後但以五色木牛象五時車豎旗於牛背

使人輿之旗常纏而不舒旆所謂德車結旌者也惟天子親戎五旗舒旆所謂武車綏旌者也故十六國春秋劉曜攻陳倉南陽王保將楊曼王連謀曰有五牛旗建多言故主自來遂盡衆背城而陣爲曜所敗今田單火牛豈儀衛耶贊乃云五牛何也且單出詭襲之計未嘗建旗鼓接兵刃也而云揚旌不亦誣乎索隱之陋往往如是姑擧其一以例諸餘

史記卷八十三

漢　太　史　令司馬遷　撰

宋　中　郎　外　兵　曹　參　軍裴　駰集解

唐國子博士弘文館學士司馬貞索隱

唐諸王侍讀率府長史張守節正義

魯仲連鄒陽列傳第二十三

【索隱】魯連屈原當六國之時賈誼鄒陽在文景之日事迹雖復相類年代甚爲乖絶其鄒陽不可上同魯連賈生亦不可下同屈原宜抽魯連同田單爲傳其屈原與宋玉等爲一傳其鄒陽與枚乘賈生等同傳

魯仲連者齊人也好奇偉俶儻之畫策【索隱】廣雅云俶儻卓異也【正義】俶天曆反魯連子云齊辯士田巴服狙丘議稷下毀五帝罪三王服五伯離堅白合同異一日服千人有徐劫者其弟子曰魯仲連年十二號千里駒往請田巴曰臣聞堂上不奮郊草不芸白刃交前不救流矢急不暇緩也今楚軍南陽趙伐高唐燕人十萬聊城不去國亡在旦夕先生奈之何若不能者先生之言有似梟鳴出城而人惡之願先生勿復言田巴曰謹聞命矣巴謂徐劫曰先生乃飛兔也豈直千里駒巴終身不談而不肯仕宦任職好持高節游於趙趙孝成王時而秦王使白起破趙長平之軍前後四十餘萬秦兵遂東圍邯鄲趙王恐諸侯之救兵莫敢擊秦軍魏安釐王使將軍晉鄙救趙畏秦止於蕩陰不進【集解】駰案地理志河內有蕩陰縣【正義】蕩天郎反相州縣魏王使客將軍新垣衍間入邯鄲【索隱】新垣姓衍名也爲梁將故漢有新垣平因平原君謂趙王曰秦所爲急圍趙者前與齊湣王爭彊爲帝已而復歸帝今齊湣王已益弱方今唯秦雄天下此非必貪邯鄲其意欲復求爲帝趙誠發使尊秦昭王爲帝秦必喜罷兵去平原君猶預未有所決此時魯仲連適游趙會秦圍趙聞魏將欲令趙尊秦爲帝乃見平原君曰事將奈何平原君曰勝也何敢言事前亡四十萬之衆於外今又內圍邯鄲而不能去魏王使客將軍新垣衍令趙帝秦【索隱】新垣衍欲令趙尊秦爲帝今其人在是勝也何敢言事魯仲連曰吾始以君爲天下之賢公子也吾乃今然後知君非天下之賢公子也梁客新垣衍安在吾請爲君責而歸之平原君曰勝請爲紹介【集解】郭璞曰紹介相佑助者也【索隱】紹介猶媒也凡禮賓至必因介以傳辭紹者繼也介不一人故禮云介紹而傳命而見之於先生平原君遂見新垣衍曰東國有魯仲連先生者今其人在此勝請爲紹介交之於將軍新垣衍曰吾聞魯仲連先生齊國之高士也衍人臣也使事有職吾不願見魯仲連先生平原君曰勝既已泄之矣新垣衍許諾魯仲連見新垣衍而無言新垣衍曰吾視居此圍城之中者皆有求於平原君者也今吾觀先生之玉貌非有求於平原君者也曷爲久居此圍城之中而不去魯仲連曰世以鮑焦爲無從頌而死者皆非也【集解】駰案鮑焦周之介士見莊子【索隱】從頌音從容言世人見鮑焦之死皆以爲不能自寬容而取死此言非也【正義】韓詩外傳云姓鮑名焦周時隱者也飾行非世廉潔而守荷擔採樵拾橡充食故無子胤不臣天子不友諸侯子貢遇之謂之曰吾聞非其政者不履其地汙其君者不受其利今子履其地食其利可乎鮑焦曰吾聞廉士重進而輕退賢人易愧而輕死遂抱木立枯焉按魯仲連留趙不去者非爲一身衆人不知則爲一身【索隱】言衆人不識鮑焦之意焦以恥居濁世而避之非是自爲一身而憂死彼秦者弃禮義而上首功之國也【集解】譙周曰秦用衛鞅計制爵二十等以戰獲首級者計而受爵是以秦人每戰勝老弱婦人皆死計功賞至萬數天下謂之上首功之國皆以惡之也【索隱】秦法斬首多爲上功謂斬一人首賜爵一級故謂秦爲首功之國也權使其士虜使其民【索隱】言秦人以權詐使其戰士以奴虜使其人民言無恩以恤下彼即肆然而爲帝過而爲政於天下【索隱】謂以過惡而爲政也【正義】王過字爲絶句肆然其志意也言秦得肆志爲帝恐有烹醢納莞編行天子之禮過失也若趙魏帝秦得行政教於天下魯連蹈東海而溺死不忍爲秦百姓則連有蹈東海而死耳吾不忍爲之民也所爲見將軍者欲以助趙也新垣衍曰先生助之將奈何魯連曰吾將使梁及燕助之齊楚則固助之矣新垣衍曰燕則吾請以從矣若乃梁者則吾乃梁人也先生惡能使梁助之魯連曰梁未睹秦稱帝之害故耳使梁睹秦稱帝之害則必助趙矣新垣衍曰秦稱帝之害何如魯連曰昔者齊威王嘗爲仁義矣率天下諸侯而朝周周貧且微諸侯莫朝而齊獨朝之居歲餘周烈王崩【集解】徐廣曰烈王七年崩威王之十年【正義】周本紀及年表云烈王七年崩齊威王之十年也與徐不同齊後往周怒赴於齊曰天崩地坼天子下席【索隱】謂烈王太子安王驕也下席言其寢苫居廬也【正義】鄒玄云赴告也今文赴作訃東藩之臣因齊後至則斮【集解】駰案公羊傳曰斮三軍者其法斮何休曰斮斬也齊威王勃然怒曰叱嗟而母婢也【正義】罵烈王后也卒爲天下笑故生則朝周死則叱之誠不忍其求也彼天子固然其無足怪新垣衍曰先生獨不見夫僕乎十人而從一人者寧力不勝而智不若邪畏之也【索隱】言僕夫十人而從一人者寧是力不勝亦非智不如正是畏懼其主耳魯仲連曰嗚呼梁之比於秦若僕邪新垣衍曰然魯仲連曰吾將使秦王烹醢梁王新垣衍怏然不悅曰【正義】怏於尙反噫嘻【索隱】上音依噫者不平之聲下音希嘻者驚恨之歎也亦太甚矣先生之言也先生又惡能使秦王烹醢梁王魯仲連曰固也吾將言之昔者九侯鄂侯【集解】徐廣曰鄴縣有九侯城九一作鬼鄂一作邘【正義】九侯城在相州滏陽縣西南五十里文王紂之三公也九侯有子而好獻之於紂紂以爲惡醢九侯鄂侯爭之彊辯之疾故脯鄂侯文王聞之喟然而嘆故拘之牖里之庫百日【正義】相州蕩陰縣北九里有羑城欲令之死曷爲與人俱稱王卒就脯醢之地齊湣王將之魯夷維子爲執策而從【索隱】維東萊之邑其居夷也號夷維子故晏子爲萊之夷維人是也【正義】密州高密縣古夷安城應劭云故萊夷維邑也蓋因邑爲姓子者男子之美號又云子爵也謂魯人曰子將何以待吾君魯人曰吾將以十太牢待子之君夷維子曰子安取禮而來吾君彼吾君者天子也天子巡狩諸侯辟舍【索隱】辟舍避正寢案禮天子適諸侯必舍於祖廟納筦籥【索隱】音管藥攝衽抱机【索隱】机音紀【正義】衽音而甚反視膳於堂下天子已食乃退而聽朝也魯人投其籥不果納【索隱】謂閉外門不入齊君【正義】籥即鑰匙也投鑰匙於地不得入於魯將之薛【正義】薛侯故城在徐州滕縣界也假途於鄒當是時鄒君死湣王欲入弔夷維子謂鄒之孤曰天子弔主人必將倍殯棺設北面於南方然後天子南面弔也【索隱】倍音佩謂主人不在殯東將背其殯棺立西階上北面哭是倍也天子乃於阼階上南面而弔之鄒之羣臣曰必若此吾將伏劍而死固不敢入於鄒鄒魯之臣生則不得事養死則不得賻襚【正義】衣服曰襚貨財曰賻皆助生送死之禮然且欲行天子之禮於鄒魯鄒魯之臣不果納【索隱】謂時君弱臣彊故鄒魯君生時臣並不得盡事養死亦不得行賻襚之禮然齊欲行天子禮於鄒魯鄒魯之臣皆不果納之是猶秉禮而存大體也今秦萬乘之國也梁亦萬乘之國俱據萬乘之國各有稱王之名睹其一戰而勝欲從而帝之是使三晉之大臣不如鄒魯之僕妾也且秦無已而帝則且變易諸侯之大臣彼將奪其所不肖而與其所賢奪其所憎而與其所愛彼又將使其子女讒妾爲諸侯妃姬處梁之宮梁王安得晏然而已乎而將軍又何以得故寵乎於是新垣衍起再拜謝曰始以先生爲庸人吾乃今日知先生爲天下之士也吾請出不敢復言帝秦秦將聞之爲卻軍五十里適會魏公子無忌奪晉鄙軍以救趙擊秦軍秦軍遂引而去於是平原君欲封魯連魯連辭讓使者三終不肯受平原君乃置酒酒酣起前以千金爲魯連壽魯連笑曰所謂貴於天下之士者爲人排患釋難解紛亂而無取也即有取者是商賈之事也而連不忍爲也遂辭平原君而去終身不復見其後二十餘年燕將攻下聊城【索隱】徐廣云年表以田單攻聊城在長平後十餘年耳二十餘年誤也【正義】今博州聊城縣也聊城人或讒之燕燕將懼誅因保守聊城不敢歸齊田單攻聊城歲餘【集解】徐廣曰案年表田單攻聊城在長平後十餘年也士卒多死而聊城不下魯連乃爲書約之矢以射城中遺燕將書曰吾聞之智者不倍時而弃利勇士不怯死而滅名【索隱】怯死猶避死也忠臣不先身而後君今公行一朝之忿不顧燕王之無臣非忠也殺身亡聊城而威不信於齊非勇也功敗名滅後世無稱焉非智也三者世主不臣說士不載故智者不再計勇士不怯死今死生榮辱貴賤尊卑此時不再至願公詳計而無與俗同且楚攻齊之南陽【索隱】卽濟之淮北泗上之地也魏攻平陸【索隱】平陸邑名在西界【正義】兗州縣也而齊無南面之心以爲亡南陽之害小不如得濟北之利大【索隱】卽聊城之地也【正義】言齊無南面攻楚魏之心以爲南陽平陸之害小不如聊城之利大言必攻之也故定計審處之今秦人下兵魏不敢東面衡秦之勢成【索隱】此時秦與齊和故云衡秦之勢成也楚國之形危齊弃南陽斷右壤定濟北【索隱】謂弃楚所攻之泗上也又斷絶魏之所攻齊右壤之地平陸是也言右壤斷弃而不能救志在攻聊城而定濟北也計猶且爲之也且夫齊之必決於聊城公勿再計今楚魏交退於齊而燕救不至【索隱】交者俱也前時楚攻南陽魏攻平陸今二國之兵俱退而燕救又不至是勢危也以全齊之兵無天下之規與聊城共據期年之敝則臣見公之不能得也且燕國大亂君臣失計上下迷惑栗腹以十萬之衆五折於外【集解】徐廣曰此事去長平十年以萬乘之國被圍於趙壤削主困爲天下僇笑國敝而禍多民無所歸心今公又以敝聊之民距全齊之兵是墨翟之守也【正義】如墨翟守宋卻楚軍食人炊骨士無反外之心是孫臏之兵也【正義】言孫臏能撫士卒士卒無二心也能見於天下雖然爲公計者不如全車甲以報於燕車甲全而歸燕燕王必喜身全而歸於國士民如見父母交游攘臂而議於世功業可明上輔孤主以制羣臣下養百姓以資說士【索隱】言既養百姓又資說士終擬彊國也劉氏云讀說士爲銳士意雖便不如依字矯國更俗【索隱】欲令燕將歸燕矯正國事改更弊俗也功名可立也亡意亦捐燕弃世東游於齊乎【索隱】亡音無言若必無還燕意則捐燕而東游於齊乎裂地定封富比乎陶衞【索隱】延篤注戰國策云陶陶朱公也衞衞公子荆非也王劭云魏冉封陶商君姓衞富比陶衞謂此云爾世世稱孤與齊久存又一計也此兩計者顯名厚實也願公詳計而審處一焉且吾聞之規小節者不能成榮名惡小恥者不能立大功昔者管夷吾射桓公中其鉤簒也遺公子糾不能死怯也【索隱】遺弃也謂弃子糾事小白也【正義】管仲傳子糾而魯殺之不能隨子糾死是怯懦畏死束縛桎梏辱也若此三行者世主不臣而鄉里不通鄉使管子幽囚而不出身死而不反於齊則亦名不免爲辱人賤行矣臧獲且羞與之同名矣【集解】駰案方言曰荆淮海岱燕齊之間罵奴曰臧罵婢曰獲況世俗乎故管子不恥身在縲紲之中而恥天下之不治不恥不死公子糾而恥威之不信於諸侯故兼三行之過而爲五霸首【正義】按齊桓最初得周襄王賜文武胙彤弓矢大輅故爲五伯首也名高天下而光燭鄰國曹子爲魯將【索隱】曹沫也三戰三北而亡地五百里鄉使曹子計不反顧議不還踵刎頸而死則亦名不免爲敗軍禽將矣曹子弃三

北之恥而退與魯君計桓公朝天下會諸侯曹子以一劒之任枝桓公之心於壇坫之上【索隱】枝猶擬也顏色不變辭氣不悖三戰之所亡一朝而復之天下震動諸侯驚駭威加吳越若此二士者非不能成小廉而行小節也以爲殺身亡軀絕世滅後功名不立非智也故去感忿之怨立終身之名棄忿悁之節【正義】忿數粉反悁於緣反定累世之功是以業與三王爭流而名與天壤相弊也願公擇一而行之燕將見魯連書泣三日猶豫不能自決欲歸燕已有隙恐誅欲降齊所殺虜於齊甚衆恐已降而後見辱喟然嘆曰與人刃我寧自刃乃自殺聊城亂田單遂屠聊城歸而言魯連欲爵之魯連逃隱於海上曰吾與富貴而詘於人寧貧賤而輕世肆志焉【索隱】肆放縱也

鄒陽者齊人也游於梁與故吳人莊忌夫子淮陰枚生之徒交上書【索隱】忌會稽人姓莊氏字夫子後避漢明帝諱改姓曰嚴枚生名乘字叔其子皋漢書並有傳蓋以銜枚氏而得姓也而介於羊勝公孫詭之間【索隱】言鄒陽上書自達而游於二人之間或往彼或往此介者言有隔於其間故杜預曰介猶間也勝等嫉鄒陽惡之梁孝王孝王怒下之吏將欲殺之鄒陽客游以讒見禽恐死而負累【正義】諸不以罪死爲累乃從獄中上書曰臣聞忠無不報信不見疑臣常以爲然徒虛語耳昔者荊軻慕燕丹之義白虹貫日太子畏之【集解】應劭曰燕太子丹質於秦始皇遇之無禮丹亡去故厚養荊軻令西刺秦王精誠感天白虹爲之貫日也如淳曰白虹兵象日爲君列士傳曰荊軻發後太子自相氣見虹貫日不徹曰吾事不成矣後聞軻死事不立曰吾知其然也【索隱】王劭又云軻將入秦待其客未發太子丹疑其畏懼故曰畏之其解不如見虹貫日不徹也戰國策云聶政刺韓傀亦曰白虹貫日是也衛先生爲秦畫長平之事太白蝕昴而昭王疑之【集解】蘇林曰白起爲秦伐趙破長平軍欲遂滅趙遣衛先生說昭王益兵糧乃爲應侯所害事用不成其精誠上達於天故太白爲之蝕昴昴趙分也將有兵故太白食昴食干歷之也如淳曰太白天之將軍也【索隱】如淳云太白主西方秦在西敗趙之兆也又王充云夫言白虹貫日太白食昴實也言荊軻之謀衛先生之策感動皇天而貫日食昴虛也夫精變天地而信不諭兩主豈不哀哉今臣盡忠竭誠畢議願知【集解】張晏曰盡其計議願王知之也左右不明【索隱】言左右之不明不欲斥王卒從吏訊爲世所疑是使荊軻衛先生復起而燕秦不悟也願大王孰察之昔卞和獻寶楚王刖之【集解】應劭曰卞和得玉璞獻之武王武王示玉人玉人曰石也刖右足武王沒復獻文王玉人復曰石也刖其左足主成王時卞和抱璞哭於郊乃使玉尹攻之果得寶玉【索隱】楚人卞和得玉璞事見國語及呂氏春秋案世家楚武王名熊通文王名貲成王名惲李斯竭忠胡亥極刑是以箕子佯狂【索隱】佯音陽謂詐爲狂司馬彪曰箕子名胥餘接輿辟世【集解】張晏曰楚賢人佯狂避世也【索隱】案高士傳曰楚人陸通字接輿是也恐遭此患也願大王孰察卞和李斯之意而後楚王胡亥之聽【索隱】謂以楚王胡亥之聽爲謬故後之而不用後諂下也無使臣爲箕子接輿所笑臣聞比干剖心子胥鴟夷【索隱】韋昭云以皮作鴟鳥形名曰鴟夷鴟夷皮榼也服虔云用馬革作橐以裹尸投之於江臣始不信乃今知之願大王孰察少加憐焉諺曰有白頭如新傾蓋如故【集解】駰案桓譚新論言內有以相知與否不在新故也【索隱】服虔云人不相知才能交王白頭猶如新也傾蓋如故如吳札鄭僑也家語孔子遇程子於途傾蓋而語又志林云傾蓋者道行相遇軿車對語兩蓋相切小欹之義故云傾蓋也何則知與不知也故昔樊於期逃秦之燕藉荊軻首以奉丹之事【索隱】藉音子夜反韋昭云謂於期逃秦之燕以頭與軻使持入秦以示信也王奢去齊之魏臨城自到以却齊而存魏【集解】駰案漢書音義曰王奢齊人也亡至魏其後齊伐魏奢登城謂齊將曰今君之來不過以奢之故也夫義不苟生以爲魏累遂自到也夫王奢樊於期非新於齊秦而故於燕魏也所以去二國死兩君者行合於志而慕義無窮也是以蘇秦不信於天下而爲燕尾生【索隱】服虔云蘇秦於秦不出其信於燕則出尾生之信韋昭云尾生守信而死者案言蘇秦於燕獨守信如尾生故云爲燕之尾生也白圭戰亡六城爲魏取中山【集解】張晏曰白圭爲中山將亡六城君欲殺之亡入魏文侯厚遇之還拔中山【索隱】事見戰國策及呂氏春秋也何則誠有以相知也蘇秦相燕燕人惡之於王王按劒而怒食以駃騠【集解】駰案漢書音義曰駃騠駿馬也生七日而超其母敬重蘇秦雖有讒謗而更膳以珍奇之味【索隱】字林云馬父贏子北狄之良馬也【正義】食音寺駃音決蹄北狄良馬也白圭顯於中山中山人惡之魏文侯文侯投之以夜光之璧何則兩主二臣剖心折肝相信豈移於浮辭哉故女無美惡入宮見妒士無賢不肖入朝見嫉昔者司馬喜髕腳於宋卒相中山【集解】晉灼曰司馬喜三相中山蘇林曰六國時人被此刑也【索隱】事見戰國策及呂氏春秋范睢摺脅折齒於魏卒爲應侯【索隱】應侯傳作折脅摺齒是也說文云拉摧也音力荅反此二人者皆信必然之畫捐朋黨之私挾孤獨之位故不能自免於嫉妒之人也是以申徒狄自沈於河【集解】駰案漢書音義曰殷之末世人【索隱】莊子申徒狄諫而不用負石自投於河韋昭云六國時人漢書云自沈於雍河服虔云雍州之河也又新序作抱甕自沈於河不同也徐衍負石入海【集解】駰案列士傳曰周之末世人不容於世義不苟取比周於朝以移主上之心故百里奚乞食於路繆公委之以政甯戚飯牛車下而桓公任之以國【集解】應劭曰齊桓公夜出迎客而甯戚疾擊其牛角商歌曰南山矸白石爛生不遭堯與舜禪短布單衣適至骭從昏飯牛薄夜半長夜曼曼何時旦公召與語說之以爲大夫【索隱】事見呂氏春秋商歌者謂爲商聲而歌也或云商旅人歌也二說並通矸音公辭反矸者自淨貌也顧野王音岸譚音善如字讀協韻失之也埤蒼云骭脛也字林音下諫反此二人者豈借宦於朝假譽於左右然後二主用之哉感於心合於行親於膠漆昆弟不能離豈惑於衆口哉故偏聽生姦獨任成亂昔者魯聽季孫之說而逐孔子【索隱】論語齊人歸女樂季桓子受之三日不朝孔子行也宋信子罕之計而囚墨翟【索隱】左氏司城子罕姓樂名喜乃宋之賢臣也漢書作子冉不知子冉是何人文穎曰子冉子罕也荀卿傳云墨翟孔子時人或云在孔子後又襄二十九年左傳宋饑子罕請出粟時孔子適八歲則墨翟與子罕不得相輩或以子冉爲是不知何如也夫以孔墨之辯不能自免於讒諛而二國以危何則衆口鑠金【索隱】國語云衆心成城衆口鑠金賈逵云鑠消也衆口所惡雖金亦爲之消亡又風俗通云或說有美金於此衆人或共詆訿言其不純金賣者欲其必售因取鍛燒以見其眞是爲衆口鑠金也積毀銷骨也【索隱】大顏云讒人積久譖毀則父兄自相誅骨肉爲之消滅也戮是以秦用戎人由余而霸中國齊用越人蒙而彊威宣【索隱】越人蒙未見所出漢書作子臧又張晏云子臧或是越人蒙字也此二國豈拘於俗牽於世繫阿偏之辭哉公聽並觀垂名當世【索隱】小顏云公聽言不私並觀謂所見同也故意合則胡越爲昆弟由余越人蒙是矣不合則骨肉出逐不收朱象管蔡是矣今人主誠能用齊秦之義後宋魯之聽則五伯不足稱三王易爲也是以聖王覺寤捐子之之心【集解】徐廣曰燕王讓國於其大臣子之也而能不說於田常之賢【集解】應劭曰田常事齊簡公簡公說之而殺簡公使人君去此心則國家安全也封比干之後修孕婦之墓【集解】應劭曰紂刳妊者觀其胎產也【索隱】案封比干之後謂子也不見其文尚書作封比干之墓又唯云刳剔孕婦則武王雖反商政亦必修孕婦之墓也故功業復就於天下何則欲善無厭也夫晉文公親其讎彊霸諸侯齊桓公用其仇而一匡天下【集解】駰案謂晉寺人勃鞮齊管仲也何則慈仁慇勤誠加於心不可以虛辭借也至夫秦用商鞅之法東弱韓魏兵彊天下而卒車裂之越用大夫種之謀禽勁吳霸中國而卒誅其身是以孫叔敖三去相而不悔【索隱】三得相不喜知其才之自得也三去相不悔非己之罪也於陵子仲辭三公爲人灌園【集解】駰案列士傳曰楚於陵子仲楚王欲以爲相而不許爲人灌園【索隱】孟子云陳仲子齊陳氏之族兄爲齊卿仲子以爲不義乃適楚居于於陵自謂於陵子仲楚王聘以爲相子仲遂夫妻相與逃爲人灌園列士傳字子終者是也今人主誠能去驕傲之心懷可報之意披心腹見情素墮肝膽施德厚終與之窮達無愛於士則桀之狗可使吠堯【集解】韋昭曰言恩厚無不使也而蹠之客可使刺由【集解】應劭曰蹠之客爲其人使刺由由許由蹠盜蹠也【索隱】並見戰國策況因萬乘之權假聖王之資乎然則荊軻之湛七族要離之燒妻子【集解】應劭曰荊軻爲燕刺秦始皇不成而死其族坐之湛沒吳王闔閭欲殺王子慶忌要離詐以罪亡令吳王燔其妻子要離走見慶忌以劍刺之張晏曰七族上至曾祖下至曾孫【索隱】湛音沈七族父之姓一也姑之子二也姊妹之子三也女之子四也母之姓五也從子六也及妻父母凡七族也要離事見呂氏春秋豈足道哉臣聞明月之珠夜光之璧以闇投人於道路人無不按劒相眄者何則無因而至前也蟠木根柢輪囷離詭【集解】張晏曰根柢下本也輪囷離詭委曲盤戾也【索隱】孟康云蟠結之木也晉灼云槃柢木根也而爲萬乘器者何則以左右先爲之容也【索隱】左右先加彫刻是爲之容飾也故無因至前雖出隨侯之珠夜光之璧猶結怨而不見德故有人先談則以枯木朽株樹功而不忘今夫天下布衣窮居之士身在貧賤雖包堯舜之術【索隱】言蒙被堯舜之道也挾伊管之辯懷龍逢比干之意欲盡忠當世之君而素無根柢之容雖竭精思欲開忠信輔人主之治則人主必有按劒相眄之跡是使布衣不得爲枯木朽株之資也是以聖王制世御俗獨化於陶鈞之上【集解】駰案漢書音義曰陶家名模下圓轉者爲鈞以其能制器爲大小比之于天【索隱】張晏云陶冶鈞範也作器下所轉者名鈞韋昭曰陶燒瓦之竈鈞木長七尺有絃所以調爲器具也崔浩云以鈞制器萬殊故如造化之運轉裁成也而不牽於卑亂之語不奪於衆多之口故秦皇帝任中庶子蒙嘉之言以信荊軻之說而匕首竊發【索隱】通俗文云其頭類匕故曰匕首短而便用也周文王獵涇渭載呂尚而歸以王天下故秦信左右而殺周用烏集而王【集解】駰案漢書音義曰太公望觀卒遇共成王功若烏鳥之暴集也【索隱】韋昭云呂尚適周如烏之集也何則以其能越攣拘之語馳域外之議獨觀於昭曠之道也今人主沈於諂諛之辭牽於帷裳之制【集解】駰案漢書音義曰言爲左右便辟侍帷裳臣妾所見牽制使不羈之士與牛驥同皁【集解】駰案漢書音義曰食牛馬器以木作如槽也【索隱】言駿足不可羈絆以比喻逸才之人應劭云皁歷也韋昭云皁養馬之官下士也養馬之官其衣皁也又郭璞云皁養馬之器也【正義】顏云不羈言才識高遠不可羈係皁在早反方言云梁宋齊楚燕之間謂櫪曰皁此鮑焦所以忿於世而不留富貴之樂也【集解】如淳曰莊子云鮑焦飾行非世抱木而死【索隱】晉灼云列士傳鮑焦怨世不用已採蔬於道子貢難曰非其世而採其蔬此焦之有哉棄其蔬乃立枯洛水之上案此事見莊子及說苑韓詩外傳小有不同臣聞盛飾入朝者不以利汙義砥礪名號者不以欲傷行故縣名勝母【集解】駰案漢書云里名勝母也【正義】鹽鐵論云里名子及此傳云縣名未詳也而曾子不入【索隱】淮南子及鹽鐵論皆云里名勝母曾子不入蓋以名不順也尸子以爲孔子至勝母暮而不宿其說不同邑號朝歌而墨子廻車【集解】晉灼曰朝歌者不時也【正義】朝歌今衛州縣也今欲使天下寥廓之士攝於威重之權主於位勢之貴故回面汙行以事諂諛之人【索隱】拑頤云同邪也而求親近於左右則士伏死堀穴巖巖之中耳【集解】駰案詩云節彼南山維石巖巖安肯有盡忠信而趨闕下者哉書奏梁孝王孝王使人出之卒爲上客

太史公曰魯連其指意雖不合大義然余多其在布衣之位蕩然肆志不詘於諸侯談說於當世折卿相之權鄒陽辭雖不遜然其比物連類有足悲者亦可謂抗直不撓矣吾是以附之列傳焉

【索隱述贊】魯連達士高才遠致釋難解紛辭祿肆志齊將挫辯燕軍沮氣鄒子遇讒見詆獄吏慷慨獻說時王所器

史記卷八十三考證

魯仲連鄒陽列傳今齊湣王已益弱○鮑彪戰國策注曰衍湣王字今乃襄王爾史亦誤

過而爲政於天下索隱謂以過惡而爲政也正義至過字爲絕句言秦得肆志爲帝恐有烹醢納莞偏行天子之禮過失也○徐孚遠曰此解非也言秦未能并滅六國若尊之太過使得稱帝則爲政於天下矣

天崩地坼天子下席索隱謂烈王太子安王驕也○攷烈王太子宜爲顯王

東藩之臣因齊○戰國策作嬰齊

齊湣王將之魯○徐孚遠曰前言齊湣王已益弱據此則在出亡以後恐前誤也

鄒魯之臣生則不得事養死則不得賻襚索隱謂時君

弱臣彊故鄒魯君生時臣並不得盡事養死亦不得賻襚之禮○徐孚遠曰此解非也言鄒魯國小而貧不能備生死之禮

且楚攻齊之南陽索隱即濟之淮北泗上之地也○顧炎武曰南陽者泰山之陽孟子一戰勝齊遂有南陽臣人龍按濟應作齊蓋傳寫之誤

栗腹以十萬之衆五折於外○鮑彪戰國策注曰此章引栗腹之事說聊城之將蓋好事者聞約矢之說惜其書不存擬爲之以補亡而其人意氣橫溢肆筆而成不暇檢校其細處太史公亦愛其千里而略其牝牡驪黃至於今二千歲莫有知其非者也又按燕昭二十八年書齊之不下者唯聊莒即墨聊即聊城也徐廣注此栗腹事去長平十年而不論其在聊城事後蘇氏古史亦因之疏矣吳師道補注曰魯仲連說燕將下聊城史不著年其事引栗腹之敗此事在其後故通鑑大事記載於秦孝文元年當燕王喜五年齊王建十五年自赧王三十一年燕率五國伐齊閔王死襄王立三十六年燕昭王卒明年惠王立越武成王孝王而至王喜凡三十四年此蓋二事誤亂爲一自燕攻齊至殺騎劫二十五字或他策脫簡而初燕將至議之十一字亦他本所無也且單由即墨起七十餘城即復爲齊不聞聊城尚爲燕守以齊之事勢豈有舍之三十餘年而不攻單之兵力三十餘年而不能下與今日攻之歲餘不下可見爲此時燕將守聊城事也史稱毅破齊不下者獨莒即墨單縱反間亦言二城而燕世家書聊莒即墨策亦有三城不下之言果一時事則聊城亦爲齊守而非燕將爲燕守者此語因聊城不下而引與莒即墨亂也考之單傳自復齊之後無可書之事齊襄王十九年當趙孝成王元年趙割地求單爲將次年遂相趙必不復返齊矣距聊城之役凡十六年單豈得復爲齊將哉此因歲餘不下之言聊莒即墨之混而誤指以爲單也夫仲連之言正謂栗腹敗燕國亂聊城孤守齊方併攻勢將必拔其言初不涉湣襄昭惠之際所謂楚攻南陽魏攻平陸閔王時楚取淮北單復齊後蓋已服之不聞楚魏交攻之事二事必在後也燕將被讒懼誅連書亦無此意此因樂毅而訛也史又稱燕將得書自殺單遂屠聊城尤非事實齊所殺燕將惟騎劫耳不聞其他此因騎劫而訛也連之大意在於罷兵息民而其料事之明勸以歸燕降齊亦度其計之必可者排難解紛又素所蓄積也廹之於窮而置之於死豈其心哉夫其勸之正將以全聊城之民而忍坐視屠之哉燕將死聊城居連何功美之稱而齊欲爵之哉策所云解兵而去者當得其實而史不可信也故論此事者一考之仲連之書則史策之舛訛殽混者皆可得而明矣鮑不此之察見其不通遂謂好事者聞約矢之說惜其書不存擬之以補亡二千餘年莫有覺者何其謬哉史誤因策通鑑大事記稱田單誤因史與文忠公反据鮑氏爲斷而謂魯仲連之說不可爲訓皆失考也

史記卷八十四

漢　太　史　令司馬遷　撰

宋中郎外兵曹參軍裴　駰集解

唐國子博士弘文館學士司馬貞索隱

唐諸王侍讀率府長史張守節正義

屈原賈生列傳第二十四

屈原者名平楚之同姓也【正義】屈景昭皆楚之族王逸云楚王始都是生子瑕受屈爲卿因以爲氏爲楚懷王左徒【正義】蓋今在左右拾遺之類博聞彊志明於治亂嫻於辭令【集解】駰案嫻音閑入則與王圖議國事以出號令出則接遇賓客應對諸侯王甚任之上官大夫與之同列爭寵而心害其能懷王使屈原造爲憲令屈平屬草稾【索隱】屬音燭草稾謂創制憲令之本漢書作草具崔浩謂發始造端也未定上官大夫見而欲奪之【正義】王逸云上官靳尚屈平不與因讒之曰王使屈平爲令衆莫不知每一令出平伐其功曰以爲非我莫能爲也王怒而疏屈平屈平疾王聽之不聰也讒諂之蔽明也邪曲之害公也方正之不容也故憂愁幽思而作離騷【索隱】應劭曰離遭也騷憂也又離騷序云離別也騷愁也騷音素刀反又一音蕭離騷者猶離憂也夫天者人之始也父母者人之本也人窮則反本故勞苦倦極未嘗不呼天也疾痛慘怛【正義】上七感反下丁達反慘毒也怛痛也未嘗不呼父母也屈平正道直行【正義】行下孟反竭忠盡智以事其君讒人間之可謂窮矣信而見疑忠而被謗能無怨乎屈平之作離騷蓋自怨生也國風好色而不淫小雅怨誹而不亂【正義】誹音方畏反若離騷者可謂兼之矣上稱帝嚳下道齊桓中述湯武以刺世事明道德之廣崇治亂之條貫靡不畢見其文約其辭微其志潔其行廉其稱文小而其指極大舉類邇而見義遠其志潔故其稱物芳其行廉故死而不容自疏濯淖汙泥之中【索隱】濯音濁淖音鬧汙音烏故反泥音奴計反蟬蛻於濁穢【正義】蛻音稅去皮也又他臥反以浮游塵埃之外不獲世之滋垢皭然泥而不滓者也【集解】徐廣曰皭疏靜之貌【索隱】皭音自若反泥音涅滓音淄又並如字推此志也雖與日月爭光可也【正義】言屈平之仕濁世去其汙垢在塵埃之外推此志意雖與日月爭其光明斯亦可矣屈平既絀其後秦欲伐齊齊與楚從親【正義】從足松反惠王患之乃令張儀詳去秦厚幣委質事楚曰秦甚憎齊齊與楚從親楚誠能絕齊秦願獻商於之地六百里楚懷王貪而信張儀遂絕齊使使如秦受地張儀詐之曰儀與王約六里不聞六百里楚使怒去歸告懷王懷王怒大興師伐秦秦發兵擊之大破楚師於丹淅斬首八萬【索隱】丹淅二水名也謂於丹水之北淅水之南皆爲縣名在弘農所謂丹陽淅是也【正義】丹陽今枝江故城虜楚將屈匄【索隱】屈姓匄名音蓋遂取楚之漢中地【集解】徐廣曰楚懷王十六年張儀來相十七年秦敗屈匄【正義】梁州懷王乃悉發國中兵以深入擊秦戰於藍田魏聞之襲楚至鄧【索隱】鄧在漢水北故鄧侯城楚兵懼自秦歸而齊竟怒不救楚楚大困明年秦割漢中地與楚以和楚王曰不願得地願得張儀而甘心焉張儀聞乃曰以一儀而當漢中地臣請往如楚如楚又因厚幣用事者臣靳尚而設詭辯於懷王之寵姬鄭袖懷王竟聽鄭袖復釋去張儀是時屈平既疏不復在位使於齊顧反諫懷王曰何不殺張儀懷王追悔張儀不及【索隱】張儀傳無此語其後諸侯共擊楚大破之殺其將唐眛【集解】徐廣曰二十八年敗唐眛也【正義】眛莫葛反時秦昭王與楚婚欲與懷王會懷王欲行屈平曰秦虎狼之國不可信不如無行【索隱】楚世家昭睢有此言蓋二人同諫王故彼此各隨錄之也懷王稚子子蘭勸王行奈何絕秦歡懷王卒行入武關秦伏兵絕其後因留懷王【集解】徐廣曰三十年入秦以求割地懷王怒不聽亡走趙趙不內復之秦竟死於秦而歸葬長子頃襄王立【索隱】名橫以其弟子蘭爲令尹楚人既咎子蘭以勸懷王入秦而不反也屈平既嫉之雖放流睠顧楚國繫心懷王不忘欲反冀幸君之一悟俗之一改也其存君興國而欲反覆之一篇之中三致志焉然終無可奈何故不可以反卒以此見懷王之終不悟也人君無愚智賢不肖【索隱】此已下太史公傷楚懷王之不任賢信讒而不能反國之論也莫不欲求忠以自爲舉賢以自佐然亡國破家相隨屬而聖君治國累世而不見者其所謂忠者不忠而所謂賢者不賢也懷王以不知忠臣之分故內惑於鄭袖外欺於張儀疏屈平而信上官大夫令尹子蘭兵挫地削亡其六郡身客死於秦爲天下笑此不知人之禍也易曰井渫不食【集解】向秀曰渫者浚治去泥濁也【索隱】向秀字子期晉人注周易爲我心惻【集解】張璠曰可爲惻然傷道未行也【索隱】張璠亦晉人注周易可以汲王明並受其福【集解】駰案易象曰求王明受福也【索隱】京房易章句言我之道可汲而用上有明主汲我道而用之天下並受其福故曰王明並受其福也王之不明豈足福哉【集解】徐廣曰一云不作福【正義】言楚王不明忠臣豈是受福故屈原懷沙自沉令尹子蘭聞之大怒卒使上官大夫短屈原於頃襄王頃襄王怒而遷之屈原至於江濱被髮行吟澤畔顏色憔悴形容枯槁漁父見而問之曰【索隱】父音甫子非三閭大夫歟【集解】駰案離騷序曰三閭之職掌王族三姓曰昭屈景原序其譜屬率其賢良以厲國士何故而至此屈原曰舉世混濁而我獨清衆人皆醉而我獨醒是以見放漁父曰夫聖人者不凝滯於物而能與世推移舉世混濁何不隨其流而揚其波【索隱】楚詞隨其流作淈其泥也衆人皆醉何不餔其糟而啜其釃何故懷瑾握瑜而自令見放爲【索隱】楚詞懷瑾握瑜作深思高舉也屈原曰吾聞之新沐者必彈冠新浴者必振衣人又誰能以身之察察【集解】王逸曰己靜潔受物之汶汶者乎【集解】王逸曰蒙垢敝【索隱】汶汶音門門猶昏暗不明也寧赴常流而葬乎江魚腹中耳【索隱】常流猶長流也又安能以晧晧之白而蒙世之溫蠖乎【索隱】蠖音烏廓反溫蠖猶惛憒楚詞作蒙世之塵埃哉乃作懷沙之賦【索隱】楚詞九懷曰懷沙礫以沉此其義也其辭曰陶陶孟夏兮草木莽莽【集解】王逸曰陶陶盛陽貌莽莽盛茂貌【索隱】莽音姥【正義】莫古反傷懷永哀兮汩徂南土【集解】王逸曰汩行貌【索隱】方言曰汩謂疾行也眴兮窈窕【集解】徐廣曰眴眩也【索隱】眴音舜窈音烏鳥反孔靜幽墨【集解】王逸曰孔甚也墨無聲也【正義】言江南山高澤深視之眴野甚清淨寂無人聲冤結紆軫兮離愍之長鞠【集解】王逸曰鞠窮紆屈也軫痛也愍病也撫情効志兮俛詘以自抑刓方以爲圜兮常度未替【集解】王逸曰刓削度法替廢也言人刓削方木欲以爲圜其常法度尚未廢也【索隱】刓音五官反易初本由兮君子所鄙【集解】王逸曰由道也【正義】本常也鄙恥也言人遭世不道變易初行違離常道君子所鄙章畫職墨兮前度未改【集解】王逸曰章明也度法也言上明於所畫念其繩墨修前人之法不易其道則曲木直而惡木好【索隱】畫計畫也楚詞職作志志念也餘如注所解內直質重兮大人所盛【集解】王逸曰言人質性敦厚心志正直行無過失則大人君子所盛美也巧匠不斲兮孰察其揆正玄文幽處兮矇謂之不章【集解】王逸曰玄黑也矇盲者也詩云矇瞍奏公章明也離婁微睇兮瞽以爲無明【集解】王逸曰離婁古明視者也瞽盲也【正義】睇田帝反眄也變白而爲黑兮倒上以爲下【索隱】下音戶鳳皇在笯兮雞雉翔舞【集解】徐廣曰笯一作郊駰案王逸曰笯籠落也【索隱】笯音奴又音女加反籠落謂藤蘿之相籠絡也楚詞雉作鶩【正義】應瑞圖云黃帝問天老曰鳳鳥何如天老曰鴻前而麟後蛇頭而魚尾龍文而龜身燕頷而雞喙首戴德頸揭義背負仁心入信翼侯順足履正尾繫武小音金大音鼓延頸奮翼五色備舉同糅玉石兮一槩而相量【集解】王逸曰忠佞不異夫黨人之鄙妒兮羌不知吾所臧【集解】王逸曰莫昭我之善意【索隱】按王叔師云羌楚人語辭卿何爲也【正義】羌音彊任重載盛兮陷滯而不濟【集解】王逸曰言己才力盛壯可任用重載而身陷沒沉滯不得成其本志也懷瑾握瑜兮窮不得余所示【集解】王逸曰示語也邑犬羣吠兮吠所怪也誹俊疑桀兮固庸態也【集解】王逸曰千人才爲俊一國高爲桀庸厮賤之人也【索隱】尹文子云千人才曰俊萬人曰桀今乃誹俊疑桀固是庸人之態也文質疏內兮衆不知吾之異采【集解】徐廣曰異一作奥駰案王逸曰采文采也材樸委積兮莫知余之所有重仁襲義兮謹厚以爲豐【集解】王逸曰重累也襲及也重華不可遻兮孰知余之從容【集解】王逸曰遻逢也【索隱】楚詞遻作遌並吾故反古固有不並兮豈知其故也【索隱】楚詞作莫知其何故湯禹久遠兮邈不可慕也懲違改忿兮抑

心而自彊離湣而不遷兮願志之有象【集解】王逸曰象法也進路北次兮【正義】次將就北日昧昧其將暮含憂虞哀兮限之以大故【集解】王逸曰娛樂也大故謂死亡也【索隱】楚詞含憂虞哀作舒憂娛哀娛音虞娛者樂也亂曰【索隱】王叔師云亂者理也所以發理辭指總撮其要而重理前意也浩浩沅湘兮【索隱】二水名也地理志湘水出零陵陽海山北入江沅卽湘之後流也【正義】說文云沅水出牂牁東北流入江湘水出零陵海陽山北至入江按二水皆經岳州而入大江也分流汨兮【集解】王逸曰汨流也脩路幽拂兮【索隱】楚詞作幽蔽也道遠忽兮曾唫恒悲兮永歎慨兮世既莫吾知兮人心不可謂兮【集解】王逸曰謂猶說也【索隱】楚詞無曾唫已下二十一字懷情抱質兮獨無匹兮伯樂既歿兮驥將焉程兮【集解】王逸曰程量也人生有命兮各有所錯兮【集解】王逸曰錯安也定心廣志餘何畏懼兮【索隱】楚詞餘並作余曾傷爰哀永歎喟兮【集解】王逸曰喟息也世溷不吾知心不可謂兮知死不可讓兮願勿愛兮明以告君子兮吾將以為類兮【集解】王逸曰類法也【正義】按類例也以為忠臣不事亂君之例於是懷石遂自投汨羅以死【集解】應劭曰汨水在羅故曰汨羅也【索隱】地理志長沙有羅縣羅子之所徙荊州記羅縣北帶汨水音覓【正義】故羅縣城在岳州湘陰縣東北六十里春秋時羅子國秦置長沙郡而為縣也按縣北有汨水及屈原廟續齊諧記云屈原以五月五日投汨羅而死楚人哀之每於此日以竹筒貯米投水祭之漢建武中長沙區回白日忽見一人自稱三閭大夫謂回曰聞君常見祭甚善但常年所遺並為蛟龍所竊今若有惠可以楝葉塞上以五色絲轉縛之此物蛟龍所憚回依其言世人五月五日作糭并帶五色絲及楝葉皆汨羅之遺風屈原既死之後楚有宋玉唐勒景差之徒者【集解】徐廣曰差或作慶【索隱】揚子法言及漢書古今人表皆作景瑳今作差是字省耳以徐裴鄒三家皆無音是如字讀也皆好辭而以賦見稱然皆祖屈原之從容辭令終莫敢直諫其後楚日以削數十年竟為秦所滅自屈原沈汨羅後百有餘年漢有賈生為長沙王太傅過湘水投書以弔屈原

賈生名誼雒陽人也年十八以能誦詩屬書聞於郡中吳廷尉為河南守聞其秀才【正義】顏云秀美也應劭云避光武諱改茂才也召置門下甚幸愛孝文皇帝初立聞河南守吳公【索隱】吳姓史失名故稱公治平為天下第一故與李斯同邑而常學事焉乃徵為廷尉廷尉乃言賈生年少頗通諸子百家之書文帝召以為博士是時賈生年二十餘最為少每詔令議下諸老先生不能言賈生盡為之對人人各如其意所欲出諸生於是乃以為能不及也孝文帝說之超遷一歲中至大中大夫賈生以為漢興至孝文二十餘年天下和洽而固當改正朔易服色法制度定官名興禮樂乃悉草具其事儀法色尚黃數用五【正義】漢文帝時黃龍見成紀故改為土也為官名悉更秦之法孝文帝初即位謙讓未遑也諸律令所更定及列侯悉就國其說皆自賈生發之於是天子議以為賈生任公卿之位絳灌東陽侯馮敬之屬盡害之【正義】絳周勃灌灌嬰也東陽侯張相如馮敬時為御史大夫乃短賈生曰雒陽之人年少初學專欲擅權紛亂諸事於是天子後亦疏之不用其議乃以賈生為長沙王太傅【索隱】誼為傅是吳芮之玄孫差襲長沙王之時也非景帝之子長沙王發也荊州記長沙城西北隅有賈誼祠及誼坐石床在賈生既辭往行聞長沙卑溼自以壽不得長又以適去【集解】徐廣曰適竹革反韋昭曰適譴也【索隱】字林云適音丈厄反意不自得及度湘水為賦以弔屈原其辭曰共承嘉惠兮【集解】張晏曰共敬也俟罪長沙側聞屈原兮自沈汨羅造託湘流兮敬弔先生【索隱】造音七到反遭世罔極兮乃隕厥身嗚呼哀哉逢時不祥鸞鳳伏竄兮鴟梟翺翔【索隱】竄音七外反闒茸尊顯兮讒諛得志【索隱】闒音天臘反茸音而隴反胡廣云闒茸不才之人無六翮翺翔之用而反尊顯字林云闒茸不肖之人也賢聖逆曳兮方正倒植【索隱】胡廣云逆曳不得順而行也倒植賢不肖顛倒而易位也世謂伯夷貪兮謂盜跖廉【索隱】漢書作隨夷溷兮跖蹻廉一句皆兼兩人隨卞隨夷伯夷盜跖盜蹻莊蹻也莫邪為頓兮【集解】應劭曰莫邪吳大夫也作寶劍因以名焉瓚曰許慎曰莫邪大戟也【索隱】吳越春秋曰吳王使干將造劍二枚一曰干將一曰莫邪莫邪干將劍名也頓謂鈍鉛刀為銛【集解】徐廣曰思廉反駰案漢書音義曰銛謂利【索隱】銛者銛利也音纖言其暗惑也于嗟墨墨兮生之無故【集解】應劭曰墨墨不自得意【索隱】墨墨日不自謂屈原也斡棄周鼎兮而寶康瓠【集解】如淳曰斡轉也爾雅曰康瓠謂之甈大瓠也【索隱】應劭曰康容也斡音筦轉也一曰康空也斡音烏活反甈音五列反李巡云康謂大瓠甈也騰駕罷牛兮驂蹇驢【正義】罷音皮驥垂兩耳兮服鹽車【索隱】戰國策曰夫驥服鹽車上太山中坂遷延負轅不能上伯樂下車哭之也章甫薦屨兮【集解】應劭曰章甫殷冠也漸不可久【集解】駰案劉向別錄曰因以自諭自恨也嗟苦先生兮獨離此咎【集解】應劭曰嗟咨嗟也勞苦屈原遇此難也訊曰【集解】李奇曰訊告也張晏曰訊離騷下章亂辭也【索隱】訊音信劉伯莊音素對反訊猶宣也重宣其意周成解詁音碎也已矣國其莫我知獨堙鬱兮【索隱】漢書作壹鬱亦通其誰語鳳漂漂其高遰兮【索隱】遰音逝夫固自縮而遠去襲九淵之神龍兮【集解】鄧展曰襲重也或曰襲覆也猶言察也【索隱】莊子曰千金之珠必在九重之淵而驪龍頷下故云九淵之神龍也沕深潛以自珍【集解】徐廣曰沕潛藏也亡筆反彌融爚【集解】徐廣曰一云【正義】顧野王云彌遠也融明也爚光也沒深藏以自珍彌遠以隱處也以隱處兮【集解】案徐廣曰一本云偭蟂獺以隱處也【索隱】徐所注蓋三本總不同也蘇林云偭音面應劭云偭背也蟂獺水蟲害魚者以言背惡從善也郭璞注爾雅云似蛇四足江東謂之魚鷄夫豈從螘與蛭螾【集解】駰案漢書作蝦韋昭曰蝦蟆也蛭水蟲也螾邱蚓也【索隱】螘字作蝦音遐漢書作蝦言偭然絕於蟂獺況從蝦與蛭螾也蛭音質螾音引【正義】言寧投水合神龍豈從螘與蛭螾所貴聖人之神德兮遠濁世而自藏使騏驥可得係羈兮豈云異夫犬羊【正義】使騏驥可得係羈則與犬羊無異責屈原不去濁世以藏隱其文也驥千里馬般紛紛其離此尤兮【集解】蘇林曰般音盤孟康曰般音班或曰般桓不去紛紛構讒意也【索隱】尤謂怨咎也亦夫子之辜也【索隱】漢書辜作故夫子謂屈原也李奇曰亦夫子不如麟鳳翔逝之故罹此咎也瞝九州而相君兮【索隱】瞝音丑知反謂歷觀也漢書作歷九州何必懷此都也鳳皇翔于千仞之上兮覽德輝而下之【索隱】言鳳凰翔見人君有德乃下故禮曰德輝動乎內是也見細德之險微兮搖增翮【集解】徐廣曰一云遙增擊也逝而去之【正義】搖動也增加也言見細德之人又有險難微起則合加動羽翮遠逝而去之彼尋常之汙瀆兮【集解】應劭曰八尺曰尋倍尋曰常【索隱】汙瀆也瀆小渠也豈能容吞舟之魚橫江湖之鱣鱏兮【集解】如淳曰大魚也鱣曰

鱣魚無鱗口近腹下固將制於螻蟻【索隱】莊子云庚桑楚謂弟子曰吞舟之魚蕩而失水則螻蟻能苦之戰國策齊人說靖郭君亦同案以喻小國暗主不容忠臣而為讒賊小臣之所見害也賈生為長沙王太傅【正義】漢文帝年表云吳芮之玄孫差襲長沙王也傅為長沙靖王差之二年也括地志云吳芮故城在潭州長沙縣東南三百里賈誼宅在縣南三十步湘州記云誼宅中有一井誼所穿極小而深上斂下大其狀如壺傍有一局腳石床容一人坐形流古制相承云誼所坐三年有鵩飛入賈生舍止於坐隅楚人命鴞曰服【集解】晉灼曰異物志有山鴞體有文色土俗因形名之曰服不能遠飛行不出域【索隱】鄧展云似鵲而大荊州記云巫縣有鳥如雌雞其雄為鸓楚人謂之服吳錄云服黑色也鳴自呼其名賈生既以適居長沙長沙卑溼自以為壽不得長傷悼之乃為賦以自廣【索隱】姚氏云廣猶寬也其辭曰單閼之歲兮【集解】徐廣曰歲在卯曰單閼文帝六年歲在丁卯【索隱】單閼起也陽氣推萬物而起故曰單閼孫炎作蟬蠕猶伸也【正義】閼烏葛反四月孟夏庚子日施兮服集予舍【集解】徐廣曰施亦作斜【索隱】施音矢移反猶西斜也漢書作斜止于坐隅貌甚閒暇異物來集兮私怪其故發書占之兮策言其度【索隱】漢書作讖說文云讖驗言也此作策蓋讖策之辭【正義】發策數之書占其度驗曰野鳥入處兮主人將去請問于服兮【索隱】于於也漢書作予服小顏云予加美之辭予去何之吉乎告我凶言其菑淹數之度兮語予其期【集解】徐廣曰數速也服乃歎息舉首奮翼口不能言請對以臆【正義】協韻音憶萬物變化兮固無休息斡流而遷兮或推而還【索隱】斡音烏活反斡轉也形氣轉續兮化變而嬗【集解】服虔曰嬗音如蟬反變蛻也或曰蟬蛻相連也【索隱】韋昭云而如也如蟬之蛻化也蘇林云嬗音蟬謂其相傳之也沕穆無窮兮胡可勝言【索隱】漢書無窮作無間沕音又音昧沕穆深微貌以言其理深微不可盡言也【正義】沕音物禍兮福所倚【正義】倚於綺反依也福兮禍所伏【索隱】此老子之言然禍字古作旤案倚者立也伏下身也以言禍福來猶如伏立也憂喜聚門兮吉凶同域【正義】言禍福相因吉凶不定彼吳彊大兮夫差以敗越棲會稽兮句踐霸世斯游遂成兮卒被五刑【集解】韋昭曰斯李斯也傅說胥靡兮【集解】徐廣曰腐刑也【索隱】晉灼云胥相也靡隨也古者相隨坐輕刑之名墨子云傅說衣褐帶索傭築於傅巖在河東太陽縣又夏靖書云猶氏十里河西岸吳坂下便得隱穴是說所潛身處也乃相武丁夫禍之與福兮何異糾纆【集解】應劭曰禍福相為表裏如糾纆索相附會也瓚曰糾絞也纆索也【索隱】韋昭云纆索也又通俗文云合繩曰糾字林云纆三合繩也音墨糾音九命不可說兮孰知其極水激則旱兮矢激則遠【索隱】此淮南子及鶡冠子文也彼作水激則旱而呂氏春秋作疾以言水激則去疾下能浸潤矢激疾則去遠也說文云旱與悍同音言水矢本以無礙為通利今遇有物觸之則激怒更動疾而遠悍猶人或因禍致福倚伏而無常也萬物回薄兮振蕩相轉雲蒸雨降兮錯繆相紛大專槃物兮【集解】駰案漢書專字作鈞如淳曰陶者作器於鈞上此以造化為大鈞【索隱】漢書云大鈞播物此專讀曰鈞槃猶轉也與播義同虞喜志林云大鈞造化之神鈞陶萬物品授群形者也案上鄒陽傳注云陶家名模下圓轉者為鈞言其能制器大小以之此天坱軋無垠【集解】應劭曰其氣坱軋非有限齊也【索隱】坱音若央軋音若乙案無垠謂無有齊畔也說文云垠圻也郭璞注方言云坱軋者不利也王逸注楚詞云坱軋霧氣昧也【正義】坱烏郎反軋於黠反天不可與慮兮【索隱】與音預道不可與謀遲數有命兮惡識其時且夫天地為爐兮造化為工【索隱】此莊子文陰陽為炭兮萬物為銅【索隱】既以陶冶喻造化故以陰陽為炭萬物為銅也合散消息兮安

有常則【索隱】莊子云人之生也氣之聚也聚則為生散則為死千變萬化兮未始有極【索隱】萬化而未始有極忽然為人兮何足控摶【集解】如淳曰控引也控摶玩弄愛生之意也【索隱】摶音徒端反又本作控揣揣音初委反又音丁果反揣者量也故晉灼云或然為人言此生甚輕耳何足引物量度已年命之長短而愛惜之也化為異物兮又何足患【索隱】謂死而形化為鬼是為異物也患協韻音環小知自私兮賤彼貴我【索隱】莊子云以物觀之自貴而相賤也通人大觀兮物無不可【索隱】莊子固有所可無物不然無物不可貪夫徇財兮列士徇名【集解】瓚曰以身從物曰徇【索隱】此語亦出莊子夸者死權兮【集解】應劭曰夸毗也好榮譽者死於權利【索隱】莊子曰權勢不尤則夸者不悲也言好夸者死於權利是言貪勢以自矜夸者至死不休也尤甚也言不甚則夸者不悲也眦者可悲也品庶馮生【集解】孟康曰馮貪也【索隱】漢書作每生音謀在反服虔云每念生也鄒誕本亦作每言唯念生而已今此作馮馮亦持念之意也然案方言每字從手旁音謀改反【正義】馮音憑怵迫之徒兮或趨西東【集解】孟康曰怵為利所誘怵也迫貧賤東西趨利也【索隱】漢書亦有作私東應劭曰仕諸侯為私時天子居長安諸王悉在關東小人怵然內迫私家樂仕諸侯故云怵迫私東也李奇曰私多作西者東西趨利也怵音黜又怵者誘也大人不曲兮億變齊同【索隱】張揖云齊德無不包靈府弘曠故名大人拘士繫俗兮攌如囚拘【集解】徐廣曰攌音華板反又音睆【索隱】說文云攌大木柵也漢書作僤音去隕反至人遺物兮獨與道俱【索隱】莊子云古之至人先存諸己後存諸人張揖云體盡於聖德美之極謂之至人眾人或或兮好惡積意【集解】李奇曰或東或西所好所惡積之萬億也瓚曰言眾人懷抱好惡積之於心意也【正義】按意合韻音億真人恬漠兮獨與道息【索隱】莊子云古之真人不知悅生不知惡死不以心損道不以人助天呂氏春秋曰精氣日新邪氣盡去及其天年謂之真人也釋知遺形兮超然自喪【集解】服虔曰絕聖棄知而忘其身也【索隱】遺形者形故可使如槁木也自喪者心若死灰也莊周云今者吾喪我汝知之乎寥廓忽荒兮與道翺翔乘流則逝兮得坻則止【集解】徐廣曰坻一作坎駰案張晏曰坻水中小洲也【索隱】漢書坻作坎周易坎九二坎有險言君子見險則止縱軀委命兮不私與己其生若浮兮其死若休【索隱】莊子云勞我以生休我以死也澹乎若深淵之靜氾乎若不繫之舟【索隱】出莊子不以生故自寶兮養空而游【集解】駰案漢書音義曰如舟之空也【索隱】鄧展云自貴養空而游言體道之人但養空性而心若浮舟也德人無累兮知命不憂【索隱】德人謂上德之人心中無物累是得道之士也細故蔕薊兮何足以疑【集解】韋昭曰蔕音士介反薊音介漢書作芥張揖云蔕介鯁刺也以言細微事不足蔕介我心故於此云何足以疑之者也【正義】蔕丁邁反薊如遭反後歲餘賈生徵見孝文帝方受釐【集解】徐廣曰祭祀福胙也駰案如淳曰漢儀注祭天地五時皇帝不自行祠還致福【索隱】釐音僖坐宣室【集解】蘇林曰未央前正室【索隱】三輔故事云宣室在未央殿北應劭云釐祭餘肉也上因感鬼神事而問鬼神之本賈生因具道所以然之狀至夜半文帝前席既罷曰吾久不見賈生自以為過之今不及也居頃之拜賈生為梁懷王太傅【索隱】梁懷王名揖文帝子梁懷王文帝之少子愛而好書故令賈生傅之文帝復封淮南厲王子四人皆為列侯賈生諫以為患之興自此起矣賈生數上疏言諸侯或連數郡非古之制可稍削之文帝不聽居數年懷王騎墮馬而死【集解】徐廣曰文帝十一年無後賈生自傷為傅無狀哭泣歲餘亦死賈生之

死時年三十三矣及孝文崩孝武皇帝立舉賈生之孫二人至郡守而賈嘉最好學世其家與余通書至孝昭時列爲九卿

太史公曰余讀離騷天問招魂哀郢悲其志適長沙觀屈原所自沈淵【索隱】荆州記云長沙羅縣北帶汨水去縣四十里是原自沈處北岸有廟也未嘗不垂涕想見其爲人及見賈生弔之又怪屈原以彼其材游諸侯何國不容而自令若是讀服鳥賦同生死輕去就又爽然自失矣【集解】徐廣曰爽一本作奭

索隱述贊曰屈平行正以事懷王瑾瑜比潔日月爭光忠而見放讒者益章賦騷見志懷沙自傷百年之後空悲弔湘

史記卷八十四考證

屈原賈生列傳斡流而遷兮○顧炎武曰賈生傳斡棄周鼎兮而寶康瓠應劭曰斡音筦筦轉也斡流而遷兮或推而還索隱曰斡音烏活反斡轉也義同而音異今說文云斡蠡柄也从斗倝聲揚雄杜林說皆以爲軺車輪斡烏括切按倝字古案切說文既云倝聲則不得爲烏括切矣顏師古匡謬正俗云聲類字林並音管賈誼服鳥賦云斡流而遷張華勵志詩云大儀斡運皆爲轉也楚辭云筦維焉繫此義與斡同字卽爲筦故知斡筦二音不殊近代流俗音烏括切非也漢書食貨志浮食奇民欲擅斡山海之貨師古曰斡謂主領也讀與筦同

及孝文崩孝武皇帝立舉賈生之孫二人至郡守而賈嘉最好學世其家與余通書至孝昭時列爲九卿○凌稚隆曰按馬遷卒於漢武末年此言賈嘉至孝昭時列爲九卿此句蓋後人所增

史記卷八十五

漢　太　史　令司馬遷　撰

宋　中　郎　外　兵　曹　參　軍裴　駰集解

唐國子博士弘文館學士司馬貞索隱

唐諸王侍讀率府長史張守節正義

呂不韋列傳第二十五

呂不韋者陽翟大賈人也【索隱】翟音狄俗又音宅地理志縣名屬潁川戰國策以不韋爲濮陽人又記其事迹亦多與此傳不同班固雖云太史公據戰國策然爲此傳當別有所聞見故不全依彼說或者劉向定戰國策時以已異聞改易彼書遂令不與史遷記合也賈音古鄭玄注周禮曰行曰商處曰賈【正義】陽翟今河南府也往來販賤賣貴【集解】徐廣曰一本云陽翟大賈也往來賤買貴賣【索隱】王劭賣作鬻音育案鬻賣義同今如字讀家累千金秦昭王四十年太子死其四十二年以其次子安國君爲太子【索隱】名柱後立是爲孝文王也安國君有子二十餘人安國君有所甚愛姬立以爲正夫人號曰華陽夫人華陽夫人無子安國君中男名子楚【索隱】卽莊襄王也戰國策曰本名異人後從趙還乃變其名曰子楚楚王后悅之曰吾楚人也而子字之子楚母曰夏姬毋愛子楚爲秦質子於趙【索隱】質音致舊音如字今讀依此穀梁傳曰交質子不及二伯左傳曰信不由中質無益也秦數攻趙趙不甚禮子楚子楚秦諸庶孽孫【索隱】韓王信傳亦云韓襄王之孽孫張晏曰孺子曰孽子何休注公羊孽子賤子也非嫡正之子曰孽質於諸侯車乘進用不饒【索隱】下文又云以五百金爲進用宜依小顏讀爲費音才刃反進者財也古字假借之也居處困不得意呂不韋賈邯鄲見而憐之曰此奇貨可居【集解】駰案以子楚方財貨也【正義】戰國策云濮陽人呂不韋賈邯鄲見秦質子異人謂其父曰耕田之利幾倍曰十倍珠玉之贏幾倍曰百倍立主定國之贏幾倍曰無數不韋曰今力田疾作不得煖衣餘食今定國立君澤可遺後世願往事之秦子異人質於趙處於聊城故往說之乃說秦王后弟陽泉君曰君之罪至死君知之乎君門下無不居高官尊位太子門下無貴者而駿馬盈外廄美女充後庭王之春秋高矣一日山陵崩太子用事君危於累卵而不壽於朝生今有計可以使君富千萬寧於太山必無危亡之患矣陽泉君曰請聞其說不韋曰王年高矣王后無子子傒有承國之業士倉又輔之王一日山陵崩子傒立士倉用事王后之門必生蓬蒿子楚異人賢材也棄在於趙無母引領西望欲一得歸王后誠請而立之是異人無國有國王后無子而有子陽泉君曰諾入說王后乃爲請趙而歸之乃往見子楚說曰吾能大子之門子楚笑曰且自大君之門而乃大吾門呂不韋曰子不知也吾門待子門而大子楚心知所謂乃引與坐深語【索隱】旣解不韋所言之意遂與密謀呂不韋曰秦王老矣安國君得爲太子竊聞安國君愛幸華陽夫人華陽夫人無子能立適嗣者【正義】適音嫡獨華陽夫人耳今子兄弟二十餘人子又居中不甚見幸久質諸侯卽大王薨安國君立爲王則子無幾得與長子及諸子旦暮在前者爭爲太子矣【索隱】幾音冀幾望也【正義】戰國策曰子傒有承國之業又有母在中高誘注云子傒秦太子異人之異母兄弟也【正義】言子楚無望得爲太子子楚曰然爲之柰何呂不韋曰子貧客於此非有以奉獻於親及結賓客也不韋雖貧請以千金爲子西游事安國君及華陽夫人立子爲適嗣子楚乃頓首曰必如君策請得分秦國與君共之呂不韋乃以五百金與子楚爲進用結賓客而復以五百金買奇物玩好自奉而西游秦求見華陽夫人姊而皆以其物獻華陽夫人因言子楚賢智結諸侯賓客徧天下常曰楚也以夫人爲天日夜泣思太子及夫人夫人大喜不韋因使其姊說夫人【索隱】戰國策作說秦王后弟陽泉君也曰吾聞之以色事人者色衰而愛弛今夫人事太子甚愛而無子不以此時蚤自結於諸子中賢孝者舉立以爲適而子之【索隱】以此爲一句子謂養之爲子也然欲分立以爲適作上句夫在則尊重作下句意亦通夫在則尊重夫百歲之後所子者爲王終不失勢此所謂一言而萬世之利也不以繁華時樹本卽色衰愛弛後雖欲開一言尚可得乎今子楚賢而自知中男也次不得爲適其母又不得幸自附夫人夫人誠以此時拔以爲適夫人則竟世有寵於秦矣華陽夫人以爲然承太子間從容言子楚質於趙者絕賢【索隱】間音閑從音七恭反來往者皆稱譽之乃因涕泣曰妾幸得充後宮不幸無子願得子楚立以爲適以託妾身安國君許之乃與夫人刻玉符約以爲適嗣安國君及夫人因厚饋遺子楚而請呂不韋傅之子楚以此名譽益盛於諸侯呂不韋取邯鄲諸姬絕好善舞者與居【索隱】言其姿容絕美而又善舞也知有身子楚從不韋飲見而說之因起爲壽請之呂不韋怒念業已破家爲子楚欲以釣奇【索隱】釣者以取魚喻也奇卽上云此奇貨可居也乃遂獻其姬姬自匿有身至大期時【集解】徐廣曰期十二月也【索隱】譙周云人十月生此過二月故云大期蓋當然也旣云自匿有娠則生政固當踰常期也生子政子楚遂立姬爲夫人秦昭王五十年使王齮圍邯鄲急趙欲殺子楚子楚與呂不韋謀行金六百斤予守者吏得脫亡赴秦軍遂以得歸趙欲殺子楚妻子子楚夫人趙豪家女也得匿以故母子竟得活秦昭王五十六年薨太子安國君立爲王華陽夫人爲王后子楚爲太子趙亦奉子楚夫人及子政歸秦秦王立一年薨謚爲孝文王太子子楚代立是爲莊襄王莊襄王所養母華陽后爲華陽太后真母夏姬尊以爲夏太后莊襄王元年以呂不韋爲丞相封爲文信侯【索隱】下文尊爲相國案百官表云皆秦官金印紫綬掌丞天子助理萬機秦置左右高帝置一後又更名相國哀帝時更名大司徒食河南洛陽十萬戶【索隱】戰國策曰食藍田十二縣而秦本紀莊襄王元年初置三川郡地理志高祖更名河南此秦代而曰河南者史記後作據漢郡而言之耳莊襄王卽位三年薨太子政立爲王【集解】徐廣曰時年十三尊呂不韋爲相國號稱仲父【正義】仲中也次父也蓋效齊桓公以管仲爲仲父秦王年少太后時時竊私通呂不韋不韋家僮萬人當是時魏有信陵君【正義】年表云秦昭王五十六年平原君卒始皇四年信陵君死始皇九年李園殺春申君孟嘗君當秦昭王二十四年已後而卒最早楚有春申君趙有平原君齊有孟嘗君【正義】王劭云孟嘗春申死已久據表及傳孟嘗春申死稍在前信陵將五國兵攻秦河外正當在莊襄王時不韋已爲相又春申與不韋並時各相向十餘年不得言死之久矣皆下士喜賓客以相傾呂不韋以秦之彊羞不如亦招致士厚遇之至食客三千人是時諸侯多辯士如荀卿之徒著書布天下呂不韋乃使其客人人著所聞集論以爲八覽六論十二紀二十餘萬言【索隱】八覽者有始孝行慎大先識審分審應離俗侍君也六論者開春慎行貴直不苟似順士容也十二紀者記十二月也其書有孟春等紀二十餘萬言三十餘卷也以爲備天地萬物古今之事號曰呂氏春秋布咸陽市門【索隱】地理志右扶風渭城縣故咸陽高帝更名新城武帝更名渭城案咸訓皆其地在渭水之北北阪之南水北曰陽山南亦曰陽皆在二者之陽也懸千金其上延諸侯游士賓客有能增損一字者予千金始皇帝益壯太后淫不止呂不韋恐覺禍及己乃私求大陰人嫪毐以爲舍人時縱倡樂使毐以其陰關桐輪而行【正義】以桐木爲小車輪令太后聞之以啗太后太后聞果欲私得之呂不韋乃進嫪毐詐令人以腐罪告之【正義】上音輔謂宮刑胥靡也不韋又陰謂太后曰可事詐腐則得給事中太后乃陰厚賜主腐者吏詐論之拔其鬚眉爲宦者遂得侍太后太后私與通絕愛之有身太后恐人知之詐卜當避時徙宮居雍【正義】雍故城在岐州雍縣南七里有秦都大鄭宮嫪毐常從賞賜甚厚事皆決於嫪毐嫪毐家僮數千人諸客求宦爲嫪毐舍人千餘人始皇七年莊襄王母夏太后薨孝文王后曰華陽太后與孝文王會葬壽陵【正義】秦孝文王陵在雍州萬年縣東北二十五里夏太后子莊襄王葬芷陽【索隱】芷音止地理志云京兆霸陵縣故芷陽案在長安東也【正義】秦莊襄陵在雍州新豐縣西南三十五里始皇在北故俗亦謂之見子陵故夏太后獨別葬杜東【索隱】杜原之東也【正義】夏太后陵在萬年縣東南三十五里曰東望吾子西望吾夫後百年旁當有萬家邑【索隱】宣帝元康元年起杜陵漢舊儀武昭宣三陵皆三萬戶計去此一百六十餘年始皇九年有告嫪毐實非宦者常與太后私亂生子二人皆匿之與太后謀曰王卽薨以子爲後【集解】駰案說苑曰毐與侍中左右貴臣博飲酒醉爭言而鬬瞋目大叱曰吾乃皇帝之假父也窶人子何敢乃與我亢所與鬬者走行白始皇【索隱】劉氏窶音其矩反今俗本多作屢字蓋相承錯耳不近詞義說苑作窶子言輕諸侍中以爲窮窶家之子也於是秦王下吏治具得情實事連相國呂不韋九月夷嫪毐三族殺太后所生兩子而遂遷太后於雍【索隱】說苑云遷太后咸陽宮地理志雍縣有咸陽宮秦昭王所起也諸嫪毐舍人皆沒其家而遷之蜀【索隱】家謂家生資物並沒於官人口則遷之蜀也王欲誅相國爲其奉先王功大及賓客辯士爲游說者衆王不忍致法秦王十年十月免相國呂不韋及齊人茅焦說秦王秦王乃迎太后於雍歸復咸陽【集解】徐廣曰入南宮而出文信侯就國河南歲餘諸侯賓客使者相望於道請文信侯秦王恐其爲變乃賜文信侯書曰君何功於秦秦封君河南食十萬戶君何親於秦號稱仲父其與家屬徙處蜀呂不韋自度稍侵恐誅乃飲酖而死【集解】徐廣曰十二年【索隱】案皇覽曰不韋冢在河南洛陽北邙道西大冢是也民傳言呂母冢不韋妻先葬故其冢名呂母也秦王所加怒呂不韋嫪毐皆已死乃皆復歸嫪毐舍人遷蜀者始皇十九年太后薨謚爲帝太后【索隱】王劭云秦不用諡法此蓋號耳其義亦當然也始皇稱皇帝之後故有母號爲帝太后豈謂諡列生時之行乎與莊襄王會葬茝陽【集解】徐廣曰一作芷陽

太史公曰不韋及嫪毐貴封號文信侯【索隱】文信侯不韋封也嫪毐封長信侯上文已言不韋封此贊中言嫪毐得寵貴由不韋耳合作長信侯人之告嫪毐毐聞之秦王驗左右未發上之雍郊毐恐禍起乃與黨謀矯太后璽發卒以反蘄年宮【正義】蘄年宮在岐州城西故城內發吏攻毐

毐敗亡走追斬之好畤遂滅其宗【索隱】地理志扶風有好畤縣 而呂不韋由此絀矣孔子之所謂聞者其呂子乎【集解】駰案論語曰夫聞也者色取仁而行違居之不疑在邦必聞在家必聞馬融曰此言佞人也

【索隱】述贊曰不韋釣奇委質子楚華陽立嗣邯鄲獻女及封河南乃號仲父徙蜀懲謗懸金作語籌策既成富貴斯取

史記卷八十五考證

呂不韋列傳至大期時徐廣曰期十二月也○臣照按大期猶詩言誕彌厥月也史以此明始皇之的爲不韋子言及大期而非期乃子楚猶不悟也若如徐廣言期十二月則又何以信其爲不韋子耶

亡赴秦軍遂以得歸○戰國策子楚歸在孝文王立後與此不同

呂不韋乃使其客人人著所聞集論以爲八覽六論十二紀二十餘萬言○高誘序云凡十七萬三千五十四言

史記卷八十六

漢　太　史　令司馬遷　撰

宋　中　郎　外　兵　曹　參　軍裴　駰集解

唐國子博士弘文館學士司馬貞索隱

唐諸王侍讀率府長史張守節正義

刺客列傳第二十六

曹沫者魯人也【索隱】沫音亡葛反左氏穀梁並作曹劌然則沫宜音劌沫劌聲相近而字異耳 以勇力事魯莊公莊公好力曹沫爲魯將與齊戰三敗北魯莊公懼乃獻遂邑之地以和【索隱】左傳齊人滅遂杜預云遂國在濟北蛇邱縣東北也【正義】故城在兗州龔邱縣西北七十六里 猶復以爲將齊桓公許與魯會于柯而盟【索隱】杜預云濟北東阿齊之柯邑猶祝柯今爲祝阿也 桓公與莊公既盟於壇上曹沫執匕首劫齊桓公【索隱】匕音比劉氏云短劍也鹽鐵論以爲長尺八寸其頭類匕故云匕首也此事約公羊爲說然彼無其名直云曹子而已且左傳魯莊十年戰長勺用曹劌謀敗齊而無劫桓公之事十三年盟于柯公羊始論曹子穀梁此年惟云曹劌之盟信齊侯也又不記其行事之時也 桓公左右莫敢動而問曰子將何欲【索隱】公羊傳云管子進曰君何求何休注云桓公卒不能應管仲進爲言之也 曹沫曰齊彊魯弱而大國侵魯亦以甚矣今魯城壞即壓齊境【索隱】齊魯隣接今齊數侵魯魯之城壞即壓近齊之境也 君其圖之桓公乃許盡歸魯之侵地既已言曹沫投其匕首下壇北面就羣臣之位顏色不變辭令如故桓公怒欲倍其約【索隱】倍音佩 管仲曰不可夫貪小利以自快棄信於諸侯失天下之援不如與之於是桓公乃遂割魯侵地曹沫三戰所亡地盡復予魯其後百六十有七年而吳有專諸之事

專諸者吳堂邑人也【索隱】專字亦作鱄音同左傳作鱄設諸地理志臨淮有堂邑縣也 伍子胥之亡楚而如吳也知專諸之能伍子胥既見吳王僚說以伐楚之利吳公子光曰彼伍員父兄皆死於楚而員言伐楚欲自爲報私讎也非能爲吳王乃止伍子胥知公子光之欲殺吳王僚乃曰彼光將有內志未可說以外事【索隱】言其將有內難弒君之志且對外事生文吳世家作知光有他志也 乃進專諸於公子光光之父曰吳王諸樊諸樊弟三人次曰餘祭【索隱】祭音側界反 次曰夷眛【索隱】眛音亡曷反公羊作餘末 次曰季子札諸樊知季子札賢而不立太子以次傳三弟欲卒致國于季子札諸樊既死傳餘祭餘祭死傳夷眛夷眛死當傳季子札季子札逃不肯立吳人乃立夷眛之子僚爲王公子光曰使以兄弟次邪季子當立必以子乎則光眞適嗣當立故嘗陰養謀臣以求立光既得專諸善客待之九年而楚平王死【索隱】春秋昭二十六年楚子居卒是也吳世家云十二年此云九年並誤據表及左傳合在僚之十一年也 春吳王僚欲因楚喪使其二弟公子蓋餘屬庸將兵圍楚之灊【索隱】屬音燭二子僚之弟也左傳作掩餘燭庸掩蓋義同屬燭字相亂耳事在魯昭二十七年地理志廬江有灊縣天柱山在南杜預左傳注云灊楚邑在廬江六縣西南【正義】灊故城在壽州霍山縣東二百步 使延陵季子於晉以觀諸侯之變楚發兵絕吳將蓋餘屬庸路吳兵不得還於是公子光謂專諸曰此時不可失不求何獲且光眞王嗣當立季子雖來不吾廢也專諸曰王僚可殺也母老子弱而兩弟將兵伐楚楚絕其後方今吳外困於楚而內空無骨鯁之臣是無如我何【索隱】左傳直云王可殺也母老子弱是無若我何則是專設諸度僚可殺言其少援助故云無奈我何太史公採其意且據上文因復加以兩弟將兵外困之辭而服虔杜預見左氏下文云我爾身也以其子爲卿遂強解是無如我何猶言我無若是謂專諸欲以老弱託光義非允愜王肅之說亦依史記也 公子光頓首曰光之身子之身也四月丙子光伏甲士於窟室中而具酒請王僚【集解】徐廣曰窟一作空【索隱】僚之十二年夏也吳系家以爲十三年非也左氏經傳雖言夏四月公羊穀梁無其文此與吳系家皆稱丙子當有所據不知出何書左傳云伏甲於窟室杜預謂掘地爲室也所以下文云出其伏甲以攻王 王僚使兵陳自宮至光之家門戶階陛左右皆王僚之親戚也夾立侍皆持長鈹【集解】駰案音披【索隱】兵器也劉逵吳都賦注鈹兩刃小刀 酒既酣公子光詳爲足疾入窟室中【索隱】詳音陽爲如字左傳曰光僞足疾此之詳即僞也或讀爲音僞非也豈詳僞重言耶 使專諸置匕首魚炙之腹中而進之【集解】徐廣曰炙一作炮【正義】炙者夜反 既至王前專諸擘魚因以匕首刺王僚【索隱】刺音七賜反 王僚立死左右亦殺專諸王人擾亂公子光出其伏甲以攻王僚之徒盡滅之遂自立爲王是爲闔閭闔閭乃封專諸之子以爲上卿其後七十餘年而晉有豫讓之事【集解】徐廣曰闔閭元年至三晉滅智伯六十二年讓作襄

豫讓者晉人也【索隱】案此傳所說皆約戰國策文 故嘗事范中行氏而無所知名【索隱】案左傳范氏謂昭子吉射也自士會食邑於范因爲范氏中行氏中行文子荀寅也自荀林父將中行後因以官爲氏 去而事智伯【索隱】案智伯襄子荀瑤也襄子林父弟荀首之後范中行智伯事已具趙系家 智伯甚尊寵之及智伯伐趙襄子趙襄子與韓魏合謀滅智伯滅智伯之後而三分其地趙襄子最怨智伯【索隱】謂初以酒灌後又率韓魏水灌晉陽城不沒者三版故怨深也 漆其頭以爲飲器【索隱】案大宛傳曰匈奴破月支王以其頭爲飲器裴氏注彼引韋昭云飲器椑榼也晉灼曰飲器虎子也皆非椑榼所以盛酒耳非用飲者晉氏以爲褻器者以韓子呂氏春秋並云襄子漆智伯頭爲溲杯故也【正義】劉云酒器也每讌會設之示恨深也按諸先儒說恐非 豫讓遁逃山中曰嗟乎士爲知己者死女爲說己者容今智伯知我我必爲報讎而死以報智伯則吾魂魄不愧矣乃變名姓爲刑人入宮塗廁中挾匕首欲以刺襄子襄子如廁心動執問塗廁之刑人則豫讓內持刀兵曰欲爲智伯報讎左右欲誅之襄子曰彼義人也吾謹避之耳且智伯亡無後而其臣欲爲報讎此天下之賢人也卒釋去之【索隱】卒音足律反 居頃之豫讓又漆身爲厲【集解】駰案音賴【索隱】癘惡瘡病也凡漆有毒近之多患瘡腫若癩病然故豫讓以漆塗身令其若癩耳然厲賴聲相近古多假厲爲癩今之癩字從疒故楚有賴鄉亦作厲字戰國策亦作厲 吞炭爲啞【索隱】啞音烏雅反謂瘖病戰國策云漆身爲厲滅鬚去眉以變其容爲乞人其妻曰狀貌不似吾夫何其音之甚相類也讓遂吞炭以變其音也 使形狀不可知行乞於市其妻不識也行見其友其友識之曰汝非豫讓邪曰我是也其友爲泣曰以子之才委質而臣事襄子襄子必近幸子近幸子乃爲所欲顧不易邪【索隱】欲謂因得殺襄子顧反也邪不定之辭反不易邪言其易也 何乃殘身苦形欲以求報襄子不亦難乎豫讓曰既已委質臣事人而求殺之是懷二心以事其君也且吾所爲者極難耳【索隱】劉氏云謂今爲厲啞也 然所以爲此者將以愧天下後世之爲人臣懷二心以事其君者也【索隱】言寧爲厲而自刑不可求事襄子而行殺則恐傷人臣之義而近賊非忠也 既去頃之襄子當出豫讓伏於所當過之橋下【正義】汾橋下架水在并州晉陽縣東一里 襄子至橋馬驚襄子曰此必是豫讓也使人問之果豫讓也於是襄子乃數豫讓曰子不嘗事范中行氏乎智伯盡滅之而子不爲報讎而反委質臣於智伯智伯亦已死矣而子獨何以爲之報讎之深也豫讓曰臣事范中行氏范中行氏皆衆人遇我我故衆人報之至於智伯國士遇我我故國士報之襄子喟然歎息而泣曰嗟乎豫子子之爲智伯名既成矣而寡人赦子亦已足矣子其自爲計寡人不復釋子使兵圍之豫讓曰臣聞明主不掩人之美而忠臣有死名之義前君已寬赦臣天下莫不稱君之賢今日之事臣固伏誅然願請君之衣而擊之焉以致報讎之意則雖死不恨非所敢望也敢布腹心於是襄子大義之乃使使持衣與豫讓豫讓拔劍三躍而擊之【索隱】戰國策云衣盡出血襄子迴車車輪未周而亡此不言衣出血者太史公恐涉怪妄故畧之耳 曰吾可以下報智伯矣遂伏劍自殺死之日趙國志士聞之皆爲涕泣其後四十餘年而軹有聶政之事【集解】駰案自三晉滅智伯至殺俠累五十七年

聶政者軹深井里人也【索隱】地理志河內有軹縣深井軹縣之里名也【正義】在懷州濟源縣南三十里 殺人避仇與母姊如齊以屠爲事久之濮陽嚴仲子事韓哀侯【索隱】高誘曰嚴遂字仲子案表聶政殺俠累在列侯三年列侯生文侯文侯生哀侯凡更三代哀侯六年爲韓嚴所殺今言仲子事哀侯恐非其實且太史公聞疑傳疑事難的據欲使兩存故表傳各異也 與韓相俠累有郤【索隱】俠音古挾反累音力追反案戰國策俠累名傀也傀相韓嚴遂重於君二人相害也嚴遂舉韓傀之過韓傀叱之於朝嚴遂拔劍趨之以救解是有郤之由也 嚴仲子恐誅亡去游求人可以報俠累者至齊齊人或言聶政勇敢士也避仇隱於屠者之閒嚴仲子至門請數反然後具酒自暢【集解】徐廣曰一作觴【索隱】案戰國策作觴近爲得也【正義】數色吏反 聶政母前酒酣嚴仲子奉黃金百溢前爲聶政母壽聶政驚怪其厚固謝嚴仲子嚴仲子固進而聶政謝曰臣幸有老母家貧客游以爲狗屠可以旦夕得甘毳【集解】駰案此芮反【索隱】鄒氏音脆二義相通也 以養親親供養備不敢當仲子之賜嚴仲子辟人因爲聶政言曰臣有仇而行游諸侯衆矣然至齊竊聞足下義甚高故進百金者將用爲大人麤糲之費【正義】糲猶麤米也脫粟也韋昭云古者名男子爲丈夫尊父嫗爲大人漢書宣元六王傳王遇大人益解爲大人乞骸去按大人憲王外祖母古詩三日斷五疋大人故言遲是也 得以交足下之驩豈敢以有求望邪聶政曰臣所以降志辱身居市井屠者徒幸以養老母老母在政身未敢以許人也【索隱】禮記云父母存不許友以死 嚴仲子固讓聶政竟不肯受也然嚴仲子卒備賓主之禮而去久之聶政母死既已葬除服聶政曰嗟乎政乃市井之人【正義】古者相聚汲水有物便賣因成市故云市井 鼓刀以屠而嚴仲子乃諸侯之卿相也不遠千里枉車騎而交臣臣之所以待之至淺鮮矣未有大功可以稱者而嚴仲子奉百金爲親壽我雖不受然是者徒深知政也夫賢者以感忿睚眦之意而親信窮僻之人而政獨安得嘿然而已乎且前日要政政徒以老母老母今以天年終政將爲知己者用乃遂西至濮陽見嚴仲子曰前日所以不許仲子者徒以親在今不幸而母以天年終仲子所欲報仇者爲誰請得從事焉嚴仲子具告曰臣之仇韓相俠累俠累又韓君之季父也宗族盛多居處兵衞甚設臣欲使人刺之衆終莫能就今足下幸而不棄請益其車騎壯士可爲足下輔翼者聶政曰韓之與衞相去中閒不甚遠【索隱】高誘曰韓都潁川陽翟衞都東郡濮陽故曰相去不甚遠也 今殺人之相相又國君之親此其勢不可以多人

多人不能無生得失，【索隱】戰國策作「無生情」，言所將人多，或生異情，故語泄。此云「生得」，言將人多往殺俠累，後有被生擒而事泄，亦兩俱通也。生得失則語泄，語泄是韓舉國而與仲子為讎，【集解】徐廣曰：一作「難」。【索隱】戰國策譙周亦同。豈不殆哉！」遂謝車騎人徒，聶政乃辭獨行。杖劍至韓，韓相俠累方坐府上，持兵戟而衛侍者甚衆。聶政直入，上階刺殺俠累，【集解】徐廣曰：韓列侯三年三月，盜殺韓相俠累。俠累名傀。戰國策曰有東孟之會。又云聶政刺韓傀，兼中哀侯。【索隱】戰國策云政直入上階刺韓傀，傀走而抱哀侯，聶政刺之，兼中哀侯。高誘云東孟，地名也。左右大亂。聶政大呼，所擊殺者數十人，因自皮面決眼，【索隱】皮面謂以刀剺其面皮，欲令人不識。決眼謂出其眼睛。戰國策作「抉眼」，此決亦通。音烏穴反。自屠出腸，遂以死。韓取聶政屍暴於市，【正義】暴，蒲酷反。購問莫知誰子。於是韓縣之，有能言殺相俠累者予千金。久之莫知也。

政姊榮【集解】駰案：一作「嫈」。【索隱】榮，其姊名也。戰國策無「榮」字。聞人有刺殺韓相者，賊不得，國不知其名姓，暴其屍而縣之千金，乃於邑曰：【索隱】劉氏云：「於邑，煩冤愁苦也。」「其是吾弟與？嗟乎，嚴仲子知吾弟！」立起，如韓之市，而死者果政也，伏屍哭極哀，曰：「是軹深井里所謂聶政者也。」市行者諸衆人皆曰：「此人暴虐吾國相，王縣購其名姓千金，夫人不聞與？何敢來識之也？」榮應之曰：「聞之。然政所以蒙污辱自棄於市販之閒者，為老母幸無恙，【索隱】爾雅云：「恙，憂也。」楚辭云：「還及君之無恙。」風俗通云：「恙，病也。凡人相見及通書，皆云無恙。」又易傳云：上古之時，草居露宿。恙，噬蟲也，善食人心，俗悉患之，故相勞云無恙。恙非病也。妾未嫁也。親既以天年下世，妾已嫁夫，嚴仲子乃察舉吾弟困污之中而交之，澤厚矣，可奈何！士固為知己者死，今乃以妾尚在之故，重自刑以絕從，【集解】徐廣曰：恐其姊從坐而死。【索隱】重音持用反。重猶復也。為人報讎死，乃自以妾故復自刑其身，令人不識也。從音蹤。古字少，假借，故無足旁。而徐氏以為從坐，非也。劉氏亦音足松反。【正義】重，直龍反。自刑，作刑。說文云：刑，剄也。按：重猶憂惜也。本為嚴仲子報仇，訖，愛惜其事，不令漏泄，以絕其蹤跡。其姊妄云云為己，隱誤矣。妾其奈何畏歿身之誅，終滅賢弟之名！」大驚韓市人。乃大呼天者三，卒於邑悲哀而死政之旁。

晉、楚、齊、衛聞之，皆曰：「非獨政能也，乃其姊亦烈女也。鄉使政誠知其姊無濡忍之志，不重暴骸之難，【索隱】濡，潤也。人性濕潤則能含忍，故云濡忍。若勇躁則必輕死也。重難，並如字。重猶惜也。言不惜暴骸之為難也。必絕險千里以列其名，姊弟俱僇於韓市者，亦未必敢以身許嚴仲子也。嚴仲子亦可謂知人能得士矣！」

其後二百二十餘年秦有荊軻之事。【集解】徐廣曰：聶政至荊軻百七十年。【索隱】徐氏據六國年表而言，則謂此傳率略而言二百餘年，亦當時為不能細也。【正義】按年表從始皇二十三年至韓景侯三百七十年，若至哀侯六年六百四十三年。

荊軻者，衛人也。【索隱】贊論稱公孫季功、董生為余道之，此傳雖約戰國策而亦別記異聞。其先乃齊人，徙於衛，衛人謂之慶卿。【索隱】軻先齊人，齊有慶氏，則或本姓慶。春秋慶封，其後改姓賀。此亦至衛而改姓荊。荊、慶聲相近，故隨在國而異其號也。卿者，時人尊重之號，猶如相尊美而稱子然也。而之燕，燕人謂之荊卿。

荊卿好讀書擊劍，【集解】駰案：呂氏劍技曰持短入長，倏忽縱橫。以術說衛元君，衛元君不用。其後秦伐魏，置東郡，徙衛元君之支屬於野王。【正義】懷州河內縣。

荊軻嘗游過榆次，【正義】并州縣也。與蓋聶論劍，【索隱】蓋音古臘反。蓋，姓；聶，名。蓋聶怒而目之。荊軻出，人或言復召荊卿。蓋聶曰：「曩者吾與論劍有不稱者，吾目之；試往，是宜去，不敢留。」使使往之主人，荊卿則已駕而去榆次矣。使者還報，蓋聶曰：「固去也，吾曩者目攝之！」【索隱】攝猶整也。謂不稱己意，因怒視以攝整之也。【正義】攝猶視也。

荊軻游於邯鄲，魯句踐與荊軻博，爭道，【索隱】魯，姓；句踐，名也。與越王同，或有意義。俗本踐作賤，非也。魯句踐怒而叱之，荊軻嘿而逃去，遂不復會。

荊軻既至燕，愛燕之狗屠及善擊筑者高漸離。【索隱】筑似琴，有弦，用竹擊之，取以為名。漸音如字。【正義】音子廉反。荊軻嗜酒，日與狗屠及高漸離飲於燕市，酒酣以往，高漸離擊筑，荊軻和而歌於市中，相樂也，已而相泣，旁若無人者。荊軻雖游於酒人乎，【集解】徐廣曰：飲酒之人。然其為人沈深好書；其所游諸侯，盡與其賢豪長者相結。其之燕，燕之處士田光先生亦善待之，知其非庸人也。

居頃之，會燕太子丹質秦亡歸燕。燕太子丹者，故嘗質於趙，而秦王政生於趙，其少時與丹驩。及政立為秦王，而丹質於秦。秦王之遇燕太子丹不善，故丹怨而亡歸。歸而求為報秦王者，國小，力不能。其後秦日出兵山東以伐齊、楚、三晉，稍蠶食諸侯，且至於燕，燕君臣皆恐禍之至。太子丹患之，問其傅鞠武。【索隱】鞠音麴，又如字。人姓名也。武對曰：「秦地徧天下，威脅韓、魏、趙氏，北有甘泉、谷口之固，南有涇、渭之沃，擅巴、漢之饒，右隴、蜀之山，左關、殽之險，民衆而士厲，兵革有餘。意有所出，則長城之南，易水以北，【正義】謂燕國也。未有所定也。奈何以見陵之怨，欲批其逆鱗哉！」【集解】駰案：批音白結反。【索隱】批謂觸擊之。丹曰：「然則何由？」對曰：「請入圖之。」

居有閒，秦將樊於期得罪於秦王，亡之燕，太子受而舍之。鞠武諫曰：「不可。夫以秦王之暴而積怒於燕，足為寒心，【索隱】凡人寒甚則心戰，恐懼亦戰。今以懼譬寒，言可為心戰。又況聞樊將軍之所在乎？是謂『委肉當餓虎之蹊』也，禍必不振矣！【索隱】振，救也。言禍大而不可救也。雖有管、晏，不能為之謀也。願太子疾遣樊將軍入匈奴以滅口。請西約三晉，南連齊、楚，北購於單于，【索隱】戰國策「購」作「講」，和也。今讀購與媾同，媾，合也。漢史媾、講兩字常雜。今言欲為燕北與匈奴連和也。陳軫傳亦曰西購於秦也。其後迺可圖也。」太子曰：「太傅之計，曠日彌久，心惛然，【正義】惛音昏。恐不能須臾。且非獨於此也，夫樊將軍窮困於天下，歸身於丹，丹終不以迫於彊秦而棄所哀憐之交，置之匈奴，是固丹命卒之時也。願太傅更慮之。」鞠武曰：「夫行危欲求安，造禍而求福，計淺而怨深，連結一人之後交，不顧國家之大害，此謂『資怨而助禍』矣。夫以鴻毛燎於爐炭之上，必無事矣。且以鵰鷙之秦，行怨暴之怒，豈足道哉！燕有田光先生，其為人智深而勇沈，可與謀。」太子曰：「願因太傅而得交於田先生，可乎？」鞠武曰：「敬諾。」出見田先生，道「太子願圖國事於先生」也。田光曰：「敬奉教。」乃造焉。

太子逢迎，卻行為導，跪而襒席。【集解】徐廣曰：襒，一作「拂」，一作「拭」。【索隱】襒音疋結反。襒猶拂也。田光坐定，左右無人，太子避席而請曰：「燕秦不兩立，願先生留意也。」田光曰：「臣聞騏驥盛壯之時，一日而馳千里；至其衰老，駑馬先之。今太子聞光盛壯之時，不知臣精已消亡矣。雖然，光不敢以圖國事，所善荊卿可使也。」【正義】燕太子篇云田光答曰：竊觀太子客無可用者：夏扶，血勇之人，怒而面赤；宋意，脈勇之人，怒而面青；武陽，骨勇之人，怒而面白；光所知荊軻，神勇之人，怒而色不變。太子曰：「願因先生得結交於荊卿，可乎？」田光曰：「敬諾。」即起，趨出。太子送至門，戒曰：「丹所報，先生所言者，國之大事也，願先生勿泄也！」田光俛而笑曰：「諾。」【正義】俛音俯。僂行見荊卿，曰：「光與子相善，燕國莫不知。今太子聞光壯盛之時，不知吾形已不逮也，幸而教之曰『燕秦不兩立，願先生留意也』。光竊不自外，言足下於太子也，願足下過太子於宮。」荊軻曰：「謹奉教。」田光曰：「吾聞之，長者為行，不使人疑之。今太子告光曰『所言者，國之大事也，願先生勿泄』，是太子疑光也。夫為行而使人疑之，非節俠也。」欲自殺以激荊卿，曰：「願足下急過太子，言光已死，明不言也。」因遂自刎而死。

荊軻遂見太子，言田光已死，致光之言。太子再拜而跪，膝行流涕，有頃而後言曰：「丹所以誡田先生毋言者，欲以成大事之謀也。今田先生以死明不言，豈丹之心哉！」荊軻坐定，太子避席頓首曰：「田先生不知丹之不肖，使得至前，敢有所道，此天之所以哀燕而不棄其孤也。【索隱】案：無父稱孤。時燕王尚在，而丹稱孤者，或記者失辭，或諸侯嫡子時亦僭稱孤也。又劉向云丹，燕王喜之太子。今秦有貪利之心，而欲不可足也。非盡天下之地，臣海內之王者，其意不厭。今秦已虜韓王，盡納其地。又舉兵南伐楚，北臨趙；王翦將數十萬之衆距漳、鄴，而李信出太原、雲中。趙不能支秦，必入臣，入臣則禍至燕。燕小弱，數困於兵，今計舉國不足以當秦。諸侯服秦，莫敢合從。丹之私計愚，以為誠得天下之勇士使於秦，闚以重利；【索隱】闚，視也。言以利誘之也。秦王貪，【索隱】絕句。其勢必得所願矣。誠得劫秦王，使悉反諸侯侵地，若曹沫之與齊桓公，則大善矣；則不可，因而刺殺之。彼秦大將擅兵於外而內有亂，則君臣相疑，以其間諸侯得合從，其破秦必矣。此丹之上願，而不知所委命，唯荊卿留意焉。」久之，荊軻曰：「此國之大事也，臣駑下，恐不足任使。」太子前頓首，固請毋讓，然後許諾。於是尊荊卿為上卿，舍上舍。太子日造門下，供太牢具，異物間進，車騎美女恣荊軻所欲，以順適其意。【索隱】燕太子篇曰：軻與太子遊東宮池，軻拾瓦投龜，太子金丸進之。又共乘千里馬，軻曰馬肝美，即殺馬進肝。太子與樊將軍置酒於華陽臺，出美人能鼓琴，軻曰「好手也」，斷以玉盤盛之。軻曰「太子遇軻甚厚」是也。

久之，荊軻未有行意。秦將王翦破趙，虜趙王，盡收入其地，進兵北略地至燕南界。太子丹恐懼，乃請荊軻曰：「秦兵旦暮渡易水，則雖欲長侍足下，豈可得哉！」荊軻曰：「微太子言，臣願謁之。今行而毋信，則秦未可親也。夫樊將軍，秦王購之金千斤，邑萬家。誠得樊將軍首與燕督亢之地圖，【集解】徐廣曰：方城縣有督亢亭。駰案：劉向別錄曰督亢，膏腴之地。【索隱】地理志廣陽國有薊縣。司馬彪郡國志曰薊縣方城有督亢亭。徐說是也。【正義】督亢坡在幽州范陽縣東南十里。今固安縣南有督亢陌，幽州南界。奉獻秦王，秦王必說見臣，臣乃得有以報太子。」太子曰：「樊將軍窮困來歸丹，丹不忍以己之私而傷長者之意，願足下更慮之！」

荊軻知太子不忍，乃遂私見樊於期曰：「秦之遇將軍可謂深矣，父母宗族皆為戮沒。今聞購將軍首金千斤，邑萬家，將奈何？」於期仰天太息流涕曰：「於期每念之，常痛於骨髓，顧計不知所出耳！」荊軻曰：「今有一言可以解燕國之患，報將軍之仇者，何如？」於期乃前曰：「為之奈何？」荊軻曰：「願得將軍之首以獻秦王，秦王必喜而見臣，臣左手把其袖，右手揕其匈，【集解】徐廣曰：揕音張鴆切。一作「抗」。【索隱】揕謂以劍刺其匈也。抗音苦浪反，言抗拒也。其義非。然則將軍之仇報而燕見陵之愧除矣。將軍豈有意乎？」樊於期偏袒搤捥而進【集解】徐廣曰：捥，一作「捾」。【索隱】搤音烏革反。捥音烏亂反。字書作掔。掔後曰腕。勇者奮厲，必先以左手扼右腕也。曰：「此臣之日夜切齒腐心也，【索隱】切齒，齒相磨切也。爾雅曰：治骨曰切。腐音輔。腐亦爛也。猶今人事不可忍云腐爛然，皆奮怒之意。乃今得聞教！」遂自剄。太子聞之，馳往，伏屍而哭，極哀。既已不可奈何，乃遂盛樊於期首函封之。

於是太子豫求天下之利匕首，得趙人徐夫人匕首，【集解】徐廣曰：徐，一作「陳」。【索隱】徐，姓；夫人，名。謂男子也。取之百金，使工以藥淬之，【索隱】淬，染也。音忽潰反。謂以毒藥染劍鍔也。以試人，血濡縷，人無不立死者。【集解】駰案：言以匕首試人，人血出，足以沾濡絲縷，便立死也。乃裝為遣荊卿。燕國有勇士秦舞陽，年十三，殺人，人不敢忤視。【索隱】忤者，逆也。音五故反。不敢逆視，言人畏之甚也。乃令秦舞陽為副。荊軻有所待，欲與俱；其人居遠未來，而為治行。頃之，未發，太子遲之，疑其改悔，乃復請曰：「日已盡矣，荊卿豈有意哉？丹請得先遣秦舞陽。」荊軻怒，叱太子曰：「何太子之遣？往而不反者，豎子也！且提一匕首入不測之彊秦，僕所以留者，待吾客與俱。今太子遲之，請辭決矣！」遂發。

太子及賓客知其事者，皆白衣冠以送之。至易水之上，既祖，取道，【正義】易州在幽州歸義縣界。高漸離擊筑，荊軻和而歌，為變徵之聲，【正義】徵，知雉反。士皆垂淚涕泣。又前而歌曰：「風蕭蕭兮易水寒，壯士一去兮不復還！」復為羽聲忼慨，士皆瞋目，髮盡上指冠。於是荊軻就車而去，終已不顧。

遂至秦，持千金之資幣物，厚遺秦王寵臣中庶子蒙嘉。嘉為先言於秦王曰燕王誠振怖大王之威不敢舉兵以逆軍吏願舉國爲內臣比諸侯之列給貢職如郡縣而得奉守先王之宗廟恐懼不敢自陳謹斬樊於期之頭及獻燕督亢之地圖函封燕王拜送于庭使使以聞大王唯大王命之秦王聞之大喜乃朝服設九賓[正義]劉云設文物大備卽謂九賓不得以周禮九賓義爲釋見燕使者咸陽宮[正義]三輔黃圖云秦始兼天下都咸陽因北陵營宮殿制紫宮象帝居渭水貫都以象天漢橫橋南度以法牽牛荊軻奉樊於期頭函而秦舞陽奉地圖匣以次進[索隱]匣音戶甲反匣亦函也至陛秦舞陽色變振恐羣臣怪之荊軻顧笑舞陽前謝曰北蕃蠻夷之鄙人未嘗見天子故振慴願大王少假借之使得畢使於前秦王謂軻曰取武陽所持地圖軻既取圖奏之秦王發圖圖窮而匕首見因左手把秦王之袖而右手持匕首揕之未至身秦王驚自引而起袖絶拔劒劒長操其室[索隱]室謂鞘也[正義]燕太子篇云左手揕其胸秦王曰今日之事從子計耳乞聽琴而死召姬人鼓琴琴聲曰羅縠單衣可裂而絶八尺屏風可超而越鹿盧之劒可負而拔王於是奮袖超屏風走之時惶急劒堅故不可立拔荊軻逐秦王秦王環柱而走羣臣皆愕卒起不意盡失其度而秦法羣臣侍殿上者不得持尺寸之兵諸郎中執兵皆陳殿下[索隱]諸郎中若今宿衛之官非有詔召不得上方急時不及召下兵以故荊軻乃逐秦王而卒惶急無以擊軻而以手共搏之是時侍醫夏無且[索隱]且音卽餘反以其所奉藥囊提荊軻也[正義]提姪帝反秦王方環柱走卒惶急不知所爲左右乃曰王負劒[索隱]王劭曰古者帶劒上長拔之不出室欲王推之於背令前短易拔故云王負劒負劒遂拔以擊荊軻斷其左股荊軻廢乃引其匕首以擿秦王[索隱]擿與擲同古字耳音持益反不中中銅柱[正義]燕太子云荊軻拔匕首擿秦王決耳入銅柱火出秦王復擊軻軻被八創軻自知事不就倚柱而笑箕倨以罵曰事所以不成者以欲生劫之必得約契以報太子也[集解]駰案漢鹽鐵論曰荊軻懷數年之謀而事不就者尺八匕首不足恃也秦王操於不意列斷賁育者介七尺之利也於是左右既前殺軻秦王不怡者良久已而論功賞羣臣及當坐者各有差而賜夏無且黃金二百鎰曰無且愛我乃以藥囊提荊軻也於是秦王大怒益發兵詣趙詔王翦軍以伐燕十月而拔薊城燕王喜太子丹等盡率其精兵東保於遼東秦將李信追擊燕王急代王嘉乃遺燕王喜書曰秦所以尤追燕急者以太子丹故也今王誠殺丹獻之秦王秦王必解而社稷幸得血食其後李信追丹丹匿衍水中[索隱]水名在遼東燕王乃使使斬太子丹欲獻之秦秦復進兵攻之後五年秦卒滅燕虜燕王喜其明年秦并天下立號爲皇帝於是秦逐太子丹荊軻之客皆亡高漸離變名姓爲人庸保匿作於宋子[集解]徐廣曰縣名也今屬鉅鹿[索隱]欒布傳曰賣庸於齊爲酒家人漢書作酒家保案謂庸作於酒家言可保信故曰庸保鶡冠子曰伊尹酒保也徐注云宋子縣名屬鉅鹿者據地理志而知也[正義]宋子故城在邢州平鄉縣北三十里久之作苦聞其家堂上客擊筑傍偟不能去每出言曰彼有善有不善從者以告其主[索隱]謂主人家之左右也曰彼庸乃知音竊言是非家大人召使前擊筑[索隱]劉氏云謂主人翁也又韋昭云古名男子爲丈夫尊父嫗爲大人故漢書宣元六王傳所云大人謂淮陽憲王外王母卽張博母也故古詩云三日斷五疋大人故言遲是也一坐稱善賜酒而高漸離念久隱畏約無窮時[索隱]約謂貧賤儉約既爲庸保常畏人故云畏約所以論語云不可與久處約也乃退出其裝匣中筑與其善衣更容貌而前舉坐客皆驚下與抗禮以爲上客使擊筑而歌客無不流涕而去者宋子傳客之[集解]徐廣曰互以爲客聞於秦始皇秦始皇召見人有識者乃曰高漸離也秦皇帝惜其善擊筑重赦之乃矐其目[集解]駰案矐音海各反[索隱]一音角說者云以馬屎燻令失明使擊筑未嘗不稱善稍益近之高漸離乃以鉛置筑中[索隱]案劉氏云以鉛爲挺著筑中令重以擊人復進得近舉筑扑秦皇帝[索隱]扑音普卜反扑擊也不中於是遂誅高漸離終身不復近諸侯之人魯勾踐已聞荊軻之刺秦王私曰嗟乎惜哉其不講於刺劒之術也[索隱]案不講謂不論習之甚矣吾不知人也曩者吾叱之彼乃以我爲非人也

太史公曰世言荊軻其稱太子丹之命天雨粟馬生角也[索隱]燕丹求歸秦王曰烏頭白馬生角乃許耳丹乃仰天歎烏頭卽白馬亦生角風俗通及論衡皆有此說仍云廄門木烏生肉足也大過又言荊軻傷秦王皆非也始公孫季功董生與夏無且游具知其事爲余道之如是自曹沫至荊軻五人此其義或成或不成然其立意較然[索隱]較明也不欺其志名垂後世豈妄也哉

[索隱]述贊曰曹沫盟柯返魯侵地專諸進炙定吳篡位彰弟哭市報主塗廁刎頸申冤操袖行事暴秦奪魄懦夫增氣

史記卷八十六考證

刺客列傳曹沫者魯人也索隱沫音亡葛反左氏穀梁竝作曹劌然則沫宜音劌沫劌聲相近而字異耳○臣照按沫劌聲近而字異猶申包胥之爲棼冒勃蘇耳必音沫爲劌反涉牽混三傳不一其說傳疑可也蘇子古史據左傳問戰事謂沫蓋知義者安肯身爲刺客則直以劌爲沫未免武斷呂氏春秋曰柯之會莊公與曹劌皆懷劍至於壇上莊公左搏桓公右抽劍以自承管仲鮑叔進曹劌按劍當兩陛之間曰二君將改圖毋或進者桓公許之封於汶南乃盟而歸按此則以沫爲劌之証而字又小異胡非子曹劌匹夫之士一怒而劫桓公萬乘之主反魯侵地亦以爲曹劌

光伏甲士於窟室中○窟左傳作掘吳越春秋作窋

闔閭乃封專諸之子以爲上卿○吳越春秋作拜爲客卿

豫讓拔劍三躍而擊之索隱戰國策云衣盡出血襄子迴車車輪未周而亡○國策無此文國策補注曰或以其怪而刪之歟

濮陽嚴仲子事韓哀侯○臣照按韓世家列侯三年聶政殺韓相俠累十三年列侯卒子文侯立十年卒子哀侯立六年韓嚴弒其君哀侯聶政之刺俠累與哀侯之殺相去遠矣而聶政傳乃謂嚴仲子事哀侯與韓相俠累有郤使政刺累與世家不合蓋其氏偶同故刺客傳誤以爲哀侯之時

臣所以降志辱身○秦藩本此下有索隱言其心志與身本應高潔今乃卑下其志屈辱其身論語孔子謂柳下惠降志辱身是也共三十四字

多人不能無生得失索隱戰國策作無生情言所將人多或生異情故語泄也○戰國策補注曰今本無此文

嚴仲子乃察舉吾弟困汚之中○秦藩本此下有索隱案察謂觀察有志行乃舉之劉氏云察猶選也共十八字

晉楚齊衛聞之○列女傳云晉趙楚衛聞之

其從二百二十餘年秦有荊軻之事正義按年表從始皇二十三年至韓景侯三百七十年若至哀侯六年六百四十三年○臣照按年表自韓景侯元年癸酉至秦始皇二十年甲戌共一百八十二年自列侯三年甲申盜殺俠累至始皇甲戌荊軻刺王共一百七十一年自哀侯六年庚戌韓嚴弒其君至始皇甲戌共一百四十五年正義不知如何計算蓋傳寫訛謬多矣

連結一人之後交○臣照按後疑應作厚夫與國家之大患相較固不當論交之先後也况丹與樊於期交必舊矣何以云後也且是後非厚則晉唐以來必有注釋今皆無之可知爲厚字之訛也

跪而蔽席徐廣曰蔽一作撥一作抹○蔽疑作襒音蹩孟荀列傳平原君側行襒席

爲人庸保索隱欒布傳曰賣庸於齊爲酒家人漢書作酒家保○欒布傳云賃傭於齊爲酒人保索隱所據或有別本耶

史記卷八十七

漢　太　史　令司馬遷　撰

宋　中　郎　外　兵　曹　參　軍　裴　駰集解

唐　國　子　博　士　弘　文　館　學　士　司　馬　貞索隱

唐　諸　王　侍　讀　率　府　長　史　張　守　節正義

李斯列傳第二十七

李斯者楚上蔡人也[索隱]地理志汝南有上蔡縣云古蔡國周武王弟叔度所封至十八代平侯徙新蔡二代至昭侯徙上蔡屬沛六國時爲楚地故曰楚上蔡也年少時爲郡小史[索隱]郡一作鄉劉氏云掌鄉內文書見吏舍廁中鼠食不潔近人犬數驚恐之斯入倉觀倉中鼠食積粟居大廡之下不見人犬之憂於是李斯乃歎曰人之賢不肖譬如鼠矣在所自處耳乃從荀卿學帝王之術學已成度楚王不足事而六國皆弱無可爲建功者欲西入秦辭於荀卿曰斯聞得時無怠今萬乘方爭時游者主事[索隱]言萬乘爭雄之時游說者可以立功成名當得典主事務也劉氏云游歷諸侯當覓彊主以事之於文紆迴非也今秦王欲吞天下稱帝而治此布衣馳騖之時而游說者之秋也[正義]言秋時萬物成熟今爭彊時亦說士成熟時處卑賤之位而計不爲者此禽鹿視肉人面而能彊行者耳[索隱]禽鹿猶禽獸也言禽獸但知視肉而食之莊子及蘇子曰人而不學譬之視肉而食揚子法言曰人而不學如禽何言不假游說取榮貴卽如禽獸徒有人面而能彊行也故詬莫大於卑賤[正義]詬呼后反恥辱也而悲莫甚於窮困久處卑賤之位困苦之地非世而惡利自託於無爲此非士之情也[索隱]非者譏也所謂處士橫議之時也[正義]言譏世富貴惡其榮利自託於無爲者非士人之情實力不能致此也故斯將西說秦王矣至秦會莊襄王卒李斯乃求爲秦相文信侯呂不韋舍人不韋賢之任以爲郎李斯因以得說說秦王曰胥人者去其幾也[索隱]胥人猶胥吏小人也去猶失也幾者動之微以言君子見幾而作不俟終日小人不識動徵之會故每失時也劉氏解幾爲彊非也[正義]胥相也幾謂察也言關東六國與秦相敵者君臣機密並有瑕釁可成大功而遂忍之也成大功者在因瑕釁而遂忍之[索隱]言因諸侯有瑕釁則忍心而翦除故我將說秦以并天下也昔者秦穆公之霸終不東并六國者何也諸侯尚衆周德未衰故五伯迭興更尊周室自秦孝公以來周室卑微諸侯相兼關東爲六國秦之乘勝役諸侯蓋六世矣[正義]秦孝公惠文王武王昭王孝文王莊襄王今諸侯服秦譬若郡縣夫以秦之彊大王之賢由竈上騷除[集解]徐廣曰騷音埽[索隱]言秦欲并天下若炊婦埽除竈上之不淨不足爲難也足以滅諸侯成帝業爲天下一統此萬世之一時也今怠而不急就諸侯復彊相聚約從雖有黃帝之賢不能并也秦王乃拜斯爲長史聽其計陰遣謀士齎持金玉以游說諸侯諸侯名士可下以財者厚遺結之不肯者利劍刺之離其君臣之計秦王乃使其良將隨其後秦王拜斯爲客卿會韓人鄭國來間秦以作注溉渠[正義]鄭國渠首起雍州雲陽縣西南二十

五里自山邸瓠口爲渠傍北山東注洛三百餘里以溉田又曰韓苦秦兵而使水工鄭國間秦作注溉渠令費人工不東伐也已而覺秦宗室大臣皆言秦王曰諸侯人來事秦者大抵爲其主游間於秦耳請一切逐客【索隱】一切猶一例言盡逐之也言切者譬若利刀之割一運斤無不斷者解漢書者以一切爲權時義亦未爲得也李斯議亦在逐中斯乃上書曰【正義】在始皇十年臣聞吏議逐客竊以爲過矣昔繆公求士西取由余於戎東得百里奚於宛【索隱】秦本紀云晉獻公以百里奚爲秦穆公夫人媵於秦奚亡走宛楚鄙人執之是也【正義】新序云百里奚楚宛人仕於虞虞亡入秦號五羖大夫也迎蹇叔於宋【索隱】秦紀又云百里奚謂穆公曰臣不如臣友蹇叔蹇叔賢而世莫知穆公厚幣迎之以爲上大夫今云於宋未詳所出【正義】括地志云蹇叔岐州人時遊宋故迎之於宋求丕豹公孫支於晉【索隱】丕豹自晉奔秦左氏傳有明文公孫支所謂子桑也是秦大夫而云自晉以來亦未見其所出【正義】括地志云公孫支岐州人游晉後歸秦此五子者不產於秦而繆公用之并國二十遂霸西戎【索隱】秦本紀穆公用由余謀伐戎王益國十二開地千里遂霸西戎此都言五子之功故云并國二十或易爲十二誤也孝文用商鞅之法移風易俗民以殷盛國以富彊百姓樂用諸侯親服獲楚魏之師舉地千里至今治彊惠王用張儀之計拔三川之地西并巴蜀【索隱】案惠王時張儀爲相請伐韓下兵三川以臨二周司馬錯請伐蜀惠王從之果滅蜀儀死後武王欲通車三川令甘茂拔宜陽今並云張儀者以儀爲秦相雖錯滅蜀甘茂通三川皆歸功於相又三川是儀先請伐故也北收上郡【正義】惠王十年魏納上郡十五縣南取漢中【正義】惠王十三年攻楚漢中取地六百里包九夷制鄢郢【索隱】九夷即屬楚之夷也地理志南郡江陵縣云故楚郢都又宜城縣云故鄢郢也【正義】夷謂并巴蜀收上郡取漢中伐義渠丹犂是也九夷本東夷九種此言者文體然也東據成皋之險【正義】河南府汜水縣也割膏腴之壤遂散六國之從使之西面事秦功施到今昭王得范雎廢穰侯逐華陽【集解】徐廣曰華一作葉彊公室杜私門蠶食諸侯使秦成帝業此四君者皆以客之功由此觀之客何負於秦哉向使四君卻客而不內疏士而不用是使國無富利之實而秦無彊大之名也今陛下致昆山之玉【正義】昆岡在于闐國東北四百里其岡出玉有隨和之寶【正義】括地志云濆山一名昆山二名斷蛇丘在隨州隨縣北二十五里說苑云昔隨侯行遇大蛇中斷疑其靈使人以藥封之蛇乃能去因號其處爲斷蛇丘歲餘蛇銜明珠徑寸絕白而有光因號隨珠卞和璧始皇以爲傳國璽也垂明月之珠服太阿之劍【集解】駰案見蘇秦傳乘纖離之馬【集解】徐廣曰纖離蒲稍皆駿馬名【索隱】徐氏據孫卿子而爲說建翠鳳之旗樹靈鼉之鼓【集解】鄭玄注月令云鼉皮可以冒鼓此數寶者秦不生一焉而陛下說之何也必秦國之所生然後可則是夜光之璧不飾朝廷犀象之器不爲玩好鄭衞之女不充後宮而駿良駃騠不實外廄【索隱】駃音決騠音提周書曰正北以駃騠爲獻廣雅曰馬屬也郭景純注上林賦云生三日而超其母也江南金錫不爲用西蜀丹青不爲采所以飾後宮充下陳【索隱】下陳猶後列也晏子曰有二女願得入身於下陳是也娛心意說耳目者必出於秦然後可則是宛珠之簪傅璣之珥【索隱】宛音於阮反傅音附即隨珠也宛者謂以珠宛轉而裝其簪傅者謂以璣附著於珥珥者瑱也璣是珠之不圓者或云宛珠宛地之珠也隨在漢水之南宛亦近漢故曰宛珠璣者女飾也言女傳之珥以璣爲之並非

秦所有物也阿縞之衣錦繡之飾【集解】徐廣曰齊之東阿縣繒帛所出不進於前而隨俗雅化【集解】徐廣曰隨俗一作修使【索隱】謂閑雅變化而能隨俗也佳冶窈窕趙女不立於側也夫擊甕叩缻彈箏搏髀而歌呼嗚嗚快耳目者眞秦之聲也【索隱】說文云甕汲缻也音於貢反缶瓦器也秦人鼓之以節樂缻音甫有反鄭衞桑間昭虞武象者【索隱】昭一作韶異國之樂也今棄擊甕叩缻而就鄭衞退彈箏而取昭虞若是者何也快意當前適觀而已矣今取人則不然不問可否不論曲直非秦者去爲客者逐然則是所重者在乎色樂珠玉而所輕者在乎人民也此非所以跨海內制諸侯之術也臣聞地廣者粟多國大者人衆兵彊則士勇是以太山不讓土壤故能成其大河海不擇細流故能就其深王者不卻衆庶故能明其德【索隱】管子云海不辭水故能成其大泰山不辭土石故能成其高文子曰聖人不讓負薪之言以廣其名也是以地無四方民無異國四時充美鬼神降福此五帝三王之所以無敵也今乃棄黔首以資敵國【索隱】資猶給也卻賓客以業諸侯使天下之士退而不敢西向裹足不入秦此所謂藉寇兵而齎盜糧者也【索隱】藉音積夜反齎音子奚反說文曰齎持遺也齎或爲資義亦通夫物不產於秦可寶者多士不產於秦而願忠者衆今逐客以資敵國損民以益讎內自虛而外樹怨於諸侯求國無危不可得也秦王乃除逐客之令復李斯官【集解】駰案新序曰斯在逐中道上上諫書達始皇始皇使人逐至驪邑得還卒用其計謀官至廷尉二十餘年竟并天下尊王爲皇帝以斯爲丞相夷郡縣城銷其兵刃示不復用使秦無尺土之封不立子弟爲王功臣爲諸侯者使後無戰攻之患始皇三十四年置酒咸陽宮博士僕射周青臣等頌稱始皇威德齊人淳于越進諫曰臣聞之殷周之王千餘歲封子弟功臣自爲支輔今陛下有海內而子弟爲匹夫卒有田常六卿之患臣無輔拂何以相救哉事不師古而能長久者非所聞也今青臣等又面諛以重陛下過非忠臣也【索隱】重音逐用反重者再也始皇下其議丞相丞相謬其說絀其辭乃上書曰古者天下散亂莫能相一是以諸侯並作語皆道古以害今飾虛言以亂實人善其所私學以非上所建立今陛下并有天下辯白黑而定一尊【索隱】劉氏云前時國異政家殊俗人造私語莫辨其眞今乃分別白黑也秦始皇并六國定天下海內共尊立一帝故云定一尊而私學乃相與非法教之制聞令下即各以其私學議之入則心非出則巷議非主以爲名異趣以爲高率羣下以造謗如此不禁則主勢降乎上黨與成乎下禁之便臣請諸有文學詩書百家語者蠲除去之令到滿三十日弗去黥爲城旦所不去者醫藥卜筮種樹之書若有欲學者以吏爲師始皇可其議收去詩書百家之語以愚百

姓使天下無以古非今明法度定律令皆以始皇起同文書【正義】六國制令不同今令同之治離宮別館周徧天下明年又巡狩外攘四夷斯皆有力焉斯長男由爲三川守諸男皆尚秦公主女悉嫁秦諸公子三川守李由告歸咸陽李斯置酒於家百官長皆前爲壽門廷車騎以千數李斯喟然而歎曰嗟乎吾聞之荀卿曰物禁太盛夫斯乃上蔡布衣閭巷之黔首上不知其駑下遂擢至此當今人臣之位無居臣上者可謂富貴極矣物極則衰吾未知所稅駕也【索隱】稅駕猶解駕言休息也李斯言己今日富貴已極然未知向後吉凶止泊在何處也始皇三十七年十月行出游會稽並海上北抵琅邪【正義】今沂州丞相斯中車府令趙高兼行符璽令事皆從始皇有二十餘子長子扶蘇以數直諫上上使監兵上郡【正義】上郡故城在綏州上縣東南五十里蒙恬爲將少子胡亥愛請從上許之餘子莫從【集解】駰案辯士隱姓名遺秦將章邯書曰李斯爲秦王死廢十七兄而立今王也然則二世是秦始皇第十八子此書在善文中其年七月始皇帝至沙丘【正義】沙丘臺在邢州病甚令趙高爲書賜公子扶蘇曰以兵屬蒙恬與喪會咸陽而葬書已封未授使者始皇崩書及璽皆在趙高所獨子胡亥丞相李斯趙高及幸宦者五六人知始皇崩餘羣臣皆莫知也李斯以爲上在外崩無眞太子故祕之置始皇居轀輬車中【集解】徐廣曰一作轀輬車百官奏事上食如故宦者輒從轀輬車中可諸奏事【集解】文穎曰轀輬車如今喪轜車也孟康曰如衣車有窗牖閉之則溫開之則涼故名之轀輬車也如淳曰轀輬車其形廣大有羽飾也趙高因留所賜扶蘇璽書而謂公子胡亥曰上崩無詔封王諸子而獨賜長子書長子至即立爲皇帝而子無尺寸之地爲之柰何胡亥曰固也吾聞之明君知臣明父知子父捐命不封諸子何可言者趙高曰不然方今天下之權存亡在子與高及丞相耳願子圖之且夫臣人與見臣於人制人與見制於人豈可同日道哉胡亥曰廢兄而立弟是不義也不奉父詔而畏死是不孝也能薄而材譾【集解】駰案史記音隱宰顯反【索隱】劉氏音將淺反則譾亦淺義古人語自有重輕所以文字有異彊因人之功是不能也三者逆德天下不服身殆傾危社稷不血食高曰臣聞湯武殺其主天下稱義焉不爲不忠衞君殺其父而衞國載其德孔子著之不爲不孝夫大行不小謹盛德不辭讓鄉曲各有宜而百官不同功故顧小而忘大後必有害狐疑猶豫後必有悔斷而敢行鬼神避之後有成功願子遂之胡亥喟然歎曰今大行未發喪禮未終豈宜以此事干丞相哉趙高曰時乎時乎間不及謀贏糧躍馬唯恐後時胡亥既然高之言高曰不與丞相謀恐事不能成臣請爲子與丞相謀之高乃謂丞相斯曰上崩賜長子書與喪會咸陽

而立爲嗣書未行今上崩未有知者也所賜長子書及符璽皆在胡亥所定太子在君侯與高之口耳事將何如斯曰安得亡國之言此非人臣所當議也高曰君侯自料能孰與蒙恬功高孰與蒙恬謀遠不失孰與蒙恬無怨於天下孰與蒙恬長子舊而信之孰與蒙恬斯曰此五者皆不及蒙恬而君責之何深也高曰高固內官之廝役也幸得以刀筆之文進入秦宮管事二十餘年未嘗見秦免罷丞相功臣有封及二世者也卒皆以誅亡皇帝二十餘子皆君之所知長子剛毅而武勇信人而奮士即位必用蒙恬爲丞相君侯終不懷通侯之印歸於鄉里明矣高受詔教習胡亥使學以法事數年矣未嘗見過失慈仁篤厚輕財重士辯於心而詘於口盡禮敬士秦之諸子未有及此者可以爲嗣君計而定之斯曰君其反位斯奉主之詔聽天之命何慮之可定也高曰安可危也危可安也安危不定何以貴聖斯曰斯上蔡閭巷布衣也上幸擢爲丞相封爲通侯子孫皆至尊位重祿者故將以存亡安危屬臣也豈可負哉夫忠臣不避死而庶幾【索隱】斯言忠臣之節本不避死言己今日亦庶幾盡忠不避死孝子不勤勞而見危人臣各守其職而已矣君其勿復言將令斯得罪高曰蓋聞聖人遷徙無常就變而從時見末而知本觀指而覩歸物固有之安得常法哉方今天下之權命懸於胡亥高能得志焉且夫從外制中謂之惑從下制上謂之賊故秋霜降者草花落水搖動者萬物作【索隱】水搖者謂水洋而搖動也是春時而萬物皆生也此必然之效也君何見之晚斯曰吾聞晉易太子【正義】謂廢申生立奚齊也三世不安齊桓兄弟爭位【正義】謂小白與公子糾身死爲戮紂殺親戚【正義】謂殺比干囚箕子不聽諫者國爲丘墟遂危社稷三者逆天宗廟不血食斯其猶人哉安足爲謀【索隱】言我今日猶是人人道守順豈能爲逆謀故曰安足爲謀也高曰上下合同可以長久中外若一事無表裏君聽臣之計即長有封侯世世稱孤必有喬松之壽孔墨之智今釋此而不從禍及子孫足以爲寒心善者因禍爲福君何處焉斯乃仰天而歎垂淚太息曰嗟乎獨遭亂世既以不能死安託命哉於是斯乃聽高高乃報胡亥曰臣請奉太子之明命以報丞相丞相斯敢不奉令於是乃相與謀詐爲受始皇詔丞相立子胡亥爲太子更爲書賜長子扶蘇曰朕巡天下禱祠名山諸神以延壽命今扶蘇與將軍蒙恬將師數十萬以屯邊十有餘年矣不能進而前士卒多耗無尺寸之功乃反數上書直言誹謗我所爲以不得罷歸爲太子日夜怨望扶蘇爲人子不孝其賜劍以自裁將軍恬與扶蘇居外不匡

正宜知其謀爲人臣不忠其賜死以兵屬裨將王離封其書以皇帝璽遣胡亥客奉書賜扶蘇於上郡使者至發書扶蘇泣入內舍欲自殺蒙恬止扶蘇曰陛下居外未立太子使臣將三十萬衆守邊公子爲監此天下重任也今一使者來即自殺安知其非詐請復請復請而後死未暮也使者數趣之扶蘇爲人仁謂蒙恬曰父而賜子死尚安復請即自殺蒙恬不肯死使者即以屬吏繫於陽周[集解]徐廣曰屬上郡[正義]陽周寧州羅川縣之邑也使者還報胡亥斯高大喜至咸陽發喪太子立爲二世皇帝以趙高爲郎中令常侍中用事二世燕居乃召高與謀事謂曰夫人生居世間也譬猶騁六驥過決隙也吾既已臨天下矣欲悉耳目之所好窮心志之所樂以安宗廟而樂萬姓長有天下終吾年壽其道可乎高曰此賢主之所能行也而昏亂主之所禁也臣請言之不敢避斧鉞之誅願陛下少留意焉夫沙丘之謀諸公子及大臣皆疑焉而諸公子盡帝兄大臣又先帝之所置也今陛下初立此其屬意怏怏皆不服恐爲變且蒙恬已死蒙毅將兵居外臣戰戰栗栗唯恐不終且陛下安得爲此樂乎二世曰爲之柰何趙高曰嚴法而刻刑令有罪者相坐誅至收族滅大臣而遠骨肉貧者富之賤者貴之盡除去先帝之故臣更置陛下之所親信者近之此則陰德歸陛下害除而姦謀塞羣臣莫不被潤澤蒙厚德陛下則高枕肆志寵樂矣計莫出於此二世然高之言乃更爲法律於是羣臣諸公子有罪輒下高令鞠治之殺大臣蒙毅等公子十二人僇死咸陽市十公主矺死於杜[集解]駰案史記音義矺音貯格反[索隱]矺音宅與磔同古今字異耳磔謂裂其肢體而殺之財物入於縣官相連坐者不可勝數公子高欲奔恐收族乃上書曰先帝無恙時臣入則賜食出則乘輿御府之衣臣得賜之中廄之寶馬臣得賜之臣當從死而不能爲人子不孝爲人臣不忠不忠者無名以立於世臣請從死願葬酈山之足唯上幸哀憐之書上胡亥大悅召趙高而示之曰此可爲急乎趙高曰人臣當憂死而不暇何變之得謀胡亥可其書賜錢十萬以葬法令誅罰日益刻深羣臣人人自危欲畔者衆又作阿房之宮治直馳道賦斂愈重戍徭無已於是楚戍卒陳勝吳廣等乃作亂起於山東傑俊相立自置爲侯王叛秦兵至鴻門而卻李斯數欲請閒諫二世不許而二世責問李斯曰吾有私議而有所聞於韓子也曰堯之有天下也堂高三尺采椽不斲[集解]徐廣曰采一名櫟一作柞[索隱]采木名即今之櫟木也茅茨不翦雖逆旅之宿不勤於此矣冬日鹿裘夏日葛衣粢糲之食[索隱]粢音資糲音郎葛反粢者稷也糲者麤粟飯也藜藿之羹飯土匭[集解]徐廣曰一作簋啜土鉶[集解]駰案音刑雖監門之養不觳於此矣[集解]徐廣曰觳音嚳觳一作穀推也[索隱]爾雅云觳盡也言監門下人飯猶不盡此若徐氏云一作穀則字宜作穀鄒氏音角禹鑿龍門通大夏疏九河曲九防[正義]謂河之九曲別爲隄防決渟水致之海[集解]徐廣曰致一作放而股無胈[集解]駰案胈膚毳皮脛無毛手足胼胝面目黎黑遂以死于外葬於會稽臣虜之勞不烈於此矣然則夫所貴於有天下者豈欲苦形勞神身處逆旅之宿口食監門之養手持臣虜之作哉此不肖人之所勉也非賢者之所務也彼賢人之有天下也專用天下適己而已矣此所以貴於有天下也夫所謂賢人者必能安天下而治萬民今身且不能利將惡能治天下哉故吾願肆志廣欲長享天下而無害爲之柰何李斯子由爲三川守羣盜吳廣等西略地過去弗能禁章邯已破逐廣等兵使者覆案三川相屬誚讓斯居三公位如何令盜如此李斯恐懼重爵祿不知所出乃阿二世意欲求容以書對曰夫賢主者必且能全道而行督責之術者也[索隱]督者察也察其罪責之以刑罰也督責之則臣不敢不竭能以徇其主矣此臣主之分定上下之義明則天下賢不肖莫敢不盡力竭任以徇其君矣是故主獨制於天下而無所制也能窮樂之極矣賢明之主也可不察焉故申子曰有天下而不恣睢[索隱]恣音資二反睢音呼季反恣睢猶放縱也謂肆情縱恣也命之曰以天下爲桎梏者[正義]言有天下不能自縱恣督責乃勞身於天下若堯禹即以天下爲桎梏於身也無他焉不能督責而顧以其身勞於天下之民若堯禹然故謂之桎梏也夫不能修申韓之明術行督責之道專以天下自適也而徒務苦形勞神以身徇百姓則是黔首之役非畜天下者也何足貴哉夫以人徇己則己貴而人賤以己徇人則己賤而人貴故徇人者賤而人所徇者貴自古及今未有不然者也凡古之所爲尊賢者爲其貴也而所爲惡不肖者爲其賤也而堯禹以身徇天下者也因隨而尊之則亦失所爲尊賢之心矣夫可謂大繆矣謂之爲桎梏不亦宜乎不能督責之過也故韓子曰慈母有敗子而嚴家無格虜者何也[索隱]格彊扞也虜奴隸也言嚴整之家本無格扞奴僕也則能罰之加焉必也故商君之法刑棄灰於道者[正義]棄灰於道者黥也韓子云殷之法棄灰於衢者刑子貢以爲重問之仲尼曰灰棄於衢必燔人必怒怒則鬭鬭則三族雖刑之可也夫棄灰薄罪也而被刑重罰也彼唯明主爲能深督輕罪夫罪輕且督深而況有重罪乎故民不敢犯也是故韓子曰布帛尋常庸人不釋[索隱]尋常以言其少也庸人弗釋者謂庸人見則取之不釋以其罪輕也故下云罰不必行則庸人弗釋尋常是也鑠金百溢盜跖不搏者[索隱]爾雅云鑠美也言百鎰之美金在於地雖有盜跖之行亦不取者爲其財多而罪重也故下云搏必隨手刑盜跖不搏也搏猶攫也取也凡鳥翼擊物必轉足取攫故人取物亦云搏也非庸人之心重尋常之利深而盜跖之欲淺也又不以盜跖之行爲輕百鎰之重也搏必隨手刑則盜跖不搏百鎰而罰不必行也則庸人不釋尋常是故城高五丈而樓季不輕犯也[集解]許慎曰樓季魏文侯之弟王孫子曰樓季之兄也泰山之高百仞而跛牂牧其上[集解]駰案詩云牂羊墳首毛傳曰牝曰牂夫樓季也而難五丈之限豈跛牂也而易百仞之高哉峭塹之勢異也[索隱]峭峻也高也音七笑反塹音漸以言峭峻則難登故樓季難五丈之限平塹則易涉故跛牂牧於泰山也明主聖王之所以能久處尊位長執重勢而獨擅天下之利者非有異道也能獨斷而審督責必深罰故天下不敢犯也今不務所以不犯而事慈母之所以敗子也則亦不察於聖人之論矣夫不能行聖人之術則舍爲天下役何事哉可不哀邪[索隱]舍猶廢也止也言爲人主不能行聖人督責之術則已廢止何爲勤身苦心爲天下所役是何哉可不哀言其非也且夫儉節仁義之人立於朝則荒肆之樂輟矣諫說論理之臣閒於側則流漫之志詘矣烈士死節之行顯於世則淫康之虞廢矣故明主能外此三者而獨操主術以制聽從之臣而修其明法故身尊而勢重也凡賢主者必將能拂世磨俗而廢其所惡立其所欲[索隱]拂音扶弗反磨音莫何反拂世言與世情乖戾磨俗言磨礪於俗使從己也故生則有尊重之勢死則有賢明之謚也是以明君獨斷故權不在臣也然後能滅仁義之塗掩馳說之口困烈士之行塞聰揜明內獨視聽故外不可傾以仁義烈士之行而內不可奪以諫說忿爭之辯故能犖然獨行恣睢之心而莫之敢逆若此然後可謂能明申韓之術而修商君之法法修術明而天下亂者未之聞也故曰王道約而易操也唯明主爲能行之若此則謂督責之誠則臣無邪臣無邪則天下安天下安則主嚴尊主嚴尊則督責必督責必則所求得所求得則國家富國家富則君樂豐故督責之術設則所欲無不得矣羣臣百姓救過不給何變之敢圖若此則帝道備而可謂能明君臣之術矣雖申韓復生不能加也書奏二世悅於是行督責益嚴稅民深者爲明吏二世曰若此則可謂能督責矣刑者相半於道而死人日成積於市殺人衆者爲忠臣二世曰若此則可謂能督責矣初趙高爲郎中令所殺及報私怨衆多恐大臣入朝奏事毀惡之乃說二世曰天子所以貴者但以聞聲羣臣莫得見其面故號曰朕且陛下富於春秋未必盡通諸事[集解]徐廣曰通或宜作照今坐朝廷譴舉有不當者則見短於大臣非所以示神明於天下也且陛下深拱禁中與臣及侍中習法者待事事來有以揆之如此[集解]徐廣曰揆一作撥也則大臣不敢奏疑事天下稱聖主矣二世用其計乃不坐朝廷見大臣居禁中趙高常侍中用事事皆決於趙高高聞李斯以爲言乃見丞相曰關東羣盜多今上急益發繇治阿房宮[索隱]房音旁一如字聚狗馬無用之物臣欲諫爲位賤此眞君侯之事君何不見李斯曰固也吾欲言之久矣今時上不坐朝廷上居深宮吾有所言者不可傳也欲見無閒趙高謂曰君誠能諫請爲君候上閒語君於是趙高待二世方燕樂婦女居前使人告丞相上方閒可奏事丞相至宮門上謁如此者三二世怒曰吾常多閒日丞相不來吾方燕私丞相輒來請事丞相豈少我哉且固我哉[索隱]謂以我幼故輕我也一云固我者以我爲短小且固陋也於義爲疎趙高因曰如此殆矣夫沙丘之謀丞相與焉今陛下已立爲帝而丞相貴不益此其意亦望裂地而王矣且陛下不問臣臣不敢言丞相長男李由爲三川守楚盜陳勝等皆丞相傍縣之子以故楚盜公行[集解]徐廣曰公一作訟音私過三川城守不肯擊高聞其文書相往來未得其審故未敢以聞且丞相居外權重於陛下二世以爲然欲案丞相恐其不審乃使人案驗三川守與盜通狀李斯聞之是時二世在甘泉方作觳抵優俳之觀[集解]應劭曰戰國之時稍增講武之禮以爲戲樂用相夸示而秦更名曰角抵角者角材也抵者相抵觸也文穎曰案秦名此樂爲角抵兩兩相當角力角伎藝射御故曰角抵也駰案觳抵即角抵李斯不得見因上書言趙高之短曰臣聞之臣疑其君無不危國妾疑其夫無不危家今有大臣於陛下擅利擅害與陛下無異此甚不便昔者司城子罕相宋身行刑罰以威行之朞年遂劫其君田常爲簡公臣爵列無敵於國私家之富與公家均布惠施德下得百姓上得羣臣陰取齊國殺宰予於庭即弒簡公於朝遂有齊國此天下所明知也今高有邪佚之志危反之行如子罕相宋也私家之富若田氏之於齊也兼行田常子罕之逆道而劫陛下之威信其志若韓玘爲韓安相也[索隱]玘亦作起並音怡韓大夫弒其君悼公者然韓無悼公或鄭之嗣君案表韓玘事昭侯昭侯已下四代至王安其說非也陛下不圖臣恐其爲變也二世曰何哉夫高故宦人也然不爲安肆志不以危易心潔行修善自使至此以忠得進以信守位朕實賢之而君疑之何也且朕少失先人無所識知不習治民而君又老恐與天下絕矣朕非屬趙君當誰任哉且趙君爲人精廉彊力下知人情上能適朕君其勿疑李斯曰不然夫高故賤人也無識於理貪欲無厭求利不止列勢次主求欲無窮臣故曰殆二世已前信趙高恐李斯殺之乃私告趙高高曰丞相所患者獨高高已死丞相即欲爲田常所爲於是二世曰其以李斯屬郎中令趙高案治李斯李斯拘執束

縛居囹圄中仰天而歎曰嗟乎悲夫不道之君何可爲計哉昔者桀殺關龍逢紂殺王子比干吳王夫差殺伍子胥此三臣者豈不忠哉然而不免於死身死而所忠者非也今吾智不及三子而二世之無道過於桀紂夫差吾以忠死宜矣且二世之治豈不亂哉日者夷其兄弟而自立也殺忠臣而貴賤人作爲阿房之宮賦斂天下吾非不諫也而不吾聽也凡古聖王飲食有節車器有數宮室有度出令造事加費而無益於民利者禁故能長久治安今行逆於昆弟不顧其咎侵殺忠臣不思其殃大爲宮室厚賦天下不愛其費三者已行天下不聽今反者已有天下之半矣而心尚未寤也而以趙高爲佐吾必見寇至咸陽麋鹿游於朝也於是二世乃使高案丞相獄治罪責斯與子由謀反狀皆收捕宗族賓客趙高治斯榜掠千餘不勝痛自誣服斯所以不死者自負其辯有功實無反心幸得上書自陳幸二世之寤而赦之李斯乃從獄中上書曰臣爲丞相治民三十餘年矣逮秦地之狹隘先王之時秦地不過千里兵數十萬臣盡薄材謹奉法令陰行謀臣資之金玉使游說諸侯陰修甲兵飾政教官鬬士尊功臣盛其爵祿故終以脅韓弱魏破燕趙夷齊楚卒兼六國虜其王立秦爲天子罪一矣地非不廣又北逐胡貉南定百越以見秦之彊罪二矣尊大臣盛其爵位以固其親罪三矣立社稷修宗廟以明主之賢罪四矣更尅畫平斗斛度量文章布之天下以樹秦之名罪五矣治馳道興游觀以見主之得意罪六矣緩刑罰薄賦斂以遂主得衆之心萬民戴主死而不忘罪七矣若斯之爲臣者罪足以死固久矣上幸盡其能力乃得至今願陛下察之書上趙高使吏棄去不奏曰囚安得上書趙高使其客十餘輩詐爲御史謁者侍中更往覆訊斯斯更以其實對輒使人復榜之後二世使人驗斯斯以爲如前終不敢更言辭服奏當上二世喜曰微趙君幾爲丞相所賣及二世所使案三川之守至則項梁已擊殺之使者來會丞相下吏趙高皆妄爲反辭二世二年七月具斯五刑論腰斬咸陽市斯出獄與其中子俱執顧謂其中子曰吾欲與若復牽黃犬俱出上蔡東門逐狡兔豈可得乎遂父子相哭而夷三族李斯已死二世拜趙高爲中丞相事無大小輒決於高高自知權重乃獻鹿謂之馬二世問左右此乃鹿也左右皆曰馬也二世驚自以爲惑乃召太卜令卦之太卜曰陛下春秋郊祀奉宗廟鬼神齋戒不明故至于此可依盛德而明齋戒於是乃入上林齋戒日游弋獵有行人入上林中二世自射殺之趙高教其女壻咸陽令閻樂劾不知何人賊殺人移上林高乃諫二世曰天子無故賊殺不辜人此上帝之禁也鬼神不享天且降殃當遠避宮以禳之二世乃出居望夷之宮留三日趙高詐詔衞士令士皆素服持兵內鄉入告二世曰山東羣盜兵大至二世上觀而見之恐懼高卽因劫令自殺引璽而佩之左右百官莫從上殿殿欲壞者三高自知天弗與羣臣弗許乃召始皇弟授之璽[集解]徐廣曰一本曰召始皇弟子嬰授之璽秦本紀云子嬰者二世之兄子也[索隱]劉氏云弟子誤當爲孫子嬰也子嬰卽位患之乃稱疾不聽事與宦者韓談及其子謀殺高高上謁請病因召入令韓談刺殺之夷其三族子嬰立三月沛公兵從武關入至咸陽羣臣百官皆畔不適[集解]徐廣曰適音敵子嬰與妻子自係其頸以組降軹道旁[正義]軹道在萬年縣東北十六里沛公因以屬吏項王至而斬之遂以亡天下

太史公曰李斯以閭閻歷諸侯入事秦因以瑕釁以輔始皇卒成帝業斯爲三公可謂尊用矣斯知六藝之歸不務明政以補主上之缺持爵祿之重阿順苟合嚴威酷刑聽高邪說廢適立庶諸侯已畔斯乃欲諫爭不亦末乎人皆以斯極忠而被五刑死察其本乃與俗議之異不然斯之功且與周召列矣

[索隱述贊]曰鼠在所居人固擇地斯效智力功立名遂置酒咸陽人臣極位一夫誑惑變易神器國喪身誅本同末異

史記卷八十七考證

李斯列傳此所謂藉寇兵而齎盜糧者也○臣照按此必當時習語故范雎用之李斯再用之荀子亦曰非其人而教之齎盜糧借寇兵也

夫忠臣不避死而庶幾[索隱]斯言忠臣之節本不避死言己今日亦庶幾盡忠不避死也○董份曰庶幾者有他望也言忠臣不避死而幾他望也古幾字與冀同索隱繆甚

而二世責問李斯曰吾有私議而有所聞於韓子也○董份曰二世紀亦載此文而辭不同

鑠金百鎰[索隱]爾雅云鑠美也○徐孚遠曰鑠訓美非也鑠金謂鎔金於冶熱不可舉也故下文搏必隨手刑

與宦者韓談○徐孚遠曰史記談皆作同此仍談後人所改也

史記卷八十八

漢　太　史　令司馬遷　撰
宋　中　郎　外　兵　曹　參　軍裴　駰集解
唐國子博士弘文館學士司馬貞索隱
唐諸王侍讀率府長史張守節正義

蒙恬列傳第二十八

蒙恬者其先齊人也恬大父蒙驁[索隱]驁音遨又鄒氏音五到反自齊事秦昭王官至上卿秦莊襄王元年蒙驁爲秦將伐韓取成皋滎陽作置三川郡二年蒙驁攻趙取三十七城始皇三年蒙驁攻韓取十三城五年蒙驁攻魏取二十城作置東郡始皇七年蒙驁卒驁子曰武武子曰恬恬嘗書獄典文學[索隱]謂恬嘗學獄法遂作獄官文學始皇二十三年蒙武爲秦裨將軍與王翦攻楚大破之殺項燕二十四年蒙武攻楚虜楚王蒙恬弟毅始皇二十六年蒙恬因家世得爲秦將攻齊大破之拜爲內史秦已并天下乃使蒙恬將三十萬衆北逐戎狄收河南[正義]謂靈勝等州築長城因地形用險制塞起臨洮[集解]徐廣曰屬隴西至遼東[正義]遼東郡在遼水東始皇長城東至遼水西南至海之上延袤萬餘里於是渡河據陽山[集解]徐廣曰五原西安陽縣北有陰山陰山在河南陽山在河北逶蛇而北暴師於外十餘年居上郡是時蒙恬威振匈奴始皇甚尊寵蒙氏信任賢之而親近蒙毅位至上卿出則參乘入則御前恬任外事而毅常爲內謀名爲忠信故雖諸將相莫敢與之爭焉趙高者諸趙疏遠屬也趙高昆弟數人皆生隱宮[集解]徐廣曰爲宦者[索隱]劉氏云蓋其父犯宮刑妻子沒爲奴婢妻後野合所生子皆承趙姓並宮之故云兄弟生於隱宮也其母被刑僇世世卑賤秦王聞高彊力通於獄法舉以爲中車府令高卽私事公子胡亥喩之決獄高有大罪秦王令蒙毅法治之毅不敢阿法當高罪死除其官籍帝以高之敦於事也[集解]徐廣曰敦一作徽赦之復其官爵始皇欲游天下道九原[正義]九原郡今勝州連谷縣是直抵甘泉[正義]宮在雍州乃使蒙恬通道自九原抵甘泉塹山堙谷千八百里道未就始皇三十七年冬行出游會稽竝[索隱]竝音白浪反海上北走琅邪[索隱]走音奏走猶向也鄒氏音趨趨亦向義於字則乖道病使蒙毅還禱山川未反始皇至沙丘崩祕之羣臣莫知是時丞相李斯少子胡亥中車府令趙高常從高雅得幸於胡亥欲立之又怨蒙毅法治之而不爲己也因有賊心乃與丞相李斯少子胡亥陰謀立胡亥爲太子太子已立遣使者以罪賜公子扶蘇蒙恬死扶蘇已死蒙恬疑而復請之使者以蒙恬屬吏更置胡亥以李斯舍人爲護軍使者還報胡亥已聞扶蘇死卽欲釋蒙恬趙高恐蒙氏復貴而用事怨之毅還至趙高因爲胡亥忠計欲以滅蒙氏乃言曰臣聞先帝欲舉賢立太子久矣而毅諫曰不可若知賢而兪不立則是不忠而惑主也[索隱]兪一作愈兪卽踰也音史謂知太子賢而踰久不立是不忠也以臣愚意不若誅之胡亥聽而繫蒙毅於代[正義]今代州也因禱山川至代而繫之前已囚蒙恬於陽周喪至咸陽已葬太子立爲二世皇帝而趙高親近日夜毀惡蒙氏求其罪過舉劾之子嬰進諫曰臣聞故趙王遷殺其良臣李牧而用顏聚燕王喜陰用荆軻之謀而倍秦之約齊王建殺其故世忠臣而用后勝之議此三君者皆各以變古者失其國而殃及其身今蒙氏秦之大臣謀士也而主欲一旦棄去之臣竊以爲不可臣聞輕慮者不可以治國獨智者不可以存君[集解]徐廣曰一無此字誅殺忠臣而立無節行之人是內使羣臣不相信而外使鬬士之意離也臣竊以爲不可胡亥不聽而遣御史曲宮乘傳之代[索隱]曲姓宮名令蒙毅曰先主欲立太子而卿難之今丞相以卿爲不忠罪及其宗朕不忍乃賜卿死亦甚幸矣卿其圖之毅對曰以臣不能得先主之意則臣少宦順幸沒世可謂知意矣[索隱]蒙毅言己少宦事始皇順旨蒙恩幸至始皇沒世可謂知上意也以臣不知太子之能則太子獨從周旋天下去諸公子絕遠臣無所疑矣夫先主之舉用太子數年之積也臣乃何言之敢諫何慮之敢謀非敢飾辭以避死也爲羞累先主之名願大夫爲慮焉使臣得死情實且夫順成全者道之所貴也刑殺者道之所卒也昔者秦穆公殺三良而死罪百里奚而非其罪也故立號曰繆昭襄王殺武安君白起楚平王殺伍奢吳王夫差殺伍子胥此四君者皆爲大失而天下非之以其君爲不明以是籍於諸侯[索隱]言其惡聲狼籍布於諸國而劉氏云諸侯皆記其惡於史籍非也故曰用道治者不殺無罪而罰不加於無辜唯大夫留心使者知胡亥之意不聽蒙毅之言遂殺之二世又遣使者之陽周令蒙恬曰君之過多矣而卿弟毅有大罪法及內史恬曰自吾先人及至子孫積功信於秦三世矣今臣將兵三十餘萬身雖囚繫其勢足以倍畔自知必死而守義者不敢辱先人之教以不忘先主也昔周成王初立未離襁緥周公旦負王以朝卒定天下及成王有病甚殆公旦自揃其爪以沈於河曰王未有識是旦執事有罪殃旦受其不祥乃書而藏之記府可謂信矣及王能治國有賊臣言周公旦欲爲亂久矣王若不備必有大事王乃大怒周公旦走而奔於楚成王觀於記府得周公旦沈書乃流涕曰孰謂周公旦欲爲亂乎殺言之者而反周公旦故周書曰必參而伍之[索隱]參謂三卿伍謂五大夫欲參伍更議今恬之宗世無二心而事卒如此是

必孽臣逆亂【集解】徐廣曰一作辭內陵之道也夫成王失而復振則卒昌桀殺關龍逢紂殺王子比干而不悔則身死國亡臣故曰過可振而諫可覺也【索隱】此故曰者必先志有此言蒙恬引之以成說也今不知出何書耳振者救也然語亦倒以言前人受諫可覺則其過乃可救察於參伍上聖之法也凡臣之言非以求免於咎也將以諫而死願陛下為萬民思從道也使者曰臣受詔行法於將軍不敢以將軍言聞於上也蒙恬喟然太息曰我何罪於天無過而死乎良久徐曰恬罪固當死矣起臨洮屬之遼東城塹萬餘里此其中不能無絕地脈哉此乃恬之罪也乃吞藥自殺

太史公曰吾適北邊自直道歸行觀蒙恬所為秦築長城亭障塹山堙谷通直道固輕百姓力矣夫秦之初滅諸侯天下之心未定痍傷者未瘳而恬為名將不以此時彊諫振百姓之急養老存孤務修衆庶之和而阿意興功此其兄弟遇誅不亦宜乎何乃罪地脈哉

【索隱】述贊曰蒙氏秦將內史忠賢長城首築萬里安邊趙高矯制扶蘇死焉絕地何罪勞人是愆呼天欲訴三代良然

史記卷八十八考證

蒙恬列傳始皇二十三年蒙武為秦裨將軍與王翦攻楚大破之殺項燕二十四年蒙武攻楚虜楚王○臣照按此與年表同與本紀不合本紀二十三年虜荊王二十四年項燕自殺

始皇二十六年蒙恬因家世得為秦將攻齊大破之○臣照按本紀及年表攻齊者將軍王賁皆不言有蒙恬或恬此時亦從軍非大將

史記卷八十九

漢　太　史　令司馬遷　撰

宋中郎外兵曹參軍裴　駰集解

唐國子博士弘文館學士司馬貞索隱

唐諸王侍讀率府長史張守節正義

張耳陳餘列傳第二十九

【索隱】張耳吳芮勢併楚漢位埒齊韓俱囊從沛之心咸享晉河之業胥在列侯之上家傳累代之基長沙既曰令終趙王亦謂善始並可列同世家焉

張耳者大梁人也【索隱】臣瓚云今陳留大梁城是也其少時及魏公子毋忌為客張耳嘗亡命游外黃【索隱】晉灼曰命者名也謂脫名籍而逃崔浩曰亡無也命名也逃匿則削除名籍故以逃為亡命地理志外黃屬陳留外黃富人女甚美嫁庸奴亡其夫去抵父客【集解】如淳曰父時故賓客抵歸也音丁禮反父客素知張耳乃謂女曰必欲求賢夫從張耳女聽乃卒為請決嫁之張耳【索隱】謂女請父客為決絕其夫而改嫁張耳張耳是時脫身游女家厚奉給張耳張耳以故致千里客乃宦魏為外黃令名由此益賢

陳餘者亦大梁人也好儒術數游趙苦陘【集解】張晏曰苦陘漢章帝改曰漢昌【索隱】地理志屬中山【正義】音邢邢州唐昌縣富人公乘氏以其女妻之亦知陳餘非庸人也餘年少父事張耳兩人相與為刎頸交【索隱】崔浩云言要齊生死斷頸無悔秦之滅大梁也張耳家外黃高祖為布衣時嘗數從張耳游客數月秦滅魏數歲已聞此兩人魏之名士也購求有得張耳千金陳餘五百金張耳陳餘乃變名姓俱之陳為里監門以自食【集解】張晏曰監門里正衛也兩人相對里吏嘗有過笞陳餘陳餘欲起張耳躡之【集解】徐廣曰一作攝使受笞吏去張耳乃引陳餘之桑下而數之曰始吾與公言何如今見小辱而欲死一吏乎陳餘然之秦詔書購求兩人兩人亦反用門者以令里中【索隱】案門者即餘耳也自以其名而號令里中詐更別求也陳涉起蘄至入陳兵數萬張耳陳餘上謁陳涉涉及左右生平數聞張耳陳餘賢未嘗見見即大喜陳中豪傑父老乃說陳涉曰將軍身被堅執銳率士卒以誅暴秦復立楚社稷存亡繼絕功德宜為王且夫監臨天下諸將不為王不可願將軍立為楚王也陳涉問此兩人兩人對曰夫秦為無道破人國家滅人社稷絕人後世罷百姓之力盡百姓之財將軍瞋目張膽出萬死不顧一生之計為天下除殘也今始至陳而王之示天下私願將軍毋王急引兵而西遣人立六國後自為樹黨為秦益敵也敵多則力分與衆則兵彊如此野無交兵縣無守城誅暴秦據咸陽以令諸侯諸侯亡而得立以德服之如此則帝業成矣今獨王陳恐天下解也【正義】解紀賣反言天下諸侯見陳勝稱王王陳皆解墮不相從也陳涉不聽遂立為王陳餘乃復說陳王曰大王舉梁楚而西務在入關未及收河北也臣嘗游趙知其豪傑及地形願請奇兵北略趙地於是陳王以故所善陳人武臣為將軍邵騷為護軍以張耳陳餘為左右校尉予卒三千人北略趙地武臣等從白馬渡河【索隱】案酈食其云白馬之津則白馬津是渡處其地與黎陽對岸至諸縣說其豪傑曰【集解】鄧展曰至河北縣說之秦為亂政虐刑以殘賊天下數十年矣北有長城之役南有五嶺之戍【集解】漢書音義曰嶺有五因以為名在交阯界中也【索隱】裴氏廣州記云大庾始安臨賀桂陽揭陽斯五嶺外內騷動百姓罷敝頭會箕斂【集解】駰案漢書音義曰家家人頭數出穀以箕斂之以供軍費財匱力盡民不聊生重之以苛法峻刑使天下父子不相安陳王奮臂為天下倡始王楚之地方二千里莫不響應家自為怒人自為鬬各報其怨而攻其讎縣殺其令丞郡殺其守尉今已張大楚王陳使吳廣周文將卒百萬西擊秦於此時而不成封侯之業者非人豪也諸君試相與計之夫天下同心而苦秦久矣因天下之力而攻無道之君報父兄之怨而成割地有土之業此士之一時也豪傑皆然其言乃行收兵得數萬人號武臣為武信君下趙十城餘皆城守莫肯下乃引兵東北擊范陽范陽人蒯通說范陽令曰【集解】駰案漢書曰范陽令徐公竊聞公之將死故弔雖然賀公得通而生范陽令曰何以弔之對曰秦法重足下為范陽令十年矣殺人之父孤人之子斷人之足黥人之首不可勝數然而慈父孝子莫敢倳刃公之腹中者【集解】徐廣曰倳音胾李奇曰東方人以物插地皆為倳畏秦法耳今天下大亂秦法不施然則慈父孝子且倳刃公之腹中以成其名此臣之所以弔公也今諸侯畔秦矣武信君兵且至而君堅守范陽少年皆爭殺君下武信君君急遣臣見武信君可轉禍為福在今矣范陽令乃使蒯通見武信君曰足下必將戰勝然後略地攻得然後下城臣竊以為過矣誠聽臣之計可不攻而降城不戰而略地傳檄而千里定可乎武信君曰何謂也蒯通曰今范陽令宜整頓其士卒以守戰者也怯而畏死貪而重富貴故欲先天下降畏君以為秦所置吏誅殺如前十城也然今范陽少年亦方殺其令自以城距君君何不齎臣侯印拜范陽令范陽令則以城下君少年亦不敢殺其令令范陽令乘朱輪華轂使驅馳燕趙郊燕趙郊見之皆曰此范陽令先下者也即喜矣燕趙城可毋戰而降也此臣之所謂傳檄而千里定者也武信君從其計因使蒯通賜范陽令侯印趙地聞之不戰以城下者三十餘城至邯鄲張耳陳餘聞周章軍入關至戲却【集解】蘇林曰戲地名兵退也【正義】戲音羲出驪山又聞諸將為陳王徇地多以讒毀得罪誅怨陳王不用其筴不以為將而以為校尉乃說武臣曰陳王起蘄至陳而王非必立六國後將軍今以三千人下趙數十城獨介居河北【集解】晉灼曰介音戛瓚曰方言云介特也不王無以填之且陳王聽讒還報恐不脫於禍又不如立其兄弟不即立趙後將軍毋失時時間不容息【索隱】以言舉事不可失時時機之迅速其間不容一喘息頃也武臣乃聽之遂立為趙王以陳餘為大將軍張耳為右丞相邵騷為左丞相使人報陳王陳王大怒欲盡族武臣等家而發兵擊趙陳王相國房君諫曰秦未亡而誅武臣等家此又生一秦也不如因而賀之使急引兵西擊秦陳王然之從其計徙繫武臣等家宮中封張耳子敖為成都君陳王使使者賀趙令趣發兵西入關張耳陳餘說武臣曰王王趙非楚意特以計賀王楚已滅秦必加兵於趙願王毋西兵北徇燕代南收河內以自廣趙南據大河北有燕代楚雖勝秦必不敢制趙趙王以為然因不西兵而使韓廣略燕李良略常山張黶略上黨韓廣至燕燕人因立廣為燕王【集解】徐廣曰九月也趙王乃與張耳陳餘北略地燕界趙王閒出為燕軍所得燕將囚之欲與分趙地半乃歸王使者往燕輒殺之以求地張耳陳餘患之有廝養卒謝其舍中曰【集解】如淳曰廝賤者也公羊傳曰廝役扈養韋昭曰析薪為廝炊烹為養晉灼曰以辭相告曰謝也【索隱】謂其同舍中之人也漢書作舍人吾為公說燕與趙王載歸舍中皆笑曰使者往十餘輩輒死若何以能得王乃走燕壁燕將見之問燕將曰知臣何欲燕將曰若欲得趙王耳曰君知張耳陳餘何如人也燕將曰賢人也曰知其志何欲曰欲得其王耳趙養卒乃笑曰君未知此兩人所欲也夫武臣張耳陳餘杖馬箠下趙數十城【集解】張晏曰言其不用兵革驅策而已也【索隱】杖音丈箠音之委反此亦各欲南面而王豈欲為卿相終已邪夫臣與主豈可同日而道哉顧其勢初定未敢參分而王且以少長先立武臣為王以持趙心今趙地已服此兩人亦欲分趙而王時未可耳今君乃囚趙王此兩人名為求趙王實欲燕殺之此兩人分趙自立夫以一趙尚易燕況以兩賢王左提右挈而責殺王之罪【集解】徐廣曰平原君傳曰事成執右券以責也券契義同耳滅燕易矣燕將以為然乃歸趙王養卒為御而歸李良已定常山還報趙王復使良略太原至石邑【索隱】地理志屬常山秦兵塞井陘未能前秦將詐稱二世使人遺李良書不封【集解】張晏曰欲其漏泄君臣相疑曰良嘗事我得顯幸良誠能反趙為秦赦良罪貴良良得書疑不信乃還之邯鄲益請兵未至道逢趙王姊出飲從百餘騎李良望見以為王伏謁道旁王姊醉不知其將使騎謝李良李良素貴起慙其從官從官有一人曰天下畔秦能者先立且趙王素出將軍下今女兒乃不為將軍下車請追殺之李良已得秦書固欲反趙未決因此怒遣人追殺王姊道中乃遂將其兵襲邯鄲邯鄲不知竟殺武臣邵騷趙人多為張耳陳餘耳目者以故得脫出收其兵得數萬人客有說張耳曰兩君羈旅而欲附趙難獨立立趙後扶以義可就功【索隱】案羈旅勢弱難以立功也獨有立六國趙王之後可以成功乃求得趙歇【集解】徐廣曰正月也音烏轄反駰案張晏曰趙之苗裔立為趙王居信都【集解】徐廣曰後項羽改曰襄國李良進兵擊陳餘陳餘敗李良李良走歸章邯章邯引兵至邯鄲皆徙其民河內夷其

城郭。張耳與趙王歇走入鉅鹿城，王離圍之。陳餘北收常山兵，得數萬人，軍鉅鹿北。章邯軍鉅鹿南棘原，築甬道屬河，餉王離。王離兵食多，急攻鉅鹿。鉅鹿城中食盡兵少，張耳數使人召前陳餘，陳餘自度兵少，不敵秦，不敢前。數月，張耳大怒，怨陳餘，使張黶、陳澤【正義】音釋。往讓陳餘曰：「始吾與公爲刎頸交，今王與耳旦暮且死，而公擁兵數萬，不肯相救，安在其相爲死！苟必信，胡不赴秦軍俱死？且有十一二相全。」【正義】十中冀一兩勝秦。陳餘曰：「吾度前終不能救趙，徒盡亡軍。且餘所以不俱死，欲爲趙王、張君報秦。今必俱死，如以肉委餓虎，何益？」張黶、陳澤曰：「事已急，要以俱死立信，安知後慮！」陳餘曰：「吾死顧以爲無益。必如公言。」乃使五千人令張黶、陳澤先嘗秦軍，【索隱】崔浩云嘗猶試。至皆沒。當是時，燕、齊、楚聞趙急，皆來救。張敖亦北收代兵，得萬餘人，來，皆壁餘旁，未敢擊秦。項羽兵數絕章邯甬道，王離軍乏食，項羽悉引兵渡河，遂破章邯。【集解】徐廣曰：「三年十二月也。」章邯引兵解，諸侯軍乃敢擊圍鉅鹿秦軍，遂虜王離。涉閒自殺。卒存鉅鹿者，楚力也。於是趙王歇、張耳乃得出鉅鹿，謝諸侯。張耳與陳餘相見，責讓陳餘以不肯救趙，及問張黶、陳澤所在。陳餘怒曰：「張黶、陳澤以必死責臣，臣使將五千人先嘗秦軍，皆沒不出。」張耳不信，以爲殺之，數問陳餘。陳餘怒曰：「不意君之望臣深也！【索隱】望，怨責也。豈以臣爲重去將哉？」【索隱】案：重訓難也。或云重，惜也。乃脫解印綬，推予張耳。張耳亦愕不受。陳餘起如廁。客有說張耳曰：「臣聞『天與不取，反受其咎』。【索隱】此語出國語。今陳將軍與君印，君不受，反天不祥。急取之！」張耳乃佩其印，收其麾下。而陳餘還，亦望張耳不讓，【正義】言陳餘如廁還，亦怨望張耳不讓其印。遂趨出。張耳遂收其兵。陳餘獨與麾下所善數百人之河上澤中漁獵。由此陳餘、張耳遂有郤。趙王歇復居信都。張耳從項羽諸侯入關。漢元年二月，項羽立諸侯王，張耳雅游，【集解】韋昭曰：「雅，素也。」【索隱】鄭氏云：「雅，故也。」韋昭云：「雅，素。」然素亦故也。雅游言慣游從，故多爲人所稱譽。人多爲之言，項羽亦素數聞張耳賢，乃分趙立張耳爲常山王，治信都。信都更名襄國。陳餘客多說項羽曰：「陳餘、張耳一體有功於趙。」項羽以陳餘不從入關，聞其在南皮，【索隱】地理志屬勃海。【正義】故城在滄州南皮縣北四里也。即以南皮旁三縣以封之，而徙趙王歇王代。【集解】徐廣曰：「都代縣。」張耳之國，陳餘愈益怒，曰：「張耳與餘功等也，今張耳王，餘獨侯，此項羽不平。」及齊王田榮畔楚，陳餘乃使夏說說田榮曰：【正義】上說音稅，下音式銳反。「項羽爲天下宰不平，盡王諸將善地，徙故王王惡地，今趙王乃居代！願王假臣兵，請以南皮爲扞蔽。」田榮欲樹黨於趙以反楚，乃遣兵從陳餘。陳餘因悉三縣

兵襲常山王張耳。張耳敗走，念諸侯無可歸者，曰：「漢王與我有舊故，【集解】張晏曰：「漢王爲布衣時，嘗從張耳游。」而項羽又彊，立我，我欲之楚。」【集解】張晏曰：「羽既彊盛，又爲所立，是以狐疑莫知所往也。」甘公曰：【集解】文穎曰：「善說星者甘氏也。」【索隱】天官書云齊甘公，藝文志云楚有甘公，齊楚不同，未知孰是。劉歆七略云公一名德。「漢王之入關，五星聚東井。東井者，秦分也。先至必霸。楚雖彊，後必屬漢。」故耳走漢。【集解】徐廣曰：「二年十月也。」漢王亦還定三秦，方圍章邯廢丘。張耳謁漢王，漢王厚遇之。陳餘已敗張耳，皆復收趙地，迎趙王於代，復爲趙王。趙王德陳餘，立以爲代王。陳餘爲趙王弱，國初定，不之國，留傅趙王，而使夏說以相國守代。漢二年，東擊楚，使使告趙，欲與俱。陳餘曰：「漢殺張耳乃從。」於是漢王求人類張耳者斬之，持其頭遺陳餘。陳餘乃遣兵助漢。漢之敗於彭城西，陳餘亦復覺張耳不死，卽背漢。漢三年，韓信已定魏地，遣張耳與韓信擊破趙井陘，【集解】徐廣曰：「三年十月。」斬陳餘泜水上，【集解】徐廣曰：「在常山。音遲，一音丁禮反。」【索隱】蘇林音祇。晉灼音邸。今俗呼此水則然。案：地理志音脂，則蘇音爲得。郭景純注山海經云泜水出常山中丘縣。【正義】在趙州贊皇縣界。追殺趙王歇襄國。漢立張耳爲趙王。【集解】徐廣曰：「四年十一月。」駰案：漢書四年夏。漢五年，張耳薨，謚爲景王。子敖嗣立爲趙王。高祖長女魯元公主爲趙王敖后。漢七年，高祖從平城過趙，趙王朝夕袒韝蔽，自上食，【集解】徐廣曰：「韝者，臂捍也。」禮甚卑，有子壻禮。高祖箕倨詈，甚慢易之。【索隱】崔浩云：「屈膝坐，其形如箕。」趙相貫高、趙午等年六十餘，【集解】徐廣曰：「田叔傳云趙午等數十人皆怒，然則或宜言六十餘人。」故張耳客也。生平爲氣，乃怒曰：「吾王孱王也！」【集解】孟康曰：「音如蘇孱之孱。冀州人謂懦弱爲孱。」韋昭曰：「仁謹貌。」【索隱】案：服虔音鉏閑反，弱小貌也。小顏音仕連反。說王曰：「夫天下豪桀並起，能者先立。今王事高祖甚恭，而高祖無禮，請爲王殺之！」張敖齧其指出血，【索隱】小顏云：「齧指以表至誠，爲其約誓。」曰：「君何言之誤！且先人亡國，賴高祖得復國，德流子孫，秋毫皆高祖力也。願君無復出口。」貫高、趙午等十餘人皆相謂曰：「乃吾等非也。吾王長者，不倍德。且吾等義不辱，今怨高祖辱我王，故欲殺之，何乃汙王爲乎？【索隱】漢書作「汙」，蕭該音一故反。說文云：「汙，薉也。」令事成歸王，事敗獨身坐耳。」漢八年，上從東垣還，過趙，貫高等乃壁人柏人，【索隱】謂於柏人縣館舍壁中著人，欲爲變也。【正義】柏人故城在邢州柏人縣西北十二里，卽高祖宿處。要之置。【集解】韋昭曰：「爲供置也。」【索隱】文穎云：「置人於廁壁中以伺高祖也。」張晏云：「鑿壁空之，令人止中也。」今按：云置廁者，置人於複壁中，謂之置廁者，隱側之處，因以爲言也。亦音側。上過欲宿，心動，問曰：「縣名爲何？」曰：「柏人。」「柏人者，迫於人也！」不宿而去。漢九年，貫高怨家知其謀，乃上變告之。於是上皆并逮捕趙王、貫高等。十餘人皆爭自剄，貫高獨怒罵曰：「誰令公爲之？今王實無謀，而并捕王；公等皆死，誰白王不反者！」乃轞車膠致，【正義】轞，其車上著板，四周如檻形，膠密不得開，送致京師也。與王詣長安。治張敖之罪。上乃詔趙羣臣賓客有敢

從王皆族。貫高與客孟舒等十餘人，皆自髡鉗，爲王家奴，從來。貫高至，對獄，曰：「獨吾屬爲之，王實不知。」吏治榜笞數千，刺剟，【集解】徐廣曰：「丁劣反。」【索隱】案：剟亦刺也。漢書作「刺爇」。張晏云：「爇，灼也。」說文云：「爇，燒也。」應劭云：「以鐵刺之。」身無可擊者，終不復言。呂后數言張王以魯元公主故，不宜有此。上怒曰：「使張敖據天下，豈少而女乎！」不聽。廷尉以貫高事辭聞，上曰：「壯士！誰知者，以私問之。」【集解】贊曰：「以私情相問。」中大夫泄公曰：【正義】泄，姓也，史有泄私。「臣之邑子，素知之。此固趙國立名義不侵爲然諾者也。」上使泄公持節問之箯輿前。【集解】徐廣曰：「箯音鞭。」駰案：韋昭曰：「輿如今輿牀，人輿以行。」【索隱】服虔云：「音編。編竹木如今峻，可以舁除也。」何休注公羊：「筍音峻。筍者，竹箯，一名編，齊魯已北名爲筍。」郭璞三蒼注云：「箯，轝土器。」仰視曰：「泄公邪？」泄公勞苦如生平驩，與語，問張王果有計謀不。高曰：「人情寧不各愛其父母妻子乎？今吾三族皆以論死，豈以王易吾親哉！顧爲王實不反，獨吾等爲之。」具道本指所以爲者王不知狀。於是泄公入，具以報，上乃赦趙王。上賢貫高爲人能立然諾，使泄公具告之，曰：「張王已出。」因赦貫高。貫高喜曰：「吾王審出乎？」泄公曰：「然。」泄公曰：「上多足下，故赦足下。」貫高曰：「所以不死一身無餘者，白張王不反也。今王已出，吾責已塞，死不恨矣。且人臣有篡殺之名，何面目復事上哉！縱上不殺我，我不愧於心乎？」乃仰絕肮，遂死。【集解】韋昭曰：「肮，咽也。」【索隱】蘇林云：「肮，頸大脈也，俗所謂胡脈。」音戶郎反。蕭該或音下浪反。當此之時，名聞天下。張敖已出，以尚魯元故，封爲宣平侯。【索隱】崔浩云：「奉事公主。」小顏云：「尚，配也。」易「得尚於中行」，王弼亦以尚爲配，恐非其義。於是上賢張王諸客，以鉗奴從張王入關，無不爲諸侯相、郡守者。及孝惠、高后、文帝、孝景時，張王客子孫皆得爲二千石。張敖，高后六年薨。【集解】駰案：關中記曰：「張敖冢在安陵東。」【正義】魯元公主墓在咸陽縣西北二十五里，次東有張敖冢，與公主同域。又張耳墓在咸陽縣東三十三里。子偃爲魯元王。以母呂后女故，呂后封爲魯元王。【索隱】案：謂偃以其母號而封也。元王弱，兄弟少，乃封張敖他姬子二人：壽爲樂昌侯，【集解】徐廣曰：「漢紀張敖傳曰：『張敖之子壽封樂昌侯，食細陽之池陽鄉也。』」侈爲信都侯。高后崩，諸呂無道，大臣誅之，而廢魯元王及樂昌侯、信都侯。孝文帝卽位，復封故魯元王偃爲南宮侯，續張氏。【集解】駰案：張敖謚武侯。張偃之孫有罪絕。信都侯名侈，樂昌侯名壽。

太史公曰：張耳、陳餘，世傳所稱賢者；其賓客廝役，莫非天下俊傑，所居國無不取卿相者。然張耳、陳餘始居約時，【集解】駰案：漢書音義曰：「在貧賤時也。」相然信以死，豈顧問哉。【索隱】葛洪要用字苑云：「然，猶爾也。謂相和同諾者也。信，謂然諾相信，雖死不顧也。」及據國爭權，卒相滅亡，何鄉者相慕用之誠，後相倍之戾也！豈非以利哉？【索隱】有本作「私利交」。漢書作「勢利交」。故廉頗傳云：「天下以市道交，君有勢則從君，無勢則去，此固其理也。」名譽雖高，賓客雖盛，所由殆與太伯、延陵季子異矣。

【索隱述贊】張耳、陳餘，天下豪俊。忘年羈旅，刎頸相信。耳圍鉅鹿，餘兵不進。張既望深，陳乃去印。勢利傾奪，隙末成疊。

史記卷八十九考證

張耳陳餘列傳乃卒爲請決嫁之張耳　索隱謂女請父客爲決絕其夫而改嫁張耳○余有丁曰卒爲請決乃父客爲之注誤李光縉曰去抵父客云者婦人謂嫁曰歸則視歸寧爲客也下父客客字疑衍必若注所云則方喪其夫遽去抵父之賓客何說且是女之擇賢夫必與凡女不同卒爲請決云者父爲請之張耳如呂公請之沛公願爲季箕帚妾者是也　臣照按亂世何事不有史明曰逃去其夫去抵父客父客爲之請決去其夫而嫁張耳亦何用致疑別生支節哉

恐天下解也　正義解紀賣反言天下諸侯見陳勝稱王王陳皆解惰不相從也○凌稚隆曰按漢書注解謂離散其心也

頭會箕斂　集解駰按漢書音義曰家家人頭數出穀以箕斂之○此段集解明有脫落漢書注服虔曰吏到其家人人頭數出穀以箕斂之

況以兩賢王左提右挈而責殺王之罪　徐廣曰平原君傳曰事成執右券以責也券契義同耳○臣照按左提右挈謂彼此扶助猶云相敎若左右手也徐廣以挈爲契未詳何本

要之置○臣照按觀索隱語則置下有一廁字漢書亦有廁字

史記卷九十

漢　太　史　令司馬遷　撰
宋　中　郎　外　兵　曹　參　軍　裴　駰集解
唐國子博士弘文館學士司馬貞索隱
唐諸王侍讀率府長史張守節正義

魏豹彭越列傳第三十

魏豹者，故魏諸公子也。其兄魏咎，故魏時封爲寧陵君。【索隱】宋彭越傳云魏豹，魏王咎從弟也。晉灼云寧陵，梁國縣也。卽今寧陵是。秦滅魏，遷咎爲家人。陳勝之起王也，【正義】王，于放反。咎往從之。陳王使魏人周市徇魏地，魏地已下，欲相與立周市爲魏王。周市曰

天下昏亂忠臣乃見【索隱】老子曰國家昏亂有忠臣此取以爲說也今天下共畔秦其義必立魏王後乃可齊趙使車各五十乘立周市爲魏王市辭不受迎魏咎於陳五反陳王乃遣立咎爲魏王【集解】徐廣曰元年十二月也章邯已破陳王乃進兵擊魏王於臨濟【正義】故城在淄州高苑縣北二里本漢縣魏王乃使周市出請救於齊楚齊楚遣項它田巴將兵隨市救魏【索隱】案項它楚將田巴齊將也【正義】它徒多反章邯遂擊破殺周市等軍圍臨濟咎爲其民約降約定咎自燒殺魏豹亡走楚【集解】徐廣曰二年六月楚懷王予魏豹數千人復徇魏地項羽已破秦降章邯豹下魏二十餘城立豹爲魏王豹引精兵從項羽入關漢元年項羽封諸侯欲有梁地乃徙魏王豹於河東都平陽【正義】今晉州爲西魏王漢王還定三秦渡臨晉【正義】臨晉在同州朝邑縣界魏王豹以國屬焉遂從擊楚於彭城漢敗還至滎陽豹請歸視親病至國卽絕河津畔漢漢王聞魏豹反方東憂楚未及擊謂酈生曰緩頰往說魏豹能下之吾以萬戶封若酈生說豹豹謝曰人生一世間如白駒過隙耳【索隱】莊子云無異騏驥之馳過隙則謂馬也小顏云白駒謂日影也隙壁隙也以言速疾若日影過壁隙也今漢王慢而侮人罵詈諸侯羣臣如罵奴耳非有上下禮節也吾不忍復見也於是漢王遣韓信擊虜豹於河東【集解】徐廣曰二年九月也傳詣滎陽以豹國爲郡【集解】駰案高祖本紀曰置三郡河東太原上黨漢王令豹守滎陽楚圍之急周苛遂殺魏豹

彭越者昌邑人也字仲【正義】漢武更山陽爲昌邑國有梁丘鄉梁丘故城在曹州城武縣東北三十三里常漁鉅野澤中爲羣盜陳勝項梁之起少年或謂越曰諸豪傑相立畔秦仲可以來亦效之彭越曰兩龍方鬬且待之居歲餘澤間少年相聚百餘人往從彭越曰請仲爲長越謝曰臣不願與諸君少年彊請乃許與期旦日日出會後期者斬【索隱】旦日謂明日之朝日出時也旦日日出十餘人後後者至日中於是越謝曰臣老諸君彊以爲長今期而多後不可盡誅誅最後者一人令校長斬之皆笑曰何至是請後不敢於是越乃引一人斬之設壇祭乃令徒屬徒屬皆大驚畏越莫敢仰視乃行略地收諸侯散卒得千餘人沛公之從碭北擊昌邑【正義】碭唐朗反宋州碭山縣彭越助之昌邑未下沛公引兵西彭越亦將其衆居鉅野中收魏散卒項籍入關王諸侯還歸彭越衆萬餘人毋所屬漢元年秋齊王田榮畔項王漢乃使人賜彭越將軍印使下濟陰以擊楚楚命蕭公角【正義】蕭縣令楚縣令稱公角名將兵擊越越大破楚軍漢王二年春與魏王豹及諸侯東擊楚彭越將其兵三萬餘人歸漢於外黃漢王曰彭將軍收魏地得十餘城欲急立魏後今西魏王豹亦魏王咎從弟也眞魏後乃拜彭越爲魏相國擅將其兵略定梁地【索隱】擅猶專也漢王之敗彭城解而西也彭越皆復亡其所下城獨將其兵北居河上【正義】滑州河上漢王三年彭越常往來爲漢游兵擊楚絕其後糧於梁地漢四年冬項王與漢王相距滎陽彭越攻下睢陽外黃十七城【正義】睢陽宋州宋城也外黃在汴州雍丘縣東也項王聞之乃使曹咎守成皋【正義】河南府汜水是自東收彭越所下城邑皆復爲楚【正義】爲于僞反越將其兵北走穀城【正義】在濟州東阿縣東二十六里是漢五年秋項王之南走陽夏【正義】夏古雅反陳州太康縣也彭越復下昌邑旁二十餘城得穀十餘萬斛以給漢王食漢王敗使使召彭越幷力擊楚越曰魏地初定尚畏楚未可去漢王追楚爲項籍所敗固陵【正義】固陵地名在陳州宛丘縣西北三十二里乃謂留侯曰諸侯兵不從爲之柰何留侯曰齊王信之立非君王之意信亦不自堅彭越本定梁地功多始君王以魏豹故拜彭越爲魏相國今豹死毋後且越亦欲王而君王不蚤定與此兩國約卽勝楚睢陽以北至穀城皆以王彭相國【正義】從宋州已北至鄆州以西曹濮汴滑並與彭越從陳以東傅海【集解】駰案傅音附【正義】從陳潁州北以東亳泗徐淮北之地東至海并淮南淮陰之邑盡與韓信韓信又先有故齊舊地與齊王信齊王信家在楚此其意欲復得故邑君王能出捐此地許二人二人今可致卽不能事未可知也於是漢王乃發使使彭越如留侯策使者至彭越乃悉引兵會垓下【正義】在亳州也遂破楚五年項籍已死春立彭越爲梁王都定陶【正義】曹州六年朝陳九年十年皆來朝長安十年秋陳豨反代地高帝自往擊至邯鄲徵兵梁王梁王稱病使將將兵詣邯鄲高帝怒使人讓梁王梁王恐欲自往謝其將扈輒曰王始不往見讓而往往則爲禽矣不如遂發兵反梁王不聽稱病梁王怒其太僕欲斬之太僕亡走漢告梁王與扈輒謀反於是上使使掩梁王梁王不覺捕梁王囚之雒陽有司治反形已具【集解】張晏曰扈輒勸越反不聽而云反形已具有司非也瓚曰扈輒勸越反而越不誅輒是反形已具請論如法上赦以爲庶人傳處蜀青衣【集解】文穎曰青衣縣名在蜀瓚曰今漢嘉是也【索隱】蘇林云縣名今爲臨邛說爲是西至鄭【索隱】地理志鄭屬京兆【正義】華州逢呂后從長安來欲之雒陽道見彭王彭王爲呂后泣涕自言無罪願處故昌邑呂后許諾與俱東至雒陽呂后白上曰彭王壯士今徙之蜀此自遺患【正義】遺唯季反不如遂誅之妾謹與俱來於是呂后乃令其舍人告彭越復謀反廷尉王恬開奏請族之上乃可遂夷越宗族國除

太史公曰魏豹彭越雖故賤然已席卷千里【正義】言魏地闊千里如席卷舒南面稱孤喋血乘勝日有聞矣【集解】徐廣曰一作啑韓傳亦有喋血語也【索隱】音牒喋猶蹀也殺敵蹀血而行孝文紀喋血京師是也懷畔逆之意及敗不死而虜囚身被刑戮何哉中材已上且羞其行況王者乎彼無異故智略絕人獨患無身耳得攝尺寸之柄其雲蒸龍變欲有所會其度以故幽囚而不辭云

【索隱述贊】曰魏咎兄弟因時而王豹後屬楚其國遂亡仲起昌邑歸漢外黃往來聲援再續軍糧徵兵不往葅醢何傷

史記卷九十考證

魏豹彭越列傳封爲甯陵君晉灼云甯陵梁國縣也卽今寧陵是○臣照按漢地理志陳留郡有寧陵縣孟康曰故葛伯國今葛鄉是後漢郡國志梁國寧陵故屬陳留晉地理志梁國寧陵故葛伯國水經注汳水又東逕寧陵縣之沙陽亭北故沙隨國矣春秋左傳成公十六年秋會於沙隨謀伐鄭也杜預釋地曰在梁國寧陵縣北沙陽亭是也世以爲堂城非也又曰汳水又東逕葛城北故葛伯之國也葛於六國屬魏魏襄王以封公子無忌號信陵君其地葛鄉卽是城也在寧陵縣西十里今按魏咎之封不見於戰國策水經注所謂公子無咎者疑卽魏咎信陵或寧陵之誤也

史記卷九十一

漢　太　史　令司馬遷　撰

宋中郎外兵曹參軍裴　駰集解

唐國子博士弘文館學士司馬貞索隱

唐諸王侍讀率府長史張守節正義

黥布列傳第三十一

黥布者六人也姓英氏【索隱】地理志廬江有六縣蘇林曰今爲六安也布本姓英英國名也咎繇之後布以少時有人相云當刑而王故漢雜事云布改姓黥以厭當之也【正義】故六城在壽州安豐縣西南百三十三里按黥布封淮南王都六卽此城又春秋傳六與蓼咎繇之後或封於英六蓋英後改爲蓼也秦時爲布衣少年有客相之曰當刑而王及壯坐法黥布欣然笑曰人相我當刑而王幾是乎【集解】徐廣曰幾一作豈駰謂幾近也【索隱】臣瓚音機楚漢春秋作豈是乎徐廣云一作豈劉氏音祈祈者語辭也義亦通故人有聞者共俳笑之【索隱】謂衆共俳優輩笑之以布已論輸麗山【正義】言布論決受黥竟麗山作陵也時會稽郡輸身徒麗山之徒數十萬人布皆與其徒長豪桀交通迺率其曹偶亡之江中爲羣盜【索隱】曹輩也偶類也謂徒之輩類陳勝之起也布迺見番君與其衆叛秦聚兵數千人番君以其女妻之章邯之滅陳勝破呂臣軍布乃引兵北擊秦左右校破之清波引兵而東聞項梁定江東會稽【正義】時會稽郡所理在吳閶閭城中涉江而西陳嬰以項氏世爲楚將迺以兵屬項梁渡淮南英布蒲將軍亦以兵屬項梁項梁涉淮而西擊景駒秦嘉等布常冠軍項梁至薛【正義】薛古城在徐州滕縣界也聞陳王定死迺立楚懷王項梁號爲武信君英布爲當陽君【正義】南郡當陽縣也項梁敗死定陶懷王徙都彭城諸將英布亦皆保聚彭城當是時秦急圍趙趙數使人請救懷王使宋義爲上將范增爲末將項籍爲次將英布蒲將軍皆爲將軍悉屬宋義北救趙及項籍殺宋義於河上懷王因立籍爲上將軍諸將皆屬項籍項籍使布先涉渡河擊秦布數有利籍迺悉引兵涉河從之遂破秦軍降章邯等楚兵常勝功冠諸侯諸侯兵皆以服屬楚者以布數以少敗衆也項籍之引兵西至新安【正義】新安故城在河南府澠池縣東二十二里又使布等夜擊阬章邯秦卒二十餘萬人至關不得入又使布等先從閒道破關下軍【索隱】鄒氏云閒音閑謂私也今閒音紀莧反閒道卽他道也猶若反閒之義遂得入至咸陽布常爲軍鋒【索隱】案漢書作楚軍前鋒簿者鹵簿項王封諸將立布爲九江王都六漢元年四月諸侯皆罷戲下各就國項氏立懷王爲義帝徙都長沙迺陰令九江王布等行擊之其八月布使將擊義帝追殺之郴縣【正義】郴丑林反今郴州有義帝冢及祠漢二年齊王田榮畔楚項王往擊齊徵兵九江九江王布稱病不往遣將將數千人行漢之敗楚彭城布又稱病不佐楚項王由此怨布數使使者誚讓召布【集解】駰案漢書音義誚責也布愈恐不敢往項王方北憂齊趙西患漢所與者獨九江王又多布材欲親用之以故未擊漢三年漢王擊楚大戰彭城不利出梁地至虞【正義】今宋州虞城也謂左右曰【索隱】案謂隨何如彼等者無足與計天下事謁者隨何進曰不審陛下所謂漢王曰孰能爲我使淮南令之發兵倍楚留項王於齊數月我之取天下可以百全隨何曰臣請使之迺與二十人俱使淮南至因太宰主之【集解】駰案漢書音義曰淮南太宰作內主也韋昭曰主舍也【索隱】太宰掌膳食之官三日不得見隨何因說太宰曰王之不見何必以楚爲彊以漢爲弱此臣之所以爲使使何得見言之而是邪是大王所欲聞也言之而非邪使何等二十人伏斧質淮南市以明王倍漢而與楚也太宰迺言之王王見之隨何曰漢王使臣敬進書大王御者竊怪大王與楚何親也淮南王曰寡人北鄉而臣事之隨何曰大王與項王俱列爲諸侯北鄉而臣事之必以楚爲彊可以託國也項王伐齊身負板築【集解】李奇曰板牆板也築杵也以爲士卒先大王宜悉淮南之衆身自將之爲楚軍前鋒今迺發四千人以助楚夫北面而臣事人者固若是乎夫漢王戰於彭城項王未出齊也大王宜騷淮南之兵【集解】駰案騷音掃渡淮日夜會戰彭城下大王撫萬人之衆無一人渡淮者垂拱而觀其孰

勝夫託國於人者固若是乎大王提空名以鄉楚而欲厚自託臣竊爲大王不取也然而大王不背楚者以漢爲弱也夫楚兵雖强天下負之以不義之名【索隱】負猶被也以不義被其身以其背盟約而殺義帝也然而楚王恃戰勝自彊漢王收諸侯還守成皋滎陽下蜀漢之粟深溝壁壘分卒守徼乘塞【索隱】徼謂邊境亭鄣以徼繞邊陲常守之也乘者登也登塞垣而守之楚人還兵閒以梁地深入敵國八九百里【集解】張晏曰羽從齊還當經梁地八九百里道得羽地【索隱】案服虔曰梁在楚漢之中央欲戰則不得攻城則力不能老弱轉糧千里之外楚兵至滎陽成皋漢堅守而不動進則不得攻退則不能解故曰楚兵不足恃也【集解】徐廣曰恃一作罷言其已困不足復苦也【索隱】案漢書作罷音皮使楚勝漢則諸侯自危懼而相救夫楚之彊適足以致天下之兵耳故楚不如漢其勢易見也今大王不與萬全之漢而自託於危亡之楚臣竊爲大王惑之臣非以淮南之兵足以亡楚也夫大王發兵而倍楚項王必留留數月漢之取天下可以萬全臣請與大王提劒而歸漢漢王必裂地而封大王又況淮南淮南必大王有也故漢王敬使使臣進愚計願大王之留意也淮南王曰請奉命陰許畔楚與漢未敢泄也楚使者在【集解】文穎曰在淮南王所方急責英布發兵舍傳舍隨何直入坐楚使者上坐曰九江王已歸漢楚何以得發兵布愕然楚使者起何因說布曰事以搆【索隱】搆成也可遂殺楚使者無使歸而疾走漢并力【索隱】走音奏向也布曰如使者教因起兵而擊之耳於是殺使者因起兵而攻楚楚使項聲龍且攻淮南項王留而攻下邑【正義】宋州碭山縣數月龍且擊淮南破布軍布欲引兵走漢恐楚王殺之故閒行與何俱歸漢淮南王至【集解】徐廣曰三年十二月上方踞牀洗召布入見布甚大怒悔來欲自殺出就舍帳御飲食從官如漢王居布又大喜過望【正義】高祖以布先分爲王恐其自尊大故峻禮令布折服已而美其帷帳厚其飲食多其從官以悅其心權道也於是迺使人入九江楚已使項伯收九江兵盡殺布妻子布使者頗得故人幸臣將衆數千人歸漢漢益分布兵而與俱北收兵至成皋四年七月立布爲淮南王與擊項籍漢五年布使人入九江得數縣六年布與劉賈入九江誘大司馬周殷周殷反楚遂舉九江兵與漢擊楚破之垓下項籍死天下定上置酒上折隨何之功謂何爲腐儒爲天下安用腐儒【索隱】腐音輔謂之腐儒言如腐敗之物不任用也隨何跪曰夫陛下引兵攻彭城楚王未去齊也陛下發步卒五萬人騎五千能以取淮南乎上曰不能隨何曰陛下使何與二十人使淮南至如陛下之意是何之功賢於步卒五萬人騎五千也然而陛下謂何腐儒爲天下安用腐儒何也上曰吾方圖子之功迺以隨何爲護軍中尉布遂剖符爲淮南王都六九江廬江衡山豫章郡皆屬布七年朝陳八年朝雒陽九年朝長安十一年高后誅淮陰侯布因心恐夏漢誅梁王彭越醢之盛其醢徧賜諸侯至淮南淮南王方獵見醢因大恐陰令人部聚兵候伺旁郡警急【集解】張晏曰欲有所會布所幸姬疾請就醫醫家與中大夫賁赫對門【集解】徐廣曰賁音肥【索隱】人姓名也姬數如醫家賁赫自以爲侍中迺厚餽遺從姬飲醫家姬侍王從容語次譽赫長者也王怒曰汝安從知之具說狀王疑其與亂赫恐稱病王愈怒欲捕赫赫言變事乘傳詣長安布使人追不及赫至上變言布謀反有端可先未發誅也上讀其書語蕭相國相國曰布不宜有此恐仇怨妄誣之請繫赫使人微【集解】駰案一作徵驗淮南王淮南王布見赫以罪亡上變固已疑其言國陰事漢使又來頗有所驗遂族赫家發兵反反書聞上迺赦賁赫以爲將軍上召諸將問曰布反爲之奈何皆曰發兵擊之坑豎子耳何能爲乎汝陰侯滕公召故楚令尹問之令尹曰是固當反滕公曰上裂地而王之疏爵而貴之【集解】駰案漢書音義曰疏分也禹決江疏河是也【索隱】尚書曰列爵惟五分土惟三按裂地是對文故知疏卽分也南面而立萬乘之主其反何也令尹曰往年殺彭越前年殺韓信【集解】駰案往年前年同耳使文相避也言此三人者同功一體之人也自疑禍及身故反耳滕公言之上曰臣客故楚令尹薛公者其人有籌筴之計可問上迺召見問薛公薛公對曰布反不足怪也使布出於上計山東非漢之有也出於中計勝敗之數未可知也出於下計陛下安枕而臥矣上曰何謂上計令尹對曰東取吳【正義】荊王劉賈都吳蘇州闔閭城也西取楚【正義】楚王劉交都徐州下邳并齊取魯傳檄燕趙固守其所山東非漢之有也何謂中計東取吳西取楚并韓取魏據敖倉之粟【索隱】案太康地記云秦建敖倉於成皋又立庾故亦云敖庾也塞成皋之口勝敗之數未可知也何謂下計東取吳西取下蔡【正義】古州來國歸重於越身歸長沙【正義】潭州令陛下安枕而臥漢無事矣【集解】駰案桓譚新論曰世有圍碁之戲或言是兵法之類也及爲之上者遠碁疏張置以會圍因而成多得道之勝中者則務相絕遮要以爭便求利故勝負狐疑須計數而定下者則守邊隅趨作罫以自生於小地然亦必不如察薛公之言上計云取吳楚并齊魯及燕趙者此廣道地之謂中計云取吳楚并韓魏塞成皋據敖倉此趨遮要爭利者也下計云取吳下蔡據長沙以臨越此守邊隅趨作罫者也【索隱】罫音烏卦反上曰是計將安出令尹對曰出下計上曰何謂廢上中計而出下計令尹曰布故麗山之徒也自致萬乘之主此皆爲身不顧後爲百姓萬世慮者也故曰出下計上曰善封薛公千戶【索隱】劉氏云薛公得封千戶蓋關內侯也迺立皇子長爲淮南王上遂發兵自將東擊布布之初反謂其將曰上老矣厭兵必不能來使諸將諸將獨患淮陰彭越今皆已死餘不足畏也故遂反果如薛公籌之東擊荊荊王劉賈走死富陵【正義】故城在楚州盱眙縣東北六十里盡劫其兵渡淮擊楚楚發兵與戰徐僮閒【集解】如淳曰地名也【索隱】案地理志臨淮有徐僮縣【正義】杜預云徐在下邳僮縣東括地志云大徐城在泗州徐城縣北四十里古徐國也爲三軍欲以相救爲奇或說楚將曰布善用兵民素畏之且兵法諸侯戰其地爲散地【集解】駰案漢書音義曰謂散滅之地【正義】魏武帝注孫子曰卒戀土地道近而易散敗今別爲三彼敗吾一軍餘皆走安能相救不聽布果破其一軍其二軍散走遂西與上兵遇蘄西會甀【索隱】上古外反下持瑞反韋昭云蘄之鄉名漢書作甀應劭音保非也【正義】蘄音機沛郡蘄城也甀遂瑞反布兵精甚上迺壁庸城【集解】鄧展曰地名也望布軍置陳如項籍軍上惡之與布相望見遙謂布曰何苦而反布曰欲爲帝耳上怒罵之遂大戰布軍敗走渡淮數止戰不利與百餘人走江南布故與番君婚以故長沙哀王【集解】徐廣曰表云成王臣吳芮之子也駰案晉灼曰芮之孫固或曰是成王非哀王也傳誤也使人紿布僞與亡誘走越故信而隨之番陽【索隱】番陽鄱縣之鄉番陽人殺布茲鄉民田舍【正義】英布冢在饒州鄱陽縣北百五十二里十三步遂滅黥布立皇子長爲淮南王封賁赫爲期思侯【正義】期思故城在光州固始縣界諸將率多以功封者【集解】漢書曰將率封者六人

太史公曰英布者其先豈春秋所見楚滅英六皐陶之後哉身被刑法何其拔興之暴也【索隱】拔音白曷反疾也項氏之所坑殺人以千萬數而布常爲首虐功冠諸侯用此得王亦不免於身爲世大僇禍之興自愛姬殖妒媢生患竟以滅國【集解】駰案媢音冒媢亦妒也【索隱】漢書外戚傳亦云成結寵妾妒媢之誅又論衡云妒夫媢婦則媢是妒之別名今原英布之誅爲疑賁赫與其姬妃有亂故至滅國所以不得言妒媢是媢也一云男妒曰媢

【索隱】述贊曰九江初筮當刑而王既免徒中聚盜江上每雄楚卒頻破秦將病爲羽疑歸受漢杖賁赫見毀卒致無妄

史記卷九十一考證

黥布列傳共俳笑之索隱謂衆共以俳優輩笑之○臣照按急就章云倡優俳笑觀倚庭顏師古注曰俳謂優之褻狎者也言相與諧謔而非笑之非以俳優輩相目也

聚兵數千人○監本脫人字今添

淮南王曰○顧炎武曰隨何說英布當書九江王不當書淮南王歸漢之後始立爲淮南王也盡採之諸書其稱未一

言此三人者同功一體之人也○臣照按言字疑衍蓋從上信字訛寫也

史記卷九十二

漢　太　史　令司馬遷　撰

宋　中　郎　外　兵　曹　參　軍　裴　駰集解

唐　國　子　博　士　弘　文　館　學　士　司馬貞索隱

唐　諸　王　侍　讀　率　府　長　史　張守節正義

淮陰侯列傳第三十二

淮陰侯韓信者淮陰人也【正義】楚州淮陰縣也始爲布衣時貧無行不得推擇爲吏【集解】李奇曰無善行可推舉選擇又不能治生商賈常從人寄食飲人多厭之者常數從其下鄉南昌亭長寄食【集解】張晏曰下鄉縣屬淮陰也【索隱】案楚漢春秋南昌作新昌亭長者主亭之吏也數月亭長妻患之乃晨炊蓐食【集解】張晏曰未起而牀蓐中食食時信往不爲具食信亦知其意怒竟絕去信釣於城下【正義】淮陰城北臨淮水諸母漂【集解】韋昭曰以水擊絮爲漂故曰漂母有一母見信飢飯信竟漂數十日信喜謂漂母曰吾必有以重報母母怒曰大丈夫不能自食吾哀王孫而進食【集解】蘇林曰如言公子也【索隱】劉德曰秦末多失國言王孫公子尊之也張晏曰字王孫非也豈望報乎淮陰屠中少年有侮信者曰若雖長大好帶刀劒中情怯耳衆辱之曰信能死刺我不能死出我袴下【集解】徐廣曰袴一作胯胯股也音同又云漢書作跨同耳【索隱】胯音枯化反然尋此文作袴欲依字讀何爲不通袴下卽胯下也何必須要作胯下於是信孰視之俛出袴下蒲伏【正義】俛音俯伏蒲北反一市人皆笑信以爲怯及項梁渡淮信杖劒從之居戲下【集解】徐廣曰戲一作麾無所知名項梁敗又屬項羽羽以爲郎中數以策干項羽羽不用漢王之入蜀信亡楚歸漢未得知名爲連敖【集解】徐廣曰典客也【索隱】李奇云楚官名張晏曰司馬也坐法當斬其輩十三人皆已斬次至信信乃仰視適見滕公曰上不欲就天下乎何爲斬壯士滕公奇其言壯其貌釋而不斬與語大悅之言於上上拜以爲治粟都尉上未之奇也信數與蕭何語何奇之至南鄭諸將行道亡者數十人信度何等已數言上上不我用卽亡何聞信亡不及以聞自追之人有言上曰丞相何亡上大怒如失左右手居一二日何來謁上上且怒且喜罵何曰若亡何也何曰臣不敢亡也臣追亡者上曰若所追者誰何曰韓信也上復罵曰諸將亡者以十數公無所追追信詐也何曰諸將易得耳至如信者國士無雙王必欲長王漢中無所事信【集解】文穎曰事猶業也張晏曰無事用信必欲爭天下非信無所與計事者顧王策安所決耳王曰吾亦欲東耳安能鬱鬱久居此乎何曰王計必欲東能用信信卽留不能用信終亡耳王曰吾爲公以爲將何曰雖爲將信必不留王曰以爲大將何曰幸甚於是王欲召信拜之何曰王素慢無禮今拜大將如呼小兒耳此乃信所以去也王必欲拜之擇良

日齋戒設壇場具禮乃可耳王許之諸將皆喜人人各自以為得大將至拜大將乃信也一軍皆驚信拜禮畢上坐王曰丞相數言將軍將軍何以教寡人計策信謝因問王曰今東鄉爭權天下豈非項王邪漢王曰然曰大王自料勇悍仁彊孰與項王漢王默然良久曰不如也信再拜賀曰惟信亦以為大王不如也然臣嘗事之請言項王之為人也項王喑噁叱咤千人皆廢【集解】晉灼曰廢不收也【索隱】喑於鴆反噁烏路反叱昌栗反咤卓嫁反或作吒喑噁懷怒氣叱咤發怒聲孟康曰廢伏也張晏曰廢偃也然不能任屬賢將此特匹夫之勇耳項王見人恭敬慈愛言語嘔嘔【集解】駰案音句于反【索隱】嘔音吁漢書作姁姁鄧展曰姁姁和好貌人有疾病涕泣分食飲至使人有功當封爵者印刓敝忍不能予【集解】駰案漢書音義曰不忍授此所謂婦人之仁也項王雖霸天下而臣諸侯不居關中而都彭城有背義帝之約而以親愛王諸侯不平諸侯之見項王遷逐義帝置江南亦皆歸逐其主而自王善地項王所過無不殘滅者天下多怨百姓不親附特劫於威彊耳名雖為霸實失天下心故曰其彊易弱今大王誠能反其道任天下武勇何所不誅以天下城邑封功臣何所不服以義兵從思東歸之士何所不散【索隱】劉氏云用東歸之兵擊東方之敵此敵無不散敗也且三秦王為秦將將秦子弟數歲矣所殺亡不可勝計又欺其眾降諸侯至新安項王詐阬秦降卒二十餘萬唯獨邯欣翳得脫秦父兄怨此三人痛入骨髓今楚彊以威王此三人秦民莫愛也大王之入武關秋毫無所害【索隱】案秋毫秋乃成王逸注楚詞云銳毛為毫夏落秋生也除秦苛法與秦民約法三章耳秦民無不欲得大王王秦者於諸侯之約大王當王關中關中民咸知之大王失職入漢中秦民無不恨者今大王舉而東三秦可傳檄而定也【索隱】案說文云檄二尺書也此云傳檄謂為檄以責所伐者於是漢王大喜自以為得信晚遂聽信計部署諸將所擊八月漢王舉兵東出陳倉【正義】漢王從關北出岐州陳倉縣定三秦漢二年出關【正義】出函谷關收魏河南韓殷王皆降合齊趙共擊楚四月至彭城漢兵敗散而還信復收兵與漢王會滎陽復擊破楚京索之間以故楚兵卒不能西漢之敗卻彭城【正義】兵敗散彭城而卻退塞王欣翟王翳亡漢降楚齊趙欲反漢與楚和六月魏王豹謁歸視親疾至國即絕河關【索隱】今蒲津關反漢與楚約和漢王使酈生說豹不下其八月以信為左丞相擊魏魏王盛兵蒲坂塞臨晉【索隱】塞音先得反臨晉縣名在河東之東岸對舊關也信乃益為疑兵【集解】駰案漢書音義曰益張旌旗以疑敵者陳船欲渡臨晉【索隱】劉氏云陳船地名在舊關之西今之朝邑非也案京兆有船司空縣不名陳船陳船者陳列船艘欲渡河也而伏兵從夏陽以木罌缻渡軍【集解】徐廣曰缻一作缶服虔曰以木押縛罌缻以渡韋昭曰以木為器如罌缻以渡

軍無船且尙密也【正義】按韓信詐陳列船艘於臨晉欲渡河即此從夏陽木押罌缻度軍襲安邑臨晉同州東朝邑界夏陽在同州北渭城界襲安邑【正義】安邑故城在絳州夏縣東北十五里魏王豹驚引兵迎信信遂虜豹【索隱】劉氏云夏陽舊無船豹不備之而防臨晉耳今安邑被襲故豹遂降也定魏為河東郡【正義】今安邑縣故城漢王遣張耳與信俱引兵東北擊趙代後九月破代兵禽夏說閼與【集解】徐廣曰音余駒案李奇曰夏說代相也【索隱】司馬彪郡國志上黨沾縣有閼與聚閼音曷又音遏與音余又音預沾音他廉反【正義】閼與聚城在潞州銅鞮縣西北二十里信之下魏破代漢輒使人收其精兵詣滎陽以距楚信與張耳以兵數萬欲東下井陘擊趙【索隱】案地理志常山石邑縣井陘山在西又穆天子傳云至于陘山之隧升于三道之磴是也趙王成安君陳餘聞漢且襲之也聚兵井陘口【正義】井陘故關在井州石艾縣東十八里即井陘口號稱二十萬廣武君李左車說成安君曰聞漢將韓信涉西河虜魏王禽夏說新喋血閼與【索隱】喋舊音歃非也案陳湯傳喋血萬里之外也如淳云殺人血流滂沱也韋昭音徒協反今乃輔以張耳議欲下趙此乘勝而去國遠鬬其鋒不可當臣聞千里餽糧士有飢色樵蘇後爨【集解】駰案漢書音義曰樵取薪也蘇取草也師不宿飽今井陘之道車不得方軌騎不得成列行數百里其勢糧食必在其後願足下假臣奇兵三萬人從間路絕其輜重足下深溝高壘堅營勿與戰彼前不得鬬退不得還吾奇兵絕其後使野無所掠不至十日而兩將之頭可致於戲下願君留意臣之計否必為二子所禽矣成安君儒者也常稱義兵不用詐謀奇計曰吾聞兵法十則圍之倍則戰之今韓信兵號數萬其實不過數千能千里而襲我亦以罷極今如此避而不擊後有大者何以加之則諸侯謂吾怯而輕我【集解】駰案輕我伐我一本作輕來伐我伐我不聽廣武君策廣武君策不用韓信使人間視知其不用還報則大喜乃敢引兵遂下【正義】引兵入井陘狹道出趙未至井陘口三十里止舍夜半傳發【集解】駰案漢書音義曰傳令軍中使發選輕騎二千人人持一赤幟從間道萆山而望趙軍【集解】如淳曰萆音蔽依山自覆蔽【索隱】案謂令從間道小路向前望見陳餘軍即住仍須隱山自蔽勿令趙軍知也蔽者蓋覆也楚漢春秋作卑山漢書作萆山說文云萆蔽也從竹卑聲誡曰趙見我走必空壁逐我若疾入趙壁拔趙幟立漢赤幟令其裨將傳飧曰今日破趙會食【集解】如淳曰小飯曰飧言破趙後乃當共飽食也諸將皆莫信詳應曰諾謂軍吏曰趙已先據便地為壁且彼未見吾大將旗鼓未肯擊前行恐吾至阻險而還信乃使萬人先行出背水陳【正義】綿蔓水一名阜將一名回星自并州流入井陘界即信背水陳陷之死地即此水也趙軍望見而大笑平旦信建大將之旗鼓鼓行出井陘口趙開壁擊之【正義】恒州鹿泉縣即六國時趙壁也大戰良久於是信張耳詳棄鼓旗走水上軍水上軍開入之復疾戰趙果空壁爭漢鼓旗逐韓信張耳韓信張耳已入水上軍軍皆殊死戰不可敗信所出奇兵二千騎

共候趙空壁逐利則馳入趙壁皆拔趙旗立漢赤幟二千趙軍已不勝不能得信等欲還歸壁壁皆漢赤幟而大驚以為漢皆已得趙王將矣兵遂亂遁走趙將雖斬之不能禁也於是漢兵夾擊大破虜趙軍斬成安君泜水上禽趙王歇信乃令軍中毋殺廣武君有能生得者購千金於是有縛廣武君而致戲下者信乃解其縛東鄉坐西鄉對師事之諸將效首虜休畢賀【索隱】如淳云效致也晉灼曰效數也鄭玄注禮效猶呈見也因問信曰兵法右倍山陵前左水澤今者將軍令臣等反背水陳曰破趙會食臣等不服然竟以勝此何術也信曰此在兵法顧諸君不察耳兵法不曰陷之死地而後生置之亡地而後存且信非得素拊循士大夫也此所謂驅市人而戰之其勢非置之死地使人人自為戰今予之生地皆走寧尙可得而用之乎諸將皆服曰善非臣所及也於是信問廣武君曰僕欲北攻燕東伐齊何若而有功廣武君辭謝曰臣聞敗軍之將不可以言勇亡國之大夫不可以圖存今臣敗亡之虜何足以權大事乎信曰僕聞之百里奚居虞而虞亡在秦而秦霸非愚於虞而智於秦也用與不用聽與不聽也誠令成安君聽足下計若信者亦已為禽矣以不用足下故信得侍耳因固問曰僕委心歸計願足下勿辭廣武君曰臣聞智者千慮必有一失愚者千慮必有一得故曰狂夫之言聖人擇焉顧恐臣計未必足用願效愚忠夫成安君有百戰百勝之計一旦而失之軍敗鄗下【集解】李奇曰鄗音臛今高邑是身死泜上今將軍涉西河【索隱】此西河當馮翊也【正義】即同州龍門河從夏陽度者虜魏王禽夏說閼與一舉而下井陘不終朝破趙二十萬眾誅成安君名聞海內威震天下農夫莫不輟耕釋耒褕衣甘食【索隱】褕鄒氏音踰美也恐滅亡不久故廢止作業而事美衣甘食一日偷苟且也慮不圖久故也漢書作美衣媮食傾耳以待命者【集解】如淳曰恐滅亡不久故也若此將軍之所長也然而眾勞卒罷其實難用今將軍欲舉倦罷之兵頓之燕堅城之下欲戰恐久力不能拔情見勢屈曠日糧竭而弱燕不服齊必距境以自彊也燕齊相持而不下則劉項之權未有所分也若此者將軍所短也臣愚竊以為亦過矣故善用兵者不以短擊長而以長擊短韓信曰然則何由廣武君對曰方今為將軍計莫如案甲休兵鎮趙撫其孤百里之內牛酒日至以饗士大夫醳兵【集解】駰案魏都賦曰有醳順時劉逵曰醳酒也【索隱】劉氏依劉逵作醳酒謂以酒食養兵士也案史記古釋字皆如此豈亦謂以酒食醳兵士故字從西乎北首燕路【正義】首音狩向也而後遣辯士奉咫尺之書【正義】咫尺八寸言其簡牘或長尺也暴其所長於燕【正義】暴音僕燕必不敢不聽從燕已從使諠言者東告齊齊必從風而服雖有智

者亦不知為齊計矣如是則天下事皆可圖也兵固有先聲而後實者此之謂也韓信曰善從其策發使使燕燕從風而靡乃遣使報漢因請立張耳為趙王以鎮撫其國漢王許之乃立張耳為趙王楚數使奇兵渡河擊趙趙王耳韓信往來救趙因行定趙城邑發兵詣漢楚方急圍漢王於滎陽漢王南出之宛葉間【正義】宛在鄧州葉在許州得黥布走入成皋楚又復急圍之六月漢王出成皋東渡河獨與滕公俱從張耳軍脩武至宿傳舍晨自稱漢使馳入趙壁張耳韓信未起即其臥內上奪其印符以麾召諸將易置之信耳起乃知漢王來大驚漢王奪兩人軍即令張耳備守趙地拜韓信為相國收趙兵未發者擊齊【集解】文穎曰謂趙人未嘗見發者信引兵東未渡平原【正義】懷州有平原津聞漢王使酈食其已說下齊韓信欲止范陽辯士蒯通說信曰將軍受詔擊齊而漢獨發間使下齊寧有詔止將軍乎何以得毋行也且酈生一士伏軾【集解】韋昭曰軾今小車中隆起者掉三寸之舌下齊七十餘城將軍將數萬眾歲餘乃下趙五十餘城為將數歲反不如一豎儒之功乎於是信然之從其計遂渡河齊已聽酈生即留縱酒罷備漢守禦信因襲齊歷下軍【集解】徐廣曰濟南歷城縣遂至臨菑齊王田廣以酈生賣己乃亨之而走高密使使之楚請救韓信已定臨菑遂東追廣至高密西楚亦使龍且將號稱二十萬救齊齊王廣龍且并軍與信戰未合人或說龍且曰漢兵遠鬬窮戰其鋒不可當齊楚自居其地戰兵易敗散【正義】近其室家懷顧望也不如深壁令齊王使其信臣招所亡城亡城聞其王在楚來救必反漢漢兵二千里客居齊城皆反之其勢無所得食可無戰而降也龍且曰吾平生知韓信為人易與耳且夫救齊不戰而降之吾何功今戰而勝之齊之半可得何為止遂戰與信夾濰水陳【集解】徐廣曰出東莞而東北流至北海都昌縣入海【索隱】濰音維地理志濰水出琅邪箕縣東北至昌都入海徐所引蓋據水經與此小不同韓信乃夜令人為萬餘囊滿盛沙壅水上流引軍半渡擊龍且詳不勝還走龍且果喜曰固知信怯也遂追信渡水信使人決壅囊水大至龍且軍大半不得渡即急擊殺龍且龍且水東軍散走齊王廣亡去信遂追北至城陽【正義】城陽雷澤縣是在濮州東南九十一里皆虜楚卒漢四年遂皆降平齊使人言漢王曰齊偽詐多變反覆之國也南邊楚不為假王以鎮之其勢不定願為假王便當是時楚方急圍漢王於滎陽韓信使者至發書【集解】張晏曰發信使者所齎書漢王大怒罵曰吾困於此旦暮望若來佐我乃欲自立為王張良陳平躡漢王足因附耳語曰漢方不利寧能禁信之王乎不如因而立善遇之使

自爲守不然變生漢王亦悟因復罵曰大丈夫定諸侯即爲眞王耳何以假爲乃遣張良往立信爲齊王【集解】徐廣曰四年二月徵其兵擊楚楚已亡龍且項王恐使盱眙人武涉往說齊王信【集解】張華曰武涉墓在盱眙城東十五里曰天下共苦秦久矣相與戮力擊秦秦已破計功割地分土而王之以休士卒今漢王復興兵而東侵人之分奪人之地已破三秦引兵出關收諸侯之兵以東擊楚其意非盡吞天下者不休其不知厭足如是甚也且漢王不可必身居項王掌握中數矣【正義】數色角反項王憐而活之然得脫輒倍約復擊項王其不可親信如此今足下雖自以與漢王爲厚交爲之盡力用兵終爲之所禽矣足下所以得須臾至今者以項王尚存也當今二王之事權在足下足下右投則漢王勝左投則項王勝項王今日亡則次取足下足下與項王有故何不反漢與楚連和三分天下王之今釋此時而自必於漢以擊楚且爲智者固若此乎韓信謝曰臣事項王官不過郎中位不過執戟【集解】張晏曰郎中宿衛執戟之人也言不聽畫不用故倍楚而歸漢漢王授我上將軍印予我數萬衆解衣衣我推食食我言聽計用故吾得以至於此夫人深親信我我倍之不祥雖死不易幸爲信謝項王武涉已去齊人蒯通知天下權在韓信欲爲奇策而感動之以相人說韓信曰僕嘗受相人之術韓信曰先生相人何如對曰貴賤在於骨法憂喜在於容色成敗在於決斷以此參之萬不失一韓信曰善先生相寡人何如對曰願少間信曰左右去矣通曰相君之面不過封侯又危不安相君之背貴乃不可言【集解】張晏曰背畔則大貴韓信曰何謂也蒯通曰天下初發難也俊雄豪桀建號一呼天下之士雲合霧集魚鱗雜遝熛至風起當此之時憂在亡秦而已今楚漢分爭使天下無罪之人肝膽塗地父子暴骸骨於中野不可勝數楚人起彭城轉鬭逐北至於滎陽乘利席卷威震天下然兵困於京索之間迫西山而不能進者三年於此矣漢王將數十萬之衆距鞏雒阻山河之險一日數戰無尺寸之功折北不救【集解】張晏曰折衂敗也北奔北敗滎陽傷成皋【集解】張晏曰於成皋傷胷也臣瓚曰謂軍折傷遂走宛葉之間此所謂智勇俱困者也夫銳氣挫於阻塞而糧食竭於內府百姓罷極怨望容容無所倚以臣料之其勢非天下之賢聖固不能息天下之禍當今兩主之命縣於足下足下爲漢則漢勝與楚則楚勝臣願披腹心輸肝膽效愚計恐足下不能用也誠能聽臣之計莫若兩利而俱存之三分天下鼎足而居其勢莫敢先動夫以足下之賢聖有甲兵之衆據彊齊從燕趙出空虛之地而制其後因民之欲西鄉【正義】鄉音向齊國在東故曰西向也爲百姓請命【正義】止楚漢之戰鬭士卒亡故云請命則天下風走而響應矣孰敢不聽割大弱彊以立諸侯諸侯已立天下服聽而歸德於齊案齊之故有膠泗之地懷諸侯之德深拱揖讓則天下之君王相率而朝於齊矣蓋聞天與弗取反受其咎時至不行反受其殃願足下孰慮之韓信曰漢王遇我甚厚載我以其車衣我以其衣食我以其食吾聞之乘人之車者載人之患衣人之衣者懷人之憂食人之食者死人之事吾豈可以鄉利倍義乎蒯生曰足下自以爲善漢王欲建萬世之業臣竊以爲誤矣始常山王成安君爲布衣時相與爲刎頸之交後爭張黶陳澤之事二人相怨常山王背項王奉項嬰頭而竄逃歸於漢王漢王借兵而東下殺成安君泜水之南頭足異處卒爲天下笑此二人相與天下至驩也然而卒相禽者何也患生於多欲而人心難測也今足下欲行忠信以交於漢王必不能固於二君之相與也而事多大於張黶陳澤故臣以爲足下必漢王之不危己亦誤矣大夫種范蠡存亡越霸句踐立功成名而身死亡野獸已盡而獵狗亨夫以交友言之則不如張耳之與成安君者也以忠信言之則不過大夫種范蠡之於句踐也此二人者足以觀矣願足下深慮之且臣聞勇略震主者身危而功蓋天下者不賞臣請言大王功略足下涉西河虜魏王禽夏說引兵下井陘誅成安君徇趙脅燕定齊南摧楚人之兵二十萬東殺龍且西鄉以報此所謂功無二於天下而略不世出者也今足下戴震主之威挾不賞之功歸楚楚人不信歸漢漢人震恐足下欲持是安歸乎夫勢在人臣之位而有震主之威名高天下竊爲足下危之韓信謝曰先生且休矣吾將念之後數日蒯通復說曰夫聽者事之候也計者事之機也聽過計失而能久安者鮮矣聽不失一二者不可亂以言計不失本末者不可紛以辭夫隨廝養之役者失萬乘之權守儋石之祿者【集解】晉灼曰揚雄方言海岱之間名罌爲儋石石斗也蘇林曰齊人名小罌爲儋石如今受鮐魚石罌不過一二石耳一說一儋與一斛之餘【索隱】儋音都濫反石斗也蘇林解爲得之鮐音胎闕卿相之位故知者決之斷也疑者事之害也審毫釐之小計遺天下之大數智誠知之決弗敢行者百事之禍也故曰猛虎之猶豫不若蜂蠆之致螫【正義】音適騏驥之跼躅【集解】徐廣曰躅一作蹢也不如駑馬之安步孟賁之狐疑不如庸夫之必至也雖有舜禹之智吟而不言不如瘖聾之指麾也【索隱】鄒氏吟音巨蔭反又音琴此言貴能行之夫功者難成而易敗時者難得而易失也時乎時不再來願足下詳察之韓信猶豫不忍倍漢又自以爲功多漢終不奪我齊遂謝蒯通蒯通說不聽已詳狂爲巫【集解】徐廣曰一本遂不用蒯通蒯通曰夫迫於細苛不可與圖大事拘於臣虜者固無君王之意說不聽因去佯狂也【索隱】案漢書及戰國策皆有此文漢王之困固陵用張良計召齊王信遂將兵會垓下項羽已破高祖襲奪齊王軍【集解】徐廣曰以齊爲平原千乘東萊齊郡漢五年正月徙齊王信爲楚王都下邳信至國召所從食漂母賜千金【集解】張華曰漂母冢在泗口南岸及下鄉南昌亭長賜百錢曰公小人也爲德不卒召辱己之少年令出胯下者以爲楚中尉告諸將相曰此壯士也方辱我時我寧不能殺之邪殺之無名故忍而就於此項王亡將鍾離眛家在伊廬【集解】徐廣曰東海朐縣有伊廬鄉駰案韋昭曰今中廬縣【索隱】徐注出司馬彪郡國志【正義】括地志云中廬在義清縣北二十里本春秋時廬戎之國也秦謂之伊廬漢爲中廬縣項羽之將鍾離眛冢在焉素與信善項王死後亡歸信漢王怨眛聞其在楚詔楚捕眛信初之國行縣邑陳兵出入漢六年人有上書告楚王信反高帝以陳平計天子巡狩會諸侯南方有雲夢發使告諸侯會陳吾將游雲夢實欲襲信信弗知高祖且至楚信欲發兵反自度無罪欲謁上恐見禽人或說信曰斬眛謁上上必喜無患信見眛計事眛曰漢所以不擊取楚以眛在公所若欲捕我以自媚於漢吾今日死公亦隨手亡矣乃罵信曰公非長者卒自剄信持其首謁高祖於陳上令武士縛信載後車信曰果若人言狡兔死良狗亨【集解】張晏曰狡猾【索隱】吳越春秋作郊兔戰國策曰東郭逡海內狡兔也高鳥盡良弓藏敵國破謀臣亡天下已定我固當亨上曰人告公反遂械繫信至雒陽赦信罪以爲淮陰侯信知漢王畏惡其能常稱病不朝從信由此日怨望居常鞅鞅羞與絳灌等列信嘗過樊將軍噲噲跪拜送迎言稱臣曰大王乃肯臨臣信出門笑曰生乃與噲等爲伍上常從容與信言諸將能不各有差上問曰如我能將幾何信曰陛下不過能將十萬上曰於君何如曰臣多多而益善耳上笑曰多多益善何爲爲我禽信曰陛下不能將兵而善將將此乃信之所以爲陛下禽也且陛下所謂天授非人力也陳豨拜爲鉅鹿守【集解】徐廣曰表云爲趙相國將兵守代也辭於淮陰侯淮陰侯挈其手辟左右與之步於庭仰天歎曰子可與言乎欲與子有言也豨曰唯將軍令之淮陰侯曰公所居天下精兵處也而公陛下之信幸臣也人言公之畔陛下必不信再至陛下乃疑矣三至必怒而自將吾爲公從中起天下可圖也陳豨素知其能也信之曰謹奉教漢十一年陳豨果反上自將而往信病不從陰使人至豨所曰弟舉兵吾從此助公信乃謀與家臣夜詐詔赦諸官徒奴欲發以襲呂后太子部署已定待豨報其舍人得罪於信【索隱】案晉灼曰楚漢春秋云謝公也姚氏案功臣表云慎陽侯樂說淮陰舍人告信反者未知孰是信囚欲殺之舍人弟上變告信欲反狀於呂后呂后欲召恐其黨不就乃與蕭相國謀詐令人從上所來言豨已得死列侯羣臣皆賀相國紿信曰雖疾彊入賀信入呂后使武士縛信斬之長樂鍾室【正義】長樂宮懸鍾之室信方斬曰吾悔不用蒯通之計乃爲兒女子所詐豈非天哉遂夷信三族高祖已從豨軍來至見信死且喜且憐之問信死亦何言呂后曰信言恨不用蒯通計高祖曰是齊辯士也乃詔齊捕蒯通蒯通至上曰若教淮陰侯反乎對曰然臣固教之豎子不用臣之策故令自夷於此如彼豎子用臣之計陛下安得而夷之乎上怒曰亨之通曰嗟乎冤哉亨也上曰若教韓信反何冤對曰秦之綱絕而維弛山東大擾異姓並起英俊烏集秦失其鹿天下共逐之【集解】張晏曰以鹿喻帝位也於是高材疾足者先得焉蹠之狗吠堯堯非不仁狗固吠非其主當是時臣唯獨知韓信非知陛下也且天下銳精持鋒欲爲陛下所爲者甚衆顧力不能耳又可盡亨之邪高帝曰置之乃釋通之罪

太史公曰吾如淮陰淮陰人爲余言韓信雖爲布衣時其志與衆異其母死貧無以葬然乃行營高敞地令其旁可置萬家余視其母冢良然假令韓信學道謙讓不伐己功不矜其能則庶幾哉於漢家勳可以比周召太公之徒後世血食矣不務出此而天下已集乃謀畔逆夷滅宗族不亦宜乎

【索隱述贊】曰君臣一體自古所難相國深薦策拜登壇沉沙決水拔幟傳飧與漢漢重歸楚楚安三分不議僞遊可嘆

史記卷九十二考證

淮陰侯列傳楚數使奇兵渡河擊趙○臣照按風后握奇經四正四奇其餘握奇說者曰握奇即下文所云游兵也此奇兵亦是此類猶言餘兵非奇正之奇乃奇偶之奇耳

齊人蒯通○顧炎武曰先云范陽辯士蒯通後云齊人蒯通一傳互異

容容無所倚○顧炎武曰容容即顒顒字

遂謝蒯通索隱按漢書及戰國策皆有此文○臣照按戰國策安得有韓信蒯通之事索隱誤

史記卷九十三

漢　太　史　令司馬遷　撰
宋　中　郎　外　兵　曹　參　軍　裴　駰　集解
唐　國　子　博　士　弘　文　館　學　士　司　馬　貞　索隱
唐　諸　王　侍　讀　率　府　長　史　張　守　節　正義

韓王信盧綰列傳第三十三

韓王信者【集解】徐廣曰一云信都【索隱】楚漢春秋云韓王信都恐謬也諸書不言有韓信都案韓王信初為韓司徒後亦云申徒因誤以為韓王名耳故韓襄王孽孫也【集解】張晏曰孺子為孽【索隱】何休注公羊以為孽賤子猶樹之有孽生也漢書見錯云孽子悼惠王是也長八尺五寸及項梁之立楚後懷王也燕齊趙魏皆已前王唯韓無有後故立韓諸公子橫陽君成為韓王【集解】徐廣曰二年六月也都陽翟【正義】故橫城在宋州宋城縣西南三十里欲以撫定韓故地項梁敗死定陶成犇懷王沛公引兵擊陽城【正義】河南縣也使張良以韓司徒降下韓故地【集解】徐廣曰他本多作申徒申與司聲相近字由此雜亂耳今有申徒云是司徒之後言司聲轉為申得信以為韓將將其兵從沛公入武關沛公立為漢王韓信從入漢中迺說漢王曰項王王諸將近地而王獨遠居此此左遷也士卒皆山東人跂而望歸及其鋒東鄉【集解】文穎曰鋒銳欲東向【索隱】跂起踵也鄭氏云鋒軍中將士氣鋒韋昭曰其氣鋒銳欲東也【正義】跂音岐可以爭天下漢王還定三秦迺許信為韓王先拜信為韓太尉將兵畧韓地項籍之封諸王皆就國韓王成以不從無功不遣就國更以為列侯【集解】徐廣曰元年十一月誅成駰案漢書曰封為穰侯及聞漢遣韓信畧韓地迺令故項籍游吳時吳令鄭昌為韓王以距漢【正義】項籍在吳時昌為吳縣令漢二年韓信畧定韓十餘城漢王至河南韓信急擊韓王昌陽城昌降漢王迺立韓信為韓王【集解】徐廣曰二年十一月常將韓兵從三年漢王出滎陽韓王信周苛等守滎陽及楚敗滎陽信降楚已而得亡復歸漢漢復立以為韓王竟從擊破項籍天下定五年春遂與剖符為韓王王潁川明年春【集解】徐廣曰即五年之二月駰案漢書曰六年春上以韓信材武所王北近鞏洛南迫宛葉東有淮陽皆天下勁兵處迺詔徙韓王信王太原以北備禦胡都晉陽信上書曰國被邊【集解】李奇曰被音被馬反匈奴數入晉陽【正義】并州去塞遠請治馬邑【正義】朔州上許之信乃從治馬邑秋匈奴冒頓大圍信【索隱】冒音墨又音莫報反信數使使胡求和解漢發兵救之疑信數閒使有二心使人責讓信信恐誅因與匈奴約共攻漢反以馬邑降胡擊太原七年冬上自往擊破信軍銅鞮【正義】潞州縣斬其將王喜信亡走匈奴與其將白土人【集解】張晏曰白土縣名屬上郡曼丘臣王黃等立趙苗裔趙利為王復收信敗散兵而與信及冒頓謀攻漢匈奴使左右賢王將萬餘騎與王黃等屯廣武以南【正義】廣武故城在代州鴈門縣界也至晉陽與漢兵戰漢大破之追至于離石【正義】石州縣後復破之匈奴復聚兵樓煩【正義】鴈門郡樓煩縣西北漢令車騎擊破匈奴匈奴常敗走漢乘勝追北聞冒頓居代上谷【正義】今媯州高皇帝居晉陽使人視冒頓還報曰可擊上遂至平城【正義】朔州定襄縣是也上出白登【集解】服虔曰白登臺名去平城七里如淳曰平城旁之高地若丘陵也【索隱】姚氏案北彊記桑乾河北有白登山冒頓圍漢高之所今猶有壘壁匈奴騎圍上上乃使人厚遺閼氏【正義】閼於連反又音燕氏音支單于嫡妻號若皇后閼氏乃說冒頓曰今得漢地猶不能居且兩主不相戹居七日胡騎稍引去時天大霧漢使人往來胡不覺護軍中尉陳平言上曰胡者全兵【集解】駰案漢書音義曰言唯弓矛無雜仗也請令彊弩傅兩矢外鄉【索隱】傅音附徐行出圍入平城漢救兵亦到胡騎遂解去漢亦罷兵歸韓信為匈奴將兵往來擊邊漢十年信令王黃等說誤陳豨十一年春故韓王信復與胡騎入居參合【集解】蘇林曰代地也【正義】故城在朔州定襄縣北距漢漢使柴將軍擊之【集解】鄧展曰柴奇也【索隱】應劭曰柴武鄧展云柴奇晉灼云奇武之子應劭說為得此時奇未為將遺信書曰陛下寬仁諸侯雖有畔亡而復歸輒復故位號不誅也大王所知今王以敗亡走胡非有大罪急自歸韓王信報曰陛下擢僕起閭巷南面稱孤此僕之幸也滎陽之事僕不能死囚於項籍此一罪也及寇攻馬邑僕不能堅守以城降之此二罪也今反為寇將兵與將軍爭一旦之命此三罪也夫種蠡無一罪身死亡【集解】文穎曰大夫種范蠡也今僕有三罪於陛下而欲求活於世此伍子胥所以僨於吳也【索隱】蘇林曰僨音奮張晏曰僨仆也【正義】信知歸漢必死故引子胥以為辭今僕亡匿山谷間旦暮乞貸蠻夷僕之思歸如痿人不忘起【索隱】痿音耳誰反舊音耳垂反於義為疎張揖云痿不能行哀紀云帝即位痿痺是也盲者不忘視也勢不可耳遂戰柴將軍屠參合斬韓王信信之入匈奴與太子俱及至穨當城【集解】駰案漢書音義曰縣名韋昭曰在匈奴地生子因名曰穨當韓太子亦生子命曰嬰至孝文十四年穨當及嬰率其衆降漢漢封穨當為弓高侯【集解】駰案地理志河間有弓高縣也【索隱】漢書功臣表屬營陵【正義】滄州縣嬰為襄城侯【索隱】案服虔云縣名功臣表屬魏郡吳楚軍時弓高侯功冠諸將【集解】徐廣曰謚曰壯傳子至孫孫無子失侯嬰孫以不敬失侯【集解】徐廣曰表云嬰子澤之元朔四年不敬國除穨當孽孫韓嫣【集解】駰案漢書音義曰音鄢陵之鄢【索隱】音偃又一言反又休延反並通貴幸名富顯於當世其弟說再封數稱將軍卒為案道侯子代【集解】徐廣曰名長君歲餘坐法死後歲餘說孫曾【集解】徐廣曰長君之子也【索隱】案博物志字季君也拜為龍頟侯續說後【索隱】頟五格反又作頟音洛龍頟縣名【正義】史記表衞青傳及漢書表云韓說元朔五年從大將軍有功封龍頟侯以酎金坐免元封元年擊東越有功封按道侯征和二年子曾復封為龍頟侯漢書功臣表云武後元年說孫曾紹封龍頟侯漢表是也

盧綰者豐人也與高祖同里盧綰親與高祖太上皇相愛【集解】如淳曰親謂父也及生男高祖盧綰同日生里中持羊酒賀兩家及高祖盧綰壯俱學書又相愛也里中嘉兩家親相愛生子同日壯又相愛復賀兩家羊酒高祖為布衣時有吏事辟匿盧綰常隨出入上下及高祖初起沛盧綰以客從入漢中為將軍常侍中從東擊項籍以太尉常從出入臥內衣被飲食賞賜羣臣莫敢望雖蕭曹等特以事見禮至其親幸莫及盧綰封為長安侯長安故咸陽也【正義】秦咸陽在渭北長安在渭南蕭何起未央宮處也漢五年冬以破項籍迺使盧綰別將與劉賈擊臨江王共尉破之【集解】李奇曰共敖子七月還從擊燕王臧荼臧荼降高祖已定天下諸侯非劉氏而王者七人欲王盧綰為羣臣觖望【集解】如淳曰觖音譎別之訣望猶怨也瓚曰觖謂相扶而怨望也韋昭曰觖猶冀也【索隱】觖望猶怨望也又音企韋昭音冀及虜臧荼迺下詔諸將相列侯擇羣臣有功者以為燕王羣臣知上欲王盧綰皆言曰太尉長安侯盧綰常從平定天下功最多可王燕詔許之漢五年八月迺立盧綰為燕王諸侯王得幸莫如燕王漢十一年秋陳豨反代地高祖如邯鄲擊豨兵燕王綰亦擊其東北當是時陳豨使王黃求救匈奴燕王綰亦使其臣張勝於匈奴言豨等軍破張勝至胡故燕王臧荼子衍出亡在胡見張勝曰公所以重於燕者以習胡事也燕所以久存者以諸侯數反兵連不決也今公為燕欲急滅豨等已盡次亦至燕公等亦且為虜矣公何不令燕且緩陳豨而與胡和事寬得長王燕即有漢急可以安國張勝以為然迺私令匈奴助豨等擊燕燕王綰疑張勝與胡反上書請族張勝勝還具道所以為者燕王寤迺詐論他人脫勝家屬使得為匈奴間而陰使范齊之陳豨所欲令久亡【集解】晉灼曰使陳豨久亡畔連兵勿決漢十二年東擊黥布豨常將兵居代漢使樊噲擊斬豨其裨將降言燕王綰使范齊通計謀於豨所高祖使使召盧綰綰稱病上又使辟陽侯審食其御史大夫趙堯往迎燕王因驗問左右綰愈恐閉匿謂其幸臣曰非劉氏而王獨我與長沙耳往年春漢族淮陰夏誅彭越皆呂后計今上病屬任呂后呂后婦人專欲以事誅異姓王者及大功臣迺遂稱病不行其左右皆亡匿語頗泄辟陽侯聞之歸具報上上益怒又得匈奴降者降者言張勝亡在匈奴為燕使於是上曰盧綰果反矣使樊噲擊燕燕王綰悉將其宮人家屬騎數千居長城下候伺幸上病愈自入謝四月高祖崩盧綰遂將其衆亡入匈奴匈奴以為東胡盧王綰為蠻夷所侵奪常思復歸居歲餘死胡中高后時盧綰妻子亡降漢會高后病不能見舍燕邸為欲置酒見之高后竟崩不得見盧綰妻亦病死孝景中六年盧綰孫他之【正義】他徒何反以東胡王降【集解】如淳曰為東胡王來降也漢紀東胡烏丸也封為亞谷侯【集解】徐廣曰亞一作惡也【正義】漢表在河內

陳豨者宛朐人也【索隱】地理志屬濟陰下又云梁人是褚先生之說異也【正義】宛朐曹州縣也太史公云豨梁人按宛朐六國時屬梁不知始所以得從及高祖七年冬韓王信反入匈奴上至平城還迺封豨為列侯【集解】徐廣曰功臣表曰陳豨以特將卒五百人前元年從宛朐至霸上為侯以游擊將軍別定代已破臧荼封豨為陽夏侯以趙相國將監趙代邊兵邊兵皆屬焉豨常告歸過趙趙相周昌見豨賓客隨之者千餘乘邯鄲官舍皆滿豨所以待賓客布衣交皆出客下【正義】言屈已禮之不以富貴自尊大豨還之代周昌迺求入見見上具言豨賓客盛甚擅兵於外數歲恐有變上乃令人覆案豨客居代者財物諸不法事多連引豨豨恐陰令客通使王黃曼丘臣所【正義】二人韓王信將及高祖十年七月太上皇崩使人召豨豨稱病甚九月遂與王黃等反自立為代王劫略趙代上聞迺赦趙代吏人為豨所詿誤劫略者皆赦之上自往至邯鄲喜曰豨不南據漳水北守邯鄲知其無能為也趙相奏斬常山守尉曰常山二十五城豨反亡其二十城上問曰守尉反乎對曰不反上曰是力不足也赦之復以為常山守尉上問周昌曰趙亦有壯士可令將者乎對曰有四人四人謁上慢罵曰豎子能為將乎四人慙伏上封之各千戶以為將左右諫曰從入蜀漢伐楚功未徧行今此何功而封上曰非若所知陳豨反邯鄲以北皆豨有吾以羽檄徵天下兵【集解】魏武帝奏事曰今邊有小警輒露檄插羽飛羽檄之意也駰案推此言則以鳥羽插檄書謂之羽檄取其急速若飛鳥也未有至者今唯獨邯鄲中兵耳吾胡愛四千戶封四人以慰趙子弟皆曰善於是上曰陳豨將誰曰王黃曼丘臣皆故賈人上曰吾知之矣迺各以千金購黃臣等十一年冬漢兵擊斬陳豨將侯敞王黃於曲逆下【正義】定州北平縣東南十五里蒲陰故城是也破豨將張春于聊城【正義】博州縣斬首萬餘太尉勃入定太原代地十二月上自擊東垣東垣不下卒罵上東垣降卒罵者斬之不罵者黥之更命東垣為真定王黃曼丘臣其麾下受購賞之皆生得以故陳豨軍遂敗上還至洛陽上曰代居常山北趙迺從山南有之遠迺立子恒為代王【集解】徐廣曰十一年正月都中都【正義】中都故城在汾州平遙縣西南十二里代鴈門皆屬代高祖十二年冬樊噲軍卒追斬豨於靈丘【正義】蔚州是

太史公曰韓信盧綰非素積德累善之世徼一時權變以詐力成功遭漢初定故得列地南面稱孤內見疑彊大外倚蠻貊以為援是以日疏自危事窮智困卒赴匈

奴豈不哀哉陳豨梁人其少時數稱慕魏公子及將軍守邊招致賓客而下士名聲過實周昌疑之疵瑕頗起懼禍及身邪人進說遂陷無道於戲悲夫夫計之生孰成敗於人也深矣

【索隱】述贊曰韓襄遺孽始從漢中剖符南面徙邑北通穎當歸國龍頷有功盧綰親愛羣臣莫同舊燕是王東胡計窮

史記卷九十三考證

韓王信盧綰列傳韓王信者集解徐廣曰一云信都索隱楚漢春秋云韓王信都恐謬也諸書不言有韓信都按韓王信初爲韓司徒後訛云申徒因誤以爲韓王名耳○羅璧識遺曰司馬遷班固漢史韓信傳贊中皆稱兩韓信據其說韓王信古韓國之後項羽殺成復立信爲韓王都晉陽與淮陰侯不同劉知幾史通闢遷固之繆曰韓王名信都古韓國後姓姬則名信都者非姓韓亦不單名信二史不別姬韓兩姓且去韓王名下都字遂與淮陰侯韓信無辨余攷班馬誤姬爲韓誠如劉說但謂韓王名信都劉說亦差按王充潛夫姓氏論云沛公起張良屬焉沛公使韓信略定韓地立橫陽君爲韓王而拜良爲信都又曰信都者司徒也或爲勝徒漢功臣表云張良以廄將從起下邳以韓申都下韓楚漢春秋作信都信音申史記亦作韓申徒直作韓司徒蓋信都勝徒皆司徒之聲轉然則信都乃張良官名卽非韓王名知幾之說亦未免繆尚何班馬責乎

韓信從入漢中迺說漢王曰○顧炎武曰韓王信說漢王語乃淮陰侯韓信語也以同姓名而誤

及高祖十年七月太上皇崩使人召豨○臣照按高紀十年七月太上皇崩八月陳豨反韓信傳亦云漢十年信令王黃等說誤陳豨至淮陰傳則作十一年是時高祖固在邯鄲誅豨等未畢也馬遷誤耶抑別有意也田叔傳亦云陳豨反代漢十年高祖往誅之

自立爲大王○陳子龍曰本代王訛爲大者北音相誤也

不罵者甕之○高紀云不罵者原之

史記卷九十四

漢　太　史　令司馬遷　撰

宋中郎外兵曹參軍裴　駰集解

唐國子博士弘文館學士司馬貞索隱

唐諸王侍讀率府長史張守節正義

田儋列傳第三十四

田儋者狄人也【集解】徐廣曰今樂安臨濟縣也【正義】淄州高苑縣西北北狄故縣城故齊王田氏族也儋從弟田榮榮弟田橫皆豪宗彊能得人【索隱】儋子市從弟榮榮子廣榮弟橫各遞爲王榮并王三齊陳涉之初起王楚也使周市略定魏地北至狄狄城守田儋詳爲縛其奴從少年之廷欲謁殺奴【集解】服虔曰古殺奴婢皆當告官儋欲殺令故詐縛奴而以謁也見狄令因擊殺令而召豪吏子弟曰諸侯皆反秦自立齊古之建國儋田氏當王遂自立爲齊王【集解】徐廣曰二世元年九月也發兵以擊周市周市軍還去田儋因率兵東略定齊地秦將章邯圍魏王咎於臨濟急魏王請救於齊齊王田儋將兵救魏【集解】徐廣曰二年六月章邯夜銜枚擊大破魏軍殺田儋於臨濟下儋弟田榮收儋餘兵走東阿齊人聞王田儋死迺立故齊王建之弟田假爲齊王田角爲相田間爲將以距諸侯田榮之走東阿章邯追圍之項梁聞田榮之急迺引兵擊破章邯軍東阿下章邯走而西項梁因追之而田榮怒齊之立假迺引兵歸擊逐齊王假假亡走楚齊相角亡走趙角弟田間前求救趙因留不敢歸田榮乃立田儋子市爲齊王【集解】徐廣曰二年八月榮相之田橫爲將平齊地項梁既追章邯章邯兵益盛項梁使使告趙齊發兵共擊章邯田榮曰使楚殺田假趙殺田角田間迺肯出兵楚懷王曰田假與國之王窮而歸我殺之不義趙亦不殺田角田間以市於齊齊曰蝮螫手則斬手螫足則斬足何者爲害於身也【集解】應劭曰蝮一名虺螫人手足則割去其肉不然則致死【索隱】蝮音芳伏反螫音腊又音釋【正義】按蝮毒蛇長二三丈嶺南北有之虺長一二尺頭腹皆一說文云虺博三寸首大如擘手大指也音步歷反今田假田角田間於楚趙非直手足戚也【集解】文穎曰言將亡身非手足憂也瓚曰於楚趙非手足之親何故不殺且秦復得志於天下則齮齕用事者墳墓矣【集解】如淳曰齮齕猶齚齧【索隱】齮音蟻齕音紇齮側齒齧也【正義】按秦重得志非但辱身墳墓亦發掘矣若子胥鞭荆平王墓一云墳墓言死也楚趙不聽齊亦怒終不肯出兵章邯果敗殺項梁破楚兵楚兵東走而章邯渡河圍趙於鉅鹿項羽往救趙由此怨田榮項羽既存趙降章邯等西屠咸陽滅秦而立侯王也迺徙齊王田市更王膠東治卽墨齊將田都從共救趙因入關故立都爲齊王治臨淄故齊王建孫田安項羽方渡河救趙田安下濟北數城引兵降項羽項羽立田安爲濟北王治博陽田榮以負

項梁不肯出兵助楚趙攻秦故不得王趙將陳餘亦失職不得王二人俱怨項王項王既歸諸侯各就國田榮使人將兵助陳餘令反趙地而榮亦發兵以距擊田都田都亡走楚田榮留齊王市無令之膠東市之左右曰項王彊暴而王當之膠東不就國必危市懼迺亡就國田榮怒追擊殺齊王市於卽墨還攻殺濟北王安於是田榮迺自立爲齊王盡并三齊之地【索隱】田市王膠東田都王齊田安王濟北項王聞之大怒迺北伐齊齊王田榮兵敗走平原【集解】徐廣曰三年正月【正義】平原德州也平原人殺榮項王遂燒夷齊城郭所過者盡屠之【集解】徐廣曰立故王田假也齊人相聚畔之榮弟橫收齊散兵得數萬人反擊項羽於城陽【集解】徐廣曰假走楚楚殺之【正義】城陽濮州雷澤是而漢王率諸侯敗楚入彭城項羽聞之迺釋齊而歸擊漢於彭城因連與漢戰相距滎陽以故田橫復得收齊城邑【集解】徐廣曰四月立田榮子廣爲齊王而橫相之專國政政無巨細皆斷於相橫定齊三年漢王使酈生往說下齊王廣及其相國橫橫以爲然解其歷下軍漢將韓信引兵且東擊齊齊初使華無傷田解軍於歷下以距漢漢使至迺罷守戰備縱酒且遣使與漢平漢將韓信已平趙燕用蒯通計度平原襲破齊歷下軍因入臨淄齊王廣相橫怒以酈生賣已而亨酈生齊王廣東走高密【集解】徐廣曰高一作假相橫走博陽守相田光走城陽將軍田既軍於膠東楚龍且救齊齊王與合軍高密漢將韓信與曹參破殺龍且【集解】徐廣曰四年十一月虜齊王廣漢將灌嬰追得齊守相田光至博陽而橫聞齊王死自立爲齊王還擊嬰嬰敗橫之軍於嬴下【集解】晉灼曰泰山嬴縣也【正義】故嬴城在兗州博城縣東北百里田橫亡走梁歸彭越彭越是時居梁地中立且爲漢且爲楚韓信已殺龍且因令曹參進兵破殺田既於膠東使灌嬰破殺齊將田吸於千乘【正義】千乘故城在淄州高苑縣北二十五里韓信遂平齊乞自立爲齊假王【集解】徐廣曰二月也漢因而立之後歲餘漢滅項籍漢王立爲皇帝以彭越爲梁王田橫懼誅而與其徒屬五百餘人入海居島中【集解】韋昭曰海中山曰島【正義】按海州東北縣有島山去岸八十里高帝聞之以爲田橫兄弟本定齊齊人賢者多附焉今在海中不收後恐爲亂迺使使赦田橫罪而召之田橫因謝曰臣亨陛下之使酈生今聞其弟酈商爲漢將而賢臣恐懼不敢奉詔請爲庶人守海島中使還報高皇帝迺詔衞尉酈商曰齊王田橫卽至人馬從者敢動搖者致族夷迺復使使持節具告以詔商狀曰田橫來大者王小者迺侯耳不來且舉兵加誅焉田橫迺與其客二人乘傳詣雒陽【集解】如淳曰四馬下足爲乘傳未至三十里至尸鄉廄置【集解】應劭曰尸鄉在偃師瓚曰廄置置馬以傳驛也橫謝使者曰人臣見天子當洗沐止留謂其客曰橫始與漢王俱南面稱孤今漢王爲天子而橫迺爲亡虜而北面事之其耻固已甚矣且吾亨人之兄與其弟併肩而事其主縱彼畏天子之詔不敢動我我獨不媿於心乎且陛下所以欲見我者不過欲一見吾面貌耳今陛下在洛陽今斬吾頭馳三十里間形容尚未能敗猶可觀也遂自剄令客奉其頭【正義】奉音捧從使者馳奏之高帝高帝曰嗟乎有以也夫起自布衣兄弟三人更王豈不賢乎哉爲之流涕而拜其二客爲都尉發卒二千人以王者禮葬田橫【正義】齊田橫墓在偃師西十五里崔豹古今注云薤露蒿里送哀歌也出田橫門人橫自殺門人傷之而作悲歌言人命如薤上露易晞滅至李延年乃分爲二曲薤露送王公貴人蒿里送士大夫庶人使挽逝者歌之俗呼爲挽歌既葬二客穿其冢旁孔皆自剄下從之高帝聞之迺大驚以田橫之客皆賢吾聞其餘尚五百人在海中使使召之至則聞田橫死亦皆自殺於是迺知田橫兄弟能得士也

太史公曰甚矣蒯通之謀亂齊驕淮陰其卒亡此兩人【集解】駰案韓信田橫蒯通者善爲長短說【索隱】言欲令此事長則長說之短則短說之故戰國策亦名曰短長書是也論戰國之權變爲八十一首【集解】駰案漢書曰號爲雋永永一作求【索隱】書名也雋音松兗反通善齊人安期生安期生嘗干項羽項羽不能用其筴已而項羽欲封此兩人兩人終不肯受亡去田橫之高節賓客慕義而從橫死豈非至賢余因而列焉無不善畫者莫能圖何哉【索隱】言天下非無善畫之人而不知圖畫田橫及其黨慕義死節之事何故哉歎畫人不知畫此也

【索隱】述贊曰秦項之際天下交兵六國樹黨自置豪英田儋殞寇立市相榮楚封王假齊破酈生兄弟更王海島傳聲

史記卷九十四考證

田儋列傳非直手足戚也何故不殺且秦復得志於天下則齮齕用事者墳墓矣正義按秦重得志非但辱身墳墓亦發掘矣若子胥鞭荆平王墓一云墳墓言死也○董份曰斬手足則戚甚矣今三田於楚趙無親非特斬手足之戚也而使秦得志則墳墓齮齕非但蝮螫之害身也故曰何爲不殺注全謬

反擊項羽於城陽正義城陽濮州雷澤是○顧炎武曰正義以爲濮州雷澤縣非也漢書城陽郡治莒史記呂后紀言齊王乃上陽城之郡孝文紀言以齊劇郡立朱盧侯章爲城陽王而淮陰侯傳言擊殺龍且於濰水上齊王廣亡去信遂追北至城陽皆此地按戰國策貂勃對襄王曰昔王不能守王之社稷走而之城陽之山中安平君以敝卒七千禽敵反千里之齊

當是時閻城陽而王天下莫之能止然爲棧道本閣而迎王與后於城陽之山中王乃復反子臨百姓則古齊時已名城陽矣

史記卷九十五

漢　太　史　令司馬遷　撰

宋　中　郎　外　兵　曹　參　軍　裴　駰　集　解

唐國子博士弘文館學士司馬貞索隱

唐諸王侍讀率府長史張守節正義

樊酈滕灌列傳第三十五

舞陽侯樊噲者沛人也【正義】舞陽在許州葉縣東十里噲音快又吉外反沛徐州也以屠狗爲事【正義】時人食狗亦與羊豕同故噲專屠以賣之與高祖俱隱初從高祖起豐攻下沛高祖爲沛公以噲爲舍人從攻胡陵方與【正義】房預二音還守豐擊泗水監豐下【索隱】案監者秦時御史監郡也豐下豐縣之下也【正義】泗水郡名破之復東定沛破泗水守薛西【索隱】謂破其守於薛縣之西也與司馬尼戰碭東【集解】張晏曰秦司馬【正義】秦將章邯司馬尼又碭宋州縣也郤敵斬首十五級賜爵國大夫【集解】文穎曰即官大夫也【正義】爵第六級也常從沛公擊章邯軍濮陽攻城先登斬首二十三級賜爵列大夫【集解】文穎曰即公大夫爵第七復常從從攻城陽【集解】徐廣曰年表二年七月破秦軍濮陽東屠城陽也【正義】按城陽近濮陽而漢書作陽城大錯悞先登下戶牖【正義】戶牖汴州東陳留縣東北九十一里東昏故城是破李由軍斬首十六級賜上間爵【集解】孟康曰不在二十爵中如執圭執帛比也如淳曰間或作聞呂氏春秋曰魏文侯東勝齊於長城天子賞文侯以上聞爵【索隱】張晏云得徑上聞晉灼曰名通於天子也如淳引呂氏春秋證上間音中間之間從攻圍東郡守尉於成武【正義】曹州縣郤敵斬首十四級捕虜十一人賜爵五大夫從擊秦軍出亳南【索隱】案亳湯所都今河南偃師有湯亳是【正義】亳故城在宋州穀熟縣西南四十里河間守軍於杠里【正義】地名近城陽破之擊破趙賁軍開封【正義】汴州縣北以郤敵先登斬候一人首六十八級捕虜二十七人賜爵卿從攻破楊熊軍於曲遇【索隱】音齲顒邑名也【正義】曲丘羽反遇牛恭反鄭州中牟縣有曲遇聚攻宛陵【索隱】地理志屬河南【正義】宛陵故城在鄭州新鄭縣東北三十八里先登斬首八級捕虜四十四人賜爵封號賢成君【集解】徐廣曰時賜爵有執帛執圭又有賜爵封而加美名以爲號也又有功則賜封列侯駰案張晏曰食祿比封君而無邑瓚曰秦制列侯乃有封爵也【索隱】小顏云楚漢之際權設寵榮假其位號或得邑地或空受爵此例多矣約以秦制於義不通從攻長社轘轅【正義】許州理縣也轘轅門在緱氏縣東南三十里絕河津【正義】古平陰津在河南府東北五十里也東攻秦軍於尸南【正義】在偃師南攻秦軍於犨【正義】在汝州魯山縣東南破南陽守齮於陽城東攻宛城先登西至酈【正義】酈音擲在鄧州新城縣西北四十里以郤敵斬首二十四級捕虜四十人賜重封【集解】張晏曰益祿也如淳曰正爵名也瓚曰增封也【索隱】張晏臣瓚義亦近是如淳非也小顏以爲重封者兼二號蓋爲得也攻武關至霸上斬都尉一人首十級捕虜百四十六人降卒二千九百人項羽在戲下欲攻沛公沛公從百餘騎因項伯面見項羽謝無有閉關事項羽既饗軍士中酒【集解】張晏曰酒酣也亞父謀欲殺沛公令項莊拔劍舞坐中欲擊沛公項伯常肩蔽之時獨沛公與張良得入坐樊噲在營外聞事急乃持鐵盾入到營營衛止噲噲直撞入【集解】駰案漢書音義曰音鐘【正義】撞直江反立帳下【集解】徐廣曰一本作立帷下瞋目而視眥皆血出項羽目之問爲誰張良曰沛公參乘樊噲項羽曰壯士賜之卮酒彘肩噲既飲酒拔劍切肉食盡之項羽曰能復飲乎噲曰臣死且不辭豈特卮酒乎且沛公先入定咸陽暴師霸上以待大王【正義】時羽未爲王史追書大王今日至聽小人之言與沛公有隙臣恐天下解【正義】紀賣反至此爲絕句心疑大王也項羽默然沛公如廁麾樊噲去既出沛公留車騎獨騎一馬與樊噲等四人步從從間道山下歸走霸上軍而使張良謝項羽項羽亦因遂已無誅沛公之心矣是日微樊噲犇入營誚讓項羽沛公事幾殆【索隱】誚責也亦或作譙【正義】幾音祈明日項羽入屠咸陽立沛公爲漢王漢王賜噲爵爲列侯號臨武侯【正義】桂陽臨武縣遷爲郎中從入漢中還定三秦別擊西丞白水北【集解】徐廣曰隴西有西縣白水在武都駰案如淳曰皆地名也晉灼曰白水今廣魏縣也地理志無西丞似秦將名【索隱】案西謂隴西之西縣白水水名出武都經西縣東南流言噲擊西縣之丞在白水之北耳徐廣等說皆非也【正義】括地志云白馬水源出文州曲水縣西南會經孫山下雍輕車騎於雍南破之【正義】上雍於拱反從攻雍斄城先登擊章平軍好畤【集解】駰案斄音胎【索隱】案雍即扶風雍縣斄音台即后稷所封今之武功故斄城是章平即章邯子也攻城先登陷陣斬縣令丞各一人首十一級虜二十人遷郎中騎將從擊秦軍騎壤東【索隱】小顏亦以爲今之地名【正義】壤鄉在武功縣東南二十里郤敵遷爲將軍攻趙賁下郿【正義】岐州縣槐里柳中咸陽灌廢丘最【集解】李奇曰以水灌廢丘也張晏曰最功第一也晉灼曰京輔治華陰灌北也【索隱】案柳中即細柳也在長安西也灌謂以水灌廢丘城陷其功最上也李奇曰廢丘槐里也上有槐里此又言者疑此是小槐里非也案文云攻趙賁下郿槐里柳中咸陽總言所攻陷之邑別言以水灌廢丘其功特最也何者初言槐里稱其新名後言功最是重舉不欲再見其文故因舊稱廢丘也至櫟陽【正義】雍州縣賜食邑杜之樊鄉【索隱】案杜陵有樊鄉三秦記曰長安正南山名秦嶺谷名子午一名樊川一名御宿樊鄉即樊川也從攻項籍屠煮棗【索隱】晉灼云地理志無煮棗功臣表則有煮棗侯清河有煮棗城小顏以爲攻項籍屠煮棗合在河南非清河之城明矣今案續漢書郡國志在濟陰宛朐也【正義】按其時項羽未度河北冀州信都縣東北五十里煮棗非矣擊破王武程處軍於外黃攻鄒魯瑕丘薛【正義】鄒兗州縣在州東南六十二里魯兗州曲阜縣瑕丘兗州縣薛在徐州滕縣界項羽敗漢王於彭城盡復取魯梁地噲還至滎陽益食平陰二千戶【正義】平陰故城在濟陽東北五里以將軍守廣武一歲項羽引而東從高祖擊項籍下陽夏【正義】夏音假陳州太康縣虜楚周將軍卒四千人圍項籍於陳【正義】陳州大破之屠胡陵【正義】在兗州南項籍既死漢王爲帝以噲堅守戰有功益食八百戶從高帝攻反燕王臧荼虜荼定燕地楚王韓信反噲從至陳取信定楚【正義】徐州更賜爵列侯與諸侯剖符世世勿絕食舞陽號爲舞陽侯除前所食以將軍從高祖攻反韓王信於代自霍人以往【正義】先累反又蘇果反又山寡反杜預云霍人晉邑也霍人當作葰地理志云葰人縣屬太原郡括地志云葰人故城在代州繁畤縣界也至雲中【正義】雲中郡縣皆朔州善陽縣北三百八十里定襄故城是也與絳侯等共定之益食千五百戶因擊陳豨與曼丘臣軍【集解】徐廣曰曼一作寃字戰襄國【正義】邢州城破柏人【正義】邢州縣先登降定清河常山凡二十七縣殘【集解】張晏曰殘有所毀也瓚曰殘謂多所殺傷也孟子曰害義謂之殘東垣遷爲左丞相破得綦毋卬尹潘軍於無終廣昌【正義】在蔚州飛狐縣北七里破豨別將胡人王黃軍於代南因擊韓信軍於參合【正義】在朔州定襄縣界軍所將卒斬韓信破豨胡騎橫谷【正義】谷音欲蓋在代斬將軍趙既虜代丞相馮梁守孫奮大將王黃將軍太卜太僕解福【正義】人姓名等十人與諸將共定代鄉邑七十三其後燕王盧綰反噲以相國擊盧綰破其丞相抵薊南【索隱】抵音丁禮反抵訓至一云抵者丞相之名定燕地凡縣十八鄉邑五十一益食邑千三百戶定食舞陽五千四百戶從斬首百七十六級虜二百八十八人別破軍七下城五定郡六縣五十二得丞相一人將軍十二人二千石以下至三百石十一人

噲以呂后女弟呂須爲婦生子伉故其比諸將最親先黥布反時高祖嘗病甚惡見人臥禁中詔戶者無得入羣臣羣臣絳灌等莫敢入十餘日噲乃排闥直入【正義】宮中小門大臣隨之上獨枕一宦者臥噲等見上流涕曰始陛下與臣等起豐沛定天下何其壯也今天下已定又何憊也且陛下病甚大臣震恐不見臣等計事顧獨與一宦者絕乎且陛下獨不見趙高之事乎高帝笑而起其後盧綰反高帝使噲以相國擊燕是時高帝病甚人有惡噲黨於呂氏即上一日宮車晏駕則噲欲以兵盡誅滅戚氏趙王如意之屬高帝聞之大怒乃使陳平載絳侯代將而即軍中斬噲陳平畏呂后執噲詣長安至則高祖已崩呂后釋噲使復爵邑孝惠六年樊噲卒謚爲武侯子伉代侯而伉母呂須亦爲臨光侯高后時用事專權大臣盡畏之伉代侯九歲高后崩大臣誅諸呂呂須婘屬【索隱】婘音眷因誅伉舞陽侯中絕數月孝文帝既立乃復封噲他庶子市人爲舞陽侯復故爵邑市人立二十九歲卒謚爲荒侯子他廣代侯六歲侯家舍人得罪他廣怨之乃上書曰荒侯市人病不能爲人【正義】言不能行人道令其夫人與其弟亂而生他廣他廣實非荒侯子不當代後詔下吏孝景中六年他廣奪侯爲庶人國除【索隱】案漢書平帝元始二年封噲玄孫之子章爲舞陽侯邑千戶

曲周侯【正義】故城在洺州曲周西南十五里酈商者高陽人【索隱】酈音歷高陽聚名屬陳留【正義】雍州西南聚邑人也陳勝起時商聚少年東西略人得數千沛公略地至陳留六月餘【集解】徐廣曰月表曰二世元年九月沛公起兵二世三年二月襲陳留用酈食其策起兵至此十九月矣食其傳曰既說高帝已乃言其弟商使從沛公地【索隱】事與酈生傳及年表小不同蓋史官意異也【正義】徐注非也言商先東西略得數千人及沛公略地至陳留商起兵乃六月餘得四千人以將軍從高祖也商以將卒四千人屬沛公於岐【索隱】此地名闕蓋在河南陳鄭之界【正義】高紀云酈食其說沛公襲陳留乃以食其爲廣野君酈商爲將將陳留兵與偕攻開封鄭生傳云沛公引兵隨之乃下陳留爲廣陽君言其弟酈商使將數千人從沛公西南略地此傳云屬沛公於岐從攻長社案紀傳此說岐當與陳留高陽相近也從攻長社先登賜爵封信成君從沛公攻緱氏絕河津破秦軍洛陽東從攻下宛穰定十七縣別將攻旬關【集解】駰案漢書音義曰漢中旬陽縣音詢【索隱】案在漢中旬陽縣旬水上之關定漢中項羽滅秦立沛公爲漢王漢王賜商爵信成君以將軍爲隴西都尉別將定北地【正義】寧州上郡【正義】鄜州破雍將軍烏氏【索隱】烏音於然反氏音支縣名屬安定漢書云破章邯別將也【正義】縣在涇州安定縣東四十里周類軍栒邑【索隱】栒邑在豳州地理志屬右扶風栒音荀蘇駔軍於泥陽【集解】徐廣曰駔一作驪【索隱】北地縣名駔者龍馬也【正義】故城在寧州羅川縣北三十一里泥谷水源出羅川縣東北泥陽側有泉於泥中潛流二十餘步而流入泥谷又有泥陽湫在縣東北四十里賜食邑武成六千戶【正義】縣在華州鄭縣東十三里以隴西都尉從擊項籍軍五月出鉅野與鍾離眛戰疾鬬受梁相國印益食邑四千戶以梁相國將從擊項羽二歲三月攻胡陵項羽既已死漢王爲帝其秋燕王臧荼反商以將軍從擊荼戰龍脫【集解】徐廣曰在燕趙之界駰案漢書音義曰地名【索隱】其地闕先登陷陣破荼軍易下【正義】易州易縣郤敵遷爲右丞相賜爵列侯與諸侯剖符世世勿絕食邑涿五千戶【正義】涿幽州號曰涿侯以右丞相別定上谷【正義】嬀州因攻代受趙相國印以右丞相趙相國別與絳侯等定代鴈門得代丞相程縱守相郭同將軍已下至六百石十九人還以將軍爲太上皇衛一歲七月以右丞相擊陳豨殘東垣又以右丞相從高帝擊黥布攻其前拒【集解】徐廣曰一作和駰謂拒方陳拒音矩【索隱】拒音巨鄒氏引左傳有左拒右拒徐云一作和和軍門也漢書作前垣小顏以爲攻其壁壘之垣也李奇以爲前鋒堅蔽若垣墻非也陷兩陳得以破布軍更食曲周五千一百戶除前所食凡別破軍三降定郡六縣七十三得丞相守相大將各一人小將二人二千石已下至六百石十九人商事孝惠高后時商病不治【集解】文穎曰不能治官事其子寄字況【索隱】酈寄字也鄒氏本作兄亦音況與呂祿善及高后崩大臣欲誅諸

呂呂祿爲將軍軍於北軍太尉勃不得入北軍於是乃使人劫酈商令其子況紿呂祿【索隱】紿欺也詐也音待呂祿信之故與出游而太尉勃乃得入據北軍遂誅諸呂是歲商卒諡爲景侯子寄代侯天下稱酈況賣交也【集解】班固曰夫賣交者謂見利而忘義也若寄父爲功臣而又執劫雖摧呂祿以安社稷誼存君親可也孝景前三年吳楚齊趙反上以寄爲將軍圍趙城十月不能下得俞侯欒布【集解】駰案俞音舒【索隱】俞又音輸音歙縣名在河東自平齊來乃下趙城滅趙王自殺除國孝景中二年寄欲取平原君爲夫人【集解】蘇林曰景帝王皇后母臧兒也景帝怒下寄吏有罪奪侯景帝乃以商他子堅封爲繆侯【集解】徐廣曰繆者更封邑名諡曰靖【索隱】繆音穆邑也漢書無諡續酈氏後繆靖侯卒子康侯遂成立遂成卒子懷侯世宗立【集解】徐廣曰世一作他世宗卒子侯終根立爲太常坐法國除

汝陰侯【正義】汝陰即今陽城夏侯嬰沛人也爲沛廄司御【索隱】案楚漢春秋云滕公爲御也每送使客還過沛泗上亭與高祖語未嘗不移日也嬰已而試補縣吏與高祖相愛高祖戲而傷嬰人有告高祖【集解】韋昭曰告白也白高祖傷人高祖時爲亭長重坐傷人【集解】如淳曰爲吏傷人其罪重也告故不傷嬰【集解】鄧展曰律有故乞鞫高祖自告不傷人【索隱】案晉灼云獄結竟呼囚鞫語罪狀囚若稱枉欲乞鞫者許之也嬰證之後獄覆【索隱】案韋昭曰高帝自言不傷嬰嬰證之是獄辭翻覆也嬰坐高祖繫歲餘掠笞數百終以是脫高祖高祖之初與徒屬欲攻沛也嬰時以縣令史爲高祖使上降沛一日【正義】上爲于僞反使所吏反又曰謂父老開城門迎高祖高祖爲沛公賜嬰爵七大夫以爲太僕從攻胡陵嬰與蕭何降泗水監平【集解】張晏曰胡陵平所止縣何嘗給之故與降也平以胡陵降賜嬰爵五大夫從擊秦軍碭東攻濟陽下戶牖破李由軍雍丘下以兵車趣攻戰疾賜爵執帛常以太僕奉車從擊章邯軍東阿濮陽下以兵車趣攻戰疾破之賜爵執珪復常奉車從擊趙賁軍開封楊熊軍曲遇嬰從捕虜六十八人降卒八百五十人得印一匱【索隱】案說文云匱匣也謂得其時自相部署之印因復常奉車從擊秦軍雒陽東以兵車趣攻戰疾賜爵封轉爲滕公【集解】徐廣曰令也駰案鄧展曰今沛郡公丘漢書曰嬰爲滕令奉車故號滕公【正義】滕即公丘故城是在徐州滕縣西南十五里因復奉車從攻南陽戰於藍田芷陽【索隱】芷音止地名今霸陵也在京兆縣以兵車趣攻戰疾至霸上項羽至滅秦立沛公爲漢王漢王賜嬰爵列侯號昭平侯復爲太僕從入蜀漢還定三秦從擊項籍至彭城項羽大破漢軍漢王敗不利馳去見孝惠魯元載之漢王急馬罷虜在後常蹶兩兒欲棄之【索隱】蹶音厥又巨月反一音居衛反漢書作蹷音撥嬰常收竟載之徐行面雍樹乃馳【集解】服虔曰高帝欲斬之故嬰圍樹走也面向樹也應劭曰古者皆立乘嬰恐墮小兒各置一面雍持之樹立也蘇林曰南陽人謂抱小兒爲雍樹面者大人以面首向臨之小兒抱大人頸似懸樹也【索隱】蘇林與晉灼皆同今則無其言或當時有此說其應服之說蓋疎也得脫而致孝惠魯元於豐漢王既至滎陽收散兵復振賜嬰食祈陽【集解】徐廣曰祈一作沂【索隱】蓋鄉名也漢書作沂楚無其縣復常奉車從擊項籍追至陳卒定楚至魯益食茲氏【索隱】縣名也地理志屬太原漢王立爲帝其秋燕王臧荼反嬰以太僕從擊荼明年從至陳取楚王信更食汝陰剖符世世勿絶以太僕從擊代至武泉雲中【索隱】地理志武泉屬雲中【正義】二縣在朔州善陽縣界益食千戶因從擊韓信軍胡騎晉陽旁大破之追北至平城爲胡所圍七日不得通高帝使使厚遺閼氏冒頓開圍一角高帝出欲馳嬰固徐行弩皆持滿外向卒得脫益食嬰細陽千戶【索隱】地理志屬汝南復以太僕從擊胡騎句注北大破之以太僕擊胡騎平城南三陷陳功爲多賜所奪邑五百戶【集解】駰案漢書音義曰時有罪過奪邑者以賜之以太僕擊陳豨黥布軍陷陳卻敵益食千戶定食汝陰六千九百戶除前所食嬰自上初起沛常爲太僕竟高祖崩以太僕事孝惠孝惠帝及高后德嬰之脫孝惠魯元於下邑之間也【正義】宋州碭山縣乃賜嬰縣北第第一曰近我以尊異之孝惠帝崩以太僕事高后高后崩代王之來嬰以太僕與東牟侯入清宮廢少帝以天子法駕迎代王代邸與大臣共立爲孝文皇帝復爲太僕八歲卒諡爲文侯【索隱】案姚氏云三輔故事曰滕文公墓在飲馬橋東大道南俗謂之馬冢博物志曰公卿送嬰葬至東都門外馬不行掊地悲鳴得石椁有銘曰佳城鬱鬱三千年見白日吁嗟滕公居此室乃葬之子夷侯竈立七年卒子共侯賜立三十一年卒子侯頗尚平陽公主立十九歲元鼎二年坐與父御婢姦罪自殺國除

潁陰侯灌嬰者睢陽販繒者也【正義】今陳州南頓縣西北十三里潁陰故城是睢陽宋州宋城縣也高祖之爲沛公略地至雍丘下章邯敗殺項梁而沛公還軍於碭嬰初以中涓從擊破東郡尉於成武及秦軍於杠里疾鬭賜爵七大夫從攻秦軍亳南開封曲遇戰疾力【集解】服虔曰疾攻之賜爵執帛號宣陵君從攻陽武以西至雒陽破秦軍尸北北絶河津南破南陽守齮陽城東遂定南陽郡西入武關戰於藍田疾力至霸上賜爵執珪號昌文君【索隱】亦稱宣陵君皆非爵土加美號耳沛公立爲漢王拜嬰爲郎中從入漢中十月拜爲中謁者從還定三秦下櫟陽降塞王還圍章邯於廢丘未拔從東出臨晉關擊降殷王定其地擊項羽將龍且魏相項他軍定陶南疾戰破之賜嬰爵列侯號昌文侯食杜平鄉【索隱】謂食杜縣之平鄉復以中謁者從降下碭以至彭城項羽擊大破漢王漢王遁而西嬰從還軍於雍丘王武魏公申徒反【集解】張晏曰秦將降爲公今反從擊破之攻下黃【正義】故城在曹州考城縣東二十四里西收兵軍於滎陽楚騎來衆漢王乃擇軍中可爲車騎將者皆推故秦騎士重泉人【集解】徐廣曰重泉屬馮翊【正義】故城在同州蒲城縣東南四十五里李必駱甲習騎兵今爲校尉可爲騎將【索隱】必甲二人名也姚氏案漢紀桓帝延熹三年追錄高祖功臣李必後黃門丞李遂爲晉陽關內侯也漢王欲拜之必甲曰臣故秦民恐軍不信臣臣願得大王左右善騎者傅之【集解】如淳曰傅音附猶言隨從者灌嬰雖少然數力戰乃拜灌嬰爲中大夫令李必駱甲爲左右校尉將郎中騎兵擊楚騎於滎陽東大破之受詔別擊楚軍後絶其餉道起陽武至襄邑擊項羽之將項冠於魯下破之所將卒斬右司馬騎將各一人【集解】張晏曰主右方之馬左亦如之擊破柘公王武軍於燕西【集解】徐廣曰柘屬陳【索隱】案武柘縣令也【正義】柘屬淮陽國按滑州胙城本南燕國也所將卒斬樓煩將五人【集解】李奇曰樓煩縣名其人善騎射故以名射士爲樓煩取其美稱未必樓煩人也張晏曰樓煩胡國名連尹一人【集解】張晏曰大夫楚官【索隱】案左傳莫敖連尹宮廄尹是擊王武別將桓嬰白馬下破之所將卒斬都尉一人以騎渡河南送漢王到雒陽使北迎相國韓信軍於邯鄲還至敖倉嬰遷爲御史大夫三年以列侯食邑杜平鄉以御史大夫受詔將郎中騎兵東屬相國韓信擊破齊軍於歷下所將卒虜車騎將軍華毋傷及將吏四十六人降下臨菑得齊守相田光追齊相田橫至嬴博破其騎所將卒斬騎將一人生得騎將四人攻下嬴博破齊將軍田吸於千乘所將卒斬吸東從韓信攻龍且留公於高密【索隱】留縣令稱公旋其名高密縣名在北漢書作假密假密地名不知所在未知孰是【正義】留縣在沛郡公其令卒斬龍且【集解】文穎曰所將卒生得右司馬連尹各一人樓煩將十人身生得亞將周蘭齊地已定韓信自立爲齊王使嬰別將擊楚將公杲於魯北破之轉南破薛郡長身虜騎將一人攻博陽前至下相以東南僮取慮徐【索隱】取音秋慮音閭取又音趣僮徐是二縣取慮是一縣名度淮盡降其城邑至廣陵【集解】駰案漢書音義曰住廣陵以禦敵【正義】謂從下相以東南盡降城邑乃至廣陵皆平定也項羽使項聲薛公郯公復定淮北嬰渡淮北擊破項聲郯公下邳【正義】郯音談東海縣斬薛公下邳擊破楚騎於平陽【索隱】小顏云此平陽在東郡地理志太山有東平陽縣【正義】南平陽縣城今兗州鄒縣也在兗州東南六十二里按鄒縣去徐州滕縣界四十餘里也遂降彭城虜柱國項佗降留薛沛酇蕭相攻苦譙【正義】戶焦二音復得亞將周蘭與漢王會頤鄉【集解】徐廣曰苦縣有頤鄉【索隱】音以之反從擊項籍軍於陳下破之所將卒斬樓煩將二人虜騎將八人賜益食邑二千五百戶項籍敗垓下去也嬰以御史大夫受詔將車騎別追項籍至東城【正義】縣在濠州定遠縣東南五十五里破之所將卒五人共斬項籍皆賜爵列侯降左右司馬各一人卒萬二千人盡得其軍將吏下東城歷陽【正義】和州歷陽縣即今州城是也渡江破吳郡長吳下【集解】如淳曰雄長之長也【索隱】下有郡守此長即令也如淳以爲雄長非也【正義】今蘇州也案如說非也吳郡即吳郡守也破吳郡長兵於吳城下而得吳郡守身也得吳守遂定吳豫章會稽郡還定淮北凡五十二縣漢王立爲皇帝賜益嬰邑三千戶其秋以車騎將軍從擊破燕王臧荼明年從至陳取楚王信還剖符世世勿絶食潁陰二千五百戶號曰潁陰侯以車騎將軍從擊反韓王信於代至馬邑受詔別降樓煩以北六縣斬代左相破胡騎於武泉北【正義】縣名在朔州北一百二十里復從擊韓信胡騎晉陽下所將卒斬胡白題將一人【集解】服虔曰胡名也受詔并將燕趙齊梁楚車騎擊破胡騎於硰石【集解】服虔曰硰音沙【索隱】劉氏音千臥反至平城爲胡所圍從還軍東垣從擊陳豨受詔別攻豨丞相侯敞軍曲逆下破之卒斬敞及特將五人【集解】文穎曰特一之特也降曲逆盧奴上曲陽安國安平【正義】盧奴定州安喜縣是曲陽定州曲陽縣是安平定州安平縣攻下東垣黥布反以車騎將軍先出攻布別將於相破之斬亞將樓煩將三人又進擊破布上柱國軍及大司馬軍又進破布別將肥誅【集解】徐廣曰一作銖【索隱】案漢書作肥銖嬰身生得左司馬一人所將卒斬其小將十人追北至淮上益食二千五百戶布已破高帝歸定令嬰食潁陰五千戶除前所食邑凡從得二千石二人別破軍十六降城四十六定國一郡二縣五十二得將軍二人柱國相國各一人二千石十人嬰自破布歸高帝崩嬰以列侯事孝惠帝及呂太后太后崩呂祿等以趙王自置爲將軍軍長安爲亂齊哀王聞之舉兵西且入誅不當爲王者上將軍呂祿等聞之乃遣嬰爲大將將軍往擊之嬰行至滎陽乃與絳侯等謀因屯兵滎陽風齊王以誅呂氏事【正義】風方鳳反齊兵止不前絳侯等既誅諸呂齊王罷兵歸嬰亦罷兵自滎陽歸與絳侯陳平共立代王爲孝文皇帝孝文皇帝於是益封嬰三千戶賜黃金千斤拜爲太尉三歲絳侯勃免相就國嬰爲丞相罷太尉官是歲匈奴大入北地上郡令丞相嬰將騎八萬五千往擊匈奴匈奴去濟北王反詔乃罷嬰之兵後歲餘嬰以丞相卒諡曰懿侯子平侯阿代侯二十八年卒子彊代侯十三年彊有罪絶二歲元光三年天子封灌嬰孫賢爲臨汝侯續灌氏後八歲坐行賕有罪國除

太史公曰吾適豐沛問其遺老觀故蕭曹樊噲滕公之家及其素異哉所聞方其鼓刀屠狗賣繒之時豈自知附驥之尾垂名漢庭德流子孫哉余與他廣通爲言高祖功臣之興時若此云【索隱】案他廣樊噲之孫後失封蓋嘗訝太史公序蕭曹樊滕之功委具則從他廣而得其事故備也

索隱述贊曰聖賢影響雲蒸龍變屠狗販繒攻城野戰扶義西上受封南面酈況賣交舞陽內援滕灌更王弈葉繁衍

史記卷九十五考證

樊酈滕灌列傳從攻圉東郡守尉於成武○麥稚隆曰按漢書從攻圉作從攻圍注圍地名

以待大王正義時羽未為王史追書○臣照按此等稱謂非追書也直是當時尊奉之辭觀亞夫謂項莊君王為人不忍可見時羽雖未為王然已擅命立雍王矣稱以大王若固有之耳

擊章平軍好畤正義章平即章邯子也○臣照按高祖紀明云雍王弟章平正義何所據而以為邯子也疑弟字之誤

從擊秦車騎壤東○麥稚隆曰一本車作軍

定食舞陽五千四百戶○功臣表作五千戶漢表同

蘇卑軍於泥陽索隱北地縣名卑者龍馬也○楊慎丹鉛總錄曰卑從馬從旦音亶無龍馬之訓

更食曲周五千一百戶○功臣表云四千八百戶漢表同

趙王自殺除國○徐孚遠曰趙除國於酈寄傳無涉蓋刪截舊文未淨者

寄欲取平原君為夫人○孝武帝即位始尊皇太后母臧兒為平原君此乃追書之

子康侯遂成立○功臣表無成字漢表有之

子懷侯世宗立○功臣表無世字漢表有之

子侯終根立為太常坐法國除○功臣表云坐祝詛誅國除漢表云嗣二十九年後二年祝詛上要斬

後獄覆索隱案韋昭曰高帝自言不傷嬰嬰證之是獄辭翻覆也○陳沂曰證之已證其不傷矣後又有翻覆故嬰坐繫且受掠也

嬰與蕭何降泗水監平張晏曰胡陵平所止縣何嘗給之故與降也○楊慎曰降降之也嬰與何或用兵或招降之也張說非是

面雍樹○余有丁曰按楊慎云服說是愚謂依此則不應下文纔說欲斬嬰者十餘疑蘇說近之蓋初載徐行雍抱之乃疾馳也

賜所奪邑五百戶漢書音義曰時有罪過奪邑者以賜之○劉辰翁曰賜所奪邑恐是嬰以他故奪邑至是復賜之耳漢書註亦有是說

子侯頗尚平陽公主○臣照按傳與表敘頗尚主年歲不明不知此平陽主何人也若即是武帝姊則曹壽之前不聞先有所適而元光二年戊申曹壽未死元鼎二年丙寅以前主歸衛氏且十年青又未死不應復有他適衛青傳正義引漢書云平陽侯曹壽有惡疾就國乃詔青尚平陽公主則曹衛之間更無其人武帝時又不聞有兩平陽公主

坐行賕有罪國除○漢表元朔五年坐子傷人首匿免

千戶

史記卷九十六

漢　太　史　令司馬遷　撰

宋　中　郎　外　兵　曹　參　軍　裴　駰集解

唐　國　子　博　士　弘　文　館　學　士　司　馬　貞索隱

唐　諸　王　侍　讀　率　府　長　史張守節正義

張丞相列傳第三十六

張丞相蒼者，陽武人也。[索隱]秦縣名，屬陳留。[正義]鄭州陽武縣也。好書律歷。秦時為御史，主柱下方書。[集解]如淳曰：方，版也，謂書事在版上者也。秦以上置柱下史，蒼為御史，主其事。或曰四方文書。[索隱]周秦皆有柱下史，謂御史也。所掌及侍立恒在殿柱之下，故老聃為周柱下史。今蒼在秦代亦居斯職。方書者，方板，謂小事書於板也。或曰主四方文書也。姚氏以為下云明習天下圖書計籍，主郡上計，則方為四方文書者是也。有罪，亡歸。及沛公略地過陽武，蒼以客從攻南陽。蒼坐法當斬，解衣伏質，[索隱]小顏云：質，鍖也。身長大，肥白如瓠，時王陵見而怪其美士，乃言沛公，赦勿斬。遂從西入武關，至咸陽。沛公立為漢王，入漢中，還定三秦。陳餘擊走常山王張耳，耳歸漢，漢乃以張蒼為常山守。從淮陰侯擊趙，蒼得陳餘。趙地已平，漢王以蒼為代相，備邊寇。已而徙為趙相，相趙王耳。耳卒，相趙王敖。復徙相代王。燕王臧荼反，高祖往擊之，蒼以代相從攻臧荼有功，以六年中封為北平侯，食邑千二百戶。遷為計相，[集解]文穎曰：能計，故號曰計相。一月，更以列侯為主計四歲。[集解]張晏曰：以列侯典校郡國簿書。如淳曰：以其所主，因以為官號，與計相同時，所卒立，非久施也。[索隱]謂改計相之名，更名主計也。此蓋權時立號也。是時蕭何為相國，而張蒼乃自秦時為柱下史，明習天下圖書計籍。蒼又善用算律歷，故令蒼以列侯居相府，領主郡國上計者。黥布反亡，漢立皇子長為淮南王，而張蒼相之。十四年，遷為御史大夫。

周昌者，沛人也。其從兄曰周苛，秦時皆為泗水卒史。及高祖起沛，擊破泗水守監，於是周昌、周苛自卒史從沛公，沛公以周昌為職志，[集解]徐廣曰：主旗幟之屬。[索隱]官名也。職，主也；志，旗幟也。謂掌旗幟之官也。音昌志反。周苛為客。[集解]張晏曰：為帳下賓客，不掌官。從入關，破秦。沛公立為漢王，以周苛為御史大夫，周昌為中尉。

漢王四年，楚圍漢王滎陽急，漢王遁出去，而使周苛守滎陽城。楚破滎陽城，欲令周苛將。苛罵曰：若趣降漢王！不然，今為虜矣。項羽怒，亨周苛。[集解]徐廣曰：四年三月也。於是乃拜周昌為御史大夫。常從擊破項籍。以六年中與蕭曹等俱封，封周昌為汾陰侯；周苛子周成以父死事，封為高景侯。[集解]徐廣曰：九年封，三十九年，文帝後元四年，謀反死，國除。

昌為人彊力，敢直言，自蕭曹等皆卑下之。昌嘗燕時入奏事，[集解]駰案：漢書音義曰：以上燕時入奏事。高帝方擁戚姬，昌還走，高帝逐得，騎周昌項，問曰：我何如主也？昌仰曰：陛下即桀紂之主也。於是上笑之，然尤憚周昌。及帝欲廢太子，而立戚姬子如意為太子，大臣固爭之，莫能得；上以留侯策即止。而周昌廷爭之彊，上問其說，昌為人吃，又盛怒，曰：臣口不能言，然臣期期知其不可。[正義]期，以口吃，每語故重言期期也。陛下雖欲廢太子，臣期期不奉詔。上欣然而笑。既罷，呂后側耳於東廂聽，[集解]韋昭曰：殿東堂也。[索隱]小顏云：正寢之東西室皆號曰箱，言似箱篋之形。見周昌，為跪謝曰：微君，太子幾廢。[索隱]幾，鉅依反。

是後戚姬子如意為趙王，年十歲，高祖憂即萬歲之後不全也。趙堯年少，為符璽御史。趙人方與公[集解]孟康曰：方與，縣名。公，其號。瓚曰：方與縣令也。謂御史大夫周昌曰：君之史趙堯年雖少，然奇才也，君必異之，是且代君之位。周昌笑曰：堯年少，刀筆吏耳，[正義]古用簡牘，書有錯謬，以刀削之，故號曰刀筆吏。何能至是乎！居頃之，趙堯侍高祖。高祖獨心不樂，悲歌，羣臣不知上之所以然。趙堯進請問曰：陛下所為不樂，非為趙王年少而戚夫人與呂后有郤邪？備萬歲之後而趙王不能自全乎？高祖曰：然。吾私憂之，不知所出。[索隱]謂不知其計所出也。堯曰：陛下獨宜為趙王置貴彊相，及呂后、太子、羣臣素所敬憚乃可。高祖曰：然。吾念之欲如是，而羣臣誰可者？堯曰：御史大夫周昌，其人有堅忍質直，且自呂后、太子及大臣皆素敬憚之。獨昌可。高祖曰：善。於是乃召周昌，謂曰：吾欲固煩公，公彊為我相趙王。[正義]桓譚世論云：使周相趙，不如使取呂后家女為妃，令戚夫人善事呂后，則如意無變也。周昌泣曰：臣初起從陛下，陛下獨奈何中道而棄之於諸侯乎？高祖曰：吾極知其左遷，[索隱]諸侯王表有左官之律。韋昭以為左猶下也，禁不得下仕於諸侯王也。然地道尊右，右貴左賤，故謂貶秩為左遷，他皆此類。然吾私憂趙王，念非公無可者。公不得已彊行。於是徙御史大夫周昌為趙相。

既行久之，高祖持御史大夫印弄之，曰：誰可以為御史大夫者？孰視趙堯，曰：無以易堯。遂拜趙堯為御史大夫。[集解]徐廣曰：十年也。堯亦前有軍功食邑，及以御史大夫從擊陳豨有功，封為江邑侯。[集解]徐廣曰：十一年封。

高祖崩，呂太后使使召趙王，其相周昌令王稱疾不行。使者三反，周昌固為不遣趙王。於是高后患之，乃使使召周昌。周昌至，謁高后，高后怒而罵周昌曰：爾不知我之怨戚氏乎？而不遣趙王，何？昌既徵，高后使使召趙王，趙王果來。至長安月餘，飲藥而死。周昌因謝病不朝見，三歲而死。[集解]徐廣曰：謚悼。[索隱]漢書列傳及表咸言周昌謚悼，韋昭云或謚惠，非也。漢書又曰傳子至孫意，有罪國除。景帝復封昌孫左車為安陽侯，有罪國除也。

後五歲，[正義]高后之年。高后聞御史大夫江邑侯趙堯高祖時定趙王如意之畫，乃抵堯罪，[集解]徐廣曰：呂后元年國除。以廣阿侯任敖為御史大夫。

任敖者，故沛獄吏。高祖嘗辟吏，[正義]辟音避。吏繫呂后，遇之不謹。任敖素善高祖，怒，擊傷主呂后吏。及高祖初起，敖以客從為御史，守豐二歲。高祖立為漢王，東擊項籍，敖遷為上黨守。陳豨反時，敖堅守，封為廣阿侯，食千八百戶。高后時為御史大夫。三歲免，[集解]徐廣曰：文帝二年任敖卒，謚懿侯。曾孫越人元鼎二年為太常，坐酒酸，國除。駰案：漢書任敖孝文元年薨，徐誤也。[索隱]此徐氏據漢書為記而誤云二年，裴駰又引任安書證為得其實。[正義]按史記書表云孝文二年卒，漢表又云封十九年卒，計高祖十一年封到文帝二年，則十九年矣，而漢書誤。裴氏不考，乃云徐誤，何其貳過也。以平陽侯曹窋為御史大夫。高后崩，不與大臣共誅呂祿等，免。以淮南相張蒼為御史大夫。

蒼與絳侯等尊立代王為孝文皇帝。四年，丞相灌嬰卒，張蒼為丞相。

自漢興至孝文二十餘年，會天下初定，將相公卿皆軍吏。張蒼為計相時，緒正律歷。[集解]文穎曰：緒，尋也。或曰緒，業也。以高祖十月始至霸上，因故秦時本以十月為歲首，弗革。推五德之運，以為漢當水德之時，尚黑如故。[正義]姚察云：蒼是秦人，猶用推五勝之法，以周赤烏為火，漢勝火以水也。吹律調樂，入之音聲，及以比定律令。[集解]如淳曰：比謂五音清濁，各有所比也，以定十二月律之法，令於樂官使長行之。瓚曰：謂以比故取類以定法律與條令也。[正義]比音鼻，或音必履反，謂比方也。若百工，天下作程品。[集解]如淳曰：若，順也。百工為器物皆有尺寸斤兩，皆使得宜，此之謂順。晉灼曰：若，預及之辭。[索隱]晉灼說為得。至於為丞相，卒就之，故漢家言律歷者本之張蒼。蒼本好書，無所不觀，無所不通，而尤善律歷。[集解]駰案：漢書曰著書十八篇，言陰陽律歷事。

張蒼德王陵。王陵者，安國侯也。及蒼貴，常父事王陵。陵死後，蒼為丞相，洗沐，常先朝陵夫人上食，然後敢歸家。

蒼為丞相十餘年，魯人公孫臣上書言漢土德時，其符有黃龍當見。詔下其議張蒼，張蒼以為非是，罷之。其後黃龍見成紀，於是文帝召公孫臣以為博士，草土德之歷制度，更元年。張丞相由此自絀，謝病稱老。蒼任人為中候，[集解]張晏曰：所選保任者也。瓚曰：中候，官名。大為姦利，上以讓蒼，蒼遂病免。蒼為丞相十五歲而免。孝景前五年，蒼卒，謚為文侯。子康侯代，八年卒，子類[集解]徐廣曰：一作顓，音專。代為侯，八年，坐臨諸侯喪後就位不敬，國除。[索隱]案：漢書云傳子至孫類，有罪國除。今此文康代八年卒，子顓代侯，則顓即類，與漢書略同也。

初，張蒼父長不滿五尺，及生蒼，蒼長八尺餘，為侯、丞相。蒼子復長。[集解]駰案：漢書云長八尺。及孫類長六尺餘，坐法失侯。蒼

之免相後老口中無齒食乳女子爲乳母妻妾以百數嘗孕者不復幸蒼年百有餘歲而卒

申屠丞相嘉者梁人以材官蹶張【集解】徐廣曰勇健有材力開張駰案如淳曰材官之多力能腳蹋強弩張之故曰蹶張律有蹶張士【索隱】孟康云言張強弩蹶其月反漢令曰蹶張士百人也從高帝擊項籍遷爲隊率【索隱】所類反從擊黥布軍爲都尉孝惠時爲淮陽守孝文帝元年舉故吏士二千石從高皇帝者悉以爲關內侯食邑二十四人而申屠嘉食邑五百戶張蒼已爲丞相嘉遷爲御史大夫張蒼免相【集解】徐廣曰後二年八月孝文帝欲用皇后弟竇廣國爲丞相曰恐天下以吾私廣國廣國賢有行故欲相之念久之不可而高帝時大臣又皆多死餘見無可者乃以御史大夫嘉爲丞相因故邑封爲故安侯【正義】今易州界武陽城中東南隅故城是也嘉爲人廉直門不受私謁是時太中大夫鄧通方隆愛幸賞賜累巨萬文帝嘗燕飲通家其寵如是是時丞相入朝而通居上傍有怠慢之禮丞相奏事畢因言曰陛下愛幸臣則富貴之至於朝廷之禮不可以不肅上曰君勿言吾私之罷朝坐府中嘉爲檄召鄧通詣丞相府不來且斬通通恐入言文帝文帝曰汝第往吾今使人召若通至丞相府免冠徒跣頓首謝嘉坐自如故不爲禮責曰夫朝廷者高皇帝之朝廷也通小臣戲殿上大不敬當斬吏今行斬之【集解】如淳曰嘉語其吏曰今便行斬之通頓首首盡出血不解文帝度丞相已困通使使者持節召通而謝丞相曰此吾弄臣君釋之鄧通既至爲文帝泣曰丞相幾殺臣嘉爲丞相五歲孝文帝崩孝景帝卽位二年鼂錯爲內史貴幸用事諸法令多所請變更議以謫罰侵削諸侯而丞相嘉自絀所言不用疾錯錯爲內史門東出不便更穿一門南出南出者太上皇廟堧垣【集解】服虔曰宮外垣也如淳曰堧音畏愞之愞【索隱】便音乃奐反韋昭音而緣反又音輭嘉聞之欲因此以法錯擅穿宗廟垣爲門奏請誅錯錯客有語錯錯恐夜入宮上謁自歸景帝【正義】自歸帝首露至朝丞相奏請誅內史錯景帝曰錯所穿非眞廟垣乃外堧垣故他官居其中【索隱】漢書作冗官謂散官且又我使爲之錯無罪罷朝嘉謂長史曰吾悔不先斬錯乃先請之爲錯所賣至舍因歐血而死謚爲節侯子共侯蔑代三年卒子侯去病代三十一年卒【集解】徐廣曰一本無此去病而云共侯蔑三十三年子臾改封靖安侯子侯臾代六歲坐爲九江太守受故官送有罪國除自申屠嘉死之後景帝時開封侯陶青桃侯劉舍爲丞相【集解】徐廣曰陶青高祖功臣陶舍之子也謚夷劉舍本項氏親也賜姓劉氏父襄佐高祖有功舍謚哀侯及今上時柏至侯許昌【集解】徐廣曰高祖功臣許溫之孫謚哀侯平棘侯薛澤【集解】徐廣曰高祖功臣廣平侯薛歐之孫平棘節侯薛澤武彊侯莊青翟【集解】徐廣曰高祖功臣莊不識之孫高陵侯趙周【集解】徐廣曰周父夷吾爲楚王戊太傅諫爭而死等爲丞相皆以列侯繼嗣娖娖【集解】徐廣曰娖音七角反一作斷一作齪【索隱】娖音側角反小顏云持整之貌漢書作齪齪音初角反一作斷音都亂反義如尚書斷斷猗無他技廉謹爲丞相備員而已無所能發明功名有著於當世者

太史公曰張蒼文學律歷爲漢名相而絀賈生公孫臣等言正朔服色事而不遵明用秦之顓頊歷何哉【集解】張晏曰不考經典專用顓頊歷何哉周昌木彊人也【正義】言其質直掘彊如木石焉任敖以舊德用【集解】張晏曰謂傷辱呂后吏申屠嘉可謂剛毅守節矣然無術學殆與蕭曹陳平異矣

孝武時丞相多甚不記莫錄其行起居狀略且紀征和以來有車丞相長陵人也【集解】駰案名千秋卒而有韋丞相代【索隱】自車千秋以下皆褚先生等所記然丞相傳都省略漢書則備

韋丞相賢者魯人也以讀書術爲吏至大鴻臚有相工相之當至丞相有男四人使相工相之至第二子其名玄成相工曰此子貴當封韋丞相言曰我卽爲丞相有長子是安從得之後竟爲丞相病死而長子有罪論不得嗣而立玄成玄成時佯狂不肯立竟立之有讓國之名後坐騎至廟不敬有詔奪爵一級爲關內侯失列侯得食其故國邑韋丞相卒有魏丞相代

魏丞相相者濟陰人也以文吏至丞相其人好武皆令諸吏帶劒帶劒前奏事或有不帶劒者當入奏事至乃借劒而敢入奏事其時京兆尹趙君【集解】駰案名廣漢丞相奏以免罪使人執魏丞相欲求脫罪而不聽復使人脅恐魏丞相以夫人賊殺侍婢事而私獨奏請驗之發吏卒至丞相舍捕奴婢笞擊問之實不以兵刃殺也而丞相司直繁君【索隱】繁姓也音婆奏京兆尹趙君迫脅丞相誣以夫人賊殺婢發吏卒圍捕丞相舍不道又得擅屏騎士事趙京兆坐要斬又有使掾陳平等劾中尚書疑以獨擅劫事而坐之大不敬長史以下皆坐死或下蠶室而魏丞相竟以丞相病死子嗣後坐騎至廟不敬有詔奪爵一級爲關內侯失列侯得食其故國邑魏丞相卒以御史大夫邴吉代

邴丞相吉者魯國人也以讀書好法令至御史大夫孝宣帝時以有舊故封爲列侯而因爲丞相明於事有大智後世稱之以丞相病死子顯嗣後坐騎至廟不敬有詔奪爵一級失列侯得食故國邑顯爲吏至太僕坐官耗亂身及子男有姦贓免爲庶人邴丞相卒黃丞相代長安中有善相工田文者與韋丞相魏丞相邴丞相微賤時會於客家田文言曰今此三君者皆丞相也其後三人竟更相代爲丞相何見之明也

黃丞相霸者淮陽人也以讀書爲吏至潁川太守治潁川以禮義條教喻告化之犯法者風曉令自殺化大行名聲聞孝宣帝下制曰潁川太守霸以宣布詔令治民道不拾遺男女異路獄中無重囚賜爵關內侯黃金百斤徵爲京兆尹而至丞相復以禮義爲治以丞相病死子嗣後爲列侯黃丞相卒以御史大夫于定國代于丞相已有廷尉傳在張廷尉語中于丞相去御史大夫韋玄成代

韋丞相玄成者卽前韋丞相子也代父後失列侯其人少時好讀書明於詩論語爲吏至衞尉徙爲太子太傅御史大夫薛君免【集解】駰案名廣德也爲御史大夫于丞相乞骸骨免而爲丞相因封故邑爲扶陽侯數年病死孝元帝親臨喪賜賞甚厚子嗣後其治容容隨世俗浮沉而見謂諂巧而相工本謂之當爲侯代父而後失之復自游宦而起至丞相父子俱爲丞相世間美之豈不命哉相工其先知之韋丞相卒御史大夫匡衡代

丞相匡衡者東海人也好讀書從博士受詩家貧衡傭作以給食飲才下數射策不中至九乃中丙科其經以不中科故明習補平原文學卒史數年郡不尊敬御史徵之以補百石屬薦爲郎而補博士拜爲太子少傅而事孝元帝孝元好詩而遷爲光祿勳居殿中爲師授教左右而縣官坐其旁聽甚善之日以尊貴御史大夫鄭弘坐事免而匡君爲御史大夫歲餘韋丞相死匡君代爲丞相封樂安侯以十年之間不出長安城門而至丞相豈非遇時而命也哉深惟士之游宦所以至封侯者微甚【集解】徐廣曰微一作徵然多至御史大夫卽去者諸爲大夫而丞相次也其心冀幸丞相物故也【集解】駰案高堂隆答魏朝訪曰物無也故事也言無復所能於事或乃陰私相毀害欲代之然守之日久不得或爲之日少而得之至于封侯眞命也夫御史大夫鄭君守之數年不得匡君居之未滿歲而韋丞相死卽代之矣豈可以智巧得哉多有賢聖之才困阨不得者衆甚也【索隱】案此論匡衡已來事則後人所述也或亦稱太史公其序述淺陋一何誣也【索隱述贊】曰張蒼主計天下作程孫臣始絀秦曆尚行御史亞相相國阿衡申屠面折周子廷爭其他娖娖無所發明

史記卷九十六考證

張丞相列傳封爲高景侯集解徐廣曰九年封〇九監本作元　臣照按以長歷考之高祖元年至文帝後元四年中間不止三十九年且高祖元年倘是沛公周苛固未死其誤必依長歷計之一本作九年者是今從之

謂御大夫周昌曰〇臣照按御大夫明脫史字各本皆同今仍之

高后崩不與大臣共誅呂祿等免〇歸有光曰漢書云高后崩與大臣共誅諸呂後坐事免考呂后紀漢書爲是

張蒼爲計相時緒正律歷〇楊愼曰時字連計相讀爲是故後言至於爲丞相卒就之

子侯去病代三十一年卒徐廣曰一本無此去病而云共侯蔑三十三年子臾改封靖安侯〇臣照按徐廣所云蓋據年表然漢表作侯共嗣二十二年與徐又異

復使人脅恐魏丞相以夫人賊殺侍婢事〇趙廣漢傳云使中郎趙奉壽

而丞相司直繁君〇趙廣漢傳司直蕭望之也繁君名延壽見望之傳時丙吉爲丞相褚先生誤

于丞相已有廷尉傳在張廷尉語中〇張廷尉傳並無于廷尉語

史記卷九十七

漢　太　史　令司馬遷　撰

宋　中　郎　外　兵　曹　參　軍裴　駰集解

唐　國　子　博　士　弘　文　館　學　士司馬貞索隱

唐　諸　王　侍　讀　率　府　長　史張守節正義

酈生陸賈列傳第三十七

酈生食其者【正義】歷異幾三音也陳留高陽人也【集解】徐廣曰今在圉縣【索隱】案高陽陳留圉縣高陽鄉名也故耆舊傳云食其圉高陽鄉人【正義】陳留風俗傳云高陽在雍丘西南括地志云圉城在汴州雍丘縣西南食其墓在雍西南二十八里蓋謂此也好讀書家貧落魄無以爲衣食業【集解】應劭曰落魄志行衰惡之貌也晉灼曰落薄落託義同【索隱】案鄭氏云魄音薄

為里監門吏【正義】監音甲衫反戰國策云齊宣謂顏斶曰夫監門閭里士之賤也然縣中賢豪不敢役縣中皆謂之狂生及陳勝項梁等起諸將徇地【正義】徇略也過高陽者數十人酈生問其將皆握齱【集解】應劭曰握齱急促之貌【索隱】應劭云齱音若促鄒氏音鹿角反韋昭云握齱小節也好苛禮【索隱】案苛亦作荷賈逵云苛煩也小顏云細也自用不能聽大度之言酈生乃深自藏匿後聞沛公將兵畧地陳留郊沛公麾下騎士適酈生里中子也【集解】服虔曰食其里中子適作沛公騎士【索隱】適音釋服虔蘇林皆云沛公騎士適是食其里中人案言適近作騎士也沛公時時問邑中賢士豪俊騎士歸酈生見謂之曰吾聞沛公慢而易人多大畧此真吾所願從游莫為我先【索隱】先謂先容言無人為我作紹介也【正義】為于偽反若見沛公謂曰臣里中有酈生年六十餘長八尺人皆謂之狂生生自謂我非狂生騎士曰沛公不好儒諸客冠儒冠來者沛公輒解其冠溲溺其中【索隱】溲所由反溺乃弔反亦如字溲即溺義也與人言常大罵未可以儒生說也酈生曰弟言之騎士從容言如酈生所誡者沛公至高陽傳舍【集解】徐廣曰二世三年二月使人召酈生酈生至入謁沛公方倨牀使兩女子洗足【索隱】案樂彥云邊牀曰倨而見酈生酈生入則長揖不拜曰足下欲助秦攻諸侯乎且欲率諸侯破秦也沛公罵曰豎儒【索隱】案豎者僮僕之稱沛公輕之以比奴豎故曰豎儒夫天下同苦秦久矣故諸侯相率而攻秦何謂助秦攻諸侯乎酈生曰必聚徒合義兵誅無道秦不宜倨見長者於是沛公輟洗起攝衣【正義】攝猶言斂著也延酈生上坐謝之酈生因言六國從橫時沛公喜賜酈生食問曰計將安出酈生曰足下起糾合之衆【集解】駰案一作烏合一作瓦合收散亂之兵不滿萬人欲以徑入彊秦此所謂探虎口者也夫陳留天下之衝四通五達之郊也【集解】如淳曰四面中央凡五達也瓚曰四通五達言無險阻也今其城又多積粟臣善其令【正義】言食其與陳留縣令相善也請得使之令下足下【正義】令力征反下謂降之也即不聽足下舉兵攻之臣為內應於是遣酈生行沛公引兵隨之遂下陳留號酈食其為廣野君酈生言其弟酈商使將數千人從沛公西南畧地酈生常為說客馳使諸侯漢三年秋項羽擊漢拔滎陽漢兵遁保鞏洛楚人聞淮陰侯破趙彭越數反梁地【索隱】數音朔則分兵救之淮陰方東擊齊漢王數困滎陽成皋計欲捐成皋以東屯鞏洛以拒楚酈生因曰臣聞知天之天者王事可成不知天之天者王事不可成王者以民人為天而民人以食為天【索隱】管子云王者以民為天民以食為天能知天之天者斯可矣夫敖倉天下轉輸久矣臣聞其下迺有藏粟甚多楚人拔滎陽不堅守敖倉迺引而東令適卒分守成皋【索隱】適音直革反案通俗文云罰罪云適所謂讁戍也又音陟革反卒音租忽反此乃天所以資漢也方今楚易取而漢反卻自奪其便【索隱】以言不取敖倉之粟是漢自奪其便利也臣竊以為過矣且兩雄不俱立楚漢久相持不決百姓騷動海內搖蕩農夫釋耒工女下機【索隱】案謂女工是工巧也漢書作紅音工天下之心未有所定也願足下急復進兵收取滎陽據敖倉之粟【正義】敖倉在鄭州滎陽縣四十五里石門之東北臨汴水南帶三皇山秦始皇時置倉於敖山上故名敖倉塞成皋之險【正義】即汜水縣山杜大行之道【集解】韋昭曰在河內野王北距蜚狐之口【集解】如淳曰上黨壺關也案蜚狐在代郡西南【正義】按蔚州飛狐縣北五十里有秦漢故郡城西南有山俗號為飛狐口也守白馬之津以示諸侯効實形制之勢則天下知所歸矣方今燕趙已定唯齊未下今田廣據千里之齊田閒將二十萬之衆軍於歷下諸田宗彊負海阻河濟南近楚人多變詐足下雖遣數十萬師未可以歲月破也臣請得奉明詔說齊王使為漢而稱東藩上曰善迺從其畫復守敖倉而使酈生說齊王曰王知天下之所歸乎王曰不知也曰王知天下之所歸則齊國可得而有也若不知天下之所歸即齊國未可得保也齊王曰天下何所歸曰歸漢曰先生何以言之曰漢王與項王戮力西面擊秦約先入咸陽者王之漢王先入咸陽項王負約不與而王之漢中項王遷殺義帝漢王聞之起蜀漢之兵擊三秦出關而責義帝之處收天下之兵立諸侯之後降城即以侯其將得賂即以分其士與天下同其利豪英賢才皆樂為之用諸侯之兵四面而至蜀漢之粟方船而下【索隱】案方船謂並舟也戰國策云方船積粟循江而下也項王有倍約之名殺義帝之負於人之功無所記於人之罪無所忘戰勝而不得其賞拔城而不得其封非項氏莫得用事為人刻印刓而不能授【集解】孟康曰刓斷無復廉鍔也瓚曰項羽吝於爵賞玩惜侯印不能以封於人也【索隱】刓音五官反案郭象注莊子云立法而刓斷無圭角漢書作玩言玩惜不忍授人攻城得賂積而不能賞天下畔之賢才怨之而莫為之用故天下之士歸於漢王可坐而策也夫漢王發蜀漢定三秦涉西河之外援上黨之兵【正義】援音爰下井陘誅成安君破北魏舉三十二城【索隱】北魏謂魏豹豹在河北故也亦謂之西魏以大梁在河南故也此蚩尤之兵也非人之力也天之福也今已據敖倉之粟塞成皋之險守白馬之津杜太行之阪距蜚狐之口天下後服者先亡矣王疾先下漢王齊國社稷可得而保也不下漢王危亡可立而待也田廣以為然迺聽酈生罷歷下兵守戰備與酈生日縱酒淮陰侯聞酈生伏軾下齊七十餘城迺夜度兵平原襲齊齊王田廣聞漢兵至以為酈生賣己迺曰汝能止漢軍我活汝不然我將亨汝酈生曰舉大事不細謹盛德不辭讓而公不為若更言齊王遂亨酈生引兵東走漢十二年曲周侯酈商以丞相將兵擊黥布有功高祖舉列侯功臣思酈食其酈食其子酈疥數將兵功未當侯上以其父故封疥為高梁侯後更食武遂嗣三世【索隱】疥音界地理志武遂屬河間案漢書作武陽子遂行字誤也元狩元年中武遂侯平【正義】年表云卒子平嗣元年有罪國除而漢書云更食武陽子遂嗣恐漢書誤也坐詐詔衡山王取百斤金當棄市病死國除也

陸賈者楚人也【索隱】案陳留風俗傳云陸氏春秋時陸渾國之後晉侯伐之故陸渾子奔楚賈其後又陸氏譜云齊宣公友子達食采於陸鄉號曰陸侯達生發發生皋適楚賈其孫也以客從高祖定天下名為有口辯士居左右常使諸侯及高祖時中國初定尉他平南越因王之【索隱】趙他為南越尉故曰尉他他音駝高祖使陸賈賜尉他印為南越王陸生至尉他魋結【集解】服虔曰魋音椎今兵士椎頭結【索隱】魋直追反結音計謂為髻一撮以椎而結之故字從結且案魋結二字依字讀之亦通謂夷人本被髮左衽今他同其風俗但魋其髮而結之也箕倨見陸生陸生因進說他曰足下中國人親戚昆弟墳墓在真定【索隱】趙地也本名東垣屬常山今足下反天性棄冠帶欲以區區之越與天子抗衡為敵國【索隱】案崔浩云抗對也衡車軛上橫木抗衡言兩衡相對拒率不相避下也禍且及身矣且夫秦失其政諸侯豪桀並起唯漢王先入關據咸陽項羽倍約自立為西楚霸王諸侯皆屬可謂至彊然漢王起巴蜀鞭笞天下劫畧諸侯遂誅項羽滅之五年之間海內平定此非人力天之所建也天子聞君王王南越不助天下誅暴逆將相欲移兵而誅王天子憐百姓新勞苦故且休之遣臣授君王印剖符通使君王宜郊迎北面稱臣迺欲以新造未集之越屈彊於此漢誠聞之掘燒王先人冢夷滅宗族使一偏將將十萬衆臨越則越殺王降漢如反覆手耳於是尉他迺蹶然起坐【索隱】蘇林音厥禮記子夏蹶然而起埤蒼云蹶起也謝陸生曰居蠻夷中久殊失禮義因問陸生曰我孰與蕭何曹參韓信賢陸生曰王似賢復曰我孰與皇帝賢陸生曰皇帝起豐沛討暴秦誅彊楚為天下興利除害繼五帝三皇之業統理中國中國之人以億計地方萬里居天下之膏腴人衆車轝萬物殷富政由一家自天地剖泮未始有也今王衆不過數十萬皆蠻夷崎嶇山海間譬若漢一郡王何迺比於漢尉他大笑曰吾不起中國故王此使我居中國何渠不若漢【集解】駰案渠音詎【索隱】漢書作遽字小顏以為有何迫促而不如漢也迺大說陸生留與飲數月曰越中無足與語至生來令我日聞所不聞賜陸生橐中裝直千金【集解】張晏曰珠玉之寶也裝裹也【索隱】橐音托案如淳云以為明月珠之屬又案詩傳大曰橐小曰囊埤蒼云有底曰囊無底曰橐謂以寶物裝裹以入橐囊也他送亦千金【集解】蘇林曰非橐中物故曰他送也陸生卒拜尉他為越王令稱臣奉漢約歸報高祖大悅拜賈為太中大夫陸生時時前說稱詩書高帝罵之曰迺公居馬上而得之安事詩書陸生曰居馬上得之寧可以馬上治之乎且湯武逆取而以順守之文武並用長久之術也昔者吳王夫差智伯極武而亡秦任刑法不變卒滅趙氏【集解】駰案趙氏秦姓也【索隱】案韋昭云秦伯翳後與趙同出蜚廉造父有功周繆王封之趙由此一姓趙氏鄉使秦已并天下行仁義法先聖陛下安得而有之高帝不懌而有慙色迺謂陸生曰試為我著秦所以失天下吾所以得之者何及古成敗之國陸生迺粗述存亡之徵凡著十二篇每奏一篇高帝未嘗不稱善左右呼萬歲號其書曰新語【正義】七錄云新語二卷陸賈撰也孝惠帝時呂太后用事欲王諸呂畏大臣有口者陸生自度不能爭之迺病免家居以好畤田地善【正義】畤音止雍州縣也可以家焉有五男迺出所使越得橐中裝賣千金【正義】漢制一金直千貫分其子子二百金令為生產陸生常安車駟馬從歌舞鼓琴瑟侍者十人寶劍直百金謂其子曰與汝約【集解】徐廣曰汝一作公過汝汝給吾人馬酒食極欲十日而更所死家得寶劍車騎侍從者一歲中往來過他客率不過再三過【索隱】率音律過音戈其下過字音光臥反數見不鮮【索隱】音朔現數見謂時時來見汝也不鮮言必令鮮美作食莫令見不鮮之物也漢書作數擊鮮如淳云新殺曰鮮無久慁公為也【集解】韋昭曰慁汙辱【索隱】慁患也公賈自謂也言汝諸子無久厭患公也呂太后時王諸呂諸呂擅權欲劫少主危劉氏右丞相陳平患之力不能爭恐禍及己常燕居深念陸生往請【集解】駰案漢書音義曰請若問起居直入坐而陳丞相方深念不時見陸生【索隱】深念深思之也陸生曰何念之深也陳平曰生揣我何念【集解】孟康曰揣度也韋昭曰揣音初委反陸生曰足下位為上相食三萬戶侯【索隱】案陳平傳食戶五千以曲逆秦時有三萬戶恐復業至此故稱也可謂極富貴無欲矣然有憂念不過患諸呂少主耳陳平曰然為之奈何陸生曰天下安注意相天下危注意將將相和調則士務附士務附【集解】徐廣曰務一作豫天下雖有變即權不分為社稷計在兩君掌握耳臣常欲謂太尉絳侯絳侯與我戲易吾言君何不交驩太尉深相結為陳平畫呂氏數事陳平用其計迺以五百金為絳侯壽厚具樂飲太尉亦報如之此兩人深相結則呂氏謀益衰陳平迺以奴婢百人車馬五十乘錢五百萬遺陸生為飲食費陸生以此游漢廷公卿間名聲籍甚【集解】駰案漢書音義曰言狼籍甚盛及誅諸呂立孝文帝陸生頗有力焉孝文帝即位欲使人之南越陳丞相等乃言陸生為太中大夫往使尉他令尉他去黃屋稱制令比諸侯皆如意旨語在南越語中陸生竟以壽終

平原君朱建者楚人也故嘗為淮南王黥布相有辠去後復事黥布布欲反時問平原君平原君止之布不聽而聽梁父侯遂反【索隱】梁父侯史失名如淳注漢書云遂布臣非也臣瓚曰布不用梁父侯計遂反耳其說是也漢已誅布聞平原君諫不與謀【正義】與音預得不

誅語在黥布語中【集解】駰案黥布列傳無此語 平原君爲人辯有口刻廉剛直家於長安行不苟合義不取容辟陽侯行不正得幸呂太后時辟陽侯欲知平原君平原君不肯見及平原君母死陸生素與平原君善過之平原君家貧未有以發喪【索隱】案劉氏云謂欲葬時須啓殯宮故云發喪也 方假貸服具陸生令平原君發喪陸生往見辟陽侯賀曰平原君母死辟陽侯曰平原君母死何乃賀我乎陸賈曰前日君侯欲知平原君平原君義不知君以其母故【集解】張晏曰相知當同恤哭危母在故義不知君【索隱】案崔浩云建以母在義不以身許人也 今其母死君誠厚送喪則彼爲君死矣辟陽侯乃奉百金往稅【集解】韋昭云衣服曰稅稅當爲襚【索隱】案說文稅贈終服也襚音式芮反亦音遂 列侯貴人以辟陽侯故往稅凡五百金辟陽侯幸呂太后人或毀辟陽侯於孝惠帝孝惠帝大怒下吏欲誅之呂太后慙不可以言大臣多害辟陽侯行欲遂誅之辟陽侯急因使人欲見平原君平原君辭曰獄急不敢見君迺求見孝惠幸臣閎籍孺【索隱】按佞幸傳云高祖時有籍孺孝惠時有閎孺今總言閎籍孺誤也 說之曰君所以得幸帝天下莫不聞今辟陽侯幸太后而下吏道路皆言君讒欲殺之今日辟陽侯誅旦日太后含怒亦誅君何不肉袒爲辟陽侯言於帝帝聽君出辟陽侯太后大驩兩主共幸君君貴富益倍矣於是閎籍孺大恐從其計言帝果出辟陽侯辟陽侯之囚欲見平原君平原君不見辟陽侯辟陽侯以爲倍已大怒及其成功出之迺大驚呂太后崩大臣誅諸呂辟陽侯於諸呂至深【集解】如淳曰辟陽侯與諸呂相親信也爲罪宜誅者至深【索隱】如淳之說非也案小顏云直言辟陽侯與諸呂相知情義至深重得其理也 而卒不誅計畫所以全者皆陸生平原君之力也孝文帝時淮南厲王殺辟陽侯以諸呂故文帝聞其客平原君爲計策使吏捕欲治聞吏至門平原君欲自殺諸子及吏皆曰事未可知何早自殺爲平原君曰我死禍絕不及而身矣遂自剄孝文帝聞而惜之曰吾無意殺之迺召其子拜爲中大夫【索隱】案下文所謂與太史公善者 使匈奴單于無禮迺罵單于遂死匈奴中初沛公引兵過陳留酈生踵軍門上謁曰高陽賤民酈食其竊聞沛公暴露將兵助楚討不義敬勞從者願得望見口畫天下便事使者入通沛公方洗問使者曰何如人也使者對曰狀貌類大儒衣儒衣冠側注【集解】徐廣曰側注冠一名高山冠齊王所服以賜謁者 沛公曰爲我謝之言我方以天下爲事未暇見儒人也使者出謝曰沛公敬謝先生方以天下爲事未暇見儒人也酈生瞋目案劍叱使者曰走復入言沛公吾高陽酒徒也【集解】徐廣曰一本言而公高陽酒徒 非儒人也使者懼而失謁跪拾謁還走復入報曰客天下壯士也叱臣臣恐至失謁曰走復入言而公高陽酒徒也沛公遽雪足杖矛曰延客入酈生入揖沛公曰足下甚苦暴衣露冠將兵助楚討不義足下何不自喜也臣願以事見而曰吾方以天下爲事未暇見儒人也夫足下欲興天下之大事而成天下之大功而以目皮相恐失天下之能士且吾度足下之智不如吾勇又不如吾若欲就天下而不相見竊爲足下失之沛公謝曰鄉者聞先生之容今見先生之意矣迺延而坐之問所以取天下者酈生曰夫足下欲成大功不如止陳留陳留者天下之據衝也兵之會地也積粟數千萬石城守甚堅臣素善其令願爲足下說之不聽臣臣請爲足下殺之而下陳留足下將陳留之衆據陳留之城而食其積粟招天下之從兵從兵已成足下橫行天下莫能有害足下者矣沛公曰敬聞命矣於是酈生迺夜見陳留令說之曰夫秦爲無道而天下畔之今足下與天下從則可以成大功今獨爲亡秦嬰城而堅守臣竊爲足下危之陳留令曰秦法至重也不可以妄言妄言者無類吾不可以應先生所以教臣者非臣之意也願勿復道酈生留宿臥夜半時斬陳留令首踰城而下報沛公沛公引兵攻城縣令首於長竿以示城上人曰趣下而令頭已斷矣今後下者必先斬之於是陳留人見令已死遂相率而下沛公沛公舍陳留南城門上因其庫兵食積粟留出入三月從兵以萬數遂入破秦

太史公曰世之傳酈生書多曰漢王已拔三秦東擊項籍而引軍於鞏洛之間酈生被儒衣往說漢王迺非也自沛公未入關與項羽別而至高陽得酈生兄弟余讀陸生新語書十二篇固當世之辯士至平原君子與余善是以得具論之

【索隱述贊】曰廣野大度始官側注踵門長揖深器重遇說齊歷下趣鼎何懼陸賈使越尉他懾怖相說國安書成主悟

史記卷九十七考證

酈生陸賈列傳何渠不若漢索隱漢書作遽字小顏以爲有何迫促而不如漢也○董份曰渠字即如漢書作遽字遽與遂通言何遂不如漢耳

布不聽而聽梁父侯遂反索隱梁父侯史失名如淳注漢書云遂布臣非也臣瓚曰布不用梁父侯計遂反耳其說是也○徐孚遠曰瓚說與本文正相反也當依傳說梁父侯導黥布反耳臣照按瓚說非與本文相反乃傳寫之訛多一不字耳

初沛公引兵過陳留酈生踵軍門上謁○茅坤曰當入前酈生傳而今乃以復出附平原君傳後蓋太史公初本世所傳酈生書由高帝距羽於鞏洛之間而以衣儒衣見及與平原君之子善乃得酈生本由高帝過高陽時見云云遂草次如此蓋其未定稿也誤見於此耳臣照按史記事兩見而小異者甚多蓋史家法信以傳信疑以傳疑不臆斷也子曰吾猶及史之闕文此其遺意歟

史記卷九十八

漢　太　史　令司馬遷　撰

宋中郎外兵曹參軍裴　駰集解

唐國子博士弘文館學士司馬貞索隱

唐諸王侍讀率府長史張守節正義

傅靳蒯成列傳第三十八

陽陵侯傅寬【集解】駰案地理志云馮翊陽陵縣 以魏五大夫騎將從爲舍人起橫陽【索隱】按橫陽邑名在韓韓公子成初封橫陽君張良立爲韓王也【正義】括地志云故橫城在宋州宋城縣西南三十里按蓋橫陽也 從攻安陽【正義】後魏地形志云巳氏有安陽城隋改巳氏爲楚丘今宋州楚丘縣西十里安陽故城是也 杠里擊趙賁軍於開封及擊楊熊曲遇【正義】曲丘羽反遇牛恭反司馬彪郡國志云中牟有曲遇聚按鄭州中牟縣也 陽武【正義】鄭州縣也 斬首十二級賜爵卿從至霸上沛公立爲漢王漢王賜寬封號共德君【索隱】謂美號爾非地邑共音恭 從入漢中遷爲右騎將從定三秦賜食邑雕陰【集解】徐廣曰屬上郡【索隱】按孟康云縣名也【正義】鄜州洛交縣三十里雕陰故城是也 從擊項籍待懷【集解】服虔曰待高帝於懷【索隱】小顏案地理志懷屬河內今懷州也 賜爵通德侯從擊項冠周蘭龍且所將卒斬騎將一人敖下【集解】徐廣曰敖倉之下 益食邑屬淮陰【索隱】張晏云信時爲將云淮陰者終言之也 擊破齊歷下軍擊田解屬相國參殘博【索隱】博太山縣也顏監云屬曹參以殘破博縣也 益食邑因定齊地剖符世世勿絕封爲陽陵侯二千六百戶除前所食爲齊右丞相備齊【集解】張晏曰時田橫未降故設屯備【正義】按爲齊王韓信相 五歲爲齊相國【正義】爲齊悼惠王劉肥相五歲也 四月擊陳豨屬太尉勃以相國代丞相噲擊豨一月從爲代相國將屯【集解】如淳曰既爲相國有警則將卒而屯守也案律謂勒兵而守曰屯【索隱】如淳云漢初諸王官屬如漢朝故代有丞相案孔文祥云邊境有屯兵寬爲代相國兼領屯後因置將屯將軍也 二歲爲代丞相將屯孝惠五年卒謚爲景侯子頃侯精立二十四年卒子共侯則立十二年卒子侯偃立二十一年坐與淮南王謀反死國除

信武侯靳歙【索隱】歙音翕 以中涓從起宛朐【正義】上於元反下求俱反曹州縣也 攻濟陽【正義】曹州宛朐縣西南三十五里濟陽故城 破李由軍擊秦軍亳南開封東北斬騎千人將一人【集解】徐廣曰將一作侯 首五十七級捕虜七十三人賜爵封號臨平君又戰藍田北斬車司馬二人【集解】張晏曰主官車 騎長一人【集解】張晏曰騎之長 首二十八級捕虜五十七人至霸上沛公立爲漢王賜歙爵建武侯遷爲騎都尉從定三秦別西擊章平軍於隴西破之定隴西六縣所將卒斬車司馬候各四人騎長十二人從東擊楚至彭城漢軍敗還保雍丘去擊反者王武等略梁地別將擊邢說軍【集解】張晏曰特起兵者也說音悅【索隱】邢姓說名 菑南【集解】徐廣曰今日考城【索隱】菑音災今爲考城屬濟陰也 破之身得說都尉二人司馬候十二人降吏卒四千六百八十人破楚軍滎陽東三年賜食邑四千二百戶別之河內擊趙將賁郝【集解】駰案上音肥下音釋【索隱】漢書作趙賁軍案此在河北非曹參樊噲之所擊也 軍朝歌破之所將卒得騎將二人車馬二百五十匹從攻安陽以東至棘蒲下七縣別攻破趙軍得其將司馬二人候四人降吏卒二千四百人從攻下邯鄲別下平陽【集解】徐廣曰鄴有平陽城【正義】括地志云平陽故城在相州臨漳縣西二十五里 身斬守相所將卒斬兵守郡守各一人【集解】孟康曰將兵郡守 降鄴從攻朝歌邯鄲及別擊破趙軍降邯鄲郡六縣【集解】徐廣曰邯鄲高帝改曰趙國 還軍敖倉破項籍軍成皋南擊絕楚饟道起滎陽至襄邑破項冠軍魯下【正義】魯城之下今兗州曲阜縣也 略地東至繒郯下邳【索隱】案地理志屬東海【正義】今繒城在沂州丞縣下邳泗水縣郯縣屬海州 南至蘄竹邑【索隱】二邑名蘄在沛音機竹即竹邑 擊項悍濟陽下還擊項籍陳下破之別定江陵降江陵柱國大司馬以下八人身得江陵王【索隱】案孔文祥云共敖子共尉 生致之雒陽因定南郡從至陳取楚王信剖符世世勿絕定食四千六百戶號信武侯以騎都尉從擊代攻韓信平城下還軍東垣有功遷爲車騎將軍并將梁趙齊燕楚車騎別擊陳豨丞相敞破之【索隱】小顏云侯敞也 因降曲逆從擊黥布有功益封定食五千三百戶凡斬首九十級虜百三十二人別破軍十四降城五十九定郡國各一縣二十三得王柱國各一人二千石以下至五百石【集解】徐廣曰一本無此五字 三十九人高后五年歙卒謚爲肅侯子亭代侯二十一年坐事國人過律【索隱】案劉氏云事役使也謂使人違律數多也 孝文後三年奪侯國除

蒯成侯緤者【集解】服虔曰蒯音菅蒯之蒯【索隱】姓周名緤音薛蒯者鄉名案三蒼云蒯鄉在城父縣音裴漢書作蒯從崩從邑今書本並作菅蒯音非也蘇林音簿催反晉灼案功臣表屬長沙崔浩音簿壞反楚漢春秋作憑成侯則裴憑聲相近此得其實也【正義】括地志云蒯亭在河南西十四里苑中輿地志云蒯城縣故陳倉縣之故鄉聚名也周緤所封也晉武帝咸寧四年分陳倉立蒯成縣屬始平郡也 沛人也姓周氏常爲高祖參乘以舍人從起沛至霸上西入蜀漢還定三秦食邑池陽【正義】雍州涇陽縣西北三里池陽故城是也 東絕甬道從出度平陰遇淮陰侯兵襄國軍乍利乍不利終無離上心【集解】徐廣曰蒯成侯表云遇淮陰侯軍襄國楚漢約分鴻溝以緤爲信武侯戰不利不敢離上

以緤爲信武侯食邑三千三百戶高祖十二年以緤爲
蒯成侯除前所食邑上欲自擊陳豨蒯成侯泣曰始秦
攻破天下未嘗自行今上常自行是爲無人可使者乎
上以爲愛我賜入殿門不趨殺人不死至孝文五年緤
以壽終謚爲貞侯【正義】謚爲尊侯一作卓子昌代侯有罪國除至
孝景中二年封緤子居代侯【集解】徐廣曰表云孝景中元年封緤子應爲鄲侯謚康中二年侯居立沛郡有鄲縣鄲一作鄲【索隱】鄲蘇林音多屬陳國地理志云沛郡有多縣案此文云子居表云子應不同者至元鼎三年居爲太常有罪國除

太史公曰陽陵侯傅寬信武侯靳歙皆高爵【集解】徐廣曰一無高字又一本皆從高祖從高祖起山東攻項籍誅殺名將破軍降城
以十數未嘗困辱此亦天授也蒯成侯周緤操心堅正
身不見疑上欲有所之未嘗不垂涕此有傷【索隱】操音倉高反
心者【集解】徐廣曰此一作比然可謂篤厚君子矣

【索隱述贊】曰陽陵信武結髮從漢勳協人謀功賓天贊定齊破項我軍常冠蒯成委質夷險不亂主上稱忠人臣扼腕

史記卷九十八考證

傅靳蒯成列傳陽陵侯傅寬地理志云馮翊陽陵縣○臣照按漢地理志陽陵故弋陽景帝更置高帝時不容先有此名年表素隱云楚漢春秋作陰陵

從攻安陽以東至棘蒲○臣名南按棘蒲地不可攻左傳哀公元年師及齊師衛師鮮虞人伐晉取棘蒲則是晉邑而杜不言所在是其地在趙魏之間

身得江陵王素隱按孔文祥云共敖子共尉○臣照按共尉嗣臨江王此乃因其所都而以江陵王稱之

居爲太常有罪國除○漢表云坐爲太常收赤側錢不收完爲城旦

史記卷九十九

漢　太　史　令司馬遷　撰
宋　中　郎　外　兵　曹　參　軍　裴　駰　集解
唐　國　子　博　士　弘　文　館　學　士　司　馬　貞　索隱
唐　諸　王　侍　讀　率　府　長　史　張　守　節　正義

劉敬叔孫通列傳第三十九

劉敬者齊人也【索隱】敬本姓婁漢書作婁敬漢五年戍隴西過洛陽
高帝在焉婁敬脫輓輅【集解】蘇林曰一木橫鹿車前一人推之孟康曰輅音胡格反輓音晚【索隱】輓者牽也輅者鹿車前橫木二人前輓一人後推之衣其羊裘見齊人虞將
軍曰臣願見上言便事虞將軍欲與之鮮衣【索隱】鮮音仙鮮衣美服也婁敬曰臣衣帛衣帛見衣褐衣褐見終不敢易衣於
是虞將軍入言上上召入見賜食已而問婁敬婁敬說
曰陛下都洛陽豈欲與周室比隆哉上曰然婁敬曰陛
下取天下與周室異周之先自后稷堯封之邰【正義】邰音胎雍州武功縣西南二十三里故斄城是也說文云邰炎帝之後姜姓所封國弃外家也毛萇云邰姜嫄國堯見天因邰而生后稷故因封於邰也積德累善十有餘世公劉避桀居豳大
王以狄伐故去豳杖馬箠居岐【集解】張晏曰言馬箠示約國人爭隨
之及文王爲西伯斷虞芮之訟始受命呂望伯夷自海
濱來歸之【正義】呂望宅及廟在蘇州海鹽縣西也伯夷孤竹國在平州皆濱東海也武王伐
紂不期而會孟津之上八百諸侯皆曰紂可伐矣遂滅
殷成王即位周公之屬傅相焉迺營成周洛邑【正義】括地志云故王城一名河南城本郟鄏周公所築在洛州河南縣北九里苑中東北隅帝王紀云武王伐紂營洛邑而定鼎焉按此即營都城也書云乃營成周括地志云洛陽故城在洛州洛陽城東二十六里周公所築即成周城也尚書曰成周既成遷殷頑民帝王世紀云居郟鄏之衆按劉敬說周之美豈言居頑民之所以此而論漢書非也以此爲天下之中也諸侯四方納貢職道里均矣有
德則易以王無德則易以亡凡居此者欲令周務以德
致人不欲依阻險令後世驕奢以虐民也及周之盛時
天下和洽四夷鄉風慕義懷德附離而並事天子【集解】駰案莊子曰附離不以膠漆也【索隱】案謂使彝者相附也不屯一卒不戰一士八夷大
國之民莫不賓服效其貢職及周之衰也分而爲兩【正義】公羊傳云東周者何成周也西周者何王城也按周自平王東遷以下十二王皆都王城至敬王乃遷都成周王赧又居王城也天下莫朝周不能制也非其德薄也而形勢
弱也今陛下起豐沛收卒三千人以之徑往而卷蜀
漢定三秦與項羽戰滎陽爭成皋之口大戰七十小戰
四十使天下之民肝腦塗地父子暴骨中野不可勝數
哭泣之聲未絕傷痍者未起而欲比隆於成康之時臣
竊以爲不侔也且夫秦地被山帶河四塞以爲固卒然
有急百萬之衆可具也因秦之故資甚美膏腴之地此
所謂天府者也【索隱】案戰國策蘇秦說惠王曰大王之國地勢形便此所謂天府高誘注云府聚也陛下入關而都之山東雖亂秦之故地可全而有也
夫與人鬭不搤其肮【集解】張晏曰肮喉嚨也【索隱】搤音戹肮音胡浪反一音胡剛反蘇林以爲肮頸大脈俗所謂胡脈也拊其背未能全其勝也今陛下入關而
都案秦之故地此亦搤天下之肮而拊其背也高帝問
羣臣羣臣皆山東人爭言周王數百年秦二世即亡不
如都周上疑未能決及留侯明言入關便即日車駕西
都關中【索隱】案謂即日西都之計定也於是上曰本言都秦地者婁敬
婁者乃劉也賜姓劉氏拜爲郎中號爲奉春君【索隱】按張晏云春爲歲之始以其首謀都關中故號奉春君漢七年韓王信反高帝自往擊
之至晉陽聞信與匈奴欲共擊漢上大怒使人使匈奴
匈奴匿其壯士肥牛馬但見老弱及羸畜【正義】上力爲反下許又反使者十輩來皆言匈奴可擊上使劉敬復往使匈奴還
報曰兩國相擊此宜夸矜見所長【集解】韋昭曰夸張矜大也今臣往
徒見羸瘠老弱【索隱】羸力爲反瘠音稷瘠瘦也漢書作胔音漬胔肉也恐非此必欲
見短伏奇兵以爭利愚以爲匈奴不可擊也是時漢兵
已踰句注【正義】句注山在代州鴈門縣西北三十里二十餘萬兵已業行上
怒罵劉敬曰齊虜以口舌得官今迺妄言沮吾軍【索隱】沮音才敘反詩傳曰沮止也壞也械繫敬廣武【索隱】地理志縣名屬鴈門【正義】廣武故縣在句注山南也遂往至平城匈奴果出奇兵圍高帝白登七日然後
得解高帝至廣武赦敬曰吾不用公言以困平城吾皆
以斬前使十輩言可擊者矣迺封敬二千戶爲關內侯
號爲建信侯高帝罷平城歸韓王信亡入胡當是時冒
頓爲單于兵彊控弦三十萬【集解】應劭曰控引也數苦北邊上患
之問劉敬劉敬曰天下初定士卒罷於兵未可以武服
也冒頓殺父代立妻羣母以力爲威未可以仁義說也
獨可以計久遠子孫爲臣耳然恐陛下不能爲上曰誠
可何爲不能顧爲奈何劉敬對曰陛下誠能以適長公
主妻之厚奉遺之彼知漢適女送厚蠻夷必慕以爲閼
氏生子必爲太子代單于何者貪漢重幣陛下以歲時
漢所餘彼所鮮數問遺因使辯士風諭以禮節冒頓在
固爲子壻死則外孫爲單于豈嘗聞外孫敢與大父抗
禮者哉兵可無戰以漸臣也若陛下不能遣長公主而
令宗室及後宮詐稱公主彼亦知不肯貴近無益也高
帝曰善欲遣長公主呂后日夜泣曰妾唯太子一女奈
何棄之匈奴上竟不能遣長公主而取家人子名爲長
公主妻單于使劉敬往結和親約劉敬從匈奴來因言
匈奴河南白羊樓煩王【集解】張晏曰白羊匈奴國名【索隱】案張晏云白羊國名二者並在河南河南者案在朔方之河南舊並匈奴地也今亦謂之新秦中去長安近者七百里
輕騎一日一夜可以至秦中秦中新破少民地肥饒可
益實夫諸侯初起時非齊諸田楚昭屈景莫能興今陛
下雖都關中實少人北近胡寇東有六國之族宗彊一
日有變陛下亦未得高枕而臥也臣願陛下徙齊諸田
楚昭屈景燕趙韓魏後及豪桀名家居關中無事可以
備胡諸侯有變亦足率以東伐此彊本弱末之術也上
曰善迺使劉敬徙所言關中十餘萬口【索隱】案小顏云今高陵櫟陽諸田華陰好畤諸景及三輔諸屈諸懷尚多皆此時所徙

叔孫通者薛人也【集解】晉灼曰楚漢春秋名何【索隱】薛縣名屬魯國秦時以文
學徵待詔博士數歲陳勝起山東使者以聞二世召博
士諸儒生問曰楚戍卒攻蘄入陳於公如何博士諸生
三十餘人前曰人臣無將將即反罪死無赦【集解】瓚曰將謂逆亂也公羊傳曰君親無將將而必誅願陛下急發兵擊之二世怒作色叔
孫通前曰諸生言皆非也夫天下合爲一家毀郡縣城
鑠其兵示天下不復用且明主在其上法令具於下使
人人奉職四方輻輳安敢有反者此特羣盜鼠竊狗盜
耳何足置之齒牙間郡守尉今捕論何足憂二世喜曰
善盡問諸生諸生或言反或言盜於是二世令御史案
諸生言反者下吏非所宜言諸言盜者皆罷之迺賜叔
孫通帛二十匹衣一襲【索隱】案國語謂之一稱賈逵案禮記袍必有表不單衣必有裳謂之一稱杜預云衣單複具云稱也拜爲博士叔孫通已出宮反舍諸生
曰先生何言之諛也通曰公不知也我幾不脫於虎口
【正義】幾音蘄迺亡去之薛薛已降楚矣及項梁之薛叔孫通
從之敗於定陶從懷王懷王爲義帝徙長沙叔孫通留
事項王漢二年漢王從五諸侯入彭城叔孫通降漢王
漢王敗而西因竟從漢叔孫通儒服漢王憎之迺變其
服服短衣楚製【索隱】案孔文祥云短衣便事非儒者衣服高祖楚人故從其俗裁製漢王
喜叔孫通之降漢從儒生弟子百餘人然通無所言進
專言諸故羣盜壯士進之弟子皆竊罵曰事先生數歲
幸得從降漢今不能進臣等專言大猾何也【索隱】案顏集云大猾狡猾也音滑叔孫通聞之迺謂曰漢王方蒙矢石爭天下【集解】駰案漢書音義曰謂發石以投人諸生寧能鬭乎故先言斬將搴旗之
士【集解】張晏曰搴卷也瓚曰拔取曰搴楚辭曰朝搴阰之木蘭【索隱】搴音起焉反又巳勉反案方言云南方取物云搴許愼云搴取也王逸云阰山名又案埤蒼云山在楚音毗諸生且待我我不忘
矣漢王拜叔孫通爲博士號稷嗣君【集解】徐廣曰蓋言其德業足以繼踵齊稷下之風流也駰案漢書音義曰稷嗣邑名漢五年已并天下諸侯共尊漢
王爲皇帝於定陶叔孫通就其儀號高帝悉去秦苛儀
法爲簡易羣臣飲酒爭功醉或妄呼拔劍擊柱高帝患
之叔孫通知上益厭之也說上曰夫儒者難與進取可
與守成臣願徵魯諸生與臣弟子共起朝儀高帝曰得
無難乎叔孫通曰五帝異樂三王不同禮禮者因時世
人情爲之節文者也故夏殷周之禮所因損益可知者
謂不相復也臣願頗采古禮與秦儀雜就之上曰可試
爲之令易知度吾所能行爲之於是叔孫通使徵魯諸
生三十餘人魯有兩生不肯行曰公所事者且十主皆
面諛以得親貴今天下初定死者未葬傷者未起又欲
起禮樂禮樂所由起積德百年而後可興也吾不忍爲
公所爲公所爲不合古吾不行公往矣無汙我叔孫通
笑曰若眞鄙儒也不知時變遂與所徵三十人西及上
左右爲學者與其弟子百餘人爲緜蕞【集解】徐廣曰表位標準音子外反駰案如淳曰置設緜索爲習肄處蕞謂以茅翦樹地爲纂位春秋傳曰置茅蕝也【索隱】韋昭云引繩爲緜立表爲蕞音茲會反賈逵云束茅以表位爲蕝又纂文云蕝今之纂字包愷音卽悅反又音纂野外習
之月餘叔孫通曰上可試觀上卽觀使行禮曰吾能爲

此迺令羣臣習肄【索隱】肄亦習也音異會十月漢七年長樂宮成諸侯羣臣皆朝十月【索隱】小顏云漢以十月爲正故行朝歲之禮史家追書十月也案諸書並云十月爲歲首不言以十月爲正月古今注亦云羣臣始朝十月也儀先平明謁者治禮引以次入殿門廷中陳車騎步卒衛宮設兵張旗志【集解】徐廣曰一作幟傳言趨【索隱】案小顏傳聲教入者皆令趨疾行致敬也殿下郎中俠陛陛數百人功臣列侯諸將軍軍吏以次陳西方東鄉文官丞相以下陳東方西鄉大行設九賓臚句傳【集解】駰案漢書音義曰傳從上下爲臚【索隱】蘇林云上傳語告下爲臚下傳語告上爲句臚猶行者矣韋昭云大行掌賓客之禮今謂之鴻臚也九賓則周禮九儀也謂公侯伯子男孤卿大夫士也漢依此以爲臚傳以次傳令上也向秀注莊子云從上語下爲臚臚音閭句音九注反於是皇帝輦出房百官執職傳警【集解】徐廣曰一作幟【索隱】案輿服志云殷周以輦載軍器職載物象至秦始去其輪而輿爲尊也職音幟傳警者漢儀云帝輦動則左右侍幃幄者稱警是也引諸侯王以下至吏六百石以次奉賀自諸侯王以下莫不振恐肅敬至禮畢復置法酒【集解】文穎曰作酒令法也蘇林曰常會須天子中起更衣然後入置酒矣【索隱】姚氏云進止有禮也古人飲酒不過三爵君臣百拜終日宴不爲亂也諸侍坐殿上皆伏抑首【集解】如淳曰抑屈也以尊卑次起上壽觴九行謁者言罷酒御史執法舉不如儀者輒引去竟朝置酒無敢讙譁失禮者於是高帝曰吾迺今日知爲皇帝之貴也迺拜叔孫通爲太常賜金五百斤叔孫通因進曰諸弟子儒生隨臣久矣與臣共爲儀願陛下官之高帝悉以爲郎叔孫通出皆以五百斤金賜諸生諸生迺皆喜曰叔孫生誠聖人也知當世之要務

漢九年高帝徙叔孫通爲太子太傅漢十二年高祖欲以趙王如意易太子叔孫通諫上曰昔者晉獻公以驪姬之故廢太子立奚齊晉國亂者數十年爲天下笑秦以不早定扶蘇令趙高得以詐立胡亥自使滅祀此陛下所親見今太子仁孝天下皆聞之呂后與陛下攻苦食啖【集解】徐廣曰攻猶今人言擊也啖一作淡駰案如淳曰食無菜茹爲啖【索隱】案孔文祥云與帝共攻冒苦難俱食淡也案說文淡薄味也音唐敢反其可背哉陛下必欲廢適而立少臣願先伏誅以頸血汙地【索隱】楚漢春秋叔孫何云臣三諫不從請以身當之撫劍將自殺上離席云吾聽子計不易太子高帝曰公罷矣吾直戲耳叔孫通曰太子天下本本一搖天下振動奈何以天下爲戲高帝曰吾聽公言及上置酒見留侯所招客從太子入見上迺遂無易太子志矣

高帝崩孝惠即位迺謂叔孫生曰先帝園陵寢廟羣臣莫能習徙爲太常定宗廟儀法及稍定漢諸儀法皆叔孫生爲太常所論著也

孝惠帝爲東朝長樂宮【集解】駰案關中記曰長樂宮本秦之興樂宮也漢太后常居之及間往數蹕煩人【索隱】韋昭云蹕止人行也長樂未央宮東相去稍遠間往謂非時也中間往來清道煩人也迺作複道方築武庫南【集解】韋昭曰閣道也如淳曰作複道方始築武庫南叔孫生奏事因請間曰陛下何自築複道高寢衣冠月出游高廟高廟漢太祖奈何令後世子孫乘宗廟道上行哉【集解】應劭曰月出高帝衣冠備法駕名曰游衣冠如淳曰三輔黃圖高寢在高廟西高祖衣冠藏在高寢月出游於高廟其道值所作複道故言乘宗廟道上行孝惠帝大懼曰急壞之叔孫生曰人主無過舉【索隱】案謂舉動有過也左傳云君舉必書今已作百姓皆知之今壞此則示有過舉願陛下爲原廟渭北衣冠月出游之益廣多宗廟大孝之本也上迺詔有司立原廟原廟起以複道故

孝惠帝曾春出游離宮叔孫生曰古者有春嘗果方今櫻桃孰可獻【索隱】案呂氏春秋仲春羞以含桃先薦寢廟高誘云進含桃也鸎鳥所含故曰含桃今之朱櫻即是也願陛下出因取櫻桃獻宗廟上迺許之諸果獻由此興

太史公曰語曰千金之裘非一狐之腋也臺榭之榱非一木之枝也三代之際非一士之智也信哉夫高祖起微細定海內謀計用兵可謂盡之矣然而劉敬脫輓輅一說建萬世之安智豈可專耶叔孫通希世度務制禮進退與時變化卒爲漢家儒宗大直若詘【索隱】音屈道固委蛇【索隱】音移蓋謂是乎

索隱述贊曰厦藉衆幹裘非一狐委輅獻說緜蕝陳書皇帝始貴車駕西都旣安太子又和匈奴奉春稷嗣其功可圖

史記卷九十九考證

劉敬叔孫通列傳號稷嗣君集解徐廣曰蓋言其德業足以繼踵齊稷下之風流也駰案漢書音義曰稷嗣邑名○徐孚遠曰是時功臣多有名號侯者叔孫無軍功安得封邑徐叔爲長

史記卷一百

漢　太　史　令司馬遷　撰

宋中郎外兵曹參軍裴　駰集解

唐國子博士弘文館學士司馬貞索隱

唐諸王侍讀率府長史張守節正義

季布欒布列傳第四十

季布者楚人也爲氣任俠【集解】孟康曰信交道曰任如淳曰相與信爲任同是非爲俠所謂權行州里力折公侯者也或曰任氣力也俠甹也【索隱】任而禁反俠音協如淳說爲近甹音普名反其義難驗有名於楚項籍使將兵數窘漢王【集解】如淳曰窘困也及項羽滅高祖購求布千金敢有舍匿罪及三族季布匿濮陽周氏周氏曰漢購將軍急迹且至臣家將軍能聽臣臣敢獻計即不能願先自剄季布許之迺髡鉗季布衣褐衣置廣柳車中【集解】服虔曰東郡謂廣轍車爲柳鄧展曰皆棺飾也載以喪車欲人不知也李奇曰大牛車也車上覆爲柳瓚曰茂陵書中有廣柳車每縣數百乘是今運轉大車是也【索隱】案服虔臣瓚所據則是大車任載運者名廣柳車然則柳爲車通名鄧展所說事義相協最爲通允故禮曰設柳翣爲使人勿惡也鄭玄注周禮云柳聚也諸色所聚則是喪車稱柳故後人通謂車爲柳也幷與其家僮數十人之魯朱家所賣之朱家心知是季布迺買而置之田誡其子曰田事聽此奴必與同食朱家迺乘軺車之洛陽【集解】徐廣曰馬車也【索隱】案謂輕車一馬車也見汝陰侯滕公滕公留朱家飲數日因謂滕公曰季布何大罪而上求之急也滕公曰布數爲項羽窘上上怨之故必欲得之朱家曰君視季布何如人也曰賢者也朱家曰臣各爲其主用季布爲項籍用職耳項氏臣可盡誅耶今上始得天下獨以己之私怨求一人何示天下之不廣也且以季布之賢而漢求之急如此此不北走胡即南走越耳夫忌壯士以資敵國此伍子胥所以鞭荊平王之墓也君何不從容爲上言邪汝陰侯滕公心知朱家大俠意季布匿其所迺許曰諾待閒果言如朱家指上迺赦季布當是時諸公皆多季布能摧剛爲柔朱家亦以此名聞當世季布召見謝上拜爲郎中

孝惠時爲中郎將單于嘗爲書嫚呂后不遜呂后大怒召諸將議之上將軍樊噲曰臣願得十萬衆橫行匈奴中諸將皆阿呂后意曰然季布曰樊噲可斬也夫高帝將兵四十餘萬衆困於平城今噲奈何以十萬衆橫行匈奴中面欺且秦以事於胡陳勝等起于今創痍未瘳噲又面諛欲搖動天下是時殿上皆恐太后罷朝遂不復議擊匈奴事

季布爲河東守孝文時人有言其賢者孝文召欲以爲御史大夫復有言其勇使酒難近【索隱】使音如字近音其靳反因酒縱性謂之使酒即酗酒也至留邸一月見罷季布因進曰臣無功竊寵待罪河東【索隱】季布言已無功能竊承恩寵得待罪河東其詞典省而文之也陛下無故召臣此人必有以臣欺陛下者今臣至無所受事罷去此人必有以毀臣者夫陛下以一人之譽而召臣一人之毀而去臣臣恐天下有識聞之有以闚陛下也【集解】韋昭曰闚見陛下深淺也上默然慙良久曰河東吾股肱郡故特召君耳布辭之官

楚人曹邱生辯士數招權顧金錢【集解】孟康曰招來也以金錢事權貴而求得其形勢以自炫燿也文穎曰事權貴也與通勢以其所有辜較請託金錢以自顧【索隱】義如孟康文穎所說辜較音姑角【正義】言曹邱生依倚貴人用權勢屬請數求他人顧錢賞金錢也事貴人趙同等【集解】徐廣曰漢書作趙談司馬遷以父名談故改之與竇長君善季布聞之寄書諫竇長君曰吾聞曹邱生非長者勿與通及曹邱生歸欲得書請季布【集解】張晏曰欲使竇君爲介於布請見竇長君曰季將軍不說足下足下無往固請書遂行使人先發書季布果大怒待曹邱曹邱至即揖季布曰楚人諺曰得黃金百斤不如得季布一諾足下何以得此聲於梁楚閒哉且僕楚人足下亦楚人也僕游揚足下之名於天下顧不重邪何足下距僕之深也季布迺大悅引入留數月爲上客厚送之季布名所以益聞者曹邱揚之也

季布弟季心【集解】徐廣曰一作子氣蓋關中遇人恭謹爲任俠方數千里士皆爭爲之死嘗殺人亡之吳從袁絲匿【索隱】盎字絲長事袁絲弟畜灌夫籍福之屬嘗爲中司馬【集解】如淳曰中尉之司馬【索隱】漢書作中尉司馬中尉郅都不敢不加禮少年多時時竊籍其名以行【索隱】籍音子亦反當是時季心以勇布以諾著聞關中

季布母弟丁公爲楚將【集解】晉灼曰楚漢春秋云薛人名固丁公爲項羽逐窘高祖彭城西短兵接高祖急顧丁公曰兩賢豈相戹哉於是丁公引兵而還漢王遂解去及項王滅丁公謁見高祖高祖以丁公徇軍中曰丁公爲項王臣不忠使項王失天下者迺丁公也遂斬丁公曰使後世爲人臣者無效丁公

欒布者梁人也始梁王彭越爲家人時嘗與布游【索隱】謂居家之人無官職也窮困賃傭於齊爲酒人保【集解】駰案漢書音義曰酒家作保傭也可保信故謂之保數歲彭越去之巨野中爲盜而布爲人所略賣爲奴於燕爲其家主報仇燕將臧荼舉以爲都尉臧荼後爲燕王以布爲將及臧荼反漢擊燕虜布梁王彭越聞之迺言上請贖布以爲梁大夫使於齊未還漢召彭越責以謀反夷三族已而梟彭越頭於雒陽下詔曰有敢收視者輒捕之布從齊還奏事彭越頭下祠而哭之吏捕布以聞上召布罵曰若與彭越反邪吾禁人勿收若獨祠而哭之與越反明矣趣亨之【索隱】趣音促亨音普盲反謂疾令赴鑊也方提趣湯【集解】徐廣曰趣一作走【索隱】提音啼趣音娶徐廣云一作走走亦趣向之也布顧曰願一言而死上曰何言布曰方上之困於彭城敗滎陽成皋閒項王所以遂不能西徙以彭王居梁地與漢合從苦楚也當是之時彭王一顧與楚則漢破與漢而楚破且垓下之會微彭王項氏不亡天下已定彭王剖符受封亦欲傳之萬世今陛下一徵兵於梁彭王病不行而陛下疑以爲反反形未見以苛小案誅滅之【集解】徐廣曰小一作峭臣恐功臣人人自危也今彭王已死臣生不如死請就亨於是上迺釋布罪拜爲都尉孝文時爲燕相至將軍布迺稱曰窮困不能辱身下志非人也富貴不能快意非賢也於是嘗有德者厚報之有怨者必以法滅之吳軍反時以軍功封俞侯【集解】徐廣曰擊齊有功也復爲燕相燕齊之閒皆爲欒布立社號曰欒公社景帝中五

年堯子貴嗣爲太常犧牲不如令國除

太史公曰以項羽之氣而季布以勇顯於楚身屨典軍【集解】徐廣曰屨一作屢一曰覆騶案孟康曰屢蹈之也瓚曰屢數也【索隱】案徐氏云一作覆而下云搴旗則覆軍爲是愈於屢之與屢者也搴旗者數矣可謂壯士然被刑戮爲人奴而不死何其下也彼必自負其材故受辱而不羞欲有所用其未足也故終爲漢名將賢者誠重其死夫婢妾賤人感慨而自殺者【集解】徐廣曰或作概字音義同非能勇也其計畫無復之耳【集解】徐廣曰復一作冀欒布哭彭越趣湯如歸者彼誠知所處【集解】如淳曰非死者難處死者難不自重其死雖往古烈士何以加哉

【索隱述贊】曰季布季心有聲梁楚百金然諾十萬致距出守河東股肱是與欒布哭越犯禁見虜赴鼎非冤誠知所處

史記卷一百考證

季布欒布列傳上將軍樊噲曰○漢書匈奴傳云陳豨反於代漢兵三十二萬噲爲上將軍與此同本傳不載

史記卷一百一

漢　太　史　令司馬遷　撰

宋中郎外兵曹參軍裴　駰集解

唐國子博士弘文館學士司馬貞索隱

唐諸王侍讀率府長史張守節正義

袁盎鼂錯列傳第四十一

袁盎者楚人也【索隱】盎音如周禮盎齊烏浪反字絲父故爲羣盜徙處安陵高后時盎嘗爲呂祿舍人及孝文帝即位盎兄噲任盎爲中郎【集解】如淳曰盎爲兄所保任故得爲中郎絳侯爲丞相朝罷趨出意得甚上禮之恭常自送之【集解】徐廣曰自一作目袁盎進曰陛下以丞相何如人上曰社稷臣盎曰絳侯所謂功臣非社稷臣社稷臣主在與在【集解】如淳曰人主在時與共治在時之事主亡與亡【集解】如淳曰不以主亡而不行其致令【索隱】如淳說爲得方呂后時諸呂用事擅相王劉氏不絕如帶是時絳侯爲太尉主兵柄弗能正呂后崩大臣相與共畔諸呂太尉主兵適會其成功所謂功臣非社稷臣丞相如有驕主色陛下謙讓臣主失禮竊爲陛下不取也後朝上益莊【索隱】莊嚴也丞相益畏已而絳侯望袁盎曰【正義】望怨也吾與而兄善今兒廷毀我盎遂不謝及絳侯免相之國國人上書告以爲反徵繫清室【集解】駰案漢書作請室應劭曰請室請罪之室若今鍾下也如淳曰請室獄也若古刑於甸師氏也宗室諸公莫敢爲言唯袁盎明絳侯無罪絳侯得釋盎頗有力絳侯乃大與盎結交淮南厲王朝殺辟陽侯居處驕甚袁盎諫曰諸侯大驕必生患可適削地上弗用淮南王益橫及棘蒲侯柴武太子謀反事覺治連淮南王淮南王徵上因遷之蜀轞車傳送袁盎時爲中郎將乃諫曰陛下素驕淮南王弗稍禁以至此今又暴摧折之淮南王爲人剛如有遇霧露行道死陛下竟以爲天下之大弗能容有殺弟之名柰何上弗聽遂行之淮南王至雍病死聞上輟食哭甚哀盎入頓首請罪上曰以不用公言至此盎曰上自寬此往事豈可悔哉且陛下有高世之行者三此不足以毀名上曰吾高世行三者何事盎曰陛下居代時太后嘗病三年陛下不交睫不解衣湯藥非陛下口所嘗弗進夫曾參以布衣猶難之今陛下親以王者脩之過曾參孝遠矣夫諸呂用事大臣專制然陛下從代乘六乘傳馳不測之淵【集解】瓚曰大臣共誅諸呂禍福尚未可知故曰不測也雖賁育之勇不及陛下【集解】孟康曰孟賁夏育皆古勇者也【索隱】尸子云孟賁水行不避蛟龍陸行不避虎兕戰國策云夏育叱呼駭三軍身死庸夫高誘曰育衞人爲申繻所殺賁音奔陛下至代邸西向讓天子位者再南面讓天子位者三夫許由一讓而陛下五以天下讓過許由四矣且陛下遷淮南王欲以苦其志使改過有司衞不謹故病死於是上乃解曰將柰何盎曰淮南王有三子唯在陛下耳於是文帝立其三子皆爲王盎由此名重朝廷袁盎常引大體忼慨宦者趙同【集解】徐廣曰漢書作談字以數幸常害袁盎袁盎患之盎兄子種爲常侍騎持節夾乘【索隱】案漢書舊儀云持節夾乘輿騎從者則云常侍騎也說盎曰【集解】徐廣曰說一作謀君與鬭廷辱之使其毀不用孝文帝出趙同參乘袁盎伏車前曰臣聞天子所與共六尺輿者皆天下豪英今漢雖乏人陛下獨柰何與刀鋸餘人載於是上笑下趙同趙同泣下車文帝從霸陵上欲西馳下峻阪袁盎騎並車擥轡上曰將軍怯邪盎曰臣聞千金之子坐不垂堂【索隱】案張揖云恐簷瓦墮中人或云臨堂邊垂恐墮墜也百金之子不騎衡【集解】徐廣曰衡一作行駰案服虔曰自惜身不騎衡如淳曰騎倚也衡樓殿邊欄楯也韋昭曰衡車衡【索隱】衡木行馬也如淳云騎音於岐反韋昭云騎音奇案諸家說如淳爲長如云欄楯者案纂要云宮殿四面欄縱者云欄橫者云楯是也聖主不乘危而徼幸今陛下騁六騑【集解】如淳曰六馬之疾若飛馳下峻山如有馬驚車敗陛下縱自輕柰高廟太后何上乃止上幸上林皇后慎夫人從其在禁中常同席坐及坐郎署長布席【正義】蘇林云郎署上林中直衞之署袁盎引卻慎夫人坐【集解】如淳曰盎時爲中郎將天子幸署豫設供侍之故得卻慎夫人坐慎夫人怒不肯坐上亦怒起入禁中盎因前說曰臣聞尊卑有序則上下和今陛下既已立后慎夫人乃妾妾主豈可與同坐哉且陛下幸之即厚賜之陛下所以爲慎夫人適所以禍之陛下獨不見人彘乎【集解】張晏曰戚夫人於是上乃說召語慎夫人慎夫人賜盎金五十斤然袁盎亦以數直諫不得久居中調爲隴西都尉【集解】如淳曰調選仁愛士卒士卒皆爭爲死徙爲齊相徙爲吳相辭行種謂盎曰吳王驕日久國多姦今苟欲劾治彼不上書告君即利劍刺君矣南方卑溼君能日飲毋苛時說王曰毋反而已如此幸得脫盎用種之計吳王厚遇盎盎告歸道逢丞相申屠嘉下車拜謁丞相從車上謝袁盎袁盎還愧其吏乃之丞相舍上謁求見丞相丞相良久而見之盎因跪曰願請閒丞相曰使君所言公事之曹與長史掾議吾且奏之即私邪吾不受私語袁盎即跪說曰君爲丞相自度孰與陳平絳侯丞相曰吾不如袁盎曰善君即自謂不如夫陳平絳侯輔翼高帝定天下爲將相而誅諸呂存劉氏君乃爲材官蹶張遷爲隊率積功至淮陽守非有奇計攻城野戰之功且陛下從代來每朝郎官上書疏未嘗不止輦受其言言不可用置之言可受采之未嘗不稱善何也則欲以致天下賢士大夫上日聞所不聞明所不知日益聖智君今自閉鉗天下之口而日益愚夫以聖主責愚相君受禍不久矣丞相乃再拜曰嘉鄙野人乃不知將軍幸教引入與坐爲上客盎素不好鼂錯鼂錯所居坐盎去盎坐錯亦去兩人未嘗同堂語及孝文帝崩孝景帝即位鼂錯爲御史大夫使吏案袁盎受吳王財物抵罪詔赦以爲庶人吳楚反聞鼂錯謂丞史曰【集解】如淳曰百官表御史大夫有兩丞丞史丞相史也夫袁盎多受吳王金錢專爲蔽匿言不反今果反欲請治盎宜知計謀丞史曰事未發治之有絕【集解】如淳曰事未發之時治之乃有所絕【索隱】案謂有絕吳反心也今兵西鄉治之何益且袁盎不宜有謀【集解】如淳曰盎大臣不宜有姦謀鼂錯猶與未決人有告袁盎者袁盎恐夜見竇嬰爲言吳所以反者願至上前口對狀竇嬰入言上上乃召袁盎入見鼂錯在前及盎請辟人賜閒錯去固恨甚袁盎具言吳所以反狀以錯故獨急斬錯以謝吳吳兵乃可罷其語具在吳事中使袁盎爲太常竇嬰爲大將軍兩人素相與善逮吳反諸陵長者長安中賢大夫爭附兩人車隨者日數百乘及鼂錯已誅袁盎以太常使吳吳王欲使將不肯欲殺之使一都尉以五百人圍守盎軍中袁盎自其爲吳相時嘗有從史從史嘗盜愛盎侍兒【集解】文穎曰婢也盎知之弗泄遇之如故人有告從史言君知爾與侍者通乃亡歸袁盎驅自追之遂以侍者賜之復爲從史及袁盎使吳見守從史適爲守盎校尉司馬乃悉以其裝齎置二石醇醪會天寒士卒飢渴飲酒醉西南陬卒皆臥司馬夜引袁盎起曰君可以去矣吳王期旦日斬君盎弗信曰公何爲者司馬曰臣故爲從史盜君侍兒者盎乃驚謝曰公幸有親【集解】文穎曰汝有親老吾不可以累公司馬曰君第去臣亦且亡避吾親【集解】如淳曰藏匿吾親不使遇害也【索隱】案張晏云辟隱也言自隱辟我親不擬遇禍也君何患乃以刀決張道【集解】如淳曰決開當所從亡者之道張音帳【索隱】案帳軍幕也決之以出也從醉卒直隧出司馬與分背袁盎解節毛懷之【集解】如淳曰不欲令人見也杖步行七八里明見梁騎騎馳去【集解】文穎曰梁騎擊吳楚者也或曰得梁馬馳去也遂歸報吳楚已破上更以元王子平陸侯禮爲楚王袁盎爲楚相嘗上書有所言不用袁盎病免居家與閭里浮沈相隨行鬭雞走狗雒陽劇孟嘗過袁盎盎善待之安陵富人有謂盎曰吾聞劇孟博徒【集解】如淳曰博盪之徒或曰博戲之徒將軍何自通之盎曰劇孟雖博徒然母死客送葬車千餘乘此亦有過人者且緩急人所有夫一旦有急叩門不以親爲解【集解】張晏曰不語云親不聽也瓚曰凡人之於赴難濟危多以有父母爲解而孟兼行之【索隱】案謂不以親爲辭也今此云解者亦謂不以親在而自解不以存亡爲辭天下所望者獨季心劇孟耳今公常從數騎【集解】徐廣曰常一作詳一旦有緩急寧足恃乎罵富人弗與通諸公聞之皆多袁盎袁盎雖家居景帝時時使人問籌策梁王欲求爲嗣袁盎進說其後語塞【索隱】鄒氏云塞當作窒非也案以盎言不宜立弟之義其後立梁王之語塞絕也梁王以此怨盎曾使人刺盎刺者至關中問袁盎諸君譽之皆不容口乃見袁盎曰臣受梁王金來刺君君長者不忍刺君然後刺君者十餘曹【集解】如淳曰曹輩備之袁盎心不樂家又多怪乃之棓生所問占【集解】徐廣曰棓一作服駰案文穎曰棓音倍秦時賢士善術者【索隱】韋昭云棓姓也還梁刺客後曹輩果遮刺殺盎安陵郭門外

鼂錯者潁川人也【索隱】鼂音朝錯音厝一如字讀案鼂氏出南陽今西鄂鼂氏自謂子鼂之後也學申商刑名於軹張恢先所【集解】徐廣曰先即先生【索隱】軹縣人張恢先生所學申商之法與雒陽宋孟及劉禮同師以文學爲太常掌故【集解】應劭曰掌故百石吏主故事【索隱】服虔云百石卒吏漢舊儀云太常博士弟子試射策中甲科補郎中乙科補掌故也錯爲人陗直刻深【集解】韋昭曰衞岸高曰陗瓚曰陗峻【索隱】按韋昭注本無衞字或云衞道路也陗音七笑反孝文帝時天下無治尚書者獨聞濟南伏生故秦博士治尚書年九十餘老不可徵乃詔太常使人往受之太常遣錯受尚書伏生所【正義】衞宏詔定古文尚書序云徵之老不能行遣太常掌故鼂錯往讀之年九十餘不能正言言不可曉使其女傳言教錯齊人語多與潁川異錯所不知者凡十二三略以其意屬讀而已也還因上便宜事以書稱說詔以爲太子舍人門大夫家令【集解】服虔曰太子稱家瓚曰茂陵書太子家令秩八百石以其辯得幸太子太子家號曰智囊數上書孝文時言削諸侯事及法令可更定者書數十上孝文不聽

然奇其材遷爲中大夫當是時太子善錯計策袁盎諸大功臣多不好錯景帝即位以錯爲內史錯常數請閒言事輒聽寵幸傾九卿【集解】徐廣曰九一作公 法令多所更定丞相申屠嘉心弗便力未有以傷內史府居太上廟壖中門東出不便錯乃穿兩門南出鑿廟壖垣【索隱】壖音乃亂反謂牆外之短垣也又音而緣反 丞相嘉聞大怒欲因此過爲奏請誅錯錯聞之即夜請閒具爲上言之丞相奏事因言錯擅鑿廟垣爲門請下廷尉誅上曰此非廟垣乃壖中垣【正義】上人緣反石壖者廟內垣外游地也 不致於法丞相謝罷朝怒謂長史曰吾當先斬以聞乃先請爲兒所賣固誤丞相遂發病死錯以此愈貴遷爲御史大夫請諸侯之罪過削其地【集解】徐廣曰一云言景帝曰諸侯或連數郡非古之制非久長策不便請削之上令公卿云云 收其枝郡奏上上令公卿列侯宗室集議莫敢難獨竇嬰爭之由此與錯有卻錯所更令三十章諸侯皆諠譁疾鼂錯錯父聞之從潁川來謂錯曰上初即位公爲政用事侵削諸侯別疏人骨肉人口議多怨公者【集解】徐廣曰議一作讙 何也鼂錯曰固也不如此天子不尊宗廟不安錯父曰劉氏安矣而鼂氏危矣吾去公歸矣遂飲藥死曰吾不忍見禍及吾身死十餘日吳楚七國果反以誅錯爲名及竇嬰袁盎進說上令鼂錯衣朝衣斬東市鼂錯已死謁者僕射鄧公【正義】漢書作鄧先孔文祥云名先 爲校尉擊吳楚軍爲將還上書言軍事謁見上上問曰道軍所來【集解】如淳曰道路從吳軍所來也瓚曰道由也 聞鼂錯死吳楚罷不鄧公曰吳王爲反數十年矣發怒削地以誅錯爲名其意非在錯也且臣恐天下之士噤口不敢復言也【索隱】噤音其錦反又音其禁反 上曰何哉鄧公曰夫鼂錯患諸侯彊大不可制故請削地以尊京師萬世之利也計畫始行卒受大戮內杜忠臣之口外爲諸侯報仇臣竊爲陛下不取也於是景帝默然良久曰公言善吾亦恨之乃拜鄧公爲城陽中尉鄧公成固人也【正義】梁州成固縣也括地志云成固故城在梁州成固縣東六里漢成固城也 多奇計建元中上招賢良公卿言鄧公時鄧公免起家爲九卿一年復謝病免歸其子章以脩黃老言顯於諸公閒

太史公曰袁盎雖不好學亦善傅會仁心爲質引義忼慨遭孝文初立資適逢世【集解】張晏曰資才也適值其世得騁其才 時以變易【集解】張晏曰謂景帝立 及吳楚一說說雖行哉然復不遂好聲矜賢竟以名敗鼂錯爲家令時數言事不用後擅權多所變更諸侯發難不急匡救欲報私讎反以亡軀語曰變古亂常不死則亡豈錯等謂邪

【索隱述贊】袁盎公直亦多附會攬轡見重卻席翳賴鼂錯建策屢陳利害尊主卑臣家危國泰悲彼二子名立身敗

史記卷一百一考證

袁盎鼂錯列傳主亡與亡集解如淳曰不以主亡而不行其政令索隱如淳說爲得○徐孚遠曰主亡與亡言盡節致命也如說甚疏索隱亦失之

百金之子不騎衡○水經注作立不倚衡

調爲隴西都尉集解如淳曰調選○顧炎武曰此今日調官字所本調有更易之意猶琴瑟之更張乃調也如淳訓爲選未盡

袁盎即跪說曰○余有丁曰按漢書作起說是今史本多作跪其義難通 臣照按古人席地坐故起即跪余說非是

錯所更令三十章○漢藝文志法家鼂錯三十一篇

史記卷一百二

漢　太　史　令司馬遷　撰

宋　中　郎　外　兵　曹　參　軍裴　駰集解

唐　國子博士弘文館學士司馬貞索隱

唐　諸　王　侍　讀　率　府　長　史張守節正義

張釋之馮唐列傳第四十二

張廷尉釋之者堵陽人也【索隱】韋昭堵音赭又音如字地名屬南陽【正義】應劭曰哀帝改爲順陽水東南入蔡括地志云順陽故城在鄧州穰縣西三十里楚之郇邑也及蘇秦傳云楚北有郇陽並謂此也 字季有兄仲同居以訾爲騎郎【集解】蘇林曰貲錢若出穀也如淳曰漢儀注訾五百萬得爲常侍郎【索隱】訾音子移反字苑云貲積財也 事孝文帝十歲不得調無所知名釋之曰久宦減仲之產不遂欲自免歸中郎將袁盎知其賢惜其去乃請徙釋之補謁者【正義】百官表云謁者掌賓讚受事員七十人秩比六百石也 釋之既朝畢因前言便宜事文帝曰卑之毋甚高論令今可施行也【索隱】案卑下也欲令卑下其志無甚高談論且但令依時事語無說古遠也 於是釋之言秦漢之閒事秦所以失而漢所以興者久之文帝稱善乃拜釋之爲謁者僕射釋之從行登虎圈【正義】求遠反 上問上林尉諸禽獸簿【索隱】漢書表上林有八丞十二尉百官志云尉秩三百石 十餘問尉左右視盡不能對虎圈嗇夫【正義】有嗇夫掌虎圈百官表此其類也 從旁代尉對上所問禽獸簿甚悉欲以觀其能口對響應無窮者文帝曰吏不當若是邪尉無賴【集解】張晏曰才無可恃 乃詔釋之拜嗇夫爲上林令釋之久之前曰陛下以絳侯周勃何如人也上曰長者也又復問東陽侯張相如何如人也上復曰長者釋之曰夫絳侯東陽侯稱爲長者此兩人言事曾不能出口豈斅此嗇夫諜諜【集解】晉灼曰音牒【索隱】漢書作喋喋喋喋多言也 利口捷給哉且秦以任刀筆之吏吏爭以亟疾苛察相高然其敝徒文具耳【索隱】案謂空具其文而無其實 無惻隱之實以故不聞其過陵遲而至於二世天下土崩今陛下以嗇夫口辯而超遷之臣恐天下隨風靡靡爭爲口辯而無其實且下之化上疾於景響舉錯不可不審也文帝曰善乃止不拜嗇夫上就車召釋之參乘徐行問釋之秦之敝具以質言【集解】如淳曰質誠也 至宮上拜釋之爲公車令頃之太子與梁王共車入朝不下司馬門【集解】如淳曰宮衞令諸出入殿門公車司馬門乘軺傳者皆下不如令罰金四兩 於是釋之追止太子梁王無得入殿門遂劾不下公門不敬奏之薄太后聞之文帝免冠謝曰教兒子不謹薄太后乃使使承詔赦太子梁王然後得入文帝由是奇釋之拜爲中大夫頃之至中郎將從行至霸陵居北臨廁【集解】李奇曰霸陵北頭廁近霸水帝登其上以遠望也如淳曰居高臨垂邊曰廁也蘇林曰廁邊側也韋昭曰高岸夾水爲廁【索隱】劉氏廁音初吏反包愷音側義亦兩通 是時慎夫人從上指示慎夫人新豐道曰此走邯鄲道也【集解】張晏曰慎夫人邯鄲人也如淳曰走音奏趨也【索隱】案走猶向也 使慎夫人鼓瑟上自倚瑟而歌【集解】駰案漢書音義曰聲氣依倚瑟也書曰聲依永【索隱】倚於綺反案謂歌聲合於瑟聲相依倚也 意慘悽悲懷顧謂羣臣曰嗟乎以北山石爲椁【正義】顏師古云美石出京師北山今宜州石是 用紵絮斮陳蕠漆其閒【集解】徐廣曰斮一作錯駰案漢書音義曰斮絮以漆著其間也【索隱】紵音竹呂反絮音息慮反斮音側畧反蕠音女居反案斮陳蕠以漆著其間也 豈可動哉左右皆曰善釋之前進曰使其中有可欲者雖錮南山猶有郄【集解】張晏曰錮鑄也帝北向故云北山迴顧南向故云南山【索隱】案大顏云北山青石肌理細密堪爲碑椁至今猶然故秦本紀云作阿房作酈山發北山石椁乃寫是也故帝欲北山之石爲椁取其精牢釋之荅言但使薄葬冢中無可貪雖無石椁有何憂焉若使厚葬冢中有物雖并錮南山猶爲人所發掘也言南山者取其高厚之意張晏殊失其旨也 使其中無可欲者雖無石椁又何戚焉文帝稱善其後拜釋之爲廷尉頃之上行出中渭橋【集解】張晏曰在渭橋中路瓚曰中渭橋兩岸之中【索隱】張晏臣瓚之說皆非也案今渭橋有三所一所在城西北咸陽路曰西渭橋一所在東北高陵路曰東渭橋其中渭橋在故城之北也 有一人從橋下走出乘輿馬驚於是使騎捕屬之廷尉釋之治問曰縣人來【集解】如淳曰長安縣人 聞蹕匿橋下久之以爲行已過即出見乘輿車騎即走耳廷尉奏當一人犯蹕當罰金【集解】如淳曰乙令蹕先至而犯者罰金四兩蹕止行人【索隱】崔浩云當謂處其罪也案百官志云廷尉掌平刑罰奏當所應郡國讞疑罪皆處當以報之也 文帝怒曰此人親驚吾馬吾馬賴柔和令他馬固不敗傷我乎而廷尉乃當之罰金釋之曰法者天子所與天下公共也【索隱】小顏云公謂不私也 今法如此而更重之是法不信於民也且方其時上使立誅之則已今既下廷尉廷尉天下之平也一傾而天下用法皆爲輕重民安所錯其手足唯陛下察之良久上曰廷尉當是也其後有人盜高廟坐前玉環捕得文帝怒下廷尉治釋之案律盜宗廟服御物者爲奏奏當棄市上大怒曰人之無道乃盜先帝廟器吾屬廷尉者欲致族之而君以法奏之【索隱】案以法者謂依律以斷也 非吾所以共承宗廟意也釋之免冠頓首謝曰法如是足也【集解】徐廣曰足一作止也 且罪等【集解】如淳曰俱死罪也盜玉環不若盜長陵土之逆也 然以逆順爲差今盜宗廟器而族之有如萬分之一假令愚民取長陵一抔土【集解】張晏曰不欲指言故以取土譬也【索隱】抔音步侯反案禮運云汙尊而抔飲鄭氏云抔手掬之字從手本或作盃言一勺一抔兩音並通又音普迴反抔者壔之未燒之名也張晏云不欲指言故以取土譬者蓋不欲言盜開長陵及侵柩恐傷迫切先帝故也 陛下何以加其法乎久之文帝與太后言之乃許廷尉當是時中尉條侯周亞夫與梁相山都侯王恬開【集解】徐廣曰一作閒漢書作啓啓者景帝諱也故或爲開 見釋之持議平乃結爲親友張廷尉由此天下稱之後文帝崩景帝立釋之恐【索隱】景帝爲太子時與梁王入朝不下司馬門釋之曾奏劾故恐也 稱病欲免去懼大誅至欲見謝則未知何如用王生計卒見謝景帝不過也王生者善爲黃老言處士也嘗召居廷中三公九卿盡會立王生老人曰吾韤解【正義】上萬越反下閑買反 顧謂張廷尉爲我結韤【索隱】結音如字又音計 釋之跪而結之既已人或謂王生曰獨奈何廷辱張廷尉使跪結韤王生曰吾老且賤自度終無益於張廷尉張廷尉方今天下名臣吾故聊辱廷尉使跪結韤欲以重之諸公聞之賢王生而重張廷尉張廷尉事景帝歲餘爲淮南王相猶尚以前過也久之釋之卒其子曰張摯字長公官至大夫免以不能取容當世故終身不仕【索隱】謂性公直不能曲屈見容於當世故至免官不仕也

馮唐者其大父趙人父徙代漢興徙安陵唐以孝著爲中郎署長【集解】應劭曰此云孝子郎也或曰以至孝聞【索隱】案謂爲郎署之長也 事文帝文帝輦過【索隱】過音戈謂文帝乘輦過郎署也 問唐曰父老何自爲郎【索隱】案崔浩云自從也帝詢唐何從爲郎又小顏云年老矣何乃自爲郎怪之也 家安在唐具以實對文帝曰吾居代時吾尚食監高袪數爲我言趙將李齊之賢戰於鉅鹿下今吾每飯意未嘗不在鉅鹿也【集解】張晏曰每食念監所說李齊在鉅鹿時 父知之乎唐對曰尚不如廉頗李牧之爲將也上曰何以唐曰臣大父在趙時爲官卒將【集解】徐廣曰一云官士將駰案晉灼曰百人爲卒亦皆師將也【索隱】案國語閭卒百人爲徹行行頭皆官師賈逵云百人爲一隊也官師隊大夫也 善李牧臣父故爲代相善趙將李齊知其爲人也上既聞廉頗李牧爲人良【集解】如淳曰良善也 說而搏髀曰嗟乎吾獨不得廉頗李牧時爲吾將吾豈

憂匈奴哉唐曰主臣【索隱】案樂彥云人臣進對前稱主臣猶上書前云昧死案志林云馮唐面折萬乘何言不懼主臣爲驚怖其言益著也又魏武謂陳琳云卿爲本初檄何乃上及父祖耶琳謝曰主臣益明主臣是驚怖也解已見前篇 陛下雖得廉頗李牧弗能用也上怒起入禁中良久召唐讓曰公奈何衆辱我獨無閒處乎唐謝曰鄙人不知忌諱當是之時匈奴新大入朝那【索隱】上音朝遙反下音乃何反縣名屬河西安定【正義】在原州百泉縣西北十里漢朝那縣是也 殺北地都尉昂【正義】北地郡今寧州也【索隱】案都尉姓孫 上以胡寇爲意乃卒復問唐曰公何以知吾不能用廉頗李牧也唐對曰臣聞上古王者之遣將也跪而推轂曰閫以內者【集解】韋昭曰此郭門之閫也門中橛曰閫【索隱】橛音其月反【正義】閫音苦本反謂門限也 寡人制之閫以外者將軍制之軍功爵賞皆決於外歸而奏之此非虛言也臣大父言李牧爲趙將居邊軍市之租皆自用饗士【索隱】案謂軍中立市市有稅稅即租也 賞賜決於外不從中擾也委任而責成功故李牧乃得盡其智能遣選車千三百乘【索隱】案六韜書云有選車之法十 彀騎萬三千【索隱】如淳云彀音構彀騎張弓之騎也 百金之士十萬【集解】服虔曰良士直百金也或曰直百金言重【索隱】晉灼云百金言其貴重也注云或者服虔之說也劉氏云其功可賞百金者事見管子及小爾雅 是以北逐單于破東胡滅澹林【集解】徐廣曰澹一作襜【索隱】崔浩云東胡烏丸之先也國在匈奴東故云東胡澹音丁甘反一本作襜襤 西抑彊秦南支韓魏當是之時趙幾霸【索隱】幾音祈 其後會趙王遷立其母倡也【索隱】案列女傳云邯鄲之倡也【正義】趙幽王母樂家之女也 王遷立乃用郭開讒卒誅李牧【索隱】案開是趙王寵臣戰國策云秦多與開金使爲反間 令顏聚代之【索隱】聚音似喻反漢書作最最本齊將 是以兵破士北爲秦所禽滅今臣竊聞魏尚爲雲中守【集解】駰案漢書曰尚槐里人也【正義】雲中郡故城在勝州榆林縣東北三十里 其軍市租盡以饗士卒私養錢【集解】服虔曰私屬假錢【索隱】案漢市肆租稅之入爲私奉養服虔云私屬假錢是也或云官所別屬給也 五日一椎牛饗賓客軍吏舍人【索隱】椎音直追反擊也 是以匈奴遠避不近雲中之塞虜曾一入尚率車騎擊之所殺甚衆夫士卒盡家人子【索隱】案謂庶人之家子也 起田中從軍安知尺籍伍符【集解】如淳曰漢軍法曰吏卒斬首以尺籍書下縣移郡令人故行不行奪勞二歲伍符亦什伍之符約節度也或曰以尺簡書故曰尺籍也【索隱】案尺籍者謂書其斬首之功於一尺之板伍符者命軍人伍伍相保不容姦詐也故行不行謂故命人行而身不自行奪勞一歲也故與崔同 終日力戰斬首捕虜上功莫府【索隱】案莫訓大也又崔浩云古者出征爲將治無常處以幕爲府舍故云莫府莫當爲幕古字少耳 一言不相應【索隱】應音乙陵反謂數不同也 文吏以法繩之其賞不行而吏奉法必用臣愚以爲陛下法太明賞太輕罰太重且雲中守魏尚坐上功首虜差六級陛下下之吏削其爵罰作之由此言之陛下雖得廉頗李牧弗能用也【集解】駰案班固稱揚子曰孝文帝親詘帝尊以信亞夫之軍曷爲不能用頗牧彼將有激云爾 臣誠愚觸忌諱死罪死罪文帝說是日令馮唐持節赦魏尚復以爲雲中守而拜唐爲車騎都尉主中尉及郡國車士【集解】服虔曰車軍之士 七年景帝立以唐爲楚相免武帝立求賢良舉馮唐唐時年九十餘不能復爲官乃以唐子馮遂爲郎遂字王孫亦奇士與余善

太史公曰張季之言長者守法不阿意馮公之論將率有味哉有味哉語曰不知其人視其友二君之所稱誦可著廊廟書曰不偏不黨王道蕩蕩不黨不偏王道便便【集解】徐廣曰一作辯 張季馮公近之矣

索隱述贊曰張季未偶見識袁盎太子懼法嗇夫無狀驚馬罰金盜環悟上馮公白首味哉論將因對李齊收功魏尚

史記卷一百二考證

張釋之馮唐列傳用紵絮斮陳蕠漆其間○蕠集韻音袽黏著也漢書水經注皆去此字

下廷尉廷尉治○麥稚隆曰一本無重廷尉字

假令愚民取長陵一抔土索隱鄭氏云抔手掬之字從手字本或作盃言一勺一抔兩音並通又音普迴反

抔者摶之未燒之名也○師古漢書注云其字從手今學者讀抔爲杯勺之杯非也抔非應盛土之物也其意蓋譏鄭氏又音普迴反則字當從土坏與抔不通

王遷立乃用郭開讒○臣照按上文云其後會趙王遷立其毋倡也然則此句立字蓋衍文

主中尉及郡國車士○車疑騎字之誤

史記卷一百三

漢　太　史　令司馬遷　撰

宋　中　郎　外　兵　曹　參　軍裴　駰集解

唐國子博士弘文館學士司馬貞索隱

唐諸王侍讀率府長史張守節正義

萬石張叔列傳第四十三

萬石君【正義】以父及四子皆二千石故號奮爲萬石君 名奮其父趙人也【正義】洺州邯鄲本趙國都 姓石氏趙亡徙居溫【正義】故溫城在懷州溫縣三十里漢縣在也 高祖東擊項籍過河內時奮年十五爲小吏侍高祖高祖與語愛其恭敬問曰若何有對曰奮獨有母不幸失明家貧有姊能鼓琴高祖曰若能從我乎曰願盡力於是高祖召其姊爲美人以奮爲中涓【正義】顏師古云中涓官名居中而涓潔也如淳曰主通書謁出入命也 受書謁徙其家長安中戚里【索隱】小顏云於上有姻戚者皆居之故名其里爲戚里長安記戚里在城內 以姊爲美人故也其官至孝文時積功勞至大中大夫無文學恭謹無與比文帝時東陽侯張相如爲太子太傅免選可爲傅者皆推奮奮爲太子太傅及孝景即位以爲九卿迫近憚之【集解】張晏曰以其恭敬履度故難之 徙奮爲諸侯相奮長子建次子甲次子乙【集解】徐廣曰一作仁【正義】顏師古云史失其名故云甲乙耳非其名也 次子慶皆以馴行孝謹【集解】徐廣曰馴一作訓【索隱】馴音巡 官皆至二千石於是景帝曰石君及四子皆二千石人臣尊寵乃集其門號奮爲萬石君孝景帝季年萬石君以上大夫祿歸老于家以歲時爲朝臣過宮門闕萬石君必下車趨見路馬必式焉子孫爲小吏來歸謁萬石君必朝服見之不名子孫有過失不譙讓爲便坐對案不食【索隱】譙音才笑反譙讓責讓也爲音于僞反便音婢綿反蓋謂爲之不處正室別坐之處故曰便坐坐音如座便坐非正坐處也故王者所居有便殿便房義亦然也又音婢見反亦通 然後諸子相責因長老肉袒固謝罪改之乃許子孫勝冠者在側雖燕居必冠申申如也僮僕訢訢如也【集解】晉灼曰訢許慎曰古欣字韋昭曰聲和貌也 唯謹上時賜食於家必稽首俯伏而食之如在上前其執喪哀戚甚悼子孫遵教亦如之萬石君家以孝謹聞乎郡國雖齊魯諸儒質行皆自以爲不及也建元二年郎中令王臧以文學獲罪【正義】百官表云郎中令秦官掌居宮殿門戶武帝太初元年更名光祿勳也 皇太后以爲儒者文多質少今萬石君家不言而躬行乃以長子建爲郎中令少子慶爲內史【正義】百官表云內史周官秦因之掌治京師景帝分置左內史武帝太初元年更名京兆尹左內史名左馮翊也 建老白首萬石君尚無恙建爲郎中令每五日洗沐歸謁親【集解】文穎曰郎五日一下【正義】孔文祥云建爲郎中令即光祿勳九卿之職也直五日一下也按五日一下直洗沐 入子舍【索隱】案劉氏謂小房內非正堂也小顏以爲諸子之舍若今諸房也 竊問侍者取親中帬廁腧身自浣滌【集解】徐廣曰腧築垣短板也音住則腧謂廁腧垣牆建隱於其側浣滌也一讀腧爲竇竇音豆言建又自浣蕩廁竇廁竇瀉除穢惡之穴也呂靜曰槭窬褻器也音威豆駰案蘇林曰腧音投賈逵解周官槭虎子也窬行清也孟康曰廁行清窬行中受糞者也東南人謂鑿木空中如曹謂之窬晉灼曰今世謂反閉小袖衫爲侯窬廁此最廁近身之衣也【索隱】案親謂父也中帬近身衣也徐廣云腧短板以築廁牆未知其義何從恐非也 復與侍者不敢令萬石君知以爲常建爲郎中令事有可言屏人恣言極切至廷見如不能言者是以上乃親尊禮之萬石君徙居陵里【集解】徐廣曰陵一作鄰【索隱】小顏云陵里里名在茂陵非長安之戚里也【正義】茂陵邑中里也茂陵故城漢茂陵縣也在雍州始平縣東北二十里 內史慶醉歸入外門不下車萬石君聞之不食慶恐肉袒請罪不許舉宗及兄建肉袒萬石君讓曰內史貴人入閭里里中長老皆走匿而內史坐車中自如固當乃謝罷慶慶及諸子弟入里門趨至家萬石君以元朔五年中卒長子郎中令建哭泣哀思扶杖乃能行歲餘建亦死諸子孫咸孝然建最甚甚於萬石君建爲郎中令書奏事事下建讀之曰誤書馬字與尾當五今乃四不足一【集解】服虔曰作馬字下曲而五建時上事誤作四【正義】顏師古云馬字下曲者尾并四點爲四足凡五 上譴死矣甚惶恐其爲謹慎雖他皆如是萬石君少子慶爲太僕御出上問車中幾馬慶以策數馬畢舉手曰六馬慶於諸子中最爲簡易矣【正義】漢書慶爲太僕御出上問車中幾馬慶以策數馬畢舉手曰六馬按慶於兄弟最爲簡易矣然猶如此也 然猶如此爲齊相舉齊國皆慕其家行不言而齊國大治爲立石相祠元狩元年上立太子選羣臣可爲傅者慶自沛守爲太子太傅七歲遷爲御史大夫元鼎五年秋丞相有罪罷【集解】駰案趙周坐酎金免【索隱】案漢書而知也 制詔御史萬石君先帝尊之子孫孝其以御史大夫慶爲丞相封爲牧邱侯是時漢方南誅兩越東擊朝鮮北逐匈奴西伐大宛中國多事天子巡狩海內脩上古神祠封禪興禮樂公家用少桑弘羊等致利王溫舒之屬峻法兒寬等推文學至九卿更進用事事不關決於丞相丞相醇謹而已在位九歲無能有所匡言嘗欲請治上近臣所忠九卿減宣罪【集解】服虔曰音減損之減 不能服反受其過贖罪元封四年中關東流民二百萬口無名數者四十萬【索隱】案小顏云無名數若今之無戶籍 公卿議欲請徙流民於邊以適之上以爲丞相老謹不能與其議乃賜丞相告歸而案御史大夫以下議爲請者丞相慚不任職乃上書曰慶幸得待罪丞相罷駑無以輔治城郭倉庫空虛民多流亡罪當伏斧質上不忍致法願歸丞相侯印乞骸骨歸避賢者路天子曰倉廩既空民貧流亡而君欲請徙之搖蕩不安動危之而辭位君欲安歸難乎【索隱】難音乃彈反言欲歸于何人 以書讓慶慶甚慙遂復視事慶文深審謹然無他大略爲百姓言後三歲餘太初二年中丞相慶卒諡爲恬侯慶中子德慶愛用之上以德爲嗣代侯後爲太常坐法當死贖免爲庶人慶方爲丞相諸子孫爲吏更至二千石者十三人及慶死後稍以罪去孝謹益衰矣

建陵侯衛綰者代大陵人也【正義】括地志云漢建陵縣故城在沂州丞縣界也【索隱】按地理志縣名在代州文水縣北十三里按代王是時都中都大陵屬焉故言代大陵人也 綰以戲車爲郎【集解】應劭曰能左右超乘也如淳曰櫟櫟轄之類【索隱】案今亦有弄車之戲是也櫟音歷謂超踰之也轄音衞謂車軸頭也 事文帝功次遷爲中郎將醇謹無他孝景爲太子時召上左右飲而綰稱病不行【集解】張晏曰恐文帝謂有二心以事太子 文帝且崩時屬孝景曰綰長者善遇之及文帝崩景帝立歲餘不譙呵綰【索隱】譙呵音誰何

借訪也一曰譙呵者責讓也不譙呵者言不嗔責衞綰也綰曰以謹力景帝幸上林詔中郎將參乘還而問曰君知所以得參乘乎綰曰臣從車士幸得以功次遷爲中郎將不自知也上問曰吾爲太子時召君君不肯來何也對曰死罪實病上賜之劒綰曰先帝賜臣劒凡六劒不敢奉詔上曰劒人之所施易獨至今乎【集解】如淳曰施讀曰移言劒者人之所好故多數移易貿換之也【索隱】施音移易音亦綰曰具在上使取六劒劒尚盛未嘗服也郎官有譴常蒙其罪不與他將爭有功常讓他將上以爲廉忠實無他腸【索隱】案小顏云心腸之內無他惡也乃拜綰爲河間王太傅吳楚反詔綰爲將將河間兵擊吳楚有功拜爲中尉三歲以軍功孝景前六年中封綰爲建陵侯其明年上廢太子誅栗卿之屬【集解】蘇林曰栗太子舅也如淳曰栗氏親屬也卿其名也【索隱】栗姬之族也【正義】顏師古云太子廢爲臨江王故誅其外家親屬也上以爲綰長者不忍乃賜綰告歸而使郅都治捕栗氏既已上立膠東王爲太子召綰拜爲太子太傅久之遷爲御史大夫五歲代桃侯舍爲丞相【正義】故桃城在滑州胙城縣東三十里劉所封朝奏事如職所奏【索隱】以言但守職分而已不別有所奏議也然自初官以至丞相終無可言天子以爲敦厚可相少主尊寵之賞賜甚多爲丞相三歲景帝崩武帝立建元年中丞相以景帝疾時諸官囚多坐不辜者而君不任職免之其後綰卒子信代坐酎金失侯

塞侯直不疑者南陽人也【索隱】案塞國名今桃林之塞也直姓也不疑名也與儁不疑同字【正義】塞音先代反古塞國今陝州桃林縣以西至潼關皆桃林塞地也爲郎事文帝其同舍有告歸誤持同舍郎金去已而金主覺妄意不疑【索隱】謂妄疑其盜取將也不疑謝有之買金償而告歸者來而歸金而前郎亡金者大慙以此稱爲長者文帝稱舉稍遷至大中大夫【集解】徐廣曰漢書云稱爲長者稍遷至大中大夫無文帝稱舉四字朝廷見人或毀之曰不疑狀貌甚美然獨無奈其善盜嫂何也【索隱】案小顏云盜謂私之不疑聞曰我乃無兄然終不自明也吳楚反時不疑以二千石將兵擊之景帝後元年拜爲御史大夫天子脩吳楚時功乃封不疑爲塞侯武帝建元年中與丞相綰俱以過免不疑學老子言其所臨爲官如故唯恐人知其爲吏跡也不好立名稱稱爲長者不疑卒子相如代孫望坐酎金失侯【索隱】漢書作彭祖坐酎金國除

郎中令周文者名仁其先故任城人也【正義】任城兗州縣也以醫見景帝爲太子時拜爲舍人積功稍遷孝文帝時至太中大夫景帝初卽位拜仁爲郎中令仁爲人陰重不泄常衣敝補衣溺袴【集解】服虔曰質重不泄人之陰謀也張晏曰陰重不泄下溼故溺袴是以得比宦者得入後宮仁有子孫先未得此病時所生韋昭曰陰重如今帶下病泄利【索隱】案其解二亦各有理小顏云陰密也爲性密重不泄人言也霍去病少言不泄亦其類也其人又常衣弊補衣及溺袴故爲不潔清之服是以得幸入臥內也二者未知誰得其實期爲不絜清【索隱】謂心中常期不絜之服則期是故之意也小顏亦同【正義】清淨期猶常也言爲不絜淨下溼故得入臥內後宮比宦者以是得幸景帝入臥內於後宮秘戲【索隱】謂後宮中戲劇宜可秘也仁常在旁至景帝崩仁尚爲郎中令終無所言上時問人【正義】顏師古云問以他人之善惡也仁曰上自察之然亦無所毀以此景帝再自幸其家家徙陽陵上所賜甚多然常讓不敢受也諸侯羣臣賂遺終無所受武帝立以爲先帝臣重之仁乃病免以二千石祿歸老子孫咸至大官矣

御史大夫張叔者名歐【集解】駰案史記音隱曰歐於友反【索隱】歐音烏後反漢書作歐孟康音驅也安邱侯說之庶子也【集解】徐廣曰張說起於方與縣從高祖以入漢也【索隱】說音悅孝文時以治刑名言【集解】韋昭曰有刑名之書欲令名實相副也【索隱】案劉向別錄云申子學號曰刑名者循名以責實其尊君卑臣崇上抑下合於六家也說者云刑名家卽太史公所說六家之二也事太子然歐雖治刑名家【正義】刑家也名名家也言治刑法及名實也其人長者景帝時尊重常爲九卿至武帝元朔四年韓安國免詔拜歐爲御史大夫自歐爲吏未嘗言案人專以誠長者處官官屬以爲長者亦不敢大欺上具獄事有可卻卻之不可者不得已爲涕泣面對而封之其愛人如此老病篤請免於是天子亦策罷以上大夫祿歸老于家家於陽陵子孫咸至大官矣

太史公曰仲尼有言君子欲訥於言而敏於行【集解】徐廣曰訥字多作詘音同耳古字假借其萬石建陵張叔之謂邪是以其教不肅而成不嚴而治塞侯微巧【正義】不疑學老子所臨官恐人知其爲吏跡不好立名稱稱爲長者是微巧也而周文處諂【索隱】案直不疑以吳楚反時爲二千石將景帝封之微巧也周文處諂者謂爲郎中令陰重得幸出入臥內也故班固曰石建之澣衣周仁之垢汙君子譏之是也【正義】上時問人仁曰上自察之上所賜常不受又請侯羣臣賂遺終無受此爲處諂故君子譏此二人爲其近於佞也君子譏之爲其近於佞也然斯可謂篤行君子矣

索隱述贊曰萬石孝謹自家形國郎中數馬內史匍匐綰無他腸塞有陰德刑名張歐垂涕恤獄敏行訥言俱嗣芳躅

史記卷一百三考證

萬石張叔列傳萬石君少子慶爲太僕御出〇漢百官公卿表慶未嘗爲太僕與傳異

史記卷一百四

漢　太　史　令司馬遷　撰

宋　中郎外兵曹參軍裴駰集解

唐　國子博士弘文館學士司馬貞索隱

唐　諸王侍讀率府長史張守節正義

田叔列傳第四十四

田叔者趙陘城人也【索隱】陘音刑縣名屬中山案下文字少卿其先齊田氏苗裔也叔喜劒學黃老術於樂巨公所【索隱】樂音岳本燕人樂毅之後【正義】樂姓巨公名叔爲人刻廉自喜喜游諸公【正義】喜許記反諸公謂丈人行也趙人舉之趙相趙午午言之趙王張敖所趙王以爲郎中數歲切直廉平趙王賢之未及遷會陳豨反代【集解】徐廣曰七年韓王信反高帝征之十年代相陳豨反漢七年高祖往誅之過趙趙王張敖自持案進食禮恭甚高祖箕踞罵之是時趙相趙午等數十人皆怒謂張王曰王事上禮備矣今遇王如是臣等請爲亂趙王齧指出血曰先人失國微陛下臣等當蟲出【索隱】案謂死而蟲出也左傳齊桓死未葬蟲流於戶外是也公等奈何言若是毋復出口矣於是貫高等曰王長者不倍德卒私相與謀弑上會事發覺【集解】徐廣曰九年十二月捕貫高等也漢下詔捕趙王及羣臣反者於是趙午等皆自殺唯貫高就繫是時漢下詔書趙有敢隨王者辠三族唯孟舒田叔等十餘人赭衣自髡鉗稱王家奴隨趙王敖至長安貫高事明白趙王敖得出廢爲宣平侯乃進言田叔等十餘人上盡召見與語漢廷臣毋能出其右者上說盡拜爲郡守諸侯相叔爲漢中守十餘年會高后崩諸呂作亂大臣誅之立孝文帝孝文帝既立召田叔問之曰公知天下長者乎對曰臣何足以知之上曰公長者也宜知之叔頓首曰故雲中守孟舒長者也是時孟舒坐虜大入塞盜劫雲中尤甚免上曰先帝置孟舒雲中十餘年矣虜曾一入孟舒不能堅守毋故士卒戰死者數百人長者固殺人乎公何以言孟舒爲長者也叔叩頭對曰是乃孟舒所以爲長者也夫貫高等謀反上下明詔趙有敢隨張王罪三族然孟舒自髡鉗隨張王敖之所在欲以身死之豈自知爲雲中守哉漢與楚相距士卒罷敝匈奴冒頓新服北夷來爲邊害孟舒知士卒罷敝不忍出言士爭臨城死敵如子爲父弟爲兄以故死者數百人孟舒豈故驅戰之哉是乃孟舒所以爲長者也於是上曰賢哉孟舒復召孟舒以爲雲中守後數歲叔坐法失官梁孝王使人殺故吳相袁盎景帝召田叔案梁具得其事還報景帝曰梁有之乎叔對曰死罪有之上曰其事安在田叔曰上毋以梁事爲也上曰何也曰今梁王不伏誅是漢法不行也如其伏法而太后食不甘味臥不安席此憂在陛下也景帝大賢之以爲魯相魯相初到民自言相訟王取其財物百餘人田叔取其渠率二十人各笞五十餘各搏二十【索隱】搏音搏怒之曰王非若主邪何自敢言若主魯王聞之大慙發中府錢【正義】王財物所藏也使相償之相曰王自奪之使相償之是王爲惡而相爲善也相毋與償之於是王乃盡償之魯王好獵【正義】魯共王景帝子都兗州曲阜縣故魯城中相常從入苑中【正義】括地志云矍相圃在兗州曲阜縣南三十里禮記云孔子射於矍相之圃觀者如堵墻也王輒休相就館舍相出常暴坐【索隱】暴音步卜反待王苑外王數使人請相休終不休曰我王暴露苑中我獨何爲就舍魯王以故不大出游數年叔以官卒魯以百金祠少子仁不受也曰不以百金傷先人名仁以壯健爲衞將軍舍人【集解】張晏曰衞青也數從擊匈奴衞將軍進言仁仁爲郎中數歲爲二千石丞相長史失官其後使刺舉三河【正義】百官表云監御史秦官掌監郡漢省丞相遣御史分刺州不常置也案三河河南河東河內上東巡仁奏事有辭上說拜爲京輔都尉【正義】百官表云右扶風左馮翊京兆尹是爲三輔元鼎四年置三輔都尉服虔云皆治長安城中月餘上遷拜爲司直【正義】百官表云武帝元狩五年初置司直秩比二千石掌佐丞相舉不法也數歲坐太子事【正義】謂戾太子時左丞相自將兵【集解】徐廣曰劉屈氂時爲丞相也令司直田仁主閉守城門坐縱太子下吏誅死仁發兵長陵令車千秋上變仁仁族死陘城今在中山國【集解】徐廣曰陘城縣名也【正義】今定州也

太史公曰孔子稱曰居是國必聞其政田叔之謂乎義不忘賢明主之美以救過仁與余善余故并論之

索隱述贊曰田叔長者重義輕生張王既雪漢中是榮孟舒見廢抗說相明案梁以禮相魯得情子仁坐事刺舉有聲

褚先生曰臣爲郎時聞之曰田仁故與任安相善任安滎陽人也少孤貧困爲人將車之長安【索隱】將車猶御車也留求事爲小吏未有因緣也因占著名數家於武功【索隱】言卜日而自占著家口名數隸於武功猶今附籍然也占音之艷反武功扶風西界小邑也谷口蜀剗道近山【正義】括地志云漢武功縣在渭水南今盩厔縣西界也駱谷關在雍州之盩厔縣西南二十里開駱谷道以通梁州也按行谷有剗道也安以爲武功小邑無豪易高也【索隱】易音以豉反言邑小無豪易得高名也安留代人爲求盜亭父【集解】郭璞曰亭卒也【正義】安留武功皆人爲求盜亭父也應劭云舊時亭有兩卒其一爲亭父掌開閉埽除一爲求盜掌逐捕盜賊也後爲亭長【正義】百官表云十里一亭亭有長也邑中人民俱出獵任安常爲人分麋鹿雉兔部署老小當壯劇易處衆人皆喜曰無傷也任少卿【正義】少卿安字分別平有智略明日復合會會者數百人任少卿曰某子甲何爲不來乎諸人皆怪其見之疾也其後除爲三老【正義】百官表云十亭一鄉鄉有三老一人掌敎化也舉爲親民

出爲三百石長【正義】百官表云萬戶已上爲令秩千石至六百石減萬戶爲長秩五百石至三百石皆有丞尉也治民坐上行出游共帳不辦斥免乃爲衞將軍舍人與田仁會俱爲舍人居門下同心相愛此二人家貧無錢用以事將軍家監家監使養惡齧馬兩人同牀臥仁竊言曰不知人哉家監也任安曰將軍尚不知人何乃家監也衞將軍【正義】衞青也從此兩人過平陽主主家令兩人與騎奴同席而食此二子拔刀列斷席別坐主家皆怪而惡之莫敢呵其後有詔募擇衞將軍舍人以爲郎將軍取舍人中富給者令具鞍馬絳衣玉具劒欲入奏之會賢大夫少府趙禹來過衞將軍將軍呼所舉舍人以示趙禹趙禹以次問之十餘人無一人習事有智略者趙禹曰吾聞之將門之下必有將類傳曰不知其君視其所使不知其子視其所友今有詔舉將軍舍人者欲以觀將軍而能得賢者文武之士也今徒取富人子上之又無智略如木偶人衣之綺繡耳將奈之何於是趙禹悉召衞將軍舍人百餘人以次問之得田仁任安曰獨此兩人可耳餘無可用者衞將軍見此兩人貧意不平趙禹去謂兩人曰各自具鞍馬新絳衣兩人對曰家貧無用具也將軍怒曰今兩君家自爲貧何爲出此言鞅鞅如有移德於我者何也【集解】徐廣曰移猶施也將軍不得已上籍以聞有詔召見衞將軍舍人此二人前見詔問能略相推第也田仁對曰提桴鼓立軍門使士大夫樂死戰鬬仁不及任安任安對曰夫決嫌疑定是非辯治官使百姓無怨心安不及仁也武帝大笑曰善使任安護北軍使田仁護邊田穀於河上此兩人立名天下其後用任安爲益州刺史【正義】地理志云武帝改曰梁州百官表云元封五年初置部刺史掌奉詔條察州秩六百石員十三人按若今採訪按察六條也以田仁爲丞相長史【正義】百官表云丞相有兩長史秩千石田仁上書言天下郡太守多爲姦利三河尤甚臣請先刺舉三河三河太守皆內倚中貴人與三公有親屬無所畏憚宜先正三河以警天下姦吏是時河南河內太守皆御史大夫杜父兄子弟也【集解】駰案杜杜周也河東太守石丞相子孫也【正義】謂石慶是時石氏九人爲二千石方盛貴田仁數上書言之杜大夫及石氏使人謝謂田少卿曰吾非敢有語言也願少卿無相誣汙也仁已刺三河三河太守皆下吏誅死仁還奏事武帝說以仁爲能不畏彊禦拜仁爲丞相司直威振天下其後逢太子有兵事丞相自將兵使司直主城門司直以爲太子骨肉之親父子之間不甚欲近去之諸陵過

是時武帝在甘泉使御史大夫暴君【集解】徐廣曰暴勝之爲御史大夫下責丞相何爲縱太子丞相對言使司直部守城門而開太子上書以聞請捕繫司直下吏誅死

是時任安爲北軍使者護軍太子立車北軍南門外召任安與節令發兵安拜受節入閉門不出武帝聞之以爲任安爲佯邪【集解】徐廣曰佯或作詳也【索隱】詳音羊邪弋奢反佯謂詐受節不發兵不傳會太子者也不傳事何也【索隱】傳音附謂不附會也任安笞辱北軍錢官小吏小吏上書言之以爲受太子節言幸與我其鮮好者【索隱】鮮音仙謂太子請其鮮好之兵甲也書上聞武帝曰是老吏也見兵事起欲坐觀成敗見勝者欲合從之有兩心安有當死之罪甚衆吾常活之今懷詐有不忠之心下安吏誅死

夫月滿則虧物盛則衰天地之常也知進而不知退久乘富貴禍積爲祟故范蠡之去越辭不受官位名傳後世萬歲不忘豈可及哉後進者愼戒之

史記卷一百四考證

田叔列傳會陳豨反代集解徐廣曰七年韓王信反高帝征之十年代相陳豨反○余有丁曰此是七年高帝征韓王信曰豨反史誤

復召孟舒以爲雲中守○容齋隨筆曰孟舒魏尚皆以文帝時爲雲中守皆坐匈奴入冦獲罪皆得士死力皆用他人言復故官事切相類疑其只一事云

相常從入苑中正義括地志云矍相圖在兗州曲阜縣南禮記云孔子射於矍相之圃觀者如堵○徐孚遠曰疑苑中即矍相圖舊地正義引其說而未竟

上遷拜爲司直○臣照按遷字疑還字之訛蓋言武帝東巡還乃拜爲司直

仁發兵長陵令車千秋上變仁仁族死○臣照按此三句中必有訛脫既以坐縱太子誅豈又以車千秋訟太子寃而更族誅乎況文亦不類

因占著名數家於武功索隱言卜日而自占著家口名數隸於武功猶今附籍然也占音之贍反○臣照按平準書云各以其物自占索隱曰郭璞云占自隱度也占字正宜用此解不宜解作卜字

是時河南河內太守皆御史大夫杜父兄子弟也○容齋隨筆曰班史言霍去病既貴衞青故人門下多去事之唯任安不肯去又言衞將軍進言任爲郎中與褚先生所書不同杜周傳云兩子夾河爲郡守治皆酷暴亦不書其所終也

史記卷一百五

漢　太　史　令司馬遷　撰
宋　中　郎　外　兵　曹　參　軍裴　駰集解
唐國子博士弘文館學士司馬貞索隱
唐諸王侍讀率府長史張守節正義

扁鵲倉公列傳第四十五

【索隱】王劭云醫方宜與日者龜策相接不合列於此後人誤之也【正義】此傳是醫方合與龜策日者相次以淳于意孝文帝時醫奉詔問之又爲齊太倉令故太史公以次述之扁鵲乃春秋時良醫不可別序故引爲傳首太倉公次之也

扁鵲者【正義】黃帝八十一難序云秦越人與軒轅時扁鵲相類仍號之爲扁鵲又家於盧國因命之曰盧醫也勃海郡鄭人也【集解】徐廣曰鄭當爲鄚鄚縣名今屬河間【索隱】案勃海無鄚縣徐說是也姓秦氏名越人少時爲人舍長【索隱】劉氏云守客館之帥故號云舍長也【正義】長音丁丈反舍客長桑君過【索隱】隱者蓋神人也【正義】過音戈扁鵲獨奇之常謹遇之長桑君亦知扁鵲非常人也出入十餘年乃呼扁鵲私坐閒與語曰【正義】閒音閑我有禁方年老欲傳與公公毋泄扁鵲曰敬諾乃出其懷中藥予扁鵲飲是以上池之水三十日當知物矣【索隱】案舊說云上池水謂水未至地蓋承取露及竹木上水取之以和藥服之三十日當見鬼物也乃悉取其禁方書盡與扁鵲忽然不見殆非人也扁鵲以其言飲藥三十日視見垣一方人【索隱】方猶邊也言能隔牆見彼邊之人則眼通神也以此視病盡見五藏癥結【正義】五藏謂心肺脾肝腎也六府謂大腸胃膀胱三焦也王叔和脈經云左手脈橫癥在左右手脈橫癥在右脈頭大者在上頭小者在下兩手脈結上部者濡結中部者緩結三里者豆起陽邪來見浮洪陰邪來見沈細木穀來見堅實特以診脈爲名耳【索隱】診鄭氏音丈忍反劉氏音陳忍反司馬彪云診占也爲醫或在齊【正義】號盧醫今濟州盧縣或在趙在趙者名扁鵲當晉昭公時【索隱】案左氏簡子專國在定頃二公之時非當昭公之世且趙系家敘此事亦在定公之初諸大夫彊而公族弱趙簡子爲大夫專國事簡子疾五日不知人【索隱】案韓子云十日不知人所記異也大夫皆懼於是召扁鵲扁鵲入視病出董安于問扁鵲扁鵲曰血脈治也【正義】下云色廢脈亂故形靜如死狀也而何怪昔秦穆公嘗如此七日而寤寤之日告公孫支與子輿【索隱】案二子皆秦大夫公孫支子桑也子輿未詳曰我之帝所甚樂吾所以久者適有所學也【索隱】適音釋言我適來有所受教命故云學也帝告我晉國且大亂五世不安其後將霸未老而死霸者之子且令而國男女無別公孫支書而藏之秦策於是出夫獻公之亂文公之霸而襄公敗秦師於殽而歸縱淫此子之所聞今主君之病與之同不出三日必間間必有言也居二日半簡子寤語諸大夫曰我之帝所甚樂與百神遊於鈞天廣樂九奏萬舞不類三代之樂其聲動心有一熊欲援我帝命我射之中熊熊死有羆來我又射之中羆羆死帝甚喜賜我二笥皆有副吾見兒在帝側帝屬我一翟犬曰及而子之壯也以賜之帝告我晉國且世衰七世而亡【正義】晉定公出公哀公幽公烈公孝公靜公爲七世靜公二年爲三晉所滅據此及趙世家簡子疾在定公之十一年嬴姓將大敗周人於范魁之西【索隱】范魁地名未詳【正義】嬴趙氏本姓也周人謂晉也晉亡之後趙成侯三年伐衞取鄉邑七十三是也賈逵云川阜曰魁也而亦不能有也董安于受言書而藏之以扁鵲言告簡子簡子賜扁鵲田四萬畝

其後扁鵲過虢【正義】陝州城古虢國又陝州河北縣東北下陽故城古虢即晉獻公滅者又洛州汜水縣古東虢國而未知扁鵲過何者蓋虢至此並滅也虢太子死【索隱】案傳玄云虢是晉獻所滅先此百二十餘年此時焉得有虢則此云虢太子非也然案虢後改稱郭春秋有郭公蓋郭之太子也扁鵲至虢宮門下問中庶子喜方者【索隱】喜音許既反喜好也愛也方方伎之人也【正義】中庶子古官號也喜方好方術不書姓名也曰太子何病國中治穰過於衆事中庶子曰太子病血氣不時交錯而不得泄暴發於外則爲中害精神不能止邪氣邪氣積畜而不得泄是以陽緩而陰急故暴蹷而死【索隱】蹷音厥【正義】釋名云蹷氣從下蹷起上行外及心脅也扁鵲曰其死何如時曰雞鳴至今曰收乎曰未也【集解】駰案收謂棺斂其死未能半日也言臣齊勃海秦越人也家在於鄭未嘗得望精光侍謁於前也聞太子不幸而死臣能生之中庶子曰先生得無誕之乎何以言太子可生也臣聞上古之時醫有俞跗【索隱】音臾附下又音趺【正義】臾附二音應劭云黃帝時將也治病不以湯液醴灑【正義】上音禮下山解反鑱石撟引案扤毒熨【索隱】鑱音仕咸反謂石針也撟音九兆反謂爲按摩之法夭撟引身如熊顧鳥伸也扤音玩亦謂按摩而玩弄身體使調也毒熨謂毒病之處以藥物熨帖也一撥見病之應因五藏之輸【索隱】輸音東注反【正義】八十一難云肺之原出於太淵心之原出於太陵肝之原出於太衝脾之原出於太白腎之原出於太谿少陰之原出於兌骨膽之原出於丘墟胃之原出於衝陽三焦之原出於陽池膀胱之原出於京骨大腸之原出於合谷小腸之原出於腕骨十二經皆以輸爲原也按此五藏六府之輸也乃割皮解肌訣脈結筋搦髓腦揲荒【集解】徐廣曰揲音舌【索隱】搦音女角反揲荒膏荒也爪幕【正義】以爪決其闌幕也湔浣【正義】上子錢反下胡管反腸胃漱滌五藏練精易形先生之方能若是則太子可生也不能若是而欲生之曾不可以告咳嬰之兒終日扁鵲仰天歎曰夫子之爲方也若以管窺天以郄視文越人之爲方也不待切脈【正義】黃帝素問云待切脈而知病寸口六脈三陰三陽皆隨春秋冬夏觀其脈之變則知病之逆順也楊玄操云切按也望色【正義】素問云面色青脈當弦急面色赤脈當浮而短面色黑脈當沈浮而滑也聽聲【正義】素問云好哭者肺病好歌者脾病好妄言者心病好呻吟者腎病好叫呼者肝病也寫形【正義】素問云欲得溫而不欲見人者藏家病欲得寒而見人者府家病也言病之所在聞病之陽論得其陰聞病之陰論得其陽【正義】八十一難云陰病行陽陽病行陰故令募在陰俞在陽楊玄操云腹爲陰五藏募皆在腹故云募皆在陰背爲陽五藏俞皆在背故云俞在陽內藏有病則出行於陽陽俞在背也外體有病則入行於陰陰募在腹也針法云從陽引陰從陰引陽也病應見於大表不出千里決者至衆不可曲止也【索隱】止語助也不可委曲具言【正義】言病皆有應見不可曲言病之止住所在也子以吾言爲不誠試入診太子當聞其耳鳴而鼻張【正義】音漲循其兩股以至於陰當尚溫也中庶子聞扁鵲

言目眩然而不瞚舌撟然而不下乃以扁鵲言入報虢君虢君聞之大驚出見扁鵲於中闕曰竊聞高義之日久矣然未嘗得拜謁於前也先生過小國幸而舉之偏國寡臣幸甚【索隱】謂虢君自謙云已是偏遠之國寡小之臣也有先生則活無先生則棄捐塡溝壑長終而不得反言未卒因噓唏服臆【索隱】上音皮力反下音億魂精泄橫流涕長潸【集解】徐廣曰一云言未卒因涕泣交流噓唏不能自止也【索隱】潸音山長潸者謂長垂涕也忽忽承睞【索隱】音接即睫也承睞言淚恆垂以承於睫也悲不能自止容貌變更扁鵲曰若太子病所謂尸蹷者也夫以陽入陰中動胃【正義】八十一難云脈居陰部反陽脈見者爲陽入陰中是陽乘陰也脈雖時沉濇而短此謂陽中伏陰也脈居陽部而陰脈見者是陰乘陽也脈雖時浮滑而長此謂陰中伏陽也胃水穀之海也纏緣【正義】上音直延反纏緣謂脈纏繞胃也素問云延緣落絡脈也恐非此義也中經維絡【集解】徐廣曰維一作結【正義】八十一難云十二經脈十五絡脈陽維陰維之脈也別下於三焦膀胱【正義】八十一難云三焦者水穀之道路氣之所終始也上焦在心下下鬲在胃上口也中焦在胃中脘不上不下也下焦在臍下當膀胱上口也膀胱者津液之府也溺九升九合也言經絡下於三焦及膀胱也是以陽脈下遂【集解】徐廣曰一作隊陰脈上爭【正義】遂音直類反素問云陽脈下遂難反陰脈上爭如弦也會氣閉而不通【正義】八十一難云府會太倉藏會季脅筋會陽陵泉髓會絕骨血會鬲俞骨會大杼脈會大淵氣會三焦此謂八會也陰上而陽內行下內鼓而不起上外絕而不爲使上有絕陽之絡下有破陰之紐【正義】紐女九反素問云紐赤脈也破陰絕陽之色已廢【集解】徐廣曰一作發脈亂故形靜如死狀太子未死也夫以陽入陰支蘭藏者生【正義】素問云支者順節蘭者橫節陰支蘭膽藏也以陰入陽支蘭藏者死凡此數事皆五藏蹷中之時暴作也良工取之【正義】八十一難云知一爲下工知二爲中工知三爲上工上工者十全九中工者十全八下工者十全六呂廣云五藏一病輒有五解一藏爲下工三藏爲中工五藏爲上工也拙者疑殆扁鵲乃使弟子子陽厲鍼砥石以取外三陽五會【索隱】陽扁鵲之弟子也鍼音針厲謂磨也砥音脂【正義】素問云手足各有三陰三陽太陰少陰厥陰太陽少陽陽明也五會謂百會胷會聽會氣會臑會也有間太子蘇乃使子豹爲五分之熨以八減之齊和煑之以更【正義】格彭反熨兩脅下【索隱】案言五分之熨者謂熨之令溫暖之氣入五分也八減之齊者謂藥之齊和所減有八並越人當時有此方也太子起坐更適陰陽但服湯二旬而復故故天下盡以扁鵲爲能生死人扁鵲曰越人非能生死人也此自當生者越人能使之起耳【集解】傅玄曰虢是晉獻公時先是百二十餘年滅矣是時焉得有虢

扁鵲過齊齊桓侯客之【索隱】案傅玄曰是時齊無桓侯裴駰云謂是齊侯田和之子桓公午也蓋與趙簡子頗亦相當入朝見曰君有疾在腠理【正義】腠音湊謂皮膚不治將深桓侯曰寡人無疾扁鵲出桓侯謂左右曰醫之好利也欲以不疾者爲功後五日扁鵲復見曰君有疾在血脈不治恐深桓侯曰寡人無疾扁鵲出桓侯不悅後五日扁鵲復見曰君有疾在腸胃間不治將深桓侯不應扁鵲出桓侯不悅後五日扁鵲復見望見桓侯而退走桓侯使人問其故扁鵲曰疾之居腠理也湯熨之所及也在血脈鍼石之所及也其在腸胃酒醪之所及也其在骨髓雖司命無奈之何今在骨髓臣是以無請也後五日桓侯體病使人召扁鵲扁鵲已逃去桓侯遂死使聖人預知微能使良醫得蚤從事則疾可已身可活也人之所病病疾多【正義】病厭患多也言人厭患疾病多甚而醫之所病病道少【集解】徐廣曰所病猶療病也故病有六不治驕恣不論於理一不治也輕身重財二不治也衣食不能適三不治也陰陽并藏氣不定四不治也形羸不能服藥五不治也信巫不信醫六不治也有此一者則重難治也扁鵲名聞天下過邯鄲聞貴婦人即爲帶下醫過雒陽聞周人愛老人即爲耳目痺醫【索隱】痺音必二反來入咸陽聞秦人愛小兒即爲小兒醫隨俗爲變秦太醫令李醯自知伎不如扁鵲也使人刺殺之至今天下言脈者由扁鵲也

太倉公者齊太倉長臨菑人也姓淳于氏名意【正義】括地志云淳于國城在密州安丘縣東北三十里古之斟灌國春秋州公如曹傳云冬淳于公如曹注水經云淳于縣故夏后氏之斟灌國也周武王以封淳于公號淳于國也少而喜醫方術高后八年更受師同郡元里公乘陽慶【正義】百官表云公乘第八爵也顏師古云言其得乘公之車也慶年七十餘無子使意盡去其故方更悉以禁方予之傳黃帝扁鵲之脈書五色診病【正義】八十一難云五藏有色皆見於面亦當與寸口尺內相應也其面色與相應已見前也知人死生決嫌疑定可治及藥論甚精受之三年爲人治病決死生多驗然左右行遊諸侯不以家爲家或不爲人治病病家多怨之者

文帝四年中人上書言意以刑罪當傳西之長安【索隱】傳音竹戀反傳乘傳送之意有五女隨而泣意怒罵曰生子不生男緩急無可使者於是少女緹縈傷父之言【索隱】緹音啼縈音紆營反乃隨父西上書曰妾父爲吏齊中稱其廉平今坐法當刑妾切痛死者不可復生而刑者不可復續【集解】徐廣曰一作贖雖欲改過自新其道莫由終不可得妾願入身爲官婢以贖父刑罪使得改行自新也書聞上悲其意此歲中亦除肉刑法【集解】徐廣曰案年表孝文十二年除肉刑【正義】漢書刑法志云孝文帝即位十三年除肉刑三孟康云黥劓二左右趾一凡三班固詩曰三王德彌薄惟後用肉刑太倉令有罪就遞長安城自恨身無子困急獨煢煢小女痛父言死者不可生上書詣闕下思古歌雞鳴憂心摧折裂晨風揚激聲聖漢孝文帝惻然感至情百男何憒憒不如一緹縈意家居詔召問所爲治病死生驗者幾何人主名爲誰詔問故太倉長臣意方伎所長及所能治病者【集解】徐廣曰一作爲亦治有其書無有皆安受學受學幾何歲嘗有所驗何縣里人也何病醫藥已其病之狀皆何如具悉而對臣意對曰自意少時喜醫藥醫藥方試之多不驗者至高后八年【集解】徐廣曰意年二十六得見師臨菑元里公乘陽慶慶年七十餘意得見事之謂意曰盡去而方書非是也慶有古先道遺傳黃帝扁鵲之脈書五色診病知人生死決嫌疑定可治及藥論書甚精我家給富心愛公欲盡以我禁方書悉教公臣意即曰幸甚非意之所敢望也臣意即避席再拜謁受其脈書上下經五色診奇咳【集解】駰案奇音羈咳音該【正義】八十一難云奇經八脈者有陽維有陰維有陽蹻有陰蹻有衝有督有任有帶之脈凡此八者皆不拘於經故云奇經八脈也顧野王云咳當寅也又云胲指毛皮也藝文志有五音奇胲用兵二十六卷許愼云胲軍中約也術揆度陰陽外變藥論石神接陰陽禁書受讀解驗之可一年所明歲即驗之有驗然尚未精也要事之三年所即嘗已爲人治診病決死生有驗精良今慶已死十年所臣意年盡三年年三十九歲也

齊侍御史成自言病頭痛臣意診其脈告曰君之病惡不可言也即出獨告成弟昌曰此病疽【集解】駰案七如反也內發於腸胃之間後五日當臃腫【正義】上於恭反下之勇反後八日嘔膿【正義】女東反死成之病得之飲酒且內成即如期死所以知成之病者臣意切其脈得肝氣肝氣濁【集解】徐廣曰一作黽而靜【集解】徐廣曰一作靖此內關之病也【正義】八十一難云關遂入尺爲內關呂廣云脈從關至尺澤名內關也脈法曰脈長而弦不得代四時者【正義】王叔和脈經云來數而中止不能自還因而復動者名曰代代者死素問云病在心愈在夏甚於冬病在肝愈在秋甚於春病在脾愈在冬甚於夏病在腎愈在春甚於夏病在肝愈在夏甚於秋也其病主在於肝和即經主病也【正義】王叔和脈經云脈長而弦病於肝也素問云得病於筋肝之和也代則絡脈有過【正義】素問云脈有不及有太過有經有絡和即經主病大則絡有過也八十一難云關之前者陽之動也脈當見九分而浮過者法曰太過減者法曰不及遂上魚爲溢爲外關內格此陰乘之脈也關以後者陰之動也脈當見一寸而沉過者法曰太過減者法曰不及遂入尺爲覆爲內關外格此陽乘之脈也故曰覆溢是其眞藏之脈人不病而死也呂廣云過九分出一寸各名太過也不及九分至二分或四分五分此太過不滿一寸見八分或五分六分此不及經主病和者其病得之筋髓裏其代絕而脈賁者病得之酒且內所以知其後五日而臃腫八日嘔膿死者切其脈時少陽初代代者經病病去過人人則去絡脈主病當其時少陽初關一分故中熱而膿未發也及五分則至少陽之界【集解】徐廣曰一作分下章曰所與心相去五分故曰五日盡也【正義】王叔和脈經云分別三門境界脈候所主云從魚際至高骨却行一寸其中名曰寸口其骨自高從寸至尺名曰尺澤故曰尺寸後尺前名曰關陽出陰入以關爲界陽出三分故曰三陰三陽陽生於尺動於寸陰生於寸動於尺寸主射上焦出頭及皮毛竟手關主射中焦腹及於腰尺主射下焦少腹至足也及八日則嘔膿死故上二分而膿發至界而臃腫盡泄而死熱上則熏陽明爛流絡流絡動則脈結發脈結發則爛解故絡交熱氣已上行至頭而動故頭痛

齊王中子諸嬰兒小子病召臣意診切其脈告曰氣鬲病病使人煩懣食不下時嘔沫病得之少憂數忔食飲【索隱】忔音疑乞反忔者風痺忔然不得動也臣意即爲之作下氣湯以飲之一日氣下二日能食三日即病愈所以知小子之病者診其脈心氣也濁【集解】徐廣曰一作黽又作猛躁而經也此絡陽病也脈法曰脈來數病去難而不一者病主在心周身熱脈盛者爲重陽【索隱】重音直龍反重陽者逷心主【集解】徐廣曰逷音唐湯者盪也謂病盪心者猶刺其心【索隱】逷依字讀【正義】八十一難云手心主中宮在中部楊玄操云手心主胞絡也自臍已上至帶鬲爲中焦也故煩懣食不下則絡脈有過絡脈有過則血上出血上出者死此悲心所生也病得之憂也

齊郎中令循病衆醫皆以爲蹷入中而刺之臣意診之曰湧疝也【索隱】上音勇下音訕所諫反鄒誕生云疝音仙字令人不得前後溲【索隱】溲音所留反前溲謂小便後溲大便也循曰不得前後溲三日矣臣意飲【正義】於禁反以火齊湯一飲得前溲再飲大溲三飲而疾愈病得之內所以知循病者切其脈時右口氣急【集解】徐廣曰右一作有【正義】王叔和脈經云右手寸口乃氣口也脈無五藏氣右口【正義】謂右手寸口也脈大而數數者中下熱而湧左爲下右爲上皆無五藏應故曰湧疝中熱故溺赤也【正義】溺徒弔反

齊中御府長信病臣意入診其脈告曰熱病氣也然暑汗脈少衰不死曰此病得之當浴流水而寒甚已則熱信曰唯然【正義】唯唯癸反往冬時爲王使於楚至莒縣【正義】莒密州縣陽周水而莒橋梁頗壞信則擥【正義】擥音牽車轅未欲渡也馬驚即墮信身入水中幾死吏即來救信出之水中衣盡濡有間而身寒已熱如火至今不可以見寒臣意即爲之液湯火齊逐熱一飲汗盡再飲熱去三飲病已即使服藥出入二十日身無病者所以知信之病者切其脈時并陰脈法曰熱病陰陽交者死切之不交并陰并陰者脈順淸而愈其熱雖未盡猶活也腎氣有時間濁【集解】徐廣曰一作黽在太陰脈口而希是水氣也腎固主水故以此知之失治一時即轉爲寒熱

齊王太后病召臣意入診脈曰風癉客脬【索隱】癉病也音亶脬音普交反字或作胞【正義】癉音單旱也脬亦作脬膀胱也言風癉之病客居在膀胱難於大小溲溺赤臣意飲以火齊湯一飲即前後溲再飲病已溺如故病得之流汗出滫【索隱】劉氏音巡滫者去衣而汗晞也所以知齊王太后病者臣意診其脈切其太陰之口溼然風氣也脈法曰沉之而大堅【正義】沉一作深王叔和脈經云脈大而堅病出於腎也浮之而大緊者【正義】緊音吉忍反素問云脈短實而數有似切繩名曰緊也病主在腎腎切之而相反也脈大而躁大者膀胱氣也躁者中有熱而溺赤

齊章武里曹山跗病【索隱】跗方符反臣意診其脈曰肺消癉也加以寒熱即告其人曰死不治適其共養此不當醫【索隱】適音釋共音恭案謂山跗家適近所持財物共養我我不敢當以言其人不堪療也治法曰後三日而當狂妄起行欲走後五日死即如期死山跗病得之盛怒而以接內所以知山跗之病者臣意切其脈肺氣熱也脈法曰不平不鼓形弊【正義】王叔和脈經云平謂春肝木王其脈細而

長夏心火王其脈洪大而散六月脾土王其脈大阿阿而緩秋肺金王其脈浮濇而短冬腎水王其脈沉而滑名平脈也此五藏高之遠數以經病也故切之時不平而代【正義】素問云血氣易處曰不平脈候動不定曰代不平者血不居其處代者時參擊並至乍躁乍大也此兩絡脈絕故死不治所以加寒熱者言其人尸奪尸奪者形弊形弊者不當關灸鑱石及飲毒藥也臣意未往診時齊太醫先診山跗病灸其足少陽脈口而飲之半夏丸病者即泄注腹中虛又灸其少陰脈是壞肝剛絕深如是重損病者氣以故加寒熱所以後三日而當狂者肝一絡連屬結絕乳下陽明【正義】素問云乳下陽明胃絡也故絡絕開陽明脈陽明脈傷即當狂走後五日死者肝與心相去五分故曰五日盡盡即死矣

齊中尉潘滿如病少腹痛【正義】少音式妙反王叔和脈經云脈急疝瘕少腹痛也臣意診其脈曰遺積瘕也【索隱】鄒氏音嫁劉氏音加雅反舊音遐【正義】龍魚河圖云犬狗魚鳥不熟食之成瘕痛臣意即謂齊太僕臣饒內史臣繇曰中尉不復自止於內則三十日死後二十餘日溲血死病得之酒且內所以知潘滿如病者臣意切其脈深小弱其卒然合【集解】徐廣曰一云來然合合也是脾氣也【正義】卒音麤忽反卒一本作來素問云疾病之生生於五藏五藏之合合於六府合氣於膀心合氣於小腸脾合氣於胃肺合氣於大腸腎合氣於膀胱三焦內主芳右脈口氣至緊小【正義】緊音結忍反見瘕氣也以犬相乘故三十日死三陰俱搏者【正義】如淳云音徒端反素問云左脈口曰少陰少陰之前名厥陰右脈口曰太陰此三陰之脈如法不俱搏者決在急期一搏一代者近也故其三陰搏溲血如前止【集解】徐廣曰前一作筋也

陽虛侯相趙章病召臣意衆醫皆以爲寒中臣意診其脈曰迵風【集解】駰案迵音洞言洞徹入四肢【索隱】下云飲食下嗌輒出之是風疾洞徹五藏故曰迵風也迵風者飲食下嗌【集解】駰案嗌音益謂喉下也而輒出不留法曰五日死而後十日乃死病得之酒所以知趙章之病者臣意切其脈脈來滑是內風氣也飲食下嗌而輒出不留者法五日死皆爲前分界法【正義】分扶問反後十日乃死所以過期者其人嗜粥故中藏實中藏實故過期師言曰安穀者過期不安穀者不及期

濟北王病召臣意診其脈曰風蹷胷滿即爲藥酒盡三石病已得之汗出伏地所以知濟北王病者臣意切其脈時風氣也心脈濁【集解】徐廣曰一作溷病法過入其陽陽氣盡而陰氣入陰氣入張則寒氣上而熱氣下故胷滿汗出伏地者切其脈氣陰陰氣者病必入中出及瀺水也【索隱】瀺音上咸反【正義】顧野王云手足液身體汋音常灼反

齊北宮司空命婦出於病【集解】徐廣曰一作奴奴蓋女奴【正義】命婦名也衆醫皆以爲風入中病主在肺【集解】徐廣曰一作肝刺其足少陰脈臣意診其脈曰病氣疝客於膀胱難於前後溲而溺赤病見寒氣則遺溺使人腹腫出於病得之欲溺不得因以接內所以知出於病者切其脈大而實其來難是蹷陰之動也【正義】鄒厥陰之脈也脈來難者疝氣之客於膀胱也腹之所以腫者言蹷陰之絡結小腹也蹷陰有過則脈結動動則腹腫臣意即灸其足蹷陰之脈左右各一所即不遺溺而溲清小腹痛止即更爲火齊湯以飲之三日而疝氣散即愈

故濟北王阿母【集解】徐廣曰濟一作齊【索隱】案是王之妳母也【正義】服虔云乳母也鄭慈已者自言足熱而懣臣意告曰熱蹷也則刺其足心各三所案之無出血病旋已【索隱】言尋即已也【正義】謂旋轉之間病則已止也病得之飲酒大醉

濟北王召臣意診脈諸女子侍者至女子豎豎無病臣意告永巷長曰豎傷脾不可勞法當春嘔血死臣意言王曰才人女子豎何能王曰是好爲方多伎能爲所是案法新【集解】徐廣曰所一作取【索隱】謂於舊力技能生新意也往年市之民所四百七十萬曹偶四人【索隱】案當今之四千七百貫也曹偶猶等輩也王曰得毋有病乎臣意對曰豎病重在死法中王召視之其顏色不變以爲不然不賣諸侯所至春豎奉劍從王之廁王去豎後王令人召之即仆於廁嘔血死【索隱】仆音赴又音步北反病得之流汗流汗者同法病內重毛髮而色澤脈不衰此亦關內之病也

齊中大夫病齲齒【正義】齲邱羽反釋名云齲朽也蟲齧之缺朽也臣意灸其左太陽明脈即爲苦參湯日嗽三升出入五六日病已得之風及臥開口食而不嗽

菑川王美人懷子而不乳【索隱】乳音人喻反乳生也來召臣意臣意往飲以莨礍【正義】浪宕二音藥一撮以酒飲之旋乳【索隱】旋乳者言迴旋即生也臣意復診其脈而脈躁躁者有餘病即飲以消石一齊出血血如豆比五六枚【索隱】比音必利反

齊丞相舍人奴從朝入宮臣意見之食閨門外望其色有病氣臣意即告宦者平平好爲脈學臣意所臣意即示之舍人奴病告之曰此傷脾氣也當至春鬲塞不通不能食飲法至夏泄血死宦者平即往告相曰君之舍人奴有病病重死期有日相君曰卿何以知之曰君朝時入宮君之舍人奴盡食閨門外平與倉公立即示平曰病如是者死相即召舍人奴而謂之曰公奴有病不舍人曰奴無病身無痛者至春果病至四月泄血死所以知奴病者脾氣周乘五藏傷部而交故傷脾之色也望之殺然黃【集解】徐廣曰殺音蘇葛反【正義】殺蘇亥反察之如死青之茲衆醫不知以爲大蟲【索隱】即蚘虫也不知傷脾所以至春死病者胃氣黃黃者土氣也土不勝木故至春死所以至夏死者脈法曰病重而脈順清者曰內關內關之病人不知其所痛心急然無苦若加以一病死中春一愈順及一時其所以四月死者診其人時愈順愈順者人尚肥也奴之病得之流汗數出灸於火而以出見大風也

菑川王病召臣意診脈曰蹷上【正義】時掌反蹷逆氣上也爲重頭痛身熱使人煩懣【正義】懣亡本反非但有煩也臣意即以寒水拊其頭【索隱】拊音附又音撫刺足陽明脈左右各三所病旋已病得之沐髮未乾而臥診如前所以蹷頭熱至肩

齊王黃姬兄黃長卿家有酒召客召臣意諸客坐未上食臣意望見王后弟宋建告曰君有病往四五日君要脅痛不可俛仰【正義】俛音免又不得小溲不亟治病即入濡腎【正義】濡溺也病方客在腎及其未舍五藏急治之病方今客腎濡欲溺腎也此所謂腎痺也宋建曰然建故有要脊痛往四五日天雨黃氏諸倩【集解】徐廣曰倩者女壻也駰案方言曰東齊之間壻謂之倩郭璞曰言可假倩也【正義】倩音七姓反見建家京下方石【集解】徐廣曰京者倉廩之屬也即弄之建亦欲效之效之不能起即復置之暮要脊痛不得溺至今不愈建病得之好持重所以知建病者臣意見其色太陽色乾腎部上及界要以下者枯四分所故以往四五日知其發也臣意即爲柔湯使服之十八日所而病愈

濟北王侍者韓女病要背痛寒熱衆醫皆以爲寒熱也臣意診脈曰內寒月事不下也即竄以藥【索隱】謂以燻燻之故云竄音七亂反旋下病已病得之欲男子而不可得也所以知韓女之病者診其脈時切之腎脈也嗇而不屬嗇而不屬者其來難堅故曰月不下肝脈弦出左口故曰欲男子不可得也

臨菑氾里女子薄吾病甚【索隱】氾音凡衆醫皆以爲寒熱篤當死不治臣意診其脈曰蟯瘕【集解】徐廣曰蟯音饒【索隱】音饒又舊音遶遐【正義】人腹中短虫蟯瘕爲病腹大上膚黃麤循之戚戚然臣意飲以芫華一撮即出蟯可數升病已三十日如故病蟯得之於寒溼寒溼氣宛【集解】駰案宛音鬱【索隱】又如字篤不發化爲蟲臣意所以知薄吾病者切其脈循其尺【正義】王叔和云寸關尺寸謂三分尺謂入八分寸口在關上尺在關下寸關尺共有一寸九分也其尺索刺麤而毛美奉髮【集解】徐廣曰奉一作奏又作秦【索隱】循音巡案謂手循其尺索也刺音七賜反麤音七胡反言循其尺索刺人手而麤是婦人之病也徐氏云奉一作奏非其義也又云一作秦秦謂螓首言髮如螓蠐事蓋近也是蟲氣也其色澤者中藏無邪氣及重病

齊淳于司馬病臣意切其脈告曰當病迵風迵風之狀飲食下嗌輒後之【集解】徐廣曰如廁病得之飽食而疾走淳于司馬曰我之王家食馬肝食飽甚見酒來即走去驅疾至舍即泄數十出臣意告曰爲火齊米汁飲之七八日而當愈時醫秦信在旁臣意去信謂左右閣都尉曰【索隱】案閣者姓也爲都尉一云閣即宮閣都尉掌之故曰閣都尉也意以淳于司馬病爲何曰以爲迵風可治信即笑曰是不知也淳于司馬病法當後九日死即後九日不死其家復召臣意臣意往問之盡如意診臣即爲三火齊米汁使服之七八日病已所以知之者診其脈時切之盡如法其病順故不死

齊中郎破石病臣意診其脈告曰肺傷不治當後十日丁亥溲血死即後十一日溲血而死破石之病得之墮馬僵石上所以知破石之病者切其脈得肺陰氣其來散數道至而不一也色又乘之所以知其墮馬者切之得番陰脈【索隱】番音芳遠反番陰脈入虛裏乘肺脈肺脈散者固色變也乘之所以不中期死者師言曰病者安穀即過期不安穀則不及期其人嗜黍黍主肺故過期所以溲血者診脈法曰病養喜陰處者順死喜養陽處者逆死其人喜自靜不躁又久安坐伏几而寐故血下泄

齊王侍醫遂病自練五石服之臣意往過之遂謂意曰不肖有病幸診遂也臣意即診之告曰公病中熱論曰中熱不溲者不可服五石石之爲藥精悍公服之不得數溲亟勿服色將發臃遂曰扁鵲曰陰石以治陰病陽石以治陽病夫藥石者有陰陽水火之齊故中熱即爲陰石柔齊治之中寒即爲陽石剛齊治之臣意曰公所論遠矣扁鵲雖言若是然必審診起度量立規矩稱權衡合色脈【集解】徐廣曰合一作占表裏有餘不足順逆之法參其人動靜與息相應乃可以論論曰陽疾處內陰形應外者不加悍藥及鑱石夫悍藥入中則邪氣辟矣【索隱】辟音必亦反猶聚也而宛氣愈深【索隱】愈音庾診法曰二陰應外一陽接內者不可以剛藥剛藥入則動陽陰病益衰陽病益著邪氣流行爲重困於俞【集解】徐廣曰音始喻反忿發爲疽意告之後百餘日果爲疽發乳上入缺盆死【索隱】按缺盆人乳房上骨名也此謂論之大體也必有經紀拙工有一不習文理陰陽失矣

齊王故爲陽虛侯時病甚【集解】徐廣曰齊悼惠王子也名將閭以文帝十六年爲齊王即位十一年卒謚孝王衆醫皆以爲蹷臣意診脈以爲痺根在右脅下大如覆杯令人喘逆氣不能食臣意即以火齊粥且飲六日氣下即令更服丸藥出入六日病已病得之內診之時不能識其經解大識其病所在臣意常診安陽武都里成開方開方自言以爲不病臣意謂之病苦沓風【索隱】沓音徒合反沓風病之名也三歲四支不能自用使人瘖【集解】徐廣曰一作春音才亦反【索隱】瘖者失音也讀如音又作喑喑者置也言使人運置其手足也瘖即死今聞其四支不能用瘖而未死也病得之數飲酒以見大風氣所以知成開方病者診之其脈法奇咳言曰藏氣相反者死【集解】徐廣曰一作及切之得腎反肺【集解】徐廣曰一作及法曰

曰三歲死也

安陵阪里公乘項處病【索隱】案公乘官名也項姓處名故上云倉公之師元里公乘陽慶亦然也臣意診脈曰牡疝【索隱】上音母下音色諫反牡疝在鬲下上連肺病得之內臣意謂之慎毋為勞力事為勞力事則必嘔血死處後蹴踘【集解】徐廣曰一作蹹【正義】上千六反下九六反謂打毬也要蹷寒汗出多即嘔血臣意復診之曰當旦日日夕死【索隱】案旦日明日也言明日之夕死也即死病得之內所以知項處病者切其脈得番陽【索隱】脈病之名曰番陽者以言陽脈之翻入虛裏也番陽入虛裏處旦日死一番一絡者【集解】徐廣曰絡一作結牡疝也臣意曰他所診期決死生及所治已病衆多久頗忘之不能盡識不敢以對

問臣意所診治病病名多同而診異或死或不死何也對曰病名多相類不可知故古聖人為之脈法以起度量立規矩縣權衡案繩墨調陰陽別人之脈各名之與天地相應參合於人故乃別百病以異之有數者皆異之【索隱】數音色住反謂術數之人乃可異其狀也無數者同之然脈法不可勝驗診疾人以度異之乃可別同名命病主在所居今臣意所診者皆有診籍所以別之者臣意所受師方適成師死以故表籍所診期決死生觀所失所得者合脈法以故至今知之

問臣意曰所期病決死生或不應期何故對曰此皆飲食喜怒不節或不當飲藥或不當鍼灸以故不中期死也

問臣意意方能知病死生論藥用所宜諸侯王大臣有嘗問意者不及文王病時【集解】徐廣曰齊文王也以文帝十五年卒不求意診治何故對曰趙王膠西王濟南王吳王皆使人來召臣意臣意不敢往文王病時臣意家貧欲為人治病誠恐吏以除拘臣意也【集解】徐廣曰時諸侯得自拜除吏故移名數左右【正義】以名籍屬左右不脩家生出行游國中問善為方數者【索隱】數音術數之數事之久矣見事數師悉受其要事盡其方書意及解論之身居陽虛侯國因事侯侯入朝臣意從之長安以故得診安陵項處等病也

問臣意知文王所以得病不起之狀臣意對曰不見文王病然竊聞文王病喘頭痛目不明臣意心論之以為非病也以為肥而蓄精身體不得搖骨肉不相任故喘不當醫治脈法曰年二十脈氣當趨年三十當疾步年四十當安坐年五十當安臥年六十已上氣當大董【集解】徐廣曰董謂深藏之一作蓳【索隱】蓳音謹文王年未滿二十方脈氣之趨也而徐之不應天道四時後聞醫灸之即篤此論病之過也臣意論之以為神氣爭而邪氣入非年少所能復之也以故死所謂氣者當調飲食擇晏日車步廣志以適筋骨肉血脈以瀉氣故年二十是謂易貿【集解】徐廣曰貿一作賀又作質法不當砭灸砭灸至氣逐

問臣意師慶安受之聞於齊諸侯不對曰不知慶所師受慶家富善為醫不肯為人治病當以此故不聞慶又告臣意曰慎毋令我子孫知若學我方也

問臣意師慶何見於意而愛意欲悉教意方對曰臣意不聞師慶為方善也意所以知慶者意少時好諸方事臣意試其方皆多驗精良臣意聞菑川唐里公孫光善為古傳方【索隱】謂好能傳得古方也【正義】謂全傳寫得古人之方書臣意即往謁之得見事之受方化陰陽及傳語法【集解】徐廣曰法一作五臣意悉受書之臣意欲盡受他精方公孫光曰吾方盡矣不為愛公所【索隱】言於意所不愛惜方術也吾身已衰無所復事之是吾年少所受妙方也悉與公毋以教人臣意曰得見事侍公前悉得禁方幸甚意死不敢妄傳人居有間公孫光間處【正義】上音閑下昌汝反臣意深論方見言百世為之精也師光喜曰公必為國工吾有所善者皆疏同產處臨菑善為方吾不若其方甚奇非世之所聞也吾年中時嘗欲受其方【索隱】案年中謂中年時也中年亦壯年也古人語自爾楊中倩不肯【索隱】倩音七見反人姓名也曰若非其人也胥與公往見之【集解】徐廣曰胥猶言須也當知公喜方也其人亦老矣其家給富時者未往會慶子男殷來獻馬因師光奏馬王所意以故得與殷善光又屬意於殷曰意好數【索隱】數色句反謂好術數也公必謹遇之其人聖儒【索隱】言意儒德慕聖人之道故云聖儒也即為書以意屬陽慶以故知慶臣意事慶謹以故愛意也

問臣意曰吏民嘗有事學意方及畢盡得意方不何縣里人對曰臨菑人宋邑【集解】徐廣曰一作昆邑學臣意教以五診【正義】謂診五藏之脈歲餘濟北王遣太醫高期王禹【集解】徐廣曰一作鵬學臣意教以經脈高下及奇絡結【正義】素問云奇經八脈往來舒時一止而復來名之曰結也當論俞【正義】式喻反所居及氣當上下出入邪逆順以宜鑱石定砭灸處歲餘菑川王時遣太倉馬長馮信正方臣意教以案法逆順論藥法定五味及和齊湯法高永侯家杜信喜脈來學臣意教以上下經脈五診二歲餘臨菑召里唐安來學臣意教以五診上下經脈奇咳四時應陰陽重未成除為齊王侍醫

問臣意診病決死生能全無失乎臣意對曰意治病人必先切其脈乃治之敗逆者不可治其順者乃治之心不精脈所期死生視可治時時失之臣意不能全也

太史公曰女無美惡居宮見妬士無賢不肖入朝見疑故扁鵲以其伎見殃倉公乃匿迹自隱而當刑緹縈通尺牘父得以後寧故老子曰美好者不祥之器豈謂扁鵲等邪若倉公者可謂近之矣【正義】胃大一尺五寸徑五寸長二尺六寸橫尺受水穀三斗五升其中常留穀二斗水一斗五升凡人食入於口而聚於胃中穀熟傳入小腸也小腸大二寸半徑八分分之少半長三丈二尺受穀二斗四升水六升三合合之太半小腸謂之穀而傳入於大腸也迴腸大四寸徑一寸半長二丈一尺受穀一斗水七升半廣腸大八寸徑二寸半長二尺八寸受穀九升三合八寸半之一故腸胃凡長五丈八尺四寸合受水穀八斗七升六合八分合之一此腸胃長短受水穀之數也甲乙經腸胃凡長丈六尺四寸四分從口至腸而數之此徑從胃至腸而數之故短也肝重四斤四兩左三葉右四葉凡七葉主藏魂肝者幹也於五行爲木其體狀有枝幹也肝之神七人老子名曰明堂宮蘭臺府從官三千六百人又云肝神六童子三女子三心重十二兩中有七孔三毛盛精汁三合主藏神心纖也所識纖微也其神九太尉公名曰絳宮太始南極老人員光之身其從官三千六百人又爲帝王身之王也脾重二斤三兩扁廣三寸長五寸有散膏半斤主裹血溫五藏主藏營脾裨也在助氣主化穀其神府云光玉女子母其從官三千六百人也肺重三斤三兩六葉兩耳凡八葉主藏魄肺孛也言其氣孛故短也鬱也其神八人太和君名曰玉堂宮尚書府其從官三千六百人又云肺神十四童子七女子七也腎有兩枚重一斤一兩主藏志腎引也腎屬水主引水氣灌注諸脈也其神六人司徒司空司命司錄司隸校尉廷尉卿也膽在肝之短葉間重三兩三銖盛精汁三合膽敢也言人有膽氣而能果敢也其神五人太一道君居紫房宮中其從官三千六百人也胃重二斤十四兩紆曲屈伸長二尺六寸大一尺五寸徑五寸盛穀二斗水一斗五升胃圍也言圍受食物也其神十二人五元之氣諫議大夫也小腸重二斤十四兩長三丈二尺廣二寸半徑八分分之少半迴積十六曲盛穀二斗四升水六升三合合之太半腸暢也言通暢胃氣去滓穢也其神二人元梁使者也大腸重二斤十二兩長二丈一尺廣四寸徑一寸半當齊右迴十六曲盛穀一斗水七升半大腸即迴腸也其迴曲因以名之其神二人元梁使者也膀胱重九兩二銖縱廣九寸盛溺九升九合膀橫也胱廣也體短而又名胞胞虛空也主以虛承水液口廣二寸半脣至齒長九分齒已後至會厭深三寸半大容五合也舌重十兩長七寸廣二寸半舌泄也言可舒泄言語也咽門重十兩廣二寸半至胃長一尺六寸咽嚥也言咽物也又謂之咽主地氣胃為土故云主地氣也喉嚨重十二兩廣二寸長一尺二寸九節喉嚨空虛也言其中空虛可以通氣息焉心肺之系也呼吸之道路喉嚨與咽並行其實兩異而人多惑也肛門重十二兩大八寸徑二寸太半長二尺八寸受穀九升三合八分合之一肛釭也言其處似車釭故曰釭門即廣腸之門又名瞋也手三陽之脈從手至頭長三尺五六合三丈一手有三陽兩手為六陽故云五六三丈手三陰之脈從手至胸中長三尺五寸三六一丈八尺五六三尺合二丈一尺兩手各有三陰合為六陰故云三六一丈八尺也足三陽之脈從足至頭長八尺六八合四丈八尺兩足各有三陽故曰六八四丈八尺也足三陰之脈從足至胸長六尺五寸六六三丈六尺五六三尺合三丈九尺兩足各有陰故云六六三丈六尺也按足太陰少陰皆至舌下厥陰至於項上今言至胸中者蓋據其相接之次者也人兩足蹻脈從足至目長七尺五寸二七一丈四尺二五一尺合一丈五尺督脈各長四尺五寸二四八尺二五一尺合九尺凡脈長一十六丈二尺也此所謂十二經脈長短之數也督脈起於晐頭上於面至口齒縫計此不止長四尺五寸當取其上極於風府而言之也手足各十二脈為二十四并督任兩蹻四脈都合二十八脈以應二十八宿凡長十六丈二尺營衛行周此數則一度也寸口脈之大會手太陰之動也太陰者脈之會也肺諸藏主蓋主通陰陽故十二經皆手太陰所以決吉凶者十二經有病皆寸口知其何經之動浮沈滑濇逆順知其死生之兆也人一呼脈行三寸一吸脈行三寸呼吸定息脈行六寸十二經十五絡二十七氣皆候於寸口隨呼吸上下呼脈上行三寸吸脈下行三寸二十七氣皆逐上下行無有息時人一日一夜凡一萬三千五百息脈行五十周於身漏水下百刻營衛行陽二十五度行陰二十五度為一周也故五度復會於手太陰寸口者五藏六府之所終始故法於寸口也人一息行六寸百息六丈千息六十丈一萬三千五百息合為八百一十丈陽脈出行二十五度陰脈入行二十五度陰陽出入行二十五度陰陽呼吸覆行周畢度數也脈行身畢即水下百刻亦畢謂一日一夜刻盡天明日出東方脈還得寸口當更始也故寸口者五藏六府之所終始也肺氣通於鼻鼻和則知臭香矣肝氣通於目目和則知白黑矣脾氣通於口口和則知穀味矣心氣通於舌舌和則知五味矣腎氣通於耳耳和則聞五音矣五藏不和則九竅不通六府不和則留爲癰也

索隱述贊曰上池祕術長桑所傳始候趙簡知夢鈞天言占虢嗣尸蹷起焉倉公贖罪陽慶推賢效驗多狀式具于篇

史記卷一百五考證

扁鵲倉公列傳虢太子死○說苑辨物篇作趙太子死

國中治穰過於衆事○韓詩外傳作吾聞國中卒有壞土之事得無有急乎

扁鵲乃使弟子子陽厲鍼砥石以取外三陽五會○韓詩外傳曰扁鵲入砥鍼厲石取三陽五輸爲先軒之竈八拭之陽（說苑作軒光之竈八成之湯）子同藥子明灸陽（說苑作子容擣藥子明吹耳）子游按摩子儀反神子越扶形於是世子復生周禮疏曰按劉向云扁鵲治趙太子暴疾尸蹷之病使子明炊湯子儀脈神子術按摩

而醫之所病病道少集解徐廣曰所病猶瘵病也○董份曰醫之所病蓋借前一病字而言言醫之所短也此甚易曉者而注繆可咲又曰病道少言治病之道少也

更受師同郡元里公乘陽慶正義百官表云公乘第八爵也顏師古云言其待乘公之車也○臣照按公乘蓋以爵為氏如壺關三老公乘興是也公乘為陽慶之氏非爵也

慶有古先道遺傳黃帝扁鵲之脈書五色診病知人生死決嫌疑定可治○史通曰倉公傳稱其傳黃帝扁鵲之脈書五色診病知死生決嫌疑定可治名問其所長對曰傳黃帝扁鵲之脈書以下它文盡同上說夫上既有其事下又載其言言事雖殊委曲何別按遷之所述多有此類而劉揚服其善叙事也何哉

臣意年盡三年年三十九歲也○顧炎武曰按徐廣注高后八年意年二十六當作年盡十三年年三十九歲也脫十字孝文本紀十三年除肉刑

適其共養此不當醫索隱案謂山對家適近所持財物其共養者言當適病者之供養以俟其死耳此不當共養我我不敢當以言其人不堪療也○董份曰適復醫也索隱大繆

故濟北王阿母正義服虔云乳母也鄭慈巳者○臣照按正義文疑有訛脫字

史記卷一百六

漢　太　史　令司馬遷　撰

宋　中　郎　外　兵　曹　參　軍裴　駰集解

唐國子博士弘文館學士司馬貞索隱

唐諸王侍讀率府長史張守節正義

吳王濞列傳卷四十六【索隱】五宗之國俱享大邦雖復逆亂萌心取汧朝典豈可謂非青社之國哉然淮南猶有後不絕衡山亦其罪蓋輕比三卿之分晉方暴秦之滅周可不優乎安得出其王國不上同五宗三王列於世家其吳濞請與楚元王同爲一篇淮南宜與齊悼惠王爲一篇

吳王濞者【索隱】案濞字也音披位反高帝兄劉仲之子也【集解】徐廣曰仲名喜高帝已定天下七年立劉仲爲代王而匈奴攻代劉仲不能堅守棄國亡間行走雒陽【索隱】謂獨行從他道逃走間音紀閑反自歸天子天子爲骨肉故不忍致法廢以爲郃陽侯【索隱】地理志馮翊郃陽縣名在郃水之陽音合【正義】郃陽故城在同州河西縣南三十里高帝十一年秋淮南王英布反東并荊地劫其國兵西度淮擊楚高帝自將往誅之劉仲子沛侯濞年二十有氣力以騎將從破布軍蘄西會甀【索隱】地名也在蘄縣之西會音古兌反甀音錘布走荊王劉賈爲布所殺無後上患吳會稽輕悍無壯王以填之【索隱】填音鎮諸子少乃立濞於沛爲吳王【集解】徐廣曰是十二年十月辛丑王三郡五十三城已拜受印高祖召濞相之謂曰若狀有反相心獨悔業已拜因拊其背【索隱】拊音撫告曰漢後五十年東南有亂者豈若邪【集解】徐廣曰漢元年至景帝三年反五十有三年駰案應劭曰克期五十占者所知若秦始皇東巡以厭氣後劉項起東南疑當如此耳如淳曰度其貯積足用爲難又吳楚世不賓服【索隱】案應氏之意以後五十年東南有亂本是占氣者所說高祖素聞此說自以前難未弭恐後災更生故說此言更以戒濞如淳之說亦合事理然天下同姓爲一家也慎無反濞頓首曰不敢會孝惠高后時天下初定郡國諸侯各務自拊循其民吳有豫章郡銅山【集解】韋昭曰今故章【索隱】案鄣郡後改曰故鄣章或稱豫章爲衍字也【正義】括地志云秦兼天下以爲鄣郡今湖州長城縣西南八十里故章城是也銅山今宣州及潤州句容縣有並屬章也濞則招致天下亡命者益鑄錢煮海水爲鹽以故無賦【集解】如淳曰鑄錢煮鹽收其利以足國用故無賦於民【正義】按既盜鑄錢何以收其利足國之用吳國之民又何得無賦如說非也言吳國山既出銅民多盜鑄錢及煮海水爲鹽以山海之利不賦之故言無賦也其民無賦國用乃富饒也國用富饒孝文時吳太子入見【索隱】姚氏案楚漢春秋云吳太子名賢字德明得侍皇太子飲博吳太子師傅皆楚人輕悍又素驕博爭道不恭皇太子引博局提吳太子殺之【索隱】提音啼又音底又音弟於是遣其喪歸葬至吳吳王慍曰【正義】慍於問反怨也天下同宗死長安即葬長安何必來葬爲復遣喪之長安葬吳王由此稍失藩臣之禮稱病不朝京師知其以子故稱病不朝驗問實不病諸吳使來輒繫責治之吳王恐爲謀滋甚及後使人爲秋請【集解】應劭曰冬當斷獄秋先請擇其輕重也孟康曰律春曰朝秋曰請如古諸侯朝聘也如淳曰濞不得行使人代己致請禮也【索隱】音淨孟說是也應劭所云斷獄先請不知何憑如淳云代己致請亦是應說且文云使人爲秋請謂使人爲此秋請之禮也上復責問吳使者使者對曰王實不病漢繫治使者數輩以故遂稱病且夫察見淵中魚不祥【集解】張晏曰喻人君不當見盡下之私【索隱】案此語見韓子及文子韋昭曰知臣下陰私使憂患生變爲不祥故當赦宥使自新也今王始詐病及覺見責急愈益閉恐上誅之計乃無聊唯上棄之而與更始於是天子乃赦吳使者歸之而賜吳王几杖老不朝吳得釋其罪謀亦益解然其居國以銅鹽故百姓無賦【索隱】案吳國有鑄錢煮鹽之利故百姓不別徭賦也卒踐更輒與平賈【集解】駰案漢書音義曰以當爲更卒出錢三百文謂之過更自行爲卒謂之踐更吳王欲得民心爲卒者雇其庸隨時月與平賈如漢桓靈時有所興作以少府錢借民比也【索隱】案漢律卒更有三踐更居更過更也此言踐更輒與平賈者謂爲踐更合自出錢今王欲得人心乃與平賈官讎之也【正義】踐更若今唱更行更者也言民自著卒更有三品有卒更有踐更有過更古者正卒無常人皆當迭爲之是爲卒更貧者欲雇更錢者次直者出錢雇之月二千是爲踐更天下人皆直戍邊三日亦名爲更律所謂繇戍也雖丞相子亦在戍邊之調不可人人自行三日戍又行者出錢三百入官官給戍者是爲過更此漢初因秦法而行之後改爲讁乃戍邊一歲歲時存問茂材賞賜閭里佗郡國吏欲來捕亡人者訟共禁弗予【集解】徐廣曰訟音松駰按如淳曰訟公也【正義】訟音容言共相容禁止不與也如此者四十餘年【正義】言四十餘年者太史公盡言吳王一代行事也漢書作三十餘年而班固見其語在孝文之代乃減十年是班固不曉其理也以故能使其眾鼂錯爲太子家令得幸太子數從容言吳過可削數上書說孝文帝文帝寬不忍罰以此吳日益橫及孝景帝即位錯爲御史大夫說上曰昔高帝初定天下昆弟少諸子弱大封同姓故王孽子悼惠王王齊七十餘城庶弟元王王楚四十餘城兄子濞王吳五十餘城封三庶孽分天下半今吳王前有太子之郄詐稱病不朝於古法當誅文帝弗忍因賜几杖德至厚當改過自新乃益驕溢即山鑄錢【索隱】案即山山名又即者就也煮海水爲鹽誘天下亡人謀作亂今削之亦反不削之亦反削之其反亟禍小不削反遲禍大三年冬楚王朝鼂錯因言楚王戊往年爲薄太后服私姦服舍【集解】服虔曰服舍在喪次而私姦宮中也請誅之詔赦罰削東海郡因削吳之豫章郡會稽郡及前二年趙王有罪削其河間郡【索隱】案漢書作常山郡也膠西王卬以賣爵有姦削其六縣漢廷臣方議削吳吳王濞恐削地無已因以此發謀欲舉事念諸侯無足與計謀者聞膠西王勇好氣喜兵諸齊皆憚畏【集解】韋昭曰故爲齊分爲國者膠東濟北之屬於是乃使中大夫應高誂膠西王【索隱】誂音徒鳥反無文書口報曰吳王不肖有宿夕之憂不敢自外使喻其驩心王曰何以教之高曰今者主上興於姦飾於邪臣好小善聽讒賊擅變更律令侵奪諸侯之地徵求滋多誅罰良善日以益甚里語有之舐穅及米【索隱】案言舐穅盡則至米謂削土盡則至滅國也吳與膠西知名諸侯也一時見察恐不得安肆矣吳王身有內病不能朝請二十餘年嘗患見疑無以自白今脅肩累足猶懼不見釋竊聞大王以爵事有適【正義】張革反所聞諸侯削地罪不至此此恐不得削地而已王曰然有之子將奈何高曰同惡相助同好相留同情相成同欲相趨同利相死今吳王自以爲與大王同憂願因時循理棄軀以除患害於天下意亦可乎王瞿然駭曰【索隱】劉氏瞿音九具反說文瞿遠視貌音九縛反寡人何敢如是今主上雖急固有死耳安得不戴高曰御史大夫鼂錯熒惑天子侵奪諸侯蔽忠塞賢朝廷疾怨諸侯皆有倍畔之意人事極矣彗星出蝗蟲數起此萬世一時而愁勞聖人之所以起也【索隱】案所謂殷憂以啓明聖也故吳王欲內以鼂錯爲討外隨大王後車彷徉天下所鄉者降所指者下天下莫敢不服大王誠幸而許之一言則吳王率楚王略函谷關守滎陽敖倉之粟距漢兵治次舍須大王大王有幸而臨之則天下可并兩主分割不亦可乎王曰善高歸報吳王吳王猶恐其不與乃身自爲使使於膠西面結之膠西羣臣或聞王謀諫曰承一帝至樂也今大王與吳西鄉弟令事成兩主分爭患乃始結諸侯之地不足爲漢郡什二而爲畔逆以憂太后非長策也【集解】文穎曰王之太后也王弗聽遂發使約齊菑川膠東濟南濟北皆許諾而曰城陽景王有義攻諸呂勿與事定分之耳【集解】徐廣曰爾時城陽恭王喜景王之子諸侯既新削罰振恐多怨鼂錯及削吳會稽豫章郡書至則吳王先起兵膠西正月丙午誅漢吏二千石以下膠東菑川濟南楚趙亦然遂發兵西齊王後悔飲藥自殺畔約濟北王城壞未完其郎中令劫守其王不得發兵膠西爲渠率膠東菑川濟南共攻圍臨菑趙王遂亦反陰使匈奴與連兵七國之發也吳王悉其士卒下令國中曰寡人年六十二【集解】徐廣曰吳王封四十二年矣身自將少子年十四亦爲士卒先諸年上與寡人比下與少子等者皆發發二十餘萬人南使閩越東越東越亦發兵從孝景帝三年正月甲子初起兵於廣陵【集解】徐廣曰荊王劉賈都吳吳王都廣陵也西涉淮因并楚兵發使遺諸侯書曰吳王劉濞敬問膠西王膠東王菑川王濟南王趙王楚王淮南王衡山王廬江王故長沙王子【集解】徐廣曰吳芮之玄孫靖王著以文帝七年卒無嗣國除駰案如淳曰吳芮後四世無子國除庶子二人爲列侯不得嗣王志將不滿故誘與之反也幸教寡人以漢有賊臣無功天下侵奪諸侯地使吏劾繫訊治以僇辱之爲故【集解】駰案漢書音義曰故事也【正義】按專以僇辱諸侯爲事不以諸侯人君禮遇劉氏骨肉絕先帝功臣進任姦宄詿亂天下【正義】詿音挂欲危社稷陛下多病志失不能省察欲舉兵誅之謹聞教敝國雖狹地方三千里人雖少精兵可具五十萬寡人素事南越三十餘年其王君皆不辭分其卒以隨寡人又可得三十餘萬寡人雖不肖願以身從諸王越直長沙者【集解】駰案直音值【索隱】謂其境相接也因王子定長沙以北【集解】如淳曰南越直長沙者因王子定也【索隱】案謂南越之地與長沙地相接值者因長沙王子以定長沙以北也西走蜀漢中【正義】走音奏向也王子長沙王子也南越之地對長沙之南者其民因王子率而鎮定長沙以北西向蜀及漢中咸委王子定矣告越【集解】如淳曰告東越使定之楚王淮南三王與寡人西面【正義】越東越也又告東越楚淮南三王與吳王共西面擊之三王謂淮南衡山廬江也齊諸王與趙王定河間河內或入臨晉關【正義】今蒲津關或與寡人會雒陽燕王趙王固與胡王有約燕王北定代雲中摶胡眾【索隱】摶音專謂專統領胡兵入蕭關【正義】今名隴山關在原州平涼縣界走長安匡正天子以安高廟願王勉之楚元王子淮南三王或不沐洗十餘年怨入骨髓欲一有所出之久矣寡人未得諸王之意未敢聽今諸王苟能存亡繼絕振弱伐暴以安劉氏社稷之所願也敝國雖貧寡人節衣食之用積金錢修兵革聚穀食夜以繼日三十餘年矣凡爲此願諸王勉用之能斬捕大將者賜金五千斤封萬戶列將三千斤封五千戶裨將二千斤封二千戶二千石千斤封千戶千石五百斤封五百戶皆爲列侯其以軍若城邑降者卒萬人邑萬戶如得大將人戶五千如得列將人戶三千如得裨將人戶千如得二千石其小吏皆以差次受爵金佗封賜皆倍常法【集解】服虔曰封賜倍漢之常法其有故爵邑者更益勿因願諸王明以令士大夫弗敢欺也寡人金錢在天下者往往而有非必取於吳諸王日夜用之弗能盡有當賜者告寡人寡人且往遺之敬以聞七國反書聞天子天子乃遣太尉條侯周亞夫將三十六將軍往擊吳楚遣曲周侯酈寄擊趙將軍欒布擊齊大將軍竇嬰屯滎陽監齊趙兵吳楚反書聞兵未發竇嬰未行言故吳相袁盎盎時家居詔召入見上方與鼂錯調兵笇軍食上問袁盎曰君嘗爲吳相知吳臣田祿伯爲人乎今吳楚反於公何如對曰不足憂也今破矣上曰吳王即山鑄錢煮海水爲鹽誘天下豪桀白頭舉事若此其計不百全豈發乎何以言其無能爲也袁盎對曰吳有銅鹽利則有之安得豪桀而誘之誠令吳得豪桀亦且輔王爲義不反矣吳所誘皆無賴子弟亡命鑄錢姦人故相率以反鼂錯曰袁盎策之善上問曰計安出盎對曰願屏左右上屏人獨錯在盎曰臣所言人臣不得知也乃屏錯錯趨避東廂恨甚上卒問盎盎對曰吳楚相遺書曰高帝王子弟各有分地今賊臣鼂錯擅適過諸侯【索隱】適音直革反又音宅削奪之地故以反爲名西共誅鼂錯復故地而罷方今計獨斬

黽錯發使赦吳楚七國復其故削地則兵可無血刃而俱罷於是上嘿然良久曰顧誠何如吾不愛一人以謝天下盎曰臣愚計無出此願上孰計之乃拜盎爲太常【正義】令盎爲太常以示奉宗廟之指意吳王弟子德侯爲宗正【集解】徐廣曰名通其父名廣駰按漢書曰吳王弟子德侯廣爲宗正也盎裝治行後十餘日上使中尉召錯紿載行東市錯衣朝衣斬東市則遣袁盎奉宗廟宗正輔親戚【正義】以親戚之意輔漢訓諭使告吳如盎策至吳吳楚兵已攻梁壁矣宗正以親故先入見諭吳王使拜受詔吳王聞袁盎來亦知其欲說己笑而應曰我已爲東帝尚何誰拜不肯見盎而留之軍中欲劫使將盎不肯使人圍守且殺之盎得夜出步亡去走梁軍遂歸報條侯將乘六乘傳【正義】上音乘下竹戀反會兵滎陽至雒陽見劇孟喜曰七國反吾乘傳至此不自意全【正義】言不自意洛陽得全及見劇孟又以爲諸侯已得劇孟劇孟今無動吾據滎陽滎陽以東無足憂者至淮陽問父絳侯故客鄧都尉曰策安出客曰吳兵銳甚難與爭鋒楚兵輕【正義】輕正反不能久方今爲將軍計莫若引兵東北壁昌邑以梁委吳吳必盡銳攻之將軍深溝高壘使輕兵絕淮泗口塞吳饟道彼吳梁相敝而糧食竭乃以全彊制其罷極破吳必矣條侯曰善從其策遂堅壁昌邑南【正義】在曹州城武縣東北四十二里也輕兵絕吳饟道吳王之初發也吳臣田祿伯爲大將軍田祿伯曰兵屯聚而西無佗奇道難以就功臣願得五萬人別循江淮而上收淮南長沙入武關與大王會此亦一奇也吳王太子諫曰王以反爲名此兵難以藉人藉人亦且反王奈何且擅兵而別多佗利害未可知也【集解】蘇林曰祿伯儻將兵降漢自爲己利於吳爲生患也徒自損耳吳王即不許田祿伯吳少將桓將軍說王曰吳多步兵步兵利險漢多車騎車騎利平地願大王所過城邑不下直棄去疾西據雒陽武庫食敖倉粟阻山河之險以令諸侯雖毋入關天下固已定矣即大王徐行留下城邑漢軍車騎至馳入梁楚之郊事敗矣吳王問諸老將老將曰此少年推鋒之計可耳安知大慮乎於是王不用桓將軍計吳王專幷將其兵未度淮諸賓客皆得爲將校尉候司馬獨周丘不得用周丘者下邳人亡命吳酤酒無行吳王濞薄之弗任周丘上謁說王曰臣以無能不得待罪行間臣非敢求有所將願得王一漢節必有以報王王乃予之周丘得節夜馳入下邳下邳時聞吳反皆城守至傳舍召令令入戶使從者以罪斬令遂召昆弟所善豪吏告曰吳反兵且至至屠下邳不過食頃今先下家室必完能者封侯矣出乃相告下邳皆下周丘一夜得三萬人

使人報吳王遂將其兵北略城邑比至城陽【正義】地理志云城陽志云城陽國故齊漢文帝二年別爲國屬兗州兵十餘萬破城陽中尉軍聞吳王敗走自度無與共成功即引兵歸下邳未至疽發背死二月中吳王兵既破敗走於是天子制詔將軍曰蓋聞爲善者天報之以福爲非者天報之以殃高皇帝親表功德建立諸侯幽王悼惠王絕無後孝文皇帝哀憐加惠王幽王子遂悼惠王子卬等令奉其先王宗廟爲漢藩國德配天地明並日月吳王濞倍德反義誘受天下亡命辠人亂天下幣【集解】如淳曰幣錢也以私錢淆亂天下錢也稱病不朝二十餘年有司數請濞罪孝文皇帝寬之欲其改行爲善今乃與楚王戊趙王遂膠西王卬濟南王辟光菑川王賢膠東王雄渠約從反爲逆無道起兵以危宗廟賊殺大臣及漢使者迫劫萬民夭殺無罪燒殘民家掘其丘冢甚爲暴虐今卬等又重逆無道燒宗廟鹵御物【集解】如淳曰鹵抄掠也宗廟在郡縣之物皆爲御物【正義】顏師古曰御物宗廟之服器也朕甚痛之朕素服避正殿將軍其勸士大夫擊反虜擊反虜者深入多殺爲功斬首捕虜比三百石以上者皆殺之無有所置【正義】置放釋也敢有議詔及不如詔者皆要斬初吳王之度淮與楚王遂西敗棘壁【正義】在宋州寧陵縣西南七十里乘勝前銳甚梁孝王恐遣六將軍擊吳又敗梁兩將士卒皆還走梁梁數使使報條侯求救條侯不許又使使惡條侯於上上使人告條侯救梁復守便宜不行梁使韓安國及楚死事相弟張羽爲將軍【集解】徐廣曰楚相張尙諫王而死【正義】按羽尙弟也乃得頗敗吳兵吳兵欲西梁城守堅不敢西即走條侯軍會下邑【集解】徐廣曰屬梁國【正義】宋州碭山縣本漢下邑縣欲戰條侯壁不肯戰吳糧絕卒飢數挑戰遂夜犇條侯壁驚東南條侯使備西北果從西北入吳大敗士卒多飢死乃畔散於是吳王乃與其麾下壯士數千人夜亡去度江走丹徒保東越【正義】東越傳云東甌受漢之購殺吳王丹徒潤州也東甌即東越也東越將兵從吳在丹徒也東越兵可萬餘人乃使人收聚亡卒漢使人以利啗東越【集解】韋昭曰啗音徒覽反東越即紿吳王吳王出勞軍即使人鏦殺吳王【集解】孟康曰方言戟謂之鏦【索隱】鏦音七江反謂以戈戟刺殺之鄒氏又音春亦音從容之從謂撞殺之也【正義】括地志云漢吳王濞冢在潤州丹徒縣東練壁聚北今入江吳發云丹徒有吳王冢在縣北其處名爲相唐盛其頭馳傳以聞【集解】駰案吳地記曰吳王濞葬武進縣南地名相唐【索隱】張勃云吳王濞葬丹徒縣南其地名相唐今云武進縣恐錯也吳王子子華子駒亡走閩越吳王之棄其軍亡也軍遂潰往往稍降太尉梁軍楚王戊軍敗自殺三王之圍齊臨菑也三月不能下漢兵至膠西膠東菑川王各引兵歸膠西王乃袒洗席稾飲水謝太后王太子德曰漢兵遠臣觀之已罷可襲願收大王餘兵擊之擊之不勝乃逃入海未晚也王曰吾士

卒皆已壞不可發用弗聽漢將弓高侯頹當【集解】徐廣曰姓韓遺王書曰奉詔誅不義降者赦其罪復故不降者滅之王何處須以從事王肉袒叩頭漢軍壁謁曰臣卬奉法不謹驚駭百姓乃苦將軍遠道至於窮國敢請菹醢之罪弓高侯執金鼓見之曰王苦軍事願聞王發兵狀王頓首膝行對曰今者黽錯天子用事臣變更高皇帝法令侵奪諸侯地卬等以爲不義恐其敗亂天下七國發兵且以誅錯今聞錯已誅卬等謹以罷兵歸將軍曰王苟以錯不善何不以聞及未有詔虎符擅發兵擊義國以此觀之意非欲誅錯也乃出詔書爲王讀之讀之訖曰王其自圖王曰如卬等死有餘罪遂自殺太后太子皆死膠東菑川濟南王皆死【集解】徐廣曰一云自殺國除納于漢酈將軍圍趙十月而下之趙王自殺濟北王以劫故得不誅徙王菑川初吳王首反幷將楚兵連齊趙正月起兵三月皆破獨趙後下復置元王少子平陸侯禮爲楚王續元王後徙汝南王非王吳故地爲江都王

太史公曰吳王之王由父省也【集解】駰案言濞之王吳由父代王被省封郃陽侯省音所幸反【索隱】省音所景反省者減也謂父仲從代王省封郃陽侯也能薄賦斂使其衆以擅山海利逆亂之萌自其子興爭技發難【索隱】謂與太子爭博是爭技也卒亡其本親越謀宗竟以夷隕黽錯爲國遠慮禍反近身袁盎權說初寵後辱故古者諸侯地不過百里山海不以封毋親夷狄以疏其屬蓋謂吳邪毋爲權首反受其咎豈盎錯邪

索隱述贊曰吳楚輕悍王濞倍德富因採山釁成提局驕於擕貳連結七國嬰命廣陵錯誅未塞天之悔禍卒取奔北

史記卷一百六考證

吳王濞列傳以故無賦集解如淳曰鑄錢煮鹽收其利以足國用故無賦於民正義按既盜鑄錢何以收其利足國之用吳國之民又何得無賦如說非也言吳國山既出銅民多盜鑄錢及煮海水爲鹽以山海之利不賦之故言無賦也其言無賦國用乃富饒也○徐孚遠曰吳王既擅山海之利豈得聽民盜出鹽錢耶其言無賦如說得之矣

即使人鏦殺吳王○越絕曰東甌越王弟夷烏將軍殺濞

史記卷一百七

漢　太　史　令司馬遷　撰

宋中郎外兵曹參軍裴　駰集解

唐國子博士弘文館學士司馬貞索隱

唐諸王侍讀率府長史張守節正義

魏其武安侯列傳第四十七

魏其侯竇嬰者孝文后從兄子也父世觀津人【索隱】案地理志觀津縣屬信都以言其累葉在觀津故云父世也【正義】觀津城在冀州武邑縣東南二十五里喜賓客孝文時嬰爲吳相病免孝景初即位爲詹事【正義】百官表云詹事秦官掌皇后太子家也梁孝王者孝景弟也其母竇太后愛之梁孝王朝因昆弟燕飲是時上未立太子酒酣從容言曰千秋之後傳梁王太后驩竇嬰引卮酒進上曰天下者高祖天下父子相傳此漢之約也上何以得擅傳梁王太后由此憎竇嬰竇嬰亦薄其官因病免太后除竇嬰門籍不得入朝請【集解】駰案律諸侯春朝天子曰朝秋曰請【正義】請才性反孝景三年吳楚反上察宗室諸竇【索隱】案謂宗室之中及諸竇之宗室也又姚氏案酷吏傳周陽由其父趙兼以淮南王舅侯周陽故因姓周陽氏由以宗室任爲郎則似是與國有親戚屬籍者亦得呼爲宗室也毋如竇嬰賢乃召嬰嬰入見固辭謝病不足任太后亦慙於是上曰天下方有急王孫寧可以讓邪【集解】駰案漢書曰竇嬰字王孫乃拜嬰爲大將軍賜金千斤竇嬰乃言袁盎欒布諸名將賢士在家者進之所賜金陳之廊廡下軍吏過輒令財取爲用【集解】蘇林曰自令裁度取爲用也金無入家者竇嬰守滎陽監齊趙兵【正義】監音甲衫反吳王濞傳云竇嬰屯滎陽監齊趙兵也七國兵已盡破封嬰爲魏其侯諸游士賓客爭歸魏其侯孝景時每朝議大事條侯魏其侯諸列侯莫敢與亢禮孝景四年立栗太子【正義】栗姬之子後廢之故書母姓使魏其侯爲太子傅孝景七年栗太子廢魏其數爭不能得魏其謝病屏居藍田南山之下數月諸賓客辯士說之莫能來梁人高遂乃說魏其曰能富貴將軍者上也能親將軍者太后也今將軍傅太子太子廢而不能爭爭不能得又弗能死自引謝病擁趙女屏閒處【正義】閒音閑處昌女反而不朝相提而論【集解】徐廣曰提音徒抵反【索隱】提音弟又音啼相提猶相抵也論音路頓反是自明揚主上之過有如兩宮螫將軍【集解】張晏曰兩宮太后景帝也螫怒也毒蟲怒必螫人又火各反【索隱】螫音釋謂怒也漢書作蘸蘸即螫也【正義】兩宮太子景帝也則妻子毋類矣【索隱】謂見誅滅無遺類魏其侯然之乃遂起朝請如故桃侯免相【集解】服虔曰劉舍也竇太后數言魏其侯孝景帝曰太后豈以爲臣有愛不相魏其【索隱】愛猶惜也魏其者沾沾自喜耳多易【集解】徐廣曰沾一作怗又昌兼反又當牒反張晏曰沾沾言自整頓也多易多輕易之行也或曰沾音檐也【索隱】小顏云沾音他兼反檐音尺占反難以爲相持重遂不用用建陵侯衞綰爲丞相

武安侯田蚡者孝景后同母弟也【索隱】蚡音扶粉反又如蚡鼠之蚡音墳生長陵魏其已爲大將軍後方盛蚡爲諸郎【集解】徐廣曰一云諸卿時人相號長老者爲諸公年少者爲諸卿如今人相號爲士大夫也未貴往來侍酒魏其跪起如子姪及孝景晚節【索隱】案謂晚年也蚡益貴幸爲太中大夫蚡辯有口學槃盂諸書【集解】應劭曰黃帝使孔甲所作銘也凡二十六篇書槃盂中所爲法戒諸書子文書也孟康曰孔甲槃盂二十六篇雜家書兼儒墨名法王太后賢之【集解】徐廣曰即蚡同母姊者孝景崩即日太子立稱制所鎮撫多有田蚡賓客計筴蚡弟田勝皆以太后弟孝景後三年【集解】徐廣曰孝景後三年即是孝武初嗣位之年也封蚡爲武安侯勝爲周陽侯【正義】絳州聞喜縣東二十里周陽故城也武安侯新欲用事爲相卑下賓客進名士家居者貴之欲以傾魏其諸將相建元元年丞相綰病免上議置丞相太尉籍福說武安侯曰魏其貴久矣天下士素歸之今將軍初興未如魏其即上以將軍爲丞相必讓魏其魏其爲丞相將軍必爲太尉太尉丞相尊等耳又有讓賢名武安侯乃微言太后風上於是乃以魏其侯爲丞相武安侯爲太尉籍福賀魏其侯因弔曰君侯資性喜善疾惡方今善人譽君侯故至丞相然君侯且疾惡惡人衆亦且毀君侯君侯能兼容則幸久不能今以毀去矣魏其不聽魏其武安俱好儒術推轂趙綰爲御史大夫【索隱】案推轂謂自卑下之如爲之推車轂也王臧爲郎中令迎魯申公欲設明堂令列侯就國除關【索隱】謂除關門之稅也以禮爲服制【索隱】案其時禮度踰侈多不依古今吉凶服制皆法於禮也以興太平舉適諸竇【索隱】適音直革反宗室毋節行者除其屬籍時諸外家爲列侯列侯多尚公主皆不欲就國以故毀日至竇太后太后好黃老之言而魏其武安趙綰王臧等務隆推儒術貶道家言是以竇太后滋不說魏其等及建元二年御史大夫趙綰請無奏事東宮【集解】韋昭曰欲奪其政也竇太后大怒乃罷逐趙綰王臧等而免丞相太尉以柏至侯許昌爲丞相武彊侯莊青翟爲御史大夫魏其武安由此以侯家居武安侯雖不任職以王太后故親幸數言事多效天下吏士趨勢利者皆去魏其歸武安武安日益橫建元六年竇太后崩丞相昌御史大夫青翟坐喪事不辦免以武安侯蚡爲丞相以大司農韓安國爲御史大夫天下士郡國諸侯愈益附武安【索隱】按謂仕諸郡及仕諸侯王國者猶言仕郡國也武安者貌侵【集解】韋昭曰侵音寢短小也又云醜惡也刻确也音核生貴甚【索隱】小顏云生貴謂自尊高示貴寵其說疏也按生謂蚡自生尊貴之勢特甚故下云又以諸侯王多長年蚡以肺腑爲相非痛折節以禮屈之則天下不肅者也又以爲諸侯王多長【集解】張晏曰多長年上初即位富於春秋蚡以肺腑爲京師相【正義】顏師古曰舊解云肺腑如肝肺之相附著也一說肺碎木札也喻其輕薄附著大材按顏此說並是疎謬又改腑爲附就其義重謬矣八十一難云寸口者脈之大會手太陰之動脈也呂廣云太陰者肺之脈也肺爲諸藏之主通陰陽故十二經脈皆會乎太陰所以決吉凶者十二經有病皆寸口知其何經之動浮沈濇滑春秋逆順知其死生顧野王云肺腑腹心也案說田蚡爲相若人之肺知陰陽逆順又爲之腹心親戚也非痛折節以禮詘之天下不肅【索隱】案痛甚也欲令士折節屈下於己不然天下不肅或解以爲蚡欲折節下士非也案下文不讓其兄蓋侯知或說爲非也當是時丞相入奏事坐語移日所言皆聽薦人或起家至二千石權移主上上乃曰君除吏已盡未吾亦欲除吏嘗請考工地益宅【集解】駰案漢書百官表曰少府有考工室如淳曰官名也上怒曰君何不遂取武庫是後乃退嘗召客飲坐其兄蓋侯【集解】徐廣曰王后兄王信也泰山有蓋縣樂安有益縣也南鄉自坐東鄉以爲漢相尊不可以兄故私橈武安由此滋驕治宅甲諸第【集解】徐廣曰爲諸第之上也田園極膏腴而市買郡縣器物相屬於道前堂羅鐘鼓立曲旃【集解】如淳曰旃旜之名通帛曰旃曲旃僭也蘇林曰禮大夫立曲旃曲柄上曲也【索隱】說文曲旃者所以招士也後房婦女以百數諸侯奉金玉狗馬玩好不可勝數魏其失竇太后益疏不用無勢諸客稍稍自引而怠傲唯灌將軍獨不失故魏其日默默不得志而獨厚遇灌將軍

灌將軍夫者潁陰人也夫父張孟嘗爲潁陰侯嬰舍人得幸因進之至二千石故蒙灌氏姓爲灌孟吳楚反時潁陰侯灌何爲將軍【索隱】案何是嬰子漢書作嬰誤屬太尉請灌孟爲校尉夫以千人與父俱【集解】駰案漢書音義曰官主千人如候司馬灌孟年老潁陰侯彊請之鬱鬱不得意故戰常陷堅遂死吳軍中軍法父子俱從軍有死事得與喪歸灌夫不肯隨喪歸奮曰【集解】張晏曰自奮勵也願取吳王若將軍頭以報父之仇於是灌夫被甲持戟募軍中壯士所善願從者數十人及出壁門莫敢前獨二人及從奴十數騎馳入吳軍至吳將麾下【正義】謂大將之旗所殺傷數十人不得前復馳還走入漢壁皆亡其奴獨與一騎歸夫身中大創十餘適有萬金良藥故得無死夫創少瘳又復請將軍曰吾益知吳壁中曲折請復往將軍壯義之恐亡夫乃言太尉太尉乃固止之吳已破灌夫以此名聞天下潁陰侯言之上上以夫爲中郎將數月坐法去後家居長安長安中諸公莫弗稱之孝景時至代相孝景崩今上初即位以爲淮陽天下交勁兵處故徙夫爲淮陽太守建元元年入爲太僕二年與長樂衛尉竇甫飲輕重不得【集解】晉灼曰飲酒輕重不得其平也夫醉搏甫【索隱】搏音博謂擊之甫竇太后昆弟也上恐太后誅夫徙爲燕相數歲坐法去官家居長安灌夫爲人剛直使酒不好面諛貴戚諸有勢在己之右不欲加禮必陵之諸士在己之左愈貧賤尤益敬與鈞稱人廣衆薦寵下輩士亦以此多之夫不喜文學好任俠已然諾【索隱】已音以謂已許諾必使副其前言也諸所與交通無非豪桀大猾家累數千萬食客日數十百人陂池田園宗族賓客爲權利橫於潁川潁川兒乃歌之曰潁水清灌氏寧潁水濁灌氏族灌夫家居雖富然失勢卿相侍中賓客益衰及魏其侯失勢亦欲倚灌夫引繩批根生平慕之後棄之者【集解】蘇林曰二人相倚引繩直之意批根賓客也棄之者不與交通孟康曰根根括引繩以持彈【索隱】案劉氏云二人相倚事如合繩共相依引也批音步結反批者排也漢書作排根小顏根音痕括音汨謂人生平慕嬰夫後見其失職而頗弛慢如此者共排退之不復與交也譬如相對挽繩而根括之也持彈案漢書本作拼彈音普耕反灌夫亦倚魏其而通列侯宗室爲名高兩人相爲引重【集解】張晏曰相薦達爲聲勢其游如父子然相得驩甚無厭恨相知晚也灌夫有服過丞相丞相從容曰吾欲與仲孺過魏其侯【集解】駰案漢書曰灌夫字仲孺會仲孺有服【索隱】案服謂期功之服也故應璩書曰仲孺不辭同生之服也灌夫曰將軍乃肯幸臨況魏其侯夫安敢以服爲解請語魏其侯帳具將軍旦日蚤臨武安許諾灌夫具語魏其侯如所謂武安侯魏其與其夫人益市牛酒夜灑埽早帳具至旦平明令門下候伺至日中丞相不來魏其謂灌夫曰丞相豈忘之哉灌夫不懌曰夫以服請宜往【集解】徐廣曰一云以服請不宜往【索隱】案徐廣云以服請不宜往其說非也正言灌夫請不以服爲解蚡不宜忘故駕自往迎也乃駕自往迎丞相丞相特前戲許灌夫殊無意往及夫至門丞相尚臥於是夫入見曰將軍昨日幸許過魏其魏其夫妻治具自旦至今未敢嘗食武安鄂【集解】徐廣曰一作悟謝曰吾昨日醉忽忘與仲孺言乃駕往又徐行灌夫愈益怒及飲酒酣夫起舞屬丞相【索隱】屬音之欲反屬猶委也付也小顏云若今人舞訖相勸也丞相不起夫從坐上語侵之魏其乃扶灌夫去謝丞相丞相卒飲至夜極驩而去丞相嘗使籍福請魏其城南田魏其大望曰老僕雖棄將軍雖貴寧可以勢奪乎不許灌夫聞怒罵籍福籍福惡兩人有郄乃謾自好謝丞相曰魏其老且死易忍且待之已而武安聞魏其灌夫實怒不予田亦怒曰魏其子嘗殺人蚡活之蚡事魏其無所不可何愛數頃田且灌夫何與也吾不敢復求田武安由此大怨灌夫魏其元光四年春【集解】徐廣曰疑此當是三年也其說在後丞相言灌夫家在潁川橫甚民苦之請案上曰此丞相事何請灌夫亦持丞相陰事爲姦利受淮南王金與語言賓客居間遂止俱解夏丞相取燕王女爲夫人【索隱】案蚡娶燕王劉澤子康王嘉之女也有太后詔召列侯宗室皆往賀魏其侯過灌夫欲與俱夫謝曰夫數以酒失得過丞相丞相今者又與夫有郄魏其曰事已解彊與俱飲酒酣武安起爲壽【集解】如淳曰上酒爲稱壽非大行酒坐皆避席伏已魏其侯爲壽獨故人避席耳餘半膝席【集解】蘇林曰下席而膝半在席上如淳曰以膝跪席上也灌夫不悅起行酒至武安武安膝席曰不能滿觴夫怒因嘻笑曰將軍貴人也屬之【集解】徐廣曰屬一作畢【索隱】案漢書作畢畢盡也時武安不肯行酒次至臨汝侯【集解】徐廣曰灌嬰孫名賢也【索隱】案漢書云臨汝侯灌賢則賢是嬰之孫臨汝是改封也臨汝侯方與程不識耳語又不避席夫無所發怒乃罵臨汝侯曰生平毀程不識不直一錢今日長者爲壽乃效女兒呫囁耳語【集解】韋昭曰呫囁附耳小語聲【索隱】女兒猶云兒女也漢書作女曹兒曹輩也猶言兒女輩呫鄒氏音蚩輒反囁音汝輒反武安謂灌夫曰程李俱東西宮衛尉【集解】駰案漢書音義曰李廣爲東宮程不識爲西宮今衆辱程將軍仲孺獨不爲李將軍地乎【集解】如淳曰李將軍李廣也猶今人言爲除地【索隱】案小顏云言今既毀程令李何地自安處也灌夫曰今日斬頭陷胷【索隱】韋昭云言不避死亡也漢書作穴匈何知程李乎坐乃起更衣稍稍去魏其侯去麾灌夫出武安遂怒曰此吾驕灌夫罪乃令騎留灌夫灌夫欲出不得籍福起爲謝案灌夫項令謝夫愈怒不肯謝武安乃麾騎縛夫置傳舍召長史曰今日召宗室有詔劾灌夫罵坐不敬繫居室【集解】如淳曰百官表居室爲保宮今守宮也遂按其前事遣吏分曹逐捕諸灌氏支屬皆得棄市罪魏其侯大媿爲資使賓客請莫能解【集解】如淳曰爲出資費使人爲夫言武安吏皆爲耳目諸灌氏皆亡匿夫繫遂不得告言武安陰事魏其鋭身爲救灌夫夫人諫魏其曰灌將軍得罪丞相與太后家忤寧可救邪魏其侯曰侯自我得之自我捐之無所恨且終不令灌仲孺獨死嬰獨生乃匿其家【集解】晉灼曰恐其夫人復諫止也竊出上書立召入具言灌夫醉飽事不足誅上然之賜魏其食曰東朝廷辯之【集解】如淳曰東朝太后朝魏其之東朝盛推灌夫之善言其醉飽得過乃丞相以他事誣罪之武安又盛毀灌夫所爲橫恣罪逆不道魏其度不可奈何因言丞相短武安曰天下幸而安樂無事蚡得爲肺腑所好音樂狗馬田宅蚡所愛倡優巧匠之屬不如魏其灌夫日夜招聚天下豪桀壯士與論議腹誹而心謗不仰視天而俯畫地【集解】張晏曰視天占三光也畫地知分野所在也畫地謀欲作反事辟倪兩宮間【集解】徐廣曰辟芳細反倪音詣張晏曰占太后與帝吉凶之期【索隱】辟普係反倪五係反埤蒼云睥睨謂邪視也幸天下有變而欲有大功【集解】張晏曰幸爲反者當得爲大將立功也瓚曰天下有變謂天子崩因變難之際得立大功臣乃不知魏其等所爲於是上問朝臣兩人孰是御史大夫韓安國曰魏其言灌夫父死事身荷戟馳入不測之吳軍身被數十創名冠三軍此天下壯士非有大惡爭杯酒不足引他過以誅也魏其言是也丞相亦言灌夫通姦猾侵細民家累巨萬橫恣潁川凌轢宗室侵犯骨肉此所謂枝大於本脛大於股不折必披【索隱】案包愷披音疋彼反【正義】鋪被反披分析也丞相言亦是唯明主裁之主爵都尉汲黯是魏其內史鄭當時是魏其後不敢堅對餘皆莫敢對上怒內史曰公平生數言魏其武安長短今日廷論局

趣效轅下駒【集解】張晏曰俛頭於車轅下隨母而已費曰小馬在轅下【正義】應劭云駒馬加著轅局趣纖小之貌按應說爲長也
吾并斬若屬矣卽罷起入上食太后太
后亦已使人候伺具以告太后太后怒不食曰今我在
也而人皆藉吾弟【索隱】案晉灼云藉蹈也以言蹂藉也令我百歲後皆魚
肉之矣且帝寧能爲石人邪【集解】謂帝不如石人得長存也【正義】顏師古云言徒有人耳不知好惡按今俗云人不辨事罵云杌杌若木人也此特帝在卽錄錄設百
歲後是屬寧有可信者乎【索隱】案設者脫也上謝曰俱宗室外
家【正義】嬰景帝從舅蚡太后同母弟故廷辨之不然此一獄吏所決耳
是時郎中令石建爲上分別言兩人事武安已罷朝出
止車門召韓御史大夫載怒曰與長孺共一老禿翁何
爲首鼠兩端【集解】駰案漢書音義曰禿老翁言嬰無官位扳援也首鼠一前一卻也【索隱】案謂共治一老禿翁指竇嬰也韓御史良久謂丞相曰君何不自喜【集解】蘇林曰何不自解釋爲喜樂邪【索隱】案小顏云何不自謙遜爲可喜之事音許旣反夫魏其毀君君
當免冠解印綬歸曰臣以肺腑幸得待罪固非其任魏
其言皆是如此上必多君有讓不廢君魏其必內愧杜
門齰舌自殺【索隱】案說文云齰齧也士白反今人毀君君亦毀之譬如
賈豎女子爭言何其無大體也武安謝罪曰爭時急不
知出此於是上使御史簿責魏其所言灌夫頗不讎【正義】讎音市周反對也言簿責魏其所言灌夫實潁川事故魏其不對爲欺謾者也欺謾劾繫都司
空【索隱】案百官表云宗正屬官主詔獄也【正義】如淳云律司空主水及罪人孝景時魏其常
受遺詔曰事有不便以便宜論上及繫灌夫罪至族事
日急諸公莫敢復明言於上魏其乃使昆弟子上書言
之幸得復召見書奏上而案尚書大行無遺詔【集解】如淳曰大行主諸侯官也【索隱】案尚書無此景帝崩時大行遺詔乃魏其家臣印封之如淳說非也【正義】天子崩曰大行也按尚書之中景帝崩時無遺詔賜魏其也百官表云諸受尚書事也詔書獨藏魏其家
家丞封【集解】駰案漢書音義曰以家臣印封遺詔乃劾魏其矯先帝詔罪當
棄市五年十月【集解】徐廣曰疑非五年亦非十月【索隱】徐氏云疑非者案武帝四年三月蚡薨竇嬰死在前今云五年故疑非也【正義】漢書云元光四年冬魏其侯嬰有罪棄市春三月乙卯丞相蚡薨按五年者誤也悉論灌夫及家屬魏其良久乃聞聞卽恚病痱【索隱】痱音肥又音扶味反風病也不食欲死或聞上無意殺魏其魏其復
食治病議定不死矣乃有蜚語爲惡言聞上【集解】張晏曰蚡爲作飛揚誹謗之語故以十二月晦【集解】徐廣曰疑非十二月也駰案張晏曰月晦者春垂至也【索隱】著日月者見春垂至恐遇赦贖也論棄市渭城【正義】咸陽故其春武安侯病
【正義】其春卽四年春也元光四年十二月灌夫棄市十二月魏其棄市至三月乙卯田蚡薨則三人死同在一年明矣漢以十月爲歲首故也秦楚之際表云十一月十二月端月二月三月至九月爲終周建子爲正月十一月爲正月十二月爲二月正月爲三月二月爲四月至十月爲歲終漢初至武帝太初以前並依秦法以後改用夏正月至今不改專呼服謝罪【集解】駰案漢書音義曰言蚡號呼謝服罪也使巫視
鬼者視之見魏其灌夫共守欲殺之竟死子恬嗣【集解】徐廣曰蚡疾見魏其灌夫鬼殺之則其死共在一春內邪武帝本紀四年三月乙卯田蚡薨嬰死在蚡薨之前何復云五年十二月邪疑十二月當爲二月也案侯表蚡事武帝九年而卒元光四年侯恬之元年建元元年訖元光三年而九年大臣表蚡以元光四年卒亦云嬰四年棄市未詳此正安在然蚡薨在嬰死後分明元朔
三年武安侯坐衣襜褕【正義】爾雅云今蔽前謂之襜郭璞云蔽膝也說文字林並謂之短衣入宮不敬【集解】徐廣曰表云坐衣不敬國除【索隱】襜尺占反褕音踰謂非正朝衣若婦人服也
淮南王安謀反覺治王前朝【集解】徐廣曰建元二年武安侯爲太
尉時迎王至霸上謂王曰上未有太子大王最賢高祖
孫卽宮車晏駕非大王立當誰哉淮南王大喜厚遺金
財物上自魏其時不直武安特爲太后故耳【索隱】案武帝以魏其灌夫事爲枉於武安侯爲不直特爲太后故耳及聞淮南王金事上曰使武安
侯在者族矣
太史公曰魏其武安皆以外戚重灌夫用一時決筴而
名顯魏其之舉以吳楚武安之貴在日月之際然魏其
誠不知時變灌夫無術而不遜兩人相翼乃成禍亂武
安負貴而好權杯酒責望陷彼兩賢嗚呼哀哉遷怒及
人命亦不延衆庶不載竟被惡言嗚呼哀哉禍所從來
矣
索隱述贊曰竇嬰田蚡勢利相雄咸倚外戚或恃軍功灌夫自喜引重其中意氣杯酒辟睨兩宮事竟不直寃哉二公

史記卷一百七考證

魏其武安侯列傳魏其已爲大將軍後方盛蚡爲諸郎
集解徐廣曰一云諸卿時人相號長老者爲諸公年
少者爲諸卿如今人相號爲士大夫也○臣照按諸
郎卽百官表所謂議郎中郎侍郎郎中是也漢書作
諸曹郎

除關索隱謂除關門之稅也○徐孚遠曰索隱非也漢
立關以稽諸侯出入至此罷之示天下一家之義也

天下士郡國諸侯愈益附武安索隱按謂仕諸郡及仕
諸侯王國者猶言仕郡國也○徐孚遠曰索隱說小
曲天下士士人也郡國諸侯列侯也言此兩種皆附
武安

生貴甚索隱生謂蚡自生尊貴之勢特甚○臣照按生
貴甚言蚡生而爲太后弟貴甚其不學無術也

不好面腴○臣照按面腴蓋面諛也或古字通或傳寫
之訛或謂面腴以喜悅親附意著於顏面非口諛也
若然則諸家必有注解今無之故知非也

及魏其侯失勢亦欲倚灌夫引繩批根生平慕之後棄
之者集解蘇林曰二人相倚引繩直之意批根賓客
也棄之者不與交通○此條集解多之意及也三字

與長孺共一老禿翁索隱案謂共治一老禿翁指竇嬰
也○顧炎武曰謂爾我皆垂墓之年無所顧惜當直
言以決此事也索隱非

君何不自喜集解蘇林曰何不自解釋爲喜樂邪索隱
案小顏云何不自謙遜爲可喜之事音許旣反○臣
照按不自喜猶言不自愛下文所謂無大體是也注
未合

史記卷一百八

漢　太　史　令司馬遷　撰
宋　中　郎　外　兵　曹　參　軍　裴　駰　集解
唐　國　子　博　士　弘　文　館　學　士　司　馬　貞　索隱
唐　諸　王　侍　讀　率　府　長　史　張　守　節　正義

韓長孺列傳第四十八

御史大夫韓安國者梁城安人也【集解】徐廣曰在汝潁之間【索隱】漢書地理志云縣名屬陳留【正義】括地志云城安故城在汝州梁縣東二十三里括地志云成安屬潁川郡陳留郡又有城安縣亦屬梁未知孰是也後徙睢陽【正義】今宋州宋城嘗受韓子雜家說
於騶田生所【索隱】案謂安國學韓子及雜家說於騶縣田生之所事梁孝王爲中
大夫吳楚反時孝王使安國及張羽爲將扞吳兵於東
界【索隱】將音醬扞音汗張羽力戰安國持重以故吳不能過梁吳
楚已破安國張羽名由此顯梁孝王景帝母弟竇太后
愛之令得自請置相二千石出入游戲僭於天子天子
聞之心弗善也太后知帝不善乃怒梁使者弗見案責
王所爲韓安國爲梁使見大長公主【集解】徐廣曰景帝姊【索隱】案卽館陶公主【正義】如淳云景帝姊也而泣曰何梁王爲人子之孝爲人臣之
忠而太后曾弗省也【索隱】省音仙井反省者察也夫前日吳楚齊趙
七國反時自關以東皆合從西鄉惟梁最親爲艱難梁
王念太后帝在中【正義】謂關中也又云京師在天下之中而諸侯擾亂一
言泣數行下跪送臣等六人將兵擊卻吳楚吳楚以故
兵不敢西而卒破亡梁王之力也今太后以小節苛禮
責望梁王【索隱】案謂苛細小禮以責之梁王父兄皆帝王所見者大
故出稱蹕入言警車旗皆帝所賜也卽欲以侘鄙縣【集解】徐廣曰侘一作紾也駰案侘音丑亞反誇也【索隱】漢書作姱音火亞反紾音寒孟反驅馳國中以
夸諸侯令天下盡知太后帝愛之也今梁使來輒案責
之梁王恐日夜涕泣思慕不知所爲何梁王之爲子孝
爲臣忠而太后弗恤也大長公主具以告太后太后喜
曰爲言之帝言之帝心乃解而免冠謝太后曰兄弟不
能相教乃爲太后遺憂悉見梁使厚賜之其後梁王益
親驩太后長公主更賜安國可直千餘金名由此顯結
於漢其後安國坐法抵罪蒙【索隱】抵音丁禮反蒙縣名屬梁國也獄吏田
甲辱安國安國曰死灰獨不復然乎田甲曰然卽溺之
居無何梁內史缺漢使使者拜安國爲梁內史起徒中
爲二千石田甲亡走安國曰甲不就官我滅而宗甲因
肉袒謝安國笑曰可溺矣公等足與治乎【索隱】案謂不足與繩持之治音持也卒善遇之梁內史之缺也孝王新得齊人公孫詭
說之欲請以爲內史竇太后聞乃詔王以安國爲內史
公孫詭羊勝說孝王求爲帝太子及益地事恐漢大臣
不聽乃陰使人刺漢用事謀臣及殺故吳相袁盎景帝
遂聞詭勝等計畫乃遣使捕詭勝必得漢使十輩至梁
相以下舉國大索月餘不得內史安國聞詭勝匿孝王
所安國入見王而泣曰主辱臣死大王無良臣故事紛
紛至此今詭勝不得請辭賜死王曰何至此安國泣數
行下曰大王自度於皇帝孰與太上皇之與高皇帝及
皇帝之與臨江王親孝王曰弗如也安國曰夫太上臨
江親父子之閒然而高帝曰提三尺劍取天下者朕也
故太上皇終不得制事居于櫟陽臨江王適長太子也
以一言過廢王臨江【集解】如淳曰景帝嘗屬諸姬太子母栗姬言不遜由是廢太子栗姬憂死用宮垣事卒自殺中尉府何者治天下終不以私亂
公語曰雖有親父安知其不爲虎雖有親兄安知其不
爲狼今大王列在諸侯悅一邪臣浮說【索隱】悅漢書作林說文云林誘也犯上禁橈明法天子以太后故不忍致法於王太后
日夜涕泣幸大王自改而大王終不覺寤有如太后宮
車卽晏駕大王尚誰攀乎語未卒孝王泣數行下謝安
國曰吾今出詭勝詭勝自殺漢使還報梁事皆得釋安
國之力也於是景帝太后益重安國孝王卒共王卽位
安國坐法失官居家建元中武安侯田蚡爲漢太尉親
貴用事安國以五百金物遺蚡蚡言安國太后天子亦
素聞其賢卽召以爲北地都尉遷爲大司農閩越東越
相攻安國及大行王恢將兵未至越越殺其王降漢兵
亦罷建元六年武安侯爲丞相安國爲御史大夫匈奴
來請和親天子下議大行王恢燕人也數爲邊吏習知
胡事議曰漢與匈奴和親率不過數歲卽復倍約不如
勿許興兵擊之安國曰千里而戰兵不獲利今匈奴負
戎馬之足懷禽獸之心遷徙鳥舉難得而制也得其地
不足以爲廣有其衆不足以爲彊自上古不屬爲人【索隱】案晉灼云不內屬於漢爲人漢數千里爭利則人馬罷虜以全制其
敝且彊弩之極矢不能穿魯縞【集解】許慎曰魯之縞尤薄衡風之末
力不能漂鴻毛非初不勁末力衰也擊之不便不如和

親舉臣議者多附安國於是上許和親其明年則元光元年鴈門馬邑豪聶翁壹【集解】張晏曰豪帥也【索隱】聶姓也翁壹名也漢書云聶壹 因大行王恢言上曰匈奴初和親親信邊可誘以利陰使聶翁壹爲閒亡入匈奴謂單于曰吾能斬馬邑令丞吏以城降財物可盡得單于愛信之以爲然許聶翁壹聶翁壹乃還詐斬死罪囚縣其頭馬邑城示單于使者爲信曰馬邑長吏已死可急來於是單于穿塞將十餘萬騎入武州塞【集解】徐廣曰在鴈門【索隱】崔浩云當令平城直西百里有武州城是也 是時漢伏兵車騎材官三十餘萬匿馬邑旁谷中衞尉李廣爲驍騎將軍【集解】駰案漢書曰北貉燕人來致驍騎應劭曰驍健也張晏曰驍勇也若六博之梟矣 太僕公孫賀爲輕車將軍【正義】司馬續漢書云輕車古戰車 大行王恢爲將屯將軍【正義】李奇云監主諸屯 太中大夫李息爲材官將軍【正義】臣瓚云材官騎射之官 御史大夫韓安國爲護軍將軍諸將皆屬護軍約單于入馬邑而漢兵縱發王恢李息李廣別從代主擊其輜重【正義】釋名云輜廁也所載衣服雜廁其中 於是單于入漢長城武州塞未至馬邑百餘里行掠鹵徒見畜牧於野不見一人單于怪之攻烽燧得武州尉史欲刺問尉史尉史曰漢兵數十萬伏馬邑下單于顧謂左右曰幾爲漢所賣【正義】幾音新 乃引兵還出塞曰吾得尉史乃天也命尉史爲天王塞下傳言單于已引去漢兵追至塞度弗及卽罷王恢等兵三萬聞單于不與漢合度往擊輜重必與單于精兵戰漢兵勢必敗則以便宜罷兵皆無功天子怒王恢不出擊單于輜重擅引兵罷也恢曰始約虜入馬邑城兵與單于接而臣擊其輜重可得利今單于聞不至而還臣以三萬人衆不敵禔取辱耳【集解】徐廣曰禔一作祇也 臣固知還而斬然得完陛下士三萬人於是下恢廷尉廷尉當恢逗橈當斬【集解】駰案漢書音義曰逗曲行避敵也橈顧望軍法語也【索隱】案如淳云軍法行而逗留畏橈者要斬逗音豆又音住逗留也橈屈弱也 恢私行千金丞相蚡蚡不敢言上而言於太后曰王恢首造馬邑事今不成而誅恢是爲匈奴報仇也上朝太后太后以丞相言告上上曰首爲馬邑事者恢也故發天下兵數十萬從其言爲此且縱單于不可得恢所部擊其輜重猶頗可得以慰士大夫心今不誅恢無以謝天下於是恢聞之乃自殺安國爲人多大略智足以當世取舍而出於忠厚焉【索隱】案出者去也言安國爲人無忠厚之行 貪嗜於財然所推舉皆廉士賢於己者也於梁舉壺遂臧固郅他皆天下名士【索隱】郅音質他徒河反謂三人姓名也壺遂也臧固也郅他也若漢書則云至他言至於他處亦舉名士也 士亦以此稱慕之唯天子以爲國器安國爲御史大夫四歲餘丞相田蚡死安國行丞相事奉引墮車蹇【集解】如淳曰爲天子導引而墮車跛足 天子議置相欲用安國使使視之蹇甚乃更以平棘侯薛澤爲丞相安國病免數月蹇愈上復以安國爲中尉歲餘徙爲衞尉車騎將軍衞青擊匈奴【集解】徐廣曰元光六年也 出上谷破胡蘢城【集解】駰案蘢音籠 將軍李廣爲匈奴所得復失之公孫敖大亡卒皆當斬贖爲庶人明年匈奴大入邊殺遼西太守及入鴈門所殺略數千人車騎將軍衞青擊之出鴈門衞尉安國爲材官將軍屯於漁陽【正義】幽州縣 安國捕生虜言匈奴遠去卽上書言方田作時請且罷軍屯罷軍屯月餘匈奴大入上谷漁陽安國壁乃有七百餘人出與戰不勝復入壁匈奴虜略千餘人及畜產而去天子聞之怒使使責讓安國徙安國益東屯右北平【正義】幽州漁陽縣東南七十七里北平城卽漢古北平也 是時匈奴虜言當入東方安國始爲御史大夫及護軍後稍斥疏下遷而新幸壯將軍衞青等有功益貴安國旣疏遠默默也將屯又爲匈奴所欺失亡多甚自愧幸得罷歸乃益東徙屯意忽忽不樂數月病歐血死安國以元朔二年中卒

太史公曰余與壺遂定律歷觀韓長孺之義壺遂之深中隱厚【集解】徐廣曰一云廉正忠厚 世之言梁多長者不虛哉壺遂官至詹事天子方倚以爲漢相會遂卒不然壺遂之內廉行修斯鞠躬君子也

【索隱述贊】安國忠厚初爲梁將因事坐法免徒起相死灰更然生虜失防推賢見重賄金貽謗雪泣悟主臣節可亮

史記卷一百八考證

韓長孺列傳公孫詭羊勝說孝王求爲帝太子及益地事恐漢大臣不聽乃陰使人刺漢用事謀臣及殺故吳相袁盎○劉奉世曰刺漢謀臣在漢已立太子之後此云求爲太子恐大臣不聽故刺之與諸傳不同當是此傳誤

因大行王恢言上○臣照按此下有天子詔問公卿安國與王恢辨難之語見新序漢書用之

智足以當世取舍而出於忠厚焉索隱案出者去也言安國爲人無忠厚之行○董份曰知當世取舍者智也智者宜或失於薄而安國乃又忠厚貪嗜於財宜其所舉皆汙墨而安國又舉廉士太史所以稱之也讀其文自見索隱繆徐孚遠曰出於忠厚言意本忠厚也索隱解出爲去言無忠厚之行非也觀贊語自得之

史記卷一百九

漢　太　史　令司馬遷　撰

宋　中　郎　外　兵　曹　參　軍　裴　駰集解

唐國子博士弘文館學士司馬貞索隱

唐諸王侍讀率府長史張守節正義

李將軍列傳第四十九

李將軍廣者隴西成紀人也【正義】秦州成紀縣 其先曰李信秦時爲將逐得燕太子丹者也故槐里徙成紀廣家世世受射【索隱】小顏云世世受射法 孝文帝十四年匈奴大入蕭關而廣以良家子從軍擊胡【索隱】案如淳云非醫巫商賈百工也 用善騎射殺首虜多爲漢中郎廣從弟李蔡亦爲郎皆爲武騎常侍【索隱】謂爲郎而補武騎常侍也 秩八百石嘗從行有所衝陷折關及格猛獸而文帝曰惜乎子不遇時如令子當高帝時萬戶侯豈足道哉及孝景初立廣爲隴西都尉徙爲騎郎將【集解】張晏曰爲武騎郎將【索隱】小顏云爲騎郎將謂主騎郎也 吳楚軍時廣爲驍騎都尉從太尉亞夫擊吳楚軍取旗顯功名昌邑下以梁王授廣將軍印還賞不行【集解】文穎曰廣爲漢將私受梁印故不以賞也 徙爲上谷太守匈奴日以合戰典屬國公孫昆邪【集解】駰案昆音魂【索隱】案典屬國官名公孫姓昆邪名服虔云中國人也 爲上泣曰李廣才氣天下無雙自負其能數與虜敵戰恐亡之於是乃徙爲上郡太守後廣轉爲邊郡太守徙上郡嘗爲隴西北地鴈門代郡雲中太守皆以力戰爲名匈奴大入上郡天子使中貴人從廣【集解】駰案漢書音義曰內官之幸貴者【索隱】案董巴輿服志云黃門丞主密近使聽察天下天下謂之中貴人使者崔浩云在中而貴幸非德望故云中貴也 勒習兵擊匈奴中貴人將騎數十縱【集解】徐廣曰放縱馳騁 見匈奴三人與戰三人還射【正義】射音石還謂轉也 傷中貴人殺其騎且盡中貴人走廣廣曰是必射雕者也【集解】文穎曰雕鳥也故使善射者射也【索隱】案服虔云雕大鷲鳥也一名鷲黑色多子可以其毛作矢羽韋昭云雕一名鶚也 廣乃遂從百騎往馳三人三人亡馬步行行數十里廣令其騎張左右翼而廣身自射彼三人者殺其二人生得一人果匈奴射雕者也已縛之上馬望匈奴有數千騎見廣以爲誘騎皆驚上山陳廣之百騎皆大恐欲馳還走廣曰吾去大軍數十里今如此以百騎走匈奴追射我立盡今我留匈奴必以我爲大軍誘之必不敢擊我廣令諸騎曰前前未到匈奴陳二里所止令曰皆下馬解鞍其騎曰虜多且近卽有急奈何廣曰彼虜以我爲走今皆解鞍以示不走用堅其意於是胡騎遂不敢擊有白馬將出護其兵【正義】其將乘白馬而出監護也 李廣上馬與十餘騎犇射殺胡白馬將而復還至其騎中解鞍令士皆縱馬臥是時會暮胡兵終怪之不敢擊夜半時胡兵亦以爲漢有伏軍於旁欲夜取之胡皆引兵而去平旦李廣乃歸其大軍大軍不知廣所之故弗從居久之孝景崩武帝立左右以爲廣名將也於是廣以上郡太守爲未央衞尉而程不識亦爲長樂衞尉程不識故與李廣俱以邊太守將軍屯及出擊胡而廣行無部伍行陳【索隱】案百官志云將軍皆有部曲大將軍營五部部校尉一人部下有曲曲有軍候一人也 就善水草屯舍止人人自便【索隱】便音頻面反 不擊刁斗以自衞【集解】孟康曰以銅作鐎器受一斗晝炊飯食夜擊持行名曰刁斗【索隱】刁音貂案荀悅云刁斗小鈴如宮中傳夜鈴也蘇林曰形如鋗以銅作之無緣受一斗故云刁斗鐎卽鈴也埤蒼云鐎溫器有柄斗似銚無緣音譙 莫府省約文書籍事【索隱】案小顏云凡將軍謂之莫府者蓋兵門合施帷帳故稱莫府古字通用遂作莫耳小顏雅訓莫爲大非也 然亦遠斥候未嘗遇害【索隱】案許慎注淮南云斥度也候視也望也 程不識正部曲行伍營陳擊刁斗士吏治軍簿至明軍不得休息然亦未嘗遇害不識曰李廣軍極簡易然虜卒犯之無以禁也而其士卒亦佚樂咸樂爲之死我軍雖煩擾然虜亦不得犯我是時漢邊郡李廣程不識皆爲名將然匈奴畏李廣之畧士卒亦多樂從李廣而苦程不識程不識孝景時以數直諫爲太中大夫爲人廉謹於文法後漢以馬邑城誘單于使大軍伏馬邑旁谷而廣爲驍騎將軍領屬護軍將軍是時單于覺之去漢軍皆無功其後四歲廣以衞尉爲將軍出鴈門擊匈奴匈奴兵多破敗廣軍生得廣單于素聞廣賢令曰得李廣必生致之胡騎得廣廣時傷病置廣兩馬閒絡而盛臥廣行十餘里廣佯死睨其旁有一胡兒騎善馬廣暫騰而上胡兒馬因推墮兒【集解】徐廣曰一云抱兒鞭馬南馳也 取其弓鞭馬南馳數十里復得其餘軍因引而入塞匈奴捕者騎數百追之廣行取胡兒弓射殺追騎以故得脫於是至漢漢下廣吏吏當廣所失亡多爲虜所生得當斬贖爲庶人頃之家居數歲廣家與故潁陰侯孫【集解】駰案孫灌嬰之孫名彊 屏野居藍田南山中射獵嘗夜從一騎出從人田閒飲還至霸陵亭霸陵尉醉【索隱】案百官志云尉大縣二人主盜賊凡有賊發則推索尋案之也 呵止廣廣騎曰故李將軍尉曰今將軍尚不得夜行何乃故也止廣宿亭下居無何匈奴入殺遼西太守敗韓將軍韓將軍後徙右北平【集解】蘇林曰韓安國 於是天子乃召拜廣爲右北平太守廣卽請霸陵尉與俱至軍而斬之廣居右北平匈奴聞之號曰漢之飛將軍避之數歲不敢入右北平廣出獵見草中石以爲虎而射之中石沒鏃【集解】徐廣曰一作沒羽 視之石也因復更射之終不能復入石矣廣所居郡聞有虎嘗自射之及居右北平射虎虎騰傷廣廣亦竟射殺之廣廉得賞賜輒分其麾下飲食與士共之終廣之身爲二千石四十餘年家無餘財終不言家產事廣爲人長猨臂【集解】

如淳曰臂如猨通肩其善射亦天性也雖其子孫他人學者莫能
及廣廣訥口少言與人居則畫地爲軍陳射闊狹以飲
〔集解〕如淳曰射箴求疏密持酒以飲不勝者〔正義〕飲音於禁反專以射爲戲竟死〔索隱〕謂終
竟廣身至死以爲恒也廣之將兵乏絕之處見水士卒不盡飲廣
不近水士卒不盡食廣不嘗食寬緩不苛士以此愛樂
爲用其射見敵急非在數十步之內度不中不發發即
應弦而倒用此其將兵數困辱其射猛獸亦爲所傷云
居頃之石建卒於是上召廣代建爲郎中令元朔六年
廣復爲後將軍從大將軍軍出定襄擊匈奴諸將多中
首虜率以功爲侯者〔集解〕如淳曰中猶充也本義法得首若干封侯而廣軍無
功後三歲廣以郎中令將四千騎出右北平博望侯張
騫將萬騎與廣俱異道行可數百里匈奴左賢王將四
萬騎圍廣廣軍士皆恐廣乃使其子敢往馳之敢獨與
數十騎馳直貫胡騎出其左右而還告廣曰胡虜易與
耳軍士乃安廣爲圜陳外嚮胡急擊之矢下如雨漢兵
死者過半漢矢且盡廣乃令士持滿毋發而廣身自以
大黃射其裨將〔集解〕徐廣曰南都賦曰黃間機張善弩之名駰案鄭德曰黃肩弩淵中黃朱之
孟康曰太公六韜曰陷堅敗強敵用大黃連弩韋昭曰角弩色黃而體大也〔索隱〕案大黃間弩名韋昭說是也
殺數人胡虜益解會日暮吏士皆無人色而廣意氣自
如益治軍軍中自是服其勇也明日復力戰而博望侯
軍亦至匈奴軍乃解去漢軍罷弗能追是時廣軍幾沒
罷歸漢法博望侯留遲後期當死贖爲庶人廣軍功自
如無賞初廣之從弟李蔡與廣俱事孝文帝景帝時蔡
積功勞至二千石孝武帝時至代相以元朔五年爲輕
車將軍從大將軍擊右賢王有功中率封爲樂安侯〔索隱〕
中音丁仲反率音律亦音雙筆反小顏云率謂軍功封賞之科著在法令故云中率元狩二年中
代公孫弘爲丞相蔡爲人在下中〔索隱〕案以九品而論在下之中當第八
名聲出廣下甚遠然廣不得爵邑官不過九卿而蔡爲
列侯位至三公諸廣之軍吏及士卒或取封侯廣嘗與
望氣王朔燕語曰自漢擊匈奴而廣未嘗不在其中而
諸部校尉以下才能不及中人然以擊胡軍功取侯者
數十人而廣不爲後人〔索隱〕謂不在人後也然無尺寸之功以得
封邑者何也豈吾相不當侯邪且固命也朔曰將軍自
念豈嘗有所恨乎廣曰吾嘗爲隴西守羌嘗反吾誘而
降降者八百餘人吾詐而同日殺之至今大恨獨此耳
朔曰禍莫大於殺已降此乃將軍所以不得侯者也後
二歲大將軍驃騎將軍大出擊匈奴廣數自請行天子
以爲老弗許良久乃許之以爲前將軍是歲元狩四年
也廣既從大將軍青擊匈奴既出塞青捕虜知單于所
居乃自以精兵走之而令廣并於右將軍軍〔集解〕徐廣曰主爵趙

食其爲右將軍出東道東道少回遠而大軍行水草少其勢不
屯行〔集解〕張晏曰以水草少不可羣輩廣自請曰臣部爲前將軍今大
將軍乃徙令臣出東道且臣結髮而與匈奴戰今乃一
得當單于〔索隱〕案廣言自少時結髮而與匈奴戰唯今者得與單于相當遇也臣願居前
先死單于大將軍青亦陰受上誡以爲李廣老數奇〔集解〕
如淳曰數爲匈奴所敗奇爲不偶也〔索隱〕案服虔云作事數不偶也音朔小顏音所具反奇蕭該音居宜反
毋令當單于恐不得所欲而是時公孫敖新失侯爲中
將軍從大將軍大將軍亦欲使敖與俱當單于故徙前
將軍廣廣時知之固自辭於大將軍大將軍不聽令長
史封書與廣之莫府曰急詣部如書〔正義〕令廣如其文牒急引兵從東道
也廣不謝大將軍而起行意甚慍怒而就部引兵與右
將軍食其合軍出東道〔索隱〕食其音異基案趙將軍名也或亦依字讀軍亡導
或失道〔索隱〕謂無人導引軍故失道也後大將軍大將軍與單于接戰
單于遁走弗能得而還南絕幕〔正義〕絕度也南度沙幕遇前將軍
右將軍廣已見大將軍還入軍大將軍使長史持糒醪
遺廣因問廣食其失道狀青欲上書報天子軍曲折〔正義〕
言委曲而行過折使軍後大將軍也廣未對大將軍使長史急責廣之幕
府對簿廣曰諸校尉無罪乃我自失道吾今自上簿至
莫府廣謂其麾下曰廣結髮與匈奴大小七十餘戰今
幸從大將軍出接單于兵而大將軍又徙廣部行回遠
而又迷失道豈非天哉且廣年六十餘矣終不能復對
刀筆之吏遂引刀自剄廣軍士大夫一軍皆哭百姓聞
之知與不知無老壯皆爲垂涕而右將軍獨下吏當死
贖爲庶人廣子三人曰當戶椒敢爲郎天子與韓嫣戲
〔索隱〕嫣或音偃又音許乾反嫣少不遜當戶擊嫣嫣走於是天子以
爲勇當戶早死拜椒爲代郡太守皆先廣死當戶有遺
腹子名陵廣死軍時敢從驃騎將軍廣死明年李蔡以
丞相坐侵孝景園壖地〔索隱〕壖音人緣反又音乃緣反又音而宣反案壖地神道之地
也黃圖云陽陵闕門西出神道四通茂陵神道廣四十三丈也〔正義〕漢書云詔賜冢地陽陵當得二十畝蔡盜
取三頃頗賣得四十餘萬又盜取神道外壖地一畝葬其中當下獄自殺當下吏治蔡亦自
殺不對獄國除李敢以校尉從驃騎將軍擊胡左賢王
力戰奪左賢王鼓旗斬首多賜爵關內侯食邑二百戶
代廣爲郎中令頃之怨大將軍青之恨其父〔索隱〕小顏云令其父
恨而死乃擊傷大將軍大將軍匿諱之居無何敢從上雍
〔索隱〕劉氏音尚大顏云雍地形高故云上至甘泉宮獵驃騎將軍去病與青
有親射殺敢去病時方貴幸上諱云鹿觸殺之居歲餘
去病死〔集解〕徐廣曰元狩六年而敢有女爲太子中人愛幸敢男
禹有寵於太子然好利李氏陵遲衰微矣李陵既壯選
爲建章監監諸騎善射愛士卒天子以爲李氏世將而
使將八百騎嘗深入匈奴二千餘里過居延〔集解〕徐廣曰屬張掖

〔正義〕括地志云居延海在甘州張掖縣東北六十四里地理志云居延澤古文以爲流沙甘州在京西北二千
四百六十里視地形無所見虜而還拜爲騎都尉將丹陽楚
人五千人教射酒泉張掖以屯衛胡數歲天漢二年秋
貳師將軍李廣利將三萬騎擊匈奴右賢王於祁連天
山〔集解〕徐廣曰出敦煌至天山〔索隱〕案晉灼云在西域近蒲類又西河舊事云白山冬夏有雪匈奴謂之天
山〔正義〕括地志云祁連山在甘州張掖縣西南二百里天山一名白山今名初羅漫山也在伊吾縣北百二十
里伊州在京西北四千四百一十六里而使陵將其射士步兵五千人出
居延北可千餘里欲以分匈奴兵毋令專走貳師也陵
既至期還而單于以兵八萬圍擊陵軍陵軍五千人兵
矢既盡士死者過半而所殺傷匈奴亦萬餘人且引且
戰連鬬八日還未到居延百餘里匈奴遮狹絕道陵食
乏而救兵不到虜急擊招降陵陵曰無面目報陛下遂
降匈奴其兵盡沒餘亡散得歸漢者四百餘人單于既
得陵素聞其家聲及戰又壯乃以其女妻陵而貴之漢
聞族陵母妻子自是之後李氏名敗而隴西之士居門
下者皆用爲恥焉

太史公曰傳曰其身正不令而行其身不正雖令不從
其李將軍之謂也余睹李將軍悛悛如鄙人〔索隱〕悛音七旬反漢
書作恂恂音詢口不能道辭及死之日天下知與不知皆爲盡
哀彼其忠實心誠信於士大夫也諺曰桃李不言下自
成蹊〔索隱〕案姚氏云桃李本不能言但以華實感物故人不期而往其下自成蹊徑也以喻廣雖不能道
辭能有所感而忠心信物故也此言雖小可以諭大也
〔索隱〕述贊曰猨臂善射實負其能解鞍卻敵圓陣摧鋒邊郡屢守大軍再從失道見斥數奇不封惜哉名
將天下無雙

史記卷一百九考證
李將軍列傳廣以良家子從軍擊胡索隱案如淳云非
醫巫商賈百工也○徐孚遠曰良家子從軍蓋自以
才力從大將軍取功名非卒伍也如說不分明
而是時公孫敖新失侯爲中將軍從大將軍○劉奉世
刊誤曰按青去病傳是歲出塞無中將軍而敖傳是
歲以校尉從大將軍此傳誤也
貳師將軍李廣利將三萬騎擊匈奴右賢王於祁連天
山○淩稚隆曰一本王下無於字

史記卷一百十

漢　太　史　令司馬遷　撰
宋　中郎外兵曹參軍裴駰集解
唐　國子博士弘文館學士司馬貞索隱
唐　諸王侍讀率府長史張守節正義

匈奴列傳第五十

〔正義〕此卷或有本次平津侯後第五十二今第五十者先生舊本如此劉伯莊云亦然若先諸傳而次四夷則司馬汲鄭不合在後也
匈奴其先祖夏后氏之苗裔也曰淳維〔集解〕駰案漢書音義曰匈奴始
祖名〔索隱〕張晏曰淳維以殷時奔北邊又樂彥括地譜云夏桀無道湯放之鳴條三年而死其子獯粥妻桀之
衆妾避居北野隨畜移徙中國謂之匈奴其言夏后苗裔或當然也故應劭風俗通曰殷時曰獯粥改曰匈奴
又晉灼云堯時曰葷粥周曰玁狁秦曰匈奴韋昭云漢曰匈奴葷粥其別名則淳維是其始祖蓋與獯粥是一
也唐虞以上有山戎〔正義〕左傳莊三十年齊人伐山戎杜預云山戎北戎無終三名也括
地志云幽州漁陽縣本北戎無終子國獫狁葷粥〔集解〕晉灼曰堯時曰葷粥周曰獫狁秦曰匈奴
居于北蠻隨畜牧而轉移其畜之所多則馬牛羊其奇
畜則橐駞〔索隱〕韋昭曰背肉似橐故云駞包愷音託佗〔正義〕畜許六反驢蠃〔索隱〕按古今注
云驢特馬牝生蠃〔正義〕蠃音力戈反駃騠〔集解〕徐廣曰北狄駿馬〔索隱〕說文云駃騠馬父蠃子也廣志云
決蹄也發蒙記刳其母腹而生列女傳云生七日超其母騊駼〔集解〕徐廣曰似馬而青〔索隱〕按郭璞注爾
雅云騊駼馬青色音淘塗又字林云野馬山海經云北海內有獸其狀如馬其名騊駼也驒騱〔集解〕徐廣
曰音顛巨虛之屬〔索隱〕說文云野馬屬一云青驪白驎文如鼉魚鄒誕生本驒字作奚逐水草遷
徙毋城郭常處耕田之業然亦各有分地〔索隱〕分音扶糞反毋
文書以言語爲約束兒能騎羊引弓射鳥鼠少長則射
狐兔用爲食〔索隱〕少音式紹反長陟兩反少長謂年稍長士力能彎弓〔索隱〕彎音烏還
反盡爲甲騎其俗寬則隨畜因射獵禽獸爲生業急
則人習戰攻以侵伐其天性也其長兵則弓矢短兵則
刀鋋〔集解〕韋昭曰鋋形似矛鐵柄音時年反〔索隱〕音蟬埤蒼云鋋小矛鐵矜古今字詁云矜矛殭也利
則進不利則退不羞遁走苟利所在不知禮義自君王
以下咸食畜肉衣其皮革被旃裘壯者食肥美老者食
其餘貴壯健賤老弱父死妻其後母兄弟死皆取其妻
妻之其俗有名不諱而無姓字〔集解〕駰案漢書曰單于姓攣鞮氏〔索隱〕攣音六
緣反鞮音丁啼反夏道衰而公劉失其稷官〔集解〕徐廣曰后稷之曾孫〔正義〕周本
紀云不窋失其官此云公劉未詳也變于西戎邑于豳其後三百有餘歲
戎狄攻大王亶父〔集解〕徐廣曰公劉九世孫亶父亡走岐下而豳人
悉從亶父而邑焉作周〔索隱〕按謂始作周國也其後百有餘歲周
西伯昌伐畎夷氏〔索隱〕韋昭云春秋以爲犬戎按畎音犬小顏云即昆夷也山海經云黃帝
生苗苗生龍龍生融融生吾吾生幷明幷明生白白生犬犬有二壯是爲犬戎說文云赤狄本犬種字從犬又
山海經云有人面獸身名犬夷賈逵云犬夷戎之別種也後十有餘年武王伐紂而
營雒邑復居于酆鄗放逐戎夷涇洛之北〔索隱〕晉灼曰洛水在馮翊
懷德縣東南入渭又案水經云出上郡彫陰泰昌山過華陰入渭即漆沮水也以時入貢命曰
荒服其後二百有餘年周道衰〔索隱〕案周紀云懿王時王室衰詩人作怨刺之

詩不能復雅也而穆王伐犬戎得四白狼四白鹿以歸自是之後荒服不至於是周遂作甫刑之辟穆王之後二百有餘年周幽王用寵姬褒姒之故與申侯有郤【正義】故申城在鄧州南陽縣北三十里周宣王舅所封申侯怒而與犬戎共攻殺周幽王于驪山之下【集解】韋昭曰戎後來居此山故號曰驪戎遂取周之焦穫【正義】括地志云焦穫亦名瓠口亦曰瓠中在雍州涇陽縣北城十數里周有焦穫也而居于涇渭之間侵暴中國秦襄公救周於是周平王去酆鄗而東徙雒邑當是之時秦襄公伐戎至岐【正義】今岐州高誘云秦襄公救周有功受周故地酆鄗列爲諸侯也始列爲諸侯是後六十有五年而山戎越燕而伐齊【索隱】服虔云山戎蓋今鮮卑胡廣云鮮卑東胡別種又案應奉云秦築長城徒士亡出塞外依鮮卑山因爲號齊釐公與戰于齊郊【索隱】釐音僖名諸兒也其後四十四年而山戎伐燕燕告急于齊齊桓公北伐山戎山戎走其後二十有餘年而戎狄至洛邑伐周襄王襄王奔于鄭之氾邑【索隱】氾音凡今潁川襄城是初周襄王欲伐鄭故娶戎狄女爲后與戎狄兵共伐鄭已而黜狄后狄后怨而襄王後母曰惠后有子子帶欲立之於是惠后與狄后子帶爲內應開戎狄戎狄以故得入破逐周襄王而立子帶爲天子於是戎狄或居于陸渾【集解】徐廣曰一爲陸邑【索隱】春秋左氏秦晉遷陸渾之戎于伊川杜預以爲允姓之戎居陸渾在秦晉之間二國誘而徙之伊川遂從戎號今陸渾縣是也東至於衛侵盜暴虐中國中國疾之故詩人歌之曰戎狄是膺薄伐獫狁至于太原【集解】駰案毛詩傳曰言逐出之而已出輿彭彭城彼朔方【集解】駰案毛詩傳曰彭彭四馬貌朔方北方【正義】言獫狁既去北方安靜乃築城守之也周襄王既居外四年乃使使告急于晉晉文公初立欲修霸業乃興師伐逐戎翟誅子帶迎內周襄王居于雒邑當是之時秦晉爲彊國晉文公攘戎翟居于河內圁洛之閒【集解】徐廣曰圁在西河音銀洛在上郡馮翊間【索隱】三蒼圁作圁地理志云圁水出上郡白土縣西東流入河韋昭云圁當爲圁續郡國志及太康地理志並作圁字也【正義】括地志云白土故城在鹽州白池東北三百九十里又云近延州綏州銀州本春秋時白狄所居七國屬魏後入秦秦置三十六郡洛漆沮也號曰赤翟白翟【索隱】案左傳云晉師滅赤狄潞氏杜氏以潞赤翟之別種也今上黨潞縣又春秋地名云今曰赤涉胡又晉師敗翟于箕郤缺獲白翟子杜氏以爲白翟之別種故西河郡有白部胡又國語云桓公西征攘白翟之地遂至于西河【正義】括地志云洛州本赤狄地延銀綏三州白翟地按文言圁洛之間號赤狄未詳秦穆公得由余西戎八國服於秦故自隴以西有緜諸【正義】括地志云緜諸城秦州秦嶺縣北五十六里漢緜諸道屬天水郡緄戎【正義】緄音昆字當作混顏師古云混夷也韋昭云春秋以爲犬戎翟䝠之戎【集解】徐廣曰在天水䝠音丸【索隱】地理志天水有緜諸道狄道應劭以䝠戎邑音桓【正義】括地志云䝠道故城在渭州襄武縣東南三十七里古之䝠戎邑漢䝠道屬天水郡岐梁山涇漆之北有義渠【正義】括地志云寧州慶州西戎即劉拘邑城時爲義渠戎國秦爲北地郡也大荔【集解】徐廣曰後更名臨晉在馮翊【索隱】韋昭云義渠本西戎國有王秦滅之今在北地郡秦本紀厲共公伐大荔取其王城後更名臨晉故地理志云臨晉故大荔國也【正義】括地志云同州馮翊縣及朝邑縣本漢臨晉縣地古大荔戎國今朝邑縣東三十步故王城即大荔王城荔力計反烏氏【集解】徐廣曰在安定【正義】氏音支括地志云烏氏故城在涇州安定縣東三十

里周之故地後入戎秦惠王取之置烏氏縣也朐衍之戎【集解】徐廣曰在北地朐音頊于反【索隱】案地理志朐衍縣名在北地鄭氏音吁【正義】括地志云鹽州古戎狄居之即朐衍戎之地秦北地郡也而晉北有林胡【集解】如淳曰林胡即儋林爲李牧所滅【正義】括地志云朔州春秋時北地也樓煩之戎【索隱】地理志樓煩縣名屬鴈門應劭云故樓煩胡也【正義】括地志云嵐州樓煩胡地也風俗通云故樓煩故地也燕北有東胡山戎【集解】駰案漢書音義曰烏丸或云鮮卑【索隱】服虔云東胡烏丸之先後爲鮮卑在匈奴東故曰東胡案續漢書曰漢初匈奴冒頓滅其國餘類保烏桓山以爲號俗隨水草居無常處桓以之名烏號爲姓父子男女悉髡頭爲輕便也各分散居谿谷自有君長往往而聚者百有餘戎然莫能相一自是之後百有餘年晉悼公使魏絳和戎翟戎翟朝晉後百有餘年趙襄子踰句注【集解】駰案音鉤山名在鴈門【索隱】服虔云句音拘韋昭云山名在陰館而破并代以臨胡貉【索隱】案貉即濊也音亡格反其後既與韓魏共滅智伯分晉地而有之則趙有代句注之北魏有河西上郡以與戎界邊其後義渠之戎築城郭以自守而秦稍蠶食至於惠王遂拔義渠二十五城惠王擊魏魏盡入西河及上郡于秦秦昭王時義渠戎王與宣太后亂【集解】駰案昭王母也有二子宣太后詐而殺義渠戎王於甘泉遂起兵伐殘義渠於是秦有隴西北地上郡築長城以拒胡而趙武靈王亦變俗胡服習騎射北破林胡樓煩築長城【正義】括地志云趙武靈王長城在朔州善陽縣北案水經云白道長城北山上有長垣若頹毀焉沿溪亘嶺東西無極蓋趙靈王所築也自代並【集解】駰案音傍白浪反陰山【索隱】徐廣云西安陽縣北有陰山陰山在河南陽山北也【正義】括地志云陰山在朔州北塞外突厥界下至高闕爲塞【集解】徐廣曰在朔方【正義】地理志云朔方臨戎縣北有連山險於長城其山中斷兩峯俱峻土俗名爲高闕也而置雲中鴈門代郡其後燕有賢將秦開爲質於胡胡甚信之歸而襲破走東胡東胡卻千餘里與荊軻刺秦王秦舞陽者開之孫也燕亦築長城自造陽【集解】韋昭曰地名在上谷【正義】按上谷郡今嬀州至襄平【索隱】韋昭云今遼東所理也置上谷漁陽右北平遼西遼東郡以拒胡當是之時冠帶戰國七而三國邊於匈奴【索隱】案三國燕趙秦也其後趙將李牧時匈奴不敢入趙邊後秦滅六國而始皇帝使蒙恬將十萬之衆北擊胡悉收河南地因河爲塞【索隱】案太康地記秦塞自五原北九里謂之造陽東行終利貢山南漢陽西是也築四十四縣城臨河徙適戍以充之【集解】駰案適音丁革反而通直道【索隱】蘇林云去長安八千里正南北相直道也自九原至雲陽【索隱】韋昭云九原縣屬五原【正義】括地志云勝州連谷縣本秦九原郡漢武帝更名五原雲陽雍縣秦之林光宮即漢之甘泉宮在焉又云秦故道在慶州華池縣西四十五里子午山上自九原至雲陽千八百里因邊山險塹谿谷可繕者治之起臨洮至遼東萬餘里【索隱】韋昭曰臨洮隴西縣【正義】括地志云秦隴西郡臨洮縣即今岷州城本秦長城首起岷州西十二里延袤萬餘里東入遼水又度河據陽山北假中【集解】駰案北假北方田官主以田假與貧人故云北假【索隱】應劭云北假在北地陽山北韋昭云北假地名【正義】括地志云漢五原郡河目縣故城在北假中北假在河北今屬勝州銀城縣漢書王莽傳云五原北假膏壤殖穀當是之時東胡彊而月氏盛【正義】氏音支括地志云涼甘肅延沙等州地本月氏國匈奴單于【集解】駰案

漢書音義曰單于者廣大之貌言其象天單于然【索隱】按單于姓攣鞮氏其國稱之曰撐犂孤塗單于匈奴謂天爲撐犂謂子爲孤塗單于者廣大之貌言其象天單于然也 曰撐犂孤塗單于又玄晏春秋云士安讀漢書不詳此言有胡奴在側言之曰此胡所謂天子與古書所說符會也曰頭曼【集解】韋昭曰曼音瞞【索隱】曼音莫官反頭曼不勝秦北徙十餘年而蒙恬死諸侯畔秦中國擾亂諸秦所徙適戍邊者皆復去於是匈奴得寬復稍度河南與中國界於故塞單于有太子名冒頓【索隱】冒音墨又如字後有所愛閼氏【索隱】閼氏舊音曷氏匈奴皇后號也習鑿齒與燕王書云山下有紅藍足下先知不北方人採取其花染緋黃挼取其上英鮮者作烟支婦人將用爲顏色吾少時再三過見烟支今日始親紅藍後當足致其種匈奴名妻作閼氏今可音烟支想足下先亦不作此讀漢書也生少子而單于欲廢冒頓而立少子乃使冒頓質於月氏冒頓既質於月氏而頭曼急擊月氏月氏欲殺冒頓冒頓盜其善馬騎之亡歸頭曼以爲壯令將萬騎冒頓乃作爲鳴鏑【集解】駰案漢書音義曰鏑箭也如今鳴箭也韋昭曰矢鏑飛則鳴【索隱】應劭云髐箭也習勒其騎射令曰鳴鏑所射而不悉射者斬之行獵鳥獸有不射鳴鏑所射者輒斬之已而冒頓以鳴鏑自射其善馬左右或不敢射者冒頓立斬不射善馬者居頃之復以鳴鏑自射其愛妻左右或頗恐不敢射冒頓又復斬之居頃之冒頓出獵以鳴鏑射單于善馬左右皆射之於是冒頓知其左右皆可用從其父單于頭曼獵以鳴鏑射頭曼其左右亦皆隨鳴鏑而射殺單于頭曼遂盡誅其後母與弟及大臣不聽從者冒頓自立爲單于冒頓既立【集解】徐廣曰秦二世元年壬辰歲立是時東胡彊盛聞冒頓殺父自立乃使使謂冒頓欲得頭曼時有千里馬冒頓問羣臣羣臣皆曰千里馬匈奴寶馬也勿與冒頓曰奈何與人鄰國而愛一馬乎遂與之千里馬居頃之東胡以爲冒頓畏之乃使使謂冒頓欲得單于一閼氏冒頓復問左右左右皆怒曰東胡無道乃求閼氏請擊之冒頓曰奈何與人鄰國愛一女子乎遂取所愛閼氏予東胡東胡王愈益驕西侵與匈奴間中有棄地莫居千餘里各居其邊爲甌脫【集解】韋昭曰界上屯守處【索隱】服虔云作土室以伺漢人又纂文曰甌脫土穴也又云是地名故下云生得甌脫王韋昭音一侯反脫音同活反【正義】按境上斥候之室爲甌脫也東胡使使謂冒頓曰匈奴所與我界甌脫外棄地匈奴非能至也吾欲有之冒頓問羣臣羣臣或曰此棄地予之亦可勿與亦可於是冒頓大怒曰地者國之本也奈何予之諸言予之者皆斬之冒頓上馬令國中有後者斬遂東襲擊東胡東胡初輕冒頓不爲備及冒頓以兵至擊大破滅東胡王而虜其民人及畜產既歸西擊走月氏南并樓煩白羊河南王【索隱】如淳曰白羊王居河南侵燕代悉復收秦所使蒙恬所奪匈奴地者與漢關故河南塞至朝那膚施【集解】徐廣曰在上郡【正義】漢朝那故城在原州百泉縣西七十里屬安定郡膚施縣秦因不改

今延州膚施縣是也遂侵燕代是時漢兵與項羽相距中國罷於兵革以故冒頓得自彊控弦之士三十餘萬自淳維以至頭曼千有餘歲時大時小別散分離尚矣其世傳不可得而次云然至冒頓而匈奴最彊大盡服從北夷而南與中國爲敵國其世傳國官號乃可得而記云置左右賢王左右谷蠡王【集解】服虔曰谷音鹿蠡音離【索隱】蠡又音黎左右大將左右大都尉左右大當戶左右骨都侯【集解】駰案骨都異姓大臣【索隱】裴氏所引據後漢書下呼衍注亦然匈奴謂賢曰屠耆【集解】徐廣曰屠一作諸故常以太子爲左屠耆王自如左右賢以下至當戶大者萬騎小者數千凡二十四長立號曰萬騎諸大臣皆世官呼衍氏蘭氏【正義】顏師古云呼衍即今鮮卑姓呼延者也蘭姓今亦有之其後有須卜氏【集解】駰案須卜氏主獄訟【正義】後漢書云呼衍氏須卜氏常與單于婚姻此三姓其貴種也諸左方王將居東方直上谷【索隱】案姚氏云古字例以直爲值值者當也【正義】上谷郡今嬀州也言匈奴東方南出直當嬀州也以往者東接穢貉朝鮮右方王將居西方直上郡【正義】上郡故城在涇州上縣東南五十里言匈奴西方南直當綏州也以西接月氏氐羌【索隱】案風俗通云氐本西南夷種地理志武都有白馬氐又魚豢魏略云漢置武都郡排其種人分竄山谷或號青氐或號白氐纂文云氐亦羊稱說文云羌西方牧羊人續漢書云羌三苗姜姓之別舜徙于三危今河關之西南羌是也而單于之庭直代雲中【索隱】案謂匈奴所都處爲庭樂彥云單于無城郭不知何以國之穹廬前地若庭故云庭【正義】代郡城北狄代國秦漢代縣城也在蔚州羌胡縣北百五十里雲中故城趙雲中城秦雲中郡在勝州榆林縣東北四十里言匈奴之南直當代雲中也各有分地逐水草移徙而左右賢王左右谷蠡王最爲大國左右骨都侯輔政諸二十四長亦各自置千長百長什長【索隱】案續漢書郡國志云里有魁又有什伍里魁掌一里百家什主十家伍主伍家以相檢察故賈誼過秦論以爲俛起什百之中是也裨小王相封【集解】徐廣曰一作將都尉當戶且渠之屬【正義】且子餘反顏師古云今之沮渠姓蓋本因此官歲正月諸長小會單于庭祠五月大會龍城【索隱】漢書作龍城亦龍字崔浩云西方胡皆事龍神故名大會處爲龍城後漢書云匈奴俗歲有三龍祠祭天神祭其先天地鬼神秋馬肥大會蹛林【集解】駰案漢書音義曰匈奴秋社八月中皆會祭處蹛音帶【索隱】鄭氏云蹛林地名也晉灼曰李陵與蘇武書云相競趨蹛林則服虔說是也又韋昭音多藍反姚氏案李牧傳大破匈奴滅襜襤此字與韋昭音頗同然林襤聲相近或以林爲襤也【正義】顏師古云蹛者遶林木而祭也鮮卑之俗自古相傳秋祭無林木者尚豎柳枝衆騎馳遶三周乃止此其遺法也課校人畜【正義】許六反計其法拔刃尺者死坐盜者沒入其家有罪小者軋【集解】駰案漢書音義曰刃刻其面【索隱】軋音烏八反鄧展云軋歷也如淳云撾杖也三蒼云軋轢也說文云轢轢也【正義】顏師古云軋者謂轢其骨節若今之厭踝者也大者死獄久者不過十日一國之囚不過數人而單于朝出營拜日之始生夕拜月其坐長左而北鄉【正義】其座北向長者在左以左爲尊也日上戊已其送死有棺槨金銀衣裘而無封樹喪服【集解】張華曰匈奴名冢曰逗落近幸臣妾從死者多至數千百人【正義】漢書作數十百人顏師古云或數十人或百人舉事而候星月月盛壯則攻戰月虧則退兵其攻戰斬首虜賜一巵酒而所得鹵獲因以予之得人

以爲奴婢故其戰人人自爲趣利善爲誘兵以冒敵故其見敵則逐利如鳥之集其困敗則瓦解雲散矣戰而扶輿死者盡得死者家財後北服渾庾屈射丁零〔索隱〕魏畧云丁靈在康居北去匈奴庭接習水七千里又云匈奴北有渾窳國屈射國亦音石鬲昆薪犂之國〔正義〕已上五國在匈奴北於是匈奴貴人大臣皆服以冒頓單于爲賢是時漢初定中國徙韓王信於代都馬邑匈奴大攻圍馬邑韓王信降匈奴匈奴得信因引兵南踰句注攻太原至晉陽下高帝自將兵往擊之會冬大寒雨雪卒之墮指者十二三於是冒頓詳敗走誘漢兵漢兵逐擊冒頓冒頓匿其精兵見其羸弱於是漢悉兵多步兵三十二萬北逐之高帝先至平城〔集解〕徐廣曰在鴈門步兵未盡到冒頓縱精兵四十萬騎圍高帝於白登〔正義〕白登臺在白登山上朔州定襄縣東三十里定襄縣漢平城縣也七日漢兵中外不得相救餉匈奴騎其西方盡白馬東方盡青駹馬〔索隱〕駹音武江反案青駹青色馬也〔正義〕鄭元云駹不純也說文云駹面顙皆白爾雅云黑馬面白也北方盡烏驪馬〔索隱〕說文云驪黑色南方盡騂馬〔索隱〕詩傳曰赤黃曰騂高帝乃使使間厚遺閼氏閼氏乃謂冒頓曰兩主不相困今得漢地而單于終非能居之也且漢王亦有神單于察之冒頓與韓王信之將王黃趙利期而黃利兵又不來疑其與漢有謀亦取閼氏之言乃解圍之一角於是高帝令士皆持滿傅矢外鄉〔索隱〕傅音附鄉音嚮從解角直出竟與大軍合而冒頓遂引兵而去漢亦引兵而罷使劉敬結和親之約是後韓王信爲匈奴將及趙利王黃等數倍約侵盜代雲中居無幾何陳豨反又與韓信合謀擊代漢使樊噲往擊之復拔代鴈門雲中郡縣不出塞是時匈奴以漢將衆往降故冒頓常往來侵盜代地於是漢患之高帝乃使劉敬奉宗室女公主爲單于閼氏歲奉匈奴絮繒酒米食物各有數約爲昆弟以和親冒頓乃少止後燕王盧綰反率其黨數千人降匈奴往來苦上谷以東高祖崩孝惠呂太后時漢初定故匈奴以驕冒頓乃爲書遺高后妄言高后欲擊之〔索隱〕案漢書云高后時冒頓寖驕乃使使遺高后書曰孤僨之君生於沮澤之中長於平野牛馬之域數至邊境願遊中國陛下獨立孤僨獨居兩主不樂無以自娛願以所有易其所無高后怒欲擊之諸將曰以高帝賢武然尚困於平城於是高后乃止〔索隱〕案漢書季布諫高后乃止復與匈奴和親至孝文帝初立復脩和親之事其三年五月匈奴右賢王入居河南地侵盜上郡葆塞蠻夷殺略人民於是孝文帝詔丞相灌嬰發車騎八萬五千詣高奴〔正義〕延州城本漢高奴縣舊都擊右賢王右賢王走出塞文帝幸太原是時濟北王反文帝歸罷丞相擊胡之兵其明年單于遺漢書曰天所立匈奴大單于敬問皇帝無恙前時皇帝言和親事稱書意合歡

漢邊吏侵侮右賢王右賢王不請聽後義盧侯難氏〔集解〕徐廣曰音支〔索隱〕匈奴將名也等計與漢吏相距絕二主之約離兄弟之親皇帝讓書再至發使以書報不來漢使不至漢以其故不和鄰國不附今以小吏之敗約故罰右賢王使之西求月氏擊之以天之福吏卒良馬彊力以夷滅月氏盡斬殺降下之定樓蘭〔集解〕徐廣曰一云樓湟〔正義〕漢書云鄯善國名樓蘭去長安一千六百里烏孫呼揭〔集解〕駰案音桀〔索隱〕又音丘列反〔正義〕揭音犂又其列反二國皆在瓜州西北烏孫戰國時居瓜州及其旁二十六國皆以爲匈奴〔索隱〕謂皆已入匈奴國也諸引弓之民并爲一家北州已定願寢兵休士卒養馬除前事復故約以安邊民以應始古使少者得成其長老者安其處世世平樂未得皇帝之志也故使郎中係雩淺奉書〔集解〕駰案雩音火胡反〔索隱〕係音計雩漢書作虖請獻橐他一匹騎馬二匹駕二駟〔正義〕顏師古云駕可駕車也駟八匹馬也皇帝即不欲匈奴近塞則且詔吏民遠舍使者至即遣之以六月中來至薪望之地〔集解〕駰案漢書音義曰塞下地名〔索隱〕服虔云漢界上塞下之地今匈奴使至於此也書至漢議擊與和親孰便公卿皆曰單于新破月氏乘勝不可擊且得匈奴地澤鹵〔正義〕澤音息非可居也和親甚便漢許之孝文皇帝前六年漢遺匈奴書曰皇帝敬問匈奴大單于無恙使郎中係雩淺遺朕書曰右賢王不請聽後義盧侯難氏等計絕二主之約離兄弟之親漢以故不和鄰國不附今以小吏敗約故罰右賢王使西擊月氏盡定之願寢兵休士卒養馬除前事復故約以安邊民使少者得成其長老者安其處世世平樂朕甚嘉之此古聖主之意也漢與匈奴約爲兄弟所以遺單于甚厚倍約離兄弟之親者常在匈奴然右賢王事已在赦前單于勿深誅單于若稱書意明告諸吏使無負約有信敬如單于書使者言單于自將伐國有功甚苦兵事服繡袷綺衣繡袷長襦〔集解〕徐廣曰一本無袷字〔索隱〕案小顏云服者言天子自所服也以繡爲表綺爲裏以賜冒頓字林云袷衣無絮也音公洽反錦袷袍各一比余一〔集解〕徐廣曰或作疏比也〔索隱〕案漢書作比疏一比音鼻小顏云辮髮之飾也以金爲之廣雅云比櫛也蒼頡篇云靡者爲比麤者爲梳蘇林云今亦謂之梳黃金飾具帶一〔集解〕駰案漢書音義曰要中大帶黃金胥紕一〔集解〕徐廣曰或作犀毗而無一字〔索隱〕漢書見作犀毗此作胥者胥犀聲相近或誤張晏云鮮卑郭落帶瑞獸名也東胡好服之戰國策云趙武靈王賜周紹具帶黃金師比延篤云胡革帶鉤也則此帶鉤亦名師比則胥犀與師並相近而說各異耳班固與竇憲牋云賜犀比金頭帶是也繡十匹錦三十匹赤綈〔正義〕綈音啼綠繒各四十匹〔索隱〕案說文云綈厚繒也使中大夫意謁者令肩遺單于後頃之冒頓死子稽粥立〔索隱〕稽音雞粥音育號曰老上單于老上稽粥單于初立〔集解〕徐廣曰一云稽粥第二單于自後皆以第別之孝文皇帝復遣宗室女公主爲單于閼氏使宦者燕人中行說〔正義〕行音胡郎反中行姓說名也傅公主說不欲行漢彊使之說曰必我行也爲漢患者中

行說既至因降單于單于甚親幸之初匈奴好漢繒絮食物中行說曰匈奴人衆不能當漢之一郡然所以彊者以衣食異無仰於漢也今單于變俗好漢物漢物不過什二則匈奴盡歸於漢矣〔集解〕韋昭曰言漢物什中之二入匈奴匈奴則動心歸漢矣其得漢繒絮以馳草棘中衣袴皆裂敝以示不如旃裘之完善也得漢食物皆去之以示不如湩酪之便美也〔集解〕駰案湩乳汁也音都奉反〔索隱〕字林云湩音竹用反穆天子傳云牛馬之湩臣蒐人所具也於是說教單于左右疏記以計課其人衆畜物〔正義〕畜許六反漢遺單于書牘以尺一寸辭曰皇帝敬問匈奴大單于無恙所遺物及言語云云中行說令單于遺漢書以尺二寸牘及印封皆令廣大長倨傲其辭曰天地所生日月所置匈奴大單于敬問漢皇帝無恙所以遺物言語亦云云漢使或言曰匈奴俗賤老中行說窮漢使曰而漢俗屯戍從軍當發者其老親豈有不自脫溫厚肥美以齎送飲食行戍乎漢使曰然中行說曰匈奴明以戰攻爲事其老弱不能鬬故以其肥美飲食壯健者蓋以自爲守衛如此父子各得久相保何以言匈奴輕老也漢使曰匈奴父子乃同穹廬而臥〔集解〕駰案漢書音義曰穹廬旃帳父死妻其後母兄弟死盡取其妻妻之無冠帶之飾闕庭之禮中行說曰匈奴之俗人食畜肉飲其汁衣其皮畜食草飲水隨時轉移故其急則人習騎射寬則人樂無事其約束輕易行也君臣簡易一國之政猶一身也父子兄弟死取其妻妻之惡種姓之失也故匈奴雖亂必立宗種今中國雖詳不取〔索隱〕詳漢書作陽此亦音羊其父兄之妻親屬益疏則相殺至乃易姓皆從此類且禮義之敝上下交怨望而室屋之極生力必屈〔索隱〕以言棟宇室屋之作人盡極其力以營其生至於氣力屈竭也屈音其物反夫力耕桑以求衣食築城郭以自備故其民急則不習戰功緩則罷於作業嗟土室之人顧無多辭令喋喋〔集解〕駰案音諜利口也而佔佔〔集解〕駰案昌占反衣裳貌冠固何當〔集解〕駰案言雖復著冠固何益所當〔索隱〕鄧展曰佔囁耳語服虔曰口舌爲喋喋如淳曰汝漢人多口居室中固自宜着冠且不足貴也小顏云言漢人且當思念無爲喋喋佔佔耳雖自謂着冠何所當益也自是之後漢使欲辯論者中行說輒曰漢使無多言顧漢所輸匈奴繒絮米糵令其量中必善美而已矣何以爲言乎且所給備善則已不備苦惡〔集解〕韋昭曰苦窳也音若靡盬之盬則候秋孰以騎馳蹂而稼穡耳〔集解〕徐廣曰蹂音而九反日夜教單于候利害處漢孝文皇帝十四年匈奴單于十四萬騎入朝那蕭關殺北地都尉卬〔集解〕徐廣曰姓孫其子單封爲缾侯白丁反〔索隱〕卬音五郎反虜人民畜產甚多遂至彭陽〔集解〕徐廣曰在安定〔正義〕城字誤也括地志云彭城故城在涇州臨涇縣東二十里案彭城在鄜州與北地郡甚遠明非彭城也使奇兵入燒回中宮〔索隱〕服虔云回中在北地武帝作宮始皇本紀三十七年巡雞頭山過回中武帝元封四

年通回中道〔正義〕括地志云秦回中宮在岐州雍縣西四十里即匈奴所燒者也候騎至雍甘泉〔索隱〕崔浩云候邏騎〔正義〕括地志云雲陽宮秦之林光宮漢之甘泉在雍州雲陽西北八十里秦始皇作甘泉宮去長安三百里望見長安始皇帝以來祭天圜丘處於是文帝以中尉周舍郎中令張武爲將軍發車千乘騎十萬軍長安旁以備胡寇而拜昌侯盧卿爲上郡將軍〔索隱〕案表盧作旅古今字異耳甯侯魏遬爲北地將軍隆慮侯周竈爲隴西將軍東陽侯張相如爲大將軍成侯董赤〔正義〕音赫爲前將軍大發車騎往擊胡〔集解〕徐廣曰內史欒布亦爲將軍單于留塞內月餘乃去漢逐出塞即還不能有所殺匈奴日已驕歲入邊殺略人民畜產甚多雲中遼東最甚至代郡萬餘人漢患之乃使使遺匈奴書單于亦使當戶報謝復言和親事孝文帝後二年使使遺匈奴書曰皇帝敬問匈奴大單于無恙使當戶且居雕渠難〔索隱〕漢書作且渠匈奴官號樂彥云當戶且渠各自一官雕渠難爲此官也〔正義〕雕渠難者其姓名也且子余反郎中韓遼遺朕馬二匹已至敬受先帝制長城以北引弓之國受命單于長城以內冠帶之室朕亦制之使萬民耕織射獵衣食父子無離臣主相安俱無暴逆今聞渫惡民貪降其進取之利倍義絕約忘萬民之命離兩主之驩然其事已在前矣書曰二國已和親兩主驩說寢兵休卒養馬世世昌樂闟然更始〔集解〕徐廣曰闟音揄安定意也朕甚嘉之聖人者日新改作更始使老者得息幼者得長各保其首領而終其天命朕與單于俱由此道順天恤民世世相傳施之無窮天下莫不咸便漢與匈奴鄰敵之國匈奴處北地寒殺氣早降故詔吏遺單于秫糵金帛絲絮佗物歲有數今天下大安萬民熙熙朕與單于爲之父母朕追念前事薄物細故謀臣計失皆不足以離兄弟之驩朕聞天不頗覆地不偏載朕與單于皆捐往細故俱蹈大道墮壞前惡以圖長久使兩國之民若一家子元元萬民下及魚鼈上及飛鳥跂行喙息蠕動之類〔索隱〕案跂音岐又音企言蟲鳥之類或以踵而行或以喙而息皆得其安也三蒼云蠕蠕動貌音軟淮南云昆蟲蠕動也莫不就安利而辟危殆故來者不止天之道也俱去前事朕釋逃虜民單于無言章尼等〔索隱〕案文帝云我今日並釋放彼國逃亡虜遣之歸本國汝單于無得更以言詞訴於章尼等責其違逃也朕聞古之帝王約分明而無食言單于留志天下大安和親之後漢過不先單于其察之單于既約和親於是制詔御史曰匈奴大單于遺朕書言和親已定亡人不足以益衆廣地匈奴無入塞漢無出塞犯今約者殺之可以久親後無咎俱便朕已許之其布告天下使明知之後四歲老上稽粥單于死子軍臣立爲單于既立〔集解〕徐廣曰後元三年立孝文皇帝復與匈奴和親而中行說復事之軍臣單于立四歲〔集解〕徐廣曰孝文後元七年崩而二年答單于書其

間五年而此云後四年又立四歲數不容爾也孝文後六年冬匈奴入上郡雲中也匈奴復絕和
親大入上郡雲中各三萬騎所殺略甚衆而去於是漢
使三將軍軍屯北地代屯句注趙屯飛狐口緣邊亦各
堅守以備胡寇又置三將軍軍長安西細柳渭北棘門
霸上以備胡胡騎入代句注邊烽火通於甘泉長安數
月漢兵至邊匈奴亦去遠塞漢兵亦罷後歲餘孝文帝
崩孝景帝立而趙王遂乃陰使人於匈奴吳楚反欲與
趙合謀入邊漢圍破趙匈奴亦止自是之後孝景帝復
與匈奴和親通關市給遺匈奴遣公主如故約終孝景
時時小入盜邊無大寇今帝即位明和親約束厚遇通
關市饒給之匈奴自單于以下皆親漢往來長城下漢
使馬邑下人聶翁壹[索隱]衛青傳惟稱聶壹故顧氏云壹名也老故稱翁義或然也奸
蘭[集解]駰案奸音干蘭犯禁私出物也出物與匈奴交[集解]駰案漢書音義曰私出塞
與匈奴交市詳爲賣馬邑城以誘單于單于信之而貪馬邑
財物乃以十萬騎入武州塞[索隱]在鴈門也蘇林云漢伏兵三十
餘萬馬邑旁御史大夫韓安國爲護軍護四將軍以伏
單于單于既入漢塞未至馬邑百餘里見畜布野而無
人牧者怪之乃攻亭是時鴈門尉史行徼[索隱]如淳云近塞郡皆置
尉百里一人士史尉史各二人也見寇葆此亭知漢兵謀單于得欲殺
之[集解]徐廣曰一云乃下具告單于尉史乃告單于漢兵所居單于大
驚曰吾固疑之乃引兵還出曰吾得尉史天也天使若
言以尉史爲天王漢兵約單于入馬邑而縱單于不至
以故漢兵無所得漢將軍王恢部出代擊胡輜重聞單
于還兵多不敢出漢以恢本造兵謀而不進斬恢[集解]駰案
韓長孺傳曰恢自殺自是之後匈奴絕和親攻當路塞[索隱]蘇林云直當道
之塞往往入盜於漢邊不可勝數然匈奴貪尚樂關市嗜
漢財物漢亦尚關市不絕以中之[正義]如淳云以利中傷之自馬邑
軍後五年之秋漢使四將軍各萬騎擊胡關市下將軍
衛青出上谷至龍城得胡首虜七百人公孫賀出雲中
無所得公孫敖出代郡爲胡所敗七千餘人李廣出鴈
門爲胡所敗而匈奴生得廣廣後得亡歸漢囚敖廣敖
廣贖爲庶人其冬匈奴數入盜邊漁陽尤甚漢使將軍
韓安國屯漁陽備胡其明年秋匈奴二萬騎入漢殺遼
西太守略二千餘人胡又入敗漁陽太守軍千餘人圍
漢將軍安國安國時千餘騎亦且盡會燕救至匈奴乃
去匈奴又入鴈門殺略千餘人於是漢使將軍衛青將
三萬騎出鴈門李息出代郡擊胡得首虜數千人其明
年衛青復出雲中以西至隴西擊胡之樓煩白羊王於
河南得胡首虜數千牛羊百餘萬於是漢遂取河南地
築朔方復繕故秦時蒙恬所爲塞因河爲固漢亦棄上

谷之什[集解]駰案音斗辟縣造陽地以予胡[集解]駰案漢書音義曰言縣斗辟西
近胡[索隱]辟音僻造陽即斗辟縣中地[正義]曲幽辟縣入匈奴界者造陽地棄與胡也是歲漢之
元朔二年也其後冬匈奴軍臣單于死軍臣單于弟左
谷蠡王伊稚斜自立爲單于[索隱]稚音持利反斜音士嗟反鄒誕生音直牙反蓋
稚斜胡人語近得其實攻破軍臣單于太子於單[索隱]單音丹於單亡
降漢漢封於單爲涉安侯數月而死伊稚斜單于既立
其夏匈奴數萬騎入殺代郡太守恭及略千餘人其秋
匈奴又入鴈門殺略千餘人其明年匈奴又復入代郡
定襄[正義]括地志云定襄故城在朔州善陽縣北三百八十里地理志云定襄郡高帝置也上郡
各三萬騎殺略數千人匈奴右賢王怨漢奪之河南地
而築朔方數爲寇盜邊及入河南侵擾朔方殺略吏民
甚衆其明年春漢以衛青爲大將軍將六將軍十餘萬
人出朔方高闕擊胡右賢王以爲漢兵不能至飲酒醉
漢兵出塞六七百里夜圍右賢王右賢王大驚脫身逃
走諸精騎往往隨後去漢得右賢王衆男女萬五千人
裨小王十餘人其秋匈奴萬騎入殺代郡都尉朱英略
千餘人其明年春漢復遣大將軍衛青將六將軍兵十
餘萬騎乃再出定襄數百里擊匈奴得首虜前後凡萬
九千餘級而漢亦亡兩將軍軍三千餘騎[集解]徐廣曰合有三千耳
右將軍建[正義]蘇武父也得以身脫而前將軍翕侯趙信兵不
利降匈奴趙信者故胡小王降漢漢封爲翕侯以前將
軍與右將軍并軍分行[正義]與大軍別行也獨遇單于兵故盡沒
單于既得翕侯以爲自次王[正義]自次者尊重次於單于用其姊妻
之與謀漢信教單于益北絕幕[集解]應劭曰幕沙幕匈奴之南界瓚曰沙土曰
幕直度曰絕以誘罷漢兵徼極而取之[索隱]罷音疲徼要也謂要其疲極而取之
[正義]徼音古堯反無近塞[正義]無近塞居止單于從其計其明年胡騎
萬人入上谷殺數百人其明年春漢使驃騎將軍去病
將萬騎出隴西過焉支山[正義]焉音煙括地志云焉支山一名刪丹山在甘州刪丹
縣東南五十里西河故事云匈奴失祁連焉支二山乃歌曰亡我祁連山使我六畜不蕃息失我焉支山使我婦女無顏色其愍惜乃如此千餘里擊匈奴得胡首虜騎萬八千餘
級破得休屠王祭天金人[集解]駰案漢書音義曰匈奴祭天處本在雲陽甘泉山下
秦奪其地後徙之休屠王右地故休屠有祭天金人象祭天主也[索隱]韋昭云作金人以爲祭天主崔浩云胡祭以金人爲主今浮圖金人是也孟說恐不然案得浮圖金人後置之於甘泉也[正義]括地志云徑路神祠在雍州雲陽縣西北九十里甘泉山下本匈奴祭天處秦奪其地後徙休屠右地按金人即金佛像是其遺法立以爲祭天主也其夏驃騎將軍復與合騎侯數萬騎出隴西北
地二千里擊匈奴過居延[索隱]韋昭曰張掖縣攻祁連山[索隱]西河舊事
云山在張掖酒泉二界上東西二百餘里南北百里有松栢五木美水草冬溫夏涼宜畜牧養匈奴失二山乃歌曰失我祁連山使我六畜不蕃息失我焉支山使我嫁婦無顏色祁連一名天山亦曰白山也得胡首
虜三萬餘人裨小王以下七十餘人是時匈奴亦來入
代郡鴈門殺略數百人漢使博望侯及李將軍廣出右

北平擊匈奴左賢王左賢王圍李將軍卒可四千人且
盡殺虜亦過當會博望侯軍救至李將軍得脫漢失亡
數千人合騎侯後驃騎將軍期及與博望侯皆當死贖
爲庶人其秋單于怒渾耶王休屠王居西方爲漢所殺
虜數萬人欲召誅之渾耶王與休屠王恐謀降漢[集解]徐廣
曰元狩二年也漢使驃騎將軍往迎之渾耶王殺休屠王并將
其衆降漢凡四萬餘人號十萬於是漢已得渾耶王則
隴西北地河西益少胡寇徙關東貧民處所奪匈奴河
南新秦中以實之[集解]如淳云在長安以北朔方以南駰案漢書食貨志云徙貧民充朔方
以南新秦中是也[正義]服虔云地名在北地廣六七百里長安北朔方南史記以爲秦始皇遣蒙恬斥逐北敵得肥饒之地七百里徙內郡人民皆往充實之號曰新秦中也而滅北地以西戍卒半
其明年匈奴入右北平定襄各數萬騎殺略千餘人而
去其明年春漢謀曰翕侯信爲單于計居幕北以爲漢
兵不能至乃粟馬發十萬騎負私從馬凡十四萬匹[正義]
謂負擔衣糧私募從者凡十四萬疋糧重不與焉令大將軍青驃騎將軍
去病中分軍大將軍出定襄驃騎將軍出代咸約絕幕
擊匈奴匈奴單于聞之遠其輜重以精兵待於幕北與
漢大將軍接戰一日會暮大風起漢兵縱左右翼圍單
于單于自度戰不能如漢兵單于遂獨身與壯騎數百
潰漢圍西北遁走漢兵夜追不得行斬捕匈奴首虜萬
九千級北至闐顏山趙信城而還[集解]如淳曰信前降匈奴匈奴築城居之
單于之遁走其兵往往與漢兵相亂而隨單于單于久
不與其大衆相得其右谷蠡王以爲單于死乃自立爲
單于眞單于復得其衆而右谷蠡王乃去其單于號復
爲右谷蠡王漢驃騎將軍之出代二千餘里與左賢王
接戰漢兵得胡首虜凡七萬餘級左賢王將皆遁走驃
騎封於狼居胥山禪姑衍臨翰海而還[集解]如淳曰翰海北海名[正義]
按翰海自一大海名羣鳥解羽伏乳於此因名也是後匈奴遠遁而幕南無王
庭漢度河自朔方以西至令居[集解]徐廣曰在金城[索隱]地理志云張掖令居
縣姚氏令音連小顏音零往往通渠置田官吏卒五六萬人稍蠶食
地接匈奴以北[正義]匈奴舊以幕爲王庭今遠徙幕北更蠶食之漢境連接匈奴舊地以北也
初漢兩將軍大出圍單于所殺虜八九萬而漢士卒物
故亦數萬[索隱]案釋名云漢以來謂死爲物故言其就朽故也又魏臺訪議高堂崇對曰聞之先師物無
也故事也言無復所能於事者也漢馬死者十餘萬匈奴雖病遠去而
漢亦馬少無以復往匈奴用趙信之計遣使於漢好辭
請和親天子下其議或言和親或言遂臣之丞相長史
任敞曰匈奴新破困宜可使爲外臣朝請於邊漢使任
敞於單于單于聞敞計大怒留之不遣先是漢亦有所
降匈奴使者單于亦輒留漢使相當漢方復收士馬會
驃騎將軍去病死於是漢久不北擊胡數歲伊稚斜單

于立十三年死子烏維立爲單于是歲漢元鼎三年也
烏維單于立而漢天子始出巡郡縣其後漢方南誅兩
越[正義]南越東越不擊匈奴匈奴亦不侵入邊烏維單于立三
年漢已滅南越遣故太僕賀將萬五千騎出九原二千
餘里至浮苴井而還[索隱]苴音子餘反臣瓚云去九原二千里見漢輿地圖不見
匈奴一人漢又遣故從驃侯趙破奴萬餘騎出令居數
千里至匈奴河水而還[索隱]臣瓚云河水名去令居千里亦不見匈奴
一人是時天子巡邊至朔方勒兵十八萬騎以見武節
而使郭吉風告單于郭吉既至匈奴匈奴主客[集解]韋昭曰主
使來客官也[正義]官名若鴻臚卿問所使郭吉禮卑言好曰吾見單于
而口言單于見吉吉曰南越王頭已懸於漢北闕今單
于能即前與漢戰天子自將兵待邊單于即不能即南
面而臣於漢何徒遠走亡匿於幕北寒苦無水草之地
毋爲也語卒而單于大怒立斬主客見者而留郭吉不
歸遷之北海上[正義]北海即上海蘇武亦遷也而單于終不肯爲寇於
漢邊休養息士馬習射獵數使使於漢好辭甘言求請
和親漢使王烏等窺匈奴匈奴法漢使非去節而以墨
黥其面者不得入穹廬王烏北地人習胡俗去其節黥
面得入穹廬單于愛之詳許甘言爲遣其太子入漢爲
質[正義]音致以求和親漢使楊信於匈奴是時漢東拔穢貉
朝鮮以爲郡[正義]即玄菟樂浪二郡而西置酒泉郡[正義]今肅州以鬲
絕胡與羌通之路漢又西通月氏大夏[正義]漢書西域傳云大月氏國
去長安城萬一千六百里本居燉煌祁連間冒頓單于破月氏而老上單于殺月氏王以頭爲飲器月氏乃遠去過大宛西擊大夏而臣之都嬀水北爲王庭也又以公主妻烏孫王以分匈
奴西方之援國又北益廣田至眩雷爲塞[集解]駰案漢書音義曰眩
雷地名在烏孫北而匈奴終不敢以爲言是歲翕侯信死漢用
事者以匈奴爲已弱可臣從也楊信爲人剛直屈彊素
非貴臣單于不親單于欲召入不肯去節單于乃坐穹
廬外見楊信楊信既見單于說曰即欲和親以單于太
子爲質於漢單于曰非故約故約漢常遣公主給繒絮
食物有品以和親而匈奴亦不擾邊今乃欲反古令吾
太子爲質無幾矣[正義]幾音紀言反古無所冀望也匈奴俗見漢使非
中貴人其儒先[集解]駰案先先生也漢書作儒生以爲欲說折其辯其
少年以爲欲刺折其氣每漢使入匈奴匈奴輒報償漢
留匈奴使匈奴亦留漢使必得當乃肯止楊信既歸漢
使王烏而單于復讇以甘言欲多得漢財物紿謂王烏
曰吾欲入漢見天子面相約爲兄弟王烏歸報漢漢爲
單于築邸于長安匈奴曰非得漢貴人使吾不與誠語
匈奴使其貴人至漢病漢予藥欲愈之不幸而死而漢
使路充國佩二千石印綬往使因送其喪厚葬直數千

金日此漢貴人也單于以爲漢殺吾貴使者乃留路充國不歸諸所言者單于特空紿王烏殊無意入漢及遣太子來質於是匈奴數使奇兵侵犯邊漢乃拜郭昌爲拔胡將軍及浞野侯【集解】徐廣曰趙破奴屯朔方以東備胡路充國留匈奴三歲單于死烏維單于立十歲而死子烏師廬【集解】徐廣曰烏一作詹立爲單于年少號爲兒單于是歲元封六年也自此之後單于益西北左方兵直雲中右方直酒泉燉煌郡【正義】括地志云戰國匈奴冒頓之後在突厥國北樂勝州經秦長城太漢長路正北經砂磧十三日行至其國兒單于立漢使兩使者一弔單于一弔右賢王欲以乖其國使者入匈奴匈奴悉將致單于單于怒而盡留漢使漢使留匈奴者前後十餘輩而匈奴使來漢亦輒留相當是歲漢使貳師將軍廣利西伐大宛而令因杅【正義】音于將軍敖築受降城其冬匈奴大雨雪畜多饑寒死兒單于年少好殺伐國人多不安左大都尉欲殺單于使人間告漢曰我欲殺單于降漢漢遠即兵來迎我我即發初漢聞此言故築受降城猶以爲遠其明年春漢使浞野侯破奴將二萬餘騎出朔方西北二千餘里期至浚稽山而還【索隱】應劭云在武威縣北浞野侯既至期而還左大都尉欲發而覺單于誅之發左方兵擊浞野浞野侯行捕首虜數千人還未至受降城四百里匈奴兵八萬騎圍之浞野侯夜自出求水匈奴閒捕生得浞野侯因急擊其軍軍中郭縱爲護維王爲渠【正義】渠帥也相與謀曰及諸校尉畏亡將軍而誅之莫相勸歸軍遂沒於匈奴匈奴兒單于大喜遂遣奇兵攻受降城不能下乃寇入邊而去其明年單于欲自攻受降城未至病死兒單于立三歲而死子年少匈奴乃立其季父烏維單于弟右賢王呴【集解】駰案音鉤又音吁犁湖爲單于是歲太初三年也呴犁湖單于立漢使光祿徐自爲出五原塞【正義】即五原郡榆林塞也在勝州榆林縣四十里也數百里遠者千餘里築城鄣列亭【正義】顏胤云鄣山中小城亭候望所居也至盧朐【集解】音衢服虔云盧朐匈奴地名也張晏云山名也【正義】括地志云五原郡稒陽縣北出石門鄣得光祿城又西北得支就城又西北得頭曼城又西北得虖河又西北得宿虜城按即築城鄣列亭至盧朐也而使游擊將軍韓說長平侯衛伉屯其傍使彊弩都尉路博德築居延澤上【正義】括地志漢居延縣故城在甘州張掖縣東北千五百三十里有漢遮虜鄣强弩都尉路博德之所築李陵敗與士衆期至遮虜鄣即此也長老傳云鄣北百八十里直居延之西北是李陵戰地也其秋匈奴大入定襄雲中殺略數千人敗數二千石而去行破壞光祿所築城列亭鄣又使右賢王入酒泉張掖略數千人會任文擊救【集解】駰案漢書音義曰漢將也盡復失所得而去是歲貳師將軍破大宛斬其王而還匈奴欲遮之不能至其冬欲攻受降城會單于病死呴犁湖單于立一歲死匈奴乃立

其弟左大都尉且鞮侯爲單于【索隱】且音子餘反鞮音低漢既誅大宛威震外國天子意欲遂困胡乃下詔曰高皇帝遺朕平城之憂高后時單于書絕悖逆昔齊襄公復百世之讎春秋大之【集解】駰案公羊傳曰九世猶可以復讎乎雖百世可也是歲太初四年也且鞮侯單于既立盡歸漢使之不降者路充國等得歸單于初立恐漢襲之乃自謂我兒子安敢望漢天子漢天子我丈人行也【正義】胡郎反漢遣中郎將蘇武厚幣賂遺單于單于益驕禮甚倨非漢所望也其明年浞野侯破奴得亡歸漢其明年漢使貳師將軍廣利以三萬騎出酒泉擊右賢王於天山【正義】在伊州得胡首虜萬餘級而還匈奴大圍貳師將軍幾不脫漢兵物故什六七漢復使因杅將軍敖出西河與彊弩都尉會涿涂山【集解】徐廣曰涂音邪【索隱】涿音卓涂音以奢反【正義】匈奴中山也毋所得又使騎都尉李陵將步騎五千人出居延北千餘里與單于會合戰陵所殺傷萬餘人兵及食盡欲解歸匈奴圍陵陵降匈奴其兵遂沒得還者四百人單于乃貴陵以其女妻之後二歲復使貳師將軍將六萬騎步兵十萬出朔方彊弩都尉路博德將萬餘人與貳師會游擊將軍說將步騎三萬人出五原因杅將軍敖將萬騎步兵三萬人出鴈門匈奴聞悉遠其累重於余吾水北【集解】徐廣曰余一作斜音邪【索隱】山海經云北鮮之山鮮水出焉北流注余吾【正義】累力爲反重文用反而單于以十萬騎待水南與貳師將軍接戰貳師乃解而引歸與單于連戰十餘日貳師聞其家以巫蠱族滅因并衆降匈奴【集解】徐廣曰案史記將相年表及漢書征和二年巫蠱始起三年廣利與商丘成出擊胡軍敗乃降得來還千人一兩人耳【正義】自此以下上至貳師聞其家非天漢四年事似錯後人所知游擊說無所得因杅敖與左賢王戰不利引歸是歲【集解】徐廣曰天漢四年漢兵之出擊匈奴者不得言功多少功不得御【正義】御音語其功不得相御當也有詔捕太醫令隨但言貳師將軍家室族滅使廣利得降匈奴【索隱】漢書云明年且鞮死長子狐鹿姑單于立張晏云自狐鹿姑單于已下皆劉向褚先生所錄班彪又撰而次之所以漢書匈奴傳有上下兩卷

太史公曰孔氏著春秋隱桓之閒則章至定哀之際則微【索隱】案韓圖要禮云仲尼仕於定哀故其著春秋不切論當世而微其詞也爲其切當世之文而罔褒忌諱之辭也【索隱】案罔者無也謂其無實而褒之是也忌諱當代故也世俗之言匈奴者患其徼一時之權【集解】徐廣曰徼音皎【索隱】徼音工堯反言求一時權寵也劉伯莊音叫徐音皎皆非也而務讇納其說【索隱】說音稅以便偏指不參【索隱】案謂說者謀匈奴皆患其直徼求一時權幸但務謟進其說以自便其偏指不參詳終始利害也彼已將率【索隱】詩云彼其之子【索隱】彼已者猶詩人譏詞云彼已之子是也將率則指樊噲衛霍等也席中國廣大氣奮人主因以決策是以建功不深堯雖賢興事業不成得禹而九州寧【正義】言堯雖賢聖不能獨理得禹而九州安寧以刺武帝不能擇賢將相而務諂納小人浮說多伐匈奴故壞齊民故太史公引禹聖成其太平以攻當代之累且欲興聖統唯在擇任將相哉唯在擇任將相哉

【索隱】述贊曰獫狁薰粥居于北邊既稱夏裔式憪周篇頗隨畜牧屢擾塵煙爰自冒頓尤聚控弦雖空帑藏未盡中權

史記卷一百十考證

匈奴列傳○顧炎武曰因匈奴犯塞而有衛霍之功故序匈奴於衛將軍驃騎傳之前

其後三百有餘歲戎狄攻大王亶父○困學紀聞曰王氏遂曰自后稷三傳而得公劉自亶父三傳而武王滅商則公劉在夏之中衰而亶父宜在商之季世不啻五六百年而曰三百歲未知何所據

燕北有東胡山戎索隱案續漢書曰漢初匈奴冒頓滅其國餘類保烏桓山以爲號俗隨水草居無常處桓以之名烏號爲姓父子男女悉髡頭爲輕便也○臣照按索隱引續漢書蓋有訛脫字今據後漢烏桓傳云烏桓者本東胡也漢初匈奴冒頓滅其國餘類保烏桓山因以爲號焉隨水草放牧居無常處又曰父子男女相對踞蹲以髡頭爲輕便

自是之後百有餘年晉悼公使魏絳和戎翟○困學紀聞曰以左氏考之魯文公三年秦始霸西戎襄公四年晉魏絳和戎裁五十餘歲閻若璩曰魏絳和者北戎非西戎也

而始皇帝使蒙恬將十萬之衆北擊胡○蒙恬傳作三十萬衆

築四十四縣城○秦始皇本紀作三十四縣

十餘年而蒙恬死○恬以始皇三十四年擊胡以二世初即位死首尾實四年

漢使馬邑下人聶翁壹索隱衛青傳唯稱聶壹故顧氏云壹名也老故稱翁義或然也○臣照按老固稱翁但索隱於韓安國傳既云聶姓翁壹名何於此復有異說也

漢亦尚關市不絕以中之正義如淳云以利中傷之○徐孚遠曰如淳之說非也謂中其欲使不至時入塞

匈奴數萬騎入殺代郡太守恭及虜千餘人○漢書恭及作共友師古曰太守姓名也衛青傳作代郡太守友則及爲友無疑

昔齊襄公復百世之讎春秋大之○臣照按此下疑有闕文然漢亦仍之無所增益則當時所傳亦如此

世俗之言匈奴者患其徼一時之權而務讇納其說以便偏指不參彼已將率席中國廣大氣奮人主因以決策○臣照按索隱讀作以便偏指不參句彼已將率句席中國廣大句氣奮人主句因以決策句誤也應作以便偏指句不參彼已句將率席中國廣大氣奮句人主因以決策句蓋謂言匈奴者務讇納其說以便申其一偏之見而不以彼已利害短長參之其將率則席中國盛勢以奮其氣人主就此輩決策是以無功也

史記卷一百十一

漢　太　史　令司馬遷　撰

宋　中　郎　外　兵　曹　參　軍裴　駰集解

唐　國　子　博　士　弘　文　館　學　士司馬貞索隱

唐　諸　王　侍　讀　率　府　長　史張守節正義

衛將軍驃騎列傳第五十一

大將軍衛青者平陽人也其父鄭季爲吏給事平陽侯家與侯妾衛媼通【索隱】衛姓也媼婦人老少通稱漢書曰與主家僮衛媼通案既云家僮故知非老或者媼是年老之稱後追呼耳然外戚傳云薄姬父與魏王宗女魏媼通則少亦稱媼也而小顏云衛者舉其夫家姓也然案此云侯妾衛媼則無夫下云同母兄衛長子及姊衛子夫皆冒衛氏又似有夫耳其所冒之姓爲父與母皆未明也生青青同母兄衛長子而姊衛子夫自平陽公主家得幸天子【集解】徐廣曰曹參曾孫平陽夷侯時尚武帝姊平陽公主生子襄【索隱】案如淳云本陽信長公主爲平陽侯所尚故稱平陽公主世家及功臣表時或作疇漢書作壽竝文字殘缺故不同也故冒姓爲衛氏字仲卿長子更字長君長君母號爲衛媼媼長女衛孺【索隱】漢書云君孺次女少兒次女即子夫後子夫男弟步廣【集解】徐廣曰一作少皆冒衛氏青爲侯家人少時歸其父其父使牧羊先母之子【集解】服虔曰先母適妻也青之適母【索隱】漢書作民母顧氏云鄭季本妻編於民戶之間故曰民母今本亦或作民母也皆奴畜之不以爲兄弟數【索隱】音去聲青嘗從入至甘泉居室【正義】按居室署名武帝改曰保宮灌夫繫居室是也有一鉗徒【集解】張晏曰甘泉中徒所居也相青曰貴人也官至封侯青笑曰人奴之生得毋笞罵即足矣安得封侯事乎青壯爲侯家騎從平陽主建元二年春青姊子夫得入宮幸上皇后堂邑大長公主女也【集解】徐廣曰堂邑安侯陳嬰之孫夷侯午尚景帝姊長公主生子季須元鼎元年季須坐奸自殺【正義】文穎云陳皇后武帝姑女也無子妬大長公主聞衛子夫幸有身妬之乃使人捕青青時給事建章未知名【索隱】案晉灼云建章上林中宮名也大長公主執囚青欲殺之其友騎郎公孫敖與壯士篡取之以故得不死【索隱】篡猶劫也奪也上聞乃召青爲建章監侍中及同母昆弟貴賞賜數日閒累千金孺爲太僕公孫賀妻少兒故與陳掌通【集解】徐廣曰陳平曾孫名掌也上召貴掌公孫敖由此益

貴子夫爲夫人青爲太中大夫元光五年青爲車騎將軍擊匈奴出上谷太僕公孫賀爲輕車將軍出雲中太中大夫公孫敖爲騎將軍出代郡衛尉李廣爲驍騎將軍出鴈門軍各萬騎青至蘢城斬首虜數百騎將軍敖亡七千騎衛尉李廣爲虜所得得脫歸皆當斬贖爲庶人賀亦無功元朔元年春衛夫人有男【索隱】卽衛太子據也立爲皇后其秋青爲車騎將軍出鴈門三萬騎擊匈奴斬首虜數千人明年匈奴入殺遼西太守虜略漁陽二千餘人敗韓將軍軍漢令將軍李息擊之出代令車騎將軍青出雲中以西至高闕【索隱】高闕山名小顏云一曰塞名在朔方之北也遂略河南地至于隴西捕首虜數千畜數十萬走白羊樓煩王遂以河南地爲朔方郡【正義】今夏州也以三千八百戶封青爲長平侯青校尉蘇建有功以千一百戶封建爲平陵侯使建築朔方城【正義】括地志云夏州朔方縣北什賁故城是按蘇建築什賁之號蓋出蕃語也青校尉張次公有功封爲岸頭侯【索隱】案晉灼云河東皮氏縣之亭名也【正義】服虔云鄉名也天子曰匈奴逆天理亂人倫暴長虐老以盜竊爲務行詐諸蠻夷造謀藉兵數爲邊害【集解】張晏曰從蠻夷借兵鈔邊也故興師遣將以征厥罪詩不云乎薄伐玁狁至于太原【索隱】此小雅六月詩美宣王北伐也薄伐者言逐出之也出車彭彭城彼朔方【索隱】小雅出車之詩也今車騎將軍青度西河【正義】卽雲中郡之西河今勝州東河也至高闕獲首虜二千三百級車輜畜產畢收爲鹵已封爲列侯遂西定河南地按榆谿舊塞【集解】如淳曰按行也榆谿舊塞名或曰按尋也【索隱】案水經云上郡之北有諸次山諸次水出焉東經榆林塞爲榆谿是榆谿舊塞也絕梓領梁北河【集解】如淳曰絕度也爲北河作橋梁【正義】括地志云梁北河在靈州界討蒲泥破符離【集解】晉灼曰二王號【索隱】崔浩云北塞名斬輕銳之卒捕伏聽者三千七十一級【集解】張晏曰伏於隱處聽軍虛實執訊獲醜【正義】訊問也醜衆言執其生口問之知虜處獲得衆類也驅馬牛羊百有餘萬全甲兵而還益封青三千戶其明年匈奴入殺代郡太守友【集解】徐廣曰友者太守名也姓共也入略鴈門千餘人其明年匈奴大入代定襄上郡殺略漢數千人其明年元朔之五年春漢令車騎將軍青將三萬騎出高闕衛尉蘇建爲遊擊將軍左內史李沮【集解】文穎曰音沮爲彊弩將軍太僕公孫賀爲騎將軍代相李蔡爲輕車將軍皆領屬車騎將軍俱出朔方大行李息岸頭侯張次公爲將軍出右北平咸擊匈奴匈奴右賢王當衛青等兵以爲漢兵不能至此飲醉漢兵夜至圍右賢王右賢王驚夜逃獨與其愛妾一人壯騎數百馳潰圍北去漢輕騎校尉郭成等逐數百里不及得右賢裨王十餘人【索隱】賈逵云裨益也小顏云裨王小王也若裨將然音頻移反衆男女萬五千餘人畜數千百萬於是引兵而還至塞天子使使者持大將軍印卽軍中拜車騎將軍青爲大將軍諸將皆以兵屬大將軍大將軍立號而歸【索隱】案謂立大將軍之號令而歸也天子曰大將軍青躬率戎士師大捷獲匈奴王十有餘人益封青六千戶而封青子伉【正義】口浪反爲宜春侯青子不疑爲陰安侯青子登爲發干侯青固謝曰臣幸得待罪行閒賴陛下神靈軍大捷皆諸校尉力戰之功也陛下幸已益封臣青臣青子在繈褓中【正義】襁長尺二寸闊八寸以約小兒於背褓小兒被也未有勤勞上幸列地封爲三侯非臣待罪行閒所以勸士力戰之意也伉等三人何敢受封天子曰我非忘諸校尉功也今固且圖之乃詔御史曰護軍都尉公孫敖三從大將軍擊匈奴常護軍傅校獲王【索隱】顧秘監云傅領也五百人謂之校小顏云傅音附言敖總護諸軍每附部校以致克捷而獲王也以千五百戶封敖爲合騎侯【索隱】案非邑地因戰功爲號謂軍合驃騎故云合騎若冠軍從驃然也都尉韓說從大將軍出窳渾【集解】徐廣曰窳渾在朔方音庾【索隱】服虔云窳渾塞名漢書作寘渾寘音田至匈奴右賢王庭爲麾下搏戰獲王【索隱】搏音博搏擊也小顏同今史記漢書本多作傅傅猶轉也以千三百戶封說爲龍額侯騎將軍公孫賀從大將軍獲王以千三百戶封賀爲南窌侯【集解】徐廣曰窌宜作奅音匹孝反【索隱】韋昭云縣名或作窖字林云大下卯與穴下卯竝音匹孝反輕車將軍李蔡再從大將軍獲王以千六百戶封蔡爲樂安侯校尉李朔校尉趙不虞校尉公孫戎奴各三從大將軍獲王以千三百戶封朔爲涉軹侯以千三百戶封不虞爲隨成侯以千三百戶封戎奴爲從平侯將軍李沮李息及校尉豆如意有功賜爵關內侯食邑各三百戶其秋匈奴入代殺都尉朱英其明年春大將軍青出定襄合騎侯敖爲中將軍太僕賀爲左將軍翕侯趙信爲前將軍衛尉蘇建爲右將軍郎中令李廣爲後將軍左內史李沮爲彊弩將軍咸屬大將軍斬首數千級而還月餘悉復出定襄擊匈奴斬首虜萬餘人右將軍建前將軍信并軍三千餘騎獨逢單于兵與戰一日餘漢兵且盡前將軍故胡人降爲翕侯見急匈奴誘之遂將其餘騎可八百犇降單于右將軍蘇建盡亡其軍獨以身得亡去自歸大將軍大將軍問其罪正閎【集解】張晏曰正軍正也閎名也長史安【正義】律都軍官史一人也議郎周霸等【集解】徐廣曰儒生【索隱】案郊祀志議封禪有周霸故知儒生也建當云何霸曰自大將軍出未嘗斬裨將今建棄軍可斬以明將軍之威閎安曰不然兵法小敵之堅大敵之禽也今建以數千當單于數萬力戰一日餘士盡不敢有二心自歸自歸而斬之是示後無反意也不當斬大將軍曰青幸得以肺腑待罪行閒不患無威而霸說我以明威甚失臣意且使臣職雖當斬將以臣之尊寵而不敢自擅專誅於境外而具歸天子天子自裁之於是以見爲人臣不敢專權不亦可乎軍吏皆曰善遂囚建詣行在所【集解】蔡邕曰天子自謂所居曰行在所言今雖在京師行所至耳巡狩天下所奏事處皆爲宮在長安則曰長安宮在泰山則曰奉高宮唯當時所在入塞罷兵是歲也大將軍姊子霍去病【集解】徐廣曰姊卽少兒也年十八幸爲天子侍中善騎射再從大將軍受詔與壯士爲剽姚校尉【索隱】服虔音飄搖大顏案荀悅漢紀作票鷂票鷂勁疾之貌也票音頻妙反鷂音弋召反與輕勇騎八百直棄大軍數百里赴利斬捕首虜過當【索隱】案小顏云計其所將之人數則捕首虜爲多過於所當也一云漢軍亡失者少而殺獲匈奴數多故曰過當也於是天子曰剽姚校尉去病斬首虜二千二十八級及相國當戶斬單于大父行籍若侯產【集解】張晏曰籍若胡侯【索隱】行音胡浪反謂籍若侯是匈奴之行第產卽大父之名生捕季父羅姑比【索隱】案顧氏云羅姑比單于季父名小顏云比頻也案下旣云再無容更言頻也再冠軍以千六百戶封去病爲冠軍侯上谷太守郝賢四從大將軍捕斬首虜二千餘人以千一百戶封賢爲衆利侯是歲失兩將軍軍亡翕侯軍功不多故大將軍不益封右將軍建至天子不誅赦其罪贖爲庶人大將軍旣還賜千金是時王夫人方幸於上甯乘說大將軍曰將軍所以功未甚多身食萬戶三子皆爲侯者徒以皇后故也今王夫人幸而宗族未富貴願將軍奉所賜千金爲王夫人親壽大將軍乃以五百金爲壽天子聞之問大將軍大將軍以實言上乃拜甯乘爲東海都尉張騫從大將軍以嘗使大夏【正義】今案大夏國在大宛之西留匈奴中久導軍知善水草處軍得以無饑渴因前使絕國功封騫博望侯冠軍侯去病旣侯三歲元狩二年春以冠軍侯去病爲驃騎將軍【集解】徐廣曰驃一亦作剽【正義】漢書云霍去病征匈奴有絕幕之勳始置驃騎將軍位在三司品秩同大將軍說文云驃黃馬發白色一曰髦尾將萬騎出隴西有功天子曰驃騎將軍率戎士踰烏盭【集解】駰案漢書音義曰烏盭山名也討遫濮【索隱】遫音速濮音卜崔浩云匈奴部落名案下有遫濮王則是國名也涉狐奴【集解】晉灼曰水名也歷五王國輜重人衆懾慴者弗取【集解】文穎曰恐慴也【索隱】案說文云慴失氣也劉氏云慴式涉反慴之涉反冀獲單于子【集解】徐廣曰一作與轉戰六日過焉支山千有餘里合短兵殺折蘭王斬盧胡王【集解】張晏曰折蘭盧胡國名也殺者殺之而已斬者獲其首【正義】顏師古云折蘭匈奴中姓也今鮮卑有其蘭姓者卽其種誅全甲【集解】徐廣曰全一作金【正義】全甲謂具足不失落也執渾邪王子及相國都尉首虜八千餘級收休屠祭天金人【集解】如淳曰祭天爲主【索隱】案張晏云佛徒祠金人也屠音儲益封去病二千戶其夏驃騎將軍與合騎侯敖俱出北地異道博望侯張騫郎中令李廣俱出右北平異道皆擊匈奴郎中令將四千騎先至博望侯將萬騎在後至匈奴左賢王將數萬騎圍郎中令郎中令與戰二日死者過半所殺亦過當博望侯至匈奴兵引去博望侯坐行留當斬贖爲庶人而驃騎將軍出北地已遂深入與合騎侯失道不相得驃騎將軍踰居延至祁連山捕首虜甚多天子曰驃騎將軍踰居延【集解】張晏曰水名也遂過小月氏【索隱】韋昭氏音支西域傳大月氏本居敦煌祁連間僻衆保南山遂號小月氏攻祁連山【索隱】小顏云卽天山也匈奴謂天爲祁連案西河舊事謂白山卽天山祁連恐非也得酋涂王【集解】張晏曰胡王也【索隱】酋音才由反涂音徒漢書云揚武乎鱳得單于單桓酋涂王此文省也以衆降者二千五百人斬首虜三萬二百級獲五王五王母單于閼氏王子五十九人相國將軍當戶都尉六十三人師大率【正義】音律也減什三【索隱】案漢書作減什七小顏云破匈奴之師十減其七一云漢兵亡失之數下皆類此案一說爲是也益封去病五千戶賜校尉從至小月氏爵左庶長鷹擊司馬破奴再從驃騎將軍斬遫濮王【正義】速卜二音捕稽且王【索隱】且音子余反千騎將得王王母各一人【索隱】漢書作右千騎將王然則此云千騎將是漢之將屬趙破奴得匈奴王及王母也或云右千騎將卽匈奴王號也王子以下四十一人捕虜三千三百三十人前行捕虜千四百人以千五百戶封破奴爲從驃侯【集解】張晏曰從驃騎將軍有功因以爲號校尉句王高不識【集解】徐廣曰句音勾匈奴以爲號【索隱】案二人竝匈奴人也從驃騎將軍捕呼于屠王【索隱】案三字共爲王號王子以下十一人捕虜千七百六十八人以千一百戶封不識爲宜冠侯【正義】孔文祥云從冠軍將軍戰故宜冠從驃之類者也校尉僕多有功封爲煇渠侯【索隱】案漢表作僕朋疑多是誤煇音暉也合騎侯敖坐行留不與驃騎會當斬贖爲庶人諸宿將所將士馬兵亦不如驃騎驃騎所將常選【索隱】選音宣變反謂驃騎常選擇取精兵然亦敢深入常與壯騎先其大將軍軍亦有天幸未嘗困絕也然而諸宿將常坐留落不遇【索隱】案謂遲留零落不遇合也由此驃騎日以親貴比大將軍其秋單于怒渾邪王居西方數爲漢所破亡數萬人以驃騎之兵也單于怒欲召誅渾邪王渾邪王與休屠王等謀欲降漢使人先遣使向邊境要遮漢人【索隱】案謂先於邊境要候漢人言其欲降令報天子要邊是時大行李息將城河上得渾邪王使卽馳傳以聞天子聞之於是恐其以詐降而襲邊乃令驃騎將軍將兵往迎之驃騎旣渡河與渾邪王衆相望渾邪王裨將見漢軍而多欲不降者頗遁去驃騎乃馳入與渾邪王相見斬其欲亡者八千人遂獨遣渾邪王乘傳先詣行在所盡將其衆渡河降者數萬號稱十萬旣至長安天子所以賞賜者數十巨萬封渾邪王萬戶爲漯陰侯【索隱】漯音他合反案地理志縣名在平原封其裨王呼毒尼【集解】文穎曰胡王名爲下摩侯鷹庇爲煇渠侯【集解】徐廣曰一云篇訾【索隱】漢書作雁庇音必二反又音疋履反案漢書功臣表元狩二年以煇渠封僕朋至三年又封鷹庇其地俱屬魯陽未詳所以【正義】煇渠表作順梁禽棃爲河綦侯【集解】徐廣曰禽一作鳥【索隱】案表作鳥棃大當戶銅離【集解】徐廣曰一作稠離也【索隱】徐注與漢書功臣表同此文云銅漢書云調字又異也爲常樂侯於是天子嘉驃騎之功曰驃騎將軍去病率師攻匈奴西域王渾邪王及厥衆萌咸相犇率以軍糧接食并將控

弦萬有餘人誅獟悍〔集解〕晉灼曰獟音欺譙反〔索隱〕說文獟作趬行疾貌悍音胡旦反獲首虜八千餘級降異國之王三十二人戰士不離傷十萬之衆咸懷集服仍與之勞爰及河塞〔正義〕言匈奴右地渾邪王降而塞外竝河諸郡之民無憂患也庶幾無患幸既永綏矣以千七百戶益封驃騎將軍減隴西北地上郡戍卒之半以寬天下之繇居頃之乃分徙降者邊五郡故塞外〔正義〕五郡謂隴西北地上郡朔方雲中竝是故塞外又在北海西南而皆在河南因其故俗爲屬國〔正義〕以降來之民分置五郡各依本國之俗而屬於漢故言屬國也其明年匈奴入右北平定襄殺略漢千餘人其明年天子與諸將議曰翕侯趙信爲單于畫計常以爲漢兵不能度幕輕留〔索隱〕案幕即沙幕古字少耳輕留者謂匈奴以漢軍不能至故輕易留而不去也今大發士卒其勢必得所欲是歲元狩四年也元狩四年春上令大將軍青驃騎將軍去病將各五萬騎步兵轉者踵軍數十萬〔正義〕言轉運之士及步兵接後又數十萬人而敢力戰深入之士皆屬驃騎驃騎始爲出定襄當單于捕虜言單于東乃更令驃騎出代郡令大將軍出定襄郎中令爲前將軍大僕爲左將軍主爵趙食其爲右將軍平陽侯襄爲後將軍皆屬大將軍兵即度幕人馬凡五萬騎與驃騎等咸擊匈奴單于趙信爲單于謀曰漢兵既度幕人馬罷匈奴可坐收虜耳乃悉遠北其輜重皆以精兵待幕北而適値大將軍軍出塞千餘里見單于兵陳而待於是大將軍令武剛車〔集解〕駰案孫吳兵法曰有巾有蓋謂之武剛車也自環爲營而縱五千騎往當匈奴匈奴亦縱可萬騎會日且入大風起砂礫擊面兩軍不相見漢益縱左右翼繞單于單于視漢兵多而士馬尚彊戰而匈奴不利薄暮單于遂乘六贏壯騎可數百直冒漢圍西北馳去時已昏漢匈奴相紛挐〔正義〕三蒼解詁云紛挐相牽也殺傷大當〔索隱〕以言所殺傷大略相當漢軍左校捕虜言單于未昏而去漢軍因發輕騎夜追之大將軍軍因隨其後匈奴兵亦散走遲明〔正義〕遲音値行二百餘里〔集解〕徐廣曰遲一作黎〔索隱〕遲音値遲者待也待天欲明也漢書作會明諸本多作黎明鄒氏云黎遲也然黎黑也候天將明而猶黑也不得單于頗捕斬首虜萬餘級遂至窴顏山趙信城〔集解〕徐廣曰窴音田得匈奴積粟食軍軍留一日而還悉燒其城餘粟以歸大將軍之與單于會也而前將軍廣右將軍食其軍別從東道或失道後擊單于大將軍引還過幕南乃得前將軍右將軍大將軍欲使使歸報令長史簿責前將軍廣廣自殺右將軍至下吏贖爲庶人大將軍軍入塞凡斬捕首虜萬九千級是時匈奴衆失單于十餘日右谷蠡王聞之自立爲單于〔索隱〕谷音祿蠡音黎又音離單于後得其衆右王乃去單于之號驃騎將軍亦將五萬騎車重與大將軍軍等而無裨將悉以李敢等爲大校當裨將出代右北平千餘里直左方兵所斬捕功已多大將軍軍既還天子曰驃騎將軍去病率師躬將所獲葷粥之士〔集解〕徐廣曰粥一作允駰案應劭曰所率士有材力者約輕齎絕大幕涉獲章渠〔集解〕徐廣曰獲一作護〔索隱〕小顏云涉謂涉水也章渠單于之近臣謂涉水而破獲之漢書云涉獲單于章渠也以誅比車耆〔集解〕晉灼曰王號也〔索隱〕比音必耳反轉擊左大將〔索隱〕案漢書名雙也斬獲旗鼓歷涉離侯〔索隱〕漢書作度離侯小顏云山名歷度也濟弓閭〔集解〕晉灼曰水名也〔索隱〕包愷弓音穹亦如字讀獲屯頭王〔集解〕駰案漢書音義曰胡王號也韓王等三人〔集解〕徐廣曰王一作藉〔索隱〕李奇云皆匈奴王號將軍相國當戶都尉八十三人封狼居胥山禪於姑衍〔正義〕積土爲壇於山上封以祭天也祭地曰禪登臨翰海〔集解〕張晏曰登海邊山以望海也〔索隱〕案崔浩云北海名羣鳥之所解羽故云翰海廣志在沙漠北執鹵獲醜七萬有四百四十三級師率減什三取食於敵逴行殊遠而糧不絕〔索隱〕逴與卓同卓遠也以五千八百戶益封驃騎將軍右北平太守路博德屬驃騎將軍會與城〔正義〕與音余不失期從至檮余山〔索隱〕檮余音桃徒斬首捕虜二千七百級以千六百戶封博德爲符離侯北地都尉邢山〔集解〕徐廣曰一作衛山從驃騎將軍獲王以千二百戶封山爲義陽侯故歸義因淳王復陸支樓專王伊即靬皆從驃騎將軍有功〔索隱〕劉氏復音伏小顏音芳福反漢書專作剸竝音專小顏音之兗反靬音居言反以千三百戶封復陸支爲壯侯以千八百戶封伊即靬爲衆利侯從驃侯破奴昌武侯安稽〔集解〕徐廣曰姓趙故匈奴王從驃騎有功益封各三百戶校尉敢得旗鼓爲關內侯食邑二百戶〔索隱〕敢李廣子也校尉自爲爵大庶長〔索隱〕案徐自爲也軍吏卒爲官賞賜甚多而大將軍不得益封軍吏卒皆無封侯者兩軍之出塞塞閱官及私馬凡十四萬匹而復入塞者不滿三萬匹乃益置大司馬位大將軍驃騎將軍皆爲大司馬〔集解〕如淳曰大將軍驃騎將軍皆有大司馬之號也〔索隱〕案如淳云本無大司馬今新置耳案前謂太尉其官又省今武帝始置此位衛將軍霍驃騎皆加此官定令令驃騎將軍秩祿與大將軍等自是之後大將軍青日退而驃騎日益貴舉大將軍故人門下多去事驃騎輒得官爵唯任安不肯驃騎將軍爲人少言不泄〔索隱〕案孔文祥云謂質重少言膽氣在中也周仁陰重不泄其行亦同也有氣敢任〔索隱〕謂果敢任氣也天子嘗欲教之孫吳兵法對曰顧方略何如耳不至學古兵法天子爲治第令驃騎視之對曰匈奴未滅無以家爲也由此上益重愛之然少而侍中貴不省士其從軍天子爲遣太官齎數十乘既還重車餘棄粱肉而士有饑者其在塞外卒乏糧或不能自振而驃騎尚穿域蹋鞠〔集解〕徐廣曰穿地爲營域〔索隱〕鞠戲以皮爲之中實以毛蹵蹋爲戲也劉向別錄云蹋鞠兵勢所以陳武事知有材也三蒼云鞠毛可蹋以毛爲戲故云鞠戲鞠音巨六反〔正義〕按蹵鞠書有域說篇即今之打毬也黃帝所作起戰國時程武士知其材力也若講武事多此類大將軍爲人仁善退讓以和柔自媚於上然天下未有稱也驃騎將軍自四年軍後三年元狩六年而卒天子悼之發屬國玄甲〔正義〕屬國即上分置邊五郡者也玄甲鐵甲也軍陳自長安至茂陵爲冢像祁連山〔索隱〕案崔浩云去病破昆邪於此山故令爲冢象之以旌功也姚氏案冢在茂陵東北與衛青冢竝西者是青東者是去病冢上有豎石前有石馬相對又有石人也謚之幷武與廣地曰景桓侯〔集解〕蘇林曰景武謚也桓廣地謚也張晏曰謚法布義行剛曰景闢土服遠曰桓〔索隱〕案景桓兩謚也布義行剛是武謚也辟土服遠是廣地之謚也以去病平生有武藝及廣邊地之功故云謚之幷武與廣地曰景桓也子嬗代侯〔索隱〕嬗音市戰反嬗少字子侯上愛之幸其壯而將之居六歲元封元年嬗卒謚哀侯無子絕國除

自驃騎將軍死後大將軍長子宜春侯伉坐法失侯後五歲伉弟二人陰安侯不疑及發干侯登皆坐酎金失侯失侯後二歲冠軍侯國除其後四年大將軍青卒〔集解〕徐廣曰元封五年謚爲烈侯子伉代爲長平侯

自大將軍圍單于之後十四年而卒竟不復擊匈奴者以漢馬少而方南誅兩越東伐朝鮮擊羌西南夷以故久不伐胡大將軍以其得尚平陽公主〔正義〕案漢書云平陽侯曹壽有惡疾就國乃詔青尚平陽公主如淳云本陽信長公主爲平陽侯所尚故稱平陽公主云故長平侯伉代侯六歲坐法失侯

左右兩大將軍及諸裨將名最〔索隱〕謂凡計也大將軍青凡七出擊匈奴斬捕首虜五萬餘級一與單于戰收河南地遂置朔方郡再益封凡萬一千八百戶封三子爲侯侯千三百戶幷之萬五千七百戶其校尉裨將以從大將軍侯者九人其裨將及校尉已爲將者十四人〔索隱〕案漢書云爲特將者十五人蓋通李廣也此李廣一人自有傳者漢書則七人自有傳八人附見七人謂李廣張騫公孫賀李蔡曹襄韓說蘇建也爲裨將者曰李廣自有傳無傳者曰

將軍公孫賀賀義渠人〔正義〕今慶州本義渠戎國也地理志云北地義渠道也其先胡種賀父渾邪景帝時爲平曲侯〔集解〕徐廣曰爲隴西太守坐法失侯賀武帝爲太子時舍人武帝立八歲以太僕爲輕車將軍軍馬邑後四歲以輕車將軍出雲中後五歲以騎將軍從大將軍有功封爲南窌侯後一歲以左將軍再從大將軍出定襄無功後四歲以坐酎金失侯後八歲〔集解〕徐廣曰元鼎六年以浮沮將軍出五原〔索隱〕沮音子餘反二千餘里無功後八歲〔集解〕徐廣曰太初二年以太僕爲丞相封葛繹侯賀七爲將軍出擊匈奴無大功而再侯爲丞相坐子敬聲與陽石公主姦〔集解〕徐廣曰陽石一云德邑爲巫蠱族滅無後

將軍李息郁郅人〔集解〕服虔曰郅音窒〔索隱〕小顏音質案北地縣名也〔正義〕之栗反今慶州弘化縣是事景帝至武帝立八歲爲材官將軍軍馬邑後六歲爲將軍出代後三歲爲將軍從大將軍出朔方皆無功凡三爲將軍其後常爲大行

將軍公孫敖義渠人以郎事武帝武帝立十二歲爲驍騎將軍出代亡卒七千人當斬贖爲庶人後五歲以校尉從大將軍有功封爲合騎侯後一歲以中將軍從大將軍再出定襄無功後二歲以將軍出北地後驃騎期當斬贖爲庶人後二歲以校尉從大將軍無功後十四歲以因杅將軍築受降城〔索隱〕杅音于七歲復以因杅將軍再出擊匈奴至余吾〔索隱〕余音餘又音徐案水名在朔方亡士卒多下吏當斬詐死亡居民間五六歲後發覺復繫坐妻爲巫蠱族凡四爲將軍出擊匈奴一侯

將軍李沮〔索隱〕音俎豆之俎雲中人〔正義〕今嵐勝州也事景帝武帝立十七歲以左內史爲彊弩將軍後一歲復爲彊弩將軍

將軍李蔡成紀人也〔正義〕秦州縣也事孝文帝景帝武帝以輕車將軍從大將軍有功封爲樂安侯已爲丞相坐法死

將軍張次公河東人以校尉從衞將軍青有功封爲岸頭侯其後太后崩爲將軍軍北軍後一歲爲將軍從大將軍再爲將軍坐法失侯次公父隆輕車武射也以善射景帝幸近之也

將軍蘇建杜陵人以校尉從衞將軍青有功爲平陵侯以將軍築朔方後四歲爲游擊將軍從大將軍出朔方後一歲以右將軍再從大將軍出定襄亡翕侯失軍當斬贖爲庶人其後爲代郡太守卒冢在大猶鄉

將軍趙信以匈奴相國降爲翕侯武帝立十七歲爲前將軍與單于戰敗降匈奴

將軍張騫以使通大夏還爲校尉從大將軍有功封爲博望侯後三歲爲將軍出右北平失期當斬贖爲庶人其後使通烏孫爲大行而卒冢在漢中

將軍趙食其𣪠祤人也〔索隱〕縣名在馮翊𣪠音都活反又音丁外反祤音詡〔正義〕𣪠詡反雍州同官縣本漢𣪠祤縣也武帝立二十二歲以主爵爲右將軍從大將軍出定襄迷失道當斬贖爲庶人

將軍曹襄以平陽侯爲後將軍從大將軍出定襄襄曹參孫也

將軍韓說弓高侯庶孫也以校尉從大將軍有功爲龍頟侯坐酎金失侯元鼎六年以待詔爲橫海將軍擊東越有功爲按道侯以太初三年爲游擊將軍屯於五原外列城爲光祿勳掘蠱太子宮衞太子殺之

將軍郭昌雲中人也以校尉從大將軍元封四年以太中大夫爲拔胡將軍屯朔方還擊昆明無功奪印

將軍荀彘太原廣武人以御見〔正義〕以善御求見也侍中爲校尉數從大將軍以元封三年爲左將軍擊朝鮮無功以捕樓船將軍坐法死

最驃騎將軍去病凡六出擊匈奴其四出以將軍〔集解〕徐廣曰再出以剽姚校尉也斬捕首虜十一萬餘級及渾邪王以衆降

數萬遂開河西酒泉之地【正義】河謂隴右蘭州之西河也謂涼肅等州漢書西域傳云驃騎將軍擊破匈奴右地置酒泉郡後分置武威張掖燉煌等郡西方益少胡寇四益封凡萬五千一百戶其校吏有功爲侯者凡六人而後爲將軍二人

將軍路博德平州人【正義】漢書云西河平州按西河郡今邠州以右北平太守從驃騎將軍有功爲符離侯驃騎死後博德以衛尉爲伏波將軍伐破南越益封其後坐法失侯爲彊弩都尉屯居延卒

將軍趙破奴故九原人【正義】今勝州嘗亡入匈奴已而歸漢爲驃騎將軍司馬出北地時有功封爲從驃侯坐酎金失侯後一歲爲匈河將軍攻胡至匈河水無功後二歲【集解】徐廣曰元封二年擊虜樓蘭王復封爲浞野侯後六歲【集解】徐廣曰太初二年爲浚稽將軍將二萬騎擊匈奴左賢王左賢王與戰兵八萬騎圍破奴破奴生爲虜所得遂沒其軍居匈奴中十歲復與其太子安國亡入漢【集解】徐廣曰以太初二年入匈奴天漢元年亡歸涉四年後坐巫蠱族

自衛氏興大將軍青首封其後枝屬爲五侯凡二十四歲而五侯盡奪衛氏無爲侯者

太史公曰蘇建語余曰吾嘗責大將軍至尊重而天下之賢大夫毋稱焉【索隱】謂不爲賢士大夫所稱譽願將軍觀古名將所招選擇賢者勉之哉大將軍謝曰自魏其武安之厚賓客天子常切齒彼親附士大夫招賢絀不肖者人主之柄也人臣奉法遵職而已何與招士【索隱】與音預驃騎亦放此意其爲將如此

索隱述贊曰君子豹變貴賤何常青本奴虜忽總戎行姊配皇極身尚平陽寵榮斯僭取亂彝章剽姚繼踵再靜邊方

史記卷一百一十一考證

衛將軍驃騎列傳人奴之生得無笞罵即足矣○臣照按賁衮曰人奴之爲一句生得無笞罵即足矣爲一句生讀如生乃與噲等爲伍之生其說亦可通

以千一百戶封建爲平陵侯○漢表作一千戶

斬輕銳之卒捕服聽者三千七十一級○漢書作三千一十七級

益封青三千戶○漢書作三千八百戶

以千三百戶封戎奴爲從平侯○漢表從平一千一百戶

議郎周霸等索隱案郊祀志議封禪有周霸故知儒生也○周霸議封禪見封禪書又儒林傳云魯周霸至膠西內史申公弟子也

誅全甲○凌稚隆曰按漢書霍去病合短兵鏖皐蘭下殺折蘭王斬盧胡王銳悍者誅全甲獲醜執渾邪王子師古注全甲謂軍中之甲不喪失也今史記於短兵下无鏖皐蘭下一句於斬盧胡王下却言誅全甲殊不可解蓋傳寫之誤也徐廣注曰全一作金因其誤而注之耳

師大率減什三索隱案漢書作減什七小顏云破匈奴之師十減其七一云漢兵亡失之數下皆類此案一說爲是也○茅瓚曰若如一說則是方叙驃騎之功而又計其損失之數也當依小顏所云

校尉僕多有功索隱案漢表作僕朋疑多是誤○臣照按僕朋祗一見於漢表耳史漢驃騎傳及建元以來侯者年表皆作僕多三人占從二人之言則是僕朋爲誤非僕多誤也

常與壯騎先其大將軍軍亦有天幸未嘗困絕也○按董份曰嘗與壯騎先其大將軍爲句軍亦有天幸承上文皆言驃騎也王右丞詩衞青不敗由天幸則是以大將軍別起爲句矣不知太史公此傳專右大將軍而貶驃騎謂驃騎受上寵又有天幸所以不困絕而成功也右丞尚誤況其他乎史記誠不易讀也

仍與之勞○凌稚隆曰按仍與漢書作仍與注重與軍旅之勞也

遵行脉遠○臣照按遵漢書作卓隸辨曰祝睦後碑懿德逴優按卓古通逴楚辭哀時命處卓卓而日遠兮卓一作逴

元封元年嬗卒○封禪書奉車子侯暴病一日死

武帝立十二歲爲驃騎將軍○臣照按驃騎將軍武帝特立此名以寵去病者本傳元光五年公孫敖爲騎將軍此驃字蓋衍

家在漢中○程一枝曰蘇建家在大猶鄉張騫家在漢中二家字一本作冢

遂開河西酒泉之地正義河謂隴右蘭州之西河也謂涼肅等州○臣照按正義謂涼肅等州句謂字上疑脫酒泉二字

史記卷一百十二

漢　太　史　令司馬遷　撰

宋　中　郎　外　兵　曹　參　軍裴　駰集解

唐國子博士弘文館學士司馬貞索隱

唐諸王侍讀率府長史張守節正義

平津侯主父列傳第五十二

丞相公孫弘者齊菑川國薛縣人也【索隱】案薛縣本屬魯漢置菑川國後割入齊也【正義】表云菑川國文帝分齊置都劇括地志云故劇城在青州壽光縣南三十一里故薛城在徐州滕縣界地理志云薛縣屬魯國按薛與劇隔兗州及太山未詳公孫弘墓又在青州北魯縣西二十里也字季少時爲薛獄吏有辠免家貧牧豕海上年四十餘乃學春秋雜說養後母孝謹建元元年天子初即位招賢良文學之士是時弘年六十徵以賢良爲博士使匈奴還報不合上意上怒以爲不能弘迺病免歸元光五年有詔徵文學菑川國復推上公孫弘弘讓謝國人曰臣已嘗西應命以不能罷歸願更推選國人固推弘弘至太常太常令所徵儒士各對策百餘人弘第居下策奏天子擢弘對爲第一召入見狀貌甚麗拜爲博士是時通西南夷道置郡巴蜀民苦之詔使弘視之還奏事盛毀西南夷無所用上不聽弘爲人恢奇多聞常稱以爲人主病不廣大人臣病不儉節弘爲布被食不重肉後母死服喪三年每朝會議開陳其端令人主自擇不肯面折庭爭於是天子察其行敦厚辯論有餘習文法吏事而又緣飾以儒術上大說之【索隱】謂以儒術飾文法如衣服之有領緣以爲飾也二歲中【集解】徐廣曰一云一歲至左內史弘奏事有不可不庭辯之嘗與主爵都尉汲黯請間汲黯先發之弘推其後天子常說所言皆聽以此日益親貴常與公卿約議至上前皆倍其約以順上旨汲黯庭詰弘曰齊人多詐而無情實始與臣等建此議今皆倍之不忠上問弘弘謝曰夫知臣者以臣爲忠不知臣者以臣爲不忠上然弘言左右幸臣每毀弘上益厚遇之元朔三年張歐免以弘爲御史大夫是時通西南夷東置滄海北築朔方之郡弘數諫以爲罷敝中國以奉無用之地願罷之於是天子乃使朱買臣等難弘置朔方之便發十策弘不得一【集解】韋昭曰以弘之才非不能得一也以爲不可不敢逆上耳【正義】顏師古曰言其利害十條弘無以應弘迺謝曰山東鄙人不知其便若是願罷西南夷滄海而專奉朔方上乃許之汲黯曰弘位在三公奉祿甚多然爲布被此詐也上問弘弘謝曰有之夫九卿與臣善者無過黯然今日庭詰弘誠中弘之病夫以三公爲布被誠飾詐欲以釣名且臣聞管仲相齊有三歸侈擬於君桓公以霸亦上僭於君晏嬰相景公食不重肉妾不衣絲齊國亦治此下比於民【索隱】比音鼻比者近也小顏音比方之比今臣弘位爲御史大夫而爲布被自九卿以下至於小吏無差誠如汲黯言且無汲黯忠陛下安得聞此言天子以爲謙讓愈益厚之卒以弘爲丞相封平津侯【集解】徐廣曰元朔五年十一月乙丑公孫弘爲丞相功臣表曰元朔三年十一月乙丑封平津侯駰案漢書高成之平津鄉也【索隱】案漢書曰漢興皆以列侯爲丞相弘本無爵乃詔封弘高成之平津鄉六百五十戶爲平津侯丞相封侯自弘始也弘爲人意忌外寬內深【索隱】謂弘外寬內深意多有忌害也諸嘗與弘有郤者雖詳與善陰報其禍殺主父偃徙董仲舒於膠西皆弘之力也食一肉脫粟之飯【索隱】案一肉言不兼味也脫粟纔脫穀而已言不精鑿也故人所善賓客仰衣食弘奉祿皆以給之家無所餘士亦以此賢之淮南衡山謀反治黨與方急弘病甚自以爲無功而封位至丞相宜佐明主塡撫國家使人由臣子之道今諸侯有畔逆之計此皆宰相奉職不稱恐竊病死無以塞責【索隱】案人臣委質於君死生由君臣若一朝病死是竊死也乃上書曰臣聞天下之通道五所以行之者三【索隱】案此語出子思子今見禮中庸篇也曰君臣父子兄弟夫婦長幼之序此五者天下之通道也智仁勇此三者天下之通德所以行之者也故曰力行近乎仁好問近乎智知恥近乎勇知此三者則知所以自治知所以自治然後知所以治人天下未有不能自治而能治人者也此百世不易之道也今陛下躬行大孝鑒三王建周道兼文武厲賢予祿【集解】徐廣曰厲一作廣也量能授官今臣弘罷駑之質無汗馬之勞陛下過意擢臣弘卒伍之中封爲列侯致位三公臣弘行能不足以稱素有負薪之疾恐先狗馬塡溝壑終無以報德塞責願歸侯印乞骸骨避賢者路天子報曰古者賞有功襃有德守成尚文遭遇右武【索隱】小顏云右亦上也言遭遇亂時則上武也未有易此者也朕宿昔庶幾獲承尊位懼不能寧惟所與共爲治者君宜知之蓋君子善善惡惡君宜知之君若謹行常在朕躬君不幸罹霜露之病何恙不已【集解】駰案漢書音義曰何恙喻小疾不以時愈【索隱】恙憂也以言罹霜露寒涼之疾輕何憂於病不止禮曰疾止復初也迺上書歸侯乞骸骨是章朕之不德也今事少間君其省思慮一精神輔以醫藥因賜告牛酒雜帛居數月病有瘳視事元狩二年弘病竟以丞相終【集解】駰案漢書曰年八十【索隱】案弘凡爲御史丞相六歲年八十終子度嗣爲平津侯度爲山陽太守十餘歲坐法失侯【索隱】漢書云坐不遣鉅野令史成詣公車論爲城旦元始中詔復弘後爲關內侯也

主父偃者齊臨菑人也學長短縱橫之術晚乃學易春秋百家言游齊諸生間莫能厚遇也齊諸儒生相與排擯不容於齊家貧假貸無所得迺北游燕趙中山皆莫能厚遇爲客甚困孝武元光元年中以爲諸侯莫足游

者乃西入關見衞將軍衞將軍數言上上不召資用乏留久諸公賓客多厭之乃上書闕下朝奏暮召入見所言九事其八事爲律令一事諫伐匈奴其辭曰臣聞明主不惡切諫以博觀忠臣不敢避重誅以直諫是故事無遺策而功流萬世今臣不敢隱忠避死以效愚計願陛下幸赦而少察之司馬法曰國雖大好戰必亡天下雖平忘戰必危天下既平天子大凱【集解】應劭曰大凱周禮還師振旅之樂春蒐秋獮諸侯春振旅秋治兵所以不忘戰也【集解】宋均曰春秋少陽少陰氣弱未全須人功而後用士庶法之教而後成宗仁本義天子諸侯必春秋講武簡閱車徒以順時氣不忘戰也且夫怒者逆德也兵者凶器也爭者末節也古之人君一怒必伏尸流血故聖王重行之夫務戰勝窮武事者未有不悔者也昔秦皇帝任戰勝之威蠶食天下并吞戰國海內爲一功齊三代務勝不休欲攻匈奴李斯諫曰不可夫匈奴無城郭之居委積之守遷徙鳥舉難得而制也輕兵深入糧食必絕踵糧以行重不及事得其地不足以爲利也遇其民不可役而守也勝必殺之非民父母也靡敝中國快心匈奴非長策也【索隱】靡音糜敝猶凋敝也秦皇帝不聽遂使蒙恬將兵攻胡辟地千里以河爲境地固澤【集解】徐廣曰一作斥鹹鹵【集解】瓚曰其地多水澤又有鹵不生五穀然後發天下丁男以守北河暴兵露師十有餘年死者不可勝數終不能踰河而北是豈人衆不足兵革不備哉其勢不可也又使天下蜚芻輓粟【集解】文穎曰轉芻穀就戰是也起於東腄【集解】徐廣曰腄在東萊音縋【索隱】腄音逐瑞反注音縋其音同也琅邪負海之郡轉輸北河率三十鍾而致一石男子疾耕不足於糧餉女子紡績不足於帷幕百姓靡敝孤寡老弱不能相養道路死者相望蓋天下始畔秦也及至高皇帝定天下略地於邊聞匈奴聚於代谷之外而欲擊之御史成進諫曰不可夫匈奴之性獸聚而鳥散從之如搏影今以陛下盛德攻匈奴臣竊危之高帝不聽遂北至於代谷果有平城之圍高皇帝蓋悔之甚乃使劉敬往結和親之約然後天下忘干戈之事故兵法曰興師十萬日費千金夫秦常積衆暴兵數十萬人雖有覆軍殺將係虜單于之功亦適足以結怨深讎不足以償天下之費夫上虛府庫下敝百姓甘心於外國非完事也夫匈奴難得而制非一世也行盜侵驅所以爲業也天性固然上及虞夏殷周固弗程督禽獸畜之不屬爲人夫上不觀虞夏殷周之統而下脩近世之失此臣之所大憂百姓之所疾苦也且夫兵久則變生事苦則慮易乃使邊境之民靡敝愁苦而有離心將吏相疑而外市【集解】張晏曰與外國交求利已若章邯之比故尉佗章邯得以成其私也夫秦政之所以不行者權分乎二子此得失之效也故周書曰安危在出令存亡在所用願陛下詳察之少加意而孰慮焉

是時趙人徐樂齊人嚴安俱上書言世務各一事【索隱】樂音岳嚴本姓莊明帝諱後並改姓嚴也安及徐樂並拜郎中樂後爲中大夫徐樂曰臣聞天下之患在於土崩不在於瓦解古今一也何謂土崩秦之末世是也陳涉無千乘之尊尺土之地身非王公大人名族之後無鄉曲之譽非有孔墨曾子之賢陶朱猗頓之富也然起窮巷奮棘矜【集解】駰案矜音勤偏袒大呼而天下從風此其故何也由民困而主不恤下怨而上不知也俗已亂而政不脩此三者陳涉之所以爲資也是之謂土崩故曰天下之患在於土崩何謂瓦解吳楚齊趙之兵是也七國謀爲大逆號皆稱萬乘之君帶甲數十萬威足以嚴其境內財足以勸其士民然不能西攘尺寸之地而身爲禽於中原者此其故何也非權輕於匹夫而兵弱於陳涉也當是之時先帝之德澤未衰而安土樂俗之民衆故諸侯無境外之助此之謂瓦解故曰天下之患不在瓦解由是觀之天下誠有土崩之勢雖布衣窮處之士或首惡而危海內陳涉是也況三晉之君或存乎天下雖未有大治也誠能無土崩之勢雖有彊國勁兵不得旋踵而身爲禽矣吳楚齊趙是也況羣臣百姓能爲亂乎哉此二體者安危之明要也賢主所留意而深察也間者關東五穀不登年歲未復民多窮困重之以邊境之事推數循理而觀之則民且有不安其處者矣不安故易動易動者土崩之勢也故賢主獨觀萬化之原明於安危之機脩之廟堂之上而銷未形之患其要期使天下無土崩之勢而已矣故雖有彊國勁兵陛下逐走獸射蜚鳥弘游燕之囿淫縱恣之觀極馳騁之樂自若也金石絲竹之聲不絕於耳帷帳之私俳優侏儒之笑不乏於前而天下無宿憂名何必湯武俗何必成康雖然臣竊以爲陛下天然之聖寬仁之資而誠以天下爲務則湯武之名不難侔而成康之俗可復興也此二體者立然後處尊安之實揚名廣譽於當世親天下而服四夷餘恩遺德爲數世隆南面負扆攝袂而揖王公此陛下之所服也臣聞圖王不成其敝足以安安則陛下何求而不得何爲而不成何征而不服乎哉

嚴安上書曰臣聞周有天下其治三百餘歲成康其隆也刑錯四十餘年而不用及其衰也亦三百餘歲故五伯更起五伯者常佐天子興利除害誅暴禁邪匡正海內以尊天子五伯既沒賢聖莫續天子孤弱號令不行諸侯恣行彊陵弱衆暴寡田常篡齊六卿分晉並爲戰國此民之始苦也於是彊國務攻弱國備守合從連橫馳車擊轂介胄生蟣蝨民無所告愬及至秦王蠶食天下并吞戰國稱號曰皇帝一海內之政壞諸侯之城銷其兵鑄以爲鍾虡【索隱】虡音巨鄒氏本作鐻音同示不復用元元黎民得免於戰國逢明天子人人自以爲更生嚮使秦緩其刑罰薄賦斂省繇役貴仁義賤權利上篤厚下智巧【索隱】上猶尚也貴也下謂以智巧爲下也變風易俗化於海內則世世必安矣秦不行是風而循其故俗爲智巧權利者進篤厚忠信者退法嚴政峻諂諛者衆日聞其美意廣心軼欲肆威海外乃使蒙恬將兵以北攻胡辟地進境戍於北河蜚芻輓粟以隨其後又使尉佗屠睢【索隱】案尉官也佗趙佗也音徒何反屠睢人姓名睢音睢將樓船之士南攻百越使監祿【集解】韋昭曰監御史名祿也鑿渠運糧深入越越人遁逃曠日持久糧食絕乏越人擊之秦兵大敗秦乃使尉佗將卒以戍越當是時秦禍北構於胡南挂於越宿兵無用之地進而不得退行十餘年丁男被甲丁女轉輸苦不聊生自經於道樹死者相望及秦皇帝崩天下大叛陳勝吳廣舉陳【索隱】謂勝廣舉兵據陳舉音如字或音據恐非也下同武臣張耳舉趙項梁舉吳田儋舉齊景駒舉郢周市舉魏韓廣舉燕窮山通谷豪士並起不可勝載也然皆非公侯之後非長官之吏也無尺寸之勢起閭巷杖棘矜應時而皆動不謀而俱起不約而同會壤長地進【集解】張晏曰壤地進益也至於霸王時教使然也秦貴爲天子富有天下滅世絕祀者窮兵之禍也故周失之弱秦失之彊不變之患也今欲招南夷朝夜郎降羌僰略濊州【集解】如淳曰東夷也【索隱】僰音白北反又皮逼反濊州地名即古濊貊國也音紆廢反建城邑深入匈奴燔其龍城【索隱】匈奴城名音龍燔音煩燔燒也議者美之此人臣之利也非天下之長策也今中國無狗吠之驚而外累於遠方之備靡敝國家非所以子民也行無窮之欲甘心快意結怨於匈奴非所以安邊也禍結而不解兵休而復起近者愁苦遠者驚駭非所以持久也今天下鍛甲砥劍橋箭累弦轉輸運糧未見休時此天下之所共憂也夫兵久而變起事煩而慮生今外郡之地或幾千里列城數十形束壤制【集解】服虔曰言所束在郡守土壤足以專民制蘇林曰言其土地形勢足以束制其民也【索隱】案謂地形及土壤皆束制在諸侯也旁脅諸侯非公室之利也上觀齊晉之所以亡者公室卑削六卿大盛也下觀秦之所以滅者嚴法刻深欲大無窮也今郡守之權非特六卿之重也地幾千里非特閭巷之資也甲兵器械非特棘矜之用也以遭萬世之變則不可稱諱也書奏天子天子召見三人謂曰公等皆安在何相見之晚也【集解】徐廣曰佗史記本皆不見嚴安此旁所纂者皆取漢書耳然漢書不宜乃容大異或寫史記相承闕脫也【索隱】纂音撰於是上乃拜主父偃徐樂嚴安爲郎中數見上疏言事詔拜偃爲謁者遷樂爲中大夫一歲中四遷偃

偃說上曰古者諸侯不過百里彊弱之形易制今諸侯或連城數十地方千里緩則驕奢易爲淫亂急則阻其彊而合從以逆京師今以法割削之則逆節萌起前日鼂錯是也今諸侯子弟或十數而適嗣代立餘雖骨肉無尺寸地封則仁孝之道不宣願陛下令諸侯得推恩分子弟以地侯之彼人人喜得所願上以德施實分其國不削而稍弱矣於是上從其計【集解】徐廣曰元朔二年始令諸侯王分封子弟也又說上曰茂陵初立天下豪傑并兼之家亂衆之民皆可徙茂陵內實京師外銷姦猾此所謂不誅而害除上又從其計尊立衞皇后及發燕王定國陰事偃有功焉大臣皆畏其口賂遺累千金人或說偃曰太橫矣主父曰臣結髮游學四十餘年身不得遂親不以爲子昆弟不收賓客棄我我阸日久矣且丈夫生不五鼎食死即五鼎亨耳吾日暮途遠故倒行暴施之【索隱】按偃言吾日暮塗遠恐赴前塗不跌故須倒行而逆施乃可及耳今此本作暴暴者言已困久得中當須急暴行事以快意也暴者卒也急也偃盛言朔方地肥饒外阻河蒙恬城之以逐匈奴內省轉輸戍漕廣中國滅胡之本也上覽其說下公卿議皆言不便公孫弘曰秦時常發三十萬衆築北河終不可就已而棄之主父偃盛言其便上竟用主父計立朔方郡元朔二年主父言齊王內淫佚行僻上拜主父爲齊相至齊遍召昆弟賓客散五百金予之數之曰始吾貧時昆弟不我衣食賓客不我內門今吾相齊諸君迎我或千里吾與諸君絕矣毋復入偃之門乃使人以王與姊姦事動王王以爲終不得脫罪恐效燕王論死乃自殺有司以聞主父始爲布衣時嘗游燕趙及其貴發燕事趙王恐其爲國患欲上書言其陰事爲偃居中不敢發及爲齊相出關即使人上書告言主父偃受諸侯金以故諸侯子弟多以得封者及齊王自殺上聞大怒以爲主父劫其王令自殺乃徵下吏治主父服受諸侯金實不劫王令自殺上欲勿誅是時公孫弘爲御史大夫乃言曰齊王自殺無後國除爲郡入漢主父偃本首惡陛下不誅主父偃無以謝天下乃遂族主父偃主父偃方貴幸時賓客以千數及其族死無一人收者唯獨洨孔車【集解】徐廣曰孔車洨人也沛有洨縣【索隱】洨戶交反車尺奢反收葬之天子後聞之以爲孔車長者也

太史公曰公孫弘行義雖脩然亦遇時漢興八十餘年矣【集解】徐廣曰漢初至元朔二年八十年也上方鄉文學招俊乂以廣儒墨弘爲舉首主父偃當路諸公皆譽之及名敗身誅士爭

言其惡悲夫

太皇太后詔大司徒大司空【集解】徐廣曰此詔是平帝元始中王元后詔後人寫此及班固所稱以續卷後【索隱】案廣所云則又非褚先生所錄也 蓋聞治國之道富民為始富民之要在於節儉孝經曰安上治民莫善於禮禮與奢也寧儉昔者管仲相齊桓霸諸侯有九合一匡之功而仲尼謂之不知禮以其奢泰侈擬於君故也夏禹卑宮室惡衣服後聖不循由此言之始之盛也德優矣莫高於儉儉化俗民則尊卑之序得而骨肉之恩親爭訟之原息斯乃家給人足刑錯之本也歟可不務哉夫三公者百寮之率萬民之表也未有樹直表而得曲影者也孔子不云乎子率以正孰敢不正舉善而教不能則勸維漢興以來股肱宰臣身行儉約輕財重義較然著明【索隱】較音角較明也 未有若故丞相平津侯公孫弘者也位在丞相而為布被脫粟之飯不過一肉故人所善賓客皆分奉祿以給之無有所餘誠內自克約而外從制汲黯詰之乃聞于朝此可謂減於制度【集解】應劭曰禮貴有常尊衣服有常品 而可施行者也德優則行否則止與內奢泰而外為詭服以釣虛譽者殊科以病乞骸骨孝武皇帝即制曰賞有功襃有德善善惡惡君宜知之其省思慮存精神輔以醫藥賜告治病牛酒雜帛居數月有瘳視事至元狩二年竟以善終于相位夫知臣莫若君此其效也弘子度嗣爵後為山陽太守坐法失侯夫表德章義所以率俗厲化聖王之制不易之道也其賜弘後子孫之次當為後者爵關內侯食邑三百戶徵詣公車上名尚書朕親臨拜焉

班固稱曰公孫弘卜式兒寬皆以鴻漸之翼困於燕雀【集解】李奇曰漸進也鴻一舉而進千里者羽翼之材也弘等皆以大材初為俗所薄若燕雀不知鴻鵠之志也【索隱】案謂公孫等未遇時所輕若飛鴻之未漸受困於燕雀也 遠迹羊豕之間【集解】韋昭曰遠跡謂耕牧在於遠方【索隱】案公孫牧豕卜式牧羊也 非遇其時焉能致此位乎是時漢興六十餘載海內乂安【索隱】乂理也 府庫充實而四夷未賓制度多闕上方欲用文武求之如弗及始以蒲輪迎枚生【索隱】案謂枚乘也漢始詔申公亦以蒲輪謂以蒲裹車輪恐傷草木也且蒲是草之美者故禮有蒲璧蓋或畫繢以為榮飾也 見主父而歎息【索隱】案上文嚴安等上書上曰公等安在何相見之晚者是也 羣臣慕嚮異人並出卜式試於芻牧弘羊擢於賈豎衛青奮於奴僕日磾出於降虜斯亦曩時版築飯牛之朋矣漢之得人於茲為盛儒雅則公孫弘董仲舒兒寬篤行則石建石慶質直則汲黯卜式推賢則韓安國鄭當時定令則趙禹張湯文章則司馬遷相如滑稽則東方朔枚皐應對則嚴助朱買臣曆數則唐都落下閎協律則李延年運籌則桑弘羊奉使則張騫蘇武將帥則衛青霍去病受遺則霍光金日磾其餘不可勝紀是以興造功業制度遺文後世莫及孝宣承統纂修洪業亦講論六藝招選茂異而蕭望之梁丘賀夏侯勝韋玄成嚴彭祖尹更始以儒術進劉向王襃以文章顯將相則張安世趙充國魏相邴吉于定國杜延年治民則黃霸王成龔遂鄭弘邵信臣韓延壽尹翁歸趙廣漢之屬皆有功迹見述於後累其名臣亦其次也

【索隱述贊】曰平津巨儒晚年始遇外示寬儉內懷嫉妬寵備榮爵身受肺腑主父推恩觀時設度生食五鼎死非時盡

史記卷一百一十二考證

平津侯主父列傳二歲中至左內史集解徐廣曰一云一歲○臣浩按一歲中為是弘以五年對策即於是年為左內史見漢書百官公卿表

是時趙人徐樂齊人嚴安俱上書言世務各一事索隱嚴本姓莊漢明帝諱後並改姓嚴也○顧炎武曰鄧伯羔謂安自姓嚴然漢書藝文志曰主父偃二十八篇徐樂一篇莊安一篇是安本姓莊非嚴也漢書之稱莊安班氏所未改也史記之稱嚴安後人所追改也

又使尉佗屠睢將樓船之士南攻百越○臣照按淮南子人間訓曰秦皇利越之犀角象齒翡翠珠璣乃使尉屠睢發卒五十萬為五軍則此佗字疑衍

弘為舉首○王若虛辨惑曰舉首下意似不足豈有闕文乎

後聖不循○董份曰後聖聖字恐當是世字言禹聖德後世不能循也

始之盛也○凌稚隆曰一本始作治

始以蒲輪迎枚生索隱謂以蒲裹車輪恐傷草木也○徐孚遠曰封泰山用蒲輪恐傷草木也迎賢人用蒲輪欲令車安也索隱非是

史記卷一百十三

漢　太　史　令　司馬遷　撰

宋　中　郎　外　兵　曹　參　軍　裴駰　集解

唐　國　子　博　士　弘　文　館　學　士　司馬貞　索隱

唐　諸　王　侍　讀　率　府　長　史　張守節　正義

南越尉佗列傳第五十三

南越王【正義】廣州南海縣也 尉佗者真定人也【索隱】尉官也佗名也姓趙佗音徒河反又十三州記云大郡曰守小郡曰尉韋昭云真定故郡名後更為縣在常山也 姓趙氏秦時已并天下略定楊越【集解】張晏曰揚州之南越也【索隱】案戰國策云吳起為楚收揚越【正義】夏禹九州本屬揚州故云揚越 置桂林南海象郡【索隱】地理志武帝更名桂林曰鬱林象郡更名曰日南 秦本紀始皇三十三年略陸梁地以為南海桂林象郡地理志云武帝更名日南 以謫徙民【索隱】謫音陟革反 與越雜處十三歲【集解】徐廣曰秦并天下至二世元年十三年并天下八歲乃平越地至二世元年六年耳 佗秦時用為南海龍川令【索隱】地理志云龍川屬南海也【正義】顏師古云龍川南海縣也即今之循州也裴氏廣州記云本博羅縣之東鄉有龍穿地而出即穴流泉因以為號也 至二世時南海尉任囂病且死【集解】徐廣曰爾時未言都尉也【索隱】囂音五刀反 召龍川令趙佗語曰聞陳勝等作亂秦為無道天下苦之項羽劉季陳勝吳廣等州郡各共興軍聚衆虎爭天下中國擾亂未知所安豪傑畔秦相立南海僻遠吾恐盜兵侵地至此吾欲興兵絕新道【索隱】案蘇林云秦所通越道 自備待諸侯變會病甚且番禺負山險阻南海東西數千里頗有中國人相輔此亦一州之主也可以立國郡中長吏無足與言者故召公告之即被佗書【集解】韋昭曰被之以書音光被之被【索隱】被音皮義反 行南海尉事【索隱】服虔云囂詐詔書使佗為南海尉 囂死佗即移檄告橫浦陽山湟谿關曰【集解】徐廣曰在桂陽通四會也【索隱】案南康記云南野大庾嶺三十里至橫浦有秦時關其下謂為塞上姚氏案地理志云桂陽有陽山縣今此縣上流百餘里有騎田嶺當是陽山關鄒氏劉氏本湟並作涅音年結反漢書作湟谿音皇又衛青傳云出桂陽下湟水是而姚察云史記作匯今本有湟及匯不同蓋由隨見輒改故也水經云含匯縣南有匯浦關未知孰是然鄒誕作湟漢書作湟蓋近於古 盜兵且至急絕道聚兵自守因稍以法誅秦所置長吏以其黨為假守【索隱】案謂佗立其所黨為郡縣之職或假守也 秦已破滅佗即擊并桂林象郡自立為南越武王【集解】韋昭曰生以武為號不稱於古也 高帝已定天下為中國勞苦故釋佗弗誅漢十一年遣陸賈因立佗為南越王與剖符通使和集百越毋為南邊患害與長沙接境高后時有司請禁南越關市鐵器佗曰高帝立我通使物今高后聽讒臣別異蠻夷隔絕器物此必長沙王計也欲倚中國擊滅南越而并王之自為功也於是佗乃自尊號為南越武帝發兵攻長沙邊邑敗數縣而去焉高后遣將軍隆慮侯竈往擊之【索隱】韋昭云竈姓周隆慮縣名屬河內音林閭 會暑溼士卒大疫兵不能踰嶺【索隱】案即陽山嶺也 歲餘高后崩即罷兵佗因此以兵威邊財物賂遺閩越西甌駱役屬焉【集解】駰案漢書音義曰駱越也【索隱】姚氏案廣州記云交趾有駱田仰潮水上下人食其田名為駱侯諸縣自名為駱將銅印青綬即今之令後蜀王子將兵討駱侯自稱為安陽王治封溪縣後南越王尉佗攻破安陽王令二使典主交阯九真二郡即甌駱也 東西萬餘里迺乘黃屋左纛稱制與中國侔

及孝文帝元年初鎮撫天下使告諸侯四夷從代來即位意喻盛德焉乃為佗親冢在真定置守邑歲時奉祀召其從昆弟尊官厚賜寵之詔丞相陳平等舉可使南越者平言好畤陸賈先帝時習使南越迺召賈以為太中大夫往使因讓佗自立為帝曾無一介之使報者陸賈至南越王甚恐為書謝稱曰蠻夷大長老夫臣佗前日高后隔異南越竊疑長沙王讒臣又遙聞高后盡誅佗宗族掘燒先人冢以故自棄犯長沙邊境且南方卑溼蠻夷中間其東閩越千人衆號稱王其西甌駱裸國亦稱王【索隱】裸音和寡反裸露形也 老臣妄竊帝號聊以自娛豈敢以聞天王哉乃頓首謝願長為藩臣奉貢職於是乃下令國中曰吾聞兩雄不俱立兩賢不並世皇帝賢天子也自今以後去帝制黃屋左纛陸賈還報孝文帝大說遂至孝景時稱臣使人朝請然南越其居國竊如故號名其使天子稱王朝命如諸侯至建元四年卒佗孫胡為南越王【集解】徐廣曰皇甫謐曰越王趙佗以建元四年卒爾時漢興七十年佗蓋百歲矣 此時閩越王郢興兵擊南越邊邑胡使人上書曰兩越俱為藩臣毋得擅興兵相攻擊今閩越興兵侵臣臣不敢興兵唯天子詔之於是天子多南越義守職約為興師遣兩將軍往討閩越【索隱】王恢韓安國 兵未踰嶺閩越王弟餘善殺郢以降於是罷兵天子使莊助往諭意南越王胡頓首曰天子乃為臣興兵討閩越死無以報德遣太子嬰齊入宿衛謂助曰國新被寇使者行矣胡方日夜裝入見天子助去後其大臣諫胡曰漢興兵誅郢亦行以驚動南越且先王昔言事天子期無失禮要之不可以說好語入見【索隱】漢書悅作怵韋昭云誘怵好辭 入見則不得復歸亡國之勢也於是胡稱病竟不入見後十餘歲胡實病甚太子嬰齊請歸胡薨謚為文王嬰齊代立即藏其先武帝璽【索隱】李邵云藏其僭號之璽也 嬰齊其入宿衛在長安時取邯鄲樛氏女生子興【集解】徐廣曰一作典【索隱】樛音紀虯反樛姓出邯鄲 及即位上書請立樛氏女為后興為嗣漢數使使者風諭嬰齊嬰齊尚樂擅殺生自恣懼入見要用漢法比內諸侯固稱病遂不入遣子次公入宿衛嬰齊薨謚為明王太子興代立其母為太后太后自未為嬰齊姬時常與霸陵人安國少季通【索隱】安國姓少季名也 及嬰齊薨後元鼎四年漢使安國少季往諭王王太后以入朝比內諸侯令辯士諫大夫終軍等宣其辭勇士魏臣等輔其缺【集解】徐廣曰一作決

衛尉路博德將兵屯桂陽，待使者。王年少，太后中國人也，嘗與安國少季通，其使復私焉。國人頗知之，多不附太后。太后恐亂起，亦欲倚漢威，數勸王及羣臣求內屬。卽因使者上書，請比內諸侯，三歲一朝，除邊關。於是天子許之，賜其丞相呂嘉銀印，及內史、中尉、太傅印，餘得自置。除其故黥劓刑，用漢法，比內諸侯。使者皆留塡撫之。王、王太后飭治行裝重齎，爲入朝具。其相呂嘉年長矣，相三王，宗族官仕爲長吏者七十餘人，男盡尚王女，女盡嫁王子兄弟宗室，及蒼梧秦王有連。集解 駰案：漢書音義曰「蒼梧越中王，自名爲秦王，連親婚也」。索隱 案：蒼梧秦王卽下趙光是也。有連者，連姻也。趙與秦同姓，故稱秦王。其居國中甚重，越人信之，多爲耳目者，得衆心愈於王。王之上書，數諫止王，王弗聽。有畔心，數稱病不見漢使者。使者皆注意嘉，勢未能誅。王、王太后亦恐嘉等先事發，乃置酒，介漢使者權，集解 韋昭曰：「恃使者爲介胄也。」索隱 志林云：「介者，因也。欲因使者權誅呂嘉也。」韋昭以介爲恃，介者間也，以言恃漢使之權意，卽得矣。然云恃爲介胄，則非也。虞喜以介爲因，亦有所由。案：介者賓主所由也。謀誅嘉等。使者皆東鄉，太后南鄉，王北鄉，相嘉、大臣皆西鄉，侍坐飲。嘉弟爲將，將卒居宮外。酒行，太后謂嘉曰：「南越內屬，國之利也，而相君苦不便者，何也？」以激怒使者。使者狐疑相杖，遂莫敢發。嘉見耳目非是，卽起而出。太后怒，欲鏦嘉以矛，集解 韋昭曰：「鏦，撞也。」索隱 鏦，字林鏦音七凶反，又吳王濞傳鏦殺吳王，與此同。王止太后。嘉遂出，分其弟兵就舍，索隱 案：謂分取其兵也。漢書作介，介被也，恃也。稱病，不肯見王及使者。乃陰與大臣作亂。王素無意誅嘉，嘉知之，以故數月不發。太后有淫行，國人不附，欲獨誅嘉等，力又不能。天子聞嘉不聽王，王、王太后弱孤不能制，使者怯無決。又以爲王、王太后已附漢，獨呂嘉爲亂，不足以興兵，欲使莊參以二千人往使。參曰：「以好往，數人足矣；以武往，二千人無足以爲也。」辭不可，天子罷參也。郟壯士集解 徐廣曰：「縣屬潁川。」音古洽反。正義 今汝州郟城縣。故濟北相韓千秋奮曰：「以區區之越，又有王、太后應，獨相呂嘉爲害，願得勇士二百人，必斬嘉以報。」於是天子遣千秋集解 徐廣曰：「爲校尉。」與王太后弟樛樂將二千人往，入越境。呂嘉等乃遂反，下令國中曰：「王年少。太后中國人也，又與使者亂，專欲內屬，盡持先王寶器入獻天子以自媚，多從人，行至長安，虜賣以爲僮僕。取自脫一時之利，無顧趙氏社稷，爲萬世慮計之意。」乃與其弟將卒攻殺王、太后及漢使者。遣人告蒼梧秦王及其諸郡縣，立明王長男越妻子術陽侯建德爲王。集解 徐廣曰：「元鼎四年，以南越王兄越封高昌侯。」索隱 案：功臣表術陽屬下邳。而韓千秋兵入，破數小邑。其後越直開道給食，未至番禺四十里，越以兵擊千秋等，遂滅之。使人函封漢使者節置塞上，索隱 案：南康記以爲大庾嶺名塞上也。好爲謾辭謝罪，發兵守要害處。於是天子曰：「韓千秋雖無成功，亦軍鋒之冠。」封其子延年爲成安侯。索隱 案：功臣表成安屬郟。樛樂，其姊爲王太后，首願屬漢，封其子廣德爲龍亢侯。索隱 案：龍亢屬譙國，漢書作龔侯，服虔作卬，晉灼云龔古龍字。乃下赦曰：「天子微，諸侯力政，譏臣不討賊。今呂嘉、建德等反，自立晏如，令罪人及江淮以南集解 徐廣曰：「淮一作匯也。」樓船十萬師集解 應劭曰：「時欲擊越，非水不至，故作大船，船上施樓，故號曰樓船也。」往討之。」

元鼎五年秋，衛尉路博德爲伏波將軍，出桂陽，下匯水；集解 徐廣曰：「一作湟。」駰案：地理志曰桂陽有匯水，通四會。或作淮字。索隱 劉氏云匯當作湟。漢書云下湟水也。主爵都尉楊僕爲樓船將軍，出豫章，下橫浦；故歸義越侯二人集解 張晏曰：「故越人降爲侯。」爲戈船、下厲將軍，集解 徐廣曰：「厲一作瀨。」駰案：張晏曰「越人於水中負人船，又有蛟龍之害，故置戈於船下，因以爲名也」。應劭曰「瀨，水流沙上也」。瓚曰「伍子胥書有戈船，以載干戈，因謂之戈船也」。出零陵，或下離水，集解 徐廣曰：「在零陵，通廣信。」駰案：地理志云零陵縣有離水，東至廣信入鬱林，九百八十里。正義 或抵蒼梧；使馳義侯集解 徐廣曰：「越人也，名遺。」因巴蜀罪人，發夜郎兵，正義 曲州、協州以南是夜郎國。下牂柯江，正義 江出南徼外，東通四會至番禺入海也。咸會番禺。元鼎六年冬，樓船將軍將精卒先陷尋陝，破石門，索隱 姚氏云：尋陝在始興西三百里，近連口也。廣州記：石門在番禺縣北二十里，昔呂嘉拒漢，積石於江，名曰石門。又俗云石門水名貪泉，飲之則令人變，故吳隱之至石門，酌水飲，乃爲歌也。得越船粟，因推而前，挫越鋒，以數萬人待伏波。伏波將軍將罪人，道遠，會期後，與樓船會乃有千餘人，遂俱進。樓船居前，至番禺。建德、嘉皆城守。樓船自擇便處，居東南面；伏波居西北面。會暮，樓船攻敗越人，縱火燒城。越素聞伏波名，日暮，不知其兵多少。伏波乃爲營，遣使者招降者，賜印，復縱令相招。樓船力攻燒敵，反驅而入伏波營中。犂旦，城中皆降伏波。集解 徐廣曰：「呂靜曰犂，結也。音力奚反。結猶連及，逮至也。」漢書犂旦爲遲旦，謂待明也。索隱 鄒氏云犂一作比，比音必至反。然犂卽比義，不煩更釋。又解犂黑也，天未明而尚黑也。漢書、史記亦作遲，遲音稚。遲，待也，亦犂之義。呂嘉、建德已夜與其屬數百人亡入海，以船西去。伏波又因問所得降者貴人，以知呂嘉所之，遣人追之。以其故校尉司馬蘇弘得建德，封爲海常侯；集解 徐廣曰：「在東萊。」越郎集解 徐廣曰：「南越之郎官。」都稽集解 徐廣曰：「表曰孫都。」得嘉，封爲臨蔡侯。索隱 案：表屬河內。

蒼梧王趙光者，越王同姓，聞漢兵至，及越揭陽令定集解 韋昭曰：「揭音其逝反。」索隱 地理志揭陽縣屬南海。案：劉氏音求例反。定者，令之名也。案漢功臣表云定揭陽令意，又別。自定屬漢；越桂林監居翁集解 駰案：漢書音義曰桂林郡中監姓居，名翁也。諭甌駱屬漢：索隱 案：漢書甌駱三十餘萬口降漢。皆得爲侯。索隱 漢書云光爲隨桃侯，揭陽令爲安道侯，越將畢取爲膫侯，桂林監居翁爲湘城侯。韋昭云湘城屬堵陽。桃、安道、膫三縣皆屬南陽。膫音遼。戈船、下厲將軍兵及馳義侯所發夜郎兵未下，南越已平矣。遂爲九郡。集解 徐廣曰：「儋耳、珠崖、南海、蒼梧、九眞、鬱林、日南、合浦、交阯。」索隱 徐廣皆據漢書爲說。伏波將軍益封。樓船將軍兵以陷堅爲將梁侯。

自尉佗初王後，五世九十三歲而國亡焉。

太史公曰：尉佗之王，本由任囂。遭漢初定，列爲諸侯。隆慮離溼疫，佗得以益驕。甌駱相攻，南越動搖。漢兵臨境，嬰齊入朝。其後亡國，徵自樛女；呂嘉小忠，令佗無後。樓船從欲，怠傲失惑；伏波困窮，智慮愈殖，因禍爲福。成敗之轉，譬若糾墨。

索隱述贊曰：中原鹿走，羣雄莫制。漢事西驅，越推南裔。陸賈騁說，尉佗去帝。樛后內朝，呂嘉狼戾。君臣不協，卒從剿絕。

史記卷一百一十三考證

南越尉佗列傳　封其子廣德爲龍亢侯。索隱按龍亢屬譙國○臣照按：年表索隱曰龍魯邑，蕭該云廣德所封止是龍，有亢者誤也。此處索隱注自相矛盾。

史記卷一百十四

漢　太　史　令司馬遷　撰

宋　中　郎　外　兵　曹　參　軍裴　駰集解

唐　國　子　博　士弘文館學士司馬貞索隱

唐　諸　王　侍　讀　率　府　長　史張守節正義

東越列傳第五十四

閩越王無諸集解 韋昭曰：「閩音武巾反，東越之別名。」索隱 按：說文云閩，東越，蛇種也，故字從虫。閩聲音旻。及越東海王搖者，其先皆越王句踐之後也，姓騶氏。集解 徐廣曰：「騶一作駱。」索隱 徐廣說是。上云甌駱，此別云閩，不姓騶也。秦已并天下，皆廢爲君長，以其地爲閩中郡。集解 徐廣曰：「今建安侯官是。」索隱 小顏以爲卽今之泉州建安也。正義 今閩州又改爲福州也。及諸侯畔秦，無諸、搖率越歸鄱陽令吳芮，所謂鄱君者也，從諸侯滅秦。當是之時，項籍主命，弗王，集解 駰案：漢書音義曰：「主號令諸侯，不王無諸、搖等。」以故不附楚。漢擊項籍，無諸、搖率越人佐漢。漢五年，復立無諸爲閩越王，王閩中故地，都東冶。孝惠三年，舉高帝時越功，曰閩君搖功多，其民便附，乃立搖爲東海王，集解 應劭曰：「在吳郡東南濱海云。」都東甌，集解 徐廣曰：「今之永寧也。」索隱 姚氏云：甌，水名。永嘉記：「水出寧山，行三十餘里，去郡城五里入江，昔有東甌王都城，有亭，積石爲道，今猶在也。」世俗號爲東甌王。

後數世，至孝景三年，吳王濞反，欲從閩越，閩越未肯行，獨東甌從吳。及吳破，東甌受漢購，殺吳王丹徒，以故皆得不誅，歸國。

吳王子子駒亡走閩越，怨東甌殺其父，常勸閩越擊東甌。至建元三年，閩越發兵圍東甌。東甌食盡，困，且降，乃使人告急天子。天子問太尉田蚡，蚡對曰：「越人相攻擊，固其常，又數反覆，不足以煩中國往救也。自秦時棄弗屬。」於是中大夫莊助詰蚡曰：「特患力弗能救，德弗能覆；誠能，何故棄之？且秦舉咸陽而棄之，何乃越也！今小國以窮困來告急天子，天子弗振，當安所告愬？又何以子萬國乎？」上曰：「太尉未足與計。吾初卽位，不欲出虎符發兵郡國。」乃遣莊助以節發兵會稽。會稽太守欲距不爲發，助乃斬一司馬，諭意指，遂發兵浮海救東甌。未至，閩越引兵而去。東甌請舉國徙中國，乃悉舉衆來，處江淮之間。集解 徐廣曰：「年表曰東甌王廣武侯望，率其衆四萬餘人來降，家廬江郡。」索隱 徐廣據年表而爲說。

至建元六年，閩越擊南越。南越守天子約，不敢擅發兵擊而以聞。上遣大行王恢出豫章，大農韓安國出會稽，皆爲將軍。兵未踰嶺，閩越王郢發兵距險。其弟餘善乃與相、宗族謀曰：「王以擅發兵擊南越，不請，故天子兵來誅。今漢兵衆彊，今卽幸勝之，後來益多，終滅國而止。今殺王以謝天子。天子聽，罷兵，固一國完；不聽，乃力戰；不勝，卽亡入海。」皆曰「善」。卽鏦殺王，索隱 劉氏鏦音窻。鏦，撞也。使使奉其頭致大行。大行曰：「所爲來者誅王。今王頭至，謝罪，不戰而耘，集解 徐廣曰：「漢書作殞。耘，義當取耘除。或言耘音于粉反，此楚人聲重耳。殞耘當同音，但字有假借聲有輕重。」利莫大焉。」乃以便宜案兵告大農軍，而使使奉王頭馳報天子。詔罷兩將兵，曰：「郢等首惡，獨無諸孫繇君丑不與謀焉。」索隱 繇音搖。繇者，邑號；丑，名也。乃使郎中將立丑爲越繇王，奉閩越先祭祀。

餘善已殺郢，威行於國，國民多屬，竊自立爲王。繇王不能矯其衆持正。天子聞之，爲餘善不足復興師，曰：「餘善數與郢謀亂，而後首誅郢，師得不勞。」因立餘善爲東越王，與繇王並處。

至元鼎五年，南越反，東越王餘善上書，請以卒八千人從樓船將軍擊呂嘉等。兵至揭陽，以海風波爲解，不行，持兩端，陰使南越。及漢破番禺，不至。是時樓船將軍楊僕使使上書，願便引兵擊東越。上曰士卒勞倦，不許，罷兵，令諸校屯豫章梅嶺待命。集解 徐廣曰：「在會稽界。」索隱 徐說非也。案：今豫章三十里有梅嶺，在洪崖山，當古驛道。此文云豫章梅嶺，知非會稽也。正義 括地志云：「梅嶺在虔化縣東北百二十八里。」虔州漢亦屬豫章郡，二所未詳。

元鼎六年秋，餘善聞樓船請誅之，漢兵臨境，且往，乃遂反，發兵距漢道。號將軍騶力等爲「吞漢將軍」，入白沙、武林、集解 徐廣曰：「在豫章界。」索隱 案：今豫章北二百里接鄱陽界，地名白沙，有小水入湖，名曰白沙，東南八十里有武陽亭，亭東南三十里地名武林。此白沙、武林，今當閩越之京道。梅嶺，殺漢三校尉。是時漢使大農張成、故山州侯齒集解 徐廣曰：「城陽共王子。」將屯，弗敢擊，卻就便處，皆坐畏懦誅。餘善刻「武帝」璽自立，詐其民，爲妄言天子遣橫海將軍韓說出句章【索隱】鄭氏句音鉤會稽縣也【正義】句章故城在越州鄮縣西一百里漢縣 浮海從東方往樓船將軍楊僕出武林中尉王溫舒出梅嶺越侯爲戈船下瀨將軍出若邪白沙【索隱】案姚氏云若邪地名今闕【正義】越州有若耶山若耶溪若如一預州有白沙山蓋從如此邪白沙東故閩州 元封元年冬咸入東越東越素發兵距險使徇北將軍守武林敗樓船軍數校尉殺長吏樓船將軍率錢唐轅終古【正義】錢唐杭州縣轅姓終古名 斬徇北將軍爲禦兒侯【集解】駰案漢書音義曰今吳南亭是也【正義】禦字今作語語兒鄉在蘇州嘉興縣南七十里臨官道也 自兵未往故越衍侯吳陽前在漢漢使歸諭餘善餘善弗聽及橫海將軍先至越衍侯吳陽以其邑七百人反攻越軍於漢陽從建成侯敖【集解】徐廣曰東越臣 與其率從繇王居股謀曰餘善首惡劫守吾屬今漢兵至衆彊計殺餘善自歸諸將儻幸得脫乃遂俱殺餘善以其衆降橫海將軍故封繇王居股爲東成侯萬戶【索隱】韋昭云在九江 封建成侯敖爲開陵侯【索隱】徐廣云敖東越臣韋昭云開陵屬臨淮 封越衍侯吳陽爲北石侯封橫海將軍說爲按道侯封橫海校尉福爲繚嫈侯【集解】駰案漢書音義曰音遼縈【索隱】繚嫈縣名服虔曰嫈音瑩劉伯莊音紆縈反 福者城陽共王子故爲海常侯坐法失侯舊從軍無功以宗室故侯諸將皆無成功莫封東越將多軍【集解】駰案漢書音義曰多軍名也【索隱】韋昭云多姓軍名也 漢兵至棄其軍降封爲無錫侯於是天子曰東越狹多阻閩越悍數反覆詔軍吏皆將其民徙處江淮間東越地遂虛

太史公曰越雖蠻夷其先豈嘗有大功德於民哉何其久也歷數代常爲君王句踐一稱伯然餘善至大逆滅國遷衆其先苗裔繇王居股等猶尚封爲萬戶侯由此知越世世爲公侯矣蓋禹之餘烈也

【索隱述贊】曰句踐之裔是曰無諸既席漢寵實因秦餘騶駱爲姓閩中是居王搖之立爰處東隅後嗣不道自相誅鋤

史記卷一百一十四考證

東越列傳秦已并天下皆廢爲君長○臣照按越爲楚滅子孫分散臣服於楚越世家雖有或爲王或爲君之言其實自相稱署而不得比於宋衛中山之數者也秦兼天下罷侯置守六國之後尚不得尺土寸地矧區區江南海上之越别奉以君長之號乎疑無諸與搖皆已廢爲庶人陳項兵起乃始糾合義旅閩越之民尚思舊德相率景從耳

史記卷一百十五

漢　太　史　令司馬遷　撰

宋　中　郎　外　兵　曹　參　軍　裴　駰　集解

唐　國　子　博　士　弘　文　館　學　士　司　馬　貞　索隱

唐　諸　王　侍　讀　率　府　長　史　張　守　節　正義

朝鮮列傳第五十五

【集解】張晏曰朝鮮有濕水洌水汕水三水合爲洌水疑樂浪朝鮮取名於此也【索隱】案朝音潮直驕反鮮音仙以有汕水故名也汕一音訕

朝鮮【正義】潮仙二音括地志云高驪都平壤城本漢樂浪郡王險城又古云朝鮮地也 王滿者故燕人也【索隱】案漢書滿燕人姓衛擊破朝鮮王而自王之 自始全燕時嘗略屬眞番【集解】徐廣曰一作莫遼東有番汗縣番音普寒反【索隱】始全燕時謂六國燕方全盛之時常略二國以屬已也應劭云元菟本眞番國徐氏云遼東有番汗縣者據地理志而知也 朝鮮爲置吏築鄣塞秦滅燕屬遼東外徼漢興爲其遠難守復修遼東故塞至浿水爲界【集解】駰案漢書音義曰浿音旁沛反【正義】地理志云浿水出遼東塞外西南至樂浪縣西入海浿普大反 屬燕燕王盧綰反入匈奴滿亡命【正義】命謂教令 聚黨千餘人魋結蠻夷服而東走出塞渡浿水居秦故空地上下鄣【索隱】案地理志樂浪有雲鄣 稍役屬眞番朝鮮蠻夷及故燕齊亡命者王之都王險【集解】徐廣曰昌黎有險瀆縣也【索隱】韋昭云古邑名應劭注地理志云遼東有險瀆縣朝鮮王舊都臣瓚云王險城在樂浪郡浿水之東也 會孝惠高后時天下初定遼東太守即約滿爲外臣保塞外蠻夷無使盜邊諸蠻夷君長欲入見天子勿得禁止以聞上許之以故滿得兵威財物侵降其旁小邑眞番臨屯皆來服屬【索隱】東夷小國後以爲郡 方數千里【正義】括地志云朝鮮高驪貊東沃沮五國之地國東西千三百里南北二千里在京師東東至大海四百里北至營州界九百二十里南至新羅國六百里北至靺鞨國千四百里 傳子至孫右渠【正義】其孫名也 所誘漢亡人滋多又未嘗入見眞番旁衆國欲上書見天子又擁閼不通元封二年漢使涉何誘諭右渠【索隱】誘一作譙說文云譙讓也諭曉也譙音才笑反 終不肯奉詔何去至界上臨浿水使御刺殺送何者【索隱】即送何之御也 朝鮮裨王長【正義】顏師古云長者裨王名也送何至浿水何因刺殺也按裨王乃將士長恐顏非也 即渡馳入塞【正義】入平州榆林關也 遂歸報天子曰殺朝鮮將上爲其名美即不詰【索隱】有殺將之美名 拜何爲遼東東部都尉【正義】地理志云遼東郡武次縣東部都尉所理也 朝鮮怨何發兵襲攻殺何天子募罪人擊朝鮮其秋遣樓船將軍楊僕從齊浮渤海兵五萬人左將軍荀彘出遼東討右渠右渠發兵距險左將軍卒正多率遼東兵先縱敗散多還走坐法斬樓船將軍將齊兵七千人先至王險右渠城守窺知樓船軍少即出城擊樓船樓船軍敗散走將軍楊僕失其衆遁山中十餘日稍求收散卒復聚左將軍擊朝鮮浿水西軍未能破自前天子爲兩將未有利乃使衛山因兵威往諭右渠右渠見使者頓首謝願降恐兩將詐殺臣今見信節請服降遣太子入謝獻馬五千匹及饋軍糧人衆萬餘持兵方渡浿水使者及左將軍疑其爲變謂太子已服降宜命人毋持兵太子亦疑使者左將軍詐殺之遂不渡浿水復引歸山還報天子天子誅山左將軍破浿水上軍乃前至城下圍其西北樓船亦往會居城南右渠遂堅守城數月未能下左將軍素侍中幸將燕代卒悍乘勝軍多驕樓船將齊卒入海固已多敗亡其先與右渠戰困辱亡卒卒皆恐將心慙其圍右渠常持和節左將軍急擊之朝鮮大臣乃陰間使人私約降樓船往來言尚未肯決左將軍數與樓船期戰樓船欲急就其約不會左將軍亦使人求間郤降下朝鮮朝鮮不肯心附樓船以故兩將不相能左將軍心意樓船前有失軍罪今與朝鮮私善而又不降疑其有反計未敢發天子曰將率不能前及使衛山諭降右渠右渠遣太子山使不能剸決與左將軍計相誤卒沮約今兩將圍城又乖異以故久不決使濟南太守公孫遂往征之有便宜得以從事遂至左將軍曰朝鮮當下久矣不下者有狀言樓船數期不會具以素所意告遂曰今如此不取恐爲大害非獨樓船又且與朝鮮共滅吾軍遂亦以爲然而以節召樓船將軍入左將軍營計事即命左將軍麾下執捕樓船將軍并其軍以報天子天子誅遂左將軍已并兩軍即急擊朝鮮朝鮮相路人相韓陰尼谿相參將軍王唊【集解】駰案漢書音義曰凡五人也戎狄不知官紀故皆稱相唊音頰【索隱】路人漁陽縣人如淳云相其國相路人名也唊一音協 相與謀曰始欲降樓船樓船今執獨左將軍并將戰益急恐不能與戰王又不肯降陰唊路人皆亡降漢路人道死元封三年夏尼谿相參乃使人殺朝鮮王右渠來降王險城未下故右渠之大臣成已又反復攻吏左將軍使右渠子長【集解】徐廣曰表云長路漢書表云長路音各【索隱】路音姑落反 降相路人之子最【索隱】最名路人之子也 告諭其民誅成已以故遂定朝鮮爲四郡【集解】駰案眞番臨屯樂浪玄菟也 封參爲澅清侯【集解】韋昭曰屬齊【索隱】顧氏澅音獲 陰爲萩苴侯【集解】韋昭曰屬渤海【索隱】萩音秋苴音子餘反 唊爲平州侯【集解】韋昭曰屬梁父 長爲幾侯【集解】韋昭曰屬河東【索隱】幾縣名 最以父死頗有功爲溫陽侯【集解】韋昭曰屬齊 左將軍徵至坐爭功相嫉乖計棄市樓船將軍亦坐兵至列口當待左將軍擅先縱失亡多當誅贖爲庶人【索隱】蘇林云列口縣名度海先得之

太史公曰右渠負固國以絕祀涉何誣功爲兵發首樓船將狹【集解】徐廣曰言其所將卒狹少 及難離咎悔失番禺乃反見疑荀彘爭勞與遂皆誅兩軍俱辱將率莫侯矣

【索隱述贊】曰衛滿燕人朝鮮是王王險置都路人作相右渠首差涉何誚上兆禍自斯狐疑二將山遂伏法紛紜無狀

史記卷一百一十五考證

朝鮮列傳朝鮮相路人相韓陰尼谿相參將軍王唊集解漢書音義曰凡五人也○夌稚隆曰按師古云相路人一相韓陰二尼谿相參三將軍王唊四應氏云五人誤也

史記卷一百十六

漢　太　史　令司馬遷　撰

宋　中　郎　外　兵　曹　參　軍　裴　駰　集解

唐　國　子　博　士　弘　文　館　學　士　司　馬　貞　索隱

唐　諸　王　侍　讀　率　府　長　史　張　守　節　正義

西南夷列傳第五十六

西南夷君長【正義】在蜀之南 以什數夜郎最大【索隱】劉氏數音所具反鄒氏音所主反荀悅云夜郎犍爲屬國也韋昭云漢爲縣屬牂牁案後漢書云夜郎東接交阯其地在胡南其君長本出於竹以竹爲姓也【正義】今瀘州南大江南岸協州曲州本夜郎國 其西靡莫之屬【正義】在蜀南以下及西也靡非在姚州北去京西南四千九百三十五里即靡莫之夷 以什數滇最大【集解】如淳曰滇音顚滇馬出其國也【索隱】靡莫夷邑名滇與同姓也崔浩云滇後爲縣越巂太守所理也【正義】昆州郎州等本滇國去京西五千三百七十里也 自滇以北君長以什數邛都最大此皆魋結耕田有邑聚【索隱】魋漢書作椎音直追反結音計 其外西自同師以東【集解】韋昭曰邑名也【索隱】漢書作桐師 北至楪榆【集解】韋昭曰在益州楪音葉【正義】上音葉楪澤在靡北百餘里漢楪榆縣在澤西益州都靡非本桑榆王國也 名爲巂昆明【集解】徐廣曰永昌有巂唐縣【索隱】崔浩云巂昆明二國名韋昭云益州縣【正義】巂音髓今巂州也昆明巂州縣蓋南接昆明之地因名也 皆編髮隨畜遷徙【正義】編步典反畜許六反皆巂昆明之俗也 毋常處毋君長地方可數千里自巂以東北君長以什數徙筰都最大【集解】徐廣曰徙在漢嘉筰音昨在越巂【索隱】服虔云徙筰二國名韋昭云徙縣在蜀筰縣在越巂【正義】徙音斯括地志云筰州本西蜀徼外曰猫羌巂地理志云徙縣也華陽國志雅州邛郲山本名邛筰山故邛人筰人界 自筰以東北君長以什數冉駹最大【索隱】案應劭云汶江郡本冉駹音亡江反【正義】括地志云蜀西徼外羌茂州冉州本冉駹國地也後漢書云冉駹其山有六夷七羌九蠻各有部落也 其俗或土著或移徙在蜀之西自冉駹以東北君長以什數白馬最大【索隱】案夷邑名即白馬氐也【正義】括地志云隴右成州武州皆白馬氐其豪族楊氏居成州仇池山上 皆氐類也此皆巴蜀西南外蠻夷也始楚威王時使將軍莊蹻【正義】蹻其畧反郎州昆州即莊蹻所王 將兵循江上畧巴蜀黔中以西莊蹻者故楚莊王苗裔也【索隱】蹻音矩灼反楚莊王弟爲盜者 蹻至滇池地方三百里【索隱】地理志益州滇池縣澤在西北後漢書云其池水源深廣而更淺狹有似倒流故謂滇池【正義】括地志云滇池澤在昆州晉寧縣西南三十里其水源深廣而更淺狹有似倒流故謂滇池 旁平地肥饒

數千里以兵威定屬楚欲歸報會秦擊奪楚巴黔中郡道塞不通因還以其衆王滇變服從其俗以長之秦時常頞【集解】駰案音案畧通五尺道【索隱】謂棧道廣五尺【正義】括地志云五尺道在郎州顏師古云其處險阨故道纔廣五尺如淳云道廣五尺也諸此國頗置吏焉十餘歲秦滅及漢興皆棄此國而開蜀故徼巴蜀民或竊出商賈取其筰馬僰僮【正義】今益州南戎州北臨大江古僰國髦牛以此巴蜀殷富【索隱】韋昭云僰屬犍爲音蒲北反服虔曰舊京師有僰婢建元六年大行王恢擊東越東越殺王郢以報恢因兵威使番陽令【正義】番音婆唐蒙風指曉南越南越食蒙蜀枸醬【集解】徐廣曰枸一作蒟音窶駰案漢書音義曰枸木似穀樹其葉似桑葉用其葉作醬酢美蜀人以爲珍味【索隱】案晉灼枸音矩劉德云枸樹如桑其椹長二三寸味酢取其實以爲醬美小顏云枸者緣木而生非樹也今蜀土家出枸實不長二三寸味辛似蓽不酢劉說非也廣志云枸色黑味辛下氣消穀蒟音求羽反蒙問所從來曰道西北牂牁【正義】崔浩云牂牁繫船杙也常氏華陽國志云楚頃襄王時遣莊蹻伐夜郎軍至且蘭椓船於岸而步戰旣滅夜郎以且蘭有椓船牂處乃改其名爲牂牁牂牁江廣數里出番禺城下蒙歸至長安問蜀賈人賈人曰獨蜀出枸醬多持竊出市夜郎夜郎者臨牂牁江江廣百餘步足以行船南越以財物役屬夜郎西至同師然亦不能臣使也蒙乃上書說上曰南越王黃屋左纛地東西萬餘里名爲外臣實一州主也今以長沙豫章往水道多絕難行竊聞夜郎所有精兵可得十餘萬浮船牂牁江出其不意此制越一奇也誠以漢之彊巴蜀之饒通夜郎道爲置吏易甚上許之乃拜蒙爲郎中將將千人食重萬餘人【索隱】案食糧及輜重車也音持用反從巴屬筰關入遂見夜郎侯多同蒙厚賜喻以威德約爲置吏使其子爲令夜郎旁小邑皆貪漢繒帛以爲漢道險終不能有也乃且聽蒙約還報乃以爲犍爲郡發巴蜀卒治道自僰道指牂牁江【索隱】崔浩云牂牁繫船杙以爲地名道猶從也地理志夜郎又有豚水東至南海四會入海此牂牁江也蜀人司馬相如亦言西夷邛筰可置郡使相如以郎中將往喻皆如南夷爲置一都尉十餘縣屬蜀當是時巴蜀四郡【集解】徐廣曰漢中巴郡廣漢蜀郡通西南夷道戍轉相饟數歲道不通士罷餓離濕死者甚衆西南夷又數反發兵興擊耗費無功上患之使公孫弘往視問焉還對言其不便及弘爲御史大夫是時方築朔方以據河逐胡弘因數言西南夷害可且罷專力事匈奴上罷西夷獨置南夷夜郎兩縣一都尉【集解】徐廣曰元光六年南夷始置郵亭稍令犍爲自葆就【正義】令犍爲自葆守而漸修成其郡縣也及元狩元年博望侯張騫使大夏來言居大夏時見蜀布邛竹杖【集解】韋昭曰邛縣之竹屬蜀瓚曰邛山名此竹節高實中可作杖使問所從來曰從東南身毒國【集解】徐廣曰字或作竺漢書直云身毒史記一本作乾毒駰案漢書音義曰一名天竺則浮屠胡是也【索隱】身音捐毒音篤小顏亦曰捐篤也可數千里得蜀賈人市或聞邛西可二千里有身毒國騫因盛言大夏在漢西南慕中國患匈奴隔其道誠通蜀身毒國道便近有利無害於是天子乃令王然于柏始昌呂越人等使間出西夷西指求身毒國至滇滇王嘗羌【集解】徐廣曰嘗一作賞乃留爲求道西十餘輩歲餘皆閉昆明【集解】如淳曰爲昆明所閉道【正義】昆明在今巂州南昆縣是也莫能通身毒國滇王與漢使者言曰漢孰與我大及夜郎侯亦然以道不通故各自以爲一州主不知漢廣大使者還因盛言滇大國足事親附天子注意焉及至南越反上使馳義侯因犍爲發南夷兵且蘭君恐遠行旁國虜其老弱【索隱】且音子餘反小國名也後爲縣屬牂牁乃與其衆反殺使者及犍爲太守漢乃發巴蜀罪人嘗擊南越者八校尉擊破之會越已破漢八校尉不下即引兵還行誅頭蘭【索隱】即且蘭也頭蘭常隔滇道者也已平頭蘭遂平南夷爲牂牁郡夜郎侯始倚南越南越已滅會還誅反者夜郎遂入朝上以爲夜郎王南越破後及漢誅且蘭邛君并殺筰侯冉駹皆振恐請臣置吏乃以邛都爲越巂郡筰都爲沈犂郡冉駹爲汶山郡【集解】應劭曰今蜀郡岷江廣漢西白馬爲武都郡上使王然于以越破及誅南夷兵威風喻滇王入朝滇王者其衆數萬人其旁東北有勞浸靡莫皆同姓相扶未肯聽勞浸靡莫數侵犯使者吏卒元封二年天子發巴蜀兵擊滅勞浸靡莫【索隱】二國與滇王同姓以兵臨滇滇王始首善以故弗誅滇王離難西南夷舉國降請置吏入朝於是以爲益州郡賜滇王王印復長其民西南夷君長以百數獨夜郎滇受王印滇小邑最寵焉

太史公曰楚之先豈有天祿哉在周爲文王師封楚及周之衰地稱五千里秦滅諸侯唯楚苗裔尚有滇王漢誅西南夷國多滅矣唯滇復爲寵王然南夷之端見枸醬番禺大夏杖邛竹西夷後揃剽分二方【集解】駰案漢書音義曰揃音翦【索隱】揃謂被分割也剽音匹妙反言西夷後被揃割遂剽居西南二方各屬郡縣剽亦分義卒爲七郡【集解】徐廣曰犍爲牂牁越巂益州武都沈犂汶山地也

【索隱述贊】曰西南外徼莊蹻首通漢因大夏乃命唐蒙勞浸靡莫異俗殊風夜郎最大邛筰稱雄及置郡縣萬代推功

史記卷一百一十六考證

西南夷列傳自巂以東北君長以什數徙筰都最大集解徐廣曰徙在漢嘉筰音昨在越巂○臣照按華陽國志曰汶山曰夷南中曰昆明漢嘉越巂曰筰蜀曰邛與徐所說不同

乃拜蒙爲郎中將○華陽國志作中郎將

史記卷一百十七

漢　太　史　令司馬遷　撰

宋　中　郎　外　兵　曹　參　軍裴　駰集解

唐　國　子　博　士　弘　文　館　學　士司馬貞索隱

唐　諸　王　侍　讀　率　府　長　史張守節正義

司馬相如列傳第五十七【索隱】右不宜在西南夷之下

司馬相如者蜀郡成都人也字長卿少時好讀書學擊劒【索隱】呂氏春秋劒伎云持短入長倏忽縱橫之術也魏文典論云餘好擊劒以短乘長是也故其親名之曰犬子【索隱】孟康云愛而字之也相如旣學【索隱】案秦宓云文翁遣相如受七經慕藺相如之爲人更名相如以貲爲郎事孝景帝爲武騎常侍【索隱】張揖曰秩六百石常侍從格猛獸非其好也會景帝不好辭賦是時梁孝王來朝從游說之士齊人鄒陽淮陰枚乘吳莊忌夫子之徒【集解】徐廣曰名忌字夫子【索隱】案鄒陽傳云枚先生嚴夫子則此夫子是美稱時人以爲號爾而徐廣云字爲非漢書作嚴忌者案忌本姓莊避明帝諱改姓嚴也相如見而說之因病免客游梁梁孝王令與諸生同舍相如得與諸生游士居數歲乃著子虛之賦會梁孝王卒相如歸而家貧無以自業素與臨邛令王吉相善吉曰長卿久宦遊不遂而來過我於是相如往舍都亭【索隱】案臨邛郭下之亭也臨邛令繆爲恭敬日往朝相如相如初尚見之後稱病使從者謝吉吉愈益謹肅臨邛中多富人而卓王孫家僮八百人程鄭亦數百人二人乃相謂曰令有貴客爲具召之并召令令旣至卓氏客以百數至日中謁司馬長卿長卿謝病不能往臨邛令不敢嘗食自往迎相如相如不得已彊往一坐盡傾酒酣臨邛令前奏琴曰竊聞長卿好之願以自娛相如辭謝爲鼓一再行【索隱】案古樂府長歌行短歌行皆曲引也此言鼓一再行謂一兩曲是時卓王孫有女文君新寡好音故相如繆與令相重而以琴心挑之【集解】郭璞曰以琴中音挑動之【索隱】張揖云挑嬈也以琴中嬈之挑音徒了反嬈音如了反其詩曰鳳兮鳳兮歸故鄉遨遊四海求其皇有一豔女在此堂室邇人遐毒我腸何由交接爲鴛鴦又曰鳳兮鳳兮從皇棲得托子尾永爲妃交情通體必和諧中夜相從別有誰相如之臨邛從車騎雍容閒雅甚都【集解】韋昭曰閑讀曰閑甚得都邑之容也郭璞曰都猶姣也詩曰洵美且都及飲卓氏弄琴文君竊從戶窺之心悅而好之恐不得當也旣罷相如乃使人重賜文君侍者通殷勤文君夜亡奔相如【索隱】郭璞云婚不以禮爲師也相如乃與馳歸家居徒四壁立【集解】郭璞曰言貧窮也【索隱】案孔文祥云徒空也家空無資儲但有四壁而已言孜此中以安立也卓王孫大怒曰女至不材我不忍殺不分一錢也人或謂王孫王孫終不聽文君久之不樂曰長卿第俱如臨邛【索隱】文穎云第且也郭璞云第發語之急耳如往也從昆弟假貸猶足爲生何至自苦如此相如與俱之臨邛盡賣其車騎買一酒舍酤酒而令文君當鑪【集解】韋昭曰鑪酒肆也以土爲墮邊高似鑪相如身自著犢鼻褌【集解】韋昭曰今三尺布作形如犢鼻稱此者言其無恥也今銅印言犢組此其類矣與保庸雜作【集解】駰案方言保庸謂之甬南方奴婢賤稱也滌器於市中【集解】韋昭曰汳器也每食必滌瀹者卓王孫聞而恥之爲杜門不出昆弟諸公【集解】郭璞曰諸公父行也更謂王孫曰有一男兩女所不足者非財也今文君已失身於司馬長卿長卿故倦游【集解】郭璞曰厭游宦也雖貧其人材足依也且又令客獨奈何相辱如此卓王孫不得已分予文君僮百人錢百萬及其嫁時衣被財物文君乃與相如歸成都買田宅爲富人居久之蜀人楊得意爲狗監侍上【集解】郭璞曰主獵犬也上讀子虛賦而善之曰朕獨不得與此人同時哉得意曰臣邑人司馬相如自言爲此賦上驚乃召問相如相如曰有是然此乃諸侯之事未足觀也請爲天子游獵賦賦成奏之上許令尚書給筆札相如以子虛虛言也爲楚稱【集解】郭璞曰稱說楚之美烏有先生者【集解】徐廣曰烏一作惡烏有此事也爲齊難【集解】郭璞曰詰難楚事也無是公者無是人也明天子之義【集解】郭璞曰以爲折中之談也故空藉此三人爲辭【索隱】藉音假借與積同音以推天子諸侯之苑囿其卒章歸之於節儉因以風諫奏之天子天子大說其辭曰楚使子虛使於齊齊王悉發境內之士備車騎之衆與使者出田田罷子虛過詫烏有先生【集解】郭璞曰詫誇也音託夏反【索隱】過音戈詫音勅亞反而無是公在焉坐定烏有先生問曰今日田樂乎子虛曰樂獲多乎曰少然則何樂曰僕樂齊王之欲夸僕以車騎之衆而僕對以雲夢之事也曰可得聞乎子虛曰可王駕車千乘選徒萬騎田於海濱列卒滿澤罘罔彌山【集解】郭璞曰罘罝也音浮【正義】說文云罘兔罟也今幡車罟也彌竟也揜兔轔鹿射麋腳麟【集解】徐廣曰轔音吝駰案郭璞曰腳掎足轔車轢【索隱】韋昭云腳謂掎一腳也司馬彪曰腳掎也說文云掎偏引一腳也鶩於鹽浦割鮮染輪【集解】郭璞曰鹽浦海邊地多鹽鹵鮮生肉也染擩也音而沿反又音而悅反擩之於輪鹽而食之鶩馳也音務【索隱】染或爲淬與下文胼割輪淬意同也射中獲多矜而自功顧謂僕曰楚亦有平原廣澤游獵之地饒樂若此者乎楚王之獵何與寡人【集解】郭璞曰與猶如也僕下車對曰臣楚國之鄙人也幸得宿衞十有餘年時從出游游於後園覽於有無然猶未能徧覩也又惡足以言其外澤者乎齊王曰雖然畧以子之所聞見而言之僕對曰唯唯臣聞楚有七澤嘗見其一未覩其餘也臣之所見蓋特其小小者耳【索隱】郭璞云特獨也名曰雲夢【索隱】褚詮音亡棟反又音莫風反裴駰云孫叔敖激沮水作此澤張揖云楚藪也在南郡華容縣郭璞曰江夏安陸有雲夢城南郡枝江亦有雲夢城華容縣又有巴邱湖俗云即古雲夢澤也則張揖云在華容者指此湖也今案安陸東見有雲夢城而枝江亦有者蓋縣名遠取此澤故有城也雲夢者方九百里其中有山焉其山則盤紆岪鬱隆崇嵂崒岑巖參差日月蔽虧【集解】駰案漢書音義曰高山壅蔽日月虧缺半見【索隱】案漢書注此卷多不題注者姓名解者云是

張揖亦兼有餘人也交錯糾紛，上干青雲；罷池陂陁，下屬江河。其土則丹青赭堊，【集解】徐廣曰：一作瑕。【索隱】張揖云：赭，赤土，出少室山。堊，白土。本草云一名白墡也。雌黃白坿，【集解】徐廣曰：音符。駰案：漢書音義曰白坿，白石英也。【索隱】白坿出魯陽山。蘇林音附。【正義】藥對曰雌黃出武都山谷，與雄黃同山。錫碧金銀，【正義】顏云：錫，青金也。碧謂玉之青白色者也。衆色炫燿，照爛龍鱗。【集解】郭璞曰：如龍之鱗采。其石則赤玉玫瑰，【集解】郭璞曰：赤玉，赤瑾也，見楚辭。玫瑰，石珠也。琳瑉琨珸，【集解】駰案：漢書音義曰琳，球也。瑉，石次玉者。琨珸，山名也，出善金。尸子曰昆吾之金者。【索隱】司馬彪曰：琨珸，石之次玉也。河圖云流州多積石，名琨珸石，鍊之成鐵，以作劍，光明如水。精案：字或作昆吾也。瑊玏玄厲，【集解】徐廣曰：瑊音咸，玏音勒，石次玉者。駰案：漢書音義曰玄厲，黑石，可用磨者。瑌石武夫。【集解】徐廣曰：石似玉。駰案：漢書音義曰瑌石、武夫，石出禹門。武夫出長沙也。其東則有蕙圃衡蘭，芷若射干，穹窮昌蒲，【集解】駰案：漢書音義曰衡，杜衡也，其狀若葵，其臭如蘼蕪。芷，白芷。若，杜若也。【索隱】司馬彪云：蕙，香草也。本草云蕙草一名薰。廣志云蕙草綠葉紫莖，魏武帝以此燒香，今東下田有草，莖葉似麻，其華正紫也。張揖云：衡，杜衡，東田有草，生天帝之山。案：山海經云葉如葵，臭如蘼蕪，可以走馬。博物志云一名土杏，味亂細辛，葉似葵，故藥對亦以爲似細辛也。蘭，本草云一名蓾。埤蒼云芷一名蓾，一曰䖽。字林曰蓾音昌亥反，又音昌里反，䖽音火高反。本草又曰杜若一名杜衡。今杜若葉似薑而有文理，莖葉皆有長毛，古今名號不同，故其所呼別也。廣雅云烏蓬，射干。本草名烏扇也。司馬彪云：芎藭似藁本。郭璞云：今歷陽呼爲江離。淮南子云「夫亂人者，若芎藭之與藁本也」。江離蘪蕪，諸蔗猼且。【集解】徐廣曰：猼音四沃反。駰案：漢書音義曰江離，香草。蘪蕪，蘄芷也，似蛇床而香。諸蔗，甘柘也。猼且，蘘荷也。【索隱】吳錄曰臨海縣海水中生江離，正青，似亂髮，即離騷所云者是也。廣志云赤葉紅花，則與張勃所說又別。案：今芎藭苗曰江離，綠葉白華，又不同。樊光曰藁本一名藁蕪，根名蘄芷。藥對以爲蘼蕪一名江離，芎藭苗也。則芎藭、藁本、江離、蘼蕪並相似，備是一物也。猼音普各反，且音子餘反。漢書作「巴且」，文穎云巴且，巴蕉也。郭璞以爲蘘荷屬，未知孰是。其南則有平原廣澤，登降陁靡，【集解】駰案：音移靡。案衍壇曼，【索隱】司馬彪云：案衍，窳下。壇曼，平博也。衍音弋，窳音烏單反，壇音徒旦反。緣以大江，限以巫山。【集解】郭璞曰：巫山今在建平巫縣也。其高燥則生葴菥苞荔，【集解】徐廣曰：葴音針，馬藍也。菥或曰草生水中，華可食。荔音力詣反，草似蒲。駰案：漢書音義曰苞，藨也。【索隱】菥音斯。郭璞云：葴，酸漿，江東名烏葴。菥，漢書作「斯」，孟康云斯，禾，似燕麥。廣志云涼州地生析草，皆中國苗蒸麥是也。薛莎青薠，【集解】徐廣曰：薛音先結反。駰案：漢書音義曰薛，賴蒿也。莎，鎬侯也。青薠似莎而大也，音煩。其埤溼則生藏莨蒹葭，東薔雕胡，【集解】徐廣曰：烏桓國有薔，似蓬草，實如葵子，十月熟。駰案：漢書音義曰藏莨似蘆而葉大。莨尾草也。蒹，藨也。葭，蘆也。【索隱】埤音婢，埤下也。郭璞云：莨尾似茅。蒹音兼。孟康云：蒹，葭似藋而細，郭璞云蒹，藡也，似萑而細小，江東人呼爲蒹蒿。又云葭，蘆也，似葦而細小，江東人呼爲烏蔗。音五患反。蔽音敝。廣志云東薔子色青黑，河西記云「貸我東薔，償我白粱」也。雕胡謂菰米。蓮藕觚盧，【集解】徐廣曰：生水中。【索隱】郭璞云：菰，蔣也。盧，蘆也。菴閭軒芋，【集解】駰案：漢書音義曰菴閭，蒿也。軒芋，蕕草也。【索隱】郭璞云：菴閭子可療病也。軒芋生水中，今揚州有也。衆物居之，不可勝圖。【集解】郭璞曰：圖，畫也。其西則有湧泉清池，激水推移，外發芙蓉菱華，內隱鉅石白沙。其中則有神龜蛟鼉，【正義】郭注山海經云：蛟似蛇而四腳，小頸細，有白嬰，大者數十圍，卵生，子如一二斛瓮，吞人。鼉似蜥蜴而大，身有甲，皮可以冒鼓。瑇瑁黿鼉。【正義】似蠵，甲有文，出南海，可以飾器物也。其北則有陰林巨樹，楩柟豫章，【集解】郭璞曰：楩，杞也，似梓。柟，葉似桑。豫章，大木也，生七年乃可知也。【正義】按：溫活人云豫，今之枕木也。章，今之樟木也。二木生至七年，枕樟乃可分別。桂椒木蘭，【正義】郭云：桂似枇杷，葉而大，白花，花而不著子，藂生巖嶺間，無雜木，冬夏常青。按：今諸寺有桂子樹，葉若枇杷而小，光滑，冬夏常青，其皮不中食，葢二色桂樹。【正義】廣雅云：似桂，皮辛可食，葉冬夏常似冬，其實如小甘，辛美，南人以爲梅也。

蘗離朱楊，【集解】徐廣曰：蘗音扶戾反。駰案：郭璞曰木蘭樹皮辛香可食。漢書音義曰蘗，山梨。朱楊，赤楊也。【索隱】郭璞云：朱楊，赤莖柳，生水邊。爾雅云檉，河柳是也。樝梸梬栗，橘柚芬芳。【集解】徐廣曰：梬音郢。駰案：漢書音義曰梬，棗也。【正義】小曰橘，大曰柚，樹有刺，冬不凋，葉青，花白，子黃赤，二樹相似，非橙也。其上則有赤猨蠷蝚，【集解】徐廣曰：音劬柔。【正義】蠷蝚，蠷音劬，蝚音柔，皆猨猴類。鵷雛孔鸞，騰遠射干。【集解】郭璞曰：鵷雛，鳳屬也。孔，孔雀也。鸞，鳥也。駰案：漢書音義曰騰遠，鳥名。射干似狐，能緣木。【索隱】孟康云：騰遠，鳥名，非也。司馬彪云騰遠，蛇也。郭璞云：騰蛇屬，能興雲霧。其下則有白虎玄豹，蟃蜒貙犴。【集解】郭璞曰：蟃蜒，大獸，長百尋。貙似貍而大。駰案：漢書音義曰犴，胡地野犬，似狐而小也。【索隱】應劭云：犴音顏。韋昭音岸。鄒誕生音若姦反，協音是。兕象野犀，【正義】兕狀如水牛。象，大獸，長鼻，牙長一丈，俗呼爲江豬。犀頭似猨，一角在額。漢書無此一句。窮奇獌狿。於是乃使專諸之倫，手格此獸。楚王乃駕馴駮之駟，【集解】駰案：漢書音義曰馴，擾也。駮如馬，白身黑尾，一角，鋸牙，食虎豹，駕之以當騮馬也。乘雕玉之輿，靡魚須之橈旃，【集解】郭璞曰：以海魚須爲旃，言橈弱也。通帛爲旃也。曳明月之珠旗，【集解】駰案：漢書音義曰以明月珠綴飾旗。建干將之雄戟，【集解】駰案：漢書音義曰干將，韓王劍師。雄戟，胡中有鉅，干將所造也。【索隱】應劭曰：干將，吳善冶者，姓。如淳曰：干將，鐵所出。晉灼曰：闔閭鑄干將劍。應劭說是。方言云戟中小子刺者，所謂雄戟也。周處風土記云戟爲五兵雄也。駰音巨。案：周禮冶氏爲戈胡三之，注云胡，其子也。又周禮圖謂戟反曲下爲胡也。左烏嗥之雕弓，【索隱】張揖云：黃帝乘龍上仙，小臣不得上，挽持龍髯，髯拔墮黃帝弓，羣臣抱弓而號，故名烏號。見封禪書及郊祀志文。又韓詩外傳云弓工之妻曰「此弓是太山南烏號之柘」。案：淮南子云烏號柘桑，其材堅勁，烏棲其上，將飛，枝勁復起，據呼其上，伐取其材爲弓，因曰烏號。古史考、風俗通皆同此說也。右夏服之勁箭，【集解】徐廣曰：韋昭云夏，羿也。矢室名曰服。呂靜曰：步叉謂之服也。【索隱】案：夏羿，善射者。又服，箭之室，故云夏服。又夏后氏有良弓名繁弱，其矢亦良，即繁弱箭服也。陽子驂乘，孅阿爲御。【集解】駰案：漢書音義曰陽子，仙人陵陽子明也。孅阿，月御也。韋昭曰：陽子，古賢也。【索隱】張揖云：孅阿，美女姣好貌。陽子，伯樂也。孫陽，字伯樂，秦穆公臣，善御者也。或曰孅阿，山名，有女子處其巖，月歷數度，躍入月中，因爲月御。又樂彥曰：孅阿古之善御者也。郭璞云孅阿古之善御者。案節未舒，【索隱】郭璞曰：言頓轡也。司馬彪云：案轡而行得節，故曰案節。足未展，故曰未舒，亦爲得也。馬即陵狡獸，轔邛邛，蹵距虛，【集解】郭璞曰：邛邛似馬而色青。距虛即邛邛，變文互言之。穆天子傳曰邛邛距虛日走五百里也。軼野馬而轊騊駼，【集解】徐廣曰：轊音銳。駰案：郭璞曰野馬如馬而小。騊駼似馬。轊，車軸頭。【索隱】轊音衛，謂軸頭轊而殺之。騊音陶，駼音塗。乘遺風而射游騏。【集解】駰案：漢書音義曰遺風，千里馬。騏，雅曰騏如馬，一角，不角者騏也。【索隱】呂氏春秋云遺風之乘。古今注曰秦始皇馬名。韋昭曰：騏如馬，無角，非麒麟之麒，音攜。儵胂凄浰，【集解】徐廣曰：凄音七見反，浰音力詣反。駰案：漢書音義曰皆疾貌。靁動熛至，星流霆擊，弓不虛發，中必決眥，【集解】韋昭曰：在目所指，中必決眥，眥，眼眥也。洞胷達腋，絕乎心繫，獲若雨獸，揜草蔽地。於是楚王乃弭節裴回，【集解】郭璞曰：或云節，今之所杖信節也。【索隱】司馬彪云：弭猶低也。翱翔容與，【索隱】郭璞曰：言自得。覽乎陰林，觀壯士之暴怒，與猛獸之恐懼，徼𠇯受詘，【集解】徐廣曰：𠇯音劇。駰案：郭璞曰𠇯，疲極也。詘，盡也。言獸有倦游者，則徼而取之。【索隱】司馬彪云：徼，遮也。𠇯，倦也。謂遮其倦者。𠇯音劇，詘音屈。說文云𠇯，勞也。燕人謂勞爲𠇯，音古堯反。殫睹衆物之變態。於是鄭女曼姬，【集解】郭璞曰：曼姬，謂鄭曼姬婦人之總稱。【正義】文穎云：鄭國出好女。曼者，其色理曼澤也。如淳云：鄭女，夏姬也。曼姬，楚武王夫人鄧曼。被阿錫，【集解】駰案：漢書音義曰阿，細繒也。錫，布也。【正義】按：東阿出繒也。揄紵縞，【集解】徐廣曰：揄音曳。【正義】揄，曳也。韋云：紵之色若縞也。顏云：紵，織紵也。縞，鮮支也。雜纖羅，垂霧縠，【集解】郭璞曰：言細如霧垂以覆頸。

襞積褰縐，紆徐委曲，鬱橈谿谷。【集解】駰案：漢書音義曰襞積，簡齰也。褰，縮也。縐，縮也。其縐中文理鬱迴曲，有似谿谷也。【索隱】小顏云：此說非也。襞積，今之帬攝，古謂之皮弁素積是也。蘇林曰：襞音之亦反，縐側救反，齰音助革反，裁音在代反，曲字林音邱欲反。衯衯裶裶，【索隱】郭璞曰：衣長貌。【正義】上芳云反，下方非反。揚袘卹削，【集解】徐廣曰：袘音迤，衣袖也。駰案：漢書音義曰卹削，裁制貌也。【索隱】張揖云：揚，舉也。卹削，刻除貌也。蜚纖垂髾，【集解】徐廣曰：纖音芟。駰案：郭璞曰纖，袿衣飾。髾，髾髾也。扶輿猗靡，【集解】郭璞曰：淮南所謂曾折摩地，扶輿猗委也。【正義】輿音餘，猗於綺反。謂鄭女曼姬侍從王者，扶其車輿而猗靡。噏呷萃蔡，【集解】駰案：漢書音義曰噏呷，衣裳張起也。萃蔡，衣聲也。【索隱】韋昭云：呷音呼甲反。郭璞云：萃蔡猶瓘璨也。【正義】呷，火甲反。萃音翠。蔡，千賜反。下摩蘭蕙，上拂羽蓋，錯翡翠之威蕤，【集解】徐廣曰：錯音措，或作錯，翡翠羽飾。繆繞玉綏。【集解】郭璞曰：綏，所執以登車。【正義】顏云：下摩蘭蕙，謂垂髾也。上拂羽蓋，謂飛纖也。玉綏，以玉飾綏也。言飛纖垂髾，錯雜翡翠之旌幡，或繞玉綏也。張揖云：翡翠大小一如雀，雄赤曰翡，雌青曰翠。博物志云：翡身通黑，唯胷前背上翼後有赤毛。翠身通青黃，唯六翮上毛長寸餘，青。其飛則羽鳴翠翡翡然，因以爲名也。縹乎忽忽，若神仙之仿佛。【正義】佛言似神仙也。戰國策云：鄭之美女，粉白黛黑而立於衛，不知者謂之神仙。於是乃相與獠於蕙圃，【集解】郭璞曰：獠，獵也，音遼。【索隱】爾雅云：宵獵曰獠。㜸姍勃窣上金隄，【索隱】㜸姍，匍匐上下也。窣音素忽反。揜翡翠，射鵔鸃，【集解】駰案：漢書音義曰鵔鸃，鳥似鳳也。【索隱】司馬彪曰：鵔鸃，山鷄也。許慎云：鷩鳥也。郭璞曰：似鳳，有光彩，音浚宜。李彤云：鵔鸃，神鳥，飛光竟天也。微矰出，纖繳施，【集解】徐廣曰：繳音斫。弋白鵠，連駕鵝，【集解】郭璞曰：野鵝也。駕音加。【索隱】爾雅云：舒鴈，鵝也。【正義】鵠，水鳥也。駕鵝，連謂兼獲也。抱朴子云：千歲之鵠，純白，能登於木。雙鶬下，玄鶴加。【集解】郭璞曰：詩云「弋言加之」是也。【正義】司馬彪云：鶬似鴈而黑，赤呼爲鶬括。韓詩外傳云：貽生也。相鶴經云：鶴壽二百六十歲則色純黑。按：弋雙鶬既下，又加玄鳥之上也。怠而後發，游於清池，浮文鷁，【集解】駰案：漢書音義曰鷁，水鳥也，畫其象於船首。淮南子曰：龍舟鷁首，天子之乘也。揚桂枻，【集解】徐廣曰：音曳。駰案：韋昭曰櫂，檝也。張翠帷，建羽蓋，罔瑇瑁，鉤紫貝，【集解】郭璞曰：紫質黑文也。【正義】毛詩蟲魚疏云：貝，水之介蟲，大者蚢，音下郎反，小者爲貝，其白質如五綵，黑點爲文，皆成行列，當大者徑一尺，小者七八寸。今九真、交阯爲杯盤，實物也。貨殖傳云：貝，寶龜是也。摐金鼓，吹鳴籟，【集解】駰案：漢書音義曰摐，擊也。籟，簫也。榜人歌，【集解】郭璞曰：唱櫂歌也。榜，船也，音謗。聲流喝，【集解】徐廣曰：烏邁反。水蟲駭，波鴻沸，涌泉起，奔揚會，礧石相擊，硠硠礚礚，若雷霆之聲，聞乎數百里之外。將息獠者，擊靈鼓，【集解】郭璞曰：靈鼓，六面也。起烽燧，車案行，騎就隊，纚乎淫淫，班乎裔裔。【集解】郭璞曰：皆羣行貌也。於是楚王乃登陽雲之臺，【集解】徐廣曰：宋玉云楚王游於陽雲之臺。駰案：郭璞曰在雲夢之中。泊乎無爲，澹乎自持，勺藥之和具而後御之。【集解】郭璞曰：勺藥，五味也。不若大王終日馳騁而不下輿，脟割輪淬，自以爲娛。【集解】徐廣曰：淬，千內反。駰案：郭璞曰脟，臠。淬，染也。脟音臠也。臣竊觀之，齊殆不如。」於是王默然無以應僕也。烏有先生曰：「是何言之過也！足下不遠千里，來況齊國，【集解】郭璞曰：言有惠況也。王悉發境內之士，而備車騎之衆，以出田，乃欲戮力致獲，以娛左右也，何名爲夸哉！問楚地之有無者，願聞大國之風烈，先生之餘論也。今足下不稱楚王之德厚，而盛推雲夢以爲高，奢言淫樂而顯侈靡，竊爲足下不取也。必若所言，固非楚國之美也。有而言之，是章君之惡；無而言之，

是害足下之信。章君之惡而傷私義，二者無一可，而先生行之，必且輕於齊而累於楚矣。且齊東有巨海，【索隱】有作渚。蘇林云：渚音渚，小洲曰渚，謂東有大海之渚也。南有琅邪，【集解】郭璞曰：山名，在琅邪縣界。【正義】山名，在密州東南百三十里，琅邪臺在山上。觀乎成山，【集解】徐廣曰：在東萊不夜縣。【索隱】張揖云：觀，闕也。於山上築宮闕。郭璞言在小游觀，音一喚反。【正義】封禪書云成山斗入海。言上山觀也。括地志云成山在萊州文登縣東北百八十里也。射乎之罘，【集解】駰案：漢書音義曰之罘，山，在牟平縣，射獵其上也。【正義】括地志云：罘山在萊州文登縣西北百九十里。言射獵其上也。罘音浮。浮勃澥，【集解】駰案：漢書音義曰海別枝名也。【索隱】案：齊都賦云海旁曰勃，斷水曰澥也。游孟諸，【集解】郭璞曰：宋之藪澤名。【正義】周禮職方氏：青州藪曰望諸。鄭玄云望諸，孟諸也。邪與肅慎爲鄰，【正義】邪謂東北接之。括地志云：靺鞨國，古肅慎也，亦曰挹婁，在京東北八千四百里，南去扶餘千五百里，東及北各抵大海也。右以湯谷爲界。【正義】言右者，北向天子也。海外經云：湯谷在黑齒北，上有扶桑木，水中十日所浴。張揖云：日所出也。許慎云：熱如湯。秋田乎青丘，傍偟乎海外，【正義】服虔云：青丘國在海東三百里。郭云：青丘，山上有田，亦有國，出九尾狐，在海外。吞若雲夢者八九，其於胷中曾不蔕芥。【索隱】張揖云：蔕芥，刺鯁也。郭璞云：言不覺有也。若乃俶儻瑰偉，異方殊類，珍怪鳥獸，萬端鱗萃，充仞其中者，不可勝記，禹不能名，契不能計。【正義】禹爲堯司空，辨九州土地山川草木禽獸；契爲司徒，敷五教，主四方會計。言二人猶不能名計其數。然在諸侯之位，不敢言游戲之樂，苑囿之大；先生又見客，【索隱】先生指子虛也。如淳曰：見賓客禮待故也。李善曰：言見先生是賓客之也。是以王辭而不能復，【索隱】郭璞曰：復，答也。何爲無用應哉！」無是公听然而笑，【集解】郭璞曰：听，笑貌也。【索隱】听音齗，又音牛隱反。曰：「楚則失矣，齊亦未爲得也。夫使諸侯納貢者，非爲財幣，所以述職也；封疆畫界者，非爲守禦，所以禁淫也。今齊列爲東藩，而外私肅慎，捐國踰限，越海而田，其於義故未可也。且二君之論，不務明君臣之義而正諸侯之禮，徒事爭游獵之樂，苑囿之大，欲以奢侈相勝，荒淫相越，此不可以揚名發譽，而適足以貶君自損也。且夫齊楚之事又焉足道邪！君未睹夫巨麗也，獨不聞天子之上林乎？左蒼梧，右西極，【集解】郭璞曰：西極，國也。【正義】文穎云：蒼梧郡屬交州，在長安東南，故言左。爾雅云西至於豳國爲極，在長安西，故言右。丹水更其南，【集解】駰案：漢書音義曰丹水出上洛冢領山。紫淵徑其北；【集解】郭璞曰：紫淵所未詳。【正義】山海經云：紫淵水出根耆之山，西流注河。文穎云：西河穀羅縣有紫澤，其水紫色，注亦紫，在縣北，於長安爲北。終始霸產，出入涇渭；【索隱】張揖曰：霸出藍田西北，而入渭。滻亦出藍田谷，北至霸陵入霸。霸滻二水盡於苑中，不出，故云終始也。涇渭二水從苑外來，又出苑去也。涇水出安定涇陽縣幷頭山，東至陽陵入渭。渭水出隴西首陽縣鳥鼠山，東北至華陰入河。酆鄗潦潏，【集解】郭璞曰：皆水名。【索隱】張揖曰：豐水出鄠縣南山豐谷，北入渭。鎬水在昆明池北。郭璞云：鎬水，豐水下流也。應劭云：潦，流也。潏，通出聲也。案：張揖云潏水出南山。姚氏云潦或作澇，澇水出鄠縣北，注渭。潏水出杜陵，今名沉水，自南山皇子陂西北流注昆明池，入渭。案：此下文八川分流，則從涇渭霸滻豐鎬潦潏爲八。晉灼則云計從丹水以下至潏，除涇爲行潦，凡九；從霸滻以下爲數，凡七。案：今潏既是水名，除丹水紫淵，自霸以下通數，適足八川，是經營乎其內也。又潘岳關中記曰：涇渭霸滻豐鎬潦潏，上林賦所謂八川分流也。紆餘委蛇，經營乎其內。蕩蕩兮八川分流，相背而異態。【集解】郭璞曰：八川名在上。東西南北，馳騖往來，出乎椒丘之闕，

行乎洲淤之浦，【集解】郭璞曰：椒丘，丘名。言有巖闕也。見楚辭。淤亦洲名，蜀人云，見方言。【索隱】服虔云丘名也。案兩山俱起，象雙闕，故云椒丘之闕。楚詞曰「馳椒丘且焉止息」是也。如淳云丘多椒也。徑乎桂林之中，【集解】郭璞曰：桂林，林名也。見南海經也。過乎泱莽之野。【集解】駰案：漢書音義曰山海經所謂大荒之野。汩乎混流，順阿而下，【集解】郭璞曰：向大陵。赴隘陝之口，觸穹石，激堆埼，【集解】郭璞曰：穹隆大石貌。堆，沙堆。埼，曲岸頭。音祈。沸乎暴怒，洶涌滂潰，【集解】駰案：洶音許勇反，涌音勇，滂音浦橫反，潰音湃拜反。【索隱】司馬彪曰：洶湧，跳起貌。滂濞，波相擊也。滂或作澎，濞或作滂。滭浡滵汨，【索隱】司馬彪云：滭沸，盛貌。滵汨，去疾也。【正義】畢沸密三音，汨于筆反。偪側泌瀄，【集解】郭璞曰：逼側筆櫛四音。【索隱】司馬彪曰：偪測，相迫也。泌瀄，相揳也。橫流逆折，轉騰潎洌，【索隱】蘇林曰：潎洌，流輕疾也。滂濞沆溉。【索隱】溉亦作漑。司馬彪云：滂濞，水聲。沆溉，徐流也。郭璞云：鼓怒鬱之貌也。【正義】滂普彭反，濞普懿反，沆胡朗反，溉胡代反。穹隆雲撓，【索隱】服虔云：水急旋回如雲屈曲也。郭璞云：水隴起回旋貌也。宛潬膠盭，【索隱】司馬彪云：宛潬，展轉也。膠盭，邪曲也。音宛善交戾四音。【正義】蜿音婉，潬音善。踰波趨浥，【集解】徐廣曰：烏狹反。【索隱】司馬彪云：踰波，後陵前也。趨浥，輸於深泉也。莅莅下瀨，【索隱】司馬彪云：莅莅，聲也。音利。批巖衝擁，【正義】批白結反。擁，司馬彪云：批，反擊也。擁，曲隈也。奔揚滯沛，【索隱】郭璞云：滯沛，水灑散貌。滯音丑制反。臨坻注壑，【正義】坻音遲。坻，水中沙起出水者也。爾雅云水沚曰坻。壑，壑也。瀺灂霣墜，【索隱】瀺音士咸反，灂音士卓反。說文云水之小聲也。【正義】霣音隕，墜直類反。湛湛隱隱，【集解】徐廣曰：湛音沈。砰磅訇磕，【正義】砰拔萌反，磅蒲黃反，訇呼宏反，磕苦蓋反。皆水流鼓怒之聲也。潏潏淈淈，湁潗鼎沸，【集解】郭璞曰：湁音勑立反，潗音緝。【索隱】郭璞云：皆水微轉細湧貌。潏音決，淈音骨。廣雅云淈滋，決流也。周成雜字云湁潗，水沸之貌也。馳波跳沫，【集解】徐廣曰：一云吸呷。汩急漂疾，【索隱】晉灼云：急音華給反。郭璞云許立反。汩𣶣，急轉貌也。悠遠長懷，【正義】放散貌也。寂漻無聲，肆乎永歸。然後灝溔潢漾，【正義】是養二音。郭云皆水無涯際也。安翔徐回，翯乎滈滈，【索隱】翯音鶴，滈音縞。詩曰「白鳥翯翯」。郭璞云水白光貌。音皜，滈音昊也。東注大湖，【正義】太湖在蘇州西南。衍溢陂池。於是乎蛟龍赤螭，【正義】螭丑知反。文穎云：龍子爲螭。張揖曰：雌龍也。二說皆非。廣雅云有角曰虬，無角曰螭。按此皆龍類而非龍。䱭鰽漸離，【集解】徐廣曰：漸音斬。駰案：郭璞曰䱭鰽似鱣也，音亘瞢；漸離未聞。【正義】䱭古鄧反，鰽末鄧反。李奇云：周洛曰鮪，蜀曰䱭鰽，出鞏山穴中，三月溯河上，能度龍門之限則爲龍矣。鰅鰫鰬魠，【集解】徐廣曰：鰅音顒，皮有文，出樂浪；鰫音虞；魠音託，哆口魚。駰案：郭璞曰鰫似鰱而黑。漢書音義曰鰬似鯉而大也。禺禺鱋鰨，【集解】徐廣曰：禺禺，魚牛也。鱋一作魼，音榻。鰨音納，一作鰨。駰案：漢書音義曰魼，比目魚也；鰨，魶魚。揵鰭擢尾，振鱗奮翼，潛處于深巖。魚鼈讙聲，萬物衆夥。明月珠子，玓瓅江靡，【集解】郭璞曰：靡，崖也。【索隱】應劭云：明月珠子生於江中，其光耀乃照於江邊也。【正義】揵音乾，鰭音祁。揵，舉也。鰭者，魚背上鬣也。蜀石黃碝，【集解】郭璞曰：碝石，黃色也。水玉磊砢，【集解】郭璞曰：水玉，水精也。磷磷爛爛，采色澔旰，叢積乎其中。鴻鷫鵠鴇，駕鵝鸀鳿，【集解】郭璞曰：鸀鳿似鴨而大，長頸，赤目，紫紺色也。【索隱】鴇音保。郭璞云：鴇似鴈而無後指。毛詩鳥獸疏云：鴇似鴈而虎文也。【正義】鸀玉二音。郭云似鴨而大，長頸，赤目，紫紺色，辟水毒，生子在深谷澗中，若時有雨鳴者，生子善鬭，江東呼爲燭玉。鵁鶄鸛目，【集解】徐廣曰：鸛音環。【索隱】郭璞云：鸛目未詳。小顏云：荆郢間有水鳥，大如鷺而短尾，色紅白，深目，目旁毛皆長而旋，此其是乎？鸛音旋，漢書亦作旋目。【正義】郭云：交青似鳧而脚高，有毛冠，辟火災。煩鶩鷛渠，【集解】徐廣曰：煩鶩，一作番鷛，音容。駰案：漢書音義曰煩鶩，鳧也。鷛渠，似鶩，灰色而雞足。【索隱】郭璞云：煩鶩，鴨屬。鷛渠，一名章渠也。箴疵鵁盧，【集解】徐廣曰：鳥音斷木鳥也。鵁音火交反。駰案：漢書音義曰箴疵蒼黑色。郭璞曰鸕，魚鷹也，脚近尾。鵠鴇也。【索隱】張揖曰：䲹鵠似魚虎而蒼黑。郭誕本作鵁鵾也。

羣浮乎其上。汎淫泛濫，【索隱】郭璞云：皆鳥任風波自縱漂貌。汎音馮，泛音芳劍反。廣雅云：汎汎氾氾，羣浮也。隨風澹淡，與波搖蕩，奄薄草渚，【正義】掩覆也。薄，依也。言或依草渚而遊戲也。唼喋菁藻，【集解】郭璞曰：菁，水草。呂氏春秋曰：太湖之菁也。【索隱】左傳云蘋蘩蘊藻，即聚也。【正義】唼疏甲反，喋文甲反，鳥食之聲也。咀嚼蔆藕。於是乎崇山巃嵸，崔巍嵯峨，【正義】巃力孔反，嵸子孔反，崔在回反，嵬五回反。郭云皆峻貌。深林鉅木，嶄巖參差。【正義】嶄音咸，又仕銜反。參音楚林反，差楚宜反。顏云：嶄巖，尖銳貌。參差，不齊也。九嵕巀嶭，南山峨峨，【集解】駰案：漢書音義曰九嵕山在左馮翊谷口縣西，巀嶭山在池陽縣北。【正義】嵕子公反，巀才切反，嶭五結反。巖陁甗錡，【集解】駰案：音遲。摧崣崛崎，【集解】郭璞曰：陁，崖際。甗音魚軒反，錡音蟻，摧音作罪反。【索隱】陁音豸。皆隆屈衆折貌。崎音倚，崛音掘。振谿通谷，【索隱】張揖云：振，拔也。水注川曰溪，注溪曰谷。郭璞云：振，猶遷之也。蹇產溝瀆，【集解】駰案：漢書音義曰蹇產，屈折也。谽呀豁閜，【集解】郭璞曰：皆谷之形容也。谽音呼含反，呀音呼加反，閜音呼下反。【索隱】司馬彪云：谽呀，大貌。豁閜，空虛也。阜陵別島，【正義】高平曰陸，大陸曰阜，大阜曰陵，水中山曰島。崴磈嵔瘣，【正義】崴於鬼反，磈魚鬼反，嵔烏罪反，瘣胡罪反，皆高峻貌。丘虛堀礨，【正義】虛音墟。崫口忽反，又口罪反。礨力罪反。皆堆壟不平貌。隱轔鬱壘，【正義】壘音律。郭云皆其形勢也。登降施靡，【正義】郭璞云：施靡，猶連延也。陂池貏豸，【集解】郭璞曰：貏音婢，豸音丈爾反。【索隱】郭璞云：陂池，旁穨貌。陂音皮，貏音被。沇溶淫鬻，【索隱】郭璞云：游激淖衍貌。【正義】溶音容，鬻音育。張云水流。散渙夷陸，【索隱】司馬彪云：夷，平也。廣平曰陸。亭皋千里，靡不被築。【集解】郭璞曰：言爲亭候於皐隰，皆築地令平實，山所謂隱以金椎也。【正義】張云：蕙，薰草也。顏云：綠蕙，草色綠耳，非王芻也。爾雅云菉一名王芻。掩以綠蕙，被以江離，糅以蘪蕪，【正義】糅女又反。雜以流夷。【集解】駰案：漢書音義曰流夷，新夷也。專結縷，【集解】徐廣曰：專，古布字，一作樹。駰案：漢書音義曰結縷，似白茅，蔓聯而生，布種之者也。攢戾莎，【集解】徐廣曰：草可染紫。揭車衡蘭，槀本射干，【集解】徐廣曰：揭音桀。駰案：郭璞曰揭車一名乞輿。槀本，槀茇。射干，十月生，皆香草。【索隱】案：桐君藥錄槀本苗似芎藭。茈薑蘘荷，【索隱】張揖云：茈薑，子薑也。案四民月令：生薑謂之茈薑，音紫。【正義】蘘人羊反。柯根旁生筍，若芙蓉，可以爲菹，又治蠱毒也。葴橙若蓀，【集解】郭璞曰：葴，未詳。橙，柚。若、蓀，香草也。【索隱】姚氏以爲此前後皆草，非橙柚也。漢書作葴持，小顏云葴，寒漿也；持當爲符字之誤爾，符，鬼目也。案今讀者亦呼爲登，謂登草也。姚氏云：蓀草似昌蒲而無脊也，生溪澗中。蓀音孫。鮮枝黃礫，【集解】郭璞云：皆未詳。【索隱】張揖云：皆草也。司馬彪云：鮮支，支子。或云鮮枝，亦香草也。小顏云：黃礫者，黃屑木，恐非也。蔣芧青薠，【集解】徐廣曰：芧音佇。駰案：漢書音義曰蔣，菰也。芧，三稜。【索隱】薠音煩。布濩閎澤，延曼太原。麗靡廣衍，應風披靡，吐芳揚烈，【集解】郭璞曰：香酷烈也。郁郁斐斐，衆香發越，肸蠁布寫，晻薆苾勃。【正義】晻奄薆愛二音。芳香之盛也。詩云「苾苾芬芬」，氣也。於是乎周覽泛觀，瞋盼軋沕，【集解】徐廣曰：瞋音田人反。盼一作翳。駰案：郭璞曰皆不可分貌。芒芒恍忽，視之無端，察之無崖。日出東沼，入於西陂。【索隱】張揖云：日朝出苑之東池，暮入於苑西陂中也。其南則隆冬生長，踴水躍波。獸則𤝞旄貘犛，【集解】徐廣曰：𤝞音容，獸類也。犛音貍，一音茅。駰案：郭璞曰𤝞牛似犦牛，領有肉堆，即今之犎牛也。旄牛黑色，出西南徼外也。貘似熊，庳脚銳頭，骨無髓，食銅鐵。【索隱】郭璞云：旄牛……張揖云：旄牛其狀如牛而四節生毛。貘，白豹也。貘音陌。犛音貍，又音茅，或以爲貓牛，毛可爲𩮜是也。沈牛麈麋，【集解】駰案：漢書音義曰沈牛，水牛也。【正義】麈似鹿而大。按麋似水牛。赤首圜題，【集解】郭璞曰：題，額也。所未詳。窮奇象犀。【集解】駰案：漢書音義曰窮奇狀如牛而蝟毛，其音如嗥狗，食人也。【索隱】郭璞云：象，大獸，長鼻，牙長一丈。犀，頭似豬，庳脚，一角在頭也。其北則盛夏含凍裂地，涉冰揭河。【集解】郭璞曰：言水漫衍不凍，不解地坼裂也。揭，褰衣也。

獸則麒麟角端，【集解】郭璞曰：角端，角在鼻上，堪作弓。李陵嘗以此弓十張遺蘇武也。【索隱】張揖曰：雄曰麒，雌曰麟，其狀麋身，牛尾，狼蹄，一角。郭璞云：麒似麟而無角。毛詩疏云：麟黃色，角端有肉。京房傳云：麟有五彩，腹下有黃色也。張揖云：角端似牛，角可以爲弓。騊駼橐駝，蛩蛩驒騱，駃騠驢騾。【正義】騊駼二音，橐託，駝徒河反，蛩音其恭反，驒音顛，騱奚，駃決，騠音啼。於是乎離宮別館，彌山跨谷。【正義】彌，滿也。跨，猗騎也。言宮館滿山又跨谿谷也。高廊四注，重坐曲閣，【集解】郭璞曰：重坐，重軒也。曲閣，閣道曲也。華榱璧璫，【索隱】韋昭曰：裁玉爲璧以當榱頭。司馬彪曰：以璧爲瓦之當也。輦道纚屬，步櫩周流，長途中宿。【集解】郭璞曰：途，樓閣間陛道。中宿，言長遠也。夷嵕築堂，累臺增成，巖窔洞房，【集解】郭璞曰：嵕，山名。平之以安堂其上。成，亦重也。周禮曰爲壇三成。在巖穴底爲室，潛通臺上者。【索隱】服虔曰：平嵕山以爲堂也。張揖云：重累而成之，故曰增成。窔音一弔反。釋名以爲窔，幽也。楚詞云：冬有窔夏室寒。逸以爲複室也。俛杳眇而無見，仰攀橑而捫天，奔星更於閨闥，宛虹拖於楯軒。【集解】徐廣曰：楯音食尹反。【正義】拖音徒我反。顏云：宛虹，屈曲之虹。拖，謂中加於上也。楯軒之閣板也。言室宇之高，故星虹得經加之。青虬蚴蟉於東箱，【正義】蚴一糺反，蟉力糺反。象輿婉僤於西清，【集解】駰案：漢書音義曰山出象輿，瑞應車也。郭璞曰：西清，西箱清淨地也。【正義】婉蟬，宛善二音。顏云：蚴蟉婉蟬，皆行動之貌也。靈圄燕於閒觀，【集解】郭璞曰：靈圄，仙人名也。【索隱】張揖云：靈圄，衆仙號。淮南子云「騎飛龍從淳圄」是也。偓佺之倫，暴於南榮。【集解】駰案：漢書音義曰偓佺，仙人名也。【索隱】韋昭云：古仙人，姓偓。列仙傳云：槐里採藥父也，食松實，形體生毛數寸，方眼，能行逮走馬也。應劭曰：南榮，屋檐兩頭如翼也。故鄭玄云：榮，屋翼也。高誘云：飛榮似鳥舒翼是也。暴，偃臥日中也。醴泉涌於清室，通川過乎中庭。槃石裖崖，【集解】徐廣曰：裖音脣。【索隱】如淳曰：裖音振。裖，盛也。李奇云：裖，整也，整頓池外之匡。音之忍反。嶔巖倚傾，嵯峨磼礏，【集解】徐廣曰：磼一作巀，五合反。【索隱】埤蒼云：磼礏，高貌。磼音士劫反，礏音五匝反。林音礏才匝反。刻削崢嶸。【正義】郭云：言自然若彫刻也。玫瑰碧琳，珊瑚叢生，【正義】郭璞曰：珊瑚生水底石邊，大者樹高三尺餘，枝格交錯，無有葉者也。瑉玉旁唐，【索隱】郭璞云：旁唐，言盤薄。玢豳文鱗，【集解】徐廣曰：玢音彬，豳音班。赤瑕駁犖，【索隱】說文云：瑕，玉之小赤色者。張揖曰：赤玉也。司馬彪云：駁犖，采點也。犖音洛角反。雜臿其間，【集解】徐廣曰：臿，一云插也。垂綏琬琰，和氏出焉。【集解】徐廣曰：垂綏，一作朝采。駰案：郭璞曰汲冢竹書曰桀伐山得女二人，曰琬，曰琰。桀愛二女，斲其名于苕華之玉，苕是琬，華是琰也。於是乎盧橘夏孰，【集解】郭璞曰：今蜀中有給客橙，似橘而非，若柚而芬香，冬夏華實相繼，或如彈丸，或如拳，通歲食之，即盧橘也。【索隱】應劭云：伊尹書曰果之美者，箕山之東，青馬之所，有盧橘夏熟。晉灼曰：此雖賦上林，博引異方珍奇，不係於一也。案廣州記云：盧橘皮厚，大小如甘，酢多，九月結實，正赤，明年二月更青黑，夏熟。吳録云：建安有橘，冬月樹上覆裹，明年夏色變青黑，其味甚甘美。盧即黑色是也。黃甘橙楱，【集解】徐廣曰：楱音湊，橘屬。枇杷橪柹，【集解】徐廣曰：橪音而善反。【索隱】張揖云：橪支，橪一名香草也。韋昭曰：橪音泫反。郭璞云：橪支，木也。橪音烟，此說爲近。說文曰：橪，酸小棗也。淮南子云「伐橪棗以爲矜」。音勤。楟柰厚朴，【集解】徐廣曰：楟音亭，山梨也。【索隱】司馬彪曰：上黨謂之楟。楟柰，齊都賦云「楟柰熟」也。厚朴，藥名。梬棗楊梅，【集解】徐廣曰：梬音弋井反。梬棗似柹。【索隱】張揖曰：楊梅實似穀子而有核，其味酢，出江南。荆揚異物志云：其實外內著核，熟時正赤，味甘酸也。櫻桃蒲陶，【集解】郭璞曰：蒲陶似燕薁，可作酒也。【索隱】張揖云：櫻桃一名含桃。呂氏春秋云鸎鳥所含，故曰含桃。爾雅謂之荆桃也。隱夫薁棣，榙㮮荔枝，【集解】徐廣曰：荅一作鬱。駰案：郭璞曰隱夫未聞。棣，車下李也。榙㮮似李。榙音遝。【索隱】晉灼曰：離支大如雞子，皮麤，剝去皮，肌如雞子中黃，其味甘多酢少。廣志云：樹高五六丈，如桂樹，綠葉，冬夏青茂，有華朱色。荔字或作離，音力致反。羅乎後宮，列乎北園。

貤丘陵，【集解】郭璞曰：貤猶延也，音施。下平原。揚翠葉，扤紫莖，【集解】郭璞曰：扤，搖也。發紅華，秀朱榮，煌煌扈扈，照曜鉅野。沙棠櫟儲，【集解】駰案：漢書音義曰沙棠狀如棠，黃華赤實，其味如李。呂氏春秋曰：果之美者，沙棠之實。櫟似櫧，葉冬不落也。華氾檘櫨，【集解】徐廣曰：氾一作楓。駰案：漢書音義曰華，木皮可以爲索也。【索隱】古今字林云：櫨，合樺也。郭璞云：楓似白楊，圓葉而岐，有脂而香。犍爲舍人曰：楓爲樹，厚葉弱莖，大風則鳴，故曰攝攝。檘，平仲木也。亦云火橐木，一云玉精，食其子得爲神仙也。留落胥餘，仁頻并閭，【集解】徐廣曰：一作頻賓。駰案：郭璞曰留落胥餘，似并閭也，皮可作索。餘未詳。【索隱】晉灼曰：留落未詳。司馬彪云：胥邪樹高十尋，葉在其末。異物志云：實大如瓠，繫在巔，若挂物，實外有皮，中有核，如胡桃，核裹有膚，厚半寸，如豬膏，裹有汁斗餘，清如水，味美於蜜也。孟康曰：仁頻，櫻也。姚氏云：檳一名椶，即仁頻也。林邑記云：樹葉似甘焦。頻音賓。欃檀木蘭，豫章女貞，【集解】駰案：漢書音義曰欃檀，檀別名也。女貞，木葉冬不落。【索隱】欃音讒。皇覽云：孔子墓有欃檀樹也。荆州記：宜都有喬木叢生，名爲女貞。長千仞，大連抱，夸條直暢，實葉葰茂。攢立叢倚，連卷累佹，崔錯癹骫，【集解】駰案：古委字。阬衡閜砢，【集解】徐廣曰：癹音拔。駰案：郭璞曰骫音委，閜音惡可反，砢音魯可反。【索隱】郭璞云：崔錯癹骫者，蟠屈相樛也。阬衡閜砢者，揭孽傾攲貌也。垂條扶於，落英幡纚，【集解】郭璞曰：扶於，猶扶疏也。幡纚，猶翩翩也。【索隱】皆飛揚貌也。纚音所綺反。紛溶箾蔘，猗狔從風，【索隱】張揖云：旖旎，猗阿那也。瀏莅卉吸，【集解】徐廣曰：莅音栗。【索隱】郭璞云：皆林木鼓動之聲。瀏音留，莅如字，卉古卉字，吸音翕。蓋象金石之聲，【正義】鏗金石磬。管籥之音。【正義】廣雅云：籥長一尺，圍一寸，有六孔，無底。籥謂之笛，有七孔。說文云：籥，三孔籥也。柴池茈虒，【集解】徐廣曰：柴音差，茈虒音豸。【索隱】張揖云：柴池，參差也。茈虒，不齊也。茈音差，虒音側氏反。旋環後宮，雜遝累輯，【集解】徐廣曰：雜一作插。被山緣谷，循阪下隰，視之無端，究之無窮。於是玄猿素雌，蜼玃飛鸓，【集解】徐廣曰：蜼音予季反。駰案：漢書音義曰蜼似獮猴，仰鼻而長尾。玃似獮猴而大。飛鸓，飛鼠也，其狀如兔而鼠首，以其顏飛也。【索隱】郭璞曰：鸓，鼯鼠也，紫赤色，飛且生，一名飛生。蜼音贈遺之遺。鸓音誄。玄猿，猿之雄者，黑色也。素雌，猨之雌者，素色也。玃音古約反。蜼似猴，尾端爲兩歧，天雨便以尾插鼻兩孔。郭璞云：玃似獮猴而大，色蒼黑，能攫人，故云玃也。蛭蜩蠗蝚，【集解】徐廣曰：蛭音質。駰案：漢書音義曰山海經曰不咸之山有飛蛭，四翼。郭璞曰：蠗蝚似獮猴而黃。蜩未聞。【索隱】張揖云：蛭蜩也，蠗蝚，獮猴也。顧氏云：蠗音濯卓反。山海經云：鼻塗山下有獸，似鹿，馬足，人首，四角，名爲蠗猱，即此也。字或作蠷。郭璞云：玃，非也，上已有蛭玃，此不應重見。又神異經云：西方深山有獸，毛色如猴，能緣高木，其名爲蝌。字林云：蠗音狄，蝷蝎二獸名。螹胡豰蛫，【集解】徐廣曰：螹音在廉反，蛫音詭。駰案：漢書音義曰螹，白狐子也。豰似狐，黑身。豰音呼谷反。斬胡似獮猴，頭上有髮，以後黑。郭璞曰：螹似貤而大，看以後黃，一名黃騗，食獮猴，狀未聞。姚氏案山經云：郎山有獸，狀如龜，白身赤首，其名曰蛫。又說文云：螹胡，黑身白脅，若帶手，有長白毛，似握板也。棲息乎其間。長嘯哀鳴，翩幡互經，【正義】郭云：互經，互相經過。夭蟜枝格，偃蹇杪顛。【正義】夭音妖，蟜音矯，杪音彌沼反。郭云：皆猨在樹共戲恣態也。夭蟜，頻申也。於是乎隃絕梁，【正義】張云：絕梁，斷橋也。郭云：梁，厚石絕水也。騰殊榛，【正義】榛仕斤反。爾雅云：木叢生爲榛也。殊，異也。捷垂條，【正義】捷音才業反。張云：捷，特懸垂之條。踔稀間，【集解】郭璞曰：踔，踸踔也。訖約反。牢落陸離，爛曼遠遷。【正義】郭云：奔走崩騰狀也。顏云：言其聚散不常，雜亂移徙。若此輩者，數千百處。嬉游往來，宮宿館舍，庖廚不徙，後宮不移，【正義】說文云：庖，廚屋也。玄注周禮云：庖言苞也，苞裹肉曰苞苴也。後宮，內人也。言宮館各自有。百官備具。於是乎背秋涉冬，天子校獵。乘鏤象，六玉虬，【集解】徐廣曰：以玉爲飾。駰案：郭璞曰鏤象，象山所出，與言有雕鏤。虬，龍屬也。韓子曰：黃帝駕象車，六交龍是也。拖蜺旌，【正義】拖音徒可反。張云：析毛羽，染以五綵，綴以蜺爲旌有似虹蜺氣靡雲旗【正義】張云畫熊虎於旌似雲氣也前皮軒後道游【集解】郭璞曰皮軒革車也或曰即曲禮前有士師則載虎皮者也道道車游游車皆見周禮也孫叔奉轡衛公驂乘【集解】駰案漢書音義曰孫叔者太僕公孫賀也衛公者衛青也大僕御大將軍驂乘也扈從橫行出乎四校之中【集解】郭璞曰言跋扈從恣不安鹵簿矣【索隱】晉灼云扈大也文穎曰凡五校今言四者一隨天子乘輿也鼓嚴簿縱獠者【集解】駰案漢書音義曰鼓嚴嚴鼓也簿鹵簿也騶謂鼓嚴於林薄之中然後縱獠也江河爲阹泰山爲櫓【集解】郭璞曰櫓望樓也因山谷遮禽獸爲阹音去車反車騎靁起隱天動地先後陸離離散別追淫淫裔裔緣陵流澤雲布雨施生貔豹【集解】郭璞曰貔執夷虎屬也音毗搏豺狼【正義】搏擊也杜林云豺似狗白色說文云狼爪手熊羆【正義】張云熊犬身人足黑色羆大於熊黃白色皆能攀沿上高樹冬至入穴而蟄沿春而出也足野羊【集解】郭璞曰野羊如羊千斤手足謂拍蹋殺之蒙鶡蘇【集解】徐廣曰蘇尾也【索隱】孟康云鶡鳥尾也蘇析羽也張揖云鶡似雉鬬死不却案蒙謂覆而取之鶡以蘇爲冠故特言之以成文耳鶡音曷決疑注云鳥尾爲蘇也絝白虎【集解】徐廣曰絝音絝駰案郭璞曰絝謂絆絡之【索隱】張揖云著白虎之絝也被豳文【集解】郭璞曰著斑衣【索隱】輿服志云虎賁騎冠武文單衣即此斑文也跨野馬【索隱】跨乘之也陵三嵕之危【集解】駰案漢書音義曰三嵕三成之山下磧歷之坻【集解】郭璞曰磧歷阪名也【正義】坻音遲磧歷淺水中沙石也坻水中高處言獵人下此也徑陵赴險越壑厲水推蜚廉【集解】郭璞曰飛廉龍雀也鳥身鹿頭者弄解豸【集解】駰案漢書音義曰解豸似鹿而一角人君刑罰得中則生於朝廷主觸不直者可得而弄也【索隱】解音蟹豸音丈尒反格瑕蛤鋋猛氏【集解】駰案漢書音義曰瑕蛤猛氏皆獸名【索隱】晉灼曰蝦蛤闕郭璞曰今蜀中有獸狀如熊而小毛淺有光澤名猛氏說文鋋小矛也音蟬罥騕褭射封豕【集解】郭璞曰騕褭神馬日行萬里兩音窮嬌封豕大豬箭不苟害解脰陷腦【索隱】張揖云脰項也陷音苦念反亦依字讀也弓不虛發應聲而倒於是乎乘輿彌節裴回翶翔往來睨部曲之進退覽將率之變態然後浸潭促節【索隱】浸潭猶漸冉也漢書作浸淫或作乘輿案節也儵夐遠去【集解】郭璞曰夐音詡盛反流離輕禽蹵履狡獸轊白鹿捷狡兔【集解】徐廣曰轊音銳一作惠也【正義】轊音衞抱朴子云白鹿壽千歲滿五百歲色純白也晉徵祥記云白鹿色若霜不與他鹿爲羣軼赤電遺光耀【集解】徐廣曰超陵赤電電光不及言去速也追怪物出宇宙【正義】怪物謂游梟飛虡也張云天地四方曰宇往古來今曰宙許慎云宙舟輿所極也按許說宙是也彎蕃弱【正義】上烏繁反文穎云彎牽也繁弱夏后氏良弓名左傳云分魯公以夏后之璜封父之繁弱滿白羽【正義】文穎云引弓盡箭鏑爲滿以白羽羽箭也故云白羽也射游梟櫟蜚虡【集解】郭璞曰梟梟羊也似人長脣反踵被髮食人飛虡鹿頭龍身神獸櫟梢也擇肉後發先中命處弦矢分藝殪仆【集解】徐廣曰射準的曰藝仆音赴然後揚節而上浮陵驚風歷駭飇【正義】音必遙反爾雅云謂暴風從下升上故曰飇乘虛無與神俱【正義】張云虛無寥廓與元通靈言其所乘氣之高故能出飛鳥之上而與神俱也轔玄鶴亂昆雞【集解】徐廣曰轔音躪【正義】轔音吝鶴二百六十歲則淺黑色也遒孔鸞促鵔鸃拂翳鳥捎鳳皇【集解】駰案漢書音義曰遒秦由反鵔鸃鳥雞反張云山海經云九疑之山有五彩之鳥名曰翳鳥也【正義】捎山交反京房易傳云鳳皇鴻前麟後雞喙燕頷蛇頸龜背魚尾駢翼高丈二尺東山經云其狀如鶴五采而首文曰德翼文曰順背文曰義膺文曰仁股文曰信是鳥自歌自舞雄曰鳳雌曰皇捷鵷雛掩焦明【集解】駰案鷦明似鳳【索隱】張揖云鷦明西方之鳥也樂汁圖徵曰鷦明狀似鳳皇宋衷曰水鳥也【正義】按長喙疏翼員尾非幽閑不集非珍物不食道盡塗殫迴車而還招搖乎襄羊【索隱】郭璞曰襄羊猶仿佯

降集乎北紘【集解】郭璞曰紘維也北方之紘曰委羽率乎直指闇乎反鄉蹷石闕歷封巒過鳷鵲望露寒【集解】徐廣曰鳷音支駰案漢書音義曰皆甘泉宮左右觀名也下棠梨【集解】駰案漢書音義曰宮名在雲陽縣東南三十里息宜春【正義】括地志云宜春宮在雍州萬年縣西南三十里西馳宣曲濯鷁牛首【集解】駰案漢書音義曰宣曲宮名在昆明池西牛首池名在上林苑西頭登龍臺【集解】駰案漢書音義曰觀名在豐水西北近渭掩細柳【正義】郭云觀名在昆明南柳市觀士大夫之勤略鈞獠者之所得獲【集解】徐廣曰鈞一作診也觀徒車之所轔轢【正義】轔踐轢轢也乘騎之所蹂若【集解】徐廣曰蹂音人久反人民之所蹈躪與其窮極倦谻【集解】徐廣曰音劇驚憚讋伏不被創刃而死者佗佗籍籍填坑滿谷掩平彌澤於是乎游戲懈怠置酒乎昊天之臺【索隱】張揖曰臺高上干昊天也張樂乎轇輵之宇【集解】徐廣曰輵音葛【索隱】郭璞云言曠遠深貌也撞千石之鍾立萬石之鉅建翠華之旗樹靈鼉之鼓【集解】郭璞曰木貫鼓中加羽葆其上所謂樹鼓奏陶唐氏之舞聽葛天氏之歌【集解】駰案漢書音義曰葛天氏古帝王號也呂氏春秋曰葛天氏之樂三人操牛尾投足以歌【索隱】張揖曰葛天氏三皇時君號也呂氏春秋云其樂三人持牛尾投足以歌八闋一曰載民二曰玄鳥三曰遂草木四曰奮五穀五曰敬天常六曰建帝功七曰依地德八曰總禽獸之極千人唱萬人和山陵爲之震動【集解】徐廣曰一作勳川谷爲之蕩波巴俞宋蔡淮南于遮【集解】郭璞曰巴西閬中有渝水獠人居其上皆剛勇好舞漢高募此以平三秦後使樂府習之因名巴渝舞也駰案漢書音義曰于遮歌曲名【索隱】張揖曰禮樂記云宋音宴女溺志蔡人謳員三人楚詞云吳謳蔡謳淮南員四人于遮曲是其意也文成顛歌【集解】郭璞曰未聞也【索隱】文穎曰文成遼西縣名其縣人善歌顛益州顛縣其人能作西南夷歌顛即滇字族舉遞奏【集解】徐廣曰舉一作居金鼓迭起鏗鎗鐺鞈洞心駭耳【集解】郭璞曰鐺鞈鼓音荊吳鄭衛之聲韶濩武象之樂陰淫案衍之音鄢郢繽紛激楚結風【集解】郭璞曰激楚歌曲也列女傳曰聽激楚之遺風【索隱】激楚急風也結風回風亦急風也楚地風氣既自漂疾然歌樂者猶復依激結之急風以爲節其樂促迅哀切也俳優侏儒狄鞮之倡【集解】徐廣曰韋昭云狄鞮地名在河內出善倡者所以娛耳目而樂心意者麗靡爛漫於前【索隱】郭璞云言恣其觀也列女傳曰桀造爛漫之樂也靡曼美色於後【索隱】張揖曰靡細曼澤也韓子曰曼服皓齒也若夫青琴宓妃之徒【集解】駰案漢書音義曰皆古神女名【索隱】伏儼曰青琴古神女也如淳曰宓妃伏羲女溺死洛水遂爲洛水之神宓音伏絕殊離俗【索隱】郭璞曰俗無雙也姣冶嫺都【索隱】郭璞云姣好也都雅也詩云姣人嫽兮方言云自關而東河濟之間凡好或謂之姣音絞說文曰嫺雅也或作閑漢書本作閑靚莊刻飭便嬛綽約【集解】郭璞曰靚莊粉白黛黑也柔橈嬛嬛【集解】徐廣曰音娟【索隱】柔橈嬛嬛皆骨體耎弱長艷貌也廣雅云嬛嬛容也張揖曰嬛嬛猶婉婉也嫵媚姌嫋【集解】徐廣曰姌音乃冉反嫋音弱【索隱】埤蒼云嫵媚悅也通俗文云頰輔謂之嫵媚郭璞云姌嫋細弱也小顏云細弱總謂骨體也抴獨繭之褕袘【集解】徐廣曰抴音曳褕褕【索隱】張揖云袘袘也郭璞曰獨繭繭絲也埤蒼云袘衣長貌也眇閻易以戌削【集解】徐廣曰閻易衣長貌戌削言如刻畫作之媥姺徶㣯【集解】郭璞曰衣服婆娑貌【正義】媥白服反姺音先徶音白結反㣯音屑與世殊服芬香漚鬱酷烈淑郁皓齒粲爛宜笑的皪【索隱】郭璞曰鮮明貌也楚詞曰美人皓齒以姱又曰蛾眉笑以的皪音皪也長眉連娟微睇緜藐【索隱】郭璞曰連娟眉曲細也綿藐遠貌也娟音一全反睇音大計反藐音邈色授魂與心愉於側【索隱】張揖曰彼色來授我我魂往與接也愉音踰

也悅也二義並通於是酒中樂酣天子芒然而思似若有亡曰嗟乎此泰奢侈朕以覽聽餘閒無事棄日順天道以殺伐時休息於此恐後世靡麗遂往而不反非所以爲繼嗣創業垂統也於是乃解酒罷獵而命有司曰地可以墾辟悉爲農郊以贍萌隸隤牆填塹使山澤之民得至焉實陂池而勿禁【正義】實滿也言人滿陂池任采捕所取也虛宮觀而勿仞【正義】仞音刃亦滿也言離宮別館勿令人居上並廢罷也發倉廩以振貧窮補不足恤鰥寡存孤獨出德號省刑罰改制度易服色更正朔與天下爲始於是歷吉日以齊戒襲朝衣乘法駕建華旗鳴玉鸞游乎六藝之囿【正義】六藝云言田獵則遍游六藝而疾驅於仁義之道也騖乎仁義之塗覽觀春秋之林【集解】郭璞曰春秋所以觀成敗明善惡也射狸首兼騶虞【集解】駰案禮射義曰天子以騶虞爲節諸侯以狸首爲節騶虞者樂官備也狸首者樂會時也弋玄鶴建干戚載雲罕揜羣雅【集解】駰案漢書音義曰大雅小雅也【索隱】張揖曰罕車也前有九旒雲罕之車說者以雲罕爲旌旗皆非也且案中朝鹵簿圖云雲罕駕駟不兼言九旒罕車與九旒車別也揜捕也張揖曰詩小雅之材七十四人大雅之材三十一人也故曰羣雅也悲伐檀【索隱】張揖曰其詩刺賢者不遇明主樂樂胥【索隱】毛詩桑扈云君子樂胥受天之祜言王者樂得賢材之人使在位故天與之福祿也胥音先呂反樂音洛脩容乎禮園【正義】禮所以自脩飾整威儀也翺翔乎書圃【正義】尚書所以明帝王君臣之道也述易道【正義】易所以絜靜微妙上辨二儀陰陽中知人事下明地理也言田獵乃射范又歷涉六經之要也放怪獸【正義】張云苑中奇怪之獸不復獵也登明堂坐清廟【正義】明堂有五帝廟故言清廟王者朝諸侯之處恣羣臣奏得失四海之內靡不受獲【正義】言天下之人無不受恩惠於斯之時天下大說嚮風而聽隨流而化喟然興道而遷義【索隱】漢書作芔然猶欻然也音許貴反刑錯而不用德隆乎三皇功羨於五帝【索隱】司馬彪云羨溢也音怡戰反若此故獵乃可喜也若夫終日暴露馳騁勞神苦形罷車馬之用抗士卒之精【索隱】抗音五官反費府庫之財而無德厚之恩務在獨樂不顧衆庶忘國家之政而貪雉兔之獲則仁者不由也從此觀之齊楚之事豈不哀哉地方不過千里而囿居九百是草木不得墾辟而民無所食也夫以諸侯之細而樂萬乘之所侈僕恐百姓之被其尤也於是二子愀然改容【索隱】郭璞云愀變色貌音作酉反超若自失逡巡辟席曰鄙人固陋不知忌諱乃今日見教謹聞命矣賦奏天子以爲郎無是公言天子上林廣大山谷水泉萬物及子虛言楚雲夢所有甚衆侈靡過其實且非義理所尚故刪取其要歸正道而論之【索隱】大顏云不取其夸奢靡麗之論唯取終篇歸於正道耳小顏云刪取非謂削除其詞而說者謂此賦已經史家刊剟失其意也相如爲郎數歲會唐蒙使略通夜郎西僰中【集解】徐廣曰羌之別種也音扶逼反【索隱】張揖云蒙故鄱陽令爲郎中使行略取之文穎曰夜郎僰中皆西南夷後以爲犍牱犍爲二郡僰音步北反發巴蜀吏卒千人【索隱】案巴蜀二郡名郡又多爲發轉漕萬餘人用興法【集解】駰案漢書曰用軍興法也誅其渠帥巴蜀民大驚恐上聞之乃使相如責唐蒙因喻

告巴蜀民以非上意檄曰告巴蜀太守蠻夷自擅不討之日久矣時侵犯邊境勞士大夫陛下即位存撫天下輯安中國然後興師出兵北征匈奴單于怖駭交臂受事詘膝請和康居西域重譯請朝稽首來享移師東指閩越相誅右弔番禺太子入朝【索隱】文穎曰番禺南海郡理也弔至也東伐閩越後至番禺故言右至非也案姚氏弔讀如字小顏云兩國相伐漢發兵救之南越蒙天子德惠故遣太子入朝所以云弔爾非訓至也南夷之君西僰之長常效貢職不敢怠墮延頸舉踵喁喁然【正義】喁五恭反口向上也皆爭歸義欲爲臣妾道里遼遠山川阻深不能自致夫不順者已誅而爲善者未賞故遣中郎將往賓之【索隱】賈逵云賓伏也發巴蜀士民各五百人以奉幣帛衞使者不然靡有兵革之事戰鬭之患今聞其乃發軍興制驚懼子弟憂患長老【索隱】張揖云發軍謂發三軍之衆興制謂起軍法誅渠帥也案唐蒙爲使而用軍興法制故驚懼蜀人也郡又擅爲轉粟運輸皆非陛下之意也當行者或亡逃自賊殺亦非人臣之節也夫邊郡之士聞烽舉燧燔【集解】駰案漢書音義曰烽如覆米䉛縣著桔槔頭有寇則舉之燧積薪有寇則燔然之【索隱】字林云䉛漉米藪也音一六反纂要云䉛淅箕也烽見敵則舉燧有難則焚烽主晝燧主夜皆攝弓而馳【索隱】攝音女頰反荷兵而走流汗相屬唯恐居後觸白刃冒流矢義不反顧計不旋踵人懷怒心如報私讎彼豈樂死惡生非編列之民而與巴蜀異主哉計深慮遠急國家之難而樂盡人臣之道也故有剖符之封析珪而爵【索隱】如淳曰析中分也白藏天子青在諸侯也位爲通侯居列東第【索隱】列甲第在帝城東故云東第也終則遺顯號於後世傳土地於子孫行事甚忠敬居位甚安佚名聲施於無窮功烈著而不滅是以賢人君子肝腦塗中原膏液潤野草而不辭也今奉幣役至南夷即自賊殺或亡逃抵誅身死無名謚爲至愚恥及父母爲天下笑人之度量相越豈不遠哉然此非獨行者之罪也父兄之教不先子弟之率不謹也寡廉鮮恥而俗不長厚也其被刑戮不亦宜乎陛下患使者有司之若彼悼不肖愚民之如此故遣信使曉喻百姓以發卒之事因數之以不忠死亡之罪讓三老孝弟以不教誨之過方今田時重煩百姓【索隱】重猶難也已親見近縣恐遠所谿谷山澤之民不徧聞檄到亟下縣道【集解】駰案漢書百官表曰縣有蠻夷曰道【索隱】亟音紀力反亟急也使咸知陛下之意唯毋忽也相如還報唐蒙已略通夜郎因通西南夷道發巴蜀廣漢卒作者數萬人治道二歲道不成士卒多物故費以巨萬計【索隱】案巨萬猶萬萬也數有大小二法張揖曰筭法萬萬爲億是小數也蜀民及漢用事者多言其不便【索隱】謂公卿所言也是時邛筰之君長【索隱】文穎曰邛者今爲邛都縣筰者今爲定筰縣皆屬越巂郡也聞南夷與漢通得賞賜多多欲願爲內臣妾請吏比南夷【索隱】謂請置漢吏與南夷爲比例也天子問相如相如曰邛筰冉駹

者近蜀道亦易通秦時嘗通為郡縣至漢興而罷今誠復通為置郡縣愈於南夷【索隱】張揖曰愈差也又云愈勝也晉灼曰南夷謂犍為牂柯也西南謂越嶲益州也天子以為然乃拜相如為中郎將【索隱】四百石五歲遷補大縣令建節往使副使王然于壺充國【索隱】案漢書公卿表太初元年為大鴻臚卿也呂越人馳四乘之傳因巴蜀吏幣物以賂西夷至蜀蜀太守以下郊迎縣令負弩矢先驅【索隱】案亭吏名亭長弩矢合是亭長負之今縣令自負矢則亭長當負弩也且負弩是守宰無定或隨府輕重耳按霍去病出擊匈奴河東太守郊迎負弩又魏公子救趙擊秦秦軍解去平原君負韊矢迎公子於界上是也蜀人以為寵【索隱】華陽國志云蜀大城北十里有升僊橋送客觀相如初入長安題其門云不乘赤車駟馬不過汝下也於是卓王孫臨邛諸公皆因門下獻牛酒以交驩卓王孫喟然而歎自以得使女尚司馬長卿晚【索隱】小顏云尚猶配也本或作當蓋後人改爾而厚分與其女財與男等同司馬長卿便略定西夷邛筰冉駹斯榆之君皆請為內臣【索隱】鄭氏斯音曳張揖云斯俞國也案今斯讀如字益部耆舊傳謂之斯叟華陽國志云邛都縣有四部斯叟也除邊關關益斥【索隱】張揖曰斥廣也西至沬若水【索隱】張揖曰沬水出蜀廣平徼外與青衣水合也若水出旄牛徼外至僰道入江華陽國志漢嘉縣有沬水音妹又音末南至牂柯為徼【索隱】張揖云徼塞也以木柵水為蠻夷界通零關道【集解】徐廣曰越嶲有零關縣橋孫水【集解】韋昭曰為孫水作橋以通邛都【索隱】案華陽國志云相如卒開僰道通南中置越嶲郡韓說開益州唐蒙開牂柯斬筰王首置牂柯郡也還報天子天子大說相如使時蜀長老多言通西南夷不為用唯大臣亦以為然相如欲諫業已建之不敢【索隱】案業者本也本由相如立此事故不敢更諫乃著書籍以蜀父老為辭而己詰難之以風天子且因宣其使指令百姓知天子之意其辭曰漢興七十有八載【集解】徐廣曰元光六年也德茂存乎六世【正義】高祖惠帝高后孝文孝景孝武威武紛紜湛恩汪濊【索隱】韋昭云湛音沈羣生澍濡洋溢乎方外於是乃命使西征隨流而攘【索隱】攘卻也音女羊反風之所被罔不披靡因朝冉從駹定筰存邛略斯榆舉苞滿【索隱】服虔云夷種也滿字或作濮也結軼還轅【索隱】張揖云結屈也軼車迹也東鄉將報至于蜀都耆老大夫薦紳先生之徒二十有七人儼然造焉辭畢因進曰蓋聞天子之於夷狄也其義羈縻勿絕而已【索隱】案羈馬絡頭也縻牛紖也漢官儀云馬云羈牛云縻言制四夷如牛馬之受羈縻也今罷三郡之士通夜郎之塗三年於茲而功不竟士卒勞倦萬民不贍今又接以西夷百姓力屈恐不能卒業此亦使者之累也竊為左右患之且夫邛筰西僰之與中國並也歷年茲多不可記已仁者不以德來彊者不以力并意者其殆不可乎今割齊民以附夷狄弊所恃以事無用鄙人固陋不識所謂使者曰烏謂此邪必若所云則是蜀不變服而巴不化俗也余尚惡聞若說【索隱】張揖云惡聞若曹之言也包愷音一故反又音烏烏者安也然斯事體大固非觀者之所觀也余之行急其詳不可得聞已請為大夫粗陳其略蓋世必有非常之

人然後有非常之事有非常之事然後有非常之功非常者固常之所異也【索隱】案常人見之以為異也故曰非常之原黎民懼焉【索隱】張揖云非常之事其本難知衆人懼也及臻厥成天下晏如也昔者鴻水浡出氾濫衍溢民人登降移徙陭嶇而不安夏后氏戚之乃堙鴻水決江疏河灑沈贍菑【集解】徐廣曰灑一作灑【索隱】灑音麗菑音災漢書作灑沈澹災解者云灑分也音所宜反澹安也沈深也澹音徒暫反東歸之於海而天下永寧當斯之勤豈唯民哉【索隱】案謂非獨人勤禹亦親其勞也心煩於慮而身親其勞躬胝無胈膚不生毛【集解】徐廣曰胝音竹移反胈種也一作腠音湊膚理也胈音跋【索隱】張揖曰胈一作戚躬體也戚湊理也韋昭曰胈戚中小毛也胝音真尸反莊子云禹胝無胈脛不生毛李頤云胈白肉也音蒲末反故休烈顯乎無窮聲稱浹乎于茲且夫賢君之踐位也豈特委瑣握齪【索隱】孔文祥云委瑣細碎握齪局促也拘文牽俗循誦習傳當世取說云爾哉必將崇論閎議創業垂統為萬世規故馳騖乎兼容并包而勤思乎參天貳地【索隱】案天子比德於天地是二地也地與己并天為三是參天也故禮曰天子與天地參是也且詩不云乎普天之下莫非王土率土之濱莫非王臣【集解】駰案毛詩傳曰濱涯也是以六合之內八方之外浸潯衍溢【索隱】案浸潯猶漸浸也懷生之物有不浸潤於澤者賢君恥之今封疆之內冠帶之倫咸獲嘉祉靡有闕遺矣而夷狄殊俗之國遼絕異黨之地舟輿不通人迹罕至政教未加流風猶微內之則犯義侵禮於邊境外之則邪行橫作放弒其上君臣易位尊卑失序父兄不辜幼孤為奴係纍號泣內嚮而怨曰蓋聞中國有至仁焉德洋而恩普物靡不得其所今獨曷為遺己舉踵思慕若枯旱之望雨盭夫為之垂涕【集解】徐廣曰盭音戾【索隱】張揖曰狠戾之夫也字或作戾盭古戾字況乎上聖又惡能已故北出師以討彊胡南馳使以誚勁越四面風德二方之君鱗集仰流【索隱】二方謂西夷邛僰南夷牂柯夜郎也願得受號者以億計故乃關沬若【集解】駰案漢書音義曰以沬若水為關徼牂柯鏤零山梁孫原創道德之塗垂仁義之統將博恩廣施遠撫長駕使疏逖不閉【索隱】逖遠言其疏遠者不被閉絕也阻深闇昧得耀乎光明【索隱】阻深漢書作曶爽三蒼云曶爽早朝也曶音妹案字林又音忽也以偃甲兵於此而息誅伐於彼遐邇一體中外提福【集解】徐廣曰提作禔音支【索隱】說文云禔安也音市支反不亦康乎夫拯民於沈溺奉至尊之休德反衰世之陵遲繼周氏之絕業斯乃天子之急務也百姓雖勞又惡可以已哉且夫王事固未有不始於憂勤而終於佚樂者也然則受命之符合在於此矣【索隱】張揖云合在於憂勤佚樂之中也方將增泰山之封加梁父之事鳴和鸞揚樂頌上咸五下登三【集解】徐廣曰咸一作函駰案韋昭曰咸同於五帝登三王之上【索隱】李奇云五帝之德漢比為減三王之德漢出其上故云減五登三此說非也虞喜志林云相如欲減五帝之一以漢盈之然以漢為五帝之數自然是登於三王之上也今本減或作咸是與韋昭之說符也觀者未睹指聽者未聞音猶鷦

明已翔乎寥廓而羅者猶視乎藪澤悲夫於是諸大夫芒然喪其所懷來而失厥所以進喟然並稱曰允哉漢德此鄙人之所願聞也百姓雖怠請以身先之敞罔靡徙因遷延而辭避【索隱】案敞罔失容也靡徙失正也其後人有上書言相如使時受金失官居歲餘復召為郎相如口吃而善著書常有消渴疾與卓氏婚饒於財其進仕宦未嘗肯與公卿國家之事稱病閒居不慕官爵常從上至長楊獵【正義】括地志云秦長楊宮在雍州盩厔縣東南三里上起以宮內有長楊樹以為名是時天子方好自擊熊彘馳逐野獸相如上疏諫之其辭曰臣聞物有同類而殊能者故力稱烏獲【索隱】張揖曰秦武王力士舉龍文鼎者也捷言慶忌【索隱】張揖曰吳王僚之子勇期賁育【正義】賁音奔孟賁古之勇士水行不避蛟龍陸行不避兕狼發怒吐氣聲音動天夏育亦古之猛士也臣之愚竊以為人誠有之獸亦宜然今陛下好陵阻險射猛獸卒然遇軼材之獸【索隱】廣雅云卒暴也音倉沒反駭不存之地【索隱】謂所不慮而猛獸駭發也犯屬車之清塵【集解】蔡邕曰古者諸侯貳車九乘秦滅九國兼其車服故大駕屬車八十一乘輿不及還轅人不暇施巧雖有烏獲逢蒙之伎力不得用【集解】駰案吳越春秋曰羿傳射於逢蒙【索隱】孟子云逢蒙學射於羿盡羿之道是也枯木朽株盡為害矣是胡越起於轂下而羌夷接軫也豈不殆哉雖萬全無患然本非天子之所宜近也且夫清道而後行中路而後馳猶時有銜橛之變【集解】徐廣曰橛音巨月反鉤逆者謂之橛【索隱】張揖曰銜馬勒銜也橛騑馬口長銜也周遷輿服志云鉤逆上者為橛橛在銜中以鐵為之大如雞子鹽鐵論云無銜橛而禦捍馬是也而況涉乎蓬蒿馳乎丘墳前有利獸之樂而內無存變之意其為禍也不亦難矣夫輕萬乘之重不以為安而樂出於萬有一危之塗以為娛臣竊為陛下不取也蓋明者遠見於未萌而智者避危於無形禍固多藏於隱微而發於人之所忽者也故鄙諺曰家累千金坐不垂堂【索隱】張揖曰畏簷瓦墮中人樂彥云垂邊也近堂邊恐其墮墜也非謂畏簷瓦此言雖小可以喻大臣願陛下之留意幸察上善之還過宜春宮【正義】括地志云秦宜春宮在雍州萬年縣西南三十里宜春苑在宮之東杜之南始皇本紀云葬二世杜南宜春苑中按今宜春宮見二世陵故作賦以哀也相如奏賦以哀二世行失也其辭曰登陂陁之長阪兮【索隱】陂普何反陁徒何反坌入曾宮之嵯峨【集解】駰案漢書音義曰坌並也【索隱】坌步寸反臨曲江之隑州兮【集解】駰案漢書音義曰隑長也苑中有曲江之象中有長洲也【索隱】隑音祈隑即碕字謂曲岸頭也有宮闕今猶謂之曲江在杜陵西北五里又三輔舊事云樂游原在西北是也望南山之參差巖巖深山之谾谾兮【集解】徐廣曰谾音力工反【索隱】谾古江反晉灼曰谾音籠古巃字蕭該云谾或作巃長大通谷𧯋兮谽谺【索隱】谽音呼含反谺音呼加反汩淢噏習以永逝兮【索隱】汩于筆反汩淢疾貌也噏音許及反漢書作歙歙然輕舉意也注平皐之廣衍觀衆樹之蓊薆兮【索隱】薆音愛謂隱也覽竹林之榛榛東馳土山兮北揭石瀨【索隱】說文云瀨水流沙上也彌節容與兮【索隱】容與游戲貌也歷弔二世持身不謹兮亡國失勢信讒不寤兮宗廟滅絕嗚

呼哀哉操行之不得兮墳墓蕪穢而不脩兮魂無歸而不食敻邈絕而不齊兮彌久遠而愈佅精罔閬而飛揚兮拾九天而永逝【正義】太玄經云九天一為中天二為羨天三為從天四為更天五為晬天六為廓天七為減天八為沈天九為成天嗚呼哀哉相如拜為孝文園令【索隱】百官志云陵園令六百石掌按行掃除也天子既美子虛之事相如見上好僊道因曰上林之事未足美也尚有靡者臣嘗為大人賦【索隱】張揖曰大人喻天子向秀云聖人在位謂之大人張華云相如作遠遊之體以大人賦之也未就請具而奏之相如以為列僊之傳居山澤間【索隱】案傳者謂相傳以列仙居山澤間音持全反小顏及劉氏並作儒讀云儒柔也術士之稱非也形容甚臞【集解】徐廣曰臞瘦也【索隱】韋昭曰臞文子云堯臞瘦音巨俱反此非帝王之僊意也乃遂就大人賦其辭曰世有大人兮在于中州宅彌萬里兮曾不足以少留悲世俗之迫隘兮朅輕舉而遠游【索隱】如淳曰武帝云誠得如黃帝去妻子如脫屣是悲世俗迫隘也垂絳幡之素蜺兮載雲氣而上浮建格澤之長竿兮總光燿之采旄【集解】駰案漢書音義曰格澤之氣如炎火狀黃白色起地上至天以此氣為竿旄葆也總係也係光燿之氣於長竿以為葆者垂旬始以為幓兮抴彗星而為髾【集解】駰案漢書音義曰旬始氣如雄雞於葆下以為旒也髾燕尾也抴彗星綴著旒以為燕尾掉指橋以偃蹇兮又旖旎以招搖【集解】駰案漢書音義曰指橋隨風指靡【索隱】掉音徒弔反橋音居天反偃蹇高貌攬欃搶以為旌兮【正義】天官書云天欃長四丈末銳天搶長數丈兩頭銳其形類彗也靡屈虹而為綢【集解】駰案漢書音義曰綢韜也以斷虹為旌杠之韜【索隱】應劭云旌旗屈橈之貌綢音直留反或音韜屈虹斷虹也紅杳渺以眩湣兮猋風涌而雲浮【集解】駰案漢書音義曰旬始屈虹氣色紅杳眇眩湣闇冥無光也【索隱】蘇林曰眩音炫湣音麪晉灼云紅赤色貌杳渺深遠眩湣混合也紅或作虹駕應龍象輿之蠖略逶麗兮驂赤螭青虯之蚴蟉蜿蜒低卬夭蟜据以驕驁兮詘折隆窮【索隱】張揖曰据直項也驕驁縱恣也据音據驕音居召反驁音五到反蠼以連卷【索隱】韋昭曰蠼龍之形貌也音起碧反連卷音拳沛艾赳螑仡以佁儗兮【集解】駰案漢書音義曰赳螑申頸低卬也儗不前也【索隱】張揖曰赳螑牙跳也赳音居幼反螑音許救反仡舉頭也仡音魚乙反佁音勑吏反儗音魚吏反放散畔岸驤以孱顏【索隱】服虔曰馬仰頭其口開正孱顏也韋昭曰顏音吾板反詩云兩服上驤注云驤馬是也跮踱輵轄容以委麗兮綢繆偃蹇怵臭以梁倚【集解】徐廣曰跮踱作前卻也跮音丑栗反踱音勑略反輵烏葛反轄音曷綢一作雕臭音他略反駰案漢書音義曰怵臭走也梁倚相著也【索隱】張揖曰跮踱疾行互前卻也輵轄搖目吐舌也跮音褚栗反踱音褚略反輵音遏轄音曷綢音徒弔反張揖曰偃蹇卻器也廣雅曰偃蹇夭蟜也韋昭曰臭音告略反相如傳云略臭遠去也臭袂也糾蓼叫奡蹋以艐路兮【集解】徐廣曰艐音介至也【索隱】糾蓼音了奡音五到反小顏云叫奡高舉貌踏音徒荅反艐音屆三倉云蹋著地也孫炎云艐古界字也蔑蒙踊躍騰而狂趭【集解】駰案漢書音義曰蔑蒙飛揚也趭走莅颯卉翕熛至電過兮煥然霧除霍然雲消邪絕少陽而登太陰兮與真人乎相求【集解】駰案漢書音義曰少陽東極太陰北極邪度東極而升北極者也互折窈窕以右轉兮橫厲飛泉以正東【正義】厲渡也張云飛泉谷也在崑崙山西南悉徵靈圉而選之兮部乘衆神於瑤光【集解】駰案漢書音義曰搖光北斗杓頭第一星使五帝先導兮【正義】導引也五帝五時帝太皞之屬也反太一而從陵陽

【集解】駰案漢書音義曰僊人陵陽子明也【正義】天官書云中宮天極星其一明者太一常居也列僊傳云子明於沛銍縣旋溪釣得白龍放之後白龍來迎子明去止陵陽山上百餘年遂得仙也左玄冥而右含靁兮【集解】駰案漢書音義曰含靁黔嬴也天上造化神名也或曰水神前陸離而後潏湟【集解】駰案漢書音義曰皆神名廝征北僑【集解】徐廣曰燕人也形解而征也【索隱】應劭曰廝役也張揖曰王子喬也漢書郊祀志作正伯僑此當是別人恐非王子喬也而役羨門兮【正義】張云羨門碣石山上仙人羨門高也屬岐伯使尚方【集解】徐廣曰岐伯黃帝臣駰案漢書音義曰尚主也岐伯黃帝太醫屬使主方藥祝融驚而蹕御兮【正義】張云祝融南方炎帝之佐也獸身人面乘兩龍應火正也火正祝融警蹕清氛氣也清氛氣而後行屯余車其萬乘兮綷雲蓋而樹華旗【索隱】綷音翠內反如淳曰蓋有五綵也使句芒其將行兮【正義】張云句芒東方青帝之佐也鳥身人面乘兩龍顏云將行領從者也吾欲往乎南嬉歷唐堯於崇山兮過虞舜於九疑【正義】張云崇山狄山也海外經云狄山帝堯葬其陽九疑山零陵營道縣舜所葬處紛湛湛其差錯兮【索隱】湛音徒感反雜遝膠葛以方馳【索隱】廣雅云膠葛驅馳也騷擾衝蓯其相紛挐兮【索隱】衝音昌勇反蓯音息冗反滂濞泱軋灑以林離攢羅列聚叢以蘢茸兮衍曼流爛壇以陸離【集解】徐廣曰壇音坦徑入靁室之砰磷鬱律兮洞出鬼谷之崫礨嵬磈【集解】駰案漢書音義曰鬼谷在北辰下衆鬼之所聚也楚辭曰贊鬼谷於北辰【正義】崫口骨反礨力罪反嵬烏迴反磈音回張云崫礨嵬磈不平也徧覽八紘而觀四荒兮朅渡九江而越五河【正義】顏云五色之河也仙云紫碧絳青黃之河也經營炎火而浮弱水兮【正義】姚丞云大荒西經云崑崙之岳其外有炎火之山投物輒然括地志云弱水有二原俱出女國北阿傉達山南流會于國北又南歷國北東去一里深丈餘闊六十步非乘舟不可濟流入海阿傉達山一名崑崙山在雍州西南一萬五千三百七十里又云弱水在甘州張掖縣南山下杭絕浮渚而涉流沙【集解】駰案漢書音義曰杭船也絕渡也浮渚流沙中渚也奄息總極氾濫水嬉兮【集解】駰案漢書音義曰總極葱領山也在西域中使靈媧鼓瑟而舞馮夷【集解】徐廣曰媧一作貽駰案漢書音義曰靈媧女媧也馮夷河伯字淮南子曰馮夷得道以潛大川【正義】姓馮名夷以庚日溺死河常以庚日好溺死人時若薆薆將混濁兮召屏翳【正義】應云屏翳天神使也韋云雷師也誅風伯【正義】張云風伯字飛廉而刑雨師【正義】沙州有雨師祠西望崑崙之軋【正義】張云海內經云崑崙去中國五萬里天帝之下都也其山廣袤百里高八萬仞增城九重面九井以玉爲檻旁有五門開明獸守之括地志云在崑崙肅州酒泉縣南八十里十六國春秋魏昭成帝建國十年涼張駿酒泉太守馬岌上言酒泉南山即崑崙之體周穆王見西王母樂而忘歸即謂此山有石室王母堂珠璣鏤飾煥若神宮又删丹西河名云弱水禹貢崑崙在臨羌之西即此明矣括地志云又阿傉達山亦名建末達山亦名崑崙山恒河出其南吐師子口經天竺入達山嫣水今名爲滸海出於西河北隅吐馬口經安息大夏國入西海黃海出東北隅吐牛口東北流經潘澤潛出大積石山至華山北東入海其三河去山入海各三萬里此謂大崑崙肅州謂小崑崙也禹本紀云河出崑崙二千五百餘里日月所相隱避爲光明也沕洸忽兮直徑馳乎三危【集解】駰案三危山名也【正義】括地志云三危山在沙州東南三十里排閶闔而入帝宮兮【正義】韋昭云閶闔天門也淮南子曰西方日西極之山閶闔之門載玉女而與之歸【正義】張云玉女青要乘弋等也舒閬風而搖集兮【正義】張云閬風在崑崙閶闔之中楚辭云登閬風而緤馬也亢烏騰而一止【集解】駰案漢書音義曰亢然高飛如烏之騰也低回陰山翔以紆曲兮【正義】張云陰山在大崑崙西二千七百里吾乃今目睹西王母暠然白首【集解】徐廣曰暠音下沃反【索隱】暠音鶴【正義】張云西王母其狀

如人豹尾虎齒蓬髮暠然白首石城金穴居其中戴勝而穴處兮【集解】郭璞曰勝玉勝也【正義】顏云勝代婦人首飾也漢代謂之華勝亦幸有三足烏爲之使【正義】張云三足烏青鳥也主爲西王母取食在崑崙之北必長生若此而不死兮雖濟萬世不足以喜回車朅來兮絕道不周【集解】駰案漢書音義曰不周山在崑崙東南會食幽都呼吸沆瀣兮餐朝霞兮噍咀芝英兮嘰瓊華【集解】徐廣曰嘰音祈小食也駰案韋昭曰瓊華玉英嬐侵潯而高縱兮紛鴻涌而上厲【集解】徐廣曰嬐音纖【索隱】漢書嬐作襟襟仰也音禁嬐音魚錦反貫列缺之倒景兮涉豐隆之滂沛【集解】駰案漢書音義曰列缺天門也倒景日在下【正義】張云豐隆雲師也淮南子云季春三月豐隆乃出以將其雨接豐隆將雲雨故云滂沛馳游道而脩降兮【正義】游游車也道道車也脩長也降下也騖遺霧而遠逝迫區中之隘陝兮舒節出乎北垠遺屯騎於玄闕兮軼先驅於寒門【集解】駰案漢書音義曰玄闕北極之山寒門天北門下崢嶸而無地兮上寥廓而無天視眩眠而無見兮聽惝恍而無聞乘虛無而上假兮超無有而獨存【集解】徐廣曰假音古下反至也相如既奏大人之頌天子大說飄飄有凌雲之氣似游天地之間意相如既病免家居茂陵天子曰司馬相如病甚可往從悉取其書若不然後失之矣使所忠往【正義】姓所名忠也風俗通姓氏云漢書有諫大夫所忠氏而相如已死家無書問其妻對曰長卿固未嘗有書也時時著書人又取去即空居長卿未死時爲一卷書曰有使者來求書奏之無他書其遺札書言封禪事奏所忠忠奏其書天子異之其書曰伊上古之初肇自昊穹兮生民歷撰列辟以迄于秦【集解】徐廣曰撰一作選【索隱】文穎曰選數也率邇者踵武【集解】徐廣曰率循也邇近也武迹也循省近世之遺迹【索隱】言循覽近代之事則踵蹈者可知也逖聽者風聲【集解】徐廣曰逖遠也聽察遠古之風聲【索隱】風聲風雅之聲以言聽遠古之事則著在風雅之聲也紛綸葳蕤堙滅而不稱者不可勝數也【索隱】胡廣曰紛亂也淪沒也葳蕤委頓也張揖曰亂貌續昭夏崇號謚略可道者七十有二君【集解】駰案漢書音義曰昭明也夏大也德明大相繼封禪於泰山者七十有二人【索隱】見韓詩外傳及封禪書也罔若淑而不昌疇逆失而能存【集解】徐廣曰若順也駰案韋昭曰疇誰也言順善必昌逆失必亡軒轅之前遐哉邈乎其詳不可得聞也五三六經載籍之傳維見可觀也【索隱】胡廣云五五帝也三三王也案六經詩書禮樂易春秋也書曰元首明哉股肱良哉因斯以談君莫盛於唐堯臣莫賢於后稷后稷創業於唐公劉發迹於西戎文王改制爰周郅隆【集解】徐廣曰郅蓋字誤皇甫謐曰王季宅程故周書曰維王季宅程孟子稱文王生於畢程或者郅字宜爲程乎或爲胵北地有郁郅縣胵大也音質駰案漢書音義曰郅至也【索隱】爰於及也郅大也盛也榮光云郅可見之大也徐及皇甫之說皆非也以言文王改制及周而大盛也大行越成【集解】駰案漢書音義曰行道也文王始開王業改正朔易服色大平之道於是成矣【索隱】應劭云大行謂以言道德大行也而後陵夷衰微千載無聲【集解】徐廣曰周之王四海千載之後聲教乃絕駰案韋昭曰無惡聲豈不善始善終哉然無異端慎所由於前謹遺教於後耳故軌迹夷易易遵也湛恩濛涌易豐也憲度著明易則也垂統理順易繼也是以

業隆於繈褓而崇冠于二后【集解】駰案漢書音義曰繈褓謂成王也二后謂文武也周公爲成王致太平功德冠於文武者道成法易故也揆厥所元終都攸卒【集解】駰案漢書音義曰都於卒終也未有殊尤絕迹可考于今者也然猶躡梁父登泰山建顯號施尊名大漢之德逢涌原泉【集解】韋昭曰漢德逢涌如泉原也【索隱】張揖曰逢遇也喻其德盛若遇泉原之流也又作夆讀胡廣曰自此已下論漢家之德也沕潏漫衍旁魄四塞雲專霧散【集解】徐廣曰專音布上暢九垓下泝八埏【集解】徐廣曰音衍駰案漢書音義曰暢達垓重也泝流也埏若八埏地之際也言其德上達於九重之天下流於地之八際也懷生之類霑濡浸潤協氣橫流武節飄逝邇陜游原迥闊泳沫【集解】駰案漢書音義曰邇近原本也迥遠闊廣也泳浮也思德比之於水近者游其原遠者浮其沫首惡湮沒闇昧昭晳【集解】駰案漢書音義曰始爲惡者皆湮滅闇昧喻夷狄皆化昆蟲凱澤回首面內【集解】韋昭曰面向也然後囿騶虞之珍羣徼麋鹿之怪獸【集解】駰案漢書音義曰徼遮也麋鹿得其奇怪者謂獲白麟也導一莖六穗於庖【集解】徐廣曰導瑞禾也駰案漢書音義曰謂嘉禾之米於庖廚以供祭祀【索隱】鄭德云導擇也說文嘉禾一名導字林云禾一莖六穗謂之導也犧雙觡共抵之獸【集解】徐廣曰抵音底駰案漢書音義曰犧牲也觡角也抵本也武帝獲白麟兩角共一本因以爲牲也獲周餘珍收龜于岐【集解】徐廣曰一作放龜駰案漢書音義曰餘珍得周鼎也岐水名也招翠黃乘龍於沼【集解】駰案漢書音義曰翠黃乘黃也龍翼馬身黃帝乘而登仙言見乘黃而招呼之禮樂志曰紫黃滑河不下來余吾渥洼水中出神馬故曰乘龍於沼【索隱】服虔云乘龍四龍也翠黃孟說是也周書云乘黃似狐背上有兩角也鬼神接靈圉賓於閒館【集解】徐廣曰言至德與神明通接故靈圉爲賓客於閒館矣郭璞曰靈圉仙人名也奇物譎詭俶儻窮變欽哉符瑞臻茲猶以爲薄不敢道封禪蓋周躍魚隕杭休之以燎【索隱】杭舟也胡廣云武王渡河白魚入王舟俯取以燎隕墜之於舟中也微夫斯之爲符也以登介丘不亦恧乎【集解】駰案漢書音義曰介大丘山也言周以白魚爲瑞登太山封禪不亦慙乎進讓之道其何爽與【集解】徐廣曰爽差異也駰案漢書音義曰進周也讓漢也言周未可封禪爲進漢可封禪而不封禪爲讓也【索隱】爽猶差也言漢周進讓之道皆差也於是大司馬進曰陛下仁育羣生義征不憓【集解】駰案漢書音義曰大司馬上公也故先進讓憓音惠順也諸夏樂貢百蠻執贄德侔往初功無與二休烈浹洽符瑞衆變期應紹至不特創見【集解】徐廣曰不但初顯符瑞而已蓋將以封禪之事【索隱】文穎云不獨一物初創見也胡廣云符瑞衆多應期相繼而至也意者泰山梁父設壇場望幸蓋號以況榮【集解】徐廣曰以況受上天之榮爲名號【索隱】案本或作望華蓋華蓋星名在紫微大帝之上今言望聖帝之臨幸也義亦兩通而孟康服虔注本皆幸下有華字而虞摯流別集則唯云幸幸當是也於義亦通直以後人見幸下有蓋字又幸字似華故因疑惑遂定華字使誤也文穎云蓋合也言考合前代之君探其榮而相比況以爲號也大顏云蓋欲也言欲化功立號受天之況賜榮名也於義爲愜然其文云蓋詞義與質又上與幸字連文致令有華蓋之謬也上帝垂恩儲祉將以薦成【集解】徐廣曰以衆瑞物初至封禪處薦之上天告成功也【索隱】案漢書作慶成義亦通也陛下謙讓而弗發也挈三神之驩【集解】徐廣曰挈猶言垂也駰案韋昭曰挈鈌也三神上帝泰山梁父也【索隱】徐氏云挈猶垂非也應劭挈作絕李奇韋昭作鈌意亦不遠三神如淳謂地祇天神山嶽也與韋不同鈌王道之儀羣臣恧焉或謂且天爲質闇珍符固不可辭【集解】駰案漢書音義曰言天道質昧以符瑞見意不可辭讓也若然辭之是泰山靡記而梁父靡幾

也【集解】駰案漢書音義曰太山之上無所表記梁父壇場無所庶幾【索隱】案幾音冀亦各並時而榮咸濟世而屈【集解】駰案漢書音義曰屈絕之也言古帝王但作一時之榮單代而絕也說者尚何稱於後【集解】徐廣曰若無封禪之遺迹則榮盡於當時至於歷世之後人何所述而云七十二君乎【索隱】言古封禪之帝王是各並時而榮貴盛有濟世之勳而屈者謂言抑屈抑不封禪使說者尚何稱述後代而云七十二君乎夫修德以錫符奉符以行事不爲進越【索隱】文穎云越踰也不爲苟進踰禮也故聖王弗替而修禮地祇謁欵天神【集解】駰案漢書音義曰欵誠也謁告之報誠也勒功中嶽以彰至尊舒盛德發號榮受厚福以浸黎民也皇皇哉斯事天下之壯觀王者之丕業不可貶也願陛下全之而後因雜薦紳先生之略術使獲耀日月之末光絕炎以展采錯事【集解】徐廣曰錯音厝駰案漢書音義曰采官也使諸儒記功著業得觀日月末光殊絕之用以展其官職設厝其事業者也猶兼正列其義校飭厥文作春秋一藝【集解】徐廣曰校一作祓祓猶拂也音廢也駰案漢書音義曰春秋者正天時列人事諸儒既得展事業因兼正天時列人事敘述大義爲一經將襲舊六爲七【集解】韋昭曰今漢書增一仍舊六爲七也攄之無窮【集解】徐廣曰攄一作臚臚敘也【索隱】廣雅云攄張舒也俾萬世得激清流揚微波蜚英聲騰茂實【索隱】胡廣曰飛揚英偉之聲騰馳茂盛之實也前聖之所以永保鴻名而常爲稱首者用此【索隱】案謂用此封禪也宜命掌故悉奏其義而覽焉【集解】駰案漢書音義曰掌故太史官屬主故事也於是天子沛然改容曰愉乎朕其試哉乃遷思回慮總公卿之議詢封禪之事詩大澤之博廣符瑞之富【集解】駰案漢書音義曰詩歌詠功德也下四章之頌也大澤之博謂自我天覆雲之油油廣符瑞之富謂班班之獸以下三章言符瑞廣大富饒也乃作頌曰自我天覆雲之油油【集解】駰案漢書音義曰油油雲行貌孟子曰油然作雲沛然下雨甘露時雨厥壤可游滋液滲漉何生不育【集解】徐廣曰滲音色蔭反【索隱】案說文云滲漉水下流之貌也嘉穀六穗我穡曷蓄【集解】徐廣曰何所蓄邪蓄嘉穀非唯雨之又潤澤之非唯濡之氾尃濩之【集解】徐廣曰古布字作尃【索隱】胡廣曰氾普也言雨澤非偏於我普遍布散無所不濩也萬物熙熙懷而慕思名山顯位望君之來【集解】韋昭曰名山大山也顯位封禪也君乎君乎侯不邁哉【索隱】小顏云侯何也邁行也言君何不行封禪般般之獸樂我君囿【索隱】案般般文彩之貌也音班胡廣曰謂騶虞也白質黑章其儀可嘉旼旼睦睦君子之能【集解】徐廣曰旼音旻和貌也能一作態駰案漢書音義曰旻和睦敬言和且敬有似君子蓋聞其聲今觀其來厥塗靡蹤天瑞之徵【集解】徐廣曰其所來路非有迹蓋自天降瑞不行而至也茲亦於舜虞氏以興【索隱】文穎曰舜百獸率舞則騶虞亦在其中也濯濯之麟游彼靈畤【集解】駰案漢書音義曰武帝祠五畤獲白麟故言游靈畤【索隱】詩人云麀鹿濯濯注云濯濯嬉遊也孟冬十月君徂郊祀馳我君輿帝以享祉三代之前蓋未嘗有宛宛黃龍興德而升【索隱】胡廣曰宛宛屈伸也采色炫耀熿炳煇煌【集解】徐廣曰熿音晃煇音鬼正陽顯見覺寤黎烝【索隱】文穎云正陽陽明也謂南面受朝也於傳載之云受命所乘【索隱】如淳曰書傳所載擇其此類以爲漢土德黃龍爲之應見之於成紀故云受命所乘也厥之有章不必諄諄【集解】徐廣曰諄止純反告之丁寧駰案漢書音義曰天之所命表以符瑞章明其德不必諄諄然有語言也依類託寓諭以封巒【集解】駰案

漢書音義曰寓寄也僑山也言依事類託寄以喻封禪也披藝觀之天人之際已交上下相發允答聖王之德兢兢翼翼也故曰興必慮衰安必思危是以湯武至尊嚴不失肅祗舜在假典顧省厥遺此之謂也〔集解〕徐廣曰假大也司馬相如既卒〔集解〕徐廣曰元狩五年也五歲天子始祭后土八年而遂先禮中嶽〔正義〕嵩高也在洛州陽城縣西北二十二里封于太山〔正義〕在兗州博城縣西北三十里至梁父禪肅然〔集解〕徐廣曰小山在泰山下趾東北相如他所著若遺平陵侯書〔集解〕徐廣曰蘇建也與五公子相難草木書篇不采采其尤著公卿者云

太史公曰春秋推見至隱〔集解〕韋昭曰推見事至於隱諱謂若晉文召天子經言狩河陽之屬〔索隱〕李奇曰隱猶微也言其義彰而文微若隱公見弒而經不書諱之也易本隱以之顯〔集解〕韋昭曰易本隱微妙出爲人事乃顯著也〔索隱〕虞喜志林曰春秋以人事通天道是推見至隱也易以天道接人事索隱以之明顯也大雅言王公大人而德逮黎庶〔集解〕韋昭曰先言王公大人之德乃後及衆庶也〔索隱〕張揖曰謂文王公劉在位大人之德下及衆民者也小雅譏小己之得失其流及上〔集解〕韋昭曰小雅之人志佚小先道己之憂苦其流乃及上政之得失者〔索隱〕張揖云己詩人自謂也己小有得失不得其所作詩流言以諷其上也故詩緯云小雅譏己得失及之於上也所以言雖外殊其合德一也相如雖多虛辭濫說然其要歸引之節儉此與詩之風諫何異揚雄以爲靡麗之賦勸百風一猶馳騁鄭衛之聲曲終而奏雅不已虧乎余采其語可論著于篇

〔索隱述贊〕曰相如縱誕竊貲卓氏其學無方其才足倚子虛過吒上林非侈鶡馬還邛百金獻伎惜哉封禪遺文惆悵

史記卷一百一十七考證

司馬相如列傳名曰雲夢索隱裴駰云孫叔敖激沮水作此澤○臣照按周禮職方荊州其澤藪曰雲夢在孫叔敖前有此澤非激沮水明矣

芷若射干○考要曰此賦三用玄鶴三用射干漢書文選芷若下無射干字師古李善並謂俗本誤增也其上云雜雞孔鸞騰遠射干乃狐類其云藁本射干乃香草不嫌其複也又如赤猿蠷蝚犀象野牛窮奇獌㹶之句漢書文選俱無之不知二書誤脫抑亦後人所增乎

欃檀櫨章正義案溫活人云○臣世駿按活人書名郎本草也溫字疑衍

右以湯谷爲界正義言右者北向天子也○陳子龍曰湯谷日出之區應在齊東而云右恐左字之誤正義所云北向天子亦無據劉奉世漢書刊誤亦云右當爲左

秋田乎青邱傍偟乎海外正義服虔云青邱國在海東三百里郭云青邱山名上有田亦有國出九尾狐在海外○今本山海經注無上有田三字亦有國者海外東經又有青丘國也

葴橙若蓀○焦氏筆乘曰葴橙李善本作葴持葴音針乃馬藍又作寒將即蔣善本蓋誤以將作持也張揖曰葴持鉄故詳具之

故遣中郎將往賓之索隱賈逵云賓伏也○徐孚遠曰賈說非也謂以賓見諸侯之禮接之

其爲禍也不亦難矣○顧炎武曰衍亦字

遯聽者風聲索隱風聲風雅之聲以言聽遠古之事則著在風雅之聲也○麥稚隆曰言風聲見其遠也索隱言風雅之聲謬

導一莖六穗於庖集解徐廣曰導瑞禾也駰案漢書音義曰謂嘉禾之米於庖廚以供祭祀索隱鄭德云導擇也說文嘉禾一名導字林云禾一莖六穗謂之導也○楊愼曰徐楚金云導字諸解惟鄭德得之徐廣瑞禾之說字林亦據此文而傅會之耳

揚雄以爲靡麗之賦勸百風一猶馳騁鄭衛之聲曲終而奏雅不已虧乎○王若虛辨惑曰前漢書全引此語予嘗疑之按遷傳雖不著其死之歲月然云遷旣死後其書稍出宣帝時遷外孫楊惲祖述其書遂宣布焉則其死不過在昭宣之間耳而雄以成帝元延之初始自蜀遊京師年七十一卒於王莽天鳳五年逆而推之宣帝之二十年雄乃始生遷著書時安得雄之言乎是必孟堅所續而後人誤附於史記耳困學紀聞曰江氏案曰雄後於遷甚久遷得引雄辭何哉蓋後人以漢書贊附益之

史記卷一百十八

漢　太　史　令司馬遷　撰
宋中郎外兵曹參軍裴　駰集解
唐國子博士弘文館學士司馬貞索隱
唐諸王侍讀率府長史張守節正義

淮南衡山列傳第五十八

淮南厲王長者高祖少子也其母故趙王張敖美人高祖八年從東垣過趙〔正義〕趙張耳所都今邢州也趙王獻之美人厲王母得幸焉有身趙王敖弗敢內宮爲築外宮而舍之及貫高等謀反柏人事發覺并逮治王盡收捕王母兄弟美人繫之河內厲王母亦繫告吏曰得幸上有身吏以聞上上方怒趙王未理厲王母厲王母弟趙兼因辟陽侯言呂后呂后妒弗肯白辟陽侯不彊爭及厲王母已生厲王恚即自殺吏奉厲王詣上上悔〔正義〕悔不理厲王母令呂后母之而葬厲王母眞定眞定厲王母之家在焉父世縣也〔索隱〕案漢書作母家縣謂父祖代居眞定也高祖十一年十月淮南王黥布反立子長爲淮南王王黥布故地凡四郡〔集解〕徐廣曰九江廬江衡山豫章也上自將兵擊滅布厲王遂即位厲王蚤失母常附呂后孝惠呂后時以故得幸無患害而常心怨辟陽侯弗敢發及孝文帝初即位淮南王自以爲最親驕蹇數不奉法上以親故常寬赦之三年入朝甚橫從上入苑囿獵與上同車常謂上大兄厲王有材力力能扛鼎乃往請辟陽侯辟陽侯出見之即自袖鐵椎椎辟陽侯〔索隱〕漢書作袖金椎椎之案信陵君使朱亥袖四十斤鐵鎚令從者魏敬剄之〔正義〕剄古鼎反剄謂割剄厲王乃馳走闕下肉袒謝曰臣母不當坐趙事其時辟陽侯力能得之呂后弗爭罪一也趙王如意子母無罪呂后殺之辟陽侯弗爭罪二也呂后王諸呂欲以危劉氏辟陽侯弗爭罪三也臣謹爲天下誅賊臣辟陽侯報母之仇謹伏闕下請罪孝文傷其志爲親故弗治赦厲王當是時薄太后及太子諸大臣皆憚厲王厲王以此歸國益驕恣不用漢法出入稱警蹕稱制自爲法令擬於天子六年令男子但等七十人與棘蒲侯柴武太子奇謀以輂車四十乘〔集解〕徐廣曰大車駕馬曰輂音己足反反谷口〔集解〕駰案漢書音義曰谷口在長安北故縣也處冬陰阻〔正義〕括地志云谷口故城在雍州醴泉縣東北四十里漢谷口縣也令人使閩越匈奴事覺治之使使召淮南王淮南王至長安丞相臣張蒼典客臣馮敬行御史大夫事宗正臣逸廷尉臣賀備盜賊中尉臣福昧死言淮南王長廢先帝法不聽天子詔居處無度爲黃屋蓋乘輿出入擬於天子擅爲法令不用漢法及所置吏以其郎中春爲丞相聚收漢諸侯人及有罪亡者匿與居爲治家室賜其財物爵祿田宅爵或至關內侯奉以二千石所不當得欲以有爲〔集解〕如淳曰賜亡畔來者如賜其國二千石不也瓚曰奉以二千石之秩祿大夫但〔集解〕張晏曰大夫姓也上云男子但明其姓大夫也瓚曰官爲大夫名但者也〔索隱〕張晏云大夫姓非也案上文云男子但此云大夫但及士伍開章則知大夫是官也士伍開章〔集解〕如淳曰律有罪失官爵稱士伍者也開章名等七十人與棘蒲侯太子奇謀反〔集解〕徐廣曰棘蒲侯柴武以文帝後元年卒謚剛侯子謀反不得置後國除欲以危宗廟社稷使開章陰告長與謀使閩越及匈奴發其兵開章之淮南見長長數與坐語飲食爲家室娶婦以二千石俸奉之開章使人告但已言之王春使使報但等吏覺知使長安尉奇等往捕開章長匿不予與故中尉蕳忌謀殺以閉口〔索隱〕蕳姓也音姦嚴助傳則作閒忌字音亦同〔正義〕謀殺開章以閉絕謀反之口也爲棺槨衣衾葬之肥陵邑〔正義〕括地志云肥陵故縣在壽州安豐縣東六十里在故六城東北百餘里謾吏曰不知安在〔索隱〕謾音慢謾誣也實葬肥陵謾云不知處肥陵地名在肥水之上又佯聚土樹表其上曰開章死埋此下及長身自賊殺無罪者一人令吏論殺無罪者六人爲命棄市罪詐捕命者以除罪〔集解〕晉灼曰亡命者當棄市而王藏之詐捕不命者而言命以脫命者之罪擅罪人罪人無告劾繫治城旦舂以上十四人赦免罪人死罪十八人城旦舂以下五十八人賜人爵關內侯以下九十四人前日長病陛下憂苦之使使者賜書棗脯長不欲受賜不肯見拜使者南海民處廬江界中者反淮南吏卒擊之陛下以淮南民貧苦遣使者賜長帛五千匹以賜吏卒勞苦者長不欲受賜謾言曰無勞苦者南海民王織上書獻璧皇帝忌擅燔其書不以聞〔集解〕文穎曰忌蕳忌吏請召治忌長不遣謾言曰忌病春又請長願入見長怒曰女欲離我自附漢長當棄市臣請論如法制曰朕不忍致法於王其與列侯二千石議臣蒼臣敬臣逸臣福臣賀昧死言臣謹與列侯吏二千石臣嬰等四十三人議皆曰長不奉法度不聽天子詔乃陰聚徒黨及謀反者厚養亡命欲以有爲臣等議論如法制曰朕不忍致法於王其赦長死罪廢勿王臣蒼等昧死言長有大死罪陛下不忍致法幸赦廢勿王臣請處蜀郡嚴道邛郵〔集解〕徐廣曰嚴道有邛僰九折阪又有郵置駰案張晏曰嚴道蜀郡縣〔索隱〕縣有蠻夷曰道嚴道有邛郵置故曰嚴道邛郵遣其子子母從居〔索隱〕案樂彥云妻媵之有子者從去也縣爲築蓋家室皆廩食給薪菜鹽豉炊食器席蓐臣等昧死請請布告天下制曰計食長給肉日五斤酒二斗令故美人才人得幸者十人從居他可〔索隱〕謂它事可其制也盡誅所與謀者於是乃遣淮南王載以輜車令縣以次傳是時袁盎諫上曰上素驕淮南王弗爲置嚴傅相以故至此且淮南王爲人剛今暴摧折之臣恐卒逢霧露病死陛下爲有殺弟之名柰何上曰吾特苦之耳今復之縣傳淮南王者皆不敢發車封〔集解〕駰案漢書音義曰檻車有檻封也淮南王乃謂侍者曰誰謂乃公勇者〔索隱〕乃汝也汝公淮南王自謂也吾安能勇吾以驕故不聞吾過至此人生一世間安能邑邑如此乃不食死至雍〔正義〕今岐州雍縣也雍令發封以死聞上哭甚悲謂袁盎曰吾不聽公言卒亡淮南王盎曰不可柰何願陛下自寬上曰爲之柰何盎曰獨斬丞相御史以謝天下乃可〔索隱〕案劉氏云袁盎此言亦太過也上即令丞相御史逮考諸縣傳送淮南王不發封餽侍者皆棄市乃以列侯葬淮南王於雍守冢三十戶孝文八年上憐淮南王淮南王有子四人皆七八歲乃封子安爲

皁陵侯子勃爲安陽侯子賜爲周陽侯子良爲東成侯。孝文十二年民有作歌歌淮南厲王曰一尺布尚可縫一斗粟尚可舂兄弟二人不能相容【集解】駰案漢書音義曰尺布斗粟猶尚不棄況於兄弟而更相逐乎瓚曰一尺布尚可縫而共衣一斗粟尚可舂而共食也況以天下之廣而不能相容上聞之乃歎曰堯舜放逐骨肉【正義】帝系云堯黃帝之後舜顓頊之後四凶之內有承黃帝顓頊者而堯舜竄之故放逐骨肉耳四凶者共工三苗伯鯀及驩兜皆堯舜之同姓故云骨肉也周公殺管蔡天下稱聖何者不以私害公天下豈以我爲貪淮南王地邪乃從城陽王王淮南故地【集解】徐廣曰景王章之子而追尊謚淮南王爲厲王【正義】謚法云暴慢無親曰厲置園復如諸侯儀孝文十六年徙淮南王喜復故城陽【索隱】故城陽景王章子也上憐淮南厲王廢法不軌自使失國蚤死乃立其三子皁陵侯安爲淮南王安陽侯勃爲衡山王周陽侯賜爲廬江王皆復得厲王時地參分之東城侯良前薨無後也孝景三年吳楚七國反吳使者至淮南淮南王欲發兵應之其相曰大王必欲發兵應吳臣願爲將王乃屬相兵淮南相已將兵因城守不聽王而爲漢漢亦使曲城侯【集解】徐廣曰曲城侯姓蟲名捷其父名逢高祖功臣將兵救淮南淮南以故得完吳使者至廬江廬江王弗應而往來使越吳使者至衡山衡山王堅守無二心孝景四年吳楚已破衡山王朝上以爲貞信乃勞苦之曰南方卑溼徙衡山王王濟北所以襃之及薨遂賜謚爲貞王廬江王邊越數使使相交故徙爲衡山王王江北淮南王如故淮南王安爲人好讀書鼓琴不喜弋獵狗馬馳騁亦欲以行陰德拊循百姓流譽天下時時怨望厲王死時欲畔逆未有因也及建元二年淮南王入朝素善武安侯武安侯時爲太尉乃逆王霸上與王語曰方今上無太子大王親高皇帝孫【正義】漢書云武帝以安屬爲諸侯行仁義天下莫不聞卽宮車一日晏駕非大王當誰立者淮南王大喜厚遺武安侯金財物陰結賓客【索隱】淮南要略云養士數千高材者八人蘇非李尚左吳田由雷被伍被毛被晉昌號曰八公拊循百姓爲畔逆事建元六年彗星見淮南王心怪之或說王曰先吳軍起時彗星出長數尺然尚流血千里今彗星長竟天天下兵當大起王心以爲上無太子天下有變諸侯並爭愈益治器械攻戰具積金錢賂遺郡國諸侯游士奇材諸辨士爲方畧者妄作妖言諂諛王王喜多賜金錢而謀反滋甚淮南王有女陵慧有口辯王愛陵常多予金錢爲中詗長安【集解】徐廣曰詗伺候采察之名也音空政反安平侯鄂千秋玄孫伯與淮南王女陵通而中絕又遺淮南王書稱臣盡力故棄市【索隱】鄧展曰詗音偵西方人以反間爲偵劉氏及包愷並音丑政反服虔云偵候之也約結上左右元朔三年上賜淮南王几杖不朝淮南王王后荼王愛幸之王后生太子遷遷取王皇太

后外孫修成君女爲妃【集解】應劭曰王太后先適金氏女也王謀爲反具畏太子妃知而內泄事乃與太子謀令詐弗愛三月不同席王乃詳爲怒太子閉太子使與妃同內三月太子終不近妃妃求去王乃上書謝歸去之王后荼太子遷及女陵得愛幸王擅國權侵奪民田宅妄致繫人【集解】徐廣曰一云毆擊元朔五年太子學用劍自以爲人莫及聞郎中靁被巧【索隱】案巧者謂善用劍也乃召與戲被一再辭讓誤中太子【索隱】樂彥云初一讓王至二讓後遂不讓故云一再讓而誤中太子也太子怒被恐此時有欲從軍者輒詣京師被卽願奮擊匈奴太子遷數惡被於王王使郎中令斥免欲以禁後【正義】言屏斥免郎中令官而令後人不敢效也被遂亡至長安上書自明詔下其事廷尉河南【正義】雷被告章下廷尉及河南共治之河南治逮淮南太子【正義】逮謂追赴河南也王王后計欲無遣太子遂發兵反計猶豫十餘日未定會有詔卽訊太子【索隱】案樂彥云卽就淮南案之不逮詣河南也當是時淮南相怒壽春丞留太子逮不遣【集解】如淳曰丞主刑獄囚徒丞順王意不遣太子應逮書劾不敬王以請相相弗聽王使人上書告相事下廷尉治蹤跡連王王使人候伺漢公卿公卿請逮捕治王王恐事發太子遷謀曰漢使卽逮王王令人衣衞士衣持戟居庭中王旁有非是則刺殺之臣亦使人刺殺淮南中尉乃舉兵未晚是時上不許公卿請而遣漢中尉宏卽訊驗王【索隱】案百官表云宏姓殷也王聞漢使來卽如太子謀計漢中尉至王視其顏色和訊王以斥靁被事耳王自度無何【集解】如淳曰無何罪不發中尉還以聞公卿治者曰淮南王安擁閼奮擊匈奴者靁被等廢格明詔當棄市【索隱】崔浩云詔書募擊匈奴而被壅遏應募者漢律所謂廢格案如淳注梁孝王傳云謂被閣不行也音各詔弗許公卿請廢勿王詔弗許公卿請削五縣詔削二縣使中尉宏赦淮南王罪罰以削地中尉入淮南界宣言赦王王初聞漢公卿請誅之未知得削地聞漢使來恐其捕之乃與太子謀刺之如前計及中尉至卽賀王王以故不發其後自傷曰吾行仁義見削甚恥之然淮南王削地之後其爲反謀益甚諸使道從長安來爲妄妖言【索隱】如淳曰道猶言路由長安來姚丞云道或作從言上無男漢不治卽喜卽言漢廷治有男王怒以爲妄言非也王日夜與伍被【集解】駰案漢書曰伍被楚人或言其先伍子胥後左吳等案輿地圖【集解】蘇林云輿猶盡載之意【索隱】志林云輿地圖漢家所畫非出遠也部署兵所從入王曰上無太子宮車卽晏駕廷臣必徵膠東王不卽常山王【集解】徐廣曰皆景帝子也諸侯並爭吾可以無備乎且吾高祖孫親行仁義陛下遇我厚吾能忍之萬世之後吾寧能北面臣事豎子乎王坐東宮召伍被與謀曰將軍上被悵然曰上寬赦大王王復安得此亡國之語乎臣聞子胥諫吳王吳王不用

乃曰臣今見麋鹿游姑蘇之臺也今臣亦見宮中生荊棘露霑衣也王怒繫伍被父母囚之三月復召曰將軍許寡人乎被曰不直來爲大王畫耳臣聞聰者聽於無聲明者見於未形故聖人萬舉萬全昔文王一動而功顯于千世列爲三代此所謂因天心以動作者也故海內不期而隨此千歲之可見者夫百年之秦近世之吳楚亦足以喻國家之存亡矣臣不敢避子胥之誅願大王毋爲吳王之聽昔秦絕先王之道殺術士燔詩書棄禮義尚詐力任刑罰轉負海之粟致之西河當是之時男子疾耕不足於糟糠女子紡績不足於蓋形遣蒙恬築長城東西數千里暴兵露師常數十萬死者不可勝數僵尸千里流血頃畝百姓力竭欲爲亂者十家而五又使徐福入海求神異物還爲僞辭曰臣見海中大神言曰汝西皇之使邪臣答曰然汝何求曰願請延年益壽藥神曰汝秦王之禮薄得觀而不得取卽從臣東南至蓬萊山見芝成宮闕有使者銅色而龍形光上照天於是臣再拜問曰宜何資以獻海神曰以令名男子若振女【集解】徐廣曰西京賦曰振子萬童駰案薛綜曰振子童男女與百工之事卽得之矣秦皇帝大說遣振男女三千人資之五穀種種百工而行徐福得平原廣澤止王不來【正義】括地志云亶州在東海中秦始皇遣徐福將童男女遂止此州其後復有數洲萬家其上人有至會稽市易者闕文於是百姓悲痛相思欲爲亂者十家而六又使尉佗踰五嶺攻百越尉佗知中國勞極止王不來使人上書求女無夫家者三萬人以爲士卒衣補秦皇帝可其萬五千人於是百姓離心瓦解欲爲亂者十家而七客謂高皇帝曰時可矣高皇帝曰待之聖人當起東南間不一年陳勝吳廣發矣高皇始於豐沛一倡天下不期而響應者不可勝數也此所謂蹈瑕候間因秦之亡而動者也百姓願之若旱之望雨故起於行陳之中而立爲天子功高三王德傳無窮今大王見高皇帝得天下之易也獨不觀近世之吳楚乎夫吳王賜號爲劉氏祭酒【集解】應劭曰禮飲酒必祭示有先也故稱祭酒尊也復不朝王四郡之衆地方數千里內鑄消銅以爲錢東煑海水以爲鹽上取江陵木以爲船一船之載當中國數十兩車國富民衆行珠玉金帛賂諸侯宗室大臣獨竇氏不與計定謀成舉兵而西破於大梁敗於狐父【集解】徐廣曰在梁碭之閒奔走而東至於丹徒越人禽之身死絕祀爲天下笑夫以吳越之衆不能成功者何誠逆天道而不知時也方今大王之兵衆不能十分吳楚之一天下安寧有萬倍於吳楚之時願大王從臣之計大王不從臣之計今見大王事必不成而語先泄也臣聞

微子過故國而悲於是作麥秀之歌是痛紂之不用王子比干也故孟子曰紂貴爲天子死曾不若匹夫是紂先自絕於天下久矣非死之日而天下去之今臣亦竊悲大王棄千乘之君必且賜絕命之書爲羣臣先死於東宮也【集解】如淳曰王所居也於是王氣怨結而不揚涕滿匡而橫流卽起歷階而去王有孽子不害最長王弗愛王王后太子皆不以爲子兄數【集解】如淳曰不以爲子兄數不害有子建材高有氣常怨望太子不省其父【集解】服虔曰不省錄著兄弟數中又怨時諸侯皆得分子弟爲侯而淮南獨二子一爲太子建父獨不得爲侯建陰結交欲告敗太子以其父代之太子知之數捕繫而榜笞建建具知太子之謀欲殺漢中尉卽使所善壽春莊芷【索隱】漢書作嚴正以元朔六年上書於天子曰毒藥苦於口利於病忠言逆於耳利於行今淮南王孫建材能高淮南王王后荼荼子太子遷常疾害建建父不害無罪擅數捕繫欲殺之今建在可徵問具知淮南陰事書聞上以其事下廷尉廷尉下河南治是時故辟陽侯孫審卿善丞相公孫弘怨淮南厲王殺其大父乃深購淮南事於弘弘乃疑淮南有畔逆計謀深窮治其獄河南治建辭引淮南太子及黨與淮南王患之欲發問伍被曰漢廷治亂伍被曰天下治王意不說謂伍被曰公何以言天下治也被曰被竊觀朝廷之政君臣之義父子之親夫婦之別長幼之序皆得其理上之舉錯遵古之道風俗紀綱未有所缺也重裝富賈周流天下道無不通故交易之道行南越賓服羌僰入獻東甌入降廣長榆【集解】如淳曰廣謂拓大之也長榆塞名王恢所謂樹榆爲塞開朔方匈奴折翅傷翼失援不振雖未及古太平之時然猶爲治也王怒被謝死罪王又謂被曰山東卽有兵漢必使大將軍將而制山東公以爲大將軍何如人也被曰被所善者黃義從大將軍擊匈奴還告被曰大將軍遇士大夫有禮於士卒有恩衆皆樂爲之用騎上下山若蜚材幹絕人被以爲材能如此數將習兵未易當也及謁者曹梁使長安來言大將軍號令明當敵勇敢常爲士卒先休舍穿井未通須士卒盡得水乃敢飲軍罷卒盡已渡河乃渡皇太后所賜金帛盡以賜軍吏雖古名將弗過也王默然淮南王見建已徵治恐國陰事且覺欲發被又以爲難乃復問被曰公以爲吳興兵是邪非也被曰以爲非也吳王至富貴也舉事不當身死丹徒頭足異處子孫無遺類【集解】徐廣曰一作噍音寂笑反臣聞吳王悔之甚願王孰慮之無爲吳王之所悔王曰男子之所死者一言耳【集解】徐廣曰一本無此言字駰案張晏曰不成則死二計耳瓚曰或有一言之交以死報

之矣且吳何知反【集解】瓚曰言吳王不知舉兵反【索隱】案知猶解也漢將一日過成皋者四十餘人【集解】如淳曰言吳不塞成皋口而令漢將得出之今我令樓緩【集解】駰案漢書直云緩無樓字緩乃六國時人姓此後人所益也李奇曰緩似人姓名韋昭曰淮南臣名先要成皋之口【正義】成皋城在河南氾水縣東南二里周被下潁川兵塞轘轅伊闕之道【正義】轘轅故關在河南緱氏縣南四十里伊闕故闕在河南縣南十九里陳定發南陽兵守武關【正義】故武關在商州商洛縣東九十里春秋時闕文河南太守獨有雒陽耳何足憂然此北尚有臨晉關河東上黨與河內趙國人言曰絕成皋之口天下不通據三川之險【正義】卽成皋關也招山東之兵舉事如此公以爲何如被曰臣見其禍未見其福也王曰左吳趙賢朱驕如皆以爲有福什事九成公獨以爲有禍無福何也被曰大王之羣臣近幸素能使衆者皆前繫詔獄餘無可用者王曰陳勝吳廣無立錐之地千人之聚起於大澤奮臂大呼而天下響應西至於戲而兵百二十萬今吾國雖小然而勝兵者可得十餘萬非直適戍之衆鐖鑿棘矜也【集解】徐廣曰大鐮謂之劃音五哀反或是鐖乎【索隱】劉氏鐖音吾裹反鑿音自各反又鐖鄧音機鐮音廉公何以言有禍無福被曰往者秦爲無道殘賊天下興萬乘之駕作阿房之宮收太半之賦發閭左之戍【正義】閭左邊不役之民秦則役之也父不寧子兄不便弟政苛刑峻天下熬然若焦【索隱】卽消反民皆引領而望傾耳而聽悲號仰天叩心而怨上故陳勝大呼天下響應當今陛下臨制天下一齊海內汎愛蒸庶布德施惠口雖未言聲疾雷霆令雖未出化馳如神心有所懷威動萬里下之應上猶影響也而大將軍材能不特章邯楊熊也大王以陳勝吳廣諭之被以爲過矣王曰苟如公言不可徼幸邪被曰被有愚計王曰奈何被曰當今諸侯無異心百姓無怨氣朔方之郡田地廣水草美民徙者不足以實其地臣之愚計可僞爲丞相御史請書徙郡國豪傑任俠及有耐罪以上【集解】應劭曰輕罪不至於髡完其耏鬢故曰耐古耐字從彡髮膚之意杜林以爲法度之字皆從寸後改如是耐音若能如淳曰律耐爲司寇耐爲鬼薪白粲耐猶任也蘇林曰一歲爲罰作二歲刑已上爲耐耐能任其罪赦令除其罪家產五十萬以上者皆徙其家屬朔方之郡益發甲卒急其會日又僞爲左右都司空上林中都官詔獄逮書以逮諸侯太子幸臣【集解】晉灼曰百官表宗正有左右都司空上林有水司空皆主囚徒官也如此則民怨諸侯懼卽使辯武【集解】徐廣曰淮南人名士曰武隨而說之儻可徼幸什得一乎王曰此可也雖然吾以爲不至若此於是王乃令官奴入宮作皇帝璽丞相御史大將軍軍吏中二千石都官令丞印及旁近郡太守都尉印漢使節法冠【集解】蔡邕曰法冠楚王冠也秦滅楚以其君冠賜御史【索隱】崔浩云一名獬豸冠也欲如伍被計使人僞得罪而西事大將軍丞相一日發兵【集解】如淳曰發淮南兵也【索隱】崔浩曰一日猶一朝卒然無定時也使人卽刺殺大將軍靑而說丞相下之如發蒙耳【集解】如淳曰以物蒙覆其頭而爲發去其人欲之耳韋昭曰如蒙巾發之甚易王欲發國中兵恐其相二千石不聽王乃與伍被謀先殺相二千石僞失火宮中相二千石救火至卽殺之計未決又欲令人衣求盜衣【集解】駰案漢書音義曰卒衣也持羽檄從東方來呼曰南越兵入界欲因以發兵乃使人至廬江會稽爲求盜未發王問伍被曰吾舉兵西鄉諸侯必有應我者卽無應奈何被曰南收衡山以擊廬江有尋陽之船守下雉之城【集解】徐廣曰在江夏駰案蘇林曰下雉縣名【索隱】雉音全兩反縣名在江南結九江之浦絕豫章之口【正義】卽彭蠡湖口北流出大江者彊弩臨江而守以禁南郡之下東收江都會稽【正義】江都揚州也會稽蘇州也南通勁越屈彊江淮間猶可得延歲月之壽王曰善無以易此急則走越耳於是廷尉以王孫建辭連淮南王太子遷聞上遣廷尉監因拜淮南中尉逮捕太子至淮南淮南王聞與太子謀召相二千石欲殺而發兵召相相至內史以出爲解中尉曰臣受詔使不得見王王念獨殺相而內史中尉不來無益也卽罷相王猶豫計未決太子念所坐者謀刺漢中尉所與謀者已死以爲口絕乃謂王曰羣臣可用者皆前繫今無足與舉事者王以非時發恐無功臣願會逮王亦偸欲休【集解】徐廣曰偸苟且也卽許太子太子卽自剄不殊【集解】晉灼曰不殊不死伍被自詣吏因告與淮南王謀反反蹤跡具如此吏因捕太子王后圍王宮盡求捕王所與謀反賓客在國中者索得反具以聞上下公卿治所連引與淮南王謀反列侯二千石豪傑數千人皆以罪輕重受誅衡山王賜淮南王弟也當坐收有司請逮捕衡山王天子曰諸侯各以其國爲本不當相坐與諸侯王列侯會肄丞相諸侯議【集解】徐廣曰詣都座就丞相共議也【索隱】案肄習也音異趙王彭祖列侯臣讓等四十三人議皆曰淮南王安甚大逆無道謀反明白當伏誅膠西王臣端議曰淮南王安廢法行邪懷詐僞心以亂天下熒惑百姓倍畔宗廟妄作妖言春秋曰臣無將將而誅安罪重於將謀反形已定臣端所見其書節印圖及他逆無道事驗明白甚大逆無道當伏其法而論國吏二百石以上及比者【集解】徐廣曰比吏而非眞宗室近幸臣不在法中者不能相教當皆免削爵爲士伍毋得宦爲吏其非吏他贖死金二斤八兩【集解】蘇林曰非吏故曰他以章臣安之罪使天下明知臣子之道毋敢復有邪僻倍畔之意丞相弘廷尉湯等以聞天子使宗正以符節治王未至淮南王安自剄殺【集解】徐廣曰卽位凡四十二年元狩元年十月死王后荼太子遷諸所與謀反者皆族天子以伍被雅辭多引漢之美欲勿誅廷尉湯曰被首爲王畫反謀被罪無赦遂誅被國除爲九江郡【集解】徐廣曰又爲六安國以陳縣爲都

衡山王賜王后乘舒【正義】衡山王后名也生子三人長男爽爲太子次男孝次女無采又姬徐來生子男女四人美人厥姬生子二人衡山王淮南王兄弟相責望禮節間不相能衡山王聞淮南王作爲畔逆反具亦心結賓客以應之恐爲所并元光六年衡山王入朝其謁者衞慶有方術欲上書事天子王怒故劾慶死罪彊榜服之衡山內史以爲非是卻其獄王使人上書告內史內史治言王不直王又數侵奪人田壞人冢以爲田有司請逮治衡山王天子不許爲置吏二百石以上【集解】如淳曰漢儀注吏四百石已下自調除國中今王惡天子皆爲置之衡山王以此恚與奚慈張廣昌謀求能爲兵法候星氣者日夜從容王密謀反事【集解】徐廣曰客豫作計校王后乘舒死立徐來爲王后厥姬俱幸兩人相妒厥姬乃惡王后徐來於太子曰徐來使婢蠱道殺太子母太子心怨徐來徐來兄至衡山太子與飮以刃刺傷王后兄王后怨怒數毀惡太子於王太子女弟無采嫁棄歸與奴姦又與客姦太子數讓無采無采怒不與太子通王后聞之卽善遇無采無采及中兄孝少失母附王后王后以計愛之與共毀太子王以故數擊笞太子元朔四年中人有賊傷王后假母者【集解】駰案漢書音義曰傳母屬王疑太子使人傷之笞太子後王病太子時稱病不侍孝王后無采惡太子太子實不病自言病有喜色王大怒欲廢太子立其弟孝王后知王決廢太子又欲并廢孝王后有侍者善舞王幸之王后欲令侍者與孝亂以汙之欲并廢兄弟而立其子廣代太子太子爽知之念后數惡己無已時欲與亂以止其口王后飮太子前爲壽因據王后股求與王后卧王后怒以告王王乃召欲縛而笞之太子知王常欲廢己立其弟孝乃謂王曰孝與王御者姦無采與奴姦王彊食請上書卽倍王去王使人止之莫能禁乃自駕追捕太子太子妄惡言王械繫太子宮中孝日益親幸王奇孝材能乃佩之王印號曰將軍令居外宅多給金錢招致賓客賓客來者微知淮南衡山有逆計日夜從容勸之王乃使孝客江都人救赫陳喜作輣車鏃矢【集解】徐廣曰輣車戰車也音扶萌反【索隱】救漢書作枚劉向別錄云易家有救民之法也刻天子璽將相軍吏印王日夜求壯士如周丘等數稱引吳楚反時計畫以約束衡山王非敢效淮南王求卽天子位畏淮南起并其國以爲淮南已西發兵定江淮之間而有之望如是元朔五年秋衡山王當朝六年過淮南淮南王乃昆弟語除前卻約束反具衡山王卽上書謝病上賜書不朝元朔六年中衡山使人上書請廢太子爽立孝爲太子爽聞卽使所善白嬴之長安上書【索隱】嬴音盈人姓名也言孝作輣車鏃矢與王御者姦欲以敗孝白嬴至長安未及上書吏捕嬴以淮南事繫王聞爽使白嬴上書恐言國陰事卽上書反告太子爽所爲不道棄市罪事事下沛郡治元朔七年冬有司公卿下沛郡求捕所與淮南謀反者未得得陳喜於衡山王子孝家吏劾孝首匿喜孝以爲陳喜雅數與王計謀反恐其發之聞律先自告除其罪又疑太子使白嬴上書發其事卽先自告告所與謀反者救赫陳喜等廷尉治驗公卿請逮捕衡山王治之天子曰勿捕遣中尉安【索隱】按漢書表司馬安也大行息【索隱】案漢書表李息卽問王王具以情實對吏皆圍王宮而守之中尉大行還以聞公卿請遣宗正大行與沛郡雜治王王聞卽自剄殺孝先自告反除其罪坐與王御婢姦棄市王后徐來亦坐蠱殺前王后乘舒及太子爽坐告王不孝皆棄市諸與衡山王謀反者皆族國除爲衡山郡

太史公曰詩之所謂戎狄是膺荊舒是懲信哉是言也淮南衡山親爲骨肉疆土千里列爲諸侯不務遵蕃臣職以承輔天子而專挾邪僻之計謀爲畔逆仍父子再亡國各不終其身爲天下笑此非獨王過也亦其俗薄臣下漸靡使然也夫荊楚僄勇輕悍好作亂乃自古記之矣

【索隱】述贊曰淮南多橫舉事非正天子寬仁其過不更輣車致禍斗粟成詠王安好學女陵作詗兄弟不和傾國殞命

史記卷一百一十八考證

淮南衡山列傳廷尉臣賀○臣照按漢百官公卿表張釋之以孝文三年爲廷尉終文帝世不遷此廷尉賀不知何人疑有訛字

一尺布尚可縫一斗粟尚可舂兄弟二人不能相容○容齋續筆曰高誘作鴻烈解叙及許叔重注文其辭乃云一尺繒好童童一升粟飽蓬蓬兄弟二人不能相容

漢亦使曲城侯集解徐廣曰曲城侯姓蟲名捷○功臣表蟲作蠱

王使郎中令斥免正義言屏斥免郎中令官而令後人不敢郊也○余有丁曰郎中令郎中之長斥免靁被也

以令名男子若振女集解徐廣曰西京賦曰振子萬童

○振西京賦作倀

尉佗知中國勞極止王不來○陳沂曰按任囂死後趙佗始自爲王今乃言尉佗先王陳勝乃反被一時對辭不究其實耳

臣聞微子過故國而悲於是作麥秀之歌○呂氏春秋及宋世家皆以爲箕子

今我令樓緩先要成皐之口集解漢書直云緩無樓字樓緩乃六國時人疑此後人所益也李奇曰緩似人姓名韋昭曰淮南臣名○徐孚遠曰周被陳定皆著姓名緩不得獨去姓樓緩當是與古人姓名同也

陳定發南陽兵守武關正義故武關在商州商洛縣東九十里春秋時關文○關文疑秦地二字之誤

產五十萬以上者○一本產上有家字

王安自到殺集解徐廣曰卽位凡四十二年元狩元年十月死○臣照按年表安在位四十三年元狩元年自殺徐廣殆以夏正十月當屬元朔六年故只作四十二年乎否則二字狩字誤

信哉是也○一本作信哉是言也

史記卷一百十九

漢　太　史　令司馬遷　撰

宋　中　郎　外　兵　曹　參　軍　裴　駰集解

唐國子博士弘文館學士司馬貞索隱

唐　諸　王　侍　讀　率　府　長　史張守節正義

循吏列傳第五十九【索隱】謂奉法循理之吏也

太史公曰法令所以導民也刑罰所以禁姦也文武不備良民懼然身修者官未曾亂也奉職循理亦可以爲治何必威嚴哉

孫叔敖者【正義】說苑云孫叔敖爲令尹一國吏民皆來賀有一老父衣麤衣冠白冠後來弔曰有身貴而驕人者民亡之位己高而擅權者君惡之祿己厚而不知足者患處之叔敖再拜敬受命願聞餘教父曰位己高而意益下官益大而心益小祿己厚而愼不取君謹守此三者足以治楚楚之處士也虞丘相進之於楚莊王以自代也三月爲楚相施教導民上下和合世俗盛美政緩禁止吏無姦邪盜賊不起秋冬則勸民山採春夏以水【集解】徐廣曰乘多水時而出材竹各得其所便民皆樂其生莊王以爲幣輕更小以爲大百姓不便皆去其業市令言之相曰市亂民莫安其處次行不定相曰如此幾何頃乎市令曰三月頃相曰罷吾今令之復矣後五日朝相言之王曰前日更幣以爲輕今市令來言曰市亂民莫安其處次行之不定臣請遂令復如故王許之下令三日而市復如故楚民俗好庳車【索隱】庳下也音婢王以爲庳車不便馬欲下令使高之相曰令數下民不知所從不可王必欲高車臣請教閭里使高其梱【索隱】梱門限也音口本反乘車者皆君子君子不能數下車王許之居半歲民悉自高其車此不教而民從其化近者視而效之遠者四面望而法之故三得相而不喜知其材自得之也三去相而不悔知非己之罪也【集解】駰案皇覽曰孫叔敖冢在南郡江陵故城中白土里民傳孫叔敖曰葬我廬江陂後當爲萬戶邑去故楚都郢城北二十里所或曰孫叔敖激沮水作雲夢大澤之池也

子產者鄭之列大夫也【索隱】按有管晏列傳共國僑羊舌肹等亦古之賢大夫合著在管晏之下不宜散入循吏之篇鄭昭君之時以所愛徐贄爲相【索隱】按鄭系家云子產鄭成公之少子事簡公定公封以六邑子產不事昭君亦無徐贄作相之事抑別有所出太史記異耳國亂上下不親父子不和大宮子期言之君以子產爲相【索隱】子期亦鄭之公子也左傳國語亦無其說按系家鄭相子西子駟之子與子產同時蓋亦子期之兄弟也爲相一年豎子不戲狎斑白不提挈僮子不犂畔二年市不豫賈【索隱】賈音價謂臨時評其貴賤不豫定賈三年門不夜關【集解】徐廣曰一作閉道不拾遺四年田器不歸五年士無尺籍【正義】言士民無一尺方板之籍書什伍什伍相保也喪期不令而治治鄭二十六年而死丁壯號哭老人兒啼曰子產去我死乎民將安歸【集解】駰案皇覽曰子產冢在河南新鄭城外大冢是也【索隱】按左傳及系家云子產死孔子泣曰子產古之遺愛也又韓詩稱子產卒鄭人耕者輟耒婦人捐其珮玦也

公儀休者魯博士也以高弟爲魯相奉法循理無所變更百官自正使食祿者不得與下民爭利受大者不得取小客有遺相魚者相不受客曰聞君嗜魚遺君魚何故不受也相曰以嗜魚故不受也今爲相能自給魚今受魚而免誰復給我魚者吾故不受也食茹而美拔其園葵而棄之見其家織布好而疾出其家婦燔其機云欲令農士工女安所讎其貨乎

石奢者楚昭王相也堅直廉正無所阿避行縣道有殺人者相追之乃其父也縱其父而還自繫焉使人言之王曰殺人者臣之父也夫以父立政不孝也廢法縱罪非忠也臣罪當死王曰追而不及不當伏罪子其治事矣石奢曰不私其父非孝子也不奉主法非忠臣也王赦其罪上惠也伏誅而死臣職也遂不受令自刎而死

李離者晉文公之理也【正義】理獄官也過聽殺人自拘當死文公曰官有貴賤罰有輕重下吏有過非子之罪也李離曰臣居官爲長不與吏讓位受祿爲多不與下分利今過聽殺人傳其罪下吏非所聞也辭不受令文公曰子則自以爲有罪寡人亦有罪邪李離曰理有法失刑則刑失死則死公以臣能聽微決疑【索隱】言能聽察微理以決疑獄故周禮司寇以五聽察獄詞氣色耳目也又尚書曰服念五六日至于旬時是也故使爲理今過聽殺人罪當死遂不受令伏劍而死

太史公曰孫叔敖出一言郢市復子產病死鄭民號哭公儀子見好布而家婦逐石奢縱父而死楚昭名立李離過殺而伏劍晉文以正國法

【索隱】述贊曰奉職循理爲政之先恤人體國良吏述焉叔孫鄭產自昔稱賢拔葵一利赦父非愆李離伏劍爲法而然

史記卷一百一十九考證

循吏列傳虞丘相進之於楚莊王以自代也○呂氏春秋進孫叔敖者沈尹莖

客曰聞君嗜魚遺君魚何故不受也○韓詩外傳作其弟諫曰

石奢者楚昭王相也○呂氏春秋作石渚

失刑則刑失死則死○韓詩外傳曰法失則刑刑失則死

史記卷一百二十

漢　太　史　令司馬遷　撰

宋　中　郎　外　兵　曹　參　軍　裴　駰集解

唐國子博士弘文館學士司馬貞索隱

唐　諸　王　侍　讀　率　府　長　史張守節正義

汲鄭列傳第六十

汲黯字長孺濮陽人也其先有寵於古之衞君【集解】文穎曰六國時衞但稱君至黯七世世爲卿大夫黯以父任孝景時爲太子洗馬以莊見憚【索隱】莊者嚴也謂嚴威也自漢明帝諱莊故已後莊皆云嚴孝景帝崩太子卽位黯爲謁者東越相攻上使黯往視之不至至吳而還報曰越人相攻固其俗然不足以辱天子之使河南失火延燒千餘家上使黯往視之還報曰家人失火屋比延燒【索隱】比音鼻不足憂也臣過河南河南貧人傷水旱萬餘家或父子相食臣謹以便宜持節發河南倉粟以振貧民臣請歸節伏矯制之罪上賢而釋之遷爲滎陽令黯恥爲令病歸田里上聞乃召拜爲中大夫以數切諫不得久留內遷爲東海太守黯學黃老之言治官理民好清靜擇丞史而任之【集解】如淳曰律太守都尉諸侯內史史各一人卒史書佐各十人今擇丞史或以爲擇郡丞及史使任之鄭當時爲大農推官屬丞史亦是也其治責大指而已不苛小黯多病臥閨閤內不出歲餘東海大治稱之上聞召以爲主爵都尉列於九卿治務在無爲而已弘大體不拘文法黯爲人性倨少禮面折不能容人之過合己者善待之不合己者不能忍見士亦以此不附焉然好學游俠任氣節內行脩絜好直諫數犯主之顏色常慕傅柏袁盎之爲人也【集解】應劭曰傅柏梁人爲孝王將素伉直【索隱】傅音付人姓柏名善灌夫鄭當時及宗正劉棄【集解】徐廣曰一云名棄疾【索隱】漢書見名棄疾亦以數直諫不得久居位當是時太后弟武安侯蚡爲丞相中二千石來拜謁蚡不爲禮然黯見蚡未嘗拜常揖之天子方招文學儒者上曰吾欲云云【集解】張晏曰所言欲施仁義也黯對曰陛下內多欲而外施仁義奈何欲效唐虞之治乎上默然怒變色而罷朝公卿皆爲黯懼上退謂左右曰甚矣汲黯之戇也【索隱】戇愚也音陟降反羣臣或數黯黯曰天子置公卿輔弼之臣寧令從諛承意陷主於不義乎且已在其位縱愛身奈辱朝廷何黯多病病且滿三月上常賜告者數【集解】如淳曰杜欽所謂病滿賜告詔恩也數者非一也或曰賜告得去官歸家與告居官不視事【索隱】數音所角反終不愈最後病莊助爲請告【集解】徐廣曰最一作其也上曰汲黯何如人哉助曰使黯任職居官無以踰人【索隱】踰音庾案漢書作瘉瘉猶勝也然至其輔少主守城深堅招之不來麾之不去雖自謂賁育亦不能奪之矣上曰然古有社稷之臣至如黯近之矣大將軍青侍中上踞廁而視之【集解】如淳曰廁音側謂牀邊踞牀視之一云溷廁也廁牀邊側丞相弘燕見上或時不冠至如黯見上不冠不見也上嘗坐武帳中【集解】應劭曰武帳織成爲武士象也孟康曰今御武帳置兵闌五兵於帳中韋昭曰以武名之示威黯前奏事上不冠望見黯避帳中使人可其奏其見敬禮如此張湯方以更定律令爲廷尉黯數質責湯於上前曰公爲正卿上不能褒先帝之功業下不能抑天下之邪心安國富民使囹圄空虛二者無一焉非苦就行放析就功何乃取高皇帝約束紛更之爲【集解】如淳曰紛亂也公以此無種矣黯時與湯論議湯辯常在文深小苛黯伉厲守高不能屈忿發罵曰天下謂刀筆吏不可以爲公卿果然必湯也令天下重足而立側目而視矣是時漢方征匈奴招懷四夷黯務少事承上閒常言與胡和親無起兵上方向儒術尊公孫弘及事益多吏民巧弄【索隱】音路洞反上分別文法湯等數奏決讞以幸【索隱】讞音魚列反而黯常毀儒面觸弘等徒懷詐飾智以阿人主取容而刀筆吏專深文巧詆【索隱】詆音丁禮反陷人於罪使不得反其眞以勝爲功上愈益貴弘湯弘湯深心疾黯唯天子亦不說也欲誅之以事弘爲丞相乃言上曰右內史界部中多貴人宗室難治非素重臣不能任請徙黯爲右內史爲右內史數歲官事不廢大將軍青既益尊姊爲皇后

然黯與亢禮人或說黯曰自天子欲羣臣下大將軍大將軍尊重益貴君不可以不拜黯曰夫以大將軍有揖客反不重邪大將軍聞愈賢黯數請問國家朝廷所疑遇黯過於平生淮南王謀反憚黯曰好直諫守節死義難惑以非至如說丞相弘如發蒙振落耳天子既數征匈奴有功黯之言益不用始黯列爲九卿而公孫弘張湯爲小吏及弘湯稍益貴與黯同位黯又非毀弘湯等已而弘至丞相封爲侯湯至御史大夫故黯時丞相史皆與黯同列或尊用過之黯褊心不能無少望見上前言曰陛下用羣臣如積薪耳後來者居上上默然有閒黯罷上曰人果不可以無學觀黯之言也日益甚居無何匈奴渾邪王率衆來降漢發車二萬乘縣官無錢從民貰馬【索隱】貰音時夜反貰賒也鄒氏音勢民或匿馬馬不具上怒欲斬長安令黯曰長安令無罪獨斬黯民乃肯出馬且匈奴畔其主而降漢漢徐以縣次傳之何至令天下騷動罷弊中國而以事夷狄之人乎上默然及渾邪至賈人與市者坐當死者五百餘人黯請閒見高門【集解】如淳曰按三輔黃圖云未央宮中有高門殿曰夫匈奴攻當路塞絕和親中國興兵誅之死傷者不可勝計而費以巨萬百數臣愚以爲陛下得胡人皆以爲奴婢以賜從軍死事者家所鹵獲因予之以謝天下之苦塞百姓之心今縱不能渾邪率數萬之衆來降虛府庫賞賜發良民侍養譬若奉驕子愚民安知市買長安中物而文吏繩以爲闌出財物于邊關乎【集解】應劭曰闌妄也律胡市吏民不得持兵器出關雖於京師市買其法一也瓚曰無符傳出入爲闌陛下縱不能得匈奴之資以謝天下又以微文殺無知者五百餘人是所謂庇其葉而傷其枝者也臣竊爲陛下不取也上默然不許曰吾久不聞汲黯之言今又復妄發矣後數月黯坐小法會赦免官於是黯隱於田園居數年會更五銖錢【集解】徐廣曰元狩五年行五銖錢民多盜鑄錢楚地尤甚上以爲淮陽楚地之郊乃召拜黯爲淮陽太守黯伏謝不受印詔數彊予然後奉詔詔召見黯黯爲上泣曰臣自以爲塡溝壑不復見陛下不意陛下復收用之臣常有狗馬病力不能任郡事臣願爲中郎出入禁闥補過拾遺臣之願也上曰君薄淮陽邪吾今召君矣【索隱】今猶卽今也謂今日後卽召君顧淮陽吏民不相得吾徒得君之重臥而治之黯既辭行過大行李息曰黯棄居郡不得與朝廷議也然御史大夫張湯智足以拒諫詐足以飾非務巧佞之語辯數之辭非肯正爲天下言專阿主意主意所不欲因而毀之主意所欲因而譽之好興事舞文法【集解】如淳曰舞猶弄也內懷詐以御主心外挾賊吏以爲威重公列九卿不早言之公與之俱受其僇矣息畏湯終不敢言黯居郡如故治淮陽政清後張湯果敗上聞黯與息言抵息罪令黯以諸侯相秩居淮陽【集解】如淳曰諸侯王相在郡守上秩眞二千石律眞二千石奉月二萬二千石月萬六千七歲而卒【集解】徐廣曰元鼎五年卒後上以黯故官其弟汲仁至九卿子汲偃至諸侯相黯姑姊子司馬安亦少與黯爲太子洗馬安文深巧善宦官四至九卿以河南太守卒昆弟以安故同時至二千石者十人濮陽假宏【索隱】案漢書作段宏始事蓋侯信【集解】徐廣曰太后兄王信信任宏宏亦再至九卿然衞人仕者皆嚴憚汲黯出其下

鄭當時者字莊陳人也其先鄭君【集解】駰案漢書音義曰當時父嘗爲項籍將籍死已而屬漢高祖令諸故項籍臣名籍鄭君獨不奉詔詔盡拜名籍者爲大夫而逐鄭君鄭君死孝文時鄭莊以任俠自喜脫張羽於戹【集解】服虔曰梁孝王之將楚相之弟聲聞梁楚之閒孝景時爲太子舍人每五日洗沐常置驛馬長安諸郊【集解】如淳曰交道四通處也請賓客便瓚曰諸郊謂長安四面郊祀之處閒靜可以請賓客【索隱】置卽驛馬謂於置著馬也存諸故人請謝賓客夜以繼日至其明旦常恐不徧莊好黃老之言其慕長者如恐不見年少官薄然其游知交皆其大父行天下有名之士也武帝立莊稍遷爲魯中尉濟南太守江都相至九卿爲右內史以武安侯魏其時議貶秩爲詹事遷爲大農令莊爲太史誡門下客至無貴賤無留門者執賓主之禮以其貴下人莊廉又不治其產業仰奉賜以給諸公然其餽遺人不過算器食【集解】徐廣曰算音先管反竹器【索隱】算謂竹器以言無銅漆也漢書作具器食每朝候上之閒說未嘗不言天下之長者其推轂士及官屬丞史誠有味其言之也常引以爲賢於已未嘗名吏與官屬言若恐傷之聞人之善言進之上唯恐後山東士諸公以此翕然稱鄭莊鄭莊使視決河自請治行五日【集解】如淳曰治行謂莊嚴也上曰吾聞鄭莊行千里不齎糧請治行者何也然鄭莊在朝常趨和承意不敢甚引當否及晚節漢征匈奴招四夷天下費多財用益匱莊任人賓客爲大農僦人【集解】徐廣曰一作入一云賓客爲大農僦人僦人蓋與生財利如今方宜矣駰案晉灼曰當時爲大農而任使其賓客辜較任僦也瓚曰任人謂保任見辜者【索隱】僦音卽就反辜較音姑角謂當時作大農任賓客僦人取庸直也或者貰貸物以應官取庸故下云多逋負也辜較字亦作酤榷榷者獨也言國家獨榷酤也此云辜較亦謂令賓客任人專其利故云辜較也多逋負司馬安爲淮陽太守發其事莊以此陷罪贖爲庶人頃之守長史【集解】如淳曰丞相長史也上以爲老以莊爲汝南太守數歲以官卒鄭莊汲黯始列爲九卿廉內行脩絜此兩人中廢家貧賓客益落【索隱】落猶零落散落也及居郡卒後家無餘貲財莊兄弟子孫以莊故至二千石六七人焉

太史公曰夫以汲黯之賢有勢則賓客十倍無勢則否況衆人乎下邽翟公有言【集解】徐廣曰邽一作邳【索隱】邽音圭縣名屬京兆始翟公爲廷尉賓客闐門及廢門外可設雀羅翟公復爲廷尉賓客欲往翟公乃大署其門曰一死一生乃知交情一貧一富乃知交態一貴一賤交情乃見汲鄭亦云悲夫

【索隱】述贊曰河南矯制自古稱賢淮南臥理天子伏焉積薪興歎伉直愈堅鄭莊推士天下翕然交道勢利翟公愴旃

史記卷一百二十考證

汲鄭列傳愚民安知○顧炎武曰愚民安知爲一句

其先鄭君集解漢書音義曰當時父○徐孚遠曰景帝時莊猶年少鄭君非莊父明矣或其祖也

史記卷一百二十一

漢　太　史　令司馬遷　撰

宋　中　郎　外　兵　曹　參　軍裴　駰集解

唐　國　子　博　士　弘　文　館　學　士司馬貞索隱

唐　諸　王　侍　讀　率　府　長　史張守節正義

儒林列傳第六十一

【正義】姚承云儒謂博士爲儒雅之林綜理古文宣明舊藝咸勸儒者以成王化者也

太史公曰余讀功令【索隱】案謂學者課功著之於令卽今之學令是也至於廣厲學官之路未嘗不廢書而歎也曰嗟乎夫周室衰而關雎作幽厲微而禮樂壞諸侯恣行政由彊國故孔子閔王路廢而邪道興於是論次詩書修起禮樂適齊聞韶三月不知肉味自衞返魯然後樂正雅頌各得其所【正義】鄭玄云魯哀公十一年是時道衰樂廢孔子還修正之故雅頌各得其所也世以混濁莫能用是以仲尼干七十餘君無所遇【索隱】後之記者失辭也案家語等說則孔子歷聘諸國莫能用謂周鄭齊宋曹衞陳楚杞莒匡等爾縱歷小國亦無七十餘君也曰苟有用我者期月而已矣西狩獲麟曰吾道窮矣故因史記作春秋以寓王法其辭微而指博後世學者多錄焉【集解】徐廣曰錄一作繆自孔子卒後七十子之徒散游諸侯大者爲師傅卿相【索隱】案子夏爲魏文侯師子貢爲齊魯聘吳越蓋亦卿也而宰予亦仕齊爲卿餘則未聞小者友教士大夫或隱而不見故子路居衞【集解】駰案仲尼弟子列傳子路死於衞時孔子尚存也子張居陳【正義】今陳州澹臺子羽居楚【正義】今蘇州城南五里有澹臺湖湖北有澹臺子夏居西河【正義】今汾州子貢終於齊【正義】今青州如田子方段干木吳起禽滑釐之屬皆受業於子夏之倫爲王者師是時獨魏文侯好學後陵遲以至于始皇天下並爭於戰國儒術既絀焉然齊魯之閒學者獨不廢也於威宣之際孟子荀卿之列咸遵夫子之業而潤色之以學顯於當世及至秦之季世焚詩書阬術士【正義】顏云今新豐縣溫湯之處號愍儒鄉溫湯西南三里有馬谷谷之西岸有阬古相傳以秦阬儒處也衞宏詔定古文尚書序云秦既焚書恐天下不從所改更法而諸生到者拜爲郎前後七百人乃密種瓜於驪山陵谷中溫處瓜實成詔博士諸生說之人言不同乃令就視爲伏機諸生賢儒皆至焉方相難不決因發機從上塡之以土皆壓終乃無聲也六藝從此缺焉陳涉之王也而魯諸儒持孔氏之禮器往歸陳王於是孔甲爲陳涉博士【集解】徐廣曰孔子八世孫名鮒字甲也卒與涉俱死陳涉起匹夫驅瓦合適戍【索隱】適音丁革反旬月以王楚不滿半歲竟滅亡其事至微淺然而縉紳先生之徒負孔子禮器往委質爲臣者何也以秦焚其業積怨而發憤于陳王也及高皇帝誅項籍舉兵圍魯魯中諸儒尚講誦習禮樂弦歌之音不絕豈非聖人之遺化好禮樂之國哉故孔子在陳曰歸與歸與吾黨之小子狂簡斐然成章不知所以裁之夫齊魯之閒於文學自古以來其天性也故漢興然後諸儒始得修其經藝講習大射鄉飲之禮叔孫通作漢禮儀因爲太常諸生弟子共定者咸爲選首於是喟然歎興於學然尚有干戈平定四海【正義】顏云陳豨盧綰韓信黥布之徒相次反叛征討也亦未暇遑庠序之事也孝惠呂后時公卿皆武力有功之臣孝文時頗徵用【正義】言孝文稍用文學之士居位然孝文帝本好刑名之言及至孝景不任儒者而竇太后又好黃老之術故諸博士具官待問未有進者及今上卽位趙綰王臧之屬明儒學而上亦鄉之於是招方正賢良文學之士自是之後言詩於魯則申培公【集解】徐廣曰一作陪韋昭曰培申公名音扶尤反【索隱】鄒氏音普來反於齊則轅固生【正義】中轅姓固名公生其處號也於燕則韓太傅【索隱】韓嬰也爲常山王太傅言尚書自濟南伏生【索隱】按張華云名勝紀年云字子賤言禮自魯高堂生【索隱】謝承云秦氏季代有魯人高堂伯則伯是其字云生者自漢已來儒者皆號生亦先生省字呼之耳言易自菑川田生言春秋於齊魯自胡母生【索隱】母音無胡母姓也字子都於趙自董仲舒及竇太后崩武安侯田蚡爲丞相絀黃老刑名百家之言延文學儒者數百人而公孫弘以春秋白衣爲天子三公【集解】徐廣曰一云自齊爲天子三公封以平津侯天下之學士靡然鄉風矣公孫弘爲學官悼道之鬱滯乃請曰丞相御史言【正義】自此已下皆弘奏請之辭制曰蓋聞導民以禮風之以樂婚姻者居室之大倫也今禮廢樂崩朕甚愍焉故詳延天下

方正博聞之士咸登諸朝其令禮官勸學講議洽聞興禮以為天下先太常議與博士弟子崇鄉里之化以廣賢材焉謹與太常臧【集解】駰案漢書百官表孔臧也博士平等議曰聞三代之道鄉里有教夏曰校【正義】校教也可教道藝也殷曰序【正義】序舒也言舒禮教周曰庠【正義】庠詳也言詳審經典其勸善也顯之朝廷其懲惡也加之刑罰故教化之行也建首善自京師始由內及外今陛下昭至德開大明配天地本人倫勸學修禮崇化厲賢以風四方太平之原也古者政教未洽不備其禮請因舊官而興焉為博士官置弟子五十人復其身太常擇民年十八已上儀狀端正者補博士弟子郡國縣道邑有好文學敬長上肅政教順鄉里出入不悖所聞者令相長丞上屬所二千石【索隱】上音時兩反屬音燭屬委也所二千石謂於所部之郡守相也二千石謹察可者當與計偕【索隱】計計吏也偕俱也謂令與計吏俱詣太常也詣太常得受業如弟子一歲皆輒試能通一藝以上補文學掌故缺其高第可以為郎中者太常籍奏即有秀才異等輒以名聞其不事學若下材及不能通一藝輒罷之而請諸不稱者罰臣謹案詔書律令下者明天人分際通古今之義文章爾雅訓辭深厚【索隱】謂詔書文章雅正訓辭深厚也恩施甚美小吏淺聞不能究宣無以明布諭下治禮次治掌故【集解】徐廣曰一云次治禮學掌故以文學禮義為官遷留滯請選擇其秩比二百石以上及吏百石通一藝以上補左右內史【正義】案左右內史後改為左馮翊右扶風大行卒史比百石已下補郡太守卒史皆各二人邊郡一人先用誦多者若不足乃擇掌故補中二千石屬文學掌故補郡屬【索隱】如淳云漢儀弟子射策甲科百人補郎中乙科二百人補太子舍人皆秩比二百石次郡國文學秩百石也備員請著功令佗如律令制曰可自此以來則公卿大夫士吏斌斌多文學之士矣

申公者魯人也高祖過魯申公以弟子從師入見高祖于魯南宮【索隱】案漢書云申公少與楚元王俱事齊人浮丘伯受詩【正義】括地志泮宮在兗州曲阜縣西南二百里魯城內宮之內鄭云泮之言半也其制半於天子之璧雍呂太后時申公游學長安與劉郢同師【索隱】案漢書云呂太后時浮丘伯在長安申公與元王子郢俱卒學也郢即郢客已而郢為楚王令申公傅其太子戊【集解】徐廣曰楚元王劉交以文帝元年薨子夷王郢立四歲薨子戊立郢以呂后二年封上邳侯文帝元年立為楚王戊不好學疾申公及王郢卒戊立為楚王胥靡申公【集解】徐廣曰腐刑申公恥之歸魯退居家教終身不出門復謝絕賓客獨王命召之乃往【集解】徐廣曰魯恭王也弟子自遠方至受業者百餘人申公獨以詩經為訓以教無傳疑疑者則闕不傳【索隱】謂申公不作詩傳但教授有疑則闕耳蘭陵王臧既受詩以事孝景帝為太子少傅免去今上初即位臧乃上書宿衛上累遷一歲中為郎中令及代趙綰亦嘗受詩申公綰為御史大夫綰臧請天子欲立明堂以朝諸侯不能就其事乃言師申公於是天子使使束帛加璧安車駟馬迎申公弟子二人乘軺傳從【集解】徐廣曰馬車至見天子天子問治亂之事申公時已八十餘老對曰為治者不在多言顧力行何如耳是時天子方好文詞見申公對默然然已招致則以為太中大夫舍魯邸議明堂事太皇竇太后好老子言不說儒術得趙綰王臧之過以讓上上因廢明堂事盡下趙綰王臧吏後皆自殺申公亦疾免以歸數年卒弟子為博士者十餘人孔安國至臨淮太守【集解】徐廣曰孔鮒之弟子襄為惠帝博士遷為長沙太傅生忠忠生武及安國安國為博士臨淮太守周霸至膠西內史夏寬至城陽內史碭魯賜至東海太守蘭陵繆生至長沙內史【索隱】繆音亡救反繆氏出蘭陵一音穆所謂穆生為楚元王所禮也徐偃為膠西中尉鄒人闕門慶忌【集解】駰案漢書音義曰姓闕門名慶忌為膠東內史其治官民皆有廉節稱其好學學官弟子行雖不備而至於大夫郎中掌故以百數言詩雖殊多本於申公

清河王太傅轅固生者齊人也以治詩孝景時為博士與黃生爭論景帝前黃生曰湯武非受命乃弒也轅固生曰不然夫桀紂虐亂天下之心皆歸湯武湯武與天下之心而誅桀紂桀紂之民不為之使而歸湯武湯武不得已而立非受命為何黃生曰冠雖敝必加於首履雖新必關於足何者上下之分也今桀紂雖失道然君上也湯武雖聖臣下也夫主有失行臣下不能正言匡過以尊天子反因過而誅之代立踐南面非弒而何也轅固生曰必若所云是高帝代秦即天子之位非邪於是景帝曰食肉不食馬肝【正義】論衡云氣熱而毒盛故食馬肝殺人又盛夏馬行多渴死殺氣為毒也不為不知味言學者無言湯武受命不為愚遂罷是後學者莫敢明受命放殺者竇太后好老子書召轅固生問老子書固曰此是家人言耳【索隱】服虔云如家人言也案老子道德篇雖微妙難通然近而觀之理國理身而已故言此家人之言也太后怒曰安得司空城旦書乎【集解】徐廣曰司空主刑徒之官也駰案漢書音義曰道家以儒法為急比之於律令乃使固入圈刺豕景帝知太后怒而固直言無罪乃假固利兵下圈刺豕正中其心一刺豕應手而倒太后默然無以復罪罷之居頃之景帝以固為廉直拜為清河王太傅【集解】徐廣曰哀王乘也久之病免今上初即位復以賢良徵固諸諛儒多疾毀固曰固老罷歸之時固已九十餘矣固之徵也薛人公孫弘亦徵【集解】徐廣曰薛縣在菑川側目而視固固曰公孫子務正學以言無曲學以阿世自是之後齊言詩皆本轅固生也諸齊人以詩顯貴皆固之弟子也

韓生者【集解】駰案漢書曰名嬰燕人也孝文帝時為博士景帝時為常山王太傅【集解】徐廣曰憲王舜也韓生推詩之意而為內外傳數萬言其語頗與齊魯間殊然其歸一也淮南賁生受之【索隱】賁音肥自是之後而燕趙間言詩者由韓生韓生孫商為今上博士

伏生者【集解】張晏曰伏生名勝伏氏碑云濟南人也故為秦博士孝文帝時欲求能治尚書者天下無有乃聞伏生能治欲召之是時伏生年九十餘老不能行於是乃詔太常使掌故朝錯往受之秦時焚書伏生壁藏之其後兵大起流亡漢定伏生求其書亡數十篇獨得二十九篇即以教于齊魯之間學者由是頗能言尚書諸山東大師無不涉尚書以教矣伏生教濟南張生及歐陽生【集解】駰案漢書曰字和伯千乘人歐陽生教千乘兒寬兒寬既通尚書以文學應郡舉詣博士受業受業孔安國兒寬貧無資用常為弟子都養【索隱】謂兒寬家貧為弟子造食也何休注公羊傳云炊烹為養案有廝養卒廝掌馬養造食也及時時間行傭賃以給衣食行常帶經止息則誦習之以試第次補廷尉史是時張湯方鄉學以為奏讞掾以古法議決疑大獄而愛幸寬寬為人溫良有廉智自持而善著書書奏敏於文口不能發明也湯以為長者數稱譽之及湯為御史大夫以兒寬為掾薦之天子天子見問說之張湯死後六年兒寬位至御史大夫【集解】徐廣曰元狩元年九年而以官卒寬在三公位以和良承意從容得久然無有所匡諫於官官屬易之不為盡力張生亦為博士而伏生孫以治尚書徵不能明也自此之後魯周霸孔安國雒陽賈嘉頗能言尚書事孔氏有古文尚書而安國以今文讀之因以起其家逸書得十餘篇蓋尚書滋多於是矣【索隱】案孔臧與安國書云舊書潛於壁室欻爾復出古訓復申臧聞尚書二十八篇取象二十八宿何圖乃有百篇耶知以今文讎古篆隸推科斗以定五十餘篇並為之傳也藝文志曰安國悉得其書以考二十九篇得多十六篇起者謂起發以出也

諸學者多言禮而魯高堂生最本禮固自孔子時而其經不具及至秦焚書書散亡益多於今獨有士禮高堂生能言之而魯徐生善為容【索隱】漢書作頌亦音容孝文帝時徐生以容為禮官大夫傳子至孫徐延徐襄襄其天姿善為容不能通禮經延頗能未善也襄以容為漢禮官大夫至廣陵內史延及徐氏弟子公戶滿意【索隱】公戶姓滿意名也案鄒展云二人姓字非也桓生單次【索隱】單音善單姓次名皆常為漢禮官大夫而瑕丘蕭奮【集解】徐廣曰屬山陽以禮為淮陽太守是後能言禮為容者由徐氏焉自魯商瞿受易孔子【索隱】案商姓瞿名字子木瞿音劬孔子卒商瞿傳易六世至齊人田何字子莊【索隱】案漢書云商瞿授魯橋庇子庸子庸授江東馯臂子弓子弓授燕周醜子家子家授東武孫虞子乘子乘授何六傳也仲尼弟子傳作瞿傳馯臂子弘弘傳江東人矯子庸疵疵傳燕人周子家豎豎傳淳于人光子乘羽羽傳齊人田子莊何與漢書不同馯音寒庇音必利反疵音自移反而漢興田何傳東武人王同子仲子仲傳菑川人楊何【索隱】案田何傳東武王同傳菑川楊何何以易元光元年徵官至中大夫齊人即墨成以易至城陽相廣川人孟但以易為太子門大夫魯人周霸莒人衡胡【集解】徐廣曰莒一作呂臨菑人主父偃皆以易至二千石然要言易者本於楊何之家

董仲舒廣川人也以治春秋孝景時為博士下帷講誦弟子傳以久次相受業或莫見其面蓋三年董仲舒不觀於舍園其精如此進退容止非禮不行學士皆師尊之今上即位為江都相【索隱】案仲舒事易王王武帝兄以春秋災異之變推陰陽所以錯行故求雨閉諸陽縱諸陰其止雨反是行之一國未嘗不得所欲中廢為中大夫居舍著災異之記是時遼東高廟災主父偃疾之取其書奏之天子【集解】徐廣曰建元六年【索隱】案漢書以為遼東高廟及長陵園殿災也仲舒為災異記草而未奏主父偃竊而奏之天子召諸生示其書有刺譏董仲舒弟子呂步舒【集解】徐廣曰舒一作荼亦音舒不知其師書以為下愚於是下董仲舒吏當死詔赦之於是董仲舒竟不敢復言災異董仲舒為人廉直是時方外攘四夷公孫弘治春秋不如董仲舒而弘希世用事位至公卿董仲舒以弘為從諛弘疾之乃言上曰獨董仲舒可使相膠西王膠西王素聞董仲舒有行亦善待之董仲舒恐久獲罪疾免居家至卒終不治產業以修學著書為事故漢興至于五世之間唯董仲舒名為明於春秋其傳公羊氏也

胡毋生【集解】駰案漢書曰字子都齊人也孝景時為博士以老歸教授齊之言春秋者多受胡毋生公孫弘亦頗受焉瑕丘江生為穀梁春秋自公孫弘得用嘗集比其義卒用董仲舒仲舒弟子遂者蘭陵褚大廣川殷忠【集解】徐廣曰殷一作段又作瑕也溫呂步舒褚大至梁相步舒至長史持節使決淮南獄於諸侯擅專斷不報以春秋之義正之天子皆以為是弟子通者至於命大夫為郎謁者掌故者以百數而董仲舒子及孫皆以學至大官

索隱述贊曰孔氏之衰經書緒亂言諸六學始自炎漢著令立官四方扼腕曲臺壞壁書禮之冠傳易言詩雲蒸霧散興化致理鴻猷克贊

史記卷一百二十一考證

儒林列傳胥靡申公集解徐廣曰腐刑○楊慎曰列子云胥靡登高不懼胥隸也靡末也胥靡末隸微賤之人腐刑無據

安得司空城旦書乎集解駰案漢書音義曰道家以儒法為急比之於律令○楊慎曰司空城旦書蓋太后

轅固之言意欲入以罪條比于城旦駰謂比儒生于律令非也儒家外自有刑名家何得以律令比之

欲求能治尚書者○尚書疏曰尚字乃伏生所加孔氏有古文尚書○臣照按顔師古曰家語孔騰藏尚書孝經論語於夫子舊堂壁中漢紀尹敏傳云孔鮒所藏二說不同王應麟曰隋志云武帝時魯共王壞孔子宅得其末孫惠所藏之書皆古文也史通亦以爲孔惠所藏則又非師古所引二人者矣書疏云家語序云子襄以秦法峻急壁中藏其家書則又是安國祖藏之

史記卷一百二十二

漢　太　史　令司馬遷　撰

宋中郎外兵曹參軍裴　駰集解

唐國子博士弘文館學士司馬貞索隱

唐諸王侍讀率府長史張守節正義

酷吏列傳第六十二

孔子曰導之以政齊之以刑民免而無恥【集解】孔安國曰免苟免也導之以德齊之以禮有恥且格【集解】何晏曰格正也老氏稱上德不德是以有德下德不失德是以無德法令滋章盜賊多有太史公曰信哉是言也法令者治之具而非制治清濁之源也昔天下之網嘗密矣【索隱】案鹽鐵論云秦法密於凝脂然姦僞萌起其極也上下相遁至於不振當是之時吏治若救火揚沸【索隱】言本弊不除則其末難止也非武健嚴酷惡能勝其任而愉快乎言道德者溺其職矣故曰聽訟吾猶人也必也使無訟乎下士聞道大笑之非虛言也漢興破觚而爲圜【集解】駰案漢書音義曰觚方【索隱】應劭云觚八稜有隅者高祖反秦之政破觚爲圜謂除其嚴法約三章耳斲雕而爲朴【索隱】應劭云斲琱爲樸也晉灼云琱弊也斲理揭弊之俗使反質樸也網漏於吞舟之魚而吏治烝烝不至於姦黎民艾安由是觀之在彼不在此【集解】韋昭曰在道德不在嚴酷高后時酷吏獨有侯封刻轢宗室侵辱功臣呂氏已敗遂禽侯封之家

孝景時鼂錯以刻深頗用術輔其資而七國之亂發怒於錯錯卒以被戮其後有郅都甯成之屬

郅都者楊人也【集解】徐廣曰屬河東【索隱】郅音質漢書云河東大陽人【正義】括地志云故楊城本秦時楊國漢楊縣也今晉州洪洞縣也至隋爲楊唐初改爲洪洞以故洪洞鎭爲名也秦及漢皆屬河東郡郅都墓在洪洞縣東南二十里漢書云郅都河東大陽人班固失之甚也大陽今陝州河北縣是亦屬河東郡也以郎事孝文帝孝景時都爲中郎將敢直諫面折大臣於朝嘗從入上林賈姬如廁【索隱】案姬生趙王彭祖也野彘卒入廁上目都都不行上欲自持兵救賈姬都伏上前曰亡一姬復一姬進天下所少寧賈姬等乎陛下縱自輕奈宗廟太后何上還彘亦去太后聞之賜都金百斤由此重郅都濟南瞯氏【集解】駰案漢書音義曰音小兒癇病也【索隱】荀悅音閑鄒氏劉氏音並同宗人三百餘家豪猾二千石莫能制於是景帝乃拜都爲濟南太守至則族滅瞯氏首惡餘皆股栗【集解】徐廣曰髀腳戰搖也居歲餘郡中不拾遺旁十餘郡守畏都如大府都爲人勇有氣力公廉不發私書問遺無所受請寄無所聽常自稱曰已倍親而仕身固當奉職死節官下終不顧妻子矣郅都遷爲中尉丞相條侯至貴倨也而都揖丞相是時民朴畏罪自重而都獨先嚴酷致行法不避貴戚列侯宗室見都側目而視號曰蒼鷹臨江王徵詣中尉府對簿臨江王欲得刀筆爲書謝上而都禁吏不予魏其侯使人以間與臨江王臨江王既爲書謝上因自殺竇太后聞之怒以危法中都【索隱】案中如字讀謂以法中傷之都免歸家孝景帝乃使使持節拜都爲鴈門太守而便道之官得以便宜從事匈奴素聞郅都節居邊爲引兵去竟郅都死不近鴈門匈奴至爲偶人象郅都【索隱】漢書作寓人象案寓即偶也謂刻木偶類人形也一云寄人形於木也令騎馳射莫能中見憚如此匈奴患之竇太后乃竟中都以漢法景帝曰都忠臣欲釋之竇太后曰臨江王獨非忠臣邪於是遂斬郅都

甯成者【集解】徐廣曰甯一作寗穰人也【集解】徐廣曰屬南陽以郎謁者事景帝好氣爲人小吏必陵其長吏爲人上操下如束溼薪【集解】徐廣曰一無此字駰案韋昭曰言急也【索隱】操音七刀反操執也滑賊任威稍遷至濟南都尉【正義】百官表云都尉秦官掌佐守典武職甲卒秩比二千石有丞秩皆六百石景帝中二年更名都尉若周之司馬而郅都爲守始前數都尉【索隱】數音所注反皆步入府因吏謁守如縣令其畏郅都如此及成往直陵都出其上都素聞其聲於是善遇與結驩久之郅都死後長安左右宗室多暴犯法於是上召甯成爲中尉【正義】百官表云中尉秦官掌徼循京師武帝太初元年更名執金吾顔云金吾鳥名也主辟不祥天子出行職主先道以禦非常故執此鳥之象因以名官其治效郅都其廉弗如然宗室豪桀皆人人惴恐武帝即位徙爲內史外戚多毀成之短抵罪髡鉗是時九卿罪死即死少被刑而成極刑自以爲不復收於是解脫詐刻傳出關【索隱】解音紀買反脫音他活反謂脫鉗釱也歸家稱曰仕不至二千石賈不至千萬安可比人乎乃貰貸買陂田千餘頃【索隱】貰音食夜反貰賒也又音勢貸音天得反假貧民役使數千家數年會赦致產數千金爲任俠持吏長短出從數十騎其使民威重於郡守

周陽由者其父趙兼以淮南王舅父侯周陽故因姓周陽氏【集解】徐廣曰侯五年孝文六年國除【正義】周陽故城在絳州聞喜縣東二十九里由以宗家任爲郎【索隱】案與國家有外戚姻屬比於宗室故曰宗家也事孝文及景帝景帝時由爲郡守武帝即位吏治尚循謹甚然由居二千石中最爲暴酷驕恣所愛者撓法活之所憎者曲法誅滅之所居郡必夷其豪爲守視都尉如令爲都尉必陵太守奪之治與汲黯俱爲忮【集解】駰案漢書音義曰堅忮也司馬安之文惡【集解】駰案漢書音義曰以文法傷害人俱在二千石列同車未嘗敢均茵伏【集解】徐廣曰漢書作馮伏者軾【索隱】案均等也茵車蓐也言二人與由同載一車上不敢與之均茵軾也謂下之也馮音凭由後爲河東都尉時與其守勝屠公爭權相告言罪【索隱】風俗通云勝屠即申屠也勝屠公當抵罪義不受刑自殺而由棄市自甯成周陽由之後事益多民巧法大抵吏之治類多成由等矣

趙禹者斄人【集解】徐廣曰屬扶風音台【正義】音胎故斄城在雍武功縣西南二十二里古邰國后稷所封漢斄縣也以佐史補中都官【正義】若京都府史用廉爲令史事太尉亞夫亞夫爲丞相禹爲丞相史府中皆稱其廉平然亞夫弗任曰極知禹無害然文深【集解】駰案漢書音義曰禹持文法深刻不可以居大府今上時禹以刀筆吏積勞稍遷爲御史上以爲能至太中大夫與張湯論定諸律令【集解】徐廣曰論一作編作見知吏傳得相監司用法益刻蓋自此始

張湯者杜人也【集解】徐廣曰爾時未爲陵其父爲長安丞出湯爲兒守舍還而鼠盜肉其父怒笞湯湯掘窟得盜鼠及餘肉劾鼠掠治傳爰書訊鞫論報【集解】蘇林曰謂傳囚也爰易也以此書易其辭處鞫也張晏曰傳考證驗也爰書自證不如此言反受其罪訊考三日復問之知與前辭同不也鞫一吏爲讀狀論其報行也【索隱】韋昭云爰換也古者重刑嫌有愛惡故換獄書使他官考實之故曰傳爰書也并取鼠與肉具獄磔堂下【集解】鄧展曰罪備具其父見之視其文辭如老獄吏大驚遂使書獄【集解】如淳曰決獄之書謂律令也父死後湯爲長安吏久之周陽侯始爲諸卿時【集解】徐廣曰田勝也武帝母王太后之同母弟也武帝始立而封爲周陽侯嘗繫長安湯傾身爲之【集解】韋昭曰爲之先後及出爲侯大與湯交徧見湯貴人湯給事內史爲甯成掾以湯爲無害言大府調爲茂陵尉治方中【集解】駰案漢書音義曰方中陵上土作方也湯主治之蘇林曰天子即位豫作陵諱之故言方中如淳曰大府幕府也茂陵尉主作陵之尉也韋昭曰大府公府武安侯爲丞相徵湯爲史時薦言之天子補御史使案事治陳皇后蠱獄深竟黨與於是上以爲能稍遷至太中大夫與趙禹共定諸律令務在深文拘守職之吏【集解】蘇林曰拘刻於守職之吏已而趙禹遷爲中尉徙爲少府而張湯爲廷尉兩人交驩而兄事禹禹爲人廉倨爲吏以來舍毋食客公卿相造請禹禹終不報謝務在絕知友賓客之請孤立行一意而已見文法輒取亦不覆案求官屬陰罪湯爲人多詐舞智以御人【集解】韋昭曰制御人始爲小吏乾沒【集解】徐廣曰隨勢沈浮也駰案服虔曰射成敗也如淳曰得利爲乾失利爲沒【正義】此二說非也按乾沒謂無潤及之而取他人也又云陽浮慕爲乾心內不合爲沒也與長安富賈田甲魚翁叔之屬交私【集解】徐廣曰姓魚也及列九卿收接天下名士大夫已心內雖不合然陽浮慕之是時上方鄉文學湯決大獄欲傅古義【索隱】傅音附乃請博士弟子治尚書春秋補廷尉史亭疑法【集解】李奇曰亭平也【索隱】使之平疑事也奏讞疑事必豫先爲上分別其原上所是受而著讞決法廷尉絜令揚主之明【集解】韋昭曰在板絜也【正義】按謂律令也古以板書之言上所是著之爲正獄以廷尉法令決平之揚主之明監也奏事即譴湯應謝【集解】徐廣曰應一作權鄉上意所便必引正監掾史賢者曰固爲臣議如上責臣臣弗用愚抵於此【集解】蘇林曰主不用諸掾語故至於此【正義】百官表云廷尉秦官有正左右監皆秩千石也按上即責湯應對謝之如上意必引正監等賢者本爲臣建議如上意臣不用愚昧不從至此也罪常釋聞【集解】徐廣曰詔答聞也如今制曰聞矣駰案瓚曰謂常見原即奏事上善之曰臣非知爲此奏乃正監掾史某爲之其欲薦吏揚人之善蔽人之過如此所治即上意所欲罪予監史深禍者即上意所欲釋與監史輕平者所治即豪必舞文巧詆即下戶羸弱時口言雖文致法上財察【集解】李奇曰先見上口言之欲與輕平也於是往往釋湯所言【集解】李奇曰湯所先言皆見原釋湯至於大吏內行修也通賓客飲食於故人子弟爲吏及貧昆弟調護之尤厚其造請諸公不避寒暑是以湯雖文深意忌不專平然得此聲譽而刻深吏多爲爪牙用者依於文學之士丞相弘數稱其美及治淮南衡山江都反獄皆窮根本嚴助及伍被上欲釋之湯爭曰伍被本畫反謀而助親幸出入禁闥爪牙臣乃交私諸侯如此弗誅後不可治於是上可論之其治獄所排大臣自爲功多此類於是湯益尊任遷爲御史大夫【集解】徐廣曰元狩二年會渾邪等降漢大興兵伐匈奴山東水旱貧民流徙皆仰給縣官縣官空虛於是承上指請造白金及五銖錢籠天下鹽鐵排富商大賈出告緡令【正義】緡音岷錢貫也武帝伐四夷國用不足故稅民田宅船乘畜產奴婢等皆平作錢數每千錢一算出一等賈人倍之若隱不稅有告之半與告人餘半入官謂緡出此令用鉏豪彊兼并富商大賈之家也一算百二十文也鉏豪彊并兼之家舞文巧詆以輔法湯每朝奏事語國家用日晏天子忘食丞相取充位【集解】徐廣曰時李蔡莊青翟爲丞相天下事皆決於湯百姓不安其生騷動縣官所與未獲其利姦吏並侵漁於是痛繩以罪則自公卿以下至於庶人咸指湯

湯嘗病天子至自視病其隆貴如此匈奴來請和親羣臣議上前博士狄山曰和親便上問其便山曰兵者凶器未易數動高帝欲伐匈奴大困平城乃遂結和親孝惠高后時天下安樂及孝文帝欲事匈奴北邊蕭然苦兵矣孝景時吳楚七國反景帝往來兩宮間寒心者數月吳楚已破竟景帝不言兵天下富實今自陛下舉兵擊匈奴中國以空虛邊民大困貧由此觀之不如和親上問湯湯曰此愚儒無知狄山曰臣固愚忠若御史大夫湯乃詐忠若湯之治淮南江都以深文痛詆諸侯別疏骨肉使蕃臣不自安臣固知湯之爲詐忠於是上作色曰吾使生居一郡能無使虜入盜乎曰不能曰居一縣對曰不能復曰居一障間【正義】障謂塞上要險之處別築城置吏士守之以扞寇盜也山自度辯窮且下吏曰能於是上遣山乘鄣至月餘匈奴斬山頭而去自是以後羣臣震慴湯之客田甲雖賈人有賢操始湯爲小吏時與錢通【集解】徐廣曰以利交及湯爲大吏甲所以責湯行義過失亦有烈士風湯爲御史大夫七歲敗河東人李文嘗與湯有郤已而爲御史中丞恚數從中文書事有可以傷湯者不能爲地湯有所愛史魯謁居知湯不平使人上蜚變告文姦事事下湯湯治論殺文而湯心知謁居爲之上問曰言變事蹤跡安起湯詳驚曰此殆文故人怨之謁居病臥閭里主人湯自往視疾爲謁居摩足趙國以冶鑄爲業王數訟鐵官事湯常排趙王趙王求湯陰事謁居嘗案趙王趙王怨之并上書告湯大臣也史謁居有病湯至爲摩足疑與爲大姦事下廷尉謁居病死事連其弟弟繫導官【集解】如淳曰太官之別也主酒湯亦治他囚導官見謁居弟欲陰爲之而詳不省謁居弟弗知怨湯使人上書告湯與謁居謀共變告李文事下減宣宣嘗與湯有郤及得此事窮竟其事未奏也會人有盜發孝文園瘞錢【集解】如淳曰瘞埋錢於園陵以送死丞相青翟朝與湯約俱謝至前湯念獨丞相以四時行園當謝湯無與也不謝丞相謝上使御史案其事湯欲致其文丞相見知【集解】張晏曰見知故縱以其罪罪之丞相患之三長史皆害湯欲陷之始長史朱買臣會稽人也【正義】朱買臣吳人也此時蘇州爲會稽郡讀春秋莊助使人言買臣買臣以楚辭與助俱幸侍中爲太中大夫用事而湯乃爲小吏跪伏使買臣等前已而湯爲廷尉治淮南獄排擠莊助買臣固心望及湯爲御史大夫買臣以會稽守爲主爵都尉列於九卿數年坐法廢守長史見湯湯坐牀上丞史遇買臣弗爲禮買臣楚士【正義】周末越王勾踐滅吳楚威王滅越吳之地總屬楚故爲朱買臣爲楚士深怨常欲死之王朝齊人也以術至右內史邊通學長短【集解】駰案漢書音義曰長短術興於六國時行長入短其語隱謬用相激怒剛暴彊人也官再至濟南相故皆居湯右已而失官守長史詘體於湯湯數行丞相事知此三長史素貴常凌折之以故三長史合謀曰始湯約與君謝已而賣君今欲劾君以宗廟事此欲代君耳吾知湯陰事使吏捕案湯左田信等【集解】駰案漢書音義曰左證左也【正義】言湯與田信爲左道之交故言左田信等曰湯且欲奏請信輒先知之居物致富與湯分之及他姦事事辭頗聞上問湯曰吾所爲賈人輒先知之益居其物是類有以吾謀告之者湯不謝湯又詳驚曰固宜有減宣亦奏謁居等事天子果以湯懷詐面欺使使八輩簿責湯【集解】蘇林曰簿音主簿之簿悉責也湯具自道無此不服於是上使趙禹責湯禹至讓湯曰君何不知分也君所治夷滅者幾何人矣今人言君皆有狀天子重致君獄欲令君自爲計何多以對簿爲湯乃爲書謝曰湯無尺寸功起刀筆吏陛下幸致爲三公無以塞責然謀陷湯罪者三長史也遂自殺湯死家產直不過五百金皆所得奉賜無他業昆弟諸子欲厚葬湯湯母曰湯爲天子大臣被汙惡言而死何厚葬乎載以牛車有棺無椁天子聞之曰非此母不能生此子乃盡案誅三長史丞相青翟自殺出田信上惜湯稍遷其子安世趙禹中廢已而爲廷尉始條侯以爲禹賊深弗任及禹爲少府比九卿禹酷急至晚節事益多吏務爲嚴峻而禹治加緩而名爲平王溫舒等後起治酷於禹禹以老徙爲燕相數歲亂悖有罪免歸後湯十餘年以壽卒于家

義縱者河東人也爲少年時嘗與張次公俱攻剽爲羣盜【集解】徐廣曰剽音扶名反【索隱】說文云剽劫也一云剽劫人音敷妙反縱有姊姁【索隱】李奇音吁孟康音詡以醫幸王太后王太后問有子兄弟爲官者乎姊曰有弟無行不可太后乃告上拜義姁弟縱爲中郎【集解】駰案漢書音義曰姁音煦姁名也補上黨郡中令【索隱】案謂補上黨郡中之令史失其縣名治敢行少蘊藉【集解】駰案漢書音義曰敢行暴政而少蘊藉也【索隱】蘊音慍藉音才夜反張晏云爲人無所避故少所假借也縣無逋事舉爲第一遷爲長陵及長安令直法行治不避貴戚以捕案太后外孫修成君子仲【索隱】案王太后之女號修成君其子名仲上以爲能遷爲河內都尉至則族滅其豪穰氏之屬河內道不拾遺而張次公亦爲郎以勇悍從軍敢深入有功爲岸頭侯【集解】徐廣曰受封五年與淮南王女陵姦及受財物國除寧成家居上欲以爲郡守御史大夫弘曰臣居山東爲小吏時寧成爲濟南都尉其治如狼牧羊成不可使治民上乃拜成爲關都尉歲餘關東吏隸郡國出入關者【集解】駰案漢書音義曰隸閱也號曰寧見乳虎無值寧成之怒義縱自河內遷爲南陽太守聞寧成家居南陽及縱至關寧成側行送迎然縱氣盛弗爲禮至郡遂案寧氏盡破碎其家成坐有罪及孔暴之屬皆犇亡【集解】徐廣曰孔暴二姓大族南陽吏民重足一迹而平氏朱彊杜衍杜周爲縱爪牙之吏任用遷爲廷史軍數出定襄定襄吏民亂敗於是徙縱爲定襄太守縱至掩定襄獄中重罪輕繫二百餘人及賓客昆弟私入相視亦二百餘人縱一捕鞫曰爲死罪解脫【集解】駰案漢書音義曰一切皆捕之也律諸囚徒私解脫桎梏鉗赭加罪一等爲人解脫與同罪縱鞫相賂餉者二百人爲解脫死罪盡殺也是日皆報殺四百餘人其後郡中不寒而栗猾民佐吏爲治【索隱】案謂豪猾之人干預吏政故云佐吏爲理也是時趙禹張湯以深刻爲九卿矣然其治尚寬輔法而行而縱以鷹擊毛摯爲治【集解】徐廣曰鷙鳥將擊必張羽毛也後會五銖錢白金起民爲姦京師尤甚乃以縱爲右內史王溫舒爲中尉溫舒至惡其所爲不先言縱縱必以氣凌之敗壞其功其治所誅殺甚多然取爲小治姦益不勝直指始出矣吏之治以斬殺縛束爲務閻奉以惡用矣縱廉其治放郅都上幸鼎湖病久已而卒起幸甘泉【索隱】卒音七忽反道多不治上怒曰縱以我爲不復行此道乎嗛之【集解】徐廣曰嗛音銜至冬楊可方受告緡【集解】韋昭曰人有告言不出緡者可方受之【索隱】緡錢貫也漢氏有告緡令楊可主之謂緡錢出等人有不以錢過者令得告之也縱以爲此亂民部吏捕其爲可使者【索隱】謂求楊可之使天子聞使杜式治以爲廢格沮事【集解】駰案漢書音義曰武帝使楊可主告緡沒入其財物縱捕爲可使者此爲廢格詔書沮已成之事【索隱】格音閣棄縱市後一歲張湯亦死

王溫舒者陽陵人也【集解】徐廣曰屬馮翊少時椎埋爲姦【集解】徐廣曰椎殺人而埋之或謂發冢已而試補縣亭長數廢爲吏以治獄至廷史事張湯遷爲御史督盜賊殺傷甚多稍遷至廣平都尉擇郡中豪敢任吏十餘人以爲爪牙皆把其陰重罪而縱使督盜賊快其意所欲得此人雖有百罪弗法即有避因其事夷之亦滅宗以其故齊趙之郊盜賊不敢近廣平廣平聲爲道不拾遺上聞遷爲河內太守素居廣平時皆知河內豪姦之家及往九月而至令郡具私馬五十疋爲驛自河內至長安部吏如居廣平時方略捕郡中豪猾郡中豪猾相連坐千餘家上書請大者至族小者乃死家盡沒入償臧奏行不過二三日得可事論報至流血十餘里河內皆怪其奏以爲神速盡十二月郡中毋聲毋敢夜行野無犬吠之盜其頗不得失之旁郡國黎求【索隱】黎音犁犁比也會春溫舒頓足歎曰嗟乎令冬月益展一月足吾事矣其好殺伐行威不愛人如此天子聞之以爲能遷爲中尉其治復放河內徙諸名禍猾吏【集解】徐廣曰有殘刻之名【索隱】按漢書作徙請召猜禍吏服虔曰徙但也猜惡也應劭曰猜疑也取吏好猜疑人作禍敗者而使之與從事河內則楊皆麻戊【集解】徐廣曰一云麻成關中楊贛成信等義縱爲內史憚未敢恣治及縱死張湯敗後徙爲廷尉而尹齊爲中尉

尹齊者東郡茌平人【索隱】茌音士疑反以刀筆稍遷至御史事張湯張湯數稱以爲廉武使督盜賊所斬伐不避貴戚遷爲關內都尉聲甚於寧成上以爲能遷爲中尉吏民益凋敝尹齊木彊少文豪惡吏伏匿而善吏不能爲治以故事多廢抵罪上復徙溫舒爲中尉而楊僕以嚴酷爲主爵都尉

楊僕者宜陽人也以千夫爲吏【集解】駰案漢書音義曰千夫若五大夫武帝軍用不足令民出錢穀爲之河南守案舉以爲能遷爲御史使督盜賊關東治放尹齊以爲敢摯行稍遷至主爵都尉列九卿天子以爲能南越反拜爲樓船將軍有功封將梁侯爲荀彘所縛【集解】徐廣曰受封四年征朝鮮還贖爲庶人【索隱】案漢書云與左將軍荀彘俱擊朝鮮爲彘所縛還免爲庶人病死居久之病死而溫舒復爲中尉爲人少文居廷惛惛不辯【索隱】惛音昏至於中尉則心開督盜賊素習關中俗知豪惡吏豪惡吏盡復爲用爲方略吏苛察盜賊惡少年投缿【集解】徐廣曰音項器名也如今之投書函中【索隱】缿受投書之器入不可出三蒼音胡江反購告言姦置伯格長【集解】徐廣曰一作落古村落字亦作格街陌屯落皆設督長也【索隱】伯音阡陌格音村落言阡陌村落皆置長也以牧司姦盜賊溫舒爲人讇善事有勢者即無勢者視之如奴有勢家雖有姦如山弗犯無勢者貴戚必侵辱舞文巧詆下戶之猾以焄大豪【集解】駰案焄音熏【索隱】案熏猶熏炙之謂下其戶之中有姦猾之人令案之以熏逐大姦也其治中尉如此姦猾窮治大抵盡靡爛獄中行論無出者其爪牙吏虎而冠於是中尉部中中猾以下皆伏有勢者爲游聲譽稱治治數歲其吏多以權富溫舒擊東越還【集解】徐廣曰元鼎六年出會稽破東越議有不中意者坐小法抵罪免是時天子方欲作通天臺【正義】漢書云元封二年三輔舊事云起甘泉通天臺高五十丈而未有人溫舒請覆中尉脫卒得數萬人作上說拜爲少府徙爲右內史治如其故姦邪少禁坐法失官復爲右輔行中尉事如故操歲餘會宛軍發【集解】駰案漢書音義曰發兵伐大宛詔徵豪吏溫舒匿其吏華成及人有變告溫舒受員騎錢他姦利事罪至族自殺其時兩弟及兩婚家亦各自坐他罪而族光祿徐自爲曰悲夫夫古有三族而王溫舒罪至同時而五族乎溫舒死家直累千金後數歲尹齊亦以淮陽都尉病死家直不滿五十金所誅滅淮陽甚多及死仇家欲燒其尸尸亡去歸葬【集解】徐廣曰尹齊死未及斂恐怨家欲燒之尸亦飛去自溫舒等以惡爲治而郡守都尉諸侯二千石欲爲治者其治大抵盡放溫舒而吏民益輕犯法盜賊滋起南陽有梅免白政楚有殷中【集解】徐廣曰殷一作假人亦有姓假者也杜少齊有徐勃燕趙之間有堅盧范生之屬

大羣至數千人擅自號攻城邑取庫兵釋死罪縛辱郡太守都尉殺二千石爲檄告縣趣具食小羣盜以百數掠鹵鄉里者不可勝數也於是天子始使御史中丞丞相長史督之猶弗能禁也乃使光祿大夫范昆諸輔都尉及故九卿張德等衣繡衣持節虎符發兵以興擊斬首大部或至萬餘級及以法誅通飲食坐連諸郡甚者數千人數歲乃頗得其渠率散卒失亡復聚黨阻山川者往往而羣居無可奈何於是作沈命法[集解]駰案漢書音義曰沈藏匿也命亡逃也[索隱]服虔云沈匿不發覺之法韋昭曰沈沒也曰羣盜起不發覺發覺而捕弗滿品者二千石以下至小吏主者皆死其後小吏畏誅雖有盜不敢發恐不能得坐課累府府亦使其不言故盜賊寖多上下相爲匿以文辭避法焉[集解]徐廣曰詐爲虛文言無盜賊也

減宣者楊人也以佐史無害給事河東守府衛將軍青使買馬河東見宣無害言上徵爲大廄丞[正義]百官表云太僕屬官有大廄各五丞一尉也官事辦稍遷至御史及中丞使治主父偃及治淮南反獄所以微文深詆殺者甚衆稱爲敢決疑數廢數起爲御史及中丞者幾二十歲王溫舒免中尉而宣爲左內史其治米鹽事大小皆關其手自部署縣名曹實物官吏令丞不得擅搖痛以重法繩之居官數年一切郡中爲小治辦然獨宜以小致大能因力行之難以爲經中廢爲右扶風坐怨成信[集解]駰案漢書曰成信宣吏信亡藏上林中宣使郿令[正義]今岐州郿縣北時屬右扶風格殺信吏卒格信時射中上林苑門宣下吏詆罪以爲大逆當族自殺而杜周任用

杜周者[正義]杜氏譜云字長孺南陽杜衍人[索隱]地名也義縱爲南陽守以爲爪牙舉爲廷尉史事張湯湯數言其無害至御史使案邊失亡[集解]文穎曰邊卒多亡也或曰郡縣主守有所亡失也所論殺甚衆奏事中上意任用與減宣相編更爲中丞十餘歲其治與宣相放然重遲外寬內深次骨[集解]李奇曰其用罪深刻至骨[索隱]次至也宣爲左內史周爲廷尉其治大放張湯而善候伺上所欲擠者因而陷之上所欲釋者久繫待問而微見其冤狀客有讓周曰君爲天子決平不循三尺法[集解]駰案漢書音義曰以三尺竹簡書法律也專以人主意指爲獄獄者固如是乎周曰三尺安出哉前主所是著爲律後主所是疏爲令當時爲是何古之法乎至周爲廷尉詔獄亦益多矣二千石繫者新故相因不減百餘人郡吏大府舉之廷尉[集解]如淳曰郡吏郡太守也孟康曰舉之廷尉以章劾付廷尉治之一歲至千餘章章大者連逮證案數百小者數十人遠者數千近者數百里會獄吏因責如章告劾不服以笞掠定之於是聞有逮皆亡匿獄久者至更數赦[集解]張晏曰詔書赦或有不從此令十有餘歲而相告言大抵盡詆以不道[索隱]案大抵猶大都也盡詆者盡至也以上廷尉及中都官詔獄逮至六七萬人吏所增加十萬餘人周中廢後爲執金吾逐盜捕治桑弘羊衛皇后昆弟子刻深天子以爲盡力無私遷爲御史大夫[集解]徐廣曰天漢三年爲御史大夫四歲太始三年卒家兩子夾河爲守其治暴酷皆甚於王溫舒等矣杜周初徵爲廷史有一馬且不全及身久任事至三公列子孫尊官家訾累數巨萬矣

太史公曰自郅都杜周十人者此皆以酷烈爲聲然郅都伉直引是非爭天下大體張湯以知陰陽人主與俱上下時數辯當否國家賴其便趙禹時據法守正杜周從諛以少言爲重自張湯死後網密多詆嚴官事寖以耗廢九卿碌碌奉其官救過不贍何暇論繩墨之外乎然此十人中其廉者足以爲儀表其汙者足以爲戒[集解]徐廣曰一本無此四字方略教導禁姦止邪一切亦皆彬彬質有其文武焉雖慘酷斯稱其位矣至若蜀守馮當暴挫廣漢李貞擅磔人東郡彌僕鋸項天水駱壁推減[集解]徐廣曰一作成[索隱]推音直追反減作成是也謂推繫之以成獄也河東褚廣妄殺京兆無忌馮翊殷周蝮鷙[索隱]蝮音覆蛇屬鷙音至鷹屬以言其酷比之蝮毒焉水衡閻奉扑擊賣請何足數哉何足數哉

[索隱]述贊曰太上失德法令滋起破觚爲圜禁暴不止姦僞斯熾慘酷爰始乳獸揚威蒼鷹側翅舞文巧詆懷生可恃

史記卷一百二十二考證

酷吏列傳遂使書獄集解如淳曰決獄之書謂律令也○劉奉世曰謂案牘耳非律令也

弟繫導官集解如淳曰大官之別也主酒○漢書師古注導擇也以主擇米故曰導官

使吏捕案湯左田信等○臣照按前云湯客田甲賈人始湯與錢通此下云湯欲奏請信輒知之居物致富與湯分之前又云甲有賢操責湯行義過失有烈士風後文云天子案誅三長史出田信豈田信即田甲乎

猾民佐吏爲治索隱案謂豪猾之人干豫吏政故云佐吏爲理也○臣照按猾民畏縱之嚴反爲吏耳目助治公務以自效師古解最得如索隱所云則是今之把持官吏也

失之旁郡國梨求○淩稚隆曰梨求漢書作追求

尸亡去歸葬集解徐廣曰尹齊死未及斂恐怨家欲燒之屍亦飛去○楊愼曰尸亡去者謂齊死而遺命其家潛逃歸葬耳徐廣之說事涉神怪且不達文義

王溫舒免中尉而宣爲左內史○歸有光曰漢書作王溫舒爲中尉而宣爲左內史按溫舒未嘗免作爲字是張湯死溫舒自中尉徙廷尉意即此時

雖慘酷斯稱其位矣○臣照按遷身被腐刑受酷吏之害又諸酷吏皆武帝意所向故深其文使讀者自明非正辭也

史記卷一百二十三

漢　太　史　令司馬遷　撰

宋　中　郎　外　兵　曹　參　軍　裴　駰　集解

唐　國　子　博　士　弘　文　館　學　士　司　馬　貞　索隱

唐　諸　王　侍　讀　率　府　長　史　張　守　節　正義

大宛列傳第六十三[索隱]案此傳合在西南夷下不宜在酷吏游俠之間斯蓋並司馬公之殘闕褚先生補之失也幸不深尤焉

大宛之跡[正義]漢書云大宛國去長安萬二千五百五十里東至都護治西南至大月氏南亦至大月氏北至康居括地志云率都沙那國亦名蘇對沙那國本漢大宛國[索隱]宛音苑又于袁反見自張騫張騫漢中人[索隱]陳壽益部耆舊傳云騫漢中成固人建元中爲郎是時天子問匈奴降者皆言匈奴破月氏王[正義]氏音支按在涼甘肅瓜沙等州本月氏國之地漢書云本居敦煌祁連間是也以其頭爲飲器[集解]韋昭曰飲器椑榼也單于以月氏王頭爲飲器晉灼曰飲器虎子之屬也或曰飲酒器也[正義]漢書匈奴傳云元帝遣車騎都尉韓昌光祿大夫張猛與匈奴盟以老上單于所破月氏王頭爲飲器者共飲血盟月氏遁逃而常怨仇匈奴無與共擊之漢方欲事滅胡聞此言因欲通使道必更匈奴中[索隱]更經也音羹乃募能使者騫以郎應募使月氏與堂邑氏故胡奴甘父[集解]駰案漢書音義曰堂邑氏姓胡奴甘父字[索隱]案謂堂邑縣人家胡奴名甘父也下云堂邑父者蓋後史家從省唯稱堂邑父而畧甘字或甘其姓號也俱出隴西經匈奴[索隱]謂道經匈奴匈奴得之傳詣單于單于留之曰月氏在吾北漢何以得往使吾欲使越漢肯聽我乎留騫十餘歲與妻有子然騫持漢節不失居匈奴中益寬騫因與其屬亡鄉月氏西走數十日至大宛大宛聞漢之饒財欲通不得見騫喜問曰若欲何之騫曰爲漢使月氏而爲匈奴所閉道今亡唯王使人導送我誠得至反漢漢之賂遺王財物不可勝言大宛以爲然遣騫[索隱]謂大宛發遣騫西也爲發導驛抵康居[索隱]發導謂發驛令人導引而至康居也導音道抵至也居音渠[正義]抵至也居其尼反括地志云康居國在京西一萬六百里其西北可二千里有奄蔡酒國也康居傳致大月氏[正義]此大月氏在大宛西南于嬀水北爲王庭漢書云去長安萬一千六百里大月氏王已爲胡所殺立其太子爲王[集解]徐廣曰一云夫人爲王夷狄亦或女主[索隱]案漢書張騫傳云立其夫人爲王也既臣大夏而居[索隱]居作君謂月氏以大夏爲臣而爲之作君也[正義]既盡也大夏國在嬀水南地肥饒少寇志安樂又自以遠漢殊無報胡之心騫從月氏至大夏竟不能得月氏要領[集解]駰案漢書音義曰要領要契[索隱]小顏以爲要衣要領衣領凡持衣者必執要與領言騫不能得月氏意趣無以持歸于漢劉氏云不得其要害然頗是其意于文字爲疏者也留歲餘還並南山[正義]並白浪反南山即連終南山從京南東至華山過河東北連延至海即中條山也從京南連接至蔥嶺萬餘里故云並南山也西域傳云其南山東出金城與漢南山屬焉欲從羌中歸[正義]說文云羌西方牧羊人也南方蠻閩從虫北方狄從犬東貊從豸西方羌從羊復爲匈奴所得留歲餘單于死[集解]徐廣曰元朔三年左谷蠡王攻其太子自立國內亂騫與胡妻及堂邑父俱亡歸漢漢拜騫爲太中大夫堂邑父爲奉使君[索隱]堂邑父之官號也騫爲人彊力寬大信人蠻夷愛之堂邑父故胡人善射窮急射禽獸給食初騫行時百餘人去十三歲唯二人得還騫身所至者大宛大月氏大夏康居而傳聞其旁大國五六具爲天子言之曰大宛在匈奴西南在漢正西去漢可萬里其俗土著耕田田稻麥有蒲陶酒多善馬[索隱]案外國傳云外國稱天下有三衆中國人衆大秦寶衆月氏馬衆馬汗血其先天馬子也[集解]駰案漢書音義曰大宛國有高山其上有馬不可得因取五色母馬置其下與交生駒汗血因號曰天馬子有城郭屋室其屬邑大小七十餘城衆可數十萬其兵弓矛騎射其北則康居西則大月氏西南則大夏東北則烏孫東則扜罙于寘[集解]徐廣曰漢紀曰拘彌國去于寘三百里[索隱]扜罙國名也音汗彌寘音田又音殿漢紀謂荀悅所說漢紀拘彌即扜罙也則拘彌與扜罙同是一名也于寘之西則水皆西流注西海其東水東流注鹽澤[索隱]鹽水也太康地記云河北得水爲河塞外得水爲海也[正義]漢書云鹽澤玉門關三百餘里廣袤三四百里其水皆潛行地下南出于積石山爲中國河括地志云蒲昌海一名泑澤一名鹽澤一名輔日海亦名穿蘭亦名臨海在沙州西南玉門關在沙州壽昌縣西六里鹽澤潛行地下其南則河源出焉[索隱]案漢書西南夷傳云河有兩源一出蔥嶺山一出于寘山海經云河出崑崙東北隅郭璞云河出崑崙潛行地下至蔥嶺山于寘國復分流岐出合而東注泑澤已而復行積石爲中國河泑澤即鹽澤也一名蒲昌海西域傳云于寘在南山下與郭璞注山海經不同廣志云蒲昌海在蒲類海東也多玉石河注中國而樓蘭姑師[正義]二國名姑師即車師也邑有城郭臨鹽澤鹽澤去長安可五千里匈奴右方居鹽澤以東至隴西長城南接羌鬲漢道焉

烏孫在大宛東北可二千里行國[集解]徐廣曰不土著隨畜與匈奴同俗控弦者數萬敢戰故服匈奴及盛取其羈屬不肯往朝會焉

康居在大宛西北可二千里行國與月氏大同俗控弦者八九萬人與大宛鄰國國小南羈事月氏東羈事匈奴

奄蔡[正義]漢書解詁云奄蔡即闔蘇也魏畧云西與大秦通東南與康居接其國多貂畜牧水草故時羈屬康居也在康居西北可二千里行國與康居大同俗控弦

者十餘萬臨大澤無崖蓋乃北海云大月氏[正義]萬震南州志云在天竺北可七千里地高燥而遠國王稱天子國中騎乘常數十萬匹城郭宮殿與大秦國同人民赤白色便習弓馬土地所出及奇瑋珍物被服鮮好天竺不及也康泰外國傳外國稱天下有三衆中國爲人衆大秦爲寶衆月氏爲馬衆在大宛西可二三千里居媯水北其南則大夏西則安息北則康居行國也隨畜移徙與匈奴同俗控弦者可一二十萬故時彊輕匈奴及冒頓立攻破月氏至匈奴老上單于殺月氏王以其頭爲飲器始月氏居敦煌祁連間[正義]初月氏居敦煌以東祁連山以西敦煌郡今沙州祁連山在甘州西南及爲匈奴所敗乃遠去過宛西擊大夏而臣之遂都媯水北爲王庭其餘小衆不能去者保南山羌號小月氏安息[正義]地理志云安息國京西萬一千二百里自西關西行三千四百里至阿蠻國西行三千六百里至斯賓國南行度河又西南行至于羅國九百六十里安息西界極矣自乘海乃通大秦國漢書云北康居東烏弋山離西條枝國臨媯水土著以銀爲錢如其王面王死輒更錢效王面焉在大月氏西可數千里其俗土著耕田田稻麥蒲陶酒城邑如大宛其屬小大數百城地方數千里最爲大國臨媯水有市民商賈用車及船行旁國或數千里以銀爲錢錢如其王面[索隱]漢書云文獨爲王面幕爲夫人面荀悅云幕音漫無文面也張晏云錢之文面作人乘馬錢之幕作人面形韋昭云幕錢背也包愷音慢王死輒更錢效王面焉畫革旁行以爲書記[集解]韋昭曰橫行爲書記[索隱]畫音獲小顏云革皮之不柔者韋昭云外夷書皆旁行今南方林邑之徒書皆旁行不直下也其西則條枝北有奄蔡黎軒[正義]上力奚反下巨言反又巨連反後漢書云大秦一名犂鞬在西海之西東西南北各數千里有城四百餘所土地出金銀奇寶有夜光璧明月珠駭雞犀火浣布珊瑚琥珀琉璃琅玕朱丹青碧珍怪之物率出大秦康氏外國傳云其國城郭皆青水精爲及五色水晶爲壁人民多巧能化銀爲金國土市買皆金銀錢萬震南州志云大家屋舍以珊瑚爲柱琉璃爲牆壁水精爲礎舄海中斯調州上有木冬月往剝取其皮績以爲布極細手巾齊數匹與麻焦布無異色小青黑若垢污欲浣之則入火中便更精潔世謂之火浣布秦云定重參問門樹皮也括地志云火山國在扶風南東大湖海中其國中山皆火然火中有白鼠皮及樹皮績爲火浣布魏略云大秦在安條支西大海之西從安息界乘船直截海西遇風利時三月到風遲或一二歲其公私宮室爲重屋郵驛亭置如中國從安息繞海北陸到其國人民相屬十里一亭三十里一置無盜賊其俗人長大平正似中國人而胡服宋膺異物志云秦之北附庸小邑有羊羔自然生於土中候其欲萌築牆繞之恐爲獸所食其臍與地連割絕則死擊物驚之乃驚鳴臍遂絕則逐水草爲羣又大秦金二枚皆大如瓜植之滋息無極觀之如用則真金也括地志云小人國在大秦南人纔三尺其耕稼之時懼鶴所食大秦衛助之即焦僥國其人穴居也條枝[索隱]漢書作犂軒續漢書一名大秦三國並臨西海後漢書云西海環其國惟西北通陸道然漢使自烏弋以還莫有至條枝者在安息西數千里臨西海暑濕耕田稻有大鳥卵如甕[正義]漢書云條枝出獅子犀牛孔雀大雀其卵如甕和帝永元十三年安息王滿屈獻獅子大鳥世謂之安息雀廣志云鳥鷹身駝蹄色蒼舉頭八九尺張翅丈餘食大麥卵大如甕人衆甚多往往有小君長而安息役屬之以爲外國善眩[集解]應劭曰眩相詐惑[正義]顏云今吞刀吐火殖瓜種樹屠人截馬之術皆是安息長老傳聞條枝有弱水西王母而未嘗見[索隱]魏略云弱水在大秦西玄中記

云天下之弱者有崑崙之弱水鴻毛不能載也山海經云玉山西王母所居穆天子傳云天子觴西王母瑤池之上括地象云崑崙弱水非乘龍不至有三足神鳥爲王母取食也[正義]此弱水西王母既是安息長老傳聞而未曾見後漢書云桓帝時大秦國王安敦遣使自日南徼外來獻或云其國西有弱水流沙近西王母處幾於日所入也然先儒多引大荒西經云弱水云有二源俱出女國北阿耨達山南流會於女國東去國一里深丈餘闊六十步非毛舟不可濟南流入海阿耨達山即崑崙山也與大荒西經合矣然大秦國在西海中島上從安息西界過海好風用三月乃到弱水又在其國之西崑崙山弱水流在女國北出崑崙山南女國在于寘國南二千七百里于寘去京九千六百七十里計大秦與大崑崙山相去幾四五萬里非所論及而前賢誤矣此皆據漢括地論之猶恐未審然弱水二所說皆有也大夏在大宛西南二千餘里媯水南其俗土著有城屋與大宛同俗無大王長往往城邑置小長其兵弱畏戰善賈市及大月氏西徙攻敗之皆臣畜大夏大夏民多可百餘萬其都曰藍市城有市販賈諸物其東南有身毒國[集解]徐廣曰身或作乾又作訖[索隱]身音乾毒音篤孟康云即天竺也所謂浮圖胡也[正義]一名身毒在月氏東南數千里俗與月氏同而卑濕暑熱其國臨大水乘象以戰其民弱月氏脩浮圖道不殺伐遂以成俗土有象犀瑇瑁金銀鐵錫鉛西與大秦通有大秦珍物明帝夢金人長大頂有光明以問羣臣或日西方有神名曰佛其形長丈六尺而黃金色帝於是遣使天竺問佛道法遂至中國畫形像焉萬震南州志云地方三萬里佛道所出其國王居城郭殿皆彫文刻鏤街曲市里各有行列左右諸大國凡十六皆共奉之以天地之中也浮圖經云臨兒國王生隱屠太子父曰屠頭邪母曰莫邪屠身色黃髮如青絲乳有青色爪赤如銅始莫邪夢白象而孕及生從母右脇出生有髮墮地能行七步又云太子生時有二龍王夾左右吐水一龍水暖一龍水冷遂成二池今猶一冷一暖初行七步處琉璃上有太子腳跡見在生處名祇洹精舍在舍衛國南四里是長者須達所起又有阿輸迦樹是夫人所攀生太子樹也括地志云沙祇大國即舍衛國也在月氏南萬里即波斯匿王治此國共九十種知身後事城有祇樹給孤園又云天竺國有東西南北中央天竺國國方三萬里去月氏七千里大國隸屬凡二十一天竺在崑崙山南大國也治城臨恒水又云阿耨達山亦名建末達山亦名崑崙山水出一名拔扈利水一名恒伽阿耨經稱者也自崑崙山以南多是平地而下濕土肥良多種稻歲四熟留役駝馬米粒亦極大又云佛上忉利天爲母說法九十日波斯匿王思欲見佛即刻牛頭旃檀像置精舍內佛坐此像之始後人所法也佛上天青梯今變爲石沒入地唯餘十二蹬蹬閒二尺餘彼耆老言梯入地盡佛法滅又云王舍國胡語日罪悅祇國其國靈鷲山胡語曰耆闍崛山山是青石石頭似鷲鳥名耆闍鷲也崛山也山周四十里外周圍水佛於此坐禪及諸阿難等俱在此坐又云小孤石石上有石室者佛坐其中天帝釋以四十二事問佛佛一一以指畫石其跡尚存又於山上起塔佛昔將阿難在北上山四望見福田疆畔因制七條衣割截之法於此今袈裟衣是也騫曰臣在大夏時見邛竹杖蜀布[正義]邛都邛山出此竹因名邛竹節高實中或寄生可爲杖布土蘆布問曰安得此大夏國人曰吾國人往市之身毒身毒在大夏東南可數千里其俗土著大與大夏同而卑濕暑熱云其人民乘象以戰其國臨大水焉[正義]大水河也以騫度之大夏去漢萬二千里居漢西南今身毒國又居大夏東南數千里有蜀物此其去蜀不遠矣今使大夏從羌中險羌人惡之少北則爲匈奴所得從蜀宜徑[集解]如淳曰徑疾也或曰徑直又無寇天子既聞大宛及大夏安息之屬皆大國多奇物土著頗與中國同業而兵弱貴漢財物其北有大月氏康居之屬兵彊可以賂遺設利朝也且誠得而以義屬之則廣地萬里重

九譯[正義]言重重九遍譯語而致致殊俗威德徧於四海天子欣然以騫言爲然乃令騫因蜀犍爲[正義]犍其連反犍爲郡今戎州也在益州南一千餘里發閒使四道並出出駹出冄出徙[集解]徐廣曰屬漢嘉[索隱]李奇云徙音斯蜀郡有徙縣[正義]茂州向州等冄駹之地在戎州西北也出邛僰[正義]僰蒲北反從在嘉州邛今邛州僰今雅州皆在戎州西南也皆各行一二千里其北方閉氐莋[集解]服虔曰皆夷名漢使見閉於夷也[索隱]韋昭云莋縣屬越巂音昨案南越破後殺莋侯作莋都爲沈黎郡又有定莋縣[正義]氐今成州及武等州也莋白狗羌也皆在戎州西北也南方閉嶲昆明[正義]嶲州及南昆明夷也皆在戎州西南昆明之屬無君長善寇盜輒殺略漢使終莫得通然聞其西可千餘里有乘象國名曰滇越[集解]徐廣曰一作城[正義]昆郎等州皆滇國也其西有滇越越嶲則通號越細分而有嶲滇等名也而蜀賈姦出物者或至焉於是漢以求大夏道始通滇國初漢欲通西南夷費多道不通罷之及張騫言可以通大夏乃復事西南夷騫以校尉從大將軍擊匈奴知水草處軍得以不乏乃封騫爲博望侯[索隱]案張騫封號耳非地名小顏云取其能博廣瞻望也尋武帝置博望苑亦取斯義也[正義]地理志南陽博望縣是歲元朔六年也其明年騫爲衞尉與李將軍俱出右北平擊匈奴匈奴圍李將軍軍失亡多而騫後期當斬贖爲庶人是歲漢遣驃騎破匈奴西城數萬人至祁連山其明年渾邪王率其民降漢而金城河西西並南山至鹽澤空無匈奴匈奴時有候者到而希矣其後二年漢擊走單于於幕北是後天子數問騫大夏之屬騫既失侯因言曰臣居匈奴中聞烏孫王好昆莫昆莫之父匈奴西邊小國也匈奴攻殺其父[索隱]漢書父名難兜靡爲大月氏所殺而昆莫生棄於野烏嗛肉蜚其上[集解]徐廣曰讀嗛與銜同酷吏傳義縱不治道上忿銜之史記亦作嗛字[索隱]嗛音銜蜚亦飛字狼往乳之單于怪以爲神而收長之及壯使將兵數有功單于復以其父之民予昆莫令長守於西城昆莫收養其民攻旁小邑控弦數萬習攻戰單于死昆莫乃率其衆遠徙中立不肯朝會匈奴匈奴遣奇兵擊不勝以爲神而遠之因羈屬之不大攻今單于新困於漢而故渾邪地空無人蠻夷俗貪漢財物今誠以此時而厚幣賂烏孫招以益東居故渾邪之地與漢結昆弟其勢宜聽聽則是斷匈奴右臂也既連烏孫自其西大夏之屬皆可招來而爲外臣天子以爲然拜騫爲中郎將將三百人馬各二匹牛羊以萬數齎金幣帛直數千巨萬多持節副使道可使遺之他旁國騫既至烏孫烏孫王昆莫見漢使如單于禮騫大慙知蠻夷貪乃曰天子致賜王不拜則還賜昆莫起拜賜其他如故騫諭使指曰烏孫能東居渾邪地則漢遣翁主爲昆莫夫人烏孫國分王老而遠漢未知其大小素服屬匈奴日久矣且又近之其大臣皆畏胡不欲移徙王不能專制

騫不得其要領昆莫有十餘子其中子曰大祿彊善將衆將衆別居萬餘騎大祿兄爲太子太子有子曰岑娶而太子蚤死臨死謂其父昆莫曰必以岑娶爲太子無令他人代之昆莫哀而許之卒以岑娶爲太子大祿怒其不得代太子也乃收其諸昆弟將其衆畔謀攻岑娶及昆莫昆莫老常恐大祿殺岑娶予岑娶萬餘騎別居而昆莫有萬餘騎自備國衆分爲三而其大總取羈屬昆莫昆莫亦以此不敢專約於騫騫因分遣副使使大宛康居大月氏大夏安息身毒于窴扜罙及諸旁國烏孫發導譯送騫還騫與烏孫遣使數十人馬數十匹報謝因令窺漢知其廣大騫還到拜爲大行列於九卿歲餘卒烏孫使既見漢人衆富厚歸報其國其國乃益重漢其後歲餘騫所遣使通大夏之屬者皆頗與其人俱來[集解]晉灼曰其國人於是西北國始通於漢矣然張騫鑿空[集解]蘇林曰鑿空開通也騫開通西域道[索隱]案謂西域險阨本無道路今鑿空而通之也其後使往者皆稱博望侯以爲質於外國[集解]如淳曰質誠信也博望侯有誠信故後使稱其意以諭外國李奇曰質信也外國由此信之自博望侯騫死後匈奴聞漢通烏孫怒欲擊之及漢使烏孫若[集解]徐廣曰漢書作及若意義亦及也出其南抵大宛大月氏相屬烏孫乃恐使使獻馬願得尚漢女翁主爲昆弟天子問羣臣議計皆曰必先納聘然後乃遣女初天子發書易[集解]駰案漢書音義曰發易書以卜云神馬當從西北來得烏孫馬好名曰天馬及得大宛汗血馬益壯更名烏孫馬曰西極名大宛馬曰天馬云而漢始築令居以西[集解]徐廣曰屬金城初置酒泉郡以通西北國因益發使抵安息奄蔡黎軒條枝身毒國而天子好宛馬使者相望於道諸使外國一輩大者數百少者百餘人人所齎持大放博望侯時其後益習而衰少焉漢率一歲中使多者十餘少者五六輩遠者八九歲近者數歲而反是時漢既滅越而蜀西南夷皆震請吏入朝於是置益州越巂牂柯沈黎汶山郡欲地接以前通大夏[集解]李奇曰欲地界相接至大夏乃遣使柏始昌呂越人等歲十餘輩出此初郡[索隱]初郡謂越巂汶山等郡也謂之初者後皆叛而併廢之抵大夏皆復閉昆明爲所殺奪幣財終莫能通至大夏焉於是漢發三輔罪人因巴蜀士數萬人遣兩將軍郭昌衞廣等往擊昆明之遮漢使者[集解]徐廣曰元封二年斬首虜數萬人而去其後遣使昆明復爲寇竟莫能得通而北道酒泉抵大夏使者既多而外國益厭漢幣不貴其物自博望侯開外國道以尊貴其後從吏卒皆爭上書言外國奇怪利害求使天子爲其絕遠非人所樂往聽其言予節募吏民毋問所從來爲具備人衆遣之以廣其道來還不

能毋侵盜幣物及使失指，天子爲其習之，輒覆案致重罪，以激怒令贖，復求使。使端無窮，而輕犯法。其吏卒亦輒復盛推外國所有，言大者予節，言小者爲副，故妄言無行之徒皆爭效之。其使皆貧人子，私縣官齎物，欲賤市以私其利外國。外國亦厭漢使人人有言輕重【集解】服虔曰漢使言於外國人人輕重不實如淳曰外國人人自言數爲漢使所侵易，度漢兵遠不能至，而禁其食物以苦漢使。漢使乏絕積怨，至相攻擊。而樓蘭、姑師小國耳【集解】徐廣曰即車師，當空道，攻劫漢使王恢等尤甚【集解】徐廣曰恢亦作怪。而匈奴奇兵時時遮擊使西國者。使者爭徧言外國災害，皆有城邑，兵弱易擊。於是天子以故遣從驃侯破奴將屬國騎及郡兵數萬，至匈河水，欲以擊胡，胡皆去。其明年，擊姑師，破奴與輕騎七百餘先至，虜樓蘭王，遂破姑師。因舉兵威以困烏孫、大宛之屬。還，封破奴爲浞野侯【集解】徐廣曰元封三年。王恢【集解】徐廣曰爲中郎將數使，爲樓蘭所苦，言天子，天子發兵令恢佐破奴擊破之，封恢爲浩侯【集解】徐廣曰捕得車師王元封四年封浩侯。於是酒泉列亭鄣至玉門矣【集解】韋昭曰玉門關在龍勒界【索隱】韋昭又云玉門縣名在酒泉【正義】括地志云沙州龍勒山在縣南百六十五里玉門關在縣西北百一十八里。

烏孫以千匹馬聘漢女，漢遣宗室女江都翁主【集解】駰案漢書曰江都王建女往妻烏孫，烏孫王昆莫以爲右夫人。匈奴亦遣女妻昆莫，昆莫以爲左夫人。昆莫曰「我老」，乃令其孫岑娶妻翁主。烏孫多馬，其富人至有四五千匹馬。

初，漢使至安息，安息王令將二萬騎迎於東界。東界去王都數千里。行比至，過數十城，人民相屬甚多。漢使還，而後發使隨漢使來觀漢廣大，以大鳥卵及黎軒善眩人獻於漢【索隱】韋昭云眩人變化惑人也魏略云黎軒多奇幻口中吹火自縛自解小顏亦以爲今之吞刀吐火植瓜種樹屠人截馬之術皆是也。及宛西小國驩潛、大益，宛東姑師、扜冞、蘇薤之屬，皆隨漢使獻見天子。天子大悅。

而漢使窮河源，河源出于窴，其山多玉石，采來【集解】瓚曰漢使采取持將來至漢，天子案古圖書，名河所出山曰崑崙云。

是時上方數巡狩海上，乃悉從外國客，大都多人則過之，散財帛以賞賜，厚具以饒給之，以覽示漢富厚焉。於是大觳抵，出奇戲諸怪物，多聚觀者，行賞賜，酒池肉林，令外國客徧觀各倉庫府藏之積，見漢之廣大，傾駭之。及加其眩者之工，而觳抵奇戲歲增變，甚盛益興，自此始。

西北外國使，更來更去。宛以西，皆自以遠，尚驕恣晏然，未可詘以禮羈縻而使也。自烏孫以西至安息，以近匈奴，匈奴困月氏也，匈奴使持單于一信，則國國傳送食，不敢留苦；及至漢使，非出幣帛不得食，不市畜不得騎用。所以然者，遠漢，而漢多財物，故必市乃得所欲，然以畏匈奴於漢使焉。宛左右以蒲陶爲酒，富人藏酒至萬餘石，久者數十歲不敗。俗嗜酒，馬嗜苜蓿。漢使取其實來，於是天子始種苜蓿、蒲陶肥饒地。及天馬多，外國使來衆，則離宮別觀旁盡種蒲陶、苜蓿極望。

自大宛以西至安息，國雖頗異言，然大同俗，相知言。其人皆深眼，多鬚頾，善市賈，爭分銖。俗貴女子，女子所言而丈夫乃決正。其地皆無絲漆，不知鑄錢器【集解】徐廣曰多作錢字又或作鐵字。及漢使亡卒降，教鑄作他兵器。得漢黃白金，輒以爲器，不用爲幣。

而漢使者往既多，其少從率多進熟於天子【集解】駰案漢書音義曰少從不如計也或云從行之微者也進熟美語如成熟者也，言曰：「宛有善馬在貳師城，匿不肯與漢使。」天子既好宛馬，聞之甘心，使壯士車令等持千金及金馬以請宛王貳師城善馬。宛國饒漢物，相與謀曰：「漢去我遠，而鹽水中數敗【集解】服虔曰水名道從外水中如淳曰道絕遠無谷草【正義】孔文祥云鹽鹽澤也言水廣遠或致風波而數敗也裴矩西域記云在西州高昌縣東東南去瓜州一千三百里並沙磧之地水草難行四面危道路不可準記行人唯以人畜骸骨及駞馬糞爲標驗以其道路惡人畜即不約行會有人於磧內時聞人喚聲不見形亦有歌哭聲數失人瞬息之間不知所在由此數有死亡蓋魑魅魍魎也，出其北有胡寇，出其南乏水草。又且往往而絕邑，乏食者多。漢使數百人爲輩來，而常乏食，死者過半，是安能致大軍乎？無柰我何。且貳師馬，宛寶馬也。」遂不肯予漢使。漢使怒，妄言【集解】如淳曰罵詈，椎金馬而去。宛貴人怒曰：「漢使至輕我！」遣漢使去，令其東邊郁成遮攻殺漢使，取其財物。於是天子大怒。諸嘗使宛姚定漢等言宛兵弱，誠以漢兵不過三千人，彊弩射之，即盡虜破宛矣。天子已嘗使浞野侯攻樓蘭，以七百騎先至，虜其王，以定漢等言爲然，而欲侯寵姬李氏，拜李廣利爲貳師將軍，發屬國六千騎，及郡國惡少年數萬人，以往伐宛。期至貳師城取善馬，故號「貳師將軍」。趙始成爲軍正，故浩侯王恢使導軍【集解】徐廣曰恢先受封一年坐使酒泉矯制國除，而李哆爲校尉，制軍事【索隱】哆音尺奢反又尺者反。是歲太初元年也。而關東蝗大起，蜚西至敦煌。

貳師將軍軍既西過鹽水，當道小國恐，各堅城守，不肯給食。攻之不能下。下者得食，不下者數日則去。比至郁成，士至者不過數千，皆饑罷。攻郁成，郁成大破之，所殺傷甚衆。貳師將軍與哆、始成等計：「至郁成尚不能舉，況至其王都乎？」引兵而還。往來二歲。還至敦煌，士不過什一二。使使上書言：「道遠多乏食；且士卒不患戰，患饑。人少，不足以拔宛。願且罷兵，益發而復往。」天子聞之，大怒，而使使遮玉門，曰軍有敢入者輒斬之！貳師恐，因留敦煌。

其夏，漢亡浞野之兵二萬餘於匈奴【集解】徐廣曰太初二年趙破奴爲浚稽將軍二萬騎擊匈奴不還也。公卿及議者皆願罷擊宛軍，專力攻胡。天子已業誅宛，宛小國而不能下，則大夏之屬輕漢，而宛善馬絕不來，烏孫、侖頭易苦漢使矣【集解】晉灼曰易輕，爲外國笑。乃案言伐宛尤不便者鄧光等，赦囚徒材官，益發惡少年及邊騎，歲餘而出敦煌者六萬人，負私從者不與。牛十萬，馬三萬餘匹，驢騾橐駝以萬數。多齎糧，兵弩甚設，天下騷動，傳相奉伐宛，凡五十餘校尉。宛王城中無井，皆汲城外流水，於是乃遣水工徙其城下水空以空其城【集解】徐廣曰空一作穴盖以水蕩敗其城也言空者令城中渴乏。益發戍甲卒十八萬，酒泉、張掖北，置居延、休屠以衛酒泉【集解】如淳曰立二縣以衛邊也或曰置二部都尉以衛酒泉，而發天下七科適【正義】音謫張晏云吏有罪一亡命二贅壻三賈人四故有市籍五父母有市籍六大父母有籍七凡七科武帝天漢四年發天下七科謫出朔方也，及載糒給貳師。轉車人徒相連屬至敦煌。而拜習馬者二人爲執驅校尉，備破宛擇取其善馬云。

於是貳師後復行，兵多，而所至小國莫不迎，出食給軍。至侖頭，侖頭不下，攻數日，屠之。自此而西，平行至宛城，漢兵到者三萬人。宛兵迎擊漢兵，漢兵射敗之，宛走入葆乘其城。貳師兵欲行攻郁成，恐留行而令宛益生詐，乃先至宛，決其水源，移之，則宛固已憂困。圍其城，攻之四十餘日，其外城壞，虜宛貴人勇將煎靡。宛大恐，走入中城。宛貴人相與謀曰：「漢所爲攻宛，以王毋寡匿善馬而殺漢使。今殺王毋寡而出善馬，漢兵宜解；即不解，乃力戰而死，未晚也。」宛貴人皆以爲然，共殺其王毋寡，持其頭遣貴人使貳師，約曰：「漢毋攻我。我盡出善馬，恣所取，而給漢軍食。即不聽，我盡殺善馬，而康居之救且至。至，我居內，康居居外，與漢軍戰。漢軍熟計之，何從？」是時康居候視漢兵，漢兵尚盛，不敢進。貳師與趙始成、李哆等計：「聞宛城中新得秦人，知穿井，而其內食尚多。所爲來，誅首惡者毋寡。毋寡頭已至，如此而不許解兵，則堅守，而康居候漢罷而來救宛，破漢軍必矣。」軍吏皆以爲然，許宛之約。宛乃出其善馬，令漢自擇之，而多出食食給漢軍。漢軍取其善馬數十匹，中馬以下牝牡三千餘匹，而立宛貴人之故待遇漢使善者名昧蔡以爲宛王【索隱】昧蔡大宛將昧音末蔡先葛反，與盟而罷兵。終不得入中城。乃罷而引歸。

初，貳師起敦煌西，以爲人多，道上國不能食，乃分爲數軍，從南北道。校尉王申生、故鴻臚壺充國等千餘人，別到郁成。郁成城守，不肯給食其軍。王申生去大軍二百里，偵而輕之，責郁成。郁成食不肯出，窺知申生軍日少，晨用三千人攻，戮殺申生等，軍破，數人脫亡，走貳師。貳師令搜粟都尉上官桀往攻破郁成。郁成王亡走康居，桀追至康居。康居聞漢已破宛，乃出郁成王予桀，桀令四騎士縛守詣大將軍【集解】如淳曰時多別將故謂貳師爲大將軍。四人相謂曰：「郁成王漢國所毒，今生將去，卒失大事。」欲殺，莫敢先擊。上邽騎士趙弟最少，拔劍擊之，斬郁成王，齎頭。弟、桀等逐及大將軍。

初，貳師後行，天子使使告烏孫，大發兵并力擊宛。烏孫發二千騎往，持兩端，不肯前。貳師將軍之東，諸所過小國聞宛破，皆使其子弟從軍入獻，見天子，因以爲質焉。貳師之伐宛也，而軍正趙始成力戰，功最多；及上官桀敢深入，李哆爲謀計，軍入玉門者萬餘人，軍馬千餘匹。貳師後行，軍非乏食，戰死不能多，而將吏貪，多不愛士卒，侵牟之，以此物故衆。天子爲萬里而伐宛，不錄過，封廣利爲海西侯。又封身斬郁成王者騎士趙弟爲新畤侯。軍正趙始成爲光祿大夫，上官桀爲少府，李哆爲上黨太守。軍官吏爲九卿者三人，諸侯相、郡守、二千石者百餘人，千石以下千餘人。奮行者官過其望【集解】駰案漢書音義曰奮迅自樂入行者，以適過行者皆絀其勞【集解】徐廣曰奮行者及以適行者雖俱有功勞今行賞計其前有罪而減其賜故曰絀其勞也絀此卒以適行故功勞不足重所以絀降之不得與奮行者齊賞也。士卒賜直四萬金。伐宛再反，凡四歲而得罷焉。

漢已伐宛，立昧蔡爲宛王而去。歲餘，宛貴人以爲昧蔡善諛，使我國遇屠，乃相與殺昧蔡，立毋寡昆弟曰蟬封爲宛王，而遣其子入質於漢。漢因使使賂賜以鎮撫之。

而漢發使十餘輩至宛西諸外國，求奇物，因風覽以伐宛之威德。而敦煌置【集解】徐廣曰一本無置字酒泉都尉【集解】徐廣曰一云置都尉又云燉煌有淵泉縣或者酒字當爲淵字也；西至鹽水，往往有亭。而侖頭有田卒數百人，因置使者護田積粟，以給使外國者。

太史公曰：禹本紀言「河出崑崙。崑崙其高二千五百餘里，日月所相避隱爲光明也。其上有醴泉、瑤池」。今自張騫使大夏之後也，窮河源，惡睹本紀所謂崑崙者乎【集解】鄧展曰漢以窮河源于何見崑崙乎尚書曰導河積石是爲河源出于積石積石在金城河關不言出于崑崙也【索隱】惡音烏於何也睹見也言張騫窮河源至于大夏于窴于何見河出崑崙乎謂禹本紀及山海經爲虛妄也然案山海經河出崑崙東北隅西域傳云南出積石山爲中國河積石本非河之發源猶尚書導洛自熊耳然其實出于蔥嶺山乃東經熊耳今推此義河亦然矣則河源本崑崙而潛流至于窴又東流至積石始入中國則山海經竝禹貢各互舉耳？故言九州山川，尚書近之矣。至禹本紀、山海經所有怪物，余不敢言之也【索隱】案漢書作所有放哉如淳云放蕩迂闊言不可信也余不敢言者亦謂山海經難可即信耳而荀悅作放効失之矣。

【索隱述贊】曰：大宛之迹，元因博望。始究河源，旋窺海上。條枝西入，天馬內向。蔥嶺無塵，鹽池息浪。曠哉絕域，往往亭障。

史記卷一百二十三考證

大宛列傳爲發導驛抵康居○麥稚隆曰挍導驛二字觀後書烏孫發導譯送騫還則此驛亦當作譯

既臣大夏而居地肥饒【索隱】居作君謂月氏以大夏為臣而為之作君也○董份曰臣大夏而居者言大夏服屬為臣而月氏因居其地也地肥饒亦言大夏故月氏居而安樂之

其少從率多進孰於天子【集解】駰案漢書音義曰少從不如計也或云從行之微者也進孰美語如成孰者也○余有丁曰進孰或是進見而孰於天子故得以進言若老成者憚行役不肯言矣注孰美之說未必然也

於是乃遣水工徙其城下水空以空其城【集解】徐廣曰空一作穴蓋以水蕩敗其城也言空者令城中渴乏○臣照按兩空字或作穴今考其文義蓋上空字是穴字耳水穴鑿水源觀後文甚明蕩敗之說非是蓋欲奪其水非灌以水也灌以水則又何渴乏之有

禹本紀言河出崑崙○困學紀聞曰三禮義宗引禹受地記王逸注離騷引禹大傳豈即太史公所謂禹本紀者歟

史記卷一百二十四

漢　太　史　令司馬遷　撰

宋　中　郎　外　兵　曹　參　軍　裴　駰　集解

唐國子博士弘文館學士司馬貞索隱

唐諸王侍讀率府長史張守節正義

游俠列傳第六十四

韓子曰儒以文亂法【集解】荀悅曰立氣齊作威福結私交以立彊於世者謂之游俠【正義】言文之敝小人以儒謂細碎苛法亂政而俠以武犯禁二者皆譏【正義】譏非言也儒敝亂法俠盛犯禁二道皆非而學士多稱於世者故太史公引韓子欲陳游俠之美而學士多稱於世云至如以術取宰相卿大夫輔翼其世主功名俱著於春秋【索隱】案春秋謂國史也以言人臣有功名則見記於國之史是俱著春秋者也固無可言者及若季次原憲閭巷人也【集解】徐廣曰仲尼弟子傳曰公晳哀字季次未嘗仕孔子稱之讀書懷獨行君子之德【索隱】行音下孟反義不苟合當世當世亦笑之故季次原憲終身空室蓬戶【正義】莊子云原憲居環堵之室蓬戶不完以桑為樞而甕牖上漏下溼匡坐而弦歌也褐衣疏食不厭死而已【索隱】厭飽也於豔反四百餘年而弟子志之不倦今游俠其行雖不軌於正義然其言必信其行必果已諾必誠不愛其軀赴士之阨困既已存亡死生矣【索隱】阨音厄而不矜其能羞伐其德蓋亦有足多者焉且緩急人之所時有也太史公曰昔者虞舜窘於井廩伊尹負於鼎俎傅說匿於傅險呂尚困於棘津【集解】徐廣曰在廣川【正義】尉繚子云太公望行年七十賣食棘津云古亦謂之石濟津故南津夷吾桎梏百里飯牛仲尼畏匡菜色陳蔡此皆學士所謂有道仁人也猶然遭此菑況以中材而涉亂世之末流乎其遇害何可勝道哉鄙人有言曰何知仁義已饗其利者為有德【索隱】已音以饗音享受也言已受其利則為有德何必知仁義也故伯夷醜周餓死首陽山而文武不以其故貶王跖蹻暴戾其徒誦義無窮由此觀之竊鉤者誅【索隱】以言小竊則為盜而受誅也竊國者侯侯之門仁義存【索隱】言人臣委質於侯王門則須存於仁義若游俠徑挺亦何必肯存仁義也非虛言也今拘學或抱咫尺之義久孤於世豈若卑論儕俗與世沈浮而取榮名哉【索隱】言拘學守義之士或抱咫尺藏徵之事遂久以當代孤負我志而不若卑論儕俗以取榮寵也而布衣之徒設取予然諾千里誦義為死不顧世此亦有所長非苟而已也故士窮窘而得委命此豈非人之所謂賢豪間者邪誠使鄉曲之俠予季次原憲比權量力效功於當世不同日而論矣要以功見言信俠客之義又曷可少哉古布衣之俠靡得而聞已近世延陵【集解】徐廣曰代郡亦有延陵縣駰案韓子云趙襄子召延陵生令車騎先至晉陽襄子時趙已并代何有延陵之號但未詳是此人非耳孟嘗春申平原信陵之徒皆因王者親屬藉於有土卿相之富厚招天下賢者顯名諸侯不可謂不賢者矣比如順風而呼聲非加疾其勢激也至如閭巷之俠脩行砥名聲施於天下【索隱】施音以豉反莫不稱賢是為難耳然儒墨皆排擯不載自秦以前匹夫之俠湮滅不見余甚恨之以余所聞漢興有朱家田仲王公劇孟郭解之徒雖時扞當世之文罔【索隱】扞郎捍也謂扞當代之法網謂犯法禁也然其私義廉潔退讓有足稱者名不虛立士不虛附至如朋黨宗彊比周設財役貧豪暴侵凌孤弱恣欲自快游俠亦醜之余悲世俗不察其意而猥以朱家郭解等令與暴豪之徒同類而共笑之也

魯朱家者與高祖同時魯人皆以儒教而朱家用俠聞所藏活豪士以百數其餘庸人不可勝言然終不伐其能歆其德諸所嘗施唯恐見之振人不贍先從貧賤始家無餘財衣不完采食不重味乘不過軥牛【集解】徐廣曰音雛駰案漢書音義曰小牛【索隱】軥音古豆反案大牛當軛專趨人之急甚己之私既陰脫季布將軍之阨及布尊貴終身不見也【索隱】案季布為漢所購求朱家以布髡鉗為奴載以廣柳車而出之及布尊貴終不見之亦高介至義之士然布竟亦不報朱家之恩自關以東莫不延頸願交焉楚田仲以俠聞喜劍父事朱家自以為行弗及田仲已死而雒陽有劇孟周人以商賈為資而劇孟以任俠顯諸侯吳楚反時條侯為太尉乘傳車將至河南得劇孟喜曰吳楚舉大事而不求孟吾知其無能為已矣天下騷動宰相得之若得一敵國云劇孟行大類朱家而好博【索隱】好六博之戲也多少年之戲然劇孟母死自遠方送喪蓋千乘及劇孟死家無餘十金之財而符離人王孟亦以俠稱江淮之間是時濟南瞯氏【索隱】瞯音閑案為郅都所誅陳周庸【索隱】陳國人姓周名庸亦以豪聞景帝聞之使使盡誅此屬其後代諸白梁韓無辟陽翟薛況陝韓孺紛紛復出焉【集解】徐廣曰陝疑當作郟字穎川有郟縣南越傳曰郟壯士韓千秋也【索隱】代代郡人有白氏豪俠非一故言諸梁國人韓姓無辟名辟音避陝當為郟陝音如冉反郟音紀洽反漢書作寒孺

郭解軹人也【索隱】漢書云河內軹人也字翁伯善相人者許負外孫也解父以任俠孝文時誅死解為人短小精悍不飲酒少時陰賊【索隱】以內心忍害慨不快意身所殺甚衆以軀借交報仇藏命作姦【索隱】案謂亡命也剽攻不休及鑄錢掘冢固不可勝數適有天幸窘急常得脫若遇赦及解年長更折節為儉以德報怨厚施而薄望然其自喜為俠益甚【索隱】蘇林云言性喜為俠也既已振人之命不矜其功其陰賊著於心卒發於睚眥如故云而少年慕其行亦輒為報仇不使知也解姊子負解之勢【索隱】負恃也與人飲使之嚼【集解】徐廣曰音子妙反盡酒也非其任彊必灌之人怒拔刀刺殺解姊子亡去解姊怒曰以翁伯之義人殺吾子賊不得棄其尸於道弗葬欲以辱解解使人微知賊處賊窘自歸具以實告解解曰公殺之固當吾兒不直遂去其賊【集解】徐廣曰遣使去罪其姊子乃收而葬之諸公聞之皆多解之義益附焉解出入人皆避之有一人獨箕倨視之解遣人問其名姓客欲殺之解曰居邑屋至不見敬是吾德不脩也彼何罪乃陰屬尉史曰是人吾所急也【索隱】謂吾心中所急言情切急也漢書作重至踐更時脫之每至踐更數過吏弗求【集解】如淳曰更有三品有卒更有踐更有過更古有正卒無常人皆當迭為之一月一更是為卒更也貧者欲得顧更錢者次直者出錢顧之月二千是為踐更也律說卒更踐更者居縣中五月乃更也後從尉律卒踐更一月休十一月也【索隱】數音朔數頻也謂頻免之也又音色主反怪之問其故乃解使脫之箕倨者乃肉袒謝罪少年聞之愈益慕解之行雒陽人有相仇者邑中賢豪居間者以十數【索隱】色具反終不聽客乃見郭解解夜見仇家仇家曲聽解【索隱】謂屈曲聽解也解乃謂仇家曰吾聞雒陽諸公在此間多不聽者今子幸而聽解解奈何乃從他縣奪人邑中賢大夫權乎乃夜去不使人知曰且無用待我待我去令雒陽豪居其間【索隱】漢書作無庸蘇林曰且無便用吾言待我去令洛陽豪居其間也乃聽之解執恭敬不敢乘車入其縣廷之旁郡國為人請求事事可出出之不可者各厭其意然後乃敢嘗酒食諸公以故嚴重之爭為用邑中少年及旁近縣賢豪夜半過門常十餘車請得解客舍養之【集解】如淳曰解多藏亡命者故喜事年少與解同志者知亡命者多在解故多持車來欲為解迎亡者而藏之及徙豪富茂陵也解家貧不中訾【索隱】案訾不滿三百萬已上為不中吏恐不敢不徙衛將軍為言郭解家貧不中徙上曰布衣權至使將軍為言此其家不貧解家遂徙諸公送者出千餘萬軹人楊季主子為縣掾舉徙解解兄子斷楊掾頭由此楊氏與郭氏為仇解入關關中賢豪知與不知聞其聲爭交驩解解為人短小不飲酒出未嘗有騎已又殺楊季主楊季主家上書人又殺之闕下上聞乃下吏捕解解亡置其母家室夏陽【集解】徐廣曰屬馮翊【正義】故城在同州韓城縣南二十里漢夏陽也身至臨晉【正義】故城在同州馮翊縣西南二里臨晉籍少公素不知解解冒因求出關籍少公已出解解轉入太原所過輒告主人家吏逐之跡至籍少公少公自殺口絕久之乃得解窮治所犯為解所殺皆在赦前軹有儒生侍使者坐客譽郭解生曰郭解專以姦犯公法何謂賢解客聞殺此生斷其舌吏以此責解解實不知殺者殺者亦竟絕莫知為誰吏奏解無罪御史大夫公孫弘議曰解布衣為任俠行權以睚眥殺人解雖弗知此罪甚於解殺之當大逆無道遂族郭解翁伯自是之後為俠者極衆而敖而無足數者【集解】徐廣曰敖倨也然關中長安樊仲子槐里趙王孫長陵高公子西河郭公仲太原鹵公孺【集解】徐廣曰鴈門有鹵城也【索隱】漢書作魯公孺魯姓也與徐廣之說不同臨淮兒長卿東陽田君孺【索隱】漢書作陳君孺然陳田聲相近亦本同姓也【正義】其東陽蓋貝州歷亭縣者為近齊故也雖為俠而逡逡有退讓君子之風至若北道姚氏西道諸杜【索隱】蘇林云道猶方也如淳云京師四出道也南道仇景東道趙他羽公子【索隱】舊解以趙他與公子為人今案此姓趙名他羽字公子也南陽趙調之徒此盜跖居民間者耳曷足道哉此乃鄉者朱家之羞也

太史公曰吾視郭解狀貌不及中人言語不足採者然天下無賢與不肖知與不知皆慕其聲言俠者皆引以為名諺曰人貌榮名豈有既乎【集解】徐廣曰人以顏狀為貌者則貌有衰落矣惟用榮名為飾表則稱譽無極也既盡也於戲惜哉

【索隱】述贊曰游俠豪倨藉藉有聲權行州里力折公卿朱家脫季劇孟定傾急人之難免讎於更偉哉翁伯人貌榮名

史記卷一百二十四考證

游俠列傳○臣照按遷意所不滿莫若公孫丞相及衞霍觀佞幸傳之闌入衞霍可見此言儒不如俠其所為儒即指公孫輩言而班固謂其是非頗謬於聖人亦不達其旨矣

侯之門仁義存索隱言人臣委質於侯王門則須存於仁義若游俠徑挺亦何必肯存仁義也○余有丁曰按此即上文饗其利者為有德意也索隱注未明

近世延陵集解徐廣曰代郡亦有延陵縣駰案韓子云趙襄子召延陵生令車騎先至晉陽襄子特趙巳并代何有延陵之號但未詳是此人非耳○楊愼曰延陵吳季札也不必引延陵生太史公作傳其不名者必其顯著者也或曰季札豈游俠耶余曰太史公作傳既重游俠矣必援名人以尊之若貨殖傳之援子貢也子貢既入貨殖季札獨不入游俠乎故曰延陵孟嘗春申平原信陵之徒皆因王者親屬藉於有土若趙之延陵生不可言王者親屬也

且無用待我待我去○王若虛辨惑曰疑重用待我字

然關中長安樊仲子至此乃鄉者朱家之羞也○臣照按此數行皆後人所竄玩前後文義自得之

史記卷一百二十五

漢　太　史　令司馬遷　撰

宋中郎外兵曹參軍裴　駰集解

唐國子博士弘文館學士司馬貞索隱

唐諸王侍讀率府長史張守節正義

佞幸列傳第六十五

諺曰力田不如逢年善仕不如遇合【集解】徐廣曰遇一作偶 固無虛言非獨女以色媚而仕宦亦有之昔以色幸者多矣至漢興高祖至暴抗也【索隱】抗音苦浪反言暴猛抗直也 然籍孺以佞幸孝惠時有閎孺【正義】籍閎皆名也孺幼小也 此兩人非有材能徒以婉佞貴幸與上臥起公卿皆因關說【索隱】關通也謂公卿因之而通其詞說劉氏云有所言說皆關由之 故孝惠時郎侍中皆冠鵕鸃貝帶【集解】駰案漢書音義曰鵕鸃鳥名以毛羽飾冠以貝飾帶【索隱】許愼云鵕鸃鷩鳥也淮南子云趙武靈王服貝帶鵕鸃漢官儀云秦破趙以其冠賜侍中三蒼云鵕鸃神鳥也飛光映天者也 傅脂粉【索隱】音附 化閎籍之屬也兩人徙家安陵【正義】惠帝陵邑 孝文時中寵臣士人則鄧通宦者則趙同【索隱】案漢書作趙談此云同者避太史公父名也 北宮伯子【正義】顏云姓北宮名伯子也按伯子名北宮之宦者也 北宮伯子以愛人長者而趙同以星氣幸常爲文帝參乘鄧通無伎能鄧通蜀郡南安人也【集解】徐廣曰後屬犍爲 以濯船爲黃頭郎【集解】徐廣曰着黃帽也駰案漢書音義曰善濯船池中也一說能持櫂行船也土水之母故施黃旄於船頭因以名其郎曰黃頭郎【索隱】濯音棹遲教反 孝文帝夢欲上天不能有一黃頭郎從後推之上天顧見其衣裻【集解】徐廣曰一無此字【索隱】裻音篤裻衫襦之橫者 帶後穿覺而之漸臺【索隱】覺音教【正義】括地志云漸臺在長安故城中關中記云未央宮西有蒼池池中有漸臺王莽死於此臺 以夢中陰自求推者郎卽見鄧通其衣後穿夢中所見也召問其名姓姓鄧氏名通文帝說焉【索隱】漢書云上曰鄧猶登也悅之 尊幸之日異通亦愿謹不好外交雖賜洗沐不欲出於是文帝賞賜通巨萬以十數【正義】賜通巨萬以至於十也 官至上大夫文帝時時如鄧通家遊戲然鄧通無他能不能有所薦士獨自謹其身以媚上而已上使善相者相通曰當貧餓死文帝曰能富通者在我也何謂貧乎於是賜鄧通蜀嚴道銅山【正義】括地志云雅州榮經縣北三里有銅山卽鄧通得賜銅山鑄錢者邑榮經卽嚴道 得自鑄錢鄧氏錢【正義】錢譜云文字稱兩同漢四銖文 布天下其富如此文帝嘗病癰鄧通常爲帝唶吮之【索隱】唶音仕格反吮音仕兗反 文帝不樂從容問通曰天下誰最愛我者乎通曰宜莫如太子太子入問病文帝使唶癰唶癰而色難之已而聞鄧通常爲帝唶吮之心慙由此怨通矣及文帝崩景帝立鄧通免家居居無何人有告鄧通盜出徼外鑄錢下吏驗問頗有之遂竟案盡沒入鄧通家尚負責數巨萬長公主賜鄧通【集解】韋昭曰景帝姊也【索隱】案卽館陶公主也 吏輒隨沒入之【索隱】謂長公主別有物吏輒沒入以充贓也 一簪不得著身於是長公主乃令假衣食【索隱】謂公主令人假與衣食 竟不得名一錢【索隱】始天下名鄧氏錢今皆沒入卒竟無一錢名之也 寄死人家孝景帝時中無寵臣然獨郎中令周文仁【索隱】案漢書稱周仁此上稱周文今兼文仁恐後人加耳案仁字文 仁寵最過庸不乃甚篤【索隱】案庸常也言仁最被恩寵過於常人乃不甚篤如韓嫣也 今天子中寵臣士人則韓王孫嫣【索隱】音偃又音於建反 宦者則李延年嫣者弓高侯孽孫也【集解】徐廣曰韓王信之子頹當也 今上爲膠東王時嫣與上學書相愛及上爲太子愈益親嫣嫣善騎射善佞上卽位欲事伐匈奴而嫣先習胡兵以故益尊貴官至上大夫賞賜擬於鄧通時嫣常與上臥起江都王入朝有詔得從入獵上林中天子車駕蹕道未行而先使嫣乘副車從數十百騎騖馳視獸江都王望見以爲天子辟從者伏謁道傍嫣驅不見既過江都王怒爲皇太后泣曰請得歸國入宿衞比韓嫣【索隱】謂還爵封於天子而請入宿衞 太后由此嗛嫣【集解】徐廣曰嗛讀與銜同漢書作銜字 嫣侍上出入永巷不禁以姦聞皇太后皇太后怒使使賜嫣死上爲謝終不能得嫣遂死而案道侯韓說其弟也亦佞幸【索隱】說音悅 李延年中山人也父母及身兄弟及女皆故倡也延年坐法腐給事狗中【集解】徐廣曰主獵犬也【索隱】或犬監 而平陽公主言延年女弟善舞上見心說之及入永巷而召貴延年延年善歌爲變新聲而上方與天地祠欲造樂詩歌弦之延年善承意弦次初詩【索隱】初詩卽新造樂章 其女弟亦幸有子男延年佩二千石印號協聲律與上臥起甚貴幸埒如韓嫣也【集解】徐廣曰埒等也蜀都賦曰卓鄭埒名又云埒者儔等之名 久之寖與中人亂【集解】徐廣曰一云坐弟季與中人亂 出入驕恣及其女弟李夫人卒後愛弛則禽誅延年昆弟也自是之後內寵嬖臣大底外戚之家然不足數也衞青霍去病亦以外戚貴幸然頗用材能自進

太史公曰甚哉愛憎之時彌子瑕之行足以觀後人佞幸矣雖百世可知也【索隱】彌子瑕衞靈公之臣事見說苑也

索隱述贊曰傳稱令色詩刺巧言冠鵕入侍傅粉承恩黃頭賜蜀宦者同軒新聲都尉挾彈王孫泣魚竊駕著自前論

史記卷一百二十五考證

佞幸列傳文帝說焉索隱漢書云上曰鄧猶登也說之○臣照按漢書無上曰二字鄧猶登也乃班固疏解之辭索隱臆增之也

文帝崩景帝立○史通曰向若但云景帝立不言文帝崩斯亦可知矣何用兼書其事乎

仁寵最過庸不乃甚篤索隱案庸常也言仁最被恩寵過於常人乃不甚篤於韓嫣也○楊愼曰仁寵最過爲句庸不乃甚篤爲句不否同索隱句讀已非解又可笑

史記卷一百二十六

漢　太　史　令司馬遷　撰

宋中郎外兵曹參軍裴　駰集解

唐國子博士弘文館學士司馬貞索隱

唐諸王侍讀率府長史張守節正義

滑稽列傳第六十六

【索隱】滑謂亂也稽同也以言辯捷之人言非若是說是若非能亂同異也楚辭云將突梯滑稽如脂如韋崔浩云滑音骨稽流酒器也轉注吐酒終日不已言出口成章詞不窮竭若滑稽之吐酒故揚雄酒賦云鴟夷滑稽腹大如壺盡日盛酒人復籍沽是也又姚察云滑稽猶俳諧也滑讀如字稽音計也以言諧語滑利其知計疾出故云滑稽也

孔子曰六藝於治一也【正義】言六藝之文雖異禮節樂和導民立政天下平定其歸一揆至於談言微中亦以解其紛亂故治一也 禮以節人樂以發和書以道事詩以達意易以神化春秋以道義太史公曰天道恢恢豈不大哉談言微中亦可以解紛

淳于髡者齊之贅壻也【索隱】髡音苦魂反贅壻女之夫也比於子如人疣贅是餘剩之物也 長不滿七尺滑稽多辯數使諸侯未嘗屈辱齊威王之時喜隱【索隱】喜音許既反喜好也喜隱謂好隱語 好爲淫樂長夜之飲沈湎不治委政卿大夫百官荒亂諸侯並侵國且危亡在於旦暮左右莫敢諫淳于髡說之以隱曰國中有大鳥止王之庭三年不蜚又不鳴王知此鳥何也王曰此鳥不飛則已一飛沖天不鳴則已一鳴驚人於是乃朝諸縣令長七十二人賞一人誅一人奮兵而出諸侯振驚皆還齊侵地威行三十六年語在田完世家中威王八年楚大發兵加齊齊王使淳于髡之趙請救兵齎金百斤車馬十駟淳于髡仰天大笑冠纓索絕【索隱】案索訓盡言冠纓盡絕也孔衍春秋後語亦作冠纓盡絕也 王曰先生少之乎髡曰何敢王曰笑豈有說乎髡曰今者臣從東方來見道傍有穰田者【索隱】案謂爲田求福禳 操一豚蹄酒一盂而祝曰甌窶滿篝【集解】徐廣曰篝籠也【索隱】案甌窶猶杯樓也窶音如婁古字少耳言豐年收擬易可滿篝籠也【正義】窶音樓篝音溝籠也甌樓謂高地狹小之區得滿篝籠也 汙邪滿車【集解】司馬彪曰汙邪下地田也【索隱】卽下田之中有薪可滿車【正義】汙音烏 五穀蕃熟穰穰滿家臣見其所持者狹而所欲者奢故笑之於是齊威王乃益齎黃金千鎰白璧十雙車馬百駟髡辭而行至趙趙王與之精兵十萬革車千乘楚聞之夜引兵而去威王大悅置酒後宮召髡賜之酒問曰先生能飲幾何而醉對曰臣飲一斗亦醉一石亦醉威王曰先生飲一斗而醉惡能飲一石哉其說可得聞乎髡曰賜酒大王之前執法在傍御史在後髡恐懼俯伏而飲不過一斗徑醉矣若親有嚴客髡帣韝鞠𦜕【集解】徐廣曰帣收衣袖也韝臂捍也音溝鞠曲也𦜕音其紀反又與跽同謂小跪也【索隱】帣音卷紀免反謂收袖也 侍酒於前時賜餘瀝奉觴上壽數起飲不過二斗徑醉矣若朋友交遊久不相見卒然相覩歡然道故私情相語飲可五六斗徑醉矣若乃州閭之會男女雜坐行酒稽留六博投壺相引爲曹握手無罰目眙不禁【集解】徐廣曰眙吐餓反直視貌【索隱】眙音與瞪同謂直視也丑餓反又丑二反 前有墮珥後有遺簪髡竊樂此飲可八斗而醉二參【索隱】案上云五六斗徑醉矣則此爲樂亦甚飲可八斗而未徑醉故云竊樂二參言十有二參醉也 日暮酒闌合尊促坐男女同席履舄交錯杯盤狼藉堂上燭滅主人留髡而送客【集解】徐廣曰一本云留髡坐起送客 羅襦襟解微聞薌澤當此之時髡心最歡能飲一石故曰酒極則亂樂極則悲萬事盡然言不可極極之而衰以諷諫焉齊王曰善乃罷

長夜之飮以髡爲諸侯主客【正義】今鴻臚卿也宗室置酒髡嘗在側其後百餘年楚有優孟

優孟者故楚之樂人也【索隱】優者倡優也孟者字也優旃亦同旃其字耳優孟在楚旃在秦也長八尺多辯常以談笑諷諫楚莊王之時有所愛馬衣以文繡置之華屋之下席以露牀啗以棗脯馬病肥死使羣臣喪之欲以棺椁大夫禮葬之左右爭之以爲不可王下令曰有敢以馬諫者罪至死優孟聞之入殿門仰天大哭王驚而問其故優孟曰馬者王之所愛也以楚國堂堂之大何求不得而以大夫禮葬之薄請以人君禮葬之王曰何如對曰臣請以彫玉爲棺文梓爲椁楩楓豫章爲題湊【集解】蘇林曰以木累棺外木頭皆內向故曰題湊【正義】楩頻縣反發甲卒爲穿壙老弱負土齊趙陪位於前韓魏翼衞其後【集解】駰案楚莊王時未有趙韓魏三國【索隱】案此辯說者之詞後人所增飾廟食太牢奉以萬戶之邑諸侯聞之皆知大王賤人而貴馬也王曰寡人之過一至此乎爲之柰何優孟曰請爲大王六畜葬之以壠竈爲椁【索隱】皇覽亦說此事以壠竈爲礜突也銅歷爲棺【索隱】歷卽釜鬲也齎以薑棗【索隱】古者食肉用薑棗禮內則云實棗於其腹中屑桂與薑以灑諸上而鹽之也薦以木蘭祭以粳稻衣以火光葬之於人腹腸【索隱】皇覽云火送之著端葬之腸中於是王乃使以馬屬太官無令天下久聞也楚相孫叔敖知其賢人也善待之病且死屬其子曰我死汝必貧困若往見優孟言我孫叔敖之子也居數年其子窮困負薪逢優孟與言曰我孫叔敖之子也父且死時屬我貧困往見優孟優孟曰若無遠有所之【索隱】案謂優孟語孫叔敖之子曰汝無遠有所之適他境恐王後求汝不得者也卽爲孫叔敖衣冠抵掌談語【集解】駰案戰國策曰蘇秦說趙王華屋之下抵掌而言張載曰談說之容則也歲餘像孫叔敖楚王左右不能別也莊王置酒優孟前爲壽莊王大驚以爲孫叔敖復生也欲以爲相優孟曰請歸與婦計之三日而爲相莊王許之三日後優孟復來王曰婦言謂何孟曰婦言愼無爲楚相不足爲也如孫叔敖之爲楚相盡忠爲廉以治楚楚王得以霸今死其子無立錐之地貧困負薪以自飮食必如孫叔敖不如自殺因歌曰山居耕田苦難以得食起而爲吏身貪鄙者餘財不顧恥辱身死家室富又恐受賕枉法爲姦觸大罪身死而家滅貪吏安可爲也念爲廉吏奉法守職竟死不敢爲非廉吏安可爲也楚相孫叔敖持廉至死方今妻子窮困負薪而食不足爲也於是莊王謝優孟乃召孫叔敖子封之寢丘【集解】徐廣曰在固始【正義】今光州固始縣本寢丘邑也呂氏春秋云楚孫叔敖有功於國疾將死戒其子曰王數欲封我我辭不受我死必封汝汝無受利地荆楚間有寢丘者其爲地不利而前有妬谷後有戾丘其名惡可長有也其子從之楚功臣封二世而收唯寢丘不奪也四百戶以奉其祀後十世不絕此知可以言時矣其

後二百餘年秦有優旃

優旃者秦倡侏儒也善爲笑言然合於大道秦始皇時置酒而天雨陛楯者皆沾寒優旃見而哀之謂之曰汝欲休乎陛楯者皆曰幸甚優旃曰我卽呼汝汝疾應曰諾居有頃殿上上壽呼萬歲優旃臨檻【正義】御覽反大呼曰陛楯郎郎曰諾優旃曰汝雖長何益幸雨立我雖短也幸休居於是始皇使陛楯者得半相代始皇嘗議欲大苑囿東至函谷關西至雍陳倉【正義】今岐州雍縣及陳倉縣也優旃曰善多縱禽獸於其中寇從東方來令麋鹿觸之足矣始皇以故輟止二世立又欲漆其城優旃曰善主上雖無言臣固將請之漆城雖於百姓愁費然佳哉漆城蕩蕩寇來不能上卽欲就之易爲漆耳顧難爲蔭室於是二世笑之以其故止居無何二世殺死優旃歸漢數年而卒

太史公曰淳于髡仰天大笑齊威王橫行優孟搖頭而歌負薪者以封優旃臨檻疾呼陛楯得以半更豈不亦偉哉

褚先生曰臣幸得以經術爲郎而好讀外家傳語竊不遜讓復作故事滑稽之語六章編之左方可以覽觀揚意以示後世好事者讀之以游心駭耳以附益上方太史公之三章武帝時有所幸倡郭舍人者發言陳辭雖不合大道然令人主和說武帝少時東武侯母【索隱】案東武縣名侯乳母姓也常養帝【正義】高祖功臣表云東武侯郭家高祖六年封子他孝景六年棄市國除蓋他母常養武帝帝壯時號之曰大乳母率一月再朝朝奏入有詔使幸臣馬游卿以帛五十匹賜乳母又奉飮糒飧養乳母乳母上書曰某所有公田願得假倩之帝曰乳母欲得之乎以賜乳母乳母所言未嘗不聽有詔得令乳母乘車行馳道中當此之時公卿大臣皆敬重乳母乳母家子孫奴從者橫暴長安中當道掣頓人車馬奪人衣服聞於中不忍致之法有司請徙乳母家室處之於邊奏可乳母當入至前面見辭乳母先見郭舍人爲下泣舍人曰卽入見辭去疾步數還顧乳母如其言謝去疾步數還顧郭舍人疾言罵之曰咄老女子何不疾行陛下已壯矣寧尚須汝乳而活邪尚何還顧於是人主憐焉悲之乃下詔止無徙乳母罰譖之者【索隱】謂武帝罰譖乳母之人也

武帝時齊人有東方生名朔【索隱】仲長統云遷爲滑稽傳敍優旃事不稱東方朔非也朔之行事豈直旃孟之比哉而桓譚亦以遷內爲是又非也【正義】漢書云平原厭次人也輿地志云厭次宜是富平縣之鄉聚名也括地志云富平故城在滄州陽信縣東南四十里漢縣也以好古傳書愛經術多所博觀外家之語【索隱】案東方朔亦多博觀外家之語則外家非正經史卽傳記雜說之書朔初入長安至公車上書【正義】百官表云衞尉屬官有公車司馬漢儀注云公車司馬掌殿司馬門夜徼宮天下上事及闕下凡所徵召皆總領之秩六百石凡用三千奏牘公車令兩人共持舉其書僅然能勝之人主從上方讀之止輒乙其處讀之二月乃盡詔拜以爲郎常在側侍中數召至前談語人主未嘗不說也時詔賜之飯於前飯已盡懷其餘肉持去衣盡汙數賜縑帛檐揭而去徒用所賜錢帛取少婦於長安中好女率取婦一歲所者卽棄去更取婦所賜錢財盡索之於女子人主左右諸郎半呼之狂人人主聞之曰令朔在事無爲是行者若等安能及之哉朔任其子爲郎又爲侍謁者常持節出使朔行殿中郎謂之曰人皆以先生爲狂朔曰如朔等所謂避世於朝廷間者也古之人乃避世於深山中時坐席中酒酣據地歌曰陸沈於俗【索隱】司馬彪云謂無水而沈之避世金馬門宮殿中可以避世全身何必深山之中蒿廬之下金馬門者宦署門也門傍有銅馬故謂之曰金馬門時會聚宮下博士諸先生與論議共難之【索隱】案謂朔設詞對之卽下文荅客難是也曰蘇秦張儀一當萬乘之主而都卿相之位澤及後世今子大夫修先王之術慕聖人之義諷誦詩書百家之言不可勝數著於竹帛自以爲海內無雙卽可謂博聞辯智矣然悉力盡忠以事聖帝曠日持久積數十年官不過侍郎位不過執戟意者尚有遺行邪其故何也東方生曰是固非子之所能備也彼一時也此一時也豈可同哉夫張儀蘇秦之時周室大壞諸侯不朝力政爭權相禽以兵并爲十二國未有雌雄得士者彊失士者亡故說聽行通身處尊位澤及後世子孫長榮今非然也聖帝在上德流天下諸侯賓服威振四夷連四海之外以爲帶安於覆盂天下平均合爲一家動發舉事猶如運之掌中賢與不肖何以異哉方今以天下之大士民之衆竭精馳說並進輻湊者不可勝數悉力慕義困於衣食或失門戶使張儀蘇秦與僕並生於今之世曾不能得掌故安敢望常侍侍郎乎傳曰天下無害菑雖有聖人無所施其才上下和同雖有賢者無所立功故曰時異則事異雖然安可以不務修身乎詩曰鼓鐘于宮聲聞于外鶴鳴九皐聲聞于天苟能修身何患不榮太公躬行仁義七十二年逢文王得行其說封於齊七百歲而不絕此士之所以日夜孜孜修學行道不敢止也今世之處士時雖不用崛然獨立塊然獨處上觀許由下察接輿策同范蠡忠合子胥天下和平與義相扶寡偶少徒固其常也子何疑於余哉於是諸先生默然無以應也建章宮【正義】在長安縣西北二十里長安故城下後閤重櫟中有物出焉【索隱】重音逐龍反櫟音歷重櫟欄楯之下有重欄處也其狀似麋以聞武帝往臨視之問左右羣臣習事通經術者莫能知詔東方朔視之朔曰臣知之願賜美酒粱飯大飱臣臣乃言詔曰可已飱又曰某所有公田魚池蒲葦數頃陛下以賜臣臣朔乃言詔曰可於是朔乃肯言曰所謂騶牙者也【索隱】騶音鄒此朔以意自立名而偶中以有九牙齊等故謂之騶牙豬騶騶然也遠方當來歸義而騶牙先見其齒前後若一齊等無牙故謂之騶牙其後一歲所匈奴混邪王果將十萬衆來降漢乃復賜東方生錢財甚多至老朔且死時諫曰詩云營營青蠅止于蕃愷悌君子無信讒言讒言罔極交亂四國願陛下遠巧佞退讒言帝曰今顧東方朔多善言怪之居無幾何朔果病死傳曰鳥之將死其鳴也哀人之將死其言也善此之謂也

武帝時大將軍衞青者衞后兄也【集解】徐廣曰衞青傳曰子夫之弟也封爲長平侯從軍擊匈奴至余吾水上而還斬首捕虜有功來歸詔賜金千斤將軍出宮門齊人東郭先生以方士待詔公車當道遮衞將軍車拜謁曰願白事【集解】徐廣曰衞青傳云寗乘說青而拜爲東海都尉將軍止車前東郭先生旁車言曰王夫人新得幸於上家貧今將軍得金千斤誠以其半賜王夫人之親人主聞之必喜此所謂奇策便計也衞將軍謝之曰先生幸告之以便計請奉教於是衞將軍乃以五百金爲王夫人之親壽王夫人以聞武帝帝曰大將軍不知爲此問之安所受計策對曰受之待詔者東郭先生詔召東郭先生拜以爲郡都尉東郭先生久待詔公車貧困飢寒衣敝履不完行雪中履有上無下足盡踐地道中人笑之東郭先生應之曰誰能履行雪中令人視之其上履也其履下處乃似人足者乎及其拜爲二千石佩青緺【集解】徐廣曰音瓜一音螺青綬出宮門行謝主人故所以同官待詔者等比祖道於都門外榮華道路立名當世【集解】徐廣曰東郭先生也此所謂衣褐懷寶者也【索隱】此指東郭先生也其言身衣褐而懷寶玉也當其貧困時人莫省視至其貴也乃爭附之諺曰相馬失之瘦相士失之貧其此之謂邪王夫人病甚人主至自往問之曰子當爲王欲安所置之對曰願居洛陽人主曰不可洛陽有武庫敖倉當關口天下咽喉自先帝以來傳不爲置王然關東國莫大於

齊可以爲齊王王夫人以手擊頭呼幸甚王夫人死號曰齊王太后薨昔者齊王使淳于髡獻鵠於楚【索隱】案韓詩外傳齊使人獻鵠于楚不言髡又說苑云魏文侯使舍人無擇獻鵠于齊皆略同而事異殆相涉亂也出邑門道飛其鵠徒揭空籠造詐成辭往見楚王曰齊王使臣來獻鵠過於水上不忍鵠之渴出而飲之去我飛亡吾欲刺腹絞頸而死恐人之議吾王以鳥獸之故令士自傷殺也鵠毛物多相類者吾欲買而代之是不信而欺吾王也欲赴佗國奔亡痛吾兩主使不通故來服過叩頭受罪大王楚王曰善齊王有信士若此哉厚賜之財倍鵠在也

武帝時徵北海太守詣行在所【索隱】漢書宣帝徵勃海太守龔遂非武帝時此褚先生記謬耳有文學卒史王先生者自請與太守俱吾有益於君君許之諸府掾功曹白云王先生嗜酒多言少實恐不可與俱太守曰先生意欲行不可逆遂與俱行至宮下待詔宮府門王先生徒懷錢沽酒與衛卒僕射飲日醉不視其太守太守入跪拜王先生謂戶郎曰幸爲我呼吾君至門內遙語戶郎爲呼太守太守來望見王先生王先生曰天子卽問君何以治北海【正義】今青州令無盜賊君對曰何哉對曰選擇賢材各任之以其能賞異等罰不肖王先生曰對如是是自譽自伐功不可也願君對言非臣之力盡陛下神靈威武所變化也太守曰諾召入至于殿下有詔問之曰何以治北海令盜賊不起叩頭對言非臣之力盡陛下神靈威武之所變化也武帝大笑曰於呼安得長者之語而稱之安所受之對曰受之文學卒史帝曰今安在對曰在宮府門外有詔召拜王先生爲水衡丞以北海太守爲水衡都尉傳曰美言可以市尊行可以加人君子相送以言小人相送以財

魏文侯時西門豹爲鄴令【正義】今相州縣也豹往到鄴會長老問之民所疾苦長老曰苦爲河伯娶婦【正義】河伯華陰潼鄉人姓馮氏名夷浴於河中而溺死遂爲河伯娶婦也以故貧豹問其故對曰鄴三老廷掾常歲賦斂百姓收取其錢得數百萬用其二三十萬爲河伯娶婦與祝巫共分其餘錢持歸當其時巫行視人家女好者云是當爲河伯婦卽娉取洗沐之爲治新繒綺縠衣閒居齋戒爲治齋宮河上張緹絳帷【正義】緹他禮反顏野王云黃赤色也又音啼厚繒也女居其中爲具牛酒飯食行十餘日共粉飾之如嫁女牀席令女居其上浮之河中始浮行數十里乃沒其人家有好女者恐大巫祝爲河伯取之以故多持女遠逃亡以故城中益空無人又困貧所從來久遠矣民人俗語曰卽不爲河伯娶婦水來漂沒溺其人民云西門豹曰至爲河伯娶婦時願三老巫祝父老送女河上【正義】亭三老幸來告語之吾亦往送女皆曰諾至其時西門豹往會之河上三老官屬豪長者里父老皆會以人民往觀之者三二千人其巫老女子也已年七十從弟子女十人所皆衣繒單衣立大巫後西門豹曰呼河伯婦來視其好醜卽將女出帷中來至前豹視之顧謂三老巫祝父老曰是女子不好煩大巫嫗爲入報河伯得更求好女後日送之卽使吏卒共抱大巫嫗投之河中有頃曰巫嫗何久也弟子趣之復以弟子一人投河中有頃曰弟子何久也復使一人趣之復投一弟子河中凡投三弟子西門豹曰巫嫗弟子是女子也不能白事煩三老爲入白之復投三老河中西門豹簪筆磬折【正義】簪筆謂以毛裝簪頭長五寸插在冠前謂之爲筆言插筆備禮也磬折謂曲體揖之若石磬之形曲折也磬一片黑石凡十二片樹在虡上擊之其形皆中曲垂兩頭言人腰側似也嚮河立待良久長老吏傍觀者皆驚恐西門豹顧曰巫嫗三老不來還奈之何欲復使廷掾與豪長者一人入趣之皆叩頭叩頭且破額血流地色如死灰西門豹曰諾且留待之須臾須臾豹曰廷掾起矣狀河伯留客之久若皆罷去歸矣鄴吏民大驚恐從是以後不敢復言爲河伯娶婦西門豹卽發民鑿十二渠引河水灌民田【正義】括地志云按橫渠首接漳水蓋西門豹史起所鑿之渠也溝洫志云魏文侯時西門豹爲鄴令有令名至文侯曾孫襄王與羣臣飲願曰令吾爲臣皆非西門豹之爲人臣也史起進曰魏氏之行田也以百畝鄴獨二百畝是田惡也漳水在其旁西門不知用是不智知而不興是不仁仁智豹未之盡何足法也于是史起爲鄴令遂引漳水溉鄴以富漳魏之河名左思魏賦云西門溉其前史起灌其後也田皆溉當其時民治渠少煩苦不欲也豹曰民可以樂成不可與慮始今父老子弟雖患苦我然百歲後期令父老子孫思我言至今皆得水利民人以給足富十二渠經絕馳道到漢之立而長吏以爲十二渠橋絕馳道相比近不可欲合渠水且至馳道合三渠爲一橋鄴民人父老不肯聽長吏以爲西門君所爲也賢君之法式不可更也長吏終聽置之故西門豹爲鄴令名聞天下澤流後世無絕已時幾可謂非賢大夫哉傳曰子產治鄭民不能欺子賤治單父民不忍欺西門豹治鄴民不敢欺三子之才能誰最賢哉辯治者當能別之【集解】駰案魏文帝問羣臣三不欺於君德孰優太尉鍾繇司徒華歆司空王朗對曰臣以爲君任德則臣感義而不忍欺君任察則臣畏覺而不能欺君任刑則臣畏罪而不敢欺任德感義與夫導德齊禮有恥且格等趣者也任察畏罪與夫導政齊刑免而無恥同歸者也孔子曰爲政以德譬如北辰居其所而衆星共之考以斯言論以斯義臣等以爲不忍欺不能欺優劣之懸在於權衡非徒低卬之差乃鈞銖之覺也且前志稱仁者安仁智者利仁畏罪者強仁校其仁者功則無以殊核其爲仁者則不得不異安仁者性善者也利仁者力行者也強仁者不得已者也三仁相比則安仁優矣易稱神而化之使民宜之若君化使民然則安仁之化與夫強仁之化優劣不得不相縣絕也然則三臣之不數雖同所以不欺異矣則純以恩義崇不欺與以威察成不欺既不可而比量又不得錯綜而易處【索隱】案此三不欺自古傳記先達共所稱述今褚先生因記西門豹而稱之以成說也循吏傳記子產相鄭仁而且明故人不能欺之子賤爲政清靜唯彈琴三年不下堂而化是人見思故不忍欺之豹以威化御俗故人不敢欺之其德優劣鉅華之評實爲允當也

【索隱】述贊曰滑稽鴟夷如脂如韋敏捷之變學不失詞淳于索絕趙國興師楚優拒相寢丘獲祠偉哉方朔三章紀之

史記卷一百二十六考證

滑稽列傳此鳥不飛則已一飛沖天不鳴則已一鳴驚人○黃氏日抄曰三年不飛不鳴之語楚世家以爲伍舉語莊王今滑稽傳又以爲淳于髡說齊威果孰是孰非耶

其後百餘年楚有優孟○史通曰優孟在春秋楚莊王時淳于髡在戰國齊威王時史謂後百餘年誤矣

乃召孫叔敖子封之寢丘四百戶正義呂氏春秋云楚孫叔敖有功於國疾將死戒其子曰王數欲封我我辭不受我死必封汝汝無受利地荆楚間有寢丘者其爲地不利而前有姤谷後有戾丘其名惡可長有也其子從之楚功臣封二世而收唯寢丘不奪也○呂氏春秋異寶篇所言與正義所引大同小異曰孫叔敖疾將死戒其子曰王數封我矣吾不受也爲我死王則封汝必無受利地楚越之間有寢之丘者此其地不利而名甚惡荆人畏鬼而越人信禨可長有者其唯此也孫叔敖死王果以美地封其子而子辭請寢之丘故至今不失

乳母先見郭舍人爲下泣○西京雜記作東方朔

齊王太后薨昔者齊王使淳于髡獻鵠於楚○凌稚隆曰按此淳于髡事誤入於此

有文學卒史王先生者○漢書循吏傳作議曹王生

史記卷一百二十七

漢　太　史　令司馬遷　撰

宋　中郎外兵曹參軍裴駰集解

唐　國子博士弘文館學士司馬貞索隱

唐　諸王侍讀率府長史張守節正義

日者列傳第六十七

【集解】墨子曰墨子北之齊遇日者日者曰帝以今日殺黑龍於北方而先生之色黑不可以北墨子不聽遂北至淄水墨子不遂而反焉日者曰我謂先生不可以北然則古人占候卜筮通謂之日者墨子亦云非但史記也【索隱】案名卜筮曰日者以墨所以卜筮占候時日通名日者故也

自古受命而王王者之興何嘗不以卜筮決于天命哉其於周尤甚及秦可見代王之入任於卜者太卜之起由漢興而有【索隱】案周禮有太卜之官此云由漢興者謂漢自文帝卜大橫之後其卜官更興盛焉

司馬季主者楚人也【索隱】按云楚人而太史公不序其系蓋楚相司馬子期子反後姓也季主見列仙傳卜於長安東市宋忠爲中大夫賈誼爲博士同日俱出洗沐【正義】漢官儀五日一假洗沐也相從論議誦易先王聖人之道術究徧人情相視而歎賈誼曰吾聞古之聖人不居朝廷必在卜醫之中今吾已見三公九卿朝士大夫皆可知矣試之卜數中以觀采【索隱】卜數猶術數也音所具反劉氏云具數筮之亦通筮必以易易用大衍之數也二人卽同輿而之市游於卜肆中天新雨道少人司馬季主閒坐弟子三四人侍方辯天地之道日月之運陰陽吉凶之本二大夫再拜謁司馬季主視其狀貌如類有知者卽禮之使弟子延之坐坐定司馬季主復理前語分別天地之終始日月星辰之紀差次仁義之際列吉凶之符語數千言莫不順理宋忠賈誼瞿然而悟獵纓正襟危坐【索隱】獵猶攬也攬其冠纓而正其衣襟謂變而自飭也危一作免謂俯俛爲敬曰吾望先生之狀聽先生之辭小子竊觀於世未嘗見也今何居之卑何行之汙【索隱】音烏故反司馬季主捧腹大笑曰觀大夫類有道術者今何言之陋也何辭之野也今夫子所賢者何也所高者誰也今何以卑汙長者二君曰尊官厚祿世之所高也賢才處之今所處非其地故謂之卑言不信行不驗取不當故謂之汙夫卜筮者世俗之所賤簡也世皆言曰夫卜者多言誇嚴以得人情【索隱】謂卜者自矜誇而莊嚴以得人情也虛高人祿命以說人志擅言禍災以傷人心矯言鬼神以盡人財厚求拜謝以私於己此吾之所恥故謂之卑汙也司馬季主曰公且安坐公見夫被髮童子乎日月照之則行不照則止問之日月疵瑕吉凶則不能理由是觀之能知別賢與不肖者寡矣賢之行也直道以正諫三諫不聽則退

其譽人也不望其報惡人也不顧其怨以便國家利衆爲務故官非其任不處也祿非其功不受也見人不正雖貴不敬也見人有汙雖尊不下也得不爲喜去不爲恨非其罪也雖累辱而不愧也今公所謂賢者皆可爲羞矣卑疵而前【索隱】疵音貲孅趨而言【索隱】孅音纖趍猶足恭也相引以勢相導以利比周賓正【集解】徐廣曰客旅謂之賓人求長官謂之正以求尊譽以受公奉事私利枉主法獵農民以官爲威以法爲機求利逆暴譬無異於操白刃劫人者也初試官時倍力爲巧詐飾虛功執空文以誷主上用居上爲右試官不讓賢陳功見僞增實以無爲有以少爲多以求便勢尊位食飲驅馳從姬歌兒不顧於親犯法害民虛公家此夫爲盜不操矛弧者也攻而不用弦刃者也欺父母未有罪而弒君未伐者也何以爲高賢才乎盜賊發不能禁夷貊不服不能攝姦邪起不能塞官耗亂不能治四時不和不能調歲穀不孰不能適【索隱】適音釋適猶調也才賢不爲是不忠也才不賢而託官位利上奉妨賢者處是竊位也【索隱】奉音扶用反有人者進有財者禮是僞也子獨不見鴟梟之與鳳皇翔乎蘭芷芎藭棄於廣野蒿蕭成林使君子退而不顯衆公等是也述而不作君子義也今夫卜者必法天地象四時順於仁義分策定卦旋式正棊【集解】徐廣曰式音栻【索隱】按式即栻也旋轉也栻之形上圓象天下方法地用之則轉天綱加地之辰故云旋式棊者筮之狀正棊蓋謂卜以作卦也然後言天地之利害事之成敗昔先王之定國家必先龜策日月而後乃敢代正時日乃後入家產子必先占吉凶後乃有之【索隱】謂若卜之不祥則或不收也卜吉而後有故云有之自伏羲作八卦周文王演三百八十四爻而天下治越王句踐倣文王八卦【索隱】倣音方往反以破敵國霸天下由是言之卜筮有何負哉且夫卜筮者掃除設坐正其冠帶然後乃言事此有禮也言而鬼神或以饗忠臣以事其上孝子以養其親慈父以畜其子此有德者也而以義置數十百錢病者或以愈且死或以生患或以免事或以成嫁子娶婦或以養生此之爲德豈直數十百錢哉此夫老子所謂上德不德是以有德今夫卜筮者利大而謝少老子之云豈異於是乎莊子曰君子內無飢寒之患外無劫奪之憂居上而敬居下不爲害君子之道也今夫卜筮者之爲業也積之無委聚藏之不用府庫徙之不用輜車負裝之不重止而用之無盡索之時持不盡索之物游於無窮之世雖莊氏之行未能增於是也子何故而云不可卜哉天不足西北星辰西北移地不足東南以海爲池日中必移月滿必虧先王之道乍存乍亡公責卜者言必信不亦惑乎公見夫談士辯人乎慮事定計必是人也然不能以一言說人主意故言必稱先王語必道上古慮事定計飾先王之成功語其敗害以恐喜人主之志以求其欲多言誇嚴【集解】徐廣曰一作險莫大於此矣然欲彊國成功盡忠於上非此不立今夫卜者導惑教愚也夫愚惑之人豈能以一言而知之哉言不厭多故騏驥不能與罷驢爲駟而鳳皇不與燕雀爲羣而賢者亦不與不肖者同列故君子處卑隱以辟衆自匿以辟倫微見德順以除羣害以明天性助上養下多其功利不求尊譽公之等喁喁者也何知長者之道乎宋忠賈誼忽而自失芒乎無色【索隱】芒音莫郎反悵然噤口不能言【索隱】悵音暢噤音禁劉氏音其錦反於是攝衣而起再拜而辭行洋洋也出市門僅能自上車伏軾低頭卒不能出氣居三日宋忠見賈誼於殿門外乃相引屏語相謂自歎曰道高益安勢高益危居赫赫之勢失身且有日矣夫卜而有不審不見奪糈【集解】徐廣曰音所駰案離騷經云懷椒糈而要之王逸云糈精米所以享神爲人主計而不審身無所處【索隱】糈者卜求神之米也言卜之不中乃不見奪其糈米若爲人主計不審則身無所處也此相去遠矣猶天冠地屨也此老子之所謂無名者萬物之始也天地曠曠物之熙熙或安或危莫知居之我與若何足預彼哉彼久而愈安雖曾氏之義【集解】徐廣曰曾一作莊未有以異也久之宋忠使匈奴不至而還抵罪而賈誼爲梁懷王傅王墮馬薨誼不食毒恨而死此務華絕根者也【索隱】言宋忠賈誼皆務華而喪其身是絕其根本也

太史公曰古者卜人所以不載者多不見于篇及至司馬季主余志而著之

褚先生曰臣爲郎時游觀長安中見卜筮之賢大夫觀其起居行步坐起自動誓正其衣冠而當鄉人也有君子之風見性好解婦來卜對之顏色嚴振未嘗見齒而笑也從古以來賢者避世有居止舞澤者有居民間閉口不言有隱居卜筮間以全身者夫司馬季主者楚賢大夫游學長安通易經術黃帝老子博聞遠見觀其對二大夫貴人之談言稱引古明王聖人道固非淺聞小數之能及卜筮立名聲千里者各往往而在傳曰富爲上貴次之既貴各各學一伎能立其身黃直丈夫也陳君夫婦人也以相馬立名天下齊張仲曲成侯以善擊刺學用劍立名天下留長孺以相彘立名滎陽褚氏以相牛立名能以伎能立名者甚多皆有高世絕人之風何可勝言故曰非其地樹之不生非其意教之不成夫家之教子孫當視其所以好好含苟生活之道因而成之故曰制宅命子足以觀士子有處所可謂賢人臣爲郎時與太卜待詔爲郎者同署言曰孝武帝時聚會占家問之某日可取婦乎五行家曰可堪輿家曰不可建除家曰不吉叢辰家曰大凶歷家曰小凶天人家曰小吉太乙家曰大吉辯訟不決以狀聞制曰避諸死忌以五行爲主人取於五行者也

索隱述贊日者之名有自來矣吉凶占候著於墨子齊楚異法書亡罕紀後人斯繼季主獨美取免暴秦此焉終否

史記卷一百二十七考證

日者列傳○夌稚隆曰呂東萊考訂云此太史公所作劉辰翁云觀其辨肆淺深亦豈褚生所能

太卜之起由漢興而有索隱案周禮有太卜之官此云由漢興者謂漢自文帝卜大橫之後其卜官更興盛焉○龜策傳高祖時因秦太卜官是漢興卽有太卜不因文帝而更興盛也由漢興而有者蓋言漢興以來卽有之矣索隱說迂

比周賓正集解徐廣曰客旅謂之賓人求長官謂之正○徐孚遠曰賓正猶擯正也徐說頗曲不明

家產子必先占吉凶後乃有之索隱謂若卜之不祥則或不收也卜吉而後有故云有之○臣照按若卜而後收子則子之不得收者多矣古之人豈傷天理絕人命若是索隱之說謬矣蓋言生子必視其時日占其吉凶其後亦俱有應云爾

史記卷一百二十八

漢　太　史　令司馬遷　撰

宋　中郎外兵曹參軍裴　駰集解

唐　國子博士弘文館學士司馬貞索隱

唐　諸王侍讀率府長史張守節正義

龜策列傳第六十八

【索隱】龜策傳有錄無書褚先生所補其敘事煩蕪陋略無可取【正義】史記至元成間十篇有錄無書而褚少孫補景武紀將相年表禮書樂書律書三王世家蒯成侯日者龜策列傳日者龜策言辭最鄙陋非太史公之本意也

太史公曰自古聖王將建國受命興動事業何嘗不寶卜筮以助善唐虞以上不可記已自三代之興各據禎祥塗山之兆從而夏啓世飛燕之卜順故殷興百穀之筮吉故周王王者決定諸疑參以卜筮斷以蓍龜不易之道也蠻夷氐羌雖無君臣之序亦有決疑之卜或以金石或以草木【集解】徐廣曰一作革國不同俗然皆可以戰伐攻擊推兵求勝各信其神以知來事畧聞夏殷欲卜者乃取蓍龜已則弃去之以爲龜藏則不靈蓍久則不神至周室之卜官常寶藏蓍龜又其大小先後各有所尚要其歸等耳或以爲聖王遭事無不定決疑無不見其設稽神求問之道者以爲後世衰微愚不師智人各自安化分爲百室道散而無垠故推歸之至微要潔於精神也或以爲昆蟲之所長聖人不能與爭其處吉凶別然否多中於人至高祖時因秦太卜官天下始定兵革未息及孝惠享國日少呂后女主孝文孝景因襲掌故未遑講試雖父子疇官世世相傳其精微深妙多所遺失至今上卽位博開藝能之路悉延百端之學通一伎之士咸得自効絕倫超奇者爲右無所阿私數年之間太卜大集會上欲擊匈奴西攘大宛【集解】徐廣曰攘一作襄襄除也南收百越卜筮至預見表象先圖其利及猛將推鋒執節獲勝於彼而蓍龜時日亦有力於此上尤加意賞賜至或數千萬如丘子明之屬富溢貴寵傾於朝廷至以卜筮射蠱道巫蠱時或頗中素有眦睚不快因公行誅恣意所傷以破族滅門者不可勝數百僚蕩恐皆曰龜策能言後事覺姦窮亦誅三族夫擿策定數【集解】徐廣曰擿音逢一作達【索隱】擿謂兩手執蓍分而扐之故云擿策灼龜觀兆變化無窮是以擇賢而用占焉可謂聖人重事者乎周公卜三龜而武王有瘳紂爲暴虐而元龜不占晉文將定襄王之位卜得黃帝之兆【集解】駰案左傳曰遇黃帝戰于阪泉之兆卒受彤弓之命獻公貪驪姬之色卜而兆有口象其禍竟流五世楚靈將背周室卜而龜逆【集解】駰案左傳曰靈王卜曰余尚得天下不吉投龜詬天而呼曰是區區者而不余畀余必自取之【索隱】詬音火候反終被乾溪之敗兆應信誠於內而時人明察見之於外可不謂兩合者哉君子謂夫輕卜筮無神明者悖背人道【索隱】悖音倍背音佩信禎祥者鬼神不得其正故書建稽疑五謀而卜筮居其二五占從其多明有而不專之道也余至江南觀其行事問其長老云龜千歲乃遊蓮葉之上【集解】徐廣曰蓮一作領聲相近或假借字也蓍百莖共一根【集解】徐廣曰劉向云龜千歲而靈蓍百年而一本生百莖又其所生獸無虎狼草無毒螫江傍家人常畜龜飲食之以爲能導引致氣有益於助衰養老豈不信哉

褚先生曰臣以通經術受業博士治春秋以高第爲

郎幸得宿衞出入宮殿中十有餘年竊好太史公傳太史公之傳曰三王不同龜四夷各異卜然各以決吉凶略闚其要故作龜策列傳臣往來長安中求龜策列傳不能得故之太卜官問掌故文學長老習事者寫取龜策卜事編于下方聞古五帝三王發動舉事必先決蓍龜傳曰【索隱】此傳即太卜所得古龜之說也下有伏靈上有兎絲上有擣蓍【索隱】擣音逐留反擣蓍即藂蓍擣古稠字下有神龜所謂伏靈者在兎絲之下狀似飛鳥之形新雨已天清靜無風以夜捎兎絲去之即以篝燭此地【集解】徐廣曰篝籠也蓋然火而籠罩其上也音溝陳涉世家曰夜篝火也燭之火滅即記其處以新布四丈環置之明即掘取之入四尺至七尺得矣過七尺不可得伏靈者千歲松根也食之不死聞蓍生滿百莖者其下必有神龜守之其上常有青雲覆之傳曰天下和平王道得而蓍莖長丈其叢生滿百莖方今世取蓍者不能中古法度不能得滿百莖長丈者取八十莖已上蓍長八尺即難得也人民好用卦者取滿六十莖已上長滿六尺者即可用矣記曰能得名龜者財物歸之家必大富至千萬一曰北斗龜二曰南辰龜三曰五星龜四曰八風龜五曰二十八宿龜六曰日月龜七曰九州龜八曰玉龜凡八名龜龜圖各有文在腹下文云云者此某之龜也略記其大指不寫其圖取此龜不必滿尺二寸民人得長七八寸可寶矣今夫珠玉寶器雖有所深藏必見其光必出其神明其此之謂乎故玉處於山而木潤淵生珠而岸不枯者【集解】徐廣曰一無不字許氏說淮南以爲滋潤鍾於明珠致令岸枯也潤澤之所加也明月之珠出於江海藏於蚌中蚗蠪伏之【集解】徐廣曰許氏說淮南云蚗蠪龍屬也音決【索隱】蚗當爲蛟蠪音龍注音決誤也王者得之長有天下四夷賓服能得百莖蓍并得其下龜以卜者百言百當足以決吉凶神龜出於江水中廬江郡常歲時生龜長尺二寸者二十枚輸大卜官因以吉日剔取其腹下甲龜千歲乃滿尺二寸王者發軍行將必鑽龜廟堂之上以決吉凶今高廟中有龜室藏內以爲神寶傳曰取前足臑骨穿佩之【集解】徐廣曰臑音乃毛反臑臂【索隱】臑音乃高反一音乃導反取龜置室西北隅懸之以入深山大林中不惑臣爲郎時見萬畢石朱方傳曰有神龜在江南嘉林中【索隱】按萬畢術中有石朱方方中說嘉林中故云傳曰嘉林者獸無虎狼鳥無鴟梟草無毒螫野火不及斧斤不至是爲嘉林龜在其中常巢於芳蓮之上左脅文書曰甲子重光【集解】徐廣曰子一作于得我者匹夫爲人君有土正【集解】徐廣曰正長也爲有土之官長諸侯得我爲帝王求之於白

蛇蟠杅【集解】徐廣曰一孤反林中者齋戒以待譺然【索隱】按林名白蛇蟠杅林龜藏其中杅音烏謂白蛇嘗蟠杅此林中也譺音疑言求龜者齋戒以待譺然也狀如有人來告之因以醮酒佗髮【集解】徐廣曰佗一作被【索隱】佗音徒我反謂被髮也求之三宿而得由是觀之豈不偉哉故龜可不敬歟南方老人用龜支牀足行二十餘歲老人死移牀龜尚生不死龜能行氣導引問者曰龜至神若此然太卜官得生龜何爲輒殺取其甲乎近世江上人有得名龜畜置之家因大富與人議欲遣去人教殺之勿遣遣之破人家龜見夢曰送我水中無殺吾也其家終殺之殺之後身死家不利人民與君王者異道人民得名龜其狀類不宜殺也以往古故事言之古明王聖主皆殺而用之宋元王時得龜亦殺而用之謹連其事於左方令好事者觀擇其中焉宋元王二年江使神龜使於河至於泉陽漁者豫且舉網得而囚之【索隱】且音子余反泉陽人網元龜者置之籠中夜半龜來見夢於宋元王曰我爲江使於河而幕網當吾路泉陽豫且得我我不能去身在患中莫可告語王有德義故來告訴元王惕然而悟乃召博士衞平而問之【索隱】宋元君之臣也曰今寡人夢見一丈夫延頸而長頭衣玄繡之衣而乘輜車來見夢於寡人曰我爲江使於河而幕網當吾路泉陽豫且得我我不能去身在患中莫可告語王有德義故來告訴是何物也衞平乃援式而起【集解】徐廣曰式音勅仰天而視月之光觀斗所指定日處鄉規矩爲輔副以權衡四維已定八卦相望視其吉凶介蟲先見乃對元王曰今昔壬子【索隱】今昔猶昨夜也以今日言之謂昨夜爲今昔宿在牽牛河水大會鬼神相謀漢正南北【正義】漢天河江河固期南風新至江使先來白雲壅漢萬物盡留斗柄指日使者當囚玄服而乘輜車其名爲龜王急使人問而求之王曰善於是王乃使人馳而往問泉陽令曰漁者幾何家名誰爲豫且豫且得龜見夢於王王故使我求之泉陽令乃使吏案籍視圖水上漁者五十五家上流之廬名爲豫且泉陽令曰諾乃與使者馳而問豫且曰今昔汝漁何得豫且曰夜半時舉網得龜【集解】駰案莊子曰得白龜圓五尺使者曰今龜安在曰在籠中使者曰王知子得龜故使我求之豫且曰諾即系龜而出之籠中獻使者使者載行出於泉陽之門正晝無見風雨晦冥雲蓋其上五采青黃雷雨並起風將而行入於端門見於東箱身如流水潤澤有光望見元王延頸而前三步而止縮頸而卻復其故處元王見而怪之問衞平曰龜見寡人延頸而前以何

望也縮頸而復是何當也衞平對曰龜在患中而終昔囚王有德義使人活之今延頸而前以當謝也縮頸而卻欲亟去也元王曰善哉神至如此乎不可久留趣駕送龜勿令失期衞平對曰龜者是天下之寶也先得此龜者爲天子且十言十當十戰十勝生於深淵長於黃土知天之道明於上古游三千歲不出其域安平靜正動不用力壽蔽天地莫知其極與物變化四時變色居而自匿伏而不食春蒼夏黃秋白冬黑明於陰陽審於刑德先知利害察於禍福以言而當以戰而勝王能寶之諸侯盡服王勿遣也以安社稷元王曰龜甚神靈降于上天陷於深淵在患難中以我爲賢德厚而忠信故來告寡人寡人若不遣也是漁者也漁者利其肉寡人貪其力下爲不仁上爲無德君臣無禮何從有福寡人不忍奈何勿遣衞平對曰不然臣聞盛德不報重寄不歸天與不受天奪之寶今龜周流天下還復其所上至蒼天下薄泥塗還徧九州未嘗愧辱無所稽留今至泉陽漁者辱而囚之王雖遣之江河必怒務求報仇自以爲侵因神與謀淫雨不霽水不可治若爲枯旱風而揚埃蝗蟲暴生百姓失時王行仁義其罰必來此無佗故其祟在龜後雖悔之豈有及哉王勿遣也元王慨然而歎曰夫逆人之使絕人之謀是不暴乎取人之有以自爲寶是不彊乎寡人聞之暴得者必暴亡彊取者必後無功桀紂暴彊身死國亡今我聽子是無仁義之名而有暴彊之道江河爲湯武我爲桀紂未見其利恐離其咎寡人狐疑安事此寶趣駕送龜勿令久留衞平對曰不然王其無患天地之間累石爲山高而不壞地得爲安故云物或危而顧安或輕而不可遷人或忠信而不如誕謾【集解】徐廣曰誕一作譠音土和反【索隱】誕音由爛切謾音漫又並如字或醜惡而宜大官或美好佳麗而爲衆人患非神聖人莫能盡言春秋冬夏或暑或寒寒暑不和賊氣相奸同歲異節其時使然故令春生夏長秋收冬藏或爲仁義或爲暴彊暴彊有鄉仁義有時萬物盡然不可勝治大王聽臣臣請悉言之天出五色以辨白黑地生五穀以知善惡人民莫知辨也與禽獸相若谷居而穴處不知田作天下禍亂陰陽相錯悤悤疾疾【集解】徐廣曰一作病通而不相擇妖孽數見【正義】說文衣服謌謠草木之怪謂之妖禽獸蟲蝗之怪謂之蠥傳爲單薄聖人別其生使無相獲禽獸有牝牡置之山原鳥有雌雄布之林澤有介之蟲置之谿谷故牧人民爲之城郭內經閭術外

爲阡陌夫妻男女賦之田宅列其室屋爲之圖籍別其名族立官置吏勸以爵祿衣以桑麻養以五穀耕之耰之【集解】徐廣曰音憂【正義】耰覆種也說文云耰摩田器鉏之耨之【集解】徐廣曰耨除草也口得所嗜目得所美身受其利以是觀之非彊不至故曰田者不彊囷倉不盈【正義】說文云圓者謂之囷方者謂之京商賈不彊不得其贏婦女不彊布帛不精官御不彊其勢不成大將不彊卒不使令侯王不彊沒世無名故云彊者事之始也分之理也物之紀也所求於彊無不有也王以爲不然王獨不聞玉櫝隻雉【集解】徐廣曰隻一作雙出於昆山明月之珠出於四海鐫石拌蚌【集解】徐廣曰鐫音子旋反拌音判【索隱】拌割也傳賣於市聖人得之以爲大寶大寶所在乃爲天子今王自以爲暴不如拌蚌於海也自以爲彊不過鐫石於昆山也取者無咎寶者無患今龜使來抵網而遭漁者得之見夢自言是國之寶也王何憂焉元王曰不然寡人聞之諫者福也諛者賊也人主聽諛是愚惑也雖然禍不妄至福不徒來天地合氣以生百財陰陽有分不離四時十有二月日至爲期聖人徹焉身乃無災明王用之人莫敢欺故云福之至也人自生之禍之至也人自成之禍與福同刑與德雙聖人察之以知吉凶桀紂之時與天爭功擁遏鬼神使不得通是固已無道矣諛臣有衆桀有諛臣名曰趙梁教爲無道勸以貪狼繫湯夏臺殺關龍逢左右恐死偷諛於傍國危於累卵皆曰無傷稱樂萬歲或曰未央蔽其耳目與之詐狂湯卒伐桀身死國亡聽其諛臣身獨受殃春秋著之至今不忘紂有諛臣名爲左彊誇而目巧教爲象郎【集解】駰案禮記曰目巧之室鄭玄曰但用目巧善意作室不由法度許慎曰象牙郎將至於天又有玉牀犀玉之器象箸而羹【索隱】箸音持慮反則箸即筯爲與羹連或云箸樽也記曰羹之有菜者用梜梜者筯也聖人剖其心壯士斬其胻【集解】駰案胻音衡脚脛也箕子恐死被髮佯狂殺周太子歷囚文王昌投之石室【索隱】按殺周太子歷在囚文王昌之上則近是季歷季歷不被紂誅則其言近妄無容周更別有太子名歷也將以昔至明陰兢活之【集解】徐廣曰兢一作競【索隱】陰兢姓兢名也與之俱亡入於周地得太公望興卒聚兵與紂相攻文王病死載尸以行太子發代將號爲武王戰於牧野破之華山之陽紂不勝敗而還走圍之象郎自殺宣室【集解】徐廣曰天子之居名曰宣室身死不葬頭懸車軫四馬曳行寡人念其如此腸如涫湯【集解】徐廣曰涫音館一作沸【索隱】涫沸也是人皆富有天下而貴至天子然而大傲欲無厭時舉事而喜高貪很而驕不用忠信聽其諛臣而爲天下笑今寡人之邦居諸侯之間曾不如秋毫舉事不當

又安亡逃衞平對曰不然河雖神賢不如崑崙之山江之源理不如四海而人尚奪取其寶諸侯爭之兵革爲起小國見亡大國危殆殺人父兄虜人妻子殘國滅廟以爭此寶戰攻分爭是暴彊也故云取之以暴彊而治以文理無逆四時必親賢士與陰陽化鬼神爲使通於天地與之爲友諸侯賓服民衆殷喜邦家安寧與世更始湯武行之乃取天子春秋著之以爲經紀王不自稱湯武而自比桀紂桀紂爲暴彊也固以爲常桀爲瓦室【集解】駰案世本曰昆吾作陶張華博物記亦云桀作瓦蓋是昆吾爲桀作也紂爲象郎徵絲灼之務以費民【索隱】灼謂燔也燒絲以當薪務費人也賦斂無度殺戮無方殺人六畜以韋爲囊囊盛其血與人懸而射之與天帝爭彊逆亂四時先百鬼嘗諫者輒死諛者在傍聖人伏匿百姓莫行天數枯旱國多妖祥螟蟲歲生五穀不成民不安其處鬼神不享飄風日起正晝晦冥日月並蝕滅息無光列星奔亂皆絕紀綱以是觀之安得久長雖無湯武時固當亡故湯伐桀武王剋紂其時使然乃爲天子子孫續世終身無咎後世稱之至今不已是皆當時而行見事而彊乃能成其帝王今龜大寶也爲聖人使傳之賢士不用手足雷電將之風雨送之流水行之侯王有德乃得當之今王有德而當此寶恐不敢受王若遣之宋必有咎後雖悔之亦無及已元王大悅而喜於是元王向日而謝【索隱】蓋欲神之以謝天之賞向日者天之光明著見者也再拜而受擇日齋戒甲乙最良乃刑白雉及與驪羊以血灌龜於壇中央以刀剝之身全不傷脯酒禮之橫其腹腸荆支卜之必制其創【正義】音瘡理達於理文相錯迎使工占之所言盡當邦福重寶【集解】徐廣曰福音副藏也聞于傍鄉殺牛取革被鄭之桐【集解】徐廣曰牛革桐爲鼓也草木畢分化爲甲兵戰勝攻取莫如元王元王之時衞平相宋宋國最彊龜之力也故云神至能見夢於元王而不能自出漁者之籠身能十言盡當不能通使於河還報於江賢能令人戰勝攻取不能自解於刀鋒免剝刺之患聖能先知亟見而不能令衞平無言言事百全至身而攣當時不利又焉事賢賢者有恒常士有適然是故明有所不見聽有所不聞人雖賢不能左畫方右畫圓日月之明而時蔽於浮雲羿名善射不如雄渠蠭門【集解】駰案新序曰楚雄渠子夜行見伏石當道以爲虎而射之應弦沒羽淮南子曰射者重以逢門子之巧劉歆七畧有蠭門射法也禹名爲辯智而不能勝鬼神地柱折天故毋椽又奈何責人於全孔子聞之曰神龜知吉凶而骨直空枯【正義】凡龜其骨空中而枯也直語發聲也今河東亦然日爲德而君於天下辱於三足之烏月爲刑而相佐見食於蝦蟇蝟辱於鵲【集解】郭璞曰蝟能制虎見鵲仰地淮南萬畢曰鵲令蝟反腹者蝟憎其意而心惡之也騰蛇之神而殆於即且【集解】郭璞曰騰蛇龍屬也蝍蛆似蝗大腹食蛇腦也【正義】即津日反且則餘反即吳公也狀如蚰蜒而大黑色竹外有節理中直空虛松栢爲百木長而守門閭日辰不全故有孤虛【集解】駰案甲乙謂之日子丑謂之辰六甲孤虛法甲子旬中無戌亥戌亥即爲孤辰巳即爲虛甲戌旬中無申酉申酉爲孤寅卯即爲虛甲申旬中無午未午未爲孤子丑即爲虛甲午旬中無辰巳辰巳爲孤戌亥即爲虛甲辰旬中無寅卯寅卯爲孤申酉即爲虛甲寅旬中無子丑子丑爲孤午未即爲虛劉歆七畧有風后孤虛二十卷【正義】按歲月日時孤虛並得上法也黃金有疵白玉有瑕事有所疾亦有所徐物有所拘亦有所據罔有所數亦有所疏人有所貴亦有所不如何可而適乎物安可全乎天尚不全故世爲屋不成三瓦而陳之【集解】徐廣曰一云爲屋成欠三瓦而陳之也【索隱】劉氏云陳猶居也注作楝音都貢反【正義】言爲屋不成欠三瓦以應天猶陳列而居之以應之天下有階物不全乃生也【正義】言萬物及日月天地皆不能全驗龜之不全也

褚先生曰漁者舉網而得神龜龜自見夢宋元王元王召博士衞平告以夢龜狀平運式定日月分衡度視吉凶占龜與物色同平諫王留神龜以爲國重寶美矣古者筮必稱龜者以其令名所從來久矣余述而爲傳

三月　二月　正月【正義】言正月二月三月右轉周環終十二月者日月之龜腹下十二黑點爲十二月者二十八宿龜也　十二月　十一月【集解】駰案中關內高外下【正義】此等下至首俛大者皆卜兆之狀也　四月　首仰【正義】謂兆首仰起　足開　肣開【索隱】音琴肣謂兆足斂也　首俛大【索隱】俛音免兆首伏也　五月　橫吉　首俛大【正義】謂兆首伏而大　六月　七月　八月　九月　十月

卜禁日子亥戌不可以卜及殺龜日中如食已卜暮昏龜之徼也【索隱】徼音叫謂徼繞不明也不可以卜庚辛可以殺及以鑽之常以月旦祓龜【索隱】祓音廢又音拂拂洗之以水雞卵摩之而呪先以清水澡之以卵祓之【正義】以常月朝清水洗之以雞卵摩而祝之乃持龜而遂之若常以爲祖【集解】徐廣曰一作祝【索隱】祖法也言以爲常法人若已卜不中皆祓之以卵東向立灼以荆若剛木土【集解】徐廣曰一作十一【索隱】按古之灼龜取生荆枝及生堅木燒之斬斷以灼龜按土字合依劉氏說當遍下句卵指之者三【正義】言卜不中以土爲卵三度指之三周繞之用厭不祥也持龜以卵周環之祝曰今日吉謹以粱卵㛗黃【索隱】粱米也卵雞子也㛗一龜木也音次第之第言燒荆枝更遞而灼故有㛗名一音梯言灼之以漸如有階梯也黃者以黃絹裹粱卵以祓龜也必以黃者中之色主土而信故用雞也【正義】㛗音題㛗焦也言以粱米雞卵祓去龜之不祥令灼之不焦不黃若色焦及黃卜之不中也祓去玉靈之不祥玉靈必信以誠知萬事之情辯兆皆可占不信不誠則燒玉靈揚其灰以徵後龜其卜必北向龜甲必尺二寸

卜先以造【集解】徐廣曰音竈也灼鑽【索隱】造謂燒荆之處物若木也鑽中已又灼龜首各三又復灼所鑽中曰正身灼首曰正足【集解】徐廣曰一作止各三即以造三周龜祝曰假之玉靈夫子【索隱】尊神龜而爲之作號夫子玉靈荆灼而心令而先知而上行於天下行於淵諸靈數劉【集解】徐廣曰音策【索隱】數音所具反劉音近策或劉是策之別名此卜筮之書其字亦無可覈他皆放此莫如汝信今日良日行一良貞【集解】徐廣曰行一作身其欲卜某即得而喜不得而悔即得發鄉我身長大手足收人皆上偶不得發鄉我身挫折中外不相應手足滅去

靈龜卜祝曰假之靈龜五筮五靈不如神龜之靈知人死知人生某身良貞某欲求某物即得也頭見足發內外相應即不得也頭仰足肣內外自隨可得占

卜占病者祝曰今某病困死首上開內外交駭身節折不死首仰足肣卜病者祟曰今病有祟無呈無祟有呈兆有中祟有內外祟有外

卜繫者出不出不出橫吉安若出足開首仰有外

卜求財物其所當得得首仰足開內外相應即不得呈兆首仰足肣

卜有賣若買臣妾馬牛得之首仰足開內外相應不得首仰足肣呈兆若橫吉安

卜擊盜聚若干人在某所今某將卒若干人往擊之當勝首仰足開身正內自橋外下不勝足肣首仰身首【集解】徐廣曰一作簡內下外高

卜求當行不行行首足開不行足肣首仰若橫吉安安不行

卜往擊盜當見不見見首仰足肣有外不見足開首仰

卜往候盜見不見見首仰足肣肣勝有外不見足開首仰

卜聞盜來不來來外高內下足肣首仰不來足開首仰若橫吉安期之自次

卜遷徙去官不去去足開有肣外首仰不去自去即足肣呈兆若橫吉安

卜居官尚吉不吉吉呈兆身正若橫吉安不吉身節折首仰足開

卜居室家吉不吉吉呈兆身正若橫吉安不吉身節折首仰足開

卜歲中禾稼孰不孰孰首仰足開內外自橋外自垂不孰足肣首仰有外

卜歲中民疫不疫疫首仰足肣身節有彊外不疫身正首仰足開

卜歲中有兵無兵無兵呈兆若橫吉安有兵首仰足開身作外彊情

卜見貴人吉不吉吉足開首仰身正內自橋不吉首仰身節折足肣有外若無漁

卜請謁於人得不得得首仰足開內自橋不得首仰足肣有外

卜追亡人當得不得得首仰足肣內外相應不得首仰足開若橫吉安

卜漁獵得不得得首仰足開內外相應不得足肣首仰若橫吉安

卜行遇盜不遇遇首仰足開身節折外高內下不遇呈兆

卜天雨不雨雨首仰有外外高內下不雨首仰足開若橫吉安

卜天雨霽不霽霽呈兆足開首仰不霽橫吉命曰橫吉安以占病病甚者一日不死不甚者卜日瘳不死繫者重罪不出輕罪環出過一日不出久毋傷也求財物買臣妾馬牛一日環得過一日不得行者不行來者環至過食時不至不來擊盜不行行不遇聞盜不來徙官不徙居官家室皆吉歲稼不孰民疾疫無疾歲中無兵見人行不行不喜請謁人不行不得追亡人漁獵不得行不遇盜雨不雨霽不霽

命曰呈兆病者不死繫者出行者行來者來市買得追亡人得過一日不得問行者不到

命曰柱徹卜病不死繫者出行者行來者來而市買不得憂者毋憂追亡人不得

命曰首仰足肣有內無外占病病甚不死繫者解求財物買臣妾馬牛不得行者聞言不行來者不來聞盜不來聞言不至徙官聞言不徙居官有憂居家多災歲稼中孰民疾疫多病歲中有兵聞言不開見貴人吉請謁不行行不得善言追亡人不得漁獵不得行不遇盜雨不雨甚霽故其莫字皆爲首備問之曰備者仰也故定以爲仰此私記也

命曰首仰足肣有內無外占病病甚不死繫者不出求財買臣妾不得行者不行來者不來擊盜不見聞盜來內自驚不來徙官不徙居官家室吉歲稼不孰民疾疫有病甚歲中無兵見貴人吉請謁追亡人不得亡財物財物不出得漁獵不得行不遇盜雨不雨霽不霽凶

命曰呈兆首仰足肣以占病不死繫者未出求財物買臣妾馬牛不得行不行來不來擊盜不相見聞盜來不來徙官不徙居官久多憂居家室不吉歲稼不孰民病疫歲中毋兵見貴人不吉請謁不得漁獵得少行不遇盜雨不雨霽不霽不吉

命曰呈兆首仰足開以占病病篤死繫囚出求財物買臣妾馬牛不得行者行來者來擊盜不見盜聞盜來不來徙官徙居官不久居家室不吉歲稼不孰民疾疫有而少歲中無兵見貴人不見吉請謁追亡人漁獵不得行遇盜雨不雨霽小吉

命曰首仰足肣以占病不死繫者久毋傷也求財物買臣妾馬牛不得行者不行擊盜不行來者來聞盜來徙官聞言不徙居家室不吉歲稼不孰民疾疫少歲中毋兵見貴人得見請謁追亡人漁獵不得行遇盜雨不雨霽不霽吉

命曰首仰足開有內以占病者死繫者出求財物買臣妾馬牛不得行者行來者來擊盜行不見盜聞盜來不來徙官徙居官不久居家室不吉歲孰民疾疫有而少歲中毋兵見貴人不吉請謁追亡人漁獵不得行不遇盜雨霽霽小吉不霽吉

命曰橫吉內外自橋以占病卜日毋瘳死繫者毋罪出求財物買臣妾馬牛得行者行來者來擊盜合交等聞盜來來徙官徙居家室吉歲孰民疫無疾歲中無兵見貴人請謁追亡人漁獵得行遇盜雨霽雨霽大吉

命曰橫吉內外自吉以占病病者死繫不出求財物買臣妾馬牛追亡人漁獵不得行者不來擊盜不相見聞盜不來徙官徙居官有憂居家室見貴人請謁不吉歲稼不孰民疾疫歲中無兵行不遇盜雨不雨霽不霽不吉

命曰漁人以占病者病者甚不死繫者出求財物買臣妾馬牛擊盜請謁追亡人漁獵得行者行來聞盜來不來徙官不徙居家室吉歲稼不孰民疾疫歲中毋兵見貴人吉行不遇盜雨不雨霽不霽吉

命曰首仰足肣內高外下以占病病者甚不死繫者不出求財物買臣妾馬牛追亡人漁獵得行不行來者來擊盜勝徙官不徙居官有憂無傷也居家室多憂病歲大孰民疾疫歲中有兵不至見貴人請謁不吉行遇盜雨不雨霽不霽吉

命曰橫吉上有仰下有柱病久不死繫者不出求財物買臣妾馬牛追亡人漁獵不得行不行來不來擊盜不行不見聞盜來不來徙官不徙居家室見貴人吉歲大孰民疾疫歲中毋兵行不遇盜雨不雨霽不霽大吉

命曰橫吉榆仰以占病不死繫者不出求財物買臣妾馬牛至不得行不行來不來擊盜不行行不見聞盜來不來徙官不徙居官家室見貴人吉歲孰歲中有疾疫毋兵請謁追亡人不得漁獵至不得行不得行不遇盜雨霽不霽小吉

命曰橫吉下有柱以占病病甚不環有瘳無死繫者出求財物買臣妾馬牛請謁追亡人漁獵不得行來不來擊盜不合聞盜來來徙官居官吉不久居家室不吉歲不孰民毋疾疫歲中毋兵見貴人吉行不遇盜雨不雨霽小吉

命曰載所以占病環有瘳無死繫者出求財物買臣妾馬牛請謁追亡人漁獵得行者行來者來擊盜相見不相合聞盜來來徙官徙居家室憂見貴人吉歲孰民毋疾疫歲中毋兵行不遇盜雨不雨霽霽吉

命曰根格以占病者不死繫久毋傷求財物買臣妾馬牛請謁追亡人漁獵不得行不行來不來擊盜盜行不合聞盜不來徙官不徙居家室吉歲稼中民疾疫無死見貴人不得見行不遇盜雨不雨大吉

命曰首仰足肣外高內下卜有憂無傷也行者不來病久死求財物不得見貴人者吉

命曰外高內下卜病不死有祟市買不得居官家室不吉行者不行來者不來繫者久毋傷吉

命曰頭見足發有內外相應以占病者起繫者出行者行來者來求財物得吉

命曰呈兆首仰足開以占病病甚死繫者出有憂求財物買臣妾馬牛請謁追亡人漁獵不得行不行來不來擊盜不合聞盜來來徙官居官家室不吉歲惡民疾疫無死歲中毋兵見貴人不吉行不遇盜雨不雨霽不吉

命曰呈兆首仰足開外高內下以占病不死有外祟繫者出有憂求財物買臣妾馬牛相見不會行行來聞言不來擊盜勝聞盜來不來徙官居官家室見貴人不吉歲中民疾疫有兵請謁追亡人漁獵不得聞盜遇盜雨不雨霽凶

命曰首仰足肣身折內外相應以占病病甚不死繫者久不出求財物買臣妾馬牛漁獵不得行不行來不來擊盜有用勝聞盜來來徙官不徙居官家室不吉歲不孰民疾疫歲中有兵不至見貴人喜請謁追亡人不得遇盜凶

命曰內格外垂行者不行來者不來病者死繫者不出求財物不得見人不見大吉

命曰橫吉內外相應自橋榆仰上柱上柱足肣以占病病甚不死繫久不抵罪求財物買臣妾馬牛請謁追亡人漁獵不得行不行來不來居官家室見貴人吉徙官不徙歲不大孰民疾疫有兵有兵不會行遇盜聞言不見雨不雨霽霽大吉

命曰頭仰足肣內外自隨卜憂病者甚不死居官不得居行者行來者不來求財物不得求人不得吉

命曰橫吉下有柱卜來者來卜日即不至未來卜病者過一日毋瘳死行者不行求財物不得繫者出

命曰橫吉內外自舉以占病者久不死繫者久不出求財物得而少行者不行來者不來見貴人見吉

命曰內高外下疾輕足發求財物不得行者行病者有瘳繫者不出來者來見貴人不見吉

命曰外格求財物不得行者不行來者不來繫者不出不吉病者死求財物不得見貴人見吉

命曰內自舉外來正足發者行來者來求財物得病者久不死繫者不出見貴人見吉

此橫吉上柱外內自舉足肣以卜有求得病不死繫者毋傷未出行不行來不來見人不見百事盡吉

此橫吉上柱外內自舉柱足以作以卜有求得病死環起繫留毋傷環出行不行來不來見人不見百事吉可以舉兵

此挺詐有外以卜有求不得病不死數起繫禍罪聞言毋傷行不行來不來

此挺詐有內以卜有求不得病不死數起留禍罪無傷繫出行不行來者不來見人不見

此挺詐內外自舉以卜有求得病不死繫毋罪行行來來田賈市漁獵盡喜

此狐狢以卜有求不得病死難起繫留毋罪難出可居宅可娶婦嫁女行不行來不來見人不見有憂不憂

此狐徹以卜有求不得病者死繫留有抵罪行不行來不來見人不見言語定百事盡不吉

此首俛足肣身節折以卜有求不得病者死留繫有罪望行者不來行行來不來見人不見

此挺內外自垂以卜有求不晦病不死難起繫留毋罪難出行不行來不來見人不見不吉

此橫吉榆仰首俛以卜有求難得病難起不死繫難出毋傷也可居家室以娶婦嫁女

此橫吉上柱載正身節折內外自舉以卜病者卜日不死其一日乃死

此橫吉上柱足肣內自舉外自垂以卜病者卜日不死其一日乃死

爲人病首俛足詐有外無內病者占龜未已急死卜輕失大一日不死

首仰足肣以卜有求不得以繫有罪人言語恐之毋傷行不行見人不見

大論曰【索隱】按褚先生所取太卜雜占卦體及命兆之辭義蕪辭重殆無足採凡此六十七條則是也外者人也內者自我也外者女也內者男也首俛者憂大者身也卜者枝也大法病者足肣者生足開者死行者足開至足肣者不至行者足肣不行足開行有求足開得足肣者不得繫者足肣不出開出其卜病也足開而死者內高而外下也

【索隱述贊】曰三王異龜五帝殊卜或長或短若瓦若玉其記已亡其繇後續江使觸網見留宋國神能託夢不衛其足

史記卷一百二十八考證

龜策列傳○史通曰尋列傳所編者惟人而已至於龜策異物不類肖形而輒與黥首同科俱謂之傳不其怪乎且龜策所記全爲志體向若以八書齊列而定以書名庶幾物得其朋同聲相應者矣

故玉處於山而木潤淵生珠而岸不枯者○語本文子及荀子

宋元王時得龜亦殺而用之○事出莊子外物篇褚先生訛元公爲元王

魚者豫且○莊子作余且

教爲象郎集解許愼曰象牙郎○陳子龍曰郎之與廊古字通用也象郎似以象飾室之名或作繪象如後世畫室之意二義俱通觀後圖之象郎知定是室也

以韋爲囊囊盛其血與人懸而射之與天帝爭彊○殷本紀作武乙

史記卷一百二十九

漢　太　史　令司馬遷　撰
宋　中　郎　外　兵　曹　參　軍裴　駰集解
唐國子博士弘文館學士司馬貞索隱
唐諸王侍讀率府長　史張守節正義

貨殖列傳第六十九

【索隱】論語云賜不受命而貨殖焉廣雅云殖立也孔安國注尚書云殖生也生資貨財利也

老子曰至治之極鄰國相望【正義】音亡 雞狗之聲相聞民各甘其食美其服安其俗樂其業至老死不相往來必用此爲務輓近世塗民耳目則幾無行矣【索隱】輓音晚古字通用 太史公曰夫神農以前吾不知已至若詩書所述虞夏以來耳目欲極聲色之好口欲窮芻豢之味身安逸樂而心誇矜勢能之榮使俗之漸民久矣雖戶說以眇論終不能化【索隱】眇音妙論如字 故善者因之其次利道之其次教誨之其次整齊之最下者與之爭夫山西饒材竹穀纑【集解】徐廣曰紵屬可以爲布【索隱】穀音谷穀木名皮可爲紙纑山中紵可以爲布纑音盧紵音佇今山間野紵亦作苧 旄玉石山東多魚鹽漆絲聲色江南出枏梓【索隱】南子二音 薑桂金錫連【集解】徐廣曰音蓮鉛之未鍊者 丹沙犀瑇瑁珠璣齒革龍門碣石【正義】龍門山在絳州龍門縣碣石山在平州盧龍縣 北多馬牛羊旃裘筋角銅鐵則千里往往山出棊置【索隱】言如置棊子往往有之【正義】言出銅鐵之山方千里如圍棊之置也管子云凡天下名山五千二百七十出銅之山四百六十七出鐵之山三千六百有九山上有赭其下有鐵山上有鉛其下有銀山上有銀其下有丹山上有磁石其下有金也 此其大較也【索隱】較音角大較猶大略也 皆中國人民所喜好謠俗被服飲食奉生送死之具也故待農而食之虞而出之工而成之商而通之此寧有政教發徵期會哉人各任其能竭其力以得所欲故物賤之徵貴【索隱】徵者求也謂此處物賤求彼貴賣之 貴之徵賤各勸其業樂其事若水之趨下日夜無休時不召而自來不求而民出之豈非道之所符而自然之驗邪【索隱】符謂合於道也 周書曰農不出則乏其食工不出則乏其事商不出則三寶絕虞不出則財匱少財匱少而山澤不辟矣【索隱】辟音闢闢開也通也 此四者民所衣食之原也原大則饒原小則鮮上則富國下則富家貧富之道莫之奪予【索隱】予音與言貧富自由無奪予也 而巧者有餘拙者不足故太公望封於營丘地潟鹵【集解】徐廣曰潟音昔潟鹵鹹地也 人民寡於是太公勸其女功極技巧通魚鹽則人物歸之繦至而輻湊故齊冠帶衣履天下海岱之間斂袂而往朝焉【索隱】言齊既富饒能冠帶天下豐厚被於他邦故海岱之間斂衽而朝齊言趨利者也 其後齊中衰管子修之設輕重九府【正義】管子云輕重謂錢也夫治民有輕重之法周有大府玉府內府外府天府職內職金皆掌財幣之官故云九府也 則桓公以霸九合諸侯一匡天下而管氏亦有三歸位在陪臣富於列國之君是以齊富彊至於威宣也故曰倉廩實而知禮節衣食足而知榮辱禮生於有而廢於無故君子富好行其德小人富以適其力淵深而魚生之山深而獸往之人富而仁義附焉富者得勢益彰失勢則客無所之以而不樂夷狄益甚諺曰千金之子不死於市此非空言也故曰天下熙熙皆爲利來天下壤壤皆爲利往夫千乘之王萬家之侯百室之君尚猶患貧而況匹夫編戶之民乎

昔者越王句踐困於會稽之上乃用范蠡計然【集解】徐廣曰計然者范蠡之師也名研故諺曰研桑心筭駰案范子曰計然者葵丘濮上人姓辛氏字文子其先晉國亡公子也嘗南遊於越范蠡師事之【索隱】韋昭云計然范蠡師也蔡謨云蠡所著書名計然蓋非也吳越春秋謂之計倪漢書古今人表計然列在第四則倪之與研是一人聲相近而相亂耳 計然曰知鬭則修備時用則知物【索隱】言知時所用之物 二者形則萬貨之情可得而觀已故歲在金穰水毀木饑火旱【索隱】五行不說土者土穰也 旱則資舟水則資車【索隱】國語大夫種曰賈人旱資舟水資車以待也 物之理也六歲穰六歲旱十二歲一大饑夫糶二十病農九十病末【索隱】言米賤則農人病也故云病農若米斗直九十則商賈病故云病末末謂逐末爲商賈也 末病則財不出農病則草不辟矣上不過八十下不減三十則農末俱利平糶齊物關市不乏治國之道也積著之理【索隱】著音張呂反 務完物無息幣【索隱】久停息貨物則無利 以物相貿易腐敗而食之貨勿留無敢居貴論其有餘不足則知貴賤貴上極則反賤賤下極則反貴貴出如糞土賤取如珠玉【索隱】夫物極貴必賤極賤必貴故乘時出之如糞土者既極貴後恐其必賤故乘時出之如糞土賤取如珠玉者既極賤後恐其必貴故乘時取之如珠玉此所以爲貨殖 財幣欲其行如流水修之十年國富厚賂戰士士赴矢石如渴得飲遂報彊吳觀兵中國稱號五霸范蠡既雪會稽之恥乃喟然而歎曰計然之策七越用其五而得意既已施於國吾欲用之家乃乘扁舟【集解】漢書音義曰特舟也【索隱】扁音篇又音符殄反國語云范蠡乘輕舟 浮於江湖【正義】國語云句踐滅吳反至五湖范蠡辭於王曰君王勉之臣不復入國矣遂乘輕舟以入於五湖莫知其所終極 變名易姓適齊爲鴟夷子皮【索隱】大顏云若盛酒之鴟夷也用之則多所容納不用則可卷而懷之不忤於物也按韓子云鴟夷子皮事田成子成子去齊之燕子皮乃從之蓋范蠡也 之陶【正義】括地志云陶山在濟州平陰縣東三十五里陶山之陽也今南五里猶有朱公冢又云曹州濟陰縣東南三里有陶朱公冢又云在南郡華容縣西未詳也【索隱】服虔云陶今定陶也 爲朱公朱公以爲陶天下之中諸侯四通貨物所交易也乃治產積居與時逐【集解】駰案漢書音義曰逐時而居貨【索隱】韋昭云隨時逐利也 而不責於人【索隱】按謂擇人而與人不貧之故云不責於人也 故善治生者能擇人而任時十九年之中三致千金再分散與貧交疏昆弟此所謂富好行其德者也後年衰老而聽子孫子孫修業而息之遂至巨萬【集解】徐廣曰萬萬也 故言富者皆稱陶朱公

子贛既學於仲尼退而仕於衛廢著鬻財於曹魯之間【集解】徐廣曰子贛傳云廢居著猶居也著讀音如貯【索隱】漢書亦作貯說文云貯積也 七十子之徒賜最爲饒益原憲不厭糟糠【索隱】厭飽也 匿於窮巷子貢結駟連騎束帛之幣以聘享諸侯所至國君無不分庭與之抗禮夫使孔子名布揚於天下者子貢先後之也此所謂得勢而益彰者乎

白圭周人也當魏文侯時李克務盡地力【索隱】案漢書食貨志李悝爲魏文侯作盡地力之教國以富彊今此及漢書言克皆誤也劉向別錄則云李悝也 而白圭樂觀時變故人棄我取人取我與夫歲孰取穀予之絲漆繭取帛絮與之食【索隱】謂食穀也 太陰在卯穰【正義】太陰歲陰也歲星在卯後二辰爲太陰 明歲衰惡至午旱明歲美至酉穰明歲衰惡至子大旱明歲美有水至卯積著率【正義】律二音 歲倍欲長錢取下穀長石斗取上種能薄飲食忍嗜欲節衣服與用事僮僕同苦樂趨時若猛獸摯鳥之發故曰吾治生產猶伊尹呂尚之謀孫吳用兵商鞅行法是也是故其智不足與權變勇不足以決斷仁不能以取予彊不能有所守雖欲學吾術終不告之矣蓋天下言治生祖白圭白圭其有所試矣能試有所長非苟而已也

猗頓用盬鹽起【集解】孔叢曰猗頓魯之窮士也耕則常飢桑則常寒聞朱公富往而問術焉朱公告之曰子欲速富當畜五牸於是乃適西河大畜牛羊于猗氏之南十年之間其息不可計貲擬王公馳名天下以興富於猗氏故曰猗頓【索隱】盬音古按周禮鹽人云共苦鹽杜子春以爲苦讀如盬謂出鹽直用不鍊也一說云盬鹽河東大鹽散鹽東海煑水爲鹽也【正義】按猗氏蒲州縣也河東鹽池是畦鹽作畦若種韭一畦天雨下池中鹹淡得均卽畎池中水上畔中深一尺許以日暴之五六日則成鹽若白礬石大小如雙陸及暮則呼爲畦鹽或有花鹽緣黃河鹽池有八九所而鹽州有烏池猶出三色鹽有井鹽畦鹽花鹽其池中鑿井深一二尺去泥卽到鹽掘取若至一丈則著平石無鹽矣其色或白或青黑名曰井鹽畦鹽若河東者花鹽池中有下隨而大小成鹽其下方微空上頭隨雨下池中其滴高起若塔子形處曰花鹽亦曰卽成鹽焉池中心有泉井水淡所作池人馬盡汲此井其鹽四分入官一分入百姓也池中又鑿得鹽塊闊一尺餘高二尺白色光明洞徹年貢之也 而邯鄲郭縱以鐵冶成業與王者埒富

烏氏倮【集解】韋昭曰烏氏縣名屬安定倮名也【索隱】漢書作贏烏氏姓倮音魯可反【正義】烏氏故城在涇州安定縣東四十里倮名也 畜牧及眾斥賣求奇繒物間【集解】徐廣曰間一作奸不以公正謂之奸也 獻遺戎王【索隱】謂畜牧及至眾多之時斥而賣之以求奇物也間獻猶私獻也 戎王什倍其償與之畜【索隱】謂戎王償之牛羊十倍也 畜至用谷量馬牛【集解】韋昭曰滿谷則不復數【索隱】谷音欲 秦始皇帝令倮比封君以時與列臣朝請而巴蜀寡婦清【索隱】漢書作巴寡婦清巴寡婦之邑清其名 其先得丹穴【集解】徐廣曰涪陵出丹【正義】括地志云寡婦清臺山俗名貞女山在涪州永安縣東北七十里也 而擅其利數世家亦不訾【正義】訾音子兒反言貲財眾多不可訾量一云清多以財餉遺四方用衛其業故財亦不多積聚 清寡婦也能守其業用財自衛不見侵犯秦皇帝以爲貞婦而客之爲築女懷清臺夫倮鄙人牧長清窮鄉寡婦禮抗萬乘名顯天下豈非以富邪

漢興海內爲一開關梁弛山澤之禁是以富商大賈周流天下交易之物莫不通得其所欲而徙豪傑諸侯彊族於京師

關中自汧雍以東至河華膏壤沃野千里自虞夏之貢以爲上田而公劉適邠大王王季在岐文王作豐武王治鎬故其民猶有先王之遺風好稼穡殖五穀地重【索隱】言重於耕稼也 重爲邪【索隱】重音逐隴反重者難也畏不敢爲奸邪【正義】重並逐拱反言關中地重厚民亦重難不爲邪惡 及秦文孝繆居雍隙【集解】徐廣曰隙者間孔也地居隴蜀之間要路故曰隙【正義】雍縣岐州雍縣也 隴蜀之貨物而多賈【索隱】賈音古 獻孝公徙櫟邑【集解】徐廣曰在馮翊【索隱】櫟音藥卽櫟陽 櫟邑北卻戎翟東通三晉亦多大賈武昭治咸陽因以漢都長安諸陵四方輻湊並至而會地小人眾故其民益玩巧而事末也南則巴蜀巴蜀亦沃野地饒卮【集解】徐廣曰音支烟支也紫赤色也 薑丹沙石銅鐵【集解】徐廣曰邛都出銅臨邛出鐵 竹木之器南御滇僰僰僮西近邛笮笮馬旄牛然四塞棧道千里無所不通唯褒斜綰轂其口【集解】徐廣曰在漢中【索隱】言褒斜道狹綰其道口有若車轂之湊故云綰轂也 以所多易所鮮【索隱】易音亦鮮音尠言以所多易其所少 天水隴西北地上郡與關中同俗然西有羌中之利北有戎翟之畜畜牧爲天下饒然地亦窮險唯京師要其道【正義】要音腰言要束其路也 故關中之地於天下三分之一而人眾不過什三然量其富什居其六

昔唐人都河東【集解】徐廣曰堯都晉陽也 殷人都河內周人都河南夫三河在天下之中若鼎足王者所更居也建國各數百千歲土地小狹民人眾都國諸侯所聚會故其俗纖儉習事楊平陽陳西賈秦翟【正義】賈音古秦關內也翟隰石等州部落稽也延綏銀三州皇白翟所居 北賈種代【正義】種之勇反種在恆州石邑縣北蓋蔚州也代今代州 種代石北也【集解】徐廣曰石邑縣也在常山【索隱】楊平陽二邑名在趙之西陳蓋衍字以下有楊平陽陳掾因此衍也言二邑之人皆西賈於秦翟北賈於種代種代在石邑之北也 地邊胡數被寇人民矜懻忮【集解】晉灼曰懻音冀今北土名彊直爲懻中也【索隱】懻音冀忮音寘 好氣任俠爲姦不事農商然迫近北夷師旅亟往中國委輸時有奇羨【索隱】奇音羈羨音羊戰反奇羨謂時有餘衍也 其民羯羠不均【集解】徐廣曰羠音兒一音四几反皆健羊名【索隱】羯音己乾反羠音慈紀反言其方人性若羊捷悍而不均也 自全晉之時固已患其僄悍而武靈王益厲之其謠俗猶有趙之風也故楊平陽陳掾其間得所欲【索隱】掾音逐緣反陳掾猶經營馳逐也 溫軹西賈上黨北賈趙中山【索隱】溫軹二縣名屬河內【正義】洛州及定州等州也 中山地薄人眾猶有沙丘紂淫地餘民【集解】晉灼曰言地薄人眾猶復有沙丘紂淫地餘民通係之於淫風而言之【正義】沙丘在邢州也 民俗懁急【集解】徐廣曰懁急也音絹一作慣一作惠音鄙也 仰機利而食丈夫相聚游戲悲歌忼慨起則相隨椎剽【索隱】椎卽椎殺人而剽掠之 休則掘冢作巧姦冶【集解】徐廣曰一作蠱 多美物【集解】徐廣曰美一作弄一作推 爲倡優女子則鼓鳴瑟跕屣【集解】徐廣曰跕音怗張晏曰跕屣也曰屣跕爲跕【索隱】屣音所綺反 游媚貴富入後宮徧諸侯然邯鄲亦漳河之間【正義】洛水本名漳水邯鄲在其地 一都會也北通燕涿南有鄭衛鄭衛俗與趙相類然近梁魯微重

而矜節。【集解】徐廣曰：「矜，一作務。」濮上之邑徙野王，【集解】徐廣曰：「衛君角徙野王。」【正義】秦拔衛濮陽，徙其君於懷州野王。野王好氣任俠，衛之風也。夫燕亦勃、碣之間【正義】勃海、碣石在西。一都會也。南通齊、趙，東北邊胡。上谷至遼東，地踔遠，【索隱】劉氏踔音卓，一音勑教反，亦遠騰貌也。人民希，數被寇，大與趙、代俗相類，而民雕捍少慮，【索隱】言如雕性之捷捍也。有魚鹽棗栗之饒。北鄰烏桓、夫餘，【索隱】鄰，一作臨。臨者亦卻背之義，他並類此。東綰穢貉、朝鮮、真番之利。【索隱】綰者，綰統其要津，則上云臨者，謂卻背之也。【正義】番音潘。洛陽東賈齊、魯，南賈梁、楚。故泰山之陽則魯，其陰則齊。齊帶山海，【集解】徐廣曰：「齊世家曰齊自泰山屬之琅邪，北被于海，膏壤二千里，其民闊達多匿智。」膏壤千里，宜桑麻，人民多文綵布帛魚鹽。臨菑亦海岱之間一都會也。其俗寬緩闊達，而足智，好議論，地重，難動搖，怯於眾鬬，勇於持刺，故多劫人者，大國之風也。其中具五民。【集解】服虔曰：「士農商工賈也。」如淳曰：「游子樂其俗不復歸，故有五方之民。」而鄒、魯濱洙、泗，猶有周公遺風，俗好儒，備於禮，故其民齪齪。【索隱】齪音則角反，又音側斷反。頗有桑麻之業，無林澤之饒。地小人眾，儉嗇，畏罪遠邪。及其衰，好賈趨利，甚於周人。夫自鴻溝以東，【集解】徐廣曰：「在滎陽。」芒、碭以北，【集解】徐廣曰：「今爲臨淮。」屬巨野，【正義】鄆州鉅野縣在鉅野澤也。此梁、宋也。【集解】徐廣曰：「今陶之淡儀。」【正義】鴻溝以東，芒碭以北，至鉅野，梁宋二國之地。陶、睢陽【正義】今曹州，睢陽今宋州，宋地也。亦一都會也。【集解】徐廣曰：「今之定陶。」昔堯作游成陽，【集解】如淳曰：「作，起也。成陽在定陶。」舜漁於雷澤，【集解】徐廣曰：「在成陽。」【正義】雷澤在雷澤縣西北也。湯止于亳。【集解】徐廣曰：「今梁國薄縣。」【正義】宋州穀熟縣西南四十五里南亳故城是也。其俗猶有先王遺風，重厚多君子，好稼穡，雖無山川之饒，能惡衣食，致其蓄藏。越、楚則有三俗。【正義】越滅吳則有江淮以北，楚滅越兼有吳越之地，故言越楚也。夫自淮北沛、陳、汝南、南郡，此西楚也。【正義】沛，徐州沛縣也。陳，今陳州也。汝，汝州也。南，南郡，今荊州也。言從沛郡西至荊州，並西楚也。其俗剽輕，易發怒，地薄，寡於積聚。江陵故郢都，【正義】荊州江陵縣故楚郢之都。西通巫、巴，【正義】巫郡、巴郡，在江陵之西也。東有雲夢之饒。【集解】徐廣曰：「在華容。」陳在楚夏之交，【正義】夏都陽城，言陳南則楚，西及北則夏，故云楚夏之交。通魚鹽之貨，其民多賈。徐、僮、取慮，【集解】徐廣曰：「皆在下邳。」【正義】取音秋，慮音閭。徐即徐城，故徐國也。僮、取慮二縣並在下邳，今泗州。則清刻，矜己諾。【正義】己音紀。彭城以東，東海、吳、廣陵，此東楚也。【正義】彭城，徐州治縣也。東海郡，今海州也。吳，蘇州也。廣陵，揚州也。言從徐州彭城歷揚州至蘇州，並東楚之地。其俗類徐、僮。朐、繒以北，俗則齊。【正義】朐，其俱反，縣在海州。故繒縣在沂州之丞縣。言二縣之北風俗同於齊。浙江南則越。夫吳自闔廬、春申、王濞三人招致天下之喜游子弟，東有海鹽之饒，章山之銅，三江、五湖之利，亦江東一都會也。衡山、【集解】徐廣曰：「都邾，邾縣屬江夏。」【正義】故邾城在潭州東南百二十里。九江、【正義】九江郡都陰陵，陰陵故城在濠州定遠縣西六十五里。江南、【集解】徐廣曰：「高帝所置。江南者丹陽也，秦置爲鄣郡，武帝改名丹陽。」【正義】按：徐說非。秦置鄣郡在湖州長城縣西南八十里，鄣郡故城是也。漢改爲丹陽郡，徙郡宛陵，今宣州地也。上言吳有章山之銅，明是東楚之地。此言大江之南豫章、長沙二郡，南楚之地耳。徐、裴以爲江南丹陽郡屬南楚，誤之甚矣。豫章、【正義】今洪州也。長沙，【正義】今潭州也。十二州志云有萬里沙祠，而西自湘州至東萊萬里，故曰長沙也。淮南衡山、九江二郡及江南豫章、長沙二郡，並爲楚也。是南楚也，其俗大類西楚。郢之後徙壽春，【正義】楚考烈王二十二年自陳徙都壽春，號之曰郢，故言郢之徙壽春也。亦一都會也。而合肥受南北潮，【正義】合肥縣，廬州治也。言江淮之潮，南北俱至廬州也。皮革、鮑、木輸會也。與閩中、干越雜俗，【集解】徐廣曰：「在臨淮。」故南楚好辭，巧說少信。江南卑溼，丈夫早夭。多竹木。豫章出黃金，【集解】徐廣曰：「鄱陽有之。」【正義】括地志云：「江州潯陽縣有黃金山，山出金。」長沙出連、錫，然堇堇【正義】音謹。物之所有，取之不足以更費。【集解】應劭曰：「堇，少也。更，償也。言金少少耳，取之不足用，故費用也。」九疑、【集解】徐廣曰：「山在營道縣南。」蒼梧以南至儋耳者，【正義】今儋州在海中，廣州南去京七千餘里。言嶺南至儋耳之地與江南大同俗，而揚州之南越民多焉。與江南大同俗，而揚越多焉。番禺【正義】潘虞二音，今廣州。亦其一都會也，珠璣、犀、瑇瑁、果、布之湊。【集解】韋昭曰：「果謂龍眼、離支之屬。布，葛布。」潁川、南陽，夏人之居也。【集解】徐廣曰：「禹居陽翟。」【正義】禹居陽城，潁川、南陽皆夏地也。夏人政尚忠朴，猶有先王之遺風。潁川敦愿。秦末世，遷不軌之民於南陽。南陽西通武關、鄖關，【集解】徐廣曰：按漢中亦作洵字。【索隱】鄖音云。【正義】武關在商州。地理志云宛西通武關，而無鄖關，蓋鄖當爲洵，洵水上有關，在金州洵陽縣。徐按漢中是也。洵亦作郇，與鄖相似也。東南受漢、江、淮。宛亦一都會也。俗雜好事，業多賈。其任俠，交通潁川，故至今謂之「夏人」。夫天下物所鮮所多，人民謠俗，山東食海鹽，山西食鹽鹵，【正義】謂西方鹹地也，堅且鹹，即出石鹽及池鹽。領南、沙北固往往出鹽，【正義】謂沙漢之北也。大體如此矣。總之，楚越之地，地廣人希，飯稻羹魚，或火耕而水耨，【集解】徐廣曰：「乃遘反，除草也。」【正義】言風草下種，苗生大而草生小，以水灌之，則草死而苗無損也。耨，除草也。果隋【集解】駰案：徐廣曰：「地理志作蓏。」【索隱】隋音徒火反。蓏音郎果反。蠃蛤，【正義】陏，今爲搖，音同，上古少字也。蠃，力和反。果搖猶搖包裹也。今楚越之俗尚有裹搖之語。楚越水鄉，足螺魚鼈，民多採捕積聚，搖疊包裹，貨而食之。班固不曉裹搖之方言，修太史公書，述地理志，乃改云「果蓏蠃蛤」，非太史公意，班氏失之也。不待賈而足，【正義】賈音古。言楚越地勢饒食，不用他賈而自足，無饑饉之患。地埶饒食，無饑饉之患，以故呰窳【集解】徐廣曰：「呰音紫，窳音庾。苟且墮嬾之謂也。」駰案：應劭曰：「呰，弱也。」晉灼曰：「窳，病也。」【索隱】窳音庾。【正義】按：食蠃蛤等物，故多羸弱而足病也。淮南子云：「古者民食蠃蚌之肉，多疹毒之患也。」偷生，無積聚【正義】言江淮以南有水族，民多食物，朝夕取給以偷生而已，不爲積聚，乃多貧也。而多貧。是故江淮以南，無凍餓之人，亦無千金之家。沂、泗水以北，宜五穀桑麻六畜，地小人眾，數被水旱之害，民好畜藏，故秦、夏、梁、魯好農而重民。三河、宛、陳亦然，加以商賈。齊、趙設智巧，仰機利。燕、代田畜而事蠶。由此觀之，賢人深謀於廊廟，論議朝廷，守信死節隱居巖穴之士設為名高者安歸乎？歸於富厚也。是以廉吏久，久更富，廉賈歸富。【集解】駰案：歸者，取利而不停貨也。富者，人之情性，所不學而俱欲者也。故壯士在軍，攻城先登，陷陣卻敵，斬將搴旗，前蒙矢石，不避湯火之難者，為重賞使也。其在閭巷少年，攻剽椎埋，劫人作姦，掘冢鑄幣，任俠并兼，借交報仇，篡逐幽隱，不避法禁，走死地如騖，【集解】徐廣曰：「騖，一作流。」其實皆為財用耳。今夫趙女鄭姬，設形容，揳鳴琴，揄長袂，躡利屣，【集解】徐廣曰：「揄音臾。躡，一作跕。跕音吐協反。屣音山耳反，舞屣也。」目挑【正義】田鳥反。心招，出不遠千里，不擇老少者，奔富厚也。游閑公子，飾冠劍，連車騎，亦為富貴容也。弋射漁獵，犯晨夜，冒霜雪，馳阬谷，不避猛獸之害，為得味也。博戲馳逐，鬬雞走狗，作色相矜，必爭勝者，重失負也。醫方諸食技術之人，焦神極能，為重糈也。吏士舞文弄法，刻章偽書，不避刀鋸之誅者，沒於賂遺也。農工商賈畜長，固求富益貨也。此有知盡能索耳，終不餘力而讓財矣。諺曰：「百里不販樵，千里不販糴。」居之一歲，種之以穀；十歲，樹之以木；百歲，來之以德。德者，人物之謂也。今有無秩祿之奉，爵邑之入，而樂與之比者，命曰「素封」。【索隱】謂無爵邑之入，祿秩之奉，則曰素封。素，空也。【正義】言不仕之人自有園田收養之給，其利抵於封君，故曰素封也。封者食租稅，歲率【正義】音律。戶二百。千戶之君則二十萬，【索隱】戶率二百，故千戶二十萬。朝覲聘享出其中。庶民農工商賈，率亦歲萬息二千，百萬之家則二十萬，【索隱】率二千，故百萬之家亦二十萬。而更傜租賦出其中。衣食之欲，恣所好美矣。故曰陸地牧馬二百蹄，【集解】駰案：漢書音義曰：「五十匹。」【索隱】按：馬有四足，二百蹄有五十匹也。漢書則云「馬蹄躈千」，所記各異。牛蹄角千，【集解】駰案：漢書音義曰：「百六十七頭也。馬貴而牛賤，以此爲率。」千足羊，澤中千足彘，【集解】韋昭曰：「二百五十頭。」水居千石魚陂，【集解】徐廣曰：「魚以斤兩爲計也。」【索隱】陂音詖。漢書作「波」，音同。【正義】言陂澤養魚，一歲收得千石魚賣也。山居千章之材。【集解】徐廣曰：「一作楸。」駰案：韋昭曰：「楸木所以爲轅，音秋。」【索隱】漢書作「千章之萩」。服虔云：「章，方也。」故孟康亦云「言任方章者千枚」，謂章，大材也。樂彥云：「萩，梓木也，可以爲轅者。」安邑千樹棗；燕、秦千樹栗；蜀、漢、江陵千樹橘；淮北、常山已南，河濟之間千樹萩；陳、夏千畝漆；齊、魯千畝桑麻；渭川千畝竹；及名國萬家之城，帶郭千畝畝鍾之田，【集解】徐廣曰：「六斛四斗也。」若千畝卮茜，【集解】徐廣曰：「卮音支，鮮支也。茜音倩，一名紅藍，其花染繒赤黃也。」千畦薑韭：【集解】徐廣曰：「千畦，二十五畝。」駰案：韋昭曰：「畦，隴也。」此其人皆與千戶侯等。然是富給之資也，不窺市井，不行異邑，坐而待收，身有處士之義而取給焉。若至家貧親老，妻子軟弱，歲時無以祭祀進醵，飲食【集解】徐廣曰：「會聚食。」【索隱】醵音渠略反。被服不足以自通，如此不慚恥，則無所比矣。是以無財作力，少有鬬智，【正義】言少有錢財，則鬬智巧而求勝也。既饒爭時，【正義】既饒足錢財，乃逐時爭利也。此其大經也。今治生不待危身取給，則賢人勉焉。是故本富為上，末富次之，姦富最下。無巖處奇士之行，而長貧賤，好語仁義，亦足羞也。

凡編戶之民，富相什則卑下之，伯則畏憚之，千則役，萬則僕，物之理也。夫用貧求富，農不如工，工不如商，刺繡文不如倚市門，此言末業，貧者之資也。通邑大都，酤一歲千釀，【正義】釀，千甕。醯酤云酤。醯醬千瓨，【集解】徐廣曰：「長頸甖。」【索隱】瓨音閑江反。醬千甔，【集解】徐廣曰：「大甖缶。」【索隱】音都甘反。漢書作「儋」。孟康曰：「儋，石甖。石甖受一石，故云儋石。」一音都濫反。屠牛羊彘千皮，販穀糶千鍾，【集解】徐廣曰：「出穀也。糶音掉也。」薪稾千車，船長千丈，【索隱】總積長千丈。木千章，【集解】駰案：漢書音義曰：「洪洞方章材也。舊將作大匠掌材曰章曹掾。」【索隱】洪音胡孔反，洞音動，又並如字。竹竿萬个，【集解】徐廣曰：「古賀反。」【正義】釋名云：竹曰个，木曰枚。其軺車百乘，【集解】徐廣曰：「馬車也。」【正義】軺音遙。說文云：軺，小車也。牛車千兩，【正義】車一乘爲一兩。風俗通云：箱轅及輪，兩兩而偶之，稱兩也。木器髤者千枚，【集解】徐廣曰：「髤音休，漆也。」【正義】顏云：以漆物謂之髤，又音許昭反。今關東俗器物一再漆者謂之稍漆，即髤聲之轉耳。今西俗云里髤盤朱，兩義並通。銅器千鈞，【集解】徐廣曰：「三十斤。」素木鐵器若卮茜千石，【集解】徐廣曰：「百二十斤爲石。」駰案：漢書音義曰：「素木，素器也。」馬蹄躈千，【集解】徐廣曰：「躈，苦弔反。馬八髎，音料。」【索隱】埤蒼云：尻骨謂八髎。一曰夜蹄。小顏云：躈，口也。蹄與口共千，則爲二百疋。若顧胤則云上文馬二百蹄與千戶侯等，此蹄躈千比千乘之家，不容亦二百，則竅謂九竅，通四三而成一馬，所謂生之徒十有三也。牛千足，羊彘千雙，僮手指千，【集解】駰案：漢書音義曰：「僮，奴婢也。古者無空手游日，皆有作務，作務須手指，故曰手指，以別馬牛蹄角也。」筋角丹沙千斤，其帛絮細布千鈞，文采千匹，榻布皮革千石，【集解】徐廣曰：「榻音吐合反。」駰案：漢書音義曰：「榻布，白疊也。」【正義】顏師古曰：「麤厚之布也。其價賤，故與皮革同重耳，非白疊也。荅者，厚之貌也。」按：白疊，木綿所織，非中國有也。漆千斗，糱麴鹽豉千荅，【集解】徐廣曰：「或作合，器名有瓵。孫叔敖云：瓵，瓦器，受斗六升合爲瓵，音貽。」鮐鮆千斤，【集解】駰案：漢書音義曰：「音如楚人言薺。鮆魚與鮐魚也。」【正義】鮐音臺，又音貽。說文云：鮐，海魚也。鮆音薺禮反，刀魚也。鯫千石，鮑千鈞，【集解】徐廣曰：「鯫音鮿，鮿魚也。」【正義】鯫音族苟反，謂雜小魚也。鮑，白也。然鮐鮆以斤論，鮑鯫以千鈞論，乃其九倍多，故知鮐是大好者，鯫鮑是雜者也。徐云鯫膊魚也，膊，並各反，謂破開中頭尾不相離爲鮑，謂之膊關者也。此亦大魚爲之也。棗栗千石者三之，【正義】謂三千石也。言棗栗三千石，乃與上物相等。狐鼦【正義】音彫。裘千皮，羔羊裘千石，旃席千具，佗果菜千鍾，【正義】鍾六斛四斗。果菜謂雜果菜於山野采取之。子貸金錢千貫，節駔會，【集解】徐廣曰：「駔音祖郎反，馬儈也。」駰案：漢書音義曰：「會亦是儈也。節，節物貴賤也。謂估儈其餘利比千乘之家。」貪賈三之，廉賈五之，【集解】駰案：漢書音義曰：「貪賈未當賣而賣，未可買而買，故得利少，而十得三。廉賈貴而賣，賤乃買，故十得五。」此亦比千乘之家，其大率也。【正義】率音律。佗雜業不中什二，【正義】言雜惡業而不在什分中得二分之利者，非世之美財也。則非吾財也。請略道當世千里之中，賢人所以富者，令後世得以觀擇焉。

蜀卓氏之先，【集解】徐廣曰：「卓，一作淖。」趙人也，用鐵冶富。秦破趙，遷卓氏。卓氏見虜略，獨夫妻推輦，行詣遷處。諸遷虜少有餘財，爭與吏，求近處，處葭萌。【集解】徐廣曰：「屬廣漢。」【正義】葭萌今利州縣也。唯卓氏曰：「此地狹薄。吾聞汶山之下，沃野，下有蹲鴟，【集解】徐廣曰：「古蹲字作踆。」駰案：漢書音義曰：「水鄉多鴟，其山下有沃野灌溉。一曰大芋。」【正義】汶音珉。蹲鴟，芋也。言邛州臨邛縣其地肥又沃，平野有大芋等也。華陽國志云：汶山郡安上縣有大芋如蹲鴟也。至死不飢。民工於市，易賈。」乃求遠遷。致之臨邛，大喜，即鐵山鼓鑄，運籌策，傾滇蜀之民，【正義】滇，一作沮。漢書亦作滇也。今益州郡有蜀州，亦因舊名及漢江爲名。江在益州南，入導江，非漢中之漢江也。富至僮千人。田池射獵之樂，擬於人君。

程鄭，山東遷虜也，亦冶鑄，賈椎髻之民，富埒卓氏，俱居臨邛。

宛孔氏之先梁人也用鐵冶爲業秦伐魏遷孔氏南陽大鼓鑄規陂池連車騎游諸侯因通商賈之利有游閑公子之賜與名〔集解〕韋昭曰優游間暇也 然其贏得過當愈於纖嗇〔正義〕言色嗇客也言孔氏連車騎游於諸侯以貨給之兼通商賈之利乃得游閑公子交名然其通計贏利過於所貢給之遺之當猶有交游公子雍容而勝於慳恡也 家致富數千金故南陽行賈盡法孔氏之雍容

魯人俗儉嗇而曹邴氏尤甚以鐵冶〔集解〕徐廣曰魯縣出鐵 起富至巨萬然家自父兄子孫約俛有拾仰有取貰貸行賈徧郡國鄒魯以其故多去文學而趨利者以曹邴氏也

齊俗賤奴虜而刀閒獨愛貴之〔正義〕刀丁遼反姓名 桀黠奴人之所患也唯刀閒收取使之逐漁鹽商賈之利或連車騎交守相然愈益任之終得其力起富數千萬故曰寧爵毋刀〔集解〕駰案漢書音義曰奴自相謂曰寧欲免去作民有爵邪將止爲刀氏作奴乎無發聲助語 言其能使豪奴自饒而盡其力

周人既纖〔集解〕駰案漢書音義曰儉嗇也 而師史尤甚〔正義〕師史人姓名 轉轂以百數賈郡國無所不至洛陽街居在齊秦楚趙之中〔正義〕洛陽在齊秦楚趙之中其街巷貧人學於富家相矜以久賈諸國皆數歷里邑不入其門故前云洛陽東賈齊魯南賈梁楚是也 貧人學事富家相矜以久賈〔集解〕駰案漢書音義曰謂街巷居民無田地皆相矜久賈在此諸國也 數過邑不入門設任此等故師史能致七千萬

宣曲任氏之先〔集解〕徐廣曰高祖功臣有宣曲侯〔索隱〕上林賦云西馳宣曲當在京輔今闕其地也〔正義〕按其地合在關內張揖云宣曲宮名在昆池西也 爲督道倉吏〔集解〕駰案漢書音義曰若今吏督租穀使上道輸在所也韋昭曰督道秦時邊縣名 秦之敗也豪傑皆爭取金玉而任氏獨窖倉粟〔集解〕徐廣曰窖音校穿地以藏也 楚漢相距滎陽也民不得耕種米石至萬而豪傑金玉盡歸任氏任氏以此起富富人爭奢侈而任氏折節爲儉力田畜田畜人爭取賤賈〔索隱〕晉灼云爭取賤賈金玉也〔正義〕音價 任氏獨取貴善〔索隱〕謂買物必取貴而善者不爭賤價也 富者數世然任公家約非田畜所出弗衣食公事不畢則身不得飲酒食肉以此爲閭里率故富而主上重之

塞之斥也〔正義〕孟康云邊塞主斥候卒也唯此人能致富若此顏云塞斥者言國斥開邊塞更令寬廣故橋姚得恣其畜牧也姓橋名姚也 唯橋姚已致馬千匹牛倍之羊萬頭粟以萬鍾計〔集解〕駰案漢書音義曰邊塞主斥候卒也唯此人能致富若此〔索隱〕孟說非也按斥開也相如傳云邊塞益斥是也橋姓姚名也言橋姚因斥塞而致此貨風俗通云馬稱疋者俗說云相馬及君子與人相疋故云疋或說馬夜行目照前四丈故云一疋或說度馬從橫適得一疋韓詩外傳云孔子與顏回登山望見一疋練前有藍觀之果馬光景一疋長也

吳楚七國兵起時長安中列侯封君行從軍旅齎貸子錢〔索隱〕齎音子稽反貸假也音吐得反與人物云齎周禮注齎所給與也 子錢家以爲侯邑國在關東關東成敗未決莫肯與唯無鹽氏出捐千金貸〔索隱〕貸音吐代反 其息什之〔索隱〕謂出一得十倍 三月吳楚平一歲之中則無鹽氏之息什倍用此富埒關中關中富商大賈大抵盡諸田田嗇田蘭韋家栗氏安陵杜杜氏〔集解〕徐廣曰安陵及杜二縣名各有杜姓也宣帝以杜爲杜陵 亦巨萬此其章章尤異者也〔集解〕徐廣曰異一作淑又作畯 皆非有爵邑奉祿弄法犯姦而富盡椎埋去就與時俯仰獲其贏利以末致財用本守之以武一切用文持之變化有槩故足術也若至力農畜工虞商賈爲權利以成富大者傾郡中者傾縣下者傾鄉里者不可勝數

夫纖嗇筋力治生之正道也而富者必用奇勝田農拙業〔集解〕徐廣曰古拙字亦作掘也 而秦陽以蓋一州〔索隱〕漢書作甲一州服虔云富爲州中之第一 掘冢姦事也而曲叔以起博戲惡業也而桓發用之富〔索隱〕漢書桓作稽〔正義〕桓發人姓名 行賈丈夫賤行也而雍樂成以饒販脂〔正義〕說文云戴角者脂無角者膏也 辱處也而雍伯千金〔集解〕徐廣曰雍一作翁〔索隱〕雍音於恭反漢書作翁伯也 賣漿小業也而張氏千萬洒削薄技也〔集解〕徐廣曰洒或作細駰案漢書音義曰治刀劍名〔索隱〕洒音先禮反削刀者名洒削謂摩刀以水洒之又方言云劍削關東謂之削音肖亦依字讀 而郅氏鼎食胃脯簡微耳濁氏連騎〔索隱〕晉灼云太官常以十月作沸湯燖羊胃以末椒薑坋之訖暴使燥則謂之脯故易售而致富也〔正義〕按胃脯謂和五味而脯美故易售 馬醫淺方張里擊鍾此皆誠壹之所致由是觀之富無經業則貨無常主能者輻湊不肖者瓦解千金之家比一都之君巨萬者乃與王者同樂豈所謂素封者邪非也

〔索隱述贊〕曰貨殖之利工商是營廢居善積倚市邪嬴白圭富國計然強兵倮參朝請女築懷清素封千戶卓鄭齊名

史記卷一百二十九考證

貨殖列傳○臣照按遷史以貨殖傳終所以見先王詩書禮樂之澤至漢武之世而蕩然無遺蓋傷之也末以非也二字作結彰彰可見而後儒猶謂馬遷重貨殖而薄仁義寧得稱知言哉

故物賤之徵貴貴之徵賤索隱徵者求也謂此處物賤求彼貴賣之○董份曰賤之徵貴賤極則人棄之故其徵必貴白圭之術正能明貴賤之徵而棄取之也以徵爲求謬

周書曰農不出則乏其食工不出則乏其事商不出則三寶絕虞不出則財匱少○此語汲冢書無之疑在所闕八篇之中

天下壤壤○凌稚隆曰按壤穰通用鹽鐵論此語作穰穰

計然之策七○越絕書及吳越春秋作九術

之陶○臣召南按正義以陶在齊州平陽縣又以爲曹州濟陽縣又以爲在南郡華容縣據水經注云定陶縣則曹州近之

子贛既學於仲尼退而仕於衛廢著鬻財於曹魯之間○史遷曰昔孔子力可翹關不以力稱何則大聖之德具美者衆不可以一介末事持爲百行端首也至如達者七十分以四科而太史公述儒林則不取游夏之文學著循吏則不言冉季之政事至於貨殖爲傳獨以子貢居先掩惡揚善既忘此義成人之美不其歉如

夫歲孰取穀予之絲漆蠒凶取帛絮與之食○凶各本並作出程一枝曰蠒字屬上句讀出字本作凶蓋以字形相近而訛也今從程說改正

夫燕亦勃碣之間正義勃海碣石在西○臣世駿按西下宜有北字

以故呰窳正義按食螺蛤等物故多羸弱而足病也淮南子云古者民食蠃蛖之肉多疹毒之患也○徐孚遠曰觀下文偷生無積聚則羸弱病足之說非也

是以廉吏久久更富廉賈歸富集解歸者取利而不停貨也○顧炎武曰貨殖傳廉吏久久更富廉賈歸富又曰貪賈三之廉賈五之夫放於利而行多怨廉者知取知與無求多於人義然後取人不厭其取是以取之雖少而久久更富廉者之所得乃有其五也注非

下有蹲鴟集解徐廣曰古蹲字作踆○徐廣既有此釋則本文蹲字應作踆矣又正義引華陽國志云汶山郡安上縣有大芋如蹲鴟安上水經注作江都

洛陽街居在齊秦楚趙之中○顧炎武曰說文街四通道鹽鐵論燕之涿薊趙之邯鄲魏之溫軹韓之滎陽齊之臨淄楚之宛丘鄭之陽翟二周之三川皆爲天下名都居五諸侯之衢跨街衝之路

爲督道倉吏集解漢書音義曰若今使督租穀吏上道輸在所也韋昭曰督道秦時邊縣名○班馬異同曰督道者倉所在地名耳猶後傳注漢宮闕疏所稱細柳倉也

盡椎埋去就○顧炎武曰椎埋當是推移二字之誤

史記卷一百三十

漢　太　史　令司馬遷　撰

宋　中郎外兵曹參軍裴　駰集解

唐國子博士弘文館學士司馬貞索隱

唐諸王侍讀率府長史張守節正義

太史公自序第七十

昔在顓頊命南正重以司天北正黎以司地〔索隱〕張晏云南方陽也火水配也水爲陰故命南正重司天火正黎兼地職臣瓚以爲重黎氏是司天地之官然司地者宜曰北正古文作火字非也案國語黎爲火正以淳燿敦大光照四海又幽通賦云黎淳燿於高辛則火正爲是也 唐虞之際紹重黎之後使復典之至于夏商故重黎氏世序天地其在周程伯休甫其後也〔集解〕應劭曰封爲程國伯休甫字也〔索隱〕重司天而黎司地是代序天地也據左氏重是少昊之子黎乃顓頊之胤二氏二正所出各別而史遷意欲合二氏爲一故總云在周程伯休甫其後非也然後按彪之序及干寶皆云司馬氏黎之後是也今總稱伯休甫是重黎之後者凡言地即舉天稱黎則兼重自是相對之文其實二官亦通職然休甫則黎之後也亦是太史公欲以史爲己任故言先代天官所以兼稱重耳〔正義〕括地志安陵故城在雍州咸陽東二十一里周之程邑 當周宣王時失其守而爲司馬氏〔正義〕司馬彪序云南正黎後世爲司馬氏 司馬氏世典周史〔索隱〕司馬氏夏官卿不掌國史自是先代兼爲史衛宏云司馬氏周史佚之後恐或有所據 惠襄之間司馬氏去周適晉〔集解〕張晏曰周惠王襄王有子頹叔帶之難故司馬氏奔晉 晉中軍隨會奔秦而司馬氏入少梁〔索隱〕左氏隨會自晉奔秦後乃奔魏自魏還晉故漢書云會奔秦魏也少梁古梁國也秦滅之改曰少梁後名夏陽也〔正義〕案春秋隨會奔秦其後自秦入魏而還晉也隨會爲晉中軍將少梁古梁國也嬴姓在同州韓城縣南二十二里是時屬晉

自司馬氏去周適晉分散或在衛或在趙〔索隱〕何法盛晉書及司馬氏系本名凱 或在秦其在衛者相中山〔集解〕徐廣曰名喜也 在趙者〔正義〕何法盛晉書及王司馬無忌司馬氏系本皆云名凱 以傳劍論顯〔集解〕服虔曰世善傳劍也蘇林曰傳手搏論而釋之晉灼曰史記吳起贊曰非信仁廉勇不能傳劍論兵書也〔索隱〕服虔云善劍解所以稱傳也蘇林作搏言手搏論而知名也 蒯聵其後也〔正義〕五怪反如淳云刺客傳之蒯聵也 在秦者名錯與張儀爭論於是惠王使錯將伐蜀遂拔因而守之〔集解〕蘇林曰郡守也 錯孫靳〔集解〕徐廣曰一作靳〔索隱〕錯音七各反靳音紀釁反 事武安君白起而少梁更名曰夏陽靳與武安君阬趙長平軍〔集解〕文穎曰趙孝成時 還而與之俱賜死杜郵〔索隱〕郵音尤李奇曰地名在咸陽西十里三秦記其地後改爲里李也 葬於華池〔集解〕晉灼曰地名在鄠縣〔索隱〕晉灼非也案司馬遷碑在夏陽西北四里〔正義〕括地志云華池在同州韓城縣西南七十里在夏陽故城西北四里 靳孫昌昌爲秦主鐵官當始皇之時蒯聵玄孫卬爲武信君將〔集解〕徐廣曰張耳傳云武臣自號武信君〔索隱〕按晉書國司馬無忌作司馬氏系本云蒯聵生昭預昭預生憲憲生卬也 而徇朝歌諸侯之相王王卬於殷〔索隱〕漢書云項羽封卬爲殷王 漢之伐楚卬歸漢以其地爲河內郡昌生無澤〔索隱〕漢書作毋擇音亦 無澤爲漢市長無澤生喜喜爲五大夫卒皆葬高門〔集解〕蘇林曰長安北門也瓚曰長安城無高門〔索隱〕蘇說非也案遷碑高門在夏陽西北去華池三里〔正義〕括地志云高門原俗名馬門原在同州韓城縣西南十八里漢司馬遷墓在韓城縣南二十二里夏陽縣故東南有司馬遷冢在高門原上也 喜生談談爲太史

公【集解】如淳曰：漢儀注太史公，武帝置，位在丞相上。天下計書先上太史公，副上丞相，序事如古春秋。遷死後，宣帝以其官為令，行太史公文書而已。瓚曰：百官表無太史公。茂陵中書司馬談以太史丞為太史令。【索隱】公者，遷所著書尊其父云公也。雖稱其父所作，其實亦遷之詞，而如淳引衛宏儀注稱位在丞相上，謬矣。按百官表又無其官。且修史之官，國家別有著撰，則令州縣所上圖書皆先上之，後人不曉，誤以在丞相上耳。【正義】虞喜志林云：古者主天官者皆上公，自周至漢，其職轉卑，然朝會坐位猶居公上。尊天之道，其官屬仍以舊名尊而稱也。按下文太史公既掌天官，不治民，有子曰遷。又云卒三歲而遷為太史公。又云太史公遭李陵之禍。又云汝復為太史，則續吾祖矣。觀此文，虞喜說為長。乃書談及遷為太史公者，皆遷自書之。漢舊儀云太史公秩二千石，卒史皆秩二百石。然贊及韋昭、桓譚之說皆非也。以桓譚之說釋在武本紀也。學天官於唐都，【正義】天官書云星則唐都也。受易於楊何，【集解】徐廣曰：菑川人。習道論於黃子。【集解】徐廣曰：儒林傳曰黃生，好黃老之術。太史公仕於建元元封之間，愍學者之不達其意而師悖，【正義】布內反。顏云：悖，惑也。各習師書，惑於所見也。乃論六家之要指曰：易大傳【正義】張晏云：謂易繫辭。案下二句是繫辭文。「天下一致而百慮，同歸而殊塗。」夫陰陽、儒、墨、名、法、道德，此務為治者也，直所從言之異路，有省不省耳。【索隱】案六家同歸於正，然所從之道殊塗，學或有傳習省察，或有不省者耳。嘗竊觀陰陽之術，大祥【集解】徐廣曰：一作詳。駰案：李奇曰月令星官是其枝葉也。【索隱】漢書作「大詳」，言我觀陰陽之術大詳。今此作「祥」，於義為疏。【正義】顧野王云：祥，善也，吉凶之先見也。而衆忌諱，使人拘而多所畏；【正義】言拘束於日時，令人有所畏忌也。然其序四時之大順，不可失也。儒者博而寡要，勞而少功，是以其事難盡從；然其序君臣父子之禮，列夫婦長幼之別，不可易也。墨者儉而難遵，【正義】韋云：墨翟之術也。尚儉，後有隨巢子傳其術也。是以其事不可徧循；【索隱】徧音遍。循言難盡用也。然其彊本節用，不可廢也。法家嚴而少恩；然其正君臣上下之分，不可改矣。名家使人儉而善失真；【索隱】劉向別錄云：名家流出於禮官。古者名位不同，禮亦異數。孔子曰「必也正名乎」。按名家知禮亦異數，是儉也。受命不受辭，或失其真也。然其正名實，不可不察也。道家使人精神專一，動合無形，贍足萬物。【索隱】贍音市豔反。漢書作「澹」，古今字異也。其為術也，因陰陽之大順，采儒墨之善，撮名法之要，與時遷移，應物變化，立俗施事，無所不宜，指約而易操，事少而功多。儒者則不然。以為人主天下之儀表也，主倡而臣和，主先而臣隨。如此則主勞而臣逸。至於大道之要，去健羨，【集解】如淳曰：知雄守雌，是去健也。不見可欲，使心不亂，是去羨也。絀聰明，【索隱】如淳云：不尚賢，絕聖棄智也。釋此而任術。夫神大用則竭，形大勞則敝。形神騷動，欲與天地長久，非所聞也。夫陰陽四時、八位、十二度、二十四節【集解】張晏曰：八位，八卦位也。十二度，十二次也。二十四節，就中氣也。各有禁忌，謂日月也。各有教令，順之者昌，逆之者不死則亡，未必然也，故曰「使人拘而多畏」。夫春生夏長，秋收冬藏，此天道之大經也，弗順則無以為天下綱紀，故曰「四時之大順，不可失也」。夫儒者以六藝為法。六藝經傳以千萬數，累世不能通其學，當年不能究其禮，故曰「博而寡要，勞而少功」。若夫列君臣父子之禮，序夫婦長幼之別，雖百家弗能易也。墨者亦尚堯舜道，言其德行曰：「堂高三尺，【索隱】自此已下韓子之文，故稱曰也。土階三等，茅茨不翦，【正義】屈蓋曰茨，以茅覆屋。采椽不刮。【索隱】韋昭云：采椽，櫟榱也。【正義】採取為椽，不刮削也。食土簋，【集解】徐廣曰：一作溜。駰按：服虔曰：土簋，用土作此器。啜土刑，糲粱之食。【集解】張晏曰：一斛粟七斗米為糲。瓚曰：五斗粟三斗米為糲。音剌。韋昭曰：糲，糲也。【索隱】服虔曰：糲，麤米也。三蒼云：粱，好粟也。【正義】顏云：簋所以盛飯也，刑所以盛羹也。土謂燒土為之，即瓦器也。糲，麤米也，脫粟也。粱，粟也。謂食脫粟之麤飯也。藜藿之羹。【正義】藜似藿而表赤。藿，豆葉也。夏日葛衣，冬日鹿裘。」其送死，桐棺三寸，【正義】以桐木為棺，厚三寸也。舉音不盡其哀。教喪禮，必以此為萬民之率。使天下法若此，則尊卑無別也。夫世異時移，事業不必同，故曰「儉而難遵」。要曰彊本節用，則人給家足之道也。此墨子之所長，雖百家弗能廢也。法家不別親疏，不殊貴賤，一斷於法，則親親尊尊之恩絕矣。【索隱】按禮親親父為首，尊尊君為首也。可以行一時之計，而不可長用也，故曰「嚴而少恩」。若尊主卑臣，明分職不得相踰越，雖百家弗能改也。名家苛察繳繞，【集解】服虔曰：繳音近叫呼，謂煩也。如淳曰：繳繞猶纏繞，不通大體也。使人不得反其意，專決於名而失人情，故曰「使人儉而善失真」。若夫控名責實，參伍不失，【集解】晉灼曰：引名責實，參錯交互，明知事情。此不可不察也。道家無為，又曰無不為，【正義】無為者，清淨也。無不為者，生育萬物也。其實易行，【正義】各守其分，故易行也。其辭難知。【正義】幽深微妙，故難知也。其術以虛無為本，以因循為用。【正義】任自然也。無成勢，無常形，故能究萬物之情。不為物先，不為物後，【集解】韋昭曰：因物為制。故能為萬物主。有法無法，因時為業；【正義】因時之物成法為業。有度無度，因物與合。【正義】因萬物之形成度與合也。故曰「聖人不朽，時變是守。【索隱】此出鬼谷子，遷引之以成其章，故稱「故曰」也。【正義】言聖人教迹不朽滅者，順時變化。虛者道之常也，因者君之綱」也。【正義】言因百姓之心以教，惟執其綱而已。羣臣並至，使各自明也。其實中其聲者謂之端，實不中其聲者謂之窾。【集解】徐廣曰：音款，空也。駰案：李奇曰：聲，別名也。【索隱】款，空也。申子云「款言無成」是也。聲者，名也。以言實不稱名，則謂之空空，有聲也。窾言不聽，姦乃不生，賢不肖自分，白黑乃形。在所欲用耳，何事不成。乃合大道，混混冥冥。【正義】混，胡本反。混混者，元氣神著之貌也。光耀天下，復反無名。凡人所生者神也，所託者形也。神大用則竭，形大勞則敝，形神離則死。死者不可復生，離者不可復反，故聖人重之。由是觀之，神者生之本也，形者生之具也。【集解】韋昭曰：聲氣者，神也；枝體者，形也。不先定其神，而曰「我有以治天下」，何由哉？

太史公既掌天官，不治民。有子曰遷。遷生龍門，【集解】徐廣曰：在馮翊夏陽縣。駰案：蘇林曰禹所鑿龍門也。【正義】括地志云：龍門山在同州韓城縣北五十里。其山更黃河，夏禹所鑿者也。龍門山在夏陽縣，遷即漢夏陽縣人也，至唐改曰韓城縣。耕牧河山之陽。【正義】河之北，山之南也。按在龍門山南也。年十歲則誦古文。【索隱】遷及事伏生，是學誦古文尚書。劉氏以為左傳、國語、系本等書，是亦名之古文也。二十而南游江淮，上會稽，探禹穴，【集解】張晏曰：禹巡狩至會稽而崩，因葬焉。上有孔穴，民間云禹入此穴。【索隱】越絕書云：禹上茅山大會計，更名曰會稽。張勃吳錄云：本名苗山，一名覆釜。禹會諸侯計功，改曰會稽。【正義】括地志云：石簣山一名玉笥山，又名宛委山，即會稽山一峰也，在會稽縣東南十八里。吳越春秋云：禹案黃帝中經九山，東南天柱，號曰宛委，赤帝左闕之填，承以文玉，覆以盤石，其書金簡，青玉為字，編以白銀，皆瑑其文。禹乃東巡，登衡山，血白馬以祭，禹乃登山仰天而笑，忽然而臥，夢見繡衣男子，自稱玄夷蒼水使者，却倚覆釜之山，東顧謂禹曰：欲得我山神書者，齋於黃帝之岳岩之下，三月庚登山發石，乃得金簡玉字，以水泉之脈。山中又有一穴，深不見底，謂之禹穴。史遷云上會稽，探禹穴，即此穴也。闚九疑，【索隱】山海經云：南方蒼梧之丘，蒼梧之泉，在營道南，其山九峰皆似，故曰九疑。張晏云：九疑，舜葬，故窺之。探禹穴，以先聖所葬處有古冊文，故探窺之，亦搜採遺矣。【正義】九疑山在道州。浮於沅、湘；【正義】沅水出朗州，湘水出道州，北東北入海。北涉汶、泗，【正義】兩水出兗州東北，而南歷魯。講業齊、魯之都，觀孔子之遺風，鄉射鄒、嶧；【正義】鄒，縣名。嶧，山名。在鄒縣，各二十二里，地近曲阜，於此行鄉射之禮。戹困鄱、薛、彭城，【集解】徐廣曰：鄱音蕃，亦縣名，有山也。鄱音皮。鄱、薛三縣屬魯。【索隱】鄱本音蕃。案：白褒魯記云靈帝末，有汝南陳子游為魯相，子游，太尉陳蕃子也。國人諱而改焉。若如其說，則蕃改鄱。鄱、皮聲相近，後漸訛耳。然地理志魯國蕃縣，應劭曰：鄱國也，音皮。【正義】括地志云：徐州滕縣，漢蕃縣，音翻。過梁、楚以歸。於是遷仕為郎中，奉使西征巴、蜀以南，南略邛、笮、昆明，還報命。【集解】徐廣曰：元鼎六年，平西南夷，以為五郡。其明年，元封元年是也。

是歲天子始建漢家之封，而太史公留滯周南，【集解】徐廣曰：摯虞曰：古之周南，今之洛陽。【索隱】張晏云：自陝已東皆周南之地也。不得與從事，【正義】與音預。故發憤且卒。而子遷適使反，見父於河洛之間。太史公執遷手而泣曰：「余先周室之太史也。自上世嘗顯功名於虞夏，典天官事。後世中衰，絕於予乎？汝復為太史，則續吾祖矣。今天子接千歲之統，封泰山，而余不得從行，是命也夫，命也夫！余死，汝必為太史；為太史，無忘吾所欲論著矣。且夫孝始於事親，中於事君，終於立身。揚名於後世，以顯父母，此孝之大者。夫天下稱誦周公，言其能論歌文武之德，宣周召之風，達太王王季之思慮，爰及公劉，以尊后稷也。幽厲之後，王道缺，禮樂衰，孔子修舊起廢，論詩書，作春秋，則學者至今則之。自獲麟以來四百有餘歲，【集解】駰案：年表魯哀公十四年獲麟，至漢元封元年，三百七十一年。而諸侯相兼，史記放絕。今漢興，海內一統，明主賢君忠臣死義之士，余為太史而弗論載，廢天下之史文，余甚懼焉，汝其念哉！」遷俯首流涕曰：「小子不敏，請悉論先人所次舊聞，弗敢闕。」卒三歲而遷為太史令，【索隱】博物志：太史令茂陵顯武里大夫司馬遷，年二十八，三年六月乙卯除，六百石也。紬史記石室金匱之書。【集解】徐廣曰：紬音抽。【索隱】如淳云：抽徹舊書故事而次述之。小顏云：紬謂綴集之也。【索隱】案：石室、金匱，皆國家藏書之處。五年而當太初元年，【集解】李奇曰：遷為太史後五年，適當於武帝太初元年，此時述史記。【正義】按：遷年四十二歲。十一月甲子朔旦冬至，天曆始改，建於明堂，諸神受紀。【集解】徐廣曰：封禪序曰「封禪則萬靈罔不禋祀」。韋昭曰：告於百神，與天下更始，著紀於是。【索隱】虞喜志林云：改歷於明堂，班之於諸侯。諸侯，羣神之主，故曰「諸神受紀」。孟康云：句芒、祝融之屬，皆受瑞紀也。

太史公曰：「先人有言：【索隱】先人謂先代賢人也。【正義】太史公，司馬遷也。先人，司馬談也。『自周公卒五百歲而有孔子。孔子卒後至於今五百歲，【索隱】案：孟子稱堯舜至湯五百餘歲，湯至文王五百歲，文王至孔子五百餘歲。太史公此言略取於孟子，而揚雄、孫盛深所不然，所謂多見不知量也。以淳氣育才，豈有常數，五百之期，何異一息？是以上皇相次，或以萬齡為間，而唐堯、舜、禹比肩並列。降及周室，聖賢盈朝；孔子之沒，千載莫嗣，安在於千年五百年乎？具述作者蓋記注之志士耳，豈聖人之論哉。有能紹明世，正易傳，繼春秋，本詩書禮樂之際？』意在斯乎！意在斯乎！小子何敢讓焉。」【索隱】漢書「讓」作「攘」。晉灼云：此古讓字。言且當述先人之成業，何敢自嫌值五百歲而讓之也。

上大夫壺遂曰：【索隱】案：遂為詹事，秩二千石，故位上大夫也。「昔孔子何為而作春秋哉？」太史公曰：「余聞董生曰：【集解】服虔曰：仲舒也。『周道衰廢，孔子為司寇，諸侯害之，大夫壅之。孔子知言之不用，道之不行也，是非二百四十二年之中，【索隱】是非謂襃貶諸侯之得失也。以為天下儀表，貶天子，退諸侯，討大夫，以達王事而已矣。』子曰：『我欲載之空言，不如見之於行事之深切著明也。』【索隱】案：孔子之言見春秋緯，太史公引之以成說也。空言謂襃貶是非也。空立此文而亂臣賊子懼也。孔子言我徒欲立空言，設襃貶，則不如附見於當時所因之事。人臣有僭侈篡逆，因就此筆削以襃貶，深切著明而書之，以為將來誡也。夫春秋，上明三王之道，下辨人事之紀，別嫌疑，明是非，定猶豫，善善惡惡，【索隱】公羊傳曰：善善及子孫，惡惡止其身也。賢賢賤不肖，存亡國，繼絕世，補敝起廢，王道之大者也。易著天地陰陽四時五行，故長於變；禮經紀人倫，故長於行；書記先王之事，故長於政；詩記山川谿谷禽獸草木牝牡雌雄，故長於風；樂樂所以立，故長於和；春秋辯是非，故長於治人。是故禮以節人，樂以發和，書以道事，詩以達意，易以道化，春秋以道義。撥亂世反之正，莫近於春秋。春秋文成數萬，其指數千。【集解】張晏曰：春秋萬八千字，當言減，而云成數，字誤也。駰謂太史公此辭是述董生之言。董仲舒自治公羊春秋，公羊經傳凡有四萬四千餘字，故云文成數萬也。不得如張議，但論經萬八千字，便謂之誤。【索隱】註非也。小顏云：史遷豈以公羊之傳為春秋乎？春秋經一萬八千，亦足稱數萬，非字之誤。萬物之散聚皆在春秋。春秋之中，弒君三十六，亡國五十二，諸侯奔走不得保其社稷者不可勝數。察其所以，皆失其本已。【索隱】案：弒君亡國及奔走者，是失仁義之道本耳。已者，語終之辭也。故易曰『失之毫釐，差以千里』。【集解】徐廣曰：一云「差以毫釐」，一云「謬以千里」。駰案：今易無此語，易緯有之。故曰『臣弒君，子弒父，非一旦一夕之故也，其漸久矣』。故有國者不可以不知春秋，前有讒而弗見，後有賊而不知。為人臣者不可以不知春秋，守經事而不知其宜，遭變事而不知其權。為人君父而不通於春秋之義者，必蒙首惡之名。為人臣子而不通於春秋之義者，必陷篡弒之誅，死罪之名。其實皆以為善，為之不知其義，【正義】其心實善，為之不知其義理，則陷於罪咎。被之空言而不敢辭。【集解】張晏曰：趙盾不知討賊而不敢辭其罪也。夫不通禮義之旨，至於君不君，臣不臣，父不父，子不子。夫君不君則犯，【正義】顏云：為臣下所干犯也。一云違犯禮義。臣不臣則誅，父不父則無道，子不子則不孝。此四行者，天下之大過也。以天下之大過予之，則受而弗敢辭。故春秋者禮義之大宗也。夫禮禁未然之前，法施已然之後；法之所爲用者易見，而禮之所爲禁者難知。壺遂曰：孔子之時，上無明君，下不得任用，故作春秋，垂空文以斷禮義，當一王之法。今夫子上遇明天子，下得守職，萬事既具，咸各序其宜，夫子所論，欲以何明？太史公曰：唯唯，否否，【集解】晉灼曰：唯唯，謙應也。否否，不通也。不然。余聞之先人曰：伏羲至純厚，作易八卦。堯舜之盛，尚書載之，禮樂作焉。湯武之隆，詩人歌之。春秋采善貶惡，推三代之德，褒周室，非獨刺譏而已也。漢興以來，至明天子，獲符瑞，建封禪，改正朔，易服色，受命於穆清，【集解】如淳曰：受天命清和之氣。【正義】於音烏。顏云：於，歎辭也。穆，美也。言天子有美德而教化清也。澤流罔極，海外殊俗，重譯款塞，【集解】應劭曰：款，叩也。皆叩塞門來服從也。如淳曰：款，寬也。請除守塞者，自保不爲寇害。【正義】重譯，更譯其言也。請來獻見者，不可勝道。臣下百官力誦聖德，猶不能宣盡其意。且士賢能而不用，有國者之恥；主上明聖而德不布聞，有司之過也。且余嘗掌其官，廢明聖盛德不載，滅功臣世家賢大夫之業不述，墮先人所言，罪莫大焉。余所謂述故事，整齊其世傳，非所謂作也，而君比之於春秋，謬矣。於是論次其文。七年【集解】徐廣曰：天漢三年。【正義】案：從太初元年至天漢三年，乃七年也。而太史公遭李陵之禍，【正義】太史公舉李陵，李陵降也。幽於縲紲。乃喟然而歎曰：是余之罪也夫！是余之罪也夫！身毀不用矣。退而深惟曰：夫詩書隱約者，【索隱】案：謂其義隱微而言約也。【正義】詩書隱微而約省者，遷深維欲依其隱約而成其志意也。欲遂其志之思也。昔西伯拘羑里，【集解】徐廣曰：在湯陰。演周易；孔子戹陳蔡，作春秋；屈原放逐，著離騷；左丘失明，厥有國語；孫子臏腳，而論兵法；不韋遷蜀，世傳呂覽；【正義】即呂氏春秋也。韓非囚秦，說難、孤憤；詩三百篇，大抵賢聖發憤之所爲作也。此人皆意有所鬱結，不得通其道也，故述往事，思來者。於是卒述陶唐以來，至于麟止，【集解】張晏曰：武帝獲麟，遷以爲述事之端。上包黃帝，下至麟止，猶春秋止於獲麟也。【索隱】服虔云：武帝至雍獲白麟，而鑄金作麟足形，故云麟止。遷作史記止於此，猶春秋終於獲麟然也。史記以黃帝爲首，而云述陶唐者，案五帝本紀贊云五帝尚矣，然尚書載堯以來，而百家言黃帝，其文不雅馴，故述黃帝爲本紀之首，而以尚書雅正，故稱起於陶唐也。自黃帝始。

維昔黃帝，法天則地，四聖遵序，【集解】徐廣曰：顓頊、帝嚳、堯、舜。各成法度；唐堯遜位，虞舜不台；【索隱】台音怡，悅也。或音臺，非也。厥美帝功，萬世載之。作五帝本紀第一。【索隱】應劭云：有本則紀，有家則代，有年則表，有名則傳。

維禹之功，九州攸同，光唐虞際，德流苗裔；夏桀淫驕，乃放鳴條。作夏本紀第二。

維契【正義】音薛也。作商，爰及成湯；太甲居桐，德盛阿衡；武丁得說，乃稱高宗；帝辛湛湎，諸侯不享。作殷本紀第三。

維棄作稷，德盛西伯；武王牧野，實撫天下；幽厲昏亂，既喪酆鎬；陵遲至赧，洛邑不祀。作周本紀第四。

維秦之先，伯翳佐禹；穆公思義，悼豪之旅；【索隱】豪即崤之異音。旅，師旅也。【正義】穆公封殽山軍旅之尸。以人爲殉，詩歌黃鳥；昭襄業帝。作秦本紀第五。

始皇既立，并兼六國，銷鋒鑄鐻，【集解】徐廣曰：嚴安上書銷其兵，鑄以爲鍾鐻也。【索隱】鐻音巨。鐻，鍾也。維偃干革，尊號稱帝，矜武任力；二世受運，子嬰降虜。作始皇本紀第六。

秦失其道，豪傑並擾；項梁業之，子羽接之；殺慶救趙，【集解】徐廣曰：宋義爲上將，號慶子冠軍。諸侯立之；誅嬰背懷，天下非之。作項羽本紀第七。

子羽暴虐，漢行功德；憤發蜀漢，還定三秦；誅籍業帝，天下惠寧，改制易俗。作高祖本紀第八。

惠之早霣，【正義】音殞。諸呂不台；【集解】徐廣曰：無台輔之德也。一曰怡懌也，不爲百姓所說。【索隱】案：此贊本韻，則怡懌爲是也。崇彊祿、產，諸侯謀之；殺隱幽友，【集解】徐廣曰：趙隱王如意，趙幽王友。大臣洞疑，【索隱】洞是洞達，意共所疑。遂及宗禍。作呂太后本紀第九。

漢既初興，繼嗣不明，迎王踐祚，天下歸心；蠲除肉刑，開通關梁，廣恩博施，厥稱太宗。作孝文本紀第十。

諸侯驕恣，吳首爲亂，京師行誅，七國伏辜，天下翕然，大安殷富。作孝景本紀第十一。

漢興五世，隆在建元，外攘夷狄，內修法度，建封禪，改正朔，易服色。作今上本紀第十二。

維三代尚矣，年紀不可考，蓋取之譜牒舊聞，本于茲，於是略推，作三代世表第一。

幽厲之後，周室衰微，諸侯專政，春秋有所不紀；而譜牒經略，五霸更盛衰，欲睹周世相先後之意，作十二諸侯年表第二。

春秋之後，陪臣秉政，彊國相王；以至于秦，卒并諸夏，滅封地，擅其號。作六國年表第三。

秦既暴虐，楚人發難，項氏遂亂，漢乃扶義征伐；八年之間，天下三擅，事繁變眾，故詳著秦楚之際月表第四。

漢興已來，至於太初百年，諸侯廢立分削，譜紀不明，有司靡踵，彊弱之原云以世。【集解】徐廣曰：一作云已也。天漢序曰：敞義依霍，庶幾云已。【索隱】踵，繼也。以當作已，世當作也，並誤之耳。云已也，皆助語之辭。【正義】言漢興已來百年，諸侯廢立分削，譜紀不能明其闕，有司無所踵繼其後，乃云彊弱之原，云以世相代，相不能有所錄紀也。作漢興已來諸侯年表第五。

維高祖元功，輔臣股肱，剖符而爵，澤流苗裔，忘其昭穆，或殺身隕國。作高祖功臣侯者年表第六。

惠景之間，維申功臣宗屬爵邑，作惠景間侯者年表第七。

北討彊胡，南誅勁越，征伐夷蠻，武功爰列。作建元以來侯者年表第八。

諸侯既彊，七國爲從，子弟眾多，無爵封邑，推恩行義，其勢銷弱，德歸京師。作王子侯者年表第九。

國有賢相良將，民之師表也。維見漢興以來將相名臣年表，賢者記其治，不賢者彰其事。作漢興以來將相名臣年表第十。

維三代之禮，所損益各殊務，然要以近情性，通王道，故禮因人質爲之節文，略協古今之變。作禮書第一。

樂者，所以移風易俗也。自雅頌聲興，則已好鄭衛之音，鄭衛之音所從來久矣。人情之所感，遠俗則懷。【集解】徐廣曰：樂者所以感和人情，人情既感，則遠方殊俗莫不懷柔向化也。比樂書以述來古，【索隱】來古即古來也。言此樂書以述自古已來樂之興衰也。作樂書第二。

非兵不彊，【索隱】此律書之贊，而云非兵不彊者，則此律書即兵書也。古者師出以律，則凡出軍皆聽律聲，故云聞聲效勝負，望敵知吉凶也。非德不昌，黃帝、湯、武以興，【索隱】黃帝有阪泉之師，湯武有鳴條、牧野之戰，而克桀紂。桀、紂、二世以崩，可不慎歟？司馬法所從來尚矣，【正義】古者師出以律，凡軍出皆吹律聽聲。律書云六律爲萬事根本，其於兵械尤所重，望敵知吉凶，聞聲效勝負，故云司馬兵法所從來尚矣乎。太公、孫、吳、王子【集解】徐廣曰：王子成甫。能紹而明之，切近世，極人變。作律書第三。

律居陰而治陽，歷居陽而治陰，律歷更相治，間不容翲忽。【索隱】案：忽者懲文之懲也，翲者輕也。言律歷窮陰陽之妙，其間不容輕忽也。言翲恐衍字耳。【正義】翲，匹遙反，今音匹沼反，字當作抄。抄，禾芒表也。忽，一蠶口出絲也。言律歷相治之間，不容此微細之物也。五家之文怫異，【索隱】怫音悖，一音扶物反。怫亦悖也。案：言金木水火土五家之文，名相悖異不同也。【正義】五家謂黃帝、顓頊、夏、殷、周之歷，其文相戾乖異不同。維太初之元論歷，律爲是，故歷書自太初之元論之也。維太初之元論。作歷書第四。【集解】徐廣曰：論，一作編。

星氣之書，多雜禨祥，不經；推其文，考其應，不殊。比集論其行事，驗于軌度以次，作天官書第五。

受命而王，封禪之符罕【集解】徐廣曰：一云荅應。用，用則萬靈罔不禋祀。追本諸神名山大川禮，作封禪書第六。

維禹浚川，九州攸寧；爰及宣防，決瀆通溝。作河渠書第七。

維幣之行，【索隱】幣，錢也。以通農商；其極則玩巧，并兼茲【索隱】玩音五宮反。巧音苦孝反。殖，爭於機利，去本趨末。作平準書以觀事變，第八。

太伯避歷，江蠻是適；文武攸興，古公王跡。闔廬弒僚，賓服荊楚；夫差克齊，子胥鴟夷；信嚭親越，吳國既滅。嘉伯之讓，作吳世家第一。

申呂肖矣，【集解】徐廣曰：肖音痛。痛猶衰微。【索隱】徐廣音訓不知從出。案：肖謂微弱而省少，所謂申呂雖衰也。【正義】肖音痛。呂尚之祖封於申，申呂後痛微，故尚父微賤也。尚父側微，卒歸西伯，文武是師；功冠群公，繆權于幽；【集解】徐廣曰：繆，錯也。猶云纏結也。權智潛謀幽昧不顯，所謂太公陰謀。【索隱】繆謂綢繆也。音亡又反。謂太公綢繆爲權謀於幽昧，不明著也。【正義】繆音武彪反。言呂尚綢繆於幽權之策，謂六韜、三略、陰符、七術之屬也。番番黃髮，【集解】騶案：番音婆。毛萇云：番番，威勇武貌也。案：黃髮言老人髮白而更黃也。爰饗營丘。不背柯盟，桓公以昌，九合諸侯，霸功顯彰。田闞爭寵，姜姓解亡。【集解】徐廣曰：闞一云監。解一作遷。嘉父之謀，作齊太公世家第二。

依之違之，周公綏之；憤發文德，天下和之；輔翼成王，諸侯宗周。隱桓之際，是獨何哉？三桓爭彊，魯乃不昌。嘉旦金縢，作周公世家第三。

武王克紂，天下未協而崩。成王既幼，管蔡疑之，淮夷叛之，於是召公率德，安集王室，以寧東土。燕易之禪，乃成禍亂。【索隱】謂王噲禪其相子之，後卒危亂也。嘉甘棠之詩，作燕世家第四。

管蔡相武庚，將寧舊商；及旦攝政，二叔不饗；殺鮮放度，【索隱】案：系家云管叔名鮮，蔡叔名度，霍叔名處也。周公爲盟；太任十子，周以宗彊。【索隱】太任，文王妃。十子，伯邑考、武王、管、蔡、霍、魯、衛、毛、聃、曹是也。嘉仲悔過，【正義】蔡叔度之子蔡仲也。作管蔡世家第五。

王後不絕，舜禹是說；維德休明，苗裔蒙烈。百世享祀，爰周陳杞，楚實滅之。齊田既起，舜何人哉？作陳杞世家第六。

收殷餘民，叔封始邑，申以商亂，酒材是告，及朔之生，衛頃不寧；南子惡蒯聵，子父易名。周德卑微，戰國既彊，衛以小弱，角獨後亡。嘉彼康誥，作衛世家第七。

嗟箕子乎！嗟箕子乎！正言不用，乃反爲奴。武庚既死，周封微子。襄公傷於泓，【正義】泓，水名。公羊傳云：宋與楚人期戰於泓之陽，宋師大敗。君子大其不鼓不成列，臨大事而不忘大禮，雖文王之戰亦不過此也。君子孰稱。景公謙德，熒惑退行。剔成暴虐，【集解】徐廣曰：一云偃。宋剔成君生偃。【索隱】剔音湯。宋乃滅亡。嘉微子問太師，作宋世家第八。

武王既崩，叔虞邑唐。君子譏名，【正義】謂晉穆侯太子名仇，少子名成師。卒滅武公。驪姬之愛，亂者五世；重耳不得意，乃能成霸。六卿專權，【正義】智伯、范、中行、韓、魏、趙。晉國以耗。嘉文公錫珪鬯，作晉世家第九。

重黎業之，吳回接之；殷之季世，粥子牒之。周用熊繹，熊渠是續。莊王之賢，乃復國陳；【正義】楚莊王都陳。既赦鄭伯，班師華元。懷王客死，蘭咎屈原；好諛信讒，楚并於秦。嘉莊王之義，作楚世家第十。

少康之子，實賓南海，【正義】吳越春秋云：啓使歲時祭禹於越，立宗廟南山之上，封少康庶子無餘於越，使祠禹，至勾踐遷都山陰，立禹廟爲始祖廟，越亡遂廢也。案：今禹廟在會稽山下。文身斷髮，黿鱓與處，【索隱】黿音元。鱓音鼉。既守封禺，【集解】徐廣曰：封禺山在武康縣南。奉禹之祀。句踐困彼，乃用種、蠡。嘉句踐夷蠻能修其德，滅彊吳以尊周室，作越王句踐世家第十一。

桓公之東，太史是庸。及侵周禾，王人是議。祭仲要盟，鄭久不昌。子產之仁，紹世稱賢。三晉侵伐，鄭納於韓。嘉厲

公納惠王作鄭世家第十二

維驥騄耳乃章造父趙夙事獻衰續厥緒【正義】衰楚爲反佐文尊王卒爲晉輔襄子困辱乃禽智伯主父生縛餓死探爵王遷辟淫良將是斥嘉鞅討周亂作趙世家第十三

畢萬爵魏卜人知之及絳戮干戎翟和之文侯慕義子夏師之惠王自矜齊秦攻之既疑信陵諸侯罷之卒亡大梁王假厮之嘉武佐晉文申霸道作魏世家第十四

韓厥陰德趙武攸興紹絕立廢晉人宗之昭侯顯列申子庸之疑非不信秦人襲之嘉厥輔晉匡周天子之賦作韓世家第十五

完子避難適齊爲援陰施五世齊人歌之成子得政田和爲侯王建動心乃遷于共嘉威宣能撥濁世而獨宗周作田敬仲完世家第十六

周室既衰諸侯恣行仲尼悼禮廢樂崩追修經術以達王道匡亂世反之於正見其文辭爲天下制儀法垂六蓺之統紀於後世作孔子世家第十七

桀紂失其道而湯武作周失其道而春秋作【正義】周失其道至秦之時諸侯力事乎爭彊秦失其政而陳涉發迹諸侯作難風起雲蒸卒亡秦族天下之端自涉發難作陳涉世家第十八

成皋之臺薄氏始基詘意適代厥崇諸竇栗姬偩貴王氏乃遂陳后太驕卒尊子夫嘉夫德若斯作外戚世家第十九

漢既譎謀禽信於陳越荊剽輕乃封弟交爲楚王爰都彭城以彊淮泗爲漢宗藩戊溺於邪禮復紹之嘉游輔祖【正義】游楚王交字也祖高祖也作楚元王世家第二十

維祖師旅劉賈是與爲布所襲喪其荊吳營陵激呂乃王琅邪怵午【正義】謂祝午也信齊往而不歸遂西入關遭立孝文獲復王燕天下未集賈澤以族爲漢藩輔作荊燕世家第二十一

天下已平親屬既寡悼惠先壯實鎮東土哀王擅興發怒諸呂駟鈞暴戾京師弗許厲之內淫禍成主父嘉肥股肱作齊悼惠王世家第二十二

楚人圍我滎陽相守三年蕭何填撫山西【正義】謂華山之西也推計踵兵給糧食不絕使百姓愛漢不樂爲楚作蕭相國世家第二十三

與信定魏破趙拔齊遂弱楚人續何相國不變不革黎庶攸寧嘉參不伐功矜能作曹相國世家第二十四

運籌帷幄之中制勝於無形子房計謀其事無知名無勇功圖難於易爲大於細作留侯世家第二十五

六奇既用諸侯賓從於漢呂氏之事平爲本謀終安宗廟定社稷作陳丞相世家第二十六

諸呂爲從謀弱京師而勃反經合於權吳楚之兵亞夫駐於昌邑以戹齊趙而出委以梁作絳侯世家第二十七

七國叛逆蕃屏京師唯梁爲扞偩愛矜功幾獲于禍嘉其能距吳楚作梁孝王世家第二十八

五宗既王親屬洽和諸侯大小爲藩爰得其宜僭擬之事稍衰貶矣作五宗世家第二十九

三子之王文辭可觀作三王世家第三十

末世爭利維彼奔義讓國餓死天下稱之作伯夷列傳第一

晏子儉矣夷吾則奢齊桓以霸景公以治作管晏列傳第二

李耳無爲自化清淨自正韓非揣事情循勢理作老子韓非列傳第三

自古王者而有司馬法穰苴能申明之作司馬穰苴列傳第四

非信廉仁勇不能傳兵論劍與道同符內可以治身外可以應變君子比德焉作孫子吳起列傳第五

維建遇讒爰及子奢尚既匡父伍員奔吳作伍子胥列傳第六

孔子述文弟子興業咸爲師傅崇仁厲義作仲尼弟子列傳第七

鞅去衛適秦能明其術彊霸孝公後世遵其法作商君列傳第八

天下患衡秦毋饜而蘇子能存諸侯約從以抑貪彊作蘇秦列傳第九

六國既從親而張儀能明其說復散解諸侯作張儀列傳第十

秦所以東攘【集解】徐廣曰一作壤雄諸侯樗里甘茂之策作樗里甘茂列傳第十一

苞河山【集解】徐廣曰苞一作施圍大梁使諸侯斂手而事秦者魏冉之功作穰侯列傳第十二

南拔鄢郢北摧長平遂圍邯鄲武安爲率破荊滅趙王翦之能作白起王翦列傳第十三

獵儒墨之遺文明禮義之統紀絕惠王利端列往世興衰【集解】徐廣曰一作壞作孟子荀卿列傳第十四

好客喜士士歸于薛爲齊扞楚魏作孟嘗君列傳第十五

爭馮亭以權【集解】徐廣曰以一作反太史公譏平原曰利令智昏故云爭馮亭以權如楚以救邯鄲之圍使其君復稱於諸侯作平原君虞卿列傳第十六

能以富貴下貧賤賢能詘於不肖唯信陵君爲能行之作魏公子列傳第十七

以身徇君遂脫彊秦使馳說之士南鄉走楚者黃歇之義作春申君列傳第十八

能忍訽於魏齊【集解】徐廣曰訽音逅【索隱】訽音火候反訽辱也而信威於彊秦推賢讓位二子有之作范雎蔡澤列傳第十九

率行其謀連五國兵爲弱燕報彊齊之讎雪其先君之恥作樂毅列傳第二十

能信意彊秦而屈體廉子用徇其君俱重於諸侯作廉頗藺相如列傳第二十一

湣王既失臨淄而奔莒唯田單用即墨破走騎劫遂存齊社稷作田單列傳第二十二

能設詭說解患於圍城輕爵祿樂肆志作魯仲連鄒陽列傳第二十三

作辭以諷諫連類以爭義離騷有之作屈原賈生列傳第二十四

結子楚親使諸侯之士斐然爭入事秦作呂不韋列傳第二十五

曹子匕首魯獲其田齊明其信豫讓義不爲二心作刺客列傳第二十六

能明其畫因時推秦遂得意於海內斯爲謀首作李斯列傳第二十七

爲秦開地益衆北靡匈奴據河爲塞因山爲固建榆中作蒙恬列傳第二十八

填趙塞常山以廣河內弱楚權明漢王之信於天下作張耳陳餘列傳第二十九

收西河上黨之兵從至彭城越之侵掠梁地以苦項羽作魏豹彭越列傳第三十

以淮南叛楚歸漢漢用得大司馬殷卒破子羽于垓下【集解】徐廣曰堤塘之名也作黥布列傳第三十一

楚人迫我京索而信拔魏趙定燕齊使漢三分天下有其二以滅項籍作淮陰侯列傳第三十二

楚漢相距鞏洛而韓信爲填潁川盧綰絕籍糧餉作韓信盧綰列傳第三十三

諸侯畔項王唯齊連子羽城陽漢得以間遂入彭城作田儋列傳第三十四

攻城野戰獲功歸報噲商有力焉非獨鞭策又與之脫難作樊酈列傳第三十五

漢既初定文理未明蒼爲主計整齊度量序律歷作張丞相列傳第三十六

結言通使約懷諸侯諸侯咸親歸漢爲藩輔作酈生陸賈列傳第三十七

欲詳知秦楚之事唯周緤常從高祖平定諸侯作傅靳蒯成列傳第三十八【索隱】蒯音裴其字從崩邑又音浮

徙彊族都關中和約匈奴明朝廷禮次宗廟儀法作劉敬叔孫通列傳第三十九

能摧剛作柔卒爲列臣欒公不劫於勢而倍死作季布欒布列傳第四十

敢犯顏色以達主義不顧其身爲國家樹長畫作袁盎朝錯列傳第四十一

守法不失大理言古賢人增主之明作張釋之馮唐列傳第四十二

敦厚慈孝訥於言敏於行務在鞠躬君子長者作萬石張叔列傳第四十三

守節切直義足以言廉行足以厲賢任重權不可以非理撓作田叔列傳第四十四

扁鵲言醫爲方者宗守數精明後世修序弗能易也而倉公可謂近之矣作扁鵲倉公列傳第四十五

維仲之省【集解】徐廣曰吳王之王由父省厥濞王吳遭漢初定以填撫江淮之間作吳王濞列傳第四十六

吳楚爲亂宗屬唯嬰賢而喜士士鄉之率師抗山東滎陽作魏其武安列傳第四十七

智足以應近世之變寬足用得人作韓長孺列傳第四十八

勇於當敵仁愛士卒號令不煩師徒鄉之作李將軍列傳第四十九

自三代以來匈奴常爲中國患害欲知彊弱之時設備征討作匈奴列傳第五十

直曲塞廣河南破祁連通西國靡北胡作衛將軍驃騎列傳第五十一

大臣宗室以侈靡相高唯弘用節衣食爲百吏先作平津侯列傳第五十二

漢既平中國而佗能集揚越以保南藩納貢職作南越列傳第五十三

吳之叛逆甌人斬濞【集解】徐廣曰今之永寧是東甌也葆守封禺爲臣【索隱】葆音保言東甌被越攻之後保封禺之山今在武康縣也作東越列傳第五十四

燕丹散亂遼間滿收其亡民厥聚海東以集真藩【集解】徐廣

日一作莫藩音普寒反葆塞爲外臣作朝鮮列傳第五十五

唐蒙使略通夜郎而邛笮之君請爲內臣受吏作西南夷列傳第五十六

子虛之事大人賦說靡麗多誇然其指風諫歸於無爲作司馬相如列傳第五十七

黥布叛逆子長國之以塡江淮之南安剽楚庶民作淮南衡山列傳第五十八

奉法循理之吏不伐功矜能百姓無稱亦無過行作循吏列傳第五十九

正衣冠立於朝廷而羣臣莫敢言浮說長孺矜焉好薦人稱長者壯有溉【集解】徐廣曰一作既作汲鄭列傳第六十

自孔子卒京師莫崇庠序唯建元元狩之間文辭粲如也作儒林列傳第六十一

民倍本多巧姦軌弄法善人不能化唯一切嚴削爲能齊之作酷吏列傳第六十二

漢既通使大夏而西極遠蠻引領內鄉欲觀中國作大宛列傳第六十三

救人於戹振人不贍仁者有乎不既信【集解】徐廣曰一云不慨信不倍言義者有取焉作游俠列傳第六十四

夫事人君能說主耳目和主顏色而獲親近非獨色愛能亦各有所長作佞幸列傳第六十五

不流世俗不爭勢利上下無所凝滯人莫之害以道之用作滑稽列傳第六十六

齊楚秦趙爲日者各有俗【索隱】按日者傳亡無以知諸國之俗今褚先生唯記司馬季主之事也所用欲循【集解】徐廣曰一作總觀其大旨作日者列傳第六十七

三王不同龜四夷各異卜【索隱】其書既亡無以知其異今褚少孫唯取太卜占龜之雜說詞甚煩蕪不能裁剪妄加穿鑿此篇不才之甚也然各以決吉凶略闚其要作龜策列傳第六十八

布衣匹夫之人不害於政不妨百姓取與以時而息財富智者有采焉作貨殖列傳第六十九

維我漢繼五帝末流接三代統業周道廢秦撥去古文焚滅詩書故明堂石室金匱玉版【集解】如淳曰刻玉版以爲文字圖籍散亂於是漢興蕭何次律令韓信申軍法張蒼爲章程【集解】如淳曰章歷數之章術也程者權衡丈尺斛斗之平法也瓚曰茂陵書丞相爲工用程數其中言百工用材多少之量及制度之程品者是也叔孫通定禮儀則文學彬彬稍進詩書往往閒出矣自曹參薦蓋公言黃老【索隱】蓋姓也音古盍反而賈生晁錯明申商公孫弘以儒顯百年之閒天下遺文古事靡不畢集太史公太史公仍父子相續纂其職曰於戲余維先人嘗掌斯事顯於唐虞至于周復典之故司馬氏世主天官【索隱】案此天官非周禮冢宰天官乃廣知天文星曆之事天官且遷實黎之後而黎氏後亦揔稱重黎以重本司天故太史公代掌天官蓋天官統太史之職言史是歷代之職恐非實事然衞宏以爲司馬氏周史佚之後故太史談云予之先人周之太史蓋或得其實也至於余乎欽念哉欽念哉罔羅天下放失舊聞【索隱】案舊聞有遺失放逸者網羅而考論之王迹所興原始察終見盛觀衰論考之行事略推三代錄秦漢上記軒轅下至于茲著十二本紀旣科條之矣並時異世年差不明作十表【索隱】案並時則年歷差殊亦略言難以明辨故作表也禮樂損益律歷改易兵權山川鬼神【索隱】案兵權即律書也遷沒之後亡褚少孫以律書補之今律書亦略言兵也山川即河渠書也鬼神即封禪書也故云山川鬼神也天人之際承敝通變作八書二十八宿環北辰三十輻共一轂【集解】駰案漢書音義曰象黃帝已下三十世家老子言車三十輻運行無窮以象王者如此也【正義】顏云此說非也言衆星共繞北辰諸輻咸歸車轂若羣臣尊輔天子也運行無窮輔拂股肱之臣配焉忠信行道以奉主上作三十世家扶義俶儻不令已失時立功名於天下【索隱】已音紀言扶義俶儻之士能立功名於當代不後於時也作七十列傳凡百三十篇五十二萬六千五百字爲太史公書序【索隱】桓譚云遷所著書成以示東方朔朔皆署曰太史公則謂太史公是朔稱亦恐其說未實蓋遷自尊其父著述稱之曰公或云遷外孫楊惲所稱事或當爾也略以拾遺補蓺【集解】李奇曰六蓺也【索隱】漢書作補蓺謂此作蓺謂補六蓺之闕也成一家之言厥協六經異傳【索隱】遷言以所撰取協於經異傳諸家之說耳謙不敢比經蓺也異傳者如子夏易傳毛公詩及韓嬰外傳伏生尚書大傳之流者也整齊百家雜語【正義】太史公撰史記言其協於六經異文整齊諸子百家雜說之語謙不敢比經蓺也異傳謂如丘明春秋外傳國語子夏易傳毛公詩傳韓詩外傳伏生尚書大傳之流也藏之名山副在京師【索隱】言正本藏之書府副本留京師也穆天子傳云天子北征至于羣玉之山河平無險四徹中繩先王所謂策府郭璞云古帝王藏策之府則此謂藏之名山是也俟後世聖人君子【索隱】此語出公羊傳言夫子制春秋之義以俟後聖君子以君子之爲亦有樂乎此也第七十【集解】駰案衞宏漢書舊儀注曰司馬遷作景帝本紀極言其短及武帝過武帝怒而削去之後坐舉李陵陵降匈奴故下遷蠶室有怨言下獄死

太史公曰余述歷黃帝以來至大初而訖百三十篇【集解】駰案漢書音義曰十篇缺有錄無書張晏曰遷沒之後亡景紀武紀禮書樂書兵書漢興以來將相年表日者列傳三王世家龜策列傳傅靳蒯列傳元成之間褚先生補缺作武帝紀三王世家龜策日者列傳言辭鄙陋非遷本意也【索隱】案景紀取班書補之武紀專取封禪書禮書取荀卿禮論樂書取禮樂記兵書亡不補略述律而言兵遂分歷述以次之三王系家空取其策文以續此篇何率略且重非當也日者不能記諸國之同異而論司馬季主龜策直太卜所得占龜兆雜說而無筆削功何蕪鄙也

【索隱】述贊曰太史良才寔纂先德周遊歷覽東西南北事覈詞簡是稱實錄報任投書申李下獄惜哉殘缺非才妄續

史記卷一百三十考證

太史公自序其在衞者相中山集解徐廣曰名喜也○呂氏春秋司馬喜難墨者師於中山王前

以傳劒論顯集解晉灼曰史記吳起贊曰非信仁廉勇不能傳劒論兵書也○序傳作不能傳兵論劒與晉灼所引互異必有一誤

蒯聵玄孫卭爲武信君將集解徐廣曰張耳傳云武臣自號武信君○劉攽漢書刊誤曰此言當始皇時爲武信君將則武信君非武臣也項梁亦號爲武信君然皆非始皇時

使人儉而善失眞○董份曰墨者儉是矣若名家言儉似不可曉蓋此乃檢字因上有儉字寫者遂誤耳解曰檢者法也又曰檢者束也下文苛察繳繞卽檢束之意也

而太史公遭李陵之禍正義太史公舉李陵李陵降也○董份曰李陵之禍謂陵降而太史公救之帝怒下蠶室也

大臣洞疑索隱洞是洞達意共所疑○董份曰洞字恐是恫字蓋傳寫之誤耳今索隱釋爲洞達旣洞達矣又何疑乎

間不容翲忽○困學紀聞曰出曾子天圓章閻若璩曰曾子云其間不容髮

申呂肖矣集解徐廣曰肖音痟痟猶衰微○顧炎武曰肖乃削字脫其旁耳與孟子曾之削也滋甚義同徐廣注以爲痟者非是臣照按古時字少或痟削俱書肖字未可定也

莊王之賢乃復國陳正義楚莊王都陳○余有丁曰楚莊克陳以申叔之功而復之故曰復國陳

壯有溉○凌稚隆曰以上文長孺推之則下壯字疑當作莊此鄭名也溉字下又疑有闕文

補史記序

司馬貞

太史公古之良史也家承二正之業人當五百之運兼以代爲史官親掌圖籍慨春秋之絕筆傷舊典之闕文遂乃錯綜古今囊括記錄本皇王之遺事採人臣之故實爰自黃帝迄于漢武歷載悠邈舊章罕補漁獵則窮於百氏筆削乃成於一家父作子述其勤至矣然其敘勸褒貶頗稱折衷後之作者咸取則焉夫以首創者難爲功因循者易爲力自左氏之後未有體制而司馬公補立紀傳規模別爲書表題目莫不本紀十二象歲星之一周八書有八篇法天時之八節十表放剛柔十日三十世家比月有三旬七十列傳取懸車之暮齒百三十篇象閏餘而成歲其間禮樂刑政君舉必書福善禍淫用垂炯誡事廣而文局詞質而理暢斯亦盡美矣而有未盡善者具如後論雖意出當時而義非經遠蓋先史之未備成後學之深疑借如本紀敘五帝而闕三皇世家載列國而有外戚郲許春秋次國略而不書張吳敵國蕃王抑而不載並編錄有闕竊所未安又列傳所著有管晏及老子韓非管晏乃齊之賢卿卽如其例則吳之延陵鄭之子產晉之叔向衞之史魚盛德不闕何爲蓋闕伯陽清虛爲教韓子峻刻制法靜躁不同德刑斯舛今宜柱史共漆園同傳公子與商君並列可不善歟其中遠近乖張詞義踳駁或篇章倒錯或贊論麤疏蓋由遭逢非罪有所未暇故十篇有錄無書是也然其網絡古今敘述懲勸異左氏之微婉有南史之典實所以揚雄班固等咸稱其有良史之才蓋信乎其然也後褚少孫亦頗加補綴然猶未能周備貞業謝顓門人非博古而家傳是學頗事討論思欲續成先志潤色舊史輒黜陟升降改定篇目其有不備並採諸典籍以補闕遺其百三十篇之贊記非周悉並更申而述之附于衆篇之末雖曰狂簡必有可觀其所改更具條于後至如徐廣唯略出音訓兼記異同未能考覈是非解釋文句共裴駰實亦後進名家博採羣書專取經傳訓釋以爲集解然則時有冗長至於盤根錯節殘缺紕繆咸拱手而不言斯未可謂通學也今輒按古今仍以裴爲本兼自見愚管重爲之註號曰小司馬史記然前朝顏師古止註漢史今並謂之顏氏漢書貞雖位不逮顏公旣補史舊兼下新意亦何讓焉

補史記

唐國子博士弘文館學士司馬貞補撰并注

三皇本紀

太史公作史記古今君臣宜應上自開闢下迄當代以爲一家之首尾今闕三皇而以五帝爲首者正以大戴禮有五帝德篇又帝系皆敘自黃帝以下故因以五帝本紀爲首其實三皇已還載籍罕備然君臣之始教化之先旣論古史不合全闕近代皇甫謐作帝王代紀徐整作三五曆皆論三皇已來事斯亦近古之一證今並採而集之作三皇本紀雖復淺近聊補闕云

太皞庖犧氏風姓代燧人氏繼天而王母曰華胥履大人迹於雷澤而生庖犧於成紀蛇身人首按伏犧風姓出國語其華胥以下出帝王世紀然雷澤澤名卽舜所漁之地在濟陰成紀亦地名按天水有成紀縣有聖德仰

則觀象於天俯則觀法於地旁觀鳥獸之文與地之宜近取諸身遠取諸物始畫八卦以通神明之德以類萬物之情造書契以代結繩之政於是始制嫁娶以儷皮爲禮按譙周古史考伏犧制嫁娶以儷皮爲禮也結網罟以教佃漁故曰宓犧氏按事出漢書歷志宓音伏養犧牲以庖廚故曰庖犧有龍瑞以龍紀官號曰龍師作三十五弦之瑟木德王注春令故易稱帝出乎震月令孟春其帝大皞是也按位在東方象日之明故稱太皞皞明也都於陳東封太山立一十一年崩按皇甫謐伏犧葬南郡或曰冢在山陽高平之西也其後裔當春秋時有任宿須句顓臾皆風姓之胄也女媧氏亦風姓蛇身人首有神聖之德代宓犧立號曰女希氏無革造惟作笙簧按禮明堂位及世本皆云女媧作簧故易不載不承五運一曰女媧亦木德王蓋宓犧之後已經數世金木輪環周而復始特舉女媧以其功高而充三皇故頻木王也當其末年也諸侯有共工氏任智刑以强霸而不王以水乘木乃與祝融戰不勝而怒乃頭觸不周山崩天柱折地維缺女媧乃鍊五色石以補天斷鼇足以立四極聚蘆灰以止滔水以濟冀州按其事出淮南子也於是地平天成不改舊物女媧氏没神農氏作按三皇記者不同譙周以燧人爲皇宋均以祝融爲皇鄭玄依春秋緯以女媧爲皇承伏犧皇甫謐亦同今依之爲說也炎帝神農氏姜姓母曰女登有媧氏之女爲少典妃感神龍而生炎帝人身牛首長於姜水因以爲姓按國語炎帝黃帝皆少典之子其母又皆有媧氏之女據諸子及古史考炎帝之後凡八代五百餘年軒轅氏代之豈炎帝黃帝是昆弟而同母氏乎皇甫謐以爲少典有媧氏諸侯國號然則姜姬二帝同出少典氏皇帝之母又是神農母氏之後代女所以同是有媧氏之女也火德王故曰炎帝以火名官斲木爲耜揉木爲耒耒耨之用以教萬人始教耕故號神農氏於是作蜡祭以赭鞭鞭草木始嘗百草始有醫藥又作五弦之瑟教人日中爲市交易而退各得其所遂重八卦爲六十四爻初都陳後居曲阜按今淮陽有神農井又左傳稱有大庭氏之庫是也立一百二十年崩葬長沙神農本起烈山故左氏稱烈山氏之子曰柱亦曰厲山氏禮曰厲山氏之有天下是也按鄭玄云厲山神農所起亦曰有烈氏皇甫謐曰厲山今隨之厲鄉也神農納奔水氏之女曰聽談爲妃生帝哀哀生帝克克生帝榆罔凡八代五百三十年而軒轅氏興焉按神農之後凡八代事見帝王代紀及古史考然古典亡矣况譙皇二氏皆前聞君子考按古書而爲此說豈至今鑿空乎此紀亦採以爲說其易稱神農氏没卽榆罔猶襲神農之號也其後有州甫甘許戲露齊紀怡向申呂皆姜姓之後並爲諸侯或分四岳當周室甫侯申伯爲王賢相齊許列爲諸侯霸於中國蓋聖人德澤廣大故其祚胤繁昌久長云一說三皇謂天皇地皇人皇爲三皇既是開闢之初君臣之始圖緯所載不可全弃故兼序之天地初立有天皇氏十二頭澹泊無所施爲而俗自化木德王歲起攝提兄弟十二人立各一萬八千歲蓋天地初立神人首出行化故其年世長久也然言十二頭者非謂一人之身有十二頭蓋古質比之鳥獸頭數故也地皇十一頭火德王姓十一人興於熊耳龍門等山亦各萬八千歲人皇九頭乘雲車駕六羽出谷口兄弟九人分長九州各立城邑凡一百五十世合四萬五千六百年天皇已下皆出河圖及三五曆也自人皇已後有五龍氏五龍氏兄弟五人並乘龍上下故曰五龍氏也燧人氏按其君鑽燧出火教人熟食在伏犧氏前譙周以爲三皇之首也大庭氏栢皇氏中央氏卷須氏栗陸氏驪連氏赫胥氏尊盧氏渾沌氏昊英氏有巢氏朱襄氏葛天氏陰康氏無懷氏斯蓋三皇已來有天下者之號按皇甫謐以爲大庭已下一十五君皆襲庖犧之號事不經見難可依從然按古封大山者首有無懷氏乃在太昊之前豈得如謐所說但載籍不紀莫知姓王年代所都之處而韓詩以爲自古封太山禪梁甫者萬有餘家仲尼觀之不能盡識管子亦曰古封太山七十二家夷吾所識十有二焉首有無懷氏然則無懷之前天皇已後年紀悠邈皇王何昇而告但古書亡矣不可備論豈得謂無帝王耶故春秋緯稱自開闢至於獲麟凡三百二十七萬六千歲分爲十紀凡世七萬六百年一曰九頭紀二曰五龍紀三曰攝提紀四曰合雒紀五曰連通紀六曰序命紀七曰脩飛紀八曰回提紀九曰禪通紀十曰流訖紀蓋流訖當黃帝時制九紀之間是以錄於此補紀之也

史記正義論例謚法解列國分野

唐諸王侍讀率府長史張守節上

論史例

古者帝王右史記言左史記事言爲尚書事爲春秋太史公兼之故名曰史記幷採六家雜說以成一史備論君臣父子夫妻長幼之序天地山川國邑名號殊俗物類之品也太史公作史記起黃帝高陽高辛唐堯虞舜夏殷周秦訖于漢武帝天漢四年合二千四百一十三年作本紀十二象歲十二月也作表十象天之剛柔十日以記封建世代終始也作書八象一歲八節以記天地日月山川禮樂也作世家三十象一月三十日三十輻共一轂以記世祿之家輔弼股肱之臣忠孝得失也作列傳七十象一行七十二日言七十者舉全數也餘二日象閏餘也以託王侯將相英賢略立功名於天下可序列也合百三十篇象一歲十二月及閏餘也而太史公作此五品廢一不可以統理天地勸奬箴誡爲後之楷模也

論注例

史記文與古文尚書同者則取孔安國注若與伏生尚書同者則用鄭玄王肅馬融所釋與三傳同者取杜元凱服虔何休賈逵范甯等注與三禮論語孝經同者則取鄭玄馬融王肅之注與韓詩同者則取毛傳鄭箋等釋與周易同者則依王氏之注與諸子諸史雜書及先儒解釋善者而裴駰並引爲注又徐中散作音訓校集諸本異同或義理可通者稱一本云又一本云自是別記異文裴氏亦引之爲注也

論字例

史漢文字相承已久若悅字作說閑字作閒智字作知汝字作女早字作蚤後字作后既字作漑勅字作飭制字作剬此之般流緣古少字通共用之史漢本有此古字者乃爲好本程邈變篆爲隸楷則有常後代作文隨時改易衞宏官書數體呂忱或字多奇鍾王等家以能爲法致令楷文改變非復一端咸著秘書傳之歷代又字體乖日久其黼黻之字法從黹丁履反今之史本則有從耑音端秦本紀云天子賜孝公黼黻鄒誕生音甫弗而鄒氏之前史本已從耑矣如此之類並卽依行不可更改若其黿鼉從龜辭從舌覺學從與泰恭從小匱匠從走巢藻從果耕籍從禾席下爲帶美下爲大裏下爲衣極下爲點析傍著片惡上安西餐側出頭離邊作禹此之等類例直是訛字寵勑勇反錫爲鍚音陽以支章移反代文問分反將无混無若茲之流便成兩失

論音例

史文與傳諸書同者劉氏並依舊本爲音至如太史公改五帝本紀便章百姓便程東作便程南譌便程西成便在伏物咸依見字讀之太史變尚書文者義理特美或訓意改其古澀何煩如劉氏依尚書舊音斯例蓋多不可具錄著在正義隨文音之君子宜詳其理庶明太史公之達學也然則先儒音字比方爲音至魏秘書孫炎始作反音又未甚切今並依孫反音以傳後學鄭康成云其始書之也倉卒無字或以音類比方假借爲之趣於近之而已受之者非一邦之人其鄉同言異字同音異於茲遂生輕重訛謬矣然方言差別固自不同河北江南冣爲鉅異或失在浮清或帶於重濁今之取捨冀除茲弊夫質有精麤謂之好惡並如字心有愛憎稱爲好惡並去聲當體則爲名譽音預情乖則曰毀譽音餘自壞乎怪反壞徹上音怪自斷徒緩反自去離也刀斷端管反以刀割令相去也耶也奢反未審之辭也也亦且反助句之語也復音伏又扶富反重也過古臥反越度也解核買反自散也間紀莧反隙也畜許又反畜許六反養也先蘇前反仙息然反尤羽求反侯胡溝反治持並音直之反之止而反脂砥祇並音旨夷反惟維遺唯並音以位反怡貽頤詒並音與之反夷寅彝姨並音以脂反私息脂反綏雖睢葵並音息遺反偲司伺絲並音巨支反卮枝祇肢並音章移反祇歧並音巨支反其期旗棊琪並音渠之反祈頎旂幾畿並音渠希反僖熙嬉嘻並音許其反希晞睎稀並音虛幾反霏妃菲騑並音芳非反飛非扉並音匪肥反尸屍蓍並音式脂反詩書之反巾居人反斤筋舉欣反篇偏並音芳連反穿詳連反里李裏並音良止反至贄並音脂利反志之吏反利涖並音力至反吏力置反寺嗣飼並音辭吏反字牸並音疾置反自疾二反置致躓鷙並音陟利反器去冀反氣去既反亟去吏反冀覬几利反既居未反覆敷救反又敷福反副敷救反富鍑並音府副反若斯清濁實亦難分博學碩材乃有甄異此例極廣不可具言庶後學士幸留意焉

音字例

文或相似音或有異一字單錄乃恐致疑兩字連文檢尋稍易若音上字言上別之所音下字乃復書下有長句在文中須音則題其字

發字例

古書字少假借蓋多字或數音觀義點發皆依平上去入若發平聲每從寅起又一字三四音者同聲異喚一處共發恐難辯別故略舉四十二字如字初音者皆爲正字不須點發

畜許六反養也又許救反六畜也又他六反聚也從訟容反隨也又縱容反南北長也又但容反又子勇反相勸也又從用反侍從也又足用反慫也數色具反曆數術數也又色五反次第也又色角反頻也傳逐戀反書傳也又逐全反相付也又張戀反驛也卒子律反卒終也又蒼忽反急也尊忽反兵人也字體各別不辯故發之也辟君也徵也又頻亦反罪也開也疋亦反邪也又疋豉反諭也又音避隱也又普覓反辟歷也施書移反張也又式豉反與也又羊豉反延也間紀閑反隟也又紀莧反間也又莧間反靜也射蛇夜反射也又成亦反音石夏胡馬反禹號也又胡嫁反春夏也又格雅反陽夏縣也復符富反重也又音伏也又音福徐役之也重直拱反尊也直龍反疊也又直用反累也適聖石反寬也之也又丁歷反大也又張革反責也又音敵當也汜音祀木在成皋又音凡邑名在襄城又孚劒反爲木在定陶高帝卽位處也又音東楚人呼土爲汜橋樂音岳謂音樂也又音洛歡也又音五教反好也情願也覆敷富反蓋也又數福反再也恐曲用反疑也又兵拱反懼也惡烏各反麤也又烏路反憎也又音烏謂於何也斷端管反有物割截也又段緩反自相分也又端亂反斷疑事也解佳買反除結縛

也又核買反散也又佳債反息墮也又核詐反縫解幾音機庶幾也又音靳近也又音記亦冀望字也又音紀錄也過光臥反度也罪過也又音戈經過也度前也幸所律反平例也幸伏也又音類也又音剛徐廣云幸卽斂也又音色類反將帥也屈立勿反曲也又君勿反姓也又群勿反盡也彊也上時讓反位也元在物之上又時掌反自下而上王于方反人主也又于放反霸王也又盛也長直良反久也又張丈反長上也籍才昔反名籍也又薦籍也又租夜反卽借也培勃回反補也又蒲內反板也勝音升又式證反難乃丹反艱也乃旦反危也使所里反又所吏反相息羊反又息匠反沈針甚反又針禁反又直今反又沈禁反厭没也任入今反又入禁反棺音官又古玩反又古患反斂之也造曹早反七到反至也妻七低反切帝反費非味反用也又音秘邑也扶味反姓也

謚法解

惟周公旦太公望開嗣王業建功于牧野終將葬乃制謚遂敘謚法謚者行之迹號者功之表古者有大功則賜之善號以爲稱也車服者位之章也是以大行受大名細行受細名行出於已名生於人名謂號謚

民無能名曰神不名一善
一德不懈曰簡一不委曲
靖民則法曰皇靖安
平易不訾曰簡不信訾毁
德象天地曰帝同於天帝
尊賢貴義曰恭尊事賢人寵貴義士
仁義所往曰王民往歸之
敬事供上曰恭供奉也
立志及衆曰公志無私也
尊賢敬讓曰恭敬有德讓有功
執應八方曰侯所執行八方應之
既過能改曰恭言自知
賞慶刑威曰君能行四者
執事堅固曰恭守正不移
從之成羣曰君民從之
愛民長弟曰恭順長接弟
揚善賦簡曰聖所稱得人所善得實所賦得簡
執禮御賓曰恭迎待賓也
敬賓厚禮曰聖厚於禮
芘親之闕曰恭脩德以益之
照臨四方曰明以明照之
尊賢讓善曰恭不專己善推於人
譖訴不行曰明逆知之故不行
威儀悉備曰欽威則可畏儀則可象
經緯天地曰文成其道
大慮靜民曰定思樹惠
道德博聞曰文無不知

純行不爽曰定行一不傷
學勤好問曰文不恥下問
安民大慮曰定以慮安民
慈惠愛民曰文惠以成政
安民法古曰定不失舊意
愍民惠禮曰文惠而有禮
辟地有德曰襄取之以義
賜民爵位曰文與同升
甲冑有勞曰襄亟征伐
綏柔士民曰德安民以居安士以事
小心畏忌曰僖思所當忌
剛彊直理曰武剛無欲強不屈懷忠恕正曲直
賫淵受諫曰釐深故能受
諫爭不威曰德不以威拒諫
有罰而還曰釐知難而退
威彊敵德曰武與有德者敵
溫柔賢善曰懿性純淑
克定禍亂曰武以兵往故能定
心能制義曰度制事得宜
刑民克服曰武法以正民能使服
聰明叡哲曰獻有通知之聰
夸志多窮曰武大志行兵多所窮極
知質有聖曰獻有所通而無蔽
安民立政曰成政以安定
五宗安之曰孝五世之宗
淵源流通曰康性無忌
慈惠愛親曰孝周愛族親
溫柔好樂曰康好豐年勤民事
秉德不回曰孝順於德而不違
安樂撫民曰康無四方之虞
協時肇享曰孝協合肇始
合民安樂曰康富而教之
執心克莊曰齊能自嚴
布德執義曰穆故穆穆
資輔就共曰齊資輔佐而共成
中情見貌曰穆性公露
甄心動懼曰頃甄精
容儀恭美曰昭有儀可象行恭可美
敏以敬愼曰頃疾於所愼敬
昭德有勞曰昭能勞謹

柔德安衆曰靖成衆使安
聖聞周達曰昭聖聖通合
恭己鮮言曰靖恭己正身少言而中
治而無眚曰平無災罪也
寬樂令終曰靖性寬樂義以善自終
執事有制曰平不任意
威德剛武曰圉禦亂患
布綱治紀曰平施之政事
彌年壽考曰胡久也
由義而濟曰景用義而成
保民耆艾曰胡六十曰耆七十曰艾
耆意大慮曰景耆強也
布義行剛曰景以剛行義
追補前過曰剛勤善以補過
淸白守節曰貞行淸白執志固
猛以剛果曰威猛則少寬果敢行
大慮克就曰貞能大慮非正而何
猛以彊果曰威彊甚於剛
不隱無屈曰貞恒然無私
彊義執正曰威問正言無私
辟土服遠曰桓以武正定
治典不殺曰祁秉常不衰
克敬動民曰桓敬以使之
大慮行節曰孝言成其節
辟土兼國曰桓兼人故啓土
治民克盡曰使克盡無恩惠
能思辯衆曰元別之使各有次
好和不爭曰安生而少斷
行義說民曰元民說其義
道德純一曰思道大而德一
始建國都曰元非善之長何以始之
大省兆民曰思大親民而不殺
主義行德曰元以義爲主行德政
外內思索曰思言求善
聖善周聞曰宣聞謂所聞善事也
追悔前過曰思思而能改
兵甲亟作曰莊以數征爲嚴
行見中外曰慤表裏
叡圉克服曰莊通邊圉使能服
狀古述今曰譽立言之稱

勝敵志強曰莊不撓故勝
昭功寧民曰商明有功者
死於原野曰莊非嚴何以死難
克殺秉政曰夷秉政不任賢
屢征殺伐曰莊以嚴釐之
安心好靜曰夷不爽政
武而不遂曰莊武功不成
執義揚善曰德稱人之善
柔質慈民曰惠知其性
慈仁短折曰懷短未六十折未三十
愛民好與曰惠與謂施
述義不克曰丁不能成義
夙夜警戒曰敬敬身急成
有功安民曰烈以武立功
秉德尊業曰烈
合善典法曰敬非敬何以善之
剛克爲伐曰翼伐功也
剛德克就曰肅成其敬使爲終
思慮深遠曰翼小心翼翼
執心決斷曰肅言嚴果
外內貞復曰白正而復始終一
不生其國曰聲生於外家
不勤成名曰靈任本性不見賢思齊
未家短折曰傷未家未娶
死而志成曰靈志事不忘命
愛民好治曰戴好民治
死見神能曰靈有鬼不爲厲
典禮不愆曰戴無過
亂而不損曰靈不能以治損亂
短折不成曰殤有知而夭殤
好祭鬼怪曰靈瀆鬼神不致遠
隱拂不成曰隱不以隱括改其性
極知鬼神曰靈其智能聰徹
不顯尸國曰隱以閒主國
見美堅長曰隱美過其令
殺戮無辜曰厲
官人應實曰知能官人
愎很遂過曰刺去諫曰愎反是曰很
肆行勞祀曰悼放心勞於淫祀言不脩德
不思忘愛曰刺忘其愛己者

年中早夭曰悼 年不稱志
蚤孤短折曰哀 蚤未知人事
恐懼從處曰悼 從處言險圮
恭仁短折曰哀 體恭質仁功未施
凶年無穀曰荒 不務耕稼
好變動民曰躁 數移徙
外內從亂曰荒 家不治官不治
不悔前過曰戾 知而不改
好樂怠政曰荒 淫於聲樂怠於政事
怙威肆行曰醜 肆意行威
在國遭憂曰愍 仍多大喪
壅過不通曰幽 弱損不凌
在國逢難曰愍 兵寇之事
蚤孤鋪位曰幽 鋪位即位而卒
禍亂方作曰愍 國無政動長亂
動祭亂常曰幽 易神之班
使民悲傷曰愍 苛政賊害
柔質受諫曰慧 以虛受人
貞心大度曰匡 心正而用察少
名實不爽曰質 不爽言相應
德正應和曰莫 正其德應其和
溫良好樂曰良 言其人可好可樂
施勤無私曰類 無私唯義所在
慈和偏服曰順 能使人皆服其慈和
思慮果遠曰明 自任多近於專
博文多能曰憲 雖多能不至於大道
嗇於賜與曰愛 言貪悋
滿志多窮曰惑 自足者必不惑
危身奉上曰忠 險不辭難
思慮不爽曰厚 不差所思而得
克威捷行曰魏 有威而敏行
好內遠禮曰煬 朋淫於家不奉禮
克威惠禮曰魏 雖威不逆禮
去禮遠衆曰煬 不率禮不親長
教誨不倦曰長 以道教之
內外賓服曰正 言以正服之
肇敏行成曰直 始疾行成言不深
彰義揜過曰堅 明義以蓋前過
疏遠繼位曰紹 非其第過得之
華言無實曰夸 恢誕

好廉自克曰節 自勝其情欲
逆天虐民曰抗 背尊大而逆之
好更改舊曰易 變故改常
名與實爽曰繆 言名美而實傷
愛民在刑曰克 道之以政齊之以刑
擇善而從曰比 比方善而從之
除殘去虐曰湯

隱哀也景武也施德爲文除惡爲武辟地爲襄服遠爲
桓剛克爲僖施而不成爲宣惠無內德爲平亂而不損
爲靈由義而濟爲景餘皆象也 以其所爲象其事行 謚和會也勤
勞也尊僔也爽傷也肇始也怙恃也享祀也胡大也秉
順也就會也錫與也典常也肆放也康虛也叡聖也惠
愛也綏安也堅長也耆彊也考成也周至也懷思也武
法也布施也敏疾也速也載事也彌文以前周書謚法周
代君王並取作謚故全寫一篇以傳後學

列國分野

漢書地理志云本秦京師爲內史 顏師古云京師天子所居畿內也秦并天下改立郡縣而京畿所統特號內史言其在內以別於諸郡守也百官表云內史周官秦因之掌治京師景帝二年分置左內史右內史武帝太初元年更名京兆尹左內史名馮翊主爵中尉秦官掌列侯景帝六年更名都尉武帝太初元年更名左扶風治內史與左馮翊京兆是爲三輔也
秦地於天官東井輿鬼之分埜其界自弘農故關以西
京兆扶風馮翊北地上郡西河安定天水隴西南有巴
蜀廣漢犍爲武都西有金城武威張掖酒泉敦煌又西
南有牂牁越嶲益州
魏地觜觿參之分埜其界自高陵以東盡河東河內南
有陳留及汝南之召陵㶏彊新汲西華長平潁川之舞
陽郾陵河南之開封中牟陽武酸棗卷 卷去權反
周地柳七星張之分埜今之河南洛陽穀城平陰偃師
鞏緱氏
韓地角亢氏之分埜韓分晉得南陽郡及潁川之父城
定陵襄城潁陽潁陰長社陽翟郟東接汝南西接弘農
得新安宜陽鄭今河南之新鄭及成皋滎陽潁川之崇
高城陽
趙地昴畢之分埜趙分晉得趙國北有信都眞定常山
又得涿郡之高陽莫州鄉東有廣平鉅鹿清河河間又
得渤海郡之東平舒中邑文安東州成平章武河以北
也南至浮水繁陽內黃斥丘西有太原定襄雲中五原
上黨
燕地尾箕之分埜召公封於燕後三十六世與六國俱
稱王東有漁陽右北平遼西遼東西有上谷代郡鴈門
南有涿郡之易容城范陽北有新成故安涿縣良鄉新
昌及渤海之安次樂浪玄菟亦宜屬焉
齊地虛危之分埜東有菑川東萊瑯耶高密膠東南有
泰山城陽北有千乘清河以南渤海之高樂高城重合
陽信西有濟南平原
魯地奎婁之分埜東至東海南有泗水至淮得臨淮之
下相睢陵僮取慮
宋地房心之分埜今之沛梁楚山陽濟陰東平及東郡
之須昌壽張今之睢陽
衞地營室東壁之分埜今之東郡及魏郡之黎陽河內
之野王朝歌
楚地翼軫之分埜今之南郡江夏零陵桂陽武陵長沙
及漢中汝南郡後陳魯屬焉
吳地斗牛之分埜今之會稽九江丹陽豫章廬江廣陵
六安臨淮郡
粵地牽牛婺女之分埜今蒼梧鬱林合浦交阯九眞南
海日南
以前是戰國時諸國界域及相侵伐犬牙深入然亦不能委細故畧記之用知大畧

尚書臣張照謹言司馬遷紹春秋作史記後世史
家奉爲鼻祖焉顧其書前後重複互異甚多讀者
舉矛刺盾往往而是原其所以蓋有三焉一曰春
秋之義信以傳信疑以傳疑子曰吾猶及史之闕
文夫與其過而棄之無寧過而存之一事而傳聞
異辭則並舉而互見不敢以已之臆橫斷往古之
人遷之慎也一曰遷武帝之臣也則如所稱今上
本紀者固宜有錄無書其他文字敘至遷作史記
時而止者其文字似未了而義已了後人不知妄
爲增益於是金鎰莫辨所爲褚先生者固不足以
述遷之緒況又未必皆褚先生爲之所以益雜亂
而無章也一曰遷之爲史祖述春秋顧春秋之義
微矣遷豈能仿彿萬一哉其體例實遷草創其爲
言述古諷今不專爲一代之史與後代史家專敘
一代者不同且非易代而爲之其所筆削即本朝
之事也固不得不以微辭見指而後世或懵焉以
爲有闕遺而轉增益之或失其指趣而妄加非議
有是三者是以讀史記之難異於他史我
皇上稽古右文命臣等攷訂前史而重刊之以嘉惠後
學臣等學殖荒落何足仰副
明詔謹就所聞諸師友見諸傳記者爲之考證以附卷
後其間都有侍從燕間得聞
天語講論臣輒剽竊入書以幸士林其注有三曰集解
曰索隱曰正義世固皆無全本就世所傳本博考
而詳校之蓋比明監本增什之六然猶未全也其
於已刊之後復搜得之者則又見於考證中以補
其遺顧三注文字益多舛訛雖據所見聞稍加駁
正入於考證然不能無罣漏也要之校明監本則
不可同年語矣臣照謹識

原任詹事臣陳浩侍讀臣齊召南編修臣孫人龍
原任編修臣杭世駿奉
勑恭校刊

漢書

前漢書敘例

唐正議大夫行祕書少監琅邪縣開國子顏師古撰

儲君體上哲之姿膺守器之重俯降三善博綜九流觀炎漢之餘風究其終始懿孟堅之述作嘉其宏贍以爲服應曩說疎紊尚多蘇晉衆家剖斷蓋尠蔡氏纂集尤爲抵捂自兹以降蔑足有云悵前代之未周愍將來之多惑顧召幽仄俾竭芻蕘匡正睽違激揚鬱滯將以博喻胄齒遠覃邦國弘敷錦帶啓導青衿曲稟宏規備蒙嘉惠增榮改觀重價流聲斗筲之材徒思罄力駑蹇之足終慙遠致歲在重光律中大呂是謂涂月其書始就不恥狂簡輒用上聞粗陳指例式存揚搉

漢書舊無注解唯服虔應劭等各爲音義自別施行至典午中朝爰有晉灼集爲一部凡十四卷又頗以意增益時辯前人當否號曰漢書集注屬永嘉喪亂金行播遷此書雖存不至江左是以爰自東晉迄于梁陳南方學者皆弗之見有臣瓚者莫知氏族考其時代亦在晉初又總集諸家音義稍以己之所見續厠其末舉駁前說喜引竹書自謂甄明非無差爽凡二十四卷分爲兩帙今之集解音義則是其書而後人見者不知臣瓚所作乃謂之應劭等集解王氏七志阮氏七錄並題云然斯不審耳學者又斟酌瓚姓附著安施或云傅族既無明文未足取信蔡謨全取臣瓚一部散入漢書自此以來始有注本但意浮功淺不加隱括屬輯乖舛錯亂實多或乃離析本文隔其辭句穿鑿妄起職此之由與未注之前大不同矣謨亦有兩三處錯意然於學者竟無弘益

漢書舊文多有古字解說之後屢經遷易後人習讀以意刊改傳寫既多彌更淺俗今則曲覈古本歸其眞正一往難識者皆從而釋之

古今異言方俗殊語末學膚受或未能通意有所疑輒就增損流遯忘返穢濫實多今皆刪削克復其舊

諸表列位雖有科條文字繁多遂致舛雜前後失次上下乖方昭穆參差名實虧廢今則尋文究例普更刊整澄蕩愆違審定阡陌就其區域更爲局界非止尋讀易曉庶令轉寫無疑

禮樂歌詩各依當時律呂修短有節不可格以恒例讀者茫昧無復識其斷章解者支離又乃錯其句韻遂使一代文采空韞精奇累葉鑽求罕能通習今並隨其曲折剖判義理歷然易曉更無疑滯可得諷誦開心順耳

凡舊注是者則無間然具而存之以示不隱其有指趣畧舉結約未伸衍而通之使皆備悉至於詭文僻見越理亂眞匡而矯之以祛惑蔽若汎說非當蕪辭競逐苟出異端徒爲煩冗秪穢篇籍蓋無取焉舊所闕漏未嘗解說普更詳釋無不洽通上考典謨旁究蒼雅非苟臆說皆有援據六蓺殘缺莫覩全文各自名家揚鑣分路是以向歆班馬仲舒子雲所引諸經或有殊異與近代儒者訓義弗同不可追駮前賢妄指瑕纇曲從後說苟會扃塗今則各依本文敷暢厥指非不考練理固宜然亦猶康成注禮與其書易相偝元凱解傳無係毛鄭詩文以類而言其意可了爰自陳項以訖哀平年載既多綜緝斯廣所以紀傳表志時有不同當由筆削未休尚遺秖稗亦爲後人傳授先後錯雜隨手率意遂有乖張今皆窮波討源搆會甄釋

字或難識兼有借音義指所由不可暫闕若更求諸別卷終恐廢於披覽今則各於其下隨即翻音至如常用可知不涉疑昧者衆所共曉無煩翰墨

近代注史競爲該博多引雜說攻擊本文至有詆訶言辭掎摭利病顯前修之紕僻騁己識之優長乃效矛盾之仇讎殊乖粉澤之光潤今之注解翼贊舊書一遵軌轍閉絕岐路

諸家注釋雖見名氏至於爵里頗或難知傳無所存具列如左

荀悅字仲豫潁川人後漢祕書監 撰漢紀三十卷其事皆出漢書○宋祁曰景祐閒余靖校本注末有後人取悅所著書入於注本十一字

服虔字子愼滎陽人後漢尚書侍郎高平令九江太守 初名重改名祇後定名虔

應劭字仲瑗一 字仲援字仲遠 汝南南頓人後漢蕭令御史營令泰山太守

伏儼字景宏琅邪人

劉德北海人

鄭氏晉灼音義序云不知其名而臣瓚集解輒云鄭德既無所據今依晉灼但稱鄭氏耳○宋祁曰景祐余靖校本云鄭氏舊傳晉灼集注云北海人不知其名而臣瓚以爲鄭德今書但稱鄭氏

李斐不詳所出郡縣

李奇南陽人

鄧展南陽人魏建安中爲奮威將軍封高樂鄉侯

文穎字叔良南陽人後漢末荊州從事魏建安中爲甘陵府丞

張揖字稚讓清河人 一云河閒人 魏太和中爲博士 止解司馬相如傳一卷

蘇林字孝友陳留外黃人魏給事中領祕書監散騎常侍永安衞尉太中大夫黃初中遷博士封安成亭侯 ○宋祁曰景祐余靖校本孝友字下有一云彥友四字安成亭侯無亭字

張晏字子博中山人

如淳馮翊人魏陳郡丞

孟康字公休安平廣宗人魏散騎侍郎弘農太守領典農校尉勃海太守給事中散騎常侍中書令後轉爲監封廣陵亭侯

項昭不詳何郡縣人

韋昭字弘嗣吳郡雲陽人吳朝尚書郎太史令中書郎博士祭酒中書僕射封高陵亭侯

晉灼河南人晉尚書郎

劉寶字道眞高平人晉中書郎河內太守御史中丞太子中庶子吏部郎安北將軍 侍皇太子講漢書別有駮義○宋祁曰景祐余靖校本云劉寶字道高平人晉吏部侍郎餘無說

臣瓚不詳姓氏及郡縣 ○宋祁曰景祐余靖校本云臣瓚不知何姓案裴駰史記序云莫知姓氏韋稜續訓又言未詳而劉孝標類苑以爲于瓚酈元注水經以爲薛瓚姚察訓纂云案庾翼集于瓚爲翼主簿兵曹參軍後爲建威將軍晉中興書云翼病卒而大將于瓚等作亂翼長史江虨誅之于瓚乃是翼將不載有注解漢書然瓚所采衆家音義自服虔孟康以外並因晉亂湮滅不傳江左而高紀中瓚案茂陵書文紀中案漢祿秩令此二書亦復亡失不得過江明此瓚是晉中朝人未喪亂之前故得具其先輩音義及茂陵書漢令等耳蔡謨之江左以瓚二十四卷散入漢書今之注也若謂爲于瓚乃是東晉人年代前後了不相會此瓚非于足可知矣又案穆天子傳目錄云祕書校書郎中傳瓚校古文穆天子傳曰記穆天子傳者汲縣人不準盜發古塚所得書今漢書音義臣瓚所案多引汲書以駮衆家訓義此瓚疑是傳瓚瓚時職典校書故稱臣也顏師古曰後人斟酌瓚姓附之傳族耳既無明文未足取信

郭璞字景純河東人晉贈弘農太守 止注相如傳序及游獵詩賦

蔡謨字道明陳留考城人東晉侍中五兵尚書太常領祕書監都督徐兗青三州諸軍事領徐州刺史左光祿大夫開府儀同三司領揚州牧侍中司徒不拜贈侍中司空諡文穆公

崔浩字伯深清河人後魏侍中特進撫軍大將軍左光祿大夫司徒封東郡公 撰荀悅漢紀音義○宋祁曰景祐校本作字伯淵

前漢書敘例考證

儲君體上哲之姿云云○臣名南按顏師古因太子承乾之命注釋漢書故此序首言儲君其書成於貞觀十五年歲在辛丑故曰歲在重光也

荀會扃塗○監本別本俱訛作局塗非也今從古本改

諸家注釋雖見名氏云云 臣浩按此另爲一條監本接連前文非是今提行寫

魏建安中○顧炎武日知錄曰敘例列姓氏鄧展文穎下並云魏建安中建安乃獻帝年號雖政出曹氏不得遽名以魏 臣名南 按日知錄說是又文穎魏建安中爲甘陵府丞按兩漢無府丞官名甘陵改自安帝或如續志太常屬官每陵園令各一人丞及校長各一人則文穎爲甘陵丞不得云爲甘陵府丞也

清河人一云河閒人○河閒訛阿閒今改正 臣名南 按師古所列諸家名氏自荀悅至崔浩共二十三人而監本載宋景祐時余靖上言總先儒注解名姓可見者三十五人蓋三十五係二十三傳寫之訛也不然宋祁謂諸家名氏已附注顏師古敘例之下益不可解矣

前漢書目錄

漢　蘭　臺　令　史班　固撰

唐正議大夫行祕書少監琅邪縣開國子顏師古注

帝紀
前漢書卷一上
帝紀第一上
高祖 邦
前漢書卷一下
帝紀第一下
高祖
前漢書卷二
帝紀第二
惠帝 盈
前漢書卷三
帝紀第三
高后 雉
前漢書卷四
帝紀第四
文帝 恒
前漢書卷五

帝紀第五
景帝 啓
前漢書卷六
帝紀第六
武帝 徹
前漢書卷七
帝紀第七
昭帝 弗陵
前漢書卷八
帝紀第八
宣帝 詢
前漢書卷九
帝紀第九
元帝 奭
前漢書卷十
帝紀第十
成帝 驁
前漢書卷十一
帝紀第十一
哀帝 欣
前漢書卷十二
帝紀第十二
平帝 衎
表
前漢書卷十三
表第一
異姓諸侯王
前漢書卷十四
表第二
諸侯王
前漢書卷十五上
表第三上
王子侯
前漢書卷十五下
表第三下
王子侯
前漢書卷十六
表第四
高惠高后孝文功臣
前漢書卷十七
表第五
景武昭宣元成哀功臣
前漢書卷十八
表第六
外戚恩澤侯
前漢書卷十九上
表第七上
百官公卿
前漢書卷十九下
表第七下
百官公卿
前漢書卷二十
表第八
古今人物
志
前漢書卷二十一上
志第一上
律歷
前漢書卷二十一下
志第一下
律歷
前漢書卷二十二
志第二
禮樂
前漢書卷二十三
志第三
刑法
前漢書卷二十四上
志第四上
食貨
前漢書卷二十四下
志第四下
食貨
前漢書卷二十五上
志第五上
郊祀
前漢書卷二十五下
志第五下
郊祀
前漢書卷二十六
志第六
天文
前漢書卷二十七上
志第七上
五行
前漢書卷二十七中之上
志第七中之上
五行
前漢書卷二十七中之下
志第七中之下
五行
前漢書卷二十七下之上
志第七下之上
五行
前漢書卷二十七下之下
志第七下之下
五行
前漢書卷二十八上
志第八上
地理
前漢書卷二十八下
志第八下
地理
前漢書卷二十九
志第九
溝洫
前漢書卷三十
志第十
藝文
列傳
前漢書卷三十一
列傳第一
陳勝　項羽
前漢書卷三十二
列傳第二
張耳 子敖　陳餘
前漢書卷三十三
列傳第三
魏豹　田儋
韓王信
前漢書卷三十四
列傳第四
韓信　彭越
英布　盧綰
吳芮
前漢書卷三十五
列傳第五
荊王 賈　燕王 澤
吳王 濞
前漢書卷三十六
列傳第六
楚元王 交　劉向 子歆
前漢書卷三十七
列傳第七
季布　欒布
田叔
前漢書卷三十八
列傳第八 高五王
齊悼惠王 肥　趙隱王 如意
趙幽王 友　趙共王 恢
燕靈王 建
前漢書卷三十九
列傳第九
蕭何　曹參
前漢書卷四十
列傳第十
張良　陳平
王陵　周勃 子亞夫
前漢書卷四十一
列傳第十一
樊噲　酈商
夏侯嬰　灌嬰
傅寬　靳歙
周緤
前漢書卷四十二
列傳第十二
張蒼　周昌
趙堯　任敖
申屠嘉
前漢書卷四十三

列傳第十三
酈食其　陸賈
朱建　婁敬
叔孫通
前漢書卷四十四
列傳第十四
淮南厲王長　衡山王賜
濟北王勃
前漢書卷四十五
列傳第十五
蒯通　伍被
江充　息夫躬
前漢書卷四十六
列傳第十六
石奮　衛綰
直不疑　周仁
張歐
前漢書卷四十七
列傳第十七文三王
梁孝王武　代孝王參
梁懷王揖
前漢書卷四十八
列傳第十八
賈誼
前漢書卷四十九
列傳第十九
爰盎　鼂錯
前漢書卷五十
列傳第二十
張釋之　馮唐
汲黯　鄭當時
前漢書卷五十一
列傳第二十一
賈山　鄒陽
枚乘子皋　路溫舒
前漢書卷五十二
列傳第二十二
竇嬰　田蚡
灌夫　韓安國
前漢書卷五十三
列傳第二十三景十三王
河間獻王德　臨江哀王閼
臨江閔王榮　魯恭王餘
江都易王非　膠西于王端
趙敬肅王彭祖　中山靖王勝
長沙定王發　廣川惠王越
膠東康王寄　清河哀王乘
常山憲王舜
前漢書卷五十四
列傳第二十四
李廣孫陵　蘇建子武
前漢書卷五十五
列傳第二十五
衛青
霍去病　李息　公孫敖　李沮　張次公　趙信　趙食其　郭昌　路博德　趙破奴
前漢書卷五十六
列傳第二十六
董仲舒
前漢書卷五十七上
列傳第二十七上
司馬相如
前漢書卷五十七下
列傳第二十七下
司馬相如
前漢書卷五十八
列傳第二十八
公孫弘　卜式
兒寬
前漢書卷五十九
列傳第二十九
張湯子安世　安世子延壽
前漢書卷六十
列傳第三十
杜周子延年　延年子緩　緩弟欽
前漢書卷六十一
列傳第三十一
張騫　李廣利
前漢書卷六十二
列傳第三十二
司馬遷
前漢書卷六十三
列傳第三十三武五子
戾太子據　齊懷王閎
燕剌王旦　廣陵厲王胥
昌邑哀王髆
前漢書卷六十四上
列傳第三十四上
嚴助　朱買臣
吾丘壽王　主父偃
徐樂
前漢書卷六十四下
列傳第三十四下
嚴安　終軍
王褒　賈捐之
前漢書卷六十五
列傳第三十五
東方朔
前漢書卷六十六
列傳第三十六
公孫賀子敬聲　劉屈氂
車千秋　王訢
楊敞子惲　蔡義
陳萬年子咸　鄭弘
前漢書卷六十七
列傳第三十七
楊王孫　胡建
朱雲　梅福
云敞
前漢書卷六十八
列傳第三十八
霍光　金日磾子安上
前漢書卷六十九
列傳第三十九
趙充國　辛慶忌
前漢書卷七十
列傳第四十
傅介子　常惠
鄭吉　甘延壽
陳湯　段會宗
前漢書卷七十一
列傳第四十一
雋不疑　疏廣廣兄子受
于定國　薛廣德
平當　彭宣
前漢書卷七十二
列傳第四十二
王吉子駿　孫崇　貢禹
龔勝　龔舍傳云兩龔是也
鮑宣唐林　薛方
前漢書卷七十三
列傳第四十三
韋賢子玄成
前漢書卷七十四
列傳第四十四
魏相　丙吉
前漢書卷七十五
列傳第四十五
眭弘　夏侯始昌
夏侯勝　京房
翼奉　李尋
前漢書卷七十六
列傳第四十六
趙廣漢　尹翁歸
韓延壽　張敞
王尊　王章
前漢書卷七十七
列傳第四十七
蓋寬饒　諸葛豐
劉輔　鄭崇
孫寶　毋將隆
何並
前漢書卷七十八
列傳第四十八
蕭望之子育　咸　由
前漢書卷七十九
列傳第四十九
馮奉世子野王　逡　立　參
前漢書卷八十
列傳第五十宣元六王
淮陽憲王欽　楚孝王囂

東平思王宇　中山哀王竟
定陶共王康　中山孝王興
前漢書卷八十一
列傳第五十一
匡衡　張禹
孔光　馬宮
前漢書卷八十二
列傳第五十二
王商　史丹
傅喜
前漢書卷八十三
列傳第五十三
薛宣　朱博
前漢書卷八十四
列傳第五十四
翟方進子宣義
前漢書卷八十五
列傳第五十五
谷永　杜鄴
前漢書卷八十六
列傳第五十六
何武　王嘉
師丹
前漢書卷八十七上
列傳第五十七上
揚雄
前漢書卷八十七下
列傳第五十七下
揚雄
前漢書卷八十八
列傳第五十八
儒林
丁寬　施讎
孟喜　梁丘賀
京房　費直
高相　伏生
歐陽生　林尊
夏侯勝　周堪
張山拊　孔安國
申公　王式
轅固　后蒼
韓嬰　趙子
毛公　孟卿
胡毋生　嚴彭祖
顏安樂　瑕丘江公
房鳳
前漢書卷八十九
列傳第五十九
循吏
文翁　王成
黃霸　朱邑
龔遂　召信臣
前漢書卷九十
列傳第六十
酷吏
郅都　甯成周陽由
趙禹　義縱
王溫舒　尹齊
楊僕　咸宣
田廣明　田延年
嚴延年　尹賞
前漢書卷九十一
列傳第六十一
貨殖
范蠡　子贛
白圭　猗頓
烏氏蠃　巴寡婦清
蜀卓氏　程鄭
宛孔氏　丙氏
刁間　師史
宣曲任氏
前漢書卷九十二
列傳第六十二
游俠
朱家楚田仲　劇孟王孟
郭解　萬章
樓護　陳遵
原涉
前漢書卷九十三
列傳第六十三
佞幸
鄧通　趙談
韓嫣　李延年
石顯　淳于長
張放　董賢
前漢書卷九十四上
列傳第六十四上
匈奴
前漢書卷九十四下
列傳第六十四下
匈奴
前漢書卷九十五
列傳第六十五
西南夷　南粤王
閩粤王　朝鮮
前漢書卷九十六上
列傳第六十六上
西域
前漢書卷九十六下
列傳第六十六下
西域
前漢書卷九十七上
列傳第六十七上
外戚
前漢書卷九十七下
列傳第六十七下
外戚
前漢書卷九十八
列傳第六十八
元后
前漢書卷九十九上
列傳第六十九上
王莽
前漢書卷九十九中
列傳第六十九中
王莽
前漢書卷九十九下
列傳第六十九下
王莽
前漢書卷一百上
傳第七十上
敘傳
前漢書卷一百下
傳第七十下
敘傳

西漢十二帝起高祖元年乙未盡王莽地
皇四年癸未合二百二十九年
帝紀一十二十三卷
表八十卷
志十十八卷
列傳七十七十九卷　共一百二十卷

前漢書卷一上

漢　蘭臺令　史班　固撰

唐正議大夫行祕書少監琅邪縣開國子顏師古注

高帝紀第一上　師古曰紀理也統理衆事而繫之於年月者也

高祖荀悅曰諱邦字季邦之字曰國張晏曰禮謚法無高以爲功最高而爲漢帝之太祖故特起名焉師古曰邦之字曰國者臣下所避以相代也沛豐邑中陽里人也應劭曰沛縣也豐其鄉也孟康曰後沛爲郡而豐爲縣師古曰沛者本秦泗水郡之屬縣豐者沛之聚邑耳方言高祖所生故舉其本稱以說之也此下言縣鄉邑告喻之故知邑繫於縣也○劉攽曰予謂沛豐郡縣名史官用漢事記錄耳姓劉氏師古曰本出劉累而范氏在秦者又爲劉因以爲姓母媼文穎曰幽州及漢中皆謂老嫗爲媼孟康曰媼母別名音烏老反師古曰媼女老稱也孟音是矣史家不詳著高祖母之姓氏無得記之故取當時相呼稱號而言也其下王媼之屬意義皆同至如皇甫謐等妄引讖記好奇騁博強爲高祖父母名字皆非正史所說蓋無取焉寧有劉媼本姓實存史遷肯不詳載卽理而言斷可知矣他皆類此嘗息大澤之陂師古曰蓄水曰陂蓋於澤陂隄塘之上休息而寢寐也陂音彼皮反夢與神遇師古曰遇會也不期而會曰遇是時雷電晦冥師古曰晦冥皆謂晻也言大雷電而雲霧晝晻父太公往視則見交龍於上已而有娠應劭曰娠動懷任之意左傳曰邑姜方娠孟康曰娠音身漢史身多作娠古今字也師古曰孟說是也漢書皆以娠爲任身字邑姜方震自爲震動之字不作娠遂產高祖高祖爲人隆準而龍顏服虔曰準音拙應劭曰隆高也準頰權準也顏頟顙也李斐曰準鼻也文穎曰音準的之準晉灼曰戰國策云眉目準頞權衡史記秦始皇蜂目長準李說文音是也師古曰頯權頯字豈當借準爲之服音應說皆失之美須髯師古曰在頤曰

須在頰曰髥髥音人占反左股有七十二黑子師古曰今中國通呼為黶子吳楚俗謂之誌誌者記也○宋祁曰注文景德本黶下有黑字余靖等刊誤以史記注為據刪去寬仁愛人意豁如也師古曰豁然開大之貌音呼活反常有大度不事家人生產作業及壯試吏應劭曰試補吏為泗上亭長師古曰秦法十里一亭亭長者主亭之吏也亭謂停留行旅宿食之館廷中吏無所不狎侮師古曰廷中郡府之廷中廷音定他皆類此好酒及色常從王媼武負貰酒如淳曰武姓也俗謂老大母為阿負師古曰劉向列女傳云魏曲沃負者魏大夫如耳之母也此則古語謂老母為負耳王媼王家之媼也武負武家之母也貰賒也李登呂忱並音式制反而今之讀者謂與射同乃引地名射陽其字作貰以為證驗此說非也假令地名為射自是假借亦猶鄮陽音紂蓮勺音而當時所呼別有意義豈得即定其字以為正音乎時飲醉臥武負王媼見其上常有怪高祖每酤留飲酒讎數倍如淳曰讎亦售也○宋祁曰一本無常字及見怪歲竟此兩家常折券棄責師古曰以簡牘為契券既不徵索故折毀之棄其所負高祖常繇咸陽應劭曰繇者役也文穎曰咸陽今渭北渭城是也師古曰咸陽秦所都繇讀曰傜古通用字○劉攽曰常作嘗縱觀秦皇帝師古曰縱放也天子出行放人令觀觀音工喚反喟然大息曰嗟乎大丈夫當如此矣師古曰喟歎息貌大息言其歎息之大喟音丘位反單父人呂公孟康曰單音善父音甫師古曰地理志山陽縣也善沛令辟仇從之客因家焉師古曰與沛令相善因辟仇亡匿就為客後遂家沛也仇讎也音求初沛中豪傑吏聞令有重客皆往賀師古曰以禮物相慶曰賀蕭何為主吏孟康曰主吏功曹也主進文穎曰主賦斂禮進為之帥也鄭氏曰主賦斂禮錢也師古曰進者會禮之財也字本作賮又作贐音皆同耳古字假借故轉而為進賮又音才忍反陳遵傳云陳遂與宣帝博數負進帝後詔云可以償博進未其進雖有別解然而所賭者之財疑充會食義又與此通令諸大夫曰進不滿千錢坐之堂下師古曰令號令也大夫客之貴者總稱耳高祖為亭長素易諸吏師古曰素故也謂舊時也易輕也音弋豉反乃紿為謁曰賀錢萬應劭曰紿欺也師古曰為謁者書刺自言爵里若今參見尊貴而通名也蓋當時自陳姓名并列賀錢數耳紿音徒在反實不持一錢謁入呂公大驚起迎之門師古曰以其錢多故特禮之呂公者好相人見高祖狀貌因重敬之引入坐上坐師古曰上坐尊處也令於尊處坐上坐音才卧反下坐如字亦同蕭何曰劉季固多大言少成事高祖因狎侮諸客遂坐上坐無所詘師古曰詘曲屈也音丘勿反酒闌文穎曰闌言希也謂飲酒者半罷半在謂之闌呂公因目固留高祖師古曰不欲對坐者顯言故動目而留之竟酒後呂公曰臣少好相人張晏曰古人相與語多自稱臣自卑下之道也若今人相與言自稱僕也相人多矣無如季相願季自愛臣有息女願為箕帚妾師古曰息生也言己所生之女酒罷呂媼怒呂公曰公始常欲奇此女與貴人師古曰奇異也謂異之而嫁於貴人○朱子文曰欲字宜在女字之下當曰公始常奇此女欲與貴人於文為順沛令善公求之不與何自妄許與劉季呂公曰此非兒女子所知卒與高祖師古曰卒終也呂公女即呂后也生孝惠帝魯元公主服虔曰元長也食邑於魯韋昭曰元謚也師古曰公主惠帝之姊也以其最長故號曰元呂后謂高帝曰張王以魯元故不宜有謀齊悼惠王尊魯元公主為太后當時並已謂之元不得為謚也韋說失之○劉攽曰予謂顏舉呂后言以明元非謚未必然也史家記事或有如此追言謚者貫高欲謀叛與張敖言謂為高祖公羊公子翬與桓公言吾為子口隱矣皆此類高祖嘗告歸之田服虔曰告音如嗥呼之嗥李斐曰休

謁之名吉曰告凶曰寧孟康曰古者名吏休假曰告告又音嚳漢律吏二千石有予告有賜告予告者在官有功最法所當得也賜告者病滿三月當免天子優賜其告使得帶印綬將官屬歸家治病至成帝時郡國二千石賜告不得歸家至和帝時予賜皆絕師古曰告者請謁之言謂請休耳或謂之謝謝亦告也假為嗥音二音並無別義固當依本字以讀之左氏傳曰韓獻子告老禮記曰若不得謝漢書諸云謝病皆同義呂后與兩子居田中有一老父過請飲呂后因餔之師古曰餔食之餔屈原曰餔其糟是也以食食人亦謂之餔國語曰國中童子無不餔也呂氏春秋曰下壺飧以餔之是也父本請飲后因食之故言餔也餔音必胡反○宋祁曰餔當作飯老父相后曰夫人天下貴人也令相兩子見孝惠帝曰夫人所以貴者乃此男也師古曰言因有此男故大貴相魯元公主亦皆貴老父已去高祖適從旁舍來呂后具言客有過相我子母皆大貴高祖問曰未遠乃追及問老父老父曰鄉者夫人兒子皆以君如淳曰言并得君之貴相也以或作似師古曰如說非也言夫人及兒子以君之故因得貴耳不當作似也鄉讀曰嚮君相貴不可言高祖乃謝曰誠如父言不敢忘德師古曰誠實也及高祖貴遂不知老父處高祖為亭長乃㠯竹皮為冠令求盜之薛治應劭曰以竹始生皮作冠今鵲尾冠是也求盜者亭卒舊時亭有兩卒一為亭父掌開閉埽除一為求盜掌逐捕盜賊薛魯國縣也有作冠師故往治之文穎曰高祖居貧志大取其約省與眾有異韋昭曰竹皮竹筠也今南夷取竹幼時績以為帳師古曰竹皮笋皮謂笋上所解之籜耳非竹筠也今人亦往往為笋皮巾古之遺制也韋說失之㠯古以字籜音托笋時時冠之師古曰愛珍此冠休息之暇則冠之及貴常冠所謂劉氏冠也師古曰後遂號為劉氏冠也後詔曰爵非公乘以上不得冠劉氏冠者即此冠高祖以亭長為縣送徒驪山應劭曰秦始皇葬於驪山故郡國送徒士往作文穎曰在新豐南項氏曰故驪戎國也徒多道亡自度比至皆亡之師古曰度音徒各反他皆類此到豐西澤中亭止飲師古曰豐邑之西其亭在澤中因以為名夜皆解縱所送徒師古曰縱放也曰公等皆去吾亦從此逝矣師古曰逝往也徒中壯士願從者十餘人高祖被酒師古曰被加也被酒者為酒所加被音皮義反夜徑澤中師古曰徑小道也言從小道而行於澤中過故其下曰有大蛇當徑令一人行前師古曰行案行也音胡更反○劉攽曰行前但謂最前行耳行前者還報曰前有大蛇當徑願還高祖醉曰壯士行何畏乃前拔劍斬蛇蛇分為兩道開行數里醉因臥後人來至蛇所有一老嫗夜哭人問嫗何哭嫗曰人殺吾子嫗子何為見殺嫗曰吾子白帝子也化為蛇當道今者赤帝子斬之應劭曰秦襄公自以居西主少昊之神作西畤祠白帝至獻公時櫟陽雨金以為瑞又作畦畤祠白帝少昊金德也赤帝堯後謂漢也殺之者明漢當滅秦也○宋祁曰舊本注文無少昊金德也故哭人乃以嫗為不誠師古曰謂所言不實欲苦之蘇林曰欲困苦辱之師古曰今書苦字或作笞笞擊也音丑之反嫗因忽不見師古曰見音胡電反他皆類此後人至高祖覺師古曰覺謂寢寐而寤也音功效反告高祖高祖乃心獨喜自負應劭曰負恃也諸從者日益畏之秦始皇帝嘗曰東南有天子氣於是東游以猒當之師古曰猒塞也音一涉反○宋祁曰當史義音丁浪反高祖隱於芒碭山澤間應劭曰芒屬沛國碭屬梁國二縣之界有山澤之固故隱其間蘇林曰芒音忙遽之忙碭音唐師古曰碭亦音宕所言屬沛國梁國者皆是注釋之人據見在所屬非必本當時稱號境界他皆類此

呂后與人俱求常得之高祖怪問之呂后曰○宋祁曰今越本作高祖怪問呂后后曰季所居上常有雲氣故從往常得季師古曰言隨雲氣所在而求得之高祖又喜沛中子弟或聞之多欲附者矣秦二世元年應劭曰始皇欲以一至萬示不相襲始者一故稱二世秋七月陳涉起蘄蘇林曰蘄音機縣名屬沛國至陳自立為楚王李奇曰秦滅楚楚人怨秦故涉因民之欲自稱楚王從民望也遣武臣張耳陳餘略趙地師古曰凡言略地者皆謂行而取之用功力少八月武臣自立為趙王郡縣多殺長吏以應涉九月沛令欲以沛應之掾主吏蕭何曹參曰師古曰曹參為掾蕭何為主吏君為秦吏今欲背之帥沛子弟恐不聽願君召諸亡在外者師古曰時苦秦虐政賦役煩多故有逃亡辟吏可得數百人因以劫眾師古曰劫謂威脅之眾不敢不聽乃令樊噲召高祖師古曰噲音快高祖之眾已數百人矣於是樊噲從高祖來沛令後悔恐其有變乃閉城城守師古曰城守者守其城也守音狩他皆類此欲誅蕭曹蕭曹恐踰城保高祖師古曰保安也就高祖以自安高祖乃書帛射上城○宋祁曰景德監本作城上與沛父老曰天下同苦秦久矣今父老雖為沛令守諸侯並起今屠沛師古曰屠謂破取城邑誅殺其人如屠六畜然沛今共誅令擇可立立之以應諸侯即室家完師古曰完全也不然父子俱屠無為也父老乃帥子弟共殺沛令開城門迎高祖欲以為沛令高祖曰天下方擾諸侯並起師古曰擾亂也今置將不善一敗塗地師古曰一見破敗即當肝腦塗地吾非敢自愛恐能薄師古曰能謂材也能本獸名形似熊足似鹿為物堅中而強力故人之有賢材者皆謂之能○劉攽曰能雖獸名安知非此獸有能故以名之不能完父兄子弟師古曰鄉邑之人老及長者父兄之行少及幼者子弟之黨故總而言之此大事願更擇可者蕭曹等皆文吏自愛恐事不就師古曰就成也後秦種族其家師古曰誅及種族也盡讓高祖諸父老皆曰平生所聞劉季奇怪當貴且卜筮之莫如劉季最吉高祖數讓眾莫肯為師古曰數音所角反他皆類此高祖乃立為沛公孟康曰楚舊僭稱王其縣宰為公陳涉為楚王沛公起應涉故從楚制稱曰公祠黃帝祭蚩尤於沛廷應劭曰黃帝戰於阪泉以定天下蚩尤古天子好五兵故祠祭之求福祥也臣瓚曰孔子三朝記云蚩尤庶人之貪者非天子也管仲曰盧山發而出水金從之出蚩尤受之以作劍戟也師古曰瓚所引者是大戴禮而非三朝記出用兵篇也其餘則如應說沛廷沛縣之廷而釁鼓應劭曰釁祭也殺牲以血塗鼓釁呼為釁臣瓚曰禮記及大戴禮有釁廟之禮皆無祭事師古曰許慎云釁血祭也然即凡殺牲以血祭者皆為釁釁安在其無祭事乎又古人新成鍾鼎亦必釁之豈取釁呼為義應氏之說亦未允也呼音火亞反旗幟皆赤師古曰幟幖也音式志反旗旐之屬總稱焉史家字或作識或作志音義皆同○蕭該音義幟音熾由所殺蛇白帝子所殺者赤帝子故也○朱子文曰於文為繁自由所殺蛇以下宜去十字胡添四字當曰旗幟皆赤符嫗所言赤帝子故也義自顯然何必更述斬蛇一事於是少年豪吏如蕭曹樊噲等皆為收沛子弟得三千人是月項梁與兄子羽起吳田儋與從弟榮橫起齊服虔曰儋音負擔之擔師古曰音丁甘反自立為齊王韓廣自立為燕王魏咎自立為魏王陳涉之將周章西入關至戲應劭曰章字文陳人也戲弘農湖縣西界也孟康曰

水名也蘇林曰在新豐東南三十里師古曰戲在新豐東今有戲水驛其水本出藍田北界橫嶺至此而北流入渭孟蘇說是東越鄭及華陰數百里然始至湖西界應說大失之矣戲音許宜反秦將章邯距破之蘇林曰邯音酒酣之酣師古曰音下甘反秦二年十月文穎曰十月秦正月始皇即位周火德以五勝之法勝火者水秦文公獲黑龍此水德之瑞於是更名河為德水十月為正月謂建亥之月水得位故以為歲首沛公攻胡陵鄧展曰屬山陽章帝元和元年改為胡陸方與鄭氏曰音房預屬山陽郡還守豐秦泗川監平將兵圍豐文穎曰泗川今沛郡也高祖更名沛秦時御史監郡若今刺史平其名也師古曰泗川郡川字或為水其實一也二日出與戰破之令雍齒守豐十一月沛公引兵之薛秦泗川守壯兵敗於薛如淳曰秦并天下為三十六郡置守尉監此泗川有監有守壯其名也走至戚鄭氏曰音憂戚之戚如淳曰音將毒反師古曰東海之縣也讀如本字沛公左司馬得殺之○師古曰得者司馬之名○劉攽曰得得而殺之漢書多以獲為得沛公還軍亢父鄭氏曰亢音人相抗之抗父音甫屬任城郡至方與趙王武臣為其將所殺十二月楚王陳涉為其御莊賈所殺魏人周市略地豐沛使人謂雍齒曰豐故梁徙也文穎曰晉大夫畢萬封魏今河東河北縣是也其後為秦所逼徙都今魏郡魏縣是也至文侯孫惠王畏秦復徙都大梁今浚儀縣大梁亭是也故世或言魏惠王或言梁惠王至孫假為秦所滅轉東徙於豐故曰豐故梁徙也臣瓚曰史記及世本畢萬居魏昭子徙安邑文侯亦居之汲郡古文云惠王之六年自安邑遷于大梁師古曰魏不常都於魏郡魏縣瓚說是也其他即如文氏之釋今魏地已定者數十城齒今下魏魏以齒為侯守豐師古曰封為侯因令守豐不下且屠豐雍齒雅不欲屬沛公蘇林曰雅素也及魏招之即反為魏守豐師古曰為音于偽反沛公攻豐不能取沛公還之○朱子文曰當去下沛公二字沛怨雍齒與豐子弟畔之正月張耳等立趙後趙歇為趙王蘇氏曰歇音遏絕之遏蘇林曰歇音毒歇師古曰依本字以讀之不當借音○宋祁曰史記徐廣注云歇音烏轄反東陽甯君秦嘉立景駒為楚王文穎曰秦嘉東陽郡人為甯縣君景駒楚族景氏駒名也晉灼曰東陽縣也臣瓚曰陳勝傳云淩人秦嘉然即嘉非東陽人嘉初起於郯號大司馬又不為甯縣君東陽甯君自一人秦嘉又一人師古曰東陽甯君及秦嘉二人耳也東陽者為其所屬縣名甯君者姓甯時號為君在留師古曰留縣名沛公往從之道得張良遂與俱見景駒請兵以攻豐時章邯從陳別將如淳曰從陳涉將也涉在陳其將相別在他許皆稱陳師古曰從謂追討也尚書曰夏師敗績湯遂從之○劉攽曰余謂別將字當屬下句讀之言章邯身從陳而別將定楚耳司馬𡰥將兵北定楚地如淳曰𡰥章邯司馬師古曰𡰥古夷字屠相師古曰相縣名至碭東陽甯君沛公引兵西與戰蕭西師古曰蕭縣之西不利還收兵聚留二月攻碭三日拔之師古曰拔者破城邑而取之言若拔樹木并得其根本也收碭兵得六千人與故合九千人三月攻下邑拔之師古曰下邑縣名還擊豐不下四月項梁擊殺景駒秦嘉止薛沛公往見之項梁益沛公卒五千人五大夫將十人蘇林曰五大夫第九爵名以五大夫為將凡十人沛公還引兵攻豐拔之雍齒奔魏五月項羽拔襄城還項梁盡召別將師古曰別將謂小將別在他所者六月沛公如薛師古曰如往也與項梁共立楚懷王孫心為楚懷王應劭曰六國為秦所并楚最無罪為百姓所思故求其後立為楚懷王以祖謚為號順民望也章邯破殺魏王咎齊

王田儋於臨濟師古曰破其軍而殺其身七月大霖雨師古曰雨三日以上爲霖沛公攻亢父章邯圍田榮於東阿沛公與項梁共救田榮大破章邯東阿田榮歸沛公項羽追北服虔曰師敗曰北韋昭曰古背字也背去而走也師古曰北陰幽之處故謂退敗奔走者爲北老子曰萬物向陽而負陰許慎說文解字云北乖也史記樂書曰紂爲朝歌北鄙之音朝歌者不時北者敗也鄙者陋也是知北即訓乖訓敗無勞借音韋昭之徒並爲妄矣至城陽攻屠其城軍濮陽東復與章邯戰又破之章邯復振李奇曰振整也如淳曰振起也收散卒自振迅而起晉灼曰左氏云振廢滯如說是也守濮陽環水文穎曰決水以自環守爲固也張晏曰依河水以自環繞作壘師古曰文說是也環音宦沛公項羽去攻定陶八月田榮立田儋子市爲齊王定陶未下沛公與項羽西略地至雍丘與秦軍戰大敗之斬三川守李由應劭曰三川今河南郡也由李斯子韋昭曰有河洛伊故曰三川也還攻外黃外黃未下項梁再破秦軍有驕色宋義諫不聽秦益章邯兵九月章邯夜銜枚擊項梁定陶師古曰銜枚者止言語讙囂欲令敵人不知其來也周官有銜枚氏枚狀如箸橫銜之繣絜於項繣者結礙也絜繞也蓋爲結紐而繞項也繣音獲絜音頡大破之殺項梁時連雨自七月至九月沛公項羽方攻陳留聞梁死士卒恐乃與將軍呂臣引兵而東徙懷王自盱台都彭城鄭氏曰音吁怡師古曰盱音許于反呂臣軍彭城東項羽軍彭城西沛公軍碭魏咎弟豹自立爲魏王後九月文穎曰即閏九月也時律歷廢不知閏謂之後九月如淳曰時因秦以十月爲歲首至九月則歲終後九月即閏月師古曰文說非也若以律歷廢不知閏者則當徑謂之十月不應有後九月蓋秦之歷法應置閏者總致之於歲末觀其此意當取左傳所謂歸餘於終耳何以明之據漢書表及史記漢未改秦歷之前迄至高后文帝屢書後九月是知故然非歷廢也○劉攽曰余謂顏說後九月亦爲未盡秦知置歷有閏何故皆以爲九月乎蓋司馬氏爲史旣以秦正月稱十月遂以閏月溥謂之後九月是司馬氏如此敍之非秦法也懷王并呂臣項羽軍自將之以沛公爲碭郡長蘇林曰長如郡守也韋昭曰秦名曰守是時改曰長封武安侯將碭郡兵以羽爲魯公封長安侯呂臣爲司徒其父呂青爲令尹應劭曰天子曰師尹諸侯曰令尹時去六國尚近故置令尹臣瓚曰諸侯之卿唯楚稱令尹其餘國稱相時立楚之後故置官司皆如楚舊也師古曰瓚說得之章邯已破項梁以爲楚地兵不足憂乃渡河北擊趙王歇大破之歇保鉅鹿城秦將王離圍之趙數請救懷王乃以宋義爲上將項羽爲次將范增爲末將北救趙初懷王與諸將約先入定關中者王之師古曰約要也謂言契也自函谷關以西總名關中當是時秦兵彊常乘勝逐北諸將莫利先入關師古曰不以入關爲利言畏秦也獨羽怨秦破項梁奮勢晉灼曰憤激也願與沛公西入關懷王諸老將皆曰項羽爲人慓悍禍賊師古曰慓疾也悍勇也禍賊者好爲禍害而殘賊也慓音頻妙反又匹妙反悍音胡旦反嘗攻襄城襄城無噍類如淳曰噍音祈笑反無復有活而噍食者也靑州俗呼無子遺爲無噍類所過無不殘滅且楚數進取如淳曰楚謂陳涉數進取多所攻取也師古曰楚者總言楚兵陳涉項梁皆是前陳王項梁皆敗孟康曰前陳王陳涉也師古曰孟說非也此言前者陳王及項梁皆敗今須得長者往非謂涉爲前陳王也安有後陳王乎不如更遣長者扶義而西師古曰扶助也以義自助也扶字或作杖杖亦倚任之意也告諭秦父兄秦父兄苦其主久矣今誠得長者往毋侵暴宜可下項羽不可遣獨沛公素寬大長者卒不許羽而遣沛公西收陳王項梁散卒乃道碭孟康曰道由碭至陽城與杠里孟康曰二縣名也師古曰杠音江攻秦軍壁破其二軍

秦三年十月齊將田都畔田榮將兵助項羽救趙沛公攻破東郡尉於成武孟康曰尉郡都尉也師古曰本謂之郡尉至景帝時乃改曰都尉十一月項羽殺宋義并其兵渡河自立爲上將軍諸將黥布等皆屬十二月沛公引兵至栗韋昭曰栗沛郡縣名也遇剛武侯應劭曰楚懷王將也功臣表棘蒲剛侯陳武武一姓柴剛武侯宜爲剛侯武魏將也孟康曰功臣表柴武以將軍起薛至霸上入漢中非懷王將又非魏將也例未有稱諡者師古曰史失其名姓唯識其爵號不知誰也不當改剛武侯爲剛侯武應氏以爲懷王將又云魏將無所據矣奪其軍四千餘人并之與魏將皇欣武滿軍合攻秦軍破之故齊王建孫田安師古曰建齊襄王子也立四十四年爲秦兵所擊以兵降秦秦虜之遷建於河內遂滅齊下濟北從項羽救趙羽大破秦軍鉅鹿下虜王離走章邯師古曰章邯被破而走二月沛公從碭北攻昌邑遇彭越越助攻昌邑未下沛公西過高陽文穎曰聚邑名屬陳留圉臣瓚曰陳留傳在雍丘西南酈食其爲里監門服虔曰音歷異基蘇林曰監門門卒也曰諸將過此者多吾視沛公大度乃求見沛公沛公方踞床使兩女子洗師古曰踞反企也洗洗足也踞音據洗音先典反○宋子文曰吾視沛公大度乃求見沛公方踞床使兩女子洗乃求見下亦多沛公二字酈生不拜長揖曰師古曰長揖者手自上而極下足下必欲誅無道秦不宜踞見長者於是沛公起攝衣謝之延上坐食其說沛公襲陳留臣瓚曰輕行無鐘鼓曰襲沛公以爲廣野君以其弟商爲將將陳留兵三月攻開封未拔師古曰開封縣名屬榮陽西與秦將楊熊會戰白馬師古曰白馬亦縣名屬東郡又戰曲遇東文穎曰地名也蘇林曰曲音齲遇音顒師古曰齲音丘羽反大破之楊熊走之榮陽師古曰西走也二世使使斬之以徇師古曰徇行示也司馬法曰斬以徇言使人將行徧示衆士以爲戒四月南攻潁川屠之因張良遂略韓地文穎曰河南新鄭南至潁川南北皆韓地也以良累世相韓故因之時趙別將司馬卬師古曰卬音五剛反方欲渡河入關沛公乃北攻平陰孟康曰縣名也屬河南魏文帝改曰河陰絕河津南戰雒陽東軍不利從轘轅臣瓚曰險道名也在緱氏東南師古曰直渡曰絕轘音環至陽城收軍中馬騎六月與南陽守齮戰犨東師古曰犨縣名也齮音蟻犨音昌由反大破之略南陽郡南陽守走保城守宛師古曰宛南陽之縣也音於元反沛公引兵過宛西師古曰未拔宛城而兵過宛城西出○宋祁曰一作過而西陽夏公謂唯作而故師古詳釋之張良諫曰沛公雖欲急入關秦兵尚衆距險師古曰依險阻而自固以距敵今不下宛宛從後擊彊秦在前此危道也於是沛公乃夜引軍從他道還偃旗幟遲明圍宛城三帀服虔曰欲天疾明也文穎曰遲未也天未明之頃已圍其城矣晉灼曰文說是也師古曰文晉二家得其大意耳此言圍城事畢然後天明明遲於事故曰遲明變爲去聲音丈二反漢書諸言遲某事者義皆類此史記遲字作遂亦徐緩之意也音黎南陽守欲自剄鄭氏曰剄音姑鼎反以刀割頸爲剄其舍人陳恢曰文穎曰主廐內小吏官名也蘇林曰藺相如爲宦者令舍人韓信爲侯亦有舍人師古曰舍人親近左右之通稱也後遂以爲私屬官號恢音口回反死未晚也乃踰城見沛公曰臣聞足下約先入咸陽者王之今足下留守宛宛郡縣連城數十其吏民自以爲降必死故皆堅守乘城師古曰乘登也謂上城而守也春秋左氏傳曰授兵登陴今足下盡日止攻士死傷者必多引兵去宛宛必隨足下○劉攽曰按文少足下二字足下前則失咸陽之約後有彊宛之患爲足下計莫若約降師古曰共爲要約許其降也封其守因使止守師古曰封其郡守爲侯仍令守其郡引其甲卒與之西諸城未下者聞聲爭開門而待足下足下通行無所累師古曰累音力瑞反○宋子文曰陳恢說沛公之辭不過百餘字凡稱足下者八其七皆不可去惟今足下留守宛可以削之宜曰臣聞足下約先入咸陽者王今留守宛方觸而勢順沛公曰善七月南陽守齮降封爲殷侯封陳恢千戶引兵西無不下者至丹水高武侯鰓襄侯王陵降蘇林曰鰓音魚鰓之鰓晉灼曰功臣表戚鰓也王陵安國侯王陵也韋昭曰漢封王陵爲安國侯初起兵時在南陽南陽有穰縣疑襄當爲穰而無禾字省耳臣瓚曰時韓成封穰侯江夏有襄是陵所封也師古曰戚鰓初從即爲郎以都尉守蘄城非至丹水乃降也此自一人耳不知其姓王陵亦非安國侯者晉說非也韋氏改襄爲穰者蓋亦穿鑿也還攻胡陽遇番君別將梅鋗蘇林曰番音婆豫章番陽縣韋昭曰吳芮初爲番令故號曰番君鋗音呼玄反與偕攻析酈蘇林曰酈音蹢躅之蹢如淳曰音持益反師古曰析酈二縣名蘇如二音並同耳析縣今內鄉酈即菊潭縣也○劉攽曰析酈之酈師古於高紀則從蘇音躑如音持益反于吳芮傳則音郎益反于樊噲傳則音直益反皆不同何也及酈商傳則音歷不曉所以皆降所過毋得鹵掠應劭曰鹵與虜同師古曰毋止之辭也音與無同他皆類此掠音力勺反謂略奪也○宋祁曰掠舊作力勺反刋誤案經典釋文改勺爲向秦民喜遣魏人甯昌使秦是月章邯舉軍降項羽羽以爲雍王瑕丘申陽下河南服虔曰瑕丘縣名申姓陽名也文穎曰姓瑕丘字申陽臣瓚曰項羽傳瑕丘公申陽是瑕丘縣公也師古曰文說非也此申陽即項羽所封河南王者耳何云姓瑕丘乎○宋祁曰瑕丘申陽觀羽封諸王處例不稱其鄉里似文穎說勝八月沛公攻武關應劭曰武關秦南關通南陽文穎曰武關在析西百七十里入秦秦相趙高恐乃殺二世使人來欲約分王關中師古曰自與沛公中分關中之地沛公不許九月趙高立二世兄子子嬰爲秦王子嬰誅滅趙高遣將將兵距嶢關應劭曰嶢音堯嶢山之關李奇曰在上洛北藍田南武關之西沛公欲擊之張良曰秦兵尚彊未可輕願先遣人益張旗幟於山上爲疑兵師古曰益多也多張旗幟過其人數令敵疑有多兵使酈食其陸賈往說秦將啗以利師古曰啗者本謂食啗耳音徒敢反以食餧人令其啗食音則改變爲徒濫反今言以利誘之取食爲譬他皆類此秦將果欲連和沛公欲許之張良曰此獨其將欲叛恐其士卒不從不如因其怠懈擊之沛公引兵繞嶢關踰蕢山鄭氏曰蕢音匱蘇林曰蕢音蒯師古曰蘇音是也丘怪反擊秦軍大破之藍田南遂至藍田又戰其北秦兵大敗

元年冬十月如淳曰張蒼傳云以高祖十月至霸上故因秦以十月爲歲首五星聚于東井應劭曰東井秦之分野五星所在其下當有聖人以義取天下占見天文志○劉攽曰按五星之行木常不能遠日此十月若用夏正則日已在大火矣木安得與四星俱在東井蓋五星本以秦十月聚東井高帝乃以夏十月入秦也時人欲見漢德應天命故合而言之史承人言不改爲檢史記是年甲午歲在鶉首七月日在鶉火則水從歲星無疑也沛公至霸上應劭曰霸上地名在長安東三十里古曰滋水秦穆公更名霸師古曰霸水上故曰霸上即今所謂霸頭秦王子嬰素車白馬繫頸以組應劭曰子嬰不敢襲帝號但稱王耳素車白馬喪人之服組者天子韍也繫頸者言欲自殺也師古曰此組謂綬也所以帶璽也韍音弗封皇帝璽符節應劭曰璽信也古者尊卑共之左傳襄公在楚季武子使公冶問璽書追而與之秦漢尊者以爲信羣下乃避之師古曰符謂諸所合符以爲契者也節以毛爲之上下相重取象竹節因以爲名將命者持之以爲信降枳道旁蘇林曰亭名也在長安東十三里師古曰枳音軹道亭在霸成觀西四里諸將或言誅秦王沛公曰始懷王遣我固以能寬容且人已服降殺之不祥乃以屬吏師古曰屬委也音之欲反遂西入咸陽欲止宮休舍師古曰舍息也於殿中休息也一曰舍謂屋舍也樊噲張良諫乃封秦重寶財物府庫還軍霸上蕭何盡收秦丞相府圖籍文書十一月召諸縣豪桀曰父老苦秦苛法久矣師古曰苛細也音何誹謗者族耦語者棄市應劭曰秦法禁民聚語耦對也師古曰族謂誅及其族也棄市者取刑人於市與衆棄之吾與諸侯約先入關者王之吾當王關中與父老約法三章耳殺人者死傷人及盜抵罪服虔曰隨輕重制法也李奇曰傷人有曲直盜臧有多少罪名不可豫定故凡言抵罪未知抵何罪也師古曰抵至也當也服李二說意並得之自外諸家皆妄解釋故不取也抵音丁禮反餘悉除去秦法吏民皆按堵如故應劭曰按按次第堵牆堵也師古曰言不遷動也堵音覩凡吾所以來爲父兄除害非有所侵暴毋恐且吾所以軍霸上待諸侯至而定要束耳師古曰要亦約乃使人與秦吏行至縣鄉邑告諭之師古曰單中遣人與秦吏相隨徧至諸縣鄉邑而告諭也秦民大喜爭持牛羊酒食獻享軍士沛公讓不受曰倉粟多不欲費民民又益喜唯恐沛公不爲秦王或說沛公曰秦富十倍天下地形彊今聞章邯降項羽羽號曰雍王王關中即來沛公恐不得有此可急使守函谷關文穎曰是時關在弘農縣衡嶺今移東在河南穀城縣師古曰今桃林縣南有洪溜澗水即古所謂函谷也其水北流入河夾河之岸尚有舊關餘跡焉穀城即新安○宋祁曰南本使字下有兵字毋內諸侯軍稍徵關中兵以自益距之沛公然其計從之十二月項羽果帥諸侯兵欲西入關關門閉聞沛公已定關中羽大怒使黥布等攻破函谷關遂至戲下○宋祁曰南本無下字陽夏公云按前言陳涉之將周章西入關至戲此不合有下字政以下文諸侯罷戲下故于此誤衍此戲水名下文注戲旌麾也沛公左司馬曹毋傷聞羽怒欲攻沛公使人言羽曰沛公欲王關中令子嬰相珍寶盡有之欲以求封亞父范增說羽曰如淳曰亞次也尊敬之次父猶管仲爲仲父○劉攽曰管仲自字仲父耳亞父亦甫音也言敬之次父是妄說沛公居山東時貪財好色今聞其入關珍物無所取婦女無所幸此其志不小○宋祁曰南本作此其志大吾使人望其氣皆爲龍成五色此天子氣急擊之勿失於是饗士旦日合戰師古曰饗謂飲食也旦日明旦也是時羽兵四十萬號百萬沛公兵十萬號二十萬師古曰兵家之法不言實數皆增之力不敵會羽季父左尹項伯素善張良

師古曰伯者其字也名纏夜馳見張良具告其實欲與俱去毋特俱死文穎曰特獨也無爲獨與沛公俱死蘇林曰特但也師古曰蘇說是也但空也空死而無成名○朱子文曰夜馳見張良句中宜去一張字考項羽傳中語意同亦無張字良曰臣爲韓王送沛公不可不告亡去不義乃與項伯俱見沛公沛公與伯約爲婚姻曰吾入關秋豪無所敢取文穎曰豪秋乃成好畢盛而言也師古曰豪成之時端極纖細適足諭小非言其盛籍吏民封府庫待將軍師古曰籍謂爲簿籍所以守關者備他盜也日夜望將軍到豈敢反邪願伯明言不敢背德項伯許諾即夜復去戒沛公曰旦日不可不早自來謝項伯還具以沛公言告羽因曰沛公不先破關中兵公巨能入乎服虔曰巨音渠猶未應得入也師古曰服說非也巨讀曰詎詎猶豈也且人有大功擊之不祥不如因善之羽許諾沛公旦日從百餘騎見羽鴻門孟康曰在新豐東十七里舊大道北下坂口名謝曰臣與將軍戮力攻秦師古曰戮力并力也音力竹反又力周反將軍戰河北臣戰河南不自意先入關能破秦與將軍復相見師古曰意不自謂得然今者有小人言令將軍與臣有隙師古曰隙謂間隙言乖離不合羽曰此沛公左司馬曹毋傷言之不然籍何以生此羽因留沛公飲范增數目羽擊沛公師古曰動目以諭之羽不應范增起出謂項莊曰君王爲人不忍師古曰莊項羽從弟汝入以劒舞因擊沛公殺之不者汝屬且爲所虜莊入爲壽師古曰凡言爲壽謂進爵於尊者而獻無疆之壽壽畢曰軍中無以爲樂請以劒舞因拔劒舞項伯亦起舞常以身翼蔽沛公樊噲聞事急直入怒甚羽壯之賜以酒噲因譙讓羽師古曰譙讓以辭相責也譙音才笑反有頃沛公起如廁招樊噲出置車官屬師古曰置留也不以自隨獨騎與樊噲靳彊滕公紀成步從間道走軍晉灼曰紀成紀通父也服虔曰走音奏師古曰間空也投空隙而行不公顯也走謂趣向也服音是矣凡此之類音義皆同使張良留謝羽羽問沛公安在師古曰安在何在也他皆類此曰聞將軍有意督過之師古曰督謂視責也脫身去間至軍師古曰脫免也不敢謁辭苟自免而去間行以至軍也脫音他活反故使臣獻璧羽受之又獻玉斗范增增怒撞其斗起曰吾屬今爲沛公虜矣師古曰撞音丈江反沛公歸數日羽引兵西屠咸陽殺秦降王子嬰燒秦宮室所過無不殘滅秦民大失望羽使人還報懷王懷王曰如約師古曰謂令沛公王關中羽怨懷王不肯令與沛公俱西入關而北救趙後天下約乃曰懷王者吾家所立耳非有功伐何以得專主約師古曰積功曰伐春秋左氏傳曰大夫稱伐本定天下諸將與籍也春正月如淳曰以十月爲歲首而正月更爲三時之月服虔曰漢正月也師古曰凡此諸月號皆太初正曆之後記事者追改之非當時本稱也以十月爲歲首即謂十月爲正月今此眞正月當時謂之四月耳他皆類此陽尊懷王爲義帝實不用其命羽自立爲西楚霸王文穎曰史記貨殖傳曰淮以北沛陳汝南南郡爲西楚彭城以東東海吳廣陵爲東楚衡山九江江南豫章長沙爲南楚羽欲都彭城故自稱西楚孟康曰舊名江陵爲南楚吳爲東楚彭城爲西楚師古曰孟說是也王梁楚地九郡都彭城背約更立沛

公爲漢王王巴蜀漢中四十一縣都南鄭師古曰即今之梁州南鄭縣三分關中立秦三將章邯爲雍王都廢丘孟康曰名今槐里是韋昭曰周時犬丘懿王所都秦欲廢之更名廢丘司馬欣爲塞王韋昭曰在長安東名桃林塞師古曰取河華之固爲阨塞耳非桃林也塞音先代反都櫟陽蘇林曰櫟音藥師古曰即今之櫟陽縣是其地董翳爲翟王文穎曰本上郡秦所置項羽以董翳爲王更名爲翟都高奴師古曰今在鄜州界楚將瑕丘申陽爲河南王都洛陽趙將司馬卬爲殷王都朝歌師古曰即今之朝歌縣也當陽君英布爲九江王都六師古曰六者縣名本古國皐陶之後懷王柱國共敖爲臨江王應劭曰柱國上卿官也若相國矣共敖共姓名也孟康曰本南郡改爲臨江國師古曰共音龔都江陵師古曰即今之荊州江陵縣番君吳芮爲衡山王都邾文穎曰邾音朱故邾名屬江夏齊王建孫田安爲濟北王徙魏王豹爲西魏王都平陽徙燕王韓廣爲遼東王燕將臧荼爲燕王鄭氏曰荼音荼毒之荼如淳曰音舒師古曰鄭音是也音大胡反都薊師古曰薊即今幽州薊縣徙齊王田市爲膠東王齊將田都爲齊王都臨菑師古曰今在青州徙趙王歇爲代王趙相張耳爲常山王漢王怨羽之背約欲攻之丞相蕭何諫乃止服虔曰稱丞相者錄事追言之夏四月諸侯罷戲下各就國師古曰戲謂軍之旌麾也音許宜反亦讀曰麾先是諸侯從項羽入關者各帥其軍聽命於羽今既受封爵各使就國故總言罷戲下也一說云時從項羽在戲水之上故言罷戲下此說非也項羽見高祖於鴻門已過戲矣又入秦燒秦宮室不復在戲也漢書通以戲爲麾字義見竇田灌韓傳羽使卒三萬人從漢王楚子諸侯人之慕從者數萬人文穎曰楚子猶言楚人也諸侯人猶諸侯國人從杜南入蝕中李奇曰蝕音力在杜南如淳曰蝕入漢中道川谷名張良辭歸韓漢王送至褒中師古曰即今梁州之褒縣也舊曰褒中言居褒谷之中隋室諱忠改爲褒內因說漢王燒絕棧道師古曰棧即閣也今謂之閣道以備諸侯盜兵亦視項羽無東意如淳曰視音示師古曰言令羽知漢王更無東出之意也漢書多以視爲示古通用字漢王既至南鄭諸將及士卒皆歌謳思東歸師古曰謳齊歌也謂齊聲而歌或曰齊地之歌謳音一侯反多道亡還者師古曰未至南鄭在道即亡歸韓信爲治粟都尉亦亡去蕭何追還之因薦於漢王曰必欲爭天下非信無可與計事者於是漢王齊戒設壇場師古曰齊讀曰齋築土而高曰壇除地爲場拜信爲大將軍問以計策信對曰項羽背約而王君王於南鄭師古曰上王音于放反○劉攽曰謂王作如字何害是遷也如淳曰秦法有罪遷徙之於蜀漢吏卒皆山東之人日夜企而望歸師古曰企謂舉足而竦身及其鋒而用之可以有大功天下已定民皆自寧不可復用師古曰寧安也各安其處不如決策東向因陳羽可圖師古曰圖謂謀而取之三秦易并之計應劭曰章邯爲雍王司馬欣爲塞王董翳爲翟王分王秦地故曰三秦漢王大說師古曰說讀曰悅遂聽信策部署諸將師古曰分部而署置留蕭何收巴蜀租給軍糧食五月漢王引兵從故道出襲雍孟康曰縣名屬武都雍王邯迎擊漢陳倉雍兵敗還走戰好畤孟康曰畤音止神靈之所止也好畤縣名屬右扶風師古曰即今雍州好畤縣○宋祁曰雍兵敗舊本作雍州兵敗又大敗走廢丘漢王遂定雍地東如咸陽引兵圍雍王廢丘而遣

諸將略地田榮聞羽徙齊王市於膠東而立田都爲齊王大怒以齊兵迎擊田都都走降楚六月田榮殺田市自立爲齊王時彭越在鉅野師古曰鉅野澤名因以爲縣今屬鄆州衆萬餘人無所屬榮與越將軍印因令反梁地越擊殺濟北王安榮遂并三齊之地服虔曰齊與濟北膠東燕王韓廣亦不肯徙遼東秋八月臧荼殺韓廣并其地塞王欣翟王翳皆降漢初項梁立韓後公子成爲韓王張良爲韓司徒羽以良從漢王韓王成又無功故不遣就國與俱至彭城殺之及聞漢王并關中而齊梁畔之羽大怒乃以故吳令鄭昌爲韓王距漢令蕭公角擊彭越蘇林曰蕭公官號也孟康曰蕭令也時令皆稱公師古曰孟說是也越敗角兵時張良徇韓地蘇林曰徇音巡撫其民人也孟康曰徇略也師古曰孟說是也音辭峻反遺羽書曰漢欲得關中如約即止不敢復東羽以故無西意而北擊齊九月漢王遣將軍薛歐王吸出武關師古曰歐音烏垢反吸音翕因王陵兵如淳曰王陵亦聚黨數千人居南陽從南陽迎太公呂后於沛羽聞之發兵距之陽夏鄭氏曰音假借之假師古曰即今亳州陽夏縣不得前二年冬十月項羽使九江王布殺義帝於郴文穎曰郴縣名屬桂陽如淳曰郴音綝師古曰說者或以爲史記本紀及漢注云衡山臨江王殺之江中謂漢書言黥布殺之爲錯然今據史記黥布傳四月陰令九江王等行擊義帝其八月布使將追殺之郴又與漢書項羽英布傳相合是則衡山臨江與布同受羽命而殺之者布也非班氏之錯郴綝二字並音丑林反陳餘亦怨羽獨不王己從田榮藉助兵師古曰藉借也以擊常山王張耳耳敗走降漢漢王厚遇之陳餘迎代王歇還趙歇立餘爲代王張良自韓間行歸漢漢王以爲成信侯漢王如陝師古曰陝今陝州陝縣也音式冉反鎮撫關外父老師古曰鎮安也撫慰也河南王申陽降置河南郡使韓太尉韓信擊韓韓王鄭昌降十一月立韓太尉信爲韓王漢王還歸都櫟陽使諸將略地拔隴西以萬人若一郡降者封萬戶師古曰若者豫及之辭言以萬人或以一郡降者皆封萬戶繕治河上塞晉灼曰鼂錯傳秦北攻胡築河上塞師古曰繕補也○宋祁曰史義云塞先代反北河靈夏州地也秦時繕治故秦苑囿園池令民得田之師古曰養鳥獸曰苑苑有垣曰囿所以種植謂之園田謂耕作也囿音宥春正月羽擊田榮城陽榮敗走平原平原民殺之齊皆降楚楚焚其城郭齊人復畔之諸將拔北地虜雍王弟章平赦罪人二月癸未令民除秦社稷立漢社稷施恩德賜民爵臣瓚曰爵者祿位民賜爵有罪得以減也蜀漢民給軍事勞苦復勿租稅二歲師古曰復者除其賦役也音方目反其下並同關中卒從軍者復家一歲舉民年五十以上有脩行能帥衆爲善置以爲三老鄉一人擇鄉三老一人爲縣三老與縣令丞尉以事相教復勿繇戍師古曰繇讀曰傜○宋祁曰百官表云十里一亭亭有長十亭一鄉鄉有三老三老掌教化秦制也以十月賜酒肉三月漢王自臨晉渡河師古曰舊縣名其地居河之西濱東臨晉境本列國時秦所名也即今之同州朝邑縣界也魏王豹降將兵從下河內

虜殷王卬置河內郡至脩武陳平亡楚來降漢王與語說之師古曰說讀曰悅使參乘監諸將南渡平陰津蘇林曰在河陰至洛陽新城三老董公遮說漢王曰臣聞順德者昌逆德者亡兵出無名事故不成蘇林曰名者伐有罪故曰明其爲賊敵乃可服應劭曰爲音無爲之爲布告天下言項羽殺義帝明其爲賊亂舉兵征之乃可服也鄭氏曰爲音人相爲之爲師古曰應說是也項羽爲無道放殺其主師古曰殺讀曰弑諸弑君者其例皆同天下之賊也夫仁不以勇義不以力李奇曰彼有仁我不能以勇服彼有義我不能以力服文穎曰以用也己有仁天下歸之可不用勇而天下自服己有義天下奉之可不用力而天下自定師古曰爲義帝發喪此爲行仁義不用勇力文說是也三軍之衆爲之素服以告之諸侯爲此東伐師古曰爲並音于僞反○劉攽曰以告之之字衍四海之內莫不仰德此三王之舉也師古曰三王夏殷周也言以德義取天下則可比蹤於三王漢王曰善非夫子無所聞於是漢王爲義帝發喪袒而大哭如淳曰袒亦如禮袒踊也師古曰袒謂脫衣之袖也音徒旱反哀臨三日師古曰哭臨音力禁反發使告諸侯曰天下共立義帝北面事之今項羽放殺義帝江南大逆無道寡人親爲發喪兵皆縞素師古曰縞白素也音工老反悉發關中兵收三河士韋昭曰河南河東河內也南浮江漢以下願從諸侯王服虔曰漢王爲諸侯王師古曰服說非也當時漢未有此稱號直言諸侯及王耳自謙言隨諸侯王之後也擊楚之殺義帝者夏四月田榮弟橫收得數萬人立榮子廣爲齊王羽雖聞漢東既擊齊欲遂破之而後擊漢漢王以故得劫五諸侯兵應劭曰雍翟塞殷韓也如淳曰塞翟魏殷河南也韋昭曰塞翟韓殷魏也時雍已敗師古曰諸家之說皆非也張良遺羽書云漢欲得關中如約即止不敢復東謂出關之東今羽聞漢東之時漢因己得三秦矣五諸侯者謂常山河南韓魏殷也此年十月常山王張耳降河南王申陽降韓王鄭昌降三月魏王豹降虜殷王卬皆在漢東之後故知謂此爲五諸侯時雖未得常山之地據功臣表云張耳棄國與大臣歸漢則亦有士卒也又叔孫通傳云二年漢王從五諸侯入彭城爾時雍王猶在廢丘被圍即非五諸侯之數也尋此紀文昭然可曉前賢注釋並失指趣○劉攽曰張耳奉頭鼠竄安得有兵五諸侯者陳餘其一也事見餘傳東伐楚到外黃彭越將三萬人歸漢漢王拜越爲魏相國令定梁地漢王遂入彭城收羽美人貨賂置酒高會服虔曰大會也羽聞之令其將擊齊而自以精兵三萬人從魯出胡陵至蕭晨擊漢軍大戰彭城靈壁東孟康曰故小縣在彭城南睢水上師古曰睢音雖大破漢軍多殺士卒睢水爲之不流師古曰殺人多塡於睢水既圍漢王三帀大風從西北起折木發屋揚砂石晝晦師古曰晦暗也楚軍大亂而漢王得與數十騎遁去過沛使人求室家室家亦已亡不相得漢王道逢孝惠魯元載行楚騎追漢王漢王急推墮二子滕公下收載遂得脫鄭氏曰滕公夏侯嬰也師古曰脫音他活反○朱子文曰於文多室家二字當曰過沛使人求室家亦已亡云於不相得句下多漢王二字況下文云漢王急推墮二子足可證前道逢孝惠魯元載行爲漢也王審食其從太公呂后間行反遇楚軍師古曰此審食其及武帝時趙食其讀皆與酈食其同音異基而近代學者酈則爲異基審則爲食基趙則食其非也同是人名更無別義就中姓驗何所據依且荀悅漢紀三者並爲異基字斷可知矣太公呂后本避楚軍乃反與之遇而見拘執

羽常置軍中以爲質諸侯見漢敗皆亡去塞王欣翟王翳降楚殷王卬死呂后兄周呂侯蘇林曰以姓名侯也晉灼曰外戚表周呂令武侯澤也呂縣名封於呂以爲國師古曰周呂封名令武其謚也蘇云以姓名侯非也將兵居下邑師古曰縣名也漢王往從之稍收士卒軍碭漢王西過梁地至虞師古曰即今宋州虞城縣謂謁者隨何曰公能說九江王布使舉兵畔楚項王必留擊之得留數月吾取天下必矣隨何往說布果使畔楚○朱子文曰此數語中有兩使字皆不必用用之覺文理不順況既己曰說九江王說則使在其中矣前當曰公能說九江王布舉兵畔楚後當曰隨何往說布果畔楚文義俱顯耳

五月漢王屯滎陽蕭何發關中老弱未傅者悉詣軍服虔曰傅音附孟康曰古者二十而傅三年耕有一年儲故二十三而後役之如淳曰律年二十三傅之疇官各從其父疇學之高不滿六尺二寸以下爲罷癃漢儀注云民年二十三爲正一歲爲衛士一歲爲材官騎士習射御騎馳戰陳又曰年五十六衰老乃得免爲庶民就田里今老弱未嘗傅者皆發之未二十三爲弱過五十六爲老師古曰傅著也言著名籍給公家繇役也服音是韓信亦收兵與漢王會兵復大振與楚戰滎陽南京索間破之應劭曰京縣名今有大索小索亭晉灼曰音冊師古曰音求索之索築甬道屬河應劭曰恐敵鈔輜重故築垣牆如街巷也鄭氏曰甬音踊師古曰屬聯也音之欲反以取敖倉粟孟康曰敖地名在滎陽西北山上臨河有大倉魏王豹謁歸視親疾師古曰謁請也親謂母也至則絕河津反爲楚師古曰斷其津濟以距漢軍爲音于僞反六月漢王還櫟陽壬午立太子赦罪人令諸侯子在關中者皆集櫟陽爲衛○劉攽曰諸侯子謂諸侯國人若上言楚子矣引水灌廢丘廢丘降章邯自殺雍州定八十餘縣置河上渭南中地隴西上郡服虔曰河上即左馮翊也渭南京兆也中地在扶風也師古曰凡新置五郡○宋祁曰注文在扶風刊誤改在字作右令祠官祀天地四方上帝山川以時祠之興關中卒乘邊塞李奇曰乘守也師古曰乘登也登而守之義與上乘城同關中大饑米斛萬錢師古曰一斛直萬錢人相食令民就食蜀漢秋八月漢王如滎陽謂酈食其曰緩頰往說魏王豹張晏曰緩頰徐言引譬喻也能下之以魏地萬戶封生師古曰生猶言先生也他皆類此食其往豹不聽漢王以韓信爲左丞相與曹參灌嬰俱擊魏食其還漢王問魏大將誰也對曰柏直王曰是口尚乳臭不能當韓信師古曰乳臭言其幼少騎將誰也曰馮敬曰是秦將馮無擇子也雖賢不能當灌嬰步卒將誰也曰項它師古曰它字與他同並音徒河反曰是不能當曹參吾無患矣九月信等虜豹傳詣滎陽定魏地置河東太原上黨郡信使人請兵三萬人願以北舉燕趙東擊齊南絕楚糧道漢王與之

三年冬十月韓信張耳東下井陘擊趙服虔曰井陘山名在常山今爲縣師古曰陘音形斬陳餘獲趙王歇置常山代郡甲戌晦日有食之十一月癸卯晦日有食之隨何既說黥布布起兵攻楚楚使項聲龍且攻布韋昭曰且音子閭反布戰不勝十二月布與隨何間行歸漢漢王分之兵與俱收兵至成皋項羽數侵奪漢甬道漢軍乏食與酈食其謀橈楚權服虔曰橈弱也師古曰音女教反其字從木食其欲立六國後以樹黨師古曰樹立也漢王刻印將遣食其立之以問張良良發八難漢王輟飯吐哺師古曰輟止也哺口中所含食也飯音扶晚反哺音步曰豎儒師古曰言其賤劣無智若童豎也幾敗乃公事師古曰幾近也乃汝也公漢王自謂也幾音鉅依反令趣銷印師古曰趣讀曰促促速也他皆類此又問陳平乃從其計與平黃金四萬斤以間疏楚君臣師古曰間音居莧反次下反間其音亦同夏四月項羽圍漢滎陽漢王請和割滎陽以西者爲漢亞父勸項羽急攻滎陽漢王患之陳平反間既行羽果疑亞父亞父大怒而去發病死五月將軍紀信曰事急矣臣請誑楚可以間出師古曰間出投間隙私出若言間行微行耳紀信詐爲漢王而王出西門遁是私出也於是陳平夜出女子東門二千餘人楚因四面擊之紀信乃乘王車黃屋左纛李斐曰天子車以黃繒爲蓋裏纛毛羽幢也在乘輿車衡左方上注之蔡邕曰以犛牛尾爲之如斗或在騑頭或在衡應劭曰雉尾爲之在左驂當鑣上師古曰纛音毒又徒到反應說非也曰食盡漢王降楚楚皆呼萬歲之城東觀以故漢王得與數十騎出西門遁令御史大夫周苛魏豹樅公守滎陽應劭曰樅公者不知其名故曰公蘇林曰音樅木之樅師古曰音千容反羽見紀信問漢王安在曰已出去矣羽燒殺信而周苛樅公相謂曰反國之王難與守城師古曰謂豹先已經畔漢因殺魏豹漢王出滎陽至成皋自成皋入關收兵欲復東轅生說漢王文穎曰轅姓生謂諸生曰漢與楚相距滎陽數歲漢常困願君王出武關項王必引兵南走師古曰走亦謂趨嚮也音奏次後亦同王深壁令滎陽成皋間且得休息使韓信等得輯河北趙地師古曰輯與集同謂和合也詩序曰勞來還定安集之春秋左氏傳曰羣臣輯睦他皆類此連燕齊君王乃復走滎陽如此則楚所備者多力分漢得休息復與之戰破之必矣漢王從其計出軍宛葉間師古曰葉縣名古葉公之國音式涉反宛縣葉縣之間也與黥布行收兵羽聞漢王在宛果引兵南漢王堅壁不與戰是月彭越渡睢師古曰過睢水也睢音雖與項聲薛公戰下邳破殺薛公羽使終公守成皋而自東擊彭越漢王引兵北擊破終公復軍成皋六月羽已破走彭越師古曰破之而令遁走聞漢復軍成皋乃引兵西拔滎陽城生得周苛羽謂苛爲我將以公爲上將軍封三萬戶周苛罵曰若不趨降漢今爲虜矣師古曰若汝也趨讀曰促若非漢王敵也羽亨周苛師古曰亨謂煮而殺之音普庚反他皆類此并殺樅公而虜韓王信遂圍成皋漢王跳如淳曰跳音逃謂走也史記作逃晉灼曰跳獨出意也師古曰晉說是也音徒彫反○朱子文曰傳注之學無事求奇辭達而已漢王跳當從如淳之音史記之說其義甚明漢王逃故下文云獨與滕公共車出成皋玉門何乃迂解爲獨出意徒見費力耳獨與滕公共車出成皋玉門張晏曰成皋北門北渡河宿小脩武晉灼曰在大脩武城東自稱使者晨馳入張耳韓信壁而奪之軍乃使張耳北收兵趙地秋七月有星孛于大角李奇曰孛彗也是謂妖星所以除舊布新也師古曰孛音布內反漢王得韓信軍復大振八月臨河南鄉師古曰鄉讀曰嚮軍小脩武欲復戰郎中鄭忠說止漢王高壘深塹勿戰漢王聽其計使盧綰劉賈將卒二萬人騎數百蘇林曰綰音以繩綰結物之綰師古曰音烏板反渡白馬津入楚地佐彭越燒楚積聚師古曰所畜軍糧芻槀之屬也積音子賜反聚音才喻反復擊破楚軍燕郭西師古曰燕縣名古南燕國○宋祁曰越本無破字攻下睢陽外黃十七城九月羽謂海春侯大司馬曹咎曰謹守成皋即漢王欲挑戰愼勿與戰李奇曰挑音徒了反臣瓚曰挑擿撓敵求戰也古謂之致師師古曰李音瓚說是擿音他歷反撓音乃了反勿令得東而已我十五日必定梁地復從將軍師古曰從就也羽引兵東擊彭越漢王使酈食其說齊王田廣罷守兵與漢和

四年冬十月韓信用蒯通計襲破齊齊王亨酈生東走高密項羽聞韓信破齊且欲擊楚使龍且救齊漢果數挑成皋戰楚軍不出使人辱之數日大司馬咎怒渡兵汜水張晏曰汜水在濟陰界如淳曰汜音祀左傳曰鄙在鄭地汜臣瓚曰高祖攻曹咎於成皋咎渡汜水而戰今成皋城東汜水是也師古曰瓚說得之此水不在濟陰也鄙在鄭地汜釋者又云在襄城則非也此水舊讀音凡今彼鄉人呼之音祀士卒半渡漢擊之大破楚軍盡得楚國金玉貨賂大司馬咎長史欣皆自剄汜水上漢王引兵渡河復取成皋軍廣武孟康曰於滎陽築兩城相對名爲廣武城在敖倉西三皇山上就敖倉食羽下梁地十餘城聞海春侯破乃引兵還漢軍方圍鍾離眛於滎陽東師古曰眛音莫葛反其字從本末之末聞羽至盡走險阻師古曰走音奏羽亦軍廣武與漢相守丁壯苦軍旅老弱罷轉餉師古曰罷讀曰疲轉運餉饋也音式向反漢王羽相與臨廣武之間而語羽欲與漢王獨身挑戰漢王數羽曰師古曰數責其罪也音所具反吾始與羽俱受命懷王曰先定關中者王之羽負約王我於蜀漢罪一也羽矯殺卿子冠軍自尊罪二也如淳曰卿者卿大夫之號子者男之爵冠軍人之首也文穎曰卿子時人相褒尊之辭猶言公子也時上將故言冠軍師古曰矯託也託懷王命而殺之也卿子冠軍文說是也羽當以救趙還報李奇曰前受命於懷王往救趙當還反報而擅劫諸侯兵入關罪三也懷王約入秦無暴掠羽燒秦宮室掘始皇帝冢收私其財罪四也師古曰掘而發之收取其財以私自有也掘音具勿反又彊殺秦降王子嬰罪五也詐阬秦子弟新安二十萬王其將李奇曰章邯等爲王罪六也皆王諸將善地而徙逐故主○宋祁曰王諸將善地謂章邯等徙逐故主謂田市趙歇韓廣之屬令臣下爭畔逆罪七也出逐義帝彭城自都之奪韓王地并王梁楚多自與罪八也使人陰殺義帝江南罪九也夫爲人臣而殺其主殺其已降爲政不平主約不信天下所不容大逆無道罪十也吾以義兵從諸侯誅殘賊使刑餘罪人擊公師古曰言輕賤也何苦乃與公挑戰羽大怒伏弩射中漢王漢王傷胸乃捫足曰虜中吾指師古曰捫摸也傷胸而捫足者以安衆也捫音門中音竹仲反漢王病創臥張良彊請漢王起行勞軍以安士卒師古曰行音下更反其下亦同○朱子文曰此句中多漢王二字當曰漢王病創臥張良彊請起行勞軍毋令楚乘勝漢王出行軍疾甚因馳入成皋十一月韓信與灌嬰擊破楚軍殺楚將龍且追至城陽虜齊王廣齊相田橫自立爲齊王奔彭越漢立張耳爲趙王漢王疾癒師古曰癒與愈同愈差也西入關至櫟陽存問父老置酒梟故塞王欣頭櫟陽市師古曰梟縣首於木上○宋祁曰欣自剄汜上死矣今梟於此以欣舊都故示之留四日復如軍軍廣武關中兵益出而彭越田橫居梁地往來苦楚兵絕其糧食韓信已破齊使人言曰齊邊楚師古曰邊共爲邊界權輕不爲假王恐不能安齊漢王怒欲攻之張良曰不如因而立之使自爲守春二月遣張良操印立韓信爲齊王師古曰操持也音千高反秋七月立黥布爲淮南王八月初爲算賦如淳曰漢儀注民年十五以上至五十六出賦錢人百二十爲一算爲治庫兵車馬北貉燕人來致梟騎助漢應劭曰北貉國也梟健也張晏曰梟勇也若六博之梟也師古曰貉在東北方三韓之屬皆貉類也音莫客反漢王下令軍士不幸死者吏爲衣衾棺斂師古曰棺音工喚反斂音力贍反與作衣衾而斂尸於棺轉送其家師古曰轉傳送也四方歸心焉師古曰以仁愛故項羽自知少助食盡韓信又進兵擊楚羽患之漢遣陸賈說羽請太公羽弗聽漢復使侯公說羽羽乃與漢約中分天下割鴻溝以西爲漢應劭曰在滎陽東南二十里文穎曰於滎陽下引河東南爲鴻溝以通宋鄭陳蔡曹衞與濟汝淮泗會於楚即今官渡水也以東爲楚九月歸太公呂后軍皆稱萬歲乃封侯公爲平國君師古曰以其善說能平和邦國羽解而東歸漢王欲西歸張良陳平諫曰今漢有天下太半韋昭曰凡數三分有二爲太半有一分爲少半而諸侯皆附楚兵罷食盡師古曰罷讀曰疲此天亡之時不因其幾而遂取之鄭氏曰幾微也師古曰幾危也所謂養虎自遺患也漢王從之

前漢書卷一上考證

高帝紀第一上○監本刊此六字於第一行下非也今從古本提行顏注紀理也云云即解此目後凡某紀某傳俱倣此

沛豐邑中陽里人也○劉攽曰予謂沛豐郡縣名○臣名南按攽說非也史家記事必用當時地名秦無沛郡沛縣屬泗水郡若全記郡縣必云泗水沛矣時蕭何曹參王陵周勃樊噲夏侯嬰周緤周苛周昌任敖皆同縣人而盧綰則同鄉同里故於蕭曹等傳但曰沛人綰傳則曰豐人又曰與高祖同里也師古說是

則見交龍於上○臣名南按史記作見蛟龍於其上又

爲泗上亭長史記作爲泗水亭長据後書郡國志云沛有泗水亭亭有高祖碑班固爲文見固集是亭名泗水不名泗上也

引入坐上坐注坐才臥反次如字○監本脫如字二字從宋本添又監本於顏注本文十刪四五全非古人之舊今並從宋本添補

因餔之○宋祁曰餔當作必故反○監本脫宋祁一段今從宋本凡三劉刊誤宋祁朱子文諸說別以一圈脫者俱補

高祖乃書帛射上城○按監本作射城上非也

不能完父兄子弟○ 臣召南按監本作父子兄弟非也此及史記並作父兄子弟故師古注曰老及長者父兄之行少及幼者子弟之黨也今改正

沛公攻胡陵方與○ 臣召南按史記本紀此事在上年之末此從月表在二年十月凡漢書月日與史記本紀不同者皆據月表也

走至戚注東海之縣也○胡三省通鑑注曰以地理考之沛郡與東海相去頗遠壯兵敗而走未必能至東海之戚班志沛郡有廣戚縣章懷太子曰廣戚故城在今徐州沛縣東恐是走至廣戚之戚也 臣召南按此說足以正顏注之失

至陽城與杠里注孟康曰二縣名也○胡三省曰陽城史記作成陽索隱曰在濟陰 臣召南按陽城係成陽轉寫之誤不獨史記可證本書曹參傳擊王離軍成陽南又攻杠里大破之卽此事也

與魏將皇欣武滿軍合○ 臣召南按功臣表樂平侯衛無擇以隊卒從高祖起沛屬皇訢當卽此皇欣武滿史記作武蒲蒲滿字形相近未知孰是

攻開封未拔注師古曰開封縣名屬滎陽○ 臣召南按注非也漢時開封縣屬河南郡其滎陽郡至晉始置

繞嶢關踰蕢山○宋敏求曰嶢關卽藍田關在藍田縣東南九十里蕢山在縣東南二十五里

元年冬十月五星聚於東井○ 臣召南按魏書高允傳允語崔浩曰按星傳金水二星常附日而行冬十月日旦在尾箕昏沒於申南而東井方出於寅北何因背日而行是史官欲神其事不復推之於理浩初謂不然後歲餘謂允曰先所論者本不經心及更考究果如君語以前三月聚東井非十月也高允此論足以發千古之蔽司馬溫公通鑑所以於十月之下從史記直言沛公至霸上不言五星聚井劉攽謂五星本以秦十月聚東井高帝適以夏十月入秦亦卽崔浩前三月之說也

羽自立為西楚霸王○句上監本衍二月二字從宋本刪去

故齊王建孫田安為濟北王○ 臣召南按月表濟北王都博陽遼東王都無終膠東王都卽墨代王都代常山王都襄國此紀於諸國俱言所都而此數國獨闕

諸侯罷戲下注○顧炎武曰注引一說云時從項羽在戲水之上此說為是蓋羽入咸陽而諸侯自留軍戲下耳他處固有以戲為麾者但云罷麾下似不成文

從杜南入蝕中○程大昌雍錄曰以地望求之關中南面背礙南山其有微徑可達漢中者惟子午谷在長安正南其次向西則駱谷此蝕中若非駱谷卽是子午谷

拜信為大將軍問以計策信對曰云云○ 臣召南按此段語史記但曰韓信與韓王信傳一字不易其上亦無拜大將軍明文似此策本出於韓王信也漢書韓王信傳直用史記而高紀以為淮陰語自相矛盾矣

繕治河上塞注○ 臣召南按河上塞卽河上郡之北境與匈奴邊界處非秦時蒙恬所取河南地因河為塞者也蓋自諸侯叛秦匈奴復稍度河南與中國界於故塞匈奴傳可証也河上郡後為馮翊前卽塞王國此時初得其地卽復繕治障塞耳晉灼注以遠在朔方五原者解之非也

大戰彭城靈壁東○大戰監本訛大敗從宋本改正

置河上渭南中地隴西上郡○ 臣召南按史記置郡卽在二年歲首蓋不待章邯自殺其地已入漢也此紀敘於六月蓋因廢邱既降而總言之

割鴻溝以西為漢注○監本注後有索隱引張華及北征記一段按此宋本所無而監本自增者也凡索隱說已見史記不當附麗於此今從宋本刪之

前漢書卷一下

漢　蘭　臺　令　史班　固撰

唐正議大夫行祕書少監琅邪縣開國子顏師古注

高帝紀第一下

五年冬十月漢王追項羽至陽夏南師古曰夏音工雅反已解於上止軍與齊王信魏相國越期會擊楚至固陵晉灼曰卽固始也師古曰後改為固始耳地理志固始屬淮陽○劉攽曰予謂楚字句當斷至固陵不會為句不會楚擊漢軍大破之漢王復入壁深塹而守謂張良曰諸侯不從奈何良對曰楚兵且破未有分地李奇曰信越等未有益地之分師古曰分音扶問反其不至固宜師古曰理宜然也君王能與共天下可立致也師古曰共有天下之地割而封之齊王信之立非君王意信亦不自堅師古曰因信自請為假王乃立之耳故曰非君王意彭越本定梁地始君王以魏豹故拜越為相國今豹死越亦望王而君王不早定今能取睢陽以北至穀城皆以王彭越師古曰睢音雖從陳以東傅海與齊王信師古曰傅讀曰附信家在楚其意欲復得故邑能出捐此地以許兩人師古曰捐棄也音弋全反使各自為戰則楚易敗也於是漢王發使使韓信彭越至皆引兵來十一月劉賈入楚地圍壽春漢亦遣人誘楚大司馬周殷殷畔楚以舒屠六如淳曰以舒之衆屠破六縣師古曰六者縣名卽上所謂九江王都六者也後屬盧江都舉九江兵迎黥布並行屠城父如淳曰並行擊也師古曰城父縣名父音甫隨劉賈皆會十二月圍羽垓下應劭曰垓音該李奇曰沛洨縣聚邑名也師古曰洨音衡交反羽夜聞漢軍四面皆楚歌應劭曰楚歌者雞鳴歌也漢已略得其地故楚歌者多雞鳴時歌也師古曰楚歌者為楚人之歌猶言吳謳越吟耳若以雞鳴為歌曲之名於理則可不得云雞鳴時也高祖令戚夫人楚舞自為作楚歌豈亦雞鳴時乎知盡得楚地羽與數百騎走是以兵大敗灌嬰追斬羽東城晉灼曰九江縣楚地悉定獨魯不下漢王引天下兵欲屠之為其守節禮義之國乃持羽頭示其父兄魯乃降初懷王封羽為魯公及死魯又為之堅守故以魯公葬羽於穀城師古曰卽濟北穀城漢王為發喪臨而去師古曰臨音力禁反封項伯等四人為列侯賜姓劉氏師古曰皆羽之族先有功於漢者諸民略在楚者皆歸之漢王還至定陶馳入齊王信壁奪其軍初項羽所立臨江王共敖前死子尉嗣立為王不降遣盧綰劉賈擊虜尉春正月追尊兄伯號曰武哀侯應劭曰兄伯早亡追謚之下令曰楚地已定義帝亡後欲存恤楚衆以定其主齊王信習楚風俗更立為楚王師古曰更改也王淮北都下邳魏相國建城侯彭越勤勞魏民卑下士卒師古曰言安輯魏地保其人衆也下音胡稼反常以少擊衆數破楚軍其以魏故地王之號曰梁王都定陶又曰兵不得休八年萬民與苦甚如淳曰與音相干與之與師古曰音弋庶反○劉攽曰與讀曰歟助辭今天下事畢其赦天下殊死以下如淳曰死罪之明白也左傳曰斬其木而弗殊韋昭曰殊死斬刑也師古曰殊絕也異也言其身首離絕而異處也○劉攽曰予按說文漢蠻夷長有罪當殊之然則殊自死刑之名也於是諸侯上疏曰楚王韓信韓王信淮南王英布梁王彭越故衡山王吳芮張晏曰漢元年項羽立芮為衡山王後又奪之地謂之番君是以曰故趙王張敖燕王臧荼昧死再拜言張晏曰秦以為人臣上書當言昧犯死罪而言漢遂遵之大王陛下應劭曰陛者升堂之陛王者必有執兵陳於階陛之側羣臣與至尊言不敢指斥故呼在陛下者而告之因卑以達尊之意也若今稱殿下閤下侍者執事皆此類也先時秦為亡道天下誅之大王先得秦王定關中於天下功最多存亡定危救敗繼絕以安萬民功盛德厚又加惠於諸侯王有功者使得立社稷地分已定而位號比儗亡上下之分師古曰言大王與臣等並稱王是為比類相儗無尊卑之差別也地分音扶問反大王功德之著於後世不宣師古曰言位號不殊則功德之著明者不宣於後世也昧死再拜上皇帝尊號漢王曰寡人聞帝者賢者有也師古曰言賢德之人乃可有帝號虛言亡實之名非所取也今諸侯王皆推高寡人將何以處之哉諸侯王皆曰大王起於細微滅亂秦威動海內又以辟陋之地師古曰辟讀曰僻自漢中行威德誅不義立有功平定海內功臣皆受地食邑非私之也大王德施四海諸侯王不足以道之居帝位甚實宜願大王以幸天下晉灼曰漢儀注民臣被其德以為僥倖也師古曰倖者吉而免凶可慶幸也故福喜之事皆稱為幸而死謂之不幸漢王曰諸侯王幸以為便於天下之民則可矣於是諸侯王及太尉長安侯臣綰等三百人師古曰綰盧綰也與博士稷嗣君叔孫通孟康曰稷嗣邑名謹擇良日二月甲午上尊號漢王卽皇帝位于氾水之陽張晏曰在濟陰界取其氾愛弘大而潤下也師古曰據叔孫通傳曰為皇帝於定陶則此水在濟陰是也音敷劒反尊王后曰皇后太子曰皇太子追尊先媼曰昭靈夫人詔曰如淳曰詔告也自秦漢以下唯天子獨稱之故衡山王吳芮與子二人兄子一人從百粵之兵服虔曰非一種若今言百蠻也以佐諸侯誅暴秦有大功諸侯立以為王項羽侵奪之地謂之番君師古曰番音蒲何反其以長沙豫章象郡桂林南海立番君芮為長沙王臣瓚曰茂陵書象郡治臨塵去長安萬七千五百里文穎曰桂林今鬱林也師古曰桂林今之桂州境界左右皆是其地非鬱林也○劉攽曰長沙封國本無豫章豫章屬淮南檢後十二年注文穎所說疑此豫章字傳寫誤加之又曰故粵王亡諸世奉粵祀秦侵奪其地使其社稷不得血食師古曰祭者尚血腥故曰血食也諸侯伐秦亡諸身帥閩中兵以佐滅秦如淳曰閩音緡應劭曰音文飾之文師古曰閩越今泉州建安是其地也其人本蛇種故其字從虫如音是也虫音許尾反項羽廢而弗立今以為閩粵王王閩中地勿使失職帝乃西都洛陽夏五月兵皆罷歸家詔曰諸侯子在關中者復之十二歲師古曰復音方目反○宋祁曰諸侯子謂諸侯國人若楚子之類其歸者半之師古曰各已還其本土者復六歲也民前或相聚保山澤不書名數師古曰保守也安也守而安之以避難也名數謂戶籍也今天下已定令各歸其縣復故爵田宅師古曰復還也音扶目反吏以文法教訓辨告勿笞辱師古曰辨告者分別義理以曉喻之○宋祁曰南本辨告作辯告非是民以饑餓自賣為人奴婢者皆免為庶人軍吏卒會赦其亡罪而亡爵及不滿大夫者皆賜爵為大夫如淳曰軍吏卒會赦得免罪及本無罪而無爵級者皆賜爵為大夫師古曰大夫第五爵也○劉攽曰予謂有罪者會赦免罪而已不得賜爵也亡罪乃得為大夫耳故大夫以上賜爵各一級師古曰就加之也級等也其七大夫以上皆令食邑臣瓚曰秦制列侯乃得食邑今七大夫以上皆食邑所以寵之也師古曰七大夫公大夫也爵第七故謂之七大夫非七大夫以下皆復其身及戶勿事應劭曰不輸戶賦也如淳曰事謂役使也師古曰復其身及一戶之內皆不徭賦也復音扶目反又曰七大夫公乘以上皆高爵也師古曰公乘第八爵諸侯子及從軍歸者○劉攽曰諸侯子總謂諸侯國人及字後人妄加之甚多高爵吾數詔吏先與田宅及所當求於吏者亟與師古

日丞急也音居力反爵或人君上所尊禮師古曰爵高有國邑者則自君其人故云或人君也上謂天子久立吏前曾不爲決師古曰有辨訟及陳請者不早爲決斷甚亡謂也師古曰亡謂者失於事宜不可以訓異日秦民爵公大夫以上令丞與亢禮應劭曰言從公大夫以上民與令丞亢禮者長揖不拜師古曰異日猶言往日也亢者當也言高下相當無所卑屈不獨謂揖拜也今吾於爵非輕也吏獨安取此師古曰於何得此尊爵之法也且法以有功勞行田宅蘇林曰行音行酒之行猶付與也今小吏未嘗從軍者多滿如淳曰多自滿足也而有功者顧不得師古曰顧猶反也言若人反顧然背公立私守尉長吏教訓甚不善師古曰守郡守也尉郡尉也長吏謂縣之令長其令諸吏善遇高爵稱吾意師古曰稱副也且廉問有不如吾詔者以重論之師古曰廉察也廉字本作覝其音同耳帝置酒雒陽南宮上曰如淳曰蔡邕云上者尊位所在也但言上不敢言尊號耳通侯諸將應劭曰舊曰徹侯避武帝諱曰通侯通亦徹也通者言其功德通於王室也張晏曰後改爲列侯列者見序列也毋敢隱朕如淳曰朕我也蔡邕曰古者上下共之咎繇與帝舜言稱朕屈原曰朕皇考至秦獨以爲尊稱漢遂因之而不改也皆言其情吾所以有天下者何項氏之所以失天下者何高起王陵對曰張晏曰詔使高官者起故陵先對孟康曰姓高名起臣瓚曰漢帝年紀高帝時有信平侯臣陵都武侯臣起魏相邴吉奏高帝時奏事有將軍臣陵臣起師古曰張說非也若言高官者起則丞相蕭何太尉盧綰及張良陳平之屬時皆在陵上陵不得先對也陛下嫚而侮人師古曰嫚易也讀與慢同項羽仁而敬人然陛下使人攻城略地所降下者因以與之與天下同利也項羽妬賢嫉能有功者害之賢者疑之戰勝而不與人功得地而不與人利此其所以失天下也上曰公知其一未知其二夫運籌帷幄之中決勝千里之外吾不如子房填國家撫百姓給餉餽不絕糧道吾不如蕭何師古曰填與鎭同鎭安也餽亦饋字連百萬之衆戰必勝攻必取○宋祁曰南本作戰必取勝攻必取捷吾不如韓信三者皆人傑吾能用之師古曰傑言桀然獨出也此吾所以取天下者也項羽有一范增而不能用此所以爲我禽也羣臣說服師古曰說讀曰悅○宋祁曰此所以此字下疑有其字初田橫歸彭越項羽已滅橫懼誅與賓客亡入海上恐其久爲亂遣使者赦橫曰橫來大者王小者侯師古曰大者謂其長率卽橫身也小者謂其從屬也不來且發兵加誅橫懼乘傳詣雒陽如淳曰律四馬高足爲置傳四馬中足爲馳傳四馬下足爲乘傳一馬二馬爲軺傳急者乘一乘傳師古曰傳者若今之驛古者以車謂之傳車其後又單置馬謂之驛騎傳音張戀反未至三十里自殺上壯其節爲流涕發卒二千人以王禮葬焉戍卒婁敬求見說上曰陛下取天下與周異而都雒陽不便不如入關據秦之固上以問張良良因勸上是日車駕西都長安師古曰凡言車駕者謂天子乘車而行不敢指斥也是日卽其日也著是日者言從善之速也長安本秦之鄉名高祖作都焉拜婁敬爲奉春君張晏曰春歲之始也今婁敬發事之始故號曰奉春君也賜姓劉氏六月壬辰大赦天下秋七月燕王臧荼反上自將征之九月虜荼詔諸侯王視有功者立以爲燕王荊王臣信等十人如淳曰荊亦楚也賈逵曰秦莊襄王名楚故改諱荊

遂行於世晉灼曰詩曰奮伐荊楚自秦之先故以稱荊也師古曰晉說是也左傳又云荊尸而舉亦已久矣皆曰太尉長安侯盧綰功最多請立以爲燕王使丞相噲將兵平代地○宋祁曰噲是時未爲丞相百官表噲未嘗爲相利幾反上自擊破之利幾者項羽將羽敗利幾爲陳令降上侯之潁川上至雒陽舉通侯籍召之蘇林曰都以侯籍召之而利幾恐反師古曰普召通侯而利幾自以項羽將故恐懼而反也後九月徙諸侯子關中治長樂宮

六年冬十月令天下縣邑城張晏曰皇后公主所食曰邑令各自築其城也師古曰縣之與邑皆令築城人告楚王信謀反上問左右左右爭欲擊之用陳平計乃僞游雲夢韋昭曰在南郡之華容也師古曰夢讀如本字又音莫風反十二月會諸侯于陳楚王信迎謁因執之詔曰天下既安豪桀有功者封侯新立未能盡圖其功師古曰新立言新卽帝位也圖謂謀而賞之身居軍九年或未習法令或以其故犯法韋昭曰言未習知法令而犯之者有司因以故犯法之罪罪之故帝愍焉師古曰此說非也言以未習法令之故不知避罪遂致犯刑帝原其本情故加憐之大者死刑吾甚憐之其赦天下田肯賀上曰甚善陛下得韓信又治秦中師古曰治謂都之也秦中謂關中秦地也秦形勝之國也張晏曰得形勢之勝便也韋昭曰地形險固故能勝人帶河阻山縣隔千里鄭氏曰縣音懸師古曰此本古之字耳後人轉用爲州縣字乃更加心以別之非當借音他皆類此持戟百萬秦得百二焉應劭曰言河山之險與諸侯相縣隔絕千里也所以能禽諸侯者得天下之利百二也李斐曰河山之險由地勢高順流而下易故天下於秦縣隔千里也持戟百萬秦得百二焉蘇林曰百二得百中之二二萬人也秦地險固二萬人足當諸侯百萬人也師古曰縣隔千里李應得之秦得百二蘇說是也地埶便利其以下兵於諸侯譬猶居高屋之上建瓴水也如淳曰瓴盛水瓶也居高屋之上而翻瓴水言其向下之勢易也建音蹇蘇林曰瓴讀曰鈴師古曰如蘇音說皆是建音居偃反夫齊東有琅邪卽墨之饒師古曰二縣近海財用之所出南有泰山之固西有濁河之限晉灼曰齊西有平原河水東北過高唐高唐卽平原也孟津號黃河故曰濁河也北有勃海之利地方二千里持戟百萬縣隔千里之外齊得十二焉應劭曰齊得十二之一耳故愍王稱東帝後復歸之卒爲秦所滅者利鈍之勢異也李斐曰齊有山河之限地方二千里是與天下縣隔也設有持戟百萬之衆齊得十中之二二焉百萬十分之二亦二十萬也但文相避故言東西秦其勢敵也蘇林曰十二得十中之二二十萬人當百萬言齊雖固不如秦二萬當百萬也晉灼曰案文攷義蘇說是也師古曰蘇晉之釋得其意也秦得百二者二萬人當諸侯百萬人也齊得十二者二十萬人當諸侯百萬人也所以言縣隔千里之外者除去秦地而與諸侯計利便也○宋祁曰景德本蘇林注文云十二得十中之二萬人當百萬五字景祐刊誤本據史記注當作二十萬人當百萬又余以爲若蘇說己明顏安得更於下解云齊得十二者二十萬人當諸侯百萬也此東西秦也○劉敞曰按文多西字非親子弟莫可使王齊者上曰善賜金五百斤上還至雒陽赦韓信封爲淮陰侯甲申始剖符封功臣曹參等爲通侯師古曰剖破也與其合符而分授之也剖音普口反詔曰齊古之建國也今爲郡縣其復以爲諸侯師古曰爲國以封諸侯王將軍劉賈數有大功及擇寬惠脩絜者王齊荊地春正月丙午韓王信等奏請以故東陽郡鄣郡吳郡五十三縣立劉

賈爲荊王文穎曰東陽今下邳也鄣郡今丹陽也吳郡本會稽也韋昭曰鄣郡今故鄣縣也後從丹陽轉以爲縣故謂之故鄣也師古曰鄣音章○劉敞曰按地理志東陽鄣吳皆非秦郡後漢順帝時始分會稽爲吳今此文殊不可曉以碭郡薛郡郯郡三十六縣立弟文信君交爲楚王文穎曰薛郡今魯國是也郯郡今東海郡也師古曰郯音談○劉敞曰郯亦非秦郡壬子以雲中鴈門代郡五十三縣立兄宜信侯喜爲代王以膠東膠西臨淄濟北博陽城陽郡七十三縣立子肥爲齊王○劉敞曰膠東濟北皆項氏所建國齊都臨淄可以齊爲臨淄膠西則未有國博陽城陽亦非秦郡此文亦殊不可曉以太原郡三十一縣爲韓國徙韓王信都晉陽上已封大功臣三十餘人其餘爭功未得行封上居南宮從復道上如淳曰復音複上下有道故謂之復見諸將往往耦語以問張良良曰陛下與此屬共取天下今已爲天子而所封皆故人所愛所誅皆平生仇怨今軍吏計功以天下爲不足用徧封師古曰言有功者多而土地少而恐以過失及誅故相聚謀反耳上曰爲之奈何良曰取上素所不快師古曰言有舊嫌者也計羣臣所共知最甚者一人先封以示羣臣三月上置酒封雍齒因趣丞相急定功行封師古曰趣讀曰促罷酒羣臣皆喜曰雍齒且侯吾屬亡患矣上歸櫟陽五日一朝太公太公家令說太公曰天亡二日土亡二王皇帝雖子人主也太公雖父人臣也奈何令人主拜人臣如此則威重不行後上朝太公擁彗李奇曰爲恭也如今卒持帚也師古曰彗者所以埽也音似歲反迎門卻行師古曰卻退而行也音丘略反上大驚下扶太公太公曰帝人主奈何以我亂天下法於是上心善家令言師古曰晉太子庶子劉寶云善其發悟己心因得尊崇父號非善其令父敬己賜黃金五百斤夏五月丙午詔曰人之至親莫親於父子故父有天下傳歸於子子有天下尊歸於父此人道之極也前日天下大亂兵革並起萬民苦殃朕親被堅執銳師古曰被堅謂甲冑也執銳謂利兵也被音皮義反自帥士卒犯危難平暴亂立諸侯偃兵息民天下大安此皆太公之教訓也諸王通侯將軍羣卿大夫已尊朕爲皇帝而太公未有號今上尊太公曰太上皇師古曰太上極尊之稱也皇君也天子之父故號曰皇不預治國故不言帝也○蔡邕云不言帝非天子也又案本紀秦始皇追尊莊襄爲太上皇已有故事矣蓋太上者無上也皇者德大於帝秋九月匈奴圍韓王信於馬邑信降匈奴七年冬十月上自將擊韓王信於銅鞮師古曰縣名也鞮音丁奚反斬其將信亡走匈奴與其將曼丘臣王黃師古曰姓曼丘名臣也曼丘母丘本一姓也語有緩急耳曼音萬○宋子文曰攷其文理意義於信亡走匈奴句下多一與字既云信與其將共立趙利爲王如何却云收信散兵信字不當下矣又信本傳拘於紀文亦多一與字更無義理傳云信亡走云云又曰復收信散兵而與信及冒頓謀攻漢既云信與其將立趙利爲王如何又云收信散兵而與信以此觀之信既亡走匈奴兵亂未知所在其將乃共立趙利爲王收信散兵與匈奴共距漢若去一與字紀傳皆分明共立故趙後趙利爲王師古曰故趙六國時趙也收信散兵與匈奴共距漢上從晉陽連戰乘勝逐北至樓煩會大寒

士卒墮指者什二三師古曰十人之中二三墮指遂至平城爲匈奴所圍七日用陳平祕計得出應劭曰陳平使畫工圖美女間遣人遺閼氏云漢有美女如此今皇帝困厄欲獻之閼氏畏其奪己寵因謂單于曰漢天子亦有神靈得其土地非能有也於是匈奴開其一角得突出鄭氏曰以計鄙陋故祕不傳師古曰應氏之說出桓譚新論蓋譚以意測之事當然耳非記傳所說也使樊噲留定代地十二月上還過趙不禮趙王是月匈奴攻代代王喜棄國自歸雒陽赦爲合陽侯辛卯立子如意爲代王春令郎中有罪耐以上請之應劭曰輕罪不至于髡完其耏鬢故曰耏古耐字從彡髮膚之意也杜林以爲法度之字皆從寸後改如是言耐罪已上皆當先請也耐音若能如淳曰耐猶任也任其事也師古曰依應氏之說耏當音而如氏之解則音乃代反其義亦兩通耏謂頰旁毛也彡毛髮貌也音所廉反又先廉反而功臣侯表宣曲侯通耏爲鬼薪則應氏之說斯爲長矣○宋祁曰師古曰依應氏之說又云彡毛髮貌余以顏氏之說似不審應意反誤引說文不了其義更有兩通之語且今說文耏無而音止於乃代一音耳案古者能字皆作耐字亦取堪任其事之意後世以三足之能爲能故今人書能無有作耐字者應云耏音若能之能能耐自然聲近矣本不爲而音也顏云耏謂頰旁毛據說文自訓而字爲頰毛耳象毛之形至耐字直釋云罪不至髡則顏謬意而誤說文明矣民產子復勿事二歲師古曰勿事不役使也二月至長安蕭何治未央宮立東闕北闕前殿武庫太倉師古曰未央殿雖南嚮而上書奏事謁見之徒皆詣北闕公車司馬亦在北焉是則以北闕爲正門而又有東門東闕至於西南兩面無門闕矣蓋蕭何初立未央宮以厭勝之術理宜然乎上見其壯麗甚怒謂何曰天下匈匈勞苦數歲成敗未可知師古曰匈匈喧擾之意是何治宮室過度也何曰天下方未定故可因以就宮室師古曰就成也且夫天子以四海爲家非令壯麗亡以重威且亡令後世有以加也上說師古曰說讀曰悅自櫟陽徙都長安置宗正官以序九族夏四月行如雒陽師古曰如往也八年冬上東擊韓信餘寇於東垣孟康曰眞定也師古曰垣音袁還過趙趙相貫高等恥上不禮其王陰謀欲弒上上欲宿心動問縣名何曰柏人上曰柏人者迫於人也去弗宿十一月令士卒從軍死者爲櫝服虔曰櫝音衛應劭曰小棺也今謂之櫝歸其縣縣給衣衾棺葬具如淳曰棺音貫謂棺斂之服也臣瓚曰初以櫝致其尸於家縣官更給棺衣更斂之也金布令曰不幸死死所爲櫝傳歸所居縣賜以衣棺也師古曰初爲櫝至縣更給衣及棺備其葬具耳不勞改讀音爲貫也金布者令篇名若今言倉庫令也祠以少牢長吏視葬十二月行自東垣至師古曰至京師春三月行如雒陽令吏卒從軍至平城及守城邑者如淳曰平城左右諸城能堅守者皆復終身勿事師古曰復音方目反爵非公乘以上毋得冠劉氏冠文穎曰卽竹皮冠也賈人毋得衣錦繡綺縠絺紵罽操兵乘騎馬師古曰賈人坐販賣者也綺文繒也卽今之細綾也絺細葛也紵織紵爲布及疏也罽織毛若今毼及氍毹之類也操持也兵凡兵器也乘駕車也騎單騎也賈音古絺音丑知反紵音佇罽音居例反操音千高反秋八月吏有罪未發覺者赦之九月行自雒陽至淮南王梁王趙王楚王皆從

九年冬十月淮南王梁王趙王楚王朝未央宮置酒前殿上奉玉巵應劭曰飲酒禮器也古以角作受四升古巵字作觗晉灼曰音支師古曰巵飲酒圓

（器也今尚有之）爲太上皇壽（師古曰進酒而獻壽也已解於上）曰始大人常以臣亡賴（應劭曰賴者恃也晉灼曰許愼云賴利也無利入於家也或曰江淮之間謂小兒多詐狡獪爲亡賴師古曰晉說是也獪音工外反）不能治產業不如仲力（服虔曰力勤力也）今某之業所就孰與仲多（師古曰就成也與亦如也）殿上羣臣皆稱萬歲大笑爲樂十一月徙齊楚大族昭氏屈氏景氏懷氏田氏五姓關中與利田宅（師古曰利謂便好也屈音九勿反）十二月行如雒陽貫高等謀逆發覺逮捕高等（師古曰逮捕謂事相連及者皆捕之也一曰在道守禁相屬不絕若今之傳送囚耳○劉攽曰予謂逮者其人存直追取之捕者其人亡當討捕也故有或但言逮或但言捕知異物也一云逮易辭捕加力也逮徒呼名召之捕加束縛矣）并捕趙王敖下獄詔敢有隨王罪三族（張晏曰父母兄弟妻子也如淳曰父族母族妻族也師古曰如說是也）郎中田叔孟舒等十人自髡鉗爲王家奴（師古曰鉗以鐵束頸也音其炎反）從王就獄王實不知其謀春正月廢趙王敖爲宣平侯徙代王如意爲趙王王趙國丙寅前有罪殊死已下皆赦之二月行自雒陽至趙臣田叔孟舒等十人召見與語漢廷臣無能出其右者（師古曰古者以右爲尊言材用無能過之者故云不出其右也他皆類此○劉攽曰予謂右者居則貴左用兵則貴右貴右似戰國時俗也）上說（師古曰說讀曰悅）盡拜爲郡守諸侯相夏六月乙未晦日有蝕之

十年冬十月淮南王燕王荊王梁王楚王齊王長沙王來朝夏五月太上皇后崩（如淳曰王陵傳楚取太上皇呂后爲質又項羽歸太公呂后不見歸媼也又上五年追尊母媼爲昭靈夫人高后時乃追尊爲昭靈后耳漢儀注高帝母兵起時死小黃北後於小黃作陵廟以此二者推之不得有太上皇后崩也李奇曰高祖後母也晉灼曰五年追尊先媼曰昭靈夫人言追尊則明其已亡史記十年春夏無事七月太上皇崩葬櫟陽宮無此夏五月太上皇后崩八字也又漢儀注先媼已葬陳留小黃師古曰如晉二說皆得之無此太上皇后也諸家之說更有異端適爲煩穢不足采也）秋七月癸卯太上皇崩葬萬年（師古曰三輔黃圖云高祖初居櫟陽故太上皇因在櫟陽十年太上皇崩葬其北原起萬年邑置長丞也）赦櫟陽囚死罪已下（臣瓚曰萬年陵在櫟陽縣界故特赦之○宋祁曰已當作以）八月令諸侯王皆立太上皇廟于國都（蔡邕曰皇子封爲王者實古諸侯加號稱王故云諸侯王封爲侯者謂之諸侯）九月代相國陳豨反（鄧展曰東海人名豬曰豨師古曰豨音許豈反）上曰豨嘗爲吾使甚有信（師古曰爲音于僞反）代地吾所急故封豨爲列侯以相國守代今乃與王黃等劫掠代地吏民非有罪也能去豨黃來歸者皆舍之（師古曰去謂棄離之而來也）上自東至邯鄲上喜曰豨不南據邯鄲而阻漳水（○宋祁曰而舊本作北刊誤據史記改爲而然據漳水不在北也）吾知其亡能爲矣趙相周昌奏常山二十五城亡其二十城請誅守尉（師古曰守者郡守尉者郡尉也）上曰守尉反乎對曰不上曰是力不足亡罪上令周昌選趙壯士可令將者白見四人（師古曰白於天子而召見也）上嫚罵曰（師古曰嫚者謾汙也）豎子能爲將乎四人慚皆伏地上封各千戶以爲將左右諫曰從入蜀漢伐楚賞未徧行今封此何功上曰非汝所知陳豨反趙代地皆豨有吾以羽檄徵天下兵未有至者（師古曰檄者以木簡爲書長尺二寸用徵召也其有急事則加以鳥羽插之示速疾也魏武奏事云今邊有警輒露檄插羽檄音胡歷反）今計唯獨邯鄲中兵耳吾何愛四千戶不以慰趙子弟皆曰善又求樂毅有後乎（師古曰樂毅戰國時燕將也）得其孫叔封之樂鄉號華成君問豨將皆故賈人上曰吾知與之矣（師古曰與如也言能如之何也○劉攽曰與猶待也○劉敞曰知與之者知所以與之之術也豨將皆故賈人賈人嗜利乃多以金購之○宋祁曰吾知與之矣南本知字下有易字）乃多以金購豨將（師古曰購設賞募也音搆）豨將多降

十一年冬上在邯鄲豨將侯敞將萬餘人游行王黃將騎千餘軍曲逆（文穎曰今中山蒲陰是也）張春將卒萬餘人度河攻聊城（師古曰今博州聊城縣）漢將軍郭蒙與齊將擊大破之太尉周勃道太原入定代地（師古曰道由太原也）至馬邑馬邑不下攻殘之（師古曰殘謂多所殺戮也○宋祁曰馬邑或作高邑）豨將趙利守東垣高祖攻之不下卒罵上怒城降卒罵者斬之諸縣堅守不降反寇者復租賦三歲春正月淮陰侯韓信謀反長安夷三族將軍柴武斬韓王信於參合（師古曰代之縣也）上還雒陽詔曰代地居常山之北與夷狄邊趙乃從山南有之遠數有胡寇難以爲國頗取山南太原之地益屬代（師古曰少割以益之不盡取也頗音普我反後皆類此）代之雲中以西爲雲中郡則代受邊寇益少矣王相國通侯吏二千石擇可立爲代王者燕王綰相國何等三十三人皆曰子恒賢知溫良請立以爲代王都晉陽（如淳曰文紀言都中都又文帝過太原復晉陽中都二歲似還都於中都也）大赦天下二月詔曰欲省賦甚（師古曰意甚欲省賦斂也）今獻未有程（師古曰程法式也）吏或多賦以爲獻而諸侯王尤多民疾之（師古曰諸侯王賦其國中以爲獻物又多於郡故百姓疾苦之）令諸侯王通侯常以十月朝獻及郡各以其口數率（師古曰率計也○劉敞曰率當屬下句大率也）人歲六十三錢以給獻費又曰蓋聞王者莫高於周文伯者莫高於齊桓（師古曰伯讀曰霸）皆待賢人而成名今天下賢者智能豈特古之人乎（師古曰特獨也）患在人主不交故也士奚由進（師古曰奚何也）今吾以天之靈賢士大夫定有天下以爲一家欲其長久世世奉宗廟亡絕也賢人已與我共平之矣而不與吾共安利之可乎賢士大夫有肯從我游者吾能尊顯之布告天下使明知朕意御史大夫昌下相國（臣瓚曰周昌已爲趙相御史大夫是趙堯耳）相國酇侯下諸侯王（臣瓚曰茂陵書何封國在南陽酇音贊師古曰瓚說是也而或云何封沛郡酇縣音才何反非也案地理志南陽酇縣云侯國沛酇縣不云侯國也又南陽酇者本是春秋時陰國所謂遷陰于下陰者也今爲襄州陰城縣有酇城城西見有蕭何廟彼土又有筑水筑水之陽古曰筑陽縣與酇側近連接據何本傳何薨之後子祿無嗣高后封何夫人同爲酇侯小子延爲筑陽侯孝文罷同更封延爲酇侯是知何封國兼得筑陽此明驗也但酇字別有鄼音以沛之酇縣史記漢書皆作鄼字明其音同也班固泗水亭碑以蕭何相國所封與何同韻於義無爽然其封邑實在南陽非沛縣也且地理志云王莽改沛鄼曰贊治然則沛鄼亦有贊音鄼酇相亂無所取信也說者又引江統徂淮賦以爲證此乃統之疏謬不可考覈亦猶潘岳西征以陝之曲沃爲成師所居耳斯例甚多不可具載）御史中執法下郡守（晉灼曰中執法中丞也）其有意稱明德者必身勸爲之駕（文穎曰有賢者郡守身自往勸勉令至京師駕車遣之）遣詣相國府署行義年（蘇林曰行狀年紀也○劉攽曰義讀曰儀儀謂儀容其年若曰圖貌矣）有而弗言覺免年老癃病勿遣（師古曰癃疲病也音隆）三月梁王彭越謀反夷三族（師古曰夷平也謂盡誅除之）詔曰擇可以爲梁王淮陽王者燕王綰相國何等請立子恢爲梁王子友爲淮陽王罷東郡頗益梁罷潁川郡頗益淮陽夏四月行自雒陽至令豐人徙關中者皆復終身（應劭曰太上皇思土欲歸豐高祖乃更築城寺市里如豐縣號曰新豐徙豐民以充實之師古曰徙豐人所居即今之新豐古城是其處也復音方目反）五月詔曰粵人之俗好相攻擊前時秦徙中縣之民南方三郡（如淳曰中縣之民中國縣民也秦始皇略取陸梁地以爲桂林象郡南海郡故曰三郡）使與百粵雜處（李奇曰欲以介其間使不相攻擊也）會天下誅秦南海尉它居南方長治之（晉灼曰長音長吏之長師古曰它古佗字也書本亦或作他並音徒何反它者南海尉之名也姓趙長治謂爲之長帥而治理之也）甚有文理中縣人以故不耗減（師古曰耗損也音火到反）粵人相攻擊之俗益止俱賴其力今立它爲南粵王使陸賈即授璽綬（師古曰即就也就其所居而立之）它稽首稱臣六月令士卒從入蜀漢關中者皆復終身（師古曰復音方目反）秋七月淮南王布反上問諸將滕公言故楚令尹薛公有籌策上召見薛公言布形埶上善之封薛公千戶詔王相國擇可立爲淮南王者羣臣請立子長爲王上乃發上郡北地隴西車騎巴蜀材官及中尉卒三萬人（應劭曰材官有材力者張晏曰材官騎士習射御騎馳戰陳常以八月太守都尉令長丞會都試課殿最水處則習船邊郡將萬騎行障塞光武時省韋昭曰中尉即執金吾也）爲皇太子衞軍霸上布果如薛公言東擊殺荊王劉賈劫其兵度淮擊楚楚王交走入薛上赦天下死罪以下皆令從軍徵諸侯兵上自將以擊布

十二年冬十月上破布軍于會缶（孟康曰音儈保邑名屬沛國蘄縣蘇林曰缶音番晉灼曰蘄縣鄉名也師古曰會音工外反缶音丈瑞反蘇音是也此字本作番而轉寫者誤爲缶字耳音保非也黥布傳則正作番字此足明其不作缶也）布走令別將追之上還過沛留置酒沛宮悉召故人父老子弟佐酒（應劭曰佐助行酒）發沛中兒得百二十人教之歌酒酣（師古曰酣洽也音胡甘反）上擊筑（鄧展曰筑音竹應劭曰狀似琴而大頭安弦以竹擊之故名曰筑師古曰今筑形似瑟而細頸也）自歌曰大風起兮雲飛揚威加海內兮歸故鄉安得猛士兮守四方令兒皆和習之（師古曰和音胡卧反）上乃起舞忼慨傷懷（師古曰忼音口朗反慨音口代反）泣數行下（師古曰泣目中淚也）謂沛父兄曰游子悲故鄉（師古曰游子行客也悲謂顧念也）吾雖都關中萬歲之後吾魂魄猶思家沛（○宋祁曰家或作樂）且朕自沛公以誅暴逆遂有天下其以沛爲朕湯沐邑（師古曰凡言湯沐邑者謂以其賦稅供湯沐之具也）復其民世世無有所與（師古曰復音方目反與讀曰豫）沛父老諸母故人日樂飲極歡道舊故爲笑樂（師古曰言日日樂飲也樂並音來各反）十餘日上欲去沛父兄固請上曰吾人衆多父兄不能給乃去沛中空縣皆之邑西獻（如淳曰獻牛酒也師古曰之往也皆往邑西競有所獻故縣中空無人）上留止張飲三日（張晏曰張帷帳也師古曰張音竹亮反）沛父兄皆頓首曰沛幸得復豐未得唯陛下哀矜上曰豐者吾所生長極不忘耳（師古曰極至也至念之不忘也）吾特以其爲雍齒故反我爲魏沛父兄固請之迺并復豐比沛漢別將擊布軍洮水南北（蘇林曰洮音兆）皆大破之追斬布番陽（師古曰番音蒲何反）周勃定代斬陳豨於當城（韋昭曰代郡縣也）詔曰吳古之建國也日者荊王兼有其地（師古曰日者猶往日也）今死亡後朕欲復立吳王其議可者長沙王臣等言（師古曰臣者長沙王之名吳芮之子也今書本或臣下有芮字者流俗妄加也）沛侯濞重厚（服虔曰濞音滂濞師古曰音普懿反）請立爲吳王已拜上召謂濞曰汝狀有反相因拊其背曰漢後五十年東南有亂豈汝邪（應劭曰高祖有聽略反相徑可知至於東南有亂克期五十占者所知也若秦始皇東巡以厭氣後劉項起東南疑當如此耳如淳曰度其貯積足用爲難又吳楚世不賓服師古曰應說是也拊謂摩循之）然天下同姓一家汝愼毋反濞頓首曰不敢十一月行自淮南還過魯以太牢祠孔子十二月詔曰秦皇帝楚隱王（師古曰陳勝也）魏安釐王（師古曰昭王之子也釐讀曰僖漢書傳諡及僖字例多爲釐）齊愍王（師古曰宣王之子爲淖齒所殺）趙悼襄王（師古曰孝成王之子）皆絕亡後其與秦始皇帝守冢二十家楚魏齊各十家趙及魏公子亡忌各五家（師古曰亡忌即信陵君也）令視其冢復亡與它事（師古曰復音方目反與讀曰豫）陳豨降將言豨反時燕王盧綰使人之豨所陰謀（師古曰之往也）上使辟陽侯審食其迎綰（師古曰辟音必亦反食音異其音基）綰稱疾食其言綰反有端春二月使樊噲周勃將兵擊綰詔曰燕王綰與吾有故愛之如子聞與陳豨有謀吾以爲亡有故使人迎綰綰稱疾不來謀反明矣燕吏民非有罪也賜其吏六百石以上爵各一級與綰居去來歸者赦之（師古曰先與綰居今能去之來歸漢者赦其罪）加爵亦一級詔諸侯王議可立爲燕王者長沙王臣等請立子建爲燕王詔曰南武侯織亦粵之世也立以爲南海王（文穎曰高祖五年以象郡桂林南海長沙立吳芮爲長沙王象郡桂林南海屬尉佗佗未降遙虛奪以封芮耳後佗降漢十一年更立佗爲南越王自此王三郡芮唯得長沙桂林零陵耳今復封織爲南海王復遙奪佗一郡織未得王之○劉攽曰零陵武帝始立郡文說誤矣且始敘高帝封吳芮無零陵之文疑亦傳寫妄加之）三月詔曰吾立爲天子帝有天下十二年于今矣與天下之豪士賢大夫共定天下同安輯之（師古曰輯與集同）其有功者上致之王次爲列侯下乃食邑（師古曰謂非列侯而特賜食邑者）而重臣之親或爲列侯皆令自置吏得賦斂女子公主（如淳曰公羊傳曰天子嫁女於諸侯必使諸侯同姓者主之故謂之公主百官表列侯所食曰國皇后公主所食曰邑帝姊妹曰長公主諸王女曰翁主師古曰如說得之天子不親主婚故謂之公主諸王即自主婚故其女曰翁主翁者父也言父主其婚也亦曰王主言王自主其婚也高祖荅項羽曰吾翁即若翁也揚雄方言云周晉秦隴謂父曰翁而臣瓚王楙或云公者比於上爵或云主者婦人尊稱皆失之○劉攽曰

予謂公主之稱本出秦舊男爲公子女爲公主古者大夫妻稱主故以公配之若謂同姓王之故謂之公主則周之事秦不知用也古之嫁女當如周使大夫爲王何不謂之夫主乎然則謂之王主者猶言王子也謂之翁主者緣公而生耳）爲列侯食邑者皆佩之印賜大第室（孟康曰有甲乙次第故曰第也）吏二千石徙之長安受小第室入蜀漢定三秦者皆世世復（師古曰復音方目反）吾於天下賢士功臣可謂亡負矣其有不義背天子擅起兵者與天下共伐誅之（師古曰擅專也音上戰反他皆類此）布告天下使明知朕意上擊布時爲流矢所中行道疾疾甚呂后迎良醫醫入見上問醫曰疾可治不醫曰可治（○宋祁曰舊本及越本並無不醫曰可治五字）於是上嫚罵之曰（○朱子文曰於文醫曰可治句下正不須於是二字宜去之）吾以布衣提三尺取天下（師古曰三尺劍也下韓安國傳所云三尺亦同此而流俗書本或云提三尺劍劍字後人所加耳）此非天命乎命乃在天雖扁鵲何益（韋昭曰泰山盧人也名越人魏桓侯時醫也臣瓚曰史記云齊勃海人也魏無桓侯師古曰瓚說是也扁音步典反）遂不使治疾賜黃金五十斤罷之呂后問曰陛下百歲後蕭相國旣死誰令代之上曰曹參可問其次曰王陵可然少戇（師古曰戇愚也古音下紺反今則竹巷反）陳平可以助之陳平知有餘然難獨任周勃重厚少文然安劉氏者必勃也可令爲太尉呂后復問其次上曰此後亦非乃所知也（師古曰乃汝也言自此之後汝亦終矣不復知之）盧綰與數千人居塞下候伺幸上疾愈自入謝（師古曰冀得上疾愈自入謝以爲己身之幸也）夏四月甲辰帝崩于長樂宮（臣瓚曰帝年四十二卽位卽位十三年壽五十三）盧綰聞之遂亡入匈奴呂后與審食其謀曰諸將故與帝爲編戶民（師古曰編戶者言列次名籍也編音鞭）北面爲臣心常鞅鞅（師古曰鞅鞅不滿足也音於亮反他皆類此）今乃事少主非盡族是天下不安（師古曰族謂族誅之是亦此也）以故不發喪人或聞以語酈商酈商見審食其曰聞帝已崩四日不發喪欲誅諸將誠如此天下危矣陳平灌嬰將十萬守滎陽（○宋祁曰滎舊本作熒）樊噲周勃將二十萬定燕代此聞帝崩諸將皆誅必連兵還鄉以攻關中（師古曰鄉讀曰嚮還嚮猶言反嚮內嚮也）大臣內畔諸將外反亡可蹻足待也（文穎曰蹻猶翹也如淳曰蹻音如今作樂蹻行之蹻晉灼曰許愼云蹻舉足小高也音僑師古曰晉說是也）審食其入言之乃以丁未發喪大赦天下五月丙寅葬長陵（臣瓚曰自崩至葬凡二十三日長陵在長安北四十里）已下（蘇林曰下音下書之下鄭氏曰已下棺也師古曰蘇音鄭說是也下音胡亞反）皇太子羣臣皆反至太上皇廟羣臣曰帝起細微撥亂世反之正（師古曰反還也還之於正道）平定天下爲漢太祖功最高上尊號曰高皇帝（師古曰尊號謚也）初高祖不修文學而性明達好謀能聽自監門戍卒見之如舊初順民心作三章之約天下旣定命蕭何次律令韓信申軍法張蒼定章程（如淳曰章歷數之章術也程者權衡丈尺斗斛之平法也師古曰程法式也）叔孫通制禮儀陸賈造新語又與功臣剖符作誓（如淳曰謂功臣表誓使河如帶太山若厲國乃滅絕）丹書鐵契金匱石室（如淳曰金匱猶金縢也師古曰以金爲匱以石爲室重緘封之保愼之義）藏之宗廟雖日不暇給規摹弘遠矣（鄧展曰若畫工規模物之摹韋昭曰正員之器曰規摹者如畫工未施采事摹之矣師古曰取喻規摹謂立制垂範也給足也日不暇足言衆事繁多常汲汲也）

贊曰春秋晉史蔡墨有言陶唐氏旣衰（荀悅曰唐者帝堯有天下號陶發聲也韋昭曰陶唐皆國名猶湯稱殷商矣臣瓚曰堯初居於唐後居陶故曰陶唐也師古曰三家之說皆非也許愼說文解字云陶丘再成也在濟陰夏書曰東至陶丘陶丘有堯城堯嘗居之後居於唐故堯號陶唐氏斯得之矣）其後有劉累學擾龍事孔甲（應劭曰擾馴也能順養得其嗜欲也孔甲夏天子也師古曰擾音繞又音饒）范氏其後也（師古曰晉司空士蔿之孫士會爲晉大夫食采於范因號范氏）而大夫范宣子亦曰祖自虞以上爲陶唐氏（師古曰范宣子卽士會之孫士匄也）在夏爲御龍氏（師古曰卽劉累也）在商爲豕韋氏（師古曰豕韋國名在東郡白馬縣東南）在周爲唐杜氏（師古曰唐杜二國名也殷末豕韋徙國於唐周成王滅唐遷之於杜爲杜伯杜伯之子隰叔奔晉士會卽隰叔之玄孫也唐太原晉陽縣也杜京兆杜縣也）晉主夏盟爲范氏范氏爲晉士師（師古曰言晉爲霸主諸夏之盟而范氏爲晉正卿）魯文公世奔秦（師古曰文公六年晉襄公卒士會與先蔑如秦逆公子雍欲以爲嗣七年以秦師納雍而趙宣子立靈公與秦師戰敗之于令狐首先蔑奔秦士會從之）後歸于晉其處者爲劉氏（師古曰文十三年晉人使魏壽餘僞以魏畔誘士會而納之秦人歸其帑其別族留在秦者旣無官邑而乃復劉累之姓也）劉向云戰國時劉氏自秦獲於魏（文穎曰六國時秦伐魏劉氏隨軍爲魏所獲故得復居魏也師古曰春秋之後周室卑微諸侯彊盛交相攻伐故總謂之戰國）秦滅魏遷大梁（師古曰秦昭王伐魏魏惠王棄安邑東徙大梁更號曰梁非始皇滅六國之時○劉攽曰當讀云遷大梁都于豐則與下文合顏解誤矣）都于豐故周市說雍齒曰豐故梁徙也是以頌高祖云漢帝本系出自唐帝降及于周在秦作劉涉魏而東遂爲豐公（晉灼曰涉猶入也）豐公蓋太上皇父其遷日淺墳墓在豐鮮焉（師古曰鮮少也音先淺反）及高祖卽位置祠祀官則有秦晉梁荊之巫（應劭曰先人所在之國悉致祠巫祝博求神靈之意也文穎曰巫掌神之位次者也范氏世仕於晉故祠祀有晉巫范會支庶留秦爲劉氏故有秦巫劉氏隨魏都大梁故有梁巫後從豐豐屬荊故有荊巫也）世祠天地綴之以祀豈不信哉（師古曰綴言不絕也）由是推之漢承堯運德祚已盛斷蛇著符旗幟上赤協于火德自然之應得天統矣（孟康曰十一月天統物萌色赤故云得天統也臣瓚曰漢承堯緒爲火德秦承周後以火代木得天之統序故曰得天統漢初因秦正至太初元年始用夏正不用十一月爲正也師古曰瓚說得之）

前漢書卷一下考證

高帝紀下灌嬰追斬羽東城○胡三省曰東城故城括地志在定遠東南五十里

高起王陵對曰注魏相邴吉奏高帝時奏事○臣浩按監本魏相邴吉奏下衍事字蓋涉於下文奏事而誤也今從宋本刪之邴吉依本書當作丙

是日車駕西都長安○臣名南按史記作是日車駕入都關中是也櫟陽長安俱是關中是日但決計入關營造長安宮殿實則仍居櫟陽故至七年二月書自櫟陽徙都長安也

治長樂宮○程大昌曰長樂宮本秦之興樂宮周廻二十里高祖改修而居之在長安城東隅

西有濁河之限注○胡三省曰孟津在河內去平原甚遠晉灼說失之拘蓋河流渾濁故謂之濁河也

赦韓信封爲淮陰侯○臣名南按此文追敘也據功臣表曹參等以十二月甲申封而淮陰侯之封直至四月則知此文爲追敘矣

以故東陽郡鄣郡吳郡云云○劉攽曰云云○臣名南按攽所疑是也但灌嬰傳云破吳郡長吳下得吳守遂定吳豫章會稽又功臣表博陽侯周聚布反定吳郡豈項氏嘗分會稽爲吳及漢定天下復合爲一郡乎攽并疑鄣非秦郡非也漢之丹陽卽秦之鄣郡也

蕭何治未央宮○胡三省曰宮在長安城西南隅周廻二十八里元和志曰東距長樂宮一里中隔武庫

夏五月太上皇后○通鑑考異曰荀悅漢紀五月無后字七月無崩字蓋荀悅時本尙未譌謬故也

秦徙中縣之民南方三郡注如淳曰秦始皇畧取彊梁地○臣名南按彊梁地當作陸梁地史記秦始皇本紀三十一年畧取陸梁地爲桂林象郡南海是也宋本亦誤存說於此

居南方長治之注謂爲之長帥而治理之也○帥字譌師理字譌李今改正

漢別將擊布軍洮水南北○臣名南按胡三省謂洮水當在江南甚是但卽以零陵郡之洮陽當之零陵去淮南太遠與下文所云追斬布鄱陽者不合也

其處者爲劉氏○孔穎達左傳疏曰士會之帑在秦不顯於會之身復無所辟傳說處秦爲劉氏未知何意討尋上下其文不類深疑此句或非本旨蓋以爲漢室初興損棄古學左氏不顯於世先儒無以自申劉氏從秦從魏其源本出劉累插注此辭將以媚於世明帝時賈逵上疏曰五經皆無證圖讖明劉氏爲堯後者而左氏獨有明文竊謂前世藉此以求道通故後引之以爲證耳臣名南按孔疏所見甚卓但加此文於左傳實不始於賈逵且并不始於哀平之世據昭帝元鳳三年符節令眭弘上書言漢家承堯之後則彼時左傳已有此文至劉向頌高祖曰出自唐帝王莽稱漢爲堯後有傳國之運班彪王命論曰帝堯之苗裔皆在其後者也

前漢書卷二

漢　蘭　臺　令　史班　固撰

唐正議大夫行祕書少監琅邪縣開國子顏師古注

惠帝紀第二

孝惠皇帝（荀悅曰諱盈之字曰滿應劭曰禮謚法柔質慈民曰惠師古曰孝子善述父之志故漢家之謚自惠帝已下皆稱孝也臣下以滿字代盈者則卽帝諱盈也他皆類此）高祖太子也母曰呂皇后帝年五歲高祖初爲漢王二年立爲太子十二年四月高祖崩五月丙寅太子卽皇帝位尊皇后曰皇太后賜民爵一級（師古曰帝初嗣位爲恩惠也）中郎郎中滿六歲爵三級四歲二級（蘇林曰中郎省中郎也）外郎滿六歲二級（蘇林曰外郎散郎也）中郎不滿一歲一級外郎不滿二歲賜錢萬（張晏曰不滿一歲謂不滿四歲之一歲作郎三歲也不滿二歲謂不滿六歲之二歲作郎四歲也師古曰此說非也直謂作郎未經一歲二歲耳○劉攽曰此賜爵之差中郎二歲乃當一級今不滿一歲亦一級恩優之也又散郎三歲當賜一級今斷不滿二歲賜錢萬則滿二歲亦賜一級矣）宦官尚食比郎中（應劭曰宦官閹寺也尙主也舊有五尙尙冠尙帳尙衣尙席亦是如淳曰主天子物曰尙主文書曰尙書又有尙符璽郎也漢儀注省中有五尙而內官婦人有諸尙也）謁者執楯執戟武士騶比外郎（應劭曰執楯執戟親近陛衞也武士力士也高祖使武士縛韓信是也騶騶騎也師古曰騶本廄之馭者後又令爲騎因謂騶騎耳）太子御驂乘賜爵五大夫舍人滿五歲二級（師古曰武士騶以上皆舊侍從天子之人也舍人以上太子之官屬）賜給喪事者二千石錢二萬六百石以上萬五百石二百石以下至佐史五千（如淳曰律有斗食佐史韋昭曰若今曹史書佐也師古曰自五百石以下至於佐史皆賜五千今又言二百石者審備其等也）視作斥土者將軍四十金（服虔曰斥土壙土也如淳曰斥開也開土地爲冢壙故以開斥言之鄭氏曰四十金四十斤金也晉灼曰近上二千石賜錢二萬此言四十金實金也下凡言黃金與金也不言黃謂錢也食貨志黃金一斤直錢萬師古曰諸賜言黃金者皆與之金不言黃者一金與萬錢也○劉攽曰予謂諸書言若干金則一金萬錢至於賜金若干斤則畫金也）二千石二十金六百石以上六金五百石以下至佐史二金減田租復十五稅一（鄧展曰漢家初十五稅一儉於周十稅一也中間廢今復之也如淳曰秦作阿房之宮收太半之賦遂行至此乃復十五而稅一師古曰鄧說是也復音房目反○宋祁曰注文今復之也當作今復之也）爵五大夫吏六百石以上及宦皇帝而知名者有罪當盜械者皆頌繫（文穎曰言皇帝者以別仕諸王國也張晏曰時諸侯治民新承六國之後咸慕鄉邑或貪逸豫樂仕諸侯今特爲京師作優裕法也如淳曰知名謂宦人教帝書學亦可表異者也盜者逃也恐其逃亡故著械也頌者容也言見寬容但處曹吏舍不入狴牢也師古曰諸家之說皆非也宦皇帝而知名者謂雖非五大夫爵六百石吏而早事惠帝特爲所知故亦優之所以云及耳非謂凡在京師異於諸王國亦不必在於宦人敎書學也左官之律起自武帝此時未有禮記曰宦學事師謂凡仕官非閹寺也盜械者凡以罪著械皆得稱焉不必逃亡也據山海經貳負之臣相柳之尸皆云盜械其義是也古者頌與容同五大夫第九爵也）上造以上及內外公孫耳孫有罪當刑及當爲城旦舂者皆耐爲鬼薪白粲（應劭曰上造爵滿十六者也內外公孫謂王侯內外孫也耳孫者玄孫之子也言去其曾高益遠但耳聞之也今以上造有功勞內外孫有骨血屬婕施德布惠故事從其輕也城旦者旦起行治城舂者婦人不豫外徭但舂作米皆四歲刑也今皆就鬼薪白粲取薪給宗廟爲鬼薪坐擇米使正白爲白粲皆三歲刑也李斐曰耳孫曾孫也張晏曰公孫宗室侯王之孫也晉

灼曰耳孫玄孫之曾孫也諸侯王表在八世師古曰上造第二爵名也內外公孫國家宗室及外戚之孫也耳孫諸說不同據平紀及諸侯王表說梁孝王玄孫之子耳孫耳音仍又匈奴傳說握衍朐鞮單于云烏維單于耳孫以此參之李云曾孫是也然漢書諸處又皆云曾孫非一不應雜兩稱而言據爾雅曾孫之子為玄孫玄孫之子為來孫來孫之子為昆孫昆孫之子為仍孫從已而數是為八葉則與晉說相同仍耳聲相近蓋一號也但班氏唯存古名而計其葉數則錯也𨅮音連民年七十以上若不滿十歲有罪當刑者皆完之孟康曰不加肉刑髡鬄也師古曰若預及之言也謂七十以上及不滿十歲以下皆完之也鬄音他計反又曰吏所以治民也能盡其治則民賴之故重其祿所以為民也師古曰為音于偽反今吏六百石以上父母妻子與同居及故吏嘗佩將軍都尉印將兵及佩二千石官印者家唯給軍賦他無有所與師古曰同居謂父母妻子之外若兄弟及兄弟之子等見與同居業者若今言同籍及同財也無有所與讀曰豫令郡諸侯王立高廟師古曰諸郡及諸侯王國皆立廟也今書本郡下或有國字者流俗不曉妄加之

元年冬十二月趙隱王如意薨民有罪得買爵三十級以免死罪應劭曰一級直錢二千凡為六萬若今贖罪入三十疋縑矣師古曰令出買爵之錢以贖罪賜民爵戶一級春正月城長安

二年冬十月齊悼惠王來朝獻城陽郡以益魯元公主邑尊公主為太后如淳曰張敖子偃為魯王故公主得為太后師古曰此說非也蓋齊王憂不得脫故從內史之言請尊公主為齊太后以母禮事之用說媚呂太后耳若魯元以子為魯王自合稱太后何待齊王尊之乎據張耳傳高后元年魯元太后薨後六年宣平侯敖薨呂太后立敖子偃為王以母為太后故也是則偃因母為齊王太后而得王非因偃乃為太后也○劉攽曰顏說非也悼惠公主兄弟耳雖欲諂呂后而以母事之於理安乎蓋齊內史本謂呂后欲尊公主以漸王張氏故勸王割郡就益魯邑而更號魯元公主為魯元太后也太后之號雖更魯元之稱不除豈關為齊王母乎又張偃以母為太后故封魯王太后非齊益明也春正月癸酉有兩龍見蘭陵家人井中師古曰家人言庶人之家乙亥夕而不見隴西地震夏旱郃陽侯仲薨師古曰高帝之兄吳王濞父也秋七月辛未相國何薨師古曰蕭何也

三年春發長安六百里內男女十四萬六千人城長安三十日罷鄭氏曰城一面故速罷以宗室女為公主嫁匈奴單于夏五月立閩越君搖為東海王應劭曰搖越王勾踐之苗裔也帥百越之兵助高祖故封東海在吳郡東南濵海云師古曰即今泉州是其地六月發諸侯王列侯徒隸二萬人城長安秋七月都廄災南越王趙佗稱臣奉貢師古曰佗音徒何反

四年冬十月壬寅立皇后張氏師古曰張敖之女也史記漢書無名字皇甫謐作帝王世紀皆為惠帝張后及孝文薄后已下別制名諱至於薄父之徒亦立名字何從而得之乎雖示博聞不知陷於穿鑿○宋祁曰注文一本示字上有欲字春正月舉民孝弟力田者復其身師古曰弟者言能以順道事其兄也弟音徒計反復音方目反三月甲子皇帝冠赦天下省法令妨吏民者除挾書律應劭曰挾藏也張晏曰秦律敢有挾書者族長樂宮鴻臺災宜陽雨血秋七月乙亥未央宮凌室災師古曰凌室藏冰之室也詩七月之篇曰納于凌陰丙子織室災師古曰主織作繒帛之處

五年冬十月靁桃李華棗實春正月復發長安六百里內男女十四萬五千人城長安三十日罷夏大旱秋八月己丑相國參薨師古曰曹參也九月長安城成賜民爵戶一級師古曰家長受也

六年冬十月辛丑齊王肥薨令民得買爵女子年十五以上至三十不嫁五算應劭曰國語越王勾踐令國中女子年十七不嫁者父母有罪欲人民繁息也漢律人出一算算百二十錢唯賈人與奴婢倍算今使五算罪謫之也孟康曰或云復之也師古曰應說是○劉攽曰予謂女子五算亦不頓讁之自十五至三十為五等每等加一算也夏六月舞陽侯噲薨師古曰樊噲也起長安西市修敖倉

七年冬十月發車騎材官詣滎陽師古曰車常擬軍輿者若近代之戎車也騎常所養馬并其人使行克騎若今武馬及所養者主也材官解在高紀太尉灌嬰將春正月辛丑朔日有蝕之夏五月丁卯日有蝕之既師古曰既盡也秋八月戊寅帝崩于未央宮臣瓚曰帝年十七即位即位七年壽二十四九月辛丑葬安陵臣瓚曰自崩至葬凡二十四日安陵在長安北三十五里師古曰三輔黃圖云去長陵五里○宋祁曰長陵五里一作十里

贊曰孝惠內修親親外禮宰相優寵齊悼趙隱恩敬篤矣師古曰篤厚也聞叔孫通之諫則懼然蘇林曰諫復道乘衣冠道也師古曰懼讀曰瞿瞿瞿然失守貌音居具反納曹相國之對而心說蘇林曰對修高帝制度蕭何法也師古曰說讀曰悅可謂寬仁之主遭呂太后虧損至德師古曰謂殺趙王殺戚夫人因以憂疾不聽政而崩悲夫

前漢書卷二考證

惠帝紀第二○臣名南按史記於高祖本紀後孝文本紀前止作呂后本紀以惠帝事附入殊非體制班氏列惠帝紀於高后紀之前義理甚正

視作斥土者○臣照按監本宋本俱作斥上今以服虔如淳注意詳之定為斥土服注斥上壙上也二上字亦並正

春正月城長安○胡三省曰漢都長安蕭何雖治宮室未暇築城帝始築之至五年始成臣名南按功臣表城及宮殿皆少府陽城延所作

郃陽侯仲薨○臣名南按高紀及吳王濞傳並作合陽則屬平原此紀作郃陽則屬左馮翊以王子侯表作合陽證之此郃字訛也然水經注已謂是郃陽矣

立閩越君搖為東海王注即今泉州是其地○臣名南按師古說非也閩越王無諸都冶則泉州地屬閩越矣東海王搖都東甌亦號東甌王即溫州永嘉地非泉州地也

前漢書卷三

漢　蘭　臺　令　史班　固撰

唐正議大夫行秘書少監琅邪縣開國子顏師古注

高后紀第三

高皇后呂氏荀悅曰諱雉之字曰野雞應劭曰禮婦人從夫諡故稱高也師古曰呂后名雉字娥姁故臣下諱雉也姁音許于反生惠帝佐高祖定天下父兄及高祖而侯者三人師古曰父謂臨泗侯呂公也兄謂周呂侯澤建成侯釋之惠帝即位尊呂后為太后○朱子文曰呂后二字可去當日惠帝即位尊為太后太后立帝姊魯元公主女為皇后無子取後宮美人子名之以為太子惠帝崩太子立為皇帝年幼太后臨朝稱制師古曰天子之言一曰制書二曰詔書制書者謂為制度之命也非皇后所得稱今呂太后臨朝行天子事斷決萬機故稱制詔大赦天下迺立兄子呂台產祿台子通四人為王蘇林曰台音胎封諸呂六人為列侯語在外戚傳

元年春正月詔曰前日孝惠皇帝言欲除三族辠妖言令師古曰辠之重者戮及三族過誤之語以為妖言今謂重酷皆除之議未決而崩今除之二月賜民爵戶一級初置孝弟力田二千石者一人師古曰特置孝弟力田官而尊其秩欲以勸厲天下令各敬行務本夏五月丙申趙王宮叢臺災師古曰連聚非一故名叢臺蓋本六國時趙王故臺也在邯鄲城中立孝惠後宮子強為淮陽王如淳曰外戚恩澤侯表曰呂氏子也以孝惠子侯晉灼曰漢注名長韋昭曰不疑為恒山王如淳曰今常山也因陳留郡避文帝諱改曰常弘為襄城侯朝為軹侯師古曰軹音只武為壺關侯秋桃李華

二年春詔曰高皇帝匡飭天下師古曰匡正也飭整也飭讀與敕同其字從力諸有功者皆受分地為列侯師古曰分音扶問反萬民大安莫不受休德師古曰休美也音虛蚪反他皆類此朕思念至於久遠而功名不著亡以尊大誼施後世今欲差次列侯功以定朝位師古曰以功之高下為先後之次臧于高廟世世勿絕嗣子各襲其功位其與列侯議定奏之丞相臣平言師古曰陳平謹與絳侯臣勃師古曰周勃曲周侯臣商師古曰酈商潁陰侯臣嬰師古曰灌嬰安國侯臣陵等議師古曰王陵列侯幸得賜餐錢奉邑應劭曰餐與飡同諸侯四時皆得賜餐錢文穎曰飡邑中更名算錢如今長吏食奉自復勝錢即租奉也韋昭曰熟食曰飡酒肴曰錢粟米曰奉稅租奉祿正所食也四時得賜是為飡錢飡小食也師古曰餐飡同一字耳音千安反飡所謂吞食物也餐錢賜廚膳錢也奉邑本所食邑也奉音扶用反○宋祁曰江南本文穎注文邑中字上有所食字算錢算作筭景祐刊誤謂筭非租稅當改為算錢又韋昭注文稅租字上有或曰字陛下加惠以功次定朝位如淳曰功大者位在上功臣侯表有第一第二之次臣請臧高廟奏可春正月乙卯地震羌道服虔曰縣有夷蠻曰道師古曰羌道屬隴西郡武都道山崩師古曰武都道屬武都郡夏六月丙戌晦日有蝕之秋七月恒山王不疑薨行八銖錢應劭曰本秦錢質如周錢文曰半兩重如其文即八銖也漢以其太重更鑄莢錢今民間名榆莢錢是也民患其太輕至此復行八銖錢○宋祁曰注文莢字一本作銖非是

三年夏江水漢水溢流民四千餘家師古曰水所漂沒也秋星晝見

四年夏少帝自知非皇后子出怨言皇太后幽之永巷如淳曰列女傳周宣姜后脫簪珥待罪永巷後改為掖庭師古曰永長也本謂宮中之長巷也詔曰凡有天下治萬民者蓋之如天容之如地上有驩心以使百姓百姓欣然以事其上驩欣交通而天下治今皇帝疾久不已迺失惑昏亂不能繼嗣奉宗廟守祭祀不可屬天下師古曰屬委也音之欲反其議代之羣臣皆曰皇太后為天下計所以安宗廟社稷甚深頓首奉詔五月丙辰立恒山王弘為皇帝晉灼曰史記惠帝元年子不疑為常山王子山為襄城侯二年常山王薨即不疑也以弟襄城侯山為常山王更名義丙辰立常山王義為帝更名弘漢書一之書弘以為正也師古曰即元年所立弘為襄城侯者晉說是也

五年春南粵王尉佗自稱南武帝韋昭曰生以武為號不稽古也師古曰此說非也成湯曰吾甚武因自號武王佗言武帝亦猶是耳何謂其不稽古乎○劉攽曰顏雖引成湯之言然未知湯果自號武王乎聖人者人與之名耳詩謂湯為武王則亦猶書謂文王為寧王耳豈自稱之哉史記之言未可信也秋八月淮陽王彊薨九月發河東上黨騎屯北地

六年春星晝見夏四月赦天下秩長陵令二千石應劭曰長陵高祖陵尊之故增其秩也六月城長陵張晏曰起縣邑故築城也師古曰此說非也黃圖云長陵城周七里百八十步因為殿垣門四出及便殿掖庭諸官寺皆在中是即就陵為城非止謂邑居也匈奴寇狄道攻阿陽師古曰狄道屬隴西阿陽天水之縣也今流俗書本或作河陽者非也行五分錢應劭曰所謂莢錢者○宋祁曰分字別本作銖非是武帝時始造五銖錢

七年冬十二月匈奴寇狄道畧二千餘人春正月丁丑趙王友幽死于邸己丑晦日有蝕之既以梁王呂產為相國趙王祿為上將軍立營陵侯劉澤為琅邪王○劉攽曰呂后外戚傳惠帝崩呂后泣不下陳平用張辟彊計請以呂祿呂產為將將兵居南北軍又云殺高祖子趙幽王共王燕王迭立諸呂為王又云病困以祿為上將軍居北軍梁王產為相國居南軍又劉澤傳澤王與呂氏同時而此紀太后臨朝便封王諸呂七年但記祿產將南北軍參校前後知此之誤也夏五月辛未詔曰昭靈夫人太上皇妃也武哀侯張晏曰高帝兄伯也宣夫人高皇帝兄姊也如淳曰皆追諡號諡不稱其議尊號丞相臣平等請尊昭靈夫人曰昭靈后武哀侯曰武哀王宣夫人曰昭哀后六月趙王恢自殺秋九月燕王建薨南越侵盜長沙遣隆慮侯竈將兵擊之應劭曰竈姓周高祖功臣也隆慮今林慮也後避殤帝諱故改之師古曰慮音廬

八年春封中謁者張釋卿為列侯孟康曰官官也如淳曰百官表謁者掌賓贊受事灌嬰為中謁者後常以閹人為之諸官加中者多閹人也諸中官宦者令丞皆賜爵關內侯食邑如淳曰列侯出關就國關內侯但爵耳其有加異者與之關內之邑食其租稅宣紀曰德武食邑是也師古曰諸中官凡閹人給事於中者皆是也宦者令丞宦者署之令丞夏江水漢水溢流萬餘家秋七月辛巳皇太后崩于未央宮遺詔賜諸侯王各千金將相列侯下至郎吏各有差大赦天下上將軍祿相國產顓兵秉政師古曰顓讀與專同自知背高皇帝約師古曰非劉氏而王非有功而侯恐為大臣諸侯王所誅因

謀作亂。宋祁曰按蔡邕云皇子封爲王者實古諸侯加號稱王故云諸侯王封爲侯者謂之諸侯時齊悼惠王子朱虛侯章在京師以祿女爲婦知其謀迺使人告兄齊王令發兵西章欲與太尉勃丞相平爲內應以誅諸呂齊王遂發兵又詐瑯邪王澤發其國兵并將而西產祿等遣大將軍灌嬰將兵擊之嬰至滎陽。宋祁曰景德本滎作熒使人諭齊王與連和待呂氏變而共誅之師古曰變謂發動也太尉勃與丞相平謀以曲周侯酈商子寄與祿善使人劫商令寄紿說祿師古曰紿誑也曰高帝與呂后共定天下劉氏所立九王呂氏所立三王皆大臣之議事已布告諸侯王諸侯王以爲宜今太后崩帝少足下不急之國守藩師古曰之往也迺爲上將將兵留此爲大臣諸侯所疑何不速歸將軍印以兵屬太尉師古曰屬音之欲反請梁王亦歸相國印與大臣盟而之國齊兵必罷大臣得安足下高枕而王千里此萬世之利也祿然其計使人報產及諸呂老人或以爲不便計猶豫師古曰猶獸名也爾雅曰猶如麐善登木此獸性多疑慮常居山中忽聞有聲卽恐有人且來害之每豫上樹久之無人然後敢下須臾又上如此非一故不決者稱猶豫焉一曰隴西俗謂犬子爲猶犬隨人行每豫在前待人不得又來迎候故云猶豫也麐音几未有所決祿信寄與俱出游過其姑呂須張晏曰須音須師古曰呂后妹。宋祁曰呂須樊噲妻封臨光侯須怒曰汝爲將而棄軍呂氏今無處矣師古曰言見誅滅無處所也處字或作類言無種類也迺悉出珠玉寶器散堂下曰無爲它人守也八月庚申平陽侯窋行御史大夫事師古曰窋曹參子也音竹出反。劉攽曰按表及周昌傳高后四年窋爲御史大夫誅諸呂後免則非行也疑此紀誤見相國產計事郎中令賈壽使從齊來因數產師古曰數責之也音數具反曰王不早之國今雖欲行尚可得邪具以灌嬰與齊楚合從狀告產師古曰齊楚俱在山東連兵西向欲誅諸呂亦猶六國爲從以敵秦故言合從也從音子容反平陽侯窋聞其語馳告丞相平太尉勃。宋祁曰馳邵本作以勃欲入北軍不得入襄平侯紀通尚符節張晏曰紀通信子也尚主也今符節令也晉灼曰紀信焚死不見其後功臣表云紀通紀成之子以成死事故封侯師古曰晉說是也。劉攽曰高祖以善用人得天下豈宜忘紀信之功疑成者卽信之一名迺令持節矯內勃北軍師古曰矯詐也詐以天子之命也勃復令酈寄典客劉揭說祿應劭曰典客今大鴻臚也師古曰揭音竭曰帝使太尉守北軍欲令足下之國急歸將軍印辭去。宋祁曰南本作歸印綬去不然禍且起祿遂解印屬典客師古曰屬音之欲反而以兵授太尉勃勃入軍門行令軍中曰爲呂氏右袒爲劉氏左袒師古曰袒脫衣袖而肉袒也左右者偏脫其一耳袒音徒旱反軍皆左袒勃遂將北軍然尚有南軍丞相平召朱虛侯章佐勃勃令章監軍門令平陽侯告衞尉毋內相國產殿門產不知祿已去北軍入未央宮欲爲亂殿門弗內俳佪往來師古曰俳佪猶傍偟不進之意也俳音裴平陽侯馳語太尉勃勃尚恐不勝未敢誦言誅之鄧展曰誦言公言也迺謂朱虛侯章曰急入宮衞帝章從勃請卒千人入未央宮掖門師古曰非正門而在兩旁若人之臂掖也見產廷中日餔時遂擊產。宋祁曰越本邵本竝無日字產走天大風從官亂莫敢鬭者逐產殺之郎中府吏舍廁中如淳曰百官表郎中令掌宮殿門戶故其府在宮中後轉爲光祿勳章已殺產帝令謁者持節勞章師古曰慰問之章欲奪節謁者不肯章迺從與載因節信馳斬長樂衞尉呂更始師古曰因謁者所持之節用爲信也章與謁者同車故爲門者所信得入長樂宮還入北軍復報太尉勃勃起拜賀章曰所患獨產今已誅天下定矣辛酉斬呂祿笞殺呂須分部悉捕諸呂男女無少長皆斬之師古曰分音扶問反大臣相與陰謀以爲少帝及三弟爲王者皆非孝惠子復共誅之尊立文帝語在周勃高五王傳

贊曰孝惠高后之時海內得離戰國之苦君臣俱欲無爲故惠帝拱己師古曰垂拱而治高后女主制政不出房闥師古曰闥宮中小門音他曷反而天下晏然刑罰罕用民務稼穡衣食滋殖師古曰滋益也殖生也

前漢書卷三考證

高后紀不可屬天下注屬委也○監本也字下衍也字今去

秩長陵令二千石注應劭○監本訛作邵今改正

攻阿陽注狄道屬隴西○狄訛地今改正

封中謁者張釋卿爲列侯○臣名南按張釋卿恩澤侯表作張釋無卿字燕王劉澤傳作張卿無釋字

八月庚申○通鑑考異曰八月當作九月

襄平侯紀通尚符節○劉攽曰疑成者卽信之一名○臣名南按紀信與紀成自是兩人後儒以信死節最烈沒未得封故疑紀成卽信耳不知紀成名字早著於鴻門閒道走軍之日其後戰死好時則功臣表有明文非死於滎陽也高祖於功臣以父死節封其子者三人一紀通以父成戰死好時一高景侯周成以父苛守滎陽罵項王死事一高梁侯酈疥以父食其說齊王死事紀信從公宜有封爵而侯表無之必是其人竝無子孫可封晉灼及師古說確有証据攽說非也

前漢書卷四

漢　蘭　臺　令　史班　固撰

唐正議大夫行秘書少監瑯邪縣開國子顏師古注

文帝紀第四

孝文皇帝荀悅曰諱恒之字曰常應劭曰諡法慈惠愛民曰文。宋祁曰景德本民作人高祖中子也母曰薄姬如淳曰姬音怡眾妾之總稱漢官儀曰姬妾數百外戚傳亦曰幸姬戚夫人臣瓚曰漢秩祿令及茂陵書姬竝內官也秩比二千石位次婕妤下在八子上師古曰姬者本周之姓貴於眾國之女所以婦人美號皆稱姬焉故左氏傳曰雖有姬姜無棄蕉萃姜亦大國女也後因總謂眾妾爲姬史記云高祖居山東時好美姬是也若姬是官號不應云幸姬戚夫人且外戚傳備列后妃諸官無姬職也如云眾妾總稱則近之不當音怡宜依字讀耳瓚說謬也高祖十一年誅陳豨定代地立爲代王宋祁曰越本立字下有子恒二字都中都十七年秋高后崩張晏曰代王之十七年也諸呂謀爲亂欲危劉氏丞相陳平太尉周勃朱虛侯劉章等共誅之謀立代王語在高后紀高五王傳大臣遂使人迎代王郎中令張武等議皆曰漢大臣皆故高帝時將習兵事多謀詐其屬意非止此也師古曰言常有異志也屬意猶言注意也屬音之欲反特畏高帝呂太后威耳今已誅諸呂新喋血京師服虔曰喋音蹀屣之蹀如淳曰殺人流血滂沱爲喋血師古曰喋音大頰反本字當作蹀蹀謂履涉之耳以迎大王爲名實不可信願稱疾無徃以觀其變中尉宋昌進曰羣臣之議皆非也夫秦失其政豪桀竝起人人自以爲得之者以萬數然卒踐天子位者劉氏也師古曰卒終也天下絕望一矣高帝王子弟地犬牙相制所謂盤石之宗也師古曰犬牙言地形如犬之牙交相入也天下服其彊二矣漢興除秦煩苛約法令施德惠師古曰約省也人人自安難動搖三矣夫以呂太后之嚴立諸呂爲三王擅權專制然而太尉以一節入北軍一呼師古曰呼叫也音火故反他皆類此士皆袒左爲劉氏畔諸呂卒以滅之此乃天授非人力也今大臣雖欲爲變百姓弗爲使師古曰爲音于僞反其黨寧能專一邪內有朱虛東牟之親外畏吳楚淮南瑯邪齊代之彊方今高帝子獨淮南王與大王大王又長賢聖仁孝聞於天下故大臣因天下之心而欲迎立大王大王勿疑也代王報太后計猶豫未定卜之兆得大橫應劭曰龜曰兆筮曰卦卜以荊灼龜文正橫也占曰大橫庚庚余爲天王夏啓以光服虔曰庚庚橫貌也李奇曰庚庚其繇文也占謂其繇也張晏曰先是五帝官天下老則禪賢至夏啓始傳嗣能光先君之業文帝亦襲父迹言似啓也師古曰繇音丈救反本作籀籀書也謂讀卜詞。宋祁曰江南本注文張晏曰下有橫謂無思不服庚更也更更言去諸侯而卽帝位也二十字代王曰寡人固已爲王又何王乎卜人曰所謂天王者乃天子也於是代王乃遣太后弟薄昭見太尉勃勃等具言所以迎立王者師古曰說所以迎代王之意也昭還報曰信矣無可疑者代王笑謂宋昌曰果如公言乃令宋昌驂乘師古曰乘車之法尊者居左御者居中又有一人處車之右以備傾側是以戎事則稱車右其餘則曰驂乘驂者三也蓋取三人爲名義耳張武等六人乘六乘傳張晏曰傳車六乘也師古曰傳音張戀反詣長安至高陵止而使宋昌先之長安觀變昌至渭橋蘇林曰在長安北三里丞相已下皆迎昌還報代王乃進至渭橋羣臣拜謁稱臣代王下拜太尉勃進曰願請間師古曰間容也猶今言中間也請容暇之頃當有所陳不欲於眾顯論也他皆類此宋昌曰所言公公言之所言私王者無私太尉勃乃跪上天子璽代王謝曰至邸而議之師古曰郡國朝宿之舍在京師者率名邸邸至也言所歸至也音丁禮反他皆類此閏月己酉入代邸。劉攽曰己酉去誅諸呂三十七日矣羣臣從至上議曰丞相臣平太尉臣勃大將軍臣武服虔曰柴武御史大夫臣蒼文穎曰張蒼宗正臣郢文穎曰劉郢朱虛侯臣章東牟侯臣興居典客臣揭蘇林曰劉揭也師古曰揭音竭再拜言大王足下子弘等皆非孝惠皇帝子師古曰不詳其有爵位故總謂之子。宋祁曰注文不詳南本作不許爲長若云不詳其有爵位則高后元年已封三王二侯而弘又非帝非不詳也不當奉宗廟臣謹請陰安侯蘇林曰高帝兄伯妻羹頡侯母丘嫂也晉灼曰若蕭何夫人封爲酇侯也頃王后蘇林曰高帝兄仲妻也仲名喜爲代王後廢爲郃陽侯子濞爲吳王故追諡爲頃王如淳曰王子侯表曰郃陽侯喜以子濞爲王追諡爲頃王王后封陰安侯時呂嬃爲林光侯蕭何夫人亦爲酇侯又宗室侯表此時無陰安侯安知其爲頃王后也案漢祠令陰安侯高帝嫂也師古曰諸諡爲頃者漢書例作頃字讀曰傾瑯邪王文穎曰劉澤也列侯吏二千石議大王高皇帝子宜爲嗣願大王卽天子位代王曰奉高帝宗廟重事也寡人不佞師古曰不佞不材也不足以稱師古曰稱副也音尺孕反其下皆同願請楚王計宜者蘇林曰楚王名交高帝弟也寡人弗敢當羣臣皆伏固請代王西鄉讓者三南鄉讓者再如淳曰讓羣臣也或曰賓主位東西面君臣位南北面西鄉坐三讓不受羣臣猶稱宜乃更南鄉坐示變卽君位之漸也師古曰鄉讀曰嚮丞相平等皆曰臣伏計之大王奉高祖宗廟最宜稱雖天下諸侯萬民皆以爲宜臣等爲宗廟社稷計不敢忽師古曰忽忘也。劉攽曰忽言輕易也願大王幸聽臣等臣謹奉天子璽符再拜上代王曰宗室將相王列侯以爲其宜寡人寡人不敢辭遂卽天子位羣臣以次侍師古曰各依職位使太僕嬰東牟侯興居先清宮應劭曰舊典天子行幸所至必遣靜室令先案行清淨殿中以虞非常奉天子法駕迎代邸如淳曰法駕者侍中驂乘奉車郎御屬車三十六乘皇帝卽日夕入未央宮夜拜宋昌爲衞將軍領南北軍張武爲郎中令行殿中師古曰行謂案行也音下更反還坐前殿下詔曰制詔丞相太尉御史大夫閒者諸呂用事擅權師古曰閒者猶言中閒之時也他皆類此。宋祁曰景德本無制詔二字謀爲大逆欲危劉氏宗廟賴將相列侯宗室大臣誅之皆伏其辜朕初卽位其赦天下賜民爵一級女子百戶牛酒蘇林曰男賜爵女子賜牛酒師古曰賜爵者謂一家之長得之也女子謂賜爵者之妻也率百戶共得牛若干頭酒若干石無定數也酺五日服虔曰酺音蒲文穎曰音步漢律三人以上無故羣飲酒罰金四兩今詔橫賜得令會聚飲食五日也師古曰酺之爲言布也王德布於天下而合聚飲食爲酺服音是也字或作餔音義同。宋祁曰酺南本浙本竝作餔元年冬十月辛亥皇帝見于高廟遣車騎將軍薄昭迎

皇太后子代詔曰前呂産自置爲相國呂祿爲上將軍擅遣將軍灌嬰將兵擊齊欲代劉氏嬰留滎陽與諸侯合謀以誅呂氏呂産欲爲不善。宋祁曰呂産南本浙本無呂字 丞相平與太尉勃等謀奪産等軍朱虛侯章首先捕斬産太尉勃身率襄平侯通持節承詔入北軍典客揭奪呂祿印。宋祁曰呂祿南本浙本無呂字 其益封太尉勃邑萬戶賜金五千斤丞相平將軍嬰邑各三千戶金二千斤朱虛侯章襄平侯通邑各二千戶金千斤封典客揭爲陽信侯賜金千斤十二月立趙幽王子遂爲趙王徙琅邪王澤爲燕王呂氏所奪齊楚地皆歸之盡除收帑相坐律令 應劭曰帑子也秦法一人有罪并其室家今除此律師古曰帑讀與奴同假借字也 正月有司請蚤建太子 師古曰蚤古以爲早晚字也 所以尊宗廟也詔曰朕既不德上帝神明未歆饗也。宋祁曰南本浙本無也字 天下人民未有慊志 應劭曰慊音篋慊滿也師古曰慊快也 今縱不能博求天下賢聖有德之人而嬗天下焉 晉灼曰嬗古禪字 而曰豫建太子是重吾不德也 師古曰重謂增益也音直用反他皆類此 謂天下何 師古曰猶言何以稱天下之望 其安之 師古曰安猶徐也言不宜汲汲耳 有司曰豫建太子所以重宗廟社稷不忘天下也上曰楚王季父也春秋高閱天下之義理多矣 如淳曰閱猶更歷也 明於國家之體吳王於朕兄也淮南王弟也皆秉德以陪朕 文穎曰陪輔也 豈爲不豫哉諸侯王宗室昆弟有功臣多賢及有德義者若舉有德以陪朕之不能終是社稷之靈天下之福也今不選舉焉而曰必子 師古曰必將傳位於子 人其以朕爲忘賢有德者而專於子。宋祁曰越本專作傳 非所以憂天下也朕甚不取 師古曰不取猶言不用此爲善也 有司固請曰古者殷周有國治安皆且千歲 師古曰言治安治理而且安寧也治音丈吏反 有天下者莫長焉 師古曰言上古以來國祚長久無及殷周者 用此道也 師古曰所以能爾者以承嗣相傳故也 立嗣必子所從來遠矣高帝始平天下建諸侯爲帝者太祖諸侯王列侯始受國者亦皆爲其國祖子孫繼嗣世世不絕天下之大義也故高帝設之以撫海內 師古曰設置立也謂立此法也 今釋宜建 師古曰釋捨也宜建謂適嗣 而更選於諸侯宗室非高帝之志也更議不宜 師古曰不當更議 子啓最長 文穎曰景帝名 敦厚慈仁請建以爲太子上乃許之因賜天下民當爲父後者爵一級 師古曰雖非已生正嫡但爲後者卽得賜爵 封將軍薄昭爲軹侯 師古曰軹音只 三月有司請立皇后皇太后曰立太子母竇氏爲皇后詔曰方春和時草木羣生之物皆有以自樂而吾百姓鰥寡孤獨窮困之人或阽於死亾 服虔曰阽音反坫之坫孟康曰阽音屋檐之檐如淳曰阽近邊欲墮之意師古曰服孟二音並通 而莫之省憂 師古曰省視也 爲民父母將何如其議所以振貸之 師古曰振起也爲給貸之令其存立也諸振救振贍其義皆同今流俗作字從貝者非也自別有訓貸音吐戴反 又曰老者非帛不煖非肉不飽 師古曰煖温也音乃短反 今歲首不時使人存問長老 師古曰存省視也 又無布帛酒肉之賜將何以佐天下子孫孝養其親今聞吏稟當受鬻者或以陳粟 師古曰稟給也鬻淖麋也給米使爲麋鬻也陳久舊也小雅甫田之詩曰我取其陳鬻音之六反淖音女教反 豈稱養老之意哉具爲令 師古曰使備爲條制 有司請令縣道 師古曰縣或道皆用此制也有蠻夷曰道 年八十已上賜米人月一石肉二十斤酒五斗其九十已上又賜帛人二疋絮三斤 師古曰絮綿也 賜物及當稟鬻米者長吏閱視丞若尉致 師古曰長吏縣之令長也若者豫及之詞致者送至也或丞或尉自致之也 不滿九十嗇夫令史致二千石遣都吏循行 蘇林曰取其都吏有德也如淳曰律說都吏今督郵是也閑惠曉事卽爲文無害都吏師古曰如說是也行音下孟反 不稱者督之 師古曰循行有不如詔意者二千石察視責罰之 刑者及有罪耐以上不用此令 蘇林曰一歲爲罰作二歲刑以上爲耐耐能任其罪也師古曰刑謂先被刑也有罪在吏未決者也言八十九十之人雖合加賜其中有被刑罪者不在此賜物令條中也 楚元王交薨四月齊楚地震二十九山同日崩大水潰出 師古曰旁決曰潰上湧曰出 六月令郡國無來獻施惠天下諸侯四夷遠近驩洽乃脩代來功 師古曰自代來時有功者也 詔曰方大臣誅諸呂迎朕朕狐疑皆止朕 師古曰狐之爲獸其性多疑每渡冰河且聽且渡故言疑者而稱狐疑 唯中尉宋昌勸朕朕已得保宗廟已尊昌爲衞將軍 師古曰尊高其官也 其封昌爲壯武侯諸從朕六人官皆至九卿 師古曰張武等 又曰列侯從高帝入蜀漢者六十八人益邑各三百戶吏二千石以上從高帝潁川守尊等十人食邑六百戶淮陽守申屠嘉等十人五百戶衞尉足等十人四百戶封淮南王舅趙兼爲周陽侯齊王舅駟鈞爲靖郭侯 如淳曰邑名也六國時齊有靖郭君音靜師古曰外戚恩澤侯表云鄔侯駟鈞以齊王舅侯今此云靖郭豈初封靖郭後改爲鄔乎鄔音一戶反又音於庶反 故常山丞相蔡兼爲樊侯

二年冬十月丞相陳平薨詔曰朕聞古者諸侯建國千餘各守其地以時入貢民不勞苦上下驩欣靡有違德今列侯多居長安邑遠 師古曰所食之邑去長安遠 吏卒給輸費苦而列侯亦無繇教訓其民 師古曰繇讀與由同 其令列侯之國爲吏及詔所止者遣太子 李奇曰爲吏謂爲卿大夫者詔所止特以恩愛見留 十一月癸卯晦日有食之詔曰朕聞之天生民爲之置君以養治之人主不德布政不均則天示之災以戒不治 師古曰治音直吏反 乃十一月晦日有食之適見于天 師古曰適讀曰讁讁責也音張革反見音胡電反 災孰大焉 師古曰災莫大於此 朕獲保宗廟以微眇之身託于士民君王之上天下治亂在予一人唯二三執政猶吾股肱也朕下不能治育羣生上以累三光之明 師古曰三光日月星也累音力瑞反 其不德大矣令至其悉思朕之過失 師古曰令謂此詔書 及知見之所不及匃以啓告朕 師古曰匃音蓋匃亦乞也啓開也言以過失開告朕躬是則於朕爲恩惠也商書說命曰啓乃心沃朕心 及舉賢良方正能直言極諫者以匡朕之不逮 師古曰匡正也逮及也不逮者意慮所不及 因各敕以職任務省繇費以便民 師古曰省減也音所領反繇音傜 朕既不能遠德故憪然念外人之有非 蘇林曰憪寢視不安貌孟康曰憪猶介然也非姦非也師古曰孟說是也憪音下板反。宋祁曰蘇林注文憪字下當有然字 是以設備未息今縱不能罷邊屯戍又飭兵厚衞 師古曰飭整也音勑 其罷衞將軍軍太僕見馬遺財足 師古曰遺留也財與纔同纔少也太僕見在之馬今當減留纔足充事而已 餘皆以給傳置 師古曰傳音張戀反置者置傳驛之所因名置也他皆類此。宋祁曰傳舍置廄置按廣雅云置驛也 春正月丁亥詔曰夫農天下之本也其開籍田 應劭曰古者天子耕籍田千畝爲天下先籍者帝王典籍之常也韋昭曰籍借也借民力以治之以奉宗廟且以勸率天下使務農也臣瓚曰景帝詔曰朕親耕后親桑爲天下先本以躬親爲義不得以假借爲稱也籍謂蹈籍也師古曰瓚說是也國語曰宣王卽位不籍千畝虢文公諫斯則籍非假借明矣 朕親率耕以給宗廟粢盛 師古曰黍稷曰粢在器曰盛粢音咨 民讁作縣官及貸種食未入入未備者皆赦之 師古曰種者五穀之種也食者所以爲糧食也貸音吐戴反種音之勇反 三月有司請立皇子爲諸侯王詔曰前趙幽王幽死朕甚憐之已立其太子遂爲趙王遂弟辟彊 師古曰辟彊言辟禦彊梁者亦猶辟兵辟非耳辟音必亦反彊音其良反一說辟讀曰闢彊讀曰疆言開土地也賈誼書曰衞侯朝於周周行人問其名衞侯曰辟彊行人還之曰啓彊辟彊天子之號也諸侯弗得用更其名曰燬則其義兩說並通他皆類此 及齊悼惠王子朱虛侯章東牟侯興居有功可王乃遂立辟彊爲河間王章爲城陽王興居爲濟北王因立皇子武爲代王參爲太原王揖爲梁王五月詔曰古之治天下朝有進善之旌 應劭曰旌幡也堯設之五達之道令民進善也如淳曰欲有進者立於旌下言之 誹謗之木 服虔曰堯作之橋梁交午柱頭也應劭曰橋梁邊板所以書政治之愆失也至秦去之今乃復施也師古曰應說是也 所以通治道而來諫者也今法有誹謗訞言之罪 師古曰高后元年詔除妖言之令今此又有訞言之罪是則中間曾重復設此條也訞與妖同 是使衆臣不敢盡情而上無由聞過失也將何以來遠方之賢良其除之民或祝詛上以相約而後相謾 師古曰謾欺也初爲要約共行祝詛後相欺誑中道而止無實事也謾音慢又音莫連反。劉攽曰祝詛上以相約漢俗如此猶後漢傳云不直者不敢祝少實也故吏得以爲大逆 吏以爲大逆其有他言吏又以爲誹謗此細民之愚無知抵死 師古曰抵觸也亦至也 朕甚不取自今以來有犯此者勿聽治九月初與郡守爲銅虎符竹使符 應劭曰銅虎符第一至第五國家當發兵遣使者至郡合符符合乃聽受之竹使符皆以竹箭五枚長五寸鐫刻篆書第一至第五張晏曰符以代古之圭璋從簡易也師古曰與郡守爲符者謂各分其半右留京師左以與之使音所吏反 詔曰農天下之大本也民所恃以生也而民或不務本而事末故生不遂 師古曰衣食乏絕致有夭喪故不遂其生 朕憂其然故今茲親率羣臣農以勸之其賜天下民今年田租之半 師古曰免不收之

三年冬十月丁酉晦日有食之十一月丁卯晦日有蝕之詔曰前日詔遣列侯之國辭未行丞相朕之所重其爲朕率列侯之國遂免丞相勃遣就國十二月太尉潁陰侯灌嬰爲丞相罷太尉官屬丞相夏四月城陽王章薨淮南王長殺辟陽侯審食其 師古曰殺之於其家 五月匈奴入居北地河南爲寇 師古曰北地郡之北黃河之南卽白羊所居 上幸甘泉 如淳曰蔡邕云天子車駕所至民臣以爲僥幸故曰幸見令長三老官屬親臨軒作樂賜以酒食帛越巾佩帶之屬民爵有級數或賜田租之半故因謂之幸也師古曰甘泉在雲陽本秦林光宮。宋祁曰注文賜以酒食帛葛越本無酒葛二字 遣丞相灌嬰擊匈奴匈奴去發中尉材官屬衞將軍軍長安上自甘泉之高奴 師古曰之往也高奴上郡之縣 因幸太原見故羣臣皆賜之舉功行賞諸民里賜牛酒 師古曰里別率賜之 復晉陽中都民三歲租 師古曰復音方目反 留游太原十餘日濟北王興居聞帝之代欲自擊匈奴乃反發兵欲襲滎陽於是詔罷丞相兵以棘蒲侯柴武爲大將軍 臣瓚曰漢帝年紀爲陳武此云柴武爲有二姓 將四將軍十萬衆擊之祁侯繒賀爲將軍軍滎陽秋七月上自太原至長安詔曰濟北王背德反上詿誤吏民 師古曰詿亦誤也音卦 爲大逆濟北吏民兵未至先自定及以軍城邑降者皆赦之復官爵 師古曰復音扶目反 與王興居去來者亦赦之 師古曰雖始與興居共反今棄之去而來降者亦赦。劉攽曰高帝詔與綰居去來歸者赦之今此文亦當云與王興居居去來者赦之蓋脫一居字也 八月虜濟北王興居自殺赦諸與興居反者

四年冬十二月丞相灌嬰薨夏五月復諸劉有屬籍家無所與 師古曰復音方目反與讀曰豫 賜諸侯王子邑各二千戶秋九月封齊悼惠王子七人爲列侯絳侯周勃有罪逮詣廷尉詔獄作顧成廟 服虔曰廟在長安城南文帝作還顧見城故名之應劭曰文帝自爲廟制度卑狹若顧望而成猶文王靈臺不日成之故曰顧成賈誼曰因顧成之廟爲天下太宗與漢無極如淳曰身存而爲廟若尚書之顧命也景帝廟號德陽武帝廟號龍淵昭帝廟號徘徊宣帝廟號樂游元帝廟號長壽成帝廟號陽池師古曰以還顧見城因卽爲名於義無取又書本不作城郭字應說近之

五年春二月地震夏四月除盜鑄錢令 應劭曰聽放民鑄也 更造四銖錢 應劭曰文帝以五分錢太輕小更作四銖錢文亦曰半兩今民間半兩錢最輕小者是也

六年冬十月桃李華十一月淮南王長謀反廢遷蜀嚴道死 師古曰遷於蜀郡之嚴道行至扶風雍縣在道而死也

七年冬十月令列侯太夫人夫人諸侯王子及吏二千石無得擅徵捕 如淳曰列侯之妻稱夫人列侯死子復爲列侯乃得稱太夫人子不爲列侯不得稱也 夏四月赦天下六月癸酉未央宮東闕罘罳災 如淳曰東闕與其兩旁罘罳皆災也晉灼曰東闕之罘罳獨災也師古曰罘罳謂連闕曲閣也以覆重刻垣墉之處其形罘罳然一曰屏也罘音浮。宋祁曰江南本罳作思

八年夏封淮南厲王長子四人爲列侯有長星出于東方 文穎曰孛彗長三星其占略同然其形象小異孛星光芒短其光四出蓬蓬孛孛也彗星光芒長參參如埽彗長星光芒有一直指或竟天或十丈或三丈或二丈無常也大法孛彗星多爲除舊布新火災長星多爲兵革事

九年春大旱

十年冬行幸甘泉將軍薄昭死 鄭氏曰昭殺漢使者文帝不忍加誅使公卿從

之飲酒欲令自引分昭不肯使羣臣喪服往哭之乃自殺有罪故言死如淳曰一說昭與文帝博不勝當飲酒侍郎酌爲昭少一侍郎譴呵之時此郎下沐昭使人殺之是以文帝使自殺師古曰外戚恩澤侯表云坐殺漢使者自殺鄭說是也○宋祁曰師古注文越本無自殺二字

十一年冬十一月行幸代春正月上自代還夏六月梁王揖薨匈奴寇狄道

十二年冬十二月河決東郡春正月賜諸侯王女邑各二千戶二月出孝惠皇帝後宮美人令得嫁三月除關無用傳張晏曰傳信也若今過所也如淳曰兩行書繒帛分持其一出入關合之乃得過謂之傳也李奇曰傳棨也師古曰張說是也古者或用棨或用繒帛棨者刻木爲合符也傳音張戀反棨音啓詔曰道民之路在於務本朕親率天下農十年于今而野不加辟師古曰辟讀曰闢闢開也歲一不登民有飢色師古曰登成也言五穀一歲不成則衆庶飢餓是無蓄積故也是從事焉尚寡而吏未加務也師古曰從事從農事也吾詔書數下歲勸民種樹師古曰樹謂藝殖也而功未與是吏奉吾詔不勤而勸民不明也且吾農民甚苦而吏莫之省師古曰省視也將何以勸焉其賜農民今年租稅之半又曰孝悌天下之大順也力田爲生之本也三老衆民之師也廉吏民之表也朕甚嘉此二三大夫之行今萬家之縣云無應令師古曰無孝悌力田之人可應察舉之令豈實人情是吏舉賢之道未備也其遣謁者勞賜三老孝者帛人五匹悌者力田二匹廉吏二百石以上率百石者三匹師古曰自二百石以上每百石加三匹也及問民所不便安而以戶口率置三老孝悌力田常員師古曰計戶口之數以率之增置其員廣教化也令各率其意以道民焉師古曰道讀曰導

十三年春二月甲寅詔曰朕親率天下農耕以供粢盛皇后親桑以奉祭服其具禮儀師古曰令立耕桑之禮制也夏除祕祝應劭曰祕祝之官移過于下國家諱之故曰祕也語在郊祀志五月除肉刑法語在刑法志六月詔曰農天下之本務莫大焉今廑身從事晉灼曰廑古勤字而有租稅之賦是謂本末者無以異也李奇曰本農也末賈也言農與賈俱出租無異也故除田租○劉攽曰謂疑當作爲字其於勸農之道未備其除田之租稅賜天下孤寡布帛絮各有數

十四年冬匈奴寇邊殺北地都尉卬師古曰功臣表云缾侯孫單以父北地都尉卬力戰死事文帝十四年封與此正合然則卬姓孫而徐廣乃云姓段說者因曰段會宗卽卬之玄孫無所據也會宗漢書有傳班固不云是卬後何從而知之乎遣三將軍軍隴西北地上郡中尉周舍爲衛將軍郎中令張武爲車騎將軍軍渭北車千乘騎卒十萬人上親勞軍勒兵申教令師古曰申謂約束之賜吏卒自欲征匈奴羣臣諫不聽皇太后固要上乃止文穎曰要劫也哀痛祝誓之言於是以東陽侯張相如爲大將軍建成侯董赫內史欒布皆爲將軍擊匈奴匈奴走春詔曰朕獲執犧牲珪幣以事上帝宗廟十四年于今歷日彌長以不敏不明師古曰敏材識捷疾而久撫臨天下朕甚自媿師古曰媿古愧字其廣增諸祀壇場珪幣師古曰築土爲壇除地爲場幣祭神之帛昔先王遠施不求其報望祀不祈其福右賢左戚先民後己師古曰以賢爲上然後及親也至明之極也今吾聞祠官祝釐如淳曰釐福也賈誼傳受釐坐宣室是也師古曰釐本字作禧假借用耳同音僖皆歸福於朕躬不爲百姓朕甚媿之夫以朕之不德而專鄉獨美其福百姓不與焉師古曰與音豫是重吾不德也師古曰重音直用反其令祠官致敬無有所祈

十五年春黃龍見於成紀師古曰成紀隴西縣上乃下詔議郊祀公孫臣明服色新垣平設五廟文穎曰公孫臣魯人也應劭曰新垣平趙人也語在郊祀志夏四月上幸雍始郊見五帝師古曰五廟卽下渭陽五帝之廟也赦天下脩名山大川嘗祀而絕者有司以歲時致禮九月詔諸侯王公卿郡守舉賢良能直言極諫者上親策之傅納以言師古曰傅讀曰敷敷陳其言而納用之語在鼂錯傳師古曰錯音千故反

十六年夏四月上郊祀五帝于渭陽韋昭曰在渭城師古曰郊祀志云在長安東北非渭城也韋說謬矣五月立齊悼惠王子六人淮南厲王子三人皆爲王秋九月得玉杯應劭曰新垣平詐令人獻之刻曰人主延壽令天下大酺明年改元

後元年張晏曰新垣平候日再中以爲吉祥故改元年以求延年之祚也○宋祁曰按紀年通譜云史記文紀十七年書得玉杯曰人主延壽於是天子更始爲元年而不著後字至班固則於此題後元年然則當時玉杯刻中之異但稱元耳冬十月新垣平詐覺謀反夷三族師古曰以詐事發覺自恐被誅因謀反也春三月孝惠皇后張氏薨張晏曰后黨於呂氏廢處北宮故不曰崩詔曰間者數年比不登師古曰比猶頻也又有水旱疾疫之災朕甚憂之愚而不明未達其咎意者朕之政有所失而行有過與師古曰與讀曰歟音弋於反下皆類此乃天道有不順地利或不得人事多失和鬼神廢不享與何以致此將百官之奉養或費無用之事或多與何其民食之寡乏也夫度田非益寡而計民未加益師古曰度謂量計之音徒各反以口量地其於古猶有餘而食之甚不足者其咎安在無乃百姓之從事於末以害農者蕃師古曰末謂工商之業也蕃亦多也音扶元反爲酒醪以靡穀者多師古曰醪汁滓酒也靡散也醪音來高反靡音糜六畜之食焉者衆與細大之義吾未能得其中師古曰中音竹仲反其與丞相列侯吏二千石博士議之有可以佐百姓者率意遠思無有所隱○宋祁曰隱字下一有也字

二年夏行幸雍棫陽宮蘇林曰棫音域張晏曰秦昭王所作也晉灼曰黃圖在扶風六月代王參薨匈奴和親詔曰朕既不明不能遠德使方外之國或不寧息夫四荒之外不安其生師古曰戎狄荒服故曰四荒言其荒忽去來無常也爾雅曰孤竹北戶西王母日下謂之四荒封圻之內勤勞不處師古曰圻亦畿字王畿千里不處者不獲安居二者之咎皆自於朕之德薄而不能達遠也間者累年匈奴並暴邊境多殺吏民邊臣兵吏又不能諭其內志以重吾不德也師古曰諭曉告也重音直用反夫久結難連兵中外之國將何以自寧今朕夙興夜寐勤勞天下憂苦萬民爲之惻怛不安師古曰惻痛也怛悼也怛音丁曷反未嘗一日忘於心故遣使者冠蓋相望結轍於道韋昭曰使車往還故轍如結也以諭朕志於單于師古曰單于匈奴天子之號也單音蟬今單于反古之道師古曰反還也計社稷之安便萬民之利新與朕俱棄細過偕之大道師古曰偕亦俱也之往也趣也結兄弟之義以全天下元元之民師古曰元元善意也和親以定始于今年

三年春二月行幸代

四年夏四月丙寅晦日有食之五月赦天下免官奴婢爲庶人行幸雍

五年春正月行幸隴西三月行幸雍秋七月行幸代

六年冬匈奴三萬騎入上郡三萬騎入雲中以中大夫令免爲車騎將軍屯飛狐如淳曰在代郡師古曰中大夫官名其人姓令名免耳此諸將軍下至徐厲皆書姓而徐廣以爲中大夫令是官名此說非也據百官表景帝初改衞尉爲中大夫令文帝時無此官而中大夫是郎中令屬官秩比二千石故楚相蘇意爲將軍屯句注應劭曰山險名也在鴈門陰館師古曰句音章句之句將軍張武屯北地河內太守周亞夫爲將軍次細柳服虔曰在長安西北如淳曰長安細柳倉在渭北近石徼張揖曰在昆明池南今有柳市是也臣瓚曰一宿曰宿再宿曰信過信爲次師古曰匈奴傳云置三將軍軍長安西細柳渭北棘門霸上此則細柳不在渭北揖說是也○宋祁曰如淳注文長安字下一有圖字宗正劉禮爲將軍次霸上祝茲侯徐厲爲將軍次棘門孟康曰在長安北秦時宮門也如淳曰三輔黃圖棘門在橫門外也以備胡夏四月大旱蝗師古曰蝗卽螽也食苗爲災今俗呼爲簸蝗蝗音胡光反螽音鍾令諸侯無入貢弛山澤師古曰弛解也解而不禁與衆庶同其利減諸服御損郎吏員發倉庾應劭曰水漕倉曰庾胡公曰在邑曰倉在野曰庾以振民民得賣爵

七年夏六月己亥帝崩于未央宮臣瓚曰帝年二十三卽位卽位二十三年壽四十六也遺詔曰朕聞之蓋天下萬物之萌生靡不有死師古曰始生者曰萌死者天地之理物之自然奚可甚哀師古曰奚何也當今之世咸嘉生而惡死厚葬以破業重服以傷生吾甚不取且朕既不德無以佐百姓今崩又使重服久臨師古曰臨哭也音力禁反下云服臨當臨者音並同也以罹寒暑之數師古曰罹遭也音離哀人父子傷長老之志損其飲食絕鬼神之祭祀以重吾不德師古曰重音直用反謂天下何朕獲保宗廟以眇眇之身託于天下君王之上師古曰眇眇猶言細末也二十有餘年矣賴天之靈社稷之福方內安寧臣瓚曰方四方也內中也猶云中外師古曰此說非也直謂方之內耳靡有兵革師古曰靡無也朕既不敏常畏過行以羞先帝之遺德師古曰過行有過失之行也羞謂忝辱也行音下更反惟年之久長懼于不終今乃幸以天年得復供養于高廟朕之不明與嘉之其奚哀念之有如淳曰得卒天年已善矣晉灼曰若以朕不明當嘉善朕之儉約何哀念之有也師古曰如晉之說非也與讀曰歟音弋於反帝自言或者豈朕見之不明乎以不可嘉爲嘉耳然朕謂得終天年供養高廟爲可嘉之事無所哀念也今俗語猶然其意可曉矣○劉攽曰歟讀曰歟言得以天年供養於高廟我之不明而蒙此歟是可嘉也其奚哀念乎劉敞同其令天下吏民令到出臨三日皆釋服師古曰令謂此詔文也無禁取婦嫁女祠祀飲酒食肉自當給喪事服臨者皆無踐伏儼曰踐翦也謂無斬衰也孟康曰踐跣也晉灼曰漢語作跣跣徒跣也師古曰孟晉二說是也經帶無過三寸無布車及兵器應劭曰無以布衣車及兵器也服虔曰不施輕車介士也師古曰應說是也無發民哭臨宮殿中殿中當臨者皆以旦夕各十五舉音禮畢罷非旦夕臨時禁無得擅哭臨以下師古曰下爲下棺也音義與高紀同服大紅十五日小紅十四日纖七日釋服服虔曰當言大功小功布也纖細布衣也應劭曰紅者中祥大祥以紅爲領緣纖者禫也凡三十六日而釋服矣此以日易月也晉灼曰漢書例以紅爲功也師古曰紅與功同服晉二說是也此喪制者文帝自率己意創而爲之非有取於周禮也何爲以日易月乎三年之喪其實二十七月豈有三十六月之文禫又無七月也應氏既失之於前而近代學者因循謬說未之思也○劉攽曰文帝制此喪服斷自己葬之後其未葬之前則服斬衰漢諸帝自崩至葬有百餘日者未葬則服不除矣翟方進傳後母終既葬三十六日起視事此其證也說者遂以日易月又不通計葬之日皆大謬也攷之文帝意既葬所重服制大紅小紅所以漸卽吉耳又此內有注云傳曰方進供養後母甚篤以身備漢相不敢踰國家之制它不在令中者皆以此令比類從事師古曰言此詔中無文者皆以類比而行事布告天下使明知朕意霸陵山川因其故無有所改應劭曰因山爲藏不復起墳山下川流不遏絕也就其水名以爲陵號歸夫人以下至少使應劭曰夫人以下有美人良人八子七子長使少使皆遣歸家重絕人類令中尉亞夫爲車騎將軍屬國悍爲將軍師古曰典屯軍以備非常郎中令張武爲復土將軍如淳曰主穿壙塡瘞事也師古曰穿壙出土下棺已而實之又卽以爲墳故云復土復音扶目反發近縣卒萬六千人發內史卒萬五千人藏郭穿復土屬將軍武師古曰卽張武也賜諸侯王已下至孝悌力田金錢帛各有數乙巳葬霸陵師古曰自崩至葬凡七日也霸陵在長安東南

贊曰孝文皇帝卽位二十三年宮室苑囿車騎服御無所增益有不便○宋祁曰便字下疑有者字輒弛以利民師古曰弛廢也弛音式爾反嘗欲作露臺召匠計之直百金上曰百金中人十家之產也師古曰中謂不富不貧吾奉先帝宮室常恐羞之何以臺爲師古曰今新豐縣南驪山之頂有露臺鄉極爲高顯猶有文帝所欲作臺之處身衣弋綈如淳曰弋皁也賈誼曰身衣皁綈師古曰弋黑色也綈厚繒也綈音大奚反所幸慎夫人衣不曳地帷帳無文繡以示敦朴爲天下先治霸陵皆瓦器不得以金銀銅錫爲飾○宋祁曰飾舊作飭當從此本因其山不起墳南越尉佗自立爲帝召貴佗兄弟以德懷之佗遂稱臣與匈奴結和親後而背約入盜令邊備守不發兵深入恐煩百姓吳王詐病不朝賜以几杖羣臣袁盎等諫說雖切常假借納用焉蘇林曰假音休假借音以物借人之借張武等受賂金錢覺更加賞賜以媿其心專務以德化民是以海內殷富興於禮義斷獄數百幾致刑措應劭曰措置也民不犯法無所刑也師古

日斷獄數百者言普天之下死罪人不過數百幾近也音巨衣反 嗚呼仁哉

前漢書卷四考證

文帝紀立爲代王○臣召南按監本作立子恒爲代王非也帝紀中例不書名宋本作立爲代王下注宋祁曰越本立字下有子恒二字今從宋本

項王后注時呂須爲林光侯○臣召南按林光當作臨光樊噲傳可證

代王西鄉讓者三南鄉讓者再注卽君位之漸也○胡三省曰如淳說非代王所以再讓之意蓋王入代邸而漢廷羣臣繼至王以賓主禮接之故西鄉羣臣勸進王凡三讓羣臣遂扶王以正南面之位王又讓者再耳

當受鬻者或以陳粟注淖溺也○臣照按宋本無溺也二字以溺訓淖理不可通溺字當爲泥字之訛

以棘蒲侯柴武爲大將軍將四將軍○臣召南按四將軍昌侯盧卿也共侯盧罷師也甯侯魏遬也深澤侯趙將夜也見史記將相名臣表

作顧成廟注因卽爲名○監本脫名字今補

遣三將軍軍隴西北地上郡○臣召南按上郡將軍昌侯盧卿也北地將軍甯侯魏遬也隴西將軍隆慮侯周竈也見匈奴傳

建成侯董赤內史欒布皆爲將軍○臣召南按功臣表董赫是董渫之子封成侯非建成侯史記曰成侯赤爲內史欒布爲將軍是也公卿表於是年書內史董赤卽依史記欒布傳未嘗爲內史故公卿表不書此文建成侯旣衍建字以內史連欒布爲句亦非實事

前漢書卷五

漢　蘭　臺　令　史　班　固　撰

唐正議大夫行秘書少監琅邪縣開國子顏師古注

景帝紀第五

孝景皇帝 荀悅曰諱啓之字曰開應劭曰禮謚法布義行剛曰景 文帝太子也母曰竇皇后後七年六月文帝崩丁未太子卽皇帝位尊皇太后薄氏曰太皇太后皇后曰皇太后九月有星孛于西方

元年冬十月詔曰蓋聞古者祖有功而宗有德 應劭曰始取天下者爲祖高帝稱高祖是也始治天下者爲宗文帝稱太宗是也師古曰應說非也祖始也始受命也宗尊也有德可尊○劉攽曰顏說非也始受命者稱太祖耳有功者亦稱祖商祖甲是也 制禮樂各有由歌者所以發德也舞者所以明功也高廟酎 張晏曰正月旦作酒八月成名曰酎酎之言純也至武帝時因八月嘗酎會諸侯廟中出金助祭所謂酎金也師古曰酎三重釀醇酒也味厚故以薦宗廟酎音直救反 奏武德文始五行之舞 孟康曰武德高祖所作也文始舜舞也五行周舞也武德者其舞人執干戚文始舞執羽籥五行舞冠冕衣服法五行色見禮樂志 孝惠廟酎奏文始五行之舞孝文皇帝臨天下通關梁不異遠方 張晏曰孝文十二年除關不用傳令遠近若一 除誹謗去肉刑賞賜長老收恤孤獨以遂羣生 師古曰遂成也達也 減耆欲不受獻 師古曰耆讀曰嗜 罪人不帑 蘇林曰刑不及妻子師古曰帑讀與孥同 不誅亡罪不私其利也除宮刑出美人重絕人之世也朕旣不敏弗能勝識 師古曰敏材智速疾也勝識盡知之 此皆上世之所不及而孝文皇帝親行之 師古曰上世謂古昔之帝王也 德厚侔天地利澤施四海 師古曰侔等也音牟 靡不獲福明象乎日月而廟樂不稱朕甚懼焉 師古曰稱副也音尺孕反 其爲孝文皇帝廟爲昭德之舞 師古曰昭明也 以明休德 師古曰休美也 然後祖宗之功德施于萬世永永無窮朕甚嘉之其與丞相列侯中二千石禮官具禮儀奏丞相臣嘉等奏曰 師古曰申屠嘉 陛下永思孝道立昭德之舞以明孝文皇帝之盛德皆臣嘉等愚所不及臣謹議世功莫大於高皇帝德莫盛於孝文皇帝高皇帝廟宜爲帝者太祖之廟孝文皇帝廟宜爲帝者太宗之廟天子宜世世獻祖宗之廟郡國諸侯宜各爲孝文皇帝立太宗之廟諸侯王列侯使者侍祠天子所獻祖宗之廟 張晏曰王及列侯歲時遣使詣京師侍祠助祭也如淳曰若光武廟在章陵南陽太守稱使者往祭是也不使侯王祭者諸侯不得祖天子凡臨祭宗廟皆爲侍祭師古曰張說是也旣云天子所獻祖宗之廟非謂郡國之廟也 請宣布天下制曰可春正月詔曰間者歲比不登民多乏食夭絕天年朕甚痛之郡國或磽陿無所農桑毄畜 師古曰磽謂磽埆瘠薄也陿謂隘也毄謂食養之畜謂牧放也磽音苦交反陿音狹毄音古繫字 或地饒廣薦草莽水泉利而不得徙 如淳曰莊子云麋鹿食薦一曰草稠曰薦深曰莽○劉攽曰注麋鹿食曰薦衍一日字 其議民欲徙寬大地者聽之夏四月赦天下賜民爵一級遣御史大夫青翟至代下與匈奴和親 文穎曰姓嚴諱青翟臣瓚曰此陶青也莊青翟乃自武帝時人此紀誤師古曰後人傳習不曉妄增翟字耳非本作紀之誤 五月令田半租秋七月詔曰吏受所監臨以飲食免重受財物賤買貴賣論輕 師古曰帝以爲當時律條吏受所監臨賂遺飲食卽坐免官爵於法太重而受所監臨財物及賤買貴賣者論決太輕故令更議改之 廷尉與丞相更議著令 蘇林曰著音著箭之著師古曰著音竹筋反 廷尉信謹與丞相議曰 師古曰丞相申屠嘉 吏及諸有秩受其官屬所監所治所行所將 師古曰行謂按察也音下更反 其與飲食計償費勿論 師古曰計其所費而償其直勿論罪也 宅物若買故賤賣故貴皆坐臧爲盜沒入臧縣官 師古曰宅物謂非飲食者 吏遷徙免罷受其故官屬所將監治送財物奪爵爲士伍免之 李奇曰有爵者奪之使爲士伍有位者免官也師古曰此說非也謂奪其爵令爲士伍又免其官職卽今律所謂除名也謂之士伍者言從士卒之伍也 無爵罰金二斤令沒入所受有能捕告畀其所受臧 師古曰畀與也以所受之臧與捕告者也畀音必寐反

二年冬十二月有星孛于西南令天下男子年二十始傅 師古曰舊法二十三今此二十更爲異制也傅讀曰附解在高紀 春三月立皇子德爲河間王閼爲臨江王 師古曰閼音一曷反 餘爲淮陽王非爲汝南王彭祖爲廣川王發爲長沙王夏四月壬午太皇太后崩 服虔曰文帝母薄太后也 六月丞相嘉薨封故相國蕭何孫係爲列侯 師古曰係音胡計反 秋與匈奴和親

三年冬十二月詔曰襄平侯嘉 晉灼曰紀通子也功臣表襄平侯紀通以父功侯孝景三年康侯相夫嗣推其封嘉正與此合豈更名嘉乎 子恢說不孝謀反欲以殺嘉大逆無道 晉灼曰恢說言嘉知反情而實不知也師古曰此解非也恢說有私怨於其父而自謀反欲令其父坐死也說讀曰悅 其赦嘉爲襄平侯及妻子當坐者復故爵 如淳曰律大逆不道父母妻子同產皆棄市今赦其餘子不與恢說謀者復其故爵 論恢說及妻子如法春正月淮陽王宮正殿災吳王濞膠西王卬楚王戊趙王遂濟南王辟光 師古曰辟音璧又音闢其義兩通 菑川王賢膠東王雄渠皆舉兵反大赦天下遣太尉亞夫 師古曰周亞夫 大將軍竇嬰將兵擊之斬御史大夫晁錯以謝七國 晉灼曰錯音錯置之錯師古曰晁古朝字 二月壬子晦日有蝕之諸將破七國斬首十餘萬級追斬吳王濞於丹徒膠西王卬楚王戊趙王遂濟南王辟光菑川王賢膠東王雄渠皆自殺夏六月詔曰迺者吳王濞等爲逆起兵相脅詿誤吏民吏民不得已 師古曰已止也言不得止而從之非本心也 今濞等已滅吏民當坐濞等及逋逃亡軍者皆赦之楚元王子蓺等與濞等爲逆 師古曰蓺音藝 朕不忍加法除其籍毋令汙宗室立平陸侯劉禮爲楚王續元王後 孟康曰禮元王子也 立皇子端爲膠西王勝爲中山王賜民爵一級

四年春復置諸關用傳出入 應劭曰文帝十二年除關無用傳至此復用傳以七國新反備非常 夏四月已巳立皇子榮爲皇太子徹爲膠東王六月赦天下賜民爵一級秋七月臨江王閼薨十月戊戌晦日有蝕之 ○劉攽曰此年記事十月在年終誤

五年春正月作陽陵邑 張晏曰景帝作壽陵起邑 夏募民徙陽陵賜錢二十萬遣公主嫁匈奴單于

六年冬十二月雷霖雨秋九月皇后薄氏廢

七年冬十一月庚寅晦日有蝕之春正月廢皇太子榮爲臨江王二月罷太尉官夏四月乙巳立皇后王氏丁巳立膠東王徹爲皇太子賜民爲父後者爵一級

中元年夏四月赦天下賜民爵一級封故御史大夫周苛周昌孫子爲列侯 師古曰封苛之孫及昌之子也苛昌皆嘗爲御史大夫而從昆弟也故總言之

二年春二月令諸侯王薨列侯初封及之國大鴻臚奏謚誄策 應劭曰皇帝延諸侯王賓王諸侯皆屬大鴻臚故其薨奏其行迹賜與謚及哀策誄文也臣瓚曰景帝此年已置大鴻臚而百官表云武帝太初元年更以大行爲大鴻臚與此錯師古曰誄者述累德行之文音力水反 列侯薨及諸侯太傅初除之官大行奏謚誄策 如淳曰凡言除者除故官就新官也晉灼曰禮有大行人小行人主謚官故以此名之臣瓚曰大行是官名掌九儀之制以賓諸侯者師古曰大鴻臚者本名典客後改曰大鴻臚大行令者本名行人卽典客之屬官也後改曰大行令故事之尊重者遣大鴻臚而輕賤者遣大行也據此紀文則景帝已改典客爲大鴻臚改行人爲大行矣而百官公卿表乃云景帝中六年更名典客爲大行令武帝太初元年更名大行令爲大鴻臚更名行人爲大行令當是表誤○劉攽曰史記文景事最略漢書則頗有所錄蓋班氏博采他書成之故於景帝世謂典客爲大鴻臚行人爲大行由宅書卽武帝時官記景帝世事班氏失於改革耳然則改諸官名在武帝世無疑非表誤也顏氏所疑下文光祿大夫亦景帝所改乎○劉敞曰按景十三王傳河間獻王薨猶云大行令奏謚則非表誤也但官名改易未定故史於此追舉最後官名耳武帝初大行王恢李息卽大行令也 王薨遣光祿大夫弔襚祠賵 應劭曰衣服曰襚賵馬曰賵師古曰襚音遂賵音芳鳳反 視喪事因立嗣子列侯薨遣太中大夫弔祠視喪事因立嗣其薨葬國得發民輓喪穿復土治墳無過三百人畢事 師古曰輓謂引車也畢事畢葬事也輓音晚 匈奴入燕改磔曰棄市 應劭曰先此諸死刑皆磔於市今改曰棄市自非妖逆不復磔也師古曰磔謂張其尸也棄市殺之於市也謂之棄市者取刑人於市與衆棄之也磔音竹客反 勿復磔三月臨江王榮坐侵太宗廟地徵詣中尉自殺夏四月有星孛于西北立皇子越爲廣川王寄爲膠東王秋七月更郡守爲太守郡尉爲都尉 師古曰更改其號 九月封故楚趙傅相內史前死事者四人子 文穎曰楚相張尚太傅趙夷吾趙相建德內史王悍此四人各諫其王無使反不聽皆殺之故封其子 皆爲列侯甲戌晦日有蝕之

三年冬十一月罷諸侯御史大夫官 師古曰所以抑損其權 春正月皇太后崩 文穎曰景帝母竇太后以帝崩後六年乃亡凡立五十一年武帝建元六年崩今此言皇太后崩誤耳孟康曰此太后崩史記無也臣瓚曰王楙云景帝薄后以此年死疑是也當言廢后而言太后誤也師古曰孟說是也廢后死不書又不言崩薨說爲謬 夏旱禁酤酒 師古曰酤謂賣酒也酤音工護反 秋九月蝗有星孛于西北戊戌晦日有蝕之立皇子乘爲清河王

四年春三月起德陽宮 臣瓚曰是景帝廟也帝自作之諱不言廟故言宮西京故事云景帝廟爲德陽 御史大夫綰奏禁馬高五尺九寸以上齒未平不得出關 服虔曰綰衛綰也馬十歲齒下平 夏蝗秋赦徒作陽陵者死罪欲腐者許之 蘇林曰宮刑其創腐臭故曰腐也如淳曰腐宮刑也丈夫割勢不能復生子如腐木不生實師古曰如說是腐音輔 十月戊午日有蝕之 劉攽曰此年記事十月在年終亦誤

五年夏立皇子舜爲常山王六月赦天下賜民爵一級秋八月已酉未央宮東闕災更名諸侯丞相爲相 師古曰亦所以抑黜之令異於漢朝 九月詔曰法令度量所以禁暴止邪也獄人之大命死者不可復生吏或不奉法令以貨賂爲市朋黨比周 師古曰比音頻寐反 以苛爲察以刻爲明令亡罪者失

職朕甚憐之師古曰職常也失其常理也有罪者不伏罪姦法爲暴甚亡謂也諸獄疑若雖文致於法而於人心不厭者輒讞之師古曰厭服也音一贍反讞平議也音魚列反

六年冬十月行幸雍郊五時十二月改諸官名定鑄錢僞黃金棄市律應劭曰文帝五年聽民放鑄律尚未除先時多作僞金僞金終不可成而徒損費轉相誑燿窮則起爲盜賊故定其律也孟康曰民先時多作僞金故其語曰金可作世可度費損甚多而終不成民亦稍知其意犯者希因此定律也師古曰應說是春三月雨雪音于具反夏四月梁王薨分梁爲五國立孝王子五人皆爲王五月詔曰夫吏者民之師也車駕衣服宜稱師古曰稱其官也音尺孕反吏六百石以上皆長吏也張晏曰長大也六百石位大夫亡度者或不吏服出入閭里與民亡異令長吏二千石車朱兩轓應劭曰車耳反出所以爲之藩屏翳塵泥也二千石雙朱其次乃偏其左轓以簟爲之或用革如淳曰轓音反小車兩屏也師古曰據許愼李登說轓車之蔽也左氏傳云以藩載欒盈卽是有鄣蔽之車也言車耳反出非矣轓音甫元反千石至六百石朱左轓車騎從者不稱其官衣服下吏出入閭巷亡吏體者二千石上其官屬三輔舉不如法令者應劭曰京兆尹左馮翊右扶風共治京兆馮翊扶風之名此三輔者謂主爵中尉及左右內史也應說失之○劉攽曰此文參錯不序又曰武帝時改主爵中尉爲右扶風主爵中尉初不治民也自武帝以前治民者惟左右內史此時亦未有三輔此紀文誤耳皆上丞相御史請之先是吏多軍功車服尙輕故爲設禁又惟酷吏奉憲失中迺詔有司減笞法定箠令語在刑法志師古曰箠音止蘂反六月匈奴入鴈門至武泉入上郡取苑馬如淳曰漢儀注太僕牧師諸苑三十六所分布北邊西邊以郎爲苑監官奴婢三萬人養馬三十萬匹師古曰武泉雲中之縣也養鳥獸者通名爲苑故謂牧馬處爲苑吏卒戰死者二千人秋七月辛亥晦日有蝕之

後元年春正月詔曰獄重事也人有智愚官有上下獄疑者讞有司有司所不能決移廷尉有令讞而後不當讞者不爲失師古曰假令讞訖其理不當所讞之人不爲罪失欲令治獄者務先寬三月赦天下賜民爵一級中二千石諸侯相爵右庶長如淳曰雖有尊官未必有高爵故數有賜爵師古曰右庶長第十一爵也夏大酺五日民得酤酒五月地震秋七月乙巳晦日有蝕之條侯周亞夫下獄死

二年冬十月省徹侯之國晉灼曰文紀遣列侯之國今省之師古曰省音所領反春匈奴入鴈門太守馮敬與戰死發車騎材官屯師古曰屯鴈門春以歲不登禁內郡食馬粟沒入之師古曰食讀曰飤沒入者沒入其馬夏四月詔曰雕文刻鏤傷農事者也錦繡纂組害女紅者也應劭曰纂今五采屬綷是也組者今綬紛絛是也臣瓚曰許愼云纂赤組也師古曰瓚說是也綷會也會五綵者今謂之錯綵非纂也紅讀曰功綷音子內反絛音宅牢反農事傷則飢之本也女紅害則寒之原也夫飢寒並至而能亡爲非者寡矣朕親耕后親桑以奉宗廟粢盛祭服爲天下先不受獻減太官省繇賦師古曰省音所領反繇讀曰傜欲天下務農蠶素有畜積以備災害師古曰畜讀曰蓄彊毋攘弱衆毋暴寡師古曰攘取也音人羊反老者以壽終幼孤得遂長師古曰遂成也今歲或不登民食頗寡其咎安在或詐僞爲吏張晏曰以詐僞人爲吏也臣瓚曰律所謂矯枉以爲吏者也師古曰二說並非也直謂詐自稱吏耳吏以貨賂爲市漁奪百姓侵牟萬民李奇曰牟食苗根蟲也侵牟食民比之蝥賊也師古曰漁言若漁獵之爲也縣丞長吏也姦法與盜盜甚無謂也李斐曰姦法因法作姦也文穎曰姦與盜盜謂盜者當治而知情反佐與之是則共盜無異也師古曰與盜盜者共盜爲盜耳其令二千石各脩其職不事官職耗亂者丞相以聞請其罪師古曰耗不明也讀與眊同音莫報反布告天下使明知朕意五月詔曰人不患其不知患其爲詐也不患其不勇患其爲暴也不患其不富患其亡厭也其唯廉士寡欲易足今訾算十以上迺得官服虔曰訾萬錢算百二十七也應劭曰古者疾吏之貪衣食足知榮辱限訾十算迺得爲吏十算十萬也賈人有財不得爲吏廉士無訾又不得宦故減訾四算得官矣師古曰訾讀與貲同他皆類此廉士算不必衆有市籍不得官無訾又不得官朕甚愍之訾算四得官亡令廉士久失職貪夫長利師古曰長利長獲其利秋大旱

三年春正月詔曰農天下之本也黃金珠玉饑不可食寒不可衣以爲幣用不識其終始師古曰幣者所以通有無易貴賤也閒歲或不登意爲末者衆農民寡也其令郡國務勸農桑益種樹可得衣食物師古曰樹謂殖也吏發民若取庸采黃金珠玉者坐臧爲盜韋昭曰發民用其民取庸用其資以顧庸二千石聽者與同罪皇太子冠賜民爲父後者爵一級甲子帝崩于未央宮臣瓚曰帝年三十二卽位卽位十六年壽四十八遺詔賜諸侯王列侯馬二駟師古曰駟四匹也吏二千石黃金二斤吏民戶百錢出宮人歸其家復終身師古曰復音方目反二月癸酉葬陽陵臣瓚曰自崩及葬凡十日陽陵在長安東北四十五里

贊曰孔子稱斯民三代之所以直道而行也師古曰此論語載孔子之辭也言此今時之人亦夏殷周之所以政化淳壹故能直道而行傷今不然信哉周秦之敝罔密文峻而姦軌不勝師古曰不可勝漢興埽除煩苛與民休息至于孝文加之以恭儉孝景遵業五六十載之閒至於移風易俗黎民醇厚師古曰黎衆也醇不澆雜周云成康漢言文景美矣○劉攽曰景紀以御史大夫陶青爲青翟襄平侯相夫爲嘉又言官有大鴻臚光祿大夫又令三輔舉不如令者又載皇太后崩皆其錯悞者不抑班氏之謬或後世亡其書有追補之者

前漢書卷五考證

景帝紀五月令田半租○臣召南按史記除田半租此文令田半租以文帝十三年盡除田租至此年始復收其半租也

長吏二千石車朱兩轓○吏訛史從宋本改

前漢書卷六

漢　蘭　臺　令　史班　固撰

唐正議大夫行祕書少監琅邪縣開國子顏師古注

武帝紀第六

孝武皇帝荀悅曰諱徹之字曰通應劭曰禮謚法威強叡德曰武景帝中子也母曰王美人師古曰外戚傳美人比二千石視少上造年四歲立爲膠東王七歲爲皇太子母爲皇后十六歲後三年正月景帝崩張晏曰武帝以景帝元年生七歲爲太子爲太子十歲而景帝崩時年十六矣師古曰後三年景帝後三年也甲子太子卽皇帝位尊皇太后竇氏曰太皇太后皇后曰皇太后三月封皇太后同母弟田蚡勝皆爲列侯蘇林曰蚡音鼢鼠之鼢師古曰蚡亦鼢鼠字也音扶粉反

建元元年師古曰自古帝王未有年號始起於此○劉攽曰封禪書云其後三年有司言元宜以天瑞命不宜以一二數推所謂其後三年者蓋盡元狩六年至元鼎三年也然元鼎四年方得寶鼎又無緣先三年而稱之以此而言自元鼎以前之元皆有司所追命其實年號之起在元鼎耳故元封改元則始有詔書矣冬十月詔丞相御史列侯中二千石二千石諸侯相舉賢良方正直言極諫之士丞相綰師古曰綰衛綰也奏所舉賢良或治申商韓非蘇秦張儀之言亂國政請皆罷應劭曰申不害韓昭侯相也衛公孫鞅爲秦孝公相封於商號商君韓非韓諸公子非名也蘇秦爲關東從長張儀爲秦昭王相爲衡說以抑諸侯李奇曰申不害書執術商鞅爲法賞不失卑刑不諱尊然深刻無恩德韓非兼行申商之術師古曰從音子容反奏可春二月赦天下賜民爵一級年八十復二筭九十復甲卒張晏曰二筭復二口之筭也復甲卒不豫革車之賦也師古曰復音方目反行三銖錢師古曰新壞四銖錢造此錢也重如其文見食貨志夏四月己巳詔曰古之立教鄉里以齒朝廷以爵扶世導民莫善於德然則於鄉里先耆艾奉高年古之道也師古曰六十日耆五十日艾今天下孝子順孫願自竭盡以承其親外迫公事內乏資財是以孝心闕焉朕甚哀之民年九十以上已有受鬻法師古曰給米粟以爲糜鬻鬻音之六反爲復子若孫令得身帥妻妾遂其供養之事師古曰若者豫及之辭也有子卽復子無子卽復孫也遂申也復音方目反五月詔曰河海潤千里其令祠官脩山川之祠爲歲事孟康曰爲農祈也於此造之歲以爲常故曰爲歲事也師古曰歲以爲常是也總致敬耳非止祈農○劉攽曰爲音于僞反謂爲歲事曲加以禮耳曲加禮如淳曰祭禮有所加益赦吳楚七國帑輸在官者應劭曰吳楚七國反時其首事者妻子沒入爲官奴婢武帝哀焉皆赦遣之也師古曰帑讀與孥同秋七月詔曰衞士轉置送迎二萬人鄭氏曰去故置新常二萬人其省萬人罷苑馬以賜貧民師古曰養馬之苑舊禁百姓不得芻牧采樵今罷之議立明堂遣使者安車蒲輪束帛加璧徵魯申公師古曰以蒲裹輪取其安也

二年冬十月御史大夫趙綰坐請毋奏事太皇太后及郎中令王臧皆下獄自殺應劭曰禮婦人不豫政事時帝已自躬省萬機王臧儒者欲立明堂辟雍太后素好黃老術非薄五經因欲絕奏事太后太后怒故殺之丞相嬰太尉蚡免師古曰竇嬰田蚡春二月丙戌朔日有蝕之夏四月戊申有如日夜出初置茂陵邑應劭曰武帝自作陵也本槐里縣之茂鄉故曰茂陵師古曰

三年春河水溢于平原大饑人相食師古曰河溢之處損害田畝故大饑賜徙茂陵者戶錢二十萬田二頃初作便門橋蘇林曰去長安四十里服虔曰在長安西北茂陵東師古曰便門長安城北面西頭門卽平門也古者平便皆同字於此道作橋跨渡渭水以趨茂陵其道易直卽今所謂便橋是其處也便讀如本字秋七月有星孛于西北濟川王明坐殺太傅中傅廢遷防陵應劭曰中傅宦者也師古曰防陵漢中縣也今謂之房州閩越圍東甌應劭曰高祖五年立無諸爲閩越王惠帝立搖爲東海王都東甌故號東甌師古曰甌音一侯反東甌告急遣中大夫嚴助持節發會稽兵浮海救之未至閩越走兵還九月丙子晦日有蝕之

四年夏有風赤如血六月旱秋九月有星孛于東北

五年春罷三銖錢行半兩錢師古曰又新鑄作也置五經博士夏四月平原君薨服虔曰王皇后母武帝外祖母之五月大蝗秋八月廣川王越清河王乘皆薨

六年春二月乙未遼東高廟災夏四月壬子高園便殿火師古曰凡言便殿便室便坐者皆非正大之處所以就便安也園者於陵上作之旣有正寢以象平生正殿又立便殿爲休息閑宴之處耳說者不曉其意乃解云便殿便室皆是正名斷大惑矣尋石建韋玄成孔光等傳其義可知便讀如本字上素服五日五月丁亥太皇太后崩秋八月有星孛于東方長竟天閩越王郢攻南越遣大行王恢將兵出豫章大司農韓安國出會稽擊之未至越越人殺郢降兵還

元光元年臣瓚曰以長星見故爲元光冬十一月初令郡國舉孝廉各一人師古曰孝謂善事父母者廉謂清潔有廉隅者衞尉李廣爲驍騎將軍屯雲中中尉程不識爲車騎將軍屯鴈門六月罷夏四月赦天下賜民長子爵一級復七國宗室前絕屬者師古曰此等宗室前坐七國反故絕屬今加恩敘之更令上屬籍於宗正也復音扶目反五月詔賢良曰朕聞昔在唐虞畫象而民不犯應劭曰二帝但畫衣冠異章服而民不敢犯也師古曰白虎通云畫象者其衣服象五刑也犯墨者蒙巾犯劓者以赭著其衣犯髕者以墨蒙其髕象而畫之犯宮者扉犯大辟者布衣無領墨謂以墨點其面也劓截其鼻也髕去膝蓋骨也宮割其陰也扉草屨也劓音牛冀反字或作劓其音同髕音頻忍反扉音扶味反日月所燭莫不率俾師古曰燭照也率循也俾使也言皆循其貢職而可使也周之成康刑錯不用師古曰錯置也德及鳥獸教通四海海外肅眘晉灼曰東夷傳今挹婁地是也在夫餘之東北千餘里大海之濱師古曰周書序云成王旣伐東夷肅眘來賀卽謂此北發渠搜服虔曰北發地名也應劭曰禹貢析支渠搜屬雍州在金城河關之西西戎也晉灼曰王恢傳北發月支可得而臣似國名也地理志朔方有渠搜縣臣瓚曰孔子三朝記云北發渠搜南撫交阯此舉北以南爲對也禹貢渠搜在雍州西北渠搜在朔方師古曰北發非國名也言北方卽可徵發渠搜而役屬之瓚說近是氐羌徠服師古曰徠古往來之來也氐音丁奚反星辰不孛日月不蝕山陵不崩川谷不塞麟鳳在郊藪河洛出圖書嗚虖何施而臻此與師古曰虖讀曰呼嗚呼歎辭也臻至也今朕獲奉宗廟夙興以求夜寐以思師古曰夙早也興起也夜寐夜久方寐也若涉淵水未知所濟猗與偉與

師古曰猶美也偉大也與辭也言美而且大也與讀曰歟音弋於反 何行而可以章先帝之洪業休德 師古曰章明也洪大也休美也 上參堯舜下配三王 師古曰三王夏殷周 朕之不敏不能遠德 師古曰言德不及遠也 此子大夫之所睹聞也 師古曰子者人之嘉稱大夫舉官稱也志在優賢故謂之子大夫也睹古覩字 賢良明於古今王事之體受策察問咸以書對著之于篇 師古曰篇謂竹簡也 朕親覽焉於是董仲舒公孫弘等出焉秋七月癸未日有蝕之

二年冬十月行幸雍祠五畤 師古曰五帝之畤也 春詔問公卿曰朕飾子女以配單于金幣文繡賂之甚厚單于待命加嫚侵盜亡已 師古曰待命謂承詔命也嫚與慢同 邊境被害朕甚閔之今欲舉兵攻之何如大行王恢建議宜擊夏六月御史大夫韓安國為護軍將軍衛尉李廣為驍騎將軍太僕公孫賀為輕車將軍大行王恢為將屯將軍太中大夫李息為材官將軍將三十萬眾屯馬邑谷中誘致單于欲襲擊之單于入塞覺之走出六月軍罷將軍王恢坐首謀不進下獄死 師古曰首為此謀而反不進擊匈奴輜重 秋九月令民大酺五日

三年春河水徙從頓丘東南流入勃海 師古曰頓丘本衛地也地理志屬東郡今則在魏州界焉 夏五月封高祖功臣五人後為列侯河水決濮陽氾郡十六 師古曰濮陽東郡之縣也本所氾及凡十六郡界也氾音敷劍反 發卒十萬救決河起龍淵宮 服虔曰宮在長安西作銅飛龍故以冠名也如淳曰三輔黃圖云有龍淵宮今長安城西有其處溝洫志救河決亦起龍淵宮于其傍孟康曰在西平界其水可用淬刀劍特堅利古取於此水師古曰黃圖云龍淵廟在茂陵東不言宮也此言救決河起龍淵宮則宮不在長安之西矣又漢章帝賜尚書韓稜龍淵劍孟說是也淬音千內反○劉敞曰予謂救決河起龍淵宮各自一事非因救河且起宮也顏疑當云龍淵廟按景帝紀起德陽廟亦云德陽宮寧可復謂非德陽廟乎此龍淵宮應如黃圖所說是

四年冬魏其侯竇嬰有罪棄市 師古曰以灌夫黨也 春三月乙卯丞相蚡薨夏四月隕霜殺草五月地震赦天下

五年春正月河間王德薨夏發巴蜀治南夷道又發卒萬人治鴈門阻險 師古曰所以為固用止匈奴之寇○劉敞曰予謂治險阻者通道令平易以便伐匈奴耳 秋七月大風拔木乙巳皇后陳氏廢捕為巫蠱者皆梟首八月螟 師古曰食苗心之蟲也音莫經反 徵吏民有明當時之務習先聖之術者縣次續食令與計偕 師古曰計者上計簿使也郡國每歲遣詣京師上之偕者俱也令所徵之人與上計者俱來而縣次給之食後世訛誤因承此語遂總謂上計為計偕闒茸不詳妄為解說云秦漢謂諸侯朝使曰計偕偕次也晉代有計偕簿又改偕為階失之彌遠致誤後學○宋祁曰舊本正文積作給

六年冬初算商車 李奇曰始稅商賈車船令出算 春穿漕渠通渭 如淳曰水轉運曰漕師古曰漕音才到反 匈奴入上谷殺略吏民遣車騎將軍衛青出上谷騎將軍公孫敖出代輕車將軍公孫賀出雲中驍騎將軍李廣出鴈門青至龍城 應劭曰匈奴單于祭天大會諸國名其處為龍城 獲首虜七百級廣敖失師而還詔曰夷狄無義所從來久間者匈奴數寇邊境故遣將撫師古者治兵振旅因遭虜之方入將吏新會上下未輯 晉灼曰入猶還也不得已而用兵言師不踰時也入或作人因其習俗土地之宜而教革之也師古曰晉說非也詔言古者出則治兵入則振旅素練其衆不虧戎律今之出師因遭寇虜方入為害而將吏新會上下未和故校尉棄軍而奔北也輯與集同 代郡將軍敖鴈門將軍廣所任不肖 師古曰肖似也不肖者言無所象類謂不材之人也 校尉又背義妄行棄軍而北少吏犯禁 文穎曰少吏小吏也 用兵之法不勤不教將率之過也教令宣明不能盡力士卒之罪也將軍已下廷尉使理正之 師古曰下謂以身付廷尉也理法也言以法律正其罪下音胡稼反他皆類此 而又加法於士卒二者並行非仁聖之心朕閔眾庶陷害欲刷恥改行 師古曰刷除也音所劣反 復奉正義厥路亡繇 師古曰一陷重刑無因從正道也繇讀與由同 其赦鴈門代郡軍士不循法者 師古曰循從也由也 夏大旱蝗六月行幸雍秋匈奴盜邊遣將軍韓安國屯漁陽

元朔元年 應劭曰朔蘇也孟軻曰后來其蘇息也言萬民品物大繫息也師古曰朔猶始也言更為初始也蘇息之息非生息義應說失之 冬十一月詔曰公卿大夫所使總方略壹統類廣教化美風俗也夫本仁祖義褒德祿賢勸善刑暴 師古曰本仁祖義謂以仁義為本始 五帝三王所繇昌也 師古曰五帝伏羲神農黃帝堯舜也三王夏殷周也繇讀與由同 朕夙興夜寐嘉與宇內之士臻於斯路 師古曰天地四方為宇臻至也 故旅耆老復孝敬 師古曰旅耆老者加惠於耆老之人若賓旅也復孝敬者謂優復孝弟之人也復音方目反 選豪俊講文學稽參政事祈進民心 師古曰祈求也 深詔執事興廉舉孝庶幾成風紹休聖緒 師古曰休美也緒業也言紹先聖之休緒也故下言昭先帝聖緒 夫十室之邑必有忠信三人並行厥有我師 師古曰論語稱孔子云十室之邑必有忠信如丘者焉又曰三人行必有我師焉擇其善者而從之其不善者而改之故詔引焉 今或至闔郡而不薦一人 師古曰闔閉也總一郡之中故云闔郡 是化不下究而積行之君子雍於上聞也 師古曰究竟也言見壅遏不得聞達於天子也雍讀曰壅 二千石官長紀綱人倫 師古曰謂郡守尉縣之令長 將何以佐朕燭幽隱勸元元 師古曰燭照也元元善意也 厲蒸庶 師古曰蒸眾也 崇鄉黨之訓哉且進賢受上賞蔽賢蒙顯戮古之道也其與中二千石禮官博士議不舉者罪有司奏議曰古者諸侯貢士壹適謂之好德 服虔曰適得其人 再適謂之賢賢三適謂之有功迺加九錫 應劭曰一曰車馬二曰衣服三曰樂器四曰朱戶五曰納陛六曰虎賁百人七曰鈇鉞八曰弓矢九曰秬鬯此皆天子制度尊之故事事錫與但數少耳張晏曰九錫經本無文周禮以為九命春秋說有之臣瓚曰九錫備物伯者之盛禮齊桓晉文猶不能備今三進賢便受之似不然也當受進賢之一錫尚書大傳云三適謂之有功賜以車服弓矢是也師古曰總列九錫應說是也進賢一錫瓚說是也 不貢士壹則黜爵再則黜地三則黜爵地畢矣 李奇曰爵地俱削盡 夫附下罔上者死附上罔下者刑與聞國政而無益於民者斥 師古曰與讀曰豫斥謂棄逐之 在上位而不能進賢者退此所以勸善黜惡也今詔書昭先帝聖緒令二千石舉孝廉所以化元元移風易俗也不舉孝不奉詔當以不敬論 張晏曰謂其不勤求士報國 不察廉不勝任也當免 張晏曰當率身化下今親宰牧而無賢人為不勝任也 奏可十二月江都王非薨春三月甲子立皇后衛氏詔曰朕聞天地不變不成施化陰陽不變物不暢茂 師古曰暢通也 易曰通其變使民不倦 應劭曰黃帝堯舜祖述伏羲神農結網耒耜以日中為市交易之業因其所利變而通之使民知之不苦倦也師古曰此易下繫之辭也言通物之變故能樂其器用不懈倦也 詩云九變復貫知言之選 應劭曰逸詩也陽數九人君當陽言變政復禮合於先王舊貫知言之選選善也孟康曰貫道也選數也極天之變而不失道者知言之數也臣瓚曰先王創制易教以救流弊也是以三王之敎有文有質九數之多也師古曰貫事也選擇也論語曰仍舊貫此言文質不同寬猛殊用循環復舊擇善而從之瓚說近之也 朕嘉唐虞而樂殷周據舊以鑒新 師古曰追觀舊跡以知新政而為鑒戒 其赦天下與民更始諸逋貸及辭訟在孝景後三年以前皆勿聽治 師古曰逋亡也久負官物亡匿不還者皆謂之逋逋音布胡反 秋匈奴入遼西殺太守入漁陽鴈門敗都尉殺略三千餘人遣將軍衛青出鴈門將軍李息出代獲首虜數千級東夷薉君南閭等口二十八萬人降為蒼海郡 服虔曰薉貊在辰韓之北高句麗沃沮之南東窮于大海晉灼曰薉古穢字師古曰南閭者薉君之名 魯王餘長沙王發皆薨

二年冬賜淮南王菑川王几杖毋朝 師古曰淮南王安菑川王志皆武帝諸父列也故賜几杖焉 春正月詔曰梁王城陽王親慈同生 文穎曰慈愛也 願以邑分弟其許之諸侯王請與子弟邑者朕將親覽使有列位焉於是藩國始分而子弟畢侯矣匈奴入上谷漁陽殺略吏民千餘人遣將軍衛青李息出雲中至高闕 師古曰山名也一曰塞名也在朔方之北 遂西至符離 師古曰幕北塞名也 獲首虜數千級收河南地置朔方五原郡三月乙亥晦日有蝕之夏募民徙朔方十萬口又徙郡國豪傑及訾三百萬以上于茂陵秋燕王定國有罪自殺

三年春罷蒼海郡三月詔曰夫刑罰所以防姦也內長文所以見愛也 晉灼曰長音長吏之長張晏曰長文德也師古曰詔言有文德者即親內而崇長之所以見仁愛之道見謂顯示也音胡電反 以百姓之未洽于教化朕嘉與士大夫日新厥業祇而不解 師古曰解讀曰懈 其赦天下夏匈奴入代殺太守入鴈門殺略千餘人六月庚午皇太后崩秋罷西南夷城朔方城令民大酺五日

四年冬行幸甘泉夏匈奴入代定襄上郡殺略數千人

五年春大旱大將軍衛青將六將軍兵十餘萬人出朔方高闕獲首虜萬五千級夏六月詔曰蓋聞導民以禮風之以樂 師古曰風教也詩序曰上以風化下 今禮壞樂崩朕甚閔焉故詳延天下方聞之士咸薦諸朝 師古曰詳悉也延引也方道也聞博聞也言悉引有道博聞之士而進於朝也禮記曰隆禮由禮謂之有方之士又曰博聞強識而讓謂之君子一曰方謂正也 其令禮官勸學講議洽聞舉遺興禮以為天下先 師古曰舉遺逸之文而興禮學 太常其議予博士弟子崇鄉黨之化以厲賢材焉 師古曰為博士置弟子既得崇化於鄉黨又以獎厲賢材之人 丞相弘請為博士置弟子員 師古曰公孫弘 學者益廣秋匈奴入代殺都尉

六年春二月大將軍衛青將六將軍兵十餘萬騎出定襄斬首三千餘級還休士馬于定襄雲中鴈門赦天下夏四月衛青復將六將軍絕幕 應劭曰幕沙幕匈奴之南界也臣瓚曰沙土曰幕直度曰絕師古曰應瓚二說皆是也而說者或云是塞外地名非矣幕者即今之突厥中磧耳李陵歌曰經千里兮渡沙幕 大克獲前將軍趙信軍敗降匈奴右將軍蘇建亡軍獨身脫還贖為庶人六月詔曰朕聞五帝不相復禮三代不同法所繇殊路而建德一也 師古曰復因也繇讀與由同 蓋孔子對定公以徠遠 臣瓚曰論語及韓子皆言葉公問政於孔子孔子荅以悅近徠遠今云定公與二書異 哀公以論臣 如淳曰韓非云哀公問政仲尼曰政在選賢 景公以節用 如淳曰韓非云齊景公問政仲尼曰政在節用 非期不同所急異務也 李奇曰期要也非要當必不同所急異務不得不然 今中國一統而北邊未安朕甚悼之日者大將軍巡朔方征匈奴斬首虜萬八千級諸禁錮及有過者咸蒙厚賞得免減罪 師古曰有罪者或被釋免或得減輕 今大將軍仍復克獲 師古曰仍頻也 斬首虜萬九千級受爵賞而欲移賣者無所流貤 應劭曰貤音移言軍吏士斬首虜爵級多無所移與今為置武功賞官爵多者分與父兄子弟及賣與他人也師古曰此說非也許慎說文解字云貤物之重次第也此詔言欲移賣爵者無有差次不得流行故為置官級也貤音弋賜反今俗猶謂凡物一重為一貤也○宋祁曰貤音難易之易 其議為令有司奏請置武功賞官以寵戰士

元狩元年 應劭曰獲白麟因改元曰元狩也 冬十月行幸雍祠五畤獲白麟 師古曰麟麇身牛尾馬足黃色圓蹄一角角端有肉 作白麟之歌十一月淮南王安衡山王賜謀反誅黨與死者數萬人十二月大雨雪民凍死 師古曰雨音于具反 夏四月赦天下丁卯立皇太子賜中二千石爵右庶長 師古曰第十一等爵 民為父後者一級詔曰朕聞咎繇對禹曰在知人知人則哲惟帝難之 師古曰尚書咎繇謨載咎繇之辭也帝謂堯也 蓋君者心也民猶支體支體傷則心憯怛 師古曰憯痛也怛悼也憯音千感反怛音丁曷反 日者淮南衡山修文學流貨賂兩國接壤怵於邪說 服虔曰怵音裔應劭曰怵狀也如淳曰怵音怵惕見誘怵於邪說也師古曰作狀者非如說云見誘怵其義是也而音怵惕又非也怵或體訹字耳訹者誘也音如戌亥之戌南越傳曰不可怵好語入朝諸如此例音義同耳今俗猶云相謏訹而說者或改為鉥導之鉥蓋穿鑿也謏音先誘反鉥音述 而造篡弒此朕之不德詩云憂心慘慘念國之為虐 師古曰小雅正月之詩也慘慘憂戚之貌 已赦天下滌除與之更始朕嘉孝弟力田哀夫老眊孤寡鰥獨 師古曰眊古耄字八十曰耄耄老稱也一曰眊不明之貌 或匱於衣食甚憐愍焉其遣謁者巡行天下存問致賜 師古曰致送至也行音下更反 曰皇帝使謁者 師古曰謁者令使者宣詔書 賜縣三老孝者帛人五匹鄉三老弟者力田帛人三匹年九十以上及鰥寡孤獨帛人二匹絮三斤八十以上米人三石有冤失職使者以聞 師古曰職常也失職者失其常

業及常縣鄉卽賜毋贅聚如淳曰贅會也令勿擅徵召發聚三老孝弟力田也師古曰卽就也各遣就其所居而賜之勿會聚也贅音之銳反五月乙巳晦日有蝕之匈奴入上谷殺數百人

三年冬十月行幸雍祠五時春三月戊寅丞相弘薨遣驃騎將軍霍去病出隴西至皐蘭應劭曰在隴西白石縣塞外河名也孟康曰山關名也師古曰皐蘭山名也霍去病傳云過焉支山千有餘里合短兵鏖皐蘭下則此山也非河名也白石縣在金城又不屬隴西應說並失之鏖音烏曹反斬首八千餘級夏馬生余吾水中應劭曰在朔方北也南越獻馴象應劭曰馴者教能拜起周章從人意也師古曰馴音巡謂擾也應說是也能言鳥師古曰卽鸚鵡也今隴西及南海並有之萬震南州異物志云有三種一種白一種青一種五色交州以南諸國盡有之白及五色者其性尤慧解蓋謂此也隋開皇十八年林邑國獻白鸚鵡時以爲異是歲貢士咸試賦之 皇馭歷屢有茲獻上以幽遐勞費撫慰弗受將軍去病公孫敖出北地二千餘里過居延師古曰居延匈奴中地名也韋昭以爲張掖縣失之張掖所置居延縣者以安處所獲居延人而置此縣斬首虜三萬餘級匈奴入鴈門殺畧數百人遣衞尉張騫郎中令李廣皆出右北平廣殺匈奴三千餘人盡亡其軍四千人獨身脫還○劉攽曰實無此事而云廣軍幾沒以自當無賞耳疑紀誤及公孫敖張騫皆後期當斬贖爲庶人江都王建有罪自殺膠東王寄薨秋匈奴昆邪王殺休屠王師古曰昆音下門反屠音儲并將其衆合四萬餘人來降置五屬國以處之師古曰凡言屬國者存其國號而屬漢朝故曰屬國以其地爲武威酒泉郡師古曰武威今涼州也酒泉今肅州

三年春有星孛于東方夏五月赦天下立膠東康王少子慶爲六安王封故相國蕭何曾孫慶爲列侯秋匈奴入右北平定襄殺畧千餘人遣謁者勸有水災郡種宿麥師古曰秋冬種之經歲乃熟故云宿麥舉吏民能假貸貧民者以名聞師古曰貸音吐戴反減隴西北地上郡戍卒半發謫吏穿昆明池如淳曰食貨志以舊吏弄法故謫使穿池更發有貲者爲吏也臣瓚曰西南夷傳有越嶲昆明國有滇池方三百里漢使求身毒國而爲昆明所閉今欲伐之故作昆明池象之以習水戰在長安西南周回四十里食貨志又曰時越欲與漢用船戰逐乃大修昆明池也師古曰謫吏吏有罪者罰而役之滇音顚

四年冬有司言關東貧民徙隴西北地西河上郡會稽凡七十二萬五千口縣官衣食振業用度不足請收銀錫造白金及皮幣以足用應劭曰時國用不足以白鹿皮爲幣朝覲以薦璧又造銀錫爲白金見食貨志初筭緡錢李斐曰緡絲也以貫錢也一貫千錢出筭二十也臣瓚曰茂陵書諸賈人末作貰貸買居邑儲積諸物及商以取利者雖無市籍各以其物自占率緡錢二千而一筭此緡錢是儲錢也故隨其用所施施於利重者其筭亦多也師古曰謂有儲積錢者計其緡貫而稅之李說爲是緡音武巾反春有星孛于東北夏有長星出于西北大將軍衞青將四將軍出定襄將軍去病出代各將五萬騎步兵踵軍後數十萬人師古曰踵接也猶言躡其踵青至幕北圍單于斬首萬九千級至闐顏山乃還鄧展曰音塡塞之塡去病與左賢王戰斬獲首虜七萬餘級封狼居胥山遷還師古曰登山祭天築土爲封刻石紀事以彰漢功兩軍戰士死者數萬人前將軍廣後將軍食

其皆後期廣自殺食其贖死如淳曰李廣傳引兵與右將軍食其合軍東道又曰廣自到右將軍下吏當死贖爲庶人霍去病傳亦云趙食其爲右將軍平陽侯襄爲後將軍此紀爲誤也師古曰傳寫者誤以右爲後食其音異基

五年春三月甲午丞相李蔡有罪自殺文穎曰李廣從弟坐侵陵壖地天下馬少平牡馬匹二十萬如淳曰貴平牡馬賈欲使人競畜馬罷半兩錢行五銖錢徙天下姦猾吏民於邊師古曰猾狡也音乎八反

六年冬十月賜丞相以下至吏二千石金千石以下至乘從者帛晉灼曰乘騎諸從者師古曰流俗書本乘上或有公字非也後人妄加之○宋祁曰百金新本無百字蠻夷錦各有差雨水亡冰師古曰雨音于具反夏四月乙巳廟立皇子閎爲齊王旦爲燕王胥爲廣陵王師古曰於廟中策命之初作誥服虔曰誥勅王如尚書諸誥也李斐曰令勅封拜諸侯王策文亦是也見武五子傳六月詔曰日者有司以幣輕多姦李奇曰幣錢也輕者若一馬直二十萬是爲幣輕而物重也難得則用不足而姦生農傷而末衆師古曰末謂工商也又禁兼并之塗李奇曰謂大家兼役小民富者兼役貧民欲平之也文穎曰兼并者食祿之家不得治產兼取小民之利商人雖富不得復兼畜田宅作客耕農也師古曰李說是故改幣以約之李奇曰更去半兩錢行五銖錢皮幣以檢約姦邪稽諸往古制宜於今師古曰稽考也音工奚反廢期有月應劭曰禁半兩錢及餘幣物禁之有期而民未悉從也如淳曰期音朞自往年三月至今年四月有餘矣師古曰如說是而山澤之民未諭師古曰未諭者未曉告示之意夫仁行而從善義立則俗易意奉憲者所以導之未明與師古曰與讀曰歟將百姓所安殊路而撟虔吏因乘埶以侵蒸庶邪孟康曰虔固也撟稱上命以貨賄用爲固書曰寇攘撟虔韋昭曰凡稱詐爲撟強取爲虔左傳曰虔劉我邊垂師古曰撟與矯同其字從手撟託也虔固也妄託上命而堅固爲邪惡者也蒸衆也何紛然其擾也師古曰擾煩也今遣博士大等六人分循行天下師古曰褚大也行音下更反存問鰥寡廢疾無以自振業者貸與之師古曰貸音土戴反諭三老孝弟以爲民師舉獨行之君子徵詣行在所如淳曰蔡雍云天子以天下爲家自謂所居爲行在所言今雖在京師行所在至耳師古曰此說非也天子或在京師或出巡狩不可豫定故言行在所耳不得亦謂京師爲行在也朕嘉賢者樂知其人廣宣厥道士有特招使者之任也李奇曰設士有殊才異行當特招者任在使者分別之詳問隱處亡位及冤失職師古曰無位不被任用也冤屈也失職失其常業也姦猾爲害野荒治苛者舉奏師古曰野荒言田畝不關也治苛爲政尚細刻郡國有所以爲便者上丞相御史以聞秋九月大司馬驃騎將軍去病薨

元鼎元年應劭曰得寶鼎故因是改元夏五月赦天下大酺五日得鼎汾水上濟東王彭離有罪廢徙上庸應劭曰春秋時庸國

二年冬十一月御史大夫張湯有罪自殺十二月丞相青翟下獄死師古曰莊青翟春起柏梁臺服虔曰用百頭梁作臺因名焉師古曰三輔舊事云以香柏爲之今書字皆作柏服說非也三月大雨雪師古曰雨音于具反夏大水關東餓死者以千數秋九月詔曰仁不異遠義不辭難師古曰遠近如一是爲仁也不憚艱難是爲義也今京師雖未爲豐年山林池澤之饒與民共之今水潦移於江南迫隆冬至朕懼其饑寒不活江南之地火耕水耨應劭曰燒草下水種稻草與稻並生高七八寸因悉芟去復下水灌之草死獨稻長所謂火耕水耨方下巴蜀之粟致之江陵遣博士中等分循行師古曰行音下更反諭告所抵無令重困師古曰抵至也重音直用反吏民有振救饑民免其戹者具舉以聞

三年冬徙函谷關於新安應劭曰時樓船將軍楊僕數有大功恥爲關外民上書乞徙東關以家財給其用度武帝意亦好廣闊於是徙關於新安去弘農三百里以故關爲弘農縣十一月令民告緡者以其半與之孟康曰有不輸稅令民得告言以半與之正月戊子陽陵園火夏四月雨雹師古曰雨音于具反關東郡國十餘饑人相食常山王舜薨子勃嗣立有罪廢徙房陵

四年冬十月行幸雍祠五時賜民爵一級女子百戶牛酒行自夏陽東幸汾陰師古曰夏陽馮翊之縣也汾陰屬河東汾音扶云反十一月甲子立后土祠于汾陰脽上蘇林曰脽音誰如淳曰脽者河之東岸特堆堀長四五里廣二里餘高十餘丈汾陰縣治脽之上后土祠在縣西汾在脽之北西流與河合師古曰二說皆是也脽者以其形高起如人尻脽故以名云一說此臨汾水之上地本名鄈音與葵同彼鄉人呼葵音如誰故轉而爲脽字耳故漢舊儀云葵上禮畢行幸滎陽還至洛陽詔曰祭地冀州服虔曰后土在汾陰本冀州地也周時乃分爲荆州爾雅曰兩河間曰冀州矚望河洛巡省豫州觀于周室邈而無祀師古曰邈遠絕之意詢問耆老迺得孽子嘉○宋祁曰景德本無子字其封嘉爲周子南君以奉周祀臣瓚曰汲冢古文謂衞將軍文子爲子南彌牟其後有子南國子南勁紀年勁朝于魏後惠成王如衞命子南爲侯秦并六國衞最後亡疑嘉是衞後故氏子南而稱君也初元五年爲周承休侯元始四年爲鄭公建武十三年封於觀爲衞公師古曰子南其封邑之號以爲周後故總言周子南君瓚說非也例不先言姓而後稱君且自嘉已下皆姓姬氏著在史傳○宋祁曰注本舊文作元始三年建武三年此本乃刊誤據平紀改正春二月中山王勝薨夏封方士欒大爲樂通侯位上將軍六月得寶鼎后土祠旁秋馬生渥洼水中李斐曰南陽新野有暴利長當武帝時遭刑屯田燉煌界數於此水旁見羣野馬中有奇異者與凡馬異來飲此水利長先作土人持勒靽於水旁後馬玩習久之代土人持靽收得其馬獻之欲神異此馬云從水中出蘇林曰洼音窐曲之窐師古曰渥音握洼音於佳反作寶鼎天馬之歌立常山憲王子商爲泗水王

五年冬十月行幸雍祠五時遂踰隴應劭曰隴阺坂也師古曰卽今之隴山阺音丁禮反登空同應劭曰山名也西臨祖厲河而還李斐曰音嗟賴十一月辛巳朔旦冬至立泰畤于甘泉天子親郊見師古曰祠太一也見音胡電反朝日夕月應劭曰天子春朝日秋夕月以朝以夕以月臣瓚曰漢儀注郊泰畤皇帝平旦出竹宮東向揖日其夕西南向揖月便用郊日不用春秋也師古曰春朝朝日秋暮夕月蓋常禮也郊泰畤而揖日月此又別儀詔曰朕以眇身託于王侯之上師古曰眇細也德未能綏民師古曰綏安也民或饑寒故巡祭后土以祈豐年冀州脽壤迺顯文鼎獲薦於廟師古曰得鼎祠旁祠在脽上或云脽壤謂土也文鼎言其有刻鏤之文渥洼水出馬朕其御焉戰戰兢兢懼不克任思昭天地內惟自新詩云四牡翼翼以征不服親省邊垂用事所極李斐曰極至也所至者輒祭也師古曰逸詩也○劉攽曰予謂親省邊垂詔望見泰一脩天文襢文穎曰襢祭也晉灼曰此年初祭泰畤於甘泉此祭天則天文從脩天文襢也師古曰文晉二說是也朝日夕月飾天文襢之謂也辛卯夜若景光十有二明易曰先甲三日後甲三日應劭曰先甲三日辛也後甲三日丁也言王者齊戒必自新臨事必自丁寧師古曰此易蠱卦之辭朕甚念年歲未咸登師古曰登謂百穀成飭躬齊戒師古曰飭整也讀與敕同丁酉拜況于郊師古曰況賜也辛夜有光是先甲三日也丁日拜況是後甲三日也故詔引易文

夏四月南越王相呂嘉反殺漢使者及其王王太后赦天下丁丑晦日有蝕之秋鼃蝦蟇鬭師古曰鼃黽也似蝦蟇而長腳其色青音下媧反蝦音遐蟇音麻黽音莫幸反遣伏波將軍路博德出桂陽下湟水樓船將軍楊僕出豫章下湞水鄭氏曰湞音檉孟康曰湞音貞蘇林曰湞音撐柱之撐師古曰蘇音是也音丈庚反歸義越侯嚴爲戈船將軍出零陵下離水張晏曰越人於水中負人船又有蛟龍之害故置戈於船下因以爲名也臣瓚曰伍子胥書有戈船以載干戈因謂之戈船也離水出零陵師古曰以樓船之例言之則非爲載干戈也此蓋船下安戈戟以禦蛟鼉水蟲之害張說近之○劉攽曰船下安戈既難措置又不可以行且今造舟船甚多未嘗有置戈者顏北人不知行船故信張說予謂瓚說是○宋祁曰戈船將軍當時所建之官如驃騎虎牙之類是也戈船今有之設干戈於船上以禦敵也甲爲下瀨將軍下蒼梧服虔曰甲故越人歸漢者也臣瓚曰瀨湍也吳越謂之瀨中國謂之磧伍子胥書有下瀨船師古曰瀨音賴○宋祁曰注文吳越舊本作吳楚皆將罪人江淮以南樓船十萬人越馳義侯遺應劭曰越人也亦別將巴蜀罪人發夜郎兵下牂柯江咸會番禺如淳曰音潘愚尉佗所都師古曰卽今之廣州○宋祁曰刊誤改禺作愚九月列侯坐獻黃金酎祭宗廟不如法奪爵者百六人丞相趙周下獄死服虔曰因八月獻酎祭宗廟時使諸侯各獻金來助祭也如淳曰漢儀注諸侯王歲以戶口酎黃金於漢廟皇帝臨受獻金金少不如斤兩色惡王削縣侯免國臣瓚曰食貨志南越反時卜式上書願死之天子下詔褒揚布告天下天下莫應列侯以百數莫求從軍至酎飲酒少府省金而列侯坐酎金失侯者百餘人而表云趙周坐爲丞相知列侯酎金輕下獄自殺然則知其輕而不糾擿之也師古曰酎三重釀醇酒也音丈救反樂通侯欒大坐誣罔要斬西羌衆十萬人反與匈奴通使攻故安圍枹罕鄧展曰枹音鈇罕音漢師古曰枹罕金城之縣也罕讀如本字匈奴入五原殺太守

六年冬十月發隴西天水安定騎士及中尉河南河內卒十萬人遣將軍李息郎中令徐自爲征西羌平之行東將幸緱氏師古曰緱氏河南縣也緱音工侯反至左邑桐鄉師古曰左邑河東之縣也桐鄉其鄉名也聞南越破以爲聞喜縣春至汲新中鄉師古曰汲河內縣新中其鄉名得呂嘉首以爲獲嘉縣馳義侯遺兵未及下上便令征西南夷平之師古曰便音頻面反遂定越地以爲南海蒼梧鬱林合浦交阯九眞日南珠厓儋耳郡應劭曰二郡在大海中崖岸之邊出眞珠故曰珠厓儋耳者種大耳渠率自謂王者耳尤緩下肩三寸張晏曰異物志二郡在海中東西千里南北五百里珠厓言珠若崖矣儋耳之云鏤其頰皮上連耳匡分爲數支狀似雞腸累耳下垂臣瓚曰茂陵書珠崖郡治瞫都去長安七千三百一十四里儋耳去長安七千三百六十八里領縣五師古曰儋音丁甘反字本作瞫音審定西南夷以爲武都牂柯越嶲沈黎文山郡孟康曰嶲音髓本邛都服虔曰今蜀郡北部都尉所治本笮都也臣瓚曰茂陵書沈黎治笮都去長安三千三

百三十五里領縣二十一應劭曰文山今蜀郡嶓山本冉駹是也秋東越王餘善反攻
殺漢將吏遣橫海將軍韓說中尉王溫舒出會稽師古曰說
讀曰悅樓船將軍楊僕出豫章擊之又遣浮沮將軍公孫
賀出九原臣瓚曰浮沮井名在匈奴中去九原二千里見漢輿地圖師古曰沮音子閭反匈河
將軍趙破奴出令居臣瓚曰匈河水名在匈奴中去令居千里見匈奴傳師古曰令音鈴
皆二千餘里不見虜而還迺分武威酒泉地置張掖敦
煌郡師古曰敦音徒門反徙民以實之
元封元年應劭曰始封泰山故改元冬十月詔曰南越東甌咸伏其
辜西蠻北夷頗未輯睦師古曰輯與集同集和也朕將巡邊垂擇兵
振旅躬秉武節置十二部將軍親帥師焉行自雲陽北
歷上郡西河五原出長城北登單于臺至朔方臨北河
勒兵十八萬騎旌旗徑千餘里威振匈奴遣使者告單
于曰南越王頭已縣於漢北闕矣單于能戰天子自將
待邊不能亟來臣服師古曰亟急也音居力反何但亡匿幕北寒苦
之地爲匈奴讋焉師古曰讋失氣也音之涉反還祠黃帝於橋山應劭
曰在上郡周陽縣有黃帝冢迺歸甘泉東越殺王餘善降詔曰東越
險阻反覆爲後世患遷其民於江淮閒遂虛其地春正
月行幸緱氏詔曰朕用事華山至於中嶽文穎曰嵩高也在潁川陽
城縣獲駮麃見夏后啓母石應劭曰啓生而母化爲石文穎曰在嵩高山下師古曰啓
夏禹子也其母塗山氏女也禹治鴻水通轘轅山化爲熊謂塗山氏曰欲餉聞鼓聲乃來禹跳石誤中鼓塗山
氏往見禹方作熊慚而去至嵩高山下化爲石方生啓禹曰歸我子石破北方而啓生事見淮南子景帝諱啓
今此詔云啓母蓋史追書之非當時文○劉攽曰此石本名啓母石武帝避景諱更號夏后母石後人又誤重
出啓字非史之追書也翌日親登崇嵩應劭曰翌明也○宋祁曰新本作登嵩高御史
乘屬在廟旁吏卒咸聞呼萬歲者三服虔曰乘同乘屬官屬也如淳曰漢
儀注御史亦有屬晉灼曰天子出御史除一人爲乘曹護車駕荀悅曰萬歲山神稱之也應劭曰嵩高縣有上
中下萬歲里師古曰乘屬如晉二說是也乘音食證反登禮罔不答師古曰罔無也言登禮於
神無不荅應其令祠官加增太室祠韋昭曰嵩高山有太室少室之山山有石室故
以名云禁無伐其草木以山下戶三百爲之奉邑名曰崇
高師古曰謂之崇者示尊崇之奉音扶用反獨給祠復亡所與師古曰復音方目反與讀
曰預行遂東巡海上夏四月癸卯上還登封泰山孟康曰王者功
成治定告成功於天封崇也助天之高也刻石紀號有金策石函金泥玉檢之封焉應劭曰封者壇廣十二丈
高二丈階三等封於其上示增高也刻石紀績也立石三丈一尺其辭曰事天以禮立身以義事親以孝育民
以仁四守之內莫不爲郡縣四夷八蠻咸來貢職與天無極人民蕃息天祿永得尚玄酒而俎生魚下禪梁父
祀地主示增廣此古制也武帝封廣丈二尺高九尺其下則有牒書秘語在郊祀志降坐明堂臣瓚
曰郊祀志初天子封太山太山東北阯古時有明堂處則此所坐者也明年秋乃作明堂耳詔曰朕
以眇身承至尊師古曰眇微細也兢兢焉惟德菲薄不明于禮
樂師古曰菲亦薄也音敷尾反又音斐故用事八神文穎曰武帝祭太一并祭名山於太壇西
南閒除八通鬼道故言用事八神也一曰八方之神○劉攽曰八神則郊祀志所說天主地主兵主陰主陽主
日主月主四時主也其祠皆在齊地故始皇東遊海上行禮祠之而武帝亦然遭天地況施應劭
曰況賜也施與也言天地神靈乃賜我瑞應著見景象屑然如有聞臣瓚曰聞呼萬

歲者三是也○宋祁曰姚本云屑先結反與屑同說文云動作切切也一曰敬也又潔也震于怪物
欲止不敢遂登封泰山至于梁父然後升禮肅然服虔曰增
天之高歸功於天禪廣土地也肅然山名也在梁父張晏曰天高不可及於泰山上立封又禪而祭之冀
近神靈也師古曰父讀曰甫自新嘉與士大夫更始其以十月爲元
封元年行所巡至博奉高蛇丘歷城梁父鄭氏曰蛇音移民田
租逋賦貸已除師古曰逋賦未出賦者也逋貸官以物貸之而未還也貸音吐戴反加年
七十以上孤寡帛人二匹四縣無出今年筭師古曰自博至梁父
凡五縣今云四縣毋出筭者奉高一縣素以供神非筭限也賜天下民爵一級女子
百戶牛酒行自泰山復東巡海上至碣石文穎曰在遼西絫縣絫縣
今罷屬臨榆此石著海旁師古曰碣碣然特立之貌也音其列反○宋祁曰絫縣舊作參非自遼西
歷北邊九原歸于甘泉秋有星孛于東井又孛于三台
齊王閎薨
二年冬十月行幸雍祠五畤春幸緱氏遂至東萊夏四
月還祠泰山至瓠子臨決河服虔曰瓠子隄名也在東郡白馬蘇林曰在鄄城以
南濮陽以北廣百步深五丈命從臣將軍以下皆負薪塞河隄作瓠
子之歌赦所過徒賜孤獨高年米人四石還作甘泉通
天臺長安飛廉館應劭曰飛廉神禽能致風氣者也明帝永平五年至長安迎取飛廉并銅
馬置上西門外名平樂館董卓悉銷以爲錢晉灼曰身似鹿頭如爵有角而蛇尾文如豹文師古曰通天臺者
言此臺高上通於天也漢舊儀云高三十丈望見長安城朝鮮王攻殺遼東都尉迺
募天下死罪擊朝鮮六月詔曰甘泉宮內中產芝九莖
連葉應劭曰芝芝草也其葉相連如淳曰瑞應圖王者敬事耆老不失舊故則芝草生師古曰內中謂後
庭之室也故云不異下房上帝博臨不異下房賜朕弘休師古曰上帝天也溥
廣也弘大也休美也言天廣臨不以下房爲幽側而隔異之賜以此芝是大美也其赦天下賜
雲陽都百戶牛酒晉灼曰雲陽甘泉黃帝以來祭天圖丘處也武帝常以避暑有宮觀故稱
都也師古曰此說非也都謂縣之所居在宮側者耳賜不徧其境內故指稱其都非謂天子之都也若以有宮
觀稱都則非止雲陽矣作芝房之歌秋作明堂于泰山下遣樓船
將軍楊僕左將軍荀彘將應募罪人擊朝鮮應劭曰樓船者時欲
擊越非水不至故作大船上施樓也又遣將軍郭昌中郎將衞廣發巴蜀
兵平西南夷未服者以爲益州郡
三年春作角抵戲應劭曰角者角技也抵者相抵觸也文穎曰名此樂爲角抵者兩兩相當
角力角技藝射御故名角抵蓋雜技樂也巴俞戲魚龍蔓延之屬也漢後更名平樂觀師古曰抵者當也非謂
抵觸文說是也三百里內皆來觀夏朝鮮斬其王右渠降師古曰右
渠朝鮮王名以其地爲樂浪臨屯玄菟真番郡臣瓚曰茂陵書臨屯郡治
東暆縣去長安六千一百三十八里十五縣真番郡治霅縣去長安七千六百四十里十五縣師古曰樂音洛
浪音郎番音普安反暆音弋支反霅音丈甲反樓船將軍楊僕坐失亡多免爲
庶民左將軍荀彘坐爭功棄市師古曰棄市殺之於市也解在景紀秋七
月膠西王端薨武都氐人反分徙酒泉郡師古曰不盡徙
四年冬十月行幸雍祠五畤通回中道應劭曰回中在安定高平有險
阻蕭關在其北通治至長安也孟康曰回中在北地有山險武帝故宮如淳曰三輔黃圖云回中宮在汧也師
古曰回中在安定北通蕭關說是也而云治道至長安非也蓋自回中通道以出蕭關孟如二家皆失之矣

回中宮在汧者或取安定回中爲名耳非今所通道遂北出蕭關如淳曰匈奴傳入朝那蕭
關在安定朝那縣也歷獨鹿鳴澤服虔曰獨鹿山名也鳴澤澤名也皆在涿郡遒縣北界也自
代而還幸河東春三月祠后土詔曰朕躬祭后土地祇
見光集于靈壇一夜三燭服虔曰燭音注師古曰燭謂照也讀如本字幸中
都宮殿上見光師古曰中都在太原其赦汾陰夏陽中都死罪以
下賜三縣及楊氏皆無出今年租賦師古曰楊氏河東聚邑名夏大
旱民多暍死如淳曰暍音謁師古曰中熱而死也秋以匈奴弱可遂臣服
迺遣使說之單于使來死京師匈奴寇邊遣拔胡將軍
郭昌屯朔方
五年冬行南巡狩至于盛唐文穎曰案地理志不得疑當在廬江左右縣名也韋
昭曰在南郡師古曰韋說是也望祀虞舜于九嶷應劭曰舜葬蒼梧九嶷山名今在零陵營
道文穎曰九嶷山半在蒼梧半在零陵如淳曰舜葬九嶷九嶷在蒼梧馮乘縣故或云舜葬蒼梧也師古曰文
說是也嶷音疑其山九峯形勢相似故曰九嶷○宋祁曰舊本是也下有九字疑字下無音疑字刊誤據史
館本改登灊天柱山應劭曰灊音若潛南嶽霍山在灊縣名屬廬江文穎曰天柱山在灊縣
南有祠灊音岑師古曰灊音與潛同應說是自尋陽浮江親射蛟江中獲之
師古曰許愼云蛟龍屬也郭璞說其狀云似蛇而四脚細頸頸有白嬰大者數圍卵生子如一二斛瓮能吞人
也舳艫千里李斐曰舳船後持柂處也艫船前頭刺櫂處也言其船多前後相銜千里不絕也師
古曰舳音軸艫音盧薄樅陽而出服虔曰縣名屬廬江師古曰樅音千松反作盛唐樅
陽之歌遂北至琅邪並海師古曰並讀曰傍傍依也音步浪反所過禮祠
其名山大川春三月還至太山增封甲子祠高祖于明
堂以配上帝因朝諸侯王列侯受郡國計師古曰計若今之諸州計
帳也○宋祁曰南本無此注予案太初元年受計於甘泉下注又云若今之諸州計帳只當一見夏四
月詔曰朕巡荊揚輯江淮物如淳曰輯合也物猶神也郊祀志所祭祀事也師古
曰輯與集同會大海氣鄭氏曰會合海神之氣并祭之以合泰山師古曰集江淮之神
會大海之氣合致於太山然後脩封總祭饗也上天見象增脩封禪師古曰見謂顯示也
其赦天下所幸縣毋出今年租賦賜鰥寡孤獨帛貧窮
者粟還幸甘泉郊泰畤大司馬大將軍青薨初置刺史
部十三州師古曰漢舊儀云初分十三州假刺史印綬有常治所治以秋分行部御史爲駕四封乘
傳到所部郡國各遣一吏迎之界上所察六條名臣文武欲盡詔曰蓋有非常
之功必待非常之人故馬或奔踶而致千里師古曰踶蹋也奔走
也奔踶者乘之卽奔立則踶人也踶音徒計反士或有負俗之累而立功名晉灼
曰負俗謂被世譏論也師古曰累音力瑞反夫泛駕之馬師古曰泛覆也音方勇反字本作覂
後通用耳覆駕者言馬有逸氣而不循軌轍也跅弛之士如淳曰跅音拓弛音廢也士行有卓異不入
俗檢而見斥逐者也師古曰跅者跅落無檢局也弛者放廢不遵禮度也跅音土各反弛音式爾反亦在
御之而已師古曰在人所以制御之其令州郡察吏民有茂材異等
應劭曰舊言秀才避光武諱稱茂材異等者超等軼羣不與凡同也師古曰茂美也可爲將相及
使絕國者師古曰絕遠之國謂聲教之外
六年冬行幸回中春作首山宮應劭曰首山在上郡於其下立宮廟也文穎曰
在河東蒲坂界師古曰尋此下詔文及依地理志文說是三月行幸河東祠后土詔
曰朕禮首山昆田出珍物化或爲黃金應劭曰昆田首山之下田也武

帝祠首山故神爲出珍物化爲黃金祭后土神光三燭其赦汾陰殊死以
下賜天下貧民布帛人一匹益州昆明反赦京師亡命
令從軍遣拔胡將軍郭昌將以擊之夏京師民觀角抵
于上林平樂館秋大旱蝗
太初元年應劭曰初用夏正以正月爲歲首故改年爲太初也冬十月行幸泰山
十一月甲子朔旦冬至祀上帝于明堂乙酉柏梁臺災
十二月禮高里伏儼曰山名在泰山下師古曰此高字自作高下之高而死人之里謂之蒿里
或呼爲下里者也字則爲蓬蒿之蒿或者既見太山神靈之府高里山又在其旁卽誤以高里爲蒿里混同一
事文學之士共有此謬陸士衡尚不免況其餘乎今流俗書本此高字有作蒿者妄加增耳祠后土
東臨勃海望祠蓬萊春還受計于甘泉師古曰受郡國所上計簿也若
今之諸州計帳二月起建章宮文穎曰越巫名勇謂帝曰越國有火災卽復大起宮室以厭勝
之故帝作建章宮師古曰在未央宮西今長安故城西俗所呼貞女樓者卽建章宮之闕也夏五月
正曆以正月爲歲首師古曰謂以建寅之月爲正也未正曆之前謂建亥之月爲正今此
言以正月爲歲首者史追正其月名色上黃數用五張晏曰漢據土德土數五故用五謂印文
也若丞相曰丞相之印章諸卿及守相印文不足五字者以之足之定官名協音律遣因
杅將軍公孫敖服虔曰匈奴地名因所征以名將軍也師古曰杅音羽俱反築塞外
受降城秋八月行幸安定遣貳師將軍李廣利發天下
謫民西征大宛張晏曰貳師大宛城名師古曰庶人之有罪謫者也大宛國名宛音於元反
蝗從東方飛至敦煌
二年春正月戊申丞相慶薨師古曰石慶也三月行幸河東祠
后土令天下大酺五日膢五日祠門戶比臘如淳曰膢音樓漢儀
注立秋貙膢伏儼曰膢音劉劉殺也蘇林曰膢祭名也貙虎屬常以立秋日祭獸王者亦以此日出獵還以祭
宗廟故有貙膢之祭也師古曰續漢書作貙劉膢劉義各通耳臘者冬至後臘祭百神也臘音來盍反○劉攽
曰膢五日衍五字夏四月詔曰朕用事介山祭后土皆有光應
文穎曰介山在河東皮氏縣東南其山特立周七十里高三十里其赦汾陰安邑殊死
以下五月籍吏民馬補車騎馬師古曰籍者總入籍錄而取之秋蝗遣
浚稽將軍趙破奴應劭曰浚稽山在武威塞北匈奴常所以爲障蔽師古曰浚音峻稽音雞
二萬騎出朔方擊匈奴不還冬十二月御史大夫兒寬
卒師古曰兒音五兮反
三年春正月行東巡海上夏四月還脩封泰山禪石閭
應劭曰石閭山在泰山下阯南方方士言仙人閭也遣光祿勳徐自爲築五原塞
外列城晉灼曰地理志從五原稒陽縣北出石門鄣卽得所築城師古曰稒音固西北至盧
朐服虔曰匈奴地名張晏曰山名師古曰張說是也朐音劬游擊將軍韓說將兵屯
之師古曰說讀曰悅彊弩都尉路博德築居延秋匈奴入定襄
雲中殺略數千人行壞光祿諸亭障應劭曰光祿勳徐自爲所築列城今
匈奴從此壞敗也師古曰漢制每塞要處別築爲城置人鎮守謂之候城此卽鄣也音之向反又入
張掖酒泉殺都尉
四年春貳師將軍廣利斬大宛王首獲汗血馬來應劭曰大
宛舊有天馬種蹋石汗血汗從前肩髆出如血號一日千里師古曰蹋石者謂蹋石而有跡言其蹏堅利作
西極天馬之歌秋起明光宮師古曰三輔黃圖云在城中元后傳云成都侯商避

暑借明光宮蓋謂此冬行幸回中徙弘農都尉治武關稅出入者以給關吏卒食

天漢元年應劭曰時頻年苦旱故改元為天漢以祈甘雨師古曰大雅有雲漢之詩周大夫仍叔所作也以美宣王遇旱災脩德勤政而能致雨故依以為年號也春正月行幸甘泉郊泰畤三月行幸河東祠后土匈奴歸漢使者使來獻夏五月赦天下秋閉城門大搜臣瓚曰漢帝年紀六月禁踰侈七月閉城門大搜則搜索踰侈者也李奇曰搜索巫蠱也師古曰時巫蠱未起瓚說是也踰侈者踰法度而奢侈也發讁戍屯五原

二年春行幸東海還幸回中夏五月貳師將軍三萬騎出酒泉與右賢王戰于天山晉灼曰在西域近蒲類國去長安八千餘里師古曰即祁連山也匈奴謂天為祁連祁音巨夷反今鮮卑語尚然斬首虜萬餘級又遣因杅將軍出西河騎都尉李陵將步兵五千人出居延北與單于戰斬首虜萬餘級陵兵敗降匈奴秋止禁巫祠道中者文穎曰始漢家于道中祠排禍咎移之於行人百姓以其不經今止之也師古曰文說非也秘祝移過文帝久已除之今此總禁百姓巫覡於道中祠祭者耳大搜臣瓚曰搜謂索姦人也晉灼曰搜巫蠱也師古曰瓚說是渠黎六國使使來獻臣瓚曰渠黎西域胡國名泰山琅邪羣盜徐勃等阻山攻城師古曰阻山者依山之險以自固也道路不通遣直指使者暴勝之等衣繡衣杖斧分部逐捕師古曰杖斧持斧也謂建持之以為威也分音扶問反刺史郡守以下皆伏誅冬十一月詔關都尉曰今豪桀多遠交依東方羣盜其謹察出入者

三年春二月御史大夫王卿有罪自殺初榷酒酤如淳曰榷音較應劭曰縣官自酤榷賣酒小民不復得酤也韋昭曰以木渡水曰榷謂禁民酤釀獨官開置如道路設木為榷獨取利也師古曰榷者步渡橋爾雅謂之石杠今之略彴是也禁閉其事總利入官而下無由以得有若渡水之榷因立名焉酤音工護反彴音酌三月行幸泰山脩封祀明堂因受計還幸北地祠常山瘞玄玉鄧展曰瘞埋也師古曰爾雅曰祭地曰瘞薶薶其物者示歸於地也瘞音於例反夏四月赦天下行所過毋出田租秋匈奴入鴈門太守坐畏愞棄市如淳曰軍法行逗留畏愞者要斬愞音如掾反師古曰又音乃館反

四年春正月朝諸侯王于甘泉宮發天下七科謫張晏曰吏有罪一亡命二贅壻三賈人四故有市籍五父母有市籍六大父母有市籍七凡七科也及勇敢士遣貳師將軍李廣利將六萬騎步兵七萬人出朔方因杅將軍公孫敖萬騎步兵二萬人出鴈門游擊將軍韓說步兵三萬人出五原師古曰說讀曰悅強弩都尉路博德步兵萬餘人與貳師會廣利與單于戰余吾水上連日敖與左賢王戰不利皆引還夏四月立皇子髆為昌邑王孟康曰髆音博晉灼曰許慎以為肩髆字秋九月令死罪入贖錢五十萬減死一等

太始元年應劭曰言盪滌天下與民更始故以冠元春正月因杅將軍敖有罪要斬徙郡國吏民豪桀于茂陵雲陵師古曰此當言雲陽而傳寫者誤為陵耳茂陵帝自所起而雲陽甘泉所居故總使徙豪桀也鉤弋趙倢伃死葬雲陽至昭帝即位始尊為皇太后而起雲陵武帝時未有雲陵夏六月赦天下

二年春正月行幸回中三月詔曰有司議曰往者朕郊見上帝西登隴首獲白麟以饋宗廟渥洼水出天馬泰山見黃金師古曰見音胡電反宜改故名今更黃金為麟趾褭蹏以協瑞焉應劭曰獲白麟有馬瑞故改鑄黃金如麟趾褭蹏以協嘉祉也古有駿馬名要褭赤喙黑身一日行萬五千里也師古曰既云宜改故名又曰更黃金為麟趾褭蹏是則舊金雖以斤兩為名而官有常形制亦由今時吉字金挺之類矣武帝欲表祥瑞故普改鑄為麟足馬蹏之形以易舊法耳今人往往於地中得馬蹏金金甚精好而形製巧妙褭音奴了反○劉攽曰按元封六年詔曰朕禮首山昆田出珍物或化為黃金而此稱泰山似非是所謂黃金為麟趾褭蹏者蓋用首山金為之耳故詔先敘三瑞下乃云以協瑞焉因以班賜諸侯王秋旱九月募死罪人贖錢五十萬減死一等御史大夫杜周卒

三年春正月行幸甘泉宮饗外國客二月令天下大酺五日行幸東海獲赤鴈作朱鴈之歌幸琅邪禮日成山孟康曰禮日拜日也如淳曰祭日於成山也師古曰成山在東萊不夜縣斗入海郊祀志作盛山其音同登之罘晉灼曰地理志東萊腄縣有之罘山祠師古曰罘音浮腄音直瑞反浮大海山稱萬歲冬賜行所過戶五千錢鰥寡孤獨帛人一匹

四年春三月行幸泰山壬午祀高祖于明堂以配上帝因受計癸未祀孝景皇帝于明堂甲申脩封丙戌禪石閭夏四月幸不其如淳曰其音基不其山名因以為縣應劭曰東萊縣也祠神人于交門宮應劭曰神人蓬萊仙人之屬也晉灼曰琅邪縣有交門宮武帝所造若有鄉坐拜者師古曰如有神之景象嚮祠坐而拜也漢注云神並見且白且黑且大且小鄉坐三拜鄉讀曰嚮坐音才臥反作交門之歌夏五月還幸建章宮大置酒赦天下秋七月趙有蛇從郭外入邑與邑中蛇羣鬬孝文廟下服虔曰趙所立孝文廟也邑中蛇死冬十月甲寅晦日有蝕之十二月行幸雍祠五畤西至安定北地

征和元年應劭曰言征伐四夷而天下和平春正月還行幸建章宮三月趙王彭祖薨冬十一月發三輔騎士大搜上林閉長安城門索文穎曰簡車馬數軍實也臣瓚曰搜謂索姦人也上林苑周回數百里故發三輔車騎入大搜索也漢帝年紀發三輔騎士大搜長安上林中閉城門十五日待詔北軍征官多餓死然則皆搜索非數軍實也師古曰文說非也索音山客反十一日迺解巫蠱起

二年春正月丞相賀下獄死夏四月大風發屋折木閏月諸邑公主陽石公主師古曰諸邑琅邪縣也以封公主故謂之諸邑陽石北海縣也二公主皆衛皇后之女也陽字或作羊皆坐巫蠱死夏行幸甘泉秋七月按道侯韓說使者江充等掘蠱太子宮師古曰即上游擊將軍韓說也壬午太子與皇后謀斬充以節發兵與丞相劉屈氂大戰長安師古曰屈音丘勿反又音其勿反氂音力之反死者數萬人庚寅太子亡師古曰謂逃匿也皇后自殺初置城門屯兵更節加黃旄應劭曰時太子亦發節以戰故加其上黃以別之御史大夫暴勝之司直田仁坐失縱勝之自殺仁要斬八月辛亥太子自殺于湖師古曰湖縣名也即今虢州閿鄉湖城二縣皆其地癸亥地震九月立趙敬肅王子偃為平干王匈奴入上谷五原殺畧吏民

三年春正月行幸雍至安定北地匈奴入五原酒泉殺兩都尉三月遣貳師將軍廣利將七萬人出五原御史大夫商丘成二萬人出西河重合侯馬通四萬騎出酒泉城至浚稽山師古曰音峻雞與虜戰多斬首通至天山虜引去因降車師皆引兵還廣利敗降匈奴夏五月赦天下六月丞相屈氂下獄要斬妻子梟首鄭氏曰妻作巫蠱夫從坐但要斬也師古曰屈氂亦坐與貳師將軍謀立昌邑王○宋祁曰妻子舊本無子字秋蝗九月反者公孫勇胡倩發覺皆伏辜師古曰倩音千見反

四年春正月行幸東萊臨大海二月丁酉隕石于雍二師古曰雍扶風之縣也二者石之數聲聞四百里三月上耕于鉅定服虔曰地名也近東海應劭曰齊國縣也晉灼曰案地理志應說是還幸泰山脩封庚寅祀于明堂癸巳禪石閭夏六月還幸甘泉秋八月辛酉晦日有蝕之

後元元年○劉攽曰按昭帝紀云辭訟在後二年前皆勿聽則當但稱後元年也春正月行幸甘泉郊泰畤遂幸安定昌邑王髆薨二月詔曰朕郊見上帝師古曰見音胡電反以下光景並見亦同巡于北邊見羣鶴留止以不羅罔靡所獲獻如淳曰時春也非用羅罔時故無所獲也薦于泰畤光景並見其赦天下夏六月御史大夫商丘成有罪自殺師古曰坐於廟中醉而歌侍中僕射莽何羅與弟重合侯通謀反孟康曰征和三年言重合侯馬通今此言莽明德馬后惡其先人有反易姓莽師古曰莽音莫戶反○宋祁曰案馬亦滿補反易馬為莽者以二字音同字之聲既不可改故但易其形耳以是知漢雖馬姓亦謂之姓也侍中駙馬都尉金日磾奉車都尉霍光騎都尉上官桀討之師古曰磾音丁奚反秋七月地震往往涌泉出

二年春正月朝諸侯王于甘泉宮賜宗室二月行幸盩厔五柞宮晉灼曰盩厔扶風縣也張晏曰有五柞樹因以名宮也師古曰盩音張流反厔音竹乙反乙丑立皇子弗陵為皇太子張晏曰昭帝也後但名弗以二名難諱故丁卯帝崩于五柞宮臣瓚曰帝年十七即位即位五十四年壽七十一入殯于未央宮前殿三月甲申葬茂陵臣瓚曰自崩至葬凡十八日茂陵在長安西北八十里也

贊曰漢承百王之弊高祖撥亂反正文景務在養民至于稽古禮文之事猶多闕焉孝武初立卓然罷黜百家師古曰百家謂諸子雜說違背六經表章六經師古曰六經謂易詩書春秋禮樂也遂疇咨海內舉其俊茂師古曰疇誰也咨謀也言謀於衆人誰可為事者也與之立功興太學脩郊祀改正朔定歷數師古曰正音之成反他皆類此協音律作詩樂建封禪禮百神紹周後號令文章煥焉可述後嗣得遵洪業而有三代之風師古曰三代夏殷周如武帝之雄材大畧不改文景之恭儉以濟斯民雖詩書所稱何有加焉師古曰美其雄材大畧而非其不恭儉也

前漢書卷六考證

武帝紀建元元年○劉攽云云○臣照按攽論當矣然謂元鼎以前之元皆有司所追命則恐無臣子妄造元號之理蓋必有詔命追稱而今不可考耳

或治申商注李奇曰申不害書執術○監本訛執衛宋本無術字

中尉程不識為車騎將軍○臣召南按公卿表中尉無程不識是時中尉為張敺又按李廣傳廣為未央衛尉不識為長樂衛尉即灌夫傳田蚡所云程李俱為東西宮衛尉者也此文當云長樂衛尉訛作中尉

起龍淵宮注漢章帝賜尚書韓稜龍淵劒○章訛帝今改正

置五屬國以處之○臣召南按杜佑通典曰安定上郡天水張掖五原為五屬國以地理志核之安定屬國都尉治三水上郡屬國都尉治龜茲天水屬國都尉治勇士滿福五原屬國都尉治蒲澤而張掖屬國都尉後書郡國志云武帝置知通典之說甚確但安定天水至元鼎三年始置張掖至元鼎六年始分則此時豈容先置都尉乎胡三省注通鑑云五郡故塞外以隴西北地上郡朔方雲中當之蓋有由也

攻故安圍枹罕○胡三省曰故安縣屬涿郡西羌之兵安能至此當作安故地理志安故枹罕二縣皆屬隴西郡

初置刺史部十三州○監本訛十二州今改正臣召南按晉志冀幽并兗徐青揚荊豫益涼及朔方交阯所謂十三州也至征和四年又置司隸校尉督察三輔三河弘農

秋閉城門大搜注搜索踰侈者也○顧炎武曰此與二年及征和元年之大搜同皆搜索奸人非踰侈者也

出酒泉與右賢王戰于天山注師古曰即祁連山也○臣召南按晉灼說是師古說非也此天山即白山括地志云今云折羅漫山在伊州伊吾縣者師古以甘州張掖縣之祁連當之則戰于內地上文不應云出酒泉矣祁連固即天字但此天山遠在西北非前此霍去病所奪之祁連近在內地者也

還幸北地祠常山○臣召南按此北地非郡名猶言北邊耳常山即北岳恒山在常山郡上曲陽西北

秋九月令死罪入贖錢五十萬減死一等○臣浩按此文天漢四年也至太始二年九月又云募死罪人贖錢五十萬減死一等二文相類一作令一作募一作入一作人必有一誤顧炎武曰此一事而重見又同

是九月疑衍文也
後元元年。王禕曰武帝沿文景故事復爲後元然始以後元二字加于年上此爲異也非史官追書之

前漢書卷七

漢　蘭　臺　令　史班　固撰

唐正議大夫行秘書少監琅邪縣開國子顏師古注

昭帝紀第七

孝昭皇帝荀悅曰諱弗之字曰不應劭曰禮謚法聖聞周達曰昭武帝少子也母曰趙倢伃師古曰倢接幸也伃美稱也故以名宮中婦官倢音接伃音余字或並從女本以有奇異得幸師古曰謂望氣者言有奇女天子氣及召見手指拳上自披之卽時伸及生帝亦奇異文穎曰十四月乃生語在外戚傳武帝末戾太子敗燕王旦廣陵王胥行驕嫚師古曰行音下更反後元二年劉攽曰檢前後文多元字二月上疾病師古曰疾甚曰病遂立昭帝爲太子年八歲以侍中奉車都尉霍光爲大司馬大將軍受遺詔輔少主明日武帝崩戊辰太子卽皇帝位謁高廟帝姊鄂邑公主益湯沐邑爲長公主應劭曰鄂縣名屬江夏公主所食曰邑師古曰鄂音五各反帝之姊妹則稱長公主儀比諸王又以供養天子故益邑也共養省中伏儼曰蔡邕云本爲禁中門閤有禁非侍御之臣不得妄入行道豹尾中亦爲禁中孝元皇后父名禁避之故曰省中師古曰省察也言入此中皆當察視不可妄也共讀曰供音居用反養音弋亮反他皆類此大將軍光秉政領尚書事車騎將軍金日磾左將軍上官桀副焉夏六月赦天下。劉攽曰是年二月有赦紀失載宣紀及丙吉傳可考秋七月有星孛于東方濟北王寬有罪自殺賜長公主及宗室昆弟各有差追尊趙倢伃爲皇太后起雲陵文穎曰倢伃先葬於雲陽是以就雲陽爲起雲陵冬匈奴入朔方殺略吏民發軍屯西河左將軍桀行北邊師古曰行音下更反

始元元年春二月黃鵠下建章宮太液池中如淳曰謂之液者言天地和液之氣所爲也臣瓚曰時漢用土德服色尚黃鵠色皆白而今更黃以爲上德之瑞故紀之也太液池言承陰陽津液以作池也師古曰如瓚之說皆非也黃鵠大鳥也一舉千里者非白鵠也太液池者言其津潤所及廣也鵠音胡篤反公卿上壽賜諸侯王列侯宗室金錢各有差己亥上耕于鉤盾弄田應劭曰時帝年九歲未能親耕帝籍鉤盾宦者近署故往試耕爲戲弄也臣瓚曰西京故事弄田在未央宮中師古曰弄田謂宴游之田天子所戲弄耳非爲昭帝年幼創有此名益封燕王廣陵王及鄂邑長公主各萬三千戶夏爲太后起園廟雲陵益州廉頭姑繒牂柯談指同並二十四邑皆反蘇林曰皆西南夷別種名也師古曰並音伴。宋祁曰景德本柯作牱遣水衡都尉呂破胡募吏民及發犍爲蜀郡犇命擊益州大破之應劭曰舊時郡國皆有材官騎士以赴急難今夷反常兵不足以討之故權選取精勇聞命奔走故謂之奔命李斐曰平居發者二十以上至五十爲甲卒今者五十以上六十以下爲奔命奔命言急也師古曰應說是也犇古奔字耳犍音虔又音鉅言反有司請河內屬冀州河東屬并州文穎曰本屬司州師古曰蓋屬京師司隸所部秋七月赦天下賜民百戶牛酒大雨渭橋絕八月齊孝王孫劉澤謀反欲殺青州刺史雋不疑師古曰雋音材兗反又音辭兗反發覺皆伏誅遷不疑爲京兆尹賜錢百萬九月丙子車騎將軍日磾薨閏月遣故廷尉王平等五人師古曰前爲此官今不居者皆謂之故也持節行郡國師古曰行音下更反舉賢良問民所疾苦冤失職者冬無冰

二年春正月大將軍光左將軍桀皆以前捕斬反虜重合侯馬通功封光爲博陸侯桀爲安陽侯以宗室毋在位者舉茂材劉辟彊劉長樂皆爲光祿大夫辟彊守長樂衛尉師古曰長樂宮之衛尉也三月遣使者振貸貧民毋種食者師古曰貸音吐戴反其下並同秋八月詔曰往年災害多今年蠶麥傷所振貸種食勿收責毋令民出今年田租冬發習戰射士詣朔方調故吏將屯田張掖郡師古曰調謂發選也故吏前爲官職者令其部率習戰射士於張掖爲屯田也調音徒釣反將音子亮反

三年春二月有星孛于西北秋募民徙雲陵賜錢田宅冬十月鳳皇集東海遣使者祠其處十一月壬辰朔日有蝕之

四年春三月甲寅立皇后上官氏文穎曰上官桀孫安之女赦天下辭訟在後二年前皆勿聽治孟康曰武帝後二年夏六月皇后見高廟賜長公主丞相將軍列侯中二千石以下及郎吏宗室錢帛各有差徙三輔富人雲陵賜錢戶十萬秋七月詔曰比歲不登民匱於食師古曰匱空也流庸未盡還師古曰流庸謂去其本鄉而行爲人庸作往時令民共出馬其止勿出諸給中都官者且減之師古曰中都官京師諸官府冬遣大鴻臚田廣明擊益州廷尉李种坐故縱死罪棄市師古曰縱謂容放之种音沖

五年春正月追尊皇太后父爲順成侯夏陽男子張延年詣北闕自稱衛太子誣罔要斬師古曰夏陽馮翊之縣夏罷天下亭母馬及馬弩關應劭曰武帝數伐匈奴再擊大宛馬死略盡乃令天下諸亭養母馬欲令其繁孳又作馬上弩機關今悉罷之孟康曰舊馬高五尺六寸齒未平弩十石以上皆不得出關今不禁也師古曰亭母馬應說是馬弩關孟說是也六月封皇后父驃騎將軍上官安爲桑樂侯師古曰樂音來各反詔曰朕以眇身獲保宗廟師古曰眇微也戰戰栗栗夙興夜寐脩古帝王之事通保傅傳孝經論語尚書未云有明文穎曰賈誼作保傅傳在禮大戴記言能通讀之也晉灼曰帝自謂通保傅傳未能有所明也臣瓚曰帝自謂雖通舉此四書皆未能有所明此帝之謙也師古曰晉瓚之說皆非也帝自言雖通保傅傳而孝經論語尚書猶未能明也。劉攽曰予謂瓚說是其令三輔太常舉賢良各二人郡國文學高第各一人賜中二千石以下至吏民爵各有差罷儋耳眞番郡師古曰儋耳本南越地眞番本朝鮮地皆武帝所置也番音普安反秋大鴻臚廣明軍正王平擊益州師古曰廣明田廣明斬首捕虜三萬餘人獲畜產五萬餘頭

六年春正月上耕于上林二月詔有司問郡國所舉賢良文學民所疾苦議罷鹽鐵榷酤應劭曰武帝時以國用不足縣官悉自賣鹽鐵酤酒昭帝務本抑末不與天下爭利故罷之移中監蘇武前使匈奴留單于庭十九歲迺還蘇林曰栘音移廄名也應劭曰栘地名監其官也掌鞍馬鷹犬射獵之具如淳曰栘爾雅唐棣栘也栘園之中有馬廄也師古曰蘇音如說是奉使全節以武爲典屬國如淳曰以其久在外國知邊事故令典主諸屬國師古曰典屬國本秦官漢因之掌歸義蠻夷屬官有九譯令後省并大鴻臚賜錢百萬夏旱大雩不得舉火臣瓚曰不得舉火抑陽助陰也秋七月罷榷酤官令民得以律占租如淳曰律諸當占租者家長身各以其物占占不以實家長不身自書皆罰金二斤沒入所不自占物及賈錢縣官也師古曰占謂自隱度其實定其辭也占音章贍反下又言占名數其義並同今猶謂獄訟之辯曰占皆其意也蓋武帝時賦斂繁多律外而取今始復舊。劉攽曰予謂罷榷酤官令民得以律占租賣酒升四錢共是一事爾以律占租者謂令民賣酒以所得利占而輸其租矣占不以實則論如律也租卽賣酒之稅也賣酒升四錢所以限民不得厚利爾王子侯表旁况侯殷坐貸子錢不占租皆免侯義與此占租同卽如顏說賣酒升四錢無爲所著官旣罷榷酤矣何處賣酒乎賣酒升四錢以邊塞闊遠取天水隴西張掖郡各二縣置金城郡詔曰鉤町侯毋波率其君長人民擊反者斬首捕虜有功服虔曰鉤音左傳射兩鉤之鉤應劭曰町音若挺西南夷也毋波其名也今牂柯鉤町縣是也師古曰音劬挺其立毋波爲鉤町王大鴻臚廣明將率有功賜爵關內侯食邑

元鳳元年春應劭曰三年中鳳皇比下東海海西樂鄉於是以冠元焉長公主共養勞苦復以藍田益長公主湯沐邑泗水戴王前薨以毋嗣國除後宮有遺腹子煖師古曰煖音許遠反相內史不奏言上聞而憐之立煖爲泗水王相內史皆下獄三月賜郡國所選有行義者涿郡韓福等五人帛人五十匹遣歸詔曰朕閔勞以官職之事鄧展曰閔哀韓福等不忍勞役以官職之事其務脩孝弟以教鄉里令郡縣常以正月賜羊酒有不幸者賜衣被一襲祠以中牢師古曰幸者吉而免凶也故死謂之不幸一襲一稱也猶今言一副也中牢卽少牢謂羊豕也武都氐人反師古曰氐音丁奚反遣執金吾馬適建龍頟侯韓增師古曰姓馬適名建也龍頟漢書本或作雒字功臣侯表云弓高壯侯韓頹當子護封龍雒侯元鼎五年坐酎金免後元元年譊弟子增紹封龍雒侯而荀悅漢紀龍雒皆爲頟字崔浩曰雒音洛今河間龍雒村與弓高相近然此旣地名無別指義各依書字而讀之斯則通矣譊音女交反大鴻臚廣明將三輔太常徒皆免刑擊之蘇林曰是時太常主諸陵縣治民也夏六月赦天下秋七月乙亥晦日有蝕之旣八月改始元爲元鳳九月鄂邑長公主燕王旦與左將軍上官桀桀子票騎將軍安御史大夫桑弘羊皆謀反伏誅初桀安父子與大將軍光爭權欲害之詐使人爲燕王旦上書言光罪時上年十四張晏曰武帝崩時八歲卽位於今七歲今年十五師古曰此云初桀安父子與大將軍爭權詐爲燕王上書蓋追道前年事耳非今歲也張說失之覺其詐後有譖光者上輒怒曰大將軍國家忠臣先帝所屬師古曰屬音之欲反敢有譖毀者坐之光由是得盡忠語在燕王霍光傳冬十月詔曰左將軍安陽侯桀票騎將軍桑樂侯安御史大夫桑弘羊皆數以邪枉干輔政師古曰枉曲也以邪曲之事而干求也大將軍不聽而懷怨望與燕王通謀置驛往來相約結燕王遣壽西長孫縱之蘇林曰壽西姓也長名也孫姓縱之名等賂遺長公主丁外人謁者杜延年大將軍長史公孫遺等交通私書服虔曰外人主之所幸也晉灼曰漢語字少君師古曰此杜延年別自一人非下諫大夫也共謀令長公主置酒伏兵殺大將軍光徵立燕王爲天子大逆毋道故稻田使者燕倉先發覺如淳曰特爲諸稻田置使者假與民收其稅入也以告大司農敞師古曰楊敞也敞告諫大夫延年師古曰杜延年杜周之子延年以聞丞相徵事任宮手捕斬桀文穎曰徵事丞相官屬位差尊掾屬也如淳曰時宮以丞相徵事召待詔丞相府故曰丞相徵事張晏曰漢儀注徵事比六百石皆故吏二千石不以贓罪免者爲徵事絳衣奉朝賀正月師古曰張說是也丞相少史王壽誘將安入府門如淳曰漢儀注丞相太尉大將軍史秩四百石武帝又置丞相少史秩四百石皆已伏誅吏民得以安封延年倉宮壽皆爲列侯又曰燕王迷惑失道前與齊王子劉澤等爲逆抑而不揚望王反道自新師古曰所爲邪僻違失正道欲其旋反而歸正故云反道今迺與長公主左將軍桀等謀危宗廟王及公主皆自伏辜其赦王太子建公主子文信及宗室子與燕王上官桀等謀反父母同產當坐者皆免爲庶人其吏爲桀等所詿誤未發覺在吏者除其罪師古曰其罪未發未爲吏所執持者。劉攽曰在吏謂發覺已在吏者

二年夏四月上自建章宮徙未央宮大置酒賜郎從官帛及宗室子錢人二十萬吏民獻牛酒者賜帛人一匹六月赦天下詔曰朕閔百姓未贍師古曰贍足也前年減漕三百萬石師古曰減省轉漕所以休力役也頗省乘輿馬及苑馬師古曰乘輿馬謂天子所自乘以駕車輿者他皆類此以補邊郡三輔傳馬張晏曰驛馬也師古曰傳音張戀反其令郡國毋斂今年馬口錢文穎曰往時有馬口出斂錢今省如淳曰所謂租及六畜也三輔太常郡得以叔粟當賦如淳曰百官表太常主諸陵別治其縣爵秩如三輔郡矣元帝永光五年令各屬在所郡也師古曰諸應出賦算租稅者皆聽以叔粟當錢物也叔豆也

三年春正月泰山有大石自起立上林有柳樹枯僵自起生師古曰僵偃也謂樹枯死偃臥在地者也僵音紀良反罷中牟苑賦貧民師古曰在滎陽詔曰迺者民被水災頗匱於食朕虛倉廩師古曰倉新穀所藏也廩穀所振入也使使者振困乏其止四年毋漕三年以前所振貸非丞相御史所請邊郡受牛者勿收責應劭曰武帝始開三邊徙民屯田皆與犂牛後丞相御史復間有所請令勑自上所賜與勿收責丞相所請乃令其顧稅耳夏四月少府徐仁廷尉王平左馮翊賈勝胡皆坐縱反者仁自殺平勝胡皆要斬冬遼東烏桓反以中郎將范

明友爲度遼將軍應劭曰當度遼水往擊之故以度遼爲官號將北邊七郡郡二千騎擊之

四年春正月丁亥帝加元服如淳曰元服謂初冠加上服也師古曰如氏以爲衣服之服此說非也元首也冠者首之所著故曰元服其下汲黯傳序云上加元服是知謂冠爲元服見于高廟賜諸侯王丞相大將軍列侯宗室下至吏民金帛牛酒各有差賜中二千石以下及天下民爵毋收四年五年口賦如淳曰漢儀注民年七歲至十四出口賦錢人二十三二十錢以食天子其三錢者武帝加口錢以補車騎馬也三年以前逋更賦未入者皆勿收如淳曰更有三品有卒更有踐更有過更古者正卒無常人皆當迭爲之一月一更是謂卒更也貧者欲得顧更錢者次直者出錢顧之月二千是謂踐更也天下人皆直戍邊三日亦名爲更律所謂繇戍也雖丞相子亦在戍邊之調不可人人自行三日戍又行者當自戍三日不可往便還因便住一歲一更諸不行者出錢三百入官官以給戍者是謂過更也律說卒踐更者居也居更縣中五月乃更也後從尉律卒踐更一月休十一月也食貨志曰月爲更卒已復爲正一歲屯戍一歲力役三十倍於古此漢初因秦法而行之也後遂改易有謫乃戍邊一歲耳逋未出更錢者也師古曰更音工衡反令天下酺五日甲戌丞相千秋薨師古曰田千秋夏四月詔曰度遼將軍明友前以羌騎校尉將羌王侯君長以下擊益州反虜後復率擊武都反氐今破烏桓斬虜獲生有功師古曰既斬反虜又獲生口也俘取曰獲其封明友爲平陵侯平樂監傅介子持節使師古曰持節而爲使誅斬樓蘭王安歸首縣北闕封義陽侯五月丁丑孝文廟正殿火上及羣臣皆素服發中二千石將五校作治六日成師古曰率領五校之士以作治也校音下教反太常及廟令丞郎吏皆劾大不敬會赦太常轑陽侯德免爲庶人文穎曰轑音料德江德也轑陽在魏郡清淵師古曰會六月赦耳史終言之六月赦天下

五年春正月廣陵王來朝益國萬一千戶賜錢二千萬黃金二百斤劒二安車一乘馬二駟師古曰八匹也夏大旱六月發三輔及郡國惡少年吏有告劾亡者屯遼東如淳曰告者爲人所告也劾者爲人所劾也師古曰惡少年謂無賴子弟也告劾亡者謂被告劾而逃亡秋罷象郡分屬鬱林牂牁冬十一月大雷十二月庚戌丞相訢薨師古曰王訢也訢亦欣字

六年春正月募郡國徒築遼東玄菟城夏赦天下詔曰夫穀賤傷農師古曰糴多而錢少是爲傷也今三輔太常穀減賤鄭氏曰減少其令以叔粟當今年賦應劭曰太常掌諸陵園皆徙天下豪富民以充實之後悉爲縣故與三輔同賦右將軍張安世宿衞忠謹封富平侯烏桓復犯塞遣度遼將軍范明友擊之

元平元年春二月詔曰天下以農桑爲本日者省用罷不急官師古曰謂非要職減外繇師古曰繇讀曰傜耕桑者益衆而百姓未能家給師古曰給足也家家自給足是爲家給也朕甚愍焉其減口賦錢有司奏請減什三上許之甲申晨有流星大如月衆星皆隨西行夏四月癸未帝崩于未央宮臣瓚曰帝年九歲卽位卽位十三年壽二十二師古曰帝年八歲卽位明年改元改元之後凡十三年年二十一六月壬申葬平陵臣瓚曰自崩至葬凡四十九日平陵在長安西北七十里

贊曰昔周成以孺子繼統而有管蔡四國流言之變師古曰四國謂管蔡商奄也流放也武王崩成王幼弱周公攝政四國乃流言曰公將不利於孺子遂致雷風之異成王既見金縢之冊乃不疑周公事見豳詩及周書大誥孝昭幼年卽位亦有燕蓋上官逆亂之謀成王不疑周公孝昭委任霍光各因其時以成名大矣哉承孝武奢侈餘敝師旅之後海內虛耗戶口減半師古曰耗損也音火到反減讀爲減省之減光知時務之要輕繇薄賦與民休息師古曰繇讀曰傜至始元元鳳之間匈奴和親百姓充實舉賢良文學問民所疾苦議鹽鐵而罷榷酤尊號曰昭不亦宜乎

前漢書卷七考證

昭帝紀發軍屯西河○監本訛屯河西從宋本改

上耕於鉤盾弄田注○臣召南按百官表少府屬官有鉤盾令丞後書志鉤盾令一人本注宦者典諸近池苑囿遊觀之處則應劭說是

夏陽男子張延年○通鑑考異曰紀作張延年儁不疑傳作成方遂又云一姓張名延年

封皇后父驃騎將軍上官安爲桑樂侯臣召南按驃騎將軍此與霍光傳同而外戚傳及恩澤侯表公卿表俱作車騎將軍必有一誤

罷儋耳眞番郡○臣召南按儋耳郡罷并入珠厓至元帝時珠厓亦罷又按後書東夷傳此年罷臨屯眞番以并樂浪元菟則不惟罷眞番一郡也

將三輔太常徒注○胡三省曰此刑徒輸作三輔及太常者也

三輔太常郡得以叔粟當賦注○顧炎武曰漢時田租本是叔粟令并口筭雜征之用錢者皆令以叔粟當之其獨行于三輔太常郡者不獨爲穀賤傷農亦以減漕三百萬石慮儲偫之乏也

將北邊七郡郡二千騎擊之○臣召南按匈奴傳明友爲度遼將軍將二萬騎出遼東則此七郡應作十郡郡二千騎正合二萬之數

發中二千石將五校作治注○王禕曰五校謂中壘屯騎越騎射聲虎賁也

秋罷象郡分屬鬱林牂牁○臣召南按此文可疑秦置象郡後屬南越漢破南越卽故象郡置日南郡以地理志證之此時無象郡名且日南郡固始終未罷也

前漢書卷八

漢　蘭　臺　令　史　班　固　撰

唐正議大夫行秘書少監瑯邪縣開國子顏師古注

宣帝紀第八

孝宣皇帝荀悅曰諱詢字次卿詢之字曰謀應劭曰謚法聖善周聞曰宣武帝曾孫戾太子孫也韋昭曰以違戾擅發兵故謚曰戾臣瓚曰太子誅江充以除讒賊而事不見明後武帝覺寤遂族充家宣帝不得以加惡謚也董仲舒書曰有其功無其意謂之戾無其功有其意謂之罪師古曰瓚說是也太子納史良娣服虔曰史姓也良娣官也師古曰太子有妃有良娣有孺子凡三等娣音第生史皇孫師古曰以外家姓稱之故曰史皇孫皇孫納王夫人生宣帝號曰皇曾孫生數月遭巫蠱事太子良娣皇孫王夫人皆遇害語在太子傳曾孫雖在襁褓李奇曰襁絡也以繒布爲之絡負小兒褓小兒大藉也孟康曰褓小兒被也師古曰襁卽今之小兒綳也褓音保襁音居丈反綳音補耕反猶坐收繫郡邸獄如淳曰謂諸郡邸置獄也師古曰據漢舊儀郡邸獄治天下郡國上計者屬大鴻臚此蓋巫蠱獄繫者衆故曾孫寄在郡邸獄而丙吉爲廷尉監師古曰監者廷尉之官屬治巫蠱於郡邸憐曾孫之亡辜使女徒復作淮陽趙徵卿渭城胡組更乳養李奇曰復作者女徒也謂輕罪男子守邊一歲女子軟弱不任守復令作於官亦一歲故謂之復作徒也孟康曰復音服謂弛刑徒也有赦令詔書去其鉗鈦赭衣更犯事不從徒加與民爲例故當復爲官作滿其本罪年月日律名爲復作也師古曰孟說是也趙徵卿淮陽人胡組渭城人皆女徒也二人更遞乳養曾孫而丙吉傳云郭徵卿紀傳不同未知孰是更音工衡反私給衣食視遇甚有恩巫蠱事連歲不決至後元二年○劉攽曰按武帝後元二年無赦元年乃有之蓋本云後元年後人誤作後元元年又誤元字注二字後又誤爲二耳武帝疾往來長楊五柞宮師古曰長楊五柞二宮並在盩厔皆以樹名之帝往來二宮之間也柞字或作柞其音同望氣者言長安獄中有天子氣上遣使者分條中都官獄師古曰中都官凡京師諸官府也繫者輕重皆殺之內謁者令郭穰夜至郡邸獄師古曰百官表云內者署屬少府續漢書志云掌宮中布張諸褻物丁孚漢官云令秩千石蓋當時權爲此使○劉攽曰謁字衍劉敞同吉拒閉使者不得入曾孫賴吉得全因遭大赦吉廼載曾孫送祖母史良娣家語在吉及外戚傳後有詔掖庭養視上屬籍宗正應劭曰掖庭宮人之官有令丞宦者爲之詔勑掖庭養視之始令宗正著其屬籍時掖庭令張賀嘗事戾太子思顧舊恩師古曰顧念也哀曾孫奉養甚謹以私錢供給教書既壯爲取暴室嗇夫許廣漢女應劭曰暴室宮人獄也今曰薄室許廣漢坐法腐爲宦者作嗇夫也師古曰暴室者掖庭主織作染練之署故謂之暴室取暴曬爲名耳或云薄室者薄亦暴也今俗語亦云薄曬蓋暴室職務既多因爲置獄主治其罪人故往往云暴室獄耳然本非獄名應說失之矣嗇夫者暴室屬官亦猶縣鄉之嗇夫也曬音所懈反又音所智反曾孫因依倚廣漢兄弟及祖母家史氏師古曰倚音於綺反受詩於東海澓中翁服虔曰澓音馥師古曰東海人姓澓字中翁也澓音房福反中讀曰仲高材好學然亦喜游俠師古曰喜音許吏反鬭雞走馬具知閭里姦邪吏治得失數上下諸陵師古曰諸陵皆據高敞地爲之縣卽在其側帝每周游往來諸陵縣去則上來則下故言上下諸陵周徧三輔師古曰游行皆至其處常困於蓮勺鹵中如淳曰爲人所困辱也蓮勺縣有鹽池縱廣十餘里其鄉人名爲鹵中蓮音輦勺音灼師古曰如說是也鹵者鹹地也今在櫟陽縣東其鄉人謂此中爲鹵鹽池也尤樂杜鄠之間師古曰二縣之間也杜屬京兆鄠屬扶風鄠音扈率常在下杜孟康曰在長安南師古曰率者總計之言也下杜卽今之杜城時會朝請舍長安尚冠里文穎曰以屬弟尚親故歲時隨宗室朝會也如淳曰春曰朝秋曰請師古曰舍止也尚冠者長安中里名帝朝請之時卽於此里中止息請音才姓反身足下有毛臥居數有光耀師古曰足下皆有毛每買餅所從買家輒大讎師古曰讎讀曰售亦以是自怪

元平元年四月昭帝崩毋嗣大將軍霍光請皇后徵昌邑王六月丙寅王受皇帝璽綬尊皇后曰皇太后癸巳光奏王賀淫亂請廢語在賀及光傳秋七月光奏議曰禮人道親親故尊祖尊祖故敬宗大宗無嗣擇支子孫賢者爲嗣孝武皇帝曾孫病已師古曰蓋以夙遭屯難而多病苦故名病已欲其速差也後以爲鄙更改諱詢有詔掖庭養視至今年十八師受詩論語孝經操行節儉慈仁愛人可以嗣孝昭皇帝後奉承祖宗子萬姓師古曰天子以萬姓爲子故云子萬姓奏可遣宗正德至曾孫尚冠里舍洗沐賜御府衣太僕以軨獵車奉迎曾孫文穎曰軨獵小車前有曲輿不衣也近世謂之軨獵車也孟康曰今之載獵車也前有曲輪特高大獵時立其中格射禽獸李奇曰蘭輿輕車也師古曰文李二說皆是時未備天子車駕故且取其輕便耳非藉高大也孟說失之軨音鈴就齊宗正府庚申入未央宮見皇太后封爲陽武侯師古曰先封侯者不欲立庶人爲天子也已而羣臣奉上璽綬卽皇帝位謁高廟八月己巳丞相敞薨師古曰楊敞也九月大赦天下十一月壬子立皇后許氏賜諸侯王以下金錢至吏民鰥寡孤獨各有差皇太后歸長樂宮初置屯衞

本始元年春正月募郡國吏民訾百萬以上徙平陵文穎曰昭帝陵遣使者持節詔郡國二千石謹牧養民而風德化師古曰以德化被於下故云風也詩序曰上以風化下大將軍光稽首歸政上謙讓委任焉論定策功益封大將軍光萬七千戶車騎將軍光祿勳富平侯安世萬戶李斐曰居光祿位以車騎官號尊之無車騎官屬詔曰故丞相安平侯敞等居位守職與大將軍光車騎將軍安世建議定策以安宗廟功賞未加而薨其益封敞嗣子忠及丞相陽平侯義師古曰蔡義度遼將軍平陵侯明友師古曰范明友前將軍龍雒侯增師古曰韓增太僕建平侯延年師古曰杜延年太常蒲侯昌師古曰蘇昌諫大夫宜春侯譚師古曰王譚當塗侯平師古曰功臣表云魏不害以捕反者胡倩功封當塗侯其子聖以定策功益封凡二千二百戶今此紀言當塗侯平與表乖錯未知孰是或者有二名乎杜侯屠耆堂蘇林曰其祖父復陸支本匈奴胡也歸義爲屬國王從驃騎有功乃更封也長信少府關內侯勝師古曰夏侯勝邑戶各有差封御史大夫廣明爲昌水侯師古曰田廣明後將軍充國爲營平侯師古曰趙充國大司農延年爲陽城侯師古曰田延年少府樂成爲爰氏侯師古曰史樂成光祿大夫遷爲平丘侯師古曰王遷賜右扶風德師古曰周德典屬國武師古曰蘇武廷尉光師古曰李光宗正德師古曰楚元王之曾孫劉辟彊子大鴻臚賢師古

曰韋賢詹事畸蘇林曰畸音踦隻之踦師古曰宋畸也音居宜反光祿大夫吉師古曰丙吉京輔都尉廣漢師古曰趙廣漢也三輔郡皆有都尉如諸郡左輔都尉治高陵右輔都尉治郿京輔都尉治華陰灌北爵皆關內侯張晏曰舊關內侯無邑也以蘇武守節外國劉德宗室俊彥故特令食邑德武食邑夏四月庚午地震詔內郡國舉文學高第各一人韋昭曰中國為內郡緣邊有夷狄障塞者為外郡成帝時內郡舉方正北邊二十二郡舉勇猛士五月鳳皇集膠東千乘赦天下賜吏二千石諸侯相下至中都官宦吏六百石爵各有差如淳曰中都官宦吏奄人為吏者也晉灼曰凡職在京師者也師古曰二說皆非也中都官謂在京師諸官也宦吏諸奄官也自左更至五大夫師古曰左更第十二爵也五大夫第九爵也更音工衡反○劉敞曰案此賜爵不及中二千石者緣王卿位九侯率已為關內侯矣賜天下人爵各一級孝者二級女子百戶牛酒租稅勿收六月詔曰故皇太子在湖未有號謚師古曰湖縣名也死於湖因即葬焉歲時祠其議謚置園邑語在太子傳秋七月詔立燕刺王太子建為廣陽王師古曰刺音來曷反立廣陵王胥少子弘為高密王

二年春以水衡錢為平陵徙民起第宅應劭曰水衡與少府皆天子私藏耳縣官公作當仰給司農今出水衡錢言宣帝即位為異政也晉灼曰食貨志初大司農管鹽鐵官布多故置水衡欲以主鹽鐵及楊可告緡上林財物衆乃令水衡主上林上林三官主鑄錢也大司農陽城侯田延年有罪自殺師古曰坐增僦直而自入夏五月詔曰朕以眇身奉承祖宗夙夜惟念孝武皇帝躬履仁義選明將討不服匈奴遠遁平氏羌昆明南越百蠻鄉風師古曰鄉讀曰嚮也款塞來享應劭曰款叩也皆叩塞門來服從也如淳曰款實也請除守塞者自保不為寇害也故曰款五原塞師古曰應說是也此況說夷狄來賓之事非呼韓邪保塞意也建太學修郊祀定正朔協音律封泰山塞宣房蘇林曰隄名在東郡界李斐曰決河上宮名也張晏曰瓠子隄名師古曰蘇張二說皆是符瑞應寶鼎出白麟獲功德茂盛不能盡宣而廟樂未稱師古曰稱副也其議奏有司奏請宜加尊號六月庚午尊孝武廟為世宗廟奏盛德文始五行之舞應劭曰宣帝復采昭德之舞為盛德舞以尊世宗廟也諸帝廟皆常奏文始四時五行舞也天子世世獻武帝巡狩所幸之郡國皆立廟賜民爵一級女子百戶牛酒匈奴數侵邊又西伐烏孫烏孫昆彌及公主因國使者上書師古曰昆彌烏孫王之號也國使者漢朝之使也言昆彌願發國精兵擊匈奴唯天子哀憐出兵以救公主秋大發興調關東輕車銳卒師古曰調亦選也銳利也言其勇利也調音徒釣反選郡國吏三百石伉健習騎射者皆從軍師古曰伉強也音口浪反御史大夫田廣明為祁連將軍應劭曰祁連匈奴中山名也諸將分部廣明備此山因以為號也師古曰祁音上夷反後將軍趙充國為蒲類將軍應劭曰蒲類匈奴中海名也在敦煌北晉灼曰匈奴傳有蒲類澤師古曰晉說是也雲中太守田順為虎牙將軍及度遼將軍范明友前將軍韓增凡五將軍兵十五萬騎校尉常惠持節護烏孫兵咸擊匈奴

三年春正月癸亥皇后許氏崩戊辰五將軍師發長安夏五月軍罷祁連將軍廣明虎牙將軍順有罪下有司皆自殺晉灼曰田千秋子也廣明坐逗留順坐增虜獲校尉常惠將烏孫兵入匈奴右地大克獲封列侯大旱郡國傷旱甚者民毋出租賦三輔民就賤者且毋收事盡四年晉灼曰不給官役也師古曰收謂租賦也事謂役使也盡本始四年而止六月己丑丞相義薨師古曰蔡義

四年春正月詔曰蓋聞農者興德之本也今歲不登已遣使者振貸困乏其令太官損膳省宰師古曰膳具食也食之善者也宰為屠殺也省減也漢儀注太宰令屠者七十二人宰二百人樂府減樂人使歸就農業丞相以下至都官令丞師古曰都官令丞京師諸署之令丞上書入穀輸長安倉助貸貧民民以車船載穀入關者得毋用傳師古曰傳傳符也欲穀之多故不問其出入也傳音張戀反三月乙卯立皇后霍氏賜丞相以下至郎吏從官金錢帛各有差赦天下夏四月壬寅郡國四十九地震或山崩水出詔曰蓋災異者天地之戒也朕承洪業奉宗廟託于士民之上未能和羣生迺者地震北海琅邪壞祖宗廟朕甚懼焉丞相御史其與列侯中二千石博問經學之士有以應變師古曰謂禦塞災異也輔朕之不逮毋有所諱令三輔太常內郡國舉賢良方正各一人律令有可蠲除以安百姓條奏被地震壞敗甚者勿收租賦大赦天下上以宗廟墮素服避正殿五日師古曰墮者毀也音火規反五月鳳皇集北海安丘淳于師古曰二縣皆屬北海郡秋廣川王吉有罪廢遷上庸自殺○宋祁曰吉一作去字

地節元年應劭曰以先者地震山崩水出於是改年曰地節欲令地得其節春正月有星孛于西方三月假郡國貧民田師古曰權以給之不常與夏六月詔曰蓋聞堯親九族以和萬國師古曰尚書堯典云克明俊德以親九族九族既睦平章百姓百姓昭明協和萬邦故詔引之朕蒙遺德奉承聖業惟念宗室屬未盡而以罪絕若有賢材改行勸善其復屬使得自新師古曰復音扶目反冬十一月楚王延壽謀反自殺十二月癸亥晦日有蝕之

二年春三月庚午大司馬大將軍光薨詔曰大司馬大將軍博陸侯師古曰尊之故不名宿衛孝武皇帝三十餘年輔孝昭皇帝十有餘年遭大難躬秉義率三公諸侯九卿大夫定萬世策以安宗廟天下蒸庶咸以康寧師古曰蒸衆庶人也康安也功德茂盛朕甚嘉之復其後世疇其爵邑張晏曰律非始封十減二疇者等也言不復減也師古曰復音方目反世世毋有所與師古曰與讀曰豫功如蕭相國夏四月鳳皇集魯郡羣鳥從之師古曰今流俗書本此下云戊申立皇太子而後年又有立皇太子事此蓋以元紀云元帝二歲宣帝即位八歲為皇太子故後人妄於此書加之舊本無也據疏廣及丙吉傳並云地節三年立皇太子此即明驗而或者妄為臆說乖於實矣大赦天下五月光祿大夫平丘侯王遷有罪下獄死上始親政事又思報大將軍功德迺復使樂平侯山領尚書事師古曰霍山光之兄孫而令羣臣得奏封事以知下情五日一聽事自丞相以下各奉職奏事以傅奏其言應劭曰敷陳也各自奏陳其言然後試之以官考其功德也師古曰傅讀曰敷考試功能侍中尚書功勞當遷及有異善厚加賞賜至于子孫終不改易師古曰言各久其職事也○劉攽曰至于子孫謂賞賜逮及子孫非謂侍中尚書官至子孫不改易也樞機周密品式備具上下相安莫有苟且之意也

三年春三月詔曰蓋聞有功不賞有罪不誅雖唐虞猶不能以化天下今膠東相成勞來不怠師古曰王成也勞來者言慰勉而招延之也小雅鴻鴈之詩序曰勞來還定安集之勞音盧到反來音盧代反流民自占八萬餘口師古曰占者謂自隱度其戶口而著名籍也占音之贍反治有異等師古曰政治異於常等其秩成中二千石賜爵關內侯又曰鰥寡孤獨高年貧困之民朕所憐也前下詔假公田貸種食師古曰貸音吐戴反其加賜鰥寡孤獨高年帛二千石嚴教吏謹視遇毋令失職師古曰職常也失職謂失其常業也令內郡國舉賢良方正可親民者夏四月戊申立皇太子大赦天下賜御史大夫爵關內侯中二千石爵右庶長張晏曰自公孫弘後丞相常封列侯第二十等爵故賜御史大夫爵關內侯第十九等爵也右庶長第十一等爵也師古曰張說非也此以立皇太子國之大慶故特賜御史大夫及中二千石爵耳非常制也天下當為父後者爵一級賜廣陵王黃金千斤諸侯王十五人黃金各百斤列侯在國者八十七人黃金各二十斤冬十月詔曰迺者九月壬申地震朕甚懼焉有能箴朕過失師古曰箴戒也及賢良方正直言極諫之士以匡朕之不逮師古曰匡正也毋諱有司李奇曰諱避也雖有司在顯職皆言其過勿避之朕既不德不能附遠是以邊境屯戍未息今復飭兵重屯久勞百姓師古曰飭讀與敕同飭整也非所以綏天下也其罷車騎將軍右將軍屯兵又詔池籞未御幸者假與貧民蘇林曰折竹以繩綿連禁籞使人不得往來律名為籞服虔曰籞在池水中作室可用棲鳥鳥入中則捕之應劭曰池者陂池也籞者禁苑也臣瓚曰籞者所以養鳥也設為籓落周覆其上令鳥不得出猶苑之蓄獸池之畜魚也師古曰蘇應二說是郡國宮館勿復修治流民還歸者假公田貸種食師古曰貸音吐戴反種五穀種也音之勇反且勿算事師古曰不出算賦及給徭役十一月詔曰朕既不逮導民不明師古曰不逮者意慮不及也反側晨興念慮萬方不忘元元惟恐羞先帝聖德師古曰羞謂忝辱也故並舉賢良方正以親萬姓歷載臻茲然而俗化闕焉師古曰多歷年載迄至于今傳曰孝弟也者其為仁之本與師古曰論語載有若之言與讀曰予其令郡國舉孝弟有行義聞於鄉里者各一人十二月初置廷尉平四人秩六百石省文山郡并蜀師古曰以其縣道隸蜀郡

四年春二月封外祖母為博平君故酇侯蕭何曾孫建世為侯詔曰導民以孝則天下順今百姓或遭衰絰凶災師古曰衰音千回反而吏繇事使不得葬師古曰繇讀曰傜事謂役使之傷孝子之心朕甚憐之自今諸有大父母父母喪者勿繇事使得收斂送終盡其子道夏五月詔曰父子之親夫婦之道天性也雖有患禍猶蒙死而存之師古曰蒙冒也誠愛結於心仁厚之至也豈能違之哉自今子首匿父母妻匿夫孫匿大父母皆勿坐師古曰凡首匿者言為謀首而藏匿罪人其父母匿子夫匿妻大父母匿孫罪殊死皆上請廷尉以聞立廣川惠王孫文為廣川王秋七月大司馬霍禹謀反詔曰迺者東織室令史張赦應劭曰舊時有東西織室織作文繡郊廟之服令史其主者史使魏郡豪李竟文穎曰有權勢豪右大家報冠陽侯霍雲謀為大逆如淳曰報白也師古曰此說非也謂張赦因李竟傳言於霍雲與共謀反耳非告白其罪也赦既為織室令史身在京師不須李竟發之據霍禹傳其事明矣朕以大將軍故抑而不揚冀其自新今大司馬博陸侯禹與母宣成侯夫人顯及從昆弟冠陽侯雲樂平侯山師古曰據霍光傳雲山皆去病之孫則於禹為子行也今此紀言從昆弟蓋傳寫者脫子字耳當言從昆弟子也諸姊妹壻度遼將軍范明友長信少府鄧廣漢中郎將任勝騎都尉趙平長安男子馮殷等晉灼曰漢語字子都謀為大逆顯前又使女侍醫淳于衍進藥殺共哀后師古曰殺讀曰弒共讀曰恭謀毒太子欲危宗廟逆亂不道咸伏其辜諸為霍氏所詿誤未發覺在吏者皆赦除之八月己酉皇后霍氏廢九月詔曰朕惟百姓失職不贍遣使者循行郡國問民所疾苦師古曰行音下更反吏或營私煩擾不顧厥咎朕甚閔之今年郡國頗被水災已振貸師古曰貸音吐戴反鹽民之食而賈咸貴師古曰賈讀曰價其下亦同衆庶重困師古曰更增其困也重音直用反其減天下鹽賈又曰令甲死者不可生文穎曰蕭何承秦法所作為律令律經是也天子詔所增損不在律上者為令令甲者前帝第一令也如淳曰令有先後故有令甲令乙令丙師古曰如說是也甲乙者若今之第一第二篇耳刑者不可息李斐曰息滅也若黥劓者雖欲改過其創瘢不可復滅也師古曰息謂生長也言劓刵瘢割之徒不可更生長亦猶謂子為息耳李說非也此先帝之所重而吏未稱師古曰稱副也今繫者或以掠辜若飢寒瘐死獄中蘇林曰瘐病也囚徒病律名為瘐如淳曰律囚以飢寒而死曰瘐師古曰瘐病是也此言囚或以掠笞及飢寒及疾病而死如說非矣瘐音庾字或作瘉其音亦同何用心逆人道也朕甚痛之其令郡國歲上繫囚以掠笞若瘐死者所坐名縣爵里師古曰名其人名也縣所屬縣也爵其身之官爵也里所居邑里也丞相御史課殿最以聞師古曰凡言殿最者殿後也課居後也最凡要之首也課居先也殿音丁見反十二月清河王年有罪廢遷房陵

元康元年春以杜東原上為初陵更名杜縣為杜陵徙丞相將軍列侯吏二千石訾百萬者杜陵三月詔曰迺者鳳皇集泰山陳留甘露降未央宮朕未能章先帝休烈師古曰章明也休美也烈業也協寧百姓承天順地調序四時獲蒙嘉瑞賜茲祉福夙夜兢兢靡有驕色內省匪解永惟罔極師古曰省視也永長也惟思也罔無也極中也帝言內自視察不敢惰怠長思政道恐無其中也解讀曰懈書不云乎鳳皇來儀庶尹允諧師古曰虞書益稷之篇曰簫韶九成鳳皇來儀擊石拊石百獸率舞庶尹允諧言奏樂之和鳳皇以其容儀來下百獸相率舞蹈是乃衆官之長信皆和

輒故神人交暢其赦天下徒賜勤事吏中二千石以下至六百石爵自中郎吏至五大夫師古曰賜中郎吏爵得至五大夫自此以上每爲等級而高賜也五大夫第九爵也一曰二千石至五大夫自此以下而差降○劉攽曰爵自中郎吏文誤蓋本云自中更至五大夫傳者誤以更爲吏遂衍出郎字與民爵不過公乘則賜吏爵自五大夫而上也以中二千石爵中更二千石亦當左更與此同千石當右庶長六百石則五大夫矣尋本始元年詔文則知此說是佐史以上二級民一級女子百戶牛酒加賜鰥寡孤獨三老孝弟力田帛所振貸勿收夏五月立皇考廟益奉明園戶爲奉明縣師古曰奉明園卽皇考史皇孫之所葬也本名廣明後追改也復高皇帝功臣絳侯周勃等百三十六人家子孫令奉祭祀師古曰復音方目反以下亦同世世勿絕其毋嗣者復其次秋八月詔曰朕不明六藝鬱于大道孟康曰鬱不通也是以陰陽風雨未時其博舉吏民厥身修正通文學明於先王之術宣究其意者各二人師古曰究盡也中二千石各一人○劉攽曰此詔是下丞相御史者故云各二人下云中二千石各一人於文似少潤飾冬置建章衛尉

二年春正月詔曰書云文王作罰刑茲無赦師古曰周書康誥之辭也言文王作法罰其有亂常違教者則刑之無放釋也今吏修身奉法未有能稱朕意朕甚愍焉其赦天下與士大夫厲精更始李斐曰今吏已修身奉法矣但不能稱上意故赦之師古曰言文王作罰有犯之者皆刑無赦今我意有所閔吏修身奉法矣而未稱其任故特赦之與更始耳李說非也○劉攽曰言吏修身奉法未有能稱朕意故須赦也何則身不修則不能率下法不奉則或阿枉如此則民生罪者乃無辜安得如文王刑茲無赦也○劉敞曰此詔正謂吏未能修身奉法有稱上意者故特赦之與更始申儆之也顏李以意疑宣帝不當謂吏告未修身奉法乃斷其辭曲爲釋解失之遠矣二月乙丑立皇后王氏師古曰王奉光女賜丞相以下至郎從官錢帛各有差三月以鳳皇甘露降集賜天下吏爵二級民一級女子百戶牛酒鰥寡孤獨高年帛夏五月詔曰獄者萬民之命所以禁暴止邪養育羣生也能使生者不怨死者不恨則可謂文吏矣今則不然用法或持巧心析律貳端深淺不平師古曰析分也謂分破律條妄生端緒以出入人罪增辭飾非以成其罪奏不如實上亦亡繇知師古曰上者天子自謂也繇讀與由同此朕之不明吏之不稱四方黎民將何仰哉二千石各察官屬勿用此人吏務平法或擅興繇役飾廚傳稱過使客韋昭曰廚謂飲食傳謂傳舍言修飾意氣以稱過使而已師古曰使人及賓客來者稱其意而遣之令過去也稱音尺孕反過者過度之過也越職踰法以取名譽譬猶踐薄冰以待白日豈不殆哉師古曰殆危也今天下頗被疾疫之災朕甚愍之其令郡國被災甚者毋出今年租賦又曰聞古天子之名難知而易諱也今百姓多上書觸諱以犯罪者朕甚憐之其更諱詢諸觸諱在令前者赦之師古曰令謂令詔書冬京兆尹趙廣漢有罪要斬

三年春以神爵數集泰山賜諸侯王丞相將軍列侯二千石金郎從官帛各有差賜天下吏爵二級民一級女子百戶牛酒鰥寡孤獨高年帛三月詔曰蓋聞象有罪舜封之應劭曰象者舜弟也日以殺舜爲事舜爲天子猶封之於有鼻之國骨肉之親粲而不殊師古曰粲明也殊絕也常明於仁恩不離絕也其封故昌邑王賀爲海昏侯又曰朕微眇時御史大夫丙吉中郎將史曾史玄長樂衛尉許舜侍中光祿大夫許延壽皆與朕有舊恩及故掖庭令張賀輔導朕躬修文學經術恩惠卓異厥功茂焉詩不云乎無德不報師古曰大雅抑之詩也言受人之德必有報也封賀所子弟子侍中中郎將彭祖爲陽都侯如淳曰賀張安世兄有一子早死故以彭祖爲子師古曰所子者言養弟子以爲子追賜賀謚曰陽都哀侯吉曾玄舜延壽皆爲列侯故人下至郡邸獄復作師古曰謂胡組趙徵卿之輩也復扶目反嘗有阿保之功臣瓚曰阿倚保養也皆受官祿田宅財物各以恩深淺報之夏六月詔曰前年夏神爵集雍晉灼曰漢注大如鷃爵黃喉白頸黑背腹斑文也師古曰鷃音晏今春五色鳥以萬數飛過屬縣師古曰三輔諸縣也翱翔而舞欲集未下其令三輔毋得以春夏擿巢探卵彈射飛鳥師古曰擿音他狄反射音食亦反○宋祁曰南本飛鳥下有畢年二字具爲令立皇子欽爲淮陽王

四年春正月詔曰朕惟耆老之人髮齒墮落血氣衰微亦亡暴虐之心今或罹文法拘執囹圄不終天命朕甚憐之自今以來諸年八十以上非誣告殺傷人佗皆勿坐師古曰誣告人及殺傷人皆如舊法其餘則不論遣太中大夫彊等十二人循行天下師古曰行音下更反存問鰥寡覽觀風俗察吏治得失舉茂材異倫之士二月河東霍徵史等謀反誅三月詔曰迺者神爵五采以萬數集長樂未央北宮高寢甘泉泰畤殿中及上林苑朕之不逮寡于德厚屢獲嘉祥非朕之任其賜天下吏爵二級民一級女子百戶牛酒加賜三老孝弟力田帛人二匹鰥寡孤獨各一匹秋八月賜故右扶風尹翁歸子黃金百斤以奉其祭祀又賜功臣適後黃金人二十斤師古曰適讀曰嫡承嗣者也或子或孫不拘後裔故總言後也丙寅大司馬衛將軍安世薨比年豐穀石五錢師古曰比頻也

神爵元年應劭曰前年神爵集于長樂宮故改元春正月行幸甘泉郊泰畤三月行幸河東祠后土詔曰朕承宗廟戰戰栗栗惟萬事統未燭厥理師古曰惟思也統緒也燭照也迺元康四年嘉穀玄稷降于郡國服虔曰玄稷黑粟也神爵仍集師古曰仍頻也金芝九莖產于函德殿銅池中服虔曰金芝色像金也如淳曰函亦含也銅池承霤也晉灼曰以銅作池也師古曰函德殿名也銅池承霤是也以銅爲之函讀與含同九眞獻奇獸蘇林曰白象也晉灼曰漢注駒形麟色牛角仁而愛人師古曰非白象也晉說是矣南郡獲白虎威鳳爲寶服虔曰威鳳鳥名也晉灼曰鳳之有威儀者也與尚書鳳皇來儀同意師古曰晉說是朕之不明震于珍物服虔曰震驚也蘇林曰震動也珍物瑞應也師古曰蘇說是也獲珍物而心感動也飭躬齋精祈爲百姓師古曰飭與勑同爲音于僞反東濟大河天氣清靜神魚舞河幸萬歲宮神爵翔集服虔曰萬歲宮在東郡平陽縣今有津晉灼曰黃圖汾陰有萬歲宮是時幸河東師古曰晉說是朕之不德懼不能任其以五年爲神爵元年賜天下勤事吏爵二級民一級女子百戶牛酒鰥寡孤獨高年帛所振貸物勿收行所過毋出田租西羌反發三輔中都官徒弛刑李奇曰弛廢也謂若今徒解鉗釱赭衣置任輸作也師古曰中都官京師諸官府也漢儀注長安中諸官獄三十六所弛刑李說是也若今徒囚但不枷鎖而責保散役之耳弛音式爾反及應募佽飛射士服虔曰周時度江越人在船下負船將覆之佽飛入水殺之漢因以材力名官如淳曰呂氏春秋荊有茲非得寶劍於干將渡江中流兩蛟繞舟茲非拔寶劍赴江刺兩蛟殺之荊王聞之任以執圭後世以爲勇力之官茲佽音相近臣瓚曰本秦左弋官也武帝改曰佽飛官有一令九丞在上林苑中結矰繳以弋鳧鴈歲萬頭以供祀宗廟許愼曰佽便利也便利增繳以弋鳧鴈故曰佽飛詩曰抉拾既佽者也師古曰取古勇力人以名官熊渠之類是也亦因取其便利輕疾若飛故號佽飛弋鳧鴈事自使佽飛爲之非取飛鳥爲名瓚說失之佽音次羽林孤兒應劭曰天有羽林大將軍之星林喩若林木之盛羽羽翼鷙擊之意故以名武官焉如淳曰百官表取從軍死事者之子養羽林官敎以五兵號曰羽林孤兒少壯令從軍漢儀注羽林從官七百人胡越騎三河潁川沛郡淮陽汝南材官金城隴西天水安定北地上郡騎士羌騎詣金城夏四月遣後將軍趙充國彊弩將軍許延壽擊西羌六月有星孛于東方卽拜酒泉太守辛武賢爲破羌將軍師古曰卽就也就酒泉而拜之不徵入與兩將軍並進師古曰兩將軍卽趙充國許延壽詔曰軍旅暴露轉輸煩勞其令諸侯王列侯蠻夷王侯君長當朝二年者皆毋朝師古曰朝來年之正月秋賜故大司農朱邑子黃金百斤以奉祭祀後將軍充國言屯田之計語在充國傳

二年春二月詔曰迺者正月乙丑鳳皇甘露降集京師羣鳥從以萬數朕之不德屢獲天福祗事不怠其赦天下夏五月羌虜降服斬其首惡大豪楊玉酋非首文穎曰羌胡名大帥爲酋如中國言魁非首其名也如淳曰酋音酒酋熟師古曰文說失矣酋者自其魁帥之稱而此酋不當其義也蓋首惡者唱首爲惡也大豪者魁帥也楊玉及酋非皆人名言斬此二人之首級耳旣已言大豪不當重言酋且趙充國傳又云酋非楊玉首此其明驗也酋音才由反○宋祁曰予按酋非字當爲酋音酒熟鄭注月令酒孰曰酋置金城屬國以處降羌秋匈奴日逐王先賢撣鄭氏曰撣音纏束之纏晉灼曰音田師古曰鄭音是也將人衆萬餘來降使都護西域騎都尉鄭吉迎日逐破車師皆封列侯九月司隸校尉蓋寬饒有罪下有司自殺匈奴單于遣名王奉獻師古曰名王者謂有大名以別諸小王也賀正月始和親師古曰賀來歲之正月

三年春起樂游苑師古曰三輔黃圖云在杜陵西北又關中記云宣帝立廟於曲池之北號樂游案其處則今之所呼樂游廟者是也其餘基尚可識焉蓋本爲苑後因立廟乎樂音來各反三月丙午丞相相薨師古曰魏相秋八月詔曰吏不廉平則治道衰今小吏皆勤事而奉祿薄師古曰奉音扶用反其下亦同欲其毋侵漁百姓難矣如淳曰漁奪也謂奪其利便也晉灼曰許愼云捕魚之字也師古曰漁者若言漁獵也晉說是也其益吏百石以下奉十五如淳曰律百石奉月六百韋昭曰若食一斛則益五斗○宋祁曰刊誤據後漢志及師古百官表注當云律百石奉月十六斛

四年春二月詔曰迺者鳳皇甘露降集京師嘉瑞並見修興泰一五帝后土之祠祈爲百姓蒙祉福師古曰爲音于僞反鸞鳳萬舉蜚覽翱翔集止于旁師古曰萬舉猶言舉以萬數也蜚古飛字也言鸞鳳飛翔覽觀都邑也齊戒之暮神光顯著薦鬯之夕神光交錯師古曰鬯香酒所以祭神或降于天或登于地或從四方來集于壇上帝嘉嚮海內承福師古曰嚮讀曰饗其赦天下賜民爵一級女子百戶牛酒鰥寡孤獨高年帛夏四月潁川太守黃霸以治行尤異秩中二千石如淳曰太守雖號二千石有千石八百石居者有功德茂異乃得滿秩霸得中二千石九卿秩也晉灼曰此直謂二千石增秩爲中二千石耳不謂滿不滿也師古曰如說非也霸舊已二千石矣今增爲中二千石以寵異之此與地節三年增膠東相王成秩其事同耳漢制秩二千石者一歲得千四百四十石實不滿二千石也其云中二千石者一歲得二千一百六十石舉成數言之故曰中二千石中者滿也賜爵關內侯黃金百斤及潁川吏民有行義者爵人二級力田一級貞婦順女帛令內郡國舉賢良可親民者各一人五月匈奴單于遣弟呼留若王勝之來朝師古曰呼留若者王號也勝之其人名冬十月鳳皇十一集杜陵十一月河南太守嚴延年有罪弃市十二月鳳皇集上林

五鳳元年應劭曰先者鳳皇五至因以改元云春正月行幸甘泉郊泰畤皇太子冠皇太后賜丞相將軍列侯中二千石帛人百匹大夫人八十匹○宋祁曰一本作大夫八十匹夫人六十匹○宋祁曰一本無此五字又賜列侯嗣子爵五大夫男子爲父後者爵一級夏赦徒作杜陵者冬十二月乙酉朔日有蝕之左馮翊韓延壽有罪弃市

二年春三月行幸雍祠五畤夏四月己丑大司馬車騎將軍增薨師古曰韓增秋八月詔曰夫婚姻之禮人倫之大者也酒食之會所以行禮樂也○劉攽曰多樂字○陽夏公曰古語多此類非衍字也今郡國二千石或擅爲苛禁禁民嫁娶不得具酒食相賀召由是廢鄉黨之禮令民亡所樂非所以導民也詩不云乎民之失德乾餱以愆師古曰小雅伐木之詩也餱食也愆過也言人無恩德不相飲食則以乾餱之事爲過惡也乾音干餱音侯勿行苛政冬十一月匈奴呼遬累單于帥衆來降師古曰遬古速字累音力追反封爲列侯十二月平通侯楊惲師古曰惲音於吻反坐前爲光祿勳有罪免爲庶人不悔過怨望大逆不道要斬

三年春正月癸卯丞相吉薨師古曰丙吉也三月行幸河東祠后土詔曰往者匈奴數爲邊寇百姓被其害朕承至尊未能綏安匈奴虛閭權渠單于請求和親病死右賢王屠耆堂代立骨肉大臣立虛閭權渠單于子爲呼韓邪單于擊殺屠耆堂諸王並自立分爲五單于更相攻擊師古曰更音工衡反死者以萬數畜產大耗什八九師古曰耗損也言十損其八九也耗音呼到反人民飢餓相燔燒以求食師古曰燔焚也音扶元反因大乖亂單于閼氏服虔曰閼氏音焉支子孫昆弟及呼遬累單于名王右伊秩訾且渠當戶以下師古曰伊秩訾且渠當戶皆匈奴官號也訾音子移

且音子余反將衆五萬餘人來降歸義單于稱臣使弟奉珍朝賀五月北邊晏然靡有兵革之事朕飭躬齊戒師古曰飭與勑同郊上帝祠后土神光竝見或興于谷燭燿齊宮十有餘刻師古曰燭亦照也刻者以漏言時也甘露降神爵集已詔有司告祠上帝宗廟三月辛丑鸞鳳又集長樂宮東闕中樹上張晏曰門外闕內衡馬之裏樹也飛下止地文章五色留十餘刻吏民竝觀朕之不敏懼不能任婁蒙嘉瑞獲茲祉福師古曰婁古屢字書不云乎雖休勿休祗事不怠師古曰周書呂刑之辭言雖見褒美勿自以爲有德美當敬於事無怠惰也公卿大夫其勗焉師古曰勗勉也減天下口錢赦殊死以下賜民爵一級女子百戶牛酒大酺五日加賜鰥寡孤獨高年帛置西河北地屬國以處匈奴降者

四年春正月廣陵王胥有罪自殺匈奴單于稱臣遣弟谷蠡王入侍服虔曰谷音鹿韋昭曰蠡音如麗反師古曰谷服音是也蠡音洛奚反以邊塞亡寇減戍卒什二大司農中丞耿壽昌奏設常平倉以給北邊應劭曰壽昌奏令邊郡穀賤時增價而糴貴時減價而糶名曰常平倉見食貨志省轉漕賜爵關內侯夏四月辛丑晦日有蝕之詔曰皇天見異以戒朕躬是朕之不逮吏之不稱也師古曰稱副也以前使使者問民所疾苦復遣丞相御史掾二十四人循行天下師古曰行音下更反舉冤獄察擅爲苛禁深刻不改者

甘露元年春正月行幸甘泉郊泰畤匈奴呼韓邪單于遣子右賢王銖婁渠堂入侍師古曰銖音殊婁音力于反二月丁巳大司馬車騎將軍延壽薨文穎曰許延壽夏四月黃龍見新豐丙申太上皇廟火甲辰孝文廟火上素服五日冬匈奴單于遣弟左賢王來朝賀

二年春正月立皇子囂爲定陶王師古曰囂音敖詔曰廼者鳳皇甘露降集黃龍登興醴泉滂流枯槁榮茂師古曰槁音口老反神光竝見咸受禎祥師古曰禎正也祥福也禎音貞其赦天下減民算三十師古曰一算減錢三十也賜諸侯王丞相將軍列侯中二千石金錢各有差賜民爵一級女子百戶牛酒鰥寡孤獨高年帛夏四月遣護軍都尉祿將兵擊珠崖秋九月立皇子宇爲東平王冬十二月行幸萯陽宮應劭曰宮在鄠秦文王所起服虔曰在扶風李斐曰萯音倍師古曰應說李音是也屬玉觀服虔曰以玉飾因名焉在扶風李奇曰屬玉音鸞鷟其上有此鳥因以爲名晉灼曰屬玉水鳥似鵁鶄以名觀也師古曰晉灼是也屬音之欲反匈奴呼韓邪單于款五原塞師古曰款叩也願奉國珍朝三年正月師古曰欲於甘露三年正月行朝禮詔有司議咸曰聖王之制施德行禮先京師而後諸夏先諸夏而後夷狄詩云率禮不越遂視既發相土烈烈海外有截文穎曰遂徧也發行也言契能使其民率禮不越法度徧承視其教令奉順而行也相土契孫也烈烈威也截整齊也威武之盛烈烈然四海之外率服整齊也師古曰此商頌長發之詩陛下聖德克塞天地光被四表師古曰四表四方之外也匈奴單于鄉風慕義師古曰鄉讀曰嚮舉國同心奉珍朝賀自古未之有也單于非正朔所加王者所客也禮儀宜如諸侯王稱臣昧死再拜位次諸侯王下詔曰蓋聞五帝三王禮所不施不及以政師古曰言荒外之人非禮所設者政刑亦不及今匈奴單于稱北藩臣朝正月朕之不逮德不能弘覆其以客禮待之位在諸侯王上

三年春正月行幸甘泉郊泰畤匈奴呼韓邪單于稽侯狦來朝應劭曰狦音若訕李奇曰狦音山師古曰稽音古奚反狦音刪又音先安反贊謁稱藩臣而不名賜以璽綬冠帶衣裳安車駟馬黃金錦繡繒絮使有司道單于師古曰道讀曰導導引也先行就邸長安宿長平上自甘泉宿池陽宮上登長平阪如淳曰阪名也在池陽南上原之阪有長平觀去長安五十里師古曰涇水之南原即今所謂眭城阪也詔單于毋謁師古曰不拜見也其左右當戶之羣皆列觀孟康曰左右當戶匈奴官名蠻夷君長王侯迎者數萬人夾道陳上登渭橋咸稱萬歲單于就邸置酒建章宮饗賜單于觀以珍寶師古曰觀示也二月單于罷歸遣長樂衞尉高昌侯忠晉灼曰功臣表董忠車騎都尉昌晉灼曰韓昌騎都尉虎文穎曰不知姓晉灼曰百官表唯記三輔郡以上若此皆不見姓無從知之將萬六千騎送單于單于居幕南保光祿城孟康曰前光祿徐自爲所築城詔北邊振穀食郅支單于遠遁師古曰郅音質匈奴遂定詔曰廼者鳳皇集新蔡羣鳥四面行列皆鄉鳳皇立以萬數師古曰行音胡郎反鄉讀曰嚮其賜汝南太守帛百匹新蔡長吏三老孝弟力田鰥寡孤獨各有差賜民爵二級毋出今年租三月己丑丞相霸薨文穎曰黃霸詔諸儒講五經同異太子太傅蕭望之等平奏其議上親稱制臨決焉廼立梁丘易大小夏侯尚書穀梁春秋博士冬烏孫公主來歸應劭曰楚王女解憂

四年夏廣川王海陽有罪廢遷房陵冬十月丁卯未央宮宣室閣火

黃龍元年應劭曰先是黃龍見新豐因以冠元焉師古曰漢注云此年二月黃龍見廣漢郡故改年然則應說非也見新豐者於此五載矣○劉攽曰案宣帝率四年改元而郊祀志先言改元甘露其夏黃龍見新豐其下乃云後間歲改元黃龍然後又云正月復幸甘泉然則宣帝自追用五年前黃龍改元爾若是年黃龍見史官焉得不書漢注未可據也春正月行幸甘泉郊泰畤匈奴呼韓邪單于來朝禮賜如初二月單于歸國詔曰蓋聞上古之治君臣同心舉措曲直各得其所師古曰措置也音千故反是以上下和洽海內康平其德弗可及已師古曰已語終辭朕既不明數申詔公卿大夫務行寬大師古曰申約束也謂約束之順民所疾苦師古曰知所疾苦則順其意也將欲配三王之隆明先帝之德也今吏或以不禁姦邪爲寬大縱釋有罪爲不苛或以酷惡爲賢皆失其中師古曰中音竹仲反奉詔宣化如此豈不繆哉方今天下少事繇役省減兵革不動而民多貧盜賊不止其咎安在上計簿具文而已師古曰簿有其文而實不副也簿音步戶反其下亦同務爲欺謾以避其課師古曰謾誑言也音慢又音莫連反三公不以爲意朕將何任師古曰言無所委任諸請詔省卒徒自給者皆止應劭曰時有請云詔貸出者省卒徒以其直自給不復取稟假藉有進入於官非舊章也故絶之張晏曰先是武帝以用度不足宜有以益官者或奉使求不受奉祿自省其徒衆以取其稟者或自給於是姦吏緣以爲利所得多於本祿故絶之如淳曰是時有所省卒徒而羣臣有請之以自給官府者先時聽與之今更悔之不復聽也師古曰應張二說是也御史察計簿疑非實者按之使眞僞毋相亂三月有星孛于王良閣道入紫宮蘇林曰皆星名夏四月詔曰舉廉吏誠欲得其眞也吏六百石位大夫有罪先請秩祿上通足以效其賢材自今以來毋得舉韋昭曰吏六百石者不得復舉爲廉吏也冬十二月甲戌帝崩于未央宮臣瓚曰帝年十八即位即位二十五年壽四十三癸巳尊皇太后曰太皇太后師古曰於此已書尊太皇太后而元紀之首又重書之然則尊太皇太后及皇太后宜同一時則元紀爲是而此紀誤重之

贊曰孝宣之治信賞必罰師古曰有功必賞有罪必罰綜核名實政事文學法理之士咸精其能至于技巧工匠器械自元成間鮮能及之師古曰械者器之總名也一曰有盛爲械無盛爲器鮮少也言少有能及之者鮮音先淺反亦足以知吏稱其職民安其業也遭值匈奴乖亂推亡固存李奇曰推亡者若紂爲無道天下苦之有滅亡之形周武遂推而滅之固存者譬如鄰國以道涖民上下一心勢必能存因就而堅固之今匈奴內自奮爭有事故宣帝能朝呼韓邪而固存之走郅支單于使遠遁是謂推亡也師古曰尚書仲虺之誥曰推亡固存邦乃其昌言有亡道者則推而滅之有存道者則輔而固之王者如此國乃昌盛故此贊引之信威北夷師古曰信讀爲申古通用字一說恩信及威竝著北夷單于慕義稽首稱藩功光祖宗業垂後嗣可謂中興侔德殷宗周宣矣師古曰侔等也殷之高宗及周宣王也

前漢書卷八考證

宣帝紀內謁者令郭穰注○劉攽曰謁字衍○臣召南按丙吉傳亦作內謁者未必兩文並訛且據百官表謁者署與內者署並屬少府謁字或非衍也

皇太后歸長樂宮○胡三省曰漢太后常居長樂宮皇太后自昌邑之廢居未央宮今宣帝既立復居長樂宮也

自左更至五大夫○劉攽曰緣王即位九侯率已爲關內侯矣 臣召南按兩句俱有訛字宣帝以庶人封侯即帝位並未爲王也九侯二字尤不可解據前文自田廣明以下新封五侯而已以文義推之應作緣帝即位九卿率已爲關內侯即指上文之右扶風德典屬國武廷尉光宗正德大鴻臚賢等也

秋七月詔立燕刺王太子建爲廣陽王云云○臣召南按封廣陽王表作五月封廣陵王表作十月

下有司皆自殺注田千秋子也○臣召南按廣明與順皆姓田而順則千秋子也句上應有順字各本俱誤脫耳

鳳皇集魯郡○臣召南按魯是時尚爲國不得稱郡通鑑但云集魯可謂至愼

其罷車騎將軍右將軍屯兵○臣召南按此罷兩將軍之屯兵非罷將軍官也是時車騎將軍爲張安世右將軍爲霍禹帝此舉以收霍氏權柄耳

復高皇帝功臣云云○通鑑考異曰功臣表詔復家者皆云元康四年其數非一不容盡訛蓋紀訛耳

其益吏百石以下奉十五○通鑑考異曰荀悅漢紀云益吏百石以下俸五十斛蓋以十五難曉故改之然詔云以下恐難指五十斛也

平通侯楊惲坐前爲光祿勳云云○臣召南按惲之死在四年此時但與戴長樂相告免官耳通鑑考異已辨此條之誤

丙申太上皇廟火甲辰孝文廟火○臣照按兩火字並應是灾字左傳曰火人火之也倘係人火之必記事實故知並是灾字之訛四年未央宮宣室閣火亦然

遣護軍都尉祿將兵擊珠崖○珠崖前後文俱作厓

前漢書卷九

漢 蘭 臺 令 史班 固撰

唐正議大夫行祕書少監琅邪縣開國子顏師古注

元帝紀第九

孝元皇帝荀悅曰諱奭之字曰盛應劭曰諡法行義悅民曰元師古曰奭音式亦反宣帝太子也母曰共哀許皇后張晏曰禮婦人從夫諡閒其見殺故兼二諡師古曰共讀曰恭宣帝微時生民間年二歲宣帝即位八歲立爲太子師古曰宣帝即位之明年改元曰本始本始凡四年而改元曰地節地節三年立皇太子若初即位年二歲則立爲太子時年九歲矣又宣帝以元平元年七月即位而外戚傳云許后生元帝數月宣帝立爲帝是則即位時太子未必二歲也參校前後衆文此紀進退爲錯○劉攽曰此言年二歲宣帝即位指論踰年改元爲即位耳若春秋諸公也壯大柔仁好儒見宣帝所用多文法吏以刑名繩下晉灼曰刑家名家也太史公曰法家嚴而少恩名家儉而善失眞師古曰晉說非也劉向別錄云申子學號刑名刑名者以名責實尊君卑臣崇上抑下宣帝好觀其君臣篇繩謂彈治之耳大臣楊惲蓋寬饒等坐刺譏辭語爲罪而誅師古曰惲音於吻反嘗侍燕從容言師古曰從音千容反陛下持刑太深宜用儒生宣帝作色曰師古曰作動也意怒故動色漢家自有制度本以霸王道雜之柰何純任德教用周政乎師古曰姬周之政且俗儒不達時宜好是古非今使人眩於名實師古曰眩視亂也音胡眄反不知所守何足委任廼歎曰亂我家者太子也繇是疏太子而愛淮陽王師古曰繇讀與由同曰淮陽王明察好法宜爲吾子而王母

張倢伃尤幸上有意欲用淮陽王代太子然以少依許氏俱從微起故終不背焉黃龍元年十二月宣帝崩癸巳太子即皇帝位謁高廟尊皇太后曰太皇太后蘇林曰上官后皇后曰皇太后文穎曰邛成王皇后母養元帝者也

初元元年春正月辛丑孝宣皇帝葬杜陵臣瓚曰自崩至葬凡二十八日杜陵在長安南五十里也賜諸侯王公主列侯黃金○宋祁曰古本無黃字吏二千石以下錢帛各有差大赦天下三月封皇太后兄侍中中郎將王舜為安平侯丙午立皇后王氏以三輔太常郡國公田及苑可省者振業貧民師古曰振起之令有作業貲不滿千錢者賦貸種食師古曰賦給與之也貸假也貸音土載反種音之勇反封外祖父平恩戴侯同產弟子中常侍許嘉為平恩侯奉戴侯後文穎曰戴侯許廣漢夏四月詔曰朕承先帝之聖緒獲奉宗廟戰戰兢兢○宋祁曰唐本作栗栗間者地數動而未靜懼於天地之戒不知所繇師古曰繇與由同方田作時朕憂蒸庶之失業師古曰蒸衆也臨遣光祿大夫襃等十二人應劭曰自臨面約勑之乃遣循行天下師古曰行音下更反存問耆老鰥寡孤獨困乏失職之民師古曰失職失其常業延登賢俊招顯側陋因覽風俗之化相守二千石誠能正躬勞力師古曰相者諸侯王相也守郡守也宣明教化以親萬姓則六合之內和親庶幾虖無憂矣書不云乎股肱良哉庶事康哉師古曰虞書益稷之辭也言君能任賢股肱之臣皆得良善則衆事安寧布告天下使明知朕意又曰關東今年穀不登民多困乏其令郡國被災害甚者毋出租賦江海陂湖園池屬少府者以假貧民師古曰湖深水勿租賦賜宗室有屬籍者馬一匹至二駟師古曰二駟八匹三老孝者帛五匹弟者力田三匹鰥寡孤獨二匹吏民五十戶牛酒師古曰以五十戶為率共賜之六月以民疾疫令大官損膳減樂府員省苑馬以振困乏秋八月上郡屬國降胡萬餘人亡入匈奴九月關東郡國十一大水饑或人相食轉旁郡錢穀以相救詔曰間者陰陽不調黎民饑寒無以保治師古曰保安也惟德淺薄不足以充入舊貫之居應劭曰言己德淺薄不足以充舊貫者常居也師古曰論語稱閔子騫云仍舊貫帝自謙言不足充入先帝之宮室故引以為言也其令諸宮館希御幸者勿繕治師古曰繕補也太僕減穀食馬水衡省肉食獸師古曰減謂損其數省者全去之

二年春正月行幸甘泉郊泰畤賜雲陽民爵一級女子百戶牛酒立弟竟為清河王三月立廣陵厲王太子霸為王詔罷黃門乘輿狗馬師古曰黃門近署也故親幸之物屬焉水衡禁囿宜春下苑孟康曰宮名也在杜縣東晉灼曰史記云葬二世杜南宜春苑中師古曰宜春下苑即今京城東南隅曲江池是少府佽飛外池如淳曰漢儀注佽飛具繒繳以射鳧鴈給祭祀是故有池也嚴籞池田蘇林曰嚴飾池上之屋及其地也晉灼曰嚴籞射苑也許慎曰嚴弋射者所蔽也池田苑中田也師古曰晉說是假與貧民詔曰蓋聞賢聖在位陰陽和風雨時日月光星辰靜黎庶康寧考終厥命師古曰考老也言得壽考終其天命今朕恭承天地託于公侯之上明不能燭德不能綏災異竝臻連年不息乃二月戊午地震于隴西郡毀落太上皇廟殿壁木飾壞敗豲道縣城郭官寺及民室屋壓殺人衆師古曰豲道屬天水凡府庭所在皆謂之寺豲音完壓音烏狎反山崩地裂水泉涌出天惟降災震驚朕師師古曰師衆也治有大虧咎至於斯夙夜兢兢不通大變深惟鬱悼未知其序師古曰鬱不通之意也序次也間者歲數不登元元困乏不勝饑寒以陷刑辟朕甚閔之郡國被地動災甚者無出租賦赦天下有可蠲除減省以便萬姓者條奏毋有所諱丞相御史中二千石舉茂材異等直言極諫之士朕將親覽焉夏四月丁巳立皇太子賜御史大夫爵關內侯中二千石右庶長師古曰第十一爵天下當為父後者爵一級列侯錢各二十萬五大夫十萬師古曰五大夫第九爵六月關東饑齊地人相食秋七月詔曰歲比災害民有菜色師古曰五穀不收人但食菜故其顏色變惡慘怛於心師古曰慘痛也怛悼也已詔吏虛倉廩開府庫振救賜寒者衣今秋禾麥頗傷一年中地再動北海水溢流殺人民陰陽不和其咎安在公卿將何以憂之其悉意陳朕過靡有所諱師古曰悉意盡意也靡無也冬詔曰國之將興尊師而重傅故前將軍望之傅朕八年道以經書厥功茂焉師古曰茂美也道讀曰導其賜爵關內侯食邑八百戶朝朔望十二月中書令弘恭石顯等譖望之令自殺

三年春令諸侯相位在郡守下師古曰此諸侯謂諸侯王也珠厓郡山南縣反博謀羣臣待詔賈捐之以為宜棄珠厓救民饑饉師古曰穀不熟為饑蔬不熟為饉蔬菜也乃罷珠厓夏四月乙未晦茂陵白鶴館災詔曰迺者火災降於孝武園館朕戰栗恐懼不燭變異咎在朕躬師古曰燭照也羣司又未肯極言朕過以至於斯將何以寤焉百姓仍遭凶阸無以相振師古曰仍頻也加以煩擾虖苛吏拘牽乎微文不得永終性命師古曰永長也朕甚閔焉其赦天下夏旱立長沙煬王弟宗為王鄭氏曰煬音供養之養封故海昏侯賀子代宗為侯六月詔曰蓋聞安民之道本繇陰陽師古曰繇與由同間者陰陽錯謬風雨不時朕之不德庶幾羣公有敢言朕之過者今則不然媮合苟從未肯極言師古曰媮與偷同朕甚閔焉永惟烝庶之饑寒○宋祁曰一本無永字遠離父母妻子勞於非業之作衞於不居之宮師古曰不急之事故云非業也恐非所以佐陰陽之道也其罷甘泉建章宮衞令就農○宋祁曰唐本監本衞字下有各字百官各省費師古曰費用之物務減省條奏毋有所諱有司勉之毋犯四時之禁丞相御史舉天下明陰陽災異者各三人於是言事者衆或進擢召見人人自以得上意師古曰人人各自以當天子之意○宋祁曰人人南本只一个人字

四年春正月行幸甘泉郊泰畤三月行幸河東祠后土赦汾陰徒賜民爵一級女子百戶牛酒鰥寡高年帛行所過無出租賦

五年春正月以周子南君為周承休侯文穎曰姓姬名延年其祖父姬嘉本周後武帝元鼎四年封為周子南君令奉周祀師古曰承休國在潁川位次諸侯王三月行幸雍祠五畤夏四月有星孛于參詔曰朕之不逮序位不明師古曰逮及也言官人之位失其次序衆僚久懬應劭曰懬音曠師古曰懬古曠字曠空也不得其人則職事空廢未得其人元元失望上感皇天陰陽為變咎流萬民朕甚懼之迺者關東連遭災害饑寒疾疫夭不終命○宋祁曰刑誤改天作夭詩不云乎凡民有喪匍匐救之師古曰邶國谷風之詩也言見人有喪禍之事則當盡力以救之匍音步扶反匐音步得反其令大官毋日殺師古曰不得日日宰殺所具各減半師古曰具食具也乘輿秣馬無乏正事而已師古曰秣養也以粟秣食之也正事謂駕供郊祀蒐狩之事非游田者也秣音末罷角抵上林宮館希御幸者齊三服官李斐曰齊國舊有三服之官春獻冠幘縰為首服紈素為冬服輕綃為夏服凡三如淳曰地理志曰齊冠帶天下胡公曰服官主作文繡以給袞龍之服地理志云襄邑亦有服官師古曰齊三服官李說是也縰與纚同音山爾反即今之方目紗也紈素也今之絹也輕綃今之輕紗也襄邑自出文繡非齊三服也北假田官李斐曰主假賃見官田與民收其假稅也故置田農之官晉灼曰匈奴傳秦始皇渡河據陽山北假中王莽傳五原北假膏壤殖穀北假地名師古曰晉說是也○宋祁曰田官一本作官田非鹽鐵官常平倉博士弟子毋置員以廣學者賜宗室子有屬籍者馬一匹至二駟三老孝者帛人五匹弟者力田三匹鰥寡孤獨二匹吏民五十戶牛酒省刑罰七十餘事除光祿大夫以下至郎中保父母同產之令應劭曰舊時相保一人有過皆當坐之師古曰特為郎中以上除此令者所以優之也同產謂兄弟也令從官給事宮司馬中者得為大父母父母兄弟通籍應劭曰從官謂宦者及虎賁羽林太醫太官是也司馬中者宮內門也司馬主武兵禁之意也籍者為二尺竹牒記其年紀名字物色縣之宮門案省相應乃得入也師古曰應說非也從官親近天子常侍從者皆是也故此下云科第郎從官司馬門者宮之外門也衞尉有八屯衞候司馬主衞士徼巡宿衞每面各二司馬故謂宮之外門為司馬門冬十二月丁未御史大夫貢禹卒衞司馬谷吉使匈奴不還師古曰即衞尉八屯之衞司馬

永光元年春正月行幸甘泉郊泰畤赦雲陽徒賜民爵一級女子百戶牛酒高年帛行所過毋出租賦○宋祁曰舊本作毋令出租賦二月詔丞相御史舉質樸敦厚遜讓有行者光祿歲以此科第郎從官師古曰始令丞相御史舉此四科人以擢用之而見在郎及從官又令光祿每歲依此科考校定其第高下用知其人賢否也三月詔曰五帝三王任賢使能以登至平而今不治者豈斯民異哉師古曰言今所治人即五帝三王之衆庶咎在朕之不明亡以知賢也是故壬人在位服虔曰壬人佞人也而吉士雍蔽師古曰吉善也大雅卷阿之詩曰藹藹王多吉士雍讀曰壅重以周秦之敝民漸薄俗師古曰為薄俗所漸染也重音直用反去禮義觸刑法豈不哀哉繇此觀之元元何辜師古曰繇讀與由同其赦天下令厲精自新各務農畝無田者皆假之貸種食如貧民師古曰此皆謂遇赦新免罪者也故云如貧民賜吏六百石以上爵五大夫勤事吏二級為父後者民一級○宋祁曰越本無為父後者四字女子百戶牛酒鰥寡孤獨高年帛是月雨雪師古曰雨音于具反隕霜傷麥稼秋罷如淳曰當言罷某官某事爛脫失之晉灼曰或無稼字或稼字在秋下稼或作桑或作霖五行志永光元年三月隕霜殺桑九月二日隕霜殺稼天下大饑言傷麥稼秋罷是也師古曰晉說得之秋者謂秋時所收穀稼也今俗猶謂麥豆之屬為雜稼云秋罷者言至秋時無所收也○劉攽曰如言爛脫是

二年春二月詔曰蓋聞唐虞象刑而民不犯師古曰象刑解在武紀殷周法行而姦軌服師古曰軌與宄同亂在外曰姦在內曰軌○宋祁曰法行唐本作行法今朕獲承高祖之洪業○宋祁曰一本無洪字託位公侯之上夙夜戰栗永惟百姓之急未嘗有忘焉然而陰陽未調三光晻昧師古曰晻與暗同又音烏感反元元大困流散道路盜賊竝興有司又長殘賊失牧民之術是皆朕之不明政有所虧咎至於此朕甚自恥為民父母若是之薄謂百姓何師古曰言何以撫臨百姓其大赦天下賜民爵一級女子百戶牛酒鰥寡孤獨高年三老孝弟力田帛又賜諸侯王公主列侯黃金中二千石以下至中都官長吏各有差吏六百石以上爵五大夫勤事吏各二級三月壬戌朔日有蝕之詔曰朕戰戰栗栗夙夜思過失不敢荒寧師古曰荒廢也不敢廢事而自寧惟陰陽不調未燭其咎婁敕公卿日望有效師古曰婁古屢字其後亦同至今有司執政未得其中師古曰中音竹仲反施與禁切未合民心師古曰施惠薄禁令煩苛暴猛之俗彌長和睦之道日衰百姓愁苦靡所錯躬師古曰錯置也音千故反是以氛邪歲增侵犯太陽師古曰氛惡氣也邪者言非正氣也太陽日也正氣湛掩日久奪光師古曰湛讀與沈同湛掩者見掩而湛沒迺壬戌日有蝕之天見大異以戒朕躬師古曰見顯示朕甚悼焉其令內郡國舉茂材異等賢良直言之士各一人夏六月詔曰間者連年不收四方咸困元元之民勞於耕耘又亡成功困於饑饉亡以相救朕為民父母德不能覆而有其刑甚自傷焉其赦天下秋七月西羌反遣右將軍馮奉世擊之八月以太常任千秋為奮威將軍別將五校竝進師古曰別領五校之兵而與右將軍竝進

三年春西羌平軍罷三月立皇子康為濟陽王夏四月癸未大司馬車騎將軍接薨師古曰王接冬十一月詔曰迺者己丑地動中冬雨水大霧師古曰中讀曰仲雨音于具反盜賊竝起吏何不以時禁各悉意對師古曰時禁謂月令所當禁斷者也悉盡也冬復鹽鐵官博士弟子員師古曰復音扶目反以用度不足民多復除師古曰復音方目反無以給中外繇役

四年春二月詔曰朕承至尊之重不能燭理百姓婁遭凶咎加以邊竟不安師旅在外師古曰婁讀曰屢竟讀曰境賦斂轉輸元元騷動窮困亡聊犯法抵罪夫上失其道而繩下以深刑朕甚痛之其赦天下所貸貧民勿收責三月行幸雍祠五畤夏六月甲戌孝宣園東闕災戊寅晦日有蝕之詔曰蓋聞明王在上忠賢布職則羣生和樂方外蒙澤今朕晻于王道師古曰晻讀與暗同夙夜憂勞不通其理靡瞻不眩靡聽不惑師古曰靡無也眩視亂也音胡眄反是以政令多還民心未得李奇曰還反也易曰渙汗其大號言王者發號施令如汗出不可復反邪說空進事亡成功此天下所著聞也公卿大夫好惡不同師古曰愛憎各異也或緣姦作邪侵削細民元元安所歸命哉迺六月晦日有蝕之詩不云虖今此下民亦孔之哀師古曰小雅十月之交之詩也孔甚也言災異既多百姓甚可哀愍自今以來公卿大夫其勉思天戒慎身脩永以輔朕之不逮師古曰虞書咎繇謨云慎厥身脩思永言當慎脩其身思爲長久之道故此詔云慎身脩永也今流俗書本永上有職字者後人不曉妄加之耳直言盡意無有所諱九月戊子罷衞思后園及戾園服虔曰戾太子母也冬十月乙丑罷祖宗廟在郡國者諸陵分屬三輔師古曰先是諸陵總屬太常今各依其地界屬三輔以渭城壽陵亭部原上爲初陵服虔曰元帝初置陵未有名也故曰初陵詔曰安土重遷黎民之性師古曰重難也骨肉相附人情所願也頃者有司緣臣子之義奏徙郡國民以奉園陵令百姓遠棄先祖墳墓破業失產親戚別離人懷思慕之心家有不安之意是以東垂被虛耗之害關中有無聊之民師古曰耗損也音呼到反非久長之策也詩不云虖民亦勞止迄可小康惠此中國以綏四方師古曰大雅民勞之詩也止語助也迄至也康安也言人勞已久至此可以小安遠之施惠京師以及四遠也今所爲初陵者勿置縣邑使天下咸安土樂業亡有動搖之心布告天下令明知之又罷先后父母奉邑應劭曰先后爲其父母置邑守冢以奉祭祀既已久遠又非典制故罷之師古曰奉邑奉音扶用反

五年春正月行幸甘泉郊泰畤三月上幸河東祠后土秋潁川水出流殺人民吏從官縣被害者與告晉灼曰從官獨從役從軍也臣瓚曰告休假也師古曰晉說非也從官即上侍從之官也言凡爲吏爲從官其本縣有被害者皆與休告士卒遣歸冬上幸長楊射熊館師古曰射音食亦反布車騎大獵十二月乙酉毀太上皇孝惠皇帝寢廟園

建昭元年春三月上幸雍祠五畤秋八月有白蛾羣飛蔽日從東都門至枳道如淳曰三輔黃圖長安城東面北頭門號曰宣平城門其外郭曰東都門也師古曰蛾若今之蠶蛾類也音五何反枳音只枳道解在高紀○宋祁曰顏注南本唐本竝無成羣二字冬河間王元有罪廢遷房陵罷孝文太后孝昭太后寢園

二年春正月行幸甘泉郊泰畤三月行幸河東祠后土益三河大郡太守秩戶十二萬爲大郡夏四月赦天下六月立皇子興爲信都王○宋祁曰興越本作予據表傳作興是閏月丁酉太皇太后上官氏崩冬十一月齊楚地震大雨雪師古曰雨音于具反樹折屋壞淮陽王舅張博魏郡太守京房坐窺道諸侯王以邪意漏泄省中語師古曰道讀曰導博要斬房棄市

三年夏令三輔都尉○宋祁曰唐本竝無都字大郡都尉○宋祁曰唐本南本都字下刊誤添秩皆二千石六月甲辰丞相玄成薨師古曰韋玄成秋使護西域騎都尉甘延壽副校尉陳湯師古曰言延壽及湯本充西域之使故先言使而後序其官職及姓名撟發戊已校尉屯田吏士及西域胡兵攻郅支單于師古曰撟與矯同矯託也實不奉詔詐以上命發兵故言撟發也戊已校尉者鎮安西域無常治處亦猶甲乙等各有方位而戊與已四季寄王故以名官也時有戊校尉又有已校尉一說戊已位在中央今所置校尉處三十六國之中故曰戊已也郅音質冬斬其首傳詣京師縣蠻夷邸門師古曰縣古懸字也蠻夷邸若今鴻臚客館○宋祁曰唐本無門字

四年春正月以誅郅支單于告祠郊廟赦天下羣臣上壽置酒以其圖書示後宮貴人服虔曰討郅支之圖書也或曰單于土地山川之形書也師古曰或說非夏四月詔曰朕承先帝之休烈師古曰休美也烈業也夙夜栗栗懼不克任間者陰陽不調○宋祁曰不唐本作未五行失序百姓饑饉惟烝庶之失業臨遣諫大夫博士賞等二十一人循行天下師古曰行音下更反存問耆老鰥寡孤獨乏困失職之人舉茂材特立之士相將九卿其帥意毋怠使朕獲觀教化之流焉六月甲申中山王竟薨藍田地沙石雍霸水安陵岸崩雍涇水水逆流孟康曰安陵岸惠帝陵旁涇水岸也師古曰雍讀曰壅

五年春三月詔曰蓋聞明王之治國也明好惡而定去就崇敬讓而民興行故法設而民不犯令施而民從今朕獲保宗廟兢兢業業匪敢解怠師古曰兢兢慎也業業危也解讀曰懈德薄明晻教化淺微師古曰晻讀與暗同傳不云虖百姓有過在予一人師古曰論語載殷湯伐桀告天下之文也言君天下者當任其憂責其赦天下賜民爵一級女子百戶牛酒三老孝弟力田帛又曰方春農桑興百姓勠力自盡之時也故是月勞農勸民無使後時師古曰勞謂慰勉之勞音來到反今不良之吏覆案小罪師古曰覆音方目反○宋祁曰唐本無之字徵召證案興不急之事以妨百姓使失一時之作亡終歲之功公卿其明察申敕之師古曰申重也一曰申約束之耳夏六月庚申復戾園壬申晦日有蝕之秋七月庚子復太上皇寢廟園原廟文穎曰高祖已自有廟在長安城中惠帝更於渭北作廟謂之原廟爾雅曰原者再也再作廟也晉灼曰原本也始祖之廟故曰本也師古曰文說是昭靈后武哀王昭哀后衞思后園師古曰昭靈后高祖母也武哀王高祖兄也昭哀后高祖姊也衞思后戾太子母也

竟寧元年應劭曰虖韓邪單于願保塞邊竟得以安寧故以冠元也師古曰據如應說竟讀爲境古之用字竟境實同但此詔云邊垂長無兵革之事竟者終極之言言永安寧也既無兵革中外安寧豈止境上者若依本字而讀義更弘通也春正月匈奴虖韓邪單于來朝宋祁曰虖當作呼詔曰匈奴郅支單于背叛禮義既伏其辜虖韓邪單于不忘恩德鄉慕禮義師古曰鄉讀曰嚮復修朝賀之禮願保塞傳之無窮邊垂長無兵革之事其改元爲竟寧賜單于待詔掖庭王檣爲閼氏應劭曰郡國獻女未御見須命於掖庭故曰待詔王檣王氏女名檣字昭君文穎曰本南郡秭歸人也蘇林曰閼氏音焉支如漢皇后也師古曰秭音姊皇太子冠賜列侯嗣子爵五大夫師古曰第九爵天下爲父後者爵一級二月御史大夫延壽卒師古曰即繁延壽也繁音蒲何反三月癸未復孝惠皇帝寢廟園孝文太后孝昭太后寢園夏封騎都尉甘延壽爲列侯賜副校尉陳湯爵關內侯黃金百斤五月壬辰帝崩于未央宮臣瓚曰帝年二十七即位即位十六年壽四十三毀太上皇孝惠孝景皇帝廟罷孝文孝昭太后昭靈后武哀王昭哀后寢園秋七月丙戌葬渭陵臣瓚曰自崩及葬凡五十五日渭陵在長安北五十六里也

贊曰臣外祖兄弟爲元帝侍中應劭曰元成帝紀皆班固父彪所作臣則彪自說也外祖金敞也如淳曰班固外祖樊叔皮也師古曰應說是語臣曰元帝多材藝善史書應劭曰周宣王太史史籀所作大篆鼓琴瑟吹洞簫如淳曰簫之無底者自度曲被歌聲應劭曰自隱度作新曲因持新曲以爲歌詩聲也荀悅曰被聲能播樂也臣瓚曰度曲謂歌終更授其次謂之度曲西京賦曰度曲未終雲起雪飛張衡舞賦度終復位次受二八師古曰應荀二說皆是也度音大各反分刌節度蘇林曰刌度也知曲之終始節度也韋昭曰刌切也謂能分切句絕爲之節制也師古曰韋說是也刌音千本反窮極幼眇師古曰幼眇讀曰要妙少而好儒及即位徵用儒生委之以政貢薛韋匡迭爲宰相師古曰貢禹薛廣德韋賢匡衡迭互而爲丞相也迭音大結反而上牽制文義優游不斷師古曰爲文義所牽制故不斷決孝宣之業衰焉然寬弘盡下出於恭儉號令溫雅有古之風烈

前漢書卷九考證

元帝紀以三輔太常郡國公田及苑○胡三省曰太常掌諸陵邑故亦有公田及苑

中常侍許嘉○胡三省曰按表侍中中常侍皆加官西都參用士人東都以宦者爲中常侍

北假田官○臣召南按水經注曰自高闕以東夾山帶河陽山以西皆北假也

詔丞相御史舉質樸敦厚遜讓有行者光祿歲以此科第郎從官注○臣召南按所云舉光祿四行者即起于此後漢書吳祐以光祿四行遷膠東侯相注引漢官儀曰淳厚質樸遜讓節儉也蓋漢時朝廷從官俱屬光祿勳自太中大夫中大夫諫大夫及郎議郎中郎侍郎郎中其員多至千人故令光祿勳第其賢否

以太常任千秋爲奮威將軍○按馮奉世傳作奮武將軍

贊貢薛韋匡迭爲宰相○臣召南按貢禹薛廣德止爲御史大夫而贊與韋匡並列漢世以御史大夫爲丞相之副故與丞相並稱兩府其後改丞相曰司徒改御史大夫曰司空遂並爲三公矣蕭望之嘗爲御史大夫後爲前將軍曰吾備位將相亦是此義

前漢書卷十

漢　蘭　臺　令　史　班　固　撰

唐正議大夫行秘書少監琅邪縣開國子顏師古注

成帝紀第十

孝成皇帝荀悅曰諱驁字太孫驁之字曰俊應劭曰謚法安民立政曰成師古曰驁音五到反元帝太子也母曰王皇后元帝在太子宮生甲觀畫堂應劭曰甲觀在太子宮甲地主用乳生也畫堂畫九子母如淳曰甲觀名畫堂堂名三輔黃圖云太子宮有甲觀師古曰甲者甲乙丙丁之次也元后傳言見於丙殿此其例也而應氏以爲在宮之甲地謬矣畫堂但畫飾耳豈必九子母乎霍光止畫室中是則宮殿中通有綵畫之堂室爲世嫡皇孫宣帝愛之字曰太孫常置左右年三歲而宣帝崩元帝即位帝爲太子壯好經書寬博謹慎初居桂宮師古曰三輔黃圖桂宮在城中近北宮非太子宮上嘗急召太子出龍樓門張晏曰門樓上有銅龍若白鶴飛廉之爲名也不敢絕馳道應劭曰馳道天子所行道也若今之中道師古曰絕橫度也西至直城門晉灼曰黃圖西出南頭第二門也得絕乃度還入作室門上遲之問其故以狀對上大說師古曰說讀曰悅乃著令令太子得絕馳道云師古曰言云者此舉著令之文其後幸酒樂燕樂晉灼曰幸酒好酒也樂燕樂論語稱孔子云損者三樂樂驕樂樂逸遊樂燕樂損矣燕私之樂也上樂讀如本字又音五孝反下樂音來各反今流俗本無下樂字後人不曉輒去之上不以爲能而定陶恭王有材藝母傅昭儀又愛幸上以故常有意欲以恭王爲嗣賴侍中史丹護太子家輔助有力上亦以先帝尤愛太子故得無廢竟寧元年五月元帝崩六月己未太子即皇帝位謁高廟尊皇太后曰太皇太后皇后曰皇太后以元舅侍中衞尉陽平侯王鳳爲大司馬大將軍領尚書事乙未有司言乘輿車牛馬禽獸皆非禮不宜以葬奏可七月大赦天下

建始元年春正月乙丑皇曾祖悼考廟災文穎曰宣帝父史皇孫廟立故河間王弟上郡庫令良爲王如淳曰漢官北邊郡庫官之兵器所藏故置令有星孛于營室罷上林詔獄師古曰漢舊儀云上林詔獄主治苑中禽獸宮館事屬水衡二月右將軍長史姚尹等使匈奴還去塞百餘里暴風火發燒殺尹等七人賜諸侯王丞相將軍列侯

王太后公主王主張晏曰天子女曰公主秩比公也王主王之女也師古曰王主則翁主也王自主婚故曰王主吏二千石黃金宗室諸官吏千石以下至二百石及宗室子有屬籍者三老孝弟力田鰥寡孤獨錢帛各有差吏民五十戶牛酒詔曰迺者火災降於祖廟有星孛于東方始正而虧如淳曰言始即帝之正而有彗星之虧也咎孰大焉師古曰孰有大於此者孰誰也書云惟先假王正厥事師古曰商書高宗肜日載武丁之臣祖己之辭也假至也言先古至道之君遭遇災變則正其行事修德以應之羣公孜孜帥先百寮輔朕不逮師古曰孜孜不怠之意孜音茲崇寬大長和睦凡事恕己毋行苛刻師古曰恕者仁也仁己之心以度於物其大赦天下使得自新封舅諸吏光祿大夫關內侯王崇為安成侯應劭曰百官表諸吏得舉法案劾職如御史中丞武帝初置皆兼官所加或列侯將軍卿大夫為之無員也賜舅王譚商立根逢時爵關內侯夏四月黃霧四塞博問公卿大夫無有所諱六月有青蠅無萬數師古曰言其極多雖欲以萬數計之而不可得故云無萬數集未央宮殿中朝者坐服虔曰公卿以下朝會坐也晉灼曰內朝臣之朝坐也師古曰朝臣坐之在宮殿中者也服說是矣坐音才臥反秋罷上林宮館希御幸者二十五所八月有兩月相承晨見東方服虔曰相承在上下也應劭曰案京房易傳云君弱如婦為陰所乘則兩月出九月戊子流星光燭地長四五丈委曲蛇形貫紫宮十二月作長安南北郊罷甘泉汾陰祠是日大風拔甘泉時中大木十韋以上師古曰韋與圍同郡國被災什四以上毋收田租師古曰什四謂田畝所收十損其四

二年春正月罷雍五時辛巳上始郊祀長安南郊詔曰迺者徙泰時后土于南郊北郊朕親飭躬郊祀上帝師古曰飭整也讀與勅同皇天報應神光並見三輔長無共張繇役之勞師古曰共音居用反張音竹亮反謂供具張設他皆頻此○宋祁曰姚本注云漢每上雍祀甘泉有千乘萬騎置頓之勞今移祀于南郊郊故有共帳繇役也赦奉郊縣長安長陵應劭曰天郊在長安城南地郊在長安城北長陵界中二縣有奉郊之勤故一切並赦之及中都官耐罪徒師古曰中都官京師諸官府減天下賦錢算四十孟康曰本算百二十今減四十為八十閏月以渭城延陵亭部為初陵二月詔三輔內郡舉賢良方正各一人師古曰內郡謂非邊郡三月北宮井水溢出辛丑上始祠后土于北郊丙午立皇后許氏師古曰許嘉女罷六廄技巧官服虔曰倡技巧者也師古曰謂巧蓺之技耳非倡樂之技也夏大旱東平王宇有罪削樊亢父縣師古曰樊及亢父東平之二縣也亢音抗父音甫秋罷太子博望苑文穎曰武帝為衛太子作此苑令受賓客也以賜宗室朝請者師古曰請音才性反減乘輿廄馬

三年春三月赦天下徒賜孝弟力田爵二級諸逋租賦所振貸勿收秋關內大水七月虒上小女陳持弓聞大水至走入橫城門闌入尚方掖門服虔曰虒音斯應劭曰虒上地名在渭水邊陳姓也持弓名也無符籍妄入宮曰闌掖門者正門之傍小門也如淳曰橫音光三輔皇圖北面西頭第一門師古曰掖門在兩傍言如人臂掖也至未央宮鉤盾中吏民驚上城九月詔曰迺者郡國被水災流殺人民多至千數京師無故訛言大水至師古曰訛偽言吏民驚恐奔走乘城師古曰乘登也殆苛暴深刻之吏未息元元冤失職者眾師古曰職常也失其常業遣諫大夫林等循行天下師古曰行音下更反冬十二月戊申朔日有蝕之夜地震未央宮殿下詔曰蓋聞天生眾民不能相治為之立君以統理之君道得則草木昆蟲咸得其所師古曰昆眾也昆蟲言眾蟲也又許慎說文云二虫為䖵讀與昆同謂虫之總名兩義並通而鄭康成以昆蟲為明蟲失之䖵音許尾反人君不德謫見天地師古曰言天地見變所以責之災異婁發以告不治師古曰婁古屢字也治音丈吏反朕涉道日寡舉錯不中師古曰中當也音竹仲反乃戊申日蝕地震朕甚懼焉公卿其各思朕過失明白陳之女無面從退有後言師古曰虞書益稷之篇云帝曰予違汝弼汝無面從退有後言謂我有違道汝當正之無得對面則順從唯唯退後則有謗議之言也故此詔引之丞相御史與將軍列侯中二千石及內郡國舉賢良方正能直言極諫之士詣公車朕將覽焉越嶲山崩

四年春罷中書宦官臣瓚曰漢初中人有中謁者令孝武加中謁者令為中書謁者令置僕射宣帝時任中書官弘恭為令石顯為僕射元帝即位數年恭死顯代為中書令專權用事至成帝乃罷其官初置尚書員五人師古曰漢舊儀云尚書四人為四曹常侍曹尚書主丞相御史事二千石尚書主刺史二千石事戶曹尚書主庶人上書事主客尚書主外國事成帝置五人有三公曹主斷獄事夏四月雨雪師古曰雨音于具反五月中謁者丞陳臨殺司隸校尉轅豐於殿中應劭曰豐為長安令治有能名擢拜司隸校尉臨素與豐有怨見其貴顯畏為已害拜訖未出使人刺殺秋桃李實大水河決東郡金隄師古曰金隄者河隄之名今在滑州界冬十月御史大夫尹忠以河決不憂職自殺

河平元年春三月詔曰河決東郡流漂二州師古曰兗州豫州之地校尉王延世隄塞輒平其改元為河平賜天下吏民爵各有差夏四月己亥晦日有蝕之既詔曰朕獲保宗廟戰戰栗栗未能奉稱師古曰謂不副先帝之業傳曰男教不修陽事不得則日為之蝕天著厥異辜在朕躬公卿大夫其勉悉心以輔不逮師古曰悉盡也逮及也百寮各修其職惇任仁人退遠殘賊師古曰惇厚也遠離也遠音于萬反陳朕過失無有所諱大赦天下六月罷典屬國并大鴻臚秋九月復太上皇寢廟園

二年春正月沛郡鐵官冶鐵飛語在五行志夏六月封舅譚商立根逢時皆為列侯

三年春二月丙戌犍為地震山崩師古曰犍音其言反又其連反雍江水水逆流師古曰雍音壅其下皆同秋八月乙卯晦日有蝕之光祿大夫劉向校中祕書師古曰言中以別外謁者陳農使使求遺書於天下師古曰言令陳農為使而使之求遺書也上使音所吏反下使讀如本字

四年春正月匈奴單于來朝赦天下徒賜孝弟力田爵二級諸逋租賦所振貸勿收二月單于罷歸國三月癸丑朔日有蝕之遣光祿大夫博士嘉等十一人行舉瀕河之郡師古曰巡行而舉其狀也瀕水厓也瀕河言傍河也行音下更反瀕音頻又音賓傍音布浪反水所毀傷困乏不能自存者財振貸師古曰財與裁同謂量其等差而振貸之其為水所流壓死不能自葬令郡國給槥櫝葬埋師古曰槥櫝謂小棺槥音衞櫝音讀已葬者與錢人二千避水它郡國在所冗食之文穎曰冗散也散廩食使生活不占著戶給役使也如淳曰散著人間給食之官償其直也師古曰文說是也冗音如勇反食讀曰飤謹遇以文理無令失職師古曰勿使失其常理舉惇厚有行能直言之士壬申長陵臨涇岸崩雍涇水夏六月庚戌楚王囂薨山陽火生石中改元為陽朔

陽朔元年應劭曰時陰盛陽微故改元曰陽朔欲陽之蘇息也師古曰應說非也朔始也以火生石中言陽氣之始春二月丁未晦日有蝕之三月赦天下徒冬京兆尹王章有罪下獄死

二年春寒詔曰昔在帝堯立羲和之官應劭曰尚書堯典曰乃命羲和羲氏和氏世掌天地之官命以四時之事令不失其序故書云黎民於蕃時雍應劭曰黎眾也時是也雍和也言眾民於是變化用是太和也韋昭曰蕃多也師古曰此虞書堯典之辭也今尚書作變而此紀作蕃兩說並通蕃音扶元反明以陰陽為本也今公卿大夫或不信陰陽薄而小之師古曰謂為輕小之事也所奏請多違時政李奇曰時政月令也傳以不知周行天下如淳曰在位者皆不知陰陽時政轉轉相因故令後人遂不知也師古曰如說非也言遞相因循以所不知之事施設敎命周偏天下而欲望陰陽和調豈不謬哉其務順四時月令三月大赦天下夏五月○宋祁曰古本無夏字除吏八百石五百石秩李奇曰除八百就六百除五百就四百秋關東大水流民欲入函谷天井壺口五阮關者勿苛留應劭曰天井在上黨高都壺口在壺關五阮在代郡如淳曰阮音近捲反師古曰苛細刻也阮音其遠反苛音河遣諫大夫博士分行視師古曰行音下更反八月甲申定陶王康薨九月奉使者不稱師古曰不副上意詔曰古之立太學將以傳先王之業流化於天下也儒林之官四海淵原宜皆明於古今溫故知新通達國體師古曰溫厚也謂厚積於故事也故謂之博士否則學者無述焉為下所輕非所以尊道德也工欲善其事必先利其器師古曰論語載孔子之言也故此詔引焉丞相御史其與中二千石二千石雜舉可充博士位者使卓然可觀師古曰卓然高遠之貌也是歲御史大夫張忠卒師古曰史不記其月故書之於歲末其下王駿亦同

三年春三月壬戌隕石東郡八夏六月潁川鐵官徒申屠聖等百八十人殺長吏盜庫兵自稱將軍經歷九郡遣丞相長史御史中丞逐捕以軍興從事皆伏辜師古曰逐捕之事須有發興皆依軍法秋八月丁巳大司馬大將軍王鳳薨

四年春正月詔曰夫洪範八政以食為首師古曰洪範尚書篇名箕子為周武王所說洪大也範法也八政一曰食蓋王政之所先故以為首斯誠家給刑錯之本也師古曰言倉廩充盈則家家自足人不犯禁無所用刑也先帝劭農蘇林曰劭音翹精異之意也晉灼曰劭勸勉也師古曰晉說是也其字從力音時召反薄其租稅寵其彊力師古曰謂優寵力田之人令與孝弟同科師古曰謂每同薦舉及加賜也間者民彌惰怠鄉本者少趨末者眾將何以矯之師古曰鄉讀曰嚮矯正也方東作時應劭曰東作耕也師古曰春位在東耕者始作故曰東作虞書堯典曰平秩東作其令二千石勉勸農桑出入阡陌致勞來之師古曰阡陌田間道也南北曰阡東西曰陌蓋秦時商鞅所開也勞來勸勉之意也勞音郎到反來音郎代反書不云乎服田力嗇乃亦有秋應劭曰農夫服田屬其膂力乃有秋收也師古曰此商書盤庚之辭其勗之哉二月赦天下秋九月壬申東平王宇薨閏月壬戌御史大夫于永卒師古曰于定國子

鴻嘉元年春二月詔曰朕承天地獲保宗廟明有所蔽德不能綏刑罰不中眾冤失職趨闕告訴者不絕是以陰陽錯謬寒暑失序師古曰序次也日月不光百姓蒙辜朕甚閔焉師古曰蒙被也書不云乎即我御事罔克者壽咎在厥躬文穎曰此尚書文侯之命篇中辭也言我周家用事者無能有耆老賢者使國之危亡罪咎在其用事者也師古曰咎在厥躬平王自謂故帝引之以自責耳文氏乃云咎在用事斷失之矣方春生長時臨遣諫大夫理等師古曰天子自臨敕而遣舉三輔三河弘農冤獄公卿大夫部刺史明申敕守相稱朕意焉其賜天下民爵一級女子百戶牛酒加賜鰥寡孤獨高年帛逋貸未入者勿收壬午行幸初陵赦作徒師古曰徒人之在陵作役者以新豐戲鄉為昌陵縣師古曰戲水之鄉也音許宜反奉初陵賜百戶牛酒上始為微行出張晏曰於後門出從期門郎及私奴客十餘人白衣組幘單騎出入市里不復警蹕若微賤之所為故曰微行冬黃龍見真定師古曰本趙國東垣縣也高祖十一年更名真定

二年春行幸雲陽三月博士行飲酒禮有雉蜚集于庭歷階升堂而雊師古曰蜚古飛字也歷階謂以次而登也○宋祁曰歷階唐本作歷陛後集諸府又集承明殿師古曰在未央宮中詔曰古之選賢傅納以言明試以功師古曰傅讀曰敷敷陳也令其陳言而省納之乃試以事也故官無廢事下無逸民師古曰逸遁也教化流行風雨和時百穀用成眾庶樂業咸以康寧朕承鴻業十有餘年數遭水旱疾疫之災黎民婁困於饑寒師古曰婁古屢字而望禮義之興豈不難哉朕既無以率道師古曰道讀曰導帝王之道日以陵夷師古曰陵丘陵也夷平也言其頹替若丘陵之漸平也又曰陵遲亦言如丘陵之逶遲稍卑下也他皆類此意迺招賢選士之路鬱滯而不通與師古曰與讀曰歟將舉者未得其人也其舉敦厚有行義能直言者冀聞切言嘉謀匡朕之不逮夏徙郡國豪傑貲五百萬以上五千戶于昌陵賜丞相御史將軍列侯公主中二千石冢地第宅師古曰並於昌陵賜之六月立中山憲王孫雲客為廣德王

三年夏四月赦天下令吏民得買爵賈級千錢師古曰賈讀曰價大旱秋八月乙卯孝景廟闕災冬十一月甲寅皇后許氏廢廣漢男子鄭躬等六十餘人攻官寺篡囚徒師古曰逆取曰篡盜庫兵自稱山君

四年春正月詔曰數敕有司務行寬大而禁苛暴訖今

不改一人有辜舉宗拘繫農民失業怨恨者衆傷害和氣水旱爲災關東流冗者衆師古曰冗散失其事業也冗音人勇反青幽冀部尤劇朕甚痛焉未聞在位有惻然者孰當助朕憂之師古曰孰誰也已遣使者循行郡國師古曰行音下更反被災害什四以上民貲不滿三萬勿出租賦逋貸未入皆勿收流民欲入關輒籍內師古曰錄其民籍而內之所之郡國謹遇以理師古曰之往也務有以全活之思稱朕意秋勃海清河河溢被災者振貸之冬廣漢鄭躬等黨與寖廣師古曰寖古浸字浸漸也犯歷四縣衆且萬人拜河東都尉趙護爲廣漢太守發郡中及蜀郡合三萬人擊之或相捕斬除罪師古曰賊黨相捕斬而來者赦其本罪旬月平遷護爲執金吾賜黃金百斤

永始元年春正月癸丑太官凌室火師古曰藏冰之室戊午戾后園闕火夏四月封婕妤趙氏父臨爲成陽侯五月封舅曼子侍中騎都尉光祿大夫王莽爲新都侯六月丙寅立皇后趙氏師古曰趙飛燕也卽上所謂婕妤趙氏大赦天下秋七月詔曰朕執德不固謀不盡下師古曰言不博謀於羣下過聽將作大匠萬年師古曰過誤也萬年解萬年也言昌陵三年可成作治五年中陵司馬殿門內尚未加功如淳曰陵中有司馬殿門如生時制也臣瓚曰天子之藏壙中無司馬殿門也此謂陵上寢殿及司馬門也時皆未作之故曰尚未加功師古曰中陵陵中正寢也司馬殿門內瓚說是也天下虛耗師古曰耗損也音呼到反百姓罷勞師古曰罷讀曰疲客土疏惡服虔曰取他處土以增高爲客土也終不可成朕惟其難怛然傷心師古曰怛悼也夫過而不改是謂過矣師古曰論語載孔子之言故詔引之其罷昌陵及故陵勿徙吏民令天下毋有動搖之心立城陽孝王子俚爲王如淳曰俚音里八月丁丑太皇太后王氏崩師古曰宣帝王皇后也

二年春正月己丑大司馬車騎將軍王音薨二月癸未夜星隕如雨乙酉晦日有蝕之詔曰乃者龍見于東萊日有蝕之天著變異以顯朕郵師古曰郵與尤同謂過也朕甚懼焉公卿申敕百寮深思天誡有可省減便安百姓者條奏所振貸貧民勿收又曰關東比歲不登師古曰比頻也吏民以義收食貧民入穀物助縣官振贍者已賜直如淳曰賜之爵復租賦以爲直師古曰此說非也收食貧人謂收取而養食之助縣官振贍謂出物以助郡縣之官也已賜直謂官賜其所費直也今方更加爵及免賦耳食讀曰飤其百萬以上加賜爵右更師古曰第十四爵也更音工衡反欲爲吏補三百石其吏也遷二等師古曰先己爲吏則遷二等三十萬以上賜爵五大夫師古曰第九爵也吏亦遷二等民補郎十萬以上家無出租賦三歲萬錢以上一年冬十一月行幸雍祠五畤十二月詔曰前將作大匠萬年知昌陵卑下不可爲萬歲居奏請營作建置郭邑妄爲巧詐積土增高多賦斂繇役興卒暴之作師古曰卒讀曰猝謂急也卒徒蒙辜死者連屬師古曰屬音之欲反百姓罷極天下匱竭師古曰罷讀曰疲匱空也竭盡也常侍閎前爲大司農中丞數奏昌陵不可成師古曰閎王閎也侍中衛尉長數白宜早止徙家反故處師古曰長淳于長也朕以長言下閎章如淳曰以衛尉長數白罷故因下閎請奏罷作之章師古曰下音胡稼反公卿議者皆合長計首建至策閎典主省大費師古曰司農中丞主錢穀廩庾故云典主民以康寧閎前賜爵關內侯黃金百斤其賜長爵關內侯食邑千戶閎五百戶萬年佞邪不忠毒流衆庶海內怨望至今不息雖蒙赦令不宜居京師其徙萬年敦煌郡是歲御史大夫王駿卒師古曰王吉之子也

三年春正月己卯晦日有蝕之詔曰天災仍重朕甚懼焉師古曰仍頻也重音直用反惟民之失職師古曰失其常業也臨遣太中大夫嘉等循行天下師古曰行音下更反存問耆老民所疾苦其與部刺史舉惇樸遜讓有行義者各一人冬十月庚辰皇太后詔有司復甘泉泰畤汾陰后土雍五畤陳倉陳寶祠師古曰陳寶祠在陳倉語在郊祀志十一月尉氏男子樊並等十三人謀反師古曰尉氏陳留之縣殺陳留太守劫略吏民自稱將軍徒李譚等五人共格殺並等皆封爲列侯十二月山陽鐵官徒蘇令等二百二十八人攻殺長吏盜庫兵自稱將軍經歷郡國十九殺東郡太守汝南都尉遣丞相長史御史中丞持節督趣逐捕師古曰趣讀曰促汝南太守嚴訢捕斬令等師古曰訢與欣同令卽蘇令遷訢爲大司農賜黃金百斤

四年春正月行幸甘泉郊泰畤神光降集紫殿大赦天下賜雲陽吏民爵女子百戶牛酒鰥寡孤獨高年帛三月行幸河東祠后土賜吏民如雲陽行所過無出田租夏四月癸未長樂臨華殿未央宮東司馬門皆災師古曰東面之司馬門也六月甲午霸陵園門闕災出杜陵諸未嘗御者歸家詔曰迺者地震京師火災婁降師古曰婁古屢字朕甚懼之有司其悉心明對厥咎師古曰悉盡也朕將親覽焉又曰聖王明禮制以序尊卑異車服以章有德雖有其財而無其尊不得踰制故民興行師古曰行音下更反上義而下利師古曰以義爲上以利爲下方今世俗奢僭罔極師古曰罔無也極中也一曰止也靡有厭足公卿列侯親屬近臣四方所則師古曰則法也未聞修身遵禮同心憂國者也或迺奢侈逸豫務廣第宅治園池多畜奴婢被服綺縠師古曰被音皮義反設鐘鼓備女樂車服嫁娶葬埋過制吏民慕效寖以成俗師古曰寖漸也而欲望百姓儉節家給人足豈不難哉詩不云乎赫赫師尹民具爾瞻師古曰小雅節南山之詩也赫赫盛貌也師尹尹氏爲太師之官也言居位甚高備爲衆庶所瞻仰其申敕有司以漸禁之師古曰謂約束也青綠民所常服且勿止師古曰然則禁紅紫之屬列侯近臣各自省改師古曰省視也視而改之論語稱曾子曰吾日三省吾身○劉攽曰予謂省者減省也改者頓改也司隸校尉察不變者秋七月辛未晦日有蝕之

元延元年春正月己亥朔日有蝕之三月行幸雍祠五畤夏四月丁酉無雲有雷聲光耀耀四面下至地昏止赦天下秋七月有星孛于東井詔曰迺者日蝕星隕謫見于天大異重仍師古曰仍頻也重音直用反在位默然罕有忠言今孛星見于東井朕甚懼焉公卿大夫博士議郎其各悉心惟思變意明以經對無有所諱與內郡國舉方正能直言極諫者各一人師古曰令公卿與內郡國各舉一人○宋祁曰注文南本作內郡國共舉人北邊二十二郡舉勇猛知兵法者各一人封蕭相國後喜爲鄼侯○宋祁曰喜字唐本南本並作嘉予據表傳作嘉是冬十二月辛亥大司馬大將軍王商薨是歲昭儀趙氏害後宮皇子師古曰趙飛燕之妹

二年春正月行幸甘泉郊泰畤三月行幸河東祠后土夏四月立廣陵孝王子守爲王○宋祁曰子守爲王景德本史館本唐本並作子宇爲王冬行幸長楊宮從胡客大校獵如淳曰合軍聚衆有幡校擊鼓也周禮校人掌王田獵之馬故謂之校獵師古曰如說非也此校謂以木自相貫穿爲闌校耳校人職云六廐成校是則以遮闌爲義也校獵者大爲闌校以遮禽獸而獵取也軍之幡旗雖有校名本因部校此無豫也○劉攽曰予謂校讀如犯而不校之校校亦蔽也蔽逐獵也宿萯陽宮師古曰萯音倍賜從官

三年春正月丙寅蜀郡岷山崩師古曰岷音武巾反雍江三日江水竭二月封侍中衛尉淳于長爲定陵侯三月行幸雍祠五畤

四年春正月行幸甘泉郊泰畤二月罷司隸校尉官三月行幸河東祠后土甘露降京師賜長安民牛酒

綏和元年春正月大赦天下二月癸丑詔曰朕承太祖鴻業奉宗廟二十五年德不能綏理宇內百姓怨望者衆不蒙天祐至今未有繼嗣天下無所係心觀于往古近事之戒禍亂之萌皆由斯焉師古曰始生曰萌定陶王欣於朕爲子慈仁孝順可以承天序繼祭祀其立欣爲皇太子封中山王舅諫大夫馮參爲宜鄉侯益中山國三萬戶以慰其意師古曰以不得繼統爲帝之後恐其怨恨賜諸侯王列侯金天下當爲父後者爵三老孝弟力田帛各有差又曰蓋聞王者必存二王之後所以通三統也師古曰天地人是爲三統二王之後并已爲三昔成湯受命列爲三代師古曰夏殷周是爲三代而祭祀廢絕考求其後莫正孔吉臣瓚曰無若孔吉最正也其封吉爲殷紹嘉侯三月進爵爲公及周承休侯皆爲公地各百里行幸雍祠五畤夏四月以大司馬票騎大將軍爲大司馬文穎曰王根也罷將軍官御史大夫爲大司空封爲列侯益大司馬大司空奉如丞相如淳曰律丞相大司馬大將軍奉錢月六萬御史大夫奉月四萬也秋八月庚戌中山王興薨冬十一月立楚孝王孫景爲定陶王定陵侯淳于長大逆不道下獄死廷尉孔光使持節賜貴人許氏藥飲藥死師古曰卽前所廢皇后許氏也十二月罷部刺史更置州牧秩二千石

二年春正月行幸甘泉郊泰畤二月壬子丞相翟方進薨三月行幸河東祠后土丙戌帝崩于未央宮臣瓚曰帝年二十卽位卽位二十六年壽四十五師古曰卽位明年乃改元耳壽四十六皇太后詔有司復長安南北郊四月己卯葬延陵臣瓚曰自崩至葬凡五十四日延陵在扶風去長安六十二里

贊曰臣之姑充後宮爲婕妤晉灼曰班彪之姑也父子昆弟侍帷幄數爲臣言成帝善修容儀升車正立不內顧不疾言不親指師古曰不內顧者謂儼然端嚴不迴眄也不疾言者爲輕肆也不親指者爲惑下也此三句者本論語鄉黨篇述孔子之事故班氏引之以美成帝今論語云車中不內顧不疾言不親指內顧者說者以爲前視不過衡軛旁視不過輢轂與此不同輢音於綺反臨朝淵嘿尊嚴若神可謂穆穆天子之容者矣師古曰禮記云天子穆穆諸侯皇皇大夫濟濟士蹌蹌故此贊引之博覽古今容受直辭公卿稱職奏議可述師古曰稱職克當其任也可述言有文采遭世承平上下和睦然湛于酒色師古曰湛讀曰耽趙氏亂內外家擅朝言之可爲於邑師古曰於邑短氣貌讀如本字於又音烏邑又音烏合反他皆類此建始以來王氏始執國命哀平短祚莽遂篡位蓋其威福所由來者漸矣

前漢書卷十考證

成帝紀罷六厩技巧官○臣召南按百官表六厩技巧二官有令有丞屬水衡都尉師古但解技巧未釋六厩於百官表注引漢舊儀卽以太僕之大厩解之恐未爲當此所罷者止言水衡所屬之六厩非太僕所屬也下文又云減乘輿厩馬則太僕所屬者矣

蓋聞天生衆民○宋本無蓋聞二字別本俱有

五阮關注應劭曰五阮在代郡○臣召南按地理志代郡無五阮關有五原關疑五阮卽五原音之轉耳

前漢書卷十一

漢　蘭　臺　令　史班　固撰

唐正議大夫行秘書少監琅邪縣開國子顏師古注

哀帝紀第十一

孝哀皇帝荀悅曰諱欣之字曰喜應劭曰恭仁短折曰哀元帝庶孫定陶恭王子也母曰丁姬年三歲嗣立爲王長好文辭法律師古曰年長而好之元延四年入朝盡從傅相中尉師古曰三官皆從王入朝時成帝少弟中山孝王亦來朝獨從傅上怪之以問定陶王對曰令諸侯王朝得從其國二千石傅相中尉皆國二千石故盡從之上令誦詩通習能說師古曰說其義他日問中

山王獨從傅在何法令不能對令誦尚書又廢 師古曰中忘之 及賜食於前後飽起下韈係解 師古曰食而獨在後飽及起又韈係解也韈音武伐反 成帝由此以爲不能而賢定陶王數稱其材時王祖母傅太后隨王來朝私賂遺上所幸趙昭儀及帝舅票騎將軍曲陽侯王根昭儀及根見上亡子亦欲豫自結爲長久計皆更稱定陶王 師古曰更音工衡反 勸帝以爲嗣成帝亦自美其材爲加元服而遣之 師古曰爲之冠 時年十七矣明年使執金吾任宏守大鴻臚持節徵定陶王立爲皇太子謝曰臣幸得繼父守藩爲諸侯王材質不足以假充太子之宮 師古曰謙不敢言爲太子故云假充若言非正。宋祁曰非正新本作非如正 陛下聖德寬仁敬承祖宗奉順神祇宜蒙福祐子孫千億之報 師古曰大雅假樂之詩曰千祿百福子孫千億言成王宜衆宜人天所保佑求得福祿故子孫衆多也十萬曰億故此書引以爲言 臣願且得留國邸旦夕奉問起居俟有聖嗣歸國守藩書奏天子報聞後月餘立楚孝王孫景爲定陶王奉恭王祀所以獎厲太子專爲後之誼 師古曰獎勸使也 語在外戚傳綏和二年三月成帝崩四月丙午太子卽皇帝位謁高廟尊皇太后曰太皇太后皇后曰皇太后大赦天下賜宗室王子有屬者馬各一駟 師古曰有屬謂親未盡尚有服者 吏民爵百戶牛酒三老孝弟力田鰥寡孤獨帛太皇太后詔尊定陶恭王爲恭皇五月丙戌立皇后傅氏 師古曰傅晏女 詔曰春秋母以子貴尊定陶太后曰恭皇太后丁姬曰恭皇后各置左右詹事食邑如長信宮中宮 應劭曰成帝母王太后居長信宮李奇曰傅姬如長信丁姬如中宮也師古曰中宮皇后之宮 追尊傅父爲崇祖侯丁父爲褒德侯 師古曰傅父傅太后之父丁父丁太后之父 封舅丁明爲陽安侯舅子滿爲平周侯追謚滿父忠爲平周懷侯皇后父晏爲孔鄉侯皇太后弟侍中光祿大夫趙欽爲新成侯六月詔曰鄭聲淫而亂樂 師古曰鄭國有溱洧之水男女亟於其閒聚會故俗亂而樂淫 聖王所放 師古曰放弃也論語稱孔子曰放鄭聲 其罷樂府曲陽侯根前以大司馬建社稷策益封二千戶 師古曰王根也建議立哀帝爲太子 太僕安陽侯舜輔導有舊恩益封五百戶 師古曰王舜 及丞相孔光大司空氾鄉侯何武益封各千戶 師古曰氾音汎 詔曰河閒王良喪太后三年爲宗室儀表 師古曰儀表者言爲禮儀之表率 益封萬戶又曰制節謹度以防奢淫爲政所先百王不易之道也 師古曰言爲常法不可改易 諸侯王列侯公主吏二千石及豪富民多畜奴婢田宅亡限與民爭利百姓失職重困不足 師古曰失職失其常分也重音直用反 其議限列 師古曰令條列而爲限禁 有司條奏諸王列侯得名田國中列侯在長安及公主名田縣道關內侯吏民名田皆無得過三十頃 如淳曰名田國中者自其所食國中也旣收其租稅又自得有私田三十頃名田縣道者令甲諸侯在國名田他縣罰金二兩今列侯有不之國者雖遙食其國租稅復自得田於他縣道公主亦如之不得過三十頃 諸侯王奴婢二百人列侯公主百人關內侯吏民三十人年六十以上十歲以下不在數中賈人皆不得名田爲吏 如淳曰市井子孫不得爲吏見食貨志 犯者以律論諸名田畜奴婢過品皆沒入縣官齊三服官諸官織綺繡難成害女紅之物皆止無作輸 如淳曰紅亦工也其所作已成未成皆止無復作告輸所近官府也師古曰如說非也謂未成者不作已成者不輸耳 除任子令及誹謗詆欺法 應劭曰任子令者漢儀注吏二千石以上視事滿三年得任同產若子一人爲郎不以德選故除之師古曰任者保也詆誣也音丁禮反 掖庭宮人年三十以下出嫁之官奴婢五十以上免爲庶人禁郡國無得獻名獸益吏三百石而以下奉 師古曰奉音扶用反 察吏殘賊酷虐者以時退有司無得舉赦前往事前博士弟子父母死予寧三年 師古曰寧謂處家持喪服。宋祁曰前博士一本無前字 秋曲陽侯王根成都侯王況皆有罪根就國況免爲庶人歸故郡詔曰朕承宗廟之重戰戰兢兢懼失天心閒者日月亡光五星失行郡國比比動地 師古曰比比猶言頻頻也 迺者河南潁川郡水出流殺人民敗壞廬舍朕之不德民反蒙辜朕甚懼焉已遣光祿大夫循行舉籍 師古曰舉其名籍也行音下更反 賜死者棺錢人三千 師古曰賜錢三千以充棺 其令水所傷縣邑及他郡國災害什四以上民貲不滿十萬皆無出今年租賦 師古曰什四謂什分損四

建平元年春正月赦天下侍中騎都尉新成侯趙欽成陽侯趙訢皆有罪免爲庶人徙遼西 師古曰訢欽皆趙昭儀之兄 太皇太后詔外家王氏田非冢塋皆以賦貧民 師古曰塋冢域也賦給與也塋音營 二月詔曰蓋聞聖王之治以得賢爲首其與大司馬列侯將軍中二千石州牧守相舉孝弟惇厚能直言通政事延于側陋可親民者各一人 師古曰言有孝弟惇厚直言通政事之人雖在側陋可延致而任者皆令舉之。劉攽曰此詔亦是下丞相大司空者 三月賜諸侯王公主列侯丞相將軍中二千石中都官郎吏金錢帛各有差冬中山孝王太后媛 師古曰馮奉世之女也媛音爰 弟宜鄉侯馮參有罪皆自殺二年春三月罷大司空復御史大夫 師古曰復音扶目反此下亦同 夏四月詔曰漢家之制推親親以顯尊尊 師古曰天子之至親當極尊號 定陶恭皇之號不宜復稱定陶尊恭皇太后曰帝太太后稱永信宮恭皇后曰帝太后稱中安宮立恭皇廟于京師赦天下徙罷州牧復刺史六月庚申帝太后丁氏崩上曰朕聞夫婦一體詩云穀則異室死則同穴 師古曰詩王風大車之篇也穀生也穴冢壙也 昔季武子成寢杜氏之殯在西階下請合葬而許之 師古曰季武子魯大夫季孫宿也成寢新爲寢室也事見禮記檀弓 附葬之禮自周興焉 師古曰禮記稱孔子曰合葬非古也自周公以來未之有改也 郁郁乎文哉吾從周 師古曰論語稱孔子曰周監於二代郁郁乎文哉吾從周言周觀夏殷之禮而損益之典文大備吾從周禮也郁郁文章貌 孝子事亡如事存帝太后宜起陵恭皇之園遂葬定陶發陳留濟陰近郡國五萬人穿復土 師古曰爲冢壙也復音扶目反 待詔夏賀良等言赤精子之讖 應劭曰諸以材技徵召未有正官故曰待詔夏姓也賀良名也高祖感赤龍而生自謂赤帝之精良等因是作此讖文 漢家歷運中衰當再受命宜改元易號詔曰漢興二百載歷數開元皇天降非材之佑 應劭曰哀帝自言不才天降之佑 漢國再獲受命之符朕之不德曷敢不通夫基事之元命必與天下自新 師古曰基始也元大也始爲大事之命謂改制度也又曰更受天之大命 其大赦天下以建平二年爲太初元年號曰陳聖劉太平皇帝 李斐曰陳道也言得神道聖者劉也如淳曰陳舜後王莽陳之後謬語以明莽當篡立而不知韋昭曰敷陳聖劉之德也師古曰如韋二說是也。宋祁曰予按王莽傳以讖文解釋當作太初元將元年後人不曉四字爲號輒削去元將二字非是後得唐本元將字果存 漏刻以百二十爲度 師古曰舊漏晝夜共百刻今增其二十此本齊人甘忠可所造今賀良等重言遂施行之事見李尋傳 七月以渭城西北原上永陵亭部爲初陵勿從郡國民使得自安八月詔曰待詔夏賀良等建言改元易號增益漏刻可以永安國家朕過聽賀良等言 師古曰過誤也 冀爲海內獲福卒亡嘉應皆違經背古不合時宜六月甲子制書非赦令也皆蠲除之 如淳曰悔前赦令不蒙其福故收令還之臣瓚曰改元易號大赦天下以求延祚而不蒙福哀帝悔之故更下制書諸非赦事皆除之謂改制易號令皆復故也師古曰如釋非也瓚說是矣非赦令也猶言自非赦令耳也語終辭也而讀者不曉輒改也爲他字失本文也 賀良等反道惑衆下有司皆伏辜丞相博御史大夫玄孔鄉侯晏有罪 師古曰博朱博玄趙玄晏傅晏 博自殺玄減死二等論晏削戶四分之一語在博傳

三年春正月立廣德夷王弟廣漢爲廣平王癸卯帝太太后所居桂宮正殿火三月己酉丞相當薨 師古曰平當 有星孛于河鼓夏六月立魯頃王子郚鄉侯閔爲王 蘇林曰郚音魚縣名也屬東海師古曰又音吾 冬十一月壬子復甘泉泰畤汾陰后土祠罷南北郊東平王雲雲后謁安成恭侯夫人放 文穎曰恭侯王崇王太后弟 皆有罪雲自殺謁放弃市

四年春大旱關東民傳行西王母籌 師古曰西王母元后壽考之象行籌又言執國家籌策行於天下 經歷郡國西入關至京師民又會聚祠西王母或夜持火上屋 李奇曰皆陰爲陽之象 擊鼓號呼相驚恐 師古曰呼音火故反 二月封帝太太后從弟侍中傅商爲汝昌侯太后同母弟子侍中鄭業爲陽信侯三月侍中駙馬都尉董賢光祿大夫息夫躬南陽太守孫寵皆以告東平王封列侯語在賢傳夏五月賜中二千石至六百石及天下男子爵六月尊帝太太后爲皇太太后秋八月恭皇園北門災冬詔將軍中二千石舉民兵法有大慮者 師古曰慮謂謀策思慮。宋祁曰民疑當作明

元壽元年春正月辛丑朔日有蝕之詔曰朕獲保宗廟不明不敏宿夜憂勞未皇寧息 師古曰皇暇也 惟陰陽不調元元不贍 師古曰贍足也 未睹厥咎婁敕公卿庶幾有望 師古曰望其厲精爲治婁古屢字 至今有司執法未得其中 師古曰中音竹仲反 或上暴虐假埶獲名溫良寬柔陷於亡滅是故殘賊彌長和睦日衰百姓愁怨靡所錯躬 師古曰錯置也音千故反 迺正月朔日有蝕之厥咎不遠在余一人公卿大夫其各悉心勉帥百寮 師古曰悉盡也寮官也 敦任仁人黜遠殘賊 師古曰敦厚也遠音于萬反 期於安民陳朕之過失無有所諱其與將軍列侯中二千石舉賢良方正能直言者各一人大赦天下丁巳皇太太后傅氏崩三月丞相嘉有罪下獄死 師古曰王嘉 秋九月大司馬票騎將軍丁明免孝元廟殿門銅龜蛇鋪首鳴 如淳曰門鋪首作龜蛇之形而鳴呼也師古曰門之鋪首所以銜環者也鋪音普胡反

二年春正月匈奴單于烏孫大昆彌來朝二月歸國單于不說 師古曰說讀曰悅 語在匈奴傳夏四月壬辰晦日有蝕之五月正三公官分職大司馬衞將軍董賢爲大司馬丞相孔光爲大司徒御史大夫彭宣爲大司空封長平侯正司直司隸造司寇職 師古曰司直司隸漢舊有之但改正其職掌而司寇舊無今特創置故云造也。宋祁曰南本職字上有官字 事未定六月戊午帝崩于未央宮 臣瓚曰帝年二十卽位卽位六年壽二十五師古曰卽位明年乃改元壽二十六 秋九月壬寅葬義陵 臣瓚曰自崩至葬凡百五日義陵在扶風去長安四十六里

贊曰孝哀自爲藩王及充太子之宮文辭博敏幼有令聞 師古曰博廣也敏疾也令善也聞名也 睹孝成世祿去王室權柄外移是故臨朝婁誅大臣欲彊主威以則武宣 師古曰則法也 雅性不好聲色時覽卞射武戲 應劭曰卞射皮卞而射也蘇林曰手搏爲卞角力爲武戲也晉灼曰甘延壽傳試卞爲期門師古曰蘇晉二說是 卽位痿痺 蘇林曰痿音萎枯之萎如淳曰痿音蹞躄之躄弩病兩足不能相過曰痿師古曰痿亦痺病也音人佳反痺音必寐反蹞躄者弩名事見晉令蹞音頻躄音檗 末年寖劇 師古曰寖漸也 饗國不永哀哉 師古曰永長也

前漢書卷十一考證

哀帝紀使執金吾任宏守大鴻臚持節徵定陶王○胡三省曰大鴻臚掌諸侯故任宏守大鴻臚以迎定陶王守者權守也

待詔夏賀良等言赤精子之讖○臣召南按讖字始見於此高祖以斬白蛇旗幟上赤然張蒼謂漢本水德公孫臣非之至武帝時猶謂以土德王未有言火德者也赤精子之說亦起于此張平子謂讖起哀平之間信哉

號曰陳聖劉太平皇帝注如韋二說是也○胡三省曰韋說不詭于正如說則近于巫覡以二說爲是將安從乎

又注宋祁曰予按王莽傳以讖文解釋當作太初元將元年云云○臣召南按宋說是也太初是武帝年

號此時何至重紀蓋惑于術士之說創立四字年號以示更新其後雖不施行然後世四字年號遂起于此

二年○監本作元壽二年臣照按帝紀從無此例凡年號于元年特書二年以後即蒙前文未有再書者元壽二字明係衍文今刪去

前漢書卷十二

漢　蘭　臺　令　史班　固撰

唐正議大夫行秘書少監瑯邪縣開國子顏師古注

平帝紀第十二

孝平皇帝荀悅曰諱衎之字曰樂應劭曰布綱治紀曰平師古曰衎音口旱反元帝庶孫中山孝王子也母曰衞姬年三歲嗣立為王元壽二年六月哀帝崩太皇太后詔曰大司馬賢年少不合衆心師古曰董賢其上印綬罷賢即日自殺○宋祁曰唐本無即日二字新都侯王莽為大司馬領尚書事秋七月遣車騎將軍王舜大鴻臚左咸使持節迎中山王師古曰為使而持節也使音所吏反辛卯貶皇太后趙氏為孝成皇后退居北宮哀帝皇后傅氏退居桂宮師古曰北宮及桂宮皆在城中而非未央宮中也孔鄉侯傅晏少府董恭等皆免官爵徙合浦師古曰恭董賢之父九月辛酉中山王即皇帝位劉攽曰辛酉去哀帝崩六十四日謁高廟大赦天下帝年九歲太皇太后臨朝大司馬莽秉政百官總己以聽於莽師古曰聚束曰總音揔詔曰夫赦令者將與天下更始誠欲令百姓改行絜己全其性命也往者有司多舉奏赦前事累增罪過誅陷亡辜殆非重信慎刑洒心自新之意也師古曰洒滌也音先禮反及選舉者其歷職更事有名之士則以為難保師古曰更經也雖保者言已嘗有罪過不可保也更音工衡反廢而弗舉甚謬於赦小過舉賢材之義師古曰論語云仲弓問政孔子曰赦小過舉賢材故此詔引之諸有臧及內惡未發而薦舉者皆勿案驗師古曰有臧謂以臧貨致罪令士厲精鄉進師古曰鄉讀曰嚮不以小疵妨大材師古曰疵病也自今以來有司無得陳赦前事置奏上師古曰置立也置奏上謂立文奏而上陳也上音時掌反有不如詔書為虧恩以不道論定著令布告天下使明知之

元始元年春正月越裳氏重譯獻白雉一黑雉二師古曰越裳南方遠國也譯謂傳言也道路絕遠風俗殊隔故累譯而後通詔使三公以薦宗廟羣臣奏言大司馬莽功德比周公賜號安漢公及太師孔光等皆益封語在莽傳賜天下民爵一級吏在位二百石以上一切滿秩如真如淳曰諸官吏初除皆試守一歲迺為真食全奉平帝即位故賜真師古曰此說非也時諸官有試守者特加非常之恩令如真耳非凡除吏皆當試守也一切者權時之事非經常也猶如以刀切物苟取整齊不顧長短縱橫故言一切他皆放此○劉攽曰予謂吏俸雖有其名皆不滿其數平帝即位推恩故賜令滿秩如二千石者得兩千百也顏百官表注吏俸差是其注云漢制三公稱萬石其俸月各三百五十斛穀其稱中二千石者月百八十斛二千石者百二十斛比二千石者百斛云云據後漢注所定千石以下歲得多少本數此自建武時所加者非西漢舊事也立故東平王雲太子開明為王故桃鄉頃侯子成都為中山王封宣帝耳孫信等三十六人皆為列侯太僕王惲等二十五人師古曰惲音於吻反前議定陶傅太后尊號守經法不阿指從邪右將軍孫建爪牙大臣大鴻臚咸前正議不阿師古曰左咸後奉節使迎中山王師古曰謂奉持節而為使及宗正劉不惡執金吾任岑中郎將孔永尚書令姚恂沛郡太守石詡師古曰岑音士林反恂音荀詡音況羽反皆以前與建策東迎即位師古曰帝本在中山出關而迎故曰東迎與讀曰豫奉事周密勤勞賜爵關內侯食邑各有差賜帝徵即位前所過縣邑吏二千石以下至佐史爵各有差又令諸侯王公列侯關內侯亡子而有孫若子同產子者皆得以為嗣師古曰子同產子者謂養昆弟之子為子者公列侯嗣子有罪耐以上先請宗室屬未盡而以罪絕者復其屬師古曰復音扶目反其為吏舉廉佐史補四百石如淳曰宗室為吏及舉廉及佐史皆補四百石師古曰此說非也言宗室為吏者皆令舉廉各從本秩而依廉吏遷之為佐史者例補四百石天下吏比二千石以上年老致仕者參分故祿以一與之終其身師古曰參三也遣諫大夫行三輔師古曰行音下更反舉籍吏民張晏曰舉錄賦斂之籍而償之以元壽二年倉卒時橫賦斂者償其直師古曰卒讀曰猝橫音胡孟反義陵民冢不妨殿中者勿發如淳曰陵上有宮寢象生制度為殿屋故曰殿中師古曰此說非也殿中謂壙中象正殿處天下吏民亡得置什器儲偫師古曰軍法五人為伍二伍為什則共其器物故通謂生生之具為什器亦猶今之從軍及作役者十人為火共畜調度也儲積也偫具也偫音丈紀反○宋祁曰唐本無吏字二月置羲和官秩二千石外史閭師秩六百石應劭曰周禮閭師掌四郊之民時其徵賦也班教化禁淫祀放鄭聲乙未義陵寢神衣在柙中丙申旦衣在外床上文穎曰哀帝陵也衣在寢中今自出在床上師古曰柙匱也音狎寢令以急變聞師古曰非常之事故云急變用太牢祠夏五月丁巳朔日有蝕之大赦天下公卿將軍中二千石舉敦厚能直言者各一人六月使少傅左將軍豐師古曰甄豐○宋祁曰傅一作府賜帝母中山孝王姬璽書拜為中山孝王后賜帝舅衞寶寶弟玄爵關內侯賜帝女弟四人號皆曰君食邑各二千戶封周公後公孫相如為褒魯侯孔子後孔均為褒成侯奉其祀追謚孔子曰褒成宣尼公罷明光宮及三輔馳道天下女徒已論歸家顧山錢月三百如淳曰已論者罪已定也令甲女子犯罪作如徒六月顧山遣歸說以為當於山伐木聽使入錢顧功直故謂之顧山應劭曰舊刑鬼薪取薪於山以給宗廟今使女徒出錢顧薪故曰顧山也師古曰如說近之謂女徒論罪已定並放歸家不親役之但令一月出錢三百以顧人也為此恩者所以行太皇太后之德施惠政於婦人復貞婦鄉一人師古曰復音方目反鄉一人取其尤最者置少府海丞果丞各一人師古曰海丞主海稅也果丞掌諸果實也大司農部丞十三人人部一州勸農桑太皇太后省所食湯沐邑十縣屬大司農常別計其租入以贍貧民秋九月赦天下徒以中山苦陘縣為中山孝王后湯沐邑師古曰陘音形

二年春黃支國獻犀牛應劭曰黃支在日南之南去京師三萬里師古曰犀狀如水牛頭似豬而四足類象黑色一角當額前鼻上又有小角○宋祁曰南本顏注一角字上有甲二字詔曰皇帝二名通于器物孟康曰平帝本名箕子更名曰衎箕用器也故云通于器物今更名合於古制師古曰更改也使太師光奉太牢告祠高廟夏四月立代孝王玄孫之子如意為廣宗王江都易王孫盱台侯宮為廣川王師古曰盱音許于反台音怡廣川惠王曾孫倫為廣德王封故大司馬博陸侯霍光從父昆弟曾孫陽宣平侯張敖玄孫慶忌絳侯周勃玄孫共舞陽侯樊噲玄孫之子章皆為列侯復爵師古曰共讀曰恭復音扶福反賜故曲周侯酈商等後玄孫酈明友等百一十三人爵關內侯食邑各有差郡國大旱蝗青州尤甚民流亡安漢公四輔三公卿大夫吏民為百姓困乏獻其田宅者二百三十人張晏曰王莽為太傅孔光為太師王舜為太保甄豐為少傅是為四輔莽復兼大司馬馬宮為司徒王崇為司空是為三公以口賦貧民師古曰計口而給其田宅遣使者捕蝗民捕蝗詣吏以石㪷受錢師古曰量蝗多少而賞錢天下民貲不滿二萬及被災之郡不滿十萬勿租稅民疾疫者舍空邸第為置醫藥師古曰舍止也賜死者一家六尸以上葬錢五千四尸以上三千二尸以上二千罷安定呼池苑以為安民縣起官寺市里募徙貧民縣次給食至師古曰中山之安定也池音大河反徙所賜田宅什器假與犁牛種食師古曰種音之勇反又起五里於長安城中宅二百區以居貧民如淳曰民居之里秋舉勇武有節明兵法郡一人詣公車九月戊申晦日有蝕之赦天下徒使謁者大司馬掾四十四人持節行邊兵師古曰行音下更反遣執金吾侯陳茂假以鉦鼓晉灼曰百官表執金吾屬官有兩丞侯司馬應劭曰將帥乃有鉦鼓今茂官輕兵少又但往諭曉之耳所以假鉦鼓者欲重其威也鉦者鐃也似鈴柄中上下通師古曰鉦音征鐃音女交反募汝南南陽勇敢吏士三百人諭說江湖賊成重等二百餘人皆自出送家在所收事如淳曰賊雖自出得還其家而已不得復除尚當役作之也師古曰如說非也言身既自出又各送其家人詣本屬縣邑從賦役耳○劉攽曰賊二百皆異縣人既自出故送家在所收事也重徙雲陽服虔曰重成重也作賊長帥故徙之也賜公田宅冬中二千石舉治獄平歲一人李奇曰吏治獄平端也

三年春詔有司為皇帝納采安漢公莽女師古曰婚禮有納采問名之禮謂采擇其可娶者語在莽傳又詔光祿大夫劉歆等雜定婚禮四輔公卿大夫博士郎吏家屬皆以禮娶親迎立軺併馬服虔曰軺音謠立乘小車也併馬驪駕也師古曰新定此制也併音步鼎反夏安漢公奏車服制度吏民養生送終嫁娶奴婢田宅器械之品立官稷及學官如淳曰郊祀志曰已有官社未有官稷遂立官稷於官社之後臣瓚曰漢初除秦社稷立漢社稷其後又立官社配以夏禹而不立官稷至此始立官稷光武之後但有官社不立官稷師古曰淳瓚二說皆未盡也初立官稷於官社之後是為一處今更創置建於別所不相從也郡國曰學縣道邑侯國曰校校學置經師一人鄉曰庠聚曰序張晏曰聚邑落名也師古曰聚小於鄉聚音才喻反序庠置孝經師一人陽陵任橫等自稱將軍盜庫兵攻官寺出囚徒大司徒掾督逐皆伏辜安漢公世子宇與帝外家衞氏有謀宇下獄死誅衞氏

四年春正月郊祀高祖以配天宗祀孝文以配上帝改殷紹嘉公曰宋公周承休公曰鄭公詔曰蓋夫婦正則父子親人倫定矣前詔有司復貞婦歸女徒師古曰復音方目反誠欲以防邪辟師古曰辟讀曰僻全貞信及眊悼之人師古曰八十曰眊七年曰悼眊者老稱言其昏暗也悼者未成為人於其死亡可哀悼也眊音莫報反刑罰所不加聖王之所制也惟苛暴吏多拘繫犯法者親屬婦女老弱搆怨傷化百姓苦之師古曰搆結也其明敕百寮婦女非身犯法及男子年八十以上七歲以下家非坐不道詔所名捕它皆無得繫張晏曰名捕謂下詔時所捕也其當驗者即驗問師古曰就其所居而問定著令二月丁未立皇后王氏大赦天下遣太僕王惲等八人置副假節分行天下覽觀風俗師古曰行音下更反賜九卿已下至六百石宗室有屬籍者爵自五大夫以上各有差師古曰五大夫第九爵賜天下民爵一級鰥寡孤獨高年帛夏皇后見于高廟加安漢公號曰宰衡應劭曰周公為太宰伊尹為阿衡采伊周之尊以加莽賜公太夫人號曰功顯君封公子安臨皆為列侯安漢公奏立明堂辟廱應劭曰明堂所以正四時出教化明堂上圓下方八窗四達布政之宮在國之陽上八窗法八風四達法四時九室法九州十二重法十二月三十六戶法三十六雨七十二牖法七十二風孝經曰宗祀文王於明堂以配上帝上帝謂五帝太昊之屬黃帝曰合宮有虞曰總章殷曰陽館周曰明堂辟廱者象璧圜雍之以水象教化流行○宋祁曰姓文三十六雨雨字舊作旬七十二風風字舊作候疑此本有誤尊孝宣廟為中宗孝元廟為高宗天子世世獻祭冬置西海郡○宋祁曰新本去冬字徙天下犯禁者處之梁王立有罪自殺分京師置前煇光後丞烈二郡更公卿大夫八十一元士官名位次師古曰更改也及十二州名分界郡國所屬罷置改易天下多事吏不能紀冬大風吹長安城東門屋瓦且盡

五年春正月祫祭明堂應劭曰禮五年而再殷祭壹禘壹祫祫祭者毀廟與未毀廟之主皆合食於太祖師古曰祫音洽諸侯王二十八人列侯百二十人宗室子九百餘人徵助祭師古曰徵召也禮畢皆益戶賜爵及金帛增秩補吏各有差詔曰蓋聞帝王以德撫民其次親親以相及也昔堯睦九族舜惇敘之師古曰虞書堯典云昔在帝堯克明

峻德以親九族九族既睦平章百姓咎繇謨曰惇敘九族庶明勵翼言堯能明峻德之士而任用之以睦高祖玄孫之親迺令百姓平和章明又厚敘此親使衆庶皆明其教而自勉勵翼戴上命也故此詔引之 朕以皇帝幼年且統國政 師古曰朕者太皇太后自稱也 惟宗室子皆太祖高皇帝子孫及兄弟吳頃楚元之後 師古曰吳頃謂高帝之兄仲也初爲代王後廢爲合陽侯而子濞封爲吳王故追諡仲爲吳頃王頃讀曰傾 漢元至今十有餘萬人雖有王侯之屬莫能相糾 師古曰糾謂禁察也 或陷入刑罪教訓不至之咎也傳不云乎君子篤於親則民興於仁 師古曰此論語載孔子之辭也言上能厚於親屬則下皆化之起爲仁行也以論語傳聖人之言故謂之傳他皆類此 其爲宗室自太上皇以來族親各以世氏郡國置宗師以糾之致教訓焉二千石選有德義者以爲宗師考察不從教令有冤失職者宗師得因郵亭書言宗伯請以聞 晉灼曰宗伯宗正也師古曰郵行書舍也言爲書以付郵亭令送至宗伯也郵音尤 常以歲正月賜宗師帛各十匹羲和劉歆等四人使治明堂辟廱 師古曰使者而典其事 令漢與文王靈臺周公作洛同符 師古曰文王築靈臺周公成雒邑言與之符合 太僕王惲等八人使行風俗 師古曰行音下更反 宣明德化萬國齊同皆封爲列侯徵天下通知逸經古記天文歷算鍾律小學史篇方術本草及以五經論語孝經爾雅教授者在所爲駕一封軺傳 如淳曰律諸當乘傳及發駕置傳者皆持尺五寸木傳信封以御史大夫印章其乘傳參封之參三也有期會累封兩端端各兩封凡四封也乘置馳傳五封也兩端各二中央一也軺傳兩馬再封之一馬一封也師古曰以一馬駕軺車而乘傳傳音張戀反 遣詣京師至者數千人閏月立梁孝王玄孫之耳孫音爲王冬十二月丙午帝崩于未央宮 臣瓚曰帝年九歲即位即位五年壽十四師古曰漢注云帝春秋益壯以母衛太后故怨不悅莽自知益疏篡弒之謀由是生因到臘日上椒酒置藥酒中故翟義移書云莽鴆殺孝平皇帝 大赦天下有司議曰禮臣不殤君皇帝年十有四歲宜以禮斂加元服 師古曰斂音力贍反 奏可葬康陵 臣瓚曰在長安北六十里 詔曰皇帝仁惠無不顧哀 師古曰言帝平生多所顧念哀憐 每疾一發氣輒上逆害於言語故不及有遺詔其出媵妾皆歸家得嫁如孝文時故事 師古曰媵妾謂從皇后俱來者媵之言送也媵音食證反又音孕

贊曰孝平之世政自莽出襃善顯功以自尊盛觀其文辭方外百蠻亡思不服 師古曰大雅文王有聲之詩曰自東自西自南自北亡思不服言武王於鎬京行辟雍之禮自四方來觀者皆感其德化心無不歸服故此贊引之 休徵嘉應頌聲並作 師古曰休美也徵證也 至乎變異見於上民怨於下莽亦不能文也 如淳曰不可復文飾也

前漢書卷十二考證

平帝紀故桃鄉項侯子成都爲中山王○胡三省曰平帝入奉大宗故立成都以奉孝王後 臣召南按成帝立定陶王爲太子即立楚孝王孫景奉定陶恭王祀即此事所本也

封宣帝耳孫信等三十六人皆爲列侯○通鑑考異曰紀在元年莽傳在五年按王子侯表皆以元年二月丙辰封莽傳誤也胡三省曰按表陶鄉侯恢等十五人皆以二月丙辰封不及三十六人之數又無信名蓋恢等皆宣帝曾孫也

罷安定呼池苑以爲安民縣○臣召南按志中山國無安民縣何也

置西海郡○臣召南按莽所置西海郡在金城郡臨羌縣塞外西北地理志可証西海曰僊海亦曰鮮水海即今青海也

分京師置前煇光後丞烈二郡○胡三省曰前煇光蓋領長安以南諸縣後丞烈蓋領長安以北諸縣也

前漢書卷十三

漢　蘭　臺　令　史　班　固　撰

唐正議大夫行祕書少監琅邪縣開國子顏師古注

異姓諸侯王表第一

昔詩書述虞夏之際舜禹受禪 師古曰禪音上扇反 積德累功洽于百姓攝位行政考之于天 師古曰謂在璿璣玉衡以齊七政考之於天知己合天心不也 經數十年然後在位殷周之王乃繇卨積 師古曰繇讀與由同 脩仁行義歷十餘世至于湯武然後放殺 師古曰殺讀曰弒它皆類此也 秦起襄公章文繆獻 師古曰言秦之初起於襄公始爲諸侯至文公繆公獻公更爲章著也襄公莊公之子文公襄公之子也繆公德公之少子獻公靈公之子也 孝昭嚴稍蠶食六國 師古曰孝謂孝公也即獻公之子昭謂昭襄王即惠王之子武王之弟也嚴謂莊襄王即昭襄王之孫孝文王之子也後漢時避明帝諱以莊爲嚴故漢書姓及諡本作莊者皆易爲嚴也它皆類此蠶食謂漸吞滅之如蠶食葉也 百有餘載至始皇迺并天下以德若彼用力如此其囏難也 師古曰囏古艱字也 秦既稱帝患周之敗以爲起於處士橫議諸侯力爭四夷交侵以弱見奪 服虔曰言因橫議而敗也應劭曰孟軻云聖王不作諸侯恣行處士橫議師古曰處士謂不官於朝而居家者也橫音胡孟反次下橫發其音亦同也 於是削去五等 應劭曰周制公侯伯子男五等爵 墮城銷刃 應劭曰壞其堅城恐復阻以害己也聚天下之兵鑄以爲銅人十二不欲令民復逆命也古者以銅爲兵師古曰墮音火規反 箝語燒書 應劭曰禁民聚語畏其謗己箝緘也箝與鉗同晉灼曰許慎云箝籋也師古曰晉說是也謂箝其口不聽妄言也即所謂禁耦語者也箝音其占反籋音躡 內鋤雄俊外攘胡粵 師古曰攘卻也粵古越字 用壹威權爲萬世安 師古曰令威權壹歸於己 然十餘年間猛敵橫發乎不虞 師古曰虞度也意所不度謂之不虞 適戍彊於五伯 師古曰適讀曰謫謫戍謂陳勝吳廣也伯讀曰霸五霸謂昆吾大彭豕韋齊桓晉文也謫音陟厄反 閭閻偪於戎狄 應劭曰周禮二十五家爲閭閻音簷門閭外旋下麼謂之步檐也閭閻民陳勝之屬言其逼秦甚於戎故總言閭閻應說非也師古曰閭里門也閻里中門也陳勝吳廣本起閭左解在陳勝傳偪音逼 嚮應憯於謗議 服虔曰憯音慘應劭曰秦法誹謗者族今陳勝奮臂大呼天下莫不嚮應害更憯烈於所謗議也師古曰嚮讀曰響響應者如響之應聲憯痛也服音是也 奮臂威於甲兵鄉秦之禁適所以資豪桀而速自斃也 師古曰鄉讀曰嚮謂曩時也秦禁謂墮城銷刃箝語燒書之屬是也 亡尺土之階繇一劍之任 師古曰任用也事也 五載而成帝業書傳所記未嘗有焉何則古世相革皆承聖王之烈 師古曰革變也烈謂餘烈也 今漢獨收孤秦之弊鐫金石者難爲功摧枯朽者易爲力 師古曰鐫琢石也音子全反 其執然也故據漢受命譜十八王月而列之天下一統迺以年數 應劭曰項羽爲西楚霸王爲天下主命立十八王王高祖於蜀漢漢元年諸王畢封各就國始受命之元故以冠表焉張晏曰時天下未定參錯變易不可以年紀故列其月五年誅籍乃以年紀焉 訖于孝文異姓盡矣

漢元年	一月 應劭曰諸王始受封之月也十八王同時稱一月趙歇起已二十七	月徙爲代王番以前數繼行趙都士云	二月	三月	四月	五月	六月	七月	八月	九月	十月	十一月
楚	西楚霸王項籍始爲天下主命立十八王		都 二 彭城	三	四	五	六	七	八	九	十	十一
分爲衡山	王吳芮始故番君 師古曰番音蒲何反		都 二 邾	三	四	五	六	七	八	九	十	十一
分爲臨江	王共敖始故楚柱國 師古曰共讀曰恭		都 二 江陵	三	四	五	六	七	八	九	十	十一
分爲九江	王英布始故楚將		都 二 六	三	四	五	六	七	八	九	十	十一
趙 常山	王張耳始故趙將		都 二 襄國	三	四	五	六	七	八	耳降 九 漢	代王歇還王趙	卅七
分爲代	王趙歇始故趙王	廿七	都 廿八 代	廿九	三十	卅一	卅二	卅三	卅四	歇復 卅五 趙王	歇以陳餘爲代王號成安君	一
齊 臨淄	王田都始故齊將		都 二 臨淄	三	田榮擊都 四 降楚	王田榮始 五 故齊相	二	三	四	五	六	七
分爲濟北	王田安始故齊將		都 二 博陽	三	四	五	田榮擊殺 六 安屬齊					
分爲膠東	王田市始故齊王	二十	都 廿一 即墨	廿二	廿三	田榮擊殺 廿四 市屬齊						
分雍 關中	王章邯始故秦將		都 二 廢丘	三	四	五	六	邯守廢丘 七 漢圍之	八	九	漢拔我 十 隴西	十一
分塞 關中	王司馬欣始故秦長史		都 二 櫟陽	三	四	五	六	欣降 七 漢	屬漢爲渭南河上郡			
分翟 關中	王董翳始故秦都尉		都 二 高奴	三	四	五	六	翳降 七 漢	屬漢爲上郡			
燕	王臧荼始故燕將 師古曰荼音大胡反		都 二 薊	三	四	五	六	七	八	九	十	十一
分爲遼東	王韓廣始故燕王	三十	都 卅一 無終	卅二	卅三	卅四	卅五	臧荼擊殺 卅六 廣屬燕				
魏	王魏豹始故魏王	十九	都 二十 平陽	廿一	廿二	廿三	廿四	廿五	廿六	廿七	廿八	廿九
分爲殷	王司馬卬始故趙將		都 二 朝歌	三	四	五	六	七	八	九	十	十一
韓	王韓成始故韓王	廿二	都 廿三 陽翟	廿四	廿五	廿六	項籍 廿七 誅成	王鄭昌始項王立之	二	三	王韓信始漢立之	二
分爲河南	王申陽始故楚王將		都 二 雒陽		四	五	六	七	八	陽降 九 漢	屬漢爲河南郡	

十二月	二年一月	二月	項羽三萬人破 三月 漢兵五十六萬	四月	五月	六月	七月
十二	二年一月	二	三	四	五	六	七
十二	二年一月	二	三	四	五	六	七
十二	二年十三一月	十四	十五	十六	十七	十八	十九
十二	二年一月	二	三	四	五	六	七
卅八	卅九	四十	四十一	四十二	四十三	四十四	四十五
三	四	五	六	七	八	九	十
項籍擊榮走平原民殺之	項籍復立故二齊王田假爲王	田榮弟橫反城陽擊假假走楚楚殺假	王廣始故田榮子橫立之	二	三	四	五
漢拔我十二北地	二年一月	二	三	四	邯殺屬漢爲五中地隴西北地郡		
十二	二年一月	二	三	四	五	六	七
卅	卅一	豹降卅二爲王	從漢卅三伐楚	豹歸卅四畔漢	卅五	三十六	三十七
十二	二年十三一月	卬降十四漢	屬漢爲河內郡				
三	四	五	從漢六伐楚	七	八	九	十

八月	九月	十月	十一月	十二月	三年一月	二月	三月	四月	五月
八	九	十	十一	十二	三年一月	二	三	漢御四滎陽	五
八	九	十	十一	十二	三年一月	二	三	四	五
廿	廿一	廿二	廿三	廿四	廿五	廿六	廿七	廿八	廿九
八	九	十	十一	布降漢					
四十六	四十七	漢滅四十八歇							
十一	十二	十三	屬漢爲太原郡						
六	七	八	九	十	十一	十二	十三	十四	十五
八	九	十	十一	十二	三年一月	二	三	四	五
漢將韓信卅八擊虜豹	屬漢爲河東上黨郡								
十一	十二	二年一月	二	三	四	五	六	七	八

六月	七月	八月	九月	十月	十一月	十二月	四年一月	二月	三月	四月	五月	六月	七月
六	七	八	九	十	漢將韓信十一擊殺龍且	十二	四年一月	二	三	四	五	六	七
六	七	八	九	十	十一	十二	四年一月	二	三	四	五	六	七
卅	卅一	子尉嗣爲王	二	三	四	五	六	七	八	九	十	十一	十二
												更爲淮南王	王英布始漢立之
					復趙王張耳始漢立之	二	三	四	五	六	七	八	九
十六	十七	十八	十九	廿	漢將韓信擊殺廣廿一屬漢爲郡								
							齊國	王韓信始漢立之	二	三	四	五	六
六	七	八	九	十	十一	十二	四年一月	二	三	四	五	六	七
九	十	十一	十二	三年一月	二	三	四	五	六	七	八	九	十

八月	九月	即皇五年帝位	六年	七年	八年	九年	十年	十一年	十二年	孝惠元年	二年	三年	四年
八	九	漢誅籍王正月韓信始	十一月信廢爲侯										
八	九	芮徙十長沙											
二年一月	二月	十二月漢虜尉											
二	三	二年	三	四	五	六	七	布反八誅					
十	十一	十二月乙丑耳薨	子敖嗣爲王	二	敖廢三爲侯								
		以太原爲國	王韓信始九月信反降匈奴										
七	八	徙韓信王楚											
八	反漢九誅荼	後九月王盧綰始故太尉	二	三	四	五	六	綰反降匈奴					
	置梁國	王彭越始	二	三	四	五	越反六誅						
十一	十二	四年	信徙五太原										
	初置長沙國	二月乙未王吳芮始六月薨	成王臣嗣	二	三	四	五	六	七	八	哀王回嗣	二	三

五年	六年	七年	高后元年	二年	三年	四年	五年	六年
		初置魯國	四月王張偃始高后外孫	二	三	四	五	六
		初置淮陽國	四月辛卯王彊始高后所詐立孝惠子	二	三	四	彊薨諡曰五懷無子	王武始故壺關侯
		復置常山國	四月辛卯王不疑始高后所詐名孝惠子	不疑薨諡曰哀無子七月癸丑王義始故襄城侯	二	義立爲帝五月丙辰王朝始故軹侯	二	三
		初置呂國	四月辛卯王呂台始高后兄子	台薨諡曰肅子嘉嗣爲王	二	三	四	嘉坐驕廢十一月王呂產始
								初置梁國
四	五	六	七	共王若嗣	二	三	四	五

七年	八年	孝文元年	二年	三年	四年	五年	六年	七年	八年	九年	十年	十一年	十二年
七	偃廢八爲侯												
二	武以非三子誅												
四	朝以非五子誅												
趙王呂祿始高后兄子	八月漢大臣共誅祿												
產[illegible]侯													
初置燕國	七月癸丑王呂通八月漢大臣共誅通												
二月王呂產始	漢大臣二共誅產												
六	七	八	靖王產嗣	二	三	四	五	六	七	八	九	十	十一

十三年	十四年	十五年	十六年	後元年	二年	三年	四年	五年	六年	七年
十二	十三	十四	十五	十六	十七	十八	十九	二十	二十一	來朝薨二十二無子國除

前漢書卷十三考證

異姓諸侯王表秦起襄公章文繆獻○臣名南按史記秦楚之際月表曰秦起襄公章於文繆獻孝之後稍以蠶食六國史記從文繆斷句而獻公下連孝公云獻孝之後則昭王莊襄王皆已包括此表章字下無於字則從獻字斷句蓋秦自獻公以上不過爲西方大國至孝公以還遂駸駸乎有并吞天下之勢矣

趙常山○臣名南按表大書趙字而夾書常山於旁以是時分趙爲二故趙地則爲常山國也齊臨淄亦然分齊爲三齊國則都臨淄也

韓王韓成始故韓王○按史記作故韓將

田榮擊都降楚○臣名南按史記表作田榮擊都都降楚此文脫一都字耳又按此表書事較史記每移前一月如此事史記在五月此文則在四月

前漢書卷十四

漢 蘭臺令史班 固撰

唐正議大夫行祕書少監琅邪縣開國子顏師古注

諸侯王表第二

昔周監於二代師古曰監視也二代夏殷也三聖制法師古曰三聖謂文王武王及周公也立爵五等師古曰公侯伯子男封國八百同姓五十有餘周公康叔建於魯衛各數百里太公於齊亦五侯九伯之地臣瓚曰禮記王制云五國以爲屬屬有長二百一十國以爲州州有伯師古曰五侯五等諸侯也九伯九州之伯也伯長也詩載其制曰介人惟藩大師惟垣大邦惟屏大宗惟翰懷德惟寧宗子惟城毋俾城壞毋獨斯畏師古曰大雅板之詩也介善也藩籬也屏蔽也垣牆也翰幹也懷和也俾使也以善人爲之藩籬謂封周公康叔於魯衛以大師爲垣謂太公於齊也大邦以爲屏蔽謂成國諸侯也大宗以謂王之同姓也能和其德則天下安寧分建宗子則列城堅固城不可使墮壞宗不可使單獨墮壞則畏懼斯至所以親親賢賢褒表功德師古曰親賢封功德並建俱關諸盛衰深根固本爲不可拔者也故盛則周邵相其治致刑錯衰則五伯扶其弱與共守師古曰伯讀曰霸此五霸謂齊桓宋襄晉文秦繆吳夫差也自幽平之後日以陵夷師古曰陵夷言如山陵之漸平夷謂頹替也至虖阸陿河洛之間應劭曰阸者狹也陿者跨隘也西迫強秦東有韓魏數見侵暴跨隘不安也師古曰阸音於解反陿音區分爲二周師古曰謂東西二周也有逃責之臺被竊鈇之言服虔曰周赧王負責無以歸之主迫責急乃逃於此臺後人因以名之劉德曰洛陽南宮謻臺是也應劭曰竊鈇謂出至路邊竊取人鈇也師古曰應說非也鈇鉞王者以爲威用斬戮也言周室衰微政令不行於天下雖有鈇鉞無所用之是謂私竊隱藏之耳被音皮義反鈇音膚謻音移又音直移反然天下謂之共主如淳曰雖至微弱猶共以爲之主彊大弗之敢傾師古曰言諸侯雖彊大者不敢傾滅周也歷載八百餘年數極德盡既於王赧師古曰既盡也赧諡也一曰名也音女版反降爲庶人用天年終號位已絕於天下尚猶枝葉相持莫得居其虛位海內無主三十餘年師古曰秦昭襄王五十二年周初亡五十六年昭襄王卒孝文王立一年而卒莊襄王立四年而卒子政立二十六年而乃并天下自號始皇帝是爲三十五年無主也秦據埶勝之地騁狙詐之兵應劭曰狙伺也因間伺隙出兵也狙音若蛆反師古曰音千絮反蠶食山東壹切取勝師古曰蠶食解在異姓諸侯王表壹切解在平紀也因矜其所習自任私知姍笑三代盪

滅古法師古曰姍古訕字也訕謗也音所諫反又音刪竊自號爲皇帝而子弟爲匹夫內亡骨肉本根之輔外亡尺土藩翼之衛陳吳奮其白梃應劭曰白梃大杖也孟子書曰可使制梃以撻秦楚是也師古曰梃音徒鼎反劉項隨而斃之故曰周過其歷秦不及期國勢然也應劭曰武王克商卜世三十卜年七百今乃三十六世八百六十七歲此謂過其歷者也秦以諡法少恐後世相襲自稱始皇子曰二世欲以一迄萬今至子而亡此之爲不及期也漢興之初海內新定同姓寡少懲戒亡秦孤立之敗於是剖裂疆土立二等之爵項羽曰漢封功臣大者王小者侯也功臣侯者百有餘邑尊王子弟大啟九國師古曰九國之數在下也自鴈門以東盡遼陽爲燕代師古曰遼陽遼水之陽也常山以南太行左轉度河濟漸于海爲齊趙師古曰太行山名也左轉謂自太行而東也漸入也一曰浸也行音胡剛反漸音子廉反亦讀如本字穀泗以往奄有龜蒙爲梁楚晉灼曰穀水經云泗水出魯卞縣臣瓚曰穀在彭城泗之下流爲穀水師古曰奄覆也龜蒙二山名東帶江湖薄會稽爲荊吳文穎曰今吳也高帝六年爲荊國十一年更名吳師古曰荊吳同是一國也北界淮瀕略廬衡爲淮南師古曰瀕水涯也音頻又音賓廬衡二山名也波漢之陽亘九嶷爲長沙鄭氏曰波音陂澤之陂孟康曰亘竟也音古贈反師古曰波漢之陽者循漢水而往也水北曰陽波音彼皮反又音彼義反九嶷山名有九峯在零陵營道嶷音疑諸侯比境周市三垂外接胡越師古曰此謂相接次也三垂謂北東南也比音頻寐反天子自有三河東郡潁川南陽師古曰三河河東河南河內也自江陵以西至巴蜀北自雲中至隴西與京師內史凡十五郡公主列侯頗邑其中師古曰十五郡中又往往有列侯公主之邑而藩國大者夸州兼郡連城數十師古曰夸音跨宮室百官同制京師可謂撟枉過其正矣師古曰撟與矯同枉曲也正曲曰矯言矯秦孤立之敗而大封子弟過於強盛有失中也雖然高祖創業日不暇給孝惠享國又淺高后女主攝位而海內晏如師古曰晏如安然也亡狂狡之憂卒折諸呂之難成太宗之業者亦賴之於諸侯也然諸侯原本以大末流濫以致溢小者淫荒越法大者睽孤橫逆以害身喪國師古曰易睽卦九四爻辭曰睽孤見豕負塗睽孤乖刺之意睽音工攜反故文帝采賈生之議分齊趙景帝用鼂錯之計削吳楚武帝施主父之冊下推恩之令使諸侯王得分戶邑以封子弟不行黜陟而藩國自析自此以來齊分爲七師古曰謂齊城陽濟北濟南菑川膠西膠東也趙分爲六師古曰謂趙平原真定中山廣川河間也梁分爲五師古曰謂梁濟川濟東山陽濟陰也淮南分爲三師古曰謂淮南衡山廬江皇子始立者大國不過十餘城長沙燕代雖有舊名皆亡南北邊矣如淳曰長沙之南更置郡燕代以北更置緣邊郡其所有饒利兵馬器械三國皆失之也景遭七國之難抑損諸侯減黜其官師古曰謂改丞相曰相省御史大夫廷尉少府宗正博士損大夫謁者諸官長丞員等也武有衡山淮南之謀作左官之律服虔曰仕於諸侯爲左官絕不得使仕於王侯也應劭曰人道上右今舍天子而仕諸侯故謂之左官也師古曰左官猶言左道也皆僻左不正應說是也漢時依上古法朝廷之列以右爲尊故謂降秩爲左遷仕諸侯爲左官也設附益之法張晏曰律鄭氏說封諸侯過限曰附益或曰阿媚王侯有重法也師古曰附益者蓋取孔子云求也爲之聚斂而附益之之義也皆背正法而厚於私家也諸侯惟得衣食稅租不與政事師古曰與讀曰豫至於哀平之際皆繼體苗裔親屬疏遠師古曰言非始封之君皆其後裔也故於天子益疏遠矣生於帷墻之中不爲士民所尊埶與富室亡異而本朝短世國統三絕師古曰謂成哀平皆早崩又無繼嗣是故王莽知漢中外殫微本末俱弱師古曰殫盡也音單亡所忌憚生其姦心因母后之權假伊周之稱顓作威福廟堂之上不降階序而運天下師古曰序謂東西廂顓與專同作謀既成遂據南面之尊分遣五威之吏馳傳天下班行符命漢諸侯王厥角䭫首應劭曰厥者頓也角者額角也稽首首至地也言王莽漸漬威福日久亦值漢之單弱王侯見莽篡弒莫敢怨望皆頓角稽首至地而上其璽綬也晉灼曰厥猶豎也叩頭則額角豎師古曰應說是也䭫音口禮反與稽同奉上璽韍惟恐在後師古曰韍音弗璽之組也或迺稱美頌德以求容媚豈不哀哉是以究其終始彊弱之變明監戒焉

號謚	屬	始封	子	孫	曾孫	玄孫	六世	七世 張晏曰禮服盡於玄孫故以世數名也
楚元王交	高帝弟 師古曰楚元王帝弟而表居代王前者以封日先後爲次也	六年正月丙午立二十二年薨	孝文二年夷王郢客嗣四年薨	六年王戊嗣二十一年孝景三年反誅				
			孝景四年文王禮以元王子平陸侯紹封三年薨	七年安王道嗣二十二年薨	元朔元年襄王注嗣十二年薨	元鼎元年節王純嗣十六年薨	天漢元年王延壽嗣三十二年地節元年謀反誅	
代王喜	高帝兄	正月壬子立七年爲匈奴所攻棄國自歸廢爲郃陽侯孝惠二年薨	吳 高祖十二年十月辛丑王濞以故代王子沛侯立四十二年孝景三年反誅					
齊悼惠王肥	高帝子	正月壬子立十三年薨	孝惠七年哀王襄嗣十一年薨	孝文二年文王則嗣十四年薨亡後				
			孝文十六年孝王將閭以悼惠王子楊虛侯紹封十一年薨	孝景四年懿王壽嗣二十三年薨	元光四年厲王次昌嗣五年薨亡後			
城陽			孝文二年二月乙卯景王章以悼惠王子朱虛侯立二年薨	四年共王喜嗣八年徙淮南四年復還凡三十三年薨	孝景後六年頃王延嗣二十六年薨	元狩六年敬王義嗣九年薨	元封三年惠王武嗣十一年薨	天漢四年荒王順嗣四十六年薨
			八世 甘露三年戴王恢嗣八年薨	九世 永光元年孝王景嗣二十四年薨	十世 鴻嘉二年哀王雲嗣一年薨亡後元始元年王俚以雲弟紹封二十五年王莽篡位貶爲公明年廢			
濟北			二月乙卯王興居以悼惠王子東牟侯立二年謀反誅					
菑川			十六年四月丙寅懿王志以悼惠王子安都侯立爲濟北王十一年孝景四年徙菑川三十五年薨	元光六年靖王建嗣二十年薨	元封二年頃王遺嗣三十五年薨	元平元年思王終古嗣二十八年薨	初元三年考王尚嗣六年薨	永光四年孝王橫嗣三十一年薨
			八世 元延四年懷王友嗣六年薨	九世 建平四年王永嗣十二年王莽篡位貶爲公明年廢				
濟南			四月丙寅王辟光以悼惠王子扐侯立十一年反誅師古曰扐音力					
菑川			四月丙寅王賢以悼惠王子武成侯立十一年反誅					
膠西			四月丙寅王卬以悼惠王子平昌侯立十一年反誅					
膠東			四月丙寅王熊渠以悼惠王子白石侯立十一年反誅					
荊王賈	高帝從父弟	六年正月丙午立六年十二月爲英布所攻亡後						
淮南厲王長	高帝子	十一年十月庚午立二十三年孝文六年謀反廢徙蜀死雍	十六年四月丙寅王安以厲王子阜陵侯紹封四十二年元狩元年謀反自殺					
衡山			四月丙寅王賜以厲王子陽周侯立爲廬江王十二年徙衡山三十三年謀反自殺					
濟北			四月丙寅王勃以厲王子安陽侯立爲衡山王十二年徙濟北一年薨謚曰貞王	孝景六年成王胡嗣五十四年薨	天漢四年王寬嗣十一年後二年謀反自殺			
趙隱王如意	高帝子	九年四月立十二年爲呂太后所殺亡後						

代王　高帝子　十一年正月丙子立，十七年，高后八年爲皇帝。

趙共王恢（師古曰：共讀曰恭。下皆類此）　高帝子　十一年三月丙午爲梁王，十六年，高后七年，徙趙，其年自殺，亡後。

趙幽王友　高帝子　十一年三月丙寅立爲淮陽王，二年徙趙，十四年，高后七年自殺。｜孝文元年，王遂以幽王子紹封，二十六年，孝景三年反，誅。

河間　孝文二年二月乙卯，文王辟彊以幽王子立，十三年薨。｜十五年，哀王福嗣，一年薨，亡後。

燕靈王建　高帝子　十二年二月甲午立，十五年，高后七年薨，太后殺其子。

燕敬王澤　高帝從祖昆弟　高后七年以營陵侯立爲琅邪王，二年，孝文元年徙燕，二年薨。｜三年，康王嘉嗣，二十六年薨。｜孝景六年，王定國嗣，二十四年，坐禽獸行，自殺。

右高祖十一人，吳隨父凡十二人。師古曰：吳王濞從其父代王喜在此表中，故十二人也。

梁懷王揖　文帝子　二年二月乙卯立，十年薨，亡後。

梁孝王武　文帝子　二月乙卯立爲代王，三年徙爲淮陽王，十年徙梁，三十五年薨。｜孝景後元年，恭王買嗣，七年薨。｜建元五年，平王襄嗣，四十年薨。｜太始元年，貞王毋傷嗣，十一年薨。｜始元二年，敬王定國嗣，四十年薨。｜初元四年，夷王遂嗣，六年薨。｜永光五年，荒王嘉嗣，十五年薨。｜陽朔元年，王立嗣，二十七年，元始三年有罪，廢徙漢中，自殺。｜八世　元始五年二月丁酉，王音以孝王玄孫之曾孫紹封，五年，王莽篡位，貶爲公，明年廢。

濟川　孝景中六年五月丙戌，王明以孝王子桓邑侯立，七年，建元三年坐殺中傅，廢遷房陵。

濟東　五月丙戌，王彭離以孝王子立，二十九年，坐殺人，廢遷上庸。

山陽　五月丙戌，哀王定以孝王子立，九年薨，亡後。

濟陰　五月丙戌，哀王不識以孝王子立，二年薨，亡後。

代孝王參　文帝子　二月乙卯立爲太原王，三年，更爲代王，七年薨。｜孝文後三年，恭王登嗣，二十九年薨。｜元光三年，剛王義嗣，十九年，元鼎三年徙清河，三十年薨。（清河）｜太始三年，頃王陽嗣，二十五年薨。｜地節元年，王年嗣，四年，坐與同產妹姦，廢遷房陵，與邑百家。｜廣宗　元始二年四月丁酉，王如意以孝王玄孫之子紹封，七年，王莽篡位，貶爲公，明年廢。

右孝文三人，齊城陽兩濟北濟南菑川膠西膠東趙河間淮南衡山十二人隨父，凡十五人。

河間獻王德　景帝子　二年三月甲寅立，二十六年薨。｜元光六年，共王不周嗣，四年薨。｜元朔四年，剛王基嗣，十二年薨。｜元鼎四年，頃王緩嗣，十七年薨。｜天漢四年，孝王慶嗣，四十七年薨。｜五鳳四年，王元嗣，十七年，建昭元年坐殺人，廢遷房陵。｜建始元年正月丁亥，惠王良以孝王子紹封，二十七年薨。｜建平二年，王尚嗣，十四年，王莽篡位，貶爲公，明年廢。

臨江哀王閼（師古曰：閼音一曷反）　景帝子　三月甲寅立，三年薨，亡後。

魯共王餘　景帝子　三月甲寅立爲淮陽王，二年徙魯，二十八年薨。｜元朔元年，安王光嗣，四十年薨。｜後元元年，孝王慶忌嗣，三十七年薨。｜甘露三年，頃王封嗣，二十八年薨。｜陽朔二年，文王晙嗣，十九年薨，亡後。晉灼曰：晙音儁。師古曰：晙音子綫反。｜建平三年六月辛卯，王閔以頃王子郚鄉侯紹封，十三年，王莽篡位，貶爲公，明年獻神書言莽德，封列侯，賜姓王。師古曰：郚音吾，又音魚。

江都易王非（師古曰：謚法好更故舊曰易）　景帝子　三月甲寅立爲汝南王，二年徙江都，二十八年薨。｜元朔二年，王建嗣，六年，元狩二年謀反，自殺。｜廣世　元始二年四月丁酉，王宮以易王庶孫盱眙侯子紹封，五年，王莽篡位，貶爲公，明年廢。

趙敬肅王彭祖　景帝子　二月甲寅立爲廣川王，四年徙趙，六十三年薨。｜征和元年，頃王昌嗣，十九年薨。｜本始元年，懷王尊嗣，五年薨。｜地節四年二月甲子，哀王高以頃王子紹封，四月薨。｜元康元年，共王充嗣，五十六年薨。｜元延三年，王隱嗣，十九年，王莽篡位，貶爲公，明年廢。

平干　征和二年，頃王偃以敬肅王小子立，十一年薨。｜元鳳元年，繆王元嗣，二十四年，五鳳二年坐殺謁者，會薨，不得代。

長沙定王發　景帝子　三月甲寅立，二十八年薨。｜元朔元年，戴王庸嗣，二十七年薨。｜天漢元年，頃王附朐嗣，十七年薨。晉灼曰：附音符。師古曰：附讀如本字，朐音劬。本傳作鮒鮈，其音同耳。｜始元四年，剌王建德嗣，三十四年薨。｜黃龍元年，煬王旦嗣，二年薨，亡後。｜初元四年，孝王宗以剌王子紹封，三年薨。｜永光二年，繆王魯人嗣，四十八年薨。｜居攝二年，王舜嗣，二年，王莽篡位，貶爲公，明年薨。

膠西于王端　景帝子　三年六月乙巳立，四十七年，元封三年薨，亡後。

中山靖王勝　景帝子　六月乙巳立，四十二年薨。｜元鼎五年，哀王昌嗣，二年薨。｜元封元年，糠王昆侈嗣，二十一年薨。師古曰：糠音與康同。糠，惡謚也。好樂怠政曰糠。它皆類此。｜征和四年，頃王輔嗣，三年薨。｜始元元年，憲王福嗣，十七年薨。｜地節元年，懷王脩嗣，十五年薨，亡後。｜廣德　鴻嘉二年八月，夷王雲客以懷王從父弟子紹封，一年薨，亡後。｜廣平　建平三年正月壬寅，王漢以夷王弟紹封，十三年，王莽篡位，貶爲公，明年廢。

膠東王　景帝子　四年四月乙巳立，四年爲皇太子。

臨江閔王榮
景帝子
七年十一月己酉以故皇太子立三年坐侵廟壖地爲宮自殺

廣川惠王越
景帝子
中二年四月乙巳立十二年薨
建元五年繆王齊嗣四十五年薨
征和二年王去嗣二十二年本始四年坐章姬不道廢徙上庸與邑百戸 師古曰念怒其姬亨煮而殺
地節四年五月庚午戴王文以繆王子紹封二年薨
元康二年王汝陽嗣十五年甘露四年殺人廢徙房陵
元始二年四月丁酉靜王檢以 廣德 惠王曾孫戴王子紹封四年薨
居攝元年王赤嗣三年王莽篡位貶爲公明年廢

膠東康王寄
景帝子
四月乙巳立二十八年薨
元狩三年哀王賢嗣十四年薨
元封五年戴王通平嗣二十四年薨
始元五年頃王音嗣五十四年薨
河平元年恭王授嗣十四年薨
永始三年王殷嗣二十三年王莽篡位貶爲公明年廢

元狩二年七月壬子恭王慶以 六安 康王少子立三十八年薨
始元四年夷王祿嗣十四年薨
本始元年繆王定嗣二十三年薨
甘露四年頃王光嗣二十七年薨
陽朔二年王育嗣三十三年王莽篡位貶爲公明年廢

清河哀王乘
景帝子
中三年二月丁酉立十二年薨亡後

常山憲王舜
景帝子
中五年三月丁巳立三十二年薨
元鼎三年王勃嗣坐憲王喪服姦廢徙房陵

元鼎三年頃王平以憲 眞定 王子紹封二十五年薨
征和四年烈王偃嗣十八年薨
本始三年孝王申嗣二十二年薨
建昭元年安王雍嗣十六年薨
陽朔三年共王普嗣十五年薨
綏和二年王楊嗣十六年王莽篡位貶爲公明年廢

元鼎二年思王商以憲 泗水 王少子立十五年薨
太初二年哀王安世嗣一年薨亡後
三年戴王賀以思王子紹封二十年薨
元鳳元年三月丙子勤王煖嗣三十九年薨
永光三年戾王駿嗣三十一年薨
元延三年王靖嗣十九年王莽篡位貶爲公明年廢

右孝景十四人楚濟川濟東山陽濟陰五人隨父凡十九人
師古曰此表列諸王次第與本傳不同者本傳因母氏之次而盡言所生表則敘其昆弟長幼又臨江閔王封時年月在後故不同也它皆類此

齊懷王閎
武帝子
元狩六年四月乙巳立八年薨亡後

燕刺王旦
武帝子
四月乙巳立三十七年元鳳元年坐謀反自殺
本始元年五月頃王建以刺 廣陽 王子紹封二十九年薨
初元五年穆王舜嗣二十一年薨
陽朔二年思王璜嗣二十一年薨
建平四年王嘉嗣十二年王莽篡位貶爲公明年廢

廣陵厲王胥
武帝子
四月乙巳立六十三年五鳳四年坐祝詛上自殺
初元二年三月壬申孝王霸以厲王子紹封十三年薨
建昭五年共王意嗣十三年薨
建始二年哀王護嗣十五年薨亡後
元延二年靖王守以孝王子紹封十七年薨
居攝二年王宏嗣三年王莽篡位貶爲公明年廢

本始元年十月哀王弘以 高密 厲王子立八年薨
元康元年頃王章嗣三十四年薨
建始二年懷王寬嗣十一年薨
鴻嘉元年王慎嗣二十九年王莽篡位貶爲公明年廢

昌邑哀王髆
武帝子
天漢四年六月乙丑立十一年薨
始元元年王賀嗣十二年徵爲昭帝後立二十七日以行淫亂廢歸故國予邑三千戸

右孝武四人六安眞定泗水平干四人隨父凡八人

淮陽憲王欽
宣帝子
元康三年四月丙子立三十六年薨
河平二年文王玄嗣二十六年薨
元壽二年王縯嗣十九年王莽篡位貶爲公明年廢 師古曰縯音羊善反

東平思王宇
宣帝子
甘露二年十月乙亥立三十二年薨
鴻嘉元年煬王雲嗣十一年建平三年坐祝詛上自殺
元始元年二月丙辰王開明嗣立五年薨亡後

元始元年二月丙戌王成都以思王孫桃鄉頃侯宣子立奉中山孝王後 中山 八年王莽篡位貶爲公明年獻書言莽德封列侯賜姓王
居攝元年嚴鄉侯子匡爲東平王

楚孝王囂 師古曰囂音敖
宣帝子
十月乙亥立爲定陶王四年徙楚二十八年薨
陽朔元年懷王芳嗣一年薨亡後
陽朔二年思王衍以孝王子紹封十一年薨
元壽元年王紆嗣十年王莽篡位貶爲公明年廢

綏和元年十一月壬子王景以孝王孫立爲定陶王奉恭王 信都 後三年建平二年徙信都十三年王莽篡位貶爲公明年廢

中山哀王竟
宣帝子
初元二年二月丁巳立爲淸河王五年徙中山十三年薨亡後

右孝宣四人燕王繼絕高密隨父凡六人

定陶共王康
元帝子
永光三年三月立爲濟陽王八年徙山陽八年河平四年四月徙定陶凡十九年薨
陽朔三年王欣嗣十四年綏和元年爲皇太子

中山孝王興
元帝子
建昭二年六月乙亥立爲信都王十五年陽朔二年徙中山凡三十年薨
綏和二年王箕子嗣六年元壽二年立爲皇帝

右孝元二人廣陵繼絕凡三人孝成時河間廣德定陶三國孝哀時廣平一國孝平時東平中山廣德廣世廣宗五國皆繼絕

劉攽曰高帝封諸侯王其子孫無有與漢俱存亡者文帝封梁王城陽菑川景帝封河間長沙中山常山昭帝封廣陽廣陵高密此數國至王莽篡漢而廢宣帝所封有至王莽時者年淺不足云

前漢書卷十四考證

諸侯王表衰則五伯扶其弱與共守注此五霸謂齊桓宋襄晉文秦穆吳夫差也○臣名甫按五霸之說不一通三代言曰夏昆吾商大彭豕韋周齊桓晉文異姓諸侯王表適戍彊于五伯注是也此文專言周衰故注異解其不數楚莊而數吳夫差者楚僭王未有扶弱之事吳夫差黃池之會嘗共貢職于周也

奄有龜蒙爲梁楚注龜蒙二水名○臣浩按二水名應

作二山名
凡十五郡○臣名南按師古無注此以秦地計之於三十六郡中得十五郡也內史一河東二河南河內卽三川郡三東郡四潁川五南陽六南郡七蜀郡八巴郡九漢中十隴西十一北地十二上郡十三雲中十四以史記言內地北距山以東盡諸侯地推之則上黨郡十五也若計高帝所自立之郡則不止於十五矣
趙分爲六注謂趙平原眞定中山廣川河間也○臣名南按平原應作平干漢世無平原王平干卽武帝征和二年封趙敬肅王小子偃者各本俱訛又按史記注徐廣曰河間廣川中山常山清河也此說較師古爲長齊分爲七淮南分三文帝十五年事也趙分爲六至景帝中四年而全梁分爲五則中五年事也師古不數常山清河而數武帝時所封之平干眞定非是
城陽王三世孝景後六年○宋本監本同按當作後元年景帝後三年卽畢安得有後六年乎
菑川王五世孝王橫○橫小宋板作烘
魯共王四世閔○臣名南按閔係頃王子紹封此格宜低一層與文王睃同行古本亦誤
泗水王三世勤王綜○劉攽曰昭紀元鳳元年立戴王遺腹子煖此表作綜二者不同
齊懷王閎○臣名南按齊王名閎不名閎紀傳可証監本及別本俱訛耳

前漢書卷十五上

漢　蘭臺令史班　固撰

唐正議大夫行祕書少監琅邪縣開國子顏師古注

王子侯表第三上

大哉聖祖之建業也後嗣承序以廣親親至于孝武以諸侯王畺土過制或替差失軌而子弟爲匹夫師古曰畺亦疆字也替古僭字也軌法也輕重不相準於是制詔御史諸侯王或欲推私恩分子弟邑者令各條上朕且臨定其號名自是支庶畢侯矣詩云文王孫子本支百世師古曰大雅文王之詩也本本宗也支支子也言文王有明德故天祚之子孫適者爲天子支庶爲諸侯皆不絕也信矣哉曰侯

所食邑皆書其郡縣於下其有不書者史失之也或但言某人嗣及直書薨不具年月皆闕文也

號諡名	屬	始封　位次	子	孫	曾孫	玄孫
羹頡侯信 服虔曰音戛擊之戛 師古曰音居黠反	帝兄子	七年中封十三年高后元年有罪削爵一級爲關內侯 師古曰不記月日故云七年中也				
合陽侯喜	帝兄爲代王匈奴攻代棄國廢爲侯	八年九月丙午封七年孝惠二年薨以子爲王諡曰頃王	十二年十二月癸巳侯濞沛以帝兄子封十二年爲吳王			
德哀侯廣		十二年十一月庚辰一百二十以兄子封七年八月薨	高后三年頃侯通嗣二十四年薨	孝景六年康侯齕嗣二十四年薨 師古曰齕音紇下亦同	元鼎四年侯何嗣五年坐酎金免	元康四年廣玄孫長安大夫猛詔復家 師古曰大夫第五爵也復家蠲賦役也復音方目反 泰山
			六世	七世 元壽二年五月甲子侯歆以廣玄孫之孫長安公乘紹封千戶九年王莽篡位絕 師古曰公乘第八爵也		
右高祖						
上邳侯郢客	楚元王子	二年五月丙申一百二十八封七年爲楚王				
朱虛侯章	齊悼惠王子	五月丙申封八年爲城陽王○張晏曰高后二年爲丞相陳平令一百二十九差第列侯位次高下故王子侯三人有第二年之後皆不第				
東牟侯興居	齊悼惠王子	六年四月丁酉封四年爲濟北王				
右高后						
管共侯罷軍 師古曰罷音皮彼反又讀曰疲共讀曰恭下皆類此	齊悼惠王子	四年五月甲寅封二年薨	六年侯戎奴嗣二十年孝景二年反誅			
氏丘共侯寧國	齊悼惠王子	五月甲寅封十一年薨	十五年侯偃嗣十年孝景三年反誅			
營平侯信都	齊悼惠王子	五月甲寅封十年薨	十四年侯廣嗣十一年孝景三年反誅			
楊丘共侯安	齊悼惠王子	五月甲寅封十二年薨	十六年侯偃嗣十一年孝景四年坐出國界削爲司寇			
楊虛侯將閭	齊悼惠王子	五月甲寅封十二年爲齊王				
朸侯辟光 師古曰朸音其力反下亦同	齊悼惠王子	五月甲寅封十二年爲濟南王				
安都侯志	齊悼惠王子	五月甲寅封十二年爲濟北王				
平昌侯卬	齊悼惠王子	五月甲寅封十二年爲膠西王				
武成侯賢	齊悼惠王子	五月甲寅封十二年爲菑川王				
白石侯雄渠	齊悼惠王子	五月甲寅封十二年爲膠東王				
阜陵侯安	淮南厲王子	八年五月丙午封八年爲淮南王				
安陽侯勃	淮南厲王子	五月丙午封八年爲衡山王				
陽周侯賜	淮南厲王子	五月丙午封八年爲廬江王				
東城哀侯良	淮南厲王子	五月丙午封七年薨亡後				
右孝文						
平陸侯禮	楚元王子	元年四月乙巳封三年爲楚王				
休侯富	楚元王子	四月乙巳封三年以兄子楚王戊反免三年侯富更封紅侯六年薨諡曰懿	七年懷侯登嗣一年薨	中元年敬侯嘉嗣二十四年薨	元朔四年哀侯章嗣一年薨亡後	

沈猷夷侯歲 師古曰沈音審	宛朐侯埶 師古曰埶音蓺	棘樂敬侯調	乘氏侯買	桓邑侯明	右孝景	茲侯明	安城思侯蒼
楚元王子	楚元王子	楚元王子	梁孝王子	梁孝王子		河閒獻王子	長沙定王子
四月乙巳封二十年薨	四月乙巳封三年反誅	三年八月壬子封十六年薨	中五年五月丁卯封一年爲梁王	五月丁卯封一年爲濟川王		元光五年正月壬子封四年元朔三年坐殺人自殺	六年七月乙巳封十三年薨
建元五年侯受嗣十八年元狩五年坐爲宗正聽請不具宗室耐爲司寇 師古曰受爲宗正人有私請求者受聽許之故於宗室之中事有不具而受獲罪		建元三年恭侯應嗣十五年薨					元鼎元年節侯自當嗣
		元朔元年侯慶嗣十六年元鼎五年坐酎金免					侯壽光嗣五鳳二年坐與姊亂下獄病死
							豫章

宜春侯成	句容哀侯黨 師古曰句讀爲章句之句	容陵侯福	杏山侯成	浮丘節侯不害	廣戚節侯將	丹陽哀侯敢	盱台侯象之
長沙定王子	長沙定王子	長沙定王子	楚安王子	楚安王子	魯恭王子	江都易王子	江都易王子
七月乙巳封十年元鼎五年坐酎金免	七月乙巳封二年薨亡後	七月乙巳封十年元鼎五年坐酎金免	後九月壬戌封十七年元鼎五年坐酎金免	後九月壬戌封十一年薨	元朔元年十月丁酉封薨	十二月甲辰封六年元狩元年薨亡後	十二月甲辰封十六年元鼎五年坐酎金免
				元狩五年侯霸嗣六年元鼎五年坐酎金免	侯始嗣元鼎五年坐酎金免		
	會稽			沛		無湖	

胡孰頃侯胥行	秣陵終侯纏	淮陵侯定國	張梁哀侯仁	龍丘侯代	劇原侯錯		懷昌夷侯高遂
江都易王子	江都易王子	江都易王子	梁共王子	菑川懿王子	菑川懿王子		菑川懿王子
正月丁卯封十六年薨	正月丁卯封元鼎四年薨亡後	正月丁卯封十六年元鼎五年坐酎金免	二年五月乙巳封十三年薨	五月乙巳封十五年元鼎五年坐酎金免	五月乙巳封十七年薨		五月乙巳封二年薨
元鼎五年侯聖嗣坐知人脫亡名數以爲保殺人免 師古曰脫亡名數謂不占戶籍也以此人爲庸保而又別殺人也			元鼎三年侯順嗣二十三年征和三年爲匈奴所殺		元鼎二年孝侯廣昌嗣	六世 侯勝容嗣	四年胡侯延年嗣
					戴侯胥嗣		節侯勝時嗣
					質侯吉嗣		侯可置嗣
					節侯昭嗣		
丹陽		淮陵		琅邪			

平望夷侯賞		臨衆敬侯始昌		葛魁節侯寬	益都敬侯胡	平的戴侯強 師古曰的音丁歷反
菑川懿王子		菑川懿王子		菑川懿王子	菑川懿王子	菑川懿王子
五月乙巳封七年薨		五月乙巳封三十一年薨		五月乙巳封八年薨	五月乙巳封薨	五月乙巳封十七年薨
元狩三年原侯楚人嗣二十六年薨	六世 侯旦嗣	太始元年康侯革生嗣十八年薨	六世 釐侯賢嗣	元狩四年侯戚嗣五年元鼎三年坐縛家吏恐猲受賕棄市 師古曰猲謂以威力脅人也賕枉法以財相謝猲音呼葛反賕音求	原侯廣嗣	元封元年思侯中時嗣二十年薨
太始三年敬侯光嗣十四年薨		元鳳三年頃侯廣平嗣薨	七世 侯商嗣王莽篡位絕		侯嘉嗣元鳳三年坐非廣子免	太始三年節侯福嗣十三年薨
神爵四年頃侯起嗣		原侯農嗣				神爵四年頃侯鼻嗣
孝侯均嗣		節侯理嗣				釐侯利親嗣
		臨原				

			侯宣六世嗣				
劇魁夷侯黑	菑川懿王子	五月乙巳封，十七年薨	元狩元年，思侯招嗣，三年薨	四年，康侯德嗣	孝侯利親嗣	釐侯嬰嗣	
			侯向六世嗣				
壽梁侯守	菑川懿王子	五月乙巳封，十五年，元鼎五年，坐酎金免					壽樂
平度康侯行	菑川懿王子	五月乙巳封，十七年薨	元鳳元年，節侯慶忌嗣，三年薨	四年，質侯帥軍嗣	頃侯欽嗣	孝侯宗嗣	
			侯嘉六世嗣				
宜成康侯偃	菑川懿王子	五月乙巳封，十一年薨	元鼎元年，侯福嗣，十二年，太初元年，坐殺弟棄市				平原
臨朐夷侯奴師古曰朐音劬	菑川懿王子	五月乙巳封，四十一年薨	戴侯乘嗣	節侯賀嗣	孝侯信嗣	安侯禕嗣師古曰禕音猗	東海

			侯岑六世嗣				
雷侯稀	城陽共王子	五月甲戌封，十年，元鼎五年，坐酎金免					東海
東莞侯吉	城陽共王子	五月甲戌封，五年，痼病不任朝，免					
辟土節侯壯師古曰辟音闢	城陽共王子	五月甲戌封，三年薨	五年，侯明嗣，十二年，元鼎五年，坐酎金免				東海
尉文節侯丙	趙敬肅王子	六月甲午封，五年薨	元狩元年，侯犢嗣，十年，元鼎五年，坐酎金免				南郡
封斯戴侯胡傷	趙敬肅王子	六月甲午封，二十五年薨	太初三年，原侯如意嗣，五十二年薨	甘露四年，孝侯宮嗣	侯仁嗣		
榆丘侯受福	趙敬肅王子	六月甲午封，十年，元鼎五年，坐酎金免					
襄嚵侯建晉灼曰音內言嚵嚵。師古曰音士咸反	趙敬肅王子	六月甲午封，十年，元鼎五年，坐酎金免					廣平

邯會衍侯仁	趙敬肅王子	六月甲午封，薨	哀侯慧嗣	後元年，勤侯賀嗣，三十五年薨	甘露元年，原侯張嗣	釐侯康嗣	
			節侯重六世嗣	懷侯蒼七世嗣，薨，亡後			
朝節侯義	趙敬肅王子	六月甲午封，十三年薨	元鼎二年，戴侯祿嗣	侯固城嗣，五鳳四年，坐酎金少四兩，免			
東城侯遺	趙敬肅王子	六月甲午封，十一年，元鼎元年，爲孺子所殺。師古曰：孺子，妻之號也					
陰城思侯蒼	趙敬肅王子	六月甲午封，十七年，太初元年薨，嗣子有罪，不得代					
廣望節侯忠	中山靖王子	六月甲午封，三十年薨	天漢四年，頃侯中嗣，十三年薨	始元三年，思侯何齊嗣	恭侯遂嗣	侯閣嗣	
將梁侯朝平	中山靖王子	六月甲午封，十年，元鼎五年，坐酎金免					涿
薪館侯未央	中山靖王子	六月甲午封，十年，元鼎五年，坐酎金免					涿

陸城侯貞	中山靖王子	六月甲午封，十年，元鼎五年，坐酎金免					涿
薪處侯嘉	中山靖王子	六月甲午封，十年，元鼎五年，坐酎金免					涿
蒲領侯嘉	廣川惠王子	三年十月癸酉封，有罪，絕					東海
西熊侯明	廣川惠王子	十月癸酉封，薨，亡後					
棗彊侯晏	廣川惠王子	十月癸酉封，薨，亡後					
畢梁侯嬰	廣川惠王子	十月癸酉封，九年，元封四年，坐首匿罪人，爲鬼薪					魏
旁光侯殷	河間獻王子	十月癸酉封，十年，元鼎元年，坐貸子錢不占租，取息過律，會赦，免。師古曰：以子錢出貸人，律合收租，匿不占，取息利又多也。占音之贍反					魏

號諡名	屬	始封	子	孫	曾孫	玄孫	郡
距陽憲侯匄	河間獻王子	十月癸酉封，十四年薨。	元鼎五年，侯凄嗣，坐酎金免。師古曰：凄音妻。				
蔞節侯退 師古曰：蔞音力朱反	河間獻王子	十月癸酉封，十六年薨。	元封元年，釐侯嬰嗣，二十二年薨。	後元年，原侯益壽嗣，三十一年薨。	五鳳元年，安侯充世嗣，三年薨。	四年，侯遺嗣，二十年，建始四年薨，亡後。	
阿武戴侯豫	河間獻王子	十月癸酉封，二十四年薨。	太初三年，敬侯宜嗣，二十年薨。	始元三年，節侯信嗣，二十二年薨。	神爵元年，釐侯嬰齊嗣。	頃侯黃嗣。	
			六世　侯長久嗣，王莽篡位，絕。				
參戶節侯免	河間獻王子	十月癸酉封，十六年薨。	元鳳元年，敬侯嚴嗣。	頃侯元嗣。	孝侯利親嗣。	侯度嗣。	
州鄉節侯禁	河間獻王子	十月癸酉封，十一年薨。	元鼎二年，思侯齊嗣。	元封六年，憲侯惠嗣。	釐侯商嗣。	恭侯伯嗣。	
			六世　侯禹嗣，王莽篡位，絕。				
平城侯禮	河間獻王子	十月癸酉封，六年，元狩三年，坐恐猲取雞以令買償免，復謾，完爲城旦。師古曰：恐猲取人雞，依令買雞以償，坐此免侯。又犯欺謾，故爲城旦也。謾音漫。					

號諡名	屬	始封	子	孫	曾孫	玄孫	郡
廣侯順	河間獻王子	十月癸酉封，十四年，元鼎五年，坐酎金免。					勃海
蓋胥侯讓 師古曰：蓋音公臘反	河間獻王子	十月癸酉封，十四年，元鼎五年，坐酎金免。					魏
陰安康侯不害	濟北貞王子	十月癸酉封，十一年薨。	元鼎三年，哀侯秦容嗣，三年薨，亡後。				魏
榮關侯騫	濟北貞王子	十月癸酉封，坐謀殺人，會赦，免。					茌平 師古曰：茌音仕疑反
周望康侯何	濟北貞王子	十月癸酉封，八年薨。	元狩五年，侯當時嗣，六年，元鼎五年，坐酎金免。				
陪繆侯則	濟北貞王子	十月癸酉封，十一年薨。	元鼎二年，侯邑嗣，五年，坐酎金免。				平原
前侯信 師古曰：字或作葥，音側流反	濟北貞王子	十月癸酉封，十四年，元鼎五年，坐酎金免。					平原
安陽侯樂	濟北貞王子	十月癸酉封，三十八年薨。	後元年，糠侯延年嗣，十七年薨。	本始二年，康侯記嗣，十五年薨。	五鳳元年，安侯咸嗣。	哀侯得嗣，薨，亡後。	平原

號諡名	屬	始封	子	孫	曾孫	玄孫	郡
五據侯臞丘 師古曰：臞音劬，又音懼	濟北式王子	十月癸酉封，十四年，元鼎五年，坐酎金免。					泰山
富侯龍	濟北式王子	十月癸酉封，十六年，元康元年，坐使奴殺人下獄瘐死。					
平侯遂	濟北式王子	十月癸酉封，四年，元狩元年，坐知人盜官母馬爲臧，會赦，復作。師古曰：有人盜馬爲臧，匿之，雖會赦，猶復作。復作者，徒役也。復音扶目反。					
羽康侯成	濟北式王子	十月癸酉封，六年薨。	地節三年，恭侯係嗣。	侯乘嗣，王莽篡位，絕。			
胡毋侯楚	濟北式王子	二月癸酉封，十四年，元鼎五年，坐酎金免。					泰山
離石侯綰	代共王子	正月壬戌封，後更爲涉侯，坐上書謾，耐爲鬼薪。師古曰：謾，欺誑也，音漫。					
邵侯順	代共王子	正月壬戌封，二十六年，天漢元年，坐殺人及奴凡十六人，以捕匈奴千騎免。師古曰：詐云捕得匈奴騎，故私殺人以當之。					
利昌康侯嘉	代共王子	正月壬戌封，五十一年薨。	元鳳五年，戴侯樂嗣，十二年薨。	元康二年，頃侯萬世嗣。	節侯光祿嗣。	刺侯殷嗣。	

號諡名	屬	始封	子	孫	曾孫	玄孫	郡
			六世　侯換嗣，王莽篡位，絕。				
藺侯罷軍	代共王子	正月壬戌封，後更爲武原侯，坐盜賊免。					西河
臨河侯賢	代共王子	正月壬戌封，後更爲高俞侯，坐酎金免。					
濕成侯忠 師古曰：濕音它合反	代共王子	正月壬戌封，後更爲端氏侯，薨，亡後。					
土軍侯郢客 師古曰：土軍，西河之縣也。說者以爲涅陽土軍里，非也。	代共王子	正月壬戌封，後更爲鉅乘侯，坐酎金免。					
皋琅侯遷	代共王子	正月壬戌封，薨，亡後。					臨淮
千章侯遇	代共王子	正月壬戌封，後更爲夏丘侯，坐酎金免。					平原
博陽頃侯就	齊孝王子	三月乙卯封，薨。	侯終古嗣，元鼎五年，坐酎金免。				濟南

號諡名	屬	始封	子	孫	曾孫	玄孫	郡
寧陽節侯恬	魯共王子	三月乙卯封五十二年薨	元鳳六年安侯慶忌嗣十八年薨	五鳳元年康侯信嗣	孝侯匽嗣	侯方嗣	
瑕丘節侯政	魯共王子	三月乙卯封五十三年薨	元平元年思侯國嗣四年薨	元康四年孝侯湯嗣十年薨	神爵二年煬侯奉義嗣	釐侯遂成嗣	
			六世 侯禹嗣				
公丘夷侯順	魯共王子	三月乙卯封三十年薨	太始元年康侯置嗣	地節四年煬侯延壽嗣九年薨	五鳳元年思侯賞嗣	侯元嗣王莽篡位絕	
郁桹侯驕 師古曰桹音狼	魯共王子	三月乙卯封十四年元鼎五年坐酎金免					
西昌侯敬	魯共王子	三月乙卯封十四年元鼎五年坐酎金免					
陸地侯義	中山靖王子	二月乙卯封十四年元鼎五年坐酎金免					辛處
邯平侯順	趙敬肅王子	三月乙卯封十四年元鼎五年坐酎金免					廣平

號諡名	屬	始封	子	孫	曾孫	玄孫	郡
武始侯昌	趙敬肅王子	四月甲辰封三十四年爲趙王					魏
爲氏節侯賀	趙敬肅王子	四月甲辰封十八年薨	元封三年思侯安意嗣二十七年薨	始元六年康侯千秋嗣十六年薨	元康元年孝侯漢強嗣	侯鄗嗣王莽篡位絕	
易安侯平	趙敬肅王子	四月甲辰封二十年薨	元封五年康侯種嗣	侯德嗣始元元年坐殺人免			鄗 師古曰鄗音呼各反
路陵侯童	長沙定王子	四年三月乙丑封四年元狩二年坐殺人自殺					南陽
攸輿侯則	長沙定王子	三月乙丑封二十二年太初元年坐篡死罪囚棄市					南陽
茶陵節侯訢 師古曰茶音塗 訢與欣同	長沙定王子	三月乙丑封十年薨	元鼎二年哀侯湯嗣十一年太初元年薨亡後				桂陽
建成侯拾	長沙定王子	三月乙丑封元鼎二年坐使行人奉璧皮薦賀元年十月不會免 師古曰以皮薦璧也時以十月爲歲首有賀而不及會也					
安衆康侯丹	長沙定王子	三月乙丑封三十年薨	元封六年節侯山柎嗣三十八年薨 師古曰柎音方于反	地節三年繆侯毋妨嗣	釐侯褒嗣	侯歆嗣 師古曰歆音其禁反又其錦反	

號諡名	屬	始封	子	孫	曾孫	玄孫	郡
			侯崇嗣居攝元年舉兵爲王莽所滅				
			侯寵建武二年以崇從父弟紹封	建武十三年侯松嗣		今見 師古曰作表時見爲侯也	
葉平侯喜 師古曰葉音式涉反	長沙定王子	三月乙丑封十三年元鼎五年坐酎金免					
利鄉侯嬰	城陽共王子	三月乙丑封五年元狩三年有罪免					
有利侯釘 師古曰音丁又音鼎	城陽共王子	三月乙丑封三年元狩元年坐遺淮南王書稱臣棄市					東海
東平侯慶	城陽共王子	三月乙丑封五年元狩三年坐與姊姦下獄瘐死					東海
運平侯記	城陽共王子	三月乙丑封十三年元鼎五年坐酎金免					東海
山州侯齒	城陽共王子	三月乙丑封十三年元鼎五年坐酎金免					

號諡名	屬	始封	子	孫	曾孫	玄孫	郡
海常侯福	城陽共王子	三月乙丑封十三年元鼎五年坐酎金免					琅邪
騶丘敬侯寬	城陽共王子	三月乙丑封六年薨	元狩四年原侯報德嗣	侯毋害嗣本始二年坐使人殺兄棄市			
南城節侯貞	城陽共王子	三月乙丑封四十二年薨	始元四年戴侯猛嗣二十二年薨	神爵元年元侯尊嗣二年薨	四年釐侯克國嗣	頃侯遂嗣	
			六世 侯友嗣王莽篡位絕				
廣陵虒侯表 晉灼曰虒音斯	城陽共王子	三月乙丑封七年薨	元狩五年侯成嗣六年元鼎五年坐酎金免				
杜原侯皐	城陽共王子	三月乙丑封十三年元鼎五年坐酎金免					
臨樂敦侯光 師古曰敦字或音弋灼反又作敦古穆字	中山靖王子	四月甲午封二十年薨	元封六年憲侯建嗣	列侯固嗣	五鳳三年節侯萬年嗣	侯廣都嗣王莽篡位絕	
東野戴侯章	中山靖王子	四月甲午封薨	侯中時嗣太初四年薨亡後				

號謚名	屬	始封	子	孫	曾孫	玄孫	郡
高平侯喜	中山靖王子	四月甲午封，十三年，元鼎五年，坐酎金免。					平原
廣川侯頗	中山靖王子	四月甲午封，十三年，元鼎五年，坐酎金免。					
重侯擔師古曰：擔音丁甘反	河間獻王子	四月甲午封，四年，元鼎二年，坐不使人為秋請免。師古曰：請音材姓反					平原
被陽敬侯燕師古曰：被音疲彼反千乘之縣也	齊孝王子	四月乙卯封，十三年薨。	元鼎五年，穅侯偃嗣，二十八年薨。	始元二年，頃侯壽嗣。	孝侯定嗣。	節侯閎嗣。	
			六世　侯廣嗣，王莽篡位，絕。				
定敷侯越	齊孝王子	四月乙卯封，十二年薨。	元鼎四年，思侯德嗣，五十一年薨。	元康四年，憲侯福嗣。	恭侯湯嗣。	定侯乘嗣，王莽篡位，絕。	
稻夷侯定	齊孝王子	四月乙卯封，薨。	簡侯陽都嗣。	本始六年，戴侯咸嗣，四十二年薨。	甘露元年，頃侯閎嗣。	侯永嗣，王莽篡位，絕。	
山原侯國	齊孝王子	四月乙卯封，二十七年薨，五百五十戶。	天漢三年，康侯棄嗣，十四年薨。	始元三年，安侯守嗣，二十二年薨。	侯發嗣。	甘露二年，孝侯外人嗣，十八年，建始五年薨。	勃海

號謚名	屬	始封	子	孫	曾孫	玄孫	郡
繁安夷侯忠	齊孝王子	四月乙卯封，十八年薨。	元封四年，安侯守嗣。	節侯壽漢嗣。	元鳳五年，頃侯嘉嗣。	孝侯光嗣。	
			六世　侯起嗣。				
柳康侯陽已	齊孝王子	四月乙卯封，薨。	敷侯罷師嗣。	子侯自為嗣。	安侯擕嗣。	繆侯軻嗣。	
			六世　侯守嗣，王莽篡位，絕。				
雲夷侯信	齊孝王子	四月乙卯封，十四年薨。	元鼎六年，侯茂發嗣。	太始二年，康侯遂嗣。	釐侯終古嗣。	侯得之嗣，王莽篡位，絕。	
牟平共侯渫師古曰：渫音先列反	齊孝王子	四月乙卯封，五年薨。	元狩三年，節侯奴嗣，三十五年薨。	太始二年，敬侯更生嗣，二十九年薨。	地節四年，康侯建嗣，一年薨。	元康元年，孝侯齕嗣。	
			六世　釐侯威嗣。	七世　侯隆嗣，王莽篡位，絕。			
柴原侯代	齊孝王子	四月乙卯封，三十四年薨。	征和二年，節侯勝之嗣，二十七年薨。	元康二年，敬侯賢嗣。	三年，康侯齊嗣。	恭侯莫如嗣，薨，亡後。	

號謚名	屬	始封	子	孫	曾孫	玄孫	郡
柏暢戴侯終古	趙敬肅王子	五年十一月辛酉封，薨。	侯朱嗣，始元三年薨，亡後。				中山
歊安侯延年師古曰：歊音許昭反	趙敬肅王子	十一月辛酉封，十二年，元鼎五年，坐酎金免。					
乘丘節侯將夜	中山靖王子	三月癸酉封，十一年薨。	元鼎四年，戴侯德嗣。	侯外人嗣，元康四年，坐為子時與後毋亂，免。			
高丘哀侯破胡	中山靖王子	三月癸酉封，八年，元鼎元年薨，亡後。					
柳宿夷侯蓋	中山靖王子	三月癸酉封，四年薨。	元狩三年，侯蘇嗣，八年，元鼎五年，坐酎金免。				
戎丘侯讓	中山靖王子	三月癸酉封，十二年，元鼎五年，坐酎金免。					
樊輿節侯修	中山靖王子	二月癸酉封，三十六年薨。	後元年，煬侯過倫嗣。	思侯異衆嗣。	頃侯土生嗣。	侯自予嗣，王莽篡位，絕。	
曲成侯萬歲	中山靖王子	三月癸酉封，十二年，元鼎五年，坐酎金免。					涿

號謚名	屬	始封	子	孫	曾孫	玄孫	郡
安郭于侯傳富	中山靖王子	三月癸酉封，薨，五百二十戶。	釐侯偃嗣。	侯崇嗣，元康元年，坐首匿死罪，免。			涿
安險侯應	中山靖王子	三月癸酉封，十二年，元鼎五年，坐酎金免。					
安道侯恢	中山靖王子	三月癸酉封，十二年，元鼎五年，坐酎金免。					
夫夷敬侯義	長沙定王子	三月癸酉封，十二年薨。	元鼎五年，節侯禹嗣，五十八年薨。	五鳳三年，頃侯奉宗嗣。	釐侯慶嗣。	懷侯福嗣。	
			六世　侯商嗣，王莽篡位，絕。				
春陵節侯買	長沙定王子	六月壬子封，四年薨。	元狩三年，戴侯熊渠嗣，五十六年薨。	元康元年，孝侯仁嗣。	侯敞嗣。	建武二年，立敞子祉為城陽王。	
都梁敬侯定	長沙定王子	六月壬子封，八年薨。	元鼎元年，頃侯傒嗣。師古曰：傒音胡禮反	節侯弘嗣。	原侯順懷嗣。	煬侯容嗣。	
			六世　侯佗人嗣，王莽篡位，絕。				

號諡名	屬	始封	子	孫	曾孫	玄孫	郡
洮陽靖侯狩燕	長沙定王子	六月壬子封，七年，元狩六年薨，亡後。					
泉陵節侯賢	長沙定王子	六月壬子封，五十年薨。	本始四年戴侯眞定嗣，二十二年薨。	黃龍元年項侯慶嗣。	侯骨嗣，王莽篡位絕。		
終弋侯廣置	衡山賜王子	六年四月丁丑封，十一年，元鼎五年坐酎金免。					汝南
麥侯昌	城陽頃王子	元鼎元年四月戊寅封，五年坐酎金免。					琅邪
鉅合侯發	城陽頃王子	四月戊寅封，五年坐酎金免。					平原
昌侯差	城陽頃王子	四月戊寅封，五年坐酎金免。					琅邪
蕢侯方 師古曰：蕢音口怪反。字或作賁，音扶未反，又音祕。	城陽頃王子	四月戊寅封，五年坐酎金免。					
虖葭康侯澤 師古曰：虖音乎。葭音工遐反。	城陽頃王子	四月戊寅封，六十二年薨。	神爵元年夷侯舞嗣。	項侯關嗣。		侯永嗣，王莽篡位絕。	

號諡名	屬	始封	子	孫	曾孫	玄孫	郡
原洛侯敢	城陽頃王子	四月戊寅封，二十六年，征和三年坐殺人棄市。					琅邪
挾術侯昆景	城陽頃王子	四月戊寅封，十六年，天漢元年薨，亡後。					琅邪
挾釐侯霸	城陽頃王子	四月戊寅封，三十五年薨。	始元五年夷侯咸嗣，二十一年薨。	神爵元年節侯賢嗣。	頃侯思嗣。	孝侯衆嗣，薨，亡後。	
劫節侯讓	城陽頃王子	四月戊寅封，薨。	侯典嗣，爲人所殺。				平原
文成侯光	城陽頃王子	四月戊寅封，五年坐酎金免。					東海
挍靖侯雲 師古曰：挍音效。	城陽頃王子	四月戊寅封，五年坐酎金。					
庸侯餘	城陽頃王子	四月戊寅封，有罪，死。					琅邪
翟侯壽	城陽頃王子	四月戊寅封，五年坐酎金免。					東海

號諡名	屬	始封	子	孫	曾孫	玄孫	郡
鱣侯應 師古曰：鱣音竹連反。	城陽頃王子	四月戊寅封，五年坐酎金免。					襄賁 師古曰：賁音奔，又音肥。
彭侯彊	城陽頃王子	四月戊寅封，五年坐酎金免。					東海
瓡節侯息 師古曰：瓡即瓠字也，又音孤。	城陽頃王子	四月戊寅封，十五年薨。	元康四年質侯守嗣，七年薨。				
虛水康侯禹	城陽頃王子	四月戊寅封，三十八年薨。	地節元年息侯爵嗣，七年薨。	五鳳四年侯敞嗣，王莽篡位絕。			
東淮侯類	城陽頃王子	四月戊寅封，五年坐酎金免。					北海
栒侯賢	城陽頃王子	四月戊寅封，五年坐酎金免。					千乘
淯侯不疑 師古曰：淯音育。	城陽頃王子	四月戊寅封，五年坐酎金免。					東海
陸元侯何	菑川靖王子	七月辛卯封，薨。	原侯賈嗣。	侯延壽嗣，五鳳三年坐知女妹夫亡命笞二百，首匿罪，免。師古曰：妹夫亡命，又有笞罪，而藏匿之，坐免也。			壽光

號諡名	屬	始封	子	孫	曾孫	玄孫	郡
廣饒康侯國	菑川靖王子	七月辛卯封，五十年薨。	地節二年共侯坊嗣，十四年薨。師古曰：坊音房。	甘露元年侯驎嗣，王莽篡位絕。			
缾敬侯成 師古曰：缾音步丁反。	菑川靖王子	七月辛卯封，五十四年薨。	地節二年頃侯龍嗣，五十年薨。	元康三年原侯融嗣。	侯閔嗣，王莽篡位絕。		東海
俞閭煬侯毋害 師古曰：俞音輸。	菑川靖王子	七月辛卯封，四十四年薨。	地節三年原侯況嗣，十年薨。	五鳳元年侯驎嗣，十二年，初元三年薨，亡後。師古曰：驎音鄰。			
甘井侯光	廣川繆王子	七月乙酉封，二十五年，征和二年坐殺人棄市。					鉅鹿
襄隄侯聖 師古曰：隄音丁奚反。	廣川繆王子	七月乙酉封，五十年，地節四年坐奉酎金斤八兩少四兩免。	始元二年，聖子倫以曾祖廣川惠王曾孫爲廣德王。				鉅鹿
皋虞煬侯建 師古曰：煬音弋向反，後皆類此。	膠東康王子	元封元年五月丙午封，九年薨。	太初四年穰侯定嗣，十四年薨。	本始二年節侯衰嗣。	釐侯勳嗣。	頃侯顯嗣。	
			六世 侯樂嗣，王莽篡位絕。				
魏其煬侯昌	膠東康王子	五月丙午封，十七年薨。	本始四年原侯傳光嗣，三十三年薨。	甘露三年孝侯禹嗣。	質侯蟜嗣。師古曰：蟜音矯。	侯嘉嗣，王莽篡位絕。	

號謚姓名	屬	始封	子	孫	曾孫	玄孫	郡
祝茲侯延年	膠東康王子	五月丙午封，五年，坐棄印綬出國，免。					琅邪
高樂康侯（師古曰：史失其名也）	齊孝王子	不得封年，薨，亡後。					濟南
參𨛬侯則（晉灼曰：𨛬音蛭。師古曰：參音子弄反，又音子公反）	廣川惠王子	不得封年，坐酎金，免。					東海
沂陵侯喜（師古曰：沂音牛衣反）	廣川惠王子	不得封年，坐酎金，免。					東海
沈陽侯自爲	河間獻王子	不得封年					勃海
漳北侯寬	趙敬肅王子	不得封年，元鳳三年，爲奴所殺。					魏
南緜侯佗（師古曰：緜音力專反）	趙敬肅王子	不得封年，征和二年，坐酎金，免。					鉅鹿
南陵侯慶	趙敬肅王子	不得封年，後二年，坐爲沛郡太守橫恣罔上，下獄病死。					臨淮
鄗侯舟（師古曰：鄗音呼各反）	趙敬肅王子	不得封年，征和四年，坐祝禮上，要斬。師古曰：禮，古詛字也，音側據反。					常山
安檀侯福	趙敬肅王子	不得封年，後三年，坐爲常山太守祝禮上，訊未竟，病死。師古曰：訊，請考問之。					魏
爰戚侯當	趙敬肅王子	不得封年，後三年，坐與兄廖謀反，自殺。					濟南
栗節侯樂	趙敬肅王子	征和元年封，二十七年薨。	地節四年，煬侯忠嗣。	質侯終根嗣。	侯況嗣。		
洨夷侯周舍（師古曰：洨音交，又音爻）	趙敬肅王子	元年封，薨。	孝侯惠嗣。	節侯遒始嗣。	哀侯勲嗣。	侯承嗣。	
猇節侯起（晉灼曰：猇音內言鴞。師古曰：音于亂反）	趙敬肅王子	元年封，十三年薨。	始元六年，夷侯克國嗣，二十年薨。	神爵元年，恭侯廣明嗣。	釐侯固嗣。	侯鉅鹿嗣。	
揤裴戴侯道（鄭氏曰：揤裴音卽非。在肥鄉縣南五里，卽非城也）	趙敬肅王子	元年封，十二年薨。	元鳳元年，哀侯尊嗣。	項侯章嗣。	釐侯景嗣。	侯發嗣。	東海
澎侯屈氂（師古曰：澎音彭，東海縣也。屈音丘勿反，又音求勿反）	中山靖王子	二年三月丁巳封，三年，坐爲丞相祝詛，要斬。					

右孝武

前漢書卷十五上考證

王子侯表上德哀侯廣以兄子封七年八月薨○監本作十年薨凡數目字監本多舛今並以宋本是正

句容哀侯黨自注會稽○臣名南按表下注其地指侯國所在也此文可疑句容縣屬丹陽會稽但有句章無句容也

陸城侯貞中山靖王子○臣名南按此侯卽昭烈帝之祖蜀志曰先主涿郡涿縣人漢景帝子中山靖王勝之後勝子貞元狩六年封涿縣陸城亭侯坐酎金失侯因家焉按貞封于元朔三年不封于元狩六年也蜀志誤耳

薪處侯嘉○按薪處應作新處縣屬中山宋本亦誤又陸地侯下自注作辛處亦誤也

畢梁侯○監本作畢梁今從宋本改正

陰安哀侯泰客○宋本作泰客舊監本作泰容

荼陵節侯訢注師古曰荼音塗○臣名南按地理志長沙國荼陵師古注荼音弋奢反此侯以長沙王子封長沙屬邑當卽此縣師古乃別音塗豈因班自注云桂陽而疑別有一荼陵乎

舂陵節侯買長沙定王子○臣名南按此侯卽光武帝之祖光武其元孫也舂陵本屬零陵元帝時徙南陽

衆陵節侯賢○臣名南按衆陵當作泉陵泉陵屬零陵郡以王莽傳證之師古以前本早訛矣

挾術侯昆景○臣浩按此侯弟卽挾釐侯霸封又同日不應有兩挾侯疑有一誤

瓡節侯息注師古曰瓡卽瓠字也○顧炎武曰地理志北海郡下瓡侯國師古曰瓡卽執字二音不同

澎侯屈氂注師古曰澎音彭東海縣也○臣名南按地理志東海郡無澎縣此注疑誤

前漢書卷十五下

漢　蘭臺令史班固撰

唐正議大夫行祕書少監琅邪縣開國子顏師古注

王子侯表第三下

孝元之世亡王子侯者，盛衰終始，豈非命哉！元始之際，王莽擅朝，僞襃宗室，侯及王之孫焉（師古曰：王之孫亦得封侯，謂承鄉侯閎以下是也。），居攝而愈多，非其正，故弗錄（師古曰：王莽所封，故不以爲正也。）。旋踵亦絕，悲夫！

號謚姓名	屬	始封	子	孫	曾孫	玄孫
松茲戴侯霸	六安共王子	元始五年六月辛丑封，二十二年薨。劉攽曰：元始當爲始元。	神爵二年，共侯始嗣。	頃侯縯嗣。師古曰：縯音千涉反。	侯均嗣，王莽篡位絕者凡百八十一人。師古曰：此下言免絕者皆是也。	
溫水侯安國	膠東哀王子	六月辛丑封，十年，本始二年，坐上書爲妖言，會赦，免。				
蘭旗頃侯臨朝	魯安王子	六月辛丑封，二十二年薨。	神爵二年，節侯去疾嗣，七年薨。	甘露元年，釐侯嘉嗣。	侯位嗣，絕。	
容丘戴侯方山	魯安王子	六月辛丑封	項侯未央嗣。	侯昭嗣，絕。		
良成頃侯文德	魯安王子	六月辛丑封	共侯舜嗣。	釐侯原嗣。	戴侯元嗣。	侯閔嗣，絕。

蒲領煬侯祿	清河綱王子	六年五月乙卯封	哀侯推嗣，亡後				
			元延三年，節侯不識以推弟紹封	侯京嗣，免			
南曲煬侯遷	清河綱王子	五月乙卯封，三十年薨	甘露三年，節侯江嗣	侯尊嗣，免			
高城節侯梁	長沙頃王子	六月乙未封	質侯景嗣	項侯請士嗣	侯馮嗣，免		
成獻侯喜	中山康王子	元鳳五年十一月庚子封，十五年薨	神爵元年，項侯得疵嗣。師古曰：疵音才斯反	煬侯偒嗣。師古曰：偒音普等反	哀侯貴嗣，建平元年薨，亡後		涿郡
新市康侯吉	康川繆王子	十一月庚子封，二十五年薨	甘露三年，頃侯義嗣	侯欽嗣			堂陽
江陽侯仁	城陽慧王子	六年十一月乙丑封，十年，元康元年，坐役使附落免。師古曰：有聚落來附者，輒役使之，非法制也					東海
陽武侯	孝武皇帝曾孫	元平元年七月庚申封，卽日卽皇帝位					
右孝昭十二							
朝陽荒侯聖	廣陵厲王子	本始元年七月壬子封	思侯廣德嗣	侯安國嗣，免			濟南

平曲節侯曾	廣陵厲王子	七月壬子封，十九年，五鳳四年，坐父祝詛上，免。後復封	釐侯臨嗣	侯農嗣，免			東海
南利侯昌	廣陵厲王子	七月壬子封，五年，地節二年，坐賊殺人，免					汝南
安定戾侯賢	燕剌王子	七月壬子封	頃侯延年嗣	侯昱嗣，免			鉅鹿
東襄愛侯寬	廣川繆王子	三年四月壬申封	侯使親嗣，建昭元年薨，亡後				信都
宣處節侯章	中山康王子	三年六月甲辰封，四年薨	地節三年，原侯衆嗣，薨，亡後				
脩市原侯寅	清河綱王子	四年四月己丑封，三年薨	地節三年，頃侯千秋嗣	釐侯元嗣	侯雲嗣，免		勃海
東昌趮侯成（晉灼曰：趮音躁疾。師古曰：即古躁字也）	清河綱王子	四月己丑封	頃侯親嗣	節侯霸嗣	侯祖嗣，免		
新鄉侯豹	清河綱王子	四月己丑封，四年薨	地節四年，釐侯步可嗣	煬侯尊嗣	侯佟嗣，始元五年，上書言王莽宜居攝，莽篡位，賜姓王。師古曰：佟音徒冬反		

脩故侯福	清河綱王子	四月己丑封，五年，元康元年，坐首匿羣盜棄市					清河
東陽節侯弘	清河綱王子	四月己丑封，十年薨	神爵二年，釐侯縱嗣	頃侯迺始嗣	哀侯封親嗣	侯伯造嗣，免	
新昌節侯慶	燕剌王子	五月癸丑封	頃侯稱嗣	哀侯未央嗣，薨，亡後			涿
				元延元年，釐侯嬬以未央弟紹封。師古曰：嬬音乃了反	侯普嗣，免		
邯溝節侯偃（師古曰：邯音寒，溝音溝）	趙頃王子	地節二年四月癸卯封，九年薨	神爵三年，釐侯勝嗣	頃侯度嗣	侯定嗣，免		魏
樂陽繆侯說	趙頃王子	四月癸卯封	孝侯宗嗣	頃侯崇嗣	侯鎮嗣，免		常山
桑中戴侯廣漢	趙頃王子	四月癸卯封	節侯縱嗣	頃侯敬嗣，亡後			
				元延二年，侯舜以敬弟紹封，十九年免			

張侯嵩	趙頃王子	四月癸卯封，八年，神爵二年，坐賊殺人，上書要上，下獄瘐死。師古曰：要上者，恬惡而不服罪也					常山
景成侯雍（劉攽曰：雍薨至此六十年，不應有襲封之字，疑誤）	河間獻王子	四月癸卯封，六年薨	元康四年，頃侯歐嗣	釐侯禹嗣	節侯福嗣，免		勃海
平隄侯招（師古曰：隄音丁奚反）	河間獻王子	四月癸卯封，一年薨	三年，繆侯樂嗣	節侯曾世嗣	釐侯育嗣	侯迺始嗣，免	鉅鹿
樂鄉憲侯佟	河間獻王子	四月癸卯封，九年薨	神爵三年，節侯蒯嗣	頃侯鄧嗣	釐侯勝嗣	侯地緒嗣，免	鉅鹿
高郭節侯嚧（師古曰：嚧音一蓋反）	河間獻王子	四月癸卯封，薨	孝侯久長嗣	頃侯菲嗣。師古曰：菲音斐	共侯稱嗣	哀侯霸嗣，薨，亡後	
						元延元年，侯異衆以霸弟紹封。鄚。師古曰：河間之縣也，音莫	
			侯發，六世，嗣，免				
樂望孝侯光	膠東戴王子	四年二月甲寅封	釐侯林嗣	侯起嗣，免			北海

成康侯饒	柳泉節侯彊	復陽師古曰：復音方目反。嚴侯延	鍾武節侯度		高城節侯梁	富陽侯賜	海昏侯賀
膠東戴王子	膠東戴王子	長沙頃王子	長沙頃王子		長沙頃王子	六安夷王子	昌邑哀王子
二月甲寅封	二月甲寅封，十七年薨	元康元年正月癸卯封	正月癸卯封		正月癸卯封	二年五月丙戌封，十八年，建昭二年坐上書歸印綬，免，八百戶	二年四月壬子，以昌邑王封，四年，神爵三年薨，坐故行淫辟，不得置後。師古曰：辟讀曰僻
侯新嗣，免	黃龍元年，孝侯建嗣	煬侯漢嗣	孝侯宣嗣	元延元年，節侯則以霸叔父紹封	質侯景嗣		初元三年，釐侯代宗以賀子紹封
	煬侯萬年嗣	侯道嗣，免	哀侯霸嗣，亡後		項侯諸士嗣		原侯保世嗣
	侯永昌嗣，免				侯馮嗣，免		侯會邑嗣，免。建武後封
北海	南陽	南陽					豫章

曲梁安侯敬	遽鄉侯宣	新利侯偃	樂信頃侯彊	昌成節侯元	廣鄉孝侯明	成鄉質侯慶	
平干頃王子	真定列王子	膠東戴王子	廣川繆王子	廣川繆王子	平干頃王子	平干頃王子	
七月壬子封	四年三月甲寅封，二年薨，亡後	神爵元年四月癸巳封，十一年，甘露四年坐上書謾，免。復更封戶都侯，建始三年又上書謾，免，四百戶	三年四月戊戌封	四月戊戌封，四年薨	七月壬申封	七月壬申封，九百戶	
節侯歭光嗣			孝侯何嗣	五鳳三年，項侯齒嗣	節侯安嗣	節侯霸嗣，鴻嘉三年薨，亡後	元延二年，侯果以霸弟紹封，十九年薨
侯鄒辯嗣，免			節侯賀嗣	釐侯應嗣	釐侯周齊嗣		
			侯涉嗣，免	質侯江嗣，建平三年薨，亡後	侯充國嗣，免		
魏郡	常山		鉅鹿	信都	鉅鹿	廣平	

平利節侯世	平鄉孝侯壬	平纂節侯梁	成陵節侯充	西梁節侯闟兵	歷鄉康侯必勝	陽城愍侯田	祚陽侯仁
平干頃王子	平干頃王子	平干頃王子	平干頃王子	廣川戴王子	廣川繆王子	平干頃王子	平干頃王子
四年三月癸丑封	三月癸丑封	三月癸丑封，薨，亡後	三月癸丑封，四百一十戶	三月乙亥封，七年薨	七月壬子封，五年薨	七月壬子封	五鳳元年四月乙未封，十三年，初元五年坐擅興繇賦，削爵一級，為關內侯，九百一十戶
質侯嘉嗣	節侯成嗣		侯德嗣，鴻嘉三年，坐弟與後母亂，共殺兄，德知不舉，不道，下獄瘐死	甘露三年，孝侯廣嗣	甘露元年，頃侯長壽嗣	節侯賢嗣	
釐侯禹嗣	侯陽嗣，免			哀侯宮嗣	繆侯宮嗣	釐侯說嗣	
侯旦嗣，免				侯敞嗣，免	侯東之嗣，免	侯報嗣，免	
魏郡	魏郡	平原	廣平	鉅鹿	鉅鹿		廣平

武陶節侯朝	陽興侯昌	利鄉孝侯安	都鄉孝侯景	昌慮師古曰：慮音力於反。康侯弘	平邑侯敞	山鄉節侯綰	建陵靖侯遂
廣川繆王子	河間孝王子	中山頃王子	趙頃王子	魯孝王子	魯孝王子	魯孝王子	魯孝王子
七月壬午封	十二月癸巳封，二十六年，建始二年坐朝私留它縣，使庶子殺人，棄市，千三百五十戶	甘露元年三月壬辰封	二年七月辛未封	四年閏月丁亥封	閏月丁亥封，二年，初元元年坐殺一家二人，棄市	閏月丁亥封	閏月丁亥封，一年薨
孝侯弘嗣		戴侯遂嗣	侯溱嗣，免。師古曰：溱音臻	釐侯奉世嗣		侯丘嗣，免	黃龍元年，節侯魯嗣
節侯勳嗣		侯國嗣，免		侯蓋嗣，免			侯連文嗣，免
侯京嗣，免							
鉅鹿	涿郡	常山	東海	泰山	東海	東海	東海

號謚名	屬	始封	子	孫	曾孫	玄孫	郡
合陽節侯平	魯孝王子	閏月丁亥封，千一百六十戶	孝侯安上嗣，建始元年薨，亡後				東海
東安孝侯彊	魯孝王子	閏月丁亥封	侯拔嗣，免				東海
承鄉節侯當 師古曰承音證	魯孝王子	閏月丁亥封，二千七百戶	侯德天嗣，鴻嘉二年坐恐猲國人受財臧五百以上，免				東海
建陽節侯咸	魯孝王子	閏月丁亥封	孝侯霸嗣	侯並嗣，免			東海
高鄉節侯休	城陽惠王子	十一月壬申封	頃侯興嗣	侯革始嗣，免			琅邪
茲鄉孝侯弘	城陽荒王子	十一月壬申封	頃侯昌嗣	節侯應嗣	侯宇嗣，免		琅邪
籍陽侯顯	城陽荒王子	十一月壬申封，十六年，建昭四年坐恐猲國民取財物，免，六百戶					東海
都平愛侯丘	城陽荒王子	十一月壬申封	恭侯訢嗣	侯堪嗣，免			東海

號謚名	屬	始封	子	孫	曾孫	玄孫	郡
棗原侯山	城陽荒王子	十一月壬申封	節侯芴嗣	侯妄得嗣，薨，亡後			琅邪
箕愿侯文 師古曰愿音願，又音原	城陽荒王子	十一月壬申封	節侯瞵嗣 師古曰瞵音鄰	侯褎嗣，免			琅邪
高廣節侯勳	城陽荒王子	十一月壬申封	哀侯賀嗣	質侯福嗣	侯吳嗣，免		琅邪
卽來節侯佼 師古曰佼音狡	城陽荒王子	十一月壬申封	侯欽嗣，免				琅邪
右孝宣							
膠鄉敬侯漢	高密哀王子	初元元年三月丁巳封，七百四十戶	節侯成嗣，陽朔四年薨，亡後				琅邪
桃煬侯艮	廣川繆王子	三月封	共侯敞嗣	侯狗嗣，免			鉅鹿
安平釐侯習	長沙孝王子	三月封	侯嘉嗣，免				鉅鹿
陽山節侯宗	長沙孝王子	三月封	侯買奴嗣，免				桂陽

號謚名	屬	始封	子	孫	曾孫	玄孫	郡
庸釐侯談	城陽荒王子	三月封，九百一十戶	侯端嗣，永光二年坐強姦人妻，會赦，免				琅邪
昆山節侯光	城陽荒王子	三月封	侯儀嗣，免				琅邪
折泉節侯根	城陽荒王子	三月封	侯詡嗣，免				琅邪
博石頃侯淵	城陽荒王子	三月封	侯獲嗣，免				琅邪
要安節侯勝	城陽荒王子	三月封	哀侯守嗣，薨，亡後				琅邪
房山侯勇	城陽荒王子	三月封，五十六年免					琅邪
式節侯憲	城陽荒王子	三月封，三百戶	哀侯霸嗣，鴻嘉元年薨，亡後				泰山
			元延元年侯萌以霸弟紹封，十九年免				

號謚名	屬	始封	子	孫	曾孫	玄孫	郡
臨鄉頃侯雲	城陽頃王子	五年六月封	侯交嗣，免				涿
西鄉頃侯容	廣陽頃王子	六月封	侯景嗣，免				涿
陽鄉思侯發	廣陽頃王子	六月封	侯度嗣，免				涿
益昌頃侯嬰	廣陽頃王子	永光三年三月封	共侯政嗣	侯福嗣，免			涿
羊石頃侯回	膠東頃王子	三月封	共侯成嗣	侯順嗣，免			北海
石鄉煬侯理	膠東頃王子	三月封	侯建國嗣，免				北海
新城節侯根	膠東頃王子	三月封	侯霸嗣，免				北海
上鄉侯歙 師古曰歙音翕	膠東頃王子	三月封，二十九年免					北海

于鄉節侯定	泗水勤王子	三月封	侯聖嗣免				東海
就鄉節侯瑋	泗水勤王子	三月封七年薨亡後					東海
石山節侯玄	城陽戴王子	三月封	釐侯嘉嗣免				
都陽節侯音	城陽戴王子	三月封	侯閔嗣免				
參封侯嗣	城陽戴王子	三月封	侯殷嗣免				
伊鄉侯遷	城陽戴王子	三月封薨亡後					
襄平侯璺	廣陽厲王子劉攽曰廣陽無厲王當是廣陵王	五年三月封四十七年免					
貰鄉侯平 師古曰貰音式制反	梁敬王子	建昭元年正月封四年病狂自殺					
樂侯義	梁敬王子	正月封四年坐使人殺人髡為城旦					
中鄉侯延年	梁敬王子	正月封四十六年薨					
鄭頃侯罷軍	梁敬王子	正月封	節侯駿嗣	侯良嗣免			
黃節侯順	梁敬王子	正月封	釐侯申嗣元狩二年薨亡後				濟陰
平樂節侯遷	梁敬王子	正月封	侯賈嗣免				
菑鄉釐侯就	梁敬王子	正月封	侯逢喜嗣免				濟南
東鄉節侯方	梁敬王子	正月封	侯護嗣免				沛
陵鄉侯訢	梁敬王子	正月封七年建始二年坐使人傷家丞又貸穀息過律免師古曰以穀貸人而多取其息也					沛
溧陽侯欽 師古曰溧音栗	梁敬王子	正月封	侯畢嗣免				沛
釐鄉侯固 師古曰釐音力之反	梁敬王子	正月封二十一年鴻嘉四年坐上書歸印綬免四百七十二戶					沛
高柴節侯發	梁敬王子	正月封	釐侯賢嗣	侯隱嗣免			沛
臨都節侯未央	梁敬王子	正月封	侯息嗣免				
高質侯舜	梁敬王子	正月封	釐侯始嗣	侯便翁嗣免			
北鄉侯譚	菑川孝王子	四年六月封四十三年免					
蘭陵節侯宜	廣陵孝王子	五年十二月封	共侯譚嗣	侯便彊嗣免			
廣平節侯德	廣陵孝王子	十二月封	侯德嗣免				
博鄉節侯交	六安繆王子	竟寧元年四月丁卯封	侯就嗣免				
栢鄉戴侯買	趙哀王子	四月丁卯封	頃侯雲嗣	侯譚嗣免			
安鄉孝侯喜	趙哀王子	四月丁卯封	釐侯胡嗣	侯合衆嗣免			
廣釐侯便	菑川孝王子	四月丁卯封	節侯護嗣	侯宇嗣免			齊
平節侯服	菑川孝王子	四月丁卯封	侯嘉嗣免				齊
右孝元							
昌鄉侯憲	膠東頃王子	建始二年正月封三十年元壽二年坐使家丞封上印綬免					
項陽侯共	膠東頃王子	正月封三十九年					
樂陽侯獲	膠東頃王子	正月封三十九年免					

平城釐侯邑	密鄉頃侯林	樂都煬侯訢	卑梁侯都	膠東侯恁 師古曰恁音妄林反	武鄉侯慶	成鄉釐侯安	麗茲共侯賜
膠東頃王子	膠東頃王子	膠東頃王子	高密頃王子	高密頃王子	高密頃王子	高密頃王子	高密頃王子
正月封	正月封	正月封	正月封 三十九年免	正月封 三十九年免	正月封	正月封	正月封
節侯珍嗣	孝侯欽嗣	繆侯臨嗣			侯勤嗣免	侯德嗣免	侯放嗣免
侯理嗣免	侯敞嗣免	侯延年嗣免					

寶梁懷侯彊	廣戚煬侯勳	陰平釐侯回		樂平侯訢			部鄉侯閔 師古曰部音魚又音吾
河間孝王子	楚孝王子	楚孝王子		淮陽憲王子			魯頃王子
正月封 四年薨 亡後	河平三年二月乙亥封	陽朔二年二月丙午封		閏六月壬午封 病狂易免 師古曰病狂而改易其本性也 元壽二年更封共樂侯			四年四月甲寅封 十七年 建平三年為魯王
	侯顯嗣	侯詩嗣免	元始元年二月丙午侯 承鄉 閎以孝王孫封 八年免	元始元年二月丙辰侯 外黃 圍以憲王孫封 八年免	二月丙辰侯並 高陽 以憲王孫封八年免	二月丙辰侯寵 平陸 以憲王孫封八年免	侯延以頃王孫 宰鄉 封八年免
	子嬰 居攝元年為孺子 王莽篡位 為定安公 莽敗死						

建鄉釐侯康	安丘侯常	栗鄉頃侯護					
魯頃王子	高密頃王子	東平思王子					
四月甲寅封	鴻嘉元年正月癸巳封 二十八年免	四月辛巳封					
侯自當嗣免		侯玄成嗣免	元始元年二月丙辰侯不害以思王孫封 八年免 金鄉	二月丙辰侯旦 平通 以思王孫封八年免	二月丙辰侯漢 西安 以思王孫封八年免	二月丙辰侯閎 湖鄉 以思王孫封八年免	二月丙辰侯少柏 重鄉 以思王孫封八年薨

桑丘侯頃							
東平思王子							
四月辛巳封							
二月丙辰侯寄生 陽興 以思王孫封八年免	二月丙辰侯嘉 陵陽 以思王孫封八年免	二月丙辰侯修 高樂 以思王孫封八年免	二月丙辰侯閔 平邑 以思王孫封八年免	二月丙辰侯沉 平纂 以思王孫封八年免	二月丙辰侯輔 合昌 以思王孫封八年免	二月丙辰侯開 伊鄉 以思王孫封八年免	二月丙辰侯不害以思王孫封八年免 就鄉

				桃鄉頃侯宣	新陽頃侯永	陵石侯慶	祁鄉節侯賢
				東平思王子	魯頃王子	膠東共王子	梁夷王子
				二年正月戊子封	五月戊子封	四年六月乙巳封，二十五年免	永始二年五月乙亥封
二月丙辰，侯武以思王孫封，八年免。廖鄉	二月丙辰，侯恢以思王孫封，八年免。宜鄉	二月丙辰，侯豐以思王孫封，八年免。昌城	二月丙辰，侯禹以思王孫封，八年免。樂安	侯立嗣，免	侯級嗣，免		侯富嗣，免

富陽侯萌	曲鄉頃侯鳳	桃山侯欽	昌陽侯霸	臨安侯閔	徐鄉侯炔 師古曰炔音挂 字或作怏	臺鄉侯畛 師古曰畛音軫	西陽頃侯並
東平思王子	梁荒王子	城陽孝王子	泗水戾王子	膠東共王子	膠東共王子	菑川孝王子	東平思王子
三年三月庚申封，二十三年免	六年辛卯封，十七年薨	四年五月戊申封，二十一年免	五月戊申封，二十一年免	五月戊申封，二十一年免	元延元年二月癸卯封，二十一年，王莽建國元年舉兵欲誅莽，死	二年正月癸卯封，十八年免	四月甲寅封
	侯雲嗣，免						侯偃嗣，免
	濟南				齊		東萊

堂鄉哀侯恢	安國侯吉	梁鄉侯交	襄鄉頃侯福	容鄉釐侯彊	縕鄉侯固 師古曰縕音於粉反	廣昌侯賀	都安節侯普
膠東共王子	趙共王子	趙共王子	趙共王子	趙共王子	趙共王子	河間孝王子	河間孝王子
綏和元年五月戊午封，三年薨，亡後	六月丙寅封，十六年免	六月丙寅封，十六年免	六月丙寅封	六月丙寅封	六月丙寅封，十六年免	六月丙寅封，十六年免	六月丙寅封
			侯章嗣，免	侯弘嗣，免			侯胥嗣，免

樂平侯永	方鄉侯常得	庸鄉侯宰	右孝成	南昌侯宇	嚴鄉侯信	武平侯璜	陵鄉侯曾	武安侯慢 師古曰慢音憂
河間孝王子	廣陽惠王子 劉攽曰廣陽亦無惠王疑是思王	六安頃王子		河間孝王子	東平煬王子	東平煬王子	楚思王子	楚思三子
六月丙寅封，十六年免	六月丙寅封，十六年免	三年七月庚午封，十五年免		建平二年五月丁酉封，十三年免	五月丁酉封，四年坐父大逆免。元始元年復封，六年，王莽居攝二年，東郡太守翟義舉兵立信爲天子，兵敗，死	五月丁酉封，四年坐父大逆免。元始元年復封，居攝二年舉兵，死	四年三月丁卯封，至王莽六年，舉兵欲誅莽，死	三月丁卯封，二年，元壽二年坐使奴殺人免。元始元年復封，八年免

號諡名	屬	始封	子
湘鄉侯昌	長沙王子	五月丙午封，十一年免。	
方樂侯嘉	廣陵繆王子	元壽元年五月乙卯封，十一年免。	
宜禾節侯得	河間孝王子	二年四月丁酉封	侯恢嗣，免。
富春侯玄	河間孝王子	四月丁酉封，十年免。	

右孝哀

號諡名	屬	始封	子
陶鄉侯恢	東平煬王子	元始元年二月丙辰封，八年免。	
釐鄉侯褒	東平煬王子	二月丙辰封，八年免。	
昌鄉侯且	東平煬王子	二月丙辰封，八年免。	
新鄉侯鯉	東平煬王子	二月丙辰封，八年免。	

號諡名	屬	始封	子
部鄉侯光	楚思王子	二月丙辰封，八年免。	
新城侯武	楚思王子	二月丙辰封，八年免。	
宜陵侯豐	楚思王子	二月丙辰封，八年免。	
堂鄉侯護	楚思王子	二月丙辰封，八年免。	
成陵侯由	楚思王子	二月丙辰封，八年免。	
成陽侯衆	楚思王子	二月丙辰封，八年免。	
復昌侯休	楚思王子	二月丙辰封，八年免。	
安陸侯平	楚思王子	二月丙辰封，八年免。	

號諡名	屬	始封	子
梧安侯譽	楚思王子	二月丙辰封，八年免。	
朝鄉侯充	楚思王子	二月丙辰封，八年免。	
扶鄉侯普	楚思王子	二月丙辰封，八年免。	
方城侯宣	廣陽繆王子	二年四月丁酉封，七年免。	
當陽侯益	廣陽思王子	四月丁酉封，七年免。	
廣城侯疌（師古曰：疌音竹二反。）	廣陽思王子	四月丁酉封，七年免。	
春城侯允	東平煬王子	四月丁酉封，七年免。	
昭陽侯賞	長沙剌王子	五年閏月丁酉封，四年免。	

號諡名	屬	始封	子
承陽侯景（師古曰：承音烝，字或作烝。）	長沙剌王子	閏月丁酉封，四年免。	
信昌侯廣	真定共王子	閏月丁酉封，四年免。	
呂鄉侯尚	楚思王子	閏月丁酉封，四年免。	
李鄉侯殷	楚思王子	閏月丁酉封，四年免。	
宛鄉侯隆	楚思王子	閏月丁酉封，四年免。	
壽泉侯承	楚思王子	閏月丁酉封，四年免。	
杏山侯遵	楚思王子	閏月丁酉封，四年免。	

右孝平

前漢書卷十五下考證

王子侯表下孝元之世亡王子侯者○臣召南按元帝三子一成帝一定陶王其子爲哀帝一中山王其子

為平帝二王更無餘子封侯者也

松茲頃侯綎嗣○綎字宋本作縱

蘭旗頃侯臨朝○（臣名南）按地理志東海郡有蘭祺縣疑此旗字應作祺

蒲領煬侯祿清河綱王子○（臣名南）按綱王應作剛王以元鼎三年自代徙清河宋本別本俱作綱王非也諸侯王表可證謚法未有稱綱者下南曲修市東昌新鄉東陽五侯並剛王子其誤並同

江陽侯仁城陽慧王子○（臣名南）按慧王應作惠王以元封三年嗣城陽王宋本別本俱誤以慧惠音相近而訛耳

高城節侯梁長沙頃王子○顧炎武曰高城侯一卷中再見一元始元年六月乙未封一元康元年正月癸卯封此史家並存未定當刪其一而誤留之者也

遷鄉侯宣真定列王子○（臣名南）按列王應作烈王以征和四年嗣真定王各本俱訛

利鄉侯國嗣○國汲古閣本作固

都陽侯閎嗣○閎宋本作閎

前漢書卷十六

漢　蘭臺令史班固撰

唐正議大夫行祕書少監琅邪縣開國子顏師古注

高惠高后文功臣表第四

自古帝王之興曷嘗不建輔弼之臣所與共成天功者乎（師古曰天功天下之功業也虞書舜典曰欽哉惟時亮天功也）漢興自秦二世元年之秋楚陳之歲（師古曰謂陳涉自稱楚王時也）初以沛公總帥雄俊三年然後西滅秦立漢王之號五年東克項羽即皇帝位八載而天下迺平始論功而定封訖十二年侯者百四十有三人時大城名都民人散亡戶口可得而數裁什二三（師古曰裁與纔同十分之內纔有二三也）是以大侯不過萬家小者五六百戶封爵之誓曰使黃河如帶泰山若厲國以永存爰及苗裔（應劭曰封爵之誓國家欲使功臣傳祚無窮帶衣帶也厲砥厲石也河當何時如衣帶山當何時如厲石言如帶厲國猶永存以及後世之子孫也）於是申以丹書之信重以白馬之盟（師古曰丹書解在高紀白馬之盟謂刑白馬歃其血以為盟也）又作十八侯之位次（孟康曰唯作元功蕭曹等十八人位次耳高后乃詔作位次下竟師古曰謂蕭何曹參張敖周勃樊噲酈商奚涓夏侯嬰灌嬰傅寬靳歙王陵陳武王吸薛歐周昌丁復蟲達從第一至十八也）高后二年復詔丞相陳平盡差列侯之功錄第下竟臧諸宗廟副在有司（師古曰副貳也其列侯功籍已藏於宗廟副貳之本又在有司）始未嘗不欲固根本而枝葉稍落也故逮文景四五世間流民既歸戶口亦息列侯大者至三四萬戶小國自倍（師古曰自倍者謂舊五百戶今者至千也曹參初封萬六百戶至後嗣侯宗免時有戶二萬三千是為戶口蕃息故也他皆類此）富厚如之（師古曰言其貲財亦稍富厚各如戶口之多也）子孫驕逸忘其先祖之艱難多陷法禁隕命亡國或云子孫訖于孝武後元之年靡有孑遺耗矣（師古曰孑然獨立貌言無有獨存者至於耗盡也今俗語猶謂無為耗音毛）罔亦少密焉（服虔曰法罔差益密也）故孝宣皇帝愍而錄之乃開廟臧覽舊籍詔令有司求其子孫咸出庸保之中（師古曰庸賣功庸也保可安信也皆賃作者也）並受復除或加以金帛（師古曰復音方目反）用章中興之德降及孝成復加卹問稍益衰微不絕如綫（晉灼曰綫今線縷字也音先戰反）善乎杜業之納說也曰昔唐以萬國致時雍之政（師古曰雍和也堯典云黎萌於變時雍故杜業引之也）虞夏以之多羣后饗共己之治（師古曰羣后謂諸侯也恭己無為也孔子曰無為而治者其舜也歟夫何為哉恭己正南面而已共讀曰恭）湯法三聖殷氏太平（師古曰三聖謂堯舜禹三人也）周封八百重譯來賀（師古曰重譯謂越裳氏也）是以內恕之君樂繼絕世隆名之主安立亡國（師古曰以立亡國之後為安秦也）至於不及下車德念深矣（張晏曰謂武王入殷未及下車封黃帝之後於薊虞舜之後於陳也）成王察牧野之克顧羣后之勤知其恩結於民心功光於王府也故追述先父之志錄遺老之策高其位大其寓（師古曰寓謂啓土所居也）愛敬飭盡命賜備厚（師古曰飭讀與敕同）大孝之隆於是為至至其沒也世主歎其功無民而不思所息之樹且猶不伐（師古曰謂召伯止於甘棠之下而聽訟人思其德不伐其樹召南甘棠之詩是也）況其廟乎是以燕齊之祀與周並傳子繼弟及歷載不墮（師古曰弟代兄位謂之及墮毀也音火規反）豈無刑辟繇祖之竭力故支庶賴焉（師古曰言國家非無刑辟而功臣子孫得不陷罪辜而能長存者思其先人之力令有續嗣也繇讀與由同）迹漢功臣亦皆割符世爵受山河之誓存以著其號亡以顯其魂賞亦不細矣百餘年間而襲封者盡或絕失姓或乏無主朽骨孤於墓苗裔流於道生為愍隸死為轉屍（應劭曰死不能葬故屍流轉在溝壑之中師古曰愍隸者言為徒隸可哀愍之也）以往況今甚可悲傷（師古曰況譬也）聖朝憐閔詔求其後四方忻忻靡不歸心出入數年而不省察恐議者不思大義設言虛亡則厚德掩息遴柬布章（晉灼曰許慎云遴難行也柬古簡字也簡少也言今難行封則得繼絕者少若然此必布聞彰於天下也師古曰遴讀與吝同）非所以視化勸後也（師古曰視讀與示同）三人為衆雖難盡繼宜從尤功（孟康曰言人三為衆雖難盡繼取其功尤高者一人繼之於名為衆矣服虔曰尤功封重者一人也師古曰孟說是也）於是成帝復紹蕭何哀平之世增修曹參周勃之屬得其宜矣以綴續前記究其本末并序位次盡于孝文以昭元功之侯籍云（師古曰籍謂名錄也高紀所云通侯籍也）

號謚姓名	侯狀戶數	始封	位次	子	孫	曾孫	玄孫
平陽懿侯曹參	以中涓從起沛至霸上侯以將軍入漢以假左丞相定魏齊以右丞相侯萬六百戶（師古曰中涓親近之臣若謁者舍人之類也涓潔也主居中掃潔也涓音工玄反）	六年十二月甲申封十二年薨	（孟康曰曹參位第二而表在首蕭何位第一而表在十三表以封前後故也）	孝惠六年靖侯窋嗣二十九年薨	孝文後四年簡侯奇嗣七年薨	孝景四年夷侯時嗣二十三年薨	元光五年共侯襄嗣十六年薨
				六世 元鼎三年侯宗嗣二十四年征和二年坐與中人姦闌入宮掖門入財贖完為城旦戶二萬三千	七世 元康四年參玄孫之孫杜陵公乘喜詔復家（孟康曰諸復家皆世世無所與得傳同產子）	八世	九世 元壽二年五月甲子侯本始以參玄孫之玄孫杜陵公士詔封千戶元始元年益滿二千戶
				十世 建武二年侯宏嗣以本始子舉兵佐軍紹封	十一世 侯曠嗣今見		
信武肅侯靳歙（師古曰歙音翕）	以中涓從起宛朐入漢以騎都尉定三秦擊項籍別定江漢侯五千三百戶以將軍攻豨布	十二月甲申封九年薨	十一	高后六年侯亭嗣二十一年孝文後三年坐事國人過律免（師古曰事謂役使之也）	孫	曾孫	玄孫
				六世 元康四年歙玄孫之子長安上造安漢詔復家			
汝陰文侯夏侯嬰	以令史從降沛為太僕常奉車竟定天下及全皇太子魯元公主侯六千九百戶	十一月甲申封三十年薨	八	孝文九年夷侯竈嗣七年薨	十六年共侯賜嗣四十一年薨	元光三年侯頗嗣十八年元鼎二年坐尚公主與父御姦自殺	玄孫
				六世 元康四年嬰玄孫之子長安大夫信詔復家			
清河定侯王吸	以中涓從起豐至霸上為騎郎將入漢以將軍擊項籍侯二千二百戶	十二月甲申封二十二年薨	十四	孝文元年哀侯彊嗣七年薨	八年孝侯伉嗣二十年薨（師古曰伉音口浪反又音工郎反）	孝景五年哀侯不害嗣十九年元光二年薨亡後	元康四年吸玄孫長安大夫充國詔復家
				元壽二年八月詔賜吸代後爵關內侯不言世			
陽陵景侯傅寬	以舍人從起橫陽至霸上為騎將入漢定三秦屬淮陰定齊為齊丞相侯二千六百戶	十二月甲申封十二年薨	十（位次曰忠武侯師古曰漢列侯位次簿有謚號姓名與史所記不同者表則具載矣）	孝惠六年頃侯清嗣二十二年薨	孝文十五年共侯明嗣十二年薨	孝景四年侯偃嗣三十一年元狩元年坐與淮南王謀反誅	玄孫
				六世	七世 元康四年寬玄孫之孫長陵士伍景詔復家		
廣嚴侯召歐（師古曰召讀曰邵歐音烏后反它皆類此）	以中涓從起沛至霸上為連敖入漢以騎將定燕趙得燕將軍侯二千二百戶	十二月甲申封二十三年薨	二十八	孝文二年戴侯勝嗣九年薨	十一年共侯嘉嗣十三年孝文後七年薨亡後	曾孫	元康四年歐玄孫安陵大夫不識詔復家
廣平敬侯薛歐	以舍人從起豐至霸上為郎入漢以將軍擊項籍將鍾離眛侯四千五百戶	十二月甲申封十四年薨	十五	高后元年靖侯山嗣二十六年薨	孝文後三年侯澤嗣孝景中三年有罪免 平棘 中五年澤復封二十三年薨謚曰節侯	元朔四年侯穰嗣三年元狩元年坐受淮南賂稱臣在赦前免	元康四年歐玄孫長安大夫去病詔復家
博陽嚴侯陳濞	以舍人從碭以刺客將入漢以都尉擊項羽榮陽絕甬道殺追士卒侯（師古曰楚軍追漢兵者濞殺其士卒也）	十二月甲申封三十年薨	十九	孝文後三年侯始嗣九年坐謀殺人會 塞 赦免孝景中五年始復封二年後元年有罪免	孫	元康四年濞曾孫茂陵公乘壽詔復家	
堂邑安侯陳嬰	以自定東陽為將屬楚項梁為楚柱國四歲項羽死屬漢定豫章浙江都漸定自為王壯息侯六百戶復相楚元王十二年（師古曰漸水名在丹陽黝縣南蠻中嬰既定諸地而都之時又有壯息者稱僭王嬰復討平也）	十二月甲申封六年薨	八十六	高后五年共侯祿嗣十八年薨	孝文三年侯午嗣尚館陶公主四十八年薨	元光六年侯季須嗣十三年元鼎元年坐母公主卒未除服姦兄弟爭財當死自殺	
				六世 元康四年嬰玄孫之子霸陵公士尊詔復家		孝景中五年侯融以長公主子侯萬五千 隆慮 戶二十九年坐母喪未除服姦自殺	

曲逆獻侯陳平		留文成侯張良		射陽侯劉纏 師古曰劉項伯也射字或作貰者後人改也	酇文終侯蕭何 師古曰酇音贊	
以故楚都尉漢王二年初起修武爲都尉以護軍中尉出奇計定天下侯五千戶		以廄將從起下邳以韓申都下韓入武關設策降秦王嬰解上與項羽隙請漢中地常爲計謀侯萬戶 師古曰韓申都即韓王信也楚漢春秋作信都古信申同義○劉攽曰韓申都即韓申徒也如顏說何緣言以韓申都下韓子請張良傳以韓司徒下韓數城史記申徒申徒者司徒之聲轉也申都者又申徒之聲轉也良下韓時隨韓王成非韓王信也		兵初起與諸侯共擊秦爲楚左令尹漢王與項有隙於鴻門纏解難以破羽降漢侯	以客初從入漢爲丞相守蜀及關中給軍食佐定諸侯爲法令宗廟侯八千戶	
十二月甲申封二十四年薨		正月丙午封十六年薨		正月丙午封九年孝惠三年薨嗣子睢有罪不得代	正月丙午封九年薨	
四十七		六十二 師古曰高祖自云得天下由張良稱其才也敘位次乃以曹參比蕭何校其勳也至如戶數多少或以材德或以功勞亦無定也故稱蕭何功第戶雖全張良食萬戶而位過六十它皆類此				
孝文三年共侯買嗣二年薨	元康四年平玄孫之子 六世 長安簪裹莫詔復家	高后三年侯不疑嗣十年孝文五年坐與門大夫殺故楚內史贖爲城旦 師古曰門大夫侯之屬官也	元康四年良玄孫之子 六世 陽陵公乘千秋詔復家		孝惠三年哀侯祿嗣六年薨亡後高后二年封何夫人祿母同爲侯孝文元年罷	高后二年定侯延以何少子封孝文元年 筑陽 更爲酇二年薨 師古曰筑音逐
五年簡侯悝嗣二十三年薨	元始二年詔賜平代後者鳳爵關內侯不言世	孫				煬侯遺嗣一年薨亡後
孝景五年侯何嗣二十二年元光五年坐略人妻棄市戶萬六千		曾孫				
		玄孫				

						絳武侯周勃	
						以中涓從起沛至霸上侯定三秦食邑爲將軍入漢定隴西擊項籍守嶢關定泗水東海侯八千一百戶	
						正月丙午封三十二年薨	
						四	
				甘露二年 六世 思侯輔嗣	永始元年七月癸卯釐侯喜以何玄孫之子南䜌長 六世 紹封二年薨 師古曰䜌音力全反鉅鹿之縣也	孝文十二年侯勝之嗣六年有罪免	修 後二年侯亞夫以勃子紹封十八年有罪免 師古曰修讀曰條
五年侯則以何孫遺弟紹封二 武陽 十年有罪免二萬六千戶	孝景二年侯嘉以則弟紹封二千戶七年卒			侯獲嗣永始元年坐使 七世 奴殺人減死完爲城旦	永始四年質侯 七世 尊嗣五年薨		
	中二年侯勝嗣二十一年坐不齋耐爲隸臣 師古曰謂當侍祠而不齋也	元狩三年共侯慶以何曾孫 酇 紹封二千四百戶三年薨			綏和元年質侯章嗣元始元年 八世 益封滿二千戶十三年薨		
		六年侯壽成嗣十年坐爲太常犧牲瘦免	地節四年安侯建世以何玄孫紹封十四年薨		王莽居攝元年侯禹嗣建國元 九世 年更爲蕭鄉侯莽敗絕		

	舞陽武侯樊噲			曲周景侯酈商			潁陰懿侯灌嬰
	以舍人起沛從至霸上爲侯以郎入漢定三秦爲將軍擊項籍再益封從破燕執韓信侯五千戶			以將軍從起岐攻長社以南別定漢及蜀定三秦擊項籍侯四千八百戶			以中涓從起碭至霸上爲昌文君入漢定三秦食邑以將軍屬韓信定齊淮南及八邑殺項籍侯五千戶
	正月丙午封十三年薨			正月丙午封二十二年薨			正月丙午封二十六年薨
	五			六			九
平曲 孝景後元元年共侯堅以勃子紹封十九年薨	孝惠七年侯伉嗣九年高后八年坐呂氏誅 師古曰伉音口浪反又音岡	孝文元年荒侯市人以噲子紹封二十九年薨	元始二年侯章以噲玄 六世 孫之子紹封千戶	孝文元年侯寄嗣三十二年有罪免戶萬八千	孝景中三年靖 繆 侯堅紹封	元康四年商玄孫之子 六世 長安公士共詔復家	孝文五年平侯何嗣二十八年薨
元朔五年侯建德嗣十二年元鼎五年坐酎金免		孝景七年侯它廣嗣中六年坐非子免			元光四年康侯遂成嗣	元始二年詔賜商代後者猛友爵關內侯	孝景中三年侯彊嗣十三年有罪免戶八千四百戶
元康四年勃曾孫槐里公乘廣漢詔復家		元康四年噲曾孫長陵不更勝客詔復家			懷侯世宗嗣		
元始二年侯共以勃玄孫紹封千戶		玄孫			元鼎二年侯終根嗣二十九年後二年坐祝詛上腰斬		

	汾陰悼侯周昌		梁鄒孝侯武虎		成敬侯董渫 師古曰渫音先列反字或作緤	蓼夷侯孔藂
	初起以職志擊秦入漢出關以內史堅守敖倉以御史大夫侯比清陽侯○如淳曰職志官名主旗幟也 師古曰志音式吏反		兵初起以謁者從擊破秦入漢定三秦出關以將軍擊定諸侯比博陽侯二千八百戶		初起以舍人從擊秦爲都尉入漢定三秦出關以將軍定諸侯比厭次侯二千八百戶	以執盾前元年從起碭以左司馬入漢爲將軍三以都尉擊項籍屬韓信侯 師古曰前元年謂初起之年即秦胡亥元年後皆類此擊項籍者即楚漢春秋及史記所謂孔將軍居左者
	正月丙午封十年薨		正月丙午封十一年薨		正月丙午封七年薨	正月丙午封三十年薨
	十六		二十		二十五	三十
	孝惠四年哀侯開方嗣十六年薨		孝惠五年侯最嗣五十八年薨	元康四年虎玄孫之子夫夷侯 六世 國公乘充竟詔復家	孝惠元年康侯赤嗣四十四年有罪免戶五千六百 孝景中五年 節 赤復封 氏 八年薨	孝文九年侯臧嗣四十五年元朔三年坐爲太常衣冠道橋壞不得度免 師古曰游衣冠之道
元光二年侯賢以嬰孫紹封九 臨汝 年元朔五年坐子傷人首匿免千戶	孝文前五年侯意嗣十三年坐行賕髡爲城旦	孝景中二年侯左車以昌孫紹 安陽 封八年建元元年有罪免	元光三年頃侯嬰齊嗣二十年薨		建元四年共侯罷軍嗣五年薨	孫
元康四年嬰曾孫長安官首匿詔復家 師古曰官首爵名匿其人名也		元康四年昌曾孫沃侯國士伍明詔復家 師古曰明舊有官爵免爲士伍而屬沃侯之國也	元鼎四年侯山柎嗣一年坐酎金免 師古曰柎音膚其字從木		元光三年侯朝嗣十二年元狩三年坐爲濟南太守與城陽王女通耐爲鬼薪	曾孫
元壽二年八月詔賜嬰代後者誼爵關內侯			玄孫		元康四年渫玄孫平陵公乘詘詔復家	元康四年藂玄孫長安公士宣詔復家

費侯陳賀 師古曰：費音扶味反。說者以爲季氏邑，非也。	以舍人前元年從起碭，以左司馬入漢，用都尉屬韓信擊項籍，爲將軍，定會稽、浙江、湖陵，侯。	正月丙午封，二十二年薨。	三十一	孝文元年，共侯常嗣，二十四年薨。	孝景二年，侯偃嗣，八年，有罪，免。		
				巢 孝景中六年，侯最以賀子紹封，二年薨，亡後。		元康四年，賀曾孫茂陵上造脩詔復家。	
陽夏侯陳豨	以特將將卒五百人前元年從起宛朐，至霸上，爲游擊將軍，別定代，已破臧荼，侯。	正月丙午封，十年，以趙相國反，自爲王，十二年誅。					
隆慮克侯周竈	以卒從起碭，以連敖入漢，以長鋌都尉擊項籍，侯。○如淳曰：連敖，楚官。左傳楚有連尹、莫敖，其後合爲一官號。師古曰：長鋌，長刃兵也，爲刀而劍形。史記作長鈹，鈹亦刀，鈹音丕，鋌音誕。	正月丁未封，三十九年薨。	三十四	孝文後二年，侯通嗣，十二年，孝景中元年，有罪，完爲城旦。	孫	曾孫	元康四年，竈玄孫陽陵公乘部詔復家。
陽都敬侯丁復 師古曰：復音扶目反。	以越將從起薛，至霸上，以樓煩將入漢，定三秦，屬周呂侯，破龍且彭城，爲大司馬，破項籍葉，爲將軍，忠臣，侯，七千八百戶。	正月戊申封，十九年薨。	十七	高后六年，趮侯甯嗣，十三年薨。師古曰：趮，古躁字也。	孝文十年，侯安城嗣，十五年，孝景二年，有罪，免。戶萬七千。	元康四年，復曾孫臨沂公士賜詔復家。	
陽信胡侯呂青	以漢五年用令尹初從，功比堂邑侯，千戶。	正月壬子封，十八年薨。	八十七	孝惠四年，頃侯臣嗣，十八年薨。	孝文七年，懷侯義嗣，二年薨。	九年，惠侯它嗣，十九年薨。	孝景五年，共侯善嗣，五年薨。元康四年
				六世 中三年，侯談嗣，三十五年，元鼎五年，坐酎金免。			二月，青玄孫長陵大夫賜詔復家。
東武貞侯郭蒙	以戶衞起薛，屬周呂侯，破秦軍杠里，陷楊熊軍曲遇，入漢，爲城將，定三秦，以都尉堅守敖倉，爲將軍，破項籍，侯，三千戶。師古曰：城將，將築城之兵也。	正月戊午封，十九年薨。	四十一	高后六年，侯它嗣，三十一年，孝景六年，有罪，棄市，戶萬一百。	孫	曾孫	元康四年，蒙玄孫茂陵公士廣漢詔復家。
汁防肅侯雍齒 如淳曰：汁音什。防音方。	以趙將前三年從定諸侯，侯，二千五百戶，功比平定侯。齒故沛豪，有力，與上有隙，故晚從。	三月戊子封，九年薨。	五十七	孝惠二年，荒侯鉅鹿嗣，三十八年薨。	孝景三年，侯野嗣，十年薨。	終侯桓嗣，不得年，元鼎五年，坐酎金免。	
棘蒲剛侯陳武	以將軍前元年將卒二千五百人起薛，別救東阿，至霸上，二歲十月入漢，擊齊歷下軍臨菑，侯。	三月丙申封，十八年，孝文後元年薨。子奇反，誅，不代。	十三	子	孫	元康四年，武曾孫雲陽上造嘉詔復家。	
都昌嚴侯朱軫	以舍人前元年從起沛，以隊帥先降翟王，虜章邯，侯。	三月庚子封，十四年薨。	二十三	高后元年，剛侯率嗣，十五年薨。	孝文八年，夷侯詘嗣，十六年薨。	孝景元年，共侯偃嗣，二年薨。	三年，侯辟彊嗣，五年，中元年薨，亡後。
							元康四年，軫玄孫昌國公士先詔復家。
武彊嚴侯嚴不職	以舍人從起沛，以騎將入漢，至霸上，還擊項籍，屬丞相甯，功侯，用將軍擊黥布，侯。	三月庚子封，十年薨。	三十三	高后七年，簡侯嬰嗣，十九年薨。	孝文後二年，侯青翟嗣，四十七年，元鼎二年，坐爲丞相建御史大夫湯不直，自殺。師古曰：以獄建之意而不直也。	元康四年，不職曾孫長安公乘仁詔復家。	
貰齊合侯傅胡害 師古曰：貰音式制反。	以越戶將從破秦，入漢，定三秦，以都尉擊項籍，侯，六百戶，功比臺侯。	三月庚子封，二年薨。	三十六	八年，共侯方山嗣，二十九年薨。	孝文元年，煬侯赤嗣，二十一年薨。	十二年，康侯遺嗣，四十四年薨。	元朔五年，侯猜嗣，八年，元鼎元年，坐殺人，棄市。
				元壽二年八月，詔賜胡害爲後者爵大上造。			元康四年，胡害玄孫茂陵公士世詔復家。
海陽齊信侯搖毋餘	以越隊將從破秦，入漢，定三秦，以都尉擊項籍，侯，千七百戶。	三月庚子封，九月薨。	三十七	孝惠三年，哀侯昭襄嗣，九年薨。	高后五年，康侯建嗣，三十年薨。	孝景四年，哀侯省嗣，十年薨，亡後。	玄孫
				六世 元康四年，毋餘玄孫之子不更未央詔復家。	元壽二年八月，詔賜毋餘代後者爵關內侯。		
南安嚴侯宣虎	以河南將軍漢王三年降晉陽，以重將破臧荼，侯，九百戶。師古曰：重將者，主將領輜重也。重音直用反。一曰持重之將也，音直勇反。	三月庚子封，三十年薨。	六十三	孝文九年，共侯戎嗣，十一年薨。	後四年，侯千秋嗣，十一年，孝景中元年，坐傷人免，戶二千一百。	元康四年，虎曾孫南安簪褭護詔復家。	
肥如敬侯蔡寅	以魏太僕漢王三年初從，以車騎將軍破龍且及彭城，侯，千戶。	三月庚子封，二十四年薨。	六十六	孝文三年，嚴侯戎嗣，十四年薨。	後元年，侯奴嗣，七年，孝景元年薨，亡後。	元康四年，寅曾孫肥如大夫福詔復家。	
曲成侯蟲達	以西城戶將三十七人從起碭，至霸上，爲執金吾，五年爲二隊將，屬周呂侯，入漢，定三秦，以都尉破項籍陳下，侯，四千戶，以將軍擊燕、代。	三月庚子封，二十二年薨。	十八　位次曰夜恒侯	孝文元年，侯捷嗣，八年，有罪，免。十四年，捷復封，十八年，復免，戶九千三百。孝景中五年，侯捷復封，五年薨。	建元二年，侯皇柔嗣，二十四年，元鼎二年，坐爲汝南太守知民不用赤側錢爲賦，爲鬼新。師古曰：赤側解在食貨志。時並令以充賦，而汝南不遵詔令。	曾孫	元康四年，達玄孫茂陵公乘宣詔復家。
河陽嚴侯陳涓	以卒前元年起碭從，以二隊將入漢，擊項籍，得梁郎將處，侯，以丞相定齊。	三月庚子封，十二年薨。	二十九	孝文元年，信嗣，三年，坐不償人責過六月，免。	孫	曾孫	元康四年，涓玄孫郎兵公士元詔復家。
淮陰侯韓信	初以卒從項梁，梁死屬項羽，爲郎中，至咸陽，亡從入漢，爲連敖票客，蕭何言信爲大將軍，別定魏、齊，爲王，徙楚，擅發兵，廢爲侯。師古曰：高紀及信傳並云爲治粟都尉，而此云票客，參錯不同，或者以其票疾而賓客禮之，故云票客也。票音頻妙反。	六年封，五年，十一年，坐謀反，誅。					
芒侯耏跖 師古曰：耏音而，左氏傳宋耏班。跖音之亦反。	以門尉前元年初起碭，至霸上，爲武定君，入漢，還定三秦，爲都尉，擊項羽，功侯。	六年封，三年薨，亡後。		九年，侯昭嗣，四年，有罪，免。張 孝景三年，詔以故列侯將兵擊吳楚，復封。	侯申嗣，元朔六年，坐尚南宮公主不敬，免。師古曰：景帝女也。		
敬市侯閻澤赤	以執盾初起從入漢，爲河上守，遷爲殷相，擊項籍，侯，千戶，功比平定侯。	四月癸未封，三年薨。	五十五	九年，夷侯無害嗣，三十八年薨。	孝文後四年，戴侯續嗣，八年薨。	孝景五年，侯穀嗣，四十年，元鼎五年，坐酎金免。	
				六世 元康四年，澤赤玄孫之子長安上造章世詔復家。			
柳丘齊侯戎賜	以連敖從起薛，以三隊將入漢，定三秦，以都尉破項籍軍，爲將軍，侯，八千戶。	六月丁亥封，十八年薨。	三十九	高后五年，侯安國嗣，三十年薨。	孝景四年，敬侯嘉成嗣，十年薨。	後元年，侯角嗣，有罪，免，戶三千。	元康四年，賜玄孫長安公士元生詔復家。
魏其嚴侯周止	以舍人從起沛，以郎中入漢，爲周信侯，定三秦，以爲騎郎將，破項籍東城，侯，千戶。	六月丁亥封，十八年薨。	四十四	高后五年，侯簡嗣，二十九年，孝景三年，謀反，誅，戶三千。	孫	曾孫	元康四年，止玄孫長陵不更廣世詔復家。

祁穀侯繒賀	以執盾漢王三年初起從晉陽以連敖擊項籍漢王敗走賀擊楚追騎以故不得進漢王顧謂賀祁王藏彭城斬項籍爭惡絕延壁侯千四百戶 師古曰謂之祁王蓋嘉其功寵號之許以為王也爭惡謂爭惡地延壁壁壘之名也	六月丁亥封二十三年薨	五十一	孝文十二年頃侯胡嗣十七年薨	孝景六年侯它嗣十九年元光二年坐射擅罷免 師古曰方大射而擅自罷去也	曾孫	元康四年賀玄孫茂陵公大夫賜詔復家
平悼侯工師喜	初以舍人從擊破秦以郎中入漢以將軍定諸侯守雒陽侯比費侯賀千二百戶	六月丁亥封六年薨	三十二 位次曰柳城侯	十二年靖侯奴嗣三十一年薨	孝文十六年侯執嗣十九年孝景中五年坐匿死罪會赦免戶三千二百		
魯侯奚涓	以舍人從起沛至咸陽為郎入漢以將軍定諸侯四千八百戶功比舞陽侯死軍事	六年侯涓亾子封毋重平底為侯十九年薨	七				
城父嚴侯尹恢	初以謁者從入漢以將軍擊定諸侯以右丞相備守淮陽功比厭次侯頃侯諸莊二千戶	六年封九年薨	二十六	孝惠三年侯開方嗣七年高后三年奪爵為關內侯	孫	曾孫	玄孫
				六世 元康四年恢玄孫之子新豐簪褭殷詔復家			
任侯張越	以騎都尉漢五年從起東垣擊燕代屬雍齒有功為車騎將軍	六年封十六年高后三年坐匿死罪免戶七百五十					
棘丘侯襄	以執盾隊史前元年從起碭破秦治粟內史入漢以上郡守擊定西魏地功侯	六年封十四年高后元年有罪免戶九百七十					

河陵頃侯郭亭	以連敖前元年從起單父以塞路入漢還定三秦屬周呂侯以都尉擊項籍功侯 師古曰塞路者主遮塞要路以備敵寇也	七月庚寅封二十四年薨	二十七	孝文三年惠侯歐嗣二十二年薨	孝景二年勝侯客嗣八年有罪免		
					南 中六年靖侯延居紹封十五年薨	元光六年侯則嗣十七年元鼎五年坐酎金免	元康四年亭玄孫茂陵公乘賢詔復家
昌武靖信侯單究	初以舍人從以郎入漢定三秦以郎騎將軍擊諸侯侯七百戶功比魏其侯	七月庚寅封十三年薨	四十五	孝惠六年惠侯如意嗣四十三年薨	孝景中元四年侯賈成嗣十六年薨	元光五年侯德嗣四年元朔三年坐傷人二旬內死棄市戶六百	玄孫
				六世	七世 元康四年究玄孫之孫陽陵公乘萬年詔復家		
高宛制侯丙猜	初以客從入漢定三秦以中尉破項籍侯千六百戶比斥丘侯	七月戊戌封七年薨	四十一	孝惠元年簡侯得嗣三十年薨	孝文十六年侯武嗣二十四年薨	建元元年侯信嗣三年坐出入屬車間免戶三千三百 師古曰天子出行陳屬車而輒至於其間	
				六世	七世 元康四年猜玄孫之孫高宛大夫齡詔復家	八世 元始三年猜玄孫之曾孫內詔賜爵關內侯	
宣曲齊侯丁義	以卒從起留以騎將入漢定三秦破籍軍滎陽為郎騎將破鍾離昧軍固陵侯六百七十戶	七月戊戌封十二年薨	四十三	孝文十一年侯通嗣十七年有罪耐為鬼薪戶千一百 發婁 孝景中五年通復封十一年有罪害	孫	元康四年義曾孫陽安公士年詔復家	
終陵齊侯華毋害	以越將從起留入漢定三秦擊臧荼侯七百四十戶從攻馬邑及布	七月戊戌封三十五年薨	四十六	孝文四年共侯勃嗣十六年薨	後四年侯祿嗣七年孝景四年坐出界耐為司寇戶千五百	元康四年毋害曾孫於陵大夫告詔復家	

東茅敬侯劉到	以舍人從起碭至霸上以二隊入漢定三秦以都尉擊項籍破臧荼侯捕韓信為將軍益邑千戶	八月丙辰封二十四年薨	四十八	孝文三年侯吉嗣十二年十六年坐事國人過員免 師古曰嗣爵十三年至孝文十六年而免也事謂役使之員數也	孫	元康四年到曾孫酎陽公乘咸詔復家 師古曰酎音紂	
斥丘懿侯唐厲	以舍人初從起豐以左司馬入漢以亞將攻籍剋敵為東郡都尉破籍侯武城為漢中尉擊布為斥丘侯千戶 師古曰初為成武侯後更封斥丘也	八月丙辰封二十年薨	四十	孝文九年共侯朝嗣十三年薨	後六年侯賢嗣四十三年薨	元鼎二年侯尊嗣二年坐酎金免	
						元康四年厲曾孫長安公士廣意詔復家	
臺定侯戴野	以舍人從起碭用隊率入漢以都尉擊籍籍死擊臨江屬將軍賈功侯以將軍擊燕代	八月甲子封二十五年薨	三十五	孝文四年侯午嗣二十二年孝景三年坐謀反誅	孫	曾孫	元康四年野玄孫長陵上造安昌詔復家
安國武侯王陵	以自聚黨定南陽漢王還擊項籍以兵屬從定天下侯五千戶	八月甲子封十一年薨	十二	高后八年哀侯忌嗣一年薨	孝文元年終侯斿嗣三十九年薨	建元元年安侯辟方嗣二十年薨	元狩三年侯定嗣八年元鼎五年坐酎金免
							元康四年陵玄孫長安公乘襄詔復家
樂成節侯丁禮	以中涓騎從起碭為騎將入漢定三秦侯以都尉擊籍屬灌嬰殺龍且更為樂成侯千戶	八月甲子封十六年薨	四十二	孝文五年夷侯馬從嗣十八年薨	後七年武侯吾客嗣四十二年薨	元鼎二年侯義嗣三年坐言五利侯不道棄市戶二千四百	玄孫
				六世	七世 元康四年禮玄孫之孫長安公士禹詔復家		

辟陽幽侯審食其	以舍人初起侍呂后孝惠二歲十月呂后入楚食其從一歲侯	八月甲子封二十五年為淮南王長所殺	五十九	孝平四年侯平嗣二十一年孝景二年坐謀反自殺		元康四年食其曾孫茂陵公乘非詔復家	
蒯成侯周緤 師古曰蒯音陪又音苦背反緤音息列反	以舍人從起沛至霸上入漢定三秦食邑池陽擊項籍滎陽絕甬道從度平陰遇韓信軍襄國楚漢分鴻溝以緤為信戰不利不敢離上侯三千二百戶	八月甲子封二十七年薨	二十七	侯昌嗣有罪免			長沙
				孝景中元年康侯應以昌弟紹封一年薨 鄲 師古曰鄲沛之縣也音多	中二年侯仲居嗣三十四年元鼎二年坐為太常收赤側錢不收完為城旦 如淳曰食貨志民巧法用之不便又廢也	元康四年緤曾孫長安公士禹詔賜黃金十斤復家死亾子復免	元始元年緤玄孫護以詔書為沛大夫復禹同產弟子死亾子絕
安平敬侯鄂秋	以謁者漢王三年初從定諸侯有功秋舉蕭何功因故侯二千戶 師古曰先以食邑因就封之也事見蕭何傳	八月甲子封十二年薨	六十一	孝惠三年簡侯嘉嗣九年薨	高后八年頃侯應嗣十四年薨	孝文十四年煬侯寄嗣二十五年薨	孝景後二年侯但嗣十九年元狩元年坐與淮南王安通遺王書稱臣盡力棄市
				六世 元康四年秋玄孫之子解大夫后詔復家			
比平文侯張蒼	以客從起陽武至霸上為常山守得陳餘為代相徙趙相以代相侯為計相四歲淮南相十四歲千二百戶 如淳曰計相官名但知計會	八月丁丑封五十年薨	六十五	孝景六年康侯奉嗣八年薨	後元年侯類嗣七年建元五年坐臨諸侯喪後免	曾孫	玄孫
				六世 元康四年蒼玄孫之子長安公士蓋宗詔復家			
高胡侯陳夫乞	以卒從起杠里入漢以都尉擊籍將軍定燕千戶	六年封二十五年薨	八十二	孝文五年殤侯程嗣薨亾後			元康四年夫乞玄孫長陵公乘勝之詔復家

厭次侯爰類	以愼將元年從起留入漢以都尉守廣武功侯師古曰以謹愼爲將也	六年封二十二年薨	二十四	孝文元年侯嗣五年謀反誅	孫	曾孫	玄孫
				六世 元康四年類玄孫之子陽陵公士世詔復家	七世 元始二年類玄孫之孫萬詔賜爵關內侯		
平皐煬侯劉它 師古曰它音徒何反	漢六年以碭郡長初從功比軑侯侯五千八百戶實項氏賜姓師古曰軑音大又音弟	七年十月癸亥封十年薨	百二十一	孝惠五年共侯遠嗣三十四年薨	孝景元年節侯光嗣十六年薨	建元元年侯勝嗣二十八年元鼎五年坐酎金免	玄孫
				六世	七世 元康四年它玄孫之孫長安簪裊勝之詔復家		
復陽剛侯陳胥	以卒從起薛以將軍入漢以右司馬擊項籍侯千戶	七年十月甲子封三十一年薨	四十九	孝文十二年共侯嘉嗣十八年薨	孝景六年康侯拾嗣二十五年薨	元朔元年侯彊嗣七年元狩二年坐父拾非嘉子免	玄孫
						元康四年胥曾孫雲陽簪裊幸詔復家	玄孫
				六世 元朔元年胥玄孫之子傳詔賜帛百疋			
陽河齊侯其石	以中謁者從入漢以郎中騎從定諸侯侯五百戶功比高胡侯	十一月甲子封三年薨	八十三	十年侯安國嗣五十一年薨	孝景中四年侯午嗣三十三年薨	元鼎四年共侯章更封十三年薨 埤山 師古曰埤音脾又音婢	元封元年侯仁嗣征和三年坐祝詛要斬

柏至靖侯許盎	以騈憐從起昌邑以說衛入漢以中尉擊籍侯千戶師古曰二馬曰騈騈憐爲並兩騎爲軍翼也說讀曰稅稅衛謂軍行初舍止之時主爲衛也	十月戊辰封十四年高后元年有罪免三年復封六年薨	五十八	孝文元年簡侯祿嗣十四年薨	十五年侯昌嗣三十二年薨	元光二年侯安如嗣十三年薨	元狩三年侯福嗣五年元鼎二年坐爲姦爲鬼薪
				六世 元康四年盎玄孫之子長安官大夫益壽詔復家			
中水嚴侯呂馬童	以郎騎將漢元年從好畤以司馬擊龍且復共斬項籍侯千五百戶	正月己酉封十年薨	百一	孝文十年夷侯假嗣三年薨	十三年共侯青肩嗣三十二年薨	建元六年靖侯德嗣一年薨	元光元年侯宜城嗣二十二年元鼎五年坐酎金免
				六世 元康四年童玄孫之子長安公士建詔復家			
				六世	七世 元康四年馬童玄孫之孫長安公士建明詔復家		
杜衍嚴侯王翥 如淳曰翥音署 師古曰音之庶反	以郎中騎漢王二年從起下邳屬淮陰從灌嬰共斬項羽侯千七百戶	正月己酉封十八年薨	百二	高后六年共侯福嗣七年薨	孝文五年孝侯市臣嗣七年薨	十二年侯舍嗣二十四年有罪爲鬼薪戶三千四百	
				孝景後元年侯郢人以翥子紹封十二年薨	元光四年侯定國嗣十三年元狩五年有罪免	元康四年翥曾孫長安大夫安樂詔復家	
赤泉嚴侯楊喜	以郎中騎漢王二年從起杜屬淮陰後從灌嬰共斬項籍侯千九百戶	正月己酉封十三年高后元年有罪免二年復封十八年薨	百三	孝文十二年定侯敷嗣十五年薨	孝景四年侯毋害嗣六年坐詐紿人臧六百免中五年毋害復封十二年元光二年有罪免 臨汝	曾孫	元康四年喜玄孫茂陵不更孟嘗詔賜黃金十斤復家

				六世 子恢代復	七世 子譚代復	八世 子並代元始元年賜帛百疋	元始二年求復不得
朝陽齊侯華寄	以舍人從起薛以連敖入漢以都尉擊項羽復攻韓王信侯千戶	三月壬寅封十二年薨	六十九	高后元年文侯要嗣二十一年薨	孝文十四年侯當嗣三十九年元朔二年坐教人上書枉法耏爲鬼薪戶五千	曾孫	元康四年寄玄孫奉明大夫定國詔復家
棘陽嚴侯杜得臣	以卒從起胡陵入漢以郎將迎左丞相軍擊項籍侯二千戶	七月丙辰封十六年薨	八十一	孝文六年侯但嗣四十三年薨	元光四年懷侯武嗣七年元朔五年薨亡後		
涅陽嚴侯呂騰	以騎士漢三年從出關以郎中共擊斬項羽侯千五百戶比杜衍侯	七年封二十五年孝文五年薨子成實非子不得代	百四		孫	曾孫	玄孫
				六世 元康四年騰玄孫之子涅陽不更忠詔復家			
平棘懿侯林摯	以客從起亢父斬章邯所置蜀守用燕相侯千戶	七年封二十四年薨	六十四	孝文五年侯辟彊嗣有罪爲鬼薪		元康四年摯曾孫項圉大夫常羅詔復家死亡子絕	
深澤齊侯趙將夕	以趙將漢王三年降屬淮陰侯定趙齊楚以擊平城功侯七百戶	八年十月癸丑封十二年高后元年有罪免二年復封一年薨	九十八	孝文後二年戴侯頭嗣八年薨	孝景三年侯脩嗣七年有罪耏爲司寇	曾孫	元康四年將夕玄孫平陵上造延世詔復家
					中五年夷侯胡以頭子紹封二十一年元朔五年薨亡後 臾		

撣項侯溫疥 師古曰撣音蘭又音甸疥音介	以燕將軍漢王四年從破曹咎軍爲燕相告燕王荼反侯以燕相國定盧綰千九百戶	十月丙辰封二十五年薨	九十一	孝文六年文侯仁嗣十七年薨	後七年侯何嗣七年孝景四年薨	曾孫	元康四年疥玄孫長安公士福詔復家
歷簡侯程黑	以趙衛將軍漢王三年從起盧奴擊項羽敖倉下爲將軍攻臧荼有功封千戶	十月癸酉封十四年薨	九十二	高后三年孝侯釐嗣二十二年薨	孝文後元年侯竈嗣十四年孝景中元年有罪免	曾孫	玄孫
				六世 元康四年黑玄孫之子長安簪裊弘詔復家	元始五年詔賜黑代後者安爵關內侯		
武原靖侯衛胠 師古曰胠音脅又音怯	漢七年以梁將軍從初起擊韓信陳豨黥布軍功侯二千八百戶功比高陵侯	十二月丁未封八年薨	九十三	孝惠四年共侯寄嗣三十七年薨	孝景三年侯不害嗣十二年後二年坐葬過律免	曾孫	元康四年胠玄孫郭公乘堯詔復家
槀祖侯陳錯 師古曰槀音公老反錯音口駭反	高祖七年爲將從擊代陳豨有功侯六百戶	十二月丁未封七年薨	百二十四	孝惠二年懷侯嬰嗣十九年薨	孝文七年共侯應嗣十四年薨	後五年節侯安嗣三十一年薨	元狩二年侯千秋嗣九年元鼎五年坐酎金免
				六世 元康四年錯玄孫之子茂陵公乘王儋詔復家			
宋子惠侯許瘛 師古曰瘛音充制反	以漢三年用趙右林將初擊定諸侯五百三十六戶功比歷侯師古曰林將猶言羽林之將也	三月丁卯封四年薨	九十九	十二年共侯留嗣二十五年薨	孝文十年侯九嗣二十二年孝景中二年坐寄使匈奴買塞外禁物免	曾孫	玄孫

	猗氏敬侯陳遬 師古曰遬古速字	清簡侯室中同		彊圉侯留肹	彭簡侯秦同	吳房嚴侯楊武	寗嚴侯魏遬
	以舍人從起豐入漢以都尉擊項羽侯千一百戶	以弩將初起從入漢以都尉擊項羽代侯比彭侯戶千		以客吏初起從入漢以都尉擊項籍代侯比彭侯千戶	以卒從起薛以弩將入漢以都尉擊項羽代侯千戶	以郎中騎將漢元年從起下邽擊陽夏以騎都尉斬項羽侯七百戶	以舍人從碭入漢以都尉擊臧荼功侯千戶
	三月丙戌封十一年薨	三月丙戌封五年薨		三月丙戌封三年薨	三月丙戌封十二年薨	三月辛卯封三十二年薨	四月辛卯封三十五年薨
	五十三 位次曰長陵侯	七十一		七十二	七十	九十四	七十八
六世	孝惠七年靖侯支嗣三十四年薨	孝惠元年頃侯聖嗣二十二年薨		十一年戴侯章復嗣二十九年薨	孝文三年戴侯執嗣二十三年薨	孝文十三年侯去疾嗣二十五年孝景後三年有罪耐為司寇	孝文十六年共侯連嗣八年薨
七世 元康四年遬玄孫之孫宋子大夫趙詔復家	孝景三年項侯羌嗣一年薨亡後	孝文八年康侯鮒嗣五十二年薨		孝文三年侯復嗣二年有罪免	孝景三年侯武嗣十一年後元年有罪免	元康四年武孫霸陵公乘談詔賜黃金十斤復家亡子絕	孝文後元年侯指嗣三年坐出國界免
	元康四年遬曾孫猗氏大夫胡詔賜黃金十斤復家	元狩三年共侯古嗣七年薨		元康四年肹曾孫長安大夫定詔復家	曾孫		曾孫
		元鼎四年侯生嗣一年坐酎金免	元康四年同玄孫高宛簪褭武詔復家		元康四年同玄孫費公士壽王詔復家	談兄孫為次復亡子絕	元康四年遬玄孫長安公上都詔復家

昌圉侯旅卿		共嚴侯旅罷師 師古曰共音恭罷音皮彼反又讀曰皮	閼氏節侯馮解散	安丘懿侯張說 師古曰說讀曰悅		襄平侯紀通
以齊將漢王四年從韓信起無鹽定齊擊項羽及韓王信於代侯千戶		以齊將漢王四年從淮陰侯起擊項籍又攻韓王信於平城有功侯千二百戶	以代大與漢王三年降為鴈門守以將軍平代反寇侯千戶 師古曰大與主爵祿之官	以卒從起方與屬魏豹一歲五月以執盾入漢以司馬擊項羽以將軍定代侯二千戶		父城以將軍從擊破秦入漢定三秦功比平定侯戰好畤死事子侯
六月戊辰封三十四年薨		六月壬子封二十六年薨	六月壬子封四年薨	七月癸酉封三十二年薨		九月丙午封五十二年薨
百九		百十四	一百	六十七		六十六
孝文十五年侯通嗣十一年孝景三年坐謀反誅	子賜代死無子絕有同 六世 產子元始二年求不得	孝文七年惠侯黨嗣八年薨	十二年共侯它嗣一年薨亡後	孝文十三年共侯奴嗣十二年薨	六世 元康四年說玄孫之子陽陵上造舜詔復家	孝景中三年康侯相夫嗣十九年薨
孫		十五年懷侯高嗣五年薨亡子	孝文二年文侯遺以遺腹子嗣十四年薨	孝景三年敬侯執嗣十年薨		元朔元年侯夷吾嗣十九年元封元年薨無後
曾孫		元康四年罷師曾孫霸陵簪褭信詔復家	十六年共侯勝之嗣十二年薨	四年康侯訢嗣二十一年薨		
元康四年卿玄孫昌上造光船賜黃金十斤復家			孝景六年侯平嗣二十九年元鼎五年坐酎金免	元狩元年侯拾嗣九年元鼎四年坐入上林謀盜鹿又搏揜完為城旦 師古曰搏揜謂搏擊揜襲人而奪其物也搏字或作博一曰六博也揜意錢之屬也皆謂戲而取人財也		元康四年通玄孫長安簪褭萬年詔復家

龍陽敬侯陳署	平嚴侯張瞻師		陸量侯須無 如淳曰秦始皇本紀所謂陸梁地也		高景侯周成	離侯鄧弱	義陵侯吳郢
以卒從漢王元年起霸上以謁者擊項籍斬曹咎侯千戶	以趙騎將漢王五年從擊諸侯比吳房侯千五百戶		詔以為列侯自置吏令長受令長沙王		父苛以內史從擊破秦為御史大夫入漢圍取諸侯守滎陽功比辟陽侯罵項籍死事子侯	四月戊寅封 楚漢春秋亦闕 成帝時光祿大夫滑湛日旁占驗曰鄧弱以長沙將兵侯	以長沙柱國侯千五百戶
九月乙未封十八年薨	九年十二月壬寅封八年薨		三月丙戌封二年薨		四月戊寅封三十九年孝文後五年謀反下獄死		九月丙子封七年薨
八十四	九十五		百三十七		六十		百三十四
高后七年侯堅嗣十八年孝文後元年有罪免	孝惠五年康侯慎嗣三十七年薨 師古曰慎音樊	六世 元康四年瞻師玄孫之子敞上造建城詔復家	十二年共侯桑嗣二十四年薨		子		孝惠四年侯種嗣十年高后七年薨亡後
	孝景四年侯奇嗣		孝文後三年康侯慶忌嗣五年薨		繩 孝景中元年侯應以成孫紹封		
	侯安國嗣不得年元狩元年為人所殺		孝景元年侯冉嗣四十四年元鼎五年坐酎金免	元康四年無曾孫酈陽乘鐸聖詔復家 師古曰乘鐸武功爵第六級	侯平嗣元狩五年坐為太常不繕園屋免		
	玄孫				元康四年成玄孫長安公大夫賜詔復家		

宣平武侯張敖					東陽武侯張相如		慎陽侯樂說 如淳曰慎音震 師古曰字本作滇音真後誤作慎耳滇汝南縣名也說讀曰悅
嗣父耳為趙王坐相貫高等謀反廢王為侯					高祖六年為中大夫以河間守擊陳豨力戰功侯千三百戶		淮陰侯韓信舍人告信反侯三千戶
九年封十七年薨					十一年十二月癸巳封三十二年薨		十二月甲寅封五十二年薨
三 師古曰張耳及敖並無大功蓋以魯元之故呂后曲升之也					百十八		百三十一
高后二年侯偃為魯王孝文元年復為侯十五年薨謚共					孝文十六年共侯殷嗣五年薨	六世 元康四年相如玄孫之子茂陵公乘宣詔復家	孝景中六年靖侯願嗣四年薨
六年哀侯歐嗣十七年薨			信都 高后八年四月丁酉侯侈以魯太后子封孝文元年以非正免	樂昌 四月丁亥侯受以魯太后子封元年免	後五年戴侯安國嗣六年薨		建元元年侯買之嗣二十二年元狩五年坐鑄白金棄市
孝景中三年侯生嗣十四年有罪免	睢陵 元光三年侯廣孫以王弟紹封十八年薨				孝景四年哀侯彊嗣十二年建元元年薨亡後		曾孫
	元鼎二年侯昌嗣十二年太初二年坐為太常乏祠免 師古曰祠事有闕也	元始二年侯慶忌以敖玄孫紹封千戶		元康四年耳玄孫長陵公乘遂詔復家	玄孫		玄孫

	開封愍侯陶舍		禾成孝侯公孫昔	堂陽哀侯孫赤	祝阿孝侯高色	長脩平侯杜恬
	以右司馬漢王五年初從以中尉擊燕代侯比共侯二千戶		以卒漢王五年初從以郎中擊代擊陳豨侯千九百戶	以中涓從起沛以郎入漢以將軍擊項籍爲惠侯坐守滎陽降楚免復來以郎擊籍爲上黨守擊陳豨侯八百戶	以客從起齧桑以上隊將入漢以將軍擊魏太原井陘屬淮陰侯器度軍破項籍及豨侯千八百戶○如淳曰齧桑邑名	以漢王二年用御史物從出關以內史擊諸侯攻項昌以廷尉死事侯千九百戶
	十二月丙辰封一年薨		正月己未封二十一年薨	正月己未封九年薨	正月己卯封二十一年薨	正月丙戌封四年薨
	百一十五		百一十七	七十七	七十四	百八　位次曰信平侯
元康四年說玄孫之子長安公士通詔復家　六世	十二年夷侯青嗣四十八年薨	六世	孝文五年懷侯漸嗣九年薨	高后元年侯德嗣四十三年孝景中六年有罪免	孝文五年侯成嗣十四年後三年坐事國人過律免	孝惠三年懷侯中嗣十七年薨
	孝景十三年節侯偃嗣十七年薨	元康四年舍玄孫之孫長安公士元始詔復家　七世	孫	孫	孫	孝文五年侯意嗣二十七年有罪免
	元光五年侯睢嗣十八年元狩五年坐酎金免		元康四年昔曾孫霸陵公乘廣意詔復家	元康四年赤曾孫霸陵公乘明詔復家	曾孫	陽平　孝景中五年侯相夫紹封三十七年元封三年坐爲太常與大樂令中可當鄭舞人擅繇闌出入關免　師古曰擇可以爲鄭舞而擅從役使之又闌出入關
	玄孫				元康四年色玄孫長陵上造弘詔復家	

江邑侯趙堯	營陵侯劉澤	土軍式侯宣義		廣阿懿侯任敖	須昌貞侯趙衍		臨轅堅侯戚鰓
以漢五年爲御史用奇計徙御史大夫周昌爲趙相代昌爲御史大夫從擊陳豨功侯六百戶	漢三年爲郎中擊項羽以將軍擊陳豨得王黃侯帝從昆弟萬一千戶	高祖六年爲中地守以廷尉擊陳豨侯一千一百戶就國後爲燕相		以客從起沛爲御史守豐二歲擊項羽爲上黨守陳豨反堅守侯千八百戶復爲御史大夫	以謁者漢王元年初從起漢中雍軍塞渭上上計欲還衍言從他道道通後爲河間守豨反誅都尉相如功侯千四百戶		初從爲郎以都尉守蘄城以中尉侯五百戶
十一月封高后元年有罪免	十一月封十五年高后七年爲瑯邪王	二月丁亥封七年薨		二月丁亥封十九年薨	三月己丑封十二年薨		三月乙酉封六年薨
	八十八	百二十二　位次曰信成侯		八十九	百七		百一十六
		孝惠六年孝侯莫如嗣三十五年薨	元康四年義玄孫之子阿武不更寄詔復家　六世	孝文三年夷侯敬嗣一年薨	孝文十六年戴侯福嗣四年薨	六世	孝惠五年夷侯觸龍嗣三十七年薨
		孝景二年康侯平嗣十九年薨		四年敬侯但嗣四十年薨	後四年侯不害嗣八年孝景五年有罪免	元康四年衍玄孫之孫長安簪褭步昌詔復家　七世	孝景四年共侯中嗣十六年薨
		建元六年侯生嗣八年元朔二年坐與人妻姦免		建元五年侯越人嗣二十一年元鼎二年坐爲太常廟酒酸免	曾孫		建元四年侯賢嗣二十五年元鼎五年坐酎金免
		玄孫		元康四年敖玄孫廣阿簪褭定詔復家	玄孫		元康四年鰓玄孫梁郎官大夫常詔復家　師古曰仕梁爲郎而有官大夫之爵也

	汲紹侯公上不害	甯陵夷侯呂臣	汾陽嚴侯靳彊	戴敬侯祕彭祖　師古曰今見有祕姓讀如祕書而韋昭妄爲音讀非也	
	高祖六年爲太僕擊代豨有功侯千三百戶爲趙太僕	以舍人從起留以郎入漢破曹咎成皋爲都尉擊豨功侯千戶	以郎中騎千人前三年從起櫟陽擊項羽以中尉破鍾離眛軍功侯	以卒從起沛以卒開沛城門爲太公僕以中廐令擊陳豨公侯千一百戶	
	二月己酉封三年薨	二月辛亥封十七年薨	三月辛亥封十一年薨	三月癸酉封十一年薨	
	百二十三	七十三	九十六	百二十六	
六世	孝惠二年夷侯武嗣二十七年薨	孝文十一年戴侯謝嗣十六年薨	高后三年共侯解嗣三十三年薨	高后三年共侯悼嗣十二年薨	六世
元始二年鰓玄孫之孫少詔賜爵關內侯　七世	孝文十四年康侯通嗣二十七年薨	孝景四年惠侯始嗣十七年薨	孝景五年康侯胡嗣十二年絕不得狀	孝文八年夷侯安國嗣四十八年薨	元康四年彭祖玄孫之孫陽陵大夫政詔復家　七世
	建元二年侯廣德嗣九年元光五年坐妻大逆棄市	曾孫	江鄒　元鼎五年侯石封嗣九年太始四年坐爲太常行幸離宮道橋苦惡大僕敬聲繫以謁聞敎免	元朔五年安侯軫嗣十二年薨	
	元康四年不害玄孫安陵五大夫常詔復家	元康四年呂臣玄孫南陵公大夫得詔復家	元康四年彊玄孫長安公乘忠詔復家	元鼎四年侯蒙嗣二十五年後元年坐祝詛上大逆腰斬	

衍簡侯翟盱　師古曰盱音況于反	平州共侯昭涉掉尾　師古曰姓昭涉名掉尾也音徒弔反		中牟共侯單右車		郎嚴侯黃極忠　師古曰郎音鉅已反	
以漢王二年爲燕令以都尉下楚九城堅守燕侯九百戶	漢四年以燕相從擊項籍還擊臧荼侯千戶		以卒從沛入漢以郎擊布功侯二千二百戶始高祖微時有急給高祖馬故得侯		以羣盜長爲臨江將已而爲漢擊臨江王及諸侯破布封千戶	
七月己丑封十二年薨	八月甲辰封十八年		十二年十月乙未封二十三年薨		十月戊戌封十七年薨	
百三十	百十一		百二十五		百十三	
高后四年祗侯山嗣二年薨	孝文二年戴侯種嗣三年薨		孝文八年敬侯繒嗣五年薨	元康四年右車玄孫之子陽陵不更充國詔復家　六世	孝文十二年夷侯榮成嗣九年薨	元康四年極忠玄孫之子郎公乘調詔復家　六世
六年節侯嘉嗣四十四年薨	五年懷侯它人嗣四年薨		十二年戴侯終根嗣二十七年薨		後元五年共侯明嗣三十五年薨	元始五年賜極忠代後者爵關內侯
建元三年侯不疑嗣十年元朔元年坐挾詔書論耐爲司寇　師古曰詔書當奉持之而挾以行故爲罪也	九年孝侯馬童嗣二十九年薨		元光二年侯舜嗣十八年元鼎五年坐酎金免		元朔五年侯遂嗣八年元鼎元年坐揜搏奪公主馬髡爲城旦戶四千　師古曰搏字或作博已解於上	
元康四年盱玄孫陽陵公乘光詔復家	孝景後二年侯昧嗣二十四年元狩五年坐行馳道中免	元康四年掉尾玄孫涪不更福詔復家	玄孫			

博陽節侯周聚	以卒從豐以隊卒入漢擊項籍成皋有功為將軍布反定吳郡侯	十月辛丑封二十四年薨	五十三	孝文九年侯遬嗣十五年孝景元年有罪奪爵一級	孫	元康四年聚曾孫長陵公乘萬年詔復家	
陽美定侯靈常	以荊令尹漢五年初從擊鍾離昧及陳公利幾徙為漢中大夫從至陳取韓信還中尉以擊布侯二千戶	十月壬寅封十四年薨	百一十九	高后七年共侯賀嗣八年薨	孝文七年哀侯勝嗣六年薨亡後	曾孫	元康四年常玄孫南和大夫橫詔復家
下相嚴侯冷耳 師古曰冷音零	以客從起沛入漢用兵擊破齊田解軍以楚丞相堅守彭城拒布軍功侯二千戶	十月己酉封十八年薨	八十五	孝文三年侯順嗣二十三年孝景三年坐謀反誅	孫	曾孫	元康四年耳玄孫長安公士安詔復家
高陵圉侯王虞人	以騎司馬漢王元年從起廢丘以都尉破田橫龍且追籍至東城以將軍擊布侯九百戶	十二月丁亥封十年薨	九十二	高后三年侯弄弓嗣十八年薨	孝文十三年侯行嗣十二年孝景三年謀反誅		
期思康侯賁赫 師古曰賁音肥	淮南王英布中大夫告反侯二千戶	十二月癸卯封二十九年孝文十四年薨亡後	百三十二	子	孫	曾孫	元康四年赫玄孫壽春大夫充詔復家
戚圉侯季必 師古曰灌嬰傳云李必今此作季表傳不同當有誤	以騎都尉漢二年初起櫟陽攻破廢丘因擊項籍屬韓信破齊攻臧荼為將軍擊韓信侯千五百戶	十二月癸卯封十六年薨	九十	孝文元年齊侯長嗣三年薨	四年躁侯瑕嗣三十八年薨	建元三年侯信成嗣二十年元狩五年坐為太常縱丞相侵神道為隸臣 師古曰刑法志罪人獄已決完為城旦舂滿三歲為鬼薪白粲鬼薪一歲為臣妾一歲免為庶人然則男子為隸臣女子為隸妾也	元康四年必玄孫長安公士賈之詔復家

穀陽定侯馮谿	以卒前二年起柘擊籍定代為將軍功侯	正月乙丑封十二年薨	百五	孝文七年共侯熊嗣十八年薨	孝景二年隱侯卬嗣三年薨	五年懿侯解中嗣十二年薨	建元四年侯偃嗣
				元康四年谿玄孫之子穀陽不更武詔復家 六世			
嚴敬侯許猜 師古曰猜音千才反	以楚將漢二年降從起臨濟以郎中擊項羽陳豨侯六百戶	正月乙丑封四十年薨	百一十二	孝景二年侯恢嗣十六年薨	建元二年殤侯則嗣九年薨	元光五年節侯周嗣三年薨	元朔二年侯廣宗嗣十五年元鼎五年坐酎金免
				元康四年猜玄孫之子平壽公士任壽詔復家 六世			
成陽定侯奚意	以魏郎漢王二年從起陽武擊項籍屬魏王豹豹反從屬相國彭越以太原尉定代侯六百戶	正月乙酉封二十六年薨	百一十	孝文十一年侯信嗣二十九年建元元年有罪要斬	孫	元康四年意曾孫陽陵公乘通詔復家	
桃安侯劉襄	以客從漢王二年起定陶以大謁者擊布侯千戶為淮南太守項氏親	三月丁巳封七年孝惠七年有罪免二年復封十六年薨	百三十五	孝文十年懿侯舍嗣三十年薨	建元元年厲侯由嗣十三年薨	元朔二年侯自為嗣十五年元鼎五年坐酎金免	玄孫
				元康四年襄玄孫之子長安上造益壽詔復家 六世			
高梁共侯酈疥	父食其以客從破秦以列侯入還定諸侯常使使約和諸侯說齊王死事子侯	二月丙寅封六十三年薨	六十六	元光三年侯勃嗣	侯平嗣元狩元年坐詐衡山王取金免	曾孫	元康四年食其玄孫陽陵公乘賜詔復家

紀信匡侯陳倉	以中涓從起豐以騎將入漢以將軍擊項籍後攻盧綰侯七百戶	六月壬辰封十年薨	八十	高后三年夷侯開嗣二十三年薨	孝文後二年侯煬嗣八年孝景二年反誅	曾孫	玄孫
				元康四年倉玄孫之子長安公士千秋詔復家 六世			
景嚴侯王競	以車司馬漢元年初從起高陵屬劉賈以都尉從軍侯五百戶	六月壬辰封七年薨	百六	孝惠七年戴侯真粘嗣十九年薨 師古曰粘亦黏字	孝文十一年侯嬹嗣二十二年孝景十年有罪免 師古曰嬹音許孕反	曾孫	元康四年競玄孫長安公士昌詔復家
張節侯毛釋之	以中涓從起豐以郎騎入漢還從擊諸侯侯七百戶	六月壬辰封二十六年薨	七十九	孝文十一年侯鹿嗣二年薨	十三年侯舜嗣二十三年孝景中六年有罪免	曾孫	元康四年釋之玄孫長安公士景詔復家
煮棗端侯革朱	以越連敖從起薛別以越將入漢擊諸侯以都尉侯九百戶	六月壬辰封七年孝惠七年薨嗣子有罪不得代	七十五	孝文二年康侯式以朱子紹封二十一年薨	孝景中二年侯昌嗣二年有罪免	曾孫	元康四年朱玄孫陽陵大夫奉詔復家
偃陵嚴侯朱濞	以卒從起豐入漢以都尉擊項籍臧荼侯二千七百戶	十二月封十一年薨	五十二	高后四年共侯慶嗣十二年孝文七年薨亡後		元康四年濞曾孫陽陵公士言詔復家	
鹵嚴侯張平	以中尉前元年從起單父不入關以擊籍縣布盧綰得南陽侯二千七百戶	十二月封十二年薨	四十八	高后五年侯勝嗣七年孝文四年有罪為隸臣		曾孫	玄孫
				元康四年平玄孫之子長安公士常詔復家 六世			

右高祖百四十七人周呂建成二人在外戚羹頡合陽沛德四人在王子凡百五十三人

便頃侯吳淺	以父長沙王功侯二千戶	元年九月癸卯封三十七年薨	百三十三	孝文後七年共侯信嗣六年薨	孝景六年侯廣志嗣	侯千秋嗣元鼎五年坐酎金免	元康四年淺玄孫長陵上造長樂詔復家 編
軑侯黎朱蒼 師古曰軑音大又音弟	以長沙相侯七百戶	二年四月庚子封八年薨	百二十	高后三年孝侯豨嗣二十一年薨	孝文十六年侯彭祖嗣三十四年薨	侯扶嗣元封元年坐為東海太守行過擅發卒為衛當斬會赦免	玄孫 江夏
				元康四年蒼玄孫之子竟陵簪裹漢詔復家 六世			
平都孝侯劉到	以齊將高祖三年降定齊侯千戶	五年六月乙亥封十三年薨	百一十	孝文三年侯成嗣三十五年孝景後二年有罪免		元康四年到曾孫長安公乘如意詔復家	

右孝惠三人

南宮侯張買	以父越人為高祖騎將從軍以中大夫侯	元年四月丙寅封		侯生嗣孝武初有罪為隸臣萬六千六百戶			北海
梧齊侯陽城延	以軍匠從起郟入漢後為少府作長樂未央宮築長安城先就侯五百戶 師古曰郟潁川之縣也音夾	四月乙酉封六年薨	七十六	七年敬侯去疾嗣三十四年薨	孝景中三年靖侯偃嗣十五年薨	元光三年侯戎奴嗣十四年元狩五年坐使人殺季父棄市戶三千三百	玄孫
				元康四年延玄孫之子梧公士注詔復家 六世			
平定敬侯齊受	以卒從起留以家車吏入漢以驍騎都尉擊項籍得樓煩將用齊丞相侯 師古曰家車吏主漢王之家車非軍國所用	四月乙酉封九年薨	五十四	孝文二年齊侯市人嗣四年薨	六年共侯應嗣四十一年薨亡後	元光二年康侯延居嗣八年薨	元鼎四年侯昌嗣二年元鼎六年有罪免

							元康四年受玄孫安平大夫安惠詔復家
博成敬侯馮無擇	以悼武王郎中從高祖起豐攻雍共擊項籍力戰奉悼武王出滎陽侯 師古曰悼武王高后兄周呂侯呂澤也高后追尊曰悼武王	四月己丑封三年薨		四年侯代嗣八年坐呂氏誅			
沅陵頃侯吳陽 師古曰沅音元	以父長沙王功侯	七月丙申封二十五年薨	百三十六	孝文後二年頃侯福嗣十七年薨	孝景中五年哀侯周嗣薨亡後		
中邑貞侯朱進	以執矛從入漢以中尉破曹咎用呂相侯六百戶 師古曰為呂王之相也	四年四月丙申封二十二年薨		孝文後二年侯悼嗣二十一年孝景後三年有罪免			
樂平簡侯衛毋擇	以隊卒從起沛屬皇訢以郎擊陳餘用衛尉侯六百戶	四月丙申封三年薨		六年共侯勝嗣四十一年薨	孝景後三年侯侈嗣六年建元六年坐買田宅不法有請賕吏死		
山都貞侯王恬啓	漢五年為郎中柱下令以衛將軍擊陳豨用梁相侯 師古曰柱下令今主柱下書史也	四月丙申封八年薨		孝文四年惠侯中黃嗣二十三年薨	孝景四年敬侯觸龍嗣二十三年薨	元狩五年侯當嗣八年元封元年坐闌入甘泉上林免	
祝茲夷侯徐厲	以舍人從沛以郎中入漢還得雍王邯家屬用常山丞相侯	四月丙申封十一年薨		孝文七年康侯悼嗣二十九年薨	孝景中六年侯偃嗣九年建元六年有罪免		
成陰夷侯周信	以卒從起單父為呂后舍人度呂后為河南守侯五百戶 師古曰時有寃難得度於水因以免也	四月丙申封十六年薨		孝文十二年侯勃嗣十五年有罪免			

俞侯呂它 如淳曰俞音輸	父嬰以連敖從高祖破秦入漢以都尉定諸侯功比朝陽侯嬰死子侯	四月丙申封四年坐呂氏誅					
醴陵侯越	以卒從漢王二年起櫟陽以卒吏擊項羽為河內都尉用長沙相侯六百戶	四月丙申封八年孝文四年有罪免					

右高后十二人扶柳襄城軹壺關昌平贅其騰昌成腄祝茲建陵十一人在恩澤外戚洨沛信都樂昌東平五人隨父上邳朱虛東牟三人在王子凡三十一人師古曰腄音直瑞反洨音交又音下交反

陽信夷侯劉揭	高祖十三年為郎以典客奪呂祿印閉殿門止產等共立皇帝侯二千戶	元年十一月辛丑封十四年薨		十五年侯中意嗣十四年孝景六年有罪免			
壯武侯宋昌	以家吏從高祖起山東以都尉從滎陽食邑以代中尉勸王驂乘入即帝位侯千四百戶	四月辛亥封三十三年孝景中四年有罪奪爵一級為關內侯					
樊侯蔡兼	以睢陽令從高祖初起阿以韓家子還定北地用常山相侯千二百戶 師古曰本六國時韓家之諸子也後更姓蔡也○劉攽曰予謂此猶言楚子諸侯子也	六月丙寅封十四年薨		十五年康侯客嗣十八年薨	孝景中二年共侯平嗣二十一年薨	元朔二年侯辟方嗣元鼎四年坐搏揜完為城旦	
泜陵康侯魏駟 晉灼曰泜古柢字 師古曰音直夷反	以陽陵君侯	七年三月丙寅封十二年薨亡後					
南郎侯起 師古曰郎音貞 說者云當為鄭非也	以信平君侯	三月丙寅封坐後父故削爵一級為關內侯 師古曰會於廷中而隨父失朝廷以爵之序故削爵也					

黎頃侯召奴 師古曰召平之子也召讀曰邵	以父齊相侯	十年四月癸丑封十一年薨		後五年侯瀆嗣三十五年薨	元朔五年侯延嗣十九年元封六年坐不出持馬要斬戶千八百 師古曰時發馬給軍匿而不出也		
缾侯孫單 師古曰缾音步丁反	父卬以北地都尉匈奴入力戰死事子侯	十四年三月丁巳封十二年孝景前三年坐反誅					
弓高壯侯韓隤當	以匈奴相國降侯故韓王子	十六年六月丙子封		不得子嗣侯者年名	元朔五年侯則嗣薨亡後		營陵
					龍頟 元朔五年四月丁未侯說以都尉擊匈奴得王侯十一年元鼎五年坐酎金免 師古曰讀音女交反		
					按道 元封元年五月己卯愍侯說以橫海將軍擊東越侯十九年為衛太子所殺	延和三年侯興嗣四年坐祝詛上要斬	齊
						後元元年侯曾以興弟紹封龍頟三十一年薨	五鳳元年思侯寶嗣鴻嘉元年薨亡後
							元封元年節侯共以寶從父昆弟紹封
				侯敞嗣 六世 王莽敗絕			

襄城哀侯韓嬰	以匈奴相國降侯二千戶韓王信太子之子	六月丙子封七年薨		後七年侯釋之嗣三十一年元朔四年坐詐疾不從耐為隸臣			魏
故安節侯申屠嘉	孝文二年舉淮陽守從高祖功食邑五百戶用丞相侯	後三年四月丁巳封七年薨		孝景前三年侯共嗣二十二年薨	清安 元狩二年侯臾更封五年元鼎元年坐為九江太守受故官送免		

右孝文十人軹鄡周陽三人在外戚管氏營丘營平陽虛楊丘朸安都平昌武成白石阜陵安陽陽周東城十四人在王子凡二十七人師古曰鄡音一戶反又於庶反今書本有鄡字者誤

前漢書卷十六考證

高惠高后文功臣表訖十二年侯者百四十有三人○臣召南按此文總計高帝所封并外戚二人王子四人在內故有一百四十三人也十二年宋本作十二月誤監本是

又作十八侯之位次注師古曰謂蕭何曹參張敖周勃云云○顧炎武曰自蕭曹至蟲達為十八侯當時所尚者戰功而張良陳平皆居中計謀之臣故平列在四十七良列在六十二也至十八侯贊則蕭何第一樊噲第二張良第三周勃第四曹參第五陳平第六張敖第七酈商第八灌嬰第九夏侯嬰第十傅寬第十一靳歙第十二王陵第十三韓信第十四陳武第十五蟲達第十六周昌第十七王吸第十八而無奚涓薛歐丁復此後人論定非復當日之功次矣且韓信已誅安得復在功臣之位即此可知臣召南按十八侯贊之後陸機作漢高祖功臣頌共三十一人皆非當日之功次故師古注依表中所列位次是也

昔唐以萬國致時雍之政注堯典云黎萌於變時雍○按改黎民作黎萌師古避太宗諱也他處俱改民作人

平陽懿侯曹參注孟康曰曹參位第二而表在首○臣召南按此表第四層為位次孟康曰之上班表本文應大書二字言參位次第二也孟康云云即解此文徧校各本俱無二字明係脫誤

又十一世侯曠嗣今見○洪邁曰漢列侯八百餘人及

光武時在者平陽富平二侯耳

清河定侯王吸○ 臣宗萬 按清河侯史表作清陽侯又如蟲達史作蟲達隆慮克侯史作京侯傳胡害史作呂周止史作周定工師喜史作沛嘉魯侯奚涓史失名城父侯史作故城侯單究史作單甯終陵侯史作絳陽侯鄂秋史作鄂千秋爰類史作元頃許盎史作許溫王翥史作王翳林摯史作林執趙將夕史作趙將夜捭侯史作拘侯歷侯史作磨侯稾祖侯陳錯史作稾祗侯陳錯室中同史作空中留肹史作留勝陸量侯史作陸梁侯高景侯史作高京侯吳郢史作吳程樂說史作樂說土軍式侯史作武侯汲紹侯史作汲終侯單右車史作單父聖王虞人史作王周季必史作李必穀陽侯史作穀陵侯景嚴侯史作甘泉侯革朱史作革赤鹵侯史作菌侯朱進史作朱通祝茲侯史作松滋侯成陰侯史作成陶侯其尤異者平嚴侯張瞻師史作繁侯彊瞻則封邑姓名皆不同也或班氏訂史記之失或後人傳寫彼此有訛皆不可知據司馬貞索隱于史表中已言及則唐時本已然矣

堂邑安侯陳嬰定豫章浙江都漸定自爲王壯息○都漸史表作都浙壯息史表作壯思

曲逆獻侯陳平漢王二年初起修武○ 臣召南 按史記作初從是也又以護軍中尉出奇計史記作六出奇計此表位次戶數數目間與史表不同卽敘功中官名亦時互異如執盾隊史長鈒都尉重將慎將門尉騈鄰之類不可枚舉今但以本書校正

留文成侯張良以韓申都下韓入武關注師古曰韓申都卽韓王信也楚漢春秋作信都古信申同義○洪邁曰良與韓王信了不相干顏注誤矣自司徒訛爲申徒自申徒訛爲申都自申都訛爲信都展轉相傳古書豈復可以字義求也 臣召南 按邁糾師古之違是也史表云以韓申徒徐廣以司徒注之而良本傳曰爲韓司徒又韓王信傳曰使良以韓司徒卽其明證豈可据楚漢春秋疑史記數處之文乎又高帝本紀有日與韓將皇欣魏申徒武蒲之軍并攻昌邑此則魏亦有申徒官矣

陽夏侯陳豨以特將云云○ 臣召南 按此表明言以前元年從起宛朐乃本傳則云不知始所以得從何也又曰十年以趙相國反按趙相國當作代相國各本俱誤其時趙相周昌非陳豨也

貰齊侯合傳胡害○ 臣召南 按史表無合字貰是所封之地齊是其謚然則此表合字衍文也

曲成圉侯蟲達○ 臣召南 按史表作曲城侯又敘功曰以西城戶將史表作以曲城戶將又至霸上爲執金吾史表作爲執圭以下有二隊將之文則不應先至九卿後爲偏裨況執金吾官至武帝始改中尉名不應高帝時有此官號史表作爲執圭是也

又位次曰夜恒侯○監本訛夜侯恒今改正

芒侯耏跖○ 臣召南 按史表則此侯名昭以九年有罪國除也據此表則昭乃跖子以九年嗣侯是班氏訂正史記之失

敬市侯閻澤赤○ 臣召南 按敬市史表作故市又敘功云遷爲殷相史表遷爲假相似並史表爲是

魯侯奚涓亡子封母底爲侯○ 臣召南 按母底史表作母疵又按奚涓以死軍事無子遂封母疵高帝於功臣忠烈眷眷不忘如此忠如紀信何以獨遺必由信並無妻子可封故也

安國武侯王陵以自聚黨定南陽云云○ 臣召南 按此敘功與史表全不同史云以客從起豐以廐將別定東郡南陽從至霸上云云則陵之初得從與蕭曹樊噲無異然以陵本傳核之似此表是

復陽剛侯陳胥孝景六年康侯拾嗣二十五年薨○ 臣照 按監本別本俱作二十三年非也計孝景六年至元朔元年恰二十五年知宋本是從之

陽河齊侯其石十一月甲子封○按當作十月甲子一字衍文也復陽及此侯以十月甲子封後文柏至侯以十月戊辰封知此一字爲衍

禾成孝侯公孫昔祁阿孝侯高色○ 臣召南 按史漢二表不同最可異者禾成祁阿兩侯之名二表互異據史作禾成侯高邑而此云公孫昔也史作祁阿侯公孫耳而此云高色也昔與耳色與邑猶不過字畫之差耳

長修平侯杜恬攻項昌○ 臣召南 按此文作攻項昌則是項氏親屬爲將此侯攻破之也據史表作功比須昌侯考功臣表原有須昌侯趙衍又趙衍位次百七此侯位次百八則史表是此表誤也

博陽節侯周聚○ 臣召南 按陳濞既封博陽不應一地兩侯据史記索隱曰縣屬彭城則此博陽應作傅陽卽春秋時偪陽國地博與傳字形相近而誤耳

右高祖百四十七人○ 臣召南 按應作百三十七人下文凡百五十三人應作百四十三人各本俱誤

軑侯黎朱蒼○ 臣召南 按史表作秩蒼又按公卿表景中五年軑侯吳利爲奉常此表軑侯不姓吳而其子孫亦無名吳利者

平都孝侯劉到○ 臣召南 按此表有兩劉到一爲東茅侯或是姓名偶同如韓信之比亦不可知據史表則東茅侯自名劉釗漢表訛作到耳

前漢書卷十七

漢　蘭　臺　令　史　班　固　撰

唐正議大夫行祕書少監琅邪縣開國子顏師古注

景武昭宣元成功臣表第五

昔書稱蠻夷帥服（師古曰舜典之辭也言王者德澤廣被則四夷相率而降服也）詩云徐方既倈（師古曰大雅常武之詩曰王猷允塞徐方既倈言周之王道信能充實則徐方淮夷並來朝也倈古來字）春秋列潞子之爵（應劭曰潞子離狄內附春秋嘉之稱其爵列諸盟會間也師古曰潞音路）漢興至于孝文時乃有弓高襄城之封（師古曰弓高侯穨當襄城侯桀龍皆從匈奴來降而得封也）雖自外倈本功臣後故至孝景始欲侯降者丞相周亞夫守約而爭（應劭曰景帝欲封王皇后兄信亞夫對高祖之約非功臣不侯也師古曰景帝欲封匈奴降者徐盧等而亞夫爭之以爲不可今表所稱蓋謂此爾不列王信事也應說失之）帝黜其議初開封賞之科（師古曰不從亞夫之言竟封也）又有吳楚之事武興胡越之伐將帥受爵應本約矣（師古曰應高祖非有功不得侯之約）後世承平頗有勞臣輯而序之續元功次云（師古曰輯與集同元功謂佐興其帝業者也）

號謚姓名	功狀戶數	始封	子	孫	曾孫	玄孫
俞侯欒布（師古曰俞音輸）	以將軍吳楚反擊齊侯	六年四月丁卯封六年薨	中六年侯賁嗣二十二年元狩六年坐爲太常雍犧牲不如令免（師古曰雍右扶風縣也五畤祠在焉）			
建陵哀侯衞綰	以將軍擊吳楚用中尉侯	四月丁卯封十二年薨	元光五年侯信嗣十八年元鼎五年坐酎金免			
建平敬侯程嘉	以將軍擊吳楚用江都相侯	四月丁卯封十八年薨	元光二年節侯橫嗣一年薨	三年侯回嗣四年薨亡後		
平曲侯公孫渾邪（師古曰渾音胡溫反字或作混又作昆其音同）	以將軍擊吳楚用隴西太守侯	四月己巳封五年中四年有罪免	南奅　元朔五年四月丁卯侯賀以將軍擊匈奴得王侯十二年元鼎五年坐酎金免（師古曰奅音普孝反）			
			葛繹　太初二年侯賀復以丞相封葛繹侯三年延和二年以子敬聲有罪下獄死（師古曰延亦征字也）			
江陽康侯蘇息	以將軍擊吳楚用趙相侯	中二年懿侯盧嗣八年薨	建元二年侯朋嗣十六年薨	元朔六年侯雕嗣十一年元鼎五年坐酎金免		
據侯橫（師古曰史失其姓它皆類此）	父建德以趙相不聽王遂反死事子侯千一百七十戶	中二年四月乙巳封六年後二年有罪棄市				
新市侯王棄之	父悍以趙內史王遂反不聽死事子侯	四月乙巳封八年薨	煬侯始昌嗣元光四年爲人所賊殺			
商陵侯趙周	父夷吾以楚太傅王戊反不聽死事子侯	四月乙巳封三十六年元鼎五年坐爲丞相知列侯酎金輕下獄自殺				
山陽侯張當居	父尚以楚相王戊反不聽死事子侯	四月乙巳封二十四年元朔五年坐爲太常擇博士弟子故不以實完爲城旦				

安陵侯于軍	以匈奴王降侯，千五百五十戶	中三年十一月庚子封，十三年，建元六年薨，亡後					
桓侯賜	以匈奴王降侯	十二月丁丑封					
遒侯陸彊 師古曰：遒即古遒字，音子脩反，涿郡之縣	以匈奴王降侯，千五百七十戶	十二月丁丑封	侯則嗣，孝武後元年，坐祝詛上，要斬				
容城侯攜徐盧	以匈奴王降侯，七百戶	十二月丁丑封，七年薨	建元二年，康侯纏嗣，十四年薨	元朔二年，侯光嗣，四十年，後元二年，坐祝詛上，要斬			
易侯僕黥 師古曰：黥音恒	以匈奴王降侯，千一百十戶	十二月丁丑封，六年，後三年薨，亡後					
范陽靖侯范代	以匈奴王降侯六千二百戶	十二月丁丑封，十四年薨	元光二年，懷侯德嗣，四年薨，亡後			元始一年，代玄孫政詔賜爵關內侯	涿郡
翕侯邯鄲	以匈奴王降侯	十二月丁丑封，六年，元光四年，坐行來不請長信，免。如淳曰：長信，太后所居也。師古曰：請，謁也					內黃
亞谷簡侯盧它之	以匈奴東胡王降侯，千戶，故燕王綰子	中五年四月丁巳封，二年薨	後元元年，侯種嗣，七年薨	建元五年，康侯偏嗣，七年薨	元光六年，侯賀嗣，三十九年，延和二年，坐受衛太子節，掠死。師古曰：以衛太子擅發兵，而賀受其節，有反心，故見考掠而死也		

塞侯直不疑	以御史大夫侯，前有將兵擊吳楚功	後元年八月封，六年薨	建元四年，康侯相如嗣，十二年薨	元朔四年，侯堅嗣，十三年，元鼎五年，坐酎金免			
翕侯趙信	以匈奴相國降侯，元朔三年擊匈奴功益封子六百八十戶	元光四年十月壬午封，八年，元朔六年為右將軍擊匈奴，兵敗，降匈奴					內黃
特轅侯樂	以匈奴都尉降侯，六百五十戶	元朔元年後九月丙寅封，十三年，元鼎元年薨，亡後					南陽
親陽侯月氏 師古曰：氏音支	以匈奴相降侯，六百八十戶	元朔二年十月癸巳封，五年，坐謀反入匈奴，要斬					舞陽
若陽侯猛	以匈奴相降侯，五百三十戶	十月癸巳封，五年，坐謀反入匈奴，要斬					平氏
平陵侯蘇建	以都尉從車騎將軍擊匈奴功侯，元朔五年用游擊將軍從大將軍益封，凡一千戶	三月丙辰封，六年，坐為前將軍與翕侯信俱敗，獨身脫來歸，當斬，贖罪，免					武當
岸頭侯張次公	以都尉從車騎將軍擊匈奴侯，從大將軍益封，凡二千戶	五月己巳封，五年，元狩元年，坐與淮南王女陵姦，受財物，免。師古曰：陵，淮南王安女名也					皮氏

右孝景十八人。平陸、休、沈猷、紅、宛朐、棘樂、乘氏、桓邑八人在王子，魏其、蓋二人在外戚，隆慮一人隨父，凡二十九人。師古曰：據楚元王傳云休侯富免，侯後更封為紅侯，而王子侯表但云休侯富雖遭重封，又無紅邑，其數止七人。然此表乃以休及紅列為二數，又稱八人在王子侯，是則此表為誤也。

涉安侯於單	以匈奴單于太子降侯	三年四月丙子封，五月薨，亡後					
武昌侯趙安稽	以匈奴王降侯，以昌武侯從驃騎將軍擊左右王，益封	四年七月庚申封，二十一年薨	太初元年，侯充國嗣，四年薨，亡後				舞陽
襄城侯桀龍 師古曰：此龍蓋匈奴名耳，而說者以為龍姓，非也	以匈奴相國降侯，四百戶	七月庚申封，二十二年，與浞野侯俱戰死事	太初二年，侯病已嗣，十五年，後二年，坐祝詛上，下獄瘐死				襄垣
安樂侯李蔡	以將軍再擊匈奴得王侯，二千戶	四月乙巳封，六年，元狩五年，坐以丞相侵賣園陵道壖地，自殺					昌
合騎侯公孫敖	以護軍都尉三從大將軍擊匈奴至右王庭得王侯，元朔六年從大將軍益封，九千五百戶	以五年四月丁未封，至元狩二年，坐將兵擊匈奴與驃騎將軍期後，畏懦，當斬，贖罪。師古曰：懦音乃喚反，又音而掾反					高城
軹侯李朔 師古曰：軹音只	以校尉三從大將軍擊匈奴至右王庭得閼氏功侯	四月乙卯封，六年，有罪，免					西安
從平侯公孫戎奴	以校尉三從大將軍擊匈奴至右王庭，為鴈行上石山先登，侯，千一百戶	四月乙卯封，三年，元狩二年，坐為上黨太守發兵擊匈奴不以聞，免					樂昌
隨城侯趙不虞	以校尉三從大將軍擊匈奴，攻辰吾先登石亹，侯，七百戶。師古曰：辰吾水之上也，時匈奴軍在焉。山絕水曰亹，音門	四月乙卯封，三年，元狩二年，坐為定襄都尉，匈奴敗太守，以聞非實，謾，免。師古曰：謾，誑也，音慢					千乘

博望侯張騫	以校尉數從大將軍擊匈奴，知水道，及前使絕國大夏，侯	六年三月甲辰封，元狩二年，坐以將軍擊匈奴畏懦，當斬，贖罪，免					
眾利侯郝賢 師古曰：郝音呼各反，又式亦反	以上谷太守四從大將軍擊匈奴首虜千級以上，侯，千一百戶	五月壬辰封，二年，元狩二年，坐為上谷太守入戍卒財物計謾，免。師古曰：上財物之計簿而欺謾不實					姑莫
潦悼侯王援訾	以匈奴趙王降侯，五百六十戶	元狩元年七月壬午封，二年薨，亡後					舞陽
從票侯趙破奴 師古曰：票音頻妙反	以司馬再從票騎將軍擊匈奴，得兩王千騎，侯，二千戶	二年五月丙戌封，五年，元鼎五年，坐酎金免。元封三年以匈河將軍擊樓蘭，封浞野侯，五年，太初二年以浚稽將軍擊匈奴，為虜所獲，軍沒					
宜冠侯高不識	以校尉從票騎將軍再擊匈奴，侯，一千一百戶，故匈奴歸義	五月庚戌封，四年，坐擊匈奴增首不以實，當斬，贖罪，免。師古曰：增加所獲首級之數也					昌
煇渠忠侯僕朋 師古曰：煇音許圍反	以校尉從票騎將軍再出擊匈奴得王，侯，從票騎將軍虜五王，益封，故匈奴歸義	二年二月乙丑封，八年薨	元鼎四年，侯雷電嗣，二十二年，征和三年，以五原屬國都尉與貳師將軍俱擊匈奴，沒				魯陽
下摩侯謼毒尼 師古曰：謼字與呼同	以匈奴王降，封七百戶	六月乙亥封，九年薨	元鼎五年，煬侯伊即軒嗣。師古曰：軒音居言反	侯冠支嗣，神爵三年，詔居弋居山，坐將家屬闌入惡師居，免。師古曰：惡師，地名，有官所置居室			猗氏
濕陰定侯昆邪 師古曰：濕音它合反；昆音胡門反	以匈奴昆邪王將眾十萬降侯，萬戶	二年七月壬午封，四月薨	元鼎元年，魏侯蘇嗣，十年，元封五年薨，亡後				平原

煇渠慎侯應疕 師古曰疕音疋履反	以匈奴王降侯	七月壬午封五年元鼎三年薨亡後					魯陽
河綦康侯烏黎	以匈奴右王與渾邪降侯六百戶	七月壬午封六年薨	元鼎三年侯餘利鞮嗣四十二年本始二年薨亡後 師古曰鞮音丁奚反				濟南
常樂侯稠雕	以匈奴大當戶與渾邪降侯五百七十戶 師古曰當戶匈奴官名也	七月壬午封十八年薨	太初三年侯廣漢嗣六年太始元年薨亡後				濟南
邳離侯路博德	以右北平太守從票騎將軍擊左右得重會期首虜萬二千七百人侯千六百戶 師古曰得重得輜重也會期不失期也	四年六月丁卯封十五年太初元年坐見知子犯逆不道罪免					朱虛
義陽侯衛山	以北地都尉從票騎將軍擊匈奴得王侯千一百戶	六月丁卯封二十六年太始四年坐教人誣告衆利侯當時棄市罪獄未斷病死					平氏
杜侯復陸支	以匈奴歸義因淳王從票騎將軍擊左王以少破多捕虜三千一百侯千三百戶	六月丁卯封五年薨	元鼎三年侯偃嗣	侯屠耆嗣	侯宜平嗣	侯福嗣河平四年坐非子免	重平
衆利侯伊即軒 師古曰軒音居言反	以匈奴歸義樓剸王從票騎將軍擊左王手劍合侯千一百戶 師古曰手劍用劍而合戰也剸音專又音之兖反	六月丁卯封十四年薨	元封六年侯當時嗣	侯觿宗嗣元始五年薨亡後爲諸縣			
湘成侯敞屠洛	以匈奴符離王降侯千八百戶	六月丙子封七年元鼎五年坐酎金免					陽成

散侯董舍吾	以匈奴都尉降侯千二百戶	六月丙子封十七年薨	太初三年侯安漢嗣	侯賢嗣征和三年坐祝詛上下獄病死			陽成
臧馬康侯雕延年	以匈奴王降侯八百七十戶	六月丙子封五年薨亡後					朱虛
瞭侯次公 師古曰瞭音遼	以匈奴歸義王降侯七百九十戶	元鼎四年六月丙午封五年坐酎金免					舞陽
術陽侯建德	以南越王兄越高昌侯侯三千戶	五年三月壬午封四年坐使南海逆不道誅					下邳
龍侯摎廣德 師古曰摎音居虬反	父樂以校尉擊南越死事子侯六百七十戶	三月壬午封六年坐酎金免					
成安侯韓延年	父千秋以校尉擊南越死事子侯千三百八十戶	三月壬午封七年元封六年坐爲太常行大行令事留外國書一月乏興入穀贖完爲城旦 師古曰當有所興發因其遲留故闕乏					郟 師古曰音夾
昆侯渠復絫 師古曰絫音力追反	以屬國大首渠擊匈奴侯	五月戊戌封	侯乃始嗣地節四年薨亡後				鉅鹿
騏侯駒幾 師古曰騏音其	以屬國騎擊匈奴捕單于兄侯五百二十戶	五月壬子封	侯督嗣	侯崇嗣陽朔二年薨亡後			北屈

				元延元年六月己未侯詩以崇弟紹封五百五十戶			
梁期侯任破胡	以屬國都尉間出擊匈奴將軍絫緰繯等侯 師古曰絫音力追反繯音莫漢反	五月辛巳封	侯當千嗣太始四年坐賣馬一匹價錢十五萬過平臧五百已上免				
瞭侯畢取	以南越將軍降侯五百一十戶	六年三月乙酉封	侯奉義嗣後二年坐祝詛上要斬				南陽
將梁侯楊僕	以樓船將軍擊南越椎鋒卻敵侯	三月乙酉封四年元封四年坐爲將軍擊朝鮮畏懦入竹二萬箇贖完爲城旦 師古曰箇枚也音古賀反					
安道侯揭陽定 師古曰揭音竭	以南越揭陽令聞漢兵至自定降侯六百戶	三月乙酉封	侯當時嗣延和四年坐殺人弃市				南陽
隨桃頃侯趙光	以南越蒼梧王聞漢兵至降侯三千戶	四月癸亥封薨	侯昌樂嗣本始元年薨嗣子有罪不得代			元始五年侯放以光玄孫紹封千戶	
湘成侯監居翁	以南越桂林監聞漢兵破番禺諭甌駱民四十餘萬降侯八百三十戶	五月壬申封	侯益昌嗣五鳳四年坐爲九真太守盜使人出買犀奴婢臧百萬以上不道誅				堵陽
海常嚴侯蘇弘	以伏波司馬得南越王建德侯	七月乙酉封七年太初元年薨亡後					

外石侯吳陽	以故東越衍侯佐繇王功侯千戶	元封元年正月壬午封九年薨	太初四年侯首嗣十年後二年坐祝詛上要斬				濟陽
下酈侯左將黃同 師古曰酈音孚	以故甌駱左將斬西于王功侯七百戶	四月封	侯奉漢嗣後二年坐祝詛上要斬				南陽
繚嫈侯劉福 師古曰繚音聊嫈音於耕反	以校尉從橫海將軍擊南越侯	正月乙卯封二年有辠免					
蘌兒嚴侯轅終古 師古曰蘌音御	以軍卒斬東越徇北將軍侯	閏月癸卯封六年太初元年薨亡後					
開陵侯建成	以故東粵建成侯與繇王斬餘善侯二千戶	閏月癸卯封	侯祿嗣延和三年坐舍衛太子所私幸女子又祝詛上要斬 師古曰舍謂居止也				臨淮
臨蔡侯孫都	以南粵郎漢軍破番禺爲伏波得南粵相呂嘉侯千戶	閏月癸卯封	侯襄嗣太初元年坐擊番禺奪人虜死				河內
東城侯居股	以故東粵繇王斬東粵王餘善侯萬戶	閏月癸卯封二十年延和三年坐衛太子舉兵謀反要斬					九江
無錫侯多軍	以東粵將軍漢兵至棄軍降侯千戶	元年封	侯卯嗣延和四年坐與歸義越文王將兵追反虜到弘農擅棄兵還贖罪免				會稽

涉都侯喜	以父棄故南海太守漢兵至以越邑降子侯二千四十戶	元年封八年太初二年薨亡後					南陽
平州侯王唊 如淳曰唊音頰	以朝鮮將漢兵至降侯千四百八十戶	三年四月丁卯封四年薨亡後					梁父
荻苴侯韓陶 師古曰荻音狄苴音七余反	以朝鮮相將兵漢圍之降侯五百四十戶 師古曰爲相而將朝鮮兵	四月丁卯封十九年延和二年薨封終身不得嗣					勃海
澅清侯參 師古曰澅音獲又音胡卦反	以朝鮮尼谿相使人殺其王右渠降侯千戶	六月丙辰封十一年天漢二年坐匿朝鮮亡虜下獄病死					齊
騠茲侯稽谷姑 師古曰騠音大奚反	以小月氏右苴王將衆降侯千九百戶 師古曰苴音子余反	四年十一月丁未封三年太初元年薨亡後					琅邪
浩侯王恢	以故中郎將將兵捕得車師王侯	正月甲申封一月坐使酒泉矯制害當死贖罪免○如淳曰律矯詔大害要斬有矯詔害矯詔不害					
瓡讘侯杅者 師古曰瓡讀與狐同讘音之涉反	以小月氏王將軍衆千騎降侯七百六十戶	正月乙酉封二年薨	六月侯勝嗣五年天漢二年薨制所幸封不得嗣				河東
幾侯張路 師古曰路音格又音各	以朝鮮王子漢兵圍朝鮮降侯	三年癸未封六年使朝鮮謀反格死					河東

涅陽康侯最	以父朝鮮相路人漢兵至首先降道死子侯	三月壬寅封五年太初元年薨亡後					齊
海西侯李廣利	以貳師將軍擊大宛斬王侯八千戶	太初四年四月丁巳封十一年延和三年擊匈奴兵敗降					
新畤侯趙弟	以貳師將軍騎士斬郁成王首侯 師古曰郁成西域國名也	四月丁巳封七年太始三年坐爲太常鞠獄不實入錢百萬贖死而完爲城旦○如淳曰鞠者以其辭決罪也○晉灼曰律說出罪爲故縱入罪爲故不直					齊
承父侯續相如	以使西域發外王子弟誅斬扶樂王首虜二千五百人侯千一百五十戶	太始三年五月封五年延和四年四月癸亥坐賊殺軍吏謀入蠻夷祝詛上要斬					東萊
開陵侯成娩 師古曰娩音晚又音免	以故匈奴介和王將兵擊車師不得封年		侯順嗣	質侯褒嗣薨亡後			琅邪
				元延元年六月乙未釐侯級以褒弟昭封千二十戶			
秺侯商丘成 如淳曰秺音蠹	以大鴻臚擊衛太子力戰亡它意侯二千一百二十戶	延和二年七月癸巳封四年後二年坐爲詹事侍祠孝文廟醉歌堂下曰出居安能鬱鬱大不敬自殺					濟陰
重合侯莽通	以侍郎發兵擊反者如侯侯四千八百七十戶	七月癸巳封四年後二年坐發兵與衛尉潰等謀反要斬					勃海

德侯景建	以長安大夫從莽通共殺如侯得少傅石德侯三千七百三十五戶	七月癸巳封四年後二年坐共莽通謀反要斬					濟南
題侯張富昌	以山陽卒與李壽共得衛太子侯八百五十八戶	九月封四年後二年四月甲戌爲人所賊殺					鉅鹿
邘侯李壽 師古曰邘音于	以新安令史得衛太子侯一百五十戶	九月封三年坐爲衛尉居守擅出長安界送海西侯至高橋又使吏謀殺方士不道誅					河內
轑陽侯江喜 師古曰轑音聊	以圉嗇夫捕反者故城父令公孫勇侯千一百二十戶 師古曰圉淮陽縣也	二年十一月封	六年侯仁嗣永光四年坐使家丞上書還印符隨方士免				清河
當塗康侯魏不害	以圉守尉捕反者淮陽胡倩侯聖與議定策益封凡二千二百戶	十一月封封薨	愛侯聖嗣	刺侯楊嗣	戴侯向嗣	侯堅居嗣居攝二年更爲翼漢侯王莽篡位爲翼新侯莽敗絕	九江
蒲侯蘇昌	以圉小史捕反者故越王子鄒起侯千二十六戶	十一月封	侯夷吾嗣鴻嘉三年坐婢自贖爲民後略以爲婢免				琅邪
丞父侯孫王	以告反者太原白義等侯千一百五十戶	四年三月乙酉封三年始元元年坐殺人會赦免					東萊

右孝武七十五人武安周陽長平冠軍平津周子南樂通牧丘富民九人在外戚恩澤南奅龍頟宜春陰安發干五人隨父凡八十九人王子不在其中

秺敬侯金日磾	以駙馬都尉發覺侍中莽何羅反侯二千三百一十八戶	始元二年侯丙子封一日薨	始元二年侯賞嗣四十二年薨亡後	孫	元始四年侯當以日磾曾孫紹侯千戶王莽敗絕		
建平敬侯杜延年	以諫大夫告左將軍等反侯二千戶以太僕與大將軍先定策益封二千三百六十戶	元鳳元年七月甲子封二十八年	甘露二年孝侯緩嗣十九年薨	竟寧元年荒侯業嗣三十四年薨	元始二年侯輔嗣	侯憲嗣建武中以先降梁王薨不得代 師古曰梁王劉永也	濟陽
宜城戴侯燕倉	以假稻田使者先發覺左將軍桀等反謀告大司農敞侯侯安削戶六百定七百戶	七月甲子封六年薨	元平元年刺侯安嗣四十一年薨	竟寧元年釐侯奮嗣十年薨	陽朔二年煬侯武嗣	侯級嗣	濟陰
			六世 侯舊嗣王莽敗絕				
弋陽節侯任宮	以故丞相徵事手捕反者左將軍桀侯九百一十五戶	七月甲子封二十二年薨	初元二年剛侯千秋嗣三十二年薨	河平三年愿侯憚嗣二年薨	陽朔元年孝侯岑嗣二十四年薨	元始元年侯固嗣更始元年爲兵所殺	
商利侯王山壽	以丞相少史誘反者車騎將軍安入丞相府侯九百一十五戶	七月甲子封十四年元康元年坐爲代郡太守故劾十人罪不直免					徐
成安嚴侯郭忠	以張掖屬國都尉匈奴入寇與戰斬黎汙王侯七百二十四戶	三年二月癸丑封七年薨	本始三年愛侯遷嗣四年薨	元康三年刺侯賞嗣四十一年薨	陽朔三年鄖侯長嗣 師古曰鄖音巢	釐侯萌嗣薨亡後	潁川
			六世 居攝元年侯每以忠玄孫之子紹封王莽敗絕				

平陵侯范明友	以校尉擊反氐後以將軍擊烏桓獲王虜首六千二百侯與大將軍光定策益封凡二千九百二十戶	四年七月乙巳封十一年地節四年坐謀反誅					武當
義陽侯傅介子	以平樂廄監使誅樓蘭王斬首侯七百五十九戶	七月乙巳封十三年元康元年薨嗣子有罪不得代			元始四年侯長以介子曾孫紹封更始元年爲兵所殺		平氏

右孝昭八人博陸安陽宜春安平富平陽平六人在恩澤外戚桑樂一人隨父凡十五人

長羅壯侯常惠	以校尉光祿大夫持節將烏孫兵擊匈奴獲名王首虜三萬九千級侯二千八百五十戶	本始四年四月癸巳封三十四年薨	初元二年嚴侯成嗣十六年薨	建始三年愛侯郁嗣五年薨	河平四年侯翕嗣四十九年建武四年薨亡後		陳留
爰戚靖侯趙長年	以平陵大夫告楚王延壽反侯千五百三十戶	地節二年四月癸卯封十七年薨	節侯訢嗣	永始四年侯牧嗣四十年建武四年以先降梁王免			
博成侯張章	以長安男子先發覺大司馬霍禹等謀反以告期門董忠忠以聞侯三千九百一十三戶	四年八月乙丑封九年薨	五鳳元年侯建嗣十二年建始四年坐尚陽邑公主與婢姦主旁數醉罵主免				淮陰
高昌壯侯董忠	以期門受張章言霍禹謀反告左曹楊惲侯再坐法削戶千一百定七十九戶	八月乙丑封十九年薨	初元二年煬侯宏嗣四十一年建平元年坐佞邪免二年復封故國三年薨	元壽元年侯武嗣二年坐父宏前爲佞邪免	建武二年五月己巳侯永紹封		千乘
平通侯楊惲	以左曹中郎受董忠等言霍禹等謀以告侍中金安上侯二千五百戶	八月乙丑封十年五鳳二年坐爲光祿勳誹謗政治免					博陽

都成敬侯金安上	以侍中中郎將受楊惲言霍禹等反謀傳言止內霍氏禁闥侯千七百七十七戶	八月乙丑封十一年薨	五鳳三年夷侯常嗣一年薨亡後	元始元年侯欽以安上孫紹封爲王莽誅	元始元年戴侯湯嗣王莽敗絕		
合陽愛侯梁喜	以平陽大夫告霍徵史子信家監迴倫故侍郎鄭尚時謀反侯千五百戶	元康四年二月壬午封四十一年薨	建始二年侯放嗣	元始五年侯萌以喜孫紹封千戶王莽敗絕			平原
安遠繆侯鄭吉	以校尉光祿大夫將兵迎日逐王降又破車師侯坐法削戶三百定七百九十戶	神爵三年四月壬戌封十一年薨	初元元年侯光嗣八年永光三年薨亡後	居攝元年侯永以吉曾孫紹封千戶王莽敗絕			慎
歸德靖侯先賢撣 師古曰撣音纏	以匈奴單于從兄日逐王率衆降侯二千二百五十戶	四月戊戌封二十六年薨	竟寧元年煬侯富昌嗣二年薨	建始二年侯諷嗣五十六年薨	建武二年侯襃嗣	侯霸嗣永平十四年有罪免	汝南
信成侯王定	以匈奴烏桓屠驀單于子左大將軍率衆降侯千六百戶後坐弟謀反削百五戶 師古曰驀音莫白反	五鳳二年九月癸巳封十二年薨	初元五年侯廣漢嗣三年永光三年薨亡後	元始五年侯陽以定孫紹封千戶			細陽
義陽侯厲溫敦	以匈奴謼遬累單于率衆降侯千五百戶 師古曰謼與呼同累音力隹反	三年二月甲子封四年坐子伊細王謀反削爵爲關內侯食邑千戶					

右孝宣十一人陽都營平平丘昌水陽城爰氏扶陽高平陽城博陽卬成將陵建成西平平恩平昌樂陵平臺樂昌博望樂成二十一人在恩澤外戚樂平冠陽鄗周子南君四人隨父凡三十六人

義成侯甘延壽	以使西域騎都尉討郅支單于斬王以下千五百級侯四百戶孫遷益封凡二千戶	竟寧元年四月戊辰封九年薨	陽朔元年煬侯建嗣十九年薨	建平二年節侯遷嗣居攝二年更爲誅郅支侯十四年薨	建國二年侯相嗣建武四年爲兵所殺		

騶望忠侯冷廣 師古曰冷音零	以瀛沃公士告男子馬政謀反侯千八百戶 師古曰瀛音宅合反	鴻嘉元年正月辛丑封薨	侯何齊嗣王莽敗絕				琅邪
延鄉節侯李譚	以尉氏男子捕得反者樊並侯千戶	永始四年七月己巳封十二年薨	元始元年侯成嗣王莽敗絕				
新山侯稱忠	以捕得反者樊並侯千戶	十一月乙酉封					
童鄉釐侯鍾祖	以捕得反者樊並侯千戶	七月己酉封薨亡後	元始五年侯匡以祖子紹封王莽敗絕				
樓虛侯訾順	以捕得反者樊並侯千戶	七月己酉封					

右孝元一人安平恩扶陽三人隨父陽平樂安二人在恩澤外戚凡六人孝成五人安昌高陽安陽城陽高陵定陵殷紹嘉宜鄉汜鄉博山十人在恩澤外戚武陽博陽贊騏龍額開陵樂陵博望樂成龍安平平阿成鄉紅陽曲陽高平十五人隨父凡三十人師古曰額字或作額

前漢書卷十七考證

景武昭宣元成功臣表漢興至于孝文時乃有弓高襄城之封注師古曰弓高侯穨當襄城侯桀龍云云○臣名南按此襄城侯封于文帝十六年即韓王信太子之子韓嬰與韓穨當並時來降一封弓高一封襄城者師古以武帝元朔四年封襄城侯之桀龍當之誤矣三劉刊誤不言何耶

葛繹延和二年以子敬聲云云○按監本別本俱作延和非也師古曰延亦征字蓋古字延與征同今改正

江陽康侯蘇息○臣宗萬按蘇息史作蘇嘉又新市侯王棄之史作王康又桓侯賜史作垣侯遹侯陸彊史作隆彊容城攜侯徐盧史作惟徐盧范陽靖侯史作端侯盧宅之史作宅父特轅侯史作持裝侯桀龍史作無龍安樂侯史作樂安侯軥侯史作涉軥侯僕朋史作僕多下摩侯史作下麾侯昆邪史作渾邪煇渠愼侯應疕史作順梁悼侯扁訾邛離侯史作符離侯杜侯史作壯侯揭陽定史作揭陽令定外石侯史作北石侯下鄜侯史作下酈侯韓陶史作韓陰史表互異

易侯僕黥○臣名南按史表無此侯別本作翕侯非也與翕侯邯鄲同日封豈可一地兩封耶至于翕侯趙信得封則邯鄲以元光四年免信以四年十月封無可疑也

翕侯趙信元朔三年擊匈奴功○三年訛二年從宋本改正

煇渠愼侯應疕○臣名南按煇渠旣封僕朋又封應疕自注並在魯陽則是共食此地而中分其戶數者也

杜侯屠耆嗣○臣名南按宣紀作屠耆堂似此表脫堂字

下鄜侯左將黃同斬西于王功○西于訛西千今改正

開陵侯建成○臣名南按此侯名數建成侯是東粵舊爵非名也史漢二表並以建成爲名何耶又臨蔡侯孫都據南粵傳則姓都名稽不姓孫名都也

荻苴侯韓陶以朝鮮相將兵漢圍之降○監本作將漢兵圍之降非也今移兵字于漢字上

題侯張富昌共得衛太子侯○監本脫侯字從宋本添

前漢書卷十八

漢　蘭臺令史班固撰

唐正議大夫行秘書少監琅邪縣開國子顏師古注

外戚恩澤表第六

自古受命及中興之君必興滅繼絕修廢舉逸然後天下歸仁四方之政行焉師古曰論語孔子陳帝王之法云審法度修廢官四方之政行焉興滅國繼絕世舉逸民天下之人歸心焉故此序引之也傳稱武王克殷追存賢聖至乎不及下車師古曰禮記云武王克殷未及下車而封黃帝之後於薊封帝堯之後於祝封帝舜之後於陳此其事也世代雖殊其揆一也高帝撥亂誅暴庶事草創日不暇給然猶修祀六國求聘四皓過魏則寵

無忌之墓適趙則封樂毅之後師古曰高紀十二年詔云秦皇帝楚隱王魏安釐王齊愍王趙悼襄王皆絶無後其與秦皇帝守冢二十家楚魏齊各十家趙及魏公子無忌各五家張良傳高帝謂四人曰吾求公公避逃我今公何自從吾兒游乎又高紀十年求樂毅有後乎得其孫叔封之樂鄉號華成君也楚魏齊趙皆舊六國故總云六國四皓須眉皓白故謂之四皓稱號在王貢兩龔鮑傳及其行賞而授位也爵以功為先後官用能為次序後嗣共己遵業舊臣繼踵居位師古曰共讀曰恭至乎孝武元功宿將略盡會上亦興文學進拔幽隱公孫弘自海瀕而登宰相師古曰海瀕謂近海之地瀕音頻又音賓於是寵以列侯之爵又疇咨前代詢問耆老初得周後復加爵邑自是之後宰相畢侯矣元成之間晚得殷世以備賓位漢興外戚與定天下侯者二人服虔曰呂后兄周呂侯澤建成侯釋之師古曰與讀曰豫言豫其功也故誓曰非劉氏不王若有亡功非上所置而侯者天下共誅之是以高后欲王諸呂王陵廷爭孝景將侯王氏修侯犯色師古曰修音條卒用廢黜是後薄昭竇嬰上官衞霍之侯以功受爵其餘后父據春秋褒紀之義應劭曰春秋天子將納后於紀紀本子爵也故先褒為侯言王者不取於小國帝舅緣大雅申伯之意應劭曰申伯周宣王元舅也為邑於謝後世欲光寵外親者緣申伯之恩援此義以為諭也寖廣博矣師古曰寖漸也是以別而敘之

號謚姓名	侯狀戶數	始封	子	孫	曾孫	玄孫	
臨泗侯呂公	以漢王后父賜號	元年封四年薨高后元年追尊曰呂宣王					
周呂令武侯澤	以客從入漢定三秦將兵下碭漢王敗彭城往從之佐定天下	六年正月丙戌封三年薨	侯台嗣高祖九年更封為酈侯四年高后元年為呂王二年薨諡曰肅追尊令武曰悼武王	三年王嘉嗣坐驕廢侯通嘉弟六年四月丁酉封八年為燕王九月反誅 睡 侯庀通弟八年五月丙辰封九月反誅 東平 師古曰睡音之瑞反庀音西履反			
			侯產台弟高后元年四月辛卯封六年為呂王 汶 七年為梁王八年反誅師古曰汶音問				

號謚姓名	侯狀戶數	始封	子	孫	曾孫	玄孫	
建成康侯釋之	以客從擊秦漢王入漢使釋之歸豐衞太上皇	六年四月丙戌封九年薨	孝惠二年侯則嗣七年有罪免則弟種高后元年四月乙酉封奉呂宣王國七年更為不其侯八年反誅				
			侯祿種弟高后元年九月丙寅 漢陽 封八年為趙王追尊康侯曰趙昭王九月反誅				

右高祖三人

號謚姓名	侯狀戶數	始封	子	孫	曾孫	玄孫	
扶柳侯呂平	以皇太后姊長姁子侯師古曰平既呂氏所生不當姓呂蓋史家雅記母族也姁音況于反又音況羽反	元年四月丙寅封八年反誅					
襄城侯義	以孝惠子侯	四月辛卯封三年為常山王					
軹侯朝	以孝惠子侯	四月辛卯封四年為常山王					
壺關侯武	以孝惠子侯	四月辛卯封六年為淮陽王					
昌平侯大	以孝惠子侯	二月癸未封七年為呂王					
贅其侯呂勝	以皇太后昆弟子淮陽丞相侯	四月丙申封八年反誅					
滕侯呂更始	為舍人郎中十二歲以都尉屯霸上用楚丞相侯	四月丙申封八年反誅					
呂成侯呂忿	以皇太后昆弟子侯	四月丙申封八年反誅					
祝茲侯呂瑩師古曰瑩音榮又音烏瞑反	以皇太后昆弟子侯	八年四月丁酉封九月反誅					
建陵侯張釋寺人	以大謁者勸王諸呂侯	四月丁酉封九月免					

右高后十人五人隨父凡十五人

號謚姓名	侯狀戶數	始封	子	孫	曾孫	玄孫	
軹侯薄昭	高祖七年為郎從軍十七年以中大夫迎帝於代以車騎將軍迎皇太后侯萬戶	元年正月乙巳封十年坐殺使者自殺帝臨為置後	十一年易侯戎奴嗣三十年薨	建元二年侯梁嗣			
鄔侯駟鈞師古曰鄔音戶又音於度反	以齊王舅侯	四月辛未封六年坐濟北王興居舉兵反弗救免					
周陽侯趙兼	以淮南王舅侯	四月辛未封六年有罪免					

右孝文三人

號謚姓名	侯狀戶數	始封	子	孫	曾孫	玄孫	
章武景侯竇廣國	以皇太后弟侯萬一千戶	孝文後七年六月乙卯封七年薨	孝景七年共侯定嗣十八年薨	元光三年侯常生嗣十年元狩元年坐謀殺人未殺免			
南皮侯竇彭祖	以皇太后兄子侯	六月乙卯封二十二年薨	建元六年夷侯良嗣五年薨	元光五年侯桑林嗣十八年元鼎五年坐酎金免			
魏其侯竇嬰	以將軍屯滎陽扞吳楚七國侯皇太后昆弟子	三年六月乙巳封二十三年元光四年有罪棄市					
蓋靖侯王信	以皇后兄侯	中五年五月甲戌封三十五年薨	元光三年頃侯充嗣	侯受嗣元鼎五年坐酎金免			

右孝景四人

號謚姓名	侯狀戶數	始封	子	孫	曾孫	玄孫	
武安侯田蚡	以皇太后同母弟侯	孝景後三年三月封十年薨	元光四年侯恬嗣五年元朔三年坐衣襜褕入宮不敬免師古曰衣謂著之也襜褕直裾禪衣也襜音昌占反褕音踰				
周陽懿侯田勝	以皇太后同母弟侯	三月封十二年薨	元光六年侯祖嗣八年元狩二年坐當歸軹侯宅不與免				
長平烈侯衞青	以將軍擊匈奴取朔方侯後破右賢王益封又封三子皇后弟	元朔二年三月丙辰封二十三年薨	侯伉五年四月丁未以青功封元鼎元年 宜春 坐矯制不害免太初元年嗣侯五年闌入宮完為城旦				
			侯不疑四月丁未以青功封十二年 陰安 元鼎五年坐酎金免				
			侯登四月丁未以青 發干 功封坐酎金免	元康四年詔賜青孫錢五十萬復家	元始元年青曾孫玄以長安公乘為侍郎	元始四年賜青玄孫賞爵關內侯	
平津獻侯公孫弘	以丞相詔所褒侯二百七十三戶	元朔三年十一月乙丑封六年薨	元狩三年侯度嗣十三年元封四年坐為山陽太守詔徵鉅野令史成不遣完為城旦				高城
冠軍景桓侯霍去病	以校尉擊匈奴侯後以將軍破祁連迎昆邪王益封皇后姊子	六年四月壬申封七年薨	元鼎元年哀侯嬗嗣七年薨亡後 南陽 師古曰嬗音上戰反	侯山地節二年四月癸巳以從祖祖父大將軍光功封三千戶 樂平 四年坐謀反誅			東郡

				冠陽 侯雲山弟三年四月戊申以大將軍光功封千八百戶四年坐謀反誅			南陽
周子南君姬嘉	以周後詔所褒侯三千戶	元鼎四年十一月丁卯封六年薨	元封四年君置嗣十四年薨	始元四年君當嗣十六年地節三年坐使奴殺家丞棄市			長社
				元康元年三月丙戌君延年以當弟紹封初元五年正月癸巳更封為周承休侯位次諸侯王二十九年薨謚曰考	建昭三年頃侯安嗣四年薨	陽朔二年釐侯世嗣八年薨	
			六世 永始二年侯嘉嗣七年綏和元年進爵為公地滿百里元始四年為鄭公王莽篡位為章平公	七世 天鳳元年公常嗣建武二年五月戊辰更為周承休侯	八世 五年侯武嗣十三年更為衛公		
樂通侯欒大	以方術詔所褒侯三千戶	四年四月乙巳封五年坐罔上要斬					高平
牧丘恬侯石慶	以丞相及父萬石積行侯	五年九月丁丑封十年薨	太初三年侯德嗣二年天漢元年坐為太常失法罔上祠不如令完為城旦				平原
富民定侯車千秋	以丞相侯八百戶以遺詔益封凡千六百戶	征和四年六月丁巳封十二年薨	元鳳四年侯順嗣六年本始三年坐為虎牙將軍擊匈奴詐增鹵獲自殺				
右孝武九人三人隨父凡十二人							
博陸宣成侯霍光	以奉車都尉捕反者莽何羅侯二千三百五十戶後以大將軍益封萬七千二百戶	始元二年正月壬寅封十七年薨	地節二年四月癸巳侯禹嗣四年謀反要斬		元始二年四月乙酉侯陽以光從父昆弟之曾孫龍勒士伍紹封三千戶王莽篡位絕		北海 河間 東郡 師古曰光初封食北海河間後益封又食東郡

安陽侯上官桀	以騎都尉捕反者莽何羅侯二千三百戶女孫為皇后	正月壬寅封五年元鳳元年反誅	桑樂侯安始元五年六月辛丑以皇后父車騎將軍封千五百戶二年反誅				蕩陰 師古曰桀所食也 千乘 師古曰安所食也
宜春敬侯王訢	以丞相侯子譚與大將軍光定策益封坐法削戶五百定六百八戶	元鳳四年二月乙丑封二年薨	元鳳六年康侯譚嗣四十五年薨	建始三年侯咸嗣十八年薨	元延元年釐侯章嗣十八年薨	建平三年侯彊嗣二十六年更始元年為兵所殺	汝南
安平敬侯楊敞	以丞相侯七百戶與大司馬大將軍光定策益封子忠凡五千五百四十七戶	六年二月乙丑封一年薨	元平元年頃侯忠嗣十一年薨	元康二年侯譚嗣九年五鳳四年坐為典屬國季父惲有罪譚言誹謗免			汝南
富平敬侯張安世	以右將軍光祿勳輔政勤勞侯以車騎將軍與大將軍光定策益封凡萬三千六百四十戶	十一月乙丑封十三年薨	元康四年愛侯延壽嗣十一年薨　陽都侯彭祖 元康三年三月乙未侯彭祖以世父故掖庭令賀有舊恩封千六百戶四年神爵三年為小妻所殺	甘露三年繆侯敞嗣四年薨 師古曰自敞以下至純皆延壽之嗣也	初元二年共侯臨嗣十五年薨	思侯放嗣三十六年薨	平原
			六世 建平元年侯純嗣王莽建國四年更為張鄉侯建武中為武始侯				
陽平節侯蔡義	以丞相侯前為御史大夫與大將軍光定策益封凡七百戶	元平元年九月戊戌封三年本始四年薨亡後					
右孝昭六人一人桑樂侯隨父凡七人							
營平壯侯趙充國	以後將軍與大將軍光定策功侯千二百七十九戶	本始元年八月辛未封二十二年薨	甘露三年質侯弘嗣二十二年薨	建始四年考侯欽嗣七年薨	陽朔三年侯岑嗣十二年元延三年坐父欽詐以長安女子王君俠子為嗣免戶二千九百四十四		濟南

平丘侯王遷	以光祿大夫與大將軍光定策功侯千二百五十三戶	八月辛未封五年地節二年坐平尚書聽請受臧六百萬自殺○如淳曰律諸為人請求於吏以枉法而事已行為聽行者皆為司寇 師古曰有人私請求而聽受之					肥城
昌水侯田廣明	以鴻臚擊武都反氐賜爵關內侯以左馮翊與大將軍光定策侯二千七百戶	八月辛未封三年坐為祁連將軍擊匈奴不至期自殺					於陵
陽城侯田延年	以大司農與大將軍光定策功侯二千四百五十三戶	八月辛未封二年坐為大司農盜都內錢三千萬自殺○如淳曰天子錢藏中都內又曰大內					濟陽
爰氏肅侯便樂成 師古曰杜周傳作史樂成霍光傳作便樂成今此云姓便三者不同疑表誤	以少府與大將軍光定策功侯二千三百二十七戶	八月辛未封二年薨	本始二年康侯輔嗣三年薨	地節元年哀侯臨嗣二年薨亡子絕	元始五年閏月丁酉侯鳳以樂成曾孫紹封千戶王莽敗絕		單父
扶陽節侯韋賢	以丞相侯七百一十一戶	三年六月甲辰封十年薨	神爵元年共侯玄成嗣九年有罪削一級為關內侯永光二年二月丁酉復以丞相侯六年薨	建昭三年頃侯寬嗣	元延元年釐侯育嗣	侯湛嗣元始中戶千四百二十王莽敗絕	蕭
平恩戴侯許廣漢	以皇太子外祖父昌成君侯五千六百戶	地節三年四月戊申封七年薨亡後	初元元年共侯嘉以廣漢弟子中常侍紹侯二十二年薨	河平二年殤侯況嗣	鴻嘉一年質侯旦嗣二十九年薨	建國四年侯敬嗣王莽敗絕	

高平憲侯魏相	以丞相侯八百一十三戶	地節三年六月壬戌封八年薨	神爵三年侯弘嗣六年甘露元年坐酎宗廟騎至司馬門不敬削爵一級為關內侯				栢
平昌節侯王無故	以帝舅關內侯侯六百戶	四年二月甲寅封九年薨	五鳳元年考侯接嗣十六年薨	永光三年釐侯臨嗣二十一年薨	鴻嘉元年侯獲嗣三十八年建武五年詔書復獲 師古曰以其失爵復之也復音方目反		
樂昌共侯王武	以帝舅關內侯侯六百戶	四年二月甲寅封十四年薨	甘露二年戾侯商嗣二十七年薨	河平四年侯安嗣二十七年元始三年為王莽所殺			汝南
陽城繆侯劉德	以宗正關內侯行謹重為宗室率侯子安民以戶五百贖弟更生罪降一等定戶六百四十戶	四年三月甲寅封十年薨	五鳳二年節侯安民嗣十八年薨	初元元年釐侯慶忌嗣二十一年薨	居攝元年侯颯嗣王莽敗絕 師古曰颯音立		汝南
樂陵安侯史高	以悼皇考舅子侍中關內侯與發霍氏姦侯二千三百戶 師古曰與讀曰豫	八月乙丑封二十四年薨	永光二年嚴侯術嗣十一年薨	建始二年康侯崇嗣四年薨亡後元延二年六月癸巳侯淑以崇弟紹封亡後	元始四年侯岑以高曾孫紹封王莽敗絕		
		武陽頃侯丹	鴻嘉元年四月庚辰以帝為太子時輔導有舊恩侯千三百戶十年薨	永始四年煬侯邯嗣十二年薨	元壽二年侯獲嗣更始元年為兵所殺		鄭
邛成共侯王奉光	以皇后父關內侯侯二千七百五十戶	元康二年三月癸未封十八年薨	初元二年侯敞嗣二十八年薨	鴻嘉三年侯勲嗣十四年建平二年坐選舉不以實罵廷史大不敬免	元始元年侯堅固以奉光曾孫紹封王莽敗絕		濟陰
		安平夷侯舜	初元元年癸卯以皇太后兄侍中中郎將封千四百戶十三年薨	建昭四年剛侯章嗣十四年薨	陽朔四年釐侯淵嗣二十五年薨	元始五年懷侯買嗣王莽敗絕	

將陵哀侯史曾	以悼皇考舅子侍中中郎將關內侯有舊恩侯二千二百戶	三月乙未封五年神爵四年薨亡後					
平臺康侯史玄	以悼皇考舅子侍中中郎將關內侯有舊恩侯千九百戶	三月乙未封二十五年薨	建昭元年戴侯恁嗣十九年薨師古曰恁音女林反	鴻嘉二年侯習嗣			常山
博望頃侯許舜	以皇太子外祖父同產弟長樂衛尉有舊恩侯千五百戶	三月乙未封四年薨	神爵二年康侯敞嗣八年薨	甘露三年戾侯黨嗣二十六年薨	河平四年釐侯並嗣薨亡後		
					元延二年六月癸巳侯報子以並弟紹封千戶王莽敗絕		
樂成敬侯許延壽	以皇太子外祖父同產弟侍中關內侯有舊恩侯千五百戶	三月乙未封一年薨	甘露元年思侯湯嗣六年薨	初元二年哀侯常嗣九年薨			平氏
				元延二年節侯恭以常弟紹封千戶	建平元年康侯去疾嗣二十一年鴻嘉三年薨亡後侯修嗣王莽敗絕		
博陽定侯丙吉	以御史大夫關內侯有舊恩功德茂侯千三百三十戶	元康二年二月乙未封八年薨	五鳳三年侯顯嗣二年甘露元年坐酎宗廟騎至司馬門不敬奪爵一級爲關內侯	鴻嘉元年六月己巳康侯昌以吉孫紹封	元始二年侯勝客嗣釐侯並嗣王莽敗絕		南頓
建成定侯黃霸	以丞相侯六百戶侯賞以定陶太后不宜立號益封二千二百戶	五鳳三年二月壬申封四年薨	甘露三年思侯賞嗣三十年薨	陽朔四年忠侯輔嗣二十七年薨	居攝二年侯輔嗣王莽敗絕		沛

西平安侯于定國	以丞相侯六百六十戶	甘露三年五月甲子封十一年薨	永光四年頃侯永嗣二十四年薨	鴻嘉元年侯恬嗣四十三年更始元年絕			臨淮
右孝宣二十人一人陽都侯隨父凡二十一人							
陽平頃侯王禁	以皇后父侯二千六百戶子鳳以大將軍益封五千四百戶凡八千戶	初元元年三月癸卯封六年薨	永光二年敬成侯鳳嗣二十四年薨	陽朔三年釐侯襄嗣十九年薨	建平四年康侯岑嗣十三年薨	建國三年侯莫嗣十二年更始元年爲兵所殺	東郡
	安成共侯崇	建始元年二月壬午以皇太后母弟散騎光祿大夫關內侯侯萬戶二年薨	建始三年靖侯奉世嗣三十九年薨	建國二年侯持弓嗣王莽敗絕			汝南
	平阿安侯譚	河平二年六月乙亥以皇太后弟關內侯侯二千一百戶十一年薨	永始元年剌侯仁嗣十九年爲王莽所殺絕	元始四年侯述嗣建武二年薨			沛
	成都景成侯商	六月乙亥以皇太后弟關內侯侯二千戶以大司馬益封二千戶十六年薨	元延二年侯況嗣四年綏和二年坐山陵未成置酒歌舞免				山陽
			建平元年侯邑以況弟紹封王莽篡位爲隆信公與莽俱死				
	紅陽荒侯立	六月乙亥封以皇太后弟關內侯侯二千一百戶三十年薨	元始四年侯柱嗣王莽敗絕	武桓侯泓建武元年以父丹爲將軍戰死曾孫往與上有舊侯			南陽
	曲陽煬侯根	六月乙亥以皇太后弟關內侯侯三千七百戶再以大司馬益封七千七百戶哀帝又益二千戶凡萬二千四百戶二十一年薨	建平元年侯涉嗣王莽篡位爲直道公爲莽所殺				九江

		高平戴侯逢時	六月乙亥以皇太后弟關內侯侯三千戶十八年薨	元延四年侯置嗣王莽敗絕			臨淮
			新都侯莽	建始元年五月乙未以帝舅曼子侯千五百戶後篡位誅	侯安元始四年四月甲子以莽褒新功侯二千戶莽篡位爲新遷公病死　侯臨四月甲子以莽功侯二千戶莽篡位爲賞都王後爲天子爲統義陽王自殺		南陽
樂安侯匡衡	以丞相侯六百四十七戶	建昭三年七月癸亥封七年建始四年坐顓地盜土免					僮
右孝元二人一人安平侯隨父凡三人							
安昌節侯張禹	以丞相侯六百一十七戶益戶四百	河平四年六月丙午封二十一年薨	建平二年侯宏嗣二十八年更始元年爲兵所殺				汝南
高陽侯薛宣	以丞相侯千九十戶	鴻嘉元年四月庚辰封五年永始二年坐西州盜賊群輩免其年復封十年綏和二年坐不忠孝父子賊傷近臣免					東莞
安陽敬侯王音	以皇太后昆弟大司馬車騎將軍侯千六百戶子舜益封	六月己巳封五年薨	永始二年侯舜嗣王莽篡位爲安新公	建國三年公攝嗣更號和新公與莽俱死			
成陽節侯趙臨	以皇后父侯二千戶	永始元年四月乙亥封五年薨	元延二年侯訢嗣建平元年坐弟昭儀絕繼嗣免徙遼西				新息
		新成侯趙欽	綏和二年五月壬辰以皇太后弟封一年建平元年坐弟昭儀絕繼嗣免徙遼西				穰

高陵共侯翟方進	以丞相侯千戶哀帝即位益子宣五百戶	永始二年十二月壬子封八年薨	綏和二年侯宣嗣十二年居攝元年弟東郡太守義舉兵欲討莽莽滅其宗				琅邪
定陵侯淳于長	以侍中衛尉言昌陵不可成侯千戶皇太后姊子	元延三年二月丙午封一年綏和元年坐大逆下獄死					汝南
殷紹嘉侯孔何齊	以殷後孔子世吉適子侯千六百七十戶後六月進爵爲公地方百里二年益戶九百二十三師古曰適讀曰嫡吉孔吉之嫡子也	綏和元年二月甲子封八年元始二年更爲宋公					沛
宜鄉侯馮參	以中山王舅侯千戶	綏和元年二月甲子封建平元年坐姊中山太后祝詛自殺					
汜鄉侯何武師古曰汜音凡	以大司空侯千戶哀帝即位益千戶	四月乙丑封十年元始三年爲莽所殺賜謚曰剌	元始四年侯況嗣建國四年薨				南陽
博山簡烈侯孔光	以丞相侯千戶元始元年益萬戶	二年三月丙戌封二年建平二年坐泉職免元壽元年五月乙卯復以丞相侯六年薨	元始五年侯放嗣王莽敗絕				順陽
右孝成十人安成平阿成都紅陽曲陽高平新都武陽八人隨父凡十八人							
陽安侯丁明	以帝舅侯五千戶	綏和二年四月壬寅封七年元始元年爲王莽所殺					
孔鄉侯傅晏	以皇后父侯三千戶又益二千戶	四月壬寅封六年元壽二年坐亂妻妾位免徙合浦					夏丘

平周侯丁滿	以帝舅子侯千七百三十九戶	五月己丑封元始三年坐非正免					湖陽
高樂節侯師丹	以大司馬關內侯侯二千三十六戶	綏和二年七月庚午封一年建平元年坐漏泄免元始三年二月癸巳更爲義陽侯二月薨	侯業嗣王莽敗絕				新野 東海
高武貞侯傅喜	以帝祖母太皇太后從父弟大司馬侯二千三十戶	建平元年正月丁酉封十五年薨	建國二年侯勁嗣王莽敗絕				杜衍
楊鄉侯朱博	以丞相侯二千五十戶上書以故事不過千戶還千五十戶	建平二年四月乙亥封八月坐誣罔自殺					湖陵
新甫侯王嘉	以丞相侯千六十八戶	二年四月丁酉封三年元壽元年坐罔上下獄瘐死	元始四年侯崇紹封王莽敗絕				新野
汝昌侯傅商	以太皇太后從父弟封千戶後以奉先侯祀益封凡五千戶	四年二月癸卯封一年元壽元年坐外附諸侯免	元壽二年五月侯昌以商兄子紹奉祀封八月坐非正免				陽穀
陽新侯鄭業	以太皇太后同母弟子侯千戶	八月辛卯封二年元壽二年坐非正免					新野
高安侯董賢	以侍中駙馬都尉告東平王雲祝詛反逆侯千戶後爲大司馬益封二千戶	建平四年八月辛卯封二年元壽二年坐不合衆心免自殺					朱扶

方陽侯孫寵	以騎都尉與息夫躬告東平王反謀侯千戶	八月辛卯封二年元壽二年坐前爲姦讒免徙合浦					龍亢
宜陵侯息夫躬	以博士弟子因董賢告東平王祝詛反謀侯千戶	八月辛卯封二年元壽二年坐祝詛下獄死					杜衍
長平項侯彭宣	以大司空侯二千七十四戶	元壽二年五月甲子封四年薨	元始四年節侯聖嗣十四年薨	天鳳五年侯業嗣王莽敗絕			濟南

右孝哀十二人新成新都平陽營陵德五人隨父凡十八人

扶德侯馬宮	以大司徒侯二千戶	元始元年二月丙辰封王莽篡位爲太子師卒官					贛榆
扶平侯王崇	以大司空侯二千戶	二月丙辰封三年爲傅婢所毒薨					臨淮
廣陽侯甄豐	以左將軍光祿勳定策安宗廟侯五千三百六十五戶	二月癸巳封王莽篡位爲廣新公後爲王莽所殺					南陽
承陽侯甄邯（師古曰承音烝）	以侍中奉車都尉定策安宗廟功侯二千四百戶	三月癸卯封王莽篡位爲承新公					汝南
褒魯節侯公子寬	以周公世魯頃公玄孫之孫奉周祀侯二千戶	六月丙午封薨	十一月侯相如嗣更姓公孫氏後更爲姬氏				南陽平

褒成侯孔均	以孔子世褒成烈君霸曾孫奉孔子祀侯二千戶	六月丙午封					瑕丘
防鄉侯平晏	以長安少府與劉歆孔永孫遷四人使治明堂辟雍得萬國驩心功侯各千戶	五年閏月丁丑封王莽篡位爲就新公					
紅休侯劉歆	以侍中羲和與平晏同功侯	閏月丁酉封王莽篡位爲國師公後爲莽所誅					
寧鄉侯孔永	以侍中五官中郎將與平晏同功侯	閏月丁酉封王莽篡位爲大司馬					
定鄉侯孫遷	以常侍謁者與平晏同功侯	閏月丁酉封					
常鄉侯王惲（師古曰惲音於粉反）	以太僕與閻遷陳崇等八人使行風俗齊同萬國功侯各千戶	閏月丁酉封					
望鄉侯閻遷	以鴻臚與王惲同功侯	閏月丁酉封					
南鄉侯陳崇	以大司徒司直與王惲同功侯	閏月丁酉封					

邑鄉侯李翕	以水衡都尉與王惲同功侯	閏月丁酉封					
亭鄉侯郝黨	以中郎將與王惲同功侯	閏月丁酉封					
章鄉侯謝殷	以中郎將與王惲同功侯	閏月丁酉封					
蒙鄉侯逯普（師古曰逯音錄字或作遂二姓皆有之）	以騎都尉與王惲同功侯	閏月丁酉封王莽篡位爲大司馬					
盧鄉侯陳鳳	以中郎將與王惲同功侯	閏月丁酉封					
成武侯孫建	以強弩將軍有折衝之威侯	閏月丁酉封王莽篡位爲成新公					
明統侯侯輔	以騎都尉明爲人後一統之義侯	閏月丁酉封					
破胡侯陳馮	以父湯前爲副校尉討郅支單于侯千四百戶	七月丙申封					

討狄侯杜勳　以前爲單假丞手斬郅支單于首侯千戶　七月丙申封

右孝平二十二人卭成博陸宣平紅舞陽秺樂陵都成新甫爰氏合陽義陽章鄉信成隨桃褒新賞都十七人隨父繼世凡三十九人師古曰據功臣表及王子侯表平帝時無紅侯唯周勃玄孫恭以元始二年紹封絳侯疑紅字當爲絳轉寫者誤耳又功臣表作童鄉侯今此作章鄉二表不同亦當有誤也○劉攽曰予謂今有虹縣音降然則紅亦有降音也

前漢書卷十八考證

外戚恩澤侯表據春秋褒紀之義○臣召南按此據公羊春秋也

臨泗侯呂公○臣召南按史表所無然漢世后父封侯權輿於此班氏據外戚世家以領此表是也

建成康侯釋之以客從擊秦○擊秦監本訛數奉從宋本改正

扶柳侯呂平師古曰不當姓呂○臣召南按史記表作昌平疑昌呂字形相近而轉寫致訛師古謂史家惟記母族恐未然也

安平敬侯陽敞○按敞姓楊非陽也各本俱訛

富平敬侯張安世六世建武中爲武始侯○臣召南按武始侯之下有今見二字班氏自言作表時此侯現在也監本各本脫去非是洪邁言侯表惟平陽富平二侯書今見可證

昌水侯田廣明以左馮翊○臣召南按宣紀廣明封時現爲御史大夫

陽城繆侯劉德侯颯嗣師古曰颯音立○臣召南按沈約宋書武帝紀陽城釐侯慶忌生肅侯岑岑生宗正平是颯字乃岑字之訛也

博望頃侯許舜三月乙未封○監本脫未字今補

博陽定侯丙吉五鳳三年侯顯嗣○顯字上脫侯字今補

新都侯莽千五百戶後篡位誅○監本脫後篡位誅四字從宋本補

高陵共侯翟方進永始二年十二月壬子封○監本封字下有八千戶三字衍文也從宋本刪

前漢書卷十九上

漢　蘭臺令史班　固撰

唐正議大夫行秘書少監琅邪縣開國子顏師古注

百官公卿表七上

師古曰漢制三公號稱萬石其俸月各三百五十斛穀其稱中二千石者月各百八十斛二千石者百二十斛比二千石者百斛千石者九十斛比千石者八十斛六百石者七十斛比六百石者六十斛四百石者五十斛比四百石者四十五斛三百石者四十斛比三百石者三十七斛二百石者三十斛比二百石者二十七斛一百石者十六斛

易敘宓羲神農黃帝作教化民應劭曰宓羲氏始作八卦神農氏爲耒耜黃帝氏作衣裳神而化之使民宜之師古曰見易下繫宓音伏字本作虙轉寫訛謬耳而傳述其官師古曰春秋左氏傳載郯子所說也以爲宓羲龍師名官應劭曰師者長也以龍紀其官長故爲龍師春官爲青龍夏官爲赤龍秋官爲白龍冬官爲黑龍中官爲黃龍張晏曰庖羲將興神龍負圖而至因以名師與官也神農火師火名應劭曰火德也故爲炎帝春官爲大火夏官爲鶉火秋官爲西火冬官爲北火中官爲中火張晏曰神農有火星之瑞因以名師與官也黃帝雲師雲名應劭曰黃帝受命有雲瑞故以雲紀事也由是而言故春官爲青雲夏官爲縉雲秋官爲白雲冬官爲黑雲中官爲黃雲張晏曰黃帝有景雲之應因以名師與官也少昊鳥師鳥名應劭曰金天氏黃帝子青陽也張晏曰少昊之立鳳鳥適至因以名官鳳鳥氏爲歷正玄鳥司分伯趙司至青鳥司開丹鳥司閉師古曰玄鳥燕也伯趙伯勞也青鳥鶬鴳也丹鳥鷩雉也自顓頊以來爲民師而命以民事應劭曰顓頊氏代少昊者也不能紀遠始以職事命官也春官爲木正夏官爲火正秋官爲金正冬官爲水正中官爲土正師古曰自此以上皆郯子之辭也有重黎句芒祝融后土蓐收玄冥之官然已上矣應劭曰少昊有四叔重爲句芒胲爲蓐收修及熙爲玄冥顓頊氏有子曰黎爲祝融共工氏有子曰句龍爲后土故有五行之官皆封爲上公祀爲貴神師古曰上謂其事久遠也胲音該書載唐虞之際命羲和四子應劭曰堯命四子分掌四時之敎化也張晏曰四子謂羲仲羲叔和仲和叔也師古曰事見虞書堯典順天文授民時咨四岳以舉賢材揚側陋師古曰四嶽分主四方諸侯者十有二牧柔遠能邇應劭曰牧州牧也師古曰柔安也能善也邇近也禹作司空平水土師古曰空穴也古人穴居主穿土爲穴以居人也棄作后稷播百穀應劭曰棄臣名也后主也爲此稷官之主也師古曰播謂布種也禼作司徒敷五教應劭曰五敎父義母慈兄友弟恭子孝也師古曰禼音先列反咎繇作士正五刑應劭曰士獄官之長張晏曰五刑謂墨劓剕宮大辟也師古曰咎音皋繇音弋昭反墨鑿其額而涅以墨也刖斷足也劓割鼻也剕去臏骨也宮陰刑也大辟殺之也垂作共工利器用應劭曰垂臣名也爲共工理百工之事也師古曰共讀曰龔𦳝作朕虞育草木鳥獸應劭曰𦳝伯益也虞掌山澤禽獸官名也師古曰𦳝古益字也虞度也主商度山川之事伯夷作秩宗典三禮應劭曰伯夷臣名也典天神地祇人鬼之禮也師古曰秩次也宗尊也主尊神之禮可以次序也夔典樂和神人應劭曰夔臣名也師古曰夔音鉅龜反龍作納言出入帝命應劭曰龍臣名也納言如今尚書管王之喉舌也師古曰自此以上皆堯典之文夏殷亡聞焉師古曰言夏殷置官事不見於書傳也禮記明堂位曰夏后氏官百殷二百言其大數而無職號統屬也周官則備矣師古曰事見周書周官篇及周禮也天官冢宰地官司徒春官宗伯夏官司馬秋官司寇冬官司空是爲六卿師古曰冢宰掌邦治司徒掌邦教宗伯掌邦禮司馬掌邦政司寇掌邦禁司空掌邦土也各有徒屬職分用於百事師古曰言百者舉大數也分音扶問反

太師太傅太保是爲三公應劭曰師訓也傅覆也保養也師古曰傅相也蓋參天子坐而議政無不總統故不以一職爲官名又立三少爲之副少師少傅少保是爲孤卿與六卿爲九焉記曰三公無官言有其人然後充之師古曰不必備員有德者乃處之舜之於堯伊尹於湯周公召公於周是也或說司馬主天司徒主人司空主土是爲三公四岳謂四方諸侯自周衰官失而百職亂戰國並爭各變異秦兼天下建皇帝之號張晏曰五帝自以德不及三皇故自去其皇號三王又以德不及五帝自損稱王秦自以德褒二行故兼稱之立百官之職漢因循而不革明簡易隨時宜也其後頗有所改王莽篡位慕從古官而吏民弗安亦多虐政遂以亂亡故略表舉大分師古曰分音扶問反以通古今備溫故知新之義云師古曰論語稱孔子曰溫故而知新可以爲師矣溫猶厚也言厚蓄故事多識於新則可爲師

相國丞相應劭曰丞者承也相者助也皆秦官金印紫綬掌丞天子助理萬機秦有左右荀悅曰秦本次國命卿二人是以置左右丞相無三公官高帝即位置一丞相十一年更名相國綠綬孝惠高后置左右丞相文帝二年復置一丞相有兩長史秩千石哀帝元壽二年更名大司徒武帝元狩五年初置司直秩比二千石掌佐丞相舉不法

太尉秦官應劭曰自上安下曰尉武官悉以爲稱金印紫綬掌武事武帝建元二年省元狩四年初置大司馬應劭曰司馬主武也諸武官亦以爲號以冠將軍之號師古曰冠者加於其上共爲一官也宣帝地節三年置大司馬不冠將軍亦無印綬官屬成帝綏和元年初賜大司馬金印紫綬置官屬祿比丞相去將軍哀帝建平二年復去大司馬印綬官屬冠將軍如故元壽二年復賜大司馬印綬置官屬去將軍位在司徒上有長史秩千石

御史大夫秦官應劭曰侍御史之率故稱大夫云臣瓚曰茂陵書御史大夫秩中二千石位上卿銀印青綬掌副丞相有兩丞秩千石一曰中丞在殿中蘭臺掌圖籍祕書外督部刺史內領侍御史員十五人受公卿奏事舉劾按章成帝綏和元年更名大司空金印紫綬祿比丞相置長史如中丞官職如故哀帝建平二年復爲御史大夫元壽二年復爲大司空御史中丞更名御史長史侍御史有繡衣直指服虔曰指事而行無阿私也師古曰衣以繡者尊寵之也出討姦猾治大獄武帝所制不常置

太傅古官高后元年初置金印紫綬後省八年復置後省哀帝元壽二年復置位在三公上

太師太保皆古官平帝元始元年皆初置金印紫綬太師位在太傅上太保次太傅

前後左右將軍皆周末官秦因之位上卿金印紫綬漢不常置或有前後或有左右皆掌兵及四夷有長史秩千石

奉常秦官掌宗廟禮儀有丞景帝中六年更名太常應劭曰常典也掌典三禮也師古曰太常王者旌旗也畫日月焉王有大事則建以行禮官主奉持之故曰奉常也後改爲太常尊大之義也屬官有太樂太祝太宰太史太卜太醫六令丞又均官都水兩長丞服虔曰均官主山陵上稾輸入之官也如淳曰律都水治渠隄水門三輔黃圖云三輔皆有都水也又諸廟寢園食官令長丞又廱太宰太祝令丞文穎曰廱主熟食官如淳曰五時在廱故特置太宰以下諸官師古曰如說是也廱右扶風之縣也太宰即是熟食之官不當復置一人也五時各一尉又博士及諸陵縣皆屬焉景帝中六年更名太祝爲祠祀武帝太初元年更曰廟祀初置太卜博士秦官掌通古今秩比六百石員多至數十人武帝建元五年初置五經博士宣帝黃龍元年稍增員十二人元帝永光元年分諸陵邑屬三輔王莽改太常曰秩宗

郎中令秦官臣瓚曰主郎內諸官故曰郎中令掌宮殿掖門戶有丞武帝太初元年更名光祿勳應劭曰光者明也祿者爵也勳功也如淳曰胡公曰勳之言閽也閽者古主門官也光祿主宮門師古曰應說是也屬官有大夫郎謁者皆秦官又期門羽林皆屬焉服虔曰與期門下以微行後遂以名官師古曰羽林亦宿衛之官言其如羽之疾如林之多也一說羽所以爲王者羽翼也大夫掌論議有太中大夫中大夫諫大夫皆無員多至數十人武帝元狩五年初置諫大夫秩比八百石太初元年更名中大夫爲光祿大夫秩比二千石太中大夫秩比千石如故郎掌守門戶出充車騎有議郎中郎侍郎郎中皆無員多至千人議郎中郎秩比六百石侍郎比四百石郎中比三百石中郎有五官左右三將秩皆比二千石郎中有車戶騎三將如淳曰主車曰車郎主戶衛曰戶郎漢儀注郎中令主郎中左右車將主左右車郎左右戶將主左右戶郎也秩皆比千石謁者掌賓讚受事員七十人秩比六百石有僕射應劭曰謁請也白也僕主也秩比千石期門掌執兵送從武帝建元三年初置比郎無員多至千人有僕射秩比千石平帝元始元年更名虎賁郎師古曰賁讀與奔同言如猛獸之奔置中郎將秩比二千石羽林掌送從次期門武帝太初元年初置名曰建章營騎後更名羽林騎又取從軍死事之子孫養羽林官教以五兵號曰羽林孤兒師古曰五兵謂弓矢殳矛戟也羽林有令丞宣帝令中郎將騎都尉監羽林秩比二千石僕射秦官自侍中尚書博士郎皆有古者重武官有主射以督課之軍屯吏騶宰永巷宮人皆有取其領事之號孟康曰皆有僕射隨所領之事以爲號也若軍屯吏則曰軍屯僕射永巷則曰永巷僕射

衞尉秦官掌宮門衞屯兵師古曰漢舊儀云衞尉寺在宮內胡廣云主宮闕之門內衞士於周垣下爲區廬區廬者若今之伏宿屋矣有丞景帝初更名中大夫令

後元年復爲衛尉屬官有公車司馬衛士旅賁三令丞師古曰漢官儀云公車司馬掌殿司馬門夜徼宮中天下上事及四方貢獻闕下凡所徵召皆總領之令秩六百石旅衆也賁與奔同言爲奔走之任也衛士三丞又諸屯衛侯司馬二十二官皆屬焉長樂建章甘泉衛尉皆掌其宮師古曰各隨所掌之宮以名官職略同不常置

太僕秦官應劭曰周穆王所置也蓋大御衆僕之長中大夫也掌輿馬有兩丞屬官有大廏未央家馬三令各五丞一尉師古曰家馬者主供天子私用非大祀戎事軍國所須故謂之家馬也又車府路軨騎馬駿馬四令丞伏儼曰主乘輿路車又主凡小車軨今之小馬車曲輿也師古曰軨音零又龍馬閑駒橐泉騊駼承華五監長丞如淳曰橐泉廄在橐泉宮下騊駼野馬也師古曰閑闌養馬之所也故曰閑駒騊駼出北海中其狀如馬非野馬也騊音徒高反駼音塗又邊郡六牧師菀令各三丞師古曰漢官儀云牧師諸菀三十六所分置北邊西邊分養馬三十萬頭又牧橐昆蹏令丞應劭曰橐橐駝昆蹏好馬名也蹏音啼如淳曰爾雅曰昆蹏研善升甗者也因以爲廄名師古曰牧橐言牧養橐駝也昆蹏名也蹏研者謂其蹏下平也善升甗者謂山形如甗而能升之也蹏卽古蹄字耳研音五見反甗音言又音牛偃反皆屬焉中太僕掌皇太后輿馬不常置也武帝太初元年更名家馬爲挏馬應劭曰主乳馬取其汁挏治之味酢可飲因以名官也如淳曰主乳馬以韋革爲夾兜受數斗盛馬乳挏取其上肥因名曰挏馬禮樂志丞相孔光奏省樂官七十二人給大官挏馬酒今梁州亦名馬酪爲馬酒晉灼曰挏音挺挏之挏師古曰晉音是也挏音徒孔反初置路軨

廷尉秦官應劭曰聽獄必質諸朝廷與衆共之兵獄同制故稱廷尉師古曰廷平也治獄貴平故以爲號掌刑辟有正左右監秩皆千石景帝中六年更名大理武帝建元四年復爲廷尉宣帝地節三年初置左右平秩皆六百石哀帝元壽二年復爲大理王莽改曰作士

典客秦官掌諸歸義蠻夷有丞景帝中六年更名大行令武帝太初元年更名大鴻臚應劭曰郊廟行禮讚九賓鴻聲臚傳之也屬官有行人譯官別火三令丞如淳曰漢儀注別火獄令官主治改火之事及郡邸長丞師古曰主諸郡之邸在京師者也武帝太初元年更名行人爲大行令初置別火王莽改大鴻臚曰典樂初置郡國邸屬少府中屬中尉後屬大鴻臚

宗正秦官應劭曰周成王之時彤伯入爲宗正也師古曰彤伯爲宗伯不謂之宗正掌親屬有丞平帝元始四年更名宗伯屬官有都司空令丞如淳曰律司空主水及罪人賈誼曰輸之司空編之徒官內官長丞師古曰律歷志主分寸尺丈也又諸公主家令門尉皆屬焉王莽并其官於秩宗初內官屬少府中屬主爵後屬宗正

治粟內史秦官掌穀貨有兩丞景帝後元年更名大農令武帝太初元年更名大司農屬官有太倉均輸平準都內籍田五令丞孟康曰均輸謂諸當所有輸於官者皆令輸其地土所饒平其所在時賈官更於佗處賣之輸者既便而官有利也斡官鐵市兩長丞如淳曰斡音筦或作幹斡主也主均輸之事所謂斡鹽鐵而榷酒酤也晉灼曰此竹箭幹之官長也均輸自有令師古曰如說近是也縱作幹讀當以斡持財貨之事耳非謂箭幹也又郡國諸倉農監都水六十五官長丞皆屬焉騪粟都尉服虔曰騪音蒐狩之蒐蒐索也武帝軍官不常置王莽改大司農曰羲和後更爲納言初斡官屬少府中屬主爵後屬大司農

少府秦官掌山海池澤之稅以給共養應劭曰名曰禁錢以給私養自別爲藏少者小也故稱少府師古曰大司農供軍國之用少府以養天子也共音居用反養音弋亮反有六丞屬官有尚書符節太醫太官湯官導官樂府若盧服虔曰若盧詔獄也鄧展曰舊洛陽兩獄一名若盧主受親戚婦女如淳曰若盧官名也藏兵器品令曰若盧郎中二十人主弩射漢儀注有若盧獄令主治庫兵將相大臣臣瓚曰冬官爲考工主作器械也師古曰太官主膳食湯官主餅餌導官主擇米若盧如說是也左弋地名東園匠主作陵內器物者也考工室左弋居室甘泉居室左右司空東織西織東園匠十六官令丞又胞人都水均官三長丞師古曰胞人主掌宰割者也胞與庖同又上林中十池監師古曰三輔黃圖云上林中池上籞五所而此云十池監未詳其數又中書謁者黃門鉤盾尚方御府永巷內者宦者八官令丞師古曰鉤盾主近苑囿尚方主作禁器物御府主天子衣服也諸僕射署長中黃門皆屬焉師古曰中黃門謂奄人居禁中在黃門之內給事者也武帝太初元年更名考工室爲考工左弋爲佽飛居室爲保宮甘泉居室爲昆臺永巷爲掖廷佽飛掌弋射有九丞兩尉太官七丞昆臺五丞樂府三丞掖廷八丞宦者七丞鉤盾五丞兩尉成帝建始四年更名中書謁者令爲中謁者令初置尚書員五人有四丞河平元年省東織更名西織爲織室綏和二年哀帝省樂府王莽改少府曰共工

中尉秦官掌徼循京師如淳曰所謂遊徼徼循禁備盜賊也師古曰徼謂遮繞也徼音工釣反有兩丞候司馬千人師古曰候及司馬及千人皆官名也屬國都尉云有丞候千人西域都護云司馬候千人各二人凡此千人皆官名也武帝太初元年更名執金吾應劭曰吾者禦也掌執金革以禦非常師古曰金吾鳥名也主辟不祥天子出行職主先導以禦非常故執此鳥之象因以名官屬官有中壘寺互武庫都船四令丞如淳曰漢儀注有寺互都船獄令治水官也都船武庫有三丞中壘兩尉又式道左右中候候丞及左右京輔都尉尉丞兵卒皆屬焉應劭曰式道凡三候車駕出還式道候持麾至宮門門乃開師古曰式表也初寺互屬少府中屬主爵後屬中尉自太常至執金吾秩皆中二千石丞皆千石

太子太傅少傅古官屬官有太子門大夫應劭曰員五人秩六百石庶子應劭曰員五人秩六百石先馬張晏曰先馬員十六人秩比謁者如淳曰前驅也國語曰句踐親爲夫差先馬先或作洗也舍人

將作少府秦官掌治宮室有兩丞左右中候景帝中六年更名將作大匠屬官有石庫東園主章左右前後中校七令丞如淳曰章謂大材也舊將作大匠主材吏名章曹掾師古曰今所謂木鍾者蓋章聲之轉耳東園主章掌大材以供東園大匠也又主章長丞師古曰掌凡大木也武帝太初元年更名東園主章爲木工成帝陽朔三年省中候及左右前後中校五丞

詹事秦官應劭曰詹省也給也臣瓚曰茂陵書詹事秩眞二千石掌皇后太子家有丞師古曰皇后太子各置詹事隨其所在以名官屬官有太子率更家令丞僕中盾衛率廚廄長丞張晏曰太子稱家故曰家令臣瓚曰茂陵中書太子家令秩八百石應劭曰中盾主周衛徼道秩四百石如淳曰漢儀注衛率主門衛秩千石師古曰掌知漏刻故曰率更自此以上太子之官也又中長秋私府永巷倉廄祠祀食官令長丞諸宦官皆屬焉師古曰自此以上皆皇后之官成帝鴻嘉三年省詹事官并屬大長秋師古曰省皇后詹事總屬長秋也長信詹事掌皇太后宮景帝中六年更名長信少府張晏曰以太后所居宮爲名也居長信宮則曰長信少府居長樂宮則曰長樂少府也平帝元始四年更名長樂少府

將行秦官應劭曰皇后卿也景帝中六年更名大長秋師古曰秋者收成之時長者恒久之義故以爲皇后官名或用中人或用士人師古曰中人奄人也

典屬國秦官掌蠻夷降者武帝元狩三年昆邪王降師古曰昆音下門反復增屬國置都尉丞候千人屬官九譯令成帝河平元年省并大鴻臚

水衡都尉應劭曰古山林之官曰衡掌諸池苑故稱水衡張晏曰主都水及上林苑故曰水衡主諸官故曰都有卒徒武事故曰尉師古曰衡平也主平其稅入武帝元鼎二年初置掌上林苑有五丞屬官有上林均輸御羞禁圃輯濯鍾官技巧六廄辯銅九官令丞如淳曰御羞地名也在藍田其土肥沃多出御物可進者揚雄傳謂之御宿三輔黃圖御羞宜春皆苑名也輯濯船官也鍾官主鑄錢官也辯銅主分別銅之種類也師古曰御宿則今長安城南御宿川也不在藍田羞宿相近故或云御羞或云御宿耳羞者珍羞所出宿者止宿之義輯讀與楫同音集濯音直孝反皆所以行船也漢舊儀云天子六廄未央承華騊駼騎馬輅軨大廄也馬皆萬匹據此表大僕屬官以有大廄未央輅軨騎馬騊駼承華而水衡又云六廄技巧官是則技巧之徒供六廄者其官別屬水衡○劉攽曰表敘水衡九屬官技巧六廄各一物也後省技巧六廄顏遂謂此都是一官非矣蓋上林自有六廄一令丞主之後六廄等各別有官非此六廄也又衡官水司空都水農倉又甘泉上林都水七官長丞皆屬焉上林有八丞十二尉○劉攽曰都水官處處有之按表少府三輔皆有焉水衡屬官先敘九官令丞矣後列長丞又云上林計令長不當並置然則甘泉上林長是一官甘泉都水是一官自衡官已下凡六官言七者誤也均輸四丞御羞兩丞都水三丞禁圃兩尉甘泉上林四丞成帝建始二年省技巧六廄官王莽改水衡都尉曰予虞初御羞上林衡官及鑄錢皆屬少府

內史周官秦因之掌治京師景帝二年分置左內史師古曰地理志云武帝建元六年置左右內史而此表云景帝二年分置表志不同又據史記知志誤矣右內史武帝太初元年更名京兆尹張晏曰地絕高曰京左傳曰莫之與京十億曰兆尹正也師古曰京大也兆者衆數言大衆所在故云京兆也屬官有長安市廚兩令丞又都水鐵官兩長丞左內史更名左馮翊張晏曰馮輔也翊佐也屬官有廩犧令丞尉師古曰廩主藏穀犧主養牲皆所以供祭祀也又左都水鐵官雲壘長安四市四長丞皆屬焉

主爵中尉秦官掌列侯景帝中六年更名都尉武帝太初元年更名右扶風張晏曰扶助也風化也治內史右地屬官有掌畜令丞如淳曰尹翁歸傳曰豪彊有論罪輸掌畜官使斫莝東方朔曰益爲右扶風畜牧之所在也又有都水鐵官廄廱廚四長丞皆屬焉如淳曰五時在廱故有廚○劉攽曰有當作右上云左都水此爲右都水與左馮翊京兆尹是爲三輔服虔曰皆治在長安中師古曰三輔黃圖云京兆在尚冠前街東入故中尉府馮翊在太上皇廟西入右扶風在夕陰街北入故主爵府長安以東爲京兆長陵以北爲左馮翊渭城以西爲右扶風也皆有兩丞列侯更屬大鴻臚元鼎四年更置三輔都尉都尉丞各一人自太子太傅至右扶風皆秩二千石丞六百石

護軍都尉秦官武帝元狩四年屬大司馬成帝綏和元年居大司馬府比司直哀帝元壽元年更名司寇平帝元始元年更名護軍

司隸校尉周官師古曰以掌徒隸而巡察故云司隸武帝征和四年初置持節從中都官徒千二百人師古曰中都官京師諸官府也捕巫蠱督大姦猾師古曰督謂察視也後罷其兵察三輔三河弘農元帝初元四年去節成帝元延四年省綏和二年哀帝復置但爲司隸冠進賢冠屬大司空比司直

城門校尉掌京師城門屯兵有司馬師古曰八屯各有司馬也十二城門候師古曰門各有候蕭望之署小苑東門候亦其比也中壘校尉掌北軍壘門內外掌西域師古曰掌北軍壘門之內而又外掌西域屯騎校尉掌騎士步兵校尉掌上林苑門屯兵越騎校尉掌越騎如淳曰越人內附以爲騎也晉灼曰取其材力超越也師古曰宜如晉說長水校尉掌長水宣曲胡騎師古曰長水胡名也宣曲觀名胡騎之屯於宣曲者又有胡騎校尉掌池陽胡騎不常置師古曰胡騎之屯池陽者也射聲校尉掌待詔射聲士服虔曰工射者也冥冥中聞聲則中之因以名也應劭曰須詔所命而射故曰待詔射也虎賁校尉掌輕車凡八校尉皆武帝初置有丞司馬師古曰自中壘以下凡八校尉城門不在此數中自司隸至虎賁校尉秩皆二千石西域都護加官宣帝地節二年初置以騎都尉諫大夫使護西域三十六國有副校尉秩比二千石丞一人司馬候千人各二人戊己校尉元帝初元元年置師古曰甲乙丙丁庚辛壬癸皆有正位唯戊己寄治耳今所置校尉亦無常居故取戊己爲名也有戊校尉有己校尉一說戊己居中鎮覆四方今所置校尉亦處西域之中撫諸國也有丞司馬各一人候五人秩比六百石

奉車都尉掌御乘輿車駙馬都尉掌駙馬師古曰駙副馬也非正駕車皆爲副馬一曰駙近也疾也皆武帝初置秩比二千石侍中左右曹諸吏散騎中常侍皆加官應劭曰入侍天子故曰侍中晉灼曰漢儀注諸吏給事中日上朝謁平尚書奏事分爲左右曹魏文帝合散騎中常侍爲散騎常侍也所加或列侯將軍卿大夫將都尉尚書太醫太官令至郎中亡員如淳曰將謂郎將以下也自列侯下至郎中皆得有散騎及中常侍加官是時散騎及常侍各自一官亡員也多至數十人侍中中常侍得入禁中諸曹受尚書事諸吏得舉法散騎騎並乘輿車師古曰並音步浪反騎而散從無常職也給事中亦

加官師古曰漢官解詁云掌侍從左右無員常侍中所加或大夫博士議郎掌顧問應對位次中常侍中黃門有給事黃門位從將大夫皆秦制

爵一級曰公士師古曰言有爵命異於士卒故稱公士也二上造師古曰造成也言有成命於上也三簪褭師古曰以組帶馬曰褭簪褭者言飾此馬也四不更師古曰言不豫更卒之事也更音工行反五大夫師古曰列位從大夫六官大夫七公大夫師古曰加官公者示稍尊也八公乘師古曰言其得乘公家之車也九五大夫師古曰大夫之尊也十左庶長十一右庶長師古曰庶長言爲衆列之長也十二左更十三中更十四右更師古曰更言主領更卒部其役使也更音工行反十五少上造十六大上造師古曰言皆主上造之士也十七駟車庶長師古曰言乘駟馬之車而爲衆長也十八大庶長師古曰又更尊也十九關內侯師古曰言有侯號而居京畿無國邑二十徹侯師古曰言其爵位上通於天子皆秦制以賞功勞徹侯金印紫綬避武帝諱曰通侯或曰列侯改所食國令長名相又有家丞門大夫庶子

諸侯王高帝初置師古曰蔡邕云漢制皇子封爲王其實諸侯也周末諸侯或稱王而漢天子自以皇帝爲稱故以王號加之總名諸侯王也金璽盭綬如淳曰盭音戾綠也以綠爲質晉灼曰盭草名也出琅邪平昌縣似艾可染綠因以爲綬名也師古曰晉說是也璽之言信也古者印璽通名今則尊卑有別漢舊儀云諸侯王黃金璽橐佗鈕文曰璽謂刻云某王之璽掌治其國有太傅輔王內史治國民中尉掌武職丞相統衆官羣卿大夫都官如漢朝景帝中五年令諸侯王不得復治國天子爲置吏改丞相曰相省御史大夫廷尉少府宗正博士官大夫謁者郎諸官長丞皆損其員武帝改漢內史爲京兆尹中尉爲執金吾郎中令爲光祿勳故王國如故損其郎中令秩千石改太僕曰僕秩亦千石成帝綏和元年省內史更令相治民如郡太守中尉如郡都尉

監御史秦官掌監郡漢省丞相遣史分刺州不常置武帝元封五年初置部刺史掌奉詔條察州師古曰漢官典職儀云刺史班宣周行郡國省察治狀黜陟能否斷治冤獄以六條問事非條所問卽不省一條強宗豪右田宅踰制以強陵弱以衆暴寡二條二千石不奉詔書遵承典制倍公向私旁詔守利侵漁百姓聚斂爲姦三條二千石不恤疑獄風厲殺人怒則任刑喜則淫賞煩擾刻暴剝截黎元爲百姓所疾山崩石裂訞祥訛言四條二千石選署不平苟阿所愛蔽賢寵頑五條二千石子弟恃怙榮勢請託所監六條二千石違公下比阿附豪強通行貨賂割損正令也秩六百石員十三人成帝綏和元年更名牧秩二千石哀帝建平二年復爲刺史元壽二年復爲牧

郡守秦官掌治其郡秩二千石有丞邊郡又有長史掌兵馬秩皆六百石景帝中二年更名太守

郡尉秦官掌佐守典武職甲卒秩比二千石有丞秩皆六百石景帝中二年更名都尉

關都尉秦官農都尉屬國都尉皆武帝初置

縣令長皆秦官掌治其縣萬戶以上爲令秩千石至六百石減萬戶爲長秩五百石至三百石皆有丞尉秩四百石至二百石是爲長吏師古曰吏理也主理其縣內也百石以下有斗食佐史之秩師古曰漢官名秩簿云斗食月奉十一斛佐史月奉八斛也一說斗食者歲奉不滿百石計日而食一斗二升故云斗食也是爲少吏大率十里一亭亭有長十亭一鄉鄉有三老有秩嗇夫游徼三老掌教化嗇夫職聽訟收賦稅游徼徼循禁賊盜縣大率方百里其民稠則減稀則曠鄉亭亦如之皆秦制也列侯所食縣曰國皇太后皇后公主所食曰邑有蠻夷曰道凡縣道國邑千五百八十七鄉六千六百二十二亭二萬九千六百三十五

凡吏秩比二千石以上皆銀印青綬師古曰漢舊儀云銀印背龜鈕其文曰章謂刻曰某官之章也光祿大夫無師古曰無印綬秩比六百石以上皆銅印黑綬大夫博士御史謁者郎無師古曰大夫以下亦無印綬其僕射御史治書尚符璽者有印綬比二百石以上皆銅印黃綬師古曰漢舊儀云六百石四百石至二百石以上皆銅印鼻鈕文曰印謂鈕但作鼻不爲蟲獸之形而刻文云某官之印成帝陽朔二年除八百石五百石秩綏和元年長相皆黑綬哀帝建平二年復黃綬吏員自佐史至丞相十三萬二百八十五人

前漢書卷十九上考證

百官公卿表上注師古曰漢制三公云云○監本直刊此注於表前非也蓋標題之下有此注耳今從宋本

丞相秦有左右注荀悅曰秦本次國命卿二人是以置左右丞相無三公官○臣召南按荀悅說非也秦置左右丞相始於悼武王二年以樗里疾甘茂爲之是時秦已稱王數世豈猶守周制次國二卿故事耶且左相右相商湯已然左傳仲虺居薛爲湯左相是其明證但丞相之名始於秦耳

高后置左右丞相文帝二年復置一丞相○王應麟曰秦以左爲上漢以右爲尊又曰武帝征和二年雖詔分丞相長史爲兩府拜劉屈氂爲左丞相然右相未嘗置也

內領侍御史○臣召南按周禮春官之屬御史中士八人則御史始於周此表云秦官者謂御史大夫官始於秦也唐六典曰周官有御史以其在殿柱之間亦謂之柱下史秦改爲侍御史史記張蒼自秦時爲御史主柱下方書卽其任也

前後左右將軍皆周末官秦因之○臣召南按沈約宋志云周制王立六軍晉獻公作二軍公將上軍將軍之名起此左傳昭二十八年豈將軍食之而有不足孔穎達疏曰晉使卿爲軍將謂之將中軍將上軍此以魏子將中軍故謂之將軍及六國以來遂以將軍爲官名蓋其原始于此按此說甚當史記封禪書周宣王時有右將軍杜伯然不可爲典要也

奉常秦官景帝中六年更名太常注師古曰太常王者旌旗也○劉攽曰顏說太常都非晉語作執秩之官亦是主禮者秩亦猶常也然則古通謂常耳王建太常自是周禮秦何庸知之且禮官主于一旗亦非義矣臣召南按唐六典云漢高名曰太常惠帝復曰奉常景帝又曰太常與此表異据史記叔孫通傳高帝拜通爲太常漢官典職亦云惠帝改太常爲奉常則六典所云自確班表蓋祇標其大畧耳

又廱太宰太祝令丞○劉攽曰多有字不然則是又字臣浩按各本俱作又据攽此條則宋以前本作有字也

博士秦官○沈約宋志曰按六國時往往有博士臣召南按宋志此文所以糾正班表之失也据史記循吏傳公儀休魯博士也以高第爲魯相則魯有博士官矣

太中大夫秩比千石如故○劉攽曰此言太中大夫秩比千石如故則中大夫舊小于太中秩無二千石故言更名中大夫爲光祿大夫秩比二千石太中大夫秩比千石也

太僕秦官注周穆王所置也○臣召南按周禮夏官有太僕下大夫二人不得云始于秦也周穆王命伯冏爲太僕耳亦不得云穆王始置此官也表及注並誤

中太僕○監本于太僕後提行寫非是凡九卿屬官如奉常下博士光祿勳下大夫郎謁者期門羽林僕射宋本俱不提行今從之

又中書謁者○唐六典曰自武帝游宴後庭故用宦者司馬遷爲中書令卽其任也不言謁者省文也洪邁曰中書尚書令在西漢爲少府屬官在東漢亦屬少府雖典機要而去公卿甚遠魏晉以來浸以華重唐遂爲三省長官居眞宰相之任矣

初置尚書員五人○文獻通考曰其一人爲僕射四人分爲四曹常侍曹二千石曹民曹客曹又置三公曹是爲五曹臣召南按後志及宋志尚書令尚書僕射尚書丞皆秦官而漢因之此表言初置者謂尚書之分五曹自成帝始也

先馬注如淳曰前驅也○驅訛軀今改正

司隸校尉周官○臣召南按劉昭注後志云豈卽司寇乎按周司寇不名司隸且秦漢以廷尉更司寇名矣此說非也蓋周禮秋官之屬有司隸中士二人鄭注隸給勞辱之役者漢始置司隸亦使將徒治道溝渠之事後稍尊之使主官府及近郡此表所謂周官也

侍中○臣召南按表不言置官本末蓋漢官也沈約宋志甚詳若晉志謂黃帝時風后爲侍中則杜佑所云出兵家讖書不足信者也

前漢書卷十九下

漢　蘭臺令史　班　固撰

唐正議大夫行祕書少監琅邪縣開國子顏師古注

百官公卿表第七下

師古曰此表中記公卿姓名不具及但舉其官而無名或言若干年不載遷免死者皆史之闕文不可得知也

						高帝元年	二	三	四
相國	丞相	大司徒	太師	太傅	太保	沛相蕭何爲丞相			
	大尉		大司馬						
	御史大夫		大司空			內史周苛爲御史大夫守滎陽三年死			中尉周昌爲御史大夫六年徙爲趙丞相
	列將軍								
	奉常		太常						
	郎中令		光祿勳						
	衛尉		中大夫令						
	太僕					滕令夏侯嬰爲太僕			
	廷尉		大理						
	典客	大行令	大鴻臚						
	宗正	治粟內史	大司農			執盾襄爲治粟內史			
		中尉執金吾	少府			職志周昌爲中尉三年遷師古曰志音式異反			
	水衡都尉		主爵都尉	右扶風					
左內史		左馮翊	右內史	京兆尹		內史周苛遷			

五	太尉盧綰後九月為燕王 郎中令王恬啓 廷尉義渠 廣平侯薛歐為典客師古曰歐音一后反 軍正陽咸延為少府二十一年卒 中尉丙猗 殷內史杜恬
六	將軍酈商為衛尉 汲侯公上不害為太僕
七	博士叔孫通為奉常三年徙為太子太傅
八	
九	丞相何遷為相國
十	符璽御史趙堯為御史大夫十年免 中地守宣義為廷尉
十一	絳侯周勃為太尉後官省 衛尉王氏 中尉戚鰓師古曰鰓音先才反
十二	太子太傅叔孫通復為奉常 廷尉育
孝惠元年	營陵侯劉澤為衛尉
二	七月辛未相國何薨七月癸巳齊相

	曹參為相國
三	長脩侯杜恬為廷尉
四	
五	八月己丑相國參薨
六	十月己丑安國侯王陵為右丞相曲逆侯陳平為左丞相 絳侯周勃復為太尉十年遷 士軍侯宣義為廷尉
七	奉常免師古曰免名也 辟陽侯審食其為典客一年遷
高后元年	十一月甲子右丞相陵為太傅左丞相平為右 上黨守任敖為御史大夫三年免
	丞相典客審食其為左丞相
二	上邳侯劉郢客為宗正七年為楚王

三	
四	平陽侯曹窋為御史大夫五年免
五	
六	
七	七月辛巳左丞相食其為太傅 奉常根 廷尉圍 典客劉揭
八	九月丙戌復為丞相後九 淮南丞相張蒼為御史大
	月免 夫四年遷
孝文元年	十月辛亥右丞相平為左丞相太尉周勃為右丞相八月辛未免 十月辛亥將軍灌嬰為太尉二年遷官省 太中大夫薄昭為車騎將軍代中尉宋昌為衛將軍 郎中令張武 河南守吳公為廷尉
二	十月丞相平薨十一月乙亥絳侯勃復為丞相 奉常饒 衛尉足
三	十二月丞相勃免乙亥太尉灌 中郎將張釋之為廷尉 典客馮敬四年遷

	嬰為丞相
四	十二月乙巳丞相嬰薨正月甲午御史大夫張蒼為丞相 御史大夫圍
五	
六	
七	典客馮敬為御史大夫 典客靚師古曰靚與靜同
八	太僕嬰薨
九	
十	廷尉昌 廷尉嘉
十一	
十二	奉常昌閭
十三	
十四	中尉周舍 內史董赤

十五	廷尉宜昌
十六	淮陽守申屠嘉為御史大夫二年遷
後元年	廷尉信
二	八月戊戌丞相蒼免庚午御史大夫申屠嘉為丞相 八月庚午開封侯陶青為御史大夫七年遷
三	
四	
五	
六	
七	奉常信
孝景元年	太中大夫周仁為郎中令十三年老病免食二千石祿 廷尉歐 師古曰歐讀與甌同 平陸侯劉禮為宗正二年為楚王 中尉嘉 中大夫鼂錯為左內史二年遷
二	六月丞相嘉薨八月丁未 八月丁巳左內史鼂錯為 奉常許

	御史大夫陶青為丞相 御史大夫
三	中尉周亞夫為太尉五年遷官省 正月壬子錯有罪要斬 故詹事竇嬰為大將軍 故吳相袁盎為奉常奉常殷 廷尉勝 德侯劉通為宗正三年薨 河間太傅衛綰為中尉四年賜告後為太子太傅
四	御史大夫介 南皮侯竇彭祖為奉常
五	安丘侯張歐為奉常 姚丘侯劉舍為太僕 師古曰侯表及諸傳皆云桃侯獨此為姚丘疑誤也
六	
七	六月乙巳丞相青免太尉周亞夫為丞相 太僕劉舍為御史大夫三年遷 酇侯蕭勝為奉常 濟南太守郅都為中尉三年免
中元年	廷尉福
二	中尉
三	九月戊戌丞相亞夫 太子太傅衛綰為御 賁蠶侯乘昌為奉常

	免御史大夫劉舍為丞相 史大夫四年遷
四	
五	歕侯吳利為奉常 師古曰歕音大又音第 少府神 主爵都尉不疑
六	奉常利更為太常 中大夫令直不疑更為衛尉 廷尉瑕更為大理 濟南都尉甯成為中尉四年遷
後元年	七月丙午丞相舍免八月壬辰御史大夫衛綰為丞相 八月壬辰衛尉直不疑為御史大夫三年死 郎中令賀
二	大農令惠 中尉廣意 主爵都尉奴
三	柏至侯許昌為太常三年遷
孝武建元元年	六月丞相綰免後丙寅魏其侯竇嬰為丞相 武安侯田蚡為太尉 齊相牛抵為御史大夫 師古曰抵音丁禮反 郎中令王臧二年有罪自殺 淮南太守灌夫為太僕二年為燕相 大行令光 中尉張歐九年遷 中尉甯成為內史下獄論 內史印
二	十月丞相嬰免三月乙未太常 太尉蚡免官省 御史大夫趙綰有罪自殺 南陵侯趙周為太常四年免 郎中令石建六年卒 大理信 大行令過期 內史石慶

	許昌為丞相
三	北地都尉韓安國為大農令三年遷 內史石德
四	武彊侯嚴青翟為御史大夫二年坐竇太后喪不辦免 廷尉遷 廷尉建 江都相鄭當時為右內史五年貶為詹事
五	廷尉武 大行令王恢
六	六月癸巳丞相昌免武安侯田蚡為丞相 大農令韓安國為御史大夫四年病免 太常定 太僕賀三十三年 廷尉殷 大農令殷 東海太守汲黯為主爵都尉十一年徙
元光元年	太常王臧 隴西太守李廣為衛尉
二	內史充
三	
四	三月乙卯丞相蚡薨五月丁巳平棘侯薛澤為丞相 九月中尉張歐為御史大夫五年老病免食上大夫祿 宣平侯張歐為太常 師古曰歐音一后反

五

廷尉翟公

詹事鄭當時爲大農令十一年免

故御史大夫韓安國爲中尉一年遷

右內史番係師古曰番音普安反博士公孫弘爲左內史四年遷

六

太常司馬當時

中尉韓安國爲

大行令丘

中大夫趙禹爲中尉

元朔元年

衞尉二年爲將軍

二

蓼侯孔臧爲太常三年坐南陵

三

橋壞衣冠道絕免

左內史公孫弘爲御史大夫二年遷

衞尉蘇建

中大夫張湯爲廷尉五年遷

少府孟賁中尉李息

右內史李沮四年爲將軍師古曰沮音沮

四

宗正劉棄

少府產

右內史賁師古曰賁音奔

五

十一月乙丑丞相澤免御史大夫公孫弘爲丞相

四月丁未河東太守九江番係爲御史大夫

山陽侯張當居爲太常坐選子弟不以實免

中尉趙禹爲少府中尉殷容

主爵都尉李蔡

主爵都尉汲黯爲右內史五年免

六

綢侯周平爲太常四年坐不繕園陵免

右北平太守李廣爲郎中令五年免

元狩元年

樂安侯李蔡爲御史大夫一年遷

大行令李息

宗正劉受

中尉司馬安

會稽太守朱買臣爲主爵都尉

左內史徵

二

三月戊寅丞相弘薨壬辰御史大夫李蔡爲丞相

三

三月壬辰廷尉張湯爲御史大夫六年有罪自殺

冠軍侯霍去病爲驃騎將軍

衞尉張騫

廷尉李友廷尉安廷尉禹

中尉霸

主爵都尉趙食其二年爲將軍

四

大將軍衞青爲大司馬大將軍驃騎將軍霍去病爲大司馬驃騎將軍

戚侯李信成爲太常二年坐縱丞相李蔡侵道免○宋祁曰據功臣表合在五年

沈猷侯劉受爲宗正二年坐聽請不具宗室論太農令顏異二年坐腹非誅

河內太守王溫舒爲中尉五年遷

中尉楊僕爲主爵都尉

定襄太守義縱爲右內史二年下獄棄市

五

三月甲午丞相蔡有罪自殺四月乙卯太子少傅嚴青翟爲丞相

郎中令李敢

衞尉充國三年坐齋不謹棄市

廷尉司馬安

六

九月大司馬去病薨

俞侯欒賁爲太常坐犧牲不如令免

郎中令徐自爲十三年爲光祿勳

大農令王夫

右內史王朝

元鼎元年

蓋侯王信爲太常

廷尉霸

右內史蘇縱

二

二月壬辰丞相青翟有罪自殺二月辛亥太子太傅趙周爲丞相

二月辛亥太子太傅石慶爲御史大夫三年遷

廣陵侯任越人爲太常坐廟酒酸論師古曰任敖傳及侯表皆云廣阿侯今此爲廣安此表誤

中尉將張騫爲大行令三年卒

大農令孔僅

少府當四年下獄死

水衡都尉張罷

三

鄿侯周仲居爲太常坐不收赤側錢收行錢論師古曰赤側當收而不收乃收見行之錢也鄿音多

中尉王溫舒爲廷尉一年復徙中尉

關都尉尹齊爲中尉一年抵罪

四

睢陵侯張廣國爲太常

故少府趙禹爲廷尉四年以老貶爲燕相

宗正劉安國大農令客

廷尉王溫舒爲中尉二年免

水衡都尉豹

右內史李信成中大夫兒寬爲左內史三年遷

五

九月辛巳

平曲侯周

衞尉路博

丞相周下獄死丙申御史大夫石慶爲丞相

建德爲太常陽平侯杜相爲太常五年坐擅繇大樂令論師古曰擅役使人也

齊相卜式爲御史大夫一年貶爲太子太傅

大農令張成

少府豹爲中尉

元封元年

左內史兒寬爲御史大夫八年卒

水衡都尉閻奉

御史中丞咸宣爲左內史六年免師古曰咸音減省之減

二

御史中丞杜周爲廷尉十一年免

故中尉王溫舒爲少府三年徙

三

四

酇侯蕭壽成爲太常坐犧牲不如令論

水衡都尉德遷

少府王溫舒爲右內史二年免

五

大將軍青薨

成安侯韓延年爲太常二年坐留外國使

六

八月入粟贖論。○宋祁曰：以景武功臣考之，云坐行大行令事，留外國書六月之興

少府德有罪自殺。右輔都尉王溫舒行中尉事，二年獄族

太初元年

雎陵侯張昌爲太常，二年坐乏祠論

郎中令自爲，更爲光祿勳

大鴻臚壺充國

中尉

故左內史咸宣爲右扶風，三年下獄自殺

京兆尹無忌，左馮翊殷周

二

正月戊寅，丞相慶薨。閏月丁丑，大僕公孫賀爲丞相

侍中公孫敬聲爲大僕，十二年下獄死

大鴻臚商丘成，十二年遷

少府王偉，中尉

三

正月，膠東太守延廣爲御史大夫

牧丘侯石德爲太常，三年坐廟牲瘦入穀贖論

搜粟都尉上官桀爲少府，年老免。師古曰：疑此非上官桀，表誤也

四

天漢元年

濟南太守琅邪王卿爲御史大夫，二年有罪自殺

大司農桑弘羊，四年貶爲搜粟都尉

二

新畤侯趙第爲太常，五年坐鞫獄不實論

故廷尉杜周爲執金吾，一年遷

三

二月，執金吾杜周爲御史大夫，四年卒

廷尉吳尊

四

弘農太守沛范方渠中翁爲執金吾。師古曰：沛人，姓范，名方渠，字中翁也。中讀曰仲

右馮翊韓不害

太始元年

廷尉郭居

大司農

二

少府充國

水衡都尉，守直指使者江充爲水衡都尉，五年爲太子所斬

三

三月，光祿大夫河東暴勝之公子爲御史大夫，三年下獄自殺。師古

容城侯唯塗光爲太常，徙爲安定都尉

四

曰：公子亦勝之字也，後皆類此

江都侯靳石爲太常，四年坐爲謁問囚故太僕敬聲亂尊卑免

征和元年

廷尉常

光祿大夫公孫遺守少府

二

四月壬申，丞相賀下獄死。五月丁巳，涿郡太守劉屈氂爲左丞相

九月，大鴻臚商丘成爲御史大夫，四年坐祝詛自殺

光祿勳韓說少卿，爲太子所殺

廷尉信

京兆尹于己衍，坐大逆誅

三

六月壬寅，丞相屈氂下獄要斬

邗侯李壽爲衛尉，坐居守擅出長安界，使吏殺人，下獄死

廷尉意

高廟郎中田千秋爲大鴻臚，一年遷

四

六月丁巳，大鴻臚田千秋爲丞相

繆侯酈終根爲太常，十一年坐祝詛誅

光祿勳有祿

大鴻臚戴仁，坐祝詛誅。淮陽太守田廣明爲鴻臚，五年遷

右輔都尉王訢爲右扶風，九年遷

後元元年

守衛尉不害

京兆尹建，坐祝詛要斬

二

二月丁卯，侍中奉車都尉霍光爲大司馬大將軍

二月乙卯，搜粟都尉桑弘羊爲御史大夫，七年坐謀反誅

侍中駙馬都尉金日磾爲車騎將軍，一年薨。太僕上官桀爲左將軍，七年反誅

當塗侯魏不害爲太常，六年坐孝文廟風發瓦免

守衛尉遺

太僕并左將軍

執金吾郭廣意，免

孝昭始元元年

尚書令張安世爲光祿勳，六年遷

衛尉天水王莽稚叔，三年遷

司隸校尉雒陽李仲季主爲廷尉，四年坐誣罔下獄棄市

執金吾河東馬適建子孟，任職六年，坐殺人下獄自殺

水衡都尉呂辟胡，五年爲雲中太守

青州刺史雋不疑爲京兆尹，五年病免

二

光祿大夫劉辟彊爲宗正，數月卒

三

膠西太守齊徐仁中孫爲少府，六年坐縱反者自殺。師古曰：中讀曰仲

四

衛尉王莽爲右將軍衛尉，三年卒。騎都尉上官安爲車騎將軍，三年反誅

大鴻臚田廣明爲衛尉，五年遷

五

軍正齊王

	六	元鳳元年	二	三	四	五
					正月甲戌丞相千秋薨二月乙丑御史大夫王訢為相	十二月庚戌丞相訢薨
		九月庚午右扶風王訢為御史大夫三年遷			二月乙丑大司農楊敞為御史大夫二年遷	
		光祿勳張安世為右將軍光祿勳六年遷		中郎將范明友為度遼將軍衛尉十二年遷		
	轑陽侯江德為太常四年坐廟郎夜飲失火免				蒲侯蘇昌為太常十一年坐籍霍山書泄祕書免師古曰以祕書借霍山	
		光祿勳并右將軍				
				衛尉并將軍		
		諫大夫杜延年為太僕十五年免				
平子心為廷尉四年坐縱道匿謀反者下獄棄市				廷尉夏固		鉅鹿太守淮陽朱壽少樂為廷尉坐
						詹事韋賢為大鴻臚四年為長信少
	大將軍司馬楊敞為大司農四年遷	太中大夫劉德為宗正數月免		青州刺史劉德為宗正二十二年薨	河內太守平原趙彭祖為大司農三年卒	
		執金吾壺信		光祿大夫蔡義為少府三年遷		沛國太守李壽為執金吾
		中郎將趙充國為水衛都尉六年遷				
	守京兆尹樊福	左馮翊賈勝胡二年坐縱謀反者棄市		衛尉田廣明為左馮翊四年遷	京兆尹彭祖	

	六	元平元年		孝宣本始元年	二	三
	十一月己丑御史大夫楊敞為丞相	八月己巳丞相敞薨九月戊戌御史大夫蔡義為丞相				六月己丑丞相義薨甲辰長信少府
	十一月少府蔡義為御史大夫一年遷	九月戊戌左馮翊田廣明為御史大夫三年為祁連將軍				六月甲辰大司農魏相為御史大夫
		右將軍安世為車騎將軍光祿勳七年遷水衛都尉趙充國為後將軍水衛都尉光	祿大夫韓增為前將軍三十年遷			
侍中邢元下獄風吏殺元棄市	廷尉李光四年免					廷尉李義
府					詹事東海宋疇翁壹為大鴻臚二年徙	
	河東太守田延年為大司農三年有罪自殺				河南太守魏相為大司農一年遷	大司農淳于賜
	便樂成為少府四年卒	執金吾延壽			博士后倉為少府一年遷執金吾辟兵三年遷	少府惡
	右扶風周德					光祿大夫于定國為水衛都尉二年
		左馮翊武		守京兆田廣陵相成		潁川太守趙廣漢為京兆尹六年下

	四		地節元年	二		三	
韋賢為丞相						正月甲申丞相賢賜金免六月壬辰御史大夫魏相為丞相	
				二月庚午大司馬光薨		四月戊申車騎將軍光祿勳張安世為大司馬車騎將軍七月戊戌更為	大司馬衛將軍右將軍霍禹為大司馬七月壬辰大司馬禹下獄要斬
四年遷						六月辛丑太子太傅丙吉為御史大夫八年遷	
				侍中中郎將霍禹為右將	軍一年遷		
						度遼將軍都尉范明友為光祿勳一年坐謀反誅	
			水衛都尉光祿大夫于定國為廷尉十七年遷				
	山陽太守梁為大鴻臚						
						大司農[illegible]	
	左馮翊宋疇為少府六年坐議鳳皇下彭城未至京師不足美貶為泗	水太傅		執金吾郅元		執金吾延年	
遷	六安相朱山拊為右扶風一年下獄死		水衛都尉朱輔為右扶風	潁川太守廣為右扶風三	年		
獄要斬	大鴻臚宋疇為左馮翊一年遷左馮翊延三年免					左馮翊官	

四	元康元年		二	三		四	神爵元年		二	三
										三月丙午丞相相薨
						八月丙寅大司馬安世薨	前將軍韓增為大司	馬車騎將軍		
										七月甲子大鴻臚蕭
									後將軍充國	
弋陽侯任宮為太常四年坐八盜茂陵園中物免						蒲侯蘇昌復為太常六年病免				
							中郎將楊惲為諸吏	光祿勳五年免		
									衛尉忠	
	北海太守張延壽為太僕	四年病免					太僕戴長樂五年免			
							左馮翊蕭望之為大	鴻臚二年遷		少府李彊為大鴻臚
北海太守朱邑為大司農四年卒							大司農王禹四年遷			
	平原太守蕭望之為少府	一年徙	執金吾廣意			太中大夫李彊中君守少府三年遷師古曰中讀曰仲			南陽太守賢為執金吾	光祿大夫梁丘賀為
勃海太守龔遂為水衛都尉	東海太守尹翁歸為右扶	風四年卒				光祿大夫馮奉世為水衛都尉十四年遷	廣陵太守陳萬年為	右扶風五年遷		
潁川太守讓為左馮翊	守京兆尹彭城太守遺			少府蕭望之為左馮翊三年遷	官	守京兆尹潁川大守黃霸數月還故	膠東相張敞為京兆	尹八年免左馮翊[illegible]三年免		東郡太守韓延壽為

（續）	四月戊戌御史大夫丙吉為丞相 望之為御史大夫三年貶為太子太傅 少府 左馮翊二年下獄棄市
四	河內太守韋玄成為衛尉三年遷
五鳳元年	大司農王萬為大鴻臚 大司農延 守左馮翊勃海太守信
二	四月己丑大司馬增薨五月彊弩將軍許延壽為大司馬車騎將軍 八月壬午太子太傅黃霸為御史大夫一年遷 衛尉韋玄成為太常二年免 衛尉弘 右扶風陳萬年為太僕五年遷 宗正劉丁 守左馮翊五原太守延壽
三	正月癸卯丞相吉薨二月壬申御史大夫黃霸為丞相 六月辛酉西河太守杜延年為御史大夫三年以病賜安車駟馬免 執金吾田聽天二年遷
四	
甘露元年	二月丁巳大司馬延壽薨 蒲侯蘇昌復為太常二年病免

二	五月己丑廷尉于定國為御史大夫一年遷 執金吾田聽天為廷尉三年遷 守左馮翊廣川相鄭充
三	三月己丑丞相霸薨五月甲午御史大夫于定國為丞相 五月甲午太僕陳萬年為御史大夫七年卒 鴈門太守建平侯杜緩為太常七年坐盜賊多免 博陽侯丙顯為太僕一年遷為衛尉章
四	典屬國常惠為右將軍四年薨 衛尉順 秺侯金賞為侍中太僕七年遷 中山相加守廷尉 執金吾平 右扶風武 京兆尹成
黃龍元年	十二月癸酉侍中樂陵侯史高為大司馬車騎將軍 太子太傅蕭望之為前將軍一年為光祿勳二年免 廷尉解延年 左馮翊常
孝元初元元年	光祿勳并將軍 平昌侯王接為衛尉五年遷 大鴻臚顯十一年 散騎諫大夫劉更生為宗正二年免 大司農宏 淮陽中尉韋玄成為少府三年為太子太傅 水衡都尉馮奉世為執金吾二年遷 水衡都尉馮奉世 太原太守陳遂為京兆尹一年遷
二	光祿勳賞 京兆尹陳遂為廷尉二年卒 大司農充郎 京兆尹代郡范守左馮翊延免
三	執金吾馮奉世 光祿大夫周堪 丞相司直南郡 淮陽相鄭弘為

（續）	為右將軍二年為諸吏典屬國二年為光祿勳侍中衛尉許嘉為右將軍五年遷 為光祿勳三年貶為河東太守 李延壽子惠為執金吾九年遷 右扶風四年遷
四	弋陽侯任千秋長伯為太常四年以將軍將兵 廷尉魏郡尹忠子賓十四年為諸吏光祿大夫 少府延二年免 京兆尹成
五	六月辛酉長信少府貢禹為御史大夫十二月丁未卒丁巳長信少府薛廣德為御史大夫一年以病賜安車駟馬免 河南太守劉彭祖為左馮翊二年遷太子太傅
永光元年	十一月戊寅丞相定國賜安車駟馬免 七月癸未大司馬高賜安車駟馬免九月戊子侍中衛尉王接為大司馬車騎將軍 七月辛亥太子太傅韋玄成為御史大夫一年遷 太僕金賞為光祿勳一年卒 衛尉雲 故建章衛尉丙顯為太僕十年免 大司農奭 侍中中大夫歐陽餘為少府五年卒

二	二月丁酉御史大夫韋玄成為丞相 軍 二月丁酉右扶風鄭弘為御史大夫五年有辜自殺 光祿大夫非調為大司農 右扶風彊五年 隴西太守馮野王為左馮翊五年遷
三	四月癸未大司馬接薨七月壬戌左將軍衛尉許嘉為大司馬車騎將軍 右將軍奉世為左將軍光祿勳一年卒侍中中郎將王商為右將軍十一年遷
四	宗正劉臨 水衡都尉福 光祿大夫琅邪張譚仲叔為京兆尹四年不勝任免
五	
建昭元年	太子少傅匡衡為光祿勳一年遷 尚書令五鹿充宗為少府五年貶為玄菟太守 右扶風
二	八月癸亥諸吏散騎光祿勳匡衡為御史大夫一年遷 左曹西平侯于永為光祿勳十六年遷 執金吾李延壽為衛尉一年遷 左馮翊馮野王為大鴻臚五年為上郡太守 左馮翊郭延
三	六月甲辰丞相玄成 七月戊辰衛尉李延 陽平侯王鳳為侍中

	四	五	竟寧元年		孝成建始元年		二
薨七月癸亥御史大夫匡衡爲丞相							
			六月己未侍中衞尉王鳳爲大司馬	大將軍			
壽爲御史大夫三年卒一姓繁師古曰繁音蒲元反			七月丙寅太子太傅張譚爲御史大	夫三年坐選舉不實免			
					騏侯駒普爲太常數月罷		宗正劉慶忌爲太常五年病免
衞尉二年遷					衞尉王罷軍		
			太僕譚				執金吾王章爲太僕五年病免
							蜀郡太守何壽爲廷尉四年徙
							大鴻臚浩賞二年徙
			陽城侯劉慶忌爲宗正三年遷				
			河南太守召信臣爲少府二年徙中	少府安平侯王章子然爲執金吾二年遷			右扶風溫順爲少府二年坐買公田與近臣下獄論弋陽侯任
	中郎將王禹爲水衡都尉	五年			常山太守溫順子敎爲右扶風一年遷		水衡都尉爵太原太守讓爲右扶風
		京兆尹王昌穉賓二年轉爲鴈門太守			弘農太守宋平次君爲京兆尹河南太守	畢衆爲左馮翊	河東太守杜陵甄尊少公爲京兆尹二年貶爲河南太守

	三		四		河平元年	二
	十二月丁丑丞相衡免		三月甲申右將軍王商爲丞相			
	八月癸丑大司馬嘉賜金免					
	十月乙卯諸吏左曹光祿大夫尹忠爲御史大夫一	年坐河決自殺	十一月壬戌少府張忠爲御史大夫六年卒			
	右將軍王商爲左將軍一年遷執金吾千秋爲右將	軍一年遷	右將軍千秋爲左將軍三年薨長樂衞尉史丹爲右將軍三年遷			
					衞尉王立中都師古曰中讀曰仲	
						北海太守安成范延壽子路爲廷尉八年卒
			河南太守漢爲大鴻臚一年免			
	宗正劉通				千乘太守東萊劉順爲宗正四年坐使合陽侯舉子免	廷尉何壽爲大司農
千秋長伯爲執金吾一年遷			東平相鉅鹿張忠子顔爲少府十一月遷		司隸校尉王駿爲少府七年徙執金吾輔	
	南陽太守王昌爲右扶風三年免				水衡都尉王勳	漢中太守平原王賞少公爲右扶風三年免
			守京輔都尉王遷爲京兆尹二年免大鴻臚浩賞爲左馮翊九月減	死罪一等論	杜陵韓勳長賓爲左馮翊三年爲少府	楚相齊宋登爲京兆尹三年貶爲東郡都尉未發坐漏泄省中語下獄自殺

三	四	陽朔	元年	二		三
	四月壬寅丞相商免六月丙午諸吏散騎光祿大夫張禹爲丞相					
						八月丁巳大司馬鳳薨九月甲子御史大夫王
				四月癸卯侍中	太僕王音爲御史大夫一年遷	十一月丁卯諸吏散騎光祿勳于永爲御史大
右將軍丹爲左將軍十三年薨太僕王章爲右將軍						
宜春侯王咸長伯爲太常一年病免平昌侯王臨爲太常六年薨						
						右將軍王章爲光祿勳數月薨
		侍中水衡都尉	金敞爲衞尉四年卒			
侍中中郎將王音爲太僕三年遷				史柱國衞公爲	太僕師古曰姓史名柱國字衞公也	右扶風甄尊爲太僕
	大夫章安世爲大鴻臚三年爲長樂衞尉			大鴻臚勳		
		常山太守劉武	成爲宗正四年卒			
右曹光祿大夫辛慶忌爲執金吾四年貶爲雲中太守						護西域騎都尉韓立子淵爲執金吾五年左遷
	侍中奉車都尉金敞爲水衡都尉一年遷	水衡都尉順	河內太守甄尊爲右扶風三年遷			左曹水衡都尉河內荀參咸神
光祿大夫武爲左馮翊	司隸校尉王章爲京兆尹一年下獄死	弘農太守平陵	逢信少子爲京兆尹三年遷陳留太守薛宣爲左馮翊三年遷			

	四		鴻嘉元年		二		三
			三月庚戌丞相禹賜金安車駟馬免四月庚辰御史大夫薛宣爲丞	相			
音爲大司馬車騎將軍							
夫二年卒			正月癸巳少府薛宣爲御史大夫四月庚辰京兆尹王駿爲御史大	夫五年卒			
			光祿勳辛慶忌爲右將軍				
			平臺侯史中爲太常六年病免建平侯杜業君都爲太常七年免				
	雲中太守辛慶忌爲光祿勳四年遷						右將軍慶忌爲光祿勳四年遷光祿
			陽平侯王襄爲衞尉五年徙				
	京兆尹逢信爲太僕六年遷						
					左馮翊趙增壽爲廷尉五年貶爲常山都尉		
			大鴻臚愼				
			千乘令劉慶忌爲宗正六月坐平都公主殺子貶爲遼東太守				
舉不實免	左馮翊薛宣爲少府二月遷		東都太守琅邪王賞中子爲少府四年免師古曰中讀曰仲				
	水衡都尉禹太原太守淳于信中君爲右扶風師古	曰中讀曰仲					張掖太守牛商子夏爲右扶風四年
	少府王駿爲京兆尹一年遷		太原太守河內鄧義子華爲京兆一年爲鉅鹿太守廬江太守趙增	壽穉公爲左馮翊一年遷	隴西太守劉咸子然爲京兆尹一年卒泗水相茂	陵滿黥子楊爲左馮翊四年貶爲漢中都尉	都尉丞相司直翟方進爲京兆尹三

	四	永始元年	二	三
			十月巳丑丞相宣免十一月壬子執金吾翟方進為丞相	
			正月乙巳大司馬音薨二月丁酉特進成都侯王商為大司馬衞將軍	
			三月丁酉京兆尹翟方進為御史大夫八月貶為執金吾十一月壬子諸吏散騎光祿勳孔光為御史大夫七年貶為廷尉	
				右將軍辛慶忌為左將軍三年卒光祿勳韓勳為右將軍一年卒
勳并將軍			諸吏散騎光祿大夫孔光為光祿勳九月遷執金吾韓勳為光祿勳六月遷	少府師丹為光祿勳二年遷侍中光祿大夫
			太尉逢信為衞尉二年免	
			衞尉王襄為太僕三年病免	
				琅邪太守陳慶君卿為廷尉一年為長信少府
			長信少府平當為大鴻臚三年遷	
				朔方太守劉宏人為宗正左馮翊朱博為大司農一年為犍為太守
	中少府韓勳為執金吾四年遷師古曰中少府皇后官	南陽太守陳咸為少府二年免	御史大夫翟方進為執金吾一月遷	光祿大夫師丹為少府五月遷詹事許商為少府二年為侍中光祿大夫金城太守
免		水衡都尉淳于長三年免		東平太傅彭宣為右扶風一年遷
年遷			信都太守長安宗正子世為京兆尹二年貶為河南太守琅邪太守朱博為左馮翊一年遷	河內太守杜陵龐真為左馮翊三年遷

	四	元延元年	二	三
		正月壬戌成都侯商復為大司馬衞將軍十二月乙未遷為大司馬大將軍辛亥薨庚申光祿勳王根為大司馬驃騎將軍		
	執金吾廉褒為右將軍五年免	執金吾尹岑為右將軍二年薨		廷尉朱博為後將軍二年免
	鄭侯蕭育為太常六年薨			
		大鴻臚平當為光祿勳七月坐前議昌陵貶為鉅鹿太守曲陽侯王根為光祿勳一年遷	樂昌侯王安惠公為光祿勳數月病免	尚書僕射趙玄少平為光祿勳二年為太
	侍中水衡都尉淳于長為衞尉三年免			
		護軍都尉甄舜子節為太僕東萊太守平陵范降偉公為太僕二年免		護軍都尉任宏偉公為太僕二年徙
	右扶風彭宣為廷尉三年以王國人為太原太守		光祿大夫朱博為廷尉一年遷	沛郡太守何武為廷尉二年遷
			太山太守蕭育守大鴻臚數月徙	九江太守王嘉為大鴻臚三年遷
	會稽太守沛劉交游君為宗正十年汝南太守嚴訢子慶為大司農三年卒			大司農竟
廉褒子上為執金吾一年遷	護羌校尉尹岑子河為執金吾一年遷	左馮翊龐真為少府四年遷廣漢太守趙護子夏為執金吾		
	光祿大夫潁川師臨子威為水衡都尉八月遷水衡都尉臨為右扶風三年為沛郡都尉	侍中光祿大夫趙彪大伯為侍中水衡都尉三年卒		水衡都尉南陽王超驃軍三年坐淳于長
	司隸校尉何武為京兆尹一年貶為楚內史	廣陵太守王建為京兆尹河南太守徐議子張為左馮翊四年免	廣漢太守孫寶為京兆尹一年免	

	四	綏和元年	二
			二月壬子丞相方進薨三月丙戌左將軍孔光為丞相
		四月丁丑大司馬驃騎將軍根更為大司馬七月甲寅賜金安車駟馬免十一月丙寅侍中騎都尉光祿大夫王莽為大司馬	十二月丁卯大司馬莽賜金安車駟馬免庚午左將軍師丹為大司馬四月徙
		三月戊午廷尉何武為御史大夫四月乙卯為大司空一年免	十月癸酉大司馬丹為大司空一年免
		廷尉孔光為左將軍一年遷執金吾王咸為右將軍一年遷	右將軍王咸為左將軍十月免衞尉傅喜為右將軍十一月賜金罷太子太傅師丹
			安丘侯劉常為太常四年病賜金百斤安車駟馬免就國
子太傅		侍中光祿大夫師丹為諸吏散騎光祿勳十一月為太子太傅大司農許商為光祿勳四月遷	大司農彭宣為光祿勳六月遷衞尉王能為侍中光祿勳二年貶為弘農太守坐呂
		成陽侯趙訢君偉為衞尉六月侍中光祿大夫司農趙玄為衞尉一月為中少府	太子中庶子傅喜穉游為衞尉二月遷侍中光祿大夫王冀子卿為衞尉二月遷
		駙馬都尉王舜為太僕二年病免	
		御史大夫孔光為廷尉九月遷少府龐真為廷尉二年為長信少府	
			執金吾謝堯為大鴻臚三年徙
	北地太守谷永為大司農一年免	侍中光祿大夫許商為大司農數月遷太原太守彭宣為大司農一年遷	大司農河東梁相子夏一年遷
		詹事平陵賈延初御為少府三年太僕宏為執金吾十一月貶為代郡太守光祿大夫王咸幼公為執金吾三月遷南陽謝堯長平一年遷	光祿大夫鉅鹿閻崇君閭為執金吾六年卒執金吾河內孫雲子叔三年遷
自殺守鴻臚大山太守蕭育為右扶風三年免		京兆都尉甄豐長伯為水衡都尉二年為泗水相	故太僕范隆為右扶風八月為冀州牧太山馬嘉次君為右扶風一年免
		長信少府薛宣為京兆尹一年貶為淮陽相丞相司直琅邪遂義子贛為左馮翊坐選舉免	光祿大夫朱博為京兆尹數月遷光祿大夫郡漢游君為京兆尹數月病為中大

	孝哀建平元年	二	三
		四月乙未丞相光免御史大夫朱博為丞相八月甲戌有辠自殺十二月甲寅御史大夫平當為丞相	三月巳酉丞相當薨四月丁酉御史
	四月丁酉侍中光祿大夫傅喜為大司馬	二月丁丑大司馬喜免陽安侯丁明為大司馬衞將軍	
	十月壬午京兆尹朱博為大司空	四月戊午大司空博為御史大夫乙亥遷中尉趙玄為御史大夫五月下獄論九月乙酉諸吏散騎光祿勳平當為御史大夫十二月遷	四月丁酉河南太守王崇為御史大月丙寅京兆尹王嘉為御史大夫一年遷
為左將軍五月遷光祿勳彭宣為右將軍二年遷	右將軍彭宣為左將軍一年坐與淮陽王婚免	光祿勳丁望為左將軍卒執金吾公孫祿為右將軍一年遷	右將軍公孫祿為左將軍一年免
寬自殺		衞尉望為光祿勳一月遷光祿大夫平當為光祿勳四月遷	少府賈延為光祿勳二年遷
城門校尉丁望為衞尉三年遷		少府賈延為衞尉十一月遷故官執金吾孫雲為衞尉四年遷	
		城門校尉丁憲子尉為太僕四年遷	
	大司農梁相為廷尉二年貶為東海都尉		左馮翊方賈為廷尉四年徙
		大鴻臚雲陽畢申世叔五年徙	
	大司農左咸一年徙		御史大夫王崇為大司農二年遷
		衞尉賈延為少府一年遷五官中郎將潁川公孫祿中子為執金吾師古曰中讀曰仲	尚書令涿郡趙昌君仲為少府一年
		侍中水衡都尉讓大鴻臚謝堯為扶風一年遷	光祿大夫東海親章子讓為右扶風
夫大鴻臚王嘉為京兆尹二年遷	司隸校尉東海方賞君賓為左馮翊二年遷		潁川太守毋將隆為京兆尹一年遷

	四	元壽元年	
大夫王嘉爲丞相		三月丙午丞相嘉下獄死七月丙午御史大夫孔光爲丞相	
		正月辛丑大司馬衛將軍明更爲大司馬驃騎將軍特進孔鄉侯傅晏爲大司馬衛將軍辛亥賜金安車駟馬免	九月己卯大司馬明免十一
夫九月貶	三月丁卯諸吏散騎光祿勳賈延爲御史大夫一年遷	五月乙卯諸吏光祿大夫孔光爲御史大夫二月遷七月丙午汜鄉侯何武爲御史大夫二月免	八月辛卯光祿大夫彭宣爲御
執金吾蟜望爲右將軍一年遷	諸吏散騎光祿大夫王安爲右將軍一年遷	御史大夫何武爲前將軍二年免	
	建平侯杜業爲太常二年貶爲上黨都尉		
		詹事馬宮爲光祿勳二年遷	
		少府董恭爲衛尉二月爲光祿大夫右扶風謹弘爲衛尉一年遷	
	陳留太守渤海劉不惡子麗爲宗正更名容		
爲河內太守將作大匠東海蟜望王君爲執金吾三月遷光祿大夫蕭育爲執金吾一年免	光祿大夫董恭君孟爲少府一年遷京兆尹毋將隆爲執金吾一年貶爲沛郡都尉	衛尉孫雲爲少府一月陳留太守茂陵耿豐爲少府二年爲復土將軍京兆尹申屠博爲執金吾一年免	
一年免	光祿大夫龔勝爲右扶風一年歸故官	光祿大夫沛弘諷巨君爲右扶風冬遷	光祿大夫南夏常仲齊爲右扶
大司農左咸爲左馮翊三年爲復土將軍	光祿大夫茂陵申屠博次孫爲京兆尹一年遷	京兆尹南陽翟萌幼中、師古曰中讀曰仲	

	二	孝平元始元年
	五月甲子丞相光爲大司徒九月辛酉爲大傅右將軍馬宮爲大司徒	三月丙辰太傅孔光爲太師大司馬王莽爲太傅大司馬車騎
月壬午諸吏光祿大夫韋賞爲大司馬車騎將軍己丑卒十二月庚子侍中駙馬都尉董賢爲大司馬衛將軍	五月甲子大司馬衛將軍賢更爲大司馬六月乙未免庚申新都侯王莽爲大司馬	三月丙辰大司馬莽遷
史大夫	五月甲子御史大夫宣爲大司空三月病免八月戊午右將軍王崇爲大司空	
	安陽侯王舜爲車騎將軍八月遷衛尉王崇爲右將軍三月光祿勳馬宮爲右將軍三月遷光祿勳甄豐爲右將軍六月遷執金吾孫建爲右將軍二年遷	
	博陽侯丙昌爲太常二年貶爲東郡太守	
	左曹中郎將甄豐爲光祿勳一年遷	侍中奉車都尉甄邯子心爲光祿勳三年遷
	大司農王崇爲衛尉二月遷建成侯黃輔子元爲衛尉	
	長樂衛尉王惲子敬爲太僕五年遷	
	故廷尉梁相復爲大理三年坐除吏不次免	
	復土將軍左咸爲大鴻臚	
	衛尉弘譚爲大司農	中郎將蕭咸爲大司農一年卒
	光祿大夫韓容子伯爲執金吾一月免護軍都尉孫建子夏爲執金吾三月遷	少府宗伯鳳君房中郎將任岑爲執金吾一年卒
風	大鴻臚畢由爲右扶風六月貶爲定襄太守	右輔都尉趙恢君同爲右扶風一年免
	京兆尹清河孫意子承廷尉方賞爲左馮翊一年遷	大司徒司直金欽爲京兆尹六月爲侍中光祿大夫左馮翊張

	二	三	四	五
將軍王舜爲太保車騎將軍				四月乙未太師光薨大司徒宮爲大司馬八月壬午免十二月丙午長樂少府平晏爲大司徒
	二月癸酉大司空王崇爲病免四月丁酉少府左將軍甄豐爲大司空			
	右將軍孫建爲左將軍光祿勳甄邯爲右將軍光祿勳			執金吾王駿爲步兵將軍
	安昌侯張宏子夏爲太常二月貶爲越騎校尉	城門校尉劉岑子張爲太常二年徙爲宗伯		
				太僕惲爲光祿勳
		尚書令潁川鍾元寧君爲大理		
	大鴻臚橋仁			大鴻臚左咸
	光祿大夫孫寶爲大司農數月免		宗正容更爲宗伯一年免	太常劉岑爲宗伯大司農尹咸
	左輔都尉尹賞爲執金吾一年卒	執金吾長安王駿君公三年遷		
	中郎將辛成子淵爲水衡都尉大司馬司直沛武襄君孟爲右扶風三年爲冀州		將作大匠謝堯爲右扶風年七十病免賜爵關內侯	尚書令南陽鄧馬君侯爲右扶風
嘉		左馮翊臣咸子期	京兆尹鍾義左馮翊沛孫信子儒	宰衡護軍武襄爲京兆尹數月遷中郎將南陽郝黨子嚴爲右馮翊

前漢書卷十九下考證

百官公卿表下十二年○臣召南按陳平傳高帝崩平固請得宿衞中太后乃以爲郎中令惠帝六年爲左丞相據此則是年郎中令一格應書曲逆侯陳平爲郎中令六年遷作表時脫漏耳

孝惠三年長修侯杜恬爲廷尉○臣召南按恬爲廷尉應在二年以功臣表證之恬以二年薨其子中以三年嗣則此表列于三年誤也

高后四年平陽侯曹窋爲御史大夫○窋訛窟從宋本改正

高后七年七月辛巳左丞相食其爲太傅八年九月丙戌復爲丞相後九月免○司馬光曰史記將相表八年七月辛巳食其爲太傅九月丙戌復爲丞相後九月免漢書表乃云云以長歷推之八年七月無辛巳九月無丙戌閏月羣臣迎代邸無食其名二表皆誤

孝文十年廷尉昌廷尉嘉○臣召南按張釋之傳釋之爲廷尉至景帝初年始出爲淮南相是釋之終文帝之世爲廷尉也此表文帝十年書廷尉昌廷尉嘉十五年書廷尉宜昌後元年書廷尉信孝景元年書廷尉歐凡五易其人矣表傳不同如此

孝景中二年中尉○臣煕按中尉下脫一字葢中尉某也古本亦脫又太初二年少府王偉中尉某亦脫一字

中五年主爵都尉不疑○臣召南按直不疑傳但云景帝後元年拜御史大夫而已此表不疑于中五年爲主爵都尉六年由中大夫令更爲衞尉後元年由衞尉遷御史大夫可以補傳所不及

孝武建元二年郎中令石建六年卒○臣召南按六年卒當作十六年卒萬石君以元朔五年沒建哀毀歲餘亦遂死焉而李廣代建爲郎中令兩傳可證也宋本監本俱于六年之上脫十字耳且田竇廷辯時建爲分別言兩人事若建爲郎中令僅閱六年安得彼時尚有建在乎

元光四年九月中尉張歐爲御史大夫宣平侯張歐爲太常○臣召南按張歐與敺字形相近御史大夫是安邱侯悅子即列傳所謂張叔宣平侯則張敖之孫張偃之子也但功臣表哀侯歐以景帝中二年卒矣豈得至元光時乎先儒並無疑及此者

元鼎五年陽平侯杜相爲太常○按杜相功臣表作杜相夫

太始四年江都侯坐亂尊卑免○監本訛截其半入征
和元年非也今從宋本改正
征和四年光祿勳有祿○監本有字下脫祿字從宋本
補
孝昭始元四年騎都尉上官安爲車騎將軍○臣召南
按昭紀及霍光傳並作驃騎將軍
元鳳四年御史大夫王訢爲相○按文相字上脫丞字
蒲侯蘇昌爲太常十一年坐籍霍山書泄秘書免師古
曰以秘書借霍山○顧炎武曰師古說非也蓋籍沒
霍山之書中有秘記當密奏之而輒以示人故以宣
泄罪之耳山本傳言山坐寫秘書顯爲上書獻城西
第入馬千匹以贖山罪若山之秘書從昌借之昌之
罪將不止免官而元康四年昌復爲太常薄責昌而
厚繩山非法之平也且如顏說當云坐借霍山秘書
免足矣何用文之重辭之複乎
五年十二月庚戌丞相訢薨○監本脫十二月九字從
宋本補
孝宣本始二年詹事東海宋疇○臣召南按宣紀作宋
畸注蘇林曰畸音踦隻之踦師古曰音居宜反據此
則表作疇誤也下文同
博士后倉爲少府一年遷執金吾辟兵三年遷○臣召
南按一年監本訛作三年又脫兩遷字從宋本補但
以后倉及辟兵考之後文並無遷陟則兩遷字或係
古本之衍文也
地節元年水衡都尉朱輔爲右扶風○監本風字下衍
博字今删
四年弋陽侯任宮爲太常○監本訛邱宮從宋本改正
孝元初元元年水衡都尉馮奉世○監本脫馮奉世三
字從宋本補
孝成河平三年太僕王章爲右將軍四年司隸校尉王
章爲京兆尹○許應元曰同時有兩王章又兩王商
一昌樂侯宣帝舅王武之子爲丞相一成都侯孝元
皇后之弟代王音爲大司馬者也
永始二年翟方進爲御史大夫八月貶爲執金吾○凌
稚隆曰自三月爲御史大夫至十一月而貶凡居官
八月耳荀紀因之遂爲秋八月貶也非是
三年光祿勳韓勳爲右將軍○監本脫韓勳二字從宋
本補
元延四年北地太守谷永爲大司農○臣召南按監本
刊此文於第十層是大鴻臚格也宋本在第十一格
是從之
孝哀建平二年御史大夫王當爲丞相○按文應作平
當各本俱誤

前漢書卷二十

漢　蘭　臺　令　史班　固撰

唐正議大夫行祕書少監琅邪縣開國子顏師古注

古今人表第八（師古曰但次古人而不表今人者其書未畢故也）

自書契之作先民可得而聞者經傳所稱唐虞以上帝王有號謚輔佐不可得而稱矣（文穎曰言遠經傳不復稱序也師古曰契謂刻木以記事自唐虞以上帝王有號見於經典其臣佐不可得而稱記也）而諸子頗言之雖不考虖孔氏然猶著在篇籍歸乎顯善昭惡勸戒後人故博采焉孔子曰若聖與仁則吾豈敢（師古曰此孔子自謙不敢當聖與仁也）又曰何事於仁必也聖乎（師古曰言能博施於人而濟衆者非止稱仁乃爲聖人也）未知焉得仁（師古曰言智者雖能利物猶不及仁者所濟遠也）生而知之者上也學而知之者次也困而學之又其次也困而不學民斯爲下矣（師古曰困謂有所不通也）又曰中人以上可以語上也（師古曰言中庸之人漸於訓誨可以知上智之所知也）唯上智與下愚不移（師古曰言上智不染於惡下愚雖教無成自此以上皆見論語凡引此者蓋班氏自述所表先聖後仁及智愚之次皆依於孔子者也）傳曰譬如堯舜禹稷卨與之爲善則行鮌讙兜欲與爲惡則誅（師古曰鮌檮杌也讙兜渾沌也）可與爲善不可與爲惡是謂上智桀紂龍逢比干欲與之爲善則誅（師古曰關龍逢桀之臣也王子比干紂之臣也皆直諫而死也）于莘崇侯與之爲惡則行（師古曰于莘桀之勇人也崇侯紂之佞臣也）可與爲惡不可與爲善是謂下愚齊桓公管仲相之則霸豎貂輔之則亂（師古曰豎貂即寺人貂也）可與爲善可與爲惡是謂中人因茲以列九等之序究極經傳繼世相次總備古今之略要云（張晏曰老子玄默仲尼所師雖不在聖要爲大賢文伯之母達於典禮動爲聖人所歎言爲後世所則而在第四田單以即墨孤城復彊齊之大魯連之博通忽於榮利藺子申威秦王退讓廉頗乃在第五大姬巫怪好祭鬼神陳人化之國多淫祀寺人孟子違於大雅以保其身既被宮刑怨刺而作乃在第三嫪毒上烝昏亂禮度惡不忍聞乃在第七其餘差違紛錯不少略舉揚較以起失謬獨馳騖於數千歲之中旁觀諸子事業未究而尋遇竇氏之難使之然乎師古曰六家之論輕重不同百行所存趣捨難壹張氏輒申所見掎摭班史然其所論又自差錯且年代久遠墳典隕亡學者舛駁師論分異是以表載古今名氏或與諸書不同今則特有發明用暢厥旨自女媧以下帝鴻以前諸子傳記互有舛駁敘說不同無所取正大要知其古帝之號而已諸人士見於史傳彰灼可知者無待解釋其間幽厤者時復及焉）

上上 聖人	太昊帝宓羲氏（師古曰宓音伏字本作虙其音同耳○張晏曰太昊有天下號也作罔罟田漁以備犧牲故曰宓羲氏）
上中 仁人	女媧氏（師古曰媧音古蛙反又音瓜） 共工氏（師古曰共讀曰龔下皆類此） 容成氏 大廷氏（師古曰廷讀曰庭） 柏皇氏 中央氏 栗陸
上下 智人	
中上	
中中	
中下	
下上	
下中	
下下 愚人	

上上	炎帝神農
上中	氏 驪連氏 赫胥氏 尊盧氏 沌渾氏（師古曰沌音大本反渾音胡本反） 昊英氏 有巢氏 朱襄氏 葛天氏 陰康氏 亡懷氏（師古曰亡讀曰無下皆類此） 東扈氏 帝鴻氏 悉諸（炎帝師）
上下	
中上	
中中	
中下	
下上	
下中	
下下	

氏 少典
列山氏 張晏曰炎帝妃以火德王故號曰炎帝作耒耜故曰神農
歸臧氏
黃帝方雷氏
軒轅氏 張晏曰以土德王故號曰黃帝作軒冕之服故謂之軒轅
倉頡 黃帝史
黃帝妃生玄囂是為青陽
纍祖 黃帝妃生昌意 師古曰纍音力追反
彤魚氏 黃帝妃生夷鼓
嫫母 黃帝妃生倉林 師古曰嫫音墓字從巾即嫫母也
封鉅 黃帝師
大填 黃帝師
大山
稽
蚩尤

黃帝師
力牧
風后
鬼臾區 師古曰即鬼容區也臾容聲相近
封胡
孔甲
岐伯
泠淪氏 服虔曰淪音鯀 始造十二律者 師古曰音零綸
少昊帝金天氏 張晏曰以金德王故號曰金天
五鳥
五鳩
昌僕 昌意妃生顓頊
顓頊 女祿
帝高陽氏 顓頊妃生老童
嬌極 老童妃生重黎
吳回
后土
蓐收
玄冥
九黎

熙
柱
帥味
允格
臺駘 師古曰駘音胎
窮蟬 顓頊子生敬康
大款 顓頊師
柏夷
亮父 顓頊師 師古曰父讀曰甫下皆同
綠圖 顓頊師
僑極 玄囂子生帝嚳
帝嚳高辛氏 張晏曰少昊以前天下之號象其德顓頊以來天下之號因其名高陽高辛皆所興地名也顓頊與嚳皆以字
姜原 帝嚳妃生弃
簡逿 帝嚳妃生卨 師古曰逿音吐歷反卨

為號上古質故也
簡狄
陳豐 帝嚳妃生堯 師古曰即陳鋒是也
娵訾 帝嚳妃生摯
祝融
陸終 祝融子
女潰 陸終妃生六子 一曰昆吾 二曰參胡 三曰彭祖 四曰會乙 五曰曹姓 六曰季連
廖叔安 師古曰左氏傳作飂同音力周反又力受反
舟人
赤松子 帝嚳師
柏招 帝嚳師
句望

帝堯陶唐氏 張晏曰翼善傳聖曰堯
敬康子生蟜牛　師古曰句音鉤蟜音嬌　帝摯　女皇 堯妃散宜氏女　羲仲　羲叔　和仲　和叔　倉舒　隤敱 師古曰隤音頹敱音五來反　檮戭 師古曰檮音疇戭音演　大臨　尨降 師古曰降音下江反　咎繇　仲容　叔達　栢奮　仲堪　叔獻　季仲　栢虎　仲熊
朱 堯子　閼伯　實沈　女志 鮌妃有莘氏女生禹 師古曰莘音所巾反
共工　讙兜　三苗　鮌

帝舜有虞氏 張晏曰仁聖盛明曰舜舜之言充也
叔豹　季熊 師古曰即左氏傳所謂季貍者也　尹壽 堯師　被衣 師古曰被音披　方回　王兒 師古曰兒音五奚反　齧缺　許繇 師古曰即許由也　巢父　子州支父　娥皇 舜妃　女罃 舜妃 師古曰即女英也罃音於耕反　姞人 弃妃 師古曰姞音其乙反
敤手 舜妹 師古曰敤音口果反流俗書本作擊字者誤　董父　石戶之農　北人亡擇
鼓叜 蟜牛子生舜　象 舜弟　商均 舜子

帝禹夏后氏
禼　垂　朱斨　栢譽 師古曰譽音弋於反　栢益　龍　夔　女趫 禹妃塗山氏女生啓 師古曰趫音丘遙反　啓 禹子
雒陶　續身　栢陽　東不訾　秦不虛　師古曰雒陶已下皆舜之友也身或作耳虛或作字並見尸子　昭明 禼子　奚仲　相土 昭明子　六卿　不窋 弃子 師古曰窋音竹出反
肩
昌若 相土子　根圉 昌若子　有扔君 師古曰扔音仍
中康 太康弟 師古曰中讀曰仲下皆類此　相　后緡
后夔　玄妻
太康 啓子兄弟五人號五觀　羲和 師古曰即廢時亂日胤往征之者也　逢門子
有扈氏 師古曰即與啓戰于甘者也　羿 師古曰有窮君也

公劉 鞠子
少康 相子　二姚 少康妃　芬 師古曰芬音紛　芒 槐子　泄　不降　劉絫 師古曰古累字　關龍逢
靡　女艾　冥 根圉子　垓 冥子 師古曰垓音該　微 垓子　鞠 不窋子　扃 不降弟 師古曰扃音工熒反　廑 師古曰音勤又音覲
武羅　栢因　熊髡　庬圉　師古曰武羅以下四人皆羿之賢臣也庬音尨　虞后氏　杼 少康子 師古曰杼音大呂反　槐 杼子　報丁 微子　報乙　報丙　主壬　主癸
相妃生少康
斟灌氏　斟尋氏　師古曰二國夏同姓諸侯為羿所滅也　孔甲 不降子　皐 師古曰墓在殽者也　發　韋 師古曰豕韋國彭姓　鼓
豷 師古曰豷音許冀反　栢封叔　癸 發子是為桀　末嬉
韓浞 師古曰羿之相也浞音士角反　奡 師古曰奡音五到反楚詞所謂澆者也

帝湯 殷商氏（師古曰：禹湯皆字。三王去唐之文，從高古之質，故夏殷之王皆以名爲號也。）
有娀氏（湯妃，生大丁。師古曰：娀與莘同。）
仲虺（師古曰：湯左相。）
虞公 遂
慶節 公劉子
師古曰：桀即顧國，妃己姓。
昆吾（師古曰：妘姓國也。三者皆湯所誅也。）
于莘 雅侈
葛伯（師古曰：湯所征。）
尹諧（師古曰：湯所誅，見孔子家語。）
大丁 逢公
老彭 栢陵
義伯 費昌
中伯（師古曰：費音扶。）
義仲（師古曰：味之二臣。）湯反
皇僕 慶節子
伊尹 卞隨
終古 夏太史令
外丙
務光 大丁弟
咎單（師古曰：湯臣，主土地之官也。單音善，下皆類此。）
中壬 外丙弟
太甲 大丁子
沃丁 太甲子
差弗 皇僕子
毀隃（師古曰：差音楚宜反。）
大庚 沃丁弟
小甲 大庚子
雍巳 小甲弟
大戊 伊陟 孟獻

巫咸（師古曰：大戊之臣也。）
雍巳弟 中衍（師古曰：益伊尹子後也。）
差弗子（師古曰：隃音踰。）
臣扈（師古曰：亦湯臣。）
中丁 大戊弟
外壬 中丁弟
河亶甲
公非 毀隃子
甲 外壬弟
祖乙 河亶甲弟
巫賢
辟方
祖辛
公非子（師古曰：辟音璧。）
沃甲 祖乙子
祖辛弟
高圉
祖丁 祖辛子
辟方子
南庚 沃甲子
夷竢
高圉子（師古曰：竢與俟同。）
大彭
豕韋
亞圉 高圉子
陽甲 祖丁子
盤庚 陽甲弟
雲都 亞圉弟
小辛 盤庚子
小乙 小辛弟
公祖 亞圉子
武丁
劉姓

傅說 小乙子（師古曰：說讀曰悅。武丁相也。）
祖巳
豕韋
甘盤
孝巳（師古曰：武丁師也。）
大王
祖伊
亶父
祖庚 公祖子
武丁子
姜女
太王妃
甲 祖庚弟
馮辛
大伯
甲子
庚丁 馮辛弟
中雍
王季
武乙 庚丁子
大丁 武乙子
大任 王季妃，生文王
乙 大丁子
微子 紂兄
辛
乙子，是爲紂
箕子
比干
妲己 紂妃（師古曰：妲音丁葛反。）
伯夷
費中（師古曰：費音扶味反。）
叔齊

大師 膠鬲
飛廉
摯
亞飯 微中
惡來
干
商容（師古曰：飯音扶晚反。）
左彊
三飯 師涓（師古曰：涓音工。）
繚（師古曰：繚音來彫反。）
梅伯
四飯
缺
邢侯
鼓方
叔
鬼侯
播鼗
武
師古曰：鼗音徒高反。
少師
陽
擊磬
襄
伯達
伯适（師古曰：自師摯以下八人，皆紂時奔走，分散而去。鄭玄以爲周平王時人，非也。适音江反。）
中突
考
伯邑
中留 文王子
文王
周氏
大姒 文王妃
號中（師古曰：留與忽同。）
楚熊
號叔
麗
叔夜（師古曰：中叔二子。鬻）
叔夏（師古曰：人皆文王弟也。鬻讀與粥同。）
大顛
閎夭
粥熊
季隨

武王 文王子 周公
散宜生 南宮适 師古曰大顛以下文王之四友也 祭公 師古曰祭音側介反 師尚父 畢公 文王子 太師庇 少師彊 成王誦 武王子 召公 周同姓 史佚
師古曰文王師也粥音弋六反 辛甲 周任 史扁 師古曰扁音翩 向摯 殷太史 邑姜 武王妃 大姬 武王妃 曹叔振鐸 文王子 毛叔鄭 文王子 虞閼父 陳胡公滿 舜後 衞康叔封 聃季載 文王子 君陳
季騧 師古曰伯達以下周之八士也騧音瓜 成叔武 文王子 霍叔處 文王子 檀伯達 師古曰武王臣 蘇忿生 師古曰武王司寇蘇公 滕叔繡 文王子 原公 文王子 郜子 文王子 師古曰郜音告 雍子 文王子 酆侯 文王子 郇侯 文王子 師古曰郇音荀
虞侯 芮侯 師古曰二國訟田質於文王者 吳周章 中雍曾孫 杜伯 楚熊狂 麗子 虞中 周章弟 杞東樓公 禹後 邘侯 武王子 韓侯 武王子 齊丁公伋 師尚父子 魯公伯禽 周公子
芮伯 師古曰周同姓之國在圻內者當武王時作旅巢命 巢伯 師古曰南方遠國武王克商而來朝 季勝 惡來弟 秦女妨 惡來子 楚子繹 狂子 孟會 季勝子
祿父 紂子 管叔鮮 文王子 蔡叔

文王子
芮伯 師古曰周司徒也 師伯 師古曰周宗伯也尚書作彤伯 毛公 師古曰周司空也 師氏 師古曰周大夫也 龍臣 師古曰周武賁氏也尚書作武臣 中桓 南宮髦 師古曰二人亦周大夫也桓髦皆其名也自芮伯以下皆見周書顧命 康王釗 成王子 師古曰昭音之遙反又音工遼反
唐叔虞 武王子 應侯 武王子 右史戎夫 祝雍 邗叔 商子
凡伯 周公子 蔣侯 周公子 邢侯 周公子 茅侯 周公子 胙侯 周公子 祭侯 周公子 師古曰祭音側介反 晉侯燮 虞子 秦旁皋 女防子 楚熊艾 繹子 宋微中 啓子 魯考公 伯禽子 齊乙公 丁公子
蔡中胡 叔度子 衞康叔 封子 陳申公 滿子 蔡伯 胡子 楚熊亶 父子 宋公稽
蔡侯宮 伯子 衞父 孟增子
祭公 辛繇靡 師古曰繇讀與由同
文王子 昭王

穆王滿 昭王子 呂侯 師古曰穆王司寇也 君牙 師古曰穆王司徒也 伯煛 師古曰穆王太僕也煛音居永反 祭公謀父 師古曰祭音側介反 密母
晉武公 燮子 秦大几 旁皋子 魯煬公 孝公子 師古曰煬音式向反 齊癸公 乙子 秦大雒 大乙子 楚熊盤 艾子 衞嗣伯 孝伯子 衞疌 嗣伯子 秦非子 大雒子
仲子 衞孝伯 康伯子 陳栢公 申公弟 陳孝公 造父 衡父子 師古曰造音千到反 徐隱王 師古曰即偃王也 鉛陵卓子 楚熊錫 盤子 宋愍公 共工子 衞靖伯 疌子
共王伊扈 穆王子 晉成侯 武侯子
魯幽公 煬公子 齊哀公 癸公子 密康公 懿王
瑕 康王子 房后 師古曰昭王后 宋煬公 愍公弟

宋弗父何 愍公子 芮良夫
共伯和 師古曰共國名也伯爵也和共伯之名也共音恭而遷史以爲周召二公行政號曰共和無所據也
秦嬴 非子子 秦侯 嬴子 史伯 宋父 秦中 伯子 魯武公 愼公弟 秦嚴
楚摯紅 渠子 衞貞伯 靖伯子 魯獻公 厲公弟 燕惠公 邵公九世 宋釐公 厲公子 師古曰釐讀曰僖下皆類此 曹夷伯 振鐸六世 魯慎公 獻公子 齊文公 厲公弟 晉釐侯
陳慎侯 孝侯子 蔡厲侯 宣侯子 魯厲公 魏公子 晉厲侯 成侯子 衞頃侯 貞伯子 楚熊延 摯弟 蔡武侯 厲侯子 衞釐公 頃公子 楚熊勇 延子 晉靖侯 厲侯子 邾顏 夏父
堅 穆王子 詩作 師古曰政道既衰怨刺之詩始作也 孝王辟方 共王弟 師古曰辟音壁 夷王摺 懿王子 師古曰摺音燮 齊武公 厲公子 杞題公 東樓子 曹幽伯 夷伯子 陳幽公 慎公子 齊厲公 武公子 魯懿公
齊胡公 哀公弟 魯衞公 幽公弟 楚熊摯 渠子 宋厲公 愍公子 齊獻公 胡公弟 厲王胡 夷王子 衞巫 楚熊嚴 勇子

公 靖侯子 武公子
仲子 楚熊 蔡夷 伯御
嘉父 䌤 侯 叔術 魯懿公兄
楚熊 嚴弟 武侯子 盰 子
譚大 霸 師古曰䌤音巡 楚熊
夫 嚴子 咢
召虎寺人 衛武 䌤子 衛共
孟子 公 陳釐 伯
方叔 釐公子 公 釐公子
伯陽 幽子
南中父 宋世 宋惠 晉獻
子士 公 侯
周宣中山史伯 釐公子 釐侯子
王靖父 晉繆
厲王子 申伯師服 燕釐 侯
尹吉 蔡夷 侯 獻侯子
父 侯 十世 齊成
韓侯 公
蹶父 奄父 宋戴 文公子
師古曰蹶音居 造父六世 公 魯孝
衛反 孫 惠公子 公
張中 鄭桓 懿公子
程伯 公友 陳武 曹戴 晉殤
休父虢文 公 伯 公
師古曰休音許 公 釐公子 幽伯子 繆公弟
蚪反 蔡釐 幽王
侯 宮涅
夷侯子 宣王子
燕頃 褒姒
侯 虢石
十一世 父
曹惠

齊嚴 伯 皇父
侯 戴伯子 卿士
成侯子
司徒
陳夷 皮
公 師古曰卽十月
武公子 之交詩所謂蕃
維司徒是也
太宰
陳平 冢伯
公
夷公弟 膳夫
楚若 中術
敖 師古曰卽所謂
咢子 中允膳夫也
內史
掫子
師古曰掫音側
流反
趣馬
蹶
秦襄 師古曰趣音千
公 後反
嚴公子 魯惠
公 師氏
文子 孝公子 萬
晉文 師古曰萬讀與
侯仇 秦文 楀同音九禹反
繆侯子 公 申侯
辛有 趙叔 襄公子
帶 楚霄
奄父子 敖

宋武 若敖子
公 鄭武
戴公子 公 平王
衛嚴 桓公子 宣臼
公 燕哀
武公子 侯 晉昭 曹繆
陳文 十二世 侯 侯
公 燕鄭 文侯子 惠公子
平公子 侯 潘父
宋考 宋宣 十三世 曹桓 曲沃
正父 公 蔡共 公 桓叔
武公子 侯 繆公子 晉文侯弟
楚蚠 釐公子 蔡戴
冒 齊釐 侯
甯子 公 共公子 晉孝
師古曰蚠音扶 嚴子 侯
宋大 粉反 燕繆 蔡宣
金 宋繆 侯 侯 曲沃
考父子 父和 十四世 戴侯子 嚴伯
宣公弟 陳桓 桓叔子
蔡桓 侯鮑
侯封 文侯子 魯隱
人 公
宣侯子 展亡 惠公子
臧釐 邾儀 駭 公子
伯 父 鄭嚴 翬
公寤 師古曰翬音暉
穎考 生 衛桓
石碏 叔 武公子 公完
師古曰碏音千 宋司 叔段 嚴公子
若反 徒皇 晉鄂 公子
鄭公 父 侯 州吁

子呂 司空 孝侯子
曹嚴 牛父 宰咺
公亦 公子 師古曰咺音許
楚武 姑 穀生 遠反
王 桓公子 彭班 宋殤
蚠冒弟 師古曰卽射姑 師古曰彭音而 公 魯桓
臧哀 鄧曼 也 桓王 宣公子 公
宋孔 伯 楚武王夫 秦憲 林 華督 惠公子
父 公 平王孫泄 師古曰華音下 夫人
大金子 魯施 文公子 父子 化反 文姜
父 衛宣 蔡哀 彭生
衛太 公晉 侯 陳厲
子伋 桓公子 桓侯弟 公
公子 晉哀 桓公弟
壽 宋嚴 虞公 侯
公馮 鄂侯子
鬭伯 繆公子 虞叔 晉小
比 燕宣 子侯
熊率 公 哀侯子
隨季 且比 十五世 楚瑕 秦出
艮 師古曰率音力 觀丁 丘 公曼
出反且音子余 父 隨少
反 薳章 師 鄭厲
鄭祭 師古曰薳音于 公突
足 詭反 嚴公子
魯申 楚文 嚴王 魯嚴 夫人
繻 王 佗 公同 哀姜 長狄
楚保 武王子 桓王子 桓公子 僑如
申 雎甥 鄧祁
聃甥 侯
師古曰聃音乃 衛惠
甘反 公朔

管仲
鮑叔 牙 召忽 師古曰召讀曰 邵 隰朋 甯戚 宋佚 牧 魯曹 劌 師古曰劌音居 衞反
齊寺 人費 師古曰即徒人費也費音祕 王青 二友 高傒 師古曰傒音奚 王子 成父 賓須 亡 麥丘 人 輪邊 師古曰輪扁也 扁音翩 平陵
養甥 謝丘 章 辛甲 石之 紛如 師古曰紛音扶 云反 齊桓 公小 白 襄公弟 蕭叔 大心 石祁 子 原繁
宣公子 公子 黔牟 左公 子泄 潘和 秦武 公 出公兄 燕桓 侯 十六世 齊公 子糾 魯公 孫隱 顓孫 師古曰顓音上 專反 曹釐 公夷 嚴公子 宋柏 公禦 說 愍弟 師古曰說讀曰 悅 秦德 公 武公弟
鄭昭 公忽 厲公兄 高渠 彌 鄭子 螽 昭公弟 右公 子職 王子 克 紀侯 紀季 齊伯 氏 寺人 貂 易牙 常之 巫 師古曰齊桓時 人也見呂覽 衞公 子開 方 釐王 胡齊 嚴王子
周公 黑肩 連稱 管至 父 雍人 禀 鮒里 乙 宋愍 公捷 南宮 萬 子游 猛獲 南宮 牛 鄭子 嬰齊 子臺子 傅瑕 晉愍 侯 哀侯弟 曲沃 武公
齊襄 公兒 公子 亡知

楚粥 拳 宰孔 魯公 子季 友 魯公 子奚 斯 衞弘 賓 師古曰賓音演 荀息 宋公 子目 夷
老 愚公 陳公 子完 佗子 虢史 嚚 周內 史過 楚屈 完 師古曰屈音九 勿反 卜偃 辛廖 師古曰廖音聊 梁餘 子養 罕夷 申生
息嬀 虢叔 魯禦 孫 召伯 廖 齊仲 孫湫 師古曰湫音子 小反 許夫 人 先丹 木 大夫 史蘇 魯釐 公 楚逢
秦宣 公 德公子 燕嚴 侯 十七世 鄭文 公椄 厲公子 彊鉏 秦成 公 宣公弟 曹昭 公班 釐公子作 詩 衞戴 公 黔牟子 趙夙 畢萬 畢公後 士蔿 臣猛 足
陳宣 公杵 臼 嚴公弟 息侯 惠王 毋涼 鄭高 克 公孫 素 陳轅 濤塗 楚申 侯 魯公 子般 魯閔 公啓 嚴公子 史華 龍滑 奚齊 卓子 師古曰卓音敕 角反
嚴公子 王子 穎 蔿國 邊柏 楚杜 敖 文王子 師古曰即堵敖 陳太 子御 寇 魯公 子牙 圉人 犖 公子 慶父 卜齮 師古曰齮音蟻 衞懿 公 惠公子 晉獻 公 武公子 優施 梁五 東關 五
晉驪 姬

甯武 子
宮之 奇 百里 奚 奄息 中行 師古曰行音戶 郎反 鍼虎 師古曰鍼音其 廉反 狐偃 趙衰 師古曰衰音楚 危反 衰妻 介子 推 推母
狐突 秦繆 公 秦繆 夫人 公孫 枝 繇余 師古曰卽由余 蹇叔 燭之 武 內史 叔興 卜徒 父 禽息 王廖 師古曰廖音聊 晉文 公 獻公子 夫人 姜氏 魏犨 畢萬子 顛頡 胥臣 賈佗
伯 衞甯 嚴子 富辰 晉冀 芮 慶鄭 韓簡 鄭叔 詹 皇武 子 釐負 羈妻 曹竪 侯獳 師古曰獳音乃 侯反 楚子 玉 鬬宜 申 成大 心 欒悼 子 晉李 離 寺人 披 曹文
井伯 衞文 公 戴公弟 宋襄 公 桓公子 蔡嚴 侯 穆侯子 燕襄 公 十八世 梁卜 招父 師古曰招音上 遙反 衞元 咺 師古曰咺音許 遠反 叔武 鍼嚴 子 倉葛 鄭繆 公蘭 文公子
趙孟 夙子生衰 師古曰衰音楚 危反 蔡繆 公 許釐 公 襄王 鄭 晉惠 公 獻公子 里克 虢射 宋襄 公 成公子 齊孝 公 桓公子 鄭子 臧
虞公 爲晉所滅 大王後 虢公 爲晉所滅 王季後 鄭子 華 曹共 公 昭公子 惠后 梁伯 晉懷 公 惠公子 衞成 公 文公子 曹共 公 昭公子 齊公 子無 詭
王子 帶 楚成 王惲 師古曰左傳作 頵音於倫反 潘崇

郤縠 舟之 僑 荀林 父 先軫 狼瞫 師古曰瞫音審 陽處 父 甯嬴 臾駢 師古曰駢音步 千反 鄭弦 高 叔仲 惠伯 宋方 叔嘉 子 欒豫 董狐
師古曰佗音徒 何反 董因 豎頭 須 齊國 嚴子 周內 史叔 服 孟明 視 西乞 術 士會 繞朝 石癸 公孫 壽 蕩意 諸 公冉 務人 卜楚 丘 晉趙 盾 襄子 鉏麑 宋伯 夏叔
公壽 共公子 燕桓 公 十九世 秦康 公 繆公子 晉襄 公 文公子 邾文 公 宋子 哀 邾子 覆且 師古曰覆音居 碧反且音子余 反 魯公 孫敖 蔡文 公 嚴公子 單襄 子 靈輒 祁彌 明 師古曰邴上戶 反
石臭 師古曰臭音丑 略反 陳繆 公 陳共 公 繆公子 魯文 公 周匡 王班 齊君 舍 昭公子 單伯 魯叔 孫得 臣 秦共 公 康公子 晉成 公黑 臀 靈公弟 秦桓
周頃 王壬 臣 夏父 不忌 宋昭 公 胥甲 父 狐射 姑 師古曰射音夜 魯宣 公
師古曰左氏傳 作無駒 齊昭 公 孝公子 邴歜 師古曰歜音觸 閻職 晉趙 穿
楚繆 王商 臣 齊懿 公商 人 晉靈 公夷 皐 襄公子

子 鄭子公
鬬伯艮 共公子 周定 鄭靈 陳靈
比 士貞 衛穆 王榆 公 公
令尹 楚嚴子 公遬 穆公子 共公子
子文 王 泄冶 宋文 公子 夏姬
穆王子 孔達 逢大 公鮑 歸生 孔寧
王孫 王子夫 昭公弟 子公 儀行
滿 伯廖 王札 翟豐 父
楚薳 箴尹 師古曰薳音蔿 子 舒
賈 克黃 晉解 魯公 召伯 晉先
申叔 魏顆 陽 子歸 穀
時 師古曰顆音口 荀尹 生 楚子
果反 申舟 毛伯越
孫叔 五參 箕鄭 齊惠 少師
敖 陳應 公 慶
公子 懿公弟 士支豐
申公 雍 陳成 鄭襄
申培 秦景 公 公堅
公 靈公子 靈公子
欒伯 桓公子 燕宣 衛繆
優孟 楚鄖 公 公
鄭公 公 二十世 成公子
子弃 鍾儀 曹宣 周簡
疾 楚共 公盧 王夷
子反 王 文公子 定王子 穀陽
嚴王子 吳壽 魯成 豎
晉郤 夢 公
克 中雍後十 宣公子
逢丑 辟司 五世 齊頃
父 徒妻 師古曰蔓音莫 公
賓媢 師古曰風辟讀曰反 惠公子
入 璧 鄭悼 衛定

公 公
范文 荀罃 襄公子 穆公子 鄭公
子 士燮 申公 衛孫 子班
鄭賈 巫臣 艮夫 曹成
臧宣 人 中叔 公負
曹劌 叔 伯宗 王孫 于奚 鍚
時 伯宗 閔 宋共 宣公弟
師古曰卽曹欣 韓獻 妻 公瑕 屠顏
時也劌音許其 反 子厥 秦醫 燕昭 文公子 賈
緩 公 晉景 師古曰卽屠岸
程嬰 桑田 二十一世 公 賈也音工下反
巫 趙朔 成公子 宋蕩
羊舌 呂相 盾子 宋平 子
郤犨 公 晉厲
郤至 郤錡 成公子 公
公孫 師古曰錡音蟻 叔孫 景公子
杵臼 中行 僑如
偃 公子
劉康 姚句 胥童 偃
公 耳 欒書 長魚
單襄 師古曰句音鉤 羊魚 矯
公 呂錡 鮑嚴
苗賁 養由 子牽
皇 基 向于
叔嬰 叔山 鄭成
齊 舟 公綸
宋華 匡句 師古曰綸音工 羊斟 宋魚
元 須 頑反左傳作輪 石
孟獻 師古曰句音其 反 音工頓
子 干反 燕武 慶克
欒正 鮑國 公 國佐
求 晉解 二十二世

牧中 狐 鄭廖
晉悼 祁午
公周 韓亡 楊干
忌 子服
鄭唐 銅鞮 佗
伯華 叔梁
楚工 紇 楚公
尹襄 師古曰紇音下 靈王 子申
祁奚 結反 泄心
羊舌 魯匠 秦堇 簡王子 公子
職 慶 父 魯襄 壬夫
魏絳 衛柳 狄斯 公 鄭鼇
張老 壯 彌 公
籍偃 師古曰壯讀曰莊 士鞅 齊靈 成公子
汝齊 公環 程鄭
吳諸 尹公 頃公子 子駟
宋子 樊 佗 衛獻 西鉏
罕 齊晏 庚公 公衍 孫蒯 吾
桓子 荖 定公子
向戌 楚子 公孫 朱庶
范宣 囊 丁 其
子 鄭師 無終 衛殤
士匄 慧 子嘉 公焱
晉邢 衛大 父 獻公弟
蒯 叔儀 姜戎 師古曰春秋焱
齊殖 公子 駒支 作剽 衛甯
綽 鎛 楚令 孫文 喜
鄭游 曹武 尹子 子 林父
皈 公勝 南
師古曰皈音普 成公子 觀起 福陽
板反 鄭簡 師古曰觀音工 子 妘姓
齊杞 公嘉 喚反 師古曰卽偪陽

梁 蠻公子 燕文 妘音云也
魯季 殖妻 晉陽 公 楚屈
范武 文子 華州 二十三世 建
子 師古曰卽華州 罕 魯國 魯臧
師古曰據今春 祝鮀 歸父 堅
秋說范武子卽 父 行人 鄭公 宋華
士會也而此重 欒王 師古曰佗音徒 子員 孫夏 臣 巢牛
見豈別人乎未 鮒 何反 師古曰員音云 晉叔 臣
詳其說 申蒯 子朱 燕懿 漁
晉叔 楚申 陳不 楚湫 公 齊崔 宋伊
向 叔豫 占 舉 二十四世 杼 戾
向毋 士鞅 師古曰卽椒舉 楚康 慶封
師古曰向讀曰 齊大 衛右 薳奄 王 慶嗣 吳餘
嚮 史三 宰穀 趙武 共王子 吳過 祭
薳伯 人 臣 朔子 壽夢子 師古曰祭音側
玉 南史 厚成 鬷蔑 晉平 介反
吳季 氏 子 師古曰鬷音子 公彪 景王
札 陳文 衛公 公反 悼公子 貴
鄭子 子 子荆 鄭子 晉亥 齊陳 靈王子 齊嚴
產 卞嚴 絳老 皮 唐 桓子 魯昭 公光
晏平 子 人 衛襄 公稠 靈公子
仲 史趙 秦醫 公惡 師古曰稠音直 楚夾
臧文 士文 和 獻公子 流反 敖
仲尼 太子 仲 伯 晉舡 晉昭 康公子
晉 鄭卑 人固 曹平 公夷 蔡景
宰我 湛 來 公 平公子 侯
左丘 師古曰卑音脾 師古曰卽固乘 武公子 燕惠
明 子貢 湛音諶 也 公 蔡靈
行人 舟人 北燕 二十五世 侯
顏淵 冉有 子羽 清涓 伯款 陳公 陳哀
馮簡 子招 公弱
閔子 季路 子 周儋 成公子

老子
鬻 冉伯牛 仲弓
子游 子夏 曾子 子張 曾晳 子賤 南容 師古曰南宮括也字子容 公冶長 公西華 有若 漆彫啓 澹臺滅明 師古曰澹音大甘反 樊遲 巫馬期 司馬牛
子大叔 衛北宮文子 魯叔孫豹 狐丘子林 晉趙文子 孟鼇子 孟懿子 南宮敬叔 師古曰南宮适 郯子 南榮疇 師古曰即南榮趎也趎音直俱反
劉定公 公孫楚 公孫黑 韓宣子厥 魯叔孫昭子 楚薳罷 師古曰罷讀曰疲 吳厥由 師古曰即蹶由 衛史鼂 師曠 屠蒯 子服惠伯 晉荀吳 裨竈
魯謝息 鄭定公 簡公子 燕悼公 二十六世 薳啓彊 申子亹 左史倚相 申亡宇 申亥 亡宇子 晉籍談 子鉏商 周史大弢 蜎子 師古曰蜎音一兖反 孝成子 齊虞
陳惠公 鄭孔張 周原伯魯 齊景公杵臼 嚴公弟
桓伯 魯南蒯 莒子庚輿 晉頃公 昭公子 宋元公佐 平公子 蔡平侯 景侯子 樊頃子 司徒醜 子鼂 賓猛 師古曰即賓孟也 蔡悼侯 靈侯孫 梁丘據 曹桓公 平公子 南宮極
吳餘昧 餘祭弟 師古曰昧音抹 宋寺人柳 魯豎牛 楚靈王圍 晉邢侯 雍子 楚公子比 觀從 師古曰觀音工喚反 周悼王猛 景王子 敬王丐

子羔 原憲 顏路 商瞿 師古曰瞿音劬 季次 公良 顏刻
公伯寮 公肩子 子石 隰成子 琴牢 楚子西 公子閭
里析 梓愼 申須 林旣 北郭騷 逢於何 司馬穰苴 師古曰穰音人羊反苴音子余反 楚伍奢 伍尚 魯師巳 子家羈 吳孫武 申包
人 越石父 栢常騫 燕子干 魏獻子 絳孫 司馬彌牟 司馬篤 魏戊 智徐吾 孟丙 成鱄 師古曰鱄音上兖反 閭沒 汝寬 楚司馬子期
裔款 許男 燕共公 二十七世 楚太子建 燕平公 二十八世 專諸 秦哀公 景公子 楚昭王
頓子 胡子髡 沈子逞 陳夏齧 魯季平子 宋樂大心 季公鳥 公叔務人 寺人僚祖 師古曰祖音側加反 臧昭伯 厚昭伯 師古曰即郈昭伯也 吳王闔廬
景王子 悼王兄 楚平王棄疾 靈王弟 費亡極 曹聲公 悼公弟 吳僚 餘昧子 師古曰僚音聊 曹隱公通 平公弟 吳夫槩 師古曰夫音扶槩音工代反 徐子

伍子胥 江上丈人 史魚 公叔文子 中叔圉 祝佗 師古曰佗音徒何反 王孫賈 公父文伯 毋 衛公子逞 觀射父 師古曰觀音工喚反
胥 蔡墨 楚史皇 王孫由于 鑢金 師古曰鑢音慮 屠羊說 師古曰說讀曰悅 莫敖大心 蒙穀 陳逢滑 司馬狗 師古曰衛宣公臣也見魯連子 顏讎由 大夫選 陳司城貞子
沈尹戌 衛彪傒 師古曰傒音奚 萇弘 員公辛 師古曰員讀曰鄖 王孫章 楚石奢 劉文公卷 師古曰卷音其專反 季康子 公父文伯 東野畢
平王子 鍾建 鄭獻公禹 定公子 宋景公兜欒 元公子 宋中幾 齊高張 榮駕鵞 師古曰駕音加 秦惠公 哀公孫 鄭聲公勝
楚郤宛 越王允常 夏少康後 闞且 師古曰且音子余反 魯定公 宋昭公 邾嚴公 夷射姑 師古曰射音夜 楚囊瓦 唐成公 蔡昭侯 悼侯弟 晉定公 頃公子 陳懷公 惠公子
章禹 衛靈公元 襄公子 南子 蒯聵 師古曰蒯音五怪反 宋朝 彌子瑕 雍渠 黎且子 師古曰且音子余反 季桓子 曹靖公路 聲公子

范蠡 葉公
鳴犢 竇犨 越句踐 允常子 師古曰句音鉤 大夫種 后庸 諸稽 到 苦成 皐如 計然
顏濁鄒 師古曰即顏涿聚子也 郵亡卹 王良 柏樂 陽城 胥渠 扁鵲 董安于 田饒 仇汜 榮聲期 師古曰即榮啓期也聲或作啓 楚芋尹文 師古曰芋音于具反 隰斯彌 市南
周舍 田果 行人燭過 燕簡公 二十九世 嚴先生 師古曰即穀陶朱公見者也 秦悼公 惠公弟 燕獻公 三十世 楚白
獻公子 趙簡子 武子孫 韓悼子 宣子子 齊國夏 桑掩胥 魯哀公 齊晏孺子 師古曰即安孺子也 高昭子 楚惠
滕悼公 許幼 莒郊公 邾悼公 頓子 胡子 薛襄子 小邾子 齊悼公陽生 鮑牧 田恒 陳乞子 諸御
范吉射 師古曰射音食亦反 中行寅 師古曰行音胡郎反 杞隱公 悼公子 杞釐子 子 隱公子 曹伯陽 為宋所滅 公孫彊 田乞 完六世孫 齊簡公壬

子高 熊宜 公勝 王章 鞅 子我
僚 昭王子
屈固 衛太子行
大陸 申鳴 叔遺
子方
孔文 衛出
嚴善 子 公輒
檀弓
魯太 大叔 渾良
師 公儀 疾 夫
儀封 中子 （師古曰渾音下）
人 公明 陳轅（昆反）
達巷 賈 皐魚 頗 孔悝
黨人 長沮 陳亢 蔡成 石乞
朱張 （師古曰沮音子余反）（師古曰亢音岡又音抗） 顏匹 公 狐黶
父 昭公子 （師古曰即孟黶）
桀溺 子服 齊平 衛簡
少連 景伯 顏喻 公驚 公蒯
丈人 倫 簡公子 瞶
林放 厥黨
何蕢 顏夷 童子 原壤
（師古曰蕢音匱） （師古曰即闕黨童子也） 叔孫
武叔
楚狂 陳司 陳弃 革子 衛公
接輿 敗 疾 成 孫朝 衛侯
陳子 工尹 （師古曰即蘇子成也） 起
禽 商陽 尾生 石國
陽膚 周元 晦 陽虎
孟之 師襄 尾生 齊禽 王赤 （師古曰即微生畝也晦古畝字）
反 子 高 敖 敬王子
（師古曰即微生高也） （師古曰即黔敖也） 晉出
公 互鄉

申棖 餓者 定公子 童子
大連 師巳 師冕
（師古曰即師冕） 陳子 茀肸
賓牟 鄭戴 亢 公之 （師古曰即佛肸） 陳愍
賈 勝之 魚 （也茀音弼） 公
顏丁 公肩 南郭 陳尊 為楚所滅
瑕 惠子 巳 公山
顏柳 （師古曰即公肩） 姑布 宋桓 不狃
（假也） 子卿 雅 （師古曰即公山）
周豐 衛靦 宋子 （不擾也音人九）
夷 韋 秦厲 匡人 （反）
采桑 （師古曰即式夷） 公輸 共公 杞愍
羽 （也見呂氏春秋） 般 悼公子 貞定 公
史留 離朱 王 釐公子
樂正 豫讓 陳太 元王子 杞釐 吳王
子春 青荓 宰喜 鄭共 公 夫差
子 吳行 公丑 （師古曰此不當言釐公字誤也）
石讎 （師古曰荓音步丁反） 人儀 哀公弟
鄭鄅 晉定 鄭哀 太宰
趙襄 魋糸 公 晉哀 公易 甄
子服 子 （師古曰鄭人所俘也儁音儁） 昭公子 公忌 聲公子
子 簡子 （音儁魁） 蔡聲
知過 （口賄反糸音累） 智伯 侯產
（師古曰即知果） 燕考 成侯子
惠子 鮑焦 公桓 齊宣 蔡侯
墨翟 三十一世 公 齊
魏桓 平公子 為楚所滅
公房 禽屈 子 蔡元 杞簡
皮 釐 獻子曾孫 侯 公春
（師古曰即禽滑） 韓康 聲侯子 為楚所滅
（釐者是也屈音） 子 田襄 衛悼 思王
（其勿反又音丘） 貞子子 子 公 叔襄

（勿反） 高赫 悼子子 出公叔子 定王子
我子 原過 魯悼 衛敬 周考
公 公 哲王
田俅 任章 出公子 悼公子 嵬
子 中山 燕成 西周 思王弟
（師古曰俅音求） 武公 公 桓公
隨巢 周桓公子 三十二世 考王弟 秦懷
子 韓武 秦躁 公
胡非 子 公 魯元 躁公子
子 康子 厲公子 公 衛懷
公季 （師古曰躁音千到反） 悼公子 公
段干 魏文 成 周威 敬公弟
木 侯 司馬 趙獻 公 周威
田子 桓子孫 庚 侯 桓公子 烈王
方 司馬 襄子兄孫 考王子
甯越 李克 喜 趙桓 鄭幽
子 東周 公
太史 魏成 襄子弟 惠公 共公子
屠黍 子 楚簡 威公子 宋昭
王 秦靈 公
翟黃 躬吾 惠王子 公 景公子
君 司馬 燕愍 懷公孫 晉幽
任座 期 公 公
（師古曰座音才戈反） 牛畜 趙公 三十三世 鮑公子
中達 樂陽
李悝 田大 （師古曰即樂羊也）
（師古曰悝音戶回反） 荀訢 公和 衛慎
趙烈 公
趙倉 秦簡 侯 敬公子
堂 徐越 公 獻侯子 楚聲
屈侯 厲公子 王
鮒 簡王子

西門 韓景 燕釐
豹 侯虔 公 元安
武侯子 三十四世 王駹
公儀 魯穆 秦惠 威烈王子
休 公 孫子 公 晉列
子思 元公子 簡公子 侯 鄭繻
泄柳 費惠 南宮 趙武 幽公子 公駘
公 邊 公 （師古曰繻音須）
申詳 （師古曰費音祕） 列侯弟 宋悼 （駘音臺）
顏敢 列子 公
昭公子
王慎 楚悼 鄭相
韓烈 王 駟子
長息 侯 聲王子 陽
景侯子
公明 齊康
高 魏武 吳起 公
侯 為田氏所滅
嚴仲 文侯子 韓文 韓相
子 侯 俠絫
列侯子
聶政 趙敬 宋休
侯 公
聶政 陽成 烈侯子 悼公子
姊 君 魏惠 晉孝
王 公 韓哀
孟勝 大監 武王子 列公子 侯
突 秦出 文侯子
徐弱 齊桓 公 鄭康
徐子 侯 惠公子 公乙
白圭 和侯子 楚肅 為韓所滅
王

孟子																															
																趙良															
鄒忌	孫臏	師古曰臏音頻	忍反				田忌					太史	儋			商鞅		申子						屈宜	臼		鐸椒		鄭敖	子華	
齊威	王	田桓侯子				章子				大成	午							甘龍		杜摯		子桑	子		被雍		昭	恤	江乙	沈尹	華
趙成	侯	敬侯子		燕桓	公	三十五世		秦獻	公	靈公子		趙肅	侯	成侯子	秦孝	公	獻公子	韓昭	侯	懿侯子	燕文	公	桓公子三	十六世	安陵	纏	師古曰纏即纏	字也	蘇秦	張儀	齊宣
悼王子	韓懿	侯	哀侯子	魯共	公	繆公子	龐涓	師古曰涓音工	玄反	宋辟	公	休公子	衞聲	公	慎公子	楚唐	蔓				衞成	公	聲公子		楚宣	王	肅王子			魯康	公
					周夷	烈王	喜	元安王子														周顯	聖王	扁	夷烈王子	師古曰扁音篇		宋剔	成君	辟公子	嚴騶
晉靖	公任	伯	爲韓魏所	滅																											

																										屈原				漁父	
																													昭廷		
史皐		閭丘	光										閭丘	卬	顏歜	師古曰歜音觸	王升	尹文	子	番君	唐易	子	如耳		西周	武公		陳軫	占尹	應豎	
	馮赫	淳于	髡	昆辯	師古曰齊人也	靖郭君所見善	戰國策而呂覽	作劇貌辯		司馬	錯	犀首	公中	用	史起	蕩疑	師古曰卽薄疑	也	魏哀	王	襄王子	韓襄	王	宣王子	蘇代		蘇厲		宋遺	上官	大夫
王辟	彊	威王子	靖郭	君				於陵	中子	秦惠	王	孝王子	魏襄	王	惠王子	韓宣	王	昭王子	燕易	王	三十七世	周昭	文君	赧王	延	慎靚王子	馬犯	周景	令尹	子椒	子蘭
		魯景	公	康公子		唐尚				楚威	王		衞平	公	成公子	衞嗣	君	平王子	魯平	公	景公子	燕王	噲	三十八世	子之	楚懷	王	威王子	靳尚		魏昭
師古曰騶音居	略反															慎靚	王		越王	無彊	句踐十世	爲楚所滅									
																										夫人	鄭袖				

							肥義																								
			樗里	子	師古曰樗音丑	於反				甘茂		滕文	公			公孫	丑							樂毅						廉頗	
秦武	王	惠王子	任鄙	公羊	子	穀梁	子	萬章	告子	薛居	州	樂正	子	高子	仲梁	子	孔穿	子思玄孫	王歜	師古曰歜音觸	燕昭	王	三十九	噲子	郭隗	白起	田單	趙奢	縮高		公孫
烏獲	軋子	聑子	師古曰聚字也	沈子	師古曰魯人也	善春秋	北宮	子	魯子	公扈	子	尸子	捷子	鄒衍	田駢	惠盎	王孫	賈	宋玉	嚴辛	范雎	蘇不	釋	葉陽	君	涇陽	君	安陵	君	唐雎	孟嘗
	孟說	師古曰說讀曰	悅	戚子	根牟	子	申子	慎子	嚴周	惠施	公孫	龍	魏公	子牟	狐爰	師古曰卽狐咺	也齊人見戰國	策	唐勒	景瑳	師古曰瑳音子	何反卽景差也	秦昭	襄王	武王弟	穰侯	趙惠	文王	武靈王弟	陳筮	雍門
王	哀王子	魯愍	公	平公子	楚頃	襄王	懷王子	衞懷	君	嗣君子		齊襄	王	愍王子						燕惠	王	四十世昭	王子	韓釐	王	襄王子		魏安	釐王	昭王子	燕武
	趙武	靈王	肅侯子	李兌	田不	禮	代君	章	齊愍	王	宣王子	淖齒	師古曰淖音女	教反字或作卓							騎劫										
												宋君	偃	爲齊所滅																	

		魯仲	連		藺相	如						孫卿																			
	虞卿							朱英					王翦																		
弘	師古曰齊人也	孟嘗君所使見	戰國策	侯嬴	平原	君	毛遂	蒙恬											韓非	燕將	渠	樂燕	高漸	離							
君	魏公	子		朱亥	春申	君	秦孝	文王	昭襄王子	華陽	夫人	秦嚴	襄王	文王子			呂不	韋	淳于	越	李牧	燕太	子丹	鞠武	師古曰鞠音居	六反	荆軻	樊於	期		孔鮒
周	范座	師古曰座音才	戈反	左師	觸龍	龐煖	師古曰煖音許	元反又音許遠	反	楚考	烈王	頃襄王子	韓桓	惠王	釐王子	衞元	君	懷君弟	秦始	皇		李斯		秦武	陽		項梁		秦子	嬰	項羽
成王	惠王子	趙孝	成王	惠文王子	燕孝	王	四十二世	武成王子	李園	魯頃	公	爲楚所滅	魏景	湣王	安釐王子	趙悼	襄王	孝成王子										衞君	角	爲秦所滅	董翳
		趙括		韓王	安	爲秦所滅		趙王	遷	爲秦所滅		楚幽	王	考烈王子		燕栗	腹	劇辛		代王	嘉	爲秦所滅				秦二	世胡	亥			
													楚王	負芻	爲秦所滅		燕王	喜	爲秦所滅		魏王	假	爲秦所滅	齊王	建	爲秦所滅	趙高		閻樂		

孔襄 孔鮒弟子
孔穿孫
陳勝 吳廣
司馬欣

前漢書卷二十考證

古今人表因茲以列九等之序○劉知幾曰班書古今人表仰包億載旁貫百家分之以三科定之以九等其言甚高其義甚愜及至篇中所列多有不類于其敘者楊愼曰固作漢書紀漢事也鴻荒以來非漢家之宇上古羣佐非劉氏之臣乃總古今以著人表旣以乖其名復自亂其體名義謬矣

總備古今之畧要云注張晏曰寺人孟子云云○臣召南按古今人表差違誠如張晏所論但晏謂寺人孟子云云不諒其忠直遭讒而責以保身不諒其正性疾惡而責其譏刺此則師古所云又自差錯者也

女潰○潰監本作潰從宋本改

廖叔安注師古曰左氏傳作飂同音力周反又音力救反○各本並同臣召南按左傳作飂杜預注曰飂古國也叔安其君名又地理志南陽郡湖陽古廖國師古注曰廖音力救反左氏傳作飂字可證此注飂字係刊本之誤

鼓窔象商均○監本列第八格今從宋本移列于第九格

石戶之農○監本誤分石爲一人戶之農爲一人今連寫

秦不虛注雒陶已下皆舜之友也○臣召南按雒陶以下戰國策顏斶所云舜有七友是也此表但記五人又方回列之二等與王兒並列而不及靈甫又續身戰國策注作續牙

后夔元妻○楊愼曰夔后夔也居夔于上中出后夔于下上是以一人而二之謬甚矣臣召南按表中品目乖違誠可訾議若此文恐是連元妻讀不謂后夔是第七等人也又按楊愼曰韋豕韋也冀韋于下上列豕韋于上下以一人而二之此說尤非表與鼓昆吾並列者是夏末强國助桀爲虐成湯所伐者也後與大彭並列者是商時伯國猶周有齊桓晉文也國雖是一其君先後賢愚不同安得謂是一人乎又表中有劉姓豕韋此本左傳劉累之後又別一豕韋也愼可謂失考矣至士會卽范武子一人兩見則師古已言之

季勝注惡來弟○按注三字誤在杞東樓公下今移正

杞東樓公○監本誤列第六格今從宋本移在第五格

衛辵○辵監本作建從宋本改

宋考正父○監本別本俱脫宋本在第三格是也今從之臣召南按考正父當作正考父宋本亦誤

魯隱公○楊愼曰隱公列于下下而葛伯反在下中若以讓桓爲行善而未盡彼慶祀仇餉者惡未極乎

諸稽到○按到字應作郢各本俱訛

前漢書卷二十一上

漢　蘭臺令史班固撰

唐正議大夫行祕書少監琅邪縣開國子顏師古注

律歷志第一上 師古曰志記也積記其事也春秋左氏傳曰前志有之

虞書曰乃同律度量衡 師古曰虞書舜典也同謂齊等 所以齊遠近立民信也自伏戲畫八卦由數起 師古曰萬物之數因八卦而起也○劉攽曰志言卦起於數顏云數起於卦非也 至黃帝堯舜而大備三代稽古法度章焉 師古曰三代夏殷周也稽考也考於古事而法度益明 周衰官失孔子陳後王之法曰謹權量審法度修廢官舉逸民四方之政行矣 師古曰此論語載孔子述古帝王之政以示後世權謂斤兩也量斗斛也法度丈尺也逸民謂有德而隱者 漢興北平侯張蒼首律歷事 師古曰首謂始定也 孝武帝時樂官考正 師古曰更質正其事 至元始中王莽秉政欲燿名譽徵天下通知鐘律者百餘人使羲和劉歆等典領條奏言之最詳故刪其僞辭取正義著于篇 師古曰班氏自云作志取劉歆之義也自此以下訖於用竹爲引者事之宜也則其辭焉 一曰備數二曰和聲三曰審度四曰嘉量五曰權衡參五以變錯綜其數稽之於古今效之於氣物和之於心耳考之於經傳咸得其實靡不協同

數者一十百千萬也所以算數事物順性命之理也書曰先其算命 師古曰逸書也言王者統業先立算數以命百事也 本起於黃鐘之數始於一而三之三三積之 孟康曰黃鐘子之律也子數一泰極元氣含三爲一是以一數變而爲三也 歷十二辰之數十有七萬七千一百四十七而五數備矣 孟康曰初以子一乘丑三餘則轉因其成數以三乘之歷十二辰得是積數也五行陰陽變化之數備於此矣 其算法用竹徑一分長六寸二百七十一枚而成六觚爲一握 蘇林曰六觚六角也度角至角其度一寸面容一分算九枚相因之數有十正面之數實九其表六九五十四算中積凡得二百七十一枚 徑象乾律黃鐘之一而長象坤呂林鐘之長 張晏曰林鐘長六寸韋昭曰黃鐘管九寸十分之一得其一分也 其數以易大衍之數五十其用四十九成陽六爻得周流六虛之象也 孟康曰以四十九成陽六爻爲乾乾之策數二百一十六以成六爻是爲周流六虛之象也 夫推歷生律 張晏曰推歷十二辰以生律呂也 制器規圜矩方權重衡平準繩嘉量 張晏曰準水平量知多少故曰嘉 探賾索隱鉤深致遠莫不用焉 師古曰賾亦深也索求也 度長短者不失豪氂 孟康曰豪兔豪也十豪爲氂師古曰度音大角反 量多少者不失圭撮 應劭曰圭自然之形陰陽之始也四圭曰撮三指撮之也孟康曰六十四黍爲圭師古曰撮音倉括反 權輕重者不失黍絫 孟康曰絫音累蠡應劭曰十黍爲絫十絫爲一銖師古曰絫音來戈反此字讀亦音纍繼之纍 紀於一協於十長於百大於千衍於萬其法在算術宣于天下小學是則職在太史羲和掌之

聲者宮商角徵羽也所以作樂者諧八音蕩滌人之邪意全其正性移風易俗也八音土曰塤 應劭曰世本暴辛公作塤師古曰燒土爲之其形鋭上而平底六孔吹之塤音許元反字或作壎其音同耳 匏曰笙 應劭曰世本隨作笙師古曰匏瓠也列管匏中施簧管端 皮曰鼓 師古曰鼓者郭也言郭張皮而爲之○宋祁曰郭景本作廓 竹曰管 孟康曰禮樂器記管漆竹長一尺六孔尚書大傳西王母來獻白玉琯漢章帝時零陵文學奚景於冷道舜祠下得白玉琯古以玉作不但竹也 絲曰絃石曰磬金曰鐘木曰柷 師古曰柷與俶同俶始也樂將作先鼓之故謂之柷狀如漆桶中有椎連底撞之令左右擊音昌六反 五聲和八音諧而樂成商之爲言章也物成孰可章度也 師古曰度音大角反 角觸也物觸地而出戴芒角也宮中也居中央暢四方唱始施生爲四聲綱也徵祉也物盛大而緐祉也羽宇也物聚臧宇覆之也夫聲者中於宮觸於角祉於徵章於商宇於羽故四聲爲宮紀也協之五行則角爲木五常爲仁五事爲貌商爲金爲義爲言徵爲火爲禮爲視羽爲水爲智爲聽宮爲土爲信爲思以君臣民事物言之則宮爲君商爲臣角爲民徵爲事羽爲物唱和有象故言君臣位事之體也五聲之本生於黃鐘之律九寸爲宮或損或益以定商角徵羽九六相生陰陽之應也律十有二陽六爲律陰六爲呂律以統氣類物一曰黃鐘二曰太族 師古曰族音千豆反 三曰姑洗四曰蕤賓五曰夷則六曰亡射 師古曰亡讀曰無射音亦石反 呂以旅陽宣氣一曰林鐘二曰南呂三曰應鐘四曰大呂五曰夾鐘六曰中呂 師古曰中讀曰仲 有三統之義焉其傳曰黃帝之所作也黃帝使泠綸 師古曰泠音零綸音倫 自大夏之西 應劭曰大夏西戎之國也 昆侖之陰取竹之解谷 孟康曰解脫也谷竹溝也取竹之脫無溝節者也一說昆侖之北谷名也晉灼曰谷名是也 生其竅厚均者 應劭曰生者治也竅孔也孟康曰竹孔與肉薄厚等也晉灼曰取谷中之竹生而孔外內厚薄自然均者截以爲筩不復加削刮也師古曰晉說是也 斷兩節間而吹之以爲黃鐘之宮 師古曰黃鐘之宮律之最長者 制十二筩以聽鳳之鳴 師古曰筩音大東反 其雄鳴爲六雌鳴亦六比黃鐘之宮而皆可以生之是爲律本 師古曰比合也可以生之謂上下相生也故謂之律本比音頻寐反 至治之世天地之氣合以生風天地之風氣正十二律定 孟康曰律得風氣而成聲風和乃律調也臣瓚曰風氣正則十二月之氣各應其律不失其序 黃鐘黃者中之色君之服也鐘者種也天之中數五 韋昭曰一三在上七九在下 五爲聲聲上宮五聲莫大焉地之中數六 韋昭曰二四在上八十在下 六爲律律有形有色色上黃五色莫盛焉故陽氣施種於黃泉孳萌萬物 師古曰孳讀與滋同滋益也萌始生也 爲六氣元也以黃色名元氣律者著宮聲也宮以九唱六 孟康曰黃鐘陽九林鐘陰六言陽唱陰和 變動不居周流六虛始於子在十一月大呂呂旅也言陰大旅助黃鐘宣氣而牙物也位於丑在十二月太族族奏也言陽氣大奏地而達物也 師古曰奏進也 位於寅在正月夾鐘言陰夾助大族宣四方之氣而出種物也位於卯在二月姑洗洗絜也言陽氣洗物辜絜之也 孟康曰辜必也必使之絜也 位於辰在三月中呂言微陰始起未成著於其中旅助姑洗宣氣齊物也位於巳在四月蕤賓蕤繼也賓導也言陽始導陰氣使繼養物也位於午在五月林鐘林君也言陰氣受任助蕤賓君主種物使長大楙盛也 師古曰種物種生之物楙古茂字 位於未在六月夷則則法也言陽氣正法度而使陰氣夷當傷之物也 師古曰夷亦傷 位於申在七月南呂南任也言陰氣旅助夷則任成萬物也位於酉在八月亡射射厭也言陽氣究物而使陰氣畢剝落之終而復始亡厭已也位於戌在九月應鐘言陰氣應亡射該臧萬物而雜陽閡種也 孟康曰閡臧塞也陰雜陽氣臧塞爲萬物作種也晉灼曰外閉曰閡師古曰閡音胡待反下言該閡於亥音訓並同也 位於亥在十月三統者天施地化人事之紀也 李奇曰統緒也 十一月乾之初九陽氣伏於地下始著爲一萬物萌動鐘於太陰故黃鐘爲天統律長九寸九者所以究極中和爲萬物元也易曰立天之道曰陰與陽 師古曰易說卦之辭 六月坤之初六陰氣受任於太陽繼養化柔萬物生長楙之於未令種剛彊大故林鐘爲地統律長六寸六者所以含陽之施楙之於六合之內令剛柔有體也立地之道曰柔與剛 師古曰此亦說卦之辭也 乾知大始坤作成物 師古曰此上繫之辭 正月乾之九三○宋祁曰九三當作九二 萬物棣通 孟康曰棣謂通意也師古曰棣音替○宋祁曰南本有臣瓚曰棣陽氣上下相及逮而通之也 族出於寅人奉而成之仁以養之義以行之令事物各得其理寅木也爲仁其聲商也爲義故太族爲人統律長八寸象八卦宓戲氏之所以順天地通神明類萬物之情也 師古曰宓讀與伏同 立人之道曰仁與義 師古曰此說卦之辭 在天成象在地成形 師古曰此上繫之辭 后以裁成天地之道輔相天地之宜以左右民 師古曰此泰卦象辭也后君也謂王者也左右助也左讀曰佐右讀曰佑 此三律之謂矣是爲三統其於三正也黃鐘子爲天正林鐘未之衝丑爲地正太族寅爲人正 師古曰正音之成反下皆類此 三正正始是以地正適其始紐於陽東北丑位易曰東北喪朋迺終有慶 孟康曰未在西南陰也陰而入陽爲失其類也師古曰此坤卦彖辭 荅

應之道也及黃鐘爲宮則太族姑洗林鐘南呂皆以正聲應無有忽微孟康曰忽微若有若無細於髮者也謂正聲無有殘分也不復與它律爲役者同心一統之義也非黃鐘而它律雖當其月自宮者則其和應之律有空積忽微孟康曰十二月之氣各以其月之律爲宮非五音之正則聲有高下差降也空積若鄭氏分一寸爲數千不得其正此黃鐘至尊亡與並也易曰參天兩地而倚數師古曰易說卦之辭也倚立也參謂奇也兩謂耦也七九陽數六八陰數天之數始於一終於二十有五其義紀之以三故置一得三又二十五分之六凡二十五置終天之數得八十一以天地五位之合終於十者乘之爲八百一十分應歷一統孟康曰十九歲爲一章一統凡八十一章千五百三十九歲之章數黃鐘之實也繇此之義師古曰繇讀與由同由用也起十二律之周徑孟康曰律孔徑三分參天之數也圍九分終天之數也地之數始於二終於三十其義紀之以兩故置一得二凡三十置終地之數得六十以地中數六乘之爲三百六十分當期之日林鐘之實孟康曰林鐘長六寸圍六分以圍乘長得積三百六十分也師古曰期音基謂十二月爲一期也人者繼天順地序氣成物統八卦調八風理八政正八節諧八音舞八佾監八方被八荒以終天地之功故八八六十四其義極天地之變以天地五位之合終於十者乘之爲六百四十分以應六十四卦大族之實也孟康曰太族長八寸圍八分爲積六百四十分也書曰天功人其代之師古曰虞書咎繇謩也言聖人禀天造化之功代而行之天兼地人則天故以五位之合乘焉唯天爲大唯堯則之之象也師古曰則法也論語稱孔子曰大哉堯之爲君也唯天爲大唯堯則之美帝堯能法天而行化地以中數乘者陰道理內在中餽之象也師古曰餽字與饋同易家人卦六二爻辭曰无攸遂在中饋言婦人之道取象於陰無所必遂但居中主饋食而已故云然三統相通故黃鐘林鐘太族律長皆全寸而亡餘分也天之中數五地之中數六而二者爲合六爲虛五爲聲周流於六虛虛者爻律夫陰陽登降運行列爲十二而律呂和矣太極元氣函三爲一孟康曰元氣始起於子未分之時天地人混合爲一故子數獨一也師古曰函讀與含同後皆類此也極中也元始也行於十二辰始動於子參之於丑得三又參之於寅得九又參之於卯得二十七又參之於辰得八十一又參之於巳得二百四十三又參之於午得七百二十九又參之於未得二千一百八十七又參之於申得六千五百六十一又參之於酉得萬九千六百八十三又參之於戌得五萬九千四十九又參之於亥得十七萬七千一百四十七此陰陽合德氣鐘於子化生萬物者也故孳萌於子紐牙於丑引達於寅冒茆於卯師古曰茆謂叢生也音莫保反振美於辰已盛於巳咢布於午蘇林曰咢音愕昧薆於未師古曰薆蔽也音愛申堅於申留孰於酉畢入於戌該閡於亥出甲於甲奮軋於乙師古曰軋音於黠反明炳於丙大盛於丁豐楙於戊理紀於己斂更於庚悉新於辛懷任於壬陳揆於癸故陰陽之施化萬物之終始旣類旅於律呂又經歷於日辰而變化之情可見矣玉衡杓建天之綱也如淳曰杓音猋斗端星也孟康曰斗在天中周制四方猶宮聲處中爲四聲綱也師古曰杓音必遙反日月初躔星之紀也孟康曰躔舍也二十八舍列在四方日月行焉起於星紀而又周之猶四聲爲宮紀也晉灼曰下言斗綱之端連貫營室織女之紀指牽牛之初以紀日月故曰星紀五星起其初日月起其中是謂天之綱紀也師古曰躔踐也音直連反綱紀之交以原始造設合樂用焉律呂唱和以育生成化歌奏用焉指顧取象然後陰陽萬物靡不條鬯該成師古曰條達也鬯與暢同故以成之數忖該之積孟康曰成之數者謂黃鐘之法數該之積爲黃鐘變生十二辰積實之數也忖除也言以法數除積得九寸卽黃鐘之長也言該者該衆律之數也師古曰忖音千本反○劉敞曰故以成之數忖該之積按上言南呂任成萬物然後成之數謂酉也從酉數除亥數則得九矣如法爲一寸則黃鐘之長也孟康曰得一寸則所謂得九寸也言一者張法辭參分損一下生林鐘張晏曰黃鐘長九寸以二乘九得十八以三除之得林鐘六寸其法率如此推當算乃解晉灼曰蔡邕律歷記凡陽生陰曰下陰生陽曰上也參分林鐘益一上生太族參分太族損一下生南呂參分南呂益一上生姑洗參分姑洗損一下生應鐘參分應鐘益一上生蕤賓參分蕤賓損一下生大呂參分大呂益一上生夷則參分夷則損一下生夾鐘參分夾鐘益一上生亡射參分亡射損一下生中呂陰陽相生自黃鐘始而左旋八八爲伍孟康曰從子數辰至未得八下生林鐘數未至寅得八上生太族律上下相生皆以此爲率伍耦也八八爲耦其法皆用銅職在太樂大常掌之

度者分寸尺丈引也所以度長短也師古曰度音大各反下皆類此本起黃鐘之長以子穀秬黍中者師古曰子穀猶言穀子秬卽黑黍中者不大不小也言取黑黍穀子大小中者率爲分寸也秬音鉅一黍之廣度之九十分黃鐘之長一爲一分十分爲寸十寸爲尺十尺爲丈十丈爲引而五度審矣其法用銅高一寸廣二寸長一丈而分寸尺丈存焉用竹爲引高一分廣六分長十丈其方法矩高廣之數陰陽之象也孟康曰高一分廣六分一爲陽六爲陰也分者自三微而成著可分別也寸者忖也尺者蒦也師古曰蒦音約丈者張也引者信也師古曰信讀曰伸言其長夫度者別於分忖於寸蒦於尺張於丈信於引引者信天下也職在內官師古曰內官署名也百官表云內官長丞初屬少府中屬主爵後屬宗正廷尉掌之師古曰法度所起故屬廷尉也

量者龠合升斗斛也師古曰龠音藥合音閤所以量多少也本起於黃鐘之龠用度數審其容師古曰因度以生量也其容謂其中所容受之多少也以子穀秬黍中者千有二百實其龠以井水準其槩孟康曰槩欲其直故以水平之井水清淸則平也師古曰槩所以槩平斗斛之上者也音工代反又音工內反合龠爲合十合爲升十升爲斗十斗爲斛而五量嘉矣師古曰嘉善也其法用銅方尺而圜其外旁有庣焉鄭氏曰庣音條桑之條庣過也算方一尺所受一斛過九氂五豪然後成斛今尚方有王莽時銅斛制盡與此同師古曰庣不滿之處也音吐彫反其上爲斛其下爲斗孟康曰其上謂仰斛也其下謂覆斛之底受一斗左耳爲升右耳爲合龠其狀似爵以縻爵祿晉灼曰縻散也上三下二參天兩地圜而函方左一右二陰陽之象也其圜象規其重二鈞備氣物之數合萬有一千五百二十孟康曰三十斤爲鈞鈞萬一千五百二十銖聲中黃鐘始於黃鐘而反覆焉孟康曰反斛聲中黃鐘覆斛亦中黃鐘之宮宮爲君也臣瓚曰仰斛受一斛覆斛受一斗故曰反覆焉師古曰覆音芳目反君制器之象也龠者黃鐘律之實也躍微動氣而生物也合者合龠之量也升者登合之量也斗者聚升之量也斛者角斗平多少之量也夫量者躍於龠合於合登於升聚於斗角於斛也職在太倉大司農掌之師古曰米粟之量故在太倉也

衡權者衡平也權重也衡所以任權而均物平輕重也其道如底師古曰底平也謂以底石厲物令平齊也底音指以見準之正繩之直左旋見規右折見矩其在天也佐助旋璣斟酌建指以齊七政師古曰七政日月五星也故曰玉衡論語云立則見其參於前也孟康曰權衡量三等爲參在車則見其倚於衡也又曰齊之以禮此衡在前居南方之義也權者銖兩斤鈞石也所以稱物平施知輕重也本起於黃鐘之重一龠容千二百黍重十二銖兩之爲兩二十四銖爲兩十六兩爲斤三十斤爲鈞四鈞爲石忖爲十八易十有八變之象也孟康曰忖度也其義有十八也黃鐘龠銖兩鈞斤石凡七與下十一象爲十八也張晏曰象易三揲蓍而成一爻十八變具六爻而成卦五權之制以義立之以物鈞之其餘小大之差以輕重爲宜圜而環之令之肉倍好者孟康曰謂爲錘之形如環也如淳曰體爲肉孔爲好師古曰錘者稱之權也音直垂反又直睡反○宋祁曰南本爲好字下有肉者環之實好者環之虛十字周旋無端終而復始無窮已也銖者物繇忽微始至於成著可殊異也兩者兩黃鐘律之重也李奇曰黃鐘之管重十二銖兩十二得二十四也二十四銖而成兩者二十四氣之象也斤者明也三百八十四銖易二篇之爻陰陽變動之象也十六兩成斤者四時乘四方之象也鈞者均也陽施其氣陰化其物皆得其成就平均也權與物均重萬一千五百二十銖當萬物之象也四百八十兩者六旬行八節之象也孟康曰六甲爲六旬一歲有八節六甲周行成歲以六乘八節得之三十斤成鈞者一月之象也石者大也權之大者也始於銖兩於兩明於斤均於鈞終於石物終石大也四鈞爲石者四時之象也重百二十斤者十二月之象也終於十二辰而復於子黃鐘之象也孟康曰稱之數始於銖終於石石重百二十斤象十二月銖之重本取於子律黃鐘一龠容千二百黍爲十二銖故曰復於子黃鐘之象也千九百二十兩者陰陽之數也三百八十四爻五行之象也四萬六千八十銖者萬一千五百二十物歷四時之象也而歲功成就五權謹矣權與物鈞而生衡孟康曰謂錘與物鈞所稱適停則衡平也衡運生規規圜生矩矩方生繩繩直生準韋昭曰立準以望繩以水爲平準正則平衡而鈞權矣是爲五則規者所以規圜器械令得其類也矩者所以矩方器械令不失其形也規矩相須陰陽位序圜方乃成準者所以揆平取正也繩者上下端直經緯四通也準繩連體衡權合德百工繇焉以定法式輔弼執玉以翼天子詩云尹氏大師秉國之鈞四方是維天子是毗俾民不迷師古曰小雅節南山之詩也言尹氏居太師之官執持國之權量維制四方輔翼天子使下無迷惑也咸有五象其義一也以陰陽言之太陰者北方北伏也陽氣伏於下於時爲冬冬終也物終臧乃可稱水潤下知者謀謀者重故爲權也太陽者南方南任也陽氣任養物於時爲夏夏假也物假大乃宜平火炎上禮者齊齊者平故爲衡也少陰者西方西遷也陰氣遷落物於時爲秋秋䪞也師古曰䪞子由反物䪞斂乃成孰金從革改更也義者成成者方故爲矩也少陽者東方東動也陽氣動物於時爲春春蠢也物蠢生迺動運木曲直仁者生生者圜故爲規也中央者陰陽之內四方之中經緯通達迺能端直於時爲四季土稼嗇蕃息信者誠誠者直故爲繩也五則揆物有輕重圜方平直陰陽之義四方四時之體五常五行之象厥法有品各順其方而應其行職在大行鴻臚掌之師古曰平均曲直齊一遠近故在鴻臚書曰予欲聞六律五聲八音七始詠以出內五言女聽師古曰虞書益稷篇所載舜與禹言予者帝舜也言以律呂和五聲施之八音合之成樂七者天地四時人之始也順以歌詠五常之言聽之則順乎天地序乎四時應人倫本陰陽原情性風之以德感之以樂師古曰以德化之以樂動之詩序曰上以風化下莫不同乎一唯聖人爲能同天下之意故帝舜欲聞之也今廣延羣儒博謀講道修明舊典同律審度嘉量平衡鈞權正準直繩立于五則備數和聲以利兆民貞天下於一同海內之歸師古曰貞正也易下繫之辭曰天下之動貞夫一者也言皆以一爲正也又曰天下同歸而殊塗一致而百慮言塗雖殊其歸則同慮雖百其致則一也故志引之云爾凡律度量衡用銅者名自名也師古曰取銅之名以合於同也所以同天下齊風俗也銅爲物之至精劉云當爲銅之爲物至精○宋祁曰當去之字不爲燥溼寒暑變其節不爲風雨暴露改其形介然有常有似於士君子之行師古曰介然特異之意是以用銅也用竹爲引者事之宜也李奇曰引長十丈高一分廣六分唯竹篾柔而堅爲宜耳

歷數之起上矣傳述顓頊命南正重司天火正黎司地臣瓚曰南正司天則北正當司地不得言火正也古文火字與北相似故遂誤耳師古曰此說非也班固幽通賦云玄黎醇耀于高辛是則黎爲火正也其後三苗亂德二官咸廢師古曰三苗國

名縉雲氏之後爲諸侯者卽饕餮也二官重黎也而閏餘乖次孟康曰以歲之餘日爲閏故曰閏餘次十二次也史推歷失閏則斗建與月名錯也孟陬殄滅孟康曰正月爲孟陬歷紀廢絕閏餘乖錯不與正歲相值謂之殄滅也攝提失方孟康曰攝提星名隨斗杓所指建十二月若歷誤春三月當指辰而乃指巳爲失方也堯復育重黎之後使纂其業故書曰迺命羲和欽若昊天歷象日月星辰敬授民時歲三百有六旬有六日以閏月定四時成歲允釐百官衆功皆美師古曰此皆虞書堯典之辭也欽敬若順也昊天言天氣廣大也星四方之中星也辰日月所會也羲氏和氏重黎之後以其繼掌天地故堯命之使敬順昊天歷象星辰之分節敬記天時以授下人也匝四時凡三百六十六日而定一歲十二月月三十日正三百六十日則餘六日矣又除小月六日是爲歲有餘十二日未盈三歲便得一月則置閏焉以定四時之氣節成一歲之歷象則能信理百官衆功皆美也其後以授舜曰咨爾舜天之歷數在爾躬舜亦以命禹至周武王訪箕子箕子言大法九章而五紀明歷法孟康曰歲月日星辰是謂五紀也師古曰大法九章卽洪範九疇也其四曰協用五紀也故自殷周皆創業改制咸正歷紀服色從之順其時氣以應天道三代既沒五伯之末史官喪紀疇人子弟分散如淳曰家業世世相傳爲疇或在夷狄故其所記有黃帝顓頊夏殷周及魯歷戰國擾攘秦兼天下未遑暇也亦頗推五勝孟康曰五行相勝秦以周爲火用水勝之而自以爲獲水德乃以十月爲正色尚黑師古曰獲水德謂有黑龍之端漢興方綱紀大基庶事草創襲秦正朔以北平侯張蒼言用顓頊歷比於六歷疏闊中最爲微近然正朔服色未覩其眞而朔晦月見弦望滿虧多非是至武帝元封七年漢興百二歲矣大中大夫公孫卿壺遂太史令司馬遷等言歷紀壞廢宜改正朔是時御史大夫兒寬明經術師古曰兒音五奚反上迺詔寬曰與博士共議今宜何以爲正朔服色何上寬與博士賜等議皆曰帝王必改正朔易服色所以明受命於天也創業變改制不相復師古曰復重也因也音扶目反次下亦同推傳序文則今夏時也臣等問學褊陋不能明陛下躬聖發憤昭配天地師古曰躬聖者言身有聖德也發憤謂念正朔未定也昭明也臣愚以爲三統之制後聖復前聖者二代在前也今二代之統絕而不序矣唯陛下發聖德宣考天地四時之極則順陰陽以定大明之制爲萬世則於是迺詔御史曰迺者有司言歷未定廣延宣問以考星度未能讎也師古曰讎相當蓋聞古者黃帝合而不死名察發斂定清濁起五部建氣物分數應劭曰言黃帝造歷得仙名節會察寒暑致啓分發斂至定清濁起五部五部金木水火土也建氣物分數皆敘歷之意也孟康曰合作也黃帝作歷歷終而復始無窮已也故曰不死名春夏爲發秋冬爲斂淸濁謂律聲之淸濁也五部謂五行也天有四時分爲五行也氣二十四氣也物萬物也分歷數之分也晉灼曰蔡邕天文志渾天名察發斂以行日月以步五緯臣瓚曰黃帝聖德與神靈合契升龍登仙故曰合而不死題名宿度候察進退史記曰名察宿度謂三辰之度吉凶之驗也然則上矣書缺樂弛朕甚難之師古曰弛廢也音式爾反依違以惟未能修明師古曰依違不決之意也惟思也其以七年爲元年李奇

曰改元封七年爲太初元年遂詔卿遂遷與侍郎尊大典星射姓等師古曰姓射名姓也議造漢歷迺定東西立晷儀下漏刻以追二十八宿相距於四方舉終以定朔晦分至躔離弦望應劭日躔徙也離遠也臣瓚曰案離歷也日月之所歷也鄧展曰日月踐歷度次迺以前歷上元泰初四千六百一十七歲至於元封七年復得閼逢攝提格之歲中冬孟康曰言復得者上元泰初時亦是閼逢之歲歲在甲曰閼逢在寅曰攝提格此爲甲寅之歲也師古曰中讀曰仲○劉敞曰十七當作十一歲十一月甲子朔旦冬至日月在建星李奇曰以建星爲宿今以牽牛爲宿孟康曰建星在牽牛間晉灼曰賈逵論太初歷冬至日在牽牛初者牽牛中星也古歷皆在建星建星卽斗星也太初歷四分法在斗二十六度史官舊法冬夏至常不及太初歷五度四分法在斗二十一度與行事候法天度相應○宋祁曰建星在斗後十三度在牽牛前十一度當云在斗牛間孟說非太歲在子已得太初本星度新正姓等奏不能爲算師古曰姓卽射姓也願募治歷者更造密度各自增減以造漢太初歷迺選治歷鄧平及長樂司馬可酒泉侯宜君師古曰可者司馬之名也宜君亦侯之名也侯官號也故曰東南一尉西北一侯侍郎尊及與民間治歷者凡二十餘人方士唐都巴郡落下閎與焉晉灼曰三人姓名也史記歷書唐都分天部而巴郡落下閎運算推歷師古曰姓唐名都方術之士也姓落下名閎巴郡人也都與閎凡二人都分天部孟康曰謂分部二十八宿爲距度而閎運算轉歷其法以律起歷曰律容一龠積八十一寸則一日之分也孟康曰黃鐘律長九寸圍九分以圍乘長得積八十一寸也與長相終律長九寸百七十一分而終復三復而得甲子夫律陰陽九六爻象所從出也故黃鐘紀元氣之謂律律法也莫不取法焉與鄧平所治同於是皆觀新星度日月行更以算推如閎平法法一月之日二十九日八十一分日之四十三先藉半日名曰陽歷不藉名曰陰歷所謂陽歷者先朔月生陰歷者朔而後月迺生平曰陽歷朔皆先旦月生以朝諸侯王羣臣便迺詔遷用鄧平所造八十一分律歷罷廢尤疏遠者十七家復使校歷律昏明宦者淳于陵渠復覆太初歷晦朔弦望皆最密日月如合璧五星如連珠孟康曰謂太初上元甲子夜半朔旦冬至時七曜皆會聚斗牽牛分度夜盡如合璧連珠也師古曰言其應候不差也陵渠奏狀遂用鄧平歷以平爲太史丞後二十七年元鳳三年太史令張壽王上書言歷者天地之大紀上帝所爲傳黃帝調律歷漢元年以來用之今陰陽不調宜更歷之過也詔下主歷使者鮮于妄人詰問壽王不服妄人請與治歷大司農中丞麻光等二十餘人雜候日月晦朔弦望八節二十四氣鈞校諸歷用狀○宋祁曰鈞校當作鈎校奏可詔與丞相御史大將軍右將軍史各一人雜候上林清臺課諸歷疏密凡十一家以元鳳三年十一月朔旦冬至盡五年十二月各有第壽王課疏遠案漢元年不用黃帝調歷壽王非漢歷逆天道非所宜言大不敬有詔勿劾復候

盡六年太初歷第一卽墨徐萬且長安徐禹治太初歷亦第一師古曰且音子余反壽王及待詔李信治黃帝調歷課皆疏闊又言黃帝至元鳳三年六千餘歲丞相屬寶長安單安國安陵桮育治終始蘇林曰桮音布回反師古曰姓桮名育也單音善言黃帝以來三千六百二十九歲不與壽王合壽王又移帝王錄舜禹年歲不合人年壽王言化益爲天子代禹師古曰化益卽伯益驪山女亦爲天子在殷周間皆不合經術壽王歷迺太史官殷歷也壽王猥曰安得五家歷師古曰猥曲也又妄言太初歷虧四分日之三去小餘七百五分以故陰陽不調謂之亂世劾壽王吏八百石古之大夫服儒衣誦不祥之辭作袄言欲亂制度不道奏可壽王候課比三年下師古曰此類也下下獄也音胡稼反終不服再劾死更赦勿劾師古曰更經也音工衡反遂不更言誹謗益甚竟以下吏故歷本之驗在於天自漢歷初起盡元鳳六年三十六歲而是非堅定至孝成世劉向總六歷列是非作五紀論向子歆究其微眇師古曰眇細也音莫小反又讀曰妙他皆類此作三統歷及譜以說春秋推法密要故述焉師古曰自此以下皆班氏所述劉歆之說也夫歷春秋者天時也列人事而因以天時傳曰民受天地之中以生師古曰此春秋左傳劉康公之言也中謂中和之氣也所謂命也是故有禮誼動作威儀之則以定命也能者養以之福不能者敗以取禍師古曰之往也往就福也自此以上皆劉康公辭故列十二公二百四十二年之事以陰陽之中制其禮故春爲陽中萬物以生秋爲陰中萬物以成是以事舉其中禮取其和歷數以閏正天地之中以作事厚生皆所以定命也易金火相革之卦曰湯武革命順乎天而應乎人師古曰離下兌上故云金火相革此革卦彖辭又曰治歷明時師古曰此革卦象辭所以和人道也周道既衰幽王既喪天子不能班朔魯歷不正以閏餘一之歲爲蔀首孟康曰當以閏盡歲爲蔀首今失正未盡一歲便以爲蔀首也師古曰蔀音剖又音部故春秋刺十一月乙亥朔日有食之於是辰在申孟康曰辰謂斗建臣瓚曰日月之會爲辰師古曰事在襄二十七年而司歷以爲在建戌史書建亥哀十二年亦以建申流火之月爲建亥張晏曰周之十二月夏之十月也再失閏當爲八月建酉而云建申誤也仲尼曰火猶西流司歷過也劉歆徒以詩七月流火爲喻不知八月火猶西流也而怪蟄蟲之不伏也自文公閏月不告朔至此百有餘年莫能正歷數故子貢欲去其餼羊孔子愛其禮師古曰餼生牲也禮人君每月告朔於廟有祭事故用牲子貢見其禮廢而欲去其羊孔子曰賜也汝愛其羊我愛其禮事見論語而著其法於春秋經曰冬十月朔日有食之傳曰不書日官失之也天子有日官諸侯有日御日官居卿以厎日禮也蘇林曰厎致也師古曰音之履反日御不失日以授百官於朝言告朔也師古曰劉家本有此語元典歷始曰元傳曰元善之長也共養三德爲善孟康曰謂三統

之微氣也當施育萬物故謂之德師古曰共讀曰供又曰元體之長也合三體而爲之原故曰元於春三月每月書王元之三統也三統合於一元故因元一而九三之以爲法孟康曰辰有十二其三爲天地人之統老子曰三生萬物是以餘九辰得三氣乃能施化故每辰者以三統之數乘之是謂九三之法得積萬九千六百八十三十一三之以爲實孟康曰以子數一乘丑三餘次辰亦每三乘之周十二辰得十七萬七千一百四十七實如法得一黃鐘初九律之首陽之變也因而六之以九爲法得林鐘孟康曰以六乘黃鐘之九得五十四初六呂之首陰之變也皆參天兩地之法也孟康曰三三而九二三而六參兩之義也上生六而倍之下生六而損之皆以九爲法九六陰陽夫婦子母之道也孟康曰異類爲子母謂黃鐘生林鐘也同類爲夫婦謂黃鐘以大呂爲妻也律娶妻如淳曰黃鐘生林鐘而呂生子如淳曰林鐘生太族天地之情也六律六呂而十二辰立矣五聲清濁而十日行矣李奇曰聲一清一濁合爲二五聲凡十合於十日從甲至癸也孟康曰謂東方甲乙南方丙丁之屬分在五方故五聲屬焉傳曰天六地五數之常也天有六氣張晏曰六氣陰陽風雨晦明也降生五味孟康曰月令五方之味酸鹹是也夫五六者天地之中合孟康曰天陽數奇一三五七九五在其中地陰數耦二四六八十六在其中故曰天地之中合而民所受以生也故日有六甲辰有五子孟康曰六甲之中唯甲寅無子故有五子十一而天地之道畢言終而復始太極中央元氣故爲黃鐘其實一龠以其長自乘故八十一爲日法所以生權衡度量禮樂之所繇出也經元一以統始易太極之首也春秋二以目歲鄧展曰春秋則爲二矣孟康曰春爲陽中萬物以生秋爲陰中萬物以成舉春秋以目一歲易兩儀之中也於春每月書王易三極之統也於四時雖亡事必書時月易四象之節也時月以建分至啓閉之分易八卦之位也張晏曰二至二分立春立夏立秋立冬象事成敗易吉凶之效也朝聘會盟易大業之本也故易與春秋天人之道也傳曰龜象也筮數也物生而後有象象而後有滋滋而後有數師古曰左氏傳載韓簡之言也物生則有象有象而滋益滋益乃數起龜以象告吉凶筮以數示禍福是故元始有象一也春秋二也三統三也四時四也合而爲十成五體以五乘十大衍之數也而道據其一其餘四十九所當用也故筮以爲數以象兩兩之又以象三三之又以象四四之又歸奇象閏十九及孟康曰歲有閏分七分滿十九則爲閏也師古曰奇音居宜反所據一加之因以再扐兩之師古曰扐音勒○劉攽曰兩之得九十八三之得二百九十四四之得一千一百七十六象閏所據一加之爲一千一百九十六兩之爲二千三百九十二是爲月法之實如日法得一則一月之日數也而三辰之會交矣是以能生吉凶孟康曰三辰日月星也軌道相錯故有交會交會卽陰陽有干陵勝負故生吉凶也故易曰天一地二天三地四天五地六天七地八天九地十天數五地數五五位相得而各有合天數二十有五地數三十凡天地之數五十有五此所以成變化而行鬼神也師古曰皆上繫之辭并終數爲十九易窮則

變故爲閏法孟康曰天終數九地終數十窮終也言閏亦日之窮餘故取二終之數以爲義參天九兩地十是爲會數參天數二十五兩地數三十是爲朔望之會以會數乘之則周於朔旦冬至是爲會月孟康曰會月二十七章之月數也得朔旦冬至日與歲復九會而復元孟康曰謂四千六百一十七歲之月數也所謂元月黃鐘初九之數也經於四時雖亡事必書時月時所以紀啟閉也月所以紀分至也啟閉者節也分至者中也節不必在其月故時中必在正數之月故傳曰先王之正時也履端於始舉正於中歸餘於終履端於始序則不愆舉正於中民則不惑歸餘於終事則不誖師古曰自此以上左氏傳之辭也履端於始謂步歷之始以爲術之端首也舉正於中謂分一朞爲十二月舉中氣以正月也歸餘於終謂有餘日則歸於終積而成閏也誖乖也音布內反此聖王之重閏也以五位乘會數而朔旦冬至是爲章月四分月法以其一乘章月是爲中法參閏法爲周至以乘月法以減中法而約之則六扐之數爲一月之閏法其餘七分此中朔相求之術也朔不得中是爲閏月言陰陽雖交不得中不生故日法乘閏法是爲統歲三統是爲元歲元歲之閏陰陽災三統閏法易九戹曰初入元百六陽九次三百七十四陰九孟康曰易傳也所謂陽九之戹百六之會者也初入元百六歲有戹者則前元之餘氣也若餘分爲閏也易爻有九六七八百六與三百七十四六乘八之數也六八四十八合爲四百八十歲也次四百八十陽九孟康曰亦六乘八之數也於易爻六有變故再數也如淳曰六八四十八爲四百八十歲有九年旱次七百二十陰七孟康曰亦九乘八之數也八九七十二爲七百二十歲次七百二十陽七孟康曰亦九乘八之數也於易爻九變故再數也如淳曰八十歲紀一甲子冬至以八乘九八七十二故七百二十歲乃有災也次六百陰五次六百陽五孟康曰七八爻乘八之數也七乘八得五百六十歲八乘八得六百四十歲合千二百歲也於易爻七八不變氣不通故合而數之各得六百歲也如淳曰爻有七八八六十四七八五十六二爻之數合千二百滿純陰七八不變故通其氣使各六百歲乃有災次四百八十陰三次四百八十陽三孟康曰此六乘八之數也六既有變又陰爻也陽奇陰偶故九再數而六四數七八不變又無偶各一數一元之中有五陽四陰陽旱陰水九七五三皆陽數也故曰陽九之戹如淳曰九六者陽奇陰偶偶故重出覆取上六八四十八故同四百八十歲正以九七五三爲災者從天奇數也易天之數曰立天之道曰陰與陽繫天故取其奇爲災歲數八十歲則甲子冬至一甲子六十日一歲三百六十日八十歲得四百八十甲子又五日五八四十爲四百日又四分日之一八十歲有八十分八分爲二十日凡四百八十日得七十甲子八十歲合四百八十七甲子餘分皆盡故八十歲則一甲子冬至也凡四千六百一十七歲與一元終經歲四千五百六十災歲五十七孟康曰經歲從百六終陽三也得災歲五十七合爲一元四千六百一十七歲是以春秋曰舉正於中又曰閏月不告朔非禮也閏以正時時以作事事以厚生師古曰言四時漸差則置閏以正之因順時而命事事得其序則年穀豐熟生民之道於是乎在矣不告閏朔棄時正也何以爲民師古曰自此以上皆左氏傳之辭也爲治也故魯僖五年春王正月辛亥朔日南至公既視朔遂登觀臺以望而書禮也凡分至啟閉必書雲物爲備故也至昭二十年二月己丑日南至失閏至在非其月梓慎望氛氣而弗正不履端於始也故傳不曰冬至而曰日南至極於牽牛之初日中之時景最長以此知其南至也斗綱之端連貫營室織女之紀指牽牛之初以紀日月故曰星紀五星起其初日月起其中凡十二次日至其初爲節至其中斗建下爲十二辰視其建而知其次故曰制禮上物不過十二天之大數也經曰春王正月傳曰周正月火出於夏爲三月商爲四月周爲五月夏數得天師古曰自此以上左傳之辭得四時之正也三代各據一統明三統常合而迭爲首師古曰迭互也音大結反此下亦同登降三統之首周還五行之道也師古曰還讀曰旋故三五相包而生天統之正始施於子半蘇林曰子之西亥之東其中間也或曰於子半日地統受於丑初臣瓚曰謂分十二辰各有上中下言半謂在中也又受於寅初此謂上也日萌色赤地統受之於丑初日肇化而黃至丑半日牙化而白人統受之於寅初日孽成而黑至寅半日生成而青天施復於子地化自丑畢於辰如淳曰地以十二月生萬物三月乃畢人生自寅成於申如淳曰人功自正月至七月乃畢故歷數三統天以甲子李奇曰夏正月朔日地以甲辰韋昭曰殷正月朔日人以甲申李奇曰周正月朔日孟仲季迭用事爲統首三微之統既著而五行自青始其序亦如之五行與三統相錯傳曰天有三辰地有五行然則三統五星可知也易曰參五以變錯綜其數通其變遂成天地之文極其數遂定天下之象師古曰易上繫之辭太極運三辰五星於上而元氣轉三統五行於下其於人皇極統三德五事故三辰之合於三統也日合於天統月合於地統斗合於人統五星之合於五行水合於辰星火合於熒惑金合於太白木合於歲星土合於塡星三辰五星而相經緯也天以一生水地以二生火天以三生木地以四生金天以五生土五勝相乘以生小周以乘乾坤之策而成大周陰陽比類交錯相成故九六之變登降於六體三微而成著三著而成象二象十有八變而成卦四營而成易爲七十二參三統兩四時相乘之數也參之則得乾之策兩之則得坤之策蘇林曰策數也以陽九九之爲六百四十八以陰六六之爲四百三十二凡一千八十陰陽各一卦之微算策也八之爲八千六百四十而八卦小成引而信之師古曰信讀曰伸又八之爲六萬九千一百二十天地再之爲十三萬八千二百四十然後大成五星會終觸類而長之以乘章歲爲二百六十二萬六千五百六十而與日月會三會爲七百八十七萬九千六百八十而與三統會三統二千三百六十三萬九千四十而復於太極上元九章歲而六之爲法太極上元爲實實如法得一陰一陽各萬一千五百二十當萬物氣體之數天下之能事畢矣

前漢書卷二十一上考證

律歷志上孝武帝時樂官考正○臣召南按此即禮樂志所云立樂府置協律都尉本志所云造太初歷是也顏注未明

使羲和劉歆典領條奏言之最詳注班氏自云作志取劉歆之義也自此以下訖于用竹爲引者事之宜也則其辭焉○臣召南按一曰備數以下皆劉歆之詞而班氏稍加刪節所謂刪僞辭取正義也是以晉志引此志直云劉歆序論而風俗通義引劉歆鍾律書當亦指此若隋書牛弘傳引劉歆鍾律書春宮秋律百卉必凋秋宮春律萬物必榮云云今志所無是則班氏所刪去者也

一曰備數云云○監本接連前文寫非也今另提行

其算法用竹徑一分長六寸云云○臣召南按隋志曰其算用竹廣二分長三寸正策三廉積二百一十六枚成六觚乾之策也負策四廉積一百四十四枚成方坤之策也觚方皆經十二天地之大數也較此志亦少異

木曰柷注連底撞之○撞之別本作動之

取竹之解谷生其竅厚均者注○臣浩按依孟康說應以取竹之解谷斷句生字連下文讀然於文義不順晉灼謂解谷爲谷名甚是但如晉說則之字當作往解亦與上文不順當以取竹之解谷生讀其竅厚均者句於文始順

注生而肉孔外內厚薄自然均者○監本孔字上脫肉字外內譌外肉今改正又截以爲篇監本譌篇從宋本改

斷兩節間而吹之以爲黃鐘之宮○晉志作斷兩節間長三寸九分而吹之

九者所以究極中和云云○沈約宋志曰班氏所志未能通律呂本原空煩其文而爲辭費又推九六欲符劉歆三統之數假托非類以飾其說皆孟堅之妄矣臣召南按此志附會三統誠多穿鑿然皆劉歆條奏本文而班氏述之非班氏欲符劉歆三統之數也

正月乾之九三○宋祁曰九三當作九二○臣召南按宋說非也自子至午爲乾卦六爻自未至亥爲坤卦六爻此言人生于寅正是乾之九三泰卦三陽之象非九二也

參分損一下生林鍾云云○晉志曰校其相生所得與司馬遷同 臣召南按是志本劉歆歆言鍾律專主司馬遷故與呂覽淮南京房三家小異

八八爲伍○按晉志引此文作八八爲位此傳寫之譌也

一黍之廣度之九十分黃鍾之長一爲一分○按隋志引此文作度之九十黍爲黃鍾之長一黍爲一分

廷尉掌之○舊本附注皇祐冬益州進士房庶言嘗得古本漢志云一黍之起積一千二百黍之廣度之九十分今文脫起積一千二百黍之八字 臣召南按房庶此說范鎮深是之而司馬光力攻其謬光與鎮書有曰房生家有漢書異於今本不知傳于何世而相承積誤由古及今更大儒甚衆曾不悟也其書既云積一千二百黍之廣何必更云一黍之起此四字者將安設施子駿孟堅之書不宜如此冗長也

合龠爲合○宋祁曰舊本作十龠杭本作合龠予以後參考之十當作合○臣召南按玉海引胡瑗新樂圖曰今文譌作十龠唐六典曰二龠爲合然則合龠者二龠也

書曰予欲聞六律五聲八音七始詠以出內五言○劉敞曰七始詠以出內五言古文爲在治忽蓋字之變師說不同非孔氏虞書也○臣召南按七始之文見於此泠州鳩言七律晏子言七音與此稍異漢初安世房中歌曰七始華始肅倡和聲注孟康曰天地四時人之始即用此志語然則漢初所傳尚書其文如此又按天地人三始即黃鍾林鍾太簇前文已明其四時之始則隋時鄭譯荅蘇夔云七調所從出謂姑洗爲春蕤賓爲夏南呂爲秋應鍾爲冬是爲四時始也

疇人子弟分散注如淳曰家業世世相傳爲疇○宋祁曰南本世世相傳爲疇下有歷年二十二傳之疇官各從其父學也 臣浩按史記集解亦引如淳此條但作律年二十二云云蓋引漢律文也宋祁所見之南本作歷亦誤

有黃帝顓頊夏殷周及魯歷○臣召南按皆後人依托爲之藝文志有黃帝五家歷三十三卷顓頊歷二十一卷又夏殷周歷十四卷至魯歷則杜預釋例云今世所謂魯歷不與春秋相符殆好事者爲之非真也

未能釐也○史記歷書作未能詹也

名察發斂注應劭曰名節會察寒暑致啓分發斂至○

臣世駿按致啓分發斂至六字費解以史記注正之
作致啓閉分至五字較爲明白或疑當作察寒暑啓
閉分至理或然也臣召南按歷家因此有發斂率謂
盈縮也見唐志
又注臣瓚曰史記曰名察宿度○臣召南按史記原
文作名察度驗此作名察宿度蓋轉寫之誤也下文
又云謂三辰之度吉凶之驗可知瓚說本不訛
迺以前歷上元泰初四千六百一十七歲至于元封七
年復得閼逢攝提格之歲注此爲甲寅之歲也○臣
永祚按四千六百一十七歲不應干支重逢此不可
解臣召南按太初元年實丁丑歲通鑑目錄云太初
元年彊圉赤奮若丁丑是也若甲寅則在元朔二年
前乎此二十四歲矣唐志日度議云漢太初歷元起
丁丑命曰閼逢攝提格之歲而實非甲寅可謂至確
蓋元封之六年歲在丙子仲冬朔旦甲子冬至復得
上古歷元之甲寅耳故後文曰太初元年前十一月
甲子朔旦冬至歲在星紀婺女六度又引漢志曰歲
名困敦是也
壽王候課比三年下註下下獄也○顧炎武曰謂課居
下也下文言竟以下吏乃是下獄師古注非
向子歆究其微眇作三統歷及譜以說春秋○沈約宋
志曰歆作三統歷以說春秋屬辭比事雖甚精巧非
其實也
列人事而因以天時○因汲古閣本作目
故春爲陽中云云○臣召南按漢世解春秋名義皆是
如此故賈逵服虔之說左氏何休之說公羊並承歆
說以陰中陽中爲義
降生五味注孟康曰月令五方之味酸鹹是也○臣召
南按酸鹹之下似應有辛苦甘三字
故筮以爲數以象兩○筮監本訛著今改正

前漢書卷二十一下

漢　蘭　臺　令　史班　固撰

唐正議大夫行秘書少監琅邪縣開國子顏師古注

律歷志第一下

統母

日法八十一孟康曰分一日爲八十一分爲三統之本母也元始黃鐘初九自
乘一龠之數得日法
閏法十九因爲章歲合天地終數得閏法
統法一千五百三十九以閏法乘日法得統法
元法四千六百一十七參統法得元法
會數四十七參天九兩地十得會數
章月二百三十五五位乘會數得章月
月法二千三百九十二推大衍象得月法
通法五百九十八四分月法得通法
中法十四萬五百三十以章月乘通法得中法
周天五十六萬二千一百二十以章月乘月法得周天
歲中十二以三統乘四時得歲中
月周二百五十四以章月加閏法得月周
朔望之會一百三十五參天數二十五兩地數三十得
朔望之會
會月六千三百四十五以會數乘朔望之會得會月
統月一萬九千三十五參會月得統月
元月五萬七千一百五參統月得元月
章中二百二十八以閏法乘歲中得章中
統中一萬八千四百六十八以日法乘章中得統中
元中五萬五千四百四參統中得元中
策餘八千八十什乘元中以減周天得策餘
周至五十七參閏法得周至
紀母木金相乘爲十二是爲歲星小周小周乘巛策爲
一千七百二十八是爲歲星歲數
見中分二萬七百三十六
積中十三中餘百五十七
見中法一千五百八十三見數也
見閏分萬二千九十六
積月十三月餘一萬五千七十九
見月法三萬七十七
見中日法七百三十萬八千七百一十一
見月日法二百四十三萬六千二百三十七
金火相乘爲八又以火乘之爲十六而小復小復乘乾
策爲三千四百五十六是爲太白歲數
見中分四萬一千四百七十二
積中十九中餘四百一十三
見中法二千一百六十一復數也
見閏分二萬四千一百九十二
積月十九月餘三萬二千三十九
見月法四萬一千五十九
晨中分二萬三千三百二十八
積中七中餘千七百一十八
夕中分萬八千一百四十四
積中八中餘八百五十六
晨閏分萬三千六百八
積月十一月餘五千一百九十一
夕閏分萬五百八十四
積月八月餘二萬六千八百四十八
見中日法九百九十七萬七千三百三十七
見月日法三百三十二萬五千七百七十九
土木相乘而合經緯爲三十是爲鎭星小周小周乘巛
策爲四千三百二十是爲鎭星歲數
見中分五萬一千八百四十
積中十二中餘一千七百四十
見中法四千一百七十五見數也
見閏分三萬二百四十
積月十二月餘六萬三千三百
見月法七萬九千三百二十五
見中日法一千九百二十七萬五千九百七十五
見月日法六百四十二萬五千三百二十五
火經特成故二歲而過初三十二過初爲六十四歲而
小周小周乘乾策則太陽大周爲一萬三千八百二十
四歲是爲熒惑歲數
見中分十六萬五千八百八十八
積中二十五中餘四千一百六十三
見中法六千四百六十九見數也
見閏分九萬六千七百六十八
積月二十六月餘五萬二千九百五十四
見月法十二萬一千九百一十一
見中日法二千九百八十六萬七千三百七十三
見月日法九百九十五萬五千七百九十一
水經特成故一歲而及初六十四及初而小復小復乘
巛策則太陰大周爲九千二百一十六歲是爲辰星歲
數
見中分十一萬五百九十二
積中三中餘二萬二千四百六十九
見中法二萬九千四十一復數也
見閏分六萬四千五百一十二
積月三月餘五十一萬四百二十三
見月法五十五萬一千七百七十九
晨中分六萬二千二百八
積中二中餘四千一百二十六
夕中分四萬八千三百八十四
積中一中餘一萬九千三百四十三
晨閏分三萬六千二百八十八
積月二月餘十一萬四千六百八十二
夕閏分二萬八千二百二十四
積月一月餘三十九萬五千七百四十一
見中日法一億三千四百八萬二千二百九十七
見月日法四千四百六十九萬四千九十九
合太陰太陽之歲數而中分之各萬一千五百二十陽
施其氣陰成其物
以星行率減歲數餘則見數也
東九西七乘歲數并九七爲法得一金水晨夕歲數
以歲中乘歲數是爲星見中分
星見數是爲見中法
以歲閏乘歲數是爲星見閏分
以章歲乘見數是爲見月法
以元法乘見數是爲見中日法
以統法乘見數是爲見月日法
五步
木晨始見去日半次順日行十一分度二百二十一日
始留二十五日而旋逆日行七分度一八十四日復留
二十四日三分而旋復順日行十一分度二百一十一
日有百八十二萬八千三百六十二分而伏凡見三百
六十五日有百八十二萬八千三百六十五分除逆定
行星三十度百六十六萬一千二百八十六分凡見一
歲行一次而後伏日行不盈十一分度一伏三十三日
三百三十三萬四千七百三十七分行星三度百六十
七萬三千四百五十三分壹見三百九十八日五百一
十六萬三千一百二分。劉攽曰三百九十八日五百十六萬三千一百二分者通計上文見伏之日分也今作壹見字疑後人妄改之以下文金晨見伏夕見伏推之可知行星三十
三度三百三十三萬四千七百三十七分通其率故曰
日行千七百二十八分度之百四十五
金晨始見去日半次逆日行二分度一六日始留八日
而旋始順日行四十六分度三十三四十六日順疾日
行一度九十二分度十五百八十四日而伏凡見二百
四十四日除逆定行星二百四十四度伏日行一度九
十二分度三十三有奇師古曰奇音居宜反下皆類此伏八十三日行
星百一十三度四百三十六萬五千二百二十分凡晨
見伏三百二十七日行星三百五十七度四百三十六
萬五千二百二十分夕始見去日半次順日行一度九
十二分度十五百八十一日百七分日四十五順遲日
行四十六分度四十三四十六日始留七日百七分日

六十二分而旋逆日行三分度一六日而伏凡見二百四十一日除逆定行星二百四十一度伏逆日行八分度七有奇伏十六日百二十九萬五千三百五十二分行星十四度三百六萬九千八百六十八分一凡夕見伏二百五十七日百二十九萬五千三百五十二分行星二百二十六度六百九十萬七千四百六十九分壹復五百八十四日百二十九萬五千三百五十二分。劉攽曰此又妄改爲壹復自是通計晨夕見伏之日分也行星亦如之故曰日行一度

土晨始見去日半次順日行十五分度一八十七日始留三十四日而旋逆日行八十一分度五百一日復留三十三日八十六萬二千四百五十五分而旋復順日行十五分度一八十五日而伏凡見三百四十日八十六萬二千四百五十五分除逆定行星五度四百四十七萬三千九百三十分伏日行不盈十五分度三百三十七日千七百一十七萬一百七十分行星七度八百七十三萬六千五百七十分壹見三百七十七日千八百三萬二千六百二十五分。劉攽曰此壹見與火一見字皆妄與木通計義同行星十二度千三百二十一萬五百分通其率故曰日行四千三百二十分度之百四十五

火晨始見去日半次順日行九十二分度五十三二百七十六日始留十日而旋逆日行六十二分度十七六十二日復留十日而旋復順日行九十二分度五十三二百七十六日而伏凡見六百三十四日除逆定行星三百一度伏日行不盈九十二分度七十三分伏百四十六日千五百六十八萬九千七百分行星百一十四度八百二十一萬八千五分一見七百八十日千五百六十八萬九千七百分凡行星四百一十五度八百二十一萬八千五分通其率故曰日行萬三千八百二十四分度之七千三百五十五

水晨始見去日半次逆日行二度一日始留二日而旋順日行七分度六十七日順疾日行一度三分度一十八日而伏凡見二十八日除逆定行星二十八度伏日行一度九分度七有奇三十七日一億二千二百二萬九千六百五分行星六十八度四千六百六十一萬一百二十八分凡晨見伏六十五日一億二千二百二萬九千六百五分行星九十六度四千六百六十一萬一百二十八分夕始見去日半次順疾日行一度三分度一十六日二分日一順遲日行七分度六七日留一日二分日一而旋逆日行二度一日而伏凡見二十六日除逆定行星二十六度伏逆日行十五分度四有奇二十四日行星六度五千八百六十六萬二千八百二十分凡夕見伏五十日行星十九度七千五百四十一萬九千四百七十七分壹復百一十五日一億二千二百二萬九千六百五分。劉攽曰此壹復字亦妄與金通計義同行星亦如之故曰日行一度

統術

推日月元統置太極上元以來外所求年盈元法除之餘不盈統者則天統甲子以來年數也盈統除之餘則地統甲辰以來年數也又盈統除之餘則人統甲申以來年數也各以其統首日爲紀

推天正以章月乘入統歲數盈章歲得一名曰積月不盈者名曰閏餘閏餘十二以上歲有閏求地正加積月一求人正加二

推正月朔以月法乘積月盈日法得一名曰積日不盈者名曰小餘小餘三十八以上其月大積日盈六十除之不盈者名曰大餘數從統首日起算外則朔日也求其次月加大餘二十九小餘四十三小餘盈日法得一從大餘數除如法求弦加大餘七小餘三十一求望倍弦

推閏餘所在以十二乘閏餘加十得一盈章中數所得起冬至算外則中至終閏盈中氣在朔若二日則前月閏也

推冬至以算餘乘入統歲數盈統法得一名曰大餘不盈者名曰小餘除數如法則所求冬至日也

求八節加大餘四十五小餘千一十求二十四氣三其小餘加大餘十五小餘千一十林文炳曰當作小餘千一十當云求二十四氣加大餘十五三分其小餘千一十蓋傳寫顛倒漏一分字

推中部二十四氣皆以元爲法

推五行其四行各七十三日統歲分之七十七。宋祁曰十七當作十四中央各十八日統法分之四百四冬至後中央二十七日六百六分

推合晨所在星置積日以統法乘之以十九乘小餘而并之盈周天除去之不盈者令盈統法得一度數起牽牛算外則合晨所入星度也

推其日夜半所在星以章歲乘月小餘以減合晨度小餘不足者破全度

推其月夜半所在星以月周乘月小餘盈統法得一度以減合晨度

推諸加時以十二乘小餘爲實各盈分母爲法數起於子算外則所加辰也

推月食置會餘歲積月以二十三乘之盈百三十五除之不盈者加二十三得一月盈百三十五數所得起其正算外則食月也加時在望日衝辰

紀術

推五星見復置太極上元以來盡所求年乘大統見復數盈歲數得一則定見復數也。宋祁曰景本大統作大終不盈者名曰見復餘見復餘盈其見復數一以上見在往年倍一以上又在前往年不盈者在今年也

推星所在見中次以見中分乘定見復數盈見中法得一則積中法也不盈者名曰中餘以元中除積中餘則中元餘也以章中除之餘則入章中數也以十二除之餘則星見中次也中數從冬至起次數從星紀起算外則星所見中次也

推星見月以閏分乘定見以章歲乘中餘從之盈見月法得一并積中則積月也不盈者名曰月餘以元月除積月餘名曰月元餘以章月除月元餘則入章月數也以十二除之至有閏之歲除十三入章三歲一閏六歲二閏九歲三閏十一歲四閏十四歲五閏十七歲六閏十九歲七閏不盈者數起於天正算外則星所見月也

推至日以中法乘中元餘盈元法得一名曰積日不盈者名曰小餘小餘盈二千五百九十七以上中大數除積日如法算外則冬至也

推朔日以月法乘月元餘盈日法得一名曰積日餘名曰小餘小餘三十八以上月大數除積日如法算外則星見月朔日也

推入中次日度數以中法乘中餘以見中法乘其小餘并之盈見中日法得一則入中日入次度數也中次至日數次以次初數算外則星所見及日所在度數也求夕在日後十五度

推入月日數以月法乘月餘以見月法乘其小餘并之盈見月日法得一則入月日數也并之大餘數除如法則見日也

推後見中加積中於中元餘加後餘於中餘盈其法得一從中元餘數如法則見中也。宋祁曰景本餘盈下有中字

推後見月加積月於月元餘加後月餘於月餘盈其法得一從月元餘除數如法則後見月也

推至日及入中次度數如上法

推朔日及入月數如上法

推晨見加夕夕見加晨皆如上法

推五步置始見以來日數至所求日各以其行度數乘之其星若日有分者分子乘全爲實分母爲法其兩有分者分母分度數乘全分子從之令相乘爲實分母相乘爲法實如法得一名曰積度數起星初見星宿所在宿度算外則星所在宿度也

歲術

推歲所在置上元以來外所求年盈歲數除去之不盈者以百四十五乘之以百四十四爲法如法得一名曰積次不盈者名曰次餘積次盈十二除去之不盈者名曰定次數從星紀起算盡之外則所在次也欲知太歲以六十除積次餘不盈者數從丙子起算盡之外則太歲日也贏縮傳曰歲棄其次而旅於明年之次以害鳥帑師古曰帑與奴同周楚惡之五星之贏縮不是過也過次者殃大過舍者災小不過者亡咎次度六物者歲時數日月星辰也辰者日月之會而建所指也

星紀初斗十二度大雪中牽牛初冬至於夏爲十一月商爲十二月周爲正月終於婺女七度

玄枵初婺女八度小寒中危初大寒於夏爲十二月商爲正月周爲二月終於危十五度

諏訾初危十六度立春中營室十四度驚蟄今日雨水於夏爲正月商爲二月周爲三月終於奎四度

降婁初奎五度雨水今日驚蟄中婁四度春分於夏爲二月商爲三月周爲四月終於胃六度

大梁初胃七度穀雨今日清明中昴八度清明今日穀雨於夏爲三月商爲四月周爲五月終於畢十一度

實沈初畢十二度立夏中井初小滿於夏爲四月商爲五月周爲六月終於井十五度

鶉首初井十六度芒種中井三十一度夏至於夏爲五月商爲六月周爲七月終於柳八度

鶉火初柳九度小暑中張三度大暑於夏爲六月商爲七月周爲八月終於張十七度

鶉尾初張十八度立秋中翼十五度處暑於夏爲七月商爲八月周爲九月終於軫十一度

壽星初軫十二度白露中角十度秋分於夏爲八月商爲九月周爲十月終於氐四度

大火初氐五度寒露中房五度霜降於夏爲九月商爲十月周爲十一月終於尾九度

析木初尾十度立冬中箕七度小雪於夏爲十月商爲十一月周爲十二月終於斗十一度

角十二 亢九 氐十五 房五
心五 尾十八 箕十一
東七十五度
斗二十六 牛八 女十二 虛十
危十七 營室十六 壁九
北九十八度
奎十六 婁十二 胃十四 昴十一
畢十六 觜二 參九
西八十度
井三十三 鬼四 柳十五 星七
張十八 翼十八 軫十七
南百一十二度

九章歲爲百七十一歲而九道小終九終千五百三十九歲而大終三終而與元終進退於牽牛之前四度五分九會陽以九終故日有九道陰兼而成之故月有十九道陽名成功故九會而終四營而成易故四歲中餘一四章而朔餘一爲篇首八十一章而終一統

一甲子元首漢太初元年 十辛酉 十九己未
二十八丁巳 三十七乙卯 四十六壬子
五十五庚戌 六十四戊申 七十三丙午中
甲辰二統 辛丑 己亥 丁酉 乙未 壬辰
甲申三統 辛巳 己卯 丁丑文王四十二年 乙亥微二十六年
壬申 庚午 戊辰 丙寅孟愍二十二年
庚寅 戊子 丙戌季
二癸卯 十一辛丑 二十己亥 二十九丁酉
三十八甲午 四十七壬辰 五十六庚寅
六十五戊子○宋祁曰景本作戊午 七十四乙酉中
癸未 辛巳 己卯 丁丑 甲戌 壬申 庚午
戊辰 乙丑季
癸亥 辛酉 己未○宋祁曰景本作乙未 丁巳周公五年○宋祁曰景本作丁酉
甲寅 壬子 庚戌 戊申元四年 乙巳孟
三癸未 十二辛巳 二十一己卯 三十丙子
三十九甲戌 四十八壬申 五十七庚午
六十六丁卯 七十五乙丑中
癸亥 辛酉 己未 丙辰 甲寅 壬子 庚戌
丁未 乙巳季
癸卯 辛丑 己亥 丙申 甲午 壬辰 庚寅成十二年
丁亥 乙酉孟
四癸亥初元二年 十三辛酉 二十二戊午 三十一丙辰
四十甲寅 四十九壬子 五十八己酉 六十七丁未 七十六乙巳中
癸卯 辛丑 戊戌 丙申 甲午 壬辰 己丑
丁亥 乙酉季
癸未 辛巳 戊寅 丙子 甲戌 壬申惠三十八年
己巳 丁卯 乙丑孟
五癸卯河平元年 十四庚子 二十三戊戌 三十二丙申
四十一甲午 五十辛卯 五十九己丑 六十八丁亥 七十七乙酉中
癸未 庚辰 戊寅 丙子 甲戌 辛未 己巳
丁卯 乙丑季商太甲元年○宋祁曰太甲元年當在楚元三年上
癸亥 庚申 戊午 丙辰 甲寅獻十五年 辛亥
己酉 丁未 乙巳孟楚元三年○宋祁曰景本無三字
六壬午 十五庚辰 二十四戊寅 三十三丙子
四十二癸酉 五十一辛未 六十己巳 六十九丁卯 七十八甲子中
壬戌 庚申 戊午 丙辰 癸丑 辛亥 己酉
丁未 甲辰季
壬寅 庚子 戊戌 丙申煬二十四年 癸巳 辛卯
己丑 丁亥康四年 甲申孟
七壬戌始建國三年 十六庚申 二十五戊午 二十四乙卯 四十三癸丑 五十二辛亥○宋祁曰改作辛巳 六十一己酉 七十丙午 七十九甲辰中
壬寅 庚子 戊戌 乙未 癸巳 辛卯 己丑
丙戌 甲申季
壬午 庚辰 戊寅 乙亥 癸酉 辛未
己巳定七年○宋祁曰景作十一年 丙寅 甲子孟
八壬寅 十七庚子 二十六丁酉 三十五乙未
四十四癸巳 五十三辛卯 六十二戊子
七十一丙戌 八十甲申中
壬午 庚辰 丁丑 乙亥 癸酉 辛未 戊辰
丙寅 甲子季
壬戌 庚申 丁巳 乙卯 癸丑 辛亥僖五年
戊申 丙午 甲辰孟
九壬午 十八己卯 二十七丁丑 三十六乙亥
四十五癸酉 五十四庚午 六十三戊辰
七十二丙寅 八十一甲子中
壬戌 己未 丁巳 乙卯 癸丑 庚戌 戊申
丙午 甲辰季
壬寅 己亥 丁酉 乙未 癸巳懿九年 庚寅 戊子
丙戌 甲申孟元朔六年

推章首朔旦冬至日置大餘三十九小餘六十一數除如法各從其統首起求其後章當加大餘三十九小餘六十一各盡其八十一章

推篇大餘亦如之小餘加一求周至加大餘五十九小餘二十一

世經

春秋昭公十七年郯子來朝傳曰昭子問少昊氏鳥名何故師古曰郯國名子其君之爵也郯國卽東海郯縣是也朝朝於魯也昭子魯大夫叔孫昭子也名婼對曰吾祖也我知之矣昔者黃帝氏以雲紀故爲雲師而雲名炎帝氏以火紀故爲火師而火名共工氏以水紀故爲水師而水名師古曰共讀曰龔下皆類此太昊氏以龍紀故爲龍師而龍名我高祖少昊摯之立也鳳鳥適至故紀於鳥爲鳥師而鳥名言郯子據少昊受黃帝黃帝受炎帝炎帝受共工共工受太昊故先言黃帝上及太昊稽之於易炮犧神農黃帝相繼之世可知師古曰炮與庖同

太昊帝易曰炮犧氏之王天下也言炮犧繼天而王爲百王先首德始於木故爲帝太昊作罔罟以田漁取犧牲故天下號曰炮犧氏祭典曰共工氏伯九域師古曰祭典卽禮經祭法也伯讀與霸同下亦類此言雖有水德在火木之間非其序也任知刑以彊故伯而不王秦以水德在周漢木火之間師古曰志言秦爲閏位亦猶共工不當五德之序周人遷其行序故易不載鄧展曰遷去也以其非次故去之師古曰此指謂共工也遷古遷字其下並同

炎帝易曰炮犧氏沒神農氏作言共工伯而不王雖有水德非其序也以火承木故爲炎帝教民耕農故天下號曰神農氏

黃帝易曰神農氏沒黃帝氏作火生土故爲土德與炎帝之後戰於阪泉遂王天下始垂衣裳有軒冕之服鄧展曰凡冠前卑後高故曰軒冕也師古曰此說非也軒軒車也冕冕服也春秋左氏傳曰服冕乘軒故天下號曰軒轅氏

少昊帝考德曰少昊曰清師古曰考德者考五帝德之書也清者黃帝之子清陽也是其子孫名摯立土生金故爲金德天下號曰金天氏周遷其樂故易不載序於行

顓頊帝春秋外傳曰少昊之衰九黎亂德顓頊受之迺命重黎蒼林昌意之子也金生水故爲水德天下號曰高陽氏周遷其樂故易不載序於行

帝嚳春秋外傳曰顓頊之所建帝嚳受之清陽玄囂之孫也水生木故爲木德天下號曰高辛氏帝摯繼之不知世數周遷其樂故易不載周人禘之

唐帝帝系曰帝嚳四妃陳豐生帝堯封於唐蓋高辛氏衰天下歸之木生火故爲火德天下號曰陶唐氏讓天下於虞使子朱處于丹淵爲諸侯卽位七十載

虞帝帝系曰顓頊生窮蟬五世而生瞽叟瞽叟生帝舜處虞之嬀汭師古曰嬀水名也水曲曰汭音人銳反堯嬗以天下師古曰嬗古禪讓字也其下亦同火生土故爲土德天下號曰有虞氏讓天下於禹使子商均爲諸侯卽位五十載

伯禹帝系曰顓頊五世而生鯀鯀生禹虞舜嬗以天下土生金故爲金德天下號曰夏后氏繼世十七王四百三十二歲

成湯書經湯誓湯伐夏桀金生水故爲水德天下號曰商後曰殷孟康曰初契封商湯居殷而受命故二號三統上元至伐桀之歲十四萬一千四百八十歲歲在大火房五度故傳曰大火閼伯之星也實紀商人後爲成湯方卽世崩沒之時爲天子用事十三年矣商十二月乙丑朔旦冬至故書序曰成湯既沒太甲元年使伊尹作伊訓伊訓篇曰惟太甲元年十有二月乙丑朔伊尹祀于先王誕資有牧方明言雖有成湯太丁外丙之服以冬至越茀祀先王于方明如淳曰觀禮諸侯覲天子爲壇十有二尋加方明于其上孟康曰方明者神明之象也以木爲之方四尺畫六采東青西白南赤北黑上玄下黃以配上帝是朔旦冬至之歲也後九十五歲商十二月甲申朔旦冬至亡餘分是爲孟統自伐桀至武王伐紂六百二十九歲故傳曰殷載祀六百

殷歷曰當成湯方卽世用事十三年十一月甲子朔旦冬至終六府首師古曰府首卽蔀首當周公五年則爲距伐桀四百五十八歲少百七十一歲不盈六百二十九又以夏時乙丑爲甲子計其年迺孟統後五章癸亥朔旦冬至也以爲甲子府首皆非是凡殷世繼嗣三十一王六百二十九歲

四分上元至伐桀十三萬二千一百一十三歲其八十八紀甲子府首入伐桀後百二十七歲

春秋歷周文王四十二年十二月丁丑朔旦冬至孟統之二會首也後八歲而武王伐紂

武王書經牧誓武王伐商紂水生木故爲木德天下號曰周室三統上元至伐紂之歲十四萬二千一百九歲歲在鶉火張十三度文王受命九年而崩再期在大祥而伐紂故書序曰惟十有一年武王伐紂太誓八百諸侯會還歸二年乃遂伐紂克殷以箕子歸十三年也故書序曰武王克殷以箕子歸作洪範洪範篇曰惟十有三祀王訪于箕子自文王受命而至此十三年歲亦在鶉火故傳曰歲在鶉火則我有周之分壄也師初發以殷十一月戊子日在析木箕七度故傳曰日在析木是夕也月在房五度房

為天駟故傳曰月在天駟後三日得周正月辛卯朔合辰在斗前一度斗柄也故傳曰辰在斗柄明日壬辰晨星始見師古曰晨古晨字也其字從日臼音居玉反癸巳武王始發丙午還師戊午度于孟津孟津去周九百里師行三十里故三十一日而度明日己未冬至晨星與婺女伏歷建星及牽牛至於婺女天黿之首故傳曰星在天黿周書武成篇惟一月壬辰旁死霸孟康曰月二日以往月生魄死故言死魄魄月質也師古曰霸古魄字同若翌日癸巳武王乃朝步自周于征伐紂序曰一月戊午師度于孟津至庚申二月朔日也四日癸亥至牧壄夜陳甲子昧爽而合矣故外傳曰王以二月癸亥夜陳武成篇曰粤若來三月既死霸粤五日甲子咸劉商王紂師古曰今文尚書之辭劉殺也是歲也閏數餘十八正大寒中在周二月己丑晦明日閏月庚寅朔三月二日庚申驚蟄四月己丑朔死霸死霸朔也生霸望也是月甲辰望乙巳旁之故武成篇曰惟四月既旁生霸粤六日庚戌武王燎于周廟翌日辛亥祀于天位粤五日乙卯乃以庶國祀馘于周廟師古曰亦今文尚書也祀馘獻於廟而告祀也馘耳曰馘音居獲反文王十五而生武王受命九年而崩崩後四年而武王克殷克殷之歲八十六矣後七歲而崩故禮記文王世子曰文王九十七而終武王九十三而終凡武王即位十一年周公攝政五年正月丁巳朔旦冬至殷歷以為六年戊午距煬公七十六歲入孟統二十九章首也後二歲得周公七年復子明辟之歲是歲二月乙亥朔庚寅望後六日得乙未故召誥曰惟二月既望粤六日乙未又其三月甲辰朔三日丙午召誥曰惟三月丙午朏孟康曰朏月出也音敷尾反古文月采篇曰三日曰朏師古曰月采說月之光采其書則亡是歲十二月戊辰晦周公以反政故洛誥篇曰戊辰王在新邑烝祭歲命作策惟周公誕保文武受命惟七年

成王元年正月己巳朔此命伯禽俾侯于魯之歲也師古曰俾使也封之使為諸侯後三十年四月庚戌朔十五日甲子哉生霸師古曰哉始也故顧命曰惟四月哉生霸王有疾不豫甲子王乃洮沬水作顧命師古曰洮盥手也沬洗面也洮音徒高反沬即頮字也音呼內反翌日乙丑成王崩康王十二年六月戊辰朔三日庚午故畢命豐刑曰惟十有二年六月庚午朏王命作策豐刑孟康曰逸書篇名

春秋殷歷皆以殷魯自周昭王以下亡年數故據周公伯禽以下為紀魯公伯禽推即位四十六年至康王十六年而薨故傳曰燮父禽父並事康王師古曰燮父晉唐叔虞之子禽父即伯禽也父讀曰甫甫者男子之美稱言晉侯燮魯公伯禽俱事康王也子考公就立酋師古曰又記此酋者諸說不同而名字或異也下皆放此酋音在由反考公世家即位四年及煬公熙立師古曰及者兄弟相及非子繼父也下皆類此煬公二十四年正月丙申朔旦冬至殷歷以為丁酉距微公七十六歲師古曰煬音弋向反世家煬公即位十六年子幽公宰立幽公世家即位十四年及微公茀立濆師古曰茀音弗濆古沸字微公二十六年正月乙亥朔旦冬至殷歷以為丙子距獻公七十六歲世家微公即位五十年子厲公翟立擢厲公世家即位三十七年及獻公具立獻公十五年正月甲寅朔旦冬至殷歷以為乙卯距懿公七十六歲世家獻公即位五十年子慎公埶立鼻師古曰鼻音皮祕反又音許器反慎公世家即位三十年及武公敖立武公世家即位二年子懿公被立戲師古曰戲音許宜反懿公九年正月癸巳朔旦冬至殷歷以為甲午距惠公七十六歲世家懿公即位九年兄子柏御立柏御世家即位十一年叔父孝公稱立孝公世家即位二十七年子惠公皇立惠公三十八年正月壬申朔旦冬至殷歷以為癸酉距釐公七十六歲師古曰釐讀曰僖下皆類此世家惠公即位四十六年子隱公息立

凡伯禽至春秋三百八十六年

春秋隱公春秋即位十一年及桓公軌立此元年上距伐紂四百歲桓公春秋即位十八年子莊公同立莊公春秋即位三十二年子愍公啟方立愍公春秋即位二年及釐公申立釐公五年正月辛亥朔旦冬至殷歷以為壬子距成公七十六歲是歲距上元十四萬二千五百七十七歲得孟統五十三章首故傳曰五年春王正月辛亥朔日南至八月甲午晉侯圍上陽童謠云丙子之辰龍尾伏辰袀服振振取虢之旂師古曰袀音均又音弋均反振音之人反鶉之賁賁天策焞焞火中成軍虢公其奔師古曰賁音奔焞音徒門反又土門反卜偃曰其九月十月之交乎丙子旦日在尾月在策鶉火中必是時也冬十二月丙子滅虢言歷者以夏時故周十二月夏十月也是歲歲在大火故傳曰晉侯使寺人披伐蒲重耳奔狄師古曰晉侯謂獻公也寺人奄人也披其名也蒲晉邑也公子重耳之所居獻公用驪姬之讒故令披伐之而重耳懼罪出奔也事見春秋左氏傳及國語董因曰君之行歲在大火師古曰董因晉史也本周太史辛有之後以董主史官故為董氏因其名也後十二年釐之十六歲歲在壽星故傳曰重耳處狄十二年而行過衞五鹿乞食於壄人壄人舉凷而與之子犯曰天賜也後十二年必獲此土歲復於壽星必獲諸侯後八歲釐之二十四年也歲在實沈秦伯納之故傳曰董因云君以辰出而以參入必獲諸侯春秋釐公即位三十三年子文公興立文公元年距辛亥朔旦冬至二十九歲是歲閏餘十三正小雪閏當在十一月後而在三月故傳曰非禮也後五年閏餘十是歲亡閏而置閏閏所以正中朔也亡閏而置閏又不告朔故經曰閏月不告朔言亡此月也傳曰不告朔非禮也春秋文公即位十八年子宣公倭立師古曰倭音於危反宣公春秋即位十八年子成公黑肱立成公十二年正月庚寅朔旦冬至殷歷以為辛卯距定公七年七十六歲春秋成公即位十八年子襄公午立襄公二十七年距辛亥百九歲九月乙亥朔是建申之月也魯史書十二月乙亥朔日有食之傳曰冬十一月乙亥朔日有食之於是辰在申司歷過也再失閏矣言時實行以為十一月也不察其建不考之於天也二十八年距辛亥百一十歲歲在星紀故經曰春無冰傳曰歲在星紀而淫於玄枵三十年歲在娵訾三十一年歲在降婁是歲距辛亥百一十三年二月有癸未上距文公十一年會于承匡之歲夏正月甲子朔凡四百四十有五甲子奇二十日為日二萬六千六百有六旬故傳曰絳縣老人曰臣生之歲正月甲子朔四百四十有五甲子矣其季於今三之一也師曠曰郤成子會于承匡之歲也七十三年矣史趙曰亥有二首六身下二如身則其日數也孟康曰下二畫使就身也師古曰杜預云亥字二畫在上併三六為身如算之六也下亥上二畫豎置身旁士文伯曰然則二萬六千六百有六旬也春秋襄公即位三十一年子昭公稠立昭公八年歲在析木十年歲在顓頊之虛玄枵也十八年距辛亥百三十一歲五月有丙子戊寅壬午火始昏見宋衞陳鄭火二十年春王正月距辛亥百三十三歲是辛亥後八章首也正月己丑朔旦冬至失閏故傳曰二月己丑日南至三十二年歲在星紀距辛亥百四十五歲盈一次矣故傳曰越得歲吳伐之必受其咎春秋昭公即位三十二年及定公宋立定公七年正月己巳朔旦冬至殷歷以為庚午距元公七十六歲

春秋定公即位十五年子哀公蔣立哀公十二年冬十一月流火非建戌之月也是月也螽故傳曰火伏而後蟄者畢今火猶西流司歷過也詩曰七月流火春秋哀公即位二十七年自春秋盡哀十四年凡二百四十二年

六國春秋哀公後十三年遜于邾子悼公曼立寧悼公世家即位三十七年子元公嘉立元公四年正月戊申朔旦冬至殷歷以為己酉距康公七十六歲元公世家即位二十一年子穆公衍立顯穆公世家即位三十三年子恭公奮立恭公世家即位二十二年子康公毛立康公四年正月丁亥朔旦冬至殷歷以為戊子距緡公七十六歲師古曰緡讀與愍同下皆類此康公世家即位九年子景公偃立景公世家即位二十九年子平公旅立平公世家即位二十年子緡公賈立緡公二十二年正月丙寅朔旦冬至殷歷以為丁卯距楚元七十六歲緡公世家即位二十三年子頃公讎立頃公表十八年秦昭王之五十一年也秦始滅周周凡三十六王八百六十七歲

秦伯師古曰伯讀曰霸其下亦同昭王本紀無天子五年孝文王本紀即位一年元年楚考烈王滅魯頃公為家人周滅後六年也莊襄王本紀即位三年始皇本紀即位三十七年二世本紀即位三年凡秦伯五世四十九歲

漢高祖皇帝著紀伐秦繼周木生火故為火德天下號曰漢距上元年十四萬三千二十五歲歲在大棣之東井二十二度鶉首之六度也故漢志曰歲在大棣名曰敦牂太歲在午八年十一月乙巳朔旦冬至楚元三年也故殷歷以為丙午距元朔七十六歲著紀高帝即位十二年

惠帝著紀即位七年

高后著紀即位八年

文帝前十六年後七年著紀即位二十三年

景帝前七年中六年後三年著紀即位十六年

武帝建元元光元朔各六年元狩六年十一月甲申朔旦冬至殷歷以為乙酉距初元七十六歲元狩元鼎元封各六年漢歷太初元年距上元十四萬三千一百二十七歲前十一月甲子朔旦冬至歲在星紀婺女六度故漢志曰歲名困敦師古曰敦頓也正月歲星出婺女太初天漢太始征和各四年後二年著紀即位五十四年

昭帝始元元鳳各六年元平一年著紀即位十三年

宣帝本始地節元康神爵五鳳甘露各四年黃龍一年著紀即位二十五年

元帝初元二年十一月癸亥朔旦冬至殷歷以為甲子以為紀首是歲也十月日食非合辰之會不得為紀首距建武七十六歲初元永光建昭各五年竟寧一年著紀即位十六年

成帝建始河平陽朔鴻嘉永始元延各四年綏和二年著紀即位二十六年

哀帝建平四年元壽二年著紀即位六年

平帝著紀即位元始五年以宣帝玄孫嬰為嗣謂之孺子孺子著紀新都侯王莽居攝三年王莽居攝盜襲帝

位竊號曰新室始建國五年天鳳六年地皇三年著紀
盜位十四年更始帝著紀以漢宗室滅王莽卽位二年
赤眉賊立宗室劉盆子滅更始帝自漢元年訖更始二
年凡二百三十歲
光武皇帝著紀以景帝後高祖九世孫受命中興復漢
改元曰建武歲在鶉尾之張度建武三十一年中元二
年卽位三十三年

前漢書卷二十一下考證

律歷志下統毋○臣召南按各本俱以統毋二字連下
文日法云云非也統毋五步統術紀術歲術世經凡
六項乃歷法之標目應另爲一行以挈綱領今改正

策餘八千八十什乘元中以減周天得策餘○臣永祚
按八千八十絕句什乘元中以減周天絕句古本從
八千八十什絕句非也

乘巛策○巛古坤字

積月十三月餘一萬五千七十九○監本誤割積月十
三爲一行月餘爲一行今從宋本移正

金水晨夕歲數○臣召南按宋祁曰一本水作木按金
水相距不遠不晨見則夕見故能同符恐無作木字
之理

統術○監本連接推日月元統又紀術二字連接推五
星見復不知推日月元統推五星見復皆下文之首
句也今移正

以章歲乘中餘從之○臣召南按從之二字必訛但各
本並同無可訂正以文義推之當是并之二字

諏訾初危十六度立春中營室十四度驚蟄○臣召南
按古節氣以驚蟄爲正月中以雨水爲二月節鄭康
成月令注曰漢始以雨水爲二月節孔穎達春秋疏
曰太初以後更改氣名以雨水爲正月中驚蟄爲二
月節迄今不改據此志云云則是太初節氣猶仍古
時至東漢始改雨水于驚蟄之前又改穀雨于清明
之後後書志可証也

角十二九九云云○臣召南按此洛下閎所度星度秪
据赤道唐志詳言之其黃道度數自續志始載然後
世歷家疎密不一惟黃道度較赤道爲易差郭守敬
曰赤道列舍相距度數歷代所測不同非徵有動移
則前人所測或未密也今以此文星度校之元史具
列唐一行宋皇祐元豐崇寧時所測元至元中用二
線所測度分稍有不同然大致不異也則洛下閎之
衛亦神矣

是其子孫名摯立○臣召南按左傳郯子曰我祖少昊
摯之立也是少昊名摯此志云名摯立涉彼文而訛
者也

子考公就立酋注師古曰又記此酋者諸說不同而名
字或異也○臣召南按此志凡某公某立皆係世本
之文其名或異者并記於下則史記世家文也如考
公世本名就世家名酋微公世本名茀世家作魏公
濆下俱倣此

世家煬公卽位十六年○臣召南按世家煬公六年但
此志上文既曰煬公二十四年正月丙申朔旦冬至
蔀首之歲魯歷必有所据汲古閣本作卽位六十年
是也宋本訛作十六年監本亦從而訛以積年求之
煬公二十四年爲蔀首又三十六年而甕歷幽公十
四年至微公二十六年復爲蔀首恰符七十六歲之
數知本文作六十年無疑卽世家亦于六字下脫十
字耳

世家獻公卽位五十年○臣召南按世家作三十二年
又武公二年世家作九年與此文不符又孝公二十
七年世家同而年表云三十八年

子惠公皇立○臣世駿按皇世家作弗湟世本作弗皇
年表作弗生

及桓公軌立此元年上距伐紂四百歲○黃宗義曰伐
紂之歲據漢志推之斷爲己卯歲若依史記魯世家
推之爲戊子歲然以授時步戊子歲距至元辛巳二
千三百三十三年無一合者當從班氏以己卯爲準
而後春秋以上之時日乃可得耳

卜偃曰○卜訛上今改正

距上元年十四萬三千二十五歲○按文不必有年字
疑衍

漢歷太初元年距上元十四萬三千一百二十七歲○
臣召南按元史三統積年一十四萬四千五百一十
一與此文異又按前文曰以前歷上元泰初四千六
百一十七歲至于元封七年又不同也

前漢書卷二十二

漢　蘭　臺　令　史班　固撰

唐正議大夫行祕書少監琅邪縣開國子顏師古注

禮樂志第二

六經之道同歸而禮樂之用爲急師古曰六經謂易詩書春秋禮樂也治身者斯須忘禮則暴嫚入之矣師古曰斯須猶須臾爲國者一朝失禮則荒亂及之矣人函天地陰陽之氣有喜怒哀樂之情師古曰函包容也讀與含同它皆類此天稟其性而不能節也師古曰稟謂給授也聖人能爲之節而不能絕也故象天地而制禮樂所以通神明立人倫師古曰倫理也正情性節萬事者也人性有男女之情妒忌之別爲制婚姻之禮有交接長幼之序爲制鄉飲之禮有哀死思遠之情爲制喪祭之禮有尊尊敬上之心爲制朝覲之禮哀有哭踊之節樂有歌舞之容師古曰踊跳也哀甚則踊正人足以副其誠邪人足以防其失師古曰副稱也故婚姻之禮廢則夫婦之道苦而淫辟之罪多孟康曰苦音監夫婦之行監不固也師古曰苦惡也不當假借辟讀曰僻鄉飲之禮廢則長幼之序亂而爭鬭之獄蕃師古曰蕃亦多也音扶元反他皆類此喪祭之禮廢則骨肉之恩薄而背死忘先者衆師古曰先者先人謂祖考○宋祁曰祖考下添也字朝聘之禮廢則君臣之位失而侵陵之漸起故孔子曰安上治民莫譱於禮移風易俗莫譱於樂師古曰此孝經載孔子之言也譱古善字禮節民心樂和民聲政以行之刑以防之禮樂政刑四達而不誖則王道備矣師古曰誖乖也音布內反樂以治內而爲同李奇曰同於和樂也禮以修外而爲異李奇曰尊卑爲異也同則和親異則畏敬和親則無怨畏敬則不爭揖讓而天下治者禮樂之謂也二者並行合爲一體畏敬之意難見則著之於享獻辭受登降跪拜師古曰見謂彰顯也和親之說難形則發之於詩歌詠言鐘石筦弦師古曰說讀曰悅形亦見也筦字與管同蓋嘉其敬意而不及其財賄美其歡心而不流其聲音師古曰流移也心不移溢於音聲也故孔子曰禮云禮云玉帛云乎哉樂云樂云鐘鼓云乎哉師古曰論語載孔子之言也謂禮以節人爲貴樂以和人爲本玉帛鐘鼓乃其末也○宋祁曰其末下當添事字此禮樂之本也故曰知禮樂之情者能作識禮樂之文者能述作者之謂聖述者之謂明明聖者述作之謂也師古曰作謂有所興造也述謂明辨其義而循行也○宋祁曰景德本循作修行

王者必因前王之禮順時施宜有所損益卽民之心稍稍制作師古曰卽就也至太平而大備周監於二代禮文尤具師古曰監觀也二代夏殷也言周觀夏殷之禮而增損之也事爲之制曲爲之防師古曰言每事立制委曲防閑也故稱禮經三百威儀三千於是教化浹洽師古曰浹徹也洽霑也浹音子牒反民用和睦災害不生禍亂不作囹圄空虛四十餘年應劭曰囹圄周獄名也師古曰囹獄也圄守也故總言囹圄無繫於囹圄音來丁反圄音牛呂反孔子美之曰郁郁乎文哉吾從周師古曰論語載孔子之言也郁郁文章貌及其衰也諸侯踰越法度惡禮制之害己去其篇籍遭秦滅學遂以亂亡漢興撥亂反正日不暇給師古曰撥去亂俗而還之於正道也給足也言事務殷多日日修造尚不能足無暇也猶命叔孫通制禮儀以正君臣之位高祖說而歎曰師古曰說讀曰悅吾乃今日知爲天子之貴也以通爲奉常遂定儀法師古曰奉常卽太常也解在百官公卿表未盡備而通終至文帝時賈誼以爲漢承秦之敗俗廢禮義捐廉恥今其甚者殺父兄盜者取廟器而大臣特以簿書不報期會爲故師古曰特但也簿文簿也故謂大事也言公卿但以文案簿書報答爲事也簿音步戶反至於風俗流溢恬而不怪師古曰恬安也謂心以爲安以爲是適然耳師古曰言正當如此非失道也夫移風易俗使天下回心而鄉道師古曰鄉讀曰嚮類非俗吏之所能爲也夫立君臣等上下使綱紀有序六親和睦如淳曰六親賈誼書以爲父也子也從父昆弟也從祖昆弟也曾祖昆弟也族昆弟也此非天之所爲人之所設也人之所設不爲不立不修則壞師古曰爲作也漢興至今二十餘年宜定制度興禮樂然後諸侯軌道百姓素樸獄訟衰息師古曰軌道言遵道也猶車行之依軌轍也迺草具其儀師古曰草謂創制立其事也他皆類此天子說焉師古曰說讀曰悅而大臣絳灌之屬害之故其議遂寢師古曰舊說以爲絳謂絳侯周勃也灌謂灌嬰也而楚漢春秋高祖之臣別有絳灌疑昧之文不可明也此旣言大臣則當謂周勃灌嬰也至武帝卽位進用英雋議立明堂制禮服以興太平師古曰服謂衣服之色也會竇太后好黃老言不說儒術師古曰說讀曰悅其事又廢後董仲舒對策言王者欲有所爲宜求其端於天天道大者在於陰陽陽爲德陰爲刑天使陽常居大夏而以生育長養爲事陰常居大冬而積於空虛不用之處以此見天之任德不任刑也陽出布施於上而主歲功陰入伏藏於下而時出佐陽陽不得陰之助亦不能獨成歲功王者承天意以從事故務德教而省刑罰刑罰不可任以治世猶陰之不可任以成歲也今廢先王之德教獨用執法之吏治民而欲德化被四海故難成也是故古之王者莫不以教化爲大務立大學以教於國設庠序以化於邑師古曰庠序行禮養老之處也教化以明習俗以成天下嘗無一人之獄矣至周末世大爲無道以失天下秦繼其後又益甚之自古以來未嘗以亂濟亂大敗天下如秦者也師古曰濟益也習俗薄惡民人抵冒師古曰抵忤也冒犯也言無廉恥不畏懼也抵音丁禮反而詐起一歲之獄以萬千數如以湯止沸沸愈甚而無益師古曰愈進也音踰又音愈它皆類此辟之琴瑟師古曰辟讀曰譬不調甚者必解而更張之迺可鼓也爲政而不行甚者必變而更化之迺可理也故漢得天下以來常欲善治而至今不

能勝殘去殺者失之當更化而不能更化也古人有言臨淵羨魚不如歸而結網今臨政而願治七十餘歲矣不如退而更化更化則可善治而災害日去福祿日來矣是時上方征討四夷銳志武功師古曰銳利也言意進求若兵刃之銳利不暇留意禮文之事至宣帝時琅邪王吉為諫大夫又上疏言欲治之主不世出師古曰言時時而一出難常遇也公卿幸得遭遇其時未有建萬世之長策舉明主於三代之隆者也其務在於簿書斷獄聽訟而已此非太平之基也今俗吏所以牧民者非有禮義科指可世世通行者也以意穿鑿各取一切師古曰苟順一時非正道是以詐偽萌生刑罰無極質樸日消恩愛寖薄師古曰寖古浸字浸漸也孔子曰安上治民莫善於禮非空言也願與大臣延及儒生述舊禮明王制驅一世之民躋之仁壽之域師古曰言以仁道治之皆得其性則壽考也域界也則俗何以不若成康壽何以不若高宗師古曰成康周之二王太平之時也高宗殷王武丁也有德可尊故曰高宗享國五十九年故云壽上不納其言吉以病去至成帝時犍為郡於水濱得古磬十六枚師古曰濱水涯也音賓議者以為善祥劉向因是說上宜興辟雍設庠序陳禮樂隆雅頌之聲盛揖攘之容師古曰攘古讓字以風化天下如此而不治者未之有也或曰不能具禮師古曰或曰者劉向設為難者之言而後荅釋也禮以養人為本如有過差是過而養人也師古曰過差猶失錯也刑罰之過或至死傷今之刑非皐陶之法也而有司請定法削則削筆則筆服虔曰言隨君意也師古曰削者謂有所刪去以刀削簡牘也筆者謂有所增益以筆就而書也救時務也至於禮樂則曰不敢是敢於殺人不敢於養人也為其俎豆筦弦之間小不備因是絕而不為是去小不備而就大不備大不備或莫甚焉師古曰大不備者事之虧失莫甚於此夫教化之比於刑法刑法輕是舍所重而急所輕也師古曰舍廢也且教化所恃以為治也刑法所以助治也今廢所恃而獨立其所助非所以致太平也自京師有誖逆不順之子孫師古曰誖乖也音布內反至於陷大辟受刑戮者不絕繇不習五常之道也師古曰繇與由同五常仁義禮智信人性所常行之也○宋祁曰宋本無之字邵本有之夫承千歲之衰周繼暴秦之餘敝民漸漬惡俗貪饕險詖不閑義理師古曰貪甚曰饕言行險曰詖饕音吐高反詖音彼義反不示以大化而獨敺以刑罰終已不改師古曰敺與驅同故曰導之以禮樂而民和睦師古曰孝經載孔子之言也初叔孫通將制定禮儀見非於齊魯之士然卒為漢儒宗業垂後嗣斯成法也成帝以向言下公卿議會向病卒丞相大司空奏請立辟雍案行長安城南師古曰行音下更反營表未作遭成帝崩羣臣引以定謚孟康曰謚法曰安民立政曰成帝欲立辟雍未就而崩羣臣議謚引為美謂之成及王莽為宰衡欲燿眾庶遂興辟雍因以篡位海內畔之世祖受命

中興撥亂反正師古曰謂光武帝也改定京師于土中師古曰謂都洛陽卽位三十年四夷賓服百姓家給政教清明師古曰給足也言家家皆足迺營立明堂辟雍顯宗卽位李奇曰明帝日顯宗躬行其禮宗祀光武皇帝于明堂養三老五更於辟雍李奇曰王者父事三老兄事五更詩云三壽作朋鄧展曰漢直以一公為三老用大夫為五更每當大行禮乃置師古曰鄭說云三老五更謂老人更知三德五事者也更音工衡反蔡邕以為更當為叟叟老人之稱也威儀既盛美矣然德化未流洽者禮樂未具羣下無所誦說而庠序尚未設之故也孔子曰辟如為山未成一匱止吾止也師古曰論語載孔子之言也匱者織草為器所以盛土也言為山欲成尚少一匱之土止而不為則其功終已不就如斯之人吾所不能教喻也辟讀曰譬今叔孫通所撰禮儀與律令同錄臧於理官師古曰古書懷藏之字本皆作臧漢書例為臧耳理官卽法官也法家又復不傳○劉攽曰法家當屬上句漢典寖而不著民臣莫有言者師古曰寖息也又通沒之後河間獻王采禮樂古事稍稍增輯至五百餘篇師古曰輯與集同今學者不能昭見但推士禮以及天子說義又頗謬異故君臣長幼交接之道寖以不章師古曰寖漸也

樂者聖人之所樂也而可以善民心其感人深其移風易俗易師古曰易音弋豉反○宋祁曰邵本於感人深上無其字故先王著其教焉師古曰著明也夫民有血氣心知之性而無哀樂喜怒之常應感而動然後心術形焉師古曰言人之性感物則動也術道徑也心術心之所由也形見也是以纖微癄瘁一作衰之音作而民思憂師古曰癄瘁謂減縮也音子笑反○劉攽曰樂聲無癄瘁當依禮讀為噍殺闡諧嫚易之音作而民康樂師古曰闡廣也諧和也嫚易言不急刻也易音弋豉反麤厲猛奮之音作而民剛毅師古曰麤厲抗厲也猛奮發揚也麤古作麄字○宋祁曰姚本改古作作字若云麤古麄字非是○廉直正誠之音作而民肅敬寬裕和順之音作而民慈愛師古曰裕饒也流辟邪散之音作而民淫亂先王恥其亂也師古曰辟讀曰僻故制雅頌之聲本之情性稽之度數制之禮儀師古曰稽考也合生氣之和導五常之行師古曰生氣陰陽之氣也導引也使之陽而不散陰而不集師古曰集謂聚滯也剛氣不怒柔氣不懾師古曰懾恐也音之涉反四暢交於中而發作於外師古曰暢通達也皆安其位而不相奪也○宋祁曰景本舊無也字足以感動人之善心而不使邪氣得接焉○宋祁曰善心而當作善心也是先王立樂之方也王者未作樂之時因先王之樂以教化百姓說樂其俗師古曰說樂其俗使和說而安樂也說讀曰悅樂音來各反然後改作以章功德易曰先王以作樂崇德殷薦之上帝以配祖考師古曰此豫卦象辭也殷盛大也上帝天也言王者作樂崇表其德大薦於天而以祖考配饗之也昔黃帝作咸池顓頊作六莖帝嚳作五英師古曰嚳音酷堯作大章舜作招師古曰招讀曰韶下皆類此禹作夏湯作濩師古曰濩音護武王作武周公作勺勺言能勺先祖之道也師古曰勺讀曰酌酌取也武言以功定天下也濩言救民也夏大承二帝也師古曰夏大也二帝謂堯舜也招繼

堯也師古曰韶之言紹也故曰紹堯也大章章之也師古曰章明也五英英華茂也○宋祁曰邵本無華字六莖及根莖也師古曰澤及下也咸池備矣師古曰咸皆也池言其包容浸潤也故云備矣自夏以往其流不可聞已師古曰言歌頌皆亡也已語終辭殷頌猶有存者師古曰謂正考甫所得那以下是周詩既備師古曰謂大雅頌皆得其所而其器用張陳周官具焉師古曰謂大司樂以下諸官所掌典者自卿大夫師瞽以下皆選有道德之人師古曰樂工瞽無目者朝夕習業以教國子國子者卿大夫之子弟也皆學歌九德師古曰水火金木土穀謂之六府正德利用厚生謂之三事六府三事謂之九功九功之德皆可歌也故言九德也誦六詩應劭曰六詩者詩有六義一曰風二曰賦三曰比四曰興五曰雅六曰頌習六舞五聲八音之和師古曰六舞謂帗舞羽舞皇舞旄舞干舞人舞也五聲宮商角徵羽也八音金石絲竹匏土革木也帗音弗翌音皇故帝舜命夔曰女典樂教胄子師古曰虞書舜典所載也夔舜臣名胄子卽國子也直而溫師古曰正直而溫和也寬而栗師古曰寬大而敬栗剛而無虐師古曰剛毅而不害虐也簡而無敖師古曰簡約而無敖慢也敖讀曰傲○宋祁曰簡約而無敖慢也無字當作不字詩言志歌咏言師古曰咏古詠字也在心為志發言為詩咏永也永長也歌所以長言之聲依咏律和聲師古曰依助也五聲所以助歌也六律所以和聲也八音克諧師古曰諧亦和也自此以上皆帝舜之言此之謂也又以外賞諸侯德盛而教尊者其威儀足以充目音聲足以動耳詩語足以感心故聞其音而德和省其詩而志正師古曰省視也論其數而法立是以薦之郊廟則鬼神饗作之朝廷則羣臣和立之學官則萬民協聽者無不虛已竦神說而承流師古曰竦敬也說讀曰悅是以海內徧知上德被服其風師古曰被音皮義反言蒙其風化若被而服之光煇日新化上遷善而不知所以然至於萬物不夭天地順而嘉應降故詩曰鐘鼓鍠鍠磬管鏘鏘降福穰穰師古曰此周頌執競之詩也鍠鍠和也鏘鏘盛也穰穰多也言周王祭祀考之廟奏樂而八音和盛則神降之福至多也鍠音皇穰人羊反書云擊石拊石百獸率舞師古曰虞書舜典也石謂磬也言樂之和諧也至於擊拊磬石則百獸相率而舞也○宋祁曰和諧也應刪去也字鳥獸且猶感應而況於人乎況於鬼神乎故樂者聖人之所以感天地通神明安萬民成性類者也然自雅頌之興而所承衰亂之音猶在師古曰言若周時尚有殷紂之餘聲是謂淫過凶嫚之聲為設禁焉世衰民散小人乘君子師古曰乘陵也心耳淺薄則邪勝正故書序殷紂斷棄先祖之樂迺作淫聲用變亂正聲以說婦人師古曰今文周書泰誓之辭也說讀曰悅樂官師瞽抱其器而犇散或適諸侯或入河海師古曰犇古奔字論語云太師摯適齊亞飯干適楚三飯繚適蔡四飯缺適秦鼓方叔入於河播鼗武入於漢少師陽擊磬襄入于海此志所云及古今人表所敘皆謂是也云諸侯者追繫其地非為當時已有國名而說論語者乃以為魯哀公時禮壞樂崩樂人皆去斷亦未允也夫六經殘缺學者異師文義競駮各守所見而馬鄭羣儒皆在班揚之後向歆博學又居王杜之前校其是非不可偏據其漢書所引經文與近代儒家往往乖別既自成義指卽就而通之庶免守株以申賢達之意非苟越異理固然也它皆類此○宋祁曰文義競駮姚本作文義舛駁○劉攽曰顏云追繫其地是謂周以前未有齊楚秦蔡也不亦謬乎夫樂本情性浹肌膚而臧骨髓雖經乎千載其遺風

餘烈尚猶不絕至春秋時陳公子完犇齊師古曰完陳厲公子卽敬仲也莊二十二年遭難出奔齊也陳舜之後招樂存焉故孔子適齊聞韶三月不知肉味曰不圖為樂之至於斯美之甚也師古曰事見論語周道始缺怨刺之詩起王澤既竭而詩不能作王官失業雅頌相錯師古曰錯雜也孔子論而定之故曰吾自衛反魯然後樂正雅頌各得其所師古曰事亦見論語是時周室大壞諸侯恣行設兩觀乘大路應劭曰觀闕門也禮諸侯一觀天子兩觀大路天子車陪臣管仲季氏之屬師古曰陪重也諸侯之臣於天子故稱重臣也季氏魯桓公子季友之後專執國政而奢僭也三歸雍徹八佾舞廷師古曰三歸取三姓女也婦人謂嫁曰歸故曰三歸蓋謂管仲耳雍詩也徹饌奏之八佾八列之舞皆僭天子禮也此謂季氏耳制度遂壞陵夷而不反師古曰陵夷言漸頹替也解在成帝紀及諸侯王表桑間濮上鄭衛宋趙之聲竝出應劭曰桑間衛地濮水之上皆好新聲師古曰鄭衛宋趙諸國亦皆有淫聲內則致疾損壽外則亂政傷民巧偽因而飾之以營亂富貴之耳目師古曰營猶回繞也庶人以求利列國以相間師古曰間音居莧反故秦穆遺戎而由余去應劭曰戎西戎也由余其賢臣也秦欲兼之遺以女樂由余諫而不聽遂去入秦齊人餽魯而孔子行師古曰餽亦饋字論語云齊人餽女樂季桓子受之三日不朝孔子行也至於六國魏文侯最為好古師古曰魏文侯本晉大夫畢萬之後僭諸侯者而謂子夏曰寡人聽古樂則欲寐及聞鄭衛余不知倦焉子夏辭而辨之終不見納師古曰事見禮之樂記自此禮樂喪矣漢興樂家有制氏服虔曰魯人也善樂事也○宋祁曰當刪也字以雅樂聲律世世在太樂官但能紀其鏗鎗鼓舞而不能言其義師古曰鏗鎗金石之聲也鏗音口耕反鎗音初庚反其下亦同高祖時叔孫通因秦樂人制宗廟樂大祝迎神于廟門奏嘉至李奇曰嘉善也善神之至也猶古降神之樂也皇帝入廟門奏永至以為行步之節猶古采薺肆夏也劉德曰歌樂在逸詩師古曰薺音才私反禮經或作茨又作茦音並同耳乾豆上奏登歌師古曰乾豆脯羞之屬獨上歌不以筦弦亂人聲欲在位者徧聞之猶古清廟之歌也登歌再終下奏休成之樂服虔曰叔孫通所奏作也美神明既饗也皇帝就酒東廂坐定奏永安之樂美禮已成也又有房中祠樂高祖唐山夫人所作也服虔曰高帝姬也韋昭曰唐山姓也○宋祁曰又有當刪又字周有房中樂○宋祁曰周上有曰字至秦名曰壽人凡樂樂其所生禮不忘本高祖樂楚聲故房中樂楚聲也孝惠二年使樂府令夏侯寬備其簫管更名曰安世樂高祖廟奏武德文始五行之舞孝文廟奏昭德文始四時五行之舞孝武廟奏盛德文始四時五行之舞武德舞者高祖四年作以象天下樂已行武以除亂也文始舞者曰本舜招舞也高祖六年更名曰文始以示不相襲也五行舞者本周舞也秦始皇二十六年更名曰五行也四時舞者孝文所作以明示天下之安和也○宋祁曰邵本以明示無明字蓋樂已所自作明有制也師古曰言樂自制作也

先王之樂明有法也師古曰遵前代之法孝景采武德舞以為昭德以尊大宗廟至孝宣采昭德舞為盛德以尊世宗廟諸帝廟皆常奏文始四時五行舞云高祖六年又作昭容樂禮容樂昭容者猶古之昭夏也主出武德舞蘇林曰言昭容樂生於武德舞○劉奉世曰予謂主出者此舞出則主奏之故下文云出用樂者言舞不失節能以樂終也禮容者主出文始五行舞舞人無樂者將至至尊之前不敢以樂也出用樂者言舞不失節能以樂終也大氐皆因秦舊事焉師古曰氐歸也音丁禮反其後字或作抵音義並同初高祖既定天下過沛與故人父老相樂醉酒歡哀作風起之詩令沛中僮兒百二十人習而歌之至孝惠時以沛宮為原廟師古曰原重也言已有正廟更重立也皆令歌兒習吹以相和常以百二十人為員文景之間禮官肄業而已師古曰肄習也音弋二反至武帝定郊祀之禮祠太一於甘泉就乾位也師古曰言在京師之西北也祭后土於汾陰澤中方丘也師古曰汾水之旁土特堆起是澤中方丘也祭地以方象地形乃立樂府師古曰始置之也樂府之名蓋起於此哀帝時罷之采詩夜誦師古曰采詩依古遒人徇路采取百姓謳謡以知政教得失也夜誦者其言辭或祕不可宣露故於夜中歌誦也○宋祁曰歌誦下當添之字有趙代秦楚之謳以李延年為協律都尉多舉司馬相如等數十人造為詩賦略論律呂以合八音之調作十九章之歌以正月上辛用事甘泉圜丘師古曰用上辛用周禮郊天日也辛取齋戒自新之義也為圜丘者取象天形也使童男女七十人俱歌昏祠至明夜常有神光如流星止集于祠壇天子自竹宮而望拜韋昭曰以竹為宮天子居中師古曰漢舊儀云竹宮去壇三里百官侍祠者數百人皆肅然動心焉

安世房中歌十七章其詩曰○劉敞曰按此言房中歌十七章推尋文理不見十七章疑本十二章誤為十七章也此言房中歌十七章今分別之大孝備矣一章八句七始華始一章十句我定歷數一章八句王侯秉德一章七句其鄰翼翼謂近臣也海內有姦一章八句大海蕩蕩水所歸高賢愉民所懷依注當有蕩蕩愉愉字大海蕩蕩一章六句安其所一章六句豐草葽一章八句雷震震一章十句桂華一章十句桂華馮馮翼翼此桂華前章之名也古詩皆有章名今此獨兩章存美芳一章八句磑磑即即一章八句嘉薦芳矣一章八句皇皇鴻明一章六句浚則師德一章四句孔容之常一章八句承帝明德一章八句

大孝備矣休德昭清高張四縣樂充宮廷晉灼曰四縣樂四縣也天子宮縣師古曰謂設宮縣而高張之縣古懸字芬樹羽林雲景杳冥師古曰言所樹羽葆其盛若林芬然衆多仰視高遠如雲日之杳冥也金支秀華庶旄翠旌張晏曰金支百二十支秀華中主有華鑑也旄鍾之旄也文穎曰析羽為旌翠羽為之也臣瓚曰樂上衆飾有流遡羽葆以黃金為支其首敷散若草木之秀華也師古曰金支秀華瓚說是也庶衆也庶旄翠旌謂析五采羽注翠旄之首而為旌耳七始華始肅倡和聲孟康曰七始天地四時人之始華始萬物英華之始也以為樂名如六英也師古曰肅敬也言歌者敬而唱諧和之聲神來宴娭庶幾是聽師古曰娭戲也言庶幾神來宴戲聽此樂也娭音許其反粥粥音送細齊人情晉灼曰粥粥敬懼貌也細微也以樂送神徵感人情使之肅也師古曰粥音弋六反忽乘青玄熙事備成師古曰言還神禮畢忽登青天而去禧熙之事皆備成也熙與禧同清思眑眑經緯冥冥蘇林曰眑音窈師古曰眑眑幽靜也經緯謂經緯天地

我定歷數人告其心師古曰言臣下各竭其心致誠慤也敕身齊戒施教申申應劭曰敕謹敬之貌師古曰齊讀曰齋乃立祖廟敬明尊親大矣孝熙四極爰轃師古曰熙亦福也四極四方極遠之處也爾雅曰東至於泰遠西至於邠國南至於濮鈆北至於祝栗謂之四極邠音彬轃字與臻同

王侯秉德其鄰翼翼師古曰鄰言德不孤必有鄰也翼翼恭敬也顯明昭式清明鬯矣皇帝孝德師古曰鬯古暢字暢通也竟全大功撫安四極

海內有姦紛亂東北師古曰謂匈奴詔撫成師武臣承德師古曰成師言各置部校師出以律也春秋左氏傳曰成師以出行樂交逆簫勺羣慝晉灼曰簫舜樂也勺周樂也言以樂征伐也師古曰言制定新樂教化流行則逆亂之徒盡交歡也慝惡也勺讀曰酌○劉敞曰予謂逆迎也樂音洛言師行而和樂遠邇皆迎也肅為濟哉蓋定燕國師古曰匈奴服從則燕國安靜無寇難也

大海蕩蕩水所歸高賢愉愉民所懷李奇曰愉愉悅懌也師古曰蕩蕩廣大貌也愉愉和樂貌也懷思也言海以廣大之故衆水歸之王者有和樂之德則人皆思附也大山崔百卉殖民何貴貴有德師古曰言大山以崔嵬之故能生養百卉明君以崇高其德故為萬姓所尊也崔音才回反

安其所樂終產師古曰萬物各安其所而樂終其產也樂終產世繼緒師古曰言傳祚無窮飛龍秋游上天蘇林曰秋飛貌也師古曰莊子有秋駕之法者亦言駕馬騰驤秋秋然也揚雄賦曰秋秋蹌蹌入西園其義亦同讀者不曉秋義或改此秋字為秋稷之秋失之遠矣高賢愉樂民人師古曰言王者有愉愉之德故使衆人皆安樂

豐草葽女羅施孟康曰葽音四月秀葽之葽盛貌也應劭曰女羅兔絲也延于松柏之上異類而猶蔓之況同姓言族親不可不覆遇也善何如誰能回師古曰回亂也言至德之善上古帝皇皆不如之而不可干亂大莫大成教德長莫長被無極師古曰被音皮義反天下亦同

雷震震電耀耀明德鄉治本約服虔曰與臣民之約師古曰鄉方也言王者之威取象雷電明示德義之方而治政本之約約讀曰要治本約澤弘大師古曰政教有常則恩惠溥洽加被寵咸相保師古曰言德政所加人被寵渥則室家老幼皆相保也德施大世曼壽師古曰曼延也

都荔遂芳窅窊桂華蘇林曰窅音窅瞪之窅窊音窊下之窊孟康曰窅出窊入都良薜荔之香鼓動桂華也晉灼曰桂華似殿名次下言桂華馮馮翼翼承天之則言樹此香草以絜齊其芳氣乃達於宮殿也臣瓚曰茂陵中書歌都爐桂英美芳鼓行如此復不得為殿名師古曰諸家說皆未盡也此言都良薜荔俱有芬芳桂華之形窅窊然也皆謂神宮所有耳窅音一交反窊音一瓜反○宋祁曰諸家下添之字孝奏天儀若日月光師古曰言以孝道進承於天天神下降故有光○宋祁曰有光下添也字乘玄四龍回馳北行羽旄殷盛芬哉芒芒師古曰芬亦謂衆多芒芒廣遠之貌孝道隨世我署文章師古曰署猶分部也一曰表也

桂華馮馮翼翼承天之則師古曰馮馮盛滿也翼翼衆貌也吾易久遠燭明四極晉灼曰易疆易也久固也武帝自言拓境廣遠安固也師古曰此說非也久猶長也自言疆易遠大耳非武帝時也不得云拓境慈惠所愛美若休德師古曰若順也休亦美也杳杳冥冥克綽永福師古曰綽緩也亦謂延長也

美芳磑磑即即師象山則孟康曰磑磑崇積也即即克實也師衆也則法也積實之盛衆類於山也師古曰磑音五回反○劉奉世曰桂華美芳皆二詩章名本側注在前篇之末傳寫之誤遂以冠後後詞無美芳亦當作美若矣嗚呼孝哉案撫戎國蠻夷竭歡象來致福李奇曰象譯也蠻夷遣譯致福貢也兼臨是愛終無兵革師古曰兼臨言在上位者普包容也

嘉薦芳矣告靈饗矣告靈既饗德音孔臧師古曰饗字合韻皆音鄉孔甚也臧善也惟德之臧建侯之常承保天休令問不忘師古曰建侯封建諸侯也易屯卦曰利建侯休美也令善也問名也

皇皇鴻明蕩侯休德服虔曰侯惟也臣瓚曰天下蕩平惟帝之休德嘉承天和伊樂厭福師古曰伊是也在樂不荒惟民之則師古曰則法也

浚則師德下民咸殖令問在舊孔容翼翼師古曰浚深也師衆也則法也殖生也舊久也翼翼敬也言有深法衆德故能生育羣黎久有善名其容甚敬也

孔容之常承帝之明師古曰帝謂天也下皆類此下民之樂子孫保光師古曰言承保其光寵也承順溫良受帝之光嘉薦令芳壽考不忘師古曰不忘言長久也

承帝明德師象山則師古曰衆象山而為法言不騫不崩雲施稱民永受厥福師古曰言稱物平施其澤如雲也稱音尺孕反承容之常承帝之明下民安樂受福無疆師古曰疆竟也下皆類此

郊祀歌十九章其詩曰

練時日侯有望師古曰練選也焫膋蕭延四方李奇曰膋腸間脂也蕭香蒿也師古曰以蕭擣脂合馨香也四方四方之神也膋音來彫反焫音人說反九重開靈之斿師古曰天有九重言皆開門而來降厥福垂惠恩鴻祜休師古曰鴻大也祜福也休美也祜音怙靈之車結玄雲駕飛龍羽旄紛師古曰紛紛言其多靈之下若風馬師古曰言疾也左倉龍右白虎師古曰以為衛靈之來神哉沛師古曰沛疾貌音補蓋反先以雨般裔裔師古曰先以雨言神欲行令雨先驅也般讀與班同班布也裔裔飛流之貌靈之至慶陰陰師古曰言垂陰覆福於下相放怫震澹心師古曰放怫猶髣髴也澹動也放音昉怫音弗澹音大濫反靈已坐五音飭師古曰飭讀與敕字同謂整也虞至旦承靈億師古曰虞樂也億安也牲繭栗粢盛香尊桂酒賓八鄉應劭曰桂酒切桂置酒中也晉灼曰尊大尊也元帝時大宰丞李元記云以水漬桂為大尊酒師古曰繭栗言角之小如繭及栗之形也八鄉八方之神靈安留吟青黃服虔曰吟音含師古曰服說非也吟謂歌誦也青黃謂四時之樂也徧觀此眺瑤堂應劭曰眺望也瑤石而似玉者也師古曰以瑤飾堂瑤音遙衆嫭並綽奇麗孟康曰嫭音互嫭好也如淳曰嫭美目貌晉灼曰嫭音圻鑄之鑄師古曰孟說是也謂供神女樂並好麗也顏如荼兆逐靡應劭曰荼野菅白華也言此奇麗白如荼也孟康曰兆逐靡者兆民逐觀而猗靡也師古曰菅茅也言美女顏貌如茅荼之柔也荼者今俗所謂蘋雖也荼音塗菅音姦靡音武義反被華文廁霧縠曳阿錫佩珠玉如淳曰阿細繒錫細布也師古曰廁雜也霧縠言其輕細若雲霧也俠嘉夜茝蘭芳如淳曰佳俠皆美人之稱也嘉夜芳草也師古曰俠與挾同言懷挾芳草也茝即今白芷茝音昌改反澹容與獻嘉觴師古曰澹安也容與言閒舒也澹音大濫反

練時日一

帝臨中壇四方承宇師古曰言天神尊者來降中壇四方之神各承四宇也壇字或作壇讀亦曰壇字加示者神靈之壇耳下言紫壇嘉壇其義並同繩繩意變備得其所應劭曰繩繩謹敬更正意也孟康曰衆多也臣瓚曰爾雅繩繩戒也師古曰瓚說是也清和六合制數以五張晏曰此后土之歌也土數五海內安寧興文匽武師古曰匽古偃字后土富媼昭明三光張晏曰媼老母稱也坤為母故稱媼海內安定富媼之功耳穆穆優游嘉服上黃孟康曰土色上黃也○劉敞曰予謂此帝指天子耳後之制數以五即謂武帝改服色而尚黃數用五也言后土富媼者由漢以土德也顏緣中壇故擬是祠祭但以堂壇識中央中

帝臨二

青陽開動根荄以遂臣瓚曰春為青陽師古曰草根曰荄遂者言皆生出也荄音該膏潤并愛跂行畢逮孟康曰跂音岐師古曰并兼也逮及也凡有足而行者稱跂行也霆聲發榮壧處頃聽晉灼曰壧穴也謂蟄蟲驚也師古曰壧與巖同言靁霆始發草木舒榮則蟄蟲處巖崖者莫不頃聽而起頃讀曰傾枯槀復產迺成厥命師古曰枯槀謂草木經冬零落者也槀音口老反衆庶熙熙施及夭胎師古曰熙熙和樂貌也施延也少長曰夭在孕曰胎施音弋豉反夭音烏老反羣生啿啿惟春之祺服虔曰啿音湛湛露斯如淳曰祺福也師古曰啿啿豐厚之貌也音徒感反祺音其

青陽三　鄒子樂

朱明盛長旉與萬物臣瓚曰夏為朱明師古曰旉古敷字也敷與言開舒也與音弋於反桐生茂豫靡有所詘師古曰桐讀為通茂豫美盛而光悅也言草木皆通達而生美悅光澤各無所詘皆申遂也詘音丘物反○劉攽曰桐幼稚也揚子云師哉師哉桐子之命敷華就實既阜既昌師古曰敷布也就成也阜大也昌盛也登成甫田百鬼迪嘗師古曰甫田大田也百鬼百神也迪進也嘗謂歆饗之也言此迪盛皆因大田而登成進於祠所而為百神所歆饗也迪音大歷反廣大建祀肅雍不忘神若宥之傳世無疆師古曰若善也宥祐也

朱明四　鄒子樂

西顥沆碭秋氣肅殺韋昭曰西方少昊也師古曰沆音胡浪反碭音蕩沆碭白氣之貌也含秀垂穎續舊不廢師古曰五穀百草秀穎咸實皆因舊苗無廢絕也不榮而實曰秀葉末曰穎廢合韻音發姦偽不萌祅孽伏息隅辟越遠四貉咸服師古曰四貉猶言四夷辟讀曰僻貉音莫客反既畏茲威惟慕純德附而不驕正心翊翊師古曰純大也言畏威懷德者皆來賓附無敢驕息盡虔敬○宋祁曰虔敬下當添也字

西顥五　鄒子樂

玄冥陵陰蟄蟲蓋臧師古曰玄冥北方之神也艸木零落抵冬降霜孟康曰抵至也至冬而降霜師古曰艸古草字○宋祁曰抵作底易亂除邪革正異俗師古曰易變革改也兆民反本抱素懷樸條理信義望禮五嶽師古曰條分也暢也籍斂之時掩收嘉穀師古曰籍斂謂收籍田也

玄冥六　鄒子樂

惟泰元尊媼神蕃釐李奇曰元尊天也媼神地也祭天燔燎祭地瘞埋也師古曰李說非也泰元天也蕃多也釐福也言天神至尊而地神多福也蕃音扶元反釐讀曰禧經緯天地作成四時精建日月星辰度理陰陽五行周而復始雲風靁電降甘露雨百姓蕃滋咸循厥緒師古曰蕃多也滋益也循順也緒業也繼統共勤順皇之德師古曰共讀曰恭皇皇天也此言天子繼承祖統恭勤為心而順天也鸞路龍鱗罔不肸飾蘇林曰肸音墍塗墍之墍墍飾也師古曰罔無也肸振也謂皆振整而飾之也肸音許乙反嘉籩列陳庶幾宴享師古曰嘉籩謂祭祀之籩實也木曰

豆竹曰籩享字合韻宜音鄉 滅除凶災烈騰八荒 師古曰言威烈之盛踰於八荒 鐘鼓竽笙雲舞翔翔招搖靈旗九夷賓將 師古曰畫招搖於旗以征伐故稱靈旗將猶從也

惟泰元七　建始元年丞相匡衡奏罷鸞路龍鱗更定詩曰涓選休成 臣瓚曰涓除也除惡選取美成者也

天地並況惟予有慕 師古曰況賜也 爰熙紫壇思求厥路 師古曰熙興也紫壇壇紫色也思求降神之路也 恭承禋祀縕豫爲紛 孟康曰積聚脩飾爲此紛華也師古曰縕音於粉反 黼繡周張承神至尊 師古曰白與黑畫爲斧形謂之黼 千童羅舞成八溢 師古曰溢與佾同佾列也 合好效歡虞泰一 師古曰虞與娛同也 九歌畢奏斐然殊鳴琴竽瑟會軒朱 師古曰軒朱即朱軒也言總合音樂會於軒檻之前 璆磬金鼓靈其有喜 師古曰璆美玉名以爲磬也喜合韻音許吏反 百官濟濟各敬厥事 ○宋祁曰邵本厥作其 盛牲實俎進聞膏 師古曰言以牲實俎以薦膋膟則其芬薌達於神所故曰盛牲實俎進聞膏 神奄留臨須搖 晉灼曰須搖須臾也師古曰奄讀曰淹 長麗前掞光耀明 孟康曰欲令神宿留言曰雖暮長庚星在前扶助常有光明也掞或作扶晉灼曰掞即光炎字也臣瓚曰長麗靈鳥也故相如賦曰前長麗而後矞皇舊說云鸞也張衡思玄賦亦曰前長麗使拂羽師古曰晉瓚二說是也麗音離掞音豔 寒暑不忒況皇章 晉灼曰況賜也皇君也章明也言長庚星終始不改其光神永以此明賜君也臣瓚曰忒差也寒暑不差言陰陽和也以此賜君章賢德也師古曰瓚說是也 展詩應律鋗玉鳴 晉灼曰鋗鳴玉聲也師古曰鋗音火玄反 函宮吐角激徵清發梁揚羽申以商 晉灼曰下有梁黃鼓員四人似新造音樂者姓名也師古曰晉說非也自函宮吐角以下總言五聲之備耳申重也發梁歌聲繞梁也函與含同 造茲新音永欠長 ○宋祁曰欠當作久 聲氣遠條鳳鳥鶠 師古曰條達也鶠古翔字 神夕奄虞蓋孔享 師古曰虞樂也蓋語辭也孔甚也享合韻音鄉

天地八　丞相匡衡奏罷黼繡周張更定詩曰肅若舊典 師古曰肅敬也若順也

日出入安窮時世不與人同 晉灼曰日月無窮而人命有終世長而壽短 故春非我春夏非我夏秋非我秋冬非我冬泊如四海之池徧觀是邪謂何 晉灼曰言人壽不能安固如四海徧觀是乃知命甚促謂何當如之何也師古曰泊水貌也音步各反又音魄 吾知所樂獨樂六龍六龍之調使我心若 應劭曰易曰時乘六龍以御天武帝願乘六龍仙而升天曰吾所樂獨乘六龍然御六龍得其調使我心若 訾黃其何不徠下 應劭曰訾黃一名乘黃龍翼而馬身黃帝乘之而仙武帝意欲得之曰何不來邪師古曰訾嗟歎之辭也黃乘黃也歎乘黃不來下也訾音咨

日出入九

太一況天馬下 師古曰言此天馬乃太一所賜故來下也 霑赤汗沫流赭 應劭曰大宛馬汗血霑濡也流沫如赭也李奇曰沫音靧面之靧晉灼曰沫古靧字也師古曰沫沫兩通沫者言被面如頮也字從水傍午未之未音呼內反沫者言汗流沫出也字從水傍本末之末音亦如之然今書字多作沫面之沫也 志俶儻精權奇籋浮雲晻上馳 蘇林曰籋音躡言天馬上躡浮雲也師古曰晻音烏感反言晻然而上馳 體容與迣萬里 孟康曰迣音逝如淳曰迣超踰也晉灼曰古迣字師古曰孟音非也迣讀與厲同言淩厲萬里也 今安匹龍爲友 師古曰言今更無與匹者唯龍可爲之友耳 元狩三年馬生渥洼水中作

天馬徠從西極涉流沙九夷服 師古曰言九夷皆服故此馬遠來也徠古往來字也 天馬徠出泉水虎脊兩化若鬼 應劭曰馬毛色如虎脊者有兩也師古曰言其變化若鬼神 天馬徠歷無草徑千里循東道 張晏曰馬從西而來東也師古曰言馬從西來經行磧鹵之地無草者凡千里而至東道 天馬徠執徐時 應劭曰太歲在辰曰執徐言得天馬時歲在辰也孟康曰東方震爲龍又青龍宿言以其方來也師古曰應說是也 將搖舉誰與期 如淳曰遙遠也搖或作遙師古曰如說非也言當奮搖高舉不可與期也 天馬徠開遠門竦予身逝昆侖 應劭曰言天馬雖去人遠當豫開門以待之也文穎曰言武帝好仙常庶幾天馬來當乘之往發昆侖也師古曰文說是也 天馬徠龍之媒 應劭曰言天馬者乃神龍之類今天馬已來此龍必至之效也 游閶闔觀玉臺 應劭曰閶闔天門玉臺上帝之所居 太初四年誅宛王獲宛馬作

天馬十

天門開詄蕩蕩 如淳曰詄讀如迭詄蕩蕩天體堅清之狀也師古曰詄音大結反 穆並騁以臨饗 師古曰言衆神穆然方駕馳騁而臨祠祭 光夜燭德信著 師古曰神光夜燭應誠而來是德信著明 靈寖鴻長生豫 師古曰神靈德澤所浸溥博無私其福甚大故我得長生之道而安豫也 大朱涂廣夷石爲堂 師古曰涂道路也夷平也言通神之路飾以朱丹又甚廣大平夷密石累以爲堂 飾玉梢以舞歌體招搖若永望 師古曰梢竿也舞者所持玉梢以玉飾之也招搖申動之貌永長也梢音所交反招音韶望合韻音亡 星留俞塞隕光照紫幄珠熉黃 師古曰俞荅也言衆星留神荅我饗薦降其光耀四面充塞也俞音踰如淳曰熉音隕黃貌也師古曰紫幄饗神之幄也帳上四下而覆曰幄言光照紫幄故其珠色熉然而黃也熉音云 幡比翄回集貳雙飛常羊 文穎曰舞者骨騰肉飛如鳥之同翅而雙集也師古曰常羊猶逍遙也 月穆穆以金波日華耀以宣明 師古曰言月光穆穆若金之波流也宣徧也 假清風軋忽激長至重觴 師古曰軋忽長遠之貌也重觴謂累獻也 神裴回若留放殣冀親以肆章 孟康曰殣音覲師古曰言神靈裴回而留不去故我得親見冀以親附而陳誠意遂章明之 函蒙祉福常若期 師古曰函包也蒙被也言爲神所饗故能包函蒙被祉福應誠而至有常期也 寂漻上天知厥時 應劭曰言天雖寂漻高遠而知我饗薦之時也漻音來彫反 泛泛滇滇從高斿 應劭曰泛泛上浮之意也滇滇盛貌也晉灼曰滇音振旅闐闐師古曰音徒千反 殷勤此路臚所求 應劭曰臚陳也言所以殷勤此路乃欲陳所求也師古曰臚音力於反 佻正嘉吉弘以昌 如淳曰佻讀曰肇肇始也 休嘉砰隱溢四方 師古曰休美也嘉慶也砰普萌反砰隱盛意 專精厲意逝九閡 如淳曰閡亦陔也淮南子曰若士者謂盧敖曰吾與汗漫期乎九陔之上陔重也謂九天之上也師古曰閡合韻音改又音亥 紛云六幕浮大海 師古曰紛云興作之貌六幕猶言六合也

天門十一

景星顯見信星彪列 如淳曰景星者德星也見無常常出有道之國鎮星爲信星居國益地師古曰謂彰著而爲行列也 象載昭庭日親以察 師古曰象謂縣象也載事也縣象秘事昭顯於庭日來親近甚明察也○劉攽曰象載則瑞應車也 參侔開闔爰推本紀 應劭曰參三也言景星光明三於日月也晉灼曰侔等也開闔猶開闢也言今之衆瑞參等於上世師古曰晉說是 汾脽出鼎皇祐元始 師古曰皇大也祐福也脽音誰祐音怙 五音六律依韋饗昭 師古曰依韋諧和不相乖離也饗讀曰嚮昭明也言嚮聲之明也 雜變並會雅聲遠姚 師古曰姚僄姚言飛揚也 空桑琴瑟結信成 張晏曰傳曰空桑爲瑟一彈三歎祭天質故也師古曰空桑地名也出善木可爲琴瑟也 四興遞代八風生 應劭曰四時遞代成陰陽八風以生也臣瓚曰舞者四縣代奏也左氏傳曰夫舞者所以節八音而行八風也師古曰瓚說是也八風謂東北曰條風東方曰明庶風東南曰清明風南方曰景風西南曰涼風西方曰閶闔風西北曰不周風北方曰廣莫風 殷殷鐘石羽籥鳴 師古曰殷殷聲盛也石謂磬也羽籥謂舞所持者也殷音隱 河龍供鯉醇犧牲 晉灼曰河龍夏之所賜者也供鯉給廚祭也師古曰醇謂色不雜也犧牲牛羊全體者也 百末旨酒布蘭生 張晏曰百末末作之末也晉灼曰百末旨酒也芬香布若蘭之生也師古曰百末百草華之末也旨美也以百草華末雜酒故香且美也事見春秋繁露○宋祁曰百末作百未布刻作布列 泰尊柘漿析朝酲 應劭曰柘漿取甘柘汁以爲飲也酲病酒也析解也言柘漿可以解朝酲也 微感心攸通修名 師古曰言精微所應其心攸遠故得通達成長久之名 周流常羊思所并 師古曰周流猶周行也常羊猶逍遙也思所并思與神道合也下言合所思是也 穰穰復正直往寧 師古曰穰穰多也復猶歸也直當也寧願也言獲福既多歸於正道克當往日所願也復音扶目反寧合韻音寧 馮蠵切和疏寫平 晉灼曰馮夷河伯也蠵大龜屬也師古曰言馮夷命靈蠵使切厲諧和水神令之疏導川潦寫散平均無災害也蠵音弋隨反又音攜 上天布施后土成穰穰豐年四時榮

景星十二　元鼎五年得鼎汾陰作

齊房產草九莖連葉 師古曰齊讀曰齋其下並同 宮童效異披圖案諜 臣瓚曰宮之童豎致此異瑞也蘇林曰諜譜第之也○宋祁曰第之衍之字 玄氣之精回復此都 師古曰玄天也言天氣之精回旋反復於此雲陽之都謂甘泉也 蔓蔓日茂芝成靈華 師古曰蔓蔓言其長久日以茂盛也

齊房十三　元封二年芝生甘泉齊房作

后皇嘉壇立玄黃服 師古曰壇祭壇也服祭服也 物發冀州兆蒙祉福 晉灼曰得寶鼎於汾陰汾陰屬冀州也 沇沇四塞遐狄合處 孟康曰沇音兖師古曰沇沇流行之貌也遐狄遠夷也合處內附也遐即遐字耳其字從彳彳音丑益反 經營萬億咸遂厥宇 師古曰宇居也言我經營萬方億兆故得咸遂其居

后皇十四

華爗爗固靈根神之斿過天門車千乘敦昆侖 師古曰敦讀曰屯屯聚也 神之出排玉房周流雜拔蘭堂 師古曰拔舍止也音步曷反 神之行旌容容騎沓沓般從從 孟康曰從音總晉灼曰音人相從勇作惡師古曰容容飛揚之貌也沓沓疾行也般相連也從從衆也容音勇從音總一曰容讀如本字從音才公反 神之徠泛翊翊甘露降慶雲集 如淳曰天文志云若煙非煙若雲非雲郁郁紛紛是謂慶雲師古曰翊音弋入反又音立 神之揄臨壇宇 師古曰揄引也壇宇謂祭壇及宮室言神引來降臨之也揄音踰 九疑賓夔龍舞 如淳曰九疑舜所葬言舜以九疑爲賓客也夔典樂龍管納言皆隨舜來舞以樂神 神安坐鴹吉時 師古曰鴹古翔字也言神安坐同翔皆趣吉時也 共翊翊合所思 師古曰共讀曰恭翊翊敬也 神嘉虞申貳觴 師古曰虞樂也貳觴猶重觴也 福滂洋邁延長 師古曰滂洋饒廣也滂音普郎反洋音羊又音祥 沛施祐汾之阿 師古曰沛音普大反沛然泛貌也阿水之曲隅也 揚金光橫泰河 師古曰橫充滿也泰河大河也 莽若雲增陽波 師古曰莽雲貌言光明之盛莽莽然如雲也 徧臚驩騰天歌 師古曰臚陳也騰升也言陳其歡慶令歌上升於天

華爗爗十五

五神相包四鄰 如淳曰五帝爲太一相也師古曰包含也四鄰四方也 土地廣揚浮雲扢嘉壇椒蘭芳 孟康曰扢摩也師古曰音公忽反謂摩拭其壇加以椒蘭之芳 璧玉精垂華光 師古曰言璧玉之精英故有光華也 益億年美始興 師古曰言福慶方興起也 交於神若有承 師古曰言神來降臨故盡其肅恭 廣宣延咸畢觴 師古曰言徧延諸神咸獻祭祀畢盡觴爵也 靈輿位偃蹇驤 師古曰神既畢饗則嚴駕靈輿引其侍從之位偃蹇高驤也蹇音居偃反 卉汩臚析奚遺 師古曰卉汩疾意也臚陳也析分也奚何也言速自陳列分散而歸無所留也汩音于筆反 淫淥澤汪然歸 師古曰淫久也淥澤名言我饗神之後久在淥澤乃汪然而歸也淥音綠汪音烏黃反○宋祁曰按淫淥澤汪然歸師古注義似取未安淥當是福祿之祿汪溢也言神之賜祿汪然廣溢然後歸而上天也

五神十六

朝隴首覽西垠 臣瓚曰謂朝於隴首而覽西北也師古曰隴坻之首也垠厓也坻音丁禮反 雷電尞獲白麟 臣瓚曰尞祭五畤皆有報應聲若雷光若電也師古曰尞古燎字 爰五止顯黃德 師古曰爰曰也發語辭也止足也時白麟足有五蹏 圖匈虐熏鬻殛 應劭曰熏鬻匈奴本號也師古曰殛窮也一曰殛誅也音居力反 闢流離抑不詳 師古曰流離不得其所者爲開道路使之安集遺不詳善者則抑黜之以申懲勸也 賓百僚山河饗 師古曰百僚百神之官也饗合韻音鄉 掩回轅鬗長馳 如淳曰鬗音鬗長貌也師古曰音武元反 騰雨師洒路陂 師古曰洒灑也路陂路傍也言使雨師灑道也洒音山豉反陂音詖 流星隕感惟風籋歸雲撫懷心 師古曰懷心懷柔之心也籋音躡

朝隴首十七　元狩元年行幸雍獲白麟作

象載瑜白集西 服虔曰象載鳥名也師古曰此說非也象載象輿也出象輿瑞應車也瑜美貌也言此瑞車瑜然色白而出西方也西合韻音先 食甘露飲榮泉 師古曰駕輿者之所飲食也榮泉言泉有光華○劉攽曰此詩四句先敘所見祥瑞之物也象載瑜黑車也白集西雍之麟也甘露榮泉天之所降地之所出也注非 赤鴈集六紛員 師古曰言六者所獲赤鴈之數也紛員多貌也言西獲象輿東獲赤鴈祥瑞多也員音云 殊翁雜五采文 孟康曰翁鴈頸也言其文采殊異也 神所見施祉福登蓬萊結無極 師古曰見顯示也蓬萊神山也在海中結成也

象載瑜十八　太始三年行幸東海獲赤鴈作

赤蛟綏黃華蓋 師古曰綏綏赤蛟貌黃華蓋言其上有黃氣狀若蓋也 露夜零晝晻濭 師古曰晻音烏感反濭音靄晻濭雲氣之貌 百君禮六龍位 師古曰百君亦謂百神也 勺椒漿靈已醉 師古曰勺讀曰酌 靈既享錫吉祥芒芒極降嘉觴 師古曰芒芒廣大貌音莫郎反 靈殷殷爛揚光 師古曰殷殷盛也爛爛光貌殷音隱 延壽命永未央杳冥冥塞六合澤汪濊輯萬國 師古曰塞滿也輯和也天地四方謂之六合汪濊言饒多也濊音於廢反又音烏外反輯與集同 靈褆褆象輿轙 孟康曰褆音近泉不安欲去也轙待也如淳曰儀八嚴駕待發之意也師古曰轙音儀褆孟音是也轙如說是也○宋祁曰原本儀作轙 票然逝旗逶蛇 師古曰票然輕舉意也票音匹遙反逶蛇旗貌也逶音於危反蛇音移 禮樂成靈將歸託玄德長無衰 師古曰言託天德冀獲長生無衰竭也

赤蛟十九

其餘巡狩福應之事不序郊廟故弗論是時河間獻王有雅材亦以爲治道非禮樂不成因獻所集雅樂天子下大樂官常存肄之 師古曰肄習也音弋二反 歲時以備數然不常

御常御及郊廟皆非雅聲然詩樂施於後嗣猶得有所祖述昔殷周之雅頌迺上本有娀姜原應劭曰簡狄有娀之女吞燕卵而生契師古曰姜嫄后稷之母也卨稷始生玄王公劉古公太伯王季姜女太任太姒之德師古曰卨殷之始祖稷周之始祖玄王亦殷之先祖承黑帝之後故曰玄王公劉后稷之曾孫也古公亶甫即幽公也太伯太王之子王季之兄也王季文王之父也姜女亶甫之妃也太任文王之母也太姒文王之妃武王之母也毛鄭說詩以玄王即卨也此志既言卨又有玄王則玄王非卨一人矣乃及成湯文武受命武丁成康宣王中興師古曰武丁殷王高宗也周成王武王之子也康王成王之子也宣王厲王之子也下及輔佐阿衡周召太公申伯召虎仲山甫之屬師古曰阿衡伊尹號也周周公旦也召召公奭也太公師尚父也申伯召虎仲山甫皆周宣王臣也君臣男女有功德者靡不褒揚功德既信美矣褒揚之聲盈乎天地之間是以光名著於當世遺譽垂於無窮也今漢郊廟詩歌未有祖宗之事八音調均又不協於鐘律而內有掖庭材人外有上林樂府皆以鄭聲施於朝廷至成帝時謁者常山王禹世受河間樂能說其義其弟子宋曅等上書言之師古曰曅音子輒反下大夫博士平當等考試當以為漢承秦滅道之後賴先帝聖德博受兼聽修廢官立太學河間獻王聘求幽隱修興雅樂以助化時大儒公孫弘董仲舒等皆以為音中正雅立之大樂春秋鄉射作於學官希闊不講師古曰講謂習也故自公卿大夫觀聽者但聞鏗鎗不曉其意而欲以風諭眾庶其道無由師古曰風化也是以行之百有餘年德化至今未成今曅等守習孤學大指歸於興助教化衰微之學興廢在人宜領屬雅樂以繼絕表微師古曰表顯也孔子曰人能弘道非道弘人師古曰論語載孔子之言河間區區小國藩臣師古曰區區小貌也以好學修古能有所存師古曰存謂存意於禮樂民到于今稱之況於○宋祁曰況於當作況以聖主廣被之資師古曰被猶覆也音皮義反修起舊文放鄭近雅述而不作信而好古於以風示海內揚名後世誠非小功小美也事下公卿以為久遠難分明當議復寢是時鄭聲尤甚黃門名倡丙彊景武之屬富顯於世貴戚五侯定陵富平外戚之家師古曰五侯王鳳以下也定陵淳于長也富平張放淫侈過度至與人主爭女樂哀帝自為定陶王時疾之又性不好音及即位下詔曰惟世俗奢泰文巧而鄭衛之聲興夫奢泰則下不孫而國貧師古曰孫讀曰遜文巧則趨末背本者眾師古曰趨讀曰趣也鄭衛之聲興則淫辟之化流師古曰辟讀曰僻也而欲黎庶敦朴家給猶濁其源而求其清流師古曰源水泉之本豈不難哉孔子不云乎放鄭聲鄭聲淫師古曰論語載孔子之言其罷樂府官郊祭樂及古兵法武樂在經非鄭衛之樂者條奏別屬他官丞相孔光大司空何武奏郊祭樂人員六十二人給祠南北郊大樂鼓員六人嘉至鼓員十人邯鄲鼓員二人騎吹鼓員三人江南鼓員二人淮南鼓員四人巴俞鼓員三十六人師古曰巴巴人也俞俞人也當高祖初為漢王得巴俞人並趫捷善鬬與之定三秦滅楚因存其武樂也巴俞之樂因此始也巴即今之巴州俞即今之渝州各其本地歌鼓員二十四人楚嚴鼓員一人梁皇鼓員四人臨淮鼓員三十五人茲邡鼓員三人晉灼曰邡音方凡鼓十二員百二十八人朝賀置酒陳殿下應古兵法外郊祭員十三人諸族樂人兼雲招給祠南郊用六十七人師古曰招讀與翹同兼給事雅樂用四人夜誦員五人剛別柎員二人給盛德師古曰剛及別柎皆鼓名也柎音膚主調篪員二人師古曰篪以竹為之七孔亦笛之類也音池聽工以律知日冬夏至一人鐘工磬工簫工員各一人僕射二人主領諸樂人皆不可罷竽工員三人一人可罷師古曰竽笙類也三十六簧音于琴工員五人三人可罷柱工員二人一人可罷師古曰柱工主箏瑟之柱者繩弦工員六人四人可罷師古曰弦琴瑟之弦繩言主糾合作之也鄭四會員六十二人一人給事雅樂六十一人可罷張瑟員八人七人可罷安世樂鼓員二十人十九人可罷沛吹鼓員十二人族歌鼓員二十七人陳吹鼓員十三人商樂鼓員十四人東海鼓員十六人長樂鼓員十三人縵樂鼓員十三人師古曰縵樂雜樂也音漫凡鼓八員百二十八人朝賀置酒陳前殿房中不應經法治竽員五人楚鼓員六人常從倡三十人常從象人四人孟康曰象人若今戲蝦魚師子者也韋昭曰著假面者也師古曰孟說是詔隨常從倡十六人秦倡員二十九人秦倡象人員三人詔隨秦倡一人雅大人員九人朝賀置酒為樂楚四會員十七人巴四會員十二人銚四會員十二人李奇曰疑是蘩韋昭曰銚國名音繇師古曰韋說是也銚音姚齊四會員十九人蔡謳員三人齊謳員六人竽瑟鐘磬員五人皆鄭聲可罷師學百四十二人其七十二人給大官挏馬酒李奇曰以馬乳為酒撞挏乃成也師古曰挏音動馬酪味如酒而飲之亦可醉故呼馬酒也其七十人可罷大凡八百二十九人其三百八十八人不可罷可領屬大樂其四百四十一人不應經法或鄭衛之聲皆可罷奏可然百姓漸漬日久又不制雅樂有以相變豪富吏民湛沔自若師古曰湛讀曰沈沔讀曰湎言自若如故也陵夷壞于王莽今海內更始民人歸本戶口歲息師古曰今謂班氏撰書時也息生也平其刑辟牧以賢良至於家給既庶且富則須庠序禮樂之教化矣師古曰家給解已在前庶眾也論語云孔子曰庶矣哉冉有曰既庶矣又何加焉曰富之曰既富矣又何加焉曰教之故班氏引之也今幸有前聖遺制之威儀○宋祁曰遺制下應添禮字誠可法象而補備之經紀可因緣而存著也孔子曰殷因於夏禮所損益可知也周因於殷禮所損益可知也其或繼周者百世可知也師古曰論語載孔子答子張之言也○宋祁曰繼周者下當添一雖字今大漢繼周久曠大儀未有立禮成樂此賈誼仲舒王吉劉向之徒所為發憤而增嘆也師古曰感嘆也

前漢書卷二十二考證

禮樂志六經之道同歸注師古云云○監本于此卷脫注尤多今並從宋本補

禮樂大致下文自王者必因前王之禮以下則禮志明聖者述作之謂也○臣浩按自六經之道至此統論本文也自樂者聖人之所樂也以下則樂志本文也自今海內更始又統論禮樂以結前文監本于畫段不明今遇起處另提行寫

以通為奉常遂定儀法未盡備而通終○王應麟曰叔孫通禮儀藝文志不載曹襃傳云章和元年正月召襃詣嘉德門令小黃門持班固所上漢儀十二篇又王充論衡曰高祖詔叔孫通制作儀品十六篇○臣召南按通定朝儀及宗廟儀法具載本傳史記禮書曰叔孫通頗有增損大抵皆襲秦故自天子稱號下至佐僚及宮室官名少所變改為得其實賈公彥周禮疏乃謂通作漢禮器制度取法于周不知何所据也通所撰禮制後世罕見惟陳書沈文阿云叔孫定禮尤失前憲尊賛不珪致享無帛王公同璧鴻臚奏賀若此數事未聞于古又孔穎達禮記疏曰高祖時皇太子納妃叔孫制禮以為天子無親迎似其書尚有傳者不可解也

顓頊作六莖帝嚳作五英○臣召南按六莖五英此與白虎通同又有稱五莖六英者周禮疏引樂緯曰顓頊之樂曰五莖帝嚳之樂曰六英又元結補古樂歌亦作五莖六英

樂官師瞽抱其器而犇散注云云○臣召南按此志本史記殷本紀言紂時太師少師持其祭樂器奔周班氏遂以論語實其事耳

主出武德舞注蘇林曰言昭容樂生於武德舞○隋志牛弘曰昭德生于武德猶古之韶夏禮容生于文始矯秦之五行○臣召南按弘言矯秦之五行非也蓋禮容樂生于文始五行二舞也故本文云禮容主出文始五行舞

乃立樂府注樂府之名蓋起于此○王應麟曰惠帝時有樂府令夏侯寬更安世樂似非始于武帝顧炎武曰上既言孝惠二年云云下又言武帝云云此兩收而未貫通者也

安世房中歌十七章○臣浩按此猶郊祀歌十九章宜提行寫不與前文接連○臣召南按周詩所謂房中樂者人倫始于夫婦故首以關雎鵲巢漢安世房中歌直是祀神之樂故曹魏初改名正始之樂後因繆襲言又改名享神歌也

注劉敞曰今分別之大孝備矣一章八句云云○臣世駿按舊本監本俱以大孝備矣為一段粥粥音送為一段我定歷數為一段豐草葽為一段雷震震為一段都荔遂芳為一段桂華馮馮翼翼為一段嘉薦芳矣為一段皇皇鴻明至末為一段判然九章與志所云十七章者數不相應今從劉敞分十七章章首俱提行寫

施教申申○監本訛甲申今從宋本改正

建始元年丞相匡衡奏罷鸞路龍鱗更定詩曰涓選休成○臣召南按監本以涓選休成為下章天地並況之首句又以肅若舊典為下章日出入安窮之首句此大誤也今改正又按衡所更定詩祇記其首句餘不傳

泊如四海之池句徧觀是邪謂何句○臣照按言人之壽命較之於日日如四海人如池也日行於天出東入西徧觀居此世者其謂之何作問之辭以起下文欲仙之意也晉灼注未明

拔蘭堂注拔舍止也○按如顏注則本文拔字應作召伯所茇之茇

其餘巡狩福應之事不序郊廟故弗論○臣召南按藝文志有泰一雜甘泉壽宮歌詩十四篇宗廟歌詩五篇是亦郊廟樂章也不知何以遺之

前漢書卷二十三

漢　蘭　臺　令　史班　固撰

唐正議大夫行祕書少監琅邪縣開國子顏師古注

刑法志第三

夫人宵天地之貌應劭曰宵類也頭圓象天足方象地孟康曰宵化也言稟天地氣化而生也師古曰宵義與肖同應說是也故庸妄之人謂之不肖言其狀貌無所象似也貌古貌字懷五常之性師古曰五常仁義禮智信聰明精粹師古曰精細也言其識性細密也粹淳也音先遂反有生之最靈者也爪牙不足以供耆欲趨走不足以避利害師古曰耆讀曰嗜無毛羽以禦寒暑必將役物以為養任智而不恃力此其所以為貴也故不仁愛則不能羣不

能羣則不勝物不勝物則養不足羣而不足爭心將作上聖卓然先行敬讓博愛之德者衆心說而從之師古曰說讀曰悅從之成羣是爲君矣歸而往之是爲王矣師古曰言爭往而歸之也洪範曰天子作民父母爲天下王師古曰洪範周書也聖人取類以正名而謂君爲父母明仁愛德讓王道之本也愛待敬而不敗德須威而久立故制禮以崇敬作刑以明威也聖人既躬明悊之性師古曰躬謂身親有之必通天地之心制禮作教立法設刑動緣民情而則天象地師古曰則法也故曰先王立禮則天之明因地之性也師古曰春秋左氏傳載鄭大夫子太叔之辭也刑罰威獄以類天之震曜殺戮也師古曰震謂雷電也溫慈惠和以效天之生殖長育也書云天秩有禮天討有罪師古曰此虞書咎繇謨之辭也秩敘也言有禮者天則進敘之有罪者天則討治之故聖人因天秩而制五禮師古曰五禮吉凶賓軍嘉因天討而作五刑師古曰其說在下也大刑用甲兵張晏曰以六師誅暴亂其次用斧鉞韋昭曰斬刑也中刑用刀鋸韋昭曰刀割刑鋸刖刑也其次用鑽鑿韋昭曰鑽髕刑也鑿黥刑也師古曰鑽鑽去其髕骨也鑽音子端反髕音頻忍反薄刑用鞭扑師古曰扑杖也音普木反大者陳諸原野師古曰謂征討所殺也小者致之市朝應劭曰大夫以上尸諸朝士以下尸諸市其所繇來者上矣師古曰繇讀與由同自黃帝有涿鹿之戰以定火災鄭氏曰涿鹿在彭城南與炎帝戰炎帝火行故云火災李奇曰黃帝與炎帝戰於阪泉今言涿鹿地有二名也文穎曰國語云黃帝炎帝弟也炎帝號神農火行也後子孫暴虐黃帝伐之故言以定火災律歷志云與炎帝後戰於阪泉涿鹿在上谷今見有阪泉地黃帝祠師古曰文說是也彭城者上谷北別有彭城非宋之彭城也顓頊有共工之陳以定水害文穎曰共工主水官也少昊氏衰秉政作害顓頊伐之本主水官因爲水行也師古曰共讀曰龔唐虞之際至治之極猶流共工放驩兜竄三苗殛鯀然後天下服師古曰舜受堯禪而流共工于幽州放驩兜于崇山竄三苗于三危殛鯀于羽山也殛誅也音居力反夏有甘扈之誓師古曰謂啓與有扈戰于甘之野作甘誓事見夏書扈國今鄠縣是也甘即甘水之上殷周以兵定天下矣師古曰謂湯及武王天下既定戢臧干戈教以文德師古曰戢斂也而猶立司馬之官設六軍之衆師古曰司馬夏官卿掌邦政軍旅屬焉萬二千五百人爲軍王則六軍也○宋祁曰萬一千邵本作萬二千因井田而制軍賦地方一里爲井井十爲通通十爲成成方十里成十爲終終十爲同同方百里同十爲封封十爲畿畿方千里有稅有賦師古曰稅者田租也賦謂發賦斂財也○宋祁曰邵姚本云發賦斂之賦也稅以足食賦以足兵故四井爲邑四邑爲丘丘十六井也有戎馬一匹牛三頭四丘爲甸甸六十四井也有戎馬四匹兵車一乘牛十二頭甲士三人卒七十二人干戈備具是謂乘馬之法鄭氏曰甲士在車上也師古曰乘音食證反其下並同一同百里提封萬井蘇林曰提音祇陳留人謂舉田爲祇李奇曰提舉也舉四封之內也師古曰李說是也提讀如本字蘇音非也說者或以爲積土而封謂之提封既改文字又失義也除山川沈斥城池邑居園囿術路三千六百井臣瓚曰沈斥水田舄鹵也如淳曰術大道也師古曰川謂水之通流者也沈謂居深水之下也斥鹹鹵之地定出賦六千四百井

戎馬四百匹兵車百乘此卿大夫采地之大者也師古曰采官也因官食地故曰采地爾雅曰采寮官也說者不曉采地之義因謂菜地云以種菜非也是謂百乘之家一封三百一十六里提封十萬井定出賦六萬四千井戎馬四千匹兵車千乘此諸侯之大者也是謂千乘之國天子畿方千里提封百萬井定出賦六十四萬井戎馬四萬匹兵車萬乘故稱萬乘之主戎馬車徒干戈素具春振旅以搜夏拔舍以苗秋治兵以獮冬大閱以狩師古曰振旅整衆也搜搜擇不任孕者拔舍草止不妨農也苗爲苗除害也治兵觀威武也獮應殺氣也大閱簡車馬也狩火田也一曰狩守也圍守而取之拔音步末反皆於農隙以講事焉師古曰隙空閒也講和習之也○宋祁曰邵本習之也無之字五國爲屬屬有長十國爲連連有帥師古曰長音竹兩反帥音所類反三十國爲卒卒有正二百一十國爲州州有牧連帥比年簡車師古曰比年頻年也卒正三年簡徒師古曰徒人衆羣牧五載大簡車徒此先王爲國立武足兵之大略也周道衰法度墯師古曰墯卽墮字墮毀也音火規反至齊桓公任用管仲而國富民安公問行伯用師之道師古曰伯讀曰霸管仲曰公欲定卒伍脩甲兵大國亦將脩之而小國設備則難以速得志矣於是乃作內政而寓軍令焉師古曰寓寄也寄於內政而修軍令也故卒伍定虖里而軍政成虖郊連其什伍師古曰五人爲伍二伍爲什居處同樂死生同憂禍福共之故夜戰則其聲相聞晝戰則其目相見緩急足以相死其教已成外攘夷狄內尊天子以安諸夏師古曰攘卻也諸夏中國之諸侯也夏大也言大於四夷也攘音人羊反齊桓既沒晉文接之亦先定其民作被廬之法應劭曰搜於被廬之地作執秩以爲六官之法因以名之也師古曰被廬晉地也被音皮義反總帥諸侯迭爲盟主師古曰迭互也音大結反然其禮已頗僭差又隨時苟合以求欲速之功故不能充王制二伯之後寖以陵夷師古曰寖漸也陵夷頹替也二伯齊桓公晉文公也伯讀曰霸至魯成公作丘甲師古曰丘十六井也止出戎馬一匹牛三頭四丘爲甸甸六十四井也乃出戎馬四匹兵車一乘牛十二頭甲士三人卒七十二人耳今乃使丘出甸賦違常制也一說別令人爲丘作甲也士農工商四類異業甲者非凡人所能爲而令作之譏不正也哀公用田賦師古曰田賦者別計田畝及家財各爲一賦言不依古制役煩斂重也搜狩治兵大閱之事皆失其正春秋書而譏之以存王道於是師旅亟動百姓罷敝師古曰亟屢也音丘吏反罷讀曰疲無伏節死難之誼孔子傷焉曰以不教民戰是謂棄之師古曰論語載孔子之言也非其不素習故稱子路曰由也千乘之國可使治其賦也而子路亦曰千乘之國攝虖大國之間加之以師旅因之以饑饉由也爲之比及三年可使有勇且知方也師古曰皆論語所載也方道也比音必寐反治其賦兵教以禮誼之謂也春秋之後滅弱吞小並爲戰國稍增講武之禮以爲戲樂用相夸視師古曰視讀曰示而秦更名角抵師古曰抵音丁禮反解在武紀先王之禮沒於淫樂中矣雄桀之士因埶輔時作爲權詐以相傾覆吳有孫武齊有孫

臏師古曰臏音頻忍反魏有吳起秦有商鞅皆禽敵立勝垂著篇籍當此之時合從連衡師古曰衡橫也戰國時齊楚韓魏燕趙爲從秦國爲衡從音子容反謂其地形南北從長也秦地形東西橫長故爲衡也轉相攻伐代爲雌雄師古曰代迭也齊愍以技擊彊孟康曰兵家之技巧技巧者習手足便器械積機關以立攻守之勝魏惠以武卒奮師古曰奮盛起秦昭以銳士勝師古曰銳勇利世方爭於功利而馳說者以孫吳爲宗時唯孫卿明於王道師古曰孫卿楚人姓荀名況避漢宣帝之諱故改曰孫卿而非之曰彼孫吳者上埶利而貴變詐施於暴亂昏嫚之國君臣有間師古曰言有間隙不諧和上下離心政謀不良故可變而詐也夫仁人在上爲下所卬卬讀曰仰猶子弟之衞父兄若手足之扞頭目何可當也師古曰扞禦難也音下旦反鄰國望我歡若親戚芬若椒蘭顧視其上猶焚灼仇讎人情豈肯爲其所惡而攻其所好哉故以桀攻桀猶有巧拙以桀詐堯若卵投石夫何幸之有師古曰言必破碎詩曰武王載旆有虔秉鉞如火烈烈則莫我敢遏師古曰殷頌長發之詩也武王湯也虔敬也遏止也言湯建號興師本由仁義雖執戚鉞以敬爲先故得如火之盛無能止也言以仁誼綏民者無敵於天下也若齊之技擊得一首則受賜金事小敵脃則媮可用也師古曰媮與偷同謂苟且事鉅敵堅則渙然離矣師古曰鉅大也渙然散貌是亡國之兵也魏氏武卒衣三屬之甲服虔曰作大甲三屬竟人身也蘇林曰兜鍪也盆領也髀褌也如淳曰上身一髀褌一脛繳一凡三屬也師古曰如說是也屬聯也音之欲反髀音陛脛即脛字操十二石之弩負矢五十个置戈其上冠冑帶劍贏三日之糧師古曰个讀曰箇箇枚也冑兜鍪也冠冑帶劍者著兜鍪而又帶劍也贏謂擔負也音盈日中而趨百里師古曰日中一日之中中試則復其戶利其田宅師古曰中試試之而中科條也復謂免其賦稅也利田宅者給其便利之處也中音竹仲反復音方目反如此則其地雖廣其稅必寡其氣力數年而衰是危國之兵也秦人其生民也陿阸其使民也酷烈師古曰陿阸地小也陿險固也酷重厚也烈猛威也劫之以埶隱之以阸鄭氏曰秦地多阸隘藏隱其民於阸隘中也臣瓚曰秦政急峻隱括其民於隘狹之法師古曰鄭說是也狃之以賞慶道之以刑罰師古曰狃串習也音女救反道讀曰導使其民所以要利於上者非戰無由也功賞相長五甲首而隸五家服虔曰能得著甲者五人首使得隸役五家也如淳曰役隸五家是爲相君長是最爲有數故能四世有勝於天下然皆干賞蹈利之兵庸徒鬻賣之道耳師古曰鬻音育未有安制矜節之理也師古曰矜持也故雖地廣兵彊鰓鰓常恐天下之一合而共軋己也蘇林曰鰓音愼而無禮則葸之葸鰓懼貌也張晏曰軋踐轢也師古曰鰓音先祀反軋音於黠反至乎齊桓晉文之兵可謂入其域而有節制矣孟康曰入王兵之域而未盡善也然猶未本仁義之統也故齊之技擊不可以遇魏之武卒魏之武卒不可以直秦之銳士師古曰直亦當也秦之銳士不可以當桓文之節制桓文之節制不可以敵湯武之仁義故曰善師者不陳師古曰戰陳之義本因陳列爲名而音變耳字則作陳更無別體而末代學者輒改其字旁從車非經史之本文也今宜依古不從

流俗也善陳者不戰善戰者不敗善敗者不亡若夫舜脩百僚咎繇作士師古曰士理官謂司寇之職命以蠻夷猾夏寇賊姦軌師古曰虞書舜典舜命咎繇之文也猾亂也夏諸夏也寇謂攻剽賊謂殺人在外曰姦在內曰軌而刑無所用所謂善師不陳者也湯武征伐陳師誓衆而放禽桀紂師古曰謂湯誓泰誓牧誓是也所謂善陳不戰者也齊桓南服彊楚使貢周室師古曰謂僖四年伐楚責包茅不入王祭不供也北伐山戎爲燕開路師古曰謂莊三十年伐山戎以其病燕故也存亡繼絕功爲伯首師古曰謂存三亡國衞邢魯也伯讀曰霸所謂善戰不敗者也楚昭王遭闔廬之禍國滅出亡師古曰謂定四年吳入郢楚子出涉睢濟江入于雲中也父老送之王曰父老反矣何患無君父老曰有君如是其賢也師古曰言無有如此君者相與從之或犇走赴秦號哭請救師古曰謂申包胥如秦乞師也犇古奔字秦人憐之爲之出兵師古曰謂秦子蒲子虎帥車五百乘以救楚也二國并力遂走吳師師古曰謂子蒲大敗夫槩王于沂遂射之子從子西敗吳師於軍祥昭王返國師古曰吳師已歸楚子入郢所謂善敗不亡者也若秦因四世之勝據河山之阻任用白起王翦豺狼之徒奮其爪牙禽獵六國以并天下師古曰言如獵之取獸窮武極詐士民不附卒隸之徒還爲敵讎師古曰謂陳勝吳廣英布之徒也猋起雲合果共軋之師古曰猋疾風也如猋之起言其速也如雲之合言其盛也猋音必遙反斯爲下矣凡兵所以存亡繼絕救亂除害也故伊呂之將子孫有國與商周並師古曰言其同盛衰也至於末世苟任詐力以快貪殘爭城殺人盈城爭地殺人滿野孫吳商白之徒皆身誅戮於前而國滅亡於後師古曰孫武孫臏吳起商鞅白起也報應之埶各以類至其道然矣漢興高祖躬神武之材行寬仁之厚總擥英雄以誅秦項任蕭曹之文用良平之謀騁陸酈之辯明叔孫通之儀文武相配大略舉焉天下既定踵秦而置材官於郡國師古曰踵因也京師有南北軍之屯至武帝平百粵內增七校晉灼曰百官表中壘屯騎步兵越騎長水胡騎射聲虎賁凡八校尉胡騎不常置故此言七也外有樓船皆歲時講肄脩武備云師古曰肄習也音弋二反至元帝時以貢禹議始罷角抵而未正治兵振旅之事也古人有言天生五材民並用之師古曰五材金木水火土也廢一不可誰能去兵鞭扑不可弛於家師古曰弛放也音式爾反刑罰不可廢於國征伐不可偃於天下用之有本末行之有逆順耳孔子曰工欲善其事必先利其器師古曰論語載孔子之言文德者帝王之利器威武者文德之輔助也夫文之所加者深則武之所服者大德之所施者博則威之所制者廣三代之盛至於刑錯兵寢者其本末有序帝王之極功也師古曰刑錯兵寢皆謂置而弗用也昔周之法建三典以刑邦國詰四方師古曰詰責也音口一反字或作誥音工到反誥謹也以刑治之令謹敕也一曰刑新邦用輕典師古曰新闢地立君之國其人未習於教故用輕法二曰刑平邦用中典師古曰承平守成之國則用中典常行之法也三曰刑亂邦

用重典（師古曰篡殺畔逆之國化惡難移則用重法誅殺之也自此以上大司寇所職也）五刑墨罪五百劓罪五百宮罪五百刖罪五百殺罪五百所謂刑平邦用中典者也（師古曰墨黥也鑿其面以墨涅之劓截鼻也宮淫刑也男子割勢婦人幽閉刖斷足也殺死刑也自此以上司刑所職也劓音牛冀反刖音五刮反又音月）凡殺人者踣諸市（師古曰踣謂斃之也音妨付反）墨者使守門（師古曰黥面之人不妨禁衞也）劓者使守關（師古曰以其貌毀故遠之）宮者使守內（師古曰人道既絕於事便也）刖者使守囿（師古曰驅御禽獸無足可也）完者使守積（師古曰完謂不虧其體但居作也積聚之物也自此以上掌戮所職也）其奴男子入于罪隸（李奇曰男女徒總名為奴）女子入舂槁（孟康曰主暴藻舂之也韋昭曰舂人槁人也給此二官之役師古曰槁音古老反）凡有爵者與七十者與未齔者皆不為奴（師古曰有爵謂命士以上也齔毀齒男子八歲女子七歲而毀齒矣自此以上司厲所職也）周道既衰穆王眊荒命甫侯度時作刑以詰四方（師古曰穆王昭王之子也享國百年而王眊亂荒忽乃命甫侯為司寇度時宜而作刑之制以治四方也甫國名也眊音莫報反度音大各反）墨罰之屬千劓罰之屬千髕罰之屬五百宮罰之屬三百大辟之罰其屬二百（師古曰髕去膝頭骨也大辟死刑也髕音頻忍反）五刑之屬三千（師古曰五者之刑凡三千）蓋多於平邦中典五百章所謂刑亂邦用重典者也春秋之時王道寖壞（師古曰寖漸也）教化不行子產相鄭而鑄刑書（師古曰子產鄭大夫公孫僑也鑄刑法於鼎事在昭六年）晉叔嚮非之曰（師古曰叔嚮晉大夫羊舌肸也遺其書以非之嚮音許兩反）昔先王議事以制不為刑辟（李奇曰先議其犯事議定然後乃斷其罪不為一成之刑著於鼎也師古曰虞舜則象以典刑流宥五刑周禮則三典五刑以詰邦國非不豫設但弗宣露使人知之）懼民之有爭心也猶不可禁禦是故閑之以誼糾之以政（師古曰閑防也糾舉也）行之以禮守之以信奉之以仁（師古曰奉養也）制為祿位以勸其從（師古曰勸其從教之心也）嚴斷刑罰以威其淫（師古曰淫放也）懼其未也故誨之以忠聳之以行（晉灼曰聳古竦字也師古曰聳謂獎也又音所項反）教之以務（師古曰時務所急）使之以和（師古曰悅以使人也）臨之以敬莅之以彊（師古曰莅謂監視也）斷之以剛猶求聖哲之上明察之官忠信之長慈惠之師（師古曰上謂公侯也官卿佐也長師也皆列職之首也）民於是乎可任使也而不生禍亂民之有辟則不忌於上並有爭心以徵於書而徼幸以成之弗可為矣（師古曰辟法也為治也權移於法故人不畏上因危文以生詐妄徼幸而成巧則弗可治也）夏有亂政而作禹刑商有亂政而作湯刑周有亂政而作九刑（韋昭曰謂正刑五及流贖鞭扑也）三辟之興皆叔世也（師古曰叔世言晚時也）今吾子相鄭國制參辟鑄刑書（孟康曰謂夏殷周亂政所制三辟也）將以靖民不亦難乎（師古曰靖安也）詩曰儀式刑文王之德日靖四方（師古曰周頌我將之詩也言法象文王之德以為儀式則四方日以安靖也）又曰儀刑文王萬邦作孚（師古曰大雅文王詩也孚信也言法象文王則萬國皆信順也）如是何辟之有（師古曰若詩所言不宜制刑辟）民知爭端矣將棄禮而徵於書（師古曰取證於書）錐刀之末將盡爭之（師古曰喻徵細）亂獄滋豐貨賂並行（師古曰滋益也）終子之世鄭其敗虖子產報曰若吾子之言僑不

材不能及子孫吾以救世也（師古曰言雖非長久之法且救當時之敝）媮薄之政自是滋矣孔子傷之曰導之以德齊之以禮有恥且格導之以政齊之以刑民免而無恥（師古曰論語載孔子之言也格正也言用德禮則人有恥而自正尚政刑則下苟免而無恥）禮樂不興則刑罰不中刑罰不中則民無所錯手足（師古曰亦論語載孔子之言也禮以治人樂以易俗二者不興則刑罰濫矣錯置也）孟氏使陽膚為士（師古曰論語所載陽膚曾子弟子也士獄官）問於曾子（師古曰問以居此職也）亦曰上失其道民散久矣如得其情則哀矜而勿喜（師古曰此曾子答辭言民俗澆離輕犯於法乃由上失其道非下之過今汝雖得獄情當哀矜之勿自喜也○宋祁曰自喜姚本刪自字）陵夷至於戰國韓任申子秦用商鞅連相坐之法造參夷之誅（師古曰參夷夷三族）增加肉刑大辟有鑿顛抽脅鑊亨之刑（師古曰鼎大而無足曰鑊以鬻人也）至於秦始皇兼吞戰國遂毀先王之法滅禮誼之官專任刑罰躬操文墨（師古曰躬身也操執持也音千高反）晝斷獄夜理書自程決事日縣石之一（服虔曰縣稱也石百二十斤也始皇省讀文書日以百二十斤為程）而姦邪並生赭衣塞路囹圄成市天下愁怨潰而叛之漢興高祖初入關約法三章曰殺人者死傷人及盜抵罪蠲削煩苛兆民大說（師古曰說讀曰悅）其後四夷未附兵革未息三章之法不足以禦姦（師古曰禦止也）於是相國蕭何攈摭秦法（師古曰攈摭謂收拾也攈音九問反摭音之石反）取其宜於時者作律九章當孝惠高后時百姓新免毒蠚人欲長幼養老（師古曰蠚音呼各反）蕭曹為相填以無為（師古曰言以無為之法填安百姓也填音竹刃反）從民之欲而不擾亂是以衣食滋殖刑罰用稀及孝文即位躬修玄默勸趣農桑減省租賦而將相皆舊功臣少文多質懲惡亡秦之政論議務在寬厚恥言人之過失化行天下告訐之俗易（師古曰訐面相斥罪也音居謁反）吏安其官民樂其業畜積歲增戶口寖息（師古曰畜讀曰蓄寖益也息生也）風流篤厚禁罔疏闊選張釋之為廷尉罪疑者予民（師古曰從輕斷）是以刑罰大省至於斷獄四百（師古曰謂普天之下重罪者也）有刑錯之風即位十三年齊太倉令淳于公有罪當刑防獄逮繫長安（師古曰逮及也辭之所及則追捕之故謂之逮一曰逮者在道將送防禦不絕若今之傳送囚也）淳于公無男有五女當行會逮罵其女曰生子不生男緩急非有益也（○宋祁曰姚本益也刪去也字）其少女緹縈自傷悲泣（師古曰緹縈女名也緹音他弟反）乃隨其父至長安上書曰妾父為吏齊中皆稱其廉平今坐法當刑妾傷夫死者不可復生刑者不可復屬（師古曰屬聯也音之欲反）雖後欲改過自新其道亡繇也（師古曰繇讀與由同由從也）妾願沒入為官婢以贖父刑罪使得自新書奏天子（○朱子文曰於文書奏下多天子二字前日上書非上於天子而何後曰書奏天子而何若曰書奏天子憐悲其意文字直而美）天子憐悲其意遂下令曰制詔御史蓋聞有虞氏之時畫衣冠異章服以為戮而民弗犯何治之至也今法有肉刑三（孟康曰黥劓二則左右趾合一凡三也○宋祁曰姚本二則刪去則字）而姦不止其咎安在非乃朕德之薄而教不明與（師古曰與讀曰歟）吾甚自媿故夫訓道不純而愚民陷焉（師古曰道讀曰導）詩曰愷弟君子民之父母（師古曰大雅泂酌之詩也言君子有和樂易簡之德則其下尊之如父親之如母也）今人有過教未施而刑已加焉或欲改行為善而道亡繇至（師古曰繇讀與由同）朕甚憐之夫刑至斷支體刻肌膚終身不息（師古曰息生也）何其刑之痛而不德也豈稱為民父母之意哉其除肉刑有以易之及令罪人各以輕重不亡逃有年而免（孟康曰其不亡逃者滿其年數得免為庶人）具為令（師古曰使更為條制）丞相張蒼御史大夫馮敬奏言肉刑所以禁姦所由來者久矣陛下下明詔憐萬民之一有過被刑者終身不息及罪人欲改行為善而道亡繇至於盛德臣等所不及也臣謹議請定律曰諸當完者完為城旦舂（臣瓚曰文帝除肉刑皆有以易之故以完易髡以笞代劓以釱左右止代刖今既曰完矣不復云以完代完也此當言髡者完也○宋祁曰代刑姚本改作代刖）當黥者髡鉗為城旦舂當劓者笞三百當斬左止者笞五百當斬右止及殺人先自告及吏坐受賕枉法守縣官財物而即盜之已論命復有笞罪者皆棄市（李奇曰命逃亡也論命中有罪也晉灼曰命者名也成其罪也師古曰止足也當斬右足者以其辠大故從棄市也殺人先自告謂殺人而自首得免罪者也吏受賕枉法謂曲公法而受賂者也守縣官財物而即盜之即今律所謂主守自盜者也殺人害重受賕盜物贓汙之身故此三罪已被論名而又犯笞亦皆棄市也今流俗書本笞三百笞五百之上及劓者之下有籍笞字復有笞罪亦云復有籍笞罪皆後人妄加耳舊本無也）罪人獄已決完為城旦舂滿三歲為鬼薪白粲鬼薪白粲一歲為隸臣妾隸臣妾一歲免為庶人（師古曰男子為隸臣女子為隸妾鬼薪白粲滿三歲為隸臣隸臣一歲免為庶人隸妾亦然也）隸臣妾滿二歲為司寇司寇一歲及作如司寇二歲皆免為庶人（如淳曰罪降為司寇故一歲正司寇故二歲也）其亡逃及有罪耐以上不用此令（師古曰於本罪中又重犯者也○宋祁曰曰罪耐姚本作耐罪）前令之刑城旦舂歲而非禁錮者如完為城旦舂歲數以免（李奇曰謂文帝作此令之前有刑者○宋祁曰如完姚本刪如字）臣昧死請制曰可是後外有輕刑之名內實殺人斬右止者又當死斬左止者笞五百當劓者笞三百率多死（師古曰斬右止者棄市故入於死以笞五百代斬左止笞三百代劓笞數既多亦不活也○宋祁曰姚本改入於作人多）景帝元年下詔曰加笞與重罪無異（孟康曰重罪謂死刑）幸而不死不可為人（師古曰謂不能自起居也）其定律笞五百曰三百笞三百曰二百猶尚不全至中六年又下詔曰加笞者或至死而笞未畢朕甚憐之其減笞三百曰二百笞二百曰一百又曰笞者所以教之也其定箠令（師古曰箠策也所以擊者也音止蘂反）丞相劉舍御史大夫衛綰請笞者箠長五尺其本大一寸其竹也末薄半寸皆平其節當笞者笞臀（如淳曰然則先時笞背也師古曰臀音徒門反）毋得更人（師古曰謂行笞者不更易人也）畢一罪乃更人自是笞者得全然酷吏猶以為威死

刑既重而生刑又輕民易犯之及至孝武即位外事四夷之功內盛耳目之好徵發煩數百姓貧耗（師古曰耗損也音呼到反）窮民犯法酷吏擊斷姦軌不勝於是招進張湯趙禹之屬條定法令作見知故縱監臨部主之法（師古曰見知人犯法不舉告為故縱而所監臨部主有罪并連坐也）緩深故之罪（孟康曰孝武欲急刑吏深害及故入人罪者皆寬緩）急縱出之誅（師古曰吏釋罪人疑以為縱出則急誅之亦言尚酷）其後姦猾巧法轉相比況禁罔寖密（師古曰寖漸也其下亦同）律令凡三百五十九章大辟四百九條千八百八十二事死罪決事比萬三千四百七十二事（師古曰比以例相比況也）文書盈於几閣典者不能徧睹是以郡國承用者駮（師古曰不曉其指用意不同也）或罪同而論異姦吏因緣為市（師古曰弄法而受財若市買之交易）所欲活則傅生議所欲陷則予死比（師古曰傅讀曰附）議者咸冤傷之宣帝自在閭閻而知其若此及即尊位廷史路溫舒上疏言秦有十失其一尚存治獄之吏是也語在溫舒傳上深愍焉迺下詔曰間者吏用法巧文寖深是朕之不德也夫決獄不當使有罪興邪不辜蒙戮（晉灼曰當重而輕使有罪者起邪惡之心也師古曰有罪者更興邪惡無辜者反陷重刑是決獄不平故）父子悲恨朕甚傷之今遣廷史與郡鞫獄任輕祿薄（如淳曰廷史廷尉史也以囚辭決獄事為鞫謂疑獄也李奇曰鞫窮也獄事窮竟也師古曰李說是也）其為置廷平秩六百石員四人其務平之以稱朕意於是選于定國為廷尉求明察寬恕黃霸等以為廷平季秋後請讞時上常幸宣室齋居而決事（如淳曰宣室布政教之室也重用刑故齋戒以決事晉灼曰未央宮中有宣室殿師古曰賈誼傳亦云受釐坐宣室蓋其殿在前殿之側也齋則居之）獄刑號為平矣時涿郡太守鄭昌上疏言聖王置諫爭之臣者非以崇德防逸豫之生也立法明刑者非以為治救衰亂之起也今明主躬垂明聽雖不置廷平獄將自正若開後嗣不若刪定律令（師古曰刪刊也有不便者則刊而除之）律令一定愚民知所避姦吏無所弄矣今不正其本而置廷平以理其末也政衰聽怠則廷平將招權而為亂首矣（蘇林曰招音翹翹舉也猶賣弄也孟康曰招求也招致權著己也師古曰孟說是也）宣帝未及修正至元帝初立迺下詔曰夫法令者所以抑暴扶弱欲其難犯而易避也今律令煩多而不約自典文者不能分明而欲羅元元之不逮（師古曰羅網也不逮言意識所不及）斯豈刑中之意哉（師古曰中當也）其議律令可蠲除輕減者條奏唯在便安萬姓而已至成帝河平中復下詔曰甫刑云五刑之屬三千大辟之罰其屬二百（師古曰甫刑即周書呂刑初為呂侯號曰呂刑後為甫侯又稱甫刑）今大辟之刑千有餘條律令煩多百有餘萬言奇請它比日以益滋（師古曰奇請謂常文之外主者別有所請以定罪也它比謂引它類以比附之稍增律條也奇音居宜反）自明習者不知所由（師古曰由從也）欲以曉諭眾庶不亦難乎於以羅元元之民夭絕亡辜豈不哀哉其與中二

千石二千石博士及明習律令者議減死刑及可蠲除約省者令較然易知條奏書不云乎惟刑之恤哉師古曰虞書舜典之詞也恤憂也言當憂刑也其審核之務準古法師古曰核究其實也朕將盡心覽焉有司無仲山父將明之材師古曰有司以下史家之言也大雅烝人之詩曰肅肅王命仲山父將之邦國若否仲山父明之將行也否不善也言王有誥命則仲山父行之邦國有不善之事則仲山父明之故引以爲美傷今不能然也不能因時廣宣主恩建立明制爲一代之法而徒鉤摭微細毛舉數事以塞詔而已師古曰毛舉言舉毫毛之事輕小之甚者塞猶當也是以大議不立遂以至今議者或曰法難數變此庸人不達疑塞治道聖智之所常患者也師古曰塞謂不通也故略舉漢興以來法令稍定而合古便今者漢興之初雖有約法三章網漏吞舟之魚師古曰言疏闊吞舟謂大魚也然其大辟尚有夷三族之令令曰當三族者皆先黥劓斬左右止笞殺之梟其首菹其骨肉於市師古曰菹謂醢也菹音側於反其誹謗詈詛者又先斷舌故謂之具五刑彭越韓信之屬皆受此誅至高后元年乃除三族罪祅言令孝文二年又詔丞相太尉御史法者治之正所以禁暴而衛善人也今犯法者已論而使無罪之父母妻子同產坐之及收朕甚弗取其議左右丞相周勃陳平奏言父母妻子同產相坐及收所以累其心使重犯法也師古曰重難也累音力瑞反收之之道所由來久矣臣之愚計以爲如其故便文帝復曰朕聞之法正則民慤罪當則民從師古曰慤謹也音丘角反且夫牧民而道之以善者吏也師古曰道讀曰導導引也以善導之也既不能道又以不正之法罪之是法反害於民爲暴者也師古曰法害於人是法爲暴朕未見其便宜孰計之平勃乃曰陛下幸加大惠於天下使有罪不收無罪不相坐甚盛德臣等所不及也臣等謹奉詔盡除收律相坐法其後新垣平謀爲逆復行三族之誅由是言之風俗移易人性相近而習相遠信矣師古曰論語云孔子曰性相近習相遠也言人同稟五常之性其所取舍本相近也但所習各異漸漬而移則相遠也夫以孝文之仁平勃之知猶有過刑謬論如此甚也而況庸材溺於末流者乎周官有五聽八議三刺三宥三赦之法師古曰刺殺也訊而有罪則殺之也宥寬也赦舍也謂釋置也五聽一曰辭聽師古曰觀其出言不直則煩二曰色聽師古曰觀其顏色不直則變三曰氣聽師古曰觀其氣息不直則喘四曰耳聽師古曰觀其聽聆不直則惑五曰目聽師古曰觀其瞻視不直則亂八議一曰議親師古曰王之親族也二曰議故師古曰王之故舊也三曰議賢師古曰有德行者也四曰議能師古曰有道藝者也五曰議功師古曰有大勳力者也六曰議貴師古曰爵位高者也七曰議勤師古曰謂盡悴事國者也八曰議賓師古曰謂前代之後王所不臣者也自五聽以下至此皆小司寇所職也三刺一曰訊羣臣二曰訊羣吏三曰訊萬民師古曰訊問也音信三宥一曰弗識二曰過失三曰遺忘師古曰弗識不審也過失非意也遺忘忽忘也三赦一曰幼弱二

曰老眊三曰惷愚師古曰幼弱謂七歲以下老眊謂八十以上惷愚生而癡騃者自三刺以下至此皆司刺所職也眊讀與耄同惷音丑江反一音貞巷反凡四上罪梏拲而桎中罪梏桎下罪梏王之同族拲有爵者桎以待弊師古曰械在手曰梏兩手同械曰拲在足曰桎弊斷罪也自此以上掌囚所職也梏音古篤反拲即拱字也桎音之日反弊音蔽高皇帝七年制詔御史獄之疑者吏或不敢決有罪者久而不論無罪者久繫不決自今以來縣道官獄疑者各讞所屬二千石官二千石官以其罪名當報之師古曰當謂處斷也所不能決者皆移廷尉廷尉亦當報之廷尉所不能決謹具爲奏傅所當比律令以聞師古曰傅讀曰附上恩如此吏猶不能奉宣故孝景中五年復下詔曰諸獄疑雖文致於法而於人心不厭者輒讞之其後獄吏復避微文遂其愚心至後元年又下詔曰獄重事也人有愚智官有上下獄疑者讞有令讞者已報讞而後不當讞者不爲失師古曰解在景紀自此之後獄刑益詳近於五聽三宥之意三年復下詔曰高年老長人所尊敬也鰥寡不屬逮者人所哀憐也師古曰屬音之欲反其著令年八十以上八歲以下及孕者未乳師古曰乳產也音人喻反師朱儒當鞠繫者頌繫之如淳曰師樂師盲瞽者朱儒短人不能走者師古曰頌讀曰容容寬容之不桎梏至孝宣元康四年又下詔曰朕念夫耆老之人髮齒墮落血氣既衰亦無暴逆之心今或罹于文法執于囹圄不得終其年命朕甚憐之自今以來諸年八十非誣告殺傷人它皆勿坐至成帝鴻嘉元年定令年未滿七歲賊鬭殺人及犯殊死者上請廷尉以聞得減死合於三赦幼弱老眊之人此皆法令稍定近古而便民者也師古曰近音其靳反孔子曰如有王者必世而後仁善人爲國百年可以勝殘去殺矣師古曰論語載孔子之言此謂若有受命之王必三十年仁政乃成也勝殘謂勝殘暴之人使不爲惡也去殺不行殺戮也言聖王承衰撥亂而起被民以德教師古曰被加也音皮義反變而化之必世然後仁道成焉至於善人不入於室然猶百年勝殘去殺矣師古曰論語稱子張問善人之道子曰不踐迹亦不入於室言善人不但修踐舊迹而已固少自創制然亦不能入聖人之室此爲國者之程式也今漢道至盛歷世二百餘載師古曰今謂撰志時考自昭宣元成哀平六世之間斷獄殊死率歲千餘口而一人如淳曰率天下犯罪者千口而有一人死耐罪上至右止三倍有餘李奇曰耐從司寇以上至右止爲千口三人刑古人有言滿堂而飲酒有一人鄉隅而悲泣師古曰鄉讀曰嚮則一堂皆爲之不樂王者之於天下譬猶一堂之上也故一人不得其平爲之悽愴於心今郡國被刑而死者歲以萬數天下獄二千餘所其冤死者多少相覆獄不減一人此和氣所以未洽者也原獄刑所以蕃若此者師古曰蕃多也音扶元反禮教不立刑法不明民多貧窮豪桀務私姦不輒得獄犴不平之所致也服虔曰鄉亭之獄曰犴臣

瓚曰獄岸獄訟也師古曰小雅小宛之詩云宜岸宜獄瓚說是也書云伯夷降典悊民惟刑師古曰周書甫刑之辭也悊知也言伯夷下禮法以道人人習知禮然後用刑也言制禮以止刑猶隄之防溢水也今隄防陵遲禮制未立死刑過制生刑易犯饑寒並至窮斯濫溢豪桀擅私爲之囊橐師古曰有底曰囊無底曰橐言容隱姦邪若囊橐之盛物姦有所隱則狃而寖廣師古曰狃串習也寖漸也狃音女救反此刑之所以蕃也孔子曰古之知法者能省刑本也今之知法者不失有罪末矣師古曰省謂減除之絕於未然故曰本也不失有罪事止聽訟所以爲末又曰今之聽獄者求所以殺之古之聽獄者求所以生之與其殺不辜寧失有罪今之獄吏上下相驅以刻爲明深者獲功名平者多後患諺曰鬻棺者欲歲之疫師古曰鬻賣也疫病也鬻音育疫音役非憎人欲殺之利在於人死也今治獄吏欲陷害人亦猶此矣凡此五疾獄刑所以尤多者也自建武永平民亦新免兵革之禍人有樂生之慮○朱子文曰既云新免兵革之禍當曰人有樂生之意意慮字相去不遠此傳寫之誤也與高惠之間同而政在抑彊扶弱朝無威福之臣邑無豪桀之俠以口率計斷獄少於成哀之間什八可謂清矣師古曰十少其八也然而未能稱意比隆於古者以其疾未盡除而刑本不正善乎孫卿之論刑也曰世俗之爲說者以爲治古者無肉刑師古曰治古謂上古至治之時也治音丈吏反有象刑墨黥之屬菲屨赭衣而不純師古曰菲草屨也純緣也衣不加緣示有恥也菲音扶味反純音之允反是不然矣以爲治古則人莫觸罪邪豈獨無肉刑哉亦不待象刑矣師古曰人不犯法則象刑無所施也以爲人或觸罪矣而直輕其刑是殺人者不死而傷人者不刑也罪至重而刑至輕民無所畏亂莫大焉凡制刑之本將以禁暴惡且懲其末也師古曰懲止也殺人者不死傷人者不刑是惠暴而寬惡也故象刑非生於治古方起於亂今也如淳曰古無象刑也所有象刑之言者近起今人惡刑之重故遂推言古之聖君但以象刑天下自治凡爵列官職賞慶刑罰皆以類相從者也一物失稱亂之端也師古曰稱宜也音尺孕反德不稱位能不稱官賞不當功刑不當罪不祥莫大焉夫征暴誅悖治之威也殺人者死傷人者刑是百王之所同也未有知其所由來者也故治則刑重亂則刑輕李奇曰世所以治者乃刑重也所以亂者乃刑輕也犯治之罪固重犯亂之罪固輕也書云刑罰世重世輕此之謂也師古曰周書甫刑之辭也言刑罰輕重各隨其時所謂象刑惟明者言象天道而作刑師古曰虞書益稷曰咎繇方祗厥敘方施象刑惟明言敬其次敘施其法刑皆明白也安有菲屨赭衣者哉孫卿之言既然又因俗說而論之曰禹承堯舜之後自以德衰而制肉刑湯武順而行之者以俗薄於唐虞故也今漢承衰周暴秦極敝之流俗已薄於三代而行堯舜之刑是猶以鞿而御駻突孟康曰以繩縛馬口謂之鞿晉灼曰鞿古羈字也如淳曰駻音捍突惡馬也師古曰馬絡頭曰羈也

違救時之宜矣且除肉刑者本欲以全民也今去髡鉗一等轉而入於大辟以死罔民失本惠矣師古曰罔謂羅網也故死者歲以萬數刑重之所致也至乎穿窬之盜忿怒傷人男女淫佚吏爲姦臧師古曰佚讀與逸同若此之惡髡鉗之罰又不足以懲也故刑者歲十萬數民既不畏又曾不恥刑輕之所生也故俗之能吏公以殺盜爲威專殺者勝任奉法者不治亂名傷制不可勝條是以罔密而姦不塞刑蕃而民愈嫚師古曰塞止也蕃多也音扶元反嫚與慢同必世而未仁百年而不勝殘誠以禮樂闕而刑不正也豈宜惟思所以清原正本之論刪定律令篹二百章以應大辟孟康曰篹音撰其餘罪次於古當生今觸死者皆可募行肉刑李奇曰欲死邪欲腐邪及傷人與盜吏受賕枉法男女淫亂皆復古刑爲三千章詆欺文致微細之法悉蠲除師古曰詆謂誣也音丁禮反如此則刑可畏而禁易避吏不專殺法無二門輕重當罪民命得全合刑罰之中殷天人之和李奇曰殷亦中也順稽古之制成時雍之化成康刑錯雖未可致孝文斷獄庶幾可及詩云宜民宜人受祿于天師古曰大雅假樂之詩也蓋嘉成王之德云書曰立功立事可以永年師古曰今文泰誓之辭也永長也言爲政而宜於民者功成事立則受天祿而永年命所謂一人有慶萬民賴之者也師古曰呂刑之辭也一人天子也言天子用刑詳審有福慶之惠則衆庶咸賴之也

前漢書卷二十三考證

刑法志春振旅以搜○搜周禮及左傳原文俱作蒐

穆王眊荒命甫侯○眊古文尚書作耄甫侯作呂侯

髕罰之屬五百○臣召南按髕呂刑作剕周禮司刑亦作刖

鑽之以行注鑽古鑿字也○按左傳作鑿之以行

宣帝未及脩正○正監本訛政今改

伯夷降典悊民惟刑注悊知也○臣召南按古文尚書作折民惟刑孔傳以斷字解之陸德明釋文曰折馬鄭王皆音悊馬云智也東京古文未行諸儒惟以今文爲本故注從馬說

所謂象刑惟明者○象刑監本訛蒙刑今改正

前漢書卷二十四上

漢　蘭臺令史班固撰

唐正議大夫行秘書少監琅琊縣開國子顏師古注

食貨志第四

洪範八政，一曰食，二曰貨。食謂農殖嘉穀可食之物，師古曰殖生也嘉善也貨謂布帛可衣，師古曰衣音於既反及金刀龜貝，所以分財布利通有無者也。師古曰金謂五色之金也黃者曰金白者曰銀赤者曰銅青者曰鉛黑者曰鐵刀謂錢幣也龜以卜占貝以表飾故皆爲寶貨也二者，生民之本，興自神農之世。斲木爲耜，煣木爲耒，耒耨之利以教天下，而食足；師古曰斲斫也煣屈也耒手耕曲木也耜耒端木所以施金也耨耘田也耜音似煣音人九反耒音來內反耨音乃搆反○宋祁曰煣木當爲揉木煣玉篇曰而九切以火屈木曲案易作揉日中爲市，致天下之民，聚天下之貨，交易而退，各得其所，而貨通。食足貨通，然後國實民富，而教化成。師古曰自斲木爲耜以至於此事見易上繫辭黃帝以下「通其變，使民不倦」。李奇曰器幣有不便於時則變更通利之使民樂其業而不倦也堯命四子以敬授民時，師古曰四子謂羲仲羲叔和仲和叔也事見虞書堯典也○宋祁曰堯典也姚本刪去也字舜命后稷以黎民祖饑，孟康曰祖始也黎民始饑命爲稷官也古文言阻師古曰事見舜典○宋祁曰祖古文言阸是爲政首。禹平洪水，定九州，師古曰九州謂冀兗青徐揚荊豫梁雍制土田，各因所生遠近，賦入貢棐，應劭曰棐竹器也所以盛方曰筐隋曰棐師古曰棐讀與匪同禹貢所謂厥貢漆絲厥篚織文之類是也隋音他果反楙遷有無，萬國作乂。師古曰楙與茂同勉也言勸勉天下遷易有無使之交足則萬國皆治殷周之盛，詩書所述，要在安民，富而教之。故易稱「天地之大德曰生，聖人之大寶曰位；何以守位曰仁；何以聚人曰財。」師古曰下繫之辭財者，帝王所以聚人守位，養成羣生，奉順天德，治國安民之本也。故曰「不患寡而患不均，不患貧而患不安；蓋均亡貧，和亡寡，安亡傾。」師古曰論語載孔子之言是以聖王域民，師古曰爲邦域築城郭以居之，制廬井以均之，師古曰井田之中爲屋廬開市肆以通之，師古曰肆列也設庠序以教之；師古曰庠序禮官養老之處士農工商，四民有業。○宋祁曰姚本民作八學以居位曰士，闢土殖穀曰農，作巧成器曰工，通財鬻貨曰商。師古曰鬻賣也鬻音弋六反聖王量能授事，四民陳力受職，故朝亡廢官，邑亡敖民，地亡曠土。師古曰敖謂逸游也曠空也理民之道，地著爲本。師古曰地著謂安土也著音直略反故必建步立晦，師古曰晦古畝字也正其經界。六尺爲步，步百爲晦，晦百爲夫，夫三爲屋，屋三爲井，井方一里，是爲九夫。八家共之，各受私田百晦，公田十晦，是爲八百八十晦，餘二十晦以爲廬舍。師古曰廬田中屋也春夏居之秋冬則去○宋祁曰則去當作卽去出入相友，守望相助，疾病相救，民是以和睦，而教化齊同，力役生產可得而平也。民受田，上田夫百晦，中田夫二百晦，下田夫三百晦。歲耕種者爲不易上田；休一歲者爲一易中田；休二歲者爲再易下田，三歲更耕之，自爰其處。孟康曰爰於也師古曰更互也音工衡反農民戶人已受田，其家眾男爲餘夫，亦以口受田如比。師古曰比例也音必寐反士工商家受田，五口乃當農夫一人。此謂平土可以爲法者也。若山林藪澤原陵淳鹵之地，晉灼曰淳盡也舃鹵之田不生五穀也各以肥磽多少爲差。師古曰磽确也謂瘠薄之田也音口交反有賦有稅。稅謂公田什一及工商衡虞之入也。師古曰賦謂計口發財稅謂收其田入也什一謂十取其一也工商衡虞雖不墾殖亦取其稅者工有技巧之作商有行販之利衡虞取山澤之材產也賦共車馬甲兵士徒之役，師古曰徒眾也共讀曰供充實府庫賜予之用。稅給郊社宗廟百神之祀，天子奉養百官祿食庶事之費。民年二十受田，六十歸田。七十以上，上所養也；十歲以下，上所長也；十一以上，上所彊也。師古曰彊勸之令習事也彊音其兩反種穀必雜五種，以備災害；師古曰歲月有宜及水旱之利也種卽五穀謂黍稷麻麥豆也田中不得有樹，用妨五穀。力耕數耘，收穫如寇盜之至。師古曰力謂勤作之也如寇盜之至謂促遽之甚恐爲風雨所損還廬樹桑，師古曰還繞也菜茹有畦，瓜瓠果蓏應劭曰木實曰果草實曰蓏張晏曰有核曰果無核曰蓏臣瓚曰按木上曰果地上曰蓏也師古曰茹所食之菜也畦區也茹音人豫反畦音胡圭反蓏音來果反殖於疆易，張晏曰至此易主故曰易師古曰詩小雅信南山云中田有廬疆場有瓜卽謂此也雞豚狗彘毋失其時，師古曰彘卽豕女脩蠶織，則五十可以衣帛，七十可以食肉。在壄曰廬，在邑曰里。師古曰廬各在其田中而里聚居也五家爲鄰，五鄰爲里，四里爲族，五族爲黨，五黨爲州，五州爲鄉。鄉，萬二千五百戶也。鄰長位下士，自此以上，稍登一級，至鄉而爲卿也。於里有序而鄉有庠。○宋祁曰於里有序於字下當添是字序以明教，庠則行禮而視化焉。師古曰視讀爲示也○宋祁曰注末也字當刪春令民畢出在壄，冬則畢入於邑。其詩曰：「四之日舉止，同我婦子，饁彼南晦。」師古曰此豳詩七月之章也饁饋也四之日周之四月夏之二月也農人無不舉足而耕也則其婦與子同以食來至南晦治田之處而饋之也饁音于輒反又曰：「十月蟋蟀，入我牀下」，「嗟我婦子，聿爲改歲，入此室處」。師古曰亦七月之章也蟋蟀蛬也今謂之促織聿曰也言寒氣旣至蟋蟀漸來則婦子告曰歲將改矣而去田中入室處也所以順陰陽，備寇賊，習禮文也。春，將出民，里胥平旦坐於右塾，鄰長坐於左塾，孟康曰里胥如今里吏也師古曰門側之堂曰塾坐於門側者督促勸之知其早晏防怠惰也塾音孰畢出然後歸，夕亦如之。師古曰言里胥鄰長亦待入畢然後歸也入者必持薪樵，輕重相分，班白不提挈。師古曰班白者謂髮雜色也不提挈者所以優老人也冬，民既入，婦人同巷，相從夜績，女工一月得四十五日。服虔曰一月之中又得夜半爲十五日凡四十五日也必相從者，所以省費燎火，同巧拙而合習俗也。師古曰省費燎火省燎火之費也燎所以爲明火所以爲溫也燎音力召反男女有不得其所者，因相與歌詠，各言其傷。師古曰怨刺之詩也是月，餘子亦在于序室。蘇林曰餘子庶子也或曰未任役爲餘子師古曰未任役者是也幼童皆當受業豈論嫡庶乎八歲入小學，學六甲五方書計之事，蘇林曰五方之異書如今祕書學外國書也臣瓚曰辨五方之名及書藝也師古曰瓚說是也始知室家長幼之節。十五入大學，學先聖禮樂，而知朝廷君臣之禮。其有秀異者，移鄉學于庠序；庠序之異者，移國學于少學。諸侯歲貢少學之異者於天子，學于大學，命曰造士。李奇曰造成也行同能偶，則別之以射，師古曰以射試之然後爵命焉。孟春之月，羣居者將散，師古曰謂各趣農晦也行人振木鐸徇于路，以采詩，師古曰行人遒人也主號令之官鐸大鈴也以木爲舌謂之木鐸徇巡也采詩采取怨刺之詩也獻之大師，比其音律，以聞於天子。師古曰大師掌音律之官敎六詩以六律爲之音者比謂次之也比音頻二反○宋祁曰此謂下當添調字故曰王者不窺牖戶而知天下。此先王制土處民富而教之之大略也。故孔子曰：「道千乘之國，敬事而信，節用而愛人，使民以時。」師古曰論語載孔子之言也道治也舉事必敬施令必信不爲奢侈愛養其萌無奪農時故民皆勸功樂業，先公而後私。其詩曰：「有渰淒淒，興雲祁祁，雨我公田，遂及我私。」師古曰小雅大田之詩也渰陰雲也淒淒雲起貌也祁祁徐也言陰陽和風雨時萌庶慶悅喜其先雨公田乃及私也○宋祁曰興雲當改作興雨民三年耕，則餘一年之畜。師古曰畜讀曰蓄其下並同衣食足而知榮辱，廉讓生而爭訟息，故三載考績。師古曰績功也言主治者三年一考其績也孔子曰：「苟有用我者，期月而已可也，三年有成。」成此功也。師古曰論語載孔子之言也用謂使爲政期月可以易俗三年乃得成功也三考黜陟，餘三年食，進業曰登；鄭氏曰進上百工之業也或曰進上農工諸事業名曰登再登曰平，餘六年食；三登曰泰平，二十七歲，遺九年食。然後王德流洽，禮樂成焉。○宋祁曰邵本王德作至德故曰「如有王者，必世而後仁」，師古曰亦孔子之言也解在刑法志繇此道也。師古曰繇讀與由同由用也從也周室既衰，暴君汙吏慢其經界，師古曰汙謂貪穢也繇役橫作，師古曰繇讀曰徭橫音胡孟反政令不信，上下相詐，公田不治。故魯宣公「初稅晦」，○劉敞曰稅晦所謂二也春秋譏焉。孟康曰春秋謂之履晦履踐民所種好者而取之譏其貪也於是上貪民怨，災害生而禍亂作。陵夷至於戰國，貴詐力而賤仁誼，先富有而後禮讓。是時，李悝爲魏文侯作盡地力之教，師古曰李悝文侯臣也悝音恢以爲地方百里，提封九萬頃，除山澤邑居參分去一，爲田六百萬晦，治田勤謹則晦益三升，服虔曰與之三升也臣瓚曰當言三斗謂治田勤則晦加三斗也師古曰計數而言字當爲斗瓚說是也○宋祁曰治田勤謹當作勤謹下不勤同不勤則損亦如之。地方百里之增減，輒爲粟百八十萬石矣。又曰糴甚貴傷民，韋昭曰此民謂士民工商也甚賤傷農。民傷則離散，農傷則國貧，故甚貴與甚賤，其傷一也。善爲國者，使民無傷而農益勸。今一夫挾五口，治田百晦，歲收晦一石半，爲粟百五十石，除十一之稅十五石，餘百三十五石。食，人月一石半，五人終歲爲粟九十石，餘有四十五石。石三十，爲錢千三百五十，除社閭嘗新春秋之祠，用錢三百，餘千五十。衣，人率用錢三百，五人終歲用千五百，不足四百五十。師古曰少四百五十不足也不幸疾病死喪之費，及上賦斂，又未與此。師古曰與讀曰豫此農夫所以常困，有不勸耕之心，而令糴至於甚貴者也。是故善平糴者，必謹觀歲有上中下孰。上孰其收自四，餘四百石；張晏曰平歲百晦收百五十石今大孰四倍收六百石計民食終歲長四百石官糴三百石此爲糴三舍一也中孰自三，餘三百石；張晏曰自三四百五十石也終歲長三百石官糴二百石此爲糴二而舍一也下孰自倍，餘百石。張晏曰自倍收三百石終歲長百石官糴其五十石云下孰糴一謂中分百石之一小饑則收百石，張晏曰平歲百晦之收收百五十石今小饑收百石收三分之二也中饑七十石，張晏曰收二分之一大饑三十石。張晏曰收五分之一也以此準之大小中饑之率也故大孰則上糴三而舍一，中孰則糴二，下孰則糴一，使民適足，賈平則止。師古曰賈讀曰價小饑則發小孰之所斂，中饑則發中孰之所斂，李奇曰言以斂藏出糴也○宋祁曰糴也姚改也作之字大饑則發大孰之所斂而糶之。故雖遇饑饉水旱，糴不貴而民不散，取有餘以補不足也。行之魏國，國以富彊。及秦孝公用商君，壞井田，開仟伯，師古曰仟伯田間之道也南北曰仟東西曰伯伯音莫白反○宋祁曰仟王本伯作陌急耕戰之賞，雖非古道，猶以務本之故，傾鄰國而雄諸侯。然王制遂滅，僭差亡度。庶人之富者累鉅萬，師古曰鉅大也大萬謂萬萬也累者兼數非止一也言其貲財積累萬萬也而貧者食糟糠；有國彊者兼州域，而弱者喪社稷。至於始皇，遂并天下，內興功作，外攘夷狄，收泰半之賦，師古曰泰半三分取其二發閭左之戍。應劭曰秦時以適發之名適戍先發吏有過及贅壻賈人後以嘗有市籍者又後以大父母父母嘗有市籍者戍者曹輩盡復入閭取其左發之未及取右而秦亡師古曰閭里門也言居在里門之左者一切發之此閭左之釋應最得之諸家之義煩穢舛錯故無所取也男子力耕不足糧饟，師古曰饟古餉字女子紡績不足衣服。竭天下之資財以奉其政，猶未足以澹其欲也。師古曰澹古贍字也贍給也下同○宋祁曰也字當刪海內愁怨，遂用潰畔。師古曰下逃其上曰潰漢興，接秦之敝，諸侯並起，民失作業，而大饑饉。凡米石五千，人相食，死者過半。高祖乃令民得賣子，就食蜀漢。天下既定，民亡蓋臧，蘇林曰無物可蓋藏自天子不能具醇駟，師古曰醇不雜也無醇色之駟謂四馬雜色也○宋祁曰越本醇作醇而將相或乘牛車。師古曰以牛駕車也上於是約法省禁，輕田租，什五而稅一，量吏祿，度官用，以賦於民。師古曰纔取足而山川園池市肆租稅之入，自天子以至封君湯沐邑，皆各爲私奉養，不領於天子之經費。師古曰言各收其所賦稅以自供不入國朝之倉廩府庫也經常也○宋祁曰自天子當作自天下漕轉關東粟以給中都官，師古曰中都官京師諸官府也歲不過數十萬石。孝惠、高后之間，衣食滋殖。文帝卽位，躬脩儉節，思安百姓。時民近戰國，皆背本趨末，賈誼說上曰：「筦子曰『倉廩實而知禮節』，師古曰筦與管同管子管仲之書也民不足而可治者，自古及今，未之嘗聞。古之人曰：『一夫不耕，或受之饑；一女不織，或受之寒。』生之有時，而用之亡度，則物力必屈。師古曰屈盡也音其勿反古之治天下，至孅至悉也，師古曰孅細也悉盡其事也孅與纖同故其畜積足恃。今背本而趨末，食者甚眾，是天下之大殘也師古曰本農業也末工商也言人已棄農而務工商矣其食米粟者又甚衆是殘傷害也淫侈之俗日日以長是天下之大賊也殘賊公行莫之或止大命將泛孟康曰泛音方勇反泛覆也師古曰字本作覂此通用也○宋祁曰勇當作濫莫之振救師古曰振舉也生之者甚少而靡之者甚多師古曰靡散也音糜天下財產何得不蹷應劭曰蹷傾竭也師古曰蹷音厥漢之為漢幾四十年矣師古曰幾近也音鉅衣反公私之積猶可哀痛師古曰言年載已多而無儲積失時不雨民且狼顧鄭氏曰民欲有畔意若狼之顧望也李奇曰狼性怯走喜還顧言民見天不雨今亦恐也師古曰李說是也歲惡不入請賣爵子如淳曰賣爵級又賣子也旣聞耳矣如淳曰聞於天子之耳安有為天下阽危者若是而上不驚者師古曰阽危欲墜之意也音閻又音丁念反○宋祁曰注阽危當刪危者世之有饑穰天之行也李奇曰天之行氣不能常孰也或曰行道也師古曰穰豐也音人常反○宋祁曰人常當作人掌禹湯被之矣師古曰謂禹遭水而湯遭旱也卽不幸有方二三千里之旱國胡以相恤師古曰胡何也卒然邊境有急數千百萬之衆國胡以餽之師古曰卒讀曰猝餽亦饋字也兵旱相乘天下大屈師古曰屈音其勿反有勇力者聚徒而衡擊師古曰衡橫也罷夫羸老易子而齩其骨師古曰罷讀曰疲齩齧也音五巧反○宋祁曰姚本而齩刪而字齩下挍反政治未畢通也遠方之能疑者並舉而爭起矣師古曰疑讀曰擬僭也謂與天子相比擬迺駭而圖之豈將有及乎師古曰圖謂謀也夫積貯者天下之大命也苟粟多而財有餘何為而不成以攻則取以守則固以戰則勝懷敵附遠何招而不至師古曰懷來也安也今毆民而歸之農皆著於本師古曰毆亦驅字著音直略反使天下各食其力末技游食之民轉而緣南畮師古曰言皆趨農作也則畜積足而人樂其所矣可以為富安天下而直為此廩廩也李奇曰廩廩危也師古曰言務耕農厚畜積則天下富安何乃不為而常不足廩廩若此竊為陛下惜之於是上感誼言始開籍田躬耕以勸百姓鼂錯復說上曰聖王在上而民不凍饑者非能耕而食之織而衣之也師古曰食讀曰飤衣音於旣反為開其資財之道也故堯禹有九年之水湯有七年之旱而國亡捐瘠者孟康曰肉腐為瘠捐骨不埋者或曰捐謂民有饑相棄捐者或謂貧乞者為捐蘇林曰瘠音漬師古曰瘠瘦病也言無相棄捐而瘦病者耳不當音漬也貧乞之釋尤疏僻焉以畜積多而備先具也今海內為一土地人民之衆不避湯禹劉奉世曰不避湯禹避字未詳○宋祁曰言土地人民之衆不讓湯禹也加以亡天災數年之水旱而畜積未及者何也地有遺利民有餘力生穀之土未盡墾山澤之利未盡出也游食之民未盡歸農也民貧則姦邪生貧生於不足不足生於不農不農則不地著不地著則離鄉輕家民如鳥獸雖有高城深池嚴法重刑猶不能禁也夫寒之於衣不待輕煖師古曰苟禦風霜不求靡麗也煖音乃短反饑之於食不待甘旨師古曰旨美也饑寒至身不顧廉恥人情一日不再食則饑終歲不製衣則寒夫腹饑不得食膚寒不得衣雖慈母不能保其子君安能以有其民哉明主知其然也故務民於農桑薄賦斂廣畜積以實倉廩備水旱故民可得而有也民者在上所以牧之趨利如水走下四方亡擇也師古曰走音奏夫珠玉金銀饑不可食寒不可衣然而衆貴之者以上用之故也其為物輕微易臧在於把握可以周海內而亡饑寒之患師古曰周謂周徧而遊行此令臣輕背其主而民易去其鄉盜賊有所勸亡逃者得輕資也粟米布帛生於地長於時聚於力非可一日成也數石之重中人弗勝師古曰中人者處強弱之中也不為姦邪所利一日弗得而饑寒至是故明君貴五穀而賤金玉今農夫五口之家其服役者不下二人師古曰服事也給公事之役也其能耕者不過百畮百畮之收不過百石春耕夏耘秋穫冬臧伐薪樵治官府給繇役春不得避風塵夏不得避暑熱秋不得避陰雨冬不得避寒凍四時之間亡日休息又私自送往迎來弔死問疾養孤長幼在其中勤苦如此尚復被水旱之災急政暴虐賦斂不時朝令而暮改當具有者半賈而賣師古曰本直千錢者止得五百也賈讀曰價亡者取倍稱之息如淳曰取一償二為倍稱師古曰稱舉也今俗所謂舉錢者也於是有賣田宅鬻子孫以償責者矣而商賈大者積貯倍息小者坐列販賣師古曰行賣曰商坐販曰賈列者若今市中賣物行也賈音古操其奇贏日游都市師古曰奇贏謂有餘財而畜聚奇異之物也一說奇謂殘餘物也音居宜反乘上之急所賣必倍師古曰上所急求則其價倍貴故其男不耕耘女不蠶織衣必文采食必粱肉師古曰粱好粟也卽今之粱米亡農夫之苦有仟伯之得師古曰仟謂千錢伯謂百錢也伯音莫白反今俗猶謂百錢為一伯因其富厚交通王侯力過吏埶以利相傾千里游敖冠蓋相望乘堅策肥履絲曳縞師古曰堅謂好車也縞皓素也繒之精白者也此商人所以兼并農人農人所以流亡者也今法律賤商人商人已富貴矣尊農夫農夫已貧賤矣故俗之所貴主之所賤也吏之所卑法之所尊也上下相反好惡乖迕師古曰迕違也好音呼到反惡音烏故反迕音五故反而欲國富法立不可得也方今之務莫若使民務農而已矣欲民務農在於貴粟貴粟之道在於使民以粟為賞罰今募天下入粟縣官得以拜爵得以除罪如此富人有爵農民有錢粟有所渫師古曰渫散也音先列反下同○宋祁曰有所渫下脫矣字夫能入粟以受爵皆有餘者也取於有餘以供上用則貧民之賦可損師古曰損減也所謂損有餘補不足令出而民利者也順於民心所補者三一曰主用足二曰民賦少三曰勸農功今令民有車騎馬一匹者復卒三人如淳曰復三卒之算錢也或曰除三夫不作甲卒也師古曰當為卒者免其三人不為卒者復其錢耳復音方目反車騎者天下武備也故為復卒師古曰為音于偽反神農之教曰有石城十仞應劭曰仞五尺六寸也師古曰此說非也八尺曰仞取人申臂之一尋也湯池百步師古曰池城邊也以湯為池不可輙近喻嚴固之甚帶甲百萬而亡粟弗能守也以是觀之粟者王者大用政之本務令民入粟受爵至五大夫以上迺復一人耳師古曰五大夫第九等爵也復音方目反此其與騎馬之功相去遠矣爵者上之所擅出於口而亡窮師古曰擅專也粟者民之所種生於地而不乏夫得高爵與免罪人之所甚欲也使天下人入粟於邊以受爵免罪不過三歲塞下之粟必多矣於是文帝從錯之言令民入粟邊六百石爵上造師古曰上造第二等爵也稍增至四千石為五大夫師古曰五大夫第九等爵萬二千石為大庶長師古曰大庶長第十八等爵也各以多少級數有差錯復奏言陛下幸使天下入粟塞下以拜爵甚大惠也竊恐塞卒之食不足用大渫天下粟邊食足以支五歲可令入粟郡縣矣師古曰入諸郡縣以備凶災也足支一歲以上可時赦勿收農民租如此德澤加於萬民民俞勤農師古曰俞進也音踰又音愈時有軍役若遭水旱民不困乏天下安寧歲孰且美則民大富樂矣上復從其言迺下詔賜民十二年租稅之半明年遂除民田之租稅後十三歲孝景二年令民半出田租三十而稅一也其後上郡以西旱復修賣爵令而裁其賈以招民師古曰裁謂減省之也及徒復作得輸粟於縣官以除罪師古曰復音方目反解見宣紀始造苑馬以廣用師古曰苑馬謂為苑以牧馬宮室列館車馬益增脩矣然婁敕有司以農為務師古曰婁古屢字民遂樂業至武帝之初七十年間國家亡事非遇水旱則民人給家足都鄙廩庾盡滿而府庫餘財京師之錢累百鉅萬貫朽而不可校師古曰累百鉅萬謂數百萬萬也校謂計數也太倉之粟陳陳相因師古曰陳久舊也充溢露積於外腐敗不可食衆庶街巷有馬仟伯之間成羣師古曰謂田中之仟伯也乘牸牝者擯而不得會聚孟康曰皆乘父馬有牝馬間其間則踶齧故斥出不得會同師古曰言時富饒故恥乘牸牝不必以其踶齧也踶音大奚反守閭閻者食粱肉為吏者長子孫如淳曰時無事吏不數轉至於生長子孫而不轉職也居官者以為姓號如淳曰貨殖傳倉氏庾氏是也人人自愛而重犯法師古曰重難也先行誼而黜媿辱焉師古曰以行誼為先以媿辱相黜也行音下更反於是罔疏而民富役財驕溢或至并兼豪黨之徒以武斷於鄉曲師古曰特其饒富則擅行威罰也斷音丁喚反宗室有土公卿大夫以下爭於奢侈師古曰有土謂國之宗姓受封邑土地者也室廬車服僭上亡限物盛而衰固其變也是後外事四夷內興功利役費並興而民去本董仲舒說上曰春秋它穀不書至於麥禾不成則書之以此見聖人於五穀最重麥與禾也今關中俗不好種麥是歲失春秋之所重而損生民之具也願陛下幸詔大司農使關中民益種宿麥令毋後時師古曰宿麥謂其苗經冬又言古者稅民不過什一其求易共師古曰共讀曰供下亦同使民不過三日其力易足民財內足以養老盡孝外足以事上共稅下足以畜妻子極愛故民說從上師古曰說讀曰悅至秦則不然用商鞅之法改帝王之制除井田民得賣買富者田連仟伯貧者亡立錐之地又顓川澤之利管山林之饒師古曰顓與專同管主也荒淫越制踰侈以相高邑有人君之尊里有公侯之富小民安得不困又加月為更卒已復為正一歲屯戍一歲力役三十倍於古師古曰更卒謂給郡縣一月而更者也正卒謂給中都官者也率計今人一歲之中屯戍及力役之事三十倍多於古也更音工衡反田租口賦鹽鐵之利二十倍於古如淳曰秦賣鹽鐵貴故下民受其困也師古曰旣收田租又出口賦而官更奪鹽鐵之利率計今人一歲之中失其資產二十倍多於古也或耕豪民之田見稅什五如淳曰十稅其五師古曰言下戶貧人自無田而耕墾豪富家田十分之中以五輸本田主也故貧民常衣牛馬之衣而食犬彘之食重以貪暴之吏刑戮妄加師古曰重音直用反民愁亡聊亡逃山林轉為盜賊赭衣半道斷獄歲以千萬數漢興循而未改古井田法雖難卒行宜少近古師古曰卒讀曰猝近音其靳反限民名田以澹不足師古曰名田占田也各為立限不使富者過制則貧弱之家可足也塞并兼之路鹽鐵皆歸於民去奴婢除專殺之威服虔曰不得專殺奴婢也○宋祁曰專當改作顓字薄賦斂省繇役以寬民力然後可善治也仲舒死後功費愈甚天下虛耗師古曰耗音呼到反人復相食武帝末年悔征伐之事迺封丞相為富民侯韋昭曰沛斷縣也師古曰欲百姓之殷實故取其嘉名也下詔曰方今之務在於力農以趙過為捜粟都尉過能為代田一畮三甽師古曰甽壟也音工犬反字或作畎歲代處故曰代田師古曰代易也古法也后稷始甽田以二耜為耦師古曰併兩耜而耕廣尺深尺曰甽長終畮一畮三甽一夫三百甽而播種於三甽中師古曰播布也種謂穀子也○宋祁曰三甽中姚刪去三字苗生葉以上稍耨隴草師古曰耨鉏也因隤其土以附苗根師古曰隤謂下之也音頹故其詩曰或芸或芓黍稷儗儗師古曰小雅甫田之詩儗儗盛貌芸音云芓音子儗音擬芸除草也芓附根也言苗稍壯每耨輒附根比盛暑師古曰比音必寐反隴盡而根深能風與旱師古曰能讀曰耐故儗儗而盛也其耕耘下種田器皆有便巧率十二夫為田一井一屋故畮五頃鄧展曰九夫為井三夫為屋夫百畮於古為十二頃古百步為畮漢時二百四十步為畮古千二百畮則得今五頃用耦犂二牛三人一歲之收常過縵田畮一斛以上師古曰縵田謂不為甽者也縵音莫幹反善者倍之師古曰善為甽者又過縵田二斛以上也過使教田太常三輔蘇林曰太常主諸陵有民故亦課田種也大農置工巧奴與從事為作田器二千石遣令長三老力田及里父老善田者受田器學耕種養苗狀蘇林曰為法意狀也民或苦少牛亡以趨澤師古曰趨讀曰趣趣及也澤雨之潤澤也故平都令光教過以人輓犂師古曰輓引也輓音晚過奏光以為丞教民相與庸輓犂師古曰庸功也言換功共作也義亦與庸賃同率多人者田日三十畮少者十三畮以故田多墾闢過試以離宮卒田其宮壖地師古曰離宮別處之宮非天子所常居也壖餘

也宮壖地謂外垣之內內垣之外也諸緣河壖地廟垣壖地其義皆同守離宮卒閑而無事因令於壖地爲田也壖音而緣反課得穀皆多其旁田晦一斛以上令命家田三輔公田李奇曰令使也命者教也令離宮卒教其家田公田也韋昭曰命謂爵命者命家謂受爵命一爵爲公士以上令得田公田優之也師古曰令音力成反又敎邊郡及居延城韋昭曰居延張掖縣也時有甲卒也是後邊城河東弘農三輔太常民皆便代田用力少而得穀多至昭帝時流民稍還田野益闢頗有畜積宣帝卽位用吏多選賢良百姓安土歲數豐穰師古曰數音所角反穰音人常反○宋祁曰人常當作人掌穀至石五錢農人少利時大司農中丞耿壽昌以善爲算能商功利師古曰商度也得幸於上五鳳中奏言故事歲漕關東穀四百萬斛以給京師師古曰漕水運○宋祁曰水運下當添也字用卒六萬人宜糴三輔弘農河東上黨太原郡穀足供京師可以省關東漕卒過半又白增海租三倍天子皆從其計御史大夫蕭望之奏言故御史屬徐宮李奇曰御史大夫屬家在東萊言往年加海租魚不出長老皆言武帝時縣官嘗自漁海魚不出後復予民魚迺出夫陰陽之感物類相應萬事盡然今壽昌欲近糴漕關內之穀築倉治船費直二萬萬餘師古曰萬萬億也○宋祁曰卻本師古作服虔有動衆之功恐生旱氣民被其災壽昌習於商功分銖之事其深計遠慮誠未足任宜且如故上不聽漕事果便壽昌遂白令邊郡皆築倉以穀賤時增其賈而糴以利農穀貴時減賈而糴名曰常平倉師古曰賈並讀曰價民便之上迺下詔賜壽昌爵關內侯而蔡癸以好農使勸郡國至大官師古曰爲使而勸郡國也使音山吏反元帝卽位天下大水關東郡十一尤甚二年齊地饑穀石三百餘民多餓死琅邪郡人相食在位諸儒多言鹽鐵官及比假田官常平倉可罷孟康曰比假地名也毋與民爭利上從其議皆罷之又罷建章甘泉宮衞角抵齊三服官省禁苑以予貧民減諸侯王廟衞卒半又減關中卒五百人轉穀振貸窮乏其後用度不足獨復鹽鐵官成帝時天下亡兵革之事號爲安樂然俗奢侈不以畜聚爲意永始二年梁國平原郡比年傷水災人相食師古曰比頻也刺史守相坐免哀帝卽位師丹輔政建言古之聖王莫不設井田然後治迺可平師古曰建立也立其議也孝文皇帝承亡周亂秦兵革之後天下空虛故務勸農桑帥以節儉民始充實未有并兼之害故不爲民田及奴婢爲限師古曰不爲作限制上爲音于僞反今累世承平豪富吏民訾數鉅萬而貧弱愈困蓋君子爲政貴因循而重改作師古曰重難也然所以有改者將以救急也○宋祁曰王本所以上無然字亦未可詳宜略爲限師古曰詳謂悉盡也天子下其議丞相孔光大司空何武奏請諸侯王列侯皆得名田國中列侯在長安公主名田縣道及關內侯吏民名田皆毋過三十頃諸侯王奴婢二百人列侯公主百人關內侯吏民三十人期盡三年犯者沒入官時田宅奴婢賈爲減賤丁傅用事董賢隆貴皆不便也師古曰丁傅及董賢之家皆不便此事也詔書且須後師古曰須待也遂寢不行宮室苑囿府庫之臧已侈百姓訾富雖不及文景然天下戶口最盛矣平帝崩王莽居攝遂篡位王莽因漢承平之業匈奴稱藩百蠻賓服舟車所通盡爲臣妾府庫百官之富天下晏然莽一朝有之其心意未滿師古曰謂愛惜之意未厭飽也陿小漢家制度以爲疏闊師古曰莽以漢家制度爲秦疏闊而更之令陿小○宋祁曰而更下當添改字陿小下當添也字宣帝始賜單于印璽與天子同而西南夷鉤町稱王師古曰鉤音鉅于反町音大鼎反莽乃遣使易單于印貶鉤町王爲侯二方始怨侵犯邊境莽遂興師發三十萬衆欲同時十道並出一舉滅匈奴募發天下囚徒丁男甲卒轉委輸兵器自負海如淳曰負背也江淮而至北邊使者馳傳督趣師古曰傳音張戀反趣讀曰促海內擾矣又動欲慕古不度時宜師古曰度音大各反分裂州郡改職作官下令曰漢氏減輕田租三十而稅一常有更賦罷癃咸出晉灼曰雖老病者皆復出口算師古曰更音工衡反罷讀曰疲而豪民侵陵分田刼假師古曰分田謂貧者無田而取富人田耕種共分其所收也假亦謂貧人賃富人之田也刼者富人刼奪其稅侵欺之也厥名三十實什稅五也富者驕而爲邪貧者窮而爲姦俱陷於辜刑用不錯師古曰錯置也今更名天下田曰王田奴婢曰私屬皆不得賣買其男口不滿八而田過一井者分餘田與九族鄉黨犯令法至死制度又不定吏緣爲姦天下警警然陷刑者衆師古曰警警衆口愁聲也音敖後三歲莽知民愁下詔諸食王田及私屬皆得賣買勿拘以法然刑罰深刻它政誖亂師古曰誖乖也音布內反邊兵二十餘萬人仰縣官衣食師古曰仰音牛向反用度不足數橫賦斂師古曰數音所角反橫音胡孟反民俞貧困常苦枯旱亡有平歲穀賈翔貴晉灼曰翔音常師古曰晉說非也翔言如鳥之回翔不離於貴也若暴貴稱騰踊也末年盜賊羣起發軍擊之將吏放縱於外北邊及青徐地人相食雒陽以東米石二千莽遣三公將軍開東方諸倉振貸窮乏又分遣大夫謁者教民煮木爲酪服虔曰煮木實或曰如今餌术之屬也如淳曰作杏酪之屬也師古曰如說是也酪不可食重爲煩擾師古曰重音直用反流民入關者數十萬人置養澹官以稟之吏盜其稟師古曰稟給也盜所給之物稟音彼甚反饑死者什七八莽恥爲政所致迺下詔曰予遭陽九之阸百六之會師古曰此曆法應有災歲之期也事在律曆志枯旱霜蝗饑饉薦臻蠻夷猾夏寇賊姦軌百姓流離予甚悼之害氣將究矣師古曰究竟盡也歲爲此言以至於亡

前漢書卷二十四上考證

食貨志上煣木爲耒○宋祁曰當爲揉木云云○臣照按揉者必以火煣則其字從火亦未爲非古字不傳于今者甚多他書引經與本文異者具有當存之以爲經文古今異同之考不得据今經而駁古史也宋祁說未必然又按宋本宋祁語至當爲揉木而止無玉篇以下云云今據凌本添

餘二十晦以爲廬舍○臣名南按井田畝數何休注公羊趙岐注孟子范甯注穀梁皆本此志之說惟鄭康成毛詩箋稍爲不同詳見甫田孔疏

其家衆男爲餘夫亦以口受田如比○馬端臨曰志言受田之法與大司徒遂人所言畧同但言餘夫受田如比孟子言餘夫二十五畝朱子注俟其壯有室然後更受百畝之地則此二十五畝者十六以後十九以前所受田也

學六甲五方書計之事注臣瓚云云○顧炎武曰六甲者四時六十甲子之類五方者九州嶽瀆列國之名書者六書計者九數瓚說未盡

移國學于少學○按少學卽小學也下文諸侯歲貢少學之異者亦然

及秦孝公用商君壞井田開阡伯注阡伯田間之道也○朱子開阡陌辨曰說者皆以開爲開置之開言秦廢井田而始置阡陌非也按阡陌舊說謂田間之道蓋卽周禮所云遂上之徑溝上之畛洫上之涂澮上之道也其水陸占地不爲田者頗多先王非不惜而虛棄之所以正疆界止侵爭時蓄洩備水旱爲永久之計也商君行苟且之政但見田爲阡陌所束而耕者限于百畝是以奮然開之以盡人力地利故秦紀鞅傳皆云爲田開阡陌封疆而賦稅平蔡澤亦曰決裂阡陌以靜生民之業也

自天子以至封君湯沐邑○宋祁曰自天子當作自天下○臣名南按文如作自天下以至封君湯沐邑甚爲不協宋意因下文言不領於天子之經費遂疑此作自天下耳又按史記平準書原文云自天子以至封君湯沐邑皆各爲私奉養不領於天下之經費文義甚順蓋大司農掌天下之經費若畿輔以內之山川園池市肆租稅則盡入少府爲天子私藏其封君湯沐邑又各收以自供俱不領於大司農也此志作天子之經費子字係傳寫之譌

好惡乖迕○惡監本譌逆從宋本改正

漢興循而未改○馬端臨曰史既言高祖省賦而復言鹽鐵之賦仍秦者蓋當時封國至多山澤之利在諸侯王國者皆循秦賦法取以自豐非縣官經費所領也

以趙過爲搜粟都尉○搜監本譌捜今改正按百官表作騪

用耦犂二牛三人○臣名南按周禮里宰賈疏曰周時未有牛耕至漢時趙過始教民牛耕今鄭云合牛耦可知者或周末兼有牛耕至趙過乃絕人耦又按葉少蘊曰古耕而不犂後世變爲犂法耦用人犂用牛過特爲增損其數耳非用牛自過始也周必大曰疑耕犂起於春秋之世孔子有犂牛之言冉耕字伯牛月令出土牛示農耕早晚按葉周二說是但謂古耕而不犂耕犂起於春秋亦恐未確古藉田之禮曰三推不用犂安用推乎

故平都令光教過以人輓犂○臣名南按以人代牛輓犂始此唐夏州都督王方翼爲耦耕法張機鍵力省而見功多宋武允成獻踏犂不用牛以人力運之皆人輓犂之遺式也

課得穀皆多其旁田晦一斛以上○顧炎武曰蓋壖地乃久不耕之地地力有餘其收必多所以作代田之法也

陿小漢家制度以爲疏闊注師古曰莽以漢家制度爲泰疏闊而更之令陿小○臣照按顏注非也蓋陿小者卽鄙陋之意言鄙陋漢制謂爲疏闊不詳備也

前漢書卷二十四下

漢　蘭　臺　令　史班　固撰

唐正議大夫行秘書少監琅琊縣開國子顏師古注

食貨志第四下

凡貨金錢布帛之用夏殷以前其詳靡記云太公爲周立九府圜法李奇曰圜卽錢也圜一寸而重九兩師古曰此說非也周官大府玉府內府外府泉府天府職內職金職幣皆掌財幣之官故云九府圜謂均而通也○宋祁曰周官下當添有字黃金方寸而重一斤錢圜函方孟康曰外圜而內孔方也輕重以銖師古曰言黃金以斤爲名錢以銖爲重也則布帛廣二尺二寸爲幅長四丈爲匹故貨寶於金利於刀如淳曰名錢爲刀者以其利於民也流於泉如淳曰流行如泉也

布於布如淳曰布於民間束於帛李奇曰束帛也太公退又行之於齊至管仲相桓公通輕重之權曰歲有凶穰師古曰穰音人常反○宋祁曰人常當作人掌故穀有貴賤令有緩急故物有輕重李奇曰上令急於求米則民重米緩於求米則民輕米人君不理則畜賈游於市師古曰畜讀曰蓄蓄賈謂賈人之多蓄積者乘民之不給百倍其本矣師古曰給足也故萬乘之國必有萬金之賈千乘之國必有千金之賈者利有所并也計本量委則足矣李奇曰委積也然而民有饑餓者穀有所臧也師古曰言富人多臧穀故令貧者食不足也民有餘則輕之故人君斂之以輕民不足則重之故人君散之以重李奇曰民輕之時爲斂糴之重之時官爲散也凡輕重斂散之以時則準平使萬室之邑必有萬鍾之臧臧繦千萬李奇曰繦落也孟康曰六斛四斗爲鍾繦錢貫也管子曰凶歲糴釜十繦師古曰孟說是也繦音居兩反千室之邑必有千鍾之臧臧繦百萬春以奉耕夏以奉耘師古曰奉謂供事也耒耜器械種饟糧食必取澹焉師古曰種五穀之種也饟字與餉同謂餉田之具也○宋祁曰取澹當作取贍故大賈畜家不得豪奪吾民矣師古曰畜讀曰蓄豪謂輕侮之也字本作勢豪通用字耳桓公遂用區區之齊合諸侯顯伯名師古曰伯讀曰霸其後百餘年周景王時患錢輕將更鑄大錢應劭曰大於舊錢其價重也單穆公曰不可師古曰單穆公周大夫單旗單音善古者天降災戾師古曰戾惡氣也一曰戾至也於是乎量資幣權輕重以救民應劭曰資財也量資幣多少有無平其輕重也師古曰凡言幣者皆所以通貨物易有無也故金之與錢皆名爲幣也民患輕則爲之作重幣以行之於是有母權子而行民皆得焉應劭曰母重也其大倍故爲母也子輕也其輕少半故爲子也民患幣之輕而物貴爲重幣以平之權時而行以廢其輕故曰母權子也猶言重權輕也民皆得者本末有無皆得其利也孟康曰重爲母輕爲子若市八十錢物以母當五十以子三十續之若不堪重則多作輕而行之亦不廢重於是乎有子權母而行小大利之應劭曰民患幣重則多作輕錢而行之亦不廢去重者言重者行其貴輕者行其賤也今王廢輕而作重民失其資能無匱乎民若匱王用將有所乏乏將厚取於民師古曰厚猶多也重也民不給將有遠志是離民也師古曰遠志謂去其本居而散亡也且絕民用以實王府猶塞川原爲潢洿也師古曰原謂水泉之本也潢水也洿停水也潢音黃洿音一胡反竭亡日矣王其圖之弗聽卒鑄大錢文曰寶貨肉好皆有周郭韋昭曰肉錢形也好孔也以勸農澹不足百姓蒙利焉孟康曰單穆公曰竭亡日矣不得復云百姓蒙利焉臣瓚曰但自不聽不鑄大錢耳猶自從其不廢輕此言母子並用故蒙其利也師古曰二說皆非也單旗雖有此言王終自鑄果有便故百姓蒙其利也秦并天下幣爲二等黃金以溢爲名上幣孟康曰二十兩爲溢也師古曰改周一斤之制更以溢爲金之名數也高祖初賜張良金百溢此尚秦制也上幣者二等之中黃金爲上而錢爲下也銅錢質如周錢臣瓚曰言錢之形質如周錢唯文異耳文曰半兩重如其文而珠玉龜貝銀錫之屬爲器飾寶臧不爲幣然各隨時而輕重無常漢興以爲秦錢重難用更令民鑄莢錢如淳曰如榆莢也師古曰莢音頰黃金一斤師古曰復周之制更以斤名金而不軌逐利之民畜積餘贏以稽市物痛騰躍李奇

曰稽貯滯也晉灼曰痛甚也言計市物賤而豫益畜之物貴而出賣故使物甚騰躍也師古曰不軌謂不循軌度者也言以其贏餘之財蓄積羣貨使物稽滯在己故市價甚騰貴今書本痛字或作踊者誤耳踊騰一也不當重累言之畜讀曰蓄米至石萬錢馬至匹百金天下已平高祖乃令賈人不得衣絲乘車重稅租以困辱之師古曰欲令務農孝惠高后時爲天下初定復弛商賈之律師古曰弛解也然市井子孫亦不得爲官吏孝文五年爲錢益多而輕乃更鑄四銖錢其文爲半兩除盜鑄錢令使民放鑄師古曰恣其私鑄賈誼諫曰法使天下公得顧租鑄銅錫爲錢敢雜以鉛鐵爲它巧者其罪黥師古曰顧租謂顧庸之直或租其本然鑄錢之情非殽雜爲巧則不可得贏師古曰殽謂雜也亡餘利也言不雜鉛鐵則無利也殽音爻○宋祁曰亡餘利也姚本改作贏餘利也而殽之甚微爲利甚厚師古曰微謂精妙也言殽雜鉛鐵其術精妙而得利甚厚故令人輕犯之姦不可止也夫事有召禍而法有起姦今令細民人操造幣之埶師古曰操持也人人皆得鑄錢也操音千高反各隱屏而鑄作因欲禁其厚利微姦雖黥罪日報其埶不止鄭氏曰報論迺者民人抵罪多者一縣百數及吏之所疑榜笞奔走者甚衆夫縣法以誘民師古曰縣謂開立之使入陷阱孰積於此師古曰阱穿地以陷獸也積多也阱音才性反曩禁鑄錢死罪積下蘇林曰下報也積累下報論之也張晏曰死罪者多委積於下也師古曰蘇說是也下音胡亞反後同今公鑄錢黥罪積下爲法若此上何賴焉師古曰賴利也一曰恃也又民用錢郡縣不同或用輕錢百加若干應劭曰時錢重四銖法錢百枚當重一斤十六銖輕則以錢足之若干枚令滿平也師古曰若干且設數之言也干猶箇也謂當如此箇數耳而胡廣云若順也干求也當順所求而與之矣○宋祁曰干求也下邵本添合也二字或用重錢平稱不受應劭曰用重錢則平稱有餘不能受也臣瓚曰秦錢重半兩漢初鑄莢錢文帝更鑄四銖錢秦錢與莢錢皆當廢而故與四銖並行民以其見廢故用輕錢則百加若干用重錢雖以一當一猶復不受之是以郡縣不同也師古曰法錢依法之錢也應說是也稱音尺孕反法錢不立吏急而壹之虖則大爲煩苛而力不能勝縱而弗呵虖師古曰呵責怒也音火何反則市肆異用錢文大亂苟非其術何鄉而可哉師古曰鄉讀曰嚮今農事棄捐而采銅者日蕃師古曰蕃多也音扶元反其下亦同釋其耒耨冶鎔炊炭應劭曰鎔形容也作錢模也師古曰鎔音容○宋祁曰錢模下姚本添模字姦錢日多五穀不爲多師古曰言皆采銅鑄錢廢其農業故五穀不多也爲音于僞反不爲多猶言爲之不多也善人怵而爲姦邪李奇曰怵誘也動心於姦邪也師古曰怵音先律反又音黜愿民陷而之刑戮師古曰愿謹也刑戮將甚不詳柰何而忽師古曰詳平也忽怠忽也○宋祁曰忽怠也姚本改作忽息也國知患此吏議必曰禁之禁之不得其術其傷必大令禁鑄錢則錢必重師古曰令謂法令也重則其利深盜鑄如雲而起師古曰言其多棄市之罪又不足以禁矣姦數不勝而法禁數潰銅使之然也師古曰數並音所角反故銅布於天下其爲禍博矣師古曰博大也今博禍可除而七福可致也何謂七福上收銅勿令布則民不鑄錢黥罪不積一矣僞錢不蕃民不相疑二矣采銅鑄作者反於耕田三矣銅畢歸於上上挾

銅積以御輕重師古曰銅積謂多積銅也錢輕則以術斂之重則以術散之貨物必平四矣以作兵器以假貸臣多少有制用別貴賤五矣如淳曰古者以銅爲兵秦銷鋒鏑鑄金人十二是也以臨萬貨以調盈虛以收奇羨師古曰謂平均也奇殘餘也羨溢也奇音居宜反羨音弋戰反則官富實而末民困六矣師古曰末謂工商之業也制吾棄財以與匈奴逐爭其民則敵必懷七矣師古曰末業既困農人敦本倉廩積實布帛有餘則招誘胡人多來降附故言制吾棄財逐爭其人也棄財者可棄之財逐競也○宋祁曰則敵必懷當作壞字故善爲天下者因禍而爲福轉敗而爲功今久退七福而行博禍○劉奉世曰今久退七福久當作乃臣誠傷之上不聽是時吳以諸侯即山鑄錢富埒天子師古曰即就也埒等也○宋祁曰即就也下當添李奇曰三字後卒叛逆鄧通大夫也以鑄錢財過王者故吳鄧錢布天下武帝因文景之畜忿胡粵之害師古曰畜讀曰蓄即位數年嚴助朱買臣等招徠東甌事兩粵江淮之間蕭然煩費矣師古曰蕭然猶騷然勞動之貌唐蒙司馬相如始開西南夷鑿山通道千餘里以廣巴蜀巴蜀之民罷焉師古曰罷讀曰疲彭吳穿穢貊朝鮮置滄海郡師古曰彭吳人姓名也本皆荒梗始開通之也故言穿也則燕齊之間靡然發動及王恢謀馬邑匈奴絕和親侵擾北邊兵連而不解天下共其勞師古曰共猶同干戈日滋行者齎居者送師古曰齎謂將衣食之具以自隨也音子奚反中外騷擾相奉百姓抏敝以巧法師古曰抏謂摧挫也巧法爲巧詐以避法也抏音五官反財賂衰耗而不澹師古曰耗減也澹足也入物者補官出貨者除罪選舉陵夷廉恥相冒師古曰冒蒙也武力進用法嚴令具興利之臣自此而始師古曰謂桑弘羊東郭咸陽孔僅之屬也其後衛青歲以數萬騎出擊匈奴遂取河南地築朔方時又通西南夷道作者數萬人千里負擔餽饟師古曰餽亦饋字饟古餉字率十餘鍾致一石師古曰言其勞費用功重散幣於邛僰以輯之應劭曰邛屬臨邛僰屬犍爲晉灼曰僰音蒲賊反師古曰本西南夷種也邛今邛州也僰今僰道縣也輯與集同謂安定也數歲而道不通蠻夷因以數攻吏發兵誅之○宋祁曰發兵誅之當去兵字悉巴蜀租賦不足以更之李奇曰不足用終更其事也韋昭曰更續也師古曰二說並非也悉盡也更償也雖盡租賦不足償其功費也更音庚迺募豪民田南夷入粟縣官而內受錢於都內服虔曰入穀於外縣官而受錢於內府也師古曰此說非也都內京師主臧者也百官公卿表大司農屬官有都內令丞也東置滄海郡人徒之費疑於南夷師古曰疑讀曰擬擬比也又興十餘萬人築衛朔方師古曰既築其城又守衛之轉漕甚遠自山東咸被其勞費數十百鉅萬師古曰數十萬乃至百萬萬○宋祁曰數十下當添萬字府庫並虛迺募民能入奴婢得以終身復爲郎增秩師古曰庶人入奴婢則復終身先爲郎者就增其秩也一曰入奴婢少者復終身多者得爲郎舊爲郎更增秩也及入羊爲郎始於此此後四年衛青比歲十餘萬衆擊胡師古曰比頻也比歲頻歲也斬捕首虜之士受賜黃金二十餘萬斤而漢軍士馬死者十餘萬兵甲轉漕之費不與焉師古曰與讀曰豫於是大司農陳臧錢經

用賦稅既竭不足以奉戰士師古曰陳謂列奏之經常也既盡也言常用之錢及諸賦稅並竭盡也有司請令民得買爵及贖禁錮免臧罪請置賞官名曰武功爵臣瓚曰茂陵中書有武功爵一級曰造士二級曰閑輿衛三級曰良士四級曰元戎士五級曰官首六級曰秉鐸七級曰千夫八級曰樂卿九級曰執戎十級曰政戾庶長十一級曰軍衛此武帝所制以寵軍功師古曰此下云級十七萬凡直三十餘萬金今瓚所引茂陵中書止於十一級則計數不足與本文乖矣或者茂陵書說之不盡也級十七萬凡直三十餘萬金諸買武功爵官首者試補吏先除千夫如五大夫師古曰五大夫舊二十等爵之第九級也至此以上始免徭役故每先選以爲吏千夫者武功十一等爵之第七也亦得免役今則先除爲吏比於五大夫也○劉敞曰直三十餘萬金其價之差殊不可詳也秦爵十八大庶長十九則關內侯武功爵比之減一級入關內侯亦其宜也或說七當作一與茂陵中書合矣予謂賣爵當級級稍增其價豈可例云級十七萬若每級十七萬至三十餘萬金則一萬七千餘級又非也然則誤衍此萬字蓋武功爵其級十七又曰官首亦武功爵名當讀云買武功爵官首者試補吏先除之千夫如五大夫五大夫之制於史無傳以理推之當是補吏不試也其有罪又減二等爵得至樂卿師古曰樂卿者武功爵第八等也言買爵唯得至第八也此文止論武功爵級而作注者乃以舊二十等爵解之失其本意故刪而不取以顯軍功軍功多用超等大者封侯卿大夫小者郎吏道雜而多端則官職耗廢師古曰耗亂也音莫報反自公孫弘以春秋之義繩臣下取漢相張湯以峻文決理爲廷尉於是見知之法生而廢格沮誹窮治之獄用矣張晏曰吏見知不舉劾爲故縱官有所作廢格沮敗誹謗則窮治之也如淳曰廢格天子文法使不行也誹謂非上所行若顏異反脣之比也師古曰沮止壞之音材汝反○宋祁曰廢格當改廢閣其明年淮南衡山江都王謀反迹見師古曰迹見跡顯見也而公卿尋端治之竟其黨與坐而死者數萬人吏益慘急而法令察師古曰慘毒也察微視也當是時招尊方正賢良文學之士或至公卿大夫公孫弘以宰相布被食不重味爲下先然而無益於俗稍務於功利矣其明年票騎仍再出擊胡大克獲師古曰仍頻也渾邪王率數萬衆來降師古曰渾音胡昆反於是漢發車三萬兩迎之師古曰一兩一乘既至受賞賜及有功之士是歲費凡百餘鉅萬先是十餘歲河決灌梁楚地固已數困而緣河之郡隄塞河輒壞決費不可勝計其後番係欲省底柱之漕師古曰番係人姓名也番音普安反係音系穿汾河渠以爲溉田鄭當時爲渭漕回遠鑿漕直渠自長安至華陰師古曰回曲繞也音胡內反而朔方亦穿溉渠作者各數萬人歷二三期而功未就費亦各以鉅萬十數師古曰謂十萬萬也○宋祁曰謂下當添數字天子爲伐胡故盛養馬馬之往來食長安者數萬匹師古曰食讀曰飤卒掌者關中不足迺調旁近郡師古曰調謂選發之也調音徒釣反而胡降者數萬人皆得厚賞衣食仰給縣官師古曰仰音牛向反次下亦同縣官不給師古曰給足也天子乃損膳解乘輿駟出御府禁臧以澹之○宋祁曰澹當作贍其明年山東被水災民多饑乏於是天子遣使虛郡國倉廩以振貧猶不足又募豪富人相假貸師古曰貸音土戴反次下亦同尚不能相救迺徙貧民於

關以西及充朔方以南新秦中七十餘萬口 應劭曰秦始皇遣蒙恬攘卻匈奴得其河南造陽之北千里地甚好於是爲築城郭徙民充之名曰新秦四方雜錯奢儉不同今俗名新富貴者爲新秦由是名也 衣食皆仰給於縣官數歲貸與產業使者分部護 師古曰分音扶問反 冠蓋相望費以億計縣官大空而富商賈或滯財役貧 孟康曰滯停也晉灼曰滯音直吏反○宋祁曰滯財滯字當從土注同王本墆音滯 轉轂百數 李奇曰轂車也 廢居居邑 服虔曰居穀於邑也如淳曰居賤物於邑中以待貴也師古曰二說皆未盡也此言或有所廢置有所居蓄而居於邑中以乘時射利也 封君皆氐首仰給焉 晉灼曰氐音抵距之抵服虔曰仰給於商賈言百姓好末作也師古曰二說皆非也封君受封邑者謂公主及列侯之屬也氐首猶俯首也時公主列侯雖有國邑而無餘財其朝夕所須皆俛首而取給於富商大賈後方以邑入償之氐丁奚反 冶鑄鬻鹽財或累萬金而不佐公家之急黎民重困 師古曰重音直用反 於是天子與公卿議更造錢幣以澹用 師古曰更改也○宋祁曰澹當作贍 而摧浮淫并兼之徒是時禁苑有白鹿而少府多銀錫自孝文更造四銖錢至是歲四十餘年從建元以來用少縣官往往即多銅山而鑄錢 師古曰就多銅之山而鑄錢也 民亦盜鑄不可勝數錢益多而輕 臣瓚曰鑄錢者多故錢輕輕亦賤也 物益少而貴 如淳曰民但鑄錢不作餘物故也 有司言曰古者皮幣諸侯以聘享金有三等黃金爲上白金爲中赤金爲下 孟康曰白金銀也赤金丹陽銅也 今半兩錢法重四銖 鄭氏曰其文爲半兩實重四銖也 而姦或盜摩錢質而取鋊 如淳曰錢一面有文一面幕幕爲質民盜摩漫面而取其鋊以更鑄作錢也臣瓚曰許慎云鋊銅屑也摩錢漫面以取其屑更以鑄錢西京黃圖敘曰民摩錢取屑是也師古曰鋊音浴瓚說是也○宋祁曰鋊俞玉反 錢益輕薄而物貴則遠方用幣煩費不省乃以白鹿皮方尺緣以繢爲皮幣 師古曰繢繡也繪五綵而爲之 直四十萬王侯宗室朝覲聘享必以皮幣薦璧然後得行又造銀錫白金 如淳曰雜鑄銀錫爲白金 以爲天用莫如龍地用莫如馬人用莫如龜故白金三品其一曰重八兩圜之其文龍名白撰直三千二曰以重差小方之其文馬直五百 晉灼曰以半斤之重差爲三品此重六兩則下品重四兩也 三曰復小橢之其文龜直三百 師古曰橢圜而長也音佗果反○劉奉世曰白撰當在其一曰之下衍名字二曰三曰之下皆當有金名史文錯脫 令縣官銷半兩錢更鑄三銖錢重如其文盜鑄諸金錢罪皆死而吏民之犯者不可勝數於是以東郭咸陽孔僅爲大農丞 師古曰二人也姓東郭名咸陽姓孔名僅僅音鉅刃反○宋祁曰爲大下當添司字 領鹽鐵事而桑弘羊貴幸咸陽齊之大鬻鹽孔僅南陽大冶皆致產累千金故鄭當時進言之弘羊洛陽賈人之子以心計 師古曰不用籌算 年十三侍中故三人言利事析秋豪矣法既益嚴吏多廢免兵革數動民多買復 師古曰入財於官以取優復復音方目反○宋祁曰買復當作賈復 及五大夫千夫徵發之士益鮮 師古曰鮮少也音先淺反 於是除千夫五大夫爲吏不欲者出馬 如淳曰千夫五大夫不欲爲吏者令之出馬也 故吏皆適令伐棘上林作昆明池 師古曰適讀曰謫謫責罰也以其久爲姦利 其明年大將軍票騎大出擊胡

賞賜五十萬金軍馬死者十餘萬匹轉漕車甲之費不與焉 師古曰與讀曰豫 是時財匱 師古曰匱空也 戰士頗不得祿矣有司言三銖錢輕輕錢易作姦詐迺更請郡國鑄五銖錢周郭其質令不可得摩取鋊 孟康曰周匝爲郭文漫皆有 大農上鹽鐵丞孔僅咸陽言 師古曰奏上其言也 山海天地之臧宜屬少府陛下弗私以屬大農佐賦願募民自給費因官器作鬻鹽官與牢盆 蘇林曰牢價直也今世人言顧手牢如淳曰牢廩食也古者名廩曰牢盆鬻鹽盆也師古曰牢蘇說是也鬻古煮字也 浮食奇民欲擅斡山海之貨以致富美 師古曰斡謂主領也讀與管同美鐃也音弋戰反 役利細民其沮事之議不可勝聽敢私鑄鐵器鬻鹽者釱左趾 師古曰釱足鉗也音徒計反 沒入其器物郡不出鐵者置小鐵官 鄧展曰鑄故鐵 使屬在所縣使僅咸陽乘傳舉行天下鹽鐵 師古曰舉皆也普天之下皆行之也音下更反 作官府 師古曰主鬻鑄及出納之處也 除故鹽鐵家富者爲吏吏益多賈人矣商賈以幣之變多積貨逐利於是公卿言郡國頗被災害貧民無產業者募徙廣饒之地陛下損膳省用出禁錢以振元元寬貸而民不齊出南畝 師古曰言農人尚少不皆務耕種也 商賈滋衆貧者畜積無有仰縣官 師古曰畜讀曰蓄仰音牛向反○宋祁曰無有下當溙皆字 異時算軺車賈人之緡錢皆有差下 師古曰異時言往時也軺小車也緡謂錢貫也軺音弋昭反緡音武巾反○宋祁曰皆有差下姚本作皆有差小 請算如故諸賈人末作貰貸賣買居邑貯積諸物 師古曰貰賒也貸假與也貰音式制反貸音土戴反 及商以取利者雖無市籍各以其物自占 師古曰占隱度也各隱度其財物多少而爲名簿送之於官也占音之贍反 率緡錢二千而算一 師古曰率計有二十錢者則出一算 諸作有租及鑄 如淳曰以手力所作而賣之者 率緡錢四千算一非吏比者三老北邊騎士軺車一算 師古曰比例也身非爲吏之例非爲三老非爲北邊騎士而有軺車皆令出一算比音必寐反 商賈人軺車二算 如淳曰商賈人有軺車又使多出一算重其賦 船五丈以上一算匿不自占占不悉戍邊一歲沒入緡錢 師古曰悉盡也 有能告者以其半畀之 師古曰畀與也音必寐反 賈人有市籍及家屬皆無得名田以便農 師古曰一人有市籍則身及家內皆不得有田也 敢犯令沒入田貨是時豪富皆爭匿財唯卜式數求入財以助縣官天子迺超拜式爲中郎賜爵左庶長田十頃布告天下以風百姓 師古曰風讀曰諷 初式不願爲官上強拜之稍遷至齊相語自在其傳孔僅使天下鑄作器三年中至大司農列於九卿而桑弘羊爲大司農中丞管諸會計事稍稍置均輸以通貨物始令吏得入穀補官郎至六百石 師古曰吏更遷補高官郎又就增其秩得至六百石 自造白金五銖錢後五歲而赦吏民之坐盜鑄金錢死者數十萬人其不發覺相殺者不可勝計赦自出者百餘萬人然不能半自出天下大氐無慮皆鑄金錢矣 師古曰氐讀曰抵歸也大氐猶言大凡也無慮亦謂大率無小計慮耳○宋祁曰姚本改耳作也字 犯法者衆吏不能盡誅於是

遣博士褚大徐偃等分行郡國 師古曰行音下更反 舉并兼之徒守相爲利者 師古曰守郡守相諸侯相 而御史大夫張湯方貴用事減宣杜周等爲中丞 師古曰減姓也音減省之減 義縱尹齊王溫舒等用急刻爲九卿直指夏蘭之屬始出而大農顏異誅矣 蘇林曰夏蘭人姓名 初異爲濟南亭長以廉直稍遷至九卿上與湯既造白鹿皮幣問異異曰今王侯朝賀以蒼璧直數千而其皮薦反四十萬本末不相稱天子不說 師古曰說讀曰悅 湯又與異有隙及人有告異以它議事下湯治異異與客語客語初令下有不便者 李奇曰異與客語道詔令初下有不便處 異不應微反脣 師古曰蓋非之 湯奏當異九卿見令不便不入言而腹非論死 師古曰當謂處斷其罪 自是後有腹非之法比 師古曰比則例也讀如字又音必寐反 而公卿大夫多諂諛取容天子既下緡錢令而尊卜式百姓終莫分財佐縣官於是告緡錢縱矣 師古曰縱放也放令相告言也 郡國鑄錢民多姦鑄 師古曰謂巧鑄之雜鉛錫○宋祁曰鉛錫下當添也字 錢多輕而公卿請令京師鑄官赤仄 應劭曰所謂子紺錢也如淳曰以赤銅爲其郭也今錢郭見有赤者不知作法云何也 一當五賦官用非赤仄不得行 師古曰充賦及給官用皆令以赤仄 白金稍賤民弗寶用縣官以令禁之無益歲餘終廢不行是歲湯死而民不思其後二歲赤仄錢賤民巧法用之不便又廢於是悉禁郡國毋鑄錢專令上林三官鑄錢既多而令天下非三官錢不得行諸郡國前所鑄錢皆廢銷之輸入其銅三官而民之鑄錢益少計其費不能相當 師古曰言無利 唯真工大姦迺盜爲之 師古曰其術巧妙故得利 楊可告緡徧天下 如淳曰告緡令楊可所告言也師古曰此說非也楊可據令而發動之故天下皆被告 中家以上大氐皆遇告杜周治之獄少反者 如淳曰治匿緡之罪其獄少有反者蘇林曰反音幡師古曰幡謂從輕而出○宋祁曰而出下當溙之字 迺分遣御史廷尉正監分曹 服虔曰分曹職案行也師古曰服說非也曹輩也分輩而出爲使也 往往即治郡國緡錢 師古曰就其所在而治也 得民財物以億計奴婢以千萬數田大縣數百頃小縣百餘頃宅亦如之於是商賈中家以上大氐破民媮甘食好衣不事畜臧之業 師古曰媮苟且也 而縣官以鹽鐵緡錢之故用少饒矣益廣開置左右輔初大農斡鹽鐵官布多置水衡欲以主鹽鐵及楊可告緡上林財物衆迺令水衡主上林上林既充滿益廣是時粵欲與漢用船戰逐 孟康曰戰相逐也 迺大修昆明池列館環之 師古曰環繞也 治樓船高十餘丈旗織加其上甚壯 師古曰織讀曰幟音昌志反○宋祁曰昌志當改作式志 於是天子感之迺作柏梁臺高數十丈宮室之脩繇此日麗迺分緡錢諸官而水衡少府太僕大農各置農官往往即郡縣比沒入田田之 師古曰即就也比謂比者所沒入也 其沒入奴婢分諸苑養狗馬禽獸及與諸官官益雜置多 如淳曰水衡少府太僕司農皆有農官是爲多也師古曰此說非也謂雜置官員分掌衆事耳非農官也 徒奴婢衆而下河漕度四百萬石及官自糴迺足 師古曰度計也音大各反 所忠言世家子弟富人或鬬雞走狗馬弋獵博戲亂齊民 如淳曰世家謂世世有祿秩家也齊等也無有貴賤謂之齊民若今言平民矣晉灼曰中國被教齊整之民也師古曰所姓也忠名也武帝之近臣郊祀志云公孫卿因所忠言寶鼎石慶傳云欲請詔近臣所忠廣川王傳云言漢公卿及幸臣所忠司馬相如傳云所忠往取書考其蹤迹此並一人也而說者或以爲所忠信之人此釋大謬齊等之義如說是也 迺徵諸犯令相引數千人名曰株送徒入財者得補郎郎選衰矣 應劭曰株根本也送致也如淳曰株蔕也諸坐博戲事決爲徒者能入錢得補郎李奇曰先至者爲魁株也師古曰言被牽引者爲其根株所送當充徒役而能入財者即當補郎 是時山東被河災及歲不登數年人或相食方二三千里天子憐之令饑民得流就食江淮間欲留留處 師古曰流謂恣其行移若水之流至所在有欲往者留而處之○宋祁曰處之當改處也 使者冠蓋相屬於道護之 師古曰屬聯續也音之欲反 下巴蜀粟以振焉明年天子始出巡郡國東度河河東守不意行至不辯自殺 ○宋祁曰不辯當改不辦 行西踰隴卒 孟康曰踰度也卒倉卒也 從官不得食隴西守自殺於是上北出蕭關從數萬騎行獵新秦中以勒邊兵而歸新秦中或千里無亭徼 晉灼曰徼塞也臣瓚曰既無亭候又不徼循無衛邊之備故誅北地太守師古曰晉說是也 於是誅北地太守以下而令民得畜邊縣 孟康曰令得畜牧於邊縣 官假馬母三歲而歸及息什一以除告緡用充入新秦中 李奇曰邊有官馬今令民能畜官母馬者滿三歲歸之十母馬還官一駒此爲息什一也師古曰官得母馬之息以給用度得充實秦中人故除告緡之令也 既得寶鼎立后土泰一祠公卿白議封禪事而郡國皆豫治道脩繕故宮及當馳道縣縣治宮儲設共具 師古曰共音居用反 而望幸明年南粵反西羌侵邊天子爲山東不澹 ○宋祁曰澹當作贍 赦天下因南方樓船士二十餘萬人擊粵發三河以西騎擊羌又數萬人渡河築令居 師古曰令音零 初置張掖酒泉郡而上郡朔方西河河西開田官斥塞卒六十萬人戍田之 師古曰開田始開屯田也斥塞廣塞令卻初置二郡故塞更廣也以開田之官廣塞之卒戍而田也 中國繕道餽糧遠者三千近者千餘里皆仰給大農 師古曰仰音牛向反此下並同 邊兵不足迺發武庫工官兵器以澹之 ○宋祁曰澹當作贍 車騎馬乏縣官錢少買馬難得迺著令令封君以下至三百石吏以上差出牝馬天下亭亭有畜字馬歲課息齊相卜式上書願父子死南粵天子下詔褒揚賜爵關內侯黃金四十斤田十頃布告天下天下莫應列侯以百數皆莫求從軍至飲酎少府省金 李奇曰省視也至嘗酎飲宗廟時少府視其金多少 而列侯坐酎金失侯者百餘人迺拜卜式爲御史大夫式既在位見郡國多不便縣官作鹽鐵器苦惡 如淳曰苦或作盬盬不攻嚴也臣瓚曰謂作鐵器民患苦其不好也師古曰二說非也鹽既味苦器又脆惡故總云苦惡也 賈貴 師古曰鹽鐵並貴也賈讀曰價 或彊令民買之而船有算商者少物貴迺因孔僅言船算事上不說漢連出兵三歲誅羌滅兩

粵番禺以西至蜀南者置初郡十七晉灼曰元鼎六年定越地以為南海蒼梧鬱林合浦交阯九真日南珠厓儋耳郡定西南夷以為武都牂柯越巂沈黎汶山郡及地理志西南夷傳所置犍為零陵益州郡凡十七且以其故俗治無賦稅○宋祁曰邵本治無賦稅無無字南陽漢中以往各以地比給初郡吏卒奉食幣物傳車馬被具師古曰比謂依其次第自近及遠也比音頻寐反傳音張戀反被音皮義反而初郡又時時小反殺吏漢發南方吏卒往誅之間歲萬餘人師古曰間歲隔一歲費皆仰大農○宋祁曰邵本費下無皆字大農以均輸調鹽鐵助賦故能澹之○宋祁曰澹當作贍然兵所過縣縣以為訾給毋乏而已不敢言輕賦法矣其明年元封元年卜式貶為太子太傅而桑弘羊為治粟都尉領大農盡代僅幹天下鹽鐵師古曰代孔僅○劉敞曰大司農舊治粟內史耳弘羊為搜粟都尉也○宋祁曰領大農當作司農弘羊以諸官各自市相爭物以故騰躍而天下賦輸或不償其僦費師古曰僦顧也言所輸賦物不足償其餘顧庸之費也僦音子就反○宋祁曰償其餘當刪餘字迺請置大農部丞數十人分部主郡國各往往置均輸鹽鐵官令遠方各以其物如異時商賈所轉販者為賦而相灌輸置平準于京師都受天下委輸召工官治車諸器皆仰給大農大農諸官盡籠天下之貨物貴則賣之賤則買之如此富商大賈亡所牟大利如淳曰牟取也則反本而萬物不得騰躍故抑天下之物名曰平準天子以為然而許之於是天子北至朔方東封泰山巡海上旁北邊以歸師古曰旁音步浪反所過賞賜用帛百餘萬匹錢金以鉅萬計皆取足大農弘羊又請令民得入粟補吏及罪以贖○宋祁曰補吏及罪下當加人字令民入粟甘泉各有差以復終身師古曰復音方目反不復告緡它郡各輸急處而諸農各致粟山東漕益歲六百萬石一歲之中太倉甘泉倉滿邊餘穀諸均輸帛五百萬匹民不益賦而天下用饒於是弘羊賜爵左庶長師古曰第十等爵黃金者再百焉師古曰凡再賜百金是歲小旱上令百官求雨卜式言曰縣官當食租衣稅而已師古曰衣音於既反今弘羊令吏坐市列販物求利師古曰市列謂列肆○宋祁曰列肆下當添也字亨弘羊天乃雨師古曰亨煑也音普庚反久之武帝疾病拜弘羊為御史大夫昭帝即位六年詔郡國舉賢良文學之士○宋祁曰之士當刪之字問以民所疾苦教化之要皆對願罷鹽鐵酒榷均輸官毋與天下爭利視以儉節師古曰視讀曰示然後教化可興弘羊難師古曰詰難議者之言也以為此國家大業所以制四夷安邊足用之本不可廢也迺與丞相千秋共奏罷酒酤弘羊自以為國興大利伐其功欲為子弟得官怨望大將軍霍光遂與上官桀等謀反誅滅宣元成哀平五世亡所變改元帝時嘗罷鹽鐵官三年而復之貢禹言鑄錢采銅一歲十萬人不耕民坐盜鑄陷刑者多富人臧錢滿室猶無厭

足民心動搖棄本逐末耕者不能半姦邪不可禁原起於錢疾其末者絕其本宜罷采珠玉金銀鑄錢之官毋復以為幣除其販賣租銖之律師古曰租銖謂計其所賣物價平其錙銖而收租也租稅祿賜皆以布帛及穀使百姓壹意農桑議者以為交易待錢布帛不可尺寸分裂禹議亦寢自孝武元狩五年三官初鑄五銖錢至平帝元始中成錢二百八十億萬餘云王莽居攝變漢制以周錢有子母相權於是更造大錢徑寸二分重十二銖文曰大錢五十又造契刀錯刀契刀其環如大錢身形如刀長二寸文曰契刀五百錯刀以黃金錯其文曰一刀直五千張晏曰案今所見契刀錯刀形質如大錢而肉好輪厚異於此大錢形如大刀環矣契刀身形圓不長二寸也其文左曰契右曰刀無五百字也錯刀則刻之作字也以黃金填其文上曰一下曰刀二刀泉甚不與志相應也似札單差錯文字磨滅故耳師古曰張說非也王莽錢刀今並尚在形質及文與志相合無差錯也○劉奉世曰當時常得錯刀文曰一刀平五千當時乃奉世弟字叔鄭敞子也○宋祁曰梅聖俞云飲劉原父家原父懷二古錢勸酒其一齊之大刀長五寸半其一王莽時金錯刀長二寸半詩云探懷發二寶太公新室錢獨行齊大刀鎌形未環連文存半辨齊皆有模法圓次觀金錯刀一刀平五千注云其文如此精銅不蝕肉好鉤婉全與五銖錢凡四品並行莽即真以為書劉字有金刀迺罷錯刀契刀及五銖錢而更作金銀龜貝錢布之品名曰寶貨小錢徑六分重一銖文曰小錢直一次七分三銖曰幺錢一十師古曰幺小也音一堯反次八分五銖曰幼錢二十次九分七銖曰中錢三十次一寸九銖曰壯錢四十因前大錢五十是為錢貨六品直各如其文黃金重一斤直錢萬朱提銀重八兩為一流直一千五百八十師古曰朱提縣名屬犍為出善銀朱音殊提音上支反它銀一流直千是為銀貨二品元龜岠冉長尺二寸孟康曰冉龜甲緣也岠至也度背兩邊緣尺二寸也臣瓚曰元大也直二千一百六十為大貝十朋蘇林曰兩貝為朋朋直二百一十六元龜十朋故二千一百六十也公龜九寸直五百為壯貝十朋侯龜七寸以上直三百為幺貝十朋子龜五寸以上直百為小貝十朋是為龜寶四品大貝四寸八分以上二枚為一朋直二百一十六壯貝三寸六分以上二枚為一朋直五十幺貝二寸四分以上二枚為一朋直三十小貝寸二分以上二枚為一朋直十不盈寸二分漏度不得為朋率枚直錢三是為貝貨五品大布次布弟布壯布中布差布厚布幼布幺布小布小布長寸五分重十五銖文曰小布一百自小布以上各相長一分相重一銖文各為其布名直各加一百上至大布長二寸四分重一兩而直千錢矣是為布貨十品師古曰布亦錢耳謂之布者言其分布流行也○宋祁曰各加一百當刪一字凡寶貨五物六名二十八品鑄作錢布皆用銅殽以連錫孟康曰連錫之別名也李奇曰鉛錫璞名曰連應劭曰連似銅師古曰孟李二說皆非也許慎云鏈銅屬也然則以連及錫雜銅而為錢也此下又云能采金銀銅連錫益知連非錫矣文質周郭放

漢五銖錢云師古曰放依也音甫往反其金銀與它物雜色不純好龜不盈五寸貝不盈六分皆不得為寶貨元龜為蔡非四民所得居如淳曰臧文仲居蔡蔡謂此也說謂蔡國出大龜也臣瓚曰蔡是大龜之名也書曰九江納錫大龜又不出蔡國也若龜出楚不可名龜為楚也師古曰瓚說非也本以蔡出善龜故因名大龜為蔡耳有者入大卜受直百姓憒亂其貨不行民私以五銖錢市買莽患之下詔敢非井田挾五銖錢者為惑眾投諸四裔以御魑魅於是農商失業食貨俱廢民涕泣於市道坐賣買田宅奴婢鑄錢抵罪者自公卿大夫至庶人不可稱數莽知民愁迺但行小錢直一與大錢五十二品並行龜貝布屬且寢莽性躁擾不能無為每有所興造必欲依古得經文國師公劉歆言周有泉府之官收不讎與欲得師古曰讎讀曰售言賣不售者官收取之無而欲得者官出與之即易所謂理財正辭禁民為非者也師古曰易下繫辭曰理財正辭禁民為非曰義言財貨辭訟正乃得人不為非合事宜莽乃下詔曰夫周禮有賒貸師古曰周禮泉府之職曰凡賒者祭祀無過旬日喪紀無過三月凡人之貸者與其有司辨而授之以國服為之息謂人以祭祀喪紀故從官賒買物不過旬日及三月而償之其從官貸物者以共其所屬吏定價而後與之各以其國服事之稅而輸息謂若受園廛之田而貸萬錢者一期之月出息五百貸音土戴反樂語有五均鄧展曰樂語樂元語河間獻王所傳道五均事臣瓚曰其文云天子取諸侯之土以立五均則市無二賈四民常均彊者不得困弱富者不得要貧則公家有餘恩及小民矣傳記各有斡焉今開賒貸張五均設諸斡者所以齊眾庶抑并兼也遂於長安及五都立五均官更名長安東西市令及洛陽邯鄲臨菑宛成都市長皆為五均司市稱師東市稱京西市稱畿洛陽稱中餘四都各用東西南北為稱皆置交易丞五人錢府丞一人工商能采金銀銅連錫登龜取貝者如淳曰登進也龜有靈故言登皆自占司市錢府順時氣而取之師古曰各以其所采取之物自隱實於司市錢府也占音之漸反其下並同又以周官稅民凡田不耕為不殖出三夫之稅城郭中宅不樹蓺者為不毛師古曰樹謂種樹果木及菜蔬出三夫之布民浮游無事出夫布一匹其不能出布者冗作縣官衣食之師古曰冗散也音人勇反衣音於既反食讀曰飤諸取眾物鳥獸魚鱉百蟲於山林水澤及畜牧者嬪婦桑蠶織紝紡績補縫師古曰纖纏曰紝音人禁反工匠醫巫卜祝及它方技商販賈人坐肆列里區謁舍如淳曰居處所在為區謁舍今之客舍也皆各自占所為於其在所之縣官除其本計其利十一分之而以其一為貢敢不自占自占不以實者盡沒入所采取而作縣官一歲諸司市常以四時中月實定所掌師古曰中讀曰仲為物上中下之賈師古曰賈讀曰價其下並同各自用為其市平毋拘它所眾民賣買五穀布帛絲綿之物周於民用而不讎者師古曰讎讀曰售下亦類此均官有以考檢厥實用其本賈取之毋令折錢師古曰折音止列反萬物卬貴過平一錢則以平賈賣與民師古曰卬物價起音五剛反亦讀曰仰

其賈氐賤減平者聽民自相與市師古曰貴即為卬賤則為氐音丁奚反以防貴庾者師古曰庾積也以防民積物待貴也民欲祭祀喪紀而無用者錢府以所入工商之貢但賒之師古曰但空也徒空賒與之不取息利也祭祀毋過旬日喪紀毋過三月民或乏絕欲貸以治產業者均受之除其費計所得受息毋過歲什一師古曰均謂各依先後之次除其費謂衣食之費已用者也羲和魯匡言名山大澤鹽鐵錢布帛五均賒貸斡在縣官師古曰斡謂主領也○宋祁曰斡南本作幹主領下當添之字唯酒酤獨未斡酒者天之美祿帝王所以頤養天下享祀祈福扶衰養疾百禮之會非酒不行故詩曰無酒酤我師古曰小雅伐木之詩也言王於族人恩厚要在燕飲無酒則買而飲之而論語曰酤酒不食師古曰鄉黨所說孔子齋之時也○宋祁曰孔子下當添在字二者非相反也夫詩據承平之世酒酤在官和旨便人可以相御也師古曰旨美也御進也論語孔子當周衰亂酒酤在民○宋祁曰在字下有齊字薄惡不誠是以疑而弗食今絕天下之酒則無以行禮相養放而亡限則費財傷民請法古令官作酒以二千五百石為一均率開一盧以賣如淳曰酒家開肆待客設酒鑪故以鑪名肆臣瓚曰盧酒瓮也言開一瓮酒也趙廣漢入丞相府破盧瓮師古曰二說皆非也盧者賣酒之區也以其一邊高形如鍛家盧故取名耳非即謂火盧及瓮也此言讎五十釀為準豈一瓮乎廣漢所破盧及罌盧亦謂所居罌瓮之處耳○劉奉世曰名賣酒為盧者直此物自有此名耳何必取鍛家盧為義乎天下一物同名者何算而欲一一相附類可乎讎五十釀為準一釀用麤米二斛麴一斛得成酒六斛六斗各以其市月朔米麴三斛并計其賈而參分之師古曰參三也以其一為酒一斛之平除米麴本賈計其利而什分之以其七入官其三及醩截灰炭師古曰截酢漿也音才代反給工器薪樵之費羲和置命士督五均六斡郡有數人皆用富賈洛陽薛子仲張長叔○宋祁曰叔疑作督臨菑姓偉等如淳曰姓偉姓名偉也乘傳求利交錯天下師古曰傳音張戀反因與郡縣通姦多張空簿師古曰簿計簿也音步戶反府臧不實百姓俞病莽知民苦之復下詔曰夫鹽食肴之將師古曰將大也一說為食肴之將帥酒百藥之長嘉會之好鐵田農之本名山大澤饒衍之臧五均賒貸百姓所取平卬以給澹師古曰卬音牛向反其下並同○宋祁曰澹當作贍鐵布銅冶通行有無備民用也此六者非編戶齊民所能家作師古曰謂家家自作也必卬於市雖貴數倍不得不買豪民富賈即要貧弱先聖知其然也故斡之每一斡為設科條防禁犯者辠至死姦吏猾民並侵眾庶各不安生後五歲天鳳元年復申下金銀龜貝之貨頗增減其賈直而罷大小錢改作貨布長二寸五分廣一寸首長八分有奇師古曰奇音居宜反謂有餘也廣八分其圜好徑二分半師古曰好孔也足枝長八分間廣二分其文右曰貨左曰布重二十五銖直貨泉二十五貨泉徑一寸重五銖文右曰貨左曰泉枚直一與貨布二品並行

又以大錢行久罷之恐民挾不止廼令民且獨行大錢與新貨泉俱枚直一並行盡六年毋得復挾大錢矣每壹易錢民用破業而大陷刑莽以私鑄錢死及非沮寶貨投四裔犯法者多不可勝行廼更輕其法私鑄作泉布者與妻子沒入爲官奴婢吏及比伍知而不舉告與同罪師古曰比音頻寐反非沮寶貨民罰作一歲吏免官犯者俞衆及五人相坐皆沒入郡國檻車鐵鎖傳送長安鍾官師古曰鍾官主鑄錢者愁苦死者什六七作貨布後六年匈奴侵寇甚莽大募天下囚徒人奴名曰豬突豨勇服虔曰豬性觸突人故取以喻師古曰東方名豕曰豨一曰豨豕走也音許豈反壹切稅吏民訾三十而取一又令公卿以下至郡縣黃綬吏皆保養軍馬師古曰保者不許其死傷吏盡復以與民師古曰轉令百姓養之民搖手觸禁不得耕桑繇役煩劇師古曰繇讀曰傜而枯旱蝗蟲相因又用制作未定上自公侯下至小吏皆不得奉祿而私賦斂貨賂上流獄訟不決吏用苛暴立威旁緣莽禁侵刻小民師古曰旁依也音步浪反富者不得自保貧者無以自存起爲盜賊依阻山澤吏不能禽而覆蔽之浸淫日廣師古曰浸淫猶漸染也它皆類此於是青徐荊楚之地往往萬數戰鬭死亡緣邊四夷所係虜陷罪饑疫人相食及莽未誅而天下戶口減半矣自發豬突豨勇後四年而漢兵誅莽後二年世祖受命盪滌煩苛復五銖錢與天下更始

贊曰易稱裒多益寡稱物平施師古曰謙卦象辭裒取也言取於多者以益少者故萬物皆稱而施與平也裒音薄侯反書云楙遷有無應劭曰楙勉也遷徙也言天下食貨有無相通足也師古曰虞書益稷之辭言勸勉天下徙有無使相通也周有泉府之官師古曰司徒之屬官也掌市之征布斂市貨之不售貨之滯於人用者以其價買之而孟子亦非狗彘食人之食不知斂應劭曰養狗彘者使食人之食而不知以法度斂之也師古曰孟子孟軻之書言歲豐熟菽粟饒多狗彘食人之食此時可斂之○宋祁曰此時下當添則字野有餓莩而弗知發鄭氏曰莩音蔈有梅之蔈莩零落也人有饑死零落者不知發倉廩貸之師古曰莩音頻小反諸書或作殍字音義不同○宋祁曰而弗知發當刪而字故管氏之輕重服虔曰作輕重貨在管子書李悝之平糴弘羊均輸壽昌常平亦有從徠古師古曰言所從來久矣顧古爲之有數吏良而令行師古曰顧思念也故民賴其利萬國作乂師古曰乂治也及孝武時國用饒給而民不益賦其次也至于王莽制度失中姦軌弄權官民俱竭亡次矣

前漢書卷二十四下考證

食貨志下夏殷以前其詳靡記云○ 臣名南按管子言湯以莊山之金鑄幣禹以歷山之金鑄幣則夏殷時卽有錢幣矣平準書曰自高辛氏之前靡得而記虞夏之幣金爲三品或黃或白或赤或錢或布或刀或龜貝其辭甚核蓋据尚書禹貢之文此志不言蓋因下文有司言古者皮幣一段恐重複也

故貨寶於金利於刀流於泉布於布○鄭樵曰謂之泉者言其形謂之金者言其質謂之刀者言其器謂之貨謂之布者言其用古文錢字作泉者言其形如泉文一變而爲刀器再變而爲圜法自圜法流通于世民實便之故泉與刀爲廢先儒不知本末謂流於泉布於布實於金利於刀皆沿鑿之義也 臣浩按鄭樵所言可備一說但古人名物必有義理志謂實於金云云卽解字義非沿鑿也

以勸農澹不足百姓蒙利焉○顧炎武曰單穆公諫景王鑄大錢本之周語王勿聽卒鑄大錢此廢輕作重不利於民之事班氏乃續之曰以勸農澹不足百姓蒙利焉失其義矣

而殺之甚微爲利甚厚注師古曰微謂精妙也言殺雜鉛鐵其術精妙而得利甚厚○ 臣照按顏說非是錢之爲用甚廣一錢之殺其微已甚然總而計之爲利甚厚也非謂其術精妙若精妙卽費本而無利矣

彭吳穿穢貊朝鮮置滄海郡注彭吳人姓名也○通鑑考異曰平準書言彭吳賈滅朝鮮置滄海之郡按滅朝鮮置滄海兩事也不知何者出賈之謀

費數十百鉅萬○宋祁曰數十下當添萬字○ 臣照按宋不言注則爲正文可知正文有數十無萬字師古注乃言數十萬蓋唐初本有萬字故注如此然平準書亦祇言數十百巨萬也

先是十餘歲河決灌梁楚地固已數困○ 臣名南按平準書作河決觀徐廣曰觀縣名屬東郡此文既改觀作灌則當連下梁楚地爲句但以事核之此卽指元光中河決瓠子東南注鉅野通於淮泗事也瓠子地在濮陽其對岸卽觀縣史記作河決觀是也

及充朔方以南新秦中注應劭云云○ 臣召南按應說以河南造陽並解新秦中非也河南卽朔方郡及北地上郡之北境名新秦中今河套地也造陽則在上谷之北今宣化府邊外地漢武以其斗僻棄七百里安得徙貧民以充實其中耶史記集解載臣瓚曰秦逐匈奴以收河南地徙民以實之謂之新秦今以地空故復徙民以實之其說甚確

名白撰○按平準書作白選又二曰以重差小平準書無以字

以屬大農○馬廷鸞曰孔僅咸陽所言前之屬少府者其利微今改屬大農則其利盡此聚斂之臣餙說以蓋其私也

使僅咸陽乘傳舉行天下鹽鐵○馬端臨曰地理志鹽官凡二十八郡鐵官凡四十郡

異不應微反脣注師古曰盡非之○ 臣照按顏注意雖是而未盡蓋異聞客語不敢應而倉卒自禁不覺微笑而脣褰耳

鑄官赤仄注令錢郭見有赤者○按史記作鍾官赤仄注令字應作今舊本亦訛

專令上林三官鑄○ 臣召南按三官錢卽水衡錢也據百官表水衡都尉掌上林其屬有均輸鍾官辨銅三令丞鹽鐵論曰廢天下諸錢而專命水衡三官作卽言此事裴駰解史記甚確但混上林均輸爲一官則微訛耳

以黃金錯其文曰一刀直五千○劉奉世曰當時乃奉世弟云云○ 臣名南按當時乃奉世弟以下十二字不應爲奉世語此南宋本訛也

是爲布貨十品注師古曰布亦錢耳○顧炎武曰按本文錢布自是二品而下文復亂改作貨布之制安得謂布卽錢乎莽傳曰貨布長二寸五分廣一寸直貨錢三十五今貨布見存上狹下廣而岐其下中有一孔師古當日或未之見也

而孟子亦非狗彘食人之食不知斂○王應麟曰常平乃古法周官司稼以年之上下出斂法出則減價糶斂則增價糴也是非常平乎自鄭氏以出其斂法爲解後人遂攻周禮耳孟子言不知斂今文作檢惟漢志作斂是也今世言常平出耿中丞不知乃古法

前漢書卷二十五

漢　蘭　臺　令　史班　固撰

唐正議大夫行祕書少監琅邪縣開國子顏師古注

郊祀志第五上

洪範八政三曰祀師古曰祀謂祭祀也祀者所以昭孝事祖通神明也旁及四夷莫不修之下至禽獸豺獺有祭師古曰禮記月令季秋之月豺祭獸孟春之月獺祭魚豺摯搏之獸形似狗獺水居而食魚祭者謂殺之而布列以祭其先也豺音仕皆反獺音吐曷反是以聖王爲之典禮民之精爽不貳齊肅聰明者神或降之師古曰爽明也齊讀曰齋齋肅莊敬也在男曰覡在女曰巫師古曰巫覡亦通稱耳覡音下狄反使制神之處位爲之牲器使先聖之後能知山川敬於禮儀明神之事者以爲祝能知四時犧牲壇場上下氏姓所出者以爲宗應劭曰上下謂天地之屬神也氏姓王族之別也宗大宗也臣瓚曰宗宗伯也師古曰二說皆非也祝謂主祭之贊詞者積土爲壇平地爲場氏姓謂神本所出及見所當爲主者也宗人主神之列位尊卑者也春秋左氏傳曰虢公使祝應宗區享神也又云宗祝用馬于四墉並非宗伯及大宗也○劉敞曰予按春秋外傳曰夏父弗綦爲宗自稱曰我爲宗伯宗伯非宗何哉故有神民之官各司其序不相亂也民神異業敬而不瀆師古曰瀆嫚也瀆音讀故神降之嘉生應劭曰嘉穀也師古曰嘉生謂衆瑞民以物序孟康曰各有分叙也災禍不至所求不匱師古曰匱乏也及少昊之衰九黎亂德孟康曰少昊時諸侯作亂者也韋昭曰黎氏九人也民神雜擾不可放物師古曰放依也物事也放音甫往反家爲巫史享祀無度瀆齊明而神弗蠲師古曰齊讀曰齋蠲絜也嘉生不降禍災荐臻莫盡其氣師古曰言不究其性命也顓頊受之廼命南正重司天以屬神命火正黎司地以屬民應劭曰黎陰官也火數二二地數也故火正司地以屬萬民師古曰屬委也以其事委之也屬音之欲反使復舊常亡相侵瀆自共工氏霸九州其子曰句龍能平水土死爲社祠師古曰共工氏在太昊炎帝之間無祿而王故謂之霸句讀曰鉤有烈山氏王天下其子曰柱能殖百穀死爲稷祠師古曰烈山氏炎帝故郊祀社稷所從來尚矣師古曰尚上也起於上古虞書曰舜在璿璣玉衡以齊七政師古曰虞書舜典也在察也璿美玉也璣轉而衡平以玉爲璣衡謂渾天儀也七政日月五星也言舜觀察璿璣以齊同日月五星之政度合天意遂類于上帝禋于六宗孟康曰六宗星辰風伯雨師司中司命一說云乾坤六子又一說天宗三日月星辰地宗三太山河海或曰天地間游神也師古曰類以類祭也上帝天也絜精以祀謂之禋六宗之義說者多矣乾坤六子其最通乎望秩于山川徧于羣神師古曰望謂在遠者望而祭之秩次也羣神丘陵墳衍之屬揖五瑞師古曰揖與輯同揖合也五瑞公侯伯子男之瑞玉擇吉月日見四嶽諸牧班瑞師古曰四嶽諸牧謂四方諸侯也班布也歲二月東巡狩至于岱宗師古曰狩守也諸侯爲天子守土故巡行岱宗泰山也柴望秩于山川師古曰柴積柴而燔遂見東后東后者諸侯也師古曰后君也東方諸侯故謂之東后也合時月正日同律度量衡師古曰時四時也月十二月也日三百六十日律六律也度丈尺也量斛斗也衡斤兩也修五禮五樂師古曰五禮吉凶賓軍嘉也五樂謂春則琴瑟夏則笙竽季夏則鼓秋則鐘冬則磬也五樂尚書作五玉今志亦有作五玉者五玉卽五瑞三帛二生一死爲贄師古曰三帛玄纁黃也二生羔鴈也一死雉也贄者所執以爲禮也五月巡狩至南嶽南嶽者衡山也八月巡狩至西嶽西嶽者華山也十一月巡狩至北嶽北嶽者恒山也皆如岱宗之禮中嶽嵩高也五載一巡狩師古曰此以上皆舜典所載禹遵之後十三世至帝孔甲淫德好神神瀆二龍去之應劭曰夏帝孔甲天賜之乘龍河漢各二其後媟瀆神故龍去之其後十三世湯伐桀欲遷夏社不可作夏社應劭曰遭大旱七年明德以薦而旱不止故遷社以棄代爲稷欲遷句龍德莫能繼故作夏社說不可遷之義也師古曰遷古遷字夏社尚書篇名今則序在而書亡逸廼遷烈山子柱而以周棄代爲稷祠後八世帝太戊有桑穀生於廷一暮大拱懼伊陟曰祅不勝德師古曰穀卽今之楮樹也其字從木合兩手曰拱伊陟太戊臣伊尹之子太戊修德桑穀

死伊陟贊巫咸孟康曰巫咸殷賢臣贊說也謂伊陟說其意也師古曰因此作咸乂四篇事見商書序其篇亦亡逸也後十三世帝武丁得傅說爲相師古曰說讀爲悅殷復興焉稱高宗有雊登鼎耳而雊師古曰雊鳴也音工豆反武丁懼祖己曰修德武丁從之位以永寧師古曰事見商書說命及高宗肜日祖己殷之賢臣後五世帝乙嫚神而震死師古曰帝乙武乙也爲韋囊盛血仰而射之號曰射天後遇雷震而死後三世帝紂淫亂武王伐之由是觀之始未嘗不肅祇後稍怠嫚也周公相成王王道大洽制禮作樂天子曰明堂辟雍師古曰明堂辟雍解在平紀諸侯曰泮宮師古曰泮言半也制度半於天子辟雍也泮音普半反郊祀后稷以配天宗祀文王於明堂以配上帝師古曰郊祀祀於郊也后稷周之始祖也宗尊也文王周始受命之王上帝太微五帝也四海之內各以其職來助祭天子祭天下名山大川懷柔百神咸秩無文師古曰懷來也柔安也言招來百神而安處之也秩百者言其多也秩序也舊無禮文者皆以次序而祭之五嶽視三公四瀆視諸侯師古曰江河淮濟爲四瀆瀆者發源而注海者也視謂其禮物之數也而諸侯祭其疆內名山大川師古曰疆境也大夫祭門戶井竈中霤五祀韋昭曰古者穴居故名室中爲中霤士庶人祖考而已各有典禮而淫祀有禁後十三世世益衰禮樂廢幽王無道爲犬戎所敗平王東徙雒陽宋祁曰越本陽作邑秦襄公攻戎救周列爲諸侯而居西自以爲主少昊之神作西畤祠白帝其牲用騮駒黃牛羝羊各一云師古曰騮赤馬黑鬣尾也羝牡羊也騮音留羝音丁奚反其後十四年秦文公東獵汧渭之間師古曰汧水名汧音牽卜居之而吉文公夢黃蛇自天下屬地師古曰屬著也音之欲反其口止於鄜衍李奇曰鄜音孚三輔謂山阪間爲衍晉灼曰左馮翊鄜縣之衍也師古曰今之鄜州蓋取名於此也文公問史敦師古曰秦之太史敦其名也敦曰此上帝之徵君其祠之於是作鄜畤用三牲郊祭白帝焉自未作鄜畤而雍旁故有吳陽武畤李奇曰於旁有吳陽地也雍東有好畤皆廢無祀或曰自古以雍州積高神明之隩師古曰土之可居者曰隩音於六反故立畤郊上帝諸祠皆聚云蓋黃帝時嘗用事雖晚周亦郊焉師古曰晚謂末時也其語不經見縉紳者弗道李奇曰搢插也插笏於紳紳大帶也臣瓚曰縉赤白色也紳大帶也左氏傳有縉雲氏師古曰李云縉插是也字本作搢插笏於大帶與革帶之間耳非插於大帶也或作薦紳者亦謂薦笏於紳帶之間其義同作鄜畤後九年文公獲若石云于陳倉北阪城祠之蘇林曰質如石似肝師古曰陳倉之北阪上城中也云語辭也○劉敞曰蓋於陳倉北阪上築城作祠祠之下文云集於祠城是也其神或歲不至或歲數來也常以夜光煇若流星從東方來集于祠城若雄雉其聲殷殷云野雞夜鳴師古曰殷殷聲也云傳聲之亂也野雞亦雉也避呂后諱故曰野雞言陳寶若來而有聲則野雞皆鳴以應之也上言雄雉下言野雞史駁文也殷音隱以一牢祠之名曰陳寶臣瓚曰陳倉縣有寶夫人祠或一歲二歲與葉君合葉君神來時天爲之殷殷雷鳴雉爲之雊也作陳寶祠後七十一年秦德公立卜居雍師古曰卽今之雍縣子孫飲馬於河遂都雍雍之諸祠自此興用三百牢於鄜畤作伏祠孟康曰六月伏日也周時無至此乃有之師古曰伏者謂陰氣

將起迫於殘陽而未得升故爲藏伏因名伏日也立秋之後以金代火金畏於火故至庚日必伏庚金也磔狗邑四門以御蠱災後四年秦宣公作密畤於渭南祭青帝後十三年秦穆公立病卧五日不寤師古曰寤覺也音公孝反寤迺言夢見上帝師古曰上帝謂天也上帝命穆公平晉亂史書而臧之府師古曰府臧書之處而後世皆曰上天穆公立九年齊桓公既霸會諸侯於葵丘而欲封禪師古曰葵丘會在僖九年葵丘在陳留外黃縣東封禪者封土於山而禪祭於地也禪音上戰反解在武紀管仲曰古者封泰山禪梁父者七十二家師古曰父音甫而夷吾所記者十有二焉昔無懷氏封泰山禪云云鄭氏曰無懷氏古之王者在伏羲前見莊子服虔曰云云在梁父東山名也晉灼曰云云山在蒙陰縣故城東北下有云云亭虙羲封泰山禪云云師古曰虙讀曰伏神農氏封泰山禪云云炎帝封泰山禪云云李奇曰炎帝神農後黃帝封泰山禪亭亭服虔曰亭亭山在牟陰晉灼曰地理志鉅平有亭亭山師古曰晉說是也顓頊封泰山禪云云帝嚳封泰山禪云云堯封泰山禪云云舜封泰山禪云云禹封泰山禪會稽湯封泰山禪云云周成王封泰山禪於社首應劭曰山名在博縣晉灼曰在鉅平南十二里師古曰晉說是也皆受命然後得封禪桓公曰寡人北伐山戎過孤竹應劭曰伯夷國也在遼西令支師古曰令音郎定反支音神祇之祇西伐束馬縣車上卑耳之山韋昭曰將上山纏束其馬縣鉤其車也卑耳卽齊語所謂辟耳南伐至召陵師古曰召陵楚地也在汝南召讀曰劭登熊耳山以望江漢師古曰熊耳山在順陽北盆陽縣東非禹貢所云導洛自熊耳者也其山兩峯狀亦若熊耳因以爲名也兵車之會三乘車之會六九合諸侯一匡天下師古曰兵車之會三謂莊十三年會於北杏以平宋亂僖四年侵蔡蔡潰遂伐楚次于陘六年伐鄭圍新城也乘車之會六謂莊十四年會于鄄十五年又會于鄄十六年同盟于幽僖五年會于首止八年盟于洮九年會于葵丘也匡正也一匡天下謂定襄王爲天子之位也一說謂陽穀之會令諸侯云無障谷無貯粟無以妾爲妻天下皆從故云一匡者也諸侯莫違我昔三代受命亦何以異乎於是管仲睹桓公不可窮以辭因設之以事曰古之封禪鄗上黍北里禾所以爲盛應劭曰鄗音臛蘇林曰鄗上北里皆地名也師古曰盛謂以實簠簋江淮間一茅三脊所以爲藉也服虔曰茅草有三脊也張晏曰謂靈茅也師古曰藉以藉地也音才夜反東海致比目之魚師古曰爾雅云東方有比目魚焉不比不行其名謂之鰈音土盍反西海致比翼之鳥師古曰山海經云崇吾之山有鳥狀如鳧而一翼一目相得乃飛其名曰鶼鶼爾雅曰南方有比翼鳥焉不比不飛其名謂之鶼鶼而管仲乃云西海其說異也然後物有不召而自至者十有五焉今鳳凰麒麟不至嘉禾不生而蓬蒿藜莠茂鴟梟羣翔師古曰蓬蒿藜莠皆穢惡之草梟不祥之鳥也鴟蓋今所謂角鴟也梟土梟也而欲封禪無乃不可乎於是桓公乃止是歲秦穆公納晉君夷吾其後三置晉國之君平其亂師古曰三立其君謂惠公懷公文公穆公立三十九年而卒後五十年周靈王卽位時諸侯莫朝周萇弘迺明鬼神事師古曰萇弘周大夫設射不來不來者諸侯之不來朝者也依物怪欲以致諸侯諸侯弗從而周室愈微後二世至敬王時晉人殺萇弘李奇曰周爲晉殺之也師古曰春秋左氏傳哀公三年傳稱劉氏范氏世爲婚

姻萇弘事劉文公故周與范氏趙鞅以爲討周人殺萇弘也是時季氏專僭旅於泰山仲尼譏之師古曰旅陳也陳禮物而祭之也陪臣祭泰山僭諸侯之禮孔子非之曰嗚呼曾謂泰山不如林放乎事見論語自秦宣公作密畤後二百五十年而秦靈公於吳陽作上畤祭黃帝作下畤祭炎帝後四十八年周太史儋見秦獻公孟康曰太史儋謂老子也師古曰此亦周之太史名非必老聃老聃非秦獻公時儋音丁甘反又吐甘反曰周始與秦國合而別別五百載當復合應劭曰秦伯翳之後也始周孝王封非子爲附庸邑諸秦平王東遷洛邑襄公以兵衞之嘉其勳力列爲侯伯與周別五百載矣昭王時西周君自歸受罪盡獻其邑三十六城此復合也孟康曰謂周封秦爲別秦并周爲合此襄王爲霸始皇爲王也韋昭曰周封秦爲始別謂秦仲也五百歲謂從秦仲至孝公彊大顯王致伯與之親合也師古曰諸家之說皆非也自非子至西周獻邑凡六百五十三歲自仲至顯王二十六年孝公稱伯止有四百二十六歲皆不合五百之數也按史記秦本紀及年表並云周平王封襄公始列爲諸侯於是始與諸侯通又周本紀及吳齊晉楚諸系家皆言幽王爲犬戎所殺秦始列爲諸侯正與此志符會是乃爲別至昭襄王五十二年西周君自歸獻邑凡五百一十六年是爲合也言五百者舉其成數也合七十年而伯王出焉韋昭曰武王昭王皆伯至始皇而王天下師古曰七十當爲十七今史記舊本皆作十七字伯王者謂始皇初立政在太后嫪毐未得稱伯自昭王滅周後至始皇九年誅嫪毐出十七年本紀年表其義顯而韋氏乃合武王昭王爲數失之遠矣伯讀曰霸儋見後七年櫟陽雨金獻公以爲得金瑞故作畦畤櫟陽而祀白帝師古曰畦畤者如種韭畦之形而畤於畦中各爲一土封也畦音下圭反○宋祁曰越本獻公下有自字後百二十歲周赧王卒九鼎入于秦或曰周顯王之四十二年宋大丘社亡師古曰爾雅云左陵泰丘謂丘左有陵者其名泰丘也郭璞云宋有泰丘蓋以此丘名地也而鼎淪沒於泗水彭城下自赧王卒後七年秦莊襄王滅東周周祀絕後二十八年秦并天下稱皇帝秦始皇帝旣卽位或曰黃帝得土德黃龍地螾見應劭曰螾蚯蚓也黃帝土德故地見其神蚓大五六圍長十餘丈如淳曰呂氏春秋云黃帝之時天先見大螻大螾黃帝曰土氣勝故其色尚黃師古曰螾音引螻謂螻蛄也夏得木德青龍止於郊草木鬯茂師古曰鬯與暢同殷得金德銀自山溢蘇林曰流出也周得火德有赤烏之符師古曰謂武王伐紂師渡孟津之時也尚書中候曰有火自天止于王屋流爲赤烏五至以穀俱來○宋祁曰淳化本注末云五至之數也無以穀俱來四字秦變周水德之時昔文公出獵獲黑龍此其水德之瑞於是秦更名河曰德水以冬十月爲年首色上黑度以六爲名張晏曰水北方黑終數六故以方六寸爲符六尺爲步音上大呂師古曰大呂陰律之始也事統上法服虔曰政尚法令也臣瓚曰水陰陰主刑殺故上法卽帝位三年東巡狩郡縣祠騶嶧山蘇林曰騶魯縣也臣瓚曰嶧山在北師古曰嶧音亦頌功業師古曰謂刻石自著功業於是從齊魯之儒生博士七十人至于泰山下諸儒生或議曰古者封禪爲蒲車惡傷山之土石草木師古曰蒲車以蒲裹輪埽地而祠席用苴稭應劭曰稭禾稾也去皮以爲席如淳曰苴讀如租稭讀如戛晉灼曰苴藉也師古曰茅藉也苴字本作蒩假借用言其易遵也始皇聞此議各乖異難施用由此黜儒生師古曰黜退也而遂除車道上自泰山陽至顚立石頌德明其得封也從陰道師古曰南山曰陽山北曰陰下禪於梁父其禮頗采泰祝之祀雍上帝所用而封

臧皆祕之世不得而記也○宋祁曰越本無也字始皇之上泰山中阪遇暴風雨休於大樹下諸儒既黜不得與封禪師古曰與讀曰豫聞始皇遇風雨卽譏之於是始皇遂東遊海上行禮祠名山川及八神求僊人羨門之屬應劭曰羨門名子高古仙人也師古曰古亦以僊爲仙字下皆類此○宋祁曰注文僊字下當有字字下字字當刪去八神將自古而有之或曰太公以來作之齊所以爲齊以天齊也蘇林曰當天中央齊也師古曰謂其衆神異如天之腹齊也其祀絕莫知起時八神一曰天主祠天齊天齊淵水居臨菑南郊山下下者師古曰下下謂最下也臨菑城南有天齊水五泉並出蓋謂此也二曰地主祠泰山梁父蓋天好陰祠之必於高山之下時命曰時師古曰名其祭處曰時也地貴陽祭之必於澤中圜丘云三曰兵主祠蚩尤在東平陸監鄉齊之西竟也師古曰東平陸縣名也監其縣之鄉名也四曰陰主祠三山師古曰三山卽下所謂三神山五曰陽主祠之罘山韋昭曰之罘山在東萊腄縣師古曰罘音浮腄音直瑞反○宋祁曰姚本注文無之字及縣字六曰月主祠之萊山韋昭曰在東萊長廣也皆在齊北竝勃海師古曰竝音步浪反七曰日主祠盛山盛山斗入海韋昭曰盛山在東萊不夜縣斗入海也師古曰斗絕也盛音成最居齊東北陽以迎日出云八曰四時主祠琅邪琅邪在齊東北蓋歲之所始師古曰山海經云琅邪臺在勃海間謂臨海有山形如臺也○宋祁曰新本最作聚皆各用牢具祠而巫祝所損益圭幣雜異焉師古曰言八神牲牢皆同而圭幣各異也自齊威宣時騶子之徒論著終始五德之運如淳曰今其書有五德終始五德各以所勝爲行秦謂周爲火德滅火者水故自謂水德師古曰騶子卽騶衍及秦帝而齊人奏之故始皇采用之而宋毋忌正伯僑元尚羨門高最後皆燕人爲方僊道韋昭曰皆慕古人之名效爲神仙者也師古曰自宋毋忌至最後皆其人姓名也凡五人形解銷化服虔曰尸解也張晏曰人老而解去故骨節變化也今山中有龍骨世人謂之龍解骨化去應劭曰列仙傳曰崔文子學仙於王子喬王子喬化爲白蜺文子驚引戈擊之俯而見爲王子喬之尸也須臾則爲大鳥飛而去師古曰服張二說是也依於鬼神之事騶衍以陰陽主運顯於諸侯晉灼曰燕昭王築宮師之故作主運之篇也如淳曰今其書有主運五行相次轉用事隨方面爲服也而燕齊海上之方士傳其術不能通然則怪迂阿諛苟合之徒自此興不可勝數也師古曰迂謂回遠也音于自威宣燕昭使人入海求蓬萊方丈瀛洲此三神山者其傳在勃海中服虔曰其傳書云爾臣瓚曰世人相傳云爾師古曰瓚說是也去人不遠蓋嘗有至者諸僊人及不死之藥皆在焉其物禽獸盡白而黃金銀爲宮闕未至望之如雲及到三神山反居水下水臨之患且至則風輒引船而去終莫能至云世主莫不甘心焉師古曰甘心言貪嗜之心不能已也及秦始皇至海上則方士爭言之始皇如恐弗及使人齎童男女入海求之船交海中皆以風爲解師古曰自解說云爲風不得至曰未能至望見之焉其明年始皇復游海上至琅邪過恒山從上黨歸後三年游碣石考入海方士師古曰考校其虛實也宋祁曰景本碣作碣從上郡歸後五年始

皇南至湘山遂登會稽竝海上師古曰竝海而上也竝音步浪反上音時掌反幾遇海中三神山之奇藥師古曰幾讀曰冀不得還到沙丘崩臣瓚曰沙丘在鉅鹿縣東北也二世元年東巡碣石竝海師古曰竝音步浪反南歷泰山至會稽皆禮祠之而刻勒始皇所立石書旁以章始皇之功德師古曰今此諸山皆有始皇所刻石及胡亥重刻其文並具存焉其秋諸侯叛秦三年而二世弒死始皇封禪之後十二年而秦亡諸儒生疾秦焚詩書誅滅文學百姓怨其法天下叛之皆譌曰始皇上泰山爲風雨所擊不得封禪云此豈所謂無其德而用其事者邪昔三代之居皆河洛之間師古曰謂夏都安邑殷都朝歌周都洛陽故嵩高爲中嶽而四嶽各如其方四瀆咸在山東至秦稱帝都咸陽則五嶽四瀆皆并在東方自五帝以至秦迭興迭衰師古曰迭互也音大結反名山大川或在諸侯或在天子其禮損益世殊不可勝記師古曰代代殊異故不可盡記及秦并天子令祠官所常奉天地名山大川鬼神可得而序也於是自崤以東名山五大川祠二師古曰崤即今之陝州二崤也曰太室太室嵩高也恒山泰山會稽湘山水曰泲曰淮師古曰泲音子禮反此本濟水之字○宋祁曰邵本湘作相春以脯酒爲歲禱因泮凍服虔曰解凍也師古曰泮音普半反秋涸凍師古曰涸讀與沍同沍凝也音下故反春則解之秋則凝之春秋左氏傳曰涸陰沍寒禮記月令曰孟冬行春令則凍閉不密冬塞禱祠師古曰塞謂報其所祈也音先代反下並同也其牲用牛犢各一牢具圭幣各異自華以西名山七名川四曰華山薄山薄山者襄山也師古曰說者云薄山在河東一曰在潼關北十餘里而此志云自華以西者則今閿鄉之南山連延西出並得華山之名嶽山岐山吳山鴻冢瀆山蜀之岷山也師古曰周禮職方氏雍州其山曰嶽爾雅亦云河西曰嶽說者咸云嶽即吳嶽也今志有嶽又有吳山則吳嶽非一山之名但未詳嶽之所在耳徐廣云嶽山在武功據地理志武功但有垂山無嶽山也岐山即在今之岐山縣其山兩岐俗呼爲箭括嶺吳山在今隴州吳山縣鴻冢釋在下岷山在湔氐道水曰河祠臨晉師古曰即今之同州朝邑縣界沔祠漢中師古曰沔漢水之上名也漢中今梁州是也沔音彌善反湫淵祠朝那蘇林曰湫淵在安定朝那縣方四十里停水不流冬夏不增不減不生草木湫音將蓼反在涿郡遒縣師古曰此水今在涇州界清澈可愛不容穢濁或諠污輒興雲雨土俗亢旱每於此求之相傳云龍之所居也而天下山川隈曲亦往往有之湫音子由反江水祠蜀亦春秋泮涸禱塞如東方山川而牲亦牛犢牢具圭幣各異而四大冢鴻岐吳嶽皆有嘗禾孟康曰以新穀祭之陳寶節來祠服虔曰陳寶神應節來也其河加有嘗醪此皆雍州之域近天子都故加車一乘駵駒四霸產豐澇涇渭長水皆不在大山川數師古曰霸產出藍田豐澇出鄠長水者言其源流長也澇音勞曰近咸陽盡得比山川祠而無諸加師古曰加謂車及駵駒之屬汧洛二淵鳴澤蒲山嶽壻山之屬蘇林曰壻音胥韋昭曰音蘇計反師古曰韋說是也爲小山川亦皆禱塞泮涸祠禮不必同而雍有日月參辰南北斗熒惑太白歲星塡星辰星二十八宿風伯雨師四海九臣十四臣諸布諸嚴諸逐之屬百有餘廟師古曰風伯飛廉也雨師屏翳也一曰屏

號而說者乃謂風伯箕星也雨師畢星也此志既言二十八宿又有風伯雨師則知非箕畢也九臣十四臣不見名數所出諸布諸嚴諸逐未聞其義逐字或作逑音求屏音步丁反○劉奉世曰二十八宿既已備而又詰參與南北斗蓋衍字也西亦有數十祠於湖有周天子祠於下邽有天神豐鎬有昭明天子辟池於杜亳有五杜主之祠壽星祠韋昭曰亳音薄湯所都也臣瓚曰濟陰亳縣是也師古曰杜即京兆杜縣也此亳非湯都也不在濟陰徐廣云京兆杜縣有薄亭斯近之矣而雍菅廟祠亦有杜主李奇曰菅茅也杜主故周之右將軍師古曰墨子云周宣王殺杜伯不以罪後宣王田於圃田見杜伯執弓矢射宣王伏弓衣而死故周人尊其鬼而右之蓋謂此也其在秦中最小鬼之神者也師古曰其鬼雖小而有神靈也各以歲時奉祠唯雍四時上帝爲尊其光景動人民唯陳寶故雍四時春以爲歲祠禱因泮凍秋涸凍冬賽祠五月嘗駒及四中之月月祠師古曰中讀曰仲謂四時之仲月皆祠之若陳寶節來一祠○宋祁曰新本無若字春夏用騂秋冬用駵師古曰騂純赤色也音先營反時駒四匹師古曰每時用駒四匹而春秋異色木寓龍一駟李奇曰寓寄也寄生龍形於木也師古曰一駟亦四龍也○宋祁曰李奇注寓寄也晏本作寓木以主之木寓車馬一駟各如其帝色黃犢羔各四圭幣各有數皆生瘞埋無俎豆之具三年一郊秦以十月爲歲首故常以十月上宿郊見李奇曰上宿上齋戒也○宋祁曰越本註云上宿月上旬也通權火張晏曰權火烽火也狀若井挈皋矣其法類稱故謂之權火欲令光明遠照通於祀所也漢祀五時於雍五十里一烽火如淳曰權舉也師古曰凡祭祀通舉火者或以天子不親至祠所而望拜或以泉祠各處欲其一時萬饗宜知早晏故以火爲之節度也它皆類此拜於咸陽之旁而衣上白其用如經祠云服虔曰經常也西時畦時祠如其故上不親往諸此祠皆太祝常主以歲時奉祠之至如宅名山川諸神及八神之屬上過則祠去則已郡縣遠方祠者民各自奉祠不領於天子之祝官祝官有祕祝即有災祥輒祝祠移過於下漢興高祖初起殺大虵有物曰虵白帝子而殺者赤帝子也師古曰物謂鬼神也○宋祁曰赤帝子也邵本無也字及高祖禱豐枌榆社鄭氏曰枌榆鄉名也社在枌榆晉灼曰枌白榆也社在豐東北十五里師古曰以此樹爲社神因立名也枌符云反徇沛爲沛公則祀蚩尤釁鼓旗遂以十月至霸上立爲漢王因以十月爲年首色上赤二年冬東擊項籍而還入關問故秦時上帝祠何帝也對曰四帝有白青黃赤帝之祠高祖曰吾聞天有五帝而四何也莫知其說於是高祖曰吾知之矣迺待我而具五也迺立黑帝祠名曰北時有司進祠上不親往悉召故秦祀官復置太祝太宰如其故儀禮因令縣爲公社李奇曰猶官社下詔曰吾甚重祠而敬祭今上帝之祭及山川諸神當祠者各以其時禮祠之如故○宋祁曰淳化本作各以其禮時祠如故後四歲天下已定詔御史令豐治枌榆社常以時春以羊彘祠之令祝立蚩尤之祠於長安長安置祠○宋祁曰邵本無下長安二字祀官女巫其梁巫祠天地天社天水房中堂上之屬晉巫祠五帝東君雲中君巫

社巫祠族人炊之屬服虔曰東君以下皆神名也師古曰東君日也雲中君謂雲神也巫社巫祠皆古巫之神也族人炊古主炊母之神也炊謂饎爨也秦巫祠杜主巫保族纍之屬師古曰杜主即上所云五杜主也巫保族纍二神名纍音力追反荊巫祠堂下巫先司命施糜之屬師古曰堂下在堂之下巫先巫之最先者司命說者云文昌第四星也施糜其先常施設糜鬻者也九天巫祠九天師古曰九天者謂中央鈞天東方蒼天東北旻天北方玄天西北幽天西方皓天西南朱天南方炎天東南陽天也其說見淮南子一說云東方旻天東南陽天南方赤天西南方朱天西方成天西北幽天北方玄天東北方變天中央鈞天也皆以歲時祠宮中其河巫祠河於臨晉而南山巫祠南山秦中秦中者二世皇帝也張晏曰以其彊死魂魄爲厲故祠之成帝時匡衡奏罷之○宋祁曰舊本河作祠各有時日其後二歲或言曰周興而邑立后稷之祠師古曰以其有播種之功故令天下諸邑皆祠之也至今血食天下師古曰祭有牲牢故言血食徧天下於是高祖制詔御史其令天下立靈星祠張晏曰龍星左角曰天田則農祥也辰見而祭之常以歲時祠以牛高祖十年春有司請令縣常以春二月及臘祠稷以羊彘民里社各自裁以祠師古曰隨其祠具之豐儉也制曰可文帝即位十三年下詔曰祕祝之官移過於下朕甚弗取其除之始名山大川在諸侯諸侯祝各自奉祠天子官不領及齊淮南國廢令太祝盡以歲時致禮如故明年以歲比登師古曰年穀頻熟也詔有司增雍五時路車各一乘駕被具師古曰駕車被馬之飾皆具也被音皮義反下亦同西時畦時寓車各一乘寓馬四匹駕被具河湫漢水玉加各二及諸祀皆廣壇場圭幣俎豆以差加之魯人公孫臣上書曰始秦得水德及漢受之推終始傳鄭氏曰音亭傳師古曰音張戀反謂轉次之則漢當土德土德之應黃龍見宜改正朔服色上黃時丞相張蒼好律歷以爲漢迺水德之時河決金隄其符也年始冬十月色外黑內赤服虔曰十月陰氣在外故外黑陽氣尚伏在地故內赤也或曰十月百草外黑內赤也與德相應公孫臣言非是罷之明年黃龍見成紀師古曰天水之縣也文帝召公孫臣拜爲博士與諸生申明土德草改歷服色事師古曰草謂創造之後例皆同也其夏下詔曰有異物之神見于成紀毋害於民歲以有年朕幾郊祀上帝諸神師古曰幾讀曰冀禮官議毋諱以朕勞師古曰無諱以朕勞自言不以爲勞也晉灼曰諱忌難也有司皆曰古者天子夏親郊祀上帝於郊故曰郊師古曰邑外謂之郊於是夏四月文帝始幸雍郊見五時○劉攽曰予謂三王之郊一用夏正于時據十月爲歲首故言夏郊也祠衣皆上赤趙人新垣平以望氣見上言長安東北有神氣成五采若人冠絻焉或曰東北神明之舍西方神明之墓也張晏曰神明日也日出東北舍謂陽谷日沒於西故曰墓墓濛谷也師古曰此說非也蓋總言凡神明以東北爲居西方爲冢墓之所故立廟於渭陽者也天瑞下宜立祠上帝以合符應於是作渭陽五帝廟同宇師古曰宇謂屋之覆也言同一屋之下而別爲五廟各立門室也廟記云五帝廟在長安東北也帝一殿面五門各如其帝色祠所用及儀亦如雍五時明年夏四

月文帝親拜霸渭之會如淳曰二水之合也以郊見渭陽五帝五帝廟臨渭其北穿蒲池溝水師古曰蒲池爲池而種蒲蒲字或作滿言其水滿也○宋祁曰姚本無下五帝二字權火舉而祠若光煇然屬天焉師古曰屬聯也音之欲反於是貴平至上大夫賜累千金而使博士諸生刺六經中作王制師古曰刺采取之也音千賜反謀議巡狩封禪事文帝出長門如淳曰亭名也若見五人於道北遂因其直立五帝壇鄭氏曰因其所立處以立祠也師古曰直猶當也當其處祠以五牢其明年平使人持玉杯上書闕下獻之平言上曰闕下有寶玉氣來者已視之果有獻玉杯者刻曰人主延壽平又言臣候日再中居頃之日卻復中於是始更以十七年爲元年令天下大酺平言曰周鼎亡在泗水中今河決通於泗臣望東北汾陰直有金寶氣師古曰汾陰直謂正當汾陰也意周鼎其出乎兆見不迎則不至於是上使使治廟汾陰南臨河欲祠出周鼎人有上書告平所言皆詐也下吏治誅夷平師古曰夷者平也謂盡平除其家室宗族是後文帝怠於改正服鬼神之事師古曰正謂正朔也服服色正音之成反而渭陽長門五帝使祠官領以時致禮不往焉明年匈奴數入邊師古曰數音所角反興兵守御後歲少不登數歲而孝景即位十六年祠官各以歲時祠如故無有所興武帝初即位尤敬鬼神之祀漢興已六十餘歲矣天下艾安師古曰艾讀曰乂乂治也漢書皆以艾爲乂其義類此也搢紳之屬皆望天子封禪改正度也師古曰正亦正朔度度量也服色度量互言之耳而上鄉儒術師古曰鄉讀曰嚮招賢良趙綰王臧等以文學爲公卿欲議古立明堂城南以朝諸侯草巡狩封禪改歷服色事未就師古曰就成也竇太后不好儒術使人微伺趙綰等姦利事按綰臧綰臧自殺諸所興爲皆廢六年竇太后崩其明年徵文學之士明年上初至雍郊見五時後常三歲一郊是時上求神君舍之上林中磃氏館如淳曰磃音蹏鄭氏曰音斯師古曰鄭音是其字從石從虒神君者長陵女子以乳死見神於先後宛若孟康曰產乳而死也兄弟妻相謂先後宛若字也師古曰先音蘇見反後音胡構反古謂之娣姒今關中俗呼爲先後吳楚俗呼之爲妯娌音軸里宛若祠之其室民多往祠平原君亦往祠其後子孫以尊顯應劭曰平原君武帝外祖母也及上即位則厚禮置祠之內中聞其言不見其人云是時李少君亦以祠竈穀道卻老方見上如淳曰祠竈可以致福李奇曰穀道辟穀不食之道也上尊之少君者故深澤侯人主方如淳曰侯家人主方藥也匿其年及所生長師古曰長謂其郡縣所屬及居止處常自謂七十能使物卻老如淳曰物謂鬼物也其遊以方徧諸侯無妻子人聞其能使物及不死更饋遺之師古曰更音工衡反常餘金錢衣食人皆以爲不治產業而饒給師古曰給足也又不知其何所人愈信爭事之少君資好方善爲巧發奇中如淳曰時時發言有所中師古曰中音竹仲反常從武安侯宴坐中有年九十餘老人少

君迺言與大父游射處老人爲兒從其大父識其處（師古曰識記也音式志反）一坐盡驚少君見上上有故銅器問少君曰（○宋祁曰字上疑更有少君二字）此器齊桓公十年陳於柏寢（臣瓚曰晏子書柏寢臺名也師古曰以柏木爲寢室於臺之上）已而按其刻果齊桓公器（師古曰刻謂器上所銘記）一宮盡駭以爲少君神數百歲人也少君言上祠竈皆可致物（師古曰物亦謂鬼物）致物而丹沙可化爲黃金黃金成以爲飲食器則益壽益壽而海中蓬萊僊者迺可見之以封禪則不死黃帝是也臣嘗游海上見安期生（服虔曰古之真人也師古曰列仙傳云安期生琅邪人賣藥東海邊時人皆言千歲也）安期生食臣棗大如瓜（師古曰食讀曰飤）安期生僊者通蓬萊中合則見人不合則隱（師古曰合謂道相合）於是天子始親祠竈遣方士入海求蓬萊安期生之屬而事化丹沙諸藥齊爲黃金矣（師古曰齊藥之分齊也音才計反）久之少君病死天子以爲化去不死也使黃錘史寬舒受其方（孟康曰二人皆方士也師古曰錘音直垂反）而海上燕齊怪迂之方士多更來言神事矣（師古曰更音工衡反）亳人謬忌奏祠泰一方（如淳曰亳亦薄也下所謂薄忌也晉灼曰濟陰薄縣人也）曰天神貴者泰一泰一佐曰五帝（師古曰謂青帝靈威仰赤帝赤熛怒白帝白招矩黑帝叶光紀黃帝含樞紐也一說蒼帝名靈符赤帝名文祖白帝名顯紀黑帝名玄矩黃帝名神斗）古者天子以春秋祭泰一東南郊日一太牢七日（師古曰每日以一太牢凡七日祭也）爲壇開八通之鬼道於是天子令太祝立其祠長安城東南郊常奉祠如忌方其後人上書言古者天子三年一用太牢祠三一天一地一泰一天子許之令太祝領祠之於忌泰一壇上如其方後人復有言古天子常以春解祠祠黃帝用一梟破鏡（張晏曰黃帝五帝之首也歲之始也梟惡逆之鳥方士虛誕云以歲始祓除凶災令神仙之帝食惡逆之物使天下爲逆者破滅訖竟無有遺育也孟康曰梟鳥名食母破鏡獸名食父黃帝欲絕其類使百吏祠皆用之破鏡如貙而虎眼如淳曰漢使東郡送梟五月五日作梟羹以賜百官以其惡鳥故食之也師古曰解祠者謂祠祭以解罪求福）冥羊用羊祠馬行用一青牡馬泰一皋山山君用牛武夷君用乾魚陰陽使者以一牛（孟康曰陰陽之神也）令祠官領之如其方而祠泰一於忌泰一壇旁後二年郊雍獲一角獸若麃然（師古曰麃鹿屬也形似麞牛尾一角音蒲交反）有司曰陛下肅祗郊祀上帝報享錫一角獸蓋麟云於是以薦五畤畤加一牛以燎賜諸侯白金以風符應合于天也（晉灼曰符瑞也臣瓚曰風示諸侯以此符瑞之應也）於是濟北王以爲天子且封禪上書獻泰山及其旁邑天子以它縣償之常山王有罪遷（師古曰䙴與遷同）天子封其弟眞定以續先王祀而以常山爲郡然後五嶽皆在天子之郡明年齊人少翁以方見上上有所幸李夫人夫人卒少翁以方蓋夜致夫人及竈鬼之貌云天子自帷中望見焉迺拜少翁爲文成將軍賞賜甚多以客禮禮之文成言上卽欲與神通宮室被服非象神神物不至

迺作畫雲氣車及各以勝日（服虔曰甲乙五行相克之日如淳曰如火勝金用丙丁日不用庚辛也）駕車辟惡鬼又作甘泉宮中爲臺室畫天地泰一諸鬼神而置祭具以致天神居歲餘其方益衰神不至迺帛書以飯牛（師古曰謂雜草以飯牛也音扶晚反）陽不知言此牛腹中有奇書（○宋祁曰新本去書字）殺視得書書言甚怪天子識其手（師古曰手謂所書手跡也）問之果爲書於是誅文成將軍隱之其後又作柏梁銅柱承露僊人掌之屬矣（蘇林曰僊人以手掌擎盤承甘露師古曰三輔故事云建章宮承露盤高二十丈大七圍以銅爲之上有僊人掌承露和玉屑飲之蓋張衡西京賦所云立脩莖之僊掌承雲表之清露屑瓊蘂以朝餐必性命之可度也）文成死明年天子病鼎湖甚（晉灼曰黃圖宮名在京兆地理志湖本在京兆後分屬弘農也）巫醫無所不致游水發根言上郡有巫病而鬼下之（服虔曰游水縣發根人姓名晉灼曰地理志游水水名在臨淮淮浦也師古曰二說皆非也游水姓也發根名也蓋因水爲姓也本嘗遇病而鬼下之故爲巫也）上召置祠之甘泉及病使人問神君神君言曰天子無憂病病少瘉強與我會甘泉於是上病瘉遂起幸甘泉病良已（孟康曰良謂善已謂瘉也）大赦置壽宮神君（孟康曰更立此宮也臣瓚曰壽宮奉神之宮也楚辭曰蹇將澹兮壽宮也）神君最貴者曰太一其佐曰太禁司命之屬皆從之非可得見聞其言言與人音等時去時來來則風肅然居室帷中時晝言然常以夜天子祓然後入（孟康曰祟絜自除祓然後入也師古曰祓音發勿反）因巫爲主人關飲食所欲言行下（李奇曰神所欲言上輒爲下之也晉灼曰神君所言行下於巫師古曰晉說是也）又置壽宮北宮張羽旗設共具（師古曰共讀曰供音居用反）以禮神君神君所言上使受書其名曰畫法（孟康曰策畫之法也）其所言世俗之所知也無絕殊者而天子心獨憙其事祕世莫知也（師古曰憙讀曰喜喜好也音許吏反）後三年有司言元宜以天瑞不宜以一二數（蘇林曰得諸瑞以名年耳）一元曰建（蘇林曰建元元年是）二元以長星曰光（蘇林曰以有長星之光故曰元光元年也）今郊得一角獸曰狩云（如淳曰改元狩元年）其明年天子郊雍曰今上帝朕親郊而后土無祀則禮不答也（師古曰答對也郊天而不祀地失對偶之義一日闕地祇之祀故不爲神所答應也）有司與太史令談祠官寬舒議（師古曰談卽司馬談也）天地牲角繭栗（師古曰牛角之形或如繭或如栗言其小）今陛下親祠后土后土宜於澤中圜丘爲五壇壇一黃犢牢具已祠盡瘞而從祠衣上黃（師古曰侍祠之人皆着黃衣也）於是天子東幸汾陰汾陰男子公孫滂洋等見汾旁有光如絳（師古曰滂音普郎反洋音羊也）上遂立后土祠於汾陰脽上（師古曰脽音誰解在武紀）如寬舒等議上親望拜如上帝禮禮畢天子遂至滎陽還過雒陽下詔封周後令奉其祀語在武紀上始巡幸郡縣寖尋於泰山矣（鄭玄曰尋用也晉灼曰尋遂往之意也師古曰二說皆非也寖漸也尋就也）其春樂成侯登上書言欒大欒大膠東宮人（服虔曰王家人）故嘗與文成將軍同師已而爲膠東王尚方（師古曰主方藥）而樂成侯姊爲康王后無子（孟康曰膠東王后也）王死它姬子立爲

王而康后有淫行與王不相中相危以法（師古曰不相可也相危以法謂以罪法相欲傾危也中音竹仲反）康后聞文成死而欲自媚於上乃遣欒大因樂成侯求見言方（師古曰言神仙之方）天子既誅文成後悔其方不盡及見欒大大說（師古曰說讀曰悅）大爲人長美言（師古曰善爲甘美之言也）多方略而敢爲大言處之不疑大言曰臣嘗往來海中見安期羨門之屬顧以臣爲賤不信臣（師古曰顧念也）又以爲康王諸侯耳不足與方臣數以言康王康王又不用臣臣之師曰黃金可成而河決可塞不死之藥可得僊人可致也然臣恐效文成則方士皆掩口惡敢言方哉（師古曰惡音烏謂於何也）上曰文成食馬肝死耳子誠能脩其方我何愛乎大曰臣師非有求人人者求之陛下必欲致之則貴其使者令爲親屬以客禮待之勿卑使各佩其信印迺可使通言於神人神人尚肯邪不邪尊其使然後可致也於是上使驗小方鬬棊棊自相觸擊是時上方憂河決而黃金不就（師古曰鑄黃金不成）迺拜大爲五利將軍居月餘得四印得天士將軍地士將軍大通將軍印制詔御史昔禹疏九河決四瀆間者河溢皋陸隄繇不息（師古曰皋水旁地廣平曰陸言水汎溢自皋及陸而築作隄防徭役甚多不暇休息）朕臨天下二十有八年天若遺朕士而大通焉乾稱飛龍鴻漸于般（孟康曰般水涯堆也漸進也武帝云得欒大如鴻進於般一舉千里得道若飛龍在天師古曰飛龍在天乾卦九五爻辭也鴻漸于般漸卦六二爻辭也般山石之安者）朕意庶幾與焉（師古曰與讀曰豫）其以二千戶封地士將軍大爲樂通侯賜列侯甲第童千人乘輿斥車馬帷帳器物以充其家（師古曰斥不用者也）又以衞長公主妻之（孟康曰衞太子妹如淳曰衞太子姊也師古曰外戚傳云子夫生三女元朔元年生男據是則太子之姊也孟說非也）齎金十萬斤更名其邑曰當利公主天子親如五利之第使者存問共給相屬於道（師古曰共讀曰供屬及也音之欲反）自大主將相以下皆置酒其家（韋昭曰大主武帝姑竇太后之女也）獻遺之天子又刻玉印曰天道將軍使使衣羽衣夜立白茅上五利將軍亦衣羽衣立白茅上受印以視不臣也（師古曰羽衣以鳥羽爲衣取其神僊飛翔之意也視讀曰示）而佩天道者且爲天子道天神也（師古曰爲音于僞反道天神道讀曰導）於是五利常夜祠其家欲以下神後裝治行東入海求其師云大見數月佩六印貴震天下而海上燕齊之間莫不搤掔而自言有禁方能神僊矣（師古曰搤捉持也掔古手腕之字也搤音尼）其夏六月汾陰巫錦爲民祠魏脽后土營（應劭曰錦巫名）旁（應劭曰魏故魏國也師古曰汾脽本魏地之境故曰魏脽也營謂祠之兆域也）見地如鉤狀掊視得鼎（師古曰掊謂手杷土也音蒲溝反杷音蒲巴反其字從木）鼎大異於衆鼎文鏤無款識（韋昭曰款刻也師古曰識記也音式志反其下美陽鼎亦同也）怪之言吏吏告河東太守勝勝以聞天子使驗問巫得鼎無姦詐迺以禮祠迎鼎至甘泉從上行薦之（如淳曰以鼎從行上甘泉將薦之於天師古曰上音時掌反）

至中山晏溫（如淳曰三輔謂日出清濟爲晏晏而溫乃有黃雲故爲異也師古曰中讀曰仲仲今雲陽之中山也下云合茲中山亦同也）有黃雲焉有鹿過上自射之因之以祭云至長安公卿大夫皆議尊寶鼎天子曰間者河溢歲數不登故巡祭后土祈爲百姓育穀今年豐楙未報鼎曷爲出哉（師古曰楙美也言稼穡美也未報者獲年豐而未報賽也一曰雖祈穀而未獲年豐之報也其下張敞引此詔文云穀嗛未報嗛者少也）有司皆言聞昔泰帝興神鼎一（師古曰泰帝者卽泰昊伏羲氏也）一者一統天地萬物所繫象也黃帝作寶鼎三象天地人禹收九牧之金（師古曰九牧九州之牧也）鑄九鼎象九州皆嘗鬺亨上帝鬼神（服虔曰以亨祀上帝也師古曰鬺亨一也鬺亨煮而祀也韓詩采蘋曰于以鬺之唯錡及釜亨音普庚反）其空足曰鬲（蘇林曰鬲音歷足中空不實者名曰鬲也）以象三德（如淳曰鼎有三足故也三德三正之德師古曰如說非也三德一曰正直二曰剛克三曰柔克事見周書洪範）饗承天祜（師古曰祜福也音怙）夏德衰鼎遷于殷殷德衰鼎遷于周周德衰鼎遷于秦秦德衰宋之社亡鼎迺淪伏而不見周頌曰自堂徂基自羊徂牛鼐鼎及鼒不吳不敖胡考之休（師古曰周頌絲衣之詩也基門塾之基也鼎絕大者謂之鼐圜弇上謂之鼒吳讙譁也敖慢也考壽也休美也言執祭事者或升堂室或之門塾視牛羊之牲及舉大小之鼎告其致絜神降之福故獲壽考之美曰何壽之美者歎之之言也鼐音乃代反鼒音茲敖讀曰傲）今鼎至甘泉以光潤龍變承休無疆合茲中山有黃白雲降（師古曰言鼎至甘泉之後光潤變見若龍之神能幽能明能小能大乘此休福無窮竟也有黃白雲降與初至中山黃雲之瑞相合也）蓋若獸爲符（服虔曰雲若獸在車蓋也晉灼曰蓋辭也符謂鹿也師古曰二說非也蓋發語辭也言甘泉之雲又若獸形以爲符瑞也○宋祁曰獸字下疑有之字）路弓乘矢集獲壇下（李奇曰宜言盧弓韋昭曰路大也四矢曰乘師古曰韋說是也又於壇下獲弓矢之應○劉奉世曰指謂鹿也言以大弓四矢而後獲之於壇下也義甚通）報祠大亨唯受命而帝者心知其意而合德焉（服虔曰高祖受命知之宜見鼎於其廟也師古曰合德謂與天合德）鼎宜視宗禰廟臧於帝庭以合明應（師古曰視讀曰示宗謂先帝有德可尊者也禰父廟也帝庭甘泉天神之庭）制曰可入海求蓬萊者言蓬萊不遠而不能至者殆不見其氣上迺遣望氣佐候其氣云其秋上雍且郊（師古曰雍地形高故云上也音時掌反）或曰五帝泰一之佐也宜立泰一而上親郊之上疑未定齊人公孫卿曰今年得寶鼎其冬辛巳朔旦冬至與黃帝時等（師古曰等同也）卿有札書（師古曰札木簡之薄小者也）曰黃帝得寶鼎冕侯問於鬼臾區（師古曰鬼臾區黃帝臣也藝文志云鬼容區而此志作臾區臾容聲相近蓋一也今流俗書本臾字作申非也）鬼臾區對曰黃帝得寶鼎神策是歲己酉朔旦冬至得天之紀終而復始於是黃帝迎日推策（晉灼曰迎數之也臣瓚曰日月朔望未來而推之故曰迎日）後率二十歲復朔旦冬至凡二十推三百八十年黃帝僊登于天卿因所忠欲奏之（師古曰所忠人姓名也解在食貨志）所忠視其書不經（師古曰不合經典也）疑其妄言謝曰寶鼎事已決矣尚何以爲（師古曰謂不須更言之）卿因嬖人奏之上大說（師古曰說讀曰悅）迺召問卿對曰受此書申公申公已死上曰申公何人

也卿曰齊人與安期生通受黃帝言無書獨有此鼎書曰漢興復當黃帝之時曰漢之聖者在高祖之孫且曾孫也寶鼎出而與神通封禪封禪七十二王唯黃帝得上泰山封申公曰漢帝亦當上封禪封禪則能僊登天矣黃帝萬諸侯而神靈之封君七千應劭曰黃帝時諸侯會封禪者七千人也李奇曰說僊道得封者七千國也張晏曰神靈之封謂山川之守也師古曰張說是也山川之守謂尊山川之神令主祭祀也國語所云汪芒氏之君守封嵎之山也天下名山八而三在蠻夷五在中國○宋祁曰淳化本無下中國二字中國華山首山太室山泰山東萊山此五山黃帝之所常游與神會黃帝且戰且學僊患百姓非其道迺斷斬非鬼神者百餘歲然後得與神通黃帝郊雍上帝宿三月鬼臾區號大鴻死葬雍故鴻冢是也蘇林曰今雍有鴻冢其後黃帝接萬靈明庭明庭者甘泉也所謂寒門者谷口也服虔曰黃帝升僊之處也師古曰谷口仲山之谷口也漢時爲縣今呼之治谷是也以仲山之北寒凉故謂此谷爲寒門也黃帝采首山銅鑄鼎於荊山下晉灼曰地理志首山屬河東蒲阪荊山在馮翊褱德縣也鼎既成有龍垂胡顊下迎黃帝師古曰胡謂頸下垂肉也顊其毛也音人占反黃帝上騎羣臣後宮從上龍七十餘人龍迺上去餘小臣不得上迺悉持龍顊龍顊拔墮墮黃帝之弓百姓卬望師古曰卬讀曰仰黃帝既上天乃抱其弓與龍顊號故後世因名其處曰鼎湖其弓曰烏號於是天子曰嗟乎誠得如黃帝吾視去妻子如脫屣耳師古曰屣小履脫屣者言其便易無所顧也屣音山爾反拜卿爲郎使東候神於太室上遂郊雍至隴西登空桐幸甘泉令祠官寬舒等具泰一祠壇放亳忌泰一壇三陔師古曰陔重也三陔三重壇也音該五帝壇環居其下各如其方黃帝西南除八通鬼道服虔曰坤位在未黃帝從土位泰一所用如雍一時物而加醴棗脯之屬殺一犛牛以爲俎豆牢具李奇曰犛音貍師古曰西南夷長尾犛之牛也一音茅而五帝獨有俎豆醴進師古曰具俎豆酒醴而進之一曰進謂雜物之具所以加禮也其下四方地爲餟食羣神從者及北斗云師古曰餟字與綴同謂連續而祭也音竹芮反食讀曰飤已祠胙餘皆燎之師古曰胙謂祭餘酒肉也其牛色白白鹿居其中彘在鹿中鹿中水而酒之服虔曰水玄酒也晉灼曰此言合牲物而燎之也師古曰言以白鹿內牛中以彘內鹿中又以水及酒合內鹿中祭日以牛祭月以羊彘特師古曰若牛若羊若彘止一牲也泰一祝宰則衣紫及繡五帝各如其色日赤月白十一月辛巳朔旦冬至昒爽師古曰昒爽謂日尚冥蓋未明之時也昒音忽天子始郊拜泰一朝朝日夕夕月師古曰以朝旦拜日爲朝下朝音丈昭反則揖而見泰一如雍郊禮○劉敞曰則揖當屬上句其贊饗曰天始以寶鼎神策授皇帝朔而又朔終而復始皇帝敬拜見焉師古曰贊謂贊饗祝辭而衣上黃其祠列火滿壇壇旁亨炊具有司云祠上有光公卿言皇帝始郊見泰一雲陽有司奉瑄玉孟康曰璧大六寸謂之瑄嘉牲薦饗師古曰漢舊儀云祭天養牛五歲至三千斤也是夜有美光及晝黃氣上屬天師古曰屬音之欲反太史令談祠官寬舒等曰神靈之休祐福兆祥宜因此地光域立泰畤壇以明應師古曰明著美光及黃氣之祥應令太祝領秋及臘間祠三歲天子壹郊見其秋爲伐南越告禱泰一以牡荊畫幡日月北斗登龍以象太一三星爲泰一鋒旗李奇曰牡荊作幡柄也如淳曰牡荊荊之無子者皆絜齊之道晉灼曰牡節間不相當也月暈刻之爲券以畏病者天文志天極星其一明者太一也旁三星三公也晝一星在後三星在前爲泰一鋒旗也師古曰李晉二說是也以牡荊爲幡竿而畫幡日月龍及星○宋祁曰淳化本作泰一鋒旗注同越本止云泰一鋒無旗字新本云泰一鋒亦無旗命曰靈旗爲兵禱則太史奉以指所伐國而五利將軍使不敢入海之泰山祠上使人隨驗實無所見五利妄言見其師其方盡多不讎師古曰讎應也不讎無驗也上迺誅五利其冬公孫卿候神河南言見僊人迹緱氏城上有物如雉往來城上天子親幸緱氏視迹問卿得毋效文成五利乎卿曰僊者非有求人主人主者求之其道非少寬暇神不來言神事如迂誕師古曰迂回遠也誕大言也積以歲迺可致於是郡國各除道繕治宮館名山神祠所以望幸矣其春既滅南越嬖臣李延年以好音見上善之下公卿議曰民間祠有鼓舞樂今郊祀而無樂豈稱乎公卿曰古者祠天地皆有樂而神祇可得而禮或曰泰帝使素女鼓五十弦瑟悲帝禁不止師古曰泰帝亦謂泰昊也不止謂不能自止也故破其瑟爲二十五弦於是塞南越禱祠泰一后土始用樂舞益召歌兒師古曰益多也作二十五弦及空侯瑟自此起蘇林曰作空侯與瑟一宋祁曰邵本空作坎其來年冬上議曰古者先振兵釋旅然後封禪迺遂北巡朔方勒兵十餘萬還祭黃帝冢橋山釋兵涼如李奇曰地名也上曰吾聞黃帝不死有冢何也或對曰黃帝以僊上天羣臣葬其衣冠既至甘泉爲且用事泰山先類祠泰一師古曰且將也類謂以事類而祭也自得寶鼎上與公卿諸生議封禪封禪用希曠絕莫知其儀體而羣儒采封禪尚書周官王制之望祀射牛事師古曰天子有事宗廟必自射牲蓋示親殺也事見國語齊人丁公年九十餘曰封禪者古不死之名也秦皇帝不得上封陛下必欲上稍上師古曰稍漸也即無風雨遂上封矣上於是迺令諸儒習射牛草封禪儀數年至且行天子既聞公孫卿及方士之言黃帝以上封禪皆致怪物與神通欲放黃帝師古曰放依也音甫往反以接神人蓬萊高世比德於九皇張晏曰三皇之前有人皇九首韋昭曰上古有人皇者九人師古曰韋說是也○劉敞曰予謂董仲舒書言周人推神農爲九皇此是矣而頗采儒術以文之羣儒既已不能辯明封禪事又拘於詩書古文而不敢騁上爲封祠器視羣儒師古曰視讀曰示羣儒或曰不與古同徐偃又曰太常諸生行禮不如魯善師古曰徐偃博士姓名周霸屬圖封事服虔曰屬會也會諸儒圖封事也師古曰周霸亦人姓名也屬音之欲反於是上黜偃霸而盡罷諸儒弗用三月○宋祁曰本紀作正月迺東幸緱氏禮登中嶽太室從官在山上聞若有言萬歲云問上上不言問下下不言迺令祠官加增太室祠禁毋伐其山木以山下戶凡三百封崈高爲之奉邑師古曰崈古崇字耳以崇奉嵩高之山故謂之崈高奉音扶用反獨給祠復無有所與師古曰復音方目反與讀曰預上因東上泰山如淳曰言易上也泰山從南面直上步道三十里輦道百里泰山草木未生迺令人上石立之泰山顛師古曰從山下轉石而上上遂東巡海上行禮祠八神齊人之上疏言神怪奇方者以萬數迺益發船令言海中神山者數千人求蓬萊神人公孫卿持節常先行候名山至東萊言夜見大人長數丈就之則不見見其迹甚大類禽獸云羣臣有言見一老父牽狗言吾欲見鉅公鄭氏曰天子也張晏曰天子爲天下父故曰鉅公也師古曰鉅大也已忽不見上既見大迹未信及羣臣又言老父則大以爲僊人也宿留海上師古曰宿留謂有所須待也宿音先欲反留音力就反它皆類此與方士傳車師古曰傳音張戀反及間使求神僊人以千數師古曰間微也隨閒隙而行也四月還至奉高上念諸儒及方士言封禪人殊不經難施行師古曰人人殊異又不合經故難以施行天子至梁父禮祠地主至乙卯令侍中儒者皮弁縉紳射牛行事封泰山下東方如郊祠泰一之禮封廣丈二尺高九尺其下則有玉牒書書祕禮畢天子獨與侍中奉車子侯上泰山服虔曰子侯霍去病子也亦有封其事皆禁明日下陰道丙辰禪泰山下阯東北肅然山師古曰阯者山之基足音止如祭后土禮天子皆親拜見衣上黃而盡用樂焉江淮間一茅三脊爲神藉五色土益雜封縱遠方奇獸飛禽及白雉諸物頗以加祠兕牛象犀之屬不用皆至泰山然後去封禪祠其夜若有光晝有白雲出封中師古曰白雲出於所封之中天子從禪還坐明堂羣臣更上壽師古曰更互也音工衡反下詔改元爲元封語在武紀又曰古者天子五載一巡狩用事泰山諸侯有朝宿地其令諸侯各治邸泰山下天子既已封泰山無風雨而方士更言蓬萊諸神師古曰更音工衡反若將可得於是上欣然庶幾遇之復東至海上望焉奉車子侯暴病一日死上迺遂去並海上師古曰並音步浪反上音時掌反北至碣石巡自遼西歷北邊至九原五月迺至甘泉周萬八千里云其秋有星孛于東井後十餘日有星孛于三能師古曰能讀曰台望氣王朔言候獨見填星出如瓜食頃復入有司皆曰陛下建漢家封禪天其報德星云師古曰德星即填星也言天以德星報於帝其來年冬郊雍五帝還拜祝祠泰一師古曰拜而祠之加祝辭贊饗曰德星昭衍厭維休祥師古曰昭明衍大休美也壽星仍出淵耀光明信星昭見皇帝敬拜泰祝之享其春公孫卿言見神人東萊山若云欲見天子天子於是幸緱氏城拜卿爲中大夫遂至東萊宿留之○宋祁曰淳化本無下東萊二字數日毋所見見大人迹云復遣方士求神人采藥以千數是歲旱天子既出亡名迺禱萬里沙應劭曰萬里沙神祠也在東萊曲城如淳曰故禱萬里沙以爲名也過祠泰山鄭氏曰泰山東自復有小泰山臣瓚曰即今之泰山也師古曰瓚說是也還至瓠子自臨塞決河留二日湛祠而去師古曰湛讀曰沈謂沈祭具於水中也爾雅曰祭川曰浮沈

前漢書卷二十五上考證

郊祀志上在男曰覡在女曰巫注巫覡亦通稱耳○臣宗萬按國語賈公彥春官神仕疏曰男子陽有兩稱名巫名覡女子陰不變直名巫無覡稱然則顏注所云巫覡亦通稱者指男巫而言也

其後十三世湯伐桀○臣名南按封禪書作其後三世是也自帝孔甲帝皐帝發至桀祗更三世此文十三世十字當是衍文宋本亦誤

後十三世世益衰○臣名南按自成王至幽王歷康昭穆恭懿孝夷厲宣凡十一世封禪書作十四世此文作十三世並誤

平王東徙雒陽○監本作雒邑今從宋本

其後十四年秦文公東獵汧渭之間○臣名南按封禪書作其後十六年以十二諸侯年表核之周平王元年秦襄公之八年也初立西畤及文公十年作鄜畤恰十四年此文是也又下文作陳寶後七十一年秦德公立卜居雍封禪書云作鄜畤後七十八年以年表核之自文公作陳寶祠至德公元年正七十一年若自文公作鄜畤計之當作八十年凡此類皆班氏密于史記又下文後四年秦宣公作密畤于渭南封禪書曰德公立二年卒其後六年秦宣公作密畤於渭南以年表核之秦宣公之元年周惠王之二年也宣公四年作密畤此云後四年似亦訂正史記之失

野雞夜鳴注野雞亦雉也避呂后諱故曰野雞○顧炎武曰竊謂野雞者野中之雞耳注拘於荀悅云諱雉之字曰野雞夫諱恒曰常諱啟曰開史固有言常言開者豈必其皆爲恒與啟乎又此文本史記封禪書其上文曰有雉登鼎耳雊其下文云公孫卿言見仙人跡緱氏城上有物如雉往來城上又云縱遠方奇獸飛禽及白雉並無所諱而地理志南陽郡有雉縣江夏郡有下雉縣五行志王音等上言雉者聽察先聞雷聲則漢時未嘗諱雉也臣浩按此上文即云若雄雉可爲不諱雉之確証

泰變周水德之時○監本泰上衍今字從宋本去

七日日主祠盛山盛山斗入海○ 臣召南 按封禪書作成山此志後文云成山於不夜成山祠日又地理志亦作成山則此文盛字誤也然師古注云盛音成則唐初本已作盛山矣

琅邪在齊東北蓋歲之所始注山海經云琅邪臺在勃海間○ 臣召南 按琅邪在齊東南海濱非在東北也封禪書作在齊東方可謂至確地理志琅邪郡琅邪有四時祠卽此文四時主也師古不言此文北字之誤於地理志注引山海經琅邪臺在琅邪之東於此志注又引山海經臺在勃海間意欲以勃海解東北三字非也

元尙羨門高○元尙封禪書作充尙羨門高封禪書作羨門子高

而刻勒始皇所立石書旁○ 臣照 按宋本刻勒字作胡亥勒監本作刻勒玩上下文俱稱二世而此獨云胡亥自無此理但刻卽勒也漢人文字似不如此率意刻字與胡亥字蓋俱非也 臣召南 按封禪書已作刻勒矣以秦始皇本紀証之二世元年春東行郡縣到碣石並海南至會稽而盡刻始皇所立刻石石旁著大臣從者名以章先帝成功盛德焉按碣石之罘琅邪泰山鄒嶧會稽始皇皆有刻石二世東行則盡刻其石旁也封禪書及此文疑並是盡刻二字之訛

冬塞禱祠注謂報其所祈也○ 臣浩 按塞字封禪書作賽是也以師古注推之似本文原作賽

薄山者襄山也注云云○ 臣召南 按水經注襄山在蒲坂縣爲永樂澗水所出然則襄山卽古之雷首首陽亦名中條亦名薄山而後人謂之蒲山者也但此志上文明云自華以西名山七薄山顧在華東何也師古所云正當闕疑耳

霸產豐澇涇渭長水注長水者言其源流長也○ 臣召南 按長水水名師古注以長水總承霸產等水而言非也封禪書敘長水于霸產下豐澇涇渭上亦可云單言霸產二水源流長乎水經注渭水下云霸水又北長水注之水出杜縣白鹿原西北流謂之荊谿可爲水名之確正

木寓龍一駟注李奇曰寓寄也寄生龍形於木也○顧炎武曰此說恐非古文偶寓通用偶亦音寓木寓木偶也史記孝武紀作木偶馬而韓延壽傳曰賣偶車馬下里偶物者棄之市道古人用以事神及送死者皆木偶人木偶馬今人代以紙人紙馬又酷吏傳匈奴至爲偶人象郅都索隱曰漢書作寓人可以証寓字之爲偶矣

族人炊之屬注族人炊古主炊母之神也○族人炊監本訛巫祠皆三字今改正

少君者故深澤侯人主方○ 臣召南 按深澤侯人封禪書作深澤侯舍人据功臣表武帝初年深澤侯是趙將夕孫胡也

亳人謬忌注晉灼曰濟陰薄縣人也○胡三省曰据地理志亳屬山陽郡亳作薄謬姓也與繆同

欒成侯登○通鑑考異曰按史記漢書功臣表當爲丁義胡三省曰義高祖功臣丁禮之曾孫也 臣召南 按封禪書但云欒成侯無登字

鬬棊○棊通鑑作旗考異曰封禪書郊祀志俱作棊獨史記孝武紀作旗按漢武故事云欒大嘗於殿前樹旌數百枚令旌自相擊翻翻竟庭中去地十餘丈觀者皆駭然則作旗字者是也

居月餘得四印○ 臣召南 按得字當依史記作佩以下文大見數月佩六印証之可知

鼎曷爲出哉注未獲年豐之報也○報字監本訛穀今改正

迺令人上石立之泰山顚○ 臣召南 按後書祭祀志引此文注風俗通曰石高二丈一尺刻之曰事天以禮立身以義事父以孝成民以仁四海之內莫不爲郡縣四夷八蠻咸來貢職與天無極人民蕃息天祿永得共四十五字此石立山巔卽馬第伯封禪儀記所云封所始皇立石及闕在南方漢武在其北二十餘步者又山下有一石時用五車不能上因置山下爲屋號五車石詳後志注

下詔改元爲元封○宋本作改元封元年

前漢書卷二十五下

漢　蘭　臺　令　史班　固撰

唐正議大夫行秘書少監琅邪縣開國子顏師古注

郊祀志第五下

是時既滅兩粵粵人勇之乃言粵人俗鬼（師古曰勇之越人名也俗鬼言其土俗尚鬼神之事）而其祠皆見鬼數有効昔東甌王敬鬼壽百六十歲後世怠嫚故衰耗（師古曰耗減也音火到反）迺命粵巫立粵祝祠安臺無壇亦祠天神帝百鬼（師古曰天帝之神及百鬼）而以雞卜（李奇曰持雞骨卜如鼠卜）上信之粵祠雞卜自此始用（師古曰言國家始用）公孫卿曰僊人可見上往常遽以故不見（師古曰遽速也音其庶反）今陛下可爲館如緱氏城（師古曰依其制度也）置脯棗神人宜可致且僊人好樓居於是上令長安則作飛廉桂館（師古曰飛廉館及桂館二名也）甘泉則作益壽延壽館（師古曰益壽延壽二館名）使卿持節設具而候神人迺作通天臺（師古曰漢舊儀云臺高三十丈望見長安城）置祠具其下將招來神僊之屬於是甘泉更置前殿始廣諸宮室夏有芝生甘泉殿房內中天子爲塞河興通天若有光云（師古曰爲塞河及造通天臺而有神光之應故赦天下也）迺下詔甘泉房中生芝九莖赦天下無令復作○宋祁曰南本云迺下詔字下無十二字 其明年伐朝鮮夏旱公孫卿曰黃帝時封則天旱乾封三年（師古曰三歲不雨暴所封之土令乾也）上迺下詔天旱意乾封乎（鄭氏曰言適新封則致旱天欲乾我所封乎）其令天下尊祠靈星焉明年上郊雍五畤通回中道遂北出蕭關歷獨鹿鳴澤（師古曰解並在武紀）自西河歸幸河東祠后土明年冬上巡南郡至江陵而東登禮灊之天柱山號曰南嶽（師古曰灊廬江縣天柱山在焉武帝以天柱山爲南嶽灊音潛）浮江自潯陽出樅陽（師古曰樅音千庸反）過彭蠡禮其名山川北至琅邪並海上（師古曰並音步浪反上音時掌反）四月至奉高修封焉初天子封泰山泰山東北阯古時有明堂處處險不敞（師古曰言其阻阨不顯敞）上欲治明堂奉高旁未曉其制度濟南人公玉帶上黃帝時明堂圖（師古曰公玉姓也帶名也呂氏春秋齊有公玉丹此蓋其舊族而說者讀公玉爲宿非也單姓玉者後漢司徒玉況自音宿耳）明堂中有一殿四面無壁以茅蓋通水水圜宮垣（師古曰圜繞也）爲復道上有樓從西南入（師古曰復讀曰複）名曰昆侖天子從之入以拜祀上帝焉於是上令奉高作明堂汶上如帶圖（師古曰汶水名也出琅邪朱虛作明堂於汶水之上也帶圖公玉帶所上明堂圖汶音問）及是歲脩封則祠泰一五帝於明堂上坐（師古曰坐音才臥反）合高皇帝祠坐對之（服虔曰漢是時未以高祖時配天故言對光武以來乃配之○劉敞曰按王莽奏事文帝祠泰一巳用高祖配矣何謂未乎宋祁曰注文高祖時配天時字當刪）祠后土於下房以二十太牢天子從昆侖道入始拜明堂如郊禮畢尞堂下而上（師古曰尞古燎字○劉敞曰而上字屬下句）又上泰山自有祕祠其顚而泰山下祠五帝各如其方黃帝并赤帝所（師古曰與赤帝同處）有司侍祠焉山上舉火下悉應之還幸甘泉郊泰畤春幸汾陰祠后土○宋祁曰姚本春字上有明年二字 明年幸泰山以十一月甲子朔旦冬至日祀上帝於明堂後每修封○宋祁曰越本每作毋新本無後字但云毋修封 其贊饗曰天增授皇帝泰元神策周而復始皇帝敬拜泰一（師古曰自此以上贊祝者辭）東至海上考入海及方士求神者莫驗然益遣幾遇之（師古曰益多也幾讀曰冀言更遣人求之冀必遇也）乙酉柏梁災十二月甲午朔上親禪高里（師古曰高里山名解在武紀）祠后土臨勃海將以望祀蓬萊之屬幾至殊庭焉（師古曰殊庭蓬萊中僊人庭也幾讀曰冀）上還以柏梁災故受計甘泉公孫卿曰黃帝就青靈臺十二日燒（師古曰就成也造臺適成經十二日卽遇火燒）黃帝乃治明庭明庭甘泉也方士多言古帝王有都甘泉者其後天子又朝諸侯甘泉甘泉作諸侯邸勇之迺曰粵俗有火災復起屋必以大用勝服之於是作建章宮度爲千門萬戶前殿度高未央（師古曰度量也音大各反）其東則鳳闕高二十餘丈（師古曰三輔故事云其闕圜上有銅鳳凰）其西則商中數十里虎圈（如淳曰商中商庭也師古曰商金也於序在秋故謂西方之庭爲商庭言廣數十里於菟亦西方之獸故於此置其圈也）其北治大池漸臺高二十餘丈名曰泰液（師古曰漸浸也臺在池中爲水所浸故曰漸臺一音子廉反三輔黃圖或爲藏字藏亦浸耳○宋祁曰泰液淳化本作泰浸予按昭紀黃鵠下建章宮太液池無泰浸也）池中有蓬萊方丈瀛洲壺梁象海中神山龜魚之屬（師古曰三輔故事云池北岸有石魚長二丈高五尺西岸有石龜三枚長六尺）其南有玉堂璧門大鳥之屬（師古曰立大鳥象也）立神明臺井幹樓高五十丈輦道相屬焉（師古曰漢宮閣疏云神明臺高五十丈上有九室恒置九天道士百人然則神明井幹俱高五十丈也井幹樓積木而高爲樓若井幹之形也井幹者井上木欄也其形或四角或八角張衡西京賦云井幹疊而百層卽謂此樓也幹或作翰其義並同○宋祁曰邵本翰作韓）夏漢改歷以正月爲歲首而色上黃官更印章以五字（師古曰解在武紀）因爲太初元年是歲西伐大宛蝗大起丁夫人雒陽虞初等（應劭曰丁夫人其先丁復本越人封陽都侯夫人其後以詛軍爲功韋昭曰丁姓夫人名也）以方祠詛匈奴大宛焉明年有司言雍五畤無牢孰具芬芳不備迺令祠官進畤犢牢具色食所勝（孟康曰若火勝金則祠赤帝以白牲也）而以木寓馬代駒云○宋祁曰南本無木馬二字 及諸名山川用駒者悉以木寓馬代獨行過親祠迺用駒它禮如故明年東巡海上考神僊之屬未有驗者方士有言黃帝時爲五城十二樓（應劭曰昆侖玄圃五城十二樓僊人之所常居）以候神人於執期（鄭氏曰地名也）名曰迎年（師古曰迎年若云新年）上許作之如方名曰明年（師古曰言明其得延年也）上親禮祠上犢黃焉公玉帶曰黃帝時雖封泰山然風后封鉅岐伯令黃帝封東泰山（韋昭曰風后封鉅岐伯皆黃帝臣也臣瓚曰東泰山在琅邪朱虛界中有小泰山是）禪凡山（師古曰凡山在朱虛縣見地理志也○宋祁曰也字當刪）合符然後不死天子既令設祠具至東泰山東泰山卑小不稱其聲迺令祠官禮之而不封焉其後令帶奉祠候神物復還泰山修五年之禮如前（○宋祁曰南本修皆作脩）而加禪祠石閭石閭者在泰山下阯南方（師古曰下基之南面）方士言僊人閭也故上親禪焉其後五年復至泰山修封還過祭恒山自封泰山後十三歲而周偏於五嶽四瀆矣後五年復至泰山修封東幸琅邪禮日成山登之罘浮大海用事八神延年（師古曰解並在武紀延年卽上所謂迎年者）又祠神人於交門宮若有鄉坐拜者云（師古曰如有神人景象嚮祠坐而拜也事具在武紀鄉讀與嚮同）後五年上復修封于泰山東游東萊臨大海是歲雍縣無雲如靁者三（師古曰靁古雷字空有雷聲也）或如虹氣蒼黃若飛鳥集棫陽宮南（師古曰棫音域）聲聞四百里隕石二黑如黳有司以

爲美祥以薦宗廟而方士之候神入海求蓬萊者終無驗公孫卿猶目大人之迹爲解師古曰言見大人之跡以自解說也天子猶羈縻不絕師古曰羈縻繫聯之意馬絡頭曰羈也牛靷曰縻幾遇其眞師古曰幾讀曰冀諸所興如薄忌泰一及三一冥羊馬行赤星五牀寬舒之祠官李奇曰皆祠名以歲時致禮凡六祠皆大祝領之至如八神諸明年凡山它名祠行過則祠去則已方士所興祠各自主其人終則已祠官不主它祠皆如故甘泉泰一汾陰后土三年親郊祠而泰山五年一修封武帝凡五修封昭帝即位富於春秋未嘗親巡祭云宣帝即位由武帝正統興故立三年尊孝武廟爲世宗行所巡狩郡國皆立廟告祠世宗廟日有白鶴集後庭以立世宗廟告祠孝昭寢有鴈五色集殿前西河築世宗廟神光興于殿旁有鳥如白鶴前赤後青神光又興于房中如燭狀廣川國世宗廟殿上有鐘音門戶大開夜有光殿上盡明上迺下詔赦天下時大將軍霍光輔政上共已正南面師古曰共讀曰恭非宗廟之祀不出十二年迺下詔曰蓋聞天子尊事天地脩祀山川古今通禮也間者上帝之祠闕而不親十有餘年朕甚懼焉朕親飭躬齊戒親奉祀爲百姓蒙嘉氣獲豐年焉明年正月上始幸甘泉郊見泰時數有美祥修武帝故事盛車服敬齊祠之禮頗作詩歌其三月幸河東祠后土有神爵集改元爲神爵制詔太常夫江海百川之大者也今闕焉無祠其令祠官以禮爲歲事師古曰言每歲常祠之以四時祠江海雒水祈爲天下豐年焉自是五嶽四瀆皆有常禮東嶽泰山於博中嶽泰室於嵩高南嶽灊山於灊師古曰灊與潛同也西嶽華山於華陰北嶽常山於上曲陽師古曰上曲陽常山郡之縣也河於臨晉師古曰馮翊之縣也臨河西岸江於江都師古曰廣陵之縣也淮於平氏師古曰南陽之縣也濟於臨邑界中師古曰東郡之縣也皆使者持節侍祠唯泰山與河歲五祠江水四餘皆一禱而三祠云時南郡獲白虎獻其皮牙爪上爲立祠又目方士言爲隨侯劍寶玉寶璧周康寶鼎立四祠於未央宮中○劉敞曰四祠隨侯珠一也劍寶即斬蛇劍二也玉寶璧即受命寶和氏璧三也三物皆漢天子世傳者并周康寶鼎爲四周康寶鼎似汾上所獲鼎也又祠太室山於即墨三戶山於下密師古曰即墨下密皆膠東之縣也祠天封苑火井於鴻門如淳曰地理志西河鴻門縣有天封苑火井祠火從地中出又立歲星辰星太白熒惑南斗祠於長安城旁○宋祁曰南本無城字又祠參山八神於曲城師古曰東萊之縣也蓬山石社石鼓於臨朐師古曰臨朐齊郡縣也朐音劬地理志蓬山作逢山也之罘山於腄成山於不夜萊山於黃應劭曰腄音甄晉灼曰腄不夜黃縣皆屬東萊師古曰腄音丈瑞反成山祠日萊山祠月又祠四時於琅邪蚩尤於壽良師古曰東郡之縣也京師近縣鄠則有勞谷五牀山日月五

帝僊人玉女祠雲陽有徑路神祠祭休屠王也師古曰休屠匈奴王號也徑路神本匈奴之祠也休音許虯反屠音除又立五龍山僊人祠及黃帝天神帝原水凡四祠於膚施師古曰膚施上郡之縣也或言益州有金馬碧雞之神如淳曰金形似馬碧形似雞可醮祭而致於是遣諫大夫王褒使持節而求之大夫劉更生獻淮南枕中洪寶苑祕之方師古曰洪大也苑祕者言祕術之苑囿也令尚方鑄作事不驗更生坐論京兆尹張敞上疏諫曰願明主時忘車馬之好斥遠方士之虛語師古曰遠音于萬反游心帝王之術太平庶幾可興也後尚方待詔皆罷是時美陽得鼎獻之師古曰美陽扶風之縣也下有司議多以爲宜薦見宗廟如元鼎時故事張敞好古文字按鼎銘勒而上議曰臣聞周祖始乎后稷后稷封于斄師古曰斄讀與邰同今武功故城是公劉發迹於豳師古曰今豳州是也大王建國於郊梁師古曰梁山在岐山之東九嵕之西非夏陽之梁山也郊古岐字文武興於酆鎬師古曰酆今長安城西豐水上也鎬在昆明池北由此言之則郊梁酆鎬之間周舊居也固宜有宗廟壇場祭祀之臧今鼎出于郊東中有刻書曰王命尸臣官此栒邑師古曰尸臣主事之臣也栒邑即豳地是也栒音荀賜爾旂鸞黼黻琱戈師古曰交龍爲旂鸞謂有鸞之車也黼黻冕服也琱戈刻鏤之戈也琱與彫同尸臣拜手稽首曰敢對揚天子丕顯休命師古曰拜手首至於手也臣愚不足以迹古文師古曰尋其文迹竊以傳記言之此鼎殆周之所以褒賜大臣大臣子孫刻銘其先功臧之于宮廟也昔寶鼎之出於汾脽也河東太守以聞詔曰朕巡祭后土祈爲百姓蒙豐年師古曰爲音于僞反今穀嗛未報師古曰嗛少意也言穀稼尚少未獲豐年也嗛音苦簟反鼎焉爲出哉博問耆老意舊臧與服虔曰言鼎豈舊臧於此地師古曰與讀曰歟誠欲考得事實也有司驗脽上非舊臧處鼎大八尺一寸高三尺六寸殊異於衆鼎今此鼎細小又有款識師古曰款刻也識記也音式志反不宜薦見於宗廟制曰京兆尹議是上自幸河東之明年正月鳳凰集祋栩師古曰祋栩馮翊之縣也祋音丁活反又丁外反栩音況矩反○宋祁曰況矩反姚本作王矩反於所集處得玉寶○宋祁曰姚本所作是起步壽宮迺下詔赦天下後間歲鳳皇神爵甘露降集京師師古曰間歲隔一歲也赦天下其冬鳳皇集上林迺作鳳皇殿目荅嘉瑞師古曰荅應也明年正月復幸甘泉郊泰時改元曰五鳳明年幸雍祠五時其明年春幸河東祠后土赦天下後間歲改元爲甘露正月上幸甘泉郊泰時其夏黃龍見新豐建章未央長樂宮鐘虡銅人皆生毛長一寸所師古曰虡神獸名也縣鐘之木刻飾爲之因名曰虡也時以爲美祥後間歲正月上郊泰時因朝單于於甘泉宮後間歲改元爲黃龍正月復幸甘泉郊泰時又朝單于於甘泉宮至冬而崩鳳皇下郡國凡五十餘所元帝即位遵舊儀間歲正月一幸甘泉郊泰時又東至河東祠后土西

至雍祠五時凡五奉泰時后土之祠亦施恩澤時所過毋出田租賜百戶牛酒師古曰言有時如此不常然也或賜爵赦罪人元帝好儒貢禹韋玄成匡衡等相繼爲公卿禹建言漢家宗廟祭祀多不應古禮上是其言後韋玄成爲丞相議罷郡國廟自太上皇孝惠帝諸園寢廟皆罷後元帝寢疾夢神靈譴罷諸廟祠上遂復焉後或罷或復至哀平不定語在韋玄成傳成帝初即位丞相衡御史大夫譚師古曰衡匡衡譚張譚奏言帝王之事莫大乎承天之序承天之序莫重於郊祀故聖王盡心極慮以建其制祭天於南郊就陽之義也瘞地於北郊即陰之象也師古曰祭地曰瘞薶故云瘞地也即就也天之於天子也因其所都而各饗焉往者孝武皇帝居甘泉宮即於雲陽立泰時祭於宮南今行常幸長安○宋祁曰淳化本無行字郊見皇天反北之泰陰祠后土反東之少陽事與古制殊又至雲陽行谿谷中阸陝且百里汾陰則渡大川有風波舟楫之危師古曰楫音集其字從木○宋祁曰建本楫音即涉反此云音集疑非是皆非聖主所宜數乘郡縣治道共張吏民困苦師古曰共讀曰供音居用反張音竹亮反下皆類此百官煩費勞所保之民行危險之地師古曰保養也難以奉神靈而祈福祐殆未合於承天子民之意昔者周文武郊於豐鄗成王郊於雒邑由此觀之天隨王者所居而饗之可見也甘泉泰時河東后土之祠宜可徙置長安合於古帝王願與羣臣議定奏可大司馬車騎將軍許嘉等八人以爲所從來久遠宜如故右將軍王商博士師丹議郎翟方進等五十人以爲禮記曰燔柴於太壇祭天也瘞薶於太折祭地也韋昭曰太折謂爲壇於昭晰地也師古曰折曲也言方澤之形四曲折也兆於南郊所以定天位也鄧展曰除地爲營域有形兆也祭地於太折在北郊就陰位也郊處各在聖王所都之南北書曰越三日丁巳用牲于郊牛二師古曰周書洛誥之辭周公加牲告徙新邑定郊禮於雒明王聖主事天明事地察天地明察神明章矣天地以王者爲主故聖王制祭天地之禮必於國郊長安聖主之居皇天所觀視也甘泉河東之祠非神靈所饗宜徙就正陽大陰之處違俗復古循聖制定天位如禮便於是衡譚奏議曰陛下聖德忽明上通師古曰忽與聽同承天之大典覽羣下使各悉心盡慮議郊祀之處天下幸甚臣聞廣謀從衆則合於天心○宋祁曰南本作合於天下心故洪範曰三人占則從二人言師古曰洪範周書也言少從多之義也論當往古宜於萬民則依而從之師古曰論議也音來頓反違道寡與則廢而不行今議者五十八人其五十人言當從之義皆著於經傳同於上世便於吏民八人不按經蓺考古制而以爲不宜無法之議難以定吉凶太誓曰正稽

古立功立事可以永年丕天之大律師古曰今文泰誓周書也稽考也永長也丕奉也律法也言正考古道而立事則可長年享有天下是則奉天之大法也詩曰毋曰高高在上陟降厥士日監在茲師古曰詩周頌敬之詩也陟升也士事也言無謂天之高而又高遠在上而不加敬天乃上下升降日日監觀於此視人之所爲者耳言天之日監王者之處也又曰迺眷西顧此維予宅師古曰大雅皇矣之詩也宅居也言天眷然西顧以周國爲居也商紂在東故謂周爲西也言天以文王之都爲居也宜於長安定南北郊爲萬世基天子從之旣定衡言甘泉泰時紫壇八觚宣通象八方服虔曰八觚如今社壇也師古曰觚角也五帝壇周環其下又有羣神之壇以尚書禋六宗望山川徧羣神之義紫壇有文章采鏤黼黻之飾及玉女樂師古曰漢舊儀云祭天用六綵綺席六重用玉几玉飾器凡七十女樂即禮樂志所云使童男童女俱歌也石壇僊人祠瘞鸞路騂駒寓龍馬不能得其象於古臣聞郊柴饗帝之義埽地而祭上質也歌大呂舞雲門以竢天神歌太蔟舞咸池以竢地祇師古曰此周禮也大呂合於黃鐘黃鐘陽聲之首也雲門黃帝樂也太蔟陽聲次二者也咸池堯樂也其牲用犢其席槀稭其器陶匏師古曰陶瓦器匏瓠也稭音戛皆因天地之性貴誠上質不敢修其文也以爲神祇功德至大雖修精微而備庶物猶不足以報功唯至誠爲可故上質不飾以章天德紫壇僞飾女樂鸞路騂駒龍馬石壇之屬宜皆勿修衡又言王者各以其禮制事天地非因異世所立而繼之師古曰異世謂前代今雍鄜密上下時晉灼曰秦文公宣公所立時也本秦侯各以其意所立非禮之所載術也漢興之初儀制未及定即且因秦故祠復立北時今既稽古建定天地之大禮郊見上帝青赤白黃黑五方之帝皆畢陳各有位饌祭祀備具諸侯所妄造王者不當長遵及北時未定時所立師古曰謂高祖之初禮儀未定不宜復修天子皆從焉及陳寶祠由是皆罷明年上始祀南郊赦奉郊之縣及中都官耐罪囚徒師古曰中都官京師諸官府也是歲衡譚復條奏長安厨官縣官給祠郡國候神方士使者所祠凡六百八十三所其二百八所應禮及疑無明文可奉祠如故其餘四百七十五所不應禮或復重師古曰復音扶目反重音丈龍反請皆罷奏可本雍舊祠二百三所唯山川諸星十五所爲應禮云若諸布諸嚴諸逐皆罷杜主有五祠置其一又罷高祖所立梁晉秦荊巫九天南山萊中之屬及孝文渭陽孝武薄忌泰一三一黃帝冥羊馬行泰一皐山山君武夷夏后啓母石○宋祁曰本無石字萬萬里沙○宋祁曰姚本無一萬字八神延年之屬及孝宣參山蓬山之罘成山萊山四時蚩尤勞谷五牀僊人玉女徑路黃帝天神原水之屬皆罷候神○宋祁曰參山子據孝宣祠參山八神於曲城蓬山於臨朐與此相應不然太山自在五嶽何可罷之方士使者副佐本草待詔七十餘人皆歸家師古曰本草待詔謂以方藥本草而待詔者

明年匡衡坐事免官爵衆庶多言不當變動祭祀者又初罷甘泉泰畤作南郊日大風壞甘泉竹宮折拔畤中樹木十圍以上百餘天子異之以問劉向對曰宋祁曰向字下當更有字家人尚不欲絕種祠師古曰家人謂庶人之家也種祠繼嗣所傳祠也況於國之神寶舊畤且甘泉汾陰及雍五畤始立皆有神祇感應然後營之非苟而已也武宣之世奉此三神禮敬敕備師古曰敕整也神光尤著祖宗所立神祇舊位誠未易動及陳寶祠自秦文公至今七百餘歲矣漢興世世常來光色赤黃長四五丈直祠而息音聲砰隱野雞皆雊師古曰直當也息止也當祠處而止也砰音普萌反每見雍太祝祠以太牢遣候者乘傳馳詣行在所師古曰報祠之來也傳音丁戀反以為福祥高祖時五來文帝二十六來武帝七十五來宣帝二十五來初元元年以來亦二十來此陽氣舊祠也及漢宗廟之禮不得擅議皆祖宗之君與賢臣所共定古今異制經無明文至尊至重難以疑說正也前始納貢禹之議後人相因多所動搖易大傳曰誣神者殃及三世恐其咎不獨止禹等上意恨之師古曰恨悔也後上以無繼嗣故令皇太后詔有司曰○宋祁曰令字下疑有白字蓋聞王者承事天地交接泰一尊莫著於祭祀孝武皇帝大聖通明始建上下之祀師古曰上下謂天地營泰畤于甘泉定后土于汾陰而神祇安之饗國長久子孫蕃滋師古曰蕃音扶元反累世遵業福流于今今皇帝寬仁孝順奉循聖緒靡有大愆而久無繼嗣思其咎職師古曰職主也咎過主於此也始在徙南北郊違先帝之制改神祇舊位失天地之心以妨繼嗣之福春秋六十未見皇孫師古曰皇太后自謂食不甘味寢不安席朕甚悼焉春秋大復古善順祀師古曰以復古為大以順祀為善也其復甘泉泰畤汾陰后土如故及雍五畤陳寶祠在陳倉者天子復親郊禮如前又復長安雍及郡國祠著明者且半成帝末年頗好鬼神亦以無繼嗣故多上書言祭祀方術者皆得待詔祠祭上林苑中長安城旁費用甚多然無大貴盛者谷永說上曰臣聞明於天地之性不可惑以神怪知萬物之情不可罔以非類師古曰罔猶蔽○宋祁曰注末當添也字諸背仁義之正道不遵五經之法言而盛稱奇怪鬼神廣崇祭祀之方求報無福之祠○宋祁曰祠當作祀及言世有僊人服食不終之藥遙興輕舉如淳曰遙遠也興舉也師古曰遙古遙字也興起也謂起而遠去也登遐倒景如淳曰在日月之上反從下照故其景倒師古曰遐亦遠也○宋祁曰注文反字上當添日月二字覽觀縣圃浮游蓬萊李奇曰崑崙九成上有縣圃縣圃之上即閶闔天門耕耘五德朝種暮穫晉灼曰翼氏風角五德東方甲南方丙西方庚北方壬中央戊種五色禾於此地耕耘也而與山石無極師古曰言獲長壽比於山石無窮也黃冶變化晉灼曰黃者鑄黃金也道家言冶丹砂令變化可鑄作黃金也堅冰淖溺晉灼曰方士詐以藥石若陷冰丸投之冰上冰即消液因假為神仙道使然也或曰謂冶金令可餌也師古曰或說非也淖濡甚也音女教反化色五倉之術者李奇曰思身中有五色腹中有五倉神五色存則不死五倉存則不饑皆姦人惑衆挾左道懷詐偽以欺罔世主師古曰左道邪僻之道非正義也聽其言洋洋滿耳若將可遇師古曰洋洋美盛之貌也洋音羊又音祥求之盪盪如係風捕景終不可得師古曰盪盪空曠之貌也盪音蕩是以明王距而不聽聖人絕而不語師古曰謂孔子不語怪神昔周史萇弘欲以鬼神之術輔尊靈王會朝諸侯而周室愈微諸侯愈叛楚懷王隆祭祀事鬼神欲以獲福助卻秦師師古曰卻退也音丘略反而兵挫地削身辱國危秦始皇初并天下甘心於神僊之道遣徐福韓終之屬多齎童男童女入海求神采藥因逃不還天下怨恨漢興新垣平齊人少翁公孫卿欒大等皆以僊人黃冶祭祠事鬼使物入海求僊采藥貴幸賞賜累千金大尤尊盛至妻公主爵位重絫震動海內師古曰絫古累字元鼎元封之際燕齊之間方士瞋目扼腕言有神僊祭祠致福之術者以萬數其後平等皆以術窮詐得誅夷伏辜師古曰詐得謂主上得其詐偽之情至初元中有天淵玉女鉅鹿神人轑陽侯師張宗之姦紛紛復起師古曰轑陽侯江仁也元帝時坐使家丞上印綬隨宗學仙免官轑音遼夫周秦之末三五之隆師古曰三謂三皇五謂五帝也○劉奉世曰周秦之末三五之隆語有害而理未通疑有誤三五似指三世五世而言謂文武之時也蓋上文可見宋祁曰顏注三三五五之隆疑非是余謂五字當作主蓋指漢三主耳新垣平事則文帝時也元鼎元封則武帝時也初元則元帝時也指異代則曰周秦之末於今世則曰三主之隆文意較然明甚師古於漢書他所是正者甚多而不察於此所未諭也已嘗專意散財厚爵祿竦精神舉天下以求之矣曠日經年靡有毫氂之驗足以揆今經曰享多儀儀不及物惟曰不享師古曰周書洛誥之辭也言祭享之道唯以絜誠若多其容儀而不及禮物則不為神所享也論語說曰子不語怪神師古曰說謂論語之說也唯陛下距絕此類毋令姦人有以窺朝者上善其言後成都侯王商為大司馬衛將軍輔政杜鄴說商曰東鄰殺牛不如西鄰之禴祭師古曰此易既濟九五爻辭也東鄰謂商紂也西鄰周文王也禴祭謂禴煮新菜以祭言祭祀之道莫盛修德故紂之牛牲不如文王之蘋藻也禴音藥言奉天之道貴以誠質大得民心也行穢祀豐猶不蒙祐德修薦薄吉必大來古者壇場有常處燎禋有常用師古曰燎古燎字贊見有常禮犧牲玉帛雖備而財不匱車輿臣役雖動而用不勞是故每舉其禮助者歡說師古曰助謂助祭也說讀曰悅大路所歷黎元不知師古曰大路天子祭天所乘之車也黎元不知言無徭費不勞於下也今甘泉河東天地郊祀咸失方位違陰陽之宜及雍五畤皆曠遠奉尊之役休而復起繕治共張無解已時皇天著象殆可略知前上甘泉先敺失道師古曰敺與驅字同禮月之夕奉引復迷韋昭曰奉引前導引車祠后土還臨河當渡疾風起波船不可御又雍大雨壞平陽宮垣迺三月甲子震電災林光宮門孟康曰甘泉一名林光師古曰林光秦離宮名也漢又於其旁起甘泉宮非一名也祥瑞未著咎徵仍臻迹三郡所奏皆有變故師古曰迹謂觀其事迹也不荅不饗何以甚此師古曰不荅不當天意也不饗不為天所饗也詩曰率由舊章師古曰大雅假樂之詩也率循也由用也循用舊典之文章也舊章先王法度文王以之交神于祀子孫千億宜如異時公卿之議復還長安南北郊後數年成帝崩皇太后詔有司曰皇帝即位思順天心遵經義定郊禮天下說憙師古曰說讀曰悅懼未有皇孫故復甘泉泰畤汾陰后土庶幾獲福皇帝恨難之卒未得其祐其復南北郊長安如故以順皇帝之意也哀帝即位寢疾博徵方術士京師諸縣皆有侍祠使者盡復前世所常興諸神祠官凡七百餘所一歲三萬七千祠云明年復令太皇太后詔有司曰皇帝孝順奉承聖業靡有解怠師古曰解讀曰懈而久疾未瘳夙夜唯思殆繼體之君不宜改作其復甘泉泰畤汾陰后土祠如故上亦不能親至遣有司行事而禮祠焉後三年哀帝崩平帝元始五年大司馬王莽奏言王者父事天故爵稱天子孔子曰人之行莫大於孝孝莫大於嚴父嚴父莫大於配天師古曰孝經載孔子之言王者尊其考欲以配天緣考之意欲尊祖推而上之遂及始祖是以周公郊祀后稷以配天宗祀文王於明堂以配上帝禮記天子祭天地及山川歲徧春秋穀梁傳以十二月下辛卜正月上辛郊師古曰豫卜郊之日高皇帝受命因雍四畤起北畤而備五帝未共天地之祀師古曰共讀曰恭孝文十六年用新垣平初起渭陽五帝廟祭泰一地祇以太祖高皇帝配日冬至祠泰一夏至祠地祇皆并祠五帝而共一牲○宋祁曰牲景德本作特上親郊拜後平伏誅迺不復自親而使有司行事孝武皇帝祠雍曰今上帝朕親郊而后土無祀則禮不荅也於是元鼎四年十一月丙子始立后土祠於汾陰或曰五帝泰一之佐宜立泰一五年十一月癸未始立泰一祠於甘泉三歲一郊與雍更祠師古曰更音工衡反亦以高祖配不歲事天皆未應古制建始元年徙甘泉泰畤河東后土於長安南北郊永始元年三月以未有皇孫復甘泉河東祠綏和二年以卒不獲祐復長安南北郊建平三年懼孝哀皇帝之疾未瘳復甘泉汾陰祠竟復無福臣謹與太師孔光長樂少府平晏大司農左咸中壘校尉劉歆大中大夫朱陽博士薛順議郎國由等六十七人議皆曰宜如建始時丞相衡等議復長安南北郊如故莽又頗改其祭禮曰周官天墬之祀師古曰墬古地字也下皆類此樂有別有合其合樂曰以六律六鐘五聲八音六舞大合樂祀天神祭墬祇祀四望祭山川享先妣先祖師古曰此周禮春官大司樂之職也六律合陽聲者六鐘以六律六鐘之均也五聲宮商角徵羽八音金石絲竹匏土革木六舞雲門咸池大韶大夏大濩大武也大合樂者徧作之也先妣姜嫄也先祖先王先公也凡六樂奏六歌而天墬神祇之物皆至師古曰謂一變而致羽物及川澤之祇二變而致臝物及山林之祇三變而致鱗物及丘陵之祇四變而致毛物及墳衍之祇五變而致介物及地祇六變而致象物及天神四望蓋謂日月星海也三光高而不可得親海廣大無限界故其樂同祀天則天文從祭墬則墬理從三光天文也山川地理也天地合祭先祖配天先妣配墬其誼一也天墬合精夫婦判合祭天南郊則以墬配一體之誼也天墬位皆南鄉同席師古曰鄉讀曰嚮其下並同墬在東共牢而食高帝高后配于壇上西鄉后在北亦同席共牢牲用繭栗師古曰謂牛角如繭及栗者牛之小也玄酒陶匏禮記曰天子籍田千畮以事天墬師古曰畮古畝字繇是言之宜有黍稷師古曰繇讀與由同天地用牲一燔尞瘞薶用牲一高帝高后用牲一天用牲左及黍稷燔尞南郊墬用牲右及黍稷瘞于北郊其旦東鄉再拜朝日其夕西鄉再拜夕月然後孝弟之道備而神祇嘉享萬福降輯師古曰輯與集同此天墬合祀以祖妣配者也其別樂曰○宋祁曰邵本無別字冬日至於墬上之圜丘奏樂六變則天神皆降夏日至於澤中之方丘奏樂八變則墬祇皆出師古曰此亦春官大司樂之職也天神之樂圜鍾為宮黃鍾為角太蔟為徵姑洗為羽雷鼓雷鼗孤竹之管雲和之琴瑟雲門之舞地祇之樂函鍾為宮太蔟為角姑洗為徵南呂為羽靈鼓靈鼗孫竹之管空桑之琴瑟咸池之舞先奏是樂以致其神禮之以玉然後合樂而祭天墬有常位不得常合此其各特祀者也陰陽之別於日冬夏至其會也以孟春正月上辛若丁天子親合祀天墬于南郊以高帝高后配陰陽有離合易曰分陰分陽迭用柔剛師古曰易說卦之辭也陽為剛陰為柔既分則剛柔迭用也迭音大結反以日冬至使有司奉祠南郊高帝配而望羣陽日夏至使有司奉祭北郊高后配而望羣陰皆以助致微氣通道幽弱師古曰道讀曰導當此之時后不省方師古曰謂冬夏日至之時后君也方常也不親常務故天子不親而遣有司所以正承天順地○宋祁曰一本作承順天地復聖王之制顯太祖之功也渭陽祠勿復修羣望未悉定定復奏奏可三十餘年間天墬之祠五徙焉後莽又奏言書曰類於上帝禋于六宗師古曰虞書舜典也並已解於上歐陽大小夏侯三家說六宗皆曰上不及天下不及墬旁不及四方在六者之間助陰陽變化實一而名六名實不相應禮記祀典功施於民則祀之天文日月星辰所昭仰也地理山川海澤所生殖也易有八卦乾坤六子水火不相逮雷風不相誖山澤通氣然後能變化既成萬物也師古曰乾為父坤為母震為長男巽為長女坎為中男離為中女艮為少男兌為少女故云六子也水火坎離也雷風震巽也山澤艮兌也逮及誖亂也既盡也靁古雷字也誖音布內反臣前奏徙甘泉泰畤汾陰后土皆復于南北郊謹按周官兆五帝于四郊

山川各因其方師古曰春官小宗伯之職也兆謂爲壇之營域也五帝於四郊謂青帝於東郊赤帝及黃帝於南郊白帝於西郊黑帝於北郊也各因其方謂順其所在也今五帝兆居在雍五畤不合於古又日月靁風山澤易卦六子之尊氣所謂六宗也星辰水火溝瀆皆六宗之屬也今或未特祀或無兆居謹與太師光大司徒宮羲和歆等八十九人議皆曰天子父事天母事墬今稱天神曰皇天上帝泰一兆曰泰畤而稱墬祇曰后土與中央黃靈同又兆北郊未有尊稱宜令墬祇稱皇墬后祇兆曰廣畤易曰方以類聚物以羣分師古曰易上繫之辭也方謂所向之地分羣神以類相從爲五部兆天墬之別神中央帝黃靈后土畤及日廟北辰北斗塡星中宿中宮于長安城之未墬兆東方帝太昊青靈勾芒畤及靁公風伯廟歲星東宿東宮于東郊兆南方炎帝赤靈祝融畤及熒惑星南宿南宮于南郊兆西方帝少皞白靈蓐收畤及太白星西宿西宮于西郊兆北方帝顓頊黑靈玄冥畤及月廟雨師廟辰星北宿北宮于北郊兆○劉敞曰兆字衍奏可於是長安旁諸廟兆畤甚盛矣莽又言帝王建立社稷百王不易社者土也宗廟王者所居稷者百穀之主所以奉宗廟共粢盛師古曰共讀與供同人所食以生活也王者莫不尊重親祭自爲之主禮如宗廟詩曰乃立冢土師古曰大雅緜之詩也冢大也土土神謂大社也又曰以御田祖以祈甘雨師古曰小雅甫田之詩也田祖稷神也言設樂以御祭於神爲農求甘雨也禮記曰唯祭宗廟社稷爲越紼而行事李奇曰引棺車謂之紼當祭天地五祀則越紼而行事不以私喪廢公祀師古曰紼引車索也音弗聖漢興禮儀稍定已有官社未立官稷臣瓚曰高帝除秦社稷立漢社稷禮所謂太社也時又立官社配以夏禹所謂王社也見漢祀令而未立官稷至此始立之世祖中興不立官稷相承至今也遂於官社後立官稷以夏禹配食官社后稷配食官稷稷種穀樹師古曰穀樹楮樹也其子類穀故於稷種之徐州牧歲貢五色土各一斗莽篡位二年興神僊事以方士蘇樂言起八風臺於宮中臺成萬金師古曰費直萬金也作樂其上順風作液湯如淳曰藝文志有液湯經其義未聞也又種五粱禾於殿中師古曰五色禾也谷永所謂耕耘五德也各順色置其方面先鬻鶴髓毒冒犀玉二十餘物漬種師古曰鬻古煑字也髓古髓字也謂鬻取汁以漬穀子也毒音代冒音莫內反○宋祁曰髓景本作髓別本並從左與此本不同計粟斛成一金言此黃帝穀僊之術也以樂爲黃門郎令主之莽遂崈鬼神淫祀師古曰崈古崇字至其末年自天地六宗以下至諸小鬼神凡千七百所用三牲鳥獸三千餘種後不能備迺以雞當鶩鴈犬當麋鹿數下詔自以當僊語在其傳

贊曰漢興之初庶事草創唯一叔孫生略定朝廷之儀若迺正朔服色郊望之事數世猶未章焉至于孝文始以夏郊而張蒼據水德公孫臣賈誼更以爲土德卒不能明孝武之世文章爲盛太初改制而兒寬司馬遷等猶從臣誼之言李奇曰公孫臣賈誼服色數度遂順黃德彼以五德之傳從所不勝服虔曰傳音亭傳之傳五帝相承代常以金木水火相勝之法若火滅金便以火代金師古曰傳音張戀反秦在水德故謂漢據土而克之劉向父子以爲帝出于震故包羲氏始受木德師古曰包讀曰庖其後以母傳子終而復始自神農黃帝下歷唐虞三代而漢得火焉故高祖始起神母夜號著赤帝之符旗章遂赤自得天統矣鄧展曰向父子雖有此議時不施行至光武建武二年乃用火德色尚赤耳昔共工氏以水德間于木火師古曰共讀曰龔間音工莧反與秦同運非其次序故皆不永由是言之祖宗之制蓋有自然之應順時宜矣究觀方士祠官之變谷永之言不亦正乎不亦正乎○宋祁曰南本無下一句

前漢書卷二十五下考證

郊祀志下長安則作飛廉桂館甘泉則作益壽延壽館○臣召南按館字封禪書俱作觀又通天臺封禪書作通天莖臺

乃下詔甘泉房中生芝九莖赦天下無令復作○按監本及別本乃下詔之下無甘泉房中生芝九莖八字赦天下之下無無令復作四字今從宋本補

令奉高作明堂汶上如帶圖注汶水名也出琅邪朱虛作明堂于汶水之上也○臣召南按顏注汶水非也胡三省曰地理志明堂在奉高縣西南四里卽禹貢浮汶達濟之汶若琅邪汶水入濰而入海非立明堂處

上親禪高里注高里山名解在武紀○監本脫解在武紀四字從宋本添

其西則商中數十里虎圈○臣召南按商中封禪書作唐中通鑑從史記

諸所興如薄忌泰一云云注李奇曰皆祠名○監本訛皆同名今改正

南嶽灊山於灊○臣召南按南嶽衡山也自元封五年巡南郡至江陵而東登禮灊之天柱山號曰南嶽於是南嶽之名移於灊山而長沙湘南之衡山自古稱南嶽者反無祠矣

餘皆一禱而三祠云○臣召南按歐陽脩集古錄引漢西嶽華山碑云孝武皇帝脩封禪之禮巡省五嶽立祠其下宮曰集靈宮殿曰存僊殿門曰望僊門中宗之世使者持節歲一禱而三祠可爲此文確証但又云所謂集靈宮者他書皆不見惟見此碑則失考耳地理志華陰下自注集靈宮武帝起非明文乎

爲隨侯劍寶玉云云○劉敞曰四祠隨侯珠一也○臣浩按劉敞注則古本隨侯下有珠字後來本並脫耳

注周康寶鼎似汾上所獲鼎也○臣召南按劉敞解珠劍璧三物並確惟此句可疑上文言汾陰寶鼎明曰鼎大異于衆鼎文鏤無款識故但云寶鼎不云周康寶鼎也且四物祠于未央宮中並是宮中寶物若寶鼎則已迎至甘泉祀天之處不得于宮中立祠又後文張敞曰昔寶鼎出于汾脽有司驗脽上非舊藏處則所謂寶鼎者正以不知其來處爲神奇安得指實以周康乎敞說未確

又祠太室山于卽墨三戶山于下密○臣召南按太室山名同中岳嵩高三戶山名同三戶津山川固有同名異地者但以地理志証之此二山名俱誤膠東國卽墨有天室山祠非太室山也下密有三石山祠非三戶山也玩顏注云卽墨下密皆膠東之縣則唐初本必猶未訛

行谿谷中阸陝且百里○臣照按阸陝宋本監本並作阸陜今仍之然阸陜無通用之義究是誤字

舞咸池以竢地祇注咸池堯樂也○臣召南按顏注誤禮樂志明曰黃帝作咸池安得云堯樂乎

雍舊祠二百三所○臣召南按地理志右扶風雍有五畤太昊黃帝以下祠三百三所彼作三百此作二百未知孰誤

南山萊中之屬○臣召南按萊中應作秦中宋本監本並誤也上文高祖時南山巫祠南山秦中秦中者二世皇帝也注張晏曰成帝時匡衡奏罷之正指此文若東萊郡黃縣之萊君祠㡛縣之百支萊王祠並非高祖所立

及孝宣參山注宋祁云云○臣浩按參山据宋祁注則舊本作太山而祁改爲參山者也今從之

三五之隆師古注及劉奉世宋祁說○臣召南按顏說非也宋亦太巧且元帝無求僊事未若劉奉世謂三世文帝五世武帝爲確實

先鬻鶴髓○髓監本訛髓注同從宋本改正

前漢書卷二十六

漢　蘭　臺　令　史　班　固撰

唐正議大夫行秘書少監琅邪縣開國子顏師古注

天文志第六

凡天文在圖籍昭昭可知者經星常宿中外官凡百一十八名積數七百八十三星皆有州國官宮物類之象其伏見蚤晚邪正存亡虛實闊陿孟康曰伏見蚤晚謂五星也日月五星下道爲邪存謂列宿不虧也亡謂恒星不見虛實若天牢星實則囚多虛則開出之屬也闊陿若三台星相去遠近也及五星所行合散犯守陵歷鬭食孟康曰合同舍也散五星有變則其精散爲祅星也犯七寸以內光芒相及也陵相冒過也食星月相陵不見者則所蝕也韋昭曰自下往觸之曰犯居其宿曰守經之爲歷突掩爲陵星相擊爲鬭也彗孛飛流日月薄食張晏曰彗所以除舊布新也孛氣似彗飛謂飛星流謂流星也孟康曰飛絕迹而去也流光迹相連也日月無光曰薄京房易傳曰日月赤黃爲薄或曰不交而食曰薄韋昭曰氣往迫之爲薄虧毀曰食也暈適背穴抱珥虹蜺孟康曰暈日旁氣也適日之將食先有黑之變也背形如背字也穴多作鐍其形如玉鐍也抱氣向日也珥形點黑也如淳曰暈讀曰運虹或作虹蜺讀曰齧螮蝀謂之虹表云雄爲虹雌爲蜺凡氣在日上爲冠爲戴在旁直對爲珥在旁如半環向日爲抱向外爲背有氣刺日爲鐍鐍抉傷也迅雷風祅怪雲變氣此皆陰陽之精其本在地而上發于天者也政失於此則變見於彼猶景之象形鄉之應聲師古曰鄉讀曰響是以明君覩之而寤飭身正事思其咎謝則禍除而福至自然之符也

中宮天極星其一明者泰一之常居也旁三星三公或曰子屬後句四星末大星正妃餘三星後宮之屬也環之匡衞十二星藩臣皆曰紫宮前列直斗口三星隨北耑銳若見若不見曰陰德或曰天一紫宮左三星曰天槍右四星曰天棓蘇林曰音棓打之棓師古曰棓音白講反後十七星絕漢抵營室曰閣道北斗七星所謂旋璣玉衡以齊七政杓攜龍角孟康曰杓斗柄也龍角東方宿也攜連也衡殷南斗魁枕參首晉灼曰衡斗之中央殷中也用昏建者杓杓自華以西南孟康曰傳曰斗第七星法太白主杓斗之尾也尾爲陰又其用昏昏陰位在西方故主西南夜半建者衡衡殷中州河濟之間孟康曰假令杓昏建寅衡夜半亦建寅也平旦建者魁魁海岱以東北也孟康曰傳曰斗魁第一星法爲日主齊魁斗之首首陽也又其用在明陽與明德在東方故主東北方斗爲帝車運于中央臨制四海分陰陽建四時均五行移節度定諸紀皆繫於斗斗魁戴匡六星曰文昌宮晉灼曰似匡故曰戴匡一曰上將二曰次將三曰貴相四曰司命五曰司祿六曰司災在魁中貴人之牢孟康曰傳曰天理四星在斗魁中貴人牢名曰天理也魁下六星兩兩而比者曰三能蘇林曰能音台三能色齊君臣和不齊爲乖戾柄輔星孟康曰在北斗第六星旁明近輔臣親彊斥小疏弱蘇林曰斥遠也杓端有兩星一內爲矛招搖孟康曰近北斗者招搖招搖爲天矛晉灼曰梗河三星天矛鋒招搖一星耳一外爲盾天蠭晉灼曰外遠北斗也在招搖南一名天蠭有句圜十五星屬杓曰賤人

之牢牢中星實則囚多虛則開出天一槍棓矛盾動搖角大兵起（李奇曰角芒角）

東宮蒼龍房心心爲明堂大星天王前後星子屬不欲直直王失計房爲天府曰天駟其陰右驂旁有兩星曰衿衿北一星曰舝（晉灼曰舝古轄字）東北曲十二星曰旗旗中四星曰天市天市中星衆者實其中虛則耗房南衆星曰騎官左角理右角將大角者天王帝坐廷其兩旁各有三星鼎足句之曰攝提（晉灼曰如鼎足之句曲也）攝提者直斗杓所指以建時節故曰攝提格亢爲宗廟主疾其南北兩大星曰南門氐爲天根主疫尾爲九子曰君臣斥絕不和箕爲敖客后妃之府曰口舌火犯守角則有戰房心王者惡之

南宮朱鳥權衡（孟康曰軒轅爲權太微爲衡也）衡太微三光之廷筐衞十二星藩臣西將東相南四星執法中端門左右掖門掖門內六星諸侯其內五星五帝坐後聚十五星曰哀烏郎位旁一大星將位也月五星順入軌道司其出所守天子所誅也其逆入若不軌道以所犯名之中坐成形（晉灼曰中坐犯帝坐也成形禍福之形見）皆羣下不從謀也金火尤甚廷藩西有隨星四名曰少微士大夫權軒轅黃龍體（孟康曰形如騰龍）前大星女主象旁小星御者後宮屬月五星守犯者如衡占東井爲水事火入之一星居其左右天子且以火爲敗東井西曲星曰戉北北河南南河兩河天闕間爲關梁輿鬼鬼祠事中白者爲質（晉灼曰輿鬼五星其中白者爲質）火守南北河兵起穀不登故德成衡觀成潢（晉灼曰日月五星不軌道也衡太微廷也觀占也潢五潢五帝車舍也）傷成戉（晉灼曰戉傷之占先成形於戉）禍成井（晉灼曰東井主水事火入一星居其旁天子且以火敗故曰禍也）誅成質（晉灼曰熒惑入輿鬼天質占曰大臣有誅）柳爲鳥喙主木草七星頸爲員宮主急事張嗉爲廚主觴客翼爲羽翮主遠客軫爲車主風其旁有一小星曰長沙星星不欲明明與四星等若五星入軫中兵大起軫南衆星曰天庫庫有五車車星角若益衆及不具亡處車馬

西宮咸池曰天五潢五潢五帝車舍火入旱金兵水水中有三柱柱不具兵起奎曰封豨爲溝瀆婁爲聚衆胃爲天倉其南衆星曰廥積（如淳曰芻藁積爲廥也）昴曰旄頭胡星也爲白衣會畢曰罕車爲邊兵主弋獵其大星旁小星爲附耳附耳搖動有讒亂臣在側昴畢間爲天街其陰陰國陽陽國（孟康曰陰西南象坤維河山已北國也陽河山已南國也）參爲白虎三星直者是爲衡石（孟康曰參三星者白虎宿中東西直似稱衡也）下有三星銳曰罰（孟康曰在參間上小下大故曰銳晉灼曰三星少斜列無銳形也）爲斬艾事其外四星左右肩股也小三星隅置曰觜觿爲虎首主葆旅事（如淳曰關中俗謂桑榆孽生爲葆晉灼曰禾野生曰旅今之飢民采旅也宋均曰葆守也旅軍衆也言佐參伐斬艾除凶也）其南有四星曰天廁天廁下一星曰天矢矢黃則吉青白黑凶其西有句曲九星三處羅列一曰天旗二曰天苑三曰九斿其東有大星曰狼狼角變色多盜賊下有四星曰弧直狼比地有大星曰南極老人（晉灼曰比地近地也）老人見治安不見兵起常以秋分時候之南郊

北宮玄武虛危危爲蓋屋（宋均曰危上一星高旁兩星下似蓋屋也）虛爲哭泣之事（宋均曰蓋屋之下中無人但空虛似乎殯宮故主哭泣也）其南有衆星曰羽林天軍（宋均曰虛危營室陰陽終始之處際會之間恒多姦邪故設羽林爲軍衞）軍西爲壘或曰戉旁一大星北落北落若微亡軍星動角益稀及五星犯北落入軍軍起火金水尤甚火入軍憂水水患木土軍吉（孟康曰木星土星入北落軍則吉也）危東六星兩兩而比曰司寇營室爲清廟曰離宮閣道漢中四星曰天駟旁一星曰王梁王梁策馬車騎滿野旁有八星絕漢曰天橫天橫旁江星江星動以人涉水杵臼四星在危南匏瓜有青黑星守之魚鹽貴南斗爲廟其北建星建星者旗也牽牛爲犧牲其北河鼓河鼓大星上將左左星（○劉敞曰星盡將字）右右將婺女其北織女織女天女孫也

歲星（晉灼曰太歲在四仲則歲行三宿太歲在四孟四季則歲行二宿二八十六三四十二而行二十八宿十二歲而周天）曰東方春木於人五常仁也五事貌也仁虧貌失逆春令傷木氣罰見歲星歲星所在國不可伐可以伐人超舍而前爲贏退舍爲縮贏其國有兵不復縮其國有憂其將死國傾敗所去失地所之得地一曰當居不居國亡所之國昌已居之又東西去之國凶不可舉事用兵安靜中度吉出入不當其次必有天祆見其舍也歲星贏而東南（孟康曰五星東行天西轉歲星晨見東方行疾則不見不見則變爲祆星）石氏見彗星甘氏不出三月迺生彗本類星末類彗長二丈贏東北石氏見覺星甘氏不出三月迺生天棓本類星末銳長四尺縮西南（孟康曰歲星當伏西方行遲早沒變爲祆星也）石氏見欃雲如牛（韋昭曰欃音參差之參）甘氏不出三月迺生天槍左右銳長數丈縮西北石氏見槍雲如馬甘氏不出三月迺生天欃本類星末銳長數丈石氏槍欃棓彗異狀其殃一也必有破國亂君伏死其辜餘殃不盡爲旱凶饑暴疾至日行一尺出二十餘日迺入甘氏其國凶不可舉事用兵出而易所當之國是受其殃又曰祆星不出三年其下有軍及失地若國君喪（○宋祁曰三年當作五年）

熒惑（晉灼曰常以十月入太微受制而出行列宿司無道出入無常也）曰南方夏火禮也視也禮虧視失逆夏令傷火氣罰見熒惑逆行一舍二舍爲不祥居之三月國有殃五月受兵七月國半亡地九月地大半亡因（○宋祁曰亡因疑作亡國）與俱出入國絕祀熒惑爲亂爲賊爲疾爲喪爲饑爲兵所居之宿國受殃殃還至者雖大當小居之久殃乃至者當小反大已去復還居之若居之而角者若動者繞環之及乍前乍後乍左乍右殃愈甚一曰熒惑出則有大兵入則兵散周還止息迺爲其死喪寇亂在其野者亡地以戰不勝東行疾則兵聚於東方西行疾則兵聚於西方其南爲丈夫喪北爲女子喪熒惑天子理也故曰雖有明天子必視熒惑所在

太白（晉灼曰常以正月甲寅與熒惑晨出東方二百四十日而入入四十日又出西方二百四十日而入入三十五日而復出東方出以寅戌入以丑未也）曰西方秋金義也言也義虧言失逆秋令傷金氣罰見太白日方南太白居其南日方北太白居其北爲贏侯王不寧用兵進吉退凶日方南太白居其北日方北太白居其南爲縮侯王有憂用兵退吉進凶當出不出當入不入爲失舍不有破軍必有死王之墓有亡國一曰天下匽兵壄有兵者所當之國大凶當出不出未當入而入天下匽兵兵在外入未當出而出當入而不入天下起兵有至破國未當出而出未當入而入天下舉兵所當之國亡當期而出其國昌出東爲東方入爲北方出西爲西方入爲南方所居久其國利易其鄉凶（蘇林曰疾過也一說易鄉而出入也晉灼曰上言出而易言疾過是也）入七日復出將軍戰死入十日復出相死之入又復出入君惡之已出三日而復微入三日迺復盛出是爲耎而伏（晉灼曰耎退也不進而伏伏不見也）其下國有軍其衆敗將北已入三日又復微出三日迺復盛入其下國有憂帥師雖衆敵食其糧用其兵虜其帥出西方失其行夷狄敗出東方失其行中國敗一曰出蚤爲月食晚爲天祆及彗星將發于亡道之國太白出而留桑榆間病其下國（晉灼曰行遲而下也正出舉目平正出桑榆上餘二千里也）上而疾未盡期日過參天病其對國（晉灼曰三分天過其一此戌酉之間也）太白經天天下革民更王（孟康曰謂出東入西出西入東也太白陰星出東當伏東出西當伏西過午爲經天晉灼曰日陽也日出則星亡晝見午上爲經天）是爲亂紀人民流亡晝見與日爭明彊國弱小國彊女主昌太白兵象也出而高用兵深吉淺凶埤淺吉深凶行疾用兵疾吉遲凶行遲用兵遲吉疾凶角敢戰吉不敢戰凶擊角所指吉逆之凶進退左右用兵進退左右吉靜凶圜以靜用兵靜吉躁凶出則兵出入則兵入象太白吉反之凶赤角戰太白者猶軍也而熒惑憂也故熒惑從太白軍憂離之軍舒出太白之陰有分軍出其陽有偏將之戰當其行太白還之破軍殺將辰星殺伐之氣戰鬬之象也與太白俱出東方皆赤而角夷狄敗中國勝與太白俱出西方皆赤而角中國敗夷狄勝五星分天之中積于東方中國大利積于西方夷狄用兵者利辰星不出太白爲客辰星出太白爲主人辰星與太白不相從雖有軍不戰辰星出東方太白出西方若辰星出西方太白出東方爲格野雖有兵不戰辰星入太白中五日乃出及入而上出破軍殺將客勝下出客亡地辰星來抵太白不去將死正其上出破軍殺將客勝下出客亡地視其所指以名破軍辰星繞環太白若鬬大戰客勝主人吏死辰星過太白間可椷劒小戰客勝（蘇林曰椷音函函容也其間可容一劒也）居太白前旬三日軍罷出太白左小戰歷太白右數萬人戰主人吏死出太白右去三尺軍急約戰凡太白所出所直之辰其國爲得位得位者戰勝所直之辰順其色而角者勝其色害者敗（晉灼曰鄭色黃而赤蒼小敗宋色黃而赤黑小敗楚色赤黑小敗燕色黑黃小敗皆大角勝也）太白白比狼赤比心黃比參右肩青比參左肩黑比奎大星色勝位（晉灼曰有色勝得位也）行勝色（晉灼曰太白行得度勝有色也）行得盡勝之（晉灼曰行應天度雖有色得位行盡勝之行重而色位輕星經得字作德）

辰星（晉灼曰常以二月春分見奎婁五月夏至見東井八月秋分見角亢十一月冬至見牽牛出以辰戌入以丑未二旬而入晨候之東方夕候之西方也）曰北方冬水知也聽也知虧聽失逆冬令傷水氣罰見辰星出蚤爲月食晚爲彗星及天祆一時不出其時不和四時不出天下大饑失其時而出爲當寒反溫當溫反寒當出不出是謂擊卒兵大起與它星遇而鬬天下大亂（晉灼曰祆星彗孛之屬也一曰五星）出於房心間地動

填星（晉灼曰常以甲辰元始建斗之歲填行一宿二十八歲而周天也）曰中央季夏土信也思心也仁義禮智以信爲主貌言視聽以心爲正故四星皆失填星迺爲之動填星所居國吉未當居而居之若已去而復還居之國得土不乃得女子當居不居既已居之又東西去之國失土不乃失女不有土事若女之憂居宿久國福厚易福薄當居不居爲失填其下國可伐得者不可伐其贏爲王不寧縮有軍不復一曰既已居之又東西去之其國凶不可舉事用兵失次而上一舍三舍有王命不成不乃大水失次而下二舍有后慼其歲不復不乃天裂若地動

凡五星歲與填合則爲內亂與辰合則爲變謀而更事與熒惑合則爲饑爲旱與太白合則爲白衣之會爲水太白在南歲在北名曰牝牡（晉灼曰歲陽也太白陰也故曰牝牡）年穀大孰太白在北歲在南年或有或亡熒惑與太白合則爲喪不可舉事用兵與填合則爲憂主孽卿與辰合則爲北軍用兵舉事大敗填與辰合則將有覆軍下師與太白合則爲疾爲內兵辰與太白合則爲變謀爲兵憂凡

歲熒惑塡太白四星與辰鬬皆爲戰兵不在外皆爲內亂一曰火與水合爲淬（晉灼曰火入水故曰淬也）與金合爲鑠不可舉事用兵土與金合國亡地與木合則國饑與水合爲雍沮（晉灼曰沮音沮洳之沮水性雍而潛上故曰雍沮一曰雍塡也）不可舉事用兵木與金合鬬國有內亂同舍爲合相陵爲鬬二星相近者其㭊大二星相遠者㭊無傷也從七寸以內必之（韋昭曰必有禍也）

凡月食五星其國皆亡（李奇曰謂其分野之國）歲以饑熒惑以亂塡以殺太白彊國以戰辰以女亂月食大角王者惡之凡五星所聚宿其國王天下從歲以義從熒惑以禮從塡以重（韋昭曰謂以威重得從）太白以兵從辰以法以法者以法致天下也三星若合是謂驚立絕行（晉灼曰有兵喪故驚改王故曰絕也）其國外內有兵與喪民人乏饑改立王公四星若合是謂大湯（晉灼曰湯猶盪滌也）其國兵喪並起君子憂小人流五星若合是謂易行有德受慶改立王者掩有四方子孫蕃昌亡德受罰離其國家滅其宗廟（晉灼曰宗祖廟也）百姓離去被滿四方五星皆大其事亦大皆小其事亦小也

凡五星色皆圜白爲喪爲旱赤中不平爲兵青爲憂爲水黑爲疾爲多死黃吉皆角赤犯我城黃地之爭白哭泣之聲青有兵憂黑水五星同色天下偃兵百姓安寧歌舞以行不見災疾五穀蕃昌

凡五星歲緩則不行急則過分逆則占熒惑緩則不出急則不入違道則占塡緩則不建急則過舍逆則占太白緩則不出急則不入逆則占辰緩則不出急則不入非時則占五星不失行則年穀豐昌

凡以宿星通下之變者維星散句星信則地動（孟康曰散在尾北韋昭曰信音申）有星守三淵天下大水地動海魚出紀星散者山崩不卽有喪龜鼈星不居漢中川有易者辰星入五車大水熒惑入積水水兵起入積薪旱兵起守之亦然極後有四星名曰句星斗杓後有三星名曰維星散者不相從也（孟康曰謂不復行列而聚也）三淵蓋五車之三柱也（晉灼曰柱音注解之注）天紀屬貫索積薪在北戍西北積水在北戍東北

角亢氐沇州房心豫州尾箕幽州斗江湖牽牛婺女揚州虛危青州營室東壁幷州奎婁胃徐州昴畢冀州觜觿參益州東井輿鬼雍州柳七星張三河翼軫荊州甲乙海外日月不占（晉灼曰海外遠甲乙日時不以占之）丙丁江淮海岱戊巳中州河濟庚辛華山以西壬癸常山以北一曰甲齊乙東夷丙楚丁南夷戊魏巳韓庚秦辛西夷壬燕趙癸北夷子周丑翟寅趙卯鄭辰邯鄲巳衞午秦未中山申齊酉魯戌吳越亥燕代秦之疆候太白占狼弧吳楚之疆候熒惑占鳥衡燕齊之疆候辰星占虛危宋鄭之疆候歲星占房心晉之疆亦候辰星占參罰及秦幷吞三晉燕代自河山以南者中國中國於四海內則在東南爲陽陽則日歲星熒惑塡星占於街南畢主之其西北則胡貉月氏旃裘引弓之民爲陰陰則月太白辰星占於街北昴主之故中國山川東北流其維首在隴蜀尾沒於勃海碣石是以秦晉好用兵（孟康曰秦晉西南維之北爲陰與胡貉引弓之民同故好用兵）復占太白太白主中國而胡貉數侵掠獨占辰星辰星出入趮疾常主夷狄其大經也

凡五星早出爲贏贏爲客晚出爲縮縮爲主人五星贏縮必有天應見杓

太歲在寅曰攝提格歲星正月晨出東方石氏曰名監德在斗牽牛失次杓早水晚旱甘氏在建星婺女太初歷在營室東壁

在卯曰單閼二月出石氏曰名降入在婺女虛危甘氏在虛危失次杓有木災太初在奎婁

在辰曰執徐三月出石氏曰名青章在營室東壁失次杓早旱晚水甘氏同太初在胃昴

在巳曰大荒落四月出石氏曰名路踵在奎婁甘氏同太初在參罰

在午曰敦牂五月出石氏曰名啓明在胃昴畢失次杓早旱晚水甘氏同太初在東井輿鬼

在未曰協洽六月出石氏曰名長烈在觜觿參甘氏在參罰太初在注張七星

在申曰涒灘七月出石氏曰名天晉在東井輿鬼甘氏在弧太初在翼軫

在酉曰作詻（爾雅作噩）八月出石氏曰名長壬在柳七星張失次杓有女喪民疾甘氏在注張失次杓有火太初在角亢

在戌曰掩茂九月出石氏曰名天睢在翼軫失次杓水甘氏在七星翼太初在氐房心

在亥曰大淵獻十月出石氏曰名天皇在角亢始甘氏在軫角亢太初在尾箕

在子曰困敦十一月出石氏曰名天宗在氐房始甘氏同太初在建星牽牛

在丑曰赤奮若十二月出石氏曰名天昊在尾箕甘氏在心尾太初在婺女虛危甘氏太初歷所以不同者以星贏縮在前各錄後所見也其四星亦略如此

古歷五星之推亡逆行者至甘氏石氏經以熒惑太白爲有逆行夫歷者正行也古人有言曰天下太平五星循度亡有逆行日不食朔月不食望夏氏日月傳曰日月食盡主位也不盡臣位也星傳曰日者德也月者刑也故曰日食修德月食修刑然而歷紀推月食與二星之逆亡異熒惑主內亂太白主兵月主刑自周室衰亂臣賊子師旅數起刑罰失中雖其亡亂臣賊子師旅之變內臣猶不治四夷猶不服兵革猶不寢刑罰猶不錯故二星與月爲之失度三變常見及有亂臣賊子伏尸流血之兵大變乃出甘石氏見其常然因以爲紀皆非正行也詩云彼月而食則惟其常此日而食于何不臧詩傳曰月食非常也比之日食猶常也日食則不臧矣謂之小變可也謂之正行非也故熒惑必行十六舍去日遠而顓恣太白出西方進在日前氣盛乃逆行及月必食於望亦誅盛也

國皇星大而赤狀類南極所出其下起兵兵彊其衝不利（孟康曰歲星之精散所爲也五星之精散爲六十四變志記不盡也）

昭明星大而白無角乍上乍下所出國起兵多變（孟康曰形如三足几几上有九彗上向熒惑之精也）

五殘星出正東東方之星其狀類辰去地可六丈大而黃（孟康曰星表有青氣如暈有毛塡星之精）

六賊星出正南南方之星去地可六丈大而赤數動有光（孟康曰形如彗芒九角太白之精）

司詭星出正西西方之星去地可六丈大而白類太白（孟康曰星大而有尾兩角熒惑之精也）

咸漢星出正北北方之星去地可六丈大而赤數動察之中青（孟康曰一名獄漢星青中赤表下有三彗從橫亦塡星之精也）此四星所出非其方其下有兵衝不利

四塡星出四隅去地可四丈地維臧光亦出四隅去地可二丈若月始出所見下有亂者亡有德者昌

燭星狀如太白其出也不行見則滅所燭城邑亂（孟康曰星上有三彗上出亦塡星之精也）

如星非星如雲非雲名曰歸邪（李奇曰邪音蛇孟康曰星有兩赤彗上向上有蓋狀如氣下連星）歸邪出必有歸國者

星者金之散氣其本曰人（孟康曰星石也金石相生人與星氣相應也）星衆國吉少則凶漢者亦金散氣其本曰水星多多水少則旱（孟康曰漢河漢也水生於金多少謂漢中星也）其大經也

天鼓有音如雷非雷音在地而下及地其所往者兵發其下

天狗狀如大流星（孟康曰星有尾旁有彗下有如狗形者亦太白之精）有聲其下止地類狗所墬及望之如火光炎炎中天其下圜如數頃田處上銳見則有黃色千里破軍殺將

格澤者如炎火之狀黃白起地而上下大上銳其見也不種而穫不有土功必有大客

蚩尤之旗類彗而後曲象旗（孟康曰熒惑之精也晉灼曰呂氏春秋云其色黃上白下）見則王者征伐四方

旬始出於北斗旁狀如雄雞其怒青黑色象伏鼈（李奇曰怒當言帑晉灼曰帑雌也或曰怒則色青宋均曰怒謂芒角刺出）

枉矢狀類大流星蛇行而倉黑望如有毛目然

長庚廣如一匹布著天此星見起兵

星磒至地則石也（如淳曰磒亦墜也）

天睧而見景星（孟康曰睧精明也有赤方氣與青方氣相連赤方中有兩黃星青方中有一黃星凡三星合爲景星也）景星者德星也其狀無常常出於有道之國

日有中道月有九行中道者黃道一曰光道光道北至東井去北極近南至牽牛去北極遠東至角西至婁去極中夏至至於東井北近極故晷短立八尺之表而晷景長尺五寸八分冬至至於牽牛遠極故晷長立八尺之表而晷景長丈三尺一寸四分春秋分日至婁角去極中而晷中立八尺之表而晷景長七尺三寸六分此日去極遠近之差晷景長短之制也去極遠近難知要以晷景晷景者所以知日之南北也日陽也陽用事則日進而北晝進而長陽勝故爲溫暑陰用事則日退而南晝退而短陰勝故爲涼寒也故日進爲暑退爲寒若日之南北失節晷過而長爲常寒退而短爲常燠此寒燠之表也故曰爲寒暑一曰晷長爲潦短爲旱奢爲扶（鄭氏曰扶當爲蟠齊魯之間聲如醖蟠扶聲近蟠止不行也蘇林曰景形奢大也晉灼曰扶附也小人佞媚附近君子之側也）扶者邪臣進而正臣疏君子不足姦人有餘月有九行者黑道二出黃道北赤道二出黃道南白道二出黃道西青道二出黃道東立春春分月東從青道立秋秋分西從白道立冬冬至北從黑道立夏夏至南從赤道然用之一決房中道（○宋祁曰朱子文云房字當作於字蓋言月之行其道雖多然皆決於日之中道也故其後云至月行則以晦朔決之又曰日之所行爲中道月五星皆隨之也如此則一決於中道爲允）青赤出陽道白黑出陰道若月失節度而妄行出陽道則旱風出陰道則陰雨凡君行急則日行疾君行緩則日行遲日行不可指而知也故以二至二分之星爲候日東行星西轉冬至昏奎八度中夏至氐十三度中春分柳一度中秋分牽牛三度七分中此其正行也日行疾則星西轉疾事埶然也故過中則疾君行急之感也不及中則遲君行緩之象也至月行則以晦朔決之日冬則南夏則北冬至於牽牛夏至於東井日之所行爲中道月五星皆隨之也箕星爲風東北之星

也東北地事天位也孟康曰東北陽日月五星起於牽牛故爲天位坤在西南紐於陽爲地統故爲地事也故易曰東北喪朋及巽在東南爲風風陽中之陰大臣之象也其星軫也月去中道移而東北入箕若東南入軫則多風西方爲雨雨少陰之位也月失中道移而西入畢則多雨故詩云月離於畢俾滂沱矣言多雨也星傳曰月入畢則將相有以家犯罪者言陰盛也書曰星有好風星有好雨月之從星則以風雨言失中道而東西也故星傳曰月南入牽牛南戒民間疾疫月北入太微出坐北若犯坐則下人謀上一曰月爲風雨日爲寒溫冬至日南極晷長南不極則溫爲害夏至日北極晷短北不極則寒爲害故書曰日月之行則有冬有夏也政治變於下日月運於上矣月出房北爲雨爲陰爲亂爲兵出房南爲旱爲夭喪水旱至衡而應及五星之變必然之效也

兩軍相當日暈等力均厚長大有勝薄短小亡勝重抱大破亡抱爲和背爲不和爲分離相去直爲自立立兵破軍若曰殺將抱且戴有喜圍在中中勝在外外勝青外赤中以和相去赤外青中以惡相去氣暈先至而後去居軍勝先至先去前有利後有病後至後去前病後利後至先去前後皆病居軍不勝見而去其後發病雖勝亡功見半日以上功大白虹屈短上下銳李奇曰屈或爲尾韋昭曰短而直者或曰屈短之虹有者下大流血日暈制勝近期三十日遠期六十日其食食所不利復生生所利不然食盡爲主位以其直及日所躔加日時用名其國

凡望雲氣仰而望之三四百里平望在桑榆上千餘里二千里登高而望之下屬地者居三千里雲氣有獸居上者勝自華以南氣下黑上赤嵩高三河之郊氣正赤常山以北氣下黑上青勃碣海岱之間氣皆黑江淮之間氣皆白徒氣白土功氣黃車氣乍高乍下往往而聚騎氣卑而布卒氣摶如淳曰摶專也音徒端反前卑而後高者疾前方而後高者銳後銳而卑者卻其氣平者其行徐前高後卑者不止而反氣相遇者卑勝高銳勝方氣來卑而循車道者不過三四日去之五六里見氣來高七八尺者不過五六日去之十餘二十里見氣來高丈餘二丈者不過三四十日去之五六十里見捎雲精白者其將悍其士怯其大根而前絕遠者戰精白其芒低者戰勝其前赤而卬者戰不勝陳雲如立垣杼雲類杼柚雲摶而耑銳杓雲如繩者居前竟天其半半天蜺雲者類闕旗故鉤雲句曲諸此雲見以五色占而澤摶密其見動人迺有占兵必起占鬬其直王朔所候決於日旁日旁雲氣人主象皆如其形以占故北夷之氣如羣畜穹閭南夷之氣類舟船幡旗大水處敗軍場破國之虛下有積泉金寶上皆有氣不可不察海旁蜃氣象樓臺廣壄氣成宮闕然雲氣各象其山川人民所聚積故候息耗者入國邑視封畺田疇之整治如淳曰蔡邕云麻田曰疇城郭室屋門戶之潤澤次至車服畜產精華實息者吉虛耗者凶若煙非煙若雲非雲郁郁紛紛蕭索輪囷是謂慶雲慶雲見喜氣也若霧非霧衣冠不濡見則其城被甲而趨夫雷電蝦虹辟歷夜明者陽氣之動者也春夏則發秋冬則藏故候者亡不司天開縣物孟康曰謂天裂而見物象也天開示縣象地動坼絕山崩及陁川塞谿垘蘇林曰垘音伏伏流也如淳曰垘塡塞不通也水澹地長澤竭見象城郭門閭潤息枯槀宮廟廊第人民所次舍俗車服觀民飲食五穀草木觀其所屬倉府廄庫四通之路六畜禽獸所產去就魚鼈鳥鼠觀其所處鬼哭若謼與人逢遌訛言誠然

凡候歲美惡謹候歲始歲始或冬至日產氣始萌臘明日人衆卒歲壹會飲食發陽氣故曰初歲正月旦王者歲首立春四時之始也四始者候之日而漢魏鮮集臘明正月旦決八風孟康曰魏鮮人姓名作占候者風從南大旱西南小旱西方有兵西北戎叔爲孟康曰戎叔胡豆也爲成也小雨趣兵北方爲中歲東北爲上歲東方大水東南民有疾疫歲惡故八風各與其衝對課多者爲勝多勝少久勝亟疾勝徐旦至食爲麥食至日昳爲稷昳至餔爲黍餔至下餔爲叔下餔至日入爲麻欲終日有雲有風有日當其時深而多實亡雲有風日當其時淺而少實有雲風亡日當其時深而少實有日亡雲不風當其時者稼有敗如食頃小敗孰五斗米頃大敗風復起有雲其稼復起各以其時用雲色占種所宜雨雪寒歲惡是日光明聽都邑人民之聲聲宮則歲美吉商有兵徵旱羽水角歲惡或從正月旦比數雨率日食一升至七升而極孟康曰正月一日雨而民有一升之食二日雨民有二升之食如此至七日已來驗也過之不占數至十二日直其月占水旱孟康曰一日雨正月木也爲其環域千里內占卽爲天下候竟正月孟康曰月三十日周天歷二十八宿然後可占天下月所離列宿日風雲占其國然必察太歲所在金穰水毀木饑火旱此其大經也正月上甲風從東方來宜蠶從西方來若旦有黃雲惡冬至短極縣土炭孟康曰先冬至三日縣土炭於衡兩端輕重適均冬至而陽氣至則炭重夏至陰氣至則土重晉灼曰蔡邕律歷記候鍾律權土炭冬至陽氣應黃鍾通土炭輕而衡仰夏至陰氣應蕤賓通土炭重而衡低進退先後五日之中炭動麋鹿解角蘭根出泉水躍略以知日至要決晷景

夫天運三十歲一小變百年中變五百年大變三大變一紀三紀而大備此其大數也春秋二百四十二年間日食三十六彗星三見夜常星不見夜中星隕如雨者各一當是時禍亂輒應周室微弱上下交怨殺君三十六亡國五十二諸侯奔走不得保其社稷者不可勝數自是之後衆暴寡大并小秦楚吳粵夷狄也爲彊伯田氏篡齊三家分晉並爲戰國爭於攻取兵革遞起城邑數屠因以饑饉疾疫愁苦臣主共憂患其察禨祥候星氣尤急如淳曰呂氏春秋荊人鬼越人禨今之巫祝禱祠淫祀之比也近世十二諸侯七國相王言從橫者繼踵而占天文者因時務論書傳故其占驗鱗雜米鹽亡可錄者周卒爲秦所滅始皇之時十五年間彗星四見久者八十日長或竟天後秦遂以兵內兼六國外攘四夷死人如亂麻又熒惑守心及天市芒角色赤如雞血始皇既死適庶相殺二世卽位殘骨肉戮將相太白再經天因以張楚並興兵相跆籍蘇林曰跆音臺秦遂以亡項羽救鉅鹿枉矢西流枉矢所觸天下之所伐射滅亡象也物莫直於矢今蛇行不能直而枉者執矢者亦不正以象項羽執政亂也羽遂合從阬秦人屠咸陽凡枉矢之流以亂伐亂也

漢元年十月五星聚于東井以歷推之從歲星也李奇曰歲星得其正度其四星隨此常正行故曰從也孟康曰歲星先至先至爲主也○劉敞曰按歷太白辰星去日率不能一兩次耳今十月而從歲星於東井非理然則五星以秦之十月聚東井耳秦之十月今七月日當在鶉尾故太白辰星得從歲星也此高皇帝受命之符也故客謂張耳曰東井秦地漢王入秦五星從歲星聚當以義取天下秦王子嬰降於枳道漢王以屬吏寶器婦女亡所取閉宮封門還軍次於霸上以候諸侯與秦民約法三章民亡不歸心者可謂能行義矣天之所予也五年遂定天下卽帝位此明歲星之崇義東井爲秦之地明效也

三年秋太白出西方有光幾中晉灼曰幾中近踰身也乍北乍南過期迺入辰星出四孟韋昭曰法當出四仲出四孟爲易主之象也是時項羽爲楚王而漢已定三秦與相距滎陽太白出西方有光幾中是秦地戰將勝而漢國將興也辰星出四孟易主之表也後二年漢滅楚

七年月暈圍參畢七重占曰畢昴間天街也街北胡也街南中國也昴爲匈奴參爲趙畢爲邊兵是歲高皇帝自將兵擊匈奴至平城爲冒頓單于所圍七日迺解

十二年春熒惑守心李奇曰心爲天王也四月宮車晏駕應劭曰天子當晨起早作而方崩殞故稱晏駕云韋昭曰凡初崩爲晏駕者臣子之心猶謂宮車當駕而出耳

孝惠二年天開東北廣十餘丈長二十餘丈地動陰有餘天裂陽不足皆下盛彊將害上之變也其後有呂氏之亂

孝文後二年正月壬寅天欃夕出西南孟康曰歲星之精占曰爲兵喪亂其六年十一月匈奴入上郡雲中漢起三軍以衞京師其四月乙巳水木火三合於東井占曰外內有兵與喪改立王公東井秦也八月天狗下梁壄是歲誅反者周殷長安市其七年六月文帝崩其十一月戊戌土水合於危占曰爲雍沮所當之國不可舉事用兵必受其殃一曰將覆軍危齊也其七月火東行行畢陽環畢東北出而西逆行至昴卽南迺東行占曰爲喪死寇亂畢昴趙也

孝景元年正月癸酉金水合於婺女占曰爲變謀爲兵憂婺女粵也又爲齊其七月乙丑金木水三合於張占曰外內有兵與喪改立王公張周地今之河南也又爲楚其二年七月丙子火與水晨出東方因守斗占曰其國絕祀至其十二月水火合於斗占曰爲淬不可舉事用兵必受其殃一曰爲北軍用兵舉事大敗斗吳也又爲粵是歲彗星出西南其三月立六皇子爲王王淮陽汝南河間臨江長沙廣川其三年吳楚膠西膠東淄川濟南趙七國反吳楚兵先至攻梁膠西膠東淄川三國攻圍齊漢遣大將軍周亞夫等戍止河南以候吳楚之敝遂敗之吳王亡走粵粵攻而殺之平陽侯敗三國之師于齊咸伏其辜齊王自殺漢兵以水攻趙城城壞王自殺六月立皇子二人楚元王子一人爲王王膠西中山楚從濟北爲淄川王淮陽爲魯王汝南爲江都王七月兵罷天狗下占爲破軍殺將狗又守禦類也天狗所降以戒守禦吳楚攻梁梁堅城守遂伏尸流血其下

三年塡星在婁幾入還居奎奎魯也占曰其國得地爲得塡是歲魯爲國

四年七月癸未火入東井行陰又以九月己未入輿鬼戊寅出占曰爲誅罰又爲火災後二年有栗氏事其後未央東闕災

中元年塡星當在觜觿參去居東井占曰亡地不迺有女憂其二年正月丁亥金木合於觜觿爲白衣之會三月丁酉彗星夜見西北色白長丈在觜觿旦去益小十五日不見占曰必有破國亂君伏死其辜觜觿梁也其五月甲午金木俱在東井戊戌金去木留守之二十日占曰傷成於戊木爲諸侯誅將行於諸侯也其六月壬戌蓬星見西南在房南去房可二丈大如二斗器色白癸亥在心東北可長丈所甲子在尾北可六丈丁卯在箕北近漢稍小旦去時大如桃壬申去凡十日占曰蓬星出必有亂臣房心間天子宮也是時梁王欲爲漢嗣

使人殺漢爭臣袁盎漢按誅梁大臣斧戉用梁王恐懼
布車入關伏斧戉謝罪然後得免
中三年十一月庚午夕金火合於虛相去一寸占曰爲
鑠爲喪虛齊也
四年四月丙申金木合於東井占曰爲白衣之會井秦
也其五年四月乙巳水火合於參占曰國不吉參梁也
其六年四月梁孝王死五月成陽王濟陰王死六月成
陽公主死出入三月天子四衣白臨邸第
後元年五月壬午火金合於輿鬼之東北不至柳出輿
鬼北可五寸占曰爲鑠有喪輿鬼秦也丙戌地大動鈴
鈴然民大疫死棺貴至秋止
孝武建元三年三月有星孛于注張歷太微干紫宮至
于天漢春秋星孛于北斗齊魯晉之君皆將死亂今星
孛歷五宿其後濟東膠西江都王皆坐法削黜自殺淮
陽衡山謀反而誅
三年四月有星孛于天紀至織女占曰織女有女變天
紀爲地震至四年十月而地動其後陳皇后廢
六年熒惑守輿鬼占曰爲火變有喪是歲高園有火災
竇太后崩
元光元年六月客星見于房占曰爲兵起其二年十一
月單于將十萬騎入武州漢遣兵三十餘萬以待之
元光中天星盡搖上以問候星者對曰星搖者民勞也
後伐四夷百姓勞于兵革
元鼎五年太白入于天苑占曰將以馬起兵也一曰馬
將以軍而死耗其後以天馬故誅大宛馬大死於軍
元鼎中熒惑守南斗占曰熒惑所守爲亂賊喪兵守之
久其國絕祀南斗越分也其後越相呂嘉殺其王及太
后漢兵誅之滅其國
元封中星孛于河戍占曰南戍爲越門北戍爲胡門其
後漢兵擊拔朝鮮以爲樂浪玄菟郡朝鮮在海中越之
象也居北方胡之域也
太初中星孛于招搖星傳曰客星守招搖蠻夷有亂民
死君其後漢兵擊大宛斬其王招搖遠夷之分也
孝昭始元中漢宦者梁成恢及燕王候星者吳莫如見
蓬星出西方天市東門行過河鼓入營室中恢曰蓬星
出六十日不出三年下有亂臣戮死於市後太白出西
方下行一舍復上行二舍而下去太白主兵上復下將
有戮死者後太白出東方入咸池東下入東井人臣不
忠有謀上者後太白入太微西藩第一星北出東藩第
一星北東下去太微者天庭也太白行其中宮門當閉

大將被甲兵邪臣伏誅熒惑在婁逆行至奎法曰當有
兵後太白入昴莫如曰蓬星出西方當有大臣戮死者
太白星入東井太微庭出東門漢有死將後熒惑出東
方守太白兵當起主人不勝後流星下燕萬載宮極東
去李奇曰極屋梁也三輔間名爲極或曰極棟也三輔間名棟爲極尋棟東去也延篤謂之堂前闌楯也
法曰國恐有誅其後左將軍桀驃騎將軍安與長公主
燕剌王謀作亂咸伏其辜兵誅烏桓
元鳳四年九月客星在紫宮中斗樞極間占曰爲兵其
五年六月發三輔郡國少年詣北軍五年四月燭星見
奎婁間占曰有土功胡人死邊城和其六年正月築遼
東玄菟城二月度遼將軍范明友擊烏桓還
元平元年正月庚子日出時有黑雲狀如焱風亂鬊音舜
轉出西北東南行轉而西有頃亡占曰有雲如衆風是
謂風師法有大兵其後兵起烏孫五將征匈奴
二月甲申晨有大星如月有衆星隨而西行乙酉牂雲
如狗赤色長尾三枚夾漢西行大星如月大臣之象衆
星隨之衆皆隨從也天文以東行爲順西行爲逆此大
臣欲行權以安社稷占曰太白散爲天狗爲卒起卒起
見禍無時臣運柄牂雲爲亂君到其四月昌邑王賀行
淫辟立二十七日大將軍霍光白皇太后廢賀
三月丙戌流星出翼軫東北干太微入紫宮始出小且
入大有光入有頃聲如雷三鳴止占曰流星入紫宮天
下大凶其四月癸未宮車晏駕
孝宣本始元年四月壬戌甲夜辰星與參出西方其二
年七月辛亥夕辰星與翼出皆爲蚤占曰大臣誅其後
熒惑守房之鉤鈐鉤鈐天子之御也晉灼曰上言房爲天駟其陰右驂旁
有二星曰鈐故曰天子御也占曰不太僕則奉車不黜即死也房心
天子宮也房爲將相心爲子屬也其地宋今楚彭城也
四年七月甲辰辰星在翼月犯之○宋祁曰翼下當添軫字占曰兵
起上卿死將相也是日熒惑入輿鬼天質占曰大臣有
誅者名曰天賊在大人之側
地節元年正月戊午乙夜月食熒惑孟康曰凡星入月見月中爲星食月
月奄星星滅爲月食星熒惑在角亢占曰憂在宮中非賊而盜也
有內亂讒臣在旁其辛酉熒惑入氐中氐天子之宮熒
惑入之有賊臣其六月戊戌甲夜客星又居左右角間
東南指長可二尺色白占曰有姦人在宮廷間其丙寅
又有客星見貫索東北南行至七月癸酉夜入天市芒
炎東南指其色白占曰有戮卿一曰有戮王期皆一年
遠二年是時楚王延壽謀逆自殺四年故大將軍霍光
夫人顯將軍霍禹范明友奉車霍山及諸昆弟賓婚爲

侍中諸曹九卿郡守皆謀反咸伏其辜
黃龍元年三月客星居王梁東北可九尺長丈餘西指
出閣道間至紫宮其十二月宮車晏駕
元帝初元元年四月客星大如瓜色青白在南斗第二
星東可四尺占曰爲水饑其五月勃海水大溢六月關
東大饑民多餓死琅邪郡人相食
二年五月客星見昴分居卷舌東可五尺青白色炎長
三寸占曰天下有妄言者其十二月鉅鹿都尉謝君男
詐爲神人論死父免官孟康曰姓謝名君男者兒也不記其名直言男耳
五年四月彗星出西北赤黃色長八尺所後數日長丈
餘東北指在參分後二歲餘西羌反
孝成建始元年九月戊子有流星出文昌色白光燭地
長可四丈大一圍動搖如龍蛇行有頃長可五六丈大
四圍所詘折委曲貫紫宮西在斗西北子亥間後詘如
環北方不合留一刻所占曰文昌爲上將貴相是時帝
舅王鳳爲大將軍其後宣帝舅子王商爲丞相皆貴重
任政鳳妬商譖而罷之商自殺親屬皆廢黜
四年七月熒惑隃歲星居其東北半寸所如連李時歲
星在關星西四尺所熒惑初從畢口大星東東北往數
日至往疾去遲占曰熒惑與歲星鬬有病君饑歲至河
平元年三月旱傷麥民食榆皮二年十二月壬申太皇
太后避時昆明東觀如淳曰食貨志武帝修昆明池列觀環之或曰卽病謝君男故避其
時○劉奉世曰謝君男死在初元二年太后避時乃河平二年云病何也或說未曉
四年十一月乙卯月食填星星不見時在輿鬼西北八
九尺所占曰月食填星流民千里河平元年三月流民
入函谷關
河平二年十月下旬填星在東井軒轅南耑大星尺餘
歲星在其西北尺所熒惑在其西北二尺所皆從西方
來填星貫輿鬼先到歲星次熒惑亦貫輿鬼十一月上
旬歲星熒惑西去填星皆西北逆行占曰三星若合是
謂驚位是謂絕行外內有兵與喪改立王公其十一月
丁巳夜郎王歆大逆不道牂柯太守立捕殺歆三年九
月甲戌東郡莊平男子侯毋辟兄弟五人羣黨爲盜○劉
敞曰莊乃茌攻燔官寺縛縣長吏盜取印綬自稱將軍三月
辛卯左將軍千秋卒右將軍史丹爲左將軍四年四月
戊申梁王賀薨
陽朔元年七月壬子月犯心星占曰其國有憂若有大
喪房心爲宋今楚地十一月辛未楚王友薨
四年閏月庚午飛星大如缶出西南入斗下占曰漢使
匈奴明年鴻嘉元年正月匈奴單于雕陶莫皋死五月

甲午遣中郎將楊興使弔
永始二年二月癸未夜東方有赤色大三四圍長二三
丈索索如樹南方有大四五圍○劉奉世曰有字下當有氣或色字脫也下
行十餘丈皆不至地滅占曰東方客之變氣狀如樹木
以此知四方欲動者明年十二月己卯尉氏男子樊並
等謀反賊殺陳留太守嚴普及吏民出囚徒取庫兵劫
略令丞自稱將軍皆誅死庚子山陽鐵官亡徒蘇令等
殺傷吏民篡出囚徒取庫兵聚黨數百人爲大賊踰年
經歷郡國四十餘一日有兩氣同時起並見而並令等
同月俱發也
元延元年四月丁酉日餔時天暒晏殷殷如雷聲有流
星頭大如缶長十餘丈皎然赤白色從日下東南去四
面或大如盂或如雞子燿燿如雨下至昏止郡國皆言
星隕春秋星隕如雨爲王者失埶諸侯起伯之異也其
後王莽遂顓國柄王氏之興萌於成帝時是以有星隕
之變後莽遂篡國
綏和元年正月辛未有流星從東南入北斗長數十丈
二刻所息占曰大臣有繫者其年十一月庚子定陵侯
淳于長坐執左道下獄死
二年春熒惑守心二月乙丑丞相翟方進欲塞災異自
殺三月丙戌宮車晏駕
哀帝建平元年正月丁未日出時有著天白氣廣如一
匹布長十餘丈西南行讙如雷西南行一刻而止名曰
天狗傳曰言之不從則有犬禍詩妖到其四年正月二
月三月民相驚動讙譁奔走傳行詔籌祠西王母又曰
從目人當來十二月白氣出西南從地上至天出參下
貫天廁廣如一疋布長十餘丈十餘日去占曰天子有
陰病其三年十一月壬子太皇太后詔曰皇帝寬仁孝
順奉承聖緒靡有解怠而久病未瘳夙夜惟思殆繼體
之君不宜改作春秋大復古其復甘泉泰畤汾陰后土
如故
二年二月彗星出牽牛七十餘日傳曰彗所以除舊布
新也牽牛日月五星所從起歷數之元三正之始彗而
出之改更之象也其出久者爲其事大也其六月甲子
夏賀良等建言當改元易號增漏刻詔書改建平二年
爲太初元年號曰陳聖劉太平皇帝刻漏以百二十爲
度八月丁巳悉復蠲除之賀良及黨與皆伏誅流放其
後卒有王莽篡國之禍
元壽元年十一月歲星入太微逆行干右執法占曰大
臣有憂執法者誅若有罪二年十月戊寅高安侯董賢

免大司馬位歸第自殺

前漢書卷二十六考證

天文志經星常宿中外官云云○臣召南按後志曰孝明帝使班固敘漢書而馬續述天文志此志馬續所撰也故晉志引此文直曰馬續云

暈適背穴注孟康曰暈日旁氣也○暈監本譌背從宋本改

中宮天極星○監本接連前文自然之符也非是今另提行

環之匡衞十二星藩臣皆曰紫宮○臣召南按此與史記天官書同但紫宮匡衞實十五星西藩七東藩八與太微垣十二星不同晉志可証此與史記並曰十二星何也

後十七星絕漢抵營室曰閣道○臣召南按此志於經星俱直用天官書閣道星數天官書云六星是也何以言十七星乎晉志亦作六星疑十七二字係傳寫之譌

後聚十五星曰哀烏郞位○晉志作依烏郞府

廷藩西有隨星四曰少微○臣召南按天官書作隋星注隋音他果反此志宋本監本並作隨星葢誤

東井西曲星曰戊○臣召南按戊字係戉字之譌戉即古鉞字天官書曰其西曲星曰鉞又曰鉞北北河南南河又曰傷成鉞其文甚明晉志鉞一星附井之前主伺淫奢而斬之即解字義此志宋本別本並作戊字非也存說于此

旁一星曰王梁○天官書作王良晉志亦作王良此作梁誤

曰天橫○橫天官書作潢

歲星○凌穉隆曰自此以下與史記有異同

太白注晉灼曰出以寅戌入以丑未也○按寅戌當作辰戌

戊己中州河濟○戊譌戌今改正

如星非星○臣永祚按監本連接上文非也今另提行又星者金之散氣句始出于北方天暒而現景星曰有中道皆自爲一段監本並連接寫今俱提行

凡候歲美惡○臣永祚按凡望雲氣凡候歲美惡皆自爲一段不相連接監本誤也今於毎段俱另提行

十二月白氣出西南○監本于十二月上衍建平元年四字從宋本删去

前漢書卷二十七上

漢　蘭　臺　令　史班　固撰

唐正議大夫行秘書少監琅邪縣開國子顏師古注

五行志第七上

易曰天垂象見吉凶聖人象之河出圖雒出書聖人則之師古曰上繫之辭也則效也劉歆以爲虙羲氏繼天而王師古曰虙讀與伏同受河圖則而畫之八卦是也師古曰放效河圖而畫八卦也禹治洪水賜雒書法而陳之洪範是也師古曰取法雒書而陳洪範也聖人行其道而寶其眞降及于殷箕子在父師位而典之師古曰父師即太師殷之三公也箕子紂之諸父而爲太師故曰父師周既克殷以箕子歸武王親虛己而問焉故經曰惟十有三祀王訪于箕子師古曰祀年也商曰祀自此以下皆周書洪範之文王迺言曰烏嘑箕子惟天陰騭下民相協厥居我不知其彝倫逌敘服虔曰騭音陟應劭曰陰覆也騭升也相助也協和也倫理也攸所也言天覆下民王者當助天居我不知居天常理所次序也師古曰騭音質騭定也協和也天不言而默定下人助合其居也箕子迺言曰我聞在昔鯀陻洪水汨陳其五行應劭曰陻塞也汨亂也水性流行而鯀障塞之失其本性其餘所陳列皆亂故曰亂陳五行也師古曰汨音骨帝乃震怒弗畀洪範九疇彝倫逌斁師古曰帝謂上帝也震動也畀與也疇類也九類即九章也斁敗也音丁故反鯀則殛死禹迺嗣興師古曰殛誅也見誅而死殛音居力反天迺錫禹洪範九疇彝倫逌敘此武王問雒書於箕子箕子對禹得雒書之意也初一曰五行師古曰謂之行者言順天行氣次二曰羞用五事師古曰羞進也次三曰農用八政張晏曰農食之本食爲八政首故以農爲名也師古曰此說非也農厚也羞用義例皆同非田農之義也次四曰旪用五紀應劭曰旪合也合成五行謂之條紀也師古曰旪讀曰叶叶和也次五曰建用皇極應劭曰皇大極中也次六曰艾用三德應劭曰艾治也治大中之道用三德也師古曰艾讀曰乂次七曰明用稽疑應劭曰疑事明考之於蓍龜次八曰念用庶徵師古曰念思也庶衆也徵應也次九曰嚮用五福畏用六極應劭曰天所以嚮樂人用五福所以畏懼人用六極凡此六十五字皆雒書本文所謂天迺錫禹大法九章常事所次者也以爲河圖雒書相爲經緯八卦九章相爲表裏昔殷道弛文王演周易師古曰演廣也更廣其文也演音弋善反周道敝孔子述春秋則乾坤之陰陽效洪範之咎徵天人之道粲然著矣漢興承秦滅學之後景武之世董仲舒治公羊春秋始推陰陽爲儒者宗宣元之後劉向治穀梁春秋數其𥚃福傳以洪範師古曰𥚃古文禍字以洪範義傳說之傳字或作傳讀曰附謂附著與仲舒錯師古曰錯互不同也至向子歆治左氏傳其春秋意亦已乖矣言五行傳又頗不同是以擥仲舒別向歆師古曰擥字與擥同謂引取之擥音來敢反傳載眭孟夏侯勝京房谷永李尋之徒所陳行事訖于王莽舉十二世以傳春秋著于篇師古曰傳讀曰附謂比附其事

經曰初一曰五行五行一曰水二曰火三曰木四曰金五曰土水曰潤下火曰炎上師古曰皆水火自然之性也木曰曲直師古曰言可揉而曲可矯而直金曰從革張晏曰革更也可更銷鑄也土爰稼穡師古曰爰亦曰也一說爰於也可於其上稼穡也種之曰稼收聚曰穡

傳曰田獵不宿服虔曰不得其時也或曰不豫戒曰不宿不戒以其時也飲食不享師古曰不行享獻之禮也出入不節奪民農時及有姦謀李奇曰姦謀增賦斂之事也臣瓚曰姦謀謂邪謀也師古曰即下所謂作爲姦詐以奪農時則木不曲直說曰木東方也於易地上之木爲觀師古曰坤下巽上觀巽爲木故云地上之木也其於王事威儀容貌亦可觀者也故行步有佩玉之度師古曰玉佩上有雙衡下有雙璜琚瑀以雜之衝牙玭珠以納其間右徵角而左宮羽進則揖之退則揚之然後玉鏘鳴焉是爲行步之節度也璜音黃琚音居瑀音禹玭音步千反登車有和鸞之節師古曰和鈴也以金爲之施於衡上鸞亦以金爲鸞鳥而銜鈴焉施於鑣上動皆有聲以爲舒疾之節也田狩有三驅之制師古曰謂田獵三驅也三驅之禮一爲乾豆二爲賓客三爲充君之庖也飲食有享獻之禮師古曰以禮飲食謂之享進爵於前謂之獻出入有名使民以時務在勸農桑謀在安百姓如此則木得其性矣若迺田獵馳騁不反宮室飲食沈湎不顧法度師古曰沈湎謂溺於酒食也湎音彌善反妄興繇役以奪民時作爲姦詐以傷民財則木失其性矣蓋工匠之爲輪矢者多傷敗如淳曰揉輪不曲矢不直也及木爲變怪臣瓚曰梓柱更生及變爲人形是也是爲木不曲直春秋成公十六年正月雨木冰劉歆以爲上陽施不下通下陰施不上達故雨而木爲之冰雰氣寒師古曰雰音紛木不曲直也劉向以爲冰者陰之盛而水滯者也木者少陽貴臣卿大夫之象也此人將有害則陰氣脅木木先寒故得雨而冰也是時叔孫喬如出奔公子偃誅死師古曰叔孫喬如叔孫宣伯也通於宣公夫人穆姜謀欲作亂不克而出奔齊公子偃宣公庶子成公弟也謀喬如之謀故見誅事並在十六年冬一曰時晉執季孫行父又執公此執辱之異師古曰行父季文子也十六年秋公會晉侯于沙隨晉受喬如之譖而止公是年九月又信喬如之譖而執行父也或曰今之長老名木冰爲木介介者甲甲兵象也是歲晉有鄢陵之戰楚王傷目而敗師古曰晉楚戰于鄢陵呂錡射恭王中目鄢陵鄭地屬常雨也

傳曰棄法律逐功臣殺太子以妾爲妻則火不炎上說曰火南方揚光煇爲明者也其於王者南面鄉明而治師古曰鄉讀曰嚮書云知人則悊能官人師古曰虞書咎繇謨之辭悊智也能知其材則能官之所以爲智也故堯舜舉羣賢而命之朝師古曰謂稷离以下遠四佞而放諸埜師古曰四佞即四凶也遠離也埜古野字孔子曰浸潤之譖膚受之訴不行焉可謂明矣師古曰論語載孔子之言也浸潤言積漸也膚受謂初入皮膚以至骨髓也賢佞分別官人有序帥由舊章師古曰帥循也敬重功勳殊別適庶師古曰適讀曰嫡如此則火得其性矣若迺信道不篤或燿虛僞讒夫昌邪勝正則火失其性矣自上而降及濫炎妄起師古曰炎讀曰燄災宗廟燒宮館雖興師衆弗能救也是爲火不炎上春秋桓公十四年八月壬申御廩災董仲舒以爲先是四國共伐魯大破之於龍門韋昭曰魯郭門百姓傷者未瘳怨咎未復而君臣俱惰內怠政事外侮四鄰非能保守宗廟終其天年者也故天災御廩以戒之劉向以爲御廩夫人八妾所舂米之臧以奉宗廟者也師古曰一娶九女正嫡一人餘者妾也故云八妾時夫人有淫行師古曰謂通於齊侯挾逆心師古曰謂欲弒桓公天戒若曰夫人不可以奉宗廟桓不寤與夫人俱會齊師古曰十八年春公會齊侯于濼公與夫人姜氏遂如齊夫人譖桓公於齊侯師古曰言世子同非吾子齊侯之子齊侯殺桓公師古曰齊侯享公公醉使公子彭生乘公拉其幹而殺之公薨于車劉歆以爲御廩公所親耕籍田以奉粢盛者也師古曰黍稷曰粢在器曰盛也棄法度亡禮之應也嚴公二十年夏齊大災師古曰嚴公謂莊公也避明帝諱故改曰嚴凡漢書載諡姓爲嚴者皆類此劉向以爲齊桓好色聽女口以妾爲妻適庶數更師古曰更改也桓公之夫人三王姬徐嬴蔡姬皆無子而桓公好內多寵內嬖如夫人者六人長衞姬生公子無虧即武孟也少衞姬生惠公鄭姬生孝公葛嬴生昭公密姬生懿公宋華子生公子雍公與管仲屬孝公於宋襄公以爲太子易牙有寵於衞恭姬因侍人貂以薦羞於公請立武孟公許之管仲卒五公子皆求立適讀曰嫡下亦同數音所角反故致大災桓公不寤及死適庶分爭九月不得葬師古曰魯僖十七年齊桓公卒易牙入因內寵以殺羣吏立無虧孝公奔宋十八年齊立孝公不勝四公子之徒遂與宋人戰敗齊師于甗立孝公而還八月葬桓公是爲過於九月乃得葬也公羊傳曰大災疫也董仲舒以爲魯夫人淫於齊齊桓姊妹不嫁者七人國君民之父母夫婦生化之本本傷則末夭故天災所予也李奇曰以爲疫殺其民人釐公二十年五月乙巳西宮災師古曰釐讀曰僖後皆類此穀梁以爲愍公宮也以謚言之則若疏故謂之西宮劉向以爲釐立妾母爲夫人以入宗廟師古曰僖公之母謂成風也本非正嫡僖既爲君而母遂同夫人禮文四年經書夫人風氏薨五年王使榮叔歸含且賵是也故天災愍宮若曰去其卑而親者將害宗廟之正禮師古曰愍公於僖公爲弟故云卑董仲舒以爲釐娶於楚而齊媵之脅公使立以爲夫人師古曰僖公初聘楚女爲嫡齊女爲媵時齊先致其女脅魯使立爲夫人事見公羊穀梁傳西宮者小寢夫人之居也若曰妾何爲此宮誅去之意也以天災之故大之曰西宮也左氏以爲西宮者公宮也言西知有東東宮太子所居言宮舉國皆災也宣公十六年夏成周宣榭火師古曰公羊經曰成周洛陽也榭者所以臧樂器宣其名也董仲舒劉向以爲十五年王札子殺召伯毛伯師古曰王札子即王子捷也召伯毛伯周二大夫也召讀曰邵後皆類此天子不能誅天戒若曰不能行政令何以禮樂爲而臧之左氏經曰成周宣榭火人火也人火曰火天火曰災榭者講武之坐屋成公三年二月甲子新宮災穀梁以爲宣宮不言謚恭也劉向以爲時魯三桓子孫始執國政宣公欲誅之恐不能使大夫公孫歸父如晉謀未反宣公死三家譖歸父於成公成公父喪未葬聽讒而逐其父之臣使奔齊師古曰三桓謂孟孫叔孫季孫三家俱出桓公之子也公孫歸父東門襄仲之子也歸父欲去三桓以張公室與宣公謀而聘于晉欲以晉人去之

而宣公薨成公即位季文子及臧宣叔乃逐東門氏歸父還復命於介遂出奔齊故天災宣宮明不用父命之象也一曰三家親而亡禮猶宣公殺子赤而立師古曰赤文公太子即子惡也宣公文公之庶子襄仲殺赤而立宣公亡禮而親天災宣廟欲示去三家也董仲舒以爲成居喪亡哀戚心數興兵戰伐師古曰謂元年作丘甲二年季孫行父帥師會晉郤克及齊侯戰于鞌三年叔孫僑如帥師圍棘故天災其父廟示失子道不能奉宗廟也一曰宣殺君而立不當列於羣祖也襄公九年春宋災劉向以爲先是宋公聽讒逐其大夫華弱出奔魯師古曰華弱華椒之孫也與樂轡少相狎長相優又相謗轡以弓梏弱于朝宋平公怒逐之遂來奔事在襄六年左氏傳曰宋災樂喜爲司城師古曰司城本司空避武公之諱故改其官爲司城先使火所未至徹小屋師古曰恐火及之故徹去塗大屋師古曰大屋難徹故以泥塗之令火至不可焚陳畚輂應劭曰畚草籠也讀與本同輂所以輿土也師古曰輂居玉反具綆缶師古曰綆汲索也缶即盎也綆音工杏反備水器師古曰罃甕之屬也許氏說文解字曰罃備火今之長頸瓶也畜水潦積土塗師古曰潦行潦也畜讀曰蓄蓄謂障遏聚之也塗泥也繕守備師古曰繕謂補修之也修守禦之備恐因火有它故也表火道師古曰火之所起之道皆立標記也儲正徒師古曰儲偫也正徒役徒也偫音丈紀反郊保之民使奔火所師古曰郊保之人謂郊野之外保聚者也使奔火所共救災也又飭衆官各愼其職師古曰飭讀與敕同晉侯聞之問士弱曰師古曰士弱大夫士莊伯宋災於是乎知有天道何故對曰古之火正或食於心或食於咮以出入火師古曰咮音竹救反是故咮爲鶉火心爲大火陶唐氏之火正閼伯居商丘祀大火而火紀時焉相土因之故商主大火商人閱其禍敗之釁必始於火是以知有天道公曰可必乎對曰在道國亂亡象不可知也韋昭曰大亂之君天不復告故無象說曰古之火正謂火官也掌祭火星行火政季春昏心星出東方而咮七星○宋祁曰咮鄧本作喙鳥首正在南方則用火季秋星入則止火以順天時救民疾帝嚳則有祝融堯時有閼伯民賴其德死則以爲火祖配祭火星故曰或食於心或食於咮也相土商祖契之曾孫師古曰契讀曰偰音先列反字或作离其用同耳據諸典籍相土即离之孫今云曾孫未詳其意代閼伯後主火星宋其後也世司其占故先知火災賢君見變能脩道以除凶亂君亡象天不譴告故不可必也三十年五月甲午宋災董仲舒以爲伯姬如宋五年宋恭公卒師古曰伯姬魯宣公女恭姬也成九年歸于宋十五年而宋公卒今云如宋五年則是傳寫誤伯姬幽居守節三十餘年又憂傷國家之患禍積陰生陽故火生災也劉向以爲先是宋公聽讒而殺太子痤師古曰痤宋平公太子也寺人惠牆伊戾譖太子云與楚客盟平公殺之事在襄二十六年痤音在戈反應火不炎上之罰也左氏傳昭公六年六月丙戌鄭災是春三月鄭人鑄刑書士文伯曰火見鄭其火乎師古曰士文伯晉大夫伯瑕也火未出而作火以鑄刑器臧爭辟焉師古曰鑄刑於鼎故稱刑器法設下爭故云爭辟火而象之不火何爲說曰火星出於周五月

而鄭以三月作火鑄鼎刻刑辟書以爲民約是爲刑器爭辟故火星出與五行之火爭明爲災其象然也又棄法律之占也不書於經時不告魯也九年夏四月陳火師古曰公羊經董仲舒以爲陳夏徵舒殺君楚嚴王託欲爲陳討賊陳國闢門而待之至因滅陳師古曰夏徵舒陳夏南即少西氏也徵舒之母通於靈公靈公飲酒于夏氏徵舒討而殺之楚子爲夏氏亂故伐陳謂陳人無動將討於少西氏遂入陳殺夏徵舒轘諸栗門因縣陳事在宣公十一年○劉敞曰予按昭九年夏徵舒事且六十歲矣仲舒之言一何謬乎陳臣子尤毒恨甚極陰生陽故致火災劉向以爲先是陳侯弟招殺陳太子偃師師古曰招謂陳哀公之弟偃師即哀公子也哀公有廢疾招殺太子而立公子留事在昭八年招音韶皆外事不因其宮館者略之也八年十月壬午楚師滅陳師古曰莊王初雖縣陳納申叔時之諫乃復封陳至此時陳又爲楚靈王所滅春秋不與蠻夷滅中國故復書陳火也師古曰九年火時陳已爲楚縣猶追書陳國者以楚蠻夷不許其滅中夏之國左氏經曰陳災傳曰鄭裨竈曰五年陳將復封師古曰裨竈鄭大夫封五十二年而遂亡子產問其故對曰陳水屬也火水妃也而楚所相也今火出而火陳逐楚而建陳也妃以五成故曰五年歲五及鶉火而後陳卒亡楚克有之天之道也說曰顓頊以水王陳其族也師古曰陳舜後也舜本出顓頊今茲歲在星紀後五年在大梁大梁昴也金爲水宗得其宗而昌故曰五年陳將復封楚之先爲火正故曰楚所相也天以一生水地以二生火天以三生木地以四生金天以五生土五位皆以五而合而陰陽易位故曰妃以五成然則水之大數六火七木八金九土十故水以天一爲火二牡木以天三爲土十牡土以天五爲水六牡火以天七爲金四牡金以天九爲木八牡陽奇爲牡陰耦爲妃師古曰奇音居宜反故曰水火之牡也火水妃也於易坎爲水爲中男離爲火爲中女蓋取諸此也自大梁四歲而及鶉火四周四十八歲凡五及鶉火五十二年而陳卒亡火盛水衰故曰天之道也哀公十七年七月己卯楚滅陳昭十八年五月壬午宋衞陳鄭災董仲舒以爲象王室將亂天下莫救故災四國言亡四方也又宋衞陳鄭之君皆荒淫於樂不恤國政與周室同行陽失節則火災出是以同日災也劉向以爲宋陳王者之後師古曰宋微子啓本出殷陳胡公滿有虞苗裔皆王者之後衞鄭周同姓也師古曰衞康叔文王之子鄭桓公宣王之弟時周景王老劉子單子事王子猛師古曰劉子劉獻公摯也單子穆公旗也皆周大夫也猛景王太子單音善尹氏召伯毛伯事王子鼂師古曰尹氏文公閭也召伯莊公奐也毛伯毛得也皆周大夫也子鼂景王庶子也鼂古朝字子鼂楚之出也師古曰姊妹之子曰出及宋衞陳鄭亦皆外附於楚亡尊周室之心後三年景王崩王室亂故天災四國天戒若曰不救周反從楚廢世子立不正以害王室明同辠也定公二

年五月雉門及兩觀災師古曰雉門公宮南門也兩觀謂闕董仲舒劉向以爲此皆奢僭過度者也先是季氏逐昭公昭公死于外師古曰謂死于乾侯定公即位既不能誅季氏又用其邪說淫於女樂而退孔子師古曰齊人歸女樂季桓子受之君臣相與觀之廢朝禮三日孔子乃行天戒若曰去高顯而奢僭者一曰門闕號令所由出也今舍大聖而縱有辠亡以出號令矣京房易傳曰君不思道厥妖火燒宮哀公三年五月辛卯桓釐宮災董仲舒劉向以爲此二宮不當立違禮者也哀公又以季氏之故不用孔子孔子在陳聞魯災曰其桓釐之宮乎以爲桓季氏之所出釐使季氏世卿者也四年六月辛丑亳社災師古曰亳社殷社也董仲舒劉向以爲亡國之社所以爲戒也師古曰存其社者欲使君常思敬愼懼危亡也天戒若曰國將危亡不用戒矣春秋火災屢於定哀之間不用聖人而縱驕臣將以亡國不明甚也一曰天生孔子非爲定哀也蓋失禮不明火災應之自然象也高后元年五月丙申趙叢臺災劉向以爲是時呂氏女爲趙王后嫉妒將爲讒口以害趙王王不寤焉卒見幽殺惠帝四年十月乙亥未央宮凌室災師古曰藏冰之室也丙子織室災師古曰織作之室劉向以爲元年呂太后殺趙王如意殘戮其母戚夫人是歲十月壬寅太后立帝姊魯元公主女爲皇后其乙亥凌室災明日織室災凌室所以供養飲食織室所以奉宗廟衣服與春秋御廩同義天戒若曰皇后亡奉宗廟之德將絕祭祀其後皇后亡子後宮美人有男太后使皇后名之而殺其母惠帝崩嗣子立有怨言太后廢之更立呂氏子弘爲少帝賴大臣共誅諸呂而立文帝惠后幽廢文帝七年六月癸酉未央宮東闕罘罳災師古曰罘罳闕之屏也解具在文紀劉向以爲東闕所以朝諸侯之門也罘罳在其外諸侯之象也漢興大封諸侯王連城數十文帝即位賈誼等以爲違古制度必將叛逆先是濟北淮南王皆謀反其後吳楚七國舉兵而誅景帝中五年八月己酉未央宮東闕災先是栗太子廢爲臨江王師古曰景帝太子栗姬所生謂之栗太子以罪徵詣中尉自殺丞相條侯周亞夫以不合旨稱疾免後二年下獄死武帝建元六年六月丁酉遼東高廟災四月壬子高園便殿火董仲舒對曰春秋之道舉往以明來是故天下有物視春秋所舉與同比者師古曰比類也音必寐反精微眇以存其意通倫類以貫其理天地之變國家之事粲然皆見亡所疑矣按春秋魯定公哀公時季氏之惡已孰師古曰孰成也而孔子之聖方盛夫以盛聖而易孰惡季孫雖重魯君雖輕其勢可成也故定公二年五月兩觀災兩觀僭禮之物師古曰兩觀天子之制也天災

之者若曰僭禮之臣可以去已見辠徵而後告可去此天意也定公不知省至哀公三年五月桓宮釐宮災二者同事所爲一也若曰燔貴而去不義云爾師古曰燔音煩哀公未能見故四年六月亳社災兩觀桓釐廟亳社四者皆不當立天皆燔其不當立者以示魯欲其去亂臣而用聖人也季氏亡道久矣前是天不見災者魯未有賢聖臣雖欲去季孫其力不能昭公是也師古曰前是謂此時之前也見顯示也音胡電反以下並同至定哀迺見之其時可也不時不見天之道也今高廟不當居遼東高園殿不當居陵旁於禮亦不當立與魯所災同其不當立久矣至於陛下時天迺災之者殆亦其時可也昔秦受亡周之敝而亡以化之漢受亡秦之敝又亡以化之夫繼二敝之後承其下流兼受其猥難治甚矣師古曰猥積也謂積敝也又多兄弟親戚骨肉之連驕揚奢侈師古曰揚謂振揚張大也恣睢者衆服虔曰自恣意怒貌也師古曰睢音呼季反所謂重難之時者也陛下正當大敝之後又遭重難之時甚可憂也故天災若語陛下當今之世雖敝而重難非以太平至公不能治也視親戚貴屬在諸侯遠正最甚者忍而誅之師古曰遠離也謂離正道者也如吾燔遼東高廟迺可視近臣在國中處旁仄及貴而不正者忍而誅之師古曰仄古側字如吾燔高園殿迺可云爾在外而不正者雖貴如高廟猶災燔之況諸侯乎在內不正者雖貴如高園殿猶燔災之況大臣乎此天意也辠在外者天災外辠在內者天災內燔甚辠當重燔簡辠當輕承天意之道也先是淮南王安入朝始與帝舅太尉武安侯田蚡有逆言其後膠西于王趙敬肅王常山憲王皆數犯法或至夷滅人家藥殺二千石而淮南衡山王遂謀反膠東江都王皆知其謀陰治兵弩欲以應之至元朔六年迺發覺而伏辜時田蚡已死不及誅上思仲舒前言使仲舒弟子呂步舒持斧鉞治淮南獄以春秋誼顓斷於外不請師古曰顓與專同不請者不待奏報既還奏事上皆是之太初元年十一月乙酉未央宮柏梁臺災先是大風發其屋夏侯始昌先言其災日後有江充巫蠱衞太子事征和二年春涿郡鐵官鑄鐵鐵銷皆飛上去○宋祁曰鐵鐵疑作鑠鐵此火爲變使之然也其三月涿郡太守劉屈氂爲丞相後月巫蠱事興帝女諸邑公主陽石公主師古曰諸琅邪之縣也公主所食曰邑故謂之諸邑陽石北海之縣字亦作羊丞相公孫賀子太僕敬聲平陽侯曹宗等皆下獄死七月使者江充掘蠱太子宮太子與母皇后議恐不能自明乃殺充舉兵與丞相劉屈氂戰死者數萬人太子敗走至湖自殺師古曰湖縣名也即今閿鄉湖城二縣界明年屈氂復坐祝𧙃要斬師古曰𧙃古詛字也音側據反妻梟首

也成帝河平二年正月沛郡鐵官鑄鐵鐵不下○宋祁曰作錢錢不下隆隆如雷聲又如鼓音工十三人驚走音止還視地地陷數尺鑪分爲十一鑪中銷鐵散如流星皆上去與征和二年同象其夏帝舅五人封列侯號五侯師古曰譚商音根逢時凡五人元舅王鳳爲大司馬大將軍秉政後二年丞相王商與鳳有隙鳳譖之免官自殺明年京兆尹王章訟商忠直言鳳顓權鳳誣章以大逆罪下獄死妻子徙合浦後許皇后坐巫蠱廢而趙飛燕爲皇后妹爲昭儀賊害皇子成帝遂亡嗣皇后昭儀皆伏辜一曰鐵飛屬金不從革昭帝元鳳元年燕城南門災劉向以爲時燕王使邪臣通於漢爲讒賊謀逆亂南門者通漢道也天戒若曰邪臣往來爲姦讒於漢絕亡之道也燕王不寤卒伏其辜元鳳四年五月丁丑孝文廟正殿災劉向以爲孝文太宗之君與成周宣榭火同義先是皇后父車騎將軍上官安安父左將軍桀謀爲逆大將軍霍光誅之皇后以光外孫年少不知居位如故光欲后有子因上侍疾醫言禁內後宮皆不得進唯皇后顓寢皇后年六歲而立十三年而昭帝崩遂絕繼嗣光執朝政猶周公之攝也是歲正月上加元服師古曰謂冠也通詩尚書有明悊之性光亡周公之德秉政九年久於周公上既已冠而不歸政將爲國害故正月加元服五月而災見古之廟皆在城中孝文廟始出居外天戒若曰去貴而不正者宣帝既立光猶攝政驕溢過制至妻顯殺許皇后光聞而不討後遂誅滅宣帝甘露元年四月丙申中山太上皇廟災甲辰孝文廟災元帝初元三年四月乙未孝武園白鶴館災劉向以爲先是前將軍蕭望之光祿大夫周堪輔政爲佞臣石顯許章等所譖望之自殺堪廢黜明年白鶴館災園中五里馳逐走馬之館師古曰五里者言其周迴五里不當在山陵昭穆之地天戒若曰去貴近逸遊不正之臣將害忠良後章坐走馬上林下烽馳逐免官孟康曰夜於上林苑下舉火馳射也烽或作逢晉灼曰冠首曰烽競走曰逐師古曰孟說是永光四年六月甲戌孝宣杜陵園東闕南方災劉向以爲先是上復徵用周堪爲光祿勳及堪弟子張猛爲太中大夫石顯等復譖毀之皆出外遷是歲上復徵堪領尚書猛給事中石顯等終欲害之園陵小於朝廷闕在司馬門中內臣石顯之象也孝宣親而貴門闕法令所從出也天戒若曰去法令內臣親而貴者必爲國害後堪希得進見因顯言事事決顯口堪病不能言顯誣告張猛自殺於公車成帝即位顯卒伏辜成帝建始元年正月乙丑皇考廟災初宣帝爲昭帝後而立父廟於禮不正是時

大將軍王鳳顓權擅朝甚於田蚡將害國家故天於元年正月而見象也其後寖盛師古曰寖古浸字浸漸也五將世權遂以亡道孟康曰謂王五大司馬也師古曰謂鳳音商根莽也鴻嘉三年八月乙卯孝景廟北闕災十一月甲寅許皇后廢永始元年正月癸丑大官凌室災戊午戾后園南闕災是時趙飛燕大幸許后既廢上將立之故天見象於凌室與惠帝四年同應戾后衞太子妾遭巫蠱之禍宣帝既立追加尊號於禮不正又戾后起於微賤與趙氏同應天戒若曰微賤亡德之人不可以奉宗廟將絕祭祀有凶惡之禍至其六月丙寅趙皇后遂立姊妹驕妒賊害皇子卒皆受誅永始四年四月癸未長樂宮臨華殿及未央宮東司馬門災六月甲午孝文霸陵園東闕南方災長樂宮成帝母王太后之所居也未央宮帝所居也霸陵太宗盛德園也是時太后三弟相續秉政師古曰謂陽平侯鳳安陽侯音成都侯商相代爲大司馬舉宗居位充塞朝廷兩宮親屬將害國家師古曰謂太后家王氏皇后家趙氏故云兩宮親屬故天象仍見師古曰仍重也明年成都侯商薨弟曲陽侯根代爲大司馬秉政後四年根乞骸骨薦兄子新都侯莽自代遂覆國焉哀帝建平三年正月癸卯桂宮鴻寧殿災帝祖母傅太后之所居也時傅太后欲與成帝母等號齊尊大臣孔光師丹等執政以爲不可太后皆免官爵遂稱尊號後三年帝崩傅氏誅滅平帝元始五年七月己亥高皇帝原廟殿門災盡師古曰原廟重廟也高皇帝廟在長安城中後以叔孫通譏複道故復起原廟於渭北非正也是時平帝幼成帝母王太后臨朝委任王莽將篡絕漢墮高祖宗廟師古曰墮毀也音火規反故天象見也其冬平帝崩明年莽居攝因以篡國後卒夷滅

傳曰治宮室飾臺榭師古曰臺有室曰榭內淫亂犯親戚侮父兄則稼穡不成說曰土中央生萬物者也其於王者爲內事宮室夫婦親屬亦相生者也古者天子諸侯宮廟大小高卑有制后夫人媵妾多少進退有度九族親疏長幼有序孔子曰禮與其奢也寧儉師古曰論語載孔子之言也若不得禮之中而失於奢則不如儉故禹卑宮室師古曰論語載孔子曰禹吾無間然矣卑宮室而盡力於溝洫謂勤於治水而所居狹陋也文王刑于寡妻師古曰大雅思齊之詩云刑于寡妻至于兄弟以御于家邦刑法也寡妻謂正嫡也御治也此美文王以禮法接待其妻及兄弟宗族又廣以政教治家邦此聖人之所以昭教化也如此則土得其性矣若迺奢淫驕慢則土失其性有水旱之災而草木百穀不孰是爲稼穡不成嚴公二十八年冬大水亡麥禾董仲舒以爲夫人哀姜淫亂師古曰哀姜莊公夫人齊女也逆陰氣故大水也劉向以爲水旱當書不書水旱而曰大亡麥禾者土氣不養稼穡不成者也是時夫人淫於二叔內外亡別師古曰二叔謂莊公二弟仲慶父叔牙又因凶饑一年而三築臺師古曰謂三十一年春築臺于郎夏築臺于薛秋築臺于秦也郎薛秦皆魯地也故應是而稼穡不成飾臺榭內淫亂之罰云遂不改寤四年而死師古曰莊公三十二年薨距大水無麥禾凡四歲也禍流二世師古曰謂子般及閔公皆殺死奢淫之患也

傳曰好戰攻輕百姓飾城郭侵邊境則金不從革說曰金西方萬物既成殺氣之始也故立秋而鷹隼擊秋分而微霜降其於王事出軍行師把旄杖鉞誓士衆抗威武所以征畔逆止暴亂也詩云有虔秉鉞如火烈烈師古曰商頌長發之詩也虔固也此美殷湯興師出征固持其鉞以誅有罪威力猛盛如火熾烈又曰載戢干戈載櫜弓矢師古曰周頌時邁之詩也戢聚也櫜韜也言天下太平兵不復用故戢斂而韜藏也動靜應誼說以犯難民忘其死師古曰言以和悅使人雖犯危難不顧其生也易兌卦彖曰說以犯難民忘其死故引之也說讀曰悅如此則金得其性矣若迺貪欲恣睢師古曰睢音呼季反務立威勝不重民命則金失其性蓋工冶鑄金鐵金鐵冰滯涸堅不成者衆師古曰涸讀與冱同冱凝也音下故反春秋左氏傳曰固陰冱寒○劉敞曰冰音凝及爲變怪是爲金不從革左氏傳曰昭公八年春石言於晉晉平公問於師曠師古曰晉掌樂大夫對曰石不能言神或馮焉作事不時怨讟動於民師古曰讟痛怨之言也音讀則有非言之物而言今宮室崇侈民力彫盡怨讟並興莫信其性師古曰信猶保也性生也一說信讀曰申言不得申其性命也石之言不亦宜乎於是晉侯方築虒祁之宮師古曰虒祁地在絳西臨汾水虒音斯叔向曰君子之言信而有徵師古曰叔向晉大夫羊舌肸也劉歆以爲金石同類是爲金不從革失其性也劉向以爲石白色爲主屬白祥成帝鴻嘉三年五月乙亥天水冀南山大石鳴師古曰天水之冀縣南山也聲隆隆如雷有頃止聞平襄二百四十里韋昭曰天水縣壄雞皆鳴師古曰雉也石長丈三尺廣厚略等師古曰廣及厚皆如其長旁著岸脅去地二百餘丈民俗名曰石鼓石鼓鳴有兵是歲廣漢鉗子謀攻牢師古曰鉗子謂鉗徒也牢繫重囚之處篡死罪囚鄭躬等盜庫兵劫略吏民衣繡衣自號曰山君黨與寖廣明年冬迺伏誅自歸者三千餘人後四年尉氏樊並等謀反殺陳留太守嚴普自稱將軍山陽亡徒蘇令等黨與數百人盜取庫兵經歷郡國四十餘皆踰年迺伏誅是時起昌陵作者數萬人徙郡國吏民五千餘戶以奉陵邑作治五年不成乃罷昌陵還徙家師古曰初徙人陪昌陵者令皆還其本居石鳴與晉石言同應師曠所謂民力彫盡傳云輕百姓者也虒祁離宮去絳都四十里昌陵亦在郊壄皆與城郭同占城郭屬金宮室屬土外內之別云

傳曰簡宗廟不禱祠廢祭祀逆天時則水不潤下說曰水北方終臧萬物者也其於人道命終而形臧精神放越聖人爲之宗廟以收魂氣春秋祭祀以終孝道王者即位必郊祀天地禱祈神祇望秩山川懷柔百神亡不宗事師古曰懷來也柔安也謂招來而祭祀之使其安也宗尊也愼其齊戒致其嚴敬鬼神歆饗多獲福助此聖王所以順事陰氣和神人也至發號施令亦奉天時十二月咸得其氣則陰陽調而終始成如此則水得其性矣若迺不敬鬼神致令逆時則水失其性霧水暴出百川逆溢壞鄉邑溺人民及淫雨傷稼穡是爲水不潤下京房易傳曰顓事有知誅罰絕理厥災水其水也雨殺人以隕霜大風天黃饑而不損茲謂泰厥災水水殺人辟遏有德茲謂狂應劭曰辟天子也有德者遏不見用也厥災水水流殺人已水則地生蟲歸獄不解茲謂追非李奇曰歸罪過於民不罪己也張晏曰謂釋有罪之人而歸無辜者也解止也追非遂非也厥水寒殺人追誅不解茲謂不理厥水五穀不收大敗不解茲謂皆陰解舍也王者於大敗誅首惡赦其衆不則皆函陰氣師古曰函讀與含同厥水流入國邑隕霜殺穀○宋祁曰穀當作菽桓公元年秋大水董仲舒劉向以爲桓弒兄隱公民臣痛隱而賤桓後宋督弒其君師古曰宋華父督爲太宰弒殤公事在桓公二年諸侯會將討之師古曰謂齊陳鄭也桓受宋賂而歸師古曰謂郜大鼎又背宋諸侯由是伐魯仍交兵結讎伏尸流血百姓愈怨師古曰桓會宋公者五與宋公燕人盟已而背盟伐宋宋公燕人怨而求助齊衞助之桓公懼而會紀侯鄭伯及四國之師大戰故十三年夏復大水一曰夫人驕淫將弒君陰氣盛桓不寤卒弒死劉歆以爲桓易許田不祀周公師古曰許田魯朝宿之邑而有周公別廟桓既篡位遂以許田與鄭而取鄭之祊田故云不祀周公廢祭祀之罰也嚴公七年秋大水亡麥苗董仲舒劉向以爲嚴母文姜與兄齊襄公淫共殺桓公嚴釋父讎復取齊女未入先與之淫一年再出會於道逆亂臣下賤之之應也十一年秋宋大水董仲舒以爲時魯宋比年爲乘丘鄑之戰師古曰比年頻年也莊十年公敗宋師于乘丘十一年公敗宋師于鄑乘丘鄑魯地鄑音子移反百姓愁怨陰氣盛故二國俱水劉向以爲時宋愍公驕慢睹災不改明年與其臣宋萬博戲婦人在側矜而罵萬萬殺公之應師古曰萬宋大夫也戰敗獲于魯復歸宋又爲大夫與愍公博婦人在側萬曰甚矣魯侯之淑魯侯之美天下諸侯宜爲君者唯魯侯耳愍公矜此婦人妒其言顧曰此虜也爾虜焉知魯侯之美惡乎至萬怒搏愍公絕其脰而死事在莊十二年二十四年大水董仲舒以爲夫人哀姜淫亂不婦陰氣盛也劉向以爲哀姜初入公使大夫宗婦見用幣師古曰宗婦同姓之婦也大夫妻及宗婦見夫人者皆令執幣是踰禮也又淫於二叔公弗能禁臣下賤之故是歲明年仍大水劉歆以爲先是嚴飾宗廟刻桷丹楹以夸夫人臣瓚曰桷椽也韋昭曰楹柱也師古曰莊公二十三年丹桓宮楹二十四年刻桓宮桷將迎夫人故爲盛飾簡宗廟之罰也師古曰簡慢也宣公十年秋大水饑董仲舒以爲時比伐邾取邑師古曰比頻也九年秋取根牟公羊傳曰根牟者何邾婁之邑也十年公孫歸父帥師伐邾取繹故云比年也亦見報復兵讎連結百

姓愁怨劉向以爲宣公殺子赤而立子赤齊出也師古曰赤母姜氏赤死姜氏大歸齊市人皆哭魯人謂之哀姜故懼以濟西田賂齊師古曰宣既卽位與齊侯會于平州以定其位元年六月齊人取濟西田爲立公故以賂齊也邾子貜且亦齊出也師古曰貜且邾文公之子邾定公也亦齊女所生貜音俱碧反又音钁且音子余反而宣比與邾交兵師古曰比頻也臣下懼齊之威創邾之旤師古曰創懲艾也音初亮反皆賤公行而非其正也成公五年秋大水董仲舒劉向以爲時成幼弱政在大夫前此一年再用師師古曰成三年春公會晉侯宋公衛侯曹伯伐鄭秋叔孫僑如帥師圍棘是也明年復城鄆以彊私家師古曰四年城鄆鄆季氏邑音運仲孫蔑叔孫僑如顓會宋晉陰勝陽師古曰仲孫蔑孟獻子也成五年春仲孫蔑如宋夏叔孫僑如會晉荀首于穀顓與專同專者不稟命於公襄公二十四年秋大水董仲舒以爲先是一年齊伐晉襄使大夫帥師救晉師古曰襄二十三年秋齊伐衛遂伐晉八月叔孫豹帥師救晉次于雍楡後又侵齊師古曰二十四年仲孫羯帥師侵齊國小兵弱數敵彊大百姓愁怨陰氣盛劉向以爲先是襄慢鄰國是以邾伐其南師古曰十五年邾人伐我南鄙是也齊伐其北師古曰十六年齊人伐我北鄙是也莒伐其東師古曰十二年莒人伐我東鄙是也百姓騷動後又仍犯彊齊也師古曰十八年公會晉侯宋公衛侯鄭伯同圍齊二十三年救晉二十四年又侵齊是重犯也大水饑穀不成其災甚也高后三年夏漢中南郡大水水出流四千餘家四年秋河南大水伊雒流千六百餘家汝水流八百餘家八年夏漢中南郡水復出流六千餘家南陽沔水流萬餘家師古曰沔漢水之上也音彌善反是時女主獨治諸呂相王文帝後三年秋大雨晝夜不絕三十五日藍田山水出流九百餘家燕壞民室八千餘所殺三百餘人先是趙人新垣平以望氣得幸爲上立渭陽五帝廟欲出周鼎以夏四月郊見上帝師古曰事並見郊祀志歲餘懼誅謀爲逆發覺要斬夷三族是時比再遣公主配單于賂遺甚厚師古曰比頻也高祖使劉敬奉宗室女翁主爲冒頓單于閼氏冒頓死其子老上單于初立文帝復遣宗人女爲單于閼氏匈奴愈驕侵犯北邊殺略多至萬餘人漢連發軍征討戍邊元帝永光五年夏及秋大水潁川汝南淮陽廬江雨壞鄉聚民舍及水流殺人先是一年有司奏罷郡國廟是歲又定迭毀師古曰親盡則毀故云迭毀事在韋玄成傳罷太上皇孝惠帝寢廟皆無復修通儒以爲違古制刑臣石顯用事師古曰石顯宦者故曰刑臣成帝建始三年夏大水三輔霖雨三十餘日郡國十九雨山谷水出凡殺四千餘人壞官寺民舍八萬三千餘所元年有司奏徙甘泉泰時河東后土于長安南北郊二年又罷雍五時郡國諸舊祀凡六所

前漢書卷二十七上考證

五行志上禹治洪水賜雒書法而陳之洪範是也○臣召南按易大傳曰河出圖洛出書聖人則之是言圖書二者皆出于伏羲之世故則之以畫八卦卽尚書本文祇云天乃錫禹洪範九疇不云錫禹以洛書亦不云禹因洛書陳洪範也以洛書爲洪範始于孔安國書傳而劉歆父子又言之後儒遂依其說

登車有和鸞之節注亦以金爲鸞鳥而栖衡銜鈴焉○銜監本訛衡從宋本改

春秋火災屢於定哀之閒○定哀監本作哀定非也今改正

征和二年春涿郡鐵官鑄鐵鐵銷皆飛上去○宋祁曰鐵鐵疑作錢錢○臣召南按此條及下成帝河平二年正月沛郡鐵官鑄鐵鐵不下其事正同宋祁並疑鑄鐵當作鑄錢非也元狩五年以後令天下非三官錢不行安得有外郡鑄錢之事雖涿郡鐵飛武紀不載而涿郡有鐵官地理志有明文矣至河平沛郡鐵散則孝成紀亦載其事不得疑鐵字爲錢字之訛也

則土失其性無水旱之災而草木百穀不孰○無監本訛有從宋本改

嚴公二十八年冬大水亡麥禾董仲舒云云○臣召南按經但云大無麥禾三家所同並無大水水字故劉向以屬土不稼穡然玩董仲舒說又似公羊經有大水之文乃今本公羊亦無水字何也

於是晉侯方築虒祁之宮注在絳西臨汾縣○絳監本訛鋒今改正

嚴公七年秋大水亡麥苗○苗監本訛田今改正

前漢書卷二十七中之上

漢　蘭臺令史班固撰

唐正議大夫行秘書少監琅邪縣開國子顏師古注

五行志第七中之上

經曰羞用五事五事一曰貌二曰言三曰視四曰聽五曰思貌曰恭言曰從視曰明聽曰聰思曰睿應劭曰睿通也古文作睿恭作肅從作艾師古曰艾讀曰乂乂治也其下亦同明作悊聰作謀應劭曰上聽則下謀故聽爲謀也睿作聖張晏曰睿通達以至於聖休徵孟康曰善行之驗也曰肅時雨若應劭曰居上而敬則雨順之艾時陽若應劭曰君政治則陽順之悊時奧若應劭曰悊明也師古曰奧讀曰燠燠溫也音於六反謀時寒若聖時風若師古曰凡言時者皆謂行得其道則寒暑風雨以時應而順之咎徵師古曰言惡行之驗曰狂恒雨若僭恒陽若應劭曰僭差僭舒恒奧若急恒寒若霿恒風若服虔曰霿音人備霿應劭曰人君瞀霿鄙吝則風不順之也師古曰凡言恒者謂所行者失道則寒暑風雨不時而恒久爲災也霿音莫豆反備瞀並音構又音寇

傳曰貌之不恭是謂不肅厥咎狂厥罰恒雨厥極惡時則有服妖時則有龜孽師古曰孽音魚列反其下並同時則有雞旤師古曰旤與禍同時則有下體生上之痾韋昭曰若牛之足反出背上下欲伐上之禍也師古曰痾音阿時則有青眚青祥李奇曰內曰眚外曰祥唯金沴木服虔曰沴害也如淳曰沴音拂戾之戾義亦同說曰凡草木之類謂之妖妖猶夭胎言尚微師古曰夭音烏老反蟲豸之類謂之孽師古曰有足謂之蟲無足謂之豸孽則牙孽矣及六畜謂之旤言其著也及人謂之痾痾病貌言寖深也甚則異物生謂之眚自外來謂之祥祥猶禎也氣相傷謂之沴沴猶臨莅不和意也每一事云時則以絕之言非必俱至或有或亡或在前或在後也

孝武時夏侯始昌通五經善推五行傳以傳族子夏侯勝下及許商皆以教所賢弟子其傳與劉向同唯劉歆傳獨異貌之不恭是謂不肅肅敬也內曰恭外曰敬人君行已體貌不恭怠慢驕蹇則不能敬萬事失在狂易故其咎狂也師古曰狂易謂狂而易其常性上慢下暴則陰氣勝故其罰常雨也水傷百穀衣食不足則姦軌並作故其極惡也一曰民多被刑或形貌醜惡亦是也風俗狂慢變節易度則爲剽輕奇怪之服師古曰剽音匹妙反故有服妖水類動故有龜孽如淳曰河魚大上以爲魚孽之比於易巽爲雞雞有冠距文武之貌不爲威儀貌氣毀故有雞旤一曰水歲雞多死及爲怪亦是也上失威儀則下有彊臣害君上者故有下體生於上之痾木色青故有青眚青祥凡貌傷者病木氣木氣病則金沴之衝氣相通也於易震在東方爲春爲木也兌在西方爲秋爲金也離在南方爲夏爲火也坎在北方爲冬爲水也春與秋日夜分寒暑平是以金木之氣易以相變故貌傷則致秋陰常雨言傷則致春陽常旱也至於冬夏日夜相反寒暑殊絕水火之氣不得相併故視傷常奧聽傷常寒者其氣然也逆之其極曰惡順之其福曰攸好德孟康曰政不順則致妖順則致福也師古曰攸所也所好者德也劉歆貌傳曰有鱗蟲之孽羊旤鼻痾說以爲於天文東方辰爲龍星故爲鱗蟲於易兌爲羊木爲金所病故致羊旤與常雨同應此說非是春與秋氣陰陽相敵木病金盛故能相并唯此一事耳旤與妖痾祥眚同類不得獨異史記師古曰此志凡稱史記者皆謂司馬遷所撰也成公十六年公會諸侯于周單襄公見晉厲公視遠步高師古曰單襄公周卿士單子朝也晉厲公景公之子也名州蒲單音善告公曰晉將有亂魯侯曰敢問天道也抑人故也對曰吾非瞽史焉知師古曰瞽樂太師史太史天道吾見晉君之容殆必禍者也夫君子目以定體足以從之師古曰體定則足之進退皆無違也是以觀其容而知其心矣目以處誼足以步目師古曰視瞻得其宜行步中其節也晉侯視遠而足高目不在體而足不步目其心必異矣目體不相從何以能久夫合諸侯民之大事也於是虖觀存亡故國將無咎其君在會步言視聽必皆無讁則可以知德矣師古曰讁責也無讁謂得其義理無可咎責也視遠曰絕其誼足高曰棄其德言爽曰反其信師古曰爽差也聽淫曰離其名師古曰淫邪也夫目以處誼足以踐德師古曰踐履也所履皆德行也口以庇信師古曰庇覆也言行相覆則爲信矣耳以聽名者也故不可不慎偏喪有咎師古曰苟喪其一則有咎旣喪則國從之師古曰旣盡也若盡喪之則國亦亡晉侯爽二吾是以云張晏曰視遠一也步高二也後二年晉人殺厲公凡此屬皆貌不恭之咎云左氏傳桓公十三年楚屈瑕伐羅鬭伯比送之師古曰屈瑕莫敖也鬭伯比楚大夫羅國名在南郡枝江西還謂其馭曰莫敖必敗師古曰莫敖楚官名也字或作敖其音同舉止高心不固矣師古曰止足也遽見楚子以告師古曰遽速也楚子使賴人追之弗及莫敖行遂無次且不設備師古曰無次不爲次列也及羅羅人軍之大敗莫敖縊死釐公十一年周使內史過賜晉惠公命師古曰內史周大夫過晉惠公夷吾也諸侯卽位天子則賜命圭以爲瑞受玉惰師古曰不敬其事也過歸告王曰晉侯其無後乎王賜之命而惰於受瑞先自棄也已其何繼之有禮國之幹也敬禮之輿也師古曰無禮則國不立故謂之幹無敬則禮不行故比之於輿不敬則禮不行禮不行則上下昏何以長世二十一年晉惠公卒子懷公立晉人殺之更立文公成公十三年晉侯使郤錡乞師于魯將事不敬師古曰郤錡晉大夫駒伯也乞師以伐秦也將事致其君命也錡音牛爾反孟獻子曰郤氏其亡虖師古曰孟獻子仲孫蔑也禮身之幹也敬身之基也師古曰無禮則身不立不敬則身不安也郤子無基且先君之嗣卿也受命以求師將社稷是衞而惰棄君命也不亡何爲十七年郤氏亡成公十三年諸侯朝王遂從劉康公伐秦成肅公受脤于社不敬服虔曰脤祭社之肉也盛以蜃器故謂之脤師古曰劉康公成肅公皆周大夫也脤讀與蜃同以出師而祭社謂之宜脤者卽宜社之肉也蜃大蛤也音上忍反劉子曰吾聞之曰民受天地之中以生所謂命也師古曰中謂中和之氣也劉子卽康公是以有禮義動作威儀之則以定命也能者養以之福不能者敗以取禍師古曰之往也能養生者則定禮義威儀自致於福不能者則喪之以取禍亂是故君子勤禮小人盡力勤禮莫如致敬盡力莫如惇篤敬在養神篤在守業國之大事在祀與戎祀有執膰戎有受脤應劭曰膰祭肉也師古曰膰音扶元反神之大節也師古曰交神之節今成子惰棄其命矣其不反虖五月成肅公卒成公十四年衞定公享苦成叔甯惠子相師古曰定公名臧苦成叔晉大夫郤犨也晉使郤犨如衞故定

公享之惠子衛大夫甯殖也相謂贊相其禮苦成叔敖師古曰敖讀曰傲其下並同甯子曰苦成家其亡虖古之爲享食也以觀威儀省旤福也師古曰食讀曰飤故詩曰兕觥其觩旨酒思柔匪儌匪傲萬福來求張晏曰觥罰爵也飲酒和柔無失禮可罰爵徒觩然而已應劭曰言在位者不儌訐不倨傲也師古曰小雅桑扈之詩也儌謂儌幸也萬福言其多也謂飲酒者不儌幸不傲慢則福祿就而求之也觩音虯儌音工堯反今夫子傲取旤之道也後三年苦成家亡師古曰十七年晉攻郤氏長魚矯以戈殺郤錡郤犨郤至而滅其家襄公七年衛孫文子聘于魯君登亦登師古曰文子衛大夫孫林父也禮之登階臣後君一等叔孫穆子相師古曰穆子叔孫豹趨進曰諸侯之會寡君未嘗後衛君今吾子不後寡君寡君未知所過吾子其少安師古曰安安徐也孫子亡辭亦亡悛容師古曰悛改也音千全反穆子曰孫子必亡爲臣而君過而不悛亡之本也十四年孫子逐其君而外叛師古曰逐其君謂衛獻公出奔齊也外叛謂以戚叛之襄公二十八年蔡景侯歸自晉入于鄭師古曰景侯名固文侯之子也鄭伯享之不敬子產曰蔡君其不免虖師古曰言不免於禍曰其過此也君使子展往勞于東門而敖師古曰謂往日始適晉之時也子展鄭大夫公孫舍之吾曰猶將更之師古曰更改也今還受享而惰迺其心也師古曰言心之所常行也君小國事大國師古曰言身爲小國之君而事于大國而惰敖以爲己心將得死虖君若不免必由其子淫而不父師古曰通太子之妻如是者必有子旤三十年爲世子般所殺師古曰般讀與班同襄公三十一年公薨季武子將立公子裯師古曰裯襄公之子齊歸所生裯音直留反穆叔曰是人也居喪而不哀在慼而有嘉容是謂不度不度之人鮮不爲患師古曰穆叔卽叔孫穆子也不度不遵禮度也若果立必爲季氏憂武子弗聽卒立之比及葬三易衰衰衽如故衰師古曰衰衣前曰衽言游戲無已也比音必寐反衰音千回反衽音人禁反是爲昭公立二十五年聽讒攻季氏兵敗出奔死于外師古曰謂薨于乾侯襄公三十一年衛北宮文子見楚令尹圍之儀師古曰北宮文子衛大夫也名佗令尹圍卽公子圍楚恭王之子也時爲令尹文子從衛侯在楚故見之言於衛侯曰令尹似君矣將有它志師古曰謂有爲君之心言諦視瞻非其常雖獲其志弗能終也公曰子何以知之對曰詩云敬慎威儀惟民之則師古曰大雅抑之詩也則法也言君能慎其威儀乃臣下所法效之令尹無威儀民無則焉民所不則以在民上不可以終師古曰遂以殺君篡國而敗於乾谿也昭公十一年夏周單子會于戚師古曰單子周大夫單成公也戚衛地視下言徐應劭曰視下視不登帶言徐不聞於表著晉叔向曰單子其死虖師古曰叔向晉大夫羊舌肸也向音許兩反朝有著定師古曰朝內列位有定處所謂表著者也著音直庶反又音除會有表師古曰會於野設表以爲位衣有襘帶有結師古曰襘領之交會也結紳帶之結也襘音工外反會朝之言必聞于表著之位所以昭事序也視不過結襘之中所以道容貌也師古曰道讀曰導其下並同言以命之容貌以明之失則有闕今單子爲王官伯師古曰伯長也而命事於會視不登帶言不過步貌不道容而言不昭矣不道不恭不昭不從無守氣矣師古曰貌正曰恭言正曰從十二月單成公卒昭公二十一年三月葬蔡平公蔡太子朱失位位在卑師古曰不在正嫡之位而以長幼序之魯大夫送葬者歸告昭子師古曰昭子叔孫婼昭子歎曰蔡其亡虖若不亡是君也必不終詩曰不解於位民之攸塈師古曰大雅假樂之詩也塈息也言在上者能率位不怠則其臣下得以安息也解讀曰懈塈音許旣反今始卽位而適卑身將從之十月蔡侯朱出奔楚晉魏舒合諸侯之大夫于翟泉應劭曰水名今洛陽是也師古曰魏舒晉卿魏獻子也事在定公元年志不書者蓋闕文將以城成周魏子涖政師古曰謂代天子大夫爲政以臨其事也衛彪傒曰將建天子而易位以令非誼也師古曰傒衛大夫建天子謂立天子之居也傒音奚大事奸誼必有大咎師古曰奸犯也音干晉不失諸侯魏子其不免虖是行也魏獻子屬役於韓簡子師古曰簡子亦晉卿韓不信以城周之功役委簡子而田於大陸焚焉而死師古曰高平曰陸因放火田獵而見燒殺也定公十五年邾隱公朝於魯執玉高其容仰公受玉卑其容俯師古曰隱公邾子益也玉謂朝者之贄子贛觀焉師古曰子贛孔子弟子端木賜也贛音貢曰以禮觀之二君者皆有死亡焉夫禮死生存亡之體也將左右周旋進退俯仰於是虖取之朝祀喪戎於是虖觀之今正月相朝而皆不度心已亡矣師古曰不度不合法度嘉事不體何以能久師古曰嘉事嘉禮之事謂朝祀也不體不得身體之節高仰驕也卑俯替也師古曰替廢惰也驕近亂替近疾君爲主其先亡虖師古曰是年五月定公薨哀公七年秋伐邾以邾子益來也庶徵之恒雨劉歆以爲春秋大雨也劉向以爲大水隱公九年三月癸酉大雨震電庚辰大雨雪師古曰雨雪雨音于具反大雨雨水也師古曰下雨音于具反後類並同震雷也劉歆以爲三月癸酉於歷數春分後一日始震電之時也當雨而不當大雨大雨常雨之罰也於始震電八日之間而大雨雪常寒之罰也劉向以爲周三月今正月也當雨水雪雜雨雷電未可以發也旣已發也則雪不當復降皆失節故謂之異於易雷以二月出其卦曰豫師古曰坤下震上也言萬物隨雷出地皆逸豫也以八月入其卦曰歸妹師古曰兌下震上也言雷復歸入地則孕毓根核保藏蟄蟲師古曰毓字與育同核亦荄字也草根曰荄音該避盛陰之害出地則養長華實發揚隱伏宣盛陽之德入能除害出能興利人君之象也是時隱以弟桓幼入而攝立公子翬見隱居位已久勸之遂立師古曰公子翬魯大夫羽父也勸殺桓公已求爲太宰翬音輝隱旣不許翬懼而易其辭師古曰反謂桓公云隱欲殺之遂與桓共殺隱天見其將然故正月大雨水而雷電是陽不閉陰出涉危難而害萬物天戒若曰爲君失時賊弟佞臣將作亂矣後八日大雨雪陰見間隙而勝陽篡殺之旤將成也公不寤後二年而殺昭帝始元元年七月大水雨自七月至十月成帝建始三年秋大雨三十餘日四年九月大雨十餘日左氏傳愍公二年晉獻公使太子申生帥師師古曰以伐東山皋落氏公衣之偏衣佩之金玦師古曰偏衣謂左右異色其半象公之服也金玦以金爲玦也半環曰玦狐突歎曰時事之徵也衣身之章也佩衷之旗也師古曰狐突晉大夫伯行時爲太子御戎也徵證也章明也旗表也衣所以明貴賤佩所以表中心故敬其事則命以始師古曰賞以春夏服其身則衣之純師古曰壹其色用其衷則佩之度師古曰佩玉者君子之常度○劉奉世曰欲表其衷則當佩之使合法度世子佩瑜玉而綦組綬今命以時卒閟其事也師古曰卒盡也閟閉也謂十二月盡時也衣以尨服遠其躬也師古曰尨雜色也謂偏衣也遠音于萬反其下並同佩以金玦棄其衷也服以遠之時以閟之尨涼冬殺金寒玦離胡可恃也師古曰涼薄也尨色不能純故曰薄也冬主殺氣金行在西是謂之寒玦形半缺故云離梁餘子養曰帥師者受命于廟受脤於社有常服矣師古曰梁餘子養晉大夫也時爲下軍御軍之常服則韋弁弗獲而尨命可知也死而不孝不如逃之罕夷曰尨奇無常金玦不復君有心矣應劭曰奇奇怪非常意復反也金玦猶決去不反意也師古曰罕夷晉大夫時爲下軍卿也有心害太子之心也復音扶目反後四年申生以讒自殺近服妖也左氏傳曰鄭子臧好聚鷸冠張晏曰鷸鳥赤足黃文以其毛飾冠韋昭曰鷸今翠鳥也師古曰子臧鄭文公子也鷸大鳥卽戰國策所云啄蚌者也天之將雨鷸則知之翠鳥自有鷸名而此飾冠非翠鳥也逸周書曰知天文者冠鷸冠蓋以鷸鳥知天時故也禮圖謂之衛氏冠鷸音聿又音術鄭文公惡之使盜殺之師古曰時已得罪出奔宋故使盜殺之於陳宋之間劉向以爲近服妖者也一曰非獨爲子臧之身亦文公之戒也初文公不禮晉文師古曰晉文公之爲公子也避驪姬之難而出奔欲之楚過鄭鄭不禮焉又犯天子命而伐滑師古曰僖二十四年鄭公子士洩及堵俞彌帥師伐滑王使伯服游孫伯如鄭請滑鄭伯不聽而執二子不尊尊敬上其後晉文伐鄭幾亡國師古曰僖三十年晉侯秦伯圍鄭佚之狐曰國危矣使燭之武見秦伯師乃退也昭帝時昌邑王賀遣中大夫之長安多治仄注冠應劭曰今法冠是也李奇曰一曰高山冠本齊冠也謁者服之師古曰仄古側字也謂之側注者言形側立而下注也蔡邕云高九寸鐵爲卷非法冠及高山也卷音去權反以賜大臣又以冠奴劉向以爲近服妖也時王賀狂悖聞天子不豫師古曰言有疾不悅豫也周書顧命曰王有疾不豫弋獵馳騁如故與騶奴宰人游居娛戲驕嫚不敬師古曰騶廄御也宰人主膳者也娛樂也戲音僖冠者尊服奴者賤人賀無故好作非常之冠暴尊象也以冠奴者當自至尊墜至賤也其後帝崩無子漢大臣徵賀爲嗣卽位狂悖無道縛戮諫者夏侯勝等於是大臣白皇太后廢賀爲庶人賀爲王時又見大白狗冠方山冠而無尾劉展曰方山冠以五采穀爲之樂舞人所服此服妖亦犬旤也賀以問郎中令龔遂遂曰此天戒言在仄者盡冠狗也師古曰言王左右侍側之人不識禮義若狗而著冠者耳冠音工喚反其下亦同去之則存不去則亡矣賀旣廢數年宣帝封之爲列侯復有辠死不得置後又犬旤無尾之效也京房易傳曰行不順厥咎人奴冠天下亂辟無適如淳曰辟君也適適子也妾子拜如淳曰無適子故也又曰君不正臣欲篡厥妖狗冠出朝門成帝鴻嘉永始之間好爲微行出游選從期門郎有材力者及私奴客多至十餘少五六人皆白衣袒幘師古曰袒幘不加上冠帶持刀劍或乘小車御者在茵上蘇林曰茵車上蓐也御者錯亂更在茵上坐也師古曰車小故御者不得迴避而在天子茵上也或皆騎出入市里郊壄遠至旁縣時大臣車騎將軍王音及劉向等數以切諫谷永曰易稱得臣無家師古曰損卦上九爻辭言王者臣天下無私家也今陛下棄萬乘之至貴樂家人之賤事厥高美之尊稱好匹夫之卑字如淳曰稱張放家人是爲卑字師古曰爲微行故變易姓名崇聚票輕無誼之人以爲私客師古曰票音匹妙反又音頻妙反置私田於民間畜私奴車馬於北宮數去南面之尊離深宮之固挺身獨與小人晨夜相隨師古曰挺引也烏集醉飽吏民之家師古曰乍合乍離如烏之集亂服共坐溷肴亡別師古曰溷肴謂雜亂也溷音胡困反閔勉遯樂晝夜在路師古曰閔勉猶黽勉言不息也遯樂言流遯爲樂也典門戶奉宿衛之臣執干戈守空宮公卿百寮不知陛下所在積數年矣昔虢公爲無道有神降曰賜爾土田師古曰春秋左氏傳莊公三十二年有神降于莘虢公使祝應宗區史嚚享焉神賜之土田史嚚曰虢其亡乎言將以庶人受土田也諸侯夢得土田爲失國祥師古曰僖五年晉滅虢虢公醜奔京師而況王者畜私田財物爲庶人之事乎左氏傳曰周景王時大夫賓起見雄雞自斷其尾師古曰賓起卽賓孟劉向以爲近雞旤也是時王有愛子子鼂王與賓起陰謀欲立之師古曰子鼂王之庶長子田于北山將因兵衆殺適子之黨師古曰適讀曰嫡嫡子王子猛及後爲悼王子猛之黨謂劉獻公單穆公未及而崩三子爭國王室大亂其後賓起誅死師古曰三子謂子鼂子猛及子猛弟敬王丐也劉子逢攻賓起殺之事並在昭二十二年子鼂奔楚而敗師古曰昭二十六年召伯盈逐王子鼂子鼂奔楚定公五年王人殺之于楚京房易傳曰有始無終厥妖雄雞自齧斷其尾宣帝黃龍元年未央殿輅軨中雌雞化爲雄孟康曰輅軨廄名也師古曰百官表太僕屬官有輅軨丞輅與路同軨音零毛衣變化而不鳴不將無距師古曰將謂率領其羣也距雞附足骨鬭時所用刺之元帝初元中丞相府史家雌雞伏子漸化爲雄師古曰初尚伏子後乃稍化爲雄也伏音房富反冠距鳴將永光中有獻雄雞生角者京房易傳曰雞知時知時者當死房以爲已知時恐當之劉向以爲房失雞占雞者小畜主司時起居人師古曰至時而鳴以爲人起居之節小臣執事爲政之象也言小臣將秉君威以害正事猶石顯也竟寧元年石顯伏辜此其效也一曰石顯何足以當此昔武王伐殷至于牧壄誓師曰古人有言曰牝雞無晨牝雞之晨惟家之索今殷王紂惟婦言用師古曰周書牧誓之辭晨謂晨時鳴也索盡也言婦人爲政猶雌雞而代雄鳴是喪家之道也繇是論之黃龍初元永光雞變迺國家之占妃后象也孝元王皇后以甘露二年生男立爲太子妃王禁女也黃龍元年宣帝崩太子立是爲元帝王

妃將爲皇后故是歲未央殿中雌雞爲雄明其占在正宮也不鳴不將無距貴始萌而尊未成也至元帝初元元年將立王皇后先以爲婕妤三月癸卯制書曰其封婕妤父丞相少史王禁爲陽平侯位特進丙午立王婕妤爲皇后明年正月立皇后子爲太子故應是丞相府史家雌雞爲雄其占卽丞相少史之女也伏子者明已有子也冠距鳴將者尊已成也永光二年陽平頃侯禁薨子鳳嗣侯爲侍中衞尉元帝崩皇太子立是爲成帝尊皇后爲皇太后以后弟鳳爲大司馬大將軍領尚書事上委政無所與 師古曰與讀曰豫言政皆出鳳天子不豫 王氏之權自鳳起故於鳳始受爵位時雄雞有角明視作威 師古曰視讀曰示 顓君害上 師古曰顓與專同其下類此 危國者從此人始也其後羣弟世權以至於莽遂篡天下卽位五年王太后廼崩此其效也京房易傳曰賢者居明夷之世知時而傷 師古曰易之明夷卦曰明入地中明夷傷也離下坤上言日在地中傷其明也知時謂知天時者也賢而被傷故取明夷之義 或衆在位 師古曰言虛僞無實之人竊惑於衆在職位也 厥妖雞生角雞生角時主獨又曰婦人顓政國不靜牝雞雄鳴主不榮故房以爲巳亦在占中矣成公七年正月鼷鼠食郊牛角 師古曰鼷小鼠也卽今所謂甘鼠者音奚 改卜牛又食其角劉向以爲近青祥亦牛旤也不敬而傋霿之所致也昔周公制禮樂成周道故成王命魯郊祀天地以尊周公至成公時三家始顓政魯將從此衰天愍周公之德痛其將有敗亡之旤故於郊祭而見戒云鼠小蟲性盜竊鼷又其小者也牛大畜祭天尊物也角兵象在上君威也小小鼷鼠食至尊之牛角象季氏乃陪臣盜竊之人將執國命以傷君威而害周公之祀也改卜牛鼷鼠又食其角天重語之也 師古曰重音直用反 成公怠慢昏亂遂君臣更執于晉 師古曰更互也十年秋公如晉晉人以公爲貳於楚故止公至十一年三月乃得歸十六年秋公會晉侯于沙隨晉受叔孫僑如之譖而止公是年九月又信僑如之譖執季孫行父舍之于苕丘十二月乃得歸故云君臣更執也更音工衡反 至于襄公晉爲溴梁之會 師古曰襄十六年晉平公會諸侯于溴梁溴梁者溴水之梁也溴水出河內軹縣東南至溫入河溴音工覓反 天下大夫皆奪君政 師古曰溴梁之會諸侯皆在而魯叔孫豹晉荀偃宋向戌衞甯殖鄭公孫蠆小邾之大夫盟是奪其君政也 其後三家逐昭公卒死于外 師古曰巳解于上 幾絕周公之祀董仲舒以爲鼷鼠食郊牛皆養牲不謹也京房易傳曰祭天不慎厥妖鼷鼠齧郊牛角定公十五年正月鼷鼠食郊牛牛死劉向以爲定公知季氏逐昭公辠惡如彼親用孔子爲夾谷之會齊人倈歸鄆讙龜陰之田 師古曰夾谷齊地也一名祝其定公十年公與齊侯會于夾谷齊侯欲使萊人以兵劫公孔子以公退命士衆兵之齊侯乃止又欲以盟要公孔子不欲使茲無還以辭對又欲詐享公孔子又距而不受於是齊人乃服先是季氏之臣陽虎以鄆讙龜陰之田奔齊至此會乃以歸我鄆讙二邑名龜陰龜山之陰夾音頰讙音驩 聖德如此反用季桓子淫於女樂而退孔子無道甚矣 師古曰桓子季平子之子季孫斯也女樂已解于上 詩曰人而亡儀不死何爲 師古曰衞詩相鼠之篇也亡儀無禮儀也 是歲五月定公薨牛死之應也京房易傳曰子不子鼠食其郊牛哀公元年正月鼷鼠食郊牛劉向以爲天意汲汲於用聖人逐三家故復見戒也哀公年少不親見昭公之事故見敗亡之異巳而哀不寤身奔於粵此其效也 師古曰哀二十七年公欲以越伐魯而去三桓公如公孫有山氏因遜于邾遂如越國人施罪於公孫有山氏而立哀公之子悼公 昭帝元鳳元年九月燕有黃鼠銜其尾舞王宮端門中 師古曰宮之正門 王往視之鼠舞如故王使吏以酒脯祠鼠舞不休一日一夜死近黃祥時燕剌王旦謀反將死之象也其月發覺伏辜京房易傳曰誅不原情厥妖鼠舞門 師古曰不原情者不得其本情 成帝建始四年九月長安城南有鼠銜黃蒿柏葉上民冢柏及楡樹上爲巢桐柏尤多 師古曰桐柏本亭名衞思后於其地葬也 巢中無子皆有乾鼠矢數十時議臣以爲恐有水災鼠盜竊小蟲夜出晝匿今晝去穴而登木象賤人將居顯貴之位也桐柏衞思后園所在也其後趙皇后自微賤登至尊與衞后同類趙后終無子而爲害明年有鳶焚巢殺子之異也天象仍見甚可畏也一曰皆王莽竊位之象云京房易傳曰臣私祿罔辟 李奇曰辟君也擅私爵祿誣罔其君 厥妖鼠巢文公十三年太室屋壞近金沴木木動也先是冬釐公薨十六月廼作主 師古曰主廟主也僖公三十三年十二月薨至文二年二月廼作主間有一閏故十六月也 後六月又吉禘於太廟而致釐公 師古曰禘祭也一而祭之文二年八月而禘距作主六月也致謂升其主於廟 春秋譏之經曰大事於太廟躋釐公 師古曰躋音子奚反又音子詣反 左氏說曰太廟周公之廟饗有禮義者也祀國之大事也惡其亂國之大事於太廟故言大事也躋登也登釐公於愍公上逆祀也釐雖愍之庶兄嘗爲愍臣臣子一例不得在愍上又未三年而吉禘前後亂賢父聖祖之大禮內爲貌不恭而狂外爲言不從而僭故是歲自十二月不雨至于秋七月後年若是者三而太室屋壞矣前堂曰太廟中央曰太室屋其上重屋尊高者也象魯自是陵夷將墮周公之祀也 師古曰墮毀也音火規反 穀梁公羊經曰世室魯公伯禽之廟也周公稱太廟魯公稱世室大事者祫祭也 師古曰祫合也毀廟及未毀廟之主皆合祭於太祖 躋釐公者先禰後祖也景帝三年十二月吳二城門自傾大船自覆劉向以爲近金沴木木動也先是吳王濞以太子死於漢稱疾不朝陰與楚王戊謀爲逆亂城猶國也其一門名曰楚門一門曰魚門吳地以船爲家以魚爲食天戒若曰與楚所謀傾國覆家吳王不寤正月與楚俱起兵身死國亡京房易傳曰上下咸誖厥妖城門壞 師古曰誖惑也音布內反 宣帝時大司馬霍禹所居第門自壞時禹內不順外不敬見戒不改卒受滅亡之誅哀帝時大司馬董賢第門自壞時賢以私愛居大位賞賜無度驕嫚不敬大失臣道見戒不改後賢夫妻自殺家徙合浦

傳曰言之不從是謂不艾厥咎僭厥罰恒陽厥極憂時則有詩妖時則有介蟲之孽時則有犬旤時則有口舌之痾時則有白眚白祥惟木沴金言之不從從順也是謂不乂乂治也孔子曰君子居其室出其言不善則千里之外違之況其邇者虖 師古曰易上繫之辭也邇近也 詩云如蜩如螗如沸如羹 師古曰大雅蕩之詩也蜩蟬也螗蝘也卽蟧蟟也謂政無文理虛言譁沓如蜩螗之鳴湯之沸涫羹之將孰也蜩音調螗音唐蝘音偃蟧音貂蟟音聊涫音下館反 言上號令不順民心虛譁憒亂則不能治海內失在過差故其咎僭僭差也刑罰妄加羣陰不附則陽氣勝故其罰常陽也旱傷百穀則有寇難上下俱憂故其極憂也君炕陽而暴虐 師古曰凡言炕陽者枯涸之意謂無惠澤於下也炕音口浪反 臣畏刑而拑口 師古曰拑籋也音其廉反籋音女涉反 則怨謗之氣發於謌謠故有詩妖介蟲孽者謂小蟲有甲飛揚之類陽氣所生也於春秋爲螽今謂之蝗皆其類也於易兌爲口犬以吠守而不可信言氣毀故有犬旤一曰旱歲犬多狂死及爲怪亦是也及人則多病口喉欬者故有口舌痾金色白故有白眚白祥凡言傷者病金氣金氣病則木沴之其極憂者順之其福曰康寧劉歆言傳曰時有毛蟲之孽說以爲於天文西方參爲虎星故爲毛蟲史記周單襄公與晉郤錡郤犨郤至齊國佐語 師古曰單襄公解已在前郤錡駒伯也郤犨苦成叔也郤至昭子卽溫季也國佐齊國武子也 告魯成公曰晉將有亂三郤其當之虖夫郤氏晉之寵人也三卿而五大夫可以戒懼矣高位實疾顚厚味實腊毒 師古曰顚仆也腊久也言位高者必速顚仆也味厚者爲毒久 今郤伯之語犯叔迂季伐 師古曰伯駒伯也叔苦成叔也季溫季也犯侵也迂夸誕也伐矜尚也 犯則陵人迂則誣人伐則掩人有是寵也而益之以三怨其誰能忍之雖齊國子亦將與焉立於淫亂之國而好盡言以招人過 蘇林曰招音翹招舉也師古曰盡言猶極言也 怨之本也唯善人能受盡言齊其有虖 師古曰言無善人不能受盡言 十七年晉殺三郤十八年齊殺國佐凡此屬皆言不從之咎云晉穆侯以條之役生太子名之曰仇 師古曰穆侯僖侯之孫也條晉地也蓋以敵來侵已當戰時而生故取仇怨之義以名子 其弟以千畮之戰生名之曰成師 師古曰太子之弟卽桓叔也千畮亦地名意取能成其師衆也 師服曰異哉君之名子也 師古曰師服晉大夫 夫名以制誼誼以出禮 師古曰先制義理然後立名義理既定禮由之出 禮以體政政以正民 師古曰政以禮成俗所以正 是以政成而民聽易則生亂 師古曰反易禮義則亂生也 嘉耦曰妃怨耦曰仇古之命也 師古曰本自古昔而有此名 今君名太子曰仇弟曰成師始兆亂矣兄其替虖 師古曰替廢也 及仇嗣立是爲文侯文侯卒子昭侯立封成師于曲沃號桓叔 師古曰昭侯國亂身危不能自安故封成師爲曲沃伯也桓謚也昭侯叔父故謂之叔也 後晉人殺昭侯而納桓叔不克復立昭侯子孝侯桓叔子嚴伯殺之晉人立其弟鄂侯鄂侯生哀侯嚴伯子武公復殺哀侯及其弟滅之而代有晉國 師古曰武始并晉國故稱公也事在桓二年 宣公六年鄭公子曼滿與王子伯廖語欲爲卿 師古曰曼滿伯廖皆鄭大夫也廖音聊 伯廖告人曰無德而貪其在周易豐之離 張晏曰離下震上豐上六變而之離曰豐其屋蔀其家也 弗過之矣 師古曰言無道德而大其屋不過三歲必滅亡也 間一歲鄭人殺之 師古曰間一歲者中間隔一歲 襄公二十九年齊高子容與宋司徒見晉知伯汝齊相禮 師古曰高子容齊大夫高止也宋司徒華定知伯晉大夫荀盈也汝齊晉大夫司馬侯也 賓出汝齊語知伯曰二子皆將不免子容專司徒侈皆亡家之主也 師古曰專自是也侈奢泰也 專則速及侈將以其力斃專則人實斃之將及矣九月高子出奔燕襄公三十一年正月魯穆叔會晉歸告孟孝伯曰趙孟將死矣 師古曰穆叔卽叔孫穆子也孟孝伯魯大夫仲孫羯也趙孟晉卿趙文子也名武前年十月穆叔與武同會澶泉至此年正月乃歸 其語偸不似民主 師古曰偸苟且 且年未盈五十而諄諄焉如八九十者弗能久矣 師古曰諄諄重頓之貌也音之閏反 若趙孟死爲政者其韓子虖 師古曰韓子韓宣子名起也 吾子盍與季孫言之可以樹善君子也 師古曰季孫謂季武子也名宿言韓起有君子之德方執晉政可素厚之以立善也 孝伯曰民生幾何誰能毋偸 師古曰幾何言無多時也幾音居豈反 朝不及夕將焉用樹穆叔告人曰孟孫將死矣吾語諸趙孟之偸也而又甚焉九月孟孝伯卒昭公元年周使劉定公勞晉趙孟 師古曰周景王也劉定公周卿也食邑於劉名夏是時孟與諸侯會於虢故就而勞之 因曰子弁冕以臨諸侯盍亦遠績禹功而大庇民乎 師古曰時館於雒汭因見河洛而美禹功故言之也弁冕冠也言今服冠冕有國家何不追績禹功而庇蔭其人乎 對曰老夫罪戾是懼焉能恤遠吾儕偸食朝不謀夕何其長也 師古曰儕等也言且得食而已苟免目前不能念其長久也儕音仕皆反 劉子歸以語王曰諺所謂老將知而耄及之者其趙孟之謂虖 師古曰諺俗所傳言也八十曰耄耄亂也言人年老閱歷既多謂將益智而又耄亂也 爲晉正卿以主諸侯而儕於隸人朝不謀夕棄神人矣神怒民畔何以能久 師古曰言其自比賤隸而無恤下之心人爲神主故神人皆去也 趙孟不復年矣 師古曰謂其卽死不復見明年 是歲秦景公弟后子奔晉 師古曰后子卽公子鍼 趙孟問秦君何如對曰無道趙孟曰亡虖對曰何爲一世無道國未艾也 師古曰艾讀曰乂乂絕也 國於天地有與立焉 師古曰言在天地之間多欲輔助相與共成立之 不數世淫弗能敝也趙孟曰天虖對曰有焉趙孟曰其幾何 師古曰言當幾時也 對曰鍼聞國無道而年穀和孰天贊之也鮮不五稔 師古曰贊佐助之也鮮少也稔孰也穀孰爲一稔言少尚當五年多則或不啻

也稔音人甚反趙孟視蔭曰朝夕不相及誰能待五師古曰蔭謂日之影也趙孟自以年暮朝不及夕故言五年不可待也蔭讀與陰同后子出而告人曰趙孟將死矣主民玩歲而愒日其與幾何師古曰玩愛也愒貪也與幾何言不能久也愒音口蓋反冬趙孟卒昭五年秦景公卒昭公元年楚公子圍會盟師古曰圍楚恭王之子也時爲令尹與齊宋衞陳蔡鄭會于虢設服離衞張晏曰設服者設人君之服離衞者二人執戈在前也師古曰離列人君之侍衞也魯叔孫穆子曰楚公子美矣君哉師古曰穆子叔孫豹也言其服美似人君也伯州犂曰此行也辭而假之寡君師古曰伯州犂楚太宰也言受楚王之命假以此禮耳蓋爲其令尹文過鄭行人子羽曰假不反矣師古曰行人官名子羽公孫揮字也假不反矣言將遂爲君伯州犂曰子姑憂子晳之欲背誕也應劭曰子晳攻殺伯有今又背盟欲復作亂也師古曰子晳鄭大夫公孫黑也背誕者背命放誕欲爲亂也子且自憂此無憂令尹不反戈也子羽曰假而不反子其無憂虖師古曰言令尹將圖爲君則楚國有難子亦有憂也齊國子曰吾代二子閔矣應劭曰閔憂也二子伯州犂行人子羽也師古曰國子齊大夫國弱也二子謂王子圍及伯州犂也圍以是年簒位而不能令終州犂亦爲圍所殺故言可閔應說非也陳公子招曰不憂何成二子樂矣應劭曰言國有憂已乃得以成功也師古曰招陳公子哀公弟也言因憂以成事事成而樂也招音韶衞齊子曰苟或知之雖憂不害師古曰齊子衞大夫齊惡也言先知爲備雖有憂難無所損害退會子羽告人曰齊衞陳大夫其不免乎國子代人憂子招樂憂齊子雖憂弗害夫弗及而憂與可憂而樂與憂而弗害皆取憂之道也師古曰弗及而憂謂憂不及已而妄憂也太誓曰民之所欲天必從之師古曰太誓周書也三大夫兆憂矣能無至乎師古曰兆憂謂開憂兆也言以知物其是之謂矣師古曰物類也察其所言以知禍福之類昭公十五年晉籍談如周葬穆后師古曰籍談晉大夫也穆后周景王之后謚穆也既除喪而燕師古曰燕與宴同王曰諸侯皆有以塡撫王室晉獨無有何也師古曰塡撫王室謂獻器物也塡音竹刃反籍談對曰諸侯之封也皆受明器於王室故能薦彝器師古曰明器明德之器也彝器常可寶用之器也晉居深山戎翟之與鄰拜戎不暇其何以獻器王曰叔氏其忘諸乎師古曰叔籍談字也一曰叔父之使故謂之叔氏也叔父唐叔成王之母弟其反亡分乎師古曰分音扶問反昔而高祖司晉之典籍師古曰而亦汝以爲大正故曰籍氏女司典之後也何故忘之籍談不能對賓出王曰籍父其無後乎數典而忘其祖師古曰忘祖業籍談歸以語叔嚮叔嚮曰王其不終乎吾聞所樂必卒焉師古曰言志之所樂終於此事今王樂憂若卒以憂不可謂終王一歲而有三年之喪二焉師古曰爲太子三年妻死三年乃娶達子之志言三年之喪二后及太子也於是乎以喪賓燕又求彝器樂憂甚矣三年之喪雖貴遂服禮也師古曰遂猶竟王雖弗遂燕樂已早師古曰天子除喪當在卒哭今適既葬故譏其早也禮王之大經也一動而失二禮無大經矣師古曰經常法也既不遂服又即宴樂是失二禮不言以考典典以志經師古曰考成也志記也忘經而多言舉典將安用之哀公十六年孔丘卒公誄之曰旻天不弔不慭遺

一老俾屏予一人應劭曰慭且辭也言旻天不善於魯不且遺一老使屏蔽我一人也師古曰慭音魚覲反子贛曰君其不歿於魯乎夫子之言曰禮失則昏名失則愆師古曰夫子謂孔子也昏謂惑也愆過也失志爲昏失所爲愆生弗能用死而誄之非禮也稱予一人非名也師古曰天子自稱曰予一人非諸侯之號故云非名君兩失之二十七年公孫于邾師古曰孫讀曰遜遂死于越師古曰已解于上庶徵之恒陽劉向以爲春秋大旱也其夏旱雩祀謂之大雩不傷二穀謂之不雨京房易傳曰欲德不用茲謂張孟康曰欲得賢者而不用人君徒張此意厥災荒荒旱也其旱陰雲不雨變而赤因而除師出過時茲謂廣李奇曰廣音曠韋昭曰謂曠怨曠也其旱不生上下皆蔽茲謂隔其旱天赤三月時有雹殺飛禽上緣求妃茲謂僭師古曰緣歷也言歷衆處而求妃妾也其旱三月大溫亡雲居高臺府茲謂犯陰侵陽其旱萬物根死數有火災庶位踰節茲謂僭其旱澤物枯爲火所傷釐公二十一年夏大旱董仲舒劉向以爲齊桓既死諸侯從楚釐尤得楚心楚來獻捷釋宋之執師古曰謂此年楚執宋公以伐宋冬使宜申來獻捷十二月盟于薄釋宋公也外倚彊楚炕陽失衆又作南門勞民興役師古曰南門本名稷門更改高大而作之事在二十年諸雩旱不雨畧皆同說宣公七年秋大旱是夏宣與齊侯伐萊師古曰萊國即東萊黃縣也襄公五年秋大雩先是宋魚石奔楚師古曰犇古奔字也事在成十五年魚石宋左師也公子目夷之曾孫也楚伐宋取彭城以封魚石師古曰事在成十八年鄭畔于中國而附楚師古曰自鄢陵戰後鄭遂不服故諸侯屢侵伐之襄與諸侯共圍彭城師古曰謂襄元年使仲孫蔑會晉欒黶宋華元衞甯殖曹人莒人邾人滕人薛人圍彭城城鄭虎牢以禦楚師古曰事在二年虎牢本鄭邑時已屬晉蓋追言之是歲鄭伯使公子發來聘師古曰公子發鄭穆公之子子產之父也字子國使大夫會吳于善道師古曰使仲孫蔑會吳也善道吳地外結二國內得鄭聘有炕陽動衆之應八年九月大雩時作三軍季氏盛師古曰萬二千五百人爲軍魯本立上下二軍皆屬於公有事則三卿遞帥之而征伐今季氏欲專其人故增立中軍三卿各主其一也事在十一年二十八年八月大雩先是比年晉使荀吳齊使慶封來聘師古曰比頻年也荀吳晉大夫即荀偃之子也二十六年晉侯使來聘慶封齊大夫也二十七年齊侯使來聘是夏邾子來朝襄有炕陽自大之應昭公三年八月大雩劉歆以爲昭公即位年十九矣猶有童心居喪不哀炕陽失衆六年九月大雩先是莒牟夷以二邑來奔師古曰事在五年牟夷莒大夫也二邑謂牟婁及防茲也莒怒伐魯叔弓帥師距而敗之昭得入晉師古曰叔弓魯大夫時昭公適欲朝晉而遇莒人來討將不果行叔弓既敗莒師公乃得去故傳云成禮大國以爲援好也外和大國內獲二邑取勝鄰國有炕陽動衆之應十六年九月大雩先是昭公母夫人歸氏薨昭不慼又大蒐于比蒲師古曰事在昭十一年歸氏胡國之女歸姓即齊歸也齊謚也蒐謂聚衆而田獵也比蒲魯地名晉叔嚮曰魯有大喪而不廢蒐國不恤喪不忌君也君亡慼容不顧親也殆其失國與三年

同占二十四年八月大雩劉歆以爲左氏傳二十三年邾師城翼還經魯地師古曰翼邾邑也經者道出其中也魯地謂武城也魯襲取邾師獲其三大夫師古曰謂徐鉏丘弱茅地也邾人愬于晉晉人執我行人叔孫婼師古曰叔孫昭子也婼音丑略反是春迺歸之二十五年七月上辛大雩季辛又雩旱甚也劉歆以爲時后氏與季氏有隙師古曰后氏郈昭伯也季氏季平子也季郈之雞鬬季氏芥其雞郈子爲之金距平子怒益宮於郈氏且責讓之故郈昭伯怨之又季氏之族有淫妻爲讒使季平子與族人相惡皆共譖平子師古曰謂平子庶叔父公鳥之妻季姒與饔人檀通而譖季氏之族人季公亥公思展故平子殺思展以故族人皆怨之子家駒諫曰讒人以君徼幸不可師古曰子家駒即子家懿伯莊公之玄孫也一名羈昭公遂伐季氏爲所敗出奔齊定公十年九月大雩先是定公自將侵鄭歸而城中城二大夫帥師圍鄆師古曰事並在六年中城魯之邑也二大夫謂季孫斯仲孫何忌嚴公三十一年冬不雨是歲一年而三築臺師古曰是年春築臺于郎夏築臺于薛秋築臺于秦郎薛秦皆魯地奢侈不恤民釐公二年冬十月不雨三年春正月不雨夏四月不雨六月雨先是者嚴公夫人與公子慶父淫而殺二君師古曰慶父桓公之子莊公弟也二君謂子般閔公○宋祁曰朱子文云者字宜去及國人攻之夫人遜于邾慶父奔莒釐公即位南敗邾師古曰謂元年公敗邾師于偃東敗莒獲其大夫師古曰謂元年公子友帥師敗莒師于酈獲莒挐也有炕陽之應文公二年自十有二月不雨至于秋七月文公即位天子使叔服會葬師古曰叔服周之內史也毛伯賜命師古曰亦天子使之也毛伯周之卿士毛國伯爵也賜命者賜以命圭爲瑞信也又會晉侯于戚師古曰謂大夫公孫敖會之也戚衞邑在頓丘衞縣西公子遂如齊納幣師古曰納幣玄纁之幣謂公爲婚于齊又與諸侯盟師古曰謂公孫敖會宋公陳侯鄭伯晉士縠盟于垂隴也垂隴鄭地上得天子外得諸侯沛然自大師古曰沛音普大反躋釐公主大夫始顓事師古曰謂季孫行父也十年自正月不雨至于秋七月先是公子遂會四國而救鄭師古曰謂九年楚人伐鄭公子遂會晉人宋人衞人許人救之楚使越椒來聘師古曰越椒楚大夫名也事亦在九年秦人歸襚師古曰謂九年秦人來歸僖公及成風之襚也凡問喪者衣服曰襚成風僖公之母也成謚也風姓也襚音遂有炕陽之應十三年自正月不雨至于秋七月先是曹伯杞伯滕子來朝師古曰十一年曹伯來朝十二年杞伯滕子來朝郕伯來奔師古曰事在十二年郕國伯爵也秦伯使遂來聘師古曰事在十二年遂秦大夫名即左氏所謂西乞術季孫行父城諸及鄆師古曰事在十二年諸鄆二邑名也諸即琅邪諸縣也二年之間五國趨之內城二邑炕陽失衆一曰不雨而五穀皆孰異也文公時大夫始顓盟會公孫敖會晉侯又會諸侯盟于垂隴故不雨而生者陰不出氣而私自行以象施不由上出臣下作福而私自成一曰不雨近常陰之罰君弱也惠帝五年夏大旱江河水少谿谷絕先是發民男女十四萬六千人城長安是歲城乃成文帝三年秋天下旱是歲夏匈奴右賢王寇侵上郡

詔丞相灌嬰發車騎士八萬五千人詣高奴師古曰即上郡之縣擊右賢王走出塞其秋濟北王興居反使大將軍討之皆伏誅後六年春天下大旱先是發車騎材官屯廣昌師古曰武都之縣是歲二月復發材官屯隴西後匈奴大入上郡雲中烽火通長安三將軍屯邊師古曰謂以中大夫令免爲車騎將軍屯飛狐故楚相蘇意爲將軍屯句注將軍張武屯北地又三將軍屯京師師古曰謂河內太守周亞夫爲將軍次細柳宗正劉禮爲將軍次霸上祝茲侯徐厲爲將軍次棘門景帝中三年秋大旱武帝元光六年夏大旱是歲四將軍征匈奴師古曰謂車騎將軍衞青出上谷騎將軍公孫敖出代輕車將軍公孫賀出雲中驍騎將軍李廣出鴈門元朔五年春大旱是歲六將軍衆十餘萬征匈奴師古曰謂衞青將六將軍兵也六將軍者衞尉蘇建爲游擊將軍左內史李沮爲彊弩將軍太僕公孫賀爲騎將軍代相李蔡爲輕車將軍俱出朔方大行李息岸頭侯張次公爲將軍出右北平元狩三年夏大旱是歲發天下故吏伐棘上林穿昆明池天漢元年夏大旱其三年夏大旱先是貳師將軍征大宛還天漢元年發適民師古曰適讀曰讁二年夏三將軍征匈奴師古曰謂貳師將軍三萬騎出酒泉因杅將軍出西河騎都尉李陵將步兵五千人出居延北也李陵沒不還征和元年夏大旱是歲發三輔騎士閉長安城門大搜始治巫蠱明年衞皇后太子敗昭帝始元六年大旱先是大鴻臚田廣明征益州暴師連年宣帝本始三年夏大旱東西數千里先是五將軍衆二十萬征匈奴師古曰本始三年御史大夫田廣明爲祁連將軍後將軍趙充國爲蒲類將軍雲中太守田順爲武牙將軍及度遼將軍范明友前將軍韓增凡五將軍兵十五萬騎校尉常惠持節護烏孫兵咸擊匈奴是爲二十萬衆也神爵元年秋大旱是歲後將軍趙充國征西羌成帝永始三年四年夏大旱左氏傳晉獻公時童謠曰丙之晨龍尾伏辰袀服振振取虢之旂師古曰徒歌曰謠袀服黑衣振振袀服之貌也袀音均又音弋春反振音只人反鶉之賁賁天策焞焞火中成軍虢公其奔師古曰賁音奔焞音吐敦反又音敦是時虢爲小國介夏陽之阸怙虞國之助師古曰介隔也亢衡於晉有炕陽之節失臣下之心晉獻伐之問於卜偃曰吾其濟虖師古曰卜偃晉大夫主卜者偃以童謠對曰克之十月朔丙子旦日在尾月在策鶉火中必此時也冬十二月丙子朔晉師滅虢虢公醜奔周周十二月夏十月也言天者以夏正史記晉惠公時童謠曰恭太子更葬兮後十四年晉亦不昌昌迺在其兄是時惠公賴秦力得立立而背秦內殺二大夫師古曰謂里克丕鄭國人不說及更葬其兄恭太子申生而不敬故詩妖作也後與秦戰爲秦所獲立十四年而死晉人絕之更立其兄重耳是爲文公遂伯諸侯左氏傳文成之世童謠曰鸜之鵒之公出辱之師古曰鸜音劬鵒音欲鸜鵒之羽公在外野往饋之馬鸜鵒跦跦公在乾侯臣瓚曰乾侯在魏郡斥丘縣師古曰跦跦行貌也跦音誅乾音干徵褰與襦師古曰徵求也褰袴也言公出外求袴襦之服鸜鵒之巢遠哉搖搖師古曰搖

搖不安之貌禍父喪勞宋父以驕師古曰父讀曰甫甫者男子之通號故云禍父宋父也言昭公欲去季氏不遂而出故曰喪勞定公無德於下坐致君位故曰以驕鸜鵒鸜鵒往歌來哭師古曰謂昭公生時出奔死乃以喪歸之至昭公時有鸜鵒來巢公攻季氏敗出奔齊居外野次乾侯八年死于外歸葬魯昭公名禂公子宋立是爲定公元帝時童謠曰井水溢滅竈煙灌玉堂流金門至成帝建始二年三月戊子北宮中井泉稍上溢出南流象春秋時先有鸜鵒之謠而後有來巢之驗井水陰也竈煙陽也玉堂金門至尊之居象陰盛而滅陽竊有宮室之應也王莽生於元帝初元四年至成帝封侯爲三公輔政因以篡位成帝時童謠曰燕燕尾涏涏師古曰涏涏光澤貌也音徒見反張公子時相見木門倉琅根燕飛來啄皇孫皇孫死燕啄矢其後帝爲微行出遊常與富平侯張放俱稱富平侯家人過河陽主作樂見舞者趙飛燕而幸之故曰燕燕尾涏涏美好貌也張公子謂富平侯也木門倉琅根謂宮門銅鍰師古曰門之鋪首及銅鍰也銅色青故曰倉琅鋪首銜環故謂之根鍰讀與環同言將尊貴也後遂立爲皇后弟昭儀賊害後宮皇子卒皆伏辜所謂燕飛來啄皇孫皇孫死燕啄矢者也成帝時謌謠又曰邪徑敗良田讒口亂善人桂樹華不實黃爵巢其顛故爲人所羡今爲人所憐桂赤色漢家象華不實無繼嗣也王莽自謂黃象黃爵巢其顛也嚴公十七年冬多麋劉歆以爲毛蟲之孽爲災劉向以爲麋色青近青祥也麋之爲言迷也蓋牝獸之淫者也是時嚴公將取齊之淫女其象先見天戒若曰勿取齊女淫而迷國嚴不寤遂取之夫人既入淫於二叔終皆誅死師古曰謂慶父叔牙鴆卒齊人殺哀姜也幾亡社稷師古曰謂子般閔公前後見殺而齊侯欲取魯國也董仲舒指略同京房易傳曰廢正作淫大不明國多麋又曰震遂泥李奇曰從三至五有坎象坎爲水四爲泥在水中故曰震遂泥泥者泥溺於水不能自拔道未光也或以爲溺於淫女故其妖多麋麋迷也師古曰此易震卦九四爻辭也泥音乃計反厥咎國多麋昭帝時昌邑王賀聞人聲曰熊視而見大熊左右莫見以問郎中令龔遂遂曰熊山野之獸而來入宮室王獨見之此天戒大王恐宮室將空危亡象也賀不改寤後卒失國左氏傳襄公十七年十一月甲午宋國人逐猘狗師古曰猘狂也音征例反猘狗入於華臣氏師古曰華臣華元之子也國人從之臣懼遂奔陳先是臣兄閱爲宋卿師古曰爲右師閱卒臣使賊殺閱家宰遂就其妻宋平公聞之曰臣不唯其宗室是暴大亂宋國之政欲逐之左師向戌曰大臣不順國之恥也不如蓋之師古曰向戌宋桓公曾孫也蓋謂覆掩其事也公迺止華臣炕暴失義內不自安故犬禍至以奔亡也高后八年三月祓霸上師古曰祓者除惡之祭也音廢還過枳道見物如倉狗撠高后掖師古曰撠

謂拘持之也撠音戟拘音居足反忽而不見卜之趙王如意爲祟遂病掖傷而崩先是高后鴆殺如意支斷其母戚夫人手足搉其眼以爲人彘師古曰搉謂敲擊去其精也搉音口角反凡言彘者皆豕之別名文帝後五年六月齊雍城門外有狗生角師古曰雍城門者齊門名也春秋左氏傳平陽之役趙武及秦周伐雍門之荻是也○劉敞曰平陽當作平陰先是帝兄齊悼惠王亡後帝分齊地立其庶子七人皆爲王師古曰謂齊孝王將閭濟北王志菑川王賢膠東王雄渠膠西王卬濟南王辟光并成陽恭王喜是謂七王兄弟並彊有炕陽心故犬禍見也犬守御角兵象在前而上鄉者也師古曰鄉讀曰嚮此下亦同犬不當生角猶諸侯不當舉兵鄉京師也天之戒人蚤矣諸侯不寤後六年吳楚畔濟南膠西膠東三國應之舉兵至齊齊王猶與城守師古曰與讀曰豫三國圍之會漢破吳楚因誅四王故天狗下梁而吳楚攻梁狗生角於齊而三國圍齊漢卒破吳楚於梁誅四王於齊京房易傳曰執政失下將害之厥妖狗生角君子苟免小人陷之厥妖狗生角景帝三年二月邯鄲狗與彘交悖亂之氣近犬豕之禍也是時趙王遂悖亂與吳楚謀爲逆遣使匈奴求助兵卒伏其辜犬兵革失衆之占如淳曰犬吠守似兵革外附它類失衆也豕北方匈奴之象逆言失聽交於異類以生害也京房易傳曰夫婦不嚴厥妖狗與豕交茲謂反德國有兵革成帝河平元年長安男子石良劉音相與同居師古曰二人共止一室有如人狀在其室中擊之爲狗走出去後有數人被甲持兵弩至良家良等格擊或死或傷皆狗也自二月至六月乃止鴻嘉中狗與彘交左氏昭公二十四年十月癸酉王子鼂以成周之寶圭湛于河師古曰以祭河也爾雅曰祭川曰浮沈湛讀曰沈後皆類此幾以獲神助師古曰幾讀曰冀甲戌津人得之河上陰不佞取將賣之則爲石師古曰陰不佞周大夫也是時王子鼂篡天子位萬民不鄉號令不從師古曰鄉讀曰嚮故有玉變近白祥也癸酉入而甲戌出神不享之驗云玉化爲石貴將爲賤也後二年子鼂奔楚而死史記秦始皇帝三十六年鄭客從關東來至華陰望見素車白馬從華山上下知其非人道住止而待之遂至師古曰於道上住而待此車馬持璧與客曰爲我遺鎬池君張晏曰武王居鎬鎬池君則武王也武王伐商故神云始皇荒淫若紂矣今亦可伐也孟康曰長安西南有鎬池師古曰鎬池在昆明池北此直江神告鎬池之神云始皇將死耳無豫于武王也張說失矣因言今年祖龍死蘇林曰祖始也龍人君象謂始皇也忽不見鄭客奉璧卽始皇二十八年過江所湛璧也與周子鼂同應是歲石隕于東郡民或刻其石曰始皇死而地分此皆白祥炕陽暴虐號令不從孤陽獨治羣陰不附之所致也一曰石陰類也陰持高節臣將危君趙高李斯之象也始皇不畏戒自省反夷滅其旁民而燔燒其石是歲始皇死後三

年而秦滅孝昭元鳳三年正月泰山萊蕪山南匈匈有數千人聲民視之有大石自立高丈五尺大四十八圍入地深八尺三石爲足石立處有白烏數千集其旁眭孟以爲石陰類下民象泰山岱宗之嶽王者易姓告代之處當有庶人爲天子者孟坐伏誅京房易傳曰復崩來無咎師古曰復卦之辭也今易崩字作朋字自上下者爲崩厥應泰山之石顚而下師古曰顚墜也聖人受命人君虜又曰石立如人庶士爲天下雄立於山同姓平地異姓立於水聖人於澤小人天漢元年三月天雨白毛三年八月天雨白氂師古曰凡言氂者毛之強曲者也音力之反京房易傳曰前樂後憂厥妖天雨羽又曰邪人進賢人逃天雨毛史記周威烈王二十三年九鼎震孟康曰威烈一王之謚也六國時也師古曰卽赧王之高祖也金震木動之也是時周室衰微刑重而虐號令不從以亂金氣鼎者宗廟之寶器也宗廟將廢寶鼎將遷故震動也是歲晉三卿韓魏趙篡晉君而分其地威烈王命以爲諸侯天子不恤同姓而爵其賊臣天下不附矣後三世周致德祚於秦晉灼曰赧王奔秦獻其邑此爲致德祚也其後秦遂滅周而取九鼎九鼎之震木沴金失衆甚成帝元延元年正月長安章城門門牡自亡晉灼曰西出南頭第一門也牡是出籥者師古曰牡所以下閉者也亦以鐵爲之非出籥也函谷關次門牡亦自亡韋昭曰函谷關邊小門也師古曰非行人出入所由蓋關司曹府所在之門也京房易傳曰饑而不損茲謂泰厥災水厥咎牡亡妖辭曰關動牡飛辟爲亡道臣爲非厥咎亂臣謀篡李奇曰易妖變傳辭故谷永對曰章城門通路寢之路函谷關距山東之險城門關守國之固固將去焉故牡飛也

前漢書卷二十七中之上考證

五行志中之上僭恒陽若注應劭曰僭差僭○監本訛潛差今改正

此說非是春與秋氣陰陽相敵云云○臣召南按班書十志半取采于劉歆惟五行志時糾劉歆之失

史記成公十六年云云注此志凡稱史記者皆謂司馬遷所撰也○臣召南按單襄公見晉厲公一段史記晉世家不載此國語文也國語本于各國之史記故以史記稱之師古以司馬遷所撰爲解非也下文尚有數處稱史記皆國語文

是以有禮義動作威儀之則○左傳禮義二字在動作之下

能者養以之福注師古曰之往也云云○臣召南按之字訓往與下句取字相對今俗本左傳作能者養之以福非是師古注與杜注孔疏合是古本不訛也監本從俗本左傳亦作能者養之以福今從宋本改正

三大夫兆憂矣○三監本訛二今改正

先是發車騎材官屯廣昌注師古曰武都之縣○臣召南按注非也廣昌縣屬代郡地理志甚明至武都郡武帝元鼎六年始置文帝時豈容有其地乎

五將軍衆二十萬注度遼將軍范明友○度監本訛渡今改正

赤色象漢家○監本訛漢家象從宋本移正

前漢書卷二十七中之下

漢　蘭　臺　令　史　班　固　撰

唐正議大夫行祕書少監琅邪縣開國子顏師古注

五行志第七中之下

傳曰視之不明是謂不悊厥咎舒厥罰恒奧師古曰奧讀曰燠也音於六反其下並同厥極疾韋昭曰以疾爲罰時則有草妖時則有臝蟲之孽師古曰蝱螟之類無鱗甲毛羽故謂之臝蟲也音郎果反時則有羊旤時則有目痾時則有赤眚赤祥惟水沴火視之不明是謂不悊悊知也詩云爾德不明以亡陪亡卿不明爾德以亡背亡仄師古曰大雅蕩之詩也言不別善惡有逆背者有仄者有堪爲卿大夫者皆不知之也仄古側字言上不明暗昧蔽惑則不能知善惡親近習長同類師古曰習狎也近狎者則親愛之同類者則長益也亡功者受賞有罪者不殺百官廢亂失在舒緩故其咎舒也盛夏日長暑以養物政弛緩故其罰常奧也奧則冬溫春夏不和傷病民人故極疾也誅不行則霜不殺草繇臣下則殺不以時師古曰繇言罰由於臣下故有草妖凡妖貌則以服言則以詩聽則以聲視則以色者五色物之大分也在於眚祥故聖人以爲草妖失秉之明者也師古曰謂失所秉之權也溫奧生蟲故有臝蟲之孽謂螟螣之類師古曰螟食苗心螣食苗葉之蟲也螟音冥螣音徒得反當死不死未當生而生或多於故而爲災也劉歆以爲屬思心不容於易剛而包柔爲離師古曰兩陽居外一陰在內故云剛包柔離爲火爲目羊上角下蹏剛而包柔羊大目而不精明視氣毀故有羊旤一曰暑歲羊多疫死及爲怪亦是也及人則多病目者故有目痾火色赤故有赤眚赤祥凡視傷者病火氣火氣傷則水沴之其極疾者順之其福曰壽李奇曰於六極之中爲疾者逆火氣致疾病也能順火氣則獻更爲福劉歆視傳曰有羽蟲之孽雞旤說以爲於天文南方喙爲鳥星故爲羽蟲旤亦從羽故爲雞雞於易自在巽說非是庶徵之恒奧劉向以爲春秋亡冰也小奧不書無冰然後書舉其大者也京房易傳曰祿不遂行茲謂欺厥咎奧雨雪四至而

溫臣安祿樂逸茲謂亂奥而生蟲知罪不誅茲謂舒其奥夏則暑殺人冬則物華實重過不誅茲謂亡徵其咎當寒而奥六日也桓公十五年春亡冰劉向以爲周春今冬也先是連兵鄰國三戰而再敗也師古曰三戰者謂十年齊侯衞侯鄭伯來戰于郎十二年與鄭師伐宋戰于宋十三年會紀侯鄭伯及齊侯宋公衞侯燕人戰也再敗者謂郎之戰穀梁傳曰以吾敗也又宋之戰穀梁亦曰諱敗舉其可道者也據左氏傳公羊穀梁亦曰無冰並在十四年今此云十五年未詳其意內失百姓外失諸侯不敢行誅罰鄭伯突篡兄而立公與相親師古曰突鄭莊公子即厲公也兄謂太子忽即昭公也莊公既卒突因宋莊公之寵而得立遂使昭公奔衞故云篡兄也公與相親者謂十五年突爲祭仲所逐奔蔡遂居櫟而昭公入公再與諸侯伐鄭謀納厲公長養同類不明善惡之罰也師古曰言桓篡立與突志同故曰長養同類董仲舒以爲象夫人不正陰失節也師古曰夫人姜氏通于齊侯故云不正成公元年二月無冰董仲舒以爲方有宣公之喪君臣無悲哀之心而炕陽作丘甲師古曰時宣公薨始踰年故云有喪也丘甲解在刑法志劉向以爲時公幼弱政舒緩也襄公二十八年春無冰劉向以爲先是公作三軍有侵陵用武之意師古曰作三軍者季氏欲專其權非公本意此說非也侵陵用武者謂入鄆取鄆也鄆音詩於是鄰國不和伐其三鄙師古曰謂十二年三月十四年夏莒人伐我東鄙十五年夏齊侯伐我北鄙秋邾人伐我南鄙十六年二月齊侯伐我北鄙被兵十有餘年因之以饑饉百姓怨望臣下心離公懼而弛緩不敢行誅罰師古曰弛放也音式爾反楚有夷狄行公有從楚心不明善惡之應師古曰有從楚心謂二十八年公朝于楚董仲舒指略同一曰水旱之災寒暑之變天下皆同故曰無冰天下異也桓公殺兄弑君外成宋亂與鄭易邑背畔周室師古曰隱攝公位又桓之兄故云殺兄弑君也成宋亂者謂宋華父督弑其君殤公及其大夫孔父以郜大鼎賂公公會齊侯鄭伯于稷而平其亂也與鄭易邑謂以太山之田易許田也許田者魯朝宿之邑也而以與鄭明魯之不朝於王故云背畔周室成公時楚橫行中國師古曰謂成二年楚師侵衞遂侵我師于蜀六年七月楚公子嬰齊帥師伐鄭九年冬楚公子嬰齊帥師伐莒十年楚子代鄭十六年楚子與晉侯鄭伯戰于鄢陵十八年楚子伐宋王札子殺召伯毛伯師古曰王札子即王子捷也召伯毛伯皆周大夫也今春秋經王札子殺召伯毛伯事在宣十五年而此言成公時未達其說召讀曰邵晉敗天子之師于貿戎師古曰貿戎戎別種也公羊傳成元年王師敗績于貿戎孰敗之蓋晉敗之貿音莫侯反天子皆不能討襄公時天下諸侯之大夫皆執國權師古曰謂襄十六年會于湨梁諸侯之大夫盟皆類此君不能制漸將日甚善惡不明誅罰不行周失之舒秦失之急故周衰亡寒歲秦滅亡奥年武帝元狩六年冬亡冰先是比年遣大將軍衞青霍去病攻祁連絕大幕師古曰祁連山名也幕沙幕也直度曰絕窮追單于斬首十餘萬級還大行慶賞乃閔海內勤勞是歲遣博士褚大等六人持節巡行天下存賜鰥寡假與乏困舉遺逸獨行君子詣行在所郡國有以爲便宜者上丞相御史以聞天下咸喜昭帝始元二年冬亡冰是時上年九歲大將軍霍光秉政始行寬緩欲以說下僖公三十三年十

二月隕霜不殺草劉歆以爲草妖也劉向以爲今十月周十二月於易五爲天位爲君位九月陰氣至五通於天位其卦爲剝師古曰坤下艮上剝落萬物始大殺矣明陰從陽命臣受君令而後殺也今十月隕霜而不能殺草此君誅不行舒緩之應也是時公子遂顓權師古曰公子遂莊公之子即東門襄仲也時爲卿專執國政也三桓始世官師古曰謂父子相繼爲卿也天戒若曰自此之後將皆爲亂矣文公不寤其後遂殺子赤三家逐昭公師古曰並已解于上董仲舒指略同京房易傳曰臣有緩茲謂不順厥異霜不殺也書序曰伊陟相太戊亳有祥桑穀共生師古曰商書咸乂之序也其書亡伊陟伊尹子也大戊太甲孫也亳殷所都也桑穀二木合而共生穀音穀傳曰俱生乎朝七日而大拱師古曰兩手合爲拱伊陟戒以修德而木枯劉向以爲殷道既衰高宗承敝而起盡涼陰之哀天下應之師古曰涼信也陰默也言居喪信默三年不言也涼讀曰諒一說涼陰謂居喪之廬也謂三年處於廬中不言音力羊反據今尚書及諸傳記太戊卒子仲丁立卒弟河亶甲立卒子祖乙立卒子盤庚立卒小乙之子武丁立是爲高宗桑穀自太戊時生涼陰乃高宗之事而此云桑穀即高宗時出其說與尚書大傳不同未詳其義也或者伏生差謬旣獲顯榮怠於政事國將危亡故桑穀之異見桑猶喪也穀猶生也殺生之秉失而在下近草妖也一曰野木生朝而暴長小人將暴在大臣之位危亡國家象朝將爲虛之應也師古曰虛讀曰墟書序又曰高宗祭成湯有蜚雉登鼎耳而雊師古曰商書高宗肜日之序也蜚古飛字雊音工豆反祖已曰惟先假王正厥事師古曰祖已殷賢臣假大也言先代大道之王能正其事而災異銷也劉向以爲雉雊鳴者雄也以赤色爲主於易離爲雉雉南方近赤祥也劉歆以爲羽蟲之孽易有鼎卦師古曰巽下離上也鼎宗廟之器主器奉宗廟者長子也野鳥自外來入爲宗廟器主是繼嗣將易也一曰鼎三足三公象而以耳行師古曰鼎非舉耳不得行故云以耳行野鳥居鼎耳小人將居公位敗宗廟之祀野木生朝野鳥入廟敗亡之異也武丁恐駭謀於忠賢修德而正事內舉傅說授以國政師古曰武丁夢得賢相乃以所夢之像使求之得於傅巖立以爲相作說命三篇說讀曰悅外伐鬼方以安諸夏師古曰鬼方絕遠之地一曰國名夏大也中國大於戎狄故曰諸夏故能攘木鳥之妖致百年之壽所謂六沴作見若是共御五福迺降用章于下者也師古曰共讀曰恭御讀曰禦言恭已以禦災也一說御治也恭治其事也一曰金沴木曰木不曲直僖公三十三年十二月李梅實劉向以爲周十二月今十月也李梅當剝落今反華實近草妖也先華而後實不書華舉重者也陰成陽事象臣顓君作威福一曰冬當殺反生象驕臣當誅不行其罰也故冬華華者象臣邪謀有端而不成至於實則成矣是時僖公死公子遂顓權文公不寤後有子赤之變一曰君舒緩甚奥氣不臧則華實復生董仲舒以爲李梅實臣下彊也記曰不當

華而華易大夫不當實而實易相室應劭曰冬水王木相故象大臣冬實者變置丞相與宮室也但華則變大夫也師古曰相室猶言相國謂宰相也合韻故言相室者相王室冬水王木相故象大臣劉歆以爲庶徵皆以蟲爲孽思心贏蟲孽也李梅實屬草妖惠帝五年十月桃李華棗實昭帝時上林苑中大柳樹斷仆地一朝起立生枝葉有蟲食其葉成文字曰公孫病已立又昌邑王國社有枯樹復生枝葉眭孟以爲木陰類下民象當有故廢之家公孫氏從民間受命爲天子者昭帝富於春秋霍光秉政以孟妖言誅之後昭帝崩無子徵昌邑王賀嗣位狂亂失道光廢之更立昭帝兄衞太子之孫是爲宣帝帝本名病已京房易傳曰枯楊生稊師古曰大過九二爻辭也稊楊秀之始生者音徒奚反枯木復生人君亡子元帝初元四年皇后曾祖父濟南東平陵王伯墓門梓柱卒生枝葉上出屋孟康曰王伯莽之祖也師古曰莽高祖父也故下云高祖考卒讀曰猝猝暴也劉向以爲王氏貴盛將代漢家之象也後王莽篡位自說之曰初元四年莽生之歲也當漢九世火德之厄而有此祥興於高祖考之門門爲開通梓猶子也言王氏當有賢子開通祖統起於柱石大臣之位受命而王之符也建昭五年兗州刺史浩賞禁民私所自立社張晏曰民間三月九月又社號曰私社臣瓚曰舊制二十五家爲一社而民或十家五家共爲田社是私社師古曰瓚說是山陽橐茅鄉社有大槐樹師古曰橐縣名也屬山陽郡茅鄉橐縣之鄉也橐音拓吏伐斷之其夜樹復立其故處成帝永始元年二月河南街郵樗樹生支如人頭師古曰郵謂行書之舍樗樹似杶樗音丑余反杶音丑倫反眉目須皆具亡髮耳哀帝建平三年十月汝南西平遂陽鄉柱仆地生支如人形身青黃色面白頭有頾髮稍長大凡長六寸一分京房易傳曰王德衰下人將起則有木生爲人狀哀帝建平三年零陵有樹僵地師古曰僵偃也圍丈六尺長十丈七尺民斷其本長九尺餘皆枯三月樹卒自立故處師古曰卒讀曰猝京房易傳曰棄正作淫厥妖木斷自屬師古曰屬連續也妃后有顓木仆反立斷枯復生師古曰顓謂專寵天辟惡之如淳曰天辟謂天子也元帝永光二年八月天雨草而葉相樛結大如彈丸師古曰樛繞也樛音居蚪反平帝元始三年正月天雨草狀如永光時京房易傳曰君吝於祿信衰賢去厥妖天雨草昭公二十五年夏有鸜鵒來巢劉歆以爲羽蟲之孽其色黑又黑祥也視不明聽不聰之罰也劉向以爲有蜚有蜮不言來者氣所生所謂眚也師古曰此蜚謂負蠜也其爲蟲臭惡短弧即今所謂水弩也隱元年有蜚莊十八年有蜮蜚音斐蜮音域蜚亦作蠹其音同耳鸜鵒言來者氣所致所謂祥也鸜鵒夷狄穴藏之禽來至中國不穴而巢陰居陽位師古曰今之鸜鵒中國皆有依周官而言但不踰濟水耳左氏以爲魯所常無故異而書之而此云夷狄禽未喻其意又此鳥本亦巢居不皆穴處也書巢者著其居止

字乳不即去也象季氏將逐昭公去宮室而居外野也鸜鵒白羽旱之祥也穴居而好水黑色爲主急之應也天戒若曰既失衆不可急暴急暴陰將持節陽以逐爾去宮室而居外野矣昭不寤而舉兵圍季氏爲季氏所敗出犇于齊遂死于外野董仲舒指略同景帝三年十一月有白頸烏與黑烏群鬭楚國呂縣白頸不勝墮泗水中死者數千劉向以爲近白黑祥也時楚王戊暴逆無道師古曰戊楚元王之孫也刑辱申公與吳王謀反烏群鬭者師戰之象也白頸者小明小者敗也墮於水者將死水地王戊不寤遂舉兵應吳與漢大戰兵敗而走至於丹徒爲越人所斬墮死於水之效也劉奉世曰死於丹徒者吳王濞耳向說誤京房易傳曰逆親親厥妖白黑烏鬭於國昭帝元鳳元年有烏與鵲鬭燕王宮中池上烏墮池死近黑祥也時燕王旦謀爲亂遂不改寤伏辜而死楚燕皆骨肉藩臣以驕怨而謀逆俱有烏鵲鬭死之祥行同而占合此天人之明表也燕一烏鵲鬭於宮中而黑者死楚以萬數鬭於野外而白者死象燕陰謀未發獨王自殺於宮故一烏水色者死楚炕陽舉兵軍師大敗於野故衆烏金色者死天道精微之效也京房易傳曰專征劫殺厥妖烏鵲鬭昭帝時有鵜鶘或曰禿鶖師古曰鵜鶘即汙澤也一名淘河腹下胡大如數升囊好羣入澤中抒水食魚因名禿鶖亦水鳥也鵜音大奚反鶘音胡鶖音秋集昌邑王殿下王使人射殺之劉向以爲水鳥色青青祥也時王馳騁無度慢侮大臣不敬至尊有服妖之象師古曰謂多治仄注冠又以冠奴也故青祥見也野鳥入處宮室將空王不寤卒以亡京房易傳曰辟退有德厥咎狂厥妖水鳥集于國中師古曰辟君也成帝河平元年二月庚子泰山山桑谷有鳶焚其巢師古曰鳶鵰也音緣男子孫通等聞山中羣鳥鳶鵲聲往視見巢爇盡墮池中師古曰爇古然字有三鳶㲉燒死師古曰鳥子新生而哺者曰㲉音口豆反又音工豆反樹大四圍巢去地五丈五尺太守平以聞鳶色黑近黑祥貪虐之類也易曰鳥焚其巢旅人先笑後號咷師古曰旅卦上九爻辭也咷音逃泰山岱宗五嶽之長王者易姓告代之處也天戒若曰勿近貪虐之人聽其賊謀將生焚巢自害其子絕世易姓之禍其後趙蜚燕得幸立爲皇后弟爲昭儀姊妹專寵聞後宮許美人曹偉能生皇子也師古曰曹偉能宮人姓名也偉能一名宮見外戚傳昭儀大怒令上奪取而殺之皆并殺其母成帝崩昭儀自殺事乃發覺趙后坐誅此焚巢殺子後號咷之應也一曰王莽貪虐而任社稷之重卒成易姓之禍云京房易傳曰人君暴虐鳥焚其舍鴻嘉二年三月博士行大射禮有飛雉集于庭歷階登堂而雊後雉又集太常宗正丞相御史大夫大司

馬車騎將軍之府又集未央宮承明殿屋上時大司馬車騎將軍王音待詔寵等上言天地之氣以類相應師古曰以經術待詔其人名寵不記姓也流俗書本寵上輒加孫字非也譴告人君甚微而著雉者聽察先聞雷聲故月令以紀氣師古曰謂季冬之月云雉雊雞乳也經載高宗雊雉之異師古曰已解于上以明轉禍爲福之驗今雉以博士行禮之日大衆聚會飛集于庭歷階登堂萬衆睢睢師古曰睢睢仰目視貌也睢音呼惟反驚怪連日徑歷三公之府太常宗正典宗廟骨肉之官然後入宮其宿留告曉人具備深切師古曰宿音先就反留音力救反雖人道相戒何以過是後帝使中常侍鼂閎詔音曰聞捕得雉毛羽頗摧折類拘執者得無人爲之師古曰言人放此雉故欲爲變異者音復對曰陛下安得亡國之語不知誰主爲佞讇之計師古曰讇古諂字也誣亂聖德如此者左右阿諛甚衆不待臣音復讇而足師古曰足益也音子喻反公卿以下保位自守莫有正言如令陛下覺寤懼大禍且至身深責臣下繩以聖法臣音當先受誅豈有以自解哉今即位十五年繼嗣不立日日駕車而出泆行流聞師古曰言帝行多驕泆醜惡流布聞於遠方也海內傳之甚於京師外有微行之害內有疾病之憂皇天數見災異師古曰見顯示欲人變更終已不改天尚不能感動陛下臣子何望獨有極言待死命在朝暮而已如有不然老母安得處所尚何皇太后之有高祖天下當以誰屬乎如淳曰老母音之老母也當隨已受誅也又謂已言深切觸悟人主積恚而死必行之誅不能復顧太后也師古曰如說非也此言總屬於成帝耳不然者謂不如所諫而自修改也老母帝之母即太后也言帝不自修改國家危亡太后不知處所高祖天下無所付屬也屬音之欲反宜謀於賢知克己復禮以求天意繼嗣可立災變尚可銷也成帝綏和二年三月天水平襄有燕生爵哺食至大俱飛去師古曰哺音蒲固反食讀曰飤謂與母俱去京房易傳曰賊臣在國厥咎燕生爵諸侯銷一曰生非其類子不嗣世史記魯定公時季桓子穿井得土缶中得蟲若羊師古曰缶盎也即今之盆近羊禍也羊者地上之物幽於土中象定公不用孔子而聽季氏暗昧不明之應也一曰羊去野外而拘土缶者象魯君失其所而拘於季氏季氏亦將拘於家臣也是歲季氏家臣陽虎囚季桓子後三年陽虎劫公伐孟氏兵敗竊寶玉大弓而出亡師古曰寶玉謂夏后氏之璜大弓謂封父之繁弱皆魯始封之分器所受於周也定八年陽虎作亂不克竊之而入讙陽關以叛

左氏傳魯襄公時宋有生女子赤而毛棄之隄下宋平公母共姬之御者見而收之師古曰平公宋共公之子也名成共讀曰恭因名曰棄長而美好納之平公生子曰佐後宋臣伊戾讒太子痤而殺之師古曰事在襄二十六年痤音才戈反先是大夫華元出奔晉師古曰事在成十五年華弱奔魯師古曰事在襄六年華臣奔陳師古曰事在襄十七年華合比奔衛師古曰事在昭六年據今春秋合比奔在殺太子痤後而志總言先是未詳其意劉向以爲時則火災赤眚之明應也京房易傳曰尊卑不別厥妖女生赤毛惠帝二年天雨血於宜陽一頃所劉向以爲赤眚也時又冬雷桃李華常奧之罰也是時政舒緩諸呂用事讒口妄行殺三皇子建立非嗣師古曰三皇子謂趙隱王如意趙幽王友趙恭王恢皆高帝子也建立非嗣謂立後宮美人子爲嗣及不當立之王孟康曰呂氏三王也退王陵趙堯周昌師古曰惠帝六年王陵爲右丞相惠帝崩呂后欲廢陵遷爲太傅實奪之相權高祖以趙堯爲御史大夫高后元年怨堯前定趙王如意之策乃抵堯罪周昌爲趙相趙王見鴆殺昌謝病不朝見三歲而薨呂太后崩大臣共誅滅諸呂僵尸流血京房易傳曰歸獄不解茲謂追非厥咎天雨血茲謂不親民有怨心不出三年無其宗人又曰佞人祿功臣僇天雨血師古曰僇古戮字哀帝建平四年四月山陽湖陵雨血廣三尺長五尺大者如錢小者如麻子後二年帝崩王莽擅朝誅貴戚丁傅大臣董賢等皆放徙遠方與諸呂同象誅死者少雨血亦少

傳曰聽之不聰是謂不謀厥咎急厥罰恒寒厥極貧時則有鼓妖時則有魚孽時則有豕禍時則有耳痾時則有黑眚黑祥惟火沴水聽之不聰是謂不謀言上偏聽不聰下情隔塞則不能謀慮利害失在嚴急故其咎急也盛冬日短寒以殺物政促迫故其罰常寒也寒則不生百穀上下俱貧故其極貧也君嚴猛而閉下臣戰栗而塞耳則妄聞之氣發於音聲故有鼓妖寒氣動故有魚孽雨以龜爲孽服虔曰多雨則龜多出龜能陸處非極陰也魚去水而死極陰之孽也於易坎爲豕豕大耳而不聰察聽氣毀故有豕禍也一曰寒歲豕多死及爲怪亦是也及人則多病耳者故有耳痾水色黑故有黑眚黑祥凡聽傷者病水氣水氣病則火沴之其極貧者順之其福曰富劉歆聽傳曰有介蟲孽也庶徵之恒寒劉向以爲春秋無其應周之末世舒緩微弱政在臣下奧煖而已故籍秦以爲驗師古曰籍假借也秦始皇帝即位尚幼委政太后太后淫於呂不韋及嫪毐師古曰嫪或音居虯反嫪姓也毐名也許慎說以爲嫪毐士之無行者嫪音郎到反毐音烏改反與今史記漢書本文不同且嫪樂之姓又非嫪也故當依本字以讀封毐爲長信侯以太原郡爲毐國宮室苑囿自恣政事斷焉故天冬雷以見陽不禁閉以涉危害舒奧迫近之變也始皇既冠毐懼誅作亂始皇誅之斬首數百級大臣二十人皆車裂以徇夷滅其宗遷四千餘家於房陵是歲四月寒民有凍死者數年之間緩急如此寒奧輒應此其效也劉歆以爲大雨雪及未當雨雪而雨雪及大雨雹隕霜殺菽草皆常寒之罰也劉向以爲常雨屬貌不恭京房易傳曰有德遭險茲謂逆命厥異寒誅過深當奧而寒盡六日亦爲雹害正不誅茲謂養賊寒七十二日殺蜚禽師古曰蜚讀曰飛道人始去茲謂傷服虔曰有道之人去其寒物無霜而死涌水出戰不量敵茲謂辱命其寒雖雨物不茂聞善不予厥咎聾桓公八年十月雨雪周十月今八月也未可以雪劉向以爲時夫人有淫齊之行而桓有妬媢之心師古曰媢謂夫妬婦也夫人將殺其象見也師古曰謂欲殺桓公桓不覺寤後與夫人俱如齊而殺死凡雨陰也雪又雨之陰也出非其時迫近象也董仲舒以爲象夫人專恣陰氣盛也釐公十年冬大雨雪劉向以爲先是釐公立妾爲夫人陰居陽位陰氣盛也公羊經曰大雨雹董仲舒以爲公脅於齊桓公立妾爲夫人不敢進羣妾師古曰已解于上故專壹之象見諸雹皆爲有所漸脅也孟康曰謂陰氣漸脅行專壹之政云昭公四年正月大雨雪劉向以爲昭取於吳而爲同姓謂之吳孟子師古曰魯與吳俱姬姓也周禮同姓不爲婚故諱不稱吳姬而云孟子也取讀曰娶君行於上臣非於下又三家已彊皆賤公行慢侮之心生師古曰侮古侮字董仲舒以爲季孫宿任政陰氣盛也師古曰季孫宿季武子也文帝四年六月大雨雪後三歲淮南王長謀反發覺遷道死師古曰遷於蜀未至而死於雍故曰道死京房易傳曰夏雨雪戒臣爲亂景帝中六年三月雨雪其六月匈奴入上郡取苑馬吏卒戰死者二千餘人明年條侯周亞夫下獄死武帝元狩元年十二月大雨雪民多凍死是歲淮南衡山王謀反發覺皆自殺使者行郡國治黨與坐死者數萬人元鼎二年三月雪平地厚五尺是歲御史大夫張湯有罪自殺丞相嚴青翟坐與三長史謀陷湯師古曰謂朱買臣爲丞相長史王朝及邊通皆守丞相長史也青翟自殺三長史皆棄市元鼎三年三月水冰四月雨雪關東十餘郡人相食是歲民不占緡錢有告者以半畀之師古曰言政急刻也占音之贍反元帝建昭二年十一月齊楚地大雪深五尺是歲魏郡太守京房爲石顯所告坐與妻父淮陽王舅張博博弟光勸視淮陽王以不義師古曰視讀曰示博要斬光房棄市御史大夫鄭弘坐免爲庶人成帝即位顯伏辜淮陽王上書寃博辭語增加師古曰言博本爲石顯所寃增加其語故陷罪家屬徙者復得還建昭四年三月雨雪燕多死谷永對曰皇后桑蠶以治祭服共事天地宗廟師古曰共讀曰恭正以是日疾風自西北大寒雨雪壞敗其功以章不鄉師古曰言不當天心鄉讀曰嚮宜齊戒辟寢以深自責師古曰齊讀曰齋辟讀曰避請皇后就宮鬲閉門戶毋得擅上師古曰鬲與隔同擅上謂輒至御所也上音時掌反一曰擅事也上謂天子也讀如本字勿令皇后專固天子且令衆妾人人更進以時博施皇天說喜師古曰更音工衡反說讀曰悅庶幾可以得賢明之嗣即不行臣言災異愈甚天變成形臣雖欲復捐身關策不及事已師古曰言雖欲捐棄其身不顧慮極陳計策關說天子亦無所及其後許后坐祝詛廢陽朔四年四月雨雪燕雀死後十六年許皇后自殺定公元年十月隕霜殺菽師古曰菽大豆劉向以爲周十月今八月也於卦爲觀師古曰坤下巽上也陰氣未至君位而殺誅罰不由君出在臣下之象也是時季氏逐昭公公死于外定公得立故天見災以視公也師古曰視讀曰示釐公二年十月隕霜不殺草爲嗣君微失秉事之象也師古曰謂襄仲專權殺嫡立庶公室遂弱其後卒在臣下則災爲之生矣異故言草災故言菽重殺穀師古曰以其事爲重不比於殺草也一曰菽草之難殺者也言殺菽知草皆死也言不殺草知菽亦不死也董仲舒以爲菽草之彊者天戒若曰加誅於彊臣言菽以微見季氏之罰也武帝元光四年四月隕霜殺草木先是二年遣五將軍三十萬衆伏馬邑下師古曰謂御史大夫韓安國爲護軍將軍衞尉李廣爲驍騎將軍太僕公孫賀爲輕車將軍大行王恢爲將屯將軍太中大夫李息爲材官將軍欲襲單于單于覺之而去自是始征伐四夷師出三十餘年天下戶口減半京房易傳曰興兵妄誅茲謂亡法厥災霜夏殺五穀冬殺麥誅不原情茲謂不仁其霜夏先大雷風冬先雨迺隕霜有芒角賢聖遭害其霜附木不下地佞人依刑茲謂私賊其霜在草根土隙間不教而誅茲謂虐其霜反在草下元帝永光元年三月隕霜殺桑九月二日隕霜殺稼天下大飢是時中書令石顯用事專權與春秋定公時隕霜同應成帝即位顯坐作威福誅釐公二十九年秋大雨雹劉向以爲盛陽雨水溫煖而湯熱陰氣脅之不相入則轉而爲雹盛陰雨雪凝滯而冰寒陽氣薄之不相入則散而爲霰師古曰霰雨雪雜下音先見反故沸湯之在閉器而湛於寒泉則爲冰孟康曰投湯器中以沈寒泉而成冰也師古曰湛讀曰沈及雪之銷亦冰解而散此其驗也故雹者陰脅陽也霰者陽薄陰也春秋不書霰者猶月食也釐公末年信用公子遂遂專權自恣將至於殺君故陰脅陽之象見釐公不寤遂終專權後二年殺子赤立宣公師古曰公子遂者東門襄仲也赤文公太子即惡也○劉敞曰二年殺子赤立宣公案自僖公末年至文公卒凡二十三年今言二年誤也左氏傳曰聖人在上無雹雖有不爲災說曰凡物不爲災不書書大言爲災也凡雹皆冬之愆陽夏之伏陰也師古曰愆過也過陽冬溫也伏陰夏寒也昭公三年大雨雹是時季氏專權脅君之象見昭公不寤後季氏卒逐昭公元封三年十二月雷雨雹大如馬頭宣帝地節四年五月山陽濟陰雨雹如雞子深二尺五寸殺二十人蜚鳥皆死其十月大司馬霍禹宗族謀反誅霍皇后廢成帝河平二年四月楚國雨雹大如斧蜚鳥死左傳曰釐公三十二年十二月己卯晉文公卒庚辰將殯于曲沃出絳柩有聲如牛劉向以爲近鼓妖

也喪凶事聲如牛怒象也將有急怒之謀以生兵革之禍是時秦穆公遣兵襲鄭而不假道還晉大夫先軫謂襄公曰秦師過不假塗請擊之師古曰先軫卽原軫遂要崤阸師古曰卽今之二崤山也以敗秦師匹馬觭輪無反者服虔曰觭音奇偶之奇師古曰觭隻也言盡虜獲之觭音居宜反操之急矣師古曰操持也謂執持所虜獲也晉不惟舊而聽虐謀結怨彊國四被秦寇禍流數世凶惡之效也師古曰舊者謂晉襄之父文公本爲秦所納而得國是舊恩也虐謀先軫之計也四被秦寇謂魯文二年秦孟明視帥師伐晉三年秦伯伐晉濟河焚舟取王官及郊十年秦伯伐晉取北徵十二年秦伯伐晉取羈馬禍流謂自襄公至厲公凡五君與秦構難也哀帝建平二年四月乙亥朔御史大夫朱博爲丞相少府趙玄爲御史大夫臨延登受策有大聲如鐘鳴師古曰延入而登殿也漢舊儀云丞相御史大夫初拜皇帝延登親詔也殿中郎吏陛者皆聞焉師古曰陛者謂執兵列於陛側上以問黃門侍郎揚雄李尋尋對曰洪範所謂鼓妖者也師法以爲人君不聰爲衆所惑空名得進則有聲無形不知所從生其傳曰歲月日之中則正卿受之今以四月日加辰巳有異是爲中焉正卿謂執政大臣也宜退丞相御史以應天變然雖不退不出期年其人自蒙其咎師古曰期年十二月也蒙猶被也揚雄亦以爲鼓妖聽失之象也朱博爲人彊毅多權謀宜將不宜相恐有凶惡亟疾之怒師古曰亟急也音居力反八月博玄坐爲姦謀博自殺玄減死論京房易傳曰令不修本下不安金母故自動若有音史記秦二世元年天無雲而雷劉向以爲雷當託於雲猶君託於臣陰陽之合也二世不恤天下萬民有怨畔之心是歲陳勝起天下畔趙高作亂秦遂以亡一曰易震爲雷爲貌不恭也史記秦始皇八年河魚大上劉向以爲近魚孽也是歲始皇弟長安君將兵擊趙反死屯留軍吏皆斬遷其民於臨洮師古曰本使長安君擊趙至屯留而謀反作亂故戮長安君死斬其軍吏遷其黔首也屯留上黨縣也臨洮卽今之洮州也屯音純洮音土高反明年有嫪毐之誅魚陰類民之象逆流而上者民將不從君令爲逆行也其在天文魚星中河而處車騎滿野至于二世暴虐愈甚終用急亡京房易傳曰衆逆同志厥妖河魚逆流上武帝元鼎五年秋蛙與蝦蟇羣鬭師古曰蛙音胡蝸反蝦音遐蟇音麻是歲四將軍衆十萬征南越師古曰謂伏波將軍路博德出桂陽下湟水樓船將軍楊僕出豫章下湞水歸義越侯嚴爲戈船將軍出零陵下離水田甲爲下瀨將軍下蒼梧開九郡師古曰謂得越地以爲南海蒼梧鬱林合浦交阯九眞日南珠崖儋耳郡也成帝鴻嘉四年秋雨魚于信都長五寸以下成帝永始元年春北海出大魚長六丈高一丈四枚哀帝建平三年東萊平度出大魚師古曰平度東萊之縣長八丈高丈一尺七枚皆死京房易傳曰海數見巨魚邪人進賢人疏師古曰數音所角反桓公五年秋螽師古曰螽卽阜螽卽今之蝩蟲也螽音終蝩音之庸反劉歆以爲貪虐取民則螽介蟲

之孽也與魚同占劉向以爲介蟲之孽屬言不從是歲公獲二國之聘取鼎易邑師古曰二國宋鄭也宋以郜鼎賂公鄭以泰山之田易許田也與役起城師古曰謂五年夏城祝丘也諸螽略皆從董仲舒說云嚴公二十九年有蜚劉歆以爲負蠜也性不食穀食穀爲災介蟲之孽師古曰蜚音扶味反蠜音煩劉向以爲蜚色青近青眚也非中國所有南越盛暑男女同川澤淫風所生爲蟲臭惡師古曰蜚者中國所有非南越之蟲未詳向所說是時嚴公取齊淫女爲夫人既入淫於兩叔故蜚至天戒若曰今誅絕之尚及不將生臭惡聞於四方嚴不寤其後夫人與兩叔作亂二嗣以殺師古曰二嗣謂子般及閔公也卒皆被辜師古曰謂二叔哀姜皆不得其死也已解于上董仲舒指略同釐公十五年八月螽劉向以爲先是釐有鹹之會後城緣陵師古曰僖十三年公會齊侯宋公陳侯衛侯鄭伯許男曹伯于鹹鹹衛地十四年與諸侯城緣陵緣陵杞邑也而是歲復以兵車爲牡丘會使公孫敖帥師及諸侯大夫救徐師古曰十五年公會齊侯宋公陳侯衛侯鄭伯許男曹伯盟于牡丘遂次于匡公孫敖帥師及諸侯之大夫救徐孟穆伯也諸侯之大夫卽師所與會諸侯也時楚伐徐故救之兵比三年在外師古曰比頻也文公三年秋雨螽于宋劉向以爲先是宋殺大夫而無罪師古曰謂僖二十五年經書宋殺其大夫不書名以其無罪有暴虐賦斂之應師古曰謂宋昭公也穀梁傳曰上下皆合言甚師古曰上下皆合螽之多董仲舒以爲宋三世內取師古曰三世謂襄公成公昭公也內取於國之大夫也事見公羊傳取讀曰娶大夫專恣殺生不中師古曰中音竹仲反故螽先死而至劉歆以爲螽爲穀災卒遇賊陰墜而死也八年十月螽時公伐邾取須朐城郚師古曰須朐邾邑郚魯邑也事並在文七年朐音鉅俱反郚音吾宣公六年八月螽劉向以爲先是時宣伐莒向師古曰事在四年向莒邑也向音餉後比再如齊謀伐萊師古曰謂四年秋及五年春公如齊七年公會齊侯伐萊是也十三年秋螽公孫歸父會齊伐莒師古曰事在十一年歸父東門襄仲子也字子家父讀曰甫十五年秋螽宣亡熟歲數有軍旅襄公七年八月螽劉向以爲先是襄興師救陳師古曰謂五年楚伐陳公會晉侯宋公衛侯鄭伯齊太子光救陳也滕子郲子小邾子皆來朝師古曰六年滕子來朝七年郲子小邾子來朝夏城費師古曰亦七年之夏費魯邑也音祕哀公十二年十二月螽是時哀用田賦師古曰言重斂也解在刑法志劉向以爲春用田賦冬而螽十三年九月螽十二月螽比三螽虐取於民之效也劉歆以爲周十二月夏十月也火星既伏蟄蟲皆畢天之見變因物類之宜不得以螽是歲再失閏矣周九月夏七月故傳曰火猶西流司曆過也宣公十五年冬蝝生師古曰爾雅曰蝝蝮蜪說者以爲螽蝗之類蝮音蒲北反又音服蜪音徒高反劉歆以爲蝝螕蠹之有翼者孟康曰螕蠹音蚍蜉食穀爲災黑眚也董仲舒劉向以爲蝝螟始生也一曰螟始生是時民患上力役解於公田師古曰解讀曰懈宣是時初稅畝稅畝就民田畝擇美者稅其什一亂先王制而爲貪利故應是而蝝生屬蠃

蟲之孽景帝中三年秋蝗先是匈奴寇邊中尉不害將車騎材官士屯代高柳師古曰魏不害武帝元光五年秋螟六年夏蝗先是五將軍衆三十萬伏馬邑欲襲單于也師古曰已解于上是歲四將軍征匈奴師古曰謂車騎將軍衞青出上谷騎將軍公孫敖出代輕車將軍公孫賀出雲中驍騎將軍李廣出鴈門也元鼎五年秋蝗是歲四將軍征南越師古曰已解于上及西南夷師古曰越馳義侯遺將巴蜀罪人發夜郎兵征西南夷平之開十餘郡師古曰定越地爲九郡定西南夷爲武都牂柯越巂沈黎汶山郡凡十四郡元封六年秋蝗先是兩將軍征朝鮮師古曰二年樓船將軍楊僕左將軍荀彘將應募罪人擊之開三郡師古曰武紀云以其地爲樂浪臨屯玄菟眞番郡是四郡也而此云三蓋傳寫志者誤太初元年夏蝗從東方蜚至敦煌三年秋復蝗元年貳師將軍征大宛天下奉其役連年征和三年秋蝗四年夏蝗先是一年三將軍衆十餘萬征匈奴師古曰謂三年貳師將軍廣利將七萬人出五原御史大夫商丘成二萬人出西河重合侯馬通四萬騎出酒泉征和三年貳師七萬人沒不還平帝元始二年秋蝗偏天下是時王莽秉政左氏傳曰嚴公八年齊襄公田于貝丘師古曰貝丘齊地見豕從者曰公子彭生也公怒曰射之豕人立而嘑公懼墜車傷足喪屨劉向以爲近豕禍也先是齊襄淫於妹魯桓公夫人使公子彭生殺桓公又殺彭生以謝魯公孫無知有寵於先君襄公絀之師古曰無知僖公弟夷仲年之子也於襄公從父昆弟先君卽僖公無知帥怨恨之徒攻襄於田所師古曰怨恨之徒謂連稱管至父久戍葵丘也襄匿其戶間足見於戶下遂殺之傷足喪屨卒死於足虐急之效也昭帝元鳳元年燕王宮永巷中豕出圂壞都竈師古曰圂者養豕之牢也都竈烝炊之大竈也圂音胡頓反銜其鬴六七枚置殿前晉灼曰鬴古文釜字劉向以爲近豕禍也時燕王旦與長公主左將軍謀爲大逆誅殺諫者暴急無道竈者生養之本豕而敗竈陳鬴於庭鬴竈將不用宮室將廢辱也燕王不改卒伏其辜京房易傳曰衆心不安君政厥妖豕入居室史記魯襄公二十三年穀洛水鬭將毀王宮劉向以爲近火沴水也周靈王將擁之有司諫曰不可長民者不崇藪不墮山不防川不竇澤師古曰長民爲民之長也崇聚也藪謂澤之無水者墮毀也防止也竇穴也墮音火規反今吾執政毋乃有所辟服虔曰音邪辟之辟而滑夫二川之神師古曰滑亂也音骨使至于爭明臣瓚曰明水道也師古曰明謂神靈以防王宮室王而飾之毋乃不可乎師古曰言爲欲防固王宮使水不得毀故遏飾二川懼及子孫王室愈卑王卒擁之以傳推之以四瀆比諸侯穀洛其次卿大夫之象也師古曰穀洛皆大水故爲四瀆之次爲卿大夫將分爭以危亂王室也是時世卿專權儋括將有篡殺之謀師古曰儋括儋季之子簡王之孫也篡殺之謀謂除喪服將見靈王過庭而歎曰嗚呼必有此夫如靈王覺寤匡其失政師古曰匡正也懼以承戒則災禍除矣不聽諫謀簡嫚大異師古曰諫謀謂單公子愆旗聞儋括之言恐必爲害請殺之王不聽也簡

嫚大異謂不憂穀洛任其私心塞埤擁下師古曰埤卑也音婢以逆水勢而害鬼神後數年有黑如日者五是歲蚤霜靈王崩景王立二年儋括欲殺王而立王弟佞夫佞夫不知景王幷誅佞夫師古曰事在襄三十年及景王死五大夫爭權或立子猛或立子朝王室大亂師古曰五大夫謂劉子單子尹氏召伯毛伯也已解于上京房易傳曰天子弱諸侯力政師古曰政亦征也言以武力相征討一說諸侯之政當以德禮令王室微弱文教不行遂乃以力爲政相代也厥異水鬭史記曰秦武王三年渭水赤者三日昭王三十四年渭水又赤三日劉向以爲近火沴水也秦連相坐之法棄灰於道者黥孟康曰商鞅爲政以棄灰於道必坋人坋人必鬭故設黥刑以絕其原也臣瓚曰棄灰或有火火則燔廬舍故刑之也師古曰孟說是也坋音蒲頓反罔密而刑虐加以武伐橫出殘賊鄰國至於變亂五行氣色謬亂天戒若曰勿爲刻急將致敗亡秦遂不改至始皇滅六國二世而亡昔三代居三河河洛出圖書師古曰謂夏都安邑卽河東也殷都朝歌卽河內也周都洛陽卽河南也秦居渭陽而渭水數赤瑞異應德之效也京房易傳曰君湎于酒師古曰湎流也音莫踐反淫于色賢人潛國家危厥異流水赤也

前漢書卷二十七中之下考證

五行志中之下在於青祥○青監本訛青從宋本改正

南方喙爲鳥星○喙監本訛啄 臣浩按天文志柳爲鳥喙從宋本改正

郡國有以爲便宜者○ 臣召南按孝武紀作郡國有以爲便者無宜字

惟先假王正厥事○假古文作格孔傳曰言至道之王

先是大夫華元出奔晉注師古曰事在成十五年○舊本作襄十七年非也今從汲古閣本改正

京房易傳曰歸獄不解○獄監本訛嶽從宋本改正

是歲四將軍征匈奴注驃騎將軍公孫敖出代○ 臣召南按公孫敖爲騎將軍非驃騎將軍也驃字衍

前漢書卷二十七下之上

漢　蘭臺令史班固撰

唐正議大夫行秘書少監琅邪縣開國子顏師古注

五行志第七下之上

傳曰思心之不容是謂不聖厥咎霿師古曰霿音莫豆反厥罰恒風厥極凶短折時則有脂夜之妖時則有華孽時則有牛禍時則有心腹之痾時則有黃眚黃祥時則有金木水火沴土思心之不容是謂不聖思心者心思慮也容寬也孔子曰居上不寬吾何以觀之哉師古曰論語載孔子之言言上不寬大包容臣下則不能居聖位貌言視聽以心爲

主四者皆失則區霿無識師古曰區音口豆反故其咎霿也雨旱寒奧亦以風爲本師古曰奧音於六反四氣皆亂故其罰常風也常風傷物故其極凶短折也傷人曰凶禽獸曰短屮木曰折師古曰屮古草字一曰凶夭也兄喪弟曰短父喪子曰折在人腹中肥而包裹心者脂也心區霿則冥晦故有脂夜之妖師古曰脂妖及夜妖一曰有脂物而夜爲妖若脂水夜汙人衣淫之象也一曰夜妖者雲風並起而杳冥故與常風同象也溫而風則生螟螣師古曰螣音徒得反有裸蟲之孽師古曰裸亦蠃字也從衣果聲劉向以爲於易巽爲風爲木卦在三月四月繼陽而治主木之華實風氣盛至秋冬木復華故有華孽一曰地氣盛則秋冬復華一曰華者色也土爲內事爲女孽也於易坤爲土爲牛牛大心而不能思慮思心氣毀故有牛禍一曰牛多死及爲怪亦是也及人則多病心腹者故有心腹之痾土色黃故有黃眚黃祥凡思心傷者病土氣土氣病則金木水火沴之故曰時則有金木水火沴土不言惟而獨曰時則有者非一衝氣所沴明其異大也其極曰凶短折順之其福曰考終命師古曰壽考而終其命劉歆思心傳曰時則有蠃蟲之孽謂螟螣之屬也庶徵之常風劉向以爲春秋無其應釐公十六年正月六鶂退蜚過宋都師古曰鶂音五狄反左氏傳曰風也劉歆以爲風發於它所至宋而高鶂高蜚而逢之則退經以見者爲文故記退蜚傳以實應著言風常風之罰也象宋襄公區霿自用不容臣下逆司馬子魚之諫而與彊楚爭盟師古曰子魚公子目夷也桓公之子而爲司馬爭盟謂鹿上之盟以求諸侯於楚子魚諫曰小國爭盟禍也公不聽之後六年爲楚所執師古曰僖二十一年楚執宋公以伐宋距六鶂退飛凡六年應六鶂之數云京房易傳曰潛龍勿用師古曰乾初九爻辭衆逆同志至德迺潛厥異風其風也行不解物不長師古曰不解謂物逢之而不解散也不長所起者近也雨小而傷政悖德隱茲謂亂厥風先風不雨大風暴起發屋折木守義不進茲謂耄厥風與雲俱起折五穀莖臣易上政茲謂不順厥風大焱發屋師古曰焱疾風也音必遙反賦歛不理茲謂禍厥風絕經緯如淳曰有所破壞絕匹帛之屬也晉灼曰南北爲經東西爲緯絲因風暴亂不端理也止卽溫溫卽蟲侯專封茲謂不統厥風疾而樹不搖穀不成辟不思道利茲謂無澤師古曰道讀曰導不思導示於下而安利之厥風不搖木旱無雲傷禾公常於利茲謂亂師古曰公上爵也常於利謂心常求利也厥風微而溫生蟲蝗害五穀棄正作淫茲謂惑厥風溫螟蟲起害有益人之物侯不朝茲謂叛厥風無恒地變赤而殺人文帝二年六月淮南王都壽春大風毀民室殺人劉向以爲是歲南越反攻淮南邊淮南王長破之後年入朝殺漢故丞相辟陽侯上赦之歸聚姦人謀逆亂自稱東帝見異不寤後遷于蜀道死廱文帝五年吳暴風雨壞城官府民室時吳王濞謀爲逆亂天戒數見終不改寤後卒誅滅五年十月楚王都彭城大風從東南來毀市門殺人是月王戊初嗣立後坐淫削國與吳王謀反刑僇諫者師古曰謂楚相張尚太傅趙夷吾也僇古戮字吳在楚東南天戒若曰勿與吳爲惡將敗市朝王戊不寤卒隨吳亡昭帝元鳳元年燕王都薊大風雨師古曰薊縣名燕國之所都拔宮中樹七圍以上十六枚壞城樓燕王旦不寤謀反發覺卒伏其辜釐公十五年九月己卯晦震夷伯之廟師古曰夷伯司空無駭之後本魯公族也號展氏劉向以爲晦暝也震雷也夷伯世大夫正晝雷其廟獨冥師古曰冥暗也天戒若曰勿使大夫世官將專事暝晦明年公子季友卒果世官師古曰謂季友之孫行父仍執政專國自此以後常爲卿政在季氏至成公十六年六月甲午晦正晝皆暝陰爲陽臣制君也成公不寤其冬季氏殺公子偃師古曰爲季文子所殺也已解于上季氏萌於釐公師古曰萌草木始生也言其始有處權大於成公此其應也董仲舒以爲夷伯季氏之孚也師古曰孚信也所信任之臣也陪臣不當有廟震者雷也晦暝雷擊其廟明當絕去僭差之類也向又以爲此皆所謂夜妖者也劉歆以爲春秋及朔言朔及晦言晦人道所不及則天震之展氏有隱慝故天加誅於其祖夷伯之廟以譴告之也成公十六年六月甲午晦晉侯及楚子鄭伯戰于鄢陵皆月晦云隱公五年秋螟董仲舒劉向以爲時公觀漁于棠貪利之應也師古曰棠魯地也陳漁者之事而觀之也劉歆以爲又逆臧釐伯之諫師古曰臧僖伯公子彄也孝公之子諫觀漁貪利區霿以生蠃蟲之孽也八年九月螟時鄭伯以邴將易許田師古曰邴祀泰山之邑也音彼命反已解于上有貪利心京房易傳曰臣安祿茲謂貪厥災蟲蟲食根德無常茲謂煩蟲食葉不絀無德蟲食本與東作爭茲謂不時師古曰奪農時也蟲食節蔽惡生孽蟲食心師古曰蔽謂惡人蔽君之明爲災孽也嚴公六年秋螟董仲舒劉向以爲先是衞侯朔出奔齊齊侯會諸侯納朔師古曰朔謂惠公也桓十六年以左公子泄右公子職立公子黔牟故惠公奔齊至莊五年會齊人宋人蔡人伐衞而納惠公也許諸侯賂師古曰諸國各有賂齊人歸衞寶魯受之師古曰以伐衞所獲之寶來歸魯貪利應也文帝後六年秋螟是歲匈奴大入上郡雲中烽火通長安遣三將軍屯邊三將軍屯京師師古曰並已解于上宣公三年郊牛之口傷改卜牛牛死劉向以爲近牛禍也是時宣公與公子遂謀共殺子赤而立師古曰已解于上又以喪娶師古曰宣元年正月公子遂如齊逆女三月遂以夫人婦姜至自齊時文公喪制未除區霿昏亂亂成於口幸有季文子得免於禍天猶惡之生則不饗其祀師古曰謂郊牛傷死是天不欲饗其祀死則災燔其廟師古曰成三年新宮災新宮者宣公之廟也以其新成故謂之新宮董仲舒指略同秦孝文王五年斿朐衍有獻五足牛者師古曰朐衍地名在北地朐音許于反劉向以爲近牛禍也先是文惠王初都咸陽廣大宮室南臨渭北臨涇思心失逆土氣足者止也戒秦建止奢泰將致危亡如淳曰建立基止奢泰也秦遂不改至於離宮三百復起阿房未成而亡一曰牛以力爲人用足所以行也其後秦大用民力轉輸起負海至北邊師古曰負海猶言背海也天下叛之京房易傳曰興繇役奪民時厥妖牛生五足景帝中六年梁孝王田北山有獻牛足上出背上劉向以爲近牛禍先是孝王驕奢起菀方三百里宮館閣道相連三十餘里納於邪臣羊勝之計欲求爲漢嗣刺殺議臣爰盎事發負斧歸死既退歸國猶有恨心內則思慮霿亂外則土功過制故牛旤作足而出於背下奸上之象也師古曰奸犯也音干猶不能自解發疾暴死又凶短之極也左氏傳昭公二十一年春周景王將鑄無䠶鍾師古曰鍾聲中無䠶之律也䠶音弋石反泠州鳩曰應劭曰泠官也州鳩名也師古曰樂官曰泠後遂以爲氏泠音零其字從水王其以心疾死乎夫天子省風以作樂應劭曰風土地風俗也省中和之風以作樂然後可移惡風易惡俗也臣瓚曰省風俗之流遁作樂以救其弊也師古曰應說是也省觀也小者不窕大者不摦師古曰窕輕小也摦橫大也窕音他堯反摦音胡化反摦則不容心是以感感實生疾今鍾摦矣王心弗或孟康曰或古堪字其能久乎劉向以爲是時景王好聽淫聲適庶不明師古曰適讀曰嫡謂太子壽卒王立子猛爲嗣後又欲立子朝也思心霿亂明年以心疾崩近心腹之痾凶短之極者也昭二十五年春魯叔孫昭子聘于宋元公與燕飲酒樂語相泣也師古曰昭子叔孫婼也元公宋平公子也相對而俱泣也樂祁佐師古曰樂祁宋司城子梁也佐佐酒告人曰今茲君與叔孫其皆死乎吾聞之哀樂而樂哀皆喪心也師古曰哀樂可樂而反哀也樂哀可哀而反樂也喪失之也心之精爽是謂魂魄魂魄去之何以能久冬十月叔孫昭子死十一月宋元公卒昭帝元鳳元年九月燕有黃鼠銜其尾舞王宮端門中往視之鼠舞如故王使夫人以酒脯祠鼠舞不休夜死黃祥也時燕剌王旦謀反將敗死亡象也其月發覺伏辜京房易傳曰誅不原情厥妖鼠舞門成帝建始元年四月辛丑夜西北有如火光壬寅晨大風從西北起雲氣赤黃四塞天下終日夜下著地者黃土塵也是歲帝元舅大司馬大將軍王鳳始用事又封鳳母弟崇爲安成侯食邑萬戶庶弟譚等五人賜爵關內侯食邑三千戶師古曰譚商音根逢時凡五人復益封鳳五千戶悉封譚等爲列侯是爲五侯哀帝卽位封外屬丁氏傅氏周氏鄭氏凡六人爲列侯師古曰外戚傳傅太后弟子喜封高武侯晏封孔鄉侯商封汝昌侯同母弟子鄭業爲陽信侯丁太后兄明封陽安侯子滿封平周侯傅氏鄭氏侯者四人丁氏侯者二人今此言六人爲列侯其數是也傅氏丁氏鄭氏則有之而不見周氏所出志傳不同未詳其意楊宣對曰五侯封日天氣赤黃丁傅復然服虔曰楊宣諫大夫也此殆爵土過制傷亂土氣之祥也京房易傳曰經稱觀其生師古曰易觀卦上九爻辭言大臣之義當觀賢人知其性行推而貢之否則爲聞善不與茲謂不知師古曰徒知之而已不能進助也厥異黃厥咎聾厥災不嗣黃者日上黃光不散如火然有黃濁氣四塞天下蔽賢絕道故災異至絕世也經曰良馬逐師古曰此易大畜九三爻辭逐進也言大臣得賢者謀當顯進其人否則爲下相攘善師古曰攘卻也言不進達之也一曰攘因也因而竊取曰攘音人羊反茲謂盜明厥咎亦不嗣至於身僇家絕師古曰僇古戮字史記周幽王二年周三川皆震應劭曰震地震三川竭也師古曰三川涇渭洛也洛卽漆沮也川自震耳故將塞塞非地震也劉向以爲金木水火沴土者也伯陽甫曰服虔曰周太史周將亡矣天地之氣不過其序若過其序民亂之也陽伏而不能出陰迫而不能升應劭曰陰迫陽使不能升也於是有地震今三川實震是陽失其所而塡陰也應劭曰失其所失其道也塡爲陰所塡不得升也師古曰塡音竹刃反陽失而在陰原必塞師古曰原謂水泉之本也原塞國必亡夫水土演而民用也應劭曰演引也所以引出土氣者也師古曰演音衍土無所演而民乏財用不亡何待昔伊雒竭而夏亡河竭而商亡今周德如二代之季其原又塞塞必竭川竭山必崩夫國必依山川山崩川竭亡之徵也若國亡不過十年數之紀也是歲三川竭岐山崩劉向以爲陽失在陰者謂火氣來煎枯水故川竭也山川連體下竭上崩事勢然也時幽王暴虐妄誅伐不聽諫迷於褒姒廢其正后師古曰褒姒褒人所獻之女也正后申后也蓋白華之詩所爲作也廢后之父申侯與犬戎共攻殺幽王一曰其在天文水爲辰星辰星爲蠻夷月食辰星國以女亡幽王之敗女亂其內夷攻其外京房易傳曰君臣相背厥異名水絕師古曰有名之水文公九年九月癸酉地震劉向以爲先是時齊桓晉文魯釐二伯賢君新沒師古曰齊桓晉文二伯也魯釐賢君也伯讀曰霸周襄王失道師古曰謂避叔帶之難而出奔失爲君之道楚穆王殺父師古曰穆王商臣也殺其父成王也諸侯皆不肖權傾於下天戒若曰臣下彊盛者將動爲害後宋魯晉莒鄭陳齊皆殺君師古曰文十六年宋人殺其君杵臼十八年襄仲殺惡宣二年晉趙盾殺其君夷皋文十八年莒弒其君庶其宣四年鄭公子歸生殺其君夷十年陳夏徵舒殺其君平國文十八年齊人殺其君商人諸震略皆從董仲舒說也京房易傳曰臣事雖正專必震其震於水則波於木則搖於屋則瓦落大經在辟而易臣茲謂陰動服虔曰經常也辟音刑辟之辟蘇林曰大經五行之常經也在辟象陰犯殺其上也師古曰辟讀曰僻謂常法僻壞而易臣也厥震搖政宮大經搖政茲謂不陰厥震搖山山出涌水嗣子無德專祿茲謂不順厥震動丘陵涌水出襄公十六年五月甲子地震劉向以爲先是雞澤之會諸侯盟大夫又盟師古曰雞澤衞地也襄三年公會單子晉侯宋公衞

侯鄭伯莒子邾子齊世子光己未同盟于雞澤陳侯使袁僑如會戊寅叔孫豹及諸侯大夫及陳袁僑盟也 是歲三月諸侯爲溴梁之會而大夫獨相與盟 師古曰經書諸大夫盟謂晉宋衛鄭曹莒邾薛杞小邾之大夫 五月地震矣其後崔氏專齊欒盈亂晉良霄傾鄭閽殺吳子燕逐其君楚滅陳蔡 師古曰崔氏齊卿崔杼也欒盈晉大夫欒桓子之子懷子也二十一年奔楚二十三年復入于晉而作亂良霄鄭大夫伯有也三十年子晳以駟氏之甲伐而焚之伯有奔雍梁遂奔許晨自墓門之瀆入介于襄庫以伐舊北門駟帶率國人伐之伯有死于羊肆閽守門者也吳子餘祭也吳人伐越獲俘焉以爲閽使守舟二十九年餘祭觀舟閽以刀殺之燕北燕國也昭三年冬燕大夫殺公之外嬖公懼奔齊昭八年楚師滅陳十一年楚滅蔡也 昭公十九年五月己卯地震劉向以爲是時季氏將有逐君之變其後宋三臣曹會皆以地叛 師古曰二十年宋華亥向寧華定出奔陳二十一年自陳入于宋南里以叛曹大夫公孫會也二十年自鄭出奔宋穀梁傳曰自鄭者專鄭也鄭會之邑也音莫風反 蔡莒逐其君吳敗中國殺二君 師古曰昭二十一年蔡人信費無極之言出蔡侯朱朱出奔楚二十三年莒子庚輿虐而好劍國人患之秋七月烏存帥國人以逐之庚輿出奔魯戊辰吳敗楚頓胡沈蔡陳許之師于雞父胡子髡沈子逞滅是也 二十三年八月乙未地震劉向以爲是時周景王崩劉單立王子猛尹氏立子朝 師古曰已解于上 其後季氏逐昭公黑肱叛邾 師古曰黑肱邾大夫也三十一年經書邾黑肱以濫來奔濫邾邑 吳殺其君僚 師古曰二十七年吳公子光使專設諸抽劍刺王是也 宋五大夫晉二大夫皆以地叛 師古曰定十年宋公之弟辰暨仲佗石彄出奔陳十一年春辰及仲佗石彄公子地自陳入于蕭以叛秋宋樂大心自曹入于蕭十三年晉荀寅士吉射入朝歌以叛 哀公三年四月甲午地震劉向以爲是時諸侯皆信邪臣莫能用仲尼盜殺蔡侯齊陳乞弒君 師古曰哀四年經書盜殺蔡侯申左氏傳曰蔡昭侯將如吳諸大夫恐其又遷也公孫翩逐而射之入于家人而卒陳乞齊大夫陳僖子也六年乞殺其君荼荼景公之子安孺子也 惠帝二年正月地震隴西厭四百餘家 師古曰厭音一甲反次下亦同 武帝征和二年八月癸亥地震厭殺人宣帝本始四年四月壬寅地震河南以東四十九郡北海琅邪壞祖宗廟城郭殺六千餘人元帝永光三年冬地震綏和二年九月丙辰地震自京師至北邊郡國三十餘壞城郭凡殺四百一十五人釐公十四年秋八月辛卯沙麓崩穀梁傳曰林屬於山曰麓 師古曰屬聯也音之欲反 沙其名也劉向以爲臣下背叛散落不事上之象也先是齊桓行伯道會諸侯事周室管仲既死桓德日衰天戒若曰伯道將廢諸侯散落政逮大夫陪臣執命臣下不事上矣桓公不寤天子蔽晦 師古曰被掩蔽而暗也 及齊桓死天下散而從楚王札子殺二大夫 師古曰二大夫召伯毛伯也 晉敗天子之師 師古曰謂敗之於貿戎也已解于上 莫能征討從是陵遲公羊以爲沙麓河上邑也董仲舒說略同一曰河大川象齊大國桓德衰伯道將移於晉文故河爲徙也左氏以爲沙麓晉地沙山名也地震而麓崩不書震舉重者也伯陽甫所謂國必依山川山崩川竭亡之徵也不過十年數之紀也至二十四年晉懷

公殺於高梁 師古曰懷公謂子圉惠公之子也文公入國而使殺之高梁晉地 京房易傳曰小人剝廬 師古曰剝卦上九爻之辭 厥妖山崩茲謂陰乘陽弱勝彊成公五年夏梁山崩穀梁傳曰廱河三日不流 師古曰廱讀曰壅 晉君帥羣臣而哭之迺流 師古曰從伯宗用輦者之言 劉向以爲山陽君也水陰民也天戒若曰君道崩壞下亂百姓將失其所矣哭然後流喪亡象也梁山在晉地自晉始而及天下也後晉暴殺三卿厲公以弒 師古曰三卿謂郤錡郤犨郤至也厲公殺之而欒書中行偃又弒厲公事在成十七年 溴梁之會天下大夫皆執國政 師古曰已解于上 其後孫甯出衞獻 師古曰孫林父甯殖皆衞大夫也衞獻公定公之子也名衎獻公戒二子食日旰不召而射鴻於囿二子怒因作亂公如鄟遂出奔齊孫氏追之敗公徒于柯澤事在襄十四年 三家逐魯昭單尹亂王室 師古曰並解于上 董仲舒說略同劉歆以爲梁山晉望也崩弛崩也 師古曰言漸解散也弛音式爾反 古者三代命祀祭不越望吉凶禍福不是過也國主山川山崩川竭亡之徵也美惡周必復 師古曰復音扶目反 是歲歲在鶉火至十七年復在鶉火欒書中行偃殺厲公而立悼公高后二年正月武都山崩殺七百六十人地震至八月迺止文帝元年四月齊楚地山二十九所同日俱大發水潰出劉向以爲近水沴土也天戒若曰勿盛齊楚之君今失制度將爲亂後十六年帝庶兄齊悼惠王之孫文王則薨無子帝分齊地立悼惠王庶子六人皆爲王 師古曰謂齊孝王將閭濟北王志菑川王賢膠東王雄渠膠西王卬濟南王辟光 賈誼鼂錯諫以爲違古制恐爲亂至景帝三年齊楚七國起兵百餘萬漢皆破之春秋四國同日災 師古曰宋衞陳鄭 漢七國同日衆山潰咸被其害不畏天威之明效也成帝河平三年二月丙戌犍爲柏江山崩捐江山崩皆廱江水 師古曰廱讀曰壅次下亦同 江水逆流壞城殺十三人地震積二十一日百二十四動元延三年正月丙寅蜀郡岷山崩廱江江水逆流三日迺通劉向以爲周時岐山崩三川竭而幽王亡岐山者周所興也漢家本起於蜀漢今所起之地山崩川竭星孛又及攝提大角從參至辰 如淳曰孛星尾長及攝提大角始發於參至辰也 殆必亡矣其後三世亡嗣王莽篡位

傳曰皇之不極是謂不建厥咎眊 服虔曰眊音老耄 厥罰恒陰厥極弱時則有射妖時則有龍蛇之孽時則有馬禍時則有下人伐上之痾時則有日月亂行星辰逆行皇之不極是謂不建皇君也極中建立也人君貌言視聽思心五事皆失不得其中則不能立萬事失在眊悖故其咎眊也 師古曰眊不明也悖惑也音布內反 王者自下承天理物雲起於山而彌於天 師古曰彌滿也 天氣亂故其罰常陰也一曰上失中則下彊盛而蔽君明也易曰亢龍有悔貴而亡位高而亡民賢人在下位而亡輔 師古曰乾上九文言也 如此則君有南面之尊而亡一人之助故其極弱也盛陽動進輕疾 服虔曰陽行輕且疾也 禮春而大射以順陽氣 韋昭曰將祭與羣臣射謂之大射 上微弱則下奮動故有射妖易曰雲從龍 師古曰乾九五文言 又曰龍蛇之蟄以存身也 師古曰下繫辭也 陰氣動故有龍蛇之孽於易乾爲君爲馬馬任用而彊力君氣毀故有馬禍一曰馬多死及爲怪亦是也君亂且弱人之所叛天之所去不有明王之誅則有篡弒之禍故有下人伐上之痾凡君道傷者病天氣不言五行沴天而曰日月亂行星辰逆行者爲若下不敢沴天猶春秋曰王師敗績于貿戎不言敗之者以自敗爲文尊尊之意也劉歆皇極傳曰有下體生上之痾說以爲下人伐上天誅已成不得復爲痾云皇極之常陰劉向以爲春秋亡其應一曰久陰不雨是也劉歆以爲自屬常陰昭帝元平元年四月崩亡嗣立昌邑王賀賀即位天陰晝夜不見日月賀欲出光祿大夫夏侯勝當車諫曰天久陰而不雨臣下有謀上者陛下欲何之賀怒縛勝以屬吏吏白大將軍霍光光時與車騎將軍張安世謀欲廢賀光讓安世以爲泄語安世實不泄召問勝勝上洪範五行傳曰皇之不極厥罰常陰時則有下人伐上不敢察察言 臣瓚曰不敢察察明言之 故云臣下有謀光安世讀之大驚以此益重經術士後數日卒共廢賀此常陰之明效也京房易傳曰有蜺蒙霧霧上下合也蒙如塵雲蜺日旁氣也其占曰后妃有專蜺再重赤而專至衝旱 孟康曰專員也若五月再重赤而員至十一月旱也 妻不壹順黑蜺四背又白蜺雙出日中妻以貴高夫茲謂擅陽蜺四方日光不陽解而溫 服虔曰蒙氣解而溫 內取茲謂禽 服虔曰人君內淫於骨肉也師古曰取如禮記聚麀之聚 蜺如禽在日旁以尊降妃茲謂薄嗣蜺直而塞六辰迺除夜星見而赤 韋昭曰六辰謂從卯至申 女不變始茲謂乘夫 孟康曰始貴高於夫終行此不變也 蜺白在日側黑蜺果之氣正直 師古曰果謂干之也 妻不順正茲謂擅陽蜺中窺貫而外專夫妻不嚴茲謂媟 韋昭曰媟言媟慢也師古曰音先列反 蜺與日會婦人擅國茲謂頊 師古曰頊讀曰傾 蜺白貫日中赤蜺四背 服虔曰蜺背日 適不荅茲謂不次 服虔曰言適妻不見荅也臣瓚曰夫不接妻爲不荅師古曰適讀曰嫡荅報也言妻有承順之心不見報荅也一曰荅對也言不以恩意接對之 蜺直在左蜺交在右取於不專茲謂危嗣蜺抱日兩未及君淫外茲謂亡蜺氣左日交於外取不達茲謂不知蜺白奪明而大溫溫而雨 師古曰取讀曰聚 尊卑不別茲謂媟蜺三出三已三辰除 韋昭曰若從寅至辰也蜺且見西晏則雨 除則日出且雨臣私祿及親茲謂罔辟 韋昭曰辟君也 厥異蒙其蒙先大溫已蒙起日不見行善不請於上茲謂作福蒙一日五起

五解辟不下謀臣辟異道茲謂不見上蒙下霧風三變而俱解立嗣子疑茲謂動欲蒙赤日不明德不序茲謂不聽蒙日不明溫而民病德不試空言祿 師古曰試用也 茲謂主窳臣夭 孟康曰謂君惰窳用人不以次第爲夭也師古曰窳音庾 蒙起而白君樂逸人茲謂放蒙日青黑雲夾日左右前後行過日公不任職茲謂怙祿蒙三日又大風五日蒙不解利邪以食茲謂閉上蒙大起白雲如山行蔽日公懼不言道茲謂閉下蒙大起日不見若雨不雨至十二日解而有大雲蔽日祿生於下茲謂誣君蒙微而小雨已乃大雨下相攘善茲謂盜明蒙黃濁下陳功求於上茲謂不知蒙微而赤風鳴條解復蒙下專刑茲謂分威蒙而日不得明大臣厭小臣茲謂蔽蒙微日不明若解不解大風發赤雲起而蔽日衆不惡惡茲謂閉蒙尊卦用事 孟康曰尊卦乾坤也臣瓚曰京房謂之方伯卦震兌坎離也師古曰孟說是也 三日而起日不見漏言亡喜茲謂下厝用 師古曰厝音千各反 蒙微日無光有雨雲雨不降廢忠惑佞茲謂亡蒙天先清而暴蒙微而日不明有逸民茲謂不明蒙濁奪日光公不任職茲謂不紬蒙白三辰止則日青青而寒寒必雨忠臣進善君不試茲謂遏 師古曰試用也 蒙先小雨雨已蒙起微而日不明惑衆在位茲謂覆國蒙微而日不明一溫一寒風揚塵知佞厚之茲謂庳蒙甚而溫君臣故弼茲謂悖 師古曰弼猶相戾也悖惑也 厥災風雨霧風拔木亂五穀已而大霧庶正蔽惡茲謂生孽災厥異霧此皆陰雲之類云嚴公十八年秋有蜮劉向以爲蜮生南越越地多婦人男女同川淫女爲主亂氣所生故聖人名之曰蜮蜮猶惑也在水旁能射人射人有處甚者至死 師古曰以氣射人也 南方謂之短弧 師古曰即射工也亦呼水弩 近射妖死亡之象也時嚴將取齊之淫女故蜮至天戒若曰勿娶齊女將生淫惑篡弒之禍嚴不寤遂取之入後淫於二叔二叔以死兩子見弒夫人亦誅 師古曰並解於上 劉歆以爲蜮盛暑所生非自越來也京房易傳曰忠臣進善君不試厥咎國生蜮史記魯哀公時有隼集于陳廷而死 師古曰隼鷙鳥卽今之鶻也說者以爲鶻失之矣廷朝廷也鶻字音胡骨反 楛矢貫之 應劭曰楛木名師古曰音怙其木堪爲笴笴今幽以北皆用之土俗呼其木爲楛子也 石砮 應劭曰砮鏃也音奴又乃互反 長尺有咫 張晏曰八寸曰咫 陳閔公使使問仲尼 師古曰閔公名周懷公之子 仲尼曰隼之來遠矣昔武王克商通道百蠻使各以方物來貢肅愼貢楛矢 臣瓚曰肅愼東北夷 石砮長尺有咫先王分異姓以遠方職使毋忘服 師古曰故服事也 分陳以肅愼矢試求之故府果得之 師古曰得昔所分之矢於府藏中 劉向以爲隼近黑祥貪暴類也矢貫之近射妖也死於廷國亡表也象陳眊亂不服事周 師古曰眊音莫報反 而行貪暴

將致遠夷之禍爲所滅也是時中國齊晉南夷吳楚爲彊師古曰中國則齊晉爲彊南夷則吳楚爲彊陳交晉不親附楚不固數被二國之禍後楚有白公之亂師古曰白公楚平王太子建之子勝也建遇讒奔鄭而死勝在吳子西召之使處吳境爲白公吳人伐愼白公敗之請以戰備獻因作亂子西子期皆死事在哀十六年陳乘而侵之師古曰白公之亂陳人恃其聚而侵楚事見哀十七年卒爲楚所滅師古曰陳閔公之二十年獲麟之歲也其二十四年而爲楚所滅史記夏后氏之衰有二龍止於夏廷而言余褒之二君也師古曰褒古國名夏帝卜殺之去之止之莫吉卜請其漦而藏之乃吉應劭曰漦沫也鄭氏曰漦音牛齝之齝師古曰去謂驅逐也止謂拘留也去音丘呂反漦音丑之反於是布幣策告之師古曰奠幣爲禮讀策辭而告之也說者以爲策者糈米蓋失之矣龍亡而漦在乃匵去之師古曰匵匱也去藏也匵音讀去音丘呂反其後夏亡傳匵於殷周三代莫發至厲王末發而觀之漦流于廷不可除也厲王使婦人贏而譟之應劭曰羣呼曰譟師古曰譟音先到反漦化爲玄黿韋昭曰玄黑黿蟄蜴也似蛇而有足師古曰黿似鼈而大非蛇及蟄蜴入後宮處妾遇之而孕師古曰處妾宮中之童女生子懼而棄之宣王立女童謠曰檿弧萁服實亡周國師古曰女童謠閭里之童女爲歌謠也檿山桑之有點文者也木弓曰弧服盛箭者卽今之步叉也萁草似荻而細織之爲服也檿音一簟反萁音基荻音敵後有夫婦鬻是器者宣王使執而僇之師古曰鬻賣也音弋六反既去見處妾所棄妖子聞其夜號哀而收之遂亡奔褒後褒人有罪入妖子以贖是爲褒姒幽王見而愛之生子伯服王廢申后及太子宜咎而立褒姒伯服代之廢后之父申侯與繒西畎戎共攻殺幽王師古曰畎戎卽犬戎亦曰昆夷詩曰赫赫宗周褒姒威之師古曰小雅正月之詩也赫赫盛貌宗周鎬京也威滅也音呼悅反劉向以爲夏后季世周之幽厲皆詩亂逆天故有龍黿之怪近龍蛇孽也漦血也一曰沫也檿弧桑弓也萁服蓋以萁草爲箭服近射妖也女童謠者禍將生於女國以兵寇亡也師古曰因婦人以致兵寇也左氏傳昭公十九年龍鬬於鄭時門之外洧淵師古曰時門鄭城門也洧水之泉也洧水出滎陽密縣東南至潁川長平入潁也劉向以爲近龍孽也鄭以小國攝乎晉楚之間師古曰攝收持也重以彊吳鄭當其衝不能修德將鬬三國以自危亡師古曰言若不修德則三國伐之必危亡是時子產任政內惠於民外善辭令以交三國鄭卒亡患能以德消變之效也京房易傳曰衆心不安厥妖龍鬬惠帝二年正月癸酉旦有兩龍見於蘭陵廷東里溫陵井中師古曰蘭陵縣之廷東里也溫陵人姓名也至乙亥夜去劉向以爲龍貴象而困於庶人井中象諸侯將有幽執之禍其後呂太后幽殺三趙王諸呂亦終誅滅京房易傳曰有德遭害厥妖龍見井中又曰行刑暴惡黑龍從井出左氏傳魯嚴公時有內蛇與外蛇鬬鄭南門中內蛇死劉向以爲近蛇孽也先是鄭厲公劫相祭仲而逐兄昭公代立師古曰厲公母宋雍氏之女也祭仲祭封人仲足也桓十

一年宋人執祭仲曰不立突將死仲乃與宋盟而立厲公昭公奔衞祭音側介反後厲公出奔昭公復入師古曰桓十五年厲公與祭仲之壻雍糾謀殺祭仲不克五月出奔蔡六月昭公復歸于鄭九月厲公殺檀伯而居櫟也死弟子儀代立師古曰桓十七年高渠彌弑昭公而立其弟子亹十八年齊人殺子亹祭仲乃立亹之弟儀也厲公自外劫大夫傅瑕使僇子儀師古曰傅瑕鄭大夫也莊十四年厲公自櫟侵鄭獲傅瑕與之盟於是傅瑕殺子儀而納厲公此外蛇殺內蛇之象也蛇死六年而厲公立嚴公聞之問申繻曰猶有妖乎師古曰申繻魯大夫也繻音須對曰人之所忌其氣炎以取之師古曰炎音弋贍反妖由人興也人亡舋焉妖不自作人棄常故有妖師古曰已解於上京房易傳曰立嗣子疑厥妖蛇居國門鬬左氏傳文公十六年夏有蛇自泉宮出師古曰泉宮卽泉臺入于國如先君之數劉向以爲近蛇孽也泉宮在囿中公母姜氏嘗居之蛇從之出象宮將不居也詩曰維虺維蛇女子之祥師古曰小雅斯干之詩又蛇入國國將有女憂也如先君之數者公母將薨象也秋公母薨公惡之乃毀泉臺夫妖孽應行而自見非見而爲害也文不改行循正共御厥罰師古曰共讀曰恭御讀曰禦又讀如本字而作非禮以重其過後二年薨公子遂殺文之二子惡視而立宣公師古曰惡卽子赤也視其母弟文公夫人大歸于齊師古曰本齊女故出而歸齊所謂哀姜者也武帝大始四年七月趙有蛇從郭外入與邑中蛇鬬孝文廟下邑中蛇死後二年秋有衞太子事事自趙人江充起左氏傳定公十年宋公子地有白馬駟師古曰地宋元公子也四馬曰駟公嬖向魋欲之師古曰公謂景公卽地之兄也魋宋司馬桓魋也向音式尚反魋音大回反公取而朱其尾鬣師古曰鬣領上鬣也音力涉反以予之地怒使其徒扶魋而奪之師古曰扶擊也音丑失反魋懼將走公閉門而泣之目盡腫公弟辰謂地曰子爲君禮不過出竟君必止子師古曰辰亦元公子也言若見君怒懼而出奔是爲臣之禮也竟讀曰境地出奔陳公弗止辰爲之請不聽辰曰是我迋吾兄也師古曰迋欺也音求往反吾以國人出君誰與處遂與其徒出奔陳明年俱入于蕭以叛大爲宋患師古曰蕭宋邑近馬禍也史記秦孝公二十一年有馬生人昭王二十年牡馬生子而死劉向以爲皆馬禍也孝公始用商君攻守之法東侵諸侯至於昭王用兵彌烈師古曰烈猛也其象將以兵革抗極成功而還自害也牡馬非生類妄生而死猶秦恃力彊得天下而還自滅之象也一曰諸畜生非其類子孫必有非其姓者至於始皇果呂不韋子京房易傳曰方伯分威厥妖牡馬生子亡天下諸侯相伐厥妖馬生人文帝十二年有馬生角於吳角在耳前上鄉師古曰鄉讀曰嚮次下亦同右角長三寸左角長二寸皆大二寸劉向以爲馬不當生角猶吳不當舉兵鄉上也是時吳王濞封有四郡五十餘城師古曰高紀云六年春以故東陽郡鄣郡吳郡五十三縣立劉賈爲荊王十二年十月詔曰吳古之建國日者

荊王兼有其地今死無後朕欲復立吳王長沙王臣等請立沛侯爲吳王而荊王劉賈爲黥布所殺無後上患會稽輕悍無壯王以塡之乃立濞爲吳王王三郡五十三城是則濞之所封賈本地也止有三郡荊燕吳傳與紀同矣今此云四郡未詳其說若以賈本不得會稽濞加一郡者則不得言五十三城也內懷驕恣變見於外天戒早矣王不寤後卒舉兵誅滅京房易傳曰臣易上政不順厥妖馬生角茲謂賢士不足又曰天子親伐馬生角成帝綏和二年二月大廏馬生角在左耳前圍長各二寸是時王莽爲大司馬害上之萌自此始矣師古曰萌若草木之始生也哀帝建平二年定襄牡馬生駒三足隨羣飲食太守以聞馬國之武用三足不任用之象也後侍中董賢年二十二爲大司馬居上公之位天下不宗哀帝暴崩成帝母王太后召弟子新都侯王莽入收賢印綬賢恐自殺莽因代之幷誅外家丁傅又廢哀帝傅皇后令自殺發掘帝祖母傅太后母丁太后陵更以庶人葬之辜及至尊大臣微弱之禍也文公十一年敗狄于鹹師古曰鹹魯地也穀梁公羊傳曰長狄師古曰防風之後漆姓也國號鄋瞞鄋音所求反瞞音莫干反兄弟三人一者之魯師古曰僑如也來伐魯爲叔孫得臣所獲一者之齊師古曰榮如也齊襄公二年伐齊爲王子成父所獲一者之晉師古曰焚如也宣十五年晉滅潞國而獲之皆殺之身橫九畮師古曰畮古畝字斷其首而載之眉見於軾師古曰軾車前橫木何以書記異也劉向以爲是時周室衰微三國爲大可責者也天戒若曰不行禮義大爲夷狄之行將至危亡其後三國皆有篡弑之禍師古曰謂魯文公薨襄仲弑惡及視而立宣公齊連稱管至父弑襄公而立無知晉欒書中行偃弑厲公而立悼公近下人伐上之痾也劉歆以爲人變屬黃祥一曰屬蠃蟲之孽一曰天地之性人爲貴凡人爲變皆屬皇極下人伐上之痾云京房易傳曰君暴亂疾有道厥妖長狄入國又曰豐其屋下獨苦師古曰豐其屋易豐卦上六爻辭也豐大也長狄生世主虜史記秦始皇帝二十六年有大人長五丈足履六尺皆夷狄服凡十二人見于臨洮師古曰隴西之縣也音土高反天戒若曰勿大爲夷狄之行將受其禍是歲始皇初幷六國反喜以爲瑞銷天下兵器作金人十二以象之遂自賢聖燔詩書阬儒士奢淫暴虐務欲廣地南戍五嶺北築長城以備胡越師古曰五嶺解在張耳陳餘傳塹山塡谷西起臨洮東至遼東徑數千里故大人見於臨洮明禍亂之起後十四年而秦亡亡自戍卒陳勝發史記魏襄王十三年魏有女子化爲丈夫京房易傳曰女子化爲丈夫茲謂陰昌賤人爲王丈夫化爲女子茲謂陰勝厥咎亡一曰男化爲女宮刑濫也女化爲男婦政行也哀帝建平中豫章有男子化爲女子嫁爲人婦生一子長安陳鳳言此陽變爲陰將亡繼嗣自相生之象一曰嫁爲人婦生一子者將復一世乃絕哀帝建平四年四

月山陽方與女子田無嗇生子師古曰方與者山陽之縣也女子姓田名無嗇方與音房豫先未生二月兒嗁腹中及生不舉葬之陌上三日人過聞嗁聲母掘收養平帝元始元年二月朔方廣牧女子趙春病死師古曰廣牧朔方之縣也姓趙名春斂棺積六日出在棺外自言見夫死父曰年二十七不當死太守譚以聞京房易傳曰幹父之蠱有子考亡咎韋昭曰蠱事也子能正父之事是爲有子故考不爲咎累師古曰易蠱卦初六爻辭也子三年不改父道思慕不皇亦重見先人之非師古曰言父有不善之事當速改之若唯思慕而已無所變易是重顯先人之非也一曰三年之內但思慕而已不暇見父之非故不改也重音直用反不則爲私厥妖人死復生一曰至陰爲陽下人爲上六月長安女子有生兒兩頭異頸面相鄉四臂共匈俱前鄉師古曰鄉讀曰嚮尻上有目長二寸所京房易傳曰睽孤見豕負塗師古曰易睽卦上九爻辭也睽乖剌之意也塗泥也睽音苦攜反厥妖人生兩頭下相攘善妖亦同人若六畜首目在下茲謂亡上正將變更凡妖之作以譴失正各象其類二首下不壹也足多所任邪也足少下不勝任或不任下也凡下體生於上不敬也上體生於下媟瀆也生非其類淫亂也人生而大上速成也生而能言好虛也羣妖推此類不改乃成凶也景帝二年九月膠東下密人年七十餘生角角有毛時膠東膠西濟南齊四王有舉兵反謀謀由吳王濞起連楚趙凡七國下密縣居四齊之中師古曰四齊卽上所云膠東膠西濟南齊也本皆齊地故謂之四齊角兵象上鄉者也老人吳王象也年七十七國象也天戒若曰人不當生角猶諸侯不當舉兵以鄉京師也禍從老人生七國俱敗云諸侯不寤明年吳王先起諸侯從之七國俱滅京房易傳曰冢宰專政厥妖人生角成帝建始三年十月丁未京師相驚言大水至渭水虒上小女陳持弓年九歲師古曰虒上地名也虒音斯走入橫城門入未央宮尚方掖門殿門門衞戶者莫見至句盾禁中而覺得師古曰句盾少府之署覺得事覺而見執得也民以水相驚者陰氣盛也小女而入宮殿中者下人將因女寵而居有宮室之象也名曰持弓有似周家檿弧之祥易曰弧矢之利以威天下師古曰下繫之辭也是時帝母王太后弟鳳始爲上將秉國政天知其後將威天下而入宮室故象先見也其後王氏兄弟父子五侯秉權至莽卒篡天下蓋陳氏之後云京房易傳曰妖言動衆茲謂不信路將亡人司馬死成帝綏和二年八月庚申鄭通里男子王褒師古曰鄭縣之通里衣絳衣小冠帶劒入北司馬門殿東門師古曰入北司馬門又入殿之東門也上前殿入非常室中如淳曰殿上室名解帷組結佩之師古曰組綬類所以係帷又埀以爲飾也佩帶之招前殿署長業等曰天帝令我居此業等收縛考問褒故公車大誰卒應劭曰在司馬殿門掌讙呵者

（也服虔曰衛士之師也著樊噲冠師古曰大誰者主問非常之人云姓名是誰也而應氏乃以讙譁爲義云大讙呵不當厥理後之學者輒改此書誰字爲讙違本文矣大誰本以誰何爲因用名官有大誰長今此卒者長所領士卒也）病狂易（師古曰謂病狂而變易其常也）不自知入宮狀下獄死是時王莽爲大司馬哀帝卽位莽乞骸骨就第天知其必不退故因是而見象也姓名章服甚明徑上前殿路寢入室取組而佩之稱天帝命然時人莫察後莽就國天下冤之哀帝徵莽還京師明年帝崩莽復爲大司馬因是而篡國哀帝建平四年正月民驚走持稾或棷一枚（如淳曰棷麻幹也師古曰稾禾稈也音工老反棷音鄒又音側九反）傳相付與曰行詔籌道中相過逢多至千數或被髮徒踐（師古曰徒踐謂徒跣也）或夜折關或踰牆入或乘車騎奔馳以置驛傳行經歷郡國二十六至京師其夏京師郡國民聚會里巷阡陌設祭張博具（師古曰博戲之具）歌舞祠西王母又傳書曰母告百姓佩此書者不死不信我言視門樞下當有白髮（師古曰樞門扇所由開閉者也）至秋止是時帝祖母傅太后驕與政事（師古曰與讀曰豫）故杜鄴對曰春秋災異以指象爲言語籌所以紀數民陰水類也水以東流爲順走而西行反類逆上象數度放溢妄以相予違忤民心之應也西王母婦人之稱博弈男子之事於街巷阡陌明離闑內（師古曰闑門橜也音魚列反）與疆外（師古曰與讀曰預）臨事盤樂炕陽之意白髮衰年之象體尊性弱難理易亂門人之所由樞其要也居人之所由制持其要也其明甚著今外家丁傅並侍帷幄布於列位有罪惡者不坐辜罰亡功能者畢受官爵皇甫三桓詩人所刺春秋所譏亡以甚此（師古曰皇甫周卿士之字也用后嬖寵而處職位詩人刺之事見小雅十月之交篇）指象昭昭以覺聖朝奈何不應後哀帝崩成帝母王太后臨朝王莽爲大司馬誅滅丁傅一曰丁傅所亂者小此異乃王太后莽之應云

前漢書卷二十七下之上考證

五行志下之上秦孝文王五年斿朐衍○臣召南按斿當作遊傳寫訛耳但孝文王卽位秖一年遂卒安得有五年也此文可疑

燕有黃鼠銜其尾舞王宮云云○臣召南按此事已見於中上卷內引京房易傳亦同此一事重見未及刊除者也

茲謂閉下○閉監本訛蔽按此與前文閉上相對宋本作閉是也從之

有兩龍見于蘭陵廷東里溫陵井中○孝惠紀作見蘭陵家人井中

是時吳王濞封有四郡五十三城注師古云云○顧炎武曰四郡當作三郡古四字積畫以成與三易混猶左傳陳蔡不羮三國爲四國也

前漢書卷二十七下之下

漢蘭臺令史班固撰

唐正議大夫行祕書少監琅邪縣開國子顏師古注

五行志第七下之下

隱公三年二月己巳日有食之穀梁傳曰言日不言朔食晦公羊傳曰食二日董仲舒劉向以爲其後戎執天子之使（師古曰凡伯周大夫也隱七年天王使凡伯來聘戎伐凡伯于楚丘以歸）鄭獲魯隱（師古曰公羊傳隱六年春鄭人來渝平渝平墮成也曰吾成敗矣吾與鄭人未有成狐壤之戰隱公獲焉何以不言戰諱獲也）滅戴（師古曰十年秋宋人蔡人衛人伐戴鄭伯伐取之戴國今外黃縣東南戴城是也讀者多誤爲載故隋室置載州焉）衛魯宋咸殺君（師古曰四年衛州吁殺其君完十一年羽父使賊殺公于寪氏桓二年春宋督弑其君與夷）左氏劉歆以爲正月二日燕越之分野也凡日所躔而有變則分野之國失政者受之（師古曰躔踐也音纏）人君能修政共御厥罰則災消而福至（師古曰共讀曰恭御讀曰禦又讀如本字）不能則災息而禍生（師古曰息謂蕃滋也）故經書災而不記其故蓋吉凶亡常隨行而成禍福也周衰天子不班朔（師古曰班布也）魯歷不正置閏不得其月月大小不得其度史記日食或言朔而實非朔或不言朔而實朔或脫不書朔與日皆官失之也京房易傳曰亡師茲謂不御厥異日食其食也旣竝食不一處誅衆失理茲謂生叛厥食旣光散縱畔茲謂不明厥食先大雨三日雨除而寒寒卽食專祿不封茲謂不安厥食旣先日出而黑光反外燭（韋昭曰中無光四邊有明外燭）君臣不通茲謂亡厥蝕三旣同姓上侵茲謂誣君厥食四方有雲中央無雲其日大寒公欲弱主位茲謂不知厥食中白青四方赤已食地震諸侯相侵茲謂不承厥食三毀三復君疾善下謀上茲謂亂厥食旣先雨雹殺走獸弑君獲位茲謂逆厥食旣先風雨折木日赤內臣外鄉茲謂背（師古曰鄉讀曰嚮）厥食食且雨地中鳴（韋昭曰地中有聲如鳴耳或曰如狗子聲）冢宰專政茲謂因厥食先大風食時日居雲中四方亡雲伯正越職茲謂分威（師古曰伯讀曰霸正者長師之稱）厥食日中分諸侯爭美於上茲謂泰厥食日傷月食半天營而鳴（韋昭曰食半謂食望也臣瓚曰日月食半謂食月之半也月食常以望不爲異也）賦不得茲謂竭厥食星隨而下受命之臣專征云試厥食雖侵光猶明（師古曰試用也自擅意也一說試與弑同謂欲弑君）若文王臣獨誅紂矣（韋昭曰是時紂臣尚未欲誅紂獨文王之臣欲誅之）小人順受命者征其君云殺厥食五色至大寒隕霜（師古曰殺亦讀曰弑）若紂臣順武王而誅紂矣（韋昭曰紂惡益甚其臣欲順武王而誅紂）諸侯更制茲謂叛（師古曰更改也）厥食三復三食食已而風地動適讓庶茲謂生欲（師古曰適讀曰嫡）厥食日失位光晻晻月形見（師古曰晻音烏感反見音胡電反）酒亡節茲謂荒厥蝕乍青乍黑乍赤明日大雨發霧而寒凡食二十占其形二十有四改之輒除不改三年三年不改六年六年不改九年推隱三年之食貫中央上下竟而黑臣弑從中成之形也後衛州吁弑君而立桓公三年七月壬辰朔日有食之旣董仲舒劉向以爲前事已大後事將至者又大則旣先是魯宋弑君魯又成宋亂易許田亡事天子之心楚僭稱王後鄭拒王師射桓王（師古曰竝已解于上）又二君相篡（師古曰謂厲公奔蔡而昭公入高渠彌殺昭公而立子亹）劉歆以爲六月趙與晉分（晉灼曰周之六月今之四月始去畢而入參參晉分也畢趙也日行去趙遠入晉分多故曰與晉計二十八宿分其大度其月及所屬下皆以爲例）先是晉曲沃伯再弑晉侯（師古曰曲沃伯本桓叔成師之封號也其後遂繼襲焉魯惠公三十年大夫潘父殺昭侯而納成師不克晉人立孝侯惠之四十五年成師之子曲沃莊伯伐翼殺孝侯也）是歲晉大亂（師古曰桓三年莊伯之子曲沃武公伐翼逐翼侯于汾隰夜獲而殺之）滅其宗國（師古曰桓八年曲沃武公滅翼遂幷其國）京房易傳以爲桓三年日食貫中央上下竟而黃臣弑而不卒之形也後楚嚴稱王兼地千里（師古曰楚武王荊尸久已見傳今此言莊始稱王未詳其說）十七年十月朔日有食之穀梁傳曰言朔不言日食二日也劉向以爲是時衛侯朔有罪出奔齊（師古曰衛惠公也桓十六年經書衛侯朔出奔齊公羊傳曰得罪乎天子也穀梁傳曰天子召而不往也）天子更立衛君（師古曰衛公子黔牟）朔藉助五國舉兵伐之而自立王命遂壞（師古曰莊五年冬公會齊人宋人陳人蔡人伐衛莊六年春王人子突救衛夏衛侯朔入放公子黔牟于周是也）魯夫人淫失於齊卒殺威公（師古曰失讀曰泆）董仲舒以爲言朔不言日惡魯桓且有夫人之禍將不終日也劉歆以爲楚鄭分嚴公十八年三月日有食之穀梁傳曰不言日不言朔夜食（張晏曰夜食則無景立六尺木不見其景以此爲候）史記推合朔在夜明旦日食而出出而解（孟康曰夜食地中出而止）是爲夜食劉向以爲夜食者陰因日明之衰而奪其光象周天子不明齊桓將奪其威專會諸侯而行伯道其後遂九合諸侯（師古曰解在郊祀志）天子使世子會之（師古曰僖五年齊侯宋公陳侯衛侯鄭伯許男曹伯會王太子于首止是也）此其效也公羊傳曰食晦董仲舒以爲宿在東壁魯象也後公子慶父叔牙果通於夫人以弑公劉歆以爲晦魯衛分二十五年六月辛未朔日有食之董仲舒以爲宿在畢主邊兵夷狄象也後狄滅邢衛（師古曰春秋閔元年狄伐邢二年狄滅衛其後竝爲齊所立而邢遷于夷儀衛遷于楚丘）劉歆以爲五月二日魯趙分二十六年十二月癸亥朔日有食之董仲舒以爲宿在心心爲明堂文武之道廢中國不絕若綫之象也（師古曰綫縷也音先箭反）劉向以爲時戎侵曹（師古曰事在莊二十四年）魯夫人淫於慶父叔牙將以弑君故比年再蝕以見戒劉歆以爲十月二日楚鄭分三十年九月庚午朔日有食之董仲舒劉向以爲後魯二君弑（師古曰謂子般爲圉人所殺閔公爲卜齮所殺也）夫人誅（師古曰哀姜爲齊人所殺）兩弟死（師古曰謂叔牙及慶父也）狄滅邢（師古曰已解于上）徐取舒（師古曰僖三年徐人取舒舒國名也在廬江舒縣也）晉殺世子（師古曰僖五年晉侯殺其太子申生）楚滅弦（師古曰僖五年楚人滅弦弦國名也在弋陽）劉歆以爲八月秦周分僖公五年九月戊申朔日有食之董仲舒劉向以爲先是齊桓行伯江黃自至（師古曰江黃二國名也僖二年齊侯宋公江人黃人盟于貫傳曰服江黃也江國在汝南安陽縣黃國在弋陽縣）南服彊楚（師古曰僖四年齊侯以諸侯之師侵蔡遂伐楚盟于召陵）其後不內自正而外執陳大夫則陳楚不附（師古曰召陵盟後以陳轅濤塗爲誤軍而執之陳不服罪故伐之楚自是不復通）鄭伯逃盟（師古曰僖五年秋齊侯與諸侯盟于首止鄭伯逃歸不盟）諸侯將不從桓政故天見戒其後晉滅虢（師古曰事在僖五年）楚圍許諸侯伐鄭（師古曰事竝在僖六年）晉弑二君（師古曰謂里克弑奚齊及卓子）狄滅溫（師古曰溫周邑也僖十年狄滅之）楚伐黃（師古曰僖十一年黃不歸楚貢故伐之）桓不能救劉歆以爲七月秦晉分十二年三月庚午朔日有食之董仲舒劉向以爲是時楚滅黃（師古曰事在十二年夏）狄侵衛鄭（師古曰僖十三年秋狄侵衛十四年狄侵鄭）莒滅杞（師古曰十四年諸侯城緣陵公羊傳曰曷爲城杞滅也孰滅之蓋徐莒也）劉歆以爲三月齊衛分十五年五月日有食之劉向以爲象晉文公將行伯道後遂伐衛執曹伯敗楚城濮（師古曰事竝在二十八年）再會諸侯（師古曰二十八年五月盟于踐土冬會于溫）召天王而朝之（師古曰晉侯不欲就朝王故召王使來經書天王狩于河陽）此其效也日食者臣之惡也夜食者掩其罪也以爲上亡明王桓文能行伯道攘夷狄安中國雖不正猶可蓋春秋實與而文不與之義也董仲舒以爲後秦獲晉侯（師古曰晉侯夷吾也僖十五年十一月晉侯及秦伯戰于韓秦獲晉侯以歸也）齊滅項（師古曰事在公羊傳十七年項國今項城縣是也）楚敗徐于婁林（師古曰事在僖十五年冬婁林徐地）劉歆以爲二月朔齊越分文公元年二月癸亥日有食之董仲舒劉向以爲先是大夫始執國政（師古曰謂東門襄仲也）公子遂如京師（師古曰事在僖三十年報宰周公之聘）後楚世子商臣殺父齊公子商人弑君皆自立（師古曰已解于上）宋子哀出奔（師古曰宋子哀宋卿高哀也不義宋公而來奔魯事在文十四年）晉滅江（師古曰春秋文四年楚人滅江今此云晉未詳其說）楚滅六（師古曰六國名也在廬江六縣文五年楚人滅之）大夫公孫敖叔彭生並專會盟（師古曰文七年冬公孫敖如莒蒞盟十一年叔彭生會郤缺于承匡公孫敖孟穆伯叔彭生叔仲惠伯也）劉歆以爲正月朔燕越分十

五年六月辛丑朔日有食之董仲舒劉向以爲後宋齊莒晉鄭八年之間五君殺死師古曰文十六年宋弒其君杵臼十八年夏齊人弒其君商人冬莒弒其君庶其宣二年晉趙盾弒其君夷皋四年鄭公子歸生弒其君夷也楚滅舒蓼劉歆以爲四月二日魯衛分宣公八年七月甲子日有食之既董仲舒劉向以爲先是楚商臣弒父而立至于嚴王遂彊諸夏大國唯有齊晉齊晉新有篡弒之禍內皆未安故楚乘弱橫行八年之間六侵伐而一滅國師古曰六侵伐者謂宣元年侵陳三年侵鄭四年伐鄭五年伐鄭六年伐鄭八年伐陳也一滅國者謂八年滅舒蓼也伐陸渾戎觀兵周室師古曰宣三年楚子伐陸渾之戎遂至于洛觀兵于周疆觀兵者示威武也後又入鄭鄭伯肉袒謝罪北敗晉師于邲流血色水師古曰事並在十二年邲鄭地色水謂血流入水而變水之色也邲音蒲必反圍宋九月析骸而炊之師古曰事在十五年炊爨也言無薪樵示困之甚也劉歆以爲十月二日楚鄭分十年四月丙辰日有食之董仲舒劉向以爲後陳夏徵舒弒其君師古曰弒靈公也事在十年楚滅蕭師古曰蕭宋附庸國也事在十二年晉滅二國師古曰謂十五年滅赤狄潞氏十六年滅赤狄甲氏王札子殺召伯毛伯師古曰事在十五年劉歆以爲二月魯衛分十七年六月癸卯日有食之董仲舒劉向以爲後邾支解鄫子師古曰十八年邾人戕鄫子于鄫支解而節斷之謂解其四支斷其骨節晉敗王師于貿戎師古曰事在成元年敗齊于鞌師古曰事在成二年劉歆以爲三月晦朓魯衛分服虔曰朓相覕也日晦食爲朓臣瓚曰志云晦而月見西方曰朓以此名之非日食晦之名也師古曰朓音他了反成公十六年六月丙寅朔日有食之董仲舒劉向以爲後晉敗楚鄭于鄢陵師古曰事在十六年鄢陵鄭地執魯侯師古曰已解于上劉歆以爲四月二日魯衛分十七年十二月丁巳朔日有食之董仲舒劉向以爲後楚滅舒庸師古曰事在十七年日食之後舒庸羣舒之一種楚與國也晉弒其君師古曰謂厲公也事在十八年宋魚石因楚奪君邑師古曰魚石宋大夫也十五年出奔楚至十八年楚伐宋取彭城而納之莒滅鄫齊滅萊師古曰事並在襄六年鄫萊皆小國鄭伯弒死師古曰鄭僖公也襄七年會于鄬其大夫子駟使賊夜弒之而以瘧疾赴鄬音爲劉歆以爲九月周楚分襄公十四年二月乙未朔日有食之董仲舒劉向以爲後衛大夫孫甯共逐獻公立孫剽孟康曰剽音瞟師古曰孫林父甯殖逐獻公襄十四年四月出奔齊而立剽剽穆公之孫也剽又音匹妙反劉歆以爲前年十二月二日宋燕分十五年八月丁巳日有食之董仲舒劉向以爲先是晉爲雞澤之會諸侯盟又大夫盟後爲溴梁之會諸侯在而大夫獨相與盟師古曰並已解于上君若綴斿不得舉手應劭曰斿旌旗之斿隨風動搖也師古曰言爲下所執隨人東西也劉歆以爲五月二日魯趙分二十年十月丙辰朔日有食之董仲舒以爲陳慶虎慶寅蔽君之明師古曰二慶並陳大夫也襄二十年陳侯之弟黃出奔楚將出呼於國曰慶氏無道求專陳國暴蔑其君而去其親五年不滅是無天也邾庶其有叛心師古曰庶其邾大夫後庶其以漆閭丘來奔師古曰事在二十一年漆及閭丘邾之邑陳殺二慶師古曰二十三年陳侯如楚公子黃訴二慶楚人召之慶氏以陳叛楚屈建從

陳侯圍陳遂殺二慶也劉歆以爲八月秦周分二十一年九月庚戌朔日有食之董仲舒以爲晉欒盈將犯君後入于曲沃師古曰已解于上劉歆以爲七月秦晉分十月庚辰朔日有食之董仲舒以爲宿在軫角楚大國象也後楚屈氏譖殺公子追舒師古曰公子追舒楚令尹子南也二十二年楚殺之齊慶封脅君亂國師古曰慶封齊大夫也二十七年使盧蒲嫳帥甲攻崔氏殺成及彊盡俘其家崔杼縊而死自是慶封當國專政也劉歆以爲八月秦周分二十三年二月癸酉朔日有食之董仲舒以爲後衛侯入陳儀師古曰衛侯衎也前爲孫甯所逐二十五年入于陳儀陳儀衛邑左傳云夷儀甯喜弒其君剽師古曰二十六年甯喜殺剽而衎入於衛甯喜殖子也劉歆以爲前年十二月二日宋燕分二十四年七月甲子朔日有食之既劉歆以爲五月魯趙分八月癸巳朔日有食之董仲舒以爲比食又既師古曰比頻也象陽將絕孟康曰陽君也夷狄主中國之象也後六君弒師古曰謂二十五年齊崔杼殺其君光二十六年衛甯喜弒其君剽二十九年閽殺吳子餘祭三十年蔡太子班弒其君固三十一年莒人弒其君密州昭元年楚令尹子圍入問王疾縊而殺之楚子果從諸侯伐鄭師古曰二十四年楚子蔡侯陳侯許男伐鄭滅舒鳩師古曰二十五年楚屈建帥師滅舒鳩舒鳩亦羣舒之一種也魯往朝之師古曰二十八年公如楚卒主中國師古曰謂楚靈王以昭四年與諸侯會于申伐吳討慶封師古曰慶封以二十八年爲慶舍之難自齊出奔魯遂奔吳至申之會楚靈王伐吳執慶封而殺之劉歆以爲六月晉趙分二十七年十二月乙亥朔日有食之董仲舒以爲禮義將大滅絕之象也時吳子好勇使刑人守門師古曰吳子即餘祭也刑人閽者蔡侯通於世子之妻師古曰即蔡侯固也爲太子所殺者也莒不早立嗣師古曰即密州也生去疾及展輿既立展輿又廢之後閽戕吳子師古曰戕傷也他國臣來弒君曰戕蔡世子般弒其父莒人亦弒君而庶子爭師古曰展輿因國人攻其父而殺之展輿即位去疾奔齊明年去疾入而展輿出奔吳並非嫡嗣故云庶子爭劉向以爲自二十年至此歲八年間日食七作禍亂將重起師古曰重音直用反故天仍見戒也師古曰仍頻也後齊崔杼弒君宋殺世子師古曰宋平公太子痤也事在二十六年北燕伯出奔孟康曰有南燕故言北燕南燕姞姓北燕姬姓也師古曰昭三年北燕伯款出奔齊鄭大夫自外入而篡位師古曰謂伯有也指略如董仲舒劉歆以爲九月周楚分昭公七年四月甲辰朔日有食之董仲舒劉向以爲先是楚靈王弒君而立會諸侯師古曰已解于上執徐子滅賴師古曰申之會楚人執徐子遂滅賴後陳公子招殺世子師古曰招成公子哀公弟也昭八年經書陳侯之弟招殺陳太子偃師偃師即哀公之子也招音韶楚因而滅之師古曰偃師之死哀公縊其九月楚公子棄疾奉偃師之子孫吳圍陳遂滅之又滅蔡師古曰十一年楚師滅蔡執太子有以歸用之也後靈王亦弒死師古曰十三年楚公子比弒其君虔于乾谿是也劉歆以爲二月魯衛分傳曰晉侯問於士文伯曰誰將當日食師古曰士文伯晉大夫伯瑕對曰魯衛惡之衛大魯小公曰何故對曰去衛地如魯地於是有災其衛君乎魯將上卿是歲八月衛襄公卒十一月魯季孫宿卒晉侯謂士文伯曰吾所問日食從矣

可常乎師古曰從謂如士文伯之言也可常謂常可以此占之不對曰不可六物不同民心不壹事序不類官職不則同始異終胡可常也詩曰或宴宴居息或盡顇事國如淳曰顇古悴字也師古曰小雅北山之詩也宴宴安息之貌也盡悴言盡力而悴病也其異終也如是公曰何謂六物對曰歲時日月星辰是謂公曰何謂辰對曰日月之會是謂公曰詩所謂此日而食于何不臧何也師古曰小雅十月之交之詩也臧善也對曰不善政之謂也國無政不用善則自取適于日月之災師古曰適讀曰謫故政不可不慎也務三而已一曰擇人二曰因民三曰從時此推日食之占循變復之要也易曰縣象著明莫大於日月師古曰上繫之辭也是故聖人重之載于三經師古曰謂易詩春秋於易在豐之震曰豐其沛日中見昧折其右肱亡咎服虔曰日中而昏也師古曰此豐卦九三爻辭也言遇此災則當退去右肱之臣乃免咎於詩十月之交則著卿士司徒下至趣馬師氏咸非其材師古曰十月之交詩曰皇父卿士番維司徒蹶維趣馬楀維師氏豔妻煽方處司徒地官卿也掌邦教趣馬中士也掌王馬之政師氏中大夫也掌司朝得失之事番蹶楀皆氏也美色曰豔豔妻褒姒也豔或作閻閻亦嬪妾之姓也煽熾也詩人刺王淫於色故皇父之徒皆用后寵而處職位不以德選也趣音千后反蹶音居衛反楀音居禹反番音扶元反同於右肱之所折協於三務之所擇明小人乘君子陰侵陽之原也十五年六月丁巳朔日有食之劉歆以爲三月魯衛分十七年六月甲戌朔日有食之董仲舒以爲時宿在畢晉國象也晉厲公誅四大夫失衆心以弒死師古曰四大夫謂三郤及胥童也胥童非厲公所誅以導亂而死故總書四大夫厲公竟爲欒書中行偃所殺後莫敢復責大夫六卿遂相與比周專晉國君還事之師古曰六卿謂范氏中行氏智氏韓氏魏氏趙氏也日比再食其事在春秋後故不載於經劉歆以爲魯趙分左氏傳平子曰師古曰季平子唯正月朔慝未作日有食之於是乎天子不舉伐鼓於社諸侯用幣於社伐鼓於朝禮也其餘則否太史曰在此月也日過分而未至三辰有災百官降物君不舉避移時樂奏鼓祝用幣史用辭嗇夫馳庶人走此月朔之謂也當夏四月是謂孟夏說曰正月謂周六月夏四月正陽純乾之月也慝謂陰爻也冬至陽爻起初故曰復至建巳之月爲純乾亡陰爻而陰侵陽爲災重故伐鼓用幣責陰之禮降物素服也不舉去樂也避移時避正堂須時移災復也嗇夫掌幣吏庶人其徒役也劉歆以爲六月二日魯趙分二十一年七月壬午朔日有食之董仲舒以爲周景王老劉子單子專權師古曰已解于上蔡侯朱驕君臣不說之象也師古曰蔡侯朱蔡平公之子說讀曰悅後蔡侯朱果出奔師古曰昭二十一年出奔楚劉子單子立王猛劉歆以爲五月二日魯趙分二十二年十二月癸酉朔日有食之董仲舒以爲宿在心天子之象也後尹氏立王子朝天王居于狄泉師古曰天王敬王也避子朝之難故

居狄泉劉歆以爲十月楚鄭分二十四年五月乙未朔日有食之董仲舒以爲宿在胃魯象也後昭公爲季氏所逐劉向以爲自十五年至此歲十年間天戒七見人君猶不寤後楚殺戎蠻子師古曰昭十六年楚子誘戎蠻子殺之戎蠻國在河南新城縣晉滅陸渾戎師古曰十七年晉荀吳帥師滅陸渾之戎其地今陸渾縣是也盜殺衛侯兄師古曰衛靈公兄也名縶二十年爲齊豹所殺以豹不義故貶稱盜所謂求名而不得也蔡莒之君出奔師古曰蔡君即朱也莒君庚輿也二十三年出奔魯吳滅巢師古曰二十四年吳滅巢巢吳楚間小國即居巢城是也公子光殺王僚師古曰事在二十七年宋三臣以邑叛其君師古曰二十一年宋華亥向甯華定入于宋南里以叛是也它如仲舒劉歆以爲二日魯趙分是月斗建辰左氏傳梓慎曰將大水師古曰梓慎魯大夫昭子曰旱也師古曰叔孫昭子日過分而陽猶不克克必甚能無旱乎孟康曰謂春分後陰多陽少陽爲不克陽勝則盛故言甚陽不克莫將積聚也蘇林曰莫莫爾不勝爲積聚也是歲秋大雩旱也二至二分日有食之不爲災日月之行也春秋分日夜等故同道冬夏至長短極故相過相過同道而食輕不爲大災水旱而已三十一年十二月辛亥朔日有食之董仲舒以爲宿在心天子象也時京師微弱後諸侯果相率而城周師古曰定元年晉魏舒合諸侯之大夫于狄泉以城周是也宋中幾亡尊天子之心而不衰城師古曰中幾宋大夫衰城謂以差次受功賦也衰音初爲反一曰衰讀曰蓑蓑城謂以草覆城也蓑音先和反中讀曰仲劉向以爲時吳滅徐師古曰事在昭三十年而蔡滅沈師古曰定四年蔡公孫姓帥師滅沈楚圍蔡吳敗楚入郢昭王走出師古曰事並在定四年劉歆以爲二日宋燕分定公五年三月辛亥朔日有食之董仲舒劉向以爲後鄭滅許師古曰六年鄭游速帥師滅許以許男斯歸魯陽虎作亂竊寶玉大弓季桓子退仲尼宋三臣以邑叛師古曰已解于上劉歆以爲正月二日燕趙分十二年十一月丙寅朔日有食之董仲舒劉向以爲後晉三大夫以邑叛薛弒其君師古曰十三年晉趙鞅入于晉陽以叛荀寅士吉射入朝歌以叛薛弒其君比楚滅頓胡師古曰十四年楚公子結帥師滅頓以頓子牂歸十五年楚滅胡以胡子豹歸越敗吳師古曰十四年五月於越敗吳于檇李是也檇音醉衛逐世子師古曰十四年衛太子蒯聵出奔宋劉歆以爲十二月二日楚鄭分十五年八月庚辰朔日有食之董仲舒以爲宿在柳周室大壞夷狄主諸夏之象也明年中國諸侯果累累從楚而圍蔡師古曰哀元年楚子陳侯隨侯許男圍蔡是也累讀曰纍纍不絕之貌蔡恐遷于州來師古曰哀二年十一月蔡遷于州來州來楚邑今下蔡縣是也晉人執戎蠻子歸于楚師古曰哀公四年晉人執戎蠻子赤歸於楚京師楚也師古曰言以楚爲京劉向以爲盜殺蔡侯師古曰哀四年蔡公孫翩殺蔡侯申翩非大夫故賤之而書盜齊陳乞弒其君而立陽生師古曰哀六年齊陳乞弒其君荼即景公之子也陽生荼之兄即悼公也孔子終不用劉歆以爲六月晉趙分哀公十四年五月庚申朔日有食之在獲麟後劉歆以爲三月二日齊衛分凡春秋十二公二百四十二年日食三

十六穀梁以爲朔二十六晦七夜二二日一公羊以爲朔二十七二日七晦二左氏以爲朔十六二日十八晦一不書日者二高帝三年十月甲戌晦日有食之在斗二十度燕地也後二年燕王臧荼反誅立盧綰爲燕王後又反敗十一月癸卯晦日有食之在虛三度齊地也後二年齊王韓信徙爲楚王明年廢爲列侯後又反誅九年六月乙未晦日有食之既在張十三度惠帝七年正月辛丑朔日有食之在危十三度谷永以爲歲首正月朔日是爲三朝尊者惡之五月丁卯先晦一日日有食之幾盡師古曰幾音鉅依反後皆類此在七星初劉向以爲五月微陰始起而犯至陽其占重至其八月宮車晏駕有呂氏詐置嗣君之害京房易傳曰凡日食不以晦朔者名曰薄人君誅將不以理或賊臣將暴起日月雖不同宿陰氣盛薄日光也高后二年六月丙戌晦日有食之七年正月己丑晦日有食之既在營室九度爲宮室中時高后惡之曰此爲我也明年應師古曰謂高后崩也文帝二年十一月癸卯晦日有食之在婺女一度三年十月丁酉晦日有食之在斗二十三度十一月丁卯晦日有食之在虛八度後四年四月丙辰晦日有食之在東井十三度七年正月辛未朔日有食之景帝三年二月壬午晦日有食之在胃二度七年十一月庚寅晦日有食之在虛九度中元年十二月甲寅晦日有食之中二年九月甲戌晦日有食之三年九月戊戌晦日有食之幾盡在尾九度六年七月辛亥晦日有食之在軫七度後元年七月乙巳先晦一日日有食之在翼十七度武帝建元二年二月丙戌朔日有食之在奎十四度劉向以爲奎爲卑賤婦人後有衞皇后自至微興卒有不終之害師古曰皇后自殺不終其位也三年九月丙子晦日有食之在尾二度五年正月己巳朔日有食之元光元年二月丙辰晦日有食之七月癸未先晦一日日有食之在翼八度劉向以爲前年高園便殿災與春秋御廩災後日食於翼軫同其占內有女變外爲諸侯其後陳皇后廢江都淮南衡山王謀反誅日中時食從東北過半晡時復元朔二年二月乙巳晦日有食之在胃三度六年十一月癸丑晦日有食之元狩元年五月乙巳晦日有食之在柳六度京房易傳推以爲是時日食從旁右法曰君失臣明年丞相公孫弘薨日食從旁左者亦君失臣從上者臣失君從下者君失民元鼎五年四月丁丑晦日有食之在東井二十三度元封四年六月己酉朔日有食之太始元年正月乙巳晦日有食之四年十月甲寅晦日有食之在

斗十九度征和四年八月辛酉晦日有食之不盡如鉤在亢二度晡時食從西北日下晡時復昭帝始元三年十一月壬辰朔日有食之在斗九度燕地也後四年燕刺王謀反誅元鳳元年七月己亥晦日有食之幾盡在張十二度劉向以爲己亥而既其占重孟康曰己土亥水也純陰故食爲最重也日食盡爲既後六年宮車晏駕卒以亡嗣宣帝地節元年十二月癸亥晦日有食之在營室十五度五鳳元年十二月乙酉朔日有食之在婺女十度四年四月辛丑朔日有食之在畢十九度是爲正月朔慝未作左氏以爲重異元帝永光二年三月壬戌朔日有食之在婁八度四年六月戊寅晦日有食之在張七度建昭五年六月壬申晦日有食之不盡如鉤因入成帝建始三年十二月戊申朔日有食之其夜未央殿中地震谷永對曰日食婺女九度占在皇后地震蕭牆之內咎在貴妾師古曰蕭牆謂門屏也蕭肅也人臣至此加肅敬也二者俱發明同事異人共掩制陽將害繼嗣也亶日食則妾不見師古曰亶讀曰但下例並同亶地震則后不見異日而發則似殊事亡故動變則恐不知是月后妾當有失節之郵師古曰郵與尤同尤過也故天因此兩見其變若曰違失婦道隔遠衆妾師古曰遠音于萬反妨絕繼嗣者此二人也杜欽對亦曰日以戊申食時加未戊未土也中宮之部其夜殿中地震此必適妾將有爭寵相害而爲患者師古曰適讀曰嫡人事失於下變象見於上能應之以德則咎異消忽而不戒則禍敗至應之非誠不立非信不行河平元年四月己亥晦日有食之不盡如鉤在東井六度劉向對曰四月交於五月月同孝惠日同孝昭東井京師地且既其占恐害繼嗣日蚤食時從西南起三年八月乙卯晦日有食之在房四年三月癸丑朔日有食之在昴陽朔元年二月丁未晦日有食之在胃永始元年九月丁巳晦日有食之谷永以京房易占對曰元年九月日食酒亡節之所致也獨使京師知之四國不見者若曰湛湎于酒君臣不別禍在內也師古曰湛讀曰沈又讀曰耽永始二年二月乙酉晦日有食之谷永以京房易占對曰今年二月日食賦斂不得度民愁怨之所致也所以使四方皆見京師陰蔽者若曰人君好治宮室大營墳墓賦斂茲重而百姓屈竭師古曰茲益也屈音其勿反禍在外也三年正月己卯晦日有食之四年七月辛未晦日有食之元延元年正月己亥朔日有食之哀帝元壽元年正月辛丑朔日有食之不盡如鉤在營室十度與惠帝七年同月日二年三月壬辰晦日有食之平帝元始元年五月丁巳朔日有食之在東井二年九月戊申晦

日有食之既凡漢著紀十二世二百一十二年日食五十三朔十四晦三十六先晦一日三成帝建始元年八月戊午晨漏未盡三刻有兩月重見京房易傳曰婦貞厲月幾望君子征凶師古曰小畜上九爻辭也幾音鉅依反言君弱而婦彊爲陰所乘則月並出晦而月見西方謂之朓朔而月見東方謂之仄慝孟康曰朓者月行疾在日前故早見仄慝者行遲在日後當沒而更見師古曰朓音吐了反仄慝則侯王其肅朓則侯王其舒劉向以爲朓者疾也君舒緩則臣驕慢故日行遲而月行疾也仄慝者不進之意君肅急則臣恐懼故日行疾而月行遲不敢迫近君也不舒不急以正失之者食朔日劉歆以爲舒者侯王展意顓事臣下促急故月行疾也肅者王侯縮朒不任事服虔曰朒音忸怩之忸鄭氏曰不任事之貌也師古曰朒音女六反臣下弛縱故月行遲也當春秋時侯王率多縮朒不任事故食二日仄慝者十八食晦日朓者一此其效也考之漢家食晦朓者三十六終亡二日仄慝者歆說信矣此皆謂日月亂行者也元帝永光元年四月日色青白亡景韋昭曰日下無景也無景謂唯質見耳正中時有景亡光韋昭曰無光耀也是夏寒至九月日乃有光京房易傳曰美不上人茲謂上弱厥異日白七日不溫順亡所制茲謂弱孟康曰君順從於臣下無所能制日白六十日物亡霜而死天子親伐茲謂不知日白體動而寒弱而有任茲謂不亡日白不溫明不動辟譽公行茲謂不伸孟康曰辟君也有過而公行之厥異日黑大風起天無雲日光晻師古曰晻與闇同不難上政茲謂見過日黑居仄大如彈丸成帝河平元年正月壬寅朔日月俱在營室時日出赤二月癸未日朝赤且入又赤夜月赤甲申日出赤如血亡光漏上四刻半乃頗有光燭地赤黃食後乃復京房易傳曰辟不聞道茲謂亡厥異日赤三月乙未日出黃有黑氣大如錢居日中央京房易傳曰祭天不順茲謂逆厥異日赤其中黑聞善不予茲謂失知厥異日黃夫大人者與天地合其德與日月合其明故聖王在上總命羣賢以亮天功師古曰虞書舜典帝曰咨二十有二人欽哉惟時亮天功謂敕九官十二牧四岳令各敬其職事信定其功順天道也故志引之則日之光明五色備具燭燿亡主有主則爲異應行而變也色不虛改形不虛毀觀日之五變足以監矣故曰縣象著明莫大乎日月此之謂也嚴公七年四月辛卯夜恒星不見夜中星隕如雨董仲舒劉向以爲常星二十八宿者人君之象也衆星萬民之類也列宿不見象諸侯微也衆星隕墜民失其所也夜中者爲中國也不及地而復象齊桓起而救存之也鄉亡桓公星遂至地中國其良絕矣師古曰鄉讀曰嚮中國中夏之國也良猶信也劉向以爲夜中者言不得終性命

中道敗也或曰象其叛也言當中道叛其上也天垂象以視下師古曰視讀曰示將欲人君防惡遠非慎卑省微以自全安也師古曰遠離也省視也如人君有賢明之材畏天威命若高宗謀祖己師古曰謂殷之武丁有雊雉之異而祖己訓諸王作高宗肜日高宗之訓成王泣金縢師古曰武王有疾周公作金縢之書爲王請命翌日乃瘳後武王崩成王即位管蔡流言而周公居東天大雷電以風禾盡偃大木斯拔王啓金縢之書乃得周公代武王之說王執書以泣遣使者逆公王出郊天乃雨反風禾則盡起改過修正立信布德存亡繼絕修廢舉逸下學而上達師古曰下學謂博謀於羣下也上達謂通於天道而畏威裁什一之稅復三日之役師古曰古之田租十稅其一一歲役兆庶不過三日也節用儉服以惠百姓則諸侯懷德士民歸仁災消而福興矣遂莫肯改寤法則古人而各行其私意終於君臣乖離上下交怨自是之後齊宋之君弒師古曰莊八年齊無知弒諸兒十二年宋萬弒其君捷譚遂邢衞之國滅師古曰十年齊侯滅譚十三年齊人滅遂閔二年狄人入衞僖二十五年衞侯燬滅邢宿遷於宋師古曰莊十年宋人遷宿蓋取其地也宿國東平無鹽縣是也蔡獲於楚師古曰莊十年荊敗蔡師于莘以蔡侯獻舞歸也晉相弒殺五世乃定師古曰謂殺奚齊卓子及懷公也自獻公以至文公反國凡易五君乃定此其效也左氏傳曰恒星不見夜明也星隕如雨與雨偕也劉歆以爲晝象中國夜象夷狄夜明故常見之星皆不見象中國微也星隕如雨如而也星隕而且雨故曰與雨偕也明雨與星隕兩變相成也洪範曰庶民惟星易曰雷雨作解師古曰解卦象辭也是歲歲在玄枵齊分埜也夜中而星隕象庶民中離上也雨以解過施復從上下象齊桓行伯復興周室也周四月夏二月也日在降婁魯分埜也先是衞侯朔奔齊衞公子黔牟立齊帥諸侯伐之天子使使救衞師古曰己解于上魯公子溺顓政會齊以犯王命師古曰溺魯大夫名也莊三年溺會齊師伐衞疾其專命故貶而去族天子救衞而溺伐之故云犯王命嚴弗能止卒從而伐衞逐天王所立師古曰謂放黔牟也不義至甚而自以爲功民去其上政繇下作尤著故星隕於魯天事常象也成帝永始二年二月癸未夜過中星隕如雨長一二丈繹繹未至地滅師古曰繹繹光采貌至雞鳴止谷永對曰日月星辰燭臨下土其有食隕之異則遐邇幽隱靡不咸睹星辰附離于天猶庶民附離王者也王者失道綱紀廢頓下將叛去故星叛天而隕以見其象春秋記異星隕最大自魯嚴以來至今再見臣聞三代所以喪亡者皆繇婦人羣小湛湎於酒師古曰湛讀曰沈又讀曰耽其下亦同書云乃用其婦人之言四方之逋逃多罪是信是使師古曰周書泰誓之辭也言紂惑於婦人而昵近亡逃罪人信用之詩曰赫赫宗周褒姒威之師古曰小雅正月之詩也解在于上威音許悅反顚覆厥德荒沈于酒師古曰大雅抑之詩也刺王傾敗其德荒廢政事而耽酒及秦所以二世而亡者養生大奢奉終大厚方今國家兼而有之社稷宗廟之大憂也京房易傳曰君不

任賢厥妖天雨星文公十四年七月有星孛入于北斗董仲舒以爲孛者惡氣之所生也謂之孛者言其孛孛有所妨蔽闇亂不明之貌也北斗大國象後齊宋魯莒晉皆弒君師古曰文十四年齊公子商人弒其君舍十六年宋人弒其君杵臼十八年襄仲殺惡及視莒弒其君庶其宣二年晉趙穿攻靈公於桃園劉向以爲君臣亂於朝政令虧於外則上濁三光之精五星贏縮變色逆行甚則爲孛北斗人君象孛星亂臣類篡殺之表也星傳曰魁者貴人之牢又曰孛星見北斗中大臣諸侯有受誅者一曰魁爲齊晉夫彗星較然在北斗中天之視人顯矣師古曰視讀曰示史之有占明矣時君終不改寤是後宋魯莒晉鄭陳六國咸弒其君師古曰宋魯莒晉已解於上宣四年鄭公子歸生弒其君夷十年陳夏徵舒弒其君平國齊再弒焉師古曰再弒者謂商人殺舍而閻職等又殺商人中國既亂夷狄並侵兵革從橫楚乘威席勝深入諸夏師古曰謂邲戰之六侵伐師古曰謂宣十二年春楚子圍鄭夏與晉師戰于邲晉師敗績十三年楚子伐宋十四年楚子圍宋成二年楚師侵衛遂侵魯師于蜀成六年楚公子嬰齊帥師伐鄭一滅國師古曰謂宣十二年楚子滅蕭觀兵周室師古曰己解于上晉外滅二國師古曰謂宣十五年晉滅赤狄潞氏十六年滅赤狄甲氏也內敗王師師古曰謂成元年晉敗王師于貿戎是也又連三國之兵大敗齊師于鞌師古曰謂成二年晉郤克會魯季孫行父衛孫良夫曹公子首及齊侯戰于鞌齊師敗績鞌齊地追亡逐北東臨海水師古曰謂逐之三周華不注又從之入自丘輿擊馬陘東至海濱也威陵京師武折大齊皆孛星炎之所及流至二十八年師古曰炎音弋贍反其下並同星傳又曰彗星入北斗有大戰其流入北斗中得名人孟康曰謂得名臣也不入失名人宋華元賢名大夫大棘之戰華元獲於鄭師古曰宣二年宋華元帥師及鄭公子歸生戰于大棘宋師敗績獲華元大棘宋地傳舉其效云左氏傳曰有星孛北斗周史服曰不出七年宋齊晉之君皆將死亂師古曰史服周內史叔服也劉歆以爲北斗有環域四星入其中也斗天之三辰綱紀星也宋齊晉天子方伯中國綱紀彗所以除舊布新也斗七星故曰不出七年至十六年宋人弒昭公師古曰即杵臼十八年齊人弒懿公師古曰即商人宣公二年晉趙穿弒靈公昭公十七年冬有星孛于大辰董仲舒以爲大辰心也心爲明堂天子之象後王室大亂三王分爭此其效也師古曰三王已解于上劉向以爲星傳曰心大星天王也其前星太子後星庶子也尾爲君臣乖離孛星加心象天子適庶將分爭也其在諸侯角亢氐陳鄭也房心宋也後五年周景王崩王室亂大夫劉子單子立王猛尹氏召伯毛伯立子鼂子鼂楚出也師古曰姊妹之子曰出時楚彊宋衛陳鄭皆南附楚王猛既卒敬王即位子鼂入王城天王居狄泉莫之敢納五年楚平王居卒子鼂奔楚王室乃定後楚帥六國伐吳吳敗之于雞父殺獲其君臣師古曰昭二十三年楚薳越帥師及頓胡沈蔡陳許之師與吳師戰于雞父楚師敗績胡子髡沈子逞滅獲陳大夫夏齧雞父楚地也父讀曰甫蔡怨楚而滅沈楚怒圍蔡吳人救之遂爲柏舉之戰敗楚師屠郢都妻昭王母鞭平王墓師古曰沈楚之與國定四年四月蔡公孫姓帥師滅沈以沈子嘉歸秋楚爲沈故圍蔡冬吳興師以救之與楚戰于柏舉楚師敗績庚辰吳入郢君舍乎君室大夫舍乎大夫室妻楚王之母鞭平王之墓也此皆孛彗流炎所及之效也左氏傳曰有星孛于大辰西及漢申繻曰彗所以除舊布新也師古曰申繻魯大夫天事恒象今除於火火出必布焉諸侯其有火災乎梓慎曰往年吾見是其徵也火出而見今茲火出而章必火入而伏其居火也久矣其與不然乎火出於夏爲三月於商爲四月於周爲五月夏數得天若火作其四國當之在宋衛陳鄭乎宋大辰之虛陳太昊之虛鄭祝融之虛師古曰虛讀皆曰墟其下並同衛顓頊之虛其星爲大水水火之牡也張晏曰水以天一爲地二牡丙與午南方火也子及壬北方水也又其配合其以丙子若壬午作乎水火所以合也若火入而伏必以壬午不過見之月明年夏五月火始昏見丙子風梓慎曰是謂融風火之始也張晏曰融風立春木風也火之母也火所始生也淮南子曰東北曰炎風高誘以爲艮氣所生也炎風一曰融風七日其火作乎張晏曰自丙子至壬午凡七日既其配合之日又火以七爲紀戊寅風甚壬午太甚師古曰太甚者又更甚也宋衛陳鄭皆火劉歆以爲大辰房心尾也八月心星在西方孛從其西過心東及漢也宋大辰虛謂宋先祖掌祀大辰星也陳太昊虛虙羲木德師古曰虙讀與伏同火所生也鄭祝融虛高辛氏火正也故皆爲火所舍衛顓頊虛星爲大水營室也天星既然又四國失政相似及爲王室亂皆同哀公十三年冬十一月有星孛于東方董仲舒劉向以爲不言宿名者不加宿也孟康曰不在二十八宿之中也以辰乘日而出亂氣蔽君明也明年春秋事終一曰周之十一月夏九月日在氐出東方者軫角亢也軫楚角亢陳鄭也或曰角亢大國象爲齊晉也其後楚滅陳師古曰襄十七年楚公孫朝帥師滅陳也田氏篡齊師古曰齊平公十三年春秋之傳終矣平公二十五年卒卒後七十年而康公爲田和所滅六卿分晉師古曰晉出公八年春秋之傳終矣出公十七年卒卒後八十年至靖公爲韓魏趙所滅而三分其地蓋晉之衰也六卿擅權其後范氏中行氏智氏滅而韓魏趙兼其土田人衆故總言六卿分晉也此其效也劉歆以爲孛東方大辰也不言大辰旦而見與日爭光星入而彗猶見是歲再失閏十一月實八月也日在鶉火周分野也十四年冬有星孛在獲麟後劉歆以爲不言所在官失之也高帝三年七月有星孛于大角旬餘乃入劉向以爲是時項羽爲楚王伯諸侯而漢已定三秦與羽相距滎陽天下歸心於漢楚將滅故彗除王位也一曰項羽阬秦卒燒宮室弒義帝亂王位故彗加之也文帝後七年九月有星孛于西方其本直尾箕末指虛危長丈餘及天漢十六日不見劉向以爲尾宋地今楚彭城也箕爲燕又爲吳越齊宿在漢中負海之國水澤地也是時景帝新立信用鼂錯將誅正諸侯王其象先見後三年吳楚四齊與趙七國舉兵反師古曰四齊膠東膠西菑川濟南也皆誅滅云武帝建元六年六月有星孛于北方劉向以爲明年淮南王安入朝與太尉武安侯田蚡有邪謀而陳皇后驕恣其後陳后廢而淮南王反誅八月長星出于東方長終天三十日去占曰是爲蚩尤旗見則王者征伐四方其後兵誅四夷連數十年元狩四年四月長星又出西北是時伐胡尤甚元封元年五月有星孛于東井又孛于三台其後江充作亂京師紛然此明東井三台爲秦地效也宣帝地節元年正月有星孛于西方去太白二丈所劉向以爲太白爲大將彗孛加之掃滅象也明年大將軍霍光薨後二年家夷滅成帝建始元年正月有星孛于營室青白色長六七丈廣尺餘劉向谷永以爲營室爲後宮懷妊之象彗星加之將有害懷妊絕繼嗣者一曰後宮將受害也其後許皇后坐祝詛後宮懷妊者廢趙皇后立妹爲昭儀害兩皇子上遂無嗣趙后姊妹卒皆伏辜元延元年七月辛未有星孛于東井踐五諸侯孟康曰五諸侯星名出河戍北率行軒轅太微後日六度有餘晨出東方十三日夕見西方犯次妃長秋斗填蠭炎再貫紫宮中大火當後達天河除於妃后之域南逝度犯大角攝提至天市而按節徐行服虔曰謂行遲炎入市中旬而後西去五十六日與倉龍俱伏谷永對曰上古以來大亂之極所希有也察其馳騁驟步芒炎或長或短所歷奸犯師古曰奸音干內爲後宮女妾之害外爲諸夏叛逆之禍劉向亦曰三代之亡攝提易方秦項之滅星孛大角是歲趙昭儀害兩皇子後五年成帝崩昭儀自殺哀帝即位趙氏皆免官爵徙遼西哀帝亡嗣平帝即位王莽用事追廢成帝趙皇后哀帝傅皇后皆自殺外家丁傅皆免官爵徙合浦歸故郡平帝亡嗣莽遂篡國

釐公十六年正月戊申朔隕石于宋五是月六鶂退飛過宋都董仲舒劉向以爲象宋襄公欲行伯道將自敗之戒也石陰類五陽數自上而隕此陰而陽行欲高反下也石與金同類色以白爲主近白祥也鶂水鳥六陰數退飛欲進反退也其色青青祥也屬於貌之不恭天戒若曰德薄國小勿持炕陽欲長諸侯與彊大爭必受其害襄公不寤明年齊桓死伐齊喪師古曰僖十七年齊桓公卒十八年宋襄公以諸侯伐齊執滕子圍曹師古曰十九年三月宋人執滕子嬰齊秋宋人圍曹爲盂之會與楚爭盟卒爲所執後得反國師古曰二十一年春爲鹿上之盟秋會于盂於是楚執宋公以伐宋冬會于薄以釋之鹿上盂薄皆宋地不悔過自責復會諸侯伐鄭與楚戰于泓軍敗身傷爲諸侯笑師古曰二十二年夏宋公衛侯許男滕子伐鄭十一月宋公及楚人戰於泓宋師敗績公傷股門官殲焉二十三年卒傷於泓故也泓水名也音於宏反左氏傳曰隕石星也鶂退飛風也宋襄公以問周內史叔興曰是何祥也吉凶何在對曰今茲魯多大喪明年齊有亂師古曰今茲謂此年君將得諸侯而不終退而告人曰是陰陽之事非吉凶之所生也吉凶繇人吾不敢逆君故也是歲魯公子季友鄫季姬公孫茲皆卒師古曰僖十六年三月公子季友卒四月鄫季姬卒七月公孫茲卒季姬魯女適鄫者也公孫茲叔孫戴伯也明年齊桓死適庶亂宋襄公伐齊行伯卒爲楚所敗劉歆以爲是歲歲在壽星其衝降婁師古曰降音胡江反降婁魯分壄也故爲魯多大喪正月日在星紀厭在玄枵玄枵齊分壄也石山物齊大嶽後師古曰齊姜姓也其先爲堯四嶽四嶽分掌四方諸侯五石象齊桓卒而五公子作亂師古曰五公子謂無虧也元也昭也潘也商人也故爲明年齊有亂庶民惟星隕於宋象宋襄將得諸侯之衆而治五公子之亂星隕而鶂退飛故爲得諸侯而不終六鶂象後六年伯業始退執於盂也民反德爲亂亂則妖災生言吉凶繇人然后陰陽衝厭受其咎齊魯之災非君所致故曰吾不敢逆君故也京房易傳曰距諫自彊茲謂郤行厥異鶂退飛適當黜則鶂退飛師古曰適讀曰嫡

惠帝三年隕石緜諸壹師古曰緜諸道也屬天水郡也武帝征和四年二月丁酉隕石雍二天晏亡雲聲聞四百里師古曰雍扶風之縣也晏天清也元帝建昭元年正月戊辰隕石梁國六成帝建始四年正月癸卯隕石稾四肥累一孟康曰皆縣名也故屬真定師古曰稾音工老反累音力追反陽朔三年二月壬戌隕石白馬八師古曰東郡之縣名鴻嘉二年五月癸未隕石杜衍三師古曰南陽之縣名元延四年三月隕石都關二師古曰山陽之縣名哀帝建平元年正月丁未隕石北地十其九月甲辰隕石虞二師古曰梁國之縣名平帝元始二年六月隕石鉅鹿二自惠盡平隕石凡十一皆有光燿雷聲成哀尤屢

前漢書卷二十七下之下考證

五行志下之下後鄭拒王師○拒監本別本俱訛岠從宋本改正

史記推合朔在夜○監本無記字宋本有從之

十二年三月庚午朔日有食之○臣召南按僖十二年經無朔字

在斗二十三度○宋本作二十二度

後四年四月丙辰晦日有食之○臣召南按孝文紀作丙寅晦又七年正月辛未朔日食紀未及書又景帝

三年二月壬午晦孝景紀作壬子晦紀于四年十月戊戌晦書食此志不書中元年九月甲戌晦紀未及書紀于中四年十月戊午書食此志不書又後元年七月乙巳紀但言晦不言先晦一日孝武帝建元五年正月己巳朔及元光元年二月丙辰晦紀皆不書七月癸未書食但不云先晦一日元朔二年二月乙巳晦紀作三月乙亥六年十一月癸丑晦及元封四年六月己酉朔太始元年正月乙巳晦紀皆不書孝昭帝元鳳元年七月己亥晦紀作乙亥孝宣帝五鳳四年四月辛丑朔紀作晦孝成帝永始元年九月丁巳晦紀不書孝哀帝元壽二年三月壬辰晦紀作夏四月壬辰晦紀志互異如此

前漢書卷二十八上

漢　蘭　臺　令　史班　固撰

唐正議大夫行祕書少監琅邪縣開國子顏師古注

地理志第八上

昔在黃帝作舟車以濟不通旁行天下師古曰旁行謂四出而行之方制萬里畫壄分州師古曰方制制爲方域也畫謂爲之界也壄古野字畫音獲得百里之國萬區是故易稱先王以建萬國親諸侯師古曰易比卦象辭書云協和萬國師古曰虞書堯典之辭也此之謂也堯遭洪水褱山襄陵師古曰褱古懷字也懷包也襄駕也言水大氾溢包山而駕陵也天下分絕爲十二州師古曰九州之外有并州幽州營州故曰十二水中可居者曰州洪水汎大各就高陸人之所居凡十二處○宋祁曰註文南本無九州以下十五字景本無註末凡十二處四字使禹治之水土既平更制九州列五服師古曰其數在下也任土作貢師古曰任其土地所有以定貢賦之差也曰禹敷土師古曰敷分也謂分別治之自此已下皆是夏書禹貢之文隨山栞木奠高山大川師古曰栞古刊字也奠定也言禹隨行山之形狀而刊斫其木以爲表記決水通道故高山大川各得其安定冀州既載師古曰兩河間曰冀州載始也冀州堯所都故禹治水自冀州始也壺口治梁及岐師古曰壺口山在河東梁山在夏陽岐山在美陽即今之岐州岐山縣箭括嶺也禹循山而西治衆水既脩太原至于嶽陽師古曰太原即今之晉陽是也嶽陽在太原西南覃懷厎績至于衡章師古曰覃懷近河地名也厎致也績功也衡章謂章水橫流而入河也言禹於覃懷致功以至衡章也厎音之履反厥土惟白壤師古曰柔土曰壤厥賦上上錯師古曰賦者發斂上地所生之物以供天子也上上第一也錯雜也言賦第一又雜出諸品也厥田中中師古曰言其高下之形總於九州之中爲第五也一曰謂其肥瘠之等差也它皆類此恒衛既從大陸既作師古曰恒衛二水名恒水出恒山衛水在靈壽大陸澤名在鉅鹿北言恒衛之水各從故道大陸之澤已可耕作也鳥夷皮服師古曰此東北之夷搏取鳥獸食其肉而衣其皮也一說居在海曲被服容止皆象鳥也夾右碣石入于河師古曰碣石海邊山名也言禹夾行此山之右而入于河逆上也泲河惟兗州師古曰泲本濟水之字從水㢴聲言此州東南據濟水西北距河泲音姊九河既道師古曰九河河水分爲九各從其道爾雅曰徒駭大史馬頰覆鬴胡蘇簡絜鉤盤鬲津是曰九河一說道讀曰導導治也雷夏既澤雍沮會同師古曰雷夏澤名在濟陰城陽西北言此澤還復其故而雍沮二水同會其中也沮音千余反桑土既蠶是降丘宅土師古曰降下也宅居也言此地宜桑先時人衆避水皆上丘陵今水害除得以蠶織故皆下丘居平土也厥土黑墳師古曰色黑而墳起也墳音扶粉反屮繇木條師古曰屮古草字也繇悅茂也條脩暢也繇音弋昭反厥田中下師古曰第六也○劉敞曰田中下而言厥賦貞乃第六明矣自孔氏固謬之○宋祁曰正文厥字別本無賦貞師古曰貞正也州第九賦亦正當也作十有三年迺同師古曰治水十三年迺同於它州言用功多也厥貢漆絲師古曰貢獻也地宜漆林又善蠶絲故以獻也厥棐織文師古曰棐與篚同篚竹器屬也織文錦綺之類盛於篚篚而獻之浮于泲漯通于河師古曰浮以舟渡也泲漯二水名漯水出東郡東武陽因水入水曰通漯音它合反○宋祁曰漯疑作濕註同海岱惟青州師古曰東北據海西南距岱岱即太山也嵎夷既畧惟甾其道師古曰嵎夷地名也即陽谷所在言用功少也惟甾二水名復故道也惟水出琅邪箕屋山甾水出泰山萊蕪縣惟字今作濰甾字或作淄古今通用也一曰道讀曰導導治也厥土白墳海瀕廣潟師古曰瀕水涯也潟鹵鹹之地瀕音頻又音賓潟音昔田上下賦中上師古曰田第三賦第四厥貢鹽絺海物惟錯師古曰葛之精者曰絺海中物產既多故雜獻○宋祁曰獻下當添也字岱畎絲枲鈆松怪石師古曰畎小谷也枲麻屬也鈆青金也怪石石之次玉美好者也言岱山之谷出絲枲鈆松怪石五種皆獻之畎音工犬反萊夷作牧厥棐檿絲師古曰萊山之夷地宜畜牧檿檿桑也食檿之蠶絲可以弦琴瑟檿音烏簟反○劉敞曰貢絲絲不特言棐檿絲言棐而叙萊夷之下明此萊夷之貢浮于汶達于泲師古曰汶水出泰山郡萊蕪縣原山言渡汶水西達于泲也汶音問海岱及淮惟徐州師古曰東至海北至岱南及淮淮沂其乂蒙羽其蓺師古曰淮沂二水已治蒙羽二山皆可種蓺也淮出大復山沂出泰山沂音牛依反大壄既豬東原厎平師古曰大野即鉅野澤也豬停水也東原地名厎致也言大野之水既已渟蓄也東原之地致功而平可耕稼也厥土赤埴墳草木漸包師古曰埴黏土也漸包言相漸及包裹而生田上中賦中中師古曰田第二賦第五貢土五色師古曰王者取五色土封以爲太社而此州畢貢之言備有羽畎夏狄嶧陽孤桐師古曰羽畎羽山之谷也夏狄狄雉之羽可爲旌旄者也羽山之谷出焉嶧陽嶧山之陽也山南曰陽孤桐特生之桐也可爲琴瑟嶧山之南生焉嶧音繹泗濱浮磬師古曰泗水之涯浮出好石可爲磬也泗水出濟陰乘氏縣淮夷蠙珠臮魚師古曰淮夷淮水上之夷也蠙珠珠名臮及也言其地出珠及美魚也蠙音步千反字或作玭厥棐玄纖縞師古曰玄黑也纖細繒也縞鮮支也即今所謂素者也言獻黑細繒及鮮支也○劉敞曰此棐亦屬淮夷浮于淮泗達于河師古曰渡二水而入于河淮海惟揚州師古曰北據淮南距海彭蠡既豬陽鳥逌居師古曰彭蠡澤名在彭澤縣西北陽鳥隨陽之鳥也言彭蠡之水既已蓄聚則鴻鴈之屬所共居之蠡音禮三江既入震澤厎定師古曰三江謂北江中江南江也震澤在吳西即具區也厎致也言三江既入則震澤致定篠簜既敷師古曰篠小竹也簜大竹也敷謂布地而生也篠音先了反簜音蕩屮夭木喬師古曰夭盛貌也喬上竦也夭音於驕反喬音橋又音驕厥土塗泥師古曰瀸洳溼也田下下賦下上錯師古曰田第九賦第七又雜出諸品貢金三品師古曰金銀銅瑤琨篠簜齒革羽毛師古曰瑤琨皆美玉名也齒象齒也革犀革也羽謂鳥之羽可爲旄者也琨音昆鳥夷卉服師古曰鳥夷東南之夷善捕鳥者也卉服絺葛之屬厥棐織貝師古曰織謂細布也貝水蟲也古以爲貨○劉敞曰予謂織貝特敘鳥夷之下明鳥夷之棐也緝貝爲布如厚繒今亦有之貝木名也厥包橘柚錫貢師古曰柚似橘而大其味尤酸橘柚皆不耐寒故包裹而致之也錫貢者須錫命而獻之言不常來也柚音弋救反均江海通于淮泗師古曰均平也通淮泗而入江海故云平荊及衡陽惟荊州師古曰北據荊山南及衡山之陽也江漢朝宗于海師古曰江漢二水歸入于海有似諸侯朝於天子故曰朝宗宗尊也九江孔殷師古曰孔甚也殷中也言江水於此州界分爲九道甚得地形之中沱灊既道雲夢土作乂師古曰沱灊二水名自江出爲沱自漢出爲灊雲夢澤名言二水既從其道則雲夢之土可爲畎畝之治也沱音徒何反灊音潛一曰道讀曰導導治也厥土塗泥田下中賦上下師古曰田第八賦第三貢羽旄齒革金三品師古曰自金以上所貢與揚州同杶榦栝柏厲砥砮丹師古曰杶木似樗而實榦栝木也栝柏葉松身厲磨也砥其尤細者也砮石名可爲矢鏃丹所謂丹沙者也杶音丑倫反栝音古活反砥音指又音抵砮音奴惟箘簵楛三國厎貢厥名師古曰箘簵竹名楛木名也皆可爲矢言此州界本有三國致貢斯物其名稱美也箘音囷簵音路楛音怙包匭菁茅師古曰匭柙也菁菜也可以爲葅茅可以縮酒苞其茅匭其菁而獻之匭音軌菁音精厥棐玄纁璣組師古曰玄黑色纁絳也璣珠之不圜者組綬類也纁音勳璣音機又音祈九江納錫大龜師古曰大龜尺有二寸出於九江錫命而納不常獻也浮于江沱灊漢逾于洛至于南河師古曰逾越也言渡四水而越洛乃至南河也南河在冀州南荊河惟豫州師古曰西南至荊山北距河水伊雒瀍澗既入于河師古曰伊出陸渾山雒出冢領山瀍出穀城山澗出黽池山四水皆入河滎波既豬師古曰滎沇水洪出所爲也即今滎澤是也波亦水名言其水並已過聚矣一說謂滎水之波道荷澤被盟豬師古曰荷澤在湖陵盟豬亦澤名在荷之東北言治荷澤之水行溢則使被及盟豬不常入也道讀曰導荷音歌被音被馬之被盟音孟厥土惟壤下土墳壚師古曰高地則壤下地則墳壚謂土之剛黑者也音盧田中上賦錯上中師古曰田第四賦第二又雜出第一貢漆枲絺紵棐纖纊師古曰紵織紵爲布及練也纖纊細綿也紵音佇纊音曠○宋祁曰纊淳化本作疏錫貢磬錯師古曰錯治玉之石磬錯言可以治磬也亦待錫命而貢○宋祁曰注末貢下當添之字浮于洛入于河師古曰因洛入河也華陽黑水惟梁州師古曰東據華山之南西距黑水岷嶓既蓺沱灊既道師古曰岷岷山也嶓嶓冢山也言水已去二山之土皆可種蓺沱灊二水治從故道也岷音旻嶓音波道讀曰導○宋祁曰岷疑作峄註同蔡蒙旅平和夷厎績師古曰蔡蒙二山名旅陳也旅平言已平治而陳祭也和夷地名亦以致功可耕稼也厥土青黎師古曰色青而細疏田下上賦下中三錯師古曰田第七賦第八又雜出第七至第九凡三品貢璆鐵銀鏤砮磬師古曰璆美玉也鏤剛鐵也磬磬石也璆音虯熊羆狐狸織皮師古曰織皮謂罽也言貢四獸之皮又貢雜罽西頃因桓是來師古曰西頃山名在臨洮西南桓水名也言治西頃山因桓水是來無它道也頃讀曰傾浮于灊逾于沔師古曰漢上曰沔沔音莫踐反入于渭亂于河師古曰正絕流曰亂黑水西河惟雍州師古曰西據黑水東距西河即龍門之河也在冀州西故曰西河弱水既西師古曰治使西流至合黎涇屬渭汭師古曰屬逮也水北曰汭言治涇水入于渭也汭音芮又音而悅反漆沮既從酆水逌同師古曰漆沮即馮翊之洛水也酆水出鄠之南山言漆沮既從入渭酆水亦來同也逌古攸字也攸所也沮音七余反荊岐既旅師古曰荊岐二山名荊在岐東言二山治畢已旅祭也終南惇物至于鳥鼠師古曰終南惇物二山皆在武功鳥鼠山在隴西首陽西南自終南西出至于鳥鼠也原隰厎績至于豬壄師古曰高平曰原下溼曰隰豬壄地名言皆致功也三危既宅三苗丕叙師古曰三危山名已可居也三苗本有苗氏之族徙居於此分而爲三故言三苗今皆大得其次叙厥土黃壤田上上賦中下師古曰田第一賦第六貢球琳琅玕師古曰球琳皆玉名琅玕石似珠者也球音求又音虬琳音林琅音郎玕音干浮于積石至于龍門西河師古曰積石山在金城西南龍門山在河東之西界皆河水所經會于渭汭師古曰逆流曰會自渭北涯逆水西上織皮昆侖析支渠叟西戎即叙師古曰昆侖析支渠叟三國名也言此諸國皆織皮毛各得其業而西方遠戎並就次叙也叟讀曰搜○宋祁曰姚本各得其下添事字次字改作此道汧及岐至于荊山師古曰自此以下更說所治山水首尾之次也治山通水故舉山言之汧山在汧縣西道讀曰導後皆類此汧音苦堅反逾于河師古曰即梁山龍門壺口雷首至于太嶽師古曰自壺口雷首而至太嶽也雷首在河東蒲阪南太嶽即所謂嶽陽者厎柱析城至于王屋師古曰厎柱在陝縣東北山在河中形若柱也析城山在濩澤西南王屋山在垣縣東北太行恒山至于碣石入于海師古曰太行山在河內山陽西北恒山在上曲陽西北言二山連延東北接碣石而入于海行音胡郎反西傾朱圉鳥鼠至于太華師古曰朱圉山在漢陽冀縣南太華即今華陰山○宋祁曰陰山姚本作陽山熊耳外方桐柏至于倍尾師古曰熊耳在陝東外方在潁川故縣即崇高也桐柏在平氏東南倍尾在安陸東北言四山相連也倍讀曰陪道嶓冢至于荊山師古曰嶓冢山在梁州南北荊山在南郡臨沮東北嶓音波內方至于大別師古曰內方在荊州大別在廬江安豐也嶓山之陽至于衡山師古曰嶓山在蜀郡湔氐西衡山在長沙湘南之東南嶓山江所出衡山江所經過九江至于敷淺原師古曰敷淺原一名傅陽山在豫章歷陵南○宋祁曰傅陽尚書注作博陽一本作傅陽道弱水至于合黎餘波入于流沙師古曰合黎山在酒泉流沙在敦煌西道黑水至于三危入于南海師古曰黑水出張掖雞山南流至敦煌過三危山又南流而入于南海道河積石至于龍門師古曰積石山在河關西羌中龍門山在夏陽北言治河施功自積石起鑿山穿地以通其流至龍門山也南至于華陰東至于厎柱師古曰自龍門南流以至華陰又折而東經厎柱又東至于盟津師古曰盟讀曰孟孟津在洛陽之北都道所湊故號孟津孟長大也東過洛汭至于大伾師古曰洛汭洛入河處今所謂洛口也山再重曰伾大伾山在成皐伾音平鄙反北過降水至于大陸師古曰洚水在信都大陸在鉅鹿又北播爲九河師古曰播布也同爲逆河入于海師古曰同合也九河又合而爲一名爲逆河言相迎受也海即渤海是也○宋祁曰迎改作逆嶓冢道漾東流爲漢師古曰漾水出隴西氐道東流過武關山南爲漢禹治漾水自嶓冢始也漾音恙又東爲滄浪之水師古曰出荊山東南流爲滄浪之水即漁父所歌者也浪音琅過三澨至于大別師古曰三澨水在江夏竟陵澨音筮南入于江師古曰觸大別山而南入江也東匯澤爲彭蠡師古曰匯迴也又東迴而爲彭蠡澤也匯音胡賄反東爲北江入于海師古曰自彭蠡江分爲三遂爲北江而入海嶓山道江東別爲沱師古曰別而出也江東南流沱東行也沱音徒何反又東至于醴師古曰醴水在荊州過九江至于東陵師古曰東陵地名東迆北會于匯師古曰迆溢也東溢分流都共北會彭蠡也迆音弋爾反東爲中江入于海師古曰亦自彭蠡出道沇水東流爲泲師古曰泉出王屋山名爲沇流去乃爲泲也沇音弋蠶反

音○宋祁曰沇一作沇入于河軼爲滎師古曰軼與溢同言濟水入河並流而南截河又並流溢出乃爲滎澤也一曰軼過也音逸東出于陶丘北師古曰陶丘丘再重也在濟陰定陶西南又東至于荷師古曰即荷澤又東北會於汶師古曰濟與汶合又北東入于海師古曰北折而東也道淮自桐柏東會于泗沂東入于海道渭自鳥鼠同穴東會于酆又東至于涇又東過漆沮入于河道洛自熊耳東北會于澗瀍又東會于伊又東北入于河九州逌同師古曰各以其所而同法四奧既宅師古曰奧讀曰墺謂土之可居者也宅亦居也言四方之土已可定居也墺音於六反九山栞旅師古曰九州之山皆已栞木通道而旅祭也九川滌原師古曰九州泉源皆已清滌無壅塞九澤既陂師古曰九州澤皆已遏障無決溢四海會同師古曰四海之內同會京師○宋祁曰之內下姚本有皆字六府孔修師古曰水火金木土穀皆甚治庶土交正底慎財賦師古曰言衆土各以其所出交易有無而不失正致慎貨財以供貢賦咸則三壤成賦中國師古曰言皆隨其土地自上中下三品而成其賦於中國也中國京師也○宋祁曰邵本其土地下自字作田錫土姓祗台德先不距朕行師古曰台養也言封諸侯賜之土田因以爲姓所敬養者惟德爲先故無距我之行也台音怡五百里甸服師古曰規方千里最近王城者爲甸服則四面五百里也甸之爲言田也主爲王者治田百里賦內總師古曰自此以下說甸服之內以差言之也總禾稾總入也內讀曰納下皆類此二百里內銍師古曰銍謂所刈即禾穗也銍音窒三百里內戛服師古曰戛稾也言服者謂有役則服之耳戛音工黠反四百里粟五百里米師古曰精者納少麤者納多五百里侯服師古曰此次甸服之外方五百里也侯侯也主斥候而服事也百里采師古曰又說侯服內之差次也采事也王事則供之不主一也二百里男國師古曰男之言任任王事者三百里諸侯師古曰三百里同主斥候故合而言之爲一等五百里綏服師古曰此又次侯服外之五百里也綏安也言其安服王者政敎三百里揆文敎師古曰揆度王者文敎而行之也三百里皆同二百里奮武衛師古曰奮其武力以衛王者二百里皆同五百里要服師古曰此又次綏服外之五百里也要以文敎要來之也要音一遙反三百里夷師古曰夷易也言行平易之法也三百里皆同二百里蔡師古曰蔡法也遵刑法而已二百里皆同五百里荒服師古曰又次要服外五百里此五服之最在外者也荒言其荒忽各因本俗三百里蠻師古曰蠻謂以文德蠻縻而覆之三百里皆同二百里流師古曰任其流移不考詰也二百里皆同○劉敞曰予謂唐虞九州州方千里通三千里也要荒乃在九州外矣夷者言稍以夷禮通之於春秋譬杞莒也蔡者讀如蔡蔡叔之蔡蠻者兼言蠻俗矣於春秋譬楚越也流讀如流共工之流此兩者之分夷近而蠻遠蔡輕而流重王制曰千里之外曰采曰流采亦當作蔡聲之誤耳東漸于海西被于流沙朔南洎聲敎訖于四海師古曰漸入也被加也朔北方也訖盡也言東入于海西加流沙北方南方皆及聲敎盡於四海也一曰漸浸也洎及也○宋祁曰洎疑作泉註同禹錫玄圭告厥成功師古曰玄水色也堯以禹治水功成故賜玄圭以表之也自此以上皆禹貢之文後受禪於虞爲夏后氏殷因於夏亡所變改周既克殷監於二代而損益之定官分職改禹徐梁二州合之於雍青師古曰省徐州以入青州并梁州以合雍州分冀州之地以爲幽并故周官有職方氏師古曰夏官之屬也職主也主四方之土地掌天下之地辯九州之國東南曰揚州其山曰會稽師古曰在山陰縣藪曰具區師古曰藪大澤也具區在吳川曰三江濅曰五湖師古曰濅古浸字也川水之通流者也浸謂引以灌溉者五湖在吳其利

金錫竹箭民二男五女畜宜鳥獸師古曰鳥孔翠之屬獸犀象之屬穀宜稻正南曰荊州其山曰衡藪曰雲夢川曰江漢寖曰潁湛師古曰潁水出陽城陽乾山宜屬豫州許愼又云湛水豫州浸並未詳也湛音直林反又音直減反其利丹銀齒革民一男二女畜及穀宜與揚州同河南曰豫州其山曰華師古曰即華陰之華山也連延東出故屬豫州藪曰圃田師古曰在中牟川曰滎雒寖曰波溠師古曰滎即沇水所溢者也波即上禹貢所云滎波者也溠水在楚不當爲豫州浸也溠音莊亞反○宋祁曰流當作沇其利麻漆絲枲民二男三女畜宜六擾師古曰馬牛羊豕犬雞也謂之擾者言人所馴養也擾音人沼反其穀宜五種師古曰黍稷菽麥稻正東曰青州其山曰沂藪曰孟諸師古曰沂山在蓋縣即沂水所出也孟諸即盟豬也川曰淮泗寖曰沂沭師古曰沭水出東莞音術其利蒲魚民二男三女其畜宜雞狗穀宜稻麥河東曰兗州其山曰岱藪曰泰壄師古曰即大野其川曰河泲寖曰盧濰師古曰盧水在濟北盧縣鄭康成讀曰雷非也其利蒲魚民二男三女其畜宜六擾穀宜四種師古曰馬牛羊豕犬雞黍稷稻麥也正西曰雍州其山曰嶽師古曰即吳嶽也藪曰弦蒲師古曰在汧縣川曰涇汭師古曰汭在豳地詩大雅公劉之篇曰汭鞫之即寖曰渭洛師古曰洛即漆沮也在馮翊其利玉石其民三男二女畜宜牛馬穀宜黍稷東北曰幽州其山曰醫無閭師古曰在遼東藪曰貕養師古曰在長廣川曰河泲寖曰菑時師古曰菑出萊蕪時水出般陽其利魚鹽民一男三女畜宜四擾師古曰馬牛羊豕穀宜三種師古曰黍稷稻河內曰冀州其山曰霍師古曰在平陽永安縣東北藪曰揚紆師古曰爾雅曰秦有揚紆而此以爲冀州未詳其義及所在川曰漳寖曰汾潞師古曰漳水出上黨長子汾水出汾陽北山潞出歸德其利松柏民五男三女畜宜牛羊穀宜黍稷正北曰并州其山曰恒山藪曰昭餘祁師古曰在太原鄔縣鄔音一戶反又音於庶反川曰虖池嘔夷寖曰淶易師古曰虖池出鹵城嘔夷出平舒淶出廣昌易出故安虖音呼池音徒河反嘔音於侯反其利布帛民二男三女畜宜五擾師古曰馬牛羊犬豕穀宜五種而保章氏掌天文以星土辯九州之地所封封域皆有分星以視吉凶師古曰保章氏春官之屬也保守也言守天文之職也分音扶問反周爵五等而土三等公侯百里伯七十里子男五十里不滿爲附庸蓋千八百國而太昊黃帝之後唐虞侯伯猶存帝王圖籍相踵而可知周室既衰禮樂征伐自諸侯出轉相吞滅數百年間列國耗盡師古曰耗減也音呼到反至春秋時尚有數十國五伯迭興總其盟會師古曰此五伯謂齊桓宋襄晉文秦穆楚莊也迭互也伯讀曰霸迭音徒結反陵夷至於戰國天下分而爲七師古曰謂秦韓魏趙燕齊楚也合從連衡經數十年秦遂并兼四海以爲周制微弱終爲諸侯所喪故不立尺土之封分天下爲郡縣盪滅前聖之苗裔靡有孑遺者矣漢興因秦制度崇恩德行簡易以撫海內至武帝攘卻胡越開地斥境南置交阯北置朔方之州師古曰胡廣記云漢既定南越之地置交阯刺史別於諸州令持節治蒼梧分雍州置朔方刺史兼徐梁幽并夏周之制改雍曰

涼改梁曰益凡十三部置刺史先王之迹既遠地名又數改易師古曰數音所角反是以采獲舊聞考迹詩書推表山川以綴禹貢周官春秋下及戰國秦漢焉師古曰中古以來說地理者多矣或解釋經典或撰述方志競爲新異妄有穿鑿安處附會頗失其眞後之學者因而祖述曾不考其謬論莫能尋其根本今並不錄蓋無尤焉

京兆尹故秦內史高帝元年屬塞國二年更爲渭南郡九年罷復爲內史武帝建元六年分爲右內史太初元年更爲京兆尹元始二年戶十九萬五千七百二口六十八萬二千四百六十八師古曰漢之戶口當元始時最爲殷盛故志舉之以爲數也後皆類此○縣十二長安高帝五年置惠帝元年初城六年成戶八萬八百口二十四萬六千二百王莽曰常安師古曰王莽篡位改漢郡縣名普易之也下皆類此新豐驪山在南故驪戎國秦曰驪邑高祖七年置應劭曰太上皇思東歸於是高祖改築城市街里以象豐徙豐民以實之故號新豐船司空莽曰船利服虔曰縣名師古曰本主船之官遂以爲縣藍田山出美玉有虎候山祠秦孝公置也華陰故陰晉秦惠文王五年更名寧秦高帝八年更名華陰太華山在南有祠豫州山集靈宮武帝起莽曰華壇也鄭周宣王弟鄭桓公邑有鐵官應劭曰宣王母弟友所封也其子與平王東遷更稱新鄭臣瓚曰周自穆王以下都于西鄭不得以封桓公也初桓公爲周司徒王室將亂故謀於史伯而寄帑與賄於虢會之間幽王既敗二年而滅會四年而滅虢居於鄭父之丘是以爲鄭桓公無封京兆之文也師古曰春秋外傳云幽王既敗鄭桓公死之其子武公與平王東遷故左氏傳云我周之東遷晉鄭焉依又鄭莊公云吾先君新邑於此蓋道新鄭也穆王以下無都西鄭之事瓚說非也會音工外反湖有周天子祠二所故曰胡武帝建元年更名湖下邽應劭曰秦武公伐邽戎置有上邽故加下師古曰邽音圭取邽戎之人而來爲此縣南陵文帝七年置沂水出藍田谷北至霸陵入霸水霸水亦出藍田谷北入渭師古曰茲水秦穆公更名以章霸功視子孫沂音先歷反視讀曰示○宋祁曰沂越本作浐章淳化本作華奉明宣帝置也霸陵故芷陽文帝更名莽曰水章也杜陵故杜伯國宣帝更名有周右將軍杜主祠四所莽曰饒安也

左馮翊故秦內史高帝元年屬塞國二年更名河上郡九年罷復爲內史武帝建元六年分爲左內史太初元年更名左馮翊戶二十三萬五千一百一口九十一萬七千八百二十二○縣二十四高陵左輔都尉治莽曰千春櫟陽秦獻公自雍徙莽曰師亭如淳曰櫟音藥翟道莽曰渙池陽惠帝四年置嶻嶭山在北應劭曰在池水之陽師古曰嶻嶭即今俗所呼嵳峩山是也嶻音才葛反又音五葛反夏陽故少梁秦惠文王十一年更名禹貢梁山在西北龍門山在北有鐵官莽曰冀亭衙莽曰達昌如淳曰衙音牙師古曰即春秋所云秦晉戰于彭衙粟邑莽曰粟城谷口九嵕山在西有天齊公五牀山仙人五帝祠四所莽曰谷喙師古曰嵕音子公反又音子孔反喙音許穢反蓮勺如淳曰音輦酌鄜莽曰脩令孟康曰音敷頻陽秦厲公置應劭曰在頻水之陽臨晉故大荔秦獲之更名有河水祠芮鄉故芮國莽曰監晉應劭曰臨晉水故曰臨晉臣瓚曰晉水在河之間此縣在河之西不得云臨晉水也舊說曰秦築高壘以臨晉國故曰臨晉也師古曰瓚說是也說者或以爲魏文侯伐秦始置臨晉非也文侯之城之耳豈始置乎重泉莽曰調泉郃陽應劭曰在郃水之陽也師古曰音合即大雅大明之詩所謂在洽之陽祋祤景帝二年置師古曰祋音丁活反又音丁外反祤音詡武城莽曰桓城師古曰即左氏傳所云秦伐晉取武城者也沈陽莽曰制昌襃德禹貢北條荊山在南下有彊梁原洛水東南入渭雍州寖莽曰德驩師古曰襃亦懷字徵莽曰氾愛師古曰徵音懲即今之澄城縣是也左傳所云王取北徵謂此地耳而杜元凱未詳其處也雲陵昭帝置也萬年高帝置莽曰異赤師古曰三輔黃圖云太上皇葬櫟陽北原起萬年陵是也長陵高帝置戶五萬五十七口十萬九千四百六十九莽曰長平陽陵

故弋陽景帝更名莽曰渭陽○宋祁曰弋當作易雲陽有休屠金人及徑路神祠三所越巫䳓䳓祠三所孟康曰䳓音辜磔之辜越人祠也鄭音穫休音許虬反屠音除

右扶風故秦內史高帝元年屬雍國二年更爲中地郡九年罷復爲內史武帝建元六年分爲右內史太初元年更名主爵都尉爲右扶風師古曰主爵都尉本秦之主爵中尉掌列侯至太初元年更名右扶風而治於內史右地故此志追書建元六年分爲右內史又云更名主爵都尉爲右扶風戶二十一萬六千三百七十七口八十三萬六千七十○縣二十一渭城故咸陽高帝元年更名新城七年罷屬長安武帝元鼎三年更名渭城有蘭池宮莽曰京城槐里周曰犬丘懿王都之秦更名廢丘高祖三年更名有黃山宮孝惠二年起莽曰槐治鄠古國有扈谷亭扈夏啓所伐鄠水出東南又有潏水皆北過上林苑入渭有萯陽宮秦文王起師古曰潏音決萯音倍盩厔有長楊宮有射熊館秦昭王起靈軹渠武帝穿也斄周后稷所封師古曰讀與邰同音胎郁夷詩周道郁夷有汧水祠莽曰郁平師古曰小雅四牡之詩曰四牡騑騑周道倭遲韓詩作郁夷字言使臣乘馬行於此道美陽禹貢岐山在西北中水鄉周太王所邑有高泉宮秦宣太后起也郿成國渠首受渭東北至上林入蒙籠渠右輔都尉治師古曰郿音媚雍秦惠公都之有五畤太昊黃帝以下祠三百三所橐泉宮孝公起祈年宮惠公起棫陽宮昭王起有鐵官應劭曰四面積高曰雍師古曰棫音域漆水在縣西有鐵官莽曰漆治栒邑有豳鄉詩豳國公劉所都應劭曰左氏傳曰畢原酆郇文之昭也郇侯賈伯伐晉是也臣瓚曰汲郡古文晉武公滅荀以賜大夫原氏黯是爲荀叔又云文公城荀然則荀當在晉之境內不得在扶風界也今河東有荀城古荀國師古曰瓚說是也此栒讀與荀同自別邑耳非伐晉者隃麋有黃帝子祠莽曰扶亭師古曰隃音踰○宋祁曰南本黃帝下無子字下同陳倉有上公明星黃帝孫舜妻盲冢祠有羽陽宮秦武王起也杜陽杜水南入渭莽曰通杜師古曰大雅緜之詩曰人之初生自土漆沮齊詩作自杜言公劉避狄而來居杜與漆沮之地○宋祁曰詩作當作詩曰汧吳山在西古文以爲汧山雍州山北有蒲谷鄉弦中谷雍州弦蒲藪汧水出西北入渭芮水出西北東入涇詩芮阸雍州川也師古曰阸讀與鞫同大雅公劉之詩曰止旅乃密芮鞫之即韓詩作芮阸言公劉止其軍旅欲使安靜乃就芮阸之閒耳好畤垝山在東有梁山宮秦始皇起莽曰好邑師古曰垝音丘毀反虢有黃帝子周文武祠虢宮秦宣太后起也安陵惠帝置莽曰嘉平師古曰闞駰以爲本周之程邑也茂陵武帝置戶六萬一千八十七口二十七萬七千二百七十七莽曰宣城師古曰黃圖云本槐里之茂鄉○宋祁曰宣下當添宇字平陵昭帝置莽曰廣利武功太壹山古文以爲終南垂山古文以爲敦物皆在縣東斜水出衙領山北至郿入渭褒水亦出衙領至南鄭入沔有垂山斜水淮水祠三所莽曰新光師古曰斜音弋奢反衙音牙

弘農郡武帝元鼎四年置莽曰右隊戶十一萬八千九十一口四十七萬五千九百五十四有鐵官在黽池○縣十一弘農故秦函谷關衙山領下谷爓水所出北入河盧氏熊耳山在東伊水出東北入雒過郡一行四百五十里又有育水南至順陽入沔又有洱水東南至魯陽亦入沔皆過郡二行六百里莽曰昌富師古曰洱音耳○宋祁曰昌富疑作昌當陝故虢國有焦城故焦國北虢在大陽東虢在滎陽西虢在雍州莽曰黃眉宜陽在黽池有鐵官也黽池高帝八年復黽池中鄉民景帝中二年初城徙萬家爲縣穀水出穀陽谷東北至穀城入雒莽曰陝亭師古曰黽音莫踐反又音莫忍反丹水水出上雒冢領山東至析入鈞密陽鄉故商密也師古曰鈞水名也音均新安禹貢澗水在東南入雒商秦相衛鞅邑也析黃水出黃谷鞠水出析谷俱東至酈入湍水莽曰君亭師古曰析音先歷反鞠水即今所謂菊潭也酈音持益反湍音專陸渾春秋遷陸渾戎於此有關師古曰渾音胡昆反上雒禹貢雒水出冢領山東北至鞏入河過郡二行千七十里豫州川又有甲水出秦領山東南至錫入沔過郡三行五百七十里熊耳獲輿山在東北師古曰錫音陽

河東郡秦置莽曰兆陽有根倉溼倉戶二十三萬六千八百九十六

口九十六萬二千九百一十二○縣二十四安邑巫咸山在南鹽池在西南魏絳自魏徙此至惠王徙大梁有鐵官鹽官莽曰河東　大陽吳山在西上有吳城周武王封太伯後於此是爲虞公爲晉所滅有天子廟莽曰勤田應劭曰在大河之陽　猗氏　解師古曰音蟹　蒲反有堯山首山祠雷首山在南故曰蒲秦更名莽曰蒲城應劭曰秦始皇東巡見長坂故加反云孟康曰本蒲也晉文公以賂秦後秦人還蒲魏人喜曰蒲反矣謂秦名之非也臣瓚曰秦世家云以垣爲蒲反然則本非蒲也師古曰應說是　河北詩魏國晉獻公滅之以封大夫畢萬曾孫絳徙安邑也　左邑莽曰兆亭　汾陰介山在南　聞喜故曲沃晉武公自晉陽徙此武帝元鼎六年行過更名應劭曰今曲沃也秦改爲左邑武帝於此聞南越破改曰聞喜　濩澤禹貢析城山在西南應劭曰有濩澤在西北師古曰濩音烏虢反　端氏　臨汾　垣禹貢王屋山在東北沇水所出東南至武德入河軼出滎陽北地中又東至琅槐入海過郡九行千八百四十里師古曰琅音郎槐音回　皮氏耿鄉故耿國晉獻公滅之以賜大夫趙夙後十世獻侯徙中牟有鐵官莽曰延平　長脩　平陽韓武子玄孫貞子居此有鐵官莽曰香平應劭曰堯都也在平河之陽　襄陵有班氏鄉亭莽曰幹昌應劭曰襄陵在西北師古曰晉襄公之陵因以名縣　彘霍大山在東冀州山周厲王所奔莽曰黃城應劭曰順帝改曰永安○宋祁曰永安一本作代山　楊莽曰有年亭應劭曰楊侯國　北屈禹貢壺口山在東南莽曰朕北應劭曰有南故稱北臣瓚曰汲郡古文翟章救鄭次于南屈師古曰屈音居勿反即晉公子夷吾所居　蒲子應劭曰故蒲反舊邑師古曰重耳所居也應說失之　絳晉武公自曲沃徙此有鐵官應劭曰絳水出西南師古曰　狐讘師古曰讘音之涉反　騏侯國師古曰騏音其　絳水出西南

太原郡秦置有鹽官屬并州　戶十六萬九千八百六十三口六十八萬四百八十八○縣二十一　晉陽故詩唐國周成王滅唐封弟叔虞龍山在西北有鹽官晉水所出東入汾臣瓚曰所謂唐今河東永安是也去晉四百里師古曰瓚說是　有家馬官臣瓚曰漢有家馬廄一廄萬匹時以邊表有事故分來在此家馬後改曰挏馬也師古曰挏音動　葰人如淳曰葰音瑣師古曰又音山寡反　界休莽曰界美師古曰休音許虯反　榆次涂水鄉晉大夫知徐吾邑梗陽鄉魏戊邑莽曰大原亭師古曰涂音塗梗音鯁　中都　于離莽曰合　茲氏莽曰茲同　狼孟莽曰狼調　鄔九澤在北是爲昭餘祁并州藪晉大夫司馬彌牟邑師古曰音一戶反又音於據反　盂晉大夫孟丙邑　平陶莽曰多穰　汾陽北山汾水所出西南至汾陰入河過郡二行千三百四十里冀州寖　京陵莽曰致城師古曰即九京　陽曲應劭曰河千里一曲當其陽故曰陽曲也師古曰以文帝自代徙陽曲之號乃改此縣爲陽直今則復其舊名焉　大陵有鐵官莽曰大寧　原平　祁晉大夫賈辛邑莽曰示　上艾綿曼水東至蒲吾入虖池水師古曰虖音呼池音徒何反　慮虒師古曰音廬夷　陽邑莽曰繁穰　廣武句注賈屋山在北都尉治莽曰信桓師古曰賈屋山即史記所云趙襄子北登夏屋者

上黨郡秦置屬并州有上黨關壺口關石研關天井關師古曰研音形　戶七萬三千七百九十八口三十三萬七千七百六十六○縣十四　長子周史辛甲所封鹿谷山濁漳水所出東至鄴入清漳師古曰長讀曰長短之長今俗爲長幼之長非也　屯留桑欽言絳水出西南東入海師古曰屯音純○宋祁曰音純當作音鈍　余吾　銅鞮有上虒亭下虒聚師古曰虒音斯　沾大黽谷清漳水所出東北至阜成入大河過郡五行千六百八十里冀州川應劭曰沾水出壺關師古曰沾音它兼反　涅氏涅水也師古曰涅水出焉故以名縣也涅音乃結反　襄垣莽曰上黨亭○宋祁曰垣本作垣　壺關有羊腸阪沾水東至朝歌入淇應劭曰黎侯國也今黎亭是　泫氏楊谷絕水所出南至野王入沁應劭曰山海經泫水所出者也師古曰泫音工玄反○宋祁曰沁一本作泌下同注末玄字一本作故　高都莞谷丹水所出東南入泫水有天井關師古曰莞音丸　潞故潞子國　猗氏師古曰猗音於義反　陽阿　穀遠羊頭山世靡谷

沁水所出東南至滎陽入河過郡三行九百七十里莽曰穀近師古曰今沁水至懷州武陟縣界入河此云至滎陽疑傳寫誤

河內郡高帝元年爲殷國二年更名莽曰後隊屬司隸　戶二十四萬一千二百四十六口百六萬七千九十七○縣十八　懷有工官莽曰河內　汲　武德孟康曰始皇東巡置以爲自以武德定天下　波孟康曰今有緱城晉文公所得陽樊者　山陽東太行山在西北師古曰胡郎反　河陽莽曰河亭　州　共故國北山淇水所出東至黎陽入河孟康曰共伯入爲三公者也師古曰共音恭　平皋應劭曰邢侯自襄國徙此臣瓚曰當齊桓公時衛人伐邢邢遷于夷儀其地屬晉號曰邢丘以其在河之皐故日平皐也春秋傳狄人伐邢邢遷于夷儀不至此也今襄國西有夷儀城去襄國百餘里邢是丘名非國也師古曰應說失之左氏傳曰晉侯送女于邢丘謂此耳　朝歌紂所都周武王弟康叔所封更名衛莽曰雅歌　脩武師古曰應劭曰晉始啓南陽今南陽城是也秦改曰脩武臣瓚曰韓非書秦昭王越趙長平西伐脩武時秦未兼天下脩武之名久矣師古曰讚說是也劉敞曰予謂脩武則因武王伐紂名之　溫故國己姓蘇忿生所封　野王太行山在西北衞元君爲秦所奪自濮陽徙此莽曰平野康曰故邗國也今邗亭是也師古曰邗音胡郎反邢音于　獲嘉故汲之新中鄉武帝行過更名也　軹師古曰軹音只　沁水　師古曰沁音千浸反　隆慮國水東北至信成入張甲河過郡三行千八百四十里有鐵官應劭曰隆慮山在北避殤帝名改曰林慮也師古曰慮音廬　蕩陰蕩水東至內黃澤西山美里有西伯所拘也師古曰蕩音湯羑音羊九反　美水所出亦至內黃入

河南郡故秦三川郡高帝更名雒陽戶五萬二千八百三十九莽曰保忠信鄉屬司隸也　戶二十七萬六千四百四十四口一百七十四萬二百七十九有鐵官工官敖倉在滎陽○縣二十二　雒陽周公遷殷民是爲成周春秋昭公二十二年晉合諸侯于狄泉以其地大成周之城居敬王莽曰宜陽師古曰魚豢云漢火德忌水故去洛水而加生如魚氏說則光武以後改爲雒字也　滎陽卞水馮池皆在西南有很蕩渠首受泲東南至陳入潁過郡四行七百八十里應劭曰故號國今號亭是也師古曰很音浪湯音宕泲音子禮反本濟水字○宋祁曰很字一作狠　偃師尸鄉殷湯所都莽曰師成臣瓚曰湯居亳今濟陰亳縣是也今亳有湯冢已氏有伊尹冢皆相近也師古曰讚說非也劉向云殷湯無葬處皇甫謐所云在亳者並不經之說　京　平陰應劭曰在平城南故曰平陰　中牟圃田澤在西豫州藪有筦叔邑趙獻侯自耿徙此師古曰筦與管同　平　陽武有博狼沙莽曰陽桓師古曰狼音浪　河南故郟鄏地周武王遷九鼎周公致太平營以爲都是爲王城至平王居之師古曰郟音夾鄏音辱　緱氏劉聚周大夫劉子邑有延壽城仙人祠莽曰中亭師古曰緱音工侯反　卷師古曰音去權反　原武莽曰原桓　鞏東周所居　穀成禹貢瀍水出北入雒師古曰瀍音纏　故市　密故國有大騩山潩水所出南至臨潁入潁應劭曰密人不恭是也師古曰潩音翼○宋祁曰潁須密姞姓之國也世本密須姬姓密須是也此密國見世本說非也瓚曰詩春秋傳所云密人詩所云密須之鼓者也在安定陰密縣師古曰騩音隗潩音翼又音異 新成惠帝四年置蠻中故戎蠻子國師古曰昌力反○宋祁曰音隗當作音塊　開封逢池在東北或曰宋之逢澤也臣瓚曰汲郡古文惠王發逢忌之藪以賜民今浚儀有逢陂忌澤是也　成皐故虎牢或曰制　苑陵莽曰左亭　梁師古曰周穆天子傳云七萃之士高奔戎生捕虎而獻之天子畜之東虢是曰虎牢　梁周小邑也秦取梁後改曰夏陽此梁周聚秦滅西周徙其君於此陽人聚秦滅東周徙其君於此應劭曰左傳曰梁伯好土功秦取梁其故國在此也師古曰左傳作此梁是梁國之後與秦同祖伯益之後今之梁縣是也音乃旦反　新鄭詩鄭國鄭桓公之子武公所國後爲韓所滅韓自平陽徙都之應劭曰國語曰鄭桓公爲周司徒王室將亂寄帑與賄於虢會之間幽王敗桓公死其子武公與平王東遷洛邑遂伐虢會而并其地而邑於此

東郡秦置莽曰治亭屬兗州　戶四十萬一千二百九十七口百六十五萬九千二十八○縣二十二　濮陽衛成公自楚丘徙此故帝丘顓頊虛莽曰治亭應劭曰濮水南入鉅野師古曰濮音卜　畔觀莽曰觀治應劭曰夏有觀扈世祖更名衛國以封周後師古曰讀曰館　聊城　頓丘莽曰順丘師古曰以丘名縣也丘一成爲頓丘謂一頓而成也或曰成重之丘也　發干莽曰戢楯　范建莽曰建睦　茌平莽曰功崇應劭曰在茌山之平地者也師古曰茌音仕疑反○宋祁曰茌當作茬　東武陽禹治漯水東北至千乘入海過郡三行千二十里莽曰武昌應劭曰武水之陽師古曰漯音它合反○宋祁曰漯當作濕　博平莽曰加睦　黎莽曰黎治孟康曰詩黎侯國今黎陽也臣瓚曰黎陽在魏郡非黎縣也師古曰黎音力奚反　清莽曰清治應劭曰章帝更名樂平　東阿都尉治應劭曰衛邑也有西故稱東　離狐莽曰瑞狐　臨邑有泲廟莽曰穀城亭師古曰泲音子禮反亦濟水字也其後並同　利苗　須昌故須句國大昊後風姓師古曰句音劬　壽良蚩尤祠在西北涑上有朐城應劭曰世祖叔父名良故曰壽張　樂昌　陽平　白馬師古曰句音劬　南燕南燕國姞姓黃帝後師古曰姞音其乙反　廩丘

陳留郡武帝元狩元年置屬兗州　戶二十九萬六千二百八十四口一百五十萬九千五十○縣十七　陳留魯渠水首受狼湯渠東至陽夏入渦渠孟康曰留鄭邑也後爲陳所并故曰陳留也師古曰臣瓚曰宋亦有留彭城留是也留屬陳故稱陳留也師古曰狼音浪湯音宕夏音賈渦音戈　小黃　成安　寧陵莽曰康善孟康曰故葛伯國今葛鄉是　雍丘故杞國也周武王封禹後東樓公先春秋時徙魯東北二十一世簡公爲楚所滅　酸棗　東昏莽曰東明　襄邑有服官莽曰襄平應劭曰襄陵鄉也宋襄公所葬故曰襄陵秦始皇以承匡卑溼故徙縣於襄陵謂之襄邑縣西三十里有承匡故城師古曰圈稱云襄邑宋地本承匡襄陵鄉也　外黃都尉治莽曰魏郡有內黃故加外臣瓚曰縣有黃溝故氏之也師古曰說以爲外黃也應說是　封丘濮渠水首受泲東北至都關入羊里水過郡三行六百三十里莽曰故公敗宋師于黃杜預曰外黃縣東有黃城即此地也　長羅侯國莽曰惠澤　尉氏應劭曰古獄官曰尉氏鄭之別獄也臣瓚曰鄭大夫尉氏之邑故遂以爲邑師古曰鄭大夫尉氏亦以掌獄之官故爲族耳應說是也　傿師古曰音偃莽曰順通應劭曰鄭伯克段于鄢是也師古曰鄢音偃　長垣莽曰長固孟康曰春秋會于匡今匡城是也　平丘　濟陽莽曰濟前　浚儀故大梁魏惠王自安邑徙此號曰梁王師古曰浚音峻　安邑徙此鄉名也音秋　鄢獄之宮故　長垣　應說是也

潁川郡秦置高帝五年爲韓國六年復故莽曰左隊陽翟有工官屬豫州孟康曰夏啓有鈞臺之饗今在南　戶四十三萬二千四百九十一口二百二十一萬九百七十三○縣二十　陽翟夏禹國周末韓景侯自新鄭徙此戶四萬一千六百五十萬九千師古曰　昆陽　潁陽應劭曰潁水出陽城潁陽在潁川郡古文云居之不居潁陽翟也臣瓚曰世本禹都陽城　定陵有東不羹莽曰定城師古曰羹音郎其後亦同　長社應劭曰宋人圍長葛其社中樹暴長更名長社　新汲師古曰三年置以河內有汲故加新也宣帝神爵　襄城有西不羹莽曰相城師古曰羹音郎　郟師古曰音夾　舞陽應劭曰舞水出南　潁陰　崈高武帝置以奉太室山是爲中岳有太室少室山廟古文以崈高爲外方山也師古曰崈古崇字　許故國姜姓四岳後太叔所封二十四世爲楚所滅　傿陵戶四萬九千一百一口二十六萬一千四百一十八莽曰左亭師古曰傿音偃○宋祁曰傿當作鄢陵字　臨潁莽曰監潁　父城應劭曰城父東北周武王弟所封應劭曰韓詩外傳周成王與弟戲以桐葉爲圭以此封汝後爲其地焉臣瓚曰今汝陽縣有周天子無戲言王應時而封故曰成王以戲授桐葉爲圭以封叔虞非應侯也師古曰呂氏春秋曰成王以戲授桐葉爲圭以封叔虞非應侯也

汝南郡高帝置莽曰汝汾分爲賞都尉屬豫州　戶四十六萬一千五百八十七口二百五十九萬六千一百四十八○縣三十七　平輿應劭曰故沈子國今沈亭是也音預　陽安應劭曰道國今道亭是　陽城侯國　富波　女陽應劭曰女水之陽　鰅陽應劭曰在鰅水之陽孟康曰鰅音紅　新安莽曰灈強應劭曰灈水出吳房入潁師古曰灈音讙又音殷　吳房孟康曰本房子國楚靈王遷房於楚吳王闔閭弟夫槩奔楚楚封於此爲堂谿氏以封吳故曰吳房今吳房城堂谿亭是　安成侯國莽曰至成　南頓故頓子國姬姓孟康曰頓迫於陳其後南徙故曰南頓　朗陵應劭曰朗陵山在西南　細陽莽曰樂慶師古曰細水之陽故曰細陽　宜春侯國莽曰宜孱　女陰故胡國莽曰汝墳都尉治應劭曰汝音　新蔡蔡平侯自蔡徙此後二世徙下蔡莽曰新遷　新息莽曰新德孟康曰故息國其後徙東故加新云　灈陽應劭曰灈水出吳房東入瀙音苦紅反又音楚人反　期思故蔣國　慎陽莽曰慎治師古曰慎字本作滇音真後誤爲慎耳今猶有真丘真陽縣字並單作真知其音不改也闕駰云永平五年失印更刻遂誤以水爲心　召陵師古曰召讀曰邵也　弋陽侯國應劭曰弋山在西北故黃國今黃城是　西平有鐵官莽曰新亭　上蔡故蔡國周武王弟叔度所封度放成王封其子胡十八世徙新蔡　灈陽　新郪莽曰新延　西華莽曰華望　長平莽曰長正　宜祿莽曰賞都亭　項故國　新郪應劭曰秦伐魏取郪丘漢興爲新郪章帝封殷後更名宋臣瓚曰光武既封殷後於宋又　歸德侯國宣帝置莽曰歸惠　新陽莽曰新明應劭曰　安昌侯國莽曰始成　安陽侯國莽曰均夏應劭曰故江國今江亭是　博陽侯國莽曰樂家　成陽侯國莽曰新利　定陵高陵山汝水出東南至新蔡入淮過郡四行千三百四十里　南陽郡秦置莽曰前隊屬荊州　戶三十五萬九千三百一十六○宋祁曰戶三十當作戶四十　口一百九十四萬二千五十一○縣三十六　宛故申伯國有屈申城縣南有北筮山戶四萬七千五百四十七有工官鐵官莽曰南陽　犨師古曰音昌牛反　杜衍莽曰閏衍　酇侯國莽曰南庚孟康曰音贊師古曰即蕭何所封　育陽　博山侯國哀帝置故順陽應劭曰在博水之陽師古曰漢明帝改曰　涅陽莽曰前亭應劭曰在涅水之陽師古曰涅音乃結反　陰師古曰即春秋左氏傳所云遷陰于下陰者也　堵陽莽曰陽城師古曰堵音者　雉衡山澧水所出東至郾入汝師古曰雉音弋爾反而太康地志云即陳倉人所逐二童子名寶雞者止此縣故名雉縣疑不可據也　山都　蔡陽莽之母功顯君邑應劭曰蔡水所出東入淮　新野　筑陽故穀伯國莽曰宜禾應劭曰筑水出漢中房陵東入沔師古曰春秋穀伯綏來朝是也今襄州有穀城縣在筑水之陽音逐　棘陽應劭曰在棘水之陽　武當　舞陰中陰山瀙水所出東至蔡入汝莽曰　西鄂應劭曰江夏有鄂故加西云　穰莽曰農穰師古曰今鄧州穰縣是也音人羊反　酈育水出西北南入漢師古曰酈音蹢躅之蹢○劉奉世曰按後淮陽國　安眾侯國　冠軍武帝置故穰盧陽鄉宛臨駣聚

駣聚應劭曰武帝以封霍去病去病仍出征匈奴功冠諸軍故曰冠軍駣音桃 比陽 應劭曰比水所出東入蔡 平氏 禹貢桐柏大復山在東南淮水所出東南至淮陵入海過郡四行三千二百四十里青州川莽曰平善 隨 故國厲鄉故厲國也師古曰厲讀曰賴 葉 楚葉公邑有長城號曰方城師古曰音式涉反 鄧 故國都尉治應劭曰鄧侯國 朝陽 莽曰厲信應劭曰在朝水之陽 魯陽 有魯山古魯縣御龍氏所遷魯山滍水所出東北至定陵入汝又有昆水東南至定陵入汝師古曰即淮南所云魯陽公與韓戰日反三舍者也滍音峙又音雉 舂陵 侯國故蔡陽白水鄉上唐鄉故唐國師古曰漢記云元朔五年以零陵泠道之舂陵鄉封長沙王子買為舂陵侯至戴侯仁以舂陵地形下溼上書徙南陽元帝許之以蔡陽白水鄉徙仁為舂陵侯 新都 侯國莽曰新林 湖陽 故蓼國也師古曰蓼音力救反左氏傳作飂字其音同耳 紅陽 侯國莽曰紅俞師古曰俞音踰 樂成 侯國 博望 侯國莽曰宜樂 復陽 侯國故湖陽樂鄉應劭曰在桐柏大復山之陽師古曰復音方目反○宋祁曰方邵本作房

南郡 秦置高帝元年更為臨江郡五年復故景帝二年復為臨江中二年復故莽曰南順屬荊州 戶十二萬五千五百七十九口七十一萬八千五百四十 有發弩官師古曰主教放弩也 ○縣十八 江陵 故楚郢都楚文王自丹陽徙此後九世平王城之後十世秦拔我郢徙東莽曰江陸 臨沮 禹貢南條荊山在東北漳水所出東至江陵入陽水陽水入沔行六百里應劭曰沮水出漢中房陵東入江師古曰沮水即左傳所云江漢沮漳楚之望也音千余反 夷陵 都尉治莽曰居利應劭曰夷山在西北 華容 雲夢澤在南荊州藪夏水首受江東入沔行五百里應劭曰春秋許遷于容城是 宜城 故鄢惠帝三年更名 郢 楚別邑故郢莽曰郢亭 邔 孟康曰音忌師古曰音其己反 當陽 中盧 師古曰在襄陽縣南今猶有次盧村以隋室諱忠故改為次 枝江 故羅國江沱出西東入江師古曰沱即江別出者也音徒河反 襄陽 莽曰相陽應劭曰在襄水之陽 編 有雲夢官莽曰南順孟康曰編音鞭 秭歸 歸鄉故歸國孟康曰秭音姊 夷道 莽曰江南應劭曰夷水出巫東入江○宋祁曰巫字下當添山字 州陵 莽曰江夏 若 楚昭王畏吳自郢徙此後復還郢師古曰春秋傳作鄀其音同 巫 巫山在西南夷水東至夷道入江過郡二行五百四十里有鹽官 高成 洈山洈水所出東入繇繇水南至華容入江過郡二行五百里莽曰言程師古曰洈音危繇讀曰由

江夏郡 高帝置屬荊州應劭曰沔水自江別至南郡華容為夏水過郡入江故曰江夏 戶五萬六千八百四十四口二十一萬九千二百一十八 ○縣十四 西陵 有雲夢官莽曰江陽 竟陵 章山在東北古文以為內方山鄖鄉楚鄖公邑莽曰守平師古曰音云○宋祁曰章山上當添丘字音云當作鄖音云 西陽 襄 莽曰襄非 邾 衡山王吳芮都師古曰音朱又音誅 軑 故弦子國孟康曰音汏師古曰又音徒系反 鄂 師古曰音五各反 安陸 橫尾山在東北古文以為陪尾山 沙羨 晉灼曰羨音夷 蘄春 晉灼曰音祈 鄳 蘇林曰音盲師古曰音萌又音莫耿反 雲杜 應劭曰左傳若敖取棄䢵今䢵亭是也師古曰䢵音云○宋祁曰棄字當作於字 下雉 莽曰閏光如淳曰音羊氏反 鍾武 侯國莽曰當利

廬江郡 故淮南文帝十六年別為國金蘭西北有東陵鄉淮水出屬揚州廬江出陵陽東南北入江應劭曰故廬子國 戶十二萬四千三百八十三口四十五萬七千三百三十三 有樓船官 ○縣十二 舒 故國莽曰昆鄉 居巢 應劭曰春秋楚人圍巢巢國也 龍舒 應劭曰羣舒之邑 臨湖 雩婁 決水北至蓼入淮又有灌水亦北至蓼入決過郡二行五百一十里師古曰雩音許于反婁音力于反 襄安 莽曰廬江亭也 樅陽 師古曰音七容反 尋陽 禹貢九江在南皆東合為大江 灊 天柱山在南有祠沘山沘水所出北至壽春入芍陂晉灼曰音潛師古曰沘音比又音布几反芍音酌又音鵲 晥 有鐵官師古曰音胡管反○宋祁曰管當作綰 湖陵邑 北湖在南 松茲 侯國莽曰誦善

九江郡 秦置高帝四年更名為淮南國武帝元狩元年復故莽曰延平屬揚州應劭曰江自廬江尋陽分為九 戶十五萬五十二口七十八萬五百二十五 有陂官湖官 ○縣十五 壽春邑 楚考烈王自陳徙此 浚遒 晉灼曰音酋之會師古曰浚音峻遒音才由反 成德 莽曰平阿 橐皋 孟康曰音拓姑 陰陵 莽曰陰陸 歷陽 都尉治莽曰明義 當塗 侯國莽曰山聚應劭曰禹所娶塗山侯國也有禹虛 鍾離 莽曰蠶富應劭曰鍾離子國 合肥 應劭曰夏水出父城東南至此與淮合故曰合肥 東城 莽曰武城 博鄉 侯國莽曰揚陸 曲陽 侯國莽曰延平亭應劭曰在淮曲之陽 建陽 全椒 阜陵 莽曰阜陸

山陽郡 故梁景帝中六年別為山陽國武帝建元五年別為郡莽曰鉅野屬兗州 戶十七萬二千八百四十七口八十萬一千二百八十八 有鐵官 ○縣二十三 昌邑 武帝天漢四年更山陽為昌邑國有梁丘鄉春秋傳曰宋齊會于梁丘 南平陽 莽曰黽平孟康曰邾庶期以漆來奔又城漆今漆鄉是 成武 有楚丘亭齊桓公所城遷衛文公於此子成公徙濮陽莽曰成安 湖陵 禹貢浮于泗淮通于河水在南莽曰湖陸應劭曰尚書一名湖陵章帝封東平王蒼子為湖陵侯更名湖陸 東緡 師古曰春秋僖二十三年齊侯伐宋圍緡即謂此音旻 方與 晉灼曰音房豫 橐 莽曰高平臣瓚曰音拓 鉅壄 大壄澤在北兗州藪 單父 都尉治莽曰利父師古曰音善甫 薄 臣瓚曰湯所都 都關 城都 侯國莽曰城穀 黃 侯國 爰戚 侯國莽曰戚亭 郜成 侯國莽曰告成○宋祁曰郜當作邛 中鄉 侯國 平樂 侯國包水東北至沛入泗 鄭 侯國 瑕丘 應劭曰瑕丘在西南 甾鄉 侯國師古曰甾音側其反 栗鄉 侯國莽曰足亭 曲鄉 侯國 西陽 侯國

濟陰郡 故梁景帝中六年別為濟陰國宣帝甘露二年更名定陶禹貢荷澤在定陶東屬兗州師古曰荷音和 戶二十九萬二千五口百三十八萬六千二百七十八 ○縣九 定陶 故曹國周武王弟叔振鐸所封禹貢陶丘在西南陶丘亭 冤句 莽改定陶曰濟平冤句縣曰濟平亭師古曰句音劬 呂都 莽曰祈都 葭密 師古曰葭音家 成陽 有堯冢靈臺禹貢雷澤在西北 鄄城 莽曰鄄良師古曰鄄音工掾反 句陽 應劭曰左氏傳句瀆之丘也師古曰句音鉤 秺 莽曰萬歲孟康曰音妒 乘氏 泗水東南至睢陵入淮過郡六行千一百一十里應劭曰春秋敗宋師于乘丘是也師古曰乘音繩

沛郡 故秦泗水郡高帝更名莽曰吾符屬豫州 戶四十萬九千七十九口二百三萬四百八十 ○縣三十七 相 莽曰吾符亭 龍亢 晉灼曰亢音亢 竹 莽曰篤亭李奇曰今竹邑 穀陽 應劭曰在穀水之陽 蕭 故蕭叔國宋別封附庸也 向 故國春秋曰莒人入向姜姓炎帝後師古曰音餉 銍 師古曰銍音竹乙反 廣戚 侯國莽曰力聚 下蔡 故州來國為楚所滅後吳取之至夫差遷昭侯於此後四世侯齊竟為楚所滅 豐 莽曰吾豐 鄲 莽曰單城孟康曰音多○宋祁曰單當作留 譙 莽曰延成亭 蘄 番鄉高祖破黥布都尉治莽曰蘄城師古曰番音直恚反 䣕 莽曰貢師古曰䣕亦音貢 輒與 莽曰華樂 山桑 公丘 侯國故滕國周懿王子錯叔繡所封三十一世為齊所滅師古曰左氏傳云郜雍曹滕文之昭也系本亦云錯叔繡文王子而此志云懿王子未詳其義耳 符離 莽曰符合 敬丘 侯國應劭曰春秋遇于犬丘明帝更名大丘 夏丘 莽曰歸思 洨 侯國垓下高祖破項羽莽曰育成應劭曰洨水所出南入淮師古曰洨音肴 沛 有鐵官 芒 莽曰博治應劭曰世祖更名臨睢師古曰芒音莫郎反睢音雖 建成 侯國 城父 夏肥水東南至下蔡入淮過郡二行六百二十里莽曰思善 建平 侯國莽曰田平 酇 莽曰贊治應劭曰音嵯師古曰此縣本為鄼應音是也中古以來借酇字為之耳讀皆為鄼而莽呼為贊治則此縣亦有贊音 栗 侯國莽曰成富 扶陽 侯國莽曰合治 高 侯國 高柴 侯國 漂陽 如淳曰漂音栗 平阿 侯國莽曰平寧 東鄉 臨都 義成 祁鄉 侯國莽曰會穀

魏郡 高帝置莽曰魏城屬冀州 戶二十一萬二千八百四十九口九十萬九千六百五十五 ○縣十八 鄴 故大河在東北入海 館陶 河水別出為屯氏河東北至章武入海過郡四行千五百里 斥丘 莽曰利丘應劭曰斥丘在西南也師古曰闞駰云地多斥鹵故曰斥丘 沙 內黃 清河水出南應劭曰春秋吳子晉侯會于黃池今黃澤在西陳留有外黃故加內云臣瓚曰國語曰吳子會諸侯于黃池掘溝於齊魯之間今陳外黃有黃溝是也史記曰伐宋取黃池然則不得在魏郡明矣師古曰瓚說是也應說失之 清淵 應劭曰清河在西北 魏 都尉治莽曰魏城應劭曰魏武侯別都 繁陽 應劭曰在繁水之陽張晏曰其界為繁淵 元城 應劭曰魏武侯公子元食邑於此因而遂氏焉 梁期 黎陽 莽曰黎蒸晉灼曰黎山在其南河水經其東其山上碑云縣取山之名取水在其陽以為名 即裴 侯國莽曰即是應劭曰裴音非 武始 漳水東至邯鄲入漳又有拘澗水東北至邯鄲入白渠應劭曰拘音矩 邯會 侯國張晏曰漳水之別自城西南與邯山之水會今城旁猶有溝渠在也師古曰邯音下安反 陰安 平恩 侯國莽曰延平 邯溝 侯國師古曰邯水之溝 武安 欽口山白渠水所出東至列人入漳又有濁漳水東北至昌入虖池河過郡五行六百一里有鐵官莽曰桓安師古曰虖音呼池音徒河反其下並同

鉅鹿郡 秦置屬冀州 戶十五萬五千九百五十一口八十二萬七千一百七十七 ○縣二十 鉅鹿 禹貢大陸澤在北紂所作沙丘臺在東北七十里應劭曰鹿林之大者也臣瓚曰山足曰鹿師古曰應說是 南䜌 莽曰富平孟康曰䜌音良全反 廣阿 象氏 侯國莽曰寧昌 廮陶 師古曰廮音一井反 宋子 莽曰宜子 楊氏 莽曰功陸 臨平 下曲陽 都尉治應劭曰晉荀吳滅鼓今鼓聚昔陽亭是也師古曰常山有上曲陽故此云下 貰 師古曰音式制反 鄡 莽曰秦聚師古曰音若么反又差梟反○劉敞曰衍文 新市 侯國莽曰樂市 堂陽 有鹽官嘗分為經縣應劭曰在堂水之陽 安定 侯國 敬武 歷鄉 侯國莽曰歷聚 樂信 侯國 武陶 侯國 柏鄉 侯國 安鄉 侯國

常山郡 高帝置莽曰井關屬冀州應劭曰恆山在西避文帝諱故改曰常山 戶十四萬一千七百四十一口六十七萬七千九百五十六 ○縣十八 元氏 沮水首受中丘西山窮泉谷東至堂陽入黃河莽曰井關亭師古曰闞駰云趙公子元之封邑故曰元氏 石邑 井陘山在西洨水所出東南至廮陶入泜師古曰洨音效又音爻泜音脂又音丁計反其後亦同 桑中 侯國 靈壽 中山桓公居此禹貢衛水出東北入虖池 蒲吾 有鐵山大白渠水首受綿曼水東南至下曲陽入斯洨應劭曰蒲水出中山蒲陰東入河○宋祁曰有鐵下或有北字 上曲陽 恆山北谷在西北有祠并州山禹貢恆水所出東入滱莽曰常山亭應劭曰滱音彄 九門 莽曰久門 井陘 應劭曰井陘山在南音刑 房子 贊皇山石濟水所出東至廮陶入泜莽曰多子師古曰濟音子詣反 中丘 逢山長谷諸水所出東至張邑入濁莽曰直聚 封斯 侯國 關 平棘 應劭曰伐晉取棘蒲也師古曰功臣表棘蒲侯陳武平棘侯林摯是則平棘棘蒲非一地也應說失之○宋祁曰林當作杜 鄗 高祖即位更名高邑莽曰禾成亭師古曰鄗音呼各反○宋祁曰高祖當作世祖 樂陽 侯國莽曰暢苗 平臺 侯國莽曰順臺 都鄉 侯國有鐵官莽曰分鄉○宋祁曰都當作部 南行唐 牛飲山白陸谷滋水所出東至新市入虖池水都尉治莽曰延億

清河郡 高帝置莽曰平河屬冀州 戶二十萬一千七百七十四口八十七萬五千四百二十二 ○縣十四 清陽 王都 東武城 繹幕 應劭曰繹音亦師古曰本音弋尺反 靈 河水別出為鳴犢河東北至蓨入屯氏河莽曰播師古曰蓨音條其下亦同 厝 莽曰厝治應劭曰安帝以孝德皇后葬改曰甘陵師古曰厝音千故反 鄃 莽曰善陸師古曰音輸 貝丘 都尉治應劭曰左氏傳齊襄公田于貝丘是 信成 張甲河首受屯氏別河東北至蓨入漳水 㮚題 師古曰㮚古莎字 東陽 侯國莽曰胥陵 信鄉 侯國孟康

曰順帝更名安平 繚 師古曰音良笑反 棗彊 復陽 莽曰樂歲應劭曰音腹

涿郡 高帝置莽曰垣翰屬幽州 戶十九萬五千六百七口七十八萬二千七百六十四 有鐵官 ○縣二十九 涿 桃水首受淶水分東至安次入河應劭曰涿水出上谷涿鹿縣師古曰淶音來 迺 莽曰迺屏師古曰迺古遒字音字由反 穀丘 故安 閻鄉易水所出東至范陽入濡也并州㝱水亦至范陽入淶師古曰言易水又至范陽入淶也濡音乃官反 南深澤 范陽 莽曰順陰應劭曰在范水之陽 蠡吾 師古曰蠡音禮 容城 莽曰深澤 易 廣望 侯國 鄚 莽曰言符應劭曰音莫 高陽 莽曰高亭應劭曰在高河之陽 州鄉 侯國 安平 都尉治莽曰廣望亭 樊輿 侯國莽曰握符 成 侯國莽曰宜家 良鄉 侯國垣水南東至陽鄉入桃莽曰廣陽 利鄉 侯國莽曰章符 臨鄉 侯國 益昌 侯國莽曰有秩○宋祁曰作有杖 陽鄉 侯國莽曰章武 西鄉 侯國莽曰移風 饒陽 應劭曰在饒河之陽 中水 應劭曰在易滱二水之間故曰中水 武垣 莽曰垣翰亭應劭曰垣水出良鄉東入桃 阿陵 莽曰阿陸 阿武 侯國 高郭 侯國莽曰廣堤 新昌 侯國

勃海郡 高帝置莽曰迎河屬幽州師古曰在勃海之濱因以為名 戶二十五萬六千三百七十七口九十萬五千一百一十九 ○縣二十六 浮陽 莽曰浮城 陽信 東光 有胡蘇亭 阜城 莽曰吾城○宋祁曰阜城南本作阜 千童 應劭曰靈帝改曰饒安○宋祁曰千當作平 重合 南皮 莽曰迎河亭師古曰闞駰云章武有北皮亭故此云南 定 侯國 章武 有鹽官莽曰桓章 中邑 莽曰檢陰 高成 都尉治 高樂 莽曰為鄉 參戶 侯國 成平 虖池河民曰徒駭河莽曰澤亭 柳 侯國 臨樂 侯國莽曰樂亭 東平舒 師古曰代郡有平舒故此加東 重平 安次 脩市 侯國莽曰居寧應劭曰脩音條 文安 景成 侯國 東州 建成 章鄉 侯國 蒲領 侯國

平原郡 高帝置莽曰河平屬青州 戶十五萬四千三百八十七口六十六萬四千五百四十三 ○縣十九 平原 有篤馬河東北入海五百六十里 鬲 平當以為鬲津莽曰河平亭師古曰鬲讀與隔同 高唐 桑欽言漯水所出師古曰漯音它合反○宋祁曰漯改作溼下同 重丘 平昌 侯國 羽 侯國莽曰羽貞 般 莽曰分明如淳曰般音如面般之般韋昭曰音逋坦反師古曰爾雅說九河云鉤般郭璞以為水曲如鉤流般桓也然今其土俗用如韋之音 樂陵 都尉治莽曰美陽師古曰樂音來各反 祝阿 莽曰安成 瑗 莽曰東順亭 阿陽 漯陰 莽曰翼成應劭曰漯水出東武陽東北入海師古曰漯音它合反 朸 莽曰張鄉應劭曰音力 富平 侯國莽曰樂安亭應劭曰明帝更名厭次 安惪 師古曰惪古德字 合陽 侯國莽曰宜鄉 樓虛 侯國 龍頟 侯國莽曰清鄉師古曰今書本頟字或作額而崔浩云有龍頟村作頟者非 安 侯國

千乘郡 高帝置莽曰建信屬青州 戶十一萬六千七百二十七口四十九萬七百二十 有鐵官鹽官均輸官 ○縣十五 千乘 東鄒 溼沃 莽曰延亭 平安 侯國莽曰鴻睦 博昌 時水東北至鉅定入馬車瀆幽州寖應劭曰昌水出東萊昌陽臣瓚曰從東萊至博昌經歷宿水不得至也取其嘉名耳師古曰瓚說是 蓼城 都尉治莽曰施武 建信 狄 莽曰利居應劭曰安帝更名臨濟 琅槐 師古曰槐音回 樂安 被陽 侯國如淳曰一作疲音罷軍之罷師古曰音皮彼反○宋祁曰被或作彼 高昌 繁安 侯國莽曰瓦亭 高宛 莽曰常鄉 延鄉

濟南郡 故齊文帝十六年別為濟南國景帝二年為郡莽曰樂安屬青州 戶十四萬七百六十一口六十四萬二千八百八十四 ○縣十四

東平陵 有工官鐵官 鄒平 臺 莽曰臺治 梁鄒 土鼓 於陵 都尉治莽曰於陸 陽丘 般陽 莽曰濟南亭應劭曰在般水之陽師古曰般音盤 菅 應劭曰音姦 朝陽 侯國莽曰脩治應劭曰在朝水之陽 歷城 有鐵官 猇 侯國莽曰利成應劭曰音箎蘇林曰音爻今東朝陽有猇亭蔡謨音由音鴞師古曰蔡音是音于虬反 著 師古曰音竹庶反又音直庶反而韋昭誤以為蓍龜之蓍字乃音弛奇反失之遠矣 宜成 侯國

泰山郡 高帝置屬兗州 戶十七萬二千八十六 口七十二萬六千六百四 有工官汶水出萊毋西入濟師古曰汶音問毋與無同 ○縣二十四 奉高 有明堂在西南四里武帝元封二年造有工官 博 有泰山廟岱山在西北求山上 茬 應劭曰茬山在東北音淄師古曰又音仕疑反○宋祁曰茬當作茌 盧 都尉治濟北王都也 肥成 應劭曰肥子國 蛇丘 隧鄉故隧國春秋曰齊人殲于隧也師古曰蛇音移隧音遂 剛 故闡莽曰柔應劭曰春秋取鄆及闡今闡亭是也師古曰鄆音讙 柴 蓋 臨樂子山洙水所出西北至蓋入池水又沂水南至下邳入泗過郡五行六百里青州寖師古曰蓋讀如本字又音古盍反洙音殊 梁父 師古曰以山名縣也父音甫 東平陽 南武陽 冠石山治水所出南至下邳入泗過郡二行九百四十里莽曰桓宣應劭曰武水所出南入泗 萊蕪 原山甾水所出東至博昌入泲幽州寖又禹貢汶水出西南入泲汶水桑欽所言師古曰泲音子禮反 鉅平 有亭亭山祠應劭曰左氏傳陽虎入于讙陽關以叛今陽關亭是也 嬴 有鐵官師古曰音盈 牟 故國應劭曰附庸也師古曰春秋桓十五年牟人來朝即此也 蒙陰 禹貢蒙山在西南有祠顓臾國在蒙山下莽曰蒙恩 華 莽曰翼陰 寧陽 侯國莽曰寧順 乘丘 師古曰春秋莊公十年公敗宋師于乘丘即此是也 富陽 桃山 侯國莽曰裹魯 桃鄉 侯國莽曰鄣亭 式

齊郡 秦置莽曰濟南屬青州 戶十五萬四千八百二十六 口五十五萬四千四百四十四 ○縣十二 臨淄 師尚父所封如水西北至梁鄒入泲有服官鐵官莽曰齊陵應劭曰齊獻公自營丘從此臣瓚曰臨淄即營丘也故晏子曰始爽鳩氏居之逢伯陵居之太公居之又曰先君太公築營之丘今齊之城中有丘即營丘也師古曰瓚說是也築營之丘言於營丘地築城邑 昌國 德會水西北至西安入如 利 莽曰利治 西安 莽曰東寧 鉅定 馬車瀆水首受鉅定東北至琅槐入海 廣 為山濁水所出東北至廣饒入鉅定 廣饒 昭南 臨朐 有逢山祠石膏山洋水所出東北至廣饒入鉅定莽曰監朐應劭曰臨朐山有伯氏駢邑師古曰朐音劬 北鄉 侯國莽曰禺聚 平廣 侯國 臺鄉

北海郡 景帝中二年置屬青州 戶十二萬七千 口五十九萬三千一百五十九 ○縣二十六 營陵 或曰營丘莽曰北海亭應劭曰師尚父封於營丘陵亦丘也臣瓚曰營丘即臨淄也營陵春秋謂之緣陵師古曰臨淄營陵皆舊營丘地 劇魁 侯國莽曰上符 安丘 莽曰誅郅孟康曰今曰渠丘是 瓡 侯國莽曰道德師古曰瓡即執字 淳于 應劭曰春秋州公如曹左氏傳曰淳于公如曹臣瓚曰州國名也淳于公國之所都 益 莽曰探陽 平壽 應劭曰故斟尋禹後今斟城是也臣瓚曰斟尋在河南不在此也汲郡古文云太康居斟尋羿亦居之桀亦居之尚書序云太康失邦昆弟五人須于洛汭此即太康所居為近洛也又吳起對魏武侯曰昔夏桀之居左河濟右太華伊闕在其南羊腸在其北河南城為值之又周書度邑篇曰武王問太公曰吾將因有夏之居南望過於三塗北瞻望於有河有夏之居即河南是也師古曰應氏止云斟尋本是禹後耳何豫夏國之都乎瓚說非也斟音斟 劇 侯國 都昌 有鹽官 平望 侯國莽曰所聚 平的 侯國師古曰的音丁歷反其字從白○宋祁曰的當作旳從日 柳泉 侯國莽曰弘睦○宋祁曰睦當作陸 壽光 有鹽官莽曰翼平亭 樂望 侯國 饒 侯國 斟 故國禹後 桑犢 覆甑山溉水所出東北至都昌入海師古曰溉音功代反 平城 侯國 密鄉 侯國 羊石 侯國 樂都 侯國莽曰扱鑿一作杖一作枝也○宋祁曰南本樂都石鄉註皆集一作巳下字 石鄉 侯國一作止鄉 上鄉 侯國 新成 侯國 成鄉 侯國莽曰石樂 膠陽 侯國

東萊郡 高帝置屬青州師古曰故萊子國也 戶十萬三千二百九十二 口五十萬二千六百九十三 ○縣十七 掖 莽曰掖通 腄 有之罘山祠居上山聲洋丹水所出東北入海師古曰腄音直瑞反洋音祥 平度 莽曰利盧 黃 有萊山松林萊君祠莽曰意母 臨朐 有海水祠莽曰監朐師古曰齊郡已有臨朐而東萊又有此縣蓋各以所近為名也斯類非一 曲成 有參山萬里沙祠陽丘山治水所出南至沂入海有鹽官 牟平 莽曰望利 東牟 有鐵官鹽官莽曰弘德 惤 有百支萊王祠有鹽官師古曰惤音堅 育犁 昌陽 有鹽官莽曰夙敫亭 不夜 有成山日祠莽曰夙夜師古曰齊地記云古有日夜出見於東萊故萊子立此城以不夜為名 當利 有鹽官莽曰東萊亭 盧鄉 陽樂 侯國莽曰延樂 陽石 莽曰識命 徐鄉

琅邪郡 秦置莽曰填夷屬徐州師古曰填音竹人反 戶二十二萬八千九百六十 口一百七萬九千一百 有鐵官 ○縣五十一 東武 莽曰祥善 不其 有太一僊人祠九所及明堂武帝所起如淳曰其音基 海曲 有鹽官 贛榆 師古曰贛音紺榆音踰 朱虛 凡山丹水所出東北至壽光入海東泰山汶水所出東至安丘入維有三山五帝祠師古曰前言汶水出萊蕪入濟今此又言出朱虛入維將桑欽所說有異或者有二汶水乎五帝祠在維水之上○宋祁曰維本作淮 諸 莽曰諸并師古曰春秋城諸及鄆者 梧成 靈門 有高柘山壺山浯水所出東北入淮師古曰柘即拓字也浯音吾 姑幕 都尉治或曰薄姑莽曰季睦應劭曰左氏傳曰薄姑氏因之而後太公因之 虛水 侯國如淳曰虛音墟 臨原 侯國莽曰填夷亭 琅邪 越王句踐嘗治此起館臺有四時祠師古曰山海經云琅邪臺在琅邪之東 祓 侯國師古曰音廢 柜 根艾水東入海莽曰祓同如淳曰音巨 鉼 侯國如淳曰音瓶 邞 膠水東至平度入海莽曰純德師古曰音夫又音扶 雩段 侯國師古曰雩音許于反段音丁下反 黔陬 故介國也師古曰陬音子侯反 雲 侯國 計斤 莒子始起此後徙莒有鹽官師古曰即春秋左氏傳所謂介根也語音有輕重 稻 侯國 皐虞 侯國莽曰盈廬 平昌 長廣 有萊山萊王祠奚養澤在西秦地圖曰劇清池幽州藪有鹽官 橫 故山名台水所出東南至東武入淮莽曰令丘師古曰台音怡 東莞 術水南至下邳入泗過郡三行七百一十里青州寖孟康曰故鄆邑今鄆亭是也師古曰莞音官術水即沭水也音同 魏其 侯國莽曰清泉 昌 有環山祠 茲鄉 侯國 箕 侯國禹貢維水北至都昌入海過郡三行五百二十里兗州寖也 椑 夜頭水南至海莽曰識命應劭曰音裨 高廣 侯國 高鄉 侯國 柔 侯國 即來 侯國莽曰盛睦○宋祁曰睦字當作陸 麗 侯國 武鄉 侯國莽曰順理○宋祁曰理當作里 伊鄉 侯國 新山 侯國 高陽 侯國 昆山 侯國 參封 侯國 折泉 侯國折泉水北至莫入淮 博石 侯國 房山 侯國 慎鄉 侯國 駟望 侯國莽曰冷鄉師古曰冷音零 安丘 侯國莽曰寧鄉 高陵 侯國莽曰蒲陸 臨安 侯國莽曰誠信 石山 侯國

東海郡 高帝置莽曰沂平屬徐州應劭曰秦郯郡 戶三十五萬八千四百一十四 口百五十五萬九千三百五十七 ○縣三十八 郯 故國少昊後盈姓應劭曰音談 蘭陵 莽曰蘭東孟康曰次室亭魯伯是 襄賁 莽曰章信應劭曰賁音肥 下邳 葛嶧山在西古文以為嶧陽有鐵官莽曰閏儉應劭曰邳在薛其後徙此故曰下臣瓚曰有上邳故曰下邳也師古曰瓚說是 良成 侯國莽曰承翰師古曰左氏傳所謂晉侯會吳子于良即此是 平曲 莽曰平端 戚 鄭氏曰音憂戚 朐 秦始皇立石海上以為東門闕有鐵官 開陽 故鄅國莽曰厭虜師古曰鄅音禹厭音一涉反 費 故魯季氏邑都尉治莽曰順從師古曰音祕 利成 莽曰流泉 海曲 莽曰東海亭 蘭祺 侯國莽曰博睦 繒 故國禹後莽曰繒治 南成 侯國 山鄉 侯國 建鄉 侯國 即丘 莽曰就信孟康曰古祝丘 祝其 禹貢羽山在南鯀所殛莽曰猶亭 臨沂 厚丘 莽曰祝其亭 容丘 侯國祠水東南至下邳入泗 東安 侯國莽曰業亭 合鄉 莽曰合聚 承 莽曰承治應劭曰音證 建陽 侯國莽曰建力 曲陽 莽曰從陽應劭曰在淮曲之陽 司吾 莽曰息吾應劭曰左傳吳執鍾吾子 于鄉 侯國 平曲 侯國莽曰端平 都陽 侯國應劭曰春秋齊人遷陽是 陰平 侯國 郚鄉 侯國莽曰徐亭師古曰郚音吾又音魚 武陽 侯國莽曰弘亭 新陽 侯國莽曰博聚 建陵 侯國莽曰付亭 昌慮 侯國莽曰慮聚師古曰慮音廬 都平 侯國

臨淮郡 武帝元狩六年置莽曰淮平 戶二十六萬八千二百八十三 口百二十三萬七千七百六十四 ○宋祁曰口百二十部本作百三十 ○縣二十九 徐 故國盈姓至春秋時徐子章禹為楚所滅莽曰徐調○劉奉世曰為吳所滅非楚也誤 取慮 師古曰取音趨又音秋慮音廬 淮浦 游水北入海莽曰淮敬應劭曰淮涯也 盱眙 都尉治莽曰武臣應劭曰音吁怡 厹猶 莽曰秉義師古曰厹音仇 僮 莽曰成信 射陽 莽曰監淮亭應劭曰在射水之陽 開陽 贅其 師古曰贅音之銳反 高山 應劭曰高山在東南 睢陵 莽曰睢陸師古曰睢音雖 鹽瀆 有鐵官 淮陰 莽曰嘉信 淮陵 莽曰淮陸 下相 莽曰從德應劭曰相水出沛國故加下 富陵 莽曰櫟虜櫟音朔 東陽 播旌 莽曰著信 西平 莽曰永聚 高平 侯國莽曰成丘 開陵 侯國莽曰成鄉 昌陽 侯國 廣平 侯國莽曰平寧 蘭陽 侯國莽曰建節 襄平 侯國莽曰相平 海陵 有江海會祠莽曰亭間 輿 莽曰美德 堂邑 有鐵官 樂陵 侯國

會稽郡 秦置高帝六年為荊國十二年更名吳景帝四年屬江都屬揚州○劉敞曰景帝四年封江都王并得鄣郡而不得吳名曰江都然則會稽不得云屬江都 戶二十二萬三千三十八 口百三萬二千六百四 ○縣二十六 吳 故國周大伯所邑具區澤在西揚州藪古文以為震澤南江在南東入海揚州川莽曰泰德 曲阿 故雲陽莽曰風美 烏傷 莽曰烏孝 毗陵 季札所居江在北東入海揚州川莽曰毗壇師古曰舊延陵漢改之 餘暨 蕭山潘水所出東入海莽曰餘衍應劭曰吳王闔閭弟夫槩之所邑師古曰應說非也暨音既下諸暨亦同潘音甫元反 陽羨 諸暨 莽曰疏虜 無錫 有歷山春申君歲祠以牛莽曰有錫 山陰 會稽山在南上有禹冢禹井揚州山越王句踐本國有靈文園師古曰靈文侯薄太后父 丹徒 師古曰即春秋云朱方也 餘姚 婁 有南武城闔閭所起以候越莽曰婁治 上虞 有仇亭柯水東入海莽曰會稽 海鹽 故武原鄉有鹽官莽曰展武 剡 莽曰盡忠師古曰音上冉反 由拳 柴辟故就李鄉吳越戰地應劭曰古之槜李也師古曰拳音權辟讀曰壁槜音子遂反 大末 穀水東北至錢塘入江莽曰末治孟康曰大音如闥反 烏程 有歐陽亭師古曰歐音烏侯反 句章 渠水東入海 餘杭 莽曰進睦孟康曰杭音行伍之行 鄞 有鎮亭有鮚埼亭東南有天門水入海有越天門山莽曰謹師古曰鄞音牛斤反鮚音結蚌也長一寸廣二分有一小蟹在其腹中埼曲岸也其中多鮚故以名亭埼音鉅依反 錢唐 西部都尉治武林山武林水所出東入海行八百三十里莽曰泉亭 鄮 莽曰海治孟康曰音貿 富春 莽曰誅歲 冶 師古曰本閩越地 回浦 南部都尉治

丹陽郡 故鄣郡屬江都武帝元封二年更名丹陽屬揚州○劉敞曰秦分三十六郡無鄣郡鄣郡之置又不知何帝按吳王濞傳王三郡謂會稽豫章故鄣也廣陵國註云揚王非屬王胥并得鄣郡而不得吳然則吳與鄣若非郡明矣實說武帝以故鄣地為丹陽郡後人追書吳地故云三郡此註但當云故鄣郡屬江都武帝置丹陽郡不知傳寫謬誤故若此或班氏亦自謬也又故鄣地名自有故耳又以其似言故物遂益郡字者非也○宋祁曰丹陽當作丹楊 戶十萬七千五百四十一 口四十萬五千一百七十 有銅官 ○縣十七 宛陵 彭澤聚在西南清水西北至蕪湖入江莽曰無宛 於朁 師古曰朁音潛 江乘 莽曰相武 春穀 秣陵 莽曰宣亭 故鄣 莽曰侯望師古曰鄣音章 句容 涇 韋昭曰涇水出蕪湖宋祁曰邵本蕪作毋 ○ 丹陽 楚之先熊繹所封十八世文王徙郢 石城 分江水首受江東至餘姚入海過郡二行千二百里 胡孰 ○宋祁曰胡當作姑 陵陽 桑欽言淮水出東南北入大江 蕪湖 中江出西南東至陽羨入海揚州川 黝 漸江水出南蠻夷中東入海成帝鴻嘉二年為廣德王國莽曰愬虜師古曰黝音伊字本作黟其音同○宋祁曰武陵有漸水東入沅疑此無漸水漸字當作浙字 溧陽 應劭曰溧水所出南湖也師古曰溧音栗 歙 都尉治師古曰音攝 宣城

豫章郡 高帝置莽曰九江屬揚州 戶六萬七千四百六十二 口三十五萬一千九百六十五 ○縣十八 南昌 莽曰宜善 廬陵 莽曰桓亭 彭澤 禹貢彭蠡澤在西 鄱陽 武陽鄉右十餘里有黃金采鄱水西入湖漢莽曰鄉亭孟康曰鄱音婆師古曰采者謂采取金之處 歷陵 傅易山傅易川在南古文以為傅淺原莽曰蒲亭師古曰傅讀曰敷易古陽字 餘汗 餘水在北至鄡陽入湖漢莽曰治干應劭曰汗音干師古曰鄡音口堯反 柴桑 莽曰九江亭 艾 脩水東北至彭澤入湖漢行六百六十里莽曰治翰 贛 豫章水出西南北入大江如淳曰音感 新淦 都尉治莽曰偶亭應劭曰淦水所出西入湖漢也師古曰淦音紺又音古含反 南城 盱水西北至南昌入湖漢師古曰盱音香于反 建成 蜀水東至南昌入湖漢莽曰多聚 宜春 南水東至新淦入湖漢莽曰脩曉 海昏 莽曰宜生師古曰即昌邑王賀所封 雩都 湖漢水東至彭澤入江行千九百八十里師古曰音于 鄡陽 莽曰豫章 南壄 彭水東入湖漢 安平 侯國莽曰安寧

桂陽郡 高帝置莽曰南平屬荊州 戶二萬八千一百一十九 口十五萬六千四百八十八 有鐵官○宋祁曰鐵官邵本作金官 ○縣十一 郴 耒山耒水所出西至湘南入湘項羽所立義帝都此莽曰宜風師古曰郴音丑林反耒音郎內反 臨武 秦水東南至湞陽入匯行七百里莽曰大武師古曰湞音丈庚反又音貞匯音胡罪反 便 莽曰便屏 南平 耒陽 舂山舂水所出北至酃入湘過郡二行七百八十里莽曰南平亭師古曰在耒水之陽也酃音靈 桂陽 匯水南至四會入鬱林過郡二行九百里應劭曰桂水所出東北入湘○宋祁曰鬱林景本無林字 陽山 侯國應劭曰今陰山也師古曰下自有陰山應說非也 曲江 莽曰除虜 含洭 應劭曰洭水所出東北入沅師古曰洭音匡沅音元 湞陽 莽曰基武應劭曰湞水出南海龍川西入秦 陰山 侯國

武陵郡 高帝置莽曰建平屬荊州 戶三萬四千一百七十七 口十八萬五千七百五十八 ○縣十三 索 漸水東入沅應劭曰順帝更名漢壽如淳曰音繩索之索師古曰沅音元 孱陵 莽曰孱陸應劭曰孱音踐師古曰音仕連反 臨沅 莽曰監原應劭曰沅水出牂柯入于江 沅陵 莽曰沅陸 鐔成 康谷水南入海玉山潭水所出東至阿林入鬱過郡二行七百二十里應劭曰潭水所出東入鬱音淫孟康曰鐔音譚師古曰孟音是○宋祁曰正文鐔字或作潭註阿林入鬱下當添林字音淫上當添潭字 無陽 無水首受故且蘭南入沅八百九十里師古曰且音子余反 遷陵 莽曰遷陸 辰陽 三山谷辰水所出南入沅七百五十里莽曰會亭應劭曰辰水所出東入沅 酉陽 義陵 鄜梁山序水所出西入沅莽曰建平師古曰鄜音數 佷山 孟康曰音恒出藥草恒山 零陽 應劭曰零水所出東南入湘 充 酉原山酉水所出南至沅陵入沅行千二百里歷山澧水所出東至下雋入沅過郡二行一千二百里師古曰澧音禮雋音辭兗反

零陵郡 武帝元鼎六年置莽曰九疑屬荊州 戶二萬一千九十二 口十三萬九千三百七十八 ○縣十 零陵 陽海山湘水所出北至酃入江過郡二行二千五百三十里又有離水東南至廣信入鬱林行九百八十里 營道 九疑山在南莽曰九疑亭 始安 夫夷 營浦 都梁 侯國路山資水所出東北至益陽入沅過郡二行千

八百里洽道莽曰洽陵應劭曰洽水出丹陽宛陵西北入江臣瓚曰宛陵在豫章北界相去三千里又
隔諸水不得從下逆至洽道而復入江也師古曰瓚說是洽音零泉陵侯國莽曰溥閏洮陽莽曰
洮治如淳曰洮音韜鍾武莽曰鍾桓應劭曰今重安
漢中郡秦置莽曰新成屬益州戶十萬一千五百七十口三十萬
六百一十四○縣十二西城應劭曰世本媯虛在西北舜之居旬陽
北山旬水所出南入沔南鄭旱山池水所出東北入漢褒中都尉治漢陽鄉房陵淮山淮水
所出東至中盧入沔又有筑水東至筑陽亦入沔東山沮水所出東至郢入江行七百里師古曰筑音逐安
陽鬵谷水出西南北入漢在谷水出北南入漢師古曰鬵音潛其字亦或從水成固沔陽
有鐵官應劭曰沔水出武都東南入江如淳曰北方人謂漢水爲沔水師古曰漢上曰沔音莫踐反錫莽曰
錫治應劭曰音陽師古曰即春秋所謂錫穴武陵上庸長利有鄖關師古曰鄖音
云

廣漢郡高帝置莽曰就都屬益州戶十六萬七千四百九十九口六
十六萬二千二百四十九有工官○縣十三梓潼五婦山馳
水所出南入涪行五百五十里莽曰子同應劭曰潼水所出南入墊江墊音徒浹反師古曰潼音童涪音浮○
宋祁曰巴郡註墊音重疊之疊什方莽曰美信應劭曰什音十涪有潺亭莽曰統睦劭曰什涪水出廣
漢南入漢雒章山雒水所出南至新都谷入湔有工官莽曰吾雒師古曰湔音子先反緜竹紫巖山緜
水所出東至新都北入雒都尉治廣漢莽曰廣信葭明應劭曰音家盲師古曰明音萌郪師古
曰音妻又音千私反新都甸氏道白水出徼外東至葭明入漢過郡一行九百五十里莽曰
致治李奇曰甸音勝師古曰音食證反白水應劭曰出徼外北入漢剛氐道涪水出徼外南
至墊江入漢過郡二行千六十九里陰平道北部都尉治莽曰摧虜
蜀郡秦置有小江入并行千九百八十里禹貢桓水出蜀山西南行羌中入南海莽曰導江屬益州○宋
祁曰蕭本改并作闕亦未允戶二十六萬八千二百七十九口百二
十四萬五千九百二十九○縣十五成都戶七萬六千二百五
十六有工官郫禹貢江沱在西東入大江師古曰郫音疲沱音徒何反繁廣都莽曰就都
亭臨邛僕千水東至武陽入江過郡二行五百一十里有鐵官鹽官莽曰監邛應劭曰邛水出嚴道邛
來山東入青衣青衣禹貢蒙山谿大渡水東南至南安入溉應劭曰順帝更名漢嘉也師古曰溉音哉
江原鄰水首受江南至武陽入江莽曰邛原應劭曰鄰音壽嚴道邛來山邛水所出東入青衣有
木官莽曰嚴治緜虒玉壘山湔水所出東南至江陽入江過郡三行千八百九十里應劭曰虒音斯師古
曰湔音子千反旄牛鮮水出徼外南入若水若水亦出徼外南至大莋入繩過郡二行千六百里師古曰
莋音才各反○劉奉世曰里數蓋誤徙師古曰音斯湔氐道禹貢崏山在西徼外江水所出東南
至江都入海過郡七行二千六百六十里師古曰音丁奚反汶江渽水出徼外南至南安東入江過郡
三行三千四十里江沱在西南東入江師古曰沱音徒何反廣柔蠶陵莽曰步昌
犍爲郡武帝建元六年開莽曰西順屬益州應劭曰故夜郎國戶十萬九千四百
一十九口四十八萬九千四百八十六○縣十二僰
道莽曰僰治應劭曰故僰侯國也音蒲北反江陽武陽有鐵官莽曰戢成南安有鹽
官鐵官資中符溫水南至鼈入黚水黚水亦南至鼈入江莽曰符信師古曰鼈音鱉又音鷩黚
音紀炎反牛鞞孟康曰音髀師古曰音必爾反南廣汾關山符黑水所出北至僰道入江又有大涉
水北至符入江過郡三行八百四十里漢陽都尉治山闟谷漢水所出東至鼈入延莽曰新通師古曰
闟音它盍反郁鄢莽曰孱騶師古曰騶音莫亞反孱音仕連反朱提山出銀應劭曰朱提山在
西南蘇林曰朱音銖提音時北方人名匕曰匙堂琅

越巂郡武帝元鼎六年開莽曰集巂屬益州應劭曰故邛都國也有巂水言越此水以章休盛也師古
曰巂音先蘂反戶六萬一千二百八口四十萬八千四百五○
縣十五邛都南山出銅有邛池澤遂久繩水出徼外東至僰道江過郡二行千四百里
○宋祁曰道字下當添入字靈關道臺登孫水南至會無入若行七百五十里應劭曰今
曰臺高定莋出鹽步北澤在南都尉治師古曰莋音才各反其下並同會無東山出碧莋秦
大莋姑復臨池澤在南師古曰復音扶目反三絳蘇示尼江在西北師
古曰示讀曰祇尼古夷字闌師古曰音闌卑水孟康曰音班灊街師古曰灊音潛又音才心
反其下亦同青蛉臨池灊在北僕水出徼外東南至來惟入勞過郡二行千八百八十里則禺同山有
金馬碧雞應劭曰青蛉水出西東入江也師古曰蛉音零禺音愚○宋祁曰惟後作唯益州郡如淳云金形似
馬碧形似雞
益州郡武帝元封二年開莽曰就新屬益州應劭曰故滇王國也師古曰滇音顚其下並同戶八
萬一千九百四十六口五十八萬四百六十三○縣二
十四滇池大澤在西滇池澤在西北有黑水祠雙柏同勞銅瀨談虜
山迷水所出東至談稾入溫連然有鹽官俞元池在南橋水所出東至毋單入溫行千九百里
懷山出銅收靡南山臘涂水所出西北至越巂入繩過郡二行千二十里李奇曰靡音麻即升麻殺毒藥
所出也師古曰涂音迷穀昌秦臧牛蘭山即水所出南至雙柏入僕行八百二十里邪
龍味孟康曰音昧昆澤葉榆葉榆澤在東貪水首受青蛉南至邪龍入僕行五百
里師古曰葉音弋涉反律高西石空山出錫東南監町山出銀鉛師古曰監音呼鷄反町音挺不
韋雲南巂唐周水首受徼外又有類水西南至不韋行六百五十里弄棟東農
山毋血水出北至三絳南入繩行五百一十里比蘇師古曰比音頻二反賁古北采山出錫西羊山
出銀鉛南烏山出錫師古曰賁音奔毋棳橋水首受橋山東至中留入潭過郡四行二千一百二十里莽
曰有棳師古曰毋讀與無同棳音之悅反其字從木勝休河水東至毋棳入橋莽曰勝鱗健伶應劭
曰音鈴○宋祁曰健字郤本作建來唯從陡山出銅勞水出徼外東至麋泠入南海過郡三行三千五
百六十里師古曰陡音胡工反泠音零
牂柯郡武帝元鼎六年開莽曰同亭有柱蒲關屬益州應劭曰臨牂柯江也師古曰牂柯係船杙也華
陽國志云楚頃襄王時遣莊蹻伐夜郎軍至且蘭椓船於岸而步戰既滅夜郎以且蘭有椓船牂柯處乃改其
名爲牂柯杙音弋戶二萬四千二百一十九口十五萬三千三
百六十○縣十七故且蘭沅水東南至益陽入江過郡二行二千五百三十里
應劭曰故且蘭侯邑也且音苴師古曰音子閭反鐔封溫水東至廣鬱入鬱過郡二行五百六十里師
古曰鐔音尋又音淫鄨不狼山鄨水所出東入沅過郡二行七百三十里孟康曰鄨音鷩師古曰音不列反
漏臥應劭曰故漏臥侯國平夷同並應劭曰故同並侯邑並音伴談指宛
溫師古曰宛音於元反毋斂剛水東至潭中入潭莽曰有斂師古曰潭音大含反夜郎豚水東至
廣鬱都尉治莽曰同亭應劭曰故夜郎侯邑毋單師古曰毋讀與無同單音丹漏江西
隨麋水西受徼外東至麋泠入尚龍谿過郡二行千一百六里都夢壺水東南至麋泠入尚龍谿過
郡二行千一百六十里談稾師古曰稾音工老反進桑南部都尉治有關句町文象水東
至增食入鬱又有盧唯水來細水伐水莽曰從化應劭曰故句町國師古曰音劬挺
巴郡秦置屬益州應劭曰左氏巴子使韓服告楚戶十五萬八千六百四十
三口七十萬八千一百四十八○縣十一江州臨
江莽曰監江枳如淳曰音徒或音抵師古曰音之爾反閬中彭道將池在南彭道魚池在西南師
古曰閬音浪墊江孟康曰音重疊之疊朐忍容毋水所出南有橘官鹽官師古曰朐音劬安
漢是魚池在南莽曰安新宕渠符特山在西南潛水西南入灊徐曹水出東北南入灊徐谷師古曰
宕音徒浪反魚復江關都尉治有橘官應劭曰復音腹充國涪陵莽曰巴亭師古曰涪
音浮

前漢書卷二十八上考證

地理志上雷夏既澤注在濟陰城陽西北○臣召南按城陽當作成陽尚書疏亦訛城字蓋後人傳寫誤添土旁耳此成陽有堯冢靈臺漢時故縣在今濮州東南曹州東北若城陽國則在今莒州非雷夏澤所在也

淮沂其乂注淮出大復山沂出泰山○臣召南按志沂水出泰山郡蓋縣然則泰山乃郡名非謂沂水出泰山之麓也注與淮出大復對言竟似沂出東岳矣

泗濵浮磬○泗監本訛四今改正

荆河惟豫州注西南至荆山○荆山監本訛荆州從宋本改正

道嶓冢注嶓冢山在梁州南北○臣召南按南北當作西北各本俱誤

至于衡山注衡山江所經○臣召南按此本孔傳之誤也衡山湘水所經北去岷江甚遠安得謂江所經乎志明曰長沙國湘南禹貢衡山在東南矣

兼徐梁幽并夏周之制○兼監本訛并從宋本改

京兆尹故秦內史云云○顧炎武曰地理藝文二志小字皆孟堅本文其師古曰應劭曰服虔曰之類乃顏氏注也

又武帝建元六年分爲右內史○臣召南按百官公卿表曰內史景帝二年分置左內史右內史與此不同師古謂據史記知志誤按史記景紀二年秋但云置內史祋祤爲縣未云分置左右內史也未知師古何據若據本書表則孝景元年即書中大夫鼂錯爲左內史矣

華陰故陰晉秦惠文王五年更名寧秦○臣召南按史記秦本紀惠文王六年魏納陰晉更名寧秦非五年也當是傳寫之訛

湖武帝建元年更名湖○臣召南按建元下脫某年字宋本亦然

南陵沂水出藍田谷北至霸陵入霸水○臣召南按沂水當作滻水各本俱訛水經注引此條云滻水出藍田谷北至霸陵入霸水是其証也

左馮翊臨晉注臣瓚曰晉水在河之間○按河之間應作河之東言縣在河西岸而晉水入河在其東岸也

右扶風盩厔有長楊宮○監本訛長陽宮從宋本改正

弘農郡宜陽在黽池有鐵官也○臣召南按在黽池有鐵官也七字乃郡戶口下自注有鐵官在黽池誤衍于此宜陽與黽池各自爲縣使宜陽有鐵官安得在黽池耶一文重見刊誤不言何也

太原郡榆次梗陽鄉魏戊邑○戊監本訛戍今據左傳史記改正又陽曲注師古曰隋文帝自以姓楊監本訛姓陽今改正

上黨郡沾大黽谷清漳水所出東北至阜城入大河○臣召南按宋本監本及別本俱作至邑成入大河非也漢無邑成縣名阜城則勃海郡屬縣也尚書孔疏史記索隱並引此條曰東北至阜城入大河可爲確証今從之

河南郡梁墨狐聚云云注應劭云云○監本梁下脫班志本文墨狐聚以下二十四字又脫應劭注十八字今從宋本添

東郡東武陽禹治漯水云云○按禹治應作禹貢各本俱誤

潁川郡有工官○工官監本訛二官今改正

汝南郡莽曰汝汾分爲賞都尉○臣召南按汝汾當是汝墳之訛分爲賞都尉當是賞都郡之訛蓋莽改汝南郡曰汝墳郡又分置賞都郡耳

南陽郡雉衡山澧水所出東至鄾入汝○臣召南按漢無鄾縣以水經注証之鄾字自是郾字之訛郾潁川郡屬縣也然師古云鄾音屋則唐初本已訛矣

平氏淮水所出東南至淮陵入海○臣召南按淮陵當作淮浦各本俱誤淮浦故城在今東安縣淮水於此入海若淮陵故城在今盱眙縣西北去海尚遠水經曰淮水東至淮浦入海是也

南郡江陵秦拔我郢徙東○臣召南按徙東當作徙陳此頃襄王二十一年事也志於九江壽春邑自注曰楚考烈王自陳徙此即與此文相應各本俱誤

山陽郡平樂包水東北至沛入泗○臣召南按沛非縣名蓋沛字之訛水經注引此文云泡水東北至沛入泗是也

濟陰郡秺注孟康曰音妒○妒監本訛如從宋本改正

勃海郡千童注宋祁曰千當作平○臣召南按宋說非也自是千萬之千不當作平水經注可証

平原郡樓虛○臣召南按當作楊虛各本俱誤文帝封

齊悼惠王子爲楊虛侯後漢光武封馬武爲楊虛侯即此縣也水經注可証

濟南郡鄒○臣召南按宋本監本及别本俱以鄒爲一縣平臺爲一縣此大誤也鄒平故城在今鄒平縣北與騶縣屬魯國者不同臺縣即高祖封功臣戴野爲侯者與常山郡所屬之平臺縣宣帝封史元爲侯者又不同也當以鄒平連寫

泰山郡蓋臨樂子山洙水所出西北至蓋入池水○臣召南按池水應作泗水水經注引此文云西北至蓋入泗水或作池字字誤也觀此則酈道元以前本已訛作入池水矣

南武陽冠石山治水所出○按水經注冠石山洛水所出

東萊郡曲成○臣世駿按郊祀志作曲城孝武紀祀參山八神于曲城皆作曲城而後書郡國志則與此志同

琅邪郡長廣奚養澤在西○按奚字應作豯

横故山名台水所出東南至東武入淮○臣召南按名台水當作久台水久名字形相近而誤耳又按入淮之淮即潍水也志中亦作維亦作淮如朱虛之汶水曰入維靈門之浯水横縣之久台水折泉之折泉水並曰入淮實皆入潍水耳今俗猶呼此水爲東淮河知自漢已然矣水經注引此志總曰入潍是也

折泉折泉水北至莫入淮○臣召南按漢無莫縣水經注引此文曰至箕縣北入潍然則莫字係箕字之訛也

臨淮郡富陵莽曰樑虜樑音朔○臣召南按樑音朔之上脱師古曰三字各本俱誤此顔注非班氏本文也

會稽郡冶師古曰本閩越地○臣召南按冶各本俱作治非也閩越傳曰秦并天下以其地爲閩中郡漢五年復立無諸爲閩越王王閩中故地都冶即此冶縣沈約宋書州郡志曰建安太守本閩越秦立爲閩中郡漢武世閩越反滅之徙其民于江淮間虛其地後有逃遁山谷者頗出立爲冶縣屬會稽是其說也玩師古說知古本必作冶今改正

丹陽郡丹陽楚之先熊繹所封○王楙曰熊繹所封在南郡秭歸之丹陽漢志乃以宛陵之丹陽爲楚所封誤矣

蜀郡湔氐道江水所出東南至江都入海過郡七行二千六百六十里○臣召南按里數大誤江爲南紀巨川自蜀至海即以地形東西直計亦五六千里況水道紆曲乎所謂過郡七七字共上不有脫文則字誤也且湘也漢也沅也皆入江之支水也漢由西縣東南至江州入江曰行二千七百六十里湘由零陵北至酃縣入江沅由故且蘭至益陽入江並曰行二千五百三十里以岷江之遠從西塞嶓折巴蜀襟帶荊揚其里數乃僅與沅湘埒反不如漢水之長乎此爲轉寫脫誤灼然易曉又按宋本旄牛下班氏自注鮮水若水云云之外有劉奉世曰里數蓋誤八字夫鮮若源出徼外里數難以測量疑此八字當注此條之下

益州郡來唯勞水出徼外東至麋冷入南海○臣召南按各本俱作麋冷又牂柯郡西隨麋水至麋冷入尚龍谿亦作麋冷誤也麋冷交趾郡之屬縣今改正

前漢書卷二十八下

漢　蘭臺令史班固撰

唐正議大夫行祕書少監琅邪縣開國子顔師古注

地理志第八下

武都郡武帝元鼎六年置莽曰樂平應劭曰故白馬氐羌戶五萬一千三百七十六口二十三萬五千五百六十○縣九　武都東漢水受氐道水一名沔過江夏謂之夏水入江天池大澤在縣西莽曰循虜師古曰以有天池大澤故謂之都　上祿　故道莽曰善治　河池泉街水南至沮入漢行五百二十里莽曰樂平亭師古曰華陽國志云一名仇池地方百頃　平樂道　沮沮水出東狼谷南至沙羡南入江過郡五行四千里荊州川師古曰沮音千余反又音夷　嘉陵道　循成道　下辨道莽曰揚德師古曰辨音步見反

隴西郡秦置莽曰厭戎應劭曰有隴坻在其西也師古曰隴坻謂隴阪即今之隴山也此郡在隴之西故曰隴西坻音丁計反又音底戶五萬三千九百六十四口二十三萬六千八百二十四有鐵官鹽官○縣十一　狄道白石山在東莽曰操虜師古曰其地有狄種故云狄道　上邽應劭曰史記故邽戎邑也師古曰邽音圭　安故　氐道禹貢養水所出至武都爲漢莽曰亭道師古曰氐夷種名也氐之所居故曰氐道氐音丁奚反養音弋向反字本作漾或作瀁　首陽禹貢鳥鼠同穴山在西南渭水所出東至船司空入河過郡四行千八百七十里雍州寖　予道莽曰德道　大夏莽曰順夏　羌道羌水出塞外南至陰平入白水過郡三行六百里師古曰水經云羌水出羌中參谷　襄武莽曰相桓　臨洮洮水出西羌中北至枹罕東入河禹貢西頃山在縣西南部都尉治也師古曰洮音吐高反枹讀曰膚頃讀曰傾　西禹貢嶓冢山西漢所出南入廣漢白水東南至江州入江過郡四行二千七百六十里莽曰西治

金城郡昭帝始元六年置莽曰西海應劭曰初築城得金故曰金城臣瓚曰稱金取其堅固也故墨子曰雖金城湯池師古曰瓚說是也一云以郡在京師之西故謂金城金西方之行戶三萬八千四百七十口十四萬九千六百四十八○縣十三　允吾烏亭逆水出參街谷東至枝陽入湟莽曰脩遠應劭曰允吾音鈆牙　浩亹浩亹水出西塞外東至允吾入湟水莽曰興武孟康曰浩亹音合門師古曰浩音誥浩水名也亹者水流峽山岸深若門也詩大雅曰鳧鷖在亹亦其義也今俗呼此水爲閤門河蓋疾言之浩爲閤耳湟音皇　令居澗水出西北塞外至縣西南入鄭伯津莽曰罕虜孟康曰令音連師古曰令音零　枝陽　金城莽曰金屏　榆中　枹罕應劭曰故罕羌侯邑也枹音鈇師古曰枹讀曰膚本枹鼓字也其字從木　白石離水出西塞外東至枹罕入河莽曰順礫應劭曰白石山在東○宋祁曰礫一本作樂　河關積石山在西南羌中河水行塞外東北入塞內至章武入海過郡十六行九千四百里　破羌宣帝神爵二年置　安夷　允街宣帝神爵二年置莽曰脩遠孟康曰允音鈆　臨羌西北至塞外有西王母石室僊海鹽池北則湟水所出東至允吾入河西有須抵池有弱水昆侖山祠莽曰鹽羌師古曰闞駰云西有卑和羌即獻王莽地爲西海郡者也抵音丁禮反

天水郡武帝元鼎三年置莽曰塡戎明帝改曰漢陽師古曰秦州地記云郡前湖水冬夏無增減因以名焉塡音竹眞反其後並同戶六萬三百七十口二十六萬一千三百四十八○縣十六　平襄莽曰平相師古曰闞駰云故襄戎邑也　街泉　戎邑道莽曰塡戎亭　望垣莽曰望亭　罕开應劭曰音羌肩反師古曰本破罕开之羌處其人於此因以名云　緜諸道　阿陽　略陽道　冀禹貢朱圄山在縣南梧中聚莽曰冀治師古曰續漢郡國志云有緹羣山落門聚圄讀與圉同　勇士屬國都尉治滿福莽曰紀德師古曰即今主土俗呼爲健士者也隋室之初避皇太子諱因而遂改○宋祁曰主土當刪主字　成紀　清水莽曰識睦　奉捷　隴師古曰今呼隴城縣者也　獂道騎都尉治密艾亭應劭曰獂戎邑也音桓　蘭干莽曰蘭盾

武威郡故匈奴休屠王地武帝太初四年開莽曰張掖師古曰休音許虯反屠音直閭反其後並同戶萬七千五百八十一口七萬六千四百一十九○縣十　姑臧南山谷水所出北至武威入海行七百九十里　張掖　武威休屠澤在東北古文以爲豬野澤　休屠莽曰晏然都尉治熊水障北部都尉治休屠城　揟次莽曰播德孟康曰揟音子如反次音咨諸本作恣　鸞鳥○宋祁曰鳥郃本作烏　樸剽莽曰敷虜孟康曰音蒲環　媼圍南山松陝水所出北至揟次入海莽曰射楚師古曰松古松字也陝音下夾反兩山之間也松陝陝名　蒼松　宣威

張掖郡故匈奴昆邪王地武帝太初元年開莽曰設屏應劭曰張國臂掖故曰張掖也師古曰昆音胡門反戶二萬四千三百五十二口八萬八千七百三十一○縣十　觻得千金渠西至樂涫入澤中羌谷水出羌中東北至居延入海過郡二行二千二百里莽曰官式應劭曰觻得渠西入澤羌谷孟康曰觻音鹿師古曰孟音是也涫音官其下並同　昭武莽曰渠武　刪丹桑欽以爲道弱水自此西至酒泉合黎莽曰貫虜　氐池莽曰否武　屋蘭莽曰傳武　日勒都尉治澤索谷莽曰勒治師古曰澤音鐸索音先各反　驪靬莽曰揭虜李奇曰音遲虔如淳曰音弓靬師古曰驪音力遲反靬音虔是也今其土俗人呼驪靬疾言之曰力虔揭音其謁反　番和農都尉治莽曰羅虜如淳曰番音盤　居延居延澤在東北古文以爲流沙都尉治莽曰居成師古曰闞駰云武帝使伏波將軍路博德築遮虜障於居延城　顯美

酒泉郡武帝太初元年開莽曰輔平應劭曰其水若酒故曰酒泉也師古曰舊俗傳云城下有金泉泉味如酒戶萬八千一百三十七口七萬六千七百二十六○縣九　祿福呼蠶水出南羌中東北至會水入羌谷莽曰顯德　表是莽曰載武　樂涫莽曰樂亭　天依師古曰音衣此地有天依阪故以名　玉門莽曰輔平亭師古曰闞駰云漢罷玉門關屯徙其人於此　會水北部都尉治偃水障東部都尉治東部障莽曰蕭武師古曰闞駰云衆水所會故曰會水　池頭　綏彌如淳曰音安彌　乾齊西部都尉治西部障莽曰測虜孟康曰乾音干

敦煌郡武帝後元年分酒泉置正西關外有白龍堆沙有蒲昌海莽曰敦德應劭曰敦大也煌盛也敦音屯戶萬一千二百口三萬八千三百三十五○縣六　敦煌中部都尉治步廣候官杜林以爲古瓜州地生美瓜莽曰敦德師古曰即春秋左氏傳所云允姓之戎居于瓜州者也其地今猶出大瓜長者狐入瓜中食之首尾不出　冥安南籍端水出南羌中西北入其澤溉民田應劭曰冥水出北入其澤　效穀師古曰本漁澤障也桑欽說孝武元封六年濟南崔不意爲魚澤尉教力田以勤效得穀因立爲縣名　淵泉師古曰闞駰云地多泉水故以爲名○宋祁曰淵泉一本作拼　廣至宜禾都尉治昆侖障莽曰廣桓　龍勒有陽關玉門關皆都尉治氐置水出南羌中東北入澤溉民田

安定郡武帝元鼎三年置戶四萬二千七百二十五口十四萬三千二百九十四○縣二十一　高平莽曰鋪睦　復累師古曰復音服累音力追反　安俾孟康曰俾音卑　撫夷莽曰撫寧　朝那有端旬祠十五所胡巫祝又有湫淵祠應劭曰史記故戎那邑也師古曰湫音子由反　涇陽开頭山在西禹貢涇水所出東南至陽陵入渭過郡三行千六十里雍州川師古曰开音苦見反又音牽此山在今靈州東南土俗語訛謂之汧屯山　臨涇莽曰監涇　鹵灈水出西師古曰灈音其于反　烏氏烏水出西北入河都盧山在西莽曰烏亭師古曰氏音支　陰密詩密人國有闔安亭師古曰即詩大雅所云密人不恭敢距大邦者　安定　參䜌主騎都尉治師古曰䜌音力全反　三水屬國都尉治有鹽官莽曰廣延亭　陰槃　安武莽曰安桓　祖厲莽曰鄉禮應劭曰祖音置師古曰厲音賴　爰得　眴卷河水別出爲河溝東至富平北入河應劭曰眴音旬日之旬卷音箘簬之箘　彭陽　鶉陰　月氏道莽曰月順應劭曰氏音支

北地郡秦置莽曰威成戶六萬四千四百六十一口二十一萬六百八十八○縣十九　馬領師古曰川形似馬領故以爲名領頸也　直路沮水出東西入洛○宋祁曰洛疑作路　靈武莽曰威成亭　富平北部都尉治神泉障渾懷都尉治塞外渾懷障莽曰特武師古曰渾音胡昆反　靈州惠帝四年置有河奇苑號非苑莽曰令周師古曰苑謂馬牧也水中可居者曰洲此地在河之洲隨水高下未嘗淪沒故號靈洲又曰河奇也二苑皆在北焉　昫衍應劭曰昫音煦師古曰音香于反　方渠　除道莽曰通道　五街莽曰吾街　鶉孤　歸德洛水出北蠻夷中入河有堵苑白馬苑○宋祁曰歸德景本無德字　回獲　略畔道莽曰延年道師古曰有略畔山今在慶州界其土俗呼曰洛盤音訛耳　泥陽莽曰泥陰應劭曰泥水出郁郅北蠻中　郁郅泥水出北蠻夷中有牧師苑官莽曰功著師古曰郁音於六反郅音之日反　義渠道莽曰義溝　弋居有鹽官　大要師古曰要即古要字也音一遙反　廉卑移山在西北莽曰西河亭

上郡秦置高帝元年更爲翟國七月復故匈歸都尉治塞外匈歸障屬并州師古曰匈歸者言匈奴歸附戶十萬三千六百八十三口六十萬六千六百五十八○縣二十三　膚施有五龍山帝原水黃帝祠四所　獨樂有鹽官　陽周橋山在南有黃帝冢莽曰上陵畤　木禾　平都　淺水莽曰廣信　京室莽曰積粟　洛都莽曰卑順　白土圜水出西東入河莽曰黃土師古曰圜音銀其釋在下　襄洛莽曰上黨亭

原都 漆垣莽曰漆牆 奢延莽曰奢節 雕陰應劭曰雕山在西南 推邪莽曰排邪師古曰邪音似嗟反 楨林莽曰楨幹師古曰楨音貞 高望北部都尉治莽曰堅寧 雕陰道 龜茲屬國都尉治有鹽官應劭曰音丘慈師古曰龜茲國人來降附者處之於此故以名云 定陽應劭曰在定水之陽 高奴有洧水可𪊨莽曰利平師古曰𪊨古然火字 望松北部都尉治 宜都莽曰堅寧小邑

西河郡武帝元朔四年置南部都尉治塞外翁龍埤是莽曰歸新屬并州師古曰翁龍埤是二障名也埤音婢 戶十三萬六千三百九十，口六十九萬八千八百三十六。縣三十六：富昌有鹽官莽曰富成 騶虞 鵠澤孟康曰鵠音告師古曰音古督反 平定莽曰陰平亭 美稷屬國都尉治 中陽 樂街莽曰截虜 徒經莽曰廉恥 皋狼 大成莽曰好成 廣田莽曰廣翰 圜陰惠帝五年置莽曰方陰師古曰圜字本作圁縣在圁水之陰因以為名也王莽改為方陰則是當時已誤為圜字今有銀州銀水即是舊名猶存但字變耳 益蘭莽曰香蘭 平周 鴻門有天封苑火井祠火從地出也 藺 宣武莽曰討貉 千章 增山有道西出眩雷塞北部都尉治師古曰眩音州縣之縣 圜陽師古曰此縣在圜水之陽 廣衍 武車莽曰桓車 虎猛西部都尉治 離石 穀羅武澤在西北 饒莽曰饒衍 方利莽曰廣德 隰成莽曰慈平亭 臨水莽曰監水 土軍 西都莽曰五原亭 平陸 陰山莽曰山寧 觬是莽曰伏觬蘇林曰音麑師古曰觬音倪其字從角 博陵莽曰助桓 鹽官

朔方郡武帝元朔二年開西部都尉治窳渾莽曰溝搜屬并州師古曰窳音庾渾音魂 戶三萬四千三百三十八，口十三萬六千六百二十八。縣十：三封武帝元狩三年城 朔方金連鹽澤青鹽澤皆在南莽曰武符 脩都 臨河莽曰監河 呼遒師古曰遒音在由反 窳渾有道西北出雞鹿塞屠申澤在東莽曰極武 渠搜中部都尉治莽曰溝搜 沃壄武帝元狩三年城有鹽官莽曰綏武 廣牧東部都尉治莽曰鹽官 臨戎武帝元朔五年城莽曰推武

五原郡秦九原郡武帝元朔二年更名東部都尉治稒陽莽曰獲降屬并州師古曰稒音固 戶三萬九千三百二十二，口二十三萬一千三百二十八。縣十六：九原莽曰成平 固陵莽曰固調 五原莽曰填河亭 臨沃莽曰振武 文國莽曰繁聚 河陰 蒲澤屬國都尉治 南興莽曰南利 武都莽曰桓都 宜梁 曼柏莽曰延柏師古曰曼音萬 成宜中部都尉治原高西部都尉治田辟有鹽官莽曰艾虜師古曰辟讀曰壁 稒陽北出石門障得光祿城又西北得支就城又西北得頭曼城又西北得虖河城又西得宿虜城莽曰固陰師古曰曼音莫安反虖音呼 莫䵣如淳曰䵣音怛師古曰音丁葛反 西安陽莽曰鄣安 河目

雲中郡秦置莽曰受降屬并州 戶三萬八千三百三，口十七萬三千二百七十。縣十一：雲中莽曰遠服 咸陽莽曰賁武 陶林東部都尉治 楨陵緣胡山在西北西部都尉治莽曰楨陸 犢和 沙陵莽曰希恩 原陽 沙南 北輿中部都尉治師古曰闞駰云廣陵有輿故此加北 武泉莽曰順泉 陽壽莽曰常得

定襄郡高帝置莽曰得降屬并州 戶三萬八千五百五十九，口十六萬三千一百四十四。縣十二：成樂 桐過莽曰椅桐師古曰過音工禾反 都武莽曰通德 武進白渠水出塞外西至沙陵入河西部都尉治莽曰伐蠻 襄陰 武皋荒干水出塞外西至沙陵入河中部都尉治莽曰永武 駱莽曰遮要 安陶莽曰逆符 武城莽曰桓就 武要東部都尉治莽曰厭胡師古曰厭音一葉反其下並同 定襄莽曰著武 復陸莽曰聞武師古曰復音服

鴈門郡秦置句注山在陰館莽曰填狄屬并州 戶七萬三千一百三十八，口二十九萬三千四百五十四。縣十四：善無莽曰陰館 沃陽鹽澤在東北有長丞西部都尉治莽曰敬陽 繁時莽曰當要師古曰時音止 中陵莽曰遮害 陰館樓煩鄉景帝後三年置累頭山治水所出東至泉州入海過郡六行千一百里莽曰富代師古曰累音力追反治音弋之反燕刺王傳作台字 樓煩有鹽官應劭曰故樓煩胡地 武州莽曰桓州 泩陶孟康曰音注○宋祁曰泩景本作汪音任 劇陽莽曰善陽 崞莽曰崞張孟康曰崞音郭 平城東部都尉治莽曰平順 埒莽曰填狄亭 馬邑莽曰章昭師古曰晉太康地記云秦時建此城輒崩不成有馬周旋馳走反覆父老異之因依以築城遂名為馬邑 彊陰諸聞澤在東北莽曰伏陰

代郡秦置莽曰厭狄有五原關常山關屬幽州應劭曰故代國 戶五萬六千七百七十一，口二十七萬八千七百五十四。縣十八：桑乾莽曰安德孟康曰乾音干 道人莽曰道仁師古曰本有仙人遊其地因以為名 當城師古曰當桓都城故曰當城 高柳西部都尉治 馬城東部都尉治 班氏秦地圖書班氏莽曰班副 延陵 狋氏莽曰狋聚孟康曰狋音權氏音精 且如于延水出塞外東至寧入沽中部都尉治師古曰且音子余反沽音姑又音故 平邑莽曰平胡 陽原 東安陽莽曰竟安師古曰闞駰云五原有安陽故此加東也 參合 平舒祁夷水北至桑乾入沽莽曰平葆 代莽曰厭狄亭應劭曰故代國 靈丘滱河東至文安入大河過郡五行九百四十里并州川應劭曰武靈王葬此因氏焉臣瓚曰靈丘之號在武靈王之前也師古曰瓚說是也滱音寇又音苦侯反其下並同 廣昌淶水東南至容城入河過郡三行五百里并州寖莽曰廣屏師古曰淶音來 鹵城虖池河東至參合入虖池別過郡九行千三百四十里并州川從河東至文安入海過郡六行千三百七十里莽曰魯盾師古曰虖音呼池音徒河反

上谷郡秦置莽曰朔調屬幽州 戶三萬六千八，口十一萬七千七百六十二。縣十五：沮陽莽曰沮陰孟康曰沮音俎 泉上莽曰塞泉 潘莽曰樹武師古曰潘音普半反 軍都溫餘水東至路南入沽 居庸有關 雊瞀孟康曰音句無師古曰雊音工豆反瞀音莫豆反 夷輿莽曰朔調亭 寧西部都尉治莽曰博康 昌平莽曰長昌 廣寧莽曰廣康 涿鹿莽曰抪陸應劭曰黃帝所與蚩尤戰于涿鹿之野 且居樂陽水出東南入海莽曰久居 茹莽曰穀武 女祁東部都尉治莽曰祁 下落莽曰下忠

漁陽郡秦置莽曰通路屬幽州 戶六萬八千八百二，口二十六萬四千一百一十六。縣十二：漁陽沽水出塞外東南至泉州入海行七百五十里有鐵官莽曰得漁 狐奴莽曰舉符 路莽曰通路亭 雍奴 泉州有鹽官莽曰泉調 平谷 安樂 厗奚莽曰敦德孟康曰厗音題字或作蹏 獷平莽曰平獷服虔曰獷音鞏師古曰又音九永反 要陽都尉治莽曰要術 白檀洫水出北蠻夷師古曰洫音呼鵙反 滑鹽莽曰匡德應劭曰明帝更名鹽

右北平郡秦置莽曰北順屬幽州 戶六萬六千六百八十九，口三十二萬七百八十。縣十六：平剛 無終故無終子國浭水西至雍奴入海過郡二行六百五十里師古曰浭音庚即下所云入庚者同一水也 石成 廷陵莽曰鋪武 俊靡灅水南至無終東入庚莽曰俊麻師古曰灅音力水反又音郎賄反○宋祁曰灅當作灅 薋都尉治莽曰裒睦師古曰薋音才私反 徐無莽曰北順亭 字榆水出東 土垠師古曰垠音銀 白狼莽曰伏狄師古曰有白狼山故以名縣 夕陽有鐵官莽曰夕陰 昌城莽曰淑武 驪成大揭石山在縣西南莽曰揭石師古曰揭音桀 廣成莽曰平虜 聚陽莽曰篤睦 平明莽曰平陽

遼西郡秦置有小水四十八并行三千四十六里屬幽州 戶七萬二千六百五十四，口三十五萬二千三百二十五。縣十四：且慮有高廟莽曰鉏慮師古曰且音子余反慮音廬 海陽龍鮮水東入封大水封大水緩虛水皆南入海有鹽官 新安平夷水東入塞外 柳城馬首山在西南參柳水北入海西部都尉治 令支有孤竹城莽曰令氏亭應劭曰故伯夷國今有孤竹城孟康曰支音秖師古曰令又音郎定反 肥如玄水東入濡水濡水南入海陽又有盧水南入玄莽曰肥而應劭曰肥子奔燕燕封於此也師古曰濡音乃官反○宋祁曰入玄當作入畜 賓從莽曰勉武 交黎渝水首受塞外南入海東部都尉治莽曰禽虜應劭曰今昌黎師古曰渝音喻其下並同 陽樂 狐蘇唐就水至徒河入海 徒河莽曰河福 文成莽曰言虜 臨渝渝水首受白狼東入塞外又有侯水北入渝莽曰馮德師古曰馮讀曰憑 絫下官水南入海又有揭石水賓水皆南入官莽曰選武師古曰絫音力追反

遼東郡秦置屬幽州 戶五萬五千九百七十二，口二十七萬二千五百三十九。縣十八：襄平有牧師官莽曰昌平 新昌 無慮西部都尉治應劭曰慮音閭師古曰即所謂醫巫閭 望平大遼水出塞外南至安市入海行千二百五十里莽曰長說師古曰說讀曰悅 房 候城中部都尉治 遼隊莽曰順睦師古曰隊音遂 遼陽大梁水西南至遼陽入遼莽曰遼陰 險瀆應劭曰朝鮮王滿都也依水險故曰險瀆臣瓚曰王險城在樂浪郡浿水之東此自是險瀆也師古曰瓚說是也浿音普大反 居就室偽山室偽水所出北至襄平入梁也 高顯 安市 武次東部都尉治莽曰桓次 平郭有鐵官鹽官 西安平莽曰北安平 文莽曰文亭 番汗沛水出塞外西南入海應劭曰汗水出塞外西南入海番音盤師古曰沛音普蓋反汗音寒 沓氏應劭曰沓水也音長答反師古曰凡言氏者皆謂因之而立名

元菟郡武帝元封四年開高句驪莽曰下句驪屬幽州應劭曰故真番朝鮮胡國 戶四萬五千六，口二十二萬一千八百四十五。縣三：高句驪遼山遼水所出西南至遼隊入大遼水又有南蘇水西北經塞外應劭曰故句驪胡 上殷台莽曰下殷如淳曰台音鮐師古曰音胎 西蓋馬馬訾水西北入鹽難水西南至西安平入海過郡二行二千一百里莽曰元菟亭

樂浪郡武帝元封三年開莽曰樂鮮屬幽州應劭曰故朝鮮國也師古曰樂音洛浪音狼 戶六萬二千八百一十二，口四十萬六千七百四十八。有雲鄣。○縣二十五：朝鮮應劭曰武王封箕子於朝鮮 䛁邯孟康曰䛁音男師古曰䛁音乃甘反邯音酣 浿水水西至增地入海莽曰樂鮮亭師古曰浿音普大反 含資帶水西至帶方入海 黏蟬服虔曰蟬音提 遂成 增地莽曰增土 帶方 駟望 海冥莽曰海桓 列口 長岑 屯有 昭明南部都尉治 鏤方 提奚 渾彌師古曰渾音下昆反 吞列分黎山列水所出西至黏蟬入海行八百二十里 東暆應劭曰音移 不而東部都尉治 蠶台師古曰台音胎 華麗 邪頭昧孟康曰昧音妹 前莫 夫租

南海郡秦置秦敗尉佗王此地武帝元鼎六年開屬交州 戶萬九千六百一十三，口九萬四千二百五十三。有圃羞官。○縣六：番禺尉佗都有鹽官如淳曰番音潘禺音愚 博羅 中宿有洭浦官師古曰洭音匡 龍川師古曰裴氏廣州記云本博羅縣之東鄉也有龍穿地而出即穴流泉因以為號 四會 揭陽莽曰南海亭韋昭曰揭音其逝反師古曰音竭

鬱林郡故秦桂林郡屬尉佗武帝元鼎六年開更名有小谿川水七并行三千一百一十里莽曰鬱平屬交州 戶萬二千四百一十五，口七萬一千一百六十二。○縣十二：布山 安廣 阿林 廣鬱鬱水首受夜郎豚水東至四會入海過郡四行四千三十里 中留師古曰留音力救反水名 桂林 潭中莽曰中潭師古曰潭音大含反 臨塵朱涯水入領方又有斤員水又有侵離水行七百里莽曰監塵○宋祁曰員郡本作南 定周水首受無斂東入潭行七百九十里 增食驩水首受牂柯東界入朱涯水行五百七十里 領方斤員水入鬱又有橋水都尉治師古曰橋音橋 雍雞有關

蒼梧郡武帝元鼎六年開莽曰新廣屬交州有離水關 戶二萬四千三百七十九，口十四萬六千一百六十。縣十：廣信莽曰廣信亭 謝沐有關 高要有鹽官 封陽應劭曰在封水之陽 臨賀莽曰大賀 端谿 馮乘 富川 荔浦有荔平關師古曰荔音隸 猛陵龍山合水所出南至布山入海莽曰猛陸

交趾郡武帝元鼎六年開屬交州○宋祁曰趾景本作止 戶九萬二千四百四十，口七十四萬六千二百三十七。○縣十：羸𨻻有羞官孟康曰羸音蓮𨻻音受土簍師古曰𨻻簍二字並音來口反 安定 苟屚師古曰屚古漏字 麊泠都尉治應劭曰麊音彌孟康曰音螟蛉師古曰音麋零 曲易師古曰易古陽字 北帶 稽徐師古曰稽音古奚反 西于 龍編師古曰編音鞭 朱䳒

合浦郡武帝元鼎六年開莽曰桓合屬交州 戶萬五千三百九十八，口七萬八千九百八十。○縣五：徐聞 高涼 合浦有關莽曰桓亭 臨允牢水北入高要入鬱過郡三行五百三十里莽曰大允 朱盧都尉治

九真郡武帝元鼎六年開有小水五十二并行八千五百六十里 戶三萬五千七百四十三，口十六萬六千一十三。有界關。○縣七：胥浦莽曰驩成 居風 都龐應劭曰龐音龍師古曰音龔 餘發 咸驩 無切都尉治 無編莽曰九真亭

日南郡故秦象郡武帝元鼎六年開更名有小水十六并行三千一百八十里屬交州師古曰言其在日之南所謂開北戶以向日者 戶萬五千四百六十，口六萬九千四百八十五。○縣五：朱吾 比景如淳曰日中於頭上景在己下故名之 盧容 西捲水入海有竹可為杖莽曰日南亭孟康曰捲音卷師古曰音權 象林

趙國故秦邯鄲郡高帝四年為趙國景帝三年復為邯鄲郡五年復故莽曰桓亭屬冀州 戶八萬四千二百二，口三十四萬九千九百五十二。○縣四：邯鄲堵山牛首水所出東入白渠趙敬侯自中牟徙此應劭曰邯山在東城下單盡也城郭從邑故加邑云師古曰邯音寒 易陽應劭曰易水出涿郡故安師古曰在易水之陽 柏人莽曰壽仁師古曰本晉邑 襄國故邢國西山渠水所出東北至任入寖又有蓼水馮水皆東至朝平入湡師古曰湡音藕又音牛吼反

廣平國武帝征和二年置為平干國宣帝五鳳二年復故莽曰富昌屬冀州 戶二萬七千九百八十四，口十九萬八千五百五十八。○縣十六：廣平 張 朝平 南和列葭水東入湡師古曰葭音家湡音斯 列人莽曰列治 斥章應劭曰漳水出治北入河其國斥鹵故曰斥章 任師古曰本晉邑也鄭皇頡奔晉晉為任大夫 曲周武帝建元四年置莽曰直周 南曲 曲梁侯國莽曰直梁 廣鄉 平利 平鄉 陽臺侯國 廣年莽曰富昌 城鄉

眞定國武帝元鼎四年置屬冀州戶三萬七千一百二十六口十七
萬八千六百一十六○縣四　眞定故東垣高帝十一年更名莽曰思治
稾城莽曰稾實師古曰稾音工老反　肥纍故肥子國師古曰纍音力追反　緜曼斯洨水首受太
白渠東至鄡入河莽曰緜延師古曰曼音萬鄡音口堯反
中山國高帝郡景帝三年爲國莽曰常山屬冀州應劭曰中山故國　戶十六萬八百
七十三口六十六萬八千八十○縣十四　盧奴應劭曰盧
水出右北平東入河　北平徐水東至高陽入博又有盧水亦至高陽入河有鐵官莽曰善和　北新
成桑欽言易水出西北東入滱莽曰朔平　唐堯山在南莽曰和親應劭曰故堯國也唐水在西張晏曰
堯爲唐侯國於此堯山在唐東北望都界　孟康曰晉荀吳伐鮮虞及中人今中人亭是　深澤莽曰翼和
苦陘莽曰北陘應劭曰章帝更名漢昌師古曰陘音刑　安國莽曰興睦　曲逆蒲陽山蒲水所出東入濡
又有蘇水亦東入濡莽曰順平張晏曰濡水於城北曲而西流故曰曲逆章帝醜其名改曰蒲陰在蒲水之陰
師古曰濡音乃官反　望都博水東至高陽入河莽曰順調張晏曰堯山在北堯母慶都山在南登堯山見
都山故以爲名　新市應劭曰鮮虞子國今鮮虞亭是　新處　毋極　陸成　安
險莽曰寧險應劭曰章帝更名安憙○宋祁曰寧險本作寧陰
信都國景帝二年爲廣川國宣帝甘露三年復故莽曰新博屬冀州應劭曰明帝更名樂安安帝改曰
安平○劉敞曰景帝前二年初封王子彭祖爲廣川王都信都四年徙趙國除爲信都郡中二年封皇子越爲
廣川王傳國至王汝陽廢當甘露四年也百官表成帝永始二年有信都太守是廣川削國除爲信都郡矣後
漢志劉昭註云安平故信都高帝置之疑此信都下註當云高帝置景帝二年爲廣川國宣帝甘露四年復故
又按志云景帝增六郡若信都高帝置則不及此數疑註當云景帝前二年爲廣川國四年爲信都郡中二年
復爲廣川國宣帝四年復故也　戶六萬五千五百五十六口三十萬四
千三百八十四○縣十七　信都王都故章河故虖沱皆在北東入海禹貢
絳水亦入海莽曰新博亭　歷莽曰歷寧　扶柳師古曰闞駰云其地有扶澤澤中多柳故曰扶柳　辟
陽莽曰樂信師古曰辟音璧　南宮莽曰序下　下博莽曰閏博應劭曰博水出中山望都入河　武
邑莽曰順桓　觀津莽曰觀臨師古曰觀音工喚反　高隄師古曰隄音丁奚反　廣川師古
曰闞駰云其縣中有長河爲流故曰廣川也至隋仁壽元年初立煬帝爲皇太子以避諱故改爲長河縣至今
爲名　樂鄉侯國莽曰樂丘　平隄侯國　桃侯國莽曰桓分　西梁侯國　昌成侯國　東昌侯國
莽曰田昌　脩莽曰脩治師古曰脩音條
河閒國故趙文帝二年別爲國莽曰朔定應劭曰在兩河之閒　戶四萬五千四十
三口十八萬七千六百六十二○縣四　樂成虖池別水首受
虖池河東至東光入虖池河莽曰陸信　候井　武隧莽曰桓隧師古曰隧音遂　弓高虖池
別河首受虖池河東至平舒入海莽曰樂成
廣陽國高帝燕國昭帝元鳳元年爲廣陽郡宣帝本始元年更爲國莽曰廣有　戶二萬七
百四十口七萬六百五十八○縣四　薊故燕國召公所封莽曰伐
戎　方城　廣陽　陰鄉莽曰陰順
菑川國故齊文帝十八年別爲國後并北海○劉敞曰按菑川與漢俱不見并北海時至建武年乃省
菑川入北海耳　戶五萬二千二百八十九口二十二萬七千三十一
○縣三　劇義山蕤水所出北至壽光入海莽曰俞應劭曰故紀國今紀亭是　東安平
菟頭山女水出東北至臨菑入鉅定孟康曰紀季以酅入于齊今酅亭是也師古曰闞駰云博陵有安平故此
加東酅音攜　樓鄉
膠東國故齊高帝元年別爲國五月復屬齊國文帝十六年復爲國莽曰郁秩　戶七萬二

千二口三十二萬三千三百三十一○縣八　卽墨有天
室山祠莽曰卽善　昌武　下密有三石山祠應劭曰密水出高密　壯武莽曰奘武　郁
秩有鐵官　挺師古曰挺音徒鼎反　觀陽應劭曰在觀水之陽師古曰觀音工喚反　鄒盧莽曰
始斯
高密國故齊文帝十六年別爲膠西國宣帝本始元年更爲高密國　戶四萬五百三
十一口十九萬二千五百三十六○縣五　高密莽曰章牟
昌安　石泉莽曰養信　夷安莽曰原亭應劭曰故萊夷維邑　成鄉莽曰順成
城陽國故齊文帝二年別爲國莽曰莒陵屬兗州　戶五萬六千六百四十二
口二十萬五千七百八十四○縣四　莒故國盈姓三十世爲楚所
滅少昊後有鐵官莽曰莒陵　陽都應劭曰齊人遷陽故陽國是　東安　慮莽曰著善
淮陽國高帝十一年置莽曰新平屬兗州孟康曰孝明帝更名陳國　戶十三萬五千
五百四十四口九十八萬一千四百二十三○縣九
陳故國舜後胡公所封爲楚所滅楚頃襄王自郢徙此莽曰陳陵　苦莽曰賴陵師古曰晉太康地記云城
東有賴鄉祠老子所生地　陽夏應劭曰夏音賈　寧平　扶溝渦水首受狼湯渠東至向入淮
過郡三行千里師古曰狼音浪湯音徒浪反渦音戈又音瓜　固始師古曰本名寢丘楚令尹孫叔敖所
封地　圉　新平　柘
梁國故秦碭郡高帝五年爲梁國莽曰陳定屬豫州師古曰以有碭山故名碭郡　戶三萬八
千七百九口十萬六千七百五十二○縣八　碭山出文石
莽曰節碭應劭曰碭山在東師古曰碭文石也其山出焉故以名縣碭音唐又音徒浪反　甾故戴國莽曰嘉
穀應劭曰章帝改曰考城　杼秋莽曰予秋師古曰杼音食汝反　蒙獲水首受甾獲渠東北至彭城入泗
過郡五行五百十里莽曰蒙恩　已氏莽曰已善　虞莽曰陳定亭　下邑莽曰下洽　睢陽
故宋國微子所封禹貢盟諸澤在東北師古曰睢音雖
東平國故梁國景帝中六年別爲濟東國武帝元鼎元年爲大河郡宣帝甘露二年爲東平國莽曰有
鹽屬兗州　戶十三萬一千七百五十三口六十萬七千九百
七十六有鐵官○縣七　無鹽有郈鄉莽曰有鹽亭師古曰郈音后　任城故任
國太昊後風姓莽曰延就亭　東平陸應劭曰古厥國今有厥亭是　富城莽曰成富　章
亢父詩亭故詩國莽曰順父師古曰音抗甫　樊
魯國故秦薛郡高后元年爲魯國屬豫州　戶十一萬八千四十五口六十
萬七千三百八十一○縣六　魯伯禽所封戶五萬二千有鐵官　卞泗水
西南至方與入沛過郡三行五百里青州川師古曰卽春秋僖十七年夫人姜氏會齊侯于卞者也方與音房
豫　汶陽莽曰汶亭應劭曰詩曰汶水湯湯師古曰卽左傳所云公賜季友汶陽之田者也　蕃南梁
水西至胡陵入沛渠應劭曰邾國也音皮師古曰自袁云陳蕃之子爲魯相國人爲諱改曰皮此說非也郡縣
之名土俗各有別稱不必皆依本字　騶故邾國曹姓二十九世爲楚所滅嶧山在北莽曰騶亭應劭曰邾文
公卜遷于嶧者也音驛　薛夏車正奚仲所國後遷于邳湯相仲虺居之
楚國高帝置宣帝地節元年更爲彭城郡黃龍元年復故莽曰和樂屬徐州　戶十一萬四
千七百三十八○宋祁曰十二邵本作十一　口四十九萬七千八百
四○縣七　彭城古彭祖國戶四萬一百九十六有鐵官　留　梧莽曰吾治　傅
陽故偪陽國莽曰輔陽師古曰偪音福左氏傳所云偪陽妘姓者也　呂　武原莽曰和樂亭
甾丘莽曰善丘
泗水國故東海郡武帝元鼎四年別爲泗水國莽曰水順　戶二萬五千二十五

口十一萬九千一百一十四○縣三　淩莽曰生夌應劭曰淩水所
出南入淮　泗陽莽曰淮平亭　于莽曰于屏
廣陵國高帝六年屬荊州十一年更屬吳景帝四年更名江都武帝元狩三年更名廣陵莽曰江平屬
徐州　戶三萬六千七百七十三口十四萬七百二十二有鐵
官○縣四　廣陵江都易王非廣陵厲王胥皆都此并得鄣郡而不得吳莽曰安定　江
都有江水祠渠水首受江北至射陽入湖　高郵　平安莽曰杜鄉
六安國故楚高帝元年別爲衡山國五年屬淮南文帝十六年復爲衡山武帝元狩二年別爲六安國
莽曰安風　戶三萬八千三百四十五口十七萬八千六百一
十六○縣五　六故國皋繇後偃姓爲楚所滅如水首受沘東北至壽春入芍陂師古曰
沘音比又音鄙芍音鵲　蓼故國皋繇後爲楚所滅　安豐禹貢大別山在西南莽曰美豐　安風
莽曰安風亭　陽泉
長沙國秦郡高帝五年爲國莽曰塡蠻屬荊州　戶四萬三千四百七十口
二十三萬五千八百二十五○縣十三　臨湘莽曰撫睦應劭
曰湘水出零山　羅應劭曰楚文王徙羅子自枝江居此師古曰盛弘之荊州記云縣北帶汨水水原出豫章
艾縣界西流注湘沿汨西北去縣三十里名爲屈潭屈原自沉處　連道　益陽湘山在北應劭
曰在益水之陽　下雋莽曰閏雋師古曰雋音字兗反又音辭兗反　攸音收　酃孟康曰音鈴　承
陽應劭曰承水之陽師古曰承水原出零陵永昌縣界東流注湘也承音烝　湘南禹貢衡山在東南荊
州山　昭陵　茶陵泥水西入湘行七百里莽曰聲鄉師古曰茶音弋奢反又音丈加反　容陵
安成廬水東至廬陵入湖漢莽曰思成
本秦京師爲內史師古曰京師天子所都畿內也秦并天下改立郡縣而京畿所統特號內
史言其在內以別於諸郡守也　分天下作三十六郡漢興以其郡太大
稍復開置又立諸侯王國武帝開廣三邊故自高祖增
二十六文景各六○宋祁曰各六越本作五十六　武帝二十八昭帝一
訖於孝平凡郡國一百三縣邑千三百一十四道三十
二侯國二百四十一地東西九千三百二里南北萬三
千三百六十八里提封田一萬萬四千五百一十三萬
六千四百五頃師古曰提封者大舉其封疆也　其一萬萬二百五十二
萬八千八百八十九頃邑居道路山川林澤羣不可墾
其三千二百二十九萬九百四十七頃可墾不可墾定
墾田○宋祁曰可墾下越本無不可墾三字淳化本無不墾二字邵本無可字　八百二十七
萬五百三十六頃民戶千二百二十三萬三千六十二
口五千九百五十九萬四千九百七十八漢極盛矣凡
民函五常之性師古曰函包也讀與含同　而其剛柔緩急音聲不同
繫水土之風氣故謂之風好惡取舍動靜亡常師古曰好音呼
到反惡音烏故反　隨君上之情欲故謂之俗孔子曰移風易俗
莫善於樂師古曰孝經載孔子之言　言聖王在上統理人倫必移其
本而易其末此混同天下壹之虖中和然後王教成也
漢承百王之末國土變改民人遷徙成帝時劉向略言
其地分○宋祁曰地字景本作域　丞相張禹使屬潁川朱贛條其風
俗猶未宣究故輯而論之師古曰輯與集同　終其本末著于篇

秦地於天官東井輿鬼之分壄也其界自弘農故關以
西京兆扶風馮翊北地上郡西河安定天水隴西南有
巴蜀廣漢犍爲武都西有金城武威張掖酒泉敦煌又
西南有牂柯越巂益州皆宜屬焉秦之先曰柏益出自
帝顓頊堯時助禹治水爲舜朕虞養育草木鳥獸賜姓
嬴氏師古曰柏益一號伯翳蓋翳益聲相近故也　歷夏殷爲諸侯至周有造
父師古曰造音千到反父讀曰甫　善馭習馬得華騮綠耳之乘師古曰華騮言
其色如華之赤也綠耳耳綠也　幸于穆王封于趙城故更爲趙氏後有
非子爲周孝王養馬汧渭之間孝王曰昔伯益知禽獸
子孫不絕迺封爲附庸邑之于秦○宋祁曰秦景本作橐　今隴西
秦亭秦谷是也至元孫氏爲莊公師古曰氏與是古通用字　破西
戎有其地子襄公時幽王爲犬戎所敗平王東遷雒邑
襄公將兵救周有功賜受郊酆之地列爲諸侯師古曰郊亦岐
字　後八世穆公稱伯以河爲竟師古曰伯讀曰霸竟讀曰境言其地界東至於
河　十餘世孝公用商君制轅田張晏曰周制三年一易以同美惡商鞅始割列
田地開立阡陌令民各有常制孟康曰三年爰土易居古制也末世浸廢商鞅相秦復立爰田上田不易中田
一易下田再易爰自在其田不復易居也食貨志曰自爰其處而已是也轅爰同　開仟伯師古曰南
北曰仟東西曰伯皆謂開田之疆畝也伯音莫白反　東雄諸侯子惠公初稱王得
上郡西河孫昭王開巴蜀滅周取九鼎昭王曾孫政并
六國稱皇帝負力怙威燔書阬儒自任私智至子胡亥
天下畔之故秦地於禹貢時跨雍梁二州詩風兼秦豳
兩國昔后稷封斄師古曰斄讀曰邰今武功故城是也　公劉處豳師古曰豳卽今豳
州栒邑是　太王徙郊師古曰今岐山縣是也　文王作酆師古曰今長安西北界靈臺鄉豐水
上是　武王治鎬師古曰今昆明池北鎬陂是　其民有先王遺風好稼穡
務本業故豳詩言農桑衣食之本甚備師古曰謂七月之詩　有鄠
杜竹林南山檀柘號稱陸海爲九州膏腴師古曰言其地高陸而饒
物產如海之無所不出故云陸海腴之下肥曰腴故取喻云　始皇之初鄭國穿渠引
涇水溉田師古曰鄭國人姓名事具在溝洫志　沃野千里師古曰沃卽溉也言千里之地
皆得溉灌　民以富饒漢興立都長安徙齊諸田楚昭屈景及
諸功臣家於長陵後世世徙吏二千石高訾富人及豪
桀并兼之家於諸陵師古曰訾讀與貲同高訾言多財也　蓋亦以彊幹弱
支非獨爲奉山園也如淳曰黃圖謂陵冢爲山師古曰謂京師爲幹四方爲支也　是
故五方雜厝晉灼曰厝古錯字　風俗不純其世家則好禮文富
人則商賈爲利豪桀則游俠通姦瀕南山師古曰瀕猶邊瀕音頻又
音賓　近夏陽師古曰夏陽卽河之西岸也今在同州韓城縣界　多阻險輕薄易爲
盜賊常爲天下劇又郡國輻湊浮食者多民去本就末
列侯貴人車服僭上衆庶放效羞不相及師古曰放依也音甫往反
嫁娶尤崇侈靡送死過度天水隴西山多林木民以板
爲室屋及安定北地上郡西河皆迫近戎狄脩習戰備
高上氣力以射獵爲先故秦詩曰在其板屋師古曰小戎之詩也

言襄公出征則婦人居板屋之中而念其君子又曰王于興師脩我甲兵與子偕行師古曰無衣之詩也言於王之興師則修我甲兵而與子俱征伐也及車轔四驖小戎之篇皆言車馬田狩之事師古曰車轔美秦仲大有車馬其詩曰有車轔轔有馬白顛四驖美襄公田狩也其詩曰四驖孔阜六轡在手輶車鸞鑣載獫猲獢小戎美襄公備兵甲討西戎其詩曰小戎俴收五楘梁輈文茵暢轂駕我騏馵龍盾之合鋈以觼軜驖音鐵輶音酋獫音力驗反獢音許昭反俴音踐楘音木輈音注鋈音沃觼音決軜音納○宋祁曰載當作驖漢興六郡良家子選給羽林期門如淳曰醫商賈百工不得豫也師古曰六郡謂隴西天水安定北地上郡西河羽林期門解在百官公卿表以材力爲官名將多出焉孔子曰君子有勇而亡誼則爲亂小人有勇而亡誼則爲盜師古曰論語載孔子對子路之言也故此數郡民俗質木不恥寇盜師古曰質木者無有文飾如木石然自武威以西本匈奴昆邪王休屠王地師古曰昆音下門反休音許虯反屠音除武帝時攘之師古曰攘卻也音人羊反初置四郡以通西域鬲絕南羌匈奴師古曰鬲與隔同其民或以關東下貧或以報怨過當師古曰過其本所殺或以誖逆亡道家屬徙焉師古曰誖亂也音布內反習俗頗殊地廣民稀水屮宜畜牧師古曰屮古草字故涼州之畜爲天下饒保邊塞二千石治之咸以兵馬爲務酒禮之會上下通焉吏民相親是以其俗風雨時節穀糴常賤少盜賊有和氣之應賢於內郡此政寬厚吏不苛刻之所致也巴蜀廣漢本南夷秦并以爲郡土地肥美有江水沃野山林竹木疏食果實之饒師古曰疏菜也南賈滇僰僮師古曰言滇僰之地多出僮隸也滇音顛僰音蒲北反○宋祁曰正文滇僰二字當刪西近邛莋莋馬旄牛師古曰言邛莋之地出馬及旄牛莋音才各反○宋祁曰正文莋莋當刪一莋字民食稻魚亡凶年憂俗不愁苦而輕易淫泆柔弱褊阸師古曰言其材質不彊而心念阸景武間文翁爲蜀守教民讀書法令未能篤信道德反以好文刺譏貴慕權埶及司馬相如游宦京師諸侯以文辭顯於世鄉黨慕循其迹後有王褒嚴遵揚雄之徒師古曰遵即嚴君平文章冠天下繇文翁倡其教相如爲之師師古曰繇讀與由同倡始也音充向反故孔子曰有教亡類師古曰論語載孔子之言言人之性術在所教耳無種類武都地雜氐羌及犍爲牂柯越巂皆西南外夷武帝初開置民俗略與巴蜀同而武都近天水俗頗似焉故秦地天下三分之一而人衆不過什三然量其富居什六秦幽吳札觀樂爲之歌秦師古曰札吳王壽夢子也來聘魯而請觀周樂事見左氏傳襄二十九年曰此之謂夏聲師古曰夏中國夫能夏則大大之至也其周舊乎自井十度至柳三度謂之鶉首之次秦之分也

魏地觜觿參之分野也師古曰觿音弋隨反其界自高陵以東盡河東河內南有陳留及汝南之召陵隱彊新汲西華長平師古曰召讀曰邵隱音於靳反又音殷潁川之舞陽郾許傿陵師古曰郾音一扁反傿音偃河南之開封中牟陽武酸棗卷師古曰卷音去權反皆魏分也河內本殷之舊都周既滅殷分其畿內爲三國詩風邶庸衞國是也師古曰自紂城而北謂之邶南謂之鄘東謂之衞邶音步內反字或作鄁鄘字或作鄘鄁以封紂子武庚庸管叔尹之衞蔡叔尹之以監殷民謂之三監師古曰武庚即祿父也尹主也管叔蔡叔皆武王之弟故書序曰武王崩三監畔師古曰周書大誥之序周公誅之盡以其地封弟康叔號曰孟侯以夾輔周室師古曰康叔亦武王弟也孟長也言爲諸侯之長遷邶庸之民于雒邑故邶庸衞三國之詩相與同風邶詩曰在浚之下師古曰凱風之詩也浚衞邑也音峻庸曰在浚之郊師古曰干旄之詩邶又曰亦流于淇師古曰泉水之詩河水洋洋師古曰今邶詩無此句庸曰送我淇上師古曰桑中之詩淇上淇水之上在彼中河師古曰柏舟之詩也中河河中也衞曰瞻彼淇奧師古曰淇奧之詩也奧水隈也音於六反河水洋洋師古曰碩人之詩也洋洋盛大也音羊又音翔故吳公子札聘魯觀周樂聞邶庸衞之歌曰美哉淵乎吾聞康叔之德如是是其衞風乎至十六世懿公亡道爲狄所滅齊桓公帥諸侯伐狄而更封衞於河南曹楚丘是爲文公師古曰曹及楚丘二邑名而河內殷虛更屬于晉師古曰殷虛汲郡朝歌縣也虛讀曰墟康叔之風既歇而紂之化猶存故俗剛彊多豪桀侵奪薄恩禮好生分師古曰生分謂父母在而昆弟不同財產河東土地平易有鹽鐵之饒本唐堯所居詩風唐魏之國也周武王子唐叔在母未生師古曰謂懷孕時武王夢帝謂己師古曰帝天也曰余名而子曰虞將與之唐屬之參師古曰屬音之欲反參音所林反及生名之曰虞至成王滅唐而封叔虞唐有晉水及叔虞子燮爲晉侯云故參爲晉星其民有先王遺教君子深思小人儉陋故唐詩蟋蟀山樞葛生之篇曰今我不樂日月其邁師古曰蟋蟀之詩也邁行也言日月行往將老而死也蟋音悉蟀音率宛其死矣它人是媮師古曰山有樞之詩也媮樂也言已儉吝死亡之後當爲它人所樂也媮音偷又音踰樞音甌百歲之後歸于其居師古曰葛生之詩也居謂墳墓也言死當歸于墳墓不能復爲樂也皆思奢儉之中念死生之慮師古曰中音竹仲反吳札聞唐之歌曰思深哉其有陶唐氏之遺民乎魏國亦姬姓也在晉之南河曲故其詩曰彼汾一曲師古曰汾沮洳之詩沮音子豫反洳音人豫反寘諸河之側師古曰伐檀之詩寘置也音之豉反自唐叔十六世至獻公滅魏以封大夫畢萬師古曰畢萬畢公高之後魏犨祖父滅耿以封大夫趙夙師古曰趙夙趙衰之兄及大夫韓武子食采於韓原師古曰韓武子韓厥之曾祖也本與周同姓食采於韓更爲韓氏此說依史記而與春秋傳者不同晉於是始大至于文公伯諸侯尊周室師古曰伯讀曰霸始有河內之土師古曰左氏傳所謂始啓南陽者吳札聞魏之歌曰美哉渢渢乎師古曰渢渢浮貌也言其中庸可與爲善可與爲惡也渢音馮以德輔此則明主也文公後十六世爲韓魏趙所滅三家皆自立爲諸侯是爲三晉趙與秦同祖韓魏皆姬姓也自畢萬後十世稱侯至孫稱王徙都大梁故魏一號爲梁七世爲秦所滅

周地柳七星張之分埜也今之河南雒陽穀城平陰偃師鞏緱氏是其分也昔周公營雒邑以爲在于土中諸侯蕃屏四方師古曰言雒陽四面皆有諸侯爲蕃屏故立京師至幽王淫褒姒以滅宗周子平王東居雒邑其後五伯更帥諸侯以尊王室師古曰伯讀曰霸解在刑法志更互也音工衡反故周於三代最爲長久八百餘年至於赧王乃爲秦所兼初雒邑與宗周通封畿韋昭曰通在二封之地共千里也師古曰宗周鎬京也方八百里八八六十四爲方百里者六十四也雒邑成周也方六百里六六三十六爲方百里者三十六二都得百里者百方千里也故詩云邦畿千里東西長而南北短短長相覆爲千里至襄王以河內賜晉文公又爲諸侯所侵故其分墜小師古曰墜古地字周人之失巧僞趨利貴財賤義高富下貧憙爲商賈不好仕宦師古曰憙音許吏反自柳三度至張十二度謂之鶉火之次周之分也

韓地角亢氐之分野也韓分晉得南陽郡及潁川之父城定陵襄城潁陽潁陰長社陽翟郟師古曰郟音工洽反即今郟城縣是也東接汝南西接弘農得新安宜陽皆韓分也及詩風陳鄭之國與韓同星分爲鄭國今河南之新鄭本高辛氏火正祝融之虛也師古曰虛讀曰墟後皆類此及成皋滎陽潁川之崇高陽城皆鄭分也本周宣王弟友爲周司徒食采於宗周畿內是爲鄭師古曰即今之華陰鄭縣鄭桓公問於史伯曰王室多故何所可以逃死史伯曰四方之國非王母弟甥舅則夷狄不可入也其濟洛河潁之間乎師古曰濟音子禮反子男之國虢會爲大師古曰會讀曰鄶字或作檜國在豫州外方之北滎播之南溱洧之間妘姓之國恃埶與險崇侈貪冒師古曰冒蒙也蔽於義理君若寄帑與賄周亂而敝必將背君師古曰帑讀與孥同謂妻子也君以成周之衆奉辭伐罪亡不克矣公曰南方不可乎對曰夫楚重黎之後也黎爲高辛氏火正昭顯天地以生柔嘉之材姜嬴荊芊實與諸姬代相干也師古曰代遞也干犯也姜伯夷之後也嬴伯益之後也伯夷能禮於神以佐堯伯益能儀百物以佐舜師古曰儀與宜同宜安也其後皆不失祀而未有興者周衰將起不可偪也桓公從其言乃東寄帑與賄虢會受之後三年幽王敗桓公死其子武公與平王東遷卒定虢會之地右雒左泲食溱洧焉師古曰溱洧二水也溱音臻洧音鮪土陿而險山居谷汲男女亟聚會師古曰亟屢也音丘吏反故其俗淫鄭詩曰出其東門有女如雲師古曰出其東門之詩鄭之東門也如雲言其衆多而往來不定又曰溱與洧方灌灌兮士與女方秉菅兮恂盱且樂惟士與女伊其相謔師古曰溱洧之詩也灌灌水流盛也菅蘭也恂信也盱大也伊惟也謔戲言也謂仲春之月二水流盛而士與女執芳草於其間以相贈遺信大樂矣惟以戲謔也灌音胡貫反菅音姦此其風也吳札聞鄭之歌曰美哉其細已甚民弗堪也是其先亡乎臣瓚曰謂音聲細弱也此衰弱之徵自武公後二十三世爲韓所滅陳國今淮陽之地陳本太昊之虛周武王封舜後媯滿於陳是爲胡公妻以元女大姬婦人尊貴好祭祀用史巫故其俗巫鬼陳詩曰坎其擊鼓宛丘之下亡冬亡夏值其鷺羽師古曰宛丘之詩也坎坎擊鼓聲四方高中央下曰宛丘值立也鷺鳥之羽以爲翿立之而舞以事神也無冬無夏言其恒也又曰東門之枌宛丘之栩子仲之子婆娑其下師古曰東門之枌之詩也東門陳國之東門也枌白榆也栩杼也子仲陳大夫之氏也婆娑舞貌也亦言於枌栩之下歌舞以娛神也枌音扶云反栩音許羽反杼音神汝反此其風也吳札聞陳之歌曰國亡主其能久乎師古曰言政由婦人不以君爲主也自胡公後二十三世爲楚所滅陳雖屬楚於天文自若其故○宋祁曰世字下淳化本有亦字潁川南陽本夏禹之國夏人上忠其敝鄙朴韓自武子後七世稱侯六世稱王五世而爲秦所滅秦既滅韓徙天下不軌之民於南陽師古曰不軌不循法度者故其俗夸奢上氣力好商賈漁獵臧匿難制御也宛西通武關東受江淮一都之會也宣帝時鄭弘召信臣爲南陽太守師古曰召讀曰邵治皆見紀信臣勸民農桑去末歸本郡以殷富潁川韓都士有申子韓非刻害餘烈師古曰申子申不害也烈業也高仕宦好文法民以貪遴爭訟生分爲失師古曰遴與吝同韓延壽爲太守先之以敬讓黃霸繼之教化大行獄或八年亡重罪囚南陽好商賈召父富以本業師古曰召父謂召信臣也勸其務農以致富潁川好爭訟分異黃韓化以篤厚君子之德風也小人之德草也信矣師古曰論語載孔子之言也曰君子之德風小人之德草也草上之風必偃言從教而化自東井六度至亢六度謂之壽星之次鄭之分野與韓同分

趙地昴畢之分埜趙分晉得趙國北有信都真定常山中山又得涿郡之高陽鄚州鄉師古曰鄚音莫東有廣平鉅鹿清河河間又得勃海郡之東平舒中邑文安東州成平章武河以北也南至浮水繁陽內黃斥丘西有太原定襄雲中五原上黨上黨本韓之別郡也遠韓近趙後卒降趙皆趙分也自趙夙後九世稱侯四世敬侯徙都邯鄲至曾孫武靈王稱王五世爲秦所滅趙中山地薄人衆猶有沙丘紂淫亂餘民晉灼曰言地薄人衆猶復有沙丘紂淫地餘民通係之於淫風而言之也不說沙丘在中山也○宋祁曰正文中山地下別本又一地字丈夫相聚游戲悲歌忼慨起則椎剽掘冢師古曰椎殺人而剽劫之也椎音直追反其字從木剽音頻妙反掘冢發冢也作姦巧多弄物爲倡優女子彈弦跕躧游媚富貴徧諸侯之後宮如淳曰跕音蹀足之蹀躧音屣臣瓚曰躡跟爲跕跓指爲躧師古曰跕音它頰反躧字與屣同屣謂小履之無跟者也跕謂輕躡之也邯鄲北通燕涿南有鄭衞漳河之間一都會也其土廣俗雜大率精急高氣埶輕爲姦太原上黨又多晉公族子孫以詐力相傾矜夸功名報仇過直師古曰直亦當也○宋祁曰一本傾下有務字嫁取送死奢靡師古曰取讀曰娶其下並同漢興號爲難治常擇嚴猛之將或任殺伐爲威父兄被誅子弟怨憤至告訐刺史二千石師古

曰許面相斥罪也音居列反又音居竭反○宋祁曰註相字邵本作猶或報殺其親屬鍾代石北迫近胡寇師古曰鍾所在未聞石山險之限在上曲陽民俗懻忮臣瓚曰懻音冀今北土名彊直爲懻中師古曰懻堅也忮恨也音章豉反好氣爲姦不事農商自全晉時已患其剽悍師古曰剽急也輕也悍勇也剽音頻妙反又音匹妙反悍音胡旦反而武靈王又益厲之故冀州之部盜賊常爲它州劇定襄雲中五原本戎狄地頗有趙齊衞楚之徒師古曰言四國之人被遷徙來居之其民鄙朴少禮文好射獵鴈門亦同俗於天文別屬燕

燕地尾箕分壄也武王定殷封召公於燕其後三十六世與六國俱稱王東有漁陽右北平遼西遼東西有上谷代郡鴈門南得涿郡之易容城范陽北新城故安涿縣良鄉新昌及勃海之安次皆燕分也樂浪玄菟亦宜屬焉燕稱王十世秦欲滅六國燕王太子丹遣勇士荊軻西刺秦王不成而誅秦遂舉兵滅燕薊南通齊趙勃碣之間一都會也師古曰薊燕之所都也勃勃海也碣碣石也此石著海旁揭揭然特立之貌也初太子丹賓養勇士不愛後宮美女民化以爲俗至今猶然賓客相過以婦侍宿嫁取之夕男女無別反以爲榮後稍頗止然終未改其俗愚悍少慮輕薄無威亦有所長敢於急人如淳曰赴人之急果於赴難也燕丹遺風也上谷至遼東地廣民希數被胡寇俗與趙代相類有漁鹽棗栗之饒北隙烏丸夫餘如淳曰有怨隙也或曰隙際也師古曰訓際是也烏丸本東胡也爲冒頓所滅餘類保烏丸山因以爲號夫餘在長城之北去元菟千里夫讀曰扶東賈眞番之利元菟樂浪武帝時置皆朝鮮濊貉句驪蠻夷師古曰濊音穢字或作薉其音同殷道衰箕子去之朝鮮師古曰史記云武王伐紂封箕子於朝鮮與此不同教其民以禮義田蠶織作樂浪朝鮮民犯禁八條師古曰八條不具見相殺以當時償殺相傷以穀償相盜者男沒入爲其家奴女子爲婢欲自贖者人五十萬雖免爲民俗猶羞之嫁取無所讎師古曰讎匹也一曰讎讀曰售是以其民終不相盜無門戶之閉婦人貞信不淫辟師古曰辟讀曰僻其田民飲食以籩豆師古曰以竹曰籩以木曰豆若今之槃也槃音其敬反都邑頗放效吏及內郡賈人往往以杯器食師古曰都邑之人頗用杯器者效吏及賈人也郡初取吏於遼東吏見民無閉臧及賈人往者放音甫往反夜則爲盜俗稍益薄今於犯禁寖多至六十餘條可貴哉仁賢之化也然東夷天性柔順異於三方之外師古曰三方謂南西北也故孔子悼道不行設浮於海欲居九夷有以也師古曰論語稱孔子曰道不行乘桴浮於海從我者其由也歟言欲乘桴筏而適東夷以其國有仁賢之化可以行道也桴音孚筏音伐夫樂浪海中有倭人分爲百餘國以歲時來獻見云如淳曰如墨委面在帶方東南萬里臣瓚曰倭是國名不謂用墨故謂之委也師古曰如淳云如墨委面蓋音委字耳此音非也倭音一戈反今猶有倭國魏略云倭在帶方東南大海中依山島爲國度海千里復有國皆倭種○劉攽曰夫字宜屬上句自危四度至斗六度謂之析木之次燕之分也

齊地虛危之分壄也東有甾川東萊琅邪高密膠東南有泰山城陽北有千乘清河以南勃海之高樂高城重合陽信西有濟南平原皆齊分也○宋祁曰分也一本作分地少昊之世有爽鳩氏虞夏時有季萴師古曰萴音仕力反湯時有逢公柏陵殷末有薄姑氏皆爲諸侯國此地至周成王時薄姑氏與四國共作亂成王滅之以封師尚父是爲太公師古曰武王封太公於齊初未得爽鳩之地成王以益之也詩風齊國是也臨甾名營丘故齊詩曰子之營兮遭我虖嶩之間兮師古曰齊國風營詩之辭也毛詩作還齊詩作營之往也嶩山名也字或作嶩亦作峱音皆乃高反言往適營丘而相逢於嶩山也又曰俟我於著乎而師古曰齊國風著詩之辭也著地名卽濟南郡著縣也乎而語助也一曰門屏之間曰著音直庶反此亦其舒緩之體也吳札聞齊之歌曰泱泱乎大風也哉師古曰泱泱弘大之意也音烏郎反其太公乎國未可量也古有分土亡分民師古曰有分土者謂立封疆也無分民者謂通往來不常厥居也太公以齊地負海舄鹵少五穀而人民寡師古曰舄鹵解在食貨志迺勸以女工之業通魚鹽之利而人物輻湊後十四世桓公用管仲設輕重以富國師古曰解在食貨志合諸侯成伯功師古曰伯讀曰霸身在陪臣而取三歸師古曰三歸三姓之女故其俗彌侈織作冰紈綺繡純麗之物如淳曰紈白熟也純絲也謂條組之屬也麗好也臣瓚曰冰紈紈細密堅如冰者也純麗溫純美麗之物也師古曰如說非也冰謂布帛之細其色鮮絜如冰者也紈素也綺文繒也卽今之所謂細綾也純精好也麗華靡也紈音丸純音淳號爲冠帶衣履天下師古曰言天下之人冠帶衣履皆仰齊地初太公治齊脩道術尊賢智賞有功故至今其土多好經術矜功名舒緩闊達而足智其失夸奢朋黨言與行繆虛詐不情師古曰不可得其情急之則離散緩之則放縱始桓公兄襄公淫亂姑姊妹不嫁於是令國中民家長女不得嫁名曰巫兒爲家主祠嫁者不利其家民至今以爲俗痛乎道民之道可不愼哉師古曰上道讀曰導○宋祁曰愼疑作愼昔太公始封周公問何以治齊太公曰舉賢而上功周公曰後世必有篡殺之臣其後二十九世爲彊臣田和所滅而和自立爲齊侯初和之先陳公子完有罪來奔齊師古曰公子完陳厲公之子也左氏傳魯莊二十二年陳人殺其大子禦寇公子完與顓孫奔齊葢禦寇之黨也齊桓公以爲大夫更稱田氏九世至和而篡齊至孫威王稱王五世爲秦所滅臨甾海岱之間一都會也其中具五民云服虔曰士農商工賈也如淳曰遊子樂其俗不復歸故有五方之民也師古曰如說是

魯地奎婁之分壄也東至東海南有泗水至淮得臨淮之下相睢陵僮取慮皆魯分也師古曰取音趨慮音閭周興以少昊之虛曲阜封周公子伯禽爲魯侯師古曰少昊金天氏之帝以爲周公主師古曰主周公之祭祀其民有聖人之教化故孔子曰齊一變至於魯魯一變至於道言近正也師古曰魯庶幾至道齊人不如魯也瀕洙泗之水師古曰言所居皆邊於二水也瀕音頻又音賓其民涉度幼者扶老而代其任師古曰任負戴也俗既益薄長老不自安與幼少相讓故曰魯道衰洙泗之間齗齗如也師古曰齗齗分辨之意也音牛斤反孔子閔王道將廢迺脩六經以述唐虞三代之道弟子受業而通者七十有七人是以其民好學上禮義重廉恥周公始封太公問何以治魯周公曰尊尊而親親太公曰後世寖弱矣師古曰言漸微弱也故魯自文公以後祿去公室政在大夫季氏逐昭公陵夷微弱三十四世而爲楚所滅然本大國故自爲分壄今去聖久遠周公遺化銷微孔氏庠序衰壞地陿民眾頗有桑麻之業亡林澤之饒俗儉嗇愛財趨商賈好訾毀多巧僞師古曰以言相毀曰訾訾音子爾反喪祭之禮文備實寡然其好學猶愈於它俗師古曰愈勝也漢興以來魯東海多至卿相東平須昌壽張皆在濟東屬魯非宋地也當考師古曰當考者言當更考覈之其事未審

宋地房心之分壄也今之沛梁楚山陽濟陰東平及東郡之須昌壽張皆宋分也周封微子於宋今之睢陽是也本陶唐氏火正閼伯之虛也濟陰定陶詩風曹國也武王封弟叔振鐸於曹其後稍大得山陽陳留二十餘世爲宋所滅昔堯作游成陽如淳曰作起也成陽在定陶今有堯冢靈臺師古曰作游者言爲宮室遊止之處也舜漁靁澤師古曰靁古雷字湯止于亳故其民猶有先王遺風重厚多君子好稼穡惡衣食以致畜藏師古曰畜讀曰蓄宋自微子二十餘世至景公滅曹滅曹後五世亦爲齊楚魏所滅參分其地魏得其梁陳留齊得其濟陰東平楚得其沛故今之楚彭城本宋也春秋經曰圍宋彭城宋雖滅本大國故自爲分野沛楚之失急疾顓已地薄民貧師古曰顓與專同急疾顓已言性褊狹而自用而山陽好爲姦盜

衞地營室東壁之分壄也今之東郡及魏郡黎陽河內之野王朝歌皆衞分也衞本國既爲狄所滅師古曰衞懿公爲狄人所滅事在春秋閔公二年文公徙楚丘三十餘年子成公徙於帝丘故春秋經曰衞遷于帝丘師古曰遷古遷字今之濮陽是也本顓頊之虛故謂之帝丘夏后之世昆吾氏居之成公後十餘世爲韓魏所侵盡亡其旁邑獨有濮陽後秦滅濮陽置東郡徙之於野王始皇既并天下猶獨置衞君二世時乃廢爲庶人凡四十世九百年最後絕故獨爲分野衞地有桑間濮上之阻師古曰阻者言其隱阨得肆淫僻之情也男女亦亟聚會聲色生焉師古曰亟屢也音丘吏反故俗稱鄭衞之音周末有子路夏育民人慕之師古曰子路孔子弟子仲由也性好勇夏育亦古之壯士皆衞人故其俗剛武上氣力漢興二千石治者亦以殺戮爲威宣帝時韓延壽爲東郡太守承聖恩崇禮義尊諫爭至今東郡號善爲吏延壽之化也其失頗奢靡嫁取送死過度而野王好氣任俠有濮上風

楚地翼軫之分壄也今之南郡江夏零陵桂陽武陵長沙及漢中汝南郡盡楚分也周成王時封文武先師鬻熊之曾孫熊繹於荊蠻爲楚子居丹陽後十餘世至熊達是爲武王寖以彊大師古曰寖漸也後五世至嚴王總帥諸侯觀兵周室并吞江漢之間內滅陳魯之國○劉攽曰嚴王未嘗滅魯也後十餘世頃襄王東徙于陳楚有江漢川澤山林之饒江南地廣或火耕水耨民食魚稻以漁獵山伐爲業師古曰山伐謂伐山取竹木果蓏蠃蛤食物常足師古曰蠃音來戈反蛤音閤蜯屬故呰窳媮生而亡積聚應劭曰呰弱也言風俗朝夕取給媮生而已無長久之慮也如淳曰呰或作紫音紫窳音庾晉灼曰呰病也窳惰也師古曰諸家之說非也呰短也窳弱也言短弱材不能勤作故朝夕取給而無儲偫也如音是也飲食還給不憂凍餓師古曰還及也言常相及而給足也亦亡千金之家信巫鬼重淫祀而漢中淫失枝柱與巴蜀同俗師古曰失讀曰泆柱音竹甫反枝柱言意相節卻不順從也汝南之別皆急疾有氣埶江陵故郢都西通巫巴東有雲夢之饒亦一都會也

吳地斗分壄也今之會稽九江丹陽豫章廬江廣陵六安臨淮郡盡吳分也殷道既衰周大王亶父興郊梁之地長子太伯次曰仲雍少曰公季公季有聖子昌太王欲傳國焉太伯仲雍辭行采藥遂奔荊蠻公季嗣位至昌爲西伯受命而王故孔子美而稱曰太伯可謂至德也已矣三以天下讓民無得而稱焉謂虞仲夷逸隱居放言身中清廢中權師古曰論語載孔子之言也虞仲卽仲雍也夷逸言竄於蠻夷而遁逸也隱居而不言故其身清潔所廢中於權道太伯初奔荊蠻荊蠻歸之號曰句吳師古曰句音鉤夷俗語之發聲也亦猶越爲於越也太伯卒仲雍立至曾孫周章而武王克殷因而封之又封周章弟中於河北是爲北吳師古曰中讀曰仲後世謂之虞十二世爲晉所滅後二世而荊蠻之吳子壽夢盛大稱王其少子則季札有賢材兄弟欲傳國札讓而不受自太伯壽夢稱王六世闔廬舉伍子胥孫武爲將戰勝攻取興伯名於諸侯師古曰伯讀曰霸至于夫差誅子胥用宰嚭師古曰嚭音披美反爲粵王句踐所滅吳粵之君皆好勇故其民至今好用劍輕死易發粵既并吳後六世爲楚所滅後秦又擊楚徙壽春至子爲秦所滅壽春合肥受南北湖皮革鮑木之輸師古曰皮革犀兕之屬也鮑鮑魚也木楓柟豫章之屬亦一都會也始楚賢臣屈原被讒放流作離騷諸賦以自傷悼師古曰諸賦謂九歌天問九章之屬後有宋玉唐勒之屬慕而述之皆以顯名漢興高祖王兄子濞於吳招致天下之娛游子弟枚乘鄒陽嚴夫子之徒興於文景之際而淮南王安亦都壽春招賓客著書而

吳有嚴助朱買臣貴顯漢朝文辭並發故世傳楚辭其失巧而少信初淮南王異國中民家有女者晉灼曰有女者見優異以待游士而妻之故至今多女而少男如淳曰得女寵感去男也臣瓚曰周官職方云揚州之民二男五女此風氣非由淮南王安能使多女也師古曰二說皆非也志言土地風氣既足女矣因淮南之化又更聚焉○劉敞曰班氏作史雜采異說亦安能無失瓚舉揚州之說是矣本吳粵與楚接比數相并兼師古曰比近也音頻寐反故民俗略同吳東有海鹽章山之銅三江五湖之利亦江東之一都會也豫章出黃金然菫菫物之所有取之不足以更費應劭曰菫菫少也更償也言金少耳取不足用顧費用也師古曰應說非也此言所出之金既以少矣自外諸物蓋亦不多故總言取之不足償功直也菫讀曰僅更音庚江南卑濕丈夫多夭會稽海外有東鯷人孟康曰音題晉灼曰音鯷師古曰孟音是也分爲二十餘國以歲時來獻見云

粵地牽牛婺女之分壄也今之蒼梧鬱林合浦交阯九眞南海日南皆粵分也其君禹後帝少康之庶子云封於會稽臣瓚曰自交阯至會稽七八千里百粵雜處各有種姓不得盡云少康之後也按世本越爲芉姓與楚同祖故國語曰芉姓夔越然則越非禹後明矣又芉姓之越亦句踐之後不謂南越也師古曰越之爲號其來尚矣少康封庶子以主禹祠君於越地耳故此志云其君禹後豈謂百越之人皆禹苗裔瓚說非也○劉敞曰瓚所云越非禹後亦謂百越之君耳豈指七八千里內之民乎班氏所舉但是會稽一越爾瓚以一越譏之亦未爲失而顏詆曲排之非通論也文身斷髮以避蛟龍之害應劭曰常在水中故斷其髮文其身以象龍子故不見傷害也後二十世至句踐稱王與吳王闔廬戰敗之雋李師古曰雋音醉字本作檇其旁從木夫差立句踐乘勝復伐吳吳大敗之棲會稽師古曰會稽山名登山而處以避兵難言若鳥之棲臣服請平後用范蠡大夫種計遂伐滅吳兼并其地度淮與齊晉諸侯會致貢於周周元王使使賜命爲伯諸侯畢賀後五世爲楚所滅子孫分散君服於楚師古曰事楚爲君而服從之後十世至閩君搖佐諸侯平秦漢興復立搖爲越王是時秦南海尉趙佗亦自王傳國至武帝時盡滅以爲郡云處近海多犀象毒冒珠璣銀銅果布之湊韋昭曰果謂龍眼離支之屬布葛布也師古曰毒音代冒音莫內反璣謂珠之不圜者也音祈又音機布謂諸雜細布皆是也中國往商賈者多取富焉番禺其一都會也自合浦徐聞南入海得大州東西南北方千里武帝元封元年略以爲儋耳珠厓郡民皆服布如單被穿中央爲貫頭師古曰著時從頭而貫之男子耕農種禾稻紵麻女子桑蠶織績亡馬與虎民有五畜師古曰牛羊豕雞犬山多麈麖師古曰麈似鹿而大麖似鹿而小麈音主麖音京兵則矛盾刀木弓弩竹矢或骨爲鏃師古曰鏃矢鋒音子木反自初爲郡縣吏卒中國人多侵陵之故率數歲壹反元帝時遂罷棄之自日南障塞徐聞合浦船行可五月有都元國又船行可四月有邑盧沒國又船行可二十餘日有諶離國師古曰諶音士林反步行可十餘日有夫甘都盧國師古曰都盧國人勁捷善緣高故張衡西京賦云烏獲扛鼎都盧尋橦又曰非都盧之輕趫孰能超而究升也夫音扶自夫甘都盧國船行可二月餘有黃支國民俗略與珠厓相類其州廣大戶口多多異物自武帝以來皆獻見有譯長屬黃門與應募者俱入海市明珠璧流離奇石異物齎黃金雜繒而往所至國皆稟食爲耦師古曰稟給也耦媲也給其食而侶媲之相隨行也蠻夷賈船轉送致之亦利交易剽殺人師古曰剽劫也音頻妙反又苦逢風波溺死不者數年來還大珠至圍二寸以下○宋祁曰逢越本作蓬平帝元始中王莽轉政欲燿威德厚遺黃支王令遣使獻生犀牛自黃支船行可八月到皮宗船行可二月到日南象林界云黃支之南有已程不國漢之譯使自此還矣

前漢書卷二十八下考證

地理志下武都郡河池○池監本訛地從宋本改正

隴西郡氐道禹貢養水所出至武都爲漢○臣召南按養當作漾前文引禹貢嶓冢道漾卽其証也

金城郡令居澗水出西北塞外○按水經注澗水作閭水

武威郡故匈奴休屠王地武帝太初四年開○臣召南按孝武紀元狩二年秋匈奴昆邪王殺休屠王并將其衆來降置五屬國以處之以其地爲武威酒泉郡豈遲至太初四年乎志與紀自相矛盾自應以紀爲實

張掖郡故匈奴昆邪王地武帝太初元年開○臣召南按孝武紀武威酒泉置于元狩二年至元鼎六年又分武威酒泉地置張掖敦煌俱不俟至太初年間也志於張掖酒泉並云太初元年開誤也酒泉與武威建郡同時張掖稍在其後如志所云武威之置反在張掖之後矣

日勒○各本俱作日勒按匈奴傳當作日勒

敦煌郡武帝後元年分酒泉置○臣召南按孝武紀敦煌與張掖並元鼎六年置又紀于太初元年書蝗從東方飛至敦煌則置郡久矣

安定郡涇陽禹貢涇水所出○涇水訛巠水今改正

五原郡南輿○臣召南按水經注於雲中北輿縣曰五原有南輿故此加北据此則縣名南輿不名南典也各本俱誤

代郡鹵城虖池河東至參合入虖池別○臣召南按參合當是參戶之訛參戶勃海郡屬縣也故下文曰過郡九若其東至參合入虖池別同在一郡安得云過九郡乎且參合故城在北塞之外限隔重山既北至參合安能復南注勃海也又按虖池別見河間國弓高下云虖池別河首受虖池河東至平舒入海平舒之上脫東字東平舒勃海郡屬縣也但曰平舒便疑向代郡之平舒矣

漁陽郡白檀沽水出北蠻夷○臣召南按水經注引此文云濡水是古本作濡字也然師古注沽音呼鵙反則唐初本已作沽字

交阯郡苟屚○苟訛荀今改正此縣卽後世所謂勾漏也

成陽國○按當作城陽國宋本誤也城陽劉章所封國

長沙國羅注出豫章艾縣界○艾監本訛芰今改正

道三十二○臣召南按百官公卿表邑有蠻夷曰道志中縣邑之以道名者得二十九南郡一夷道也零陵二營道泠道也廣漢三甸氐道剛氐道陰平道也蜀郡二嚴道湔氐道也犍爲一僰道也越嶲一靈關道也武都五故道平樂道嘉陵道循成道下辯道也隴西四狄道氐道羌道予道也天水四戎邑道綿諸道略陽道獂道也安定一月氏道也北地三除道略畔道義渠道也上郡一雕陰道也長沙國一連道也尚缺其三以後書郡國志証之則蜀郡之汶江道綿虒道武都之武都道恰與三十二之數合此志於汶江綿虒武都三縣不言道殆亦闕文耳

民戶千二百二十三萬三千六十二口五千九百五十九萬四千九百七十八○臣召南按帝王世紀曰民戶千三百二十三萬三千六百一十二口五千九百一十九萬四千九百七十八人皇甫謐所計戶口必本此志而數目參差似所見古本異也

廼封爲附庸邑之於秦今隴西秦亭秦谷是也○臣召南按此隴西非郡名言隴縣之西有秦亭秦谷卽是其地隴縣屬天水郡後書郡國志曰隴有大坂名隴坻豲坻聚有秦亭注云秦之先起于此

魏地觜觿參之分野也其界自高陵以東云云○顧炎武曰左傳子產曰遷實沈于大夏主參故參爲晉星然其疆界亦當至河而止若志所列陳留以下郡縣並在河南於春秋自屬陳鄭二國角亢氐之分也不當併入魏本都安邑至惠王始徙大梁乃據後來之彊土割以相附豈不謬哉

虢會爲大注滎嶓之南○臣召南按顏注引康成詩譜應作滎播宋本監本作滎嶓訛也別本作滎波依禹貢較是

自東井六度至亢六度謂之壽星之次鄭之分野與韓同分○臣召南按壽星之次星曰角亢律歷志曰壽星初軫十二度中角十度終于氐四度安在其爲自東井六度至亢六度也夫自東井十度至柳三度爲鶉首之次秦分野也柳七星張爲鶉火之次周分野也翼軫爲鶉尾之次楚分野也豈有自未至辰遠及四次以爲一地之分星乎哉二句必係傳寫之誤

自危四度至斗六度謂之析木之次燕之分也○臣召南按析木之次星曰尾箕律歷志曰析木初尾十度中箕七度終于斗十一度此言一次之全度也燕地祗占尾箕不及南斗何緣自危四度至斗六度乎若順數之幾乎遇天矣若逆數之則自危而虛而女而牽牛而南斗正當元枵星紀二次又何以云析木也宋本監本俱誤

東平須昌壽張皆在濟東屬魯云云○顧炎武曰於宋地下云今之沛梁楚山陽濟陰東平及東郡之須昌壽張皆宋分也于魯地下又云非宋地也當考此並存異說以備考當小注于下而誤連書者也

至嚴王總帥諸侯觀兵周室并吞江漢之間內滅陳魯之國○臣召南按楚之滅魯在頃襄王時去莊王時甚遠又莊王雖嘗入陳旋復其國至惠王始滅陳二事皆非莊王事也此爲本文之誤

前漢書卷二十九

漢　蘭　臺　令　史班　固撰

唐正議大夫行秘書少監琅邪縣開國子顏師古注

溝洫志第九

應劭曰溝廣四尺深四尺洫廣深倍於溝師古曰洫音許域反

夏書禹堙洪水十三年師古曰堙塞也洪水泥溢疏通而止塞之堙音因過家不入門陸行載車水行乘舟泥行乘毳孟康曰毳形如箕擿行泥上如淳曰毳音茅蕝之蕝謂以板置泥上以通行路也師古曰孟說是也毳讀如本字山行則梮如淳曰梮謂以鐵如錐頭長半寸施之履下以上山不蹉跌也韋昭曰梮木器如今輿牀人舉以行也師古曰如說是也梮音居足反以別九州師古曰分其界隨山浚川師古曰順山之高下而深其流任土作貢師古曰任其土地所有以定貢賦之差也通九道陂九澤度九山

師古曰言通九州之道及鄣遏其澤商度其山也度音大各反 然河菑之羨溢害中國也尤甚 師古曰羨讀與衍同音弋戰反 唯是爲務故道河自積石 師古曰道治也引也從積石山而治引之令通流也道讀曰導 歷龍門南到華陰東下底柱 師古曰底音之履反 及明津雒內至于大伾 鄭氏曰山一成爲伾在脩武武德界張晏曰成皐縣山是也臣瓚曰今脩武武德無此山也成皐縣山又不一成也今黎陽山臨河豈是乎師古曰內讀曰汭伾音皮彼反解在地理志○劉奉世曰瓚說是也師古以爲在成皐非也○宋祁曰明邵本作盟 於是禹以爲河所從來者高水湍悍難以行平地 師古曰湍悍勇也湍音它端反 數爲敗 迺釃二渠以引其河 孟康曰釃分其流泄其怒也二渠其一出貝丘西南南折者也其一則漯川也河自王莽時遂空唯用漯耳師古曰釃音山支反漯音它合反 北載之高地過降水至於大陸播爲九河 師古曰播布也 同爲逆河入于勃海 臣瓚曰禹貢夾右碣石入于河則河入海乃在碣石也武帝元光二年河移徙東郡更注勃海禹時不注也師古曰解在地理志 九川既疏九澤既陂諸夏乂安 師古曰疏分流 功施乎三代自是之後滎陽下引河東南爲鴻溝以通宋鄭陳蔡曹衛與濟汝淮泗會於楚 ○劉奉世曰一鴻溝固不能旁通六國數百里之間又濟自從千乘入海安得會于楚也 西方則通渠漢川雲夢之際東方則通溝江淮之間於吳則通渠三江五湖於齊則通菑濟之間於蜀則蜀守李冰鑿離堆 晉灼曰堆古堆字也堆岸也師古曰音丁回反 避沬水之害 師古曰沬音本末之末沬水出蜀西南徼外東南入江 穿二江成都中此渠皆可行舟有餘則用溉 師古曰溉灌也音工代反 百姓饗其利至於它往往引其水用溉田溝渠甚多然莫足數也魏文侯時西門豹爲鄴令有令名 師古曰有善政之稱 至文侯曾孫襄王時與羣臣飲酒王爲羣臣祝曰令吾臣皆如西門豹之爲人臣也史起進曰魏氏之行田也以百畝 師古曰賦田之法一夫百畝也 鄴獨二百畝是田惡也漳水在其旁西門豹不知用是不智也知而不興是不仁也仁智豹未之盡何足法也於是以史起爲鄴令遂引漳水溉鄴以富魏之河內民歌之曰鄴有賢令兮爲史公決漳水兮灌鄴旁終古舃鹵兮生稻粱 蘇林曰終古猶言久古也爾雅曰鹵鹹苦也師古曰舃即斥鹵也謂鹹鹵之地也 其後韓聞秦之好興事欲罷之無令東伐 如淳曰息秦減韓之計也師古曰罷讀曰疲令其疲勞不能出兵 迺使水工鄭國間說秦 師古曰間音居莧反其下亦同 令鑿涇水自中山西邸瓠口爲渠 師古曰中讀曰仲即今九嵕之東仲山也邸至也 並北山東注洛三百餘里 師古曰並音步浪反洛水即馮翊漆沮水 欲以溉田中作而覺 師古曰中作謂用功中道事未竟也 秦欲殺鄭國鄭國曰始臣爲間然渠成亦秦之利也臣爲韓延數歲之命而爲秦建萬世之功秦以爲然卒使就渠渠成而用溉注填閼之水 師古曰注引也閼讀與淤同音於據反填閼謂壅泥也言引淤濁之水灌鹹鹵之田更令肥美故一畝之收至六斛四斗 溉舃鹵之地四萬餘頃收皆畝一鍾 於是關中爲沃野無凶年秦以富彊卒并諸侯因名曰鄭國渠漢興三十有九年孝文時河決酸棗東潰金隄 師古曰潰橫決也金隄河隄名也在東郡白馬界隄丁奚反 於是東郡大興卒塞之其後三十六歲孝武元光中河決於瓠子東南注鉅野 師古曰鉅野澤名舊屬兗州界即今之鄆州鉅野縣 通於淮泗上使汲黯鄭當時興人徒塞之輒復壞是時武安侯田蚡爲丞相其奉邑食鄃 鄃居河北 師古曰鄃音輸清河之縣也 河決而南則鄃無水災邑收入多蚡言於上曰江河之決皆天事未易以人力彊塞彊塞之未必應天而望氣用數者亦以爲然是以久不復塞也時鄭當時爲大司農言異時關東漕粟從渭上 師古曰異時往時也 度六月罷 師古曰計度其功六月而後可罷也度音大各反 而渭水道九百餘里時有難處引渭穿渠起長安旁南山下 師古曰旁音步浪反 至河三百餘里徑易 師古曰徑直也易音弋豉反 漕度可令三月罷○劉奉世曰按今渭汭至長安僅三百里固無九百餘里而云穿渠起長安旁南山至河中間隔灞產數大川固又無緣山成渠之理此說可疑今亦無其迹 罷而渠下民田萬餘頃又可得以溉此損漕省卒而益肥關中之地得穀上以爲然令齊人水工徐伯表 師古曰巡行穿渠之處而表記之今之豎標是 發卒數萬人穿漕渠三歲而通以漕大便利其後漕稍多而渠下之民頗得以溉矣後河東守番係 師古曰姓番名係也番音普安反 言漕從山東西歲百餘萬石 師古曰謂從山東運漕而西入關也 更底柱之艱 師古曰更歷也音庚 敗亡甚多而煩費穿渠引汾溉皮氏汾陰下引河溉汾陰蒲坂下 師古曰引汾水以溉皮氏及汾陰以下而引河水以溉汾陰蒲坂以下地形所宜也 度可得五千頃故盡河壖棄地 師古曰謂河岸以下緣河邊地素不耕墾者也壖音而緣反○宋祁曰壖邵本作堧 民茭牧其中耳 師古曰茭乾草也謂收茭草及牧畜產於其中茭音交 今溉田之 師古曰溉而種之 度可得穀二百萬石以上穀從渭上與關中無異 師古曰雖從關外而來於渭上與關中收穀無異也 而底柱之東可毋復漕上以爲然發卒數萬人作渠田數歲河移徙渠不利田者不能償種 師古曰言所收之直不足償糧種之費也種音之勇反 久之河東渠田廢予越人令少府以爲稍入 如淳曰時越人有徙者以田與之其租稅入少府也師古曰越人習於水田又新至未有業故與之也稍漸也其入未多故謂之稍也 其後人有上書欲通褒斜道及漕 師古曰褒斜二谷名其谷皆各自有水耳斜音弋奢反 事下御史大夫張湯湯問之言抵蜀從故道故道多阪回遠 師古曰抵至也故道屬武都有蠻夷故曰道即今鳳州界也回音胡內反 今穿褒斜道少阪近四百里而褒水通沔斜水通渭皆可以行船漕漕從南陽上沔入褒褒絕水至斜間百餘里以車轉從斜下渭如此漢中穀可致而山東從沔無限便於底柱之漕且褒斜材木竹箭之饒儗於巴蜀 師古曰儗比也 上以爲然拜湯子卬爲漢中守發數萬人作褒斜道五百餘里道果便近而水多湍石不可漕其後嚴熊言臨晉民願穿洛以溉重泉以東萬餘頃故惡地 師古曰臨晉重泉皆馮翊之縣也洛即漆沮水 誠即得水可令畝十石於是爲發卒萬人穿渠自徵引洛水至商顏下 應劭曰徵在馮翊商顏山名也師古曰徵音懲即今所謂澄城也商顏商山之顏也謂之顏者譬人之顏額也亦猶山領象人之頸領○劉奉世曰洛水南入渭商山乃在渭水之南甚遠何由穿渠至其下也蓋自別一山名顏說失之 岸善崩 如淳曰洛水岸也師古曰善崩言憙崩也 乃鑿井深者四十餘丈往往爲井井下相通行水水隤以絕商顏 師古曰隤下流曰隤 東至山領十餘里間井渠之生自此始穿得龍骨故名曰龍首渠作之十餘歲渠頗通猶未得其饒自河決瓠子後二十餘歲歲因以數不登而梁楚之地尤甚上既封禪巡祭山川其明年乾封少雨 師古曰乾音干 上解在郊祀志 迺使汲仁郭昌發卒數萬人塞瓠子決河於是上以用事萬里沙則還自臨決河湛白馬玉璧 師古曰湛讀曰沈沈馬及璧以禮水神也 令羣臣從官自將軍以下皆負薪寘決河 師古曰寘音大千反 是時東郡燒草以故薪柴少而下淇園之竹以爲揵 晉灼曰淇園衛之苑也如淳曰樹竹塞水決之口稍稍布插接樹之水稍弱補令密謂之揵以草塞其中乃以土填之有石以石爲之師古曰揵音其偃反 上既臨河決悼功之不成迺作歌曰瓠子決兮將奈何浩浩洋洋慮殫爲河 如淳曰殫盡也師古曰浩浩洋洋皆水盛貌慮猶恐也浩音胡老反洋音羊 殫爲河兮地不得寧功無已時兮吾山平 如淳曰恐水漸山使平也韋昭曰鑿山以填河師古曰韋說是也已止也言用功多不可畢止也 吾山平兮鉅野溢 如淳曰瓠子決灌鉅野澤使溢也 魚弗鬱兮柏冬日 孟康曰鉅野滿溢則衆魚弗鬱而滋長迫冬日乃止也師古曰弗鬱憂不樂也水長涌溢濁不清故魚不樂又迫於冬日將甚困也柏與迫同弗音佛 正道弛兮離常流 晉灼曰言河道皆弛壞 蛟龍騁兮放遠游歸舊川兮神哉沛 臣瓚曰水還舊道則羣害消除神祐滂沛也師古曰沛音普大反 不封禪兮安知外 師古曰言不因巡狩封禪而出則不知關外有此水 皇謂河公兮何不仁 張晏曰皇武帝也河公河伯也 泛濫不止兮愁吾人齧桑浮兮淮泗滿 如淳曰齧桑邑名爲水所浮漂 久不反兮水維緩 師古曰水維水之綱維也 一曰河湯湯兮激潺湲 師古曰歌有二章自河湯湯以下更是其一故云一曰也湯湯疾貌也潺湲流也湯音傷潺音仕連反湲音于權反 北渡回兮迅流難 師古曰迅疾也音訊 搴長茭兮湛美玉 如淳曰搴取也茭草也音郊一曰茭竿也取長竿樹之用著石間以塞決河也臣瓚曰竹葦絙謂之茭所以引置土石也師古曰瓚說是也搴拔也絙索也湛讀曰沈美玉者以祭河也茭字宜從竹搴音蹇茭音交又音爻絙音工登反 河公許兮薪不屬 如淳曰旱燒故薪不足也師古曰沈玉禮神許福祐但以薪不屬逮故無功也屬音之欲反 薪不屬兮衞人罪 師古曰東郡本衞地故言此衞人之罪也 燒蕭條兮噫乎何以御水 師古曰燒草皆盡故野蕭條然也噫乎歎辭噫音於期反 隤林竹兮揵石菑 師古曰隤林竹者即上所說下淇園之竹以爲揵也石菑音謂臿石立之然後以土就填塞之也菑亦臿耳音側其反義與臿同 宣防塞兮萬福來於是卒塞瓠子築宮其上名曰宣防而道河北行二渠復禹舊迹 師古曰道讀曰導 而梁楚之地復寧無水災自是之後用事者爭言水利朔方西河河西酒泉皆引河及川谷以溉田而關中靈軹成國漳渠 如淳曰地理志盩厔有靈軹渠成國渠名 引諸川汝南九江引淮東海引鉅定 臣瓚曰鉅定澤名也 泰山下引汶水 師古曰汶音問 皆穿渠爲溉田各萬餘頃它小渠及陂山通道者不可勝言也 師古曰陂山因山之形也道引也陂音彼義反道讀曰導一曰陂山遏山之流以爲陂也音彼皮反 自鄭國渠起至元鼎六年百三十六歲而兒寬爲左內史奏請穿鑿六輔渠 師古曰在鄭國渠之裏今尚謂之輔渠亦曰六渠也 以益溉鄭國傍高卬之田 師古曰素不得鄭國之溉灌者也卬謂上向也讀曰仰 上曰農天下之本也泉流灌寖所以育五穀也 師古曰寖古浸字 左右內史地名山川原甚衆細民未知其利故爲通溝瀆畜陂澤 師古曰畜讀曰蓄 所以備旱也今內史稻田租挈重不與郡同 師古曰租挈收田租之約令也郡謂四方諸郡也挈音苦計反 其議減令吏民勉農盡地利平繇行水勿使失時 師古曰平繇者均齊渠堰之力役謂俱得水利也繇讀曰徭 後十六歲太始二年趙中大夫白公 鄭氏曰白姓公爵時人多相謂爲公師古曰此時無公爵蓋相呼尊老之稱耳 復奏穿渠引涇水首起谷口尾入櫟陽 師古曰谷口今雲陽縣治谷是也 注渭中袤二百里 師古曰袤長也音茂 溉田四千五百餘頃因名曰白渠民得其饒歌之曰田於何所池陽谷口鄭國在前白渠起後 師古曰鄭國興於秦時故云前 舉臿爲雲決渠爲雨 師古曰臿鍫也所以開渠者也 涇水一石其泥數斗且溉且糞長我禾黍 如淳曰水渟淤泥可以當糞 衣食京師億萬之口言此兩渠饒也是時方事匈奴興功利言便宜者甚衆齊人延年上書 師古曰史不得其姓 言河出昆侖經中國注勃海是其地埶西北高而東南下也可案圖書觀地形令水工準高下開大河上領 晉灼曰上領山頭也 出之胡中東注之海如此關東長無水災北邊不憂匈奴可以省隄防備塞士卒轉輸胡寇侵盜覆軍殺將暴骨原野之患天下常備匈奴而不憂百越者以其水絕壤斷也此功壹成萬世大利書奏上壯之報曰延年計議甚深然河迺大禹之所道也 師古曰道讀曰導 聖人作事爲萬世功通於神明恐難改更自塞宣房後河復北決於館陶分爲屯氏河 師古曰屯音大門反而隋室分析州縣誤以爲毛氏河乃置毛州失之甚矣 東北經魏郡清河信都勃海入海廣深與大河等故因其自然不隄塞也此開通後館陶東北四五郡雖時小被水害而兗州以南六郡無水憂宣帝地節中光祿大夫郭昌使行河北曲三所水流之埶皆邪直貝丘縣 師古曰直當也 恐水盛隄防不能禁迺各更穿渠直東經東郡界中不令北曲渠通利百姓安之元帝永光五年河決清河靈鳴犢口 師古曰清河之靈縣鳴犢河口也 而屯氏河絕成帝初清河都尉馮逡 師古曰逡音七旬反 奏言郡承河下流與兗州東郡分水爲界城郭所居尤卑下土壤輕脆易傷頃所以闊無大害者以屯氏河通兩川分流也 師古曰闊稀也 今屯氏河塞靈鳴犢口又益不利獨一川兼受數河之任雖高增隄防終不能泄如有霖雨旬日不霽必盈溢 師古曰雨止曰霽音子計反又音才詣反 靈鳴犢口在清河東

界所在處下雖令通利猶不能爲魏郡清河減損水害禹非不愛民力以地形有執故穿九河今旣滅難明屯氏河不流行七十餘年新絕未久其處易浚師古曰浚謂治之令其深也浚音峻○劉奉世曰河不流行不字宜爲水字或衍不字又其口所居高於以分流殺水力道里便宜可復浚以助大河泄暴水備非常又地節時郭昌穿直渠後三歲河水更從故第二曲間北可六里復南合今其曲執復邪直貝丘百姓寒心宜復穿渠東行不豫脩治北決病四五郡南決病十餘郡然後憂之晚矣事下丞相御史白博士許商治尚書善爲算能度功用師古曰白謂白於天子也度音大各反遣行視師古曰行音下更反以爲屯氏河盈溢所爲方用度不足師古曰言國家少財役也可且勿浚後三歲河果決於館陶及東郡金隄泛濫兗豫入平原千乘濟南凡灌四郡三十二縣水居地十五萬餘頃深者三丈壞敗官亭室廬且四萬所御史大夫尹忠對方略疏闊上切責之忠自殺遣大司農非調師古曰大司農名非調也調均錢穀河決所灌之郡師古曰令其調發均平錢穀遣水之郡使存給也調音徒釣反謁者二人發河南以東漕船五百𣟴師古曰𣟴一船爲一𣟴音先勞反其字從木徙民避水居丘陵九萬七千餘口河隄使者王延世使塞師古曰命其爲使而塞河也華陽國志云延世字長叔犍爲資中人也以竹落長四丈大九圍盛以小石兩船夾載而下之三十六日河隄成上曰東郡河決流漂二州校尉延世隄防三旬立塞其以五年爲河平元年卒治河者爲著外繇六月如淳曰律說戍邊一歲當罷若有急當留守六月今以卒治河之故復留六月孟康曰外繇戍邊也治水不復戍邊也師古曰如孟二說皆非也以卒治河有勞雖執役日近皆得比此繇戍六月也著謂著於簿籍著音竹助反下云非受平賈爲著外繇其義亦同惟延世長於計策功費約省用力日寡朕甚嘉之其以延世爲光祿大夫秩中二千石賜爵關內侯黃金百斤後二歲河復決平原流入濟南千乘所壞敗者半建始時復遣王延世治之杜欽說大將軍王鳳以爲前河決丞相史楊焉言延世受焉術以塞之蔽不肯見今獨任延世延世見前塞之易恐其慮害不深又審如焉言延世之巧反不如焉且水執各異不博議利害而任一人如使不及今冬成來春桃華水盛必羨溢有塡淤反壤之害師古曰月令仲春之月始雨水桃始華蓋桃方華時旣有雨水川谷冰泮衆流猥集波瀾盛長故謂之桃華水耳而韓詩傳云三月桃華水反壤者水塞不通故令其土壤反還也羨音弋線反淤音於庶反如此數郡種不得下師古曰種五穀之子也音之勇反民人流散盜賊將生雖重誅延世無益於事宜遣焉及將作大匠許商諫大夫乘馬延年雜作孟康曰乘馬姓也師古曰乘音食證反延世與焉必相破壞深論便宜以相難極師古曰壞毀也音怪極窮也音居力反商延年皆明計算能商功利師古曰商度也足以分別是非擇其善而從之必有成功鳳如欽言

白遣焉等作治六月迺成復賜延世黃金百斤治河卒非受平賈者爲著外繇六月蘇林曰平賈以錢取人作卒顧其時庸之平賈也如淳曰律說平賈一月得錢二千師古曰賈音價後九歲鴻嘉四年楊焉言從河上下患底柱隘可鐫廣之師古曰鐫謂琢鑿之也音子全反上從其言使焉鐫之鐫之裁沒水中不能去而令水益湍怒爲害甚於故是歲勃海淸河信都河水湓溢灌縣邑三十一師古曰湓踊也音普頓反敗官亭民舍四萬餘所河隄都尉許商與丞相史孫禁共行視圖方略師古曰行音下更反禁以爲今河溢之害數倍於前決平原時今可決平原金隄間開通大河令入故篤馬河韋昭曰在平原縣至海五百餘里水道浚利又乾三郡水地得美田且二十餘萬頃足以償所開傷民田廬處又省吏卒治隄救水歲三萬人以上許商以爲古說九河之名有徒駭胡蘇鬲津今見在成平東光鬲界中師古曰此九河之三也徒駭在成平胡蘇在東光鬲津在鬲成平東光屬勃海鬲屬平原徒駭者言禹治此河用功極衆故人徒驚駭也胡蘇下流急疾之貌也鬲津言其陿小可鬲以爲津而度也鬲與隔同自鬲以北至徒駭間相去二百餘里今河雖數移徙不離此域孫禁所欲開者在九河南篤馬河失水之迹處執平夷旱則淤絕水則爲敗不可許公卿皆從商言先是谷永以爲河中國之經瀆師古曰經常也聖王興則出圖書王道廢則竭絕今潰溢橫流漂沒陵阜異之大者也脩政以應之災變自除是時李尋解光亦言陰氣盛則水爲之長故一日之間晝減夜增江河滿溢所謂水不潤下雖常於卑下之地猶日月變見於朔望明天道有因而作也衆庶見王延世蒙重賞競言便巧不可用議者常欲求索九河故迹而穿之今因其自決可且勿塞以觀水執河欲居之當稍自成川跳出沙土然後順天心而圖之必有成功而用財力寡於是遂止不塞滿昌師丹等數言百姓可哀上數遣使者處業振贍之師古曰處業謂安處之使得其居業哀帝初平當使領河隄師古曰爲使而領其事奏言九河今皆寘滅按經義治水有決河深川師古曰決分泄也深浚治也而無隄防雝塞之文師古曰雝讀曰壅河從魏郡以東北多溢決水迹難以分明四海之衆不可誣宜博求能浚川疏河者下丞相孔光大司空何武奏請部刺史三輔三河弘農太守擧吏民能者莫有應書待詔賈讓奏言治河有上中下策古者立國居民疆理土地必遺川澤之分度水執所不及師古曰遺留也度計也言川澤水所流聚之處皆留而置之不以爲居邑而妄墾殖必計水所不及然後居而田之也分音扶問反度音大各反大川無防小水得入陂障卑下以爲汙澤師古曰停水曰汙音一胡反使秋水多得有所休息左右游波寬緩而不迫夫土之有川猶人之有口也治土而防其川猶止兒啼而塞其口豈不遽

止然其死可立而待也師古曰遽速也音其庶反故曰善爲川者決之使道師古曰道讀曰導導通引也善爲民者宣之使言蓋隄防之作近起戰國雍防百川各以自利師古曰雍讀曰壅齊與趙魏以河爲竟師古曰竟讀曰境趙魏瀕山齊地卑下師古曰瀕山猶言以山爲邊界也師古曰瀕音頻又音賓作隄去河二十五里河水東抵齊隄則西泛趙魏趙魏亦爲隄去河二十五里雖非其正水尚有所游盪時至而去則塡淤肥美民耕田之或久無害稍築室宅遂成聚落大水時至漂沒則更起隄防以自救稍去其城郭排水澤而居之湛溺自其宜也師古曰湛讀曰沈今隄防陿者去水數百步遠者數里近黎陽南故大金隄從河西西北行至西山南頭迺折東與東山相屬師古曰屬連也音之欲反民居金隄東爲廬舍往十餘歲更起隄從東山南頭直南與故大隄會又內黃界中有澤方數十里環之有隄師古曰環繞也往十餘歲太守以賦民師古曰以隄中之地給與民民今起廬舍其中此臣親所見者也東郡白馬故大隄亦復數重民皆居其間從黎陽北盡魏界故大隄去河遠者數十里內亦數重此皆前世所排也河從河內北至黎陽爲石隄激使東抵東郡平剛師古曰激者聚石於隄旁衝要之處所以激去其水也激音工歷反又爲石隄使西北抵黎陽觀下師古曰觀縣名也音工喚反又爲石隄使東北抵東郡津北又爲石隄使西北抵魏郡昭陽又爲石隄激使東北百餘里間河再西三東迫阸如此不得安息今行上策徙冀州之民當水衝者決黎陽遮害亭放河使北入海河西薄大山東薄金隄執不能遠泛濫朞月自定難者將曰若如此敗壞城郭田廬冢墓以萬數百姓怨恨昔大禹治水山陵當路者毀之故鑿龍門辟伊闕師古曰辟讀曰闢闢開也析底柱破碣石師古曰析分也墮斷天地之性師古曰墮毀也音火規反此迺人功所造何足言也今瀕河十郡治隄歲費且萬萬及其大決所殘無數如出數年治河之費以業所徙之民遵古聖之法定山川之位使神人各處其所而不相奸師古曰奸音干且以大漢方制萬里豈其與水爭咫尺之地哉此功一立河定民安千載無患故謂之上策若迺多穿漕渠於冀州地使民得以漑田分殺水怒雖非聖人法然亦救敗術也難者將曰河水高於平地歲增隄防猶尚決溢不可以開渠臣竊按視遮害亭西十八里至淇水口迺有金隄高一丈自是東地稍下隄稍高至遮害亭高四五丈往五六歲河水大盛增丈七尺壞黎陽南郭門入至隄下如淳曰然則隄在郭內也臣瓚曰謂水從郭南門入北門出而至隄也師古曰瓚說是也○劉奉世曰如瓚說則是河已沒黎陽城矣非也如說爲是不然則黎陽因隄一面爲城如今之澶州故郭門乃在隄外矣水未踰隄二尺所從隄上北望河高出民屋

百姓皆走上山水留十三日隄潰○宋祁曰晏本隄潰下有二所兩字吏民塞之臣循隄上行視水執師古曰行音下更反南七十餘里至淇口水適至隄半計出地上五尺所今可從淇口以東爲石隄多張水門初元中遮害亭下河去隄足數十步至今四十餘歲適至隄足由是言之其地堅矣恐議者疑河大川難禁制滎陽漕渠足以卜之如淳曰今礫谿口是也言作水門通水流不爲害也師古曰礫谿谿名卽水經所云泲水東過礫谿者其水門但用木與土耳今據堅地作石隄執必完安冀州渠首盡當卬此水門治渠非穿地也師古曰卬音牛向反但爲東方一隄北行三百餘里入漳水中其西因山足高地諸渠皆往往股引取之如淳曰股支別也旱則開東方下水門漑冀州水則開西方高門分河流通渠有三利不通有三害民常罷於救水半失作業師古曰此一害也罷讀曰疲水行地上湊潤上徹民則病溼氣木皆立枯鹵不生穀師古曰此二害決溢有敗爲魚鼈食此三害也若有渠漑則鹽鹵下隰塡淤加肥師古曰此一利故種禾麥更爲秔稻高田五倍下田十倍師古曰此二利也秔謂稻之不粘者也音庚轉漕舟船之便此三利也今瀕河隄吏卒郡數千人伐買薪石之費歲數千萬足以通渠成水門又民利其漑灌相率治渠雖勞不罷師古曰罷讀曰疲民田適治河隄亦成此誠富國安民興利除害支數百歲故謂之中策若迺繕完故隄增卑倍薄勞費無已數逢其害此最下策也王莽時徵能治河者以百數其大略異者長水校尉平陵關並師古曰桓譚新論云並字子陽材智通達也言河決率常於平原東郡左右其地形下而土疏惡聞禹治河時本空此地以爲水猥盛則放溢師古曰猥多也少稍自索師古曰索盡也音先各反雖時易處猶不能離此上古難識近察秦漢以來河決曹衞之域其南北不過百八十里者可空此地勿以爲官亭民室而已大司馬史長安張戎師古曰新論云字仲功習灌漑事也言水性就下行疾則自刮除成空而稍深河水重濁號爲一石水而六斗泥今西方諸郡以至京師東行民皆引河渭山川水漑田春夏乾燥少水時也故使河流遲貯淤而稍淺雨多水暴至則溢決而國家數隄塞之稍益高於平地猶築垣而居水也可各順從其性毋復灌漑則百川流行水道自利無溢決之害矣御史臨淮韓牧師古曰新論云字子台善水事以爲可略於禹貢九河處穿之縱不能爲九但爲四五宜有益大司空掾王橫師古曰橫字平中琅邪人見儒林傳中讀曰仲言河入勃海勃海地高於韓牧所欲穿處往者天嘗連雨東北風海水溢西南出寖數百里九河之地已爲海所漸矣師古曰漸寖也讀如本字又音子廉反禹之行河水本隨西山下東北去師古曰行謂通流也周譜云定王五年河

徙如淳曰譜音補世統譜諜也則今所行非禹之所穿也又秦攻魏決河灌其都決處遂大不可復補宜卻徙完平處更開空師古曰空猶穿使緣西山足乘高地而東北入海迺無水災沛郡桓譚爲司空掾典其議爲甄豐言凡此數者必有一是宜詳考驗皆可豫見計定然後舉事費不過數億萬亦可以事諸浮食無產業民師古曰事謂役使也空居與行役同當衣食衣食縣官而爲之作迺兩便師古曰言無產業之人端居無爲及發行力役俱須衣食耳今縣官給其衣食而使脩治河水是爲公私兩便也可以上繼禹功下除民疾王莽時但崇空語無施行者

贊曰古人有言微禹之功吾其魚乎師古曰左氏傳載周大夫劉定公之辭也言無禹治水之功則天下之人皆爲魚鼈耳中國川原以百數莫著於四瀆而河爲宗孔子曰多聞而志之知之次也師古曰論語稱孔子之言曰多聞擇其善者而從之多見而志之知之次也志記也字亦作識音式異反國之利害故備論其事

前漢書卷二十九考證

溝洫志入於勃海注臣瓚曰武帝元光三年河移徙東郡更注勃海禹時不注也○臣召南按尚書但云入于海史記河渠書始云入于勃海而班志用之本無差訛禹河自周定王以後雖漸遷移不定而其入海之口總在直沽至漢猶如故也孝武紀元光三年春河水徙從頓邱東南流入勃海其入勃海與禹時不異所異者改道從頓邱移徙耳地理志於魏郡鄴縣曰故大河在東北入海于勃海郡成平縣曰虖池河民曰徒駭河此則禹河故道也豈可曰禹時不注勃海乎使禹河不注勃海則史記于宣房既築又何以云道河北行二渠復禹舊跡也瓚說非是

滎陽下引河東南爲鴻溝以通宋鄭陳蔡曹衛與濟汝淮泗會於楚○劉奉世曰一鴻溝固不能旁通六國數百里之間又濟自從千乘入海安得會于楚也○臣召南按鴻溝即汴渠也地理志河南郡滎陽縣有狼湯渠首受泲東南至陳入潁過郡四行七百八十里又陳留郡陳留縣魯渠水首受狼湯渠東至陽夏入渦渠又浚義縣睢水首受狼湯水東至取慮入泗過郡四行千三百六十里又封邱縣濮渠水首受泲東北至都關入羊里水過郡三行六百三十里又淮陽國扶溝縣渦水首受狼湯渠東至向入淮過郡三行千里此宋鄭陳蔡曹衛水道之明証也汴渠首受滎澤即是濟水何必遠求于千乘注海之濟口乎劉奉世疑于所不必疑何也

其後三十六歲孝武元光中河決於瓠子○臣召南按河渠書作四十有餘年自孝文十四年河決東郡至元光三年河決濮陽實三十六年無四十餘年也此則志訂史記之失

是時武安侯田蚡爲丞相○蚡監本訛汾今改正

時鄭當時爲大司農○臣召南按百官公卿表曰景帝後元年更名大農令武帝太初元年更大司農然則元光時止應言大農史記作鄭當時爲大農是也司字疑衍

浩浩洋洋慮殫爲河○史記作皓皓旰旰兮閭殫爲河

又皇謂河公兮何不仁史記作爲我謂河伯兮何不仁

今內史稻田租挈重注收田租之約令也○收田租監本訛收臣租今改正

又注挈音苦計反○据注與契字同顧炎武曰挈偏也說文有觢字注云角一俯一仰意同

河復北決於館陶分爲屯氏河云云○臣召南按屯氏河自館陶東北至章武入海此志所云東北經魏郡清河信都勃海入海地理志所謂過郡四行千五百里者是也

九河之名注鬲津言其陿小可鬲以爲津○陿訛順從宋本改正

抵黎陽觀下注觀縣名也○臣召南按觀下當是黎陽縣近河地名不然畔觀屬東郡觀津屬信都皆不得獨稱觀字又上文言東郡平剛下文言魏郡昭陽皆非縣名乃地名耳

朞月自定○朞監本訛基今改正

前漢書卷三十

漢　蘭　臺　令　史班　固撰

唐正議大夫行秘書少監琅邪縣開國子顏師古注

藝文志第十

昔仲尼沒而微言絕李奇曰隱微不顯之言也師古曰精微要妙之言耳七十子喪而大義乖師古曰七十子謂弟子達者七十二人舉其成數故言七十故春秋分爲五韋昭曰謂左氏公羊穀梁鄒氏夾氏也詩分爲四韋昭曰謂毛氏齊魯韓易有數家之傳戰國從衡真僞分爭師古曰從音子容反諸子之言紛然殽亂師古曰殽雜也至秦患之乃燔滅文章以愚黔首師古曰燔燒也秦謂人爲黔首言其頭黑也燔音扶元反黔音其炎反又音琴漢興改秦之敗大收篇籍廣開獻書之路迄孝武世書缺簡脫禮壞樂崩師古曰編絕散落故簡脫脫音吐活反聖上喟然而稱曰師古曰喟歎息之貌也音丘位反朕甚閔焉於是建藏書之策如淳曰劉歆七略曰外則有太常太史博士之藏內則有延閣廣內祕室之府置寫書之官下及諸子傳說皆充祕府至成帝時以書頗散亡使謁者陳農求遺書於天下詔光祿大夫劉向校經傳諸子詩賦步兵校尉任宏校兵書太史令尹咸校數術師古曰占卜之書侍醫李柱國校方技師古曰醫藥之書也每一書已師古曰已畢也向輒條其篇目撮其指意錄而奏之師古曰撮總取也音千括反會向卒哀帝復使向子侍中奉車都尉歆卒父業師古曰卒終也歆於是總羣書而奏其七略故有輯略師古曰輯與集同謂諸書之總要有六藝略師古曰六藝六經也有諸子略有詩賦略有兵書略有術數略有方技略今刪其要以備篇籍師古曰刪去浮冗取其指要也其每略所條家及篇數有與總凡不同者傳寫脫誤年代久遠無以詳知

易經十二篇施孟梁丘三家師古曰上下經及十翼故十二篇

易傳周氏二篇字王孫也

服氏二篇師古曰劉向別錄云服氏齊人號服光

楊氏二篇名何字叔元菑川人

蔡公二篇衛人事周王孫

韓氏二篇名嬰

王氏二篇名同

丁氏八篇名寬字子襄梁人也

古五子十八篇自甲子至壬子說易陰陽

淮南道訓二篇淮南王安聘明易者九人號九師說

古雜八十篇雜災異三十五篇神輸五篇圖一師古曰劉向別錄云神輸者王道失則災害生得則四海輸之祥瑞

孟氏京房十一篇災異孟氏京房六十六篇五鹿充宗略說三篇京氏段嘉十二篇蘇林曰東海人爲博士晉灼曰儒林不見師古曰蘇說是也嘉即京房所從受易者也見儒林傳及劉向別錄

章句施孟梁丘氏各二篇

凡易十三家二百九十四篇

易曰宓戲氏仰觀象於天俯觀法於地觀鳥獸之文與地之宜近取諸身遠取諸物於是始作八卦以通神明之德以類萬物之情師古曰下繫之辭也鳥獸之文謂其跡在地者宓讀與伏同至于殷周之際紂在上位逆天暴物文王以諸侯順命而行道天人之占可得而効於是重易六爻作上下篇孔氏爲之彖象繫辭文言序卦之屬十篇故曰易道深矣人更三聖韋昭曰伏羲文王孔子師古曰更經也音工衡反世歷三古孟康曰易繫辭曰易之興其於中古乎然則伏羲爲上古文王爲中古孔子爲下古及秦燔書而易爲筮卜之事傳者不絕漢興田何傳之訖于宣元有施孟梁丘京氏列於學官而民間有費高二家之說師古曰費音扶味反劉向以中古文易經校施孟梁丘經師古曰中者天子之書也言中以別於外耳或脫去無咎悔亡唯費氏經與古文同

尚書古文經四十六卷爲五十七篇師古曰孔安國書序云凡五十九篇爲四十六卷承詔作傳引序各冠其篇首定五十八篇鄭玄敘贊云後又亡其一篇故五十七

經二十九卷大小夏侯二家歐陽經三十二卷師古曰此二十九卷伏生傳授者

傳四十一篇

歐陽章句三十一卷

大小夏侯章句各二十九卷

大小夏侯解故二十九篇

歐陽說義二篇

劉向五行傳記十一卷

許商五行傳記一篇

周書七十一篇周史記師古曰劉向云周時誥誓號令也蓋孔子所論百篇之餘也今之存者四十五篇矣

議奏四十二篇宣帝時石渠論韋昭曰閣名也於此論書

凡書九家四百一十二篇入劉向稽疑一篇師古曰此凡言入者謂七略之外班氏新入之也其云出者與此同

易曰河出圖雒出書聖人則之師古曰上繫之辭也故書之所起遠矣至孔子纂焉孟康曰纂音撰上斷於堯下訖于秦凡百篇而爲之序言其作意秦燔書禁學濟南伏生獨壁藏之漢興亡失求得二十九篇以教齊魯之間訖孝宣世有歐陽大小夏侯氏立於學官古文尚書者出孔子壁中武帝末師古曰家語云孔騰字子襄畏秦法峻急藏尚書孝經論語於夫子舊堂壁中而漢記尹敏傳云孔鮒所藏二說不同未知孰是魯共王壞孔子宅欲以廣其宮而得古文尚書及禮記論語孝經凡數十篇皆古字也共王往入其宅聞鼓琴瑟鐘磬之音於是懼乃止不壞孔安國者孔子後也悉得其書以考二十九篇得多十六篇師古曰壁中書多以考見行世二十九篇之外更得十六篇安國獻之遭巫蠱事未列于學官劉向以中古文校歐陽大小夏侯三家經文酒誥脫簡一召誥脫簡二師古曰召讀曰邵率簡二十五字者脫亦二十五字簡二十二字者脫亦二十二字文字異者七百有餘脫字數十書者古之號令號令於眾其言不立具則聽受施行者弗曉古文讀應爾雅故解古今語而可知也

詩經二十八卷魯齊韓三家應劭曰申公作魯詩后蒼作齊詩韓嬰作韓詩

魯故二十五卷師古曰故者通其指義也它皆類此今流俗毛詩改故訓傳爲詁字失真耳

魯說二十八卷

齊后氏故二十卷

齊孫氏故二十七卷

齊后氏傳三十九卷
齊孫氏傳二十八卷
齊雜記十八卷
韓故三十六卷
韓內傳四卷
韓外傳六卷
韓說四十一卷
毛詩二十九卷
毛詩故訓傳三十卷
凡詩六家四百一十六卷

書曰詩言志歌詠言師古曰虞書舜典之辭也在心爲志發言爲詩詠者永也永長也歌所以長言之故哀樂之心感而歌詠之聲發誦其言謂之詩詠其聲謂之歌故古有采詩之官王者所以觀風俗知得失自考正也孔子純取周詩上采殷下取魯宋祁曰景本取作采凡三百五篇遭秦而全者以其諷誦不獨在竹帛故也漢興魯申公爲詩訓故而齊轅固燕韓生皆爲之傳或取春秋采雜說咸非其本義與不得已魯最爲近之師古曰與不得已者言皆不得也三家皆不得其真而魯最近之三家皆列於學官又有毛公之學自謂子夏所傳而河間獻王好之未得立

禮古經五十六卷經七十篇后氏戴氏○劉敞曰此七十與後七十皆當作十七計其篇數則然
記百三十一篇七十子後學者所記也
明堂陰陽三十三篇古明堂之遺事
王史氏二十一篇七十子後學者師古曰劉向別錄云六國時人也
曲臺后倉九篇如淳曰行禮射於曲臺后倉爲記故名曰曲臺記漢官曰大射于曲臺晉灼曰天子射宮也西京無太學於此行禮也○宋祁曰景本曲臺下有至字
中庸說二篇師古曰今禮記有中庸一篇亦非本禮經蓋此之流
明堂陰陽說五篇
周官經六篇王莽時劉歆置博士師古曰即今之周官禮也亡其冬官以考工記充之
周官傳四篇
軍禮司馬法百五十五篇
古封禪羣祀二十二篇
封禪議對十九篇武帝時也
漢封禪羣祀三十六篇
議奏三十八篇石渠
凡禮十三家五百五十五篇入司馬法一家百五十五篇

易曰有夫婦父子君臣上下禮義有所錯師古曰序卦之辭也錯置也音千故反而帝王質文世有損益至周曲爲之防事爲之制師古曰委曲防閑每事爲制也故曰禮經三百威儀三千韋昭曰周禮三百六十官也三百舉成數也臣瓚曰禮經三百謂冠婚吉凶周禮三百是官名也師古曰禮經三百韋說是也威儀三千乃謂冠婚吉凶蓋儀禮是也及周之衰諸侯將踰法度惡其害己皆滅去其籍自孔子時而不具至秦大壞漢興魯高堂生傳士禮十七篇訖孝宣世后倉最明戴德戴聖慶普皆其弟子三家立於學官禮古經者出於魯淹中蘇林曰里名也○劉敞曰讀當云禮古經者出於魯淹中及孔氏孔氏則安國所得壁中書也及孔氏學七十篇文相似多三十九篇○劉敞曰學七十篇當作與十七篇文相似五十六卷除十七正多三十九也及明堂陰陽王史氏記所見多天子諸侯卿大夫之制雖不能備猶瘉倉等推士禮而致於天子之說師古曰瘉與愈同愈勝也

樂記二十三篇
王禹記二十四篇
雅歌詩四篇
雅琴趙氏七篇名定勃海人宣帝時丞相魏相所奏
雅琴師氏八篇名中東海人傳言師曠後
雅琴龍氏九十九篇名德梁人師古曰劉向別錄云亦魏相所奏也與趙定俱召見待詔後拜爲侍郎
凡樂六家百六十五篇出淮南劉向等琴頌七篇

易曰先王作樂崇德殷薦之上帝以享祖考師古曰豫卦象辭也殷盛也故自黃帝下至三代樂各有名孔子曰安上治民莫善於禮移風易俗莫善於樂師古曰孝經載孔子之言二者相與並行周衰俱壞樂尤微眇以音律爲節師古曰眇細也言其道精微節在音律不可具於書眇亦讀曰妙又爲鄭衛所亂故無遺法漢興制氏以雅樂聲律世在樂官頗能紀其鏗鏘鼓舞而不能言其義師古曰鏗音初耕反六國之君魏文侯最爲好古孝文時得其樂人竇公師古曰桓譚新論云竇公年百八十歲兩目皆盲文帝奇之問曰何因至此對曰臣年十三失明父母哀其不及衆技教鼓琴臣導引無所服餌獻其書乃周官大宗伯之大司樂章也武帝時河間獻王好儒與毛生等共采周官及諸子言樂事者以作樂記獻八佾之舞與制氏不相遠其內史丞王定傳之以授常山王禹禹成帝時爲謁者數言其義師古曰數音所角反獻二十四卷記劉向校書得樂記二十三篇與禹不同其道寖以益微師古曰寖漸也

春秋古經十二篇經十一卷公羊穀梁二家
左氏傳三十卷左丘明魯太史
公羊傳十一卷公羊子齊人師古曰名高
穀梁傳十一卷穀梁子魯人師古曰名喜
鄒氏傳十一卷
夾氏傳十一卷有錄無書師古曰夾音頰
左氏微二篇師古曰微謂釋其微指
鐸氏微三篇楚太傅鐸椒也
張氏微十篇
虞氏微傳二篇趙相虞卿
公羊外傳五十篇
穀梁外傳二十篇
公羊章句三十八篇
穀梁章句三十三篇
公羊雜記八十三篇
公羊顏氏記十一篇
公羊董仲舒治獄十六篇
議奏三十九篇石渠論
國語二十一篇左丘明著
新國語五十四篇劉向分國語
世本十五篇古史官記黃帝以來訖春秋時諸侯大夫
戰國策三十三篇記春秋後
奏事二十篇秦時大臣奏事及刻石名山文也
楚漢春秋九篇陸賈所記
太史公百三十篇十篇有錄無書
馮商所續太史公七篇韋昭曰馮商受詔續太史公十餘篇在班彪別錄商字子高師古曰七略云商陽陵人治易事五鹿充宗後事劉向能屬文後與孟柳俱待詔頗序列傳未卒病死
太古以來年紀二篇
漢著記百九十卷師古曰若今之起居注
漢大年紀五篇
凡春秋二十三家九百四十八篇省太史公四篇

古之王者世有史官君舉必書所以慎言行昭法式也左史記言右史記事事爲春秋言爲尚書帝王靡不同之周室既微載籍殘缺仲尼思存前聖之業乃稱曰夏禮吾能言之杞不足徵也殷禮吾能言之宋不足徵也文獻不足故也足則吾能徵之矣師古曰論語載孔子之言也徵成也獻賢也孔子自謂能言夏殷之禮而杞宋之君文章賢材不足以成之故我不得成此禮也以魯周公之國禮文備物史官有法故與左丘明觀其史記據行事仍人道師古曰仍亦因也因興以立功敗以成罰假日月以定歷數藉朝聘以正禮樂有所褒諱貶損不可書見口授弟子弟子退而異言師古曰謂人執所見各不同也丘明恐弟子各安其意以失其真故論本事而作傳明夫子不以空言說經也春秋所貶損大人當世君臣有威權勢力其事實皆形於傳是以隱其書而不宣所以免時難也及末世口說流行故有公羊穀梁鄒夾之傳四家之中公羊穀梁立於學官鄒氏無師夾氏未有書

論語古二十一篇出孔子壁中兩子張如淳曰分堯曰篇後子張問何如可以從政已下爲篇名曰從政
齊二十二篇多問王知道如淳曰多問王知道皆篇名也
魯二十篇傳十九篇師古曰解釋論語意者
齊說二十九篇
魯夏侯說二十一篇
魯安昌侯說二十一篇師古曰張禹也
魯王駿說二十篇師古曰王吉子
燕傳說三卷
議奏十八篇石渠論
孔子家語二十七卷師古曰非今所有家語
孔子三朝七篇師古曰今大戴禮有其一篇蓋孔子對魯哀公語也三朝見公故曰三朝
孔子徒人圖法二卷
凡論語十二家二百二十九篇

論語者孔子應答弟子時人及弟子相與言而接聞於夫子之語也當時弟子各有所記夫子既卒門人相與輯而論篹故謂之論語師古曰輯與集同篹與撰同漢興有齊魯之說傳齊論者昌邑中尉王吉少府宋畸師古曰畸音居宜反御史大夫貢禹尚書令五鹿充宗膠東庸生唯王陽名家師古曰王吉字子陽故謂之王陽傳魯論語者常山都尉龔奮長信少府夏侯勝丞相韋賢魯扶卿前將軍蕭望之安昌侯張禹皆名家張氏最後而行於世

孝經古孔氏一篇二十二章師古曰劉向云古文字也庶人章分爲二也曾子敢問章爲三又多一章凡二十二章
孝經一篇十八章長孫氏江氏后氏翼氏四家
長孫氏說二篇
江氏說一篇
翼氏說一篇
后氏說一篇
雜傳四篇
安昌侯說一篇
五經雜議十八篇石渠論
爾雅三卷二十篇張晏曰爾近也雅正也
小雅一篇○宋祁曰小字下邵本有爾字
古今字一卷
弟子職一篇應劭曰管仲所作在管子書
說三篇
凡孝經十一家五十九篇

孝經者孔子爲曾子陳孝道也夫孝天之經地之義民之行也舉大者言故曰孝經漢興長孫氏博士江翁少府后倉諫大夫翼奉安昌侯張禹傳之各自名家經文皆同唯孔氏壁中古文爲異父母生之續莫大焉故親生之膝下　諸家說不安處古文字讀皆異臣瓚曰孝經云續莫大焉而諸家之說各不安處之也師古曰桓譚新論云古孝經千八百七十二字今異者四百餘字

史籀十五篇 周宣王太史作大篆十五篇建武時亡六篇矣師古曰籀音胄
八體六技 韋昭曰八體一曰大篆二曰小篆三曰刻符四曰蟲書五曰摹印六曰署七曰殳書八曰隸書○宋祁曰注文署下當有書字
蒼頡一篇 上七章秦丞相李斯作爰歷六章車府令趙高作博學七章太史令胡母敬作
凡將一篇 司馬相如作
急就一篇 元帝時黃門令史游作
元尚一篇 成帝時將作大匠李長作
訓纂一篇 揚雄作
別字十三篇
蒼頡傳一篇
揚雄蒼頡訓纂一篇
杜林蒼頡訓纂一篇
杜林蒼頡故一篇
凡小學十家四十五篇 入揚雄杜林二家三篇
易曰上古結繩以治後世聖人易之以書契百官以治萬民以察蓋取諸夬 師古曰下繫之辭 夬揚于王庭 師古曰夬卦之辭 言其宣揚於王者朝廷其用最大也古者八歲入小學故周官保氏掌養國子教之六書 師古曰保氏地官之屬也保安也 謂象形象事象意象聲轉注假借造字之本也 師古曰象形謂畫成其物隨體詰屈日月是也象事即指事也謂視而可識察而見意上下是也象意即會意也謂比類合誼以見指撝武信是也象聲即形聲謂以事爲名取譬相成江河是也轉注謂建類一首同意相受考老是也假借謂本無其字依聲託事令長是也文字之義總歸六書故曰立字之本焉 漢興蕭何草律 師古曰草創造之 亦著其法曰太史試學童能諷書九千字以上乃得爲史又以六體試之課最者以爲尚書御史史書令史 韋昭曰若今尚書蘭臺令史也臣瓚曰史書令之太史書○劉奉世曰史與書令史二名今有書令史 吏民上書字或不正輒舉劾六體者古文奇字篆書隸書繆篆蟲書 師古曰古文謂孔子壁中書奇字即古文而異者也篆書謂小篆蓋秦始皇使程邈所作也隸書亦程邈所獻主於徒隸從簡易也繆篆謂其文屈曲纏繞所以摹印章也蟲書謂爲蟲鳥之形所以書幡信也 皆所以通知古今文字摹印章書幡信也古制書必同文不知則闕問諸故老至於衰世是非無正人用其私 師古曰各任私意而爲字 故孔子曰吾猶及史之闕文也今亡矣夫 師古曰論語載孔子之言謂文字有疑則當闕而不說孔子曰言我初涉學尚見闕文今則皆無任意改作也 蓋傷其寖不正 師古曰寖漸也 史籀篇者周時史官教學童書也與孔氏壁中古文異體蒼頡七章者秦丞相李斯所作也爰歷六章者車府令趙高所作也博學七章者太史令胡母敬所作也文字多取史籀篇而篆體復頗異所謂秦篆者也是時始建隸書矣 ○宋祁曰建當作造 起於官獄多事苟趨省易 師古曰趨讀曰趣趣向也易音弋豉反 施之於徒隸也漢興閭里書師合蒼頡爰歷博學三篇斷六十字以爲一章凡五十五章并爲蒼頡篇 師古曰并合也總合以爲蒼頡篇也 武帝時司馬相如作凡將篇無復字 師古曰復重也音扶目反後皆類此 元帝時黃門令史游作急就篇成帝時將作大匠李長作元尚篇皆蒼頡中正字也 ○宋祁曰李長下當有作字 凡將則頗有出矣至元始中徵天下通小學者以百數各令記字於庭中揚雄取其有用者以作訓纂篇順續蒼頡又易蒼頡中重復之字凡八十九章臣復續揚雄作十三章 韋昭曰臣班固自謂也作十三章後人不別疑在蒼頡下篇三十四章中 凡一百三章無復字六藝羣書所載略備矣蒼頡多古字俗師失其讀宣帝時徵齊人能正讀者張敞從受之傳至外孫之子杜林爲作訓故并列焉

凡六藝一百三家三千一百二十三篇 入三家一百五十九篇出重十一篇

六藝之文樂以和神仁之表也詩以正言義之用也禮以明體明體者著見故無訓也書以廣聽知之術也春秋以斷事信之符也五者蓋五常之道相須而備而易爲之原故曰易不可見則乾坤或幾乎息矣 蘇林曰不能見易意則乾坤近於滅息也師古曰此上繫之辭也幾近也音鉅依反 言與天地爲終始也至於五學世有變改猶五行之更用事焉 師古曰更互也音工衡反 古之學者耕且養三年而通一藝存其大體玩經文而已是故用日少而畜德多 師古曰畜讀曰蓄蓄聚也易大畜卦象辭曰君子以多識前言往行以畜其德 三十而五經立也後世經傳既已乖離博學者又不思多聞闕疑之義 師古曰論語稱孔子曰多聞闕疑慎言其餘則寡尤言爲學之道務在多聞疑則闕之慎於言語則少過也故志引之 而務碎義逃難便辭巧說破壞形體 師古曰苟爲僻碎之義以避它人之攻難者故爲便辭巧說以析破文字之形體也 說五字之文至於二三萬言 師古曰言其煩妄也桓譚新論云秦近君能說堯典篇目兩字之說至十餘萬言但說曰若稽古三萬言 後進彌以馳逐故幼童而守一藝白首而後能言安其所習毀所不見 師古曰已所常習則保安之未嘗所見者則妄毀誹 終以自蔽此學者之大患也序六藝爲九種

晏子八篇 名嬰謚平仲相齊景公孔子稱善與人交有列傳師古曰有列傳者謂太史公書
子思二十三篇 名伋孔子孫爲魯繆公師
曾子十八篇 名參孔子弟子
漆雕子十三篇 孔子弟子漆雕啓後
宓子十六篇 名不齊字子賤孔子弟子師古曰宓讀與伏同
景子三篇 說宓子語似其弟子
世子二十一篇 名碩陳人也七十子之弟子
魏文侯六篇
李克七篇 子夏弟子爲魏文侯相
公孫尼子二十八篇 七十子之弟子
孟子十一篇 名軻鄒人子思弟子有列傳師古曰聖證論云軻字子車而此志無字未詳其所得
孫卿子三十三篇 名況趙人爲齊稷下祭酒有列傳師古曰本曰荀卿避宣帝諱故曰孫
芊子十八篇 名嬰齊人七十子之後師古曰芊音弭
內業十五篇 不知作書者
周史六弢六篇 惠襄之間或曰顯王時或曰孔子問焉師古曰即今之六韜也蓋言取天下及軍旅之事弢字與韜同也
周政六篇 周時法度政教
周法九篇 法天地立百官
河間周制十八篇 似河間獻王所述也
讕言十篇 不知作者陳人君法度如淳曰讕音粲爛師古曰說者引孔子家語云孔穿所造非也
功議四篇 不知作者論功德事
甯越一篇 中牟人爲周威王師
王孫子一篇 一曰巧心
公孫固一篇 十八章齊閔王失國問之固因爲陳古今成敗也
李氏春秋二篇
羊子四篇 百章故秦博士
董子一篇 名無心難墨子
俟子一篇 李奇曰或作侔子
徐子四十二篇 宋外黃人
魯仲連子十四篇 有列傳
平原老七篇 朱建也○宋祁曰老一作君
虞氏春秋十五篇 虞卿也
高祖傳十三篇 高祖與大臣述古語及詔策也
陸賈二十三篇
劉敬三篇
孝文傳十一篇 文帝所稱及詔策
賈山八篇
太常蓼侯孔臧十篇 父聚高祖時以功臣封臧嗣爵
賈誼五十八篇
河間獻王對上下三雍宮三篇
董仲舒百二十三篇
兒寬九篇
公孫弘十篇
終軍八篇
吾丘壽王六篇
虞丘說一篇 難孫卿也
莊助四篇
臣彭四篇
鉤盾兄從李步昌八篇 宣帝時數言事○宋祁曰兄當作冗
儒家言十八篇 不知作者
桓寬鹽鐵論六十篇 師古曰寬字次公汝南人也孝昭帝時丞相御史與諸賢良文學論鹽鐵事寬撰次之
劉向所序六十七篇 新序說苑世說列女傳頌圖也
揚雄所序三十八篇 太玄十九法言十三樂四箴二
右儒五十三家八百三十六篇 入揚雄一家三十八篇

儒家者流蓋出於司徒之官助人君順陰陽明教化者也游文於六經之中留意於仁義之際祖述堯舜憲章文武宗師仲尼以重其言 師古曰祖始也述修也憲法也章明也宗尊也言以堯舜爲本始而遵修之以文王武王爲明法又師尊仲尼之道 於道最爲高孔子曰如有所譽其有所試 師古曰論語載孔子之言也言於人有所稱譽者輒試以事取其實效也譽音弋於反 唐虞之隆殷周之盛仲尼之業已試之效者也然惑者既失精微而辟者又隨時抑揚違離道本 師古曰辟讀曰僻 苟以譁衆取寵 師古曰譁諠也寵尊也譁音呼華反 後進循之是以五經乖析儒學寖衰此辟儒之患 師古曰寖漸也辟讀曰僻

伊尹五十一篇 湯相
太公二百三十七篇 呂望爲周師尚父本有道者或有近世又以爲太公術者所增加也師古曰父讀曰甫也 謀八十一篇言七十一篇兵八十五篇
辛甲二十九篇 紂臣七十五諫而去周封之
鬻子二十二篇 名熊爲周師自文王以下問焉周封爲楚祖師古曰鬻音弋六反
筦子八十六篇 名夷吾相齊桓公九合諸侯不以兵車也有列傳師古曰筦讀與管同
老子鄰氏經傳四篇 姓李名耳鄰氏傳其學
老子傅氏經說三十七篇 述老子學
老子徐氏經說六篇 字少季臨淮人傳老子
劉向說老子四篇
文子九篇 老子弟子與孔子並時而稱周平王問似依託者也
蜎子十三篇 名淵楚人老子弟子師古曰蜎姓也音一元反
關尹子九篇 名喜爲關吏老子過關喜去吏而從之
莊子五十二篇 名周宋人
列子八篇 名圄寇先莊子莊子稱之
老成子十八篇
長盧子九篇 楚人
王狄子一篇
公子牟四篇 魏之公子也先莊子莊子稱之
田子二十五篇 名駢齊人游稷下號天口駢師古曰駢音步田反
老萊子十六篇 楚人與孔子同時
黔婁子四篇 齊隱士守道不詘威王下之師古曰黔音其炎反下音胡穀反
宮孫子二篇 師古曰宮孫姓也不知名
鶡冠子一篇 楚人居深山以鶡爲冠師古曰以鶡鳥羽爲冠
周訓十四篇 師古曰劉向別錄云人間小書其言俗薄
黃帝四經四篇
黃帝銘六篇
黃帝君臣十篇 起六國時與老子相似也

雜黃帝五十八篇六國時賢者所作
力牧二十二篇六國時所作託之力牧力牧黃帝相
孫子十六篇六國時
捷子二篇齊人武帝時說
曹羽二篇楚人武帝時說於齊王
郎中嬰齊十二篇武帝時師古曰劉向云故待詔不知其姓數從游觀名能爲文
臣君子二篇蜀人
鄭長者一篇六國時先韓子韓子稱之師古曰別錄云鄭人不知姓名
楚子三篇
道家言二篇近世不知作者
右道三十七家九百九十三篇
道家者流蓋出於史官歷記成敗存亡禍福古今之道然後知秉要執本清虛以自守卑弱以自持此君人南面之術也合於堯之克攘師古曰虞書堯典稱堯之德曰允恭克讓言其信恭能讓也故志引之云攘古讓字易之嗛嗛一謙而四益此其所長也師古曰四益謂天道虧盈而益謙地道變盈而流謙鬼神害盈而福謙人道惡盈而好謙也此謙卦彖辭嗛字與謙同○劉奉世曰嗛若與謙同何爲作兩字蓋易文辭有云嗛嗛者及放者爲之則欲絕去禮學兼棄仁義師古曰放蕩也曰獨任清虛可以爲治
宋司星子韋三篇景公之史
公檮生終始十四篇傳鄒奭始終書師古曰檮音疇其字從木
公孫發二十二篇六國時
鄒子四十九篇名衍齊人爲燕昭王師居稷下號談天衍
鄒子終始五十六篇師古曰亦鄒衍所說
乘丘子五篇六國時
杜文公五篇六國時師古曰劉向別錄云韓人也
黃帝泰素二十篇六國時韓諸公子所作師古曰劉向別錄云或言韓諸公孫之所作也言陰陽五行以爲黃帝之道也故曰泰素
南公三十一篇六國時
容成子十四篇
張蒼十六篇丞相北平侯
鄒奭子十二篇齊人號曰雕龍奭師古曰奭音試亦反
閭丘子十三篇名快魏人在南公前
馮促十三篇鄭人
將鉅子五篇六國時先南公南公稱之
五曹官制五篇漢制似賈誼所條
周伯十一篇齊人六國時
衛侯官十二篇近世不知作者
于長天下忠臣九篇平陰人近世師古曰劉向別錄云傳天下忠臣
公孫渾邪十五篇平曲侯
雜陰陽三十八篇不知作者

右陰陽二十一家三百六十九篇
陰陽家者流蓋出於羲和之官敬順昊天歷象日月星辰敬授民時此其所長也及拘者爲之則牽於禁忌泥於小數師古曰泥音乃計反也舍人事而任鬼神師古曰舍廢也
李子三十二篇名悝相魏文侯富國彊兵
商君二十九篇名鞅姬姓衛後也相秦孝公有列傳
申子六篇名不害京人相韓昭侯終其身諸侯不敢侵韓師古曰京河南京縣
處子九篇師古曰史記云趙有處子
慎子四十二篇名到先申韓申韓稱之
韓子五十五篇名非韓諸公子使秦李斯害而殺之
游棣子一篇師古曰棣音徒計反
鼂錯三十一篇
燕十事十篇不知作者
法家言二篇不知作者
右法十家二百一十七篇
法家者流蓋出於理官信賞必罰以輔禮制易曰先王以明罰飭法師古曰噬嗑之象辭也飭整也讀與敕同此其所長也及刻者爲之則無教化去仁愛專任刑法而欲以致治至於殘害至親傷恩薄厚師古曰薄厚者變厚爲薄
鄧析二篇鄭人與子產並時師古曰列子及孫卿並云子產殺鄧析據左傳昭公二十年子產卒定公九年駟歂殺鄧析而用其竹刑則非子產所殺也
尹文子一篇說齊宣王先公孫龍師古曰劉向云與宋鈃俱游稷下鈃音形
公孫龍子十四篇趙人師古曰即爲堅白之辯者
成公生五篇與黃公等同時師古曰姓成公劉向云與李斯子由同時由爲三川守成公生游談不仕
惠子一篇名施與莊子並時
黃公四篇名疵爲秦博士作歌詩在秦時歌詩中師古曰疵音才斯反
毛公九篇趙人與公孫龍等並游平原君趙勝家師古曰劉向別錄云論堅白同異以爲可以治天下此蓋史記所云藏於博徒者
右名七家三十六篇
名家者流蓋出於禮官古者名位不同禮亦異數孔子曰必也正名乎名不正則言不順言不順則事不成師古曰論語載孔子之言也言欲爲政必先正其名此其所長也及警者爲之晉灼曰警許也師古曰警音工釣反則苟鉤鈲析亂而已師古曰鈲破也音普革反又音普狄反
尹佚二篇周臣在成康時也
田俅子三篇先韓子蘇林曰俅音仇
我子一篇師古曰劉向別錄云爲墨子之學
隨巢子六篇墨翟弟子
胡非子三篇墨翟弟子
墨子七十一篇名翟爲宋大夫在孔子後

右墨六家八十六篇
墨家者流蓋出於清廟之守茅屋采椽是以貴儉師古曰采柞木也字作棌本從木以茅覆屋以棌爲椽言其質素也采音千在反養三老五更是以兼愛選士大射是以上賢宗祀嚴父是以右鬼如淳曰右鬼謂信鬼神若杜伯射宣王是親鬼而右之師古曰右猶尊尚也順四時而行是以非命蘇林曰非有命者言儒者執有命而反勸人修德積善政教與行相反故譏之也如淳曰言無吉凶之命但有賢不肖善惡以孝視天下是以上同如淳曰言皆同可以治也師古曰墨子有節用兼愛上賢明鬼神非命上同等諸篇故志歷序其本意也視讀曰示此其所長也及蔽者爲之見儉之利因以非禮推兼愛之意而不知別親疏
蘇子三十一篇名秦有列傳
張子十篇名儀有列傳
龐煖二篇爲燕將師古曰煖音許遠反
闕子一篇
國筮子十七篇
秦零陵令信一篇難秦相李斯
蒯子五篇名通
鄒陽七篇
主父偃二十八篇
徐樂一篇
莊安一篇
待詔金馬聊蒼三篇趙人武帝時師古曰嚴助傳作膠蒼而此志作聊志傳不同未知孰是
右從橫十二家百七篇
從橫家者流蓋出於行人之官孔子曰誦詩三百使於四方不能顓對雖多亦奚以爲師古曰論語載孔子之言也謂人不達於事誦詩雖多無所用又曰使乎使乎師古曰亦論語載孔子之言歎使者之難其人言其當權事制宜受命而不受辭此其所長也及邪人爲之則上詐諼而棄其信師古曰諼詐言也音許遠反
孔甲盤盂二十六篇黃帝之史或曰夏帝孔甲似皆非
大命三十七篇傳言禹所作其文似後世語師古曰命古禹字○宋祁曰一作命
伍子胥八篇名員春秋時爲吳將忠直遇讒死
子晚子三十五篇齊人好議兵與司馬法相似
由余三篇戎人秦穆公聘以爲大夫
尉繚二十九篇六國時師古曰尉姓繚名也音了又音聊劉向別錄云繚爲商君學
尸子二十篇名佼魯人秦相商君師之鞅死佼逃入蜀師古曰佼音絞
呂氏春秋二十六篇秦相呂不韋輯智略士作
淮南內二十一篇王安
淮南外三十三篇師古曰內篇論道外篇雜說○宋祁曰雜邵本作新
東方朔二十篇
伯象先生一篇應劭曰蓋隱者也故公孫敖難以無益世主之治

荊軻論五篇軻爲燕刺秦王不成而死司馬相如等論之
吳子一篇
公孫尼一篇
博士臣賢對一篇漢世難韓子商君
臣說三篇武帝時作賦師古曰說者其人名讀曰悅
解子簿書三十五篇
推雜書八十七篇
雜家言一篇王伯不知作者師古曰言伯王之道伯讀曰霸
右雜二十家四百三篇入兵法
雜家者流蓋出於議官兼儒墨合名法知國體之有此師古曰治國之體亦當有此雜家之說見王治之無不貫師古曰王者之治於百家之道無不貫綜此其所長也及盪者爲之則漫羨而無所歸心師古曰漫放也羨音弋戰反
神農二十篇六國時諸子疾時怠於農業道耕農事託之神農師古曰劉向別錄云疑李悝及商君所說
野老十七篇六國時在齊楚間應劭曰年老居田野相民耕種故號野老
宰氏十七篇不知何世
董安國十六篇漢代內史不知何帝時
尹都尉十四篇不知何世○宋祁曰尹一作鄢
趙氏五篇不知何世
氾勝之十八篇成帝時爲議郎師古曰劉向別錄云使教田三輔有好田者師之徙爲御史氾音凡又音敷劍反
王氏六篇不知何世
蔡癸一篇宣帝時以言便宜至弘農太守師古曰劉向別錄云邯鄲人
右農九家百一十四篇
農家者流蓋出於農稷之官播百穀勸耕桑以足衣食故八政一曰食二曰貨孔子曰所重民食師古曰論語載孔子稱殷湯伐桀告天辭也言爲君之道所重者在人之食此其所長也及鄙者爲之以爲無所事聖王師古曰言不須聖王天下自治欲使君臣並耕誖上下之序師古曰誖亂也音布內反
伊尹說二十七篇其語淺薄似依託也
鬻子說十九篇後世所加
周考七十六篇考周事也
青史子五十七篇古史官記事也
師曠六篇見春秋其言淺薄本與此同似因託也
務成子十一篇稱堯問非古語
宋子十八篇孫卿道宋子其言黃老意
天乙三篇天乙謂湯其言非殷時皆依託也
黃帝說四十篇迂誕依託
封禪方說十八篇武帝時

待詔臣饒心術二十五篇 武帝時師古曰劉向別錄云饒齊人也不知其姓武帝時待詔作書名曰心術

待詔臣安成未央術一篇 應劭曰道家也好養生事爲未央之術

臣壽周紀七篇 項國圉人宣帝時

虞初周說九百四十三篇 河南人武帝時以方士侍郎號黃車使者 應劭曰其說以周書爲本 師古曰史記云虞初洛陽人即張衡西京賦小說九百本自虞初者也

百家百三十九卷

右小說十五家千三百八十篇 ○劉奉世曰又少十篇

小說家者流蓋出於稗官 如淳曰稗音鍛家排九章細米爲稗街談巷說其細碎之言也王者欲知閭巷風俗故立稗官使稱說之今世亦謂偶語爲稗 師古曰稗音稊稗之稗不與鍛排同也稗官小官漢名臣奏唐林請省置吏公卿大夫至都官稗官各減什三是也 街談巷語道聽塗說者之所造也孔子曰雖小道必有可觀者焉致遠恐泥是以君子弗爲也 師古曰論語載孔子之言泥滯也音乃細反 然亦弗滅也閭里小知者之所及亦使綴而不忘如或一言可采此亦芻蕘狂夫之議也

凡諸子百八十九家四千三百二十四篇 出蹴鞠一家二十五篇

諸子十家其可觀者九家而已皆起於王道既微諸侯力政時君世主好惡殊方 師古曰好音呼到反惡音一故反 是以九家之術蠭出並作 師古曰蠭與鋒同 各引一端崇其所善以此馳說取合諸侯其言雖殊辟猶水火相滅亦相生也 師古曰辟讀曰譬 仁之與義敬之與和相反而皆相成也易曰天下同歸而殊塗一致而百慮 師古曰下繫之辭 今異家者各推所長窮知究慮以明其指雖有蔽短合其要歸亦六經之支與流裔 師古曰裔衣末也其於六經如水之下流衣之末裔 使其人遭明王聖主得其所折中皆股肱之材已 師古曰已語終之辭 仲尼有言禮失而求諸野 師古曰言都邑失禮則於外野求之亦將有獲 方今去聖久遠道術缺廢無所更索 師古曰索求也 彼九家者不猶瘉於野乎 師古曰瘉與愈同愈勝也 若能修六藝之術而觀此九家之言舍短取長則可以通萬方之畧矣 師古曰舍廢也

屈原賦二十五篇 楚懷王大夫有列傳

唐勒賦四篇 楚人

宋玉賦十六篇 楚人與唐勒並時在屈原後也

趙幽王賦一篇

莊夫子賦二十四篇 名忌吳人

賈誼賦七篇

枚乘賦九篇

司馬相如賦二十九篇

淮南王賦八十二篇

淮南王羣臣賦四十四篇

太常蓼侯孔臧賦二十篇

陽丘侯劉隁賦十九篇 師古曰隁音偃

吾丘壽王賦十五篇

蔡甲賦一篇

上所自造賦二篇 師古曰武帝也

兒寬賦二篇

光祿大夫張子僑賦三篇 與王褒同時也

陽成侯劉德賦九篇

劉向賦三十三篇

王褒賦十六篇

右賦二十家三百六十一篇

陸賈賦三篇

枚皐賦百二十篇

朱建賦二篇

常侍郎莊怱奇賦十一篇 枚皐同時 師古曰七畧云怱奇者或言莊夫子子或言族家子莊助昆弟也從行至茂陵詔造賦

嚴助賦三十五篇 師古曰上言莊怱奇下言嚴助史駮文

朱買臣賦三篇

宗正劉辟彊賦八篇

司馬遷賦八篇

郎中臣嬰齊賦十篇

臣說賦九篇 師古曰說名音悅

臣吾賦十八篇

遼東太守蘇季賦一篇

蕭望之賦四篇

河內太守徐明賦三篇 字長君東海人元成世歷五郡太守有能名

給事黃門侍郎李息賦九篇

淮陽憲王賦二篇

揚雄賦十二篇

待詔馮商賦九篇

博士弟子杜參賦二篇 師古曰劉向別錄云臣向謹與長社尉杜參校中祕書劉歆又云參杜陵人以陽朔元年病死死時年二十餘

車郎張豐賦三篇 張子僑子

驃騎將軍朱宇賦三篇 師古曰劉向別錄云驃騎將軍史朱宇志以宇在驃騎府故總言驃騎將軍○劉奉世曰其實惜脫一史字耳

右賦二十一家二百七十四篇 入揚雄八篇

孫卿賦十篇

秦時雜賦九篇

李思孝景皇帝頌十五篇

廣川惠王越賦五篇

長沙王羣臣賦三篇

魏內史賦二篇

東暆令延年賦七篇 師古曰東暆縣名暆音移

衛士令李忠賦二篇

張偃賦二篇

賈充賦四篇

張仁賦六篇

秦充賦二篇

李步昌賦二篇

侍郎謝多賦十篇

平陽公主舍人周長孺賦二篇

雒陽錡華賦九篇 師古曰錡姓華名錡音魚綺反

眭弘賦一篇 師古曰即眭孟也眭音先隨反

別栩陽賦五篇 服虔曰栩音詡

臣昌市賦六篇

臣義賦二篇

黃門書者假史王商賦十三篇

侍中徐博賦四篇

黃門書者王廣呂嘉賦五篇

漢中都尉丞華龍賦二篇

左馮翊史路恭賦八篇

右賦二十五家百三十六篇

客主賦十八篇

雜行出及頌德賦二十四篇

雜四夷及兵賦二十篇

雜中賢失意賦十二篇

雜思慕悲哀死賦十六篇

雜鼓琴劍戲賦十三篇

雜山陵水泡雲氣雨旱賦十六篇 師古曰泡水上浮漚也泡音普交反漚音一侯反

雜禽獸六畜昆蟲賦十八篇

雜器械草木賦三十三篇

大雜賦三十四篇

成相雜辭十一篇

隱書十八篇 師古曰劉向別錄云隱書者疑其言以相問對者以慮思之可以無不諭

右雜賦十二家二百三十三篇

高祖歌詩二篇

泰一雜甘泉壽宮歌詩十四篇

宗廟歌詩五篇

漢興以來兵所誅滅歌詩十四篇

出行巡狩及游歌詩十篇

臨江王及愁思節士歌詩四篇

李夫人及幸貴人歌詩三篇

詔賜中山靖王子噲及孺子妾冰未央材人歌詩四篇 師古曰孺子王妾之有品號者也妾王之衆妾也冰其名材人天子內官

吳楚汝南歌詩十五篇

燕代謳鴈門雲中隴西歌詩九篇

邯鄲河間歌詩四篇

齊鄭歌詩四篇

淮南歌詩四篇

左馮翊秦歌詩三篇

京兆尹秦歌詩五篇

河東蒲反歌詩一篇

黃門倡車忠等歌詩十五篇

雜各有主名歌詩十篇

雜歌詩九篇

雒陽歌詩四篇

河南周歌詩七篇

河南周歌聲曲折七篇

周謠歌詩七十五篇

周謠歌詩聲曲折七十五篇

諸神歌詩三篇

送迎靈頌歌詩三篇

周歌詩二篇

南郡歌詩五篇

右歌詩二十八家三百一十四篇

凡詩賦百六家千三百一十八篇 入揚雄八篇

傳曰不歌而誦謂之賦登高能賦可以爲大夫言感物造耑材知深美 師古曰耑古端字也因物動志則造辭義之端緒 可與圖事故可以爲列大夫也古者諸侯卿大夫交接鄰國以微言相感當揖讓之時必稱詩以諭其志蓋以別賢不肖而觀盛衰焉故孔子曰不學詩無以言也 師古曰論語載孔子戒伯魚之辭也 春秋之後周道寖壞 師古曰寖漸也 聘問歌詠不行於列國學詩之士逸在布衣而賢人失志之賦作矣大儒孫卿及楚臣屈原離讒憂國皆作賦以風 師古曰離遭也風讀曰諷下亦同 咸有惻隱古詩之義其後宋玉唐勒漢興枚乘司馬相如下及揚子雲競爲侈麗閎衍之詞沒其風諭之義是以揚子悔之曰詩人之賦麗以則辭人之賦麗以淫 師古曰辭人言後代之爲文辭 如孔氏之門人用賦也則賈誼登堂相如入室矣如其不用何 師古曰言孔氏之門既不用賦不可如何謂賈誼相如無所施也 自孝武立樂府而采歌謠於是有代趙之謳秦楚之風

皆感於哀樂緣事而發亦可以觀風俗知薄厚云序詩賦爲五種
吳孫子兵法八十二篇圖九卷師古曰孫武也臣於闔閭
齊孫子八十九篇圖四卷師古曰孫臏
公孫鞅二十七篇
吳起四十八篇有列傳
范蠡二篇越王句踐臣也
大夫種二篇與范蠡俱事句踐
李子十篇
娷一篇師古曰娷音女瑞反蓋說兵法者人名也
兵春秋三篇
龐煖三篇師古曰煖音許遠反又音許元反
兒良一篇師古曰六國時人也兒音五奚反
廣武君一篇李左車
韓信三篇師古曰淮陰侯
右兵權謀十三家二百五十九篇省伊尹太公管子孫卿子鶡冠子蘇子蒯通陸賈淮南王二百五十九種出司馬法入禮也○劉奉世曰種當作重九下又脫一篇字注二百五十九恐合作五百二十一篇數已在前
權謀者以正守國以奇用兵先計而後戰兼形勢包陰陽用技巧者也
楚兵法七篇圖四卷
蚩尤二篇見呂刑
孫軫五篇圖二卷
繇敍二篇
王孫十六篇圖五卷
尉繚三十一篇
魏公子二十一篇圖十卷名無忌有列傳
景子十三篇
李良三篇
丁子一篇
項王一篇名籍
右兵形勢十一家九十二篇圖十八卷
形勢者雷動風擧後發而先至離合背鄉變化無常以輕疾制敵者也師古曰背音步內反鄉讀曰嚮
太壹兵法一篇
天一兵法三十五篇
神農兵法一篇
黃帝十六篇圖三卷
封胡五篇黃帝臣依託也
風后十三篇圖二卷黃帝臣依託也
力牧十五篇黃帝臣依託也
鵊治子一篇圖一卷晉灼曰鵊音夾○宋祁曰治一作冶
鬼容區三篇圖一卷黃帝臣依託師古曰卽鬼臾區也
地典六篇
孟子一篇
東父三十一篇
師曠八篇晉平公臣
萇弘十五篇周史
別成子望軍氣六篇圖三卷
辟兵威勝方七十篇
右陰陽十六家二百四十九篇圖十卷
陰陽者順時而發推刑德隨斗擊因五勝假鬼神而爲助者也師古曰五勝五行相勝也
鮑子兵法十篇圖一卷
伍子胥十篇圖一卷
公勝子五篇
苗子五篇圖一卷
逢門射法二篇師古曰卽逢蒙
陰通成射法十一篇
李將軍射法三篇師古曰李廣
魏氏射法六篇
彊弩將軍王圍射法五卷師古曰圍郁郅人也見趙充國傳
望遠連弩射法具十五篇
護軍射師王賀射書五篇
蒲苴子弋法四篇師古曰苴音子余反
劒道三十八篇
手搏六篇
雜家兵法五十七篇
蹵鞠二十五篇師古曰鞠以韋爲之實以物蹵蹋之以爲戲也蹵鞠陳力之事故附於兵法焉蹵音子六反鞠音巨六反
右兵技巧十三家百九十九篇省墨子重入蹵鞠也
技巧者習手足便器械積機關以立攻守之勝者也
凡兵書五十三家七百九十篇圖四十三卷省十家二百七十一篇重入蹵鞠一家二十五篇出司馬法百五十五篇入禮也○劉奉世曰此註二百七十一又當作五百九十二兩註篇數皆不足蓋誤謬也
兵家者蓋出古司馬之職王官之武備也洪範八政八曰師孔子曰爲國者足食足兵師古曰論語載孔子之言無兵與食不可以爲國明以不教民戰是謂棄之師古曰亦論語所載孔子之言非其不素習武備兵之重也易曰古者弦木爲弧剡木爲矢弧矢之利以威天下師古曰下繫之辭也弧木弓也剡謂銳而利之也音弋冉反其用上矣後世燿金爲刃割革爲甲師古曰燿讀與鑠同謂銷也器械甚備下及湯武受命以師克亂而濟百姓動之以仁義行之以禮讓司馬法是其遺事也自春秋至於戰國出奇設伏變詐之兵並作漢興張良韓信序次兵法凡百八十二家刪取要用定著三十五家諸呂用事而盜取之武帝時軍政楊僕○劉奉世曰軍政當作正捃摭遺逸紀奏兵錄師古曰捃摭謂拾取之捃音九問反摭音之石反猶未能備至于孝成命任宏論次兵書爲四種
泰壹雜子星二十八卷
五殘雜變星二十一卷師古曰五殘星名也見天文志
黃帝雜子氣三十三篇
常從日月星氣二十一卷師古曰常從人姓名也老子師之
皇公雜子星二十二卷
淮南雜子星十九卷
泰壹雜子雲雨三十四卷
國章觀霓雲雨三十四卷
泰階六符一卷李奇曰三台謂之泰階兩兩成體三台故六觀色以知吉凶故曰符○宋祁曰淳化本六作陸
金度玉衡漢五星客流出入八篇
漢五星彗客行事占驗八卷
漢日旁氣行事占驗三卷
漢流星行事占驗八卷
漢日旁氣行占驗十三卷
漢日食月暈雜變行事占驗十三卷
海中星占驗十二卷
海中五星經雜事二十二卷
海中五星順逆二十八卷
海中二十八宿國分二十八卷
海中二十八宿臣分二十八卷
海中日月彗虹雜占十八卷
圖書祕記十七篇
右天文二十一家四百四十五卷
天文者序二十八宿步五星日月以紀吉凶之象聖王所以參政也易曰觀乎天文以察時變師古曰賁卦之象辭也然星事㓙悍非湛密者弗能由也師古曰㓙讀與凶同湛讀曰沈由用也夫觀景以譴形非明王亦不能服聽也以不能由之臣諫不能聽之主此所以兩有患也
黃帝五家歷三十三卷
顓頊歷二十一卷
顓頊五星歷十四卷
日月宿歷十三卷
夏殷周魯歷十四卷
天歷大歷十八卷
漢元殷周諜歷十七卷
耿昌月行帛圖二百三十二卷
耿昌月行度二卷
傳周五星行度三十九卷
律歷數法三卷
自古五星宿紀三十卷
太歲謀日晷二十九卷
帝王諸侯世譜二十卷
古來帝王年譜五卷
日晷書三十四卷
許商筭術二十六卷
杜忠筭術十六卷
右歷譜十八家六百六卷
歷譜者序四時之位正分至之節會日月五星之辰以考寒暑殺生之實故聖王必正歷數以定三統服色之制又以探知五星日月之會凶阨之患吉隆之喜其術皆出焉此聖人知命之術也非天下之至材其孰與焉師古曰與讀曰豫道之亂也患出於小人而強欲知天道者壞大以爲小削遠以爲近是以道術破碎而難知也
泰一陰陽二十三卷
黃帝陰陽二十五卷
黃帝諸子論陰陽二十五卷
諸王子論陰陽二十五卷
太元陰陽二十六卷
三典陰陽談論二十七卷
神農大幽五行二十七卷
四時五行經二十六卷
猛子閭昭二十五卷
陰陽五行時令十九卷
堪輿金匱十四卷師古曰許慎云堪天道輿地道也
務成子災異應十四卷
十二典災異應十二卷
鍾律災應二十六卷
鍾律叢辰日苑二十二卷
鍾律消息二十九卷
黃鍾七卷
天一六卷

泰一二十九卷
刑德七卷
風鼓六甲二十四卷
風后孤虛二十卷
六合隨典二十五卷
轉位十二神二十五卷
羨門式法二十卷
羨門式二十卷
文解六甲十八卷
文解二十八宿二十八卷
五音奇胲用兵二十三卷如淳曰音該師古曰許慎云胲軍中約也
五音奇胲刑德二十一卷
五音定名十五卷
右五行三十一家六百五十二卷

五行者五常之形氣也書云初一日五行次二曰羞用五事師古曰周書洪範之辭也言進用五事以順五行也貌言視聽思心失而五行之序亂五星之變作皆出於律歷之數而分爲一者也師古曰說皆在五行志也其法亦起五德終始推其極則無不至而小數家因此以爲吉凶而行於世寖以相亂師古曰寖漸也

龜書五十二卷
夏龜二十六卷
南龜書二十八卷
巨龜三十六卷
雜龜十六卷
蓍書二十八卷
周易三十八卷
周易明堂二十六卷
周易隨曲射匿五十卷
大筮衍易二十八卷
大次雜易三十卷
鼠序卜黃二十五卷
於陵欽易吉凶二十三卷
任良易旗七十一卷
易卦八具
右蓍龜十五家四百一卷

蓍龜者聖人之所用也書曰女則有大疑謀及卜筮師古曰周書洪範之辭也言所爲之事有疑則以卜筮決之也龜曰卜蓍曰筮易曰定天下之吉凶成天下之亹亹者莫善於蓍龜是故君子將有爲也將有行也問焉而以言其受命也如嚮無有遠近幽深遂知來物非天下之至精其孰能與於此師古曰皆上繫之辭也亹亹深致也言君子所爲行者以其言問於易受命如嚮者謂示以吉凶其應速疾如響之應聲也遂猶究也來物謂當來之事也嚮與響同與讀曰豫及至衰世解於齊戒而婁煩卜筮師古曰解讀曰懈齊讀曰齋婁讀曰屢神明不應故筮瀆不告易以爲忌師古曰易蒙卦之辭曰初筮告再三瀆瀆則不告言童蒙之來決疑初則以實而告至于再三爲其煩瀆乃不告也龜厭不告詩以爲刺師古曰小雅小旻之詩曰我龜既厭不我告猶言卜問煩數媟嫚於龜龜靈厭之不告以道也

黃帝長柳占夢十一卷
甘德長柳占夢二十卷
武禁相衣器十四卷
嚏耳鳴雜占十六卷師古曰嚏音丁計反
禎祥變怪二十一卷
人鬼精物六畜變怪二十一卷
變怪誥咎十三卷
執不祥劾鬼物八卷
請官除訞祥十九卷師古曰訞字與妖同
禳祀天文十八卷師古曰禳除災也音人羊反
請禱致福十九卷
請雨止雨二十六卷
泰壹雜子候歲二十二卷
子贛雜子候歲二十六卷
五法積貯寶藏二十三卷
神農教田相土耕種十四卷
昭明子釣種生魚鼈八卷
種樹臧果相蠶十三卷
右雜占十八家三百一十三卷

雜占者紀百事之象候善惡之徵師古曰徵證也易曰占事知來師古曰下繫之辭也言有事而占則觀方來之驗也衆占非一而夢爲大故周有其官師古曰謂大卜掌三夢之法又占夢中士二人皆宗伯之屬官而詩載熊羆虺蛇衆魚旐旟之夢著明大人之占以考吉凶師古曰小雅斯干之詩曰吉夢維何維熊維羆維虺維蛇大人占之維熊維羆男子之祥維虺維蛇女子之祥又無羊之詩曰牧人乃夢衆維魚矣旐維旟矣大人占之衆維魚矣實維豐年旐維旟矣室家溱溱言熊羆虺蛇皆爲吉祥之夢而生男女及見衆魚則爲豐年之應旐旟則爲多盛之象大人占之謂以聖人占夢之法占之也畫龜蛇曰旐鳥隼曰旟蓋參卜筮春秋之說訞也曰人之所忌其氣炎以取之訞由人興也人失常則訞興人無釁焉訞不自作師古曰申繻之辭也事見莊公十四年炎謂火之光始欲然也言人之所忌其氣欲引致於災也釁瑕也失常謂反五常之德也炎讀與欲同故曰德勝不祥義厭不惠師古曰厭音一葉反惠順也伊桑穀共生太戊以興雊雉登鼎武丁爲宗師古曰說在郊祀五行志然惑者不稽諸躬而忌訞之見師古曰稽考也計也是以詩刺召彼故老訊之占夢師古曰小雅正月之詩也故老元老也訊問也言不能修德以禳災但問元老以占夢之吉凶傷其舍本而憂末不能勝凶咎也

山海經十三篇
國朝七卷
宮宅地形二十卷
相人二十四卷
相寶劍刀二十卷
相六畜三十八卷
右形法六家百二十二卷

形法者大舉九州之勢以立城郭室舍形人及六畜骨法之度數器物之形容以求其聲氣貴賤吉凶猶律有長短而各徵其聲非有鬼神數自然也然形與氣相首尾亦有有其形而無其氣有其氣而無其形此精微之獨異也

凡數術百九十家二千五百二十八卷

數術者皆明堂羲和史卜之職也史官之○宋祁曰史官之字下舊本有衛字廢久矣其書既不能具雖有其書而無其人易曰苟非其人道不虛行師古曰下繫之辭也言道由人行春秋時魯有梓慎鄭有裨竈晉有卜偃宋有子韋六國時楚有甘公魏有石申夫漢有唐都庶得麤觕師古曰觕粗略也音才戶反蓋有因而成易無因而成難故因舊書以序數術爲六種

黃帝內經十八卷
外經三十七卷
扁鵲內經九卷
外經十二卷
白氏內經三十八卷
外經三十六卷
旁篇二十五卷
右醫經七家二百一十六卷

醫經者原人血脈經落骨髓陰陽表裏以起百病之本死生之分而用度箴石湯火所施師古曰箴所以刺病也石謂砭石即石箴也古者攻病則有砭今其術絕矣箴音之林反砭音彼廉反調百藥齊和之所宜師古曰齊音才詣反其下並同和音呼臥反至齊之德猶慈石取鐵以物相使拙者失理以瘉爲劇以生爲死師古曰瘉讀與愈同愈差也

五藏六府痺十二病方三十卷師古曰痺風溼之病音必二反
五藏六府疝十六病方四十卷師古曰疝心腹氣病音山諫反又音訕
五藏六府癉十二病方四十卷師古曰癉黃病音丁幹反
風寒熱十六病方二十六卷
泰始黃帝扁鵲俞拊方二十三卷應劭曰黃帝時醫也師古曰拊音膚
五藏傷中十一病方三十一卷
客疾五藏狂顛病方十七卷
金創瘲瘛方三十卷服虔曰音瘛引之瘛師古曰小兒病也瘛音充制反瘲音子用反
婦人嬰兒方十九卷
湯液經法三十二卷
神農黃帝食禁七卷
右經方十一家二百七十四卷

經方者本草石之寒溫量疾病之淺深假藥味之滋因氣感之宜辯五苦六辛致水火之齊以通閉解結反之於平及失其宜者以熱益熱以寒增寒精氣內傷不見於外是所獨失也故諺曰有病不治常得中醫

容成陰道二十六卷
務成子陰道三十六卷
堯舜陰道二十三卷
湯盤庚陰道二十卷
天老雜子陰道二十五卷
天一陰道二十四卷
黃帝三王養陽方二十卷
三家內房有子方十七卷
右房中八家百八十六卷

房中者情性之極至道之際是以聖王制外樂以禁內情而爲之節文傳曰先王之作樂所以節百事也樂而有節則和平壽考及迷者弗顧以生疾而隕性命

宓戲雜子道二十篇
上聖雜子道二十六卷
道要雜子十八卷
黃帝雜子步引十二卷
黃帝岐伯按摩十卷
黃帝雜子芝菌十八卷師古曰服餌芝菌之法也菌音求閔反
黃帝雜子十九家方二十一卷
泰壹雜子十五家方二十二卷
神農雜子技道二十三卷
泰壹雜子黃冶三十一卷師古曰黃冶釋在郊祀志
右神僊十家二百五卷

神僊者所以保性命之真而游求於其外者也聊以盪意平心同死生之域師古曰盪滌一曰盪放也而無怵惕於胷中然而或者專以爲務則誕欺怪迂之文彌以益多師古曰誕大言也迂遠也非聖王之所以教也孔子曰索隱行怪後世有述焉吾不爲之矣師古曰禮記載孔子之言索隱求索隱暗之事而行怪迂之道妄令後人有所祖述非我本志○臣佖曰志序神僊者內云孔子曰索隱行怪顏師古註云禮記載孔子之言索隱求索隱暗之事臣佖案禮記中庸篇有云子曰素隱行怪後世有述焉吾弗爲之矣鄭元註云素讀如攻城攻其所傃之傃傃猶鄉也言方鄉避害隱身而行僞譎以作後世名也弗爲之矣恥之也今志作索隱師古從而解之文注

印與禮記不同意義亦不相違故索字不更刊正作索字

凡方技三十六家八百六十八卷

方技者皆生生之具王官之一守也大古有岐伯俞拊中世有扁鵲秦和師古曰和秦醫名也蓋論病以及國原診以知政師古曰診視驗謂視其脈及色候也診音軫又音丈刃反漢興有倉公今其技術晻昧師古曰晻與暗同故論其書以序方技爲四種

大凡書六略三十八種五百九十六家萬三千二百六十九卷入三家五十篇省兵十家

前漢書卷三十考證

藝文志大收篇籍廣開獻書之路○臣召南按此二句旣叙在孝武之前則指高祖時蕭何收秦圖籍楚元王學詩惠帝時除挾書之令文帝使鼂錯受尚書使博士作王制又置論語孝經爾雅孟子博士卽其事也

以備篇籍注傳寫脫誤○傳監本訛轉今從舊本改正

古五子十八篇自甲子至壬子說易陰陽○臣召南按易有先甲後甲先庚後庚巳日之文然古人說易未有以甲子配卦爻者至漢始有律歷志曰日有六甲辰有六子注云六甲之中惟甲寅無子然則後世占易以六辰定六爻亦不自京房始也

於是重易六爻作上下篇○王應麟藝文志考曰重卦之人有四說王輔嗣等以爲伏羲鄭康成以爲神農孫盛以爲夏禹史遷以爲文王楊繪曰筮必六十四然後可爲舜禹之際曰龜筮協從則何文王重卦之有乎八卦成列象在其中矣因而重之爻在其中矣据此而言重卦之始其在上古乎京房引夫子曰神農重乎八純　臣召南按王氏糾漢志之失是也但易大傳明曰因而重之卽伏羲重爲六十四耳王弼之說最當

經二十九卷注伏生傳授者○王應麟曰伏生口傳二十八篇後得泰誓一篇也　臣召南按泰誓卽僞泰誓凡漢人所引赤烏白魚等語皆是也故併伏生所傳爲二十九卷

詩經二十八卷魯齊韓三家注應劭曰申公作魯詩后蒼作齊詩韓嬰作韓詩○臣召南按應說非是后蒼傳齊詩者非其始也齊詩始於轅固

雅歌詩四篇○王應麟曰晉志杜夔傳舊雅樂四曲一曰鹿鳴二曰騶虞三曰伐檀四曰文王皆古聲辭此四篇豈卽四曲歟

魏文侯最爲好古孝文時得其樂人竇公注桓譚新論云竇公年百八十歲云云○臣召南按竇公事見正史必得其實但桓譚言百八十歲則可疑也魏文侯在位三十八年而卒時爲周安王十五年自安王十五年計至秦二世三年卽已一百八十一年矣又加高祖十二年惠帝七年高后八年而孝文始卽帝位則是二百零八年也竇公在魏文侯時已爲樂工則其年必非甚幼至見文帝又未必卽在元年則其壽蓋二百三四十歲矣謂之百八十歲可乎

急就一篇○隋志作急就章一卷

揚雄取其有用者以作訓纂○揚此卷並訛楊今改正

孫卿子三十三篇○王應麟曰當作三十二篇

後進循之○宋本作修之按文應作循之今從監本

筦子八十六篇○臣召南按志於道家列太公二百三十七篇謀八十一篇言七十一篇兵八十五篇理不可解然其書後世失傳或不專言兵法未可知也至管子則其書具在志亦列於道家何耶隋志改列于法家之首是也

鄒奭子十二篇齊人號曰雕龍奭○雕監本訛彫從宋本改

韓子五十五篇名非韓諸公子使秦○使監本訛吏從汲古閣本改正

伍子胥八篇○伍監本訛五今改正

天乙三篇天乙謂湯其言非殷時○非監本訛者今改正

陽邱侯劉隁賦十九篇○臣召南按王子侯表陽邱應作楊邱隁應作偃齊悼惠王之孫共安侯之子也

桑穀共生太戊以典○按監本作太戊之典非也從宋本改正

前漢書卷三十一

漢　蘭　臺　令　史班　固撰

唐正議大夫行秘書少監琅邪縣開國子顏師古注

陳勝項籍列傳第一

服虔曰傳次其時之先後耳不以賢智功之大小也師古曰雖次時之先後亦以事類相從如江充息夫躬與蒯通同傳賈山與路溫舒同傳嚴助與賈捐之同傳之類是也

陳勝字涉陽城人師古曰地理志屬汝南郡吳廣字叔陽夏人也師古曰地理志屬淮陽夏音工雅反勝少時嘗與人傭耕師古曰與人俱也傭耕謂受其雇直而爲之耕言賣功傭也輟耕之壟上師古曰輟止也之往也壟上謂田中之高處悵然甚久曰苟富貴無相忘師古曰但一人富貴不問彼此皆不相忘也傭者笑而應曰若爲傭耕何富貴也勝太息曰嗟乎燕雀安知鴻鵠之志哉師古曰鴻大鳥也水居鵠黃鵠也一舉千里鵠音胡督反秦二世元年秋七月發閭左戍漁陽九百人師古曰閭里門也發閭左之人皆遣戍也解具在食貨志勝廣皆爲屯長師古曰人所聚曰屯爲其長帥也行至蘄大澤鄉會天大雨道不通度已失期失期法斬師古曰度謂量計之音大各反勝廣乃謀曰今亡亦死舉大計亦死等死死國可乎勝曰天下苦秦久矣吾聞二世少子不當立當立者乃公子扶蘇扶蘇以數諫故不得立上使外將兵師古曰數音所角反下皆類此今或聞無罪二世殺之百姓多聞其賢未知其死如淳曰扶蘇自殺故人不知其死或以爲不知何坐而死故天下冤二世殺之師古曰如說皆非此言我聞二世已殺扶蘇矣而百姓皆未知之故勝廣舉事詐自稱扶蘇耳項燕爲楚將數有功師古曰燕音一千反愛士卒楚人憐之或以爲在今誠以吾衆爲天下倡師古曰倡讀曰唱謂首號令也宜多應者廣以爲然迺行卜卜者知其指意曰足下事皆成有功然足下卜之鬼乎李奇曰卜者誠曰所卜事雖成當死爲鬼惡指斥言而勝失其指反依鬼神起怪也蘇林曰狐鳴祠中卽是也如淳曰以鬼道威衆乎但用人事也師古曰李如之說皆非也卜者云事成有功然須假託鬼神乃可與起耳故勝廣曉其此意則爲魚書狐鳴以威衆耳勝廣喜念鬼曰此教我先威衆耳迺丹書帛曰陳勝王置人所罾魚腹中師古曰罾魚網也形如仰繖蓋四維而舉之音曾卒買魚亨食得書已怪之矣師古曰亨音普庚反又間令廣之次所旁叢祠中○宋祁曰旁音步浪反夜構火狐鳴呼曰大楚興陳勝王鄭氏曰間謂竊令人行也張晏曰戍人所止處也叢鬼所憑也師古曰張說非也此言密於廣所次舍處旁側叢祠中爲之非戍人所止也叢謂草木岑蔚者也祠神祠也構謂結起也呼音火故反卒皆夜驚恐旦日卒中往往指目勝廣師古曰指而私目視之○劉奉世曰按此諸說異但主陳勝耳卒何爲目吳廣然則衍廣字勝廣素愛人士卒多爲用將尉醉師古曰將尉者其官本尉耳時領戍人故曰將尉廣故數言欲亡忿尉令辱之以激怒其衆尉果笞廣尉劒挺廣起奪而殺尉師古曰挺拔也尉自拔出劒廣因奪取之勝佐之并殺兩尉召令徒屬曰公等遇雨皆已失期當斬藉第令毋斬服虔曰藉音借也第使也應劭曰藉吏士名藉也第次也言今失期當斬就使藉第幸得不斬戍死者固十六七也蘇林曰藉假第且也晉灼曰酈食其傳第言之外戚傳第一見我蘇說是也師古曰服應說第義皆非也晉氏意頗近之而猶未得漢書諸言第者甚衆第但也語有緩急耳言但令無斬也今俗人語稱但者急言之則音如第矣酈食其外戚傳所云第者皆謂但耳義非且也而戍死者固什六七且壯士不死則已死則舉大名耳侯王將相寧有種乎師古曰言求之而得不必胄胄徒屬皆曰敬受令乃詐稱公子扶蘇項燕從民望也袒右稱大楚師古曰袒右者脫右肩之衣當時取異於凡衆也爲壇而盟祭以尉首師古曰以所殺尉之首祭神也勝自立爲將軍廣爲都尉攻大澤鄉拔之收兵而攻蘄蘄下乃令符離人葛嬰將兵徇蘄以東李奇曰徇略也師古曰音似峻反攻銍酇苦柘譙皆下之師古曰五縣名也銍音竹乙反酇音才多反行收兵比至陳師古曰比音必寐反兵車六七百乘騎千餘卒數萬人攻陳陳守令皆不在師古曰守郡守也令縣令也○劉攽曰按秦不以陳爲郡何縣有守乎疑衍守字又守者非正官權守者耳獨守丞與戰譙門中晉灼曰譙門義闕師古曰守丞謂郡丞之居守者一曰郡守之丞故曰守丞譙門謂門上爲高樓以望者耳樓一名譙故謂美麗之樓爲麗譙譙亦呼爲巢所謂巢車者亦於兵車之上爲樓以望敵也譙巢聲相近本一物也今流俗書本譙下有城字非也此自陳耳非譙之城譙前已下矣○劉攽曰此門名譙陳與譙門去譙路者也不勝守丞死乃入據陳數日號召三老豪桀會計事師古曰號令召呼之皆曰將軍身被堅執銳師古曰堅甲也銳利兵也伐無道誅暴秦復立楚之社稷功宜爲王勝乃立爲王號張楚劉德曰若云張大楚國也張晏曰先是楚爲秦滅已弛今立楚爲張也師古曰張說是也於是諸郡縣苦秦吏暴皆殺其長吏將以應勝迺以廣爲假王監諸將以西擊滎陽令陳人武臣張耳陳餘徇趙汝陰人鄧宗徇九江郡當此時楚兵數千人爲聚者不可勝數師古曰聚音材喻反葛嬰至東城立襄彊爲楚王師古曰東城縣名地理志屬九江郡後聞勝已立因殺襄彊還報至陳勝殺嬰令魏人周市北徇魏地師古曰卽梁地非河東之魏也廣圍滎陽李由爲三川守守滎陽廣不能下勝徵國之豪桀與計師古曰徵召也以上蔡人房君蔡賜爲上柱國鄭氏曰房君官號也姓蔡名賜晉灼曰張耳傳言相國房君是也師古曰房君者封邑之名非官號也周文陳賢人也嘗爲項燕軍視日文穎曰周文卽周章也服虔曰視日旁氣也如淳曰視日時吉凶舉動之占師古曰視日如說是也事春申君應劭曰楚相黃歇自言習兵勝與之將軍印西擊秦行收兵至關車千乘卒十萬至戲軍焉師古曰戲水名在新豐東音許宜反解具在高紀秦令少府章邯免驪山徒人奴產子服虔曰家人之產奴也師古曰奴產子猶今人云家生奴也悉發以擊楚軍大敗之周文走出關止屯曹陽晉灼曰亭名也在弘農東十三里機武改爲好陽師古曰曹水之陽也其水出陝縣西南崤頭山而北流入河今謂之好陽澗在陝縣西四十五里二月餘章邯追敗之復走黽池師古曰黽音澠十餘日章邯擊大破之周文自剄軍遂不戰武臣至邯鄲自立爲趙王陳餘爲大將軍張耳召騷爲左右丞相師古曰召讀曰邵勝怒捕繫武臣等家室欲誅之柱國曰秦未亡而誅趙王將相家屬此生一秦師古曰言爲讎敵與秦無異○宋祁曰按張耳傳作相國房君諫不如因立之勝乃遣使者賀趙而徙繫武臣等家屬宮中師古曰徙居宮中示優禮也拘而不遣故謂之繫而封張耳子敖爲成都君趣趙兵亟入關師古曰趣讀曰促亟急也音居力反趙王將相相與謀曰王王趙非楚意也楚已誅秦必加兵於趙計莫如毋西兵師古曰勿令兵西出也使使北徇燕地以自廣趙南據大河北有燕代楚雖勝秦不敢制趙若不勝秦必重趙師古曰重謂尊重也趙承秦楚之敝可以得志於天下趙王以爲然因不西兵而遣故上谷卒史韓廣將兵北徇燕張晏曰卒史曹史也燕地貴人豪桀謂韓廣曰楚趙皆已立王燕雖小亦萬乘之國也願將軍立爲王韓廣曰廣母在趙不可燕人曰趙方西憂秦南憂楚其力不能禁我且以楚之彊不敢害趙王將相

之家令趙獨安敢害將軍家乎韓廣以爲然乃自立爲燕王居數月趙奉燕王母家屬歸之是時諸將徇地者不可勝數周市北至狄師古曰縣名也後漢安帝時改名臨濟狄人田儋殺狄令自立爲齊王反擊周市市軍散還至魏地立魏後故甯陵君咎爲魏王應劭曰魏諸公子名咎欲立六國後以樹黨也咎在勝所不得之魏魏地已定欲立周市爲王市不肯使者五反師古曰反謂回還也勝乃立甯陵君爲魏王遣之國周市爲相將軍田臧等相與謀曰周章軍已破服虔曰周章卽周文秦兵且至我守滎陽城不能下秦軍至必大敗不如少遣兵足以守滎陽師古曰遣留也悉精兵迎秦軍師古曰悉盡也今假王驕不知兵權不可與計非誅之事恐敗因相與矯陳王令以誅吳廣師古曰矯託也詐言受令也獻其首於勝勝使賜田臧楚令尹印使爲上將田臧迺使諸將李歸等守滎陽城自以精兵西迎秦軍於敖倉與戰田臧死軍破章邯進擊李歸等滎陽下破之李歸死陽城人鄧說將兵居郯師古曰說讀曰悅郯東海縣也音談章邯別將擊破之。劉攽曰按是時章邯方至滎陽何暇遣將圖東海疑郯是郟字下乃有郟下軍耳鄧說走陳銍人五逢將兵居許章邯擊破之五逢亦走陳勝誅鄧說勝初立時凌人秦嘉銍人董緤符離人朱雞石取慮人鄭布徐人丁疾等皆特起張晏曰凌泗水縣也銍符離沛縣也取慮徐臨淮縣也師古曰緤音先列反取音趨又音秋慮音廬將兵圍東海守於郯勝聞迺使武平君畔爲將軍張晏曰畔名也監郯下軍秦嘉自立爲大司馬惡屬人師古曰不欲統屬於人告軍吏曰武平君年少不知兵事勿聽因矯以王命殺武平君畔章邯已破五逢擊陳柱國房君死章邯又進擊陳西張賀軍勝出臨戰軍破張賀死臘月張晏曰秦之臘月夏之九月臣瓚曰建丑之月也師古曰史記云胡亥二年十月誅葛嬰十一月周文死十二月陳涉死瓚說是也勝之汝陰還至下城父師古曰下城父地名在城父縣東父音甫其御莊賈殺勝以降秦葬碭謚曰隱王勝故涓人將軍呂臣爲蒼頭軍應劭曰涓人如謁者將軍姓呂名臣也時軍皆著青巾故曰蒼頭服虔曰蒼頭謂士卒青帛巾若赤眉之號以相別也師古曰涓潔也涓人主潔除之人涓音絹起新陽師古曰縣名也屬汝南郡攻陳下之殺莊賈復以陳爲楚初勝令銍人宋留將兵定南陽入武關留已徇南陽聞勝死南陽復爲秦師古曰爲音于僞反宋留不能入武關迺東至新蔡遇秦軍宋留以軍降秦秦傳留至咸陽車裂留以徇師古曰徇行示也以示衆爲戒徇音辭峻反秦嘉等聞勝軍敗迺立景駒爲楚王引兵之方與師古曰之往也方與縣名也方音房與音豫欲擊秦軍濟陰下使公孫慶使齊王欲與并力俱進齊王曰陳王戰敗未知其死生楚安得不請而立王公孫慶曰齊不請楚而立王楚何故請齊而立王且楚首事當令於天下師古曰首事謂最先起兵田儋殺公孫慶秦左右校復攻陳下之呂將軍走徼兵復聚如淳曰徼要也徼散卒復相聚斂也師古曰徼音工堯反與番盜英布相遇師古曰番卽番陽縣也於番爲盜故曰番盜番音蒲何反其後番字改作鄱攻擊秦左右校破之青波文穎曰地名也復以陳爲楚會項梁立懷王孫心爲楚王陳勝王凡六月初爲王其故人嘗與傭耕者聞之乃之陳叩宮門曰吾欲見涉宮門令欲縛之自辯數乃置師古曰辯數謂自分別其姓名也并歷道與涉故舊之事故舍而不縛也數音山羽反不肯爲通勝出遮道而呼涉師古曰呼謂大呼也音火故反迺召見載與歸入宮見殿屋帷帳客曰夥涉之爲王沈沈者應劭曰夥音禍沈沈宮室深邃之貌也沈音長含反楚人謂多爲夥故天下傳之夥涉爲王由陳涉始客出入愈益發舒言勝故情或言客愚無知專妄言輕威勝斬之諸故人皆自引去由是無親勝者以朱防爲中正胡武爲司過主司羣臣諸將徇地至令之不是者繫而罪之以苛察爲忠其所不善者不下吏輒自治師古曰不以付吏而防武自治之勝信用之諸將以故不親附此其所以敗也勝雖已死其所置遣侯王將相竟亡秦高祖時爲勝置守冢于碭至今血食王莽敗迺絕師古曰至今血食者司馬遷作史記本語也莽敗迺絕者班固之詞也於文爲衍蓋失不刪耳

項籍字羽下相人也韋昭曰臨淮縣初起年二十四其季父梁梁父卽楚名將項燕者也家世楚將封於項師古曰卽今項城縣故姓項氏籍少時學書不成去學劍又不成去梁怒之籍曰書足記姓名而已劍一人敵不足學學萬人敵耳於是梁奇其意乃教以兵法籍大喜略知其意又不肯竟學梁嘗有櫟陽逮請蘄獄掾曹咎書抵櫟陽獄史司馬欣以故事皆已應劭曰項梁曾坐事傳繫櫟陽獄從蘄獄掾曹咎取書與司馬欣抵相歸抵也已止也梁嘗殺人與籍避仇吳中吳中賢士大夫皆出梁下師古曰言皆不及也每有大繇役及喪梁常主辦陰以兵法部勒賓客子弟以知其能秦始皇帝東遊會稽渡浙江應劭曰浙音折晉灼曰江水至會稽山陰爲浙江梁與籍觀籍曰彼可取而代也梁掩其口曰無妄言族矣師古曰凡言族者謂族誅之梁以此奇籍籍長八尺二寸力扛鼎師古曰扛舉也音江才氣過人吳中子弟皆憚籍秦二世元年陳勝起九月會稽假守通張晏曰假守兼守也晉灼曰楚漢春秋云姓殷素賢梁乃召與計事梁曰方今江西皆反秦此亦天亡秦時也先發制人後發制於人守歎曰聞夫子楚將世家唯足下耳梁曰吳有奇士桓楚亡在澤中人莫知其處獨籍知之梁乃戒籍持劍居外待梁復入與守語曰請召籍使受令召桓楚籍入梁眴籍曰可矣師古曰眴動目也音舜動目而使之也今書本有作眴字者流俗所改耳籍遂拔劍擊斬守梁持守頭佩其印綬門下驚擾籍所擊殺數十百人師古曰數十百人者八九十乃至百也他皆類此府中皆讋伏莫敢復起師古曰讋失氣也音章涉反梁乃召故人所知豪吏諭以所爲師古曰諭曉告之遂舉吳中兵使人收下縣師古曰四面諸縣也非郡所都故謂之下也得精兵八千人部署豪桀爲校尉候司馬師古曰分部而署置之有一人不得官自言梁曰某時某喪使公主某事不能辦以故不任公衆乃皆服梁爲會稽將籍爲裨將師古曰裨助也相副助也裨音頻移反他皆類此徇下縣秦二年廣陵人召平爲陳勝徇廣陵師古曰召讀曰邵未下聞陳勝敗走秦將章邯且至迺渡江矯陳王令拜梁爲楚上柱國曰江東已定急引兵西擊秦梁迺以八千人渡江而西聞陳嬰已下東陽使使欲與連和俱西陳嬰者故東陽令史蘇林曰曹史也晉灼曰漢儀注令史曰令史丞史曰丞史師古曰晉說是也居縣素信爲長者師古曰素立恩信號爲長者東陽少年殺其令相聚數千人欲立長無適用師古曰適主也音與的同迺請陳嬰嬰謝不能遂彊立之縣中從之者得二萬人欲立嬰爲王異軍蒼頭特起應劭曰言與衆異也嬰母謂嬰曰吾爲迺家婦聞先故未曾貴師古曰迺汝也。宋祁曰別本作自我爲迺家婦今暴得大名不祥不如有所屬事成猶得封侯事敗易以亡非世所指名也嬰迺不敢爲王謂其軍吏曰項氏世世將家有功於楚今欲舉大事將非其人不可師古曰言以不材之人爲將不可求勝也。劉攽曰言欲舉大事爲將者非此人不可耳我倚名族亡秦必矣師古曰倚依也音於綺反其衆從之迺以其兵屬梁梁渡淮英布蒲將軍亦以其兵屬焉服虔曰英布起於蒲地因以爲號也如淳曰史記項羽紀言當陽君蒲將軍皆屬項羽自此更有蒲將軍也師古曰此二人也服說失之若是一人不當先言姓名後乃稱將軍也凡六七萬人軍下邳是時秦嘉已立景駒爲楚王軍彭城東欲以距梁梁謂軍吏曰陳王首事戰不利未聞所在今秦嘉背陳王立景駒大逆亡道迺引兵擊秦嘉軍敗走追至胡陵嘉還戰師古曰復來戰一日嘉死軍降景駒走死梁地梁已并秦嘉軍軍胡陵將引而西章邯至栗師古曰栗縣名地理志屬沛郡梁使別將朱雞石餘樊君與戰餘樊君死朱雞石敗亡走胡陵梁迺引兵入薛誅朱雞石梁前使羽別攻襄城襄城堅守不下已拔皆阬之師古曰陷之於阬壍殺之還報梁聞陳王定死召諸別將會薛計事時沛公亦從沛往居鄛人范增晉灼曰鄛音剿絕之剿師古曰居鄛縣名也地理志屬廬江郡鄛音巢字亦作巢本春秋時巢國年七十素好奇計往說梁曰陳勝敗固當師古曰言其計畫非是宜應敗也夫秦滅六國楚最亡罪自懷王入秦不反楚人憐之至今故南公稱曰楚雖三戶亡秦必楚服虔曰南公南方之老人也蘇林曰但令有三戶在其怨深足以亡秦今陳勝首事不立楚後其埶不長今君起江東楚蠭起之將皆爭附君者師古曰蠭古蜂字也蠭起如蠭而起言其衆也一說蠭與鋒同言鋒銳而起者以君世世楚將爲能復立楚之後也於是梁乃求楚懷王孫心在民閒爲人牧羊立以爲楚懷王從民望也陳嬰爲上柱國封五縣與懷王都盱台師古曰盱音許于反台音怡梁自號武信君引兵攻亢父師古曰亢音抗父音甫初章邯既殺齊王田儋於臨菑師古曰高紀及儋傳並言於臨濟此獨言臨菑疑此誤也田假復自立爲齊王儋弟榮走保東阿章邯追圍之梁引兵救東阿大破秦軍東阿田榮卽引兵歸逐王假假亡走楚相田角亡走趙角弟閒故將居趙不敢歸田榮立儋子市爲齊王梁已破東阿下軍遂追秦軍數使使趣齊兵俱西師古曰趣讀曰促榮曰楚殺田假趙殺田角田閒迺發兵梁曰田假與國之王張晏曰與黨與也。宋祁曰田假與國之王又在田儋傳作懷王語窮來歸我不忍殺趙亦不殺角閒以市於齊張晏曰若市買相貿易以利也梁教榮難猶不用命梁念殺假等榮未必出兵不加待以禮又可以貿易他利以除已害遂背德可輔假以伐齊故曰市賈易也晉灼曰欲令楚殺田假以爲已利而楚保全不殺以賈其計師古曰二說皆非也市者以角閒市取齊兵也直言趙不殺角閒以求齊兵耳齊遂不肯發兵助楚梁使羽與沛公別攻城陽屠之西破秦軍濮陽東秦兵收入濮陽沛公羽攻定陶定陶未下去西略地至雍丘大破秦軍斬李由還攻外黃外黃未下梁起東阿比至定陶再破秦軍師古曰比音必寐反羽等又斬李由益輕秦有驕色宋義諫曰戰勝而將驕卒惰者敗今少惰矣秦兵日益臣爲君畏之梁不聽迺使宋義於齊道遇齊使者高陵君顯張晏曰名顯封於高陵晉灼曰高陵是琅邪縣曰公將見武信君乎曰然義曰臣論武信君軍必敗公徐行則免疾行則及禍秦果悉起兵益章邯夜銜枚擊楚大破之定陶師古曰銜枚解在高紀梁死沛公與羽去外黃攻陳留陳留堅守不下沛公羽相與謀曰今梁軍敗士卒恐乃與呂臣俱引兵而東呂臣軍彭城東羽軍彭城西沛公軍碭章邯已破梁軍則以爲楚地兵不足憂迺渡河北擊趙大破之當此之時趙歇爲王陳餘爲將張耳爲相走入鉅鹿城師古曰趙歇張耳共入鉅鹿也秦將王離涉閒圍鉅鹿張晏曰秦二將也王離王翦孫涉姓閒名也章邯軍其南築甬道而輸之粟師古曰章邯爲甬道而運粟以餽王離涉閒之軍陳餘將卒數萬人軍鉅鹿北所謂河北軍也宋義所遇齊使者高陵君顯見楚懷王曰宋義論武信君必敗數日果敗軍未戰先見敗徵師古曰徵證也可謂知兵矣王召宋義與計事而說之師古曰說讀曰悅因以爲上將軍羽爲魯公爲次將范增爲末將諸別將皆屬號卿子冠軍師古曰冠軍言其在諸軍之上北救趙至安陽留不進師古曰今相州安陽縣秦三年羽謂宋義曰今秦軍圍鉅鹿疾引兵渡河楚擊其外趙應其內破秦軍必矣宋義曰不然夫搏牛之蝱不可以破蝨張晏曰搏音博蘇林曰蝱喻秦蝨喻章邯等言小大不同勢欲滅秦當寬邯等也如淳曰猶言欲以大力伐秦而不可以救趙也師古曰搏擊也言以手擊牛之背可以殺其上蝱而不能破蝨喻今將兵方欲滅秦不可盡力與章邯戰或未能禽徒費力也如說近也今秦攻趙戰勝則兵罷我承其敝師古曰罷讀曰疲不勝則我引兵鼓行而西必舉秦矣師古曰鼓

行謂擊鼓而行無畏懼也故不如先鬬秦趙夫擊輕銳我不如公坐運籌策公不如我因下令軍中曰猛如虎狠如羊貪如狼彊不可令者皆斬遣其子襄相齊身送之無鹽師古曰縣名飲酒高會師古曰高會大會也天寒大雨士卒凍飢羽曰將勠力而攻秦久留不行今歲飢民貧卒食半菽孟康曰半五升器名也臣瓚曰士卒食蔬菜以菽雜半之師古曰瓚說是也菽謂豆也軍無見糧師古曰無見在之糧迺飲酒高會不引兵渡河因趙食與併力擊秦迺曰承其敝夫以秦之彊攻新造之趙其執必舉趙趙舉秦彊何敝之承且國兵新破王坐不安席埽境內而屬將軍師古曰屬委也音之欲反國家安危在此一舉今不卹士卒而徇私非社稷之臣也羽晨朝上將軍宋義即其帳中斬義頭師古曰即就也出令軍中曰宋義與齊謀反楚楚王陰令籍誅之諸將讋服師古曰讋失氣也音之涉反莫敢枝梧如淳曰梧音吾枝梧猶枝扞也臣瓚曰小柱爲枝邪柱爲梧今屋梧邪柱是也皆曰首立楚者將軍家也今將軍誅亂迺相與共立羽爲假上將軍師古曰未得懷王之命故且爲假也使人追宋義子及之齊殺之使桓楚報命於王王因使使立羽爲上將軍羽已殺卿子冠軍威震楚國名聞諸侯乃遣當陽君蒲將軍將卒二萬人渡河救鉅鹿戰少利陳餘復請兵羽迺悉引兵渡河已渡皆湛船師古曰湛讀曰沈謂沈沒其船於水中破釜甑燒廬舍持三日糧視士卒必死無還心師古曰視讀曰示於是至則圍王離與秦軍遇九戰絕甬道大破之殺蘇角文穎曰秦將虜王離涉間不降自燒殺當是時楚兵冠諸侯師古曰言最爲上也諸侯軍救鉅鹿者十餘壁莫敢縱兵及楚擊秦諸侯皆從壁上觀楚戰士無不一當十呼聲動天地師古曰呼音火故反諸侯軍人人惴恐於是楚已破秦軍羽見諸侯將入轅門張晏曰軍行以車爲陳轅相向爲門故曰轅門師古曰周禮掌舍王行則設車宮轅門也膝行而前莫敢仰視羽繇是始爲諸侯上師古曰繇讀與由同將軍兵皆屬焉劉敞曰將軍字聯上爲句按史記云始爲諸侯上將軍諸侯皆屬焉章邯軍棘原晉灼曰地名在鉅鹿南羽軍漳南相持未戰秦軍數卻師古曰卻退也音丘略反二世使人讓章邯師古曰讓謂責也章邯恐使長史欣請事至咸陽留司馬門三日師古曰凡言司馬門者宮垣之內兵衛所在四面皆有司馬司馬主武事故總謂宮之外門爲司馬門趙高不見有不信之心長史欣恐還走不敢出故道趙高果使人追之不及欣至軍報曰事亡可爲者師古曰言不可復爲軍旅之事相國趙高顓國主斷師古曰顓與專同也今戰而勝高嫉吾功不勝不免於死願將軍孰計之陳餘亦遺章邯書曰白起爲秦將南并鄢郢北阬馬服服虔曰馬服趙括也父奢爲趙將有功賜號馬服服猶服馬也故世稱之師古曰鄢郢皆楚邑也鄢音偃郢音弋井反攻城畧地不可勝計而卒賜死師古曰卒終也蒙恬爲秦將北逐戎人開榆中地數千里服虔曰金城縣所治也蘇林曰在上郡師古曰即今之榆林古者上郡界蘇說是也竟斬陽周孟康曰縣名也屬上郡晉灼曰恬賜死死於此縣何者功多秦不能封因以法誅之今將軍爲秦將三歲矣所亡失已十萬數而諸侯並起茲益多彼趙高素諛曰久師古曰諛諂也今事急亦恐二世誅之故欲以法誅將軍以塞責師古曰塞當也使人更代以脫其禍師古曰脫免也將軍居外久多內隙有功亦誅亡功亦誅且天之亡秦無愚智皆知之今將軍內不能直諫外爲亡國將孤立而欲長存豈不哀哉將軍何不還兵與諸侯爲從文穎曰關東爲從關西爲橫孟康曰南北爲從東西爲橫師古曰言欲如六國時共敵秦二說皆是也還兵謂迴兵內嚮以攻秦也從音子容反南面稱孤孰與身伏斧質妻子爲戮乎師古曰質謂鍖也古者斬人加於鍖上而斫之也鍖音竹林反章邯狐疑陰使候始成使羽欲約鄭氏曰候軍候也始成姓名也約未成羽使蒲將軍引兵渡三戶服虔曰漳水津也孟康曰在鄴西三十里軍漳南與秦戰再破之羽悉引兵擊秦軍汙水上師古曰汙水在鄴西南音于大破之邯使使見羽欲約羽召軍吏謀曰糧少欲聽其約軍吏皆曰善羽乃與盟洹水南殷虛上應劭曰洹水在湯陰界殷虛故殷都也師古曰洹水出林慮縣東北至長樂入淸水洹音桓俗音袁非也虛讀曰墟已盟章邯見羽流涕爲言趙高羽迺立章邯爲雍王置軍中使長史欣爲上將將秦軍行前師古曰行前謂居前而行漢元年羽將諸侯兵三十餘萬行畧地至河南遂西到新安師古曰今穀州新安城是異時諸侯吏卒繇役屯戍過秦中師古曰異時猶言先時也秦中關中秦地也秦中遇之多亡狀師古曰無善形狀也及秦軍降諸侯諸侯吏卒乘勝奴虜使之輕重折辱秦吏卒○宋祁曰一本無重字吏卒多竊言曰章將軍等詐吾屬降諸侯今能入關破秦大善即不能諸侯虜吾屬而東秦又盡誅吾父母妻子諸將微聞其計以告羽羽迺召英布蒲將軍計曰秦吏卒尚衆其心不服至關不聽事必危不如擊之獨與章邯長史欣都尉翳入秦於是夜擊阬秦軍二十餘萬人至函谷關有兵守不得入聞沛公已居咸陽羽大怒使當陽君擊關羽遂入至戲西鴻門聞沛公欲王關中獨有秦府庫珍寶亞父范增亦大怒勸羽擊沛公饗士旦日合戰羽季父項伯素善張良良時從沛公項伯夜以語良良與俱見沛公因伯自解於羽師古曰自解猶今言分疏明日沛公從百餘騎至鴻門謝羽自陳封秦府庫還軍霸上以待大王閉關以備他盜不敢背德羽意既解范增欲害沛公賴張良樊噲得免語在高紀後數日羽迺屠咸陽殺秦降王子嬰燒其宮室火三月不滅收其寶貨畧婦女而東秦民失望師古曰沛公入關儉節自處約法三章反秦之政而項羽屠殺焚燒恣其殘酷故關中之人失所望也○宋祁曰景本作收其貨賂婦女而東於是韓生說羽曰關中阻山帶河四塞之地肥饒可都以伯師古曰伯讀曰霸羽見秦皆已燒殘○宋祁曰新本秦字下有宮室字又懷思東歸曰富貴不歸故鄉如衣錦夜行師古曰言無人見之不榮顯矣○宋祁曰史記作衣繡韓生曰人謂楚人沐猴而冠果然張晏曰沐猴獼猴也師古曰言雖著人衣冠其心不類人也果然如人之言也羽聞之斬韓生初懷王與諸將約先入關者王其地羽既背約使人致命於懷王懷王曰如約羽迺曰懷王者吾家武信君所立耳非有功伐張晏曰積功曰伐何以得顓主約天下初發難服虔曰兵初起時也假立諸侯後以伐秦然身被堅執銳首事暴露於野三年滅秦定天下者皆將相諸君與籍力也懷王亡功固當分其地王之諸將皆曰善羽迺陽尊懷王爲義帝曰古之王者地方千里必居上游文穎曰居水之上流也游或作流師古曰游即流也徙之長沙都郴師古曰郴音丑林反迺分天下以王諸侯羽與范增疑沛公業已講解蘇林曰講和也又惡背約恐諸侯叛之陰謀曰巴蜀道險秦之遷民皆居之乃曰巴蜀亦關中地故立沛公爲漢王王巴蜀漢中而參分關中王秦降將以距塞漢道乃立章邯爲雍王王咸陽以西長史司馬欣故櫟陽獄吏嘗有德於梁都尉董翳本勸章邯降故立欣爲塞王王咸陽以東至河立翳爲翟王王上郡徙魏王豹爲西魏王王河東瑕丘公申陽者孟康曰瑕丘縣之老人也姓申名陽張耳嬖臣也師古曰嬖謂愛幸也先下河南迎楚河上立陽爲河南王趙將司馬卬定河內數有功立卬爲殷王王河內徙趙王歇王代趙相張耳素賢又從入關立爲常山王王趙地當陽君英布爲楚將常冠軍立布爲九江王番君吳芮師古曰番音蒲何反帥百粵佐諸侯從入關立芮爲衡山王義帝柱國共敖師古曰共讀曰龔將兵擊南郡功多因立爲臨江王從燕王韓廣爲遼東王燕將臧荼師古曰荼音塗從楚救趙因從入關立荼爲燕王徙齊王田市爲膠東王齊將田都從共救趙○宋祁曰共一作兵入關立都爲齊王故秦所滅齊王建孫田安羽方渡河救趙安下濟北數城引兵降羽立安爲濟北王田榮者背梁不肯助楚擊秦以故不得封陳餘棄將印去不從入關然素聞其賢有功於趙聞其在南皮故因環封之三縣孟康曰繞南皮三縣以封之師古曰環音宦番君將梅鋗功多故封十萬戶侯師古曰鋗音火懸反羽自立爲西楚伯王師古曰伯讀曰霸王梁楚地九郡都彭城諸侯各就國田榮聞羽徙齊王市膠東而立田都爲齊王大怒不肯遣市之膠東因以齊反迎擊都都走楚市畏羽迺亡之膠東就國榮怒追殺之卽墨自立爲齊王予彭越將軍印令反梁地越迺擊殺濟北王田安田榮遂并王三齊之地時漢王還定三秦羽聞漢并關中且東師古曰言方欲出關而擊楚也齊梁畔之大怒迺以故吳令鄭昌爲韓王以距漢令蕭公角等擊彭越越敗蕭公角等時張良徇韓遺項王書曰漢王失職欲得關中如約卽止不敢東師古曰如本要約也又以齊梁反書遺羽羽以此故無西意而北擊齊徵兵九江王布布稱疾不行使將將數千人往二年羽陰使九江王布殺義帝○宋祁曰史記云令衡山臨江擊殺之江中陳餘使張同夏說說齊王榮師古曰夏說讀曰悅下說齊王說音式芮反曰項王爲天下宰不平今盡王故王於醜地師古曰醜惡也而王羣臣諸將善地逐其故主趙王迺北居代餘以爲不可師古曰於義不當然聞大王起兵且不聽不義師古曰凡不義之事皆不聽順願大王資餘兵師古曰資給也使擊常山以復趙王請以國爲扞蔽師古曰借爲齊之藩屏齊王許之因遣兵往陳餘悉三縣兵師古曰悉盡也與齊併力擊常山大破之張耳走歸漢陳餘迎故趙王歇反之趙趙王因立餘爲代王羽至城陽田榮亦將兵會戰榮不勝走至平原平原民殺之羽遂北燒夷齊城郭室屋師古曰夷平也皆阬降卒係虜老弱婦女徇齊至北海所過殘滅齊人相聚而畔之於是田榮弟橫收得亡卒數萬人反城陽羽因留連戰未能下漢王劫五諸侯兵服虔曰時有十八諸侯漢得其五師古曰常山河南魏韓殷也解在高紀十八諸侯漢時又先已得塞翟矣服說非也凡五十六萬人東伐楚羽聞之卽令諸將擊齊而自以精兵三萬人南從魯出胡陵漢王皆已破彭城收其貨賂美人日置酒高會羽迺從蕭晨擊漢軍而東至彭城日中大破漢軍張晏曰一日之中或曰早擊之至日中大破師古曰或說是也漢軍皆走迫之穀泗水臣瓚曰二水皆在沛郡彭城漢軍皆南走山師古曰走趣也音奏楚又追擊至靈辟東睢水上師古曰睢音雖漢軍卻爲楚所擠臣瓚曰擠排也師古曰音子詣反又音子奚反多殺漢卒十餘萬皆入睢水睢水爲不流師古曰言殺人多塡於水中漢王乃與數十騎遁去語在高紀太公呂后間求漢王師古曰間行而求之反遇楚軍楚軍與歸羽常置軍中漢王稍收散卒蕭何亦發關中卒悉詣滎陽戰京索間師古曰索音山各反敗楚楚以故不能過滎陽而西漢軍滎陽築甬道取敖倉食三年羽數擊絕漢甬道漢王食乏請和割滎陽以西爲漢羽欲聽之歷陽侯范增曰漢易與耳今不取後必悔之羽乃急圍滎陽漢王患之乃與陳平金四萬斤以閒楚君臣師古曰閒音居莧反語在陳平傳項羽以故疑范增稍奪之權范增怒曰天下事大定矣君王自爲之願賜骸骨歸行未至彭城疽發背死師古曰疽癰瘡也音千餘反於是漢將紀信詐爲漢王出降以誑楚軍故漢王得與數十騎從西門出令周苛樅公魏豹守滎陽師古曰苛音何樅音千容反漢王西入關收兵還出宛葉間師古曰葉音式涉反與九江王黥布行收兵羽聞之卽引兵南漢王堅壁不與戰是時彭越渡睢與項聲薛公戰下邳殺薛公羽乃東擊彭越漢王亦引兵北軍成皋羽已破走

彭越(師古曰擊破之令其走)引兵西下滎陽城亨周苛殺樅公虜韓王信進圍成皋漢王跳(師古曰輕身而急出也跳音徒彫反)獨與滕公得出北渡河至修武從張耳韓信軍留止使盧綰劉賈渡白馬津入楚地佐彭越共擊破楚軍燕郭西(師古曰燕縣故南燕國也屬東郡)燒其積聚攻下梁地十餘城羽聞之謂海春侯大司馬曹咎曰謹守成皋即漢欲挑戰愼毋與戰勿令得東而已我十五日必定梁地復從將軍於是引兵東四年羽擊陳留外黃外黃不下數日降羽悉令男子年十五以上詣城東欲阬之外黃令舍人兒年十三(蘇林曰令之舍人兒也臣瓚曰稱兒者以其幼弱故係其父)往說羽曰彭越彊劫外黃(師古曰彊音其兩反)外黃恐故且降待大王大王至又皆阬之百姓豈有所歸心哉從此以東梁地十餘城皆恐莫肯下矣羽然其言乃赦外黃當阬者而東至睢陽聞之皆爭下漢果數挑楚軍戰楚軍不出使人辱之五六日大司馬怒渡兵汜水(師古曰汜音凡解在高紀)卒半渡漢擊大破之盡得楚國金玉貨賂大司馬咎長史欣皆自剄汜水上咎故蘄獄掾欣故塞王羽信任之羽至睢陽聞咎等破則引兵還漢軍方圍鍾離眛於滎陽東(師古曰眛音莫曷反)羽軍至漢軍畏楚盡走險阻羽亦軍廣武相守乃爲高俎置太公其上(如淳曰高俎几之上也李奇曰軍中巢櫓謂之俎師古曰俎者所以薦肉示欲烹之故置俎上如說是也)告漢王曰今不急下吾亨太公漢王曰吾與若俱北面受命懷王(師古曰若汝也)約爲兄弟吾翁即汝翁(師古曰翁謂父也)必欲亨迺翁幸分我一盃羹(師古曰迺亦汝也古者以杯盛羹令之側杯有兩耳者是也)羽怒欲殺之項伯曰天下事未可知且爲天下者不顧家雖殺之無益但益怨耳羽從之迺使人謂漢王曰天下匈匈徒以吾兩人(師古曰匈匈讙擾之意也他皆類此)願與王挑戰決雌雄毋徒罷天下父子爲也(師古曰罷讀曰疲)漢王笑謝曰吾寧鬬智不能鬬力羽令壯士出挑戰漢有善騎射曰樓煩(應劭曰樓煩胡人也李奇曰後爲縣屬鴈門此縣人善騎射謂士爲樓煩取其稱耳未必樓煩人也師古曰李說是也○劉攽曰安知無姓樓名煩者乎)楚挑戰三合樓煩輒射殺之羽大怒自被甲持戟挑戰樓煩欲射羽瞋目叱之(師古曰瞋目張目也音充人反)樓煩目不能視手不能發走還入壁不敢復出漢王使間問之迺羽也(師古曰間微問之也)漢王大驚於是羽與漢王相與臨廣武間而語漢王數羽十罪(師古曰數責也音所具反)語在高紀羽怒伏弩射傷漢王漢王入成皋時彭越數反梁地絕楚糧食又韓信破齊且欲擊楚羽使從兄子項它爲大將龍且爲裨將(師古曰它音徒何反且音子余反高紀云項聲此傳云項它紀傳不同未知孰是)救齊韓信破殺龍且追至成陽虜齊王廣信遂自立爲齊王羽聞之恐使武涉往說信語在信傳時漢關中兵益出食多

羽兵食少漢王使侯公說羽羽迺與漢王約中分天下割鴻溝而西者爲漢東者爲楚歸漢王父母妻子已約羽解而東五年漢王進兵追羽至固陵復爲羽所敗漢王用張良計致齊王信建成侯彭越兵及劉賈入楚地圍壽春大司馬周殷叛楚舉九江兵隨劉賈迎黥布與齊梁諸侯皆大會羽壁垓下軍少食盡漢帥諸侯兵圍之數重羽夜聞漢軍四面皆楚歌迺驚曰漢皆已得楚乎是何楚人多也起飲帳中有美人姓虞氏常幸從駿馬名騅常騎(師古曰蒼白雜毛曰騅蓋以其色名之)迺悲歌忼慨自爲歌詩曰力拔山兮氣蓋世時不利兮騅不逝騅不逝兮可奈何虞兮虞兮奈若何(師古曰若汝也)歌數曲美人和之羽泣下數行左右皆泣莫能仰視於是羽遂上馬戲下騎從者八百餘人(師古曰戲大將之旗也音許宜反又音許爲反漢書通以戲爲旌麾及指麾字)夜直潰圍南出馳平明漢軍迺覺之令騎將灌嬰以五千騎追羽羽渡淮騎能屬者百餘人(師古曰屬聯也音之欲反)羽至陰陵迷失道(孟康曰縣名屬九江郡)問一田父田父紿曰左(文穎曰紿欺也欺令左也)左乃陷大澤中以故漢追及之羽復引而東至東城(○宋祁曰東城縣名)迺有二十八騎追者數千羽自度不得脫(師古曰脫免也音土活反)謂其騎曰吾起兵至今八歲矣身七十餘戰所當者破所擊者服未嘗敗北遂伯有天下(師古曰伯讀曰霸)然今卒困於此(師古曰卒終也)此天亡我非戰之罪也今日固決死願爲諸君決戰必三勝斬將艾旗迺後死(師古曰艾讀曰刈)使諸君知吾非用兵罪天亡我也於是引其騎因四隤山(孟康曰四下隤陁也師古曰隤音徒回反)而爲圜陳外嚮(師古曰圜陳四周爲之也外嚮謂兵刃皆在外也)漢騎圍之數重羽謂其騎曰吾爲公取彼一將令四面騎馳下期山東爲三處於是羽大呼馳下(師古曰呼叫也音火故反)漢軍皆披靡(師古曰披音普彼反)遂殺漢一將是時楊喜爲郎騎追羽羽還叱之(師古曰還謂迴面也)喜人馬俱驚辟易數里(師古曰辟易謂開張而易其本處辟音頻亦反)與其騎會三處漢軍不知羽所居分軍爲三復圍之羽迺馳復斬漢一都尉殺數十百人復聚其騎亡兩騎迺謂騎曰何如騎皆服曰如大王言於是羽遂引東欲渡烏江(臣瓚曰烏江在牛渚)烏江亭長檥船待(服虔曰檥音蟻如淳曰南方人謂整船向岸曰檥)謂羽曰江東雖小地方千里衆數十萬亦足王也願大王急渡今獨臣有船漢軍至亡以渡羽笑曰迺天亡我何渡爲且籍與江東子弟八千人渡而西今亡一人還縱江東父兄憐而王我我何面目見之哉縱彼不言籍獨不愧於心乎謂亭長曰吾知公長者也吾騎此馬五歲所當亡敵嘗一日千里吾不忍殺以賜公迺令騎皆去馬步持短兵接戰羽獨所殺漢軍數百人羽亦被十餘創顧見漢騎司

馬呂馬童曰若非吾故人乎(師古曰若汝也)馬童面之(張晏曰以故人難親斫之故背之也如淳曰面謂不正視也師古曰如說非也面謂背之不面向也面縛亦謂反背而縛之杜元凱以爲但見其面非也○劉攽曰面之直面向之耳)指王翳曰(如淳曰指示王翳)此項王也羽迺曰吾聞漢購我頭千金邑萬戶(師古曰購以財設賞音工豆反)吾爲公得(鄧展曰令公得我爲功也晉灼曰字或作德)迺自剄王翳取其頭亂相輮蹈(師古曰輮踐也音人九反)爭羽相殺者數十人最後楊喜呂馬童郎中呂勝楊武各得其一體故分其地以封五人皆爲列侯漢王迺以魯公號葬羽於穀城諸項支屬皆不誅封項伯等四人爲列侯賜姓劉氏

贊曰昔賈生之過秦曰(應劭曰賈生書有過秦二篇言秦之過此第一篇也司馬遷取以爲贊班固因之)秦孝公據殽函之固(師古曰殽謂殽山函謂函谷今陝縣東二殽是也函谷今桃林縣南洪溜澗是也)擁雍州之地君臣固守而闚周室有席卷天下包舉宇內囊括四海并吞八荒之心(張晏曰括結囊也言其能包含天下師古曰八荒八方荒忽極遠之地也)當是時也商君佐之(師古曰衞鞅也封於商)內立法度務耕織修守戰之備外連衡而鬬諸侯於是秦人拱手而取西河之外(師古曰言其不費功力也)孝公既沒惠文武昭襄(師古曰惠文王孝公之子武王惠文王之子昭襄王武王之弟)蒙故業因遺策南取漢中西舉巴蜀東割膏腴之地收要害之郡諸侯恐懼會盟而謀弱秦不愛珍器重寶肥饒之地以致天下之士合從締交(師古曰締結也從音子容反締音大系反)相與爲一當此之時齊有孟嘗(師古曰孟嘗君田文)趙有平原(師古曰平原君趙勝)楚有春申(師古曰春申君黃歇)魏有信陵(師古曰公子無忌爲信陵君)此四賢者皆明智而忠信寬厚而愛人尊賢重士約從離橫(師古曰約從謂欲以分離爲橫者也從音子容反其下亦同)兼韓魏燕趙宋衞中山之衆於是六國之士有甯越徐尚蘇秦杜赫之屬爲之謀齊明周最陳軫召滑樓緩翟景蘇厲樂毅之徒通其意吳起孫臏帶他兒良王廖田忌廉頗趙奢之朋制其兵(師古曰召讀曰邵臏音頻忍反他音徒何反兒音五奚反廖音聊)常以十倍之地百萬之軍仰關而攻秦(師古曰秦之地形高而諸侯之兵欲攻關中者皆仰嚮故云仰關也今流俗書本仰字作叩非也)秦人開關延敵九國之師遁巡而不敢進(師古曰遁巡謂疑懼而卻退也遁音千旬反流俗書本巡字誤作逃讀者因之而爲遁逃之義潘岳西征賦云逡以奔竄斯亦誤矣○宋祁曰姚本注文疑出作疑懼)秦無亡矢遺鏃之費(師古曰鏃矢鋒也音子木反)而天下已困矣於是從散約敗爭割地而賂秦秦有餘力而制其弊追亡逐北伏尸百萬流血漂鹵(師古曰漂浮也鹵盾也其血可以浮盾言殺人多也)因利乘便宰割天下分裂山河彊國請服弱國入朝施及孝文莊襄王(師古曰施延也)(孝文王昭襄王之子也莊襄王孝文王之子即始皇父也施音弋豉反)享國之日淺國家亡事及至始皇奮六世之餘烈(師古曰孝公惠文王武王昭襄王孝文王莊襄王凡六君也烈業也)振長策而馭宇內(師古曰以乘馬爲喻也策所以撾馬也)吞二周而亡諸侯履至尊而制六合執敲扑以鞭笞天下(鄧展曰敲短杖也扑捶也師古曰敲音苦交反扑音普木反)威震四海南取百粵之地以爲桂林象郡百粵之君頫首係頸(鄧展曰頫音俯師古曰頫古俯字)委命下吏迺使蒙恬北築長城而守藩籬(師古曰言以長城扞蔽胡寇如人家之有藩籬)卻匈奴七百餘里(師古曰卻音丘略反)胡人不敢南下而牧馬士不敢彎弓而報怨於是廢先王之道焚百家之言以愚黔首墮名城殺豪俊(師古曰墮毀也音火規反)收天下之兵聚之咸陽銷鋒鍉(如淳曰鍉音鏑箭鏃也師古曰鋒戈戟刃也鍉與鏑同即箭鏃也如音是)鑄以爲金人十二(師古曰所謂公仲者也三輔黃圖云坐高三丈其銘曰皇帝二十六年初兼天下改諸侯爲郡縣一法律同度量大人來見臨洮其長五丈足跡六尺也)以弱天下之民然後踐華爲城(服虔曰斷華山爲城晉灼曰踐登也師古曰晉說是也)因河爲池據億丈之城臨不測之川以爲固良將勁弩守要害之處信臣精卒陳利兵而誰何(師古曰問之爲誰何云何人其義一也)天下已定始皇之心自以爲關中之固金城千里子孫帝王萬世之業也始皇既沒餘威震于殊俗然而陳涉甕牖繩樞之子(服虔曰以繩係戶樞也孟康曰瓦甕爲窗也)甿隸之人(如淳曰甿古文萌字也)而遷徙之徒也材能不及中庸非有仲尼墨翟之知(文穎曰墨翟宋人爲墨家者也)陶朱猗頓之富(師古曰越人范蠡逃越止於陶自謂陶朱公猗頓本魯人大畜牛羊於猗氏之南貲擬王公馳名天下)躡足行伍之間(如淳曰躡音疊師古曰躡音女涉反)而免起阡陌之中(如淳曰時皆僻屈在阡陌之中也師古曰免者言免脫徭役也免字或作俛讀與免同)帥罷散之卒將數百之衆(師古曰罷讀曰疲)轉而攻秦斬木爲兵揭竿爲旗(師古曰揭音竭謂豎之也今讀之者爲負揭之揭非也)天下雲合嚮應(師古曰嚮讀曰響言如響之應聲)贏糧而景從(師古曰贏擔也景從言如景之隨形也)山東豪俊遂並起而亡秦族矣且天下非小弱也雍州之地殽函之固自若也(師古曰自若猶言如故也)陳涉之位不齒於齊楚燕趙韓魏宋衞中山之君(師古曰齒謂齊列如齒)鉏耰棘矜(服虔曰以鉏柄及棘作矛槿也晉灼曰耰椎塊椎也師古曰耰摩田器也棘戟也矜與槿同謂矛鋋之杷也鉤戟戟刃鉤曲者也鎩鈹也言秦銷兵刃陳涉起時但用鉏耰及戈戟之槿以相攻戰也耰音憂矜音其巾反鎩音山列反)不敵於鉤戟長鎩適戍之衆不亢於九國之師(師古曰適讀曰謫謂罪罰而行也亢當也讀與抗同)深謀遠慮行軍用兵之道非及曩時之士也(師古曰曩昔也音乃朗反)然而成敗異變功業相反何也試使山東之國與陳涉度長絜大(師古曰絜謂圍束之也度音徒各反絜音下結反)比權量力(○宋祁曰學官本作重力史記作量力)不可同年而語矣然秦以區區之地(師古曰區區之貌也○宋祁曰姚本注文之作小)致萬乘之權招八州而朝同列(蘇林曰招舉也鄧展曰招音翹)百有餘年然后以六合爲家(師古曰后與後同古通用字也)殽函爲宮一夫作難而七廟墮(師古曰墮毀也音火規反)身死人手爲天下笑者何也仁誼不施而攻守之埶異也周生亦有言(鄭氏曰周時賢人也師古曰史記稱太史公曰余聞之周生則知非周時人蓋姓周耳)舜蓋重童子項羽又重童子(師古曰童子目之眸子)豈其苗裔邪何其興之暴也夫秦失其政陳涉首難豪桀蠭起相與並爭不

可勝數然羽非有尺寸乘埶拔起隴畝之中晉灼曰拔音卒拔之拔鄧展曰疾起也師古曰音步末反三年遂將五諸侯兵滅秦分裂天下而威海內封立王侯政繇羽出師古曰繇與由同號爲伯王師古曰伯讀曰霸位雖不終近古以來未嘗有也師古曰近古猶末代及羽背關懷楚放逐義帝師古曰背關謂背約不王高祖於關中懷楚謂思東歸而都彭城而怨王侯畔已難矣自矜功伐奮其私智而不師古始霸王之國○宋祁曰舊本無霸王之國四字欲以力征經營天下五年卒亡其國○宋祁曰舊本無其國二字身死東城尚不覺寤不自責過失迺引天亡我非用兵之罪豈不謬哉

前漢書卷三十一考證

陳勝傳陽城人注師古曰地理志屬汝南郡○臣召南按志屬潁川不屬汝南也師古注誤

夜構火○按史記作篝火注徐廣曰篝者籠也音溝此作構火故顏以結起解之

陳守令皆不在○劉敞曰守者非正官權守者耳○胡三省曰秦分天下爲郡縣郡置守尉監縣置令丞尉原父以此守爲權守之守良是遷固二史作守令皆不在通鑑作守尉皆不在蓋二史令下缺尉字而通鑑尉上缺令字也

陽城人鄧說將兵居郯注師古曰郯東海縣也○司馬貞曰此時章邯軍未至東海此郯恐當作郟張守節曰郟今汝州郟縣地鄧說陽城人陽城與郟地相近

還至下城父○臣召南按劉昭後志曰汝南山桑縣故屬沛有下城父聚

欲擊秦軍濟陰下○臣召南按史記作定陶下据志濟陰郡治定陶本是一地固可通稱但濟陰郡名至後始立則史記作定陶是也

項籍傳梁曰方今江西云云○凌稚隆曰方今四句史記作守通謂梁此作梁語又史記守通使桓楚將此謂自出梁意敘事迥別 臣召南按此傳與史記本紀多有異同蓋班氏刪訂原文也又按江西二字師古無注顧炎武曰大江自歷陽斜北下京口故有東西之名今所謂江北昔之所謂江西也故晉地理志以盧江九江自合肥以北至壽春皆謂之江西此說甚確下文江東已定渡江而西謂渡江而北也

廣陵人召平○許應元曰此別一召平非東陵種瓜者也

南公注服虔曰南公南方之老人也○臣召南按南公自是姓南廣喜志林曰南公者道士識廢興之數知亡秦者必楚本書藝文志南公十三篇六國時人在陰陽家流服注謂南方之老人非也

梁使羽與沛公別攻城陽○臣召南按城陽當作成陽此傳及高紀並傳寫之失誤加土旁耳胡三省曰成陽縣與定陶濮陽皆相近非城陽國之城陽可以補三劉刊誤所不及

北救趙至安陽留不進注師古曰今相州安陽縣○胡三省曰索隱云傅寬傳從攻安陽杠里則當俱在河南按此時兵未渡河不應即至相州後魏書地形志己氏有安陽城是也在今宋州楚邱西北

渡三戸注服虔曰漳水津也○水經注曰漳水東逕三戸峽爲三戸津括地志曰三戸津在相州滏陽縣界

齊梁畔之○臣召南按史記作齊趙畔之趙指陳餘破常山王張耳迎故趙王歇還趙也此傳敘趙叛尚在二年故改齊趙爲齊梁下文張良以齊趙反書遺羽亦改爲齊梁反書梁即指彭越反梁地也

貰背關懷楚注云云○顧炎武曰謂舍關中形勝之地而都彭城如師古之解乃背約非背關也

前漢書卷三十二

漢　蘭　臺　令　史班　固撰

唐正議大夫行秘書少監琅邪縣開國子顏師古注

張耳陳餘傳第二

張耳大梁人也臣瓚曰今陳留大梁城也少時及魏公子毋忌爲客師古曰毋忌六國時信陵君也言其尚及見毋忌爲之賓客嘗亡命遊外黃師古曰命者名也凡言亡命謂脫其名籍而逃亡○劉奉世曰顏解太迂直避罪自逃其命爾外黃富人女甚美庸奴其夫師古曰言不恃賴其夫視之若庸奴亡邸父客如淳曰父時故賓客也師古曰邸歸也音丁禮反父客謂曰必欲求賢夫從張耳女聽爲請決嫁之師古曰請決絕於前夫而嫁於耳女家厚奉給耳耳以故致千里客宦爲外黃令

陳餘亦大梁人好儒術遊趙苦陘張晏曰苦陘章帝醜其名改曰漢昌師古曰陘音刑富人公乘氏以其女妻之餘年少父事耳相與爲刎頸交師古曰刎斷也刎頸交者言託契深重雖斷頭絕頸無所顧也刎音舞粉反高祖爲布衣時嘗從耳遊秦滅魏購求耳千金餘五百金兩人變名姓俱之陳爲里監門師古曰監門卒之賤者故爲卑職以自隱吏嘗以過笞餘餘欲起耳攝使受笞師古曰攝謂引持之吏去耳數之曰師古曰數責也音所具反始吾與公言何如今見小辱而欲死一吏乎餘謝罪陳涉起蘄至陳耳餘上謁涉師古曰上其謁而見也上謁若今之通名涉見左右生平數聞耳餘賢見大喜陳豪桀說涉曰將軍被堅執銳帥士卒以誅暴秦復立楚社稷功德宜爲王陳涉問兩人兩人對曰將軍瞋目張膽師古曰張膽言勇之甚出萬死不顧之計爲天下除殘今始至陳而王之視天下私師古曰視讀曰示願將軍毋王急引兵而西遣人立六國後自爲樹黨師古曰樹立也如此野無交兵誅暴秦據咸陽以令諸侯則帝業成矣今獨王陳恐天下解也師古曰解謂離散其心也涉不聽遂立爲王耳餘復說陳王曰大王興梁楚務在入關未及收河北也臣嘗遊趙知其豪桀師古曰與相知也願請奇兵略趙地於是陳王許之以所善陳人武臣爲將軍耳餘爲左右校尉與卒三千人從白馬渡河師古曰津名即今滑州白馬縣界也至諸縣說其豪桀鄧展曰至河北縣說之曰秦爲亂政虐刑殘滅天下北爲長城之役南有五領之戍服虔曰山領有五因以爲名交趾合浦界有此領師古曰服說非也領者西自衡山之南東窮于海一山之限耳而別標名則有五焉裴氏廣州記云大庾始安臨賀桂陽揭陽是爲五領鄧德明南康記曰大庾領一也桂陽騎田領二也九眞都龐領三也臨賀萌渚領四也始安越城領五也師古曰裴說是也外內騷動百姓罷敝師古曰罷讀曰疲頭會箕斂服虔曰吏到其家人人頭數出穀以箕斂之以供軍費財匱力盡師古曰匱竭也重以苛法師古曰重音直用反使天下父子不相聊師古曰言無聊賴以相保養今陳王奮臂爲天下倡始莫不嚮應師古曰倡讀曰唱嚮讀曰響家自爲怒各報其怨師古曰爲音于僞反縣殺其令丞郡殺其守尉今以張大楚王陳師古曰言張建大楚之國而王於陳也○劉奉世曰按陳勝立爲王號張楚耳云張大楚者斥其號也使吳廣周文將卒百萬西擊秦於此時而不成封侯之業者非人豪也夫因天下之力而攻無道之君報父兄之怨而成割地之業此一時也豪桀皆然其言迺行收兵得數萬人號武信君師古曰武臣自號也下趙十餘城餘皆城守莫肯下乃引兵東北擊范陽范陽人蒯通說其令徐公降武信君又說武信君以侯印封范陽令語在通傳趙地聞之不戰下者三十餘城至邯鄲耳餘聞周章軍入關至戲卻蘇林曰至戲地而卻兵又聞諸將爲陳王徇地多以讒毀得罪誅怨陳王不以爲將軍而以爲校尉迺說武臣曰陳王非必立六國後師古曰非不也今將軍下趙數十城獨介居河北晉灼曰介音戛臣瓚曰介特也師古曰二說並非也介隔也讀如本字不王無以塡之師古曰塡音竹刃反且陳王聽讒還報恐不得脫於禍願將軍毋失時武臣乃聽遂立爲趙王以餘爲大將軍耳爲丞相使人報陳王陳王大怒欲盡族武臣等家而發兵擊趙相國房君諫曰秦未亡今又誅武臣等家此生一秦也不如因而賀之使急引兵西擊秦陳王從其計徙繫武臣等家宮中封耳子敖爲成都君使使者賀趙趣兵西入關師古曰趣讀曰促耳餘說武臣曰王王趙非楚意特以計賀王師古曰言力不能制且事安撫爲權宜之計耳楚已滅秦必加兵於趙願王毋西兵北徇燕代南收河內以自廣趙南據大河北有燕代楚雖勝秦必不敢制趙王以爲然因不西兵而使韓廣略燕李良略常山張黶略上黨師古曰黶音烏點反韓廣至燕燕人因立廣爲燕王趙王乃與耳餘北略地燕界趙王閒出爲燕軍所得師古曰閒出謂投閒隙而微出也燕囚之欲與分地師古曰要劫之令割趙地輸燕以和解也使者往燕輒殺之以固求地耳餘患之有廝養卒謝其舍曰蘇林曰廝取薪者也養養人者也舍謂所舍宿主人也晉灼曰以辭相告曰謝師古曰謝其舍謂告其舍中人也故下言舍中人皆笑今流俗書本於此舍下輒加人字非也廝音斯吾爲二公說燕與趙王載歸師古曰二公張耳陳餘○宋祁曰別本爲字作謂舍中人皆笑曰使者往十輩皆死若何以能得王師古曰若汝也次下亦同乃走燕壁師古曰走趣也音奏燕將見之問曰知臣何欲燕將曰若欲得王耳曰君知張耳陳餘何如人也燕將曰賢人也曰其志何欲燕將曰欲得其王耳趙卒笑曰君未知兩人所欲也夫武臣張耳陳餘杖馬箠下趙數十城張晏曰言其不用兵革也師古曰箠謂馬撾也音止橤反亦各欲南面而王夫臣之與主豈可同日道哉顧其埶初定師古曰顧思念也且以長少先立武臣以持趙心今趙地已服兩人亦欲分趙而王時未可耳今君囚趙王念此兩人名爲求王實欲燕殺之此兩人分趙而王夫以一趙尚易燕師古曰易輕也音弋豉反況以兩賢王左提右挈而責殺王滅燕易矣師古曰提挈言相扶持也燕以爲然乃歸趙王養卒爲御而歸李良已定常山還報趙王趙王復使良略太原至石邑秦兵塞井陘未能前秦將詐稱二世使使遺良書不封張晏曰欲其漏泄君臣相疑也曰良嘗事我得顯幸誠能反趙爲秦赦良罪貴良良得書疑不信之邯鄲益請兵師古曰之往也未至道逢趙王姊從百餘騎良望見以爲王伏謁道旁王姊醉不知其將使騎謝良良素貴起慙其從官從官有一人曰天下叛秦能者先立且趙王素出將軍下今女兒乃不爲將軍下車請追殺之良以得秦書欲反趙未決因此怒遣人追殺王姊遂襲邯鄲邯鄲不知竟殺武臣趙人多爲耳餘耳目者故得脫出收兵得數萬人客有說耳餘曰兩君羈旅張晏曰羈寄旅客也而欲附趙難可獨立立趙後輔以誼師古曰謂求取六國時趙王之後而立之以名義自輔助也可就功乃求得趙歇立爲趙王居信都張晏曰歇趙之苗裔也信都襄國也○宋祁曰乃求舊本作仍求非是李良進兵擊餘餘敗良良走歸章邯章邯引兵至邯鄲皆徙其民河內夷其城郭師古曰夷平也耳與趙王歇走入鉅鹿城王離圍之餘北收常山兵得數萬人軍鉅鹿北章邯軍鉅鹿南棘原築甬道屬河師古曰屬聯及也饟王離師古曰饟古餉字謂饋運其軍糧也王離兵食多急攻鉅鹿鉅鹿城中食盡耳數使人召餘餘自度兵少不能敵

秦不敢前數月耳大怒怨餘使張黶陳釋往讓餘師古曰讓責也曰始吾與公爲刎頸交今王與耳旦暮死而公擁兵數萬不肯相救胡不赴秦俱死師古曰胡何也且什有一二相全師古曰十中尚冀得一二勝秦○宋祁曰別本無有字 餘曰所以不俱死欲爲趙王張君報秦今俱死如以肉餧虎何益師古曰餧飤也音於僞反張黶陳釋曰事已急要以俱死立信安知後慮餘曰吾顧以無益師古曰顧思念也 迺使五千人令張黶陳釋先嘗秦軍師古曰嘗試也言若嘗食也 至皆沒當是時燕齊楚聞趙急皆來救張敖亦北收代得萬餘人來皆壁餘旁項羽兵數絶章邯甬道王離軍乏食項羽悉引兵渡河破章邯軍諸侯軍乃敢擊秦軍遂虜王離於是趙王歇張耳得出鉅鹿與餘相見責讓餘問張黶陳釋所在餘曰黶釋以必死責臣臣使將五千人先嘗秦軍皆沒耳不信以爲殺之數問餘餘怒曰不意君之望臣深也師古曰望怨望也以下亦同豈以臣重去將哉師古曰重難也 迺脫解印綬與耳耳不敢受餘起如廁客有說耳曰天予不取反受其咎今陳將軍與君印綬不受反天不祥急取之耳乃佩其印收其麾下餘還亦望耳不讓趨出遂收其兵○宋祁曰一本不讓字上無耳字又別本遂收字上有耳字 餘獨與麾下數百人之河上澤中漁獵由此有隙趙王歇復居信都耳從項羽入關項羽立諸侯耳雅遊多爲人所稱師古曰雅故也言其久故俺遊交結英傑是以多爲人所稱譽也○劉攽曰荀卿書有俗儒有雅儒雅儒異於俗者也耳之遊雅故多爲人所稱一說多字屬上句項羽素亦聞耳賢迺分趙立耳爲常山王治信都師古曰治爲理處也音丈吏反信都更名襄國餘客多說項羽陳餘張耳一體有功於趙羽以餘不從入關聞其在南皮卽以南皮旁三縣封之而徙趙王歇王代耳之國餘愈怒曰耳與餘功等也今耳王餘獨侯及齊王田榮叛楚餘乃使夏說說田榮師古曰夏說讀曰悅說田榮音式銳反 曰項羽爲天下宰不平盡王諸將善地徙故王王惡地今趙王乃居代願王假臣兵請以南皮爲扞蔽師古曰扞蔽猶言藩屏也 田榮欲樹黨乃遣兵從餘餘悉三縣兵師古曰悉盡也 襲常山王耳耳敗走曰漢王與我有故張晏曰漢王布衣時常從耳遊也 而項王彊立我我欲之楚師古曰羽既彊盛又爲所立是以狐疑莫知所往 甘公曰文穎曰善說星者甘氏也晉灼曰齊人 漢王之入關五星聚東井者秦分也師古曰分音扶問反 先至必王楚雖彊後必屬漢耳走漢漢亦還定三秦方圍章邯廢丘耳謁漢王漢王厚遇之師古曰高紀云元年五月漢王定雍地東如咸陽引兵圍雍王廢丘而遣諸將略地八月塞王欣翟王翳皆降漢二年十月陳餘擊常山王張耳耳敗走降漢而此傳乃言方圍廢丘時耳謁漢王隔以他事於後始云漢二年東擊楚則與帝紀前後參錯不同疑傳誤也 餘已敗耳皆收趙地迎趙王於代復爲趙王趙王德餘師古曰懷其德 立以爲代王餘爲趙王弱國初定留傅趙王而使夏說以相國守代師古曰爲代相國而居守 漢二年東擊楚使告趙欲與俱餘曰漢殺張耳乃從於是漢求人類耳者斬其頭遺餘餘乃遣兵助漢漢敗於彭城西餘亦聞耳詐死卽背漢漢遣耳與韓信擊破趙井陘斬餘泜水上蘇林曰泜音祇也晉灼曰問其方人音柢師古曰蘇晉二說皆是也蘇音祇敬之祇音執夷反古音如是晉音根柢之柢音丁計反今其土俗呼水則然 追殺趙王歇襄國○景德本無此七字劉攽曰斬餘泜水上下有追殺趙王歇襄國七字 四年夏立耳爲趙王五年秋耳薨諡曰景王子敖嗣立爲王尚高祖長女魯元公主爲王后七年高祖從平城過趙趙王旦暮自上食體甚卑有子壻禮高祖箕踞罵詈甚慢之師古曰箕踞者謂申兩腳其形如箕 趙相貫高趙午年六十餘故耳客也怒曰吾王孱王也孟康曰冀州人謂愞弱爲孱師古曰音士連反 說敖曰天下豪桀並起能者先立今王事皇帝甚恭皇帝遇王無禮請爲王殺之敖齧其指出血師古曰自齧其指出血以表至誠而爲誓約不背漢也 曰君何言之誤且先王亡國賴皇帝得復國德流子孫秋毫皆帝力也願君無復出口貫高等十餘人相謂曰吾等非也吾王長者不背德且吾等義不辱今帝辱我王故欲殺之何迺汙王爲師古曰言何爲乃汙染王 事成歸王事敗獨身坐耳八年上從東垣過師古曰擊韓王信餘寇於東垣還而過趙 貫高等乃壁人栢人要之置廁文穎曰置人廁壁中以伺高祖○劉攽曰置頓止之次名也置之廁中故云置廁東海貢茘枝五里一堠十里一置○宋祁曰東垣一作南垣 上過欲宿心動問曰縣名爲何曰栢人栢人者迫於人不宿去九年貫高怨家知其謀告之於是上逮捕趙王諸反者趙午等十餘人皆爭自剄貫高獨怒罵曰誰令公等爲之今王實無謀而并捕王公等死誰當白王不反者師古曰白明也 乃檻車與王詣長安師古曰檻車者車而爲檻形謂以板四周之無所通見 高對獄曰獨吾屬爲之王不知也吏榜笞數千師古曰榜謂捶擊之音彭他皆類此 刺爇身無完者應劭曰以鐵刺之又燒灼之師古曰爇音而悅反 終不復言呂后數言張王以魯元故不宜有此上怒曰使張敖據天下豈少迺女虖師古曰迺汝也 廷尉以貫高辭聞上曰壯士誰知者以私問之張晏曰以和悅問之臣瓚曰字多作私謂以私情相問也師古曰瓚說是也 中大夫泄公曰臣素知之師古曰泄音薛 此固趙國立名義不侵爲然諾者也師古曰侵猶犯負也 上使泄公持節問之箯輿前卬視泄公師古曰箯輿者編竹木以爲輿形如今之食輿矣高時榜笞刺爇委困故以箯輿處之也箯音鞭卬讀曰仰 勞苦如平生歡師古曰勞苦相勞問其勤苦也 與語問張王果有謀不師古曰果猶決 高曰人情豈不各愛其父母妻子哉今吾三族皆以論死豈以王易吾親哉師古曰易代也 顧爲王實不反師古曰顧思念也 獨吾等爲之具道本根所以王不知狀於是泄公具以報上上迺赦趙王上賢高能自立然諾使泄公赦之告曰張王已出上多足下師古曰多猶重也 故赦足下高曰所以不死白張王不反耳今王已出吾責塞矣師古曰塞當也滿也 且人臣有篡弒之名豈有面目復事上哉乃仰絶亢而死蘇林曰亢頸大脈也俗所謂胡脈也師古曰亢者總謂頸耳爾雅云亢鳥嚨卽喉嚨也音下郎反又音工郎反荀悅論曰貫高首爲亂謀殺主之賊雖能證明其主小亮不塞大逆私行不贖公罪春秋之義大居正罪無赦可也 敖已出尚魯元公主如故師古曰尚猶配也易泰卦九二爻辭曰得尚于中行王弼亦以爲配也諸言尚公主者其義皆然而說者乃云尚公主與尚書尚食同意訓尚爲主言主掌之失其理矣公主既尊又非物類不得以主掌爲辭貢禹又云諸侯則國人承公主益知主不得言主掌也 封爲宣平侯於是上賢張王諸客皆以爲諸侯相郡守語在田叔傳及孝惠高后文景時張王客子孫皆爲二千石初孝惠時齊悼惠王獻城陽郡尊魯元公主爲太后師古曰爲齊太后以母禮事之 高后元年魯元太后薨後六年宣平侯敖復薨○劉攽曰復字疑衍 呂太后立敖子偃爲魯王以母爲太后故也師古曰以公主爲齊王太后故立其子爲王 又憐其年少孤弱乃封敖前婦子二人壽爲樂昌侯侈爲信都侯高后崩大臣誅諸呂廢魯王及二侯孝文卽位復封故魯王偃爲南宮侯薨子生嗣武帝時生有罪免國除元光中復封偃孫廣國爲睢陵侯薨子昌嗣師古曰睢音雖 太初中昌坐不敬免國除孝平元始二年繼絶世封敖玄孫慶忌爲宣平侯食千戶

贊曰張耳陳餘世所稱賢其賓客廝役皆天下俊桀所居國無不取卿相者然耳餘始居約時晉灼曰始在貧賤儉約之時相然信死豈顧問哉及據國爭權卒相滅亡何鄉者慕用之誠師古曰鄉讀曰嚮嚮謂曩昔也 後相背之盭也師古曰盭古戾字戾違也 埶利之交古人羞之蓋謂是矣

前漢書卷三十二考證

張耳傳庸奴其夫○王楙曰史記謂嫁庸奴亡其夫是夫本庸奴又亡去也班史削去嫁亡二字義便不同

宦爲外黃令○臣召南按史記作宦魏爲外黃令是也必有魏字以別于秦漢書刪之卽下文秦購耳以千金不明矣

陳餘傳耳餘爲左右校尉○臣召南按此文上史記有邵騷爲護軍一句又下文張耳爲右丞相下有邵騷爲左丞相一句漢書刪去實于事情不核

蒯通說其令徐公○臣召南按漢書於史記亦多所訂正如說項羽之韓生及此傳范陽令徐公是也又如貫高說張敖語史作今王事高祖甚恭生前豈應稱諡漢書改高祖爲皇帝當矣

餘迺使夏說說田榮○臣召南按史記作使張同夏說則遣說田榮者有二人此祇夏說一人又中大夫泄公曰臣素知之史記作臣之邑子素知之言生同縣而又相識也

尊魯元公主爲太后注師古曰爲齊太后以母禮事之○臣召南按顏注無理惠紀中劉攽已辨之矣

前漢書卷三十三

漢　蘭　臺　令　史班　固撰

唐正議大夫行秘書少監琅邪縣開國子顏師古注

魏豹田儋韓王信傳第三

魏豹故魏諸公子也師古曰六國時魏也 其兄魏咎故魏時封爲寗陵君秦滅魏文穎曰魏大梁也 爲庶人陳勝之王也咎往從之勝使魏人周市徇魏地師古曰徇略也音辭峻反 魏地已下欲立周市爲魏王市曰天下昏亂忠臣乃見師古曰言當昏亂之時忠臣乃得顯其節義也老子道經曰國家昏亂有忠臣 今天下共畔秦其誼必立魏王後迺可齊趙使車各五十乘立市爲王市不受迎魏咎於陳五反師古曰反謂回還也 陳王迺遣立咎爲魏王章邯已破陳王進兵擊魏王於臨濟魏王使周市請救齊楚齊楚遣項它田巴將兵隨市救魏師古曰楚遣項它齊遣田巴○劉奉世曰田儋傳儋自將兵救魏章邯殺儋臨濟下非遣田巴也 章邯遂擊破殺周市等軍圍臨濟咎爲其民約降師古曰與章邯爲誓而約降 約降定咎自殺師古曰但欲全其人而身自不降 魏豹亡走楚楚懷王予豹數千人復徇魏地項羽已破秦兵降章邯豹下魏二十餘城立爲魏王師古曰項羽立之 豹引精兵從項羽入關羽封諸侯欲有梁地師古曰羽欲自取梁地 迺徙豹於河東都平陽爲西魏王漢王還定三秦渡臨晉豹以國屬焉遂從擊楚於彭城漢王敗還至滎陽豹請視親病師古曰親謂母也 至國則絶河津畔漢漢王謂酈生曰緩頰往說之酈生往豹謝曰人生一世間如白駒過隙師古曰言其速疾也白駒謂日景也隙壁際也 今漢王嫚侮人罵詈諸侯羣臣如奴耳非有上下禮節吾不忍復見也漢王遣韓信擊豹遂虜之傳豹詣滎陽以其地爲河東太原上黨郡漢王令豹守滎陽楚圍之急周苛曰反國之王難與共守遂殺豹師古曰反國言其嘗叛也

田儋狄人也師古曰狄縣名也地理志屬千乘 故齊王田氏之族也師古曰亦六國時齊也 儋從弟榮榮弟橫皆豪桀宗彊能得人陳涉使周市略地北至狄狄城守儋陽爲縛其奴從少年之

廷欲謁殺奴服虔曰古殺奴婢皆當告官儋欲殺令故詐縛奴以謁也師古曰陽縛其奴爲殺奴之狀延縣廷之中也音定今流俗書本爲字作僞非也陽即僞耳不當重言之見狄令因擊殺令而名豪吏子弟曰諸侯皆反秦自立齊古之建國儋田氏當王遂自立爲齊王發兵擊周市市軍還去儋因率兵東略定齊地秦將章邯圍魏王咎於臨濟急魏王請救於齊儋將兵救魏章邯夜銜枚擊大破齊楚軍殺儋於臨濟下儋從弟榮收儋餘兵東走東阿齊人聞儋死乃立故齊王建之弟田假爲王田角爲相田閒爲將以距諸侯榮之走東阿章邯追圍之項梁聞榮急迺引兵擊破章邯東阿下章邯走而西項梁因追之而榮怒齊之立假迺引兵歸擊逐假假亡走楚相角亡走趙角弟閒前救趙因不敢歸榮迺立儋子市爲王榮相之橫爲將平齊地項梁既追章邯章邯兵益盛項梁使使趣齊兵共擊章邯師古曰趣讀曰促榮曰楚殺田假趙殺角閒迺出兵楚懷王曰田假與國之王窮而歸我殺之不誼○劉奉世曰謂田假與國之王者項梁之語也見羽傳中趙亦不殺田角田閒以市於齊齊王曰蝮蠚手則斬手蠚足則斬足應劭曰蝮一名虺蠚螫也螫人手足則割去其肉不然則死師古曰爾雅及說文皆以爲蝮即虺也博三寸首大如擘而郭璞云各自一種蛇其蝮蛇細頸大頭焦尾色如綬文文閒有毛似豬鬣鼻上有針大者長七八尺一名反鼻非虺之類也以今俗名證之郭說得矣虺若土色所在有之俗呼土虺其蝮唯出南方蝮音芳六反蠚音火各反螫音式亦反虺音許偉反擘音人手大指也音步歷反何者爲害於身也田假田角田閒於楚趙非手足戚文穎曰言將亡身非手足憂也臣瓚曰田假於楚非手足之親也師古曰瓚說是也何故不殺且秦復得志於天下則齮齕首用事者墳墓矣如淳曰齮側齒也齕齧也師古曰首用事謂起兵而立號者也齮音蟻齕音紇齧音五結反楚趙不聽齊齊亦怒終不肯出兵章邯果敗殺項梁師古曰擊敗而殺之破楚兵楚兵東走而章邯渡河圍趙於鉅鹿項羽由此怨榮羽既存趙降章邯西滅秦立諸侯王迺徙齊王市更王膠東治即墨師古曰治謂都之也音丈吏反下皆類此齊將田都從共救趙因入關故立都爲齊王治臨菑故齊王建孫田安項羽方渡河救趙安下濟北數城引兵降項羽羽立安爲濟北王治博陽榮以負項梁不肯助楚攻秦故不得王趙將陳餘亦失職不得王二人俱怨項羽榮使人將兵助陳餘令反趙地而榮亦發兵以距擊田都都亡走楚榮留齊王市毋之膠東市左右曰項王彊暴王不就國必危市懼迺亡就國榮怒追擊殺市於即墨還攻殺濟北王安自立爲王盡并三齊之地師古曰三齊謂齊及濟北膠東項王聞之大怒乃北伐齊榮發兵距之城陽榮兵敗走平原平原民殺榮項羽遂燒夷齊城郭師古曰夷平也所過盡屠破齊人相聚畔之榮弟橫收齊散兵得數萬人反擊項羽於城陽而漢王帥諸侯敗楚入彭城項羽聞之

迺釋齊師古曰釋解也而歸擊漢於彭城因連與漢戰相距滎陽以故橫復收齊城邑立榮子廣爲王而橫相之政事無巨細皆斷於橫定齊三年聞漢將韓信引兵且東擊齊齊使華毋傷田解師古曰二人也華音戶化反軍歷下以距漢張晏曰濟南歷山之下會漢使酈食其往說王廣及相橫與連和橫然之迺罷歷下守備縱酒師古曰縱放也放意而飲酒且遣使與漢平師古曰方欲遣使韓信迺渡平原襲破齊歷下軍因入臨菑王廣相橫以酈生爲賣己而亨之師古曰謂其與韓信合謀廣東走高密橫走博蘇林曰泰山博縣守相田光走城陽師古曰守相者言爲相而專主居守之事將軍田既軍於膠東楚使龍且救齊師古曰且音子閭反齊王與合軍高密漢將韓信曹參破殺龍且虜齊王廣漢將灌嬰追得守相光至博而橫聞王死自立爲王還擊嬰嬰敗橫軍於嬴下晉灼曰泰山嬴縣也師古曰音弋成反橫亡走梁歸彭越越時居梁地中立且爲漢且爲楚師古曰言在楚漢之間居中自立而兩助之也中音竹仲反韓信已殺龍且因進兵破殺田既於膠東灌嬰破殺齊將田吸於千乘師古曰吸音許及反遂平齊地漢滅項籍漢王立爲皇帝彭越爲梁王橫懼誅而與其徒屬五百餘人入海居隝中韋昭曰海中山曰隝師古曰音丁老反高帝聞之以橫兄弟本定齊齊人賢者多附焉今在海中不收後恐有亂迺使使赦橫罪而召之橫謝曰臣亨陛下之使酈食其今聞其弟商爲漢將而賢臣恐懼不敢奉詔請爲庶人守海隝中使還報高帝迺詔衞尉酈商曰齊王橫即至人馬從者敢動搖者致族夷師古曰族夷言平除其族迺復使使持節具告以詔意曰橫來大者王小者乃侯耳師古曰大者謂橫身小者其徒屬○劉奉世曰高帝雅名橫耳故許之大者王小亦不失爲侯詳語意可知豈爲其徒衆哉不來且發兵加誅橫迺與其客二人乘傳詣雒陽師古曰傳音張戀反至尸鄉廄置應劭曰尸鄉在偃師城西臣瓚曰案廄置謂置馬以傳驛者橫謝使者曰人臣見天子當洗沐止留謂其客曰橫始與漢王俱南面稱孤師古曰王者自稱曰孤蓋爲謙也老子德經曰貴以賤爲本高以下爲基是以侯王自謂孤寡不穀今漢王爲天子而橫迺爲亡虜北面事之其媿固已甚矣又吾亨人之兄與其弟併肩而事主師古曰併音步鼎反縱彼畏天子之詔不敢動搖我獨不媿於心乎且陛下所以欲見我不過欲壹見我面貌耳陛下在雒陽今斬吾頭馳三十里閒形容尚未能敗猶可知也遂自剄令客奉其頭從使者馳奏之高帝高帝曰嗟乎有以起布衣兄弟三人更王師古曰更音工衡反豈非賢哉爲之流涕而拜其二客爲都尉發卒二千以王者禮葬橫既葬二客穿其冢旁皆自剄從之高帝聞而大驚以橫之客皆賢者吾聞其餘尚五百人在海中使使召至聞橫死亦皆自殺於是乃知田橫兄弟能得士也

韓王信故韓襄王孽孫也張晏曰猶子爲孽師古曰張說非也長八尺五寸項梁立楚懷王燕齊趙魏皆已前王唯韓無有後故立韓公子橫陽君成爲韓王欲以撫定韓地項梁死定陶成犇懷王師古曰犇古奔字沛公引兵擊陽城使張良以韓司徒徇韓地得信以爲韓將將其兵從入武關沛公爲漢王信從入漢中乃說漢王曰項王王諸將王獨居此遷也士卒皆山東人竦而望歸及其蠭東鄉可以爭天下鄭氏曰及軍中將士氣鋒也師古曰高紀及韓彭英盧傳皆稱斯說是楚王韓信之辭而此傳復云韓王信之語豈史家謬錯乎將二人所勸大指實同也竦謂引領舉足也蠭與鋒同鄉讀曰嚮漢王還定三秦乃許王信先拜爲韓太尉將兵略韓地項籍之封諸王皆就國韓王成以不從無功不遣之國更封爲穰侯文穎曰穰南陽縣也臣瓚曰穰縣屬江夏師古曰文說是也後又殺之聞漢遣信略韓地乃令故籍游吳時令鄭昌爲韓王距漢孟康曰項籍在吳時昌爲吳縣令漢二年信略定韓地十餘城漢王至河南信急擊韓王昌昌降漢漢乃立信爲韓王常將韓兵從漢王使信與周苛等守滎陽楚拔之信降楚已得亡歸漢師古曰降楚後復得歸漢漢復以爲韓王竟從擊破項籍五年春與信剖符王潁川師古曰剖分也爲合符而分之六年春上以爲信壯武北近鞏雒師古曰鞏即今鞏縣南迫宛葉師古曰南陽之二縣也宛音於元反葉音式涉反東有淮陽皆天下勁兵處也乃更以太原郡爲韓國徙信以備胡都晉陽信上書曰國被邊李奇曰被音被馬之被師古曰被帶也匈奴數入晉陽去塞遠請治馬邑上許之秋匈奴冒頓大入圍信信數使使胡求和解漢發兵救之疑信數閒使有二心師古曰閒私也上賜信書責讓之曰專死不勇專生不任李奇曰言爲將軍當必死之意不得爲勇也必生之心不任軍事傳曰期死非勇也必生非任也寇攻馬邑君王力不足以堅守乎安危存亡之地此二者朕所以責於君王師古曰言雖處危亡之地執忠履信可以安存責其有二心信得書恐誅因與匈奴約共攻漢以馬邑降胡擊太原七年冬上自往擊破信軍銅鞮師古曰上黨之縣也鞮音丁奚反斬其將王喜信亡走匈奴與其將白土人曼丘臣王黃張晏曰白土縣名也屬上郡立趙苗裔趙利爲王師古曰六國時趙後復收信散兵○宋祁云景祐本無散字而與信及冒頓謀攻漢下○劉攽曰下云而與信及冒頓則上不當有與字匈奴使左右賢王將萬餘騎與王黃等屯廣武以南至晉陽師古曰廣武太原之縣也與漢兵戰漢兵大破之追至于離石復破之師古曰離石西河之縣匈奴復聚兵樓煩西北漢令車騎擊匈奴常敗走漢乘勝追北聞冒頓居代谷上居晉陽使人視冒頓還報曰可擊上遂至平城上白登服虔曰臺名去平城七里如淳曰平城旁之高地若丘陵也師古曰在平城東山上去平城十餘里今其處猶存服說非也匈奴騎圍上上乃使人厚遺閼氏師古曰閼氏匈奴單于之妻也閼音於連反氏音支閼氏說冒頓曰今得漢地猶不

能居且兩主不相厄居七日胡騎稍引去○宋祁云景本兩有字天霧漢使人往來胡不覺護軍中尉陳平言上曰胡者全兵李奇曰言雖弓矛無雜仗○章衡曰李注非是使胡有雜仗則傳矢外鄉之說不得行歟且奇何以知匈奴無雜仗匈奴特無弩耳全兵者言匈奴自嚴其地也請令彊弩傳兩矢外鄉師古曰傳讀曰附每一弩而加兩矢外鄉者以禦敵也鄉讀曰嚮徐行出圍入平城漢救兵亦至胡騎遂解去漢亦罷兵歸信爲匈奴將兵往來擊邊令王黃等說誤陳豨十一年春信復與胡騎入居參合師古曰代郡之縣漢使柴將軍擊之鄧展曰柴奇也應劭曰柴武也晉灼曰奇武之子師古曰應說是也遺信書曰陛下寬仁諸侯雖有叛亡而後歸輒復故位號不誅也師古曰復音扶目反大王所知今王以敗亡走胡非有大罪急自歸信報曰陛下擢僕閭巷南面稱孤此僕之幸也滎陽之事僕不能死囚於項籍此一罪也寇攻馬邑僕不能堅守以城降之此二罪也今爲反寇將兵與將軍爭一旦之命此三罪也夫種蠡無一罪身死亡文穎曰大夫種范蠡也師古曰二人皆越王句踐之臣也大夫種位爲大夫名種也有功於越而句踐逼令自死范蠡即陶朱公也浮海而逃之齊又居陶自號朱公竟以壽終信引之以自喻者蓋言種不去則見殺蠡逃亡則獲免蠡音禮僕有三罪而欲求活此伍子胥所以僨於吳世也蘇林曰僨音奮孟康曰僨猶斃也言子胥得罪於夫差而不知去所以斃於世也師古曰僨謂僵仆而倒也音方問反今僕亡匿山谷閒旦暮乞貣蠻夷師古曰貣音吐得反僕之思歸如痿人不忘起盲者不忘視師古曰痿風痹病也音人隹反執不可耳遂戰柴將軍屠參合斬信信之入匈奴與太子俱及至穨當城生子因名曰穨當韓太子亦生子嬰至孝文時穨當及嬰率其衆降漢封穨當爲弓高侯晉灼曰功臣表屬營陵嬰爲襄城侯晉灼曰功臣表屬魏郡吳楚反時弓高侯功冠諸將傳子至孫孫無子國絕嬰孫以不敬失侯穨當孽孫嫣鄭氏曰音馬陵之焉師古曰鄭音是也音偃貴幸名顯當世嫣弟說師古曰說讀曰悅以校尉擊匈奴封龍頟侯師古曰字或作雒後坐酎金失侯○孔武仲雜說漢多以酎金失侯其故何也考史記平準書武帝方事夷狄而卜式上書願父子往死之帝侯卜式賜金六十斤田十頃以風天下天下莫應而列侯百數皆莫求從軍擊羌者故於宗廟酎時使少府省諸侯所獻金斤兩少者色惡者王削縣侯失國焉蓋緣諸侯之不從軍武帝忿焉乃設此法故失侯者百餘人而尊式爲御史大夫復以待詔爲橫海將軍擊破東越封按道侯師古曰史記年表并衞青傳藏韓說初封龍頟侯後爲按道侯皆與此傳同而漢書功臣侯表乃云龍頟侯名說按道侯名說列爲二人與此不同疑表誤太初中爲游擊將軍屯五原外列城還爲光祿勳掘蠱太子宮爲太子所殺師古曰掘音其勿反子興嗣坐巫蠱誅上曰游擊將軍死事無論坐者服虔曰時無故見殺而無爲之論坐者也臣瓚曰按說無故見殺而子復爲巫蠱見誅皆爲怨枉故上曰毋有應論坐者也師古曰二說皆非言韓說以掘蠱爲太子所殺死於國事忠誠可閔今興雖以巫蠱見誅其昆弟宗族應從坐者可勿論之所以追寵說也乃復封興弟增爲龍頟侯增少爲郎諸曹侍中光祿大夫昭帝時至前將軍與大將軍霍光定策立宣帝益封千戶本

始二年五將征匈奴增將三萬騎出雲中斬首百餘級至期而還神爵元年代張安世爲大司馬車騎將軍領尚書事增世貴幼爲忠臣事三主重於朝廷爲人寬和自守以温顏遜辭承上接下無所失意保身固寵不能有所建明五鳳二年薨謚曰安侯子寶嗣亡子國除成帝時繼功臣後封增兄子岑爲龍頟侯薨子持弓嗣王莽敗乃絶

贊曰周室既壞至春秋末諸侯耗盡師古曰耗減也言漸少而盡也耗音呼到反而炎黃唐虞之苗裔尚猶頗有存者師古曰謂神農黃帝堯舜之後秦滅六國而上古遺烈埽地盡矣師古曰烈業也楚漢之際豪桀相王唯魏豹韓信田儋兄弟爲舊國之後然皆及身而絶橫之志節賓客慕義猶不能自立豈非天虖韓氏自弓高後貴顯蓋周烈近與晉灼曰韓先與周同姓其後苗裔事晉封於韓原姓韓氏韓厥其後也故曰周烈臣瓚曰案武王之子方於三代世爲最近也師古曰左氏傳云邘晉應韓武之穆也據如此贊所云則韓萬先祖武王之裔而杜預等以爲出自曲沃成師未詳其說與讀曰歟

前漢書卷三十三考證

魏豹傳圍臨濟○臣召南按後志陳留郡平邱縣有臨濟亭即此臨濟爲魏咎所都也張守節解史記指齊州臨濟縣非是

田儋傳因進兵破殺田既于膠東○臣浩按史記作因令曹參云云則破殺田既乃曹參事與灌嬰破殺田吸同韓信未身至膠東也

入海居隝中○臣召南按北史楊愔避讒東入田橫島史記正義曰海州東海縣有島山去岸八十里

韓王信傳韓王信○臣召南按劉知幾謂韓王本名信都史剏去一字遂與淮陰無別此臆說也史無剏人名字之理兩人姓名偶同故稱韓王信以別之知幾因表有信都二字妄爲此解不知因司徒訛爲申徒因申徒又訛爲信都官名本一而音轉字別遂致不同非韓王本名信都也

故韓襄王孽孫也○臣召南按唐書宰相世系表韓襄王爲秦所滅少子蟣虱生信

北近鞏雒南迫宛葉東有淮陽○胡三省曰韓之分晉其地南至宛葉西包鞏洛接于新安宜陽東有潁川而淮陽之地則屬于楚及漢定天下韓王信剖符王潁川其地東兼有淮陽所謂北近南迫言其境相迫近耳不屬韓也

請治馬邑○胡三省曰時定襄未置郡故太原之地北被邊兼有雁門之馬邑

前漢書卷三十四

漢　蘭臺令史班固撰

唐正議大夫行秘書少監琅邪縣開國子顏師古注

韓彭英盧吳傳第四

韓信淮陰人也家貧無行不得推擇爲吏李奇曰無善行可推舉選擇也又不能治生爲商賈師古曰行賣曰商坐販曰賈常從人寄食其母死無以葬。宋祁曰或無其字迺行營高燥地令傍可置萬家者師古曰言其有大志也行音下更反燥音先老反信從下鄉南昌亭長食張晏曰下鄉淮陰屬亭長妻苦之師古曰苦厭也迺晨炊蓐食張晏曰未起而牀蓐中食食時信往不爲具食信亦知其意自絶去至城下釣有一漂母哀之飯信韋昭曰以水擊絮曰漂師古曰哀憐而飯之漂音匹妙反飯音扶晚反竟漂數十日信謂漂母曰吾必重報母母怒曰大丈夫不能自食吾哀王孫而進食蘇林曰王孫如言公子也豈望報乎淮陰少年又侮信曰雖長大好帶刀劍怯耳衆辱信曰能死刺我不能出跨下師古曰衆辱於衆中辱之也跨下兩股之間也於是信孰視俛出跨下師古曰俛亦俯字一市皆笑信以爲怯及項梁度淮信乃杖劍從之師古曰言直帶一劍更無餘資居戲下無所知名師古曰汎在旌戲之下也戲讀曰麾又音許宜反梁敗又屬項羽爲郎中信數以策干項羽。宋祁曰或無此項字羽弗用漢王之入蜀信亡楚歸漢未得知名爲連敖李奇曰楚官名坐法當斬其疇十三人皆已斬師古曰疇類也至信信乃仰視適見滕公師古曰夏侯嬰曰上不欲就天下乎。宋祁曰或無此上字而斬壯士滕公奇其言壯其貌釋弗斬師古曰釋放也置也與語大說之言於漢王漢王以爲治粟都尉上未奇之也數與蕭何語何奇之至南鄭諸將道亡者數十人信度何等已數言師古曰度計量也音大各反上不我用即亡何聞信亡不及以聞自追之人有言上曰丞相何亡上怒如失左右手居一二日何來謁上且怒且喜罵何曰若亡何也師古曰若汝也何曰臣非敢亡追亡者耳上曰所追者誰也曰韓信上復罵曰諸將亡者以數十公無所追追信詐也何曰諸將易得至如信國士無雙師古曰爲國家之奇士王必欲長王漢中無所事信張晏曰無事用信必欲爭天下非信無可與計事者顧王策安決師古曰顧思念也王曰吾亦欲東耳安能鬱鬱久居此乎。宋祁曰或無久字何曰王計必東能用信信即留不能用信信終亡耳王曰吾爲公以爲將何曰雖爲將信不留王曰以爲大將何曰幸甚於是王欲召信拜之何曰王素嫚無禮師古曰嫚與慢同今拜大將如召小兒此乃信所以去也王必欲拜之擇日齊戒設壇場具禮乃可王許之諸將皆喜人人各自以爲得大將至拜乃韓信也一軍皆驚信已拜上坐王曰丞相數言將軍將軍何以教寡人計策信謝因問王曰今東鄉爭權天下豈非項王邪師古曰鄉讀曰嚮上曰然信曰大王自料勇悍仁彊孰與項王師古曰料量也與如也漢王默然良久曰弗如也信再拜賀曰唯師古曰唯應辭音弋癸反。劉奉世曰唯字當屬下句讀如本字此類甚多信亦以爲大王弗如也然臣嘗事項王請言項王爲人也項王意烏猝嗟千人皆廢李奇曰猝嗟猶咄嗟也言一咄嗟千人皆失氣也晉灼曰意烏恚怒聲也猝嗟暴猝嗟形發動也廢不收也師古曰意烏晉說是也猝嗟嘆也猝音千忽反然不能任屬賢將師古曰屬委也音之欲反此特匹夫之勇也師古曰特但也項王見人恭謹言語姁姁師古曰姁姁和好貌也音許于反人有病疾涕泣分食飲至使人有功當封爵刻印刓忍不能予蘇林曰刓音刓角之刓與摶同手弄角訛不忍授也師古曰刓音五丸反摶音大官反又音專此所謂婦人之仁也項王雖霸天下而臣諸侯不居關中而都彭城又背義帝約而以親愛王諸侯不平諸侯之見項王逐義帝江南亦皆歸逐其主自王善地項王所過亡不殘滅多怨百姓師古曰結怨於百姓百姓不附特劫於威彊服耳師古曰彊音其兩反其下彊以威王亦同名雖爲霸實失天下心師古曰羽自號西楚霸王故云名爲霸也故曰其彊易弱師古曰易使弱也今大王誠能反其道任天下武勇何不誅師古曰言何所不誅也下皆類此以天下城邑封功臣何不服以義兵從思東歸之士何不散師古曰散謂四散而立功。劉攽曰何不散言義兵無敵諸侯之衆亡不離散而敗也且三秦王爲秦將師古曰章邯司馬欣董翳將秦子弟數歲而所殺亡不可勝計又欺其衆降諸侯至新安項王詐阬秦降卒二十餘萬人唯獨邯欣翳脫師古曰脫免也音土活反秦父兄怨此三人痛於骨髓今楚彊以威王此三人秦民莫愛也大王之入武關秋毫亡所害師古曰秋毫喻細微之物除秦苛法與民約法三章耳秦民亡不欲得大王王秦者於諸侯之約大王當王關中關中民戶知之師古曰言家家皆知王失職之蜀民亡不恨者師古曰之往也今王舉而東三秦可傳檄而定也師古曰檄謂檄書也傳檄可定言不足用兵也檄解在高紀於是漢王大喜自以爲得信晚遂聽信計部署諸將所擊師古曰部分而署置之漢王舉兵東出陳倉定三秦二年出關收魏河南韓殷王皆降令齊趙共擊楚彭城漢兵敗散而還信復發兵與漢王會滎陽復擊破楚京索間師古曰索音山客反以故楚兵不能西漢之敗卻彭城師古曰兵敗於彭城而卻退也卻音丘略反塞王欣翟王翳亡漢降楚齊趙魏亦皆反與楚和漢王使酈生往說魏王豹豹不聽乃以信爲左丞相擊魏信問酈生魏得毋用周叔爲大將乎。宋祁云一本作六將軍曰柏直也信曰豎子耳遂進兵擊魏魏盛兵蒲坂塞臨晉信迺益爲疑兵師古曰多張兵形令敵人疑也陳船欲渡臨晉而伏兵從夏陽以木罌缻渡軍襲安邑服虔曰以木柙縛罌缻以渡也韋昭曰以木爲器如罌缻也師古曰服說是也罌缻謂瓶之大腹小口者也音一政反臨晉在今同州朝邑縣界夏陽在韓城縣界。宋祁曰伏越本作復。劉攽曰復當作伏魏王豹驚引兵迎信信遂虜豹定河東使人請漢王願益兵三萬人臣請以北舉燕趙東擊齊南絶楚之糧道西與大王會於滎陽漢王與兵三萬人遣張耳與俱進擊趙代破代禽夏說閼與李奇曰夏說代相也孟康曰閼與是邑名也在上黨陽縣師古曰說讀曰悅閼音一曷反與音豫信之下魏代漢輒使人收其精兵詣滎陽以距楚信耳以兵數萬欲東下井陘擊趙趙王成安君陳餘聞漢且襲之聚兵井陘口號稱二十萬廣武君李左車說成安君曰聞漢將韓信涉西河虜魏王禽夏說新喋血閼與師古曰喋音牒喋血解在文紀今乃輔以張耳議欲以下趙師古曰言其立計議如此此乘勝而去國遠鬭其鋒不可當臣聞千里餽糧士有飢色師古曰言難也餽字與饋同樵蘇後爨師不宿飽師古曰樵取薪也蘇取草也小雅白華之詩云樵彼桑薪樵音在消反今井陘之道車不得方軌騎不得成列師古曰方軌謂併行也列行列也行數百里其勢糧食必在後願足下假臣奇兵三萬人從間路絶其輜重師古曰間路微路也重音直用反足下深溝高壘勿與戰彼前不得鬭退不得還吾奇兵絶其後野無所掠鹵不至十日兩將之頭可致戲下師古曰戲讀曰麾又音許宜反願君留意臣之計必不爲二子所禽矣成安君儒者常稱義兵不用詐謀奇計謂曰吾聞兵法什則圍之倍則戰師古曰言多十倍者可以圍敵多一倍者戰則可勝今韓信兵號數萬其實不能千里襲我亦以罷矣師古曰罷讀曰疲今如此避弗擊後有大者何以距之諸侯謂吾怯而輕來伐我不聽廣武君策信使間人窺知其不用師古曰間人微伺之也還報則大喜乃敢引兵遂下未至井陘口三十里止舍師古曰舍息也夜半傳發選輕騎二千人孟康曰傳令軍中使發也人持一赤幟師古曰幟旌旗之屬也音式志反從間道萆山而望趙軍如淳曰萆音蔽依山自覆蔽也師古曰萆隱於山間使敵不見戒曰趙見我走必空壁逐我若疾入拔趙幟立漢幟師古曰若汝也令其裨將傳餐服虔曰立駐傳餐食也如淳曰小飯曰餐破趙後乃當共飽食也師古曰餐古飧字音千安反曰今日破趙會食諸將皆嘸然陽應曰諾孟康曰嘸音撫不精明也劉德曰嘸音撫師古曰劉音是也音文府反信謂軍吏曰趙已先據便地壁且彼未見大將旗鼓未肯擊前行師古曰行音胡郎反恐吾阻險而還。劉奉世曰前行當屬下句言我若前行又恐阻險而還耳所以先使萬人陳也行如字乃使萬人先行出背水陳趙兵望見大笑平旦信建大將旗鼓鼓行出井陘口師古曰鼓而行趙開壁擊之大戰良久於是信張耳弃鼓旗走水上軍師古曰走趣也音奏復疾戰。劉奉世曰復疾戰三字衍文趙空壁爭漢鼓旗逐信耳信耳已入水上軍軍皆殊死戰不可敗師古曰殊絶也謂決意必死。宋祁曰逐信張耳信張耳已入水上軍疑有二張字信所出奇兵二千騎者候趙空壁逐利即馳入趙壁皆拔趙旗幟立漢赤幟二千趙軍已不能得信耳等欲還歸壁壁皆漢赤幟大驚以漢爲皆已破趙王將矣遂亂遁走趙將雖斬之弗能禁於是漢兵夾擊破虜趙軍斬成安君泜水上師古曰泜音祗又音丁計反禽趙王歇信乃令軍毋斬廣武君有生得之者購千金頃之有縛而至戲下者信解其縛東鄉坐西鄉對而師事之師古曰鄉讀曰嚮諸校効首虜休皆賀師古曰諸校諸部也猶今言諸營也効致也謂各致其所獲因問信曰兵法有右背山陵前左水澤今者將軍令臣等反背水陳曰破趙會食臣等不服然竟以勝此何術也信曰此在兵法顧諸君弗察耳師古曰顧念也兵法不曰陷之死地而後生投之亡地而後存乎且信非得素拊循士大夫經所謂敺市人而戰之也師古曰經亦謂兵法也敺與驅同也忽入市鄽而敺取其人令戰言非素所練習○宋祁曰浙本注文同也無也字其埶非置死地人人自為戰今即予生地皆走寧尚得而用之乎諸將皆服曰非所及也於是問廣武君曰僕欲北攻燕東伐齊何若有功師古曰何若猶言何如也廣武君辭曰臣聞亡國之大夫不可以圖存師古曰圖謀也敗軍之將不可以語勇若臣者何足以權大事乎信曰僕聞之百里奚居虞而虞亡之秦而秦伯師古曰百里奚本虞臣也後事於秦遂為大夫穆公用其言以取霸伯讀曰霸非愚於虞而智於秦也用與不用聽與不聽耳向使成安君聽子計僕亦禽矣僕委心歸計願子勿辭廣武君曰臣聞智者千慮必有一失愚者千慮亦有一得故曰狂夫之言聖人擇焉顧恐臣計未足用師古曰顧念也願效愚忠故成安君有百戰百勝之計一日而失之軍敗鄗下李奇曰鄗音羹臛之臛常山縣也光武即位於此故改曰高邑身死泜水上今足下虜魏王禽夏說不旬朝破趙二十萬衆誅成安君名聞海內威震諸侯衆庶莫不輟作怠情靡衣媮食傾耳以待命者師古曰輟止也靡輕麗也媮與偷字同偷苟且也言為靡麗之衣苟且而食恐懼之甚不為久計也然而衆勞卒罷師古曰罷讀曰疲其實難用也今足下舉勌敝之兵頓之燕堅城之下情見力屈師古曰見顯露也屈盡也見音胡電反屈音其勿反欲戰不拔曠日持久糧食單竭師古曰單亦盡若燕不破若○宋祁曰一作弱齊必距境而以自彊二國相持則劉項之權未有所分也臣愚竊以為亦過矣信曰然則何由師古曰由從也言當從何計也廣武君對曰當今之計不如按甲休兵百里之內牛酒日至以饗士大夫北首燕路師古曰首謂趣向也音式究反然後發一乘之使奉咫尺之書以使燕師古曰八寸曰咫咫尺者言其簡牘或長咫或長尺喻輕率也今俗言尺書或言尺牘蓋其遺語耳燕必不敢不聽從燕而東臨齊雖有智者亦不知為齊計矣如是則天下事可圖也兵故有先聲而後實者此之謂也信曰善敬奉教於是用廣武君策發使燕燕從風而靡乃遣使報漢因請立張耳王趙以撫其國漢王許之楚數使奇兵度河擊趙王耳信往來救趙因行定趙城邑發卒佐

漢楚方急圍漢王滎陽漢王出南之宛葉師古曰之往也宛葉二縣名宛音於元反葉音式涉反得九江王布入成皋楚復急圍之四年漢王出成皋度河獨與滕公從張耳軍脩武至宿傳舍晨自稱漢使馳入壁張耳韓信未起即其卧奪其印符師古曰就其卧處麾召諸將易置之信耳起乃知獨漢王來大驚漢王奪兩人軍○宋祁曰學官景德本作兩人軍印浙本無印字即令張耳備守趙地拜信為相國發趙兵未發者擊齊文穎曰謂趙人未嘗見發者信引兵東未度平原聞漢王使酈食其已說下齊信欲止蒯通說信令擊齊語在通傳信然其計遂度河襲歷下軍至臨菑齊王走高密使使於楚請救信已定臨菑東追至高密西楚使龍且將號稱二十萬救齊師古曰且音子余反齊王龍且幷軍與信戰未合師古曰欲戰而未交兵也或說龍且曰漢兵遠鬭窮寇戰鋒不可當也○宋祁曰一本戰字上有久字齊楚自居其地戰兵易敗散師古曰近其室家懷顧望也不如深壁令齊王使其信臣招所亡城師古曰信臣常所親信之臣城聞王在楚來救必反漢漢二千里客居齊齊城皆反之其埶無所得食可毋戰而降也龍且曰吾平生知韓信為人易與耳寄食於漂母無資身之策受辱於跨下無兼人之勇不足畏也且救齊而降之吾何功今戰而勝之齊半可得師古曰自謂當得封齊之半地何為而止遂戰與信夾濰水陳師古曰濰音維濰水出瑯邪北經縣東北經臺昌入海即禹貢所云濰淄其道者也○宋祁曰注文經縣當作箕縣信乃夜令人為萬餘囊盛沙以壅水上流引兵半渡擊龍且○宋祁曰舊本半字下有夜字去留兩意俱通舊本龍且無龍字校本添陽不勝還走龍且果喜曰固知信怯遂追渡水信使人決壅囊水大至龍且軍太半不得渡即急擊殺龍且龍且水東軍散走齊王廣亡去信追北至城陽虜廣楚卒皆降遂平齊使人言漢王曰齊夸詐多變反覆之國南邊楚師古曰邊近也不為假王以塡之其埶不定師古曰塡音竹刃反今權輕不足以安之臣請自立為假王當是時楚方急圍漢王於滎陽使者至發書張晏曰發信使者所齎書也漢王大怒罵曰吾困於此旦暮望而來佐我師古曰而汝也乃欲自立為王張良陳平伏後躡漢王足因附耳語曰漢方不利寧能禁信之自王乎不如因立善遇之使自為守不然變生漢王亦寤因復罵曰大丈夫定諸侯即為眞王耳何以假為遣張良立信為齊王徵其兵使擊楚楚以亡龍且○宋祁曰以疑作已項王恐使盱台人武涉往說信曰足下何不反漢與楚楚王與足下有舊故且漢王不可必師古曰必謂必信之身居項王掌握中數矣師古曰數音山角反然得脫背約復擊項王其不可親信如此今足下雖自以為與漢王為金石交師古曰稱金石者取其堅固然終為漢王所禽矣足下所以得須臾至今者

以項王在項王即亡次取足下何不與楚連和三分天下而王齊今釋此時自必於漢王以擊楚且為智者固若此邪信謝曰臣得事項王數年官不過郎中位不過執戟張晏曰郎中宿衛執戟言不聽畫策不用故背楚歸漢漢王授我上將軍印數萬之衆○宋祁曰浙本數萬字上有御字解衣衣我推食食我師古曰下衣音於記反下食讀曰飤也言聽計用吾得至於此夫人深親信我背之不祥幸為信謝項王武涉已去蒯通知天下權在於信深說以三分天下之計○宋祁曰景祐本越本無之計字作鼎足而王語在通傳信不忍背漢又自以功大漢王不奪我齊遂不聽漢王之敗固陵用張良計徵信將兵會垓下項羽死高祖襲奪信軍徙信為楚王都下邳信至國召所從食漂母賜千金及下鄉亭長錢百師古曰以恥辱之曰公小人為德不竟師古曰言晨炊蓐食召辱已少年令出跨下者以為中尉告諸將相曰此壯士也方辱我時寧不能死死之無名故忍而就此師古曰就成也成今日之功項王亡將鍾離眛師古曰眛音莫曷反家在伊盧劉德曰東海朐南有此邑韋昭曰今中盧縣也師古曰韋說非也中盧在襄陽之南素與信善項王敗眛亡歸信漢怨眛聞在楚詔楚捕之信初之國行縣邑陳兵出入師古曰行音下更反有變告信欲反師古曰凡言變告者謂告非常之事書聞師古曰聞於天子上患之用陳平謀僞游於雲夢者實欲襲信信弗知高祖且至楚信欲發兵自度無罪師古曰度音大各反欲謁上恐見禽人或說信曰斬眛謁上上必喜亡患信見眛計事眛曰漢所以不擊取楚以眛在公若欲捕我自媚漢吾今死公隨手亡矣乃罵信曰公非長者卒自剄信持其首謁於陳高祖令武士縛信載後車信曰果若人言狡兔死良狗亨張晏曰此黃石公三畧之言師古曰狡猾也上曰人告公反遂械信至雒陽赦以為淮陰侯信知漢王畏惡其能○宋祁曰浙本無王字按六年游雲夢時高祖已即帝位不容更稱王也稱疾不朝從師古曰朝朝見也從從行也由此日怨望居常鞅鞅師古曰鞅鞅志不滿也音於兩反○宋祁曰當作於向反羞與絳灌等列嘗過樊將軍噲噲趨拜送迎言稱臣曰大王乃肯臨臣信出門笑曰生乃與噲等為伍師古曰言俱為列侯上嘗從容與信言諸將能各有差師古曰從音千容反上問曰如我能將幾何信曰陛下不過能將十萬上曰如公何如曰如臣多多益辦耳上笑曰多多益辦何為為我禽信曰陛下不能將兵而善將將此乃信之為陛下禽也且陛下所謂天授非人力也後陳豨為代相監邊辭信信挈其手師古曰挈謂執提之與步於庭數匝仰天而歎曰子可與言乎吾欲與子有言豨因曰唯將軍命信曰公之所居天下精兵處也而公陛下之信幸臣也人言公反陛下必不信再至陛下乃疑三至必怒而自將吾為公從中起

天下可圖也陳豨素知其能信之曰謹奉教漢十年豨果反高帝自將而往信病不從○宋祁曰浙本病字上有稱字陰使人之豨所而與家臣謀夜詐赦諸官徒奴欲發兵襲呂后太子部署已定待豨報其舍人得罪信信囚欲殺之晉灼曰楚漢春秋云謝公也○劉奉世曰按功臣表告信反者舍人欒說也○宋祁曰功臣侯表云愼陽欒說為淮陰侯舍人告淮陰侯信反侯二千戶舍人弟上書變告信欲反狀於呂后呂后欲召恐其黨不就師古曰黨音他朗反乃與蕭相國謀詐令人從帝所來稱豨已破羣臣皆賀相國給信曰雖病強入賀師古曰給詐也信入呂后使武士縛信斬之長樂鍾室師古曰鍾室謂懸鍾之室信方斬曰吾不用蒯通計反為女子所詐豈非天哉遂夷信三族高祖已破豨歸至聞信死且喜且哀○宋祁曰景祐本哀下有之字問曰信死亦何言呂后道其語高祖曰此齊辯士蒯通也召欲亨之通至自說釋弗誅師古曰自說謂自解說也釋放也置也○劉攽曰釋解也猶云解說也語在通傳○宋祁云浙本無此四字

彭越字仲昌邑人也常漁鉅野澤中為盜師古曰漁謂捕魚也鉅野今鄆州鉅野縣陳勝起或謂越曰豪桀相立畔秦仲可效之越曰兩龍方鬭且待之師古曰兩龍謂秦與陳勝居歲餘澤間少年相聚百餘人往從越請仲為長越謝不願也少年強請乃許與期旦日日出時後會者斬旦日日出十餘人後後者至日中於是越謝曰臣老諸君強以為長今期而多後不可盡誅誅最後者一人令校長斬之師古曰一校之長也校音下教反皆笑曰何至是請後不敢於是越乃引一人斬之設壇祭令徒屬徒屬皆驚畏越不敢仰視乃行畧地收諸侯散卒得千餘人沛公之從碭北擊昌邑越助之昌邑未下沛公引兵西越亦將其衆居鉅野澤中收魏敗散卒項籍入關王諸侯還歸越衆萬餘人無所屬齊王田榮叛項王漢乃使人賜越將軍印使下濟陰以擊楚○劉氏曰田榮使越擊楚此不合有漢字楚令蕭公角將兵擊越越大破楚軍漢二年春與魏豹及諸侯東擊楚越將其兵三萬餘人歸漢外黃師古曰於外黃來歸漢漢王曰彭將軍收魏地得十餘城欲急立魏後今西魏王豹魏咎從弟眞魏也鄭氏曰豹眞魏後也迺拜越為魏相國擅將兵畧定梁地師古曰擅專也使專為此事漢王之敗彭城解而西也越皆亡其所下城獨將其兵北居河上漢三年越常往來為漢游兵擊楚絕其糧於梁地項王與漢王相距滎陽越攻下睢陽外黃十七城項王聞之乃使曹咎守成皋自東收越所下城邑皆復為楚越將其兵北走穀城項王南走陽夏師古曰走音奏夏音攻雅反越復下昌邑旁二十餘城得粟十餘萬斛以給漢食漢王敗使使召越幷力擊楚○劉攽曰漢王敗此時未敗其敗字疑是數字越曰魏地初定尚畏楚未可去漢王追楚為項籍所

敗固陵乃謂留侯曰諸侯兵不從爲之奈何留侯曰彭越本定梁地功多始君王以魏豹故拜越爲相國今豹死亡後且越亦欲王而君王不蚤定師古曰蚤古早字今取睢陽以北至穀城皆許以王彭越又言所以許韓信語在高紀於是漢王發使使越如留侯策使者至越乃引兵會垓下項籍死立越爲梁王都定陶六年朝陳九年十年皆來朝長安陳豨反代地高帝自往擊之至邯鄲徵兵梁梁王稱病使使將兵詣邯鄲高帝怒使人讓梁王師古曰讓責也梁王恐欲自往謝其將扈輒曰王始不往見讓而往往卽爲禽不如遂發兵反梁王不聽稱病梁太僕有罪亡走漢告梁王與扈輒謀反於是上使使掩捕梁王囚之雒陽有司治反形已具張晏曰扈輒勸越反越不聽而云反形已具有司非也臣瓚曰扈輒勸越反而越不誅輒是反形已具也師古曰瓚說是也請論如法上赦以爲庶人徙蜀青衣文穎曰青衣縣名西至鄭師古曰卽今華州鄭縣是也逢呂后從長安東欲之雒陽道見越越爲呂后泣涕自言亡罪願處故昌邑呂后許諾與俱東○宋祁曰一本作涕泣一無詔字至雒陽呂后言上曰彭越壯士也今徙之蜀此自遺患不如遂誅之妾謹與俱來於是呂后令其舍人告越復謀反廷尉奏請遂夷越宗族○宋祁曰宗字當作三字

黥布六人也師古曰六縣名也解在高紀姓英氏少時客相之當刑而王及壯坐法黥布欣然笑曰人相我當刑而王幾是乎臣瓚曰幾近也師古曰幾音鉅依反人有聞者共戲笑之布以論輸驪山師古曰有罪論決而輸作於驪山驪山之徒數十萬人布皆與其徒長豪桀交通乃率其曹耦亡之江中爲羣盜師古曰曹輩也陳勝之起也布乃見番君師古曰番音蒲何反其衆數千人番君以女妻之章邯之滅陳勝破呂臣軍布引兵北擊秦左右校破之青波師古曰地名也引兵而東聞項梁定會稽西渡淮布以兵屬梁梁西擊景駒秦嘉等布常冠軍師古曰言其驍勇爲衆軍之最項梁聞陳涉死立楚懷王以布爲當陽君項梁敗死懷王與布及諸侯將皆軍彭城○宋祁曰軍字疑作聚當是時秦急圍趙數使人請救懷王使宋義爲上將○宋祁曰越本將字下有軍字項籍與布皆屬之北救趙及籍殺宋義河上自立爲上將軍使布先涉河師古曰涉謂無舟楫而渡也擊秦軍數有利籍乃悉引兵從之遂破秦軍降章邯等楚兵常勝功冠諸侯諸侯兵皆服屬楚者以布數以少敗衆也項籍之引兵西至新安又使布等夜擊阬章邯秦卒二十餘萬人至關不得入又使布等先從間道破關下軍師古曰間道微道也遂得入至咸陽布爲前鋒項王封諸將立布爲九江王都六尊懷王爲義帝徙都長沙迺陰令布擊之布使將追殺之郴齊王田榮叛楚項王往擊齊徵兵九江布稱病不往遣將將數千人行漢之敗楚彭城布又稱病不佐楚項王由此怨布數使使者譙讓名布師古曰譙讓責之也譙音在笑反布愈恐不敢往項王方北憂齊趙西患漢所與者獨布又多其材師古曰多猶重也欲親用之以故未擊漢王與楚大戰彭城不利出梁地至虞師古曰卽今宋州虞城縣是也○劉攽曰上文云漢之敗楚彭城此文又云漢與楚大戰彭城不利出梁按隨何說前後殊參差云漢王大戰彭城不利出梁地至虞是則項王已去齊矣安得復言留項王於齊及隨何自明己功亦云陛下攻彭城楚王未去齊也然則漢王使隨何在未至彭城之前明矣實說項王伐齊名兵黥布漢王度羽得布共伐齊西方有變必留布而羽自至故欲使人說布叛楚布叛楚則項王必自終齊事故必數月留而漢可取天下矣及隨何說布歸漢漢果得以入彭城也然則說辭差錯或楚漢初記事者各不同班氏合之不能無誤耳又檢高紀二年敗彭城三年布方歸漢此時漢與楚相持滎陽矣此傳文云項王留而攻下邑非事理也及隨何說詞亦自不倫疑漢之辯士寓言如此非本語也謂左右曰如彼等者無足與計天下事者謁者隨何進曰不審陛下所謂漢王曰孰能爲我使淮南師古曰孰誰也使之發兵背楚留項王於齊數月我之取天下可以萬全隨何曰臣請使之乃與二十人俱使淮南至太宰主之服虔曰淮南太宰作內主三日不得見隨何因說太宰曰王之不見何必以楚爲彊以漢爲弱此臣之所爲使師古曰此事正是臣所爲來欲言之使何得見言之而是邪是大王所欲聞也言之而非邪使何等二十人伏斧質淮南市師古曰質鍖也言伏於鍖上而斧斬之鍖音竹林反以明背漢而與楚也太宰迺言之王王見之隨何曰漢王使使臣敬進書大王御者竊怪大王與楚何親也淮南王曰寡人北鄉而臣事之師古曰鄉讀曰嚮以下亦同隨何曰大王與項王俱列爲諸侯北鄉而臣事之必以楚爲彊可以託國也項王伐齊身負版築以爲士卒先李奇曰版牆版也築杵也大王宜悉淮南之衆師古曰悉盡也身自將爲楚軍前鋒今乃發四千人以助楚夫北面而臣事人者固若是乎夫漢王戰於彭城項王未出齊也大王宜埽淮南之衆日夜會戰彭城下師古曰埽者謂盡舉之如埽地之爲○宋祁曰彭城字下當更有城字令撫萬人之衆無一人度淮者陰拱而觀其孰勝師古曰斂手曰拱孰誰也言不動搖坐觀成敗也○宋祁曰觀其字下當有勢字夫託國於人者固若是乎大王提空名以鄉楚師古曰提舉也鄉讀曰嚮而欲厚自託臣竊爲大王不取也然大王不背楚者以漢爲弱也夫楚兵雖彊天下負之以不義之名師古曰負加也加於身上若言被也以其背明約而殺義帝也然而楚王恃以戰勝自彊漢王收諸侯還守成皋滎陽下蜀漢之粟深溝壁壘分卒守徼乘塞楚人還兵間以梁地服虔曰梁在楚漢之中央師古曰間音居莧反深入敵國八九百里張晏曰羽從齊還當經梁地八九百里乃得羽地也○劉奉世曰方是時彭越反梁地故何言羽深入敵國乃至滎陽成皋爾從齊還彭城自不經梁地也欲戰則不得攻城則力不能老弱轉糧千里之外楚兵至滎陽成皋漢堅守而不動進則不得攻退則不能解故楚兵不足罷也師古曰不足者言易也罷讀曰疲使楚兵勝漢則諸侯自危懼而相救夫楚之彊適足以致天下之兵耳故楚不如漢其勢易見也今大王不與萬全之漢而自託於危亡之楚臣竊爲大王或之臣非以淮南之兵足以亡楚也夫大王發兵而背楚項王必留留數月漢之取天下可以萬全臣請與大王杖劒而歸漢王漢王必裂地而分大王又況淮南必大王有也○宋祁曰南本浙本淮南字下更有淮南二字故漢王敬使使臣進愚計願大王之留意也淮南王曰請奉命陰許叛楚與漢未敢泄楚使者在文穎曰在淮南王所也方急責布發兵隨何直入曰九江王已歸漢楚何以得發兵布愕然楚使者起何因說布曰事已搆師古曰搆結也言背楚之事以結成也獨可遂殺楚使毋使歸而疾走漢幷力師古曰走音奏以下亦同布曰如使者教因起兵而攻楚楚使項聲龍且攻淮南項王留而攻下邑師古曰縣名也在梁地數月○劉奉世曰數月字宜屬上句此文雖符上文留項王於齊數月然事理全在下邑又非齊地龍且攻淮南破布軍布欲引兵走漢恐項王擊之故間行與隨何俱歸漢至漢王方踞牀洗師古曰洗濯足也音先典反而召布入見布大怒悔來欲自殺出就舍張御食飲從官如漢王居布又大喜過望師古曰高祖以布先久爲王恐其意自尊大故峻其禮令布折服已而美其帷帳厚其飲食多其從官以悅其心此權道也張音竹亮反若今言張設於是乃使人之九江楚已使項伯收九江兵盡殺布妻子布使者頗得故人幸臣將衆數千人歸漢漢益分布兵而與俱北收兵至成皋四年秋七月立布爲淮南王與擊項籍布使人之九江得數縣五年布與劉賈入九江誘大司馬周殷殷反楚遂舉九江兵與漢擊楚破垓下項籍死上置酒對衆折隨何曰腐儒師古曰腐者爛敗言無所堪任爲天下安用腐儒哉師古曰高祖意欲褒賞隨何恐羣臣不服故對衆折辱令其自數功勞也隨何跪曰夫陛下引兵攻彭城楚王未去齊也陛下發步卒五萬人騎五千能以取淮南乎曰不能隨何曰陛下使何與二十人使淮南如陛下之意是何之功賢於步卒數萬騎五千也然陛下謂何腐儒爲天下安用腐儒何也上曰吾方圖子之功師古曰圖謀也乃以隨何爲護軍中尉布遂剖符爲淮南王都六九江盧江衡山豫章郡皆屬焉六年朝陳七年朝雒陽九年朝長安十一年高后誅淮陰侯布因心恐夏漢誅梁王彭越盛其醢以徧賜諸侯師古曰反者被誅皆以爲醢卽刑法志所云菹其骨肉是也至淮南淮南王方獵見醢因大恐陰令人部聚兵候伺旁郡警急師古曰恐被收捕卽欲發兵反布有所幸姬病就醫醫家與中大夫賁赫對門師古曰賁音肥姓賁名赫赫乃厚餽遺從姬飲醫家姬侍王從容語次譽赫長者也師古曰從音千容反王怒曰女安從知之師古曰安從何由者也具道王疑與亂赫恐稱病王愈怒欲捕赫赫上變事乘傳詣長安師古曰傳音張戀反布使人追不及赫至上變言布謀反有端可先未發誅也師古曰及其未發兵先誅伐之上以其書語蕭相國蕭相國曰布不宜有此師古曰不應有反謀恐仇怨妄誣之師古曰怨音於元反請繫赫使人微驗淮南王師古曰微驗不顯言其事○宋祁曰微或作徵舊本及李本並作徵今改作徵景德本無王字布見赫以罪亡上變已疑其言國陰事漢使又來頗有所驗遂族赫家發兵反反書聞上乃赦赫以爲將軍○宋祁曰浙本上字下更有上字召諸將問布反爲之奈何皆曰發兵阬豎子耳何能爲汝陰侯滕公以問其客薛公薛公曰是固當反滕公曰上裂地而封之疏爵而貴之張晏曰疏分也南面而立萬乘之主其反何也薛公曰前年殺彭越往年殺韓信張晏曰往年與前年同耳文相避也三人皆同功一體之人也自疑禍及身故反耳滕公言之上曰臣客故楚令尹薛公其人有籌策可問上乃見問薛公對曰布反不足怪也使布出於上計山東非漢之有也出於中計勝負之數未可知也出於下計陛下安枕而卧矣上曰何謂上計薛公對曰東取吳西取楚幷齊取魯傳檄燕趙固守其所山東非漢之有也何謂中計東取吳西取楚幷韓取魏據敖倉之粟塞成皋之險勝敗之數未可知也何謂下計東取吳西取下蔡歸重於越身歸長沙師古曰重輜重也音直用反陛下安枕而卧漢無事矣上曰是計將安出師古曰是者謂布也薛公曰出下計上曰胡爲廢上計而出下計師古曰胡何也薛公曰布故驪山之徒也致萬乘之主此皆爲身不顧後爲百姓萬世慮者也故出下計上曰善封薛公千戶遂發兵自將東擊布布之初反謂其將曰上老矣厭兵必不能來使諸將諸將獨患淮陰彭越今已死餘不足畏故遂反果如薛公揣之文穎曰揣度也音初委反○劉攽曰上曰善按薛公所言英布出下計不盡如薛言布取荊又敗楚遂與上遇何嘗歸重於越身歸長沙乎又史云果如薛公所揣今未見揣者疑薛公本亦揣知布意上厭兵不來先言之故曰果如也或曰此亦辯士寓言非實事見布後死長沙故云歸重耳東擊荊荊王劉賈走死富陵師古曰縣名屬臨淮郡盡劫其兵渡淮擊楚楚發兵與戰徐僮閒師古曰二縣之閒也爲三軍欲以相救爲奇師古曰不聚一處分而爲三欲互相救出奇議或說楚將曰布善用兵民素畏之且兵法諸侯自戰其地爲散地師古曰謂在其本地戀土懷安故易逃散今別爲三彼敗吾一餘皆走安能相救不聽布果破其一軍二軍散走遂西與上兵遇蘄西會甀師古曰會音工外反甀音丈瑞反解在高紀○宋祁曰高帝紀作會甀布兵精甚上乃壁庸城鄧展曰地名也望布軍置陳如項籍軍上惡之與布相望見隃謂布何苦而反師古曰隃讀曰遙布曰欲爲帝耳上怒罵之遂戰破布軍布走渡淮數止戰不利與百餘人走江南布舊與番君

婚故長沙哀王使人誘布晉灼曰芮之孫回也師古曰據表云惠帝二年哀王回始立今此是芮之子成王臣耳傳既不同晉說亦誤也僞與俱亡走越師古曰僞謂詐爲此計布信而隨至番陽番陽人殺布茲鄉師古曰鄡陽縣之鄉也鄡音口堯反遂滅之封賁赫爲列侯將率封者六人

盧綰豐人也與高祖同里綰親與高祖太上皇相愛晉灼曰親父也綰之父與高祖父太上皇相愛及生男高祖綰同日生里中持羊酒賀兩家及高祖綰壯學書又相愛也里中嘉兩家親相愛○宋祁曰浙本嘉作喜生子同日壯又相愛復賀羊酒高祖爲布衣時有吏事避宅綰常隨上下師古曰避宅謂不居其家潛匿東西及高祖初起沛綰以客從入漢爲將軍常侍中從東擊項籍以太尉常從出入卧內衣被食飲賞賜羣臣莫敢望雖蕭曹等特以事見禮至其親幸莫及綰者封爲長安侯長安故咸陽也項籍死使綰別將與劉賈擊臨江王共尉李奇曰共敖子也師古曰共讀曰龔還從擊燕王臧荼皆破平時諸侯非劉氏而王者七人上欲王綰爲羣臣觖望師古曰觖謂相觖也望怨望也觖音決○宋祁曰浙本注文相字下有又字及虜臧荼乃下詔諸將相列侯擇羣臣有功者以爲燕王羣臣知上欲王綰皆曰太尉長安侯盧綰常從平定天下功最多可王上乃立綰爲燕王諸侯得幸莫如燕王者綰立六年以陳豨事見疑而敗豨者宛句人也師古曰宛句縣名也地理志屬濟陰宛音於元反句音劬不知始所以得從及韓王信反入匈奴上至平城還豨以郎中封爲列侯以趙相國將監趙代邊兵皆屬焉○劉奉世曰不知始所以得從按功臣表自著豨起及以破臧荼封陽夏侯當是傳誤爾又曰以趙相國趙字當作代豨少時常稱慕魏公子師古曰謂信陵君無忌及將守邊招致賓客常告過趙師古曰因休告之假而過趙賓客隨之者千餘乘邯鄲官舍皆滿豨所以待客如布衣交皆出客下師古曰言屈己禮之不以富貴自尊大趙相周昌乃求入見上具言豨賓客盛擅兵於外恐有變上令人覆案豨客居代者諸爲不法事多連引豨豨恐陰令客通使王黃曼丘臣所師古曰二人皆韓王信將漢十年秋太上皇崩上因是召豨豨稱病遂與王黃等反自立爲代王劫略趙代上聞乃赦吏民爲豨所詿誤劫略者上自擊豨破之語在高紀初上如邯鄲擊豨師古曰如往也燕王綰亦擊其東北豨使王黃求救匈奴綰亦使其臣張勝使匈奴言豨等軍破勝至胡故燕王臧荼子衍亡在胡見勝曰公所以重於燕者以習胡事也燕所以久存者以諸侯數反兵連不決也今公爲燕欲急滅豨等豨等已盡次亦至燕公等亦且爲虜矣公何不令燕且緩豨而與胡連和事寬得長王燕卽有漢急可以安國勝以爲然迺私令匈奴兵擊燕綰疑勝與胡反上書請族勝勝還報具道所以爲者綰寤乃詐論他人以脫勝家屬使得爲匈奴閒師古曰閒音居莧反而陰使范齊之豨所欲令久連兵毋決晉灼曰使豨久亡畔○宋祁曰浙本注文久字下有亡字漢既斬豨其裨將降言燕王綰使范齊通計謀豨所上使使召綰綰稱病又使辟陽侯審食其御史大夫趙堯往迎綰因驗問其左右綰愈恐閟匿師古曰閟閉也閉其蹤蹟藏匿其人也閟音祕謂其幸臣曰非劉氏而王者獨我與長沙耳往年漢族淮陰誅彭越皆呂后計今上病屬任呂后師古曰屬音之欲反呂后婦人專欲以事誅異姓王者及大功臣迺稱病不行其左右皆亡匿語頗泄辟陽侯聞之歸具報上益怒又得匈奴降者言張勝亡在匈奴爲燕使於是上曰綰果反矣使樊噲擊綰綰悉將其宮人家屬騎數千居長城下候伺幸上病瘉自入謝師古曰瘉與愈同高祖崩綰遂將其衆亡入匈奴匈奴以爲東胡盧王爲蠻夷所侵奪常思復歸居歲餘死胡中高后時綰妻與其子亡降會高后病不能見舍燕邸師古曰舍止也諸侯王及諸郡朝宿之館在京師者謂之邸爲欲置酒見之高后竟崩綰妻亦病死孝景帝時綰孫它人以東胡王降如淳曰爲東胡王而來降也東胡烏丸也封爲惡谷侯傳至曾孫有罪國除

吳芮秦時番陽令也師古曰番音蒲何反甚得江湖閒民心號曰番君天下之初叛秦也黥布歸芮芮妻之師古曰嫁女與之也妻音千計反他皆類此因率越人舉兵以應諸侯沛公攻南陽迺遇芮之將梅鋗師古曰鋗音呼縣反與偕攻析酈師古曰二縣也並屬南陽酈音郎益反降之及項羽相王李奇曰自相尊王也以芮率百越佐諸侯從入關故立芮爲衡山王都邾師古曰邾音朱又音誅其將梅鋗功多封十萬戶爲列侯項籍死上以鋗有功從入武關故德芮徙爲長沙王都臨湘一年薨諡曰文王子成王臣嗣薨子哀王回嗣薨子共王右嗣師古曰共讀曰恭薨子靖王羌嗣孝文後七年薨無子國除初文王芮高祖賢之制詔御史長沙王忠其定著令鄧展曰漢約非劉氏不王而芮王故著令使特王也或曰以芮至忠故著令也師古曰尋後贊文或說是也○劉奉世曰其定著令予謂兼用鄧二說乃著令之意也贊文以謂忠而得王故著于令爾徒忠無它事何以著令邪○劉攽曰長沙王忠其定著令者謂於令著長沙王車服土地之類也功臣表陸量侯須無令長受令長沙王此亦一證至孝惠高后時封芮庶子二人爲列侯傳國數世絕

贊曰昔高祖定天下功臣異姓而王者八國張耳吳芮彭越黥布臧荼盧綰與兩韓信皆徼一時之權變以詐力成功師古曰徼要也音工堯反咸得裂土南面稱孤見疑彊大懷不自安事窮埶迫卒謀叛逆終於滅亡張耳以智全至子亦失國唯吳芮之起不失正道故能傳號五世以無嗣絕慶流支庶有以矣夫師古曰以其不用詐力也著于甲令而稱忠也師古曰甲者令篇之次也

前漢書卷三十四考證

韓信傳項王意烏猝嗟○史記作暗噁叱咤又言語姁姁史記作嘔嘔

諸侯之見項王逐義帝江南云云○臣召南按諸侯歸逐其主自王善地卽指田都王臨淄田市王濟北臧荼王燕司馬卬王殷張耳王常山皆徙其故王於他處也不然信拜大將在四月諸侯已各就國罷兵矣烏知後有田榮殺田都田市及臧荼殺韓廣事乎

其實不能○臣召南按不能斷句言實兵不能數萬也史記作其實不過數千能千里而襲我亦已罷極能字屬下句讀

斬成安君泜水上○水經注泜水卽井陘山水世謂之鹿泉水東北流屆逕陳餘壘又東注緜蔓水

其舍人得罪信注晉灼曰楚漢春秋云謝公也○臣召南按劉奉世卽據功臣表以正晉灼之誤是也但本書表作欒說史表作樂說欒樂字形相似未知孰是

黥布傳徵兵九江布稱病不往○臣召南按敘此事於追殺義帝之後與史記合是也乃項羽傳敘于追殺義帝之前蓋誤

太宰主之○胡三省曰此非周官之太宰也漢奉常屬官有太宰

番陽人殺布茲鄉注師古曰鄡陽縣之鄉也○胡三省曰据史漢高紀皆言追斬布番陽則茲鄉當在番陽界

將率封者六人○臣召南按功臣表中牟侯單右車郎侯黃極忠博陽侯周聚陽羨侯靈常下相侯泠耳高陵侯王虞人並以擊布功封與期思侯賁赫凡七侯也

盧綰傳綰以客從入漢爲將軍○臣召南按史記作從入漢中是也此文漢下脫中字耳

綰孫它人以東胡王降封爲惡谷侯○臣召南按它人史記及本書表作它之則人字誤也惡谷史記及本書表作亞谷則惡字亦誤也又按此及史記並云綰孫而本書及史表並云綰子必有一誤

吳芮傳子共王右嗣薨子靖王羌嗣○按異姓諸侯王表共王右作共王若靖王羌作靖王産

封芮庶子二人爲列侯○臣召南按表便侯沅陵侯是也

前漢書卷三十五

漢　蘭　臺　令　史　班　固　撰

唐正議大夫行秘書少監琅邪縣開國子顏師古注

荆燕吳傳第五

荆王劉賈高帝從父兄也師古曰父之兄弟之子爲從父兄弟也言本同祖從父而別不知其初起時漢元年還定三秦賈爲將軍定塞地師古曰司馬欣之國也塞音先代反從東擊項籍漢王敗成皐北度河得張耳韓信軍軍脩武深溝高壘使賈將二萬人騎數百擊楚度白馬津師古曰卽今滑州白馬縣河津也入楚地燒其積聚師古曰倉廩芻稾之屬以破其業無以給項王軍食已而楚兵擊之賈輒避不肯與戰而與彭越相保師古曰保謂依恃以自安固漢王追項籍至固陵使賈南度淮圍壽春還至使人閒招楚大司馬周殷師古曰閒謂私求閒隙而招之周殷反楚佐賈舉九江迎英布兵皆會垓下誅項籍漢王因使賈將九江兵與大尉盧綰西南擊臨江王共尉師古曰共敖之子也共讀曰龔尉死以臨江爲南郡賈既有功而高祖子弱昆弟少又不賢欲王同姓以填天下師古曰填音竹刃反乃下詔曰將軍劉賈有功及擇子弟可以爲王者羣臣皆曰立劉賈爲荆王王淮東立六年而淮南王黥布反東擊荆賈與戰弗勝走富陵師古曰縣名地理志屬臨淮郡爲布軍所殺

燕王劉澤高祖從祖昆弟也師古曰言同曾祖從祖而別也高祖三年澤爲郎中十一年以將軍擊陳豨將王黃封爲營陵侯高后時齊人田生游乏資晉灼曰楚漢春秋云字子春以畫奸澤服虔曰以計畫干之文穎曰以工畫得寵也師古曰共爲計策欲以求王服說是也畫音獲澤大說之師古曰說讀曰悅用金二百斤爲田生壽師古曰因飲酒獻壽而與之金田生已得金卽歸齊二歲澤使人謂田生曰弗與矣孟康曰與黨與也言不復與我爲友也文穎曰不復與汝相知也師古曰孟說是也田生如長安不見澤而假大宅令其子求事呂后所幸大謁者張卿如淳曰奄人也○宋祁曰南本浙本並作張澤卿澤或作釋卿按周勃傳官者令張釋論告顏注曰荆燕吳傳云張澤今此作釋未知孰是然則此宜作澤卿矣但釋澤二字不知何從後云今卿最幸疑卿是字釋其名也居數月田生子請張卿臨親脩具師古曰親父也具供具也張卿往見田生帷帳具置如列侯張卿驚酒酣迺屏人說張卿曰臣觀諸侯邸第百餘皆高帝一切功臣今呂氏雅故本推轂高帝就天下如淳曰呂公知高祖貴以女妻之推轂使爲長者也師古曰謂翼戴崇獎以成帝業若車之行推其轂故得引重而致遠也功至大又有親戚太后之重太后春秋長師古曰言年老諸呂弱太后欲立呂產爲呂王王代太后又重發之鄧展曰重難發其事恐大臣不聽今卿最幸大臣所敬何不風大臣以聞太后師古曰風讀曰諷其下亦同太后必喜諸呂以王萬戶侯亦卿之有太后心欲之而卿爲內臣不急發恐禍及身矣張卿大然之乃風大臣語太后太后

朝因問大臣大臣請立呂產爲呂王太后賜張卿千金
師古曰千斤之金張卿以其半進田生田生弗受因說之曰呂
產王也諸大臣未大服今營陵侯澤諸劉長爲大將軍
獨此尚觖望師古曰觖音決今卿言太后裂十餘縣王之彼得
王喜於諸呂王益固矣張卿入言之又太后女弟呂嬃
女亦爲營陵侯妻故遂立營陵侯澤爲琅邪王。劉攽曰高后
紀元年王諸呂七年立劉澤與此傳不同說在高紀琅邪王與田生之國急行毋
留師古曰田生勸之出關太后果使人追之已出卽還澤王琅
邪二年而太后崩澤乃曰帝少諸呂用事諸劉孤弱引
兵與齊王合謀西欲誅諸呂至梁聞漢灌將軍屯滎陽
澤還兵備西界遂跳驅至長安師古曰齊王傳云使祝午紿琅邪王琅邪王馳
見齊王齊王因留琅邪王而使祝午盡發琅邪國而并將其兵琅邪王既見欺不得反國乃說齊王求入關計
事齊王以爲然乃益具車送琅邪王與此傳不同疑此傳誤也。宋祁云浙本注文紿字下有說字一本紿作
詭代王亦從代至諸將相與琅邪王共立代王是爲孝
文帝文帝元年徙澤爲燕王而復以琅邪歸齊李奇曰本齊地
前分以王澤令復與齊也澤王燕二年薨謚曰敬王子康王嘉嗣九
年薨。宋祁曰九年當作二十六年史記年表漢表皆同子定國嗣定國與父康
王姬姦生子男一人奪弟妻爲姬與子女三人姦定國
有所欲誅殺臣肥如令郢人郢人等告定國如淳曰定國自欲有
所殺餘臣肥如知令郢人以告也師古曰此說非也肥如燕之屬縣也郢人者縣令之名也定國別欲誅其臣
又欲誅肥如令郢人而爲郢人等所告也定國使謁者以它法劾捕格殺郢
人滅口至元朔中郢人昆弟復上書具言定國事下公
卿皆議曰定國禽獸行亂人倫逆天道當誅上許之定
國自殺立四十二年國除。宋祁曰四十二年當作二十四年哀帝時繼
絕世乃封敬王澤玄孫之孫無終公士歸生爲營陵侯
師古曰無終其所屬縣也公士第一爵歸生名也更始中爲兵所殺師古曰更始劉聖公
之號也
吳王濞高帝兄仲之子也高帝立仲爲代王匈奴攻代
仲不能堅守棄國閒行走雒陽自歸天子不忍致法廢
爲合陽侯子濞封爲沛侯黥布反高祖自將往誅之濞
年二十以騎將從破布軍荊王劉賈爲布殺無後。宋祁云
浙本爲布字下有所字上患吳會稽輕悍無壯王塡之師古曰悍勇也塡音
竹刃反諸子少師古曰少幼也乃立濞於沛爲吳王師古曰行至沛而封拜濞
也王三郡五十三城。宋祁曰故東陽郡鄣郡吳郡卽賈舊封已拜受印高
祖召濞相之曰若狀有反相師古曰若汝也此下亦同獨悔業已拜
師古曰獨悔者心自懷悔不以語人也旣以封拜爲事臣下皆知之故不改因拊其背師古曰拊
摩循之也一曰拊輕擊之音芳羽反曰漢後五十年東南有亂豈若邪然
天下同姓一家愼無反濞頓首曰不敢會孝惠高后時
天下初定郡國諸侯各務自拊循其民吳有豫章郡銅
山韋昭曰此有豫字誤也但當言章郡今故章也卽招致天下亡命者盜鑄錢

東煑海水爲鹽以故無賦國用饒足如淳曰鑄錢煑海收其利以足國用
故無賦於民也孝文時吳太子入見得侍皇太子飮博吳太子
師傅皆楚人輕悍又素驕博爭道不恭皇太子引博局
提吳太子殺之師古曰提擲也音徒計反於是遣其喪歸葬吳吳王
慍師古曰慍怒也音於問反曰天下一宗師古曰猶言同姓共爲一家死長安卽
葬長安何必來葬復遣喪之長安葬吳王由是怨望稍
失藩臣禮稱疾不朝京師知其以子故驗問實不病諸
吳使來輒繫責治之吳王恐所謀滋甚師古曰滋益也及後使
人爲秋請孟康曰律春曰朝秋曰請如古諸侯朝聘也如淳曰濞不自行也使人代己致請禮師古
曰二說皆是也請音材姓反上復責問吳使者使者曰察見淵中魚
不祥服虔曰天子察見下之私則不祥也今吳王始詐疾及覺見責急愈
益閉恐上誅之計乃無聊唯上與更始師古曰言赦其已往之事於
是天子皆赦吳使者歸之而賜吳王几杖老不朝吳得
釋其謀亦益解然其居國以銅鹽故百姓無賦卒踐更
輒予平賈服虔曰以當爲更卒出錢三百謂之過更自行爲卒謂之踐吳王欲得民心爲卒者顧
其庸隨時月與平賈也晉灼曰謂借人自代爲卒者官爲出錢顧其時庸平賈也師古曰晉說是也賈讀曰價
謂庸直也。宋祁曰謂卒踐更皆得庸直也濤溢志蘇林注曰平賈以錢取人作卒顧其時庸之平賈如淳曰
律說平賈一月得錢二千有歲時存問茂材賞賜閭里師古曰茂美也茂材者有美材
之人也它郡國吏欲來捕亡人者頌共禁不與如淳曰頌猶公也師
古曰頌讀曰容如此者三十餘年以故能使其衆鼂錯爲太子
家令得幸皇太子數從容言吳過可削師古曰從音子容反數上
書說之文帝寬不忍罰以此吳王日益橫師古曰橫音胡孟反及
景帝卽位錯爲御史大夫說上曰昔高帝初定天下昆
弟少諸子弱大封同姓故孽子悼惠王王齊七十二城
師古曰孽亦庶也庶弟元王王楚四十城兄子王吳五十餘城
封三庶孽分天下半今吳王前有太子之隙詐稱病不
朝宋祁云一本無稱字於古法當誅文帝不忍因賜几杖德至厚
也不改過自新迺益驕恣公卽山鑄錢煑海爲鹽師古曰公
謂顯然爲之也卽就也誘天下亡人謀作亂逆今削之亦反不削
亦反削之其反亟禍小不削之其反遲禍大師古曰亟急也音居
力反三年冬楚王來朝錯因言楚王戊往年爲薄太后服
私姦服舍服虔曰服在喪次而私姦宮中也師古曰言於服舍爲姦非宮中也服舍居喪之次堊室
之屬也請誅之詔赦削東海郡及前二年趙王有罪削其
常山郡膠西王卬以賣爵事有姦削其六縣漢廷臣方
議削吳吳王恐削地無已因欲發謀舉事念諸侯無足
與計者聞膠西王勇好兵諸侯皆畏憚之於是迺使中
大夫應高口說膠西王曰吳王不肖有夙夜之憂師古曰凡
言不肖者謂鄙陋無所象似也解在刑法志不敢自外使使臣諭其愚心王
曰何以敎之高曰今者主上任用邪臣聽信讒賊變更
律令師古曰更改也侵削諸侯徵求滋多誅罰良重師古曰滋亦益也良

實也信也日以益甚語有之曰狧糠及米師古曰狧古舐字舐用舌食也蓋以
犬爲喻也言初舐糠遂至食米也舐音食爾反吳與膠西知名諸侯也一時見
察不得安肆矣師古曰肆縱也吳王身有內疾不能朝請二十
餘年師古曰內疾謂在身中不顯於外請音材姓反常患見疑無以自白師古曰白
明也脅肩絫足猶懼不見釋師古曰脅翕也謂歛之也絫古累字也累足重足也並謂
懼耳釋解也竊聞大王以爵事有過所聞諸侯削地罪不
至此師古曰言其本罪皆不合削地也此恐不止削地而已王曰有之
子將柰何高曰同惡相助同好相留同情相求同欲相
趨同利相死今吳王自以與大王同憂願因時循理弃
軀以除患於天下師古曰循順也意亦可乎膠西王瞿然駭曰
師古曰瞿然無守之貌音居具反寡人何敢如是主上雖急固有死耳
安得不事師古曰安焉也高曰御史大夫鼂錯營或天子侵奪
諸侯師古曰營謂回繞之也蔽忠塞賢朝廷疾怨諸侯皆有背叛
之意。宋祁曰叛當作畔人事極矣彗星出蝗蟲起此萬世一時
而愁勞聖人所以起也吳王內以鼂錯爲誅外從大王
後車方洋天下師古曰方洋猶翱翔也方音房又音旁洋音羊所向者降所指
者下莫敢不服大王誠幸而許之一言則吳王率楚王
略函谷關守滎陽敖倉之粟距漢兵治次舍須大王師古
曰次舍息止之處也須待也大王幸而臨之則天下可并兩主分割
不亦可乎王曰善歸報吳王猶恐其不果迺身自爲使
者師古曰潛行而去也至膠西面約之膠西羣臣或聞王謀諫曰
諸侯地不能爲漢十二師古曰不當漢十分之二爲叛逆以憂太后
非計也文穎曰王之太后也今承一帝尚云不易假令事成兩主
分爭患迺益生王不聽遂發使約齊甾川膠東濟南皆
許諾諸侯旣新削罰震恐多怨錯及削吳會稽豫章郡
書至則吳王先起兵誅漢吏二千石以下膠西膠東甾
川濟南楚趙亦皆反發兵西齊王後悔背約城守濟北
王城壞未完其郎中令劫守王不得發兵膠西王膠東
王爲渠率師古曰渠大也與甾川濟南共攻圍臨甾趙王遂亦
陰使匈奴與連兵七國之發也吳王悉其士卒師古曰悉盡也
盡發使行下令國中曰寡人年六十二身自將少子年十四
亦爲士卒先諸年上與寡人同下與少子等皆發二十
餘萬人南使閩東越東越亦發兵從孝景前三年正
月甲子初起兵於廣陵西涉淮因并楚兵發使遺諸侯
書曰吳王劉濞敬問膠西王膠東王甾川王濟南王趙
王楚王淮南王衡山王廬江王故長沙王子如淳曰吳芮後四世
無嗣國除庶子二人爲列侯不得嗣王志將不滿故誘與之反也幸敎以漢有賊臣錯
無功天下侵奪諸侯之地使吏劾繫訊治以侵辱之爲
故孟康曰故事也師古曰言專以侵辱諸侯爲事業不以諸侯人君禮遇劉氏
骨肉師古曰人君者言諸王各自君其國絕先帝功臣進任姦人誑亂天

下欲危社稷陛下多病志逸不能省察師古曰逸放也欲舉兵
誅之謹聞教敝國雖狹地方三千里師古曰狹音胡夾反人民雖
少精兵可具五十萬。宋祁曰浙本無精字寡人素事南越三十
餘年其王諸君皆不辭分其兵以隨寡人師古曰君謂其酋長又可得三十萬寡人雖不肖願以身從諸王南越直長
沙者因王子定長沙以北如淳曰南越直長沙者因子定之師古曰直當也言
地之北當長沙者也西走蜀漢中告越如淳曰告東越使定之師古曰此說非也言王
定長沙已北而西越蜀及漢中乎定以詭使報南越走音奏。宋祁曰顏注已北當作以北使報當作便
楚王淮南三王與寡人西面師古曰淮南三王謂厲王三子爲王者淮南衡山濟
北也齊諸王與趙王定河間河內或入臨晉關或與寡人
會雒陽師古曰臨晉關卽今之蒲津關燕王趙王故與胡王有約燕王
北定代雲中轉胡衆入蕭關走長安匡正天下以安高
廟願王勉之楚元王子淮南三王或不沐洗十餘年怨
入骨髓師古曰言心有所懷志不在洗沐也欲壹有所出久矣師古曰謂發兵
人未得諸王之意未敢聽今諸王苟能存亡繼絕振弱
伐暴以安劉氏社稷所願也吳國雖貧寡人節衣食用
積金錢脩兵革聚糧食夜以繼日三十餘年矣凡皆爲
此師古曰爲此謂欲反也爲音于僞反願諸王勉之能斬捕大將者賜金
五千斤封萬戶列將三千斤封五千戶裨將二千斤封
二千戶二千石千斤封千戶皆爲列侯其以軍若城邑
降者卒萬人邑萬戶如得大將師古曰以卒萬人或萬戶來降附者其封賞
則與大將同下皆類此人戶五千如得列將人戶三千如得裨將
人戶千如得二千石其小吏皆以差次受爵金它封賜
皆倍軍法服虔曰封賜倍漢之常法其有故爵邑者更益勿因師古曰
舊爵之外特更與之願諸王明以令士大夫不敢欺也寡人金錢
在天下者往往而有非必取於吳師古曰言處處郡國皆有之諸王
日夜用之不能盡有當賜者告寡人寡人且往遺之敬
以聞七國反書聞天子迺遣太尉條侯周亞夫將三十
六將軍往擊吳楚遣曲周侯酈寄擊趙將軍欒布擊齊
大將軍竇嬰屯滎陽監齊趙兵初吳楚反書聞兵未發
竇嬰言故吳相爰盎召入見上問以吳楚之計盎對曰
吳楚相遺書曰賊臣鼂錯擅適諸侯削奪之地師古曰適讀曰
讁。宋祁曰浙本適字下有過字以故反名爲西共誅錯復故地而罷
師古曰復音扶目反以下亦同方今計獨斬錯發使赦七國復其故地
則兵可毋血刃而俱罷師古曰血刃謂殺傷人而刃著血也上從其議遂
斬錯語具在盎傳以盎爲泰常奉宗廟使吳王師古曰諭奉宗廟
之指意也吳王弟子德侯爲宗正師古曰德哀侯廣之子也名通輔親戚
至吳師古曰以親戚之意諭說也吳楚兵已攻梁壁矣宗正以親故
先入見諭吳王拜受詔吳王聞盎來亦知其欲說笑而
應曰我已爲東帝尚誰拜不肯見盎而留軍中欲劫使

將盎不肯使人圍守且殺之盎得夜亡走梁服虔曰梁王與吳戰盎得奔梁遂歸報條侯將乘六乘傳會兵滎陽師古曰會兵謂集大兵傳音張戀反至雒陽。劉攽曰按此文有兩至雒陽失於刪除又按太尉云吾據滎陽然則得劇孟在滎陽當敘在雒陽下見劇孟喜曰七國反吾乘傳至此不自意全師古曰意不自言得安全至雒陽也又以為諸侯已得劇孟孟今無動吾據滎陽師古曰言劇孟既不動吾又得據滎陽也滎陽以東無足憂者至雒陽。宋祁曰雒陽浙本作淮陽前已有雒陽此當作淮陽夏公謂劉固善疑顧未見景文所見浙本爾然則雌黃可妄下乎問故父絳侯客鄧尉曰策安出客曰吳楚兵銳甚難與爭鋒楚兵輕不能久方今為將軍計莫若引兵東北壁昌邑以梁委吳吳必盡銳攻之將軍深溝高壘使輕兵絕淮泗口塞吳饟道師古曰饟古餉字使吳梁相敝而糧食竭乃以全制其極破吳必矣條侯曰善從其策遂堅壁昌邑南輕兵絕吳饟道吳王之初發也吳臣田祿伯為大將軍田祿伯曰兵屯聚而西無他奇道難以立功臣願得五萬人別循江淮而上收淮南長沙入武關與大王會此亦一奇也吳王太子諫曰王以反為名此兵難以藉人師古曰藉假也人亦且反王奈何且擅兵而別多它利害蘇林曰祿伯儻將兵降漢自為己利於吳為生患害師古曰蘇說非也上言難以藉人人亦且反王是則已疑祿伯矣下乃云多它利害謂分兵而去前事不測或有利害難可決機耳非重云畏其降漢者徒自損耳吳王即不許田祿伯吳少將桓將軍說王曰吳多步兵步兵利險漢多車騎車騎利平地願大王所過城不下直去疾西據雒陽武庫食敖倉粟阻山河之險以令諸侯雖無入關天下固已定矣大王徐行留下城邑漢軍車騎至馳入梁楚之郊事敗矣吳王問吳老將老將曰此年少推鋒可耳安知大慮於是王不用桓將軍計王專并將其兵未度淮諸賓客皆得為將校尉行閒侯司馬孟康曰行伍閒侯也師古曰在行伍閒或為侯或為司馬也獨周丘不用周丘者下邳人亡命吳酤酒無行○宋祁曰南本酤作酤王薄之不任周丘乃上謁說王曰臣以無能不得待罪行閒臣非敢求有所將也願請王一漢節必有以報王迺予之周丘得節夜馳入下邳下邳時聞吳反皆城守至傳舍召令入戶使從者以罪斬令遂召昆弟所善豪吏告曰吳反兵且至屠下邳不過食頃今先下家室必完能者封侯至矣出乃相告下邳皆下周丘一夜得三萬人使人報吳王遂將其兵北略城邑比至城陽兵十餘萬師古曰比音必寐反破城陽中尉軍聞吳王敗走自度無與共成功師古曰度音大各反即引兵歸下邳未至癰發背死○宋祁曰癰當作癕二月吳王兵既破敗走於是天子制詔將軍蓋聞為善者天報以福為非者天報以殃高皇帝親垂功德建立諸侯幽王悼惠王絕無後孝文皇帝哀憐加惠師古曰憐其國絕故加恩惠而更封王幽王子遂悼惠王子卬等令奉其先王宗廟為漢藩國德配天地明並日月而吳王濞背德反義誘受天下亡命罪人亂天下幣如淳曰幣錢也以私錢殽亂天下錢○宋祁曰注文天下錢浙本作天子錢稱疾不朝二十餘年有司數請濞罪孝文皇帝寬之欲其改行為善今乃與楚王戊趙王遂膠西王卬濟南王辟光菑川王賢膠東王雄渠約從謀反師古曰從音子容反為逆無道起兵以危宗廟賊殺大臣及漢使者迫劫萬民伐殺無罪燒殘民家掘其丘壟甚為虐暴而卬等又重逆無道師古曰重音直用反燒宗廟鹵御物如淳曰鹵抄掠也師古曰御物供宗廟之服器也朕甚痛之朕素服避正殿將軍其勸士大夫擊反虜擊反虜者深入多殺為功斬首捕虜比三百石以上皆殺無有所置師古曰置放釋也敢有議詔及不如詔者皆要斬初吳王之度淮與楚王遂西敗棘壁乘勝而前銳甚梁孝王恐遣將軍擊之又敗梁兩軍士卒皆還走梁數使使條侯求救條侯不許又使使愬條侯於上上使告條侯救梁○宋祁曰上使告當作上使人告又守便宜不行梁使韓安國及楚死事相弟張羽為將軍李奇曰相即張尚也乃得頗敗吳兵吳兵欲西梁城守不敢西即走條侯軍師古曰走音奏會下邑欲戰師古曰下邑梁之縣條侯壁不肯戰吳糧絕卒飢數挑戰遂夜奔條侯壁驚東南條侯使備西北果從西北不得入吳大敗士卒多飢死叛散於是吳王迺與其戲下壯士千人夜亡去師古曰戲讀曰麾又音許宜反度淮走丹徒保東越東越兵可萬餘人使人收聚亡卒漢使人以利啗東越師古曰啗音徒濫反解在高紀東越即紿吳王師古曰紿誑也吳王出勞軍使人鏦殺吳王孟康曰方言戟謂之鏦蘇林曰鏦音從容之從師古曰鏦謂以矛戟撞之音楚江反盛其頭馳傳以聞師古曰傳音張戀反吳王太子駒亡走閩越吳王之棄軍亡也軍遂潰往往稍降太尉條侯及梁軍楚王戊軍敗自殺三王之圍齊臨甾也三月不能下漢兵至膠西膠東甾川王各引兵歸國膠西王徒跣席藁飲水謝太后王太子德曰漢兵還臣觀之以罷師古曰罷讀曰疲可襲願收王餘兵擊之不勝而逃入海未晚也王曰吾士卒皆已壞不可用之○宋祁曰浙本無之字不聽漢將弓高侯穨當遺王書師古曰韓穨當曰奉詔誅不義降者赦除其罪復故不降者滅之王何處須以從事師古曰言王欲以何理自安處吾待以行事也處音昌汝反王肉袒叩頭漢軍壁謁曰臣卬奉法不謹驚駭百姓迺苦將軍遠道至于窮國敢請菹醢之罪弓高侯執金鼓見之曰王苦軍事願聞王發兵狀王頓首膝行對曰今者鼂錯天子用事臣變更高皇帝法令侵奪諸侯地卬等以為不義恐其敗亂天下七國發兵且誅錯○宋祁曰浙本且字下有以字今聞錯已誅卬等謹已罷兵歸將軍曰王苟以錯為不善何不以聞及未有詔虎符擅發兵擊義國以此觀之意非徒欲誅錯也乃出詔書為王讀之曰王其自圖之師古曰圖謀也王曰如卬等死有餘罪遂自殺太后太子皆死膠東甾川濟南王皆伏誅酈將軍攻趙十月而下之趙王自殺濟北王以劫故不誅初吳王首反并將楚兵連齊趙正月起三月皆破滅

贊曰荊王王也由漢初定天下未集師古曰集和也故雖疏屬以策為王鎮江淮之間劉澤發於田生權激呂氏晉灼曰田生欲王劉澤先使張卿說封呂產恐其大臣觖望澤卒得王故云以權激呂氏也○宋祁曰注文恐其當作恐以然卒南面稱孤者三世事發相重豈不危哉晉灼曰劉澤以金與田生以事張卿言之呂后而劉澤得王故曰事發相重也師古曰重猶累也言澤得王本由田生行說若其事發覺則相隨入罪事相累誤累音力瑞反○宋祁曰此中注言卿者浙本並作釋陽夏公謂傳誤作危頗遂以重為罪累○劉攽曰謂田生欲王劉澤先說張卿王諸呂而後請王澤是發於相重也太史公作美其有成班固作危哉謂其艱難幸成也然觀上言稱孤者三世疑危亦本是傳字後人不曉改之吳王擅山海之利能薄斂以使其眾○宋祁曰斂字上當有賦字逆亂之萌自其子興師古曰萌謂始生也古者諸侯不過百里山海不以封蓋防此矣鼂錯為國遠慮禍反及身毋為權首將受其咎豈謂錯哉師古曰此逸周書之言贊引之者謂錯適當此言耳

前漢書卷三十五考證

荊王劉賈傳高帝從父兄也○ 臣召南 按史記曰劉賈諸劉者不知其何屬此云從父兄史記曰劉澤諸劉遠屬此云從祖昆弟皆班氏補史記之缺略也

賈輒避不肯與戰○ 臣召南 按史記作賈輒壁不肯與戰是堅守壁壘意此作避是避其鋒也

燕王劉澤傳大謁者張卿○宋祁曰疑卿是字釋其名也○ 臣召南 按此書恩澤侯表及周勃傳皆作張釋與史記呂后紀同而匈奴傳作張澤與史記文帝本紀及表同宋祁疑卿是字是也但史漢每遇澤釋字輒互異如張良傳建成侯呂澤實是呂釋之此宦者張卿名釋名澤究難懸定也

引兵與齊王合謀注疑此傳誤也○ 臣召南 按顏注是瑯邪王本無意于誅諸呂特見詐于齊王其後又因敗以為功耳是以通鑑從齊王傳

肥如令郢人注肥如燕之屬縣也○顧炎武曰地理志肥如自屬遼西郡不屬燕武帝本紀元朔元年秋匈奴入遼西殺太守諸侯王表言武帝下推恩之令而藩國自析長沙燕代雖有舊名皆亡南北邊矣然則肥如之屬于燕必在元朔以前未析邊郡之時也

吳濞傳上患吳會稽輕悍○顧炎武曰錢康功云漢書吳王濞傳上患吳會輕悍今本漢書並作吳會稽不知順帝時始分二郡漢初安得言吳會稽當是錢所見本未誤後人妄增之 臣召南 按吳會猶言吳之都會也胡三省通鑑辨誤已嘗論之

吳有豫章郡銅山注韋昭曰但當言章郡今故章也○ 臣召南 按注中章郡故章二章字俱應作鄣字鄣郡即丹陽郡也志有銅官

狧糠及米注師古曰狧以犬為喻也○ 臣召南 按索隱曰言狧糠盡則至米謂削土盡則滅國也顏注迂曲不如索隱說

使輕兵絕淮泗口○胡三省曰泗水南入淮故謂之淮泗口

前漢書卷三十六

漢　蘭　臺　令　史班　固撰

唐正議大夫行秘書少監琅邪縣開國子顏師古注

楚元王傳第六

楚元王交字游高祖同父少弟也師古曰言同父知其異母○宋祁曰母字下有也字好書多材藝少時嘗與魯穆生白生申公俱受詩於浮丘伯服虔曰白生魯國奄里人浮丘伯秦時儒生伯者孫卿門人也師古曰孫卿姓荀名況為楚蘭陵令漢以避宣帝諱改之曰孫及秦焚書各別去高祖兄弟四人長兄伯次仲伯蚤卒師古曰蚤古早字也○宋祁曰也字當刪高祖既為沛公景駒自立為楚王高祖使仲與審食其留侍太上皇師古曰食音異其音基交與蕭曹等俱從高祖見景駒遇項梁共立楚懷王因西攻南陽入武關與秦戰於藍田至霸上封交為文信君從入蜀漢還定三秦誅項籍即帝位交與盧綰常侍上出入臥內傳言語諸內事隱謀而上從父兄劉賈數別將漢六年既廢楚王信分其地為二國立賈為荊王交為楚王王薛郡東海彭城三十六縣先有功也後封次兄仲為代王長子肥為齊王初高祖微時常避事時時與賓客過其丘嫂食應劭曰丘姓也孟康曰西方謂亡女婿為丘婿丘空也兄亡空有嫂也張晏曰丘大也長嫂稱也晉灼曰禮謂大婦為冢婦師古曰史記丘字作巨丘巨皆大也張晏二說其義得之嫂厭叔與客來陽為羹盡轑

釜服虔曰音勞轑轢也師古曰以勺轑釜令爲聲也轢音洛又音歷客以故去已而視釜中有羹繇是怨嫂師古曰繇與由同及立齊代王而伯子獨不得侯太上皇以爲言高祖曰某非敢忘封之也爲其母不長者七年十月封其子信爲羹頡侯師古曰頡音戛言其母戛羹釜也○宋祁曰當作頡羹元王既至楚以穆生白生申公爲中大夫高后時浮丘伯在長安元王遣子郢客與申公俱卒業師古曰卒終也文帝時聞申公爲詩最精以爲博士元王好詩諸子皆讀詩申公始爲詩傳號魯詩師古曰凡言傳者謂爲之解說若今詩毛氏傳也元王亦次之詩傳號曰元王詩師古曰次謂綴集之○劉攽曰次之字衍世或有之高后時以元王子郢客爲宗正封上邳侯○宋祁曰當作下邳元王立二十三年薨太子辟非先卒師古曰辟非者猶辟邪辟兵之類也先卒者元王未薨之時已卒也辟音壁文帝乃以宗正上邳侯郢客嗣是爲夷王申公爲博士失官隨郢客歸復以爲中大夫立四年薨子戊嗣文帝尊寵元王子生爵比皇子師古曰元王生子封爵皆與皇子同所以尊寵元王也○劉奉世曰文帝時元王子未嘗封爵至景帝乃侯爾本傳下文云景帝即位以親親封元王寵子五人爲侯疑爵字衍云生比皇子者凡祿賜禮秩皆與皇子同也景帝即位以親親封元王寵子五人子禮爲平陸侯富爲休侯歲爲沈猶侯晉灼曰沈音審王子侯表屬千乘高宛子埶爲宛朐侯師古曰埶古藝字調爲棘樂侯初元王敬禮申公等穆生不耆酒師古曰耆讀曰嗜元王每置酒常爲穆生設醴師古曰醴甘酒也少麴多米一宿而孰不齊之及王戊即位常設後忘設焉穆生退曰可以逝矣醴酒不設王之意怠不去楚人將鉗我於市師古曰鉗以鐵束頸也音其炎反稱疾臥申公白生強起之曰獨不念先王之德與師古曰與讀曰歟今王一旦失小禮何足至此穆生曰易稱知幾其神乎師古曰下繫之辭也○宋祁云浙本幾作機幾者動之微吉凶之先見者也君子見幾而作不俟終日先王之所以禮吾三人者爲道之存故也今而忽之是忘道也師古曰忽怠也忘道之人胡可與久處豈爲區區之禮哉師古曰區區小也遂謝病去申公白生獨留王戊稍淫暴二十年爲薄太后服私姦削東海薛郡乃與吳通謀二人諫不聽胥靡之應劭曰詩云若此無罪淪胥以鋪胥靡刑名也晉灼曰胥相也靡隨也古者相隨坐輕刑之名師古曰聯繫使相隨而服役之故謂之胥靡猶今之役囚徒以鎖聯綴耳晉說近之而云隨坐輕刑非也○劉敞曰胥靡說文作縃縻謂拘縛之也衣之赭衣使杵臼雅舂於市晉灼曰高膝舉杵正身而舂之師古曰爲木杵而手舂即今所謂步臼者耳非碓舂也○宋祁曰碓一作椎一本改碓字作雅古語相雅皆助樂者此雅謂舂而雅歌以相舂也休侯使人諫王王曰季父不吾與我起先取季父矣師古曰不吾與言不與我同心休侯懼乃與母太夫人奔京師臣瓚曰休侯母號太夫人二十一年春景帝之三年也削書到遂應吳王反其相張尚太傅趙夷吾諫不聽遂殺尚夷吾起兵會吳西攻梁破棘壁至昌邑南與漢將周亞夫戰漢絕吳楚糧道士饑吳王走戊自殺軍遂降漢漢已平吳楚景帝乃立宗正平陸侯禮爲楚王奉元王後是爲文王四年薨○宋祁云一本作三年子安王道嗣二十五年薨○宋祁云越本作二年別本作三年子襄王注嗣十四年薨子節王純嗣十六年薨子延壽嗣宣帝即位延壽以爲廣陵王胥武帝子天下有變必得立陰欲附倚輔助之師古曰倚依也音於綺反故爲其後母弟趙何齊○宋祁曰後疑是后字取廣陵王女爲妻與何齊謀曰我與廣陵王相結天下不安發兵助之使廣陵王立何齊尚公主列侯可得也因使何齊奉書遺廣陵王曰願長耳目師古曰言常伺聽勿失幾也毋後人有天下師古曰方爭天下勿使在人後何齊父長年上書告之事下有司考驗辭服延壽自殺立三十二年國除初休侯富既奔京師而王戊反富等皆坐免侯削屬籍後聞其數諫戊乃更封爲紅侯太夫人與竇太后有親懲山東之寇師古曰懲創也求留京師詔許之富子辟彊等四人共養仕於朝師古曰辟音必亦反彊音居良反又辟讀曰闢彊讀曰彊解在文紀四子以在京師供養其祖母故仕於漢朝也太夫人薨賜塋師古曰塋冢地謂爲界域也塋音營葬靈戶師古曰靈戶地名也富傳國至曾孫無子絕

辟彊字少卿亦好讀詩能屬文師古曰屬文謂會綴文辭也音之欲反後皆類此武帝時以宗室子隨二千石論議冠諸宗室師古曰論議每出宗室之上也清靜少欲常以書自娛不肯仕昭帝即位或說大將軍霍光曰將軍不見諸呂之事乎處伊尹周公之位攝政擅權而背宗室不與共職是以天下不信卒至於滅亡今將軍當盛位帝春秋富宜納宗室又多與大臣共事服虔曰共議事也師古曰每事皆與參共知之反諸呂道如是則可以免患師古曰言諸呂專權所以滅亡今納宗室是反其道乃可免患也光然之迺擇宗室可用者辟彊子德待詔丞相府師古曰於丞相府聽詔命也年三十餘欲用之或言父見在亦先帝之所寵也遂拜辟彊爲光祿大夫守長樂衞尉時年已八十矣徙爲宗正數月卒

德字路○宋祁曰路字下疑有叔字少修黃老術○宋祁曰修當作脩有智略少時數言事召見甘泉宮武帝謂之千里駒師古曰言若駿馬可致千里也年齒幼少故謂之駒昭帝初爲宗正丞雜治劉澤詔獄師古曰雜謂以他官共治之也劉澤齊孝王之孫謀反欲殺青州刺史者○宋祁曰注文以他官當作與他官父爲宗正徙大鴻臚丞遷太中大夫後復爲宗正雜案上官氏蓋主事德常持老子知足之計老子德經云知足不辱妻死大將軍光欲以女妻之德不敢取畏盛滿也蓋長公主孫譚遮德自言師古曰公主之孫名譚自言者申理公主所坐德數責以公主起居無狀師古曰無狀無善狀也數音所具反侍御史以爲光望不受女師古曰望怨望也承指劾德誹謗詔獄師古曰承指謂取霍光之意指德實責數公主而御史乃以爲受譚冤訴故云誹謗詔獄免爲庶人屏居山田光聞而恨之師古曰以御史不知己意復白召德守青州刺史歲餘復爲宗正與立宣帝師古曰與讀曰豫豫其謀議也以定策賜爵關內侯地節中以親親行謹厚封爲陽城侯○宋祁曰城一作成子安民爲郎中右曹宗家以德得官宿衞者二十餘人德寬厚好施生師古曰言好施恩惠於人而生全之每行京兆尹事多所平反罪人蘇林曰反音幡幡罪人辭使從輕也家產過百萬則以振昆弟師古曰既以救貧昆弟又散供食飲之費賓客食飲師古曰振舉救之曰富民之怨也立十一年子向坐鑄僞黃金當伏法如淳曰律鑄僞黃金棄市也德上書訟罪會薨大鴻臚奏德訟子罪失大臣體不宜賜諡置嗣制曰賜諡繆侯師古曰繆惡諡也以其安訟子○宋祁曰姚本安作妄爲置嗣傳至孫慶忌復爲宗正太常薨子岑嗣爲諸曹中郎將列校尉至太常薨傳子至王莽敗乃絕

向字子政師古曰名向字子政義則相配而近代學者讀向音餉既無別釋靡所據憑當依本字爲本名更生年十二以父德任爲輦郎服虔曰父保任其子爲郎也輦郎如今引御輦郎也既冠以行修飭擢爲諫大夫師古曰飭整也讀與敕同其字從力是時宣帝循武帝故事○宋祁曰循一作脩招選名儒俊材置左右更生以通達能屬文辭與王褒張子僑等並進對師古曰子僑官至光祿大夫見藝文志進對謂見而對詔命也僑字或作嶠或作喬皆音鉅驕反獻賦頌凡數十篇上復興神僊方術之事而淮南有枕中鴻寶苑祕書師古曰鴻寶苑祕書並道術篇名臧在枕中言常存錄之不漏泄也○宋祁曰浙本注文篇上有書字書言神僊使鬼物爲金之術及鄒衍重道延命方世人莫見而更生父德武帝時治淮南獄得其書○劉奉世曰按德待詔丞相府年三十餘始元二年事也淮南事元朔六年是時德甫數歲傳誤紀是年德父辟彊爲光祿大夫時德待詔丞相府欲用之或言父見在故拜辟彊更生幼而讀誦以爲奇獻之言黃金可成上令典尚方鑄作事師古曰尚方主巧作金銀之所若今之中尚署費甚多方不驗上乃下更生吏吏劾更生鑄僞黃金繫當死更生兄陽城侯安民○宋祁曰城一作成上書入國戶半贖更生罪上亦奇其材得踰冬減死論服虔曰踰冬至春行寬大而減死罪如淳曰獄冬盡當決竟而得踰冬復至後冬或逢赦或得減死也師古曰服說是也會初立穀梁春秋徵更生受穀梁講論五經於石渠師古曰三輔舊事云石渠閣在未央大殿北以藏祕書復拜爲郎中給事黃門遷散騎諫大夫給事中元帝初即位太傅蕭望之爲前將軍少傅周堪爲諸吏光祿大夫師古曰加官也百官公卿表云諸吏所加或列侯將軍卿大夫得舉不法也皆領尚書事甚見尊任更生年少於望之堪然二人重之薦更生宗室忠直明經有行擢爲散騎宗正給事中與侍中金敞拾遺於左右四人同心輔政患苦外戚許史在位放縱而中書宦官弘恭石顯弄權望之堪更生議欲白罷退之未白而語泄遂爲許史及恭顯所譖愬堪更生下獄及望之皆免官語在望之傳其春地震夏客星見昴卷舌間師古曰見於昴與卷舌之間也卷音俱免反上感悟下詔賜望之爵關內侯奉朝請秋徵堪向欲以爲諫大夫恭顯白皆爲中郎冬地復震時恭顯許史子弟侍中諸曹皆側目於望之等更生懼焉乃使其外親上變事師古曰非常之事故謂之變也言竊聞故前將軍蕭望之等皆忠正無私欲致大治忤於貴戚尚書師古曰忤逆也音五故反他皆類此今道路人聞望之等復進以爲且復見毀讒必曰嘗有過之臣不宜復用是大不然師古曰言不宜用有過之臣者此議非也臣聞春秋地震爲在位執政太盛也不爲三獨夫動亦已明矣應劭曰謂蕭望之周堪及向師古曰獨夫猶言匹夫也且往者高皇帝時季布有罪至於夷滅後赦以爲將軍高后孝文之間卒爲名臣師古曰卒終也孝武帝時兒寬有重罪繫按道侯韓說諫曰師古曰說讀曰悅前吾丘壽王死陛下至今恨之師古曰恨猶悔也今殺寬後將復大恨矣上感其言遂貰寬師古曰貰謂緩恕其罪也復用之位至御史大夫御史大夫未有及寬者也又董仲舒坐私爲災異書主父偃取奏之下吏罪至不道幸蒙不誅復爲太中大夫膠西相以老病免歸漢有所欲興常有詔問仲舒爲世儒宗定議有益天下師古曰典謂改作憲章孝宣皇帝時夏侯勝坐誹謗繫獄三年免爲庶人宣帝復用勝至長信少府太子太傅名敢直言天下美之若乃羣臣多此比類師古曰比音必寐反難一二記有過之臣無負國家有益天下此四臣者足以觀矣前弘恭奏望之等獄決三月地大震恭移病出師古曰移病者移書言病也一曰言以病移出不居官府後復視事天陰雨雪師古曰雨音于具反由是言之地動殆爲恭等師古曰殆近也臣愚以爲宜退恭顯以章蔽善之罰師古曰章明也進望之等以通賢者之路如此太平之門開災異之原塞矣書奏恭顯疑其更生所爲白請考姦詐辭果服遂逮更生繫獄下太傅韋玄成諫大夫貢禹與廷尉雜考劾更生前爲九卿坐與望之堪謀排車騎將軍高許史氏侍中者毀離親戚欲退去之而獨專權爲臣不忠幸不伏誅復蒙恩徵用不悔前過而教令人言變事誣罔不道更生坐免爲庶人而望之亦坐使子上書自冤前事恭顯白令詣獄置對師古曰置對者立爲對辭○宋祁曰越本景本注文作立其罪辭望之自殺天子甚悼恨之乃擢周堪爲光祿勳堪弟子張猛光祿大夫給事中大見信任恭顯憚之數譖毀焉更生見堪猛在位幾已得復進師古曰幾讀曰冀懼其傾危乃上封事諫曰臣前幸得以骨肉備九卿奉法不謹乃復蒙恩竊見災異並起天地失常徵表爲國師古曰徵證也欲終不言念忠臣雖在甽畝猶不忘君惓惓之義也師古曰甽者田中之溝也田溝之法耜廣五寸二耜爲耦一耦之伐廣尺深尺謂之甽六甽而爲一畝甽音古犬反字或作畎其音同耳惓惓忠謹之意惓讀與拳同音其專反禮記曰得一善則拳拳服膺弗失之矣○宋祁曰

正文句末據文勢不合有也字況重以骨肉之親師古曰重音直用反又加以舊恩未報乎欲竭愚誠又恐越職然惟二恩未報師古曰惟思也忠臣之義一杼愚意退就農畝死無所恨師古曰杼謂引而泄之也臣聞舜命九官音食汝反師古曰尚書禹作司空棄后稷契司徒咎繇作士垂共工益朕虞伯夷秩宗夔典樂龍納言凡九官也濟濟相讓和之至也衆賢和於朝則萬物和於野故簫韶九成而鳳皇來儀擊石拊石百獸率舞師古曰韶舜樂名舉簫管之屬示其備也於部樂九奏則鳳皇見其容儀擊鍾鳴磬而百獸相率來舞言感至和也四海之內靡不和寧及至周文開基西郊師古曰言文王始受命作周也雜遝衆賢罔不肅和師古曰雜遝聚積之貌遝音大合反崇推讓之風以銷分爭之訟文王既沒周公思慕歌詠文王之德其詩曰於穆清廟肅雝顯相濟濟多士秉文之德師古曰此周頌祀文王清廟之詩也於歎辭也穆美也肅敬也雍和也顯明也相助也濟濟盛也言文王有清淨之化敬而且和光明著見故濟濟之衆士皆執行文王之德也於讀曰烏當此之時武王周公繼政朝臣和於內萬國驩於外故盡得其驩心以事其先祖其詩曰有來雍雍至止肅肅相維辟公天子穆穆師古曰此周頌禘太祖之詩也相助也辟百辟也公諸侯也言有此賓客以和而來至止而敬者乃助王祭之人百辟與諸侯耳於是時天子則穆穆然禮記言天子穆穆諸侯皇皇辟音壁言四方皆以和來也諸侯和於下天應報於上故周頌曰降福穰穰師古曰此執競之篇祀武王之詩也穰穰多也音人羊反又曰飴我釐麰師古曰此思文之篇以后稷配天之詩也飴遺也言天遺此物也飴讀與貽同釐音力之反又讀與來同麰音年○宋祁曰麰浙本作麰釐麰麥也○宋祁曰麥字上當有大字陽夏公按徐堅初學記引漢書云來麰大麥也蓋唐本與江南本同始自天降此皆以和致和獲天助也下至幽厲之際朝廷不和轉相非怨師古曰厲王夷王之子厲王生宣王宣王生幽王詩人疾而憂之曰民之無良相怨一方師古曰此小雅角弓之篇刺幽王之詩也良善也言人各爲不善其意乖離而相怨也一方謂自守一方所嚮異之○宋祁曰注文而當作兩注末之當作矣衆小在位而從邪議歙歙相是而背君子故其詩曰歙歙訿訿亦孔之哀謀之其臧則具是違謀之不臧則具是依師古曰此小雅小旻篇刺幽王之詩也言在位卿士歙歙然患其上訿訿然不供職各失臣節甚可哀痛而謀之善者則背違之不善之謀依而施用所以爲刺也歙音翕訿音紫君子獨處守正不撓衆枉師古曰撓屈也不爲衆曲而自屈也撓音女教反勉彊以從王事則反見憎毒讒愬故其詩曰密勿從事不敢告勞無罪無辜讒口嗸嗸師古曰此小雅十月之交篇刺幽王之詩也密勿猶黽勉從事也嗸嗸衆聲也言已黽勉行事不敢自陳勞苦實無罪辜而被讒譖嗸嗸然也嗸音敖○宋祁曰注文黽勉從事當刪從事也當是之時日月薄蝕而無光師古曰薄迫也謂被掩迫也其詩曰朔日辛卯日有蝕之亦孔之醜師古曰此已下至百川沸騰皆十月之交詩也孔甚也醜惡也周之十月夏之八月朔日有辛卯日月交會而日見蝕陰侵於陽辛金日也卯木辰也以卯侵金則臣侵君故甚惡之又曰彼月而微此日而微今此下民亦孔之哀師古曰微謂虧微也言彼月者當有虧耳而今此日乃復微也言君臣失道是爲災異故令人甚哀也又曰日月鞠凶不用其行四國無政不用其良師古曰鞠告也言日月不用其常行之道以告凶災者由四方之國無政理不能用善人也天變見於

上地變動於下水泉沸騰山谷易處○宋祁曰谷一作川其詩曰百川沸騰山冢卒崩高岸爲谷深谷爲陵哀今之人胡憯莫懲師古曰沸涌出也騰乘也冢山頂也卒盡也何也憯曾也懲艾也言百川沸涌而相乘陵山頂降高而盡崩壞陵谷易處尊卑失序咎異大矣誠可畏懼哀哉今人何爲曾莫創艾也憯音千感反○宋祁曰注文降一作隆霜降失節不以其時其詩曰正月繁霜我心憂傷民之訛言亦孔之將言民以是爲非甚衆大也張晏曰正月夏之四月也純陽用事而反多霜急恒寒若之災也師古曰此小雅正月之篇刺幽王之詩也四月正陽之月故謂之正月繁多也訛僞也孔甚也將大也此言王政乖舛陰陽多霜害於生物故已心爲憂傷而衆庶之人共爲僞言以是爲非排斥賢人傳禍甚大也此皆不和賢不肖易位之所致也師古曰賢人在下不肖居上故曰易位自此之後天下大亂篡殺殃禍並作厲王奔彘師古曰厲王無道下不堪命乃相與畔襲厲王厲王出奔彘彘晉地今晉州北永安縣是也幽王見殺師古曰爲犬戎所攻殺幽王于驪山下虜褒姒盡取周賂而去至乎平王末年魯隱之始卽位也師古曰平王幽王之子周大夫祭伯乖離不和出奔於魯張晏曰隱元年祭伯來穀梁傳曰奔也師古曰祭音側介反○劉攽曰穀梁不謂祭伯爲奔也而春秋爲諱不言來奔傷其禍殃自此始也是後尹氏世卿而專恣師古曰春秋公羊經隱公三年夏四月尹氏卒傳曰尹氏者何天子之大夫也其稱尹氏何貶也曷爲貶譏繼卿繼卿非禮也又詩小雅節南山云尹氏太師赫赫師尹不平謂何刺之也諸侯背畔而不朝周室卑微二百四十二年之間師古曰謂從隱公元年至哀公十四年獲麟也隱公十一年桓公十八年莊公三十二年閔公二年僖公三十三年文公十八年宣公十八年成公十八年襄公三十一年昭公三十二年定公十五年哀公十四年凡二百四十二年也日食三十六師古曰謂隱三年二月己巳桓三年七月壬辰朔十七年十月朔莊十八年三月二十五年六月辛未朔二十六年十二月癸亥朔三十年九月庚午朔僖五年九月戊申朔十二年三月庚午十五年五月文元年二月癸亥朔十五年六月辛丑朔宣八年七月甲子十年四月丙辰十七年六月癸卯成十六年六月丙寅朔十七年十二月丁巳朔襄十四年二月乙未朔十五年秋八月丁巳二十年冬十月丙辰朔二十一年九月庚戌朔冬十月庚辰朔二十三年二月癸酉朔二十四年秋七月甲子朔八月癸巳朔二十七年冬十二月乙亥朔昭七年夏四月甲辰朔十五年六月丁巳朔十七年夏六月甲戌朔二十一年秋七月壬午朔二十二年十二月癸酉朔二十四年夏五月乙未朔三十一年十二月辛亥朔定五年正月辛亥朔十二年十一月丙寅朔十五年八月庚辰朔凡三十六也地震五師古曰謂文九年九月癸酉襄十六年五月甲子昭十九年五月己卯二十三年八月乙未哀三年四月甲午凡五也山陵崩阤二師古曰謂僖十四年秋八月辛卯沙鹿崩成五年夏梁山崩凡二也阤下頹也音丈爾反彗星三見師古曰謂文十四年秋七月有星孛入于北斗昭十七年冬有星孛于大辰哀十三年冬十一月有星孛于東方夜常星不見夜中星隕如雨一師古曰事在莊七年夏四月辛卯火災十四師古曰桓十四年秋八月壬申御廩災莊二十年夏齊大災僖二十年五月乙巳西宮災成三年二月甲子新宮災襄九年春宋火三十年五月甲午宋災昭九年夏四月陳災十八年夏五月壬午宋衛陳鄭災定二年夏五月壬辰雉門及兩觀災哀三年五月辛卯桓宮僖宮災四年六月辛丑亳社災凡十四也長狄入三國師古曰謂春秋文十一年經書冬十月甲午叔孫得臣敗狄于鹹公羊傳曰狄者何長狄也兄弟三人一者之齊一者之魯一者之晉之齊榮如之魯喬如之晉焚如長狄鄋瞞之種鄋音搜瞞音未安反○宋祁曰榮如喬如焚如三如字下浙本皆有也字五石隕墜六鶂退飛多麋有蜮蜚鸜鵒來巢者皆一見師古曰謂僖十六年正月戊申朔隕石于宋五是月六鶂退飛過宋都莊十七年冬多麋十八年秋有蜮二十九年秋有蜚昭二十

五年夏有鸜鵒來巢蜮短尾狐也鶂水鳥也蜚負蠜也鶂音五歷反蜮音域蜚音扶味反鸜音劬鵒音欲晝冥晦師古曰僖十五年九月己卯晦震夷伯之廟穀梁傳曰晦冥也雨木冰師古曰事在成十六年正月雨木冰者氣著樹木結爲冰也今俗呼爲樹稼雨音于具反李梅冬實七月霜降草木不死師古曰僖三十三年經書冬隕霜不殺草李梅實未知在何月也而此言李梅冬實又云七月霜降草木不死與今春秋不同未見義所出○宋祁曰浙本正文注文並無二木字八月殺菽師古曰謂定公元年十月隕霜殺菽周之十月夏之八月菽謂豆也大雨雹師古曰事在僖二十九年秋及昭三年冬四年正月雨音于具反雨雪雷霆失序相乘師古曰隱九年三月癸酉大雨震電庚辰大雨雪莊六年冬十月雨雪僖十年冬大雨雪皆是也靁古雷字也霆雷之急者也音大丁反水旱饑蝝螽螟螽午並起如淳曰螽猶雜沓也師古曰謂桓元年秋大水十三年夏大水莊七年秋大水十一年秋宋大水二十四年秋大水二十五年秋大水宣十年秋大水成五年秋大水襄二十四年秋七月大水僖二十一年夏大旱宣七年秋大旱十年冬饑十五年冬蝝生饑襄二十四年冬大饑桓五年秋螽僖十五年八月螽文三年秋雨螽於宋八年冬螽宣六年八月螽十三年秋螽十五年秋螽襄七年八月螽哀十二年十二月螽十三年九月螽十二月螽隱五年九月螟八年九月螟莊六年秋螟皆是也螽卽蝗也螟蟲之食苗心者也螽音終螟音冥當是時禍亂輒應弑君三十六師古曰謂隱四年衛州吁弑其君完十一年羽父使賊弑公于寪氏桓二年宋督弑其君與夷七年曲沃伯誘晉小子侯殺之十七年鄭高渠彌弑昭公莊八年齊無知弑其君諸兒十二年宋萬弑其君捷十四年傳瑕弑其君鄭子三十二年共仲使圉人犖賊子般閔二年共仲使卜齮賊公于武闈僖十年晉里克弑其君卓二十四年晉弑懷公于高梁文元年楚太子商臣弑其君頵十四年齊公子商人弑其君舍十六年宋人弑其君杵臼十八年齊人弑其君商人魯襄仲殺子惡莒弑其君庶其宣二年晉趙盾弑其君夷皐四年鄭公子歸生弑其君夷十年陳夏徵舒弑其君平國成十八年晉弑其君州蒲襄七年鄭子駟使賊夜弑僖公二十五年齊崔杼弑其君光二十六年衛甯喜弑其君剽二十九年閽弑吳子餘祭三十年蔡太子般弑其君固三十一年莒人弑其君密州昭元年楚公子圍問王疾縊而弑之十三年楚公子比弑其君虔于乾谿十九年許太子止弑其君買二十七年吳弑其君僚定十三年薛弑其君比哀四年盜殺蔡侯申六年齊陳乞弑其君荼十年齊人弑悼公凡三十六亡國五十二師古曰謂桓五年州公如曹莊四年紀侯大去其國十年齊師滅譚十三年齊人滅遂十四年楚子滅息十六年楚滅鄧閔元年晉滅耿滅霍滅魏僖五年楚滅弦晉滅虢滅虞十二年楚人滅黃十七年楚滅項十九年秦人取梁二十五年衛侯燬滅邢二十六年楚人滅夔三十三年秦滅滑文四年楚滅江五年楚人滅六滅蓼十六年楚人秦人巴人滅庸宣八年楚人滅舒蓼九年取根牟十二年楚子滅蕭十五年晉師滅赤狄潞氏成六年取鄟十七年楚滅舒庸襄六年莒人滅鄫齊侯滅萊十年諸侯滅偪陽十三年取邿二十五年楚滅舒鳩昭四年楚子滅賴十二年晉滅肥十六年楚子取戎蠻氏十七年晉滅陸渾戎二十一年晉滅鼓三十年吳滅徐定四年蔡滅沈五年楚滅唐六年鄭滅許十四年楚人滅頓十五年楚子滅胡哀八年宋公滅曹又邾滅須句楚滅權晉滅焦楊楚滅道房申凡五十二諸侯奔走不得保其社稷者不可勝數也師古曰謂桓十五年鄭伯突出奔蔡襄十四年衛侯出奔齊昭三年北燕伯款出奔齊二十三年莒子庚輿來奔之類是也周室多禍晉敗其師於貿戎師古曰貿戎地名也春秋公羊經成元年秋王師敗績于貿戎傳曰孰敗之蓋晉敗之也貿音莫侯反伐其郊師古曰郊周邑也昭二十三年正月經書晉人圍郊也鄭傷桓王應劭曰王以諸侯伐鄭鄭伯禦之射王中肩師古曰事在桓五年秋戎執其使師古曰隱七年冬經書天王使凡伯來聘戎伐凡伯于楚丘以歸○宋祁曰浙本注文伐作執衛侯朔召不往齊逆命而助朔師古曰春秋桓十六年經書衛侯朔出奔齊穀梁傳曰天子召而不往也五大夫爭權三君更立莫能正理應劭曰周景王崩單穆公劉文公羣簡公甘平公召莊公此五大夫相與爭奪更立王子猛子朝及敬王是爲三君也更音工衡反遂至陵夷不

能復興師古曰陵夷謂卑替也解在成紀及異姓諸侯王表也由此觀之和氣致祥乖氣致異祥多者其國安異衆者其國危天地之常經古今之通義也今陛下開三代之業招文學之士優游寬容使得並進今賢不肖渾殽師古曰言雜亂也渾音胡本反其下亦同白黑不分邪正雜糅師古曰糅和也音汝救反○宋祁曰當作女救反忠讒並進章交公車人滿北軍如淳曰漢儀注中壘校尉主北軍壘門內尉一人主上書者獄上章於公車有不如法者以付北軍尉北軍尉以法治之楊惲上書遂幽北闕北闕公車所在朝臣舛午膠戾乖剌師古曰言志意不和各相違背午音五故反剌音來曷反更相讒愬師古曰更音工衡反轉相是非傳授增加文書紛糾前後錯繆毀譽渾亂師古曰言各在私情不得其實所以營惑耳目感移心意不可勝載師古曰言其誣罔天子也營謂回繞之分曹爲黨往往羣朋師古曰曹輩也將同心以陷正臣正臣進者治之表也正臣陷者亂之機也乘治亂之機未知孰任而災異數見此臣所以寒心者也夫乘權藉勢之人子弟鱗集於朝師古曰言其相次如魚鱗羽翼陰附者衆輻湊於前師古曰輻湊言如車輻之歸於轂也毀譽將必用以終乖離之咎師古曰言讒佞之人毀譽得進則忠賢被斥日以乖離也是以日月無光雪霜夏隕海水沸出陵谷易處列星失行皆怨氣之所致也夫遵衰周之軌迹循詩人之所刺而欲以成太平致雅頌猶郤行而求及前人也師古曰郤音卻略反初元以來六年矣案春秋六年之中災異未有稠如今者也師古曰稠多也音直流反夫有春秋之異無孔子之救猶不能解紛師古曰紛亂也況甚於春秋乎原其所以然者讒邪並進也讒邪之所以並進者由上多疑心既已用賢人而行善政如或譖之則賢人退而善政還師古曰還謂收還也夫執狐疑之心者來讒賊之口持不斷之意者開羣枉之門師古曰枉曲也讒邪進則衆賢退羣枉盛則正士消故易有否泰師古曰否音皮鄙反小人道長君子道消君子道消則政日亂故爲否否者閉而亂也君子道長小人道消小人道消則政日治故爲泰泰者通而治也詩又云雨雪麃麃見晛聿消師古曰此小雅角弓篇刺幽王好讒佞之詩也麃麃盛也見無雲也晛日氣也聿辭也言雨雪之盛麃麃然至於無雲日氣始出而雨雪皆消釋矣喻小人雖多王若欲興善政則賢者升用而小人誅滅矣麃音彼驕反晛音乃見反○宋祁曰韓詩作曣云曣見日出也今詩作見蓋向引韓詩後人便改作見非是陽夏公按向時毛詩未列學官與易同義昔者鯀共工驩兜與舜禹雜處堯朝師古曰鯀崇伯之名卽檮杌也共工少皥氏之後卽窮奇也驩兜帝鴻氏之後卽渾敦也鯀音工本反驩音火官反檮音徒高反杌音兀渾音胡本反敦音徒本反周公與管蔡並居周位當是時迭進相毀師古曰迭互也音大結反流言相謗豈可勝道哉帝堯成王能賢舜禹周公而消共工管蔡故以大治榮華至今孔子與季孟偕仕於魯師古曰季孟謂季孫孟孫皆桓公之後代執國權而卑公室也李斯與叔孫俱宦於秦師古曰叔孫者叔孫通也定公始皇賢季孟李斯而消孔子叔孫故以大亂汙辱至今故治亂榮辱

之端在所信任信任既賢在於堅固而不移詩云我心匪石不可轉也師古曰此邶柏舟之詩也言石性雖堅尚可移轉己志貞確執德不傾過於石也言守善篤也易曰渙汗其大號師古曰此易渙卦九五爻辭也言王者渙然大發號令如汗之出也言號令如汗汗出而不反者也今出善令未能踰時而反是反汗也師古曰踰時三月也用賢未能三旬而退是轉石也論語曰見不善如探湯師古曰論語載孔子之言探湯言其除難無所避也今二府奏佞讇不當在位歷年而不去如淳曰二府丞相御史也師古曰讇古諂字故出令則如反汗用賢則如轉石去佞則如拔山如此望陰陽之調不亦難乎是以羣小窺見間隙緣飾文字巧言醜詆師古曰詆毀也詆辱也音丁禮反流言飛文譁於民間師古曰譁讙也譁音火瓜反故詩云憂心悄悄慍于羣小師古曰此邶柏舟言仁而不遇之詩也悄悄憂貌慍怒也悄音千小反小人成羣誠足慍也昔孔子與顏淵子貢更相稱譽不爲朋黨師古曰事具見論語更音工衡反禹稷與皐陶傳相汲引不爲比周師古曰事見尚書舜典比音頻寐反何則忠於爲國無邪心也故賢人在上位則引其類而聚之於朝易曰飛龍在天大人聚也師古曰此乾卦九五象辭也言聖王正位臨馭萬方則賢人君子皆來見也在下位則思與其類俱進易曰拔茅茹以其彙征吉鄭氏曰彙音謂類也茹牽引也茅喻君有潔白之德臣下引其類而仕之師古曰此泰卦初九爻辭征行也茹音汝據反在上則引其類在下則推其類故湯用伊尹不仁者遠而衆賢至類相致也今佞邪與賢臣並在交戟之內師古曰交戟謂宿衛者合黨共謀違善依惡歙歙訿訿數設危險之言欲以傾移主上如忽然用之此天地之所以先戒災異之所以重至者也師古曰重音直用反自古明聖未有無誅而治者也故舜有四放之罰師古曰謂流共工于幽州放驩兜于崇山竄三苗於三危殛鯀于羽山也而孔子有兩觀之誅應劭曰少正卯姦人之雄孔子攝司寇七日誅之於兩觀之下師古曰兩觀謂闕也然後聖化可得而行也今以陛下明知誠深思天地之心迹察兩觀之誅師古曰尋其餘迹而察之覽否泰之卦觀雨雪之詩歷周唐之所進以爲法原秦魯之所消以爲戒師古曰歷謂歷觀之原謂思其本也考祥應之福省災異之禍以揆當世之變師古曰省視也揆度也放遠佞邪之黨壞散險詖之聚師古曰險言曰詖詖音彼義反杜閉羣枉之門師古曰杜塞也廣開衆正之路決斷狐疑分別猶豫使是非炳然可知則百異消滅而衆祥並至太平之基萬世之利也臣幸得託肺附師古曰舊解云肺附謂肝肺相附著猶言心膂也一說肺謂斫木之肺札也自言於帝室猶肺札附於大材木也誠見陰陽不調不敢不通所聞竊推春秋災異以救今事一二條其所以師古曰以由也○宋祁曰浙本救作效不宜宣泄臣謹重封昧死上恭顯見其書愈與許史比而怨更生等師古曰比音頻寐反堪性公方自見孤立遂直道而不曲是歲夏寒日青無光恭顯及許史皆言堪猛用事之咎上內重堪又患衆口之寖潤無所取

信時長安令楊興以材能幸常稱譽堪上欲以爲助乃見問興朝臣斷斷不可光祿勳何邪師古曰斷斷忿嫉之意也斷音牛斤反興者傾巧士謂上疑堪因順指曰堪非獨不可於朝廷自州里亦不可也臣見衆人聞堪前與劉更生等謀毀骨肉以爲當誅故臣前言堪不可誅傷爲國養恩也上曰然此何罪而誅今宜奈何興曰臣愚以爲可賜爵關內侯食邑三百戶勿令典事明主不失師傅之恩此最策之得者也上於是疑會城門校尉諸葛豐亦言堪猛短上因發怒免豐語在其傳又曰豐言堪猛貞信不立朕閔而不治又惜其材能未有所效其左遷堪爲河東太守猛槐里令顯等專權日甚後三歲餘孝宣廟闕災其晦日有蝕之於是上召諸前言日變在堪猛者責問皆稽首謝乃因下詔曰河東太守堪先帝賢之命而傅朕資質淑茂師古曰淑善也茂美也道術通明論議正直秉心有常發憤悃愊張晏曰悃誠也愊密也師古曰悃愊至誠也悃音口本反愊音平力反信有憂國之心以不能阿尊事貴孤特寡助抑厭遂退師古曰厭音一甲反謂不伸也卒不克明師古曰卒終也克能也往者衆臣見異師古曰異災異也不務自修深惟其故而反晻昧說天託咎此人師古曰晻不明也讀與暗同又音烏感反朕不得已師古曰已止也出而試之以彰其材堪出之後大變仍臻衆亦嘿然堪治未期年而三老官屬有識之士詠頌其美使者過郡靡人不稱師古曰靡無也此固足以彰先帝之知人而朕有以自明也俗人乃造端作基非議詆欺師古曰詆毀也音丁禮反或引幽隱非所宜明意疑以類欲以陷之朕亦不取也朕迫于俗不得專心乃者天著大異朕甚懼焉今堪年衰歲暮恐不得自信師古曰信讀曰伸排於異人將安究之哉師古曰究竟也明也其徵堪詣行在所拜爲光祿大夫秩中二千石領尚書事猛復爲太中大夫給事中顯幹尚書事師古曰幹與管同言管主其事尚書五人皆其黨也堪希得見常因顯白事事決顯口會堪疾瘖不能言而卒師古曰瘖音於今反顯誣譖猛令自殺於公車更生傷之乃著疾讒擿要救危及世頌凡八篇師古曰擿謂指發之也音吐歷反依興古事悼己及同類也師古曰興謂比喻也音許證反遂廢十餘年成帝即位顯等伏辜更生乃復進用更名向向以故九卿召拜爲中郎使領護三輔都水蘇林曰三輔多溉灌渠悉主之故言都水數奏封事遷光祿大夫是時帝元舅陽平侯王鳳爲大將軍秉政倚太后專國權師古曰倚音於綺反兄弟七人皆封爲列侯時數有大異向以爲外戚貴盛鳳兄弟用事之咎而上方精於詩書觀古文○宋祁曰浙本觀字下有覽字詔向領校中五經祕書師古曰言中者以別於外向見尚書洪範箕子爲武王陳五行陰陽休咎之應師古曰休美也音許求反他皆類此向乃集

合上古以來歷春秋六國至秦漢符瑞災異之記推迹行事連傳禍福著其占驗比類相從各有條目凡十一篇號曰洪範五行傳論奏之天子心知向忠精故爲鳳兄弟起此論也然終不能奪王氏權久之營起昌陵數年不成復還歸延陵制度泰奢向上疏諫曰臣聞易曰安不忘危存不忘亡是以身安而國家可保也師古曰易下繫之辭故賢聖之君博觀終始窮極事情而是非分明王者必通三統應劭曰二王之後與己爲三統也孟康曰天地人之始也張晏曰一曰天統謂周以十一月建子爲正天始施之端也二曰地統謂殷以十二月建丑爲正地始化之端也三曰人統謂夏以十三月建寅爲正人始成之端也師古曰諸家之說皆不備也言王者象天地人之三統故存三代也明天命所授者博非獨一姓也孔子論詩至於殷士膚敏祼將于京師古曰此大雅文王之篇殷士殷之卿士也膚美也敏疾也祼灌鬯也將行也京周京也言殷之臣有美德而敏疾乃來助祭于周行祼鬯之事是天命無常歸于有德喟然歎曰師古曰喟歎息貌音丘位反大哉天命善不可不傳于子孫是以富貴無常不如是則王公其何以戒慎民萌何以勸勉師古曰萌與甿同無知之貌○宋祁曰浙本注文同字下有甿甿二字蓋傷微子之事周而痛殷之亡也雖有堯舜之聖不能化丹朱之子○劉攽曰雖有堯舜之聖不能化丹朱之子既言堯舜豈可不言商均明脫此二字雖有禹湯之德不能訓末孫之桀紂自古及今未有不亡之國也昔高皇帝既滅秦將都雒陽感寤劉敬之言自以德不及周而賢於秦遂徙都關中依周之德因秦之阻世之長短以德爲効師古曰効謂徵驗也故常戰栗不敢諱亡孔子所謂富貴無常蓋謂此也孝文皇帝居霸陵北臨廁服虔曰廁側近水也李奇曰霸陵山北頭廁近霸水帝登其上以遠望也○宋祁曰水經韋昭曰高岸夾水爲廁今斷原夾二水也意悽愴悲懷顧謂羣臣曰嗟乎以北山石爲椁用紵絮斮陳漆其閒應劭曰斮斬也陳施也孟康曰斮絮以漆著其閒也師古曰美石出京師北山今宜州石是也故云以北山石爲椁紵絮者可以紵衣之絮也斮而陳其閒又從而漆之也紵音張呂反斮音側畧反豈可動哉張釋之進曰使其中有可欲雖錮南山猶有隙使其中無可欲雖無石椁又何慼焉師古曰有可欲謂多臧金玉而厚葬之人皆欲發取之是有閒隙也無可欲謂不賞器備而薄葬人無欲攻掘取之故無憂慼也錮謂鑄塞也云錮南山者取其深大假以爲喻也錮音固夫死者無終極而國家有廢興故釋之之言爲無窮計也孝文寤焉遂薄葬不起山墳易曰古之葬者厚衣之以薪臧之中野不封不樹師古曰厚衣之以薪言積薪以覆之也不封謂不聚土爲墳也不樹謂不種樹也衣音於既反後世聖人易之以棺椁棺椁之作自黃帝始黃帝葬於橋山師古曰在上郡陽周縣堯葬濟陰丘壠皆小葬具甚微晉灼曰丘壠冢墳也舜葬蒼梧二妃不從師古曰二妃堯之二女禹葬會稽不改其列鄭氏曰不改樹木百物之列也如淳曰列隴也墨子曰禹葬會稽之山既葬收餘壤其上壠若參耕之畝則止矣晉灼曰列肆也淮南子云舜葬蒼梧不變其肆言不煩於民也師古曰鄭說是也淮南所云不變其肆肆者故也言山川田畝皆如故耳非別義也晉氏失之殷湯無葬處師古曰謂不見傳記也○宋祁曰杜預曰梁國蒙縣有亳城城中有湯冢其西

又有伊尹冢按蒙爲北亳即景亳湯受命之地皇覽曰湯冢在濟陰亳縣北東郭去縣三里冢四方方各十步高七尺上平處平地漢哀帝建平元年大司空御史長卿按行水災因行湯冢寰宇記云劉向言湯無葬處蓋不知其處也文武周公葬於畢李奇曰在岐州之閒臣瓚曰汲郡古文畢西於豐三十里師古曰二說皆非也畢陌在長安西北四十里也○宋祁曰注文岐州當作岐周秦穆公葬於雍橐泉宮祈年館下樗里子葬於武庫文穎曰秦惠王異母弟也師古曰樗里子且死曰葬我必於渭南章臺東後百年當有天子宮夾我墓及漢興長樂宮在其東未央宮在其西武庫正直其上也皆無丘隴之處此聖帝明王賢君智士遠覽獨慮無窮之計也其賢臣孝子亦承命順意而薄葬之此誠奉安君父忠孝之至也夫周公武王弟也葬兄甚微孔子葬母於防師古曰防魯邑名也音扶方反○宋祁曰正文注文防當作坊稱古墓而不墳師古曰墓謂壙穴也墳謂積土也曰丘東西南北之人也不可不識也師古曰東西南北言周遊以行其道不得事在本邦故墓須表識識音式志反○宋祁曰注文識字下當更有識字爲四尺墳遇雨而崩弟子修之以告孔子孔子流涕曰吾聞之古者不修墓蓋非之也師古曰事見禮記延陵季子適齊而反其子死葬於嬴博之閒師古曰二邑並在泰山其子死於其閒穿不及泉歛以時服封墳掩坎其高可隱孟康曰隱蔽之財可見而已臣瓚曰謂人立可隱肘也師古曰瓚說是也隱音於靳反而號曰師古曰號謂哭而且言也骨肉歸復於土命也魂氣則無不之也夫嬴博去吳千有餘里季子不歸葬孔子往觀曰延陵季子於禮合矣師古曰事亦見禮記故仲尼孝子而延陵慈父舜禹忠臣周公弟弟師古曰弟弟者言弟能順理也上弟音徒計反其葬君親骨肉皆微薄矣非苟爲儉誠便於體也○宋祁曰浙本體作禮宋桓司馬爲石椁仲尼曰不如速朽李奇曰宋桓魋爲石椁耆奢故以此言秦相呂不韋集知略之士而造春秋亦言薄葬之義皆明於事者也○宋祁曰別本事字下有情字逮至吳王闔閭違禮厚葬十有餘年越人發之及秦惠文武昭嚴襄五王師古曰嚴襄者謂莊襄始皇父也皆大作丘隴多其瘞臧師古曰瘞埋也音于例反咸盡發掘暴露甚足悲也秦始皇帝葬於驪山之阿師古曰阿謂山曲也下錮三泉上崇山墳其高五十餘丈周回五里有餘石椁爲游館李奇曰壙中爲游戲之館師古曰多累石作椁於壙中以爲離宮別館也人膏爲燈燭○宋祁曰史記作人魚膏水銀爲江海黃金爲鳧鴈珍寶之臧機械之變孟康曰作機發木人之屬盡其巧變也晉灼曰始皇本紀令匠作機弩矢有所穿近輒射之又言工匠爲機咸皆知之已下閉美門皆殺工匠也師古曰晉說是也棺椁之麗宮館之盛不可勝原師古曰言不能盡其本數又多殺宮人生薶工匠計以萬數天下苦其役而反之驪山之作未成而周章百萬之師至其下矣師古曰周章陳勝之將項籍燔其宮室營宇往者咸見發掘師古曰言至其墓所者發掘之而求財物也○宋祁曰浙本注文發字上有皆字其後牧兒亡羊羊入其鑿師古曰鑿謂所穿冢臧者音在到反牧者持火照求羊失火燒其臧椁自古至今葬未有盛如始皇者也數年之閒外被項籍之災內離牧豎之禍師古曰離遭也豈不哀哉是故

德彌厚者葬彌薄知愈深者葬愈微無德寡知其葬愈厚丘隴彌高宮廟甚麗發掘必速由是觀之明暗之效葬之吉凶昭然可見矣周德既衰而奢侈宣王賢而中興更爲儉宮室小寢廟詩人美之斯干之詩是也（師古曰小雅篇名美宣王考室其首章曰秩秩斯干秩秩流行也干澗也喻宣王之德如澗水源秩秩流出無極已也）上章道宮室之如制下章言子孫之衆多也（師古曰宮室如制謂殖殖其庭有覺其楹君子攸寧也子孫衆多謂維熊維羆男子之祥維虺維蛇女子之祥也）及魯嚴公（師古曰即莊公也）刻飾宗廟多築臺囿（師古曰解在五行志）後嗣再絕（孟康曰謂子般閔公皆殺死也）春秋刺焉周宣如彼而昌魯秦如此而絕是則奢儉之得失也陛下即位躬親節儉始營初陵其制約小天下莫不稱賢明及徙昌陵增埤爲高（師古曰埤下也音婢）積土爲山發民墳墓積以萬數營起邑居期日迫卒（師古曰卒讀曰猝）功費大萬百餘（應劭曰大萬億也大巨也）死者恨於下生者愁於上怨氣感動陰陽因之以饑饉物故流離以十萬數（師古曰物故謂死也流離謂亡其居處也）臣甚惽焉（師古曰惽謂不了言惑於此事也惽音昏一曰惽古閔字憂病也）以死者爲有知發人之墓其害多矣若其無知又安用大謀之賢知則不說以示衆庶則苦之（師古曰說讀曰悅其下亦同）若苟以說愚夫淫侈之人又何爲哉陛下仁慈篤美甚厚聰明疏達蓋世宜弘漢家之德崇劉氏之美光昭五帝三王而顧與暴秦亂君（師古曰顧猶反也）競爲奢侈比方丘壠說愚夫之目隆一時之觀違賢知之心亡萬世之安臣竊爲陛下羞之唯陛下上覽明聖黃帝堯舜禹湯文武周公仲尼之制下觀賢知穆公延陵樗里張釋之之意孝文皇帝去墳薄葬以儉安神可以爲則秦昭始皇增山厚臧以侈生害足以爲戒初陵之橅（應劭曰橅音規摹之摹師古曰謂規度墓地應音是也韋玄成傳及蕭望之傳規橅音義皆同其字從木）宜從公卿大臣之議以息衆庶書奏上甚感向言而不能從其計向睹俗彌奢淫而趙衞之屬起微賤踰禮制（師古曰趙皇后昭儀衞婕妤也）向以爲王教由內及外自近者始故采取詩書所載賢妃貞婦興國顯家可法則及孼嬖亂亡者（師古曰孼庶也嬖愛也嬖音必計反）序次爲列女傳凡八篇以戒天子及采傳記行事著新序說苑凡五十篇奏之數上疏言得失陳法戒書數十上以助觀覽補遺闕上雖不能盡用然內嘉其言常嗟歎之時上無繼嗣政由王氏出災異浸甚（師古曰漸甚也）向雅奇陳湯智謀與相親友獨謂湯曰災異如此而外家日盛其漸必危劉氏吾幸得同姓末屬絫世蒙漢厚恩（師古曰絫古累字）身爲宗室遺老歷事三主上以我先帝舊臣每進見常加優禮吾而不言孰當言者（師古曰孰誰也）向遂上封事極諫曰臣聞人君莫不欲安然而常危莫不欲存然而常亡失御臣之術也夫大臣操權柄持國政（師古曰操執也音千高反）未有不爲害者也昔晉有六卿（應劭曰智伯范中行韓魏趙也）齊有田崔衞有孫甯魯有季孟常掌國事世執朝柄終後田氏取齊六卿分晉崔杼弒其君光孫林父甯殖出其君衎弒其君剽（師古曰衎音口旦反剽音匹昭反解在五行志○劉奉世曰孫林父甯殖子謂弒其君剽乃甯喜也）季氏八佾舞於庭三家者以雍徹（師古曰佾列也謂舞者之行列也八人一佾八佾六十四人也雍樂詩名徹饌奏之皆僭王者之禮）並專國政卒逐昭公周大夫尹氏筦朝事（師古曰筦與管同）濁亂王室子朝子猛更立連年乃定（師古曰更音工衡反解在五行志）故經曰王室亂又曰尹氏殺王子克甚之也（師古曰言其惡大甚也○劉敞曰今經文不見殺王子克但有立王子朝）春秋舉成敗錄禍福如此類甚衆皆陰盛而陽微下失臣道之所致也故書曰臣之有作威作福害于而家凶于而國（師古曰周書洪範也而汝也言唯君得作威作福臣下爲之則致凶害也）孔子曰祿去公室政逮大夫危亡之兆（李奇曰卿當爲政而反大夫爲政也臣瓚曰政不由君下及大夫也上大夫即卿也師古曰瓚說是也論語孔子曰祿去公室五君矣政逮於大夫四君矣故三桓之子孫微矣）秦昭王舅穰侯及涇陽葉陽君（鄭氏曰皆昭王之母弟也師古曰穰侯魏冉也涇陽葉陽皆其弟也葉音式涉反）專國擅執上假太后之威三人者權重於昭王家富於秦國國甚危殆賴寤范雎之言而秦復存二世委任趙高專權自恣壅蔽大臣終有閻樂望夷之禍（鄭氏曰望夷秦宮名也應劭曰秦二世齋於望夷之宮閻樂以兵殺二世也師古曰博物志云宮在長陵西北長平觀道東臨涇水作之以望北夷此說非也胡亥葬於宜春苑不在渭北也○劉奉世曰師古但舉胡亥葬處不知望夷所在也且何以知望夷之不在渭北耶二世以涇爲祟齋而欲祠涇則疑在渭北矣然夷云者平也）秦遂以亡近事不遠即漢所代也漢興諸呂無道擅相尊王呂產呂祿席太后之寵（師古曰席猶因也言若人之坐於席也）據將相之位兼南北軍之衆擁梁趙王之尊驕盈無厭欲危劉氏賴忠正大臣絳侯朱虛侯等竭誠盡節以誅滅之然後劉氏復安今王氏一姓乘朱輪華轂者二十三人青紫貂蟬充盈幄內魚鱗左右（師古曰言在帝之左右相次若魚鱗也）大將軍秉事用權五侯驕奢僭盛並作威福擊斷自恣行汙而寄治身私而託公（師古曰寄托也內爲汙私之行而外托治公之道也）依東宮之尊（師古曰東宮太后所居也）假甥舅之親以爲威重尚書九卿州牧郡守皆出其門（師古曰言爲其僚吏者皆居顯要之職）筦執樞機朋黨比周稱譽者登進忤恨者誅傷游談者助之說執政者爲之言排擯宗室孤弱公族其有智能者尤非毀而不進遠絕宗室之任不令得給事朝省恐其與已分權數稱燕王蓋主以疑上心（師古曰示宗室親近而反逆也）避諱呂霍而弗肯稱（師古曰呂后霍后二家皆坐僭擅誅滅故爲王氏諱而不言也）內有管蔡之萌外假周公之論兄弟據重宗族磐互（師古曰磐結而交互也字或作牙謂若犬牙相交入之意也）歷上古至秦漢外戚僭貴未有如王氏者也雖周皇甫秦穰侯漢武安呂霍上官之屬皆不及也（師古曰皇甫周卿士字也周后寵之故處於盛位權黨於朝詩人刺之事見小雅十月之交篇武安侯田蚡也）物盛必有非常之變先見爲其人微象（○宋祁曰微作徵）孝昭帝時冠石立於泰山（晉灼曰漢注冠山石臣瓚曰冠山下有石自立三石爲足一石在上故曰冠石也師古曰事具在眭孟傳）仆柳起於上林（師古曰其樹已死僵仆於地而更起生事亦具在眭孟傳）而孝宣帝即位今王氏先祖墳墓在濟南者其梓柱生枝葉扶疏上出屋根垂地中（○宋祁曰垂一作臿）雖立石起柳無以過此之明也事埶不兩大王氏與劉氏亦且不並立如下有泰山之安則上有累卵之危陛下爲人子孫守持宗廟而令國祚移於外親降爲皁隸（師古曰皁隸卑賤之人也春秋左氏傳曰大夫臣士士臣皁皁臣輿輿臣隸也）縱不爲身奈宗廟何婦人內夫家外父母家此亦非皇太后之福也（如淳曰內猶親也而皇太后反外夫家也）孝宣皇帝不與舅平昌樂昌侯權（○宋祁曰舊本無樂昌字浙本有）所以全安之也夫明者起福於無形銷患於未然宜發明詔吐德音援近宗室親而納信（師古曰援引也謂升引而附近之也援音爰）黜遠外戚毋授以政（師古曰遠疏而離之也音于萬反）皆罷令就第以則效先帝之所行厚安外戚全其宗族誠東宮之意外家之福也王氏永存保其爵祿劉氏長安不失社稷所以褒睦外內之姓子子孫孫無疆之計也如不行此策（師古曰如若也）田氏復見於今六卿必起於漢爲後嗣憂昭昭甚明不可不深圖不可不蚤慮（師古曰蚤古早字）易曰君不密則失臣臣不密則失身幾事不密則害成（師古曰上繫之辭也）唯陛下深留聖思審固幾密覽往事之戒以折中取信居萬安之實用保宗廟久承皇太后（師古曰言社稷不安則帝身亦不得久事皇太后也）天下幸甚書奏天子召見向歎息悲傷其意謂曰君且休矣吾將思之（師古曰且令出外休息）以向爲中壘校尉向爲人簡易無威儀廉靖樂道不交接世俗專積思於經術晝誦書傳夜觀星宿或不寐達旦元延中星孛東井蜀郡岷山崩雍江（師古曰雍讀作壅）向惡此異語在五行志懷不能已復上奏其辭曰臣聞帝舜戒伯禹毋若丹朱敖（師古曰事見虞書益稷篇丹朱堯子也敖讀曰傲○劉奉世曰毋若丹朱傲此禹戒舜之語非舜戒禹之辭也）周公戒成王毋若殷王紂（師古曰事見周書亡逸篇）詩曰殷監不遠在夏后之世亦言湯以桀爲戒也聖帝明王常以敗亂自戒不諱廢興故臣敢極陳其愚唯陛下留神察焉謹案春秋二百四十二年日蝕三十六襄公尤數率三歲五月有奇而壹食（師古曰奇謂成數之餘不滿者也音居宜反）漢興訖竟寧孝景帝尤數率三歲一月而一食臣向前數言日當食今連三年比食（師古曰比頻也）自建始以來二十歲間而八食率二歲六月而一發古今罕有異有小大希稠占有舒疾緩急而聖人所以斷疑也易曰觀乎天文以察時變（師古曰賁彖辭也）昔孔子對魯哀公並言夏桀殷紂暴虐天下故歷失則攝提失方孟陬無紀（孟康曰攝提星名也隨斗杓建十二月歷不正則失其所建首時爲孟正月爲陬師古曰陬音子侯反又音鄒）此皆易姓之變也秦始皇之末至二世時日月薄食山陵淪亡辰星出於四孟（師古曰四時之孟月也當見四仲也）太白經天而行（孟康曰謂出東入西出西入東也太白陰星出東當伏東出西當伏西過午爲經天也）無雲而雷（張晏曰雷當託雲猶君之託臣也二世不恤天下人有畔心象獨號令而無臣也）枉矢夜光（應劭曰流星也其射如矢蛇行不正故曰枉矢流以亂伐亂蘇林曰有聲爲天狗無聲爲枉矢也）熒惑襲月（應劭曰熒惑主內亂月主刑故趙高殺二世也）孽火燒宮（師古曰孽災也）野禽戲廷（張晏曰野鳥入處主人將去）都門內崩（師古曰內嚮而壞）長人見臨洮石隕于東郡星孛大角大角以亡（應劭曰天王坐席也流星茀大角大角因伏不見也）觀孔子之言考暴秦之異天命信可畏也及項籍之敗亦孛大角漢之入秦五星聚于東井得天下之象也孝惠時有雨血日食於衝滅光星見之異（孟康曰日月行交道之衝也相薄而既也京房所謂陰氣盛薄日光者也）孝昭時有泰山臥石自立上林僵柳復起大星如月西行衆星隨之此爲特異孝宣興起之表天狗夾漢而西（李奇曰流星也下墮地爲天狗皆流星）久陰不雨者二十餘日昌邑不終之異也皆著於漢紀觀秦漢之易世覽惠昭之無後察昌邑之不終視孝宣之紹起天之去就豈不昭昭然哉高宗成王亦有雊雉拔木之變能思其故故高宗有百年之福成王有復風之報（師古曰復反也事並見尚書高宗彤日及金縢篇解在五行志）神明之應應若景嚮（師古曰嚮讀曰響）世所同聞也臣幸得託末屬誠見陛下寬明之德冀銷大異而興高宗成王之聲以崇劉氏故豤豤數奸死亡之誅（師古曰豤豤款誠之意也奸犯也豤音懇奸音干）今日食尤屢星孛東井攝提炎及紫宮（師古曰炎音弋贍反）有識長老莫不震動此變之大者也其事難一二記故易曰書不盡言言不盡意（師古曰上繫之辭）是以設卦指爻而復說義書曰伻來以圖（孟康曰伻使也使人以圖來示成王明卩說不了指圖乃了也師古曰周書洛誥之辭）天文難以相曉臣雖圖上猶須卩說然後可知願賜清燕之閒（師古曰閒讀曰閑）指圖陳狀上輒入之（師古曰謂召入也）然終不能用也向每召見數言公族者國之枝葉枝葉落則本根無所庇廕（師古曰庇音必寐反）方今同姓疏遠母黨專政祿去公室權在外家非所以彊漢宗卑私門保守社稷安固後嗣也向自見得信於上故常顯訟宗室譏刺王氏及在位大臣其言多痛切發於至誠上數欲用向爲九卿輒不爲王氏居位者及丞相御史所持故終不遷（師古曰持謂扶持佐助也）居列大夫官前後三十餘年年七十二卒卒後十三歲而王氏代漢向三子皆好學長子伋（師古曰伋音汲）以易教授官至郡守中子賜九卿丞蚤卒少子歆最知名

歆字子駿少以通詩書能屬文召見成帝待詔宦者署

爲黃門郎河平中受詔與父向領校祕書講六藝傳記諸子詩賦數術方技無所不究向死後歆復爲中壘校尉哀帝初即位大司馬王莽舉歆宗室有材行爲侍中太中大夫遷騎都尉奉車光祿大夫貴幸復領五經卒父前業歆乃集六藝羣書種別爲七略語在藝文志歆及向始皆治易宣帝時詔向受穀梁春秋十餘年大明習及歆校祕書見古文春秋左氏傳歆大好之時丞相史尹咸以能治左氏與歆共校經傳歆略從咸及丞相翟方進受質問大義師古曰質正也初左氏傳多古字古言學者傳訓故而已師古曰故謂指趣也及歆治左氏引傳文以解經轉相發明由是章句義理備焉歆亦湛靖有謀師古曰湛讀曰沈父子俱好古博見彊志師古曰志記也過絕於人歆以爲左丘明好惡與聖人同師古曰論語載孔子曰巧言令色足恭左丘明恥之丘亦恥之匿怨而友其人左丘明恥之丘亦恥之親見夫子而公羊穀梁在七十子後師古曰七十子是孔子弟子也實七十二人指其成數言也○宋祁曰注文二當作七傳聞之與親見之○宋祁曰之字當刪其詳略不同歆數以難向向不能非間也然猶自持其穀梁義及歆親近欲建立左氏春秋及毛詩逸禮古文尚書皆列於學官哀帝令歆與五經博士講論其義諸博士或不肯置對師古曰謂不與歆意同故不肯立其學也置對置辭以對也歆因移書太常博士責讓之曰昔唐虞既衰而三代迭興師古曰迭互也音大結反聖帝明王累起相襲其道甚著周室既微而禮樂不正道之難全也如此是故孔子憂道之不行歷國應聘自衛反魯然後樂正雅頌乃得其所修易序書制作春秋以紀帝王之道及夫子沒而微言絕七十子終而大義乖重遭戰國棄籩豆之禮師古曰籩豆禮食之器也以竹曰籩以木曰豆籩音邊理軍旅之陳○宋祁曰理一作治孔子之道抑而孫吳之術興陵夷至於暴秦燔經書殺儒士設挾書之法行是古之罪師古曰以古事爲是者即罪之道術由是遂滅漢興去聖帝明王遐遠仲尼之道又絕法度無所因襲時獨有一叔孫通略定禮儀天下唯有易卜未有它書至孝惠之世乃除挾書之律然公卿大臣絳灌之屬咸介冑武夫莫以爲意至孝文皇帝始使掌故朝錯李奇曰掌故官名也從伏生受尚書尚書初出于屋壁朽折散絕今其書見在時師傳讀而已詩始萌牙師古曰言若草木之初生天下衆書往往頗出皆諸子傳說猶廣立於學官爲置博士在漢朝之儒唯賈生而已師古曰謂賈誼○宋祁曰在漢朝不容更有漢字至孝武皇帝然後鄒魯梁趙頗有詩禮春秋先師師古曰前學之師也皆起於建元之間當此之時一人不能獨盡其經或爲雅或爲頌相合而成泰誓後得博士集而讀之故詔書曰禮壞樂崩書缺簡脫朕甚閔焉時漢興已七八

十年離於全經固已遠矣師古曰言廢絕以久不可得其眞也○宋祁曰浙本離於作離合及魯恭王壞孔子宅欲以爲宮而得古文於壞壁之中逸禮有三十九篇書十六篇天漢之後孔安國獻之遭巫蠱倉卒之難未及施行及春秋左氏丘明所修皆古文舊書多者二十餘通藏於祕府伏而未發孝成皇帝閔學殘文缺稍離其眞乃陳發祕臧校理舊文得此三事以考學官所傳經或脫簡傳或閒編師古曰脫簡謂簡遺失之閒編謂舊編爛絕就更次之前後錯亂也閒音古莧反傳問民閒則有魯國桓公趙國貫公膠東庸生之遺學與此同抑而未施此乃有識者之所惜閔士君子之所嗟痛也往者綴學之士不思廢絕之闕苟因陋就寡分文析字煩言碎辭學者罷老且不能究其一藝師古曰罷讀曰疲究竟也信口說而背傳記是末師而非往古至於國家將有大事若立辟雍封禪巡狩之儀則幽冥而莫知其原師古曰幽冥猶暗昧也猶欲保殘守缺挾恐見破之私意而無從善服義之公心或懷妬嫉不考情實雷同相從隨聲是非抑此三學以尚書爲不備蘇林曰備之而已臣瓚曰當時學者謂尚書唯有二十八篇不知本有百篇也師古曰瓚說是也謂左氏爲不傳春秋豈不哀哉今聖上德通神明繼統揚業亦閔文學錯亂學士若茲雖昭其情猶依違謙讓師古曰依違言不專決也樂與士君子同之故下明詔試左氏可立不遣近臣奉指銜命將以輔弱扶微與二三君子比意同力冀得廢遺師古曰比合也經藝有廢遺者冀得興立之也比音頻寐反今則不然深閉固距而不肯試猥以不誦絕之師古曰猥苟也不誦習之而欲絕去此學○宋祁曰注文當作苟以已不誦習之欲以杜塞餘道絕滅微學夫可與樂成難與慮始此乃衆庶之所爲耳非所望士君子也且此數家之事皆先帝所親論今上所考視其古文舊書皆有徵驗外內相應豈苟而已哉夫禮失求之於野古文不猶愈於野乎師古曰愈勝也往者博士書有歐陽春秋公羊易則施孟然孝宣皇帝猶復廣立穀梁春秋梁丘易大小夏侯尚書義雖相反猶並置之何則與其過而廢之也寧過而立之師古曰過猶誤也傳曰文武之道未墜於地在人賢者志其大者不賢者志其小者師古曰論語孔子弟子子貢之言志識也一曰記今此數家之言所以兼包大小之義豈可偏絕哉若必專已守殘師古曰專執已所見苟守殘缺之文也黨同門妬道眞師古曰黨同師之學妬道藝之眞也違明詔失聖意以陷於文吏之議甚爲二三君子不取也其言甚切諸儒皆怨恨是時名儒光祿大夫龔勝以歆移書上疏深自罪責願乞骸骨罷及儒者師丹爲大司空亦大怒奏歆改亂舊章非毀先帝所立上曰歆欲廣道術亦何以爲非毀哉歆由是忤執政大臣爲衆儒所訕師古曰訕謗也音所諫反懼誅求出補

吏爲河內太守以宗室不宜典三河徙守五原後復轉在涿郡歷三郡守數年以病免官起家復爲安定屬國都尉會哀帝崩王莽持政莽少與歆俱爲黃門郎重之白太后○宋祁曰浙本作太皇太后太后留歆爲右曹太中大夫遷中壘校尉羲和京兆尹使治明堂辟雍封紅休侯典儒林史卜之官考定律歷著三統歷譜初歆以建平元年改名秀字穎叔云應劭曰河圖赤伏符云劉秀發兵捕不道四夷雲集龍鬬野四七之際火爲主故改名幾以趣也○宋祁曰注文趣字當作當字及王莽篡位歆爲國師後事皆在莽傳

贊曰仲尼稱材難不其然與師古曰論語載孔子之言也賢材難得與讀曰歟自孔子後綴文之士衆矣唯孟軻孫況師古曰孫況即荀卿也董仲舒司馬遷劉向揚雄此數公者皆博物洽聞通達古今其言有補於世傳曰聖人不出其間必有命世者焉豈近是乎師古曰近音其靳反劉氏洪範論發明大傳著天人之應七略剖判藝文總百家之緒三統歷譜考步日月五星之度有意其推本之也師古曰言其究極根本深有意也嗚虖師古曰虖讀曰呼向言山陵之戒于今察之哀哉指明梓柱以推廢興昭矣豈非直諒多聞古之益友與師古曰諒信也論語稱孔子曰益者三友友直友諒友多聞益矣贊言向直諒多聞可謂益也與讀曰歟

前漢書卷三十六考證

楚元王傳孫卿門人也注師古曰漢以避宣帝諱改之曰孫○顧炎武曰漢人不避嫌名荀之爲孫如孟卯之爲芒卯司徒之爲申徒語音轉耳

劇東海薛郡○史記但云劇東海郡

劉德傳雜治劉澤詔獄○顧炎武曰德傳如此而子向傳則云更生父德武帝時治淮南獄一傳之中自爲乖異此兩收而未對勘者也臣召南按德之仕宦在昭帝初霍光選擇宗室則當武帝治淮南獄時德尚未爲吏也此傳言治劉澤詔獄爲得其實向傳因得淮南秘書而附會耳

子向坐鑄僞黃金○臣浩按此時應云子更生

劉向傳徵堪向欲以爲諫大夫○顧炎武曰更名向在成帝即位之後此在元帝初年即云向非也

周大夫祭伯云云注張晏曰穀梁傳曰奔也○臣召南按祭伯來穀梁傳以爲來朝公羊傳以爲出奔向正用公羊說耳張晏注誤劉攽糾之是也

李梅冬實七月霜降草木不死注云云○臣召南按以下文八月殺菽例之用夏時紀月則此文七月疑是十月之譌周十二月夏之十月也又應倒其文云十月霜降草木不死李梅實則文義俱顯矣

序次爲列女傳凡八篇○曾鞏曰傳稱八篇而隋書及崇文總目稱十五篇曹大家注非向書本然也

依東宮之尊注師古曰東宮太后所居也○胡三省曰漢制太后率居長樂宮在未央宮東故曰東宮

根垂地中○胡三省曰孟康云𦧲則活切按字書𦧲洽之臿與𦧲字不同意漢書𦧲字即垂字也臣照按今本或作垂作臿而汲古閣本尚作𦧲字

輒不爲王氏居位者及丞相御史所持注謂扶持佐助也○顧炎武曰衍一不字當云輒爲王氏居位者及丞相御史所持者挾制之義而非挾助之解也

劉歆傳以紀帝王之道○臣宗萬按文選與此傳字句間有同異如紀字選作記又在漢朝之儒選無漢字逸禮有三十九選有篇字傳或間編選作脫編傳問民間選作博問民間雖昭其情選作雖深照其情其古文舊書其字選作爲

頗有詩禮春秋先師注師古曰前學之師也○臣召南按此即所謂經師也眭弘上書稱先師董仲舒即是其義

得此三事○眞德秀曰三事謂左氏春秋古文尚書逸禮也

則有魯國桓公趙國貫公膠東庸生之遺○臣召南按貫公傳左氏春秋于賈誼者庸生傳古文尚書於都尉朝者桓公即儒林傳桓生傳禮于徐生者別本作柏公非也

以尚書爲不備注臣瓚曰當時學者謂尚書惟有二十八篇云云○臣召南按瓚注据太常孔臧與從弟安國書也漢初不知書本百篇則妄謂二十八篇取象二十八宿

前漢書卷三十七

漢　蘭　臺　令　史班　固撰

唐正議大夫行秘書少監琅邪縣開國子顏師古注

季布欒布田叔傳第七

季布楚人也爲任俠有名應劭曰任謂有堅完可任託以事也如淳曰相與信爲任同是非爲俠師古曰任謂任使其氣力俠之言挾也以權力俠輔人也任音人禁反俠音下頰反○宋祁曰俠疑作挾項籍使將兵數窘漢王如淳曰窘困也師古曰窘音求閔反項籍滅高祖購求布千金敢有舍匿罪三族師古曰舍止匿隱也布匿濮陽周氏周氏曰漢求將軍急迹且至臣家師古曰迹謂尋其蹤迹也能聽臣臣敢進計即否願先自剄布許之迺髡鉗布衣

褐師古曰衣著之也褐毛布之衣也置廣柳車中服虔曰東郡謂廣轍車爲廣柳車鄭氏曰作大柳衣車若周禮喪車也李奇曰廣柳大隆穹也晉灼曰周禮說衣翣柳柳聚也衆飾之所聚也此爲載以喪車欲人不知也師古曰晉鄭二說是也隆穹所謂車犇者耳非此之謂也犇音扶曉反并與其家僮數十人之魯朱家所賣之師古曰朱家魯人見游俠傳朱家心知其季布也買置田舍乃之雒陽見汝陰侯滕公師古曰夏侯嬰也本爲滕令遂號爲滕公說曰季布何罪臣各爲其主用職耳師古曰職常也言此乃常道也一曰職主掌其事也項氏臣豈可盡誅邪今上始得天下而以私怨求一人何示不廣也且以季布之賢漢求之急如此此不北走胡南走越耳夫忌壯士以資敵國此伍子胥所以鞭荆平之墓也師古曰子胥伍員也荆即楚也子胥之父伍奢爲平王所殺子胥奔吳吳伐楚平王已卒其後與吳師入郢子胥掘平王之墓取屍鞭之三百也○宋祁曰荆平字下當有王字又浙本忌字作亡君何不從容爲上言之師古曰從音千容反滕公心知朱家大俠意布匿其所乃許諾侍閒果言如朱家指師古曰侍侍於天子閒謂事務之隙○宋祁曰注末當添也字上乃赦布當是時諸公皆多布能摧剛爲柔師古曰多猶重也朱家亦以此名聞當世布召見謝拜郎中○宋祁曰浙本拜字下有爲字孝惠時爲中郎將單于嘗爲書嫚呂太后師古曰嫚謂辭語褻汙也讀與慢同太后怒召諸將議之上將軍樊噲曰臣願得十萬衆橫行匈奴中諸將皆阿呂太后師古曰阿曲也曲從其意以噲言爲然布曰樊噲可斬也夫以高帝兵三十餘萬困於平城噲時亦在其中今噲柰何以十萬衆橫行匈奴中面謾師古曰謾誑也音嫚又音莫連反且秦以事胡陳勝等起今創痍未瘳師古曰痍傷也瘳差也痍音夷瘳音丑留反噲又面諛欲搖動天下是時殿上皆恐太后罷朝遂不復議擊匈奴事布爲河東守孝文時人有言其賢召欲以爲御史大夫又言其勇使酒難近應劭曰使酒酗酒也師古曰言因酒霑洽而使氣也近謂附近天子爲大臣也○宋祁本云一本又言字上有人字至留邸一月師古曰邸諸郡朝宿之舍在京師者也見罷師古曰既引見而罷令還郡也○劉攽曰見罷猶言見遂見罷耳非引見也布進曰臣待罪河東陛下無故召臣此人必有以臣欺陛下者師古曰謂妄言其賢故云欺也今臣至無所受事○宋祁曰一本無受字罷去此人必有毀臣者夫陛下以一人譽召臣一人毀去臣臣恐天下有識者聞之有以窺陛下師古曰窺見陛下淺深也上默然慙曰河東吾股肱郡故特召君耳布之官辯士曹丘生數招權顧金錢孟康曰招求也以金錢事權貴而求得其形勢以自炫耀也李奇曰招權屬人以請人顧以金錢也師古曰二家之說皆非也言招求貴人威權因以請託故得他人顧金錢也○劉攽曰招權謂作爲形勢招權歸己也顧金錢者謂志在金錢也顧猶念也事貴人趙談等李奇曰宦者趙談也○宋祁曰越本談作同與竇長君善服虔曰景帝舅布聞寄書諫長君曰吾聞曹丘生非長者勿與通及曹丘生歸欲得書請布師古曰欲得竇長君書與布爲己紹介也竇長君曰季將軍不說足下師古曰說讀曰悅足下無往固請書遂行使人先發書師古曰使人先致書於布發視也布果大怒待曹丘曹丘至則揖布曰楚人諺曰師古曰諺傳也得黃金百不如得季布諾足下何以得此聲梁楚之閒哉且僕與足下俱楚人使僕游揚足下名於天下顧不美乎師古曰顧念也何足下距僕之深也布乃大說師古曰說讀曰悅引入留數月爲上客厚送之布名所以益聞者曹丘揚之也布弟季心氣蓋關中遇人恭謹爲任俠方數千里士爭爲死嘗殺人亡吳從爰絲匿長事爰絲師古曰絲爰盎字言以兄長之禮事也○宋祁云浙本注文也字作之弟畜灌夫籍福之屬嘗爲中司馬如淳曰中尉之司馬中尉郅都不敢加少年多時時竊借其名以行師古曰詐自稱爲心之賓客徒黨也當是時季心以勇布以諾聞關中布母弟丁公晉灼曰楚漢春秋云薛人名固師古曰此母弟爲同母異父之弟○宋祁云浙本注文無之字有也字爲項羽將逐窘高祖彭城西短兵接漢王急顧謂丁公曰兩賢豈相厄哉孟康曰丁公及彭城顧齧追上故曰兩賢也師古曰孟說非也兩賢高祖自謂并謂固耳言吾與固俱是賢豈相厄困也故此言而止也雖與顧齧俱追而高祖獨與固言耳丁公引兵而還及項王滅丁公謁見高祖以丁公徇軍中師古曰徇行示也音辭俊反曰丁公爲項王臣不忠使項王失天下者也遂斬之曰使後爲人臣無傚丁公也

欒布梁人也彭越爲家人時嘗與布游師古曰家人猶言編戶之人也窮困賣庸於齊爲酒家保孟康曰酒家作保保庸也可保信故謂之保師古曰謂庸作受顧也爲保謂保可任使數歲別去而布爲人所略賣爲奴於燕爲其主家報仇服虔曰爲買者報仇也燕將臧荼舉以爲都尉荼爲燕王布爲將及荼反漢擊燕虜布梁王彭越聞之乃言上請贖布爲梁大夫使於齊未反師古曰反還也漢召彭越責以謀反夷三族梟首雒陽下詔有收視者輒捕之布還奏事彭越頭下祠而哭之吏捕以聞上召布罵曰若與彭越反邪吾禁人勿收若獨祠而哭之與反明矣師古曰若汝也趣亨之師古曰趣讀曰促促急也方提趣湯師古曰提舉也舉而欲投之於湯也趣讀曰趨趨嚮也顧曰願一言而死上曰何言布曰方上之困彭城敗滎陽成皐閒項王所以不能遂西徒以彭王居梁地師古曰徒但也與漢合從苦楚也師古曰從音子容反當是之時彭王壹顧與楚則漢破與漢則楚破且垓下之會微彭王項氏不亡師古曰微無也天下已定彭王剖符受封之欲傳之萬世○宋祁曰封之字可刪添亦字今漢壹徵兵於梁○宋祁曰越本作令帝徵兵於梁浙本從令彭王病不行而疑以爲反反形未見以苛細誅之臣恐功臣人人自危也今彭王已死臣生不如死請就亨上乃釋布拜爲都尉孝文時爲燕相至將軍布稱曰窮困不能辱身非人也富貴不能快意非賢也於是嘗有德厚報之有怨必以法滅之吳楚反時以功封爲鄃侯蘇林曰鄃音輸清河縣也復爲燕相燕齊之閒皆爲立社號曰欒公社布薨子賁嗣侯師古曰賁音奔孝武時坐爲太常犧牲不如令國除

田叔趙陘城人也蘇林曰陘音刑其先齊田氏也叔好劍學黃老術於樂鉅公師古曰姓樂名鉅也公者老人之稱也爲人廉直喜任俠師古曰喜好也音許吏反游諸公師古曰諸公長者也趙人舉之趙相趙午言之趙王張敖以爲郎中數歲趙王賢之未及遷會趙午貫高等謀弑上事發覺漢下詔捕趙王及羣臣反者趙有敢隨王罪三族唯田叔孟舒等十餘人赭衣自髡鉗隨王至長安趙王敖事白得出師古曰白明也廢王爲宣平侯○宋祁云一本無王字乃進言叔等十人上召見與語漢廷臣無能出其右者師古曰材不勝○宋祁云浙本注文作材能不勝之也上說師古曰說讀曰悅也○宋祁云剛也字盡拜爲郡守諸侯相叔爲漢中守十餘年孝文帝初立召叔問曰公知天下長者乎對曰臣何足以知之上曰公長者宜知之叔頓首曰故雲中守孟舒長者也是時孟舒坐虜大入雲中免上曰先帝置孟舒雲中十餘年矣虜嘗一入孟舒不能堅守無故士卒戰死者數百人長者固殺人乎叔叩頭曰夫貫高等謀反天子下明詔趙有敢隨張王者罪三族然孟舒自髡鉗隨張王以身死之豈自知爲雲中守哉漢與楚相距士卒罷敝師古曰罷讀爲疲下亦同而匈奴冒頓新服北夷來爲邊寇孟舒知士卒罷敝不忍出言士爭臨城死敵如子爲父以故死者數百人孟舒豈毆之哉師古曰毆與驅同言不毆之令戰也毆字從攴攴音普木反○宋祁曰豈毆之下當有戰字是乃孟舒所以爲長者於是上曰賢哉孟舒復召以爲雲中守後數歲叔坐法失官梁孝王使人殺漢議臣爰盎景帝召叔案梁具得其事還報上曰梁有之乎對曰有之事安在師古曰索其狀也叔曰上無以梁事爲問也師古曰言不須更論之也今梁王不伏誅是廢漢法也如其伏誅太后食不甘味臥不安席此憂在陛下於是上大賢之以爲魯相相初至官民以王取其財物自言者百餘人叔取其渠率二十人笞怒之師古曰渠大也曰王非汝主邪何敢自言主魯王聞之大慙發中府錢使相償之師古曰中府王之財物藏也相曰王自使人償之不爾是王爲惡而相爲善也師古曰不爾是則王爲惡魯王好獵相常從入死中王輒休相就館相常暴坐苑外師古曰於外自暴露而坐終不休曰吾王暴露獨何爲舍王以故不大出遊數年以官卒魯以百金祠少子仁不受曰義不傷先人名仁以壯勇爲衞將軍舍人張晏曰衞青也數從擊匈奴衞將軍進言仁爲郎中至二千石丞相長史失官後使刺三河還如淳曰爲刺史於三河郡三河謂河南河内河東也奏事稱意拜爲京輔都尉月餘遷司直數歲戾太子舉兵仁部閉城門令太子得亡坐縱反者族師古曰遣仁掌閉城門乃令太子得出故云縱反也

贊曰以項羽之氣而季布以勇顯名楚身屨軍搴旗者數矣鄧展曰履軍戰勝蹈履之李奇曰搴拔也孟康曰搴斬取也師古曰謂勝敵拔取旗也鄧李二說皆是搴音騫今流俗書本改屨謂屢而加典字云身屢典軍非也○宋祁曰注文謂屢當作爲屢可謂壯士及至困厄奴僇苟活而不變何也師古曰僇古戮字也奴僇謂髡鉗爲奴而賣之也彼自負其材受辱不羞欲有所用其未足也故終爲漢名將賢者誠重其死夫婢妾賤人感槩而自殺非能勇也師古曰感槩謂感念局狹爲小節也槩音工代反其畫無俚之至耳張晏曰言其計畫道理無所至故自殺耳蘇林曰俚賴也言其計畫無所成賴晉灼曰揚雄方言曰俚聊也許慎曰賴也此爲其計畫無所聊賴至於自殺耳師古曰晉說是也欒布哭彭越田叔隨張敖赴死如歸彼誠知所處如淳曰太史公曰非死者難處死者難也雖古烈士何以加哉

前漢書卷三十七考證

季布傳夫以高帝兵三十餘萬○臣召南按史記作將兵四十餘萬衆而本書匈奴傳載布言三十二萬又噲時亦在其中六字史記所無然匈奴傳詳載布言且及平城之歌詳畧不同如此

又言其勇使酒難近注師古曰近謂附近天子爲大臣也○顧炎武曰難近謂令人畏而遠之師古注非也

中尉郅都不敢加○史記作不敢不加禮

田叔傳其畫無俚之至耳○史記作其計無復之耳

前漢書卷三十八

漢　蘭　臺　令　史班　固撰

唐正議大夫行秘書少監琅邪縣開國子顏師古注

高五王傳第八

高皇帝八男呂后生孝惠帝曹夫人生齊悼惠王肥薄姬生孝文帝戚夫人生趙隱王如意趙姬生淮南厲王長諸姬生趙幽王友趙共王恢燕靈王建鄭氏曰諸姬姓也張晏曰非一之稱也師古曰諸姬總言在姬妾之列者耳其知姓位者史各具言之不知氏族及秩次者則云諸姬也而趙幽以下三王非必同母蓋以皆不知其所生之姬姓故總言之文三王傳云諸姬生代孝王參梁懷王揖景十三王傳云屬諸姬子於栗姬此意皆同張云非一近得之矣春秋左氏傳曰諸子仲子戎子諸子鬻姒此

其例也豈以諸爲姓乎鄭說非矣共讀曰恭其下類此 淮南厲王長自有傳

齊悼惠王肥其母高祖微時外婦也 師古曰謂與旁通者 高祖六年立食七十餘城諸民能齊言者皆與齊 孟康曰此時流移故使齊言者還齊也師古曰欲其國大故多封之 孝惠二年入朝帝與齊王燕飲太后前置齊王上坐如家人禮 師古曰以兄弟齒列不從君臣之禮故曰家人也坐音材臥反 太后怒迺令人酌兩卮鴆酒置前 應劭曰鴆鳥黑身赤目食蝮蛇野葛以其羽畫酒中飲之立死 令齊王爲壽齊王起帝亦起欲俱爲壽太后恐自起反卮 師古曰反音幡 齊王怪之因不敢飲陽醉去問知其鴆迺憂自以爲不得脫長安 師古曰脫免也言死於長安不得更至齊國也脫音吐活反 內史士曰 師古曰內史王官士者其名也 太后獨有帝與魯元公主今王有七十餘城而公主迺食數城王誠以一郡上太后爲公主湯沐邑太后必喜王無患矣於是齊王獻城陽郡以尊公主爲王太后 師古曰爲齊王太后也言以母禮事之所以自媚也解具在惠紀 呂太后喜而許之迺置酒齊邸樂飲遣王歸國後十三年薨子襄嗣

趙隱王如意九年立 師古曰高祖之九年也他皆類此 四年高祖崩 師古曰趙王之四年 呂太后徵王到長安鴆殺之無子絕

趙幽王友十一年立爲淮陽王趙隱王如意死孝惠元年徙友王趙凡立十四年 〇宋祁曰四字校添 友以諸呂女爲后不愛愛它姬諸呂女怒去讒之於太后曰王曰呂氏安得王 師古曰安猶焉也 太后百歲後吾必擊之太后怒以故召趙王趙王至置邸不見令衞圍守之不得食其羣臣或竊饋之輒捕論之趙王餓乃歌曰諸呂用事兮劉氏微迫脅王侯兮彊授我妃我妃既妒兮誣我以惡 師古曰惡音一故反 讒女亂國兮上曾不寤我無忠臣兮何故 師古曰謂不能明白之也 棄國自快中野兮蒼天與直 師古曰天色蒼蒼故曰蒼天言己之理直冀天臨監之〇劉攽曰棄國當屬上句宋祁曰浙本無自字 于嗟不可悔兮寧早自賊 師古曰賊害也悔不早棄趙國而快意自殺於田野之中令乃被幽餓也 爲王餓死兮誰者憐之呂氏絕理兮託天報仇 〇宋祁曰仇音渠尤反讎也 遂幽死以民禮葬之長安高后崩孝文即位立幽王子遂爲趙王二年有司請立皇子爲王上曰趙幽王幽死朕甚憐之已立其長子遂爲趙王遂弟辟彊及齊悼惠王子朱虛侯章東牟侯興居有功皆可王於是取趙之河間立辟彊是爲河間文王文王立十三年薨子哀王福嗣一年薨無子國除趙王遂立二十六年孝景時鼂錯以過削趙常山郡諸侯怨吳楚反遂與合謀起兵其相建德內史王悍諫不聽遂燒殺德悍 師古曰上云其相建德內史王悍下云燒殺德悍是爲相姓建名德也而景武功臣侯表云遽侯橫父建德以趙相死事子侯則是不知其姓表傳不同疑後人轉寫此傳誤脫去一建字也 發兵住其西界欲待吳楚俱進北使匈奴與連和漢使曲周侯酈寄擊之趙王城守邯鄲相距七月吳楚敗匈奴聞之亦不肯入邊欒布自破齊還并兵引水灌趙城城壞王遂自殺國除景帝憐趙相內史守正死皆封其子爲列侯

趙共王恢十一年梁王彭越誅立恢爲梁王十六年趙幽王死呂后徙恢王趙恢心不樂太后以呂產女爲趙王后王后從官皆諸呂也內擅權微司趙王王不得自恣王有愛姬王后鴆殺之王乃爲歌詩四章令樂人歌之王悲思六月自殺太后聞之以爲用婦人故自殺無思奉宗廟禮廢其嗣

燕靈王建十一年燕王盧綰亡入匈奴明年立建爲燕王十五年薨有美人子 師古曰王之美人生子也 太后使人殺之絕後

齊悼惠王子前後凡九人爲王太子襄爲齊哀王次子章爲城陽景王興居爲濟北王將閭爲齊王志爲濟北王辟光爲濟南王 師古曰辟音壁又讀曰闢 賢爲菑川王卬爲膠西王雄渠爲膠東王齊哀王襄孝惠六年嗣立明年惠帝崩呂太后稱制元年以其兄子酈侯呂台爲呂王 師古曰酈音數 割齊之濟南郡爲呂王奉邑 師古曰奉音扶用反他皆類此 明年哀王弟章入宿衞於漢高后封爲朱虛侯以呂祿女妻之後四年封章弟興居爲東牟侯皆宿衞長安高后七年割齊琅邪郡立營陵侯劉澤爲琅邪王是歲趙王友幽死于邸三趙王既廢高后立諸呂爲三王擅權用事章年二十有氣力忿劉氏不得職嘗入侍燕飲高后令章爲酒吏章自請曰臣將種也請得以軍法行酒高后曰可酒酣章進歌舞已而曰請爲太后言耕田 師古曰欲申諷喻也 高后兒子畜之 師古曰比之於子也 笑曰顧乃父知田耳 師古曰顧念也乃汝也汝父謂高帝也〇劉攽曰兒子畜之不以人臣待之也乃父直謂王肥耳下又云齊王自以兒子年少豈可以琅邪爲父也 若生而爲王子安知田乎 師古曰若亦汝也 章曰臣知之太后曰試爲我言田意章曰深耕穊種立苗欲疏 師古曰穊稠也穊種者言多生子孫也疏立者四散置之令爲藩輔也穊音冀 非其種者鉏而去之 師古曰以斥諸呂也 太后默然頃之諸呂有一人醉亡酒 師古曰避酒而逃亡 章追拔劍斬之而還報曰有亡酒一人臣謹行軍法斬之太后左右大驚業已許其軍法亡以罪也因罷酒自是後諸呂憚章雖大臣皆依朱虛侯劉氏爲彊 師古曰爲音于僞反 其明年高后崩趙王呂祿爲上將軍呂王產爲相國皆居長安中聚兵以威大臣欲爲亂章以呂祿女爲婦知其謀乃使人陰出告其兄齊王欲令發兵西 師古曰西詣京師 朱虛侯東牟侯欲從中與大臣爲內應以誅諸呂因立齊王爲帝齊王聞此計與其舅駟鈞郎中令祝午中尉魏勃陰謀發兵齊相召平聞之 師古曰召讀曰邵 乃發兵入衞王宮魏勃紿平曰 師古曰紿誑也 王欲發兵非有漢虎符驗也而相君圍王固善勃請爲君將兵衞衞王 師古曰謂將兵及衞守之具以禁衞王令不得發也 召平信之乃使魏勃將勃既將以兵圍相府召平曰嗟乎道家之言當斷不斷反受其亂遂自殺於是齊王以駟鈞爲相魏勃爲將軍祝午爲內史悉發國中兵使祝午紿琅邪王曰呂氏爲亂齊王發兵欲西誅之齊王自以兒子年少不習兵革之事願舉國委大王大王自高帝將也 師古曰言自高帝之時以爲將也 習戰事齊王不敢離兵 服虔曰不敢離其兵而到琅邪 使臣請大王幸之臨菑見齊王計事并將齊兵以西平關中之亂琅邪王信之以爲然迺馳見齊王齊王與魏勃等因留琅邪王而使祝午盡發琅邪國而并將其兵琅邪王劉澤既欺不得反國乃說齊王曰齊悼惠王高皇帝長子也推本言之大王高皇帝適長孫也 師古曰適讀曰嫡 當立今諸大臣狐疑未有所定而澤於劉氏最爲長年大臣固待澤決計今大王留臣無爲也不如使我入關計事齊王以爲然乃益具車送琅邪王琅邪王既行齊遂舉兵西攻呂國之濟南於是齊王遺諸侯王書曰高帝平定天下王諸子弟悼惠王薨惠帝使留侯張良立臣爲齊王惠帝崩高后用事春秋高聽諸呂擅廢帝更立又殺三趙王滅梁趙燕以王諸呂分齊國爲四 師古曰本自齊國更分爲濟南琅邪城陽凡爲四也 忠臣進諫上或亂不聽今高后崩皇帝春秋富 師古曰言年幼也比之於財方未匱竭故謂之富 未能治天下固待大臣諸侯今諸呂又擅自尊官聚兵嚴威劫列侯忠臣撟制以令天下 師古曰撟託也託天子之制詔也撟音矯 宗廟以危寡人帥兵入誅不當爲王者漢聞之相國呂產等遣大將軍潁陰侯灌嬰將兵擊之嬰至滎陽乃謀曰諸呂舉兵關中欲危劉氏而自立今我破齊還報是益呂氏資也乃留兵屯滎陽使人諭齊王及諸侯與連和 師古曰諭謂曉告也 以待呂氏之變而共誅之齊王聞之乃屯兵西界待約呂祿呂產欲作亂朱虛侯章與太尉勃丞相平等誅之章首先斬呂產太尉勃等乃盡誅諸呂而琅邪王亦從齊至長安大臣議欲立齊王皆曰母家駟鈞惡戾虎而冠者也 張晏曰言鈞惡戾如虎著冠 訪以呂氏故幾亂天下 如淳曰訪猶方也師古曰幾音鉅依反〇劉攽曰此訪與公羊訪於此義同 今又立齊王是欲復爲呂氏也代王母家薄氏君子長者且代王高帝子於今見在最爲長以子則順以善人則大臣安於是大臣乃謀迎代王而遣章以誅呂氏事告齊王令罷兵灌嬰在滎陽聞魏勃本教齊王反既誅呂氏罷齊兵使使召責問魏勃勃曰失火之家豈暇先言丈人後救火乎 師古曰言以社稷將危故舉兵以臣之不暇待有詔命也〇宋祁曰注文以臣之或作以臣之 因退立股戰而栗 師古曰股腳也戰者懼之甚也 恐不能言者終無他語灌將軍孰視笑曰人謂魏勃勇妄庸人耳何能爲乎乃罷勃 師古曰放令去 勃父以善鼓琴見秦皇帝及勃少時欲求見齊相曹參家貧無以自通乃常獨早埽齊相舍人門外舍人怪之以爲物而司之得勃 師古曰物謂鬼神司者察視之 勃曰願見相君無因故爲子埽欲以求見於是舍人見勃曹參因以爲舍人壹爲參御言事以爲賢言之悼惠王王召見拜爲內史始悼惠王得自置二千石及悼惠王薨哀王嗣勃用事重於相齊王既罷兵歸而代王立是爲孝文帝文帝元年盡以高后時所割齊之城陽琅邪濟南郡復予齊而徙琅邪王王燕益封朱虛侯東牟侯各二千戶黃金千斤是歲齊哀王薨子文王則嗣十四年薨無子國除城陽景王章孝文二年以朱虛侯與東牟侯興居俱立二年薨子共王喜嗣孝文十二年徙王淮南五年復還王城陽凡立三十三年薨子頃王延嗣二十六年薨子敬王義嗣九年薨子惠王武嗣十一年薨 〇宋祁曰越本作十年 子荒王順嗣四十六年薨 〇宋祁曰越本作三十六年 子戴王恢嗣八年薨子孝王景嗣二十四年薨子哀王雲嗣一年薨無子國絕成帝復立雲兄俚爲城陽王 師古曰俚音里 王莽時絕濟北王興居初以東牟侯與大臣共立文帝於代邸曰誅呂氏臣無功請與太僕滕公俱入清宮 師古曰滕公夏侯嬰也 遂將少帝出迎皇帝入宮始誅諸呂時朱虛侯章功尤大大臣許盡以趙地王章盡以梁地王興居及文帝立聞朱虛東牟之初欲立齊王故黜其功 師古曰不賞之 二年王諸子乃割齊二郡以王章興居章興居意自以失職奪功歲餘章薨而匈奴大入邊漢多發兵丞相灌嬰擊之文帝親幸太原興居以爲天子自擊胡遂發兵反上聞之罷兵歸長安使棘蒲侯柴將軍 張晏曰柴武 擊破虜濟北王王自殺國除文帝憫濟北王逆亂以自滅明年盡封悼惠王諸子罷軍等七人爲列侯 師古曰罷音皮彼反又讀曰疲 至十五年齊文王又薨無子時悼惠王後尚有城陽王在文帝憐悼惠王適嗣之絕 師古曰適讀曰嫡〇宋祁曰越本絕字下有世字 於是乃分齊爲六國盡立前所封悼惠王子列侯見在者六人爲王齊孝王將閭以楊虛侯立濟北王志以安都侯立菑川王賢以武成侯立膠東王雄渠以白石侯立膠西王卬以平昌侯立濟南王辟光以扐侯立 服虔曰扐音勒扐平原縣也 孝文十六年六王同日俱立立十一年孝景三年吳楚反膠東膠西菑川濟南王皆發兵應吳楚欲與 師古曰與之同反 齊孝王狐疑城守不聽三國兵共圍齊 張晏曰膠西菑川濟南也〇劉奉世

日吳王濞傳前云膠西膠東與菑川濟南共圍臨菑後云膠西膠東菑川三國各引兵歸則此三國無濟南王也然初言四國共圍齊又言三國疑必有誤齊王使路中大夫告於天子張晏曰姓路為中大夫天子復令路中大夫還報告齊王堅守漢兵今破吳楚矣路中大夫至三國兵圍臨菑數重無從入三國將與路中大夫盟曰若反言漢已破矣師古曰若汝也反謂反易其辭也齊趣下三國不且見屠師古曰趣讀曰促路中大夫既許至城下望見齊王曰漢已發兵百萬使太尉亞夫擊破吳楚方引兵救齊齊必堅守無下三國將誅路中大夫齊初圍急陰與三國通謀約未定會路中大夫從漢來其大臣乃復勸王無下三國會漢將欒布平陽侯等兵至齊師古曰平陽侯曹襄擊破三國兵解圍已後聞齊初與三國有謀將欲移兵伐齊齊孝王懼飲藥自殺而膠東膠西濟南菑川王皆伏誅國除獨濟北王在齊孝王之自殺也景帝聞之以為齊首善師古曰言其初首無逆亂之心以迫劫有謀非其罪也召立孝王太子壽是為懿王二十三年薨子厲王次昌嗣其母曰紀太后太后取其弟紀氏女為王后王不愛紀太后欲其家重寵師古曰重音直用反令其長女紀翁主入王宮師古曰諸王女曰翁主而紀氏所生故謂之紀翁主正其後宮無令得近王欲令愛紀氏女王因與其姊翁主姦齊有宦者徐甲師古曰宦者奄人入事漢皇太后張晏曰皇太后武帝之母皇太后有愛女曰脩成君脩成君非劉氏子蘇林曰皇太后前嫁金氏所生太后憐之脩成君有女娥太后欲嫁之於諸侯宦者甲乃請使齊必令王上書請娥皇太后大喜使甲之齊時主父偃知甲之使齊以取后事亦因謂甲即事成幸言偃女願得充王後宮甲至齊風以此事師古曰風讀曰諷紀太后怒曰王有后後宮備具且甲齊貧人及為宦者入事漢初無補益乃欲亂吾王家且主父偃何為者乃欲以女充後宮甲大窮還報皇太后曰王已願尚娥師古曰尚配也然事有所害恐如燕王燕王者與其子昆弟姦坐死師古曰燕王定國傳云與其子女三人姦子昆弟者言是其子女又長幼并一故云子昆弟也一曰子昆弟者定國之姊姊也言定國姦其子女及其姊妹○宋祁曰浙本正文半死字上有新字故以燕感太后師古曰言齊王與其姊姦終當坐之致死不足嫁女與之太后曰毋復言嫁女齊事事寖淫聞於上師古曰寖古浸字也寖淫猶言漸染也主父偃由此與齊有隙偃方幸用事因言齊臨菑十萬戶市租千金師古曰收一市之租直千金也人衆殷富鉅於長安非天子親弟愛子不得王此今齊王於親屬益疏乃從容言呂太后時齊欲反師古曰從音千容反及吳楚時孝王幾為亂師古曰幾音鉅依反○宋祁曰自及吳楚止鉅依反十七字景德本有他本無今聞齊王與其姊亂於是武帝拜偃為齊相且正其事偃至齊急治王後宮宦者為王通於姊翁主所者辭及王王年少懼以罪○宋祁曰越本以作大為吏所執誅乃飲藥自殺是時趙王懼主父偃壹出敗齊恐其漸疏骨肉乃上書言偃受金及輕重之短師古曰輕重謂用心不平天子亦因囚偃公孫弘曰齊王以憂死無後非誅偃無以塞天下之望師古曰塞滿也偃遂坐誅厲王立五年國除

濟北王志吳楚反時初亦與通謀後堅守不發兵故得不誅徙王菑川元朔中齊國絕悼惠王後唯有二國城陽菑川菑川地比齊師古曰比近也音頻二反武帝為悼惠王冢園在齊廼割臨菑東圜悼惠王冢園邑盡以予菑川師古曰圜謂周繞之令奉祭祀志立三十五年薨是為懿王子靖王建嗣二十年薨子頃王遺嗣三十五年薨子思王終古嗣五鳳中青州刺史奏終古使所愛奴與八子及諸御婢姦如淳曰八子妾號終古或參與被席師古曰與讀曰預或白晝使贏伏犬馬交接師古曰贏者露形體也音郎果反終古親臨觀產子輒曰亂不可知使去其子師古曰去除也音丘呂反事下丞相御史奏終古位諸侯王以令置八子秩比六百石所以廣嗣重祖也而終古禽獸行亂君臣夫婦之別悖逆人倫師古曰悖乖也音步內反請逮捕有詔削四縣二十八年薨子考王尚嗣五年薨子孝王橫嗣三十一年薨子懷王交嗣六年薨子永嗣王莽時絕

贊曰悼惠之王齊最為大國以海內初定子弟少激秦孤立亡藩輔師古曰激感發也音工歷反故大封同姓以塡天下師古曰塡音竹刃反時諸侯得自除御史大夫羣卿以下衆官如漢朝漢獨為置丞相自吳楚誅後稍奪諸侯權左官附益阿黨之法設張晏曰諸侯有罪傳相不舉奏為阿黨師古曰皆新制律令之條也左官解在諸侯王表附益言欲增益諸侯王也其後諸侯唯得衣食租稅貧者或乘牛車

前漢書卷三十八考證

齊悼惠王肥傳七十餘城○臣召南按高紀以膠東膠西臨淄濟北博陽城陽郡七十三縣封齊

內史士○臣浩按史記作內史勲

尊公主為王太后○臣召南按史記無此句但曰獻城陽郡以為魯元公主湯沐邑而已

齊哀王襄傳顧乃父知田耳注汝父謂高帝也○臣召南按顏注非也乃父謂悼惠王本高帝微時庶子故曰知田上文高后兒子畜之不過言親愛耳不謂呼孫為子也下文云若生而為王子安知田乎義尤明白劉敞說是

非有漢虎符驗也○胡三省曰按史記文帝紀三年九月初與郡國守相為銅虎符既有初字則前此未有銅虎符也召平魏勃事在前何繇有銅虎符

齊孝王將閭傳會漢將欒布平陽侯等兵至齊注師古曰平陽侯曹襄○臣召南按顏注大誤曹襄以武帝元光五年嗣爵豈容孝景初年已為將軍索隱云按表是曹奇是也奇薨于景帝四年則救齊擊破三國兵乃奇未薨前一年事耳

濟北王志傳志立三十五年薨○通鑑考異曰武紀賜淮南菑川王几杖毋朝顏注淮南王安菑川王志皆武帝諸父列也按諸侯王表志在位三十五年與傳同以元光五年薨紀云菑川王志誤也

前漢書卷三十九

漢　蘭　臺　令　史班　固撰

唐正議大夫行秘書少監琅邪縣開國子顏師古注

蕭何曹參傳第九

蕭何沛人也以文毋害為沛主吏掾服虔曰為人解通無嫉害也應劭曰雖為文吏而不刻害也蘇林曰毋害若言無比也一曰害勝也無能勝害之者晉灼曰酷吏傳趙禹為丞相亞夫吏府中皆稱其廉然亞夫不任曰極知禹無害然文深不可以居大府蘇說是也師古曰害傷也無人能傷害之者蘇晉兩說皆得其意服應非也○劉奉世曰持法者或以己意私怨陷人謂之害故貴於文毋害毋害者取其為人毋害於行則可以為吏矣文毋害者蓋其時擇吏之二事也亞夫所以稱禹無害廉其一節也故韓信又云無行不得推擇為吏餘說太汎高祖為布衣時數以吏事護高祖高祖為亭長常佑之師古曰佑助也言居家時為何所護及為亭長何又擁助也○宋祁曰注文也字當作之字高祖以吏繇咸陽師古曰繇讀曰傜傜役也吏皆送奉錢三何獨以五師古曰出錢以資行他人皆三百何獨五百奉音扶用反秦御史監郡者與從事辨之張晏曰何與共事備辨明何素有方畧也蘇林曰辟何與從事也秦時無刺史以御史監郡師古曰二說皆同○劉敞曰此句先題目下事言秦制御史監郡者凡有事皆與從事共辨之何廼給泗水卒史師古曰泗水郡沛所屬也何為郡卒史事第一師古曰課最上秦御史欲入言徵何何固請得毋行孟康曰當還入相秦事故召何師古曰此說非也御史以何明辦欲因入奏事之次言於朝廷徵何用之何心不願以情固請而御史止故得不行也及高祖起為沛公何嘗為丞督事師古曰督謂監視之也何為沛丞專督衆事沛公至咸陽諸將皆爭走金帛財物之府分之師古曰走謂趣向之音奏何獨先入收秦丞相御史律令圖書臧之沛公具知天下阸塞戶口多少彊弱處民所疾苦者以何得秦圖書也初諸侯相與約先入關破秦者王其地沛公既先定秦項羽後至欲攻沛公沛公謝之得解羽遂屠燒咸陽與范增謀曰巴蜀道險秦之遷民皆居蜀廼曰蜀漢亦關中地也故立沛公為漢王而三分關中地王秦降將以距漢王○宋祁曰浙本距字下有塞字漢王怒欲謀攻項羽周勃灌嬰樊噲皆勸之何諫之曰○宋祁曰謝郭去之字浙本無之字雖王漢中之惡不猶愈於死乎漢王曰何為乃死也○宋祁曰乃字疑作廼何曰今衆弗如百戰百敗不死何為周書曰天予不取反受其咎師古曰周書者本與尚書同類蓋孔子所刪百篇之外劉向所奏有七十一篇語曰天漢其稱甚美孟康曰語古語也言地之有漢若天之有河漢名號休美臣瓚曰流俗語云天漢其言常以漢配天此美名也師古曰瓚說是也天漢河漢也○宋祁曰注文河漢當作天河夫能詘於一人之下而信於萬乘之上者湯武是也師古曰信讀曰伸古通用字臣願大王王漢中養其民以致賢人收用巴蜀還定三秦天下可圖也漢王曰善乃遂就國以何為丞相何進韓信漢王以為大將軍說漢令引兵東定三秦○宋祁曰浙本漢字下有王字語在信傳何以丞相留收巴蜀塡撫諭告師古曰塡音竹刃反使給軍食漢二年漢王與諸侯擊楚何守關中侍太子治櫟陽為令約束立宗廟社稷宮室縣邑輒奏上可許以從事師古曰可其所奏許其所請依以行事即不及奏輒以便宜施行上來以聞應劭曰上來還乃以所為聞也計戶轉漕給軍漢王數失軍遯去何常興關中卒輒補缺上以此剸屬任何關中事師古曰剸讀與專同又音章阮反此即言專聲之急上者也今俗語猶然他皆類此屬音之欲反漢三年與項羽相距京索閒師古曰索音山客反上數使使勞苦丞相師古曰勞音來到反以下亦同鮑生謂何曰師古曰鮑生當時有識之士姓鮑而為諸生也今王暴衣露蓋數勞苦君者有疑君心為君計莫若遣君子孫昆弟能勝兵者悉詣軍所上益信君於是何從其計漢王大說師古曰說讀曰悅漢五年已殺項羽即皇帝位論功行封羣臣爭功歲餘不決上以何功最盛先封為酇侯文穎曰音贊師古曰先封何者謂諸功臣舊有爵者何最在前封也酇屬南陽解在高紀○宋祁曰索隱酇氏云酇屬沛郡音嵯屬南陽音贊又臣瓚按茂陵書蕭何國在南陽則字當音贊今多呼為嵯也食邑八千戶功臣皆曰臣等身被堅執兵多者百餘戰少者數十合攻城畧地大小各有差今蕭何未有汗馬之勞徒持文墨議論不戰顧居臣等上何也師古曰顧猶反也上曰諸君知獵乎曰知之知獵狗乎曰知之○宋祁曰謝郭本去知獵狗乎曰知之七字上曰夫獵追殺獸者狗也而發縱指示獸處者人也師古曰發縱謂解紲而放之也指示者以手指示之今俗言放狗縱音子用反而讀者乃為蹤蹟之蹤非也書本皆不為蹤字自有逐蹤之狗不待人發也今諸君徒能走得獸耳功狗也至如蕭何發縱指示功人也且諸君獨以身從我多者三兩人蕭何舉宗數十人皆隨我功不可忘也羣臣後皆莫敢言列侯畢已受封奏位次皆曰平陽侯曹參身被七十創攻城畧地功最多宜第一上已橈功臣多封何應劭曰橈屈也師古曰音女教反至位次未有以復難之然心欲何第一關內侯鄂秋時為謁者○宋祁曰浙本作鄂千秋進曰羣臣議皆誤夫曹參雖有野戰畧地之功此特一時之事夫上與楚相距五歲失軍亡衆跳身遯者數矣師古曰跳身謂輕身走出也然蕭何常從關中遣軍補其處非上所詔令召而數萬衆會上乏絕者數矣夫漢與楚相守滎陽數年軍無見糧師古曰無見在之糧蕭何轉

漕關中給食不乏陛下雖數亡山東蕭何常全關中待陛下此萬世功也今雖無曹參等百數何缺於漢師古曰數音所具反漢得之不必待以全柰何欲以一旦之功加萬世之功哉○宋祁曰浙本加字上有而字蕭何當第一曹參次之上曰善於是乃令何第一賜帶劍履上殿入朝不趨上曰吾聞進賢受上賞蕭何功雖高待鄂君迺得明於是因鄂秋故所食關內侯邑二千戶封爲安平侯○宋祁曰浙本作鄂千秋是日悉封何父母兄弟十餘人皆食邑乃益封何二千戶以嘗繇咸陽時何送我獨贏錢二也師古曰贏餘也二謂二百也衆人送皆三百何獨五百故云贏二也陳豨反上自將至邯鄲而韓信謀反關中呂后用何計誅信語在信傳上已聞誅信使使拜丞相爲相國益封五千戶令卒五百人一都尉爲相國衞諸君皆賀召平獨弔師古曰召讀曰邵召平者故秦東陵侯秦破爲布衣貧種瓜長安城東瓜美故世謂東陵瓜從召平始也平謂何曰禍自此始矣上暴露於外而君守於內非被矢石之難而益君封置衞者以今者淮陰新反於中有疑君心夫置衞衞君非以寵君也師古曰恐其爲變故守衞之○宋祁曰浙本句末有也字願君讓封勿受悉以家私財佐軍何從其計上說師古曰說讀曰悅其秋黥布反上自將擊之○宋祁云舊本作上自將軍浙本無軍字數使使問相國何爲師古曰問其居守何所營爲曰爲上在軍拊循勉百姓悉所有佐軍如陳豨時師古曰悉盡也盡所有糧食資用以佐軍也客又說何曰君滅族不久矣夫君位爲相國功第一不可復加然君初入關本得百姓心十餘年矣皆附君尚復孳孳得民和師古曰孳字與孜同孜孜言不怠也○宋祁曰注文怠一作遽上所謂數問君○宋祁曰此疑有者字畏君傾動關中今君胡不多買田地賤貰貣以自汙上心必安師古曰貰賒也貣音上得反於是何從其計上乃大說上罷布軍歸民道遮行師古曰在道上遮天子行上書言相國彊賤買民田宅數千人上至何謁上笑曰今相國迺利民民所上書皆以與何曰君自謝民後何爲民請曰長安地陿上林中多空地棄願令民得入田毋收稾爲獸食師古曰稾禾稈也言恣人田之不收其稾稅也稾音工老反稈音工旱反○劉攽曰言毋收稾草爲獸食而已上大怒曰相國多受賈人財物爲請吾苑乃下何廷尉械繫之數日王衞尉侍如淳曰百官公卿表衞尉王氏無名字師古曰史失之也侍謂侍天子也前問曰相國胡大罪陛下繫之暴也師古曰前謂進而請也胡何也上曰吾聞李斯相秦皇帝有善歸主有惡自予今相國多受賈豎金爲請吾苑以自媚於民師古曰媚愛也取愛於民故繫治之王衞尉曰夫職事苟有便於民而請之眞宰相事也陛下柰何乃疑相國受賈民錢乎○宋祁曰浙本作民人且陛下距楚數歲陳豨黥布反時陛下自將往當是時相國守關中關中搖足則關

西非陛下有也相國不以此時爲利乃利賈人之金乎且秦以不聞其過亡天下夫李斯之分過又何足法哉陛下何疑宰相之淺也上不懌師古曰懌悅也感衞尉之言故慚愧而不悅也是日使使持節赦出何何年老素恭謹徒跣入謝上曰相國休矣師古曰令出外自休息相國爲民請苑吾不許○宋祁曰越本作相國爲民請吾苑不許我不過爲桀紂主而相國爲賢相吾故繫相國欲令百姓聞吾過高祖崩何事惠帝何病上親自臨視何疾○宋祁曰浙本無視字因問曰君即百歲後誰可代君對曰知臣莫若主帝曰曹參何如何頓首曰帝得之矣何死不恨矣何買田宅必居窮辟處師古曰辟讀曰僻僻隱也爲家不治垣屋師古曰垣牆也曰令後世賢師吾儉不賢毋爲埶家所奪孝惠二年何薨謚曰文終侯子祿嗣薨無子高后迺封何夫人同爲酇侯小子延爲筑陽侯師古曰酇及筑陽皆南陽縣也今其地並屬襄州筑音逐孝文元年罷同更封延爲酇侯薨子遺嗣薨無子文帝復以遺弟則嗣有罪免景帝二年制詔御史故相國蕭何高皇帝大功臣所與爲天下也師古曰爲治也一曰共造其功業今其祀絕朕甚憐之其以武陽縣戶二千封何孫嘉爲列侯嘉薨子勝嗣後有罪免武帝元狩中復下詔御史以酇戶二千四百封何曾孫慶爲酇侯布告天下令明知朕報蕭相國德也慶則子也薨子壽成嗣坐爲太常犧牲瘦免宣帝時詔丞相御史求問蕭相國後在者得玄孫建世等十二人復下詔以酇戶二千封建世爲酇侯傳子至孫獲坐使奴殺人減死論成帝時復封何玄孫之子南䜌長喜爲酇侯蘇林曰䜌音人足擘躃之擘鉅鹿縣名也師古曰喜爲此縣之長傳子至曾孫王莽敗乃絕

曹參沛人也秦時爲獄掾而蕭何爲主吏居縣爲豪吏矣師古曰言參及蕭何並爲吏之豪長也高祖爲沛公也參以中涓從如淳曰中涓如中謁者也師古曰涓潔也言其在內主知潔清灑埽之事蓋親近左右也擊胡陵方與師古曰音房豫攻秦監公軍大破之孟康曰監御史監郡者公名也晉灼曰案高紀名平也秦一郡置守尉監三人師古曰公者時人尊稱之耳晉說是也東下薛擊泗水守軍薛郭西復攻胡陵取之徙守方與方與反爲魏擊之豐反爲魏攻之賜爵七大夫北擊司馬欣軍碭東取狐父祁善置文穎曰善置置名也晉灼曰祁音坻師古曰狐父祁二縣名也祁音鉅夷反又音十夷反父音甫置若今之驛也又攻下邑以西至虞擊秦將章邯車騎攻轅戚及亢父師古曰亢音抗父音甫先登遷爲五大夫北救東阿擊章邯軍陷陳追至濮陽攻定陶取臨濟南救雍丘擊李由軍破之殺李由虜秦候一人章邯破殺項梁也沛公與項羽引兵而東楚懷王以沛公爲碭郡長將碭郡兵於是乃封參執帛鄭氏曰楚爵也張晏曰孤卿也號曰建成君遷爲戚公屬碭郡師古曰爲戚縣之令其後從攻東郡尉軍破之成武南擊

王離軍成陽南又攻杠里大破之追北西至開封擊趙賁軍破之師古曰賁音奔圍趙賁開封城中西擊秦將楊熊軍於曲遇師古曰曲音丘羽反遇音顒破之虜秦司馬及御史各一人遷爲執珪張晏曰侯伯執珪以朝位比之如淳曰呂氏春秋得伍員者位執珪古爵名也從西攻陽武下轘轅緱氏絕河津擊趙賁軍尸北破之孟康曰尸鄉之北從南攻犨與南陽守齮戰陽城郭東應劭曰今堵陽陷陳取宛虜齮定南陽郡師古曰高紀言南陽守齮降封爲殷侯而此傳言虜齮紀傳不同疑傳誤從西攻武關嶢關取之師古曰嶢音堯前攻秦軍藍田南又夜擊其北軍大破之遂至咸陽破秦項羽至以沛公爲漢王漢王封參爲建成侯從至漢中遷爲將軍從還定三秦攻下辯故道鄧展曰武都二縣也雍斄蘇林曰右扶風二縣也斄音胎擊章平軍於好畤南破之圍好畤取壤鄉文穎曰壤地名也擊三秦軍壤東及高櫟破之師古曰櫟音歷復圍章平平出好畤走因擊趙賁內史保軍破之東取咸陽更名曰新城參將兵守景陵孟康曰縣名也二十三日三秦使章平等攻參參出擊大破之賜食邑於寧秦蘇林曰今華陰以將軍引兵圍章邯廢丘以中尉從漢王出臨晉關至河內下修武度圍津師古曰在東郡東擊龍且項佗定陶破之師古曰且音子餘反佗音徒河反東取碭蕭彭城擊項籍軍漢軍大敗走參以中尉圍取雍丘王武反於外黃程處反於燕服虔曰皆漢將師古曰燕東郡之縣故南燕國音一千反往擊盡破之柱天侯反於衍氏進破取衍氏擊羽嬰於昆陽追至葉師古曰葉南陽縣也音式涉反還攻武彊師古曰武彊城在陽武因至滎陽參自漢中爲將軍中尉從擊諸侯及項王敗還至滎陽師古曰敗謂戰彭城而敗漢二年拜爲假左丞相入屯兵關中月餘魏王豹反以假丞相○宋祁曰浙本假字下有左字別與韓信東攻魏將孫遬東張蘇林曰東張屬河東師古曰遬古速字○宋祁曰浙本正文遬字下有軍字大破之因攻安邑得魏將王襄擊魏王於曲陽追至東垣生獲魏王豹取平陽得豹母妻子盡定魏地凡五十二縣賜食邑平陽因從韓信擊趙相國夏說軍於鄔東蘇林曰鄔太原縣也師古曰說讀曰悅鄔音一戶反又音乙據反大破之斬夏說韓信與故常山王張耳引兵下井陘擊成安君陳餘而令參還圍趙別將戚公於鄔城中戚公出走追斬之迺引兵詣漢王在所韓信已破趙爲相國東擊齊參以左丞相屬焉攻破齊歷下軍遂取臨淄還定濟北郡收著漯陰平原鬲盧師古曰五縣名也時未有濟北郡史追書之耳著音竹庶反又音直庶反漯音它合反鬲與隔同已而從韓信擊龍且軍於上假密文穎曰或以爲高密大破之斬龍且虜亞將周蘭師古曰亞將次將也定齊郡凡得七十縣得故齊王田廣相田光其守相許章及故將軍田既師古曰守相爲相居守者韓信立爲齊王引兵東詣陳與漢王共破項羽而參留平齊未服者漢王即皇帝位韓信徙

爲楚王參歸相印焉高祖以長子肥爲齊王而以參爲相國○宋祁曰相國字上當有齊字高祖六年與諸侯剖符賜參爵列侯食邑平陽萬六百三十戶世世勿絕參以齊相國擊陳豨將張春破之黥布反參從悼惠王將車騎十二萬與高祖會擊黥布軍大破之南至蘄還定竹邑相蕭留師古曰四縣名參功凡下二國縣百二十二得王二人相三人將軍六人大莫敖郡守司馬侯御史各一人如淳曰敖音敖張晏曰莫敖楚卿號也時近六國故有令尹莫敖之官孝惠元年除諸侯相國法更以參爲齊丞相參之相齊齊七十城天下初定悼惠王富於春秋參盡召長老諸先生問所以安集百姓而齊故諸儒以百數師古曰數音所具反言人人殊參未知所定聞膠西有蓋公師古曰蓋音古盍反善治黃老言張晏曰黃帝老子之書使人厚幣請之既見蓋公蓋公爲言治道貴清靜而民自定推此類具言之參於是避正堂舍蓋公焉師古曰舍止也其治要用黃老術故相齊九年齊國安集大稱賢相蕭何薨參聞之告舍人趣治行師古曰舍人猶家人也一說私屬官主家事者也趣讀曰促謂速治行裝也○宋祁曰浙本注文作猶言家人也吾且入相居無何使者果召參參去屬其後相師古曰屬音之欲反曰以齊獄市爲寄愼勿擾也後相曰治無大於此者乎參曰不然夫獄市者所以并容也今君擾之姦人安所容乎吾是以先之孟康曰夫獄市者兼受善惡若窮極姦人姦人無所容竄久且爲亂秦人極刑而天下畔孝武峻法而獄繫此其效也師古曰老子云我無爲民自化我好靜民自正參欲以道化爲本不欲擾其末也○宋祁曰浙本注文無師古曰字始參微時與蕭何善及爲宰相有隙師古曰參自以戰鬭功多而封賞每在何後故怨何也○劉奉世曰此特師古意料之爾至何且死所推賢唯參參代何爲相國舉事無所變更壹遵何之約束師古曰舉皆也言凡事皆無變改擇郡國吏長大孟康曰取年長大者訥於文辭謹厚長者即召除爲丞相史吏言文刻深欲務聲名輒斥去之師古曰斥郤也日夜飲酒卿大夫以下吏及賓客見參不事事如淳曰不事丞相之事來者皆欲有言至者參輒飲以醇酒師古曰醇酒不澆謂厚酒也度之欲有言復飲酒醉而後去師古曰度音大各反飲音於禁反終莫得開說如淳曰開謂有所啟白以爲常相舍後園近吏舍吏舍日飲歌呼師古曰呼音火故反其下並同從吏患之無如何師古曰從吏吏之常從相者也從音才用反迺請參遊後園聞吏醉歌呼從吏幸相國召按之乃反取酒張坐飲師古曰張設坐席而飲也坐音才臥反大歌呼與相和參見人之有細過掩匿覆蓋之府中無事參子窋爲中大夫師古曰窋音張律反惠帝怪相國不治事以爲豈少朕與師古曰言豈以我爲年少故也與讀曰歟迺謂窋曰女歸試私從容問乃父師古曰乃汝也曰高帝新棄羣臣帝富於春秋君爲相國日飲無所請事何以憂天下然無言吾告女也窋既洗沐歸時間自從其所諫參師古曰間謂空隙也自從其所猶言自出其意

也參怒而笞之二百曰趣入侍師古曰趣讀曰促天下事非乃所當言也至朝時帝讓參師古曰讓責也曰與窋胡治乎師古曰胡何也言共窋爲何治也治音丈吏反乃者我使諫君也師古曰乃者猶言曩者參免冠謝曰陛下自察聖武孰與高皇帝上曰朕乃安敢望先帝參曰陛下觀參孰與蕭何賢○宋祁曰浙本觀參字下有能字上曰君似不及也參曰陛下言之是也且高皇帝與蕭何定天下法令既明具陛下垂拱參等守職遵而勿失不亦可乎惠帝曰善君休矣師古曰且令出休息參爲相國三年薨謚曰懿侯百姓歌之曰蕭何爲法講若畫一文穎曰講或作較師古曰講和也畫一言整齊也曹參代之守而勿失載其清靖民以寧壹師古曰載猶乘也窋嗣侯高后時至御史大夫傳國至曾孫襄武帝時爲將軍擊匈奴襄子宗嗣有罪完爲城旦至哀帝時乃封參玄孫之孫本始爲平陽侯二千戶王莽時薨子宏嗣建武中先降河北封平陽侯至今八侯○劉敞曰八侯字疑衍

贊曰蕭何曹參皆起秦刀筆吏師古曰刀所以削書也古者用簡牒故吏皆以刀筆自隨也當時錄錄未有奇節師古曰錄錄猶鹿鹿言在凡庶之中也漢興依日月之末光師古曰易文言云聖人作而萬物覩又曰見龍在田天下文明贊言何參值漢初興故以日月爲喻耳何以信謹守管籥參與韓信俱征伐師古曰高祖出征何每居守故言守管籥天下既定因民之疾秦法順流與之更始二人同心遂安海內淮陰黥布等已滅唯何參擅功名位冠羣臣聲施後世師古曰冠謂居其首爲一代宗臣師古曰言爲後世之所尊仰故曰宗臣也慶流苗裔盛矣哉

前漢書卷三十九考證

蕭何傳常佐之○史記作常左右之

事第一○臣召南按事字應屬上句言何給泗水郡卒史事也第一即是課最上不必有事字舊讀恐非

漢王怒謀欲攻項羽云云○臣召南按漢王就國漢中一段此史記所缺而班氏補之何爲漢功臣之首宜也

先封爲酇侯注師古曰謂諸功臣舊有爵者何最在前封也○臣召南按功臣表六年十二月甲申封曹參靳歙夏侯嬰王吸傅寬召歐薛歐陳濞陳嬰陳平凡十侯至正月丙午封張良劉纏蕭何周勃樊噲酈商灌嬰周昌武虎董渫孔聚陳賀陳豨共十三侯其餘功臣未封者尚多即上文所云羣臣爭功歲餘不決者也注舊有爵者疑應作未封爵者

而發縱指示獸處者人也注○洪氏隸釋曰蹤縱據漢人數碑固多借用顏注殆未然也

列侯畢已受封奏位次○臣召南按十八侯位次定於此時

是日悉封何父母兄弟十餘人○父母史記作父子

上已聞誅信使使拜丞相爲相國○臣召南按丞相紫綬相國則綠綬矣漢初相國惟何及曹參二人自參薨後即仍稱丞相又按何爲相國在淮陰旣誅之後此傳甚明而公卿表乃列于九年誤也若在九年則豨尚未叛信尚未誅矣當以此傳爲正在十一年

曹參傳攻秦監公軍注晉灼曰按高紀名平也○臣召南按監泗水郡御史名平不特高紀可証夏侯嬰傳從攻胡陵嬰與蕭何降泗水監平平以胡陵降即此監公也

北擊司馬欣軍碭東○臣召南按司馬欣史記作司馬尼是也高紀作司馬𡰥樊噲傳與司馬𡰥戰碭東即此人尼𡰥二字相似未知孰正但必非長史司馬欣耳

守景陵二十三日○史記作二十日

告舍人趣治行注師古曰舍人猶家人也○胡三省曰据戰國策蘇秦使舍人賫送張儀入秦李斯爲呂不韋舍人謂爲私屬官可也以爲主家事則拘矣

講若畫一○講史記作顜徐廣曰顜音古項反一音較

至今八侯○劉攽曰八侯字疑衍○臣召南按參傳子窋窋子奇奇子時時子襄襄子宗參元孫本始本始子宏宏子曠即功臣表所謂今見者也八侯似非衍文

前漢書卷四十

漢　蘭　臺　令　史班　固撰

唐正議大夫行秘書少監琅邪縣開國子顏師古注

張陳王周傳第十

張良字子房其先韓人也大父開地應劭曰大父祖父開地名也相韓昭侯宣惠王襄哀王父平相釐王師古曰釐讀曰僖悼惠王悼惠王二十三年平卒卒二十歲秦滅韓良少未宦事韓○宋祁曰宦疑是當字韓破良家僮三百人弟死不葬悉以家財求客刺秦王爲韓報仇以五世相韓故師古曰從昭侯至悼惠王凡五君良嘗學禮淮陽東見倉海君晉灼曰海神也如淳曰東夷君長也師古曰二說並非蓋當時賢者之號也良旣見之因而求得力士得力士爲鐵椎重百二十斤秦皇帝東游至博狼沙中服虔曰河南陽武南地名也今有亭師古曰狼音浪良與客狙擊秦皇帝師古曰狙謂伺之也音千豫反字本作覷誤中副車師古曰副謂後乘也秦皇帝大怒大索天下師古曰索搜也音山客反求賊急甚良乃更名姓亡匿下邳師古曰更改也良嘗閒從容步游下邳圯上服虔曰圯音頤楚人謂橋曰圯應劭曰圯水之上也文穎曰沂水上橋也師古曰下邳之水非泗水也又非沂水服說是也○臣從曰按從水乃詩云江有汜及今有汜水縣字音詳里反據許愼說文云東楚謂橋爲圯在土部本從土傳寫誤從汜合從土作頤音與下文直墮其履圯下並作圯字校定劉攽曰予謂若本實作圯則應劭無緣解作汜上疑汜亦自爲頤音而釋爲橋也嘗如隱辭作澹辭矣然則汜字從水亦未爲誤而校定亦未宜從土也宋祁曰舊本汜從水張佖改作土謂從水者是江有汜之汜音詳里反余謂佖說非也近胡旦作圯橋贊字從木旦須儒也予嘗問之旦曰汜音頤何所疑憚說文從圯蓋本字原後人從水未容無義佖改從土奈應注爲汜水之汜又何以辨應之誤耶用此尤見張佖之率爾也有一老父衣褐至良所師古曰褐制若裘今道士所服者是○宋祁曰褐制若裘服直墮其履圯下師古曰直猶故也一曰正也顧謂良曰孺子下取履良愕然欲歐之師古曰愕驚貌也歐擊也音一口反爲其老彊忍下取履因跪進父以足受之笑去○宋祁云浙本作笑而去良殊大驚父去里所復還師古曰行一里許而還來曰孺子可教矣後五日平明與我期此良因怪跪曰諾○劉攽曰怪字合在因字上宋祁云浙本怪字下有之字五日平明良往父已先在怒曰與老人期後何也去後五日蚤會師古曰故良令去戒以後會也其下亦同蚤音早○宋祁曰注文蚤音早當作蚤古早字五日雞鳴往父又先在復怒曰後何也去後五日復蚤來五日良夜半往有頃父亦來喜曰當如是出一編書師古曰編謂聯次之也聯簡牘以爲書故云一編編音鞭曰讀是則爲王者師後十年興十三年孺子見我濟北穀城山下黃石卽我已師古曰已語終之辭遂去不見旦日視其書迺太公兵法良因異之常習誦○宋祁云一本誦下有讀字居下邳爲任俠項伯嘗殺人從良匿後十年陳涉等起良亦聚少年百餘人景駒自立爲楚假王在留○宋祁云浙本作在陳留良欲往從之行道遇沛公沛公將數千人略地下邳遂屬焉沛公拜良爲廐將服虔曰官名也良數以太公兵法說沛公沛公喜常用其策良爲它人言皆不省師古曰省視也良曰沛公殆天授師古曰殆近也故遂從不去沛公之薛見項梁共立楚懷王良乃說項梁曰君已立楚後韓諸公子橫陽君成賢○宋祁云浙本韓字上有而字可立爲王益樹黨師古曰廣立六國之後共攻秦也項梁使良求韓成立爲韓王以良爲韓司徒與韓王將千餘人西畧韓地得數城秦輒復取之往來爲游兵潁川沛公之從雒陽南出轘轅良引兵從沛公下韓十餘城擊楊熊軍沛公迺令韓王成留守陽翟與良俱南攻下宛西入武關沛公欲以二萬人擊秦嶢關下軍師古曰嶢音堯良曰秦兵尙彊未可輕臣聞其將屠者子賈豎易動以利師古曰商賈之人志無遠大譬猶僮豎故云賈豎願沛公且留壁使人先行爲五萬人具食益張旗幟諸山上爲疑兵師古曰皆所以表已軍之多誇示敵人幟音式志反令酈食其持重寶啗秦將師古曰啗音徒濫反解在高紀秦將果欲連和俱西襲咸陽師古曰欲與漢王和而隨漢兵襲咸陽○宋祁云浙本襲字上有共字沛公欲聽之良曰此獨其將欲叛士卒恐不從不從必危不如因其解擊之師古曰解讀曰懈沛公迺引兵擊秦軍大破之逐北至藍田再戰秦兵竟敗遂至咸陽秦王子嬰降沛公沛公入秦宮室帷帳狗馬重寶婦女以千數意欲留居之樊噲諫沛公不聽良曰夫秦爲無道故沛公得至此爲天下除殘去賊宜縞素爲資晉灼曰資質也欲令沛公反秦奢泰服儉素以爲資師古曰縞白素也音工老反○宋祁曰注文資字舊本作質今始入秦卽安其樂此所謂助桀爲虐且忠言逆耳利於行毒藥苦口利於病○宋祁曰逆耳苦口疑作逆於耳苦於口願沛公聽樊噲言沛公迺還軍霸上項羽至鴻門欲擊沛公項伯夜馳至沛公軍私見良欲與俱去良曰臣爲韓王送沛公今事有急亡去不義迺具語沛公沛公大驚曰爲之奈何良曰沛公誠欲背項王邪沛公曰鯫生說我距關毋內諸侯服虔曰鯫音七垢反鯫小人也臣瓚曰楚漢春秋鯫姓師古曰服說是也音才垢反秦地可王也故聽之良曰沛公自度能卻項王乎師古曰卻音丘略反沛公默然曰今爲奈何良因要項伯見沛公沛公與伯飲爲壽結婚令伯具言沛公不敢背項王所以距關者備它盜也項羽後解語在羽傳漢元年沛公爲漢王王巴蜀賜良金百溢服虔曰二十兩曰溢師古曰秦以溢名金若漢之論斤也珠二斗良具以獻項伯漢王亦因令良厚遺項伯使請漢中地服虔曰本不盡與漢中故請求之項王許之漢王之國良送至褒中遣良歸韓良因說漢王燒絕棧道師古曰棧閣道也示天下無還心以固項王意迺使良還行燒絕棧道師古曰還謂歸韓且行且燒所過之處皆燒之也良歸至韓聞項羽以良從漢王故不遣韓王成之國與俱東至彭城殺之時漢王還定三秦良乃遺項羽書曰漢王失職欲得關中如約卽止不敢東○宋祁曰敢字下疑有復字又以齊反書遺羽曰齊與趙欲并滅楚項羽以故北擊齊良迺閒行歸漢漢王以良爲成信侯從東擊楚至彭城漢王兵敗而還至下邑師古曰梁地之縣也今屬宋州漢王下馬踞鞍而問曰吾欲捐關已東等棄之誰可與共功者師古曰捐關以東謂不自有其地將以與人令其立功共破楚也良曰九江王布楚梟將師古曰梟謂最勇健也與項王有隙彭越與齊王反梁地此兩人可急使而漢王之將獨韓信可屬大事當一面師古曰屬委也音之欲反卽欲捐之捐之此三人楚可破也漢王乃遣隨何說九江王布而使人連彭越師古曰與相連結也及魏王豹反使韓信特將北擊之師古曰特獨也專任之使將也因舉燕伐齊趙然卒破楚者此三人力

也良多病未嘗特將兵。宋祁云舊本云持兵將 常爲畫策臣時時從漢三年項羽急圍漢王於滎陽漢王憂恐與酈食其謀橈楚權 師古曰橈弱也音女教反其字從木 酈生曰昔湯伐桀封其後杞武王誅紂封其後宋今秦無德。宋祁云浙本德字作道 伐滅六國無立錐之地陛下誠復立六國後此皆爭戴陛下德義願爲臣妾德義已行南面稱伯楚必斂衽而朝 師古曰衽衣襟也 漢王曰善趣刻印先生因行佩之 師古曰趣讀曰促佩謂授與六國使帶也 酈生未行良從外來謁漢王漢王方食曰客有爲我計橈楚權者具以酈生計告良曰於子房何如良曰誰爲陛下畫此計者陛下事去矣漢王曰何哉良曰臣請借前箸以籌之 張晏曰求借所食之箸用指畫也或曰前世湯武箸明之事以籌度今時之不若也師古曰或說非也箸音直庶反 昔湯武伐桀紂封其後者度能制其死命也 師古曰度音大各反 今陛下能制項籍死命乎其不可一矣武王入殷表商容閭 師古曰商容殷賢人也里門曰閭表謂顯異之也 式箕子門 師古曰式亦表也一說至其門而撫車式所以敬之 封比干墓今陛下能乎其不可二矣發鉅橋之粟 服虔曰鉅橋倉名也師古曰許愼云鉅鹿之大橋有漕粟也 散鹿臺之財 臣瓚曰鹿臺臺名今在朝歌城中師古曰劉向云鹿臺大三里高千尺也 以賜貧窮今陛下能乎其不可三矣殷事以畢偃革爲軒 蘇林曰革者兵車革輅軒者朱軒也如淳曰偃武備而治禮樂也 倒載干戈示不復用。宋祁曰載作戴 今陛下能乎其不可四矣休馬華山之陽示無所爲今陛下能乎其不可五矣息牛桃林之墅 晉灼曰在弘農閿鄉南谷中師古曰山海經云夸父之山北有林焉名曰桃林廣圓三百里即謂此也其山谷今在閿鄉縣東南湖城縣西南去湖城三十五里 天下不復輸積。宋祁云浙本今天字上有示字 陛下能乎其不可六矣且夫天下游士離親戚棄墳墓 師古曰離者言其乖避而委離之以從漢也。宋祁曰離親戚浙本離作左左者言其乖避而委離之若只作離字則不須用注也 去故舊從陛下者但日夜望咫尺之地今乃立六國後唯無復立者 師古曰既立六國後土地皆盡無以封功勞之人故云無復立者唯發語之辭 游士各歸事其主從親戚反故舊陛下誰與取天下乎其不可七矣且楚唯毋彊六國復橈而從之 服虔曰唯當使楚無彊則六國弱而從之晉灼曰當今唯楚大無有彊之者若復立六國皆橈而從之陛下焉得而臣之乎師古曰服說是也 陛下焉得而臣之其不可八矣誠用謀陛下事去矣漢王輟食吐哺罵曰豎儒幾敗迺公事 師古曰輟止也哺食在口中者也幾近也哺音捕幾音鉅依反 令趣銷印 師古曰趣讀曰促 後韓信破齊欲自立爲齊王。宋祁曰齊王上疑有假字 漢王怒良說漢王漢王使良授齊王信印語在信傳五年冬漢王追楚至陽夏南 師古曰夏音工雅反 戰不利壁固陵諸侯期不至良說漢王漢王用其計諸侯皆至語在高紀漢六年封功臣良未嘗有戰鬬功高帝曰運籌策帷幄中決勝千里外子房功也自擇齊三萬戶良曰始臣起下邳與上會留此天以臣授陛下陛下用臣計幸而時中臣願封留足矣不敢當三萬戶迺封良爲留侯與蕭何等俱封。宋祁云浙本封作拜 上已封大功臣二十餘人。宋祁云浙本無上字 其餘日夜爭功而不決。宋祁云浙本無而字 未得行封上居雒陽南宮從復道望見諸將 師古曰復讀曰複 往往數人偶語上曰此何語良曰陛下不知乎此謀反耳上曰天下屬安定何故而反 師古曰屬近也言近始安屬音之欲反 良曰陛下起布衣與此屬取天下今陛下已爲天子而所封皆蕭曹故人所親愛而所誅者皆平生仇怨今軍吏計功天下不足以徧封此屬畏陛下不能盡封又恐見疑過失及誅故相聚而謀反耳上迺憂曰爲將奈何良曰上平生所憎羣臣所共知誰最甚者上曰雍齒與我有故怨數窘辱我 服虔曰未起之時與我有故怨也師古曰每以勇力困辱高祖 我欲殺之爲功多不忍良曰今急先封雍齒以示羣臣羣臣見雍齒先封則人人自堅矣於是上置酒封雍齒爲什方侯 蘇林曰漢中縣也師古曰地理志屬廣漢非漢中也今則屬益州什音十 而急趣丞相御史定功行封 師古曰趣讀曰促 羣臣罷酒皆喜曰雍齒且侯我屬無患矣劉敬說上都關中上疑之左右大臣皆山東人多勸上都雒陽雒陽東有成臯西有殽黽 師古曰殽山也黽黽池也音沔。宋祁曰注文當作殽殽山也黽黽池也 背河鄉雒其固亦足恃 師古曰鄉讀曰嚮 良曰雒陽雖有此固其中小不過數百里田地薄四面受敵此非用武之國夫關中左殽函右隴蜀沃野千里 師古曰沃者溉灌也言其土地皆有溉灌之利故云沃野 南有巴蜀之饒北有胡苑之利 師古曰謂安定北地上郡之北與胡相接之地可以畜牧者也養禽獸謂之苑 阻三面而固守獨以一面東制諸侯諸侯安定河渭漕輓天下西給京師 師古曰輓引也輓音晚 諸侯有變順流而下足以委輸此所謂金城千里天府之國 師古曰財物所聚謂之府言關中之地物產饒多可備贍給故稱天府也 劉敬說是也於是上卽日駕西都關中良從入關性多疾卽道引不食穀 孟康曰服辟穀藥而靜居行氣道讀曰導 閉門不出歲餘上欲廢太子立戚夫人子趙王如意大臣多爭未能得堅決也呂后恐不知所爲或謂呂后曰留侯善畫計上信用之呂后乃使建成侯呂澤劫良曰君常爲上謀臣今上日欲易太子 師古曰言日日欲易之 君安得高枕而臥 師古曰安焉也 良曰始上數在急困之中幸用臣策今天下安定以愛欲易太子骨肉之間雖臣等百人何益呂澤彊要曰爲我畫計良曰此難以口舌爭也顧上有所不能致者四人 師古曰顧念也四人謂園公綺里季夏黃公角里先生所謂商山四皓也 四人年老矣皆以上嫚娒士 師古曰嫚與慢同娒古侮字 故逃匿山中義不爲漢臣然上高此四人今公誠能毋愛金玉璧帛令太子爲書卑辭安車因使辯士固請宜來 師古曰宜應得其來 來以爲客時從入朝令上見之則一助也於是呂后令呂澤使人奉太子書卑辭厚禮迎此四人四人至客建成侯所漢十一年黥布反上疾欲使太子將往擊之四人相謂曰凡來者將以存太子太子將兵事危矣迺說建成侯曰太子將兵有功卽位不益 師古曰太子嗣君貴已極矣雖更立功位無加益矣 無功則從此受禍且太子所與俱諸將皆與上定天下梟將也今迺使太子將之此無異使羊將狼皆不肯爲用其無功必矣臣聞母愛者子抱今戚夫人日夜侍御趙王常居前上曰終不使不肖子居愛子上。劉攽曰日字後人妄加 明其代太子位必矣君何不急請呂后承閒爲上泣 師古曰因空隙之時 言黥布天下猛將善用兵今諸將皆陛下故等夷 師古曰夷平也言故時皆齊等 迺令太子將此屬莫肯爲用且布聞之鼓行而西耳 師古曰擊鼓而行言無所畏 上雖疾彊載輜車臥而護之 師古曰輜車衣車也護謂監領諸將 諸將不敢不盡力上雖苦彊爲妻子計於是呂澤夜見呂后。宋祁云浙本夜字上有立字 呂后承閒爲上泣而言如四人意上曰吾惟之豎子固不足遣 師古曰惟思也 迺公自行耳 師古曰迺公汝父也 於是上自將而東羣臣居守皆送至霸上良疾彊起至曲郵 師古曰在新豐西今俗謂之郵頭 見上曰臣宜從疾甚楚人剽疾願上愼毋與楚爭鋒 師古曰剽音匹妙反 因說上令太子爲將軍監關中兵上謂子房雖疾彊臥傅太子是時叔孫通已爲太傅良行少傅事漢十二年上從破布歸疾益甚愈欲易太子良諫不聽因疾不視事叔孫太傅稱說引古以死爭太子上陽許之猶欲易之及宴置酒太子侍四人者從太子年皆八十有餘須眉皓白衣冠甚偉 師古曰所以謂之四皓 上怪問曰何爲者四人前對各言其姓名上迺驚曰吾求公避逃我今公何自從吾兒游乎四人曰陛下輕士善罵臣等義不辱故恐而亡匿今聞太子仁孝恭敬愛士天下莫不延頸願爲太子死者故臣等來上曰煩公幸卒調護太子 師古曰調謂和平之護謂保安之 四人爲壽已畢趨去上目送之 師古曰以目瞻之訖其出也 召戚夫人指視曰 師古曰視讀曰示 我欲易之彼四人爲之輔羽翼已成難動矣呂氏眞迺主矣 師古曰迺汝也 戚夫人泣涕上曰爲我楚舞吾爲若楚歌 師古曰若亦汝也 歌曰鴻鵠高飛一舉千里 師古曰鵠音胡督反 羽翼以就橫絕四海 師古曰就成也絕謂飛而直度也 橫絕四海又可奈何雖有矰繳尙安所施 師古曰繳弋射也其矢爲矰矰音增繳音之若反 歌數闋 師古曰闋盡也曲終爲闋音口穴反 戚夫人歔欷流涕 師古曰歔音虛欷音稀又音許氣反 上起去罷酒竟不易太子者良本招此四人之力也良從上擊代出奇計下馬邑及立蕭相國 服虔曰何時未爲相國良勸高祖立之 所與從容言天下事甚衆 師古曰從音千容反。宋祁曰浙本所與字下有上字 非天下所以存亡故不著 師古曰著謂書之於史著音竹助反 良迺稱曰家世相韓及韓滅不愛萬金之資爲韓報仇彊秦天下震動今以三寸舌爲帝者師封萬戶位列侯此布衣之極於良足矣願棄人閒事欲從赤松子游耳 師古曰赤松子仙人號也神農時爲雨師服水玉教神農能入火自燒至昆山上常止西王母石室隨風雨上下炎帝少女追之亦得仙俱去 迺學道欲輕舉 師古曰道謂仙道 高帝崩呂后德良迺彊食之 師古曰食讀曰飤 曰人生一世間如白駒之過隙 師古曰解在魏豹傳 何自苦如此良不得已彊聽食後六歲薨謚曰文成侯良始所見下邳圯上老父與書者。宋祁云浙本圯作汜 後十三歲從高帝過濟北果得穀城山下黃石取而寶祠之及良死并葬黃石每上冢伏臘祠黃石子不疑嗣侯孝文三年坐不敬國除

陳平陽武戶牖鄉人也 師古曰陽武縣名屬陳留戶牖者其鄉名 少時家貧好讀書治黃帝老子之術有田三十畝與兄伯居伯常耕田縱平使游學平爲人長大美色人或謂平貧何食而肥若是其嫂疾平之不親家生產曰亦食糠覈耳 孟康曰覈麥糠中不破者也晉灼曰覈音紇京師人謂麤屑爲紇頭 有叔如此不如無有伯聞之逐其婦棄之及平長可取婦富人莫與者。宋祁云浙本作莫肯與 貧者平亦媿之久之戶牖富人張負有女孫五嫁夫輒死人莫敢取平欲得之邑中有大喪平家貧侍喪以先往後罷爲助張負既見之喪所獨視偉平 師古曰視而悅其奇偉 平亦以故後去負隨平至其家家迺負郭窮巷 師古曰負謂倚也 以席爲門然門外多長者車轍張負歸謂其子仲曰吾欲以女孫予陳平。宋祁云越本無孫予二字劉攽曰吾欲以女陳平下疑少一與字 仲曰平貧不事事 師古曰不事產業之事 一縣中盡笑其所爲獨奈何予之女負曰固有美如陳平長貧者乎卒與女爲平貧迺假貸幣以聘 師古曰貸音土戴反 予酒肉之資以內婦負戒其孫曰毋以貧故事人不謹事兄伯如事迺父事嫂如事迺母 師古曰迺汝也 平既取張氏女資用益饒游道日廣里中社平爲宰 師古曰主切割肉也 分肉甚均里父老曰善陳孺子之爲宰平曰嗟乎使平得宰天下亦如此肉矣陳涉起王使周市略地立魏咎爲魏王與秦軍相攻於臨濟平已前謝兄伯 服虔曰謝語其兄伯往事魏也 從少年往事魏王咎爲太僕說魏王王不聽人或讒之平亡去項羽略地至河上平往歸之從入破秦賜爵卿 張晏曰禮秩如卿不治事 項羽之東王彭城也漢王還定三秦而東殷王反楚項羽迺以平爲信武君將魏王客在楚者往擊殷降而還項王使項悍拜平爲都尉 師古曰悍音下旦反 賜金二十溢居無何 師古曰無何猶言無幾時 漢攻下殷項王怒將誅定殷者平懼誅迺封其金與印使使歸項王而平身閒行杖劍亡度河船人見其美丈夫獨行疑其亡將要下當有寶器金玉目之欲殺平平心恐乃解衣贏而佐刺船 師古曰自露其形示無所懷挾

船人知其無有迺止平遂至脩武降漢因魏無知求見漢王漢王召入是時萬石君石奮爲中涓受平謁平等十人俱進賜食王曰罷就舍矣平曰臣爲事來所言不可以過今日於是漢王與語而說之師古曰說讀曰悅問曰子居楚何官平曰爲都尉是日拜平爲都尉使參乘典護軍諸將盡讙師古曰讙譁而議也○宋祁曰一本作譁注云譁譁而議曰大王一日得楚之亡卒未知高下而卽與共載使監護長者漢王聞之愈益幸平遂與東伐項王至彭城爲楚所敗引師而還收散兵至滎陽以平爲亞將屬韓王信軍廣武絳灌等或讒平曰師古曰舊說云絳絳侯周勃也灌灌嬰也而楚漢春秋高祖之臣別有絳灌疑昧之文不可據也平雖美丈夫如冠玉耳其中未必有也孟康曰飾冠以玉光好外見中非所有也聞平居家時盜其嫂師古曰盜猶私也事魏王不容亡而歸楚歸楚不中又亡歸漢師古曰中音竹仲反今大王尊官之令護軍臣聞平使諸將金多者得善處金少者得惡處平反覆亂臣也願王察之漢王疑之以讓無知問曰有之乎無知曰有漢王曰公言其賢人何也對曰臣之所言者能也陛下所問者行也今有尾生孝已之行如淳曰孝已高宗之子有孝行師古曰尾生古之信士一說卽微生高而無益於勝敗之數陛下何暇用之乎今楚漢相距臣進奇謀之士顧其計誠足以利國家耳師古曰顧念也盜嫂受金又安足疑乎漢王召平而問曰吾聞先生事魏不遂事楚而去師古曰遂猶竟○宋祁曰注末當有也字今又從吾遊信者固多心乎平曰臣事魏王魏王不能用臣說故去事項王項王不信人其所任愛非諸項卽妻之昆弟雖有奇士不能用臣居楚聞漢王之能用人故歸大王贏身來不受金無以爲資誠臣計畫有可采者願大王用之使無可用者大王所賜金具在請封輸官得請骸骨漢王乃謝厚賜拜以爲護軍中尉盡護諸將諸將迺不敢復言其後楚急擊絕漢甬道圍漢王於滎陽城漢王患之請割滎陽以西和項王弗聽漢王謂平曰天下紛紛何時定乎平曰項王爲人恭敬愛人士之廉節好禮者多歸之至於行功賞爵邑重之師古曰言愛惜之士亦以此不附今大王嫚而少禮士之廉節者不來然大王能饒人以爵邑士之頑頓耆利無耻者亦多歸漢如淳曰頑頓謂無廉隅也師古曰頓讀曰鈍耆讀曰嗜誠各去兩短集兩長天下指麾卽定矣然大王資侮人師古曰資謂天性也侮古侮字不能得廉節之士顧楚有可亂者師古曰顧念也彼項王骨鯁之臣亞父鍾離眜龍且周殷之屬師古曰眜音秣且音子閭反不過數人耳大王能出捐數萬斤金行反閒閒其君臣以疑其心師古曰閒音居莧反項王爲人意忌信讒必內相誅漢因舉兵而攻之破楚必矣漢王以爲然乃出黃金四萬斤予平恣所爲不問出入平旣多以金縱反閒於楚軍宣言諸將鍾離眜等爲項王將功多矣然終不得列地而王欲與漢爲一以滅項氏分王其地項王果疑之使使至漢漢爲太牢之具舉進師古曰舉鼎俎而來見楚使卽陽驚曰以爲亞父使迺項王使也復持去以惡草具進楚使服虔曰去肴肉更以惡草之具○宋祁曰浙本作菜草之具使歸具以報項王果大疑亞父○宋祁云浙本果字上復有項王二字亞父欲急擊下滎陽城項王不信不肯聽亞父亞父聞項王疑之迺大怒曰天下事大定矣君王自爲之願乞骸骨歸○宋祁曰乞當作賜歸未至彭城疽發背而死師古曰疽癰瘡也音千余反平迺夜出女子二千人滎陽東門楚因擊之平迺與漢王從城西門出去○宋祁曰出去當作夜出遂入關收聚兵而復東明年淮陰侯信破齊自立爲假齊王使使言之漢王漢王怒而罵平躡漢王孟康曰躡謂躡漢王足漢王寤迺厚遇齊使使張良往立信爲齊王於是封平以戶牖鄉用其計策卒滅楚漢六年人有上書告楚王韓信反高帝問諸將諸將曰亟發兵阬豎子耳師古曰亟急也音居力反高帝默然以問平平固辭謝曰○宋祁曰一本固作因然作固爲長諸將云何上具告之平曰人之上書言信反人有聞知者乎曰未有曰信知之乎曰弗知平曰陛下兵精孰與楚師古曰與如也上曰不能過也平曰陛下將用兵有能敵韓信者乎上曰莫及也平曰今兵不如楚精將弗及而舉兵擊之是趣之戰也師古曰趣讀曰促竊爲陛下危之上曰爲之奈何平曰古者天子巡狩會諸侯南方有雲夢師古曰楚澤名夢音莫風反又讀如本字陛下第出僞游雲夢師古曰第但也語聲急也它皆類此會諸侯於陳陳楚之西界信聞天子以好出游其勢必郊迎謁師古曰出其郊遠迎謁也而陛下因禽之特一力士之事耳○宋祁云浙本特字上有此字高帝以爲然迺發使告諸侯會陳吾將南游雲夢上因隨以行至陳楚王信果郊迎道中高帝豫具武士見信卽執縛之語在信傳遂會諸侯於陳還至雒陽與功臣剖符定封封平爲戶牖侯世世勿絕平辭曰此非臣之功也上曰吾用先生計謀戰勝克敵非功而何平曰非魏無知臣安得進上曰若子可謂不背本矣師古曰若如也迺復賞魏無知其明年平從擊韓王信於代至平城爲匈奴圍七日○宋祁曰圍字上疑有所字不得食高帝用平奇計使單于閼氏解圍以得開師古曰閼氏音焉支高帝旣出其計祕世莫得聞高帝南過曲逆孟康曰中山蒲陰縣上其城望室屋甚大曰壯哉縣吾行天下獨見雒陽與是耳顧問御史曲逆戶口幾何對曰始秦時三萬餘戶間者兵數起多亡匿今見五千餘戶於是詔御史更封平爲曲逆侯文○宋祁曰曲逆漢書元無音文選載陸士衡高祖功臣頌曲逆宏達好謀能斷注曲區句反逆音遇盡食之除前所食戶牖平自初從至天下定後常以護軍中尉從擊臧荼陳豨黥布凡六出奇計輒益邑封奇計或頗祕世莫得聞也高帝從擊布軍還病創徐行至長安燕王盧綰反上使樊噲以相國將兵擊之旣行人有短惡噲者師古曰陳其短失過惡於上謂譖毀之它皆類此高帝怒曰噲見吾病迺幾我死也孟康曰幾幸我死也幾音冀用平計召絳侯周勃受詔牀下曰陳平乘馳傳載勃代噲將師古曰傳音張戀反○宋祁云景祐本無陳字校添平至軍中卽斬噲頭二人旣受詔馳傳未至軍行計曰樊噲帝之故人功多師古曰行計謂於道中且計也○宋祁曰注文道中字下當有行字又呂后女弟呂須夫有親且貴帝以忿怒故欲斬之卽恐後悔寧囚而致上令上自誅之未至軍爲壇以節召樊噲噲受詔卽反接師古曰反縛兩手也載檻車詣長安而令周勃代將兵定燕平行聞高帝崩師古曰未至京師於道中聞高帝崩平恐呂后及呂須怒迺馳傳先去逢使者詔平與灌嬰屯於滎陽平受詔立復馳至宮哭殊悲因奏事喪前呂后哀之曰君出休矣平畏讒之就師古曰就成也言畏讒毒已者得其成計因固請之得宿衞中○宋祁曰之字可刪太后迺以爲郎中令曰傅教帝如淳曰傅相之是後呂須讒迺不得行樊噲至卽赦復爵邑惠帝六年相國曹參薨安國侯王陵爲右丞相平爲左丞相

王陵沛人也始爲縣豪高祖微時兄事陵及高祖起沛入咸陽陵亦聚黨數千人居南陽不肯從沛公及漢王之還擊項籍陵迺以兵屬漢項羽取陵母置軍中陵使至則東鄉坐陵母欲以招陵師古曰鄉讀曰嚮陵母旣私送使者泣曰願爲老妾語陵善事漢王漢王長者毋以老妾故持二心妾以死送使者遂伏劒而死項王怒亨陵母陵卒從漢王定天下以善雍齒雍齒高祖之仇陵又本無從漢之意以故後封陵爲安國侯陵爲人少文任氣好直言爲右丞相二歲惠帝崩高后欲立諸呂爲王問陵陵曰高皇帝刑白馬而盟曰非劉氏而王者天下共擊之今王呂氏非約也太后不說師古曰說讀曰悅問左丞相平及絳侯周勃等皆曰高帝定天下王子弟今太后稱制欲王昆弟諸呂無所不可太后喜罷朝陵讓平勃曰始與高帝唼血而盟諸君不在邪師古曰唼小歠也音所甲反○宋祁云浙本無而字今高帝崩太后女主欲王呂氏諸君縱欲阿意背約何面目見高帝於地下乎平曰於面折廷爭臣不如君師古曰廷爭謂當朝廷而諫爭全社稷安劉氏後君亦不如臣陵無以應之於是呂太后欲廢陵迺陽遷陵爲帝太傅實奪之相權陵怒謝病免杜門竟不朝請師古曰杜塞也閉塞其門也請音才性反杜字本作敗音同十年而薨陵之免呂太后徙平爲右丞相以辟陽侯審食其爲左丞相師古曰食其音異基食其亦沛人也漢王之敗彭城西楚取太上皇呂后爲質食其以舍人侍呂后其後從破項籍爲侯幸於呂太后及爲相不治鄭氏曰不立治處使止宮中也李奇曰不治丞相職事也師古曰李說是也監宮中如郎中令公卿百官皆因決事呂須常以平前爲高帝謀執樊噲數讒平曰爲丞相不治事日飲醇酒戲婦人平聞日益甚呂太后聞之私喜面質呂須於平前師古曰質對也曰鄙語曰兒婦人口不可用顧君與我何如耳無畏呂須之譖師古曰顧念也呂太后多立諸呂爲王平僞聽之師古曰謂且順從之不乖牾也及呂太后崩平與太尉勃合謀卒誅諸呂立文帝平本謀也審食其免相文帝立舉以爲相如淳曰舉猶皆也衆人之議皆以爲勃平功多矣師古曰言文帝以平勃俱舊臣有功皆欲以爲相太尉勃親以兵誅呂氏功多平欲讓勃位迺謝病文帝初立怪平病問之平曰高帝時○宋祁曰別本帝上有皇字勃功不如臣及誅諸呂臣功亦不如勃願以相讓勃於是迺以太尉勃爲右丞相位第一平徙爲左丞相位第二賜平金千斤益封三千戶居頃之上益明習國家事朝而問右丞相勃曰天下一歲決獄幾何師古曰幾音居豈反勃謝不知問天下錢穀一歲出入幾何勃又謝不知汗出洽背師古曰洽霑也媿不能對上亦問左丞相平平曰各有主者○宋祁曰越本無各字上曰主者爲誰乎平曰陛下卽問決獄責廷尉問錢穀責治粟內史上曰苟各有主者而君所主何事也平謝曰主臣文穎曰惶恐之辭也猶今言死罪也孟康曰主臣主羣臣也若今言人主晉灼曰主擊也臣服也言其擊服惶恐之辭師古曰文晉二說是也陛下不知其駑下使待罪宰相師古曰駑凡馬之稱非駿者也故以自喻駑音奴宰相者上佐天子理陰陽順四時下遂萬物之宜師古曰遂申也外塡撫四夷諸侯內親附百姓使卿大夫各得任其職也上稱善勃大慙出而讓平曰君獨不素教我乎平笑曰君居其位獨不知其任邪且陛下卽問長安盜賊數又欲彊對邪○劉攽曰盜賊數亦自有主者謂不當問細故也於是絳侯自知其能弗如平遠矣居頃之勃謝病請免相○宋祁曰越本無病請二字而平顓爲丞相師古曰顓與專同孝文二年平薨謚曰獻侯傳子至曾孫何坐略人妻棄市王陵亦至玄孫坐酎金國除辟陽侯食其免後三歲而爲淮南王所殺文帝令其子平嗣侯淄川王反辟陽近淄川平降之國除始平曰我多陰謀道家之所禁師古曰此平謂陳平吾世卽廢亦已矣不能復起以吾多陰禍也○宋祁曰不能字上疑有終字其後曾孫陳掌以衞氏親戚貴師古曰掌妻衞子夫之姊願得續封之○宋祁曰浙本無之字然終不得也○宋祁曰得一作行

周勃沛人也其先卷人也師古曰卷縣名也地理志屬河南音丘權反其下亦同○宋祁曰沛人也也字可刪徙沛勃以織薄曲爲生蘇林曰薄一名曲月令曰具曲植師

古曰許慎云葦薄爲曲也常以吹簫給喪事師古曰吹簫以樂喪賓若樂人也材官引強服虔曰能引強弓弩官也孟康曰如今挽強司馬也師古曰強音其兩反高祖爲沛公初起勃以中涓從攻胡陵下方與師古曰音房豫方與反與戰卻敵攻豐擊秦軍碭東還軍留及蕭復攻碭破之下下邑先登賜爵五大夫攻蘭虞取之擊章邯車騎殿師古曰殿之言填也謂鎮軍後以扞敵勃擊章邯之殿兵也殿音丁見反○劉奉世曰殿最多皆功之高下名品也略定魏地攻轅戚東緡以往至栗師古曰緡音昏取之攻齧桑先登擊秦軍阿下破之追至濮陽下甄城攻都關定陶襲取宛朐得單父令師古曰音善甫夜襲取臨濟攻壽張以前至卷破李由雍丘下攻開封先至城下爲多文穎曰勃士卒至者多也如淳曰周禮戰功曰多師古曰多謂功多也後章邯破項梁沛公與項羽引兵東如碭自初起沛還至碭一歲二月楚懷王封沛公號武安侯爲碭郡長沛公拜勃爲襄賁令師古曰賁音肥從沛公定魏地攻東郡尉於成武破之攻長社先登攻潁陽緱氏絕河津擊趙賁軍尸北師古曰賁音奔尸即尸鄉南攻南陽守齮破武關嶢關攻秦軍於藍田至咸陽滅秦項羽至以沛公爲漢王漢王賜勃爵爲威武侯從入漢中拜爲將軍還定三秦賜食邑懷德攻槐里好畤最如淳曰於將率之中功爲最也北擊趙賁內史保於咸陽最北救漆師古曰漆扶風縣擊章平姚卬軍西定汧師古曰汧亦扶風縣音戶肩反還下郿頻陽師古曰郿即岐州郿縣也頻陽在櫟陽東北郿音媚圍章邯廢丘破之西擊益已軍破之如淳曰章邯將也攻上邽師古曰邽音圭東守嶢關擊項籍攻曲遇最師古曰曲音丘禹反遇音顒還守敖倉追籍籍已死因東定楚地泗水東海郡凡得二十二縣還守雒陽櫟陽賜與潁陰侯共食鍾離以將軍從高祖擊燕王臧荼破之易下所將卒當馳道爲多師古曰當高祖所行之前○劉敞曰馳道猶言乘輿耳言勃將卒在馳道有功也戰功曰多賜爵列侯剖符世世不絕食絳八千二百八十戶以將軍從高帝擊韓王信於代降下霍人以前至武泉孟康曰縣屬雲中也擊胡騎破之武泉北轉攻韓信軍銅鞮破之還降太原六城擊韓信胡騎晉陽下破之下晉陽後擊韓信軍於硰石應劭曰硰音沙孟康曰地名也齊恭曰硰音赤坐反師古曰齊音是也破之追北八十里還攻樓煩三城因擊胡騎平城下所將卒當馳道爲多勃遷爲太尉擊陳豨屠馬邑所將卒斬豨將軍乘馬降師古曰姓乘馬名降也乘音食孕反轉擊韓信陳豨趙利軍於樓煩破之得豨將宋最鴈門守圂師古曰圂者鴈門守之名音下頓反因轉攻得雲中守遬丞相箕肆將軍博師古曰遬古速字也肆音弋二反博者亦豨將之名也定鴈門郡十七縣雲中郡十二縣因復擊豨靈丘破之斬豨丞相程縱將軍陳武都尉高肆定代郡九縣燕王盧綰反勃以相國代樊噲將擊下薊師古曰即幽州薊縣也音計得綰大將抵丞相偃守陘張晏曰盧綰郡守陘

其名也師古曰陘音刑太尉弱御史大夫施屠渾都師古曰姓施屠名渾都渾音胡昆反破綰軍上蘭後擊綰軍沮陽服虔曰沮音阻師古曰縣名屬上谷追至長城定上谷十二縣右北平十六縣遼東二十九縣漁陽二十二縣最從高帝得相國一人師古曰最者凡也總言其攻戰克獲之數丞相二人將軍二千石各三人別破軍二下城三定郡五縣七十九得丞相大將各一人勃爲人木彊敦厚師古曰木謂質樸彊音其兩反高帝以爲可屬大事師古曰屬委也音之欲反勃不好文學每召諸生說事東鄉坐責之如淳曰勃自東鄉責諸生說事不以賓主之禮也師古曰鄉讀曰嚮趣爲我語蘇林曰音趣舍臣瓚曰令直言勿稱經書也師古曰二說皆非也趣讀曰促謂令速言也其椎少文如此服虔曰謂訥鈍也應劭曰今俗名拙語爲椎儲師古曰椎謂樸鈍如椎也音直推反勃既定燕而歸高帝已崩矣以列侯事惠帝惠帝六年置太尉官以勃爲太尉十年高后崩呂祿以趙王爲漢上將軍呂產以呂王爲相國秉權欲危劉氏勃與丞相平朱虛侯章共誅諸呂語在高后紀於是陰謀以爲少帝及濟川淮陽恒山王皆非惠帝子呂太后以計詐名它人子殺其母養之後宮令孝惠子之立以爲後用彊呂氏今已滅諸呂少帝即長用事吾屬無類矣師古曰云被誅滅無遺種不如視諸侯賢者立之遂迎立代王是爲孝文皇帝東牟侯與居朱虛侯章弟也曰誅諸呂臣無功請得除宮迺與太僕汝陰滕公入宮○劉敞曰當云汝陰侯滕公前謂少帝曰足下非劉氏不當立迺顧麾左右執戟皆仆兵罷師古曰仆頓也音赴有數人不肯去宦者令張釋諭告亦去師古曰荆燕吳傳云張擇今此作釋參錯不同未知孰是也滕公召乘輿車載少帝出少帝曰欲持我安之乎師古曰言往何所也滕公曰就舍少府迺奉天子法駕迎皇帝代邸報曰宮謹除○宋祁曰除下當有矣字皇帝入未央宮有謁者十人持戟衛端門師古曰端門殿之正門曰天子在也足下何爲者不得入太尉往喻迺引兵去皇帝遂入是夜有司分部誅濟川淮陽常山王及少帝於邸文帝即位以勃爲右丞相賜金五千斤邑萬戶居十餘月人或說勃曰君既誅諸呂立代王威震天下而君受厚賞處尊位以厭之則禍及身矣師古曰厭謂當之也言既有大功又受厚賞而居尊位以久當之不去則禍及矣厭音一涉反又音烏狎反勃懼亦自危迺謝請歸相印上許之歲餘陳丞相平卒上復用勃爲相○宋祁曰浙本相字上有丞字十餘月上曰前日吾詔列侯就國或頗未能行丞相朕所重其爲朕率列侯之國迺免相就國歲餘每河東守尉行縣至絳絳侯勃自畏恐誅常被甲令家人持兵以見其後人有上書告勃欲反下廷尉逮捕勃治之勃恐不知置辭師古曰置立也辭對獄之辭吏稍侵辱之勃以千金與獄吏獄吏迺書牘背示之李奇曰吏所執簿也師古曰牘木簡以書辭也音讀曰以公主爲證公主者孝

文帝女也勃太子勝之尚之師古曰尚配也解在張耳傳故獄吏教引爲證初勃之益封盡以予薄昭及繫急薄昭爲言薄太后太后亦以爲無反事文帝朝太后以冒絮提文帝應劭曰陌額絮也晉灼曰巴蜀異志謂頭上巾爲冒絮師古曰冒覆也老人所以覆其頭提擲也提音徒計反曰絳侯綰皇帝璽將兵於北軍應劭曰言勃誅諸呂廢少帝手綰國璽時尚不反況今更有異乎師古曰綰謂引結其組音烏版反不以此時反今居一小縣顧欲反邪師古曰顧猶倒也文帝既見勃獄辭迺謝曰吏方驗而出之於是使使持節赦勃復爵邑勃既出曰吾嘗將百萬軍安知獄吏之貴也○宋祁曰浙本安知字上有然終字勃復就國孝文十一年薨謚曰武侯子勝之嗣尚公主不相中如淳曰猶言不相合當也師古曰不相可也中音竹仲反坐殺人死國絕一年○宋祁曰景祐本一年下有文帝乃擇子賢者河內太守十二字乎据後言文帝擇勃子賢者皆推亞夫於文次第方及耳不容先更於此重複見也若更存此則河內太守三處再見班固之筆必不然也今去之弟亞夫復爲侯亞夫爲河內守時許負相之應劭曰許負河內溫人老嫗也君後三歲而侯侯八歲爲將相持國秉師古曰秉音彼命反貴重矣於人臣無二後九年而餓死亞夫笑曰臣之兄以代父侯矣有如卒子當代我何說侯乎然既已貴如負言又何說餓死指視我師古曰視讀曰示負指其口曰從理入口此餓死法也師古曰從豎也音子容反居三歲兄絳侯勝之有罪文帝擇勃子賢者皆推亞夫迺封爲條侯師古曰縣在勃海地理志作脩字其音同耳○宋祁曰脩當作蓨集韻音條云周亞夫所封文帝後六年匈奴大入邊以宗正劉禮爲將軍軍霸上祝茲侯徐厲爲將軍軍棘門以河內守亞夫爲將軍軍細柳以備胡上自勞軍至霸上及棘門軍直馳入將以下騎出入送迎已而之細柳軍軍士吏被甲銳兵刃彀弓弩持滿師古曰彀張也音遘○劉奉世曰言彀弓弩是也敵未至何遽持滿何時已乎此二字疑衍天子先驅至不得入師古曰先驅導駕者也若今之武侯隊矣先驅曰天子且至軍門都尉曰軍中聞將軍之令不聞天子之詔有頃上至又不得入於是上使使持節詔將軍曰吾欲勞軍亞夫迺傳言開壁門壁門士請車騎曰將軍約軍中不得驅馳於是天子迺按轡徐行至中營將軍亞夫揖曰介胄之士不拜請以軍禮見應劭曰禮介者不拜天子爲動改容式車師古曰古者立乘凡言式車者謂俛身撫式以禮敬人式車前橫木也使人稱謝師古曰謝告也皇帝敬勞將軍成禮而去既出軍門羣臣皆驚文帝曰嗟乎此真將軍矣鄉者霸上棘門如兒戲耳師古曰鄉讀曰嚮其將固可襲而虜也至於亞夫可得而犯邪稱善者久之月餘三軍皆罷迺拜亞夫爲中尉文帝且崩時戒太子曰卽有緩急周亞夫真可任將兵文帝崩亞夫爲車騎將軍孝景帝三年吳楚反亞夫以中尉爲太尉東擊吳楚因自請上曰楚兵剽輕難與爭鋒師古曰剽音匹妙反願以梁委之絕其食道

乃可制也上許之師古曰吳王傳云亞夫至淮陽問鄧都尉爲畫此計亞夫乃從之今此云自請而後行二傳不同未知孰是亞夫既發至霸上趙涉遮說亞夫曰將軍東誅吳楚勝則宗廟安不勝則天下危能用臣之言乎亞夫下車禮而問之涉曰吳王素富懷輯死士久矣師古曰輯與集同此知將軍且行必置間人於殽黽阸陿之間且兵事上神密將軍何不從此右去走藍田師古曰右謂少西去也走音奏出武關抵雒陽師古曰抵至也間不過差一二日師古曰謂右去行遲止一二日也直入武庫擊鳴鼓諸侯聞之以爲將軍從天而下也師古曰不意其猝至太尉如其計至雒陽使吏搜殽黽間果得吳伏兵迺請涉爲護軍亞夫至會兵滎陽師古曰會集也吳方攻梁梁急請救亞夫引兵東北走昌邑師古曰走音奏深壁而守梁王使使請亞夫亞夫守便宜不往梁上書言景帝景帝詔使救梁亞夫不奉詔堅壁不出而使輕騎兵弓高侯等絕吳楚兵後食道吳楚兵乏糧飢欲退數挑戰終不出夜軍中驚內相攻擊擾亂至於帳下亞夫堅臥不起○宋祁曰浙本堅作終頃之復定吳奔壁東南陬如淳曰陬隅也師古曰音子侯反又音鄒亞夫使備西北已而其精兵果奔西北不得入○劉奉世曰兩陣相向吳奔東南陬則西北在陣後何由奔之蓋亞夫令備西南陬傳者但欲見能料敵反其所攻不知遂失實也吳楚既餓迺引而去亞夫出精兵追擊大破吳王濞吳王濞棄其軍與壯士數千人亡走保於江南丹徒漢兵因乘勝遂盡虜之降其縣購吳王千金月餘越人斬吳王頭以告凡相守攻三月而吳楚破平於是諸將迺以太尉計謀爲是由此梁孝王與亞夫有隙歸復置太尉官五歲遷爲丞相景帝甚重之上廢栗太子亞夫固爭之不得上由此疏之而梁孝王每朝常與太后言亞夫之短竇太后曰皇后兄王信可侯也上讓曰始南皮及章武先帝不侯師古曰南皮竇彭祖太后弟長君之子章武太后母弟廣國及臣即位迺侯之信未得封也竇太后曰人生各以時行耳師古曰言富貴當及已身也竇長君在時竟不得侯死後迺其子彭祖顧得侯師古曰顧反也吾甚恨之帝趣侯信也師古曰趣讀曰促上曰請得與丞相計之○宋祁曰景本計之字下又有與丞相計之五字亞夫曰高帝約非劉氏不得王非有功不得侯不如約天下共擊之今信雖皇后兄無功侯之非約也上默然而沮師古曰沮者止壞之意也音才與反其後匈奴王徐盧等五人降漢師古曰功臣表云唯徐盧上欲侯之以勸後亞夫曰彼背其主降陛下陛下侯之即何以責人臣不守節者乎上曰丞相議不可用迺悉封徐盧等爲列侯亞夫因謝病免相頃之上居禁中召亞夫賜食獨置大胾師古曰胾大臠音側吏反○宋祁曰浙本注云大胾大臠也無切肉又不置箸亞夫心不平顧謂尚席取箸應劭曰尚席主席者也上視而笑曰此非不足君所

乎孟康曰設胾無箸者此非不足滿於君所乎嫌恨之也如淳曰非故不足君之食具偶失之也師古曰孟
說近之帝言賜君食而不設箸此由我意於君有不足乎○宋祁曰浙本注文由我字上有豈不二字亞
夫免冠謝上上曰起亞夫因趨出上目送之曰此鞅鞅
非少主臣也居無何亞夫子爲父買工官尚方甲楯五
百被可以葬者如淳曰工官官名也張晏曰被具也五百具甲楯也師古曰被音皮義反取
庸苦之不與錢師古曰庸謂賃也苦謂極苦使也○宋祁曰浙本注文賃字下有作者字庸
知其盜買縣官器怨而上變告子事連汙亞夫書既聞
上下吏○宋祁曰浙本下字下有之字吏簿責亞夫如淳曰簿音主簿之簿簿問其辭情
師古曰簿問者書之於簿一一問之也亞夫不對上罵之曰吾不用也孟康
曰言不用汝對欲殺之也如淳曰恐獄吏畏其復用事不敢折辱也師古曰孟說是也一云帝責此吏云不勝
其任吾不用汝故亞夫令詣廷尉也召詣廷尉廷尉責問曰君侯欲反
何亞夫曰臣所買器迺葬器也何謂反乎吏曰君縱不
欲反地上卽欲反地下耳吏侵之益急初吏捕亞夫亞
夫欲自殺其夫人止之以故不得死遂入廷尉因不食
五日歐血而死國絕一歲上迺更封絳侯勃它子堅爲
平曲侯續絳侯後傳子建德爲太子太傅坐酎金免官
後有罪國除亞夫果餓死後上迺封王信爲蓋侯至平
帝元始二年繼絕世復封勃玄孫之子恭爲絳侯千戶
贊曰聞張良之智勇以爲其貌魁梧奇偉應劭曰魁梧丘虛壯大之
意也蘇林曰梧音忤師古曰魁大貌也梧者言其可驚梧今人讀爲吾非也反若婦人女子
故孔子稱以貌取人失之子羽師古曰子羽孔子弟子澹臺滅明字貌惡而行
善故云然也學者多疑於鬼神師古曰謂無鬼神之事也如良受書老父
亦異矣高祖數離困阨良常有力師古曰離遭也豈可謂非天
乎陳平之志見於社下傾側擾攘楚魏之閒卒歸於漢
而爲謀臣○宋祁曰一作謀主及呂后時事多故矣師古曰故謂中屯難也
平竟自免以智終王陵廷爭杜門自絕亦各其志也周
勃爲布衣時鄙樸庸人至登輔佐匡國家難誅諸呂立
孝文爲漢伊周師古曰處伊尹周公之任何其盛也始呂后問宰相
高祖曰陳平智有餘王陵少戇可以佐之師古曰戇愚也戇音下紺
反今讀音竹巷反安劉氏者必勃也又問其次云過此以後非
迺所及師古曰迺汝也言汝亦不及見也○宋祁曰浙本正文及下有也字終皆如言聖
矣夫

前漢書卷四十考證
張良傳景駒自立爲楚假王在留○臣召南按留縣名
地理志屬楚國卽後文良所云始臣起下邳與上會
留者也良之封留卽以此事別本作在陳留非也
故遂從不去○臣召南按史記作故遂從之不去見景
駒此班氏改正史記之失也高紀明言沛公道得張
良遂與俱見景駒請兵以攻豐可見良亦見駒但自
此夬意從沛公耳
項羽後辭語在羽傳○臣召南按此直用史記而失者
也鴻門之役史記於項羽本紀中詳敘故留侯世家
曰語在項羽事中若漢書旣移敘其事于高紀故羽
傳從畧但曰語在高紀不應此文復曰語在羽傳也
此史家修改所未及處
呂后迺使建成侯呂澤○通鑑考異曰澤當是釋之臣
召南按考異是也蓋澤與釋相近而譌其下文又脫
之字耳呂澤封周呂侯呂釋之封建成侯恩澤侯表
可据也
叔孫通已爲太傅良行少傅事○胡三省曰古世子有
三師三少至漢惟太傅少傅耳
後六歲薨○史記作後八年卒
陳平傳里中社○孔穎達曰祭法大夫以下成羣立社
曰置社注云大夫不得特立社與民族居百家以上
則共立一社今時里社是也如鄭此言則周之政法
百家以上得立社其秦漢以來雖非大夫民二十五
家以上則得立社故曰今之里社
王陵傳及漢王之還擊項籍迺以兵屬漢○臣召南按
陵之初從傳與表判然不同据此傳則在漢王還定
三秦率五諸侯伐楚之後故下文云陵本無從漢之
意也但張蒼傳言陵解張蒼之厄乃在沛公初定南
陽未入武關以前何耶
周勃傳攻蘭虞取之○臣召南按史記作攻蒙虞是也
此承下邑之文曹參傳亦曰攻下邑以西至虞据地
理志梁國卽秦碭郡也下邑蒙虞三縣俱屬梁國此
文蘭應作蒙又按下文追至濮陽下甄城史記作下
甄城鄄阿地近濮陽亦史記是
西擊益已軍破之○麥稱隆曰益已史記作盜巴二字
筆畫相似未知孰是
所將卒斬豨將軍乘馬降○乘馬降史記作乘馬絺又
丞相箕肆史記作箕肆將軍博史記作將勲又都尉
高肆史記作高肆又遂東二十九縣史記作遂西遂
東二十九縣
惠帝六年置太尉官以勃爲太尉○徐廣曰功臣表及
將相表皆高后四年始置太尉臣召南按傳此文與
公卿表同蓋用史記世家而不取史記功臣將相二
表也

前漢書卷四十一
漢　蘭臺令　史班　固撰
唐正議大夫行秘書少監琅邪縣開國子顏師古注
樊酈滕灌傅靳周傳
樊噲沛人也以屠狗爲事師古曰時人食狗亦與羊豕同故噲專屠以賣後與
高祖俱隱於芒碭山澤閒陳勝初起蕭何曹參使噲求
迎高祖立爲沛公師古曰高祖時亡在外故求而迎之噲以舍人從攻胡
陵方與師古曰皆縣名方音房與音豫還守豐擊泗水監豐下破之師古
曰泗水郡名監謂御史監郡者也破之於豐縣下復東定沛破泗守薛西師古曰破
郡守於薛縣之西○宋祁曰泗字下疑有水字與司馬㐆戰碭東師古曰秦將章邯之司馬
也㐆讀與夷同卻敵斬首十五級賜爵國大夫文穎曰卽官大夫也爵第六級
常從沛公擊章邯軍濮陽攻城先登斬首二十三級賜
爵列大夫文穎曰卽公大夫也爵第七級從攻陽城先登下戶牖師古曰陽
武縣之鄉破李由軍斬首十六級賜上聞爵張晏曰得徑上聞也如淳曰呂
氏春秋曰魏文侯東勝齊於長城天子賞文侯以上聞爵謂名通於天子也從攻圍都尉東
郡守尉於成武師古曰圍卽陳留圉縣○劉攽曰圉縣名有尉無都尉又郡都尉至景帝方置
明此都字衍卻敵斬首十四級捕虜十六人師古曰生獲曰虜賜爵
五大夫從攻秦軍出亳南鄭氏曰亳成湯封邑今河南偃師湯亭是河閒守
軍於杠里破之師古曰杠音江擊破趙賁軍開封北師古曰賁音奔以
卻敵先登斬候一人首六十八級捕虜二十六人師古曰旣
斬候一人又更斬它首六十八賜爵卿從攻破揚熊於曲遇師古曰曲音丘羽反
遇音顒攻宛陵先登斬首八級捕虜四十四人賜爵封號
賢成君張晏曰食祿比封君而無邑也臣瓚曰秦制列侯乃有封爵師古曰瓚說非也楚漢之際權設
寵榮假其位號或得邑地或空受爵此例多矣約以秦制於義不通從攻長社轘轅絕河
津東攻秦軍尸鄉南攻秦軍於犨破南陽守齮於陽城
東攻宛城先登西至酈師古曰南陽之縣也音直益反以卻敵斬首十
四級捕虜四十人賜重封張晏曰益祿也如淳曰正爵名也臣瓚曰增封也師古曰
諸家之說皆非也重封者加二號耳攻武關至霸上斬都尉一人首十級
捕虜百四十六人降卒二千九百人項羽在戲下欲攻
沛公沛公從百餘騎因項伯面見項羽謝無有閉關事
項羽旣饗軍士中酒張晏曰酒酣也師古曰飲酒之中也不醉不醒故謂之中中音竹仲
反亞父謀欲殺沛公令項莊拔劍舞坐中欲擊沛公項
伯常屏蔽之時獨沛公與張良得入坐樊噲居營外聞
事急迺持盾入初入營營衞止噲師古曰營衞謂營壘之守衞者噲直
撞入立帳下師古曰撞以盾擊人撞音丈江反項羽目之問爲誰張良
曰沛公參乘樊噲也項羽曰壯士賜之巵酒彘肩噲旣
飲酒拔劍切肉食之項羽曰能復飲乎噲曰臣死且不
辭豈特巵酒乎且沛公先入定咸陽暴師霸上以待大
王師古曰時項羽未爲王故高紀云以待將軍此言大王史追書耳大王今日至聽小
人之言與沛公有隙臣恐天下解心疑大王也項羽默
然沛公如廁麾噲去旣出沛公留車騎師古曰沛公所乘之車及從者
之騎獨騎馬噲等四人步從從山下走歸霸上軍而使張
良謝項羽羽亦因遂已師古曰已止也無誅沛公之心是日微
樊噲奔入營○宋祁曰奔疑作犇譙讓項羽沛公幾殆師古曰微無也譙責
也殆危也譙音才笑反幾音鉅依反後數日項羽入屠咸陽立沛公爲漢
王漢王賜噲爵爲列侯號臨武侯遷爲郎中從入漢中
還定三秦別擊西丞白水北服虔曰西丞縣名也晉灼曰白水今廣平縣地
理志無西丞縣也師古曰二說並非也西謂隴西郡西縣也白水水名經西縣東南流而過言擊西縣
之丞於白水之北擁輕車騎雍南破之從攻雍斄城先登陷師古曰斄
讀與部同縣名卽后稷所封今武功故城是音胎擊章平軍好畤攻城先登陷
陣斬縣令丞各一人首十一級虜二十人遷爲郎中騎
將從擊秦車騎壤東師古曰地名也卻敵遷爲將軍攻趙賁下
郿槐里柳中咸陽師古曰柳中卽細柳地也在長安西灌廢丘最李奇曰以水灌
廢丘也晉灼曰京輔治華陰灌北也師古曰高紀言引水灌廢丘李說是也或者云漢王
自彭城敗還始灌廢丘此時未也此說非矣彭城還更灌廢丘始平定之無廢丘此時已當灌矣至櫟
陽賜食邑杜之樊鄉師古曰杜縣之樊鄉也今日樊川從攻項籍屠煑棗
晉灼曰地理志無也淸河有煑棗城功臣表有煑棗侯師古曰旣云攻項籍屠煑棗則其地當在大河之南非
淸河之城明矣但未詳其處耳○宋祁曰後漢地理志濟陰郡宛朐有煑棗城擊破王武程處
軍於外黃攻鄒魯瑕丘薛項羽敗漢王於彭城盡復取
魯梁地噲還至滎陽益食平陰二千戶以將軍守廣武
一歲師古曰卽滎陽之廣武項羽引東從高祖擊項籍下陽夏師古曰夏
音工雅反虜楚周將軍卒四千人師古曰周殷圍項籍陳大破
之師古曰於陳縣圍之屠胡陵項籍死漢王卽皇帝位以噲有功
益食邑八百戶其秋燕王臧荼反噲從攻虜荼定燕地
楚王韓信反噲從至陳取信定楚更賜爵列侯與剖符
世世勿絕食舞陽號爲舞陽侯除前所食以將軍從攻
反者韓王信於代自霍人以往至雲中與絳侯等共定
之益食千五百戶因擊陳豨與曼丘臣軍戰襄國破柏
人先登降之定淸河常山凡二十七縣殘東垣張晏曰殘有所
毀也臣瓚曰殘爲多所殺傷也師古曰瓚說是遷爲左丞相破得綦毋卬尹潘
軍於無終廣昌師古曰姓綦毋名卬也綦音其破豨別將胡人王黃軍
代南因擊韓信軍參合軍所將卒斬韓信擊豨胡騎橫
谷斬將軍趙旣虜代丞相馮梁守孫奮大將王黃將軍
大將一人太僕解福等十人與諸將共定代鄉邑七十
三後燕王盧綰反噲以相國擊綰破其丞相抵薊南師古
曰抵至也一說抵者其丞相之名也音丁禮反定燕縣十八鄉邑五十一益食
千三百戶定食舞陽五千四百戶從斬首百七十六級
虜二百八十七人別破軍七下城五定郡六縣五十二
得丞相一人將軍十三人二千石以下至三百石十二
人噲以呂后弟呂須爲婦生子伉師古曰伉音抗又音剛故其比

諸將最親先黥布反時高帝嘗病師古曰黥布未反之前惡見人臥禁中詔戶者無得入羣臣羣臣絳灌等莫敢入十餘日噲迺排闥直入師古曰闥宮中小門也一曰門屏也音土曷反大臣隨之上獨枕一宦者臥噲等見上流涕曰始陛下與臣等起豐沛定天下何其壯也今天下已定又何憊也師古曰憊力極也音蒲拜反且陛下病甚大臣震恐不見臣等計事顧獨與一宦者絕乎師古曰顧猶反也且陛下獨不見趙高之事乎師古曰謂始皇崩趙高矯爲詔命殺扶蘇而立胡亥高帝笑而起其後盧綰反高帝使噲以相國擊燕是時高帝病甚人有惡噲黨於呂氏師古曰惡謂毀譖言其罪惡也即上一日宮車晏駕則噲欲以兵盡誅戚氏趙王如意之屬高帝大怒迺使陳平載絳侯代將而即軍中斬噲師古曰即就也陳平畏呂后執噲詣長安至則高帝已崩呂后釋噲師古曰釋解也解免其罪得復爵邑孝惠六年噲薨諡曰武侯子伉嗣而伉母呂須亦爲臨光侯高后時用事顓權師古曰顓與專同大臣盡畏之高后崩大臣誅呂須等因誅伉舞陽侯中絕數月孝文帝立迺復封噲庶子市人爲侯復故邑薨諡曰荒侯子佗廣嗣六歲其舍人上書言荒侯市人病不能爲人師古曰言無人道也令其夫人與其弟亂而生佗廣佗廣實非荒侯子下吏免平帝元始二年繼絕世封噲玄孫之子章爲舞陽侯邑千戶

酈商高陽人也師古曰酈音歷陳勝起商聚少年得數千人沛公略地六月餘商以所將四千人屬沛公於岐從攻長社先登賜爵封信成君從攻緱氏絕河津破秦軍雒陽東從下宛穰定十七縣別將攻旬關師古曰漢中旬水上之關也今在洵陽縣西定漢中師古曰先言取旬關定漢中然後云沛公爲漢王是則沛公從武關藍田而來商時別從西道平定漢中沛公爲漢王賜商爵信成君○劉奉世曰君當作侯高祖爲漢王絳灌諸將皆賜侯爵商因其故號封之也商先以從攻長社先登封信成君以將軍爲隴西都尉別定北地郡破章邯別將於烏氏栒邑泥陽師古曰烏氏安定縣也栒邑今在豳州泥陽北地縣氏音支栒音荀賜食邑武城六千戶從擊項籍軍與鍾離眛戰受梁相國印師古曰漢以梁相國印授之益食四千戶從擊項羽二歲攻胡陵漢王即帝位燕王臧荼反商以將軍從擊荼戰龍脫孟康曰地名也先登陷陳破荼軍易下師古曰今易縣卻敵遷爲右丞相賜爵列侯與剖符世世勿絕食邑涿郡五千戶別定上谷因攻代受趙相國印師古曰初受梁相國印今又受趙相國印與絳侯等定代郡鴈門得代丞相程縱守相郭同師古曰守相謂爲相而居守者將軍以下至六百石十九人還以將軍太上皇衞一歲十月以右丞相擊陳豨殘東垣又從擊黥布攻其前垣李奇曰前鋒堅蔽若垣牆也或曰軍前以大車自障若垣也師古曰二說皆非也謂攻其壁壘之前垣陷兩陳得以破布軍更封爲曲周侯食邑五千一百戶除前所食凡別破軍三降定郡六縣七十三得丞相守相大將軍各一人小將軍二人○宋祁曰越本無二軍字二千石以下至六百石十九人商事孝惠帝呂后呂后崩商疾不治事文穎曰商有疾病不能治官事其子寄字況與呂祿善及高后崩大臣欲誅諸呂呂祿爲將軍軍於北軍太尉勃不得入北軍於是迺使人劫商令其子寄紿呂祿呂祿信之與出游而太尉勃迺得入據北軍遂以誅諸呂商是歲薨諡曰景侯子寄嗣天下稱酈況賣友孝景時吳楚齊趙反上以寄爲將軍圍趙城七月不能下欒布自平齊來迺滅趙孝景中二年寄欲取平原君爲夫人蘇林曰景帝王皇后母臧兒也景帝怒下寄吏免上迺封商它子堅爲繆侯師古曰繆所封邑名奉商後傳至玄孫終根武帝時爲太常坐巫蠱誅國除元始中賜高祖時功臣自酈商以下子孫爵皆關內侯食邑凡百餘人

夏侯嬰沛人也爲沛廄司御每送使客還過泗上亭與高祖語未嘗不移日也嬰已而試補縣吏與高祖相愛高祖戲而傷嬰人有告高祖高祖時爲亭長重坐傷人如淳曰爲吏傷人其罪重告故不傷嬰蘇林曰自告情故不傷嬰也嬰證之移獄覆嬰坐高祖繫歲餘掠笞數百終脫高祖○劉敞曰告故不傷嬰者高祖抵言不曾傷嬰故嬰證其實然告故者反坐拷告者不服故移獄覆矣嬰以此坐繫掠笞也高祖之初與徒屬欲攻沛也師古曰謂始起在外未被樊噲召時○劉奉世曰欲攻沛者以沛令後悔閉城城守也此即被樊噲召時按帝紀未嘗兩至沛下文義相屬非兩事甚明嬰時以縣令史爲高祖使上降沛一日師古曰謂老父開城門迎高祖時也高祖爲沛公賜爵七大夫以嬰爲太僕常奉車師古曰爲沛公御車從攻胡陵嬰與蕭何降泗水監平張晏曰胡陵平所止縣何嘗綰之故與降平以胡陵降賜嬰爵五大夫從擊秦軍碭東攻濟陽下戶牖破李由軍雍丘以兵車趣攻戰疾破之師古曰趣讀曰促謂急速也次下亦同賜爵執帛從擊章邯軍東阿濮陽下以兵車趣攻戰疾破之賜爵執圭從擊趙賁軍開封楊熊軍曲遇嬰從捕虜六十八人降卒八百五十人得印一匱師古曰時自相署置官之印又擊秦軍雒陽東以兵車趣攻戰疾賜爵封轉爲滕令鄧展曰今沛郡公丘縣○宋祁曰浙本封字上有重字因奉車師古曰因此又每奉車從攻戰以至霸上從攻定南陽戰於藍田芷陽師古曰芷陽後爲霸陵縣至霸上沛公爲漢王賜嬰爵列侯號昭平侯復爲太僕從入蜀漢還定三秦從擊項籍至彭城項羽大破漢軍漢王不利馳去見孝惠魯元載之漢王急馬罷虜在後師古曰罷讀曰疲常蹶兩兒棄之服虔曰蹶音撥晉灼曰音足蹶物之蹶師古曰服音是嬰常收載行面雍樹馳服虔曰高祖欲斬之故嬰圍樹走面向樹也應劭曰古者立乘嬰恐小兒墮墜各置一面擁持之樹立也蘇林曰南方人謂抱小兒爲雍樹面者以面首向臨之也師古曰面偝也雍抱持之言取兩兒令面背己而抱持之以馳故云而雍樹馳服言關樹而走義尤疎越雍讀曰擁○劉奉世曰抱兩兒者未有能背面而能抱持者況復馳乎蘇說是也漢王怒欲斬嬰者十餘卒得脫而致孝惠魯元於豐漢王既至滎陽收散兵復振賜嬰食邑沂陽師古曰沂音魚依反擊項籍下邑追至陳卒定楚至魯益食茲氏師古曰茲氏縣名地理志屬太原漢王即帝位燕王臧荼反嬰從擊荼明年從至陳取楚王信更食汝陰剖符世世勿絕從擊代至武泉雲中益食千戶因從擊韓信軍胡騎晉陽旁大破之追北至平城爲胡所圍七日不得通高帝使使厚遺閼氏冒頓乃開其圍一角高帝出欲馳嬰固徐行弩皆持滿外鄉師古曰故示閒暇所以固士卒之心而令敵不測也鄉讀曰嚮卒以得脫師古曰卒終也益食嬰細陽千戶師古曰益其邑使食之從擊胡騎句注北大破之擊胡騎平城南三陷陳功爲多賜所奪邑五百戶孟康曰時有罪過奪邑者以賜之○劉奉世曰言賜所奪則嬰蓋以過嘗奪邑今以功復賜之耳從擊陳豨黥布軍陷陳卻敵益千戶定食汝陰六千九百戶除前所食嬰自上初起沛常爲太僕從竟高祖崩以太僕事惠帝惠帝及高后德嬰之脫孝惠魯元於下邑閒也乃賜嬰北第第一師古曰北第者近北闕之第嬰最第一也故張衡西京賦云北闕甲第當道直啟曰近我以尊異之惠帝崩以太僕事高后高后崩代王之來嬰以太僕與東牟侯入清宮廢少帝以天子法駕迎代王代邸與大臣共立文帝復爲太僕八歲薨諡曰文侯傳至曾孫頗師古曰頗音普河反尚平陽公主坐與父御婢姦自殺國除初嬰爲滕令奉車故號滕公及曾孫頗尚主主隨外家姓號孫公主故滕公子孫更爲孫氏

灌嬰睢陽販繒者也師古曰繒者帛之總名高祖爲沛公略地至雍丘章邯殺項梁而沛公還軍於碭嬰以中涓從擊破東郡尉於成武及秦軍於杠里疾鬬賜爵七大夫又從攻秦軍亳南開封曲遇戰疾力孟康曰攻戰速疾也師古曰疾急速也力盡力也賜爵執帛號宣陵君從攻陽武以西至雒陽破秦軍尸北北絕河津南破南陽守齮陽城東遂定南陽郡西入武關戰於藍田疾力至霸上賜爵執圭號昌文君沛公爲漢王拜嬰爲郎中從入漢中十月拜爲中謁者從還定三秦下櫟陽降塞王還圍章邯廢丘未拔從東出臨晉關擊降殷王定其地擊項羽將龍且魏相項佗軍定陶南疾戰破之賜嬰爵列侯號昌文侯食杜平鄉師古曰杜縣之平鄉復以中謁者從降下碭以北至彭城項羽擊破漢王漢王遁而西嬰從還軍於雍丘王武魏公申徒反張晏曰故秦將降爲公今反從擊破之攻下外黃西收軍於滎陽楚騎來衆漢王迺擇軍中可爲騎將者皆推故秦騎士重泉人李必駱甲師古曰重泉縣名也地理志屬左馮翊習騎兵今爲校尉可爲騎將漢王欲拜之必甲曰臣故秦民恐軍不信臣臣願得大王左右善騎者傅之如淳曰傅音附猶言隨從者嬰雖少然數力戰迺拜嬰爲中大夫令李必駱甲爲左右校尉將郎中騎兵擊楚騎於滎陽東大破之受詔別擊楚軍後絕其餉道師古曰餉古饟字起陽武至襄邑擊項羽之將項冠於魯下破之所將卒斬右司馬騎將各一人張晏曰主右方之馬左亦如之晉灼曰下所謂左右千人之騎○宋祁曰淳化本作左右馬令越本無左字疑馬字上有司字不當去左字陽夏公注題云以注觀當有左字擊破柘公王武軍燕西師古曰柘縣名公者柘之令也王武其人姓名也燕亦縣名古南燕國也音一千反所將卒斬樓煩將五人李奇曰樓煩縣名其人善騎射故名射士爲樓煩取其稱也師古曰解在項羽傳連尹一人蘇林曰楚官也擊王武別將桓嬰白馬下破之所將卒斬都尉一人以騎度河南送漢王到雒陽從北迎相國韓信軍於邯鄲還至敖倉嬰遷爲御史大夫三年以列侯食邑杜平鄉○劉奉世曰前已爲列侯食杜平鄉矣疑衍出受詔將郎中騎兵東屬相國韓信擊破齊軍於歷下所將卒虜車騎將軍華毋傷師古曰華音下化反及將吏四十六人降下臨淄得相田光追齊相田橫至嬴博師古曰二縣名擊破其騎所將卒斬騎將一人生得騎將四人攻下嬴博破齊將軍田吸於千乘斬之東從韓信攻龍且留公於假密師古曰留縣名公留令也攻龍且及留令於假密卒斬龍且師古曰嬰所將之卒也其下亦同生得右司馬連尹各一人樓煩將十人身生得亞將周蘭師古曰亞次也齊地已定韓信自立爲齊王使嬰別將擊楚將公杲於魯北破之轉南破薛郡長師古曰長亦如郡守也時每郡置長身虜騎將入攻博陽前至下相以東南僮取慮徐師古曰僮及取慮徐三縣名也取音趨又音秋慮音盧度淮盡降其城邑至廣陵蘇林曰別將兵屯廣陵也師古曰此說非也謂從下相以東南盡降城邑乃至廣陵皆平定項羽使項聲薛公郯公復定淮北嬰度淮擊破項聲郯公下邳斬薛公下邳壽春擊破楚騎平陽師古曰此平陽在東郡遂降彭城虜柱國項佗師古曰佗音徒何反降留薛沛酇蕭相師古曰凡六縣也酇音才何反攻苦譙師古曰二縣也復得亞將與漢王會頤鄉從擊項籍軍陳下破之所將卒斬樓煩將二人虜將八人賜益食邑二千五百戶項籍敗垓下去也嬰以御史大夫將車騎別追項籍至東城破之所將卒五人共斬項籍皆賜爵列侯降左右司馬各一人卒萬二千人盡得其軍將吏下東城歷陽度江破吳郡長吳下如淳曰雄長之長也師古曰此說非也吳郡長當時爲吳郡長嬰破之於吳下得吳守遂定吳豫章會稽郡還定淮北凡五十二縣漢王即帝位賜益嬰邑三千戶以車騎將軍從擊燕王荼明年從至陳取楚王信還剖符世世勿絕食潁陰二千五百戶從擊韓王信於代至馬邑別降樓煩以北六縣斬代左將破胡騎將於武泉北復從擊信胡騎晉陽下所將卒斬胡白題將一人師古曰胡名也又受詔并將燕趙齊

梁楚車騎擊破胡騎於硰石師古曰硰音千坐反至平城爲胡所困從擊陳豨別攻豨丞相侯敞軍曲逆下破之卒斬敞及特將五人師古曰卒謂所將之卒也特獨也各獨爲將降曲逆盧奴上曲陽安國安平攻下東垣黥布反以車騎將軍先出攻布別將於相破之斬亞將樓煩將三人又進擊破布上柱國及大司馬軍又進破布別將肥銖嬰身生得左司馬一人所將卒斬其小將十人追北至淮上益食邑二千五百戶布已破高帝歸定令嬰食潁陰五千戶除前所食邑凡從所得二千石二人別破軍十六降城四十六定國一郡二縣五十二得將軍二人柱國相各一人二千石十人嬰自破布歸高帝崩以列侯事惠帝及呂后呂后崩呂祿等欲爲亂齊哀王聞之舉兵西呂祿等以嬰爲大將軍往擊之嬰至滎陽乃與絳侯等謀因屯兵滎陽風齊王以誅呂氏事師古曰風讀曰諷齊兵止不前絳侯等旣誅諸呂齊王罷兵歸嬰自滎陽還與絳侯陳平共立文帝於是益封嬰三千戶賜金千斤爲太尉三歲絳侯勃免相嬰爲丞相罷太尉官是歲匈奴大入北地上令丞相嬰將騎八萬五千擊匈奴匈奴去濟北王反詔罷嬰兵後歲餘以丞相薨諡曰懿侯傳至孫彊有罪絕武帝復封嬰孫賢爲臨汝侯奉嬰後後有罪國除

傅寬以魏五大夫騎將從爲舍人起橫陽從攻安陽杠里趙賁軍於開封及擊楊熊曲遇陽武斬首十二級賜爵卿從至霸上沛公爲漢王賜寬封號共德君師古曰共讀曰恭從入漢中爲右騎將定三秦賜食邑雕陰孟康曰縣名屬上郡從擊項籍待懷服虔曰待高帝於懷懷縣名也師古曰地理志屬河內郎今懷州賜爵通德侯從擊項冠周蘭龍且所將卒斬騎將一人敖下師古曰敖地名敖倉蓋取此名也左氏傳曰敖鄗之間益食邑屬淮陰張晏曰韓信也信時爲相國云淮陰者終言之也擊破齊歷下軍擊田解屬相國參殘博師古曰參曹參也博大山縣也益食邑因定齊地剖符世世不絕封陽陵侯二千六百戶除前所食爲齊右丞相備齊張晏曰時田橫未降故設屯備五歲爲齊相國四月○宋祁曰景德本作四月別本作一字誤也擊陳豨屬太尉勃以相國代丞相噲擊豨一月從爲代相國將屯如淳曰既爲相國有警則將卒而屯守也師古曰此說非也時代國常有屯兵以備邊寇寬爲代相兼將此屯兵也二歲爲丞相將屯孝惠五年薨諡曰景侯傳至曾孫偃謀反誅國除

靳歙以中涓從起宛朐師古曰歙音翕宛音於元反朐音其于反攻濟陽破李由軍擊秦軍開封東斬騎千人將一人如淳曰騎將率號爲千人漢儀注邊郡置部都尉千人司馬候也首五十七級捕虜七十三人賜爵封臨平君又戰藍田北斬車司馬二人張晏曰主車也騎長一人張晏曰騎之長首二十八級捕虜五十七人至霸上沛公爲漢王賜歙爵建武侯遷騎都尉從定三秦別西擊章平軍於隴西破之定隴西六縣所將卒斬車司馬候各四人騎長十二人從東擊楚至彭城漢軍敗還保雍丘擊反者王武等略梁地別西擊邢說軍菑南破之師古曰菑縣名也後爲考城說讀曰悅身得說都尉二人司馬候十二人降吏卒四千六百八十人破楚軍滎陽東食邑四千二百戶別之河內擊趙賁軍朝歌破之所將卒得騎將二人車馬二百五十匹從攻安陽以東至棘蒲下十縣別攻破趙軍得其將司馬二人候四人降吏卒二千四百人從降下邯鄲別下平陽身斬守相所將卒斬兵守郡一人李奇曰或以爲郡守也字反耳晉灼曰將兵郡守也師古曰當言兵郡守一人也降鄴從攻朝歌邯鄲又別擊破趙軍降邯鄲郡六縣還軍敖倉破項籍軍成皋南擊絕楚饟道起滎陽至襄邑破項冠魯下略地東至鄫郯下邳南至蘄竹邑擊項悍濟陽下還擊項籍軍陳下破之別定江陵降柱國大司馬以下八人身得江陵王致雒陽師古曰江陵王謂共敖之子共尉也得而送致於雒陽因定南郡從至陳取楚王信剖符世世勿絕定食四千六百戶爲信武侯以騎都尉從擊代攻韓信平城下還軍東垣有功遷爲車騎將軍并將梁趙齊燕楚車騎別擊陳豨丞相敞破之師古曰侯敞因降曲逆從擊黥布有功益封定食邑五千三百戶凡斬首九十級虜百四十二人別破軍十四降城五十九定郡國各一縣二十三得王柱國各一人二千石以下至五百石三十九人高后五年薨諡曰肅侯子亭嗣有罪國除

周緤沛人也師古曰緤音息列反以舍人從高祖起沛至霸上西入蜀漢還定三秦常爲參乘賜食邑池陽師古曰即馮翊池陽縣從東擊項羽滎陽絕甬道從出度平陰遇韓信軍襄國戰有利不利終亡離上心上以緤爲信武侯師古曰以其忠信故加此號食邑三千三百戶上欲自擊陳豨緤泣曰始秦攻破天下未曾自行今上常自行是亡人可使者乎上以爲愛我賜入殿門不趨十二年更封緤爲鄘城侯服虔曰音菅蒯之蒯蘇林曰音簿催反晉灼曰功臣表屬長沙師古曰此字從崩從邑音蒯非也呂忱音陪而楚漢春秋作憑城侯陪憑聲相近此其實也又音普肯反孝文五年薨諡曰貞侯子昌嗣有罪國除景帝復封緤子應爲鄲侯蘇林曰鄲音多寒反屬沛國○宋祁曰沛國當作陳國薨諡曰康侯子仲居嗣坐爲太常有罪國除

贊曰仲尼稱犂牛之子騂且角雖欲勿用山川其舍諸師古曰論語載孔子爲弟子仲弓發此言也犂雜色騂赤色也舍置也言牛色純而角美堪爲犧牲雖以其母犂色而欲不用山川寧肯置之喻父雖不材不害子之美言士不繫於世類也語曰雖有茲基不如逢時張晏曰茲基鉏也言雖有田具值時乃獲信矣樊噲夏侯嬰灌嬰之徒方其鼓刀僕御販繒之時師古曰鼓刀謂屠狗豈自知附驥之尾師古曰蓋以蚊虻爲喻言託驥之尾則涉千里勒功帝籍慶流子孫哉當孝文時天下以酈寄爲賣友夫賣友者謂見利而忘義也若寄父爲功臣而又執劫師古曰周勃等劫其父而令寄行說雖摧呂祿以安社稷誼存君親可也

前漢書卷四十一考證

樊噲傳從攻陽城○臣召南按陽城史記作城陽以上下文推之城陽地旣太遠陽城亦尙懸隔胡三省謂應作成陽是也二史皆傳寫誤耳

項羽旣饗軍士中酒注不醉不醒故謂之中○顧炎武曰中酒謂酒半也呂氏春秋謂之中飮凡事之半曰中中酒猶今人言半席相如傳酒中樂酣師古曰酒中飮酒中之半也一人注書前後不同

獨騎馬噲等四人步從○臣召南按四人噲與靳彊夏侯嬰紀成也見高紀

從擊秦車騎壤東注師古曰地名也○臣召南按曹參傳曰取壤鄉擊三秦軍壤東然則壤是鄉名壤東壤鄉之東也

酈商傳高陽人也○臣召南按商卽食其弟食其傳曰陳留高陽人是也高陽乃陳留縣之鄉聚名此文似脫陳留二字

別定北地郡○臣召南按史記作定北地上郡則二郡也此文似脫上字又史記作破雍將軍烏氏周類軍栒邑蘇駔軍于泥陽蓋烏氏守將佚其姓名而栒邑泥陽守將姓名具存也此傳質言但云破章邯別將于烏氏栒邑泥陽耳

攻其前垣○前垣史記作前拒裴駰曰拒音矩

寄欲娶平原君爲夫人注蘇林曰景帝王皇后母臧兒也○臣召南按事在孝景中二年臧兒尙未尊稱平原君也史官記事隨後文稱之耳

夏侯嬰傳常蹶兩兒棄之○蹶史記作蹷

德嬰之脫孝惠魯元于下邑間也○按下邑縣名屬梁國

灌嬰傳重泉人李必駱甲○按李必後封戚侯功臣表作季必

身虜騎將入攻博陽○臣召南按入字係一人兩字傳寫誤并史記作身虜騎將一人句攻博陽句是也攻博陽上不須入字宋本及各本俱讀入攻博陽爲句非是

破吳郡長吳下○臣召南按後儒以會稽吳郡至東漢順帝始分遂疑二史此文爲譌然亦安知楚漢之際不嘗分爲二郡而其後復合乎下文又曰遂定吳豫章會稽郡則尤明矣

靳歙傳別之河內擊趙賁軍朝歌破之○臣召南按史記作擊趙將賁赫軍朝歌則其人姓賁名赫係趙將非姓趙名賁也

周緤傳景帝復封緤子應爲鄲侯注蘇林曰音多寒反屬沛國○宋祁曰沛國應作陳國○臣照按陳國無鄲縣據志應作沛郡

前漢書卷四十二

漢　蘭　臺　令　史班　固撰

唐正議大夫行祕書少監琅邪縣開國子顏師古注

張周趙任申屠傳第十二

張蒼陽武人也好書律歷秦時爲御史主柱下方書如淳曰方板也謂事在板上者也秦置柱下史蒼爲御史主其事或曰主四方文書也師古曰下云蒼自秦時爲柱下御史明習天下圖書計籍則主四方文書是也柱下居殿柱之下若今侍立御史矣有罪亡歸及沛公略地過陽武蒼以客從攻南陽蒼當斬解衣伏質師古曰質鑕也身長大肥白如瓠時王陵見而怪其美士乃言沛公赦勿斬遂西入武關至咸陽沛公立爲漢王入漢中還定三秦陳餘擊走常山王張耳耳歸漢漢以蒼爲常山守從韓信擊趙蒼得陳餘趙地已平漢王以蒼爲代相備邊寇已而徙爲趙相相趙王耳耳卒相其子敖復徙相代燕王臧荼反蒼以代相從攻荼有功封爲北平侯食邑千二百戶遷爲計相文穎曰以能計故號曰計相師古曰專主計籍故號計相一月更以列侯爲主計四歲張晏曰以列侯典校郡國簿書如淳曰以其所主因以爲官號與計相同時所卒立非久施也師古曰去計相之名更號主計○劉攽曰四歲字本在黥布反上誤書在此○宋祁曰浙本一月作三月是時蕭何爲相國而蒼乃自秦時爲柱下御史明習天下圖書計籍又善用算律歷故令蒼以列侯居相府領主郡國上計者黥布反漢立皇子長爲淮南王而蒼相之十四年遷爲御史大夫

周昌者沛人也其從兄苛師古曰苛音何秦時皆爲泗水卒史及高祖起沛擊破泗水守監於是苛昌自卒史從沛公○宋祁曰越本自作以校改以作自沛公以昌爲職志應劭曰掌主職也鄭氏曰主旗志也師古曰志與幟同音式異反苛爲客張晏曰爲帳下賓客不掌管也從入關破秦沛公立爲漢王以苛爲御史大夫昌爲中尉漢三年楚圍漢王滎陽急漢王出去而使苛守滎陽城楚破滎陽城欲令苛將苛罵曰若趣降漢王不然今爲虜矣師古曰若汝也趣讀曰促項羽怒亨苛漢王於是拜昌爲御史大夫常從擊破項籍六年與蕭曹等俱封爲汾陰侯苛子成以父死

事封爲高景侯昌爲人彊力敢直言自蕭曹等皆卑下之師古曰下音胡稼反 昌嘗燕入奏事孟康曰以上宴時入奏事 師古曰燕謂安閒之居也 高帝方擁戚姬師古曰擁抱也 昌還走師古曰還謂卻退也 高帝逐得騎昌項上問曰我何如主也昌仰曰陛下即桀紂之主也於是上笑之然尤憚昌及高帝欲廢太子而立戚姬子如意爲太子大臣固爭莫能得上以留侯策止而昌庭爭之彊上問其說昌爲人吃師古曰吃言之難也 又盛怒曰臣口不能言然臣期期知其不可陛下欲廢太子臣期期不奉詔師古曰以口吃故每重言期期○劉攽曰期讀如荀子曰欲綦色之綦楚人謂極爲綦宋祁曰學官本云臣口不能言然臣期期知其不可浙本然心知期期不可陛下欲廢太子臣期期不奉詔予據此則前之二吃作其後之二吃乃可爲期耳若云臣期知其不可又了無意矣又顏注文元無每字 上欣然而笑即罷呂后側耳於東箱聽師古曰正寢之東西室皆曰箱言似箱篋之形 見昌爲跪謝曰微君太子幾廢師古曰微無也幾音鉅依反 是歲戚姬子如意爲趙王年十歲高祖憂萬歲之後不全也趙堯爲符璽御史趙人方與公孟康曰方與縣名公其號也師古曰音房豫 謂御史大夫周昌曰君之史趙堯年雖少然奇士君必異之是且代君之位昌笑曰堯年少刀筆吏耳何至是乎居頃之堯侍高祖高祖獨心不樂悲歌羣臣不知上所以然堯進請問曰○宋祁曰問疑作閒 陛下所爲不樂非以趙王年少而戚夫人與呂后有隙備萬歲之後而趙王不能自全乎高祖曰我私憂之不知所出師古曰不知計所出 堯曰陛下獨爲趙王置貴彊相及呂后太子羣臣素所敬憚者乃可高祖曰然吾念之欲如是而羣臣誰可者堯曰御史大夫昌其人堅忍伉直自呂后太子及大臣皆素嚴憚之獨昌可高祖曰善於是召昌謂曰吾固欲煩公師古曰固必也言必欲勞煩公 公彊爲我相趙師古曰彊音其兩反以下亦同 昌泣曰臣初起從陛下陛下獨奈何中道而棄之於諸侯乎高祖曰吾極知其左遷師古曰是時尊右而卑左故謂貶秩位爲左遷佗皆類此 然吾私憂趙念非公無可者公不得已彊行師古曰已止也 於是從御史大夫昌爲趙相既行久之高祖持御史大夫印弄之曰誰可以爲御史大夫者孰視堯曰無以易堯師古曰堯可爲之餘人不能勝也易代也 遂拜堯爲御史大夫堯亦前有軍功食邑及以御史大夫從擊陳豨有功封爲江邑侯高祖崩太后使使召趙王其相昌令王稱疾不行使者三反昌曰高帝屬臣趙王師古曰屬委也音之欲反 王年少竊聞太后怨戚夫人欲召趙王幷誅之臣不敢遣王王且亦疾不能奉詔太后怒迺使使召趙相相至謁太后太后罵昌曰爾不知我之怨戚氏乎而不遣趙王昌既被徵高后使使召趙王王果來至長安月餘見鴆殺昌謝病不朝見三歲而薨謚曰悼侯傳子至孫意有罪國除景帝復封昌孫左車爲安陽侯有罪國除初趙堯既代周昌爲御史大夫高祖崩事惠帝終世高后元年怨堯前定趙王如意之畫師古曰畫謂畫策令周昌爲相 乃抵堯罪以廣阿侯任敖爲御史大夫

任敖沛人也少爲獄吏高祖嘗避吏吏繫呂后遇之不謹任敖素善高祖怒擊傷主呂后吏及高祖初起敖以客從爲御史守豐二歲高祖立爲漢王東擊項羽敖遷爲上黨守陳豨反敖堅守封爲廣阿侯食邑千八百戶高后時爲御史大夫三歲免孝文元年薨謚曰懿侯傳子至曾孫越人坐爲太常廟酒酸不敬國除初任敖免平陽侯曹窋代敖爲御史大夫師古曰窋音竹律反 高后崩與大臣共誅諸呂後坐事免以淮南相張蒼爲御史大夫蒼與絳侯等尊立孝文皇帝四年代灌嬰爲丞相漢興二十餘年天下初定公卿皆軍吏蒼爲計相時緒正律歷文穎曰緒尋也謂本其統緒而正之 以高祖十月始至霸上故因秦時本十月爲歲首不革師古曰革改也 推五德之運以爲漢當水德之時上黑如故吹律調樂入之音聲及以比定律令如淳曰比音比次之比謂五音淸濁各有所比不相錯入以定十二律之法令於樂官使長行之或曰謂比方之比音必履反臣瓚曰謂以比故取類以定法律與條令也師古曰依如氏之說比音頻二反 若百工天下作程品如淳曰若順也百工爲器物皆有尺寸斤兩斛斗輕重之宜使得其法此之謂順晉灼曰若豫及之辭師古曰言吹律調音以定法令及百工程品皆取則也若晉說是也 至於爲丞相卒就之師古曰卒終也就成也 故漢家言律歷者本張蒼蒼尤好書○宋祁曰學官本尤作凡注不音陽夏公謂當從凡若從尤則師古當音好字作去聲浙本凡作尤 無所不觀無所不通而尤邃律歷師古曰邃深也音先遂反 蒼德安國侯王陵師古曰以救其死刑故也 及貴父事陵陵死後蒼爲丞相洗沐常先朝陵夫人上食然後敢歸家蒼爲丞相十餘年魯人公孫臣上書陳終始五德傳師古曰傳謂傳次也音直戀反 言漢土德時其符黃龍見當改正朔易服色事下蒼蒼以爲非是罷之其後黃龍見成紀於是文帝召公孫臣以爲博士草立土德時歷制度張晏曰以秦水德漢土勝之晉灼曰草創始也 更元年蒼由此自詘○宋祁曰一作絀 謝病稱老蒼任人爲中候張晏曰所選舉保任也按中候官名師古曰蒼有所保舉而其人爲中候之官 大爲姦利上以爲讓師古曰用此事責蒼 蒼遂病免孝景五年薨謚曰文侯傳國至孫類有罪國除初蒼父長不滿五尺蒼長八尺餘蒼子復長八尺及孫類長六尺餘蒼免相後口中無齒食乳女子爲乳母師古曰言每就飲之 妻妾以百數嘗孕者不復幸年百餘歲迺卒著書十八篇言陰陽律歷事

申屠嘉梁人也以材官蹶張如淳曰材官之多力能腳踏彊弩張之故曰蹶張律有蹶張士師古曰今之弩以手張者曰擘張以足蹋者曰蹶張蹶音厥擘音布麥反 從高帝擊項籍遷爲隊率師古曰一隊之率也音所類反 從擊黥布爲都尉孝惠時爲淮陽守孝文元年舉故以二千石從高祖者悉以爲關內侯食邑二十四人而嘉食邑五百戶十六年遷爲御史大夫張蒼免相文帝以皇后弟竇廣國賢有行欲相之曰恐天下以吾私廣國久念不可而高帝時大臣餘見無可者師古曰見謂見在之人 乃以御史大夫嘉爲丞相因故邑封爲故安侯嘉爲人廉直門不受私謁是時太中大夫鄧通方愛幸賞賜累鉅萬文帝常燕飲通家其見寵如是○宋祁曰越本無見字 是時嘉入朝而通居上旁有怠慢之禮嘉奏事畢因言曰陛下幸愛羣臣則富貴之至於朝廷之禮不可以不肅師古曰肅敬也 上曰君勿言吾私之師古曰言欲私敎戒之 罷朝坐府中嘉爲檄召通詣丞相府師古曰檄木書也長二尺 不來且斬通通恐入言上上曰汝第往師古曰第但也 吾今使人召若師古曰若亦汝也 通至詣丞相府免冠徒跣頓首謝嘉嘉坐自如師古曰如其故 弗爲禮責曰夫朝廷者高皇帝之朝廷也通小臣戲殿上大不敬當斬史今行斬之如淳曰嘉語其史曰今便行斬之 通頓首首盡出血不解上度丞相已困通師古曰度音徒各反 使使持節召通而謝丞相此吾弄臣君釋之○宋祁曰浙本此字上有曰字君字下有其字 鄧通既至爲上泣曰丞相幾殺臣師古曰幾音巨依反 嘉爲丞相五歲文帝崩孝景即位二年鼂錯爲內史貴幸用事諸法令多所請變更議以適罰侵削諸侯師古曰適讀曰讁 而丞相嘉自絀師古曰絀退也 所言不用疾錯錯爲內史門東出不便更穿一門南出南出者太上皇廟堧垣也服虔曰宮外垣餘地也如淳曰堧音畏懦之懦師古曰堧音如掾反解在食貨志 嘉聞錯穿宗廟垣爲奏請誅錯客有語錯錯恐夜入宮上謁自歸上師古曰歸首於天子 至朝嘉請誅內史錯上曰錯所穿非真廟垣乃外堧垣故冗官居其中師古曰冗謂散輩也如今之散官音如勇反 且又我使爲之錯無罪罷朝嘉謂長史曰吾悔不先斬錯乃請之師古曰言先斬而後奏 爲錯所賣至舍因歐血而死謚曰節侯傳子至孫臾有罪國除自嘉死後開封侯陶青桃侯劉舍及武帝時柏至侯許昌平棘侯薛澤武彊侯莊青翟商陵侯趙周皆以列侯繼踵齪齪廉謹師古曰齪齪持整之貌也齪音初角反 爲丞相備員而已無所能發明功名著於世者

贊曰張蒼文好律歷爲漢名相師古曰文好律歷猶言名爲好律歷也 而專遵用秦之顓頊歷何哉張晏曰不考經典專用顓頊歷何哉師古曰何哉猶言何爲其然哉 周昌木彊人也師古曰言其彊質如木石然彊音其兩反 任敖以舊德用張晏曰謂傷辱呂后吏 申屠嘉可謂剛毅守節然無術學殆與蕭曹陳平異矣師古曰殆近也言其識見不如蕭曹等也

前漢書卷四十二考證

張蒼傳秦時爲御史主柱下方書注若今侍立御史矣○臣召南按柱下史本周制而秦因之老子在周爲柱下史是也沈約宋志曰侍御史於周爲柱下史師古注若今侍立御史矣立字似衍文唐制侍御史六人

周昌傳臣期期不奉詔○劉攽曰楚人謂極爲綦○胡三省曰孔穎達疏釋詁譏汔也杜預云汔期也然則期字雖別皆是近義言其近當如此史記周昌云云意亦與汔同

任敖傳平陽侯窋至與大臣共誅諸呂後坐事免○臣召南按史記作窋不與大臣共誅呂祿等免以高后紀核之窋行御史大夫事郎中令賈壽以灌嬰及齊楚合從告相國產也窋即以其語馳告丞相太尉及呂祿已去北軍相國產欲入未央宮作亂窋復馳語太尉則窋固非不與大臣共謀誅諸呂者也但代邸上議羣臣列名即云御史大夫臣蒼則孝文未立之時窋已罷官矣其後賞功又不及窋意者史記所云固得其實乎不然即不與太尉丞相較功亦當與襄平典客共賞矣

申屠嘉傳因故邑封爲故安侯○臣召南按故安縣屬涿郡漢初丞相俱以功臣已封列侯者爲之嘉本功臣而由關內侯爲相則破格之事也後因丞相封侯遂起於此

前漢書卷四十三

漢　蘭　臺　令　史班　固撰

唐正議大夫行祕書少監琅邪縣開國子顏師古注

酈陸朱劉叔孫傳第十三

酈食其陳留高陽人也師古曰食音異其音基 好讀書家貧落魄鄭氏曰魄音薄應劭曰志行衰惡之貌也師古曰落魄失業無次也鄭音是 爲里監門然吏縣中賢豪不敢役師古曰吏及賢者豪者皆不敢使役食其 皆謂之狂生及陳勝項梁等起諸將徇地過高陽者數十人師古曰徇亦略也音辭峻反 食其聞其將皆握齱好荷禮應劭曰握齱急促之貌師古曰荷與苛同苛細也齱音初角反 自用不能聽大度之言食其迺自

臣後聞沛公畧地陳留郊沛公麾下騎士適食其里中子服虔曰食其里中子適會作沛公騎士 沛公時時問邑中賢豪騎士歸食其見謂曰吾聞沛公嫚易人有大畧此真吾所願從游莫為我先師古曰先謂紹介也若見沛公若汝也謂曰臣里中有酈生年六十餘長八尺人皆謂之狂生自謂我非狂騎士曰沛公不喜儒師古曰喜好也音許吏反 諸客冠儒冠來者沛公輒解其冠溺其中師古曰溺讀曰尿音乃釣反 與人言常大罵未可以儒生說也食其曰第言之師古曰第但也 騎士從容言食其所戒者師古曰從子容反 沛公至高陽傳舍師古曰傳舍者人所止息前人已去後人復來轉相傳也一音張戀反謂傳置之舍也其義兩通它皆類此 使人召食其食其至入謁沛公方踞牀令兩女子洗而見食其師古曰洗足也音先典反 食其入即長揖不拜曰足下欲助秦攻諸侯乎欲率諸侯破秦乎○宋祁云浙本破作攻 沛公罵曰豎儒師古曰言其賤劣如僮豎 夫天下同苦秦久矣故諸侯相率攻秦何謂助秦食其曰必欲聚徒合義兵誅無道秦不宜踞見長者於是沛公輟洗起衣師古曰輟止也起衣著衣也 延食其上坐謝之食其因言六國從衡時師古曰從子容反衡橫也 沛公喜賜食其食問曰計安出食其曰足下起瓦合之卒師古曰瓦合謂如破瓦之相合雖曰聚合而不齊同 收散亂之兵不滿萬人欲以徑入彊秦此所謂探虎口者也夫陳留天下之衝四通五達之郊也如淳曰四面往來通之并數中央凡五達也臣瓚曰四通五達言無險阻也 今其城中又多積粟臣知其令師古曰素與其縣令相知 今請使令下足下師古曰下降也 即不聽足下舉兵攻之臣為內應於是遣食其往沛公引兵隨之遂下陳留號食其為廣野君食其言弟商使將數千人從沛公西南畧地食其嘗為說客馳使諸侯漢三年秋項羽擊漢拔滎陽漢兵遁保鞏楚人聞韓信破趙彭越數反梁地則分兵救之師古曰救趙及梁 韓信方東擊齊漢王數困滎陽成皋計欲捐成皋以東屯鞏雒以距楚食其因曰臣聞之知天之天者王事可成不知天之天者王事不可成王者以民為天而民以食為天夫敖倉天下轉輸久矣臣聞其下乃有臧粟甚多楚人拔滎陽不堅守敖倉廼引而東令適卒分守成皋師古曰適讀曰讁讁卒謂卒之有罪讁者即所謂讁戍 此乃天所以資漢方今楚易取而漢反卻自奪便師古曰不圖進取是為自奪便利也卻音丘畧反 臣竊以為過矣且兩雄不俱立楚漢久相持不決百姓騷動海內搖蕩農夫釋耒紅女下機師古曰耒手耕曲木也音盧對反紅讀曰工 天下之心未有所定也願足下急復進兵收取滎陽據敖庾之粟師古曰敖庾即敖倉 塞成皋之險杜太行之道師古曰太行山名在河內野王之北上黨之南行音胡剛反 距飛狐之口如淳曰上黨壺關也臣瓚曰飛狐在代郡西南師古曰瓚說是壺關無飛狐之名 守白馬之津以示諸侯形制之勢師古曰以地形而制服則天下知所歸矣方今燕趙以定唯齊未下今田廣據千里之齊田閒將二十萬之衆軍於歷城○劉攽曰此時何緣更有田閒按田橫傳乃是田解橫傳云齊使華毋傷田解軍歷下以距漢 諸田宗彊負海岱阻河濟師古曰負背也岱泰山也 南近楚齊人多變詐○宋祁曰人疑作民 足下雖遣數十萬師未可以歲月破也臣請得奉明詔說齊王使為漢而稱東藩上曰善廼從其畫復守敖倉而使食其說齊王曰王知天下之所歸乎曰不知也曰知天下之所歸則齊國可得而有也若不知天下之所歸即齊國未可保也齊王曰天下何歸食其曰天下歸漢齊王曰先生何以言之曰漢王與項王戮力西面擊秦約先入咸陽者王之項王背約不與而王之漢中項王遷殺義帝漢王起蜀漢之兵擊三秦出關而責義帝之負處○宋祁曰或無負字 收天下之兵立諸侯之後降城即以侯其將得賂則以分其士與天下同其利豪英賢材皆樂為之用諸侯之兵四面而至蜀漢之粟方船而下師古曰方併也 項王有背約之名殺義帝之負於人之功無所記於人之罪無所忘師古曰言項羽吝爵賞而念舊惡 戰勝而不得其賞拔城而不得其封非項氏莫得用事師古曰言唯任同姓之親 為人刻印玩而不能授孟康曰刻斷無復廉鍔也臣瓚曰項羽吝於爵賞玩惜侯印不能以封人師古曰韓信傳作刓此作玩其義各通孟說非也 攻城得賂積財而不能賞天下畔之賢材怨之而莫為之用故天下之士歸於漢王可坐而策也夫漢王發蜀漢定三秦涉西河之外援上黨之兵師古曰援引也音爰 下井陘誅成安君破北魏師古曰謂魏豹也梁地既有魏名故謂此為北 舉三十二城此黃帝之兵非人之力天之福也今已據敖倉之粟塞成皋之險守白馬之津杜太行之阪距飛狐之口天下後服者先亾矣王疾下漢王齊國社稷可得而保也不下漢王危亾可立而待也田廣以為然廼聽食其罷歷下兵守戰備與食其日縱酒師古曰日日縱意而飲酒 韓信聞食其馮軾下齊七十餘城師古曰馮讀曰憑憑據也軾車前橫板隆起者也云憑軾者言但安坐乘車而游說不用兵衆 廼夜度兵平原襲齊齊王田廣聞漢兵至以為食其賣己師古曰言其與韓信通謀 廼亨食其引兵走漢十二年曲周侯酈商以丞相將兵擊黥布有功高祖舉功臣思食其食其子疥師古曰疥音介 數將兵上以其父故封疥為高梁侯後更食武陽卒子遂嗣三世侯平有罪國除

陸賈楚人也以客從高祖定天下名有口辯師古曰時人皆謂其口辯 居左右常使諸侯時中國初定尉佗平南越因王之師古曰佗音徒河反 高祖使賈賜佗印為南越王賈至尉佗魋結箕踞見賈服虔曰魋音椎今兵士椎頭髻也師古曰結讀曰髻椎髻者一撮之髻其形如椎箕踞謂伸其兩腳而坐亦曰箕踞其形似箕 賈因說佗曰足下中國人親戚昆弟墳墓在真定今足下反天性棄冠帶師古曰偝父母之國無骨肉之恩是反天性也 欲以區區之越與天子抗衡為敵國師古曰區區小貌 禍且及身矣夫秦失其正師古曰正亦政也 諸侯豪桀並起唯漢王先入關據咸陽項籍背約自立為西楚霸王諸侯皆屬可謂至彊矣然漢王起巴蜀鞭笞天下劫諸侯遂誅項羽五年之間海內平定此非人力天之所建也天子聞君王王南越而不助天下誅暴逆將相欲移兵而誅王天子憐百姓新勞苦且休之遣臣授君王印剖符通使君王宜郊迎北面稱臣師古曰郊迎謂出郊而迎 乃欲以新造未集之越師古曰集猶成也 屈強於此師古曰屈音其勿反屈強謂不柔服也 漢誠聞之掘燒君王先人冢墓夷種宗族師古曰夷平也謂平除其種族 使一偏將將十萬衆臨越即越殺王降漢如反覆手耳師古曰言其易 於是佗廼蹶然起坐師古曰蹶然驚起之貌也音厥 謝賈曰居蠻夷中久殊失禮義因問賈曰我孰與蕭何曹參韓信賢師古曰與如也 賈曰王似賢也復問曰我孰與皇帝賢賈曰皇帝起豐沛討暴秦誅彊楚為天下興利除害繼五帝三王之業統天下理中國中國之人以億計地方萬里居天下之膏腴人衆車輿萬物殷富政由一家自天地剖判未始有也師古曰言自開闢以來未嘗有也 今王衆不過數萬皆蠻夷崎嶇山海間師古曰崎音丘宜反嶇音區 譬如漢一郡王何乃比於漢佗大笑曰吾不起中國故王此使我居中國何遽不若漢師古曰言有何迫促而不如漢也遽音其庶反 廼大說賈師古曰說讀曰悅謂愛悅之 留與飲數月曰越中無足與語至生來令我日聞所不聞師古曰言素所不聞者日聞之 賜賈橐中裝直千金張晏曰珠玉之寶也裝裹也如淳曰明月珠之屬也師古曰有底曰囊無底曰橐言其實物質輕而價重可入囊橐以齎行故曰橐中裝 它送亦千金蘇林曰非橐中物故曰它送也師古曰它猶餘也 賈卒拜佗為南越王令稱臣奉漢約歸報高帝大說師古曰說讀曰悅 拜賈為太中大夫賈時時前說稱詩書高帝罵之曰乃公居馬上得之安事詩書賈曰馬上得之寧可以馬上治乎且湯武逆取而以順守之文武並用長久之術也昔者吳王夫差智伯極武而亾師古曰夫差吳王闔閭子也好用兵卒為越所滅智伯晉卿荀瑤也貪而好勝率韓魏共攻趙襄子襄子與韓魏約反而喪之夫音扶差音楚宜反○宋祁云浙本注文宜作崖 秦任刑法不變卒滅趙氏鄭氏曰秦之先造父封於趙城其後以為姓張晏曰莊襄王為質於趙還為太子遂稱趙氏師古曰據秦本紀鄭說是 鄉使秦以并天下○宋祁曰以疑作已 行仁義法先聖陛下安得而有之師古曰鄉讀曰嚮安焉也 高帝不懌師古曰懌和樂也 有慙色謂賈曰試為我著秦所以失天下吾所以得之者師古曰著明也謂作書明言之也 及古成敗之國賈凡著十二篇每奏一篇高帝未嘗不稱善左右呼萬歲稱其書曰新語師古曰其書今見存 孝惠時呂太后用事欲王諸呂畏大臣及有口者師古曰有口謂辯士 賈自度不能爭之師古曰度音徒各反 廼病免以好畤田地善往家焉師古曰好畤即今雍州好畤縣 有五男乃出所使越橐中裝賣千金分其子子二百金令為生產賈常乘安車駟馬從歌鼓瑟侍者十人寶劍直百金謂其子曰與女約過女女給人馬酒食極欲十日而更師古曰又改向一子處○宋祁曰欲疑作飲 所死家得寶劍車騎侍從者一歲中以往來過它客率不過再過師古曰非徒至諸子所又往來經過佗處為賓客率計一歲之中每子不過再過至也上過音工禾反 數擊鮮毋久溷女為也服虔曰溷辱也吾常行數擊新美食不久辱汝也師古曰鮮謂新殺之肉也溷亂也言我至之時汝宜數數擊牲牢與我鮮食我不久住亂累汝也數音所角反溷音下困反○劉攽曰史記作數見不鮮言人情頻見則不美故毋久溷女也馬宮傳君有不鮮不鮮是漢人語也宋祁曰按宮傳自云三公之位鼎足承君不有鮮明固守無以固位劉似誤引 呂太后時王諸呂諸呂擅權欲劫少主危劉氏右丞相陳平患之力不能爭恐禍及己平常燕居深念師古曰念思也以國家不安故靜居獨慮思其方策 賈往不請直入坐師古曰言不因門人將命而徑入自坐 陳平方念不見賈師古曰思慮之際故不覺賈至 賈曰何念深也平曰生揣我何念孟康曰揣度也韋昭曰揣音初委反 賈曰足下位為上相食三萬戶侯可謂極富貴無欲矣然有憂念不過患諸呂少主耳陳平曰然為之奈何賈曰天下安注意相天下危注意將將相和則士豫附師古曰豫素也 士豫附天下雖有變則權不分權不分為社稷計在兩君掌握耳臣常欲謂太尉絳侯師古曰謂者與之言 絳侯與我戲易吾言師古曰言絳侯與我相戲狎輕易其言耳 君何不交驩太尉深相結為陳平畫呂氏數事平用其計乃以五百金為絳侯壽厚具樂飲太尉師古曰厚為共具而與太尉樂飲 太尉亦報如之兩人深相結呂氏謀益壞陳平乃以奴婢百人車馬五十乘錢五百萬遺賈為食飲費賈以此游漢廷公卿間師古曰廷謂朝廷 名聲籍甚孟康曰言狼籍甚盛 及誅呂氏立孝文賈頗有力孝文即位欲使人之南越丞相平乃言賈為太中大夫往使尉佗去黃屋稱制師古曰黃屋謂車上之蓋也黃屋及稱制皆天子之儀故令去之 令比諸侯皆如意指語在南越傳陸生竟以壽終

朱建楚人也故嘗為淮南王黥布相有罪去後復事布布欲反時問建建諫止之布不聽聽梁父侯遂反如淳曰遂者布臣也臣瓚曰布用梁甫侯之計而遂反師古曰瓚說是也 漢既誅布聞建諫之高祖賜建號平原君家徙長安為人辯有口刻廉剛直行不苟合義不取容辟陽侯行不正得幸呂太后師古曰審食其 欲知建師古曰欲與相知 建不肯見及建母死貧未有以發喪方假貣服具師古曰貣音土得反 陸賈素與建善乃見辟陽侯賀曰平原君母死辟陽侯曰平原君母死何乃賀我陸生曰前日君侯欲知平原君平原君義不知君以其母故張晏曰相知當同恤災危以母在故義不知君也 今其母死君誠厚送喪則彼

爲君死矣辟陽侯迺奉百金稅師古曰贈終者之衣被曰稅言以百金爲衣被之具稅音式芮反其字從衣列侯貴人以辟陽侯故往賻凡五百金師古曰布帛曰賻久之人或毀辟陽侯惠帝大怒下吏欲誅之太后慙不可言師古曰不可自言之大臣多害辟陽侯行欲遂誅之辟陽侯困急使人欲見建建辭曰獄急不敢見君建乃求見孝惠幸臣閎籍孺師古曰佞幸傳云高祖時則有籍孺孝惠有閎孺斯則二人皆名爲孺而姓各別今此云閎籍孺誤剩籍字後人所妄加耳說曰君所以得幸帝天下莫不聞師古曰言以材德進今辟陽侯幸太后而下吏道路皆言君讒欲殺之今日辟陽侯誅旦日太后含怒亦誅君日下音朝嫁反他皆類此君何不肉袒爲辟陽侯言帝師古曰肉袒謂脫其衣袖而見肉者自挫辱之甚冀見哀憐帝聽君出辟陽侯太后大驩兩主俱幸君君富貴益倍矣於是閎籍孺大恐從其計言帝帝果出辟陽侯辟陽侯之囚欲見建建不見辟陽侯以爲背之大怒及其成功出之大驚呂太后崩大臣誅諸呂辟陽侯於諸呂至深如淳曰辟陽侯與諸呂相親信爲罪宜誅者至深也師古曰直言辟陽侯與諸呂相知情義至深重耳如說非也卒不誅計畫所以全者皆陸生平原君之力也孝文時淮南厲王殺辟陽侯以黨諸呂故孝文聞其客朱建爲其策使吏捕欲治聞吏至門建欲自殺諸子及吏皆曰事未可知何自殺爲建曰我死禍絕不及乃身矣師古曰乃汝也遂自剄文帝聞而惜之曰吾無殺建意也乃召其子拜爲中大夫使匈奴單于無禮罵單于遂死匈奴中

婁敬齊人也漢五年戍隴西過雒陽高帝在焉敬脫輓輅蘇林曰輅音凍洛之洛一木橫遮車前二人挽之三人推之孟康曰輅音胡格反師古曰二音同聲也○宋祁曰注文二音同聲也當刪作音同耳見齊人虞將軍曰臣願見上言便宜虞將軍欲與鮮衣敬曰臣衣帛衣帛見師古曰衣著也帛謂繒也衣褐衣褐見師古曰此褐謂織毛布之衣不敢易衣虞將軍入言上上召見賜食已而問敬敬說曰陛下都雒陽豈欲與周室比隆哉上曰然敬曰陛下王天下與周異周之先自后稷堯封之邰師古曰邰邑名也卽今武功故城是其處音吐材反積德絫善十餘世師古曰絫古累字公劉避桀居豳大王以狄伐故去豳杖馬箠去居岐師古曰箠馬策也杖謂拄之也云杖馬箠者以示無所攜持也箠音止蘂反國人爭歸之及文王爲西伯斷虞芮訟文穎曰二國爭田見文王之德而自和也師古曰虞今虞州是也芮今芮城縣是也○宋祁曰芮字下一有之字始受命呂望伯夷自海濱來歸之師古曰濱涯也音賓又音頻武王伐紂不期而會孟津上八百諸侯遂滅殷○宋祁曰津字下一有之字成王卽位周公之屬傅相焉迺營成周都雒以爲此天下中師古曰中音竹仲反○宋祁曰雒字下一有陽字諸侯四方納貢職道里鈞矣有德則易以王無德則易以亾凡居此者欲令務以德致人不欲阻險令後世驕奢以虐民也及周之衰分而爲二師古曰謂東周君西周君天下莫朝周周不能制非德薄形勢弱也今陛下起豐沛○宋祁曰豐字下當有擊字收卒三千人以之徑往卷蜀漢定三秦與項籍戰滎陽大戰七十小戰四十使天下之民肝腦塗地父子暴骸中野不可勝數哭泣之聲不絕傷夷者未起師古曰夷創也音痍而欲比隆成康之時臣竊以爲不侔矣師古曰侔等也且夫秦地被山帶河四塞以爲固卒然有急百萬之衆可具師古曰卒讀曰猝因秦之故資甚美膏腴之地此所謂天府師古曰府聚也萬物所聚陛下入關而都之山東雖亂秦故地可全而有也夫與人鬭不搤其亢拊其背未能全勝張晏曰亢喉嚨也師古曰搤捉持之也亢音胡郎反又音下郎反搤與扼同今陛下入關而都按秦之故此亦搤天下之亢而拊其背也高帝問羣臣羣臣皆山東人爭言周王數百年秦二世則亾不如都周上疑未能決及留侯明言入關便卽日駕西都關中於是上曰本言都秦地者婁敬婁者劉也賜姓劉氏拜爲郎中號曰奉春君張晏曰春歲之始以其首勸都關中漢七年韓王信反高帝自往擊至晉陽聞信與匈奴欲擊漢上大怒使人使匈奴匈奴匿其壯士肥牛馬師古曰匿藏也徒見其老弱及羸畜使者十輩來皆言匈奴易擊上使劉敬復往使匈奴還報曰兩國相擊此宜夸矜見所長師古曰見示也今臣往徒見羸瘠老弱師古曰瘠音漬謂死者之肉也一說瘠讀曰瘠瘠瘦也此必欲見短伏奇兵以爭利愚以爲匈奴不可擊也是時漢兵以踰句注三十餘萬衆師古曰句注山名在鴈門兵已業行上怒罵敬曰齊虜以舌得官迺今妄言沮吾軍師古曰沮止也音材汝反械繫敬廣武師古曰械謂桎梏也廣武縣名屬鴈門遂往至平城匈奴果出奇兵圍高帝白登七日然後得解高帝至廣武赦敬曰吾不用公言以困平城吾已斬先使十輩言可擊者矣迺封敬二千戶爲關內侯號建信侯高帝罷平城歸韓王信亾入胡當是時冒頓單于兵彊控弦四十萬騎師古曰控引也謂引弓也音口弄反數苦北邊上患之問敬敬曰天下初定士卒罷於兵革師古曰罷讀曰疲未可以武服也冒頓殺父代立妻羣母以力爲威未可以仁義說也獨可以計久遠子孫爲臣耳然陛下恐不能爲上曰誠可何爲不能顧爲柰何師古曰顧思念也敬曰陛下誠能以適長公主妻單于師古曰適讀曰嫡謂皇后所生厚奉遺之彼知漢女送厚蠻夷必慕以爲閼氏生子必爲太子代單于何者貪漢重幣陛下以歲時漢所餘彼所鮮數問遺師古曰鮮少也問遺謂餉饋之也鮮音息善反遺音弋季反使辯士風諭以禮節師古曰風讀曰諷冒頓在固爲子壻死外孫爲單于豈曾聞外孫敢與大父亢禮哉○宋祁曰聞字下越本無外字可毋戰以漸臣也若陛下不能遣長公主而令宗室及後宮詐稱公主彼亦知不肯貴近無益也師古曰近音其靳反高帝曰善欲遣長公主呂后泣曰妾唯以一太子一女師古曰唯言以此自慰奈何棄之匈奴上竟不能遣長公主而取家人子爲公主妻單于師古曰於外庶人之家取女而名之爲公主使敬往結和親約敬從匈奴來因言匈奴河南白羊樓煩王張晏曰白羊匈奴國名也去長安近者七百里輕騎一日一夕可以至師古曰言匈奴欲來爲寇者秦中新破師古曰秦中謂關中故秦地也新被謂經兵革之後未殷實少民地肥饒可益實夫諸侯初起時非齊諸田楚昭屈景莫與師古曰皆二國之王族今陛下雖都關中實少人北近胡寇東有六國彊族一日有變陛下亦未得安枕而臥也臣願陛下徙齊諸田楚昭屈景燕趙韓魏後及豪桀名家且實關中無事可以備胡諸侯有變亦足率以東伐此彊本弱末之術也上曰善乃使劉敬徙所言關中十餘萬口師古曰今高陵櫟陽諸田華陰好畤諸景及三輔諸屈諸懷尚多皆此時所徙

叔孫通薛人也晉灼曰楚漢春秋名何師古曰薛縣名屬魯國秦時以文學徵待詔博士師古曰於博士中待詔數歲陳勝起二世召博士諸儒生問曰楚戍卒攻蘄入陳於公何如博士諸生三十餘人前曰人臣無將將則反罪死無赦臣瓚曰將謂爲逆亂也師古曰將有其意願陛下急發兵擊之二世怒作色師古曰不許其言陳勝爲反作色謂變動其色通前曰諸生言皆非夫天下爲一家毀郡縣城鑠其兵視天下弗復用師古曰鑠銷也視讀曰示且明主在上法令具於下吏人人奉職四方輻輳師古曰輳聚也言如車輻之聚於轂也字或作湊並音千豆反安有反者此特羣盜鼠竊狗盜師古曰如鼠之竊如狗之盜何足置齒牙間哉郡守尉今捕誅何足憂二世喜盡問諸生諸生或言反或言盜於是二世令御史按諸生言反者下吏非所宜言諸生言盜者皆罷之乃賜通帛二十匹衣一襲師古曰一襲上下皆具也今人呼爲一副也拜爲博士通已出反舍師古曰還其所居也諸生曰生何言之諛也通曰公不知我幾不免虎口師古曰幾音鉅依反迺亾去之薛薛已降楚矣及項梁之薛通從之敗定陶從懷王懷王爲義帝徙長沙通留事項王漢二年漢王從五諸侯入彭城通降漢王通儒服漢王憎之迺變其服服短衣楚製師古曰製謂裁衣之形製漢王喜通之降漢從弟子百餘人然無所進剸言諸故羣盜壯士進之師古曰剸與專同又音之兖反此則言專擅之急上者耳弟子皆曰事先生數年幸得從降漢今不進臣等剸言大猾何也師古曰狡猾之人通迺謂曰漢王方蒙矢石爭天下師古曰蒙被也冒也諸生寧能鬭乎故先言斬將搴旗之士師古曰搴拔取也音騫諸生且待我我不忘矣漢王拜通爲博士號稷嗣君張晏曰后稷佐唐欲令復如之漢王已并天下諸侯共尊爲皇帝於定陶通就其儀號師古曰就成也高帝悉去秦儀法爲簡易羣臣飲爭功醉或妄呼師古曰呼音火故反按劒擊柱○宋祁曰按當作拔上患之通知上益饜之說上曰夫儒者難與進取可與守成臣願徵魯諸生與臣弟子共起朝儀高帝曰得無難乎通曰五帝異樂三王不同禮禮者因時世人情爲之節文者也故夏殷周禮所因損益可知者謂不相復也師古曰復重也音扶目反臣願頗采古禮與秦儀雜就之上曰可試爲之令易知度吾所能行爲之師古曰度音徒各反於是通使徵魯諸生三十餘人師古曰通爲使者而徵諸生魯有兩生不肯行曰公所事者且十主皆面諛親貴今天下初定死者未葬傷者未起又欲起禮樂禮樂所由起百年積德而後可興也師古曰言行德教百年然後可定禮樂吾不忍爲公所爲公所爲不合古吾不行公往矣毋汙我通笑曰若眞鄙儒不知時變師古曰若汝也鄙言不通遂與所徵三十人西師古曰西入關及上左右爲學者師古曰左右謂近臣也爲學謂素有學術與其弟子百餘人爲緜蕞野外應劭曰立竹及茅索營之習禮儀其中也如淳曰謂以茅翦樹地爲纂位尊卑之次也春秋傳曰置茅蕝師古曰蕞與蕝同並音子悅反如說是習之月餘通曰上可試觀上使行禮曰吾能爲此迺令羣臣習肄師古曰肄亦習也音弋二反會十月漢七年長樂宮成諸侯羣臣朝十月師古曰會七年十月而長樂宮新成也漢時尚以十月爲正月故行朝歲之禮史家追書十月儀師古曰欲其下儀法先言儀如此也先平明師古曰未平明之前謁者治禮引以次入殿門廷中陳車騎戍卒衞官設兵張旗志師古曰志與幟同音式餌反傳曰趨師古曰傳聲教入者皆令趨趨謂疾行爲敬也殿下郎中俠陛陛數百人師古曰俠與挾同挾其兩旁每陛皆數百人也功臣列侯諸將軍軍吏以次陳西方東鄉文官丞相以下陳東方西鄉師古曰鄉讀皆曰嚮大行設九賓臚句傳蘇林曰上傳語告下爲臚下告上爲句也韋昭曰大行掌賓客之禮今之鴻臚也九賓則周禮九儀也謂公侯伯子男孤卿大夫士也師古曰臚音盧○劉攽曰賓謂傳擯之擯九賓擯者九人掌臚句傳也於是皇帝輦出房百官執戟傳警師古曰傳聲而唱警引諸侯王以下至吏六百石以次奉賀自諸侯王以下莫不震恐肅敬至禮畢盡伏置法酒師古曰法酒者猶言禮酌謂不飲之至醉○劉攽曰謂朝畢以法置酒也上禮畢盡伏謂朝禮也下謂置酒上壽也故下文又結云竟朝罷無敢讙譁失禮者若如顏說則置法酒便是羣臣飲不至醉而上壽乃在下文又語重複不序矣諸侍坐殿上皆伏抑首師古曰抑屈也謂依禮法不敢平坐而視以尊卑次起上壽觴九行謁者言罷酒御史執法舉不如儀者輒引去竟朝置酒無敢讙譁失禮者於是高帝曰吾迺今日知爲皇帝之貴也拜通爲奉常師古曰解在百官公卿表後改爲太常也賜金五百斤通因進曰諸弟子儒生隨臣久矣與共爲儀願陛下官之高帝悉以爲郎通出皆以五百金賜諸生諸生迺喜曰叔孫生聖人知當世務九年高帝徙通爲太子太傅十二年高帝欲以趙王如意易太子通諫曰昔者晉獻公以驪姬故廢太子立奚齊晉國亂者數十年爲天下笑秦以不早

定扶蘇胡亥詐立自使滅祀此陛下所親見今太子仁孝天下皆聞之呂后與陛下攻苦食啖如淳曰食無菜茹爲啖師古曰啖當作淡淡謂無味之食也言共攻擊勤苦之事而食無味之食也淡音大敢反其可背哉陛下必欲廢適而立少師古曰適讀曰嫡臣願先伏誅以頸血汙地高帝曰公罷矣吾特戲耳師古曰特但也通曰太子天下本本壹搖天下震動奈何以天下戲高帝曰吾聽公及上置酒見留侯所招客從太子入見上遂無易太子志矣

高帝崩孝惠即位迺謂通曰先帝園陵寢廟羣臣莫習徙通爲奉常師古曰又重爲之也定宗廟儀法及稍定漢諸儀法皆通所論著也惠帝爲東朝長樂宮師古曰朝太后於長樂宮及間往師古曰非大朝時中間小謁見數蹕煩民孟康曰妨其往來也作復道方築武庫南如淳曰作復道方始築武庫南也師古曰復音方目反通奏事因請間師古曰請空隙之時不欲對衆言之曰陛下何自築復道高帝寢衣冠月出游高廟服虔曰持高廟中衣月旦以游於衆廟已而復之應劭曰月旦出高帝衣冠備法駕名曰游衣冠如淳曰高祖之衣冠藏在宮中之寢三月出游其道正值今之所作復道下故言乘宗廟道上行也晉灼曰黄圖高廟在長安城門街東寢在桂宮北服言衣藏於廟中如言宮中皆非也師古曰諸家之說皆未允也謂從高帝陵寢出衣冠游於高廟每月一爲之漢制則然而後之學者不曉其意謂以月出之時而夜游衣冠失之遠也子孫奈何乘宗廟道上行哉惠帝懼曰急壞之通曰人主無過舉師古曰舉事不當有過失今已作百姓皆知之矣願陛下爲原廟師古曰原重也先以有廟今更立之故云重也渭北。劉攽曰渭北字宜屬上句衣冠月出游之益廣宗廟大孝之本上乃詔有司立原廟惠帝常出游離宮通曰古者有春嘗菓方今櫻桃熟可獻師古曰禮記曰仲春之月羞以含桃先薦寢廟即此櫻桃也今所謂朱櫻者是也櫻音於耕反願陛下出因取櫻桃獻宗廟上許之諸菓獻由此興

贊曰高祖以征伐定天下而縉紳之徒騁其知辯師古曰縉紳儒者之服也解在郊祀志並成大業語曰廊廟之材非一木之枝帝王之功非一士之畧師古曰此語本出慎子信哉劉敬脫輓輅而建金城之安叔孫通舍枹鼓而立一王之儀師古曰枹者鼓椎所以擊鼓也舍枹鼓者言新罷戰陣之事別創漢代之禮故云一王之儀也枹音桴其字從木也遇其時也酈生自匿監門待主然後出猶不免鼎鑊師古曰鼎大而無足曰鑊音胡郭反朱建始名廉直既距辟陽不終其節亦以喪身陸賈位止大夫致仕諸呂師古曰以諸呂僭差託病歸家不受憂責從容平勃之間師古曰謂和輯陳平周勃以安漢朝也從音七容反附會將相以彊社稷身名俱榮其最優乎

前漢書卷四十三考證

酈食其傳爲里監門然吏縣中賢豪不敢役。臣召南按史記吏字在然字上言食其爲監門小吏而縣中賢豪不敢役使也班氏當以監門賤役非吏故倒吏字於下

守白馬之津。臣召南按白馬縣屬東郡大河所經其西岸即黎陽也

方今燕趙以定惟齊未下云云。司馬光曰史漢皆以食其勸取敖倉及請說齊爲一事獨劉向新序分爲二新序是

涉西河之外。胡三省曰河自砥柱以上龍門以下爲西河

破北魏注梁地既有魏名故謂此爲北。索隱曰謂魏王豹國於河北故也亦謂之西魏以大梁於安邑爲東也

封疥爲高梁侯後更食武陽。臣召南按武陽史記作武遂而二表俱不言後更食邑未知孰是又子遂嗣亦與表異据表疥子勃勃子平疑遂字譌

婁敬傳及文王爲西伯斷虞芮訟始受命。臣召南按始受命應屬上句師古誤斷之婁敬當漢初即有質成受命之說謂文王及身稱王改元彼毛公解詩伏生解書司馬遷撰史記因譌襲謬不足怪也

今陛下起豐沛。宋祁曰豐字下當有擊字。按宋說無理

是時漢兵以踰句注三十餘萬衆。臣召南按三十餘萬衆史記作二十餘萬又下文控弦四十萬騎史記作三十萬

叔孫通傳遂與所徵三十人西。史記作三十三人西

百官執戟傳警。執戟史記作執職徐廣曰職一作幟

拜通爲奉常。臣召南按此文訂史記稱太常之失也下文徙通爲奉常亦然漢初因秦官曰奉常至景帝中六年始更名太常

前漢書卷四十四

漢 蘭 臺 令 史班 固撰

唐正議大夫行秘書少監琅邪縣開國子顏師古注

淮南衡山濟北王傳第十四

淮南厲王長高帝少子也其母故趙王張敖美人高帝八年從東垣過趙趙王獻美人厲王母也幸有身趙王不敢內宮師古曰不敢更內之於宮中爲築外宮舍之師古曰舍止也及貫高等謀反事覺并逮治王盡捕王母兄弟美人繫之河內厲王母亦繫告吏曰日得幸上有子師古曰日謂往日吏以聞上方怒趙未及理厲王母弟趙兼因辟陽侯言呂后呂后妒不肯白辟陽侯不彊爭厲王母已生厲王恚即自殺吏奉厲王詣上上悔師古曰悔不理其母令呂后母之而葬其母眞定眞定厲王母家縣也十一年淮南王布反上自將擊滅布即立子長爲淮南王王早失母常附呂后孝惠呂后時以故得幸無患然常心怨辟陽侯不敢發及孝文初即位自以爲最親師古曰時高帝子唯二人在驕蹇數不奉法師古曰蹇謂不順也上寬赦之三年入朝甚橫師古曰橫音胡孟反從上入苑獵與上同輦常謂上大兄厲王有材力力扛鼎師古曰扛舉也音江乃往請辟陽侯辟陽侯出見之即自袖金椎椎之師古曰袖古袖字也謂以金椎藏置袖中出而椎之命從者刑之如淳曰刻其形體備五刑也師古曰直斷其首非五刑也事見史記馳詣闕下肉袒而謝曰臣母不當坐趙時事。宋祁云時字浙本添辟陽侯力能得之呂后不爭罪一也趙王如意子母無罪呂后殺之辟陽侯不爭罪二也呂后王諸呂欲以危劉氏辟陽侯不爭罪三也臣謹爲天下誅賊報母之仇伏闕下請罪文帝傷其志爲親故不治赦之當是時自薄太后及太子諸大臣皆憚厲王厲王以此歸國益恣不用漢法出入警蹕稱制自作法令數上書不遜順師古曰數音所角反文帝重自切責之如淳曰重難也時帝舅薄昭爲將軍尊重上令昭予厲王書諫數之曰師古曰數音所具反竊聞大王剛直而勇慈惠而厚貞信多斷是天以聖人之資奉大王也甚盛不可不察今大王所行不稱天資皇帝初即位易侯邑在淮南者晉灼曰侯邑在淮南者更易以它郡地封之不欲使錯在王國大王不肯皇帝卒易之師古曰卒終也使大王得三縣之實甚厚大王以未嘗與皇帝相見求入朝見未畢昆弟之歡師古曰畢盡也而殺列侯以自爲名皇帝不使吏與其間師古曰與讀曰豫謂不令吏干豫治其事赦大王甚厚法二千石缺輒言漢補大王逐漢所置而請自置相二千石皇帝骫天下正法而許大王甚厚蘇林曰不從正法聽王自置二千石師古曰骫古委字骫謂曲也大王欲屬國爲布衣守冢眞定師古曰屬謂委棄之也音之欲反皇帝不許使大王毋失南面之尊甚厚師古曰毋失不失也南面之尊謂王位也大王宜日夜奉法度修貢職以稱皇帝之厚德今迺輕言恣行以負謗於天下甚非計也夫大王以千里爲宅居以萬民爲臣妾此高皇帝之厚德也高帝蒙霜露沬風雨師古曰沬亦頮字也蒙冒也沬洗面也音胡內反字從午未之未赴矢石野戰攻城身被創痍師古曰痍音夷以爲子孫成萬世之業艱難危苦甚矣大王不思先帝之艱苦日夜怵惕脩身正行養犧牲豐潔粢盛奉祭祀以無忘先帝之功德而欲屬國爲布衣甚過且夫貪讓國土之名輕廢先帝之業不可以言孝父爲之基而不能守不賢不求守長陵而求之眞定先母後父不誼數逆天子之令不順言節行以高兄無禮鄭氏曰淮南王呼帝爲大兄也師古曰鄭說非也謂請守母冢自爲名節而表異行用此矜高於兄耳幸臣有罪大者立斷小者肉刑不仁師古曰斷謂斬也貴布衣一劍之任賤王侯之位不知不好學問大道觸情妄行不祥師古曰任情意所欲則行之妄行音下更反此八者危亡之路也而大王行之棄南面之位奮諸賁之勇應劭曰吳專諸衛孟賁也師古曰賁音奔常出入危亡之路臣之所見高皇帝之神必不廟食於大王之手明白昔者周公誅管叔放蔡叔以安周齊桓殺其弟以反國韋昭曰子糾兄也言弟者諱也秦始皇殺兩弟遷其母以安秦應劭曰始皇母與嫪毒私通生二子事覺誅毒并殺二弟遷其母於咸陽宮也頃王亡代高帝奪之國以便事應劭曰頃王高帝兄仲也匈奴入代不能守走歸京師高帝奪其國退爲郃陽侯以便國法也師古曰便音頻面反濟北舉兵皇帝誅之以安漢應劭曰濟北王興居與大臣共誅諸呂自以功大怨其賞薄故反故周齊行之於古秦漢用之於今大王不察古今之所以安國便事而欲以親戚之意望於太上不可得也如淳曰太上天子也亡之諸侯游宦事人及舍匿者論皆有法師古曰舍匿謂容止而藏隱也其在王所吏主者坐師古曰言各有所主而坐其罪今諸侯子爲吏者御史主如淳曰主御史也自此以下至縣令主皆謂王官屬爲軍吏者中尉主客出入殿門者衛尉大行主諸從蠻夷來歸誼及以亡名數自占者內史縣令主相欲委下吏無與其禍不可得也師古曰言諸侯王之相欲委罪於在下小吏而身不干豫之不可得也與讀曰豫王若不改漢繫大王邸論相以下爲之奈何夫墮父大業退爲布衣所哀師古曰墮毀也布衣貧賤之人王既伏法則貧賤之人哀憐之墮音火規反幸臣皆伏法而誅爲天下笑以羞先帝之德師古曰羞辱也甚爲大王不取也宜急改操易行上書謝罪曰臣不幸早失先帝少孤呂氏之世未嘗忘死服虔曰常恐畏死也陛下即位臣怙恩德驕盈行多不軌師古曰軌法也追念辠過恐懼伏地待誅不敢起皇帝聞之必喜大王昆弟歡欣於上羣臣皆得延壽於下上下得宜海內常安願孰計而疾行之行之有疑禍如發矢不可追已師古曰發矢喻速也已語終辭王得書不說師古曰說讀曰悅六年令男子但等七十人與棘蒲侯柴武太子奇謀以輂車四十乘反谷口孟康曰谷口在長安北故縣也處多嶮阻師古曰輂車人輓行以載兵器也令人使閩越匈奴事覺治之迺使使召淮南王王至長安丞相張蒼典客馮敬行御史大夫事。宋祁曰孝文三年馮敬爲典客七年爲御史大夫與宗正廷尉雜奏長廢先帝法不聽天子詔居處無度爲黃屋蓋儗天子師古曰儗比也擅爲法令不用漢法及所置吏以其郎中春爲丞相收聚漢諸侯人及有罪亡者匿與居爲治家室賜與財物爵祿田宅爵或至關內侯奉以二千石所不當得如淳曰賜亡畔來者如賜其國二千石也臣瓚曰奉畔者以二千石之秩祿也師古曰瓚說是也奉音扶用反大夫但張晏曰大夫姓也上云男子但明其本姓大夫也如淳曰但大夫名也師古曰既曰

大夫但又士伍開章明其爲大夫也上言男子但等者總謂反人耳不妨但爲大夫也士伍開章
等七十人如淳曰律有罪失官爵稱士伍也開章名與棘蒲侯太子奇謀反
欲以危宗廟社稷謀使閩越及匈奴發其兵事覺長安
尉奇等往捕開章長匿不予與故中尉蕑忌謀殺以閉
口師古曰姓蕑名忌蕑音姦嚴助傳作間字音同耳今流俗書本此蕑字或有作簡者非也蓋後人所改既
殺開章所有口語皆無端緒故云閉口爲棺椁衣衾葬之肥陵師古曰肥陵地名在
肥水之上謾吏曰不知安在師古曰謾誑也實葬肥陵誑云不知處謾音慢又音莫連反此
下亦同又陽聚土樹表其上曰開章死葬此下師古曰表者豎木爲
之若柱形也及長身自賊殺無罪者一人令吏論殺無罪者
六人爲亡命棄市。宋祁曰舊本棄字下有之字詐捕命者以除罪晉灼
曰亡命者當棄市而王藏之詐捕不命者而言命以脫命者之罪師古曰爲音于僞反擅罪人無
告劾繫治城旦以上十四人赦免罪人死罪十八人城
旦舂以下五十八人賜人爵關內侯以下九十四人前
日長病陛下心憂之使使者賜棗脯長不肯見拜使者
南海民處廬江界中者反淮南吏卒擊之陛下遣使者
齎帛五十匹以賜吏卒勞苦者長不欲受賜謾曰無勞
苦者南海王織上書獻璧帛皇帝忌擅燔其書不以聞
文穎曰忌蕑忌也吏請召治忌長不遣謾曰忌病長所犯不軌
當棄市臣請論如法制曰朕不忍置法於王其與列侯
吏二千石議列侯吏二千石臣嬰等四十三人議皆曰
宜論如法制曰其赦長死罪廢勿王有司奏請處蜀嚴
道邛郵張晏曰嚴道蜀郡縣也邛郵置名也師古曰郵行書之舍音尤遣其子子母從
居師古曰子母者所生子之姬妾縣爲築蓋家室皆日三食給薪菜鹽
炊食器席蓐師古曰炊器釜鬲之屬食器盃椀之屬制曰食長給肉日五
斤師古曰食音飤酒二斗令故美人材人得幸者十人從居師古
曰上言子母則有子者令從之今此云美人材人則無子者亦令從之於是盡誅所與謀
者廼遣長載以輜車師古曰輜衣車也音甾令縣次傳爰盎諫曰
上素驕淮南王不爲置嚴相傅以故至此且淮南王爲
人剛今暴摧折之臣恐其逢霧露病死陛下有殺弟之
名奈何上曰吾特苦之耳令復之師古曰暫困苦之令其自悔即追還也復
音扶目反淮南王謂侍者曰誰謂乃公勇者吾以驕不聞過
故至此廼不食而死縣傳者不敢發車封孟康曰檻車有封也至
雍師古曰雍扶風雍縣雍令發之以死聞上悲哭謂爰盎曰吾不
從公言卒亡淮南王盎曰淮南王不可奈何願陛下自
寬上曰爲之奈何曰獨斬丞相御史以謝天下廼可上
即令丞相御史逮諸縣傳淮南王不發封餽侍者師古曰逮
追捕之也餽亦饋字耳皆棄市廼以列侯葬淮南王于雍置守冢
三十家孝文八年憐淮南王王有子四人年皆七八歲
廼封子安爲阜陵侯子勃爲安陽侯子賜爲陽周侯子
良爲東城侯十二年民有作歌歌淮南王曰一尺布尚

可縫一斗粟尚可舂兄弟二人不相容孟康曰尺帛斗粟猶尚不棄況
於兄弟而更相逐乎臣瓚曰一尺帛可縫而共衣一斗粟可舂而共食況以天下之廣而不相容也師古曰瓚
說是上聞之曰昔堯舜放逐骨肉師古曰鯀及共工皆堯舜之同姓故云骨肉
周公殺管蔡天下稱聖不以私害公天下豈以爲我貪
淮南地邪廼徙城陽王王淮南故地而追尊諡淮南王
爲厲王。宋祁曰越本無諡字置園如諸侯儀十六年上憐淮南
王廢法不軌自使失國早夭廼徙淮南王喜復王故城
陽而立厲王三子王淮南故地三分之阜陵侯安爲淮
南王安陽侯勃爲衡山王陽周侯賜爲廬江王東城侯
良前薨無後孝景三年吳楚七國反吳使者至淮南王
欲發兵應之其相曰王必欲應吳臣願爲將王廼屬之
師古曰屬謂以兵委之也屬音之欲反相已將兵因城守不聽王而爲漢
漢亦使曲城侯將兵救淮南晉灼曰功臣表蟲達也師古曰晉說非此蟲達之子
耳名揵達已先薨。宋祁曰浙本注文作晉說非也淮南以故得完吳使者至廬
江廬江王不應而往來使越至衡山衡山王堅守無二
心孝景四年吳楚已破衡山王朝上以爲貞信廼勞苦
之師古曰勞音來到反曰南方卑濕徙王王於濟北以褒之及薨
遂賜諡爲貞王廬江王以邊越數使使相交師古曰邊越者邊界
與越相接徙爲衡山王王江北
淮南王安爲人好書鼓琴不喜弋獵狗馬馳騁師古曰喜音許
吏反亦欲以行陰德拊循百姓流名譽招致賓客方術之
士數千人作爲內書二十一篇外書甚衆又有中篇八
卷言神仙黃白之術張晏曰黃黃金白白銀也亦二十餘萬言時武
帝方好藝文以安屬爲諸父師古曰安於天子服屬爲從父叔父辯博善
爲文辭甚尊重之每爲報書及賜師古曰賜賜書也常召司馬
相如等視草廼遣師古曰草謂爲文之稾草初安入朝獻所作內篇
新出上愛祕之使爲離騷傳師古曰傳謂解說之若毛詩傳旦受詔日
食時上又獻頌德及長安都國頌每宴見談說得失及
方技賦頌昏暮然後罷安初入朝雅善太尉武安侯師古
曰田蚡武安侯迎之霸上與語曰方今上無太子王親高
皇帝孫行仁義天下莫不聞宮車一日晏駕非王尚誰
立者淮南王大喜厚遺武安侯寶賂其羣臣賓客江淮
間多輕薄以厲王遷死感激安建元六年彗星見淮南
王心怪之或說王曰先吳軍時彗星出長數尺然尚流
血千里今彗星竟天天下兵當大起王心以爲上無太
子天下有變諸侯並爭愈益治攻戰具積金錢賂遺郡
國遊士妄作妖言阿諛王王喜多賜予之王有女陵慧
有口師古曰性慧了而口辯王愛陵多予金錢爲中詷長安孟康曰詷
音偵西方人以反間爲詷王使其女爲偵於中也如淳曰詷音朽政反師古曰詷有所候伺也如音是矣偵者
義與詷同然音則異音丑政反約結上左右元朔二年上賜淮南王几

杖不朝后荼愛幸師古曰荼者后名也音塗生子遷爲太子取皇太
后外孫修成君女爲太子妃服虔曰武帝異姓姊之女也應劭曰修成君王太后
先適金氏女也王謀爲反具畏太子妃知而內泄事廼與太子
謀令詐不愛三月不同席王陽怒太子閉使與妃同內
終不近妃妃求去王廼上書謝歸之后荼太子遷及女
陵擅國權奪民田宅妄致繫人師古曰致至也牽引而致之太子學
用劒自以爲人莫及聞郎中雷被巧師古曰被音皮義反巧者善用劒也
召與戲被壹再辭讓誤中太子師古曰中音竹仲反太子怒被恐
此時有欲從軍者輒詣長安被即願奮擊匈奴太子數
惡被師古曰謂譖毀之於王也王使郎中令斥免欲以禁後師古曰令後人
更不敢效之元朔五年被遂亡之長安上書自明事下廷尉
河南河南治師古曰章下廷尉及河南令於河南雜治其事逮淮南太子師古曰追
赴河南也王王后計欲毋遣太子師古曰王與王后共計也遂發兵計未
定猶與十餘日師古曰與讀曰豫會有詔即訊太子師古曰即就也訊問
也就淮南問之不逮詣河南淮南相怒壽春丞留太子逮不遣如淳曰丞
顧王意不遣太子應逮書劾不敬王請相相不聽王使人上書告相
事下廷尉治從迹連王師古曰從讀曰蹤王使人候司師古曰入京師
候司其事漢公卿請逮捕治王王恐欲發兵太子遷謀曰漢
使即逮王令人衣衞士衣持戟居王旁有非是者即刺
殺之臣亦使人刺殺淮南中尉廼舉兵未晚也是時上
不許公卿而遣漢中尉宏即訊驗王師古曰即亦就也王視漢
中尉顏色和問斥雷被事耳自度無何師古曰自計度更無罪度音徒
各反不發中尉還以聞公卿治者曰淮南王安雍閼求奮
擊匈奴者雷被等格明詔師古曰雍讀曰壅格音閣謂被閣不行之。宋祁曰景德
本無求字當棄市詔不許請廢勿王上不許請削五縣可二
縣使中尉宏赦其罪罰以削地中尉入淮南界宣言赦
王王初聞公卿請誅之未知得削地聞漢使來恐其捕
之廼與太子謀如前計中尉至即賀王王以故不發其
後自傷曰吾行仁義見削地寡人甚恥之爲反謀益甚
諸使者道長安來師古曰道從也爲妄言言上無男即喜言漢
廷治有男即怒師古曰漢廷治者朝廷皆治理也治音丈吏反以爲妄言非也
師古曰云及有男皆妄言耳非眞實也日夜與左吳等按輿地圖蘇林曰輿猶盡
載之意部署兵所從入王曰上無太子宮車即晏駕大臣
必徵膠東王不即常山王諸侯並爭吾可以無備乎且
吾高帝孫親行仁義陛下遇我厚吾能忍之萬世之後
吾寧能北面事豎子乎王有孽子不害最長師古曰孽庶也王
不愛后太子皆不以爲子兄數如淳曰后不以爲子太子不以爲兄秩數不
害子建材高有氣常怨望太子不省其父服虔曰不省錄著兄弟數
中也時諸侯皆得分子弟爲侯師古曰分國邑以封之淮南王有兩
子一子爲太子而建父不得爲侯陰結交師古曰與外人交通爲援

欲害太子以其父代之太子知之數捕繫笞建建具知
太子之欲謀殺漢中尉即使所善壽春嚴正上書天子
曰毒藥苦口利病忠言逆耳利行今淮南王孫建材能
高淮南王后荼荼子遷常疾害建建父不害無罪擅數
繫欲殺之今建在可徵問具知淮南王陰事書既聞上
以其事下廷尉河南治是歲元朔六年也故辟陽侯孫
審卿善丞相公孫弘怨淮南厲王殺其大父陰求淮南
事而搆之於弘弘廼疑淮南有畔逆計深探其獄張晏曰探
窮其根原河南治建辭引太子及黨與初王數以舉兵謀問
伍被被常諫之以吳楚七國爲效師古曰言反事不成王引陳勝
吳廣被復言形勢不同必敗亡及建見治王恐國陰事
泄欲發復問被被爲言發兵權變語在被傳於是王銳
欲發師古曰王意欲發兵如鋒刃之銳利故云銳也乃令官奴入宮中作皇帝
璽丞相御史大夫將軍吏中二千石都官令丞印及旁
近郡太守都尉印漢使節法冠師古曰法冠御史冠也本楚王冠秦滅楚以其
君冠賜御史欲如伍被計使人爲得罪而西蘇林曰詐作得罪人而西也師
古曰爲得罪之狀而去也西謂如京師也事大將軍丞相一日發兵即刺大
將軍衞青師古曰發兵謂王發兵反而說丞相弘下之如發蒙耳如淳
曰以物蒙覆其頭而爲發去之則其人欲之耳晉灼曰如發去物上之蒙直取其易也師古曰晉說是欲
發國中兵恐相二千石不聽王廼與伍被謀爲失火宮
中相二千石救火因殺之又欲令人衣求盜衣師古曰求盜卒
之掌逐捕賊盜者持羽檄從南方來師古曰羽檄徵兵之書也解在高紀呼言曰
南越兵入師古曰呼音火故反欲因以發兵廼使人之廬江會稽
爲求盜未決廷尉以建辭連太子遷聞上遣廷尉監與
淮南中尉逮捕太子至淮南王聞與太子謀召相二千
石欲殺而發兵召相相至內史以出爲解師古曰不應召而云已出
也解者解說也若今言分疏矣中尉曰臣受詔使不得見王王念獨殺
相而內史中尉不來無益也即罷相師古曰遣出去計猶與未
決師古曰與讀曰豫太子念所坐者謀殺漢中尉所與謀殺者
已死以爲口絕乃謂王曰羣臣可用者皆前繫今無足
與舉事者王以非時發恐無功臣願會逮師古曰會謂應逮書而往
也王亦愈欲休即許太子太子自刑不殊晉灼曰不殊不死也師古
曰殊絕也雖自刑殺而身首不絕也伍被自詣吏具告與淮南王謀反吏
因捕太子王后圍王宮盡捕王賓客在國中者索得反
具以聞師古曰索搜也音山客反上下公卿治所連引與淮南王謀
反列侯二千石豪傑數千人皆以罪輕重受誅衡山王
賜淮南王弟當坐收有司請逮捕衡山王上曰諸侯各
以其國爲本不當相坐與諸侯王列侯議趙王彭祖列
侯讓等四十三人皆曰淮南王安大逆無道謀反明白
當伏誅膠西王端議曰安廢法度行邪辟師古曰辟讀曰僻下皆類

此有詐僞心以亂天下營惑百姓師古曰營謂回繞之背畔宗廟妄作妖言春秋曰臣毋將將而誅安罪重於將謀反形已定臣端所見其書印圖及它逆亡道事驗明白當伏法論國吏二百石以上及比者師古曰謂與二百石及秩比二百石以上宗室近幸臣不在法中者不能相教皆當免師古曰若本有重罪自從其法縱無反狀者亦皆免削爵爲士伍毋得宦爲吏其非吏它贖死金二斤八兩蘇林曰非吏故曰它師古曰爲近幸之人非吏人者○宋祁曰姚本正文非吏它字下有者字以章安之罪師古曰章明也使天下明知臣子之道毋敢復有邪僻背畔之意丞相弘廷尉湯等以聞上使宗正以符節治王未至安自刑殺后太子諸所與謀皆收夷國除爲九江郡師古曰夷謂誅滅之

衡山王賜后乘舒生子三人長男爽爲太子次女無采少男孝姬徐來生子男女四人美人厥姬生子二人淮南衡山相責望禮節間不相能師古曰兄弟相責故有嫌衡山王聞淮南王作爲畔逆具亦心結賓客以應之恐爲所并元光六年入朝謁者衞慶有方術欲上書事天子王怒故劾慶死罪彊榜服之師古曰榜擊也擊笞之令其自服死罪也榜音彭內史以爲非是郤其獄師古曰郤退也音丘略反王使人上書告內史內史治言王不直師古曰內史被治而具言王之意狀又數侵奪人田壞人冢以爲田有司請逮治衡山王上不許爲置吏二百石以上如淳曰漢儀注吏四百石以下自除國中今以王之惡天子皆爲置衡山王以此恚與奚慈張廣昌謀求能爲兵法候星氣者日夜縱臾王謀反事如淳曰臾讀曰勇縱臾猶言勉彊也師古曰縱音子勇反縱臾謂奬勸也后乘舒死立徐來爲后厥姬俱幸兩人相妬厥姬乃惡徐來於太子師古曰惡謂毀之也下皆類此曰徐來使婢蠱殺太子母太子心怨徐來徐來兄至衡山太子與飲以刃刑傷之后以此怨太子數惡之於王女弟無采嫁棄歸師古曰爲夫所棄而歸也與客姦太子數以數讓之師古曰上數音所角反下數音所具反無采怒不與太子通后聞之卽善遇無采及孝孝少失母附后后以計愛之師古曰非心實慈念但以事計須撫之與共毀太子王以故數繫笞太子元朔四年中人有賊傷后假母者師古曰繼母也一曰父之旁妻王疑太子使人傷之笞太子後王病太子時稱病不侍孝無采惡太子實不病自言有喜色王於是大怒欲廢太子而立弟孝后知王決廢太子又欲并廢孝后有侍者善舞王幸之后欲令與孝亂以汙之欲并廢二子而以己子廣代之太子知之念后數惡己無已時師古曰已止也數見譖無休止欲與亂以止其口后飲太子太子前爲壽因據后股求與臥后怒以告王王迺召欲縛笞之太子知王常欲廢己而立孝迺謂王曰孝與王御者姦無采與奴姦王始食○宋祁曰始或作彊請上書卽背王去王使人止之莫能禁王迺自追捕太子太子妄惡言王械繫宮中孝日益以親幸王奇孝材能迺佩之王印號曰將軍令居外家多給金錢招致賓客賓客來者微知淮南衡山有逆計皆將養勸之師古曰將讀曰奬王迺使孝客江都人枚赫陳喜作輣車鍛矢刻天子璽將相軍吏印王日夜求壯士如周丘等師古曰下邳人吳王反時請得漢節下下邳者數稱引吳楚反時計畫約束衡山王非敢效淮南王求卽天子位畏淮南起并其國以爲淮南已西發兵定江淮間而有之望如是元朔五年秋當朝六年過淮南淮南王迺昆弟語師古曰爲相親愛之言除前隙約束反具師古曰共契約爲反具衡山王卽上書謝病上賜不朝迺使人上書請廢太子爽立孝爲太子爽聞卽使所善白嬴之長安上書言衡山王與子謀逆言孝作兵車鍛矢與王御者姦至長安未及上書卽吏捕嬴以淮南事繫師古曰漢有司捕繫之王聞之恐其言國陰事卽上書告太子以爲不道事下沛郡治元狩元年冬有司求捕與淮南王謀反者得陳喜於孝家吏劾孝首匿喜師古曰爲頭首而藏匿之孝以爲陳喜雅數與王計反師古曰數音所角反恐其發之聞律先自告除其罪又疑太子使白嬴上書發其事卽先自告所與謀反者枚赫陳喜等廷尉治事驗請逮捕衡山王治上曰勿捕遣中尉安大行息卽問王師古曰就問之王具以情實對吏皆圍王宮守之中尉大行還以聞公卿請遣宗正大行與沛郡雜治王王聞卽自殺孝先自告反告除其罪師古曰先告有反謀又告人與己反而自得除罪孝坐與王御婢姦及后徐來坐蠱前后乘舒及太子爽坐告王父不孝皆棄市諸坐與王謀反者皆誅國除爲郡

濟北貞王勃者景帝四年徙徙二年因前王衡山凡十四年薨子式王胡嗣五十三年薨○宋祁曰三或作四子寬嗣十二年寬坐與父式王后光姬孝兒姦誖人倫師古曰誖亂也音布內反又祠祭祝詛上有司請誅上遣大鴻臚利召王王以刃自到死國除爲北安縣屬泰山郡

贊曰詩云戎狄是膺荆舒是懲師古曰此魯頌閟宮之章也膺當也懲艾也荆楚也舒蓼舒也言北有戎狄南有荆舒土俗強獷好爲寇亂常須以兵膺當而懲艾也信哉是言也淮南衡山親爲骨肉疆土千里列在諸侯不務遵蕃臣職以丞輔天子而剸懷邪辟之計師古曰剸與專同音之兗反謀爲畔逆仍父子再亡國師古曰仍頻也各不終其身此非獨王也亦其俗薄臣下漸靡使然師古曰靡謂相隨從夫荆楚剽輕好作亂迺自古記之矣師古曰剽音匹妙反

前漢書卷四十四考證

淮南厲王長傳命從者刑之○顧炎武曰刑之史記作到之當從到音相近而譌下文太子自刑不殊又云王自刑殺史記亦皆作到也臣召南按從者史記孝文本紀及淮南傳並作從者魏敬

數上書不遜順云云○臣召南按此文以下文帝令薄昭爲書責厲王至王得書不悅皆史記所無而班氏增補之者也

與宗正廷尉雜奏○按史記作宗正臣逸廷尉臣賀備盜賊中尉臣福

所不當得○監本脫不字從史記增

陛下遣使者賚帛五十匹○按五十匹史記作五千匹是也此書刊本誤缺筆耳

列侯吏二千石臣嬰等○臣召南按卽汝陰侯夏侯嬰也淮南王反事在孝文六年嬰時尚爲太僕至八年薨

淮南王安傳招致賓客方術之士云云○臣召南按此傳較史記有補有刪詳序招客著書及入朝獻賦頌此補史記之缺畧也下文日夜與左吳等按輿地圖以下史記詳序伍被與王反覆議論班氏以別立伍被傳故此從畧耳

外書甚衆○按藝文志雜家淮南內二十一篇外三十三篇又詩賦有淮南王賦二十九篇羣臣賦四十四篇淮南歌詩四篇天文有淮南雜子星十九卷

衡山王賜傳作兵車鍛矢○史記作鏃矢是也本書膠東王傳亦作鏃矢

孝先自告反告除其罪注師古云云○顧炎武曰按史記無下告字是衍文師古曲爲之說

前漢書卷四十五

漢　蘭　臺　令　史班　固撰

唐正議大夫行秘書少監琅邪縣開國子顏師古注

蒯伍江息夫傳第十五

蒯通范陽人也師古曰涿郡之縣也舊屬燕通本燕人後游於齊故高祖云齊辯士蒯通本與武帝同諱師古曰本名徹其後史家追書爲通楚漢初起武臣畧定趙地宋祁曰一本定作燕號武信君通說范陽令徐公曰臣范陽百姓蒯通也竊閔公之將死故弔之雖然賀公得通而生也徐公再拜曰何以弔之通曰足下爲令十餘年矣殺人之父孤人之子斷人之足黥人之首甚衆慈父孝子所以不敢事刃於公之腹者畏秦法也李奇曰東方人以物臿地中爲事師古曰事音側吏反字本作傳周官考工記又作菑音皆同耳今天下大亂秦政不施師古曰施設也立也然則慈父孝子將爭接刃於公之腹以復其怨而成其名師古曰復報也音扶目反○宋祁曰越本名上有功字此通之所以弔者也曰何以賀得子而生也曰趙武信君不知通不肖使人候問其死生通且見武信君而說之師古曰今將欲見之曰必將戰勝而後畧地攻得而後下城臣竊以爲殆矣師古曰殆危也用臣之計毋戰而畧地不攻而下城傳檄而千里定可乎彼將曰何謂也師古曰彼謂武信君也臣因對曰范陽令宜整頓其士卒以守戰者也怯而畏死貪而好富貴故欲以其城先下君先下君而君不利○宋祁曰一本利下有之字則邊地之城皆將相告曰范陽令先降而身死必將嬰城固守孟康曰嬰以城自繞皆爲金城湯池不可攻也師古曰金以喻堅湯喻沸熱不可近爲君計者莫若以黃屋朱輪迎范陽令使馳騖於燕趙之郊師古曰令衆皆見則邊城皆將相告曰范陽令先下而身富貴必相率而降猶如阪上走丸也師古曰言乘勢便易此臣所謂傳檄而千里定者也徐公再拜具車馬遣通通遂以此說武臣武臣以車百乘騎二百侯印迎徐公燕趙聞之降者三十餘城如通策焉後漢將韓信虜魏王破趙代降燕定三國引兵將東擊齊未度平原聞漢王使酈食其說下齊信欲止通說信曰將軍受詔擊齊而漢獨發閒使下齊寧有詔止將軍乎師古曰閒使謂使人伺閒隙而單行何以得無行且酈生一士伏軾掉三寸舌下齊七十餘城師古曰掉搖也音徒釣反將軍將數萬之衆迺下趙五十餘城爲將數歲反不如一豎儒之功乎於是信然之從其計遂度河齊已聽酈生卽留之縱酒罷備漢守禦信因襲歷下軍遂至臨菑齊王以酈生爲欺己而亨之因敗走信遂定齊地自立爲齊假王漢方困於滎陽遣張良卽立信爲齊王以安固之項王亦遣武涉說信欲與連和蒯通知天下權在信欲說信令背漢乃先微感信曰僕嘗受相人之術相君之面不過封侯又危而不安相君之背貴而不可言張晏曰言背者云背畔則大貴信曰何謂也通因請閒師古曰不欲顯言故請閒隙而私說曰天下初作難也俊雄豪桀建號壹呼師古曰建號者自立爲侯王呼音火故反天下之士雲合霧集魚鱗雜襲師古曰雜襲猶雜沓言相雜而累積飄至風起師古曰飄讀曰猋謂疾風也音必遙反當此之時憂在亡秦而已師古曰志滅秦所憂者唯此今劉項分爭使人肝腦塗地流離中野不可勝數漢王將數十萬衆距鞏雒阻山河一日數戰亡尺寸之功折北不救師古曰折挫也北奔也不救謂無援助也敗滎陽傷成皋張晏曰於成皋戰傷留也還走宛葉之間此所謂智勇俱困者也楚人起彭城轉鬭逐北至

滎陽乘利席勝威震天下師古曰席因也若人之在席上然兵困於京索之閒師古曰索音山客反迫西山而不能進三年於此矣師古曰至今已三年銳氣挫於險塞糧食盡於內藏百姓罷極無所歸命師古曰罷讀曰疲以臣料之師古曰料量也非天下賢聖其執固不能息天下之禍當今之時兩主縣命足下足下爲漢則漢勝與楚則楚勝臣願披心腹墮肝膽師古曰墮毀也音火規反效愚忠恐足下不能用也方今爲足下計莫若兩利而俱存之參分天下鼎足而立其執莫敢先動夫以足下之賢聖有甲兵之衆據彊齊從燕趙出空虛之地以制其後因民之欲西鄉爲百姓請命師古曰鄉讀曰嚮齊國在東故曰西嚮止楚漢之戰鬬士卒不死亡故云請命天下孰敢不聽足下按齊國之故有淮泗之地懷諸侯以德深拱揖讓師古曰深拱猶高拱則天下君王相率而朝齊矣蓋聞天與弗取反受其咎時至弗行反受其殃願足下孰圖之信曰漢遇我厚吾豈可見利而背恩乎通曰始常山王成安君故相與爲刎頸之交宋祁曰一本無之字○及爭張黶陳釋之事師古曰黶音一點反常山王奉頭鼠竄以歸漢王師古曰言其迫窘逃亡如鼠之藏竄○宋祁曰史記韓信傳作奉項嬰頭而竄逃歸於漢借兵東下戰於鄗北成安君死於泜水之南師古曰鄗音呼各反泜音祗又音丁計反頭足異處此二人相與天下之至驩也而卒相滅亡者何也患生於多欲而人心難測也今足下行忠信以交於漢王必不能固於二君之相與也而事多大於張黶陳釋之事者故臣以爲足下必漢王之不危足下過矣師古曰過猶誤也○宋祁曰揚本用諸名公本校郭去必漢王之不危足下八字大夫種存亡越伯句踐師古曰令句踐致霸功也伯讀曰霸立功名而身死語曰野禽殫走犬亨師古曰殫盡也音單敵國破謀臣亡故以交友言之則不過張王與成安君以忠臣言之則不過大夫種此二者宜足以觀矣願足下深慮之且臣聞之勇畧震主者身危功蓋天下者不賞足下涉西河虜魏王禽夏說師古曰說讀曰悅下井陘誅成安君之罪以令於趙脅燕定齊南摧楚人之兵數十萬衆遂斬龍且西鄉以報師古曰且音子餘反鄉讀曰嚮此所謂功無二於天下畧不世出者也師古曰言其計畧奇異世所希有今足下挾不賞之功戴震主之威歸楚楚人不信歸漢漢人震恐足下欲持是安歸乎師古曰安焉也此下亦同夫執在人臣之位而有高天下之名切爲足下危之信曰生且休矣吾將念之師古曰念猶思也數日通復說曰聽者事之候也師古曰謂能聽善謀也計者存亡之機也夫隨厮養之役者失萬乘之權守儋石之祿者闕卿相之位應劭曰齊人名小甖爲儋受二斛晉灼曰石斗石也師古曰儋音都濫反或曰儋者一人之所負擔也計誠知之而決弗敢行者百事之禍也故猛虎之猶與不如蠭蠆之致蠚師古曰與讀曰預蠆蠍也蠚毒也蠆音丑界反蠚音呼各反孟賁之狐疑不如童子之必至師古曰孟賁古之勇力士賁音奔此言貴能行之也夫功者難成而易敗時者難值而易失時乎時不再來師古曰此古語歎時之不可失願足下無疑臣之計信猶與不忍背漢又自以功多漢不奪我齊遂謝通師古曰謝告令罷去通說不聽惶恐乃陽狂爲巫天下既定後信以罪廢爲淮陰侯謀反被誅臨死歎曰悔不用蒯通之言死於女子之手高帝曰是齊辯士蒯通迺詔齊召蒯通通至上欲亨之曰若教韓信反何也師古曰若汝也通曰狗各吠非其主當彼時臣獨知齊王韓信非知陛下也且秦失其鹿張晏曰以鹿喻帝位天下共逐之高材者先得天下匈匈爭欲爲陛下所爲顧力不能師古曰顧念也可殫誅邪師古曰殫盡也上迺赦之至齊悼惠王時曹參爲相禮下賢人請通爲客初齊王田榮怨項羽謀舉兵畔之劫齊士不與者死師古曰劫而取之不從則殺也齊處士東郭先生梁石君在劫中強從及田榮敗二人醜之師古曰自恥從亂以爲醜惡也相與入深山隱居客謂通曰先生之於曹相國拾遺舉過顯賢進能齊國莫若先生者先生知梁石君東郭先生世俗所不及何不進之於相國乎通曰諾臣之里婦與里之諸母相善也里婦夜亡肉姑以爲盜怒而逐之婦晨去過所善諸母語以事而謝之師古曰謝謂告辭也里母曰女安行師古曰安徐也我今令而家追女矣師古曰女亦汝即束縕請火於亡肉家師古曰縕亂麻音於粉反曰昨暮夜犬得肉爭鬬相殺請火治之師古曰治謂搏治死犬搏音似廉反亡肉家遽追呼其婦師古曰遽速也故里母非談說之士也束縕乞火非還婦之道也然物有相感事有適可臣請乞火於曹相國迺見相國曰婦人有夫死三日而嫁者有幽居守寡不出門者足下即欲求婦何取曰取不嫁者通曰然則求臣亦猶是也彼東郭先生梁石君齊之俊士也隱居不嫁未嘗卑節下意以求仕也願足下使人禮之曹相國曰敬受命皆以爲上賓通論戰國時說士權變亦自序其說凡八十一首號曰雋永師古曰雋音字兗反雋肥肉也永長也言其所論甘美而義深長也初通善齊人安其生安其生嘗干項羽羽不能用其策而項羽欲封此兩人兩人卒不肯受

伍被楚人也師古曰被音皮義反或言其先伍子胥後也被以材能稱爲淮南中郎是時淮南王安好術學折節下士招致英雋以百數被爲冠首師古曰最居其上也久之淮南王陰有邪謀被數微諫師古曰私諫之後王坐東宮召被欲與計事呼之曰將軍上被曰王安得亡國之言乎昔子胥諫吳王吳王不用迺曰臣今見麋鹿游姑蘇之臺也張晏曰吳臺名也師古曰吳地記云因山爲名西南去國三十五里今臣亦將見宮中生荊棘露霑衣也於是王怒繫被父母囚之三月王復召被曰將軍許寡人乎被曰小臣將爲大王畫計耳○宋祁曰越本作下臣臣聞聰者聽於無聲明者見於未形師古曰言智慮逆事未形兆皆豫見故聖人萬舉而萬全文王壹動而功顯萬世列爲三王所謂因天心以動作者也王曰方今漢庭治乎亂乎被曰天下治王不說師古曰說讀曰悅曰公何以言治也被對曰被竊觀朝廷君臣父子夫婦長幼之序也○宋祁曰新本去也字皆得其理上之舉錯遵古之道師古曰錯音千故反風俗紀綱未有所鈌重裝富賈周流天下道無不通交易之道行南越賓服羌僰貢獻東甌入朝師古曰僰西南夷也音蒲北反廣長榆如淳曰廣謂斥大之也長榆塞名王恢所謂樹榆以爲塞者也師古曰長榆在朔方即衛青傳所云榆谿舊塞是也或謂之榆中開朔方匈奴折傷雖未及古太平時然猶爲治○宋祁曰浙本句末有也字王怒被謝死罪王又曰山東即有變漢必使大將軍將而制山東公以爲大將軍何如人也被曰臣所善黃義從大將軍擊匈奴言大將軍遇士大夫以禮與士卒有恩衆皆樂爲用騎上下山如飛神力絕人如此○宋祁曰一本作材力絕人一作人材如此浙本作身材如此數將習兵未易當也及謁者曹梁使長安來言大將軍號令明當敵勇常爲士卒先須士卒休乃舍穿井得水迺敢飲軍罷士卒已踰河迺度皇太后所賜金錢盡以賞賜雖古名將不過也王曰夫蓼太子服虔曰淮南太子也文穎曰食采於此或言外家姓也師古曰蓼自地名而王之太子豈以食地爲號文言外家姓近爲得之亦猶漢之栗太子也知畧不世出非常人也以爲漢廷公卿列侯皆如沐猴而冠耳被曰獨先刺大將軍迺可舉事王復問被曰公以爲吳舉兵非邪被曰非也夫吳王賜號爲劉氏祭酒應劭曰禮飲酒必祭示有先也故稱祭酒尊之也如淳曰祭祠時唯尊長者以酒沃酹師古曰如說是也受几杖而不朝王四郡之衆地方數千里采山銅以爲錢煑海水以爲鹽伐江陵之木以爲船國富民衆行珍寶賂諸侯與七國合從舉兵而西破大梁敗狐父師古曰在梁碭之間也父音甫奔走而還爲越所禽死於丹徒師古曰即今潤州丹徒縣也頭足異處身滅祀絕爲天下戮師古曰天下之人皆共戮之一曰天下之大戮也夫以吳衆不能成功者何也誠逆天違衆而不見時也王曰男子之所死者一言耳張晏曰不成即死一言耳臣瓚曰或有一言以死報也師古曰二說死並非也言男子感氣相許一言不顧其死或曰一言之恨不顧危亡以此致死也○劉敞曰此言所死雖不同等是死耳且吳何知反漢將一日過成皋者四十餘人師古曰言不知塞成皋口而令漢將得出之是不知反計也今我令緩先要成皋之口韋昭曰淮南臣名也師古曰緩者名也不言其姓今流俗書本於緩上妄加樓字非也周被下潁川兵塞轘轅伊闕之道陳定發南陽兵守武關河南太守獨有雒陽耳師古曰如此計則漢河南郡惟有雒陽在耳餘皆不屬何足憂然此北尚有臨晉關河東上黨與河內趙國界者通谷數行如淳曰言此北尚有險阻其谿谷可得通行者有數處人言絕成皋之道天下不通據三川之險招天下之兵公以爲何如被曰臣見其禍未見其福也後漢逮淮南王孫建繫治之王恐陰事泄謂被曰事至吾欲遂發天下勞苦有閒矣如淳曰言天下勞苦人心有閒隙易動亂師古曰此說非也有閒猶言中閒已有也故謂此者乃爲閒也○宋祁曰浙本注文此者作此者諸侯頗有失行皆自疑我舉兵西鄉必有應者師古曰鄉讀曰嚮無應即還畧衡山勢不得不發被曰畧衡山以擊廬江有尋陽之船守下雉之城孟康曰下雉江夏縣名師古曰雉音羊氏反結九江之浦絕豫章之口彊弩臨江而守以禁南郡之下東保會稽南通勁越屈彊江淮閒師古曰屈音具勿反可以延歲月之壽耳未見其福也王曰左吳趙賢朱驕如皆以爲什八九成師古曰吳趙賢朱驕如王之三臣也公獨以爲無福何被曰大王之羣臣近幸素能使衆者皆前繫詔獄餘無可用者王曰陳勝吳廣無立錐之地百人之聚起于大澤奮臂大呼天下嚮應師古曰呼音火故反嚮讀曰響西至於戲而兵百二十萬今吾國雖小勝兵可得二十萬公何以言有禍無福被曰臣不敢避子胥之誅願大王無爲吳王之聽往者秦爲無道殘賊天下殺術士燔詩書滅聖跡棄禮義任刑法轉海瀕之粟致于西河師古曰瀕涯也海瀕謂緣海涯之地瀕音頻又音賓當是之時男子疾耕不足於糧饟師古曰饟亦饋字也女子紡績不足於蓋形遣蒙恬築長城東西數千里暴兵露師常數十萬死者不可勝數僵尸滿野流血千里於是百姓力屈師古曰屈盡也音其勿反欲爲亂者十室而五又使徐福入海求仙藥多齎珍寶童男女三千人五種百工而行師古曰五種五穀之種也徐福得平原大澤止王不來於是百姓悲痛愁思欲爲亂者十室而六又使尉佗踰五嶺攻百越師古曰五嶺解在張耳傳尉佗知中國勞極止王南越師古曰南越傳云南海尉任囂謂趙佗曰聞陳勝等作亂豪桀叛秦相立即被佗書行南海尉事囂死後佗始自爲王今此乃言尉佗先王陳勝乃反此蓋伍被一時對辭不究其實也行者不還往者莫返於是百姓離心瓦解欲爲亂者十室而七興萬乘之駕作阿房之宮收太半之賦發閭左之戍師古曰閭左解在食貨志父不寧子兄不安弟師古曰言不能相保政苛刑慘民皆引領而望傾耳而聽悲號仰天叩心怨上師古曰叩擊也欲爲亂者十室而八客謂高皇帝曰時可矣高帝曰待之聖人當起東南閒不一歲陳吳大呼師古曰中閒不經一歲也呼音火故反劉項並和天下嚮應師古曰和音胡臥反嚮讀曰響所謂蹈瑕釁因秦之亡時而動百姓願之若枯旱之望雨故起於行陳之中以成帝王之功今大王見高祖得天下之易也獨不觀近世之吳楚乎當今陛下臨制天下一齊海內汎愛蒸庶師古曰汎普也蒸衆也汎音敷劍反布德施惠口雖未言聲疾雷震令雖未出化馳如神

心有所懷威動千里下之應上猶景響也師古曰言如影之隨形響之應聲嚮讀曰響而大將軍材能非直章邯揚熊也王以陳勝吳廣論之被以爲過矣師古曰過誤也且大王之兵衆不能什分吳楚之一天下安寧又萬倍於秦時願王用臣之計臣聞箕子過故國而悲作麥秀之歌張晏曰箕子將朝周過殷故都見麥及禾黍心悲乃作歌曰麥秀之漸漸兮黍苗之繩繩兮彼狡童兮不與我好兮狡童謂紂也痛紂之不用王子比干之言也故孟子曰紂貴爲天子死曾不如匹夫是紂先自絕久矣非死之日天去之也今臣亦竊悲大王棄千乘之君將賜絕命之書爲羣臣先師古曰在羣臣先死。宋祁曰浙本注文先死作前死身死於東宮也如淳曰王所居也被因流涕而起後王復召問被苟如公言不可以徼幸耶師古曰徼要也幸非望之福也被曰必不得已被有愚計王曰柰何被曰當今諸侯無異心百姓無怨氣朔方之郡土地廣美民徙者不足以實其地可爲丞相御史請書師古曰謂詐爲此文書令從人也徙郡國豪桀及耐罪以上。宋祁曰耐解在高紀解以赦令除家產五十萬以上者皆徙其家屬朔方之郡師古曰以赦令除謂遇赦免罪者益發甲卒急其會日師古曰促其期日又僞爲左右都司空上林中都官詔獄書晉灼曰百官表宗正有左右都司空上林有水司空皆主囚徒官也師古曰中都官京師諸官府。宋祁曰越本無僞字今謝本郭本亦無逮諸侯太子及幸臣師古曰追對獄如此則民怨諸侯懼卽使辯士隨而說之黨可以徼幸師古曰黨讀曰儻王曰此可也雖然吾以不至若此專發而已師古曰言不須爲此詐直自發兵而已後事發覺被詣吏自告與淮南王謀反蹤跡如此天子以伍被雅辭多引漢美欲勿誅張湯進曰被首爲王畫反計罪無赦遂誅被

江充字次倩趙國邯鄲人也師古曰倩音千見反充本名齊有女弟善鼓琴歌舞嫁之趙太子丹齊得幸於敬肅王爲上客久之太子疑齊以己陰私告王與齊忤師古曰言相乖。宋祁曰言當作意使吏逐捕齊不得收繫其父兄按驗皆棄市齊遂絕迹亡西入關更名充詣闕告太子丹與同產姊及王後宮姦亂交通郡國豪猾攻剽爲姦師古曰剽劫也音頻妙反。宋祁曰至後宮姚本至作王吏不能禁書奏天子怒遣使者詔郡發吏卒圍趙王宮收捕太子丹移繫魏郡詔獄與廷尉雜治法至死趙王彭祖帝異母兄也。宋祁曰別本也作弟上書訟太子皋言充逋逃小臣苟爲姦譌激怒聖朝師古曰譌古譌字欲取必於萬乘以復私怨師古曰取必謂必取勝也復報也音扶目反後雖亨醢計猶不悔臣願選從趙國勇敢士師古曰選取勇敢之士以自隨從軍擊匈奴極盡死力以贖丹罪上不許竟敗趙太子張晏曰雖遇赦終見廢也初充召見犬臺宮晉灼曰黃圖上林有犬臺宮外有走狗觀也師古曰今書本大臺有作太壹字者誤也漢無太壹宮也自請願以所常被服冠見上師古曰被音皮義反。宋祁曰冠字上當有衣字上許之充衣紗縠禪衣師古曰紗縠紡絲而織之也輕者爲紗縐者爲縠禪衣制若今之朝服中禪也漢官儀曰武賁中郎將衣紗縠禪衣禪音單字從衣次下亦同曲裾後垂交輸張晏曰曲裾者如婦人衣也如淳曰交輸割正幅使一頭狹若燕尾垂之兩旁見於後是禮深衣續衽鉤邊賈逵謂之衣圭蘇林曰交輸如今新婦袍上挂全幅繒角割名曰交輸裁也師古曰如蘇二說皆是也冠禪纚步搖冠飛翮之纓服虔曰冠禪纚故行步則搖以鳥羽作纓也蘇林曰析翠鳥羽以作𦍑也臣瓚曰飛翮之纓謂如蟬翼者也師古曰服說是也纚織絲爲之卽今方目紗是也纚音山爾反搖音弋招反充爲人魁岸容貌甚壯師古曰魁大也岸者有廉稜如崖岸之形帝望見而異之謂左右曰燕趙固多奇士旣至前問以當世政事上說之充因自請願使匈奴詔問其狀充對曰因變制宜以敵爲師事不可豫圖上以充爲謁者使匈奴還拜爲直指繡衣使者督三輔盜賊禁察踰侈貴戚近臣多奢僭充皆舉劾奏請沒入車馬令身待北軍擊匈奴文穎曰令貴戚身待於北軍也奏可充卽移書光祿勳中黃門逮名近臣侍中。宋祁曰浙本名作名諸當詣北軍者移劾門衛禁止無令得出入宮殿於是貴戚子弟惶恐皆見上叩頭求哀願得入錢贖罪上許之令各以秩次輸錢北軍凡數千萬上以充忠直奉法不阿所言中意師古曰中當也充出逢館陶長公主行馳道中師古曰武帝之姑卽陳皇后母也充呵問之公主曰有太后詔。劉攽曰是時太后已崩言太后詔者素得此詔許其行馳道中也充曰獨公主得行車騎皆不得師古曰從公主之車騎也盡劾沒入官如淳曰令乙騎乘車馬行馳道中已論者沒入車馬被具後充從上甘泉師古曰甘泉在北山故言上也他皆類此逢太子家使師古曰太子遣人之甘泉請問者也使音山吏反乘車馬行馳道中充以屬吏師古曰屬音之欲反太子聞之使人謝充曰非愛車馬誠不欲令上聞之以教敕亡素者師古曰言素不教敕左右唯江君寬之充不聽遂白奏上曰人臣當如是矣大見信用威震京師遷爲水衡都尉宗族知友多得其力者久之坐法免會陽陵朱安世告丞相公孫賀子太僕敬聲爲巫蠱事連及陽石諸邑公主賀父子皆坐誅語在賀傳後上幸甘泉疾病充見上年老恐晏駕後爲太子所誅因是爲姦奏言上疾祟在巫蠱師古曰祟謂禍咎之徵也音息遂反故其字從出從示示者鬼神所以示人也於是上以充爲使者治巫蠱充將胡巫掘地求偶人張晏曰胡者言不與華同故充任使之也捕蠱及夜祠視鬼染汙令有處張晏曰充捕巫蠱及夜祭祠祀詛者令胡巫視鬼詐以酒醊地令有處也師古曰捕夜祠及視鬼之人而充遣巫汙染地上爲祠祭之處以誣其人也輒收捕驗治燒鐵鉗灼強服之師古曰以燒鐵或鉗之或灼之鉗鑷也灼炙也鉗音其炎反民轉相誣以巫蠱吏輒劾以大逆亡道坐而死者前後數萬人是時上春秋高疑左右皆爲蠱祝詛有與亡莫敢訟其冤者充旣知上意因言宮中有蠱氣先治後宮希幸夫人以次及皇后遂掘蠱於太子宮得桐木人師古曰三輔舊事云充使胡巫作而薶之太子懼不能自明收充自臨斬之罵曰趙虜前亂乃國王父子不足邪師古曰乃汝也迺復亂吾父子也太子繇是遂敗師古曰繇讀與由同語在戾園傳師古曰卽武五子傳也其中敘戾太子後加謚置園邑故云戾園後武帝知充有詐夷充三族

息夫躬字子微河內河陽人也少爲博士弟子受春秋通覽記書師古曰傳記及諸家之書容貌壯麗爲衆所異哀帝初卽位皇后父特進孔鄉侯傅晏與躬同郡相友善躬繇是以爲援交游日廣師古曰繇讀與由同先是長安孫寵亦以游說顯名免汝南太守師古曰爲太守免而歸也與躬相結俱上書召待詔是時哀帝被疾始卽位而人有告中山孝王太后祝詛上太后及弟宜鄉侯馮參皆自殺其罪不明是後無鹽危山有石自立開道服虔曰山開自成道也張晏曰從石立之下徑道自通也躬與寵謀曰上亡繼嗣體久不平關東諸侯心爭陰謀今無鹽有大石自立聞邪臣託往事以爲大山石立而先帝龍興師古曰言邪人有此私議東平王雲以故與其后日夜祠祭祝詛上欲求非望師古曰言求帝位也而后舅伍宏反因方術以醫技得幸出入禁門霍顯之謀將行於杯杓師古曰杓所以抒挹也字與勺同音上灼反荊軻之變必起於帷幄事勢若此告之必成察國姦誅主讎取封侯之計也。宋祁曰察當作發躬寵迺與中郎右師譚張晏曰右師姓譚名也共因中常侍宋弘上變事告焉上惡之下有司案驗東平王雲雲后謁及伍宏等皆坐誅師古曰謁者后之名也上擢寵爲南陽太守譚潁川都尉弘躬皆光祿大夫左曹給事中是時侍中董賢愛幸上欲侯之遂下詔云躬寵因賢以聞封賢爲高安侯寵爲方陽侯躬爲宜陵侯食邑各千戶賜譚爵關內侯食邑丞相王嘉內疑東平獄事師古曰疑不實也爭不欲侯賢等語在嘉傳嘉固言董賢泰盛寵躬皆傾覆有佞邪材恐必撓亂國家師古曰撓擾也音呼高反不可任用嘉以此得罪矣躬既親近數進見言事論議亡所避衆畏其口見之仄目師古曰仄古側字躬上疏歷詆公卿大臣師古曰詆謂毀訾也音丁禮反曰方今丞相王嘉健而蓄縮不可用師古曰蓄縮謂退去於事也御史大夫賈延隨弱不任職左將軍公孫祿司隸鮑宣皆外有直項之名內實騃不曉政事師古曰騃愚也音五駭反諸曹以下僕遬不足數師古曰僕遬凡短之貌也僕音步木反遬古速字卒有彊弩圍城長戟指闕師古曰卒讀曰猝陛下誰與備之如使狂夫嘄譁於東崖師古曰東崖謂東海之邊也嘄古叫字譁音火故反匈奴飲馬於渭水邊竟雷動四野風起師古曰竟讀曰境京師雖有武蠭精兵未有能窺左足而先應者也蘇林曰窺音跬師古曰跬半步也言一舉足也音口婢反軍書交馳而輻湊羽檄重迹而押至文穎曰押音狎習之狎師古曰押至言相因而至也羽檄檄之揷羽者也解在高紀小夫愞臣之徒憒眊不知所爲師古曰憒心亂也眊目闇也憒音工內反眊音莫報反其有犬馬之決者仰藥而伏刃師古曰仰藥仰首而飲藥雖加夷滅之誅何益禍敗之至哉躬又言秦開鄭國渠以富國彊兵今京師土地肥饒可度地埶水泉廣溉灌之利師古曰度音徒各反天子使躬持節領護三輔都水躬立表欲穿長安城引漕注太倉下以省轉輸議不可成迺止董賢貴幸日盛丁傅害其寵孔鄉侯晏與躬謀欲求居位輔政會單于當來朝遣使言病願朝明年躬因是而上奏以爲單于當以十一月入塞後以病爲解師古曰自解說云病疑有他變烏孫兩昆彌弱卑爰疐彊盛蘇林曰疐音欬疐之疐晉灼曰音載疐其尾之疐師古曰以字言之晉音是音竹二反而匈奴傳服虔乃音捷旣已失之末俗學者又改疐字爲疌以應服氏之音尤離眞矣。宋祁曰正文弱字上當有微字居彊煌之地臣瓚曰是其國所都地名擁十萬之衆東結單于遣子往侍如因素彊之威循烏孫就屠之跡孟康曰烏孫先王也舉兵南伐并烏孫之埶也烏孫并則匈奴盛而西域危矣可令降胡詐爲卑爰疐使者來上書曰所以遣子侍單于者非親信之也實畏之耳唯天子哀師古曰謂閔念之告單于歸臣侍子願助戊己校尉保惡都奴之界因下其章諸將軍令匈奴客聞焉則是所謂上兵伐謀服虔曰謀者舉兵伐解之也師古曰此說非也言知敵有謀者則以事而應之沮其所爲不用兵革所以爲貴耳其次伐交者也師古曰知敵有外交連結相援者則閒謀之令其解散也書奏上引見躬召公卿將軍大議左將軍公孫祿以爲中國常以威信懷伏夷狄躬欲逆詐造不信之謀不可許且匈奴賴先帝之德保塞稱藩今單于以疾病不任奉朝賀遣使自陳不失臣子之禮臣祿自保沒身不見匈奴爲邊竟憂也師古曰竟讀曰境躬掎祿曰師古曰掎從後引之也音居綺反臣爲國家計幾先謀將然張晏曰幾音冀師古曰先謀將然者謂彼欲有其事則爲謀策以壞之豫圖未形師古曰圖謀也未有形兆而謀之爲萬世慮而左將軍公孫祿欲以其犬馬齒保目所見臣與祿異議未可同日語也上曰善乃罷羣臣獨與躬議因建言往年熒惑守心太白高而芒光又角星茀於河鼓師古曰茀讀與孛同其法爲有兵亂是後訛言行詔籌經歷郡國天下騷動恐必有非常之變可遣大將軍行邊兵敕武備師古曰敕整也行音下更反斬一郡守以立威震四夷因以厭應變異師古曰厭音一涉反上然之以問丞相丞相嘉對曰臣聞動民以行不以言應天以實不以文下民微細猶不可詐況於上天神明而可欺哉天之見異所以敕戒人君師古曰見顯示也欲令覺悟反正推誠行善民心說而天意得矣師古曰說讀曰悅辯士見一端或妄以意傅著星歷師古曰傅讀曰附著音治畧反虛造匈奴烏孫西羌之難謀動干戈設爲權變非應天之道也守相有皋鄧展曰郡守諸侯相車馳詣闕交臂就死恐懼如此而談說者云動安之危師古

日之往也言猶動安全之計往就危殆也○劉敞曰云當疊云云二字即上所說也辯口快耳師古日苟快聽者之耳其實未可從夫議政者苦其讇諛傾險辯慧深刻也師古曰讇古諂字讇諛則主德毀傾險則下怨恨辯慧則破正道深刻則傷恩惠昔秦繆公不從百里奚蹇叔之言師古曰繆讀曰穆以敗其師師古曰謂敗於殽悔過自責疾詿誤之臣思黃髮之言師古曰語在秦誓名垂於後世唯陛下觀覽古戒反覆參考無以先入之語爲主師古曰先入謂躬先爲此計入於帝耳上不聽遂下詔曰間者災變不息盜賊衆多兵革之徵或頗著見師古曰謂玄象未聞將軍惻然深以爲意簡練戎士繕脩干戈師古曰繕補也器用鹽惡鄭氏曰鹽不堅牢也師古曰音公戶反孰當督之師古曰督視察也天下雖安忘戰必危將軍與中二千石舉明習兵法有大慮者各一人將軍二人詣公車師古日堪爲將軍者必舉二人○劉敞曰將軍二人但謂令將軍舉二人中二千石一人耳顏失之就拜孔鄉侯傅晏爲大司馬衞將軍陽安侯丁明又爲大司馬票騎將軍是日日有食之董賢因此沮躬晏之策後數日收晏衞將軍印綬而丞相御史奏躬舉過上繇是惡躬等師古曰繇讀與由同下詔曰南陽太守方陽侯寵素亡廉聲有酷惡之資毒流百姓左曹光祿大夫宜陵侯躬虛造詐諼之策師古曰諼詐辭也音虛遠反欲以詿誤朝廷皆交遊貴戚趨權門爲名其免躬寵官遣就國躬歸國未有第宅寄居丘亭張晏曰丘亭野亭名師古曰此說非也丘空也姦人以爲侯家富常夜守之盜師古曰謂欲伺其便躬邑人河內掾賈惠往過躬教以祝盜方以桑東南指枝爲匕師古曰桑東南出之枝畫北斗七星其上躬夜自被髮立中庭向北斗師古曰被音皮義反持匕招指祝盜師古曰或招或指所以求福排禍也人有上書言躬懷怨恨非笑朝廷所進候星宿視天子吉凶與巫同祝詛上遣侍御史廷尉監逮躬繫雒陽詔獄欲掠問躬仰天大謼師古曰謼古呼字音火故反○宋祁曰淅本躬字下更有躬字因僵仆吏就問云咽已絕師古曰咽喉嚨音一千反血從鼻耳出食頃死黨友謀議相連下獄百餘人師古曰親黨及朋友躬母聖坐祠竈祝詛上大逆不道聖棄市妻充漢與家屬徙合浦躬同族親屬素所厚者皆免廢錮師古曰終身不得仕哀帝崩有司奏方陽侯寵及右師譚等皆造作姦謀罪及王者骨肉雖蒙赦令不宜處爵位在中土皆免寵等徙合浦郡初躬待詔數危言高論自恐遭害著絕命辭曰玄靈決鬱將安歸兮師古曰決鬱盛貌決音烏朗反鷹隼橫厲鸞徘徊兮師古曰厲疾飛也鸞神鳥也赤色五采雞形鳴中五音徘徊謂不得其所也矰若浮猋動則機兮師古曰矰弋射矢也猋疾風也言矰弋張設其疾若風動則機發猋音必遙反叢棘棧棧曷可棲兮師古曰棧棧衆盛貌音仕山反○宋祁曰棧當作棧發忠忘身自繞罔兮冤頸折翼庸得往兮應劭曰雖冤頸折翼庸得不往也張晏曰陷於讒人之網何用得去也師古曰冤屈也張說是涕泣流兮萑蘭張晏日萑蘭草名也蔓延於地有所依憑則起躬怨哀帝不用已爲大臣以致治也臣瓚曰萑蘭泣涕闌干也師古日瓚說是萑音完心結愲兮傷肝孟康曰愲音骨師古曰結愲亂也虹蜺曜兮日微張晏曰虹蜺邪陰之氣而有照曜以蔽日月云讒言流行忠良浸微也孽杳冥兮未開如淳曰虹蜺覆日光明謂之孽師古曰孽邪氣也音牛列反痛入天兮鳴謼宽際絕兮誰語張晏曰躬自以被讒枉而與君絕也師古曰鳴謼者以鳥自喻也誰語言無所告語也謼音火故反語音牛助反仰天光兮自列招上帝兮我察張晏曰上帝天也招呼也師古曰列謂陳列其本心秋風爲我唫浮雲爲我陰師古曰唫古吟字嗟若是兮欲何留師古曰言變故如是何用久留而生撫神龍兮攬其須師古日攬與擥同謂執持之游矌迴兮反亡期師古曰言一死不可復生○宋祁曰姚本迴作迴雄失據兮世我思師古曰雄謂君上也據謂尊位也言上失所據乃思我耳後數年乃死如其文

贊曰仲尼惡利口之覆邦家應劭曰事具論語蒯通一說而喪三儁應劭曰亨酈食其敗田橫驕韓信也其得不亨者幸也伍被安於危國身爲謀主忠不終而詐僞李奇曰詐爲王畫策而僞見納也師古曰僞讀曰售誅夷不亦宜乎書放四罪師古曰謂流共工放驩兜竄三苗殛鯀也事見虞書詩歌青蠅師古日小雅青蠅之詩也其首章曰營營青蠅止于樊愷悌君子無信讒言蓋蠅之爲蟲汙白黑以喩佞人變亂善惡春秋以來禍敗多矣昔子翬謀桓而魯隱危應劭曰公子翬謂隱公曰吾將爲君殺桓公以我爲太宰公曰爲其少故今將授之矣翬懼反譖隱公於桓公而殺之欒書搆郤而晉厲弑應劭曰欒書使楚公子茂語厲公曰鄢陵之戰郤至以爲必敗欲奉孫周以代君也公信之而滅三郤欒書因以反弑厲公○宋祁曰注文孫周姚本作孫同豎牛奔仲叔孫卒張晏曰牛叔孫穆子之孽子也仲壬妻子也牛讒仲叔孫怒而逐之奔齊叔孫病牛餓殺之郈伯毀季昭公逐張晏曰郈昭伯毀季平子於昭公昭公伐平子不勝因出奔齊費忌納女楚建走應劭曰楚平王爲太子建娶於秦無忌曰秦女美王自納之因而構焉云其怨望今將畔令王殺之宰嚭譖胥夫差喪應劭曰吳將伐齊子胥諫之宰嚭曰伍胥自以先王謀臣心常鞅鞅臨事沮大衆國之敗夫差大怒賜之屬鏤之劒其明年越滅吳李園進妹春申斃張晏日李園春申君之舍人也進其妹於春申君已有身使妹謂春申君曰楚王無子百年之後將立兄弟君用事日久多失禮於王之兄弟誠立禍將及身今妾有子人莫知若進妾於王後若生男則君之子爲王也春申君乃言之王召入之遂生男立爲太子後孝烈王薨李園害春申君之寵乃刺殺之上官訴屈懷王執張晏曰屈平忠而有謀爲上官子蘭所譖見放逐後秦昭誘懷王會於武關遂執以歸卒死於秦趙高敗斯二世縊張晏曰趙高譖殺李斯而代其位乃使其壻閻樂攻二世於望夷宮乞爲黔首不聽乃縊而死伊戾坎盟宋痤死李奇曰伊戾爲太子痤傳無寵欲敗太子言與楚客盟謀宋詐歃血加盟書以譖之公以故殺痤師古曰痤音在戈反江充造蠱太子殺息夫作姦東平誅皆自小覆大繇疎陷親可不懼哉可不懼哉師古曰覆音芳福反繇與由同

前漢書卷四十五考證

蒯通傳孟賁之狐疑不如童子之必至○童子史記作庸夫又孟賁句上史記有騏驥之跼躅不如駑馬之安步二句

伍被傳非直章邯揚熊也○按揚應作楊楊熊秦將見高紀

贊欒書搆郤注應劭曰欒書使楚公子茂云云○楚公子茂晉語作楚王子發鉤

前漢書卷四十六

漢　蘭　臺　令　史班　固撰

唐正議大夫行秘書少監琅邪縣開國子顏師古注

萬石衞直周張傳第十六

萬石君石奮其父趙人也趙亡徙溫師古曰溫河內之縣高祖東擊項籍過河內時奮年十五爲小吏侍高祖高祖與語愛其恭敬問曰若何有師古曰若汝也有何戚屬對曰有母不幸失明家貧有姊能鼓瑟高祖曰若能從我乎曰願盡力於是高祖召其姊爲美人以奮爲中涓受書謁師古曰中涓官名主居中而涓潔者也外有書謁令奮受之也涓音蠲徙其家長安中戚里師古曰於上有姻戚者則皆居之故名其里爲戚里○劉敞曰此里偶名戚里高祖以奮姊爲美人故使居戚里示有親戚之義猶武帝時封小史遺鄉因曰遺汝以姊爲美人故也奮積功勞孝文時官至太中大夫無文學恭謹舉無與比張晏曰舉朝無比也師古日舉皆也東陽侯張相如爲太子太傅免選可爲傅者皆推奮爲太子太傅及孝景即位以奮爲九卿迫近憚之張晏日以其恭敬履度故難之徙奮爲諸侯相奮長子建次甲次乙次慶師古曰史失其名故云甲乙耳非其名皆以馴行孝謹官至二千石師古日馴順也音巡於是景帝曰石君及四子皆二千石人臣尊寵迺舉集其門凡號奮爲萬石君師古曰集合也凡最計也總合其一門之計五人爲二千石故號萬石君孝景季年萬石君以上大夫祿歸老于家以歲時爲朝臣師古曰豫朝請過宮門闕必下車趨見路馬必軾焉師古曰路馬天子路車之馬軾謂撫軾蓋爲敬也子孫爲小吏來歸謁萬石君必朝服見之不名子孫有過失不誚讓爲便坐師古日便坐於便側之處非正室也對案不食然後諸子相責因長老肉袒固謝罪改之迺許子孫勝冠者在側雖燕必冠申申如也師古曰申申整敕之貌僮僕訢訢如也晉灼曰許慎云古欣字也師古曰晉說非也此訢讀與誾誾同謹敬之貌也音牛巾反唯謹師古曰唯謹敬爲先上時賜食於家必稽首俯伏而食如在上前其執喪哀戚甚師古曰執喪猶言持喪服也禮記曰執親之喪子孫遵教亦如之萬石君家以孝謹聞乎郡國雖齊魯諸儒質行皆自以爲不及也師古曰質重也建元二年郎中令王臧以文學獲罪皇太后張晏曰竇太后太后以爲儒者文多質少今萬石君家不言而躬行迺以長子建爲郎中令少子慶爲內史建老白首萬石君尚無恙師古日恙憂病每五日洗沐歸謁親文穎曰郎官五日一下○劉奉世曰建爲郎中令慶爲內史非郎官也按霍光秉政亦休沐然則漢公卿以下皆有休沐也入子舍師古曰入諸子之舍自其所居也若今言諸房矣竊問侍者取親中帬廁腧身自浣洒服虔曰親身之衣也蘇林曰腧音投賈逵解周官云腧行清也孟康曰廁行清腧中受糞函者也東南人謂鑿木空中如曹謂之腧晉灼曰今世謂反門小袖衫爲侯腧師古曰親謂父也中帬若今言中衣也廁腧者近身之小衫若今汗衫也蘇音晉說是矣洒音先禮反復與侍者不敢令萬石君知之以爲常建奏事於上前即有可言屏人乃言極切師古曰有可言謂有事當奏諫至廷見如不能言者師古曰廷見謂當朝而見時上以是親而禮之萬石君徙居陵里師古曰茂陵邑中之里○劉敞曰長安中自有里名陵非茂陵里也內史慶醉歸入外門不下車萬石君聞之不食慶恐肉袒謝請罪不許舉宗及兄建肉袒萬石君讓曰師古日讓責也內史貴人入閭里里中長老皆走匿而內史坐車中自如固當師古曰此深責之也言內史貴人正固當爾迺謝罷慶師古曰告令去慶及諸子入里門趨至家萬石君元朔五年卒建哭泣哀思杖迺能行歲餘建亦死諸子孫咸孝然建最甚甚於萬石君建爲郎中令奏事下師古曰建有所奏上而被報下也下音胡亞反建讀之驚恐曰書馬者與尾而五服虔曰作馬字下曲者尾而五建時上書誤作四師古曰馬字下曲者爲尾并四點爲四足凡五今迺四不足一獲譴死矣其爲謹愼雖他皆如是慶爲太僕御出師古曰爲上御車而出上問車中幾馬慶以策數馬畢舉手曰六馬慶於兄弟最爲簡易矣然猶如此出爲齊相齊國慕其家行不治而齊國大治師古曰不治言無所治罰爲立石相祠元狩元年上立太子選羣臣可傅者慶自沛守爲太子太傅七歲遷御史大夫宋本七作十元鼎五年丞相趙周坐酎金免制詔御史萬石君先帝尊之子孫至孝其以御史大夫慶爲丞相封牧丘侯是時漢方南誅兩越東擊朝鮮北逐匈奴西伐大宛中國多事天子巡狩海內脩古神祠封禪興禮樂公家用少桑弘羊等致利王溫舒之屬峻法兒寬等推文學九卿更進用事師古曰更互也音工衡反事不關決於慶慶醇謹而已師古曰醇厚也音純在位九歲無能有所匡言嘗欲請治上近臣所忠九卿咸宣服虔曰咸音減損之減師古曰治所忠及咸宣二人不能服反受其過贖罪元封四年關東流民二百萬口無名數者四十萬師古曰名數若今戶籍公卿議欲請徙流民於邊以適之師古曰適讀曰謫上以爲慶老謹不能與其議師古曰與讀曰豫乃賜丞相告歸而案御史大夫以下議爲請者慶慙不任職上書曰臣幸得待罪丞相疲駑無以輔治城郭倉廩空虛民多流亡罪當伏斧質上不忍致法願歸丞

相侯印乞骸骨歸避賢者路上報曰問者河水滔陸晉灼曰滔漫也師古曰高平曰陸漫音莫干反泛濫十餘郡隄防勤勞弗能堙塞師古曰堙填也音因朕甚憂之是故巡方州張晏曰四方之州也師古曰東方諸州○劉奉世曰後有濟淮江則不特東方州也宋祁曰注諸州州字當作侯禮嵩嶽通八神以合宣房孟康曰八神郊祀志八神也於宣房宮合祀之師古曰此說非也自言致禮中岳通敬八神耳合宣房者於宣房塞決河也事見溝洫志濟淮江歷山濱海師古曰濱海者循海涯而行也濱音賓又音頻問百年民所疾苦惟吏多私徵求無已師古曰惟思也已止也去者便居者擾故爲流民法以禁重賦師古曰言百姓去其本土者則免於吏徵求在舊居者則見煩擾故朝廷特爲流人設法又禁吏之重賦也一曰去者謂吏出使而侵擾居人以自便也○劉敞曰是時設此法流民若干吏坐其罪所以禁重賦也劉敞曰此言以流民多少課吏殿最所以禁吏重賦乃者封泰山皇天嘉況神物並見師古曰況賜也見顯示也朕方荅氣應未能承意師古曰言自脩整以報瑞應恐未承順上天之意是以切比閭里知吏姦邪師古曰比校考也音頻寐反○劉奉世曰比近也此言因巡守經過閭里與民切近始得知吏素爲姦故下又言因已委任有司之過故官曠民愁盜賊公行也委任有司然則官曠民愁盜賊公行師古曰曠空也人不舉職是空其官往年觀明堂赦殊死無禁錮咸自新與更始今流民愈多計文不改蘇林曰校戶口文書不改減也如淳曰郡上計文書自文飾不改正也師古曰如說是君不繩責長吏而請以興徙四十萬口○劉奉世曰興讀如軍興搖蕩百姓師古曰蕩動也孤兒幼年未滿十歲無罪而坐率服虔曰率坐刑法也如淳曰率家長也師古曰幼年無罪坐爲父兄所率而并徙如說近之朕失望焉今君上書言倉庫城郭不充實民多貧盜賊衆請入粟爲庶人服虔曰慶自以居相位不能理請入粟贖已罪退爲庶人夫懷知民貧而請益賦師古曰懷此心○宋祁云淅本注此心字下有也字動危之而辭位師古曰搖動百姓使其危急而自欲去位欲安歸難乎師古曰以此危難之事欲歸之於何人君其反室師古曰若此自謂理當然者可還家慶素質見詔報反室自以爲得許欲上印綬掾史以爲見責甚深而終以反室者醜惡之辭也或勸慶宜引決師古曰令自殺慶甚懼不知所出遂復起視事慶爲丞相文深審謹無他大略後三歲餘薨謚曰恬侯中子德慶愛之上以德嗣後爲太常坐法免國除慶方爲丞相時諸子孫爲小吏至二千石者十三人及慶死後稍以罪去孝謹衰矣

衞綰代大陵人也以戲車爲郎事文帝服虔曰力士能扶戲車也應劭曰能左右超乘師古曰二說皆非也戲車若今弄車之技功次遷中郎將醇謹無它師古曰無它餘志念也孝景爲太子時召上左右飲而綰稱病不行張晏曰恐文帝謂豫有二心事太子文帝且崩時屬孝景曰綰長者善遇之及景帝立歲餘不孰何綰服虔曰不問也李奇曰孰誰也何呵也師古曰何即問也不謂何者猶言不借問耳○劉奉世曰謂何漢之通語不須解爲借問綰日以謹力師古曰自勉力爲謹慎日日益甚景帝幸上林詔中郎將參乘還而問曰君知所以得參乘乎師古曰言何以得參乘綰曰臣代戲車士幸得功次遷待罪中郎將不知也上問曰吾爲太子時召君君不肯來何也師古曰言以此特譏之對曰死罪病上賜之劒綰曰先帝賜臣劒凡六不敢奉詔上曰劒人之所施易獨至今乎如淳曰施讀曰移言劒者人所好故多數移易貿換之也師古曰施讀曰貤貤延也音弋豉反綰曰具在上使取六劒劒常盛未嘗服也師古曰盛謂在劒室之中也盛音成劒音先召反郎官有譴常蒙其罪師古曰蒙謂覆蔽之不與它將爭有功常讓它將上以爲廉忠實無它腸師古曰心腸之內無他惡○宋祁云一本它作心乃拜綰爲河間王太傅吳楚反詔綰爲將將河間兵擊吳楚有功拜爲中尉三歲以軍功封綰爲建陵侯明年上廢太子誅栗卿之屬師古曰太子廢爲臨江王故誅其外家親屬上以綰爲長者不忍乃賜綰告歸而使郅都治捕栗氏既已上立膠東王爲太子召綰拜爲太子太傅遷爲御史大夫五歲代桃侯舍爲丞相師古曰劉舍朝奏事如職所奏師古曰言守職分而已然自初官以至相終無可言師古曰不能有所興建及廢罷上以爲敦厚可相少主尊寵之賞賜甚多爲丞相三歲景帝崩武帝立建元中丞相以景帝病時諸官囚多坐不辜者而君不任職師古曰天子不親政則丞相當理之而綰不申其冤免之後薨謚曰哀侯子信嗣坐酎金國除

直不疑南陽人也爲郎事文帝其同舍有告歸誤將持其同舍郎金去已而同舍郎覺亡意不疑師古曰疑其盜取不疑謝有之師古曰告云實取○宋祁曰別本無謝字買金償後告歸者至而歸金亡金郎大慙以此稱爲長者稍遷至中大夫朝廷見人或毀不疑師古曰當於闕廷大朝見之時而人毀之○劉敞曰朝廷見人謂達官也曰不疑狀貌甚美然特毋奈其善盜嫂何也師古曰盜謂私之不疑聞曰我乃無兄然終不自明也吳楚反時不疑以二千石將擊之景帝後元年拜爲御史大夫天子脩吳楚時功封不疑爲塞侯師古曰塞音先代反武帝即位與丞相綰俱以過免不疑學老子言其所臨爲官如故唯恐人之知其爲吏迹也不好立名稱爲長者薨謚曰信侯傳子至孫彭祖坐酎金國除

周仁其先任城人也以醫見師古曰見於天子景帝爲太子時爲舍人積功遷至大中大夫景帝初立拜仁爲郎中令仁爲人陰重不泄服虔曰質重不泄人之陰謀也張晏曰陰重不泄下濕故溺袴是以得此官者得入後宮也仁有子孫先未得此疾時所生也師古曰張服二說皆非也陰密也爲性密重不泄人言也霍去病少言不泄亦其類也常衣弊補衣溺袴故爲不絜清師古曰故爲不絜清之事而弊敗其衣服也溺讀曰尿尿袴者爲小袴以藉其尿○劉奉世曰袴非小袴能藉則近絜矣此常袴溺遢其上不洗濯之以其不絜之故人惡遠之乃得至後宮也○宋祁云越本作期爲不絜清以是得幸入臥內於後宮祕戲仁常在旁終無所言師古曰是不泄也上時問人師古曰問以他人之善惡仁曰上自察之然亦無所毀如此師古曰雖知其惡不欲言毀之故云上自察之景帝再自幸其家家徙陽陵上所賜甚多然終常讓不敢受也諸侯羣臣賂遺終無所受武帝立爲先帝臣重之師古曰重謂敬難也仁乃病免以二千石祿歸老子孫咸至大官

張歐字叔孟康曰歐音驅高祖功臣安丘侯說少子也師古曰說讀曰悅歐孝文時以治刑名侍太子師古曰劉向別錄云申子學號曰刑名刑名者循名以責實其尊君卑臣崇上抑下合于六經說者云刑家名家也師古曰太史公所論六家之二也此說非○劉敞曰子謂刑名者即并學兩家術耳然其人長者景帝時尊重常爲九卿至武帝元朔中代韓安國爲御史大夫歐爲吏未嘗言按人刺以誠長者處官師古曰刺與專同又音之兗反官屬以爲長者亦不敢大欺上具獄事有可郤郤之師古曰退令更平審之○宋祁云注文舊本審作讞不可者不得已爲涕泣面而封之如淳曰不正視若不見者也晉灼曰面對囚讀而封之使其聞見死而無恨也師古曰二說皆非也面謂偝之也言不忍視之與居馬童面之同義其愛人如此老篤請免天子亦寵以上大夫祿歸老于家家陽陵子孫咸至大官

贊曰仲尼有言君子欲訥於言而敏於行師古曰論語載孔子之言也訥遲也敏疾也其萬石君建陵侯塞侯張叔之謂與師古曰與讀曰歟是以其教不肅而成不嚴而治至石建之澣衣周仁爲垢汙君子譏之

前漢書卷四十六考證

石奮傳而內史坐車中自如固當注云云○顧炎武曰反言之也言貴而驕人當如此乎顏注未是

萬石君元朔五年卒○臣召南按前文云高祖東擊項籍過河內時奮年十五爲小吏則漢之二年也至元朔五年凡八十五載萬石君蓋一百歲建以哀毀歲餘卒蓋亦八十歲矣

九卿更進用事○臣召南按史記作兒寬等推文學至九卿則九卿屬上句讀漢書既刪去至字則九卿屬下句讀言當時九卿更互用事不專倚丞相也

衞綰傳不孰何綰○按史記作不譙呵綰疑譙呵是誰何之譌

綰曰臣代戲車士○史記作臣從車士

直不疑傳至孫彭祖坐酎金國除○臣召南按史記不疑子相如相如子望坐酎金失侯而本書功臣表作侯堅坐酎金免望堅兩字相似未知孰正但俱不云名彭祖也

張歐傳張歐字叔注孟康曰歐音驅○按注音驅則各本作歐誤也又安邱侯說少子也史記作庶子也

前漢書卷四十七

漢　蘭　臺　令　史班　固撰

唐正議大夫行秘書少監琅邪縣開國子顏師古注

文三王傳第十七

孝文皇帝四男竇皇后生孝景帝梁孝王武諸姬生代孝王參梁懷王揖師古曰不得其姓氏故曰諸姬言在諸姬之列者也解在高五王傳

梁孝王武以孝文二年與太原王參梁王揖同日立武爲代王四年徙爲淮陽王十二年徙梁自初王通歷已十一年矣師古曰總數其爲王之年孝王十四年入朝十七年十八年比年入朝留師古曰比頻也留謂留在京師其明年乃之國二十一年入朝二十二年文帝崩二十四年入朝二十五年復入朝是時上未置太子與孝王宴飲從容言曰師古曰從音千容反千秋萬歲後傳於王王辭謝雖知非至言然心內喜太后亦然其春吳楚齊趙七國反先擊梁棘壁文穎曰地名殺數萬人梁王城守睢陽師古曰據睢陽城而自守而使韓安國張羽等爲將軍以距吳楚吳楚以梁爲限不敢過而西與太尉亞夫等相距三月吳楚破而梁所殺虜略與漢中分孟康曰梁所虜吳楚之捷略與漢同明年漢立太子梁最親有功又爲大國居天下膏腴地北界泰山西至高陽蘇林曰陳留北縣四十餘城多大縣孝王太后少子愛之賞賜不可勝道師古曰道謂言○宋祁曰當於言下添也字於是孝王築東苑方三百餘里廣睢陽城七十里師古曰更廣大之也晉太康地記云城方十三里梁孝王築之鼓倡節杵而後下和之者稱睢陽曲今踵以爲故今之樂家睢陽曲是其遺音大治宮室爲復道自宮連屬於平臺三十餘里如淳曰平臺在大梁東北離宮所在也晉灼曰或說在城中東北角師古曰今城東二十里所有故臺基其處寬博土俗云平臺也復音方目反得賜天子旌旗從千乘萬騎出稱警入言趩師古曰警者戒肅也趩止行人也言出入者互文耳出亦有趩漢儀注皇帝輦動左右侍帷幄者稱警出殿則傳趩止人淸道也儗於天子師古曰儗比也音擬招延四方豪桀自山東游士莫不至齊人羊勝公孫詭鄒陽之屬師古曰言皆游梁公孫詭多奇邪計初見日王賜千金官至中尉號曰公孫將軍多作兵弩弓數千萬而府庫金錢且百鉅萬師古曰鉅萬百萬也且百萬者言凡百也○宋祁曰千萬一作十珠玉寶器多於京師二十九年十月孝王入朝景帝使使持乘輿駟迎梁王於關下鄧展曰但持駟馬往也臣瓚曰稱乘輿駟則車馬皆往言駟不駕六馬耳天子副車駕駟馬師古曰輿即車也瓚說是既朝上疏因留以太后故入則侍帝同輦出則同車遊獵上林中梁之侍中郎謁者著引籍出入天子殿門師古曰著音竹略反與漢宦官亡異十一月上廢栗太子太后心欲以梁王爲嗣大臣及爰盎等有所關說於帝太后議格服虔曰格音格閣張晏曰止也蘇林曰音閣師古曰蘇音張說是孝王不敢復言太后以嗣事師古曰不敢更以此事言於太后事祕世莫知迺辭歸國其夏上立膠東王爲

太子梁王怨爰盎及議臣迺與羊勝公孫詭之屬謀陰
使人刺殺爰盎及他議臣十餘人賊未得也於是天子
意梁師古曰意疑也逐賊果梁使之遣使冠蓋相望於道覆案
梁事捕公孫詭羊勝皆匿王後宮使者責二千石急梁
相軒丘豹師古曰姓軒丘名豹及內史安國韓安國皆泣諫王王
迺令勝詭皆自殺出之上由此怨望於梁王師古曰望謂責而怨之
梁王恐迺使韓安國因長公主謝罪太后然後得釋
上怒稍解因上書請朝既至關茅蘭說王服虔曰茅蘭孝王大夫也
使乘布車張晏曰布車降服自比喪人也從兩騎入匿於長公主園漢
使迎王王已入關車騎盡居外外不知王處太后泣曰
帝殺吾子帝憂恐於是梁王伏斧質之闕下謝罪然後
太后帝皆大喜相與泣復如故悉召王從官入關然帝
益疏王不與同車輦矣三十五年冬復入朝上疏欲留
上弗許歸國意忽忽不樂北獵梁山有獻牛足上出背
上孝王惡之六月中病熱六日薨張晏曰足當處下所以輔身也今出背上象孝王背朝而干上也北者陰也又在梁山明爲梁牛者丑之畜在六月北方數六故六月六日王薨也○劉敞曰此謂得熱疾六日而薨耳豈謂六月六日哉太迂孝王慈孝每聞太后病
口不能食常欲留長安侍太后太后亦愛之及聞孝王
死竇太后泣極哀不食曰帝果殺吾子帝哀懼不知所
爲與長公主計之迺分梁爲五國盡立孝王男五人爲
王女五人皆令食湯沐邑奏之太后太后迺說爲帝壹
餐師古曰說讀曰悅餐古飧字孝王未死時財以鉅萬計不可勝數
及死藏府餘黃金尚四十餘萬斤他財物稱是
代孝王參初立爲太原王四年代王武徙爲淮陽王而
參徙爲代王復并得太原都晉陽如故師古曰如文帝在代時○劉攽曰如故爲太原王時都晉陽不遷都也五年一朝凡三朝十七年薨子共
王登嗣師古曰共讀曰恭二十九年薨子義嗣元鼎中漢廣關
以常山爲阻師古曰依山以爲關徙代王於清河是爲剛王并前
在代凡立四十年薨子頃王湯嗣二十四年薨子年嗣
地節中冀州刺史林奏年爲太子時與女弟子私通○宋祁曰弟子子字當作則及年立爲王後則懷年子其壻使勿舉師古曰不養也
則曰自來殺之壻怒曰爲王生子自令王家養之
則送兒頃太后所師古曰頃太后頃王之后年之太后故曰頃太后相聞知禁止則
令不得入宮師古曰相者王之相年使從季父往來送迎則師古曰宗室諸從也
連年不絕有司奏年淫亂年坐廢爲庶人徙房陵
與湯沐邑百戶立三年國除元始二年新都侯王莽興
滅繼絕白太皇太后立年弟子如意爲廣宗王奉代孝
王後莽篡位國絕
梁懷王揖文帝少子也好詩書帝愛之異於他子五年
一朝凡再入朝因墮馬死立十年薨無子國除明年梁

孝王武徙王梁
梁孝王子五人爲王太子買爲梁共王師古曰共讀曰恭次子
明爲濟川王彭離爲濟東王定爲山陽王不識爲濟陰
王皆以孝景中六年同日立
梁共王買立十年薨○宋祁云越本十作七子平王襄嗣
濟川王明以垣邑侯立七年坐射殺其中尉有司請誅
○劉攽曰武紀坐殺太傅中傳與此不同宋祁曰垣表作桓邑武帝弗忍廢爲庶人徙
房陵國除濟東王彭離立二十九年彭離驕悍師古曰悍勇也
昏暮私與其奴亡命少年數十人行剽師古曰剽劫也音頻妙反殺
人取財物以爲好如淳曰以是爲好喜之事師古曰好音呼到反所殺發覺者
百餘人國皆知之莫敢夜行所殺者子上書告言有司
請誅武帝弗忍廢爲庶人徙上庸國除爲大河郡山陽
哀王定立九年薨亡子國除濟陰哀王不識立一年薨
亡子國除孝王支子四王皆絕於身師古曰支子謂非正嫡也梁平
王襄母曰陳太后共王母曰李太后李太后親平王之
大母也師古曰大母祖母也共王即李太后所生故云親祖母也而平王之后曰任
后任后甚有寵於襄初孝王有罍尊應劭曰詩云酌彼金罍罍畫雲雷之象以金飾之也鄭氏曰上蓋刻爲山雲雷之象師古曰鄭說是也罍古雷字直千金戒後世
善寶之毋得以與人師古曰寶謂愛守也任后聞而欲得之李太
后曰先王有命毋得以尊與人他物雖百鉅萬猶自恣
任后絕欲得之王襄直使人開府取尊賜任后又王及
母陳太后事於太后多不順○宋祁曰景德本於作李有漢使者來
李太后欲自言王使謁者中郎胡等遮止閉門李太后
與爭門措指晉灼曰許慎云措置字借以爲笮耳師古曰音壯客反謂爲門扉所笮太后
啼謼師古曰謼音火故反不得見漢使者李太后亦私與食官長
及郎尹霸等姦亂王與任后以此使人風止李太后師古曰風讀曰諷止者止其自言也
李太后亦已師古曰已止也後病薨病時任后
未嘗請疾張晏曰請問也薨又不侍喪元朔中睢陽人犴反師古曰犴姓反名也犴音岸○宋祁云浙本犴反作犴友人辱其父而與睢陽太守客
俱出同車○劉攽曰睢陽梁所都無太守當是淮陽劉敞曰下兩睢字當作淮犴反殺其
仇車上亡去睢陽太守怒以讓梁二千石二千石以下
求反急執反親戚反知國陰事迺上變告梁王與大母
爭尊狀時相以下具知之欲以傷梁長史○劉攽曰史作吏書
聞天子下吏驗問有之公卿治奏以爲不孝請誅王及
太后師古曰陳太后天子曰首惡失道任后也朕置相吏不逮
師古曰逮及也言其材知不及也無以輔王故陷不誼不忍致法削梁王
五縣奪王太后湯沐成陽邑梟任后首于市中郎胡等
皆伏誅梁餘尚有八城襄立四十年薨子頃王無傷嗣
十一年薨子敬王定國嗣四十年薨子夷王遂嗣六年
薨子荒王嘉嗣十五年薨子立嗣鴻嘉中太傅輔奏立

一日至十一犯法臣下愁苦莫敢親近不可諫止願令
王非耕祠法駕毋得出宮盡出馬置外苑收兵杖藏私
府毋得以金錢財物假賜人事下丞相御史請許師古曰許太傅所奏奏可後數復敺傷郎師古曰敺捶擊音一口反○宋祁云浙本注文捶擊也
夜私出宮傅相連奏坐削或千戶或五百戶如是者數
爲荒王女弟園子爲立舅任寶妻寶兄子昭爲立后數
過寶飲食報寶曰我好翁主師古曰諸王女皆稱翁主言其父自主婚也欲
得之寶曰翁主姑也法重立曰何能爲師古曰言罪不能至重也遂
與園子姦積數歲永始中相禹奏立對外家怨望有惡
言有司案驗因發淫亂事奏立禽獸行請誅太中大夫
谷永上疏曰臣聞禮天子外屏不欲見外也師古曰屏謂當門之牆以屏蔽者也外屏於門外爲之
是故帝王之意不窺人閨門之私聽
聞中冓之言應劭曰中冓材構在堂之中也晉灼曰魯詩以爲夜也師古曰冓謂舍之交積材木也應說近之冓音工豆反
春秋爲親者諱詩云戚戚兄弟莫遠具爾
師古曰小雅行葦之詩也戚戚內相親也爾近也言王之族親情無疏遠皆昵近也今梁王年少
頗有狂病始以惡言按驗既亡事實而發閨門之私非
本章所指王辭又不服猥強劾立傅致難明之事師古曰傅讀曰附
獨以偏辭成辠斷獄亡益於治道汙蔑宗室孟康曰蔑音漫師古曰蔑音秣謂塗染也
以內亂之惡披布宣揚於天下非所以
爲公族隱諱增朝廷之榮華昭聖德之風化也臣愚以
爲王少而父同產長年齒不倫梁國之富足以厚聘美
女招致妖麗父同產亦有耻辱之心師古曰言其姑亦當自耻必不與姦
案事者迺驗問惡言師古曰本所問者怨望朝廷之言耳何故猥自發舒
師古曰猥曲也以三者揆之殆非人情疑有所迫切過誤失言
文吏躡尋不得轉移萌牙之時加恩勿治上也如淳曰覆蓋之則計之上
既已案驗舉憲宜及王辭不服詔廷尉選上德通
理之吏更審考清問著不然之效定失誤之法師古曰著明也
而反命於下吏師古曰使者還反以清白之狀付有司也以廣公族附疏之
德爲宗室刷汙亂之耻師古曰刷謂拭刷除之也音所劣反甚得治親之
誼天子由是寢而不治居數歲元延中立復以公事怨
相掾及睢陽丞使奴殺之殺奴以滅口凡殺三人傷五
人手敺郎吏二十餘人上書不拜奏謀篡死罪囚師古曰逆取曰篡
有司請誅上不忍削立五縣哀帝建平中立復殺
人天子遣廷尉賞大鴻臚由持節即訊師古曰就問也○宋祁曰百官表廷尉方賞君賓大鴻臚畢中世叔中由必有一誤至移書傅相中尉曰王背策
戒師古曰初封時策書有戒敕之言誖暴妄行師古曰誖乖也音布內反連犯大辟
毒流吏民比比蒙恩不伏重誅師古曰比比猶頻也不思改過復
賊殺人幸得蒙恩丞相長史大鴻臚丞即問王陽病抵
讕置辭師古曰抵距也讕誣讕也音丁禮反讕音來旦反驕嫚不首主令與背
畔亡異師古曰不首謂不伏其罪也主令者於法令之條與背畔無異也首音失救反次下亦同○劉

攽曰驕嫚當屬上句立使賊殺人而拒諱不服也使人殺之此是不首主令之辜也令音零丞相御
史請收王璽綬送陳留獄明詔加恩復遣廷尉大鴻臚
雜問今王當受詔置辭恐復不首實對○宋祁云一本無實字書
曰至于再三有不用我降爾命師古曰此周書多方篇之辭也言我教汝至于再三汝不能用則我下罰黜汝命也傅相中尉皆以輔正爲職虎兕出於
匣龜玉毀於匵中是誰之過也師古曰此論語孔子責冉有季路之辭也言虎兕出於檻龜玉毀於櫝豈非典守者之過邪喻輔相人者當能持危扶顛也○宋祁云注文浙本虎作豹檻作柙景德本郭去虎字盡以師古宜避唐諱書到明以誼曉王敢復懷詐罪
過益深傅相以下不能輔導有正法立惶恐免冠對曰
立少失父母孤弱處深宮中獨與宦者婢妾居漸漬小
國之俗加以質性下愚有不可移之姿師古曰言不從化也論語稱孔子曰唯上智與下愚不移往者傅相亦不純以仁誼輔翌立大臣皆
尚苛刻刺求微密讒臣在其間左右弄口積使上下不
和更相眄伺師古曰更音工衡反宮殿之裏毛氂過失亡不暴陳
當伏重誅以視海內師古曰視讀曰示數蒙聖恩得見貰赦師古曰貰謂寬其罪
今立自知賊殺中郎曹將冬月迫促貪生畏死
即詐僵仆陽病師古曰僵仆倒地也僵音薑仆音赴徼幸得踰於須臾師古曰冀得踰冬月而減罪也
謹以實對伏須重誅師古曰須待也時冬月盡其
春大赦不治元始中立坐與平帝外家中山衞氏交通
新都侯王莽奏廢立爲庶人徙漢中立自殺二十七年
國除後二歲莽白太皇太后立孝王玄孫之曾孫沛郡
卒史音爲梁王奉孝王後莽篡國絕
贊曰梁孝王雖以愛親故王膏腴之地師古曰太后愛子而帝親弟故曰愛親
然會漢家隆盛百姓殷富故能殖其貨財廣其宮
室車服然亦僭矣怙親亡厭先禍告罰卒用憂死悲夫

前漢書卷四十七考證

梁孝王武傳西至高陽注蘇林曰陳留北縣○臣召南
按高陽鄉聚名非縣也酈食其傳云陳留高陽人又
云諸將徇地過高陽者數十人即此高陽矣
大臣及爰盎等有所關說于帝○按褚先生具言其事
見梁孝王世家後
北獵梁山○梁山史記作良山
太后迺說爲帝壹餐○史記作爲帝加壹餐
梁懷王揖傳揖○臣召南按梁懷王名史記表及世家
作勝而孝文本紀作揖漢書賈誼傳作勝而紀及本
傳作揖李奇謂懷王必有兩名理或然也
梁共王買傳十年薨○臣召南按諸侯王表作七年薨
是也七十字相似傳寫誤耳買以孝景後元年嗣以
建元五年薨是七年也

梁平王襄傳睢陽人犴反○按此文則其人姓犴名反史記作類犴反則其人姓類犴漢書脫一字耳

梁餘尚有八城○臣召南按史記作削梁八城梁餘尚有十城以地理志証之梁國統八縣則此文是也

項王無傷嗣○諸侯王表作貞王毋傷

前漢書卷四十八

漢　蘭臺令史班固撰

唐正議大夫行秘書少監琅邪縣開國子顏師古注

賈誼傳第十八

賈誼雒陽人也年十八以能誦詩書屬文稱於郡中師古曰屬謂綴輯之也言其能為文也屬音之欲反河南守吳公聞其秀材召置門下師古曰秀美也甚幸愛○宋祁曰愛字下當有之字句緩而順文帝初立聞河南守吳公治平為天下第一師古曰治平言其政治和平也故與李斯同邑而嘗學事焉師古曰事之而從其學也徵以為廷尉廷尉迺言誼年少頗通諸家之書文帝召以為博士是時誼年二十餘最為少每詔令議下師古曰謂有詔令出下及遣議事諸老先生未能言誼盡為之對人人各如其意所出諸生於是以為能文帝說之師古曰說讀曰悅超遷歲中至太中大夫誼以為漢興二十餘年天下和洽宜當改正朔易服色制度定官名興禮樂迺草具其儀法師古曰草謂創造之色上黃數用五為官名悉更奏之師古曰更改也文帝謙讓未皇也師古曰皇暇也自以為不當改制然諸法令所更定及列侯就國其說皆誼發之於是天子議以誼任公卿之位絳灌東陽侯馮敬之屬盡害之師古曰絳絳侯周勃也灌灌嬰也東陽侯張相如也馮敬時為御史大夫迺毀誼曰雒陽之人年少初學專欲擅權紛亂諸事於是天子後亦疏之不用其議以誼為長沙王太傅誼既以適去師古曰適音讁其下亦同意不自得及渡湘水師古曰湘水出零陵陽海山北流入江也為賦以弔屈原屈原楚賢臣也被讒放逐作離騷賦師古曰離遭也憂動曰騷遭憂而作此辭其終篇曰已矣國亡人莫我知也遂自投江而死誼追傷之因以自諭師古曰諭譬也其辭曰恭承嘉惠兮師古曰恭敬也嘉惠謂詔命也竢罪長沙師古曰竢古俟字俟待也仄聞屈原兮自湛汨羅師古曰仄古側字汨水名在長沙羅縣故曰汨羅湛讀曰沉汨音莫歷反造託湘流兮敬弔先生師古曰造至也言至湘水而因託其流也造音千到反遭世罔極兮迺隕厥身張晏曰讒言罔極師古曰罔無也極中也無中正之道一曰極止也烏虖哀哉兮逢時不祥師古曰虖音呼鸞鳳伏竄兮鴟鴞翱翔師古曰鴟鵂鶹怪鳥也鴞惡聲之鳥也鴟音尺夷反鴞音于驕反鵂音休闒茸尊顯兮讒諛得志師古曰闒茸下材不肖之人也闒音吐盍反茸音人勇反賢聖逆曳兮方正倒植師古曰植立也音值謂隨夷溷兮應劭曰隨卞隨湯以天下讓而不受夷伯夷也不食周粟餓于首陽之下師古曰溷濁也音胡困反謂跖蹻廉李奇曰跖秦大盜也楚之大盜為莊蹻師古曰跖音之石反蹻音居略反莊周云盜跖柳下惠之弟蓋寓言也莫邪為鈍兮應劭曰莫邪吳大夫也作寶劍因以冠名鉛刀為銛晉灼曰世俗謂利為銛師古曰音弋占反于嗟默默生之亡故兮應劭曰默默不得意也鄧展曰言屈原無故遇此禍也師古曰生先生也斡棄周鼎師古曰斡轉也音管寶康瓠兮鄭氏曰康瓠瓦盆底也爾雅曰康瓠謂之甈師古曰甈音五列反騰駕罷牛驂蹇驢兮師古曰罷讀曰疲蹇跛也驥垂兩耳服鹽車兮師古曰駕鹽車也章父薦屨漸不可久兮師古曰章父殷冠名也言冠乃居下屨反在上也父讀曰甫○劉奉世曰薦之言藉也言以冠藉屨貴賤顛倒嗟若先生獨離此咎兮應劭曰嗟咨嗟也勞苦屈原遇此難也師古曰離遭也誶曰李奇曰誶告也張晏曰誶離騷下章亂也師古曰誶音碎已矣國其莫吾知兮師古曰一國之人不知我也子獨壹鬱其誰語師古曰壹鬱猶怫鬱也鳳縹縹其高逝兮夫固自引而遠去師古曰縹縹輕舉貌音匹遙反襲九淵之神龍兮鄧展曰襲重也師古曰九淵九旋之川言至深也沕淵潛以自珍鄧展曰沕音昧張晏曰潛藏也偭蟂獺以隱處兮服虔曰蟂音梟應劭曰蟂獺水蟲害魚者也偭背也欲舍蟂獺從神龍遊也師古曰偭音面夫豈從蝦與蛭螾服虔曰蛭水蟲螾今之螼螾也孟康曰言龍自絕於蟂獺況從蝦與蛭螾也師古曰蝦亦水蟲也音遐蛭音質螾字與蚓同音引今合韻當音弋人反螼音丘謹反所貴聖之神德兮遠濁世而自臧使麒麟可係而羈兮豈云異夫犬羊般紛紛其離此郵兮蘇林曰般音槃孟康曰般音班般反也紛紛構讒意也師古曰般孟音是也字從丹青之丹離遭也郵過也亦夫子之故也李奇曰亦夫子不如麟鳳之故離此咎也師古曰此說非也賈誼自言今之離郵亦猶屈原耳○劉攽曰顏說全失但誼舉屈原事則可與已矣遂自斂其怨憤則太過矣許應元曰誶曰以下咎屈原不能全身遠害故弔之非誼自喻也顏說非是歷九州而相其君兮何必懷此都也師古曰言往長沙為傅不足哀傷何用苟懷此之都邑蓋亦誼自寬廣之言也鳳皇翔于千仞兮覽德煇而下之師古曰八尺曰仞千仞言其極高也見細德之險微兮遙增擊而去之師古曰增重也言見苛細之人險阨之證故重擊其羽而高去○宋祁曰浙本微作徵作徵者非是上言徵注言證意自相會彼尋常之汙瀆兮豈容吞舟之魚應劭曰八尺曰尋倍尋曰常師古曰水不泄為汙音一胡反又音一故反橫江湖之鱣鯨兮固將制於螻螘如淳曰鱣鯨皆大魚也臣瓚曰鱣魚無鱗口在腹下鯨魚長者數里晉灼曰小水不容大魚而橫鱣鯨於汙瀆必為螻螘所制以況小朝主闇不容受忠逆之言亦為讒賊小臣所害師古曰鱣音竹連反字或作鱏鱏亦大魚也音尋又音淫螻音樓謂螻蛄也誼為長沙傅三年有服飛入誼舍止於坐隅師古曰坐音才臥反服似鴞晉灼曰異物志有鳥小如雞體有文色土俗因形名之曰服不能遠飛行不出域○宋祁曰注文鳥字下疑有如字不祥鳥也誼既以適居長沙長沙卑濕誼自傷悼以為壽不得長迺為賦以自廣其辭曰單閼之歲四月孟夏應劭曰太歲在卯為單閼師古曰閼音一葛反○宋祁曰單音禪庚子日斜服集余舍孟康曰斜日昳時止于坐隅貌甚閒暇師古曰閒讀曰閑異物來崒私怪其故孟康曰崒音萃萃聚也發書占之讖言其度師古曰讖驗也有徵驗之書也讖音初禁反曰野鳥入室主人將去問於子服余去何之師古曰子服者言加其美稱也○宋祁云子服姚本作予服吉虖告我凶言其災淹速之度語余其期師古曰淹遲也服迺太息舉首奮翼口不能言請對以意師古曰意字合韻宜音億萬物變化固亡休息斡流而遷或推而還師古曰斡音管斡轉也還讀曰旋形氣轉續變化而嬗服虔曰嬗音如蟬謂變蛻也蘇林曰嬗相傳與也師古曰此即禪代字合韻故音蟬耳蘇說是也沕穆亡間胡可勝言師古曰沕穆深微貌何也言其理深微不可盡言物音勿禍兮福所倚福兮禍所伏師古曰此老子德經之言也倚音於綺反憂喜聚門吉凶同域師古曰言禍福相因吉凶不定彼吳彊大夫差以敗粵棲會稽句踐伯世師古曰會稽山名也句踐避吳之難保於此山故曰棲也句音鉤伯讀曰霸斯遊遂成卒被五刑應劭曰李斯西遊於秦身登相位二世時為趙高所讒身伏五刑○宋祁云注姚本伏作被傅說胥靡迺相武丁張晏曰胥靡刑名也傅說被刑築於傅巖武丁以為己相師古曰胥靡相隨之刑也解在楚元王傳夫禍之與福何異糾纆應劭曰禍福相為表裏如糾纆索相附會也臣瓚曰糾絞也纆索也師古曰纆音墨命不可說孰知其極師古曰極止也水激則旱矢激則遠師古曰言水之激疾則去盡不能浸潤矢之激發則去遠○劉攽曰旱讀為悍猛疾也萬物回薄震盪相轉雲蒸雨降糾錯相紛大鈞播物坱圠無垠如淳曰陶者作器於鈞上此以造化為大鈞也應劭曰其氣坱圠非有限齊也師古曰今造瓦者謂所轉者為鈞言造化為人亦猶陶之造瓦耳坱音烏朗反圠音於黠反天不可與慮道不可與謀遲速有命烏識其時師古曰烏猶何也且夫天地為鑪造化為工陰陽為炭萬物為銅師古曰以冶鑄為喻合散消息安有常則千變萬化未始有極忽然為人何足控揣孟康曰控引也揣持也言人生忽然何足引持自貴借也如淳曰控引也揣音團控摶玩弄愛生之意也師古曰如說是○宋祁云注文貴借姚本作貴惜化為異物又何足患師古曰患合韻音擐小智自私賤彼貴我達人大觀物亡不可貪夫徇財列士徇名臣瓚曰以身從物曰徇○宋祁云浙本徇作殉夸者死權品庶每生臣瓚曰謂夸泰也莊子曰權勢不充則夸者悲孟康曰每貪也師古曰品庶猶庶品也怵迫之徒或趨西東孟康曰怵為利所誘怵也迫迫貧賤東西趨利也師古曰誘怵之怵則音丑出反其義兩通而說者欲改字為鉥蓋穿鑿耳大人不曲意變齊同愚士繫俗窘若囚拘李奇曰窘音塊蘇林曰音人肩偏窘爾音欺全反師古曰蘇音是○臣佖曰按說文窘音渠隕反迫也文選李善注窘四拘之貌五臣注窘困也愚者繫縛於俗累困如囚人拘束其字並不從人唯孫強新加字玉篇及開元文字有作僒字並音窘蘇林音誤今宜定從說文音渠隕反至人遺物獨與道俱眾人或或好惡積意李奇曰或或東西也所好所惡積之萬億也臣瓚曰言眾懷好惡積之心意也師古曰瓚說是也意合韻音於力反真人恬漠獨與道息師古曰恬安也漠靜也釋智遺形超然自喪服虔曰絕聖棄智而忘其身也師古曰喪合韻音先郎反寥廓忽荒與道翱翔師古曰荒音呼廣反乘流則逝遇坎則止孟康曰易坎為險遇險難而止也張晏曰謂夷易則仕險難則隱也縱軀委命不私與己其生兮若浮其死兮若休師古曰休息也澹虖若深淵之靚氾虖若不繫之舟師古曰澹安也音徒濫反靚與靜同氾音敷劍反不以生故自保養空而浮服虔曰道家養空虛若浮舟也德人無累知命不憂細故蔕芥何足以疑師古曰蔕芥小鯁也蔕音丑介反後歲餘文帝思誼徵之至入見上方受釐坐宣室蘇林曰宣室未央前正室也應劭曰釐祭餘肉也漢儀注祭天地五畤皇帝不自行祠還致福釐音禧師古曰禧福也借釐字為之耳言受神之福也上因感鬼神事而問鬼神之本誼具道所以然之故至夜半文帝前席師古曰漸促近誼聽其言也既罷曰吾久不見賈生自以為過之今不及也迺拜誼為梁懷王太傅懷王上少子愛而好書故令誼傅之數問以得失師古曰漢朝問以國家之事是時匈奴彊侵邊天下初定制度疏闊諸侯王僭儗地過古制師古曰儗比也上比於天子儗音擬淮南濟北王皆為逆誅誼數上疏陳政事多所欲匡建師古曰匡正也正其失也建立也立制節也其大略曰臣竊惟事勢可為痛哭者一可為流涕者二可為長太息者六若其它背理而傷道者難徧以疏舉師古曰言不可盡條記也進言者皆曰天下已安已治矣師古曰進言者謂陳說於天子前者也治音直吏反此以下並同臣獨以為未也曰安且治者非愚則諛師古曰實謂治安則是愚也知其不爾而假言之是諂諛也皆非事實知治亂之體者也夫抱火厝之積薪之下而寢其上師古曰厝置也音千故反火未及燃因謂之安○宋祁云浙本燃作然然已從火火旁又加火非是方今之勢何以異此本末舛逆首尾衡決國制搶攘蘇林曰搶音濟蹌蹌不安貌也晉灼曰搶音傖吳人罵楚人曰傖傖攘亂貌也師古曰晉音是傖音仕庚反攘音汝庚反○宋祁云搶今越本搶音仕庚反攘因女庚反未知孰是非甚有紀師古曰紀理也胡可謂治陛下何不壹令臣得孰數之於前因陳治安之策試詳擇焉夫射獵之娛與安危之機孰急師古曰言二事之中何者為急使為治勞智慮苦身體乏鍾鼓之樂勿為可也樂與今同而加之諸侯軌道兵革不動師古曰軌道言遵法制也民保首領匈奴賓服四荒鄉風師古曰鄉讀曰嚮百姓素朴獄訟衰息大數既得則天下順治海內之氣清和咸理生為明帝沒為明神名譽之美垂於無窮禮祖有功而宗有德使顧成之廟稱為太宗上配太祖與漢亡極建久安之埶成長治之業以承祖廟以奉六親至孝也應劭曰六親父母兄弟妻子也以幸天下以育羣生至仁也立經陳紀輕重同得後可以為萬世法程師古曰程式也雖有愚幼不肖之嗣猶得蒙業而安至明也以陛下之明達因使少知治體者得佐下風致此非難也師古曰少知治體者誼自謂也○劉攽曰少知治體之說何必誼自謂乎其具可素陳於前願幸無忽師古曰忽怠忘也臣謹稽之天地師古曰稽考也驗之往古按之當今之務日夜念此至孰也雖使禹舜復生為陛下計亡以易此師古曰易改也夫樹國固必相疑之埶鄭氏曰今建立國泰大其勢必固相疑也臣瓚曰樹國於險固諸侯彊大則必與天子有相疑之勢也師古曰鄭說是也下數被其殃上數爽其憂如淳曰爽忒也甚非所以安上而全下也今或親弟謀為東帝應劭曰淮南厲王長親兄之子西鄉而擊如淳曰謂齊悼惠王子興居而為濟北王反欲擊取滎陽也師古曰鄉讀曰嚮今吳又見告矣如淳曰時吳王不循漢法有告之者天子春秋鼎盛應劭曰鼎方也

行義未過師古曰行音下更反德澤有加焉猶尚如是況莫大諸侯師古曰莫大謂無有大於其國者言最大也權力且十此者虖師古曰十倍於此然而天下少安何也大國之王幼弱未壯漢之所置傅相方握其事數年之後諸侯之王大抵皆冠師古曰大抵猶言大略也音丁禮反其下亦同血氣方剛漢之傅相稱病而賜罷彼自丞尉以上偏置私人如此有異淮南濟北之爲邪此時而欲爲治安雖堯舜不治○宋祁云浙本治字上有能字存能則語成文黃帝曰日中必熭孟康曰熭音衞日中盛者必暴熭也臣瓚曰太公曰日中不熭是謂失時操刀不割失利之期言當及時也師古曰此語見六韜熭謂暴曬之也曬音所智反又音所懈反操刀必割令此道順而全安甚易不肯早爲已迺墮骨肉之屬而抗剄之應劭曰抗其頸而剄之也師古曰墮毀也抗舉也剄割頸也墮音火規反剄音工鼎反豈有異秦之季世虖夫以天子之位乘今之時因天之助尚憚以危爲安以亂爲治假設陛下居齊桓之處將不合諸侯而匡天下乎臣又知陛下有所必不能矣假設天下如曩時師古曰曩久也謂昔時淮陰侯尚王楚黥布王淮南彭越王梁韓信王韓張敖王趙貫高爲相盧綰王燕陳豨在代令此六七公者皆亡恙師古曰無恙言無憂病也當是時而陛下即天子位能自安乎○宋祁云浙本位字上有之字臣有以知陛下之不能也天下殽亂高皇帝與諸公併起師古曰殽雜也併音步鼎反非有仄室之勢以豫席之也應劭曰禮卿大夫之支子爲側室席大也臣瓚曰席藉也言非有側室之勢爲之資藉也師古曰瓚說是也諸公幸者迺爲中涓其次廑得舍人師古曰廑與僅同廑劣也言纔得舍人材之不逮至遠也高皇帝以明聖威武即天子位割膏腴之地以王諸公多者百餘城少者乃三四十縣惪至渥也師古曰惪古德字渥厚也音握然其後十年之間反者九起陛下之與諸公非親角材而臣之也師古曰角校也戲也又非身封王之也自高皇帝不能以是一歲爲安故臣知陛下之不能也然尚有可諉者曰疏孟康曰諉累也以疏爲累言不以國也蔡謨曰諉者託也尚可託言信越等以疏故反故其下句曰臣請試言其親者親者亦恃彊爲亂明信等不以疏也師古曰蔡說是矣諉音女瑞反臣請試言其親者假令悼惠王王齊元王王楚中子王趙幽王王淮陽共王王梁師古曰共讀曰恭靈王王燕厲王王淮南六七貴人皆亡恙當是時陛下即位能爲治虖臣又知陛下之不能也若此諸王雖名爲臣實皆有布衣昆弟之心師古曰自以爲於天子爲昆弟而不論君臣之義慮亡不帝制而天子自爲者師古曰慮大計也言諸侯皆欲同皇帝之制度而爲天子之事擅爵人赦死辠師古曰擅專也甚者或戴黃屋師古曰天子車戴之制○宋祁云注文姚本戴作蓋漢法令非行也雖行不軌如厲王者令之不肯聽召之安可致乎師古曰不軌謂不修法制也致至也幸而來至法安可得加動一親戚天下圜視而起應劭曰圜精正視也師古曰言驚愕也陛下之臣雖有悍如馮敬者如淳曰馮無擇子名忠直爲御史大夫奏淮南厲王誅之師古曰悍勇也○宋祁曰棐功臣表非馮無擇子孝文七年自典客爲御史大夫適啓其口匕首已陷其匈矣師古曰始欲發言節制諸侯王則爲刺客所殺陛下雖賢誰與領此師古曰領理也故疏者必危親者必亂已然之效也其異姓負彊而動者漢已幸勝之矣又不易其所以然同姓襲是跡而動師古曰易其所以然謂改其法制使不然既有徵矣師古曰徵證驗也其埶盡又復然殃旤之變未知所移師古曰旤古禍字明帝處之尚不能以安後世將如之何屠牛坦一朝解十二牛蘇林曰孔子時人也師古曰坦屠牛者之名也事見管子而芒刃不頓者師古曰芒刃謂刃之利如毫芒也頓讀曰鈍所排擊剝割皆衆理解也師古曰解支節也音胡懈反至於髖髀之所非斤則斧師古曰髀股骨也髖髀上也言其骨大故須斤斧也髖音寬髀音陛又音必爾反夫仁義恩厚人主之芒刃也權埶法制人主之斤斧也今諸侯王皆衆髖髀也釋斤斧之用而欲嬰以芒刃師古曰嬰繞也臣以爲不缺則折胡不用之淮南濟北埶不可也晉灼曰二國皆反誅何不施之仁恩埶不可故也臣竊跡前事師古曰尋前事之蹤跡大抵彊者先反淮陰王楚最彊則最先反韓信倚胡則又反師古曰倚依也音於綺反貫高因趙資則又反陳豨兵精則又反彭越用梁則又反晉灼曰用役用之也黥布用淮南則又反盧綰最弱最後反長沙迺在二萬五千戶耳功少而最完埶疏而最忠非獨性異人也亦形埶然也曩令樊酈絳灌據數十城而王今雖以殘亡可也晉灼曰事埶可亡也師古曰曩亦謂昔時也令信越之倫列爲徹侯而居雖至今存可也晉灼曰事埶可存然則天下之大計可知已師古曰已語終辭欲諸王之皆忠附則莫若令如長沙王欲臣子之勿葅醢則莫若令如樊酈等欲天下之治安莫若衆建諸侯而少其力力少則易使以義國小則亡邪心師古曰使以義使之遵禮義也令海內之埶如身之使臂臂之使指莫不制從諸侯之君不敢有異心輻湊並進而歸命天子雖在細民且知其安○宋祁云舊本在作有故天下咸知陛下之明割地定制令齊趙楚各爲若干國師古曰若干豫設數也解在食貨志使悼惠王幽王元王之子孫畢以次各受祖之分地師古曰分音扶問反次下亦同地盡而止及燕梁它國皆然其分地衆而子孫少者建以爲國空而置之須其子孫生者舉使君之師古曰須待也諸侯之地其削頗入漢者爲徙其侯國及封其子孫也師古曰徙其侯國列侯國邑在諸侯王封內而犬牙相入者則正其疆界令其隔絕也封其子孫者分諸侯王之國邑各自封其子孫而受封之人君有罪黜其地皆入於漢故云頗入也○宋祁云新本子孫下有於彼二字注文令其隔絕本作令不隔絕所以數償之一寸之地一人之衆天子亡所利焉師古曰償者謂所正列侯疆界有侵諸王者則漢償之○劉攽曰言諸侯之地先有削而頗入漢者後而以封列侯令爲徙之及至封其子孫皆據數償之假令一王合封十縣則予十縣是爲以數償之矣所字衍文劉奉世曰償之言還也所以數復還其削地如前所云者明天子不利有其地也誠以定治而已故天下咸知陛下之廉地制壹定宗室子孫莫慮不王師古曰慮計也下無倍畔之心上無誅伐之志師古曰倍讀曰背故天下咸知陛下之仁法立而不犯令行而不逆貫高利幾之謀不生柴奇開章之計不萌應劭曰柴奇開章皆與淮南王謀反者也○宋祁云浙本開作啓細民鄉善大臣致順師古曰鄉讀曰嚮故天下咸知陛下之義臥赤子天下之上而安植遺腹朝委裘而天下不亂服虔曰言天下安雖赤子遺腹在位猶不危也應劭曰遺腹朝委裘者皆未有所知也孟康曰委裘若容衣天子未坐朝事先帝裘衣也師古曰應孟二說皆是當時大治後世誦聖師古曰稱誦其聖明壹動而五業附陛下誰憚而久不爲此師古曰憚難也音徒旦反天下之埶方病大瘇如淳曰腫足曰瘇師古曰音止勇反一脛之大幾如要一指之大幾如股師古曰幾音巨依反平居不可屈信師古曰信讀曰伸一二指搐身慮亡聊師古曰搐謂動而痛也聊賴也搐音丑六反○宋祁云越本搐作畜失今不治必爲錮疾師古曰錮疾堅久之疾後雖有扁鵲不能爲已師古曰扁鵲良醫也已語終辭病非徒瘇也又苦蹠盭師古曰蹠古蹠字音之石反足下曰蹠今所呼脚掌是也盭古戾字言足蹠反戾不可行也元王之子帝之從弟也師古曰楚元王高帝之弟其子於文帝爲從弟今之王者從弟之子也惠王親兄子也今之王者兄子之子也師古曰惠王齊悼惠王○劉攽曰惠王下脫之子二字親者或亡分地以安天下師古曰廣立蕃屏則天下安故曰以安天下疏者或制大權以偪天子師古曰偪古逼字臣故曰非徒病瘇也又苦蹠盭可痛哭者此病是也天下之埶方倒縣凡天子者天下之首何也上也蠻夷者天下之足何也下也今匈奴嫚侮侵掠至不敬也師古曰侮古侮字爲天下患至亡已也師古曰亡已言不可止也而漢歲致金絮采繒以奉之夷狄徵令是主上之操也師古曰徵召也令號令也操謂主上之所操持也操音千高反天子共貢是臣下之禮也師古曰共讀曰恭足反居上首顧居下師古曰顧亦反也言人反顧然倒縣如此莫之能解猶爲國有人乎師古曰顛倒如此而不能解救豈謂國有明智之人乎非亶倒縣而已師古曰亶讀曰但又類辟且病痱服虔曰病痱不能行也師古曰辟足病痱風辟音壁痱音肥○宋祁曰浙本注病字下有也字痱下有體傷病也四字若止用舊注則全無意當用浙本夫辟者一面病痱者一方痛今西邊北邊之郡雖有長爵不輕得復張晏曰長爵高爵也雖受高爵之賞猶將禦寇不得復除逸豫也蘇林曰輕易也不易得復除言難也師古曰復音方目反五尺以上不輕得息如淳曰五尺謂小兒也言無小大皆當自爲戰備斥候望烽燧不得臥文穎曰邊方備胡寇作高土櫓櫓上作桔皐桔皐頭兜零以薪草置其中常低之有寇即火燃舉之以相告曰烽又多積薪寇至即燃之以望其煙曰燧張晏曰晝舉烽夜燔燧也師古曰張說誤也晝則燔燧夜則舉烽將吏被介胄而睡師古曰被音皮義反臣故曰一方病矣醫能治之而上不使師古曰醫者誼自謂可爲流涕者此也陛下何忍以帝皇之號爲戎人諸侯埶既卑辱而旤不息長此安窮師古曰言長養此患將何所窮極也進謀者率以爲是固不可解也亡具甚矣師古曰無治安之具臣竊料匈奴之衆師古曰料量也音聊不過漢一大縣以天下之大困於一縣之衆甚爲執事者羞之陛下何不試以臣爲屬國之官以主匈奴行臣之計請必係單于之頸而制其命伏中行說而笞其背鄭氏曰說奄人也漢使送公主妻匈奴說不肯行彊之因以漢事告匈奴也師古曰中行姓也說名也行音胡剛反說讀曰悅中行說事具在匈奴傳舉匈奴之衆唯上之令師古曰聽天子之命令不獵猛敵而獵田彘不搏反寇而搏畜菟翫細娛而不圖大患非所以爲安也德可遠施威可遠加而直數百里外威令不信師古曰信讀曰伸可爲流涕者此也今民賣僮者如淳曰僮謂隸妾也爲之繡衣絲履偏諸緣服虔曰加牙條以作履緣也師古曰偏諸若今之織成以爲要襻及褾領者也古謂之車馬裙其上爲乘車及騎從之象也內之閑中服虔曰閑賣奴婢闌是古天子后服所以廟而不宴者也師古曰入廟則服之宴處則不著蓋貴之也而庶人得以衣婢妾白縠之表薄紈之裏緁以偏諸晉灼曰以偏諸緁著衣也師古曰緁音妾謂以偏諸緶著之也緶音步千反美者黼繡師古曰黼者織爲斧形繡者刺爲衆文是古天子之服今富人大賈嘉會召客者以被牆師古曰被音皮義反古者以奉一帝一后而節適師古曰得其節而合宜今庶人屋壁得爲帝服倡優下賤得爲后飾然而天下不屈者殆未有也師古曰屈謂財力盡也音其勿反且帝之身自衣皁綈師古曰綈厚繒也音徒奚反而富民牆屋被文繡天子之后以緣其領庶人孽妾緣其履師古曰孽庶賤也此臣所謂舛也夫百人作之不能衣一人師古曰衣音於既反欲天下亡寒胡可得也一人耕之十人聚而食之欲天下亡飢不可得也飢寒切於民之肌膚欲其亡爲姦邪不可得也國已屈矣師古曰屈音其勿反盜賊直須時耳師古曰言待時而發然而獻計者曰毋動師古曰言天下安不可動搖爲大耳如淳曰好爲大語者夫俗至大不敬也至亡等也師古曰無尊卑之差至冒上也師古曰冒犯也進計者猶曰毋爲可爲長太息者此也商君遺禮義棄仁恩師古曰謂商鞅并心於進取行之二歲秦俗日敗故秦人家富子壯則出分家貧子壯則出贅應劭曰出作贅壻也師古曰謂之贅壻者言其不當出在妻家亦猶人身體之有肬贅非應所有也一說贅質也家貧無有聘財以身爲質也贅音之銳反分音扶問反借父耰鉏慮有德色師古曰耰摩田器也言以耰及鉏借與其父而容色自矜爲恩德也耰音憂母取箕箒立而誶語服虔曰誶猶罵也張晏曰誶責讓也師古曰張說是也誶音碎○宋祁曰浙本箒作帚抱哺其子與公併倨師古曰哺飤也言婦抱子而哺之乃與其舅併倨無禮之甚也哺音步併音步鼎反婦姑不相說則反脣而相稽應劭曰稽計也相與計校也師古曰說音悅稽音工奚反○宋祁曰反脣作反脣劉攽曰脣或作脣其慈子耆利不同禽獸者亡幾耳師古曰唯有慈愛其子而貪嗜財利小異於禽獸也無幾言不多也幾居豈反○劉奉世曰誼謂秦人不知孝義但如禽獸知愛子貪利而已此其去禽獸亡幾也顏解不明乃似云惟此小異於禽獸然并心而赴時猶曰蹷六國兼天下蘇林曰蹷音厥師古曰蹷謂拔而取之功成求得矣師古曰求得所求者得也終不知反廉愧之節仁義之厚師古曰反還也信并兼之法遂進取之業師古曰信讀曰伸一曰信任天下大敗衆掩寡智欺愚勇威怯壯陵衰其亂至矣是以大賢起之威震海內德從天下師古曰大賢謂高祖也德從天下天下從其德

曩之爲秦者今轉而爲漢矣然其遺風餘俗猶尚未改今世以侈靡相競而上亡制度棄禮誼捐廉耻日甚可謂月異而歲不同矣逐利不耳慮非顧行也師古曰言其所追逐唯計利與不耳念慮之中非顧行之善惡也○劉攽曰慮大率也今其甚者殺父兄矣盜者剟寢戶之簾師古曰剟謂割取之也室有東西廂曰廟無東西廂曰寢蓋謂陵上之寢剟音輟搴兩廟之器如淳曰搴取也兩廟高祖惠帝廟也師古曰搴拔也音蹇又音騫白晝大都之中剽吏而奪之金師古曰白晝晝日也言白晝者謂不陰蔽也剽劫也音匹妙反矯僞者出幾十萬石粟服虔曰吏矯僞徵發盈出十萬石粟師古曰服說非也幾近也言詐爲文書以出倉粟近十萬石耳非謂徵發於下也幾音鉅依反賦六百餘萬錢乘傳而行郡國如淳曰此言富者出錢穀得高爵或乃爲使者乘傳車循行郡國以爲姦也師古曰如說亦非也此又言矯僞之人詐爲詔令妄作賦斂其數甚多又詐乘傳而行郡國也行音下更反此其亡行義之尤至者也而大臣特以簿書不報期會之間以爲大故師古曰特徒也言公卿大臣特以簿書期會爲急不知正風俗厲行義也○宋祁云注文姚本特以作徒以至於俗流失世壞敗因恬而不知怪師古曰恬安也音徒兼反慮不動於耳目以爲是適然耳師古曰適當也謂事理當然夫移風易俗使天下回心而鄉道類非俗吏之所能爲也師古曰鄉讀曰嚮俗吏之所務在於刀筆筐篋師古曰刀所以削書扎筐篋所以盛書而不知大體陛下又不自憂竊爲陛下惜之夫立君臣等上下使父子有禮六親有紀師古曰紀理也此非天之所爲人之所設也夫人之所設不爲不立不植則僵不修則壞師古曰植建也僵偃也音薑筦子曰師古曰筦與管同管子管仲也禮義廉耻是謂四維四維不張國乃滅亡使筦子愚人也則可筦子而少知治體則是豈可不爲寒心哉師古曰若以管子爲愚人其言不實則無禮義廉耻可也若以管子爲識治體則當寒心而憂之秦滅四維而不張故君臣乖亂六親殃戮姦人並起萬民離叛凡十三歲而社稷爲虛師古曰虛讀曰墟謂丘墟今四維猶未備也故姦人幾幸而衆心疑惑師古曰幾讀曰冀下亦同豈如今定經制師古曰經常也令君君臣臣師古曰君爲君德臣爲臣道上下有差父子六親各得其宜姦人亡所幾幸而羣臣衆信上不疑惑師古曰衆信謂共爲忠信也此業壹定世世常安而後有所持循矣師古曰執持而順行之若夫經制不定是猶度江河亡維楫師古曰維所以繫船楫所以刺船也詩云淠彼涇舟烝徒楫之楫音集又音接中流而遇風波船必覆矣師古曰覆音芳目反可爲長太息者此也夏爲天子十有餘世而殷受之殷爲天子二十餘世而周受之周爲天子三十餘世而秦受之秦爲天子二世而亡人性不甚相遠也師古曰遠音于萬反何三代之君有道之長而秦無道之暴也其故可知也古之王者太子迺生固舉以禮師古曰迺始也使士負之有司齊肅端冕師古曰齊讀曰齋見之南郊見于天也師古曰見音胡電反過闕則下過廟則趨孝子之道也故自爲赤子而教固已行矣師古曰赤子言其新生未有眉髮其色赤○劉奉世曰人生則有眉髮矣顏說誤匍匐入井又非所謂新生也嬰兒體色赤故曰赤子耳昔者成王幼在繈抱之中召公爲太保周公爲太傅太公爲太師保保其身體傅傅之德義師道之教訓師古曰保安也傅輔也道讀曰導其下亦同此三公之職也於是爲置三少皆上大夫也曰少保少傅少師是與太子宴者也師古曰宴謂安居故迺孩提有識三公三少固明孝仁禮義以道習之師古曰孩小兒也提謂提撕之逐去邪人不使見惡行於是皆選天下之端士師古曰端正也直也孝悌博聞有道術者以衞翼之師古曰悌音徒禮反使與太子居處出入故太子迺生而見正事聞正言行正道左右前後皆正人也夫習與正人居之不能毋正猶生長於齊不能不齊言也習與不正人居之不能毋不正猶生長於楚之地不能不楚言也故擇其所耆必先受業迺得嘗之師古曰耆讀曰嗜擇其所樂必先有習迺得爲之孔子曰少成若天性習貫如自然師古曰貫亦習也音工官反及太子少長知妃色師古曰妃色妃匹之色則入于學學者所學之官也師古曰官謂官舍學禮曰帝入東學上親而貴仁則親疏有序而恩相及矣帝入南學上齒而貴信則長幼有差而民不誣矣帝入西學上賢而貴德則聖智在位而功不遺矣帝入北學上貴而尊爵則貴賤有等而下不踰矣師古曰踰與逾同謂踰制○宋祁曰注末當添也字帝入太學承師問道退習而考於太傅太傅罰其不則而匡其不及師古曰則法也匡正也則德智長而治道得矣此五學者既成於上則百姓黎民化輯于下矣師古曰輯與集同輯和也及太子既冠成人免於保傅之嚴則有記過之史師古曰有過則記徹膳之宰師古曰有闕則諫進善之旌師古曰進善言者立於旌下誹謗之木師古曰譏惡事者書之於木敢諫之鼓師古曰欲諫者則擊鼓瞽史誦詩工誦箴諫師古曰瞽無目者也工習樂者也大夫進謀士傳民語習與智長故切而不媿師古曰每被切磋故無大過可恥媿之事化與心成故中道若性三代之禮春朝朝日秋暮夕月所以明有敬也師古曰朝日以朝夕月以暮迎其初出也下朝音直遙反春秋入學坐國老執醬而親餽之師古曰餽與饋同所以明有孝也行以鸞和師古曰鸞和車上鈴也解在禮樂志步中采齊師古曰樂詩名也字或作薺又作茨並音才私反趨中肆夏師古曰亦樂詩名也趨讀曰趣趣疾步也凡言中者謂與其節相應也並音竹仲反所以明有度也其於禽獸見其生不食其死聞其聲不食其肉故遠庖廚所以長恩且明有仁也師古曰遠音于萬反長音竹兩反夫三代之所以長久者以其輔翼太子有此具也及秦而不然其俗固非貴辭讓也所上者告訐也師古曰訐謂面相斥罪也音居謁反固非貴禮義也所上者刑罰也使趙高傅胡亥而教之獄所習者非斬劓人則夷人之三族也故胡亥今日即位而明日射人忠諫者謂之誹謗深計者謂之妖言其視殺人若艾草菅然師古曰艾讀曰刈菅茅也音姦豈惟胡亥之性惡哉彼其所以道之者非其理故也師古曰道讀曰導鄙諺曰不習爲吏視已成事又曰前車覆後車誡夫三代之所以長久者其已事可知也師古曰已事已往之事然而不能從者是不法聖智也師古曰法謂則而效之秦世之所以亟絕者其轍跡可見也師古曰亟急也音居力反車跡曰轍然而不避是後車又將覆也夫存亡之變治亂之機其要在是矣天下之命縣於太子太子之善在於早諭教與選左右師古曰諭曉告也與豫及也夫心未濫而先諭教則化易成也開於道術智誼之指則教之力也若其服習積貫則左右而已師古曰貫音工官反夫胡粵之人生而同聲耆欲不異師古曰耆讀曰嗜及其長而成俗累數譯而不能相通行有雖死而不相爲者蘇林曰言其人之行不能易事相爲處○宋祁曰浙本無者字爲是不但成語亦與注會則教習然也臣故曰選左右早諭教最急夫教得而左右正則太子正矣○宋祁曰越本得字上有有字太子正而天下定矣書曰一人有慶兆民賴之師古曰周書呂刑之辭也一人天子也言天子有善則兆庶獲其利此時務也凡人之智能見已然不能見將然師古曰將然謂欲有其事夫禮者禁於將然之前而法者禁於已然之後是故法之所用易見而禮之所爲生難知也若夫慶賞以勸善刑罰以懲惡先王執此之政堅如金石行此之令信如四時據此之公無私如天地耳豈顧不用哉師古曰顧念也然而曰禮云禮云者貴絕惡於未萌而起教於微眇師古曰眇細小也使民日遷善遠辠而不自知也師古曰遷善則遠辠而離孔子曰聽訟吾猶人也必也使毋訟乎師古曰論語載孔子之言也言使吾聽訟與衆人等然能先以德義化之使其無訟爲人主計者莫如先審取舍師古曰取謂所擇用也舍謂所弃置也取舍之極定於內而安危之萌應於外矣師古曰萌始生也安者非一日而安也危者非一日而危也皆以積漸然不可不察也人主之所積在其取舍○宋祁曰浙本舍字下有中字音當丁仲反上言審此言中理自明白以禮義治之者積禮義以刑罰治之者積刑罰刑罰積而民怨背禮義積而民和親故世主欲民之善同而所以使民善者或異或道之以德教或敺之以法令師古曰道讀曰導敺與驅同下類此道之以德教者德教洽而民氣樂敺之以法令者法令極而民風哀哀樂之感禍福之應也秦王之欲尊宗廟而安子孫與湯武同然而湯武廣大其德行六七百歲而弗失秦王治天下十餘歲則大敗此亡它故矣湯武之定取舍審而秦王之定取舍不審矣夫天下大器也今人之置器置諸安處則安置諸危處則危天下之情與器亡以異在天子之所置之湯武置天下於仁義禮樂而德澤洽禽獸草木廣裕師古曰裕饒也德被蠻貊四夷累子孫數十世此天下所共聞也秦王置天下於法令刑罰德澤亡一有而怨毒盈於世下憎惡之如仇讎禍幾及身子孫誅絕師古曰幾音鉅依反此天下之所共見也是非其明效大驗邪人之言曰聽言之道必以其事觀之則言者莫敢妄言今或言禮誼之不如法令教化之不如刑罰人主胡不引殷周秦事以觀之也師古曰胡何也人主之尊譬如堂羣臣如陛衆庶如地故陛九級上廉遠地則堂高師古曰級等也廉側隅也陛亡級廉近地則堂卑高者難攀卑者易陵師古曰陵乘也理埶然也故古者聖王制爲等列內有公卿大夫士外有公侯伯子男然後有官師小吏師古曰官師一官之長延及庶人等級分明而天子加焉故其尊不可及也里諺曰欲投鼠而忌器此善諭也鼠近於器尚憚不投恐傷其器況於貴臣之近主乎師古曰近音其靳反廉恥節禮以治君子故有賜死而亡戮辱是以黥劓之辠不及大夫以其離主上不遠也禮不敢齒君之路馬蹵其芻者有罰師古曰齒謂審其齒歲也芻所食之草也蹵音千六反見君之几杖則起遭君之乘車則下入正門則趨君之寵臣雖或有過刑戮之辠不加其身者尊君之故也此所以爲主上豫遠不敬也師古曰遠離也所以體貌大臣而厲其節也師古曰體貌謂加禮容而敬之今自王侯三公之貴皆天子之所改容而禮之也古天子之所謂伯父伯舅也師古曰天子呼諸侯長者同姓則曰伯父異姓則曰伯舅伯長也而令與衆庶同黥劓髡刖笞傌棄市之法蘇林曰傌音罵然則堂不亡陛虖被戮辱者不泰迫虖師古曰迫天子也廉恥不行大臣無迺握重權大官而有徒隸亡恥之心虖夫望夷之事二世見當以重法者如淳曰決罪曰當閻樂殺二世於望夷宮本由秦制無忌上之風也○劉奉世曰趙高殺二世蓋又以法定其罪投鼠而不忌器之習也臣聞之履雖鮮不加於枕冠雖敝不以苴履師古曰苴者履中之藉也音子余反○宋祁曰苴當作子汝反夫嘗已在貴寵之位天子改容而體貌之矣吏民嘗俯伏以敬畏之矣今而有過帝令廢之可也退之可也賜之死可也滅之可也若夫束縛之係緤之師古曰緤謂以長繩係之也緤音先列反輸之司寇編之徒官師古曰司寇主刑罰之官編次列也司寇小吏詈罵而榜笞之師古曰榜音彭殆非所以令衆庶見也夫卑賤者習知尊貴者之一旦吾亦迺可以加此也蘇林曰知其有一旦之刑非所以習天下也非尊尊貴貴之化也夫天子之所嘗敬衆庶之所嘗寵死而死耳賤人安宜得如此而頓辱之哉豫讓事中行之君智伯伐而滅之師古曰行音戶郎反移事智伯及趙滅智伯豫讓釁面吞炭鄭氏曰釁漆面以易貌吞炭以變聲也師古曰釁熏也以毒藥熏之○劉奉世曰釁謂以物塗之取以釁鼓故謂之釁顏訓熏與漆皆非也必報襄子五起而不中人問豫子豫子曰中行衆人畜我我故衆人事之智伯國士遇我我故國士報之故此一豫讓也反君事讎行若狗彘已而抗

節致忠行出虜列士人主使然也故主上遇其大臣如遇犬馬彼將犬馬自爲也如遇官徒彼將官徒自爲也頑頓亡恥師古曰頓音鈍奊詬亡節師古曰奊詬謂無志分也奊音胡結反詬音后廉恥不立且不自好師古曰自好猶自喜也好音呼到反苟若而可師古曰若猶然故見利則逝見便則奪師古曰逝往也主上有敗則因而挻之矣服虔曰音挻起也師古曰挻式延反主上有患則吾苟免而已立而觀之耳有便吾身者則欺賣而利之耳人主將何便於此師古曰此於人主爲不便也便音頻面反羣下至衆而主上至少也所託財器職業者粹於羣下也師古曰粹純也言其孰悉在羣下俱亡恥俱苟妄則主上最病故古者禮不及庶人刑不至大夫所以厲寵臣之節也古者大臣有坐不廉而廢者不謂不廉曰簠簋不飾師古曰簠簋所以盛飯也方曰簠圓曰簋簠音甫又音扶簋音軌坐汙穢淫亂男女亡別者不曰汙穢曰帷薄不脩坐罷軟不勝任者不謂罷軟曰下官不職師古曰罷廢於事也軟弱也罷讀曰疲軟音人兗反故貴大臣定有其辠矣猶未斥然正以諱之也師古曰諱古呼字尚遷就而爲之諱也故其在大譴大何之域者師古曰譴責也何問也域界局也聞譴何則白冠氂纓鄭氏曰以毛作纓白冠喪服也盤水加劍造請室而請辠耳應劭曰請室請罪之室蘇林曰音絜清胡公漢官車駕出有請室令在前先驅此官有別獄也如淳曰水性平若已有正罪君以平法治之也加劍當以自刎也或曰殺牲者以盤水取頸血故示若此也師古曰應如二說皆是上不執縛係引而行也其有中罪者聞命而自弛師古曰中罪非大非小也弛廢也自廢而死弛音式爾反上不使人頸盭而加也蘇林曰不戾其頸而親加刀鋸也師古曰盭古戾字音盧結反其有大辠者聞命則北面再拜跪而自裁師古曰裁謂自刑殺也上不使捽抑而刑之也師古曰捽持頭髮也抑謂按之也捽音才兀反曰子大夫自有過耳服虔曰子者男子美號吾遇子有禮矣遇之有禮故羣臣自憙師古曰憙讀曰喜音許吏反憙好也好爲志氣也○宋祁曰王仲弓謂憙字宜曰喜讀爲憙嬰以廉恥故人矜節行師古曰嬰加也矜尚也上設廉恥禮義以遇其臣而臣不以節行報其上者則非人類也故化成俗定則爲人臣者主耳忘身孟康曰唯爲主耳不念其身國耳忘家公耳忘私利不苟就害不苟去唯義所在上之化也故父兄之臣誠死宗廟法度之臣誠死社稷輔翼之臣誠死君上守圄扞敵之臣誠死城郭封疆故曰聖人有金城者比物此志也李奇曰志記也凡此上陳廉恥之事皆古記也如淳曰此謂此方也使忠臣以死社稷之志比於金城也師古曰二家之說皆非也此言聖人厲此節行以御羣下則人皆懷德戮力同心國家安固不可毀拔若金城也尋其下文義可曉矣彼且爲我死故吾得與之俱生彼且爲我亡故吾得與之俱存夫將爲我危故吾得與之皆安師古曰夫夫人也亦猶彼人耳夫音扶顧行而忘利守節而仗義故可以託不御之權可以寄六尺之孤應劭曰言念主忘身憂國忘家如此可託權柄不須復制禦也六尺之孤未能自立者也此厲廉恥行禮誼之所致也主上何喪焉師古曰如此則於主上無所失此之不爲而顧彼之久行服虔曰彼謂亡國也師古曰顧反也久謂久行之也言何不爲投鼠忌器之法而反久行無陛級之事故曰可爲長太息者此也師古曰誼上疏言可爲長太息者六今此至三而止蓋史家直取其要切者耳故下贊云掇其切於世事者著于傳是時丞相絳侯周勃免就國人有告勃謀反逮繫長安獄治卒亡事復爵邑故賈誼以此譏上上深納其言養臣下有節是後大臣有罪皆自殺不受刑至武帝時稍復入獄自甯成始初文帝以代王入即位後分代爲兩國立皇子武爲代王參爲太原王小子勝則梁王矣後又徙代王武爲淮陽王而太原王參爲代王盡得故地居數年梁王勝死亡子誼復上疏曰陛下即不定制如今之埶不過一傳再傳服虔曰一二傳世也諸侯猶且人恣而不制豪植而大彊師古曰植立也漢法不得行矣陛下所以爲蕃扞及皇太子之所恃者唯淮陽代二國耳師古曰蕃翰得宜則嗣王安固故云皇太子之所恃也代北邊匈奴與彊敵爲鄰能自完則足矣而淮陽之比大諸侯廑如黑子之著面師古曰黑子今所謂黶子也著音直略反適足以餌大國耳師古曰餌謂爲其所吞食不足以有所禁禦方今制在陛下制國而令子適足以爲餌豈可謂工哉人主之行異布衣布衣者飾小行競小廉以自託於鄉黨人主唯天下安社稷固不耳高皇帝瓜分天下以王功臣反者如蝟毛而起師古曰蝟蟲名也其毛爲刺音謂以爲不可故蘄去不義諸侯而虛其國如淳曰不誼諸侯彭越黥布等師古曰蘄讀與芟同謂芟刈之擇良日立諸子雒陽上東門之外師古曰諸侯國皆在關東故於東門外立之也東面最北出門曰上東門畢以爲王而天下安師古曰畢猶盡○宋祁曰注末當有也字故大人者不牽小行以成大功今淮南地遠者或數千里越兩諸侯師古曰越過也兩諸侯梁及淮陽而縣屬於漢師古曰爲縣而屬漢○劉奉世曰縣讀如懸其吏民繇役往來長安者自悉而補中道衣敝應劭曰自悉其家資財補縫作衣師古曰悉盡也○宋祁曰新書云自悉以補行錢用諸費稱此師古曰稱音尺孕反其苦屬漢而欲得王至甚逋逃而歸諸侯者已不少矣其埶不可久臣之愚計願舉淮南地以益淮陽而爲梁王立後割淮陽北邊二三列城與東郡以益梁孟康曰列城城縣不可者可徙代王而都睢陽梁起於新郪以北著之河師古曰新郪潁川縣也郪音千移反著音直略反淮陽包陳以南揵之江晉灼曰包取也如淳曰揵謂立封界也或曰揵接也師古曰揵音鉅偃反則大諸侯之有異心者破膽而不敢謀梁足以扞齊趙淮陽足以禁吳楚陛下高枕終亡山東之憂矣此二世之利也如淳曰從誼言可二世安耳師古曰言帝身及太子嗣位之時當今恬然適遇諸侯之皆少師古曰恬安也少謂年少數歲之後陛下且見之矣夫秦日夜苦心勞力以除六國之旤今陛下力制天下頤指如意如淳曰但動頤指麾則所欲皆如意○劉奉世曰頤指兩事高拱以成六國之旤難以言智苟身亡事畜亂宿旤孰視而不定師古曰畜讀曰蓄○宋祁曰熟字舊本無灬後孰計亦無火當去四點萬年之後傳之老母弱子將使不寧不可謂仁臣聞聖主言問其臣而不自造事師古曰欲發言則問其臣故使人臣得畢其愚忠唯陛下財幸師古曰財與裁同裁擇而幸從其言文帝於是從誼計迺徙淮陽王武爲梁王北界泰山西至高陽得大縣四十餘城徙城陽王喜爲淮南王撫其民時又封淮南厲王四子皆爲列侯誼知上必將復王之也上疏諫曰竊恐陛下接王淮南諸子孟康曰接音挾挾持欲王淮南諸子也臣瓚曰謂以恩接待而王之師古曰二說皆非也謂接今時當即王之言不久也接猶續也猶今人言續復爾曾不與如臣者孰計之也淮南王之悖逆亡道天下孰不知其辠師古曰悖惑也音布內反陛下幸而赦遷之自疾而死天下孰以王死之不當今奉尊罪人之子適足以負謗於天下耳師古曰言若尊王其子則是厲王無罪漢枉殺之此人少壯豈能忘其父哉師古曰少壯猶言稍長大白公勝所爲父報仇者大父與伯父叔父也師古曰白公楚平王之孫太子建之子也大父即祖謂平王也伯父叔父平王諸子也事見春秋傳白公爲亂非欲取國代主也發忿快志剡手以衝仇人之匈師古曰剡利也音弋冉反固爲俱靡而已師古曰言與仇人俱滅獘也靡碎也音武彼反○宋祁曰越本靡武皮反淮南雖小黥布常用之矣漢存特幸耳師古曰言漢之勝布得存此直天幸耳夫擅仇人足以危漢之資於策不便師古曰言假四子以資權則當危漢雖割而爲四四子一心也予之衆積之財此非有子胥白公報於廣都之中即疑有剸諸荊軻起於兩柱之間師古曰剸諸剸吳王荊軻刺秦皇事見春秋傳及燕丹子也所謂假賊兵爲虎翼者也應劭曰周書云無爲虎傅翼將飛入邑擇人而食之願陛下少留計梁王勝墜馬死李奇曰文三王傳言揖此言勝爲有兩名誼自傷爲傅無狀師古曰無善狀常哭泣後歲餘亦死賈生之死年三十三矣後四歲齊文王薨亡子文帝思賈生之言迺分齊爲六國盡立悼惠王子六人爲王又遷淮南王喜於城陽而分淮南爲三國盡立厲王三子以王之後十年文帝崩景帝立三年而吳楚趙與四齊王合從舉兵韋昭曰四齊王膠東膠西菑川濟南也師古曰從音子容反西鄉京師師古曰鄉讀曰嚮梁王扞之卒破七國至武帝時淮南厲王子爲王者兩國亦反誅孝武初立舉賈生之孫二人至郡守賈嘉最好學世其家師古曰言繼其家業

贊曰劉向稱賈誼言三代與秦治亂之意其論甚美通達國體雖古之伊管未能遠過也師古曰伊伊尹管管仲使時見用功化必盛爲庸臣所害甚可悼痛追觀孝文玄默躬行以移風俗師古曰躬行謂身親儉約之行也自追觀以下並史家之詞誼之所陳略施行矣及欲改定制度以漢爲土德色上黃數用五及欲試屬國施五餌三表以係單于師古曰賈誼書謂愛人之狀好人之技仁道也信爲大操常義也愛好有實已諾可期十死一生彼將必至此三表也賜之盛服車乘以壞其目賜之盛食珍味以壞其口賜之音樂婦人以壞其耳賜之高堂邃宇倉庫奴婢以壞其腹於來降者上以召幸之相娛樂親酌而手食之以壞其心此五餌也○宋祁曰注文常義監本及新書皆云帝義也○其術固以疏矣誼亦天年早終雖不至公卿未爲不遇也凡所著述五十八篇掇其切於世事者著于傳云師古曰掇拾也音丁活反

前漢書卷四十八考證

賈誼傳謂隨夷溷兮謂跖蹻廉○按史記作世謂隨夷溷兮謂盜跖廉文選作謂隨夷爲溷兮謂跖蹻爲廉其他字句俱有同異今但據本書校正

誶曰○按史記作訊曰文選從之又如偭蟂獺史記作彌融爚遙增擊而去之史記作搖增翮文選作逝增繳

服似鴞○臣召南按史記云楚人命鴞曰服是一物二名漢書云似鴞則二物矣

單閼之歲四月孟夏○按史記作單閼之歲兮以下凡起句俱有兮字此班氏所刪也又按文選注文帝六年歲在丁卯

是時匈奴彊云云○臣召南按自此以下並漢書所詮敘也史記賈生與屈原同傳於經國之才救時之論槩未及錄故特詳補之其治安策及上書並賈子新書文刪節以入傳

可爲流涕者二○王應麟曰其一謂匈奴有可制之策而不用也其二論足食勸農班氏不載于傳而載之食貨志

可爲長太息者六○王應麟曰新書言庶人上僭班氏取爲太息之一秦俗經制二篇不以爲太息而班氏取爲太息之二論教太子是爲太息之三體貌大臣是爲太息之四又等齊篇論名分不正又銅布篇論收銅鑄錢此二者皆太息之說班氏削等齊篇不取而載銅布篇于食貨志故六太息止載三篇

夫樹國固必相疑之埶注鄭氏臣瓚云云師古曰鄭說是也○臣召南按如鄭說則本文固字應倒在必字之下於義不順如瓚說則樹國固當一讀于義甚長師古取鄭說似誤

上數爽其憂○顧炎武曰謂秦之所憂在孤立而漢之所憂在諸侯漢初之所憂在異姓而今之所憂在同姓

貫高利幾之謀不生○臣召南按利幾事見高紀幾本楚將降而封于潁川疑懼遂反高帝擊破之

陛下何不試以臣爲屬國之官○眞德秀曰此文下新

書言三表五餌而史削之又威令不信可爲流涕者此也下新書言天子之相號爲丞相諸侯之臣號爲丞相云云是臣主非有相臨之分尊卑之經也可爲長太息者此也而史削之

擇良日立諸子雒陽上東門之外注師古曰諸侯國皆在關東云云○臣召南按諸侯並在關東固不必言此文謂雒陽上東門也考高紀帝雖自雒陽入都關中而六年封子肥齊王七年立子如意代王九年徙王趙十一年立子恒代王子恢梁王子友淮陽王帝實在雒陽行封册也惟立子長淮南王十二年立子建燕王則帝在長安耳賈生從其最多者言之雒陽亦有上東門與長安門同名以地勢言之燕趙代在雒陽東北齊梁在其東吳楚淮南則在其東南也

前漢書卷四十九

漢　蘭　臺　令　史班　固撰

唐正議大夫行祕書少監琅邪縣開國子顏師古注

爰盎鼂錯傳第十九 師古曰鼂古朝字其下作朝蓋通用耳

爰盎字絲其父楚人也師古曰盎音一浪反故爲羣盜徙安陵師古曰羣盜者羣衆相隨而爲盜也高后時盎爲呂祿舍人孝文即位盎兄噲任盎爲郎中如淳曰盎爲兄所保任故得爲郎中也絳侯爲丞相朝罷趨出意得甚師古曰意甚自得也上禮之恭常目送之盎進曰丞相何如人也上曰社稷臣盎曰絳侯所謂功臣非社稷臣社稷臣主在與在主亡與亡如淳曰人主在時與共治在時之事人主雖亡其法度存當奉行之高祖誓非劉氏不王而勃等聽王諸呂是從生主之欲不與亡者也方呂后時諸呂用事擅相王劉氏不絕如帶師古曰言微細也是時絳侯爲太尉本兵柄師古曰執兵權之本弗能正呂后崩大臣相與共誅諸呂太尉主兵適會其成功所謂功臣非社稷臣丞相如有驕主色陛下謙讓師古曰如似也臣主失禮竊爲陛下弗取也後朝上益莊丞相益畏師古曰莊嚴也已而絳侯望盎曰吾與汝兄善今兒廼毀我師古曰望責怨之也盎遂不謝及絳侯就國人上書告以爲反徵繫請室師古曰請室獄也解在賈誼傳諸公莫敢爲言唯盎明絳侯無罪絳侯得釋盎頗有力絳侯廼大與盎結交淮南厲王朝殺辟陽侯師古曰自國入朝而殺之居處驕甚盎諫曰諸侯太驕必生患可適削地師古曰適讀曰謫上弗許淮南王益橫師古曰橫音胡孟反謀反發覺上徵淮南王遷之蜀檻車傳送盎時爲中郎將諫曰陛下素驕之弗稍禁以至此今又暴摧折之淮南王爲人剛有如遇霜露行道死陛下竟爲以天下大弗能容有殺弟名奈何上不聽遂行之○宋祁曰越本無遂字淮南王至雍病死聞師古曰雍是扶風雍縣聞於天子也○宋祁曰注是字當刪上輟食哭甚哀師古曰輟止也盎入頓首請辠師古曰自責以不強諫也上曰以不用公言至此盎曰上自寬此往事豈可悔哉且陛下有高世行三此不足以毀名上曰吾高世三者何事盎曰陛下居代時太后嘗病三年陛下不交睫解衣師古曰睫目旁毛也交睫謂睡寐也睫音接○宋祁曰解字上當有不字湯藥非陛下口所嘗弗進夫曾參以布衣猶難之○宋祁曰曾參字上本存孝字句義差足今陛下親以王者脩之過曾參遠矣諸呂用事大臣顓制師古曰顓與專同然陛下從代乘六乘傳馳不測淵鄭氏曰大臣亂乘傳而赴之故曰不測淵雖賁育之勇不及陛下孟康曰孟賁夏育皆古勇士也陛下至代邸西鄉讓天子者三南鄉讓天子者再師古曰鄉讀曰嚮夫許由一讓師古曰許由古高士堯讓天下於由由不受也陛下五以天下讓過許由四矣且陛下遷淮南王欲以苦其志使改過有司宿衞不謹故病死於是上廼解盎繇此名重朝廷師古曰繇讀與由同盎常引大體忼慨宦者趙談以數幸常害盎盎患之盎兄子種爲常侍騎諫盎曰君衆辱之後雖惡君上不復信師古曰惡謂譖毀之言其過惡於是上朝東宮趙談驂乘盎伏車前曰臣聞天子所與共六尺輿者皆天下豪英今漢雖乏人陛下獨奈何與刀鋸之餘共載○宋祁曰一本云刀鋸餘人載於是上笑下趙談談泣下車上從霸陵上欲西馳下峻阪盎攬轡師古曰攬與擥同上曰將軍怯邪盎言曰臣聞千金之子不垂堂師古曰言富人之子則自愛也垂堂謂坐堂外邊恐墜墮也○宋祁曰或無之字下同百金之子不騎衡如淳曰騎倚也衡樓殿邊欄楯也師古曰騎謂跨之耳非倚也聖主不乘危不徼幸今陛下騁六飛如淳曰六馬之疾若飛也馳不測山有如馬驚車敗陛下縱自輕柰高廟太后何上乃止上幸上林皇后慎夫人從其在禁中常同坐師古曰同坐謂所坐之處高下齊同無差等也及坐郎署長布席盎引卻慎夫人坐蘇林曰郎署上林中直衞之署也如淳曰盎時爲中郎將天子幸署豫設供帳待之故得引卻慎夫人坐也師古曰卻謂退而卑之也坐音材臥反○宋祁云趙本及景德本監本並無長布席三字一本云郎署長布席學官本無長布席三字若上云及坐郎署似不成語與上句了不綴屬必須曰郎署長布席義乃可安慎夫人怒不肯坐上亦怒起盎因前說曰臣聞尊卑有序則上下和今陛下既以立后慎夫人廼妾妾主豈可以同坐哉且陛下幸之則厚賜之陛下所以爲慎夫人適所以禍之也獨不見人豕乎張晏曰戚夫人也於是上廼說師古曰說讀曰悅入語慎夫人慎夫人賜盎金五十斤然盎亦以數直諫不得久居中調爲隴西都尉師古曰調選也音徒釣反仁愛士卒士卒皆爭爲死遷齊相徙爲吳相辭行種謂盎曰吳王驕日久國多姦今絲欲刻治如淳曰種稱叔父字曰絲彼不上書告君則利劍刺君矣南方卑溼絲能日飲亡何說王毋反而已師古曰無何言更無餘事如此幸得脫盎用種之計吳王厚遇盎盎告歸道逢丞相申屠嘉下車拜謁丞相從車上謝盎還媿其吏師古曰慙不見禮也乃之丞相舍上謁求見丞相師古曰上謁若今通名也丞相良久乃見因跪曰願請間師古曰欲因閒隙私有所白也丞相曰使君所言公事之曹與長史掾議之吾且奏之則私吾不受私語盎即起說曰君爲相自度孰與陳平絳侯師古曰度計量也與猶如也丞相曰不如盎曰善君自謂弗如夫陳平絳侯輔翼高帝定天下爲將相而誅諸呂存劉氏君廼爲材官蹶張遷爲隊帥如淳曰隊帥軍中小官師古曰帥音所類反積功至淮陽守非有奇計攻城野戰之功且陛下從代來每朝郎官者上書疏○宋祁曰郎官者既云郎官何更施者字明是官與宦者遞禁中人耳未嘗不止輦受其言不可用置之言可采未嘗不稱善何也欲以致天下賢英士大夫日聞所不聞以益聖師古曰日日得聞異言也○宋祁曰景德本無大夫上三字越本亦無大夫上字而此本獨無上字要須得之對下句君字而君自閉箝天下之口而日益愚師古曰箝籋也音其炎反夫以聖主責愚相君受禍不久矣丞相乃再拜曰嘉鄙人廼不知將軍幸教引與入坐爲上客盎素不好鼂錯錯所居坐盎輒避盎所居坐錯亦避兩人未嘗同堂語及孝景即位鼂錯爲御史大夫使吏案盎受吳王財物抵辠詔赦以爲庶人吳楚反聞師古曰聞於天子錯謂丞史曰如淳曰百官表御史大夫有兩丞丞史丞及史也爰盎多受吳王金錢專爲蔽匿言不反今果反欲請治盎宜知其計謀丞史曰事未發治之有絕如淳曰事未發之時治之乃有所絕也今兵西向治之何益且盎不宜有謀錯猶與未決師古曰與讀曰豫人有告盎盎恐夜見竇嬰爲言吳所以反願至前口對狀師古曰至天子之前也嬰入言上廼召盎盎入見竟言吳所以反獨急斬錯以謝吳吳可罷上拜盎爲泰常竇嬰爲大將軍兩人素相善是時諸陵長安中賢大夫爭附兩人車騎隨者日數百乘及鼂錯已誅盎以泰常使吳吳王欲使將不肯欲殺之使一都尉以五百人圍守盎軍中初盎爲吳相時從史盜私盎侍兒文穎曰婢也盎知之弗泄遇之如故人有告從史君知女與侍者通廼亡去盎驅自追之師古曰驅馳而追之遂以侍者賜之復爲從史及盎使吳見守從史適在守盎校爲司馬師古曰爲校中之司馬所領士卒正當守盎廼悉以其裝齎買二石醇醪師古曰裝齎謂所齎衣物自隨者也醇者不雜言其醲也醪汁滓合之酒也音牢會天寒士卒飢渴飲醉西南陬卒卒皆臥師古曰陬隅也飲音於禁反陬音子侯反又音鄒○宋祁曰古本飢字下有乏字今削之無害司馬夜引盎起曰君可以去矣吳王期旦日斬君盎弗信曰何爲者司馬曰臣故爲君從史盜侍兒者也盎乃驚謝曰公幸有親文穎曰言汝有親老吾不足絫公師古曰絫古累字也音力瑞反司馬曰君弟去師古曰弟但也臣亦且亡辟吾親如淳曰藏匿吾親不使過害也晉灼曰辟音避君何患廼以刀決帳道從醉卒直出師古曰於醉卒之處決帳而開令通道得亡也司馬與分背師古曰一時各去也盎解節旄懷之如淳曰不欲令人見屐步行七十里如淳曰著屐步行而逃亡明見梁騎馳去遂歸報文穎曰梁將軍擊吳楚者也師古曰遇梁軍之騎遂因得脫歸報天子吳楚已破上更以元王子平陸侯禮爲楚王以盎爲楚相嘗上書不用盎病免家居與閭里浮湛相隨行鬬雞走狗師古曰湛讀曰沈雒陽劇孟嘗過盎盎善待之安陵富人有謂盎曰吾聞劇孟博徒師古曰博戲之徒也將軍何自通之盎曰劇孟雖博徒然母死客送喪車千餘乘此亦有過人者且緩急人所有師古曰凡人在生不能無緩急之事夫一旦叩門不以親爲解張晏曰不語云親不聽也臣瓚曰凡人之於赴難齊危多以有父母爲解而孟兼行之師古曰瓚說是也解者若今言分疏矣不以在亡爲辭師古曰或實在家而辭云不在天下所望者獨季心劇孟文穎曰心季布弟也今公陽從數騎鄧展曰陽外也晉灼曰陽猶常也師古曰鄧說是也一旦有緩急寧足恃乎遂罵富人弗與通諸公聞之皆多盎師古曰多猶重盎雖居家景帝時時使人問籌策梁王欲求爲嗣盎進說其後語塞師古曰塞不行也梁王以此怨盎使人刺盎刺者至關中問盎稱之皆不容口師古曰稱美其德口不能容也廼見盎曰臣受梁王金刺君君長者不忍刺君然後刺者十餘曹如淳曰曹輩也備之盎心不樂家多怪廼之棓生所問占蘇林曰音棓文穎曰音陪秦時賢士善術者也師古曰蘇音文說是還梁刺客後曹果遮刺殺盎安陵郭門外

鼂錯潁川人也晉灼曰音厝置之厝師古曰據申屠嘉傳序云責通請錯匪躬之故以韻而言晉音是也潘岳西征賦乃讀爲錯雜之錯不可依也學申商刑名於軹張恢生所師古曰軹縣之儒生姓張名恢錯從之受申商法也與雒陽宋孟及劉帶同師以文學爲太常掌故應劭曰掌故六百石吏主故事錯爲人陗直刻深師古曰陗字與峭同峭謂峻陿也音千笑反孝文時天下亡治尚書者獨聞齊有伏生故秦博士治尚書年九十餘老不可徵廼詔太常使人受之太常遣錯受尚書伏生所還因上書稱說師古曰稱師法而說其義詔以爲太子舍人門大夫師古曰初爲舍人又爲門大夫遷博士又上書言人主所以尊顯功名揚於萬世之後者以知術數也張晏曰術數刑名之書也臣瓚曰術數謂法制治國之術也師古曰瓚說是也公孫弘云擅生殺之力通壅塞之塗權輕重之數論得失之道使遠近情僞必見於上謂之術此與錯所言同耳故人主知所以臨制臣下而治其衆則羣臣畏服矣

知所以聽言受事則不欺蔽矣知所以安利萬民則海內必從矣知所以忠孝事上則臣子之行備矣此四者臣竊爲皇太子急之人臣之議或曰皇太子亡以知事爲也師古曰言何用知事臣之愚誠以爲不然竊觀上世之君不能奉其宗廟而劫殺於其臣者皆不知術數者也皇太子所讀書多矣而未深知術數者不問書說也師古曰說謂所說之義也夫多誦而不知其說所謂勞苦而不爲功臣竊觀皇太子材智高奇馭射伎藝過人絕遠然於術數未有所守者以陛下爲心也張晏曰若伯魚須仲尼敎乃讀詩書也竊願陛下幸擇聖人之術可用今世者以賜皇太子因時使太子陳明於前唯陛下裁察上善之於是拜錯爲太子家令臣瓚曰茂陵中書太子家令秩八百石以其辯得幸太子太子家號曰智囊師古曰言其一身所有皆是智算若囊橐之盛物也是時匈奴彊數寇邊上發兵以禦之錯上言兵事曰臣聞漢興以來胡虜數入邊地小入則小利大入則大利高后時再入隴西攻城屠邑毆略畜產師古曰毆與驅同其後復入隴西殺吏卒大寇盜竊聞戰勝之威民氣百倍師古曰益奮厲也敗兵之卒沒世不復師古曰永挫折也自高后以來隴西三困於匈奴矣民氣破傷亡有勝意今茲隴西之吏賴社稷之神靈奉陛下之明詔和輯士卒底厲其節師古曰輯與集同底與砥同起破傷之民以當乘勝之匈奴用少擊衆殺一王敗其衆而法曰大有利○宋祁曰而法曰大有利此語絕不傍理蓋下有兵法曰故後人誤書耳當從淵本作敗其衆而有大利非隴西之民有勇怯迺將吏之制巧拙異也故兵法曰有必勝之將無必勝之民繇此觀之師古曰繇讀與由同安邊境立功名在於良將不可不擇也臣又聞用兵臨戰合刃之急者三師古曰合刃謂交兵一曰得地形二曰卒服習三曰器用利兵法曰丈五之溝漸車之水師古曰漸讀曰瀸謂浸也音子廉反山林積石經川丘阜師古曰經川常流之水也大陸曰阜屮木所在師古曰屮古草字此步兵之地也車騎二不當一土山丘陵曼衍相屬師古曰曼衍猶聯延也屬續也衍音弋戰反屬音之欲反平原廣野此車騎之地○宋祁曰地字下當有也字前後相準存也成文步兵十不當一平陵相遠川谷居閒師古曰閒謂遠離也仰高臨下此弓弩之地也短兵百不當一兩陳相近平地淺屮可前可後此長戟之地也劍楯三不當一萑葦竹蕭師古曰萑藡也葦葭也蕭蒿也萑音完屮木蒙蘢支葉茂接師古曰蒙蘢覆蔽之貌也蘢音來東反此矛鋋之地也師古曰鋋鐵把短矛也音上延反長戟二不當一曲道相伏險阸相薄此劍楯之地也弓弩三不當一士不選練卒不服習起居不精動靜不集師古曰集齊也趨利弗及避難不畢前擊後解與金鼓之音相失師古曰金金鉦也鼓所以進衆金所以止衆也○宋祁曰學官本越本並作金鼓之指據云金鼓則音爲是作指非此不習勒卒之過也百不當十兵不完利

與空手同甲不堅密與袒裼同應劭曰袒裼肉袒也師古曰裼音錫弩不可以及遠與短兵同射不能中與亡矢同中不能入與亡鏃同師古曰鏃矢鋒也音子木反此將不省兵之禍也師古曰省視也五不當一故兵法曰器械不利以其卒予敵也卒不可用以其將予敵也將不知兵以其主予敵也君不擇將以其國予敵也四者兵之至要也臣又聞小大異形彊弱異埶險易異備師古曰易平也音弋豉反夫卑身以事彊小國之形也合小以攻大敵國之形也師古曰彼我力均不能相勝則須連結外援共制之也以蠻夷攻蠻夷中國之形也師古曰不煩華夏之兵使其同類自相攻擊也今匈奴地形技藝與中國異上下山阪出入溪澗中國之馬弗與也師古曰與猶如險道傾仄且馳且射師古曰仄古側字中國之騎弗與也風雨罷勞飢渴不困師古曰罷讀曰疲中國之人弗與也此匈奴之長技也若夫平原易地輕車突騎師古曰易亦平也突騎言其驍銳可用衝突敵人也則匈奴之衆易撓亂也師古曰撓攪也音火高反其字從手一曰撓曲也弱也音女敎反其字從木勁弩長戟射疏及遠師古曰疏亦闊遠也○劉奉世曰長戟恐誤或者勁弩如今九牛大弩以槍爲矢歟故可射疏及遠也然戟有鉤又不可射則匈奴之弓弗能格也堅甲利刃長短相雜遊弩往來什伍俱前師古曰五人爲伍二伍爲什則匈奴之兵弗能當也材官騶發矢道同的蘇林曰騶音馬騶之騶如淳曰騶矢也處平易之地可以矢相射也臣瓚曰材官騎射之官也射者騶發其用矢者同中一的言其工妙也師古曰騶謂矢之善者也春秋左氏傳作蔽字其音同耳材官有材力者騶發發騶矢以射也手工矢善故中則同的的謂所射之準臬也蘇音失之矢臬音牛列反即謂臬也則匈奴之革笥木薦弗能支也孟康曰革笥以皮作如鎧者被之木薦以木板作如楯一曰革笥若薦楯木之以當人心也師古曰一說非也笥音息嗣反下馬地鬬劍戟相接去就相薄師古曰薄迫也則匈奴之足弗能給也師古曰給謂相連也此中國之長技也以此觀之匈奴之長技三中國之長技五陛下又興數十萬之衆以誅數萬之匈奴衆寡之計以一擊十之術也雖然兵凶器戰危事也以大爲小以彊爲弱在俛卬之閒耳師古曰言不知其術則雖大必小雖彊必弱也俛亦俯字卬讀曰仰夫以人之死爭勝跌而不振服虔曰蹉跌不可復起也師古曰跌足失據也跌音徒結反則悔之亡及也帝王之道出於萬全今降胡義渠蠻夷之屬來歸誼者其衆數千飲食長技與匈奴同可賜之堅甲絮衣勁弓利矢益以邊郡之良騎令明將能知其習俗和輯其心者師古曰輯與集同以陛下之明約將之即有險阻以此當之平地通道則以輕車材官制之兩軍相爲表裏各用其長技衡加之以衆張晏曰衡音橫師古曰衡即橫耳無勞借音此萬全之術也傳曰狂夫之言而明主擇焉臣錯愚陋昧死上狂言唯陛下財擇師古曰財與裁同也文帝嘉之乃賜錯璽書寵荅焉曰皇帝問太子家令上書言兵體三章聞之李奇曰三者得地形卒服習器用利書言狂夫之言而明主擇焉今則不然言者不狂而擇者

不明國之大患故在於此使夫不明擇於不狂是以萬聽而萬不當也錯復言守邊備塞勸農力本當世急務二事曰臣聞秦時北攻胡貉築塞河上師古曰貉音莫客反南攻揚粵張晏曰揚州之南越也置戍卒焉其起兵而攻胡粵者非以衞邊地而救民死也貪戾而欲廣大也故功未立而天下亂且夫起兵而不知其埶戰則爲人禽屯則卒積死夫胡貉之地積陰之處也木皮三寸冰厚六尺文穎曰土地寒故也食肉而飲酪其人密理鳥獸毳毛師古曰密理謂其肌肉也毳細毛也其性能寒師古曰能讀曰耐此下能暑亦同揚粵之地少陰多陽其人疏理鳥獸希毛其性能暑秦之戍卒不能其水土戍者死於邊輸者僨於道服虔曰僨仆也如淳曰僨音奮秦民見行如往棄市因以讁發之名曰讁戍先發吏有讁及贅壻賈人後以嘗有市籍者又後以大父母父母嘗有市籍者後入閭取其左孟康曰秦時復除者居閭之左後發役不供復役之也或云直先發取其左也師古曰閭里門也居閭之左者一切皆發之非謂復除也解在食貨志發之不順行者深恐有背畔之心凡民守戰至死而不降北者以計爲之也師古曰北謂敗退故戰勝守固則有拜爵之賞攻城屠邑則得其財鹵以富家室故能使其衆蒙矢石赴湯火師古曰蒙冒犯也視死如生今秦之發卒也有萬死之害而亡銖兩之報死事之後不得一算之復師古曰復除也音方目反天下明知禍烈及已也師古曰猛火曰烈取以喻耳陳勝行戍至於大澤爲天下先倡師古曰倡讀曰唱天下從之如流水者秦以威劫而行之之敝也胡人衣食之業不著於地師古曰著音直略反其埶易以擾亂邊竟師古曰竟讀曰境何以明之胡人食肉飲酪衣皮毛非有城郭田宅之歸居如飛鳥走獸於廣壄師古曰壄古野字○宋祁曰浙本居字下有也字獸字下有放字若去也去放語迫而不文放字猶害於義美草甘水則止草盡水竭則移以是觀之往來轉徙時至時去此胡人之生業而中國之所以離南畮也師古曰畮古畝字也南畝耕種之處也○宋祁曰景德本無以離二字校添刊誤亦改今使胡人數處轉牧行獵於塞下或當燕代或當上郡北地隴西以候備塞之卒卒少則入陛下不救則邊民絕望而有降敵之心救之少發則不足多發遠縣纔至則胡又已去李奇曰纔音裁師古曰纔淺也猶言僅至他皆類此聚而不罷爲費甚大罷之則胡復入如此連年則中國貧苦而民不安矣陛下幸憂邊境遣將吏發卒以治塞甚大惠也然令遠方之卒守塞一歲而更師古曰更謂易代也音庚又讀如本字不知胡人之能不如選常居者家室田作且以備之以便爲之高城深塹具藺石布渠荅服虔曰藺石可投人石也蘇林曰渠荅鐵疾藜也如淳曰藺石城上雷石也墨子曰城上二步一渠立程長三尺冠長十尺臂長六尺二步一荅荅廣九尺袤十二尺師古曰藺石如說是也渠荅蘇說是也雷音來內反○宋祁曰以便爲之存以字不成句且無義復爲一城其內城閒百五十步要

害之處通川之道調立城邑毋下千家師古曰調謂算度之也總計城邑之中令有千家上也調音徒釣反以爲中周虎落鄭氏曰虎落者外蕃也若今時竹虎也蘇林曰作虎落於塞要下以沙布其表旦視其跡以知匈奴來入一名天田師古曰蘇說非也虎落者以竹篾相連遮落之也先爲室屋具田器迺募辠人及免徒復作令居之張晏曰募民有罪自首除罪定輸作者也復作如徒也臣瓚曰募有罪者及罪人遇赦復作竟其日月者今皆除其罰令居之也師古曰瓚說是也復扶目反不足募以丁奴婢贖辠及輸奴婢欲以拜爵者不足迺募民之欲往者皆賜高爵復其家師古曰復音方目反予冬夏衣廩食能自給而止師古曰初徙之時縣官且廩給其衣食於後能自供贍乃止也郡縣之民得買其爵以自增至卿孟康曰食貨志所謂樂卿者也朝位從卿而無職也師古曰孟說非也樂卿武帝所置耳錯之上書未得豫言之也然二十等爵內無有卿名蓋謂其等級同列卿者也其亡夫若妻者縣官買予之人情非有匹敵不能久安其處塞下之民祿利不厚不可使久居危難之地胡人入驅而能止其所驅者以其半予之孟康曰謂胡人入爲寇驅略中國能奪得之者以半與之師古曰孟說非也言胡人入爲寇驅略漢人及畜產而能止得其所驅者令其本主以半賞之縣官爲贖張晏曰得漢人官爲贖也師古曰此承上句言謂官爲備償贖之耳張說非也其民如是○劉奉世曰其民當屬上句則邑里相救助赴胡不避死非以德上也師古曰言非以此事欲立德於主上也欲全親戚而利其財也此與東方之戍卒不習地埶而心畏胡者功相萬也如淳曰東方諸郡民不習戰鬬當戍邊者也以陛下之時徙民實邊使遠方亡屯戍之事塞下之民父子相保亡係虜之患利施後世名稱聖明其與秦之行怨民相去遠矣師古曰言發怨恨之人使行戍役也上從其言募民徙塞下錯復言陛下幸募民相徙以實塞下使屯戍之事益省輸將之費益寡如淳曰將送也或曰將資也甚大惠也下吏誠能稱厚惠奉明法師古曰稱副也存卹所徙之老弱善遇其壯士和輯其心而勿侵刻師古曰輯與集同使先至者安樂而不思故鄉則貧民相募而勸往矣臣聞古之徙遠方以實廣虛也師古曰所以充實寬廣空虛之地相其陰陽之和嘗其水泉之味審其土地之宜觀其屮木之饒然後營邑立城製里割宅通田作之道正阡陌之界先爲築室家有一堂二內門戶之閉張晏曰二內二房也置器物焉民至有所居作有所用此民所以輕去故鄉而勸之新邑也師古曰之往也爲置醫巫以救疾病以脩祭祀男女有昏師古曰昏謂婚姻配合也生死相卹墳墓相從種樹畜長張晏曰畜長六畜也師古曰種樹謂桑果之屬長音竹兩反○劉敞曰所種所樹畜積長茂室屋完安此所以使民樂其處而有長居之心也臣又聞古之制邊縣以備敵也使五家爲伍伍有長十長一里里有假士四里一連連有假五百服虔曰假音假借之假五百帥名也師古曰假大也音工雅反○劉奉世曰假服說是古者戍皆有攝代則不置故曰假謂其權設猶假司馬之類亦非常置也十連一邑邑有假候皆擇其邑之賢材有護師古曰有保護之能者也今流俗書本護字作讓妄改之耳習地形知民

心者居則習民於射法出則教民於應敵故卒伍成於內則軍正定於外服習以成勿令遷徙師古曰各守其業也幼則同遊長則共事夜戰聲相知則足以相救晝戰目相見則足以相識驩愛之心足以相死如此而勸以厚賞威以重罰則前死不還踵矣師古曰還讀曰旋旋踵回其足也所從之民非壯有材力但費衣糧不可用也雖有材力不得良吏猶亡功也陛下絕匈奴不與和親臣竊意其冬來南也師古曰意疑之也壹大治則終身創矣師古曰創懲艾也音初亮反○宋祁曰治字下疑有之字存之則語緩且易欲立威者始於折膠蘇林曰秋氣至膠可折弓弩可用匈奴常以爲候而出軍來而不能困使得氣去師古曰使其得勝逞氣志而去後未易服也愚臣亡識唯陛下財察後詔有司舉賢良文學士錯在選中上親策詔之曰惟十有五年九月壬子皇帝曰昔者大禹勤求賢士施及方外師古曰施延也音弋豉反四極之內舟車所至人迹所及靡不聞命以輔其不逮師古曰意所不及者取其言以自輔也近者獻其明遠者通厥聰比善戮力以翼天子師古曰比和也翼助也比音頻寐反是以大禹能亡失德夏以長楙師古曰楙楙美也高皇帝親除大害去亂從師古曰從音子容反亂從謂亂之蹤跡也一曰亂謂作亂者從謂合從者若六國時爲從者也今書本從下或有順字或有治字者皆非也後人妄加之也○劉奉世曰大害謂秦亂從謂項羽時漢得關中羽西向爭天下故曰亂從並建豪英以爲官師師古曰師長也各爲一官之長也字或作帥音所類反爲諫爭輔天子之闕而翼戴漢宗也賴天之靈宗廟之福方內以安澤及四夷今朕獲執天子之正以承宗廟之祀朕既不德又不敏明弗能燭而智不能治○宋祁曰智當作知此大夫之所著聞也故詔有司諸侯王三公九卿及主郡吏師古曰主郡吏謂郡守也各帥其志以選賢良明於國家之大體通於人事之終始及能直言極諫者各有人數將以匡朕之不逮二三大夫之行當此三道張晏曰三道國體人事直言也師古曰二三大夫總謂當時受策者非止錯一人焉朕甚嘉之故登大夫于朝親論朕志師古曰論告也大夫其上三道之要及永惟朕之不德吏之不平政之不宜民之不寧師古曰永長也惟思也四者之闕悉陳其志毋有所隱上以薦先帝之宗廟下以興愚民之休利著之於篇師古曰休美也篇謂簡也朕親覽焉觀大夫所以佐朕至與不至書之周之密之重之閉之師古曰重音直龍反興自朕躬師古曰言朕自發視也大夫其正論毋枉執事張晏曰毋爲有司枉撓也烏虖戒之師古曰虖讀曰呼二三大夫其帥志毋怠錯對曰平陽侯臣窋孟康曰曹窋參子也汝陰侯臣竈如淳曰夏侯嬰子也潁陰侯臣何文穎曰灌嬰子廷尉臣宜昌隴西太守臣昆邪服虔曰公孫昆邪也師古曰昆讀曰混音下昆反所選賢良太子家令臣錯師古曰詔列侯九卿及郡守舉賢良故錯爲窋等所舉昧死再拜言臣竊聞古之賢主莫不求賢以爲輔翼故黃帝得力牧而爲五帝先服虔曰力牧黃帝之佐也大禹得咎繇而爲三王祖齊桓得莞子而爲五伯長師古曰莞字與管同伯讀曰霸今陛下講于大禹及高皇帝之建豪英也臣瓚曰講謂講讀也退託於不明以求賢良師古曰自託不明是謙退讓之至也臣竊觀上世之傳師古曰謂史傳若高皇帝之建功業陛下之德厚而得賢佐皆有司之所覽刻於玉版藏於金匱歷之春秋紀之後世爲帝者祖宗與天地相終今臣窋等迺以臣錯充賦如淳曰猶言備數也臣瓚曰充賦此錯之謙也云如賦調也甚不稱明詔求賢之意臣錯少茅臣亡識知昧死上愚對曰詔策曰明於國家大體愚臣竊以古之五帝明之臣聞五帝神聖其臣莫能及故自親事師古曰親理萬幾之務處于法宮之中明堂之上如淳曰法宮路寢正殿也動靜上配天下順地中得人故衆生之類亡不覆也根著之徒亡不載也師古曰有根著地者皆載之也著音直略反燭以光明亡偏異也師古曰燭照也德上及飛鳥下至水蟲草木諸產皆被其澤師古曰被音皮義反然後陰陽調四時節日月光風雨時膏露降師古曰甘露凝如膏五穀孰祅孽滅賊氣息民不疾疫河出圖洛出書神龍至鳳鳥翔德澤滿天下靈光施四海此謂配天地治國大體之功也詔策曰通於人事終始愚臣竊以古之三王明之臣聞三王臣主俱賢故合謀相輔計安天下莫不本於人情人情莫不欲壽三王生而不傷也人情莫不欲富三王厚而不困也人情莫不欲安三王扶而不危也人情莫不欲逸三王節其力而不盡也其爲法令也合於人情而後行之其動衆使民也本於人事然後爲之取人以己內恕及人師古曰以己之心揆之於人也情之所惡不以彊人情之所欲不以禁民是以天下樂其政歸其德望之若父母從之若流水百姓和親國家安寧名位不失施及後世師古曰施延也音弋豉反此明於人情終始之功也詔策曰直言極諫愚臣竊以五伯之臣明之師古曰伯讀曰霸臣聞五伯不及其臣故屬之以國任之以事師古曰屬委也音之欲反五伯之佐之爲人臣也察身而不敢誣師古曰各察己之材用不敢踰越而誣上奉法令不容私盡心力不敢矜師古曰矜謂自伐也遭患難不避死見賢不居其上受祿不過其量不以亡能居尊顯之位自行若此可謂方正之士矣其立法也非以苦民傷衆而爲之機陷也孟康曰機發也陷穽也以之興利除害尊主安民而救暴亂也其行賞也非虛取民財妄予人也以勸天下之忠孝而明其功也故功多者賞厚功少者賞薄如此斂民財以顧其功師古曰顧讎也若今言雇賃也而民不恨者知與而安已也其行罰也非以忿怒妄誅而從暴心也師古曰從讀曰縱以禁天下不忠不孝而害國者也故辠大者罰重辠小者罰輕如此民雖伏罪至死而不怨者知罪罰之至自取之也立法若此可謂平正之吏矣法之逆者請而更之不以傷民師古曰更改也主行之暴者逆而復之不以傷國師古曰謂逆主意而反還之不令施行致傷國也復音扶目反救主之失補主之過揚主之美明主之功使主內亡邪辟之行外亡騫汙之名師古曰辟讀曰僻騫損也汙辱也事君若此可謂直言極諫之士矣此五伯之所以德匡天下威正諸侯功業甚美名聲章明舉天下之賢主五伯與焉師古曰與讀曰豫此身不及其臣而使得直言極諫補其不逮之功也今陛下人民之衆威武之重德惠之厚令行禁止之埶萬萬於五伯而賜愚臣策曰匡朕之不逮愚臣何足以識陛下之高明而奉承之詔策曰吏之不平政之不宣民之不寧愚臣竊以秦事明之臣聞秦始并天下之時其主不及三王而臣不及其佐師古曰臣亦不及三王之佐然功力不遲者何也地形便山川利財用足民利戰其所與並者六國六國者臣主皆不肖謀不輯師古曰輯與集同輯和也民不用故當此之時秦最富彊夫國富彊而鄰國亂者帝王之資也故秦能兼六國立爲天子當此之時三王之功不能進焉師古曰進前也言不在秦之前也及其末塗之衰也任不肖而信讒賊宮室過度者欲亡極師古曰耆讀曰嗜民力罷盡賦斂不節師古曰罷讀曰疲矜奮自賢羣臣恐諛張晏曰恐機發陷禍而爲諂諛以求自全也師古曰此說非也直爲恐懼而爲諂諛也恐音丘勇反驕溢縱恣不顧患禍妄賞以隨喜意妄誅以快怒心法令煩憯師古曰憯痛也言痛害於下憯音千感反刑罰暴酷輕絕人命身自射殺○宋祁曰殺字下疑有人字若直言身自射殺未見其事必著人字義乃易了天下寒心莫安其處姦邪之吏乘其亂法以成其威獄官主斷生殺自恣上下瓦解各自爲制秦始亂之時吏之所先侵者貧人賤民也至其中節所侵者富人吏家也及其末塗所侵者宗室大臣也是故親疏皆危外內咸怨離散逋逃人有走心陳勝先倡天下大潰師古曰倡讀曰唱絕祀亡世爲異姓福此吏不平政不宣民不寧之禍也今陛下配天象地覆露萬民如淳曰覆蔭也露膏澤也絕秦之迹除其亂法躬親本事廢去淫末除苛解嬈文穎曰嬈煩嬈也師古曰音如紹反寬大愛人肉刑不用辠人亡帑師古曰謂除收帑相坐律亡讀曰無帑讀曰孥非謗不治鑄錢者除張晏曰除鑄錢之律民得自鑄也師古曰非讀曰誹通關去塞張晏曰文帝十二年除關不用傳不孽諸侯應劭曰接之以禮不以庶孽畜之如淳曰孽疑也去關禁明無疑於諸侯師古曰應說是賓禮長老愛䘏少孤辠人有期張晏曰早決之也晉灼曰刑法志云辠人各以輕重不亡逃有年而免滿其年免爲庶人也師古曰晉說是也後宮出嫁尊賜孝悌農民不租張晏曰足用則除租也明詔軍師○宋祁曰師疑作帥軍帥有義言師無取愛士大夫求進方正廢退姦邪除去陰刑張晏曰宮刑也害民者誅憂勞百姓列侯就都師古曰各就其國也親耕節用視民不奢師古曰視讀曰示所爲天下興利除害變法易故以安海內者大功數十皆上世之所難及陛下行之道純德厚元元之民幸矣詔策曰永惟朕之不德愚臣不足以當之詔策曰悉陳其志毋有所隱愚臣竊以五帝之賢臣明之臣聞五帝其臣莫能及則自親之三王臣主俱賢則共憂之五伯不及其臣則任使之此所以神明不遺而賢聖不廢也師古曰遺棄也不棄神明之德不廢賢聖之名故各當其世而立功德焉傳曰往者不可及來者猶可待師古曰言各當其時務立功也能明其世者謂之天子此之謂也竊聞戰不勝者易其地民貧窮者變其業今以陛下神明德厚資財不下五帝師古曰資質也謂天子之財質臨制天下至今十有六年民不益富盜賊不衰邊竟未安師古曰竟讀曰境其所以然意者陛下未之躬親而待羣臣也今執事之臣皆天下之選已師古曰已語終之辭然莫能望陛下清光晉灼曰今之臣不能望見陛下之光景所及譬之猶五帝之佐也陛下不自躬親而待不望清光之臣臣竊恐神明之遺也師古曰言天子慮棄神明之德日損一日歲亡一歲日月益暮盛德不及究於天下師古曰究竟也以傳萬世愚臣不自度量竊爲陛下惜之昧死上狂惑屮茅之愚臣言○宋祁曰臣言字衍存之句不成唯陛下財擇時賈誼已死對策者百餘人唯錯爲高第繇是遷中大夫師古曰繇讀與由同錯又言宜削諸侯事及法令可更定者書凡三十篇孝文雖不盡聽然奇其材當是時太子善錯計策爰盎諸大功臣多不好錯景帝即位以錯爲內史錯數請閒言事輒聽幸傾九卿法令多所更定丞相申屠嘉心弗便力未有以傷內史府居太上廟堧中師古曰堧者內垣之外游地也音人緣反門東出不便錯迺穿門南出鑿廟堧垣丞相大怒欲因此過爲奏請誅錯錯聞之即請閒爲上言之丞相奏事因言錯擅鑿廟垣爲門請下廷尉誅上曰此非廟垣迺堧中垣不致於法丞相謝師古曰以所奏不當天子意故謝罷朝因怒謂長史曰吾當先斬以聞迺先請固誤丞相遂發病死錯以此愈貴遷爲御史大夫請諸侯之罪過削其支郡師古曰支郡在國之四邊者也奏上上令公卿列侯宗室雜議莫敢難獨竇嬰爭之繇此與錯有隙師古曰繇讀與由同錯所更令三十章師古曰更改也諸侯讙譁錯父聞之從潁川來謂錯曰上初即位公爲政用事如淳曰錯爲御史大夫位三公也侵削諸侯疏人骨肉口讓多怨公何爲也師古曰讓責也錯曰固也師古曰言固當如此不如此天子不尊宗廟不安父曰劉氏安矣而鼂氏危吾去公歸矣遂飲藥死曰吾不忍見禍逮身後十餘日吳楚七國俱反以誅錯爲名上與錯議出軍事錯欲令上自將兵而身居守會竇嬰言爰盎詔召入見上方與錯調兵食師古曰調謂計發之也音徒釣反上問盎曰君嘗

爲吳相知吳臣田祿伯爲人虖今吳楚反於公意何如對曰不足憂也今破矣上曰吳王卽山鑄錢煑海爲鹽(師古曰卽就也)誘天下豪桀白頭舉事此其計不百全豈發虖何以言其無能爲也盎對曰吳銅鹽之利則有之安得豪桀而誘之誠令吳得豪桀亦且輔而爲誼不反矣吳所誘皆亡賴子弟亡命鑄錢姦人故相誘以亂錯曰盎策之善上問曰計安出盎對曰願屛左右上屛人獨錯在盎曰臣所言人臣不得知迺屛錯錯趨避東箱甚恨(○宋祁曰一本恨字下有之字)上卒問盎(師古曰卒竟也)對曰吳楚相遺書言高皇帝王子弟各有分地(師古曰分音扶問反)今賊臣鼂錯擅適諸侯削奪之地(師古曰適讀曰謫)以故反名爲西共誅錯復故地而罷方今計獨有斬錯發使赦吳楚七國復其故地則兵可毋血刃而俱罷於是上默然良久曰顧誠何如吾不愛一人謝天下(師古曰顧念也誠實也)盎曰愚計出此唯上孰計之迺拜盎爲泰常密裝治行後十餘日丞相青翟中尉嘉廷尉歐(師古曰張歐也音區)劾奏錯曰吳王反逆亡道欲危宗廟天下所當共誅今御史大夫錯議曰兵數百萬獨屬羣臣不可信(師古曰屬委也音之欲反)陛下不如自出臨兵使錯居守徐僮之旁吳所未下者可以予吳(鄭展曰徐僮臨淮二縣也)錯不稱陛下德信欲疏羣臣百姓又欲以城邑予吳亡臣子禮大逆無道錯當要斬父母妻子同產無少長皆棄市臣請論如法制曰可錯殊不知迺使中尉召錯紿載行市(師古曰紿云乘車案行市中也行音下更反)錯衣朝衣斬東市(師古曰朝衣朝服也)錯已死謁者僕射鄧公爲校尉擊吳楚爲將還上書言軍事見上上問曰道軍所來(如淳曰道路從吳軍所來也師古曰道軍所來卽是從軍所來耳無煩更說道路也)聞鼂錯死吳楚罷不鄧公曰吳爲反數十歲矣發怒削地以誅錯爲名其意不在錯也且臣恐天下之士拑口不敢復言矣(師古曰拑音其炎反)上曰何哉鄧公曰夫鼂錯患諸侯彊大不可制故請削之以尊京師萬世之利也計畫始行卒受大戮(師古曰卒竟也)內杜忠臣之口外爲諸侯報仇(師古曰杜塞也)臣竊爲陛下不取也於是景帝喟然長息曰公言善吾亦恨之迺拜鄧公爲城陽中尉鄧公成固人也(師古曰漢中之縣)多奇計建元年中(○宋祁曰著年字則俗而不古但言中則是史常體)上招賢良公卿言鄧先(師古曰鄧先猶云鄧先生也一曰先者其名也)鄧先時免起家爲九卿一年復謝病免歸其子章以脩黃老言顯諸公閒

贊曰爰盎雖不好學亦善傅會(張晏曰因宜附著合會之)仁心爲質引義忼慨遭孝文初立資適逢世(張晏曰資財也適值其世得騁其才)時已變易(張晏曰謂景帝)及吳壹說果於用辯(師古曰謂殺鼂錯也)身亦不遂鼂錯銳於爲國遠慮而不見身害其父睹之經於溝瀆亡益救敗不如趙母指括以全其宗(張晏曰趙奢卒趙使趙括爲將其母言之趙王曰願王易括王不許母要王括有罪願不坐王許之後括果敗於長平以母前約故卒得不坐)悲夫錯雖不終世哀其忠故論其施行之語著于篇

前漢書卷四十九考證

爰盎傳爰盎○史記作袁　臣召南按爰與袁轅通史游急就章云爰展世師古注曰陳申公後世孫爰諸生爰濤塗因而命氏其後或爲轅字又作袁字本一族也按爰濤塗左傳作轅公穀作袁袁盎史記作袁漢書作爰實係通用

任盎爲郞中○郞中史記作中郞

是時絳侯爲太尉本兵柄○史記作主兵柄

今絲欲刻治○按從子呼叔父字僅見此文史記作苟欲劾治下文絲能日飮史記作君能日飮似爲得之

盎入見竟言吳所以反云云○臣召南按此文刪去史記鼂錯在前一段以詳序于錯傳中也

鼂錯傳及劉帶同師○劉帶史記作劉禮

爲太常掌故注應劭曰掌故六百石○林駉曰史記注應劭曰掌故百石此注六字衍文也

勁弩長戟射疏及遠○劉奉世曰長戟恐訛○胡三省曰文意各有所屬勁弩所以射疏長戟所以及遠也

復爲一城○眞德秀曰謂大城中復立一小城也

連有假五百○劉奉世曰謂假司馬之類○胡三省曰五百卽後所謂伍伯也賈公彥曰伍伯者漢制五人爲伍伯長也沈約曰舊說古者君行師從卿行旅從旅者五百人也今諸官府及郡各置五百四以象卿行旅從依古義也

上與錯議出軍○臣召南按此二句補史記之缺竇嬰言盎以下云云則裁取史記吳王濞傳中語丞相青翟等劾錯云云又補史記之缺但丞相青翟不當有翟字此陶青也誤與景紀同

贊亡益救敗不如趙母指括以全其宗○李覯曰史臣責錯父不逮趙括母何其鄙也鼂錯用至忠之畧與趙括必敗之勢異也使錯父爲之是沮其子爲忠也孰可擬議

前漢書卷五十

漢　蘭　臺　令　史班　固撰

唐正議大夫行秘書少監琅邪縣開國子顏師古注

張馮汲鄭傳第二十

張釋之字季南陽堵陽人也(師古曰堵音者索隱堵韋昭音赭又音如字地名屬南陽)與兄仲同居以貲爲騎郞(蘇林曰雇錢若出穀也如淳曰漢註貲五百萬得爲常侍郞師古曰如說是也)事文帝十年不得調(師古曰調選也音徒釣反○宋祁曰百官公卿表云孝文三年中郞將張釋之爲廷尉此傳云文帝十年不得調恐必有誤也)亡所知名釋之曰久宦減仲之產不遂(師古曰遂猶達也○宋祁曰達字下當添也字)欲免歸中郞將爰盎知其賢惜其去乃請徙釋之補謁者釋之旣朝畢因前言便宜事文帝曰卑之毋甚高論(師古曰令其議論依附時事也)令今可行也於是釋之言秦漢之閒事秦所以失漢所以興者(○宋祁曰漢字上當存而字所以緩其語)文帝稱善拜釋之爲謁者僕射從行上登虎圈(師古曰圈養獸之所也音求遠反)問上林尉禽獸簿(師古曰簿謂簿書也音步戶反)十餘問尉左右視盡不能對(師古曰視其屬官皆不能對也)虎圈嗇夫從旁代尉對上所問禽獸簿甚悉(師古曰悉謂詳盡也)欲以觀其能口對響應亡窮者(師古曰觀猶示也響讀曰響如響應聲言其疾也)文帝曰吏不當如此邪尉亡賴(張晏曰材無可恃也)詔釋之拜嗇夫爲上林令釋之前曰陛下以絳侯周勃何如人也上曰長者也又復問東陽侯張相如何如人也上復曰長者釋之曰夫絳侯東陽侯稱爲長者此兩人言事曾不能出口豈效此嗇夫喋喋利口捷給哉(晉灼曰喋音牒)且秦以任刀筆之吏爭以亟疾苛察相高(師古曰亟急也音居力反)其敝徒文具亡惻隱之實(師古曰文具謂具文而已)以故不聞其過陵夷至於二世天下土崩(師古曰陵夷頹替也解在成紀)今陛下以嗇夫口辯而超遷之臣恐天下隨風靡爭口辯亡其實且下之化上疾於景響舉錯不可不察也(師古曰響讀曰響錯音千故反)文帝曰善迺止不拜嗇夫就車召釋之驂乘徐行問釋之秦之敝(師古曰行且行且問也)具以質言(如淳曰質誠也)至宮上拜釋之爲公車令頃之太子與梁王共車入朝不下司馬門(如淳曰宮衞令諸出入殿門公車司馬門者皆下不如令罰金四兩)於是釋之追止太子梁王毋入殿門遂劾不下公門不敬奏之薄太后聞之文帝免冠謝曰敎兒子不謹薄太后使使承詔赦太子梁王然後得入文帝繇是奇釋之(師古曰繇讀與由同)拜爲中大夫頃之至中郞將從行至霸陵上居外臨廁(師古曰廁岸之邊側也解在劉向傳)時愼夫人從上指視愼夫人新豐道曰此走邯鄲道也(張晏曰愼夫人邯鄲人也如淳曰走音奏趣也師古曰視讀曰示)使愼夫人鼓瑟上自倚瑟而歌(李奇曰聲氣依倚瑟也師古曰倚瑟卽今之以歌合曲也倚音於綺反)意悽愴悲懷顧謂羣臣曰嗟乎以北山石爲椁用紵絮斮陳漆其閒豈可動哉(師古曰紵音竹呂反斮音側略反)左右皆曰善釋之前曰使其中有可欲雖錮南山猶有隙使其中亡可欲雖亡石椁又何戚焉(師古曰解在劉向傳)文帝稱善其後拜釋之爲廷尉頃之上行出中渭橋(張晏曰在渭橋中路○劉奉世曰渭上有橋非一此在中故曰中渭橋張說非也)有一人從橋下走乘輿馬驚於是使騎捕之屬廷尉(師古曰屬委也音之欲反次下亦同)釋之治問曰縣人來(如淳曰長安縣人也)聞蹕匿橋下久以爲行過(師古曰言天子已過)旣出見車騎卽走耳釋之奏當此人犯蹕(如淳曰乙令蹕先至而犯者罰金四兩師古曰當謂處其罪也)當罰金上怒曰此人親驚吾馬馬賴和柔令它馬固不敗傷我乎而廷尉迺當之罰金釋之曰法者天子所與天下公共也(師古曰公謂不私也)今法如是更重之是法不信於民也且方其時上使使誅之則已(師古曰言初執獲此人天子卽令誅之其事卽畢)今已下廷尉廷尉天下之平也壹傾天下用法皆爲之輕重民安所錯其手足(師古曰安焉也錯置也音千故反)唯陛下察之上良久曰廷尉當是也其後人有盜高廟座前玉環得(師古曰得者盜環之人爲吏所捕得也)文帝怒下廷尉治案盜宗廟服御物者爲奏當棄市上大怒曰人亡道迺盜先帝器吾屬廷尉者欲致之族而君以法奏之(師古曰法謂常法)非吾所以共承宗廟意也(師古曰共讀曰恭)釋之免冠頓首謝曰法如是足也且罪等(如淳曰俱死罪也盜玉環不若盜長陵土之逆○劉奉世曰此等讀如等級之等言凡罪之等差)然以逆順爲基(○宋祁曰基字上疑有本字)今盜宗廟器而族之有如萬分一假令愚民取長陵一抔土(張晏曰不欲指言故以取土喩也師古曰抔音步侯反謂手掬之也其字從手不忍言毀徹故止云取土耳今學者讀抔爲杯勺之杯非也杯非應盛土之物也○宋祁云新本抔作掊)陛下且何以加其法虖文帝與太后言之乃許廷尉當是時中尉條侯周亞夫與梁相山都侯王恬啓見釋之持議平(○宋祁曰啓作咸)迺結爲親友張廷尉繇此天下稱之(師古曰繇讀與由同)文帝崩景帝立釋之恐(師古曰以嘗劾帝不下司馬門)稱疾欲免去懼大誅至欲見則未知何如用王生計卒見謝景帝不過也王生者善爲黃老言處士嘗召居廷中公卿盡會立王生老人曰吾韤解(師古曰韤音武伐反)顧謂釋之爲我結韤釋之跪而結之(師古曰結讀曰係)旣已人或讓王生獨柰何廷辱張廷尉如此王生曰吾老且賤自度終亡益於張廷尉廷尉方天下名臣吾故聊使結韤欲以重之(○宋祁曰聊使結韤疑云聊使廷存廷跪二字乃是詳了前語不可刪也)諸公聞之賢王生而重釋之釋之事景帝歲餘爲淮南相猶尚以前過也年老病卒其子摯字長公官至大夫免以不能取容當世故終身不仕

馮唐祖父趙人也父徙代漢興徙安陵唐以孝著爲郞中署長(鄭氏曰以至孝聞也師古曰以孝得爲郞中而爲郞署之長也署音竹助反)事文帝帝輦過問唐曰父老何自爲郞家安在(師古曰言年已老矣何乃自爲

郎也崔浩以爲自從也從何爲郎此說非也。劉敞曰按文帝問因唐遂及居代時事則何自爲郎正問從何處來爲郎崔說是索隱過音戈具以實言文帝曰吾居代時吾尚食監高袪數爲我言趙將李齊之賢戰於鉅鹿下吾每飲食意未嘗不在鉅鹿也張晏曰每食念監所說李齊在鉅鹿時也父老知之乎唐對曰齊尚不如廉頗李牧之爲將也上曰何已師古曰已猶耳唐曰臣大父在趙時爲官帥將師古曰大父祖父也帥音所類反將音子亮反善李牧臣父故爲代相善李齊知其爲人也上既聞廉頗李牧爲人良說如淳曰良善也師古曰說讀曰悅聞頗牧之善帝意大悅。劉攽曰聞廉頗李牧爲人卽是知其實矣良說者甚喜也猶良久也迺拊髀曰師古曰髀音陛嗟乎吾獨不得廉頗李牧爲將豈憂匈奴哉唐曰主臣師古曰恐懼之言解在陳平傳。宋祁曰解在王陵傳注誤陛下雖有廉頗李牧不能用也上怒起入禁中良久召唐讓曰公衆辱我獨亡閒處虖師古曰何不閒隙之處而言唐謝曰鄙人不知忌諱當是時匈奴新大入朝那殺北地都尉卬上以胡寇爲意迺卒復問唐曰公何以言吾不能用頗牧也唐對曰臣聞上古王者遣將也跪而推轂曰闑以內寡人制之闑以外將軍制之韋昭曰門中橛爲闑師古曰音牛列反軍功爵賞皆決於外歸而奏之此非空言也臣大父言李牧之爲趙將居邊軍市之租皆自用饗士賞賜決於外不從中覆也師古曰覆謂覆白之也音芳目反委任而責成功故李牧乃得盡其知能選車千三百乘彀騎萬三千匹師古曰彀張弩也音遘百金之士十萬服虔曰良士直百金也如淳曰黃金一斤直萬言富家子弟可任使也師古曰百金喩其貴重耳服說是也是以北逐單于破東胡滅澹林鄭氏曰澹音擔石之擔如淳曰胡也匈奴傳曰晉北有擔林之胡樓煩之戎也師古曰澹音都甘反又音談西抑彊秦南支韓魏當是時趙幾伯師古曰幾致於霸也伯讀曰霸後會趙王遷立蘇林曰趙幽王其母倡也師古曰倡樂家之女用郭開讒而誅李牧令顏聚代之○宋祁曰聚一作最是以爲秦所滅今臣竊聞魏尚爲雲中守軍市租盡以給士卒出私養錢服虔曰私假錢也五日壹殺牛以饗賓客軍吏舍人是以匈奴遠避不近雲中之塞虜嘗一入尚帥車騎擊之所殺甚衆夫士卒盡家人子起田中從軍安知尺籍伍符李奇曰尺籍所以書軍令伍符軍士五五相保之符信也如淳曰漢軍法曰吏卒斬首以尺籍書下縣移郡令人故行不行奪勞二歲伍符亦什伍之符要節度也師古曰家人子謂庶人之家子也終日力戰斬首捕虜上功莫府一言不相應文吏以法繩之○宋祁曰繩字上疑有糾字句似長而義具其賞不行吏奉法必用愚以爲陛下法太明賞太輕罰太重且雲中守尚坐上功首虜差六級陛下下之吏削其爵罰作之繇此言之師古曰繇讀與由同陛下雖得李牧不能用也臣誠愚觸忌諱死罪文帝說師古曰說讀曰悅是日令唐持節赦魏尚復以爲雲中守而拜唐爲車騎都尉主中尉及郡國車士服虔曰車戰之士也十年景帝立以唐爲楚相武帝卽位求賢良舉唐

唐時年九十餘不能爲官迺以子遂爲郎遂字王孫亦奇士魏尚槐里人也

汲黯字長孺濮陽人也其先有寵於古之衞君也文穎曰六國時衞弱但稱君也至黯十世世爲卿大夫以父任孝景時爲太子洗馬孟康曰大臣任舉其子弟爲官以嚴見憚武帝卽位黯爲謁者東粵相攻上使黯往視之至吳而還報曰粵人相攻固其俗不足以辱天子使者河內失火燒千餘家上使黯往視之還報曰家人失火屋比延燒師古曰比近也言屋相近故連延而燒也比音頻寐反不足憂臣過河內河內貧人傷水旱萬餘家或父子相食臣謹以便宜持節發河內倉粟以振貧民請歸節伏矯制辠師古曰矯託也託奉制詔而行之上賢而釋之遷爲滎陽令黯恥爲令稱疾歸田里上聞迺召爲中大夫以數切諫不得久留內遷爲東海太守黯學黃老言治官民好清靜擇丞史任之如淳曰擇郡丞及史任之也鄭當時爲大司農官屬丞史亦是也責大指而已不細苛黯多病臥閤內不出歲餘東海大治稱之上聞召爲主爵都尉列於九卿治務在無爲而已引大體不拘文法爲人性倨少禮師古曰倨簡傲也音居庶反面折不能容人之過合己者善待之不合者弗能忍見士亦以此不附焉然好游俠任氣節行修絜其諫犯主之顏色常慕傅伯爰盎之爲人應劭曰傅伯梁人爲孝王將素抗直也善灌夫鄭當時及宗正劉棄疾亦以數直諫不得久居位是時太后弟武安侯田蚡爲丞相中二千石拜謁蚡弗爲禮黯見蚡未嘗拜揖之上方招文學儒者上曰吾欲云云張晏曰所言欲施仁義也師古曰云云猶言如此如此也史略其辭耳黯對曰陛下內多欲而外施仁義柰何欲效唐虞之治虖上怒變色而罷朝公卿皆爲黯懼上退謂人曰甚矣汲黯之戇也羣臣或數黯師古曰數責之音所具反黯曰天子置公卿輔弼之臣寧令從諛承意陷主於不誼虖且已在其位縱愛身柰辱朝廷何黯多病病且滿三月上常賜告者數終不瘉如淳曰杜欽所謂病滿賜告詔恩也數者非一也師古曰數音所角反瘉與愈同最後嚴助爲請告上曰汲黯何如人也曰使黯任職居官亡以瘉人師古曰瘉勝也讀與愈同然至其輔少主守成雖自謂賁育弗能奪也師古曰孟賁夏育皆古之勇士也賁音奔上曰然古有社稷之臣至如汲黯近之矣大將軍青侍中上踞廁視之如淳曰廁溷也孟康曰廁牀邊側也師古曰如說是也○劉奉世曰廁當從孟說古者見大臣則御坐爲起然則踞廁者輕之也丞相弘宴見上或時不冠至如見黯不冠不見也上嘗坐武帳應劭曰武帳織成帳爲武士象也孟康曰今御武帳置兵闌五兵於帳中也師古曰孟說是也黯前奏事上不冠望見黯避帷中使人可其奏其見敬禮如此張湯以更定律令爲廷尉師古曰更改也黯質責湯於上前師古曰質對之也曰公爲正卿上不能褒先帝之功業下不能化天下之邪心安國富民使囹圄空虛何空取高皇帝約束紛更之爲師古曰言何爲乃紛亂而改更也而公以此無種矣師古曰言當誅及子孫也黯時與湯論議湯辯常在文深小苛黯憤發罵曰天下謂刀筆吏不可爲公卿果然必湯也令天下重足而立仄目而視矣師古曰重累其足言懼甚也仄古側字也是時漢方征匈奴招懷四夷黯務少事間常言與胡和親毋起兵師古曰每因間隙而言也上方鄉儒術師古曰鄉讀曰嚮尊公孫弘及事益多吏民巧○宋祁曰遷史作吏民巧弄上分別文法湯等數決讞以幸而黯常毀儒面觸弘等徒懷詐飾智以阿人主取容而刀筆之吏專深文巧詆師古曰詆毀辱也音丁禮反陷人於罔以自爲功上愈益貴弘湯弘湯心疾黯雖上亦不說也師古曰說讀曰悅欲誅之以事師古曰以事致其罪而誅也弘爲丞相迺言上曰右內史界部中多貴人宗室難治非素重臣弗能任請徙黯爲右內史數歲官事不廢大將軍青既益尊姊爲皇后然黯與亢禮或說黯曰自天子欲令羣臣下大將軍師古曰下音胡稼反大將軍尊貴誠重君不可以不拜黯曰夫以大將軍有揖客反不重耶師古曰言能降貴以禮士最爲重也大將軍聞愈賢黯數請問以朝廷所疑遇黯加於平日淮南王謀反憚黯曰黯好直諫守節死義至說公孫弘等如發蒙耳師古曰說音式銳反上既數征匈奴有功黯言益不用始黯列九卿矣而公孫弘張湯爲小吏及弘湯稍貴與黯同位黯又非毀弘湯已而弘至丞相封侯湯御史大夫黯時丞史皆與同列或尊用過之黯褊心不能無少望師古曰褊陿也望怨也見上言曰陛下用羣臣如積薪耳後來者居上黯罷上曰人果不可以無學觀汲黯之言日益甚矣師古曰言其鄙俚也或曰積薪之言出曾子故云不可無學也居無何匈奴渾邪王帥衆來降師古曰渾音胡昆反漢發車三萬乘縣官亡錢從民貰馬師古曰貰賖買也民或匿馬馬不具上怒欲斬長安令黯曰長安令亡罪獨斬臣黯民迺肯出馬且匈奴畔其主而降漢徐以縣次傳之何至令天下騷動罷中國甘心夷狄之人乎師古曰罷讀曰疲上默然後渾邪王至賈人與市者坐當死五百餘人黯入請間見高門晉灼曰三輔黃圖未央宮中有高門殿也曰夫匈奴攻當路塞絕和親中國舉兵誅之死傷不可勝計而費以鉅萬百數師古曰數百鉅萬也臣愚以爲陛下得胡人皆以爲奴婢賜從軍死者家鹵獲因與之以謝天下塞百姓之心師古曰塞滿也今縱不能渾邪帥數萬之衆來虛府庫賞賜發良民侍養若奉驕子愚民安知市買長安中而文吏繩以爲闌出財物如邊關乎應劭曰闌妄也律胡市吏民不得持兵器及鐵出關雖於京師市買其法一也臣瓚曰無符傳出入爲闌也陛下縱不能得匈奴之贏以謝天下師古曰贏餘也音弋成反又以微文殺無知者五百餘人臣竊爲陛下弗取也上弗許曰吾久不聞汲黯之言今又復妄發矣後數月黯坐小法會赦免官於是黯隱於田園者數年會更立五銖錢民多盜鑄錢者楚地尤甚上以爲淮陽楚地之郊也師古曰郊謂交道衝要之處也召黯拜爲淮陽太守黯伏謝不受印綬詔數彊予然後奉詔召上殿黯泣曰臣自以爲塡溝壑不復見陛下師古曰塡音大賢反不意陛下復收之臣常有狗馬之心師古曰今思報效病力不能任郡事師古曰力謂甚也臣願爲中郎出入禁闥補過拾遺臣之願也上曰君薄淮陽邪吾今召君矣師古曰言後卽召也顧淮陽吏民不相得師古曰顧謂思念也吾徒得君重師古曰徒但也重威重也臥而治之黯既辭過大行李息曰黯棄逐居郡不得與朝廷議矣師古曰與讀曰豫然御史大夫湯智足以距諫詐足以飾非非肯正爲天下言專阿主意主意所不欲因而毀之主意所欲因而譽之好興事舞文法師古曰舞猶弄也內懷詐以御主心外挾賊吏以爲重公列九卿不早言之何師古曰言何不早言也公與之俱受其戮矣息畏湯終不敢言黯居郡如其故治淮陽政清後張湯敗上聞黯與息言抵息罪令黯以諸侯相秩居淮陽如淳曰諸侯王相在郡守上秩眞二千石律眞二千石月得百五十斛歲凡得千八百石耳二千石月得百二十斛歲凡得一千四百四十石耳居淮陽十歲而卒卒後上以黯故官其弟仁至九卿子偃至諸侯相黯姊子司馬安亦少與黯爲太子洗馬安文深巧善宦四至九卿以河南太守卒昆弟以安故同時至二千石十人濮陽段宏始事蓋侯信服虔曰景帝王皇后兄也信任宏蘇林曰任保舉官亦再至九卿然衞人仕者皆嚴憚汲黯出其下

鄭當時字莊陳人也其先鄭君嘗事項籍籍死而屬漢高祖令諸故項籍臣名籍鄭君獨不奉詔詔盡拜名籍者爲大夫而逐鄭君鄭君死孝文時當時以任俠自喜脫張羽於阸服虔曰梁孝王將楚相之弟也師古曰喜音許吏反脫音佗活反聲聞梁楚閒孝景時爲太子舍人每五日洗沐常置驛馬長安諸郊如淳曰郊交道四通處也以請賓客便臣瓚曰長安四面郊祀之處閑靜可以請賓客也師古曰二說皆非也此謂長安城外四面之郊耳邑外謂之郊近郊二十里○劉奉世曰近郊乃三十里蓋字誤然不必分別遠近請謝賓客夜以繼日至明旦常恐不徧當時好黃老言其慕長者如恐不稱師古曰恐不稱其意自見年少官薄劉攽曰其慕長者禮意不稱所自見卽以爲慊然自見當屬上句然其知友皆大父行天下有名之士也師古曰大父謂祖父音胡浪反武帝卽位當時稍遷爲魯中尉濟南太守江都相至九卿爲右內史以武安魏其時議貶秩爲詹事師古曰議田蚡及竇嬰事遷爲大司農當時爲大吏戒門下客至亡貴賤亡留門下者○宋祁曰邵本無下字執賓主之禮以其貴下人性廉又不治產卬奉賜給諸公

師古曰卬音牛向反奉音扶用反然其餽遺人不過具器食師古曰猶今言一盤食也每朝候上間說未嘗不言天下長者師古曰候天子間隙之時其所稱說皆言長者也其推轂士及官屬丞史誠有味其言也師古曰推轂言薦舉人如推轂之運轉也有味者其言甚美也常引以爲賢於己未嘗名吏與官屬言若恐傷之聞人之善言進之上唯恐後山東諸公以此翕然稱鄭莊使視決河自請治行五日如淳曰治行謂莊嚴上曰吾聞鄭莊行千里不齎糧治行者何也然當時在朝常趨和承意師古曰趨讀曰趣趣向也和音胡臥反不敢甚斥臧否漢征匈奴招四夷天下費多財用益屈師古曰屈盡也音其勿反當時爲大司農任人賓客僦晉灼曰當時爲大司農而任使其賓客辜較作僦也師古曰僦謂受顧賃而載運也言當時保任其賓客於司農載運也僦音子就反入多逋負司馬安爲淮陽太守發其事當時以此陷罪贖爲庶人頃之守長史如淳曰丞相長史也遷汝南太守數歲以官卒昆弟以當時故至二千石者六七人當時始與汲黯列爲九卿內行修兩人中廢賓客益落師古曰落落散也當時死家亡餘財先是下邽翟公爲廷尉蘇林曰邽音圭京兆縣名也賓客亦填門師古曰填滿也音田及廢門外可設爵羅師古曰言其寂靜無人行也後復爲廷尉客欲往翟公大署其門師古曰署謂書之曰一死一生迺知交情一貧一富迺知交態一貴一賤交情迺見師古曰見音胡電反

贊曰張釋之之守法馮唐之論將汲黯之正直鄭當時之推士不如是亦何以成名哉揚子以爲孝文親詘帝尊以信亞夫之軍師古曰揚子謂揚雄也信讀曰伸曷爲不能用頗牧彼將有激云爾師古曰謂馮唐欲理魏尚故以此言激文帝也

前漢書卷五十考證

張釋之傳尉左右視盡不能對注視其屬官盡不能對○胡三省曰蓋帝問之而不能對故倉皇失措而左右視也顏注非

然以順逆爲基○按基字史記作差文義甚明

與梁相山都侯王恬啓○宋祁曰啓作咸○臣召南按如宋說則咸字屬下文爲句也但山都侯自名恬啓史無截去人名一字之理史記以避景帝諱作王恬開注徐廣曰漢書作啓即知本文作王恬啓矣宋說無謂

馮唐傳爲郎中署長○史記作爲中郎署長又父老何自爲郎父老知之乎史記並無老字

趙將李齊○胡三省曰鉅鹿之戰當是秦將王離圍鉅鹿時

軍市之租○索隱曰軍中立市市有稅即租也

汲黯傳至黯十世○臣召南按史記作七世又治官民史記作治官理民此傳於史記本文字句多所刪節處如嚴助言黯輔少主守城深堅招之不來麾之不去雖自謂賁育弗能奪也漢書改守城爲守成又刪深堅以下二句黯言以徵文殺無知者五百餘人是所謂庇其葉而傷其枝者也漢書刪去是所謂一句皆不如本文遠甚

召爲主爵都尉○臣召南按公卿表黯以建元六年爲主爵都尉十一年徙爲右內史元朔五年也主爵都尉掌列侯

居淮陽十歲而卒○史記作七歲

鄭當時傳遷爲大司農○臣召南按史記作遷爲大農令是也當時爲大農令在元光中至太初元年始改曰大司農此史文偶然失檢處也

下邽翟公爲廷尉○臣召南按公卿表翟公爲廷尉在元光五年

前漢書卷五十一

漢　蘭　臺　令　史班　固撰

唐正議大夫行秘書少監琅邪縣開國子顏師古注

賈鄒枚路傳第二十一

賈山潁川人也祖父祛故魏王時博士弟子也師古曰六國時魏也山受學祛所言涉獵書記不能爲醇儒師古曰涉若涉水獵若獵獸言歷覽之不專精也醇者不雜也嘗給事潁陰侯爲騎師古曰爲騎者常騎馬而從也孝文時言治亂之道借秦爲諭名曰至言其辭曰臣聞爲人臣者盡忠竭愚以直諫主不避死亡之誅者臣山是也臣不敢以久遠論願借秦以爲諭唯陛下少加意焉夫布衣韋帶之士師古曰言貧賤之人也韋帶以單韋爲帶無飾也○宋祁曰韋帶南本浙本作革帶修身於內成名於外而使後世不絕息至秦則不然貴爲天子富有天下賦斂重數百姓任罷師古曰數屢也任謂役事也罷讀曰疲任疲言疲於役使也赭衣半道羣盜滿山師古曰犯罪者則衣赭衣行道之人半著赭衣言被罪者衆也盜賊皆依山爲阻故云滿山也使天下之人戴目而視傾耳而聽師古曰戴目者言常遠視有異志也傾耳而聽言樂禍亂也一夫大譁天下嚮應者陳勝是也師古曰譁字與呼同譁叫也音火故反嚮讀曰響秦非徒如此也起咸陽而西至雍離宮三百師古曰凡言離宮者皆謂於別處置之非常所居也鐘鼓帷帳不移而具又爲阿房之殿殿高數十仞師古曰阿房者言殿之四阿皆爲房也一說大陵曰阿言其殿高若於阿上爲房也房字或作旁說云始皇作此殿未有名以其去咸陽近且號阿房阿近也八尺曰仞東西五里南北千步從車羅騎四馬騖馳旌旗不橈師古曰橈屈也言庭之廣大殿之高敞衆騎騖驚無所迫觸建立旌旗不屈撓撓音女孝反○宋祁曰注屈撓下當有也字爲宮室之麗至於此使其後世曾不得聚廬而託處焉爲馳道於天下東窮燕齊南極吳楚江湖之上瀕海之觀畢至師古曰瀕水涯也瀕海謂緣海之邊也畢盡也瀕音頻又音賓字或作濱音義同道廣五十步三丈而樹厚築其外隱以金椎服虔曰作壁如甬道隱築也以鐵椎築之師古曰築令堅實而使隆高耳不爲甬壁也隱音於靳反樹以青松爲馳道之麗至於此使其後世曾不得邪徑而託足焉死葬乎驪山吏徒數十萬人師古曰吏以督領徒以役作也○宋祁曰乎當作虖曠日十年師古曰曠空也廢也言爲重役空廢時日積年歲也下徹三泉師古曰三重之泉言其深也合采金石冶銅錮其內桼塗其外師古曰錮謂鑄而合之也音固被以珠玉飾以翡翠應劭曰雄曰翡雌曰翠臣瓚曰異物志云翡色赤而大於翠師古曰鳥各別類非雄雌異名也被音皮義反中成觀游上成山林爲葬薶之侈至於此使其後世曾不得蓬顆蔽冢而託葬焉服虔曰謂塊堁作冢冢小也臣瓚曰蓬顆猶裸顆小冢也晉灼曰東北人名土塊爲蓬顆師古曰諸家之說皆非也顆謂土塊蓬顆言塊上生蓬者耳舉此以對冢上山林故言蓬顆蔽冢也顆音口果反秦以熊羆之力虎狼之心蠶食諸侯并吞海內而不篤禮義師古曰篤厚也故天殃已加矣臣昧死以聞願陛下少留意而詳擇其中師古曰中音竹仲反臣聞忠臣之事君也言切直則不用而身危不切直則不可以明道故切直之言明主所欲急聞忠臣之所以蒙死而竭知也師古曰蒙謂冒犯也地之磽者雖有善種不能生焉師古曰磽埆瘠薄也磽音口交反江皋河瀕雖有惡種無不猥大李奇曰皋水邊淤地也師古曰猥盛也昔者夏商之季世雖關龍逢箕子比干之賢身死亡而道不用服虔曰關龍逢桀之忠臣也師古曰比干諫紂而紂殺之論語曰微子去之箕子爲之奴比干諫而死文王之時豪俊之士皆得竭其智芻蕘採薪之人皆得盡其力師古曰芻刈草也蕘草薪也言執賤役者也大雅板之詩曰詢于芻蕘此周之所以興也故地之美者善養禾君之仁者善養士雷霆之所擊無不摧折者師古曰霆疾雷也音廷萬鈞之所壓無不糜滅者今人主之威非特雷霆也師古曰特獨也埶重非特萬鈞也開道而求諫和顏色而受之用其言而顯其身士猶恐懼而不敢自盡又迺況於縱欲恣行暴虐惡聞其過乎○宋祁曰乎當作虖震之以威壓之以重師古曰震動也則雖有堯舜之智孟賁之勇豈有不摧折者哉師古曰孟賁古之勇士音奔如此則人主不得聞其過失矣弗聞則社稷危矣古者聖王之制史在前書過失工誦箴諫李奇曰古有誦詩之工記過之史常在君側也師古曰箴戒也音之林反瞽誦詩諫師古曰瞽無目之人公卿比諫李奇曰相親比而諫也或曰比方事類以諫也師古曰比方是也士傳言諫過庶人謗於道商旅議於市師古曰旅衆也然後君得聞其過失也聞其過失而改之見義而從之所以永有天下也天子之尊四海之內其義莫不爲臣然而養三老於太學親執醬而餽執爵而酳師古曰餽字與饋同進食曰饋酳者少少飲酒謂食已而蕩口也音胤祝饐在前祝鯁在後師古曰饐古噎字謂食不下也以老人好饐鯁故爲備祝以祝之○宋祁曰饐當作餲公卿奉杖大夫進履舉賢以自輔弼求修正之士使直諫師古曰修正謂修身正行者故以天子之尊尊養三老視孝也師古曰視讀曰示立輔弼之臣者恐驕也置直諫之士者恐不得聞其過也學問至於芻蕘者求善無饜也商人庶人誹謗已而改之從善無不聽也昔者秦政力并萬國富有天下破六國以爲郡縣築長城以爲關塞秦地之固大小之埶輕重之權其與一家之富一夫之彊胡可勝計也師古曰胡何也勝盡也然而兵破於陳涉地奪於劉氏者何也秦王貪狼暴虐殘賊天下窮困萬民以適其欲也師古曰適快也昔者周蓋千八百國以九州之民養千八百國之君用民之力不過歲三日什一而籍師古曰什一謂十分之中公取一也籍借也謂借人力也一曰爲簿籍而稅之君有餘財民有餘力而頌聲作師古曰頌者六詩之一美盛德之形容蓋帝王之嘉致秦皇帝以千八百國之民自養力罷不能勝其役財盡不能勝其求師古曰勝堪也罷讀曰疲以下亦同一君之身耳所以自養者馳騁弋獵之娛天下弗能供也師古曰弋繳射也勞罷者不得休息飢寒者不得衣食亡罪而死刑者無所告訴人與之爲怨家與之爲讎師古曰言人人爲怨家家家爲讎故天下壞也秦皇帝身在之時天下已壞矣而弗自知也秦皇帝東巡狩至會稽琅邪刻石著其功自以爲過堯舜統如淳曰統繼也堯舜子不才不能長世而秦自以過堯舜可至萬世也師古曰此說非也統治也言自美功德治理天下過於堯舜也其下乃言以一至萬之事縣石鑄鍾虡服虔曰縣石以爲磬也蘇林曰秦欲平天下使輕重如石之在稱也師古曰二說皆非也縣稱也石百二十斤稱鐵之斤石以鑄鍾虡言其奢泰也虡猛獸之名謂鍾鼓之柎飾爲此獸虡音鉅篩土築阿房之宮師古曰篩以竹簁爲之篩音師簁音山爾反自以爲萬世有天下也古者聖王作謚三四十世耳雖堯舜禹湯文武絫世廣德師古曰絫古累字以爲子孫基業無過二三十世者也張晏曰夏十七世殷三十一世周三十六世秦皇帝曰死而以謚法是父子名號有時相襲也以一至萬則世世不相復也師古曰復重也音扶目反故死而號曰始皇帝其次曰二世皇帝者欲以一至萬也秦皇帝計其功德度其後嗣世世無窮師古曰度音大各反然身死纔數月耳師古曰纔淺也天下四面而攻之宗廟滅絕矣秦皇帝居滅絕之中而不自知者何也天下莫敢告也其所以莫敢告者何也亡養老之義亡輔弼之臣亡進諫之士縱恣行誅退誹謗之人殺直諫之士是以道諛媮合苟容師古曰道讀曰導導引主意於邪也媮與偷同比其德則賢於堯舜課其功則賢於湯武天下已潰而莫之告也師古曰水旁決曰潰言天下之壞如水潰詩曰匪言不能胡此畏忌聽言則

對諸言則退此之謂也師古曰此大雅桑柔之篇也言賢者見事之是非非不能分別言之而不言者何也此但畏忌犯顏得罪罰也又言言而見聽則悉意荅對不見信受則屏退也今詩本云聽言則對誦言如醉說者又別爲義與此不同○宋祁曰注文又言言而見聽南本浙本並無一言字余謂當存二言字又曰濟濟多士文王以寧師古曰此大雅文王之篇也濟濟多威儀也此言文王以多士之故能安天下也天下未嘗亡士也然而文王獨言以寧者何也文王好仁則仁興得士而敬之則士用用之有禮義○宋祁曰禮義下句未屬疑文不足故不致其愛敬則不能盡其心不能盡其心則不能盡其力不能盡其力則不能成其功故古之賢君於其臣也尊其爵祿而親之疾則臨視之亡數師古曰言心實憂念之不爲禮飾也死則往弔哭之臨其小斂大斂已棺塗而後爲之服錫衰麻絰師古曰已棺謂已大斂也塗謂塗殯也錫衰十五升布無事其縷者也棺音工喚反而三臨其喪未斂不飲酒食肉未葬不舉樂當宗廟之祭而死爲之廢樂故古之君人者於其臣也可謂盡禮矣服法服端容貌正顏色然後見之故臣下莫敢不竭力盡死以報其上功德立於後世而令聞不亡也師古曰令善也聞謂聲之聞也今陛下念思祖考術追厥功師古曰術亦作述圖所以昭光洪業休德師古曰圖謀也休美也使天下舉賢良方正之士天下皆訢訢焉師古曰訢讀與欣同曰將興堯舜之道三王之功矣天下之士莫不精白以承休德師古曰厲精而爲潔白也今方正之士皆在朝廷矣又選其賢者使爲常侍諸吏與之馳敺射獵師古曰敺與驅同一日再三出臣恐朝廷之解弛師古曰解讀曰懈弛放也音式爾反○宋祁曰江浙本廷作臣百官之墮於事也諸侯聞之又必怠於政矣陛下即位親自勉以厚天下損食膳不聽樂減外徭衛卒止歲貢省廄馬以賦縣傳師古曰賦給與也傳音張戀反去諸苑以賦農夫出帛十萬餘匹以振貧民禮高年九十者一子不事八十者二算不事師古曰一子不事蠲其賦役二算不事免二口之算賦也賜天下男子爵大臣皆至公卿發御府金賜大臣宗族亡不被澤者赦罪人憐其亡髮賜之巾憐其衣赭師古曰衣音於既反書其背父子兄弟相見也而賜之衣平獄緩刑天下莫不說喜師古曰說讀曰悅是以元年膏雨降五穀登此天之所以相陛下也師古曰相助也刑輕於它時而犯法者寡衣食多於前年而盜賊少此天下之所以順陛下也師古曰天下之人也臣聞山東吏布詔令民雖老羸癃疾扶杖而往聽之願少須臾毋死思見德化之成也今功業方就名聞方昭四方鄉風師古曰鄉讀曰嚮今從豪俊之臣方正之士直與之日日獵射擊兔伐狐○宋祁曰兔疑作菟以傷大業絕天下之望臣竊悼之詩曰靡不有初鮮克有終師古曰此大雅蕩之詩也言人初始皆庶幾於善道而少有能終之者臣不勝大願願少衰射獵以夏歲二月定明堂造太學修先王之道師古曰時以十月爲歲首則謂夏正之二月爲五月今欲定制度循於古法故特云用夏二月也夏音胡雅反風行俗成萬世之基定然後唯陛下所幸耳師古曰言乃可恣意也古者大臣不媟師古曰媟狎也音息列反故君子不常見其齊嚴之色肅敬之容師古曰見顯示也音胡電反大臣不得與宴游師古曰安息曰宴與讀曰讌方正修絜之士不得從射獵使皆務其方以高其節師古曰方道也一曰方謂廉隅也則羣臣莫敢不正身修行盡心以稱大禮師古曰稱副也如此則陛下之道尊敬功業施於四海垂於萬世子孫矣誠不如此則行日壞而榮日滅矣夫士修之於家而壞之於天子之廷臣竊愍之陛下與衆臣宴游與大臣方正朝廷論議夫游不失樂朝不失禮議不失計軌事之大者也師古曰軌謂法度也其後文帝除鑄錢令山復上書諫以爲變先帝法非是又訟淮南王無大罪○宋祁曰訟疑作誦誦是誦說字非是宜急令反國又言柴唐子爲不善足以戒鄧展曰淮南傳棘蒲侯柴武太子柴奇與士伍開章謀反章下詰責師古曰以其所上之章令有司詰問對以爲錢者亡用器也而可以易富貴富貴者人主之操柄也師古曰操持也音千高反令民爲之是與人主共操柄不可長也師古曰長謂畜養也言此事宜速禁絕不可畜養其言多激切善指事意然終不加罰所以廣諫爭之路也其後復禁鑄錢云

鄒陽齊人也漢興諸侯王皆自治民聘賢吳王濞招致四方游士陽與吳嚴忌枚乘等俱仕吳皆以文辯著名久之吳王以太子事怨望稱疾不朝陰有邪謀陽奏書諫爲其事尚隱惡指斥言故先引秦爲諭因道胡越齊趙淮南之難然後迺致其意其辭曰臣聞秦倚曲臺之宮應劭曰始皇帝所治處也若漢家未央宮師古曰倚特也音於綺反懸衡天下服虔曰關西爲衡應劭曰衡平也如淳曰衡猶稱之衡也言其懸法度於其上也師古曰此說秦自以爲威力彊固非論平法也下又言陳勝連從兵之據則是說從橫之事耳服釋是也畫地而不犯兵加胡越師古曰畫地不犯者法制之行也至其晚節末路張耳陳勝連從兵之據師古曰從音子容反以叩函谷咸陽遂危師古曰叩擊也何則列郡不相親萬室不相救也今胡數涉北河之外上覆飛鳥下不見伏菟蘇林曰言胡人馬之盛揚塵上覆飛鳥下不見伏菟也一曰覆盡也言上射飛鳥下盡伏菟也師古曰覆音力目反○劉奉世曰自胡涉北河以下蘇說最近之陽已知趙連匈奴吳交越不欲斥言故謬其辭而云胡攻趙越攻吳四國有怨欲兵不能專漢梁淮隱不能助已欲吳王曉其謬辭也然文意僻故不可通鬬城不休救兵不止死者相隨輦車相屬師古曰屬連也音之欲反○宋祁曰姚本作不止轉粟流輸千里不絕何則彊趙責於河間應劭曰趙幽王爲呂后所幽死文帝立其長子遂爲趙王取趙之河間立遂弟辟彊爲河間王至子哀王無嗣國除遂欲復還得河間六齊望於惠后孟康曰高后割齊濟南郡爲呂后奉邑又割琅邪郡封營陵侯劉澤爲琅邪王文帝乃立悼惠王六子爲王言六齊不保今日之恩而追怨惠帝與呂后也一說惠帝二年悼惠王入朝呂后欲鴆殺之獻城陽郡尊魯元公主得免六子以此怨之城陽顧於盧博孟康曰城陽王喜也喜父章與弟興居誅諸呂有功本當盡以趙地王章梁地王興居文帝聞其欲立齊王更以二郡王之章失職歲餘薨興居誅死盧博濟北王治處喜顧念而怨也三淮南之心思墳墓張晏曰淮南厲王三子爲三王念其父見遷殺思墓故報怨也師古曰三子爲王謂淮南衡山濟北也○宋祁曰別本注文自張晏至墓故濁此二十一字故報怨當作欲報怨大王不憂臣恐救兵之不專孟康曰不專救漢也如淳曰皆自私怨宿忿不能爲吳也若吳舉兵反天子來討謂四國但有意不敢相救也師古曰二說皆非也言諸國各有私怨欲申其志不肯專爲吳非不敢相救也胡馬遂進窺於邯鄲越水長沙還舟青陽張晏曰青陽地名還舟聚舟船也言胡爲趙難越爲吳難不可恃也○劉奉世曰越水長沙者陽蓋謬言越先以水軍攻長沙而後還舟侵吳也下文云水章邯是其爲文如此青陽吳地雖使梁并淮陽之兵下淮東越廣陵以遏越人之糧漢亦折西河而下北守漳水以輔大國胡亦益進越亦益深此臣之所爲大王患也應劭曰時趙王遂北連匈奴吳王濞素事三越故鄒陽微言胡越亦自受敵救兵之不專也胡馬故曰進越木故曰深蘇林曰折截也陽知吳王陰連結齊趙淮南胡越欲諫不敢指斥言故陳胡越之難齊趙之怨微言梁并淮陽絕越人之糧漢折西河以輔大國以破難其計欲隱其辭故謬言胡益進越益深爲大王患之以錯亂其語若吳爲憂邪漢者也自此以下乃致其意焉師古曰蘇說是也臣聞交龍襄首奮翼則浮雲出流霧咸集師古曰襄舉也○宋祁曰南本徐鍇改交爲蛟聖王底節修德則游談之士歸義思名師古曰底厲也音指今臣盡智畢議易精極慮如淳曰易精思以極盡謀慮也則無國不可奸師古曰奸音干飾固陋之心則何王之門不可曳長裾乎然臣所以歷數王之朝背淮千里而自致者非惡臣國而樂吳民也竊高下風之行尤說大王之義師古曰言在下風側聽高尚美悅大王之行義也說讀曰悅故願大王之無忽察聽其志臣聞鷙鳥絫百不如一鶚孟康曰鶚大鵰也如淳曰鷙鳥比諸侯鶚比天子師古曰鷙擊之鳥鷹鸇之屬也鶚自大鳥而鷙者耳非鵰也絫古累字鶚音愕夫全趙之時武力鼎士袨服叢臺之下者一旦成市服虔曰全趙未分之時也師古曰袨服盛服也鼎士舉鼎之士也叢臺趙王之臺也在邯鄲袨音州縣之縣而不能止幽王之湛患師古曰幽王謂趙幽王友也湛讀曰沈沈患言幽王爲呂后所幽死淮南連山東之俠死士盈朝不能還厲王之西也師古曰厲王淮南厲王長也西謂廢遷嚴道而死於雍也然而計議不得雖諸賁不能安其位亦明矣師古曰諸謂專諸賁謂孟賁皆古勇士也故願大王審畫而已師古曰畫計也音獲始孝文皇帝據關入立寒心銷志不明求衣張晏曰據函谷關立爲天子諸國聞文帝入關爲之寒心散志也求衣夜索衣著不及待明意不安也臣瓚曰文帝入關而立以天下多難故乃寒心觳悚未明而起師古曰瓚說是也自立天子之後使東牟朱虛東褒義父之後應劭曰天下已定文帝遣朱虛侯章東褒齊王嘉其首舉兵欲誅諸呂猶春秋褒邾儀父也師古曰立天子謂立爲天子也義讀曰儀父讀曰甫深割嬰兒王之應劭曰封齊王六子爲王其中有小小嬰兒者文帝於骨肉厚也或曰皇子武爲代王參爲太原王揖爲梁王師古曰或說是也○劉奉世曰使東牟朱虛東言其東使就王封也而義父者似謂悼惠而不可考據褒其後故封其子皆爲王封時有幼者故舉言嬰兒也下文自言梁代淮陽文三子是矣則知此或說非也壤子王梁代如淳曰文帝之二子晉灼曰揚雄方言梁益之間所愛謂其肥盛曰壤或曰言深割嬰兒王之壤壤土也壤字當上屬也師古曰或說非也○宋祁曰注文江浙本謂作諱於理最切言諱者浸而無統益以淮陽卒仆濟北四弟於雍者豈非象新垣平等哉應劭曰仆僵仆也濟北王興居反見誅因弟於雍者淮南王長有罪見徙死於雍所以然者坐二國有姦臣如新垣平等勸王共反師古曰仆音赴今天子新據先帝之遺業左規山東右制關中變權易埶大臣難知大王弗察臣恐周鼎復起於漢新垣過計於朝如淳曰新垣平詐言周鼎在泗水中望東北汾陰有金寶氣鼎其在乎弗迎則不至爲吳計者猶新垣平之言周鼎終不可得也服虔曰過誤也則我吳遺嗣不可期於世矣師古曰言吳當絕滅無遺嗣也高皇帝燒棧道水章邯應劭曰章邯爲雍王高祖以水灌其城破之也兵不留行師古曰言無所稽留不廢於行收弊民之倦東馳函谷西楚大破張晏曰項羽自號西楚霸王水攻則章邯以亡其城陸擊則荊王以失其地如淳曰荊亦楚也謂項羽敗走此皆國家之不幾者也應劭曰言不可庶幾也李奇曰不但幾微乃著見也或曰幾危也此數事於國家皆無危險之慮也師古曰言漢朝之安諸侯不當妄起邪意應說是也○劉攽曰幾讀曰冀願大王孰察之吳王不內其言○宋祁曰內疑作納

是時景帝少弟梁孝王貴盛亦待士於是鄒陽枚乘嚴忌知吳不可說皆去之梁從孝王游陽爲人有智畧忼慨不苟合師古曰忼音口朗反介於羊勝公孫詭之間師古曰介謂間廁也勝等疾陽惡之孝王師古曰惡謂讒毀也其下亦同孝王怒下陽吏將殺之陽客游以讒見禽恐死而負絫師古曰絫音力瑞反迺從獄中上書曰臣聞忠無不報信不見疑臣常以爲然徒虛語耳昔荊軻慕燕丹之義白虹貫日太子畏之應劭曰燕太子丹質於秦始皇遇之無禮丹亡去厚養荊軻令西刺秦王精誠感天白虹爲之貫日也如淳曰白虹兵象日爲君爲燕丹表可克之兆師古曰精誠若斯太子尚畏而不信也太白食昴義亦如之衛先生爲秦畫長平之事太白食昴昭王疑之蘇林曰白起爲秦伐趙破長平軍欲遂滅趙遣衛先生說昭王益兵糧爲應侯所害事用不成其精誠上達於天故太白爲之食昴昴趙分也將有兵故太白食昴食干歷之也如淳曰太白天之將軍夫精變天地而信不諭兩主豈不哀哉○宋祁曰精字下疑有誠字今臣盡忠竭誠畢議願知張晏曰盡其計議願王知之左右不明卒從吏訊爲世所疑師古曰言左右不明者不欲斥王也訊謂鞫問也音信是使荊軻衛先生復起而燕秦不寤也願大王孰察之昔玉人獻寶楚王誅之應劭曰卞和得玉璞獻之武王王示玉人玉人曰石也刖其右足武王殁復獻文王玉人復曰石也刖其左足至成王時抱其璞哭於郊乃使玉人攻之果得寶玉也○宋祁曰玉人南浙本並作玉尹李斯竭忠胡亥極刑張晏曰李斯諫二世以正而二世殺之具五刑是以箕子陽狂接輿避世張晏曰接輿楚賢人陽狂避世師古曰輿音弋於反恐遭此患也願大王察玉人李斯之意而後楚王胡亥之聽師古曰以讒聽爲後後猶下也毋使臣爲箕子接輿所笑臣聞比干剖心子胥鴟夷應劭曰吳王取馬革爲鴟夷受子胥沈之江鴟夷榼形師古曰鴟夷即今之盛酒鴟夷幐○宋祁曰幐字下當有也字今臣始不信迺今知之願大王孰察少加憐焉語曰有白頭如新孟康曰初相識至白頭不相知○宋祁曰此注未安越本孟康作師古南本初相識作初不相識傾蓋如故文穎曰傾蓋猶交蓋駐車也何則知與不知也故樊於期逃秦之燕藉荊軻首以奉丹事張晏曰於期爲秦將被讒走之燕始皇滅其家又重購之燕遣荊軻欲刺秦王於期自刎首令軻齎往師古曰之往也藉假也王奢去齊之魏臨城自剄以卻齊而存魏孟康曰王奢齊臣也亡至魏其後齊伐魏奢登城謂齊將曰今君之來不過以奢故也義不苟生以爲魏累遂自剄也夫王奢樊於期非新於齊秦

而故於燕魏也所以去二國死兩君者行合於志慕義無窮也是以蘇秦不信於天下爲燕尾生服虔曰蘇秦於秦不出其信於燕則出尾生之信也晉灼曰說齊宣王使還燕十城又令閔王厚葬以弊齊終死爲燕也師古曰尾生古之信士守志亡軀故以爲喻白圭戰亡六城爲魏取中山張晏曰白圭爲中山將亡六城君欲殺之亡入魏文侯厚遇之還拔中山何則誠有以相知也蘇秦相燕燕人惡之燕王燕王按劍而怒食以駃騠孟康曰駃騠駿馬也生七日而超其母敬重蘇秦雖有讒謗而更食以珍奇之味師古曰食讀曰飤駃音決騠音題白圭顯於中山師古曰以拔中山之功而尊顯也人惡之於魏文侯文侯賜以夜光之璧何則兩主二臣剖心析肝相信師古曰析分也豈移於浮辭哉師古曰不以浮說而移心故女無美惡入宮見妒士無賢不肖○宋祁曰南本賢下有愚字衍字不可從入朝見嫉昔司馬喜臏腳於宋卒相中山蘇林曰六國時人被此刑也范雎拉脅折齒於魏卒爲應侯應劭曰魏人也魏相魏齊疑其以國陰事告齊乃掠笞數百拉脅折齒師古曰後入秦爲相封爲應侯拉摧也音盧合反此二人者皆信必然之畫捐朋黨之私挾孤獨之交故不能自免於嫉妒之人也師古曰言直道而行不求朋黨之助謂忠信必可恃也畫計也音獲是以申徒狄蹈雍之河服虔曰殷之末世介士也雍之河雍州之河也師古曰雍者河水溢出爲小流也言狄初因蹈雍遂入大河也爾雅曰水自河出爲雍又曰江有沱河有雍音於龍反服云雍州之河非也徐衍負石入海服虔曰周之末世人也師古曰負石者欲速沈也不容於世○宋祁曰容字下一添身字義不苟取比周於朝以移主上之心師古曰比音頻寐反故百里奚乞食於道路繆公委之以政應劭曰虞人也聞秦繆公賢欲往干之乏資乞食以自致也甯戚飯牛車下桓公任之以國應劭曰齊桓公夜出迎客甯戚疾擊其牛角高歌曰南山矸白石爛生不遭堯與舜禪短布單衣適至骭從昏飯牛薄夜半長夜曼曼何時旦桓公召與語說之以爲大夫師古曰矸字與岸同骭脛也薄止也骭音下諫反曼音莫幹反○宋祁曰注文高字合作商韓昌黎詩云爲我商聲謳乃用此事也浙本亦作商高蓋監本誤刊耳此二人者豈素宦於朝借譽於左右然後二主用之哉感於心合於行堅如膠桼昆弟不能離豈惑於衆口哉故偏聽生姦獨任成亂昔魯聽季孫之說逐孔子師古曰季孫魯大夫季桓子也名斯論語云齊人歸女樂季桓子受之三日不朝孔子行蓋桓子故使定公受齊之女樂欲令去孔子也宋任子冉之計囚墨翟文穎曰子冉子罕也夫以孔墨之辯不能自免於讒諛而二國以危何則衆口鑠金積毀銷骨也師古曰美金見毀衆共疑之數被燒鍊以至銷鑠讒佞之人肆其詐巧離散骨肉而不覺知秦用戎人由余而伯中國師古曰伯讀曰霸齊用越人子臧而彊威宣師古曰齊之二王諡也此二國豈係於俗牽於世繫奇偏之浮辭哉公聽並觀垂明當世師古曰公聽言不私也並觀所見齊同也故意合則胡越爲兄弟由余子臧是矣不合則骨肉爲讎敵朱象管蔡是矣師古曰朱丹朱堯子象舜弟管蔡周公之二叔也今人主誠能用齊秦之明後宋魯之聽則五伯不足侔而三王易爲也師古曰侔等也伯讀曰霸○宋祁曰鄒去而字一本爲字下有此字是以聖王覺寤捐子之之心而不說田常之賢應劭曰燕王噲賢其相子之欲禪以燕國國乃大亂田常陳恆也齊簡公悅之而殺簡公今使人君去此心則國家安全也師古曰說讀曰悅

封比干之後修孕婦之墓應劭曰紂刳妊者觀其胎產師古曰武王克商反其故政乃封修之故功業覆於天下師古曰覆猶被也何則欲善亡厭也夫晉文親其讎彊伯諸侯齊桓用其仇而一匡天下張晏曰寺人勃鞮爲晉獻公逐文公斬其袪及文公即位用其言以免呂郤之難管仲射中桓公帶鉤而用爲相師古曰伯讀爲霸下皆類此○宋祁曰注文郤當作郄何則慈仁殷勤誠加於心不可以虛辭借也至夫秦用商鞅之法東弱韓魏立彊天下卒車裂之師古曰卒終也越用大夫種之謀禽勁吳而伯中國遂誅其身是以孫叔敖三去相而不悔師古曰叔敖三爲楚相而三去之孤丘之封人謂之曰吾聞處官久者士妬之祿厚者衆怨之位尊者君恨之今相國有此三者而不得罪於楚之士衆何也叔敖曰吾三相楚而身愈卑每益祿而施愈博位滋尊而禮愈恭是以不得罪於楚人也於陵子仲辭三公爲人灌園師古曰於陵地名也子仲陳仲子也其先與齊同族兄戴爲齊相仲子以爲不義乃將妻子適楚居于於陵自謂於陵子仲楚王聞其賢使使者持金百鎰聘之欲以爲相仲子不許遂夫妻相與逃而爲人灌園終身不屈其節今人主誠能去驕傲之心懷可報之意披心腹見情素師古曰素謂心所向也墮肝膽施德厚師古曰墮音火規反終與之窮達無愛於士師古曰無所吝惜也則桀之犬可使吠堯○宋祁曰犬字當從浙本作狗則近古而語直而跖之客可使刺由應劭曰盜跖之客爲其人使刺許由也師古曰此言被之以恩則用命也何況因萬乘之權假聖王之資乎然則荊軻湛七族要離燔妻子豈足爲大王道哉應劭曰荊軻爲燕刺秦始皇不成而死其族坐之湛沒也吳王闔閭欲殺王子慶忌要離詐以罪亡令吳王燔其妻子要離走見慶忌以劍刺之張晏曰七族上至曾祖下至曾孫師古曰此說云湛七族無荊字也尋諸史籍荊軻無湛族之事不知陽所云者定何人也湛讀曰沈○劉攽曰王克書言秦怨荊軻并殺其九族則是湛矣非必沈之水也宋祁曰淳化本作荊軻景祐本無荊字按浙本郭本去荊字云據注無荊字南本徐鍇亦滅荊字臣聞明月之珠夜光之璧以闇投人於道衆莫不按劍相眄者何則無因而至前也蟠木根柢輪囷離奇蘇林曰柢音蔕張晏曰柢根下本也輪囷離奇委曲盤戾也師古曰蟠木屈曲之木也囷音去輪反離音力爾反奇音於綺反一曰離奇各讀如本字而爲萬乘器者以左右先爲之容也師古曰萬乘天子車輿之屬也容謂彫刻加飾故無因而至前雖出隨珠和璧秖怨結而不見德師古曰隨國之侯見大蛇傷者療而愈之蛇銜明珠以報其德故稱隨珠和氏之璧即卞和所獻之玉耳秖適也音支故有人先游則枯木朽株樹功而不忘師古曰先游謂進納之也樹立也今夫天下布衣窮居之士身在貧羸師古曰衣食不充故羸瘦也雖蒙堯舜之術挾伊管之辯師古曰伊伊尹管管仲懷龍逢比干之意而素無根柢之容雖竭精神欲開忠於當世之君師古曰開謂陳說也則人主必襲按劍相眄之迹矣師古曰襲重也言躡其故跡也是使布衣之士不得爲枯木朽株之資也是以聖王制世御俗獨化於陶鈞之上張晏曰陶家名模下圓轉者爲鈞以其制器爲大小比之於天也師古曰此說非也陶家名轉者爲鈞蓋取周回調鈞耳言聖王制馭天下亦猶陶人轉鈞非陶家轉象天也而不牽乎卑辭之語不奪乎衆多之口師古曰言欲行善道而爲佞人奪其計也○宋祁曰浙本辭作亂故秦皇帝任中庶子蒙嘉之言師古曰蒙者庶子名也今流俗書本蒙下輒加恬字非也以信荊軻而匕首

竊發師古曰匕首短劍也其首類匕便於用也周文王獵涇渭載呂尚歸以王天下應劭曰西伯出遇呂尚於渭之陽與語大悅因載歸師古曰言文王之得太公非因舊故若烏鳥之暴集何則以其能越攣拘之語馳域外之議師古曰攣音力全反獨觀乎昭曠之道也師古曰昭明也曠廣也今人主沈諂諛之辭牽帷廧之制孟康曰言爲左右便僻侍帷廧臣妾所見牽制矣使不羈之士與牛驥同阜師古曰不羈言才識高遠不可羈係也揚雄方言云梁宋齊楚燕之間謂櫪曰阜阜音在早反此鮑焦所以憤於世也孟康曰周之介士也師古曰鮑焦怨時之不用已採蔬於道子貢難曰非其時而採其蔬此焦之有哉棄其蔬乃立枯於洛水之上蔬謂菜也臣聞盛飾入朝者不以私汙義底厲名號者不以利傷行師古曰底厲言其自修廉隅若磨厲於石也故里名勝母曾子不入師古曰曾子至孝以勝母之名不順故不入也邑號朝歌墨子回車晉灼曰紂作朝歌之音朝歌者不時也師古曰朝歌殷之邑名也淮南子云墨子非樂不入朝歌今欲使天下寥廓之士籠於威重之權脅於位執之貴師古曰寥廓遠大之度也脅迫也寥音聊回面汙行以事諂諛之人師古曰回邪也汙不潔也音一故反或曰汙曲也音一胡反而求親近於左右則士有伏死堀穴巖藪之中耳師古曰堀與窟同澤無水曰藪安有盡忠信而趨闕下者哉書奏孝王孝王立出之卒爲上客初勝詭欲使王求爲漢嗣王又嘗上書願賜容車之地徑至長樂宮自使梁國士衆築作甬道朝太后爰盎等皆建以爲不可師古曰建謂立議天子不許梁王怒令人刺殺盎上疑梁殺之使者冠蓋相望責梁王梁王始與勝詭有謀陽爭以爲不可故見讒枚先生嚴夫子皆不敢諫師古曰先生枚乘夫子嚴忌及梁事敗勝詭死孝王恐誅迺思陽言深辭謝之齎以千金令求方略解罪於上者陽素知齊人王先生師古曰素與相知也年八十餘多奇計即往見語以其事王先生曰難哉人主有私怨深怒欲施必行之誅誠難解也以太后之尊骨肉之親猶不能止況臣下乎昔秦始皇有伏怒於太后羣臣諫而死者以十數得茅焦爲廓大義應劭曰茅焦諫云陛下車裂假父有嫉妒之心囊撲兩弟有不慈之名遷母咸陽有不孝之行臣竊爲陛下危之臣所言畢乃解衣趨鑊始皇下殿左手接之曰先生起矣即迎太后遂爲母子如初始皇非能說其言也迺自強從之耳師古曰說讀曰悅茅焦亦廑脫死如毛氂耳師古曰廑少也言纔免於死也廑音巨刃反故事所以難者也今子欲安之乎師古曰安焉也之往也陽曰鄒魯守經學齊楚多辯知韓魏時有奇節吾將歷問之王先生曰子行矣還過我而西鄒陽行月餘莫能爲謀還過王先生曰臣將西矣爲如何王先生曰吾先日欲獻愚計以爲衆不可蓋師古曰蓋覆蔽也竊自薄陋不敢道也若子行必往見王長君士無過此者矣鄒陽發寤於心曰敬諾辭去不過梁徑至長安因客見王長君長君者王美人兄也後封爲蓋侯鄒陽留數日乘間而請曰師古曰間謂空隙無事之時臣非

爲長君無使令於前故來侍也師古曰使令謂役使之人也令音力成反愚戇竊不自料願有謁也師古曰料量也謁告也長君跪曰幸甚陽曰竊聞長君弟得幸後宮天下無有師古曰言獨一耳無所比類也而長君行迹多不循道理者今爰盎事即窮竟梁王恐誅如此則太后怫鬱泣血無所發怒師古曰怫鬱蘊積也怫音佛切齒側目於貴臣矣臣恐長君危於絫卵師古曰絫卵者言其將隤而破碎也竊爲足下憂之長君懼然曰將爲之柰何師古曰懼讀曰瞿音居具反瞿然無守之貌陽曰長君誠能精爲上言之得毋竟梁事長君必固自結於太后太后厚德長君入於骨髓而長君之弟幸於兩宮如淳曰太后宮及帝宮也金城之固也師古曰言其榮寵無極不可壞故取喻於金城也又有存亡繼絕之功德布天下名施無窮願長君深自計之昔者舜之弟象日以殺舜爲事師古曰言日日欲殺也及舜立爲天子封之於有卑服虔曰音昇予之昇也師古曰地名也音鼻今鼻亭是也在零陵夫仁人之於兄弟無臧怒無宿怨厚親愛而已是以後世稱之魯公子慶父使僕人殺子般師古曰慶父莊公弟也子般莊公太子也僕人鄧扈樂也父讀曰甫般字與班同獄有所歸師古曰歸罪於鄧扈樂也季友不探其情而誅焉師古曰季友慶父之弟不探慶父本情而誅扈樂也慶父親殺閔公季子緩追免賊師古曰慶父出奔季友緩而不追免其賊亂之罪春秋以爲親親之道也師古曰公羊之說也言季友親其兄也魯哀姜薨于夷孔子曰齊桓公法而不譎以爲過也師古曰哀姜莊公夫人也淫於二叔而豫殺閔公齊人殺之于夷夷齊地也法而不譎者言守法而行不能用權以免其親也以是說天子徼幸梁事不奏長君曰諾乘間入而言之及韓安國亦見長公主事果得不治初吳王濞與七國謀反及發齊濟北兩國城守不行漢既破吳齊王自殺不得立嗣○劉奉世曰齊孝王自殺景帝聞之以爲首善即立其子此云不得立嗣者蓋嘗有爲此議者耳濟北王亦欲自殺幸全其妻子齊人公孫獲謂濟北王曰師古曰獲音俱碧反臣請試爲大王明說梁王通意天子說而不用死未晚也公孫獲遂見梁王曰夫濟北之地東接彊齊南牽吳越北脅燕趙此四分五裂之國張晏曰四方受敵濟北居中央爲五晉灼曰四分即交五而裂如田字也權不足以自守勁不足以扞寇師古曰扞禦也音胡旦反又非有奇怪云以待難也如淳曰非有奇材異計欲以爲亂逆也但假權詐以避其禍耳晉灼曰非有以怪異之心而城守須待變難而應吳也師古曰二說皆非也此言權謀勁力既不能折守又無奇怪神靈可以禦難恐不自全故墜言於吳也○宋祁曰余錯改云作亡予謂云義安不須改雖墜言於吳非其正計也蘇林曰墜猶失也昔者鄭祭仲許宋人立公子突以活其君非義也春秋記之爲其以生易死以存易亡也師古曰祭仲鄭大夫祭足也事鄭莊公爲莊公娶鄧曼生昭公故祭仲立之而宋大夫雍氏以女妻莊公而生突宋人誘祭仲而執之曰不立突將死祭仲與宋人盟以厲公歸而立之昭公奔衛言足以脅於大國苟順其心欲以全昭公也祭音側界反○宋祁曰亡也邪本無也字鄒使濟北見情實示不從之端師古曰鄒讀曰嚮見謂顯也則吳必先歷齊畢濟北張晏曰歷過畢盡收濟北之地招燕趙而

總之如此則山東之從結而無隙矣師古曰從音子容反今吳楚之王練諸侯之兵毆白徒之衆師古曰練選也毆與驅同白徒言素非軍旅之人若今言白丁矣西與天子爭衡濟北獨底節堅守不下使吳失與而無助跬步獨進師古曰半步曰跬音空蘂反○宋祁曰跬步獨進一作行義直可行瓦解土崩破敗而不救者未必非濟北之力也夫以區區之濟北而與諸侯爭彊師古曰區區小貌也是以羔犢之弱而扞虎狼之敵也守職不橈可謂誠一矣師古曰橈曲也音女教反○宋祁曰一當作壹功義如此尚見疑於上脅肩低首累足撫衿師古曰脅翕也謂斂也使有自悔不前之心張晏曰悔不與吳西也非社稷之利也臣恐藩臣守職者疑之臣竊料之師古曰料量也能歷西山徑長樂抵未央攘袂而正議者獨大王耳師古曰西山謂崤及華山也抵至也攘卻也袂衣袖也攘袂猶今人云捋臂耳上有全亡之功下有安百姓之名德淪於骨髓師古曰淪入也恩加於無窮願大王留意詳惟之師古曰惟思也孝王大說師古曰說讀曰悅使人馳以聞濟北王得不坐徙封於淄川也○宋祁曰姚本及越本並無也字

枚乘字叔淮陰人也爲吳王濞郎中吳王之初怨望謀爲逆也乘奏書諫曰臣聞得全者全昌失全者全亡舜無立錐之地以有天下禹無十戶之聚以王諸侯師古曰聚邑也音才喻反湯武之土不過百里上不絕三光之明下不傷百姓之心者有王術也師古曰德政和平上感天象則日月星辰無有錯謬故言不絕三光之明也故父子之道天性也忠臣不避重誅以直諫師古曰言父子君臣其義一也則事無遺策功流萬世臣乘願披腹心而效愚忠唯大王少加意念惻怛之心於臣乘言夫以一縷之任係千鈞之重上縣無極之高下垂不測之淵雖甚愚之人猶知哀其將絕也馬方駭鼓而驚之師古曰駭亦驚也鼓擊鼓也係方絕又重鎮之係絕於天不可復結隊入深淵難以復出其出不出間不容髮蘇林曰改計取禍正在今日言其激切甚急也能聽忠臣之言百舉必脫師古曰脫者免於禍也音土活反必若所欲爲危於累卵難於上天變所欲爲易於反掌安於泰山今欲極天命之壽敝無窮之樂究萬乘之埶師古曰敝盡也究竟也不出反掌之易以居泰山之安而欲乘累卵之危走上天之難師古曰走趨向之也音奏此愚臣之所以爲大王惑也○宋祁曰景德本云此愚臣之所大惑也無以爲王三字人性有畏其景而惡其跡者卻背而走師古曰背音步內反迹愈多景愈疾不知就陰而止景滅迹絕欲人勿聞莫若勿言欲人勿知莫若勿爲欲湯之滄鄭氏曰音悽愴之愴寒也○宋祁曰注文音字上當有滄字注須復文爲訓故必待滄字乃足一人炊之百人揚之無益也師古曰炊謂爨火也不如絕薪止火而已不絕之於彼而救之於此譬猶抱薪而救火也養由基楚之善射者也去楊葉百步百發百中楊葉之大加百中焉可謂善射矣然其所止迺百步之內耳比於臣乘未知操弓持矢也師古曰乘自言所知者遠非止見百步之中故謂由基爲非不曉射也福生有基禍生有胎服虔曰基胎皆始也納其基絕其胎禍何自來師古曰納猶藏也何自來言無所從來也泰山之霤穿石單極之統斷幹孟康曰西方人名屋梁爲極單一也一梁謂井鹿盧也言鹿盧爲綆索久鐵斷井幹也晉灼曰統古綆字也單盡也盡極之綆斷幹幹井上四交之幹常爲汲索所契傷也師古曰晉說近之幹者交木井上以爲欄者也孟云鹿盧失其義矣統綆皆音綆鍥契皆刻也音口計反水非石之鑽索非木之鋸漸靡使之然也師古曰靡盡也夫銖銖而稱之至石必差寸寸而度之至丈必過鄭氏曰石百二十斤張晏曰乘所轉四萬六千八十銖而至於石合而稱之必有盈縮也師古曰言自小小以至於大數則有輕重不同也度音徒各反石稱丈量徑而寡失師古曰徑直也夫十圍之木始生如蘖足可搔而絕手可擢而拔師古曰如蘖言若蘖之生牙也搔謂抓也搔音索高反抓音莊交反據其未生先其未形也磨礱底厲不見其損有時而盡師古曰礱亦磨也底柔石也厲皁石也皆可以磨者礱音聾種樹畜養不見其益有時而大積德絫行不知其善有時而用棄義背理不知其惡有時而亡臣願大王孰計而身行之此百世不易之道也

吳王不納乘等去而之梁從孝王游景帝卽位御史大夫鼂錯爲漢定制度損削諸侯吳王遂與六國謀反舉兵西鄉師古曰鄉讀曰嚮以誅錯爲名漢聞之斬錯以謝諸侯枚乘復說吳王○劉攽曰此枚乘說吳王是後人以吳事寓言爾故言齊王殺身等事不同又卬筰武帝始通此已云南距羌筰之塞益知其非曰昔者秦西舉胡戎之難北備榆中之關師古曰卽今所謂榆關也南距羌筰之塞師古曰筰西南夷也音才各反○宋祁曰筰當從艸下同東當六國之從師古曰從音子容反六國乘信陵之籍孟康曰魏公子無忌號信陵君無忌總五國卻秦有地資也明蘇秦之約厲荊軻之威并力一心以備秦然秦卒禽六國滅其社稷而并天下是何也則地利不同而民輕重不等也今漢據全秦之地兼六國之衆修戎狄之義師古曰修恩義以撫戎狄而南朝羌筰此其與秦地相什而民相百大王之所明知也師古曰地十倍於秦衆百倍於秦今夫讒諛之臣爲大王計者不論骨肉之義民之輕重國之大小以爲吳禍師古曰言勸王之反則於吳爲禍也此臣所以爲大王患也夫舉吳兵以訾於漢李奇曰訾量也師古曰音子私反譬猶蠅蚋之附羣牛腐肉之齒利劍鋒接必無事矣師古曰蚋蚊屬也齒謂當之也蚋音芮又音人悅反天子聞吳率失職諸侯願責先帝之遺約師古曰失職謂被削黜失其常分今漢親誅其三公以謝前過是大王之威加於天下而功越於湯武也夫吳有諸侯之位而實富於天子有隱匿之名而居過於中國師古曰隱匿謂僻在東南夫漢并二十四郡十七諸侯方輸錯出運行數千里不絕於道其珍怪不如東山之府張晏曰漢時有二十四郡十七諸侯王也四方更輸錯互更出攻也如淳曰東方諸郡以封王侯不以封者二十四耳時七國謀反其餘不反者十七也東山吳王之府藏也師古曰二說皆非也言漢此時有二十四郡十七諸侯方執而輸雜出貢賦入於天子猶不如吳之富也轉粟西鄉陸行不絕水行滿河不如海陵之倉如淳曰言漢京師仰須山東漕運以自給也晉灼曰海陵海中山爲倉也臣瓚曰海陵縣名也有吳太倉師古曰瓚說是也鄉讀曰嚮修治上林雜以離宮積聚玩好圈守禽獸不如長洲之苑服虔曰吳苑孟康曰以江水洲爲苑也韋昭曰長洲在吳東○宋祁曰注文吳苑字下當有也字游曲臺臨上路不如朝夕之池張晏曰曲臺長安臺臨道上蘇林曰吳以海水朝夕爲池也師古曰三輔黃圖未央宮有曲臺殿○宋祁曰注文上字下當有也字深壁高壘副以關城不如江淮之險此臣之所以爲大王樂也師古曰言其富饒及游晏之處踰天子也○宋祁曰景祐本無以字今大王還兵疾歸尚得十半師古曰十分之中可冀五分無患故云尚得十半不然漢知吳之有吞天下之心也赫然加怒遣羽林黃頭循江而下蘇林曰羽林黃頭郎習水戰者也張晏曰天子舟立黃旄於其端也師古曰鄧通以擢船爲黃頭郎蘇說是也襲大王之都魯東海絕吳之饟道師古曰饟古餉字梁王飭車騎習戰射師古曰飭與勑同飭整也積粟固守以備滎陽待吳之飢大王雖欲反都亦不得已師古曰已語終之辭夫三淮南之計不負其約晉灼曰吳楚反皆守約不從也齊王殺身以滅其跡晉灼曰齊孝王將閭也吳楚反堅守距三國後欒布聞齊初與三國有謀欲伐之王懼自殺師古曰齊王傳云吳楚已平齊王乃自殺今此枚乘諫書卽已稱之二傳不同當有誤者四國不得出兵其郡晉灼曰膠東膠西濟北淄川王也發兵應吳楚皆見誅趙囚邯鄲應劭曰漢將酈寄圍趙王於邯鄲與四無異○劉奉世曰按諸傳吳王正月先起兵二月敗走中間五十日爾三國圍齊三月不能下漢兵至乃引歸解圍而後齊王自殺則當在走後一月外事又乘此書云梁固守以待吳飢則是未飢以前安得已知齊王殺身與四國不得出兵及趙此囚之詳疑乘書非眞事後追加之或傳之者增之也不可掩亦已明矣師古曰言事已彰著大王已去千里之國而制於十里之內矣師古曰梁下屯兵方十里也張韓將北地如淳曰張張羽韓韓安國也時皆仕梁北地良家子善騎射者也師古曰將北地者言將兵而虜吳軍之北以距吳非北地良家子也張羽韓安國不將漢兵如說非也弓高宿左右服虔曰韓頹當也如淳曰宿軍左右也後弓高侯竟將輕騎絕吳糧道師古曰宿止也言弓高所將之兵屯止於吳軍左右也兵不得下壁軍不得大息臣竊哀之願大王孰察焉吳王不用乘策卒見禽滅

漢既平七國乘由是知名景帝召拜乘爲弘農都尉乘久爲大國上賓與英俊並游得其所好不樂郡吏以病去官復游梁梁客皆善屬辭賦乘尤高孝王薨乘歸淮陰武帝自爲太子聞乘名及卽位乘年老迺以安車蒲輪徵乘師古曰蒲輪以蒲裹輪○宋祁曰注末當有也字道死師古曰在道病死也詔問乘子無能爲文者後迺得其孽子皐師古曰孽庶也

皐字少孺乘在梁時取皐母爲小妻乘之東歸也皐母不肯隨乘乘怒分皐數千錢留與母居年十七上書梁共王師古曰恭王名買孝王之子也得召爲郎三年爲王使與冗從爭師古曰冗從散職之從王者也見讒惡遇罪師古曰惡謂冗從言其短惡之事家室沒入皐亡至長安會赦上書北闕自陳枚乘之子上得之大喜○宋祁曰得之大喜越本無之字召入見待詔皐因賦殿中詔使賦平樂館善之拜爲郎使匈奴皐不通經術詼笑類俳倡李奇曰詼嘲也師古曰俳雜戲也倡樂人也詼音恢俳音排嘲竹交反○宋祁曰注文嘲南本作謝後人不識改從嘲耳爲賦頌好嫚戲師古曰嫚褻汙也音慢以故得媟黷貴幸師古曰媟狎也黷垢濁也音讀比東方朔郭舍人等而不得比嚴助等得尊官師古曰尊高也武帝春秋二十九迺得皇子羣臣喜故皐與東方朔作皇太子生賦及立皇子禖祝師古曰禮記月令祀於高禖高禖求子之神也武帝晚得太子喜而立此禖祠而令皐作祭祀之文也○宋祁曰皇子禖祝浙本皇字下有太字受詔所爲皆不從故事重皇子也初衛皇后立皐奏賦以戒終師古曰令慎終如始也皐爲賦善於朔也從行至甘泉雍河東東巡狩封泰山塞決河宣房游觀三輔離宮館臨山澤弋獵射馭狗馬蹵鞠刻鏤師古曰蹵足蹵之也鞠以韋爲之中實以物蹵蹋爲戲樂也蹵音千六反鞠音巨六反上有所感輒使賦之爲文疾受詔輒成故所賦者多司馬相如善爲文而遲故所作少而善於皐皐賦辭中自言爲賦不如相如又言爲賦迺俳見視如倡自悔類倡也故其賦有詆娸東方朔如淳曰娸音欺詆猶刑辟也師古曰詆毀也娸醜也詆音丁禮反又自詆娸其文骫骳曲隨其事皆得其意師古曰骫古委字也骳音被骫骳猶言屈曲也頗詼笑不甚閑靡凡可讀者百二十篇其尤嫚戲不可讀者尚數十篇

路溫舒字長君鉅鹿東里人也父爲里監門使溫舒牧羊溫舒取澤中蒲截以爲牒編用寫書師古曰小簡曰牒編聯次之稍習善求爲獄小吏因學律令轉爲獄史縣中疑事皆問焉太守行縣見而異之署決曹史又受春秋通大義舉孝廉爲山邑丞蘇林曰縣名在常山晉灼曰地理志常山有石邑無山邑師古曰山邑不知其處今流俗書本云常山石邑丞後人妄加石字耳坐法免復爲郡吏元鳳中廷尉光以治詔獄請溫舒署奏曹掾師古曰光解光守廷尉史會昭帝崩昌邑王賀廢宣帝初卽位溫舒上書言宜尚德緩刑其辭曰臣聞齊有無知之禍而桓公以興晉有驪姬之難而文公用伯師古曰伯讀曰霸近世趙王不終諸呂作亂而孝文爲太宗繇是觀之師古曰繇讀與由同禍亂之作將以開聖人也故桓文扶微興壞尊文武之業澤加百姓功潤諸侯雖不及三王天下歸仁焉文帝永思至惠以承天心崇仁義省刑罰通關梁一遠近敬賢如大賓愛民如赤子內恕情之所安而施之於海內是以囹圄空虛天下太平夫繼變化之後必有異舊之恩此賢聖所以昭天命也往者昭帝卽世而無嗣大臣憂戚焦心合謀皆以昌邑尊親援而立之師古曰援引也音爰然天不授命淫亂其心遂以自亡深察禍變之故迺皇天之所以開至聖也故大將軍受命武帝股肱漢國師古曰謂霍光披肝膽決大計黜亡義立有德輔天而行然後宗廟以安天下咸寧臣聞春秋正卽位大一統而慎始也陛下初登至尊與天合符宜改前世之失正始受命之統滌煩文除民

疾存亡繼絕以應天意臣聞秦有十失其一尙存治獄之吏是也秦之時羞文學好武勇賤仁義之士貴治獄之吏正言者謂之誹謗遏過者謂之妖言 師古曰遏止也音一曷反 故盛服先生不用於世忠良切言皆鬱於胷 師古曰鬱積也 譽諛之聲日滿於耳虛美熏心實禍蔽塞 師古曰熏氣烝也音勳 此乃秦之所以亡天下也方今天下賴陛下恩厚亡金革之危飢寒之患父子夫妻勠力安家然太平未洽者獄亂之也夫獄者天下之大命也死者不可復生絕者不可復屬 師古曰屬聯也音之欲反 書曰與其殺不辜寧失不經 師古曰虞書大禹謨載咎繇之言辜罪也經常也言人命至重治獄宜愼寧失不常之過不濫無罪之人所以崇寬恕也 今治獄吏則不然上下相敺以刻爲明 師古曰敺與驅同 深者獲公名平者多後患故治獄之吏皆欲人死非憎人也自安之道在人之死是以死人之血流離於市被刑之徒比肩而立大辟之計歲以萬數此仁聖之所以傷也 ○宋祁曰所以傷也江浙本並無以字予謂存以則語緩而迂不如去之則句易了 太平之未洽凡以此也夫人情安則樂生痛則思死棰楚之下何求而不得故囚人不勝痛則飾辭以視之 師古曰視讀曰示 吏治者利其然則指道以明之上奏畏卻則鍛練而周內之 晉灼曰精熟周悉致之法中也師古曰卻退也畏爲上所卻退卻音丘略反 蓋奏當之成 師古曰當謂處其罪也 雖咎繇聽之猶以爲死有餘辜 師古曰咎繇作士善聽獄訟故以爲喻也 何則成練者衆文致之罪明也是以獄吏專爲深刻殘賊而亡極媮爲一切 如淳曰媮苟且也一切權時也 不顧國患此世之大賊也故俗語曰畫地爲獄議不入刻木爲吏期不對 師古曰畫獄木吏尙不入對況眞實乎期猶必也議必不入對 此皆疾吏之風悲痛之辭也故天下之患莫深於獄敗法亂正離親塞道莫甚乎治獄之吏此所謂一尙存者也臣聞烏鳶之卵不毀而後鳳皇集 師古曰鳶鴟也音弋全反 誹謗之罪不誅而後良言進故古人有言山藪臧疾川澤納汙瑾瑜匿惡國君含詬 師古曰春秋左氏傳載晉大夫伯宗之辭詬恥也言山藪之有草木則毒害者居之川澤之形廣大則能受於汙濁人君之善御下亦當忍恥病也詬音垢 唯陛下除誹謗以招切言開天下之口廣箴諫之路掃亡秦之失尊文武之惪省法制寬刑罰以廢治獄則太平之風可興於世永履和樂與天亡極天下幸甚 師古曰與天長久無窮極也 上善其言遷廣陽私府長 師古曰藏錢之府天子曰少府諸侯曰私府長者其官之長也 內史舉溫舒文學高第遷右扶風丞時詔書令公卿選可使匈奴者溫舒上書願給廝養暴骨方外以盡臣節 師古曰求爲卒而隨使至匈奴也 事下度遼將軍范明友太僕杜延年問狀罷歸故官 師古曰以其言無可取故罷而遣歸故官 久之遷臨淮太守治有異迹卒於官溫舒從祖父受歷數天文以爲漢厄三七之間 張晏曰三七二百一十歲也自漢初至哀帝元年二百一年也至平帝崩二百十一年 上封事以豫戒成帝時谷永亦言如此 師古曰永上書所謂涉三七之節紀者也 及王莽簒位欲章代漢之符著其語焉溫舒子及孫皆至牧守大官

贊曰春秋魯臧孫達以禮諫君君子以爲有後 師古曰臧孫達魯大夫臧哀伯也桓公取郜大鼎於宋哀伯諫之周內史聞之曰臧孫達其有後於魯乎君違不忘諫之以德也 賈山自下劘上 孟康曰劘謂剴切之音靡厲也師古曰剴也蘇林曰劘音工來反 鄒陽枚乘游於危國然卒免刑戮者以其言正也路溫舒辭順而意篤遂爲世家宜哉 師古曰謂子孫爲大官不絕

前漢書卷五十一考證

賈山傳嘗給事潁陰侯爲騎○胡三省曰潁陰侯灌嬰也騎者在侯家爲騎士

又言柴唐子爲不善足以戒○臣召南按棘蒲侯柴武太子奇謀反見淮南王傳此文應云柴武子疑唐字說

鄒陽傳臧陽顧于盧博注濟北王治處○臣召南按地理志盧縣濟北王都博縣則濟北屬縣耳注當云盧博濟北地

宋任子冉之計四墨翟注文穎曰子冉子罕也○臣召南按子冉史記作子罕故文穎以爲一人顧炎武曰子罕是魯襄公時人墨翟在孔子之後子冉當另是一人文穎注非也又齊用越人子臧而強威宣史記作齊用越人蒙

故秦皇帝任中庶子蒙之言注蒙者庶子名也○顧炎武曰史記秦王寵臣中庶子蒙嘉爲先言於秦王非蒙恬亦非蒙名傳文脫嘉字耳

枚乘傳枚乘復說吳王○顧炎武曰上云吳王不納乘等去而之梁此云復說吳王蓋吳王舉兵之時乘已家居而復與之書不然無緣復說也

四國不得出兵其郡注晉灼曰膠東膠西濟北淄川王也○臣召南按濟北係濟南之譌

路溫舒傳元鳳中廷尉光注師古曰光解光○臣召南按此李光也公卿表李光以元鳳六年爲廷尉四年免師古以成哀間解光當之非是

前漢書卷五十二

漢　蘭　臺　令　史班　固撰

唐正議大夫行秘書少監琅邪縣開國子顏師古注

竇田灌韓列傳第二十二

竇嬰字王孫孝文皇后從兄子也父世觀津人也 師古曰縣名也地理志屬信都觀音工喚反 喜賓客 師古曰喜好也音許吏反 孝文時爲吳相病免孝景卽位爲詹事帝弟梁孝王母竇太后愛之孝王朝因燕昆弟飲 師古曰序家人昆弟之親不爲君臣禮也 是時上未立太子酒酣上從容曰千秋萬歲後傳王 師古曰從音千庸反○宋祁曰浙本傳字下有於字 太后驩嬰引巵酒進上曰天下者高祖天下父子相傳漢之約也上何以得傳梁王太后由此憎嬰嬰亦薄其官 師古曰自嫌其官輕薄之也○宋祁曰南本注也字下有何以官業爲重余按師古注何儒亮以爲嬰素忠讜氣高不例無何儒亮此其誤寫歟 因病免太后除嬰門籍不得朝請 師古曰請音才性反其下亦同 孝景三年吳楚反上察宗室諸竇無如嬰賢 師古曰宗室帝之同姓親也諸竇總謂帝外家也以吳楚之難故欲用內外之親爲將也 召入見固讓謝稱病不足任太后亦慙於是上曰天下方有急王孫寧可以讓邪廼拜嬰爲大將軍賜金千斤嬰言爰盎欒布諸名將賢士在家者進之所賜金陳廊廡下 師古曰廊堂下周屋也廡門屋也音儛 軍吏過輒令財取爲用 師古曰財與裁同謂裁量而用之也 金無入家者嬰守滎陽監齊趙兵七國破封爲魏其侯游士賓客爭歸之每朝議大事條侯魏其列侯莫敢與亢禮 師古曰言特敬此二人也○宋祁曰注特字當作時字 四年立栗太子 師古曰栗姬之子故曰栗太子 以嬰爲傅七年栗太子廢嬰爭弗能得 ○宋祁曰爭下當有之字 謝病屏居藍田南山下 師古曰屏隱也○宋祁曰邵本無藍字居下着點越本作屏居田南山下若只云田南山下卽當作田字今藍田爲是 數月諸竇賓客辯士說莫能來梁人高遂廼說嬰曰能富貴將軍者上也能親將軍者太后也今將軍傅太子太子廢爭不能拔又不能死自引謝病擁趙女屏間處而不朝 師古曰擁抱也閒處猶言私處也 祇加懟自明揚主之過 師古曰祇適也懟怨怒也祇音支其字從衣懟音直類反 有如兩宮奭將軍 師古曰兩宮太后及帝也奭怒貌也音赫 則妻子無類矣 師古曰言被誅戮無遺類也 嬰然之廼起朝請如故桃侯免相 服虔曰劉舍也 竇太后數言魏其景帝曰太后豈以臣有愛相魏其者 師古曰愛猶惜也 魏其沾沾自喜耳多易 張晏曰沾沾言自整頓也多易多輕易之行也或曰沾音瞻師古曰沾沾輕薄也或音他兼反今俗言薄沾沾喜音許吏反易音弋豉反○宋祁曰浙本注瞻作蟾 難以爲相持重遂不用用建陵侯衞綰爲丞相

田蚡 蘇林曰蚡音鼢鼠鼢扶粉反 孝景王皇后同母弟也生長陵竇嬰已爲大將軍方盛蚡爲諸曹郎未貴往來侍酒嬰所跪起如子姓 師古曰姓生也言同子禮若已所生 及孝景晚節蚡益貴幸 師古曰晚節猶言末時也 爲中大夫辯有口學盤盂諸書 應劭曰黃帝史孔甲所作也凡二十九篇書盤盂中所以爲法戒也諸書諸子之書也孟康曰孔甲盤盂二十六篇雜家書兼儒墨名法者也晉灼曰案藝文志孟說是也 王皇后賢之孝景崩武帝初卽位蚡以舅封爲武安侯弟勝爲周陽侯蚡新用事卑下賓客 師古曰下音胡稼反 進名士家居者貴之 晉灼曰處在里巷未仕者 欲以傾諸將相 師古曰傾謂踰越而勝之也 上所填撫多蚡賓客計策 如淳曰多薦名士名士得進爲帝畫計策也師古曰塡音竹刃反 會丞相綰病免上議置丞相太尉籍福說蚡曰魏其侯貴久矣素天下士歸之今將軍初興未如卽上以將軍爲相必讓魏其魏其爲相將軍必爲太尉太尉相尊等耳 師古曰言其尊貴同一等也 有讓賢名蚡乃微言太后風上 師古曰風讀曰諷 於是廼以嬰爲丞相蚡爲太尉籍福賀嬰因弔曰君侯資性喜善疾惡 師古曰喜好也音許吏反 方今善人譽君侯故至丞相然惡人衆亦且毀君侯君侯能兼容則幸久 師古曰兼容謂不嫉惡人令其怨也 不能今以毀去矣 ○宋祁曰江南本能作然 嬰不聽嬰蚡俱好儒術推轂趙綰爲御史大夫王臧爲郎中令 師古曰推轂謂升薦之若轉車轂之爲也 迎魯申公欲設明堂令列侯就國除關 服虔曰除關禁也索隱謂除關門之稅 以禮爲服制 師古曰謂喪服之制也 以興太平舉謫諸竇宗室無行者除其屬籍諸外家爲列侯列侯多尙公主皆不欲就國以故毀日至竇太后太后好黃老言而嬰蚡趙綰等務隆推儒術貶道家言是以竇太后滋不說 師古曰滋益也說讀曰悅 二年御史大夫趙綰請毋奏事東宮竇太后大怒曰此欲復爲新垣平邪廼罷逐趙綰王臧而免丞相嬰太尉蚡以侯家居蚡雖不任職以王太后故親幸數言事多效 師古曰效謂見聽用 士吏趨埶利者皆去嬰而歸蚡蚡日益橫 師古曰橫恣也音胡孟反 六年竇太后崩丞相昌御史大夫青翟坐喪事不辦免上以蚡爲丞相大司農韓安國爲御史大夫天下士郡諸侯愈益附蚡 師古曰郡及諸侯也猶言郡國耳 蚡爲人貌侵生貴甚 服虔曰侵短小也師古曰生貴謂自尊高示貴寵也 又以爲諸侯王多長 張晏曰多長年 上初卽位富於春秋 師古曰謂年幼也齒歷方久故云富也 蚡以肺附爲相 師古曰舊解云肺附如肝肺之相附著也一說肺斫木札也喻其輕薄附著大材也 非痛折節以禮屈之天下不肅 師古曰痛猶甚也言以尊貴臨之皆令其屈節而下已也 當是時丞相入奏事語移日所言皆聽薦人或起家至二千石權移主上上廼曰君除吏盡未吾亦欲除吏 師古曰凡言除者除故官就新官 嘗請考工地益宅上怒曰遂取武庫是後廼退 師古曰考工少府之屬官也主作器械上責其此請故謂之曰何不遂取武庫蚡乃退也 召客飲坐其兄蓋侯北鄉自坐東鄉 師古曰自處尊位也鄉讀皆曰嚮 以爲漢相尊不可以兄故私橈 師古曰橈曲也音女教反 由此滋驕 師古曰滋益也 治宅甲諸第 師古曰言爲諸第之最也以甲乙之次言甲則爲上矣 田園極膏腴 師古曰膏腴謂肥厚之處 市買郡縣器物相

屬於道師古曰屬逮及也音之欲反前堂羅鐘鼓立曲旃如淳曰旃旗之名也通帛曰旃曲旃僭也蘇林曰禮大夫建旃曲柄上曲也師古曰蘇說是也許慎云旃旗曲柄也所以旃表士衆也後房婦女以百數諸奏珍物狗馬玩好不可勝數師古曰奏進也而嬰失竇太后益疏不用無埶諸公稍自引而怠驁師古曰驁與傲同唯灌夫獨否○宋祁曰南本否作不顧余謂不若作否故嬰墨墨不得意而厚遇夫也

灌夫字仲孺潁陰人也父張孟常爲潁陰侯灌嬰舍人得幸因進之師古曰進薦也嬰薦孟也○宋祁曰南本浙本常並作嘗至二千石故蒙灌氏姓爲灌孟師古曰蒙冒也吳楚反時潁陰侯灌嬰爲將軍屬太尉師古曰時潁陰侯是灌嬰之子名何轉寫誤爲嬰耳請孟爲校尉夫以千人與父俱孟康曰官主千人如候司馬也孟年老潁陰侯彊請之鬱鬱不得意故戰常陷堅遂死吳軍中漢法○宋祁曰漢法浙本作軍法從軍是此自說漢何頗以漢別之父子俱有死事得與喪歸夫不肯隨喪歸奮曰願取吳王若將軍頭以報父仇張晏曰自奮厲也於是夫被甲持戟募軍中壯士所善願從數十人師古曰所善素與己善者及出壁門莫敢前獨兩人及從奴十餘騎馳入吳軍至戲下師古曰戲大將之旗也讀與麾同又音許宜反所殺傷數十人不得前復還走漢壁師古曰走趣嚮也音奏亡其奴獨與一騎歸夫身中大創十餘適有萬金良藥故得無死師古曰萬金者言其價貴也金字或作全言得之者必生全也創少瘳師古曰瘳差也音丑流反又復請將軍曰吾益知吳壁曲折請復往師古曰曲折猶言委曲也將軍壯而義之恐亡夫迺言太尉太尉召固止之吳軍破夫以此名聞天下潁陰侯言夫夫爲郎中將○劉攽曰當云中郎將否則郎中三將也數歲坐法去家居長安中諸公莫不稱由是復爲代相武帝即位以爲淮陽天下郊勁兵處師古曰郊謂四交輻湊而兵又勁彊故徙夫爲淮陽太守入爲太僕二年夫與長樂衞尉竇甫飲輕重不得晉灼曰飲酒輕重不得其平也師古曰禮數之輕重也夫醉搏甫師古曰搏以手擊之甫竇太后昆弟上恐太后誅夫徙夫爲燕相數歲坐法免家居長安夫爲人剛直使酒師古曰使酒因酒而使氣也不好面諛貴戚諸埶在己之右欲必陵之士在己左愈貧賤尤益禮敬與鈞師古曰右尊也左卑也鈞等也稠人廣衆薦寵下輩師古曰稠多也下輩下等之人也每於人衆之中故寵薦也士亦以此多之師古曰多猶重之夫不好文學喜任俠已然諾師古曰已必也謂一言許人必信之也喜音許吏反諸所與交通無非豪桀大猾家累數千萬食客日數十百人師古曰或八九十或百人也波池田園宗族賓客爲權利師古曰波讀曰陂橫潁川師古曰橫音胡孟反其下亦同潁川兒歌之曰潁水清灌氏寧潁水濁灌氏族師古曰深怨嫉之故爲此言也夫家居卿相侍中賓客益衰師古曰以夫居家而卿相侍中素爲夫之賓客者漸以衰退不復往也及竇嬰失埶亦欲倚夫引繩排根生平慕之後棄者蘇林曰二人相倚引繩直排擯賓客去之者不與交通也孟康曰根根格引繩以彈排擯根格之也師古曰孟說近之根音下恩反格音下各反言嬰與夫共相提挈有人生平慕嬰夫後見其失職而頗慢弛如此者共排退之不復與交讐如相對挽繩而根格之也今吳楚俗猶謂牽引前却爲根格○宋祁曰根格二字疑皆從手夫亦得嬰通列侯宗室爲名高兩人相爲引重張晏曰相薦達爲聲勢也師古曰相牽引而致於尊重也爲音于僞反其游如父子然相得驩甚無厭恨相知之晚

夫嘗有服師古曰謂喪服也過丞相蚡蚡從容曰師古曰從音千容反吾欲與仲孺過魏其侯會仲孺有服夫曰將軍迺肯幸臨況魏其侯師古曰況賜也夫安敢以服爲解師古曰解謂辭之也若今言分疏矣請語魏其具師古曰具辦具酒食將軍旦日蚤臨師古曰旦日明旦也蚤古早字蚡許諾夫以語嬰嬰與夫人益市牛酒師古曰益多也夜灑埽張具師古曰灑音灑又音所寄反至旦平明令門下候司至日中蚡不來嬰謂夫曰丞相豈忘之哉夫不懌師古曰懌悅也曰夫以服請不宜師古曰不當忘也迺駕自往迎蚡蚡特前戲許夫師古曰特但也殊無意往夫至門蚡尚臥也於是夫見曰將軍昨日幸許過魏其魏其夫妻治具至今未敢嘗食蚡悟謝曰吾醉忘與仲孺言迺駕往往又徐行夫愈益怒及飲酒酣夫起舞屬蚡師古曰屬付也猶今之舞訖相勸也屬音之欲反蚡不起夫從坐語侵之師古曰從坐謂移就其坐也嬰迺扶夫去謝蚡蚡卒飲至夜極驩而去後蚡使藉福請嬰城南田嬰大望曰師古曰望怨也○宋祁曰浙本面去字下更有去字老僕雖棄將軍雖貴寧可以埶相奪乎不許夫聞怒罵福福惡兩人有隙迺謾好謝蚡師古曰謾猶詭也詐爲好言也謾讀與慢同又音莫連反曰魏其老且死易忍且待之已而蚡聞嬰夫實怒不予亦怒曰魏其子嘗殺人蚡活之蚡事魏其無所不可愛數頃田且灌夫何與也師古曰與讀曰預預干也吾不敢復求田由此大怒元光四年春蚡言灌夫家在潁川橫甚民苦之請案之上曰此丞相事何請夫亦持蚡陰事爲姦利受淮南王金與語言賓客居間遂已俱解師古曰兩家賓客處於中間和解之夏蚡取燕王女爲夫人師古曰燕王澤之子康王嘉女太后詔召列侯宗室皆往賀嬰過夫欲與俱夫謝曰夫數以酒失過丞相師古曰言因酒有失得罪過於丞相丞相今者又與夫有隙嬰曰事已解彊與俱酒酣蚡起爲壽坐皆避席伏已嬰爲壽獨故人避席餘半膝席蘇林曰下席而膝在席上也如淳曰以膝跪席上也師古曰如說是也夫行酒至蚡蚡膝席曰不能滿觴夫怒因嘻笑曰將軍貴人也畢之張晏曰行酒過之爲已畢如淳曰言雖貴且當盡酒以其埶劫之也師古曰如說近之言將軍雖貴人也請盡此觴嘻強笑也音許其反○劉攽曰夫謂蚡所以不能滿觴由其貴人也然當畢之時蚡不肯師古曰不爲盡也行酒次至臨汝侯灌賢賢方與程不識耳語師古曰附耳小語也又不避席夫無所發怒迺罵賢曰平生毀程不識不直一錢今日長者爲壽迺效女曹兒呫囁耳語師古曰女曹兒猶言兒女輩也呫音昌涉反囁音人涉反蚡謂夫曰程李俱東西宮衞尉孟康曰李廣爲東宮衞尉程不識爲西宮今衆辱程將軍仲孺獨不爲李將軍地乎蘇林曰不爲李將軍除道地邪如淳曰二人同號比尊今辱一人不當爲毀廣邪師古曰如說近之言既毀程令廣何地自安處夫曰今日斬頭穴匈何知程李晉灼曰斬頭見刺猶不止也坐乃起更衣師古曰坐謂坐上之人也更改也凡久坐者皆起更衣以其寒煖或變也稍稍去嬰去戲夫晉灼曰戲古麾字也師古曰招麾之令出也漢書多以戲爲麾字夫出蚡遂怒曰此吾驕灌夫罪也迺令騎留夫師古曰騎謂常從之騎也夫不得出藉福起爲謝案夫項令謝師古曰使其拜也夫愈怒不肯順蚡迺戲騎縛夫師古曰戲讀亦曰麾謂指麾命之而令收縛也置傳舍師古曰傳舍解在酈食其傳召長史曰今日召宗室有詔師古曰長史丞相長史也召宗室謂請召之爲客也劾灌夫罵坐不敬師古曰於大坐中罵詈爲不敬繫居室師古曰居室署名也屬少府其後改名曰保宮遂其前事師古曰遂竟也遣吏分曹逐捕諸灌氏支屬皆得棄市罪嬰愧爲資使賓客請莫能解如淳曰爲出資費使人爲夫請罪也師古曰如說非也爲資爲其資地耳非財物也爲讀如本字蚡吏皆爲耳目諸灌氏皆亡匿夫繫遂不得告言蚡陰事嬰銳爲救夫嬰夫人諫曰灌將軍得罪丞相與太后家迕師古曰相違迕也迕音悟寧可救邪嬰曰侯自我得之自我捐之無所恨師古曰言不過失爵耳且終不令灌仲孺獨死嬰獨生迺匿其家竊出上書師古曰匿避也不令家人知之恐其又止諫也立召入具告言灌夫醉飽事不足誅上然之賜嬰食曰東朝廷辯之如淳曰東朝太后朝也張晏曰會公卿大夫東朝共理而分別也嬰東朝盛推夫善言其醉飽得過迺丞相以他事誣罪之蚡盛毀夫所爲橫恣罪逆不道嬰度無可奈何師古曰度音徒各反因言蚡短蚡曰天下幸而安樂無事蚡得爲肺附所好音樂狗馬田宅所愛倡優巧匠之屬師古曰倡樂人也優諸戲者也不如魏其灌夫日夜招聚天下豪桀壯士與論議腹誹而心謗卬視天俛畫地張晏曰視天占三光也畫地知分野所在也念欲作反事也師古曰卬讀曰仰辟睨兩宮閒張晏曰占太后與帝吉凶之期也師古曰辟睨傍視也辟音普計反睨音吾計反幸天下有變而欲有大功張晏曰幸有反者當爲將立大功也臣瓚曰天下有變謂因國家變難之際得立大功也師古曰瓚說是臣乃不如魏其等所爲上問朝臣兩人孰是御史大夫韓安國曰魏其言灌夫父死事身荷戟馳不測之吳軍師古曰荷負也不測言其彊盛也荷音何○宋祁曰荷字當從浙本何可反身被數十創名冠三軍此天下壯士非有大惡爭杯酒不足引它過以誅也魏其言是丞相亦言灌夫通姦猾侵細民家累巨萬橫恣潁川輘轢宗室侵犯骨肉師古曰輘轢謂蹈踐之也輘音凌轢音郎擊反此所謂支大於幹脛大於股不折必披師古曰披音丕靡反丞相言亦是唯明主裁之主爵都尉汲黯是魏其內史鄭當時是魏其後不堅對○宋祁曰後字當從浙本作復若作後卽在一時何容更有前後也餘皆莫敢對上怒內史曰公平生數言魏其武安長短今日廷論局趣效轅下駒應劭曰駒者駕著轅下局趣小之貌張晏曰俛頭於車轅下隨母而已師古曰張說非也駕車不以牝馬小雅皇皇者華之詩曰我馬維駒非隨母也吾并斬若屬矣師古曰若汝也即罷起入上食太后太后亦已使人候司具以語太后太后怒不食曰我在也而人皆藉吾弟晉灼曰藉蹈也令我百歲後皆魚肉之乎師古曰以此魚肉而食噉也且帝寧能爲石人邪師古曰言石人者謂常存不死也一曰徒有人形耳不知好惡也此特帝在即錄錄師古曰錄錄言循衆也設百歲後是屬寧有可信者乎師古曰設猶脫也上謝曰俱外家故廷辨之師古曰嬰景帝從舅子蚡太后同母弟故言俱外家不然此一獄吏所決耳是時郎中令石建爲上分別言兩人蚡已罷朝出止車門召御史大夫安國載師古曰韓安國也載謂共乘車怒曰與長孺共一禿翁何爲首鼠兩端服虔曰禿翁言嬰無官位版綬也首鼠一前一却也張晏曰嬰年老又嗜酒頭禿言當共治一禿翁也師古曰服說是也安國良久謂蚡曰君何不自喜師古曰何不自謙遜爲可喜之事也喜音許吏反夫魏其毀君君當免冠解印綬歸師古曰歸印綬於天子也曰臣以肺附幸得待罪固非其任魏其言皆是如此上必多君有讓師古曰多猶重也不廢君魏其必媿杜門齰舌自殺師古曰杜塞也齰齧也音仕客反今人毀君君亦毀之譬如賈豎女子爭言何其無大體也蚡謝曰爭時急不知出此於是上使御史簿責嬰師古曰簿責以文簿一一責之也簿音步戶反所言灌夫頗不讎晉灼曰讎當也劾繫都司空師古曰都司空宗正屬官也見百官公卿表孝景時嬰嘗受遺詔曰事有不便以便宜論上師古曰論說其事而上於天子及繫灌夫罪至族事日急諸公莫敢復明言於上嬰迺使昆弟子上書言之幸得召見師古曰幸冀也書奏案尚書大行無遺詔如淳曰大行主諸侯官也師古曰此說非也大行景帝大行也尚書之中無此大行遺詔也詔書獨臧嬰家嬰家丞封孟康曰以家丞印封遺詔也迺劾嬰矯先帝詔害罪當棄市鄭氏曰矯詔有害不害也五年十月悉論灌夫支屬嬰良久迺聞有劾卽陽病痱不食欲死師古曰痱風病也音肥或聞上無意殺嬰復食治病議定不死矣迺有飛語爲惡言聞上張晏曰蚡爲作飛揚誹謗之語也臣瓚曰無根而至也故以十二月晦論棄市渭城張晏曰若日月者見春垂至恐遇赦贖之春蚡疾一身盡痛若有擊者譁服謝罪晉灼曰服音瓝西俗謂得杖呼及小兒啼爲呼瓝或言蚡號呼謝服罪也師古曰兩說皆通譁古呼字若謂啼爲譁服則譁音火交反服音平卓反上使視鬼者瞻之曰魏其侯與灌夫共守笞欲殺之竟死子恬嗣元朔中有罪免後淮南王安謀反覺始安入朝時蚡爲太尉迎安霸上謂安曰上未有太子大王最賢高祖孫卽宮車晏駕非大王立尚誰立哉師古曰言大王尚不得立當誰立也淮南王大喜厚遺金錢財物上自嬰夫事時不直蚡特爲太后故及聞淮南事上曰使武安侯在者族矣師古曰言其頓自死

韓安國字長孺梁成安人也後徙睢陽嘗受韓子雜說鄒田生所師古曰田生鄒縣人事梁孝王爲中大夫吳楚反時孝王使安國及張羽爲將扞吳兵於東界張羽力戰安國持重以故吳不能過梁吳楚破安國張羽名由此顯梁

梁王以至親故得自置相二千石出入游戲僭於天子師古曰僭擬也天子聞之心不善太后知帝弗善迺怒梁使者弗見案責王所爲安國爲梁使見大長公主而泣如淳曰大長公主景帝姊也曰何梁王爲人子之孝爲人臣之忠而太后曾不省也師古曰省視也夫前日吳楚齊趙七國反自關以東皆合從而西鄉師古曰從音子容反唯梁最親爲限難梁王念太后帝在中師古曰中謂京師中也一說中猶言中國也○宋祁曰一本無難字而諸侯擾亂壹言泣數行而下跪送臣等六人將兵擊却吳楚吳楚以故兵不敢西而卒破亡梁之力也今太后以小苛禮責望梁王師古曰苛細也梁王父兄皆帝王而所見者大故出稱蹕入言警師古曰蹕止行人也警令戒肅也天子出入皆備此儀而今云出稱蹕入言警者互舉之耳車旗皆帝所賜即以嫮鄙小縣服虔曰嫮音夸好也晉灼曰嫮音折嫮之嫮鄧展曰嫮好也自以車服之好耀邊鄙之邑也師古曰服說晉音是也鄙小縣言在外鄙之小縣也驅馳國中欲夸諸侯令天下知太后帝愛之也今梁使來輒案責之梁王恐日夜涕泣思慕不知所爲何梁王之忠孝而太后不郵也長公主具以告太后太后喜曰爲帝言之言之帝心迺解而免冠謝太后曰○宋祁曰曰而免冠南本無而字兄弟不能相教迺爲太后遺憂悉見梁使厚賜之其後梁王益親驩太后長公主更賜安國直千餘金師古曰更音工衡反由此顯結於漢其後安國坐法抵罪蒙師古曰蒙梁國之縣也○劉奉世曰蒙字當屬下句獄吏田甲辱安國安國曰死灰獨不復然乎甲曰然即溺之師古曰溺讀曰尿居無幾梁內史缺師古曰無幾未多時也幾音居豈反漢使使者拜安國爲梁內史起徒中爲二千石田甲亡安國曰甲不就官我滅而宗師古曰而汝也甲肉袒謝安國笑曰公等足與治乎師古曰治謂當敵也今人猶云對治治音丈吏反一曰不足繩治讀如本字卒善遇之內史之缺也王新得齊人公孫詭說之師古曰說讀曰悅欲請爲內史竇太后所迺詔王以安國爲內史公孫詭羊勝說王求爲帝太子及益地事恐漢大臣不聽迺陰使人刺漢用事謀臣及殺故吳相爰盎○劉奉世曰刺漢謀臣在漢已立太子之後此云求爲太子怨大臣不聽故刺之與諸傳不同當是此誤景帝遂聞詭勝等計畫迺使使捕詭勝必得師古曰必令得之漢使十輩至梁相以下舉國大索師古曰索搜也音山客反月餘弗得安國聞詭勝匿王所迺入見王而泣曰主辱者臣死大王無良臣故紛紛至此今勝詭不得請辭賜死王曰何至此安國泣數行下曰大王自度於皇帝孰與太上皇之與高帝及皇帝與臨江王親師古曰孰與猶言何如也王曰弗如也安國曰夫太上皇臨江親父子閒然高帝曰提三尺取天下者朕也師古曰三尺謂劍也故太上終不得制事居于櫟陽臨江適長太子師古曰適讀曰嫡以一言過廢王臨江師古曰景帝嘗屬諸姬子太子母栗姬言不遜由是廢太子栗姬憂死也用宮垣事卒

自殺中尉府張晏曰以侵壖垣徵自殺也何者治天下終不用私亂公語曰雖有親父安知不爲虎雖有親兄安知不爲狼師古曰言其恩愛不可必保也今大王列在諸侯訹邪臣浮說師古曰訹誘也音戌○宋祁曰江浙本訹作怵怵音椿戌反犯上禁橈明法師古曰橈曲也音女教反天子以太后故不忍致法於大王太后日夜涕泣幸大王自改大王終不覺寤有如太后宮車卽晏駕大王尚誰攀乎語未卒王泣數行而下謝安國曰吾今出之卽日詭勝自殺漢使還報梁事皆得釋師古曰釋解也安國力也景帝太后益重安國孝王薨共王卽位師古曰共讀曰恭安國坐法失官家居武帝卽位武安侯田蚡爲太尉親貴用事安國以五百金遺蚡蚡言安國太后上素聞安國賢卽召以爲北地都尉遷爲大司農閩東越相攻遣安國大行王恢將兵未至越越殺其王降漢兵亦罷其年田蚡爲丞相安國爲御史大夫匈奴來請和親上下其議師古曰下音胡亞反大行王恢燕人數爲邊吏習胡事議曰漢與匈奴和親率不過數歲卽背約不如勿許舉兵擊之安國曰千里而戰卽兵不獲利今匈奴負戎馬足懷鳥獸心師古曰負恃也遷徙鳥集難得而制得其地不足爲廣有其衆不足爲彊自上古弗屬師古曰不內屬於中國漢數千里爭利則人馬罷師古曰罷讀曰疲虜以全制其敝勢必危殆臣故以爲不如和親羣臣議多附安國於是上許和親明年鴈門馬邑豪聶壹張晏曰豪猶帥也因大行王恢言匈奴初和親親信邊可誘以利致之伏兵襲擊必破之道也上迺召問公卿曰朕飾子女以配單于幣帛文錦賂之甚厚單于待命加嫚侵盜無已邊竟數驚朕甚閔之師古曰竟讀曰境其下亦同今欲舉兵攻之何如大行恢對曰○宋祁曰浙本恢字上有王字陛下雖未言臣固願效之師古曰效致也致其計臣聞全代之時服虔曰代未分之時也李奇曰六國之時全代爲一國尚能以擊匈奴況今加以漢之大乎北有彊胡之敵○宋祁曰王本改北爲背予謂作北義直不須爲背內連中國之兵然尚得養老長幼種樹以時倉廩常實師古曰樹殖也匈奴不輕侵也今以陛下之威海內爲一天下同任如淳曰任事也又遣子弟乘邊守塞師古曰乘登也登其城而備守也○宋祁曰又字當從浙本作人人遣者見天下同任義轉粟輓輸以爲之備師古曰輓引車也音晚然匈奴侵盜不已者無它以不恐之故耳師古曰不示威令恐懼也臣竊以爲擊之便御史大夫安國曰不然臣聞高皇帝嘗圍於平城匈奴至者投鞌高如城者數所師古曰解脫其馬示閑暇也投積其鞌若營壘也平城之飢七日不食天下歌之及解圍反位而無忿怒之心夫聖人以天下爲度者也師古曰言當隨天下心而寬大其度量也人不以己私怒傷天下之功○宋祁曰浙本功作公故迺遣劉敬奉金千斤以結和親至今爲五世利孝文皇帝又嘗壹擁天下之

精兵聚之廣武常谿張晏曰廣武鴈門縣常谿谿名然終無尺寸之功而天下黔首無不憂者孝文寤於兵之不可宿師古曰宿久留也故復合和親之約此二聖之迹足以爲效矣臣竊以爲勿擊便恢曰不然臣聞五帝不相襲禮三王不相復樂師古曰襲因也復重也復音扶目反非故相反也各因世宜也且高帝身被堅執銳蒙霧露沐霜雪行幾十年師古曰幾近也音鉅依反所以不報平城之怨者非力不能所以休天下之心也今邊竟數驚士卒傷死中國槥車相望師古曰槥小棺也從軍死者以槥送致其喪載槥之車相望於道言其多也槥音衞此仁人之所隱也張晏曰隱痛也臣故曰擊之便安國曰不然臣聞利不十者不易業功不百者不變常是以古之人君謀事必就祖發政占古語重作事也師古曰祖祖廟也占問也重難之也且自三代之盛夷狄不與正朔服色師古曰與讀曰預非威不能制彊弗能服也以爲遠方絕地不牧之民不足煩中國也師古曰不牧謂不可牧養也且匈奴輕疾悍亟之兵也師古曰悍勇也亟急也音居力反至如猋風去如收電師古曰猋疾風也音必遙反畜牧爲業弧弓射獵師古曰以木曰弧以角曰弓逐獸隨草居處無常難得而制今使邊郡久廢耕織以支胡之常事其埶不相權也師古曰輕重不等也臣故曰勿擊便恢曰不然臣聞鳳鳥乘於風聖人因於時昔秦繆公都雍師古曰繆讀與穆同地方三百里知時宜之變攻取西戎辟地千里并國十四師古曰辟讀曰闢其下亦同隴西北地是也及後蒙恬爲秦侵胡辟數千里以河爲竟師古曰竟讀曰境累石爲城樹榆爲塞如淳曰塞上種榆也匈奴不敢飲馬於河置𤇆燧然後敢牧馬師古曰燧古燧字夫匈奴獨可以威服不可以仁畜也今以中國之盛萬倍之資遣百分之一以攻匈奴譬猶以彊弩射且潰之癰也必不留行矣師古曰留止也言無所礙也若是則北發月氏可得而臣也師古曰發猶徵召也言威聲之盛北自月支以來皆可徵召而爲臣也氏讀曰支○劉敞曰北發國名亦見管子書臣故曰擊之便安國曰不然臣聞用兵者以飽待饑正治以待其亂定舍以待其勞師古曰舍止息也故接兵覆衆伐國墮城師古曰覆敗也墮毀也言兵與敵接則敗其衆所伐之國則毀其城也覆音方目反墮音火規反常坐而役敵國此聖人之兵也且臣聞之衝風之衰不能起毛羽師古曰衝風疾風之衝突者也彊弩之末力不能入魯縞師古曰縞素也曲阜之地俗善作之尤爲輕細故以取喻也夫盛之有衰猶朝之必莫也今將卷甲輕舉深入長敺難以爲功師古曰敺與驅同從行則迫脅衡行則中絕師古曰從音子容反衡猶橫也疾則糧乏徐則後利師古曰後利謂不及於利不至千里人馬乏食兵法曰遺人獲也師古曰言以軍遺敵人令其虜獲也遺音弋季反意者有它繆巧可以禽之則臣不知也不然則未見深入之利也臣故曰勿擊便恢曰不然夫草木遭霜者不可以風過師古曰言易零落清水明鏡不可以形逃師古曰言

美惡皆見通方之士不可以文亂師古曰方道也今臣言擊之者固非發而深入也將順因單于之欲誘而致之邊吾選梟騎壯士陰伏而處以爲之備審遮險阻以爲其戒吾埶已定或營其左或營其右或當其前或絕其後單于可禽百全必取上曰善迺從恢議陰使聶壹爲閒師古曰閒音居莧反亡入匈奴謂單于曰吾能斬馬邑令丞以城降財物可盡得單于愛信以爲然而許之聶壹迺詐斬死罪囚縣其頭馬邑城下視單于使者爲信師古曰視讀曰示曰馬邑長吏已死可急來於是單于穿塞將十萬騎入武州塞師古曰在鴈門當是時漢伏兵車騎材官三十餘萬匿馬邑旁谷中衞尉李廣爲驍騎將軍太僕公孫賀爲輕車將軍大行王恢爲將屯將軍太中大夫李息爲材官將軍御史大夫安國爲護軍將軍諸將皆屬約單于入馬邑縱兵王恢李息別從代主擊輜重師古曰輜衣車也重謂載重物車也故行者之資總曰輜重重音直用反於是單于入塞未至馬邑百餘里覺之還去語在匈奴傳塞下傳言單于已去漢兵追至塞度弗及師古曰度音徒各反王恢等皆罷兵上怒恢不出擊單于輜重也○宋祁曰江南本無也字恢曰始約爲入馬邑城兵與單于接而臣擊其輜重可得利今單于不至而還臣以三萬人衆不敵祗取辱師古曰祗適也音支固知還而斬然完陛下士三萬人於是下恢廷尉廷尉當恢逗橈當斬服虔曰逗音企應劭曰逗曲行避敵也橈顧望也軍法語也蘇林曰逗音豆如淳曰軍法行而逗留畏懦者要斬師古曰服應二說皆非也逗謂留止也橈屈弱也逗又音住○宋祁曰浙本無當斬二字恢行千金丞相蚡蚡不敢言上而言於太后曰王恢首爲馬邑事今不成而誅恢是爲匈奴報仇也上朝太后太后以蚡言告上上曰首爲馬邑事者恢故發天下兵數十萬從其言爲此且縱單于不可得恢所部擊猶頗可得以慰士大夫心師古曰或當得其輜重人衆也古尉安之字正如此其後流俗乃加心耳今不誅恢無以謝天下於是恢聞迺自殺安國爲人多大畧知足以當世取舍師古曰舍止也取舍言可取則取可止則止而出於忠厚貪耆財利師古曰耆讀曰嗜然所推舉皆廉士賢於己者於梁舉壺遂臧固至它皆天下名士師古曰於梁舉二人至於他餘所舉亦皆名士也士亦以此稱慕之唯天子以爲國器師古曰言臣下皆敬重之天子一人亦以爲國器國器者言其器用重大可施於國政也○宋祁曰注文國政字下有之人二字安國爲御史大夫五年丞相蚡薨安國行丞相事引墮車蹇如淳曰爲天子導引而墮車跛蹇也○宋祁曰古本引字上有奉字他本只云引予謂作奉引爲是上欲用安國爲丞相使使視蹇甚迺更以平棘侯薛澤爲丞相安國病免師古曰以足疾數月瘉復爲中尉歲餘徙爲衞尉而將軍衞青等擊匈奴破龍城○宋祁曰龍當作蘢見衞青傳明年匈奴大入邊語在青傳安國爲材官將軍屯漁陽捕生口虜言匈奴遠去

卽上言方佃作時師古曰安國上奏也佃治田也音與田同請且罷屯罷屯月餘匈奴大入上谷漁陽安國壁迺有七百餘人出與戰安國傷入壁匈奴虜略千餘人及畜產去上怒使使責讓安國徙益東屯右北平是時虜言當入東方安國始爲御史大夫及護軍後稍下遷新壯將軍衞青等有功益貴安國旣斥疏將屯又失亡多甚自媿幸得罷歸師古曰冀得罷歸以爲幸也他皆類此迺益東徙意忽忽不樂數月病歐血死壺遂與太史遷等定漢律歷官至詹事其人深中篤行君子上方倚欲以爲相會其病卒師古曰倚謂依任之也於綺反

○宋祁曰倚欲浙本作欲倚

贊曰竇嬰田蚡皆以外戚重灌夫用一時決策師古曰謂馳入吳軍欲報父讎也而各名顯並位卿相大業定矣然嬰不知時變夫亡術而不遜師古曰遜順也蚡負貴而驕溢師古曰負恃也凶德參會待時而發師古曰三人相遇故曰參會藉福區區其間惡能救斯敗哉師古曰惡音烏謂於何也以韓安國之見器臨其摯而顚墜李奇曰摯極也陵夷以憂死師古曰陵夷卽陵遲也言漸陵替也遇合有命悲夫若王恢爲兵首而受其咎豈命也虖師古曰言自己爲之非由命也

前漢書卷五十二考證

竇嬰傳字王孫○臣召南按史記無嬰字觀景帝語嬰王孫寧可以讓耶是嬰字王孫矣

有如兩宮奭將軍○按史記作螫將軍張晏曰螫怒也毒蟲怒必螫人

田蚡傳蚡爲諸曹郎○臣召南按史記無曹字据徐廣注亦不作郎官解又漢初言郎不以曹稱疑此文曹字訛

蹶起如子姓○凌稺隆曰史記作如子姪此作如子姓於義雖通究是訛字

王皇后賢之○臣召南按史記作王太后賢之在景帝時祇合稱皇后耳此漢書改訂史記之失

蚡以肺附爲相○肺附史記作肺腑下同

上怒曰遂取武庫○臣召南按史記云君何不遂取武庫此怒語也漢書省君何不三字意遂不明

灌夫傳將軍貴人也畢之○畢之史記作屬之

程李俱東西宮衞尉注孟康曰李廣爲東宮程不識爲西宮○臣召南按孟康注非也漢以長樂宮爲東宮太后居之天子居未央宮在長樂西据李廣傳廣入爲未央衞尉而程不識亦爲長樂衞尉是廣衞西宮而不識衞東宮也

嬰東朝○臣召南按史記作魏其之東朝之往也之字似不可省又石建爲上分別言兩人事此省事字又與長孺共一老禿翁此省老字又嬰迺使昆弟子上書言之幸得復召見此省復字皆不如本文

韓安國傳由此顯結於漢○臣召南按此作一句讀史記云名由此顯句結於漢句意義亦遂不同又安國笑曰可溺矣公等足與治乎此傳刪可溺矣三字不如本文遠甚雖與王恢論馬邑之計反覆折辨較史記爲最詳

王恢李息別從代○史記作王恢李息李廣此缺李廣

至它皆天下名士○臣召南按史記作鄭他則鄭姓他名與壺遂臧固爲三人此傳作至它則非人姓名矣

前漢書卷五十三

漢　蘭　臺　令　史　班　固　撰

唐正議大夫行秘書少監琅邪縣開國子顏師古注

景十三王傳第二十三

孝景皇帝十四男王皇后生孝武皇帝栗姬生臨江閔王榮河閒獻王德臨江哀王閼師古曰閼音烏易反程姬生魯共王餘師古曰共讀曰恭下皆類此江都易王非師古曰易音改易之易諡法云好更故舊曰易膠西于王端師古曰于遠也言其所行不善遠乖道德故以爲諡賈夫人生趙敬肅王彭祖中山靖王勝唐姬生長沙定王發王夫人生廣川惠王越膠東康王寄清河哀王乘常山憲王舜師古曰王夫人卽王皇后之妹也

河閒獻王德以孝景前二年立修學好古實事求是師古曰務得事實每求眞是也今流俗書本云求長長老以是從人得善書蓋妄加之耳從民得善書必爲好寫與之留其眞師古曰眞正也留其正本加金帛賜以招之繇是四方道術之人不遠千里師古曰不以千里爲遠而自致也繇讀與由同○宋祁云加字新添或有先祖舊書多奉以奏獻王者師古曰奏進也故得書多與漢朝等是時淮南王安亦好書所招致率多浮辯師古曰言無實用耳獻王所得書皆古文先秦舊書師古曰先秦猶言秦先謂未焚書之前周官尚書禮禮記師古曰禮者禮經也禮記者諸儒記禮之說也孟子老子之屬皆經傳說記七十子之徒所論師古曰七十子孔子弟子也解具在藝文志其學舉六藝師古曰此六藝謂六經立毛氏詩左氏春秋博士修禮樂被服儒術造次必於儒者師古曰被服言常居處其中也造次謂所嚮必行也被音皮義反造音千到反山東諸儒多從而遊武帝時獻王來朝獻雅樂對三雍宮應劭曰辟雍明堂靈臺也雍和也言天地君臣人民皆和也及詔策所問三十餘事其對推道術而言得事之中師古曰中音竹仲反文約指明師古曰約少也指謂義之所趣若人以手指物也他皆類此立二十六年薨中尉常麗以聞曰王身端行治師古曰端直治理也溫仁恭儉篤敬愛下明知深察惠于鰥寡大行令奏諡法曰聰明睿知曰獻師古曰睿深也通也宜諡曰獻王子共王不害嗣四年薨子剛王堪嗣十二年薨子頃王授嗣師古曰頃音傾諸爲諡者皆類此也十七年薨子孝王慶嗣四十三年薨子元嗣元取故廣陵厲王厲王太子及中山懷王故姬廉等以爲姬甘露中冀州刺史敞奏元事下廷尉逮召廉等元迫脅凡七人令自殺有司奏請誅元有詔削二縣萬一千戶後元怒少史留貴留貴踰垣出欲告元元使人殺留貴母有司奏元殘賊不改不可君國子民廢勿王處漢中房陵師古曰房陵漢中縣居數年坐與妻若共乘朱輪車怒若又笞擊令自髡漢中太守請治病死○宋祁云浙本病字上有元字立十七年○宋祁云姚本七作五國除絕五歲成帝建始元年復立元弟上郡庫令良如淳曰漢官北邊郡庫官兵之所藏故置令是爲河閒惠王良修獻王之行母太后薨服喪如禮哀帝下詔褒揚曰河閒王良喪太后三年爲宗室儀表其益封萬戶二十七年薨子尙嗣王莽時絕

臨江哀王閼以孝景前二年立三年薨無子國除爲郡

臨江閔王榮以孝景前四年爲皇太子四歲廢爲臨江王三歲坐侵廟壖地爲宮師古曰壖音人緣反解在食貨志及鼂錯傳上徵榮榮行祖於江陵北門師古曰祖者送行之祭因饗飲也昔黃帝之子纍祖好遠遊而死於道故後人以爲行神也旣上車軸折車廢師古曰廢壞也江陵父老流涕竊言曰吾王不反矣榮至詣中尉府對簿中尉郅都簿責訊王師古曰簿音步戶反訊問也音信王恐自殺葬藍田燕數萬銜土置冢上百姓憐之榮最長亡子國除師古曰榮實最長而傳居二王之後者以其從太子被廢後乃立爲王也地入于漢爲南郡

魯恭王餘以孝景前二年立爲淮陽王吳楚反破後以孝景前三年徙王魯好治宮室苑囿狗馬季年好音師古曰季年末年也不喜辭師古曰喜許吏反爲人口吃難言師古曰吃音訖二十八年薨子安王光嗣初好音樂輿馬晚節遴師古曰晚節猶言末時也遴與吝同猶言貪嗇也唯恐不足於財四十年薨子孝王慶忌嗣三十七年薨子頃王勁嗣二十八年薨子文王睃嗣○宋祁曰睃疑作俊十八年薨亡子國除哀帝建平三年復立頃王子郚鄉侯閔爲王蘇林曰郚音魚縣名也屬東海郡師古曰又音吾○宋祁云兩浙本無頃王子三字王莽時絕恭王初好治宮室壞孔子舊宅以廣其宮聞鐘磬琴瑟之聲遂不敢復壞於其壁中得古文經傳

江都易王非以孝景前二年立爲汝南王吳楚反時非年十五有材氣上書自請擊吳景帝賜非將軍印擊吳吳已破徙王江都治故吳國師古曰治謂都之劉濞所居也以軍功賜天子旗元光中匈奴大入漢邊非上書願擊匈奴上不許非好氣力治宮館招四方豪傑驕奢甚二十七年薨子建嗣建爲太子時邯鄲人梁蚡持女欲獻之易王建聞其美私呼之因留不出蚡宣言曰子迺與其公爭妻建使人殺蚡蚡家上書下廷尉考會赦不治易王薨未葬建居服舍師古曰倚廬堊室之次也召易王所愛美人淖姬等凡十人與姦鄭氏曰淖音卓王孫之卓蘇林曰淖音泥淖師古曰蘇說是音女教反建女弟徵臣爲蓋侯子婦師古曰女弟卽妹也以易王喪來歸建復與姦建異母弟定國爲淮陽侯易王最小子也其母幸立之師古曰冀得立其子爲易王嗣具知建事行錢使男子荼恬上書蘇林曰荼音食邪反○宋祁曰浙本注文無反字云荼音琅邪淳化本琅邪反皆未安告建淫亂不當爲後事下廷尉廷尉治恬受人錢財爲上書論棄市建罪不治後數使使至長安迎徵臣魯恭王太后聞之師古曰易王卽魯恭王同母之弟徵臣則太后之孫也故與書戒之○宋祁曰恭當作共遺徵臣書曰國中口語籍籍師古曰籍籍諠聒之意愼無復至江都後建使謁者吉請問共太后師古曰請問起居也太后泣謂吉歸以吾言謂而王師古曰謂告也而汝也王前事漫漫今當自謹獨不聞燕齊事乎張晏曰燕王定國齊王次昌皆與子昆弟姦發覺自殺也言吾爲而王泣也吉歸致共太后語建大怒擊吉斥之師古曰斥謂退棄之建游章臺宮令四女子乘小船建以足蹈覆其船師古曰覆音芳目反其下亦同四人皆溺二人死後游雷波師古曰波讀爲陂雷陂名其下云入波中亦同天大風建使郎二人乘小船入波中船覆兩郎溺攀船乍見乍沒建臨觀大笑令皆死師古曰不救上之令死陂中也宮人姬八子有過者輒令臝立擊鼓師古曰八子姬妾官名也臝者露其形也音來果反或置樹上久者三十日乃得衣或髡鉗以鉛杵舂師古曰鉛者錫之類也音弋全反不中程輒掠師古曰程者作之課也掠笞擊也或縱狼令齧殺之師古曰縱放也建觀而大笑或閉不食令餓死凡殺不辜三十五人建欲令人與禽獸交而生子彊令宮人臝而四據與羝羊及狗交師古曰羝羊牡羊也羝音丁奚反專爲淫虐自知罪多國中多欲告言者建恐誅心內不安與其后成光共使越婢下神祝詛上與郎中令等語怨望漢廷使者卽復來覆我我決不獨死師古曰覆治也不獨死言欲反也覆音芳目反建亦頗聞淮南衡山陰謀恐一日發爲所并遂作兵器號王后父胡應爲將軍中大夫疾有材力善騎射師古曰疾者中

大夫之名 號曰靈武君作治黃屋蓋刻皇帝璽鑄將軍都尉金銀印作漢使節二十綬千餘具置軍官品員及拜爵封侯之賞具天下之輿地及軍陳圖遣人通越繇王閩侯遺以錦帛奇珍繇王閩侯亦遺建荃葛 蘇林曰荃音詮細布屬也服虔曰荃音蓀細葛也臣瓚曰荃香草也師古曰服瓚二說皆非也許愼云荃細布也字本作絟音千全反又音千劣反蓋今南方筩布之屬皆爲荃也葛即今之葛布也以荃及葛遺建也 珠璣 師古曰璣謂珠之不圜者也音機又音祈 犀甲翠羽蝯熊奇獸數通使往來約有急相助 師古曰約謂言契也 及淮南事發治黨與頗連及建建使人多推金錢絕其獄 師古曰行賂以滅其蹤緒也 後復謂近臣曰我爲王詔獄歲至生又無驩怡日壯士不坐死欲爲人所不能爲耳 師古曰亦言欲反也 建時佩其父所賜將軍印載天子旗出積數歲事發覺漢遣丞相長史與江都相雜案索得兵器璽綬節反具 師古曰索搜也 有司請捕誅建制曰與列侯吏二千石博士議議皆曰建失臣子道積久輒蒙不忍遂謀反逆所行無道雖桀紂惡不至於此天誅所不赦當以謀反法誅有詔宗正廷尉即問建 師古曰即就也建就其國問之 自殺后成光等皆棄市六年國除 ○劉敞曰當云建立六年 地入于漢爲廣陵郡絕百二十一年平帝時新都侯王莽秉政興滅繼絕立建弟盱眙侯子宮爲廣陵王 師古曰盱音許于反眙音怡 奉易王後莽篡國絕

膠西于王端孝景前三年立爲人賊盭又陰痿 師古曰盭古戾字賊盭言其性賊害很戾也痿音萎 一近婦人病數月有所愛幸少年以爲郎郎與後宮亂端禽滅之及殺其子母數犯法 師古曰數音所角反下亦同 漢公卿數請誅端天子弗忍而端所爲滋甚 師古曰滋益也 有司比再請削其國去太半 張晏曰三分之二爲太半一爲少半 師古曰比頻也 端心慍遂爲無訾省 蘇林曰爲無所省錄也師古曰訾訾財也省視也言不視訾財也○劉奉世曰無訾省猶今不藉賴忿故爲此顏失之 府庫壞漏盡腐財物以鉅萬計終不得收徙 師古曰不收又不徙置他處 令吏毋得收租賦端皆去衞封其宮門從一門出入數變名姓爲布衣之宅國 師古曰之往也 相二千石至者奉漢法以治端輒求其罪告之亡罪者詐藥殺之所以設詐究變 師古曰究極也 彊足以距諫知足以飾非相二千石從王治則漢繩以法故膠西小國而所殺傷二千石甚衆立四十七年薨無子國除地入于漢爲膠西郡

趙敬肅王彭祖以孝景前二年立爲廣川王趙王遂反破後徙王趙彭祖爲人巧佞卑諂足共 師古曰共讀曰恭足恭謂便辟也 而心刻深好法律持詭辯以中人 師古曰詭辯違道之辯也中傷也音竹仲反 多內寵姬及子孫相二千石欲奉漢法以治則害於王家是以每相二千石至彭祖衣帛布單衣 師古曰或帛或布以爲單衣 自行迎除舍 師古曰至除舍迎之也除舍謂初所至之舍○宋祁曰當云迎至除舍 多設疑事以詐動之得二千石失言中忌諱輒書之二千石欲治者則以此迫劫不聽迺上書告之及汙以姦利事彭祖立六十餘年相二千石無能滿二歲輒以罪去大者死小者刑以故二千石莫敢治而趙王擅權使使即縣爲賈人榷會 韋昭曰平會兩家買賣之賈者榷者禁他家獨王家得爲之也師古曰即就也就諸縣而專榷賈人之會若今和市矣榷音角會音工外反○宋祁曰榷從木從手者非是 入多於國租稅以是趙王家多金錢然所賜姬諸子亦盡之矣彭祖不好治宮室禨祥 服虔曰禨求福也師古曰禨鬼俗也字或作禨淮南子曰荊人鬼越人禨禨祥謂鬼神之事也服說失之禨音居衣反○宋祁曰禨當作巨衣反 好爲吏上書願督國中盜賊 師古曰督視察也 常夜從走卒行徼邯鄲中 師古曰徼謂巡察也音工釣反 諸使過客以彭祖險陂莫敢留邯鄲 師古曰使謂京師使人也過客行客從趙過者也陂謂傾側也音彼義反 久之太子丹與其女弟及同產姊姦江充告丹淫亂又使人椎埋攻剽爲姦甚衆 師古曰椎殺人而埋之故曰椎埋剽劫也椎音直佳反其字從木剽音頻妙反其字從刀 武帝遣使者發吏卒捕丹下魏郡詔獄治罪至死彭祖上書冤訟丹願從國中勇敢擊匈奴 師古曰以勇敢自隨 贖丹罪上不許久之竟赦出後彭祖入朝因帝姊平陽隆慮公主 師古曰慮音廬 求復立丹爲太子上不許彭祖取江都易王寵姬王建所姦淖姬者甚愛之生一男號淖子彭祖以征和元年薨諡敬肅王彭祖薨時淖姬兄爲漢宦者上召問淖子何如對曰爲人多欲上曰多欲不宜君國子民問武始侯昌曰無咎無譽上曰如是可矣遣使者立昌是爲頃王十九年薨子懷王尊嗣五年薨無子絕二歲宣帝立尊弟高是爲哀王數月薨子共王充嗣五十六年薨子隱嗣王莽時絕初武帝復以親親故立敬肅王小子偃爲平于王 孟康曰今廣平 是爲頃王十一年薨○宋祁曰頃王下疑更有頃王二字 子繆王元嗣二十五年薨○宋祁曰五當作二 大鴻臚禹奏元前以刃賊殺奴婢子男殺謁者爲刺史所舉奏罪名明白病先令令能爲樂奴婢從死 師古曰先令者預爲遺令也能爲樂之人也從死以殉葬也 迫脅自殺者凡十六人暴虐不道故春秋之義誅君之子不宜立元雖未伏誅不宜立嗣奏可國除

中山靖王勝以孝景前三年立武帝初即位大臣懲吳楚七國行事議者多冤鼂錯之策 師古曰言錯策爲是枉見殺也 皆以諸侯連城數十泰彊欲稍侵削數奏暴其過惡 師古曰暴謂披布之 諸侯王自以骨肉至親先帝所以廣封連城犬牙相錯者爲盤石宗也 師古曰錯雜也言其地相交雜 今或無罪爲臣下所侵辱有司吹毛求疵 師古曰疵病也音才斯反 笞服其臣使證其君多自以侵冤建元三年代王登長沙王發中山王勝濟川王明來朝天子置酒勝聞樂聲而泣問其故勝對曰臣聞悲者不可爲絫欷 師古曰絫古累字累重也欷歔欷也音許旣反 思者不可爲歎息 師古曰言聞歎之聲則悲思益甚 故高漸離擊筑易水之上荊軻爲之低而不食 應劭曰燕太子丹遣荊軻刺秦王賓客祖於易水之上漸離擊筑士皆垂泣荊卿不能復食也師古曰低謂俛首 雍門子壹微吟孟嘗君爲之於邑 張晏曰齊之賢者居雍門因以爲號蘇林曰六國時人名周善鼓琴每死無以葬見孟嘗君而微吟也如淳曰雍門子以善鼓琴見孟嘗君先說萬歲之後高臺既已顚曲池又已平墳墓生荊棘牧豎游其上孟嘗君亦如是乎孟嘗君喟然歎息也師古曰如說是也蘇林失之矣於邑短氣貌於音烏邑音一合反或讀如本字 今臣心結日久每聞幼眇之聲不知涕泣之橫集也 師古曰幼音一笑反眇音妙幼眇精微也 夫衆煦漂山 應劭曰煦吹也師古曰漂動也煦音許句反又音許于反漂音匹遙反○劉奉世曰煦吐沫也 聚蟁成靁 師古曰蟁古蚊字靁古雷字言衆蚊飛聲有若雷也 朋黨執虎十夫橈椎 師古曰橈曲也音女教反 是以文王拘於牖里孔子阨於陳蔡此乃烝庶之成風增積之生害也 師古曰烝庶謂衆人也 臣身遠與寡莫爲之先 師古曰身遠者去帝京遠與寡者少黨與也先謂素爲延譽也 衆口鑠金積毀銷骨 師古曰解在鄒陽傳 叢輕折軸羽翮飛肉 師古曰言積載輕物物多至令車軸毀折而鳥之所以能飛翔者以羽翮扇揚之故也 紛驚逢羅潸然出涕 晉灼曰言皆驚亂遇法罔可爲出涕者也師古曰潸垂涕貌音所姦反 臣聞白日曬光幽隱皆照 師古曰曬暴也舒也音山豉反又音力支反 明月曜夜蟁蝱宵見 師古曰宵亦夜也蝱音盲 然雲蒸列布杳冥晝昏塵埃抪覆昧不見泰山 師古曰抪亦布散也昧暗也抪音鋪 何則物有蔽之也今臣雍閼不得聞 師古曰雍讀曰壅塞也閼猶止也音烏曷反 讒言之徒蠭生 師古曰蠭生言衆多也一曰蠭與鋒同 道遼路遠曾莫爲臣聞臣竊自悲也臣聞社鼷不灌屋鼠不熏 師古曰鼷小鼠音奚 何則所託者然也臣雖薄也得蒙肺附位雖卑也得爲東藩屬又稱兄 師古曰言於戚屬爲帝兄 今羣臣非有葭莩之親鴻毛之重 張晏曰葭蘆葉也莩葉裏白皮也晉灼曰莩葭裏之白皮也皆取喻於輕薄也師古曰葭蘆也莩者其筩中白皮至薄者也葭莩喻著鴻毛喻輕薄甚也莩音孚張言葉裏白皮非也○宋祁曰顏以晉說未明故申云莩者筩中白皮以張說爲非以裏作裏則誤景德本葭蘆葉也裏字並作裏校去葉字裏字並裏 羣居黨議朋友相爲使夫宗室擯卻骨肉氷釋 師古曰擯卻謂斥退也氷釋言銷散也擯音必刃反卻音丘略反 斯伯奇所以流離比干所以橫分也 師古曰伯奇周尹吉甫之子也事後母至孝而後母譖之於吉甫吉甫欲殺之伯奇乃亡走山林比干諫紂紂怒殺而剖其心故云橫分也 其詩云我心憂傷惄焉如擣假寐永歎唯憂用老心之憂矣疢如疾首 師古曰小雅小弁之詩也惄思也擣築也不脫衣冠而寐曰假寐永長也疢病也言我心中憂思如被擣築假寐長歎以憂致老至於苦病如遇首疾也 臣之謂也具以吏所侵聞於是上乃厚諸侯之禮省有司所奏諸侯事 師古曰省減也 加親親之恩焉其後更用主父偃謀令諸侯以私恩自裂地分其子弟而漢爲定制封號輒別屬漢郡漢有厚恩而諸侯地稍自分析弱小云勝爲人樂酒好內 師古曰好內躭於妻妾也樂音五教反 有子百二十餘人常與趙王彭祖相非曰兄爲王專代吏治事王者當日聽音樂御聲色趙王亦曰中山王但奢淫不佐天子拊循百姓何以稱爲藩臣四十三年薨子哀王昌嗣一年薨子康王昆侈嗣 ○宋祁曰康越本作糠糠惡諡也好樂怠政曰糠學本去米蓋誤也 二十一年薨子頃王輔嗣四年薨子憲王福嗣十七年薨子懷王循嗣十五年薨無子絕四十五歲成帝鴻嘉二年復立憲王弟孫利鄉侯子雲客是爲廣德夷王三年薨無子絕十四歲哀帝復立雲客弟廣漢爲廣平王薨無後平帝元始二年復立廣川惠王曾孫倫爲廣德王奉靖王後王莽時絕 ○劉敞曰此倫封廣德王廣川王後又封廣德王俱是平帝二年事必有一誤劉奉世曰按表王漢以夷王弟紹封十三年王莽時絕則此倫封廣德者誤也此云廣漢表云漢必有誤

長沙定王發母唐姬故程姬侍者景帝召程姬程姬有所避不願進 師古曰謂月事 而飾侍者唐兒使夜進上醉不知以爲程姬而幸之遂有身已乃覺非程姬也及生子因名曰發 張晏曰長沙王生乃發寤已之繆幸唐姬 以孝景前二年立以其母微無寵故王卑溼貧國 應劭曰景帝後二年諸王來朝有詔更前稱壽歌舞定王但張褏小舉手左右笑其拙上怪問之對曰臣國小地狹不足回旋帝乃以武陵零陵桂陽益焉 二十八年薨子戴王庸嗣二十七年薨子頃王鮒鮈嗣 服虔曰鮒鮈音拘師古曰鮒音附鮈音劬字或作附朐其音同耳 十七年薨子剌王建德嗣 師古曰剌音來曷反 宣帝時坐獵縱火燔民九十六家 師古曰縱放也 殺二人又以縣官事怨內史教人誣告以棄市罪削八縣罷中尉官 師古曰減其官屬所以貶抑之 三十四年薨子煬王旦嗣 師古曰煬音弋向反 二年薨無子絕歲餘元帝初元三年復立旦弟宗是爲孝王五年薨子魯人嗣王莽時絕

廣川惠王越以孝景中二年立十三年薨子繆王齊嗣 師古曰諡法曰蔽仁傷善曰繆 四十四年薨初齊有幸臣乘距已而有罪欲誅距距亡齊因禽其宗族距怨王乃上書告齊與同產姦 師古曰謂其姊妹也 是後齊數告言漢公卿及幸臣所忠等 師古曰所姓忠名解具在食貨志 又告中尉蔡彭祖捕子明 孟康曰彭祖子名明也師古曰孟說非也明廣川王子也 罵曰吾盡汝種矣 師古曰王詆彭祖罵明云然 案驗不如王言 ○宋祁云浙本案字上有有司字 劾齊誣罔大不敬請繫治齊恐上書願與廣川勇士奮擊匈奴上許之未發病薨有司請除國奏可後數月下詔曰廣川惠王於朕爲兄朕不忍絕其宗廟其以惠王孫去爲廣川王去即繆王齊太子也師受易論語孝經皆通好文辭方技博奕倡優其殿門有成慶畫短衣大袴長劍 晉灼曰成慶荊軻也衞人謂之慶卿燕人謂之荊卿師古曰成慶古之勇士也事見淮南子非荊軻也 去好之作七尺五寸劍被服皆效焉有幸姬王昭平王地餘許以爲后去嘗疾姬陽成昭信侍視甚謹 師古曰陽成姓也昭信名也 更愛之去與地餘戲得褏中刀 師古曰褏古袖字 笞問狀服欲與昭平共殺昭信笞問昭平不服以鐵鍼鍼之 師古曰鍼刺也鍼音之林反

彊服乃會諸姬去以劒自擊地餘令昭信擊昭平皆死昭信曰兩姬婢且泄口復絞殺從婢三人後昭信病夢見昭平等以狀告去去曰虜乃復見畏我師古曰言其見形令我畏忌也見音胡電反獨可燔燒耳掘出尸皆燒爲灰後去立昭信爲后幸姬陶望卿爲脩靡夫人主繒帛崔脩成爲明貞夫人主永巷昭信復譖望卿曰與我無禮衣服常鮮於我師古曰鮮謂新華也盡取善繒匄諸宮人師古曰匄乞遺之也音工艾反去曰若數惡望卿不能減我愛師古曰若汝也惡謂讒毀也設聞其淫我亨之矣後昭信謂去曰前畫工畫望卿舍望卿袒裼傅粉其傍師古曰袒裼脫衣露其肩背也袒音但裼音錫又數出入南戶窺郎吏疑有姦去曰善司之以故益不愛望卿後與昭信等飲諸姬皆侍去爲望卿作歌曰背尊章嫖以忽孟康曰嫖音匹昭反師古曰尊章猶言舅姑也今關中俗婦呼舅爲鍾鍾者章聲之轉也○宋祁曰注文呼舅下當有姑字謀屈奇起自絕師古曰屈奇奇異也屈音其勿反行周流自生患諒非望今誰怨師古曰諒信也言昔被愛寵信非所望今見罪責無所怨也使美人相和歌之去曰是中當有自知者昭信知去已怒即誣言望卿歷指郎吏臥處具知其主名又言郎中令錦被疑有姦去即與昭信從諸姬至望卿所臝其身更擊之師古曰更音工衡反令諸姬各持燒鐵共灼望卿望卿走自投井死昭信出之椓杙其陰中師古曰杙橛也椓音竹角反杙音弋割其鼻脣斷其舌謂去曰前殺昭平反來畏我師古曰令我恐畏也今欲靡爛望卿使不能神師古曰靡碎也音縻其下亦同與去共支解置大鑊中取桃灰毒藥并煮之召諸姬皆臨觀連日夜靡盡復共殺其女弟都後去數召姬榮愛與飲昭信復譖之曰榮姬視瞻意態不善疑有私時愛爲去刺方領繡服虔曰如今小兒卻襲衣也頸下施衿領正方直晉灼曰今之婦人直領也繡爲方領上刺作黼黻文王莽傳曰有人著赤繢方領上服也師古曰晉說是也去取燒之愛恐自投井出之未死笞問愛自誣與醫姦去縛繫柱燒刀灼潰兩目師古曰潰決也生割兩股銷鉛灌其口中愛死支解以棘埋之諸幸於去者昭信輒譖殺之凡十四人皆埋太后所居長壽宮中宮人畏之莫敢復迕師古曰迕逆也不敢逆昭信意昭信欲擅愛曰王使明貞夫人主諸姬淫亂難禁請閉諸姬舍門無令出敖師古曰敖謂遊戲也使其大婢爲僕射師古曰大婢婢之長年也主永巷盡封閉諸舍上籥於后非大置酒召不得見去憐之爲作歌曰愁莫愁居無聊師古曰聊賴也心重結意不舒內茀鬱憂哀積師古曰茀音拂上不見天生何益日崔隤時不再師古曰崔隤猶言蹉跎也崔音千回反隤音頹願棄軀死無悔令昭信聲鼓爲節以教諸姬歌之歌罷輒歸永巷封門獨昭信兄子初爲乘華夫人得朝夕見昭信與去從十餘奴博飲游敖初去年十四五事師受易師數諫正去師古曰數音所角反其下亦同去益大逐之

師古曰益大謂年漸長大也內史請以爲掾師數令內史禁切王家去使奴殺師父子不發覺後去數置酒令倡俳臝戲坐中師古曰倡樂人也俳雜戲者也以爲樂相彊劾繫倡闌入殿門如淳曰彊相名也奏狀事下考案倡辭本爲王教脩靡夫人望卿弟都歌舞使者召望卿都去對皆淫亂自殺會赦不治望卿前亨煮即取他死人與都死并付其母師古曰死者尸也次下求其死亦同母曰都是望卿非也數號哭求死昭信令奴殺之奴得辭服師古曰得者爲吏所捕得本始三年相內史奏狀具言赦前所犯天子遣大鴻臚丞相長史御史丞廷尉正雜治鉅鹿詔獄奏請逮捕去及后昭信制曰王后昭信諸姬奴婢證者皆下獄辭服有司復請誅王制曰與列侯中二千石二千石博士議議者皆以爲去悖虐聽后昭信讒言燔燒亨煮生割剝人距師之諫殺其父子凡殺無辜十六人至一家母子三人逆節絕理其十五人在赦前大惡仍重師古曰仍頻也重音直用反當伏顯戮以示衆制曰朕不忍致王於法議其罰有司請廢勿王與妻子徙上庸奏可與湯沐邑百戶去道自殺昭信棄市立二十二年國除後四歲宣帝地節四年復立去兄文是爲戴王文素正直數諫王去故上立焉二年薨子海陽嗣十五年坐畫屋爲男女臝交接置酒請諸父姊妹飲令仰視畫又海陽女弟爲人妻而使與幸臣姦又與從弟調等謀殺一家三人已殺甘露四年坐廢徙房陵國除後十五年平帝元始二年復立戴王弟襄隄侯子㺄爲廣德王師古曰隄音丁奚反㺄音愈奉惠王後二年薨子赤嗣王莽時絕

膠東康王寄以孝景中二年立二十八年薨淮南王謀反時寄微聞其事私作兵車鏃矢應劭曰樓車也所以看敵國營壘之虛實也師古曰兵車止謂戰車耳鏃矢大鏃之矢今所謂兵箭者也鏃音子木反戰守備淮南之起及吏治淮南事辭出之師古曰辭語所連出其事寄於上最親師古曰寄母王夫人即王皇后之妹於上爲從母故寄於諸兄弟之中又更親也此下有常山王云天子爲最親其義亦同意自傷發病而死不敢置後於是上聞寄有長子賢母無寵少子慶母愛幸寄常欲立之爲非次因有過遂無所言上憐之立賢爲膠東王奉康王祀而封慶爲六安王王故衡山地膠東王賢立十五年薨謚爲哀王子戴王通平嗣二十四年薨子頃王音嗣五十四年薨子共王授嗣十四年薨子殷嗣王莽時絕

六安共王慶立三十八年薨子夷王祿嗣十年薨子繆王定嗣二十二年薨子頃王光嗣二十七年薨子育嗣王莽時絕

清河哀王乘以孝景中三年立十二年薨無子國除

常山憲王舜以孝景中五年立舜帝少子驕淫數犯禁上常寬之三十三年薨子勃嗣爲王初憲王有不愛姬生長男梲蘇林曰音奪師古曰音他活反其字從木梲以母無寵故亦不得幸於王王后脩生太子勃王內多所幸姬生子平子商王后稀得幸及憲王疾甚諸幸姬侍病王后以妬媢不常在師古曰媢亦妬也媢音冒輒歸舍醫進藥太子勃不自嘗藥又不宿留侍疾及王薨王后太子乃至憲王雅不以梲爲子數師古曰雅素也數音所具反不分與財物郎或說太子王后令分梲財皆不聽太子代立又不收恤梲梲怨王后及太子漢使者視憲王喪梲自言憲王病時王后太子不侍及薨六日出舍如淳曰出服舍也太子勃私姦飲酒博戲擊筑與女子載馳環城過市師古曰環繞也音宦入獄視囚天子遣大行騫驗問師古曰張騫也逮諸證者師古曰逮捕也王又匿之吏求捕勃使人致擊笞掠擅出漢所疑囚有司請誅勃及憲王后脩上曰脩素無行使梲陷之罪勃無良師傅不忍致誅有司請廢勿王徙王勃以家屬處房陵上許之勃王數月廢國除月餘天子爲最親詔有司曰常山憲王早夭后妾不和適孽誣爭師古曰適音嫡孽庶也陷于不誼以滅國朕甚閔焉其封憲王子平三萬戶爲真定王子商三萬戶爲泗水王頃王平立二十五年薨師古曰真定頃王也子烈王偃嗣十八年薨子孝王由嗣二十二年薨子安王雍嗣二十六年薨子共王普嗣十五年薨子陽嗣王莽時絕

泗水思王商立十一年薨子哀王安世嗣十一年薨○宋祁曰浙本上作十年下作一年去二字及十字無子於是武帝憐泗水王絕復立安世弟賀是爲戴王立二十二年薨○宋祁曰浙本云二十年有遺腹子煖師古曰煖音許遠反相內史不以聞太后上書昭帝閔之抵相內史罪立煖是爲勤王師古曰勤謚也立三十九年薨子戾王駿嗣三十一年薨子靖嗣王莽時絕

贊曰昔魯哀公有言寡人生於深宮之中長於婦人之手未嘗知憂未嘗知懼師古曰哀公與孔子言也事見孫卿子信哉斯言也雖欲不危亡不可得已師古曰已語終辭是故古人以宴安爲鴆毒師古曰左氏傳管敬仲云宴安鴆毒不可懷也亡德而富貴謂之不幸漢興至于孝平諸侯王以百數率多驕淫失道何則沈溺放恣之中居勢使然也自凡人猶繫于習俗而況哀公之倫乎夫唯大雅卓爾不羣河間獻王近之矣

前漢書卷五十三考證

河間獻王德傳以孝景前二年立○臣名南按漢代賢王河間稱首史記五宗世家文太簡畧自此以下云云並漢書所補也

禮禮記注師古曰禮者禮經也禮記者諸儒記禮之說也○臣名南按禮經即儀禮十七篇禮記七十子後學所記藝文志所謂記百三十一篇是也戴記在後故師古特解之

立毛氏詩左氏春秋博士○臣名南按儒林傳毛公治詩貫公傳左氏皆爲河間獻王博士並當時所不立于學官者數代以還齊魯韓詩晦而獨存毛公穀春秋微而盛行左獻王之澤遠矣哉

被服儒術注師古云云○胡三省曰顏注非被服者言以儒術衣被其身也

對三雍宮○胡三省曰謂對三雍宮之制度非名對于三雍宮也臣名南按藝文志有獻王對上下三雍宮三篇

子剛王堪嗣○按堪史記及本書諸侯王表並作基又頃王授表作緩又孝王慶嗣四十三年薨表作四十七年凡名字數目表傳多異如魯頃王勁表作封文王駿嗣十八年薨表作十九年中山懷王循表作修廣川惠王越十三年薨表作十二年繆王齊嗣四十四年薨表作四十五年常山憲王舜三十三年薨表作三十二年安王雍嗣二十六年薨表作十六年泗水思王商十年薨表作十五年戴王立二十二年薨表作二十年有遺腹子煖表作綜

趙敬肅王彭祖傳又使人椎埋攻剽注師古曰椎殺人而埋之○顧炎武曰椎埋即攝塚也新葬者謂之埋師古注非

中山靖王勝傳有子百二十餘人○按史記作有子枝屬百二十餘人似并孫數之

長沙定王發傳二十八年薨○史記作二十七年又戴王庸史記作康王庸

前漢書卷五十四

漢　蘭　臺　令　史班　固撰

唐正議大夫行秘書少監琅邪縣開國子顏師古注

李廣蘇建傳第二十四

李廣隴西成紀人也其先曰李信秦時爲將逐得燕太子丹者也廣世世受射師古曰受射法孝文十四年匈奴大入蕭關師古曰在上郡北而廣以良家子從軍擊胡用善射殺首虜多爲郎騎常侍師古曰官爲郎而常騎以侍天子故曰騎常侍數從射獵格殺猛獸文帝曰惜廣不逢時令當高祖世萬戶侯豈足道哉景帝即位爲騎郎將師古曰爲騎郎之將主騎郎吳楚反時爲

驍騎都尉從太尉亞夫戰昌邑下顯名以梁王授廣將軍印故還賞不行文穎曰廣爲漢將私受梁印故不得賞也爲上谷太守數與匈奴戰典屬國公孫昆邪爲上泣曰服虔曰昆邪中國人也師古曰對上而泣也昆音下溫反李廣材氣天下亡雙自負其能數與虜确恐亡之師古曰負恃也确謂競勝敗也确音角上乃徙廣爲上郡太守匈奴侵上郡○宋祁曰侵上郡監本改侵作入上使中貴人從廣服虔曰內臣之貴幸者勒習兵擊匈奴中貴人者將數十騎從張晏曰放縱遊獵也師古曰張讀作縱此說非也直言將數十騎自隨在大軍前行而忽遇敵也從音才用反見匈奴三人與戰射傷中貴人殺其騎且盡中貴人走廣師古曰走趣也音奏廣曰是必射鵰者也文穎曰鵰鳥也故使善射者射之師古曰鵰大鷙鳥也一名鷲黑色翮可以爲箭羽音彫廣乃從百騎往馳三人師古曰疾馳而逐之三人亡馬步行行數十里廣令其騎張左右翼師古曰旁引其騎若鳥翼之爲而廣身自射彼三人者殺其二人生得一人果匈奴射鵰者也已縛之上山望匈奴數千騎見廣以爲誘騎驚上山陳師古曰爲陳以待廣也廣之百騎皆大恐欲馳還走廣曰我去大軍數十里今如此走匈奴追射我立盡今我留匈奴必以我爲大軍之誘不我擊師古曰不我擊不敢擊我也廣令曰前未到匈奴陳二里所止令曰皆下馬解鞍騎曰虜多如是解鞍卽急柰何廣曰彼虜以我爲走今解鞍以示不去用堅其意師古曰示以堅牢令敵意知之有白馬將出護兵師古曰將之乘白馬者也護謂監視之廣上馬與十餘騎奔射殺白馬將而復還至其百騎中解鞍縱馬臥師古曰縱放也時會暮胡兵終怪之弗敢擊夜半胡兵以爲漢有伏軍於傍欲夜取之卽引去平旦廣乃歸其大軍後徙爲隴西北地鴈門雲中太守武帝卽位左右言廣名將也由是入爲未央衞尉而程不識時亦爲長樂衞尉程不識故與廣俱以邊太守將屯及出擊胡而廣行無部曲行陳師古曰續漢書百官志云將軍領軍皆有部曲大將軍營五部部校尉一人部下有曲曲有軍候一人今廣尚於簡易故行道之中而不立部曲也就善水草頓舍人人自便師古曰頓止也舍息也便安利也音頻面反其下亦同不擊刁斗自衞孟康曰刁斗以銅作鐎受一斗晝炊飯食夜擊持行故名曰刁斗今在滎陽庫中也蘇林曰形如鋗無緣師古曰鐎音譙郡之譙溫器也鋗音火玄反鋗卽銚也今俗或呼銅銚音姚莫府省文書晉灼曰將軍職在征行無常處所在爲治故言莫府也莫大也或曰衞青征匈奴絕大莫大克獲帝就拜大將軍於幕中府故曰莫府莫府之名始於此也師古曰二說皆非也莫府者以軍幕爲義古字通單用耳軍旅無常居止故以帳幕言之廉頗李牧市租皆入幕府此則非因衞青始有其號又莫訓大於義乖矣省少也音所領反○宋祁曰晉灼二字史記作如淳說然亦遠斥候未嘗遇害程不識正部曲行伍營陳擊刁斗吏治軍簿師古曰簿文簿音步戶反至明軍不得自便不識曰李將軍極簡易然虜卒犯之無以禁師古曰卒讀曰猝而其士亦佚樂師古曰佚與逸同逸樂謂閑豫也爲之死我軍雖煩擾虜亦不得犯我是時漢邊郡李廣程不識爲名將然匈奴畏廣士卒多樂從而苦程

不識師古曰苦謂厭苦之不識孝景時以數直諫爲太中大夫爲人廉謹於文法後漢誘單于以馬邑城使大軍伏馬邑傍而廣爲驍騎將軍屬護軍將軍師古曰韓安國單于覺之去漢軍皆無功後四歲廣以衞尉爲將軍出鴈門擊匈奴匈奴兵多破廣軍生得廣單于素聞廣賢令曰得李廣必生致之胡騎得廣廣時傷置兩馬閒絡而盛之○宋祁曰越本無之字臥行十餘里廣陽死睨其傍有一兒騎善馬師古曰睨邪視也音五係反暫騰而上胡兒馬師古曰騰跳躍也因抱兒鞭馬南馳數十里得其餘軍匈奴騎數百追之廣行取兒弓射殺追騎師古曰且行且射也以故得脫於是至漢漢下廣吏吏當廣亡失多爲虜所生得師古曰當謂處其罪也當斬贖爲庶人數歲與故潁陰侯屏居藍田南山中射獵師古曰潁陰侯灌嬰之孫名彊嘗夜從一騎出從人田閒飲○宋祁曰南本飲作欲還至亭霸陵尉醉呵止廣廣騎曰故李將軍尉曰今將軍尚不得夜行何故也宿廣亭下居無何匈奴入遼西○宋祁曰越本作隴西殺太守敗韓將軍蘇林曰韓安國韓將軍後徙居右北平死於是上乃召拜廣爲右北平太守廣請霸陵尉與俱師古曰奏請天子而將行至軍而斬之上書自陳謝罪上報曰將軍者國之爪牙也司馬法曰登車不式遭喪不服服虔曰式撫車之式以禮敬人也式者車前橫木也字或作軾振旅撫師以征不服率三軍之心同戰士之力故怒形則千里竦威振則萬物伏師古曰竦驚也是以名聲暴於夷貉威稜憺乎鄰國李奇曰神靈之威曰稜憺猶動也蘇林曰陳留人語恐言憺之師古曰稜音來登反憺音徒濫反夫報忿除害捐殘去殺朕之所圖於將軍也若迺免冠徒跣稽顙請罪豈朕之指哉師古曰指意也將軍其率師東轅彌節白檀孟康曰白檀縣名屬右北平李奇曰彌節少安之貌師古曰彌音亡俾反以臨右北平盛秋師古曰盛秋馬肥恐虜爲寇故令折衝禦難也廣在郡匈奴號曰漢飛將軍避之數歲不入界廣出獵見草中石以爲虎而射之中石沒矢視之石也他日射之終不能入矣廣所居郡聞有虎常自射之及居右北平射虎虎騰傷廣廣亦射殺之石建卒上召廣代爲郎中令元朔六年廣復爲將軍從大將軍出定襄諸將多中首虜率爲侯者如淳曰中猶充也充本法得首若干封侯也師古曰率謂軍功封賞之科著在法令者也中音竹仲反而廣軍無功後三歲廣以郎中令將四千騎出右北平博望侯張騫將萬騎與廣俱異道行數百里匈奴左賢王將四萬騎圍廣廣軍士皆恐廣迺使其子敢往馳之敢從數十騎直貫胡騎出其左右而還報廣曰胡虜易與耳軍士乃安爲圜陳外鄉師古曰鄉讀曰嚮胡急擊矢下如雨漢兵死者過半漢矢且盡廣乃令持滿毋發師古曰注矢於弓弩而張滿之不發矢也而廣身自以大黃射其裨將服虔曰黃肩弩也孟康曰太公陷堅卻敵以大黃參連弩也晉灼曰黃肩卽黃閒也大黃

其大者也師古曰服晉二說是也殺數人胡虜益解會暮吏士無人色師古曰言懼甚而廣意氣自如師古曰自如猶云如舊益治軍師古曰巡部曲整行陳也軍中服其勇也明日復力戰而博望侯軍亦至匈奴迺解去漢軍罷弗能追師古曰罷讀曰疲是時廣軍幾沒罷師古曰幾音鉅依反○宋祁曰浙本及越本並無罷字歸漢法博望侯後期當死贖爲庶人廣軍自當亡賞師古曰自當謂爲虜所勝又能勝虜功過相當也初廣與從弟李蔡俱爲郎事文帝景帝時蔡積功至二千石武帝元朔中爲輕車將軍從大將軍擊右賢王有功中率封爲樂安侯師古曰此傳及百官表並爲樂安侯而功臣表作安樂侯是功臣表誤也元狩二年代公孫弘爲丞相蔡爲人在下中師古曰在下輩之中名聲出廣下遠甚然廣不得爵邑官不過九卿廣之軍吏及士卒或取封侯廣與望氣王朔語云自漢擊匈奴廣未嘗不在其中而諸妄校尉已下張晏曰妄猶凡也材能不及中師古曰中謂中庸之人也以軍功取侯者數十人廣不爲後人然終無尺寸功以得封邑者何也豈吾相不當侯邪朔曰將軍自念豈嘗有恨者乎師古曰恨悔也廣曰吾爲隴西守羌嘗反吾誘降者八百餘人詐而同日殺之至今恨獨此耳朔曰禍莫大於殺已降此迺將軍所以不得侯者也廣歷七郡太守前後四十餘年得賞賜輒分其戲下師古曰戲讀曰麾又音許宜反飲食與士卒共之家無餘財終不言生產事爲人長爰臂如淳曰臂如猨臂通肩也或曰似當爲猨臂也師古曰王國風菟爰之詩云有菟爰爰亦緩意其義兩通其善射亦天性雖子孫他人學者莫能及廣吶口少言師古曰吶亦訥字與人居則畫地爲軍陳射闊狹以飲專以射爲戲如淳曰爲戲求疏密持酒以飲不勝者也將兵乏絕處見水士卒不盡飲不近水不盡餐不嘗食寬緩不苛師古曰苛細也士以此愛樂爲用其射見敵非在數十步之內度不中不發師古曰度音待各反中音竹仲反發卽應弦而倒用此其將數困辱及射猛獸亦數爲所傷云元狩四年大將軍票騎將軍大擊匈奴廣數自請行上以爲老不許良久乃許之以爲前將軍大將軍青出塞捕虜知單于所居迺自以精兵走之師古曰走趣也音奏而令廣并於右將軍軍出東道師古曰并合也合軍而同道也東道少回遠師古曰回遶也曲也音胡悔反大軍行水草少其埶不屯行張晏曰以水草少不可羣輩也廣辭曰臣部爲前將軍今大將軍乃徙臣出東道且臣結髮而與匈奴戰師古曰言始勝冠卽在戰陳迺今一得當單于臣願居前先死單于師古曰致死而取單于大將軍陰受上指以爲李廣數奇孟康曰奇隻不耦也如淳曰數爲匈奴所敗爲奇不耦師古曰言廣命隻不耦合也孟說是矣數音所具反奇音居宜反○宋祁曰數南本浙本並所具反予按師古是孟說自然音所具反音所角反當從如說未有辭從孟而音從如也可判其謬爲毋令當單于恐不得所欲師古曰謂不勝敵也是時公孫敖新失侯爲中將軍○劉奉世曰按青去病傳是歲出塞無中將軍而敖傳是歲以校尉從大將軍

此傳誤也大將軍亦欲使敖與俱當單于故徙廣廣知之固辭大將軍弗聽令長史封書與廣之莫府師古曰之往也莫府衞青行軍府○宋祁曰廣之莫府景祐本無廣字曰急詣部如書○劉攽曰莫府乃廣之前將軍莫府也凡將兵皆有莫府張敖監平樂兵置莫府是矣大將軍既不許廣難面不從故但封書與廣之莫府使奉行耳及後急責廣之莫府亦是○劉奉世曰此莫府廣軍之莫府曹吏文書所在也廣見大將軍未肯去青徑封書與廣莫府令如書也與之莫府者猶言與其莫府也廣不謝大將軍而起行意象慍怒師古曰言慍怒之色形於外也而就部引兵與右將軍食其合軍出東道師古曰趙食其也食音異其音基惑失道後大將軍師古曰惑迷也在後不及期也大將軍與單于接戰單于遁走弗能得而還南絕幕迺遇兩將軍師古曰絕渡也廣已見大將軍還入軍大將軍使長史持糒醪遺廣師古曰糒乾飯也醪汁滓酒也糒音備醪音牢因問廣食其失道狀曰青欲上書報天子失軍曲折師古曰曲折猶言委曲也廣未對大將軍長史急責廣之莫府上簿師古曰之往也簿謂文狀也音步戶反廣曰諸校尉亡罪乃我自失道吾今自上簿○劉奉世曰此兩莫府亦廣之莫府也廣見青已還入軍未至莫府而長史來問廣廣未對而長史又旁責廣之莫府曹吏令上簿故廣云我今自上簿然後退至莫府乃自剄耳至莫府謂其麾下曰廣結髮與匈奴大小七十餘戰今幸從大將軍出接單于兵而大將軍徙廣部行回遠又迷失道豈非天哉且廣年六十餘終不能復對刀筆之吏矣遂引刀自剄百姓聞之知與不知老壯皆爲垂泣師古曰知謂素相識知也而右將軍獨下吏當死贖爲庶人廣三子曰當戶椒敢皆爲郎上與韓嫣戲嫣少不遜師古曰嫣音偃當戶擊嫣嫣走於是上以爲能當戶蚤死乃拜椒爲代郡太守皆先廣死廣死軍中時敢從票騎將軍廣死明年李蔡以丞相坐詔賜冢地陽陵當得二十畝蔡盜取三項頗賣得四十餘萬又盜取神道外壖地一畝葬其中師古曰壖音人椽反當下獄自殺敢以校尉從票騎將軍擊胡左賢王力戰奪左賢王旗鼓斬首多賜爵關內侯食邑二百戶代廣爲郎中令頃之怨大將軍青之恨其父師古曰令其父恨而死也迺擊傷大將軍大將軍匿諱之居無何敢從上雍至甘泉宮獵師古曰無何謂未多時也雍之所在地形積高故云上也上音時掌反他皆類此票騎將軍去病怨敢傷青射殺敢去病時方貴幸上爲諱云鹿觸殺之居歲餘去病死敢有女爲太子中人愛幸敢男禹有寵於太子然好利亦有勇嘗與侍中貴人飲侵陵之莫敢應師古曰言畏其勇氣後愬之上上召禹使刺虎縣下圈中未至地有詔引出之禹從落中以劍斫絕纍欲刺虎師古曰落與絡同謂當時纍絡之而下也纍索也音力追反上壯之遂救止焉而當戶有遺腹子陵將兵擊胡兵敗降匈奴後人告禹謀欲亡從陵下吏死

陵字少卿少爲侍中建章監善騎射愛人謙讓下士師古

(日下音胡亞反)甚得名譽武帝以爲有廣之風使將八百騎深入匈奴二千餘里過居延視地形不見虜還拜爲騎都尉將勇敢五千人教射酒泉張掖以備胡數年漢遣貳師將軍伐大宛使陵將五校兵隨後行至塞會貳師還上賜陵書陵留吏士與輕騎五百出敦煌至鹽水迎貳師還復留屯張掖天漢二年貳師將三萬騎出酒泉擊右賢王於天山召陵欲使爲貳師將輜重(師古曰重音直用反)陵召見武臺(師古曰未央宮有武臺殿)叩頭自請曰臣所將屯邊者皆荊楚勇士奇材劍客也力扼虎射命中(師古曰扼謂捉持之也命中者所指名處卽中之也扼音厄)願得自當一隊(師古曰隊部也音徒內反)到蘭于山前以分單于兵毋令專鄉貳師軍(師古曰鄉讀曰嚮)上曰將惡相屬邪吾發軍多毋騎予女陵對無所事騎(師古曰猶言不事須騎也)臣願以少擊衆步兵五千人涉單于庭上壯而許之因詔彊弩都尉路博德將兵半道迎陵軍博德故伏波將軍亦羞爲陵後距奏言方秋匈奴馬肥未可與戰臣願留陵至春俱將酒泉張掖騎各五千人並擊東西浚稽可必禽也(師古曰浚稽山名時虜分居此兩山也浚音峻稽音雞)書奏上怒疑陵悔不欲出而教博德上書廼詔博德吾欲予李陵騎云欲以少擊衆今虜入西河其引兵走西河遮鉤營之道(張晏曰胡來要害道令博德遮之師古曰走音奏)詔陵以九月發出遮虜鄣(師古曰鄣者塞上險要之處往往脩築別置候望之人所以自鄣蔽而伺敵也遮虜鄣名)至東浚稽山南龍勒水上徘徊觀虜卽亡所見從浞野侯趙破奴故道抵受降城休士(師古曰抵歸也受降城本公孫敖所築休息也浞音仕角反)因騎置以聞(師古曰騎置謂驛騎也)所與博德言者云何(張晏曰天子疑陵教博德上書求至春乃俱西也)具以書對陵於是將其步卒五千人出居延北行三十日至浚稽山止營舉圖所過山川地形使麾下騎陳步樂還以聞步樂召見道陵將率得士死力上甚說(師古曰說讀曰悅)拜步樂爲郎陵至浚稽山與單于相值騎可三萬圍陵軍軍居兩山間以大車爲營陵引士出營外爲陳前行持戟盾後行持弓弩(師古曰行並音胡剛反)令曰聞鼓聲而縱聞金聲而止(師古曰金謂鉦也一名鐲鐲音濁)虜見漢軍少直前就營陵搏戰攻之(如淳曰手對戰也)千弩俱發應弦而倒虜還走上山漢軍追擊殺數千人單于大驚召左右地兵八萬餘騎攻陵陵且戰且引南行數日抵山谷中(師古曰抵當也至也其下亦同)連戰士卒中矢傷三創者載輦兩創者將車一創者持兵戰陵曰吾士氣少衰而鼓不起者何也(師古曰擊鼓進士而士氣不起也一曰士卒以有妻婦故聞鼓音而不時起也)軍中豈有女子乎始軍出時關東羣盜妻子徙邊者隨軍爲卒妻婦大匿車中(○宋祁曰大字南本浙本並作伏)陵搜得皆劒斬之明日復戰斬首三千餘級引兵東南循故龍城道行四五日抵大澤葭葦中(師古曰葭蘆也音家)虜從上風縱火陵亦令軍中縱火以自救(師古曰預自燒其旁草木令虜火不得延及也)南行至山下單于在南山上使其子將騎擊陵陵軍步鬬樹木間復殺數千人因發連弩射單于(服虔曰三十弩共一弦也張晏曰三十絭共一臂也師古曰張說是也絭音去權反又音眷○劉攽曰三弩一絭三十絭一臂皆無此理妄說也蓋如今之合蟬或併兩弩共一絭之類)單于下走是日捕得虜言單于曰此漢精兵擊之不能下日夜引吾南近塞得毋有伏兵乎諸當戶君長皆言(師古曰當戶匈奴官名也)單于自將數萬騎擊漢數千人不能滅後無以復使邊臣令漢益輕匈奴復力戰山谷間尚四五十里得平地不能破廼還是時陵軍益急匈奴騎多戰一日數十合復傷殺虜二千餘人虜不利欲去會陵軍候管敢爲校尉所辱亡降匈奴具言陵軍無後救射矢且盡獨將軍麾下及成安侯校各八百人爲前行以黃與白爲幟(師古曰幟旗也音式志反)當使精騎射之卽破矣成安侯者潁川人父韓千秋故濟南相奮擊南越戰死武帝封子延年爲侯以校尉隨陵單于得敢大喜使騎並攻漢軍疾呼曰李陵韓延年趣降(師古曰且戰且呼也呼音火故反趣讀曰促)遂遮道急攻陵陵居谷中虜在山上四面射矢如雨下漢軍南行未至鞮汗山(師古曰鞮音丁奚反)一日五十萬矢皆盡(○宋祁曰越本百字作一日)卽棄車去士尚三千餘人徒斬車輻而持之(師古曰徒但也)軍吏持尺刀抵山入陿谷單于遮其後乘隅下壘石(服虔曰山名也師古曰此說非也言放石以投人因山隅曲而下也壘音盧對反)士卒多死不得行昏後陵便衣獨步出營(蘇林曰搴衣卷褢而行也師古曰此說非也便衣謂著短衣小褢也)止左右毋隨我丈夫一取單于耳(師古曰言一身獨取也)良久陵還大息曰兵敗死矣軍吏或曰將軍威震匈奴天命不遂後求道徑還歸如浞野侯爲虜所得後亡還天子客遇之況於將軍乎(○宋祁曰浙本客作容)陵曰公止吾不死非壯士也於是盡斬旌旗及珍寶埋地中陵歎曰復得數十矢足以脫矣(○宋祁曰南本浙本復字下有人字須得人字義乃安若只云數十矢何能脫也)今無兵復戰(師古曰兵卽謂矢及弓戟之屬也)天明坐受縛矣各鳥獸散猶有得脫歸報天子者(師古曰脫免也音土活反下亦同)令軍士人持二升糒一半冰(如淳曰半讀曰片或曰五升曰半師古曰半讀曰判判大片也時冬寒有冰持之以備渴也)期至遮虜鄣者相待夜半時擊鼓起士鼓不鳴陵與韓延年俱上馬壯士從者十餘人虜騎數千追之韓延年戰死陵曰無面目報陛下遂降軍人分散脫至塞者四百餘人陵敗處去塞百餘里邊塞以聞上欲陵死戰召陵母及婦使相者視之無死喪色後聞陵降上怒甚責問陳步樂步樂自殺羣臣皆罪陵上以問太史令司馬遷遷盛言陵事親孝與士信常奮不顧身以殉國家之急(師古曰殉營也一曰從也)其素所畜積也(師古曰畜讀曰蓄)有國士之風今舉事一不幸全軀保妻子之臣隨而媒糵其短(服虔曰媒音欺謂誑欺也孟康曰媒酒教糵麴也謂釀成其罪也師古曰孟說是也齊人名麴餅曰媒)誠可痛也且陵提步卒不滿五千深輮戎馬之地(師古曰輮蹂也音人九反)抑數萬之師虜救死扶傷不暇悉舉引弓之民共攻圍之轉鬬千里矢盡道窮士張空弮(文穎曰弮弓弩弮也師古曰弮字與絭同音去權反又音眷)冒白刃北首爭死敵(師古曰冒犯也北首北嚮也冒音莫北反首音式救反○宋祁曰南本浙本冒音莫尅反首音式授反淳化本冒音莫到反首音式受反當從南浙)得人之死力雖古名將不過也身雖陷敗然其所摧敗亦足暴於天下(師古曰所摧敗敗匈奴之兵也暴猶章也)彼之不死宜欲得當以報漢也(師古曰言欲立功以當其罪也)初上遣貳師大軍出財令陵爲助兵(師古曰財與纔同謂淺也僅也史傳通用字他皆類此)及陵與單于相值而貳師功少上以遷誣罔欲沮貳師爲陵游說(師古曰沮謂毀壞之音才呂反)下遷腐刑久之上悔陵無救曰陵當發出塞廼詔彊弩都尉令迎軍坐預詔之得令老將生姦詐(孟康曰坐預詔彊弩都尉路博德迎陵博德老將出塞不至令陵見沒也)廼遣使勞賜陵餘軍得脫者陵在匈奴歲餘上遣因杅將軍公孫敖(孟康曰因杅胡地名也師古曰杅音于)將兵深入匈奴迎陵敖軍無功還曰捕得生口言李陵教單于爲兵以備漢軍故臣無所得上聞於是族陵家母弟妻子皆伏誅隴西士大夫以李氏爲愧(師古曰恥其不能死節累及家室)其後漢遣使使匈奴陵謂使者曰吾爲漢將步卒五千人橫行匈奴以亡救而敗何負於漢而誅吾家使者曰漢聞李少卿教匈奴爲兵(○宋祁曰浙本無少字只云李卿下同)陵曰廼李緒非我也李緒本漢塞外都尉居奚侯城匈奴攻之緒降而單于客遇緒常坐陵上陵痛其家以李緒而誅使人刺殺緒大閼氏欲殺陵(師古曰大閼氏單于之母)單于匿之北方大閼氏死廼還單于壯陵以女妻之立爲右校王衞律爲丁靈王(師古曰丁靈胡之別種也立爲王而主其人也)皆貴用事衞律者父本長水胡人律生長漢善協律都尉李延年延年薦言律使匈奴使還會延年家收律懼幷誅亡還降匈奴匈奴愛之常在單于左右陵居外有大事廼入議昭帝立大將軍霍光左將軍上官桀輔政素與陵善遣陵故人隴西任立政等三人(師古曰故人謂舊與相知者)俱至匈奴招陵立政等至單于置酒賜漢使者李陵衞律皆侍坐立政等見陵未得私語卽目視陵(師古曰以目相視而感動之今俗所謂眼語者也)而數數自循其刀環(師古曰循謂摩循也)握其足陰諭之言可還歸漢也後陵律持牛酒勞漢使博飲(蘇林曰博且飲也師古曰勞音來到反)兩人皆胡服椎結(師古曰結讀曰髻一撮之髻其形如椎)立政大言曰漢已大赦中國安樂主上富於春秋(師古曰言天子年少)霍子孟上官少叔用事(師古曰子孟光之字少叔桀之字也)以此言微動之陵墨不應孰視而自循其髮答曰吾已胡服矣有頃律起更衣立政曰咄少卿良苦(師古曰言甚勞苦)霍子孟上官少叔謝女(師古曰謝以辭相問也)陵曰霍與上官無恙乎(師古曰恙憂病也)立政曰請少卿來歸故鄉毋憂富貴陵字立政曰少公(師古曰呼其字○宋祁曰字一作呼)歸易耳恐再辱奈何語未卒衞律還頗聞餘語曰李少卿賢者不獨居一國范蠡徧遊天下由余去戎入秦今何語之親也因罷去立政隨謂陵曰亦有意乎(師古曰隨其後而語之)陵曰丈夫不能再辱陵在匈奴二十餘年元平元年病死

蘇建杜陵人也以校尉從大將軍青擊匈奴封平陵侯以將軍築朔方後以衞尉爲游擊將軍從大將軍出朔方後一歲以右將軍再從大將軍出定襄亡翕侯(服虔曰趙信也)失軍當斬贖爲庶人其後爲代郡太守卒官有三子嘉爲奉車都尉賢爲騎都尉(○宋祁曰南本騎作駙馬)中子武最知名

武字子卿少以父任兄弟並爲郎稍遷至栘中廐監(師古曰栘中廐名爲之監也栘音移)時漢連伐胡數通使相窺觀匈奴留漢使郭吉路充國等前後十餘輩匈奴使來漢亦留之以相當天漢元年且鞮侯單于初立(師古曰且音子閭反鞮音丁奚反)恐漢襲之廼曰漢天子我丈人行也(師古曰丈人尊老之稱行音胡浪反)盡歸漢使路充國等武帝嘉其義廼遣武以中郎將使持節送匈奴使留在漢者因厚賂單于荅其善意武與副中郎將張勝及假吏常惠等(師古曰假吏猶言兼吏也時權爲使之吏若今之差人充使典矣)募士斥候百餘人俱(師古曰募人以充士卒及在道爲斥候者)既至匈奴置幣遺單于單于益驕非漢所望也方欲發使送武等會緱王與長水虞常等謀反匈奴中(師古曰緱音工侯反)緱王者昆邪王姊子也(師古曰昆音胡門反)與昆邪王俱降漢後隨浞野侯沒胡中(師古曰從趙破奴擊匈奴兵敗而降)及衞律所將降者陰相與謀劫單于母閼氏歸漢會武等至匈奴虞常在漢時素與副張勝相知私候勝曰聞漢天子甚怨衞律常能爲漢伏弩射殺之吾母與弟在漢幸蒙其賞賜張勝許之以貨物與常後月餘單于出獵獨閼氏子弟在虞常等七十餘人欲發其一人夜亡告之單于子弟發兵與戰緱王等皆死虞常生得(師古曰被執獲也)單于使衞律治其事張勝聞之恐前語發以狀語武武曰事如此此必及我見犯廼死重負國欲自殺(師古曰言被匈奴侵犯然後廼死是爲更負漢國故欲先自殺也重音直用反)勝惠共止之虞常果引張勝單于怒召諸貴人議欲殺漢使者左伊秩訾曰(臣瓚曰胡官之號也)謀單于何以復加(師古曰言謀衞律而殺之其罰太重)宜皆降之單于使衞律召武受辭(師古曰致單于之命而取其對也)武謂惠等屈節辱命雖生

何面目以歸漢引佩刀自刺衞律驚自抱持武馳召毉鑿地為坎置煴火師古曰煴謂聚火無焱者也音於云反焱音式贍反覆武其上師古曰覆身於坎上也覆音芳目反蹈其背以出血武氣絕半日復息師古曰息謂出氣也惠等哭輿歸營○宋祁曰浙本哭作共單于壯其節朝夕遣人候問武而收繫張勝武益愈單于使使曉武師古曰諭說令降也會論虞常欲因此時降武劍斬虞常已律曰漢使張勝謀殺單于近臣師古曰衞律自謂也當死單于募降者赦罪舉劍欲擊之勝請降律謂武曰副有罪當相坐武曰本無謀又非親屬何謂相坐復舉劍擬之武不動律曰蘇君律前負漢歸匈奴幸蒙大恩賜號稱王擁衆數萬馬畜彌山富貴如此師古曰彌滿也蘇君今日降明日復然空以身膏草野誰復知之武不應律曰君因我降與君為兄弟今不聽吾計後雖欲復見我尚可得乎武罵律曰女為人臣子不顧恩義畔主背親為降虜於蠻夷何以女為見師古曰言何用見女為也且單于信女使決人死生不平心持正反欲鬭兩主觀禍敗南越殺漢使者屠為九郡宛王殺漢使者頭縣北闕朝鮮殺漢使者卽時誅滅獨匈奴未耳若知我不降明師古曰若汝也言汝知我不肯降明矣欲令兩國相攻匈奴之禍從我始矣律知武終不可脅白單于單于愈益欲降之迺幽武置大窖中師古曰舊米粟之窖而空者也音工孝反絕不飲食師古曰飲音於禁反食讀曰飤天雨雪武臥齧雪與旃毛并咽之師古曰咽吞也音宴數日不死匈奴以為神乃徙武北海上無人處使牧羝羝乳乃得歸師古曰羝牡羊也羝不當產乳故設此言示絕其事若燕太子丹烏白頭馬生角之比也羝音丁奚反乳音人喻反○宋祁曰牧羝字下疑有羊字別其官屬常惠等各置他所武既至海上廩食不至師古曰無人給飤之掘野鼠去屮實而食之蘇林曰取鼠所去草實而食之張晏曰取鼠及草實并而食之師古曰蘇說是也屮古草字去謂藏之也音丘呂反○劉攽曰今北方野鼠甚多皆可食也武掘野鼠得卽食之其草食頗去藏耳杖漢節牧羊臥起操持節旄盡落積五六年單于弟於靬王弋射海上師古曰靬音居言反武能網紡繳檠弓弩師古曰繳生絲縷也可以弋射檠謂輔正弓弩也繳音斫檠音警又音巨京反○宋祁曰網字上疑有結字於靬王愛之給其衣食三歲餘王病賜武馬畜服匿穹廬劉德曰服匿如小旃帳孟康曰服匿如甖小口大腹方底用受酒酪穹廬旃帳也晉灼曰河東北界人呼小石甖受二斗所曰服匿師古曰孟晉二說是也王死後人衆徙去其冬丁令盜武牛羊師古曰令音零丁令卽上所謂丁靈耳武復窮厄初武與李陵俱為侍中武使匈奴明年陵降不敢求武久之單于使陵至海上為武置酒設樂因謂武曰單于聞陵與子卿素厚故使陵來說足下虛心欲相待終不得歸漢空自苦亡人之地信義安所見乎前長君為奉車服虔曰武兄嘉從至雍棫陽宮扶輦下除張晏曰主扶輦下除道也師古曰除謂門屏之閒觸柱折轅劾大不敬伏劍自刎師古曰刎斷也斷其頭也音武粉反賜錢二百萬以葬孺卿從祠河東后土張晏曰武弟賢宦騎與黃門駙馬爭船師古曰宦騎宦者而為騎也黃門駙馬天子駙馬之在黃門者駙副也金日磾傳曰養馬於黃門也推墮駙馬河中溺死宦騎亡詔使孺卿逐捕不得惶恐飲藥而死來時大夫人已不幸師古曰不幸亦謂死陵送葬至陽陵子卿婦年少聞已更嫁矣獨有女弟二人兩女一男今復十餘年存亡不可知人生如朝露師古曰朝露見日則晞人命短促亦如之何久自苦如此陵始降時忽忽如狂自痛負漢加以老母繫保宮師古曰百官公卿表云少府屬官有居室武帝太初元年更名保宮子卿不欲降何以過陵且陛下春秋高法令亡常大臣亡罪夷滅者數十家安危不可知子卿尚復誰為乎願聽陵計勿復有云武曰武父子亡功德皆為陛下所成就位列將爵通侯兄弟親近常願肝腦塗地今得殺身自效雖蒙斧鉞湯鑊誠甘樂之臣事君猶子事父也子為父死無所恨願勿復再言陵與武飲數日復曰子卿壹聽陵言武曰自分已死久矣師古曰分音扶問反王必欲降武請畢今日之驩效死於前師古曰效致也陵見其至誠喟然歎曰嗟乎義士陵與衞律之罪上通於天因泣下霑衿與武決去師古曰決別也陵惡自賜武師古曰謂若示已於匈奴中富饒以夸武使其妻賜武牛羊數十頭後陵復至北海上語武區脫捕得雲中生口服虔曰區脫土室胡兒所作以候漢者也李奇曰匈奴邊境羅落守衞官也晉灼曰匈奴傳東胡與匈奴間有棄地千餘里各居其邊為區脫又云漢得區脫王發人民屯區脫以備漢此為因邊境以為官李說是也師古曰匈奴邊境為候望之室服說是也本非官號區脫王者以其所部居區脫之處因呼之耳李晉二說皆失之區讀與甌同音一侯反脫音土活反言太守以下吏民皆白服曰上崩武聞之南鄉號哭歐血旦夕臨師古曰鄉讀曰嚮臨哭也音力禁反數月昭帝卽位○劉攽曰數月字當屬上句數年匈奴與漢和親漢求武等匈奴詭言武死○宋祁曰江浙本詭作紿後漢使復至匈奴常惠請其守者與俱得夜見漢使具自陳過教使者謂單于言天子射上林中得鴈足有係帛書言武等在某澤中使者大喜如惠語以讓單于師古曰讓責也單于視左右而驚謝漢使曰武等實在於是李陵置酒賀武曰今足下還歸揚名於匈奴功顯於漢室雖古竹帛所載丹青所畫何以過子卿陵雖駑怯令漢且貰陵罪師古曰貰寬也全其老母使得奮大辱之積志庶幾乎曹柯之盟李奇曰欲劫單于如曹劌劫齊桓公柯盟之時此陵宿昔之所不忘也收族陵家為世大戮陵尚復何顧乎已矣令子卿知吾心耳異域之人壹別長絕陵起舞歌曰徑萬里兮度沙幕為君將兮奮匈奴路窮絕兮矢刃摧士衆滅兮名已隤老母已死雖報恩將安歸師古曰隤墜也音大回反○宋祁曰雖字下疑有欲字陵泣下數行因與武決單于召會武官屬師古曰會謂集聚也前以降及物故凡隨武還者九人師古曰物故謂死也言其同於鬼物而故也一說不欲斥言但云其所服用之物皆已故耳而說者妄欲改物為勿非也○宋祁曰物當從南本作歾音沒武以始元六年春至京師詔武奉一太牢謁武帝園廟拜為典屬國秩中二千石賜錢二百萬公田二頃宅一區常惠徐聖趙終根皆拜為中郎賜帛各二百匹其餘六人老歸家賜錢人十萬復終身師古曰復音芳目反常惠後至右將軍封列侯自有傳武留匈奴凡十九歲始以彊壯出及還須髮盡白武來歸明年上官桀子安與桑弘羊及燕王蓋主謀反武子男元與安有謀坐死初桀安與大將軍霍光爭權數疏光過失予燕王師古曰疏謂條錄之令上書告之又言蘇武使匈奴二十年不降還迺為典屬國師古曰實十九年而言二十者欲久其事以見窘屈故多言也大將軍長史無功勞為搜粟都尉光顓權自恣師古曰顓與專同及燕王等反誅窮治黨與武素與桀弘羊有舊數為燕王所訟子又在謀中廷尉奏請逮捕武霍光寢其奏免武官數年昭帝崩武以故二千石與計謀立宣帝師古曰與讀作預賜爵關內侯食邑三百戶久之衞將軍張安世薦武明習故事奉使不辱命先帝以為遺言宣帝卽時召武待詔宦者署師古曰百官公卿表少府屬官有宦者令丞以其署親近故令於此待詔也數進見復為右曹典屬國以武著節老臣令朝朔望號稱祭酒師古曰加祭酒之號所以示優尊也祭酒已解在伍被傳甚優寵之武所得賞賜盡以施予昆弟故人家不餘財皇后父平恩侯帝舅平昌侯樂昌侯師古曰平恩侯許伯平昌侯王無故樂昌侯王武也車騎將軍韓增丞相魏相御史大夫丙吉皆敬重武武年老子前坐事死上閔之問左右武在匈奴久豈有子乎武因平恩侯自白前發匈奴時胡婦適產一子通國有聲問來願因使者致金帛贖之上許焉後通國隨使者至上以為郎又以武弟子為右曹武年八十餘神爵二年病卒甘露三年單于始入朝上思股肱之美迺圖畫其人於麒麟閣張晏曰武帝獲麒麟時作此閣圖畫其象於閣遂以為名師古曰漢宮閣疏名云蕭何造法其形貌署其官爵姓名師古曰署表也題也唯霍光不名曰大司馬大將軍博陸侯姓霍氏次曰衞將軍富平侯張安世次曰車騎將軍龍額侯韓增○宋祁曰額或作雒次曰後將軍營平侯趙充國次曰丞相高平侯魏相次曰丞相博陽侯丙吉次曰御史大夫建平侯杜延年次曰宗正陽城侯劉德次曰少府梁丘賀次曰太子太傅蕭望之次曰典屬國蘇武皆有功德知名當世是以表而揚之明著中興輔佐列於方叔召虎仲山甫焉師古曰三人皆周宣王之臣有文武之功佐宣王中興者也言宣帝亦重興漢室而霍光等並為名臣皆比於方叔之屬召讀曰邵凡十一人皆有傳自丞相黃霸廷尉于定國大司農朱邑京兆尹張敞右扶風尹翁歸及儒者夏侯勝等皆以善終著名宣帝之世然不得列於名臣之圖以此知其選矣

贊曰李將軍恂恂如鄙人口不能出辭師古曰恂恂誠謹貌也音荀及死之日天下知與不知皆為流涕彼其中心誠信於士大夫也諺曰桃李不言下自成蹊師古曰蹊謂徑道也言桃李以其華實之故非有所召呼而人爭歸趣來往不絕其下自然成徑以喻人懷誠信之心故能潛有所感也蹊音奚此言雖小可以喻大然三代之將道家所忌○宋祁曰南本代作世自廣至陵遂亡其宗哀哉孔子稱志士仁人有殺身以成仁無求生以害仁使於四方不辱君命師古曰皆論語載孔子之言蘇武有之矣

前漢書卷五十四考證

李廣傳隴西成紀人也○臣召南按成紀縣漢初屬隴西郡至元光以後置天水郡改屬焉故志載成紀于天水下而此傳曰隴西成紀人也

因抱兒○茅坤曰史記作因推墮兒是

彌節白檀○顧炎武曰彌與弭同司馬相如傳於是楚王乃弭節徘徊郭璞曰弭猶低也節所杖信節也

而廣身自以大黃射其裨將注孟康曰太公陷堅却敵以大黃○臣召南按注太公下應有六韜曰三字此刊本訛脫也

而令廣并于右將軍軍出東道○臣召南按後文注右將軍趙食其也應在此文下

李陵傳至東浚稽山南龍勒水上○胡三省曰志敦煌龍勒縣有龍勒水出南羌中東北入澤溉民田蓋其下流至浚稽山下○臣召南按陵出居延遮虜鄣此龍勒水當在居延塞外直北沙磧中故下文曰陵出居延北行三十日至浚稽山不當以西陲敦煌之龍勒縣實之也且志言有氐置水不云卽龍勒水胡氏地學極精而此條則誤

百五十萬矢皆盡○臣召南按百字通鑑作一日然則司馬溫公所見本與今本不同也

坐預詔之注孟康云云○胡三省曰注非也帝意既悔追思前事以為當陵發出塞之時方可詔博德繼其後以迎陵軍乃于陵未行時預詔之使博德羞為陵後距得生姦詐上奏而遂令博德別出西河致陵軍無救也

蘇武傳乃徙武北海上○臣召南按北海為匈奴北界其外卽丁令也塞外遇大水澤通稱為海唐書地理志骨利幹都播二部落北有小海冰堅時馬行八日可渡海北多大山卽此北海也今日白哈兒湖在喀

爾喀極北鄂羅斯國之南界

賜武馬畜服匿穹廬注師古曰孟晉二說是也○臣宗萬按南齊書陸澄傳竟陵王子良得古器小口方腹而底平可將七八升以問澄澄曰此名服匿單于以與蘇武子良後詳觀器底有字髣髴如澄所言可以証孟康晉灼二注

陵惡自賜武注師古云云○顧炎武曰今人送物與人而託其名于妻者往往有之其稱賜者陵在匈奴已立爲王故也云惡自賜武葢嫌于自居其名耳師古注非

凡隨武還者九人○臣召南按此專記武官屬耳匈奴傳言有馬宏者前以副使使西域爲匈奴所遮不肯降至是與武並還漢

迺圖畫其人于麒麟閣○胡三省曰閣在未央宮中圖畫功臣自此始

前漢書卷五十五

漢 蘭 臺 令 史班 固撰

唐正議大夫行秘書少監琅邪縣開國子顏師古注

衛青霍去病傳第二十五

衛青字仲卿其父鄭季河東平陽人也以縣吏給事侯家平陽侯曹壽尚武帝姊陽信長公主師古曰壽姓曹爲平陽侯當是曹參之後然參傳及功臣侯表並無之未詳其意也季與主家僮衛媪通師古曰僮者婢女之總稱也媪者年老之號非當時所呼也衛者舉其夫家姓也生青青有同母兄衛長君及姊子夫子夫自平陽公主家得幸武帝故青冒姓爲衛氏師古曰冒謂假稱若人首之有覆冒也衛媪長女君孺次女少兒次女則子夫子夫男弟步廣皆冒衛氏師古曰言步廣及青二人皆不姓衛而冒稱青爲侯家人少時歸其父父使牧羊民母之子皆奴畜之不以爲兄弟數服虔曰民母嫡母也師古曰言鄭季正妻本在編戶之閒以別於公主家也今流俗書本云牧羊人閒先母之子不以爲兄弟數妄增也青嘗從人至甘泉居室張晏曰居室甘泉中徒所居也有一鉗徒相青曰貴人也官至封侯青笑曰人奴之生得無笞罵即足矣安得封侯事乎青壯爲侯家騎從平陽主建元二年春青姊子夫得入宮幸上皇后大長公主女也文穎曰陳皇后武帝姑女也無子妬大長公主聞衛子夫幸有身妬之迺使人捕青青時給事建章師古曰建章宮中未知名大長公主執囚青欲殺之其友騎郎公孫敖與壯士往篡之師古曰逆取曰篡故得不死上聞迺召青爲建章監侍中及母昆弟貴賞賜數日間累千金君孺爲太僕公孫賀妻少兒故與陳掌通師古曰掌陳平曾孫也上召貴掌公孫敖由此益顯子夫爲夫人青爲太中大夫元光六年拜爲車騎將軍擊匈奴出上谷公孫賀爲輕車將軍出雲中太中大夫公孫敖爲騎將軍出代郡衛尉李廣爲驍騎將軍出鴈門軍各萬騎青至籠城師古曰籠讀與龍同○宋祁云浙本籠字從竹者無龍音後人誤作斬首虜數百騎將軍敖亡七千騎衛尉廣爲虜所得得脫歸皆當斬贖爲庶人賀亦無功唯青賜爵關內侯是後匈奴仍侵犯邊師古曰仍頻也語在匈奴傳元朔元年春衛夫人有男立爲皇后其秋青復將三萬騎出鴈門李息出代郡青斬首虜數千明年青復出雲中西至高闕師古曰高闕山名也一曰塞名也在朔方之北遂至于隴西捕首虜數千畜百餘萬走白羊樓煩王遂取河南地爲朔方郡師古曰當北地郡之北黃河之南也以三千八百戶封青爲長平侯青校尉蘇建爲平陵侯張次公爲岸頭侯晉灼曰河東皮氏亭也使建築朔方城師古曰蘇建築之也上曰匈奴逆天理亂人倫暴長虐老師古曰謂其俗貴少壯而賤長老也以盜竊爲務行詐諸蠻夷造謀籍兵數爲邊害張晏曰從蠻夷借兵鈔邊○宋祁云姚本改鈔作鈔故興師遣將以征厥罪詩不云乎薄伐玁允至于太原師古曰小雅六月之詩美宣王北伐也薄伐者言逐出之也玁允北狄名即匈奴也玁音險出車彭彭城彼朔方師古曰小雅出車之詩也彭彭衆車聲也朔方北方也此詩人美出車而征因築城以攘玁允也○宋祁曰注文城字下當添壘字今車騎將軍青度西河至高闕獲首二千三百級車輜畜產畢收爲鹵已封爲列侯遂西定河南地案榆谿舊塞如淳曰案尋也榆谿舊塞名也師古曰上郡之北有諸次山諸次水出焉東經榆林塞爲榆谿言軍尋北塞而行也絶梓領梁北河討蒲泥破符離如淳曰絶度也爲此河作橋梁也晉灼曰蒲泥符離二王號也師古曰符離塞名也斬輕銳之卒捕伏聽者張晏曰伏於隱處聽軍虛實三千一十七級師古曰本以斬敵一首拜爵一級故因謂一首爲一級因復名生獲一人爲一級也執訊獲醜師古曰執訊謂生執其人而訊問之也獲醜者得其衆也一曰醜惡也訊音信敺馬牛羊百有餘萬全甲兵而還益封青三千八百戶其後匈奴比歲入代郡鴈門定襄上郡朔方師古曰比頻也所殺畧甚衆語在匈奴傳元朔五年春令青將三萬騎出高闕衛尉蘇建爲游擊將軍左內史李沮爲彊弩將軍文穎曰沮音組太僕公孫賀爲騎將軍代相李蔡爲輕車將軍皆領屬車騎將軍俱出朔方大行李息岸頭侯張次公爲將軍俱出右北平匈奴右賢王當青等兵以爲漢兵不能至此飲醉漢兵夜至圍右賢王右賢王驚夜逃獨與其愛妾一人騎數百馳潰圍北去漢輕騎校尉郭成等追數百里弗得得右賢裨王十餘人師古曰裨王小王也若言裨將也裨音頻移反衆男女萬五千餘人畜數十百萬師古曰數十萬以至百萬於是引兵而還至塞天子使使者持大將軍印即軍中拜青爲大將軍師古曰即就也諸將皆以兵屬立號而歸上曰大將軍青躬率戎士師大捷獲匈奴王十有餘人益封青八千七百戶而封青子伉爲宜春侯師古曰伉音抗又音工郎反子不疑爲陰安侯子登爲發干侯青固謝曰師古曰固謂再三也臣幸得待罪行閒賴陛下神靈軍大捷皆諸校力戰之功也陛下幸已益封臣青臣青子在繈緥中未有勤勞上幸裂地封爲三侯非臣待罪行閒所以勸士力戰之意也伉等三人何敢受封上曰我非忘諸校功也今固且圖之乃詔御史曰護軍都尉公孫敖三從大將軍擊匈奴常護軍傳校獲王師古曰傳讀曰附言敖總護諸軍每附部校以致克捷而獲王也校者營壘之稱故謂軍之一部爲一校或曰幡旗之名非也每軍一校則別爲幡耳不名校也封敖爲合騎侯晉灼曰猶冠軍票之名也都尉韓說從大軍出寘渾服虔曰寘渾塞名也師古曰說讀曰悅寘音田渾音魂○劉敞曰大軍當云大將軍至匈奴右賢王庭爲戲下師古曰戲讀曰麾又音許宜反言在大將軍麾旗之下不別統衆也搏戰獲王師古曰搏戰擊戰○宋祁曰注末當添也字封說爲龍頟侯師古曰頟字或作額騎將軍賀從大將軍獲王封賀爲南窌侯臣瓚曰茂陵中書云南奅侯此本字也師古曰窌音普教反奅亦同字輕車將軍李蔡再從大將軍獲王封蔡爲樂安侯校尉李朔趙不虞公孫戎奴各三從大將軍獲王封朔爲陟軹侯不虞爲隨成侯戎奴爲從平侯將軍李沮李息及校尉竇如意中郎將綰皆有功賜爵關內侯沮息如意食邑各三百戶其秋匈奴入代殺都尉明年春大將軍青出定襄合騎侯敖爲中將軍太僕賀爲左將軍翕侯趙信爲前將軍衛尉蘇建爲右將軍郎中令李廣爲後將軍左內史李沮爲彊弩將軍咸屬大將軍斬首數千級而還月餘悉復出定襄斬首虜萬餘人蘇建趙信并軍三千餘騎獨逢單于兵與戰一日餘漢兵且盡信故胡人降爲翕侯見急匈奴誘之遂將其餘騎可八百犇降單于師古曰犇古奔字也○宋祁曰注末也字當去蘇建盡亡其軍獨以身得亡去自歸青青問其罪正閎長史安議郎周霸等張晏曰正軍正也閎名也如淳曰律都軍官長史一人建當云何師古曰謂處斷其罪法何至也霸曰自大將軍出未嘗斬裨將今建棄軍可斬以明將軍之威閎安曰不然兵法小敵之堅大敵之禽也師古曰言衆寡不敵以其堅戰無有退心故士卒喪盡也說若建恥敗而不自歸則亦被匈奴禽之而去今建以數千當單于數萬力戰一日餘士皆不敢有二心自歸而斬之是示後無反意也不當斬青曰青幸得以胏附待罪行閒師古曰胏附謂親戚也解在田蚡傳也○宋祁曰注末也字當刪不患無威而霸說我以明威甚失臣意且使臣職雖當斬將以臣之尊寵而不敢自擅專誅於境外其歸天子天子自裁之於以風爲人臣不敢專權不亦可乎師古曰風讀曰諷軍吏皆曰善遂囚建行在所劉敞曰當云詣行在所是歲也霍去病始侯

霍去病大將軍青姊少兒子也其父霍仲孺先與少兒通生去病及衛皇后尊少兒更爲詹事陳掌妻去病以皇后姊子年十八爲侍中善騎射再從大將軍大將軍受詔予壯士爲票姚校尉服虔曰音飄搖師古曰票音頻妙反姚音羊召反票姚勁疾之貌也荀悅漢紀作票鷂字去病後爲票騎將軍尚取票姚之字耳今讀者音飄遙則不當其義也○宋祁曰票姚當作本音與輕勇騎八百直棄大將軍數百里赴利斬捕首虜過當師古曰言計其所將人數則捕首虜爲多過於所當也一曰漢軍失亡者少而殺獲匈奴數多故曰過當也其下並同○劉敞曰大將軍衍將字於是上曰票姚校尉去病斬首捕虜二千二十八級得相國當戶斬單于大父行藉若侯產張晏曰藉若胡侯也產名也師古曰此人單于祖父之行也行音胡浪反捕季父羅姑比再冠軍師古曰亦單于之季父也羅姑其名也比類也以二千五百戶封去病爲冠軍侯上谷太守郝賢四從大將軍捕首虜千三百級封賢爲終利侯騎士孟已有功賜爵關內侯邑二百戶是歲失兩將軍亡翕侯功不多故青不益封蘇建至上弗誅贖爲庶人青賜千金是時王夫人方幸於上甯乘說青曰師古曰史記云甯乘齊人將軍所以功未甚多身食萬戶三子皆爲侯者以皇后故也今王夫人幸而宗族未富貴願將軍奉所賜千金爲王夫人親壽師古曰親母也青以五百金爲王夫人親壽上聞問青青以實對上迺拜甯乘爲東海都尉校尉張騫從大將軍以嘗使大夏留匈奴中久道軍知善水草處師古曰道讀曰導軍得以無飢渴因前使絶國功封騫爲博望侯去病侯三歲○宋祁云三越本作一元狩三年春○宋祁曰三越本作二爲票騎將軍將萬騎出隴西有功上曰票騎將軍率戎士隃烏盭師古曰隃與踰同盭古戾字也烏盭山名也討遬濮師古曰遬古速字也遬濮匈奴部落名也涉狐奴晉灼曰水者也歷五王國輜重人衆攝讋者弗取師古曰攝讋謂振動失志氣言距戰者誅服者赦也讋音之涉反幾獲單于子師古曰幾音距依反轉戰六日過焉支山千有餘里合短兵鏖皋蘭下應劭曰隴西白石縣塞外河名也蘇林曰匈奴中山關名也李奇曰鏖音麃津名也晉灼曰世俗謂盡死殺人爲鏖糟文穎曰鏖音意曹反師古曰鏖字本從金麀聲轉寫訛耳鏖謂苦擊而多殺也皐蘭山名也言苦戰於皐蘭山下而多殺虜也晉說文音皆得之今俗猶謂打擊之甚者曰鏖麀牡鹿也音於求反殺折蘭王斬盧侯王張晏曰折蘭盧侯胡國名也殺者殺之而已斬者獲其首也師古曰折蘭匈奴中姓也今鮮卑有是蘭姓者即其種也折音上列反銳悍者誅全甲獲醜執渾邪王子師古曰全甲謂軍中之甲不喪失也渾音下昆反及相國都尉捷首虜八千九百六十級收休屠祭天金人如淳曰祭天以金人爲主也張晏曰佛徒祠金人也師古曰今之佛像是也休音許虯反屠音儲○宋祁曰舊本多作天祭金人作祭天者非是刊誤亦改師率減什七師古曰言其破敵故匈奴之師十減其七也一曰漢兵失亡之數下皆類此也○劉奉世曰詔書以爲全甲則不應兵失亡至

七分也匈奴人數又何由知之元狩四年出塞馬十四萬及還不滿三萬則非減什二矣然則率蓋謂軍興財用大率以減少爲功故四年詔旣言率減什二遂云取食於敵而糧不絕功相因也益封去病二千二百戶其夏去病與合騎侯敖俱出北地異道博望侯張騫郎中令李廣俱出右北平異道廣將四千騎先至騫將萬騎後匈奴左賢王將數萬騎圍廣廣與戰二日死者過半所殺亦過當騫至匈奴引兵去騫坐行留當斬贖爲庶人師古曰軍行而稽留故坐法而去病出北地遂深入合騎侯失道不相得去病至祁連山師古曰祁連山即天山也匈奴呼天爲祁連祁音上夷反捕首虜甚多上曰票騎將軍涉鈞耆濟居延張晏曰鈞耆居延皆水名也淺曰涉深曰濟師古曰涉謂人馬涉度也濟謂以舟船度也遂臻小月氏師古曰臻至也氏音支攻祁連山揚武乎鱳得鄭氏曰鱳音鹿張掖縣也師古曰鄭說非也此鱳得匈奴中地名而張掖縣轉取其名耳得單于單桓酋涂王張晏曰單桓酋涂皆胡王也師古曰酋音才由反涂音塗○劉攽曰衍單于字及相國都尉以衆降下者二千五百人可謂能舍服知成而止矣師古曰服而舍之功成則止也捷首虜三萬二百獲五王王母單于閼氏王子五十九人相國將軍當戶都尉六十三人師大率減什三益封去病五千四百戶賜校尉從至小月氏者爵左庶長師古曰第十爵鷹擊司馬破奴師古曰趙破奴再從票騎將軍斬遬濮王捕稽且王師古曰且音子閭反右千騎將王王母各一人王子以下四十一人捕虜三千三百三十人前行捕虜千四百人師古曰前行謂在軍之前而行封破奴爲從票侯張晏曰從票騎將軍有功因以爲號校尉高不識從票騎將軍捕呼于耆王王子以下十一人捕虜千七百六十八人封不識爲宜冠侯校尉僕多有功封爲煇渠侯師古曰功臣侯表作僕朋今此作多轉寫者誤也煇音暉也○宋祁曰注末當刪字合騎侯敖坐行留不與票騎將軍會當斬贖爲庶人諸宿將所將士馬兵亦不如去病師古曰宿舊也兵兵器也去病所將常選師古曰選取驍鋭○宋祁曰注末當有也字然亦敢深入常與壯騎先其大軍軍亦有天幸未嘗困絕也然而諸宿將常留落不耦師古曰留謂遲留落謂墜落故不諧耦而無功也由此去病日以親貴比大將軍其後單于怒渾邪王居西方數爲漢所破亡數萬人以票騎之兵也欲召誅渾邪王渾邪王與休屠王等謀欲降漢使人先要道邊師古曰道猶言也先爲要約來言之於邊界是時大行李息將城河上得渾邪王使卽馳傳以聞師古曰傳音張戀反次下亦同上恐其以詐降而襲邊乃令去病將兵往迎之去病旣渡河與渾邪衆相望渾邪禆王將見漢軍而多欲不降者師古曰恐被掩覆也頗遁去去病乃馳入得與渾邪王相見斬其欲亡者八千人遂獨遣渾邪王乘傳先詣行在所盡將其衆度河降者數萬人號稱十萬旣至長安天子所以賞賜數十鉅萬封渾邪王萬戶爲漯陰侯如淳曰漯陰平原縣也師古曰漯音吐合反封其禆王呼毒尼爲

下摩侯文穎曰呼毒尼胡王名也雁疪爲煇渠侯文穎曰雁音鷹疪音庇蔭之庇師古曰疪音四履反其字從疒非庇蔭之庇疒音女革反禽黎爲河綦侯師古曰功臣侯表作烏黎今此作禽黎轉寫誤耳大當戶調雖爲常樂侯師古曰功臣侯表作稠雖今此傳作調雖表傳不同當有誤者於是上嘉去病之功曰票騎將軍去病率師征匈奴西域王渾邪王及厥衆萌咸犇於率師古曰萌字與氓同犇古奔字也○宋祁曰注末也字當刪以軍糧接食并將控弦萬有餘人師古曰言能引弓皆堪戰陳誅獟悍師古曰獟健行輕貌也字或作趬悍勇也獟音丘昭反又音丘召反捷首虜八千餘級降異國之王三十二戰士不離傷師古曰離遭也十萬之衆畢懷集服仍與之勞爰及河塞庶幾亡患師古曰言重與軍旅之勞及北河塞之表可得寧息無憂患也以千七百戶益封票騎將軍減隴西北地上郡戍卒之半以寬天下繇役迺分處降者於邊五郡故塞外而皆在河南因其故俗爲屬國師古曰不改其本國之俗而屬於漢故號屬國其明年匈奴入右北平定襄殺略漢千餘人其明年上與諸將議曰翕侯趙信爲單于畫計常以爲漢兵不能度幕輕留師古曰言輕易漢軍故留而不去也一曰謂漢兵不能輕入而久留也○宋祁云姚本於此下有臣瓚曰沙上曰幕李陵歌曰經千里兮渡沙幕十五字今大發卒其埶必得所欲是歲元狩四年也春上令大將軍青票騎將軍去病各五萬騎步兵轉者踵軍數十萬師古曰轉者謂運輜重也踵接也而敢力戰深入之士皆屬去病去病始爲出定襄當單于捕虜虜言單于東迺更令去病出代郡令青出定襄郎中令李廣爲前將軍太僕公孫賀爲左將軍主爵趙食其爲右將軍師古曰食音異平陽侯襄爲後將軍師古曰曹襄皆屬大將軍趙信爲單于謀曰漢兵卽度幕人馬罷師古曰罷讀曰疲匈奴可坐收虜耳師古曰言收取漢軍人馬可不費力故言坐迺悉遠北其輜重師古曰遣輜重遠去令處北也皆以精兵待幕北而適直青軍出塞千餘里師古曰直讀曰值見單于兵陳而待師古曰爲行陳而待於是青令武剛車自環爲營張晏曰兵車也師古曰環繞也而縱五千騎往當匈奴匈奴亦從萬騎會日且入師古曰言日欲沒也而大風起沙礫擊面師古曰礫小石也音歷兩軍不相見漢益縱左右翼繞單于師古曰翼謂左右舒引其兵如鳥之翅翼單于視漢兵多而士馬尚彊戰而匈奴不利薄莫單于遂乘六贏壯騎可數百直冒漢圍西北馳去師古曰贏者驢種馬子堅忍單于自乘善走贏而壯騎隨之也冒犯也贏音來戈反冒音莫克反昏漢匈奴相紛挐師古曰紛挐亂相持搏也挐音女居反殺傷大當師古曰各大相殺傷漢軍左校捕虜言單于未昏而去漢軍因發輕騎夜追之青因隨其後匈奴兵亦散走會明行二百餘里不得單于頗捕斬首虜萬餘級遂至窴顏山趙信城如淳曰趙信前降匈奴匈奴築城居之得匈奴積粟食軍師古曰食讀曰飤軍留一日而還悉燒其城餘粟以歸青之與單于會也而前將軍廣右將軍食其軍別從東道或失道師古曰或迷也大將軍引

還過幕南迺相逢青欲使使歸報令長史簿責廣師古曰簿音步戶反廣自殺食其贖爲庶人青軍入塞凡斬首虜萬九千級是時匈奴衆失單于十餘日右谷蠡王自立爲單于師古曰谷音鹿蠡音盧奚反單于後得其衆右王迺去單于之號師古曰去除也音丘呂反去病騎兵車重與大將軍軍等師古曰重音直用反而亡禆將悉以李敢等爲大校當禆將出代右北平二千餘里直左方兵師古曰直當也所斬捕功已多於青旣皆還上曰票騎將軍去病率師躬將所獲葷允之士服虔曰葷音熏葷允熏鬻也堯時曰熏鬻周曰獫允秦曰匈奴師古曰葷字與薰同鬻音弋六反約輕齎絕大幕師古曰輕齎者不以輜重自隨而所齎糧食少也一曰齎字與資同謂資裝也涉獲單于章渠師古曰涉謂涉水也章渠單于之近臣也涉水而破獲之以誅北車耆晉灼曰王號也轉擊左大將雙獲旗鼓歷度難侯師古曰山名也濟弓盧晉灼曰水名也獲屯頭王韓王等三人李奇曰皆匈奴王號將軍相國當戶都尉八十三人封狼居胥山禪於姑衍登臨翰海張晏曰登海邊山以望海也有大功故增山而廣地也如淳曰翰海北海名也師古曰積土增山曰封爲墠祭地曰禪也執訊獲醜七萬有四百四十三級師率減什二取食於敵卓行殊遠而糧不絕師古曰卓亦遠意以五千八百戶益封票騎將軍右北平太守路博德屬票騎將軍會興城不失期從至檮余山師古曰檮音籌其字從木斬首捕虜二千八百級封博德爲邳離侯北地都尉衛山從票騎將軍獲王封山爲義陽侯故歸義侯因淳王復陸支師古曰復音芳福反樓剸王伊卽靬師古曰剸音之兗反靬音居言反皆從票騎將軍有功封復陸支爲杜侯伊卽靬爲衆利侯從票侯破奴昌武侯安稽從票騎有功益封各三百戶漁陽太守解校尉敢皆獲鼓旗賜爵關內侯解食邑三百戶敢二百戶校尉自爲爵左庶長軍吏卒爲官賞賜甚多而青不得益封吏卒無封者唯西河太守常惠雲中太守遂成受賞遂成秩諸侯相賜食邑二百戶黃金百斤惠爵關內侯兩軍之出塞塞閱官及私馬凡十四萬匹而後入塞者不滿三萬匹迺置大司馬位大將軍票騎將軍皆爲大司馬晉灼曰悉加大司馬者欲令票騎將軍去病與大將軍青等耳定令令票騎將軍秩祿與大將軍等自是後青日衰而去病日益貴青故人門下多去事去病輒得官爵唯獨任安不肯去師古曰安滎陽人後爲益州刺史即遺司馬遷書者去病爲人少言不泄有氣敢往上嘗欲教之吳孫兵法師古曰吳吳起也孫孫武也對曰顧方略何如耳不至學古兵法師古曰顧念也上爲治第令視之對曰匈奴不滅無以家爲也由此上益重愛之然少而侍中貴不省士師古曰省視也不恤視也其從軍上爲遣太官齎數十乘師古曰齎與資同解已在前也旣還重車餘棄粱肉師古曰粱粟類也米之善者重音直用反而士有飢者其在塞外卒乏糧或不能自振師古曰振舉也而去病尚穿域

蹋鞠也服虔曰穿地作鞠室也師古曰鞠以皮爲之實以毛蹵蹋而戲也蹋音徒獵反鞠音鉅六反事多此類青仁喜士退讓師古曰喜音許吏反以和柔自媚於上然於天下未有稱也去病自四年軍後三歲元狩六年薨上悼之發屬國玄甲軍陳自長安至茂陵師古曰送其葬所以寵衛之也屬國即上所云分處降者於邊五郡者也玄甲謂甲之黑色也爲冢象祁連山師古曰在茂陵旁冢上有豎石冢前有石人馬者是也謚之并武與廣地曰景桓侯師古蘇林曰景武謚也桓廣地謚也義見謚法張晏曰謚法布義行剛曰景辟土服遠曰桓也子嬗嗣師古曰嬗音上戰反嬗字子侯上愛之幸其壯而將之爲奉車都尉從封泰山而薨無子國除自去病死後青長子宜春侯伉坐法失侯後五歲伉弟二人陰安侯不疑發干侯登皆坐酎金失侯後二歲冠軍侯國絕後四年元封五年青薨謚曰烈侯子伉嗣六年坐法免自青圍單于後十四歲而卒竟不復擊匈奴者以漢馬少又方南誅兩越東伐朝鮮擊羌西南夷以故久不伐胡初青旣尊貴而平陽侯曹壽有惡疾就國長公主問列侯誰賢者左右皆言大將軍主笑曰此出吾家常騎從我奈何左右曰於今尊貴無比於是長公主風白皇后師古曰風讀曰諷皇后言之上迺詔青尚平陽主如淳曰本陽信長公主也爲平陽侯所尚故稱平陽主與主合葬起冢象廬山云師古曰在茂陵東次去病冢之西相併者是也○宋祁云浙本廬作盧

最大將軍青師古曰最亦凡也凡七出擊匈奴斬捕首虜五萬餘級一與單于戰收河南地置朔方郡再益封凡萬六千三百戶○宋祁云景德本無益字封三子爲侯侯千三百戶并之二萬二百戶其禆將及校尉侯者九人爲特將者十五人師古曰特將謂獨別爲將而出征也李廣張騫公孫賀李蔡曹襄韓說蘇建皆自有傳師古曰七人自有傳八人今列於此下凡十五人也說讀曰悅

李息郁郅人也師古曰北地之縣也郅音之日反事景帝至武帝立八歲爲材官將軍軍馬邑後六歲爲將軍出代後三歲爲將軍從大將軍出朔方皆無功凡三爲將軍其後常爲大行

公孫敖義渠人以郎事景帝至武帝立十二歲爲騎將軍○宋祁云十二歲景德本作八歲出代亡卒七千人當斬贖爲庶人後五歲以校尉從大將軍封合騎侯後一歲以中將軍從大將軍再出定襄無功後二歲以將軍出北地後票騎失期當斬○宋祁云景德本無失字贖爲庶人後二歲以校尉從大將軍無功後十四歲以因杅將軍築受降城十歲復以因杅將軍再出擊匈奴至余吾師古曰水名也在朔方北亡士多下吏當斬詐死亡居民間○劉奉世曰武紀敖自余吾還明年太始元年有罪要斬與此不同必有誤五六歲後覺復繫坐妻爲巫蠱族凡四爲將軍

李沮雲中人沮音阻事景帝武帝立十七歲以左內史爲彊弩將軍後一歲復爲彊弩將軍

張次公河東人以校尉從大將軍封岸頭侯其後太后崩爲將軍軍北軍後一歲復從大將軍凡再爲將軍後坐法失侯

趙信以匈奴相國降爲侯武帝立十八年爲前將軍與匈奴戰敗降匈奴

趙食其穀栩人師古曰馮翊之縣也穀音丁活反又音丁外反栩音許羽反武帝立十八年以主爵都尉從大將軍斬首六百六十級元狩二年賜爵關內侯黃金百斤明年爲右將軍從大將軍出定襄迷失道當斬贖爲庶人

郭昌雲中人以校尉從大將軍元封四年以太中大夫爲拔胡將軍屯朔還擊昆明無功奪印

荀彘太原廣武人以御見侍中師古曰以善御得見因爲侍中也御謂御車也用校尉數從大將軍元封三年爲左將軍擊朝鮮無功坐捕樓船將軍誅

最票騎將軍去病凡六出擊匈奴其四出以將軍師古曰再出爲票姚校尉也斬首虜十一萬餘級渾邪王以衆降數萬開河西酒泉之地西方益少胡寇四益封凡萬七千七百戶其校尉吏有功侯者六人爲將軍者二人

路博德西河平州人以右北平太守從票騎將軍封邳離侯票騎死後博德以衞尉爲伏波將軍伐破南越益封其後坐法失侯爲彊弩都尉屯居延卒

趙破奴太原人嘗亡入匈奴已而歸漢爲票騎將軍司馬出北地封從票侯坐酎金失侯後一歲爲匈河將軍攻胡至匈河水無功後一歲擊虜樓蘭王後爲浞野侯後六歲以浚稽將軍將二萬騎擊匈奴左王左王與戰兵八萬騎圍破奴破奴爲虜所得遂沒其軍居匈奴中十歲復與其太子安國亡入漢○宋祁云越本國作定後坐巫蠱族

自衞氏興大將軍青首封其後支屬五人爲侯凡二十四歲而五侯皆奪國征和中戾太子敗衞氏遂滅而霍去病弟光貴盛自有傳

贊曰蘇建嘗說責大將軍至尊重而天下之賢士大夫無稱焉師古曰言不爲賢士大夫所稱譽願將軍觀古名將所招選者勉之哉師古曰勸令招賢薦士也青謝曰自魏其武安之厚賓客天子常切齒彼親待士大夫招賢黜不肖者人主之柄也人臣奉法遵職而已何與招士師古曰與讀曰豫票騎亦方此意爲將如此師古曰方比也此類也

前漢書卷五十五考證

衞青傳平陽侯曹壽注師古云云○臣召南按史記曹相國世家參曾孫時尚平陽公主生子襄時病癘歸國立二十三年卒諡夷侯本傳後文云平陽侯曹壽有惡疾就國事與史記正合然則壽即時之別名也

三千一十七級○按史記作三千七十一級又益封青三千八百戶史記作三千戶又益封八千七百戶史記作六千戶

都尉韓說從大軍出窴渾○臣召南按應云從大將軍脫將字耳又按窴渾史記作寘渾徐廣曰寘渾在朔方音庾以地理志核之朔方有寘渾縣爲西部都尉治有道西北出雞鹿塞此窴渾當即寘渾也

封蔡爲樂安侯○臣召南按表作安樂侯又封朔爲陟軹侯史記作涉軹侯而功臣表但作軹侯又不虞爲隨成侯表作隨城侯又中郎將綰史記無此四字

正閎長史安注張晏曰正軍正也○胡三省曰凡軍行置軍正掌舉軍法以正軍中劉昭志大將軍長史秩千石

霍去病傳以二千五百戶封去病爲冠軍侯○臣召南按冠軍初無此縣名武帝褒去病功以南陽穰縣盧陽鄉宛縣臨駣聚爲冠軍侯國解見地理志二千五百戶史記作千六百戶又封賢爲終利侯史記及功臣表作衆利侯

過焉支山千有餘里合短兵○括地志曰焉支山一名刪丹山在甘州刪丹縣東南五十里王楙曰合短兵下史記無鏖皐蘭下四字

全甲獲醜○臣召南按此文上史記無鋭悍者三字則以誅全甲爲一句此傳則鋭悍者誅爲一句全甲獲醜爲一句

使人先要道邊○按史記作遣使向邊境要遮漢人令報天子要邊文雖繁而情事曲折具見

登臨翰海注張晏如淳云云○臣召南按翰海北史作瀚海即大漠之別名沙磧四際無涯故謂之海張晏如淳直以大海北海解之非也本文明云去病出代右北平二千餘里則其地正在大漠安能及絕遠之北海哉且塞外遇巨澤大湖通稱爲海如蘇武牧羊北海上竇憲追至私渠北鞮海皆巨澤大湖如後世稱澗灤海之類非大海也

師率減什二○什二史記作十三又會與城史記作會與城又封博德爲邳離侯史記作符離侯北地都尉衞山史記作邢山

惟西河太守常惠○臣召南按此常惠與從蘇武北使後封長羅侯爲右將軍典屬國者別是一人

爲特將者十五人○史記作十四人

公孫敖爲騎將軍○夌穉隆曰史記作爲驃騎將軍與去病同官非也漢書去驃字是

前漢書卷五十六

漢　蘭　臺　令　史班　固撰

唐正議大夫行祕書少監琅邪縣開國子顏師古注

董仲舒傳第二十六

董仲舒廣川人也少治春秋孝景時爲博士下帷講誦弟子傳以久次相授業或莫見其面師古曰言新學者但就其舊弟子受業不必親見仲舒○劉氏曰久衍字蓋三年不窺園其精如此師古曰雖有園圃不窺視之言專學也進退容止非禮不行學士皆師尊之武帝即位舉賢良文學之士前後百數師古曰數音所具反而仲舒以賢良對策焉制曰朕獲承至尊休德師古曰休美也言承先帝極尊之位至美之德也○宋祁曰浙本至尊下有之字傳之亡窮而施之罔極師古曰罔亦無也極盡也任大而守重是以夙夜不皇康寧師古曰皇暇也康樂也永惟萬事之統猶懼有闕師古曰永深也惟思也統緒也故廣延四方之豪儁郡國諸侯公選賢良脩絜博習之士師古曰郡郡守也國王國也諸侯列侯也郡國及諸侯總謂四方在外者公選謂以公正之道選士無偏私也欲聞大道之要至論之極師古曰極中也今子大夫褒然爲舉首服虔曰子男子之美號也張晏曰褒進也爲舉賢良之首也師古曰褒然盛服貌也詩邶風旄邱之篇曰褎如充耳褎音弋授反朕甚嘉之子大夫其精心致思朕垂聽而問焉蓋聞五帝三王之道改制作樂而天下洽和百王同之○宋祁曰淳化本作制禮按古本無禮字下云韶勺有禮字存之不成文洽一作治當虞氏之樂莫盛於韶師古曰韶舜樂於周莫盛於勺張晏曰勺周頌篇也言能成先祖之功以養天下也師古曰勺讀曰酌同聖王已沒鐘鼓筦絃之聲未衰師古曰筦與管字同而大道微缺陵夷至虖桀紂之行師古曰陵夷言漸頹替也解在成紀○宋祁曰行字古本作作字今浙本亦有作字又一本題云又云桀紂之行語意常苦不了王道大壞矣夫五百年之間守文之君當塗之士欲則先王之法以戴翼其世者甚衆師古曰翼助也然猶不能反日以仆滅師古曰反還也還於正道也仆音赴至後王而後止豈其所持操或誖繆而失其統與師古曰操執也誖乖也統緒也操音千高反與讀曰歟後皆類此固天降命不可復反必推之於大衰而後息與師古曰息止也烏虖師古曰虖讀曰呼嗚呼歎辭也凡所爲屑屑夙興夜寐務法上古者又將無補與師古曰屑屑動作之貌補益也三代受命其符安在災異之變何緣而起性命之情或夭或壽或仁或鄙師古曰夭壽命也仁鄙性也鄙謂不通也習聞其號未燭厥理師古曰燭照也伊欲風流而令行刑輕而姦改師古曰伊惟也百姓和樂政事宣昭何脩何飭而膏露降百穀登師古曰登成也○宋祁曰古本飭作飾德潤四海澤臻屮木師古曰臻至也屮古草字也三光全寒暑平受天之祜師古曰祜福也音怙享鬼神之靈師古曰爲鬼神所歆饗德澤洋溢施虖方外延及羣生師古曰施亦延也洋音羊施音弋豉反子大夫明先聖之業習俗化之變終始之序講聞高誼之日久矣其明以諭朕師古曰諭謂曉告也科別其條勿猥勿并師古曰猥積也并合也欲其一一疏理而言之取之於術愼其所出迺其不正不直不忠不極枉于執事書之不泄興于朕躬毋悼後害師古曰極中也公卿執事有不忠直而阿枉者皆令言之朕自發書不有漏泄勿懼有後害而不言也子大夫其盡心靡有所隱朕將親覽焉仲舒對曰陛下發德音下明詔求天命與情性皆非愚臣之所能及也臣謹案春秋之中視前世已行之事以觀天人相與之際甚可畏也國家將有失道之敗而天迺先出災害以譴告之師古曰譴責也不知自省又出怪異以警懼之師古曰省視也尚不知變而傷敗迺至以此見天心之仁愛人君而欲止其亂也自非大亡道之世者天盡欲扶持而全安之事在彊勉而已矣師古曰彊音其兩反此下亦同彊勉學問則聞見博而知益明彊勉行道則德日起而大有功此皆可使還至而立有效者也師古曰還讀曰旋旋速也○宋祁曰越本無立字詩曰夙夜匪解師古曰大雅烝民之詩也解讀曰懈懈怠也其下亦同書云茂哉茂哉師古曰虞書咎繇謨之辭也茂勉也皆彊勉之謂也道者所繇適於治之路也師古曰繇讀與由同由從也適往也仁義禮樂皆其具也故聖王已沒而子孫長久安寧數百歲此皆禮樂教化之功也王者未作樂之時迺用先王之樂宜於世者而以深入教化於民教化之情不得雅頌之樂不成故王者功成作樂樂其德也樂者所以變民風化民俗也其變民也易其化人也著師古曰著明也易音弋豉反著音竹筯反故聲發於和而本於情接於肌膚臧於骨髓故王道雖微缺而筦絃之聲未衰也夫虞氏之不爲政久矣然而樂頌遺風猶有存者是以孔子在齊而聞韶也○宋祁曰古本齊作亝夫人君莫不欲安存而惡危亡然而政亂國危者甚衆所任者非其人而所繇者非其道師古曰繇與由同下亦類此是以政日以仆滅也夫周道衰於幽厲非道亡也幽厲不繇也至於宣王思昔先王之德興滯補弊明文武之功業周道粲然復興詩人美之而作上天祐之爲生賢佐後世稱誦至今不絕此夙夜不解行善之所致也孔子曰人能弘道非道弘人也師古曰論語載孔子之言也言明智之人則能行道內無其質非道

所化故治亂廢興在於己非天降命不得可反。劉敞曰當云不可得反其所操持誖謬失其統也臣聞天之所大奉使之王者必有非人力所能致而自至者此受命之符也天下之人同心歸之若歸父母故天瑞應誠而至書曰白魚入于王舟有火復于王屋流爲烏師古曰今文尚書泰誓之辭也謂伐紂之時有此瑞也復歸也音扶目反。宋祁曰古本流字上有而字存而句緩而文此蓋受命之符也周公曰復哉復哉師古曰周公觀火烏之瑞乃曰復哉復哉復報也言周有盛德故天報以此瑞也亦見今文泰誓也。劉奉世曰復當爲覆聲字之誤也孔子曰德不孤必有鄰師古曰論語載孔子之言也鄰近也言脩德者不獨空爲之而已必有近助也皆積善絫德之效也師古曰絫古累字及至後世淫佚衰微師古曰佚與逸同不能統理羣生諸侯背畔殘賊良民以爭壤土廢德教而任刑罰刑罰不中則生邪氣師古曰中音竹仲反邪氣積於下怨惡畜於上師古曰畜讀曰蓄蓄聚也上下不和則陰陽繆盭而妖孽生矣師古曰盭古戾字孽災也此災異所緣而起也臣聞命者天之令也性者生之質也情者人之欲也或夭或壽或仁或鄙陶冶而成之不能粹美師古曰陶以喻造瓦冶以喻鑄金也言天之生人有似於此也粹純也有治亂之所生故不齊也。宋祁曰古本齊作叁孔子曰君子之德風也小人之德屮也上之風必偃師古曰論語載孔子之言也言人之從化若草遇風則偃仆也。宋祁曰風也屮也越本無兩也字故堯舜行德則民仁壽桀紂行暴則民鄙夭夫上之化下下之從上猶泥之在鈞唯甄者之所爲師古曰甄作瓦之人也鈞造瓦之法其中旋轉者甄音吉延反猶金之在鎔唯冶者之所鑄師古曰鎔謂鑄器之模範也鎔音容綏之斯俫動之斯和此之謂也師古曰論語載子貢對陳子禽之言也綏安也言治國家者安之則競來動之則和悅耳臣謹案春秋之文求王道之端得之於正師古曰謂正月也音之成反。宋祁曰正越本作之盛反正次王王次春師古曰解春秋書春王正月之一句也春者天之所爲也正者王之所爲也其意曰上承天之所爲而下以正其所爲正王道之端云爾然則王者欲有所爲宜求其端於天天道之大者在陰陽陽爲德陰爲刑刑主殺而德主生是故陽常居大夏而以生育養長爲事陰常居大冬而積於空虛不用之處以此見天之任德不任刑也天使陽出布施於上而主歲功使陰入伏於下而時出佐陽陽不得陰之助亦不能獨成歲終陽以成歲爲名蘇林曰卒以陽名歲尚德不尚刑也師古曰謂年首稱春也卽上所云王次春者是也此天意也王者承天意以從事故任德教而不任刑刑者不可任以治世猶陰之不可任以成歲也爲政而任刑不順於天故先王莫之肯爲也今廢先王德教之官而獨任執法之吏治民毋乃任刑之意與師古曰與讀曰歟孔子曰不教而誅謂之虐師古曰論語載孔子之言虐政用於下而欲德教之被四海故難成也臣謹案春秋謂一元之意師古曰釋公始卽位何不稱一年而言元年也一者萬物之

所從始也元者辭之所謂大也師古曰易辭元者善之長也故曰辭之所謂大也。宋祁曰辭古本作解謂一爲元者視大始而欲正本也師古曰視讀曰示春秋深探其本而反自貴者始故爲人君者正心以正朝廷正朝廷以正百官正百官以正萬民正萬民以正四方四方正遠近莫敢不壹於正而亡有邪氣奸其間者師古曰奸犯也音干是以陰陽調而風雨時羣生和而萬民殖五穀孰而屮木茂天地之間被潤澤而大豐美四海之內聞盛德而皆倈臣諸福之物可致之祥莫不畢至而王道終矣孔子曰鳳鳥不至河不出圖吾已矣夫自悲可致此物而身卑賤不得致也師古曰鳳鳥河圖皆王者之瑞仲尼自歎有德無位故不至也今陛下貴爲天子富有四海居得致之位操可致之勢師古曰操執持也音千高反又有能致之資師古曰資材質也行高而恩厚知明而意美愛民而好士可謂誼主矣然而天地未應而美祥莫至者何也凡以教化不立而萬民不正也夫萬民之從利也如水之走下師古曰走音奏不以教化隄防之不能止也是故教化立而姦邪皆止者其隄防完也教化廢而姦邪並出刑罰不能勝者其隄防壞也古之王者明於此是故南面而治天下莫不以教化爲大務立太學以教於國設庠序以化於邑師古曰庠序教學之處也所以養老而行禮焉禮學記曰古之教者家有塾黨有庠術有序國有學也漸民以仁摩民以誼師古曰漸謂浸潤之也摩謂砥厲之也節民以禮故其刑罰甚輕而禁不犯者教化行而習俗美也聖王之繼亂世也掃除其迹而悉去之師古曰去亦除也音丘呂反復脩教化而崇起之教化已明習俗已成子孫循之師古曰循順也順而行之行五六百歲尚未敗也至周之末世大爲亡道以失天下秦繼其後獨不能改又益甚之重禁文學不得挾書棄捐禮誼而惡聞之其心欲盡滅先聖之道而顓爲自恣苟簡之治蘇林曰苟簡易之治也師古曰此說非也苟謂苟於權利也簡謂簡於仁義也簡易乾坤之德豈秦所行乎顓與專同故立爲天子十四歲而國破亡矣自古以來未嘗有以亂濟亂大敗天下之民如秦者也師古曰濟益也。宋祁曰濟古作泲其遺毒餘烈至今未滅使習俗薄惡人民嚚頑抵冒殊扞文穎曰扞突也師古曰口不道忠信之言爲嚚心不則德誼之經爲頑抵觸也冒犯也殊絕也扞拒也冒讀如字又音莫克反孰爛如此之甚者也孔子曰腐朽之木不可彫也糞土之牆不可圬也師古曰論語載孔子之言也圬所以泥飾牆也言內質敗壞不可脩治也圬音一胡反鏝音莫千反今漢繼秦之後如朽木糞牆矣雖欲善治之亡可柰何法出而姦生令下而詐起如以湯止沸抱薪救火愈甚亡益也師古曰下音胡亞反。宋祁曰越本甚作其甚與其小差則成誤矣然其字施於此則未安也竊譬之琴瑟不調甚者必解而更張之乃可鼓也爲政而不行甚者必變而更化之乃可理也當更張而不更張雖有良工不能善調也

當更化而不更化雖有大賢不能善治也故漢得天下以來常欲善治而至今不可善治者。宋祁曰越本無上一善字然善治要須復語不容上言治而下言善治也浙本亦同有善字失之於當更化而不更化也古人有言曰臨淵羨魚不如退而結網師古曰言當自求之今臨政而願治七十餘歲矣不如退而更化更化則可善治善治則災害日去福祿日來詩云宜民宜人受祿于天師古曰大雅假樂之詩也爲政而宜於民者固當受祿于天夫仁誼禮知信五常之道王者所當脩飭也。宋祁曰越本飭作飾下亦同五者脩飭故受天之祐而享鬼神之靈德施于方外延及羣生也天子覽其對而異焉乃復册之曰。宋祁曰景德本册作策制曰蓋聞虞舜之時游於巖廊之上文穎曰巖廊殿下小屋也晉灼曰堂邊廡巖廊謂嚴峻之廊也師古曰晉說是也。宋祁曰古本浙本廊並作郎余按廊本作郎後人加廣而俗人作郎則驚而不喜更改爲廊吁可惜耶垂拱無爲而天下太平周文王至於日昃不暇食師古曰昃亦昊字而宇內亦治夫帝王之道豈不同條共貫與師古曰與讀曰歟何逸勞之殊也蓋儉者不造玄黃旌旗之飾及至周室設兩觀乘大路朱干玉戚八佾陳於庭而頌聲興師古曰兩觀謂闕也大路玉路之車也干盾也戚鉞也朱丹其盾玉爲戚把也佾列也舞者之行列也一列八人天子八列六十四人也夫帝王之道豈異指哉師古曰言意趣不同或曰良玉不瑑師古曰瑑謂彫刻爲文也音篆下皆類此又云非文亡以輔德二端異焉殷人執五刑以督姦傷肌膚以懲惡師古曰督視責也懲止也成康不式四十餘年師古曰式用也成康之時刑措不用天下不犯囹圄空虛秦國用之死者甚衆刑者相望耗矣哀哉師古曰耗虛也言用刑酷烈誅殺甚衆天下空虛也耗音呼到反或曰耗不明也言刑罰亂音莫報反烏虖師古曰虖讀曰呼朕夙寤晨興師古曰夙早也寤寐之覺也興起也覺音工孝反惟前帝王之憲師古曰憲法也永思所以奉至尊章洪業師古曰章明也洪大也皆在力本任賢師古曰力本謂勤力行於本業也本謂農也今朕親耕籍田以爲農先勸孝弟崇有德使者冠蓋相望問勤勞恤孤獨盡思極神功烈休德未始云獲也今陰陽錯繆氛氣充塞師古曰氛惡氣也充滿也羣生寡遂黎民未濟師古曰遂成也。宋祁曰濟古作泲下同廉恥貿亂賢不肖渾殽師古曰貿易也渾殽雜也貿音武又反渾音胡本反未得其眞故詳延特起之士意庶幾乎師古曰詳盡也一曰審也。宋祁曰古浙本有意字他本無但云庶幾乎則促而不續必待意字句乃自安今子大夫待詔百有餘人或道世務而未濟稽諸上古而不同考之于今而難行毋乃牽於文繫而不得騁與師古曰牽於文繫謂拘於文吏之法將所繇異術所聞殊方與師古曰繇讀與由同方謂道也各悉對著于篇師古曰悉謂盡意而對也毋諱有司師古曰言不當忌畏有司而不極言明其指略切磋究之以稱朕意師古曰究極也磋音千何反仲舒對曰臣聞堯受命以天下爲憂而未以位爲樂也。宋祁曰古本位字上有在字故誅逐亂臣務求賢聖是以得舜禹稷卨咎繇衆聖輔德賢能佐職教化大行天下和

洽萬民皆安仁樂誼各得其宜動作應禮從容中道師古曰從音千容反中音竹仲反故孔子曰如有王者必世而後仁此之謂也師古曰論語載孔子之言也如有受命王者必三十年仁政乃成堯在位七十載迺遜于位以禪虞舜堯崩天下不歸堯子丹朱而歸舜舜知不可辟師古曰辟讀曰避乃卽天子之位以禹爲相因堯之輔佐繼其統業是以垂拱無爲而天下治孔子曰韶盡美矣又盡善也師古曰韶舜樂也孔子嘉舜之德故聽其樂而云盡善盡美矣此之謂也至於殷紂逆天暴物殺戮賢知殘賊百姓伯夷太公皆當世賢者隱處而不爲臣守職之人皆奔走逃亡入於河海師古曰謂若鼓方叔播鼗武少師陽之屬也事在禮樂志天下耗亂萬民不安師古曰耗不明也音莫報反故天下去殷而從周文王順天理物師用賢聖是以閎夭大顚散宜生等亦聚於朝廷臣瓚曰皆文王賢臣愛施兆民天下歸之故太公起海濱而卽三公也師古曰濱涯也卽就也濱音賓又音頻當此之時紂尚在上尊卑昏亂百姓散亡故文王悼痛而欲安之是以日昃而不暇食也孔子作春秋先正王而繫萬事見素王之文焉師古曰見顯示也繇此觀之帝王之條貫同然而勞逸異者所遇之時異也孔子曰武盡美矣未盡善也師古曰亦論語載孔子之言也武周武王樂也以其用兵伐紂故有慙德未盡善也此之謂也臣聞制度文采玄黃之飾所以明尊卑異貴賤而勸有德也故春秋受命所先制者改正朔易服色所以應天也然則宮室旌旗之制有法而然者也故孔子曰奢則不遜儉則固師古曰論語載孔子之言也遜順也固陋也儉非聖人之中制也臣聞良玉不瑑資質潤美不待刻瑑此亡異於達巷黨人不學而自知也孟康曰人項橐也然則常玉不瑑不成文章君子不學不成其德臣聞聖王之治天下也少則習之學長則材諸位服虔曰在位當知材知曰有益於政也應劭曰隨其材之優劣而授之位也師古曰應說近之謂授之位以試其材也爵祿以養其德刑罰以威其惡故民曉於禮誼而恥犯其上武王行大誼平殘賊周公作禮樂以文之至於成康之隆囹圄空虛四十餘年此亦教化之漸而仁誼之流。宋祁曰古本流作沭非獨傷肌膚之效也至秦則不然師申商之法師古曰申申不害也商商鞅也行韓非之說憎帝王之道以貪狼爲俗師古曰狠性皆貪故謂貪爲貪狠也非有文德以教訓於天下也。宋祁曰景德本無天字古本有誅名而不察實師古曰誅責也爲善者不必免而犯惡者未必刑也是以百官皆飾空言虛辭而不顧實。宋祁曰景祐本無空言二字古本有外有事君之禮內有背上之心造僞飾詐趣利無恥又好用憯酷之吏師古曰憯痛也音千感反賦斂亡度竭民財力百姓散亡不得從耕織之業羣盜並起是以刑者甚衆死者相望而姦不息俗化使然也故孔子曰導之以政齊之以刑民免而無恥師古曰論語載孔子

之言也言以政法敎導之以刑戮整齊之則人苟免而已無恥愧也○宋祁曰古本齊作亝 此之謂也今陛下并有天下海內莫不率服廣覽兼聽極羣下之知盡天下之美至德昭然施于方外夜郎康居殊方萬里說德歸誼 師古曰夜郎西南夷也康居西域國也說讀曰悅 此太平之致也然而功不加於百姓者殆王心未加焉曾子曰尊其所聞則高明矣 ○宋祁曰浙本尊作遵 行其所知則光大矣高明光大不在於它在乎加之意而已 師古曰曾子之書也曾子曾參 願陛下因用所聞設誠於內而致行之則三王何異哉陛下親耕藉田以爲農先夙寤晨興憂勞萬民思惟往古而務以求賢此亦堯舜之用心也然而未云獲者士素不厲也 師古曰厲謂勸勉之也一曰砥厲其行也 夫不素養士而欲求賢譬猶不瑑玉而求文采也 ○宋祁曰景祐本瑑作琢當從此本 故養士之大者莫大虖太學太學者賢士之所關也 師古曰關由也 敎化之本原也今以一郡一國之衆對亡應書者 師古曰書謂舉賢良文學之詔書也 是王道往往而絕也臣願陛下興太學置明師以養天下之士數考問以盡其材則英俊宜可得矣今之郡守縣令民之師帥所使承流而宣化也 ○宋祁曰古本流作沠 故師帥不賢則主德不宣恩澤不流今吏既亡敎訓於下或不承用主上之法暴虐百姓與姦爲市 師古曰言小吏有爲姦欺者守令不禁乃反與之交易求利也 貧窮孤弱冤苦失職甚不稱陛下之意是以陰陽錯繆氛氣充塞羣生寡遂黎民未濟皆長吏不明使至於此也夫長吏多出於郎中中郎吏二千石子弟選郎吏又以富訾未必賢也 師古曰訾讀與資同 且古所謂功者以任官稱職爲差 師古曰差次也 非所謂積日絫久也故小材雖絫日不離於小官賢材雖未久不害爲輔佐 師古曰害猶妨也 是以有司竭力盡知務治其業而以赴功今則不然絫日以取貴積久以致官是以廉恥貿亂賢不肖渾殽未得其眞臣愚以爲使諸列侯郡守二千石各擇其吏民之賢者歲貢各二人以給宿衞且以觀大臣之能所貢賢者有賞所貢不肖者有罰夫如是諸侯吏二千石皆盡心於求賢天下之士可得而官使也 師古曰授之以官以使其材也 偏得天下之賢人則三王之盛易爲而堯舜之名可及也毋以日月爲功實試賢能爲上量材而授官錄德而定位 師古曰錄謂存視也 則廉恥殊路賢不肖異處矣陛下加惠寬臣之罪令勿牽制於文使得切磋究之臣敢不盡愚於是天子復冊之 ○宋祁曰浙本之字下有曰字二日雖相重史體則然 制曰蓋聞善言天者必有徵於人 師古曰徵證也 善言古者必有驗於今故朕垂問虖天人之應上嘉唐虞下悼桀紂寖微寖滅寖明寖昌之道 師古曰寖古浸字寖漸也 虛心以改今子大夫明於陰陽所以造化習於先聖之道業 ○宋祁曰所以

予按古本無以字語徑易了浙本道作遺文與可從作道傳寫誤耳 然而文采未極豈惑虖當世之務哉條貫靡竟統紀未終意朕之不明與聽若眩與 師古曰眩惑也音州縣之縣與皆讀曰歟 夫三王之教所祖不同而皆有失 師古曰祖始也 或謂久而不易者道也意豈異哉今子大夫既已著大道之極陳治亂之端矣其悉之究之孰之復之 師古曰悉盡也究竟也復反復重言之也復音扶目反 詩不云虖嗟爾君子毋常安息神之聽之介爾景福 師古曰小雅大明之詩也安息安處也介助也景大也言人君不當苟自安處而已若能靖恭其位直道而行則神聽而知之助以大福也 朕將親覽焉子大夫其茂明之 師古曰茂勉也 仲舒復對曰臣聞論語曰有始有卒者其唯聖人虖 師古曰論語載子夏之言卒終也言終始如一者惟聖能之○宋祁曰景祐本注子夏作孔子 今陛下幸加惠留聽於承學之臣 師古曰言轉承師說而學之蓋謙辭也 復下明冊以切其意而究盡聖德非愚臣之所能具也前所上對條貫靡竟統紀不終辭不別白指不分明此臣淺陋之罪也冊曰善言天者必有徵於人善言古者必有驗於今臣聞天者羣物之祖也故徧覆包函而無所殊 師古曰函與含同殊異也 建日月風雨以和之經陰陽寒暑以成之故聖人法天而立道亦溥愛而亡私 師古曰溥徧也音普 布德施仁以厚之設誼立禮以導之春者天之所以生也仁者君之所以愛也夏者天之所以長也德者君之所以養也霜者天之所以殺也刑者君之所以罰也繇此言之 師古曰繇讀與由同下皆類此 天人之徵古今之道也孔子作春秋上揆之天道下質諸人情參之於古考之於今故春秋之所譏災害之所加也春秋之所惡怪異之所施也書邦家之過兼災異之變以此見人之所爲其美惡之極乃與天地流通而往來相應此亦言天之一端也古者脩敎訓之官務以德善化民民已大化之後天下常亡一人之獄矣今世廢而不脩亡以化民民以故棄行誼而死財利是以犯法而罪多 ○宋祁曰犯法古本浙本並作法犯予謂法犯罪多語中輕重自偶易之非是 一歲之獄以萬千數以此見古之不可不用也 師古曰古謂古法也 故春秋變古則譏之天令之謂命命非聖人不行質樸之謂性性非敎化不成人欲之謂情情非度制不節是故王者上謹於承天意以順命也下務明敎化民以成性也正法度之宜別上下之序以防欲也脩此三者而大本舉矣人受命於天固超然異於羣生入有父子兄弟之親出有君臣上下之誼會聚相遇則有耆老長幼之施 師古曰施設也陳設其序 粲然有文以相接 師古曰粲明貌 驩然有恩以相愛此人之所以貴也生五穀以食之桑麻以衣之 師古曰食讀曰飤衣音於既反 六畜以養之服牛乘馬圈豹檻虎是其得天之靈貴於物也故孔子曰天地之性人爲貴 師古曰孝經載孔子之言也性生也

明於天性知自貴於物知自貴於物然後知仁誼知仁誼然後重禮節重禮節然後安處善 師古曰處於善道以爲安 善然後樂循理 師古曰循順也 樂循理然後謂之君子故孔子曰不知命亡以爲君子 師古曰論語載孔子之言也 此之謂也冊曰上嘉唐虞下悼桀紂寖微寖滅寖明寖昌之道虛心以改臣聞衆少成多積小致鉅 師古曰鉅大也 故聖人莫不以晻致明以微致顯 師古曰晻與暗同 是以堯發於諸侯 師古曰謂從唐侯升天子之位 舜興虖深山 孟康曰舜耕於歷山 非一日而顯也蓋有漸以致之矣言出於己不可塞也行發於身不可掩也言行治之大者君子之所以動天地也故盡小者大愼微者著 師古曰能盡衆小則致高大能愼至微則著明也 詩云惟此文王小心翼翼 師古曰大雅大明之詩也翼翼恭肅貌 故堯兢兢日行其道而舜業業日致其孝 師古曰兢兢戒愼也業業危懼也 善積而名顯德章而身尊此其寖明寖昌之道也積善在身猶長日加益而人不知也 師古曰長言身形之脩短自幼及壯也 積惡在身猶火之銷膏而人不見也非明虖情性察虖流俗者孰能知之此唐虞之所以得令名而桀紂之可爲悼懼者也夫善惡之相從如景鄉之應形聲也 師古曰鄉讀曰響 故桀紂暴謾 師古曰謾與慢同 讒賊並進賢知隱伏惡日顯國日亂晏然自以如日在天 師古曰晏然自安也如日在天言終不墜亡也 終陵夷而大壞夫暴逆不仁者非一日而亡也亦以漸至故桀紂雖亡道然猶享國十餘年此其寖微寖滅之道也冊曰三王之敎所祖不同而皆有失或謂久而不易者道也意豈異哉臣聞夫樂而不亂復而不厭者謂之道 師古曰復謂反復也復音扶目反 道者萬世亡弊弊者道之失也 師古曰言有弊非道由失道故有弊 先王之道必有偏而不起之處故政有眊而不行 師古曰眊不明也音莫報反 舉其偏者以補其弊而已矣三王之道所祖不同非其相反將以捄溢扶衰所遭之變然也 師古曰捄古救字 故孔子曰亡爲而治者其舜虖 師古曰論語載孔子之言 改正朔易服色以順天命而已其餘盡循堯道何更爲哉故王者有改制之名亡變道之實然夏上忠殷上敬周上文者所繼之捄當用此也 師古曰繼謂所受先代之次也捄謂救其弊也 孔子曰殷因於夏禮所損益可知也周因於殷禮所損益可知也其或繼周者雖百世可知也 師古曰論語載孔子之言謂忠敬與文因循爲敎立政垂則不遠此也○宋祁曰浙本云孔子曰殷因於夏禮周因於殷禮其損益可知也當考 此言百王之用以此三者矣夏因於虞而獨不言所損益者其道如一而所上同也道之大原出于天天不變道亦不變是以禹繼舜舜繼堯三聖相受而守一道亡救弊之政也 師古曰言政和平不須救弊也 故不言其所損益也繇是觀之繼治世者其道同繼亂世者其道變今漢繼大亂之後若宜少損

周之文致 師古曰致至極也 用夏之忠者○劉敞曰致當屬下句 陛下有明德嘉道愍世俗之靡薄悼王道之不昭 師古曰靡散也薄輕也昭明也 故舉賢良方正之士論誼考問將欲興仁誼之休德明帝王之法制 師古曰休美也 建太平之道也臣愚不肖述所聞誦所學道師之言廑能勿失耳 師古曰廑與僅同僅少也 若迺論政事之得失察天下之息耗 師古曰息生也耗虛也耗音呼到反 此大臣輔佐之職三公九卿之任非臣仲舒所能及也然而臣竊有怪者夫古之天下亦今之天下今之天下亦古之天下共是天下古亦大治上下和睦習俗美盛不令而行不禁而止吏亡姦邪民亡盜賊囹圄空虛德潤草木澤被四海鳳皇來集麒麟來游以古準今壹何不相逮之遠也安所繆盭而陵夷若是 師古曰安焉也 意者有所失於古之道與有所詭於天之理與 師古曰與讀曰歟詭違也 試迹之古返之於天黨可得見乎 師古曰返謂還歸之也黨音他朗反○宋祁曰姚本古字上有於字 夫天亦有所分予予之齒者去其角 師古曰謂牛無上齒則有角其餘無角者則有上齒○宋祁曰齒字上古本浙本同有上字據注亦當有只云予之齒者是通上下殊非義理也 傅其翼者兩其足 師古曰傅讀曰附附著也言鳥不四足 是所受大者不得取小也古之所予祿者不食於力不動於末 師古曰末謂工商之業也 是亦受大者不得取小與天同意者也夫已受大又取小天不能足而況人虖此民之所以囂囂苦不足也 師古曰囂讀與嗸同音敖嗸嗸衆怨愁聲也 身寵而載高位 師古曰載乘也 家溫而食厚祿因乘富貴之資力以與民爭利於下民安能如之哉是故衆其奴婢多其牛羊廣其田宅博其產業畜其積委 師古曰畜讀曰蓄 務此而亡已以迫蹵民 師古曰蹵音子育反 民日削月朘 孟康曰朘音揎謂轉蹙也蘇林曰朘音鐫石俗語謂縮朒爲朘縮師古曰孟說是也揎音宣蹙音子六反 寖以大窮富者奢侈羨溢貧者窮急愁苦 師古曰羨饒也讀與衍同音弋戰反 窮急愁苦而上不救則民不樂生民不樂生尚不避死安能避罪此刑罰之所以蕃而姦邪不可勝者也 師古曰蕃多也音扶元反 故受祿之家食祿而已不與民爭業然後利可均布而民可家足此上天之理而亦太古之道天子之所宜法以爲制大夫之所當循以爲行也故公儀子相魯 師古曰公儀休 之其家見織帛怒而出其妻食於舍而茹葵慍而拔其葵 師古曰食菜曰茹音汝 曰吾已食祿又奪園夫紅女利虖 師古曰紅讀曰工 古之賢人君子在列位者皆如是是故下高其行而從其教民化其廉而不貪鄙及至周室之衰其卿大夫緩於誼而急於利亡推讓之風而有爭田之訟故詩人疾而刺之曰節彼南山惟石巖巖赫赫師尹民具爾瞻 師古曰小雅節南山之詩也節高峻貌巖巖積石貌赫赫顯盛也師尹周太師尹氏也言三公之位人所瞻仰若山之高也節音才結反 爾好誼則民鄉仁而俗善 師古曰爾汝也鄉讀曰嚮 爾好利則民好邪而

俗敗由是觀之天子大夫者下民之所視效遠方之所四面而內望也近者視而放之師古曰放依也音甫往反遠者望而效之豈可以居賢人之位而爲庶人行哉夫皇皇求財利常恐乏匱者庶人之意也師古曰皇皇急速之貌也皇皇求仁義常恐不能化民者大夫之意也易曰負且乘致寇至師古曰此易解卦六三爻辭也乘車者君子之位也負擔者小人之事也此言居君子之位而爲庶人之行者其患禍必至也若居君子之位當君子之行則舍公儀休之相魯亡可爲者矣師古曰舍廢也言爲君子之行者當如公儀休若廢其所行則無可爲也春秋大一統者天地之常經古今之通誼也師古曰一統者萬物之統皆歸於一也春秋公羊傳隱公元年春王正月何言乎王正月大一統也此言諸侯皆係統天子不得自專也今師異道人異論百家殊方指意不同是以上亡以持一統法制數變下不知所守臣愚以爲諸不在六藝之科孔子之術者皆絕其道勿使並進邪辟之說滅息師古曰辟讀曰僻然後統紀可一而法度可明民知所從矣對既畢天子以仲舒爲江都相事易王易王帝兄素驕好勇仲舒以禮誼匡正王敬重焉久之王問仲舒曰粵王句踐與大夫泄庸種蠡謀伐吳師古曰種大夫種也蠡范蠡也種音之勇反蠡音禮遂滅之孔子稱殷有三仁寡人亦以爲粵有三仁師古曰泄庸一也大夫種二也范蠡三也桓公決疑於管仲寡人決疑於君仲舒對曰臣愚不足以奉大對師古曰大對謂對大問也聞昔者魯君問柳下惠師古曰魯大夫展禽也柳下所食采邑之名惠謚也吾欲伐齊何如柳下惠曰不可歸而有憂色曰吾聞伐國不問仁人此言何爲至於我哉徒見問爾且猶羞之師古曰徒但也況設詐以伐吳虖繇此言之粵本無一仁夫仁人者正其誼不謀其利明其道不計其功是以仲尼之門五尺之童羞稱五伯師古曰伯讀曰霸次下亦同爲其先詐力而後仁誼也苟爲詐而已故不足稱於大君子之門也張晏曰仲尼之門故稱大也五伯比於他諸侯爲賢其比三王猶武夫之與美玉也應劭曰武夫石而似玉者王曰善仲舒治國以春秋災異之變推陰陽所以錯行故求雨閉諸陽縱諸陰其止雨反是師古曰謂若閉南門禁舉火及開北門水灑人之類是也行之一國未嘗不得所欲中廢爲中大夫先是遼東高廟長陵高園殿災仲舒居家推說其意屮稾未上師古曰所作起草爲稾也主父偃候仲舒私見嫉之竊其書而奏焉上召視諸儒師古曰視讀曰示仲舒弟子呂步舒○宋祁曰古人舒作昌不知其師書以爲大愚於是下仲舒吏當死詔赦之仲舒遂不敢復言災異仲舒爲人廉直是時方外攘四夷師古曰攘卻也公孫弘治春秋不如仲舒而弘希世用事師古曰希觀相也位至公卿仲舒以弘爲從諛弘嫉之膠西王亦上兄也尤縱恣數害吏二千石弘乃言於上曰獨董仲舒可使相膠西王膠西王聞仲舒師古曰素聞其賢也大善待之○宋祁曰古本大字下有儒字且謂依古本存儒字則顏不當於仲舒下作注此蓋顏注時已失儒字矣仲舒恐久獲辠病免凡相兩國輒事驕王正身以率下數上疏諫爭教令國中所居而治及去位歸居終不問家產業以脩學著書爲事仲舒在家朝廷如有大議○宋祁曰古本無如字使使者及廷尉張湯就其家而問之其對皆有明法自武帝初立魏其武安侯爲相而隆儒矣及仲舒對冊推明孔氏抑黜百家立學校之官師古曰校音下教反州郡舉茂材孝廉皆自仲舒發之年老以壽終於家家徙茂陵子及孫皆以學至大官仲舒所著皆明經術之意及上疏條教凡百二十三篇而說春秋事得失聞舉玉杯蕃露清明竹林之屬師古曰皆其所著書名也杯音布回反蕃音扶元反復數十篇十餘萬言皆傳於後世掇其切當世施朝廷者著于篇師古曰掇采拾也音丁活反

贊曰劉向稱董仲舒有王佐之材雖伊呂亡以加師古曰伊伊尹呂呂望也筦晏之屬伯者之佐殆不及也師古曰筦筦仲也晏晏嬰也伯者齊桓晉文之屬也伯讀曰霸至向子歆以爲伊呂乃聖人之耦師古曰耦對也○宋祁曰越本無乃字王者不得則不興故顏淵死孔子曰噫天喪余師古曰事見論語噫歎聲也言失其輔佐也噫音於其反唯此一人爲能當之自宰我子贛子游子夏不與焉師古曰與讀曰豫仲舒遭漢承秦滅學之後六經離析下帷發憤潛心大業令後學者有所統壹爲羣儒首然考其師友淵源所漸猶未及乎游夏師古曰漸浸潤也游子游夏子夏也而曰筦晏弗及伊呂不加過矣至向曾孫龔篤論君子也以歆之言爲然

前漢書卷五十六考證

董仲舒傳廣川人也○臣召南按志廣川屬信都國今直隸棗強縣有廣川鎮與景州相近即漢廣川故縣

書曰白魚入于王舟有火復于王屋流爲烏注今文尚書泰誓之詞○按伏生今文無泰誓篇此僞泰誓文也西京諸儒並信以爲眞故白魚赤烏之說司馬遷亦据以入周本紀

今臨政而願治七十餘歲矣○臣召南按仲舒對策之年先儒疑而未定漢書武紀載于元光元年與公孫弘並列既失之太後通鑑据史記武帝即位爲江都相之文載于建元元年與嚴助並列亦失之太前若以仲舒此文推之則在建元五年也計漢元年至建元三年爲七十歲而五年始置五經博士即傳所謂推明孔氏抑黜百家立學校之官也至元光元年初令郡國舉孝廉各一人即傳所謂州郡舉茂才孝廉也若在建元元年豈得云七十餘歲乎

與大夫泄庸種蠡謀伐吳○臣召南按泄庸師古無注疑即國語所謂舌庸者與苦成文種范蠡皐如並爲大夫稱五大夫吳晉之會黃池也舌庸與蠡率師沿海泝淮以絕吳路泄與舌音相近而字異耳

仲舒弟子呂步舒○宋祁曰古人舒作昌○按人字當作本又按呂步舒本書儒林傳及史記並同宋祁所見之古本作步昌者非也

其對皆有明法○臣召南按藝文志有公羊董仲舒治獄十六篇王充曰仲舒表春秋之義稽合于律無乖異者應劭曰朝廷遣廷尉湯問得失於是作春秋決獄二百三十二事動以經對即其事也隋唐志尚有十卷

玉杯蕃露清明竹林之屬注師古曰皆其所著書名也○臣召南按玉杯以下並是書名而今所傳十七卷玉杯第二竹林第三凡八十二篇總名蕃露此先儒所以疑其書或後人採綴以成也蕃露之義崔豹曰古冕之旒似露而垂

前漢書卷五十七上

漢　蘭　臺　令　史　班　固　撰

唐正議大夫行秘書少監琅邪縣開國子顏師古注

司馬相如傳第二十七上

師古曰近代之讀相如賦者多矣皆改易文字競爲音說致失本眞徐廣鄒誕生諸詮之屬是也今依班書舊文爲正於彼數家並無取焉自喻巴蜀之後分爲下卷

司馬相如字長卿蜀郡成都人也少時好讀書學擊劍師古曰擊劍者以劍遙擊而中之非斬刺也名犬子師古曰父母愛之不欲稱斥故爲此名也相如既學慕藺相如之爲人也更名相如師古曰藺相如六國時趙人也義而有勇故追慕之以訾爲郎事孝景帝爲武騎常侍非其好也師古曰訾讀與貲同貲財也以家財多得拜爲郎也武騎常侍秩六百石會景帝不好辭賦是時梁孝王來朝從游說之士齊人鄒陽淮陰枚乘吳嚴忌夫子之徒師古曰嚴忌本姓莊當時尊尚號曰夫子史家避漢明帝諱故遂爲嚴耳相如見而說之師古曰說讀曰悅因病免客游梁得與諸侯游士居數歲乃著子虛之賦會梁孝王薨相如歸而家貧無以自業素與臨邛令王吉相善吉曰長卿久宦游不遂而困師古曰遂達也來過我於是相如往舍都亭師古曰臨邛所治都之亭臨邛令繆爲恭敬師古曰繆詐也日往朝相如相如初尚見之後稱病使從者謝吉吉愈益謹肅臨邛多富人卓王孫僮客八百人師古曰僮謂奴程鄭亦數百人師古曰程鄭亦人姓名言其家富亞王孫也乃相謂曰令有貴客爲具召之師古曰具謂酒食之具召請也并召令令既至卓氏客以百數至日中請司馬長卿長卿謝病不能臨臨邛令不敢嘗食身自迎相如相如爲不得已而強往師古曰示衆人以此意也一坐盡傾師古曰皆傾慕其風采也酒酣臨邛令前奏琴曰竊聞長卿好之願以自娛師古曰奏進也相如辭謝爲鼓一再行師古曰行謂曲引也是時卓王孫有女文君新寡好音故相如繆與令相重而以琴心挑之師古曰寄心於琴聲以挑動之也挑音徒了反相如時從車騎雍容閒雅師古曰閒讀曰閑甚都張揖曰甚得都士之節也韋昭曰都邑之容也師古曰都閑美之稱也張說近之詩鄭風有女同車之篇曰洵美且都山有扶蘇之篇又云不見子都則知都者美也韋言都邑失之遠矣及飲卓氏弄琴文君竊從戶窺心說而好之師古曰說讀曰悅悅其人而好其音也恐不得當也師古曰當謂對偶也既罷相如乃令侍人重賜文君侍者通殷勤文君夜亡奔相如相如與馳歸成都家徒四壁立師古曰徒空也但有四壁更無資產○宋祁云別本無夜亡二字卓王孫大怒曰女不材我不忍殺一錢不分也人或謂王孫王孫終不聽文君久之不樂謂長卿曰弟俱如臨邛文穎曰弟且也張揖曰弟如往也師古曰弟但也發聲之急耳鄭食其曰弟言之此類甚多義非且也從昆弟假貣猶足以爲生師古曰貣音吐得反何至自苦如此相如與俱之臨邛盡賣車騎買酒舍乃令文君當盧郭璞曰盧酒盧師古曰賣酒之處累土爲盧以居酒瓮四邊隆起其一面高形如鍛盧故名盧耳而俗之學者皆謂當盧爲對溫酒火盧失其義矣○宋祁曰注文酒盧下當有也字相如身自著犢鼻褌師古曰即今之衳也形似犢鼻故以名云衳音之容反○劉奉世曰犢鼻穴在膝下爲褌財令至膝故習俗因以爲名非謂其形似也與庸保雜作師古曰保謂庸之可信任者也滌器於市中師古曰滌洒也器食器也食已則洒之賤人之役也洒音先禮反卓王孫恥之爲杜門不出師古曰杜塞也昆弟諸公更謂王孫曰師古曰更互也音工衡反有一男兩女所不足者非財也師古曰言不少財也今文君既失身於司馬長卿長卿故倦游文穎曰倦疲也言疲厭游學博物多能也雖貧其人材足依也且又令客奈何相辱如此師古曰言縣令之客不可以辱也卓王孫不得已師古曰已止也分與文君僮百人錢百萬及其嫁時衣被財物文君乃與相如歸成都買田宅爲富人居久之蜀人楊得意爲狗監師古曰主天子田獵犬也侍上上讀子虛賦而善之曰朕獨不得與此人同時哉得意曰臣邑人司馬相如自言爲此賦上驚乃召問相如相如曰有是然此乃諸侯之事未足觀請爲天子游獵之賦上令尚書給筆札師古曰札木簡之薄小者也時未多用紙故給札以書札音壯黠反相如以子虛言也爲楚稱師古曰稱說楚之美也烏有先生者烏有此事也師古曰烏讀曰於何也爲齊難師古曰難詰楚事也亡是公者亡是人也師古曰亡讀曰無下皆類此欲明天子之義故虛藉此三人爲辭師古曰藉假也以推天子諸侯之苑囿其卒章歸之於節儉師古曰卒終也謂終篇之言若隤牆填壍之比者○宋祁曰章疑作常因以風諫師古曰風讀曰諷奏之天子天

子大說師古曰說讀曰悅其辭曰楚使子虛使於齊齊王悉發車騎與使者出田師古曰田獵也田罷子虛過姹烏有先生師古曰姹誇誑之也音丑亞反字今作詫也亡是公存焉○宋祁曰存疑作在坐定烏有先生問曰今日田樂乎子虛曰樂獲多乎曰少然則何樂對曰僕樂王之欲夸僕以車騎之衆而僕對以雲夢之事也張揖曰楚藪也在南郡華容縣師古曰夢如本字又音莫鳳反字或作瞢其音同耳曰可得聞乎子虛曰可王駕車千乘選徒萬騎田于海濱師古曰濱涯也音賓又音頻列卒滿澤罘罔彌山師古曰罘覆車也即今幡車罔也王國兔爰之詩曰雉罹於罦罦亦罘字耳彌竟也罘音浮掩菟轔鹿射麋格麟師古曰轔謂車踐轢之也音吝格字或作腳言持引其腳也鶩於鹽浦割鮮染輪張揖曰海水之涯多出鹽也李奇曰鮮生也染擩也切生肉擩車輪鹽而食之也師古曰鶩謂亂馳也擩揾也鶩音務擩音如閱反揾音一頓反射中獲多矜而自功師古曰自矜其能以為功也顧謂僕曰楚亦有平原廣澤遊獵之地饒樂若此者乎楚王之獵孰與寡人師古曰與猶如也僕下車對曰臣楚國之鄙人也幸得宿衞十有餘年時從出遊遊於後園○宋祁曰一本無一遊字覽於有無然猶未能徧覩也又烏足以言其外澤乎○宋祁曰一本無其字齊王曰雖然畧以子之所聞見言之僕對曰唯唯師古曰唯唯恭應之辭也音弋癸反臣聞楚有七澤嘗見其一未覩其餘也臣之所見蓋特其小小者耳名曰雲夢雲夢者方九百里其中有山焉其山則盤紆岪鬱隆崇律崒郭璞曰詰屈盤起也岪音佛○宋祁云越本無隆崇律崒四字岑崟參差日月蔽虧張揖曰高山蔽日月缺半見也師古曰岑音仕林反崟音吟交錯糾紛上干青雲郭璞曰言相摎結而峻絕罷池陂陁下屬江河郭璞曰言旁穨也屬連也罷音疲陂音婆陁音駞文穎曰南方無河也冀州凡水大小俱謂之河詩賦通方言耳晉灼曰文章假借協韻也師古曰文晉之說皆非也下屬江河者總言山之廣大所連者遠耳於文無妨陂音普河反屬音之欲反其土則丹青赭堊雌黃白坿錫碧金銀張揖曰丹丹沙也青青雘也赭赤土也堊白土也蘇林曰白坿白石英也師古曰丹沙今之朱沙也青雘今之空青也赭今之赤土也堊今之白土也銀青金也碧謂玉之青白色者也堊音惡坿音附雘音一郭反衆色炫燿照爛龍鱗師古曰言采色相耀若龍鱗之間雜也炫音州縣之縣其石則赤玉玫瑰琳瑉昆吾張揖曰琳玉也瑉石之次玉者也昆吾山名也出善金尸子曰昆吾之金晉灼曰玫瑰火齊珠也師古曰火齊珠今南方之出火珠也玫音枚瑰音回又音瓌琳音林瑉音旻○宋祁云注文琳玉也越本玉作珠瑊玏玄厲張揖曰瑊玏石之次玉者玄厲黑石可用磨也如淳曰瑊音緘玏音勒碝石武夫張揖曰皆石之次玉者碝石白者如冰半有赤色武夫赤地白采蔥蘢白黑不分郭璞曰碝音而兗反其東則有蕙圃衡蘭芷若張揖曰蕙圃蕙草之圃也衡杜衡也其狀若葵其臭如蘪蕪芷白芷若杜若也師古曰蘭即今澤蘭也今流俗書本芷若下有射干字妄增之也○劉奉世曰澤蘭自別一種草非蘭也蘭今管城多有之苗如麥門冬而長大花黃紫兩色宋祁曰南本浙本芷作茝穹窮昌蒲江離蘪蕪張揖曰江離香草也蘪蕪蘄芷也似蛇牀而香師古曰蘪蕪即穹窮苗也郭璞曰江離似水薺而藥對曰蘪蕪一名江離張勃又云江離出臨海縣海水中色青似亂髮郭義恭云江離赤葉諸說不同未知孰是今無識之者然非蘪蕪也藥對誤耳諸柘巴且張揖曰諸柘甘柘也蓴苴蘘荷也文穎曰巴且草一名巴蕉師古曰文說巴且是也且音子余反蓴音普各反蓴苴自蘘荷耳非巴且也○劉奉世曰諸柘巴且四物也

諸山芋字當為藷且蓴苴也蓴音普各反蘘荷也其南則有平原廣澤登降陁靡師古曰登上也降下也陁靡旁頹也陁音弋爾反案衍壇曼師古曰寬廣之貌也緣以大江限以巫山張揖曰巫山在南郡巫縣也其高燥則生葴析苞荔張揖曰葴馬藍也析似燕麥苞藨也荔馬荔蘇林曰析音斯師古曰藨即今所用作席者也馬荔今之馬藺也葴音之林反苞音包荔音隸藨音皮表反○宋祁云注文浙本蘇林上有也字薛莎青薠張揖曰薛賴蒿也莎鎬侯也青薠似莎而大生江湖鴈所食師古曰莎即今青莎草薠音煩○宋祁曰一本無薛莎青薠四字並張揖等注其埤溼則生藏莨蒹葭郭璞曰藏莨草中牛馬芻蒹荻也似萑而細小葭蘆也師古曰埤音婢謂下地也莨音郎蒹音兼葭音假荻音敵東蘠彫胡張揖曰東蘠實可食彫胡菰米也師古曰東蘠似蓬其實如葵子也蓮藕觚盧張揖曰蓮荷之實也其根藕張晏曰觚盧扈魯也郭璞曰菰蔣也蘆葦也師古曰書不為菰蘆字郭說非也但不知觚盧於今是何草耳○劉奉世曰詞人不從本字者固多何獨於此不然耶宜用郭說菴閭軒于張揖曰菴閭蒿也子可治疾軒于蕕草也生水中揚州有之師古曰菴音淹蕕音猶衆物居之不可勝圖師古曰勝舉也不可盡舉而圖寫之言其多也其西則有涌泉清池激水推移郭璞曰波抑揚也外發夫容蔆華內隱鉅石白沙應劭曰夫容蓮華也蔆芰也師古曰鉅大也其中則有神龜蛟鼉瑇瑁鼈黿張揖曰蛟狀魚身而蛇尾皮有珠鼉似蜥蜴而大身有甲皮可作鼓毒冒似蠵甲有文黿似鼈而大師古曰張說蛟者乃是鮫魚非蛟龍之蛟也蛟解在武紀鼉音徒何反又音大河反毒音代冒音妹他皆做此○宋祁曰徒何大河二反是一音疑上云徒丹反丹何近而相亂靈鼉亦自有注其北則有陰林巨樹楩柟豫章服虔曰陰林山北之林也豫章大木也生七年乃可知師古曰陰林言其樹木衆而且大常多陰也楩音便又音步田反即今黃楩木也柟音南今所謂楠木桂椒木蘭蘗離朱楊師古曰桂即藥之所用其皮者也椒即所食椒樹也木蘭皮似椒而香可作面膏藥蘗黃蘗也離山梨也朱楊赤莖柳也生水邊樝梨梬栗橘柚芬芳張揖曰樝似梨而甘梬梬棗也師古曰樝即今所謂樝子也梬即今之梬棗也柚即橙也似橘而大味酢皮厚樝音側加反梬音弋整反柚音弋救反橙音丈莖反芬芳言橘柚之氣也○劉奉世曰橙柚各自一種類所說乃柚也其上則有宛雛孔鸞騰遠射干張揖曰宛雛似鳳孔孔雀鸞鸞鳥也射干似狐能緣木服虔曰騰遠獸名也師古曰鸞鳥形如翟而五采文宛音於元反射音弋舍反其下則有白虎玄豹蟃蜒貙犴郭璞曰蟃蜒大獸似狸長百尋貙似狸而大犴胡地野犬也似狐而小蟃音萬蜒音延犴音岸師古曰蜒又音弋戰反貙音丑于反犴合韻音互安反於是乎乃使剸諸之倫手格此獸師古曰剸諸吳人刺吳王僚者也方言勇士故舉以為類剸與專同楚王乃駕馴駮之駟張揖曰馴擾也駮如馬白身黑尾一角鋸牙食虎豹擾而駕之以當駟馬也師古曰馴音旬○劉奉世曰駮止是駮馬耳虎豹嘗見而伏故出獵駕之非眞駮也乘彫玉之輿師古曰以玉飾輿而彫鏤之靡魚須之橈旃張揖曰以魚須為旃柄驅逐獸也橈麾也郭璞曰通帛為旃師古曰大魚之須出東海橈旃即曲旃也橈音女教反曳明月之珠旗張揖曰以明月珠綴飾旗也建干將之雄戟張揖曰干將韓王劍師也雄戟胡中有鮔者干將所造左烏號之彫弓應劭曰楚有柘桑烏棲其上支下著地不得飛欲墮號呼故曰烏號張揖曰黃帝乘龍上天小臣不得上挽持龍𩭾𩭾拔墮黃帝弓臣下抱弓而號故名弓烏號郭璞曰雕畫也師古曰烏號應張二說皆有據也右夏服之勁箭伏儼曰服盛箭器也夏后氏之良弓名繁弱其矢亦良即繁弱箭服也故曰夏服○宋祁曰南本勁作良陽子驂乘纖阿為御張揖曰陽子伯樂也秦繆公臣姓孫名陽郭璞曰纖阿古之善御者纖音案節未舒即陵狡獸師古曰案節猶弭節也未舒言未盡意驅馳已陵狡獸狡捷之獸也○宋祁曰注文當云已淩狡獸矣狡獸狡捷之獸也文合如此蹵蛩蛩轔距虛張揖曰蛩蛩青

獸狀如馬距虛似贏而小郭璞曰距虛即蛩蛩變文互言耳師古曰據爾雅文郭說是也蹵音子六反軼野馬轊騊駼張揖曰軼過也野馬似馬而小北海內有獸狀如馬名騊駼郭璞曰轊車軸頭也師古曰轊謂軸頭衝而殺之也轊音衞騊音陶駼音途乘遺風射游騏張揖曰遺風千里馬也爾雅曰騏如馬一角不角者騏師古曰驍音攜騏音其倏胂倩浰張揖曰皆疾貌也師古曰倏音式六反胂音式刃反倩音千見反浰音練雷動猋至師古曰猋疾風也若雷之動如猋之至言其威且疾也猋音必遙反星流電擊弓不虛發中必決眥師古曰眥即決獸之目眥言射之審也眥即皆字洞胸達掖絕乎心繫張揖曰自左射之貫胸通右腋中心絕系也師古曰髃謂肩前骨也音五口反繫讀曰系也獲若雨獸揜屮蔽地師古曰言獲殺之多如天雨獸也雨音于具反屮古草字也於是楚王乃弭節徘徊翱翔容與郭璞曰弭猶低也節所杖信節也翱翔容與言自得也師古曰弭節者示安徐也覽乎陰林觀壯士之暴怒與猛獸之恐懼徼谻受詘蘇林曰谻音倦谻之谻詘音谻強之谻郭璞曰詘詘折也谻疲極詘音屈師古曰蘇音是也谻音與劇同詘音其勿反徼工堯反徼要也詘盡也言戰有倦極者要而取之力盡者受而有之○宋祁曰注文工堯反上當有音字殫覩衆物之變態郭璞曰殫盡也變態姿則也師古曰殫音單於是鄭女曼姬文穎曰鄭國出好女曼者言其色理曼澤也如淳曰鄭女夏姬也曼姬楚武王夫人鄧曼也師古曰文說是也○劉敞曰予謂曼鄧姓也姬亦婦人通稱爾被阿錫揄紵縞張揖曰阿細繒也錫細布也揄引也師古曰紵織紵也縞鮮支也今之所謂素者也揄音踰又音投也○宋祁曰句末也字當刪雜纖羅垂霧縠師古曰纖細也霧縠者言其輕靡如霧非謂霧縠文也襞積褰縐鬱橈谿谷張揖曰襞積簡齰也褰縮也縐中文理茀鬱有似於谿谷也師古曰張說非也襞積即今之帬襵古所謂皮弁素積者也此積也言襞積文理隨身所著或褰縐委屈如谿谷也襞音壁縐音側救反衯衯裶裶揚袘戌削張揖曰衯音芬袘衣袖也戌鮮也削衣刻除貌也師古曰揚袘舉袘也或曳則戌削然見其降殺之美也裶音霏袘音弋示反戌讀如本字蜚纖垂髾張揖曰纖離袿也髾髾後垂也師古曰纖袿衣之長帶也髾謂燕尾之屬皆衣上假飾也蜚古飛字也纖音纖髾音所交反扶輿猗靡張揖曰扶持楚王車輿相隨也師古曰說非也此自言鄭女曼姬為侍從者所扶輿而猗靡耳非謂扶持楚王也猗音於綺反今人猶呼相撫掩容養為猗靡○劉奉世曰扶輿猗靡此言衣裳獦美之貌耳不煩曲解翕呷萃蔡張揖曰翕呷衣張起也萃蔡衣聲也師古曰呷音火甲反萃音翠又音千賄反下摩蘭蕙上拂羽蓋師古曰下摩蘭蕙謂垂髾也上拂羽蓋謂飛纖也錯翡翠之葳蕤師古曰錯雜也葳蕤羽飾貌繆繞玉綏張揖曰楚王車之綏以玉飾之也郭璞曰綏女曼姬登車所執也師古曰二說皆非也以玉飾綏謂鄭女曼姬之容服也綏即今之所謂采綏垂鏁者也繆繞相纏結也繆音繆繅音饟眇眇忽忽若神之髣髴郭璞曰言其容飾奇豔非世所見戰國策曰鄭之美女粉白黛黑而立於衢不知者謂之神也於是乃羣相與獠於蕙圃文穎曰宵獵為獠師古曰獠音力笑反○劉奉世曰獠宵獵之名以此賦則不通○直獵耳媻姍勃窣上金隄師古曰媻姍勃窣謂行於叢薄之間也金隄言水之隄塘堅如金也媻音盤姍音先安反窣音先忽反隄音丁兮反揜翡翠射鵕鸃師古曰翡赤羽雀翠青羽雀者曰翠鵕鸃鳥也似山雞而小冠背毛黃腹下赤項綠色其尾毛紅赤光采鮮明今俗呼為山雞其實非也鵕音峻鸃音儀微矰出纖繳施師古曰矰短矢也繳生絲縷也以繳係矰仰射高鳥謂之弋射矰音增繳音灼弋白鵠連駕鵝師古曰鵠水鳥也其鳴聲鵠鵠云駕鵝野鵝也連謂重累獲之也鵠音胡沃反駕音加雙鶬下玄鶴加師古曰鶬麋鴰也今關西呼為鴰鹿山東通謂之鶬鄉俗名為錯落錯者亦言鶬聲之急耳又謂鴰捋捋音來奪反鴰鹿鴰捋皆象其鳴聲也玄鶴黑鶴也相鶴經云鶴壽滿二百六十歲則色純黑言弋射之妙既中白鵠而連駕鵝又下雙鶬而加玄鶴也鶬音倉怠而

後游於清池郭璞曰怠倦也○宋祁云浙本南本後字下並有發字浮文鷁張揖曰鷁水鳥也畫其象於船首淮南子曰龍舟鷁首天子之乘也師古曰鷁音五歷反揚旌枻張揖曰揚舉也析羽為旌建於船上枻柂也師古曰枻音曳柂音大可反○宋祁曰枻柂並從木別本從扌誤張翠帷建羽蓋郭璞曰施之船上也師古曰翠帷以翠色也羽蓋以雜羽飾蓋罔毒冒釣紫貝郭璞曰紫貝紫質黑文也師古曰貝水中介蟲古以為貨也摐金鼓師古曰摐撞也金鼓謂鉦也摐音窗吹鳴籟張揖曰籟簫也榜人歌張揖曰榜船也月令云命榜人榜人船長也主倡聲而歌者也師古曰榜音謗又方孟反聲流喝郭璞曰言悲嘶也師古曰喝音一介反嘶音蘇奚反水蟲駭波鴻沸郭璞曰魚鼈驚躍濤涌作也師古曰沸音普蓋反涌泉起奔揚會郭璞曰暴溢激相鼓蕩也師古曰溢音普頓反礧石相擊硠硠礚礚師古曰礧石轉也礧音盧對反礚音口蓋反若雷霆之聲聞乎數百里外○宋祁曰江南本里字下有之字將息獠者擊靈鼓起烽燧師古曰靈鼓六面擊之所以警衆也車案行騎就隊師古曰案依也行列也隊部也行音胡郎反隊音丈內反纚乎淫淫般乎裔裔孟康郭璞曰皆羣行貌也師古曰纚音蹝般音盤於是楚王乃登陽雲之臺孟康曰雲夢中高唐之臺宋玉所賦者言其高出雲之陽也泊乎無為澹乎自持師古曰泊澹皆安靜意也泊音步各反澹音徒濫反勺藥之和具而後御之伏儼曰勺藥以蘭桂調食文穎曰五味之和也晉灼曰南都賦曰歸鴈鳴鵽香稻鮮魚以為勺藥酸恬滋味百種千名文說是也師古曰諸家之說皆未當也勺藥草名其根主和五藏又辟毒氣故合之於蘭桂五味以助諸食因呼五味之和為勺藥耳讀賦之士不得其意妄為音訓以誤後學今人食馬肝馬腸者猶合勺藥而書之豈非古之遺法乎鵽音竹滑反不若大王終日馳騁曾不下輿脟割輪淬自以為娛師古曰脟字與臠同淬音于內反淬亦揾染之義耳言臠割其肉揾車輪鹽而食之此蓋以譏上割鮮染輪之言也臣竊觀之齊殆不如師古曰殆近也於是王無以應僕也烏有先生曰是何言之過也足下不遠千里來況齊國師古曰言有惠賜而來也王悉境內之士備車騎之衆師古曰悉盡也與使者出田乃欲戮力致獲以娛左右也師古曰謙不斥言使者故指云其左右也何名為夸哉問楚地之有無者願聞大國之風烈先生之餘論也張晏曰願聞先賢之遺談美論也師古曰此說非也先生即謂子虛耳下又言先生行之豈先賢也今足下不稱楚王之德厚而盛推雲夢以為驕奢言淫樂而顯侈靡竊為足下不取也必若所言固非楚國之美也有而言之是章君之惡也無而言之是害足下之信也章君惡傷私義師古曰非楚國之美是章君惡害足下之信是傷私義也二者無一可而先生行之必且輕於齊而累於楚矣師古曰言楚使者失辭自為累重而於齊無所負擔故云輕也累音力瑞反且齊東陼鉅海南有琅邪蘇林曰小洲曰陼張揖曰琅邪臺名也在勃海間師古曰東陼鉅海東有大海之陼字與渚同也觀乎成山張揖曰觀闕也成山在東萊不夜縣於其上築宮闕師古曰觀音工喚反射乎之罘晉灼曰之罘山在東萊腄縣射獵其上也師古曰腄音直瑞反又音誰浮勃澥師古曰勃澥海別枝也澥音蟹游孟諸文穎曰宋之大澤也故屬齊邪與肅慎為鄰郭璞曰肅慎國名在海外也師古曰邪讀為斜謂東北接也○宋祁曰注文斜或作衺右以湯谷為界師古曰湯谷日所出也許慎云熱如湯也○劉奉世曰右當為左秋田乎青丘服虔曰青丘國在海東三百里彷徨乎海外師古曰彷音旁吞若雲夢者八九其於胷中曾不蔕芥張揖曰蔕芥刺鯁也師古曰蔕音丑介反若乃俶儻瑰瑋異

方殊類 師古曰俶儻猶非常也俶音吐歷反 珍怪鳥獸萬端鱗崪 師古曰崪與萃同萃集也如鱗之集言其多也 充仞其中者不可勝記禹不能名卨不能計 張揖曰禹爲堯司空辯九州名山別草木卨爲堯司徒敷五教率萬事師古曰言其所有衆多雖禹卨之賢聖不能名而數之也 然在諸侯之位不敢言游戲之樂苑囿之大先生又見客 師古曰見猶至也言至此國爲客也若今人自稱云見顧見眷耳 是以王辭不復 師古曰復反也謂不反報也 何爲無以應哉亡是公听然而笑曰 師古曰听笑貌也音斷又音牛隱反 楚則失矣而齊亦未爲得也夫使諸侯納貢者非爲財幣所以述職也 郭璞曰諸侯朝於天子曰述職師古曰述循也謂順行也 封彊畫界者非爲守禦所以禁淫也 郭璞曰天下有道守在四夷立境界者欲以禁絕淫放耳師古曰彊讀曰疆 今齊列爲東藩而外私肅愼 郭璞曰與通也 捐國隃限越海而田 師古曰捐棄也謂田於青丘也 其於義固未可也且二君之論不務明君臣之義正諸侯之禮徒事爭於游戲之樂苑囿之大欲以奢侈相勝荒淫相越此不可以揚名發譽而適足以㽞君自損也 師古曰㽞古貶字 且夫齊楚之事又烏足道乎 師古曰烏於何也道 君未覩夫巨麗也 師古曰巨大也麗美也 獨不聞天子之上林乎 左蒼梧右西極 文穎曰蒼梧郡屬交州在長安東南故言左爾雅曰西至于豳國爲西極 丹水更其南 應劭曰丹水出上洛冢領山東南至析縣入鈞水師古曰更歷也音工衡反 紫淵徑其北 文穎曰西河穀羅縣有紫澤在縣西北於長安爲在北也 終始霸產出入涇渭 師古曰霸水出藍田谷西北而入渭產水亦出藍田谷北至霸陵入霸二水終始盡於苑中不復出也涇水出安定涇陽开頭山東至陽陵入渭渭水出隴西首陽縣鳥鼠同穴山東北至華陰入河從苑外來又出苑去也开音牽又音口見反 酆鎬潦潏紆餘委蛇經營其內 應劭曰潦流也潏涌出聲也張揖曰灃水出鄠南山灃谷北入渭鎬在昆明池北潦行潦也又有潏水出南山晉灼曰下言八川計從丹水以下至潏除潦爲行潦凡九川從霸產以下數凡七川潏音決潏水涌出聲也除潦爲水餘適八下言經營其內於數則計其外者矣師古曰應晉二說皆非也張言潦爲行潦又失之潦音牢水名也出鄠縣西南山潦谷而北流入于渭上言左蒼梧右西極丹水更其南紫泉徑其北皆謂苑外耳丹水紫泉非八川數也霸產涇渭豐鎬潦潏是爲八川言經營其內則然矣地理志鄠縣有潏水北過上林苑入渭而今之鄠縣則無此水許愼云潏水在京兆杜陵此即今所謂沈水從皇子陂西北流經昆明池入渭者也蓋爲字或作水旁穴與沈字相似俗人因名沈水乎將鄠縣潏水今則改名人不識也但八川之義實在於斯耳 蕩蕩乎八川分流相背異態 郭璞曰變態不同也 東西南北馳騖往來 郭璞曰言更相錯涉也師古曰來音盧代反 出乎椒丘之闕 師古曰丘名也兩山俱起象雙闕者也 行乎州淤之浦 師古曰水中可居者曰州淤漫也浦水涯也淤音於據反 徑乎桂林之中 如淳曰桂樹之林也 過乎泱莽之壄 張揖曰山海經曰所謂大荒之野也師古曰凡言此者著水流之長遠也泱音烏朗反 汩乎混流順阿而下 師古曰汩疾貌也混豐流也曲陵曰阿汩音于筆反混音下本反 赴隘陿之口 師古曰兩岸間相迫近者也隘音於懈反陿音狹 觸穹石激堆埼 張揖曰穹石大石也埼曲岸頭也師古曰堆高阜也音丁回反埼音巨依反 沸乎暴怒 郭璞曰沸水聲也 洶涌彭湃 師古曰洶涌跳起也彭湃相戾也洶音許勇反湃音普拜反 滭弗宓汩 蘇林曰滭音畢宓音密師古曰滭弗盛貌也宓汩去疾也汩音于筆反 偪側泌瀄 郭璞曰泌瀄音筆櫛師古曰偪側相逼也泌瀄相揳也偪字與逼同揳音先結反 橫流逆折轉騰潎洌 孟康曰轉騰相過也潎洌相撇也師

古曰潎音匹列反洌音列潎又音普結反 滂濞沆溉 郭璞曰滂音旁濞音匹祕反溉音胡慨反皆水流聲貌師古曰沆音胡朗反 穹隆雲橈 師古曰橈曲也言水急旋回如雲之屈曲也橈音女教反 宛潬膠盭 郭璞曰濆薄相繆也師古曰宛音婉潬音善盭古戾字 踰波趨浥涖涖下瀨 郭璞曰踰躍也浥宓陷也涖涖聲也師古曰浥音於俠反涖音利瀨疾流也 批巖衝擁 奔揚滯沛 師古曰批擊也擁曲限也言水觸批巖崖而衝曲限則奔揚而滯沛然也批音步結反滯音丑制反沛音普蓋反 臨坻注壑 師古曰坻謂水中隆高處也秦風終南之詩曰宛在水中坻坻音遲 瀺灂霣隊 瀺音士咸反灂音才弱反又音仕角反霣音即隕字隊音直類反 沈沈隱隱 砰磅訇礚 師古曰砰音普冰反磅音普萌反訇音呼宏反礚音口蓋反皆水流鼓怒之聲也 潏潏淈淈湁潗鼎沸 郭璞曰皆水微轉細涌貌也淈音骨湁音勑立反師古曰潏音決潗音子入反言水之流如鬵鼎沸也 馳波跳沫汩㵒漂疾 晉灼曰㵒音華給反郭璞曰㵒音許立反師古曰言水波急而白沫跳起汩㵒然也汩音于筆反㵒晉郭二音皆通漂音匹遙反 悠遠長懷寂漻無聲 郭璞曰懷亦歸變文耳漻音聊師古曰言長流安靜 肆乎永歸然後灝溔潢漾 郭璞曰皆水無涯際貌師古曰灝音浩溔音弋少反潢音胡廣反漾音弋丈反肆放也言水放流而長歸也 安翔徐佪 郭璞曰言運轉也 翯乎滈滈 郭璞曰水白光貌也師古曰翯音胡角反滈音鎬 東注大湖 郭璞曰大湖在吳縣尚書所謂震澤也 衍溢陂池 郭璞曰言溢而出也陂池江旁小水 於是蛟龍赤螭 文穎曰龍子爲螭張揖曰赤螭雌龍也如淳曰螭山神也獸形師古曰許愼云离山神也字則單作离形若龍字乃從虫此作螭別是一物既非山神又非雌龍龍子三家之說皆失之虫音許尾反○劉奉世曰據師古之說既不以三家爲然則是螭字本不從虫也故云別是一物矣後人誤並改皆從虫非也 䱭䲛漸離 李奇曰周洛曰鮪蜀曰䱭䲛出鞏山穴中三月遡河上能度龍門之限則得爲龍矣漸離未聞師古曰䱭音工鄧反䲛音莫鄧反 鰅鰫鰬魠 如淳曰鰅音顒鰬音乾魠音託郭璞曰鰅魚有文采鰫似鰱而黑鰬似鱓魠鮎也一名黃頰師古曰鰫音是也郭說是也鱓音善○宋祁曰注末感字當作咸當刪 禺禺魼鰨 如淳曰魼音去魚反晉灼曰鰨音奴榻反郭璞曰禺禺魚皮有毛黃地黑文魼比目魚也狀似牛脾細鱗紫色兩相合乃得行鰨魚也似鮎有四足聲如嬰兒師古曰禺音隅又音顒鰨音五奚反鮎音乃兼反 揵鰭掉尾振鱗奮翼 師古曰揵舉也鰭魚背上鬣也揵音鉅言反掉音徒釣反 潛處乎深巖 郭璞曰隱岸底也 魚鼈讙聲萬物衆夥 師古曰讙譁也夥多也讙音許元反夥音下果反 明月珠子的皪江靡 應劭曰明月珠子生於江中其光耀乃照於江邊也師古曰皪音歷的皪光貌也江靡江邊也邐之處也邐音弋爾反 蜀石黃碝水玉磊砢 張揖曰蜀石石次玉者也郭璞曰碝石黃色水玉水精也師古曰碝音如兗反磊音洛賄反砢音洛可反又音可 磷磷爛爛采色澔汗 郭璞曰皆玉石符采映耀也師古曰磷音吝澔音浩 叢積乎其中鴻鷫鵠鴇鴐鵝屬玉 張揖曰鴻大鳥也郭璞曰鷫鷞也鴇似鴈而無後指屬玉似鴨而大長頸赤目紫紺色鷫音肅鴇音保師古曰鴇字即今俗呼爲獨豹者也豹者鴇聲之訛耳駕音加屬音之欲反鵝音霜 交精旋目 郭璞曰交精似鳧而腳高有毛冠辟火災旋目未聞也師古曰今荊郢間有水鳥大於鷺而短尾其色紅白深目目旁毛皆長而旋此其旋目乎 煩鶩庸渠 郭璞曰煩鶩鴨屬也庸渠似鳧灰色而雞腳一名章渠鶩音木師古曰庸渠即今之水雞也 箴疵鵁盧 張揖曰箴疵似魚虎而蒼黑色鵁鶄頭鳥也盧白雉也郭璞曰盧盧鸕也箴音針師古曰盧郭說是也白雉不浮水上疵音貲鵁音火交反爲音鳥了反鵁音茭也○宋祁曰注文爲字並當作鵁 羣浮乎其上汎淫氾濫隨風澹淡 郭璞曰皆鳥任風波自縱漂貌師古曰汎音馮氾音敷劒反澹音大覽反淡音琰 與波搖蕩奄薄水陼 張揖曰奄覆也草叢生曰薄郭璞曰薄猶集也師古曰薄郭說是也言奄集陼上而遊戲 唼喋菁藻咀嚼菱藕 張揖曰菱芰也

郭璞曰菁水草藻聚藻也師古曰唼喋銜食也唼音所甲反喋音丈甲反咀音才汝反嚼音才削反 於是乎崇山矗矗巃嵸崔巍 郭璞曰皆高峻貌也巃音龍嵸音才總反崔音催巍音五回反 深林巨木嶄巖參差 師古曰嶄巖尖銳貌參差不齊也嶄音士銜反參音楚林反差音楚宜反 九嵕巀嶭 師古曰九嵕山今在醴泉縣界巀嶭山即今所謂嵳峩山也在三原縣西南也 南山峩峩 師古曰南山終南山也峩峩高貌嵕音子公反又音總巀音截嶭音五割反峩音娥 巖陁甗錡摧崣崛崎 郭璞曰陁岸際也張揖曰摧崣高貌崛崎斗絕也蘇林曰摧音頹崣音卒鄙反甗音魚晚反錡音蟻崛音倚郭音作罪反崣字作委師古曰蘇郭兩說並通 振溪通谷蹇產溝瀆 張揖曰振拔也水注川曰溪注溪曰谷皆水相通注也郭璞曰蹇產屈折也 谽呀豁閜 郭璞曰谽呀豁閜谷之形容也谽音呼含反呀音呼加反閜音呼下反 阜陵別隝 郭璞曰隝水中山也師古曰大阜曰陵言阜居在水中各別爲隝也豁音呼活反隝音禱 崴磈嵔廆丘虛堀礨 郭璞曰皆其形勢也崴音烏罪反磈音惡罪反嵔音於鬼反廆音胡罪反虛音墟堀音窟礨音磊師古曰磈又音於鬼反廆又音魄 隱轔鬱壘登降施靡 郭璞曰隱轔鬱壘堆壟不平貌師古曰壘音律施靡猶連延也施音弋爾反又音彼 陂池貏豸 郭璞曰陂池旁穨貌也師古曰陂音皮貏音婢豸音丈爾反 允溶淫鬻 張揖曰水流溪谷之間也師古曰溶音容鬻音育 散渙夷陸 師古曰散渙分散而渙然也易曰風行水上渙夷平也廣平曰陸 亭皋千里靡不被築 師古曰爲亭候於皋隰之中千里相接皆築令平也被音皮義反 掩以綠蕙 張揖曰掩覆也綠王芻也蕙薰草也師古曰綠蕙言蕙草色綠耳非王芻也 被以江離糅以蘼蕪 雜以留夷 張揖曰留夷香草也師古曰留夷非新夷也新夷乃樹耳 布結縷 師古曰結縷蔓生著地之處皆生細根如線相結故名結縷今俗呼鼓箏草兩幼童對銜之手鼓中央則聲如箏也因以名云 攢戾莎 師古曰攢聚也戾莎言莎草相交戾也攢音材官反 揭車衡蘭 應劭曰揭車一名芝輿香草也師古曰揭音巨列反芝音乞 槀本射干 師古曰槀本草類也射干即今之烏扇耳射音弋舍反 茈薑蘘荷 如淳曰茈薑薑之息生者連其株本則紫色也蘘荷蓴也根旁生筍可以爲菹又治蠱毒茈音紫蘘音人羊反○宋祁曰注文蓴越本作直 葴持若蓀 張揖曰葴持闕若杜若也蓀香草也師古曰葴寒漿也持當爲符字之誤耳符鬼目也杜若苗頗類薑而爲藂葉之狀今流俗書本持字或作橙非也後人妄改耳其下乃言黃甘橙榛此無橙也葴音針蓀音孫 鮮支黃礫 師古曰鮮支即今支子樹也黃礫黃者今之染者黃屑之木也二者雖非草類既云延曼太原或雜言之耳 蔣芧青薠 張揖曰蔣菰也芧三稜也郭璞曰芧音杼師古曰薠音煩 布濩閎澤延曼太原 郭璞曰布濩猶布露也師古曰閎亦大也濩音護 離靡廣衍 師古曰離靡謂相連不絕也衍音弋戰反 應風披靡 吐芳揚烈 師古曰烈酷烈之氣也披音丕靡音武彼反 郁郁菲菲衆香發越 郭璞曰香氣射散也 肸蠁布寫晻薆咇茀 師古曰肸蠁盛作也寫吐也晻薆咇茀皆芳香之意也肸音許乙反蠁音響晻音烏感反薆音愛咇音步必反茀音勃或作隱也 於是乎周覽氾觀縝紛軋芴 孟康曰縝紛衆盛也軋芴緻密也師古曰縝音爭忍反軋音於黠反芴音勿 芒芒恍忽 郭璞曰言眼亂也師古曰芒音莫郎反 ○宋祁曰越本注文縝音丑人反 視之無端察之無涯 師古曰涯音儀 日出東沼入乎西陂 張揖曰朝出苑之東池莫入於苑西陂中也 其南則隆冬生長涌水躍波 師古曰言其土地氣溫草木不死水不凍 其獸則庸旄貘犛沈牛麈麋 張揖曰旄旄牛狀如牛而四節毛犛牛黑色出西南徼外沈牛水牛也能沈沒水中麈似鹿而大郭璞曰庸牛領有肉堆貘似熊庳腳銳鬐骨無髓食銅鐵師古曰庸牛即今之犎牛也旄牛即今所

謂偏牛者也犛牛即今之貓牛者也犛字又音茅麈音主 赤首圜題窮奇象犀 張揖曰題頟也窮奇狀如牛而蝟毛其音如嗥狗食人師古曰象大獸也長鼻牙長一丈犀頭似豬一角在鼻一角在頟前 其北則盛夏含凍裂地涉冰揭河 師古曰言其土地氣寒當暑凝凍爲之裂故涉冰而渡河也揭褰衣也詩邶風匏有苦葉之篇曰深則厲淺則揭揭音丘例反 其獸則麒麟角端騊駼橐駝 張揖曰雄曰麒雌曰麟其狀麇身牛尾狼題一角角端似牛其角可以爲弓郭璞曰麒似麟而無角角端似豬角在鼻上中作弓師古曰麒麟角端郭說是也橐駝者言其可負橐橐而駝物故以名云 蛩蛩驒騱駃騠驢騾 郭璞曰驒騱駏驉類也駃騠生三日而超其母驒音顛騱音奚駃音決騠音提 於是乎離宮別館彌山跨谷 師古曰彌滿也跨猶騎也 高廊四注重坐曲閣 師古曰廊堂下四周屋也重坐謂增室也曲閣閣道之屈曲相連者也 華榱璧璫 師古曰榱椽也華謂彫畫之也璧璫以玉爲椽頭當即所謂璧璫玉題者也一曰以玉飾尾之當也 輦道纚屬 師古曰輦道謂閣道可以乘輦而行者也纚纚相連屬也纚音力爾反屬音之欲反 步櫩周流長途中宿 師古曰步櫩言其下可行步即今之步廊也長途謂其途長遠經日行之尚不能達故中道而宿也 夷嵕築堂 師古曰夷平也嵕山之高聚者曰嵕言平山築堂於其上也 絫臺增成 師古曰絫古累字一重爲一成也嵕音子公反 巖窔洞房 師古曰於巖穴底爲室窔然潛通臺上若 頫杳眇而無見 師古曰頫古俯字也杳眇深遠貌言臺榭之高有升上之者俯視則不見地 仰攀橑而捫天 師古曰仰攀其橑則可以捫天也橑音老捫音門 奔星更於閨闥 師古曰奔星流星也更歷也閨宮中小門也 宛虹拖於楯軒 師古曰宛屈曲也虹加於上也楯軒之闌板也言室宇之高故星虹得經加之也更音工衡反虹音紅拖音吐賀反又音徒可反 青龍蚴蟉於東箱 象輿婉僤於西清 師古曰象輿瑞應車也西清者西箱清靜之處也蚴蟉婉僤皆行動之貌蚴音一糾反蟉音力糾反僤音善 靈圄燕於閒館 張揖曰靈圄衆仙號也師古曰閒讀曰閑 偓佺之倫暴於南榮 郭璞曰偓佺仙人也食松子而眼方暴謂偃臥日中也榮屋南檐也偓音握佺音詮 醴泉涌於清室通川過於中庭 師古曰醴泉水味甘如醴言於室中涌出而通流爲川從中庭而過也 磐石振崖 孟康曰振致也崖廉也以石致川之廉也師古曰振砥也音之忍反致音直二反謂重密而累積 嶔巖倚傾 郭璞曰嶔巖欹貌師古曰嶔音口銜反倚音於綺反 嵯峨嶕嶫刻削崢嶸 蘇林曰嶫音業郭璞曰嶕嶫崢嶸皆高峻貌師古曰刻削言如刻削也嶕音子遙反崢音仕耕反 玫瑰碧琳珊瑚叢生 郭璞曰珊瑚生水底石邊大者樹高三尺餘枝格交錯無有葉 瑉玉旁唐 師古曰瑉石之次玉者也旁唐言盤礴也 玢豳文鱗 蘇林曰玢音分郭璞曰玢豳文理貌師古曰玢音彬豳音鄙旁唐言其多也豳音悲巾反 赤瑕駁犖雜臿其間 張揖曰赤瑕赤玉也郭璞曰駁犖采點也師古曰言雜臿玉石之中駁音邦角反犖音洛角反 晁采琬琰和氏出焉 郭璞曰晁采玉名也師古曰晁古朝字也言美玉每旦有白虹之氣光采上出故名朝采猶言夜光之璧矣琬琰美玉名和氏之璧卞和所得也 於是乎盧橘夏孰 應劭曰伊尹書曰箕山之東青馬之所有盧橘夏孰晉灼曰此雖賦上林博引異方珍奇不係於一也師古曰盧黑色也 黃甘橙榛 郭璞曰黃甘橘屬而味精榛亦橘之類也音湊張揖曰 枇杷橪柿 張揖曰枇杷似斛樹長葉子若杏橪似李出武陵師古曰柚也音丈耕反 亭柰厚朴 張揖曰柰山梨也厚朴藥名也郭璞曰柿小橘也厚朴一名厚皮此二句總論樹木不得以香草爲用而皮厚故呼朴音匹角反 梬棗楊梅 張揖曰楊梅其實似穀子而有核其味酢出江南也 櫻桃蒲陶 師古曰櫻桃即今之朱櫻也禮記謂之含桃蒲陶音於耕反 隱夫薁棣 師古曰隱夫未詳薁即今之郁李也棣今之山櫻桃薁音於六反棣音徒計反 荅遝離支 張揖曰荅

遝似李出蜀晉灼曰離支大如雞子皮麤剝去皮肌如雞子中黃味甘多酢少師古曰遝音沓離音力智反 羅乎後宮列乎北園貤丘陵下平原 師古曰貤猶延也一曰次第而重也貤音弋豉反 揚翠葉扤紫莖 師古曰扤搖也音兀 發紅華垂朱榮煌煌扈扈照曜鉅野 師古曰言其光采之盛也鉅野大野煌音皇 沙棠櫟櫧 張揖曰沙棠狀如棠黃華赤實其味似李無核呂氏春秋曰果之美者沙棠之實櫟果名也櫧似柃葉冬不落應劭曰櫟采木也郭璞曰櫧似柔師古曰櫟非果名又非采木之櫟蓋木蓼也葉辛初生可食音歷櫧音諸采音菜柔音食諸反○宋祁曰柔字當作食渚反 華楓枰櫨 師古曰華即今之皮貼弓者也楓樹脂可為香今之楓香也爾雅云一名欇欇枰即平仲木也櫨今黃櫨木也華音胡化反楓音風枰音平櫨音盧 留落胥邪仁頻并閭 張揖曰并閭椶也郭璞曰落穫也中作器素胥邪似并閭皮可作索師古曰仁頻即賓椰也頻字或作賓胥音先余反邪音弋奢反穫音鑊 欃檀木蘭 孟康曰欃檀檀別名郭璞曰欃音讒 豫章女貞 師古曰女貞樹冬夏常青未嘗凋落若有節操故以名焉 長千仞大連抱 師古曰八尺曰仞連抱者言非一人所抱 夸條直暢實葉葰楙 郭璞曰夸張布也張揖曰葰爾也師古曰暢通也通謂上下相稱也葰音峻楙古茂字也爾音蹶 攢立叢倚連卷欐佹 師古曰攢聚也叢倚相倚也連卷屈曲也欐佹支柱也倚音於綺反卷音丘專反又音巨專反欐音力爾反佹音詭○宋祁曰注文柱景本作住 崔錯發骫 師古曰崔錯交雜也發骫蟠戾也崔音千賄反發音步葛反骫古委字 坑衡閜砢 師古曰坑衡徑直貌也閜砢相扶持也坑音口庚反閜音呼可反砢音來可反坑字或作抗言樹之支幹相抗爭衡也其義兩通 垂條扶疏落英幡纚 師古曰扶疏四布也英謂華也幡纚飛揚貌也纚音山爾反 紛溶萷蔘猗柅從風 郭璞曰紛溶萷蔘支擢也猗柅猶阿那也萷音蕭蔘音森猗音於氏反柅音諾氏反師古曰溶音容萷亦音山交反 藰莅芔歙 師古曰林木鼓動之聲也藰音劉莅音利芔古卉字也音諱歙音翕 蓋象金石之聲管籥之音 師古曰金石謂鐘磬也管長一尺圍一寸大孔無底籥三孔並以竹為之 柴池茈虒旋還乎後宮 如淳曰茈音此虒音豸張揖曰柴池參差也茈虒不齊也郭璞曰柴音差還還繞也音宦 雜襲絫輯 師古曰雜襲相因也絫輯重積也絫古累字輯與集同 被山緣谷循阪下隰 師古曰循順也下溼曰隰 視之無端究之亡窮於是乎玄猨素雌蜼玃飛蠝 張揖曰蜼如母猴卬鼻而長尾玃似獼猴而大飛蠝飛鼠也其狀如兔而鼠首以其額飛郭璞曰蠝鼯鼠也毛紫赤色飛且生一名飛生蜼音贈遺之遺蠝音誄師古曰玄猨素雌言猨之雄者玄黑而雌者白素也爾雅曰玃父善顧也玃音钁鼯音吾 蛭蜩蠼蝚 如淳曰蛭音質張揖曰蛭蟣也蜩蟬也蠼蝚獮猴也師古曰方言獸屬而引蛭蟣水蟲又及蜩蟬乖於事類如說非也但未詳是何獸耳蝚音乃高反又音柔即今所謂戎皮為褥者也戎音柔聲之轉耳非獮猴也○宋祁曰蝚當作猱 獑胡穀蛫 張揖曰獑胡似獮猴頭上有髮要以後黑穀白狐子也郭璞曰穀似貔而大要以後黃一名黃要食獮猴蛫未聞也獑音讒穀音呼穀反蛫音詭師古曰穀郭說是也 棲息乎其間長嘯哀鳴翩幡互經 郭璞曰互經互相經過也 夭蟜枝格偃蹇杪顛 郭璞曰皆猨猴在樹共戲恣態也夭蟜頻申也師古曰杪顛枝上端也蟜音矯杪音眇 隃絕梁騰殊榛 師古曰絕梁謂正絕水無橋梁也殊榛特立株榯也言超度無梁之水而踰上株榯之上也隃字與踰同榛音側人反榯音仕曷反 捷垂條掉希間 張揖曰捷持懸垂之條掉著希疏無枝之間也師古曰掉音徒釣反 牢落陸離爛漫遠遷 師古曰言其聚散不恆雜亂移徙也 若此者數百千處娛游往來宮宿館舍 師古曰娛戲也戲音許其反 庖廚不徙後宮不移百官備具 師古曰言所在之處供具皆足也 於是乎背秋涉冬天子校獵 李奇曰以五校兵出獵也師古曰李說非也校獵者以木相貫穿總為闌校遮止禽獸而獵取之說者或以為周官校人掌田獵之馬因云校獵亦失其

義養馬稱校人者謂以為闌校以養馬耳故呼為闌也事具周禮非以獵馬故稱校人 乘鏤象六玉虯 張揖曰鏤象象路也以象牙疏鏤其車輅六玉虯謂駕六馬以玉飾其鑣勒有似玉虯龍子有角曰虯 拖蜺旌 張揖曰析羽毛染以五采綴以縷為旌有似虹蜺之氣也師古曰拖音土賀反又音徒可反 靡雲旗 張揖曰畫熊虎旒為旗似雲氣 前皮軒後道游 文穎曰皮軒以虎皮飾車天子出道車五乘游車九乘在乘輿車前賦頌為偶辭耳師古曰文說非也言皮軒最居前而道游次皮軒之後耳非謂在乘輿之後也皮軒之上以赤皮為重蓋今此制尚存又非猛獸之皮用飾車也道讀曰導 孫叔奉轡衛公參乘 鄭氏曰孫叔者太僕公孫賀也字子叔衛公者大將軍衛青也大駕太僕御大將軍參乘師古曰參乘在車之右也解具在文紀也 扈從橫行出乎四校之中 文穎曰凡五校今言四者一校中隨天子乘輿也師古曰此說又非也四校者闌校之四面也言其跋扈縱恣而行出於校之四外也 鼓嚴簿縱獵者 孟康曰鼓嚴鼓也簿鹵簿也師古曰縱放也簿音步戶反 江河為阹泰山為櫓 蘇林曰阹獵者圍陳遮禽獸也張揖曰櫓大盾以為翳也郭璞曰櫓望樓也因山谷遮禽獸為阹師古曰因江河以遮禽登泰山而望獲言田獵之廣遠耳郭說是也阹音祛 車騎靁起殷天動地 郭璞曰殷猶震也師古曰靁古雷字也殷音隱 先後陸離散別追 師古曰陸離分散也言各有所追逐也追合韻音竹遂反 淫淫裔裔緣陵流澤雲布雨施 郭璞曰言徧山野也 生貔豹搏豺狼 郭璞曰貔執夷虎屬也音毗師古曰貔豹二物皆猛獸也生謂生取之也搏擊也 手熊羆足壄羊 張揖曰熊犬身人足黑色羆如熊黃白色壄羊麢羊也似羊而青師古曰壄羊今之所謂山羊也非麢羊矣手言手擊殺之足謂蹵蹈而獲之 蒙鶡蘇 孟康曰鶡尾也蘇析羽也張揖曰鶡似雉鬬死不卻郭璞曰蒙其尾為帽也鶡音曷 絝白虎 張揖曰著白虎文絝也師古曰絝古袴字 被斑文 師古曰被謂衣著之也斑文赤貙豹之皮也被音皮義反 跨壄馬 師古曰騎之也 陵三嵕之危 師古曰陵上也三嵕三聚之山也 下磧歷之坻 師古曰磧歷沙石之貌也坻水中高處也磧音千狄反坻音遲 徑峻赴險越壑厲水 師古曰厲以衣度也 推蜚廉弄解廌 郭璞曰飛廉龍雀也鳥身鹿頭張揖曰解廌似鹿而一角人君刑罰得中則生於朝廷主觸不直者可得而弄也師古曰推亦謂弄之也其字從手今流俗讀作椎擊之椎失其義矣解音蟹廌音丈介反 格蝦蛤鋋猛氏 孟康曰蝦蛤猛獸名也郭璞曰今蜀中有獸狀似熊而小毛淺有光澤名猛氏師古曰鋋鐵把短矛也蝦音遐蛤音閤鋋音蟬 羂要褭射封豕 張揖曰要褭馬金喙赤色一日行萬里者郭璞曰封豕大豬也要褭音窈嫋師古曰羂謂羅繫之也音工犬反 箭不苟害解脰陷腦弓不虛發應聲而倒 張揖曰脰項也師古曰言射必命中非詭遇也脰音豆 於是乘輿弭節徘徊翱翔往來 郭璞曰言周旋也 睨部曲之進退覽將帥之變態 師古曰睨亦視也部曲解在李廣傳睨音五計反 然後侵淫促節 郭璞曰言短驅也 儵敻遠去 師古曰儵然敻然疾遠貌 流離輕禽蹵履狡獸 師古曰流離困苦之也 轥白鹿捷狡兔 郭璞曰狡兔健跳故捷取之也○宋祁曰南本郭璞曰下云轥轢也言轥轢白鹿追捷狡兔也轥音衛余謂子虛賦已於轥騊駼下注並音矣此疑不合再出 軼赤電遺光耀 張揖曰軼過也郭璞曰皆妖氣為變怪者遊光之屬 追怪物出宇宙 張揖曰怪物奇禽也天地四方曰宇古往今來曰宙師古曰張說宙非也許氏說文解字云宙舟輿所極覆也 彎蕃弱滿白羽 文穎曰彎牽也蕃弱夏后氏之良弓名引弓盡箭鏑為滿以白羽羽箭故言白羽也師古曰彎音烏還反蕃音扶元反 射游梟櫟蜚遽 張揖曰梟惡鳥故射之也櫟捎也蜚遽天上神獸也鹿頭而龍身郭璞曰梟梟羊也似人長脣被髮食人師古曰梟郭說近是矣非謂惡鳥之梟也櫟音洛遽音鉅 擇肉而后發先中而命處 郭璞曰言必如所志者也 弦矢分蓺殪仆 文穎曰所射準的為蓺一發死為殪郭璞曰仆斃也殪音翳仆音赴師古曰言弦矢適分則殪死而赴如射蓺

也蓺謂射的即今之梟上麋也蓺讀與藝同字亦作臬音魚列反 然後揚節而上浮 郭璞曰言騰遠也 陵驚風歷駭猋 師古曰猋謂疾風從下而上也音必遙反 乘虛亡與神俱 張揖曰虛無寥廓與天通靈言其所乘氣之高故能出飛鳥之上而與神俱也 藺玄鶴亂昆雞 張揖曰昆雞似鶴黃白色郭璞曰亂者言亂其行伍也 遒孔鸞促鵔鸃 郭璞曰遒促皆迫捕之也師古曰遒音材由反 拂翳鳥 張揖曰山海經曰九疑之山有五采之鳥名曰翳鳥也 捎鳳皇 師古曰捎音山交反 捷鵷鶵揜焦明 張揖曰焦明似鳳西方之鳥也 道盡塗殫迴車而還消搖乎襄羊降集乎北紘 張揖曰淮南子云九州之外曰八澤八澤之外乃有八紘北方之紘曰委羽郭璞曰襄羊猶仿佯也師古曰紘音宏 率乎直指 師古曰率然直去意 揜乎反鄉 師古曰揜然疾歸貌 蹷石關歷封巒過鳷鵲望露寒 張揖曰此四觀武帝建元中作在雲陽甘泉宮外師古曰蹷蹋歷經也蹷音鉅月反巒音鸞鳷音支○宋祁曰雍越作鳷 下棠棃息宜春 張揖曰棠棃宮名在雲陽東南三十里師古曰宜春宮名在杜縣東即今曲江池是其處也 西馳宣曲 張揖曰宣曲宮名也在昆明池曲 濯鷁牛首 張揖曰牛首池名也在上林苑西頭師古曰濯者所以刺船也鷁鷁首之舟也濯音直孝反 登龍臺 張揖曰觀名也在豐水西北近渭 掩細柳 郭璞曰觀名也在昆明池南也 觀士大夫之勤略 師古曰略智略也觀士大夫之勤略也 鈞獵者之所得獲 郭璞曰平其多少也 徒車之所閵轢 郭璞曰徒步也閵踐也轢輾也音來各反師古曰輾音女展反 騎之所蹂若人之所蹈藉 師古曰蹂若謂踐蹋也蹂音人九反○劉攽曰徒字乃助辭徒猶但也若亦助辭若預及之辭 與其窮極倦𠬧驚憚讋伏 郭璞曰窮極倦𠬧疲憊也驚憚讋怖不動貌師古曰𠬧音劇憚音丁曷反讋音之涉反 不被創刃而死者它它藉藉 郭璞曰言交橫也師古曰它音徒河反 填阬滿谷掩平彌澤 師古曰平平原也彌亦滿也 於是乎游戲懈怠置酒乎顥天之臺 張揖曰臺高上于皓天也師古曰顥音胡考反 張樂乎膠葛之寓 郭璞曰言曠遠深貌也 撞千石之鐘 張揖曰千石十二萬斤也 立萬石之虡 師古曰虡獸名也立一石二十萬斤之虡以縣鐘也 建翠華之旗樹靈鼉之鼓 師古曰翠華之旗以翠羽為旗上葆也靈鼉之鼓以鼉皮為鼓鼉音徒河反又音徒丹反 奏陶唐氏之舞 郭璞曰陶唐堯有天下號也如淳曰舞咸池師古曰二家之說皆非也陶唐當為陰康傳寫字誤耳古今人表有葛天氏陰康氏呂氏春秋曰昔陰康氏之始陰多滯伏湛積陽道壅塞不行其序民氣鬱閼筋骨縮栗不達故作為舞以宣導之高誘亦誤解云陶唐堯有天下之號也案呂氏說陰康之後方一一歷言黃帝顓頊帝嚳乃及堯舜作樂之本皆有次第豈再陳堯而錯亂其序乎蓋誘不視古今人表妄改易呂氏本文 聽葛天氏之歌 張揖曰葛天氏三皇時君號也其樂三人持牛尾投足以歌八曲一曰載民二曰玄鳥三曰育草木四曰奮五穀五曰敬天常六曰徹帝功七曰依地德八曰總禽獸之極師古曰張說八曲是也其事亦見呂氏春秋張云三皇時君失之矣 千人倡萬人和 師古曰倡讀曰唱 山陵為之震動川谷為之蕩波 郭璞曰波浪起也 巴俞宋蔡淮南于遮 師古曰巴俞之人剛勇好舞初高祖用之克平三秦美其功力後使樂府習之因名巴俞舞也宋蔡二國名淮南地名于遮曲名也 文成顛歌 文穎曰文成遼西縣名也其縣人善歌顛益州顛縣其民能作西南夷歌也師古曰顛即滇字也其音則同耳 族居遞奏金鼓迭起 師古曰族聚也聚居而遞奏也金鐘也鐘之與鼓亦互起也迭音徒結反 鏗鎗闛鞈洞心駭耳 師古曰鏗鎗金聲也闛鞈鼓音也洞徹也駭驚也鏗音口耕反鎗音初衡反闛音訏郎反鞈音蹋 荊吳鄭衛之聲 郭璞曰皆淫哇之聲 韶濩武象之樂 文穎曰韶舜樂也濩湯樂也武武王樂也張揖曰象周公樂也南人服象為虐於夷成王命周公以兵追之至於海南乃為三象樂也 陰淫案衍之音 郭璞曰流湎曲也師古曰衍音弋戰反

鄢郢繽紛激楚結風 李奇曰鄢今宜城縣也郢楚都也繽紛舞貌也郭璞曰激楚歌曲也師古曰結風亦曲名也繽音匹人反 俳優侏儒狄鞮之倡 張揖曰狄鞮西方譯名郭璞曰西戎樂名也師古曰俳優侏儒倡樂可狎玩者也狄鞮郭說是也鞮音丁奚反 所以娛耳目樂心意者麗靡爛漫於前 郭璞曰言恣所觀也 靡曼美色於後 張揖曰靡細也曼澤也 若夫青琴虙妃之徒 伏儼曰青琴古神女也文穎曰虙妃洛水之神女也師古曰虙讀與伏字同 絕殊離俗 郭璞曰世無雙也 妖冶閑都靚莊刻飾便嬛繛約 郭璞曰靚莊粉白黛黑也刻畫鬢髮也便嬛輕麗也繛約婉約也嬛音翾靚音淨師古曰妖冶美好也閑都雅麗也繛音綽 柔橈嬛嬛嫵媚孅弱 師古曰橈動曲也嬛嬛柔曲貌也孅細也細弱總謂骨體也橈音女教反嬛音於圓反嫵音武孅即纖字耳 曳獨繭之褕袘眇閻易以恤削 張揖曰褕襜褕也袘袌也郭璞曰獨繭一繭絲也閻易衣長貌也恤削言如刻畫作之也師古曰褕音踰袘音曳易音弋示反 便姍嫳屑與世殊服 師古曰言其行步安詳容服絕異也便音步千反姍音先嫳音步結反 芬芳漚鬱酷烈淑郁 郭璞曰香氣盛也師古曰漚音一侯反 皓齒粲爛宜笑的皪 郭璞曰鮮明貌也師古曰皪音樂 長眉連娟微睇緜藐 郭璞曰連娟言曲細緜藐遠貌也藐音邈師古曰微睇小視也娟音一全反睇音大計反 色授魂予心愉於側 張揖曰彼色來授魂往與接也師古曰愉樂也音踰 於是酒中樂酣 師古曰酒中飲酒中半也樂酣奏樂洽也中音竹仲反 天子芒然而思 師古曰芒然猶罔然也芒音莫郎反 似若有亡 師古曰如有失也 曰嗟乎此大奢侈朕以覽聽餘閒無事棄日 師古曰言聽政餘暇不能棄日也閒讀曰閑 順天道以殺伐 郭璞曰因秋氣也 時休息於此 郭璞曰謂苑囿中也 ○宋祁曰浙本無以字 恐後世靡麗遂往而不返非所以為繼嗣創業垂統也 郭璞曰言不可以示將來也師古曰為音于偽反 於是乎乃解酒罷獵而命有司曰地可墾辟悉為農郊以贍萌隸 師古曰辟讀曰闢闢開也邑外謂之郊郊野之田故曰農郊也衛風碩人之詩曰說於農郊 隤牆填塹 師古曰隤墜也音徒回反 使山澤之民得至焉 師古曰恣其芻牧樵采者也 實陂池而勿禁虛宮館而勿仞 師古曰實謂人滿其中言恣其有所取也仞亦滿也勿仞言廢罷之也 發倉廩以救貧民補不足恤鰥寡存孤獨出德號省刑罰 師古曰德號德音之號令也易夬卦曰孚號有厲是也 改制度易服色革正朔與天下為始於是歷吉日以齋戒 張揖曰歷猶算也 襲朝服乘法駕建華旗鳴玉鸞 郭璞曰鸞鈴也在軛曰鸞在軾曰和 游于六藝之囿馳騖乎仁義之塗 郭璞曰六藝禮樂射御書數也塗道也師古曰郭說非也此六藝謂六經者也 覽觀春秋之林 如淳曰春秋義理繁茂故比之於林藪也 射貍首兼騶虞 郭璞曰貍首逸詩篇名諸侯以為射節騶虞召南之卒章天子以為射節也 弋玄鶴舞干戚 郭璞曰干盾戚斧也 戴雲罕揜羣雅 張揖曰罕畢也前有九流雲罕之車詩小雅之材七十四人大雅之材三十一人故曰羣雅也 悲伐檀 師古曰伐檀魏國之詩刺在位貪鄙也 樂樂胥 鄭氏曰詩云于胥樂兮師古曰此說非也謂取小雅桑扈之篇云君子樂胥萬邦之屏耳胥有材智之人也王者樂得有材智之人使在位也胥音先呂反 脩容乎禮園翱翔乎書圃 師古曰此以上皆取經典之嘉辭以代游獵之娛樂 述易道 郭璞曰脩絜靜精微之術 放怪獸 張揖曰苑中奇怪之獸不復獵也 登明堂坐清廟恣羣臣奏得失四海之內靡不受獲 師古曰言天下之人皆受恩惠豈直於田獵得獸而已 於斯之時天下大說鄉風而聽隨流而化芔然興道而遷義 師古曰芔

然猶欻然也遷徙也徙就於義也 刑錯而不用德隆於三皇功美於五帝 師古曰錯置也羡饒也五帝謂黃帝顓頊帝嚳堯舜也一曰少昊顓頊高辛堯舜也錯音千故反羡音弋戰反 若此故獵乃可喜也若夫終日馳騁勞神苦形罷車馬之用抏士卒之精 師古曰罷讀曰疲抏挫也音伍官反 費府庫之財而無德厚之恩務在獨樂不顧衆庶忘國家之政貪雉菟之獲則仁者不繇也 師古曰繇讀與由同由用也 從此觀之齊楚之事豈不哀哉地方不過千里而囿居九百是草木不得墾辟而民無所食也 師古曰辟讀曰闢 夫以諸侯之細而樂萬乘之所侈僕恐百姓被其尤也 師古曰尤過也被音皮義反 於是二子愀然改容超若自失 師古曰愀變色貌音材小反又音秋誘反○宋祁曰景本無又音秋誘反五字 逡巡避席曰鄙人固陋不知忌諱乃今日見教謹受命矣賦奏天子以爲郎亡是公言上林廣大山谷水泉萬物及子虛言雲夢所有甚衆侈靡多過其實且非義理所止故刪取其要歸正道而論之 師古曰言不尚其侈靡之論但取終篇歸於正道耳非謂削除其辭也而說者便謂此賦已經史家刊剟失其意矣○劉奉世曰觀傳所云則是嘗刪其辭矣若是顏說則刪字爲長辭恐非傳意

前漢書卷五十七上考證

司馬相如傳上素與臨邛令王吉相善云云○凌稚隆曰劉知幾謂此傳相如自作子長錄之班氏曾無增損如果相如自作何以自述鄙事而不諱耶觀賦後有非義理所尚故刪取其要數語此子長斷語自作之說未可據也

衡蘭芷若注師古曰今流俗書本芷若下有射干字妄增之也○臣召南按史記有射干二字文選亦有之然則俗本妄增有自來矣据下文騰遠射干是獸名又槀本射干是草名此文是香草名如史記文選則此賦凡三用射干字

諸柘巴且○史記作諸蔗猼且文選作諸柘巴苴

其上則有宛雛孔鸞○按史記有赤猨玃猱四字在鸞雛孔鸞之上又蟃蜒貙犴之下史記有兕象野犀窮奇獌狿八字此孟堅所刪也

布夏服之勁箭注伏儼曰夏后氏之良弓名煩弱○臣召南按煩弱應作繁弱左傳封父之繁弱是也

裝積寨縐○按此句下文選有紆徐委曲一句又眇眇忽忽若神之髣髴史記作縹乎忽忽若神仙之彷彿又怠而後游于清池史記作怠而後發游于清池又奔揚會文選作奔物會

南有琅邪注張揖曰臺名也在渤海間○臣召南按琅邪在東海濱不在渤海張揖注誤地理志云琅邪郡琅邪越王嘗治此起臺館自齊國言之在南若如揖說反在齊北境矣

紫淵徑其北注文頴曰西河穀羅縣有紫澤在縣西北○按地理志穀羅武澤在西北据頴此注則彼武字訛也

東注大湖注郭璞曰在吳縣云云○臣召南按此大湖自指關中巨澤言之非吳地震澤也顏引郭說非是凡巨澤瀦水俱可稱大湖不必震澤

前漢書卷五十七下

漢　蘭　臺　令　史班　固撰

唐正議大夫行秘書少監琅邪縣開國子顏師古注

司馬相如傳第二十七下

相如爲郎數歲會唐蒙使略通夜郎僰中 師古曰行取曰略夜郎僰中皆西南夷也僰音蒲北反 發巴蜀吏卒千人郡又多爲發轉漕萬餘人用軍興法誅其渠率 師古曰渠大也 巴蜀民大驚恐上聞之乃遣相如責唐蒙等因諭告巴蜀民以非上意檄曰告巴蜀太守蠻夷自擅不討之日久矣時侵犯邊境勞士大夫陛下即位存撫天下集安中國然後興師出兵北征匈奴單于怖駭交臂受事屈膝請和康居西域重譯納貢稽首來享 師古曰來入朝覲享祀也一曰享獻也獻其國珍也 移師東指閩越相誅右弔番禺太子入朝 文頴曰弔至也番禺南海郡治也東伐越後至番禺故言右也師古曰南越爲東越所伐漢發兵救之南越蒙天子德惠故遣太子入朝所以云弔耳非訓至也 南夷之君西僰之長常效貢職不敢惰怠延頸舉踵喁喁然 師古曰喁喁衆口向上也音魚龍反 皆鄉風慕義欲爲臣妾 師古曰鄉讀曰嚮 道里遼遠山川阻深不能自致 師古曰致至也 夫不順者已誅而爲善者未賞故遣中郎將往賞之發巴蜀之士各五百人以奉幣衛使者不然 張揖曰不然之變也 靡有兵革之事戰鬬之患今聞其乃發軍興制 師古曰以發軍之法爲興衆之制也 驚懼子弟憂患長老郡又擅爲轉粟運輸皆非陛下之意也當行者或亡逃自賊殺 師古曰賊猶害也 亦非人臣之節也夫邊郡之士聞烽舉燧燔 孟康曰烽如覆米䉛縣著契皐頭有寇則舉之燧積薪有寇則燔然之也○宋祁曰䉛音郁漉水䉛 皆攝弓而馳荷兵而走 師古曰攝謂引注矢而持之也攝音女涉反 流汗相屬惟恐居後 師古曰屬連也音之欲反 觸白刃冒流矢 師古曰冒犯也 議不反顧計不旋踵人懷怒心如報私讎彼豈樂死惡生非編列之民而與巴蜀異主哉 師古曰編列謂編戶也編音布先反 計深慮遠急國家之難而樂盡人臣之道也故有剖符之封析圭而爵位爲通侯 如淳曰析中分也白藏天子青在諸侯也 居列東第 師古曰東第甲宅也居帝城之東故曰東第也 終則遺顯號於後世傳土地於子孫事行甚忠敬居位甚安佚 師古曰佚讀與逸同樂也 名聲施於無窮功烈著而不滅是以賢人君子肝腦塗中原膏液潤埜屮而不辭也 師古曰埜古野字也屮古草字 今奉幣使至南夷 宋祁云越本使作役 卽自賊殺或亡逃抵誅 師古曰抵至也亡逃而至於誅也 身死無名 師古曰無善名也 謚爲至愚 師古曰謚者行之迹也終以愚死後葉傳稱故謂之謚 恥及父母爲天下笑人之度量相越豈不遠哉然此非獨行者之罪也父兄之教不先子弟之率不謹 師古曰不先者謂往日不素教之也 寡廉鮮恥而俗不長厚也 師古曰寡少也鮮音息淺反 其被刑戮不亦宜乎陛下患使者所司之若彼 宋祁曰所司疑作有司 悼不肖愚民之如此故遣信使 師古曰誠信之人以爲使也 曉諭百姓以發卒之事 師古曰諭告也 因數之以不忠死亡之罪 師古曰數責也音所具反 讓三老孝弟以不教誨之過 師古曰讓責也責其教誨不備也 方今田時重煩百姓 師古曰重難也不欲召聚之也 已親見近縣 師古曰近縣之人使者以自見而戶諭之矣故爲檄文馳以示遠所也 恐遠所谿谷山澤之民不徧聞檄到亟下縣道 師古曰亟急也縣有蠻夷曰道 咸諭陛下意毋忽 師古曰忽怠忽也 相如還報 師古曰使訖還報天子也 唐蒙已略通夜郎因通西南夷道發巴蜀廣漢卒作者數萬人治道二歲道不成士卒多物故 師古曰物故死也解在蘇武傳 費以億萬計蜀民及漢用事者多言其不便是時邛莋之君長 文頴曰邛者今爲邛都縣莋者今定莋縣師古曰莋音才各反 聞南夷與漢通得賞賜多多欲願爲內臣妾請吏比南夷上問相如相如曰邛莋冉駹者近蜀道易通 師古曰今夔州開州等首領姓冉者皆舊冉種也駹音龍 異時嘗通爲郡縣矣 師古曰異時猶言往時也 至漢興而罷今誠復通爲置縣愈於南夷 晉灼曰南夷謂犍爲牂牁也 上以爲然乃拜相如爲中郎將建節往使副使者王然于壺充國呂越人馳四乘之傳 師古曰傳音張戀反 因巴蜀吏幣物以賂西南夷至蜀太守以下郊迎 師古曰迎於郊界之上也○宋祁曰太守字上疑更有蜀字 縣令負弩矢先驅 師古曰導路也 蜀人以爲寵於是卓王孫臨邛諸公皆因門下獻牛酒以交驩卓王孫喟然而嘆自以得使女尚司馬長卿晚 師古曰尚猶配也義與尚公主同今流俗書本此尚字作當蓋後人見前云文君恐不得當故改此文以就之耳 乃厚分與其女財與男等相如使略定西南夷邛莋冉駹斯榆之君皆請爲臣妾除邊關關益斥 師古曰斥開廣也○宋祁云淳化本無下邊關二字 西至沫若水 張揖曰沫水出蜀廣平徼外若水出旄牛徼外師古曰沬音妹 南至牂柯爲徼 張揖曰徼謂以木石水爲界者也如淳曰斯榆之君等自求去邊關欲與牂柯作徼塞也師古曰徼音工釣反 通靈山道橋孫水 張揖曰鑿開靈山道置靈道縣孫水出臺登縣南至會無入若水師古曰於孫水上作橋也 以通邛莋還報天子大說 師古曰說讀曰悅 相如使時蜀長老多言通西南夷之不爲用大臣亦以爲然相如欲諫業已建之不敢 師古曰本由相如立此事故不敢更諫也 乃著書藉蜀父老爲辭而已詰難之以風天子 師古曰藉假也風讀曰諷 且因宣其使指令百姓皆知天子意其辭曰漢興七十有八載德茂存乎六世 宋祁曰六世高帝惠帝呂后文帝景帝通武帝六世 威武紛云湛恩汪濊 師古曰紛云盛貌汪濊深廣也湛讀曰沈汪音烏皇反濊音於喙反○宋祁曰汪當作瀇 羣生霑濡洋溢乎方外 師古曰洋音羊 於是乃命使西征隨流而攘 師古曰攘卻退也音人羊反 風之所被罔不披靡 師古曰被音皮靡音丕靡反 因朝冉從駹定莋存邛略斯榆舉苞蒲結軼還轅東鄉將報 師古曰結屈也軼車迹也鄉讀曰嚮報報天子也 至于蜀都耆老大夫搢紳先生之徒二十有七人儼然造焉 師古曰造至也造音千到反 辭畢進曰 師古曰辭謂初謁見之辭 蓋聞天子之於夷狄也其義羈縻勿絕而已 師古曰羈馬絡頭也縻牛紖也言牽制之故取喻也○宋祁曰於疑作牧 今罷三郡之士通夜郎之塗 師古曰罷讀曰疲 三年於茲而功不竟士卒勞倦萬民不贍今又接之以西夷百姓力屈恐不能卒業 師古曰屈盡也卒終也業事也 此亦使者之累也 師古曰累音力瑞反 竊爲左右患之且夫邛莋西僰之與中國竝也歷年茲多不可記已 師古曰已語終之辭也 仁者不以德來强者不以力并意者殆不可乎 師古曰言古往帝王雖有仁德不能招來之雖有强力不能并吞之以其險遠理不可也 今割齊民以附夷狄弊所恃以事無用 師古曰所恃謂中國之人也無用謂西南夷也 鄙人固陋不識所謂使者曰烏謂此乎 師古曰烏於何也 必若所云則是蜀不變服而巴不化俗也僕尚惡聞若說 師古曰尚猶也若如也言僕猶惡聞如此之說況乎遠識之人也惡音一故反○宋祁曰若汝爾也莊子予語若之類不容詁爲如 然斯事體大固非觀者之所覯也 師古曰覯見也音搆 余之行急其詳不可得聞已 師古曰言行程急速不暇爲汝詳言之 請爲大夫粗陳其略 師古曰粗猶麤也音千戶反 蓋世必有非常之人然後有非常之事有非常之事然後有非常之功非常者固常人之所異也 師古曰常人見之以爲異也 故曰非常之元黎民懼焉 師古曰元始也非常之事其始難知衆人懼之 及臻厥成天下晏如也 師古曰臻至也晏安也 昔者洪水沸出氾濫衍溢民人升降移徙崎嶇而不安夏后氏戚之乃堙洪原 師古曰堙塞也原本也原音因 決江疏河灑沈澹災東歸之於海 師古曰疏通也灑分也沈深也澹安也言分散其深水以安定其災也灑音所宜反澹音徒濫反 而天下永寧當斯之勤豈惟民哉心煩於慮而身親其勞躬傶骿胝無胈膚不生毛 張揖曰躬體也戚湊理也孟康曰胈毳膚皮也言禹勤骿胝無有毳毛也師古曰骿音步千反胝音竹尸反胈音步曷反臣瓚曰骿字書無戚字又戚字說文曰戉也按李善注文選云孟康曰湊湊理也疑漢書傳寫相承誤以湊字作戚字耳合爲湊湊○宋祁曰戚南本淅本並作戚集韻戚與戚同收注云博雅近也此文難得句不知師古如何讀之必以躬戚骿胝無胈爲一句膚不生毛爲一句則長短不均 故休烈顯乎無窮聲稱浹乎于茲 師古曰休美也烈業也浹徹也于茲猶言今茲也浹音子牒反 且夫賢君之踐位也豈特委瑣握躪拘文牽俗 師古曰握躪局陿也不拘微細之文不牽流俗之議也躪音初角反 循誦習傳當世取說云爾哉 師古曰說讀曰悅言非直區區循習所傳聞取美悅於當時而已 必將崇論谹議創業垂統爲萬世規 師古曰谹深也

音安故馳鶩乎兼容并包而勤思乎參天貳地師古曰比德於地是貳地也地與己并天爲三是參天也且詩不云乎普天之下莫非王土率土之濱莫非王臣師古曰小雅北山之詩也普大也濱涯也是以六合之內八方之外師古曰天地四方謂之六合四方四維謂之八方也浸淫衍溢師古曰浸淫猶漸漬也衍溢言有餘也懷生之物有不浸潤於澤者賢君恥之今封疆之內冠帶之倫師古曰倫類也咸獲嘉祉靡有闕遺矣而夷狄殊俗之國遼絕異黨之域舟車不通人迹罕至政教未加流風猶微內之則犯義侵禮於邊境外之則邪行橫作放殺其上師古曰內之謂通其朝獻也外之謂棄而絕之也橫音胡孟反殺讀曰弒君臣易位尊卑失序父兄不辜幼孤爲奴虜係纍號泣師古曰爲人所獲而纍係之故號泣也纍力追反內鄉而怨師古曰鄉讀曰嚮嚮中國而怨慕也曰蓋聞中國有至仁焉德洋恩普師古曰洋多也物靡不得其所今獨曷爲遺己師古曰曷何也己謂怨者之身也舉踵思慕若枯旱之望雨盭夫爲之垂涕張揖曰狠戾之夫也師古曰盭古戾字況乎上聖又烏能已師古曰烏猶焉也已止也故北出師以討強胡南馳使以誚勁越師古曰誚責也音材笑反四面風德師古曰風化也二方之君鱗集仰流師古曰二方謂西夷及南夷也若魚鱗之相次而仰向承流也願得受號者以億計師古曰號謂爵號也一曰受天子之號令也故乃關沫若張揖曰以沫若水爲關也徼牂柯鏤靈山梁孫原師古曰鏤謂疏通之以開道也梁橋也孫原孫水之原也創道德之塗垂仁義之統將博恩廣施遠撫長駕張揖曰駕行也使恩遠安長行之也使疏逖不閉師古曰逖遠也言疏遠者不被閉絕也曶爽闇昧得燿乎光明師古曰曶爽未明也曶音忽以偃甲兵於此而息討伐於彼遐邇一體中外禔福不亦康乎師古曰禔安也康樂也禔音土支反○宋祁曰禔景本止支反浙本上支反夫拯民於沈溺師古曰拯升也言人在沈溺之中升而舉之也奉至尊之休德師古曰休美也反衰世之陵夷繼周氏之絕業師古曰陵夷謂弛替也天子之急務也百姓雖勞又惡可以已哉師古曰惡讀與烏同已止也且夫王者固未有不始於憂勤而終於佚樂者也師古曰言始能憂勤則終獲逸樂也佚字與逸同然則受命之符合在於此張揖曰合在於憂勤逸樂之中也方將增太山之封加梁父之事鳴和鸞揚樂頌上咸五下登三李奇曰五帝之德比漢爲減三王之德漢出其上師古曰此說非也咸皆也言漢德與五帝皆盛而登於三王之上也相如不當言漢減於五帝也觀者未覩指聽者未聞音猶焦朋已翔乎寥廓師古曰寥廓天上寬廣之處寥音聊而羅者猶視乎藪澤師古曰澤無水曰藪悲夫於是諸大夫茫然師古曰茫音莫郎反喪其所懷來失厥所以進師古曰初有所懷而來欲進而陳之今并喪失其來意也喟然並稱曰允哉漢德師古曰允信也小雅車攻之詩曰允矣君子此鄙人之所願聞也百姓雖勞請以身先之敞罔靡徙遷延而辭避師古曰敞罔失志貌靡徙自抑退也其後人有上書言相如使時受金失官居歲餘復召爲郎相如口吃而善著書常有消渴病與卓氏婚饒於財故其事宦未嘗肯與公卿國家之事師古曰與讀曰豫○劉奉世曰事當作仕常稱疾

閒居不慕官爵師古曰閒讀曰閑也嘗從上至長楊獵師古曰長楊宮也在盩厔是時天子方好自擊熊豕馳逐壄獸相如因上疏諫其辭曰臣聞物有同類而殊能者故力稱烏獲捷言慶忌師古曰烏獲秦武王力士也慶忌吳王僚子也射能捷矢也勇期賁育師古曰孟賁夏育古之勇士也水行不避蛟龍陸行不避豺狼發怒吐氣聲響動天夏育亦猛士也臣之愚竊以爲人誠有之獸亦宜然今陛下好陵阻險射猛獸卒然遇逸材之獸駭不存之地師古曰卒讀曰猝音千忽反謂暴疾也不存不可得安存也○劉敞曰不存猶言不虞下文云存變之意犯屬車之清塵應劭曰古者諸侯貳車九乘秦滅九國兼其車服漢依秦制故大駕屬車八十一乘師古曰屬者言相連續不絕也塵謂行而起塵也言清者尊貴之意也而說者乃以爲清道灑塵謂之清塵非也屬音之欲反輿不及還轅人不暇施巧雖有烏獲逢蒙之技不能用師古曰逢蒙古之善射者也孟子曰逢蒙學射於羿枯木朽株盡爲難矣是胡越起於轂下而羌夷接軫也豈不殆哉師古曰軫車後橫木殆危也雖萬全而無患然本非天子之所宜近也○宋祁曰或無近字且夫清道而後行中路而馳宋祁曰浙本馳字上有后字猶時有銜橛之變張揖曰銜馬勒銜也橛騑馬口長銜也師古曰橛謂車之鉤心也銜橛之變言馬銜或斷鉤心或出則致傾敗以傷人也橛音鉅月反況乎涉豐草騁丘虛師古曰豐茂草也虛讀曰墟前有利獸之樂而內無存變之意其爲害也不難矣○宋祁曰越本作不亦難矣劉敞曰亦字不當刊夫輕萬乘之重不以爲安樂出萬有一危之塗以爲娛臣竊爲陛下不取蓋明者遠見於未萌而知者避危於無形師古曰萌謂事始若草木初生者也旤固多藏於隱微而發於人之所忽者也故鄙諺曰家絫千金坐不垂堂張揖曰畏欄瓦墮中人也師古曰垂堂者近堂邊外自恐墜墮耳非畏櫚瓦也言富人之子則自愛深也此言雖小可以諭大臣願陛下留意幸察上善之還過宜春宮相如奏賦以哀二世行失師古曰宜春本秦之離宮胡亥於此爲閻樂所殺故感其處而哀之也其辭曰登陂陁之長阪兮坌入曾宮之嵯峨蘇林曰坌音馬坌此之坌張揖曰坌並也師古曰曾重也嵯峨高貌也陂音普何反陁音徒何反坌音普頓反又音步頓反臨曲江之隑州兮望南山之參差張揖曰隑長也苑中有曲江之象中有長洲也師古曰曲岸頭曰隑隑即碕字耳言臨曲江之洲兮猶謂其處曰曲江隑音鉅依反巖巖深山之谾谾兮通谷豁乎谽谺晉灼曰谾音籠古龍字也師古曰谾谾深通貌豁音呼活反谽大開貌谽音呼含反谺音呼加反汩淢靸以永逝兮注乎臯之廣衍師古曰汩淢疾貌也靸然輕舉意也臯水邊地也汩音于筆反淢音域靸音先合反觀衆樹之蓊薆兮覽竹林之榛榛師古曰蓊薆薈蔚榛榛盛貌蓊音烏孔反薆音愛榛音側巾反東馳土山兮北揭石瀨師古曰揭褰衣而渡也石而淺水曰瀨瀨音賴揭音丘例反弭節容與兮歷弔二世持身不謹兮亡國失勢信讒不寤兮宗廟滅絕師古曰信讒謂殺李斯也烏乎操行之不得師古曰操音千到反墓蕪穢而不脩兮魂亡歸而不食○宋祁曰姚本作墳墓蕪穢而不修魂魄亡歸而不食相如拜爲孝文園令上既美子虛之事相如見上好僊因曰上林之事未足美也尚有靡者師古曰靡麗也臣嘗爲大人賦未就師古曰就成也請具而奏之相如以爲列僊之儒居

山澤間師古曰儒柔也術士之稱也凡有道術皆爲儒今流俗書本作傳字非也後人所改耳形容甚臞師古曰臞瘠也音鉅句反又音衢此非帝王之僊意也乃遂奏大人賦其辭曰世有大人兮在乎中州師古曰大人以諭天子也中州中國也宅彌萬里兮曾不足以少留師古曰彌滿也悲世俗之迫隘兮朅輕舉而遠游師古曰朅去也音丘例反乘絳幡之素蜺兮載雲氣而上浮張揖曰乘用也赤氣爲幡蜺以白氣也師古曰上音時掌反建格澤之脩竿兮張揖曰格澤之氣如炎火狀黃白色起地上至天下大上鋭脩長也建此氣爲長竿也師古曰格音胡各反澤音大各反總光燿之采旄張揖曰旄葆也總係係光燿之氣於長竿以爲葆也師古曰總音揔葆者即今之所謂蘇頭也垂旬始以爲幓兮李奇曰旬始氣如雄雞見北斗旁張揖曰幓旒也縣旬始於葆下以爲十二旒也師古曰幓所衛反抴彗星而爲髾張揖曰髾燕尾也析彗星綴著旒以爲燕尾也掉指橋以偃蹇兮張揖曰指橋隨風指靡也偃蹇委曲貌師古曰掉音徒釣反蹇音居偃反○宋祁曰注文指靡也越本無指字又猗抳以招搖晉灼曰猗音依倚反抳音年纙反張揖曰猗抳下垂貌招搖跳踊也師古曰招音韶搖音蕭攙搶以爲旌兮靡屈虹而爲綢張揖曰彗星爲攙搶注髦首曰旌今以彗星代之也靡順也綢韜也以斷虹爲旌杠之韜也師古曰韜謂裹冒旌旗之竿也攙音初咸反搶音初衡反屈音其勿反綢音直流反紅杳眇以玄湣兮猋風涌而雲浮蘇林曰玄音炫湣音麪晉灼曰紅赤色貌杳眇深遠也玄湣混合也言自絳以下衆氣色盛光采相燿幽藹炫亂也師古曰如猋風之涌如雲之浮言輕舉也猋音必遙反駕應龍象輿之蠖略委麗兮驂赤螭青虯之蚴蟉宛蜒文穎曰有翼曰應龍最其神妙者也師古曰蠖略委麗蚴蟉宛蜒皆其行步進止之貌也蠖音於縛反麗音力爾反蚴音一糾反蟉音力糾反宛音於元反蜒音延低卬夭蟜裾以驕驁兮詘折隆窮躩以連卷張揖曰裾直項也驕驁縱恣也詘折曲委也隆窮穹隆也躩跳也連卷句蹄也師古曰裾音倨驕音居召反驁音五到反躩音鉅縛反卷音鉅圓反沛艾赳螑仡以佁儗兮張揖曰沛艾駊騀也赳螑申頸低卬也仡舉頭也佁儗不前也師古曰沛音普蓋反赳音古有反螑音火幼反仡音魚乞反佁音丑吏反儗音魚吏反佁又音態儗反放散畔岸驤以孱顏師古曰畔岸自縱之貌也驤舉也孱顏不齊也孱音士顏反跮踱輵螛容以骫麗兮張揖曰跮踱互前却也輵螛搖目吐舌也容龍體貌也骫麗左右相隨也師古曰跮音丑日反踱音丑略反輵音遏螛音曷骫古委字也麗音力爾反蜩蟉偃寋怵㚇以梁倚張揖曰蜩蟉掉頭也怵㚇奔走也梁倚相著也師古曰蜩音徒釣反蟉音盧釣反怵音黜㚇音丑若反倚音於綺反糾蓼叫奡踏以艐路兮張揖曰糾蓼相引也叫奡相呼也踏下也艐著也皆下著道也師古曰叫奡高舉之貌蓼音力糾反奡音五到反踏音沓艐音屆蔑蒙踊躍騰而狂趭張揖曰蔑蒙飛揚也踊躍跳也騰馳也趭奔走也師古曰蒙音莫孔反趭音醮莅颯芔歙焱至電過兮煥然霧除霍然雲消張揖曰莅颯飛相及也芔歙走相追也師古曰莅音利颯音立芔音諱歙音翕邪絕少陽而登太陰兮與真人乎相求張揖曰少陽東極太陰北極邪度東極而升北極也真人謂若士也遊於太陰之中師古曰真人至真之人也非指謂若士也互折窈窕以右轉兮橫厲飛泉以正東張揖曰飛泉飛谷也在崑崙山西南師古曰厲渡也悉徵靈圉而選之兮部署衆神於搖光張揖曰搖光北斗柄頭第一星使五帝先導兮反太壹而從陵陽應劭曰五帝五時太皞之屬也如淳曰天極大星一明者太一常居也張揖曰陵陽仙人陵陽子明也師古曰令太一反其所居而使陵陽侍從於己○宋祁曰注文五時當從浙本作五時左玄冥而右黔雷兮張揖曰玄冥北方黑帝佐也黔雷黔嬴也天上造化神名也楚辭曰召黔嬴而見之或曰水神

也前長離而後矞皇服虔曰皆神名也師古曰長離靈鳥也解在禮樂志矞音以出反廝征伯僑而役羨門兮詔岐伯使尚方應劭曰廝役也張揖曰伯僑仙人王子僑也羨門碣石山上仙人羨門高也尚主也岐伯者黃帝太醫屬使主方藥也師古曰征伯僑者仙人姓征名伯僑非王子僑也郊祀志征字作正其音同耳或說云征謂役使之非也祝融警而蹕御兮清氣氛而后行張揖曰祝融南方炎帝之佐也獸身人面乘兩龍師古曰蹕止行人也御禦也氛惡氣也屯余車而萬乘兮綷雲蓋而樹華旗師古曰綷合也合五采雲以爲蓋也綷音子內反使句芒其將行兮吾欲往乎南娭張揖曰句芒東方青帝之佐也鳥身人面乘兩龍師古曰將行將領從行也娭音許其反歷唐堯於崇山兮過虞舜於九疑張揖曰崇山狄山也海外經曰狄山帝堯葬於其陽九疑山在零陵營道縣舜所葬也師古曰疑似也山有九峯其形相似故曰九疑也紛湛湛其差錯兮雜遝膠輵以方馳師古曰湛湛積厚之貌差錯交互也雜遝重累也膠輵猶交加也湛音徒感反遝音大合反輵音葛騷擾衝蓯其紛挐兮滂濞泱軋麗以林離張揖曰衝蓯相入貌滂濞衆盛貌泱軋不前也麗靡也林離摻攡也師古曰衝音尺勇反蓯音相勇反挐音女居反滂音普郎反濞音普備反泱音烏朗反軋音於黠反摻音所林反攡音所宜反攢羅列聚叢以蘢茸兮衍曼流爛痑以陸離張揖曰痑衆貌一曰罷極也陸離參差也師古曰蘢茸聚貌流爛布散也痑自放縱也蘢音來孔反茸音而孔反衍音弋扇反痑音式爾反張云罷極義則非矣徑入雷室之砰磷鬱律兮洞出鬼谷之堀礨崴魁張揖曰雷室雷淵也洞通也鬼谷在崑崙北直北辰下衆鬼之所聚也堀礨崴魁不平也師古曰砰磷鬱律深峻貌砰音普萌反磷音力耕反堀音口骨反礨音洛賄反崴音一迴反徧覽八紘而觀四海兮朅度九江越五河張揖曰九江在廬江尋陽縣南皆東合爲大江者服虔曰河有九今越其五也晉灼曰五河五湖取河之聲合其音耳師古曰服晉說五河皆非也五河五色之河也仙經說有紫碧絳青黃之河非謂九河之內亦非五湖也經營炎火而浮弱水兮杭絕浮渚涉流沙應劭曰楚辭曰越炎火之萬里弱水出張掖刪丹西至酒泉合黎餘波入于流沙張揖曰杭船也絕度也浮渚流沙中渚也流沙與水流行也師古曰弱水謂西域絕遠之水乘毛車以度者耳非張掖弱水也又流沙但有沙流本無水也言絕度浮渚乃涉流沙也杭音下郎反奄息蔥極氾濫水娭兮張揖曰奄然休息也蔥極蔥領山也在西域中使靈媧鼓琴而舞馮夷服虔曰靈媧女媧也伏犧作琴使女媧鼓之馮夷河伯字也淮南子曰馮夷得道以潛大川師古曰媧音瓜又工蛙反時若曖曖將混濁兮召屏翳誅風伯刑雨師應劭曰屏翳天神使也張揖曰風伯字飛廉師古曰屏音步丁反西望崑崙之軋沕荒忽兮張揖曰崑崙去中國五萬里天帝之下都也其山廣袤百里高八萬仞增城九重面有九井以玉爲檻旁有五門開明獸守之軋沕荒忽不分明之貌師古曰沕音勿荒音呼廣反直徑馳乎三危張揖曰三危山在鳥鼠山之西與嶓山相近黑水出其南陂書曰導黑水至于三危也排閶闔而入帝宮兮載玉女而與之歸張揖曰玉女青要乘弋等也登閬風而遙集兮亢鳥騰而壹止張揖曰閬風山在崑崙閶闔之中遙遠也應劭曰亢然高飛如鳥之騰也師古曰閬音浪亢音抗低徊陰山翔以紆曲兮吾乃今日睹西王母暠然白首戴勝而穴處兮亦幸有三足烏爲之使張揖曰陰山在崑崙西二千七百里西王母其狀如人豹尾虎首蓬髮暠然白首石城金室穴居其中三足烏青鳥也主爲西王母取食在崑崙墟之北如淳曰山海經曰西王母梯几而戴勝師古曰低徊猶徘徊也勝婦人首飾也漢代謂之華勝暠音工老反字或作皜音皓必長生若此而不死兮雖濟萬世不足以喜師古曰昔之談者咸以西王母爲仙靈之最故相如言大人之仙娭遊之盛顧

祝王母亦而頤之不足羨慕也回車朅來兮絕道不周張揖曰不周山在崑崙東南二千三百里也會食幽都呼吸沆瀣兮餐朝霞張揖曰幽都在北方如淳曰淮南云八極西北曰幽都之門應劭曰列仙傳陵陽子言春食朝霞朝霞者日始欲出赤黃氣也夏食沆瀣沆瀣北方夜半氣也并天地玄黃之氣爲六氣師古曰沆音胡朗反瀣音蠏咀噍芝英兮嘰瓊華張揖曰芝英芝草之英也嘰食也瓊樹生崑崙西流沙濱大三百圍高萬仞華藥也食之長生師古曰芝英之英不實謂之英嘰音才笑反又音才汝反噍音才妙反嘰音機又音祈僸祲尋而高縱兮紛鴻溶而上厲張揖曰僸祲仰頭也鴻溶竦踊也師古曰僸音角甚反祲音子禁反鴻音胡孔反溶音弋孔反貫列缺之倒景兮服虔曰列缺天閃也人在天上下向視日月故景倒在下也張揖曰貫穿也陵陽子明經曰列缺氣去地二千四百里倒景氣去地四千里其景皆倒在下也涉豐隆之滂濞應劭曰豐隆雲師也楚辭曰吾令豐隆乘雲兮淮南子曰季春三月豐隆乃出以將雨師古曰豐隆將雨故言涉也滂濞雨水多也滂音普郎反濞音匹備反騁游道而脩降兮鶩遺霧而遠逝張揖曰馳疾而遺霧在後也師古曰游車也道道車也脩長也降下也言周覽天上然後騁車也循長路而下馳棄遺霧而遠逝也道讀曰導迫區中之隘陜兮舒節出乎北垠師古曰舒緩也垠崖也音銀遺屯騎於玄闕兮張揖曰玄闕北極之山也軼先驅於寒門應劭曰寒門北極之門也師古曰軼過也音逸下崢嶸而無地兮師古曰崢嶸深遠貌也崢音仕耕反嶸音宏上嵺廓而無天師古曰嵺廓廣遠也嵺音遼視眩泯而亡見兮聽敞怳而亡聞師古曰眩泯目不安也敞怳耳不諦也眩音州縣之縣泯音眄乘虛亡而上遐兮超無友而獨存師古曰上音時掌反○宋祁曰友字浙本作有字相如既奏大人賦天子大說師古曰說讀曰悅飄飄有陵雲氣游天地之間意

相如既病免家居茂陵天子曰司馬相如病甚可往從悉取其書若後之矣師古曰若汝也言汝今去已在他人後也使所忠往師古曰使者姓名也解在食貨志○宋祁曰浙本正文無使字而相如已死家無遺書問其妻○宋祁曰別本無其字對曰長卿未嘗有書也時時著書人又取去長卿未死時爲一卷書曰有使來求書奏之其遺札書言封禪事師古曰書於札而留之故云遺札所忠奏焉天子異之其辭曰伊上古之初肇自顥穹生民師古曰肇始也顥穹皆謂天也言氣顥汗也穹言形穹隆也謂自初始有天地以來也顥音胡老反歷選列辟以迄乎秦師古曰選數也辟君也迄至也辟音璧率邇者踵武聽逖者風聲文穎曰率循也邇近也踵躡也武迹也逖遠也言循履近者之遺迹聽遠者之風聲謂著於雅頌也師古曰風聲謂遺風嘉聲耳無繫於雅頌也紛輪威蕤湮滅而不稱者不可勝數也張揖曰紛輪威蕤亂貌繼昭夏崇號謚略可道者七十有二君文穎曰昭明也夏大也德明大相繼封禪於泰山者七十有二人也罔若淑而不昌疇逆失而能存應劭曰罔無也若順也淑善也疇誰也師古曰言行順善者無不昌大爲逆失者誰能久存也軒轅之前遐哉邈乎其詳不可得聞已師古曰遐邈皆遠也已語終之辭五三六經載籍之傳維見可觀也師古曰五五帝也三三皇也○宋祁曰皇當作王書曰元首明哉股肱良哉師古曰此虞書益稷之語也元首君也股肱大臣也因斯以談君莫盛於堯臣莫賢於后稷后稷創業於唐公劉發迹於西戎文王改制爰周郅隆大行越成文穎曰郅至也行道也文王始開王業改正朔服色太平之道於是成也應劭曰大行道德大行也師古曰郅音質而后陵遲衰微千載亡聲豈不善始善終哉鄭氏曰無聲無有惡聲也師古曰雖後嗣衰微政教頹替猶經千載而無惡聲然無異端慎所由於前謹遺教於後耳師古曰言既創業定制又垂裕後昆也故軌迹夷易易遵也師古曰夷易平也易音弋豉反湛恩厖洪易豐也師古曰湛讀曰沈沈深也厖洪皆大也厖音龐憲度著明易則也垂統理順易繼也張揖曰垂縣也統緒也理道也文王重易六爻窮理盡性縣于後世其道和順易纘而明孔子得錯其象而彖其辭也師古曰統業直言所垂之業其理至順故令後嗣易繼之耳非謂演易也是以業隆於繦保而崇冠乎二后孟康曰繦保謂成王也二后謂文武也周公負成王以致太平功德冠於文武者遵成法易故也揆厥所元終都攸卒師古曰元始也都於也攸所也卒終也言度其所始究其所終也未有殊尤絕迹可考於今者也師古曰尤異也考校也言不得與漢校其德也然猶躡梁甫登太山建顯號施尊名大漢之德逢涌原泉沕潏曼羨師古曰逢讀曰蓬言如蓬火之升原泉之流也沕潏曼羨盛大之意也沕音勿潏音聿羨音弋扇反旁魄四塞雲布霧散師古曰旁魄廣被也魄音步各反上暢九垓下泝八埏服虔曰暢達也垓重也天有九重如淳曰淮南云若士謂盧敖吾與汗漫期乎九垓之上孟康曰泝流也埏地之八際也言德上達於九重之天下流於地之八際師古曰埏本音延合韻音弋戰反淮南子作八賁也懷生之類沾濡浸潤協氣橫流武節猋逝師古曰言和氣橫被四表威武如猋之盛邇陿游原迥闊泳末孟康曰邇近也原本也迥遠也濶廣也泳浮也恩德比之於水近者游其原遠者浮其末也首惡鬱沒闇昧昭晰師古曰始爲惡者皆即湮滅素暗昧者皆得光明也晰音之舌反昆蟲闓懌回首面內文穎曰闓懌皆樂也師古曰闓讀曰凱言四方幽遐皆懷和樂回首革面而內嚮也然后囿騶虞之珍群徼麋鹿之怪獸師古曰言騶虞自擾而充苑囿怪獸自來若入徼塞言符瑞之盛也徼音工釣反○劉奉世曰此言騶虞可致於圃中怪獸可驅於徼外耳導一莖六穗於庖鄭氏曰導擇也一莖六穗謂嘉禾之米於庖廚以供祭祀也犧雙觡共抵之獸服虔曰犧牲也觡角也抵本也武帝獲白麟兩角共一本因以爲牲也○宋祁曰觡音居額反獲周餘放龜于岐文穎曰周放龜於岐山之旁龜能吐故納新千歲不死也招翠黃乘龍於沼張揖曰乘龍四龍也孟康曰翠黃乘黃也龍翼馬身黃帝乘之而仙言見乘黃而招呼之禮樂志曰訾黃其何不來下余吾渥洼水中出神馬故曰乘龍於沼也師古曰此說非也言招致翠黃及乘龍於沼耳乘音食證反春秋傳曰帝賜之乘龍○劉奉世曰此則下文黃龍一瑞也翠黃言其色翠而黃非別物鬼神接靈圉賓於閒館文穎曰是時上求神仙之人得上郡之巫長陵女子能與鬼神交接治病輒愈置於上林苑中號曰神君有似於古之靈圉待之於閒館舍中也師古曰閒讀曰閑○劉奉世曰鬼神接下疑少三字奇物譎詭俶儻窮變師古曰俶音吐歷反欽哉符瑞臻茲猶以爲薄不敢道封禪蓋周躍魚隕杭休之以燎應劭曰杭舟也休美也師古曰燎祭天也謂武王伐紂白魚入于王舟俯取以燎微夫斯之爲符也以登介丘不亦恧乎服虔曰介大也丘山也言周以白魚爲瑞登太山封禪不亦慙乎進攘之道何其爽與張揖曰進周也攘漢也爽差也言周未可封禪而封爲進漢可封禪而不封爲攘也師古曰攘古讓字於是大司馬進曰文穎曰大司馬上公故先進議也陛下仁育群生義征不譓文穎曰譓順也諸夏樂貢百蠻執贄師古曰夏大也諸夏謂中國之人比蠻夷爲大也德牟往初功無與二師古曰牟等也休烈液洽符瑞衆變期應紹至不特創見師古曰言符瑞衆多應期相續而至不獨初創而見也○宋祁曰液疑作浹期應浙本作斯應予謂疑當作應期意者太山梁父設壇場望幸蓋號以況榮孟康曰意者言太山梁父設壇場望聖帝往封禪紀號以表榮名也師古曰幸臨幸也蓋發語辭也上帝垂恩儲祉將以慶成師古曰上帝天也言垂恩於下豫積祉福用慶告成之禮陛下嗛讓而弗發也張揖曰不肯發意往也師古曰嗛古謙字挈三神之歡缺王道之儀應劭曰挈絕也缺闕也如淳曰三神地祇天神山嶽也師古曰挈音口計反羣臣恧焉師古曰恧愧也音女六反或謂且天爲質闇示珍符固不可辭師古曰言天道質昧以符瑞見意不可辭讓也若然辭之是泰山靡記而梁甫罔幾也張揖曰泰山之上無所表記梁父壇場無庶幾也亦各並時而榮咸濟厥世而屈說者尚何稱於後而云七十二君哉應劭曰屈絕也言古帝王若但各一時之榮畢世而絕者則說者無從顯稱於後也師古曰屈音其勿反夫脩德以錫符奉符以行事不爲進越也文穎曰越踰也不爲苟進踰禮也故聖王弗替而脩禮地祇謁款天神文穎曰謁告也款誠也師古曰替廢也不廢封禪之事也勒功中岳以章至尊張揖曰蓋先禮中岳而幸太山也師古曰章明也舒盛德發號榮受厚福以浸黎民皇皇哉斯事天下之壯觀王者之卒業不可貶也師古曰皇皇盛貌也卒終也字或作本或作丕丕大也願陛下全之張揖曰願以封禪全其終也而后因雜縉紳先生之略術使獲曜日月之末光絕炎以展采錯事文穎曰采官也使諸儒記功著業得日月末光殊絕之明以展其官職設錯其事業也李奇曰炎音火之光炎師古曰炎音弋贍反錯音千故反猶兼正列其義祓飾厥文作春秋一藝孟康曰猶作春秋者正天時列人事也言諸儒既得展事業因兼正天時列人事敘述大義爲一經也師古曰祓除也祓飾者言除去舊事更飾新文也祓音敷勿反○宋祁曰浙本祓音方吠反將襲舊六爲七攄之無窮文穎曰六經加一爲七也師古曰攄布也音丑居反俾萬世得激清流揚微波蜚英聲騰茂實師古曰蜚古飛字前聖之所以永保鴻名而常爲稱首者用此師古曰稱尺孕反宜命掌故悉奏其儀而覽焉師古曰掌故太常官屬主故事者於是天子沛然改容曰俞乎朕其試哉師古曰沛然感動之意也俞者然也然其所請也沛音普大反俞音踰乃遷思回慮總公卿之議詢封禪之事詩大澤之博廣符瑞之富孟康曰詩所以詠功德謂下四章之頌也大澤之博謂自我天覆雲之油也廣符瑞之富謂班班之獸以下三章言符瑞廣大富饒也○劉奉世曰嘉穀亦符瑞之一也此但包舉作頌之意不必別之廣謂廣闊其事遂作頌曰自我天覆雲之油油蘇林曰油音油麻之油李奇曰油油雲行貌孟子曰油然作雲沛然下雨甘露時雨厥壤可游師古曰言雨露滂沛其澤可以游泳也滋液滲漉何生不育師古曰滲漉謂潤澤下究也滲音山禁反漉音鹿嘉穀六穗我穡曷蓄李奇曰我之稼穡何等不蓄積也匪唯雨之又潤澤之匪唯偏我汜布護之師古曰汜普也布護言遍布也汜音敷劍反萬物熙熙懷而慕之名山顯位望君之來君兮君兮侯不邁哉師古曰侯何也邁行也言君何不行封禪也般般之獸樂我君圃白質黑章其儀可喜師古曰謂騶虞也般字與斑同耳從丹青之丹喜音許記反旼旼穆穆君子之態孟康曰旼旼和也穆穆敬也言容態和且敬有似君子也師古曰旼音旻蓋聞其聲今視其來師古曰言往昔但聞其聲今親見其來也來合韻音郎代反厥塗靡從天瑞之徵文穎曰其來之道何從乎此乃天瑞之應也茲爾於舜虞氏以興文穎曰百獸舞則騶虞在其中也濯濯之麟游彼靈畤孟冬十月君徂郊祀文穎曰濯濯肥也武帝冬幸雍祠五畤獲白麟也師古曰濯音直角反大雅靈臺之詩云麀鹿濯濯馳我君輿帝用享祉文穎曰馳我君車之前也師古曰帝天帝也以此祭天天既享之答以祉福也三代之前蓋未嘗有宛宛黃龍興德而升文穎曰起至德而見也采色玄耀炳炳煇煌師古曰玄讀曰炫煇煌光貌煇音下本反○宋祁曰炳炳越本作煥炳正陽顯見覺寤黎烝文穎曰陽明也師古曰黎烝衆庶也於傳載之云受命所乘師古曰謂易云時乘六龍以御天也○劉奉世曰如長卿所云則蓋元狩以前皆嘗有此瑞不知史不備記何也厥之有章不必諄諄文穎曰天之所命表以符瑞章明其德不必諄諄然有語言也師古曰諄諄告喻之熟也音之純反依類託寓諭以封巒文穎曰寓寄也巒山也言依事類託寄以喻封禪披藝觀之天人之際已交上下相發允答聖王之事兢兢翼翼師古曰兢兢戒也翼翼敬也故曰於興必慮衰安必思危是以湯武至尊嚴不失肅祗師古曰言居天子之位猶不忘恭敬也舜在假典顧省厥遺此之謂也師古曰在察也假大也典則也言舜察璇璣玉衡恐己政化有所遺失不合天心今漢亦當順天意而封禪也

相如既卒五歲上始祭后土八年而遂禮中岳封于太山至梁甫禪肅然

相如它所著若遺平陵侯書與五公子相難草木書篇不采采其尤著公卿者云

贊曰司馬遷稱春秋推見至隱李奇曰隱猶微也言其義顯而文隱若隱公見弒而經不書隱諱之也易本隱以之顯張揖曰作八卦以通神明之德是本隱也有天道焉有地道焉有人道焉以類萬物之情是之顯也師古曰之往也大雅言王公大人而德逮黎庶張揖曰謂文王公劉在位大人之德下及衆民者也小雅譏小己之得失其流及上張揖曰己詩人自謂也己小有得失不得其所作詩流言以諷其上也師古曰小己者謂卑少之人以對上言大人耳所言雖殊其合德一也相如雖多虛辭濫說然要其歸引之於節儉此亦詩之風諫何異師古曰風讀曰諷次下亦同揚雄以爲靡麗之賦勸百而諷一師古曰奢靡之辭多而節儉之言少也猶騁鄭衛之聲曲終而奏雅不已戲乎張揖曰不亦輕戲乎哉○宋祁曰已當作亦

前漢書卷五十七下考證

司馬相如傳下今聞其乃發軍興制注師古曰以發軍之法爲興衆之制也○許應元曰發軍興制即前所謂用軍興法顏注非

除邊關邊關益斥○宋祁曰淳化本無下邊關二字○臣名南按史記作除邊關關益斥文選亦然似淳化本脫一關字而今本又衍一邊字也

西至沬若水注張揖曰沬水出蜀廣平徼外若水出旄牛徼外○臣名南按蜀郡有廣都廣柔二縣無廣平縣平字訛也但地理志于廣都廣柔二縣下不云沬水出徼外未知張揖所据又按沬水即大渡河志曰渽水出汶江縣徼外南至南安東入江而大渡水出青衣縣東南至南安入渽渽水即水經注之涐水也

若水今名打沖河

通靈山道注張揖曰鑿開靈山道置靈道縣○臣名南按史記作通靈關道以地理志証之越巂有靈關道則本文山字訛也張揖注置靈道縣亦脫一關字

乃湮洪原○文選作湮洪塞原

躬傶胝無胈膚不生毛注臣佖曰云云○按張佖之上當有一圈以別于顏注

又宋祁曰此文難得句○按史記作躬胝無胈文選作躬腠胝無胈句亦不齊

魂亡歸而不食○此文下史記有曼遂絕而不齊兮五句蓋班氏刪之也

纖昭夏○史記作纖韶夏又維見可觀也文選作維風可觀也

匪雅偏我○史記作非惟濡之文選作非惟徧之又其儀可喜文選作可嘉

前漢書卷五十八

漢　蘭　臺　令　史班　固撰

唐正議大夫行祕書少監琅琊縣開國子顏師古注

公孫弘卜式兒寬傳第二十八

公孫弘菑川薛人也少時爲獄吏有罪免家貧牧豕海上年四十餘乃學春秋雜說武帝初卽位招賢良文學士○宋祁曰士字上疑有之字是時弘年六十以賢良徵爲博士使匈奴還報不合意師古曰奏事不合天子之意上怒以爲不能弘乃移病免歸師古曰移病謂移書言病也一日以病移居元光五年復徵賢良文學菑川國復推上弘弘謝曰前已嘗西用不能罷願更選國人固推弘弘至太常上策詔諸儒制曰蓋聞上古至治畫衣冠異章服而民不犯陰陽和五穀登六畜蕃師古曰登成也蕃多也音扶元反甘露降風雨時嘉禾興朱屮生師古曰屮古草字山不童澤不涸師古曰童無草木也涸水竭也音胡各反麟鳳在郊藪龜龍游於沼師古曰邑外謂之郊澤無水曰藪沼池也河洛出圖書父不喪子兄不哭弟北發渠搜南撫交阯師古曰言威德之盛北則徵發于渠搜南則綏撫於交阯也渠搜遠夷之國也舟車所至人迹所及跂行喙息咸得其宜師古曰跂行有足而行者也喙息謂有口能息者也跂音岐喙音許穢反朕甚嘉之今何道而臻乎此師古曰臻至也子大夫修先聖之術明君臣之義講論洽聞有聲乎當世敢問子大夫天人之道何所本始吉凶之效安所期焉師古曰安焉也禹湯水旱厥咎何由仁義禮知四者之宜當安設施屬統垂業物鬼變化師古曰屬繫也音之欲反其下亦同天命之符廢興何如天文地理人事之紀子大夫習焉其悉意正議詳具其對著之于篇師古曰悉盡也篇簡也朕將親覽焉靡有所隱弘對曰臣聞上古堯舜之時不貴爵賞而民勸善不重刑罰而民不犯躬率以正而遇民信也師古曰躬謂身親行之遇謂處待之而已○宋祁曰注文而已字疑當刪末世貴爵厚賞而民不勸深刑重罰而姦不止其上不正遇民不信也夫厚賞重刑未足以勸善而禁非必信而已矣是故因能任官則分職治師古曰分音扶問反去無用之言則事情得不作無用之器則賦斂省不奪民時不妨民力則百姓富有德者進無德者退則朝廷尊有功者上無功者下則羣臣逡李奇曰言有次第也師古曰逡音七句反其字從辵○宋祁曰逡疑作俊姚本注文改辵作辶罰當罪則姦邪止賞當賢則臣下勸凡此八者治民之本也○宋祁云江南本無民字故民者業之卽不爭理得則不怨有禮則不暴愛之則親上師古曰各得其業則無爭心各申其理則無所怨使之由禮則無暴慢子而愛之則知親上也此有天下之急者也故法不遠義則民服而不離和不遠禮則民親而不暴師古曰遠違也音于萬反故法之所罰義之所去也師古曰去棄也音丘舉反和之所賞禮之所取也禮義者民之所服也而賞罰順之則民不犯禁矣○宋祁曰監本浙本止云不犯矣南本云民之所服也不犯禁矣而賞罰順之則民從余謂不犯禁矣四字疑當刪止作則民從故畫衣冠異章服而民不犯者此道素行也臣聞之氣同則從聲比則應師古曰比和也音頻寐反今人主和德於上百姓和合於下師古曰合謂與上合德也故心和則氣和氣和則形和形和則聲和聲和則天地之和應矣故陰陽和風雨時甘露降五穀登六畜蕃嘉禾興朱草生山不童澤不涸此和之至也故形和則無疾無疾則不夭故父不喪子兄不哭弟德配天地明並日月則麟鳳至龜龍在郊河出圖洛出書遠方之君莫不說義師古曰說讀曰悅奉幣而來朝此和之極也臣聞之仁者愛也義者宜也禮者所履也師古曰履而行之智者術之原也致利除害兼愛無私謂之仁師古曰致謂引而至也明是非立可否謂之義進退有度尊卑有分謂之禮師古曰分音扶問反擅殺生之柄通壅塞之塗師古曰擅專也權輕重之數論得失之道使遠近情僞必見於上謂之術師古曰見顯也凡此四者治之本道之用也皆當設施不可廢也得其要則天下安樂○宋祁曰南本云得其要道浙本云得其要術法設而不用師古曰下不犯法無所加刑也不得其術則主蔽於上官亂於下此事之情屬統垂業之本也臣聞堯遭鴻水使禹治之未聞禹之有水也若湯之旱則桀之餘烈也桀紂行惡受天之罰禹湯積德以王天下因此觀之天德無私親○宋祁曰天德浙本無德字順之和起逆之害生此天文地理人事之紀臣弘愚戇不足以奉大對師古曰大對大問之對也時對者百餘人太常奏弘第居下策奏天子擢弘對爲第一召見容貌甚麗○宋祁曰浙本云召入見拜爲博士待詔金馬門如淳曰武帝時相馬者東門京作銅馬法獻之立馬於魯班門外更名魯班門爲金馬門弘復上疏曰陛下有先聖之位而無先聖之民有先聖之民而無先聖之吏是以勢同而治異先世之吏正故其民篤師古曰篤厚也今世之吏邪故其民薄政弊而不行令倦而不聽夫使邪吏行弊政用倦令治薄民民不可得而化此治之所以異也臣聞周公旦治天下朞年而變三年而化五年而定唯陛下之所志師古曰言志所在也書奏天子以冊書答曰○宋祁曰答字下疑有焉字問弘稱周公之治弘之材能自視孰與周公賢師古曰與猶如也弘對曰愚臣淺薄安敢比材於周公雖然愚心曉然見治道之可以然也夫虎豹馬牛禽獸之不可制者也及其教馴服習之師古曰馴順也音巡至可牽持駕服唯人之從師古曰從人意臣聞揉曲木者不累日師古曰揉謂矯而正之也累積也揉音人九反○宋祁曰累當作絫注文積累字上當有絫古累字四字銷金石者不累月夫人之於利害好惡豈比禽獸木石之類哉師古曰好音呼到反惡音一故反朞年而變臣弘尚竊遲之上異其言時方通西南夷巴蜀苦之詔使弘視焉還奏事盛毀西南夷無所用上不聽每朝會議開陳其端使人主自擇不肯面折庭爭於是上察其行愼厚辯論有餘習文法吏事緣飾以儒術師古曰緣飾者譬之於衣加純緣者上說之師古曰說讀曰悅一歲中至左內史弘奏事有所不可不肯庭辯師古曰不於朝廷顯辯論之○宋祁曰庭當作廷後庭詰並同常與主爵都尉汲黯請間師古曰求空隙之暇黯先發之弘推其後上常說師古曰說讀曰悅所言皆聽以此日益親貴嘗與公卿約議師古曰約要也至上前皆背其約以順上指汲黯庭詰弘曰齊人多詐而無情始爲與臣等建此議今皆背之不忠上問弘弘謝曰夫知臣者以臣爲忠不知臣者以臣爲不忠上然弘言左右幸臣每毀弘上益厚遇之弘爲人談笑多聞師古曰善於談笑而又多聞也談字或作詼音恢詼謂嘲也善嘲謔也常稱以爲人主病不廣大人臣病不儉節養後母孝謹後母卒服喪三年爲內史數年遷御史大夫時又東置蒼海○宋祁云一作滄北築朔方之郡弘數諫以爲罷弊中國以奉無用之地願罷之於是上迺使朱買臣等難弘置朔方之便發十策弘不得一師古曰言其利害十條弘無以應之弘迺謝曰山東鄙人不知其便若是願罷西南夷蒼海專奉朔方上迺許之汲黯曰弘位在三公奉祿甚多師古曰奉音扶用反其下亦同然爲布被此詐也上問弘弘謝曰有之夫九卿與臣善者無過黯然今日庭詰弘誠中弘之病夫以三公爲布被誠飾詐欲以釣名師古曰釣取也言若釣魚之謂也且臣聞管仲相齊有三歸師古曰三歸取三姓女也婦人謂嫁曰歸侈擬於君桓公以霸亦上僭於君師古曰擬疑也言相似也晏嬰相景公食不重肉妾不衣絲齊國亦治亦下比於民師古曰比方也一日比近也音頻寐反今臣弘位爲御史大夫爲布被自九卿以下至於小吏無差誠如黯言且無黯陛下安聞此言上以爲有讓愈益賢之元朔中代薛澤爲丞相先是漢常以列侯爲丞相唯弘無爵上於是下詔曰朕嘉先聖之道開廣門路宣招四方之士蓋古者任賢而序位量能以授官勞大者厥祿厚德盛者獲爵尊故武功以顯重而文德以行褒其以高成之平津鄉戶六百五十封丞相弘爲平津侯其後以爲故事至丞相封自弘始也時上方興功業婁舉賢良師古曰婁古屢字弘自見爲舉首起徒步數年至宰相封侯於是起客館開東閣以延賢人師古曰閣者小門也東向開之避當庭門而引賓客以别於掾史官屬也與參謀議弘身食一肉脫粟飯師古曰才脫粟而已不精鑿也脫音他活反故人賓客仰衣食師古曰故人平生交也仰音牛向反奉祿皆以給之家無所餘然其性意忌外寬內深師古曰意忌多所忌害也諸常與弘有隙○宋祁曰南本常作嘗無近遠雖陽與善後竟報其過殺主父偃徙董仲舒膠西皆弘力也後淮南衡山謀反治黨與方急弘病甚自以爲無功而封侯居宰相位宜佐明主塡撫國家師古曰塡音竹刃反使人由臣子之道師古曰由從也而諸侯有畔逆之計此大臣奉職不稱也師古曰稱副也恐病死無以塞責師古曰塞當也乃上書曰臣聞天下通道五所以行之者三君臣父子夫婦長幼朋友之交五者天下之通道也仁知勇三者所以行之也故曰好問近乎知師古曰疑則問之故成其智力行近乎仁師古曰屈已濟物故爲仁也知恥近乎勇師古曰不求苟得故爲勇也知此三者知所以自治知所以自治然後知所以治人師古曰自好問近乎知以下皆禮記中庸之辭未有不能自治而能治人者也陛下躬孝弟監三王建周道兼文武招徠四方之士任賢序位量能授官將以厲百姓勸賢材也今臣愚駑無汗馬之勞師古曰言未嘗從軍旅陛下過意擢臣弘卒伍之中師古曰過猶誤也封爲列侯致位三公臣弘行能不足以稱師古曰不副其任也加有負薪之疾恐先狗馬塡溝壑終無以報德塞責願歸侯乞骸骨避賢者路上報曰古者賞有功褒有德守成上文遭禍右武師古曰右亦上也禍亂時則上武未有易此者也師古曰易改也朕夙夜庶幾獲承至尊懼不能寧惟所與共爲治者君宜知之師古曰惟思也知謂知治道也蓋君子善善及後世若茲行常在朕躬師古曰朕常思此不息於心也君不幸罹霜露之疾何恙不已師古曰罹遭也恙憂也已止也言何憂於疾不止也禮記

日疾止復初也乃上書歸侯乞骸骨是章朕之不德也師古曰章明也今事少閒師古曰閒言有空隙也閒讀曰閑君其存精神止念慮輔助醫藥以自持因賜告牛酒雜帛居數月有瘳視事凡爲丞相御史六歲年八十終丞相位其後李蔡嚴青翟趙周石慶公孫賀劉屈氂繼踵爲丞相師古曰繼踵言相躡也屈音丘勿反又鉅勿反氂音力之反自蔡至慶丞相府客館丘虛而已師古曰言不能進賢故不繕脩其室屋也虛讀曰墟至賀屈氂時壞以爲馬廐車庫奴婢室矣唯慶以惇謹復終相位師古曰惇厚也音敦其餘盡伏誅云

弘子度嗣侯爲山陽太守十餘歲詔徵鉅野令史成詣公車度留不遣坐論爲城旦元始中脩功臣後下詔曰漢興以來股肱在位身行儉約輕財重義未有若公孫弘者也位在宰相封侯而爲布被脫粟之飯奉祿以給故人賓客無有所餘可謂減於制度而率下篤俗者也應劭曰禮貴有常尊衣服有品師古曰篤厚也與內厚富而外爲詭服以釣虛譽者殊科師古曰詭違也詭服謂與心志相違也一曰違衆之服也夫表德章義所以率世厲俗聖王之制也其賜弘後子孫之次見爲適者師古曰見音胡電反適讀曰嫡爵關內侯食邑三百戶

卜式河南人也以田畜爲事有少弟弟壯式脫身出師古曰脫身謂引身出也脫音徒活反獨取畜羊百餘田宅財物盡與弟式入山牧十餘年羊致千餘頭買田宅而弟盡破其產式輒復分與弟者數矣師古曰數音所角反時漢方事匈奴式上書願輸家財半助邊上使使問式欲爲官乎式曰自小牧羊不習仕宦不願也使者曰家豈有寃欲言事乎式曰臣生與人亡所爭邑人貧者貸之師古曰貸音土戴反不善者教之所居人皆從式式何故見寃使者曰苟子何欲師古曰言子苟如此輸財必有所欲式曰天子誅匈奴愚以爲賢者宜死節有財者宜輸之如此而匈奴可滅也使者以聞上以語丞相弘弘曰此非人情不軌之臣師古曰軌法也不可以爲化而亂法願陛下勿許上不報數歲乃罷式式歸復田牧歲餘會渾邪等降縣官費衆倉府空師古曰倉粟所積也府錢所聚也貧民大徙皆卬給縣官師古曰卬音牛向反無以盡贍式復持錢二十萬與河南太守以給徙民河南上富人助貧民者上識式姓名曰是固前欲輸其家半財助邊乃賜式外繇四百人蘇林曰外繇謂戍邊也一人出三百錢謂之過更式歲得十二萬錢也一說在繇役之外得復除四百人也師古曰一說是也式又盡復與官是時富豪皆爭匿財師古曰匿藏也唯式尤欲助費上於是以式終長者乃召拜式爲中郎賜爵左庶長師古曰第十爵田十頃布告天下尊顯以風百姓師古曰風讀曰諷初式不願爲郎上曰吾有羊在上林中欲令子牧之式既爲郎布衣草蹻而牧羊師古曰蹻即今草屩也南方謂之蹻字本作屩音居略反○宋祁曰注文今草屩也景本作今之鞋也歲餘羊肥息

師古曰息生也言羊既肥而又生多也上過其羊所善之式曰非獨羊也治民亦猶是矣以時起居惡者輒去師古曰去除也音丘呂反毋令敗羣上奇其言欲試使治民拜式緱氏令緱氏便之遷成皐令將漕最師古曰爲縣令而又使領漕其課最上上以式朴忠師古曰朴質也拜爲齊王太傅轉爲相會呂嘉反式上書曰臣聞主媿臣死羣臣宜盡死節其駑下者宜出財以佐軍如是則彊國不犯之道也師古曰國家威彊而不見侵犯臣願與子男師古曰子男自謂其子也及臨菑習弩博昌習船者請行死之以盡臣節師古曰從軍而致死上賢之下詔曰朕聞報德以德報怨以直師古曰論語稱孔子曰以直報怨以德報德故詔引之○宋祁曰注文南本作孔子之言曰今天下不幸有事郡縣諸侯未有奮繇直道者也孟康曰未有奮迅樂出身勞於繇役者也臣瓚曰言未有奮厲于正直之道師古曰二說皆非也奮憤激也繇讀與由同由從也直道謂報怨以直征南越也言無欲奮厲而從於報怨之道也齊相雅行躬耕臣瓚曰雅素也言卜式躬耕於野不要名利晉灼曰雅正也師古曰言其行雅正又躬耕也隨牧畜蕃輒分昆弟更造師古曰言其畜牧滋多則與昆弟而更自營爲也蕃音扶元反不爲利惑師古曰言不惑於利○宋祁曰惑一作或注同日者北邊有興師古曰日者往日也興謂發軍上書助官往年西河歲惡率齊人入粟師古曰歲惡猶凶歲也禮記曰歲凶年穀不登今又首奮師古曰爲首而奮厲願從軍也雖未戰可謂義形於內矣師古曰形見也其賜式爵關內侯黃金四十斤田十頃布告天下使明知之元鼎中徵式代石慶爲御史大夫式既在位言郡國不便鹽鐵而船有筭可罷上由是不說式師古曰說讀曰悅明年當封禪式又不習文章貶秩爲太子太傅以兒寬代之式以壽終

兒寬千乘人也師古曰千乘郡千乘縣也兒音五奚反治尚書事歐陽生以郡國選詣博士受業孔安國貧無資用嘗爲弟子都養師古曰都凡衆也養主給烹炊者也貧無資用故供諸弟子烹炊也養弋向反時行賃作帶經而鉏休息輒讀誦其精如此以射策爲掌故功次補廷尉文學卒史蘇林曰秩六百石舊郡亦有也臣瓚曰漢注卒史秩百石師古曰瓚說是也寬爲人溫良有廉知自將師古曰將衞也以智自衞護也善屬文師古曰屬綴也音之欲反然懦於武師古曰懦柔也音乃喚反又音儒口弗能發明也時張湯爲廷尉廷尉府盡用文史法律之吏師古曰史謂善史書者而寬以儒生在其間見謂不習事不署曹張晏曰不署爲列曹也師古曰署表也置也凡言署官表其秩位置立爲之也除爲從史師古曰從史者但只隨官僚不主文書之北地視畜數年師古曰之往也畜謂廷尉之畜在北地者若今諸司公廨牛羊還至府上畜簿師古曰簿謂文計也會廷尉時有疑奏已再見郤矣師古曰郤退也掾史莫知所爲寬爲言其意掾史因使寬爲奏奏成讀之皆服○宋祁曰越本無一奏字以白廷尉湯湯大驚召寬與語乃奇其材以爲掾上寬所作奏即時得可異日湯見上問曰前奏非俗吏所及誰爲之者湯言兒寬上曰吾固聞之久矣湯由是鄉學師古曰鄉讀曰嚮以寬爲奏讞掾

以古法義決疑獄甚重之及湯爲御史大夫以寬爲掾舉侍御史見上語經學上說之師古曰說讀曰悅從問尚書一篇擢爲中大夫遷左內史寬既治民勸農業緩刑罰理獄訟卑體下士務在於得人心師古曰下音胡嫁反擇用仁厚士推情與下不求名聲吏民大信愛之寬表奏開六輔渠韋昭曰六輔爲京兆馮翊扶風河東河南河內也劉德曰於六輔界中爲渠也師古曰二說皆非也溝洫志云兒寬爲左內史奏請穿六輔渠以益溉鄭國旁高卬之田此則於鄭國渠上流南岸更開六道小渠以輔助溉灌耳今雍州雲陽三原兩縣界此渠尚存鄉人名曰六渠亦號輔渠故河渠書云關內則輔渠靈軹是也焉說三河之地哉定水令以廣溉田師古曰爲用水之次具立法令皆得其所也○宋祁曰注令皆下當添使字收租稅時裁闊狹與民相假貸師古曰謂有貧弱及農要之時不即徵收也貸音土代反以故租多不入後有軍發左內史以負租課殿當免民聞當免皆恐失之大家牛車小家擔負輸租繈屬不絕師古曰繈索也言輸者接連不絕於道若繈索之相屬也猶今言續索矣屬音之欲反課更以最上由此愈奇寬及議欲放古巡狩封禪之事師古曰放依也音甫往反諸儒對者五十餘人未能有所定先是司馬相如病死有遺書頌功德言符瑞足以封泰山上奇其書以問寬寬對曰陛下躬發聖德統楫羣元張晏曰統繫楫聚也如淳曰楫數之元也臣瓚曰統猶總覽也楫當作輯師古曰輯楫與集三字並同虞書曰輯五瑞是也其字從木瑞曰當爲輯不通宗祀天地薦禮百神精神所鄉徵兆必報師古曰鄉讀曰嚮徵證也天地並應符瑞昭明其封泰山禪梁父昭姓考瑞帝王之盛節也然享薦之義不著于經師古曰封禪之享薦也以非常禮故經無其文著音竹筯反以爲封禪告成合祛於天地神祇李奇曰祛開也開散合閉於天地也○宋祁曰散字下當添也字祇戒精專以接神明總百官之職各稱事宜而爲之節文師古曰稱副也唯聖主所由制定其當師古曰當猶中也非羣臣之所能列今將舉大事優游數年師古曰言不決也使羣臣得人自盡終莫能成師古曰所言不同各有執見也唯天子建中和之極兼總條貫師古曰極正也周禮曰以爲人極也金聲而玉振之師古曰言振揚德音如金玉之聲也以順成天慶垂萬世之基上然之乃自制儀采儒術以文焉既成將用事拜寬爲御史大夫從東封泰山還登明堂寬上壽曰臣聞三代改制屬象相因李奇曰政教之法象相因屬師古曰屬連也音之欲反間者聖統廢絕師古曰聖統聖人之遺業謂禮文也陛下發憤合指天地祖立明堂辟雍師古曰祖始也宗祀泰山師古曰宗尊也六律五聲師古曰六律謂黃鍾太蔟姑洗蕤賓夷則無射也五聲宮商角徵羽也幽贊聖意師古曰幽深也贊明也神樂四合各有方象如淳曰四方色及五神祭祀聲樂各有等以丞嘉祀爲萬世則師古曰則法也天下幸甚將建大元本瑞登告岱宗發祉闓門以候景至癸亥宗祀日宣重光上元甲子肅邕永享李奇曰太平之世日抱重光謂日有重日也蘇林曰將甫始之辭也大元太初曆也本瑞謂白麟寶鼎之屬也以候景至冬至之景也上元甲子太初元年甲子朔旦冬至也師古曰宗尊也肅敬也邕和也既敬且和則長爲天所享也闓讀與開同光輝充塞天文粲然師古曰塞

滿也粲然明貌見象日昭報降符應師古曰言天顯示景象白日昭明也降下符應以報德化臣寬奉觴再拜上千萬歲壽制曰敬舉君之觴後太史令司馬遷等言歷紀壞廢漢興未改正朔宜可正上乃詔寬與遷等共定漢太初歷語在律歷志初梁相褚大通五經爲博士時寬爲弟子及御史大夫缺徵褚大夫自以爲御史大夫○宋祁曰褚大下夫字當作大至洛陽聞兒寬爲之褚大笑及至與寬議封禪於上前大不能及退而服曰上誠知人寬爲御史大夫以稱意任職故久無有所匡諫於上官屬易之師古曰易輕也音弋豉反居位九歲以官卒

贊曰公孫弘卜式兒寬皆以鴻漸之翼困於燕爵李奇曰漸進也鴻一舉而進千里者羽翼之材也弘等皆以大材初爲俗所薄若燕爵不知鴻志也師古曰易漸卦上九爻辭曰鴻漸于陸其羽可以爲儀鴻大鳥漸進也高平曰陸言鴻進於陸以其羽翼爲威儀也喻弘等皆有鴻之羽儀未進之時燕爵所輕也遠迹羊豕之間師古曰遠寘其迹也非遇其時焉能致此位乎師古曰焉於何也是時漢興六十餘載海內艾安師古曰艾讀曰乂府庫充實而四夷未賓制度多闕上方欲用文武求之如弗及師古曰恐失之始以蒲輪迎枚生見主父而歎息師古曰謂言公皆安在何相見之晚羣士慕嚮異人並出卜式拔於芻牧弘羊擢於賈豎衛青奮於奴僕日磾出於降虜斯亦曩時版築飯牛之朋已師古曰版築傅說也飯牛甯戚也已語終辭也飯音扶晚反漢之得人於茲爲盛儒雅則公孫弘董仲舒兒寬篤行則石建石慶質直則汲黯卜式推賢則韓安國鄭當時定令則趙禹張湯○宋祁曰南本令作律文章則司馬遷相如滑稽則東方朔枚皐師古曰滑稽轉利之稱也滑亂也稽礙也言其變亂無留礙也一說稽考也言可滑亂不可考校也滑音骨稽音工奚反應對則嚴助朱買臣歷數則唐都洛下閎協律則李延年運籌則桑弘羊奉使則張騫蘇武將率則衛青霍去病受遺則霍光金日磾其餘不可勝紀師古曰紀記也是以興造功業制度遺文後世莫及孝宣承統纂修洪業亦講論六藝招選茂異而蕭望之梁丘賀夏侯勝韋玄成嚴彭祖尹更始以儒術進劉向王褒以文章顯將相則張安世趙充國魏相丙吉于定國杜延年治民則黃霸王成龔遂鄭弘召信臣師古曰召讀曰邵韓延壽尹翁歸趙廣漢嚴延年張敞之屬皆有功迹見述於世參其名臣亦其次也師古曰次於武帝時

前漢書卷五十八考證

公孫弘傳公孫弘○臣名南按史記云字季漢書于名字里居往往視史記加詳此文獨脫何也

菑川薛人也○顧炎武曰漢魯國有薛縣史記列傳齊菑川薛縣人也言齊又言菑川而薛並不屬二國殊不可曉正義曰表云菑川國文帝分齊置都劇括地

志云故劇城在青州壽光縣南三十一里故薛城在徐州滕縣界按薛與劇隔兗州及泰山儒林傳言薛人公孫弘是審爲薛人上言齊菑川者誤耳臣名南按顧說甚確但以本傳核之云牧豕海上惟菑川北近海若魯國之薛縣則東去海絶遠矣又云菑川國復推上弘史漢二文並合然則弘爲薛人尚可疑而其爲菑川人似無可疑也但薛縣屬魯不屬菑川則志可據耳

談笑多聞○史記作恢奇多聞

其以高成之平津鄉○臣名南按志高成縣屬勃海郡宋白曰滄州鹽山縣古高成縣也有平津鄉又戶六百五十表作六百七十三戶表傳互異

數年至宰相封侯○通鑑考異曰史記將相名臣表漢書百官公卿表弘爲相皆在元朔五年建元以來侯者表恩澤侯表皆云元朔三年封侯按三年弘始爲御史大夫蓋誤書五爲三因置于二年耳

卜式傳使者曰苟了何欲　臣名南按平準書作苟如此子何欲而然此傳節去數字意似不了又按卜式始末本無足稱班氏但節取平準書中數段爲傳與食貨志複矣且贊語以式質直配汲黯尤覺不倫

兒寬傳陛下躬發聖德統楫群元注師古曰虞書曰楫五瑞其字從木○臣名南按師古解輯楫與集三字並同是也但虞書作輯五瑞其字從車未知師古所據何本

前漢書卷五十九

漢　蘭　臺　令　史班　固撰

唐正議大夫行秘書少監琅邪縣開國子顔師古注

張湯傳第二十九

張湯杜陵人也父爲長安丞出湯爲兒守舍師古曰稱爲兒者言其尚幼少也還鼠盜肉父怒笞湯湯掘熏得鼠及餘肉劾鼠掠治傳爰書訊鞫論報師古曰傳謂傳逮若今之追逮赴對也爰換也以文書代換其口辭也訊考問也鞫窮也謂窮覈之也論報謂上論之而獲報也訊音信幷取鼠與肉具獄磔堂下師古曰具爲治獄之文處正其罪而磔鼠也○宋祁曰顔解具獄似失其意直謂成按耳于定國杜緩兩傳已解緩延年之子父見之視文辭如老獄吏大驚遂使書獄如淳曰決獄之書謂律令也○劉奉世曰傳非逮也若傳逮則不當先言掠治矣傳者傳囚辭也爰書者蓋趙高作爰歷教學隸書時獄吏書體蓋用此故從俗呼爲爰書也以此父使之書獄謂案牘耳非律令也父死後湯爲長安吏周陽侯爲諸卿時師古曰姓趙嘗繫長安湯傾身事之及出爲侯大與湯交徧見貴人湯給事內史爲甯成掾以湯爲無害言大府師古曰大府丞相府也無害言其最勝也解在蕭何傳調茂陵尉師古曰調選也選以爲此官也調音徒釣反治方中孟康曰方中陵上土作方也湯主治之蘇林曰天子即位豫作陵諱之故言方中或言斥土如淳曰漢注陵方中用地一頃深十二丈師古曰蘇說非也古謂掘地爲阬曰方今荊楚俗土功築作算程課者猶以方計之非謂避諱也武安侯爲丞相師古曰田蚡徵湯爲史薦補侍御史治陳皇后巫蠱獄深竟黨與上以爲能遷太中大夫與趙禹共定諸律令務在深文拘守職之吏蘇林曰拘刻於守職之吏已而禹至少府湯爲廷尉兩人交驩兄事禹師古曰事之如兄禹志在奉公孤立而湯舞知以御人師古曰舞弄其智制御它人也始爲小吏乾沒與長安富賈田甲魚翁叔之屬交私服虔曰乾沒射成敗也如淳曰豫居物以待之得利爲乾失利爲沒師古曰乾音干及列九卿收接天下名士大夫已心內雖不合然陽浮道與之師古曰陽以道義爲交非其中心故云浮也是時上方鄉文學師古曰鄉讀曰嚮湯決大獄欲傅古義師古曰傅讀曰附乃請博士弟子治尚書春秋補廷尉史亭疑法奏讞疑李奇曰亭亦平也師古曰亭均也調也言平均疑法及爲讞疑奏之○宋祁曰浙本疑字下有事字必奏先爲上分別其原上所是受而著讞法廷尉挈令韋昭曰在板挈也師古曰著謂明書之也挈獄訟之要也書於讞法挈令以爲後式也挈音口計反揚主之明師古曰言此自天子之意非由臣下有司奏事即譴湯摧謝蘇林曰深自挫按也師古曰若上有責即摧折而謝也鄉上意所便師古曰謂如天子責湯之指而言其端也鄉讀曰嚮必引正監掾史賢者固爲臣議如此師古曰如上之意上責臣臣弗用愚抵此蘇林曰坐不用諸掾語故至於此○劉敞曰上責臣此衍字耳妄斷之罪常釋臣瓚曰謂常見原也間即奏事上善之曰臣非知爲此奏迺監掾史某所爲師古曰間謂非當朝奏者其欲薦吏揚人之善解人之過如此所治即上意所欲辠予監吏深刻者即上意所欲釋予監吏輕平者○劉敞曰吏皆當作史所治即豪必舞文巧詆師古曰詆誣也音丁禮反即下戶羸弱時口言雖文致法上裁察於是往往釋湯所言李奇曰先見上口言之欲與輕平故皆見原釋也如淳曰雖文書按察致下戶之罪湯以先口解之矣上以湯言輒裁察之輕其罪也師古曰李如二說皆非也此言下戶羸弱湯欲佐助雖具文奏之而又口奏言雖律令之文合致此罪聽上裁察蓋爲此人希恩宥也於是上得湯言往往釋其人辠非未奏之前口豫言也○宋祁曰注文希字下當添幸字湯至於大吏內行脩交通賓客飲食於故人子弟爲吏及貧昆弟調護之尤厚師古曰調和適之令得其所也護謂保佑也其造請諸公不避寒暑師古曰造至也請謁問也造音七到反是以湯雖文深意忌不專平然得此聲譽而深刻吏多爲爪牙用者依於文學之士丞相弘數稱其美及治淮南衡山江都反獄皆窮根本嚴助伍被上欲釋之湯爭曰伍被本造反謀而助親幸出入禁闥腹心之臣乃交私諸侯如此弗誅後不可治上可論之師古曰可湯所奏而論決之其治獄所巧排大臣自以爲功多此類繇是益尊任師古曰繇讀與由同遷御史大夫會渾邪等降漢大興兵伐匈奴山東水旱貧民流徙皆卬給縣官師古曰卬音牛向反縣官空虛湯承上指請造白金及五銖錢籠天下鹽鐵師古曰籠羅其事皆令利入官排富商大賈出告緡令鉏豪彊幷兼之家舞文巧詆以輔法師古曰輔助也以巧詆助法言不公平也湯每朝奏事語國家用日旰師古曰旰晚也論事既多至於日晚旰音幹○劉敞曰日旰當屬下句天子忘食丞相取充位師古曰但充其位而已無所造設也天下事皆決湯百姓不安其生騷動縣官所興未獲其利姦吏並侵漁師古曰並且也○劉奉世曰並音步浪反旁緣爲姦也於是痛繩以辠自公卿以下至于庶人咸指湯湯嘗病上自至舍視其隆貴如此宋祁曰南本浙本其字下並有病字匈奴求和親群臣議前師古曰於上前議也博士狄山曰和親便上問其便山曰兵凶器未易數動師古曰言難可屢動高帝欲伐匈奴大困平城乃遂結和親孝惠高后時天下安樂及文帝欲事匈奴北邊蕭然苦兵師古曰蕭然猶騷然擾動之貌孝景時吳楚七國反景帝往來東宮間師古曰謂諸謀於太后也天下寒心數月師古曰懼於兵難也吳楚已破竟景帝不言兵師古曰訖景帝之身更不議征伐之事天下富實今自陛下興兵擊匈奴中國以空虛邊大困貧由是觀之不如和親上問湯湯曰此愚儒無知狄山曰臣固愚忠若御史大夫湯乃詐忠湯之治淮南江都以深文痛詆諸侯別疏骨肉使藩臣不自安臣固知湯之詐忠○宋祁曰浙本此句詐字上有爲字於是上作色曰吾使生居一郡能無使虜入盜乎師古曰博士之官故呼爲生也山曰不能曰居一縣曰不能復曰居一鄣閒師古曰鄣謂塞上要險之處別築爲城因置吏士而爲鄣蔽以扞寇也鄣音之向反山自度辯窮且下吏師古曰度計也見詰辯而辭窮當下吏也自曰能迺遣山乘鄣師古曰乘登也登而守之至月餘匈奴斬山頭而去是後群臣震讋師古曰震動也讋失氣也讋音之涉反湯客田甲雖賈人有賢操師古曰操謂所執持之志行也操音千到反始湯爲小吏與錢通師古曰爲小吏之時與田甲爲錢財之交及爲大吏而甲所責湯行義有烈士之風湯爲御史大夫七歲敗河東人李文故嘗與湯有隙已而爲御史中丞薦數從中文事有可以傷湯者不能爲地服虔曰薦薦也文與湯故有隙已而爲御史中丞藉已在內臺中文書有可用傷湯者因會致之不能爲湯作道地蘇林曰薦仍也師古曰薦數義同蘇說是也數數在中其有文書可用傷湯者不爲作道地也薦音在見反數音所角反大雅雲漢之詩曰饑饉薦臻字亦如此○劉奉世曰薦數猶言簡閱數音色主反薦如字其謂擧討數中文事也太史公作悉數從中文書蓋其時文書閱數從中所下文書或受詔如此其間事有可以傷湯者文以前隙亦不能與之爲地然文似本無意造事中之也湯有所愛史魯謁居知湯弗平使人上飛變告文姦事師古曰飛變猶言急變也○劉奉世曰飛變謂如飛語無姓名上變者故上問從迹安起而湯云殆文故人也事下湯湯治論殺文而湯心知謁居爲之上問變事從迹安起師古曰從讀曰蹤湯陽驚曰此殆文故人怨之師古曰殆近也謁居病臥閭里主人湯自往視病爲謁居摩足趙國以冶鑄爲業王數訟鐵官事湯常排趙王趙王求湯陰事謁居嘗案趙王趙王怨之幷上書告湯大臣也史謁居有病湯至爲摩足疑與爲大姦事下廷尉謁居病死事連其弟弟繫導官蘇林曰漢儀注獄二十六所導官無獄也師古曰蘇說非也導擇也以主擇米故曰導官事見百官表時或以諸獄皆滿故權寄在此署繫之非本獄所也○宋祁曰注文獄官無導字越本作導官無獄湯亦治它囚導官見謁居弟欲陰爲之而陽不省師古曰省視也謁居弟不知而怨湯使人上書告湯與謁居謀共變李文事下減宣宣嘗與湯有隙及得此事窮竟其事未奏也會人有盜發孝文園瘞錢如淳曰瘞埋也埋錢於園陵以送死也丞相青翟朝與湯約俱謝師古曰將入朝之時爲此要約至前師古曰至天子之前湯念獨丞相以四時行園當謝湯無與也不謝師古曰行音下更反與讀曰豫無與謂不干其事也丞相謝上使御史案其事湯欲致其文丞相見知張晏曰見知故縱以其罪罪之也丞相患之三長史皆害湯欲陷之師古曰百官表丞相有兩長史今此云三者蓋以守者非正員也始長史朱買臣素怨湯語在其傳王朝齊人以術至右內史邊通學短長應劭曰短長術興於六國時長短其語隱謬用相激怒也張晏曰蘇秦張儀之謀趣彼爲短歸此爲長戰國策名短長術也剛暴人也官至濟南相故皆居湯右師古曰言舊在湯上已而失官守長史詘體於湯師古曰謂拜伏也湯數行丞相事知此三長史素貴常陵折之故三長史合謀曰始湯約與君謝已而賣君今欲劾君以宗廟事此欲代君耳吾知湯陰事使吏捕案湯左田信等李奇曰左證也師古曰謂之左者言除罪人正身之外又取其左右者考問也曰湯且欲爲請奏信輒先知之居物致富與湯分之服虔曰居謂儲也及它姦事辭頗聞師古曰聞於天子也上問湯曰吾所爲賈人輒知益居其物師古曰益多也是類有以吾謀告之者師古曰類似也湯不謝又陽驚曰固宜有減宣亦奏謁居事上以湯懷詐面欺師古曰對面欺誣也使使八輩簿責湯蘇林曰簿音主簿之簿簿悉責也師古曰以文簿次第一一責之湯具自道無此不服於是上使趙禹責湯禹至讓湯曰師古曰讓亦責也君何不知分也師古曰分音扶問反君所治夷滅者幾何人矣師古曰幾音居起反今人言君皆有狀○宋祁曰南本今字下有之字天子重致君獄師古曰重猶難也欲令君自爲計師古曰言引決也何多以對爲師古曰言何用多對湯迺爲書謝曰湯無尺寸之功起刀筆吏陛下幸致三公○宋祁曰越本作致位三公無以塞責師古曰塞當也然謀陷湯者三長史也遂自殺湯死家産直不過五百金皆所得奉賜師古曰奉音扶用反無宅贏師古曰贏餘也昆弟諸子欲厚葬湯湯母曰湯爲天子大臣被惡言而死師古曰被加也音皮義反何厚葬爲載以牛車有棺而無椁上聞之曰非此母不生此

子乃盡按誅三長史丞相青翟自殺出田信上惜湯復稍進其子安世

安世字子孺少以父任爲郎用善書給事尚書師古曰於尚書中給事也給供也精力於職休沐未嘗出上行幸河東嘗亡書三篋詔問莫能知唯安世識之師古曰識記也音式志反具作其事後購求得書以相校無所遺失上奇其材擢爲尚書令遷光祿大夫昭帝即位大將軍霍光秉政以安世篤行師古曰篤厚也光親重之會左將軍上官桀父子及御史大夫桑弘羊皆與燕王蓋主謀反誅光以朝無舊臣白用安世爲右將軍光祿勳以自副焉久之天子下詔曰右將軍光祿勳安世輔政宿衞肅敬不怠十有三年咸以康寧夫親親任賢唐虞之道也其封安世爲富平侯明年昭帝崩未葬大將軍光白太后徙安世爲車騎將軍與共徵立昌邑王王行淫亂光復與安世謀廢王尊立宣帝帝初即位襃賞大臣下詔曰夫襃有德賞有功古今之通義也車騎將軍光祿勳富平侯安世宿衞忠正宣德明恩勤勞國家守職秉義以安宗廟其益封萬六百戶功次大將軍光安世子千秋延壽彭祖皆中郎將侍中大將軍光薨後數月御史大夫魏相上封事曰聖王襃有德以懷萬方師古曰懷來也顯有功以勸百寮是以朝廷尊榮天下鄉風師古曰鄉讀曰嚮國家承祖宗之業制諸侯之重新失大將軍宜宣章盛德以示天下顯明功臣以填藩國師古曰填音竹刃反毋空大位以塞爭權師古曰大臣位空則起爭奪之權也所以安社稷絕未萌也師古曰未萌謂變故未生者也車騎將軍安世事孝武皇帝三十餘年忠信謹厚勤勞政事夙夜不怠與大將軍定策天下受其福國家重臣也宜尊其位以爲大將軍毋令領光祿勳事使專精神憂念天下思惟得失安世子延壽重厚可以爲光祿勳領宿衞臣上亦欲用之安世聞指懼不敢當請閒求見免冠頓首曰老臣耳妄聞言之爲先事不言情不達師古曰事未施行而遽言之故曰先事也誠自量不足以居大位繼大將軍後唯天子財哀以全老臣之命師古曰財與裁同上笑曰君言泰謙君而不可尚誰可者師古曰言君尚不可更誰可也安世深辭弗能得後數日竟拜爲大司馬車騎將軍領尚書事數月罷車騎將軍屯兵更爲衞將軍兩宮衞尉城門北軍兵屬焉時霍光子禹爲右將軍上亦以禹爲大司馬罷其右將軍屯兵以虛尊加之而實奪其衆後歲餘禹謀反夷宗族安世素小心畏忌已內憂矣師古曰忌者戒盈滿之禍其女孫敬爲霍氏外屬婦師古曰女孫即令所謂孫女也當相坐安世瘦懼形於顏色師古曰形見也上怪而憐之以問左右乃赦敬以慰其意安世寖恐師古曰寖益也職典樞機以謹慎周密自著外內無閒師古曰著明也閒隙也每定大政已決輒移病出師古曰移病謂移書言病也一曰以病而移居聞有詔令乃驚使吏之丞相府問焉自朝廷大臣莫知其與議也師古曰與讀曰豫嘗有所薦其人來謝安世大恨以爲舉賢達能豈有私謝邪絕弗復爲通師古曰有欲謝者皆不通也一曰告此人而絕之更不與相見也○宋祁曰南本浙本並云豈有私邪謝絕勿復爲通有郎功高不調師古曰調選也音徒釣反自言安世應曰君之功高明主所知人臣執事何長短而自言乎絕不許已而郎果遷師古曰遷安世外陽距之而實令其遷莫府長史遷辭去之官安世問以過失師古曰問已有何失長史曰將軍爲明主股肱而士無所進論者以爲譏安世曰明主在上賢不肖較然師古曰較明貌臣下自修而已何知士而薦之其欲匿名迹遠權執如此師古曰遠音于萬反爲光祿勳郎有醉小便殿上主事白行法安世曰何以知其不反水漿邪師古曰反讀曰翻如何以小過成罪郎淫官婢婢兄自言安世曰奴以恚怒誣汙衣冠告署適奴師古曰適讀曰謫其隱人過失皆此類也安世自見父子尊顯懷不自安爲子延壽求出補吏上以爲北地太守歲餘上閔安世年老復徵延壽爲左曹太僕初安世兄賀幸於衞太子太子敗賓客皆誅安世爲賀上書得下蠶室師古曰謂腐刑也凡養蠶者欲其溫而早成故爲密室蓄火以置之而新腐刑亦有中風之患須入密室乃得以全因呼爲蠶室耳後爲掖庭令而宣帝以皇曾孫收養掖庭賀內傷太子無辜而曾孫孤幼所以視養拊循恩甚密焉及曾孫壯大賀教書令受詩爲取許妃以家財聘之曾孫數有徵怪師古曰徵證也語在宣紀賀聞知爲安世道之稱其材美安世輒絕止以爲少主在上不宜稱述曾孫及宣帝即位而賀已死上謂安世曰掖庭令平生稱我將軍止之是也上追思賀恩欲封其冢爲恩德侯置守冢二百家師古曰身死追封故云封冢也賀有一子蚤死無子師古曰蚤古早字子安世小男彭祖師古曰言養以爲子彭祖又小與上同席研書指欲封之先賜爵關內侯故安世深辭賀封又求損守冢戶數稍減至三十戶上曰吾自爲掖庭令非爲將軍也安世乃止不敢復言遂下詔曰其爲故掖庭令張賀置守冢三十家上自處置其里師古曰處安居也音昌汝反居冢西鬭雞翁舍南上少時所嘗游處也明年復下詔曰朕微眇時故掖庭令張賀輔道朕躬師古曰道讀曰導修文學經術恩惠卓異厥功茂焉詩云無言不讎無德不報師古曰大雅抑之詩其封賀弟子侍中關內侯彭祖爲陽都侯賜賀謚曰陽都哀侯時賀有孤孫霸年七歲拜爲散騎中郎將賜爵關內侯食邑三百戶安世以父子封侯在位太盛乃辭祿作○宋祁曰浙本辭祿作辭祿不受詔都內別臧張氏無名錢以百萬數文穎曰都內主臧官也張晏曰安世以還官官不薄也安世尊爲公侯食邑萬戶然身衣弋綈師古曰弋黑色也綈厚繒也夫人自紡績家童七百人皆有手技作事內治產業累積纖微是以能殖其貨師古曰殖生也富於大將軍光天子甚尊憚大將軍然內親安世心密於光焉元康四年春安世病上疏歸侯乞骸骨天子報曰將軍年老被病朕甚閔之雖不能視事折衝萬里君先帝大臣明於治亂朕所不及得數問焉師古曰言意所不及者即以問君也何感而上書歸衞將軍富平侯印師古曰感恨也音胡闇反薄朕忘故蘇林曰本望君重於此也師古曰蘇說非也薄猶嫌也君意嫌朕遺忘故舊而求去也非所望也願將軍彊餐食近醫藥專精神以輔天年安世復彊起視事至秋薨天子贈印綬送以輕車介士師古曰輕車古之戰車續漢書云彤朱輪輿不巾不蓋轓矛戟幢也麾轓弩介士謂甲士也轓插也轓皮箙盛弩也轓音側事反轓音服○宋祁曰注文幢也別本浙本並無也字謚曰敬侯賜塋杜東師古曰塋冢地也將作穿復土起冢祠堂子延壽嗣延壽已歷位九卿既嗣侯國在陳留別邑在魏郡租入歲千餘萬延壽自以身無功德何以能久堪先人大國數上書讓減戶邑又因弟陽都侯彭祖口陳至誠天子以爲有讓遒徙封平原并一國戶口如故而租稅減半薨謚曰愛侯子勃嗣爲散騎諫大夫元帝初即位詔列侯舉茂材勃舉太官獻丞陳湯蘇林曰獻丞主貢獻物也湯有罪勃坐削戶二百會薨故賜謚曰繆侯師古曰以其所舉不得人故加惡謚繆者妄也後湯立功西域世以勃爲知人子臨嗣臨亦謙儉每登閣殿常歎曰桑霍爲我戒豈不厚哉師古曰桑桑弘羊也霍霍禹也言以驕奢致禍也且死分施宗族故舊師古曰言將死之時多以財分施也薄葬不起墳臨尚敬武公主文穎曰成帝姊也臣瓚曰敬武公主是元帝妹也師古曰二說皆非也薛宣傳云主怒曰嫂何以取妹殺之既謂元后爲嫂是則元帝妹也薨子放嗣鴻嘉中上欲遵武帝故事與近臣游宴放以公主子開敏得幸放取皇后弟平恩侯許嘉女上爲放供張師古曰供音居用反張音竹亮反賜甲第克以乘輿服飾號爲天子取婦皇后嫁女大官私官並供其第服虔曰私官皇后之官也兩宮使者冠蓋不絕賞賜以千萬數放爲侍中中郎將監平樂屯兵置莫府儀比將軍與上臥起寵愛殊絕常從爲微行出游北至甘泉南至長楊五莋師古曰莋與柞同鬭雞走馬長安中積數年是時上諸舅皆害其寵白太后太后以上春秋富動作不節甚以過放師古曰以放爲罪過時數有災異議者歸咎放等於是丞相宣御史大夫方進師古曰薛宣翟方進奏放驕蹇縱恣奢淫不制前侍御史修等四人奉使至放家逐名捕賊劉德曰謂詔捕罪人有名者也時放見在奴從者閉門設兵弩射吏距使者不肯內知男子李游君欲獻女使樂府音監景武彊求不得孟康曰音監監主樂人也姓景名武使奴康等之其家賊傷三人又以縣官事怨樂府游徼莽師古曰樂府之游徼名莽而使大奴駿等四十餘人羣黨盛兵弩白晝入樂府攻射官寺縛束長吏子弟斫破器物宮中皆犇走伏匿師古曰犇古奔字莽自髡鉗衣赭衣及守令史調等皆徒跣叩頭謝放放乃止奴從者支屬並乘權勢爲暴虐至求吏妻不得殺其夫或恚一人妄殺其親屬輒亡入放第不得幸得勿治放行輕薄連犯大惡有感動陰陽之咎爲臣不忠首師古曰不忠之罪放爲首罪名雖顯前蒙恩驕逸悖理師古曰悖乖也音布內反與背畔無異臣子之惡莫大於是不宜宿衞在位臣請免放歸國以銷衆邪之萌厭海內之心師古曰萌始生者也厭滿也音一豔反上不得已師古曰已止也左遷放爲北地都尉數月復徵入侍中太后以放爲言出放爲天水屬國都尉永始元延間比年日蝕師古曰比頻也故久不還放璽書勞問不絕居歲餘徵放歸第視母公主疾數月主有瘳出放爲河東都尉上雖愛放然上迫太后下用大臣故常涕泣而遣之後復徵放爲侍中光祿大夫秩中二千石歲餘丞相方進復奏放上不得已免放賜錢五百萬遣就國數月成帝崩放思慕哭泣而死初安世長子千秋與霍光子禹俱爲中郎將將兵隨度遼將軍范明友擊烏桓還謁大將軍光問千秋戰鬭方略山川形埶千秋口對兵事畫地成圖無所忘失光復問禹禹不能記曰皆有文書光由是賢千秋以禹爲不材歎曰霍氏世衰張氏興矣及禹誅滅而安世子孫相繼自宣元以來爲侍中中常侍諸曹散騎列校尉者凡十餘人功臣之世唯有金氏張氏親近寵貴比於外戚放子純嗣侯恭儉自脩明習漢家制度故事有敬侯遺風王莽時不失爵建武中歷位至大司空更封富平之別鄉爲武始侯張湯本居杜陵安世武昭宣世輒隨陵服虔曰隨所事帝徙處其陵也凡三徙復還杜陵

贊曰馮商稱張湯之先與留侯同祖而司馬遷不言故闕焉如淳曰班固目錄馮商長安人成帝時以能屬書待詔金馬門受詔續太史公書十餘篇師古曰劉歆七略云商陽陵人治易事五鹿充宗能屬文博通強記與孟柳俱待詔頗序列傳未卒會病死漢興以來侯者百數保國持寵未有若富平者也湯雖酷烈及身蒙咎其推賢揚善固宜有後安世履道滿而不溢賀之陰德亦有助云

前漢書卷五十九考證

張湯傳湯掘熏得鼠○掘熏史記作掘窟

周陽侯爲諸卿時注師古曰姓趙○臣名甫按師古注說恩澤侯表固有周陽侯趙兼以淮南王舅得封然

當孝文六年即以有罪免矣此周陽侯即田蚡弟田勝孝武初以皇太后弟得封徐廣注史記是也下文言武安侯爲丞相徵湯爲史可知湯由田氏進身謂周陽侯姓趙不亦誤乎

遷御史大夫○通鑑考異曰百官公卿表元狩三年三月壬辰廷尉張湯爲御史大夫史記將相名臣表元狩二年御史大夫湯按李蔡既遷湯即應補其缺史記表是

張安世傳無子子安世小男彭祖○顧炎武曰謂賀無見存之子而以安世小男爲子也賀早死之子別有一子乃下文所謂孤孫霸賀非無子也

前漢書卷六十

前漢書卷六十

漢　蘭　臺　令　史　班　固　撰

唐正議大夫行秘書少監琅邪縣開國子顏師古注

杜周傳第三十

杜周南陽杜衍人也義縱爲南陽太守以周爲爪牙薦之張湯爲廷尉史使案邊失亡文穎曰邊卒多亡也或曰郡縣主守有所亡失也師古曰此說皆非也謂因虜入爲寇而失人畜甲兵倉廩者也○宋祁曰注末也字當刪所論殺甚多奏事中意任用師古曰以奏事當天子之意也中音竹仲反與減宣更爲中丞者十餘歲師古曰更互也音工衡反周少言重遲師古曰遲謂性非敏速也而內深次骨李奇曰其用法深刻至骨宣爲左內史周爲廷尉其治大抵放張湯師古曰大抵大歸也放依也音甫往反而善候司師古曰觀望天子意上所欲擠者因而陷之孟康曰擠音躋師古曰擠墜也上所欲釋久繫待問而微見其寃狀師古曰見顯也客有謂周曰君爲天下決平不循三尺法孟康曰以三尺竹簡書法律也師古曰循因也順也○宋祁曰浙本無法字專以人主意指爲獄獄者固如是乎師古曰言不當然也周曰三尺安出哉師古曰安焉也前主所是著爲律後主所是疏爲令師古曰著謂明表也疏謂分條也當時爲是何古之法乎師古曰各當其時兩爲是也至周爲廷尉詔獄亦益多矣二千石繫者新故相因不減百餘人郡吏大府舉之廷尉如淳曰郡吏太守也文穎曰大府公府也孟康曰舉之廷尉以章劾付廷尉治之也師古曰孟說非也舉皆也言郡吏大府獄事皆歸廷尉也大府丞相御史之府也一歲至千餘章章大者連逮證案數百小者數十人遠者數千里近者數百里會獄師古曰會謂往赴對也吏因責如章告劾師古曰皆令服罪如所告劾之本章也不服以掠笞定之師古曰定其辭令服也於是聞有逮證皆亡匿獄久者至更數赦十餘歲而相告言師古曰更歷也其罪或非赦例故不得除而久逃亡不出至于十餘歲猶相告言由周用法深刻故也更音工衡反大氐盡詆以不道以上師古曰氐讀與抵同抵歸也詆誣也並音丁禮反廷尉及中都官詔獄逮至六七萬人師古曰中都官凡京師諸官府也獄辭所及追考問者六七萬人也吏所增加十有餘萬師古曰吏又於此外以文致之更增加也周中廢後爲執金吾逐捕桑弘羊衛皇后昆弟子刻深上以爲盡力無私遷爲御史大夫始周爲廷史有一馬師古曰廷史即廷尉史也及久任事列三公而兩子夾河爲郡守家訾累巨萬矣師古曰訾與貲同治皆酷暴唯少子延年行寬厚云

延年字幼公亦明法律昭帝初立大將軍霍光秉政以延年三公子吏材有餘補軍司空蘇林曰主獄官也如淳曰律營軍司空軍中司空各二人○宋祁曰空字下疑有令字始元四年益州蠻夷反延年以校尉將南陽士擊益州還爲諫大夫左將軍上官桀父子與蓋主燕王謀爲逆亂假稻田使者燕倉知其謀以告大司農楊敞敞惶懼移病師古曰移書言病一日以病而移居以語延年延年以聞桀等伏辜延年封爲建平侯延年本大將軍霍光吏首發大姦師古曰首謂初首先發之有忠節由是擢爲太僕右曹給事中光持刑罰嚴延年輔之以寬治燕王獄時御史大夫桑弘羊子遷亡過父故吏侯史吳師古曰姓侯史名吳後遷捕得伏法會赦侯史吳自出繫獄廷尉王平與少府徐仁雜治反事師古曰交雜同共治之也皆以爲桑遷坐父謀反而侯史吳藏之非匿反者乃匿爲隨者也孟康曰言桑遷但隨坐耳非自反也即以赦令除吳罪後侍御史治實師古曰重覈其事也○宋祁曰江南本後字下有使字以桑遷通經術知父謀反而不諫爭與反者身無異侯史吳故三百石吏首匿遷師古曰首匿者言身爲謀首而藏匿人也他皆類此不與庶人匿隨從者等吳不得赦奏請覆治劾廷尉少府縱反者師古曰縱放也少府徐仁即丞相車千秋女壻也故千秋數爲侯史吳言恐光不聽千秋即召中二千石博士會公車門議問吳法師古曰于法律之中吳當得何罪議者知大將軍指皆執吳爲不道明日千秋封上衆議光於是以千秋擅召中二千石以下外內異言張晏曰外則去疾欲盡內則爲其壻也師古曰此說非也外內謂外朝及內朝也○宋祁曰注文疾一本作侯遂下廷尉平少府仁獄朝廷皆恐丞相坐之延年乃奏記光爭以爲吏縱罪人有常法今更詆吳爲不道恐於法深師古曰詆誣也次下亦同又丞相素無所守持而爲好言於下盡其素行也師古曰言非故有所執持但其素行好與在下人言議耳至擅召中二千石甚無狀師古曰無善狀延年愚以爲丞相久故及先帝用事師古曰言在位已久是爲故舊又嘗及任先帝而任事也非有大故不可棄也間者民頗言獄深吏爲峻詆師古曰峻謂峭刻也今丞相所議又獄事也如是以及丞相恐不合衆心羣下讙譁庶人私議流言四布延年竊重將軍失此名於天下也師古曰重猶難也以此爲重事光以廷尉少府弄法輕重皆論棄市而不以及丞相終與相竟師古曰謂終丞相之身無貶黜也延年論議持平合和朝廷皆此類也見國家承武帝奢侈師旅之後數爲大將軍光言年歲比不登師古曰比頻也流民未盡還宜修孝文時政示以儉約寬和順天心說民意年歲宜應師古曰言儉約寬和則豐年當應也說讀曰悅光納其言舉賢良議罷酒榷鹽鐵皆自延年發之吏民上書言便宜有異輒下延年平處復奏言師古曰先平處其可否然後奏之處音昌汝反可官試者至爲縣令或丞相御史除用滿歲以狀聞或抵其罪法師古曰抵至也言事之人有姦妄者則持致之於罪法也常與兩府及廷尉分章如淳曰兩府丞相御史府也諸章有所疑使延年決之師古曰此說非也上書言事者其章或下丞相御史或付延年故云分章耳非令決疑也昭帝末寢疾徵天下名醫延年典領方藥帝崩昌邑王即位廢大將軍光車騎將軍張安世與大臣議所立時宣帝養於掖廷號皇曾孫與延年中子佗相愛善延年知曾孫德美勸光安世立焉宣帝即位褒賞大臣延年以定策安宗廟益戶二千三百與始封所食邑凡四千三百戶詔有司論定策功大司馬大將軍光功德過太尉絳侯周勃車騎將軍安世丞相楊敞功比丞相陳平前將軍韓增御史大夫蔡誼功比潁陰侯灌嬰太僕杜延年功比朱虛侯劉章後將軍趙充國大司農田延年少府史樂成功比典客劉揭師古曰據如此傳樂成姓史而霍光傳云使樂成小家子則又似姓使功臣侯表乃云便樂成三者不同尋史一也故當姓史或作使字而表遂誤爲便耳皆封侯益土延年爲人安和備於諸事師古曰言明習也久典朝政上任信之出即奉駕入給事中居九卿位十餘年賞賜賂遺訾數千萬霍光薨後子禹與宗族謀反誅上以延年霍氏舊人欲退之而丞相魏相奏延年素貴用事官職多姦遣吏考案但得苑馬多死官奴婢乏衣食師古曰傳言延年身不犯法但丞相致之于罪耳延年坐免官削戶二千後數月復召拜爲北地太守延年以故九卿外爲邊吏治郡不進師古曰比于諸郡不爲最也上以璽書讓延年師古曰讓責也延年乃選用良吏捕繫豪彊○劉奉世曰繫當作擊字之誤也郡中清靜居歲餘上使謁者賜延年璽書黃金二十斤徙爲西河太守治甚有名五鳳中徵入爲御史大夫延年居父官府不敢當舊位坐臥皆易其處是時四夷和海內平延年視事三歲以老病乞骸骨天子優之使光祿大夫持節賜延年黃金百斤酒○宋祁曰浙本酒字上有牛字加致醫藥延年遂稱病篤賜安車駟馬罷就第師古曰安車坐乘之車也後漢輿服志曰公列侯安車朱班輪倚鹿較伏熊軾皁蓋倚鹿較者畫立鹿于車之前兩輢也伏熊軾者車前橫軾爲伏熊之形也後數月薨謚曰敬侯子緩嗣緩少爲郎本始中以校尉從蒲類將軍擊匈奴文穎曰趙充國也蒲類海名以爲名還爲諫大夫遷上谷都尉鴈門太守父延年薨徵視喪事拜爲太常治諸陵縣每冬月封具獄日常去酒省食師古曰獄案已具當論決之故封上官屬稱其有恩元帝初即位穀貴民流元光中○宋祁曰元光當從南浙本作永光西羌反緩輒上書入錢穀以助用前後數百萬緩六弟五人至大官少弟熊歷五郡二千石三州牧刺史有能名唯中弟欽官不至而最知名

欽字子夏少好經書家富而目偏盲師古曰盲目無見也偏盲者患一目故不好爲吏茂陵杜鄴與欽同姓字師古曰鄴亦字子夏也今俗乃以兩目無見者始爲盲語移轉也俱以材能稱京師故衣冠謂欽爲盲杜子夏以相別師古曰衣冠謂士大夫也欽惡以疾見詆師古曰詆毀也音丁禮反迺爲小冠高廣財二寸師古曰財與纔同古通用字由是京師更謂欽爲小冠杜子夏而鄴爲大冠杜子夏云時帝舅大將軍王鳳以外戚輔政求賢知自助鳳父頃侯禁與欽兄緩相善故鳳深知欽能奏請欽爲大將軍軍武庫令職閒無事欽所好也師古曰閒讀曰閑○宋祁曰軍武庫一本無軍字諸本皆有予謂當存軍字是大將軍之軍武庫也欽爲人深博有謀自上爲太子時以好色聞及即位皇太后詔采良家女欽因是說大將軍鳳曰禮壹娶九女所以極陽數廣嗣重祖也張晏曰陽數一三五七九九數之極也臣瓚曰天子一娶九女夏殷之制也欽故舉前代之約以刺今之奢也必鄉舉求窈窕不問華色師古曰鄉舉者博問鄉里而舉之也窈窕幽閒也窈音一了反窕音徒了反所以助德理內也娣姪雖缺不復補所以養壽塞爭也師古曰媵女之內兄弟之女則謂之姪已之女弟則謂之娣塞絕也故后妃有貞淑之行則胤嗣有賢聖之君制度有威儀之節則人君有壽考之福廢而不由則女德不厭師古曰由用也從也女德不厭言好色之甚也女德不厭則壽命不究於高年師古曰究竟也書云或四三年師古曰周書亡逸篇曰惟湛樂之從罔或克壽或十年或七八年或五六年或四三年謂逸欲過度則損壽也言失欲之生害也師古曰失讀曰佚佚與逸同男子五十好色未衰婦人四十容貌改前以改前之容侍於未衰之年而不以禮爲制則其原不可救而後徠異態後徠異態則正后自疑而支庶有間適之心師古曰間代也音居莧反適讀曰嫡次下亦同是以晉獻被納讒之謗申生蒙無罪之辜師古曰蒙亦被也今聖主富於春秋未有適嗣方鄉術入學師古曰鄉讀曰嚮未親后妃之議將軍輔政宜因始初之隆建九女之制詳擇有行義之家求淑女之質毋必有聲色音技能爲萬世大法師古曰惟求淑質無論美色及音聲技能如此則可爲萬代法也夫少戒之在色師古曰論語孔子曰

君子有三戒少之時血氣未定戒之在色言好色無節則致損敗故戒之也小卞之作可爲寒心張晏曰刺幽王廢申后而立褒姒太子宜咎而立伯服也臣瓚曰小卞之詩太子之傅作也哀太子之放逐愍周室之大壞也師古曰詩小雅也二說皆是卞音盤唯將軍常以爲憂鳳白之太后太后以爲故事無有欽復重言師古曰重音直用反詩云殷監不遠在夏后氏之世師古曰大雅蕩之詩也言殷之所監見其事不遠近在夏后氏之時刺戒者至迫近而省聽者常忘忽師古曰忽忘也可不愼哉前言九女略陳其禍福甚可悼懼竊恐將軍不深留意后妃之制夭壽治亂存亡之端也迹三代之季世覽宗宣之饗國察近屬之符驗韋昭曰宗殷高宗也宣周宣王也皆饗國長久師古曰宗宣之義韋說是也近屬者謂漢家之事耳屬猶言甫爾也音之欲反禍敗曷常不由女德是以佩玉晏鳴關雎歎之李奇曰后夫人雞鳴佩玉去君所周康王后不然故詩人歎而傷之臣瓚曰此魯詩也知好色之伐性短年離制度之生無厭天下將蒙化師古曰蒙被也陵夷而成俗也○宋祁曰離字下疑有脫文故詠淑女幾以配上師古曰關雎之詩云窈窕淑女君子好仇故云然也淑善也幾讀曰冀忠孝之篤仁厚之作也師古曰作謂作詩也夫君親壽尊國家治安誠臣子之至願所當勉之也易曰正其本萬物理師古曰今易無此文凡事論有疑未可立行者求之往古則典刑無考之來今則吉凶同卒搖易之則民心惑鄭氏曰卒急也師古曰卒音千忽反若是者誠難施也今九女之制合於往古無害於今不逆於民心至易行也行之至有福也將軍輔政而不蚤定師古曰蚤古早字非天下之所望也唯將軍信臣子之願念關雎之思師古曰信讀曰申逮委政之隆及始初淸明師古曰委政之隆言天子委鳳政事權寵隆盛也始初淸明天子新卽位宜立法制爲漢家建無窮之基誠難以忽不可以遴李奇曰遴難也師古曰遴吝同鳳不能自立法度循故事而已會皇太后女弟司馬君力蘇林曰字君力爲司馬氏婦與欽兄子私通事上聞欽慚懼乞骸骨去後有日蝕地震之變詔舉賢良方正能直言士合陽侯梁放舉欽欽上對曰陛下畏天命悼變異延見公卿舉直言之士將以求天心迹得失也師古曰觀得失之蹤迹也臣欽愚戇經術淺薄不足以奉大對師古曰大對謂對大問也臣聞日蝕地震陽微陰盛也臣者君之陰也子者父之陰也妻者夫之陰也夷狄者中國之陰也春秋日蝕三十六地震五師古曰解在劉向傳或夷狄侵中國或政權在臣下或婦乘夫師古曰乘陵也或臣子背君父○宋祁曰江南本作臣背君子背父事雖不同其類一也臣竊觀人事以考變異則本朝大臣無不自安之人外戚親屬無乖剌之心師古曰剌戾也音來曷反關東諸侯無強大之國三垂蠻夷無逆理之節師古曰三垂謂東南西也殆爲後宮師古曰殆近也何以言之日以戊申蝕時加未戊未土也土者中宮之部也其夜地震未央宮殿中此必適妾將有爭寵相害而爲患者師古曰適讀曰嫡嫡謂正后也○宋祁曰南本相害字作於宮唯陛下

深戒之變感以類相應人事失於下變象見於上能應之以德則異咎消亡不能應之以善則禍敗至高宗遭雊雉之戒飭己正事享百年之壽殷道復興師古曰解在五行志要在所以應之應之非誠不立非信不行宋景公小國之諸侯耳有不忍移禍之誠出人君之言三熒惑爲之退舍張晏曰宋景公熒惑守心太史子韋請移之于大臣及國人與歲公皆不聽天感其誠熒惑爲之退舍景公享延期之祚也以陛下聖明內推至誠深思天變何應而不感何搖而不動孔子曰仁遠乎哉師古曰論語載孔子之言也言仁道不遠求之而至也唯陛下正后妾抑女寵防奢泰去佚游躬節儉親萬事數御安車由輦道師古曰由從也親二宮之饔膳韋昭曰二宮卽成太后與成帝母也師古曰熟食曰饔具食曰膳膳之言善也致昏晨之定省如此卽堯舜不足與比隆咎異何足消滅如不留聽於庶事不論材而授位殫天下之財以奉淫侈匱萬姓之力以從耳目師古曰殫盡也從讀曰縱近諂諛之人而遠公方師古曰方正也信讒賊之臣以誅忠良賢俊失在巖穴大臣怨於不以師古曰失在巖穴謂隱處巖穴朝廷失之也論語稱周公謂魯公不使大臣怨乎不以以用也不見用而怨也雖無變異社稷之憂也天下至大萬事至衆祖業至重誠不可以佚豫爲不可以奢泰持也師古曰爲治也唯陛下忍無益之欲以全衆庶之命臣欽愚戇言不足采其夏上盡召直言之士詣白虎殿對策師古曰此殿在未央宮也策曰天地之道何貴王者之法何如六經之義何上人之行何先取人之術何以師古曰以用也當世之治何務各以經對師古曰取經義以對欽對曰臣聞天道貴信地道貴貞師古曰貞正也不信不貞萬物不生生天地之所貴也王者承天地之所生理而成之昆蟲草木靡不得其所王者法天地非仁無以廣施非義無以正身克己就義恕以及人師古曰恕仁也言以仁愛爲心內省己志施之于人也六經之所上也不孝則事君不忠涖官不敬師古曰涖臨也戰陳無勇朋友不信孔子曰孝無終始而患不及者未之有也師古曰孝經載孔子之言也言人能始終行孝而患不及道者未之有也一說行孝終始不備而患禍不及者無此事也孝人行之所先也觀本行於鄉黨考功能於官職達觀其所舉富觀其所予窮觀其所不爲乏觀其所不取近觀其所爲○劉敞曰當云近觀其所爲主注文舊有妄刊去之宋祁曰爲字下南本浙本並有主字遠觀其所主師古曰所爲主謂託人以爲援而自進也其所主爲人之援而進也○宋祁曰注文爲主越本作所爲非是進也當作進之也孔子曰視其所以觀其所由察其所安人焉廋哉師古曰論語載孔子之言也廋匿也言觀人之所用觀人之所從察人之所樂則可知其善惡無所匿其情也取人之術也殷因於夏尙質周因於殷尙文今漢家承周秦之敝宜抑文尙質廢奢長儉表實去僞師古曰長謂崇貴之也表明也孔子曰惡紫之奪朱師古曰論語載孔子之言也朱正色也紫間色之好者也惡其邪好而奪正色以喻利口之人多言少實傾覆者也當世治之所務也臣竊有所憂言之

則拂心逆指師古曰拂謂違戾也音佛不言則漸日長爲禍不細然小臣不敢廢道而求從違忠而耦意師古曰從順也耦合也臣聞玩色無厭必生好憎之心好憎之心生則愛寵偏於一人愛寵偏於一人則繼嗣之路不廣而嫉妒之心興矣如此則匹婦之說不可勝也師古曰匹婦一婦人也○宋祁曰說別本浙本作謀唯陛下純德普施無欲是從師古曰從讀曰縱不縱心於所欲也此則衆庶咸說師古曰說讀曰悅繼嗣日廣而海內長安萬事之是非何足備言師古曰如此則細故萬端不足憂也欽以前事病賜帛罷後爲議郞復以病免徵詣大將軍莫府國家政謀鳳常與欽慮之師古曰慮計也數稱達名士王駿韋安世王延世等師古曰王駿王陽子也韋安世韋賢之孫方山之子也王延世卽成帝時塞河隄者也○宋祁曰一本只云王延無世字注同子據成紀校尉王延世塞決河是歲改河平元年此本是劉奉世曰治河者王延世或者此脫一世字歟救解馮野王王尊胡常之罪過及繼功臣絕世塡撫四夷師古曰塡音竹刃反當世善政多出於欽者見鳳專政泰重戒之曰昔周公身有至聖之德屬有叔父之親而成王有獨見之明無信讒之聽然管蔡流言而周公懼穰侯昭王之舅也文穎曰穰侯魏冉也權重於秦威震鄰敵有旦莫偃伏之愛師古曰言昭王幼小旦夕偃伏戲弄于舅之旁側也心不介然有閒然范雎起徒步由異國無雅信師古曰雅信謂素相任信開一朝之說而穰侯就封文穎曰范雎爲丞相穰侯就國及近者武安侯之見退師古曰武安侯謂田蚡也退謂請考工地益宅上怒乃退之也三事之跡相去各數百歲若合符節甚不可不察願將軍由周公之謙懼師古曰由從也用也損穰侯之威放武安之欲毋使范雎之徒得間其說師古曰間音居莧反頃之復日蝕京兆尹王章上封事求見果言鳳專權蔽主之過宜廢勿用以應天變於是天子感悟召見章與議欲退鳳鳳甚憂懼欽令鳳上疏謝罪乞骸骨文指甚哀太后涕泣爲不食上少而親倚鳳亦不忍廢師古曰倚音於綺反復起鳳就位鳳心慙稱病篤欲遂退欽復說之曰將軍深悼輔政十年變異不已故乞骸骨歸咎於身刻己自責至誠動衆愚知莫不感傷雖然是無屬之臣執進退之分絜其去就之節者耳師古曰無屬無親屬于上也分音扶問反字或作介介隔也其義兩通非主上所以待將軍非將軍所以報主上也昔周公雖老猶在京師明不離成周示不忘王室也仲山父異姓之臣無親於宣就封於齊鄧展曰詩言仲山甫徂齊者言銜命往治齊城郭也而韓詩以爲封于齊侯耳晉灼曰韓詩傒而欽引之阿附權貴求容媚也師古曰韓詩既有明文而欽引以爲喻則是其義非謬而與今說詩者不同鄧晉諸人雖曰涉學未得專非杜氏追咎韓詩也猶歎息永懷宿夜徘徊不忍遠去況將軍之於主上主上之與將軍哉夫欲天下治安變異之意莫有將軍師古曰言衆人之意皆不如也○宋祁曰南本浙本意並作息主上昭然知之故攀援不遺師古曰援引也音爰書稱公毋困我師古曰此周書洛誥成王告周公詞也言公必

須留此毋得遂去而令我困益成帝與鳳詔書引此言之唯將軍不爲四國流言白疑於成王以固至忠鳳復起視事上令尙書劾奏京兆尹章章死詔獄語在元后傳章既死衆庶冤之以譏朝廷欽欲救其過復說鳳曰京兆尹章所坐事密吏民見章素好言事以爲不坐官職疑其以日蝕見對有所言也假令章內有所犯雖陷正法事不暴揚自京師不曉況於遠方恐天下不知章實有罪而以爲坐言事也如是塞爭引之原損寬明之德師古曰爭引謂引事類以諫爭也一曰下有諫爭之言上引而納之也欽愚以爲宜因章事舉直言極諫○宋祁曰南本無章事二字並見郞從官展盡其意加於往前以明示四方使天下咸知主上聖明不以言罪下也若此則流言消釋疑惑著明鳳白行其策欽之補過將美皆此類也師古曰將助也優游不仕以壽終欽子及昆弟友屬○宋祁曰友疑當作支至二千石者且十人欽兄緩前免太常以列侯奉朝請成帝時乃薨子業嗣業有材能以列侯選復爲太常數言得失不事權貴與丞相翟方進衞尉定陵侯淳于長不平後業坐法免官復爲函谷關都尉會定陵侯長有罪當就國長舅紅陽侯立與業書曰誠哀老姊垂白隨無狀子出關師古曰垂白者言白髮下垂也無狀猶言不肖願勿復用前事相侵定陵侯既出關伏罪復發蘇林曰長與許后書也語在外戚傳下雒陽獄丞相史搜得紅陽侯書奏業聽請不敬服虔曰受立坐屬請爲不敬坐免就國其春丞相方進薨業上書言方進本與長深結厚更相稱薦師古曰更音工衡反長陷大惡獨得不坐苟欲障塞前過不爲陛下廣持平例師古曰俱與長厚善而方進獨不坐是不平也又無恐懼之心反因時信其邪辟師古曰信讀曰伸辟讀曰僻報睚眥怨師古曰睚音厓睚眥舉眼也眥卽皆字謂目匡也言舉目相忤者卽報之也一說睚音五懈反眥音仕懈反睚眥瞋目貌也兩義並通他皆類此故事大逆朋友坐免官無歸故郡者今坐長者歸故郡已深一等紅陽侯立坐子受長貨賂故就國耳非大逆也而方進復奏立黨友後將軍朱博鉅鹿太守孫宏故少府陳咸皆免官歸咸故郡刑罰無平在方進之筆端衆庶莫不疑惑皆言孫宏不與紅陽侯相愛宏前爲中丞時方進爲御史大夫舉掾隆可侍御史師古曰御史大夫之掾也名隆宏奏隆前奉使欺謾師古曰謾誑也音慢又音莫連反不宜執法近侍方進以此怨宏又方進爲京兆尹時陳咸爲少府在九卿高第陛下所自知也方進素與司直師丹相善臨御史大夫缺使丹奏咸爲姦利請案驗卒不能有所得而方進果自得御史大夫爲丞相卽時詆欺奏免咸師古曰詆誣也復因紅陽侯事歸咸故郡衆人皆言國家假方進權太甚案師丹行能無異及光祿勳許商被病殘人服虔曰殘癃也皆但以附從方進嘗獲尊官丹前

親薦邑子丞相史能使巫下神爲國求福幾獲大利師古曰幾讀曰冀幸賴陛下至明遣使者毛莫如先考驗卒得其姦皆坐死假令丹知而白之此誣罔罪也不知而白之是背經術惑左道也師古曰左道不正之道也二者皆在大辟重於朱博孫宏陳咸所坐方進終不舉白專作威福阿黨所厚排擠英俊師古曰擠墜也音子詣反託公報私橫厲無所畏忌師古曰縱橫陵厲也欲以熏轑天下師古曰熏言熏灼之轑讀曰燎假借用字天下莫不望風而靡師古曰靡靡猶弭自尚書近臣皆結舌杜口師古曰杜塞也骨肉親屬莫不股栗師古曰言懼之甚故股戰慄也威權泰盛而不忠信非所以安國家也今聞方進卒病死師古曰卒讀曰猝不以尉示天下反復賞賜厚葬唯陛下深思往事以戒來今會成帝崩哀帝卽位業復上書言王氏世權日久朝無骨鯁之臣師古曰鯁亦骾字宗室諸侯微弱與繫囚無異自佐史以上至於大吏皆權臣之黨曲陽侯根前爲三公輔政知趙昭儀殺皇子不輒白奏反與趙氏比周恣意妄行師古曰比音頻寐反譖愬故許后被加以非罪師古曰被音皮義反誅破諸許族敗元帝外家內嫉妒同產兄姊紅陽侯立及淳于氏師古曰兄紅陽侯立也姊淳于長母也皆老被放棄新喋血京師威權可畏高陽侯薛宣有不養母之名安昌侯張禹姦人之雄惑亂朝廷使先帝負謗於海內尤不可不愼陛下初卽位謙讓未皇師古曰皇暇也孤獨特立莫可據杖權臣易世意若探湯師古曰言重難之若以手探熱湯也宜蚤以義割恩安百姓心竊見朱博忠信勇猛材略不世出師古曰言其希有也誠國家雄俊之寶臣也宜徵博置左右以塡天下師古曰塡音竹刃反此人在朝則陛下可高枕而臥矣昔諸呂欲危劉氏賴有高祖遺臣周勃陳平尚存不者幾爲姦臣笑師古曰幾音鉅依反業又言宜爲恭王立廟京師以章孝道時高昌侯董宏亦言宜尊帝母定陶王丁后爲帝太后大司空師丹等劾宏誤朝不道坐免爲庶人業復上書訟宏前後所言皆合指施行朱博果見拔用業由是徵復爲太常歲餘左遷上黨都尉會司隸奏業爲太常選舉不實業坐免官復就國哀帝崩王莽秉政諸前議立廟尊號者皆免徙合浦業以前罷黜故見闊略師古曰闊略謂寬縱不問也憂恐發病死業成帝初尚帝妹潁邑公主主無子薨業家上書求還京師與主合葬不許而賜謚曰荒侯傳子至孫絕初杜周武帝時徙茂陵至延年徙杜陵云

贊曰張湯杜周並起文墨小吏致位三公列於酷吏而俱有良子德器自過師古曰言其子德器各過二人之身爵位尊顯繼世立朝相與提衡如淳曰提衡猶言相提攜也臣瓚曰衡平也言二人齊也師古曰瓚說是也至於建武杜氏爵乃獨絕師古曰建武之後張氏尚有張純爲侯故言杜氏獨絕也迹其福祚元功儒林之後莫能及也師古曰元功蕭曹張陳之屬也儒林貢薛韋匡之輩自謂唐杜苗裔豈其然乎師古曰謂在周爲唐杜氏也及欽浮沈當世好謀而成以建始之初深陳女戒終如其言庶幾乎關雎之見微師古曰關雎國風之始言夫婦之際政化所由故云見微微謂微細也非夫浮華博習之徒所能規也業因勢而抵陒服虔曰抵音紙陒音羲謂罪敗而復抨彈之蘇秦書有此法師古曰抵擊也陒毀也言因事形勢而擊毀之也陒音詭一說陒讀與戲同音許宜反戲亦險也言擊其危險之處鬼谷有抵戲篇也稱朱博毀師丹愛憎之議可不畏哉

前漢書卷六十考證

杜周傳爲執金吾逐捕桑弘羊衞皇后昆弟子○顧炎武曰按百官表天漢三年二月執金吾杜周爲御史大夫四年卒而衞太子巫蠱事乃在征和二年周卒已四歲矣又十一年昭帝元鳳元年御史大夫桑弘羊坐燕王旦事誅書事之謬如此

而兩子夾河爲郡守○臣召南按唐書宰相世系表曰周三子延壽延考延年延年最幼昭帝初始爲吏則夾河爲郡守者延壽延考也

杜延年傳廷尉王平與少府徐仁○按公卿表平字子心仁字中孫俱齊人

杜欽傳小卞之作可爲寒心○按今詩作小弁與孟子同蓋卞弁二字古通用故師古音盤與陸氏毛詩音義同

合陽侯梁放○臣召南按漢代列侯具見于表此合陽侯梁放功臣恩澤二表不見何也師古亦無注

及繼功臣絕世○臣召南按功臣表杜業納說云云於是成帝復紹蕭何是建議繼功臣絕世乃欽兄子業之事非欽事也表傳互異如此

前漢書卷六十一

漢　蘭　臺　令　史班　固撰

唐正議大夫行祕書少監琅邪縣開國子顏師古注

張騫李廣利傳第三十一

張騫漢中人也師古曰陳壽益部耆舊傳云騫漢中成固人也○宋祁曰也字疑可刪建元中爲郎時匈奴降者言匈奴破月氏王師古曰月氏西域胡國也氏音支以其頭爲飲器韋昭曰飲器椑榼也晉灼曰飲器虎子屬也或曰飲酒之器也師古曰匈奴傳云以所破月氏王頭共飲血盟然則飲酒之器是也韋云椑榼晉云獸子皆非也椑榼卽今之偏榼所以盛酒耳非用飲者也獸子褻器所以溲便者也椑音鼙月氏遁而怨匈奴無與共擊之師古曰無人援助也漢方欲事滅胡聞此言欲通使道必更匈奴中師古曰更過也音工衡反廼募能使者騫以郞應募使月氏與堂邑氏奴甘父服虔曰堂邑姓也漢人其奴名甘父師古曰堂邑氏之奴本胡人名甘父下云堂邑父者蓋取主之姓以爲氏而單稱其名曰父○劉攽曰奴甘父直是此人名號耳非謂堂邑氏之奴名甘父也按胡人名字多以奴爲號又後言堂邑父益知其人自氏堂邑名奴甘父也俱出隴西徑匈奴師古曰道由匈奴過匈奴得之傳詣單于單于曰月氏在吾北漢何以得往使吾欲使越漢肯聽我乎留騫十餘歲予妻有子然騫持漢節不失居匈奴西騫因與其屬亡鄉月氏師古曰屬謂同使之官屬鄉讀曰嚮西走數十日師古曰走趨也不知其道里多少故以日數言之走音奏一曰走謂奔走也讀如本字至大宛大宛聞漢之饒財欲通不得見騫喜問欲何之騫曰爲漢使月氏而爲匈奴所閉道脫亡唯王使人道送我師古曰道讀曰導○宋祁曰越本脫作今誠得至反漢漢之賂遺王財物不可勝言大宛以爲然遣騫爲發譯道抵康居師古曰抵至也道讀曰導康居傳致大月氏大月氏王已爲胡所殺立其夫人爲王○宋祁云古本夫人字下有太子二字既臣大夏而君之師古曰以大夏爲臣爲之作君也地肥饒少寇志安樂又自以遠遠漢殊無報胡之心師古曰下遠音于萬反騫從月氏至大夏竟不能得月氏要領李奇曰要領要契也師古曰李說非也要衣要也領衣領也凡持衣者則執要與領言騫不能得月氏意趣無以持歸於漢故以要領爲喻要音一遙反留歲餘還並南山欲從羌中歸師古曰並音步浪反復爲匈奴所得留歲餘單于死國內亂騫與胡妻及堂邑父俱亡歸漢拜騫大中大夫堂邑父爲奉使君騫爲人彊力寬大信人師古曰彊力言堅忍於事蠻夷愛之堂邑父胡人善射窮急射禽獸給食師古曰給供也○宋祁云古本胡字上有故字初騫行時百餘人去十三歲唯二人得還騫身所至者大宛大月氏大夏康居而傳聞其旁大國五六○宋祁云古本旁字下有有字具爲天子言其地形所有師古曰土地之形及所生之物也語皆在西域傳

騫曰臣在大夏時見邛竹杖蜀布臣瓚曰邛山名生此竹高節可作杖服虔曰布細布也師古曰邛竹杖人皆識之無假多釋而蘇林乃言節間合而體離誤後學矣問安得此大夏國人曰吾賈人往市之身毒國鄧展曰毒音篤李奇曰一名天篤則浮屠胡是也師古曰卽敬佛道者○宋祁云注文天篤古本作天竺身毒國在大夏東南可數千里其俗土著師古曰土著者謂有城郭常居不隨畜牧移徙也著音直略反其下亦同與大夏同而卑溼暑熱其民乘象以戰師古曰象大獸垂鼻長牙其國臨大水焉以騫度之師古曰度計也大夏去漢萬二千里居西南今身毒又居大夏東南數千里有蜀物此其去蜀不遠矣今使大夏從羌中險羌人惡之少北則爲匈奴所得從蜀宜徑又無寇師古曰徑直也宜猶當也從蜀向大夏其道當直○宋祁云顏未注前古本宜作直天子既聞大宛及大夏安息之屬皆大國多奇物土著頗與中國同俗而兵弱貴漢財物其北則大月氏康居之屬兵彊可以賂遺設利朝也師古曰設施也施之以利誘令入朝誠得而以義屬之師古曰謂不以兵革則廣地萬里重九譯致殊俗威德徧於四海天子欣欣以騫言爲然廼令因蜀犍爲發閒使數道並出師古曰閒使者求閒隙而行出駹出莋出徙出邛出僰師古曰皆夷種名駹音尨莋音材各反徙音斯僰音蒲北反○宋祁云新本邛字上有出字皆各行一二千里其北方閉氐莋服虔曰漢使見閉於夷也師古曰氐與莋二種也○宋祁云越本無行字南方閉嶲昆明師古曰嶲昆明亦皆夷種名也嶲音先蘂反昆明之屬無君長善寇盜輒殺略漢使終莫得通然聞其西可千餘里有乘象國名滇越而蜀賈閒出物者或至焉服虔曰滇音顚顚馬出其國師古曰閒出物謂私往市者於是漢以求大夏道始通滇國初漢欲通西南夷費多罷之及騫言可以通大夏廼復事西南夷師古曰事謂經略通之專以爲事也騫以校尉從大將軍擊匈奴知水草處軍得以不乏○劉敞曰水草處宜有知字宋祁云古本將軍下有數字淳化本無知字廼封騫爲博望侯師古曰取其能廣博瞻望是歲元朔六年也後二年騫爲衞尉與李廣俱出右北平擊匈奴匈奴圍李將軍軍失亡多而騫後期當斬贖爲庶人是歲驃騎將軍破匈奴西邊殺數萬人至祁連山其秋渾邪王率衆降漢而金城河西並南山至鹽澤空無匈奴師古曰並音步浪反匈奴時有候者到而希矣後二年漢擊走單于於幕北天子數問騫大夏之屬騫既失侯因曰臣居匈奴中聞烏孫王號昆莫昆莫父難兜靡本與大月氏俱在祁連敦煌閒小國也師古曰祁連山以東敦煌以西大月氏攻殺難兜靡奪其地人民亡走匈奴子昆莫新生傅父布就翖侯抱亡置草中服虔曰傅父如傅母也李奇曰布就字也翖侯烏孫官名也爲昆莫作傅父也師古曰翖侯烏孫大臣官號其數非一亦猶漢之將軍耳而布就者又翖侯之中別號猶右將軍左將軍耳非其人之字翖與翕同爲求食還見狼乳之師古曰以乳飲之又烏銜肉翔其旁以爲神遂持歸匈奴單于愛養之及壯以其父民衆與昆莫使將兵數有功時月氏已爲匈奴所破西擊塞王師古曰塞音先得反西域國名卽佛經所謂釋種者塞釋聲相近本一姓耳塞王南走遠徙月氏居其地昆莫既健自請單于報父怨遂西攻破大月氏大月氏復西走徙大夏地昆莫略其衆因留居兵稍彊會單于死不肯復朝事匈奴匈奴遣兵擊之不勝益以爲神而遠之師古曰遠離也音于萬反今單于新困於漢而昆莫地空蠻夷戀故地又貪漢物誠以此時厚賂烏孫招以東居故地漢遣公主爲夫人結昆弟其勢宜聽師古曰言事事聽從於漢○劉敞曰遺字當作遣宋祁曰作遣是則是斷匈奴右臂也既連烏孫自其西大夏之屬皆可招來而爲外臣天子以爲然拜騫爲中郞將將三百人馬各二匹牛羊以萬數齎金幣帛直數千鉅萬多持節副使師古曰爲騫之副而各令持節道可便遣之旁國○宋祁曰古本及浙本遣字下並有一遣字騫既至烏孫致賜諭指師古曰以天子意指曉告之未能得其決語在西域傳騫卽分遣副使使大宛康居月氏大夏烏孫

發譯道送騫師古曰道讀曰導與烏孫使數十人馬數十匹報謝師古曰與騫相隨而來報謝天子因令窺漢知其廣大騫還拜爲大行歲餘騫卒後歲餘○宋祁曰古本騫卒字下複騫卒二字其所遣副使通大夏之屬者皆頗與其人俱來晉灼曰其國人於是西北國始通於漢矣然騫鑿空蘇林曰鑿開也空通也騫始開通西域道也師古曰空孔也猶言始鑿其孔穴也故此下言當空道而西域傳謂孔道也諸後使往者皆稱博望侯以爲質於外國李奇曰質信也外國由是信之其後烏孫竟與漢結婚初天子發書易鄧展曰發易書以卜○宋祁曰古本作發易書曰神馬當從西北來得烏孫馬好名曰天馬及得宛汗血馬益壯更名烏孫馬曰西極馬宛馬曰天馬云而漢始築令居以西臣瓚曰令居縣名也屬金城築塞西至酒泉也師古曰令音零初置酒泉郡以通西北國因益發使抵安息奄蔡犛靬條支身毒國李奇曰靬音軒服虔曰犛靬張掖縣名也師古曰抵至也自安息以下五國皆西域胡也犛靬即大秦國也張掖驪靬縣蓋取此國爲名耳驪犛聲相近靬讀與軒同李奇音是也服說非也而天子好宛馬使者相望於道一輩大者數百人少者百餘人所齎操大放博望侯時師古曰齎持也所齎持謂節及幣也放依也音甫往反其後益習而衰少焉師古曰以其串習故不多發人漢率一歲中使者多者十餘少者五六輩遠者八九歲近者數歲而反師古曰道遠則還遲近則來疾是時漢既滅越蜀所通西南夷皆震請吏置牂柯越巂益州沈黎文山郡欲地接以前通大夏李奇曰欲地界相接至大夏也迺遣使歲十餘輩出此初郡師古曰文山以上初置者皆復閉昆明如淳曰爲昆明所閉○宋祁曰越本無皆字爲所殺奪幣物於是漢發兵擊昆明斬首數萬後復遣使竟不得通語在西南夷傳自騫開外國道以尊貴其吏士爭上書言外國奇怪利害求使天子爲其絕遠非人所樂聽其言師古曰凡人皆不樂去故有自請爲使者即聽而遣之予節募吏民無問所從來爲備衆遣之以廣其道師古曰不爲限禁遠近雖家人私隸並許應募來還不能無侵盜幣物及使失指師古曰乖天子指意天子爲其習之輒覆按致重罪師古曰言其串習不以爲難必當更求充使也以激怒令贖師古曰令立功以贖罪復求使使端無窮而輕犯法其吏卒亦輒復盛推外國所有言大者予節言小者爲副故妄言無行之徒皆爭相效其使皆私縣官齎物師古曰言所齎官物竊自用之同於私有欲賤市以私其利師古曰所市之物得利多者不盡入官也外國亦厭漢使人人有言輕重服虔曰漢使言於外國人人輕重不實度漢兵遠不能至師古曰度計也而禁其食物以苦漢使師古曰令其困苦也漢使乏絕責怨至相攻擊樓蘭姑師小國當空道師古曰空即孔也○宋祁曰怨浙本作怒攻劫漢使王恢等尤甚而匈奴奇兵又時時遮擊之使者爭言外國利害師古曰言服之則利不討則爲害皆有城邑兵弱易擊於是天子遣從票侯破奴師古曰趙破奴將屬國騎及郡兵數萬以擊胡胡皆去明年擊破姑師虜樓蘭王酒泉列亭鄣至玉門

矣韋昭曰玉門關在龍勒界而大宛諸國發使隨漢使來觀漢廣大以大鳥卵及犛靬眩人獻於漢應劭曰卵大如一二石罋也眩相詐惑也鄧太后時西夷檀國來朝賀詔令爲之而諫大夫陳禪以爲夷狄僞道不可施行後數日尚書陳忠案漢舊書乃知世宗時犛靬獻見幻人天子大悅與俱巡狩乃知古有此事師古曰鳥卵如汲水之罋耳無一二石也應說失之眩讀與幻同卽今吞刀吐火植瓜種樹屠人截馬之術皆是也本從西域來罋音瓮○宋祁曰如只曰大鳥則成一事當云大鳥及卵犛靬越本作黎軒者非又注文罋字按西域烏弋傳師古音罋於龍反汲水瓶也今罋與雍是一字同從瓦無容別音瓮必無二音亦當云一音瓮天子大說師古曰說讀曰悅而漢使窮河源其山多玉石采來臣瓚曰漢使采取持來至漢天子案古圖書名河所出山曰昆侖云是時上方數巡狩海上迺悉從外國客大都多人過之則散財帛賞賜厚具饒給之以覽視漢富厚焉師古曰視讀曰示言示之令其觀覽大角氐師古曰氐音丁禮反解在武紀出奇戲諸怪物多聚觀者師古曰聚都邑人令觀看以誇示之觀音工喚反行賞賜酒池肉林令外國客徧觀名倉庫府臧之積欲以見漢廣大傾駭之師古曰見顯示及加其眩者之工而角氐奇戲歲增變甚益興自此始而外國使更來更去師古曰遞互來去前後不絕更音工衡反大宛以西皆自恃遠尚驕恣未可詘以禮羈縻而使也漢使往既多其少從率進孰於天子孟康曰少從不如計也或曰少者少年從行之微者也進孰美語如成孰也晉灼曰多進虛美之言必成之計於天子而卒不果也師古曰漢時謂隨使而出外國者爲少從總言其少年而從使也從音材用反事見班固與弟仲升書進孰者但空進成孰之言言大宛有善馬在貳師城匿不肯示漢使天子既好宛馬聞之甘心師古曰志懷美悅專事求之使壯士車令等持千金及金馬以請宛王貳師城善馬宛國饒漢物師古曰素有漢地財物故不貪金馬之幣相與謀曰漢去我遠而鹽水中數有敗服虔曰水名道從水中行師古曰沙磧之中不生草木水又鹹苦卽今敦煌西北惡磧者也數有敗言每自死亡也出其北有胡寇出其南乏水草又且往往而絕邑師古曰近道處無城郭之居也乏食者多漢使數百人爲輩來常乏食死者過半是安能致大軍乎且貳師馬宛寶馬也遂不肯予漢使漢使怒妄言椎金馬而去如淳曰駡詈也師古曰椎破金馬也椎音直追反其字從木宛中貴人怒曰師古曰中貴人中臣之貴者漢使至輕我遣漢使去令其東邊郁成王遮攻殺漢使取其財物天子大怒諸嘗使宛姚定漢等言宛兵弱誠以漢兵不過三千人彊弩射之卽破宛矣天子以嘗使浞野侯攻樓蘭以七百騎先至虜其王以定漢等言爲然而欲侯寵姬李氏師古曰欲封其兄弟迺以李廣利爲將軍伐宛騫孫猛字子游有俊才元帝時爲光祿大夫使匈奴給事中爲石顯所譖自殺

李廣利女弟李夫人有寵於上產昌邑哀王太初元年以廣利爲貳師將軍發屬國六千騎及郡國惡少年數萬人以往師古曰惡少年謂無行義者期至貳師城取善馬故號貳師將軍故浩侯王恢使道軍既西過鹽水當道小國各堅城守不肯給食攻之不能下下者得食不下者數日則去比至郁成師古曰比音必寐反士財有數千皆飢罷師古曰財與才同罷讀曰疲攻郁成城郁成距之所殺傷甚衆貳師將軍與左右計至郁成尚不能舉況至其王都乎引而還往來二歲至敦煌士不過什一二師古曰十人之中一二人得還使使上書言道遠多乏食且士卒不患戰而患飢人少不足以拔宛願且罷兵益發而復往師古曰益多也天子聞之大怒使使遮玉門關曰軍有敢入斬之貳師恐因留屯敦煌其夏漢亡浞野之兵二萬餘於匈奴師古曰趙破奴後封浞野侯浞音士角反公卿議者皆願罷宛軍專力攻胡天子業出兵誅宛宛小國而不能下則大夏之屬漸輕漢而宛善馬絕不來烏孫輪臺易苦漢使晉灼曰易輕也師古曰輪臺亦國名爲外國笑迺案言伐宛尤不便者鄧光等師古曰案其罪而行罰赦囚徒扞寇盜如淳曰放囚徒使其扞禦寇盜師古曰使從軍爲斥候發惡少年及邊騎歲餘而出敦煌六萬人師古曰與發部署歲餘乃得行負私從者不與師古曰負私糧食及私從者不在六萬人數中也與讀曰豫牛十萬馬三萬匹驢橐駝以萬數齎糧兵弩甚設師古曰施張甚具也天下騷動轉相奉伐宛五十餘校尉宛城中無井汲城外流水於是遣水工徙其城下水空以穴其城師古曰空孔也徙其城下水者令從他道流不迫其城也空以穴其城者圍而攻之令作孔使穿穴也下云決其水原移之又云圍其城攻之皆再敘其事也一曰既從其水不令於城下流而因其舊引水入城之孔攻而穴之益發戍甲卒十八萬酒泉張掖北置居延休屠以衞酒泉如淳曰立二縣以衞邊也或曰置二部都尉而發天下七科適師古曰適讀曰謫七科解在武紀及載糒給貳師師古曰糒乾飯音備轉車人徒相連屬至敦煌師古曰屬音之欲反○宋祁曰車當作運而拜習馬者二人爲執驅馬校尉師古曰習猶便也一人爲執馬校尉一人爲驅馬校尉備破宛擇取其善馬云於是貳師後復行兵○宋祁曰古無後字予謂後字當存爲是多所至小國莫不迎出食給軍至輪臺輪臺不下攻數日屠之自此而西平行至宛城師古曰平行言無寇難兵到者三萬宛兵迎擊漢兵漢兵射敗之宛兵走入保其城貳師欲攻郁成城恐留行而令宛益生詐師古曰留行謂留止軍廢其行迺先至宛決其水原○宋祁曰古本作源移之則宛固已憂困圍其城攻之四十餘日宛貴人謀曰王毋寡匿善馬殺漢使師古曰毋寡宛王名今殺王而出善馬漢兵宜解即不○宋祁曰不字下當有解字迺力戰而死未晚也宛貴人皆以爲然共殺王其外城壞虜宛貴人勇將煎靡師古曰宛之貴人爲將而勇者名煎靡也煎音子延反宛大恐走入中城相與謀曰漢所爲攻宛以王毋寡持其頭遣人使貳師約曰漢無攻我我盡出善馬恣所取而給漢軍食卽不聽我我盡殺善馬康居之救又且至至我居內康居居外與漢軍戰孰計之何從師古曰令貳師孰計之而欲攻戰乎欲不攻而取馬乎是時康居候視漢兵尚

盛不敢進貳師聞宛城中新得漢人知穿井而其內食尚多計以爲來誅首惡者毋寡毋寡頭已至如此不許則堅守而康居候漢兵罷來救宛破漢軍必矣師古曰罷讀曰疲軍吏皆以爲然許宛之約宛迺出其馬令漢自擇之而多出食食漢軍師古曰下食讀曰飤漢軍取其善馬數十匹中馬以下牝牡三千餘匹而立宛貴人之故時遇漢善者名昧蔡爲宛王服虔曰蔡音楚言蔡師古曰昧音本末之末蔡音千曷反與盟而罷兵終不得入中城罷而引歸初貳師起敦煌西爲人多道上國不能食師古曰起發也道上國近道諸國也食讀曰飤分爲數軍從南北道校尉王申生故鴻臚壺充國等千餘人別至郁成城○宋祁曰成城古本浙本作郁城守不肯給食申生去大軍二百里負而輕之師古曰負恃也恃大軍之威而輕敵人攻郁成急郁成窺知申生軍少晨用三千人攻殺申生等數人脫亡走貳師師古曰走音奏貳師令搜粟都尉上官桀往攻破郁成郁成降其王亡走康居桀追至康居康居聞漢已破宛出郁成王與桀桀令四騎士縛守詣大將軍如淳曰時多別將謂貳師爲大將軍四人相謂郁成漢所毒師古曰言毒恨今生將卒失大事師古讀曰猝欲殺莫適先擊師古曰適主也無有主意先擊者也音丁歷反上邽騎士趙弟拔劍擊斬郁成王桀等遂追及大將軍初貳師後行天子使使告烏孫大發兵擊宛烏孫發二千騎往持兩端不肯前貳師將軍之東師古曰東旋軍東出諸所過小國聞宛破皆使其子弟從入貢獻見天子因爲質焉軍還入玉門者萬餘人馬千餘匹後行非乏食戰死不甚多而將吏貪不愛卒侵牟之以此物故者衆師古曰侵牟如牟賊之食苗也物故謂死也解具在景紀及蘇武傳天子爲萬里而伐不錄其過迺下詔曰匈奴爲害久矣今雖徙幕北與旁國謀共要絕大月氏使遮殺中郎將江故鴈門守攘危須以西及大宛皆合約殺期門車令服虔曰危須國名也文穎曰漢使期門郎也車令姓名也中郎將朝及身毒國使隔東西道貳師將軍廣利征討厥罪伐勝大宛賴天之靈從泝河山涉流沙通西海山雪不積張晏曰是歲雪少故得往還喜得天人之應也師古曰從由也泝逆流而上也言路由山險又泝河也泝音素士大夫徑度師古曰言無屯難也獲王首虜珍怪之物畢陳於闕其封廣利爲海西侯食邑八千戶又封斬郁成王者趙弟爲新時侯軍正趙始成功最多爲光祿大夫上官桀敢深入爲少府李哆有計謀爲上黨太守師古曰哆音昌野反軍官吏爲九卿者三人諸侯相郡守二千石百餘人千石以下千餘人奮行者官過其望孟康曰奮迅也自樂而行者以適過行者皆黜其勞師古曰適讀曰謫言以罪謫而行者免其所犯不敘功勞士卒賜直四萬錢師古曰或以他財物充之故云直伐宛再反師古曰再反猶今言兩迴凡四歲而得罷焉後十一歲征和三年貳師復將七萬騎

出五原擊匈奴度郅居水師古曰郅音質兵敗降匈奴爲單于
所殺語在匈奴傳
贊曰禹本紀言河出昆侖昆侖高二千五百里餘日月
所相避隱爲光明也自張騫使大夏之後窮河原惡睹
所謂昆侖者乎鄧展曰漢以窮河原於何見昆侖乎尚書曰道河積石是謂河原出於積石積
石在金城河關不言出昆侖也師古曰惡音烏故言九州山川尚書近之矣至
禹本紀山經所有放哉如淳曰放蕩迂闊不可信也師古曰如說是也苟悅讓以放爲
效字因解爲不效蓋失之矣

前漢書卷六十一考證

張騫傳居匈奴西○史記大宛傳作居匈奴中益寛
立其夫人爲王○臣名南按史記作立其太子爲王外國固時有女王然以下文推之似史記是
去十三歲惟二人得還○通鑑考異曰史記西南夷傳曰元狩元年張騫使大夏來言通身毒國之利按年表騫以元朔六年二月封博望侯必非元狩元年始歸也或者元狩元年始令騫通身毒國疑不能明
大夏去漢萬二千里居西南○史記作居漢西南此漢字似不可省
出駹出莋出徙邛出僰○史記作出駹出冄出徙出邛僰
迺復事西南夷○胡三省曰元朔四年罷西夷元狩元年復通
西並南山至鹽澤○臣名南按鹽澤卽蒲昌海于闐及葱嶺二河之所滙也今名洛普池
本與大月氏俱在祁連敦煌間小國也注師古曰祁連山以東敦煌以西○臣名南按西域傳曰月氏遠去過大宛擊大夏而臣之其餘小衆不能去者保南山羌號小月氏然則本文祁連卽指酒泉張掖金城之南山霍去病所奪者地在敦煌之東注當云祁連以西敦煌以東也
騫卽分遣副使使大宛康居月氏大夏○大夏下史記有安息身毒于窴扞罙諸國
而漢使窮河源○此句下史記有河源出于窴五字
而鹽水中數有敗○胡三省曰裴矩西域記鹽木在西州高昌縣東東南去瓜州一千三百里並沙磧之地道路不可準惟以人畜骸骨及駝馬糞爲標驗由此數有死亡
李廣利傳故浩侯王恢○徐廣曰恢先受封一年坐使酒泉矯制國除臣名南按此王恢以擊破車師功封浩侯與元光中設計馬邑以大行令爲將軍下獄死者不同此在後
烏孫輪臺易苦漢使○輪臺史記作侖頭
貳師令搜粟都尉上官桀○臣名南按外戚傳並不言左將軍桀從貳師伐宛有功則此搜粟都尉後爲少府者另是一人百官公卿表太初元年搜粟都尉上官桀爲少府年老免卽合此傳而師古注乃謂疑此非上官桀表誤何哉左將軍上官桀與霍光同輔政者在此人後姓名偶同耳

前漢書卷六十二

漢　蘭　臺　令　史班　固撰

唐正議大夫行秘書少監琅邪縣開國子顏師古注

司馬遷傳第三十二

昔在顓頊命南正重司天火正黎司地張晏曰南方陽也火水配也水爲陰故命南正重司天火正黎兼地職也臣瓚曰重黎司天地之官也唐虞謂之羲和則司地者宜曰北正古文作北正師古曰瓚說非也據班氏幽通賦云黎淳燿於高辛則此爲火正是也唐虞之際紹重黎之後使復典之至于夏商故重黎氏世序天地其在周程伯休甫其後也應劭曰封爲程國伯休甫字也當宣王時官失其守而爲司馬氏師古曰失其所守之職也司馬氏世典周史○宋祁曰浙本此句無司馬氏三字惠襄之間司馬氏適晉張晏曰周惠王襄王有子頹叔帶之難故司馬氏奔晉也晉中軍隨會奔魏如淳曰左氏傳晉僞使魏壽餘誘士會於秦謀而還時也師古曰犇古奔字也據春秋隨會奔秦其後自秦入魏而還晉今此言隨會奔魏司馬氏因入少梁則似謂自晉出奔魏耳但魏國在獻公時已滅爲邑封畢萬矣既非別國不得言奔未詳遷之所說而司馬氏入少梁師古曰少梁本梁國也爲秦所滅號爲少梁自司馬氏去周適晉分散或在衞或在趙或在秦其在衞者相中山張晏曰司馬喜爲中山相在趙者以傳劒論顯服虔曰世善劒也師古曰劒論劒術之論也論音來頓反蒯聵其後也如淳曰刺客傳之蒯聵也師古曰蒯苦怪反聵五怪反在秦者錯與張儀爭論應劭曰秦惠王欲伐蜀張儀曰不如伐韓司馬錯以當先伐蜀惠王從之起兵伐蜀取之師古曰錯音千各反於是惠王使錯將兵伐蜀遂拔因而守之蘇林曰爲郡守錯孫靳師古曰靳音新事武安君白起而少梁更名夏陽靳與武安君阬趙長平軍文穎曰趙孝成王時趙括爲將還而與之俱賜死杜郵李奇曰地名在咸陽西十里師古曰郵音尤葬於華池晉灼曰池名也在鄠縣師古曰晉說非也華池在左馮翊界近夏陽非鄠縣靳孫昌爲秦王鐵官當始皇之時蒯聵玄孫卬爲武信君將而狥朝歌師古曰武信君卽武臣也未爲趙王之前號武信君項籍傳曰趙將司馬卬是知爲武臣之將也○劉攽曰此言當始皇時爲武信君將則武君非武臣也諸侯之相王王卬於殷師古曰項羽封卬爲殷王漢之伐楚卬歸漢以其地爲河內郡昌生毋懌師古曰懌弋赤反毋懌爲漢市長毋懌生喜喜爲五大夫卒皆葬高門蘇林曰長安北門也師古曰蘇說非也高門地名在夏陽西北而東去華池三里喜生談談爲太史公如淳曰漢儀注太史公武帝置位在丞相上天下計書先上太史公副上丞相序事如古春秋遷死後宣帝以其官爲令行太史公文書而已晉灼曰百官表無太史公在丞相上又衞宏所說多不實未可以爲正師古曰談爲太史令耳遷尊其父故謂之爲公如說非也○劉攽曰周制外史掌四方之志布在諸侯國其位上士皆在諸侯之卿上秦亦有之故漢儀注所謂太史公在丞相上謂此也衞宏所說亦不可謂之全非○宋祁曰遷與任安書自言僕之先人文史星歷近乎卜祝之間故上所戲弄倡優畜之流俗之所輕也若其位在丞相上安得有此言邪百官表不著其官信其非也太史公學天官於唐都師古曰卽律歷志所云方士唐都者受易於楊何師古曰何字叔元菑川人見儒林傳習道論於黃子師古曰景帝時人也儒林傳謂之黃生與轅固爭論於上前謂湯武非受命乃殺也太史公仕於建元元封之閒愍學者不達其意而師誖師古曰誖惑也各習師法惑於所見誖音布內反乃論六家之要指曰易大傳曰○宋祁曰越本無曰字天下一致而百慮同歸而殊塗張晏曰大傳謂易繫辭夫陰陽儒墨名法道德此務爲治者也直所從言之異路有省不省耳師古曰言發迹雖殊同歸於治但學者不能省察昧其端緒耳直猶但也嘗竊觀陰陽之術大詳而衆忌諱使人拘而多畏李奇曰陰陽之術月令星官是其枝葉也師古曰拘曲礙也然其叙四時之大順不可失也儒者博而寡要勞而少功是以其事難盡從然其叙君臣父子之禮列夫婦長幼之別不可易也師古曰易變也墨者儉而難遵是以其事不可偏循師古曰言難盡用然其彊本節用不可廢也法家嚴而少恩然其正君臣上下之分不可改也名家使人儉而善失眞師古曰劉向別錄云名家者流出於禮官古者名位不同禮亦異數孔子曰必也正名乎然其正名實不可不察也道家使人精神專一動合無形澹足萬物師古曰澹古贍字其爲術也因陰陽之大順采儒墨之善撮名法之要師古曰撮總取也音千活反與時遷徙應物變化立俗施事無所不宜指約而易操事小而功多師古曰操執持也音千高反儒者則不然以爲人主天下之儀表也君唱臣和主先臣隨如此則主勞而臣佚師古曰佚樂也字與逸同至於大道之要去健美服虔曰門戶健壯也如淳曰知雄守雌是去健也不見可欲使心不亂是去美也晉灼曰老子曰善閉者無關楗嚴君平曰拆關破楗使姦者自止服說是也師古曰二義並通楗其偃反然今書本字皆作健字也黜聰明如淳曰不尙賢絕聖棄知也晉灼曰嚴君平曰黜聰明依太素反本歸眞則理得而海內鈞也師古曰黜廢也釋此而任術夫神大用則竭形大勞則敝神形蚤衰師古曰蚤古早字欲與天地長久非所聞也夫陰陽四時八位十二度二十四節各有教令張晏曰八位八卦位也十二度十二次也二十四節就中氣也各有禁謂月令也曰順之者昌逆之者亡未必然也故曰使人拘而多畏夫春生夏長秋收冬藏此天道之大經也師古曰經常法弗順則無以爲天下紀綱故曰四時之大順不可失也夫儒者以六蓺爲法六蓺經傳以千萬數累世不能通其學當年不能究其禮師古曰究盡也故曰博而寡要勞而少功若夫列君臣父子之禮序夫婦長幼之別雖百家弗能易也墨者亦上堯舜言其德行曰堂高三尺土階三等茅茨不翦采椽不斲師古曰屋蓋曰茨茅茨以茅覆屋也采柞木也茨音疾茲反採音采又菜飯土簋歠土刑師古曰簋所以盛飯也刑所以盛羹土謂燒土爲之卽瓦器也飯音扶反簋音軌歠尺悅反糲粱之食服虔曰糲粗米也張晏曰一斛七斗米爲糲音賴師古曰食飯○宋祁曰景本糲作糲注同越本糲音賴藜藿之羹師古曰藜草似蓬也藿豆葉也夏日葛衣冬日鹿裘其送死桐棺三寸舉音不盡其哀敎喪禮必以此爲萬民率故天下共若此則尊卑無別也○宋祁曰越本共作法夫世異時移事業不必同故曰儉而難遵也要曰彊本節用則人給家足之道也師古曰給亦足也人人家家皆得足也此墨子之所長雖百家不能廢也法家不別親疏不殊貴賤壹斷於法則親親尊尊之恩絕矣可以行一時之計而不可長用也故曰嚴而少恩若尊主卑臣明分職不得相踰越雖百家不能改也師古曰分音扶問反名家苛察繳繞如淳曰繳繞猶纏繞也師古曰繳公鳥反使人不得反其意剸決於名時失人情師古曰剸讀與專同又音章免反故曰使人儉而善失眞若夫控名責實參伍不失晉灼曰引名責實參交互明知事情也此不可不察也道家無爲又曰無不爲師古曰無爲者守靜一也無不爲者功利大也其實易行其辭難知師古曰言指趣幽遠其術以虛無爲本以因循爲用師古曰任自然也無成埶無常形故能究萬物之情不爲物先後故能爲萬物主有法無法因時爲業有度無度因物與舍師古曰與起也舍廢也故曰聖人不巧時變是守師古曰無機巧虛者道之常也因者君之綱也師古曰言因姓之心以爲之心但順時也但執其綱而已羣臣並至使各自明也其實中其聲者謂之實不中其聲者謂之款服虔曰款空也李奇曰聲則也師古曰中當也充也音竹反款言不聽姦迺不生賢不肖自分白黑迺形師古形見在所欲用耳何事不成迺合大道混混冥冥師古曰氣之貌混音胡本反光燿天下復反無名師古曰反還也凡人所生者神也○宋祁曰浙本所字下有以字所託者形也神大用則竭形大勞則敝形神離則死死者不可復生離者不可復合故聖人重之由此觀之神者生之本形者生之具不先定其神而曰我有以治天下何由哉師古曰凡此皆言道家之教爲長也太史公既掌天官不治民有子曰遷遷生龍門蘇林曰禹所龍門也師古曰龍門山其東則在今秦州龍門縣北其西則在今同州韓城縣北河從其中下流耕牧河山之陽師古曰河之北山之南也年十歲則誦古文二十而南游江淮會稽探禹穴窺九疑張晏曰禹巡狩至會稽而崩因葬焉上有孔穴民間云禹入此穴疑舜葬在焉師古曰會稽山本茅山也禹於此會諸侯之計因名曰會稽九疑山有九峯解在司馬相如浮沅湘師古曰沅水出牂柯湘水出零陵二水皆入江北涉汶泗師古曰汶南水名在理志汶音問講業齊魯之都觀夫子遺風鄉射鄒嶧師古鄒縣也嶧山名也近曲阜地也於此行鄉射之禮嶧音懌阸困蕃薛彭城師古曰蕃名也音反過梁楚以歸於是遷仕爲郎中奉使西征巴蜀以南略邛筰昆明師古曰筰才各反還報命是歲天子始建漢家之封

而太史公留滯周南如淳曰周南洛陽也張晏曰洛陽而謂周南者自陝以東皆周南之地也不得與從事師古曰與讀曰豫發憤且卒而子遷適反見父於河雒之間太史公執遷手而泣曰予先周室之太史也自上世嘗顯功名虞夏典天官事後世中衰絕於予乎女復爲太史則續吾祖矣今天子接千歲之統封泰山而予不得從行是命也夫命也夫予死爾必爲太史爲太史毋忘吾所欲論著矣且夫孝始於事親中於事君終於立身揚名於後世以顯父母此孝之大也師古曰此孔子說孝經之辭也夫天下稱周公言其能論歌文武之德宣周召之風師古曰召讀曰邵達大王王季思慮爰及公劉以尊后稷也師古曰爰曰也發語辭也一曰爰於也幽厲之後王道缺禮樂衰孔子脩舊起廢論詩書作春秋則學者至今則之自獲麟以來四百有餘歲而諸侯相兼史記放絕今漢興海內壹統明主賢君忠臣義士予爲太史而不論載廢天下之文予甚懼焉爾其念哉遷俯首流涕曰小子不敏請悉論先人所次舊聞不敢闕卒三歲而遷爲太史令紬史記石室金鐀之書如淳曰紬徹舊書故事而次述之師古曰此說非也紬謂綴集之也音直由反鐀與匱同五年而當太初元年李奇曰遷爲太史後五年適當武帝太初元年時述史記也十一月甲子朔旦冬至天歷始改建於明堂諸神受記張晏曰以元新改立明堂朝諸侯及郡守受正朔各有山川之祀故曰諸神受記孟康曰明堂班十二月之政歷紀四時故改建於明堂諸神受記若勾芒祝融之屬皆受瑞記遷因此而作師古曰張說是矣太史公曰先人有言自周公卒五百歲而有孔子孔子至于今五百歲有能紹而明之正易傳繼春秋本詩書禮樂之際意在斯乎意在斯乎小子何敢攘焉師古曰攘古讓字言當己述成先人之業何敢自謙讓當五百歲而讓之也上大夫壺遂曰昔孔子爲何作春秋哉太史公曰余聞之董生服虔曰仲舒也周道廢孔子爲魯司寇諸侯害之大夫壅之孔子知時之不用道之不行也是非二百四十二年之中師古曰是非謂本其得失以爲天下儀表貶諸侯討大夫以達王事而已矣師古曰時諸侯僭侈大夫擅權故貶討之也貶退也討治也子曰我欲載之空言不如見之於行事之深切著明也春秋上明三王之道下辨人事之經紀別嫌疑明是非定猶與師古曰與讀曰豫善善惡惡賢賢賤不肖存亡國繼絕世補敝起廢王道之大者也易著天地陰陽四時五行故長於變師古曰以變化之道爲長也長讀如本字一曰長謂崇長之也音竹兩反下皆類此○宋祁曰淳化本作長於變化字準書記等語不當有化字傳者見注中有化字誤足之禮綱紀人倫故長於行書記先王之事故長於政詩記山川谿谷禽獸草木牝牡雌雄故長於風樂樂所以立故長於和春秋辯是非故長於治人是故禮以節人樂以發和書以道事詩以達意易以道化春秋以道義師古曰道言也撥亂世反之正莫近於春秋春秋文成數萬張晏曰春秋萬八千字當言減而云成字誤也師古曰張說非也一萬之外即以萬言之故云數萬何乃怨言減乎學者又爲曲解云公羊經傳凡四萬四千餘字尤疏謬矣史遷豈謂公羊之傳爲春秋乎其指數千萬物之散聚皆在春秋春秋之中弒君三十六亡國五十二諸侯奔走不得保社稷者不可勝數師古曰解並在劉向傳察其所以皆失其本已師古曰已語終之辭故易曰差以豪氂謬以千里師古曰今之易經及彖象繫辭並無此語所稱易緯者則有之焉斯蓋易家之別說者也故臣弒君子弒父非一朝一夕之故其漸久矣師古曰易坤卦文言之辭有國者不可以不知春秋前有讒而不見後有賊而不知爲人臣者不可以不知春秋守經事而不知其宜遭變事而不知其權師古曰經常也爲人君父者○宋祁曰浙本無者字而不通於春秋之義者必蒙首惡之名師古曰蒙猶被也爲人臣子不通於春秋之義者必陷篡弒誅死之罪其實皆以善爲之而不知其義師古曰其心雖善以不知義理之故則陷於惡也被之空言不敢辭蘇林曰趙盾不知討賊而不敢辭弒君之罪夫不通禮義之指至於君不君臣不臣父不父子不子夫君不君則犯師古曰爲臣下所干犯也一曰違犯禮義也臣不臣則誅父不父則無道子不子則不孝此四行者天下之大過也以天下大過予之受而不敢辭故春秋者禮義之大宗也夫禮禁未然之前法施已然之後法之所爲用者易見而禮之所爲禁者難知壺遂曰孔子之時上無明君下不得任用故作春秋垂空文以斷禮義師古曰斷決也決之於禮義也當一王之法今夫子上遇明天子下得守職萬事既具咸各序其宜夫子所論欲以何明太史公曰唯唯否否晉灼曰唯唯謙應也否否不通也師古曰唯弋癸反不然余聞之先人曰虙戲至純厚作易八卦師古曰虙讀與伏同堯舜之盛尚書載之禮樂作焉湯武之隆詩人歌之春秋采善貶惡推三代之德襃周室非獨刺譏而已也漢興已來至明天子獲符瑞封禪改正朔易服色受命於穆清師古曰於歎辭也穆美也言天子有美德而教化清也於讀曰烏○劉攽曰言於穆清不成文理穆清天也澤流罔極師古曰罔無也極止也海外殊俗重譯款塞師古曰款叩也請來獻見者不可勝道師古曰道言也臣下百官力誦聖德師古曰力勤也猶不能盡宣其意且士賢能矣而不用有國者恥也主上明聖德不布聞有司之過也且余掌其官廢明聖盛德不載滅功臣賢大夫之業不述墮先人所言師古曰墮毀也謂不脩之也音火規反罪莫大焉余所謂述故事整齊其世傳○宋祁曰本無世字非所謂作也而君比之春秋謬矣於是論次其文十年而遭李陵之禍幽於纍紲師古曰纍係也紲長繩也纍音力追反紲音先列反迺喟然而歎曰是余之辠夫師古曰喟然歎息聲也音邱位反○宋祁曰浙本辠字下有也字身虧不用矣退而深惟曰師古曰惟思也夫詩書隱約者欲遂其志之思也師古曰隱憂也約屈也卒述陶唐以來至于麟止服虔曰武帝得白麟而鑄金作麟足形作史記止於此也張晏曰武帝獲麟遷以爲述事之端上記黃帝下至麟止猶春秋止於獲麟也師古曰遷序事盡太初故言至麟而止張說是也自黃帝始師古曰遷之書序篇各別有辭略而不載但取最後一首故此單目盡於六十九至惟漢繼五帝末流之後乃言第七十讀者不詳其意或於目中加云敘傳第七十此大妄矣五帝本紀第一夏本紀第二殷本紀第三周本紀第四秦本紀第五始皇本紀第六項羽本紀第七高祖本紀第八呂后本紀第九孝文本紀第十孝景本紀第十一今上本紀第十二三代世表第一十二諸侯年表第二六國年表第三秦楚之際月表第四漢諸侯年表第五高祖功臣年表第六惠景間功臣年表第七建元以來侯者年表第八王子侯者年表第九漢興以來將相名臣年表第十禮書第一樂書第二律書第三曆書第四天官書第五封禪書第六河渠書第七平準書第八吳太伯世家第一齊太公世家第二魯周公世家第三燕召公世家第四師古曰召讀曰邵管蔡世家第五陳杞世家第六衞康叔世家第七宋微子世家第八晉世家第九楚世家第十越世家第十一鄭世家第十二趙世家第十三魏世家第十四韓世家第十五田完世家第十六孔子世家第十七陳涉世家第十八外戚世家第十九楚元王世家第二十荊燕王世家第二十一齊悼惠王世家第二十二蕭相國世家第二十三曹相國世家第二十四留侯世家第二十五陳丞相世家第二十六絳侯世家第二十七梁孝王世家第二十八五宗世家第二十九師古曰景帝子凡十三人爲王而母五人所生遷謂同母者爲一宗故云五宗也三王世家第三十伯夷列傳第一管晏列傳第二老子韓非列傳第三司馬穰苴列傳第四師古曰苴音子閭反孫子吳起列傳第五伍子胥列傳第六仲尼弟子列傳第七商君列傳第八蘇秦列傳第九張儀列傳第十樗里甘茂列傳第十一穰侯列傳第十二白起王翦列傳第十三孟子荀卿列傳第十四平原虞卿列傳第十五孟嘗君列傳第十六魏公子列傳第十七春申君列傳第十八范雎蔡澤列傳第十九樂毅列傳第二十廉頗藺相如列傳第二十一田單列傳第二十二魯仲連列傳第二十三屈原賈生列傳第二十四呂不韋列傳第二十五刺客列傳第二十六李斯列傳第二十七蒙恬列傳第二十八張耳陳餘列傳第二十九魏豹彭越列傳第三十黥布列傳第三十一淮陰侯韓信列傳第三十二韓王信盧綰列傳第三十三田儋列傳第三十四樊酈滕灌列傳第三十五張丞相倉列傳第三十六酈生陸賈列傳第三十七傅靳蒯成侯列傳第三十八師古曰蒯成侯周緤也蒯音普肯反又音陪劉敬叔孫通列傳第三十九季布欒布列傳第四十爰盎朝錯列傳第四十一張釋之馮唐列傳第四十二萬石張叔列傳第四十三田叔列傳第四十四扁鵲倉公列傳第四十五吳王濞列傳第四十六魏其武安列傳第四十七韓長孺列傳第四十八李將軍列傳第四十九衞將軍驃騎列傳第五十平津主父列傳第五十一匈奴列傳第五十二南越列傳第五十三閩越列傳第五十四朝鮮列傳第五十五西南夷列傳第五十六司馬相如列傳第五十七淮南衡山列傳第五十八循吏列傳第五十九汲鄭列傳第六十儒林列傳第六十一酷吏列傳第六十二大宛列傳第六十三游俠列傳第六十四佞幸列傳第六十五滑稽列傳第六十六日者列傳第六十七龜策列傳第六十八貨殖列傳第六十九惟漢繼五帝末流接三代絕業周道既廢秦撥去古文焚滅詩書故明堂石室金鐀玉板圖籍散亂如淳曰玉版刻玉版畫爲文字也漢興蕭何次律令韓信申軍法張蒼爲章程叔孫通定禮儀則文學彬彬稍進詩書往往間出師古曰彬彬文章貌彬音邠間音居莧反自曹參薦蓋公言黃老而賈誼朝錯明申韓公孫弘以儒顯百年之間天下遺文古事靡不畢集太史公仍父子相繼籑其職師古曰籑讀與撰同○宋祁曰籑當作纂曰於戲師古曰於戲歎聲也於讀曰烏戲讀曰呼古字或作嗚虖今字或作烏呼音義皆同耳而俗之讀者隨字而別又曲爲解釋云有吉凶美惡之殊是不通其大指也義具在詩及尚書不可一一偏舉之余維先人嘗掌斯事顯於唐虞至于周復典之故司馬氏世主天官至于余乎欽念哉師古曰欽敬也罔羅天下放失舊聞王迹所興原始察終見盛觀衰論考之行事略三代錄秦漢上記軒轅下至于茲著十二本紀既科條之矣並時異世年差不明作十表師古曰並時則年歷差殊異代則難以明辨故作表也禮樂損益律歷改易兵權山川鬼神天人之際承敝通變作八書二十八宿環北辰三十輻共一轂運行無窮孟康曰象黃帝以下三十家也老子言車三十輻運行無窮以象王者如此也師古曰此說非也言衆星共繞北辰諸輻咸歸車轂若文武之臣尊輔天子也輔弼股肱之臣配焉忠信行道以奉主上作三十世家扶義俶儻不令己失時師古曰俶儻大節也俶音吐歷反立功名於天下作七十列傳凡百三十篇五十二萬六千五百字爲太史公書序略以拾遺補蓺成一家言孟康曰蓺音褻謂褒下僕褋李奇曰蓺六蓺也師古曰李說是也蓺古藝字○宋祁曰越本補字下有闕字協六經異傳齊百家雜語藏之名山副在京師師古曰藏於山者備亡失也其副貳本乃留京師也以竢後聖君子第七十師古曰竢古俟字遷之自敘云爾師古曰自此以前皆其自敘之辭也自此以後乃班氏作傳語耳而十篇缺有錄無書張晏曰遷沒之後亡景紀武紀禮書樂書兵書漢興以來將相年表日者列傳三王世家龜策列傳傅靳列傳元成之間褚先生補缺作武帝紀三王世家龜策日者傳言辭鄙陋非遷本意也師古曰序目本無兵書張云亡失此說非也○劉

奉世曰兵書即律書蓋當時有篇 遷旣被刑之後爲中書令尊寵任職故人益州刺史任安師古曰故人者言其舊交也予遷書責以古賢臣之義遷報之曰少卿足下如淳曰少卿任安字曩者辱賜書敎以慎於接物推賢進士爲務意氣勤勤懇懇師古曰懇懇至誠也音墾若望僕不相師用師古曰望怨也而流俗人之言師古曰謂隨俗人之言而流移其志僕非敢如是也雖罷駑亦嘗側聞長者遺風矣師古曰罷讀曰疲○宋祁曰者字下當有之字顧自以爲身殘處穢動而見尤師古曰顧思念也尤過也欲益反損是以抑鬱而無誰語師古曰無誰語者言無相知心之人誰可告語諺曰誰爲爲之孰令聽之師古曰言己者設欲作名爲立言行誰可爲作之又令誰聽之上爲音于僞反蓋鍾子期死伯牙終身不復鼓琴師古曰伯牙鍾子期皆楚人也伯牙鼓琴子期聽之方鼓琴而志在泰山子期曰巍巍乎若泰山旣而志在流水子期又曰湯湯乎若流水及子期死伯牙破琴絕絃終身不復鼓琴以時人無足復爲鼓琴耳何則士爲知己用女爲說己容師古曰說讀曰悅○宋祁曰浙本容字下有也字若僕大質已虧缺雖材懷隨和行若由夷應劭曰由夷許由伯夷也師古曰隨隨珠也和和氏璧也終不可以爲榮適足以發笑而自點耳師古曰點汚也書辭宜荅師古曰宜早荅會從東上來服虔曰從武帝還也又迫賤事孟康曰卑賤之事若煩務也晉灼曰賤事家之私事賤小者也師古曰謂所供職也孟說是也相見日淺卒卒無須臾之閒得竭指意文穎曰卒言急也師古曰卒卒促遽之意也閒隙也卒音千忽反○宋祁曰越本注文文穎曰卒言倉卒與此不同今少卿抱不測之罪如淳曰平時特遷不肯報其書今有罪在獄故報往日書欲使其恕以度己也師古曰不測謂深也涉旬月迫季冬僕又薄從上上雍李奇曰薄迫也迫當從行也如淳曰遷時從上在鹵簿中也師古曰李說是也恐卒然不可諱師古曰卒讀曰猝不可諱謂死也是僕終已不得舒憤懣以曉左右師古曰懣煩悶也曉告諭也懣音滿則長逝者魂魄私恨無窮師古曰謂任安誤不見報請略陳固陋闕然不報幸勿過師古曰謂中間久不報也○宋祁曰浙本不字上有久字僕聞之修身者智之府也師古曰府者所聚之處也愛施者仁之端也取予者義之符也師古曰符信也恥辱者勇之決也立名者行之極也士有此五者然後可以託於世列於君子之林矣○宋祁曰浙本列字上有而字故禍莫憯於欲利師古曰憯亦痛也音千敢反悲莫痛於傷心行莫醜於辱先而詬莫大於宮刑師古曰詬恥也音垢刑餘之人無所比數非一世也○宋祁曰越本無世字所從來遠矣昔衛靈公與雍渠載孔子適陳應劭曰雍渠奄人也靈公近之商鞅因景監見趙良寒心應劭曰景監秦嬖人也服虔曰趙良賢者同子參乘爰絲變色蘇林曰趙談也與遷父同諱故曰同子自古而恥之夫中材之人事關於宦豎○宋祁曰浙本事字下有有字莫不傷氣況忼慨之士乎師古曰忼音口朗反如今朝雖乏人奈何令刀鋸之餘薦天下豪儁哉僕賴先人緒業得待罪輦轂下二十餘年矣師古曰言侍從天子之車輿所以自惟師古曰惟思也上之不能納忠效信師古曰效致也有奇策材力之譽自結明主次之又不能拾遺補闕招賢進能顯巖穴之士外之不能備行伍攻城野戰有斬將

搴旗之功師古曰搴拔也拔取敵人之旗也搴音蹇下之不能累日積勞取尊官厚祿以爲宗族交遊光寵四者無一遂苟合取容無所短長之效可見於此矣鄉者僕亦嘗廁下大夫之列韋昭曰周官太史位下大夫也臣瓚曰漢太史令千石故比下大夫師古曰鄉讀曰嚮嚮曩昔時也陪外廷末議不以此時引維綱盡思慮今已虧形爲埽除之隸在闒茸之中師古曰闒茸猥賤也闒下也茸細毛也言非豪桀也闒吐合反茸人勇反廼欲卬首信眉論列是非師古曰卬讀曰仰信讀曰伸列陳也不亦輕朝廷羞當世之士邪師古曰羞辱也嗟乎嗟乎如僕尚何言哉○宋祁曰越本尚何言哉無復句余按太史公語多重復此自一體不可削也尚何言哉且事本末未易明也僕少負不羈之才長無鄉曲之譽師古曰不羈言其材質高遠不可羈繫也負者亦言無此事也主上幸以先人之故使得奉薄技出入周衞之中服虔曰薄技材也師古曰周衞言宿衞周密也僕以爲戴盆何以望天如淳曰頭戴盆則不得望天望天則不得戴盆事不可兼施言已方有所造不暇修人事也師古曰言營職務耳未論造書也如說失之故絕賓客之知忘室家之業日夜思竭其不肖之材力務壹心營職以求親媚於主上而事乃有大謬不然者夫僕與李陵俱居門下素非相善也趣舍異路師古曰趣所嚮也舍所廢也未嘗銜盃酒接殷勤之歡然僕觀其爲人自奇士事親孝與士信臨財廉取予義分別有讓恭儉下人師古曰下音胡亞反常思奮不顧身以狥國家之急師古曰狥從也營也其素所畜積也師古曰畜讀曰蓄僕以爲有國士之風夫人臣出萬死不顧一生之計赴公家之難斯已奇矣今舉事壹不當而全軀保妻子之臣隨而媒孽其短臣瓚曰媒謂遘合會之孽謂生其罪釁也師古曰媒如媒娉之媒孽如麴孽之孽一日齊人謂麴餅爲媒也僕誠私心痛之且李陵提步卒不滿五千深踐戎馬之地足歷王庭垂餌虎口橫挑彊胡李奇曰挑音誂師古曰音徒了反卬億萬之師師古曰卬讀曰仰漢軍北向匈奴南下北方地高故云然○劉奉世曰匈奴高故曰卬也與單于連戰十餘日所殺過當師古曰率計戰士殺敵數多故云過當也虜救死扶傷不給師古曰給猶供也旃裘之君長咸震怖廼悉徵左右賢王舉引弓之民師古曰能引弓者皆發之一國共攻而圍之轉鬭千里矢盡道窮救兵不至士卒死傷如積然李陵壹呼勞軍師古曰呼音火故反士無不起躬流涕沬血飲泣張空弮冒白刃北首爭死敵孟康曰沬音靧李奇曰弮弩弓也師古曰沬顙字類洒面也言流血在面如盥頮冒犯也首嚮也沬音呼內反字從午未之未弮音丘權反又音眷冒音莫克反首音式救反讀者乃以弮爲拳之權大謬矣拳則屈指不當言張陵時矢盡故張弩之空弓非是手拳也陵未沒時使有來報漢公卿王侯皆奉觴上壽後數日陵敗書聞主上爲之食不甘味聽朝不怡大臣憂懼不知所出僕竊不自料其卑賤師古曰料量也音聊見主上慘悽怛悼誠欲効其款款之愚以爲李陵素與士大夫絕甘分少師古曰自絕旨甘而與衆人分之共同其少多也能得人之死力雖古名將不過也身雖陷敗彼觀其意且欲得其當而報

漢師古曰欲於匈奴立功而歸以當其敗之罪事已無可奈何其所摧敗功亦足以暴於天下師古曰謂摧破匈奴之兵也僕懷欲陳之而未有路適會召問卽以此指推言陵功師古曰指意也欲以廣主上之意塞睚眥之辭未能盡明師古曰睚眥舉目皆也猶言顧瞻之頃也睚音厓眦音才賜反明主不深曉以爲僕沮貳師而爲李陵游說師古曰沮毀壞也音才汝反遂下於理拳拳之忠終不能自列師古曰拳拳忠謹之貌劉向傳作惓惓字音義同耳列陳也因爲誣上卒從吏議師古曰卒終也家貧財賂不足以自贖交游莫救左右親近不爲壹言身非木石獨與法吏爲伍深幽囹圄之中誰可告愬者此正少卿所親見僕行事豈不然邪李陵旣生降隤其家聲孟康曰家世爲將有名聲陵降而隤之也師古曰隤墜也音頹而僕又茸以蠶室蘇林曰茸次也若人相俾次師古曰此說非也茸音人勇反推也蠶室乃腐刑所居溫密之室也謂推致蠶室之中也○劉奉世曰茸讀如闒茸之茸重爲天下觀笑師古曰觀之而笑也悲夫悲夫事未易一二爲俗人言也僕之先人非有剖符丹書之功文史星曆近乎卜祝之間固主上所戲弄倡優畜之流俗之所輕也假令僕伏法受誅若九牛亡一毛與螻螘何異師古曰螻螻蛄也螘蚍蜉也皆蟲之微小者也螻音樓而世又不與能死節者比師古曰與許也不許其能死節特以爲智窮罪極不能自免卒就死耳何也素所自樹立使然人固有一死死有重於太山或輕於鴻毛用之所趨異也師古曰趨讀曰趣趣嚮也太上不辱先其次不辱身其次不辱理色其次不辱辭令其次詘體受辱其次易服受辱其次關木索被箠楚受辱師古曰箠杖也音止橤反其次鬄毛髮嬰金鐵受辱師古曰嬰繞也鬄音吐計反其次毀肌膚斷支體受辱最下腐刑極矣師古曰腐刑解在景紀傳曰刑不上大夫此言士節不可不厲也猛虎處深山百獸震恐及其在穽檻之中搖尾而求食師古曰穽掘地以陷獸也音才性反積威約之漸也故士有畫地爲牢埶不入削木爲吏議不對定計於鮮也文穎曰未遇刑自殺爲鮮明也今交手足受木索暴肌膚受榜箠師古曰榜音彭幽於圜牆之中師古曰圜牆獄也周禮謂之圜土當此之時見獄吏則頭槍地師古曰槍音千羊反視徒隸則心惕息師古曰惕懼也息喘息也何者積威約之埶也及已至此言不辱者所謂彊顏耳曷足貴乎師古曰彊音其兩反且西伯伯也拘牖里李斯相也具五刑師古曰說在刑法志淮陰王也受械於陳師古曰高祖僞遊雲夢而信至陳上謁卽見囚執械謂桎梏之彭越張敖南鄉稱孤繫獄具罪師古曰或繫於獄或至大罪也鄉讀曰嚮絳侯誅諸呂權傾五伯囚於請室師古曰伯讀曰霸魏其大將也衣赭關三木師古曰三木在頸及手足季布爲朱家鉗奴灌夫受辱居室此人皆身至王侯將相聲聞鄰國及罪至罔加不能引決自財師古曰財與裁同古通用字在塵埃之中古今一體安在其不辱也由此言之勇怯埶也彊弱形也審矣曷足怪乎且人不能蚤自財繩

墨之外已稍陵夷至於鞭箠之閒廼欲引節斯不亦遠乎古人所以重施刑於大夫者殆爲此也師古曰重難也夫人情莫不貪生惡死念親戚顧妻子至激於義理者不然師古曰言激於義理者則不顧念親戚妻子廼有不得已也今僕不幸蚤失二親無兄弟之親獨身孤立少卿視僕於妻子何如哉且勇者不必死節怯夫慕義何處不勉焉師古曰勇敢之人闇於分理未必能死名節怯懦之夫心知慕義則處處皆能勉勵也○宋祁曰越本勉作免非僕雖怯耎欲苟活師古曰耎柔弱也音人阮反亦頗識去就之分矣何至自湛溺累紲之辱哉師古曰湛讀曰沈累音力追反且夫臧獲婢妾猶能引決應劭曰揚雄方言云海岱之閒罵奴曰臧罵婢曰獲燕之北郊民而聓婢謂之臧女而婦奴謂之獲晉灼曰臧獲敗敵所被虜獲爲奴隸者師古曰應說是也況若僕之不得已乎所以隱忍苟活函糞土之中而不辭者恨私心有所不盡鄙沒世而文采不表於後也古者富貴而名摩滅不可勝記唯俶儻非常之人稱焉蓋西伯拘而演周易仲尼戹而作春秋屈原放逐乃賦離騷左丘失明厥有國語○宋祁曰左丘當作左丘明疑脫明字孫子臏腳兵法脩列文穎曰孫子與龐涓學而爲龐涓所斷足師古曰說臏音頻忍反不韋遷蜀世傳呂覽蘇林曰呂氏春秋篇名八覽六論韓非囚秦說難孤憤師古曰說難孤憤韓子之篇名詩三百篇大氐賢聖發憤之所爲作也師古曰氐歸也音丁禮反此人皆意有所鬱結不得通其道故述往事思來者師古曰令將來之人見己志也及如左丘明無目○宋祁曰越本無明字孫子斷足終不可用退論書策以舒其憤思垂空文以自見師古曰見胡電反僕竊不遜近自託於無能之辭網羅天下放失舊聞考之行事稽其成敗興壞之理師古曰稽計也凡百三十篇亦欲以究天人之際通古今之變成一家之言草創未就適會此禍惜其不成是以就極刑而無慍色僕誠已著此書藏之名山傳之其人通邑大都師古曰其人謂能行其書者則僕償前辱之責雖萬被戮豈有悔哉然此可爲智者道難爲俗人言也且負下未易居上流多謗議○宋祁曰上流上字景本越本並作下僕以口語遇遭此禍重爲鄉黨戮笑汙辱先人亦何面目復上父母之丘墓乎雖累百世垢彌甚耳是以腸一日而九回居則忽忽若有所亡出則不知所如往師古曰如亦往也每念斯恥汗未嘗不發背霑衣也身直爲閨閤之臣寧得自引深藏於巖穴邪故且從俗浮湛與時俯仰以通其狂惑師古曰湛讀曰沈今少卿廼敎以推賢進士無廼與僕之私指謬乎師古曰指意也今雖欲自彫瑑師古曰瑑刻也音篆曼辭以自解如淳曰曼美也師古曰曼音萬無益於俗不信祇取辱耳師古曰祇適也要之死日然後是非廼定書不能盡意故略陳固陋遷既死後其書稍出宣帝時遷外孫平通侯楊惲祖述其書遂宣布焉至王莽時求封遷後爲史通子應劭曰以遷世爲史官通於古

今也李奇曰史通國子爵也○宋祁曰越本無至字
贊曰自古書契之作而有史官其載籍博矣至孔氏纂
之師古曰纂與撰同上繼唐堯下訖秦繆唐虞以前雖有遺文
其語不經師古曰非經典所說故言黃帝顓頊之事未可明也及
孔子因魯史記而作春秋而左丘明論輯其本事以為
之傳師古曰輯與集同○宋祁曰舊本以字上有是字又纂異同為國語又有
世本錄黃帝以來至春秋時帝王公侯卿大夫祖世所
出春秋之後七國並爭服虔曰關東六國與秦七國○宋祁曰注文當云與秦為七國
秦兼諸侯有戰國策漢興伐秦定天下有楚漢春秋故
司馬遷據左氏國語采世本戰國策述楚漢春秋接其
後事訖于大漢其言秦漢詳矣至於采經摭傳師古曰摭拾也
音之亦反分散數家之事甚多疏略或有抵梧如淳曰梧讀曰迕相觸迕
也師古曰抵觸也梧相支拄不安也梧音悟亦其涉獵者廣博貫穿經傳馳
騁古今上下數千載間斯以勤矣又其是非頗繆於聖
人師古曰頗音普我反論大道則先黃老而後六經序遊俠則退
處士而進姦雄述貨殖則崇勢利而羞賤貧此其所蔽
也然自劉向揚雄博極羣書皆稱遷有良史之材服其
善序事理辨而不華質而不俚劉德曰俚鄙也如淳曰俚言雖質而不如閭里之
鄙言也師古曰劉說是也俚音里其文直其事核師古曰核堅實也不虛美不
隱善故謂之實錄應劭曰言其錄事實嗚呼以遷之博物洽聞而
不能以知自全既陷極刑幽而發憤書亦信矣師古曰言其報
任安書自陳己志信不謬迹其所以自傷悼小雅巷伯之倫師古曰巷伯奄
官也遇讒而作詩列在小雅其詩曰萋兮斐兮成是貝錦是也夫唯大雅既明且哲能
保其身難矣哉師古曰尹吉甫作烝民之詩以美宣王而論仲山甫之德曰既明且哲以保其
身其詩列於大雅故贊云然

前漢書卷六十二考證
司馬遷傳晉中軍隨會犇魏注師古曰未詳遷之所說
○臣召南按犇魏史記作犇秦是也漢書本誤作魏
耳又按隨會犇秦時未為中軍將也史文以後官冠
其名
錯孫蘄○蘄史記作蘄又昌生毋懌史記作無澤
神形蚤衰○蚤衰史記作騷動又因物與合史記作因
物與合
遷生龍門注師古曰龍門山其東則在今秦州龍門縣
北云云○臣召南按地理志左馮翊夏陽縣故少梁
禹貢梁山在西北龍門山在北即遷所生之地師古
注所云其西在今同州韓城縣北者也龍門一山跨
河故注先言東岸耳秦州應作泰州唐武德元年於
隋汾陰縣置泰州二年徙治龍門此龍門縣在漢為
河東皮氏縣地與夏陽隔河相望今日河津縣非遷
所生地在西岸者也
遷報之曰少卿足下○文選起句作太史公牛馬走司
馬遷再拜言少卿足下此篇字句與文選多異助語
辭亦多不同今但依漢書各本校正
若望僕不相師用而流俗人之言○臣召南按文選作
若望僕不相師而用流俗人之言倒用字於而字下
甚順
俱居門下○文選注云謂同為侍中官
不韋遷蜀世傳呂覽韓非囚秦說難孤憤○臣召南按
呂覽為不韋相秦日著故能懸之市門即韓非書亦
在遊秦之前也此書大意言二人身雖遭難其所著
作已傳當世耳下文為自已發憤著書比例故專引
孫臏卬明
為明顯
且負下未易居○文選作負累之下未易居似較此文

前漢書卷六十三

漢　蘭　臺　令　史班　固撰

唐正議大夫行祕書少監琅邪縣開國子顏師古注

武五子傳第三十三師古曰諸帝子傳皆言王而此獨云子者以戾太子在其中也

孝武皇帝六男衛皇后生戾太子趙婕妤生孝昭帝王
夫人生齊懷王閎師古曰閎音宏李姬生燕剌王旦廣陵厲王
胥師古曰不知官秩故云李姬謚法暴戾無親曰剌剌音來葛反李夫人生昌邑哀王
髆師古曰髆音博
戾太子據元狩元年立為皇太子年七歲矣初上年二
十九乃得太子甚喜為立禖師古曰禖求子之神也解在枚皐傳使東方
朔枚皐作禖祝師古曰禖祝禖之祝辭少壯詔受公羊春秋師古曰少壯者
言漸長大也少讀如本字又從瑕丘江公受穀梁及冠就宮上為立
博望苑師古曰取其廣博觀望也使通賓客從其所好故多以異端
進者元鼎四年納史良娣韋昭曰良娣太子之內官也太子有妃有良娣有孺子凡
三等師古曰娣音弟產子男進號曰史皇孫張晏曰皆以舅氏姓為氏以相別也師古
曰進者皇孫名武帝末衛后寵衰江充用事充與太子及衛氏
有隙師古曰充為直指使者劾太子家車行馳道上沒入車馬太子求充充不聽也恐上晏駕
後為太子所誅會巫蠱事起充因此為姦是時上春秋
高意多所惡以為左右皆為蠱道祝詛窮治其事丞相
公孫賀父子陽石諸邑公主師古曰兩公主及皇后弟子長平
侯衛伉皆坐誅師古曰伉音抗又音剛語在公孫賀江充傳充典
治巫蠱既知上意白言宮中有蠱氣入宮至省中壞御
座掘地上使按道侯韓說御史章贛黃門蘇文等助充
師古曰說讀曰悅贛音貢充遂至太子宮掘蠱得桐木人時上疾辟
暑甘泉宮師古曰辟讀曰避獨皇后太子在師古曰在京師太子召問
少傅石德師古曰石慶子德懼為師傅并誅因謂太子曰前丞
相父子兩公主及衛氏皆坐此今巫與使者掘地得徵
驗不知巫置之邪將實有也無以自明可矯以節收捕
充等繫獄師古曰矯託也託詔命也窮治其姦詐且上疾在甘泉皇
后及家吏請問皆不報蘇林曰家吏皇后吏也臣瓚曰太子稱家家吏是太子吏也師
古曰既言皇后及家吏此為皇后吏及太子吏耳瓚說是也上存亡未可知而姦臣
如此太子將不念秦扶蘇事耶韋昭曰始皇死趙高詐殺扶蘇而立胡亥也
太子急然德言征和二年七月壬午乃使客為使者收
捕充等按道侯說疑使者有詐不肯受詔客格殺說御
史章贛被創突亡自歸甘泉太子使舍人無且師古曰且音子
閭反持節夜入未央宮殿長秋門因長御倚華鄭氏曰長音長者如
淳曰漢儀注女長御比侍中皇后見姬以下長御稱謝倚華字也師古曰倚音於綺反具白皇后
發中廄車載射士師古曰中廄皇后車馬所在也出武庫兵發長樂宮
衛告令百官曰江充反迺斬充以狗炙胡巫上林中服虔
曰作巫蠱之胡人也炙燒也師古曰胡巫受充意指妄
作蠱狀太子特忿且欲得其情實故以火炙之令毒痛
耳遂部賓客為將率與丞相劉屈氂等戰長安中擾亂
言太子反以故衆不肯附太子兵敗亡不得師古曰太子出亡而
吏追捕不得也○宋祁曰不肯越本無肯字上怒甚羣下憂懼不知所出師古
曰計無所出壺關三老茂上書曰師古曰壺關上黨之縣也荀悅漢紀云令狐茂班史
不載其姓不知於何得也臣聞父者猶天母者猶地子猶萬物也故
天平地安陰陽和調物迺茂成父慈母愛室家之中子
迺孝順陰陽不和則萬物夭傷父子不和則室家喪亡
故父不父則子不子君不君則臣不臣雖有粟吾豈得
而食諸師古曰論語云齊景公問政於孔子孔子對曰君君臣臣父父子子公曰善哉信如君不君臣
不臣父不父子不子雖有粟吾豈得而食諸言父子君臣之道不立則國必危亡倉廩雖多吾不得食也昔
者虞舜孝之至也而不中於瞽叟師古曰中當也瞽叟舜父也言不當其意
也中音竹仲反孝已被謗伯奇放流師古曰孝已伯奇並已解於上骨肉至親
父子相疑何者積毀之所生也由是觀之子無不孝而
父有不察今皇太子為漢適嗣師古曰適讀曰嫡承萬世之業
體祖宗之重親則皇帝之宗子也江充布衣之人閭閻
之隸臣耳師古曰隸賤也陛下顯而用之銜至尊之命以迫蹵
皇太子師古曰蹵音千六反造飾姦詐羣邪錯謬是以親戚之路
鬲塞而不通師古曰鬲與隔同太子進則不得上見退則困於
亂臣獨冤結而亡告不忍忿忿之心起而殺充恐懼逋
逃師古曰逃遁亡也子盜父兵以救難自免耳臣竊以為無邪心
詩曰營營青蠅止于藩愷悌君子無信讒言讒言罔極
交亂四國師古曰小雅青蠅之詩也營營往來之貌也藩籬也愷樂也悌易也言青蠅來往止於藩籬
變白作黑譖人構毀間親令疏樂易之君子不當信用若讒言無極則四國亦以交亂宜深察也往者
江充讒殺趙太子天下莫不聞其罪固宜師古曰充罪宜得罪也陛
下不省察深過太子師古曰以太子為罪過而深責之發盛怒舉大兵
而求之三公自將智者不敢言辯士不敢說臣竊痛之
臣聞子胥盡忠而忘其號師古曰忘亡也吳王殺之被以惡名失其善稱號比
干盡仁而遺其身師古曰比干殷之賢臣以道諫紂紂怒而剖其心也忠臣竭
誠不顧鈇鉞之誅師古曰鈇所以斫人如今莝刃也音膚以陳其愚志在
匡君安社稷也師古曰匡正也正其失也詩云取彼譖人投畀豺虎
師古曰小雅巷伯之詩也言譖讒之人誠可疾惡願投與猛獸食之畀音必寐反唯陛下寬心
慰意少察所親師古曰父子之道天性之親也毋患太子之非亟罷甲
兵無令太子久亡師古曰亟急也音居力反臣不勝惓惓師古曰惓讀曰拳解
在劉向傳出一旦之命待罪建章闕下書奏天子感寤太子
之亡也東至湖師古曰湖縣名今虢州閿鄉湖城二縣皆其地也臧匿泉鳩里
師古曰泉鳩水名今在閿鄉東南十五里見有戾太子冢冢在澗東也主人家貧常賣屨
以給太子太子有故人在湖聞其富贍使人呼之師古
曰贍足也而發覺吏圍捕太子太子自度不得脫師古曰度音大各反即
入室距戶自經山陽男子張富昌為卒足蹋開戶新安
令史李壽趨抱解太子主人公遂格鬭死皇孫二人皆
并遇害上既傷太子乃下詔曰蓋行疑賞所以申信也
其封李壽為邘侯韋昭曰邘在河內師古曰為其解救太子也邘音于張富昌為
題侯孟康曰縣名也晉灼曰地理志無也功臣表食邑鉅鹿師古曰晉說是也久之巫蠱事
多不信上知太子惶恐無他意而車千秋復訟太子冤
上遂擢千秋為丞相而族滅江充家焚蘇文於橫橋上
孟康曰橫音光師古曰即橫門渭橋也及泉鳩里加兵刃於太子者初為
北地太守後族上憐太子無辜乃作思子宮為歸來望
思之臺於湖師古曰言已望而思之庶太子之魂來歸也其臺在今湖城縣之西閿鄉之東基趾
猶存天下聞而悲之初太子有三男一女女者平輿侯嗣
子尚焉及太子敗皆同時遇害衛后史良娣葬長安城
南史皇孫皇孫妃王夫人及皇女孫葬廣明蘇林曰苑名也皇
孫二人隨太子者與太子并葬湖師古曰今太子冢北有二冢相次則二皇
孫也太子有遺孫一人史皇孫子王夫人男年十八即尊
位是為孝宣帝帝初即位下詔曰故皇太子在湖未有
號謚歲時祠其議謚○宋祁曰楊本云多歲時祠其議謚六字置園邑有司
奏請禮為人後者為之子也故降其父母不得祭師古曰謂
本生之父母也尊祖之義也陛下為孝昭帝後承祖宗之祀制
禮不踰閑師古曰閑猶限也謹行視孝昭帝所為故皇太子起
位在湖文穎曰位冢位也師古曰行音下更反史良娣冢在博望苑北親

史皇孫位在廣明郭北如淳曰親謂父也諡法曰諡者行之迹也愚以爲親諡宜曰悼皇母曰悼后比諸侯王園置奉邑三百家故皇太子諡曰戾置奉邑二百家史良娣曰戾夫人置守冢三十家園置長丞周衞奉守如法以湖閺鄉邪里聚爲戾園孟康曰閺古閺字從門中旻建安中正作閺師古曰旻舉目使人也旻音許密反閺字本從旻其後轉訛誤遂作門中受耳而郭璞音汝授反蓋失理遠耳長安白亭東爲戾后園廣明成鄉爲悼園皆改葬焉後八歲有司復言禮父爲士子爲天子祭以天子悼園宜稱尊號曰皇考立廟因園爲寢以時薦享焉益奉園民滿千六百家以爲奉明縣尊戾夫人曰戾后置園奉邑及益戾園各滿三百家

齊懷王閎與燕王旦廣陵王胥同日立皆賜策各以國土風俗申戒焉曰惟元狩六年四月乙巳皇帝使御史大夫湯師古曰張湯廟立子閎爲齊王師古曰於廟授策也曰嗚呼小子閎受茲青社張晏曰王者以五色土爲太社封四方諸侯各以其方色土與之苴以白茅歸以立社朕承天序惟稽古建爾國家師古曰言考于古道而立子爲王封于東土世爲漢藩輔嗚呼念哉共朕之詔師古曰共讀曰恭言敬聽我詔惟命不于常師古曰言皇天無親惟德是輔善則得之惡則失之人之好德克明顯光義之不圖俾君子怠師古曰言人若好德則能明顯有光輝若不圖於義則君子懈怠無歸附之者圖謀也俾使也悉爾心允執其中天祿永終師古曰能盡爾心信執中和之德則能終天祿者也厥有愆不臧迺凶于乃國而害于爾躬師古曰臧善也乃汝也嗚呼保國乂民可不敬與王其戒之師古曰保安也乂治也與讀曰歟閎母王夫人有寵閎尤愛幸立八年薨無子國除

燕剌王旦賜策曰嗚呼小子旦受茲玄土建爾國家封于北土世爲漢藩輔嗚呼薰鬻氏虐老獸心以姦巧邊甿服虔曰薰鬻堯時匈奴號也孟康曰甿音萌師古曰虐老謂貴少壯而食其肥賤老者而與粗惡也獸心言貪暴而無仁義也甿庶人薰音勳鬻音育朕命將率徂征厥罪師古曰徂往也萬夫長千夫長三十有二帥○張晏曰時所獲三十二帥也宋祁曰別本三十蓮作三千誤降旗奔師如淳曰昆邪王偃其旗鼓而來降也薰鬻徙域張晏曰匈奴徙東○劉奉世曰匈奴徙漢北北州以妥孟康曰古綏字也臣瓚曰妥安也師古曰瓚說是也妥音他果反悉爾心毋作怨毋作棐德服虔曰棐薄也師古曰棐古匪字也匪非也毋廼廢備師古曰戒邊之備不可廢非教士不得從徵張晏曰士不素習不得應召王其戒之旦壯大就國爲人辯略博學經書雜說好星曆數術倡優射獵之事招致游士及衞太子敗齊懷王又薨旦自以次第當立上書求入宿衞上怒下其使獄後坐臧匿亡命削良鄉安次文安三縣武帝由是惡旦後遂立少子爲太子帝崩太子立是爲孝昭帝賜諸侯王璽書旦得書不肯哭曰璽書封小張晏曰文少則封小京師疑有變遣幸臣壽西長孫縱之王孺等之長安師古曰之往也以問禮儀爲名王孺見執金吾廣意師古曰郭廣意問帝崩所病師古曰因何病而崩立者誰子年幾歲廣意言待詔五莋宮師古曰莋讀與柞同宮中讙言帝崩諸將軍共立太子爲帝年八九歲葬時不出臨師古曰臨音力禁反歸以報王王曰上棄羣臣無語言蓋主又不得見甚可怪也復遣中大夫至京師上書言竊見孝武皇帝躬聖道孝宗廟慈愛骨肉和集兆民德配天地明並日月威武洋溢師古曰洋溢言盛多也洋音羊遠方執寶而朝增郡數十斥地且倍師古曰斥開也封泰山禪梁父巡狩天下遠方珍物陳于太廟德甚休盛師古曰休美也請立廟郡國奏報聞時大將軍霍光秉政褒賜燕王錢三千萬益封萬三千戶旦怒曰我當爲帝何賜也遂與宗室中山哀王子劉長齊孝王孫劉澤等結謀詐言以武帝時受詔得職吏事脩武備備非常如淳曰諸侯不得治民與職事是以爲詐言受詔得知職事發兵爲備也長於是爲旦命令羣臣曰寡人賴先帝休德師古曰休美也獲奉北藩親受明詔職吏事領庫兵飭武備師古曰飭讀與勑同飭整也任重職大夙夜兢兢子大夫將何以規佐寡人且燕國雖小成周之建國也師古曰自周以來爲燕國言以久遠上自召公下及昭襄師古曰召公謂召公奭也昭襄謂六國時燕之二王也召讀曰邵于今千載豈可謂無賢哉寡人束帶聽朝三十餘年曾無聞焉其者寡人之不及與師古曰與讀曰歟意亦子大夫之思有所不至乎其咎安在方今寡人欲撟邪防非章聞揚和師古曰撟正也章表也撟與矯同其字從手也撫慰百姓移風易俗厥路何由子大夫其各悉心以對寡人將察焉羣臣皆免冠謝郎中成軫謂旦曰大王失職獨可起而索不可坐而得也師古曰失職謂當爲漢嗣而不被用也索求也大王壹起國中雖女子皆奮臂隨大王旦曰前高后時僞立子弘爲皇帝諸侯交手事之八年師古曰交手謂拱手也呂太后崩大臣誅諸呂迎立文帝天下乃知非孝惠子也我親武帝長子反不得立上書請立廟又不聽立者疑非劉氏即與劉澤謀爲姦書言少帝非武帝子大臣所共立天下宜共伐之使人傳行郡國以搖動百姓澤謀歸發兵臨淄與燕王俱起旦遂招來郡國姦人賦斂銅鐵作甲兵數閱其車騎材官卒建旌旗鼓車旄頭先敺師古曰敺與驅同郎中侍從者著貂羽黃金附蟬晉灼曰以翠羽飾冠也師古曰貂羽以貂尾爲冠之羽也附蟬爲金蟬以附冠前也羽凡此旄頭先驅皆天子之制而貂羽附蟬又天子侍中之飾王僭爲之皆號侍中旦從相中尉以下勒車騎發民會圍大獵文安縣以講士馬須期日師古曰講習也須待也郎中韓義等數諫旦旦殺義等凡十五人會缾侯劉成知澤等謀師古曰缾侯菑川靖王子也缾音步丁反告之青州刺史雋不疑不疑收捕澤以聞天子遣大鴻臚丞治連引燕王有詔勿治而劉澤等皆伏誅益封缾侯久之旦姊鄂邑蓋長公主張晏曰食邑鄂蓋侯王信妻也師古曰爲蓋侯妻是也非王信信者武帝之舅耳不取鄂邑主爲妻當是信子頃侯充耳左將軍上官桀父子與霍光爭權有隙皆知旦怨光即私與燕交通旦遣孫縱之等前後十餘輩多齎金寶走馬師古曰走馬馬之善走者賂遺蓋主上官桀及御史大夫桑弘羊等皆與交通數記疏光過失與旦令上書告之桀欲從中下其章師古曰下音胡稼反旦聞之喜上疏曰昔秦據南面之位制一世之命威服四夷輕弱骨肉○宋祁曰浙本輕字上有然字顯重異族廢道任刑無恩宗室其後尉佗入南夷陳涉呼楚澤師古曰呼音火故反近狎作亂內外俱發師古曰狎習也近習之人謂趙高也趙氏無炊火焉韋昭曰趙秦之別氏師古曰無炊火言絕祀也高皇帝覽蹤迹觀得失見秦建本非是故改其路規土連城布王子孫師古曰規畫也是以支葉扶疎異姓不得間也師古曰間音工莧反今陛下承明繼成師古曰承聖明之後繼已成之業委任公卿羣臣連與成朋非毀宗室師古曰謂黨與也膚受之愬日騁於廷惡吏廢法立威主恩不及下究師古曰究竟也言不竟於下臣聞武帝使中郎將蘇武使匈奴見留二十年不降還亶爲典屬國師古曰亶音但今大將軍長史敞無勞爲搜粟都尉師古曰楊敞也又將軍都郎羽林張晏曰都試郎羽林也師古曰都都大也謂大會試之漢光祿挈令諸當試者不會都所免之○宋祁曰又將軍浙本作又聞大將軍道上移蹕如淳曰移猶傳也太官先置師古曰昭紀云詐令人爲燕王旦上書又云上曰朕知此書詐也將軍都郎屬耳何以得知之而此傳乃云旦自上疏此下又云帝覺有詐遂親信光參錯不同疑此傳爲誤臣旦願歸符璽入宿衞察姦臣之變是時昭帝年十四覺其有詐遂親信霍光而疏上官桀等桀等因謀共殺光廢帝迎立燕王爲天子旦置驛書往來相報許立桀爲王外連郡國豪桀以千數旦以語相平平曰大王前與劉澤結謀事未成而發覺者以劉澤素夸好侵陵也平聞左將軍素輕易車騎將軍少而驕臣恐其如劉澤時不能成又恐既成反大王也旦曰前日一男子詣闕自謂故太子長安中民趣鄉之師古曰鄉讀曰嚮正讙不可止師古曰人衆多故讙譁也既大將軍恐出兵陳之以自備耳我帝長子天下所信何憂見反後謂羣臣蓋主報言獨患大將軍與右將軍王莽張晏曰天水人也字稚叔今右將軍物故師古曰謂死也丞相病幸事必成徵不久令羣臣皆裝是時天雨虹下屬宮中師古曰屬猶注也音之欲反飲井水井水泉竭○宋祁曰越本無泉字廁中豕羣出壞大官竈師古曰廁養豕圂也圂音胡困反烏鵲鬬死鼠舞殿端門中師古曰端門正門也殿上戶自閉不可開天火燒城門大風壞宮城樓折拔樹木流星下墮后姬以下皆恐王驚病使人祠葭水台水晉灼曰地理志葭水在廣平南和台水在鴈門師古曰葭音家台音怡王客呂廣等知星爲王言當有兵圍城期在九月十月漢當有大臣戮死者語具在五行志王愈憂恐謂廣等曰謀事不成妖祥數見兵氣且至柰何會蓋主舍人父燕倉知其謀告之由是發覺丞相賜璽書部中二千石逐捕孫縱之及左將軍桀等皆伏誅旦聞之召相平曰事敗遂發兵乎平曰左將軍已死百姓皆知之不可發也王憂懣師古曰懣音滿又音悶解在司馬遷傳置酒萬載宮會賓客羣臣妃妾坐飲王自歌曰歸空城兮狗不吠雞不鳴橫術何廣廣兮固知國中之無人蘇林曰廣音曠臣瓚曰術道路也師古曰廣讀如本字此歌意言身死之後國當空也華容夫人起舞曰髮紛紛兮寘渠孟康曰寘音纍髮纍挂岸也臣瓚曰寘塞溝渠師古曰瓚說是也寘音徒千反骨籍籍兮亡居師古曰籍籍從橫皃也居處也母求死子兮妻求死夫裴回兩渠間兮君子獨安居師古曰置酒之宮池沼所在其間有渠故郎其所見以爲歌辭也坐者皆泣有赦令到王讀之曰嗟乎獨赦吏民不赦我因迎后姬諸夫人之明光殿王曰老虜曹爲事當族師古曰曹輩也欲自殺左右曰黨得削國師古曰黨音他朗反幸不死后姬夫人共啼泣止王會天子使使者賜燕王璽書曰昔高皇帝王天下建立子弟以藩屏社稷先日諸呂陰謀大逆劉氏不絕若髮賴絳侯等誅討賊亂尊立孝文以安宗廟非以中外有人表裏相應故邪樊酈曹灌攜劒推鋒師古曰樊噲酈商曹參灌嬰等從高皇帝墾菑除害耘鉏海內師古曰菑古災字當此之時頭如蓬葆頭久不理如蓬草羽葆也師古曰草叢生曰葆音保○宋祁曰浙本注文頭字上有服虔曰三字勤苦至矣然其賞不過封侯今宗室子孫曾無暴衣露冠之勞裂地而王之分財而賜之父死子繼兄終弟及今王骨肉至親敵吾一體師古曰言若四肢之一也迺與他姓異族謀害社稷親其所疏疏其所親有逆悖之心無忠愛之義如使古人有知當何面目復奉齊酎見高祖之廟乎師古曰古人謂先人旦得書以符璽屬醫工長師古曰屬委也醫工長王官之主醫者也屬音之欲反謝相二千石奉事不謹死矣即以綬自絞后夫人隨旦自殺者二十餘人天子加恩赦王太子建爲庶人賜旦謚曰剌王旦立三十八年而誅國除後六年宣帝即位封旦兩子慶爲新昌侯賢爲安定侯又立故太子建是爲廣陽頃王二十九年薨子穆王舜嗣二十一年薨子思王璜嗣二十年薨○宋祁曰二十年浙本作二十九年子嘉嗣王莽時皆廢漢藩王爲家人嘉獨以獻符命封扶美侯賜姓王氏

廣陵厲王胥賜策曰嗚呼小子胥受茲赤社建爾國家封于南土世世爲漢藩輔○劉攽曰多一世字古人有言曰大江之南五湖之間其人輕心揚州保疆李奇曰保恃也三代要服不及以正師古曰要服次荒服之內者也正政也要音一遙反嗚呼悉爾心祗祗兢兢迺惠迺順師古曰祗祗敬也兢兢順也言當慈惠於下忠順於上也毋桐好逸毋邇宵人應劭曰無好逸游之事邇近小人也張晏曰桐音同師古曰桐音通桐輕脫之貌也惟

法惟則（師古曰言當依法則）書云臣不作福不作威（師古曰周書洪範云臣無有作威作福也）廓有後羞王其戒之（師古曰言宜戒慎勿令後有羞辱之事也）胥壯大好倡樂逸遊力扛鼎（師古曰扛舉也音江）空手搏熊彘猛獸動作無法度故終不得為漢嗣昭帝初立益封胥萬三千戶元鳳中入朝復益萬戶賜錢二千萬黃金二千斤安車駟馬寶劍及宣帝即位封胥四子聖曾寶昌皆為列侯又立胥小子弘為高密王所以褒賞甚厚始昭帝時胥見上年少無子有覬欲心（師古曰覬音冀）而楚地巫鬼（師古曰言其土俗尊尚巫鬼之事）胥迎女巫李女須使下神祝詛（師古曰女須者巫之名也）女須泣曰孝武帝下我左右皆伏（師古曰見女須云武帝神下故伏而聽之）言吾必令胥為天子胥多賜女須錢使禱巫山（師古曰即楚地之巫山也）會昭帝崩胥曰女須良巫也殺牛塞禱（師古曰以為因禱祝詛而崩也塞音先代反）及昌邑王徵復使巫祝詛之後王廢胥寖信女須等（師古曰寖古浸字也寖漸也益也）數賜予錢物宣帝即位胥曰太子孫何以反得立復令女須祝詛如前又胥女為楚王延壽后弟婦數相餽遺通私書（師古曰餽亦饋字）後延壽坐謀反誅辭連及胥有詔勿治賜胥黃金前後五千斤它器物甚眾胥又聞漢立太子謂姬南等曰我終不得立矣乃止不詛後胥子南利侯寶坐殺人奪爵還歸廣陵與胥姬左脩姦事發覺繫獄棄市相勝之奏奪王射陂草田以賦貧民（張晏曰射水之陂在射陽縣）奏可胥復使巫祝詛如前胥宮園中棗樹生十餘莖莖上赤葉白如素池水變赤魚死有鼠晝立舞王后庭中胥謂姬南等曰棗水魚鼠之怪甚可惡也居數月祝詛事發覺有司按驗胥惶恐藥殺巫及宮人二十餘人以絕口公卿請誅胥天子遣廷尉大鴻臚即訊（師古曰就問也○宋祁曰浙本鴻臚字下有卿字）胥謝曰罪死有餘誠皆有之（師古曰誠實也）事久遠請歸思念具對胥既見使者還置酒顯陽殿召太子霸及子女董訾胡生等夜飲（師古曰董訾胡生皆女名○宋祁曰注文當云皆其女名）使所幸八子郭昭君家人子趙左君等鼓瑟歌舞（師古曰八子姬妾之秩號也家人子無官秩者也）王自歌曰欲久生兮無終長不樂兮安窮（師古曰人所以欲久生者貴其安樂無有終極而我在生長不歡樂焉用窮盡年壽也）奉天期兮不得須臾（張晏曰奉天子期當死不得復延年）千里馬兮駐待路（張晏曰二鄉亭驛待以答詔命）黃泉下兮幽深人生要死何為苦心（師古曰言人生必當有死無假勞心懷悲感）何用為樂心所喜出入無悰為樂亟（韋昭曰悰亦樂也音藏宗反亟數亦疾也謂不久也言人生以何為樂但以心志所喜好耳今我出入皆無歡怡不得久長也喜音許吏反亟音丘吏反）蒿里召兮郭門閱（師古曰蒿里死人里）死不得取代庸身自逝（師古曰言死當自去不如傭役得顧庸自代也逝合韻音上列反）左右悉更涕泣奏酒（師古曰更互也奏進也更音工衡反）至雞鳴時罷胥謂太子霸曰上遇我厚今負之甚我死骸骨當暴幸而得葬薄之無厚也即以綬自絞死父八子郭昭君等二人皆自殺（宋祁曰姚本父作及）天子加恩赦王諸子皆為庶人賜謚曰厲王立六十四年而誅國除後七年元帝復立胥太子霸是為孝王十三年薨子共王意嗣（師古曰共讀曰恭）三年薨子哀王護嗣十六年薨無子絕後六年成帝復立孝王子守（○宋祁曰後立姚本作復立）是為靖王立二十年薨子宏嗣王莽時絕初高密哀王弘本始元年以廣陵王胥少子立九年薨子頃王章嗣三十三年薨子懷王寬嗣十一年薨子慎嗣王莽時絕

昌邑哀王髆天漢四年立十一年薨子賀嗣立十三年昭帝崩無嗣大將軍霍光徵王賀典喪（師古曰為喪主）璽書曰制詔昌邑王（師古曰太后璽書）使行大鴻臚事少府樂成（師古曰史樂成）宗正德光祿大夫吉（師古曰丙吉也）中郎將利漢（師古曰不知姓）徵王乘七乘傳詣長安邸夜漏未盡一刻以火發書其日中賀發晡時至定陶行百三十五里侍從者馬死相望於道郎中令龔遂諫王令還郎謁者五十餘人賀到濟陽求長鳴雞（師古曰鳴聲長者也）道買積竹杖（文穎曰合竹作杖也）過弘農使大奴善以衣車載女子（師古曰凡言大奴者謂奴之尤長大者也）至湖（師古曰即湖縣）使者以讓相安樂（張晏曰使者長安使人也師古曰讓責也）安樂告遂遂入問賀賀曰無有遂曰即無有何愛一善以毀行義請收屬吏（師古曰以善付吏也屬音之欲反其下亦同）以湔洒大王（師古曰湔澣也洒濯也湔音子顛反洒音先禮反）即捽善屬衛士長行法（師古曰捽持頭也衛士長主衛之官捽音材兀反）賀到霸上大鴻臚郊迎騶奉乘輿車王使僕壽成御郎中令遂參乘旦至廣明東都門遂曰禮奔喪望見國都哭此長安東郭門也賀曰我嗌痛不能哭（師古曰嗌喉咽也音益）至城門遂復言賀曰城門與郭門等耳且至未央宮東闕遂曰昌邑帳在是闕外馳道北（文穎曰帳哭帳也師古曰是謂此）未至帳所有南北行道馬足未至數步大王宜下車鄉闕西面伏哭盡哀止（師古曰鄉讀曰嚮）王曰諾到哭如儀王受皇帝璽綬襲尊號即位二十七日行淫亂大將軍光與群臣議白孝昭皇后廢賀歸故國賜湯沐邑二千戶故王家財物皆與賀及哀王女四人各賜湯沐邑千戶語在霍光傳國除為山陽郡初賀在國時數有怪嘗見白犬高三尺無頭其頸以下似人而冠方山冠後見熊（○宋祁曰浙本後作復）左右皆莫見又大鳥飛集宮中王知惡之輒以問郎中令遂遂為言其故語在五行志王卬天歎曰不祥何為數來（師古曰卬讀曰仰）遂叩頭曰臣不敢隱忠數言危亡之戒大王不說（師古曰說讀曰悅）夫國之存亡豈在臣言哉願王內自揆度（師古曰度音徒各反）大王誦詩三百五篇人事浹王道備（師古曰浹徹也音子牒反）王之所行中詩一篇何等也（師古曰言王所行皆不合法度王自謂當於何詩之文也中音竹仲反）大王位為諸侯王行汙於庶人（師古曰汙濁也）以存難以亡易宜深察之後又血汙王坐席王問遂遂叫然號曰宮空不久祆祥數至血者陰憂象也宜畏慎自省賀終不改節居無何徵既即位後王夢青蠅之矢積西階東可五六石以屋版瓦覆（師古曰版瓦大瓦也）發視之青蠅矢也以問遂遂曰陛下之詩不云乎（蘇林曰猶言陛下所讀之詩也）營營青蠅至于藩愷悌君子毋信讒言（師古曰已解於上）陛下左側讒人眾多如是青蠅惡矣（師古曰惡即矢也越王句踐為吳王嘗惡亦其義也）宜進先帝大臣子孫親近以為左右如不忍昌邑故人（師古曰如若也不忍謂不能疏遠也）信用讒諛必有凶咎願詭禍為福（師古曰詭猶反）皆放逐之臣當先逐矣賀不用其言卒至於廢大將軍光更尊立武帝曾孫是為孝宣帝即位心內忌賀元康二年遣使者賜山陽太守張敞璽書曰制詔山陽太守其謹備盜賊察往來過客毋下所賜書（師古曰密令警察不欲宣露也）敞於是條奏賀居處著其廢亡之效（師古曰著明也）曰臣敞地節三年五月視事故昌邑王居故宮奴婢在中者百八十三人閉大門開小門廉吏一人為領錢物市買朝內食物（師古曰每旦一內之）它不得出入（師古曰食物之外皆不得妄有出入）督盜一人別主徼循察往來者以王家錢取卒迾宮清中備盜賊（李奇曰迾遮也鄧展曰令其宮中清靖不得妄有異人也師古曰以王家錢顧人為卒也）臣敞數遣丞吏行察（師古曰行音下更反）四年九月中臣敞入視居處狀故王年二十六七為人青黑色小目鼻末銳卑少須眉身體長大疾痿行步不便（師古曰痿風痺疾也音人隹反）衣短衣大絝冠惠文冠（蘇林曰治獄法冠也孟康曰今侍中所著也服虔曰武冠也或曰趙惠文王所服故曰惠文晉灼曰惠文法冠也但言惠文侍中冠孟說是也）佩玉環簪筆持牘趨謁（師古曰簪筆插筆於首也牘木簡也）臣敞與坐語中庭閱妻子奴婢臣敞欲動觀其意即以惡鳥感之曰昌邑多梟故王應曰然前賀西至長安殊無梟復來東至濟陽迺復聞梟聲臣敞閱至子女持轡（師古曰賀之子女名持轡）故王跪曰持轡母嚴長孫女也臣敞故知執金吾嚴延年字長孫女羅紨（師古曰羅紨其名也紨音數）前為故王妻察故王衣服言語跪起清狂不惠（蘇林曰凡狂者陰陽脈盡濁今此人不狂似狂者故言清狂也或曰色理清徐而心不慧曰清狂清狂如今白癡也）妻十六人子二十二人其十一人男十一人女昧死奏名籍及奴婢財物簿臣敞前書言昌邑哀王歌舞者張脩等十人無子又非姬但良人無官名王薨當罷歸太傅豹等擅留以為哀王園中人所不當得為（師古曰於法不當然）請罷歸故王聞之曰中人守園疾者當勿治相殺傷者當勿法欲令亟死太守奈何而欲罷之（師古曰亟急也音居力反）其天資喜由亂亡終不見仁義如此（師古曰喜好也由從也喜音許吏反）後丞相御史以臣敞書聞奏可皆以遣上由此知賀不足忌其明年春迺下詔曰蓋聞象有罪舜封之骨肉之親析而不殊（師古曰析分也殊絕也）其封故昌邑王賀為海昏侯食邑四千戶（師古曰海昏豫章之縣）侍中衛尉金安上上書言賀天之所棄陛下至仁復封為列侯賀嚚頑放廢之人不宜得奉宗廟朝聘之禮奏可賀就國豫章數年揚州刺史柯奏賀（師古曰柯者刺史之名也）與故太守卒史孫萬世交通萬世問賀前見廢時何不堅守毋出宮斬大將軍而聽人奪璽綬乎賀曰然失之萬世又以賀且王豫章不久為列侯賀曰且然（師古曰謂亦將如此）非所宜言有司案驗請逮捕制曰削戶三千後薨豫章太守廖奏言舜封象於有鼻（師古曰廖太守名也有鼻在零陵今鼻亭是也廖音聊）死不為置後以為暴亂之人不宜為太祖（師古曰謂國之始祖）海昏侯賀死上當為後者子充國（師古曰上謂由上其名於有司）充國死復上弟奉親奉親復死是天絕之也陛下聖仁於賀甚厚雖舜於象無以加也宜以禮絕賀以奉天意願下有司議議皆以為不宜為立嗣國除元帝即位復封賀子代宗為海昏侯傳子至孫今見為侯

贊曰巫蠱之禍豈不哀哉此不惟一江充之辜亦有天時非人力所致焉建元六年蚩尤之旗見其長竟天後遂命將出征略取河南建置朔方其春戾太子生（○劉奉世曰按武紀建元六年長星見更元光至元朔元年春戾太子始生贊殊為乖誤）自是之後師行三十年兵所誅屠夷滅死者不可勝數及巫蠱事起京師流血僵尸數萬（師古曰僵偃也音居羊反）太子子父皆敗故太子生長於兵與之終始何獨一嬖臣哉秦始皇即位三十九年內平六國外攘四夷死人如亂麻暴骨長城之下頭盧相屬於道（師古曰盧額骨也屬連也音之欲反）不一日而無兵由是山東之難興四方潰而逆秦秦將吏外畔（○宋祁曰一本無下秦字）賊臣內發亂作蕭牆禍成二世（師古曰蕭牆謂屏牆也解在五行志）故曰兵猶火也弗戢必自焚（師古曰左傳隱四年衛有州吁之亂公問於眾仲曰州吁其成乎對曰兵猶火也不戢將自焚也言兵不可妄動久而不戢則自焚燒戮也）信矣是以倉頡作書止戈為武（師古曰武字從止從戈所謂會意）聖人以武禁暴整亂止息兵戈非以為殘而興縱之也易曰天之所助者順也人之所助者信也君子履信思順自天祐之吉無不利也（師古曰易上繫辭也）故車千秋指明蠱情章太子之冤千秋材知未必能過人也以其銷惡運遏亂原（師古曰遏止也音一曷反）因衰激極道迎善氣（師古曰激去至極之災引致福善之氣也道讀曰導）傳得天人之祐助云（師古曰傳引也）

前漢書卷六十三考證

戾太子傳上為立博望苑○三輔黃圖曰苑在長安杜

門外五里
具白皇后發中廄車載射士注中廄皇后車馬所在也
○胡三省曰廄者天子之內廄也秦二世時公子高
日中廄之寶馬得賜之非專主皇后車馬也
有司奏請禮爲人後云云○臣名南按韋元成傳此議
本始元年丞相蔡義等所奏也後八歲有司復言禮
父爲士云云元康元年丞相魏相等所奏也
長安白亭東爲戾后園○顧炎武曰此文云爾下云後
八歲封戾夫人曰戾后置園奉邑此兩收而未貫通
者也
燕剌王旦傳三十有二帥○臣名南按事見霍去病傳
上嘉去病之功曰渾邪王及厥衆萌咸奔於率降異
國之王三十二
大獵文安縣○顧炎武曰上文言武帝時旦坐削良鄉
安次文安三縣是文安已削不屬燕又云昭帝立褒
賜燕王益封萬三千戶然則文安之仍屬於燕必在
益封之後也史文之互見者可以叅考得之
廣陵厲王胥傳孝武帝下我注師古云云○顧炎武曰
言孝武帝降憑其身而言也
昌邑王賀傳徵王乘七乘傳○胡三省曰文帝之入立
也乘六乘傳今乘七乘傳
嘗見白犬高三尺無頭○通鑑考異曰傳云無頭五行
志云無尾且云不得置後之象傳誤也
臣敞故知執金吾嚴延年字長孫○臣名南按此嚴延
年卽公卿表地節三年所書之執金吾延年與酷吏
傳嚴延年字次卿者不同

前漢書卷六十四上

漢　蘭　臺　令　史班　固撰

唐正議大夫行秘書少監琅邪縣開國子顏師古注

嚴朱吾丘主父徐嚴終王賈傳第三十四上

師古曰分嚴安以後爲下卷

嚴助會稽吳人嚴夫子子也張晏曰夫子嚴忌也或言族家子也
師古曰亦云夫子之族子也郡舉賢良對策百餘人武帝善助對繇
是獨擢助爲中大夫後得朱買臣吾丘壽王司馬相如
主父偃徐樂嚴安東方朔枚皐膠倉終軍嚴葱奇等並
在左右是時征伐四夷開置邊郡軍旅數發內改制度
朝廷多事婁舉賢良文學之士師古曰婁古屢字公孫弘起徒
步數年至丞相開東閤延賢人與謀議朝覲奏事因言
國家便宜上令助等與大臣辯論中外相應以義理之
文師古曰中謂天子之賓客若嚴助之輩也外謂公卿大夫也大臣數詘師古曰謂計議不如
助等每詘服也音丘勿反其尤親幸者東方朔枚皐嚴助吾丘壽王
司馬相如相如常稱疾避事朔皐不根持論上頗俳優
畜之師古曰論議委隨不能持正如樹木之無根柢也唯助與壽王見任用而
助最先進建元三年閩越舉兵圍東甌東甌告急於漢
時武帝年未二十以問太尉田蚡蚡以爲越人相攻擊
其常事又數反覆不足煩中國往救也自秦時棄不屬
師古曰言不臣屬於中華於是助詰蚡曰特患力不能救德不能覆
誠能何故棄之且秦舉咸陽而棄之何但越也師古曰舉總也
言總天下乃至京師皆棄也今小國以窮困來告急天子不振尚安
所愬師古曰振舉也起也安焉也又何以子萬國乎師古曰子謂畜爲臣子也上
曰太尉不足與計吾新卽位不欲出虎符發兵郡國迺
遣助以節發兵會稽會稽守欲距法不爲發師古曰以法距之爲
無符驗也助迺斬一司馬論意指師古曰以天子意指曉告之遂發兵浮
海救東甌未至閩越引兵罷後三歲閩越復興兵擊南
越南越守天子約不敢擅發兵而上書以聞上多其義
師古曰多猶重也大爲發興遣兩將軍將兵誅閩越淮南王安
上書諫曰陛下臨天下布德施惠緩刑罰薄賦斂哀鰥
寡恤孤獨養耆老振匱乏盛德上隆和澤下洽近者親
附遠者懷德天下攝然孟康曰攝安也音奴協反人安其生自以沒
身不見兵革今聞有司舉兵將以誅越臣安竊爲陛下
重之師古曰重難也越方外之地劗髮文身之民也晉灼曰淮南云越人
劗髮張揖以爲古翦字也師古曰劗與翦同張說是也不可以冠帶之國法度理
也自三代之盛胡越不與受正朔師古曰與讀曰豫非彊弗能
服威弗能制也以爲不居之地不牧之民不足以煩中
國也師古曰地不可居而民不可牧養也故古者封內甸服師古曰封內謂封圻千里
之內也甸服主治王田以供祭祀也封外侯服師古曰封外千里之外也侯候也爲王者斥候侯
衞賓服服虔曰侯服之外又有衞服賓服見於王也侯衞二服同爲賓也蠻夷要服師古
曰又在侯衞之外而居九州之內也要言以文德要來之耳音一遙反戎狄荒服師古曰此在九
州之外者也荒言其荒忽絕遠來去無常也遠近埶異也自漢初定已來七
十二年吳越人相攻擊者不可勝數然天子未嘗舉兵
而入其地也臣聞越非有城郭邑里也處谿谷之間篁
竹之中服虔曰竹叢也音皇師古曰竹田曰篁習於水鬬便於用舟地深
昧而多水險師古曰昧暗也言多草木中國之人不知其埶阻而入
其地雖百不當其一得其地不可郡縣也攻之不可暴
取也以地圖察其山川要塞相去不過寸數而間獨數
百千里師古曰間中間也或八九百里或千里也阻險林叢弗能盡著師古曰不
可盡載於圖也著音竹助反視之若易行之甚難天下賴宗廟之靈
方內大寧戴白之老不見兵革師古曰戴白言白髮在首民得夫婦
相守父子相保陛下之德也越人名爲藩臣貢酎之奉
不輸大內應劭曰越國僻遠珍奇之貢宗廟之祭皆不與也大內都內也國家寶藏也師古曰百官
公卿表云治粟屬官有都內令丞也一卒之用不給上事師古曰給供也自相攻
擊而陛下發兵救之是反以中國而勞蠻夷也師古曰疲勞中
國之人於蠻夷之地且越人愚憨輕薄負約反覆其不用天子之
法度非一日之積也師古曰積久也壹不奉詔舉兵誅之臣恐
後兵革無時得息也間者數年歲比不登民待賣爵贅
子以接衣食如淳曰淮南俗賣子與人作奴婢名爲贅子三年不能贖遂爲奴婢師古曰贅質也
一說云贅子者謂令子出就婦家爲贅壻耳贅壻解在賈誼傳賴陛下德澤振救之得
毋轉死溝壑四年不登五年復蝗民生未復師古曰生謂生業復
音扶目反今發兵行數千里資衣糧入越地師古曰資猶齎輿轎而
踰領服虔曰轎音橋謂隘道輿車也臣瓚曰今竹輿車也江表作竹輿以行是也項昭曰陵絕水曰轎音
旗廟反領山嶺也不通船車運轉皆擔輿也師古曰服音瓚說是也項氏謬矣此直言以轎過領耳何云陵絕
水乎又旗廟之音無所依據踰與踰同○劉敞曰按今南方竹輿正作旗廟音項亦未可全非柁舟而
入水師古曰柁曳也音它行數百千里夾以深林叢竹水道上下
擊石師古曰謂船觸石難以行也林中多蝮蛇猛獸師古曰蝮惡蛇也音敷福反解
在田儋傳夏月暑時歐泄霍亂之病相隨屬也師古曰泄吐也音弋制反
屬音之欲反曾未施兵接刃死傷者必衆矣前時南海王反
陛下先臣使將軍間忌將兵擊之文穎曰先臣淮南厲王長也間忌人姓名
師古曰淮南王傳作簡忌此本作間轉寫字誤省耳以其軍降處之上淦蘇林曰淦音耿
弇之弇師古曰音工含反後復反會天暑多雨樓船卒水居擊櫂師古
曰言常居舟中水上而又有擊櫂行舟之役故多死也櫂音直孝反未戰而疾死者過半
親老涕泣孤子謕號師古曰謕古啼字破家散業迎尸千里之
外裹骸骨而歸悲哀之氣數年不息長老至今以爲記
曾未入其地而禍已至此矣臣聞軍旅之後必有凶年
言民之各以其愁苦之氣薄陰陽之和感天地之精師古
曰薄迫也而災氣爲之生也陛下德配天地明象日月恩至
禽獸澤及草木一人有饑寒不終其天年而死者爲之
悽愴於心今方內無狗吠之警師古曰方內中國四方之內也而使陛
下甲卒死亡暴露中原霑漬山谷邊境之民爲之早閉
晏開師古曰晏晚也言有兵難故邊城早閉而晚開也鼂不及夕師古曰鼂古朝字也言憂
危亡不自保也臣安竊爲陛下重之師古曰重難也不習南方地形者
多以越爲人衆兵彊能難邊城服虔曰爲邊城作難也淮南全國
之時多爲邊吏師古曰全國謂未分爲三之時也淮南人於邊爲吏與越接境故知其地形也
臣竊聞之與中國異師古曰言其風土不同限以高山人迹所絕
車道不通天地所以隔外內也其入中國必下領水領
水之山峭峻漂石破舟師古曰言水流湍急石爲之漂轉觸破舟船也漂音匹遙反
不可以大船載食糧下也越人欲爲變必先田餘干界
中韋昭曰越邑今鄱陽縣也積食糧迺入伐材治船邊城守候誠謹
越人有入伐材者輒收捕焚其積聚雖百越奈邊城何
○宋祁曰浙本奈字上有無字且越人緜力薄材孟康曰緜音緘薄力也師古曰緜弱也言
其柔弱如緜讀如本字孟說非也不能陸戰又無車騎弓弩之用然而
不可入者以保地險而中國之人不能其水土也師古曰能
堪也臣聞越甲卒不下數十萬所以入之五倍迺足師古曰不
下言不減也漢軍多之五倍然後可入其地也輓車奉饟者不在其中師古曰輓引也
音晚饟亦餉字南方暑溼近夏癉熱師古曰癉黃病音丁幹反暴露水居蝮
蛇蠚生師古曰蠚毒也音壑宋祁曰浙本生作蟲○疾癘多作○宋祁曰景本癘作災
兵未血刃而病死者什二三雖舉越國而虜之不足以
償所亡師古曰舉謂總取也臣聞道路言閩越王弟甲弒而殺之
師古曰甲者閩王弟之名甲以誅死其民未有所屬陛下若欲來內
處之中國使重臣臨存師古曰存謂省問之施德垂賞以招致之
此必攜幼扶老以歸聖德若陛下無所用之則繼其絕
世存其亡國建其王侯以爲畜越李奇曰如人畜養六畜也師古曰直謂畜
養之耳非六畜也此必委質爲藩臣世共貢職師古曰共讀曰供陛下
以方寸之印丈二之組填撫方外師古曰組者印之綬不勞一卒
不頓一戟師古曰頓壞也一曰頓讀曰鈍而威德並行今以兵入其地
此必震恐以有司爲欲屠滅之也必雉兎逃入山林險
阻師古曰如雉兎之逃竄而入山林險阻之中背而去之則復相羣聚留而
守之歷歲經年則士卒罷勌食糧乏絕師古曰罷讀曰疲勌亦倦字
男子不得耕稼樹種婦人不得紡績織紝師古曰樹植也機縷曰紝
紝音人禁反丁壯從軍老弱轉餉師古曰餉亦饟字居者無食行者
無糧民苦兵事亡逃者必衆隨而誅之不可勝盡盜賊
必起臣聞長老言秦之時嘗使尉屠睢擊越張晏曰郡都尉姓屠
名睢也又使監祿鑿渠通道張晏曰監郡御史也名祿越人逃入深山
林叢不可得攻留軍屯守空地曠日持久○宋祁曰越本持作引
士卒勞倦越迺出擊之○宋祁曰越本無迺字秦兵大破迺發適
戍以備之師古曰適讀曰讁當此之時外內騷動百姓靡敝師古
曰靡散也音縻行者不還往者莫反皆不聊生亡逃相從羣爲
盜賊於是山東之難始興此老子所謂師之所處荊棘
生之者也師古曰老子道經之言也師旅行必殺傷士衆侵暴田畝故荒廢而生荊棘也兵者
凶事一方有急四面皆從臣恐變故之生姦邪之作由
此始也周易曰高宗伐鬼方三年而克之師古曰既濟九三爻辭
鬼方小蠻夷高宗殷之盛天子也以盛天子伐小蠻夷
三年而後克言用兵之不可不重也臣聞天子之兵有
征而無戰言莫敢校也師古曰校計也不敢與計彊弱曲直如使越人蒙
死徼幸以逆執事之顏行文穎曰顏行猶鴈行在前行故曰顏也師古曰蒙犯也
音胡郎反○朱祁曰越本無死字廝輿之卒有一不備而歸者張晏曰廝微輿
衆也師古曰廝析薪者輿主駕車者此皆言賤役之人雖得越王之首臣猶竊爲

大漢羞之陛下以四海爲境九州爲家八藪爲囿江漢爲池（師古曰八藪謂魯有大野晉有大陸秦有楊汙宋有孟諸楚有雲夢吳越之間有具區齊有海隅鄭有圃田）生民之屬皆爲臣妾人徒之衆足以奉千官之共（師古曰千官猶百官也多言之耳共讀曰供）租稅之收足以給乘輿之御玩心神明秉執聖道負黼依（師古曰負背也白與黑畫爲斧文謂之黼也依讀曰扆扆形如屏風而曲之畫以黼文張於戶牖之間）馮玉几（師古曰馮讀曰凭）南面而聽斷號令天下四海之內莫不嚮應（師古曰嚮讀曰響）陛下垂德惠以覆露之（師古曰露謂使之沾潤澤也或露或覆言養育也）使元元之民安生樂業則澤被萬世傳之子孫施之無窮天下之安猶泰山而四維之也（師古曰維謂聯繫之）夷狄之地何足以爲一日之閒（如淳曰得其地物不足爲一日閒暇之虞也）而煩汗馬之勞乎詩云王猶允塞徐方既來（師古曰大雅常武之詩也猶道也允信也塞滿也既盡也言王道信充滿於天下則徐方淮夷盡來服也）言王道甚大而遠方懷之也臣聞之農夫勞而君子養焉（師古曰言農夫勤力於耕稼所得五穀以養君子也）愚者言而智者擇焉臣安幸得爲陛下守藩以身爲鄣蔽人臣之任也邊境有警愛身之死而不畢其愚非忠臣也（師古曰畢盡也盡言其意也）臣安竊恐將吏之以十萬之師爲一使之任也（師古曰言漢發一使鎮撫之則越人賓服不煩兵往）是時漢兵遂出踰領（○宋祁曰一本踰字上有未字）適會閩越王弟餘善殺王以降漢兵罷上嘉淮南之意美將卒之功（○宋祁曰浙本卒作率）迺令嚴助諭意風指於南越（師古曰風讀曰諷以天子之意指諷告也○宋祁曰一本南越下有王字）南越王頓首曰天子迺幸興兵誅閩越死無以報即遣太子隨助入侍助還又諭淮南曰皇帝問淮南王使中大夫王上書言事聞之朕奉先帝之休德夙興夜寐明不能燭（師古曰燭照也）重以不德（師古曰重音直用反）是以比年凶菑害衆（師古曰菑古災字）夫以眇眇之身託于王侯之上內有饑寒之民南夷相攘（師古曰攘謂相侵奪也音人羊反）使邊騷然不安朕甚懼焉今王深惟重慮（師古曰惟思也慮計也）明太平以弼朕失稱三代至盛際天接地人迹所及咸盡賓服藐然甚慙（如淳曰王之所言藐然閎之甚慙也師古曰藐謂遠也言不可及也藐音武卓反）嘉王之意靡有所終（師古曰靡無也終極也）使中大夫助諭朕意告王越事助諭意曰今者大王以發屯臨越事上書陛下故遣臣助告王其事王居遠事薄遽不與王同其計（如淳曰薄迫也言事迫不暇得先與王共議之或曰薄語助也師古曰薄迫是也遽速也音其據反）朝有闕政遺王之憂（師古曰朝政有闕乃使王有憂也遺猶與也）陛下甚恨之夫兵固凶器明主之所重出也（師古曰重難也）然自五帝三王禁暴止亂非兵未之聞也漢爲天下宗操殺生之柄（師古曰操執持也音千高反）以制海內之命危者望安亂者卬治（師古曰卬讀曰仰謂仰而望之）今閩越王狠戾不仁（師古曰狠性貪戾凡言狠戾者謂貪而戾）殺其骨肉離其親戚所爲甚多不義又數舉兵侵陵百越并兼鄰國以爲暴彊陰計奇策入燔尋陽樓船（師古曰漢有樓船貯在尋陽也）欲招會稽之地以踐句踐之迹（師古曰先是越王句踐稱霸中國今越王欲慕之句音功侯反）今者邊又言閩王率兩國擊南越陛下爲萬民安危久遠之計使人諭告之曰天下安寧各繼世撫民禁毋敢相并有司疑其以虎狼之心貪據百越之利或於逆順不奉明詔則會稽豫章必有長患且天子誅而不伐焉有勞百姓苦士卒乎（師古曰王者之兵但行誅耳無有戰鬬故云不伐也）故遣兩將屯於境上震威武揚聲鄉（師古曰鄉讀曰響）屯會未會（師古曰言兵未盡集）天誘其衷閩王隕命輒遣使者罷屯毋後農時（師古曰令及農時不待後也）南越王甚嘉被惠澤蒙休德願革心易行身從使者入謝（師古曰革改也）有狗馬之病不能勝服（師古曰服謂朝服也）故遣太子嬰齊入侍病有瘳願伏北闕望大廷以報盛德閩王以八月舉兵於冶南（蘇林曰山名也今名東冶屬會稽）士卒罷倦（師古曰罷讀曰疲）三王之衆相與攻之因其弱弟餘善以成其誅至今國空虛遣使者上符節請所立不敢自立以待天子之明詔此一舉不挫一兵之鋒不用一卒之死而閩王伏辜南越被澤威震暴王義存危國此則陛下深計遠慮之所出也事效見前（師古曰見顯也前謂目前）故使臣助來諭王意於是王謝曰雖湯伐桀文王伐崇誠不過此臣安妄以愚意狂言陛下不忍加誅使使者臨詔臣安以所不聞（師古曰先未聞者今得聞也）誠不勝厚幸助由是與淮南王相結而還上大說（師古曰說讀曰悅）助侍燕從容（師古曰從容閒語也從音千容反）上問助居鄉里時助對曰家貧爲友壻富人所辱（師古曰友壻同門之壻）上問所欲對願爲會稽太守於是拜爲會稽太守數年不聞問（師古曰無善聲）賜書曰制詔會稽太守君厭承明之廬（張晏曰承明廬在石渠閣外直宿所止曰廬）勞侍從之事懷故土（師古曰懷思也）出爲郡吏會稽東接於海南近諸越（師古曰越非一種故言諸）北枕大江（師古曰枕臨也）間者闊焉久不聞問具以春秋對毋以蘇秦從橫（師古曰從音子容反）助恐上書謝稱春秋天王出居于鄭不能事母故絕之（師古曰周惠王之子襄王也弟叔帶有寵於惠后欲立之故襄王避難而出奔也僖二十四年經書天王出居於鄭公羊傳曰王者無外此其言出何不能乎母也）臣事君猶子事父母也臣助當伏誅陛下不忍加誅願奉三年計最（如淳曰舊法當使丞奉歲計今助自欲入奉也晉灼曰最凡要也）詔許因留侍中有奇異輒使爲文（師古曰謂非常之文）及作賦頌數十篇後淮南王來朝厚賂遺助交私論議及淮南王反事與助相連上薄其罪欲勿誅（師古曰以其過爲輕小）廷尉張湯爭以爲助出入禁門腹心之臣而外與諸侯交私如此不誅後不可治助竟棄市

朱買臣字翁子吳人也家貧好讀書不治產業常艾薪樵賣以給食（師古曰艾讀曰刈給供也）擔束薪行且誦書其妻亦負戴相隨數止買臣毋歌嘔道中（師古曰嘔讀曰謳音一侯反）買臣愈益疾歌妻羞之求去買臣笑曰我年五十當富貴（○宋祁曰浙本無富字）今已四十餘矣女苦日久待我富貴報女功（師古曰女皆讀曰汝）妻恚怒曰如公等終餓死溝中耳何能富貴買臣不能留即聽去其後買臣獨行歌道中負薪墓間故妻與夫家俱上冢見買臣饑寒呼飯飲之（師古曰飯謂飤之音扶晚反飲音於禁反）後數歲買臣隨上計吏爲卒將重車至長安（師古曰買臣身自充卒而與計吏將重車也載衣食具曰重車重音直用反）詣闕上書書久不報待詔公車糧用乏上計吏卒更乞匄之（師古曰更音工衡反乞音氣匄音工大反）會邑子嚴助貴幸薦買臣召見說春秋言楚詞帝甚說之（師古曰說讀曰悅）拜買臣爲中大夫與嚴助俱侍中是時方築朔方公孫弘諫以爲罷敝中國（師古曰罷讀曰疲）上使買臣難詘弘語在弘傳後買臣坐事免久之召待詔是時東越數反覆買臣因言故東越王居保泉山（師古曰泉山即今泉州之山也臨海去海十餘里保者守之以自固也說者乃云保是地名失之矣）一人守險千人不得上今聞東越王更徙處南行去泉山五百里居大澤中今發兵浮海直指泉山陳舟列兵席卷南行可破滅也上拜買臣會稽太守上謂買臣曰富貴不歸故鄉如衣繡夜行今子何如買臣頓首辭謝詔買臣到郡治樓船備糧食水戰具須詔書到軍與俱進（師古曰須待也）初買臣免待詔常從會稽守邸者寄居飯食（師古曰飯音扶晚反）拜爲太守買臣衣故衣懷其印綬步歸郡邸直上計時會稽吏方相與羣飲（師古曰直讀曰值）不視買臣買臣入室中守邸與共食且飽少見其綬（師古曰見顯示也）守邸怪之前引其綬視其印會稽太守章也守邸驚出語上計掾吏皆醉大呼曰妄誕耳（師古曰誕大言也呼音火故反下亦同）守邸曰試來視之其故人素輕買臣者入視之還走疾呼曰實然坐中驚駭白守丞（服虔曰守邸丞也張晏曰漢舊郡國丞長吏與計吏俱送計也師古曰張說是也謂之守丞者繫太守而言也守音式授反）相推排陳列中庭拜謁買臣徐出戶有頃長安廐吏乘駟馬車來迎（張晏曰故事大夫乘官車駕駟如今州牧刺史矣）買臣遂乘傳去（師古曰傳音張戀反）會稽聞太守且至發民除道縣吏並送迎車百餘乘入吳界見其故妻妻夫治道買臣駐車呼令後車載其夫妻到太守舍置園中給食之（師古曰食讀曰飤）居一月妻自經死買臣乞其夫錢令葬（師古曰乞音氣）悉召見故人與飲食諸嘗有恩者皆報復焉（師古曰復音扶目反）居歲餘買臣受詔將兵與橫海將軍韓說等俱擊破東越（師古曰說讀曰悅）有功徵入爲主爵都尉列於九卿數年坐法免官復爲丞相長史張湯爲御史大夫始買臣與嚴助俱侍中貴用事湯尚爲小吏趨走買臣等前後湯以廷尉治淮南獄排陷嚴助買臣怨湯及買臣爲長史湯數行丞相事知買臣素貴故陵折之買臣見湯坐牀上弗爲禮（師古曰言不動容以禮之也爲音于僞反）買臣深怨常欲死之（師古曰致死以害之○宋祁曰越本無深字）後遂告湯陰事湯自殺上亦誅買臣買臣子山拊（如淳曰拊音夫）官至郡守右扶風

吾丘壽王字子贛趙人也年少以善格五召待詔（蘇林曰博之類不用箭但行梟散孟康曰格音各行伍相各故言各劉德曰格五棊行簺法曰簺白乘五至五格不得行故云格五師古曰即今戲之簺也音先代反）詔使從中大夫董仲舒受春秋高材通明遷侍中中郎坐法免上書謝罪願養馬黃門上不許（師古曰請於黃門供養馬之事）後願守塞扞寇難復不許久之上疏願擊匈奴詔問狀壽王對良善復召爲郎稍遷會東郡盜賊起拜爲東郡都尉上以壽王爲都尉不復置太守是時軍旅數發年歲不熟多盜賊詔賜壽王璽書曰子在朕前之時知略輻湊（師古曰言其無方而至若車輪之歸於轂）以爲天下少雙海內寡二及至連十餘城之守任四千石之重（師古曰郡守都尉皆二千石以壽王爲都尉不置太守兼總二任故云四千石也）職事並廢盜賊從橫（師古曰從音子庸反）甚不稱在前時何也壽王謝罪因言其狀後徵入爲光祿大夫侍中丞相公孫弘奏言民不得挾弓弩十賊彍弩百吏不敢前（張晏曰彍音郭師古曰引滿曰彍）盜賊不輒伏辜免脫者衆害寡而利多此盜賊所以蕃也（師古曰蕃亦多也音扶元反）禁民不得挾弓弩則盜賊執短兵短兵接則衆者勝以衆吏捕寡賊其勢必得盜賊有害無利則莫犯法刑錯之道也臣愚以爲禁民毋得挾弓弩便上下其議壽王對曰臣聞古者作五兵非以相害以禁暴討邪也（師古曰五兵謂矛戟弓劍戈）安居則以制猛獸而備非常有事則以設守衛而施行陣及至周室衰微上無明王諸侯力政彊侵弱衆暴寡海內抏敝（師古曰抏訛盡也音五官反）巧詐並生是以知者陷愚勇者威怯苟以得勝爲務不顧義理故機變械飾所以相賊害之具不可勝數於是秦兼天下廢王道立私議滅詩書而首法令（師古曰以法令爲首）去仁恩而任刑戮（師古曰去除也）墮名城（師古曰墮毀也音火規反）殺豪桀銷甲兵折鋒刃其後民以耰鉏箠梃相撻擊（師古曰耰摩田之器也箠馬撾也梃大杖也耰音憂箠音之累反梃音大鼎反）犯法滋衆盜賊不勝（師古曰滋益也不勝言不可勝也）至於赭衣塞路羣盜滿山卒以亂亡故聖王務教化而省禁防知其不足恃也今陛下昭明德建太平舉俊材興學官三公有司或由窮巷起白屋裂地而封（師古曰白屋以白茅覆屋也壽王言此者并以譏公孫弘）宇內日化方外鄉風（師古曰鄉讀曰嚮）然而盜賊猶有者郡國二千石之罪非挾弓弩之過也禮曰男子生桑弧蓬矢以舉之明示有事也（師古曰有四方捍禦之事）孔子曰吾何執執射乎（師古曰論語載孔子之言）大射之禮自天子降及庶人三代之道也詩云大侯既抗弓

矢斯張射夫既同獻爾發功師古曰小雅賓之初筵之詩也侯所以居的以皮爲之天子射豹侯諸侯射熊侯卿大夫射麋侯士射鹿豕侯抗舉也射夫衆射者也同謂其同耦也言既舉大侯又張弓矢分耦而射則獻其發矢中的之功也言貴中也師古曰中音竹仲反愚聞聖王合射以明教矣未聞弓矢之爲禁也且所爲禁者爲盜賊之以攻奪也攻奪之罪死然而不止者大姦之於重誅固不避也臣恐邪人挾之而吏不能止良民以自備而抵法禁師古曰抵觸也是擅賊威而奪民救也師古曰擅專也竊以爲無益於禁姦而廢先王之典使學者不得習行其禮大不便書奏上以難丞相弘弘詘服焉及汾陰得寶鼎武帝嘉之薦見宗廟臧於甘泉宮羣臣皆上壽賀曰陛下得周鼎壽王獨曰非周鼎上聞之召而問之曰今朕得周鼎羣臣皆以爲然壽王獨以爲非何也有說則可無說則死壽王對曰臣安敢無說臣聞周德始乎后稷長於公劉大於太王師古曰公劉后稷曾孫也太王文王之祖則古公亶父也成於文武顯於周公德澤上昭天下漏泉師古曰昭明也漏言潤澤下霑如屋之漏無所不通上天報應鼎爲周出故名曰周鼎今漢自高祖繼周亦昭德顯行布恩施惠六合和同至於陛下恢廓祖業功德愈盛天瑞並至珍祥畢見昔秦始皇親出鼎於彭城而不能得天祚有德而寶鼎自出此天之所以與漢迺漢寶非周寶也上曰善羣臣皆稱萬歲是日賜壽王黃金十斤後坐事誅

主父偃齊國臨菑人也學長短縱橫術服虔曰蘇秦法百家書說也師古曰長短縱橫解在張湯傳從讀曰縱橫說在藝文志晚迺學易春秋百家之言游齊諸子間師古曰諸子諸侯王子諸儒生相與排儐不容於齊家貧假貣無所得師古曰貣音土得反北游燕趙中山皆莫能厚客甚困以諸侯莫足游者元光元年迺西入關見衛將軍師古曰衛青衛將軍數言上上不省資用乏留久諸侯賓客多厭之迺上書闕下朝奏暮召入見所言九事其八事爲律令一事諫伐匈奴曰臣聞明主不惡切諫以博觀忠臣不避重誅以直諫是故事無遺策而功流萬世今臣不敢隱忠避死以效愚計願陛下幸赦而少察之司馬法曰國雖大好戰必亡天下雖平忘戰必危師古曰司馬穰苴善用兵著書言兵法謂之司馬法一說司馬古主兵之官有軍陳用兵之法天下既平天子大愷春蒐秋獮諸侯春振旅秋治兵所以不忘戰也應劭曰大愷周禮還師振旅之樂也師古曰春爲陽中其行木也秋爲陰中其行金也金木兵器所資故於此時蒐獮治兵也蒐蒐索也取不孕者獮應殺氣也振整旅衆也獮音先淺反且怒者逆德也兵者凶器也爭者末節也古之人君一怒必伏尸流血故聖王重行之師古曰重難也夫務戰勝窮武事未有不悔者也昔秦皇帝任戰勝之威蠶食天下并吞戰國海內爲一功齊三代務勝不休欲攻匈奴李斯諫曰不可夫匈奴無城郭之居委積之守遷徙鳥舉難得而制輕兵深入糧食必絕運糧以行重不及事得其地不足以爲利得其民不可調而守也李奇曰不可和調也勝必棄之非民父母靡敝中國甘心匈奴師古曰靡散也音縻其下類此非完計也秦皇帝不聽遂使蒙恬將兵而攻胡郤地千里以河爲境地固澤鹵不生五穀師古曰地多沮澤而鹹鹵然後發天下丁男以守北河暴兵露師十有餘年死者不可勝數終不能踰河而北是豈人衆之不足兵革之不備哉其執不可也又使天下飛芻輓粟師古曰運載芻稾令其疾至故曰飛芻也輓謂引車船也音晚起於黃腄琅邪負海之郡轉輸北河師古曰黃腄二縣名也並在東萊言自東萊及琅邪緣海諸郡皆令轉輸至北河也腄音直瑞反又音誰率三十鍾而致一石師古曰六斛四斗爲鍾計其道路所費凡用百九十二斛乃得一石至男子疾耕不足於糧餉師古曰餉亦饟字女子紡績不足於帷幕百姓靡敝孤寡老弱不能相養道死者相望師古曰道死謂死於路也蓋天下始叛也及至高皇帝定天下略地於邊聞匈奴聚代谷之外而欲擊之御史成諫曰不可夫匈奴獸聚而鳥散從之如搏景師古曰搏擊也搏人之陰景言不可得也今以陛下盛德攻匈奴臣竊危之高帝不聽遂至代谷果有平城之圍高帝悔之迺使劉敬往結和親然後天下亡干戈之事故兵法曰興師十萬日費千金秦常積衆數十萬人雖有覆軍殺將師古曰覆音芳目反係虜單于適足以結怨深讎不足以償天下之費夫匈奴行盜侵敺所以爲業天性固然師古曰來侵邊境而敺略人畜也敺與驅同其字從攴音普木反上自虞夏殷周固不程督師古曰程課也督視責也禽獸畜之不比爲人夫不上觀虞夏殷周之統而下循近世之失此臣之所以大恐百姓所疾苦也且夫兵久則變生事苦則慮易師古曰言思慮變易失其常也使邊境之民靡敝愁苦將吏相疑而外市張晏曰與外國交市已利若章邯之比也故尉佗章邯得成其私師古曰佗音徒何反而秦政不行權分二子此得失之效也故周書曰安危在出令存亡在所用師古曰此周書者本尚書之餘願陛下孰計之而加察焉是時徐樂嚴安亦俱上書言世務書奏上召見三人謂曰公皆安在何相見之晚也師古曰言皆者各在何處○宋祁曰皆字疑作此謂言此來在何處也若云皆安在則倒淺而不雅迺拜偃樂安皆爲郎中偃數上疏言事遷謁者中郎中大夫歲中四遷偃說上曰古者諸侯地不過百里彊弱之形易制今諸侯或連城數十地方千里緩則驕奢易爲淫亂急則阻其彊而合從師古曰從音子容反以逆京師今以法割削則逆節萌起師古曰萌謂事之始生如草木之萌牙也前日朝錯是也今諸侯子弟或十數而適嗣代立師古曰適讀曰嫡餘雖骨肉無尺地之封則仁孝之道不宣願陛下令諸侯得推恩分子弟以地侯之彼人人喜得所願上以德施實分其國必稍自銷弱矣於是上從其計又說上曰茂陵初立天下豪桀兼并之家亂衆民皆可徙茂陵內實京師外銷姦猾此所謂不誅而害除上又從之尊立衞皇后及發燕王定國陰事偃有功焉大臣皆畏其口賂遺累千金或說偃曰大橫師古曰橫音胡孟反偃曰臣結髮游學四十餘年身不得遂師古曰遂達也親不以爲子昆弟不收賓客棄我我阸日久矣丈夫生不五鼎食死則五鼎亨耳張晏曰五鼎食牛羊豕魚麋也諸侯五卿大夫三師古曰五鼎亨之謂被鑊亨之誅吾日暮故倒行逆施之師古曰暮言年齒老也倒行逆施謂不遵常理此語本出伍子胥偃遂而稱之偃盛言朔方地肥饒外阻河蒙恬築城以逐匈奴內省轉輸戍漕廣中國滅胡之本也上覽其說下公卿議皆言不便公孫弘曰秦時嘗發三十萬衆築北河終不可就師古曰就成也已而棄之朱買臣難詘弘遂置朔方本偃計也元朔中偃言齊王內有淫失之行師古曰失讀曰佚音弋一反上拜偃爲齊相至齊徧召昆弟賓客散五百金予之數曰師古曰數責也數音所具反始吾貧時昆弟不我衣食賓客不我內門師古曰衣食讀曰飤內門謂內之於門中也今吾相齊諸君迎我或千里吾與諸君絕矣毋復入偃之門迺使人告王與姊姦事動王○宋祁曰越本告作以王以爲終不得脫恐效燕王論死迺自殺偃始爲布衣時嘗游燕趙及其貴發燕事趙王恐其爲國患欲上書言其陰事爲居中不敢發及其爲齊相出關即使人上書告偃受諸侯金以故諸侯子多以得封者及齊王以自殺聞○宋祁曰浙本云及齊王自殺聞上大怒以爲偃劫其王令自殺迺徵下吏治偃服受諸侯之金實不劫齊王令自殺上欲勿誅公孫弘爭曰齊王自殺無後國除爲郡入漢偃本首惡非誅偃無以謝天下迺遂族偃偃方貴幸時客以千數及族死無一人視獨孔車收葬焉上聞之以車爲長者

徐樂燕郡無終人也上書曰臣聞天下之患在於土崩不在瓦解古今一也何謂土崩秦之末世是也陳涉無千乘之尊尺土之地○宋祁曰越本尺作疆身非王公大人名族之後鄉曲之譽非有孔曾墨子之賢陶朱猗頓之富也然起窮巷奮棘矜師古曰棘戟也矜者戟之把也時秦銷兵器故但有戟之把耳矜音巨巾反此下亦同偏袒大呼師古曰呼音火故反天下從風此其故何也由民困而主不恤下怨而上不知俗已亂而政不脩此三者陳涉之所以爲資也此之謂土崩故曰天下之患在乎土崩何謂瓦解吳楚齊趙之兵是也七國謀爲大逆號皆稱萬乘之君帶甲數十萬威足以嚴其境內財足以勸其士民然不能西攘尺寸之地師古曰攘謂侵取漢地而身爲禽於中原者此其故何也非權輕於匹夫而兵弱於陳涉也當是之時先帝之德未衰而安土樂俗之民衆故諸侯無竟外之助師古曰竟讀曰境其下同此之謂瓦解故曰天下之患不在瓦解由此觀之天下誠有土崩之執雖布衣窮處之士或首難而危海內師古曰首難謂首唱而作難也陳涉是也況三晉之君或存乎師古曰韓魏趙三國本共分晉故稱三晉天下雖未治也誠能無土崩之執雖有彊國勁兵不得還踵而身爲禽師古曰還讀曰旋吳楚是也況羣臣百姓能爲亂乎此二體者安危之明要賢主之所留意而深察也間者關東五穀數不登○宋祁曰浙本無數字年歲未復師古曰復音扶目反民多窮困重之以邊境之事師古曰重音直用反推數循理而觀之民宜有不安其處者矣不安故易動易動者土崩之執也故賢主獨觀萬化之原明於安危之機脩之廟堂之上而銷未形之患也其要期使天下無土崩之執而已矣故雖有彊國勁兵陛下逐走獸射飛鳥弘游燕之囿淫從恣之觀極馳騁之樂自若師古曰自若言如其常無所虧損也從讀曰縱金石絲竹之聲不絕於耳帷幄之私俳優朱儒之笑不乏於前而天下無宿憂師古曰宿久也名何必夏子俗何必成康服虔曰夏禹也子湯也湯子姓雖然臣竊以爲陛下天然之質寬仁之資而誠以天下爲務則禹湯之名不難侔而成康之俗未必不復興也師古曰侔等也此二體者立然後處尊安之實揚廣譽於當世親天下而服四夷餘恩遺德爲數世隆南面背依攝袂而揖王公師古曰依讀曰扆扆已解於上此陛下之所服也師古曰言其服事也臣聞圖王不成其敝足以安師古曰言其敝末之法猶足自安也安則陛下何求而不得何威而不成奚征而不服哉師古曰奚何也

前漢書卷六十四上考證

嚴助傳擢助爲中大夫○臣名南按助對策在建元元年

膠倉○臣名南按藝文志作聊蒼縱橫家有待詔金馬聊蒼三篇班自注曰趙人武帝時又嚴葱奇志作莊怱奇官常侍郎有賦十一篇班自注曰枚皋同時莊其人本姓莊史因避明帝諱改爲嚴猶莊忌莊助稱嚴忌嚴助也

以問太尉田蚡○通鑑考異曰是時蚡不爲太尉云太尉誤也下云太尉不足與計蓋亦追呼其官或亦誤耳

必先田餘干界中注韋昭曰越邑○臣名南按韋注非也餘干即志所謂餘汗屬豫章郡非越邑也越人先於餘干縣接界之地治田耳

閩越王弟甲注師古曰甲者閩王弟之名○顧炎武曰卽下文所云閩越王弟餘善殺王以降者也當淮南王上書時不知其名故謂之甲猶云某甲耳師古注非

朱買臣傳故東越王居保泉山注師古曰卽今泉州之山也○臣名南按泉山今日清源山在泉州府城北去海甚近而下文乃云今聞東越王更徙處南行去泉山五百里居大澤中然則所謂大澤中者卽大海中島嶼歟

買臣入室中○顧炎武曰卽會稽邸中也邸如今京師之會館

受詔將兵與橫海將軍韓說等○臣名南按說出勾章浮海從東方往卽前買臣所畫浮海直指泉山之策也

吾邱壽王傳連十餘城之守○地理志東郡領二十二縣都尉治東阿壽王時以都尉兼太守則並屬都尉矣

主父偃傳元光元年迺西入關云云○通鑑考異曰漢書謂元光元年三人上書按嚴安書云狥南夷朝夜郎降羌僰畧薉州其事皆在元光元年以後蓋誤以朔字爲光字耳

轉輸北河○胡三省曰河水逕安定北地朔方界皆北流至高闕始屈而東流過雲中楨林縣又屈而南流故朔方雲中之河謂之北河

徐樂傳燕郡無終人也○顧炎武曰地理志無燕郡而無終屬右北平考燕王定國以元朔二年秋有罪自殺國除而元狩六年夏四月始立皇子旦爲燕王其間爲燕郡者十年而志軼之也徐樂上書當在此時而無終於其時屬燕郡後改屬右北平耳

前漢書卷六十四下

漢　蘭　臺　令　史　班　固　撰

唐正議大夫行祕書少監瑯邪縣開國子顏師古注

嚴朱吾丘主父徐嚴終王賈傳第三十四下

師古曰此卷首尙載嚴朱吾丘主父徐者存其本書題目以示不變易也

嚴安者臨菑人也以故丞相史上書曰臣聞鄒子曰師古曰鄒衍之書也政教文質者所以云救也師古曰以救敝當時則用過則舍之師古曰非其時則廢置也有易則易之師古曰可變易者則易也故守一而不變者未睹治之至也今天下人民用財侈靡車馬衣裘宮室皆競修飾調五聲使有節族蘇林曰族音奏師古曰節止也奏進也雜五色使有文章重五味方丈於前以觀欲天下孟康曰觀猶顯也師古曰顯示之使其慕欲也彼民之情見美則願之是敎民以侈也侈而無節則不可贍師古曰贍足也民離本而徼末矣師古曰徼要求也音工堯反末不可徒得師古曰徒空也故搢紳者不憚爲詐帶劍者夸殺人以矯奪師古曰夸大也譏也矯僞也而世不知媿故姦軌浸長師古曰浸漸也夫佳麗珍怪固順於耳目故養失而泰樂失而淫禮失而采如淳曰采飾也師古曰采者文過其實也敎失而僞僞采淫泰非所以範民之道也師古曰範謂爲之立法也是以天下人民逐利無已犯法者衆臣願爲民制度以防其淫使貧富不相燿以和其心心既和平其性恬安恬安不營則盜賊銷盜賊銷則刑罰少刑罰少則陰陽和四時正風雨時草木暢茂五穀蕃熟六畜遂字師古曰蕃多也遂成也字生也蕃音扶元反民不夭厲和之至也師古曰厲病也臣聞周有天下其治三百餘歲成康其隆也刑錯四十餘年而不用及其衰亦三百餘年故五伯更起師古曰伯讀曰霸更音工衡反其下並同伯者常佐天子興利除害誅暴禁邪匡正海內以尊天子五伯既沒賢聖莫續天子孤弱號令不行諸侯恣行彊陵弱衆暴寡田常篡齊六卿分晉並爲戰國此民之始苦也於是彊國務攻弱國修守合從連衡馳車轂擊師古曰車轂相擊言其衆多也從音子容反介冑生蟣蝨民無所告愬及至秦王蠶食天下并吞戰國稱號皇帝一海內之政壞諸侯之城銷其兵鑄以爲鍾虡師古曰虡懸鍾者也解在賈山司馬相如傳示不復用元元黎民得免於戰國逢明天子人人自以爲更生師古曰言天下既免戰國之苦若逢明聖之主則可以更生而秦皇反爲虐政以殘害也鄉使秦緩刑罰薄賦斂師古曰鄉讀曰嚮省繇役貴仁義賤權利上篤厚下佞巧變風易俗化於海內則世世必安矣秦不行是風循其故俗爲知巧權利者進篤厚忠正者退法嚴令苛諂諛者衆師古曰諂古諂字日聞其美意廣心逸欲威海外使蒙恬將兵以北攻彊胡辟地進境師古曰辟讀曰闢戍於北河飛芻輓粟以隨其後又使尉屠睢將樓船之士攻越使監祿鑿渠運糧深入越地越人遁逃曠日持久糧食乏絕越人擊之秦兵大敗秦乃使尉佗將卒以戍越當是時秦禍北構於胡南挂於越師古曰挂懸也宿兵於無用之地師古曰宿留也進而不得退行十餘年丁男被甲丁女轉輸苦不聊生自經於道樹死者相望及秦皇帝崩天下大畔陳勝吳廣舉陳師古曰舉謂起兵也武臣張耳舉趙項梁舉吳田儋舉齊景駒舉郢周市舉魏韓廣舉燕窮山通谷豪士並起不可勝載也然本皆非公侯之後非長官之吏師古曰長官謂一官之長也無尺寸之埶起閭巷杖棘矜應時而動不謀而俱起不約而同會壤長地進至乎伯王張晏曰長進益也師古曰言其稍稍攻伐進益土境以至彊大也長音竹兩反伯讀曰霸時敎使然也秦貴爲天子富有天下滅世絕祀窮兵之禍也故周失之弱秦失之彊不變之患也今狥南夷朝夜郎降羌僰畧薉州建城邑張晏曰薉貉也師古曰薉與穢同深入匈奴燔其龍城師古曰燔燒也龍城匈奴祭天處燔音扶元反議者美之此人臣之利非天下之長策也今中國無狗吠之警而外累於遠方之備靡敝國家師古曰累音力瑞反非所以子民也師古曰子謂養之如子也行無窮之欲甘心快意結怨於匈奴非所以安邊也禍挐而不解師古曰挐相連引也音女居反兵休而復起近者愁苦遠者驚駭非所以持久也今天下鍛甲摩劍撟箭控弦師古曰撟正曲使直也控引也轉輸軍糧未見休時此天下所共憂也夫兵久而變起○宋祁曰久或作多事煩而慮生今外郡之地或幾千里師古曰幾音鉅依反下亦同列城數十形束壤制孟康曰言其土地形埶足以束制其民帶脅諸侯師古曰帶者言諸侯之於郡守譬若佩帶謂輕小也脅謂其威力足以脅之也一曰帶在脅旁附著之義也非宗室之利也上觀齊晉所以亡公室卑削六卿大盛也下覽秦之所以滅刑嚴文刻欲大無窮也今郡守之權非特六卿之重也地幾千里非特閭巷之資也甲兵器械非特棘矜之用也以逢萬世之變則不可勝諱也師古曰言不可盡諱者言必滅亡也後以安爲騎馬令師古曰主天子之騎馬也騎音其寄反

終軍字子雲濟南人也少好學以辯博能屬文聞於郡中師古曰屬音之欲反年十八選爲博士弟子至府受遣師古曰博士弟子屬太常受遣者由郡遣詣京師太守聞其有異材召見軍甚奇之與交結軍揖太守而去至長安上書言事武帝異其文拜軍爲謁者給事中從上幸雍祠五時獲白麟一角而五蹄師古曰每一足有五蹄也時又得奇木其枝旁出輒復合於木上異此二物博謀羣臣師古曰訪其徵應也軍上對曰臣聞詩頌君德樂舞后功異經而同指明盛德之所隆也南越竄屛葭葦與鳥魚羣師古曰葭蘆也成長則曰葦葭音加正朔不及其俗有司臨境而東甌內附閩王伏辜南越賴救北胡隨畜薦居蘇林曰薦草也師古曰蘇說非也薦讀曰荐荐屢也言隨畜牧屢易故居不安住也左傳戎狄荐居者也○宋祁曰注文中左字下當有氏字禽獸行虎狼心上古未能攝大將軍秉鉞單于犇幕師古曰犇古奔字票騎抗旌昆邪右衽師古曰抗舉也右衽從中國化也昆音下門反是澤南洽而威北暢也師古曰洽霑也暢達也若罰不阿近舉不遺遠設官竢賢縣賞待功師古曰竢古俟字下亦同能者進以保祿罷者退而勞力師古曰罷讀曰疲謂不堪職任者也勞力歸農畝也刑於宇內矣師古曰刑法也言成法於宇內也一曰刑見也履衆美而不足懷聖明而不專師古曰言自謙也建三宮之文質章厥職之所宜服虔曰三宮明堂辟雍靈臺也鄭氏曰於三宮班政教有文質者也封禪之君無聞焉張晏曰前世封禪之君不聞若斯之美也夫天命初定萬事草創師古曰創始受命之君也及臻六合同風九州共貫必待明聖潤色祖業傳於無窮師古曰潤色謂光飾之故周至成王然後制定而休徵之應見師古曰休美也徵證也陛下盛日月之光垂聖思於勤成專神明之敬奉燔瘞於郊宮師古曰燔祭天也瘞祭地也祭天則燔之祭地則瘞之郊宮謂泰畤及后土也○劉攽曰是時未有泰畤后土顏注失之獻享之精交神積和之氣塞明師古曰塞荅也明者明靈亦謂神也而異獸來獲宜矣昔武王中流未濟白魚入於王舟俯取以燎羣公咸曰休哉師古曰伐紂時解在董仲舒傳今郊祀未見於神祇而獲獸以饋師古曰以饋謂充祭俎也此天之所以示饗而上通之符合也宜因昭時令日改定告元張晏曰改元年以告神祇也師古曰昭明也令善也○劉奉世曰軍此對頗可疑據紀獲麟在元狩元年昆邪降在二年其上對已大綏又史記封禪書元鼎三年有司始言元不宜以一二數乃云三元爲狩蓋於此年追遞三元也而軍此云宜改元史又云由是改元有來降者告可疑軍對非眞史誤因之苴白茅於江淮發嘉號于營丘以應緝熙服虔曰苴作席也張晏曰江淮職貢三脊茅爲藉也孟康曰嘉號封禪也泰山在齊分野故曰營丘也或曰登封泰山以明姓號也師古曰苴音租又音子豫反非苞苴之苴也使著事者有紀焉師古曰謂史官也紀記也蓋六鶂退飛逆也張晏曰六鶂退飛象諸侯畔逆宋襄公伯道退也白魚登舟順也張晏曰周木德也舟木也殷水德魚水物魚躍登舟象諸侯順周以紂畀武王也臣瓚曰時論者未以周爲木殷爲水也謂武王伐殷而魚入王舟象征而必獲故曰順也師古曰瓚說是也夫明闇之徵上亂飛鳥下動淵魚師古曰亂變也各以類推今野獸并角明同本也師古曰并合也獸皆兩角今此獨一故云并也衆支內附示無外也若此之應殆將有解編髮削左衽襲冠帶要衣裳而蒙化者焉師古曰要衣裳謂著中國之衣裳也編讀曰辮要音一遙反斯拱而竢之耳師古曰拱手而待之言其卽至對奏上甚異之由是改元爲元狩後數月越地及匈奴名王有率衆來降者時皆以軍言爲中師古曰中音竹仲反元鼎中博士徐偃使行風俗師古曰行音下更反偃矯制師古曰矯託也託言受詔也使膠東魯國鼓鑄鹽鐵如淳曰鑄銅鐵扇熾火謂之鼓還奏事徙爲太常丞御史大夫張湯劾偃矯制大害法至死偃以爲春秋之義大夫出疆有可以安社稷存萬民顓之可也師古曰顓與專同下亦類此湯以致其法不能詘其義有詔下軍問狀軍詰偃曰古者諸侯國異俗分百里不通時有聘會之事安危之埶呼吸成變故有不受辭造命顓己之宜今天下爲一萬里同風故春秋王者無外偃巡封域之中稱以出疆何也且鹽鐵郡有餘臧師古曰先有畜積正二國廢國家不足以爲利害而以安社稷存萬民爲辭何也又詰偃膠東南近琅邪北接北海魯國西枕泰山東有東海受其鹽鐵偃度四郡口數田地師古曰度計也音大各反率其用器食鹽不足以并給二郡邪將埶宜有餘而吏不能也何以言之偃矯制而鼓鑄者欲及春耕種贍民器也師古曰贍足也今魯國之鼓當先具其備師古曰備者猶今言調度至秋乃能舉火此言與實反者非師古曰重問之偃已

前三奏無詔師古曰不報聽也不惟所爲不許師古曰惟思也而直矯作威福以從民望干名采譽師古曰干求也采取也此明聖所必加誅也枉尺直尋孟子稱其不可師古曰孟子軻也八尺曰尋孟子之書曰陳代問於孟子曰枉尺直尋若可爲也孟子曰子過矣枉已者未有能直人者也尋長而尺短故陳代言所直者多而所曲者少則可爲之孟子以爲苟有少曲則害於大直故不可也今所犯罪重所就者小師古曰就成也偃自予必死而爲之邪師古曰予許也將幸誅不加欲以采名也師古曰幸冀也偃窮詘服罪當死軍奏偃矯制顓行非奉使體請下御史徵偃即罪師古曰徵召也即就也奏可上善其詰有詔示御史大夫初軍從濟南當詣博士步入關關吏予軍繻張晏曰繻音須繻符也書帛裂而分之若券契矣蘇林曰繻帛邊也舊關出入皆以傳傳煩因裂繻頭合以爲符信也師古曰蘇說是也軍問以此何爲吏曰爲復傳師古曰復返也謂返出關更以爲傳復音扶福反傳音張戀反次下亦同還當以合符軍曰大丈夫西游終不復傳還棄繻而去軍爲謁者使行郡國師古曰行音下更反其後亦同○劉奉世曰還當以合符還字宜屬上句建節東出關關吏識之曰此使者迺前棄繻生也軍行郡國所見便宜以聞還奏事上甚說師古曰說讀曰悅當發使使匈奴師古曰漢朝欲遣人爲使於匈奴也軍自請曰軍無橫草之功師古曰言行草中使草偃臥故云橫草也得列宿衞食祿五年邊境時有風塵之警臣宜被堅執銳當矢石啓前行師古曰行音下郎反駑下不習金革之事今聞將遣匈奴使者臣願盡精厲氣奉佐明使畫吉凶於單于之前臣年少材下孤於外官師古曰孤遠也外官謂非侍衞之臣也不足以亢一方之任師古曰亢當也音抗竊不勝憤懣詔問畫吉凶之狀上奇軍對擢爲諫大夫南越與漢和親迺遣軍使南越說其王欲令入朝比內諸侯軍自請願受長纓必羈南越王而致之闕下師古曰言如馬羈也軍遂往說越王越王聽許請舉國內屬天子大說師古曰說讀曰悅賜南越大臣印綬壹用漢法以新改其俗令使者留塡撫之師古曰塡音竹刃反越相呂嘉不欲內屬發兵攻殺其王及漢使者皆死語在南越傳軍死時年二十餘故世謂之終童

王褒字子淵蜀人也宣帝時修武帝故事講論六蓺羣書博盡奇異之好徵能爲楚辭九江被公師古曰被姓也音皮義反召見誦讀益召高材劉向張子僑華龍柳褒等待詔金馬門師古曰華音戶化反神爵五鳳之間天下殷富數有嘉應上頗作歌詩欲興協律之事丞相魏相奏言知音善鼓雅琴者勃海趙定梁國龔德皆召見待詔於是益州刺史王襄欲宣風化於衆庶聞王褒有俊材請與相見使褒作中和樂職宣布詩師古曰中和者言政治和平也樂職者言百官各得其職也宣布者風化普洽無所不被選好事者令依鹿鳴之聲習而歌之時氾鄉侯何武爲僮子選在歌中師古曰氾音凡久之武等學長安歌太學下轉而上聞宣帝召見武等觀之皆賜帛謂曰此

盛德之事吾何足以當之褒既爲刺史作頌師古曰即上中和樂職宣布詩也以美盛德故謂之頌也又作其傳師古曰解釋頌歌之義及作者之意益州刺史因奏褒有軼材師古曰軼與逸同上迺徵褒既至詔褒爲聖主得賢臣頌其意褒對曰夫荷旃被毳者難與道純綿之麗密師古曰純絲也謂織爲繒帛之麗緻之密也一說純綿不雜綿也羹藜唅糗者不足與論太牢之滋味服虔曰唅音含師古曰糗即今之熬米麥所爲者音丘九反又音昌少反今臣辟在西蜀師古曰辟讀曰僻生於窮巷之中長於蓬茨之下師古曰蓬茨以蓬蓋屋也茨音才私反無有遊觀廣覽之知顧有至愚極陋之累師古曰顧猶反也累音力瑞反不足以塞厚望應明指師古曰塞當也雖然敢不略陳愚而抒情素師古曰抒猶泄也音食汝反記曰共惟春秋法五始之要服虔曰共敬也張晏曰要春秋稱元年春王正月此五始也師古曰元者氣之始春者四時之始王者受命之始正月者政教之始公即位者一國之始是爲五始共讀曰恭在乎審己正統而已夫賢者國家之器用也所任賢則趨舍省而功施普師古曰趨讀曰趣普博也器用利則用力少而就效衆故工人之用鈍器也勞筋苦骨終日矻矻應劭曰矻矻勞極貌也如淳曰健作貌也師古曰如說是也矻音口骨反及至巧冶鑄干將之樸清水淬其鋒師古曰淬謂燒而內水中以堅之也鋒刃芒端也淬音千內反越砥斂其咢晉灼曰砥石出南昌故曰越也師古曰咢刃旁也音五各反○宋祁曰別本注文砥字下無石字水斷蛟龍陸剸犀革師古曰剸截也音之兗反又音徒官反忽若篲氾畫塗師古曰篲帚也氾氾灑之地也塗泥也如以帚埽氾灑之地以刃畫泥中言其易○宋祁曰別本注文只一氾字如此則使離婁督繩公輸削墨張晏曰離婁黃帝時明目者也應劭曰公輸魯般性巧者也師古曰督察視也雖崇臺五增延袤百丈而不溷者工用相得也師古曰溷亂也音胡頓反庸人之御駑馬亦傷吻敝策而不進於行師古曰吻口角也策所以擊馬也匈喘膚汗人極馬倦及至駕齧鄰驂乘旦孟康曰良馬低頭口至鄰故曰齧鄰張晏曰駕則旦至故曰乘旦師古曰乘音食證反王良執靶張晏曰王良郵無恤字伯樂靶音霸謂轡也師古曰參驗左氏傳及國語孟子郵無恤郵良劉無止王良總一人也楚辭云驥躊躇於敝輦遇孫陽而得代王逸云孫陽伯樂姓名也列子云伯樂秦穆公時人考其年代不相當張說云良字伯樂斯失之矣韓哀附輿應劭曰世本韓哀作御師古曰宋衷云韓哀韓文侯也時已有御此言作者加其精巧也然則善御者耳非始作也縱馳騁騖忽如景靡師古曰亂馳曰騖景靡者如光景之從靡也過都越國蹶如歷塊師古曰如經歷一塊言其速疾之甚塊音口內反追奔電逐遺風師古曰呂氏春秋云遺風之乘言馬行尤疾每在風前故遺風於後今此言逐遺風則是風之遺逸在後者馬能逐及也周流八極萬里一息何其遼哉人馬相得也師古曰遼謂所行遠故服絺綌之涼者不苦盛暑之鬱燠師古曰鬱熱氣也燠溫也音於六反襲貂狐之煖者不憂至寒之悽愴師古曰悽愴寒冷也煖音乃短反何則有其具者易其備賢人君子亦聖王之所以易海內也是以嘔喻受之應劭曰嘔喻和悅貌師古曰嘔音於付反開寬裕之路以延天下英俊也師古曰裕饒也夫竭知附賢者必建仁策索人求士者必樹伯迹師古曰伯讀曰霸昔周公躬吐捉之勞故有圄空之隆師古曰一飯三吐食一沐三捉髮以賓賢士故能成太平之化刑措不用囹圄空虛也齊

桓設庭燎之禮故有匡合之功應劭曰有以九九求見桓公桓公不納其人曰九九小術而君不納之況大於九九者乎於是桓公設庭燎之禮而見之居無幾隰朋自遠而至齊桓以霸師古曰九九計數之書若今算經也匡謂一匡天下也合謂九合諸侯由此觀之君人者勤於求賢而逸於得人師古曰逸閑也人臣亦然昔賢者之未遭遇也圖事揆策則君不用其謀陳見悃誠則上不然其信師古曰悃至也音口本反進仕不得施效斥逐又非其愆是故伊尹勤於鼎俎太公困於鼓刀師古曰勤於鼎俎謂負鼎俎以干湯也鼓刀謂屠牛於朝歌也百里自鬻甯子飯牛師古曰鬻賣也呂氏春秋云百里奚之未遇時也虞亡而虜晉以五羊之皮公孫枝得而悅之獻諸穆公飯牛解在鄒陽傳鬻音弋六反離此患也師古曰離遭也及其遇明君遭聖主也運籌合上意諫諍即見聽進退得關其忠任職得行其術去卑辱奧渫而升本朝張晏曰奧幽也渫狎也汙也言散奧渫不章顯也師古曰渫音先列反離疏釋蹻而享膏粱應劭曰離此疏食釋此木蹻也臣瓚曰以繩爲蹻也師古曰蹻即今之鞋耳瓚說是也蹻音居略反剖符錫壤而光祖考傳之子孫以資說士師古曰談說之士傳以爲資也故世必有聖知之君而後有賢明之臣故虎嘯而風冽師古曰冽冽風貌也音列龍興而致雲蟋蟀俟秋唫蜉蝣出以陰孟康曰蜉蝣渠略也師古曰蟋蟀今之促織也蜉蝣甲蟲也好叢聚而生朝生而夕死蝣音由字亦作蝤其音同也易曰飛龍在天利見大人師古曰乾卦九五爻辭也言王者居正陽之位賢才見之則利用也詩曰思皇多士生此王國師古曰大雅文王之詩也思語辭也皇美也言美哉此衆多賢士生此周王之國也故世平主聖俊艾將自至師古曰艾讀曰乂若堯舜禹湯文武之君獲稷契皋陶伊尹呂望師古曰契讀與卨同字本作偰從省耳明明在朝穆穆列布師古曰明明察也穆穆美也聚精會神相得益章師古曰章明也雖伯牙操遞鍾晉灼曰遞迭音遞送之遞二十四鍾各有節奏擊之不常故曰遞臣瓚曰楚辭云奏伯牙之號鍾號鍾琴名也馬融笛賦曰號鍾高調伯牙以善鼓琴不聞說能擊鍾也師古曰琴名是也字既作遞則與楚辭不同不得即讀爲號當依晉音耳○宋祁曰景本作號鍾校作遞又注文中當字上當有遞字逢門子彎烏號師古曰逢門善射者即逢蒙也烏號弓名也並解在前也猶未足以喻其意也故聖主必待賢臣而弘功業俊士亦俟明主以顯其德上下俱欲驩然交欣千載壹合論說無疑翼乎如鴻毛遇順風沛乎如巨魚縱大壑師古曰巨亦大也沛音普大反○宋祁曰越本遇作過其得意若此則胡禁不止曷令不行師古曰胡曷皆何也化溢四表橫被無窮遐夷貢獻萬祥畢溱師古曰溱字與臻同是以聖主不徧窺望而視已明不單頃耳而聽已聰師古曰單盡也頃讀曰傾恩從祥風翺德與和氣游師古曰翺翔也太平之責塞優游之望得師古曰塞滿也遵遊自然之埶恬淡無爲之場休徵自至壽考無疆雍容垂拱永永萬年何必偃卬詘信若彭祖呴噓呼吸如僑松如淳曰五帝紀彭祖堯舜時人列仙傳彭祖殷大夫也歷夏至商末號年七百師古曰信讀曰伸呴噓皆開口出氣也僑王僑松赤松子皆仙人也呴音許于反噓音虛眇然絕俗離世哉師古曰眇然高遠之意也詩云濟濟多士文王以寧師古曰亦文王之詩也濟濟盛貌也言文王能多用賢人故邦國得以安寧也蓋信乎其以寧也是時上頗好

神僊故褒對及之上令褒與張子僑等並待詔數從褒等放獵師古曰放士衆大獵也一曰游放及田獵所幸宮館輒爲歌頌第其高下以差賜帛議者多以爲淫靡不急上曰不有博奕者乎爲之猶賢乎已師古曰此論語載孔子之辭也言博奕雖非道藝無事爲之猶賢也奕今之圍棊也辭賦大者與古詩同義小者辯麗可喜師古曰喜好也音許吏反辟如女工有綺縠音樂有鄭衛師古曰辟讀曰譬今世俗猶皆以此虞說耳目師古曰虞與娛同說讀曰悅辭賦比之尚有仁義風諭師古曰風讀曰諷鳥獸草木多聞之觀賢於倡優博奕遠矣頃之擢褒爲諫大夫其後太子體不安苦忽忽善忘不樂詔使褒等皆之太子宮虞侍太子師古曰之往也朝夕誦讀奇文及所自造作疾平復迺歸師古曰復音扶目反太子喜褒所爲甘泉及洞簫頌師古曰喜音許吏反令後宮貴人左右皆誦讀之後方士言益州有金馬碧雞之寶可祭祀致也宣帝使褒往祀焉褒於道病死上閔惜之

賈捐之字君房賈誼之曾孫也元帝初即位上疏言得失召待詔金馬門初武帝征南越元封元年立儋耳珠厓郡皆在南方海中洲居師古曰居海中之洲也水中可居者曰洲○宋祁曰海字上當有大字廣袤可千里師古曰袤長也合十六縣戶二萬三千餘其民暴惡自以阻絕數犯吏禁吏亦酷之率數年壹反殺吏漢輒發兵擊定之自初爲郡至昭帝始元元年二十餘年間凡六反叛至其五年罷儋耳郡并屬珠厓至宣帝神爵三年珠厓三縣復反反後七年甘露元年九縣反輒發兵擊定之元帝初元元年珠厓又反發兵擊之諸縣更叛連年不定師古曰更音工衡反上與有司議大發軍捐之建議以爲不當擊上使侍中駙馬都尉樂昌侯王商詰問捐之曰珠厓內屬爲郡久矣今背畔逆節而云不當擊長蠻夷之亂虧先帝功德經義何以處之師古曰於六經之內當何者之科條也捐之對曰臣幸得遭明盛之朝蒙危言之策無忌諱之患師古曰危言直言也言出而身危故云危言論語稱孔子曰邦有道危言危行敢昧死竭卷卷師古曰卷卷讀與拳拳同臣聞堯舜聖之盛也禹入聖域而不優臣瓚曰禹之功德裁入聖人區域但不能優泰耳故孔子稱堯曰大哉韶曰盡善禹曰無間師古曰論語稱孔子曰大哉堯之爲君也又曰韶盡美矣又盡善也又曰禹吾無間然矣韶舜樂名間音工莧反以三聖之德地方不過數千里西被流沙東漸于海朔南暨聲教迄于四海師古曰此引禹貢之辭漸入也一曰浸也朔北方也暨及也迄至也欲與聲教則治之不欲與者不彊治也師古曰與讀曰豫故君臣歌德師古曰言皆有德可歌頌含氣之物各得其宜武丁成王殷周之大仁也師古曰武丁殷之高宗然地東不過江黃西不過氐羌南不過蠻荊北不過朔方是以頌聲並作視聽之類咸樂其生越裳氏重九譯而獻晉灼曰遠國使來因九譯言語乃通也張晏曰越不著衣裳慕中國化遣譯來著衣裳也故曰越裳

也師古曰張說非也越裳自是國名非以襲衣裳始爲稱號王充論衡作越嘗此則不作衣裳之字明矣此非兵革之所能致及其衰也南征不還師古曰謂昭王也爲楚所溺也齊桓救其難師古曰謂襄王也初爲太子而惠王欲立王子帶齊桓公爲首止之盟以定太子之位事在左傳僖五年○宋祁曰注文五年當作九年孔子定其文張晏曰孔子作春秋夷狄之國雖大自稱王者皆貶爲子以至乎秦興兵遠攻○宋祁曰郭本去乎字似兩通貪外虛內務欲廣地不慮其害然地南不過閩越北不過太原而天下潰畔禍卒在於二世之末師古曰卒終也長城之歌至今未絕賴聖漢初興爲百姓請命平定天下至孝文皇帝閔中國未安偃武行文則斷獄數百民賦四十丁男三年而一事如淳曰常賦歲百二十歲一事時天下民多故出賦四十三歲而一事時有獻千里馬者詔曰鸞旗在前屬車在後師古曰鸞旗編以羽毛列繫橦旁載於車上大駕出則陳於道而先行屬車相連屬而陳於後也屬音之欲反吉行日五十里師行三十里朕乘千里之馬獨先安之師古曰安之言何所適往於是還馬與道里費而下詔曰朕不受獻也其令四方毋求來獻當此之時逸游之樂絕奇麗之賂塞鄭衛之倡微矣○宋祁曰浙本去求字賂字當作路夫後宮盛色則賢者隱處佞人用事則諍臣杜口而文帝不行故謚爲孝文廟稱太宗至孝武皇帝元狩六年太倉之粟紅腐而不可食師古曰粟久腐壞則色紅赤也○劉奉世曰元狩末漢以伐匈奴馬少不復出征矣捐之之云蓋其誤也或者誤以建元爲元狩歟都內之錢貫朽而不可校師古曰校謂數計也迺探平城之事師古曰追計其事故言探錄冒頓以來數爲邊害籍兵厲馬因富民以攘服之師古曰攘却也○宋祁曰一作籍兵厲馬越本作籍厲兵馬西連諸國至于安息東過碣石以玄菟樂浪爲郡師古曰樂音洛浪音郎北郤匈奴萬里更起營塞制南海以爲八郡則天下斷獄萬數民賦數百造鹽鐵酒榷之利以佐用度猶不能足當此之時寇賊並起軍旅數發父戰死於前子鬭傷於後女子乘亭鄣孤兒號於道老母寡婦飲泣巷哭師古曰淚流被面以入於口故言飲泣也遙設虛祭想魂乎萬里之外淮南王盜寫虎符陰聘名士關東公孫勇等詐爲使者是皆廓地泰大征伐不休之故也今天下獨有關東關東大者獨有齊楚民衆久困連年流離離其城郭相枕席於道路如淳曰席音藉師古曰席即藉也不勞借音人情莫親父母莫樂夫婦至嫁妻賣子法不能禁義不能止此社稷之憂也今陛下不忍悁悁之忿欲驅士衆擠之大海之中師古曰擠墜也音子詣反又子奚反快心幽冥之地非所以救助饑饉保全元元也○宋祁曰校助當作救助詩云蠢爾蠻荊大邦爲讎師古曰詩小雅采芑之詩也蠢動貌也蠻荊荊州之蠻也言敢與大國爲讎敵也言聖人起則後服中國衰則先畔動爲國家難自古而患之久矣何況迺復其南方萬里之蠻乎駱越之人父子同川而浴相習以鼻飲與禽獸無異本不足郡縣置也顓顓獨居一海之中師古曰顓與專同專專猶區區也一曰團貌也霧露氣濕多毒草蟲蛇水土之害人未見虜戰士自死又非獨珠厓有珠犀瑇瑁也師古曰瑇瑁文甲也瑇音代瑁音妹棄之不足惜不擊不損威其民譬猶魚鼈何足貪也臣竊以往者羌軍言之暴師曾未一年兵出不踰千里費四十餘萬萬大司農錢盡迺以少府禁錢續之師古曰少府錢主供天子故曰禁錢夫一隅爲不善費尚如此況於勞師遠攻亡士毋功乎求之往古則不合施之當今又不便臣愚以爲非冠帶之國禹貢所及春秋所治皆可且無以爲師古曰爲猶用也願遂棄珠厓專用恤關東爲憂對奏上以問丞相御史御史大夫陳萬年以爲當擊丞相于定國以爲前日興兵擊之連年護軍都尉校尉及丞凡十一人還者二人卒士及轉輸死者萬人以上費用三萬萬餘尚未能盡降今關東困乏民難搖動捐之議是上迺從之遂下詔曰珠厓虜殺吏民背畔爲逆今廷議者或言可擊或言可守或欲棄之其指各殊朕日夜惟思議者之言羞威不行則欲誅之狐疑辟難則守屯田師古曰辟讀曰避次下亦同通于時變則憂萬民夫萬民之饑餓與遠蠻之不討危孰大焉且宗廟之祭凶年不備況乎辟不嫌之辱哉今關東大困倉庫空虛無以相贍又以動兵非特勞民凶年隨之其罷珠厓郡民有慕義欲內屬便處之師古曰欲有來入內郡者所至之處即安置也不欲勿彊珠厓由是罷捐之數召見言多納用時中書令石顯用事捐之數短顯師古曰談說其長短以故不得官後稀復見而長安令楊興新以材能得幸與捐之相善捐之欲得召見謂興曰京兆尹缺使我得見言君蘭張晏曰楊興字京兆尹可立得興曰縣官嘗言興瘉薛大夫張晏曰瘉勝也薛廣德爲御史大夫師古曰瘉與愈同我易助也君房下筆言語妙天下師古曰於天下最爲精妙耳使君房爲尚書令勝五鹿充宗遠甚捐之曰令我得代充宗君蘭爲京兆京兆郡國首尚書百官本天下眞大治士則不隔矣捐之前言平恩侯可爲將軍張晏曰許嘉也期思侯並可爲諸曹師古曰期思侯當是賁赫之後嗣也而表不載皆如言又薦謁者滿宣立爲冀州刺史言中謁者不宜受事宦者不宜入宗廟立止相薦之信不當如是乎師古曰冀相薦之效當如前所言諸士見納用○宋祁曰注文士字姚本作事興曰我復見言君房也捐之復短石顯興曰顯鼎貴如淳曰鼎音釘言方且欲貴矣師古曰方且是也讀如本字上信用之今欲進弟從我計師古曰弟但也且與合意即得入矣捐之即與興共爲薦顯奏曰竊見石顯本山東名族有禮義之家也持正六年未嘗有過明習於事敏而疾見出公門入私門師古曰言自公庭出即歸其家不妄交遊宜賜爵關內侯引其兄弟以爲諸曹又共爲薦興奏曰竊見長安令興幸得以知名數召見興事父母有曾氏之孝師古曰曾參也事師有顏閔之材師古曰顏回閔子騫榮名聞於四方明詔舉茂材列侯以爲首爲長安令吏民敬鄉師古曰鄉讀曰嚮道路皆稱能觀其下筆屬文則董仲舒進談動辭則東方生置之爭臣則汲直張晏曰汲黯方直故世謂之汲直用之介冑則冠軍侯施之治民則趙廣漢抱公絕私則尹翁歸與兼此六人而有之守道堅固執義不回師古曰回邪也臨大節而不可奪國之良臣也可試守京兆尹石顯聞知白之上迺下興捐之獄令皇后父陽平侯禁與顯共雜治奏興捐之懷詐僞以上語相風更相薦譽師古曰風讀曰諷更音工衡反欲得大位漏泄省中語罔上不道書曰讒說殄行震驚朕師師古曰虞書舜典之辭也言讒巧之說殄絕君子之行震驚我衆王制順非而澤不聽而誅師古曰禮記王制云行僞而堅言僞而辯學非而博順非而澤以疑衆殺謂人有堅爲辯言不以誠質學於非道雖博無用飾非文過辭語順澤不聽教命有如此者皆誅殺也○劉敞曰不聽而誅者即王制所云此四誅者不以聽耳何說不聽教命乎請論如法捐之竟坐棄市興減死罪一等髡鉗爲城旦成帝時至部刺史

贊曰詩稱戎狄是膺荊舒是懲師古曰魯頌閟宮之詩也膺當也懲創乂也言魯僖公與齊桓舉義兵北當戎狄南創荊蠻與羣舒以靖難久矣其爲諸夏患也漢興征伐胡越於是爲盛究觀淮南捐之主父嚴安之義深切著明師古曰究極也故備論其語世稱公孫弘排主父張湯陷嚴助石顯譖捐之察其行迹主父求欲鼎亨而得族嚴賈出入禁門招權利死皆其所也亦何排陷之恨哉

前漢書卷六十四下考證

嚴安傳○顧炎武曰鄧伯羔謂安自姓嚴然藝文志曰莊安一篇是安亦姓莊也志之稱莊安班氏所未及改也史記之稱嚴安後人所追改也

終軍傳大將軍秉鉞單于犇幕票騎抗旌昆邪右衽○臣名南按此對在元狩元年冬十月行幸雍祠五時獲白麟時也昆邪來降其事在二年秋終軍此時何以能預言耶當指元朔六年衛青率六將軍絕幕克獲而霍去病以票姚校尉立功封冠軍侯耳況去病至元狩三年始爲票騎將軍在元年何以預言票騎疑票騎抗旌二語後人所改竄而班氏誤承用也

王褒傳敢不略陳愚○文選愚字下有心字又虎嘯而冽風龍興而致雲文選作虎嘯而谷風冽龍興而致雲氣又獲稷契皐陶伊尹呂望下有之臣二字

賈捐之傳珠厓由是罷○臣名南按珠厓始爲郡在武帝元鼎六年至元帝初元三年而罷凡立郡六十五歲

前漢書卷六十五

漢　蘭　臺　令　史　班　固　撰

唐正議大夫行祕書少監琅邪縣開國子顏師古注

東方朔傳第三十五

東方朔字曼倩師古曰倩音千見反平原厭次人也師古曰高祖功臣表有厭次侯爰類是則厭次之名也其來久矣而說者乃云後漢始爲縣於此致疑斯未通也厭音一涉反又音一琰反武帝初即位徵天下舉方正賢良文學材力之士待以不次之位師古曰不拘常次言超擢之四方士多上書言得失自衒鬻者以千數師古曰衒行賣也鬻亦賣也衒音州縣之縣又音工縣反其不足采者輒報聞罷師古曰報云天子已聞其所上之書而罷之令歸朔初來上書曰臣朔少失父母長養兄嫂年十二學書三冬文史足用如淳曰貧子冬日乃得學書言文史之事足可用也○宋祁曰十二景本作十三十五學擊劍師古曰學劍遙擊而中之非斬刺也○劉敞曰擊劍今有此戲非遙擊也十六學詩書誦二十二萬言十九學孫吳兵法戰陣之具鉦鼓之教師古曰鉦鼓所以爲進退士衆之節也鉦音征亦誦二十二萬言凡臣朔固已誦四十四萬言又常服子路之言服虔曰無宿諾○劉敞曰子路之言可使有勇者劉敞曰既曰子路之言則無宿諾者非子路之言也臣朔年二十二長九尺三寸目若懸珠齒若編貝師古曰編次也音鞭勇若孟賁師古曰孟賁衞人古之勇士也尸子說云人謂孟賁生乎曰勇貴乎曰勇富乎曰勇三者人之所難而皆不足以易勇故能懾三軍服猛獸也捷若慶忌師古曰王子慶忌也射之矢滿把不能中駟馬追不能及也廉若鮑叔師古曰齊大夫也與管仲分財自取其少而說者乃妄解云鮑焦非也焦自介士耳信若尾生師古曰尾生古之信士與女子期於橋下待之不至遇水而死一曰即微生高也若此可以爲天子大臣矣臣朔昧死再拜以聞朔文辭不遜高自稱譽上偉之師古曰以爲大奇也令待詔公車師古曰公車令屬衞尉上書者所詣也奉祿薄未得省見師古曰不被省納不得見天子也奉音扶用反其下並同○宋祁曰一本改本作奉久之朔紿騶朱儒文穎曰朱儒之爲騶者也師古曰朱儒短人也騶本廄之御騶也後以爲騎謂之騶騎曰上以若曹無益於縣官師古曰若女也曹輩也耕田力作固不及人臨衆處官不能治民從軍擊虜不任兵事無益於國用徒索衣食如淳曰索盡也師古曰音先各反下云索長安米亦同也今欲盡殺若曹朱儒大恐啼泣○宋祁曰啼當刪王本作號朔教

曰上卽過叩頭請罪居有頃聞上過朱儒皆號泣頓首上問何爲對曰東方朔言上欲盡誅臣等上知朔多端召問朔何恐朱儒爲對曰臣朔生亦言死亦言朱儒長三尺餘奉一囊粟錢二百四十臣朔長九尺餘亦奉一囊粟錢二百四十朱儒飽欲死臣朔飢欲死臣言可用幸異其禮不可用罷之無令但索長安米上大笑因使待詔金馬門稍得親近上嘗使諸數家射覆 師古曰數家術數之家也於覆器之下而置諸物令闇射之故云射覆數音所具反覆音芳目反 置守宮盂下射之皆不能中 師古曰守宮蟲名也術家云以器養之食以丹砂滿七斤擣治萬杵以點女子體終身不滅若有房室之事則滅矣言可以防閑淫逸故謂之守宮也今俗呼爲辟宮辟亦禦扞之義耳盂食器也若盋而大今之所謂盋盂也盋音撥○劉攽曰守宮生屋壁如守宮然故名之何在防淫逸也一蟲之微何能食丹砂七斤人亦安肯捐七斤丹砂以餌一蟲也 朔自贊曰臣嘗受易請射之 師古曰贊進也 迺別著布卦而對曰 師古曰別分也音彼列反 臣以爲龍又無角謂之爲蛇又有足跂跂脈脈善緣壁是非守宮卽蜥蜴 師古曰跂跂行貌也脈脈視貌也爾雅云蠑螈蜥蜴蜥蜴蝘蜓蝘蜓守宮是則一類耳揚雄方言云其在澤中者謂之蜥蜴故朔曰是非守宮則蜥蜴也蜥音先歷反蜴音余赤反蠑音榮螈音原蝘音烏典反蜓音殄○劉敞曰守宮卽人家屋壁中蝘蜓俗呼爲蝎虎者是也此物唯在屋壁牕戶間夜亦出蓋用此得名耳術家之說安有此理師古乃信之何哉 宋祁曰角音盧谷反歐不童也 上曰善賜帛十匹復使射他物連中輒賜帛 師古曰中音竹仲反其下並同 時有幸倡郭舍人滑稽不窮 師古曰幸倡倡優之見幸遇者也滑音骨滑稽解在公孫弘傳 常侍左右曰朔狂幸中耳非至數也 師古曰至實也 臣願令朔復射朔中之臣榜百朔不能中臣賜帛 師古曰榜擊也音步行反 迺覆樹上寄生令朔射之朔曰是窶數也 蘇林曰窶音貧窶之窶數音數錢之數窶數四股鉤也○師古曰窶數戴器也以盆盛物戴於頭者則以窶數薦之今賣白團餅人所用者是也寄生者芝菌之類淋漉之日著樹而生形有周圜象窶數者今關中俗亦呼爲寄生非爲蔦之寄生寄生宮木宛童有枝葉者也故朔云著樹爲寄生盆下爲窶數明其常在盆下今讀書者不曉其意謂射覆之物覆在盆下輒改前覆守宮盂下爲盆字失之遠矣楊惲傳云鼠不容穴銜窶數也盆下之物有飲食氣故鼠銜之四股鉤非所銜也○宋祁曰數音藪景本作數 舍人曰果知朔不能中也朔曰生肉爲膾乾肉爲脯著樹爲寄生盆下爲窶數上令倡監榜舍人舍人不勝痛呼謈 服虔曰謈音暴鄧展曰呼音髐箭之髐謈音瓜瓝之瓝師古曰鄧音是也痛切而叫呼也與田蚡傳呼服音義皆同一曰鄧音近之謈自冤痛之聲也舍人榜痛乃呼云謈今人痛甚則稱阿謈音步高反是故朔遂韻而嘲之云口無毛聲謷謷也○劉攽曰若不緣寄生在盆下何得曰窶數前覆守宮自以盂此以盆何怪乎不然盂亦盆類朔故詭言之欲以誤郭舍人也又曰朔意蓋以寄生窶數皆是附著他物而得名故謂令在盆下之寄生爲窶數大物在盆下小物在盂下固可知也但不當改前盂字爲盆耳又不必一日之中用一盂覆射此諸物也頗說未通又以寄生爲芝菌形圜似窶數而云非寓木尤疎謬矣宋祁曰呼報當作呼服 朔笑之曰咄口無毛聲謷謷尻益高 鄧展曰咄音猶褒之貐也師古曰咄叱咄之聲也音丁骨反鄧說非也謷音敖 舍人恚曰朔擅詆欺天子從官當棄市 師古曰詆毀辱也音丁禮反 上問朔何故詆之對曰臣非敢詆之迺與爲隱耳 師古曰隱謂隱語也 上曰隱云何朔曰夫口無毛者狗竇也聲謷謷者鳥哺鷇也 韋昭曰凡鳥哺子而活者爲鷇生而自啄曰雛師古曰鷇音口豆反○劉攽曰狗竇文不全明少一字當云狗穴竇也緣兩穴相重遂誤兩 尻益高者鶴俛啄也 師古曰俛卽俯字也俯低也啄鳥觜也俛又音免啄音竹救反 舍人不服因曰臣願復問朔隱語不知亦當榜卽妄爲諧語曰 師古曰諧者和韻之言也 令壺齟老柏塗伊優亞狋吽牙何謂也 張晏曰齟音樝梨之樝應劭曰狋音銀師古曰齟音側加反又音壯加反塗音大加反優音一侯反亞音烏加反狋音五伊反吽音五侯反 朔曰令者命也壺者所以盛也 師古曰盛受物也音時政反 齟者齒不正也老者人所敬也柏者鬼之廷也 師古曰言鬼神尚幽闇故以松柏之樹爲廷府 塗者漸洳徑也 師古曰漸洳浸溼也漸音子廉反洳音人庶反 伊優亞者辭未定也狋吽牙者兩犬爭也舍人所問朔應聲輒對變詐鋒出莫能窮者左右大驚上以朔爲常侍郎遂得愛幸久之伏日 師古曰三伏之日也解在郊祀志 詔賜從官肉大官丞日晏不來 師古曰晏晚也 朔獨拔劍割肉謂其同官曰伏日當蚤歸 師古曰蚤古早字 請受賜卽懷肉去大官奏之朔入上曰昨賜肉不待詔以劍割肉而去之何也 ○劉攽曰而去之之何也之衍字 朔免冠謝上曰先生起自責也朔再拜曰朔來朔來受賜不待詔何無禮也拔劍割肉壹何壯也割之不多又何廉也歸遺細君又何仁也 師古曰細君朔妻之名一說細小也朔輒自比於諸侯謂其妻曰小君 上笑曰使先生自責迺反自譽復賜酒一石肉百斤歸遺細君初建元三年微行始出北至池陽西至黃山 晉灼曰宮名在槐里 南獵長楊東游宜春 師古曰宜春宮也在長安城東南說者乃以爲在鄠非也在鄠者自是宜春觀耳在長安城西豈得言東游也 微行常用飲酎已 師古曰酎酒新熟以祭宗廟也酎音紂解在景紀 八九月中與侍中常侍武騎及待詔隴西北地良家子能騎射者期諸殿門故有期門之號自此始微行以夜漏下十刻迺出常稱平陽侯 如淳曰平陽侯曹壽尚帝姊時見尊寵故稱之 旦明入山下騎射鹿豕狐兔手格熊羆馳騖禾稼稻秔之地 師古曰稻有芒之穀總稱也秔其不黏者也音庚 民皆號呼罵詈 師古曰呼音火故反 相聚會自言鄠杜令令往欲謁平陽侯諸騎欲擊鞭之令大怒使吏呵止獵者數騎見留迺示以乘輿物久之迺得去時夜出夕還後齎五日糧會朝長信宮 師古曰五日一朝長信宮故齎五日糧也長信太后之宮也 上大驩樂之是後南山下乃知微行數出也然尚迫於太后未敢遠出丞相御史知指 師古曰知指謂天子之意也 乃使右輔都尉徼循長楊以東 師古曰徼遶也循行視也戒備非常也徼音工釣反 右內史發小民共待會所 師古曰共讀曰供 後迺私置更衣 師古曰爲休息易衣之處亦置宮人○劉敞曰更衣休息處爾非必有宮人也史文自無之後傳田延年起至更衣然則貴賤同此名也 從宜曲以南十二所中休更衣 師古曰宜曲宮名在昆明池西 投宿諸宮 師古曰晝休夜則別宿於諸宮 長楊五柞倍陽宣曲尤幸 師古曰倍陽卽貰陽也其音同耳宮名在鄠縣也 於是上以爲道遠勞苦又爲百姓所患迺使太中大夫吾丘壽王與待詔能用算者二人舉籍阿城以南 師古曰舉計其數而爲簿籍也阿城本秦阿房宮也以其牆壁崇廣故俗呼爲阿城 盩厔以東宜春以西提封頃畝及其賈直 師古曰提封亦謂提舉四封之內總計其數也賈讀曰價 欲除以爲上林苑屬之南山 師古曰屬連也音之欲反 又詔中尉左右內史表屬縣草田欲以償鄠杜之民 師古曰時未爲京兆馮翊扶風故云中尉及左右內史也草田謂荒田未耕墾也 吾丘壽王奏事上大說稱善 師古曰說讀曰悅 時朔在傍進諫曰臣聞謙遊靜愨天表之應應之以福 師古曰愨謹也音口角反○宋祁曰遊當作遜 驕溢靡麗天表之應應之以異今陛下累郎臺恐其不高也 師古曰郎堂下周屋 弋獵之處恐其不廣也如天不爲變則三輔之地盡可以爲苑何必盩厔鄠杜乎 師古曰中尉及左右內史則爲三輔矣非必謂京兆馮翊扶風也學者疑此言爲後人所增斯未達也 奢侈越制天爲之變上林雖小臣尚以爲大也夫南山天下之阻也南有江淮北有河渭其地從汧隴以東商雒以西 服虔曰商與上雒二縣也師古曰汧汧水也隴隴坻也 厥壤肥饒漢興去三河之地止霸產以西都涇渭之南此所謂天下陸海之地 師古曰高平曰陸關中地高故稱陸耳海者萬物所出言關中山川物產饒富是以謂之陸海也 秦之所以虜西戎兼山東者也其山出玉石金銀銅鐵豫章檀柘異類之物不可勝原 師古曰原本也言說不能盡其根本 此百工所取給萬民所卬足也 師古曰卬音牛向反 又有秔稻梨栗桑麻竹箭之饒土宜薑芋水多䵷魚 師古曰芋草名其葉似藕荷而長不圓其根正白可食䵷卽蛙字也似蝦蟆而小長腳蓋人亦取食之 貧者得以人給家足無饑寒之憂故酆鎬之間號爲土膏其賈畝一金 師古曰賈讀曰價 今規以爲苑絕陂池水澤之利而取民膏腴之地上乏國家之用下奪農桑之業棄成功就敗事損耗五穀 師古曰耗減也音呼到反 是其不可一也且盛荊棘之林而長養麋鹿廣狐兔之苑大虎狼之虛 師古曰虛讀曰墟 又壞人冢墓發人室廬令幼弱懷土而思耆老泣涕而悲是其不可二也斥而營之垣而囿之 師古曰斥卻也 騎馳東西車騖南北 師古曰亂馳曰騖 又有深溝大渠夫一日之樂不足以危無隄之輿 蘇林曰隄限也輿乘輿也無限若言不訾也不敢斥天子故言輿也張晏曰一日之樂謂田獵也無隄之輿謂天子富貴無隄限也師古曰張說是也隄音丁奚反○劉敞曰不足以危不字當作亦隄猶防也言車輿馳騁不爲防慮必有顛墜之變 是其不可三也故務苑囿之大不恤農時非所以彊國富人也夫殷作九市之宮而諸侯畔 應劭曰紂於宮中設九市 靈王起章華之臺而楚民散 師古曰楚靈王作章華之臺納亡人以實之卒有乾谿之禍也章華臺在華容城也 秦興阿房之殿而天下亂糞土愚臣忘生觸死 師古曰忘其生而觸死罪也 逆盛意犯隆指罪當萬死不勝大願願陳泰階六符 孟康曰泰階三台也每台二星凡六星符六星之符驗也應劭曰黃帝泰階六符經曰泰階者天之三階也上階爲天子中階爲諸侯公卿大夫下階爲士庶人上階上星爲男主下星爲女主中階上星爲諸侯三公下星爲卿大夫下階上星爲元士下星爲庶人三階平則陰陽和風雨時社稷神祇咸獲其宜天下大安是爲太平三階不平則五神乏祀日有食之水潤不浸稼穡不成冬雷夏霜百姓不寧故治道傾天子行暴令好興甲兵修宮榭廣苑囿則上階爲之奄奄疏闊也以孝武皆有此事故朔爲陳之○宋祁曰奄奄當作奢奢 以觀天變不可不省是日因奏泰階之事上迺拜朔爲太中大夫給事中賜黃金百斤然遂起上林苑如壽王所奏云久之隆慮公主子昭平君 師古曰慮音廬 尚帝女夷安公主隆慮主病因以金千斤錢千萬爲昭平君豫贖死罪上許之隆慮主卒昭平君日驕醉殺主傅獄繫內官 服虔曰主傅主之官也如淳曰禮有傅姆說者又曰傅者老大夫也漢使中行說傅翁主也師古曰傅姆是也服說失之內官署名解在律歷志 以公主子廷尉上請請論 師古曰論決其罪也 左右人人爲言前又入贖陛下許之上曰吾弟老有是一子死以屬我 師古曰老乃有子言其晚孕育也屬音之欲反 於是爲之垂涕歎息良久曰法令者先帝所造也用弟故而誣先帝之法吾何面目入高廟乎又下負萬民迺可其奏哀不能自止左右盡悲朔前上壽曰臣聞聖王爲政賞不避仇讎誅不擇骨肉書曰不偏不黨王道蕩蕩 師古曰周書洪範之辭也蕩蕩平坦之貌 此二者五帝所重三王所難也陛下行之是以四海之內元元之民各得其所天下幸甚臣朔奉觴昧死再拜上萬歲壽上迺起入省中夕時召讓朔 師古曰讓責也○宋祁曰夕當作少 曰傳曰時然後言人不厭其言 師古曰論語稱孔子問公叔文子於公明賈曰信乎夫子不言不笑不取乎對曰夫子時然後言人不厭其言樂然後笑人不厭其笑義然後取人不厭其取 今先生上壽時乎 師古曰言所上壽豈謂時乎 朔免冠頓首曰臣聞樂太甚則陽溢哀太甚則陰損陰陽變則心氣動心氣動則精神散精神散而邪氣及銷憂者莫若酒臣朔所以上壽者明陛下正而不阿因以止哀也愚不知忌諱當死先是朔嘗醉入殿中小遺殿上 師古曰小遺者小便也○宋祁曰注文者下當添遺字 劾不敬有詔免爲庶人待詔宦者署因此對復爲中郎賜帛百匹初帝姑館陶公主號竇太主 如淳曰竇太后之女也故曰竇太主也 堂邑侯陳午尚之午死主寡居年五十餘矣近幸董偃始偃與母以賣珠爲事偃年十三隨母出入主家左右言其姣好 師古曰姣美麗也音狡 主召見曰吾爲母養之因留第中教書計相馬御射 師古曰計謂用算也 頗讀傳記至年十八而冠出則執轡入則侍內爲人溫柔愛人以主故諸公接之名稱城中號曰董君主因推令散財交士令中府曰 師古曰中府掌金帛之藏○宋祁曰之藏下姚本添者也 董君所發一日金滿百斤錢滿百萬帛滿千匹乃白之 師古曰言不滿此數者皆恣與之 安陵爰叔者爰盎兄子也與偃善謂偃曰足下私侍漢主挾不測之罪將欲安處乎 師古曰不測者言其深也安處何以自安處也一曰身挾大罪迺欲自安而居處者乎 偃懼曰憂之久矣不知所以 師古曰以用也不知用何計也 爰叔曰顧城廟遠無宿宮又有萩竹籍田 如淳曰其間雖有地皆有萩竹籍田無可作宿觀也師古曰如說非也萩卽楸字也言有楸樹及竹林可遊玩而籍田所在上又須射觀行事當有宿宮故宜獻此園○劉敞曰城改成 足下何不白主獻長門園 如淳曰竇

太主園在長門長門在長安城東南園可以爲宿館處所故獻之 此上所欲也如是上知計出於足下也則安枕而臥長無慘怛之憂久之不然上且請之於足下何如偃頓首曰敬奉教入言之主主立奏書獻之上大說 師古曰說讀曰悅 更名竇太主園爲長門宮主大喜使偃以黃金百斤爲爰叔壽叔因是爲董君畫求見上之策令主稱疾不朝上往臨疾問所欲主辭謝曰妾幸蒙陛下厚恩先帝遺德奉朝請之禮備臣妾之使 師古曰請音才姓反○宋祁曰使景本作儀 列爲公主賞賜邑入 師古曰賜別得賞賜又所食之邑入其租賦也 隆天重地死無以塞責 師古曰塞補也 一日卒有不勝洒掃之職 師古曰卒讀曰猝洒音信又音山豉反 先狗馬塡溝壑竊有所恨不勝大願願陛下時忘萬事養精游神從中掖庭回輿枉路臨妾山林 應劭曰公主園中有山林謙不敢稱第故託山林也服虔曰主所豫作冢陵故曰山林師古曰應說是也不當請帝臨其冢墓也 得獻觴上壽娛樂左右如是而死何恨之有上曰主何憂幸得愈恐羣臣從官多大爲主費上還有頃主疾愈起謁上以錢千萬從主飲後數日上臨山林主自執宰敝膝 師古曰爲宰者之服○劉攽曰執當作服 道入登階就坐坐未定上曰願謁主人翁主迺下殿去簪珥 師古曰珥珠玉飾耳者也音餌 徒跣頓首謝曰妾無狀 師古曰狀形貌也無狀猶言無顏面以見人也一曰自言所行醜惡無善狀 負陛下身當伏誅陛下不致之法頓首死罪有詔謝主簪履起之東箱自引董君 師古曰之往也 董君綠幘傅韝 應劭曰宰人服也韋昭曰韝形如射韝以蔽左右手於事便也師古曰綠幘賤人之服也傅著也韝即今之臂韝也傅讀曰附韝音工侯反 隨主前伏殿下主迺贊 師古曰贊進也傳謁辭 館陶公主胞人臣偃昧死再拜謁 師古曰胞與庖同 因叩頭謝上爲之起有詔賜衣冠上 師古曰上上坐○劉攽曰賜衣冠上上者上殿 偃起走就衣冠主自奉食進觴當是時董君見尊不名稱爲主人翁飲大驩樂主迺請賜將軍列侯從官金錢雜繒各有數於是董君貴寵天下莫不聞郡國狗馬蹵鞠劍客輻湊 師古曰蹵音千六反鞠音鉅六反解在藝文志 董氏常從游戲北宮馳逐平樂觀雞鞠之會角狗馬之足 師古曰角猶校也○劉攽曰董氏當屬上句 上大歡樂之於是上爲竇太主置酒宣室使謁者引內董君是時朔陛戟殿下 師古曰持戟立陛側 辟戟而前曰 師古曰辟音頻亦反 董偃有斬罪三安得入乎上曰何謂也朔曰偃以人臣私侍公主其罪一也敗男女之化而亂婚姻之禮傷王制其罪二也陛下富於春秋方積思於六經留神於王事馳騖於唐虞折節於三代偃不遵經勸學反以靡麗爲右奢侈爲務 師古曰右尊之也 盡狗馬之樂極耳目之欲行邪枉之道徑淫辟之路 師古曰徑由也辟讀曰僻 是乃國家之大賊人主之大蜮也 師古曰蜮魅也音或說者以爲短狐非也短狐射工耳於此不當其義今俗猶云魅蜮也○劉攽曰劉向說春秋蜮南方淫氣所生以應哀姜然則蜮正用指偃爾何必遽就魅蜮也宋祁曰姚本句末無也字 偃爲

淫首其罪三也昔伯姬燔而諸侯憚 應劭曰憚敬也敬其節也師古曰伯姬宋恭姬也遇火災待姆不出而死也 奈何乎陛下上默然不應良久曰吾業以設飲後而自改朔曰不可夫宣室者先帝之正處也非法度之政不得入焉故淫亂之漸其變爲篡是以豎貂爲淫而易牙作患 師古曰豎貂易牙皆齊桓公臣也管仲有病桓公往問之曰將何以教寡人管仲曰願君之遠易牙豎貂公曰易牙亨其子以快寡人尚可疑邪對曰人之情非不愛其子其子之忍又將何有於君公曰豎貂自宮以近寡人猶可疑邪對曰人之情非不愛其身也其身之忍又將何有於君公曰諾管仲死盡逐之而公食不甘宮不治居三年公曰仲父不亦過乎於是皆復召之明年公有病易牙豎貂相與作亂塞宮門築高牆不通人有一婦人踰垣入至公所公曰我欲食婦人曰吾無所得又曰我欲飲婦人曰吾無所得公曰何故對曰易牙豎貂相與作亂塞宮門築高牆不通人故無所得公慨然歎涕出曰嗟乎聖人所見豈不遠哉若死者有知我將何面目見仲父乎蒙衣袂而絕乎壽宮蟲流出於戶蓋以楊門之扉三月不葬 慶父死而魯國全 師古曰慶父魯桓公子莊公弟也莊公薨慶父殺莊公之子般閔公而欲作亂不克奔莒其後僖公立以賂求之于莒莒人歸之及密乃縊而死僖公乃定其位 管蔡誅而周室安上曰善有詔止更置酒北宮引董君從東司馬門東司馬門更名東交門 蘇林曰以偃從此門入交會於內故以名焉 賜朔黃金三十斤董君之寵由是日衰至年三十而終後數歲竇太主卒與董君會葬於霸陵是後公主貴人多踰禮制自董偃始時天下侈靡趨末 師古曰趨讀曰趣末謂工商之業 百姓多離農畝上從容問朔吾欲化民豈有道乎 師古曰從音千容反 朔對曰堯舜禹湯文武成康上古之事經歷數千載尚難言也臣不敢陳願近述孝文皇帝之時當世者老皆聞見之貴爲天子富有四海身衣弋綈 師古曰弋黑色也綈厚繒也音徒奚反 足履革舄 師古曰革生皮也不用柔韋言儉率也 以韋帶劍 師古曰但空用韋不加飾 莞蒲爲席 師古曰莞夫離也今謂之葱蒲以莞及蒲爲席亦尚質也莞音完又音官 兵木無刃 服虔曰兵器如木而無刃言不大治兵器也 衣縕無文 師古曰縕亂絮也言內有亂絮上無文綵也縕音於粉反 集上書囊以爲殿帷 師古曰集謂合聚也 以道德爲麗以仁義爲準 師古曰麗大也準平法也 於是天下望風成俗昭然化之今陛下以城中爲小圖起建章左鳳闕右神明 如淳曰闕名也師古曰鳳闕闕名神明臺名也 號稱千門萬戶木土衣綺繡狗馬被繢罽 師古曰繢五綵也罽織毛也即今氍毹之屬是也 宮人簪瑇瑁垂珠璣 師古曰瑇瑁文甲也璣珠之不圓者瑇音代瑁音妹璣音居依反又音鉅依反 設戲車教馳逐飾文采藂珍怪 師古曰藂古叢字也 撞萬石之鐘擊雷霆之鼓 師古曰言其聲震大也 作俳優舞鄭女上爲淫侈如此而欲使民獨不奢侈失農事之難者也 師古曰失農謂失農業也 陛下誠能用臣朔之計推甲乙之帳燔之於四通之衢 應劭曰帳多故以甲乙第之耳孟康曰西域傳贊云興造甲乙之帳絡以隨珠和璧天子襲翠被憑玉几而處其中也師古曰謂推而去之燔焚燒也 卻走馬示不復用 師古曰卻退也走馬善走之馬也 則堯舜之隆宜可與比治矣易曰正其本萬事理失之毫氂差以千里 師古曰今易無此文已解於上也 願陛下留意察之朔雖詼笑 師古曰詼謂嘲戲也詼笑謂發言可笑也詼音恢其下詼啁詼諧並同 然時觀察

顏色直言切諫上常用之自公卿在位朔皆敖弄無所爲屈 師古曰敖讀曰傲爲音于僞反 上以朔口諧辭給 師古曰給捷也 好作問之 師古曰故動作之而問以言辭也 嘗問朔曰先生視朕何如主也朔對曰自唐虞之隆成康之際未足以諭當世臣伏觀陛下功德陳五帝之上在三王之右 師古曰右亦高上也 非若此而已誠得天下賢士公卿在位咸得其人矣譬若以周邵爲丞相 師古曰周公邵公二人也 孔丘爲御史大夫 應劭曰御史大夫職典制度文章 太公爲將軍 師古曰太公呂望也知戰陳征伐之事故云爲將軍 畢公高拾遺於後 師古曰畢公高文王之子也爲周太師故云拾遺也 弁嚴子爲衞尉 師古曰以有勇 皋陶爲大理 師古曰以其作士士亦理官 后稷爲司農 師古曰主播種 伊尹爲少府 應劭曰伊尹善割亨少府官屬故令作之 子贛使外國 師古曰以其有辯說 顏閔爲博士 師古曰顏回閔子騫皆有德行也 子夏爲太常 師古曰以有文故爲太常也應劭曰子夏兩字總合爲夔解云夔知樂故可以爲太常此說非也○劉攽曰作夔字乃是 益爲右扶風 應劭曰益作舜虞掌山澤之官也諸苑多在右扶風故令作之 季路爲執金吾 師古曰以其有勇力 契爲鴻臚 應劭曰契作司徒敬敷五教是時諸侯王治民鴻臚主諸侯王也師古曰契讀與卨同字本作偰蓋後從省耳 龍逢爲宗正 師古曰關龍逢桀之臣也忠諫而死也以其直無所阿私 伯夷爲京兆 應劭曰帝曰伯夷汝作秩宗主郊廟京兆與太常同典齋祀故令爲之 管仲爲馮翊 應劭曰管仲定民之居寄軍令於內政終令匡霸故令爲馮翊也 魯般爲將作 師古曰以其巧也般與班同 仲山甫爲光祿 晉灼曰光祿主三大夫諫正之官取其柔亦不茹剛亦不吐 申伯爲太僕 應劭曰申伯周宣王之舅也太僕主大駕親御職又密近故用親親也 延陵季子爲水衡 應劭曰水衡主池苑季子吳人故使爲之師古曰季子即吳公子札 百里奚爲典屬國 應劭曰奚秦人近西戎曉其風俗故令爲之 柳下惠爲大長秋 師古曰惠魯大夫展禽也食采柳下謚曰惠以其貞潔故爲大長秋 史魚爲司直 師古曰史魚衞大夫史鰌也論語稱孔子曰直哉史魚邦有道如矢邦無道如矢 蘧伯玉爲太傅 如淳曰太傅傅人主使無過伯玉欲寡其過故令爲之師古曰蘧伯玉衞大夫也名瑗蘧音渠 孔父爲詹事 應劭曰孔父正色而立於朝則莫敢過而致難乎其君故爲詹事師古曰孔父宋大夫也父讀曰甫 孫叔敖爲諸侯相子產爲郡守 師古曰善治邦邑也 王慶忌爲期門 應劭曰以其勁捷可爲期門郎也師古曰王慶忌即王子慶忌也 夏育爲鼎官 或曰夏育衞人力舉千鈞鼎官今殿前舉鼎者也 羿爲旄頭 應劭曰羿善射故令爲旄頭今以羽林爲之髮正上向而長衣繡衣在乘輿車前師古曰羿音詣 宋萬爲式道侯 師古曰宋萬宋閔公臣亦有勇力也式表也表道之侯若今之武侯引駕人 上迺大笑是時朝廷多賢材上復問朔方今公孫丞相兒大夫 師古曰公孫弘及兒寬也兒音五奚反 董仲舒夏侯始昌司馬相如吾丘壽王主父偃朱買臣嚴助汲黯膠倉終軍嚴安徐樂司馬遷之倫皆辯知閎達溢于文辭 師古曰溢者言其有餘也 先生自視何與比哉 師古曰何與猶言何如也 朔對曰臣觀其臿齒牙樹頰胲 師古曰頰肉曰胲音改 吐脣吻擢項頤 師古曰頤下也音怡 結股腳連脽尻 師古曰脽臀也音誰 遺蛇其迹行步偊旅 師古曰遺蛇猶逶迤也偊旅曲躬貌也蛇音移偊音禹 臣朔雖不肖尚兼此數子者朔之進對澹辭皆此類也 師古曰澹古贍字也贍給也 武帝既招英俊程其器能用之如不

及 師古曰程謂量計之也如不及者恐失之也 時方外事胡越內興制度國家多事自公孫弘以下至司馬遷皆奉使方外或爲郡國守相至公卿而朔嘗至太中大夫後常爲郎與枚皋郭舍人俱在左右詼啁而已 師古曰啁與嘲同音竹交反 久之朔上書陳農戰彊國之計因自訟獨不得大官欲求試用其言專商鞅韓非之語也指意放蕩頗復詼諧辭數萬言終不見用朔因著論設客難已用位卑以自慰諭其辭曰客難東方朔曰蘇秦張儀一當萬乘之主而都卿相之位 如淳曰都居也 澤及後世今子大夫修先王之術慕聖人之義諷誦詩書百家之言不可勝數著於竹帛脣腐齒落服膺而不釋 師古曰服膺謂服其膺也釋廢置也○宋祁曰數當作記字而不下忝可字 好學樂道之效明白甚矣自以智能海內無雙則可謂博聞辯智矣然悉力盡忠以事聖帝曠日持久官不過侍郎位不過執戟意者尚有遺行邪 師古曰可遺之行言不盡善也 同胞之徒無所容居其故何也 蘇林曰胞音胞胎之胞也言親兄弟 東方先生喟然長息仰而應之曰是固非子之所能備也彼一時也此一時也豈可同哉夫蘇秦張儀之時周室大壞諸侯不朝力政爭權相禽以兵并爲十二國未有雌雄 師古曰十二國謂魯衞齊楚宋鄭魏燕趙中山秦韓也 得士者彊失士者亡故談說行焉 ○宋祁曰故談說行焉改作故說得行焉 身處尊位珍寶充內外有廩倉澤及後世子孫長享今則不然聖帝流德天下震慴諸侯賓服 師古曰慴恐也音之涉反 連四海之外以爲帶 師古曰言如帶之相連也 安於覆盂 師古曰言不可傾搖 動猶運之掌 師古曰言至易也 賢不肖何以異哉遵天之道順地之理物無不得其所故綏之則安動之則苦尊之則爲將卑之則爲虜抗之則在青雲之上抑之則在深泉之下 ○宋祁曰泉疑作淵 用之則爲虎不用則爲鼠雖欲盡節效情安知前後夫天地之大士民之衆竭精談說並進輻湊者不可勝數悉力慕之 宋祁曰慕當作募 困於衣食或失門戶 師古曰言不得所由入也一曰謂被誅戮喪其家室也 使蘇秦張儀與僕並生於今之世曾不得掌故安敢望常侍郎乎 ○宋祁曰常字當刪 故曰時異事異雖然安可以不務修身乎哉詩云鼓鐘于宮聲聞于外 師古曰小雅白華之詩也言苟有於中必形於外也 鶴鳴于九皋聲聞于天 師古曰小雅鶴鳴之詩也言處卑而聲徹其高遠 苟能修身何患不榮太公體行仁義七十有二迺設用於文武得信厥說 師古曰設施也信讀曰伸 封於齊七百歲而不絕此士所以日夜孳孳敏行而不敢怠也 師古曰孳與孜同敏勉也 辟若鶺鴒飛且鳴矣 師古曰鶺鴒雍渠小青雀也飛則鳴行則搖言其勤苦也辟讀曰譬鶺音脊鴒音零 傳曰天不爲人之惡寒而輟其冬 師古曰輟止也 地不爲人之惡險而輟其廣君子不爲小人之匈匈而易其行 師古曰匈匈讙議之聲 天有常度地有常形君子有常行君

子道其常小人計其功師古曰道由也詩云禮義之不愆何恤人之言師古曰愆過也恤憂也故曰水至清則無魚人至察則無徒師古曰徒衆也冕而前旒所以蔽明黈纊充耳所以塞聰如淳曰黈音工苟反謂以玉爲瑱用黈纊懸之也師古曰如說非也黈黃色也纊綿也以黃綿爲丸用組懸之於冕垂兩耳旁示不外聽非玉瑱之縣也明有所不見聰有所不聞舉大德赦小過無求備於一人之義也師古曰論語仲弓問政於孔子孔子曰赦小過舉賢才周公謂魯公曰故舊無大故則不棄也毋求備於一人故朔引此言也士有百行功過相除不可求備也枉而直之使自得之優而柔之使自求之揆而度之使自索之師古曰枉曲也索亦求也度音徒各反蓋聖人之教化如此欲自得之自得之則敏且廣矣師古曰敏疾也今世之處士魁然無徒廓然獨居師古曰魁讀曰塊上觀許由下察接輿計同范蠡忠合子胥師古曰許由堯讓以天下而恥聞之楚狂接輿陽狂匿跡范蠡佐句踐功成而退子胥忠諫至死不易天下和平與義相扶寡耦少徒固其宜也師古曰耦合也徒衆也子何疑於我哉若夫燕之用樂毅秦之任李斯酈食其之下齊說行如流曲從如環所欲必得功若丘山海內定國家安是遇其時也子又何怪之邪語曰以筦闚天以蠡測海服虔曰筦音管張晏曰蠡瓠瓢也師古曰筦古管字蠡音來奚反瓢音平遙反以莛撞鐘文穎曰謂槀莛也師古曰莛音徒丁反豈能通其條貫考其文理發其音聲哉師古曰考究也繇是觀之譬猶鼱鼩之襲狗服虔曰音蹤蚼如淳曰鼱鼩小鼠也音精劬孤豚之咋虎師古曰孤豚孤特之豚也咋嚙也音仕客反至則靡耳何功之有師古曰靡碎也耳語辭今以下愚而非處士雖欲勿困固不得已此適足以明其不知權變而終或於大道也又設非有先生之論其辭曰非有先生仕於吳進不稱往古以厲主意退不能揚君美以顯其功默然無言者三年矣吳王怪而問之曰寡人獲先人之功寄於衆賢之上夙興夜寐未嘗敢怠也今先生率然高舉遠集吳地師古曰率然猶颯然將以輔治寡人誠竊嘉之體不安席食不甘味目不視靡曼之色耳不聽鐘鼓之音虛心定志欲聞流議者三年于茲矣師古曰流末流也猶言餘論也今先生進無以輔治退不揚主譽竊不爲先生取之也蓋懷能而不見是不忠也見而不行主不明也師古曰見顯也意者寡人殆不明乎非有先生伏而唯唯師古曰唯唯恭應也音弋癸反吳王曰可以談矣寡人將竦意而覽焉師古曰竦企待也先生曰於戲師古曰於讀曰烏戲讀曰呼可乎哉可乎哉師古曰言不可談何容易師古曰不見寬容則事不易故曰何容易也易音弋豉反夫談有悖於目拂於耳謬於心而便於身者師古曰悖逆也拂違戾也悖音布內反拂音弗或有說於目順於耳快於心而毀於行者師古曰說讀曰悅非有明王聖主孰能聽之吳王曰何爲其然也中人已上可以語上也師古曰引論語載孔子之言中品之人則可與言上道也先生試言寡人將聽焉先生對曰昔者關龍逢深諫於桀而王子比干直言

於紂此二臣者皆極慮盡忠閔主澤不下流而萬民騷動師古曰閔病也故直言其失切諫其邪者將以爲君之榮除主之禍也今則不然反以爲誹謗君之行無人臣之禮師古曰不省其忠而被以此罪也果紛然傷於身蒙不辜之名師古曰蒙被也戮及先人爲天下笑故曰談何容易是以輔弼之臣瓦解而邪諂之人並進遂及蜚廉惡來革等蘇林曰二人皆紂時邪佞人也孟康曰蜚廉善走師古曰蜚古飛字二人皆詐僞巧言利口以進其身陰奉琱瑑刻鏤之好以納其心師古曰琱與彫同畫也瑑謂刻爲文也音篆務快耳目之欲以苟容爲度遂往不戒身沒被戮宗廟崩阤國家爲虛師古曰阤頹也音直氏反虛讀曰墟放戮賢聖親近讒夫詩不云乎讒人罔極交亂四國師古曰小雅青蠅之詩也解在戾太子傳此之謂也故卑身賤體說色微辭師古曰說讀曰悅愉愉呴呴終無益於主上之治師古曰愉愉顏色和也呴呴言語順也呴音許于反則志士仁人不忍爲也將儼然作矜嚴之色深言直諫上以拂主之邪下以損百姓之害師古曰拂與弼同損減也則忤於邪主之心歷於衰世之法師古曰忤逆也歷猶經離也故養壽命之士莫肯進也遂居深山之間積土爲室編蓬爲戶彈琴其中以咏先王之風亦可以樂而忘死矣是以伯夷叔齊避周餓于首陽之下後世稱其仁如是邪主之行固足畏也故曰談何容易於是吳王懼然易容師古曰懼然失守之貌也懼音居具反捐薦去几危坐而聽師古曰捐薦席而去馮几自貶損也先生曰接輿避世箕子被髮陽狂師古曰解在鄒陽傳此二人者皆避濁世以全其身者也使遇明王聖主得賜清燕之閒寬和之色師古曰閒讀曰閑閑暇也發憤畢誠師古曰畢盡也圖畫安危揆度得失師古曰圖謀畫計也○宋祁曰盡姚本作畫上以安主體下以便萬民則五帝三王之道可幾而見也師古曰幾庶幾故伊尹蒙恥辱負鼎俎和五味以干湯師古曰蒙冒也犯也太公釣於渭之陽以見文王心合意同謀無不成計無不從誠得其君也深念遠慮引義以正其身推恩以廣其下本仁祖義師古曰以仁爲本以義爲始褒有德祿賢能誅惡亂總遠方一統類美風俗此帝王所由昌也上不變天性下不奪人倫則天地和洽遠方懷之故號聖王臣子之職既加矣於是裂地定封爵爲公侯傳國子孫名顯後世民到于今稱之以遇湯與文王也太公伊尹以如此龍逢比干獨如彼豈不哀哉故曰談何容易於是吳王穆然張晏曰穆音默師古曰穆然靜思貌俛而深惟仰而泣下交頤曰嗟乎余國之不亡也緜緜連連殆哉世之不絕也師古曰殆危也於是正明堂之朝齊君臣之位舉賢材布德惠施仁義賞有功躬節儉減後宮之費捐車馬之用放鄭聲遠佞人師古曰遠離也音于萬反省庖廚去侈靡卑宮館壞苑囿填池塹以予貧民無產業者開內臧

振貧窮存耆老卹孤獨薄賦斂省刑辟行此三年海內晏然天下大洽陰陽和調萬物咸得其宜國無災害之變民無飢寒之色家給人足畜積有餘囹圄空虛師古曰畜讀曰蓄鳳皇來集麒麟在郊甘露既降朱草萌牙遠方異俗之人鄉風慕義師古曰鄉讀曰嚮各奉其職而來朝賀故治亂之道存亡之端若此易見而君人者莫肯爲也臣愚竊以爲過故詩云王國克生惟周之楨濟濟多士文王以寧師古曰大雅文王之詩也言文王之國生此多士爲周室楨幹之臣所以安寧也此之謂也朔之文辭此二篇最善其餘有封泰山責和氏璧及皇太子生禖屏風殿上柏柱平樂觀賦獵八言七言上下晉灼曰八言七言詩各有上下篇從公孫弘借車凡劉向所錄朔書具是矣師古曰劉向別錄所載世所傳他事皆非也師古曰謂如東方朔別傳及俗用五行時日之書皆非實事也

贊曰劉向言少時數問長老賢人通於事及朔時者師古曰與朔同時也皆曰朔口諧倡辯不能持論喜爲庸人誦說師古曰喜音許吏反爲音于僞反故今後世多傳聞者而揚雄亦以爲朔言不純師行不純德其流風遺書蔑如也師古曰言辭義淺薄不足稱也然朔名過實者以其詼達多端不名一行應諧似優不窮似智正諫似直穢德似隱非夷齊而是柳下惠戒其子以上容師古曰容身避害也首陽爲拙應劭曰伯夷叔齊不食周粟餓死首陽山柱下爲工應劭曰老子爲周柱下史朝隱終身無患是爲工也飽食安步以仕易農依隱玩世詭時不逢如淳曰依違朝隱樂玩其身於一世也反時直言正諫則與富貴不相逢也臣瓚曰行與時詭而不逢禍害也師古曰瓚說是也詭違也其滑稽之雄乎師古曰雄謂爲之長帥也朔之詼諧逢占射覆如淳曰逢占逢人所問而占之也師古曰此說非也逢占逆占事猶云逆刺也其事浮淺行於衆庶童兒牧豎莫不眩燿而後世好事者因取奇言怪語附著之朔故詳錄焉師古曰言此傳所以詳錄朔之辭語者爲俗人多以奇異妄附於朔故耳欲明傳所不記皆非其實也而今之爲漢書學者猶更取他書雜說假合東方朔之事以博異聞良可歎矣他皆類此著音直畧反○東方朔傳云一日卒有不勝酒埽之職師古注云卒讀曰猝酒音信又音山豉反檢諸本及前所校過并如此臣佖按許愼說文洒字解云音先禮反古又爲灑埽字其灑字解云汛也汛音信今校定此註合云洒音先禮反古文爲灑埽字灑汛也所蟹反汛音信蓋傳寫脫誤少一十七字多又音山豉反五字

前漢書卷六十五考證

東方朔傳朔應聲輒對變詐鏠出○鏠當作鋒

馳逐平樂觀○三輔黃圖曰上林苑中有平樂觀

前漢書卷六十六

漢　蘭臺令史班固撰

唐正議大夫行秘書少監琅邪縣開國子顏師古注

公孫劉車王楊蔡陳鄭列傳第三十六

公孫賀字子叔北地義渠人也賀祖父昆邪師古曰昆音戶門反景帝時爲隴西守以將軍擊吳楚有功封平曲侯著書十餘篇師古曰藝文志陰陽家有公孫渾邪十五篇是也賀少爲騎士從軍數有功自武帝爲太子時賀爲舍人及武帝即位遷至太僕賀夫人君孺衛皇后姊也賀由是有寵元光中爲輕車將軍軍馬邑後四歲出雲中後五歲以車騎將軍從大將軍青出有功封南窌侯臣瓚曰茂陵中書賀封南窌侯表亦作奅師古曰窌奅二字同耳音普教反後再以左將軍出定襄無功坐酎金失侯復以浮沮將軍出五原二千餘里無功師古曰沮音子閭反後八歲遂代石慶爲丞相封葛繹侯時朝廷多事督責大臣師古曰督謂察視也自公孫弘後丞相李蔡嚴青翟趙周三人比坐事死師古曰比頻也石慶雖以謹得終然數被譴初賀引拜爲丞相不受印綬頓首涕泣曰臣本邊鄙以鞍馬騎射爲官材誠不任宰相上與左右見賀悲哀感動下泣曰扶起丞相賀不肯起上迺起去賀不得已拜出左右門其故賀曰主上賢明臣不足以稱恐負重責從是殆矣師古曰殆危也賀子敬聲代賀爲太僕父子並居公卿位敬聲以皇后姊子驕奢不奉法征和中擅用北軍錢千九百萬發覺下獄是時詔捕陽陵朱安世不能得上求之急賀自請逐捕安世以贖敬聲罪上許之後果得安世安世者京師大俠也聞賀欲以贖子罪笑曰丞相禍及宗矣南山之竹不足受我辭斜谷之木不足爲我械師古曰斜谷名也其中多木械謂桎梏也言我欲告丞相事獄辭且多械繫方人故云然也斜音弋奢反安世遂從獄中上書告敬聲與陽石公主私通師古曰陽石公主武帝女及使人巫祭祠詛上且上甘泉當馳道埋偶人師古曰甘泉宮在北山故欲往皆言上也刻木爲人象人之形謂之偶人偶並也對也○劉攽曰使人巫多人字祝詛有惡言下有司案驗賀窮治所犯遂父子死獄中家族巫蠱之禍起自朱安世成於江充遂及公主皇后太子皆敗語在江充戾園傳師古曰武五子傳敘戾太子謚戾而置園邑故云戾園也

劉屈氂武帝庶兄中山靖王子也師古曰屈音丘勿反又音其勿反不知其始所以進征和二年春制詔御史故丞相賀倚舊故乘高埶而爲邪師古曰帝爲太子賀已爲舍人故云舊故興美田以利子弟賓客不顧元元無益邊穀如淳曰戍邊卒糧乏不能爲方計以益之也貨賂上流師古曰丞相貪冒受賂于下故使衆庶貨賄上流執事者也朕忍之久矣終不自革師古曰革改也迺以邊爲援如淳曰使內郡自作車耕者自轉所以餽邊饒邊所以行恩施爲已名援也或曰以胡爲援也使內郡自省作車服虔曰詐令內郡自省作車轉

輸也邊屯無事之時宜自治作車以給軍用師古曰令郡自省諸餘功用而作車也省音所領反又令耕者自轉以困農文穎曰自輸穀於邊煩擾畜者重馬傷耗武備衰減師古曰重謂懷孕者也言轉運之勞畜產疲困故使懷孕者爲之傷耗以減武備也耗音呼到反○宋祁曰故字下景本有反字下吏妄賦百姓流亡又詐爲詔書以姦傳朱安世師古曰傳逮捕也獄已正於理○劉攽曰獄合屬上句其以涿郡太守屈氂爲左丞相分丞相長史爲兩府以待天下遠方之選師古曰待得賢人當拜爲右丞相○宋祁曰長史下當添使字夫親親任賢周唐之道也以澎戶二千二百封左丞相爲澎侯服虔曰澎音彭晉灼曰東海縣其秋戾太子爲江充所譖殺充發兵入丞相府屈氂挺身逃亡其印綬師古曰挺引也獨引身而逃難故失印綬也是時上避暑在甘泉宮丞相長史乘疾置以聞師古曰置謂所置驛也上問丞相何爲對曰丞相祕之未敢發兵上怒曰事籍籍如此何謂祕也師古曰籍籍猶紛紛也丞相無周公之風矣周公不誅管蔡乎乃賜丞相璽書曰捕斬反者自有賞罰以牛車爲櫓師古曰櫓楯也遠與敵戰故以車爲櫓用自蔽也一說櫓望敵之樓也毋接短兵多殺傷士衆師古曰用短兵則士衆多死傷堅閉城門毋令反者得出太子既誅充發兵宣言帝在甘泉病困疑有變姦臣欲作亂上於是從甘泉來幸城西建章宮詔發三輔近縣兵部中二千石以下丞相兼將太子亦遣使者撟制師古曰撟與矯同其字從手撟制託稱詔命也赦長安中都官囚徒師古曰京師諸官府發武庫兵命少傅石德及賓客張光等分將使長安囚如侯持節發長水及宣曲胡騎師古曰長水校名宣曲宮也並胡騎所屯今鄠縣東長水鄉即舊營校之地○宋祁曰持節發下別本有兵字皆以裝會侍郎莽通使長安因追捕如侯告胡人曰節有詐勿聽也○劉敞曰以當作已遂斬如侯引騎入長安又發輯濯士以予大鴻臚商丘成師古曰輯濯士主用輯及濯行船者也短曰輯長曰濯輯音集字本從木其音同耳濯字本亦作櫂並音直孝反初漢節純赤以太子持赤節故更爲黃旄加上以相別太子召監北軍使者任安發北軍兵安受節已閉軍門不肯應太子太子引兵去毆四市人師古曰毆與驅同凡數萬衆至長樂西闕下逢丞相軍合戰五日死者數萬人血流入溝中師古曰溝街衢之旁通水者丞相附兵浸多師古曰浸漸也太子軍敗南犇覆盎城門得出師古曰長安城南出東頭第一門曰覆盎城門一號杜門會夜司直田仁部閉城門坐令太子得出丞相欲斬仁御史大夫暴勝之謂丞相曰司直吏二千石當先請奈何擅斬之丞相釋仁師古曰釋放也上聞而大怒下吏責問御史大夫曰司直縱反者丞相斬之法也大夫何以擅止之勝之惶恐自殺及北軍使者任安坐受太子節懷二心司直田仁縱太子皆要斬上曰侍郎莽通獲反將如侯長安男子景建從通獲少傅石德可謂元功矣大鴻臚商丘成力戰獲反將張光其封通爲重合侯建爲德侯成爲秺侯孟康曰秺音妒在濟陰成武有亭諸太子賓客嘗出入宮門皆坐誅其隨太子發兵以反法族吏士劫略者皆徙敦煌郡師古曰非其本心然被太子劫略故徙之也以太子在外始置屯兵長安諸城門後二十餘日太子得於湖語在太子傳師古曰湖縣名其明年貳師將軍李廣利將兵出擊匈奴丞相爲祖道送至渭橋師古曰祖者送行之祭因設宴飲焉與廣利辭決廣利曰願君侯早請昌邑王爲太子如淳曰漢儀注列侯爲丞相稱君侯師古曰楊惲傳丘常謂惲爲君侯是則通呼列侯之尊稱耳非必在於丞相也如氏之說不爲通矣如立爲帝君侯長何憂乎師古曰如若也屈氂許諾昌邑王者貳師將軍女弟李夫人子也貳師女爲屈氂子妻故共欲立焉是時治巫蠱獄急內者令郭穰告丞相夫人以丞相數有譴使巫祠社祝詛主上有惡言及與貳師共禱祠欲令昌邑王爲帝有司奏請按驗罪至大逆不道有詔載屈氂廚車以徇師古曰廚車載食之車也徇行示也要斬東市妻子梟首華陽街貳師將軍妻子亦收貳師聞之降匈奴宗族遂滅

車千秋本姓田氏其先齊諸田徙長陵師古曰劉敬所言徙關東大族者也千秋爲高寢郎師古曰高廟衛寢之郎會衛太子爲江充所譖敗久之千秋上急變訟太子冤師古曰所告非常故云急變也曰子弄父兵罪當笞天子之子過誤殺人當何罪哉臣嘗夢見一白頭翁教臣言是時上頗知太子惶恐無他意迺大感寤召見千秋至前千秋長八尺餘體貌甚麗武帝見而說之師古曰說讀曰悅謂曰父子之閒人所難言也公獨明其不然此高廟神靈使公教我公當遂爲吾輔佐立拜千秋爲大鴻臚師古曰當其立見而即拜之言不移時也數月遂代劉屈氂爲丞相封富民侯千秋無他材能術學又無伐閱功勞師古曰伐積功也閱經歷也特以一言寤意旬月取宰相封侯世未嘗有也後漢使者至匈奴單于問曰聞漢新拜丞相何用得之師古曰言此人何以得爲相也使者曰以上書言事故單于曰苟如是漢置丞相非用賢也妄一男子上書即得之矣使者還道單于語武帝以爲辱命欲下之吏良久迺貰之師古曰貰寬緩也謂釋放之也其下亦同然千秋爲人敦厚有智居位自稱踰於前後數公師古曰言稱其職也初千秋始視事見上連年治太子獄誅罰尤多羣下恐懼思欲寬廣上意尉安衆庶師古曰尉安之字本無心也是以漢書往往存古體字焉○宋祁曰當刪字字迺與御史中二千石共上壽頌德美勸上施恩惠緩刑罰玩聽音樂養志和神爲天下自虞樂師古曰虞與娛同上報曰朕之不德自左丞相與貳師陰謀逆亂巫蠱之禍流及士大夫師古曰謂與太子戰死者也○劉攽曰既云自左丞相流及士大夫則不及太子時人也朕日一食者累月迺何樂之聽痛士大夫常在心既事不咎師古曰言既往之事不可追咎雖然巫蠱始發詔丞相御史督二千石求捕師古曰督察視也廷尉治未聞九卿廷尉有所鞫也師古曰鞫窮問也曩者江充先治甘泉宮人轉至未央椒房師古曰椒房殿名皇后所居也以椒和泥塗壁取其溫而芳也以及敬聲之疇李禹之屬謀入匈奴有司無所發令丞相親掘蘭臺蠱驗所明知也至今餘巫頗脫不止師古曰往往尚爲蠱也陰賊侵身遠近爲蠱朕媿之甚何壽之有敬不舉君之觴謹謝丞相二千石各就館師古曰謝告也館官舍也書曰毋偏毋黨王道蕩蕩師古曰周書洪範之詞也毋有復言師古曰不許其更請後歲餘武帝疾立皇子鉤弋夫人男爲太子師古曰鉤弋宮名也昭帝母趙婕妤居之故號鉤弋夫人也拜大將軍霍光車騎將軍金日磾御史大夫桑弘羊及丞相千秋並受遺詔輔道少主師古曰道讀曰導武帝崩昭帝初即位未任聽政師古曰年幼故未堪聽政○宋祁曰正文未任王本作未堪政事壹決大將軍光千秋居丞相位謹厚有重德每公卿朝會光謂千秋曰始與君侯俱受先帝遺詔今光治內君侯治外宜有以教督使光毋負天下師古曰督視也千秋曰唯將軍留意即天下幸甚終不肯有所言光以此重之每有吉祥嘉應數褒賞丞相訖昭帝世國家少事百姓稍益充實始元六年詔郡國舉賢良文學士問以民所疾苦於是鹽鐵之議起焉師古曰議罷鹽鐵之官令百姓皆得煮鹽鑄鐵因總論政治得失也千秋爲相十二年薨謚曰定侯初千秋年老上優之朝見得乘小車入宮殿中故因號曰車丞相子順嗣侯官至雲中太守宣帝時以虎牙將軍擊匈奴坐盜增鹵獲自殺國除桑弘羊爲御史大夫八年自以爲國家興權筦之利師古曰權謂專其利使入官也筦即管字也義與幹同皆謂主也權解在昭紀○宋祁曰權從木俗從才者非伐其功師古曰自矜其功也欲爲子弟得官怨望霍光與上官桀謀反遂誅滅

王訢濟南人也師古曰訢字與欣同以郡縣吏積功稍遷爲被陽令孟康曰故千乘縣也被音罷師古曰音皮彼反武帝末軍旅數發郡國盜賊羣起繡衣御史暴勝之使持斧逐捕盜賊以軍興從事誅二千石以下勝之過被陽欲斬訢訢已解衣伏質師古曰質鑕也欲斬人者伏於鑕上也鑕音竹林反仰言曰使君顓殺生之柄威震郡國師古曰爲使者故謂之使君音所吏反顓與專同今復斬一訢不足以增威不如時有所寬以明恩貸令盡死力師古曰貸猶假也言饒假之貸音土戴反勝之壯其言貰不誅因與訢相結厚勝之使還薦訢徵爲右輔都尉守右扶風上數出幸安定北地過扶風宮館馳道脩治供張辦師古曰供音居用反張音竹亮反武帝嘉之駐車拜訢爲真視事十餘年昭帝時爲御史大夫代車千秋爲丞相封宜春侯明年薨謚曰敬侯子譚嗣以列侯與謀廢昌邑王立宣帝師古曰與讀曰豫益封三百戶薨子咸嗣王莽妻即咸女莽篡位宜春氏以外戚寵張晏曰莽諱取同姓故氏侯邑也師古曰此說非也若云王氏則與莽族相涉故以侯號稱之耳莽本以與譚得姓不同祖系各別故爲婚娶既非私竊不須避諱亦不可掩也○宋祁曰掩一作卞自訢傳國至玄孫莽敗迺絕

楊敞華陰人也給事大將軍莫府爲軍司馬霍光愛厚之稍遷至大司農元鳳中稻田使者燕蒼知上官桀等反謀以告敞敞素謹畏事不敢言迺移病臥師古曰移病謂移書言病一日以病而移居也以告諫大夫杜延年延年以聞蒼延年皆封敞以九卿不輒言故不得侯師古曰聞之不即告言也後遷御史大夫代王訢爲丞相封安平侯明年昭帝崩昌邑王徵即位淫亂大將軍光與車騎將軍張安世謀欲廢王更立議既定使大司農田延年報敞敞驚懼不知所言汗出洽背徒唯唯而已師古曰唯唯恭應之辭也音弋癸反延年起至更衣師古曰古者延賓必有更衣之處也敞夫人遽從東箱師古曰遽速也謂敞曰此國大事今大將軍議已定使九卿來報君侯君侯不疾應與大將軍同心猶與無決師古曰與讀曰豫先事誅矣延年從更衣還敞夫人與延年參語許諾師古曰三人共言故云參語請奉大將軍教令遂共廢昌邑王立宣帝宣帝即位月餘敞薨謚曰敬侯子忠嗣以敞居位定策安宗廟益封三千五百戶忠弟惲

惲字子幼師古曰惲音於粉反以忠任爲郎補常侍騎師古曰爲騎郎而常侍故謂之常侍騎也惲母司馬遷女也惲始讀外祖太史公記頗爲春秋以材能稱好交英俊諸儒名顯朝廷擢爲左曹霍氏謀反惲先聞知因侍中金安上以聞召見言狀霍氏伏誅惲等五人皆封惲爲平通侯遷中郎將郎官故事令郎出錢市財用給文書迺得出名曰山郎張晏曰山郎財用之所出故取名焉移病盡一日輒償一沐晉灼曰五日一洗沐也師古曰言出財用者雖非休沐常得在外也貧者實病皆以沐假償之也或至歲餘不得沐其豪富郎日出游戲或行錢得善部師古曰郎官之職各有主部故行錢財而擇其善以招權也貨賂流行傳相放效師古曰放音甫往反惲爲中郎將罷山郎移長度大司農以給財用應劭曰長久也一歲之調度也蘇林曰簿書給繇之長也師古曰應說是也言總計一歲所須財用及文書之調度而移大司農以官錢供給之更不取於郎也○宋祁曰簿書給繇之長也別本給作餘無繇字其疾病休謁洗沐皆以法令從事郎謁者有罪過輒奏免薦舉其高第有行能者至郡守九卿郎官化之莫不自厲絕請謁貨賂之端令行禁止宮殿之內翕然同聲由是擢爲諸吏光祿勳親近用事初惲受父財五百萬及身封侯皆以分宗族後母無子財亦數百萬死皆予惲惲盡復分後母昆弟再受訾千餘萬皆以分施其輕財好義如此惲居殿中廉絜無私郎官稱公平然惲伐其行治師古曰自矜其節行及政治之能也又性

刻害好發人陰伏同位有忤己者必欲害之以其能高人由是多怨於朝廷與太僕戴長樂相失卒以是敗師古曰卒終也長樂者宣帝在民間時與相知及即位拔擢親近長樂嘗使行事肄宗廟服虔曰兼行天子事先肄習威儀也師古曰肄音弋二反還謂掾史曰我親面見受詔副帝肄秺侯御師古曰我副帝肄而秺侯爲御耳御謂御車也秺音丁故反人有上書告長樂非所宜言事下廷尉長樂疑惲教人告之亦上書告惲罪高昌侯車犇入北掖門師古曰犇古奔字也惲語富平侯張延壽曰聞前有犇車抵殿門師古曰抵觸也音丁禮反門關折馬死而昭帝崩今復如此天時非人力也左馮翊韓延壽有罪下獄惲上書訟延壽郎中丘常謂惲曰聞君侯訟韓馮翊當得活乎惲曰事何容易脛脛者未必全也師古曰脛直貌也我不能自保師古曰言我尚不能自保訟人何以得活眞人所謂鼠不容穴銜窶數者也李奇曰眞人正人也如淳曰所以不容穴坐銜窶數自妨故不得入穴也師古曰窶數戴器也窶音其羽反數音山羽反解在東方朔傳惲自云今之訟人亦於己有妨○宋祁曰正文數者也多也字又中書謁者令宣持單于使者語視諸將軍中朝二千石師古曰謂譯者所錄也視讀曰示惲曰冒頓單于得漢美食好物謂之殠惡單于不來明甚師古曰時使者云單于欲求朝故惲云不來惲上觀西閣上畫人指桀紂畫謂樂昌侯王武曰天子過此一二問其過可以得師矣師古曰過此謂經過此也問其過謂桀紂之過惡畫人有堯舜禹湯不稱而舉桀紂惲聞匈奴降者道單于見殺惲曰得不肖君大臣爲畫善計不用自令身無處所師古曰無處所謂死滅也若秦時但任小臣誅殺忠良竟以滅亡令親任大臣即至今耳師古曰言國祚長遠可以至今猶不亡也古與今如一丘之貉師古曰言其同類也貉獸名似狐而善睡音胡各反惲妄引亡國以誹謗當世無人臣禮又語長樂曰正月以來天陰不雨此春秋所記夏侯君所言也張晏曰夏侯勝謂昌邑王曰天久陰不雨臣下必有謀上者春秋無久陰不雨之異也漢史記勝所言故曰春秋所記謂說春秋災異者耳師古曰春秋有不雨事說者因論久陰附著之也張晏謂漢史爲春秋失之矣行必不至河東矣張晏曰后土祠在河東天子歲祠之以主上爲戲語尤悖逆絕理事下廷尉廷尉定國考問左驗明白師古曰定國于定國也左謂左證也言當時在其左右見此事者也奏惲不服罪而召戶將尊蘇林曰直主門戶者也師古曰戶將官名主戶衛屬光祿也欲令戒飭富平侯延壽師古曰飭與敕同富平侯張延壽也曰太僕定有死罪數事朝暮人也師古曰言不久活也惲幸與富平侯婚姻今獨三人坐語侯言時不聞惲語自與太僕相觸也師古曰令延壽證云惲無此語長樂誣之也尊曰不可惲怒持大刀曰蒙富平侯力得族罪師古曰惲言富平侯太僕言而證之則我得罪至於族滅深怨之辭也毋泄惲語令太僕聞之亂餘事文穎曰勿使太僕聞惲此語師古曰亂餘事者恐長樂心忿更加增其餘罪狀也惲幸得列九卿諸吏宿衛近臣上所信任與聞政事師古曰與讀曰豫不竭忠愛盡臣子義而妄怨望稱引爲訞惡言師古曰訞與妖同大逆不道請逮捕治上不忍加誅有詔皆免惲長樂爲庶人惲既失爵位家居治產業起室宅以財自娛歲餘其友人安定太守西河孫會宗知略士也與惲書諫戒之爲言大臣廢退當闔門惶懼爲可憐之意師古曰闔閉也不當治產業通賓客有稱譽惲宰相子少顯朝廷一朝以晻昧語言見廢師古曰晻與闇同內懷不服報會宗書曰惲材朽行穢文質無所底師古曰底致也音之履反幸賴先人餘業得備宿衛遭遇時變以獲爵位終非其任卒與禍會師古曰卒亦終也足下哀其愚蒙賜書教督以所不及師古曰蒙蔽也督視也殷勤甚厚然竊恨足下不深惟其終始師古曰惟思也而猥隨俗之毀譽也師古曰猥曲也言鄙陋之愚心若逆指而文過師古曰逆足下之意指而自文飾其過默而息乎恐違孔氏各言爾志之義師古曰論語云顏淵季路侍子曰盍各言爾志故惲引之○宋祁曰息乎疑作自守之義疑作之善故敢略陳其愚唯君子察焉惲家方隆盛時乘朱輪者十人位在列卿爵爲通侯總領從官與聞政事師古曰與讀曰豫曾不能以此時有所建明以宣德化又不能與羣僚同心并力陪輔朝廷之遺忘已負竊位素餐之責久矣師古曰素空也不稱其職空食祿也懷祿貪勢不能自退遭遇變故橫被口語師古曰橫音胡孟反身幽北闕妻子滿獄當此之時自以夷滅不足以塞責師古曰塞補也豈意得全首領復奉先人之丘墓乎伏惟聖主之恩不可勝量君子游道樂以忘憂小人全軀說以忘罪師古曰說讀曰悅竊自思念過已大矣行已虧矣長爲農夫以沒世矣是故身率妻子戮力耕桑灌園治產以給公上師古曰充縣官之賦斂也不意當復用此爲譏議也夫人情所不能止者聖人弗禁故君父至尊親師古曰父至親君至尊送其終也有時而既張晏曰喪不過三年臣見放逐降居三月復初師古曰既已也○劉敞曰惲但云送終三年本不及放逐三月也臣之得罪已三年矣田家作苦歲時伏臘亨羊炰羔斗酒自勞師古曰炰毛炙肉也即今所謂爊也炰音步交反爊音一高反勞音來到反家本秦也能爲秦聲婦趙女也雅善鼓瑟奴婢歌者數人酒後耳熱仰天拊缶應劭曰缶瓦器也秦人擊之以節歌師古曰缶即今之盆類也而呼烏烏師古曰李斯上書云擊甕叩缶彈箏搏髀而呼烏烏快耳者眞秦聲也是關中舊有此曲也其詩曰田彼南山蕪穢不治種一頃豆落而爲萁人生行樂耳須富貴何時張晏曰山高而在陽人君之象也蕪穢不治言朝廷之荒亂也一頃百畝以喻百官也言豆者貞實之物當在囷倉零落在野喻己見放棄也萁曲而不直言朝臣皆諂諛也師古曰萁豆莖也音基須待也是日也拂衣而喜奮褎低卬師古曰褎古袖字頓足起舞誠淫荒無度不知其不可也師古曰自謂爲可也惲幸有餘祿方糴賤販貴逐什一之利此賈豎之事汙辱之處惲親行之下流之人眾毀所歸不寒而栗師古曰栗竦縮也雖雅知惲者猶隨風而靡師古曰言逐眾議皆相毀也尚何稱譽之有董生不云乎明明求仁義常恐不能化民者卿大夫之意也○宋祁曰卿字當刪明明求財利常恐困乏者庶人之事也師古曰引董仲舒之辭也仲舒傳作皇皇也故道不同不相爲謀師古曰論語載孔子之辭惲又引之爲音于僞反今子尚安得以卿大夫之制而責僕哉夫西河魏土文侯所興有段干木田子方之遺風應劭曰段干木田子方魏賢人也漂然皆有節槩知去就之分師古曰漂然高遠意槩度量也漂音匹遙反槩音工代反分音扶問反項者足下離舊土臨安定安定山谷之間昆戎舊壤文穎曰昆夷之地也子弟貪鄙豈習俗之移人哉於今迺睹子之志矣師古曰言豈隨安定貪鄙之俗而易其操乎平生謂子爲達道今乃見子之志與我不同者也方當盛漢之隆願勉旃毋多談師古曰旃之也言子當自勉勵以立功名不須多與我言也又惲兄子安平侯譚爲典屬國謂惲曰西河太守建平杜侯師古曰杜延年前以罪過出今徵爲御史大夫侯罪薄又有功且復用惲曰有功何益縣官不足爲盡力惲素與蓋寬饒韓延壽善譚即曰縣官實然蓋司隸韓馮翊皆盡力吏也俱坐事誅會有日食變騶馬猥佐成上書告惲如淳曰騶馬以給騶使乘之佐主騶馬吏也有吏有佐名成者驕奢不悔過日食之咎此人所致章下廷尉按驗得所予會宗書宣帝見而惡之廷尉當惲大逆無道師古曰當謂處斷其罪要斬妻子徙酒泉郡譚坐不諫正惲與相應有怨望語免爲庶人召拜成爲郎諸在位與惲厚善者未央衛尉韋玄成京兆尹張敞及孫會宗等皆免官

蔡義河內溫人也以明經給事大將軍莫府家貧常步行資禮不逮眾門下好事者相合師古曰言眾斂錢物爲義買犢車令乘之數歲遷補覆盎城門候師古曰門候主候時而開閉也久之詔求能爲韓詩者徵義待詔久不進見義上疏曰臣山東草萊之人行能亡所比容貌不及眾然而不棄人倫者竊以聞道於先師自託於經術也願賜清閒之燕師古曰燕安息也閒讀曰閑得盡精思於前上召見義說詩甚說之師古曰下說讀曰悅擢爲光祿大夫給事中進授昭帝數歲拜爲少府遷御史大夫代楊敞爲丞相封陽平侯又以定策安宗廟益封加賜黃金二百斤義爲丞相時年八十餘短小無須眉貌似老嫗行步俛僂師古曰俛即俯字也僂曲背也僂音力主反○劉敞曰俛讀如本字自可常兩吏扶夾迺能行時大將軍光秉政議者或言光置宰相不選賢苟用可顓制者師古曰顓與專同其後類此光聞之謂侍中左右及官屬曰以爲人主師當爲宰相何謂云云師古曰云云眾語譏有不選賢之言也此語不可使天下聞也義爲相四歲薨諡曰節侯無子國除

陳萬年字幼公沛郡相人也爲郡吏察舉至縣令遷廣陵太守師古曰屢被察廉及舉薦故得遷也○宋祁曰遷也改作遷之以高第入爲右扶風遷太僕萬年廉平內行修然善事人賂遺外戚許史傾家自盡尤事樂陵侯史高丞相丙吉病中二千石上謁問疾師古曰上謁若今通名也遣家丞出謝謝已皆去萬年獨留昏夜迺歸及吉病甚上自臨問以大臣行能吉薦于定國杜延年及萬年萬年竟代定國爲御史大夫八歲病卒子咸字子康年十八以萬年任爲郎有異材抗直數言事刺譏近臣書數十上遷爲左曹萬年嘗病召咸教戒於牀下語至夜半咸睡頭觸屏風萬年大怒欲杖之曰乃公教戒汝汝反睡不聽吾言何也咸叩頭謝曰具曉所言大要教咸讇也師古曰大要大歸也讇古諂字也萬年迺不復言萬年死後元帝擢咸爲御史中丞總領州郡奏事課第諸刺史內執法殿中公卿以下皆敬憚之是時中書令石顯用事顓權咸頗言顯短顯等恨之時槐里令朱雲殘酷殺不辜有司舉奏未下師古曰天子未下其章也咸素善雲雲從刺候教令上書自訟晉灼曰雲從咸刺探伺候事之輕重咸因教令上書於是石顯微伺知之白奏咸漏泄省中語下獄掠治師古曰掠笞擊也音力向反減死髡爲城旦因廢成帝初即位大將軍王鳳以咸前指言石顯有忠直節奏請咸補長史遷冀州刺史奉使稱意徵爲諫大夫復出爲楚內史北海東郡太守坐爲京兆尹王章所薦章誅咸免官起家復爲南陽太守所居以殺伐立威豪猾吏及大姓犯法輒論輸府師古曰府謂郡之府○宋祁曰輸府下當添下字以律程作司空師古曰司空主作役之官爲地臼木杵舂不中程或私解脫鉗鈦衣服不如法師古曰鉗在頸鈦在足皆以鐵爲之鉗音其炎反鈦音弟輒加罪笞督作劇不勝痛師古曰作程劇苦又被督察笞罰故多不勝痛也自絞死者歲數百千人久者蟲出腐爛家不得收其治放嚴延年其廉不如所居調發屬縣所出食物以自奉養師古曰調音徒釣反奢侈玉食師古曰玉食美食如玉也然操持掾史師古曰操執也音千高反郡中長吏皆令閉門自斂不得踰法公移勑書曰師古曰公然移書以約勑也即各欲求索自快是一郡百太守也何得然哉下吏畏之豪彊執服師古曰執讀曰慹音之涉反令行禁止然亦以此見廢咸三公子少顯名於朝廷而薛宣朱博翟方進孔光等仕宦絕在咸後皆以廉儉先至公卿而咸滯於郡守時車騎將軍王音輔政信用陳湯咸數賂遺湯予書曰即蒙子公力得入帝城死不恨師古曰子公湯之字後竟徵入爲少府少府多寶物屬官咸皆鉤校發其姦臧師古曰鉤音工侯反沒入辜榷財物師古曰辜罪也榷專固也官屬及諸中宮黃門鉤盾掖庭官吏舉奏按論畏咸皆失氣爲少府三歲與翟方進有隙方進爲丞相奏咸前爲郡守所在殘酷毒螫加於吏民主守盜受所監如淳曰律主守而盜直十金弃市師古曰受所監法解在景帝紀螫式亦反而官媚邪臣陳湯以求薦舉苟得無恥不宜處位咸坐免

頃之紅陽侯立舉咸方正爲光祿大夫給事中方進復奏免之後數年立有罪就國方進奏歸咸故郡以憂死

鄭弘字穉卿泰山剛人也 師古曰穉古稚字 兄昌字次卿亦好學皆明經通法律政事次卿爲太原涿郡太守弘爲南陽太守皆著治迹條教法度爲後所述次卿用刑罰深不如弘平遷淮陽相以高第入爲右扶風京師稱之代韋玄成爲御史大夫六歲坐與京房論議免語在房傳

贊曰所謂鹽鐵議者起始元中徵文學賢良問以治亂皆對願罷郡國鹽鐵酒榷均輸 師古曰酒榷均輸解在武紀及食貨志 務本抑末毋與天下爭利然後教化可興御史大夫弘羊以爲此迺所以安邊竟制四夷國家大業不可廢也 師古曰竟讀曰境 當時相詰難頗有其議文至宣帝時汝南桓寬次公 師古曰次公者寬之字 治公羊春秋舉爲郎至廬江太守丞博通善屬文推衍鹽鐵之議增廣條目極其論難著數萬言 師古曰即今之所行鹽鐵論十卷是也 亦欲以究治亂成一家之法焉其辭曰 師古曰謂桓寬總評議其善惡 觀公卿賢良文學之議異乎吾所聞 師古曰論語載子張之言言不與己志同也故寬引 聞汝南朱生言 ○宋祁曰朱下當添先字 當此之時英俊並進賢良茂陵唐生文學魯國萬生之徒六十有餘人咸聚闕庭舒六藝之風陳治平之原知者贊其慮仁者明其施勇者見其斷 師古曰斷音丁喚反 辯者騁其辭斷斷焉行行焉 師古曰斷斷辯爭之貌行行剛强之貌也斷音牛斤反行音胡浪反 雖未詳備斯可略觀矣中山劉子推言王道撟當世反諸正 師古曰正曲曰撟諸之也撟讀與矯同其字從手 彬彬然弘博君子也 師古曰彬彬文章貌也音彼旻反 九江祝生奮史魚之節發憤懣譏公卿 師古曰懣音滿又音莫本反 介然直而不撓 師古曰撓曲也音女教反 可謂不畏强圉矣桑大夫據當世合時變上權利之略雖非正法鉅儒宿學不能自解 師古曰解釋也言理不出於弘羊也 博物通達之士也然攝公卿之柄不師古始放於末利 師古曰放縱也謂縱心於利也一說放依也音方往反論語稱孔子曰放於利而行多怨也 處非其位行非其道果隕其性以及厥宗 師古曰性生也謂與上官桀謀反誅也 車丞相履伊呂之列當軸處中括囊不言容身而去 師古曰括結也易坤卦六四爻辭曰括囊无咎无譽言自閉愼如囊之括結也 彼哉彼哉 師古曰論語云或問子西孔子曰彼哉彼哉言彼人者無足稱也 若夫丞相御史兩府之士不能正議以輔宰相成同類長同行阿意苟合以說其上 師古曰說讀曰悅 斗筲之徒何足選也 師古曰筲竹器也容一斗二升選數也論語云子貢問曰今之從政者何如孔子曰噫斗筲之人何足選也言其材器小劣不足數也筲音所交反選音先阮反噫歎聲也噫音於其反

前漢書卷六十六考證

劉屈氂傳封左丞相爲澎侯注晉灼曰東海縣○臣召南按地理志東海郡無澎縣

侍郎莽通○莽通武紀作馬通本姓馬也後漢明德皇后惡其先人有反者易其姓爲莽見孟康注

楊惲傳廷尉當惲大逆無道○顧炎武曰以書中有君父送終語

陳萬年傳方進奏歸咸故郡○胡三省曰後書陳寵傳寵之曾祖陳咸不仕莽世雖亦居沛各是一人

鄭弘傳坐與京房論議免○臣召南按公卿表弘以永光二年爲御史大夫五年有罪自殺據京房傳但言房見道幽厲事出爲弘言之弘坐免爲庶人與此傳合表云自殺誤也

前漢書卷六十七

漢　蘭　臺　令　史班　固撰

唐正議大夫行祕書少監琅邪縣開國子顏師古注

楊胡朱梅云傳第三十七

楊王孫者孝武時人也學黃老之術家業千金厚自奉養生亡所不致 師古曰致至也○劉敞曰顏說非也凡奉養難得之物皆能致之以自供也 及病且終先令其子曰吾欲臝葬以反吾眞 師古曰先令謂遺令臝者不爲衣衾棺椁者也反歸也眞者自然之道也臝音郎果反○劉敞曰形魂復歸于土此其所謂反眞也何自然之謂 必亡易吾意 師古曰易改也 死則爲布囊盛尸入地七尺既下從足引脫其囊以身親土其子欲默而不從重廢父命 師古曰重難也 欲從之心又不忍迺往見王孫友人祁侯 師古曰祁侯繒賀之孫承嗣者名它 祁侯與王孫書曰王孫苦疾僕迫從上祠雍未得詣前 師古曰詣至也至前言來見也 願存精神省思慮進近醫藥 ○宋祁曰近字當刪 厚自持竊聞王孫先令臝葬令死者亡知則已若其有知是戮尸地下將臝見先人竊爲王孫不取也且孝經曰爲之棺槨衣衾是亦聖人之遺制何必區區獨守所聞 師古曰區區小意也 願王孫察焉王孫報曰蓋聞古之聖王緣人情不忍其親故爲制禮今則越之 師古曰言踰禮而厚葬也 吾是以臝葬將以矯世也 師古曰正曲曰矯 夫厚葬誠亡益於死者而俗人競以相高靡財單幣腐之地下 師古曰靡散也單盡也 或迺今日入而明日發 師古曰言此見發掘也 此眞與暴骸於中野何異且夫死者終生之化而物之歸者也歸者得至化者得變是物各反其眞也反眞冥冥亡形亡聲迺合道情夫飾外以華衆厚葬以鬲眞 師古曰鬲與隔同其後並類此 使歸者不得至化者不得變是使物各失其所也且吾聞之精神者天之有也形骸者地之有也 師古曰文子稱天氣爲魂延陵季子云骨肉下歸於土是以云然 精神離形各歸其眞故謂之鬼鬼之爲言歸也其尸塊然獨處豈有知哉 師古曰塊音口對反 裹以幣帛鬲以棺槨支體絡束口含玉石欲化不得鬱爲枯腊千載之後棺槨朽腐迺得歸土就其眞宅繇是言之焉用久客 師古曰言不用久爲客也繇讀與由同 昔帝堯之葬也窾木爲匵葛藟爲緘 服虔曰窾音款窾空也空木爲匵師古曰匵即櫝字也櫝小棺也藟葛也一曰藟亦草名葛之類也緘束也藟音力水反緘音工咸反 其穿下不亂泉上不泄殠 師古曰亂絕也 故聖王生易尚死易葬也 師古曰尚崇也言生死皆儉約也 不加功於亡用不損財於亡謂 師古曰謂者名稱也亦指趣也 今費財厚葬留歸鬲至死者不知生者不得是謂重惑於戲吾不爲也 師古曰於讀曰烏戲讀曰呼 祁侯曰善遂臝葬

胡建字子孟河東人也孝武天漢中守軍正丞 師古曰南北軍各有正正又置丞而建未得眞官兼守之○劉敞曰南北軍各有正正又置丞而建未得眞官兼守之建之所守軍正之丞耳未嘗兼守正也故建奏云丞於用法疑若兼守正何疑之有自是其時無正耳 貧亡車馬常步與走卒起居所以尉薦走卒甚得其心 師古曰尉者自上安之也薦者舉藉也 時監軍御史爲姦穿北軍壘垣以爲賈區 師古曰坐賣曰賈爲賣物之區也區者小室之名若今小菴屋之類耳故衛士之屋謂之區廬宿衛宮外士稱爲區士也賈音古其下亦同 建欲誅之迺約其走卒 師古曰約束也 曰我欲與公有所誅吾言取之則取斬之則斬於是當選士馬日監御史與護軍諸校列坐堂皇上 師古曰校者軍之諸部校也室無四壁曰皇 建從走卒趨至堂皇下拜謁因上堂皇走卒皆上建指監御史曰取彼走卒前曳下堂皇建曰斬之遂斬御史護軍諸校皆愕驚不知所以建亦已有成奏在其懷中遂上奏曰臣聞軍法立武以威衆誅惡以禁邪今監御史公穿軍垣以求賈利 師古曰公謂顯然爲之 私買賣以與士市不立剛毅之心勇猛之節亡以帥先士大夫尤失理不公用文吏議不至重法黃帝李法曰 蘇林曰獄官名也天文志左角李右角將孟康曰兵書之法也師古曰李者法官之號也總主征伐刑戮之事也故稱其書曰李法蘇說近之 壁壘已定穿窬不繇路是謂姦人姦人者殺 師古曰窬小竇也音踰繇讀與由同下皆類此 臣謹案軍法曰正亡屬將軍將軍有罪已聞 師古曰言軍正不屬將軍將軍有罪過得表奏之○宋祁曰已改作以 二千石以下行法焉 孟康曰二千石謂軍中校尉都尉之屬 丞於用法疑 孟康曰丞屬軍正斷御史於法有疑 執事不諉上 師古曰諉累也言執事者當見法即行不可以事累於上也諉音女瑞反累音力瑞反 臣謹以斬昧死以聞制曰司馬法曰國容不入軍軍容不入國何文吏也 師古曰司馬法兵書之名也解在主父偃傳言在於軍中何用文吏議也 三王或誓於軍中欲民先成其慮也或誓於軍門之外欲民先意以待事也 師古曰慮謂計念也先意謂先爲之意也 或將交刃而誓致民志也 師古曰欲致民勇志使不奔北 建又何疑焉建繇是顯名後爲渭城令治甚有聲值昭帝幼皇后父上官將軍安與帝姊蓋主私夫丁外人相善外人驕恣怨故京兆尹樊福使客射殺之客臧公主廬吏不敢捕渭城令建將吏卒圍捕蓋主聞之與外人上官將軍多從奴客往犇射追吏 師古曰犇古奔字也奔走赴之而射也 吏散走主使僕射劾渭城令游徼傷主家奴建報亡它坐 服虔曰言游徼奉公無它坐也○劉敞曰多令字 蓋主怒使人上書告建侵辱長公主射甲舍門 師古曰甲舍即甲第謂公主之宅 知吏賊傷奴辟報故不窮審 蘇林曰辟迴也報論也斷獄爲報故言有故也不窮審不窮盡其事也師古曰蘇說非也言爲游徼避罪而妄報文書故不窮治也辟讀曰避 大將軍霍光寢其奏後光病上官氏代聽事下吏捕建建自殺吏民稱寃至今渭城立其祠

朱雲字游魯人也徙平陵少時通輕俠借客報仇 師古曰借助也音子夜反 長八尺餘容貌甚壯以勇力聞年四十迺變節從博士白子友受易又事前將軍蕭望之受論語皆能傳其業好倜儻大節 師古曰倜音吐歷反 當世以是高之元帝時琅邪貢禹爲御史大夫而華陰守丞嘉上封事 師古曰守華陰縣丞者其人名嘉 言治道在於得賢御史之官宰相之副九卿之右 師古曰右上也言在上也 不可不選平陵朱雲兼資文武忠正有智略可使以六百石秩試守御史大夫以盡其能上迺下其事問公卿太子少傅匡衡對以爲大臣者國家之股肱萬姓所瞻仰明王所愼擇也傳曰下輕其上爵賤人圖柄臣則國家搖動而民不靜矣 師古曰上爵大官也圖謀也柄臣執權之臣 今嘉從守丞而圖大臣之位欲以匹夫徒步之人而超九卿之右非所以重國家而尊社稷也自堯之用舜文王於太公猶試然後爵之又況朱雲者乎雲素好勇數犯法亡命受易頗有師道其行義未有以異今御史大夫禹絜白廉正經術通明有伯夷史魚之風海內莫不聞知而嘉猥稱雲 師古曰猥曲也 欲令爲御史大夫妄相稱舉疑有姦心漸不可長宜下有司案驗以明好惡嘉竟坐之是時少府五鹿充宗貴幸爲梁丘易自宣帝時善梁丘氏說元帝好之欲考其異同令充宗與諸易家論充宗乘貴辯口 師古曰乘因也言因藉尊貴之權也 諸儒莫能與抗皆稱疾不敢會有薦雲者召入攝齋登堂 師古曰齋衣下之裳音子私反 抗首而請 師古曰抗舉也 音動左右既論難連拄五鹿君 師古曰拄刺也拒也音竹庾反 故諸儒爲之語曰五鹿嶽嶽朱雲折其角 師古曰嶽嶽長角之貌 繇是爲博士遷杜陵令坐故縱亡命會赦舉

方正爲槐里令時中書令石顯用事與充宗爲黨百僚畏之唯御史中丞陳咸年少抗節不附顯等而與雲相結雲數上書言丞相韋玄成容身保位亡能往來李奇曰不能有所前卻也師古曰周書君奭之篇稱周公曰惟文王尚克修和有夏有若虢叔閎夭散宜生泰顛南宮括又曰亡能往來故雲引此以爲言也○宋祁曰上書越本作上疏而咸數毀石顯久之有司考雲疑風吏殺人師古曰風讀曰諷羣臣朝見上問丞相以雲治行丞相玄成言雲暴虐亡狀師古曰亡善狀也時陳咸在前聞之以語雲雲上書自訟咸爲定奏草求下御史中丞事下丞相丞相部吏考立其殺人罪師古曰立成也雲亡入長安復與咸計議丞相具發其事奏咸宿衛執法之臣幸得進見漏泄所聞以私語雲爲定奏草欲令自下治師古曰咸爲御史中丞而奏請下中丞故云自下治後知雲亡命罪人而與交通雲以故不得師古曰吏捕之不得上於是下咸雲獄減死爲城旦○宋祁曰獄下當添治字咸雲遂廢錮終元帝之世至成帝時丞相故安昌侯張禹○劉攽曰故字當在丞相上禹時罷相侯如故也以帝師位特進甚尊重雲上書求見公卿在前雲曰今朝廷大臣上不能匡主下亡以益民皆尸位素餐師古曰尸主也素空也尸位者不舉其事但主其位而已素餐者德不稱官空當食祿孔子所謂鄙夫不可與事君苟患失之亡所不至者也師古曰皆論語所載孔子之言也苟患失其寵祿則言行僻邪無所不至也臣願賜尚方斬馬劍斷佞臣一人以厲其餘師古曰尚方少府之屬官也作供御器物故有斬馬劍劍利可以斬馬也上問誰也對曰安昌侯張禹上大怒曰小臣居下訕上廷辱師傅師古曰訕謗也音所諫反又音刪罪死不赦御史將雲下雲攀殿檻檻折師古曰檻軒前欄也雲呼曰師古曰呼叫也音火故反臣得下從龍逢比干遊於地下足矣師古曰關龍逢桀臣王子比干紂之諸父皆以諫而死故云然未知聖朝何如耳師古曰言殺直臣其聲惡御史遂將雲去於是左將軍辛慶忌免冠解印綬叩頭殿下曰此臣素著狂直於世師古曰著表也言此名久彰表使其言是不可誅其言非固當容之臣敢以死爭慶忌叩頭流血上意解然後得已及後當治殿檻上曰勿易因而輯之以旌直臣師古曰輯與集同謂補合之也旌表也雲自是之後不復仕常居鄠田時乘牛車從諸生所過皆敬事焉薛宣爲丞相雲往見之宣備賓主禮因留雲宿從容謂雲曰師古曰從音七庸反在田野亡事且留我東閤可以觀四方奇士雲曰小生迺欲相吏邪師古曰小生謂其新學後進言欲以我爲吏乎宣不敢復言其教授擇諸生然後爲弟子九江嚴望及望兄子元字仲能傳雲學皆爲博士望至泰山太守雲年七十餘終於家病不呼醫飲藥遺言以身服斂棺周於身土周於槨師古曰棺周於身小棺裁容身也土周於槨冢壙裁容槨也爲丈五墳葬平陵東郭外

梅福字子眞九江壽春人也少學長安明尚書穀梁春秋爲郡文學補南昌尉師古曰豫章之縣後去官歸壽春數因縣道上言變事師古曰附縣道之使而封奏也變謂非常之事求假軺傳師古曰小車之傳也軺音遙傳音張戀反詣行在所條對急政師古曰條對者一一條錄而對之輒報罷是時成帝委任大將軍王鳳鳳專埶擅朝而京兆尹王章素忠直譏刺鳳爲鳳所誅王氏浸盛師古曰浸漸也災異數見羣下莫敢正言福復上書曰臣聞箕子佯狂於殷而爲周陳洪範叔孫通遁秦歸漢制作儀品師古曰遁逃也夫叔孫先非不忠也師古曰先猶言先生也一曰先謂在秦時箕子非疏其家而畔親也師古曰箕子紂之諸父故言疏家畔親也不可爲言也昔高祖納善若不及從諫若轉圜師古曰不及恐失之也轉圜言其順易也聽言不求其能舉功不考其素師古曰直取其功不論其舊行及所從來也陳平起於亡命而爲謀主韓信拔於行陳而建上將師古曰立以爲大將軍故天下之士雲合歸漢師古曰言四面而至爭進奇異知者竭其策愚者盡其慮勇士極其節怯夫勉其死合天下之知并天下之威是以舉秦如鴻毛取楚若拾遺師古曰鴻毛喻輕拾遺言其易也此高祖所以亡敵於天下也師古曰亡讀曰無孝文皇帝起於代谷師古曰從代而來即帝位非有周召之師伊呂之佐也師古曰召讀曰邵循高祖之法加以恭儉當此之時天下幾平師古曰幾音鉅依反繇是言之循高祖之法則治不循則亂何者秦爲亡道削仲尼之迹滅周公之軌師古曰軌法也壞井田除五等禮廢樂崩王道不通故欲行王道者莫能致其功也孝武皇帝好忠諫說至言師古曰說讀曰悅出爵不待廉茂慶賜不須顯功師古曰謂諫爭合意即得官爵不由薦舉及軍功也廉廉吏也茂茂材也是以天下布衣各厲志竭精以赴闕廷自衒鬻者不可勝數漢家得賢於此爲盛使孝武皇帝聽用其計升平可致張晏曰民有三年之儲曰升平於是積尸暴骨快心胡越故淮南王安緣間而起所以計慮不成而謀議泄者以衆賢聚於本朝師古曰本朝謂漢朝也故其大臣埶陵不敢和從也服虔曰臣埶陵君也師古曰謂淮南大臣相內史之屬也方今布衣迺窺國家之隙見間而起者蜀郡是也孟康曰成帝鴻嘉中廣漢男子鄭躬等反是也及山陽亡徒蘇令之羣蹈藉名都大郡求黨與索隨和李奇曰求索與己和及隨己者而亡逃匿之意此皆輕量大臣亡所畏忌國家之權輕故匹夫欲與上爭衡也○劉攽曰漢氏世寶隨和珠玉謂匹夫至欲求索此物所謂與上爭衡也士者國之重器得士則重失士則輕詩云濟濟多士文王以寧師古曰大雅文王之詩也已解于上廟堂之議非草茅所當言也臣誠恐身塗野草尸并卒伍故數上書求見輒報罷臣聞齊桓之時有以九九見者桓公不逆欲以致大也師古曰九九算術若今九章五曹之輩今臣所言非特九九也陛下距臣者三矣此天下士所以不至也昔秦武王好力任鄙叩關自鬻師古曰秦武王即孝公之孫惠文王之子也任鄙力士也繆公行伯繇余歸德師古曰即秦穆公伯讀曰霸繇讀曰由今欲致天下之士民有上書求見者輒使詣尚書問其所言言可采取者秩以升斗之祿賜以一束之帛若此則天下之士發憤懣師古曰懣音滿吐忠言嘉謀日聞於上天下條貫國家表裏爛然可睹矣師古曰爛然分明之貌也夫以四海之廣士民之數能言之類至衆多也然其儁傑指世陳政言成文章質之先聖而不繆施之當世合時務師古曰質正也若此者亦亡幾人師古曰無幾言不多也幾音居豈反故爵祿束帛者天下之底石高祖所以厲世摩鈍也師古曰底細石也音之履反又音砥孔子曰工欲善其事必先利其器師古曰論語載孔子之言也工以喻國政利器喻賢才至秦則不然張誹謗之罔以爲漢敺除倒持泰阿授楚其柄師古曰泰阿劍名歐冶所鑄也言秦無道令陳涉項羽乘間而發喻倒持劍而以把授與人也故誠能勿失其柄天下雖有不順莫敢觸其鋒此孝武皇帝所以辟地建功爲漢世宗也師古曰辟讀曰闢今不循伯者之道師古曰伯讀曰霸次下亦同迺欲以三代選舉之法取當時之士猶察伯樂之圖求騏驥於市而不可得亦已明矣○宋祁曰而當作其字故高祖棄陳平之過而獲其謀師古曰盜嫂受金之事晉文召天王齊桓用其讎師古曰召天王謂狩于河陽也用其讎謂以管仲爲相遂解於上亡益於時不顧逆順此所謂伯道者也一色成體謂之純白黑雜合謂之駮欲以承平之法治暴秦之緒師古曰緒謂餘業也猶以鄉飲酒之禮理軍市也今陛下既不納天下之言又加戮焉夫鳶鵲遭害則仁鳥增逝師古曰鳶鴟也仁鳥鸞鳳也鳶音緣愚者蒙戮則知士深退師古曰蒙被也間者愚民上疏多觸不急之法或下廷尉而死者衆師古曰言以其所言不急而罪之也自陽朔以來天下以言爲諱朝廷尤甚師古曰防人之口法禁嚴切也羣臣皆承順上指莫有執正何以明其然也取民所上書陛下之所善試下之廷尉廷尉必曰非所宜言大不敬以此卜之一矣故京兆尹王章資質忠直敢面引廷爭孝元皇帝擢之以厲具臣而矯曲朝師古曰具臣具位之臣無益者也矯正也及至陛下戮及妻子且惡惡止其身王章非有反畔之辜而殃及家折直士之節結諫臣之舌羣臣皆知其非然不敢爭天下以言爲戒最國家之大患也願陛下循高祖之軌杜亡秦之路師古曰杜塞也數御十月之歌孟康曰譏切王氏十月之詩刺后族太盛也師古曰詩小雅十月之交篇也留意亡逸之戒師古曰周書篇名也周公作之以戒成王除不急之法下亡諱之詔博覽兼聽謀及疏賤令深者不隱遠者不塞所謂辟四門明四目也師古曰虞書舜典曰闢四門明四目言開四門以致衆賢則明視於四方也且不急之法誹謗之微者也往者不可及來者猶可追方今君命犯而主威奪師古曰君命犯者謂大臣犯君之命外戚之權日以益隆陛下不見其形願察其景建始以來日食地震以率言之三倍春秋水災亡與比數師古曰言其極多不可比較而數也陰盛陽微金鐵爲飛此何景也張晏曰河平二年沛郡鐵官鑄鐵鐵如星飛上去權臣用事之異也蘇林曰言之不從是謂不艾則金不從革景象也何言將危亡也漢興以來社稷三危呂霍上官皆母后之家也親親之道全之爲右師古曰務全安之此爲上當與之賢師良傅教以忠孝之道今迺尊寵其位授以魁柄師古曰魁斗身也斗爲喻也使之驕逆至於夷滅師古曰夷平也謂平除之此失親親之大者也自霍光之賢不能爲子孫慮故權臣易世則危書曰毋若火始庸庸師古曰周書洛誥之辭也庸庸微小貌也言火始微小不早撲滅則至熾盛大臣貴擅亦當早圖其權也埶陵於君權隆於主然後防之亦亡及已師古曰已語終辭上遂不納成帝久亡繼嗣福以爲宜建三統封孔子之世以爲殷後復上書曰臣聞不在其位不謀其政政者職也位卑而言高者罪也越職觸罪危言世患雖伏質橫分臣之願也師古曰伏質斬刑也橫分謂身首分離也守職不言沒齒身全死之日尸未腐而名滅雖有景公之位伏歷千駟臣不貪也師古曰景公齊景公也論語云齊景公有馬千駟死之日民無得而稱焉故引之也故願壹登文石之陛涉赤墀之塗應劭曰以丹淹泥塗殿上也當戶牖之法坐師古曰戶牖之間謂之扆言自扆也法坐正坐也聽朝之處猶言法宮法駕也坐音才臥反○宋祁曰自扆當作負扆也盡平生之愚慮亡益於時有遺於世師古曰遺留也此臣寢所以不安食所以忘味也願陛下深省臣言師古曰省察也臣聞存人所以自立也壅人所以自塞也善惡之報各如其事昔者秦滅二周夷六國師古曰二周東周西周也六國齊楚韓魏燕趙隱士不顯佚民不舉師古曰佚與逸同絕三統滅天道是以身危子殺厥孫不嗣張晏曰身爲燕丹所謀子二世見殺孫子嬰不嗣所謂壅人以自塞者也故武王克殷未下車存五帝之後封殷於宋紹夏於杞師古曰謂封黃帝之後於薊帝堯之後於祝帝舜之後於陳并杞宋是爲五帝明著三統示不獨有也是以姬姓半天下遷廟之主流出於戶李奇曰言其多所謂存人以自立者也今成湯不祀殷人亡後陛下繼嗣久微殆爲此也春秋經曰宋殺其大夫穀梁傳曰其不稱名姓以其在祖位尊之也師古曰事在僖二十五年穀梁所云在祖位者謂孔子本宋孔父之後孔父之後防叔奔魯遂爲魯人今宋所殺者亦孔子爲祖列故尊而不名也此言孔子故殷後也雖不正統封其子孫以爲殷後禮亦宜之何者諸侯奪宗聖庶奪適如淳曰奪宗始封之君尊爲諸侯則奪其舊爲宗子之事也奪適文王舍伯邑考而立武王是也孔子雖庶可爲殷後師古曰適讀曰嫡傳曰賢者子孫宜有土而況聖人又殷之後哉昔成王以諸侯禮葬周公而皇天動威雷風著災師古曰尚書大傳云周公疾曰吾死必葬於成周示天下臣於成王也周公死天乃雷雨以風禾盡偃大木斯拔國恐王與大夫開金縢之書執書以泣曰周公勤勞王家予幼人弗及知乃不葬於成周而葬之於畢示天下不敢臣今仲尼之廟不出闕里師古曰闕里孔子舊里也言除此之外更無祭祀孔子者孔氏子孫不免編戶師古曰列爲庶人也以聖人而歆匹夫之祀非皇天之意也今陛下誠能據

仲尼之素功以封其子孫師古曰素功素王之功也穀梁傳曰孔子素王則國家必獲其福又陛下之名與天亡極何者追聖人素功封其子孫未有法也後聖必以爲則不滅之名可不勉哉福孤遠又譏切王氏故終不見納初武帝時始封周後姬嘉爲周子南君至元帝時尊周子南君爲周承休侯位次諸侯王使諸大夫博士求殷後分散爲十餘姓郡國往往得其大家推求子孫絕不能紀師古曰不自知其昭穆之數也時匡衡議以爲王者存二王後所以尊其先王而通三統也其犯誅絕之罪者絕而更封他親爲始封君上承其王者之始祖春秋之義諸侯不能守其社稷者絕今宋國已不守其統而失國矣則宜更立殷後爲始封君而上承湯統非當繼宋之絕侯也宜明得殷後而已今之故宋推求其嫡久遠不可得雖得其嫡嫡之先已絕不當得立禮記孔子曰丘殷人也先師所共傳宜以孔子世爲湯後上以其語不經師古曰不合於經也遂見寢至成帝時梅福復言宜封孔子後以奉湯祀綏和元年立二王後推迹古文以左氏穀梁世本禮記相明遂下詔封孔子世爲殷紹嘉公語在成紀是時福居家常以讀書養性爲事至元始中王莽顓政師古曰顓讀與專同福一朝棄妻子去九江至今傳以爲仙其後人有見福於會稽者變名姓爲吳市門卒云師古曰其後謂棄妻子去之後

云敞字幼孺平陵人也師事同縣吳章章治尚書經爲博士平帝以中山王即帝位年幼莽秉政自號安漢公以平帝爲成帝後不得顧私親帝母及外家衞氏皆留中山不得至京師莽長子宇非莽鬲絕衞氏師古曰鬲讀與隔同恐帝長大後見怨宇與吳章謀夜以血塗莽第門若鬼神之戒冀以懼莽章欲因對其咎事發覺莽殺宇誅滅衞氏謀所聯及死者百餘人章坐要斬磔尸東市門初章爲當世名儒教授尤盛弟子千餘人莽以爲惡人黨皆當禁錮不得仕宦門人盡更名他師師古曰更以他人爲師諱不言是章弟子敞時爲大司徒掾自劾吳章弟子收抱章尸歸棺斂葬之師古曰棺音工喚反斂音力贍反京師稱焉車騎將軍王舜高其志節比之欒布表奏以爲掾薦爲中郎諫大夫莽篡位王舜爲太師復薦敞可輔職師古曰爲輔弼之任以病免唐林言敞可典郡擢爲魯郡大尹更始時安車徵敞爲御史大夫復病免去卒於家

贊曰昔仲尼稱不得中行則思狂狷師古曰論語載孔子曰不得中行而與之必也狂狷乎狂者進取狷者有所不爲中行中庸也狷介也言必不得中庸之人與之論道則思狂狷猶愈於頑嚚無識者也狷音子掾反○宋祁曰進取下應添於道二字觀楊王孫之志賢於秦始皇遠矣世稱朱雲多過其實故曰蓋有不知而作之者我亡是也師古曰論語稱孔子之言也疾時人妄有述作非有實也胡建臨敵敢斷武昭於外師古曰昭明也斬伐姦隙軍旅不隊梅福之辭合於大雅雖無老成尚有典刑殷監不遠夏后所聞師古曰大雅蕩之詩曰雖無老成人尚有典刑言今雖無其人尚有故法可案用也又曰殷監不遠在夏后之時言殷後視夏桀之亡可爲戒也贊引此者謂梅福請封孔子後是案武王克商之法而行之又視秦滅二周夷六國不爲立後自取喪亡可爲戒也遂從所好全性市門云敞之義著於吳章爲仁由己再入太府師古曰論語稱孔子曰爲仁由己而由人乎哉故此贊引之再入太府謂初爲大司徒掾後爲車騎將軍掾也清則濯纓何遠之有師古曰楚辭漁父之歌曰滄浪之水清可以濯我纓滄浪之水濁可以濯我足遇治則仕遇亂則隱云敞謝病去職近於此義也

前漢書卷六十七考證

胡建傳守軍正丞注師古曰南北軍各有正正又置丞○臣召南按後文御史穿北軍壘垣則建守北軍正丞也

渭城令建將吏卒圍捕○臣召南按渭城屬右扶風在長安稍西即秦故都咸陽也此時蓋主第在渭城故建圍之以索賊耳

朱雲傳從博士白子友受易○臣召南按儒林傳東海孟喜授同郡白光少子爲博士由是有白氏學然則白子友當即白光但彼云字少子此云子友字不同耳

梅福傳昔成王以諸侯禮葬周公云云注師古曰尚書大傳云云○臣召南按大傳伏生所著其說王啟金縢在周公既葬之後史記魯世家即用其說與孔安國古文金縢之說不同

云敞傳師事同縣吳章章治尚書經爲博士○儒林傳吳章字偉君受尚書於許商

贊殷監不遠夏后所聞注師古曰謂梅福請封孔子後云云○顧炎武曰贊謂福引呂霍上官之事以規切王氏師古謂封孔子後非也

前漢書卷六十八

漢　蘭　臺　令　史班　固撰

唐正議大夫行祕書少監琅邪縣開國子顏師古注

霍光金日磾傳第三十八

霍光字子孟票騎將軍去病弟也父中孺河東平陽人也師古曰中讀曰仲以縣吏給事平陽侯家師古曰縣遣吏於侯家供事也與侍者衞少兒私通而生去病中孺吏畢歸家娶婦生光因絕不相聞久之少兒女弟子夫得幸於武帝立爲皇后去病以皇后姊子貴幸既壯大迺自知父爲霍中孺未及求問會爲票騎將軍擊匈奴道出河東河東太守郊迎負弩矢先驅師古曰郊迎迎於郊界之上也先驅者導其路也至平陽傳舍遣吏迎霍中孺中孺趨入拜謁將軍迎拜因跪曰去病不早自知爲大人遺體也中孺扶服叩頭師古曰服音蒲北反曰老臣得託命將軍此天力也去病大爲中孺買田宅奴婢而去還復過焉迺將光西至長安時年十餘歲任光爲郎稍遷諸曹侍中去病死後光爲奉車都尉光祿大夫出則奉車入侍左右出入禁闥二十餘年師古曰宮中小門謂之闥小心謹慎未嘗有過甚見親信征和二年衞太子爲江充所敗而燕王旦廣陵王胥皆多過失是時上年老寵姬鉤弋趙倢伃有男師古曰倢伃居鉤弋宮故稱之上心欲以爲嗣命大臣輔之察羣臣唯光任大重可屬社稷師古曰任堪也屬委也任音壬屬音之欲反上迺使黃門畫者畫周公負成王朝諸侯以賜光師古曰黃門之署職任親近以供天子百物在焉故亦有畫工後元二年春上游五柞宮病篤光涕泣問曰如有不諱誰當嗣者師古曰不諱言不可諱也上曰君未諭前畫意邪師古曰諭曉也立少子君行周公之事光頓首讓曰臣不如金日磾日磾亦曰臣外國人不如光上以光爲大司馬大將軍日磾爲車騎將軍及太僕上官桀爲左將軍搜粟都尉桑弘羊爲御史大夫皆拜臥內牀下師古曰於天子所臥牀前拜受受遺詔輔少主明日武帝崩太子襲尊號是爲孝昭皇帝帝年八歲政事壹決於光先是後元年侍中僕射莽何羅與弟重合侯通謀爲逆師古曰莽音莫戶反時光與金日磾上官桀等共誅之功未錄武帝病封璽書曰帝崩發書以從事遺詔封金日磾爲秺侯上官桀爲安陽侯光爲博陸侯文穎曰博大陸平取其嘉名無此縣也食邑北海河東城師古曰蓋亦取鄉聚之名以爲國號非必縣也公孫弘平津鄉則是矣皆以前捕反者功封時衞尉王莽子男忽侍中師古曰即右將軍王莽也其子名忽揚語曰師古曰揚謂宣唱之帝崩忽常在左右安得遺詔封三子事師古曰安猶焉也羣兒自相貴耳光聞之切讓王莽莽酖殺忽師古曰切深也讓責也光爲人沈靜詳審長財七尺三寸師古曰財與纔同白皙疏眉目美須頿師古曰皙絜白也頿頰毛也皙音先歷反頿音人占反每出入下殿門止進有常處郎僕射竊識視之不失尺寸師古曰識記也音式志反其資性端正如此初輔幼主政自已出師古曰自從也天下想聞其風采師古曰采文采也殿中嘗有怪一夜羣臣相驚光召尚符璽郎師古曰恐有變難故欲收取璽郎不肯授光光欲奪之郎按劍曰臣頭可得璽不可得也光甚誼之明日詔增此郎秩二等衆庶莫不多光師古曰多猶重也以此事爲多足重也光與左將軍桀結婚相親光長女爲桀子安妻有女年與帝相配晉灼曰漢語光嫡妻東閭氏生安夫人昭后之母也桀因帝姊鄂邑蓋主內安女後宮爲倢伃師古曰鄂邑所食邑爲蓋侯所尚故云蓋主也數月立爲皇后父安爲票騎將軍封桑樂侯光時休沐出桀輒入代光決事桀父子既尊盛而德長公主師古曰懷其恩德也公主內行不修近幸河間丁外人桀安欲爲外人求封幸依國家故事以列侯尚公主者光不許又爲外人求光祿大夫欲令得召見又不許長主大以是怨光而桀安數爲外人求官爵弗能得亦慙自先帝時桀已爲九卿位在光右師古曰右上也及父子並爲將軍有椒房中宮之重師古曰椒房殿皇后所居皇后親安女光迺其外祖而顧專制朝事師古曰顧猶反也繇是與光爭權師古曰繇讀與由同燕王旦自以昭帝兄常懷怨望及御史大夫桑弘羊建造酒榷鹽鐵爲國興利伐其功師古曰伐矜也欲爲子弟得官亦怨恨光於是蓋主上官桀安及弘羊皆與燕王旦通謀詐令人爲燕王上書言光出都肄郎羽林道上稱蹕孟康曰都試也肄習也師古曰謂總閱試習武備也太官先置師古曰供飲食之具又引蘇武前使匈奴拘留二十年不降還迺爲典屬國而大將軍長史敞亡功爲搜粟都尉師古曰楊敞也又擅調益莫府校尉師古曰調選也莫府大將軍府也調音徒釣反光專權自恣疑有非常臣旦願歸符璽入宿衞察姦臣變候司光出沐日奏之桀欲從中下其事師古曰下謂下有司也音胡稼反桑弘羊當與諸大臣共執退光書奏帝不肯下明旦光聞之止畫室中不入如淳曰近臣所止計畫之室也或曰雕畫之室也師古曰雕畫是也上問大將軍安在左將軍桀對曰以燕王告其罪故不敢入有詔召大將軍光入免冠頓首謝上曰將軍冠師古曰令復著冠也朕知是書詐也將軍亡罪光曰陛下何以知之上曰將軍之廣明都郎屬耳師古曰之往也廣明亭名也屬耳近耳也屬音之欲反調校尉以來未能十日燕王何以得知之且將軍爲非不須校尉文穎曰帝云將軍欲反不由一校尉是時帝年十四尚書左右皆驚而上書者果亡捕之甚急桀等懼白上小事不足遂師古曰遂猶竟也不須窮竟也上不聽後桀黨與有譖光者上輒怒曰大將軍忠臣先帝所屬以輔朕身師古曰屬委也音之欲反其下亦同敢有毀者坐之自是桀等不敢復言迺謀令長公主置酒請光伏兵格殺之因廢帝迎立燕王爲天子事發覺光盡誅桀安弘羊外人宗族燕王蓋主皆自殺光威震海內昭帝既冠遂委任光訖十三年百姓充實四夷賓服元平元年昭帝崩亡嗣武帝六男獨有廣陵王胥在羣臣議所立咸持廣陵王王本以行失道先帝所不用光內不自安郎有上書言周太王廢太伯立王季文王舍伯邑考立武王唯在所宜師古曰太伯者王季之兄伯邑考文王長子也雖廢長立少可也廣陵王不可以承宗廟言合光意光以其書視丞相敞等師古曰視讀曰示即楊敞也擢郎爲九江太守即日承皇太后詔遣行大鴻臚事少府樂成宗正德光祿大夫吉中郎將利漢迎昌邑

王賀賀者武帝孫昌邑哀王子也既至卽位行淫亂光憂懣師古曰懣音滿又音悶獨以問所親故吏大司農田延年延年曰將軍爲國柱石師古曰柱者梁下之柱石者承柱之礎也言大臣負國重任如屋之柱及其石也審此人不可何不建白太后師古曰立議而白之更選賢而立之光曰今欲如是於古嘗有此不師古曰光不涉學故有此問也延年曰伊尹相殷廢太甲以安宗廟後世稱其忠師古曰商書太甲篇曰太甲既立弗明伊尹放諸桐是也將軍若能行此亦漢之伊尹也光迺引延年給事中陰與車騎將軍張安世圖計師古曰圖謀也遂召丞相御史將軍列侯中二千石大夫博士會議未央宮光曰昌邑王行昏亂恐危社稷如何羣臣皆驚鄂失色師古曰凡言鄂者皆謂阻礙不依順也後字作愕其義亦同莫敢發言但唯唯而已田延年前離席按劒曰先帝屬將軍以幼孤寄將軍以天下以將軍忠賢能安劉氏也今羣下鼎沸社稷將傾且漢之傳謚常爲孝者以長有天下○宋祁曰孝者下當添所字令宗廟血食也如令漢家絕祀師古曰如若也將軍雖死何面目見先帝於地下乎今日之議不得旋踵師古曰宜速決羣臣後應者臣請劒斬之光謝曰九卿責光是也天下匈匈不安光當受難師古曰受其憂責也○宋祁曰受難改作處難於是議者皆叩頭曰萬姓之命在於將軍唯大將軍令師古曰言一聽之也光卽與羣臣俱見白太后具陳昌邑王不可以承宗廟狀皇太后迺車駕幸未央承明殿詔諸禁門毋內昌邑羣臣王入朝太后還乘輦欲歸溫室中黃門宦者各持門扇王入門閉昌邑羣臣不得入王曰何爲大將軍跪曰有皇太后詔毋內昌邑羣臣王曰徐之何迺驚人如是光使盡驅出昌邑羣臣置金馬門外車騎將軍安世將羽林騎收縛二百餘人皆送廷尉詔獄令故昭帝侍中中臣侍守王光勑左右謹宿衞卒有物故自裁令我負天下有殺主名師古曰卒讀曰猝物故死也自裁自殺也王尚未自知當廢謂左右我故羣臣從官安得罪而大將軍盡繫之乎師古曰安焉也頃之有太后詔召王王聞召意恐迺曰我安得罪而召我哉太后被珠襦如淳曰以珠飾襦也晉灼曰貫珠以爲襦形若今革襦矣師古曰晉說是也盛服坐武帳中侍御數百人皆持兵期門武士陛戟陳列殿下師古曰陛戟謂執戟以衞陛下也羣臣以次上殿召昌邑王伏前聽詔光與羣臣連名奏王尚書令讀奏曰丞相臣敞師古曰楊敞也大司馬大將軍臣光車騎將軍臣安世師古曰張子孺度遼將軍臣明友師古曰范明友前將軍臣增師古曰韓增後將軍臣充國師古曰趙充國御史大夫臣誼師古曰蔡誼宜春侯臣譚師古曰王訢子當塗侯臣聖師古曰姓魏也隨桃侯臣昌樂師古曰姓趙故蒼梧王趙光子杜侯臣屠耆堂師古曰故胡人太僕臣延年師古曰杜延年太常臣昌師古曰蘇昌大司農臣延年師古曰田延年宗正臣

德師古曰劉向父少府臣樂成師古曰姓史也廷尉臣光師古曰李光執金吾臣延壽師古曰李延壽大鴻臚臣賢師古曰韋賢左馮翊臣廣明師古曰田廣明右扶風臣德師古曰周德長信少府臣嘉師古曰不知姓典屬國臣武師古曰蘇武京輔都尉臣廣漢師古曰趙廣漢司隸校尉臣辟兵師古曰不知姓諸吏文學光祿大夫臣遷師古曰王遷臣畸師古曰宋畸臣吉師古曰景吉臣賜臣管臣勝臣梁臣長幸師古曰並不知姓也臣夏侯勝李奇曰同官同名故以姓別也大中大夫臣德師古曰不知姓臣卬師古曰趙充國子也昧死言皇太后陛下臣敞等頓首死罪天子所以永保宗廟總壹海內者以慈孝禮誼賞罰爲本孝昭皇帝早棄天下亡嗣臣敞等議禮曰爲人後者爲之子也昌邑王宜嗣後遣宗正大鴻臚光祿大夫奉節使徵昌邑王典喪服斬縗師古曰典喪服言爲喪主也斬縗謂縗裳下不緝直斬割之而已縗音步千反亡悲哀之心廢禮誼居道上不素食師古曰素食菜食無肉也言王在道常肉食非居喪之制也而鄭康成解喪服素食云平常之食失之遠矣素食義亦見王莽傳使從官略女子載衣車內所居傳舍始至謁見立爲皇太子常私買雞豚以食受皇帝信璽行璽大行前孟康曰漢初有三璽天子之璽自佩行璽信璽在符節臺大行前昭帝柩前也韋昭曰大行不反之辭也就次發璽不封師古曰璽既國器常當緘封而王於大行前受之退還所次遂爾發露不封之得令凡人皆見言不重愼也從官更持節師古曰更音工衡反次下亦同引內昌邑從官騶宰官奴二百餘人常與居禁闥內敖戲自之符璽取節十六師古曰之往也自往至署取節也朝暮臨師古曰臨哭臨也力禁反令從官更持節從師古曰更互執節從至哭臨之所爲書曰皇帝問侍中君卿師古曰侍中名君卿也使中御府令高昌奉黃金千斤賜君卿取十妻大行在前殿發樂府樂器引內昌邑樂人擊鼓歌吹作俳倡師古曰俳優諧戲也倡樂人也俳音排會下還上前殿如淳曰下謂柩之入冢葬還不居喪位便處前殿也師古曰下音胡稼反擊鐘磬召內泰壹宗廟樂人輦道牟首鄭氏曰祭泰壹神樂人也孟康曰牟首地名也上有觀如淳曰輦道閣道也牟首屏面也以屏面自隔無哀戚也臣瓚曰牟首池名也在上林苑中方在衰絰而輦游於池言無哀戚也師古曰召泰壹樂人內之於輦道牟首而鼓吹歌舞也牟首瓚說是也屏面之言失之遠矣又左思吳都賦云長塗牟首劉逵以爲牟首閣道有室屋也此說更無所出或者思及逵據此輦道牟首便誤用之乎○劉敞曰輦道輦仁之牟首也予謂牟者岑牟也牟蓋鼓角士冑卽禰衡爲鼓吏所著者鼓吹歌舞悉奏衆樂發長安廚三太牢具祠閣室中如淳曰黃圖北出中門有長安廚故謂之廚城門閣室閣道之有室者不知禱何淫祀也祀已與從官飲啗師古曰啗食也音徒敢反駕法駕皮軒鸞旗驅馳北宮桂宮弄彘鬬虎師古曰皮軒鸞旗皆法駕所陳也北宮桂宮並在未央宮北召皇太后御小馬車張晏曰皇太后所駕遊宮中輦車也漢廄有果下馬高三尺以駕輦師古曰小馬可於果樹下乘之故號果下馬使官奴騎乘遊戲掖庭中與孝昭皇帝宮人蒙等淫亂詔掖庭令敢泄言要斬太后曰止師古曰令且止也讀奏爲人臣子當悖亂如是邪師古曰責王也悖布內反王離席伏尚書令復讀曰取諸侯王列侯二千石綬及墨綬黃綬以并佩昌邑郎

官者免奴師古曰免奴謂免放爲良人者變易節上黃旄以赤師古曰以劉屈氂與戾太子戰加節上黃旄遂以爲常賀今輒改之發御府金錢刀劒玉器采繒賞賜所與遊戲者與從官官奴夜飲湛沔於酒師古曰湛讀曰沉又讀曰躭沔荒迷也詔太官上乘輿食如故食監奏未釋服未可御故食師古曰釋謂解脫也復詔太官趣具無關食監師古曰趣讀曰促關由也太官不敢具卽使從官出買雞豚詔殿門內以爲常師古曰內入也令每日常入雞豚也獨夜設九賓溫室師古曰於溫室中設九賓之禮也九賓解在叔孫通傳延見姊夫昌邑關內侯祖宗廟祠未舉爲璽書使使者持節以三太牢祠昌邑哀王園廟稱嗣子皇帝師古曰時在喪服故未祠宗廟而私祭昌邑哀王也受璽以來二十七日使者旁午如淳曰旁午分布也師古曰一從一橫爲旁午猶言交橫也持節詔諸官署徵發凡千一百二十七事文學光祿大夫夏侯勝等及侍中傅嘉數進諫以過失使人簿責勝師古曰簿音步戶反簿責以文簿具責之縛嘉繫獄荒淫迷惑失帝王禮誼亂漢制度臣敞等數進諫不變更師古曰更改也日以益甚恐危社稷天下不安臣敞等謹與博士臣霸臣雋舍晉灼曰雋姓舍名也下有臣虞舍故以姓別之師古曰雋音辭阮反又音字阮反臣德臣虞舍臣射臣倉議皆曰高皇帝建功業爲漢太祖孝文皇帝慈仁節儉爲太宗今陛下嗣孝昭皇帝後行淫辟不軌師古曰軌法也辟讀曰僻詩云籍曰未知亦既抱子師古曰大雅抑之詩衞武公刺厲王也藉假也此言假令人云王尚幼少未有所知亦已長大而抱子矣實不幼少也五辟之屬莫大不孝師古曰五辟卽五刑也辟音頻亦反周襄王不能事母春秋曰天王出居于鄭繇不孝出之絕之於天下也師古曰襄王惠王子也僖二十四年經書天王出居于鄭公羊傳曰王者無外此其言出何不能乎母也繇讀與由同宗廟重於君陛下未見命高廟不可以承天序奉祖宗廟子萬姓當廢臣請有司御史大夫臣誼宗正臣德太常臣昌與太祝以一太牢具告祠高廟臣敞等昧死以聞皇太后詔曰可光令王起拜受詔王曰聞天子有爭臣七人雖亡道不失天下師古曰引孝經之言光曰皇太后詔廢安得天子迺卽持其手師古曰卽就也解脫其璽組奉上太后扶王下殿出金馬門羣臣隨送王西面拜○宋祁曰西疑作四曰愚戇不任漢事起就乘輿副車大將軍光送至昌邑邸光謝曰王行自絕於天臣等駑怯不能殺身報德臣寧負王不敢負社稷願王自愛臣長不復見左右師古曰言不復得侍見於左右光涕泣而去羣臣奏言古者廢放之人屏於遠方不及以政師古曰言不豫政令請徙王賀漢中房陵縣太后詔歸賀昌邑賜湯沐邑二千戶昌邑羣臣坐亡輔導之誼陷王於惡光悉誅殺二百餘人出死號呼市中師古曰呼音火故反曰當斷不斷反受其亂師古曰悔不早殺光等也光坐庭中會丞相以下議定所立廣陵王已前不用及燕刺王反誅其子不在議中近親唯有衞

太子孫號皇曾孫在民間咸稱述焉光遂復與丞相敞等上奏曰禮曰人道親親故尊祖尊祖故敬宗太宗亡嗣擇支子孫賢者爲嗣孝武皇帝曾孫病已武帝時有詔掖庭養視至今年十八師受詩論語孝經躬行節儉慈仁愛人可以嗣孝昭皇帝後奉承祖宗廟子萬姓臣昧死以聞皇太后詔曰可光遣宗正劉德至曾孫家尚冠里洗沐賜御衣太僕以軨獵車迎曾孫就齋宗正府入未央宮見皇太后封爲陽武侯師古曰解並在宣紀軨音零已而光奉上皇帝璽綬謁于高廟是爲孝宣皇帝明年下詔曰夫褒有德賞元功古今通誼也大司馬大將軍光宿衞忠正宣德明恩守節秉誼以安宗廟其以河北東武陽益封光萬七千戶與故所食凡二萬戶賞賜前後黃金七千斤錢六千萬雜繒三萬疋奴婢百七十人馬二千疋甲第一區自昭帝時光子禹及兄孫雲皆中郎將雲弟山奉車都尉侍中領胡越兵光兩女壻爲東西宮衞尉昆弟諸壻外孫皆奉朝請爲諸曹大夫騎都尉給事中黨親連體根據於朝廷光自後元秉持萬機及上卽位迺歸政上謙讓不受諸事皆先關白光然後奏御天子光每朝見上虛己斂容禮下之已甚師古曰下音胡稼反光秉政前後二十年地節二年春病篤車駕自臨問光病上爲之涕泣光上書謝恩曰願分國邑三千戶以封兄孫奉車都尉山爲列侯奉兄票騎將軍去病祀事下丞相御史卽日拜光子禹爲右將軍光薨上及皇太后親臨光喪太中大夫任宣與侍御史五人持節護喪事中二千石治莫府冢上如淳曰典爲冢者賜金錢繒絮繡被百領衣五十篋璧珠璣玉衣師古曰漢儀注以玉爲襦如鎧狀連綴之以黃金爲縷要已下玉爲札長尺廣二寸半爲甲下至足亦綴以黃金縷梓宮服虔曰棺也師古曰以梓木爲之親身之棺也爲天子制故亦稱梓宮便房黃腸題湊各一具服虔曰便房藏中便坐也蘇林曰以栢木黃心致累棺外故曰黃腸木頭皆內向故曰題湊如淳曰漢儀注天子陵中明中高丈二尺四寸周二丈內梓宮次楩椁柏黃腸題湊師古曰便房小曲室也如氏以爲楩木名非也○劉敞曰以文言之先親身者衣被次梓宮次便房次題湊次外藏則當以如說爲是也且出漢儀注宜以爲信爾今但云曲室果何用木爲之置於何所耶自是臆說耳○宋祁曰小柏室也姚改曲室也以爲梓木姚改以爲楩木樅木外臧椁十五具服虔曰在正臧外婢妾臧也或曰廚廏之屬也蘇林曰樅木栢葉松身師古曰爾雅及毛詩傳並云樅木松葉栢身檜木乃栢葉松身耳蘇說非也樅音七庸反檜音工闊反字亦作栝東園溫明服虔曰東園處此器形如方漆桶開一面漆畫之以鏡置其中以懸屍上大斂并蓋之師古曰東園署名也屬少府其署主作此器也皆如乘輿制度載光尸柩以轀輬車文穎曰轀輬車如今喪轜車也孟康曰如衣車有窻牖閉之則溫開之則涼故名之轀輬車也臣瓚曰秦始皇道崩祕其事載以轀輬車百官奏事如故此不得是轜車類也案杜延年奏載霍光柩以轀輬車駕大廐白虎駟以轀車駕大廐白鹿駟爲倅師古曰轀輬本安車也可以臥息後因載喪飾以柳翣故遂爲喪車耳轀者密閉輬者旁開窻牖各別一乘隨事爲名後人既專以載喪又去其一總爲藩飾而合二名呼之耳倅副也音千內反

黃屋左纛師古曰解在高紀也發材官輕車北軍五校士軍陳至茂陵以送其葬謚曰宣成侯發三河卒穿復土起冢祠堂置園邑三百家長丞奉守如舊法既葬封山爲樂平侯以奉車都尉領尚書事天子思光功德下詔曰○宋祁曰此詔紀中已有故大司馬大將軍博陸侯宿衛孝武皇帝三十餘年輔孝昭皇帝十有餘年遭大難躬秉誼率三公九卿大夫定萬世冊以安社稷天下蒸庶咸以康寧功德茂盛朕甚嘉之復其後世疇其爵邑應劭曰疇等也師古曰復音方目反世世無有所與功如蕭相國師古曰與讀曰豫明年夏封太子外祖父許廣漢爲平恩侯復下詔曰宣成侯光宿衛忠正勤勞國家善善及後世師古曰善善者謂褒寵善人也其封光兄孫中郎將雲爲冠陽侯禹既嗣爲博陸侯太夫人顯改光時所自造塋制而侈大之師古曰塋墓域也音營起三出闕築神道北臨昭靈南出承恩服虔曰昭靈承恩皆館名也李奇曰昭靈高祖母冢園也文穎曰承恩宣平侯家園也師古曰服說是也文李並失之盛飾祠室輦閣通屬永巷而幽良人婢妾守之晉灼曰閣道乃通屬至永巷中也師古曰此亦其冢上作輦閣之道及永巷也非謂掖庭之永巷也廣治第室作乘輿輦加畫繡絪馮黃金塗如淳曰絪亦茵也馮謂所馮者也以黃金塗飾之師古曰茵蓐也以繡爲茵馮而黃金塗於輦也○宋祁曰於姚改輿韋絮薦輪晉灼曰御輦以韋緣輪著之以絮師古曰取其行安不搖動也著音張呂反侍婢以五采絲輓顯游戲第中師古曰輓謂引車輦也音晚初光愛幸監奴馮子都常與計事及顯寡居與子都亂晉灼曰漢語東閭氏亡顯以婢代立素與馮殷姦也師古曰監奴謂奴之監知家務者也殷者子都之名而禹山亦並繕治第宅走馬馳逐平樂館雲當朝請數稱病私出師古曰請音才姓反多從賓客張圍獵黃山苑中使蒼頭奴上朝謁文穎曰朝當用謁不自行而令奴上謁者也師古曰上謁若今參見尊貴而通名也莫敢譴者而顯及諸女晝夜出入長信宮殿中亡期度師古曰長信宮上官太后所居宣帝自在民間聞知霍氏尊盛日久內不能善光褰上始躬親朝政御史大夫魏相給事中顯謂禹雲山女曹不務奉大將軍餘業師古曰女音汝曹輩也今大夫給事中他人壹間女能復自救邪師古曰間音居莧反後兩家奴爭道師古曰謂霍氏及御史家霍氏奴入御史府欲蹋大夫門御史爲叩頭謝迺去人以謂霍氏師古曰告語也顯等始知憂會魏大夫爲丞相數燕見言事平恩侯與侍中金安上等徑出入省中時霍山自若領尚書師古曰自若猶言如故也上令吏民得奏封事不關尚書群臣進見獨往來師古曰謂各得盡言於上也於是霍氏甚惡之宣帝始立微時許妃爲皇后○宋祁曰微字上別本更有立字顯愛小女成君欲貴之私使乳醫淳于衍行毒藥殺許后師古曰乳醫視產乳之疾者乳音而樹反因勸光內成君代立爲后語在外戚傳始許后暴崩吏捕諸醫劾衍侍疾亡狀不道下獄吏簿問急師古曰簿音步戶反顯恐事敗即具以實語光光

大驚○宋祁曰語疑作告欲自發舉不忍猶與師古曰猶與不決也與讀曰豫會奏上因署衍勿論師古曰署者題其奏後也光薨後語稍泄○宋祁曰稍下疑有漏字於是上始聞之而未察師古曰未知其虛實迺徙光女壻度遼將軍未央衛尉平陵侯范明友爲光祿勳次壻○宋祁曰次字下當有女字諸吏中郎將羽林監任勝出爲安定太守數月復出光姊壻給事中光祿大夫張朔爲蜀郡太守羣孫壻中郎將王漢爲武威太守頃之復徙光長女壻長樂衛尉鄧廣漢爲少府更以禹爲大司馬冠小冠亡印綬罷其右將軍屯兵官屬特使禹官名與光俱大司馬者蘇林曰特但也○宋祁曰使禹官名字刪官字名下當添爲字又收范明友度遼將軍印綬但爲光祿勳及光中女壻趙平爲散騎騎都尉光祿大夫將屯兵又收平騎都尉印綬諸領胡越騎羽林及兩宮衛將屯兵悉易以所親信許史子弟代之禹爲大司馬稱病禹故長史任宣候問禹曰我何病縣官非我家將軍不得至是如淳曰縣官謂天子今將軍墳墓未乾盡外我家師古曰外謂疏斥之反任許史奪我印綬令人不省死師古曰不自省有過耳宣見禹恨望深師古曰望怨也迺謂曰大將軍時何可復行師古曰言今何得復如此也持國權柄殺生在手中廷尉李种王平師古曰种音冲左馮翊賈勝胡及車丞相女壻少府徐仁皆坐逆將軍意下獄死使樂成小家子得幸將軍至九卿封侯師古曰即上所云少府樂成者也使者其姓也字或作史百官以下但事馮子都王子方等服虔曰皆光奴視丞相亡如也師古曰亡如猶言無所象似也各自有時今許史自天子骨肉貴正宜耳大司馬欲用是怨恨愚以爲不可禹默然數日起視事顯及禹山雲自見日侵削數相對啼泣自怨山曰今丞相用事縣官信之盡變易大將軍時法令以公田賦與貧民發揚大將軍過失又諸儒生多窶人子師古曰窶貧而無禮音其羽反遠客饑寒喜妄說狂言師古曰喜音許吏反不避忌諱大將軍常讎之師古曰言嫉之如仇讎也今陛下好與諸儒生語人人自使書封事多言我家者嘗有上書言大將軍時主弱臣強專制擅權今其子孫用事昆弟益驕恣恐危宗廟災異數見盡爲是也其言絕痛山屏不奏其書後上書者益黠盡奏封事輒下中書令出取之○宋祁曰輒下添使字不關尚書益不信人顯曰丞相數言我家獨亡罪乎山曰丞相廉正安得罪我家昆弟諸壻多不謹又聞民間讙言霍氏毒殺許皇后師古曰讙囂聲也音許爰反寧有是邪顯恐急即具以實告山雲禹山雲禹驚曰如是何不早告禹等縣官離散斥逐諸壻用是故也此大事誅罰不小奈何於是始有邪謀矣初趙平客石夏善爲天官師古曰星文者語平曰熒惑守御星御星太僕奉車都尉也不黜則死平內憂山等

雲舅李竟所善張赦見雲家卒卒師古曰卒讀曰猝忽遽之貌也謂竟曰今丞相與平恩侯用事可令太夫人言太后先誅此兩人移徙陛下在太后耳長安男子張章告之事下廷尉執金吾捕張赦石夏等後有詔止勿捕山等愈恐相謂曰此縣官重太后故不竟也師古曰重難也竟窮竟其事也然惡端已見又有弒許后事陛下雖寬仁恐左右不聽久之猶發發即族矣不如先也師古曰言先反遂令諸女各歸報其夫皆曰安所相避師古曰言無處相避當受禍也會李竟坐與諸侯王交通辭語及霍氏有詔雲山不宜宿衛免就第光諸女遇太后無禮服虔曰光諸女自以於上官太后爲姨母遇之無禮馮子都數犯法上并以爲讓師古曰總以此事責之也山禹等甚恐顯夢第中井水溢流庭下竈居樹上又夢大將軍謂顯曰知捕兒不師古曰知兒見捕不亟下捕之蘇林曰亟疾下捕之師古曰亟音居力反第中鼠暴多與人相觸以尾畫地鴞數鳴殿前樹上師古曰鴞惡聲之鳥也古者室屋高大則通呼爲殿耳非正天子宮中其語亦見黃霸傳鴞音羽驕反○宋祁曰正天子姚改止天子第門自壞雲尚冠里宅中門亦壞巷端人共見有人居雲屋上徹瓦投地就視亡有大怪之禹夢車騎聲正讙來捕禹舉家憂愁山曰丞相擅減宗廟羔菟鼃如淳曰高后時定令敢有擅議宗廟者棄市師古曰羔菟鼃所以供祭也可以此罪也謀令太后爲博平君置酒文穎曰宣帝外祖母也召丞相平恩侯以下使范明友鄧廣漢承太后制引斬之因廢天子而立禹約定未發雲拜爲玄菟太守太中大夫任宣爲代郡太守山又坐寫祕書顯爲上書獻城西第入馬千匹以贖山罪書報聞師古曰不許之會事發覺雲山明友自殺顯禹廣漢等捕得禹要斬顯及諸女昆弟皆棄市唯獨霍后廢處昭臺宮與霍氏相連坐誅滅者數千家上迺下詔曰迺者東織室令史張赦使魏郡豪李竟報冠陽侯雲謀爲大逆師古曰解在宣紀也朕以大將軍故抑而不揚冀其自新今大司馬博陸侯禹與母宣成侯夫人顯及從昆弟子冠陽侯雲樂平侯山諸姊妹壻謀爲大逆欲詿誤百姓賴宗廟神靈先發得咸伏其辜師古曰事發而捕得朕甚悼之諸爲霍氏所詿誤事在丙申前未發覺在吏者皆赦除之男子張章先發覺以語期門董忠忠告左曹楊惲惲告侍中金安上惲召見對狀後章上書以聞侍中史高與金安上建發其事師古曰言共立意發之也言無入霍氏禁闥卒不得遂其謀師古曰遂成也皆讎有功晉灼曰讎等也師古曰言其功相等類也封章爲博成侯忠高昌侯惲平通侯安上都成侯高樂陵侯初霍氏奢侈茂陵徐生曰霍氏必亡夫奢則不遜不遜必侮上侮上者逆道也在人之右眾必害之師古曰右上也霍氏秉權日久害之者多矣天下害之而又行以逆道不亡何待迺上疏

言霍氏泰盛陛下即愛厚之宜以時抑制無使至亡書三上輒報聞其後霍氏誅滅而告霍氏者皆封人爲徐生上書曰臣聞客有過主人者見其竈直突傍有積薪客謂主人更爲曲突遠徙其薪不者且有火患主人嘿然不應俄而家果失火鄰里共救之幸而得息於是殺牛置酒謝其鄰人灼爛者在於上行師古曰灼謂被燒炙者也行音胡郎反餘各以功次坐而不錄言曲突者人謂主人曰鄉使聽客之言不費牛酒終亡火患師古曰鄉讀曰嚮下亦同也今論功而請賓曲突徙薪亡恩澤燋頭爛額爲上客邪主人迺寤而請之今茂陵徐福數上書言霍氏且有變宜防絕之鄉使福說得行則國亡裂土出爵之費臣亡逆亂誅滅之敗往事既已而福獨不蒙其功唯陛下察之貴徙薪曲突之策使居焦髮灼爛之右師古曰右上也上迺賜福帛十疋後以爲郎宣帝始立謁見高廟大將軍光從驂乘上內嚴憚之若有芒刺在背後車騎將軍張安世代光驂乘天子從容肆體甚安近焉師古曰肆放也近音鉅靳反及光身死而宗族竟誅故俗傳之曰威震主者不畜霍氏之禍萌於驂乘師古曰萌謂始生也至成帝時爲光置守冢百家吏卒奉祠焉元始二年封光從父昆弟曾孫陽爲博陸侯千戶

金日磾字翁叔師古曰磾音丁奚反本匈奴休屠王太子也師古曰休音許蚪反屠音儲武帝元狩中票騎將軍霍去病將兵擊匈奴右地多斬首虜獲休屠王祭天金人○宋祁曰去病傳作祭天金人其夏票騎復西過居延攻祁連山大克獲於是單于怨昆邪休屠居西方多爲漢所破師古曰昆音下門反召其王欲誅之昆邪休屠恐謀降漢休屠王後悔昆邪王殺之并將其眾降漢封昆邪王爲列侯日磾以父不降見殺與母閼氏弟倫俱沒入官輸黃門養馬時年十四矣久之武帝游宴見馬師古曰方於宴游之時而召閱諸馬後宮滿側日磾等數十人牽馬過殿下莫不竊視師古曰竊視宮人至日磾獨不敢日磾長八尺二寸容貌甚嚴馬又肥好上異而問之具以本狀對上奇焉即日賜湯沐衣冠拜爲馬監遷侍中駙馬都尉光祿大夫日磾既親近未嘗有過失上甚信愛之賞賜累千金出則驂乘入侍左右貴戚多竊怨曰陛下妄得一胡兒反貴重之上聞愈厚焉日磾母教誨兩子甚有法度上聞而嘉之病死○宋祁曰病疑作母詔圖畫於甘泉宮署曰休屠王閼氏師古曰題其畫日磾每見畫常拜鄉之涕泣然後迺去師古曰鄉讀曰嚮日磾子二人皆愛爲帝弄兒常在旁側弄兒或自後擁上項師古曰擁抱也日磾在前見而目之師古曰目視怒也弄兒走且啼曰翁怒上謂日磾何怒吾兒爲

其後弄兒壯大不謹自殿下與宮人戲日磾適見之惡其淫亂遂殺弄兒弄兒即日磾長子也上聞之大怒日磾頓首謝具言所以殺弄兒狀上甚哀爲之泣已而心敬日磾初莽何羅與江充相善及充敗衛太子何羅弟通用誅太子時力戰得封後上知太子冤迺夷滅充宗族黨與何羅兄弟懼及師古曰及謂及於禍也遂謀爲逆日磾視其志意有非常心疑之陰獨察其動靜與俱上下師古曰上下於殿也何羅亦覺日磾意以故久不得發是時上行幸林光宮服虔曰甘泉一名林光師古曰秦之林光宮胡亥所造漢又於其旁起甘泉宮日磾小疾臥廬師古曰殿中所止曰廬何羅與通及小弟安成矯制夜出共殺使者發兵明旦上未起何羅亡何從外入師古曰無何猶言無故也日磾奏廁心動師古曰奏向也日磾方向廁而心動立入坐內戶下須臾何羅褏白刃從東箱上師古曰置刃於衣褏中也褏古袖字見日磾色變走趨臥內欲入師古曰趨讀曰趣也臥內天子臥處行觸寶瑟僵日磾得抱何羅因傳曰莽何羅反師古曰傳謂傳聲而唱之上驚起左右拔刃欲格之上恐并中日磾師古曰中竹仲反止勿格日磾捽胡投何羅殿下孟康曰胡音互捽胡若今相僻臥輪之類也晉灼曰胡頸也捽其頸而投殿下也師古曰晉說是也捽音才兀反○宋祁曰臥輪當改卧輪得禽縛之窮治皆伏辜繇是著忠孝節師古曰繇讀與由同日磾自在左右目不忤視者數十年師古曰忤逆也賜出宮女不敢近上欲內其女後宮不肯其篤慎如此上尤奇異之及上病屬霍光以輔少主師古曰屬音之欲反○宋祁曰及上下當添疾字光讓日磾日磾曰臣外國人且使匈奴輕漢於是遂爲光副光以女妻日磾嗣子賞初武帝遺詔以討莽何羅功封日磾爲秺侯師古曰秺音丁故反日磾以帝少不受封輔政歲餘病困大將軍光白封日磾臥授印綬一日薨賜葬具冢地送以輕車介士軍陳至茂陵謚曰敬侯日磾兩子賞建俱侍中與昭帝略同年共臥起賞爲奉車建駙馬都尉及賞嗣侯佩兩綬上謂霍將軍曰金氏兄弟兩人不可使俱兩綬邪霍光對曰賞自嗣父爲侯耳上笑曰侯不在我與將軍乎光曰先帝之約有功迺得封侯時年俱八九歲宣帝即位賞爲太僕霍氏有事萌牙上書去妻師古曰萌牙者言始有端緒若草之始生上亦自哀之獨得不坐元帝時爲光祿勳薨亡子國除元始中繼絕世封建孫當爲秺侯奉日磾後初日磾所將俱降弟倫字少卿爲黃門郎早卒日磾兩子貴及孫則衰矣而倫後嗣遂盛子安上始貴顯封侯安上字子侯少爲侍中惇篤有智宣帝愛之頗與發舉楚王延壽反謀師古曰與讀曰豫賜爵關內侯食邑三百戶後霍氏反安上傳禁門闥無內霍氏親屬師古曰禁止也門闥宮中大小之門也傳聲而止諸門闥也封爲都成侯至建章衛尉薨賜冢塋杜陵謚曰敬侯四子常敞岑明岑明皆爲諸曹中郎將常光祿大夫元帝爲太子時敞爲中庶子幸有寵帝即位爲騎都尉光祿大夫中郎將侍中元帝崩故事近臣皆隨陵爲園郎敞以世名忠孝太后詔留侍成帝爲奉車水衡都尉至衛尉敞爲人正直敢犯顏色左右憚之唯上亦難焉師古曰臣下皆敬憚唯有天子一人亦難之病甚上使使者問所欲以弟岑爲託上詔岑拜爲使主客服虔曰官名屬鴻臚主胡客也○宋祁曰拜爲下當添郎字敞子涉本爲左曹上拜涉爲侍中使待幸綠車載送衛尉舍李奇曰輦綠車常設以待幸也臨敞病困拜子爲侍中以此車送欲敞見其榮寵也如淳曰幸綠車常置左右以待召載皇孫今遣涉歸以皇孫車載之寵之也晉灼曰漢注綠車名皇孫車太子有子乘以從師古曰如晉二說是也須臾卒敞三子涉參饒涉明經儉節諸儒稱之成帝時爲侍中騎都尉領三輔胡越騎師古曰胡越騎之在三輔者若長水長楊宣曲之屬是也哀帝即位爲奉車都尉至長信少府而參使匈奴匈奴中郎將師古曰以其出使匈奴故拜爲匈奴中郎將也越騎校尉關內都尉○宋祁曰當刪內字安定東海太守饒爲越騎校尉涉兩子湯融皆侍中諸曹將大夫師古曰將亦謂中郎將也而涉之從父弟欽舉明經爲太子門大夫哀帝即位爲太中大夫給事中欽從父弟遷爲尚書令兄弟用事帝祖母傅太后崩欽使護作師古曰監主葬送之事也職辦擢爲泰山弘農太守著威名平帝即位徵爲大司馬司直京兆尹帝年幼選置師友大司徒孔光以明經高行爲孔氏師京兆尹金欽以家世忠孝爲金氏友徙光祿大夫侍中秩中二千石封都成侯時王莽新誅平帝外家衛氏召明禮少府宗伯鳳如淳曰宗伯姓入說爲人後之誼白令公卿將軍侍中朝臣並聽師古曰白令皆聽之欲以內厲平帝而外塞百姓之議師古曰塞止也欽與族昆弟秺侯當俱封初當曾祖父日磾傳子節侯賞而欽祖父安上傳子夷侯常皆亡子國絕故莽封欽當奉其後當母南即莽母功顯君同產弟也當上南大行爲大夫人文穎曰南名也大行官名當上名狀於大行也鄧展曰當上南爲大夫人是莽姨母故耳爲父立廟非也欽因緣謂當詔書陳日磾功亡有賞語當名爲以孫繼祖也自當爲父祖父立廟晉灼曰當是賞弟建之孫此言自當爲其父及祖父建立廟也賞故國君使大夫主其祭如淳曰以賞故國君使大夫掌其祭事臣瓚曰當是支庶上繼大宗不得顧其外親也而欽見當母南爲太夫人遂尊其父祖以續日磾不復爲後賞而令大夫主賞祭事師古曰瓚說是也時甄邯在旁庭叱欽師古曰於朝庭中叱之也因劾奏曰欽幸得以通經術超擢侍帷幄重蒙厚恩封襲爵號師古曰重音直用反知聖朝以世有爲人後之誼前遭故定陶太后背本逆天孝哀不獲厥福迺者呂寬衛寶復造姦謀至於反逆咸伏厥辜太皇太后懲艾悼懼師古曰艾讀曰乂乂創也逆天之咎非聖誣法大亂之殃誠欲奉承天心遵明聖制專壹爲後之誼以安天下之命數臨正殿延見羣臣講習禮經孫繼祖者謂亡正統持重者也賞見嗣日磾從成爲君持大宗重○宋祁曰從成姚本作後成則禮所謂尊祖故敬宗大宗不可以絕者也欽自知與當俱拜同誼即數揚言殿省中教當云云師古曰云云者多言也謂上所陳以孫繼祖也當即如其言則欽亦欲爲父明立廟而不入夷侯常廟矣進退異言頗惑衆心○宋祁曰頗惑當作疑惑亂國大綱開禍亂原誣祖不孝罪莫大焉尤非大臣所宜大不敬秺侯當上母南爲太夫人失禮不敬莽白太后下四輔公卿大夫博士議郎皆曰欽宜以時即罪師古曰即就也謁者召欽詣詔獄欽自殺邯以綱紀國體亡所阿私忠孝尤著益封千戶更封長信少府涉子右曹湯爲都成侯湯受封日不敢還歸家以明爲人後之誼益封之後莽復用欽弟遵封侯歷九卿位

贊曰霍光以結髮內侍起於階闥之間確然秉志誼形於主師古曰形見也受襁褓之託任漢室之寄當廟堂擁幼君摧燕王仆上官師古曰仆頓也音赴因權制敵以成其忠處廢置之際臨大節而不可奪遂匡國家安社稷擁昭立宣光爲師保雖周公阿衡何以加此師古曰阿衡伊尹官號也阿倚也衡平也言天下所倚羣下取平也然光不學亡術闇於大理陰妻邪謀晉灼曰不揚其過也立女爲后湛溺盈溢之欲以增顛覆之禍師古曰湛讀曰沈死財三年宗族誅夷師古曰財與纔同哀哉昔霍叔封於晉師古曰霍叔文王之子武王之弟也晉即河東光豈其苗裔乎金日磾夷狄亡國羈虜漢庭而以篤敬寤主忠信自著勒功上將傳國後嗣世名忠孝七世內侍何其盛也本以休屠作金人爲祭天主故因賜姓金氏云

前漢書卷六十八考證

霍光傳時光與金日磾上官桀等云云○臣召南按捕莽何羅日磾功也漢書入日磾於功臣表入光桀於外戚恩澤侯表是有深意存焉

光爲博陸侯注文穎曰食邑北海河東城○臣召南按河字下脫閒字而城字則郡字之譌也恩澤侯表云北海河閒東郡師古注曰光初封食北海河閒後益封又食東郡可知此注脫誤顯然

桀已爲九卿位在光右○桀爲太僕秩中二千石光爲奉車都尉僅比二千石故曰位在光右

詐令人爲燕王上書○臣召南按武五子傳作旦聞之喜上疏云云則是燕王實使人上書也但下文云調校尉以來未能十日燕王何以得知之又云上書者果亡捕之甚急則此傳謂蓋主桀安等詐令人爲燕王上書正得其實燕刺王傳未及刊正耳

皇太后適車駕幸未央承明殿○胡三省曰未央宮有承明殿天子於是延儒生學士武帝責莊助曰君厭承明之廬西都賦曰承明金馬著作之庭是也

稱嗣子皇帝注師古云云○胡三省曰賀入繼大宗不當於昌邑哀王稱嗣子皇帝旣於禮悖二年不祭之義又悖爲人後者爲之子之義

光兩女婿爲東西宮衛尉○臣召南按范明友爲未央衛尉鄧廣漢爲長樂衛尉

會奏上因署衍勿論注師古曰署者題其奏後也○臣召南按外戚傳同此文注李奇曰光題其奏也師古曰言之於帝故解釋耳光不自署也二注並出師古之手而判然不同胡三省曰光薨後帝始聞毒許后事光於是時安敢言於帝耶李奇說是也

廷尉李种○李种公卿表作李仲字季主雒陽人始元元年爲廷尉王平徐仁賈勝胡事詳于杜延年傳

皆雠有功注晉灼曰雠等也師古曰言其功相等類也○顧炎武曰注非也此如詩無言不雠之雠左傳曰憂必雠焉注雠猶對也律歷志廣延宣問以理星度未能雠也郊祀志其方盡多不雠伍被傳詐忠不終而詐雠釁其傳上使御史簿責嬰所言頗不雠

金日磾傳於是遂爲光副○臣召南按與霍光同傳故槩其文不言拜爲車騎將軍也

前漢書卷六十九

漢　蘭　臺　令　史班　固撰

唐正議大夫行祕書少監琅邪縣開國子顏師古注

趙充國辛慶忌傳第三十九

趙充國字翁孫隴西上邽人也師古曰邽音圭後徙金城令居師古曰令音零始爲騎士以六郡良家子善騎射補羽林服虔曰金城隴西天水安定北地上郡是也師古曰金城隴西天水安定北地上郡西河是也昭帝分隴西天水置金城充國自武帝時已爲假司馬則初以六郡良家子者非金城也此名數正與地理志同也爲人沈勇有大略少好將帥之節而學兵法通知四夷事師古曰通知者謂明曉也武帝時以假司馬從貳師將軍擊匈奴大爲虜所

圍漢軍乏食數日死傷者多充國廼與壯士百餘人潰圍陷陳貳師引兵隨之遂得解身被二十餘創貳師奏狀詔徵充國詣行在所武帝親見視其創嗟歎之拜爲中郎遷車騎將軍長史昭帝時武都氐人反師古曰氐音丁奚反充國以大將軍護軍都尉將兵擊定之遷中郎將屯上谷師古曰領兵屯於上谷也將音子亮反還爲水衡都尉擊匈奴獲西祁王文穎曰匈奴王也擢爲後將軍兼水衡如故與大將軍霍光定冊尊立宣帝封營平侯本始中爲蒲類將軍征匈奴斬虜數百級還爲後將軍少府匈奴大發十餘萬騎南旁塞至符奚廬山師古曰旁依也音步浪反○劉敞曰按百官表本始年後少府皆有姓名充國未嘗爲之亦未嘗有將軍兼少府者明此府字是時字少時猶言無幾也欲入爲寇亡者題除渠堂降漢言之遣充國將四萬騎屯緣邊九郡文穎曰五原朔方之屬也師古曰九郡者五原朔方雲中代郡鴈門定襄北平上谷漁陽也四萬騎分屯之而充國總統領之單于聞之引去是時光祿大夫義渠安國使行諸羌師古曰行音下更反先零豪言願時渡湟水北鄭氏曰零音憐孟康曰零帥長也師古曰湟水出金城臨羌塞外東入河湟水之北是漢地湟音皇○劉奉世曰湟北非謂漢地也羌意欲稍北近匈奴合而爲寇安國不知其情故受其詞詳下文可見逐民所不田處畜牧安國以聞充國劾安國奉使不敬是後羌人旁緣前言抵冒渡湟水師古曰旁依也抵冒犯突而前旁音步浪反冒音莫北反○宋祁曰冒作莫報反郡縣不能禁元康三年先零遂與諸羌種豪二百餘人解仇交質盟詛師古曰羌人無大君長而諸種豪遞相殺伐故每有仇雠往來相報今解仇交質者自相親結欲入漢爲寇也上聞之以問充國對曰羌人所以易制者以其種自有豪數相攻擊埶不壹也往三十餘歲西羌反時亦先解仇合約攻令居師古曰合約共爲要契也與漢相距五六年廼定至征和五年先零豪封煎等通使匈奴師古曰煎讀曰翦匈奴使人至小月氏師古曰氏音支傳告諸羌曰漢貳師將軍衆十餘萬人降匈奴羌人爲漢事苦師古曰事役張掖酒泉本我地地肥美可共擊居之以此觀匈奴欲與羌合非一世也間者匈奴困於西方聞烏桓來保塞恐兵復從東方起數使使尉黎危須諸國設以子女貂裘欲沮解之師古曰設謂開許之也沮壞也欲壞其計令解散之沮音才汝反其計不合疑匈奴更遣使至羌中道從沙陰地出鹽澤過長阬入窮水塞南抵屬國與先零相直師古曰直當也臣恐羌變未止此且復結聯他種宜及未然爲之備師古曰未然者其計未成後月餘羌侯狼何果遣使至匈奴藉兵師古曰藉借也欲擊鄯善敦煌以絕漢道師古曰鄯音善充國以爲狼何小月氏種在陽關西南埶不能獨造此計疑匈奴使已至羌中先零罕开廼解仇作約蘇林曰罕开在金城南師古曰罕开羌之別種也此下言遣开豪雕庫宣天子至德罕开之屬皆聞知明詔其下又云河南大开小开則罕羌开羌姓族殊矣开音口堅反而地理志天水有罕开縣蓋以此二種羌來降處之此地因以名縣也而今之羌姓有旱开者總是旱开之類合而言之因爲姓耳變

开爲井字之訛也到秋馬肥變必起矣宜遣使者行邊兵豫爲備敕視諸羌毋令解仇師古曰行音下更反視讀曰示示語之也其下並同○宋祁曰解仇上疑有復字以發覺其謀於是兩府復白遣義渠安國行視諸羌分別善惡安國至召先零諸豪三十餘人以尤桀黠皆斬之師古曰桀堅也言不順從也黠惡也爲惡堅也縱兵擊其種人斬首千餘級於是諸降羌及歸義羌侯楊玉等恐怒亡所信鄉師古曰恐中國汎怒不信其心而納嚮之鄉讀曰嚮○劉奉世曰恐怒且恐且怒也羌未有變而漢吏無故誅殺其人故楊玉等謂漢無所信向於是與他族皆叛也遂劫略小種背畔犯塞攻城邑殺長吏安國以騎都尉將騎三千屯備羌至浩亹師古曰浩音誥亹音門水名也解在地理志爲虜所擊失亡車重兵器甚衆師古曰重音直用反安國引還至令居以聞是歲神爵元年春也時充國年七十餘上老之使御史大夫丙吉問誰可將者充國對曰亡踰於老臣者矣上遣問焉曰將軍度羌虜何如當用幾人師古曰度計也音大各反其下亦同充國曰百聞不如一見兵難隃度鄭氏曰隃遙也三輔言也師古曰隃讀作遙臣願馳至金城圖上方略師古曰圖其地形并爲攻討方略俱奏上也然羌戎小夷逆天背畔滅亡不久願陛下以屬老臣勿以爲憂師古曰屬委也音之欲反上笑曰諾充國至金城須兵滿萬騎師古曰須待也欲渡河恐爲虜所遮卽夜遣三校銜枚先渡師古曰銜枚者欲其無聲使虜不覺渡輒營陳會明畢遂以次盡渡虜數十百騎來出入軍傍充國曰吾士馬新倦不可馳逐此皆驍騎難制又恐其爲誘兵也擊虜以殄滅爲期小利不足貪令軍勿擊遣騎候四望陿中亡虜文穎曰金城有三陿在南六百里師古曰山附而夾水曰陿四望者名也陿音狹夜引兵上至落都服虔曰山名也召諸校司馬謂曰吾知羌虜不能爲兵矣使虜發數十人守杜四望陿中兵豈得入哉師古曰杜塞也充國常以遠斥候爲務行必爲戰備止必堅營壁尤能持重愛士卒先計而後戰遂西至西部都尉府孟康曰在金城日饗軍士師古曰日饗飲之士皆欲爲用虜數挑戰充國堅守捕得生口言羌豪相數責曰語汝亡反今天子遣趙將軍來年八九十矣善爲兵今請欲壹鬭而死可得邪充國子右曹中郎將卬將期門佽飛羽林孤兒胡越騎爲支兵至令居虜並出絕轉道師古曰並猶俱也轉道運糧之道也並讀如字又音步朗反○劉奉世曰並猶具爾羣聚不一同出鈔絕故曰並也何煩曲解下文分兵並出又當爲且耶卬以聞有詔將八校尉與驍騎都尉金城太守合疏捕山間虜蘇林曰疏搜索也師古曰疏字本作跡言尋跡而捕之也通轉道津渡○宋祁曰渡姚改作度初罕开豪靡當兒使弟雕庫來告都尉曰先零欲反後數日果反雕庫種人頗在先零中都尉卽留雕庫爲質充國以爲亡罪廼遣歸告種豪大兵誅有罪者明白自別毋取并滅師古曰言勿相和同自取滅亡天子告諸羌人犯法者能相捕斬除罪斬大豪有罪

者一人賜錢四十萬中豪十五萬下豪二萬大男三千女子及老小千錢又以其所捕妻子財物盡與之充國計欲以威信招降罕开及劫略者解散虜謀徼極廼擊之師古曰徼要也要其倦極者也徼音工堯反時上已發三輔太常徒弛刑師古曰弛刑謂不加鉗釱者也弛之言解也音式爾反三河潁川沛郡淮陽汝南材官金城隴西天水安定北地上郡騎士羌騎與武威張掖酒泉太守各屯其郡者合六萬人矣酒泉太守辛武賢奏言郡兵皆屯備南山北邊空虛埶不可久或曰至秋冬廼進兵此虜在竟外之冊師古曰竟讀曰境今虜朝夕爲寇土地寒苦漢馬不能冬師古曰能讀曰耐屯兵在武威張掖酒泉萬騎以上皆多羸瘦可益馬食以七月上旬齎三十日糧分兵並出張掖酒泉合擊罕开在鮮水上者虜以畜產爲命今皆離散兵卽分出雖不能盡誅亶奪其畜產虜其妻子師古曰亶讀曰但復引兵還冬復擊之大兵仍出虜必震壞師古曰仍頻也天子下其書充國令與校尉以下吏士知羌事者博議充國及長史董通年以爲武賢欲輕引萬騎分爲兩道出張掖回遠千里師古曰回謂路紆曲也音胡悔反以一馬自佗負三十日食師古曰佗音徒何反凡以畜產載負物者皆爲佗爲米二斛四斗麥八斛又有衣裝兵器難以追逐勤勞而至虜必商軍進退稍引去師古曰商計度也○宋祁曰稍引去當更添一稍字逐水屮入山林師古曰屮古草字隨而深入虜卽據前險守後阸以絕糧道必有傷危之憂爲夷狄笑千載不可復師古曰復音扶目反而武賢以爲可奪其畜產虜其妻子此殆空言非至計也師古曰殆僅也又武威縣張掖日勒皆當北塞有通谷水草師古曰日勒張掖之縣臣恐匈奴與羌有謀且欲大入幸能要杜張掖酒泉以絕西域師古曰要遮也杜塞也其郡兵尤不可發先零首爲畔逆它種劫略師古曰言被劫略而反叛非其本心故臣愚冊欲捐罕开闇昧之過隱而勿章先行先零之誅以震動之宜悔過反善因赦其罪選擇良吏知其俗者拊循和輯師古曰拊古撫字輯與集同此全師保勝安邊之冊天子下其書公卿議者咸以爲先零兵盛而負罕开之助師古曰負恃也不先破罕开則先零未可圖也上廼拜侍中樂成侯許延壽爲彊弩將軍卽拜酒泉太守武賢爲破羌將軍師古曰卽就也就其郡而拜之賜璽書嘉納其冊以書敕讓充國曰師古曰讓責也皇帝問後將軍甚苦暴露將軍計欲至正月廼擊罕羌羌人當獲麥已遠其妻子師古曰徙其妻子令遠居而身來爲寇也精兵萬人欲爲酒泉敦煌寇邊兵少民守保不得田作今張掖以東粟石百餘芻稾束數十師古曰皆謂錢直之數言其貴轉輸並起百姓煩擾將軍將萬餘之衆不早及秋共水草之利爭其畜食師古曰此畜謂畜產牛羊之屬也食謂穀麥之屬也一曰畜食畜之所食卽謂

草也欲至冬虜皆當畜食師古曰此畜讀曰蓄蓄聚積也多藏匿山中依險阻將軍士寒手足皸瘃文穎曰皸坼裂也瘃寒創也師古曰皸音軍瘃音竹足反寧有利哉將軍不念中國之費欲以歲數而勝微師古曰久歷年歲乃勝小敵也數音所具反○劉奉世曰微無也讀當屬下句言雖無充國誰不樂此安便也將軍誰不樂此者師古曰言凡爲將軍者皆樂此今詔破羌將軍武賢將兵六千一百人敦煌太守快將二千人長水校尉富昌酒泉侯奉世將婼月氏兵四千人服虔曰婼音兒羌名也蘇林曰婼音兒遮反師古曰蘇音是也亡慮萬二千人師古曰亡慮大計也解在食貨志齎三十日食以七月二十二日擊罕羌入鮮水北句廉上服虔曰句音鉤師古曰句廉謂水岸曲而有廉稜也去酒泉八百里去將軍可千二百里將軍其引兵便道西並進雖不相及使虜聞東方北方兵並來○宋祁曰並來越本作正來分散其心意離其黨與雖不能殄滅當有瓦解者已詔中郎將卬將胡越佽飛射士步兵二校益將軍兵今五星出東方中國大利蠻夷大敗張晏曰五星所聚其下勝羌人在西星在東則爲漢太白出高用兵深入敢戰者吉弗敢戰者凶將軍急裝因天時誅不義萬下必全勿復有疑充國旣得讓以爲將任兵在外便宜有守以安國家師古曰言爲將之道受任於外雖受詔命若有便宜則當固守以取安利也廼上書謝罪因陳兵利害曰臣竊見騎都尉安國前幸賜書擇羌人可使使罕諭告以大軍當至漢不誅罕以解其謀恩澤甚厚非臣下所能及臣獨私美陛下盛德至計亡已故遣开豪雕庫宣天子至德罕开之屬皆聞知明詔今先零羌楊玉此羌之首帥名王將騎四千及煎鞏騎五千阻石山木候便爲寇師古曰謂依阻山之木石以自保固罕羌未有所犯今置先零先擊罕釋有罪誅無辜師古曰釋置也放也起壹難就兩害誠非陛下本計也臣聞兵法攻不足者守有餘又曰善戰者致人不致於人師古曰皆兵法之辭也致人引致而取之也致於人爲人所引也今罕羌欲爲敦煌酒泉寇宜飭兵馬練戰士以須其至師古曰飭整也須待也飭與勅同也坐得致敵之術以逸擊勞取勝之道也今恐二郡兵少不足以守而發之行攻釋致虜之術而從爲虜所致之道師古曰釋廢也○宋祁曰廢也姚改作廢棄臣愚以爲不便先零羌虜欲爲背畔故與罕开解仇結約然其私心不能亡恐漢兵至而罕开背之也臣愚以爲其計常欲先赴罕开之急以堅其約先擊罕羌先零必助之今虜馬肥糧食方饒擊之恐不能傷害適使先零得施德於罕羌堅其約合其黨師古曰施德謂樹恩德也虜交堅黨合精兵二萬餘人迫脅諸小種附著者稍衆莫須之屬不輕得離也服虔曰莫須小種羌名也如是虜兵寖多師古曰寖漸也誅之用力數倍臣恐國家憂累繇十年數不二三歲而已師古曰累音力瑞反繇與由同臣得蒙天子厚恩父子俱爲顯列臣位至

上卿爵爲列侯犬馬之齒七十六爲明詔塡溝壑死骨不朽亡所顧念獨思惟兵利害至孰悉也於臣之計先誅先零已則罕开之屬不煩兵而服矣先零已誅而罕开不服涉正月擊之得利之理又其時也以今進兵誠不見其利唯陛下裁察六月戊申奏七月甲寅璽書報從充國計焉充國引兵至先零在所虜久屯聚解弛 師古曰解讀曰懈弛放也 望見大軍棄車重欲渡湟水 師古曰重直用反 道阸狹充國徐行驅之或曰逐利行遲 師古曰逐利宜疾今行太遲 充國曰此窮寇不可迫也緩之則走不顧急之則還致死 師古曰謂更迴還盡力而死戰 諸校皆曰善虜赴水溺死者數百降及斬首五百餘人鹵馬牛羊十萬餘頭車四千餘兩兵至罕地令軍毋燔聚落芻牧田中 師古曰不得燔燒人居及於田畝之中刈芻放牧也 罕羌聞之喜曰漢果不擊我矣豪靡忘使人來言願得復還故地 服虔曰靡忘羌帥名也○宋祁曰復還一本作還復 充國以聞未報靡忘來自歸充國賜飲食遣還諭種人護軍以下皆爭之曰此反虜不可擅遣充國曰諸君但欲便文自營 師古曰苟取文墨之便而自營衞便音頻面反 非爲公家忠計也 師古曰爲音于僞反 語未卒璽書報令靡忘以贖論後罕竟不煩兵而下其秋充國病上賜書曰制詔後將軍聞苦脚脛寒泄 師古曰脛膝以下骨也寒泄下利也言其患足脛又苦下利脛音下定反泄音息列反 將軍年老加疾一朝之變不可諱 師古曰恐其死 朕甚憂之今詔破羌將軍詣屯所爲將軍副急因天時大利吏士銳氣以十二月擊先零羌卽疾劇留屯毋行獨遣破羌彊弩將軍時羌降者萬餘人矣充國度其必壞欲罷騎兵屯田以待其敝作奏未上會得進兵璽書中郎將卬懼使客諫充國曰誠令兵出破軍殺將以傾國家將軍守之可也卽利與病又何足爭一旦不合上意遣繡衣來責將軍將軍之身不能自保 師古曰繡衣謂御史 何國家之安充國歎曰是何言之不忠也本用吾言羌虜得至是邪 師古曰言豫防之可無今日之寇也 往者舉可先行羌者吾舉辛武賢 師古曰行音下更反 丞相御史復白遣義渠安國竟沮敗羌 師古曰沮壞也音才汝反 金城湟中穀斛八錢吾謂耿中丞 服虔曰耿壽昌也爲司農中丞 糴二百萬斛穀羌人不敢動矣 師古曰言豫儲糧食可以制敵 耿中丞請糴百萬斛迺得四十萬斛耳義渠再使且費其半失此二冊羌人故敢爲逆失之豪氂差以千里是既然矣今兵久不決四夷卒有動搖相因而起 師古曰卒讀曰猝 雖有知者不能善其後羌獨足憂邪 師古曰言儻如此則所憂不獨在羌 吾固以死守之明主可爲忠言遂上屯田奏曰臣聞兵者所以明德除害也故舉得於外則福生於內不可不愼臣所將吏士馬牛食月用糧穀十九萬九千六百三十斛鹽千六百九十三斛茭藁二十五萬二百八十六石 師古曰茭乾芻也稾禾稈也石百二十斤稈音工旱反 難久不解繇役不息又恐它夷卒有不虞之變 師古曰卒讀曰猝 相因並起爲明主憂誠非素定廟勝之冊 師古曰廟勝謂謀於廟堂而勝敵也 且羌虜易以計破難用兵碎故也臣愚以爲擊之不便○宋祁曰故也當作故 計度臨羌東至浩亹 師古曰度音大各反 羌虜故田○宋祁曰故田姚刪故字 及公田民所未墾可二千頃以上其間郵亭多壞敗者臣前部士入山伐材木大小六萬餘枚皆在水次願罷騎兵留弛刑應募及淮陽汝南步兵與吏士私從者合凡萬二百八十一人用穀月二萬七千三百六十三斛鹽三百八斛分屯要害處冰解漕下繕鄉亭浚溝渠 師古曰漕下以水運木而下也繕補也浚深治也 治湟陿以西道橋七十所令可至鮮水左右田事出賦人二十畮 師古曰田事出謂至春人出營田也賦謂班與之也晦古畝字 至四月草生發郡騎及屬國胡騎伉健各千倅馬什二就草 師古曰倅副也什二者千騎則與副馬二百匹也伉音口浪反 爲田者遊兵以充入金城郡益積畜省大費 師古曰畜讀曰蓄 今大司農所轉穀至者足支萬人一歲食謹上田處及器用簿 師古曰簿音步戶反 唯陛下裁許上報曰皇帝問後將軍言欲罷騎兵萬人留田卽如將軍之計虜當何時伏誅兵當何時得決孰計其便復奏充國上狀曰臣聞帝王之兵以全取勝是以貴謀而賤戰戰而百勝非善之善者也故先爲不可勝以待敵之可勝 師古曰此兵法之辭也言先自完堅令敵不能勝我乃可以勝敵也 蠻夷習俗雖殊於禮義之國然其欲避害就利愛親戚畏死亡一也今虜亡其美地薦草 師古曰薦稠草也 愁於寄託遠遯骨肉離心人有畔志而明主般師罷兵 鄧展曰般音班班還也 萬人留田順天時因地利以待可勝之虜雖未卽伏辜兵決可期月而望羌虜瓦解前後降者萬七百餘人及受言去者凡七十輩 如淳曰羌胡言欲降受其言遣去者師古曰如說非也謂羌受充國之言歸相告喻者也羌虜卽羌賊耳無豫於胡也○宋祁曰七十疑作五十七 此坐支解羌虜之具也臣謹條不出兵留田便宜十二事步兵九校 師古曰一部爲一校也 吏士萬人留屯以爲武備因田致穀威德並行一也又因排折羌虜令不得歸肥饒之墜 師古曰墜古地字也 貧破其衆以成羌虜相畔之漸二也居民得並田作不失農業三也 師古曰並且也讀如本字又音步浪反○劉奉世曰居民得並田作並亦俱也 軍馬一月之食度支田士一歲 師古曰度音大各反 罷騎兵以省大費四也至春省甲士卒循河湟漕穀至臨羌以眎羌虜 師古曰眎亦示字 揚威武傳世折衝之具五也以閒暇時下所伐材 師古曰閒讀曰閑 繕治郵亭充入金城六也兵出乘危徼幸 師古曰言不可必勝 不出令反畔之虜竄於風寒之地離霜露疾疫瘃墮之患 師古曰離遭也墮謂因寒瘃而墮指者也 坐得必勝之道七也亡經阻遠追死傷之害八也內不損威武之重外不令虜得乘閒之勢九也 師古曰閒謂軍之閒隙者也 又亡驚動河南大开小开 服虔曰皆羌種在河西之河南 使生它變之憂十也治湟陿中道橋令可至鮮水以制西域信威千里 師古曰信讀曰申 從枕席上過師十一也 鄭氏曰橋成軍行安易若於枕席上過也 大費既省繇役豫息以戒不虞十二也留屯田得十二便出兵失十二利臣充國材下犬馬齒衰不識長冊唯明詔博詳公卿議臣採擇上復賜報曰皇帝問後將軍言十二便聞之虜雖未伏誅兵決可期月而望期月而望者謂今冬邪謂何時也將軍獨不計虜聞兵頗罷且丁壯相聚攻擾田者及道上屯兵復殺略人民將何以止之又大开小开前言曰我告漢軍先零所在兵不往擊久留得亡效五年時不分別人而并擊我 如淳曰此語謂本始五年伐先零不分別大小开本意是以大小开有此言也○劉奉世曰本始年未伐先零此卽元康五年未改神爵已前義渠安國召誅先零之時所謂無所信鄉卽是今無事但羌人不能追言爾 其意常恐今兵不出得亡變生與先零爲一將軍孰計復奏充國奏曰臣聞兵以計爲本故多算勝少算先零羌精兵今餘不過七八千人失地遠客分散飢凍罕开莫須又頗暴略其羸弱畜產畔還者不絕皆聞天子明令相捕斬之賞臣愚以爲虜破壞可日月冀遠在來春故曰兵決可期月而望竊見北邊自燉煌至遼東萬一千五百餘里乘塞列隧有吏卒數千人虜數大衆攻之而不能害今留步士萬人屯田地勢平易多高山遠望之便部曲相保爲塹壘木樵 師古曰樵與譙同謂爲高樓以望敵也音才消反 校聯不絕 如淳曰播校相連也師古曰此校謂用木自相貫穿以爲固者亦猶周易荷校滅耳也周禮校人掌王馬之政六廄成校蓋用關械閑養馬也說文解字云校木囚也亦謂以木相貫遮闌禽獸也今云校聯不絕言營壘相次 便兵弩飭鬭具 師古曰便利也飭整也其字從力 烽火幸通勢及并力以逸待勞兵之利者也臣愚以爲屯田內有亡費之利外有守禦之備騎兵雖罷虜見萬人留田爲必禽之具其土崩歸德宜不久矣從今盡三月虜馬羸瘦必不敢捐其妻子於它種中遠涉河山而來爲寇又見屯田之士精兵萬人終不敢復將其累重還歸故地 師古曰累重謂妻子也累音力瑞反重音直用反 是臣之愚計所以度虜且必瓦解其處 師古曰各於其處自瓦解 不戰而自破之冊也至於虜小寇盜時殺人民其原未可卒禁 師古曰卒讀曰猝 臣聞戰不必勝不苟接刃攻不必取不苟勞衆誠令兵出雖不能滅先零亶能令虜絕不爲小寇則出兵可也 師古曰亶讀曰但 卽今同是 師古曰俱不能止小寇盜 而釋坐勝之道從乘危之勢往終不見利空內自罷敝 師古曰罷讀曰疲 貶重而自損非所以視蠻夷也 師古曰視讀曰示 又大兵一出還不可復留湟中亦未可空如是繇役復發也○宋祁曰別本復下有更字 且何奴不可不備烏桓不可不憂今久轉運煩費傾我不虞之用以澹一隅 師古曰澹古贍字贍給也 臣愚以爲不便校尉臨衆幸得承威德奉厚幣拊循衆羌諭以明詔宜皆鄉風 師古曰諭曉告之鄉讀曰嚮 雖其前辭嘗曰得亡校五年宜亡它心不足以故出兵○宋祁曰校當作效 臣竊自惟念奉詔出塞引軍遠擊窮天子之精兵散車甲於山野雖亡尺寸之功媮得避慊之便 師古曰媮苟且也慊亦嫌字 而亡後咎餘責此人臣不忠之利非明主社稷之福也臣幸得奮精兵討不義久留天誅 師古曰言不早殄滅賊也 罪當萬死陛下寬仁未忍加誅令臣數得孰計 師古曰數音所角反其下亦同 愚臣伏計孰甚不敢避斧鉞之誅昧死陳愚唯陛下省察充國奏每上輒下公卿議臣○宋祁曰議臣字下當更有一議字 初是充國計者什三中什五最後什八有詔詰前言不便者皆頓首服丞相魏相曰臣愚不習兵事利害後將軍數畫軍冊其言常是臣任其計可必用也 師古曰任保也 上於是報充國曰皇帝問後將軍上書言羌虜可勝之道今聽將軍將軍計善其上留屯田及當罷者人馬數將軍強食愼兵事自愛上以破羌強弩將軍數言當擊又用充國屯田處離散恐虜犯之於是兩從其計詔兩將軍與中郎將卬出擊強弩出降四千餘人破羌斬首二千級中郎將卬斬首降者亦二千餘級而充國所降復得五千餘人詔罷兵獨充國留屯田明年五月充國奏言羌本可五萬人軍凡斬首七千六百級降者三萬一千二百人溺河湟飢餓死者五六千人定計遺脫與煎鞏黃羝俱亡者不過四千人羌靡忘等自詭必得 師古曰詭責也自以爲憂責言必能得之 請罷屯兵奏可充國振旅而還所善浩星賜迎說充國 鄧展曰浩星姓賜名也 曰衆人皆以破羌強弩出擊多斬首獲降虜以破壞○宋祁曰獲作生 然有識者以爲虜勢窮困兵雖不出必自服矣將軍卽見宜歸功於二將軍出擊非愚臣所及如此將軍計未失也充國曰吾年老矣爵位已極豈嫌伐一時事以欺明主哉兵勢國之大事當爲後法老臣不以餘命壹爲陛下明言兵之利害卒死誰當復言之者 師古曰卒讀曰猝 卒以其意對 師古曰卒終也 上然其計罷遣辛武賢歸酒泉太守官充國復爲後將軍衞尉其秋羌若零離留且種兒庫 師古曰且音子閭反 共斬先零大豪猶非楊玉首 文穎曰猶非人名也師古曰猶非及楊玉二人也宣紀作酋非而此傳作猶字疑紀誤○劉奉世曰宣紀作五月斬楊玉降與此不同疑是紀誤 及諸豪弟澤陽雕良兒靡忘皆帥煎鞏黃羝之屬四千餘人降漢封若零弟澤二人爲帥衆王離留且種二人爲侯兒庫爲君陽雕爲言兵侯良兒爲君靡忘爲獻牛君初置金城屬國以處降羌詔舉可護羌校尉者

時充國病四府舉辛武賢小弟湯充國遽起奏湯使酒不可典蠻夷師古曰使酒因酒以使氣若今言惡酒者○宋祁曰小弟湯湯淅本作陽不如湯兄臨衆時湯已拜受節有詔更用臨衆後臨衆病免五府復舉湯湯數醉酗羌人師古曰酗音況務反師古曰酗字也醉怒曰酗羌人反畔卒如充國之言初破羌將軍武賢在軍中時與中郎將卬宴語師古曰閑宴時共語也卬道車騎將軍張安世始嘗不快上如淳曰所爲行不可上意上欲誅之卬家將軍以爲安世本持橐簪筆張晏曰橐契囊也近臣負橐簪筆從備顧問或有所紀也師古曰橐所以盛書也有底曰囊無底曰橐簪筆者插筆於首○宋祁曰橐舊音丁各反今讀又音託事孝武帝數十年見謂忠謹宜全度之師古曰全安而免度之不令喪敗也安世用是得免及充國還言兵事武賢罷歸故官深恨上書告卬泄省中語卬坐禁止而入至充國莫府司馬中亂屯兵如淳曰方見禁止而入至充國莫府司馬中司馬中律所謂營軍司馬中也下吏自殺充國乞骸骨賜安車駟馬黃金六十斤罷就第朝庭每有四夷大議常與參兵謀問籌策焉師古曰與讀曰豫○宋祁曰庭改作廷年八十六甘露二年薨謚曰壯侯傳子至孫欽欽尚敬武公主主亡子主教欽良人習詐有身名它人子欽薨子岑嗣侯習爲太夫人岑父母求錢財亡已忿恨相告岑坐非子免國除元始中修功臣後復封充國曾孫伋爲營平侯師古曰伋音汲初充國以功德與霍光等列畫未央宮成帝時西羌嘗有警上思將帥之臣追美充國迺召黃門郎揚雄卽充國圖畫而頌之師古曰卽就也於畫側而書頌也曰明靈惟宣戎有先零先零昌狂侵漢西疆漢命虎臣惟後將軍整我六師是討是震師古曰震合韻音真既臨其域諭以威德有守矜功謂之弗克請奮其旅于罕之羌天子命我從之鮮陽應劭曰酒泉太守辛武賢自將萬騎出張掖擊羌宣帝使充國共武賢討罕开於鮮水之陽也營平守節婁奏封章師古曰婁古屢字料敵制勝威謀靡亢師古曰料量也亢當也合韻音康遂克西戎還師於京鬼方賓服罔有不庭師古曰鬼方言其幽昧也不庭來帝庭也一說庭直也張晏曰方叔召虎也詩人歌功迺列于雅師古曰大雅小雅之詩也昔周之宣有方有虎在漢中興充國作武赳赳桓桓亦紹厥後師古曰赳赳勁也桓桓威也紹繼也厥後謂繼周之方召也

充國爲後將軍徙杜陵辛武賢自羌軍還後七年復爲破羌將軍征烏孫至敦煌後不出徵未到病卒子慶忌至大官

辛慶忌字子真少以父任爲右校丞隨長羅侯常惠屯田烏孫赤谷城與歙侯戰師古曰歙卽翕字也歙侯烏孫官名○宋祁曰歙改作翖陷陳卻敵惠奏其功拜爲侍郎遷校尉將吏士屯焉耆國還爲謁者尚未知名元帝初補金城長史舉茂材遷郎中車騎將軍○劉攽曰郎中車騎將軍不成文明衍軍字是歷郎中兼車騎將史省文總言之耳又曰郎中車騎將軍衍車軍字當云郎中騎將不然者車去騎爲車將也朝廷多重之者轉爲校尉遷張掖太守徙酒泉所在著名成帝初徵爲光祿大夫遷左曹中郎將至執金吾始武賢與趙充國有隙後充國家殺辛氏至慶忌爲執金吾坐子殺趙氏左遷酒泉太守歲餘大將軍王鳳薦慶忌前在兩郡著功迹徵入歷位朝廷莫不信鄉師古曰鄉讀曰嚮質行正直仁勇得衆心通於兵事明略威重任國柱石師古曰任堪也父破羌將軍武賢顯名前世有威西夷臣鳳不宜久處慶忌之右師古曰右上也迺復徵爲光祿大夫執金吾數年坐小法左遷雲中太守復徵爲光祿勳時數有災異丞相司直何武上封事曰虞有宮之奇晉獻不寐應劭曰晉獻公欲伐虞以宮之奇在寢不寐○宋祁曰注不寐下當添也字衞青在位淮南寢謀故賢人立朝折衝厭難勝於亡形師古曰厭抑也未有禍難之形豫勝之也厭音一葉反司馬法曰天下雖安忘戰必危夫將不豫設則亡以應卒師古曰卒讀曰猝謂暴也士不素厲則難使死敵是以先帝建列將之官近威主內異姓距外故姦軌不得萌動而破滅師古曰始生曰萌誠萬世之長冊也光祿勳慶忌行義修正柔毅敦厚師古曰和柔而能沈毅也音毅擾而毅也亦柔也今流俗書本柔字作果者妄改之謀慮深遠前在邊郡數破敵獲虜外夷莫不聞迺者大異並見未有其應加以兵革久寢春秋大災未至而豫禦之師古曰莊十八年公追戎於濟西公羊傳曰此未有伐中國者言追何大其未至而豫禦也○劉攽曰衍戎字宋祁曰注國字下當添其字慶忌宜在爪牙官以備不虞師古曰虞度也言有寇難非意所度也其後拜爲右將軍諸吏散騎給事中歲餘徙爲左將軍慶忌居處恭儉食飲被服尤節約然性好輿馬號爲鮮明唯是爲奢爲國虎臣遭世承平匈奴西域親附敬其威信年老卒官長子通爲護羌校尉中子遵函谷關都尉少子茂水衡都尉出爲郡守皆有將帥之風宗族支屬至二千石者十餘人元始中安漢公王莽秉政見慶忌本大將軍鳳所成三子皆能欲親厚之是時莽方立威柄用甄豐甄邯以自助豐邯新貴威震朝廷水衡都尉茂自見名臣子孫兄弟並列不甚詘事兩甄時平帝幼外家衞氏不得在京師而護羌校尉通長子次兄素與帝從舅衞子伯相善師古曰次兄其字也兄讀如本字亦讀曰況兩人俱游俠賓客甚盛及呂寬事起莽誅衞氏兩甄構言諸辛陰與衞子伯爲心腹有背恩不說安漢公之謀師古曰說讀曰悅於是司直陳崇舉奏其宗親隴西辛興等侵陵百姓威行州郡莽遂按通父子遵茂兄弟及南郡太守辛伯等皆誅殺之辛氏繇是廢師古曰繇讀與由同慶忌本狄道人爲將軍徙昌陵昌陵罷留長安

贊曰秦漢已來○宋祁曰已當作以山東出相山西出將秦將軍白起郿人師古曰郿扶風之縣也音媚○宋祁曰秦下當添時字王翦頻陽人漢興郁郅王圍甘延壽師古曰圍爲強弩將軍見藝文志郁音於六反郅音質義渠公孫賀傅介子成紀李廣李蔡杜陵蘇建蘇武上邽上官桀趙充國襄武廉褒狄道辛武賢慶忌皆以勇武顯聞蘇辛父子著節此其可稱列者也其餘不可勝數何則山西天水隴西安定北地處勢迫近羌胡民俗修習戰備高上勇力鞍馬騎射故秦詩曰王于興師修我甲兵與子皆行師古曰小戎之詩也解在地理志其風聲氣俗自古而然今之歌謠慷慨風流猶存耳

前漢書卷六十九考證

趙充國傳以假司馬從貳師將軍擊匈奴○臣召南按天漢二年事也李廣利以三萬騎出酒泉擊右賢王於天山得首虜萬餘級卽此役也

武都氐人反充國以大將軍護軍云云○臣召南按昭紀元鳳元年武都氐人反遣執金吾馬適建龍頟侯韓增大鴻臚廣明將三輔太常徒皆免刑擊之然則充國以護軍爲裨將而戰功多耳又按匈奴傳匈奴降者言匈奴方發二萬騎擊烏桓霍光欲發兵要擊之以問充國充國以爲非計乃拜范明友爲度遼將軍亦充國爲大將軍護軍都尉時事也充國爲水衡都尉公卿表在元鳳元年而遷後將軍在元平元年

先零豪言願時渡湟水北注師古曰湟水之北是漢地○劉奉世曰湟北非謂漢地也○臣召南按師古注是劉奉世說非也胡三省曰羌依南山渡湟水而北固欲與匈奴合而湟北則漢地所以隔絕羌與匈奴通之路正在於此於地形可謂明曉

屯備羌至浩亹注師古曰水名也解在地理志○胡三省曰縣名也屬金城郡有浩亹水出西塞外東至允吾入湟水杜佑云漢浩亹縣故城在今金城郡廣武縣西南

臣願馳至金城圖上方畧○胡三省曰金城郡昭帝始元六年置唐蘭鄯廓州地

夜引兵上至落都注服虔曰山名也○胡三省曰據水經注破羌縣之西有落都城後漢志浩亹縣有雒都谷

合擊罕开在鮮水上者○臣召南按鮮水卽西海一名青海又名卑禾羌海地理志金城郡臨羌縣西北至塞外有仙海鹽池者也後書西羌傳武帝時先零羌與匈奴通寇邊遣李息徐自爲擊平之羌乃去湟中依西海鹽池左右又本書王莽傳羌豪獻鮮水海允谷鹽池地爲西海郡

初置金城屬國以處降羌○王應麟曰段熲言先零作寇充國徙令居內始服終叛至今爲鯁予以地理志考之神爵二年金城置破羌允街二縣蓋處降羌之地羌在湟河之南而漢地在湟河之北謂之屬國置都尉以主降者羌爲患不自屬國始也建武中馬援徙羌天水隴西扶風三郡永平中竇固馬武徙羌三輔於是始熾或以充國遷先零內地爲非而不知金城非內地也不得不爲充國辨

四府舉辛武賢小弟湯○胡三省曰丞相御史車騎將軍前將軍府也并後將軍爲五府

辛慶忌傳遷郎中車騎將軍○劉攽曰是歷郎中兼車騎將史省文總言之耳云云○臣召南按攽有兩說前說軍字衍後說車字及軍字衍以文義推之後說尤長車騎將軍位次大將軍未有以郎中兼者觀下文云轉爲校尉遷張掖太守卽知非車騎將軍矣軍字顯是衍文又按百官表郎中有車戶騎三將秩皆比二千石此文應云遷郎中騎將又誤衍一車字耳

衞青在位淮南寢謀○顧炎武曰謂伍被言大將軍數將習兵未易當又言雖古名將不過是爲淮南所憚也

前漢書卷七十

漢　蘭　臺　令　史班　固撰

唐正議大夫行祕書少監琅邪縣開國子顏師古注

傅常鄭甘陳段傳第四十

傅介子北地人也師古曰趙充國傳贊云義渠公孫賀傅介子然則介子北地義渠人也以從軍爲官先是龜茲樓蘭皆嘗殺漢使者服虔曰龜茲音丘慈語在西域傳至元鳳中介子以駿馬監求使大宛因詔令責樓蘭龜茲國介子至樓蘭責其王教匈奴遮殺漢使大兵方至王苟不教匈奴匈奴使過至諸國何爲不言王謝服言匈奴使屬過師古曰屬近也近始過去屬音之欲反當至烏

孫道過龜茲介子至龜茲復責其王王亦服罪介子從大宛還到龜茲龜茲言匈奴使從烏孫還在此介子因率其吏士共誅斬匈奴使者還奏事詔拜介子爲中郎遷平樂監介子謂大將軍霍光曰樓蘭龜茲數反復而不誅無所懲艾師古曰艾讀曰乂介子過龜茲時其王近就人易得也師古曰附近而親就言不相猜阻也願往刺之以威示諸國大將軍曰龜茲道遠且驗之於樓蘭於是白遣之介子與士卒俱齎金幣揚言以賜外國爲名至樓蘭樓蘭王意不親介子介子陽引去至其西界使譯謂曰漢使者持黃金錦繡行賜諸國師古曰徧往賜之王不來受我去之西國矣卽出金幣以示譯譯還報王王貪漢物來見使者介子與坐飲陳物示之飲酒皆醉介子謂王曰天子使我私報王師古曰謂密有所諭王起隨介子入帳中屛語師古曰屛人而獨共語也壯士二人從後刺之刃交胷立死其貴人左右皆散走介子告諭以王負漢罪天子遣我來誅王當更立前太子質在漢者漢兵方至毋敢動動滅國矣遂持王首還詣闕公卿將軍議者咸嘉其功上迺下詔曰樓蘭王安歸常爲匈奴閒候遮漢使者師古曰言爲匈奴之閒而候伺發兵殺略衞司馬安樂光祿大夫忠期門郎遂成等三輩及安息大宛使盜取節印獻物晉灼曰此安息大宛遣使獻漢而樓蘭王使人盜取所獻之物也師古曰節及印漢使者所齎也獻物大宛等使所獻也樓蘭旣殺漢使又殺諸國使者甚逆天理平樂監傅介子持節使誅斬樓蘭王安歸首縣之北闕以直報怨師古曰論語載孔子言曰以直報怨以德報德言怨於我者則直道以報之故詔引之也不煩師衆其封介子爲義陽侯食邑七百戶士刺王者皆補侍郎介子薨子敞有罪不得嗣國除元始中繼功臣世復封介子曾孫長爲義陽侯王莽敗迺絕

常惠太原人也少時家貧自奮應募隨栘中監蘇武使匈奴師古曰栘中廄名也音移解在昭紀。宋祁曰蘇林曰栘音移如淳曰栘音移爾雅唐棣栘也栘園之中有馬廄也栘文唐棣栘郭璞注云似白楊江東呼爲栘音以支反姚本改作移并見拘留十餘年昭帝時迺還漢嘉其勤勞拜爲光祿大夫是時烏孫公主上書言匈奴發騎田車師師古曰車師西域國名也車師與匈奴爲一共侵烏孫唯天子救之漢養士馬議欲擊匈奴會昭帝崩宣帝初卽位本始二年遣惠使烏孫公主及昆彌皆遣使因惠言匈奴連發大兵擊烏孫取車延惡師地收其人民去使使脅求公主師古曰脅謂以威迫之也欲隔絕漢昆彌願發國半精兵自給人馬五萬騎盡力擊匈奴唯天子出兵以救公主昆彌於是漢大發十五萬騎五將軍分道出師古曰祁連將軍田廣明蒲類將軍趙充國武牙將軍田順度遼將軍范明友前將軍韓增語在匈奴傳以惠爲校尉持節護烏孫兵昆彌自將翖侯以下五萬餘騎師古曰翖卽翕字也翖侯烏孫官號也從西方入至右谷蠡庭師古曰谷音鹿蠡音黎獲單于父行及嫂居次晉灼曰匈奴女號若言公主也師古曰行音胡浪反名王騎將以下三萬九千人得馬牛驢贏橐佗五萬餘匹羊六十餘萬頭烏孫皆自取鹵獲惠從吏卒十餘人隨昆彌還未至烏孫烏孫人盜惠印綬節惠還自以當誅師古曰謂失印綬及節爲辱命時漢五將皆無功天子以惠奉使克獲遂封惠爲長羅侯復遣惠持金幣還賜烏孫貴人有功者惠因奏請龜茲國嘗殺校尉賴丹未伏誅請便道擊之宣帝不許大將軍霍光風惠以便宜從事師古曰言至前所事命而行也風讀曰諷惠與吏士五百人俱至烏孫還過發西國兵二萬人令副使發龜茲東國二萬人烏孫兵七千人從三面攻龜茲兵未合先遣人責其王以前殺漢使狀王謝曰迺我先王時爲貴人姑翼所誤耳我無罪惠曰卽如此縛姑翼來吾置王師古曰置猶赦○宋祁曰注文赦字下疑有也字王執姑翼詣惠惠斬之而還後代蘇武爲典屬國明習外國事勤勞數有功甘露中後將軍趙充國薨天子遂以惠爲右將軍典屬國如故宣帝崩惠事元帝三歲薨謚曰壯武侯傳國至曾孫建武中迺絕

鄭吉會稽人也以卒伍從軍數出西域由是爲郎吉爲人彊執習外國事師古曰彊力而有執志者自張騫通西域李廣利征伐之後初置校尉屯田渠黎至宣帝時吉以侍郎田渠黎積穀因發諸國兵攻破車師遷衞司馬使護鄯善以西南道師古曰鄯音善神爵中匈奴乖亂日逐王先賢撣欲降漢師古曰撣音纏使人與吉相聞吉發渠黎龜茲諸國五萬人迎日逐王口萬二千人小王將十二人隨吉至河曲頗有亡者吉追斬之遂將詣京師漢封日逐王爲歸德侯吉旣破車師降日逐威震西域遂并護車師以西北道故號都護師古曰并護南北二道故謂之都都猶大也總也都護之置自吉始焉上嘉其功效迺下詔曰都護西域騎都尉鄭吉拊循外蠻宣明威信師古曰禮云東夷北狄西戎南蠻然夷蠻戎狄亦四方之總稱耳故史傳又云百蠻也迎匈奴單于從兄日逐王衆擊破車師兜訾城師古曰訾音子移反功效茂著其封吉爲安遠侯食邑千戶吉於是中西域而立莫府師古曰中西域者言最處諸國之中近遠均也中音竹仲反治烏壘城鎭撫諸國誅伐懷集之漢之號令班西域矣師古曰班布也始自張騫而成於鄭吉語在西域傳吉薨謚曰繆侯子光嗣薨無子國除元始中錄功臣不以罪絕者封吉曾孫永爲安遠侯

甘延壽字君況北地郁郅人也少以良家子善騎射爲羽林投石拔距絕於等倫應劭曰投石以石投人也拔距卽下超踰羽林亭樓是也張晏曰范蠡兵法飛石重十二斤爲機發行三百步延壽有力能以手投之拔距超距也師古曰投石應說是也拔距者有人連坐相把據地距以爲堅而能拔取之皆言其有手掣之力超踰亭樓又言其趫捷耳非拔距也今人猶有拔瓜之戲蓋拔距之遺法○宋祁曰注文堅字疑作擊字擊字疑作擘字嘗超踰羽林亭樓由是遷爲郎試弁爲期門孟康曰弁手搏○宋祁曰注末當有也字以材力愛幸稍遷至遼東太守免官車騎將軍許嘉薦延壽爲郎中諫大夫使西域都護騎都尉與副校尉陳湯共誅斬郅支單于封義成侯薨謚曰壯侯傳國至曾孫王莽敗迺絕

陳湯字子公山陽瑕丘人也少好書博達善屬文師古曰屬音之欲反家貧匄貸無節不爲州里所稱師古曰匄乞也貸音吐得反西至長安求官得太官獻食丞數歲富平侯張勃與湯交高其能初元二年元帝詔列侯舉茂材勃舉湯湯待遷父死不奔喪師古曰犇古奔字司隸奏湯無循行。宋祁曰循疑作脩勃選舉故不以實坐削戶二百會薨因賜謚曰繆侯師古曰以其繆舉人也湯下獄論後復以薦爲郎數求使外國久之遷西域副校尉與甘延壽俱出先是宣帝時匈奴乖亂五單于爭立呼韓邪單于與郅支單于俱遣子入侍漢兩受之後呼韓邪單于身入稱臣朝見郅支以爲呼韓邪破弱降漢不能自還卽西收右地會漢發兵送呼韓邪單于郅支由是遂西破呼偈堅昆丁令服虔曰呼偈小國名在匈奴北師古曰偈起厲反令與零同。宋祁曰偈字下當添音字兼三國而都之怨漢擁護呼韓邪而不助己困辱漢使者江迺始等初元四年遣使奉獻因求侍子願爲內附漢議遣衞司馬谷吉送之御史大夫貢禹博士匡衡以爲春秋之義許夷狄者不壹而足師古曰言節制之不皆稱其所求也今郅支單于鄉化未醇師古曰鄉讀曰嚮不雜曰醇醇壹也厚也所在絕遠宜令使者送其子至塞而還吉上書言中國與夷狄有羈縻不絕之義今旣養全其子十年德澤甚厚空絕而不送近從塞還示弃捐不畜師古曰畜謂愛養也使無鄉從之心師古曰鄉讀曰嚮嚮從謂向化而從命也弃前恩立後怨不便議者見前江迺始無應敵之數知勇俱困以致恥辱卽豫爲臣憂臣幸得建彊漢之節承明聖之詔宣諭厚恩不宜敢桀師古曰言郅支畏威當不敢桀黠也若懷禽獸加無道於臣則單于長嬰大罪師古曰嬰猶帶也○宋祁曰禽獸字下疑有心字長嬰大罪罪字疑作漢必遁逃遠舍不敢近邊師古曰舍止也沒一使以安百姓國之計臣之願也願送至庭師古曰單于庭上以示朝者禹復爭以爲吉往必爲國取悔生事不可許右將軍馮奉世以爲可遣上許焉旣至郅支單于怒竟殺吉等自知負漢又聞呼韓邪益彊遂西奔康居康居王以女妻郅支郅支亦以女子康居王康居甚尊敬郅支欲倚其威以脅諸國師古曰倚音於綺反郅支數借兵擊烏孫深入至赤谷城殺略民人敺畜產師古曰敺與驅同下皆類此烏孫不敢追西邊空虛不居者且千里郅支單于自以大國威名尊重又乘勝驕不爲康居王禮怒殺康居王女及貴人人民數百或支解投都賴水中師古曰支解謂解截其四支也都賴郅支水名發民作城日作五百人二歲迺已又遣使責闔蘇大宛諸國歲遺師古曰胡廣云康居北可一千里有國名奄蔡一名闔蘇然則闔蘇卽奄蔡也歲遺者年常所獻遺之物遺弋季反○宋祁曰弋季字上當有音字不敢不予漢遣使三輩至康居求谷吉等死師古曰死尸也郅支困辱使者不肯奉詔而因都護上書言居困戹願歸計彊漢遣子入侍師古曰故爲此言以調戲也歸計謂歸附而受計策也其驕嫚如此建昭三年湯與延壽出西域湯爲人沈勇有大慮多策謀喜奇功師古曰喜音許吏反每過城邑山川常登望旣領外國與延壽謀曰夷狄畏服大種其天性也西域本屬匈奴今郅支單于威名遠聞侵陵烏孫大宛常爲康居畫計欲降服之如得此二國北擊伊列西取安息南排月氏山離烏弋數年之間城郭諸國危矣服虔曰山離烏弋不在三十六國中去中國二萬里師古曰謂西域國爲城郭者言不隨畜牧遷徙以別於匈奴也且其人剽悍師古曰剽輕也悍勇也剽音頻妙反又音匹妙反悍音胡幹反好戰伐數取勝久畜之必爲西域患郅支單于雖所在絕遠蠻夷無金城强弩之守如發屯田吏士敺從烏孫衆兵師古曰驅之令隨從也直指其城下彼亡則無所之守則不足自保師古曰之往也保安也千載之功可一朝而成也延壽亦以爲然欲奏請之湯曰國家與公卿議大策非凡所見事必不從師古曰言凡庸之人不能遠見故壞其事也○宋祁曰注文中壞字上疑有破字延壽猶與不聽師古曰與讀曰豫會其久病湯獨矯制發城郭諸國兵車師戊己校尉屯田吏士延壽聞之驚起欲止焉湯怒按劒叱延壽曰大衆已集會豎子欲沮衆邪師古曰沮止也壞也音才汝反延壽遂從之部勒行陳益置揚威白虎合騎之校張晏曰西域胡法之名也師古曰張說非也一校則別爲一部軍故稱校耳湯特新置此等諸校名以爲威聲也漢兵胡兵合四萬餘人延壽湯上疏自劾奏矯制陳言兵狀卽日引軍分行別爲六校其三校從南道踰蔥領徑大宛其三校都護自將發溫宿國從北道入赤谷過烏孫涉康居界至闐池西而康居副王抱闐將數千騎寇赤谷城東文頴曰闐音填殺略大昆彌千餘人敺畜產甚多從後與漢軍相及頗寇盜後重師古曰重謂輜重也音直用反湯縱胡兵擊之殺四百六十人得其所略民四百七十人還付大昆彌其馬牛羊以給軍食又捕得抱闐貴人伊奴毒入康居東界令軍不得爲寇師古曰勿抄掠閒呼其貴人屠墨見之師古曰閒謂密呼也諭以威信與飲盟遣去徑引行未至單于城可六十里止營復捕得康居貴人貝色子男開牟以爲導貝色子卽屠墨母之弟師古曰母之弟卽謂舅者皆怨單于由是具知郅支情明日引行未至城三十里止

營單于遣使問漢兵何以來應曰單于上書言居困阨願歸計彊漢身入朝見天子哀閔單于棄大國屈意康居故使都護將軍來迎單于妻子恐左右驚動故未敢至城下使數往來相荅報延壽湯因讓之 師古曰讓責也 我爲單于遠來而至今無名王大人見將軍受事者 師古曰名王諸王之貴者受事受教命而供事也 何單于忽大計失客主之禮也 師古曰忽忘也 兵來道遠人畜罷極食度且盡 師古曰罷讀曰疲度音大各反 恐無以自還願單于與大臣審計策明日前至郅支城都賴水上離城三里止營傅陳 師古曰傅讀曰敷敷布也 望見單于城上立五采幡織 師古曰織讀曰幟音式志反 數百人披甲乘城 師古曰乘謂登之備守也 又出百餘騎往來馳城下步兵百餘人夾門魚鱗陳 師古曰言其相接次形若魚鱗 講習用兵城上人更招漢軍曰鬭來 師古曰更互也音工行反 百餘騎馳赴營營皆張弩持滿指之騎引郤頗遣吏士射城門騎步兵騎步兵皆入延壽湯令軍聞鼓音皆薄城下 師古曰薄迫也 四面圍城各有所守穿塹塞門戶鹵楯爲前戟弩爲後卬射城中樓上人 師古曰卬讀曰仰 樓上人下走土城外有重木城從木城中射頗殺傷外人外人發薪燒木城夜數百騎欲出外迎射殺之 ○宋祁曰出外下疑有人字 初單于聞漢兵至欲去疑康居怨己爲漢內應又聞烏孫諸國兵皆發自以無所之 師古曰之往也 郅支已出復還曰不如堅守漢兵遠來不能久攻單于乃被甲在樓上諸閼氏夫人數十皆以弓射外人外人射中單于鼻諸夫人頗死單于下騎傳戰大內 師古曰下騎謂下樓而騎馬也傳戰轉戰也大內單于之內室也言且戰且行而入內室 夜過半木城穿中人郤入土城乘城呼 師古曰乘登也呼音火故反次下亦同 時康居兵萬餘騎分爲十餘處四面環城亦與相應和 師古曰環繞也和音胡臥反 夜數犇營不利輒郤 師古曰犇古奔字 平明四面火起吏士喜大呼乘之 師古曰乘逐也 鉦鼓聲動地康居兵引郤漢兵四面推鹵楯並入土城中單于男女百餘人走入大內漢兵縱火吏士爭入單于被創死軍候假丞杜勳斬單于首得漢使節二及谷吉等所齎帛書諸鹵獲以畀得者 師古曰畀予也各以與所得人畀音必寐反 凡斬閼氏太子名王以下千五百一十八級生虜百四十五人降虜千餘人賦予城郭諸國所發十五王 師古曰賦謂班與之也所發十五王謂所發諸國之兵共圍郅支王者也 於是延壽湯上疏曰臣聞天下之大義當混爲一 師古曰混同也音胡本反 昔有唐虞今有彊漢匈奴呼韓邪單于已稱北藩唯郅支單于叛逆未伏其辜大夏之西以爲彊漢不能臣也 師古曰謂漢爲不能使郅支臣服也 郅支單于慘毒行於民大惡通於天臣延壽臣湯將義兵行天誅賴陛下神靈陰陽並應天氣精明陷陳克敵斬郅支首及名王以下宜縣頭槀街

蠻夷邸間 晉灼曰黃圖在長安城門內 師古曰槀街街名蠻夷邸在此街也邸若今鴻臚客館也崔浩以爲槀當爲橐橐街即銅駝街也此說失之銅駝街在雒陽西京無也 以示萬里明犯彊漢者雖遠必誅事下有司丞相匡衡御史大夫繁延壽 師古曰繁音蒲何反 以爲郅支及名王首更歷諸國蠻夷莫不聞知 師古曰更音工衡反 月令春掩骼埋胔之時 應劭曰禽獸之骨曰骼骼大也鳥鼠之骨曰胔胔可惡也臣瓚曰枯骨曰骼有肉曰胔 師古曰瓚說是也骼音工客反胔音才賜反 宜勿縣車騎將軍許嘉右將軍王商以爲春秋夾谷之會優施笑君孔子誅之 師古曰夾谷地名即祝其也定十年公會齊侯於夾谷孔子攝相事齊侯奏宮中之樂俳優侏儒戲於前孔子歷階而上曰匹夫熒惑諸侯者罪應誅於是斬侏儒首足異處齊侯懼有慙色施者優人之名夾音頰 方盛夏首足異門而出宜縣十日迺埋之有詔將軍議是初中書令石顯嘗欲以姊妻延壽延壽不取及丞相御史亦惡其矯制皆不與湯 師古曰與猶許也 湯素貪所鹵獲財物入塞多不法 師古曰不法者私自取之不依軍法 司隸校尉移書道上繫吏士按驗之湯上疏言臣與吏士共誅郅支單于幸得禽滅萬里振旅 師古曰入曰振旅振整也旅衆也 宜有使者迎勞道路 師古曰勞音力到反 今司隸反逆收繫按驗是爲郅支報讎也上立出吏士令縣道具酒食以過軍既至論功石顯匡衡以爲延壽湯擅興師矯制幸得不誅如復加爵土則後奉使者爭欲乘危徼幸生事於蠻夷 師古曰如若也 爲國招難漸不可開元帝內嘉延壽湯功而重違衡顯之議 師古曰重難也 議久不決故宗正劉向上疏曰郅支單于囚殺使者吏士以百數事暴揚外國傷威毀重羣臣皆閔焉 師古曰閔病也 陛下赫然欲誅之意未嘗有忘西域都護延壽副校尉湯承聖指倚神靈總百蠻之君攬城郭之兵 師古曰攬總持之也其字從手 出百死入絕域遂蹈康居屠五重城搴歙侯之旗 師古曰搴拔也音騫 斬郅支之首縣旌萬里之外揚威昆山之西埽谷吉之恥立昭明之功萬夷慴伏莫不懼震 師古曰慴恐也音之涉反 呼韓邪單于見郅支已誅且喜且懼鄉風馳義稽首來賓 師古曰馳義慕義而來也鄉讀曰嚮 願守北藩累世稱臣立千載之功建萬世之安羣臣之勳莫大焉昔周大夫方叔吉甫爲宣王誅獫狁而百蠻從其詩曰嘽嘽焞焞如霆如雷顯允方叔征伐獫狁蠻荊來威 師古曰小雅采芑之詩也嘽嘽衆也焞焞盛也言車徒既衆且盛有如雷霆故能克定獫狁而令荊土之蠻亦畏威而來也嘽音他丹反焞音他回反 易曰有嘉折首獲匪其醜 師古曰離上九爻辭也嘉善也醜類也言王者出征克勝斬首多獲非類故以爲善 言美誅首惡之人而諸不順者皆來從也今延壽湯所誅震雖易之折首詩之雷霆不能及也論大功者不錄小過舉大美者不疵細瑕司馬法曰軍賞不踰月欲民速得爲善之利也蓋急武功重用人也吉甫之歸周厚賜之其詩曰吉甫宴喜既多受祉來歸自鎬我行永久 師古曰小雅六月之詩也鎬地名非豐鎬之鎬

此鎬及方皆在周之北時獫狁侵鎬及方至於涇陽吉甫薄伐自鎬而還王以燕禮樂之多受福賜以其行役有功日月長久故也 千里之鎬猶以爲遠況萬里之外其勤至矣延壽湯既未獲受祉之報反屈捐命之功久挫於刀筆之前 師古曰捐棄其軀命言無所顧也挫屈折也刀筆謂吏也 非所以勸有功厲戎士也昔齊桓公前有尊周之功 師古曰謂伐楚責苞茅及會王太子于首止 後有滅項之罪 師古曰項國名也春秋僖十七年夏滅項公羊傳曰齊滅之也不言齊爲桓公諱也桓常有繼絕存亡之功故君子爲之諱 君子以功覆過而爲之諱行事 師古曰行事謂滅項之事也○劉敞曰諱行事非辭也諱以上爲句行事者言已行之事舊例成法也漢世人作文言行事成事者意皆同 貳師將軍李廣利捐五萬之師靡億萬之費經四年之勞 師古曰靡散也音糜 而厪獲駿馬三十匹 師古曰厪與僅同僅少也 雖斬宛王毋鼓之首 師古曰西域傳作毋寡此云毋鼓鼓寡聲相近蓋戎狄之言不甚諦也 猶不足以復費 師古曰復償也音扶目反 其私罪惡甚多孝武以爲萬里征伐不錄其過遂封拜兩侯三卿二千石百有餘人今康居國彊於大宛郅支之號重於宛王殺使者罪甚於留馬而延壽湯不煩漢士不費斗糧比於貳師功德百之 師古曰百倍勝之 且常惠隨欲擊之烏孫鄭吉迎自來之日逐猶皆裂土受爵故言威武勤勞則大於方叔吉甫列功覆過則優於齊桓貳師近事之功則高於安遠長羅 師古曰安遠侯鄭吉長羅侯常惠也 而大功未著小惡數布臣竊痛之宜以時解縣通籍 孟康曰縣罪未竟也如言縣罰也通籍不禁止令得出入也 除過勿治尊寵爵位以勸有功於是天子下詔曰匈奴郅支單于背畔禮義留殺漢使者吏士甚逆道理朕豈忘之哉所以優游而不征者重動師衆勞將率 師古曰重難也 故隱忍而未有云也今延壽湯睹便宜乘時利結城郭諸國擅興師矯制而征之賴天地宗廟之靈誅討郅支單于斬獲其首及閼氏貴人名王以下千數雖踰義干法 師古曰干犯也 內不煩一夫之役不開府庫之藏因敵之糧以贍軍用立功萬里之外威震百蠻名顯四海爲國除殘兵革之原息邊竟得以安 師古曰竟讀曰境 然猶不免死亡之患罪當在於奉憲朕甚閔之其赦延壽湯罪勿治詔公卿議封焉議者皆以爲宜如軍法捕斬單于令匡衡石顯以爲郅支本亡逃失國竊號絕域非眞單于元帝取安遠侯鄭吉故事封千戶衡顯復爭迺封延壽爲義成侯賜湯爵關內侯食邑各三百戶加賜黃金百斤告上帝宗廟大赦天下拜延壽爲長水校尉湯爲射聲校尉延壽遷城門校尉護軍都尉甍於官成帝初即位丞相衡復奏湯以吏二千石奉使顓命蠻夷中 師古曰顓與專同 不正身以先下而盜所收康居財物戒官屬曰絕域事不覆校雖在赦前不宜處位湯坐免後湯上書言康居王侍子非王子也按驗實王子也湯下獄當死

太中大夫谷永上疏訟湯曰臣聞楚有子玉得臣文公爲之仄席而坐 師古曰子玉楚大夫也得臣其名也春秋僖二十八年子玉帥師與晉文公戰于城濮楚師敗績晉師三日館穀而文公猶有憂色曰得臣猶在憂未歇也及楚殺子玉公喜而後可知也禮記曰有憂者仄席而坐蓋自貶也仄古側字也 趙有廉頗馬服彊秦不敢窺兵井陘 師古曰廉頗趙將也馬服君趙奢亦趙將也井陘之口趙之西界山險道也 近漢有郅都魏尚匈奴不敢南鄉沙幕 師古曰鄉讀曰嚮 由是言之戰克之將國之爪牙不可不重也蓋君子聞鼓鼙之聲則思將率之臣 師古曰禮記樂記曰鼓鼙之聲讙讙以立動動以進衆君子聽鼓鼙之聲則思將率之臣也 竊見關內侯陳湯前使副西域都護忿郅支之無道閔王誅之不加 師古曰閔憂也 策慮愊億義勇奮發 師古曰愊億憤怒之貌也愊音皮逼反 卒興師奔逝橫厲烏孫踰集都賴 如淳曰踰遠也遠集郅支都賴水上也 師古曰卒讀曰猝厲度也踰讀曰遙 屠三重城 ○劉奉世曰劉向云五重谷永云三重疑五重者誤 斬郅支首報十年之逋誅雪邊吏之宿恥 師古曰逋亡也 威震百蠻武暢西海漢元以來征伐方外之將未嘗有也今湯坐言事非是幽囚久繫歷時不決執憲之吏欲致之大辟昔白起爲秦將南拔郢都北阬趙括以纖介之過賜死杜郵 師古曰地名也在咸陽西也 秦民憐之莫不隕涕今湯親秉鉞席卷喋血萬里之外 師古曰如席之卷言其疾也喋血解在文紀 薦功祖廟告類上帝 張晏曰謂以所征之國事類告天也 介冑之士靡不慕義以言事爲罪無赫赫之惡周書曰記人之功忘人之過宜爲君者也 師古曰尚書之外逸書也 夫犬馬有勞於人尚加帷蓋之報 師古曰禮記稱孔子云敝帷弗弃爲薶馬也敝蓋弗弃爲薶狗也 況國之功臣者哉竊恐陛下忽於鼓鼙之聲不察周書之意而忘帷蓋之施庸臣遇湯卒從吏議 師古曰以庸臣之禮待遇之也卒終也 使百姓介然有秦民之恨 師古曰介然猶耿耿 非所以厲死難之臣也書奏天子出湯奪爵爲士伍後數歲西域都護段會宗爲烏孫兵所圍驛騎上書願發城郭敦煌兵以自救 師古曰西域城郭諸國及敦煌兵也 丞相王商大將軍王鳳及百僚議數日不決鳳言湯多籌策習外國事可問上召湯見宣室湯擊郅支時中寒病兩臂不詘申湯入見有詔毋拜示以會宗奏湯辭謝曰將相九卿皆賢材通明小臣罷癃不足以策大事 師古曰罷讀曰疲 上曰國家有急君其毋讓對曰臣以爲此必無可憂也上曰何以言之湯曰夫胡兵五而當漢兵一何者兵刃朴鈍弓弩不利今聞頗得漢巧然猶三而當一又兵法曰客倍而主人半然後敵今圍會宗者人衆不足以勝會宗唯陛下勿憂且兵輕行五十里重行三十里今會宗欲發城郭敦煌歷時迺至所謂報讎之兵非救急之用也上曰奈何其解可必乎度何時解 師古曰度音徒各反 湯知烏孫瓦合不能久攻 師古曰瓦合謂碎瓦之雜居不齊同 故事不過數日 師古曰故事謂以舊事測之 因對曰

已解矣謂指計其日曰不出五日當有吉語聞師古曰吉善也善謂兵解之事居四日軍書到言已解大將軍鳳奏以爲從事中郎莫府事壹決於湯湯明法令善因事爲執納說多從常受八金錢作章奏卒以此敗初湯與將作大匠解萬年相善自元帝時渭陵不復徙民起邑成帝起初陵數年後樂霸陵曲亭南更營之萬年與湯議以爲武帝時工楊光以所作數可意師古曰可天子之意自致將作大匠及大司農中丞耿壽昌造杜陵賜爵關內侯將作大匠乘馬延年以勞苦秩中二千石師古曰姓乘馬名延年乘音食孕反今作初陵而營起邑居成大功萬年亦當蒙重賞子公妻家在長安兒子生長長安不樂東方宜求徙可得賜田宅俱善湯心利之即上封事言初陵京師之地最爲肥美可立一縣天下民不徙諸陵三十餘歲矣關東富人益衆多規良田役使貧民師古曰規畫也自占爲疆界也可徙初陵以彊京師衰弱諸侯又使中家以下得均貧富湯願與妻子家屬徙初陵爲天下先於是天子從其計果起昌陵邑後徙內郡國民萬年自詭三年可成師古曰詭責也自以爲憂責也後卒不就師古曰卒終也就亦成也羣臣多言其不便者下有司議皆曰昌陵因卑爲高積土爲山度便房猶在平地上師古曰度徒各反客土之中不保幽冥之靈淺外不固卒徒工庸以鉅萬數至燋脂火夜作師古曰燋古然字也取土東山且與穀同賈師古曰賈讀曰價作治數年天下徧被其勞國家罷敝府臧空虛師古曰罷讀曰疲下至衆庶熬熬苦之師古曰熬熬衆愁聲故陵因天性據眞土處埶高敞旁近祖考前又已有十年功緒師古曰緒謂端次也宜還復故陵勿徙民上廼下詔罷昌陵語在成紀丞相御史請廢昌陵邑中室師古曰徙人新所起室居奏未下人以問湯第宅不徹得毋復發徙師古曰問其不被發徹更移徙邪湯曰縣官且順聽羣臣言猶且復發徙之也時成都侯商新爲大司馬衛將軍輔政素不善湯商聞此語白湯惑衆下獄治按驗諸所犯湯前爲騎都尉王莽上書言父早死獨不封母明君共養皇太后尤勞苦師古曰莽傳言莽母渠今此云明君則明君者字也宜封竟爲新都侯後皇太后同母弟苟參爲水衡都尉死子伋爲侍中師古曰伋音汲參妻欲爲伋求封湯受其金五十斤許爲求比上奏師古曰比例也音必寐反弘農太守張匡坐臧百萬以上狡猾不道有詔即訊師古曰就其所居考問之恐下獄使人報湯湯爲訟罪得踰冬月許謝錢二百萬皆此類也事在赦前後東萊郡黑龍冬出人以問湯湯曰是所謂玄門開微行數出出入不時故龍以非時出也又言當復發徙傳相語者十餘人丞相御史奏湯惑衆不道妄稱詐歸異於上非所宜言大不敬廷尉增壽議以爲不道無正法晉灼曰增壽姓趙也以所犯劇易爲罪師古曰易音弋豉反臣下承用失其中故移獄廷尉如淳曰如今讞罪輕重無比者先以聞師古曰比謂相比附也所以正刑罰重人命也明主哀憫百姓下制書罷昌陵勿徙吏民已申布湯妄以意相謂且復發徙雖頗驚動所流行者少百姓不爲變不可謂惑衆湯稱詐虛設不然之事非所宜言大不敬也制曰廷尉增壽當是師古曰當謂處正其罪也湯前有討郅支單于功其免湯爲庶人徙邊又曰故將作大匠萬年佞邪不忠妄爲巧詐多賦斂煩繇役興卒暴之作師古曰卒讀曰猝卒徒蒙辜死者連屬師古曰蒙被也屬之欲反毒流衆庶海內怨望雖蒙赦令不宜居京師於是湯與萬年俱從敦煌久之敦煌太守奏湯前親誅郅支單于威行外國不宜近邊塞詔從安定議郎耿育上書言便宜因冤訟湯曰延壽湯爲聖漢揚鉤深致遠之威雪國家累年之恥討絕域不羈之君係萬里難制之虜豈有比哉先帝嘉之仍下明詔宣著其功師古曰仍頻也改年垂歷傳之無窮師古曰謂改年爲竟寧也不以此事蓋當其年上書者附著耳應是南郡獻白虎邊陲無警備會先帝寢疾然猶垂意不忘數使尚書責問丞相趣立其功師古曰趣讀曰促獨丞相匡衡排而不予封延壽湯數百戶此功臣戰士所以失望也孝成皇帝承建業之基乘征伐之威兵革不動國家無事而大臣傾邪讒佞在朝曾不深惟本末之難以防未然之戒欲專主威排妒有功使湯塊然師古曰塊然獨處之意如土塊也音口內反被冤拘囚不能自明卒以無罪老棄敦煌正當西域通道令威名折衝之臣旋踵及身復爲郅支遺虜所笑誠可悲也至今奉使外蠻者未嘗不陳郅支之誅以揚漢國之盛夫援人之功以懼敵棄人之身以快讒師古曰援引也音爰豈不痛哉且安不忘危盛必慮衰今國家素無文帝累年節儉富饒之畜師古曰畜讀曰蓄謂府庫也又無武帝薦延如淳曰薦延使羣臣薦士而延納之也梟俊禽敵之臣獨有一陳湯耳師古曰梟謂斬其首而縣之也俊謂敵之魁率郅支是也春秋左氏傳曰得俊曰克○劉敞曰梟俊禽敵之臣宜與薦延通爲一句則與上文相配而下言獨有一陳湯耳自不妨梟善鬬故云梟俊猶言梟將也假使異世不及陛下尚望國家追錄其功封表其墓以勸後進也湯幸得身當聖世功曾未久反聽邪臣鞭逐斥遠使亡逃分竄死無處所師古曰分謂散竄也虞書舜典曰分北三苗遠覽之士莫不計度師古曰度大各反以爲湯功累世不可及而湯過人情所有師古曰言湯所犯之罪過人情共有此事耳非特詭異深可誅責也湯尚如此雖復破絕筋骨暴露形骸猶復制於脣舌爲嫉妒之臣所係虜耳此臣所以爲國家尤戚戚也書奏天子還湯卒於長安死後數年王莽爲安漢公秉政既內德湯舊恩又欲諂皇太后以討郅支功尊元帝廟稱高宗以湯延壽前功大賞薄及候丞杜勳不賞廼益封延壽孫遷千六百戶追謚湯曰破胡壯侯封湯子馮爲破胡侯勳爲討狄侯

段會宗字子松天水上邽人也竟寧中以杜陵令五府舉爲西域都護騎都尉光祿大夫西域敬其威信三歲更盡還如淳曰邊吏三歲一更下言終更皆是也師古曰更工衡反其下並同拜爲沛郡太守以單于當朝徙爲鴈門太守數年坐法免西域諸國上書願得會宗陽朔中復爲都護會宗爲人好大節矜功名與谷永相友善谷永閔其老復遠出予書戒曰足下以柔遠之令德復典都護之重職師古曰柔安也柔遠言能安遠人虞書舜典曰柔遠能邇甚休甚休師古曰休休美也若子之材可優遊都城而取卿相何必勒功昆山之仄總領百蠻懷柔殊俗子之所長愚無以喻師古曰言子思慮深長當不待已曉告也○劉敞曰此言總領百蠻懷柔殊俗是子之所長愚無以相喻也劉奉世說同雖然朋友以言贈行敢不略意師古曰贈行謂將別相贈也略意略陳本意也方今漢德隆盛遠人賓服傅鄭甘陳之功沒齒不可復見願吾子因循舊貫毋求奇功師古曰貫事也終更亟還亦足以復鴈門之踦應劭曰踦隻也會宗從沛郡下爲鴈門又坐法免爲踦隻不偶也師古曰亟急也復猶補也亟音居力反踦音居宜反○劉敞曰由沛徙鴈門非踦也謂免官爲踦耳萬里之外以身爲本願詳思愚言會宗既出諸國遣子弟郊迎小昆彌安日前爲會宗所立德之師古曰懷會宗之恩德也欲往謁諸翎侯止不聽遂至龜茲謁城郭甚親附師古曰謂城郭諸國康居太子保蘇匿率衆萬餘人欲降會宗奏狀漢遣衛司馬逢迎師古曰迎之於道隨所到而逢之故曰逢迎也會宗發戊己校尉兵隨司馬受降司馬畏其衆欲令降者皆自縛保蘇匿怨望舉衆亡去會宗更盡還以擅發戊己校尉之兵乏興有詔贖論拜爲金城太守以病免歲餘小昆彌爲國民所殺諸翎侯大亂徵會宗爲左曹中郎將光祿大夫使安輯烏孫師古曰輯與集同也立小昆彌兄末振將服虔曰人姓名也師古曰其名也昆彌之兄不可別舉姓也定其國而還明年末振將殺大昆彌會病死漢恨誅不加元延中復遣會宗發戊己校尉諸國兵即誅末振將太子番丘師古曰番音步安反會宗恐大兵入烏孫驚番丘亡逃不可得即留所發兵墊婁地服虔曰墊音墊阸之墊鄭氏曰婁音樓師古曰墊音丁念反婁音樓選精兵三十弩李奇曰三十人人持一弩徑至昆彌所在召番丘責以末振將骨肉相殺殺漢公主子孫未伏誅而死使者受詔誅番丘即手劍擊殺番丘官屬以下驚恐馳歸小昆彌烏犂靡者末振將兄子也勒兵數千騎圍會宗會宗爲言來誅之意今圍守殺我如取漢牛一毛耳宛王郅支頭縣稾街烏孫所知也昆彌以下服曰末振將負漢誅其子可也獨不可告我令飲食之邪師古曰飲音於禁反食讀曰飤飤下亦同會宗曰豫告昆彌逃匿之爲大罪即飲食以付我傷骨肉恩故不先告昆彌以下號泣罷去會宗還奏事公卿議會宗權得便宜以輕兵深入烏孫即誅番丘師古曰即就也宜明國威宜加重賞天子賜會宗爵關內侯黃金百斤是時小昆彌季父卑爰疐師古曰疐音竹二反擁衆欲害昆彌漢復遣會宗使安輯與都護孫建并力明年會宗病死烏孫中年七十五矣城郭諸國爲發喪立祠焉

贊曰自元狩之際張騫始通西域至於地節鄭吉建都護之號訖王莽世凡十八人皆以勇略選然其有功迹者具此廉襃以恩信稱郭舜以廉平著孫建用威重顯其餘無稱焉陳湯儻蕩不自收斂師古曰儻蕩無行檢也蕩音蕩卒用困窮議者閔之故備列云

前漢書卷七十考證

傳介子傳詔曰樓蘭王安歸○此傳及昭紀並作安歸西域傳作嘗歸必有一誤

嘗爲匈奴間候遮漢使者注師古曰言爲匈奴之間而候伺○臣名南按西域傳云後數爲匈奴反間注云間音居莧反則此間字亦去聲注爲匈奴之間當作爲匈奴反間也反字誤作之字耳

常惠傳名王騎將以下三萬九千人○西域傳作名王犂汙都尉千長騎以下四萬級而匈奴傳作名王犂汙都尉千長將以下三萬九千餘級

鄭吉傳屯田渠黎○臣名南按渠黎黎字應作犂傳寫誤耳

使護鄯善以西南道○臣名南按西域傳出西域有二道自鄯善西行至莎車爲南道自車師前王庭西行至疏勒爲北道本文西字應讀言護鄯善以西之南道也下北道亦然

都護之置自吉始焉○通鑑考異曰百官表云西域都護加官地節二年初置蓋誤以神爵二年爲地節二年也西域傳云神爵三年亦誤

陳湯傳由是遂西破呼偈○臣名南按呼偈匈奴傳作烏揭

又乘勝驕○胡三省曰郅支嘗破殺閏振攻破呼韓邪又殺伊利月屢破烏孫兵故驕也

投都賴水中注郅支水名○臣名南按注稍誤蓋康居國水名而郅支來築城其地故下文曰前至郅支城都賴水上也

故使都護將軍來○臣名南按都護不稱將軍延壽湯

自稱以耀遠人耳下文見將軍受事者同
軍候假丞杜勳○胡三省曰漢制軍行有各部校尉部下有曲曲有軍候一人又都護有副校尉秩比二千石丞一人司馬候千人各二人杜勳本爲軍候而假丞也．
右將軍王商○臣名南按此樂昌侯王商以右將軍後爲丞相自有列傳非王鳳弟成都侯王商也
舉歙侯之旗○臣名南按西域傳俱作翖侯師古注翖卽翕字則此文歙字誤也
改元番歷傳之無窮注師古曰上書者附著耳○胡三省曰按元紀詔曰匈奴郅支單于背叛禮義既服其辜呼韓邪單于修朝保塞邊垂長無兵革之事其改元爲竟寧則改元實以此非附著也臣名南按胡氏糾師古之失是也
段會宗傳天水上邽人也○臣名南按地理志上邽縣屬隴西不屬天水卽趙充國亦上邽人傳曰隴西上邽人可證也此文疑誤
立小昆彌兄末振將○通鑑考異曰烏孫傳以末振將爲安日弟此傳作兄誤
贊廉褒以恩信稱郭舜以廉平著孫建用威重顯○臣名南按廉褒孫建事見烏孫傳郭舜事見康居傳褒字子上襄武人官至右將軍建字子夏官至左將軍元始中封成武侯

前漢書卷七十一

漢　蘭　臺　令　史班　固撰

唐正議大夫行秘書少監琅邪縣開國子顏師古注

雋疏于薛平彭傳第四十一

雋不疑字曼倩勃海人也師古曰雋音字兗反又辭兗反○宋祁曰昭紀中師古亦兩音景本只音祖兗反治春秋爲郡文學進退必以禮○宋祁曰邵本無必字名聞州郡武帝末郡國盜賊羣起暴勝之爲直指使者衣繡衣持斧逐捕盜賊督課郡國師古曰督謂察視之東至海以軍興誅不從命者師古曰有所追捕及行誅罰皆依興軍之制威振州郡勝之素聞不疑賢至勃海遣吏請與相見不疑冠進賢冠帶櫑具劍應劭曰櫑具木標首之劍櫑落壯大也晉灼曰古長劍首以玉作井鹿盧形上刻木作山形如蓮花初生未敷時今大劍木首其狀似此師古曰晉說是也櫑音磊標音匹遙反○宋祁曰注文浙本有似字疑其意重複當刪去似字佩環玦師古曰環玉環也玦卽玉佩之玦也帶環而又著玦佩也禮記曰孔子佩象環也褒衣博帶師古曰褒大裾也言著褒大之衣廣博之帶也而說者乃以爲朝服垂褒之衣非也盛服至門上謁師古曰上謁若今通名也門下欲使解劍不疑曰劍者君子武備所以衛身不可解請退吏白勝之勝之開閣延請望見不疑容貌尊嚴衣冠甚偉勝之躧履起迎文穎曰躧音纚師古曰履不著跟曰躧躧謂納履未正曳之而行言其遽也躧音山爾反登堂坐定不疑據地曰竊伏海瀕聞暴公子威名舊矣師古曰瀕涯也公子勝之字也舊久也瀕音頻又音賓今乃承顏接辭凡爲吏太剛則折太柔則廢威行施之以恩然後樹功揚名永終天祿師古曰樹立也○宋祁曰南本浙本作乃今字勝之知不疑非庸人師古曰庸常也敬納其戒深接以禮意問當世所施行○宋祁曰意南本作適門下諸從事皆州郡選吏師古曰選州郡吏之最者乃得爲從事側聽不疑莫不驚駭至昏夜罷去勝之遂表薦不疑徵詣公車拜爲青州刺史久之武帝崩昭帝卽位而齊孝王孫劉澤交結郡國豪桀謀反欲先殺青州刺史不疑發覺收捕皆伏其辜擢爲京兆尹賜錢百萬京師吏民敬其威信每行縣錄囚徒還師古曰省錄之知其情狀有寃滯與不也今云慮囚本錄聲之去者耳音力具反而近俗不曉其意訛其文遂爲思慮之慮失其源矣行音下更反其母輒問不疑有所平反活幾何人如淳曰反音幡幡奏使從輕也師古曰幾音居起反卽不疑多有所平反母喜笑爲飲食語言異於他時或亡所出母怒爲之不食○宋祁曰南本不食字上有之字故不疑爲吏嚴而不殘始元五年有一男子乘黃犢車建黃旐師古曰旐旌旗之屬畫龜蛇曰旐衣黃襜褕著黃冒師古曰襜褕直裾襌衣襜音昌瞻反褕音踰冒所以覆冒其首卽今之下裾冒也詣北闕自謂衛太子師古曰戾太子公車以聞師古曰公車主受章奏者詔使公卿將軍中二千石雜識視師古曰雜共也有素識之者令視知其是非也長安中吏民聚觀者數萬人右將軍勒兵闕下以備非常丞相御史中二千石至者立莫敢發言京兆尹不疑後到叱從吏收縛或曰是非未可知且安之師古曰安猶徐也不疑曰諸君何患於衛太子昔蒯聵違命出奔輒距而不納春秋是之師古曰蒯聵衛靈公太子輒蒯聵子也蒯聵得罪於靈公而出奔晉及靈公卒使輒嗣位而晉趙鞅納蒯聵於戚欲求入衛魯哀公三年春齊國夏衛石曼姑帥師圍戚公羊傳曰曼姑受命於靈公而立輒曼姑之義固可以距蒯聵也輒之義可以立乎曰可奈何不以父命辭王父命也○宋祁曰注文奈字上浙本有其字衛太子得罪先帝亡不卽死今來自詣此罪人也遂送詔獄天子與大將軍霍光聞而嘉之曰公卿大臣當用經術明於大誼繇是名聲重於朝廷師古曰繇讀與由同在位者皆自以不及也大將軍光欲以女妻之不疑固辭不肯當久之以病免終於家京師紀之後趙廣漢爲京兆尹言我禁姦止邪行於吏民至於朝廷事不及不疑遠甚廷尉驗治何人竟得姦詐師古曰凡不知姓名及所從來者皆曰何人也他皆類此本夏陽人姓成名方遂居湖師古曰湖縣名以卜筮爲事有故太子舍人嘗從方遂卜謂曰子狀貌甚似衛太子方遂心利其言幾得以富貴師古曰幾讀曰冀卽詐自稱詣闕廷尉逮召鄉里識知者張宗祿等方遂坐誣罔不道要斬東市一姓張名延年師古曰故昭紀謂之張延年

疏廣字仲翁東海蘭陵人也少好學明春秋家居教授學者自遠方至徵爲博士太中大夫地節三年立皇太子選丙吉爲太傅廣爲少傅數月吉遷御史大夫廣徙爲太傅廣兄子受字公子亦以賢良舉爲太子家令受好禮恭謹敏而有辭師古曰敏謂所見捷利宣帝幸太子宮受迎謁應對及置酒宴奉觴上壽辭禮閑雅上甚讙說師古曰說讀曰悅頃之拜受爲少傅太子外祖父特進平恩侯許伯以爲太子少白使其弟中郎將舜監護太子家上以問廣廣對曰太子國儲副君師友必於天下英俊不宜獨親外家許氏且太子自有太傅少傅官屬已備今復使舜護太子家視陋非所以廣太子德於天下也師古曰視讀曰示言獨親外家示天下以狹陋上善其言以語丞相魏相相免冠謝曰此非臣等所能及廣繇是見器重數受賞賜師古曰繇讀與由同太子每朝因進見太傅在前少傅在後父子並爲師傅朝廷以爲榮在位五歲皇太子年十二通論語孝經廣謂受曰吾聞知足不辱知止不殆功遂身退天之道也師古曰此皆老子之言廣引之殆危也遂成也今仕官至二千石○宋祁曰官字謝本作宦字宦成名立如此不去懼有後悔豈如父子相隨出關歸老故鄉以壽命終不亦善乎受叩頭曰從大人議卽日父子俱移病師古曰移病謂移書言病也一曰以病而移居滿三月賜告廣遂稱篤上疏乞骸骨上以其年篤老皆許之加賜黃金二十斤皇太子贈以五十斤公卿大夫故人邑子設祖道供張東都門外蘇林曰長安東郭門也師古曰祖道餞行也解在景十三王及劉屈氂傳供音居共反張音竹亮反送者車數百兩辭決而去及道路觀者皆曰賢哉二大夫或歎息爲之下泣廣既歸鄉里日令家共具設酒食師古曰設之也共讀曰供其他類此○宋祁曰日字下疑更有日字請族人故舊賓客與相娛樂數問其家金餘尚有幾所趣賣以共具師古曰幾所猶言幾許也趣讀曰促居歲餘廣子孫竊謂其昆弟老人廣所愛信者曰子孫幾及君時頗立產業基阯師古曰幾讀曰冀今日飲食費且盡宜從丈人所勸說君買田宅鄧展曰宜令意自從丈人所出無泄我言也師古曰丈人嚴莊之稱也故親而老者皆稱焉老人卽以閒暇時爲廣言此計師古曰閒卽閑字也廣曰吾豈老誖不念子孫哉師古曰誖惑也音布內反顧自有舊田廬師古曰顧思念也令子孫勤力其中足以共衣食與凡人齊今復增益之以爲贏餘但教子孫怠墯耳賢而多財則損其志愚而多財則益其過且夫富者衆之怨也○宋祁曰衆字下疑有人字吾既亡以教化子孫不欲益其過而生怨○宋祁曰南本浙本生字下有其字又此金者聖主所以惠養老臣也故樂與鄉黨宗族共饗其賜以盡吾餘日不亦可乎於是族人說服師古曰說讀曰悅皆以壽終

于定國字曼倩東海郯人也師古曰郯音談其父于公爲縣獄史郡決曹決獄平羅文法者于公所決皆不恨師古曰羅罹罹遭也郡中爲之生立祠號曰于公祠東海有孝婦少寡亡子養姑甚謹姑欲嫁之終不肯姑謂鄰人曰孝婦事我勤苦○宋祁曰南本浙本作事養我勤苦又一本作養我哀其亡子守寡我老久絫丁壯奈何師古曰絫古累字也音力瑞反其後姑自經死師古曰欲累婦自殺○宋祁曰景德本作經死他本作縊死姑女告吏婦殺我母吏捕孝婦孝婦辭不殺姑吏驗治孝婦自誣服具獄上府師古曰府郡曹府也上音時掌反于公以爲此婦養姑十餘年以孝聞必不殺也太守不聽于公爭之弗能得乃抱其具獄哭於府上師古曰具獄者獄案已成其文備具也因辭疾去太守竟論殺孝婦郡中枯旱三年後太守至卜筮其故于公曰孝婦不當死前太守彊斷之咎黨在是乎師古曰黨音他朗反○宋祁曰前太守南本作故浙本作前於是殺牛自祭孝婦冢因表其墓天立大雨歲孰郡中以此大敬重于公定國少學法於父父死後定國亦爲獄史郡決曹補廷尉史以選與御史中丞從事○宋祁曰與南本作爲浙本作與治反者獄以材高舉侍御史遷御史中丞會昭帝崩昌邑王徵卽位行淫亂定國上書諫後王廢宣帝立○宋祁曰宣帝立浙本作宣帝卽位大將軍光領尚書事條奏羣臣諫昌邑王者皆超遷定國繇是爲光祿大夫師古曰繇讀與由同平尚書事甚見任用數年遷水衡都尉超爲廷尉定國乃迎師學春秋身執經北面備弟子禮爲人謙恭尤重經術士雖卑賤徒步往過定國皆與鈞禮師古曰鈞禮猶言亢禮恩敬甚備學士咸稱焉其決疑平法務在哀鰥寡罪疑從輕加審慎之心朝廷稱之曰張釋之爲廷尉天下無寃民師古曰言決罪皆當于定國爲廷尉民自以不寃師古曰言知其寬平皆無寃枉之慮定國食酒至數石不亂如淳曰食酒猶言喜酒也師古曰若依如氏之說食字當音嗜此說非也下敘定國子永乃言酒耳食酒者謂能多飲費盡其酒猶云食言焉今流書本輒改食字作飲字失其眞也冬月治請讞飲酒益精明師古曰平議也魚列反○劉攽曰予謂論語云沽酒市脯不食然則自可云食也然此下則云飲酒益精明共說一事爾字不同疑當作飲爲眞爲廷尉十八歲遷御史大夫甘露中代黃霸爲丞相封西平侯三年宣帝崩元帝立以定國任職舊臣敬重之時陳萬年爲御史大夫與定國並位八年

論議無所拂（師古曰言不相違戾也拂音佛）後貢禹代爲御史大夫數處駮議（師古曰言與定國不同）定國明習政事率常丞相議可（師古曰天子皆可定國所言）然上始即位關東連年被災害民流入關言事者歸咎於大臣（師古曰言事者謂上書陳事也）上於是數以朝日引見丞相御史（師古曰五日一朝故云朝日也）入受詔條責以職事曰惡吏負賊妄意良民（師古曰賊發不得恐負其殿故妄疑善人致其罪也）至亡辜死或盜賊發吏不亟追而反繫亡家（師古曰亟急也不急追賊反禁繫失物之家）後不敢復告以故寖廣（師古曰寖漸也）民多冤結州郡不理連上書者（○宋祁曰連字南本浙本並作遠）交於闕廷二千石選舉不實是以在位多不任職（師古曰謂令長丞尉）民田有災害吏不肯除收趣其租以故重困（師古曰趣讀曰促重音直用反）關東流民飢寒疾疫已詔吏轉漕虛倉廩開府臧相振救賜寒者衣至春猶恐不贍（師古曰贍足也）今丞相御史將欲何施以塞此咎（師古曰塞補也）悉意條狀陳朕過失（師古曰悉盡也）定國上書謝罪永光元年春霜夏寒日青亡光上復以詔條責曰郎有從東方來者言民父子相棄（師古曰以遭饑饉不能相養）丞相御史案事之吏匿不言邪將從東方來者加增之也何以錯繆至是（師古曰錯互也繆違也謂吏及東方人言不相同也）欲知其實方今年歲未可預知也即有水旱其憂不細公卿有可以防其未然救其已然者不各以誠對（師古曰言能防救已不宜各以實對）毋有所諱定國惶恐上書自劾歸侯印乞骸骨上報曰君相朕躬不敢怠息（師古曰息謂自休息）萬方之事大錄于君（師古曰大錄總錄也）能毋過者其唯聖人方今承周秦之敝俗化陵夷（師古曰言穨替也）民寡禮誼陰陽不調災咎之發不爲一端而作自聖人推類以記不敢專也況於非聖者乎（師古曰非聖者謂常人）日夜惟思所以未能盡明（師古曰所由也言何由致此災）經曰萬方有罪罪在朕躬（師古曰此論語堯曰篇載殷湯伐桀告天之辭）君雖任職何必顓焉（師古曰顓與專同事不專由君也）其勉察郡國守相羣牧非其人者毋令久賊民永執綱紀務悉聰明彊食慎疾（師古曰悉盡也）定國遂稱篤固辭上迺賜安車駟馬黃金六十斤罷就第數歲七十餘薨謚曰安侯子永嗣少時耆酒多過失（師古曰耆讀曰嗜）年且三十乃折節修行以父任爲侍中中郎將長水校尉定國死居喪如禮孝行聞（○宋祁曰南本孝字上有以字）由是以列侯爲散騎光祿勳至御史大夫尚館陶公主施施者宣帝長女成帝姑也賢有行永以選尚焉上方欲相之會永薨子恬嗣恬不肖薄於行始定國父于公其閭門壞父老方共治之（師古曰閭里門也）于公謂曰少高大門閭令容駟馬高蓋車我治獄多陰德未嘗有所冤子孫必有興者至定國爲丞相永爲御史大夫封侯傳世云

薛廣德字長卿沛郡相人也以魯詩教授楚國龔勝舍師事焉蕭望之爲御史大夫除廣德爲屬數與論議器之（師古曰以爲大器也）薦廣德經行宜充本朝（師古曰經明行修宜於本朝任職也）爲博士論石渠（張晏曰石渠閣名也）遷諫大夫代貢禹爲長信少府御史大夫廣德爲人溫雅有醞藉（服虔曰寬博有餘也師古曰醞言如醞釀也藉有所薦藉也醞音於問反藉才夜反）及爲三公直言諫爭始拜旬日間上幸甘泉郊泰畤禮畢因留射獵廣德上書曰竊見關東困極人民流離陛下日撞亡秦之鐘聽鄭衞之樂（師古曰撞音丈江反）臣誠悼之今士卒暴露從官勞倦願陛下亟反宮（師古曰亟急也）思與百姓同憂樂天下幸甚上即日還其秋上酎祭宗廟出便門（師古曰長安城南面西頭第一門）欲御樓船廣德當乘輿車免冠頓首曰宜從橋詔曰大夫冠廣德曰陛下不聽臣臣自刎以血汙車輪陛下不得入廟矣（師古曰言不以禮終不得立廟也一曰以見死傷犯於齊絜不得入廟祠也○劉攽曰一說是也時上方入廟陽夏公曰以杜牧論諫書考之當作陛下不廟矣若本有得入二字小顏不應費辭如此）上不說（師古曰說讀曰悅）先敺光祿大夫張猛進曰（師古曰先敺導乘輿也敺與驅同猛張騫之孫）臣聞主聖臣直乘船危就橋安聖主不乘危御史大夫言可聽上曰曉人不當如是邪（師古曰謂諫爭之言當如猛之詳善也）乃從橋後月餘以歲惡民流（師古曰歲惡年穀不孰也）與丞相定國大司馬車騎將軍史高俱乞骸骨皆賜安車駟馬黃金六十斤罷廣德爲御史大夫凡十月免東歸沛太守迎之界上沛以爲榮縣其安車傳子孫（師古曰縣其所賜安車以示榮也致仕縣車蓋亦古法韋孟詩云縣車之義以泊小臣也○劉攽曰致仕縣車言休息不出也故韋孟云薛廣德自縣其安車也）

平當字子思祖父以訾百萬自下邑徙平陵（師古曰下邑梁國之縣也）當少爲大行治禮丞功次補大鴻臚文學察廉爲順陽長栒邑令（師古曰栒音詢）以明經爲博士公卿薦當論議通明給事中每有災異當輒傳經術言得失（師古曰傳讀曰附）文雅雖不能及蕭望之匡衡然指意畧同自元帝時韋玄成爲丞相奏罷太上皇寢廟園當上書言臣聞孔子曰如有王者必世而後仁（師古曰論語載孔子之言也言治天下者三十年然後仁道成著也）三十年之間道德和洽制禮興樂災害不生禍亂不作今聖漢受命而王繼體承業二百餘年孜孜不怠政令清矣然風俗未和陰陽未調災害數見意者大本有不立與（師古曰與讀曰歟）何德化休徵不應之久也禍福不虛必有因而至者焉宜深迹其道而務修其本（師古曰迹謂求其蹤迹也）昔者帝堯南面而治先克明俊德以親九族而化及萬國（師古曰虞書堯典敘堯之德曰克明俊德以親九族九族既睦平章百姓百姓昭明協和萬邦故云然也）孝經曰天地之性人爲貴人之行莫大於孝孝莫大於嚴父嚴父莫大於配天則周公其人也（師古曰言嚴謂尊嚴）夫孝子善述人之志周公既成文武之業而制作禮樂修嚴父配天之事知文王不欲以子臨父故推而序之上極於后稷而以配天（師古曰言文王始受命宜爲周之始祖乃追王太王王季以及后稷是不以卑臨尊）此聖人之德亡以加於孝也高皇帝聖德受命有天下尊太上皇猶周文武之追王太王王季也此漢之始祖後嗣所宜尊奉以廣盛德孝之至也書云正稽古建功立事可以永年傳於亡窮（師古曰今文泰誓之辭言能正考古道以立功立事則可長年享國）上納其言下詔復太上皇寢廟園頃之使行流民幽州（師古曰行音下更反）舉奏刺史二千石勞倈有意者（師古曰勞倈謂勸勉也勞者恤其勤勞也倈者以恩招倈也勞音盧到反倈音盧代反）言勃海鹽池可且勿禁以救民急（師古曰恣民煮鹽官不專也）所過見稱舉奏使者十一人爲最（○宋祁曰奏字景德本作奏刊誤謂當削舉改奏作奏直云所過見稱奏使者十一人爲最今景祐本越本無舉字）遷丞相司直坐法左遷朔方刺史（師古曰武帝初置朔方郡別令刺史監之不在十三州之限）復徵入爲太中大夫給事中絫遷長信少府大鴻臚光祿勳（師古曰絫古累字）先是太后姊子衞尉淳于長白言昌陵不可成下有司議當以爲作治連年可遂就（師古曰就亦成也）上既罷昌陵以長首建忠策復下公卿議封長當又以爲長雖有善言不應封爵之科坐前議不正左遷鉅鹿太守（師古曰前議謂罷昌陵）後上遂封長當以經明禹貢使行河（師古曰尚書禹貢載禹治水次第山川高下當明此經故使行河也行音下更反）爲騎都尉領河隄哀帝即位徵當爲光祿大夫諸吏散騎復爲光祿勳御史大夫至丞相以冬月賜爵關內侯明年春上使使者召欲封當（如淳曰漢儀注御史大夫爲丞相更春乃封故先賜爵關內侯也李奇曰以冬月非封侯時故且先賜關內侯也師古曰李說是也）當病篤不應召室家或謂當不可彊起受侯印爲子孫邪當曰吾居大位已負素餐之責矣起受侯印還臥而死死有餘罪今不起者所以爲子孫也遂上書乞骸骨上報曰朕選於衆以君爲相視事日寡輔政未久陰陽不調冬無大雪旱氣爲災朕之不德何必君罪君何疑而上書乞骸骨歸關內侯爵邑使尚書令譚賜君養牛一上尊酒十石（如淳曰律稻米一斗得酒一斗爲上尊稷米一斗得酒一斗爲中尊粟米一斗得酒一斗爲下尊師古曰稷即粟也中尊者宜爲黍米不當言稷且作酒自有澆醇之異爲上中下耳非必繫之米）君其勉致醫藥以自持後月餘卒子晏以明經歷位大司徒封防鄉侯漢興唯韋平父子至宰相（師古曰謂韋賢也）

彭宣字子佩淮陽陽夏人也（師古曰夏音假）治易事張禹舉爲博士遷東平太傅（○宋祁曰太傅淳化本作太守刊誤據史館本作傅）禹以帝師見尊信薦宣經明有威重可任政事繇是入爲右扶風（師古曰繇讀與由同）遷廷尉以王國人出爲太原太守（李奇曰初漢制王國人不得在京師）數年復入爲大司農光祿勳右將軍哀帝即位徙爲左將軍歲餘上欲令丁傅處爪牙官迺策宣曰有司數奏言諸侯國人不得宿衞將軍不宜典兵馬處大位朕唯將軍任漢將之重而子又前取淮陽王女婚姻不絕非國之制使光祿大夫曼賜將軍黃金五十斤安車駟馬其上左將軍印綬以關內侯歸家宣罷數歲諫大夫鮑宣數薦宣會元壽元年正月朔日蝕鮑宣復言上迺召宣爲光祿大夫遷御史大夫轉爲大司空封長平侯會哀帝崩新都侯王莽爲大司馬秉政專權宣上書言三公鼎足承君一足不任則覆亂美實（師古曰美實謂鼎中之實也易鼎卦九四爻辭曰鼎折足覆公餗餗食也故宣引以爲言覆音芳目反）臣資性淺薄年齒老眊（師古曰眊與耄同）數伏疾病昏亂遺忘願上大司空長平侯印綬乞骸骨歸鄉里竢寘溝壑（師古曰竢古俟字）莽白太后策宣曰惟君視事日寡功德未效迫于老眊昏亂非所以輔國家綏海內也使光祿勳豐冊詔君其上大司空印綬便就國莽恨宣求退故不賜黃金安車駟馬宣居國數年薨謚曰頃侯傳子至孫王莽敗迺絕

贊曰雋不疑學以從政臨事不惑遂立名迹終始可述疏廣行止足之計免辱殆之絫（師古曰絫音力瑞反）亦其次也于定國父子哀鰥哲獄爲任職臣（應劭曰哲智也鄭氏曰當言折獄師古曰哀鰥哀恤鰥寡也哲獄知獄情也○劉奉世曰詩何草不黃云何人不矜則鰥字也然則古文鰥矜音字蓋通用班氏特用古字此乃哀矜折獄爾如顏說則哀鰥哲獄皆不成辭于丞相傳又云務在哀鰥寡此亦後人不曉矜字妄增之爾凡決疑平法豈獨鰥寡乃哀之哉甫刑之言鰥寡洪範之言煢獨意義自不同也）薛廣德保縣車之榮平當遂遁有恥（師古曰遁讀與巡同）彭宣見險而止異乎苟患失之者矣（師古曰論語稱孔子曰鄙夫不可與事君其未得之患得之既得之患失之苟患失之無所不至矣謂其患于失位而爲傾邪也贊言當宣二人立操有異于此矣）

前漢書卷七十一考證

雋不疑傳暴勝之爲直指使者○臣召南按此天漢二年事也勝之河東人以光祿大夫出爲直指使者至太始三年爲御史大夫

于定國傳爲廷尉十八歲○臣召南按定國以地節元年爲廷尉至甘露三年遷御史大夫公卿表作爲廷尉十七年蓋從爲廷尉之次年實數故與傳不同也

萬方之事大錄於君○顧炎武曰今所傳王肅注舜典納于大麓云麓錄也納舜使大錄萬機之政蓋西京時有此解故詔書用之

薛廣德傳沛郡相人也○唐書宰相世系表曰薛公猷策滅黥布封千戶侯生稼稼生茂宣茂宣生懷則懷則生引孫引孫生廣德

平當傳書曰正稽古建功立事可以永年傳於亡窮注師古曰今文泰誓之辭○臣召南按此文西京所行僞泰誓辭也郊祀志亦引此文云正稽古立功立事可以永年丕天之大律然則傳於亡窮四字當所自撰以結引書之意也

漢興惟韋平父子至宰相○臣召南按此但言由布衣以文學升庸者耳不然絳侯條侯輔佐文景非父子宰相耶

贊于定國父子哀鰥哲獄注師古云云○顧炎武曰毛詩禮記鰥寡之鰥皆作矜此亦矜之誤哲則折之誤也師古注非

前漢書卷七十二

前漢書卷七十二

漢　蘭　臺　令　史班　固撰

唐正議大夫行秘書少監琅邪縣開國子顏師古注

王貢兩龔鮑傳第四十二

昔武王伐紂遷九鼎於雒邑師古曰九鼎卽夏禹所鑄以象物者也遷謂從紂都遷之以來春秋左氏傳曰夏之方有德也遠方圖物貢金九牧鑄鼎象物桀有昏德鼎遷于商載祀六百商紂暴虐鼎遷于周伯夷叔齊薄之師古曰夷齊以武王父死不葬而用干戈爲不孝以臣伐君爲不忠餓死首陽不食其祿師古曰馬融云首陽山在河東蒲阪華山之北河曲之中高誘則云在雒陽東北阮籍詠懷詩亦以爲然今此二山並有夷齊祠耳而曹大家注幽通賦云隴西首陽縣是也今隴西亦有首陽山許愼又云首陽山在遼西諸說不同致有疑惑而伯夷歌云登彼西山則當隴西者近爲是也周猶稱盛德焉然孔子賢此二人以爲不降其志不辱其身也師古曰事見論語而孟子亦云聞伯夷之風者貪夫廉懦夫有立志師古曰懦柔弱也音乃喚反又音儒奮乎百世之上百世之下○宋祁曰浙本多二字作行乎百世之下莫不興起非賢人而能若是乎

漢興有園公綺里季夏黃公甪里先生師古曰四皓稱號本起於此更無姓名可稱知此蓋隱居之人匿跡遠害不自標顯祕其氏族故史傳無得而詳至於後代皇甫謐圈稱之徒及諸地理書說競爲四人施安姓字自相錯互語又不經班氏不載於書諸家皆臆說今並弃略一無取焉○宋祁曰季字下當有公字甪不成字當作角此四人者當秦之世避而入商雒深山師古曰卽今之商州商雒縣山也以待天下之定也自高祖聞而召之不至其後呂后用留侯計使皇太子卑辭束帛致禮安車迎而致之四人既至從太子見高祖客而敬焉太子得以爲重遂用自安語在留侯傳其後谷口有鄭子眞蜀有嚴君平師古曰地理志謂君平爲嚴遵三輔決錄云子眞名樸君平名尊則皆其字也皆修身自保非其服弗服非其食弗食成帝時元舅大將軍王鳳以禮聘子眞子眞遂不詘而終君平卜筮於成都市以爲卜筮者賤業而可以惠衆人有邪惡非正之問則依蓍龜爲言利害與人子言依於孝與人弟言依於順與人臣言依於忠各因埶導之以善從吾言者已過半矣裁日閱數人師古曰裁與才同閱歷也得百錢足自養則閉肆下簾而授老子師古曰肆者市中列所坐之處也博覽亡不通依老子嚴周之指著書十萬餘言師古曰嚴周卽莊周揚雄少時從游學已而仕京師顯名數爲朝廷在位賢者稱君平德杜陵李彊素善雄久之爲益州牧喜謂雄曰吾眞得嚴君平矣雄曰君備禮以待之彼人可見而不可得詘也彊心以爲不然及至蜀致禮與相見卒不敢言以爲從事乃歎曰揚子雲誠知人君平年九十餘遂以其業終蜀人愛敬至今稱焉及雄著書言當世士稱此二人其論曰或問君子疾沒世而名不稱師古曰以身沒而無名爲病盍埶諸名卿可幾曰君子德名爲幾孟康曰盍何不也言何不因名卿之埶以求名韋昭曰言有埶之名卿庶幾可不朽揚子以爲不然唯有德者可以有名師古曰或人以事有權力之卿用自表顯則其名可庶幾而立揚雄以爲自蓄其德則有名也梁齊楚趙之君非不富且貴也師古曰謂當時諸侯王也惡乎成其名師古曰惡於何也惡音烏谷口鄭子眞不詘其志耕於巖石之下名震于京師豈其卿豈其卿楚兩龔之絜其清矣乎蜀嚴湛冥孟康曰蜀郡嚴君平湛深元默無欲也師古曰湛讀曰沈不作苟見不治苟得師古曰不爲苟顯之行不爲苟得之業久幽而不改其操雖隨和何以加諸師古曰隨隨侯珠也和和氏璧也諸之也舉茲以旃不亦寶乎師古曰旃之也言舉此人而用之不亦國之寶乎自此已上皆揚雄之言也○宋祁曰注文已字疑作以自園公綺里季夏黃公甪里先生鄭子眞嚴君平皆未嘗仕然其風聲足以激貪厲俗近古之逸民也若王吉貢禹兩龔之屬皆以禮讓進退云

王吉字子陽琅邪皐虞人也少好學明經以郡吏舉孝廉爲郎補若盧右丞師古曰少府之屬官有若盧令丞漢舊儀以爲主治庫兵者遷雲陽令舉賢良爲昌邑中尉而王好游獵驅馳國中動作亡節吉上疏諫曰臣聞古者師日行三十里吉行五十里詩云匪風發兮匪車揭兮顧瞻周道中心怛兮師古曰檜國匪風之篇發發飄風貌揭揭疾驅貌怛古怛字也言見此飄風及疾驅則顧念哀傷思周道也揭音丘列反○宋祁曰注文怛字下疑有怛字說曰是非古之風也發發者是非古之車也揭揭者蓋傷之也師古曰今之發發然者非古有道之風也今之揭揭者非古有道之車也故傷之○劉攽曰按文及注當云發發者是非古之風也揭揭者是非古之車也怛怛者蓋傷之也今皆誤矣陽夏公云倒文取新古蓋多如此不爲誤今者大王幸方與師古曰縣名也音房預○宋祁曰注文音字上當有方與曾不半日而馳二百里百姓頗廢耕桑治道牽馬臣愚以爲民不可數變也師古曰數音所角反○宋祁曰一本無也字昔召公述職師古曰召讀曰邵邵公名奭自陝以西邵公主之當民事時舍於棠下而聽斷焉師古曰舍止息是時人皆得其所後世思其仁恩至乎不伐甘棠甘棠之詩是也師古曰邵南之詩也其詩曰蔽芾甘棠勿翦勿伐邵伯所茇蔽芾小樹貌也甘棠杜也茇舍也蔽音必二反芾音方未反茇音步末反大王不好書術而樂逸游馮式撙銜臣瓚曰撙促也師古曰撙挫也音子本反馳騁不止口倦乎叱咤師古曰咤亦叱字也音竹駕反手苦於箠轡師古曰箠馬策音止桑反身勞乎車輿朝則冒霧露晝則被塵埃師古曰冒犯也音莫克反○宋祁曰克景作克校作報淅本作克夏則爲大暑之所暴炙冬則爲風寒之所匽薄師古曰匽與偃同言遇疾風則偃仆也薄迫也數以耎脆之玉體犯勤勞之煩毒師古曰耎柔也音而兗反非所以全壽命之宗也師古曰宗尊也又非所以進仁義之隆也師古曰隆高也夫廣夏之下細旃之上師古曰廣夏大屋也旃與氈同明師居前勸誦在後上論唐虞之際下及殷周之盛考仁聖之風習治國之道訢訢焉發憤忘食日新厥德師古曰訢古欣字其樂豈徒銜橛之閒哉師古曰銜馬銜也橛車鉤心也張揖以橛爲馬之長銜非也橛音其月反休則俛仰詘信以利形師古曰形體也信讀曰伸進退步趨以實下如淳曰今人不行則𦡱已下虛弱不實吸新吐故以練臧專意積精以適神師古曰臧五臧也練練其氣也適和也於以養生豈不長哉大王誠留意如此則心有堯舜之志體有喬松之壽師古曰喬松仙人伯喬及赤松子也美聲廣譽登而上聞○宋祁曰登疑作發則福祿其轃而社稷安矣師古曰轃與臻同至也皇帝仁聖至今思慕未怠師古曰皇帝謂昭帝也言武帝晏駕未久故尚思慕於宮館囿池弋獵之樂未有所幸大王宜夙夜念此以承聖意諸侯骨肉莫親大王大王於屬則子也於位則臣也一身而二任之責加焉恩愛行義孅介有不具者於以上聞非饗國之福也臣吉愚戇願大王察之王賀雖不遵道然猶知敬禮吉乃下令曰寡人造行不能無惰○宋祁曰惰疑作惰篇渠伊反畏也敬也中尉甚忠數輔吾過使謁者千秋賜中尉牛肉五百斤酒五石脯五束其後復放從自若師古曰從音子用反吉輒諫爭甚得輔弼之義雖不治民國中莫不敬重焉久之昭帝崩亡嗣大將軍霍光秉政遣大鴻臚宗正迎昌邑王吉卽奏書戒王曰臣聞高宗諒闇三年不言師古曰已解於上今大王以喪事徵宜日夜哭泣悲哀而已愼毋有所發師古曰發謂興舉衆事○宋祁曰南本淅本毋有所發句上有毋有所言一句一本發作言且何獨喪事凡南面之君何言哉天不言四時行焉百物生焉師古曰論語稱孔子曰天何言哉四時行焉百物生焉天何言哉故吉引之願大王察之大將軍仁愛勇智忠信之德天下莫不聞事孝武皇帝二十餘年未嘗有過先帝棄羣臣屬以天下寄幼孤焉師古曰屬音之欲反大將軍抱持幼君襁褓之中布政施教海內晏然雖周公伊尹亡以加也今帝崩亡嗣大將軍惟思可以奉宗廟者攀援而立大王師古曰援引也音爰其仁厚豈有量哉師古曰言其深多也量音力向反臣願大王事之敬之政事壹聽之大王垂拱南面而已願留意常以爲念王旣到卽位二十餘日以行淫亂廢昌邑羣臣坐在國時不舉奏王罪過令漢朝不聞知又不能輔道陷王大惡師古曰道讀曰導皆下獄誅唯吉與郎中令龔遂以忠直數諫正得減死髡爲城旦起家復爲益州刺史病去官復徵爲博士諫大夫是時宣帝頗修武帝故事宮室車服盛於昭帝時外戚許史王氏貴寵而上躬親政事任用能吏吉上疏言得失曰陛下躬聖質總萬方帝王圖籍日陳于前惟思世務將與太平詔書每下民欣然若更生臣伏而思之可謂至恩未可謂本務也師古曰言天子如此雖於百姓爲至恩然未盡政務之本也欲治之主不世出師古曰言有時遇之不常值○宋祁曰注文不字下疑有可字公卿幸得遭遇其時言聽諫從然未有建萬世之長策舉明主於三代之隆者也師古曰三代夏殷周其務在於期會簿書斷獄聽訟而已此非太平之基也臣聞聖王宣德流化必自近始朝廷不備難以言治左右不正難以化遠民者弱而不可勝愚而不可欺也聖主獨行於深宮得則天下稱誦之失則天下咸言之行發於近必見於遠故謹選左右審擇所使左右所以正身也所使所以宣德也詩云濟濟多士文王以寧師古曰大雅文王之詩也此其本也春秋所以大一統者六合同風九州共貫也師古曰解在董仲舒傳今俗吏所以牧民者非有禮義科指可世世通行者也獨設刑法以守之其欲治者不知所繇師古曰繇與由同以意穿鑿各取一切權譎自在故一變之後不可復修也師古曰言其敝深難久行是以百里不同風千里不同俗戶異政人殊服詐僞萌生刑罰亡極師古曰萌生言其爭出如草木之初生質樸日消恩愛寖薄師古曰寖漸也孔子曰安上治民莫善於禮師古曰孝經載孔子之言非空言也王者未制禮之時引先王禮宜於今者而用之臣願陛下承天心發大業與公卿大臣延及儒生述舊禮明王制敺一世之民躋之仁壽之域師古曰以仁撫下則羣生安逸而壽考則俗何以不若成康壽何以不若高宗師古曰高宗殷王武丁也享國百年竊見當世趨務不合於道者謹條奏師古曰趨讀曰趣趣嚮也唯陛下財擇焉師古曰財與裁同吉意以爲夫婦人倫大綱夭壽之萌也師古曰由之而生故云萌世俗嫁娶太早未知爲人父母之道而有子是以教化不明而民多夭聘妻送女亡節則貧人不及故不舉子又漢家列侯尚公主諸侯則國人

承翁主晉灼曰娶天子女則曰尚公主國人娶諸侯女曰承翁主尚承皆卑下之名也師古曰翁主者言其父自主婚也解具在高帝紀使男事女夫詘於婦逆陰陽之位故多女亂古者衣服車馬貴賤有章以褒有德而別尊卑今上下僭差人人自制師古曰言無節度是以貪財誅利祁○宋祁曰南本浙本作趨利不畏死亡周之所以能致治刑措而不用者以其禁邪於冥冥絕惡於未萌也師古曰冥冥言未有端緒又言舜湯不用三公九卿之世而舉皋陶伊尹李奇曰不繼世而爵也言皋陶伊尹非三公九卿之世不仁者遠師古曰任用賢人故姦讒佞遠今使俗吏得任子弟張晏曰子弟以父兄任爲郎率多驕驁不通古今師古曰驁與傲同至於積功治人亡益於民此伐檀所爲作也師古曰伐檀詩篇名刺在位貪鄙無功而受祿○宋祁曰注文一本刺不用賢也在魏國風也宜明選求賢除任子之令外家及故人可厚以財不宜居位去角抵減樂府省尚方師古曰尚方主巧作明視天下以儉師古曰視讀曰示古者工不造琱瑑商不通侈靡師古曰瑑者刻鏤爲文瑑音篆非工商之獨賢政教使之然也民見儉則歸本本立而末成其指如此上以其言迂闊不甚寵異也師古曰迂遠也音于吉遂謝病歸琅邪始吉少時學問居長安東家有大棗樹垂吉庭中吉婦取棗以啖吉師古曰啖謂使食之音徒濫反啖亦啗字耳此義與高紀啗以利同吉後知之乃去婦東家聞而欲伐其樹鄰里共止之因固請吉令還婦里中爲之語曰東家有樹王陽婦去東家棗完去婦復還其厲志如此吉與貢禹爲友世稱王陽在位貢公彈冠師古曰彈冠者言入仕也言其取舍同也師古曰取進趣也舍止息也元帝初即位遣使者徵貢禹與吉吉年老道病卒上悼之復遣使者弔祠云初吉兼通五經能爲騶氏春秋以詩論語教授好梁丘賀說易令子駿受焉駿以孝廉爲郎左曹陳咸薦駿賢父子經明行修宜顯以厲俗光祿勳匡衡亦舉駿有專對材師古曰專對謂見問即對無所疑也論語稱孔子曰使於四方不能專對雖多亦奚以爲遷諫大夫使責淮陽憲王師古曰以其有口辯遷趙內史吉坐昌邑王被刑後戒子孫毋爲王國吏故駿道病免官歸起家復爲幽州刺史遷司隸校尉奏免丞相匡衡遷少府八歲成帝欲大用之出駿爲京兆尹試以政事先是京兆有趙廣漢張敞王尊王章至駿皆有能名故京師稱曰前有趙張後有三王而薛宣從左馮翊代駿爲少府會御史大夫缺谷永奏言聖王不以名譽加於實效師古曰言不聽虛名考績用人之法師古曰言用人之法皆須考以功績薛宣政事已試師古曰言有效也上然其議宣爲少府月餘遂超御史大夫至丞相駿乃代宣爲御史大夫並居位六歲病卒翟方進代駿爲大夫數月薛宣免遂代爲丞相眾人爲駿恨不得封侯駿爲少府時妻死因不復娶或問之駿曰德非曾參子非華元如淳曰華與元曾參之二子也韓詩外傳曰曾參喪妻不更娶人問其故曾子曰以華元善人也一曰曾參之子字華元師古曰二子是也亦何敢娶駿子崇以父任爲郎歷刺史郡守治有能名建平三年以河南太守徵入爲御史大夫數月是時成帝舅安成恭侯夫人放寡居共養長信宮師古曰放者夫人之名也共音居用反養音弋亮反坐祝詛下獄崇奏封事爲放言放外家解氏與崇爲昏師古曰婚姻之家哀帝以崇爲不忠誠策詔崇曰朕以君有累世之美師古曰謂自祖及身皆有名也故踰列次在位以來忠誠匡國未聞所繇師古曰繇與由同由從也反懷詐諼之辭師古曰諼詐言也音虛袁反欲以攀救舊姻之家大逆之辜舉錯專恣師古曰錯置也不遵法度亡以示百僚左遷爲大司農後徙衛尉左將軍平帝即位王莽秉政大司空彭宣乞骸骨罷崇代爲大司空封扶平侯歲餘崇復謝病乞骸骨皆避王莽莽遣就國歲餘爲傅婢所毒薨國除師古曰凡言傅婢者謂傅相其衣服衽席之事一讀傳曰附謂近幸也自吉至崇世名清廉然材器名稱稍不能及父而祿位彌隆皆好車馬衣服其自奉養極爲鮮明而亡金銀錦繡之物及遷徙去處所載不過囊衣師古曰一囊之衣也有底曰囊無底曰橐不畜積餘財師古曰畜讀曰蓄去位家居亦布衣疏食天下服其廉而怪其奢故俗傳王陽能作黃金師古曰以其無所求取不營產業而車服鮮明故謂自作黃金以給用

貢禹字少翁琅邪人也以明經絜行著聞徵爲博士涼州刺史病去官復舉賢良爲河南令歲餘以職事爲府官所責師古曰太守之府免冠謝禹曰冠壹免安復可冠也遂去官元帝初即位徵禹爲諫大夫數虛己問以政事師古曰虛己謂虛心以受其言也是時年歲不登郡國多困禹奏言古者宮室有制宮女不過九人秣馬不過八匹師古曰秣養也謂以粟米飤也牆塗而不琱木摩而不刻師古曰琱字與彫同彫畫也車輿器物皆不文畫苑囿不過數十里與民共之任賢使能什一而稅亡宅賦斂繇戍之役使民歲不過三日千里之內自給千里之外各置貢職而已師古曰言天子以畿內賦斂自供千里之外令其以時入貢不欲煩勞也故天下家給人足頌聲並作至高祖孝文孝景皇帝循古節儉宮女不過十餘廄馬百餘匹孝文皇帝衣綈履革師古曰綈厚繒音徒奚反器亡琱文金銀之飾後世爭爲奢侈轉轉益甚臣下亦相放效師古曰放音甫往反其下亦同衣服履絝刀劍亂於主上師古曰絝古袴字主上時臨朝入廟眾人不能別異甚非其宜然非自知奢僭也猶魯昭公曰吾何僭矣今大夫僭諸侯諸侯僭天子天子過天道其日久矣承衰救亂矯復古化在於陛下師古曰正曲曰矯復音方目反臣愚以爲盡如太古難宜少放古以自節焉論語曰君子樂節禮樂師古曰論語稱孔子曰益者三樂樂節禮樂樂道人之善樂多賢友也方今宮室已定亡可奈何矣其餘盡可減損故時齊三服官輸物不過十笥師古曰三服官主作天子之服在齊地笥盛衣竹器音先嗣反方今齊三服官作工各數千人一歲費數鉅萬蜀廣漢主金銀器歲各用五百萬三工官官費五千萬如淳曰地理志河內懷蜀郡成都廣漢皆有工官工官主作器物者也師古曰如說非也三工官謂少府之屬官考工室也右工室也東園匠也上已言蜀漢主金銀器是不入三工之數也東西織室亦然廄馬食粟將萬匹臣禹嘗從之東宮師古曰從天子往太后宮見賜杯案盡文畫金銀飾非當所以賜食臣下也師古曰食讀曰飤東宮之費亦不可勝計天下之民所爲大饑餓死者是也今民大饑而死死又不葬爲犬豬所食師古曰食人之骸骨○宋祁曰浙本無所字人至相食而廄馬食粟苦其大肥氣盛怒至乃日步作之師古曰日日行步而動作之以散洩之氣王者受命於天爲民父母固當若此乎天不見邪武帝時又多取好女至數千人以填後宮師古曰此填字讀與寘同及弃天下昭帝幼弱霍光專事不知禮正妄多臧金錢財物鳥獸魚鼈牛馬虎豹生禽凡百九十物盡瘞臧之又皆以後宮女置於園陵○宋祁曰以字疑作取字大失禮逆天心又未必稱武帝意也昭帝晏駕光復行之至孝宣皇帝時陛下惡有所言師古曰不能自言減省之事羣臣亦隨故事甚可痛也故使天下承化取女皆大過度師古曰取讀曰娶諸侯妻妾或至數百人豪富吏民畜歌者至數十人是以內多怨女外多曠夫師古曰曠空也室家空也及眾庶葬埋皆虛地上以實地下其過自上生師古曰自從也上謂天子也皆在大臣循故事之辠也唯陛下深察古道從其儉者大減損乘輿服御器物三分去二子產多少有命審察後宮擇其賢者留二十人餘悉歸之師古曰言人產子多少自有定命非由廣娶媵也故請止留二十人及諸陵園女亡子者宜悉遣獨杜陵宮人數百誠可哀憐也廄馬可亡過數十匹獨舍長安城南苑地以爲田獵之囿師古曰舍置也獨留置之其餘皆廢去自城西南至山西至鄠皆復其田以與貧民師古曰復音方目反方今天下饑饉可亡大自損減以救之稱天意乎天生聖人蓋爲萬民非獨使自娛樂而已也故詩曰天難諶斯不易惟王上帝臨女毋貳爾心師古曰大雅大明之詩也諶誠也上帝亦天也言承天之意此誠難矣王者之命不妄改易天常降鑒甚可畏也毋貳爾心機事易失勿猶豫也當仁不讓師古曰論語稱孔子曰當仁不讓於師故引之獨可以聖心參諸天地揆之往古師古曰揆度也不可與臣下議也若其阿意順指隨君上下師古曰上下猶言高下謂苟順從也上音時掌反臣禹不勝拳拳不敢不盡愚心師古曰拳拳解在劉向傳下鮑宣傳惓惓音義亦同天子納善其忠乃下詔令太僕減食穀馬水衡減食肉獸省宜春下苑以與貧民又罷角抵諸戲及齊三服官遷禹爲光祿大夫頃之禹上書曰臣禹年老貧窮家訾不滿萬錢妻子穅豆不贍裋褐不完師古曰裋者謂僮豎所著布長襦也褐毛布之衣也裋音豎有田百三十畝陛下過意徵臣師古曰過猶誤也臣賣田百畝以供車馬至拜爲諫大夫秩八百石奉錢月九千二百師古曰奉音扶用反其下亦同廩食太官師古曰謂太官給其食又蒙賞賜四時雜繒緜絮衣服酒肉諸果物德厚甚深疾病侍醫臨治師古曰侍醫天子之醫也賴陛下神靈不死而活又拜爲光祿大夫秩二千石奉錢月萬二千祿賜愈多家日以益富身日以益尊誠非屮茅愚臣所當蒙也師古曰屮古草字伏自念終亡以報厚德日夜慙愧而已臣禹犬馬之齒八十一血氣衰竭耳目不聰明非復能有補益所謂素餐尸祿洿朝之臣也師古曰洿與汚同音一故反自痛去家三千里凡有一子年十二非有在家爲臣具棺槨者也誠恐一旦顛仆氣竭不復自還師古曰顛音顛隕也仆音赴仆頓也不自還者遂死也還讀曰旋洿席薦於宮室骸骨弃捐孤魂不歸不勝私願願乞骸骨及身生歸鄉里師古曰及身生謂及未死之前死亡所恨天子報曰朕以生有伯夷之廉史魚之直師古曰生謂先生也史魚衛大夫史鰌也論語稱孔子曰直哉史魚邦有道如矢邦無道如矢言其壹志守經據古不阿當世孳孳於民俗之所寡師古曰孳與孜同孜孜不怠也寡少也言少有此人故親近生幾參國政師古曰幾讀曰冀今未得久聞生之奇論也而云欲退意豈有所恨與師古曰與讀曰歟將在位者與生殊乎師古曰言志趣不同往者嘗令金敞語生欲及生時祿生之子既已諭矣今復云子少夫以王命辨護生家雖百子何以加傳曰亡懷土師古曰論語孔子曰君子懷德小人懷土何必思故鄉生其強飯慎疾以自輔後月餘以禹爲長信少府會御史大夫陳萬年卒禹代爲御史大夫列於三公自禹在位數言得失書數十上禹以爲古民亡賦算口錢起武帝征伐四夷重賦於民民產子三歲則出口錢故民重困師古曰重音直用反至於生子輒殺甚可悲痛宜令兒七歲去齒乃出口錢年二十乃算又言古者不以金錢爲幣專意於農故一夫不耕必有受其飢者今漢家鑄錢及諸鐵官皆置吏卒徒攻山取銅鐵一歲功十萬人已上○宋祁曰已當作以中農食七人是七十萬人常受其飢也鑿地數百丈銷陰氣之精地臧空虛不能含氣出雲斬伐林木亡有時禁水旱之災未必不繇此也師古曰繇讀與由同自五銖錢起已來七十餘年民坐盜鑄錢被刑者眾富人積錢滿室猶亡厭足民心動搖商賈求利東西南北各用智巧好衣美食歲有十二之利師古曰若有萬錢爲賈則獲二千之利而不出租稅農夫父子暴露中野不避寒暑捽屮杷土手足胼胝師古曰捽拔取也屮古草字也杷手掊之也胼併也胝繭也捽音才兀反杷音蒲巴反其字從木胼音步千反胝音竹尸反掊音蒲交反已奉穀租又出稾稅師古曰稾禾稈也鄉部私求不可勝供師古曰言鄉部之吏又私有所求不能供之故民弃本逐末耕者不能半貧民雖賜之田猶賤賣以

賈（師古曰賈田與人而更爲商賈之業）窮則起爲盜賊何者末利深而惑於錢也是以姦邪不可禁其原皆起於錢也疾其末者絕其本宜罷採珠玉金銀鑄錢之官亡復以爲幣市井勿得販賣（師古曰賤買貴賣曰販）除其租銖之律（師古曰租稅之法皆依田畝不得雜計百物之銖兩）租稅祿賜皆以布帛及穀使百姓壹歸於農復古道便（師古曰追遵古法於事便也復音扶目反）又言諸離宮及長樂宮衞可減其太半以寬繇役（師古曰繇讀曰傜）又諸官奴婢十萬餘人戲游亡事稅良民以給之歲費五六鉅萬宜免爲庶人廩食（師古曰廩給以食）令代關東戍卒乘北邊亭塞候望（師古曰乘登也）又欲令近臣自諸曹侍中以上家亡得私販賣與民爭利犯者輒免官削爵不得仕宦禹又言孝文皇帝時貴廉絜賤貪汙賈人贅壻及吏坐臧者皆禁錮不得爲吏賞善罰惡不阿親戚罪白者伏其誅（師古曰白明也）疑者以與民（師古曰罪疑從輕也）亡贖罪之法故令行禁止海內大化天下斷獄四百與刑錯亡異武帝始臨天下尊賢用士闢地廣境數千里自見功大威行遂從耆欲（師古曰從讀曰縱耆讀曰嗜）用度不足乃行壹切之變使犯法者贖罪入穀者補吏是以天下奢侈官亂民貧盜賊並起亡命者衆郡國恐伏其誅則擇便巧史書習於計簿能欺上府者以爲右職（師古曰上府謂所屬之府右職高職也）姦軌不勝則取勇猛能操切百姓者以苛暴威服下者使居大位（師古曰操持也切刻也操音千高反○劉攽曰百姓下多者字宋祁曰去者字）故亡義而有財者顯於世欺謾而善書者尊於朝（師古曰謾詐也謾音慢又音武連反）誖逆而勇猛者貴於官（師古曰誖亂也音布內反）故俗皆曰何以孝弟爲財多而光榮何以禮義爲史書而仕宦何以謹慎爲勇猛而臨官故黥劓而髡鉗者猶復攘臂爲政於世行雖犬彘家富埶足目指氣使是爲賢耳（師古曰動目以指物出氣以使人）故謂居官而置富者爲雄桀處姦而得利者爲壯士兄勸其弟父勉其子俗之壞敗乃至於是察其所以然者皆以犯法得贖罪求士不得真賢相守崇財利（師古曰相諸侯相也守郡守也崇尚也）誅不行之所致也今欲興至治致太平宜除贖罪之法相守選舉不以實及有臧者輒行其誅亡但免官（師古曰不止免官而已）則爭盡力爲善貴孝弟賤賈人進真賢舉實廉而天下治矣孔子匹夫之人耳以樂道正身不解之故（師古曰解讀曰懈）四海之內天下之君微孔子之言亡所折中（師古曰微無也折斷也非孔子之言則無以爲中也音竹仲反斷音丁喚反）況乎以漢地之廣陛下之德處南面之尊秉萬乘之權因天地之助其於變世易俗調和陰陽陶冶萬物化正天下易於決流抑隊（師古曰決流之水抑隊之物言其便易）自成康以來幾且千歲（師古曰幾音鉅依反）欲爲治者甚衆然而太平不復興者何也以其舍法度而任私意奢侈行而仁義廢也陛下誠深念高祖之苦（師古曰言取天下艱難也）醇法太宗之治正已以先下選賢以自輔開進忠正致誅姦臣遠放讇佞（師古曰遠離也音于萬反讇古諂字）放出園陵之女罷倡樂絕鄭聲去甲乙之帳退僞薄之物修節儉之化驅天下之民皆歸於農如此不解（師古曰解讀曰懈也）則三王可侔五帝可及唯陛下留意省察天下幸甚天子下其議令民產子七歲乃出口錢自此始又罷上林宮館希幸御者及省建章甘泉宮衞卒減諸侯王廟衞卒省其半餘雖未盡從然嘉其質直之意禹又奏欲罷郡國廟定漢宗廟迭毀之禮皆未施行（師古曰迭互也親盡則毀故曰迭毀迭音大結反）爲御史大夫數月卒天子賜錢百萬以其子爲郎官至東郡都尉禹卒後上追思其議竟下詔罷郡國廟定迭毀之禮然通儒或非之語在韋玄成傳○宋祁曰然通儒或非之江南兩浙本無此六字

兩龔皆楚人也勝字君賓舍字君倩（師古曰倩音千見反）二人相友並著名節故世謂之楚兩龔少皆好學明經勝爲郡吏舍不仕久之楚王入朝聞舍高名聘舍爲常侍不得已隨王歸國固辭願卒學復至長安（師古曰卒終也終其經業）而勝爲郡吏三舉孝廉以王國人不得宿衞補吏○宋祁曰補字下疑有出字　再爲尉壹爲丞勝輒至官迺去州舉茂才爲重泉令（師古曰重泉左馮翊縣也）病去官大司空何武執金吾閻崇薦勝哀帝自爲定陶王固已聞其名徵爲諫大夫引見勝薦龔舍及亢父甯壽濟陰侯嘉（師古曰亢音抗父音甫）有詔皆徵勝曰竊見國家徵醫巫常爲駕徵賢者宜駕上曰大夫乘私車來邪勝曰唯唯（師古曰唯唯恭應之詞也音弋癸反）有詔爲駕龔舍侯嘉至皆爲諫大夫甯壽稱疾不至勝居諫官數上書求見言百姓貧盜賊多吏不良風俗薄災異數見不可不憂制度泰奢刑罰泰深賦斂泰重宜以儉約先下其言祖述王吉貢禹之意爲大夫二歲餘遷丞相司直徙光祿大夫守右扶風數月上知勝非撥煩吏乃復還勝光祿大夫（師古曰依舊官）諸吏給事中勝言董賢亂制度繇是逆上指（師古曰繇讀與由同）後歲餘丞相王嘉上書薦故廷尉梁相等尚書劾奏嘉言事恣意迷國罔上不道下將軍中朝者議左將軍公孫祿司隸鮑宣光祿大夫孔光等十四人皆以爲嘉應迷國不道法勝獨書議曰嘉貪性邪僻所舉多貪殘吏位列三公陰陽不和諸事並廢咎皆繇嘉（師古曰繇讀與由同）迷國不疑（文穎曰信必迷國不疑也）今舉相等過微薄日暮議者罷明旦復會左將軍祿問勝君議亡所據今奏當上宜何從（師古曰今欲奏此事君定從何議也）勝曰將軍以勝議不可者通劾之（師古曰并劾勝）博士夏侯常見勝應祿不和起至勝前謂曰宜如奏所言（師古曰謂如尚書所劾奏也）勝以手推常曰去後數日復會議可復孝惠孝景廟不議者皆曰宜復勝曰當如禮常復謂勝禮有變勝疾言曰去是時之變（師古曰疾急也言時人意自變耳禮不變也）常恚謂勝曰我視君何若（師古曰何若言無所似也）君欲小與衆異外以采名君乃申徒狄屬耳（師古曰申徒狄殷之末世介士也自沈於河者）先是常又爲勝道高陵有子殺母者勝白之尚書問誰受（師古曰言於誰聞之也）對曰受夏侯常尚書使勝問常常連恨勝（師古曰連恨謂再被譖去）即應曰聞之白衣戒君勿言也（服虔曰聞之白衣耳戒君勿言之如何便上之邪師古曰白衣給官府趨走賤人若今諸司亭長掌固之屬）奏事不詳妄作觸罪（師古曰言奏事不審妄有發作自觸罪也）勝窮無以對尚書即自劾奏與常爭言洿辱朝廷事下御史中丞召詰問劾奏勝吏二千石常位大夫皆幸得給事中與論議（師古曰與讀曰豫○劉奉世曰前云博士夏侯常云位大夫然博士非中朝臣疑言博士者誤也）不崇禮義而居公門下相非恨疾言辯訟嫚謾亡狀（師古曰疾急也嫚古慢字謾讀與慢同亡狀無善狀也）皆不敬制曰貶秩各一等勝謝罪乞骸骨上乃復加賞賜以子博爲侍郎出勝爲渤海太守勝謝病不任之官積六月免歸上復徵爲光祿大夫勝常稱疾臥數使子上書乞骸骨會哀帝崩初琅邪邴漢亦以清行徵用至京兆尹後爲太中大夫王莽秉政勝與漢俱乞骸骨自昭帝時涿郡韓福以德行徵至京師賜策書束帛遣歸詔曰朕閔勞以官職之事其務修孝弟以教鄉里行道舍傳舍（師古曰於傳舍止宿若今官人行得過驛也）縣次具酒肉食從者及馬（師古曰道次給酒肉並飤其從者及馬也食讀曰飤）長吏以時存問常以歲八月賜羊壹頭酒二斛不幸死者賜複衾一祠以中牢於是王莽依故事白遣勝漢策曰惟元始二年六月庚寅光祿大夫太中大夫耆艾二人以老病罷太皇太后使謁者僕射策詔之曰蓋聞古者有司年至則致仕所以恭讓而不盡其力也今大夫年至矣朕愍以官職之事煩大夫其上子若孫若同產同產子一人（師古曰同產兄弟也同產子即兄弟子也）大夫其修身守道以終高年賜帛及行道舍宿歲時羊酒衣衾皆如韓福故事所上子男皆除爲郎（○孔武仲曰龔勝邴漢乞骸骨詔謂之耆艾二人而不名時勝爲光祿大夫漢爲太中大夫特詔行道舍傳舍如今驛舍也漢得入驛如此之嚴也）於是勝漢遂歸老于鄉里漢兄子曼容亦養志自修爲官不肯過六百石輒自免去其名過出於漢初龔舍以龔勝薦徵爲諫大夫病免復徵爲博士又病去頃之哀帝遣使者即楚拜舍爲太山太守（師古曰即就也）舍家居在武原使者至縣請舍欲令至廷拜授印綬（師古曰廷謂縣之庭內）舍曰王者以天下爲家何必縣官遂於家受詔便道之官既至數月上書乞骸骨上徵舍至京兆東湖界（師古曰湖縣也時屬京兆）固稱病篤天子使使者收印綬拜舍爲光祿大夫數賜告舍終不肯起乃遣歸舍亦通五經以魯詩教授舍勝既歸鄉里郡二千石長吏初到官皆至其家如師弟子之禮舍年六十八王莽居攝中卒莽既篡國遣五威將帥行天下風俗將帥親奉羊酒存問勝明年莽遣使者即拜勝爲講學祭酒（師古曰即就其家而拜之）勝稱疾不應徵後二年莽復遣使者奉璽書太子師友祭酒印綬安車駟馬迎勝即拜（師古曰就家迎之因拜官）秩上卿先賜六月祿直以辦裝使者與郡太守縣長吏三老官屬行義諸生千人以上入勝里致詔（師古曰行義謂鄉邑有行義之人也諸生謂學徒也行音下更反）使者欲令勝起迎久立門外勝稱病篤爲牀室中戶西南牖下（師古曰牖窗也於戶之西室之南牖下也）東首加朝服拕紳（師古曰拕引也臥著朝衣故云加引大帶於體也論語稱孔子疾君視之東首加朝服拕紳故放之也拕音土賀反）使者入戶西行南面立致詔付璽書遷延再拜奉印綬內安車駟馬進謂勝曰聖朝未嘗忘君制作未定待君爲政思聞所欲施行以安海內勝對曰素愚加以年老被病命在朝夕隨使君上道必死道路（師古曰示尊敬使者故謂之使君）無益萬分使者要說（師古曰要音一遙反說音式銳反）至以印綬就加勝身勝輒推不受使者即上言方盛夏暑熱勝病少氣可須秋涼迺發（師古曰須待也）有詔許使者五日一與太守俱問起居爲勝兩子及門人高暉等言朝廷虛心待君以茅土之封雖疾病宜動移至傳舍示有行意必爲子孫遺大業暉等白使者語勝自知不見聽即謂暉等吾受漢家厚恩亡以報今年老矣旦暮入地誼豈以一身事二姓下見故主哉勝因敕以棺斂喪事（師古曰棺音宮喚反斂音力贍反）衣周於身棺周於衣勿隨俗動吾冢種柏作祠堂（師古曰若葬多設器備則恐被掘故云動吾冢也亦不得種柏及作祠堂皆不隨俗○劉攽曰勝意一葬之後更不得隨俗動冢土種柏作祠堂）語畢遂不復開口飲食積十四日死死時七十九矣使者太守臨斂賜複衾祭祠如法門人衰絰治喪者百數有老父來弔哭甚哀既而曰嗟乎薰以香自燒膏以明自銷（師古曰薰芳草）龔生竟夭天年非吾徒也遂趨而出莫知其誰勝居彭城廉里後世刻石表其里門

鮑宣字子都渤海高城人也好學明經爲縣鄉嗇夫守東州丞（師古曰東州渤海之縣也）後爲都尉太守功曹舉孝廉爲郎病去官復爲州從事大司馬衞將軍王商辟宣薦爲議郎後以病去哀帝初大司空何武除宣爲西曹掾甚敬重焉薦宣爲諫大夫遷豫州牧歲餘丞相司直郭欽奏宣舉錯煩苛代二千石署吏聽訟所察過詔條（師古曰出六條之外）行部乘傳去法駕（師古曰行音下更反傳音張戀反）駕一馬（師古曰言其單率不依典制也）舍宿鄉亭爲衆所非宣坐免歸家數月復徵爲

諫大夫宣每居位常上書諫爭其言少文多實是時帝祖母傅太后欲與成帝母俱稱尊號封爵親屬丞相孔光大司空師丹何武大司馬傅喜始執正義失傅太后指皆免官丁傅子弟並進董賢貴幸宣以諫大夫從其後上書諫曰竊見孝成皇帝時外親持權人人牽引所私以充塞朝廷師古曰塞滿也妨賢人路濁亂天下奢泰亡度窮困百姓是以日蝕且十彗星四起危亡之徵陛下所親見也今奈何反覆劇於前乎朝臣亡有大儒骨鯁白首耆艾魁壘之士服虔曰魁壘壯貌也師古曰魁音口賄反壘音磊論議通古今喟然動衆心師古曰喟然歎息貌音丘位反憂國如飢渴者臣未見也敦外親小童及幸臣董賢等在公門省戶下師古曰敦謂厚重也陛下欲與此共承天地安海內甚難師古曰共讀曰供○劉奉世曰共讀如字今世俗謂不智者爲能謂智者爲不能昔堯放四罪而天下服師古曰四罪謂流共工于幽州放驩兜于崇山竄三苗于三危殛鯀于羽山也今除一吏而衆皆惑古刑人尚服今賞人反惑鄧展曰不得其人使天下惑也請寄爲姦師古曰請寄謂以事私相託也羣小日進國家空虛用度不足民流亡去城郭盜賊並起吏爲殘賊歲增於前凡民有七亡師古曰亡謂失其作業也陰陽不和水旱爲災一亡也縣官重責更賦租稅二亡也師古曰更謂爲更卒也音工衡反貪吏並公受取不已三亡也師古曰並依也音步浪反豪強大姓蠶食亡厭四亡也○宋祁曰大姓下疑有家字苛吏繇役失農桑時五亡也部落鼓鳴男女遮迣六亡也晉灼曰迣古列字也師古曰言聞桴鼓之聲以爲有盜賊皆遮列而追捕盜賊劫略取民財物七亡也七亡尚可又有七死酷吏毆殺一死也師古曰毆擊也音一口反治獄深刻二死也冤陷亡辜三死也盜賊橫發四死也師古曰橫音胡孟反怨讎相殘五死也歲惡飢餓六死也時氣疾疫七死也民有七亡而無一得欲望國安誠難民有七死而無一生欲望刑措誠難此非公卿守相貪殘成化之所致邪師古曰守郡守也相諸侯相也羣臣幸得居尊官食重祿豈有肯加惻隱於細民助陛下流教化者邪師古曰惻隱皆痛也志但在營私家稱賓客爲姦利而已師古曰務稱賓客所求也稱音尺孕反以苟容曲從爲賢以拱默尸祿爲智師古曰尸主也不憂其職但主食祿而已謂如臣宣等爲愚陛下擢臣巖穴誠冀有益豪毛豈徒欲使臣美食大官重高門之地哉晉灼曰高門殿名也師古曰在未央宮中天下乃皇天之天下也陛下上爲皇天子下爲黎庶父母爲天牧養元元視之當如一合尸鳩之詩師古曰尸鳩曹國風之篇也其詩云尸鳩在桑其子七兮淑人君子其儀一兮言尸鳩之鳥養其子七平均如一善人君子布德施惠亦當然也尸鳩秸鞠也秸音居黠反○宋祁曰浙本無之詩二字今貧民菜食不厭衣又穿空師古曰空孔也父子夫婦不能相保誠可爲酸鼻陛下不救將安所歸命乎師古曰安焉也奈何獨私養外親與幸臣董賢多賞賜以大萬數使奴從賓客漿酒霍肉劉德曰視酒如漿視肉如霍也師古曰霍豆葉也貧人茹之也蒼頭廬兒皆用致富非天意也孟康曰黎民黔首黎黔皆黑也下民陰類故以黑爲號漢名奴爲蒼頭非純黑以別於良人也諸給殿中者所居爲廬蒼頭侍從因呼爲廬兒臣瓚曰漢儀注官奴給書計從侍中已下爲蒼頭青幘及汝昌侯傅商亡功而封夫官爵非陛下之官爵乃天下之官爵也陛下取非其官官非其人師古曰此官不當加於此人此人不當受於此官也而望天說民服豈不難哉師古曰說讀曰悅方陽侯孫寵宜陵侯息夫躬辨足以移衆彊可用獨立姦人之雄或世尤劇者也宜以時罷退及外親幼童未通經術者皆宜令休就師傅急徵故大司馬傅喜使領外親故大司空何武師丹故丞相孔光故左將軍彭宣經皆更博士位皆歷三公師古曰更亦歷也音工衡反智謀威信可與建教化圖安危師古曰建立也圖謀也龔勝爲司直郡國皆慎選舉三輔委輸官不敢爲姦師古曰委輸謂輸委積者也委音於僞反輸音式喻反○宋祁曰注文輸景本作式俞反可大委任也陛下前以小不忍退武等海內失望師古曰小有不快於心不能忍之也陛下尚能容亡功德者甚衆曾不能忍武等邪治天下者當用天下之心爲心不得自專快意而已也上之皇天見譴下之黎庶怨恨次有諫爭之臣陛下苟欲自薄而厚惡臣天下猶不聽也臣雖愚戇獨不知多受祿賜美食大官廣田宅厚妻子不與惡人結仇怨以安身邪誠迫大義官以諫爭爲職不敢不竭愚惟陛下少留神明覽五經之文原聖人之至意深思天地之戒臣宣吶鈍於辭師古曰吶亦訥字也不勝惓惓盡死節而已上以宣名儒優容之是時郡國地震民訛言行籌明年正月朔日蝕上乃徵孔光免孫寵息夫躬罷侍中諸曹黃門郎數十人宣復上書言陛下父事天母事地子養黎民即位已來父虧明母震動子訛言相驚恐今日蝕於三始如淳曰正月一日爲歲之朝月之朝日之朝始猶朝也誠可畏懼小民正月朔日尚恐毀敗器物何況於日虧乎陛下深內自責避正殿舉直言求過失罷退外親及旁仄素餐之人師古曰仄古側字也徵拜孔光爲光祿大夫發覺孫寵息夫躬過惡免官遣就國衆庶歙然莫不說喜師古曰歙音翕說音悅次亦同也天人同心人心說則天意解矣乃二月丙戌白虹虷日連陰不雨師古曰虷音干此天有憂結未解民有怨望未塞者也侍中駙馬都尉董賢本無葭莩之親師古曰葭音工遐反莩音孚葭莩喻輕薄而附著也解在景十三王傳但以令色諛言自進師古曰令善也諛諂也賞賜亡度竭盡府臧并合三第尚以爲小復壞暴室師古曰時以三第總爲一第賜賢猶嫌陋小復取暴室之地以增益之也賢父子坐使天子使者將作治第行夜吏卒皆得賞賜師古曰爲賢第上持行夜者行音下更反上冢有會輒太官爲供海內貢獻當養一君今反盡之賢家豈天意與民意邪天不可久負厚之如此反所以害之也誠欲哀賢宜爲謝過天地解讎海內免遣就國收乘輿器物還之縣官如此可以父子終其性命不者海內之所仇未有得久安者也孫寵息夫躬不宜居國可皆免以視天下師古曰視讀曰示復徵何武師丹彭宣傅喜曠然使民易視以應天心師古曰易改也建立大政以興太平之端高門去省戶數十步求見出入二年未省師古曰不被省視也欲使海瀕仄陋自通遠矣師古曰瀕涯也音頻又音賓願賜數刻之間師古曰刻謂漏刻也間空隙極竭毣毣之思師古曰毣音沐沐猶懞懞也如淳曰謹愿之貌也○宋祁曰浙本無竭字退入三泉死亡所恨師古曰三重之泉言其深也上感大異納宣言徵何武彭宣旬月皆復爲三公拜宣爲司隸時哀帝改司隸校尉但爲司隸官比司直丞相孔光四時行園陵師古曰行音下更反官屬以令行馳道中如淳曰令諸使有制得行馳道中者行旁道無得行中央三丈也宣出逢之使吏鉤止丞相掾史師古曰鉤留也沒入其車馬摧辱宰相事下御史中丞侍御史至司隸官欲捕從事閉門不肯內師古曰御史欲捕從事而司隸閉門不得入也宣坐距閉使者亡人臣禮大不敬不道○宋祁曰南本無不道二字下廷尉獄博士弟子濟南王咸舉幡太學下曰欲救鮑司隸者會此下諸生會者千餘人朝日遮丞相孔光自言師古曰朝日謂早旦欲入朝也丞相車不得行又守闕上書上遂抵宣罪減死一等髡鉗宣既被刑乃徙之上黨以爲其地宜田牧又少豪俊易長雄師古曰長爲之長帥也雄爲之雄豪也遂家于長子師古曰上黨之縣也長讀如本字平帝即位王莽秉政陰有篡國之心乃風州郡以辠法案誅諸豪桀師古曰風讀曰諷及漢忠直臣不附已者宣及何武等○宋祁曰武字下疑有與宣女壻字皆死時名捕隴西辛興師古曰詔顯其名而捕之興與宣女壻許紺俱過宣一飯去師古曰飯音扶晚反宣不知情○宋祁曰情字上疑有其字坐繫獄自殺自成帝至王莽時清名之士琅邪又有紀逡王思齊則薛方子容太原則郇越臣仲郇相稚賓沛郡則唐林子高唐尊伯高師古曰并列其人本土及姓名字也後皆類此逡音千旬反郇音荀又音胡頑反今荀郇二姓並有之俱稱周武王之後也皆以明經飭行顯名於世師古曰飭謹也讀與勑同紀逡兩唐皆仕王莽封侯貴重歷公卿位唐林數上疏諫正有忠直節唐尊衣敝履空服虔曰履猶屨也師古曰衣音於既反著敝衣躡空履也空穿也以瓦器飲食又以歷遺公卿服虔曰以瓦器遺之也被虛僞名師古曰被音皮義反郇越相同族昆弟也並舉州郡孝廉茂材數病去官越散其先人訾千餘萬以分施九族州里志節尤高相王莽時徵爲太子四友病死莽太子遣使稅以衣衾師古曰贈喪衣服曰稅稅音式芮反其字從衣其子攀棺不聽曰死父遺言師友之送勿有所受今於皇太子得託友官故不受也京師稱之薛方嘗爲郡掾祭酒嘗徵不至及莽以安車迎方方因使者辭謝曰堯舜在上下有巢由今明主方隆唐虞之德小臣欲守箕山之節也張晏曰許由隱於箕山在陽城有許由祠○宋祁曰由字按注并贊注及江浙本作許字今字上疑有亦猶二字使者以聞莽說其言不彊致師古曰說讀曰悅方居家以經教授喜屬文師古曰喜音許吏反屬音之欲反著詩賦數十篇始隃麋郭欽哀帝時爲丞相司直師古曰隃麋扶風之縣也隃音踰奏免豫州牧鮑宣京兆尹薛修等又奏董賢左遷盧奴令平帝時遷南郡太守而杜陵蔣詡元卿爲兗州刺史亦以廉直爲名王莽居攝欽詡皆以病免官歸鄉里臥不出戶卒於家齊栗融客卿北海禽慶子夏蘇章游卿山陽曹竟子期皆儒生去官不仕於莽莽死漢更始徵竟以爲丞相封侯欲視致賢人銷寇賊師古曰視讀曰示竟不受侯爵會赤眉入長安欲降竟竟手劍格死世祖即位徵薛方道病卒兩龔鮑宣子孫皆見褒表至大官

贊曰易稱君子之道或出或處或默或語師古曰上繫辭也謂發跡雖異同歸於道言其各得道之一節譬諸草木區以別矣師古曰言蘭桂異類而各芬馨故曰山林之士往而不能反朝廷之士入而不能出二者各有所短春秋列國卿大夫及至漢興將相名臣懷祿耽寵以失其世者多矣師古曰懷思也言不能去是故清節之士於是爲貴然大率多能自治而不能治人王貢之材優於龔鮑守死善道勝實蹈焉師古曰論語稱孔子曰篤信好學守死善道危邦不入亂邦不居今龔勝不受莽官蹈斯之跡也○宋祁曰注文之字當刪貞而不諒薛方近之師古曰論語稱孔子曰君子貞而不諒謂君子之人正其道耳言不必信也薛方志避亂朝詭說引巢許爲喻近此義也郭欽蔣詡好遯不汙絕紀唐矣師古曰欽詡不仕於莽遯逃濁亂不汙其節殊於紀逡及兩唐

前漢書卷七十二考證

有園公句綺里季夏句黃公句角里先生句○田汝成曰四皓名字當讀爲綺里季夏黃公而後人誤讀爲夏黃公亦猶樂正裘牧仲之誤耳　臣召南按杜甫詩曰黃綺終辭漢以黃綺並稱即知唐人讀本不誤又按角里角字宋史儒林傳崔偓佺爲直講太宗顧謂曰李覺嘗奏朕云四皓中一先生姓或言用字加撇或云加點爾知否偓佺對曰臣聞刀用爲甪音權兩點爲角音鹿用上一撇一點俱不成字據偓佺此論則俗本作角字者亦非也宋祁曰角不成字當作甪俗本又誤甪作角蓋緣不知崔偓佺之論耳

其後谷口有鄭子真○按地理志谷口縣屬左馮翊

王吉傳琅邪皐虞人也○　臣召南按吉爲琅邪王氏之祖唐書宰相世系表曰秦將王離子元避亂遷琅邪

後徙臨沂四世孫吉始家皋虞後徙臨沂都鄉南仁里

今者大王幸方輿○胡三省曰方輿縣本屬山陽郡武帝以山陽為昌邑王國方輿縣屬焉

毆一世之民躋之仁壽之域注師古曰以仁撫天下云云○胡三省曰此以仁壽並言仁者不鄙詐壽者不夭折也顏注非是

吉意以為夫婦人倫大綱云云○真德秀曰吉意以下葢史家撮其大旨如此非本文也

左曹陳咸薦駿賢父子○　臣召南按賢父子猶云賢父之子

兩龔傳常以歲八月賜羊壹頭酒二斛○　臣召南按韓福事昭紀作郡縣常以正月賜羊酒紀係錄詔書原文疑此八月當為正月之訛又按羊壹頭壹字應作一各本俱誤耳

勿隨俗動吾冢云云注師古曰若葬多設器備則恐被掘云云○顧炎武曰古人族葬勝必已自有墓若隨俗人之意更於冢上種柏作祠堂則是動吾冢也葢以朝代遷革一切飾終之禮俱不欲用

鮑宣傳勃海高城人也○高城地理志作高成

薛方嘗為郡掾祭酒云云○　臣召南按鮑宣傳特附薛方郭欽蔣詡栗融禽慶蘇章曹竟皆不仕莽世清節著名者據後書卓茂傳茂與孔休蔡勳劉宣龔勝鮑宣六人同志又申徒剛宣秉王丹王良郭丹蔡茂及陳寵之曾祖咸各見本傳而儒林傳載高詡包咸獨行傳載譙元李業王皓王嘉劉茂逸民傳載向長逢萌王君公周黨譚賢殷謨王霸戴遵皆立志皦然不汙新室爵命宜與薛方諸賢牽連書之乃莽大夫揚雄一傳累牘連篇而於諸賢聊表一二此則班氏之失也

皆見褒表至大官○　臣召南按兩龔子孫後書無傳鮑宣子永孫昱三世司隸後書有傳而宣妻桓少君在列女傳

前漢書卷七十三

漢　蘭　臺　令　史班　固撰

唐正議大夫行祕書少監琅邪縣開國子顏師古注

韋賢傳第四十三

韋賢字長孺魯國鄒人也其先韋孟家本彭城為楚元王傅傅子夷王及孫王戊師古曰官為楚王傅而歷相三王也戊荒淫不遵道孟作詩風諫後遂去位徙家于鄒又作一篇其諫詩曰肅肅我祖國自豕韋應劭曰在商為豕韋氏也黼衣朱紱四牡龍旂師古曰黼衣畫為斧形而白與黑為彩也朱紱為朱裳畫為亞文也亞古弗字也故因謂之紱字又作韍其音同聲○宋祁曰注黼衣字下當更有衣字形為彩當作謂彩亞字當作亞其音同聲當作同耳彤弓斯征撫寧遐荒師古曰言受彤弓之賜於此得專征伐也總齊羣邦以翼大商師古曰翼佐助也迭彼大彭勳績惟光應劭曰國語曰大彭豕韋為商伯師古曰迭互也自言豕韋氏與大彭互為伯於殷商也迭音徒結反至于有周歷世會同師古曰繼為諸侯預盟會之事也王赧聽譖寔絕我邦應劭曰王赧周末王聽讒受譖絕豕韋氏也我邦既絕厥政斯逸應劭曰言自絕豕韋氏之後政教逸漏不由王者也臣瓚曰逸放也管仲曰令而不行謂之放師古曰瓚說是也○劉攽曰予謂王赧時詎有豕韋哉有豕韋亦非王赧所能絕也又云我邦既絕厥政斯逸周之逸政久矣不由赧也孟此詩焉不曉其祖者賞罰之行非繇王室師古曰繇與由同也○宋祁曰注文也字當刪庶尹羣后靡扶靡衞五服崩離宗周以隊應劭曰五服謂甸服侯服綏服要服荒服也師古曰庶尹衆官之長也羣后諸侯也隊失也音直類反我祖斯微遷于彭城師古曰言我之先祖於此遷徙也遷古遷字其下竝同在予小子勤誒厥生師古曰誒歎聲音許其反○宋祁曰誒浙本作唉阸此嫚秦耒耜以耕師古曰言遭秦暴嫚無有列位躬耕於野悠悠嫚秦上天不寧迺眷南顧授漢于京師古曰高祖起在豐沛於秦為南故曰南顧言以秦之京邑授與漢也○劉奉世曰秦視於沛猶在東北安得云南孟意以漢興於巴蜀故云爾於赫有漢四方是征師古曰於讀曰烏烏歎辭也赫赫明貌凡此詩中諸歎辭稱於者其音皆同靡適不懷萬國逌平師古曰懷思也來也逌古攸字攸所也言漢兵所征之處人皆思附而來萬國所以平也迺命厥弟建侯於楚俾我小臣惟傅是輔兢兢元王恭儉淨壹師古曰兢兢謹戒也惠此黎民納彼輔弼饗國漸世垂烈于後師古曰元王立二十七年而薨垂遺業於後嗣也迺及夷王克奉厥緒咨命不永唯王統祀師古曰咨嗟也永長也夷王立四年而薨戊乃嗣位故言不永也左右陪臣此惟皇士師古曰爾雅云皇正也如何我王不思守保不惟履冰以繼祖考師古曰惟亦思也言不思念敬慎如履薄冰之義用繼其祖考之業也邦事是廢逸游是娛犬馬繇繇是放是驅師古曰繇與悠同悠悠行貌放放犬也驅驅馬也務彼鳥獸忽此稼苗烝民以匱我王以媮師古曰媮與愉同樂也言衆人失稼穡以致困匱而王反以為樂也所弘非德所親非俊唯囿是恢唯諛是信師古曰恢大也諛諂言也睮睮諂夫咢咢黃髮如淳曰睮睮自媚貌也師古曰咢咢直言也睮音踰咢音五各反如何我王曾不是察既藐下臣追欲從逸應劭曰藐遠也言疏遠忠賢之輔追情欲從逸遊也臣瓚曰藐陵藐也師古曰藐與邈同應說是也下臣孟自謂也從讀曰縱嫚彼顯祖輕茲削黜嗟嗟我王漢之睦親師古曰睦密也言服屬近曾不夙夜以休令聞師古曰休美也令善也聞聲名也穆穆天子臨爾下土明明羣司執憲靡顧師古曰靡無也言執天子之法無所顧望也顧讀如古臨正遐繇近殆其怙茲師古曰言欲正遠人先從近親始而王怙恃與漢戚屬不自易慎以致危殆也繇讀與由同嗟嗟我王曷不此思非思非鑒嗣其罔則師古曰不思鑒戒之義是令後嗣無所法則也彌彌其失岌岌其國應劭曰彌彌猶稍稍也弊過滋甚也岌岌欲毀壞也師古曰岌岌危動貌音五合反致冰匪霜致隊靡嫚瞻惟我王昔靡不練師古曰言堅冰之成起於微霜隕隊之咎由於怠嫚也練答閱歷之言在昔之事皆在王心無所不閱也興國救顛孰違悔過追思黃髮秦繆以霸師古曰言興復邪國救止顛隊之道無如能自悔其過惡秦穆公伐鄭為晉所敗而歸乃作秦誓曰雖則員然尚猷詢茲黃髮則罔所愆謂雖有員然之失庶幾以道謀於黃髮之賢則行無所過矣黃髮老壽之人也謂髮落更生黃者也員與云同○劉奉世曰老人髮白久而變黃色非謂更生而黃也歲月其徂年其逮耇師古曰逮及也耇者老人面色如垢也言歲月驟在年將及耇不可殆忽於昔君子庶顯于後師古曰於歎辭也言昔之君子庶幾善道所以能光顯於後世也○宋祁曰昔一作赫我王如何曾不斯覽師古曰覽視也叶韻音濫黃髮不近胡不時監師古曰黃髮不近者言遠耇老之人也近音其靳反○宋祁曰注文言字姚改作斥其在鄒詩曰微微小子既耇且陋師古曰自言年老材質鄙陋也豈不牽位穢我王朝應劭曰言豈不戀此爵位乎以王朝汙穢不肅清故也師古曰此說非也恐己穢王朝所以去耳故下又言懼穢此征也○宋祁曰牽一作幸淳化本作幸刊誤據史館本改作幸王朝肅清唯俊之庭顧瞻余躬懼穢此征李奇曰於此便行也師古曰此皆孟已去遜辭不欲顯王之過惡也○宋祁曰注文便行字下疑有去字我之退征請于天子天子我恤矜我髮齒赫赫天子明悊且仁縣車之義以泊小臣應劭曰古者七十縣車致仕泊及也天子以縣車之義及我也師古曰泊音鉅冀反嗟我小子豈不懷土庶我王寤越遷于魯應劭曰言豈不懷土乎庶幾王之寤覺欲還歸相之相近居魯也○宋祁曰遷當作䙴後遷絕同既去禰祖惟懷惟顧師古曰父廟曰禰言去其父祖舊居所以懷顧也禰音乃禮反祁祁我徒戴負盈路師古曰祁祁衆貌一曰祁祁徐行也徒謂學徒也戴負者謂隨其徙居也爰戾于鄒鬋茅作堂師古曰戾至也鬋字與剪同我徒我環築室于牆師古曰環遶也我既遷逝心存我舊夢我瀆上立于王朝應劭曰瀆上孟所居彭城東里名也憎不忘本也其夢如何夢爭王室其爭如何夢我王弼師古曰弼戾也言夢爭王室之事王違戾我言也○宋祁曰注文之事字下疑有而字言字下疑有故怨之三字寤其外邦歎其喟然師古曰夢在王朝及寐之寤乃在鄒也寤覺也喟音丘位反覺音工效反○宋祁曰外邦字疑為異邦念我祖考泣涕其漣師古曰漣漣泣下貌音連微微老夫咨既遷絕師古曰咨嗟也絕謂與舊居絕也洋洋仲尼視我遺烈師古曰洋洋美盛也烈業也視讀曰示孔子鄒人故言示我遺業也洋音祥又音羊濟濟鄒魯禮義唯恭誦習弦歌于異他邦師古曰言禮樂之教不同餘土也我雖鄙耇心其好而我徒侃爾樂亦在而師古曰而者句絕之辭侃和樂貌音口旦反○宋祁曰景德本絕作端孟卒于鄒或曰其子孫好事述先人之志而作是詩也自孟至賢五世賢為人質朴少欲篤志於學師古曰篤厚也兼通禮尚書以詩教授號稱鄒魯大儒徵為博士給事中進授昭帝詩稍遷光祿大夫詹事至大鴻臚昭帝崩無嗣大將軍霍光與公卿共尊立孝宣帝帝初即位賢以與謀議安宗廟賜爵關內侯食邑師古曰與讀曰豫徙為長信少府師古曰長信者太后宮名為太后官屬也以先帝師甚見尊重本始三年代蔡義為丞相封扶陽侯孟康曰屬沛郡食邑七百戶時賢七十餘為相五歲地節三年以老病乞骸骨賜黃金百斤罷歸加賜第一區丞相致仕自賢始年八十二薨諡曰節侯賢四子長子方山為高寢令早終次子弘至東海太守次子舜留魯守墳墓少子玄成復以明經歷位至丞相故鄒魯諺曰遺子黃金滿籯不如一經如淳曰籯竹器受三四斗今陳留俗有此器蔡謨曰滿籯者言其多耳非器名也若論陳留之俗則吾陳人也不聞有此器師古曰許慎說文解字云籯笭也揚雄方言云陳楚宋魏之間謂箯為籯然則筐籠之屬是也今書本籯字或作盈又是盈滿之義葢兩通也○宋祁曰籯浙本不從竹詳蔡注不從竹為是注文吾陳字下疑有留字劉字疑作箐玄成字少翁以父任為郎常侍騎少好學修父業尤謙遜下士師古曰下音胡亞反出遇知識步行輒下從者與載送之師古曰輟從者之車馬也○宋祁曰與疑作輿以為常其接人貧賤者益加敬繇是名譽日廣師古曰繇與由同以明經擢為諫大夫遷大河都尉服虔曰今東平郡也本為濟東國後王國除為大河郡初玄成兄弘為太常丞職奉宗廟典諸陵邑煩劇多罪過父賢以弘當為嗣故敕令自免師古曰恐其有罪見黜妨為繼嗣故令以病去官也弘懷謙不去官師古曰謂若欲代父為侯故避謙不肯也及賢病篤弘竟坐宗廟事繫獄罪未決室家問賢當為後者賢恚恨不肯言於是賢門下生博士義倩等與宗家計議師古曰博士姓義名倩也宗家賢之同族也倩音千見反共矯賢令師古曰矯託也使家丞上書言大行師古曰為文書於大行以言其事也以大河都尉玄成為後賢薨玄成在官聞喪○宋祁曰越本及別本作在官或作任官又言當為嗣玄成深知其非賢雅意即陽為病狂臥便利妄笑語昏亂師古曰便利大小便○宋祁曰笑作咲注文大小便下有也字徵至長安既葬當襲爵以病狂不應召大鴻臚奏狀章下丞相御史案驗玄成素有名聲士大夫多疑其欲讓爵辟兄者師古曰辟讀曰避案事丞相史迺與玄成書師古曰即案驗玄成事者曰古之辭讓必有文義可觀故能垂榮於後今子獨壞容貌蒙恥辱為狂癡光曜晻而不宣師古曰晻讀與暗同微哉子之所託名也李奇曰名聲名也僕素愚陋過為宰相執事師古曰過猶謬也願少聞風聲不然恐子傷高而僕為小人也○宋祁曰子字下疑有之字玄成友人侍郎章亦上疏言聖王貴以禮讓為國宜優養玄成勿枉其志師古曰枉屈也使得自安衡門之下師古曰衡門謂橫一木於門上貧者之所居也而丞相御史遂以玄成實不病劾奏之有詔勿劾引拜玄成不得已受爵○宋祁曰受字下疑有侯字宣帝高其節以玄成為河南太守兄弘太山都尉遷東海太守數歲玄成徵為未央衞尉遷太常坐與故平通侯楊惲厚善惲誅黨友皆免官後以

列侯侍祀孝惠廟當晨入廟天雨淖師古曰淖泥也音女教反不駕
駟馬車而騎至廟下有司劾奏等輩數人皆削爵爲關
內侯玄成自傷貶黜父爵歎曰吾何面目以奉祭祀作
詩自劾責曰赫矣我祖侯于豕韋賜命建伯有殷以綏
師古曰建立也立爲伯也綏安也以有此伯故天下安也厥績既昭車服有常朝宗
商邑四牡翔翔師古曰翔翔安舒貌德之令顯慶流于裔宗周至
漢羣后歷世應劭曰歷世有爵位。宋祁曰注末當有也字肅肅楚傅輔翼元
夷師古曰元王夷王也厥駟有庸惟慎惟祇孟康曰駟馬也尚書車服以庸庸功也
師古曰庸亦常也即上車服有常同義也祇敬也嗣王孔佚越遷于鄒師古曰孔甚也
佚與逸同五世壙僚至我節侯應劭曰自孟至賢五世無官壙空也惟我節侯
顯德遐聞師古曰聞合韻音問左右昭宣五品以訓師古曰左右助也言爲相
也五品五教也訓理也左讀曰佐右讀曰佑既耆致位惟懿惟奐師古曰言以年致仕
也懿美也奐盛也厥賜祁祁百金洎館師古曰祁祁行來貌洎及也國彼扶
陽在京之東惟帝是留政謀是從繹繹六轡是列是理
師古曰繹繹和調之貌威儀濟濟朝享天子天子穆穆是宗是師
師古曰穆穆天子之容也宗尊也言天子尊之以爲師四方遐爾觀國之煇師古曰煇
光也茅土之繼在我俊兄惟我俊兄是讓是形師古曰形見也言其
謙讓志節顯見也於休厥德於赫有聲師古曰於皆歎辭也休美也致我小
子越留於京師古曰言致爵位於己身而留在京師僚朝請。宋祁曰注末當添也字惟我
小子不肅會同師古曰肅敬也嬉彼車服黜此附庸師古曰嬉古惰字也
削爵爲關內侯故云黜此附庸言見黜而爲附庸也赫赫顯爵自我隊之微微附
庸自我招之誰能忍媿寄之我顏誰將遐征從之夷蠻
師古曰言已取辱之甚無所自措故曰誰有能忍媿者以我顏寄之誰欲遠行去者當與相從適於蠻夷不能
見朝廷之士也於赫三事匪俊匪作於蠆小子終焉其度師古曰於
歎辭也三事三公之位也度居也言三公職以賢俊爲之我既微蔑方自勉厲終當居此也度音大各反後
竝同誰謂華高企其齊而誰謂德難厲其庶而師古曰華華山也華
山雖高企仰則能齊觀道德不易克厲然庶幾可及也嗟我小子于貳其尤師古曰于
往也尤過也自戒云今以往勿貳其過一曰貳謂不一也言心不專一致此過也隊彼令聲申
此擇辭師古曰令善也擇可擇之辭一曰擇謂剬也四方羣后我監我視威
儀車服唯肅是履師古曰戒他人初宣帝寵姬張婕妤男淮陽
憲王好政事通法律上奇其材有意欲以爲嗣然用太
子起於細微又早失母故不忍也久之上欲感風憲王
輔以禮讓之臣師古曰風讀曰諷乃召拜玄成爲淮陽中尉是
時王未就國玄成受詔與太子太傅蕭望之及五經諸
儒雜論同異於石渠閣條奏其對及元帝即位以玄成
爲少府遷太子太傅至御史大夫永光中代于定國爲
丞相貶黜十年之間遂繼父相位封侯故國榮當世焉
玄成復作詩自著復玷缺之艱難師古曰玉缺曰玷復音房目反艱古艱字
玷音丁念反因以戒示子孫曰於肅君子既令厥德師古曰於歎辭
也肅敬也令善也言君子之人皆肅敬以善其德也儀服此恭棣棣其則李奇曰棣棣威儀
也師古曰詩邶柏舟曰威儀棣棣不可選也棣棣閑習之貌音徒繼反。宋祁曰棣棣疑作逮逮咨余
小子既德靡逮師古曰逮及也自言德不及也曾是車服荒嫚以隊師古
曰曾之言則也明明天子俊德烈烈不遂我遺恤我九列師古曰恤
安也九列卿之位謂少府。宋祁曰注末當有也字我既茲恤惟夙惟夜師古曰夙早也
言早夜常自戒也畏忌是申供事靡惰師古曰申言自約束也惰古惰字天子
我監登我三事師古曰監察也三事三公之位謂丞相也顧我傷隊爵復我
舊我既此登望我舊階先后茲度漣漣孔懷應劭曰我既此登爲
丞相也先后茲度父所在也臣瓚曰案古文宅度同師古曰先后即先君也以父昔居此位故泣涕而甚思之
也司直御事我熙我盛師古曰司直丞相司直也御事治事之吏也言司直及治事之
人助我興盛而爲職務也羣公百僚我加我慶于異卿士非同我心
三事惟艱莫我肯矜師古曰言已居尊位懼不克勝而羣公百官皆來相慶是與我心不
同也赫赫三事力雖此畢非我所度退其罔日師古曰我雖畢力於
此然懼非所居貶退無日昔我之隊畏不此居師古曰居合韻音基庶反今我度
茲戚戚其懼師古曰度亦居也嗟我後人命其靡常靖享爾位
瞻仰靡荒師古曰靖謀也享當也天命無常唯善是祐謀當爾位無荒怠也慎爾會同
戒爾車服無嫡爾儀以保爾域師古曰嫡亦古惰字也域謂封邑也爾無
我視不慎不整我之此復惟祿之幸師古曰言我之得復此爵乃蒙天之
福幸而遇之爾等不當視效而怠慢也於戲後人惟肅惟栗師古曰於戲讀曰嗚呼
無忝顯祖。宋祁曰祖一作位以蕃漢室玄成爲相七年守正持
重不及父賢而文采過之建昭三年薨謚曰共侯初賢
以昭帝時徙平陵玄成別徙杜陵病且死因使者自白
曰不勝父子恩願乞骸骨歸葬父墓上許焉子頃侯寬
嗣薨子僖侯育嗣薨子節侯沈嗣自賢傳國至玄孫乃
絕玄成兄高寢令方山子安世歷郡守大鴻臚長樂衞
尉朝廷稱有宰相之器會其病終而東海太守弘子賞
亦明詩哀帝爲定陶王時賞爲太傅哀帝即位賞以舊
恩爲大司馬車騎將軍列爲三公。宋祁曰爲疑作於賜爵關內
侯食邑千戶亦年八十餘以壽終宗族至吏二千石者
十餘人初高帝時令諸侯王都皆立太上皇廟至惠帝
尊高帝廟爲太祖廟景帝尊文帝廟爲太宗廟行所嘗
幸郡國各立太祖太宗廟至宣帝本始二年。宋祁曰二浙本作
二越本作三復尊孝武廟爲世宗廟行所巡狩亦立焉凡祖
宗廟在郡國六十八合百六十七所師古曰六十八者郡國之數也百六
十七所宗廟之數也。宋祁曰注文百六十七所下當添者字而京師自高祖下至宣
帝與太上皇悼皇考各自居陵旁立廟師古曰悼皇考者宣帝之父即
史皇孫并爲百七十六又園中各有寢便殿如淳曰黃圖高廟有便殿
是中央正殿也師古曰如說非也凡言便殿便室便坐者皆非正大之處寢者陵上正殿若平生露寢矣便殿者寢
側之別殿耳日祭於寢月祭於廟時祭於便殿寢日四上食
廟歲二十五祠如淳曰月祭朔望加臘爲二十五晉灼曰漢儀注宗廟一歲十二祠五月嘗麥
六月七月三伏立秋貙婁又嘗粢八月先夕饋飧皆一太牢酎祭用九太牢十月嘗稻又飲蒸二太牢十一月
嘗十二月臘二太牢又每月一太牢如閏加一祀與此上十二爲二十五祠師古曰晉說是也便殿歲
四祠又月一游衣冠而昭靈后武哀王昭哀后孝文太
后孝昭太后衞思后戾太子戾后各有寢園與諸帝合
凡三十所一歲祠上食二萬四千四百五十五用衞士
四萬五千一百二十九人祝宰樂人萬二千一百四十
七人養犧牲卒不在數中至元帝時貢禹奏言古者天
子七廟今孝惠孝景廟皆親盡宜毀及郡國廟不應古
禮宜正定天子是其議未及施行而禹卒永光四年乃
下詔先議罷郡國廟曰朕聞明王之御世也遭時爲法
因事制宜師古曰言不必同也往者天下初定遠方未賓因嘗所
親以立宗廟師古曰親謂親臨幸處也蓋建威銷萌一民之至權也
師古曰銷遏逆亂使不得萌生。宋祁曰浙本無威字一字當作壹今賴天地之靈。宋祁曰
江浙本竝無地字宗廟之福四方同軌蠻貊貢職師古曰軌言車轍皆同
示法制齊也。宋祁曰注文法制越本作教化久遵而不定令疏遠卑賤共承
尊祀師古曰共讀曰恭殆非皇天祖宗之意朕甚懼焉傳不云
乎吾不與祭如不祭師古曰論語載孔子之言與讀曰預其與將軍列侯
中二千石諸大夫博士議郎議丞相玄成御史大夫鄭
弘太子太傅嚴彭祖少府歐陽地餘諫大夫尹更始等
七十人皆曰臣聞祭非自外至者也。宋祁曰江南本無也字浙本有
繇中出生於心也師古曰繇讀與由同故唯聖人爲能饗帝孝子
爲能饗親師古曰言情禮皆備立廟京師之居躬親承事四海之
內各以其職來助祭。宋祁曰浙本無助字尊親之大義五帝三
王所共不易之道也師古曰易改也詩云有來雍雍。宋祁曰來字疑作
徠至止肅肅相維辟公天子穆穆師古曰此周頌雍篇諦太祖之詩也雍雍
和也肅肅敬也相助也辟百辟卿士也公諸侯也有來而和者至而敬者助王禘祭是百辟諸侯也天子是時
則穆穆承事也然春秋之義父不祭於支庶之宅君不祭於臣
僕之家王不祭於下土諸侯臣等愚以爲宗廟在郡國
宜無修臣請勿復修奏可因罷昭靈后武哀王昭哀后
衞思后戾太子戾后園皆不奉祠裁置吏卒守焉罷郡
國廟後月餘復下詔曰蓋聞明王制禮立親廟四祖宗
之廟萬世不毀所以明尊祖敬宗著親親也師古曰著亦明也
朕獲承祖宗之重惟大禮未備戰栗恐懼不敢自顓師古
曰顓與專同其與將軍列侯中二千石二千石諸大夫博士
議玄成等四十四人奏議曰禮王者始受命諸侯始封
之君皆爲太祖以下五廟而迭毀師古曰迭互也親盡則毀故云迭也音大
結反。宋祁曰太祖下疑有繼太祖三字毀廟之主臧乎太祖五年而再殷
祭言壹禘壹祫也師古曰殷大也禘諦也壹一祭之祫也祫合也禘音大系反祫音洽
祭者毀廟與未毀廟之主皆合食於太祖父爲昭子爲
穆孫復爲昭古之正禮也師古曰昭者父子易其號序也昭明也穆美也後以晉
室諱昭故學者改昭爲韶。宋祁曰注末當有字耳兩字祭義曰王者禘其祖自出
師古曰祖所從出者以其祖配之而立四廟言始受命而王祭天
以其祖配而不爲立廟親盡也。宋祁曰配字下疑有之字立親廟
四親親也親盡而迭毀親疏之殺示有終也師古曰殺漸降也音
所例反周之所以七廟者以后稷始封文王武王受命而
王是以三廟不毀與親廟四而七非有后稷始封文武
受命之功者皆當親盡而毀成王成二聖之業師古曰二聖文
王武王也制禮作樂功德茂盛廟猶不世以行爲謚而已師古
曰謂之成王則是以行表謚也禮廟在大門之內不敢遠親也師古曰遠離也
音于萬反臣愚以爲高帝受命定天下。宋祁曰帝字上疑有皇字宜爲
帝者太祖之廟世世不毀承後屬盡者宜毀今宗廟異
處昭穆不序宜入就太祖廟而序昭穆如禮太上皇孝
惠孝文孝景廟皆親盡宜毀皇考廟親未盡如故張晏曰悼
皇考於元帝祖也大司馬車騎將軍許嘉等二十九人以爲孝
文皇帝除誹謗去肉刑躬節儉不受獻罪人不帑不私
其利師古曰重罪之人不及妻子是不私其利也帑讀與孥同出美人重絕人類賓
賜長老。宋祁曰賓字浙本作賓收恤孤獨德厚侔天地利澤施四
海宜爲帝者太宗之廟廷尉忠以爲孝武皇帝改正朔
易服色攘四夷宜爲世宗之廟師古曰忠尹忠也攘卻也諫大夫尹
更始等十八人以爲皇考廟上序於昭穆非正禮宜毀
於是上重其事師古曰重難也依違者一年師古曰依違者不決也乃下
詔曰蓋聞王者祖有功而宗有德尊尊之大義也存親
廟四親親之至恩也高皇帝爲天下誅暴除亂受命而
帝功莫大焉孝文皇帝國爲代王諸呂作亂海內搖動
然羣臣黎庶靡不壹意北面而歸心猶謙辭固讓而後
即位削亂秦之迹興三代之風是以百姓晏然咸獲嘉
福德莫盛焉高皇帝爲漢太祖孝文皇帝爲太宗世世
承祀傳之無窮朕甚樂之孝宣皇帝爲孝昭皇帝後於
義壹體師古曰一體謂俱爲昭也禮孫與祖俱爲昭宣帝之於昭帝爲從孫故云於義一體。劉敞曰
予謂此言壹體者以孝宣爲昭帝後臣子壹體也尋其文自可見孝景皇帝廟及皇考
廟皆親盡其正禮儀玄成等奏曰祖宗之廟世世不毀
繼祖以下五廟而迭毀今高皇帝爲太祖孝文皇帝爲
太宗孝景皇帝爲昭孝武皇帝爲穆孝昭皇帝與孝宣
皇帝俱爲昭皇考廟親未盡太上孝惠廟皆親盡宜毀
太上廟主宜瘞園孝惠皇帝爲穆主遷於太祖廟寢園
皆無復修奏可議者又以爲清廟之詩言交神之禮無
不清靜師古曰清廟周頌祀文王之詩其詩云於穆清廟肅雍顯相又曰對越在天駿奔走在廟。宋
祁曰注末疑有是也兩字今衣冠出游有車騎之衆風雨之氣非所
謂清靜也祭不欲數數則瀆瀆則不敬師古曰此禮記祭法之言瀆煩
汙也數音所角反宜復古禮四時祭於廟諸寢園日月閒祀皆
可勿復修師古曰閒音工莧反上亦不改也明年玄成復言古者

制禮別尊卑貴賤○宋祁曰貴字上疑有明字國君之母非適不得配食則薦於寢師古曰適讀曰嫡身沒而已陛下躬至孝承天心建祖宗定迭毀序昭穆大禮既定孝文太后孝昭太后寢祠園宜如禮勿復修奏可後歲餘玄成薨匡衡爲丞相上寢疾夢祖宗譴罷郡國廟上少弟楚孝王亦夢爲上詔問衡議欲復之○宋祁曰詔字南本浙本作召衡深言不可上疾久不平衡惶恐禱高祖孝文孝武廟曰嗣曾孫皇帝恭承洪業夙夜不敢康寧思育休烈以章祖宗之盛功師古曰育養也休美也烈業也○宋祁曰恐疑作懼字故動作接神必因古聖之經往者有司以爲前因所幸而立廟將以繫海內之心非爲尊祖嚴親也今賴宗廟之靈六合之內莫不附親廟宜一居京師天子親奉郡國廟可止毋修皇帝祗肅舊禮尊重神明卽告于祖宗而不敢失師古曰不敢失禮今皇帝有疾不豫迺夢祖宗見戒以廟楚王夢亦有其序師古曰序緒也謂端緒也皇帝悼懼卽詔臣衡復修立謹案上世帝王承祖禰之大義○宋祁曰義越本作禮皆不敢不自親郡國吏卑賤不可使獨承又祭祀之義以民爲本間者歲數不登百姓困乏郡國廟無以修立禮凶年則歲事不舉以祖禰之意爲不樂是以不敢復師古曰復音房目反如誠非禮義之中違祖宗之心咎盡在臣衡師古曰如若也中音竹仲反當受其殃大被其疾隊在溝瀆之中皇帝至孝肅愼宜蒙祐福唯高皇帝孝文皇帝孝武皇帝省察右饗皇帝之孝師古曰右讀曰祐開賜皇帝眉壽亡疆師古曰眉壽言壽者而眉秀也疆境也居良反令所疾日瘳平復反常師古曰反瘳還也永保宗廟天下幸甚又告謝毀廟曰往者大臣以爲在昔帝王承祖宗之休典取象於天地師古曰休美也典法也天序五行人親五屬師古曰五屬謂同族之五服斬衰齊衰大功小功緦麻也天子奉天故率其意而尊其制是以禘嘗之序靡有過五受命之君躬接于天萬世不墮繼烈以下五廟而遷師古曰墮毀也烈業也繼謂始嗣者也墮音火規反上陳太祖閒歲而祫師古曰閒隔一歲也其道應天故福祿永終太上皇非受命而屬盡義則當遷又以爲孝莫大於嚴父故父之所尊子不敢不承父之所異子不敢同禮公子不得爲母信爲後則於子祭於孫止李奇曰不得信尊其父也公子去其所而爲大宗後尚得私祭其母爲孫則止不得祭公子母也明繼祖不復顧其私祖母也師古曰信讀曰申尊祖嚴父之義也寢日四上食園廟閒祀皆可亡修師古曰閒音工莧反皇帝思慕悼懼未敢盡從惟念高皇帝聖德茂盛受命溥將欽若稽古承順天心師古曰溥廣也將大也欽敬也若順也稽考也商頌烈祖之篇曰我受命溥將虞書堯典曰欽若昊天又曰若稽古帝堯故衡引之也子孫本支陳錫無疆師古曰詩大雅文王之篇曰陳錫載周侯文王孫子文王孫子本支百世陳敷也載始也本本宗也支支子也言子孫承受敷錫初始之福故得永久無窮竟也誠以爲還廟合祭久

長之策高皇帝之意迺敢不聽師古曰言不敢不從卽以令日師古曰令善也謂吉日也遷太上孝惠廟孝文太后孝昭太后寢將以昭祖宗之德順天人之序定亡窮之業今皇帝未受茲福乃有不能共職之疾師古曰共讀曰恭皇帝願復修立承祀臣衡等咸以爲禮不得師古曰於禮不合也如不合高皇帝孝惠皇帝孝文皇帝孝武皇帝孝昭皇帝孝宣皇帝太上皇孝文太后孝昭太后之意罪盡在臣衡等當受其咎今皇帝尚未平詔中朝臣具復毀廟之文○宋祁曰廟字下疑有寢字臣衡中朝臣咸復以爲天子之祀義有所斷禮有所承違統背制不可以奉先祖皇天不祐鬼神不饗六藝所載皆言不當師古曰六藝六經也無所依緣以作其文事如失指罪迺在臣衡當深受其殃皇帝宜厚蒙祉福嘉氣日興疾病平復永保宗廟與天亡極羣生百神有所歸息師古曰息止也諸廟皆同文久之上疾連年遂盡復諸所罷寢廟園皆修祀如故初上定迭毀禮獨尊孝文廟爲太宗而孝武廟親未盡故未毀上於是迺復申明之曰孝宣皇帝尊孝武廟曰世宗損益之禮不敢有與焉師古曰與讀曰豫其下亦同他皆如舊制唯郡國廟遂廢云元帝崩衡奏言前以上體不平故復諸所罷祠卒不蒙福師古曰卒終也案衞思后戾太子戾后園親未盡師古曰言不當毀也孝惠孝景廟親盡宜毀及太上皇孝文孝昭太后昭靈后昭哀后武哀王祠請悉罷勿奉奏可初高后時患臣下妄非議先帝宗廟寢園官故定著令敢有擅議者棄市至元帝改制蠲除此令成帝時以無繼嗣河平元年復復太上皇寢廟園世世奉祠昭靈后武哀王昭哀后竝食於太上寢廟如故又復擅議宗廟之命師古曰復音方目反成帝崩哀帝卽位丞相孔光大司空何武奏言永光五年制書高皇帝爲漢太祖孝文皇帝爲太宗建昭五年制書孝武皇帝爲世宗損益之禮不敢有與臣愚以爲迭毀之次當以時定非令所爲擅議宗廟之意也○宋祁曰所爲疑作所謂臣請與羣臣雜議奏可於是光祿勳彭宣詹事滿昌博士左咸等五十三人皆以爲繼祖宗以下五廟而迭毀後雖有賢君猶不得與祖宗竝列子孫雖欲褒大顯揚而立之鬼神不饗也孝武皇帝雖有功烈親盡宜毀太僕王舜中壘校尉劉歆議曰臣聞周室既衰四夷竝侵獫狁最彊於今匈奴是也○宋祁曰狁浙本作允至宣王而伐之○宋祁曰宣字上景本有周字詩人美而頌之曰薄伐獫狁至于太原師古曰小雅六月之詩也薄伐言逐出之又曰嘽嘽推推如霆如雷顯允方叔征伐獫狁荊蠻來威師古曰小雅采芑之詩也嘽嘽衆也推推盛也顯明也允信也方叔周之卿士命爲將率也言出師衆盛有如雷霆方叔又能信明其德既伐獫狁懲其侵暴則南荊之蠻亦畏威而來服也嘽嘽

音他丹反推音他回反○宋祁曰注文嘽嘽當刪一嘽字故稱中興及至幽王犬戎來伐殺幽王取宗器師古曰宗器宗廟之器也自是之後南夷與北夷交侵中國不絕如綫師古曰綫縷也音思薦反春秋紀齊桓南伐楚北伐山戎孔子曰微管仲吾其被髮左衽矣師古曰論語載孔子之言也微無也被髮左衽戎狄之服言無管仲佐齊桓公征討則中夏皆將爲夷狄也是故棄桓之過而錄其功以爲伯首師古曰伯讀曰霸及漢興冒頓始彊破東胡禽月氏師古曰氏讀曰支并其土地地廣兵彊爲中國害南越尉佗總百粵自稱帝故中國雖平猶有四夷之患且無寧歲一方有急三面救之是天下皆動而被其害也孝文皇帝厚以貨賂與結和親猶侵暴無已甚者興師十餘萬衆近屯京師及四邊歲發屯備虜其爲患久矣非一世之漸也諸侯郡守連匈奴及百粵以爲逆者非一人也匈奴所殺郡守都尉畧取人民不可勝數孝武皇帝愍中國罷勞無安寧之時師古曰罷讀曰疲乃遣大將軍驃騎伏波樓船之屬南滅百粵起七郡北攘匈奴降昆邪十萬之衆師古曰昆音下門反置五屬國起朔方以奪其肥饒之地東伐朝鮮起玄菟樂浪以斷匈奴之左臂師古曰樂音來各反浪音郎西伐大宛竝三十六國結烏孫起敦煌酒泉張掖以鬲婼羌裂匈奴之右臂師古曰婼音而遮反○宋祁曰景祐本越本臂作肩單于孤特遠遁于幕北四垂無事○宋祁曰四疑作西斥地遠境起十餘郡師古曰斥開也遠廣也功業既定迺封丞相爲富民侯以大安天下富實百姓其規橅可見師古曰橅讀曰摹其字從木又招集天下賢俊與協心同謀興制度改正朔易服色立天地之祠建封禪殊官號存周後定諸侯之制永無逆爭之心至今累世賴之單于守藩百蠻服從萬世之基也中興之功未有高焉者也高帝建大業爲太祖孝文皇帝德至厚也爲文太宗孝武皇帝功至著也爲武世宗此孝宣帝所以發德音也禮記王制及春秋穀梁傳天子七廟諸侯五大夫三士二天子七日而殯七月而葬諸侯五日而殯五月而葬此喪事尊卑之序也與廟數相應其文曰天子三昭三穆與太祖之廟而七諸侯二昭二穆與太祖之廟而五故德厚者流光德薄者流卑師古曰流謂流風餘福春秋左氏傳曰名位不同禮亦異數自上以下降殺以兩禮也師古曰殺音所例反七者其正法數可常數者也宗不在此數中宗變也師古曰言非常數故云變也苟有功德則宗之不可預爲設數故於殷太甲爲太宗大戊曰中宗武丁曰高宗師古曰太甲湯之孫太丁之子也太戊太庚之子雍己之弟也武丁小乙之子○宋祁曰注文太庚景祐本作康校作庚刊誤據商紀改作康周公爲毋逸之戒舉殷三宗以勸成王師古曰毋逸尚書篇名戒以無逸豫也繇是言之宗無數也師古曰繇讀與由同然則所以勸帝者之功德博矣

以七廟言之孝武皇帝未宜毀以所宗言之則不可謂無功德禮記祀典曰夫聖王之制祀也功施於民則祀之以勞定國則祀之能救大災則祀之竊觀孝武皇帝功德皆兼而有焉凡在於異姓猶將特祀之況于先祖或說天子五廟無見文又說中宗高宗者宗其道而毀其廟名與實異非尊德貴功之意也詩云蔽芾甘棠勿鬋勿伐邵伯所茇師古曰召南甘棠之詩也解已在前鬋字與翦同茇音步葛反思其人猶愛其樹況宗其道而毀其廟乎迭毀之禮自有常法無殊功異德固以親疏相推及至祖宗之序多少之數經傳無明文至尊至重難以疑文虛說定也孝宣皇帝舉公卿之議用衆儒之謀既以爲世宗之廟建之萬世宣布天下臣愚以爲孝武皇帝功烈如彼孝宣皇帝崇立之如此不宜毀上覽其議而從之制曰太僕舜中壘校尉歆議可又以爲禮去事有殺師古曰去除也殺漸也去音丘呂反殺音所例反其下竝同也○宋祁曰注末也字當刪故春秋外傳曰日祭月祀時享歲貢終王祖禰則日祭曾高則月祀二祧則時享壇墠則歲貢張晏曰去祧爲壇墠墠地而祭也師古曰祧是遠祖也築土爲壇除地爲墠祧音他堯反墠音善○宋祁曰注文是字刪大禘則終王服虔曰蠻夷終王乃入助祭各以其珍貢以共大禘之祭也師古曰每一王終新王卽位乃來助祭德盛而游廣親親之殺也如淳曰游亦流也彌遠則彌尊故禘爲重矣孫居王父之處正昭穆則孫常與祖相代此遷廟之殺也聖人於其祖出於情矣禮無所不順故無毀廟晉灼曰以情推子以況祖得人心禮何所違故無毀棄不禘之主也謂下三廟廢而爲虛者也自貢禹建迭毀之議惠景及太上寢園廢而爲虛師古曰虛讀曰墟○宋祁曰惠景字下疑有廟字失禮意矣至平帝元始中○宋祁曰越本無至字校本添大司馬王莽奏本始元年丞相義等議師古曰蔡義也謚孝宣皇帝親曰悼園置邑三百家至元康元年丞相相等奏師古曰魏相也父爲士子爲天子祭以天子悼園宜稱尊號曰皇考立廟益故奉園民滿千六百家以爲縣臣愚以爲皇考廟本不當立累世奉之非是又孝文太后南陵師古曰在霸陵之南故曰南陵孝昭太后雲陵園雖前以禮不復修陵名未正謹與大司徒晏等百四十七人議皆曰孝宣皇帝以兄孫繼統爲孝昭皇帝後以數故孝元世以孝景皇帝及皇考廟親未盡不毀此兩統貳父○宋祁曰父江南本浙本作文違於禮制案義奏親謚曰悼裁置奉邑皆應經義相奏悼園稱皇考立廟益民爲縣違離祖統乖繆本義父爲士子爲天子祭以天子者乃謂若虞舜夏禹殷湯周文漢之高祖受命而王者也○宋祁曰文字下疑有王字非謂繼祖統爲後者也臣請皇高祖考廟奉明園毀勿修張晏曰奉明園皇考園也罷南陵雲陵爲縣奏可

司徒掾班彪曰師古曰漢書諸贊皆固所爲其有叔皮先論述者固亦具顯以示後人而或者謂固竊盜父名觀此可以免矣○宋祁云注文謂固亦具顯以示後人越本謂字在後或者字下劉敞曰注謂字在上合在或者下漢承亡秦絕學之後祖宗之制因時施宜自元成後學者蕃滋師古曰蕃音扶元反貢禹毀宗廟匡衡改郊兆何武定三公後皆數復故紛紛不定師古曰數音所角反復音扶目反何者禮文缺微古今異制各爲一家未易可偏定也考觀諸儒之議劉歆博而篤矣

前漢書卷七十三考證

韋賢傳至於有周歷世會同○臣召南按唐書宰相世系表曰韋氏出自風姓顓頊孫大彭爲夏諸侯少康封其別孫元哲於豕韋其地滑州韋城也豕韋大彭迭爲商伯周赧王時始失國徙居彭城以國爲氏其說卽本此詩然豕韋顯名夏商國語左傳有明文至周以後書傳未見若春秋戰國數百年中則諸書並無有國名豕韋者韋孟謂歷世會同豈可信哉漢初人去古未遠其自譜世系卽已荒畧如此宜無怪乎楊子雲之自叙多誤也

王赧聽譖實絕我邦注應劭云云○劉攽云云○臣召南按孟詩已不可解應劭又從而實之愈誤劉攽之論確矣但詩中尚有可疑者漢以高祖諱邦爲國此句及下文寤其外邦於異他邦凡三用邦字倘所謂臨文不諱者耶

勤誒厥生注師古曰誒歎聲○楊愼曰方言云楚謂然曰誒說文誒譍也離騷云欸秋冬之緒風說文欸譍也二字音義並同實一字耳皆楚語也

耒耜以耕○文選作耒耜斯耕又克奉厥後選作克奉厥父又臨爾下土選作照臨下土又殆其怙茲選作殆其茲怙又彌彌其失選作彌彌其逸又致隊靡嫚選作致墜匪慢

韋賢子元成輙下從者與載送之○顧炎武曰下字如爰盎傳下趙談之下與之共載復送至其家也

周之所以七廟者以后稷始封文王武王受命而王云云○臣召南按天子七廟祭法禮器家語穀梁傳荀子王制無異文也謂自古天子五廟周因文武始加七廟惟韋元成此文而鄭康成注禮乃据其說商書不云乎七世之廟可以觀德虞喜曰七廟不始于周伊尹已言之矣元成言禮甚疎故傳末詳載劉歆七廟之辨以糾其違

孝文孝景廟皆親盡宜毀○臣召南按景帝初年詔卽尊孝文爲太宗是卽百世不祧之廟與高祖並崇矣可因親盡而毀乎宜許嘉等駁其議也又悼考立廟非正宜有尹更始之言

前漢書卷七十四

漢　蘭　臺　令　史班　固撰

唐正議大夫行秘書少監琅邪縣開國子顏師古注

魏相丙吉傳第四十四

魏相字弱翁濟陰定陶人也師古曰說者謂相卽魏無知之後蓋承淺近之書爲妄說矣徙平陵少學易爲郡卒史舉賢良以對策高第爲茂陵令頃之御史大夫桑弘羊客詐稱御史止傳師古曰傳謂縣之傳舍丞不以時謁客怒縛丞相疑其有姦收捕案致其罪論棄客市師古曰棄之於市茂陵大治後遷河南太守○宋祁曰浙本遷字下有爲字禁止姦邪豪彊畏服會丞相車千秋死先是千秋子爲雒陽武庫令自見失父而相治郡嚴恐久獲罪○宋祁曰罪字疑從辠書乃自免去相使掾追呼之遂不肯還相獨恨曰大將軍聞此令去官必以爲我用丞相死不能遇其子使當世貴人非我殆矣師古曰殆危也武庫令西至長安大將軍霍光果以責過相曰幼主新立以爲函谷京師之固武庫精兵所聚故以丞相弟爲關都尉子爲武庫令今河南太守不深惟國家大策師古曰惟思也苟見丞相不在而斥逐其子何淺薄也後人有告相賊殺不辜事下有司河南卒戍中都官者二三千人師古曰來京師諸官府爲戍卒若今衞士上番分守諸司遮大將軍自言願復留作一年以贖太守罪河南老弱萬餘人守關欲入上書關吏以聞大將軍用武庫令事遂下相廷尉獄師古曰光心以武庫令事嫌之而下其賊殺不辜之獄○宋祁曰繫字下疑有之字久繫踰冬會赦出復有詔守茂陵令遷揚州刺史考案郡國守相多所貶退相與丙吉相善時吉爲光祿大夫予相書曰朝廷已深知弱翁治行方且大用矣願少愼事自重臧器于身師古曰易下繫辭云君子藏器於身待時而動言不顯見其材能相心善其言爲霽威嚴蘇林曰霽音限齊之齊臣瓚曰此雨霽字也霽止也師古曰二說皆是也音才詣反又子詣反居部二歲徵爲諫大夫復爲河南太守數年宣帝卽位徵相入爲大司農遷御史大夫四歲大將軍霍光薨上思其功德以其子禹爲右將軍兄子樂平侯山復領尙書事師古曰山者去病之孫今言兄子此傳誤相因平恩侯許伯奏封事言春秋譏世卿惡宋三世爲大夫師古曰解在五行志及魯季孫之專權皆危亂國家自後元以來祿去王室政繇冢宰師古曰繇與由同今光死子復爲大將軍○劉攽曰禹不爲大將軍字之誤也兄子秉樞機昆弟諸壻據權埶在兵官光夫人顯及諸女皆通籍長信宮師古曰通籍謂禁門之中皆有名籍恣出入也或夜詔門出入驕奢放縱恐寖不制師古曰寖漸也不制謂不可制御也宜有以損奪其權破散陰謀以固萬世之基全功臣之世又故事諸上書者皆爲二封署其一曰副領尙書者先發副封所言不善屛去不奏相復因許伯白去副封以防雍蔽師古曰雍讀曰壅宣帝善之詔相給事中皆從其議霍氏殺許后之謀始得上聞乃罷其三侯令就第師古曰禹及雲山也親屬皆出補吏於是韋賢以老病免相遂代爲丞相封高平侯食邑八百戶及霍氏怨相又憚之謀矯太后詔先召斬丞相然後廢天子事發覺伏誅宣帝始親萬機厲精爲治練羣臣核名實而相總領衆職甚稱上意元康中匈奴遣兵擊漢屯田車師者不能下上與後將軍趙充國等議欲因匈奴衰弱出兵擊其右地使不敢復擾西域相上書諫曰臣聞之救亂誅暴謂之義兵兵義者王敵加於已不得已而起者謂之應兵兵應者勝爭恨小故不忍憤怒者謂之忿兵兵忿者敗利人土地貨寶者謂之貪兵兵貪者破恃國家之大矜民人之衆欲見威於敵者謂之驕兵兵驕者滅此五者非但人事乃天道也間者匈奴嘗有善意所得漢民輙奉歸之未有犯於邊境雖爭屯田車師○宋祁曰浙本無屯字不足致意中今聞諸將軍欲興兵入其地臣愚不知此兵何名者也今邊郡困乏父子共犬羊之裘食草萊之實常恐不能自存難以動兵師古曰不可以兵事動之軍旅之後必有凶年師古曰此引老子道經之語言民以其愁苦之氣傷陰陽之和也出兵雖勝猶有後憂恐災害之變因此以生今郡國守相多不實選師古曰言不得其人風俗尤薄水旱不時案今年計子弟殺父兄妻殺夫者凡二百二十二人臣愚以爲此非小變也今左右不憂此師古曰左右謂近臣在天子左右者乃欲發兵報纖介之忿於遠夷殆孔子所謂吾恐季孫之憂不在顓臾而在蕭牆之內也師古曰論語季氏將伐顓臾孔子謂冉有季路曰吾恐季孫之憂不在顓臾而在蕭牆之內故相引之顓臾魯附庸國蕭牆屛牆也解在五行志願陛下與平昌侯樂昌侯平恩侯及有識者詳議乃可師古曰平昌侯王無故樂昌侯王武並帝之舅平恩侯許伯皇太子外祖父也上從相言而止相明易經有師法好觀漢故事及便宜章奏師古曰旣觀國家故事又觀前人所奏便宜之章也以爲古今異制方今務在奉行故事而已數條漢興已來○宋祁曰已字疑作以字國家便宜行事及賢臣賈誼鼂錯董仲舒等所言奏請施行之曰臣聞明主在上賢輔在下則君安虞而民和睦師古曰虞與娛同臣相幸得備位不能奉明法廣教化理四方以宣聖德民多背本趨末師古曰本農業也末商賈也趨讀曰趣或有饑寒之色爲陛下之憂臣相罪當萬死臣相知能淺薄不明國家大體時用之宜惟民終始未得所繇師古曰惟思也繇讀與由同由從也因也竊伏觀先帝聖德仁恩之厚勤勞天下垂意黎庶憂水旱之災爲民貧窮發倉廩振乏餧師古曰餧餓也音乃賄反遣諫大夫博士巡行天下師古曰行音下更反察風俗舉賢良平寃獄冠蓋交通師古曰言其往來不絕也省諸用寬租賦弛山澤波池師古曰弛放也言不禁障之也波音陂○宋祁曰注文音字當作讀曰禁秣馬酤酒貯積師古曰秣以粟米飤馬也酤酒者糜費也貯積者滯米粟也所以周急繼困慰安元元便利百姓之道甚備臣相不能悉陳昧死奏故事詔書凡二十三事臣謹案王法必本於農而務積聚量入制用以備凶災師古曰謂觀年歲之豐儉亡六年之畜尙謂之急師古曰畜讀曰蓄禮記王制云國無九年之蓄曰不足無六年之蓄曰急無三年之蓄曰國非其國也○宋祁曰亡字上疑有故字元鼎二年平原渤海太山東郡溥被災害師古曰溥與普同○宋祁曰注文溥字下當有一讀字民餓死於道路二千石不豫慮其難使至於此師古曰慮思也賴明詔振捄乃得蒙更生師古曰捄古救字今歲不登穀暴騰踊師古曰價忽大貴也臨秋收斂猶有乏者至春恐甚亡以相恤西羌未平師旅在外兵革相乘臣竊寒心宜蚤圖其備師古曰蚤古早字也○宋祁曰注末也字當刪唯陛下留神元元帥繇先帝盛德以撫海內師古曰帥循也繇與由同由從也○宋祁曰注文繇字下當有讀字上施行其策又數表采易陰陽及明堂月令奏之師古曰表謂標明之采謂撮取也曰臣相幸得備員奉職不修不能宣廣教化陰陽未和災害未息咎在臣等臣聞易曰天地以順動故日月不過四時不忒聖王以順動故刑罰淸而民服師古曰豫卦彖辭也忒差也天地變化必繇陰陽師古曰繇與由同○宋祁曰注文繇字下當有讀字陰陽之分以日爲紀日冬夏至則八風之序立○宋祁曰江南本紀字下無日字浙本有萬物之性成各有常職不得相干東方之神太昊乘震執規司春張晏曰木爲仁仁者生生者圜故爲規南方之神炎帝乘離執衡司夏張晏曰火爲禮禮者齊齊者平故爲衡西方之神少昊乘兌執矩司秋張晏曰金爲義義者成成者方故爲矩北方之神顓頊乘坎執權司冬張晏曰水爲智智者謀謀者重故爲權中央之神黃帝乘坤艮執繩司下土張晏曰土爲信信者誠誠者直故爲繩○宋祁曰浙本無下字茲五帝所司各有時也東方之卦不可以治西方南方之卦不可以治北方春興兌治則饑秋興震治則華冬興離治則泄師古曰天地之氣不閉密也夏興坎治則雹明王謹于尊天愼于養人故立羲和之官以乘四時師古曰乘治也節授

民事師古曰各依其節而授以事君動靜以道奉順陰陽則日月光明風雨時節寒暑調和三者得敘則災害不生五穀熟絲麻遂師古曰遂成也屮木茂鳥獸蕃師古曰屮古草字蕃多也音扶元反民不天疾衣食有餘若是則君尊民說上下亡怨師古曰說讀曰悅政教不違禮讓可興夫風雨不時則傷農桑農桑傷則民饑寒饑寒在身則亡廉恥寇賊姦宄所繇生也師古曰亂在外為姦在內為宄繇與由同下類此。宋祁曰注文繇字下當有讀字下字下當有皆字臣愚以為陰陽者王事之本羣生之命自古賢聖未有不繇者也天子之義必純取法天地而觀於先聖高皇帝所述書天子所服第八如淳曰第八天子衣服之制也於施行詔書第八曰大謁者臣章受詔長樂宮曰令羣臣議天子所服以安治天下相國臣何御史大夫臣昌師古曰蕭何周昌也謹與將軍臣陵太子太傅臣通等議師古曰陵王陵通叔孫通春夏秋冬天子所服當法天地之數中得人和故自天子王侯有土之君下及兆民能法天地順四時以治國家身亡禍殃年壽永究師古曰究竟也是奉宗廟安天下之大禮也臣請法之中謁者趙堯舉春應劭曰四時各舉所施行政事服虔曰主一時衣服禮物朝祭百事也師古曰服說是也李舜舉夏兒湯舉秋貢禹舉冬師古曰高帝時自有一貢禹也兒音五奚反四人各職一時大謁者襄章奏制曰可孝文皇帝時以二月施恩惠於天下賜孝弟力田及罷軍卒祠死事者頗非時節師古曰罷軍卒卒之疲於軍事者也一曰新從軍而休罷者也音薄蟹反。宋祁曰罷音疲御史大夫鼂錯時為太子家令奏言其狀臣相伏念陛下恩澤甚厚然而災氣未息竊恐詔令有未合當時者也願陛下選明經通知陰陽者四人各主一時時至明言所職以和陰陽天下幸甚相數陳便宜上納用焉相敕掾史案事郡國及休告從家還至府輒白四方異聞或有逆賊風雨災變郡不上相輒奏言之時丙吉為御史大夫同心輔政上皆重之相為人嚴毅不如吉寬視事九歲神爵三年薨謚曰憲侯子弘嗣甘露中有罪削爵為關內侯師古曰弘坐騎至宗廟下大不敬也

丙吉字少卿魯國人也治律令為魯獄史積功勞稍遷至廷尉右監坐法失官歸為州從事武帝末巫蠱事起吉以故廷尉監徵師古曰被召詣京師詔治巫蠱郡邸獄時宣帝生數月以皇曾孫坐衛太子事繫吉見而憐之又心知太子無事實重哀曾孫無辜師古曰重音直用反吉擇謹厚女徒令保養曾孫置閒燥處師古曰閒讀曰閑閑靜之處也燥高敞也吉治巫蠱事連歲不決後元二年武帝疾往來長楊五柞宮師古曰長楊五柞宮並在盩厔往來二宮之間望氣者言長安獄中有天子氣於是上遣使者分條中都官詔獄繫者師古曰條謂疏錄之亡輕重一切皆殺之內謁者令郭穰夜到郡邸獄吉閉門拒使

者不納。宋祁曰納字疑作內曰皇曾孫在他人亡辜死者猶不可。宋祁云浙本無者字況親曾孫乎相守至天明不得入穰還以聞因劾奏吉武帝亦寤曰天使之也因赦天下郡邸獄繫者獨賴吉得生恩及四海矣師古曰吉拒閉使者天子感寤乃普赦天下其郡邸繫獄者既因吉得生而赦宥之恩遂及四海也曾孫病幾不全者數焉師古曰幾鉅依反數所角反下亦同。宋祁曰注文鉅字所字上疑皆有音字吉數敕保養乳母加致醫藥視遇甚有恩惠以私財物給其衣食後吉為車騎將軍軍市令遷大將軍長史霍光甚重之入為光祿大夫給事中昭帝崩亡嗣大將軍光遣吉迎昌邑王賀賀即位以行淫亂廢光與車騎將軍張安世諸大臣議所立未定吉奏記光曰將軍事孝武皇帝受襁褓之屬任天下之寄師古曰屬之欲反。宋祁曰注文之字上當有音字孝昭皇帝早崩亡嗣海內憂懼欲亟聞嗣主師古曰亟急也音居力反發喪之日以大誼立後師古曰雖無嫡嗣旁立支屬令宗廟有奉故云大誼所立非其人復以大誼廢之師古曰恐危社稷故廢黜之天下莫不服焉方今社稷宗廟羣生之命在將軍之壹舉竊伏聽於衆庶察其所言諸侯宗室在位列者。宋祁曰位列浙本作列位未有所聞於民間也而遺詔所養武帝曾孫名病已在掖庭外家者蘇林曰外家謂外人民家不在宮中晉灼曰出郡邸獄歸在外家史氏後入掖庭耳師古曰晉說是也吉前使居郡邸時見其幼少至今十八九矣通經術有美材行安而節和願將軍詳大議參以蓍龜豈宜褒顯先使入侍師古曰侍太后。朱子文曰豈宜褒顯豈字於文為悖恐是直字當為直宜褒顯令天下昭然知之然後決定大策天下幸甚光覽其議師古曰省納而用之遂尊立皇曾孫遣宗正劉德與吉迎曾孫於掖庭宣帝初即位賜吉爵關內侯吉為人深厚不伐善自曾孫遭遇吉絕口不道前恩師古曰遭遇謂升大位也故朝廷莫能明其功也地節三年立皇太子吉為太子太傅數月遷御史大夫及霍氏誅上躬親政省尚書事。宋祁曰親字下疑有治字是時掖庭宮婢則令民夫上書自陳嘗有阿保之功師古曰謂未為宮婢時有舊夫見在俗間者章下掖庭令考問則辭引使者丙吉知狀掖庭令將則詣御史府以視吉師古曰視讀曰示吉識謂則曰汝嘗坐養皇曾孫不謹督笞汝安得有功師古曰督謂視察之獨渭城胡組淮陽郭徵卿有恩耳分別奏組等共養勞苦狀師古曰共音居用反養音弋亮反詔吉求組徵卿已死有子孫皆受厚賞詔免則為庶人賜錢十萬上親見問然後知吉有舊恩而終不言上大賢之制詔丞相朕微眇時御史大夫吉與朕有舊恩厥德茂焉師古曰茂美也詩不云虖亡德不報師古曰大雅抑之詩。宋祁曰注末當有也字其封吉為博陽侯邑千三百戶臨當封吉疾病上將使人加紼而封之及其生存也應劭曰吉時疾不能起欲加君視疾加朝服拖紳就封之也師古曰紼繫印之組也音弗上

憂吉疾不起太子太傅夏侯勝曰此未死也臣聞有陰德者必饗其樂以及子孫今吉未獲報而疾甚非其死疾也後病果瘉師古曰瘉與愈同吉上書固辭自陳不宜以空名受賞上報曰朕之封君非空名也而君上書歸侯印是顯朕之不德也方今天下少事君其專精神省思慮近醫藥以自持後五歲代魏相為丞相吉本起獄法小吏後學詩禮皆通大義及居相位上寬大好禮讓掾史有罪臧不稱職輒予長休告師古曰長給休假令其去職也。宋祁曰長休告浙本無休字終無所案驗客或謂吉曰君侯為漢相姦吏成其私然無所懲艾師古曰艾讀曰乂吉曰夫以三公之府有案吏之名吾竊陋焉。宋祁曰陋疑作陋後人代吉因以為故事公府不案吏自吉始於官屬掾史務掩過揚善吉馭吏耆酒數逋蕩師古曰逋亡也蕩放也謂亡其所供之職而游放也耆讀曰嗜嘗從吉出醉歐丞相車上師古曰歐吐也音一口反西曹主吏白欲斥之師古曰斥棄。宋祁曰注末當添也字吉曰以醉飽之失去士使此人將復何所容師古曰言無所容身也西曹地忍之李奇曰地由第也師古曰地亦但也語聲之急也。宋祁曰注文由字越本作猶謝改作由注末也字疑作耳此不過汙丞相車茵耳師古曰茵蓐也音因遂不去也此馭吏邊郡人習知邊塞發犇命警備事師古曰犇古奔字也有命則奔赴之言應速也嘗出適見驛騎持赤白囊邊郡發奔命書馳來至。宋祁曰奔疑作犇馭吏因隨驛騎至公車刺取師古曰刺謂探候之也知虜入雲中代郡遽歸府見吉白狀師古曰遽速也因曰恐虜所入邊郡二千石長吏有老病不任兵馬者宜可豫視。宋祁曰視字下疑有瑣字吉善其言召東曹案邊長吏瑣科條其人張晏曰瑣錄也欲科條其人老少及所經歷知其本以文武進也未已詔召丞相御史問以虜所入郡吏吉具對御史大夫卒遽不能詳知師古曰卒讀曰猝以得譴讓師古曰讓責也而吉見謂憂邊思職馭吏力也吉乃歎曰士亡不可容能各有所長嚮使丞相不先聞馭吏言何見勞勉之有掾史繇是益賢吉師古曰繇與由同。宋祁曰注文與字上當有讀字吉又嘗出逢清道羣鬭者死傷橫道李奇曰清道時反羣鬭也師古曰清道謂天子當出或有齋祀先令道路清淨吉過之不問掾史獨怪之吉前行逢人逐牛牛喘吐舌師古曰喘急息音昌兗反。宋祁曰逐字下疑有失字吉止駐。宋祁曰駐字疑作騎使騎吏問逐牛行幾里矣掾史獨謂丞相前後失問或以譏吉吉曰民鬭相殺傷長安令京兆尹職所當禁備逐捕歲竟丞相課其殿最奏行賞罰而已宰相不親小事非所當於道路問也方春少陽用事未可大熱師古曰少音式邵反。宋祁云大熱浙本作以熱恐牛近行用暑故喘此時氣失節恐有所傷害也三公典調和陰陽職當憂是以問之掾史乃服以吉知大體。宋祁曰當字上疑有所字五鳳三年春吉病篤上自臨問吉曰君即有不諱誰可以自代者師古曰不諱言死不

可復諱也吉辭謝曰羣臣行能明主所知愚臣無所能識上固問吉頓首曰西河太守杜延年明於法度曉國家故事前為九卿十餘年今在郡治有能名廷尉于定國執憲詳平天下自以不冤太僕陳萬年事後母孝惇厚備於行止此三人能皆在臣右唯上察之上以吉言皆是而許焉及吉薨御史大夫黃霸為丞相徵西河太守杜延年為御史大夫會其年老乞骸骨病免以廷尉于定國代為御史大夫黃霸薨而定國為丞相太僕陳萬年代定國為御史大夫居位皆稱職上稱吉為知人吉薨謚曰定侯子顯嗣甘露中有罪削爵為關內侯官至衛尉太僕始顯少為諸曹嘗從祠高廟至夕牲日乃使出取齋衣師古曰未祭一日其夕展視牲具謂之夕牲丞相吉大怒謂其夫人曰宗廟至重而顯不敬慎亡吾爵者必顯也夫人為言然後乃已師古曰免其罪罰也吉中子禹為水衡都尉少子高為中壘校尉元帝時長安士伍尊上書師古曰先嘗有爵經奪免之而與士卒為伍故稱士伍其人名尊言臣少時為郡邸小吏竊見孝宣皇帝以皇曾孫在郡邸獄。宋祁曰景祐本作孝武無以皇字淨化本作孝武非江浙本曾孫上無皇字刊誤據衆本添皇字是時治獄使者丙吉見皇曾孫遭離無辜吉仁心感動涕泣悽惻選擇復作胡組養視皇孫吉常從臣尊日再侍臥庭上師古曰郡邸之庭也侍謂參省之也時皇孫孩弱常在襁褓故指言臥也後遭條獄之詔吉扞拒大難不避嚴刑峻法既遭大赦吉謂守丞誰如皇孫不當在官孟康曰郡守丞也來詣京師郡邸治獄姓誰名如言皇孫不當在獄官宜屬郡縣也文穎曰不當在郡邸官也師古曰守丞者守獄官之丞耳非郡丞也誰如者其人名本作讐字言姓又非也。劉奉世曰守丞諸說皆非蓋郡邸守邸之丞也與朱買臣傳守丞同使誰如移書京兆尹遣與胡組俱送京兆尹不受復還及組日滿當去皇孫思慕吉以私錢顧組令留與郭徵卿並養數月乃遣組去後少內嗇夫白吉曰食皇孫亡詔令師古曰少內掖庭主府臧之官也食讀曰飤詔令無文無從得其稟具也。宋祁曰注文稟字疑作稟時吉得食米肉月月以給皇孫吉即時病師古曰有病時也輒使臣尊朝夕請問皇孫視省席蓐燥溼候伺組徵卿不得令晨夜去皇孫敖盪師古曰去離也敖游戲也盪放也盪讀與蕩同數奏甘毳食物師古曰奏進也毳讀與脆同所以擁全神靈成育聖躬功德已亡量矣時豈豫知天下之福而徼其報哉師古曰徼要也音工堯反誠其仁恩內結於心也雖介之推割肌以存君不足以比師古曰韓詩外傳云晉公子重耳之亡也過曹里鳧須以從因盜其資而逃重耳無糧餧不能行介子推割其股肉以食重耳然後能行也孝宣皇帝時臣上書言狀幸得下吉吉謙讓不敢自伐刪去臣辭師古曰刪削也專歸美於組徵卿組徵卿皆以受田宅賜錢吉封為博陽侯臣尊不得比組徵卿臣年老居貧死在旦暮欲終不言恐使有功不著吉子顯坐微文奪爵為關內侯臣愚以為

宜復其爵邑師古曰復音防目反以報先人功德先是顯爲太僕十餘年與官屬大爲姦利臧千餘萬司隸校尉昌案劾罪至不道奏請逮捕上曰故丞相吉有舊恩朕不忍絕免顯官奪邑四百戶後復以爲城門校尉顯卒子昌嗣爵關內侯成帝時修廢功以吉舊恩尤重鴻嘉元年制詔丞相御史蓋聞褒功德繼絕統○宋祁曰浙本無德字校本添所以重宗廟廣賢聖之路也故博陽侯吉以舊恩有功而封今其祀絕朕甚憐之夫善善及子孫古今之通誼也其封吉孫中郞將關內侯昌爲博陽侯奉吉後國絕三十二歲復續云昌傳子至孫王莽時乃絕

贊曰古之制名必繇象類師古曰繇讀與由同遠取諸物近取諸身故經謂君爲元首臣爲股肱師古曰謂虞書益稷云元首明哉股肱良哉明其一體相待而成也是故君臣相配古今常道自然之埶也近觀漢相高祖開基蕭曹爲冠師古曰名位在衆臣之上孝宣中興丙魏有聲是時黜陟有序衆職修理公卿多稱其位師古曰稱副也海內興於禮讓覽其行事豈虛乎哉師古曰言君明臣賢所以致治非徒然也

前漢書卷七十四考證

魏相傳擧賢良以對策高第○臣召南按相對策見韓延壽傳但彼文云以文學對策又詆擧褒崇節義一段亦非全文也

兄子樂平侯山復領尚書事注師古曰山者去病之孫今言兄子此傳誤○臣召南按依顏注當如張敞傳稱兄孫山然下文魏相封事曰兄子秉樞機卽說此事蒙霍禹言之可稱兄子蕭望之傳亦曰光薨子禹復爲大司馬兄子山領尚書與此文同似非誤也

願陛下與平昌侯樂昌侯平恩侯及有識者詳議乃可○蘇轍曰三人者非賢于趙充國也然其與國同憂樂無徼倖功名之心則過于充國遠甚

中謁者趙堯擧春云云○臣召南按此趙堯疑另是一人必非江邑侯代周昌爲御史大夫者也上文云相國臣何御史大夫臣昌將軍臣陵太子太傅臣通其事當在高帝十年之初丞相之改稱相國周昌之出爲趙相而趙堯代爲御史大夫叔孫通之由奉常徙爲太子太傅皆此年事也据功臣表江邑侯趙堯以漢五年爲御史則未嘗爲中謁者矣

丙吉傳吉奏記光曰云云○臣召南按此時定策吉爲首功不止從前保護曾孫有恩也傳詳述其奏記云云見杜延年等勸光立宣帝其功實在丙吉之下

其封吉爲博陽侯邑千三百戶○按表作千三百三十戶又按此詔宣帝紀元康三年吉與史曾史元許舜許延壽及張賀子彭祖同日封

前漢書卷七十五

漢　蘭　臺　令　史班　固撰

唐正議大夫行秘書少監琅邪縣開國子顏師古注

眭兩夏侯京翼李傳第四十五

眭弘字孟魯國蕃人也師古曰眭音息隨反今河朔尚有此姓音字皆然而韋昭應劭並云音桂非也今有炅姓乃音桂耳漢之決錄又不作眭字寧可混糅將爲一族又近代學者旁引炅氏譜以相附著私譜之文出於閭巷家自爲說事非經典苟引先賢妄相假託無所取信寧足據乎蕃音皮○宋祁云決錄浙本作炔鈇少時好俠鬬雞走馬長乃變節從嬴公受春秋師古曰嬴姓也公長老之號耳○宋祁云俠字上疑有游字以明經爲議郎至符節令孝昭元鳳三年正月泰山萊蕪山南匈匈有數千人聲民視之有大石自立高丈五尺大四十八圍入地深八尺三石爲足石立後有白烏數千下集其旁是時昌邑有枯社木臥復生師古曰社木社主之樹也又上林苑中大柳樹斷枯臥地亦自立生有蟲食樹葉成文字曰公孫病已立孟推春秋之意以爲石柳皆陰類下民之象泰山者岱宗之嶽王者易姓告代之處今大石自立僵柳復起師古曰僵偃也偃臥於地音居羊反○宋祁云象字下疑有而字非人力所爲此當有從匹夫爲天子者枯社木復生故廢之家公孫氏當復興者也孟意亦不知其所在卽說曰先師董仲舒有言雖有繼體守文之君不害聖人之受命漢家堯後有傳國之運漢帝宜誰差天下求索賢人孟康曰誰問也差擇也問擇天下賢人禪以帝位師古曰禪古禪字也而退自封百里如殷周二王後以承順天命孟使友人內官長賜上此書師古曰內官署名百官表云內官長丞初屬少府中屬主爵後屬宗正賜者其長之名時昭帝幼大將軍霍光秉政惡之下其書廷尉奏賜孟妄設祆言惑衆大逆不道皆伏誅後五年孝宣帝興於民間卽位徵孟子爲郎

夏侯始昌魯人也通五經以齊詩尚書教授自董仲舒韓嬰死後武帝得始昌甚重之始昌明於陰陽先言柏梁臺災日至期日果災時昌邑王以少子愛上爲選師始昌爲太傅年老以壽終族子勝亦以儒顯名

夏侯勝○宋祁云陸德明論語序釋文夏戶雅反勝音升或式證反一作升證反字長公初魯共王分魯西寧鄉師古曰共讀如恭王名餘景帝之子也○宋祁云王字下疑有時字以封子節侯別屬大河大河後更名東平故勝爲東平人勝少孤好學從始昌受尚書及洪範五行傳說災異後事蕳卿師古曰姓蕳名卿蕳音姦又從歐陽氏問爲學精孰所問非一師也善說禮服師古曰禮之喪服也徵爲博士光祿大夫會昭帝崩昌邑王嗣立數出師古曰每出游戲也勝當乘輿前諫曰天久陰而不雨臣下有謀上者陛下出欲何之師古曰之往也○宋祁曰輿字下疑有車字王怒謂勝爲祆言縛以屬吏師古曰屬委也音之欲反吏白大將軍霍光光不擧法是時光與車騎將軍張安世謀欲廢昌邑王光讓安世以爲泄語安世實不言○宋祁曰言字疑作泄迺召問勝勝對言在洪範傳曰皇之不極厥罰常陰時則下人有伐上者惡察察言師古曰惡諱忌也察察爲計謀不敢明顯言之也五行志曰不敢察察言也○宋祁曰注文爲疑作謂故云臣下有謀○劉敞曰傳本云下人伐上而勝自以爲不欲分明道之故改云臣下有謀爾光安世大驚以此益重經術士後十餘日光卒與安世白太后師古曰卒日終也○宋祁曰白字上疑有共字廢昌邑王尊立宣帝光以爲羣臣奏事東宮太后省政師古曰省視也宜知經術白令勝用尚書授太后遷長信少府賜爵關內侯以與謀廢立師古曰與讀曰豫定策安宗廟益千戶○劉奉世曰關內侯無國云何言益宣帝初卽位欲褎先帝詔丞相御史曰朕以眇身蒙遺德承聖業奉宗廟夙夜惟念師古曰惟思也孝武皇帝躬仁誼厲威武北征匈奴單于遠遁南平氐羌○劉奉世曰氐羌不在南恐誤昆明甌駱兩越師古曰甌駱皆越號東定薉貉朝鮮張晏曰薉也貉也在遼東之東師古曰薉字與穢同貉音莫客反廓地斥境立郡縣百蠻率服款塞自至珍貢陳於宗廟協音律造樂歌薦上帝封太山立明堂改正朔易服色明開聖緒尊賢顯功興滅繼絕褎周之後○宋祁曰周之後越本邵本無之備天地之禮廣道術之路上天報況師古曰況賜也符瑞並應寶鼎出白麟獲海效鉅魚師古曰效致也鉅大也神人並見山稱萬歲功德茂盛不能盡宣而廟樂未稱師古曰稱副也朕甚悼焉其與列侯二千石博士議於是羣臣大議廷中皆曰宜如詔書長信少府勝獨曰武帝雖有攘四夷廣土斥境之功然多殺士衆竭民財力奢泰亡度天下虛耗師古曰耗減也音呼到反百姓流離物故者半師古曰物故謂死也○宋祁曰者字下疑有過字蝗蟲大起赤地數千里師古曰言無五穀之苗或人民相食畜積至今未復師古曰畜讀曰蓄亡德澤於民不宜爲立廟樂公卿共難勝曰此詔書也勝曰詔書不可用也人臣之誼宜直言正論非苟阿意順指議已出口雖死不悔於是丞相義御史大夫廣明師古曰蔡義田廣明劾奏勝非議詔書毀先帝不道及丞相長史黃霸阿縱勝不擧劾俱下獄有司遂請尊孝武帝廟爲世宗廟奏盛德文始五行之舞天下世世獻納以明盛德武帝巡狩所幸郡國凡四十九皆立廟如高祖太宗焉勝霸旣久繫霸欲從勝受經勝辭以罪死霸曰朝聞道夕死可矣師古曰論語孔子曰朝聞道夕死可矣故霸引之勝賢其言遂授之繫再更冬講論不怠師古曰更歷也音工衡反至四年夏關東四十九郡同日地動或山崩壞城郭室屋殺六千餘人上乃素服避正殿遣使者弔問吏民賜死者棺錢下詔曰蓋災異者天地之戒也朕承洪業託士民之上未能和羣生曩者地震北海琅邪壞祖宗廟朕甚懼焉○宋祁曰曩字疑作曏字其與列侯中二千石博問術士有以應變補朕之闕毋有所諱因大赦勝出爲諫大夫給事中霸爲揚州刺史勝爲人質樸守正簡易亡威儀見時謂上爲君師古曰見見於天子誤相字於前師古曰前天子之前也君前臣名不當相呼字也上亦以是親信之師古曰知其質樸也嘗見出道上語師古曰入見天子而以其言爲外人道之上聞而讓勝師古曰讓責也勝曰陛下所言善臣故揚之堯言布於天下至今見誦臣以爲可傳故傳耳朝廷每有大議上知勝素直謂曰先生通正言無懲前事師古曰通謂陳道之也懲創也前事謂坐議廟樂事勝復爲長信少府遷太子太傅受詔撰尚書論語說師古曰解說其意若今義疏也賜黃金百斤年九十卒官賜冢塋葬平陵太后賜錢二百萬爲勝素服五日以報師傅之恩儒者以爲榮始勝每講授常謂諸生曰士病不明經術經術苟明其取青紫如俛拾地芥耳師古曰地芥謂草芥之橫在地上者俛而拾之言其易而必得也青紫卿大夫之服也俛卽俯字也學經不明不如歸耕勝從父子建字長卿師古曰從父昆弟之子名建字長卿自師事勝及歐陽高左右采獲師古曰言於勝及高兩處采問疑義而得○宋祁曰注末當有之字又從五經諸儒問與尚書相出入者牽引以次章句具文飾說勝非之曰建所謂章句小儒破碎大道建亦非勝爲學疏略難以應敵建卒自顓門名經師古曰顓與專同專門者自別爲一家之學○宋祁曰注顓字下當有音專字爲議郎博士至太子少傅勝子兼爲左曹太中大夫孫堯至長信少府司農鴻臚曾孫蕃郡守州牧長樂少府勝同產弟子賞爲梁內史梁內史子定國爲豫章太守而建子千秋亦爲少府太子少傅

京房字君明東郡頓丘人也治易事梁人焦延壽延壽字贛師古曰贛音貢贛貧賤以好學得幸梁王王共其資用師古曰共讀曰恭○宋祁云王字上更有梁字令極意學旣成爲郡史察擧補小黃令以候司先知姦邪盜賊不得發師古曰以其常先知姦邪故欲爲盜賊者不敢起發愛養吏民化行縣中擧最當遷師古曰以課最而被擧故欲遷爲他官也三老官屬上書願留贛有詔許增秩留師古曰依許留而增其秩○宋祁曰注許字上疑有請字卒於小黃贛常曰得我道以亡身者

京生也其說長於災變分六十卦更直日用事。宋祁曰別本作六十四卦以風雨寒溫爲候孟康曰分卦直日之法一爻主一日六十四卦爲三百六十日餘四卦震離兌坎爲方伯監司之官所以用震離兌坎者是二至二分用事之日又是四時各專王之氣各卦主時其占法各以其日觀其善惡也師古曰更工衡反各有占驗房用之尤精好鍾律知音聲初元四年以孝廉爲郎永光建昭閒西羌反日蝕又久青亡光陰霧不精師古曰精謂日光清明也房數上疏先言其將然師古曰言欲有此事近數月遠一歲所言屢中天子說之師古曰說讀曰悅數召見問房對曰古帝王以功舉賢則萬化成瑞應著師古曰萬化萬機之事施教化者也一曰萬物之類也末世以毀譽取人故功業廢而致災異宜令百官各試其功災異可息詔使房作其事房奏考功課吏法晉灼曰令丞尉治一縣崇教化亡犯法者輒遷有盜賊滿三日不覺者則尉事也令覺之自除二尉負其辠率相准如此法上令公卿朝臣與房會議溫室師古曰溫室殿名也皆以房言煩碎令上下相司不可許上意鄉之師古曰鄉讀曰嚮時部刺史奏事京師上召見諸刺史令房曉以課事刺史復以爲不可行唯御史大夫鄭弘光祿大夫周堪初言不可後善之是時中書令石顯顓權師古曰顓與專同顯友人五鹿充宗爲尚書令與房同經論議相非二人用事房嘗宴見師古曰以閒宴時而入見天子問上曰幽厲之君何以危所任者何人也上曰君不明而所任者巧佞房曰知其巧佞而用之邪將以爲賢也上曰賢之房曰然則今何以知其不賢也上曰以其時亂而君危知之房曰若是任賢必治任不肖必亂必然之道也幽厲何不覺寤而更求賢曷爲卒任不肖以至於是師古曰卒終也上曰臨亂之君各賢其臣令皆覺寤天下安得危亡之君房曰齊桓公秦二世亦嘗聞此君而非笑之然則任豎刁趙高政治日亂盜賊滿山何不以幽厲卜之而覺寤乎上曰唯有道者能以往知來耳。宋祁曰江南本云能以往智求耳徐鍇改往知來非是房因免冠頓首曰春秋紀二百四十二年災異以視萬世之君師古曰視讀曰示今陛下即位已來日月失明星辰逆行山崩泉涌地震石隕夏霜冬靁師古曰靁古雷字春凋秋榮隕霜不殺水旱螟蟲民人饑疫盜賊不禁刑人滿市春秋所記災異盡備師古曰言今皆備有之陛下視今爲治邪亂邪上曰亦極亂耳尚何道房曰今所任用者誰與師古曰與讀曰歟上曰然幸其瘉於彼又以爲不在此人也師古曰瘉與愈同愈猶勝也言今之災異及政道猶幸勝於往日又不由所任之人房曰夫前世之君亦皆然矣臣恐後之視今猶今之視前也上良久迺曰今爲亂者誰哉房曰明主宜自知之上曰不知也如知何故用之師古曰如若也房曰上最所信任與圖事帷幄之中進退天下之士者是矣師古曰圖謀也房指謂石顯上亦知之謂房曰已諭師古曰言已曉此意房罷出後上令房上弟子曉知考功課吏事者欲試用之房上中郎任良姚平願以爲刺史試考功法臣得通籍殿中爲奏事以防雍塞師古曰雍讀曰壅石顯五鹿充宗皆疾房欲遠之師古曰遠之令出去建言宜試以房爲郡守師古曰立議云然元帝於是以房爲魏郡太守秩八百石居得以考功法治郡房自請願無屬刺史得除用他郡人自第吏千石以下如淳曰令長屬縣自課第殿最歲竟乘傳奏事師古曰傳音張戀反其下亦同天子許焉房自知數以論議爲大臣所非內與石顯五鹿充宗有隙不欲遠離左右及爲太守憂懼房以建昭二年二月朔拜上封事曰辛酉以來蒙氣衰去太陽精明臣獨欣然以爲陛下有所定也然少陰倍力而乘消息孟康曰房以消息卦爲辟辟君也息卦曰太陰消卦曰太陽其餘卦曰少陰少陽謂臣下也幷力雜卦氣干消息也。宋祁曰注文當作息卦曰太陽消卦曰太陰臣疑陛下雖行此道猶不得如意臣竊悼懼守陽平侯鳳欲見未得至已卯臣拜爲太守此言上雖明下猶勝之效也師古曰言權臣蔽主之明故已出爲郡守臣出之後恐必爲用事所蔽身死而功不成故願歲盡乘傳奏事蒙哀見許迺辛已蒙氣復乘卦太陽侵色張晏曰晉卦解卦也太陽侵色謂大壯也。劉攽曰蒙氣起而太陽侵色則太陽指日也大壯解卦可云太陽而非所侵色也此上大夫覆陽而上意疑也師古曰覆掩蔽也已卯庚辰之間必有欲隔絕臣令不得乘傳奏事者房未發上令陽平侯鳳承制詔房止無乘傳奏事房意愈恐去至新豐因郵上封事師古曰郵行書者也若今傳送文書矣郵音尤曰臣前以六月中言遯卦不效法曰道人始去寒涌水爲災師古曰道人有道術之人也天氣寒而又有水涌出也至其七月涌水出臣弟子姚平謂臣曰房可謂知道未可謂信道也房言災異未嘗不中今涌水已出道人當逐死尚復何言臣曰陛下至仁於臣尤厚雖言而死臣猶言也師古曰自云不避死也平又曰房可謂小忠未可謂大忠也昔秦時趙高用事有正先者非刺高而死孟康曰姓正名先秦博士也高威自此成故秦之亂正先趣之師古曰趣讀曰促今臣得出守郡自詭效功師古曰詭責也自以爲憂責也恐未效而死惟陛下毋使臣塞涌水之異師古曰塞亦當也當正先之死爲姚平所笑房至陝復上封事師古曰陝弘農之縣也音式冉反曰乃丙戌小雨丁亥蒙氣去然少陰幷力而乘消息戊子益甚到五十分蒙氣復起孟康曰分一日爲八十分分起夜半是爲戊子之日日在巳西而蒙也蒙常以晨夜今向中而蒙起是臣黨盛君不勝也此陛下欲正消息雜卦之黨幷力而爭消息之氣不勝彊弱安危之機不可不察已丑夜有還風盡辛卯孟康曰諸卦氣以寒溫不效後九十一日爲還風還風暴風也風爲教令言正令還也太陽復侵色至癸巳日月相薄孟康曰京房傳曰雖非日月同宿之時陰道盛猶上薄日光如此但日無光不食也此邪陰同力而太陽爲之疑也臣前白九年不改必有星亡之異張晏曰九陽數之極也孟康曰晝食爲旣夜食爲盡而星亡爲星不見也臣願出任良試考功臣得居內星亡之異可去議者知如此於身不利臣不可蔽故云使弟子不若試師臣爲刺史又當奏事故復云爲刺史恐太守不與同心不若以爲太守此其所以隔絕臣也陛下不違其言而遂聽之此迺蒙氣所以不解太陽亡色者也臣去朝稍遠太陽侵色益甚唯陛下毋難還臣而易逆天意師古曰易輕易也音弋豉反邪說雖安于人天氣必變故人可欺天不可欺也願陛下察焉房去月餘竟徵下獄初淮陽憲王舅張博從房受學以女妻房房與相親每朝見輒爲博道其語師古曰所與天子言皆具說之以爲上意欲用房議而羣臣惡其害已故爲衆所排博曰淮陽王上親弟敏達好政欲爲國忠今欲令王上書求入朝得佐助房房曰得無不可師古曰恐不可也博曰前楚王朝薦士何爲不可房曰中書令石顯尚書令五鹿君相與合同巧佞之人也事縣官十餘年及丞相韋侯皆久亡補於民可謂亡功矣師古曰韋玄成也此尤不欲行考功者也淮陽王即朝見勸上行考功事善不然但言丞相中書令任事久而不治可休丞相以御史大夫鄭弘代之遷中書令置他官以鉤盾令徐立代之如此房考功事得施行矣博具從房記諸所說災異事因令房爲淮陽王作求朝奏草皆持東與淮陽王石顯微司具知之。宋祁曰與疑作予下文同以房親近未敢言及房出守郡顯告房與張博通謀非謗政治歸惡天子詿誤諸侯王語在憲王傳初房見道幽厲事出爲御史大夫鄭弘言之房博皆棄市弘坐免爲庶人房本姓李推律自定爲京氏死時年四十一

翼奉字少君東海下邳人也治齊詩與蕭望之匡衡同師三人經術皆明衡爲後進望之施之政事而奉惇學不仕好律曆陰陽之占元帝初即位諸儒薦之徵待詔宦者署數言事宴見天子敬焉時平昌侯王臨以宣帝外屬侍中稱詔欲從奉學其術奉不肯與言而上封事曰臣聞之於師治道要務在知下之邪正人誠鄉正雖愚爲用師古曰鄉讀曰嚮若迺懷邪知益爲害。宋祁曰知當讀作去聲知下之術在於六情十二律而已北方之情好也好行貪狠申子主之孟康曰北方水水生於申盛於子水性觸地而行觸物而潤多所好故多好則貪而無厭故爲貪狠也。宋祁曰注文故多好字多字可刪可添四字云多所好故爲好多所好則貪而無厭故爲貪狠東方之情怒也怒行陰賊亥卯主之孟康曰東方木木生於亥盛於卯木性受水氣而生貫地而出故爲怒以陰氣賊害土故爲陰賊也貪狠必待陰賊而後動陰賊必待貪狠而後用二陰並行是以王者忌子卯也禮經避之春秋諱焉李奇曰北方陰也卯又陰賊故爲二陰王者忌之不舉樂春秋禮記說皆同賈氏說桀以乙卯亡紂以甲子喪惡以爲戒張晏曰子刑卯卯刑子相刑之日故以爲忌而云夏以乙卯亡殷以甲子亡不推湯武以興此說非也師古曰儒者以爲子卯夏殷亡日大失之矣何儒亮以爲學者雖駁云只取夏殷亡日不論殷周之興以爲大失不博考其義且天人之際其理相符有德者昌無德者亡以桀紂之暴虐又遇惡日其理必亡以湯武之德固先天而天不違所謂德能消殃矣豈殃能消德也。劉攽曰王者忌子卯陰陽家言子卯相刑午酉自刑若相刑可忌自刑不可忌邪言夏殷亡日是也此聖人戒後世使自儆爾故當其日覆食菜羹爲戒也非以其日凶也何說湯武與及德勝殃乎今桀以丙辰滅紂以乙丑亡亦用辰丑爲疾日爾南方之情惡也惡行廉貞寅午主之孟康曰南方火火生於寅盛於午火性炎猛無所容受故爲惡其氣精專嚴整故爲廉貞西方之情喜也喜行寬大巳酉主之孟康曰西方金金生於巳盛於酉金之爲物喜以利刃加於萬物故爲喜利刃所加無不寬大故曰寬大也二陽並行是以王者吉午酉也詩曰吉日庚午師古曰小雅吉日之詩也其詩曰吉日庚午既差我馬言以庚午之吉日簡擇車馬以出田也上方之情樂也樂行姦邪辰未主之孟康曰上方謂北與東也陽氣所萌生故爲上辰窮水也未窮木也翼氏風角曰木落歸本水流歸末故木利在亥水利在辰盛衰各得其所故樂也水窮則無隙不入木上出窮則旁行故爲姦邪下方之情哀也哀行公正戌丑主之孟康曰下方謂南與西也陰氣所萌生故爲下戌窮火也丑窮金也翼氏風角曰金剛火彊各歸其鄉故火刑於午金刑於酉酉午金火之盛也盛時而受刑至窮無所歸故曰哀也火性無所私金性方剛故曰公正辰未屬陰戌丑屬陽萬物各以其類應今陛下明聖虛靜以待物至萬事雖衆何聞而不諭師古曰諭謂曉解之豈況乎執十二律而御六情於以知下參實亦甚優矣萬不失一自然之道也迺正月癸未日加申有暴風從西南來未主姦邪申主貪狠風以大陰下抵建前是人主左右邪臣之氣也張晏曰初元二年歲在甲戌正月二十二日癸未也太陰在太歲後孟康曰時太陰在未月建在寅風從未下至寅南也建爲主氣太陰臣氣也加主氣是人主左右邪臣驗也晉灼曰癸未日風未辰也時加申張說是也平昌侯比三來見臣皆以正辰加邪時辰爲客時爲主人以律知人情王者之秘道也張晏曰平昌侯欲依上來學爲時邪也風日加申申知秘道也孟康曰謂乙丑之日也丑爲正日加未而來爲邪時晉灼曰奉以未爲邪時占知平昌侯爲邪人此當言皆以邪辰加邪時字誤作正耳下言大邪之見辰時俱邪是也翼氏曰五行動爲五音四時散爲十二律也愚臣誠不敢以語邪人上以奉爲中郎召問奉來者以善日邪時孰與邪日善時奉對曰師法用辰不用日孟康曰假令甲子日子爲辰甲爲日用子不用甲也辰爲客時爲主人見於明主侍者爲主人張晏曰禮君燕見臣則使臣爲主人辰正時邪見者正侍者邪辰邪時正見者邪侍者正忠正之見侍者雖邪辰時俱正孟康曰大正厭小邪也凡辰時屬南與西爲正北與東爲邪晉灼曰以上占推之南方巳午西方酉戌東北寅丑爲正西南申未北方亥子東方辰卯爲邪大邪之見侍者雖正辰時俱邪孟康曰大邪厭小正也即以自知侍者之邪而時邪辰正見者反邪孟康曰凡占以見者爲本今自知侍者邪而時復邪則邪無所施故屬見者晉灼曰上言忠正之見侍者雖邪辰時俱正然則小邪屬主人矣何以知之見者以大正來反我小邪故也即以自知侍者之正而時正辰邪見者反正孟康曰已自知侍者正而時復正則正無所施辰雖邪而見者更正也晉灼曰上言大邪客見侍者雖正辰時俱邪然則小正屬主人矣以此法占之即以自知主人之正而時正辰邪矣何以知之見

者以大邪來反我小正故也辰為常事時為一行孟康曰假令甲子日則一日一夜為子時十二時也日加之行過也辰疏而時精其效同功必參五觀之然後可知故曰察其所繇省其進退師古曰繇與由同參之六合五行則可以見人性知人情難用外察從中甚明故詩之為學情性而已五性不相害六情更興廢師古曰更音工衡反觀性以歷張晏曰性謂五行也歷謂日也晉灼曰翼氏五性肝性靜靜行仁甲己主之心性躁躁行禮丙辛主之脾性力力行信戊癸主之肺性堅堅行義乙庚主之腎性智智行敬丁壬主之也○宋祁曰與疑作與字觀情以律張晏曰情謂廉貞寬大公正姦邪陰賊貪狠也律十二律也明主所宜獨用難與二人共也故曰顯諸仁藏諸用師古曰易上繫之辭也道周萬物故曰顯諸仁日用不知故曰藏諸用也露之則不神獨行則自然矣唯奉能用之學者莫能行是歲關東大水郡國十一饑疫尤甚上迺下詔江海陂湖園池屬少府者以假貧民勿租稅損大官膳減樂府員省苑囿諸宮館稀御幸者勿繕治太僕少府減食穀馬水衡省食肉獸明年二月戊午地震其夏齊地人相食七月己酉地復震上曰蓋聞賢聖在位陰陽和風雨時日月光星辰靜黎庶康寧考終厥命今朕共承天地託于公侯之上明不能燭德不能綏災異並臻連年不息乃二月戊午地大震于隴西郡毀落太上廟殿壁木飾壞敗豲道縣師古曰豲音桓○劉奉世日有蠻夷曰道稱道則不稱縣也此縣字衍陽夏公曰按地理志豲道乃天水郡十六縣之一表云列侯所食縣曰國皇太后公主所食曰邑有蠻夷曰道然則道國邑皆可謂之縣城郭官寺及民室屋壓殺人衆山崩地裂水泉涌出一年地再動天惟降災震驚朕躬治有大虧咎至於此夙夜兢兢不通大變深懷鬱悼未知其序比年不登元元困乏不勝饑寒以陷刑辟朕甚閔焉憯怛於心師古曰憯音千感反已詔吏虛倉廩開府臧振捄貧民師古曰捄古救字羣司其茂思天地之戒師古曰茂勉也有可蠲除減省以便萬姓者各條奏悉意陳朕過失靡有所諱師古曰悉盡也因赦天下舉直言極諫之士奉奏封事曰臣聞之於師曰天地設位懸日月布星辰分陰陽定四時列五行以視聖人名之曰道師古曰視讀曰示下類此聖人見道然後知王治之象故畫州土建君臣立律歷陳成敗以視賢者名之曰經賢者見經然後知人道之務則詩書易春秋禮樂是也易有陰陽詩有五際應劭曰君臣父子兄弟夫婦朋友也孟康曰詩內傳曰五際卯酉午戌亥也陰陽終始際會之歲於此則有變改之政也春秋有災異皆列終始推得失考天心以言王道之安危至秦乃不說傷之以法師古曰說音悅言不悅詩書而以文法傷文學之人也是以大道不通至於滅亡今陛下明聖深懷要道燭臨萬方師古曰燭照也布德流惠靡有闕遺罷省不急之用振救困貧賦醫藥賜棺錢師古曰賦謂分給之恩澤甚厚又舉直言求過失盛德純備天下幸甚臣奉竊學齊詩聞五際之要十月之交篇師古曰小雅篇名也知日蝕地震之效昭然可明猶巢居知風穴處知雨師古曰巢居鳥鵲之屬也穴處狐貍之類也亦不足多適所習耳臣聞人氣內逆則感動天地天變見於星氣日蝕地變見於奇物震動所以然者陽用其精陰用其形猶人之有五藏六體五藏象天六體象地故藏病則氣色發於面體病則欠申動於貌今年太陰建於甲戌律以庚寅初用事歷以甲午從春孟康曰太陰在甲戌則太歲在子十一月庚寅日黃鍾律初起用事也歷中甲庚律得參陽性中仁義情得公正貞廉張晏曰甲庚皆三陽甲在東方為仁庚在西方為義戌為公正寅午為廉貞晉灼曰木數三寅在東方木位之始故曰參陽也師古曰中音竹仲反百年之精歲也正以精歲本首王位張晏曰春也日臨中時接律而地大震其後連月久陰雖有大令猶不能復師古曰大令謂虛倉廩開府庫之屬也復補也音扶目反陰氣盛矣古者朝廷必有同姓以明親親必有異姓以明賢賢此聖王之所以大通天下也同姓親而易進異姓疏而難通故同姓一異姓五迺為平均今左右亡同姓獨以舅后之家為親異姓之臣又疏二后之黨滿朝非特處位執尤奢僭過度呂霍上官足以卜之甚非愛人之道又非後嗣之長策也陰氣之盛不亦宜乎臣又聞未央建章甘泉宮才人各以百數皆不得天性師古曰言絕男女之好也若杜陵園其已御見者臣子不敢有言雖然太皇太后之事也及諸侯王園與其後宮宜為設員出其過制者此損陰氣應天救邪之道也今異至不應災將隨之其法大水極陰生陽反為大旱甚則有火災春秋宋伯姬是矣師古曰伯姬魯成公女宋恭公之夫人也幽居守寡既久而遇火災極陰生陽也○宋祁曰注文火災下疑有故云二字唯陛下財察師古曰財與裁同明年夏四月乙未孝武園白鶴館下○宋祁曰館字下疑有災字奉自以為中上疏曰臣前上五際地震之效曰極陰生陽恐有火災不合明聽未見省荅臣竊內不自信今白鶴館以四月乙未時加於卯月宿亢災與前地震同法臣奉迺深知道之可信也不勝拳拳願復賜閒卒其終始師古曰閒空隙也卒盡也上復延問以得失奉以為祭天地於雲陽汾陰及諸寢廟不以親疏迭毀皆煩費違古制又宮室苑囿奢泰難供以故民困國虛亡累年之畜所繇來久師古曰畜讀曰蓄繇讀與由同不改其本難以末正迺上疏曰臣聞昔者盤庚改邑以興殷道聖人美之師古曰盤庚殷王名也將遷亳殷衆庶咸怨作盤庚三篇以告之遂乃遷都事見尚書也竊聞漢德隆盛在於孝文皇帝躬行節儉外省繇役其時未有甘泉建章及上林中諸離宮館也未央宮又無高門武臺麒麟鳳皇白虎玉堂金華之殿獨有前殿曲臺漸臺宣室溫室承明耳孝文欲作一臺度用百金師古曰度計也音大各反重民之財廢而不為其積土基至今猶存師古曰今在新豐縣南驪山頂上也又下遺詔不起山墳故其時天下大和百姓洽足○宋祁曰洽疑作給德流後嗣如令處於當今因此制度必不能成功名天道有常王道亡常亡常者所以應有常也必有非常之主然後能立非常之功臣願陛下徙都於成周左據成皋右阻黽池前鄉崧高後介大河師古曰鄉讀曰嚮介隔也建榮陽扶河東南北千里以為關而入敖倉地方百里者八九足以自娛東厭諸侯之權西遠羌胡之難師古曰厭抑也音一葉反遠音于萬反陛下共已亡為師古曰共讀曰恭按成周之居兼盤庚之德萬歲之後長為高宗漢家郊兆寢廟祭祀之禮多不應古臣奉誠難亶居而改作如淳曰亶居猶虛居也欲徙都乃可更制度也師古曰亶讀曰但但居謂依舊都也故願陛下遷都正本衆制皆定亡復繕治宮館不急之費歲可餘一年之畜師古曰讀曰蓄次下亦同臣聞三代之祖積德以王然皆不過數百年而絕周至成王有上賢之材因文武之業以周召為輔師古曰召讀曰邵有司各敬其事在位莫非其人師古曰言所任皆得賢材也天下甫二世耳師古曰甫始也然周公猶作詩書深戒成王以恐失天下書則曰王毋若殷王紂師古曰周書亡逸篇也其書曰周公曰烏虖毋若殷王紂之迷亂酗于酒德哉是也其詩則曰殷之未喪師克配上帝宜監于殷駿命不易師古曰詩大雅文王之詩也師衆也駿大也言殷家自帝乙以上未喪天下之時皆能配天而行至紂荒息自取敗滅今宜以殷王賢愚為鏡知天之大命甚難也今漢初取天下起於豐沛以兵征伐德化未洽後世奢侈國家之費當數代之用非直費財又乃費士孝武之世暴骨四夷不可勝數有天下雖未久至於陛下八世九主矣如淳曰呂后為主不得為世故八世九主矣雖有成王之明然亡周召之佐師古曰召讀曰邵今東方連年饑饉加之以疾疫百姓菜色或至相食師古曰人專食菜故肌膚青黃為菜色也地比震動天氣溷濁日光侵奪師古曰比頻也溷汙也音下頓反繇此言之師古曰繇讀與由同執國政者豈可以不懷怵惕而戒萬分之一乎故臣願陛下因天變而徙都所謂與天下更始者也天道終而復始窮則反本故能延長而亡窮也今漢道未終陛下本而始之於以永世延祚不亦優乎如因丙子之孟夏順太陰以東行張晏曰如因今丙子之四月也太陰是時在甲戌當轉在乙亥丙子左旋之也到後七年之明歲必有五年之餘蓄然後大行考室之禮李奇曰凡宮新成殺牲以釁祭致其五祀之神謂之考室師古曰考成也成其禮也詩小雅斯干之詩序曰斯干宣王考室也故奉引之雖周之隆盛亡以加此唯陛下留神詳察萬世之策書奏天子異其意荅曰問奉今園廟有七云東徙狀何如奉對曰昔成王徙洛盤庚遷殷其所避就皆陛下所明知也非有聖明不能一變天下之道臣奉愚戇狂惑唯陛下裁赦其後貢禹亦言當定迭毀禮上遂從之及匡衡為丞相奏徙南北郊其議皆自奉發之奉以中郎為博士諫大夫年老以壽終子及孫皆以學在儒官

李尋字子長平陵人也治尚書與張孺鄭寬中同師寬中等守師法教授尋獨好洪範災異又學天文月令陰陽事丞相翟方進亦善為星歷除尋為吏數為翟侯言事帝舅曲陽侯王根為大司馬票騎將軍厚遇尋是時多災異根輔政數虛已問尋尋見漢家有中衰阸會之象其意以為且有洪水為災乃說根曰書云天聰明師古曰虞書皋陶謨之辭也天視聽人君之行不可不畏慎也蓋言紫宮極樞通位帝紀孟康曰紫宮天之北宮也極天之北極星也樞是其迴轉者也天文志曰天極其一明者太一常居也太一天皇大帝也與通極為一體故曰通位帝紀也太微四門廣開大道孟康曰太微天之南宮也四門太微之四門也五經六緯尊術顯士孟康曰六緯五經與樂緯也張晏曰六緯五經就孝經緯也師古曰六緯者五經之緯及樂緯也孟說是也○劉攽曰正言星宿何故忽說五經蓋謂二十八舍翼張舒布燭臨四海張晏曰翼二十八星十八度舒布張廣也翼翅夾張言也故少微處士為比為輔孟康曰少微四星在太微西主處士儒學之官為太微輔佐也故次帝廷女宮在後孟康曰言少微四星在太微次太微為天帝廷女宮謂軒轅星也聖人承天賢賢易色取法於此師古曰賢賢尊上賢人易色輕略於色不貴之也易弋二反天官上相上將皆顯面正朝孟康曰朝太微宮垣也西垣為上將東垣為上相各專一面而正天之朝事也憂責甚重要在得人得人之效成敗之機不可不勉也昔秦穆公說諓諓之言任仡仡之勇身受大辱社稷幾亡師古曰諓諓小善也仡仡壯健也謂聽杞子逢孫揚孫之言鄭可襲乃使孟明視西乞術白乙丙帥師伐鄭遂為晉襄公所禦而敗於殽三帥盡獲匹馬隻輪皆無反者諓音踐仡巨乙反又音牛乞反悔過自責思惟黃髮任用百里奚卒伯西域德列王道師古曰謂晉歸三帥之後穆公自悔作秦誓云雖則云然尚猶詢茲黃髮則罔所愆自言前有云然之過今庶幾以道此黃髮賢老則行事無所過失矣百里奚本虞人也穆公用之卒成霸業二者禍福如此可不慎哉夫士者國家之大寶功名之本也將軍一門九侯二十朱輪漢興以來臣子貴盛未嘗至此夫物盛必衰自然之理唯有賢友彊輔庶幾可以保身命全子孫安國家書曰歷象日月星辰師古曰虞書堯典之辭也此言仰視天文俯察地理觀日月消息候星辰行伍揆山川變動參人民繇俗師古曰繇讀與謠同繇俗者謂若童謠及輿人之誦以制法度考禍福舉錯誖逆咎敗將至徵兆為之先見師古曰誖乖也音布內反明君恐懼修正側身博問轉禍為福不可救者即蓄備以待之故社稷亡憂竊見往者赤黃四塞地氣大發動土竭民天下擾亂之徵也彗星爭明張晏曰與日月爭明○宋祁曰南本無動字民字下疑有困字庶雄為桀大寇之引也師古曰將引致大寇也此二者已頗效矣城中訛言大水奔走上城朝廷驚駭女孽入宮應劭曰謂小女陳持弓也此獨未效閒者重以水泉涌溢旁宮闕仍出李奇曰旁宮闕而出水也師古曰旁附也仍頻也重直用反旁薄郎反月太白入東井犯積水缺天淵張晏曰犯東井有水災孟

康曰積水一星在北河北天淵十星在北斗星東南缺者拂其角而過之也日數湛於極陽之色張晏曰衆陽之宗故爲極陽也色宜明曜而無光也羽氣乘宮孟康曰天文志曰西方爲羽羽少陰之位少陰臣氣乘於君也晉灼曰羽北方水也水陰爲臣宮中央土也土爲君今水乘土言臣氣勝於君也起風積雲又錯以山崩地動河不用其道師古曰錯雜也言河徙流不從故道也。宋祁曰正文河字下疑有決字盛冬靁電潛龍爲孼孟康曰黑龍冬見張晏曰五行傳曰龍見井中幽四之象也繼以隕星流彗維塡上見孟康曰有地維星有四塡星皆妖星也晉灼曰天文志四塡星出四隅去地可四丈地維藏光亦出四隅去地可二丈若月始出所見下有亂者亡有德者昌日蝕有背鄉師古曰背音步內反鄉讀曰嚮此亦高下易居洪水之徵也不憂不改洪水迺欲盪滌流彗迺欲埽除改之則有年亡期師古曰言可延期得穰災故屬者頗有變改小貶邪猾師古曰屬者謂近時也屬之欲反日月光精時雨氣應師古曰精謂光明也。宋祁曰光字江浙本作立字此皇天右漢亡已也師古曰右讀曰祐何況致大改之宜急博求幽隱拔擢天士任以大職李奇曰天士知天道者也晉灼曰歲君平言師於天士天士應宿台鼎之臣也師古曰李說是也。宋祁曰注文言字下當有賞公養士四字諸闒茸佞讇抱虛求進師古曰闒音吐臘反茸音人勇反讇古諂字及用殘賊酷虐聞者若此之徒。宋祁曰聞字當改作闇皆嫉善憎忠壞天文敗地理涌趯邪陰湛溺太陽師古曰趯字與躍同湛讀曰沈爲主結怨於民師古曰爲音于僞反宜以時廢退不當得居位誠必行之凶災銷滅子孫之福不旋日而至政治感陰陽猶鐵炭之低卬見效可信者也孟康曰天文志云縣土炭也以鐵易土耳先冬夏至縣鐵炭於衡各一端令適停冬陽氣至炭仰而鐵低夏陰氣至炭低而鐵仰以此候二至也及諸蓄水連泉務通利之修舊堤防省池澤稅以助損陰邪之盛案行事考變易訛言之效未嘗不至請徵韓放服虔曰姓名也曉水掾周敞王望可與圖之根於是薦尋哀帝初即位召尋待詔黃門使侍中衞尉傅喜問尋曰閒者水出地動日月失度星辰亂行災異仍重師古曰重音直用反極言毋有所諱尋對曰陛下聖德尊天敬地畏命重民悼懼變異不忘疏賤之臣幸使重臣臨問愚臣不足以奉明詔竊見陛下新即位開大明除忌諱博延名士靡不並進臣尋位卑術淺過隨衆賢待詔師古曰過猶謬也食太官衣御府久汙玉堂之署師古曰玉堂殿在未央宮比得召見亡以自效師古曰比頻也復時見延問至誠自以逢不世出之命願竭愚心不敢有所避庶幾萬分有一可采唯棄須臾之閒宿留瞽言師古曰閒謂空隙之時也宿音先就反留音力救反考之文理稽之五經揆之聖意以參天心夫變異之來各應象而至臣謹條陳所聞易曰縣象著明莫大乎日月師古曰上繫之辭也在天成象故曰縣象也夫日者衆陽之長輝光所燭萬里同㬻人君之表也師古曰㬻景也故日將旦清風發羣陰伏君以臨朝不牽於色日初出炎以陽君登朝佞不行忠直進不蔽障日中煇光君德盛明大臣奉公日將入專以壹君就房

有常節君不修道則日失其度晻昧亡光師古曰晻與暗同又音烏感反各有云爲其於東方作日初出時師古曰作起也日出之時人物皆起陰雲邪氣起者法爲牽於女謁有所畏難日出後爲近臣亂政日中爲大臣欺誣日且入爲妻妾役使所營師古曰營謂繞也。宋祁曰謂繞惑之閒者日尤不精光明侵奪失色邪氣珥蜺數作本起於晨相連至昏其日出後至日中閒差瘉師古曰瘉與愈同小臣不知內事竊以日視陛下志操衰於始初多矣其咎恐有以守正直言而得罪者傷嗣害世不可不慎也唯陛下執乾剛之德彊志守度毋聽女謁邪臣之態諸保阿乳母甘言悲辭之託斷而勿聽勉強大誼絕小不忍良有不得已可賜以財貨不可私以官位誠皇天之禁也。宋祁曰浙本官位下更有官位二字日失其光則星辰放流張晏曰日夜食則失光晝立六尺木不見其景也日陽失光明陰得施也。宋祁曰注文中陰得施也當作陰桀得施也月陽不能制陰陰桀得作閒者太白正晝經天宜隆德克躬以執不軌臣閒月者衆陰之長銷息見伏百里爲品千里立表萬里連紀孟康曰品同也言百里內數度同也千里則當立表度其景萬里則紀其本所起紀其宿度也妃后大臣諸侯之象也朔晦正終始弦爲繩墨望成君德春夏南秋冬北閒者月數以春夏與日同道孟康曰房有四星其閒有三道春夏南行南頭第一星裏道也秋冬北行北頭第一星裏道也與日同道者謂中央道也此三道者日月五星之所由也過軒轅上后受氣孟康曰軒轅南大星爲后入太微帝廷揚光煇犯上將近臣列星皆失色厭厭如滅鄭氏曰厭音厭桑之厭師古曰音烏點反此爲母后與政亂朝師古曰與讀曰豫陰陽俱傷兩不相便外臣不知朝事竊信天文即如此近臣已不足杖矣師古曰杖謂倚任也屋大柱小可爲寒心師古曰言天下事重大臣之任當得賢能者唯陛下親求賢士無彊所惡以崇社稷尊彊本朝師古曰邪佞之人誠可譏惡勿得寵異令其盛彊也臣聞五星者五行之精五帝司命應王者號令爲之節度歲星主歲事爲統首號令所紀今失度而盛此君指意欲有所爲未得其節也又塡星不避歲星者后帝共政相留於奎婁張晏曰歲星爲帝塡星爲女主也當以義斷之熒惑往來亡常。劉攽曰常當作熒周歷兩宮作態低卬張晏曰兩宮謂紫微大微入天門上明堂貫尾亂宮孟康曰角兩星爲天門房爲明堂尾爲後宮蘇林曰常占當從尾北而今貫之尾爲後宮義也。宋祁曰注文義字疑作象太白發越犯庫張晏曰發越疾貌也庫天庫也孟康曰奎爲天庫兵寇之應也貫黃龍入帝庭張晏曰黃龍軒轅也當門而出隨熒惑入天門至房而分欲與熒惑爲患不敢當明堂之精此陛下神靈故熙亂不成也熒惑厥弛張晏曰厥弛動搖貌。宋祁曰注末疑少晉灼曰行遲貌六字佞巧依埶微言毀譽進類蔽善師古曰進其黨類而擁蔽善人太白出端門孟康曰端門太微正南門臣有不臣者火入室金上堂張晏曰熒惑入營室也孟康曰火入室謂熒惑歷兩宮也金謂太白也上堂入房星也。宋祁曰注文兩宮字下疑有宮亦室三字不以時解其憂

凶塡歲相守又主內亂宜察蕭牆之內毋忽親疏之微師古曰微謂其事微。宋祁曰注末當有細字誅放佞人防絕萌牙以盪滌濁濊消散積惡師古曰濊與穢同毋使得成禍亂辰星主正四時當效於四仲四時失序則辰星作異今出於歲首之孟天所以譴告陛下也政急則出蚤政緩則出晚政絕不行則伏不見而爲彗茀師古曰茀與孛同四孟皆出爲易王命四季皆出星家所諱今幸獨出寅孟之月蓋皇天所以篤右陛下也師古曰篤厚也右與祐同祐猶助也宜深自改治國故不可以戚戚欲速則不達經曰三載考績三考黜陟師古曰虞書舜典之辭也言三年一考功績三考一行黜陟也加以號令不順四時既往不咎來事之師也閒者春三月治大獄。宋祁曰來字疑作成字春三月浙江本作春月時賊陰立逆恐歲小收。宋祁曰小字疑作少字季夏舉兵法時寒氣應恐後有霜雹之災秋月行封爵其月土溼奧張晏曰違於月令也師古曰奧溫也音於六反恐後有雷雹之變夫以喜怒賞罰。宋祁曰罰疑作誅而不顧時禁雖有堯舜之心猶不能致和善言天者必有效於人設上農夫而欲冬田肉袒深耕汗出種之然猶不生者非人心不至天時不得也易曰時止則止時行則行動靜不失其時其道光明師古曰此艮卦彖辭也言動止時則有光明也書曰敬授民時師古曰虞書堯典之辭也言授下以四時之命不可不敬也故古之王者尊天地重陰陽敬四時嚴月令順之以善政則和氣可立致猶枹鼓之相應也師古曰枹擊鼓之椎也音孚其字從木今朝廷忽於時月之令諸侍中尚書近臣宜皆令通知月令之意設羣下請事若陛下出令有謬於時者當知爭之以順時氣臣聞五行以水爲本其星玄武婺女天地所紀終始所生孟康曰婺女須女也北方天地之統陰陽之終始也水爲準平王道公正脩明則百川理落脈通師古曰落謂經絡也偏黨失綱則涌溢爲敗書云水曰潤下師古曰周書洪範之辭也陰動而卑不失其道天下有道則河出圖洛出書故河洛決溢所爲最大今汝潁畎澮皆川水漂涌與雨水並爲民害師古曰畎澮小流也許愼說廣尺深尺曰畎廣二尋深二仞謂之澮川者水貫穿而通流也畎音工犬反澮音工外反此詩所謂爗爗震電不寧不令百川沸騰者也師古曰詩小雅十月之交之詩也爗爗光貌寧安令善也言陰陽失和雷電失序不安不善故百川又沸騰其咎在於皇甫卿士之屬師古曰皇甫卿士周室女寵之族也解在劉向傳唯陛下留意詩人之言少抑外親大臣聞地道柔靜陰之常義也地有上中下其上位震應妃后不順中位應大臣作亂下位應庶民離畔震或於其國國君之咎也四方中央連國歷州俱動者其異最大閒者關東地數震五星作異亦未大逆宜務崇陽抑陰以救其咎固志建威閉絕私路拔進英雋退不任職以彊本朝夫本彊則精神折衝本弱則招殃致凶爲邪謀所陵師古曰折

衝言有欲衝突爲害者則能折挫之聞往者淮南王作謀之時其所難者獨有汲黯以爲公孫弘等不足言也弘漢之名相於今亡比而尚見輕何況亡弘之屬乎故曰朝廷亡人則爲賊亂所輕其道自然也天下未聞陛下奇策固守之臣也語曰何以知朝廷之衰人人自賢不務於通人故世陵夷師古曰通人謂薦達賢材也陵夷謂頹替也馬不伏歷不可以趨道士不素養不可以重國師古曰伏歷謂伏槽歷而秣之也趨讀曰趣詩曰濟濟多士文王以寧師古曰大雅文王之詩也已解於上孔子曰十室之邑必有忠信師古曰論語載孔子之言也非虛言也陛下秉四海之衆曾亡柱幹之固守聞於四境殆開之不廣取之不明勸之不篤傳曰土之美者善養禾君之明者善養士中人皆可使爲君子師古曰言在所以勸厲之詔書進賢良赦小過無求備以博聚英雋如近世貢禹以言事忠切蒙尊榮當此之時士厲身立名者多禹死之後日日以衰及京兆尹王章坐言事誅滅智者結舌師古曰不敢出言也邪僞並與外戚顓命君臣隔塞至絕繼嗣女宮作亂師古曰謂趙飛燕姊娣也此行事之敗誠可畏而悲也本在積任母后之家非一日之漸往者不可及來者猶可追也先帝大聖深見天意昭然使陛下奉承天統欲矯正之也宜少抑外親選練左右舉有德行道術通明之士充備天官然後可以輔聖德保帝位承大宗下至郎吏從官行能亡以異又不通一蓺及博士無文雅者宜皆使就南畝師古曰遣歸農業以視天下師古曰視讀曰示明朝廷皆賢材君子於以重朝尊君滅凶致安此其本也臣自知所言害身不辟死亡之誅唯財留神反覆覆愚臣之言師古曰財與裁同謂裁量而反思之。劉攽曰衍一覆字是時哀帝初立成帝外家王氏未甚抑黜而帝外家丁傅新貴祖母傅太后尤驕恣欲稱尊號丞相孔光大司空師丹執政諫爭久之上不得已遂免光丹而尊傅太后語在丹傳上雖不從尋言然采其語每有非常輒問尋尋對屢中遷黃門侍郎以尋言且有水災故拜尋爲騎都尉使護河隄初成帝時齊人甘忠可詐造天官歷包元太平經十二卷以言漢家逢天地之大終當更受命於天天帝使眞人赤精子下教我此道忠可以教重平夏賀良容丘丁廣世服虔曰重平勃海縣也晉灼曰容丘東海縣也東郡郭昌等中壘校尉劉向奏忠可假鬼神罔上惑衆下獄治服未斷病死賀良等坐挾學忠可書以不敬論後賀良等復私以相教哀帝初立司隸校尉解光亦以明經通災異得幸白賀良等所挾忠可書事下奉車都尉劉歆歆以爲不合五經不可施行而李尋亦好之光曰前歆父向奏忠可下獄歆安肯通此道時郭昌爲長安令勸尋

宜助賀良等尋遂白賀良等皆待詔黃門數召見陳說漢歷中衰當更受命成帝不應天命故絕嗣今陛下久疾變異屢數(師古曰數音所角反)天所以譴告人也宜急改元易號乃得延年益壽皇子生災異息矣得道不得行咎殃且亡(師古曰言知道不能行之必有殃咎將至滅亡。宋祁曰下得字可刪劉敞曰得道不得行下得字衍)不有洪水將出災火且起滌盪民人哀帝久寢疾幾其有益(師古曰幾讀曰冀)遂從賀良等議於是詔制丞相御史(○劉敞曰當云制詔)蓋聞尚書五曰考終命(師古曰周書洪範五福之數也言得壽考而終其命也。宋祁曰南本浙本命字上有厥字)言大運壹終更紀天元人元考文正理推歷定紀數如甲子也朕以眇身入繼太祖承皇天總百僚子元元未有應天心之效卽位出入三年災變數降日月失度星辰錯謬高下貿易(師古曰言山崩川竭也)大異連仍盜賊並起(師古曰仍頻也。宋祁曰連字一本作逆字)朕甚懼焉戰戰兢兢唯恐陵夷(師古曰陵夷漸滅亡也)惟漢至今二百載歷紀開元皇天降非材之右漢國再獲受命之符(師古曰右讀曰祐祐助也帝自言不材而得天助也。宋祁曰漢字下疑有與字今字上疑有于字)朕之不德曷敢不通夫受天之元命必與天下自新其大赦天下以建平二年爲太初元年號曰陳聖劉太平皇帝漏刻以百二十爲度布告天下使明知之後月餘上疾自若(師古曰自若言如故也)賀良等復欲妄變政事大臣爭以爲不可許賀良等奏言大臣皆不知天命宜退丞相御史以解光李尋輔政上以其言亡驗遂下賀良等吏而下詔曰朕獲保宗廟爲政不德變異屢仍恐懼戰栗未知所繇(師古曰繇讀與由同)待詔賀良等建言改元易號增益漏刻可以永安國家朕信道不篤過聽其言幾爲百姓獲福(師古曰幾讀曰冀)卒無嘉應久旱爲災以問賀良等對當復改制度皆背經誼違聖制不合時宜夫過而不改是爲過矣(○宋祁曰爲字當作謂)六月甲子詔書非赦令也皆蠲除之(師古曰唯赦令不改餘皆除之)賀良等反道惑衆姦態當窮竟皆下獄光祿勳平當光祿大夫毛莫如與御史中丞廷尉雜治當賀良等執左道亂朝政(師古曰當謂處正其罪名)傾覆國家誣罔主上不道賀良等皆伏誅尋及解光減死一等徙敦煌郡

贊曰幽贊神明通合天人之道者莫著乎易春秋(師古曰幽深贊明也。宋祁曰注文幽深下當有也字)然子贛猶云夫子之文章可得而聞(師古曰謂易繫辭文言及春秋之屬也)夫子之言性與天道不可得而聞已矣(師古曰性命玄遠天道幽深故孔子不言之也此皆論語載子貢之言也)漢興推陰陽言災異者孝武時有董仲舒夏侯始昌昭宣則眭孟夏侯勝元成則京房翼奉劉向谷永哀平則李尋田終術此其納說時君著明者也察其所言仿佛一端(師古曰仿讀曰髣佛與髴同)假經設誼依託象類或不免乎億則屢中(師古曰論語稱孔子曰賜不受命而貨殖焉億則屢中故此贊引之言仲舒等億度所言既多故時有中者耳非必道術皆通明也億於力反)仲舒下吏夏侯囚執眭孟誅戮李尋流放此學者之大戒也京房區區不量淺深危言刺譏構怨彊臣罪辜不旋踵亦不密以失身悲夫(師古曰易上繫辭曰君不密則失臣臣不密則失身故贊引之也)

前漢書卷七十五考證

眭弘傳從嬴公受春秋○儒林傳嬴公東平人受公羊春秋於董仲舒故弘書稱先師董仲舒也

至符節令○按百官表符節令屬少府

漢家堯後○臣召南按以漢爲堯後始見此文然則弘雖習公羊亦兼通左氏矣其後劉向父子申明其義而新莽亦因以爲篡竊之本

京房傳補小黃令○地理志小黃縣屬陳留郡

時部刺史奏事京師○胡三省曰刺史各部一州故曰部刺史

令爲治邪亂邪○臣召南按通鑑考異曰故資政殿學士邵亢得兩浙錢王寫本漢書無亂邪二字有上曰亦極亂爾尚何道房曰今十二字据此則古本無亂邪二字

翼奉傳與蕭望之匡衡同師○臣召南按儒林傳其師東海后蒼也

詩有五際注孟康曰詩內傳曰五際卯酉午戌亥也○臣召南按孔穎達詩疏曰鄭元六藝論引春秋緯演孔圖曰詩含五際六情汎歷樞云午亥之際爲革命卯酉之際爲改正辰在天門出入候聽卯天保也酉祈父也午采芑也亥大明也然則亥爲革命一際也亥又爲天門二際也卯爲陰陽交際三際也午爲陽謝陰興四際也酉爲陰盛陽微五際也据此則五際不言戌而亥爲二際矣但緯書怪妄百出其是非初不足辨

李尋傳與張孺鄭寬中同師○臣召南按孺字誤也据儒林傳張山拊事小夏侯建授同縣李尋鄭寬中少君山陽張無故子儒此文張孺卽張無故而舉其字當云張子儒傳寫之訛遂合兩字爲孺字耳

五經六緯注孟康曰六緯五經與樂緯○師古用孟康說而劉攽駁之謂正說星宿何故忽說五經其論甚合但所云天文六緯名目劉攽亦未嘗指實也

使侍中衞尉傳喜問尋云云○通鑑考異曰按公卿表傳喜爲衞尉二月遷右將軍十一月罷地震在九月當是時喜已不爲衞尉矣

歷紀開元○哀帝紀作歷數開元未知孰是又夫受天之元命紀作夫基事之元命

贊京平則李尋田終術○田終術見翟方進傳又見王莽傳

前漢書卷七十六

漢 蘭臺令史 班固 撰

唐正議大夫行祕書少監琅邪縣開國子顏師古注

趙尹韓張兩王列傳第四十六

趙廣漢字子都涿郡蠡吾人也(師古曰蠡音禮)故屬河間(師古曰言蠡吾舊屬河間後屬涿郡)少爲郡吏州從事以廉絜通敏下士爲名(師古曰敏謂材識捷疾也下音胡嫁反)舉茂材平準令(○劉奉世曰材字下當有爲字)察廉爲陽翟令以治行尤異遷京輔都尉守京兆尹會昭帝崩而新豐杜建爲京兆掾護作平陵方上(孟康曰壙藏上也。師古曰方上在張湯傳○宋祁曰注文方上字下當有解字)建素豪俠賓客爲姦利廣漢聞之先風告建不改(師古曰風讀曰諷○宋祁云建浙本作及)於是收案致法(師古曰致至也令至於罪罰之法)中貴人豪長者爲請無不至終無所聽(師古曰中貴人居中朝而貴者也豪桀也長者有名德之人也服虔曰內臣之貴幸者○劉奉世曰顏解中貴人與李廣傳同服說不當以服說爲是)宗族賓客謀欲篡取(師古曰逆取曰篡)廣漢盡知其計議主名起居(師古曰起居謂居止之處及欲發起)使吏告曰若計如此且并滅家令數吏將建棄市莫敢近者京師稱之是時昌邑王徵卽位行淫亂大將軍霍光與羣臣共廢王尊立宣帝廣漢以與議定策賜爵關內侯(師古曰與讀曰豫)遷潁川太守郡大姓原褚宗族橫恣(李奇曰原音元。師古曰原褚二姓也原讀如本字橫音胡孟反○宋祁云原褚當作原氏褚氏)賓客犯爲盜賊前二千石莫能禽制廣漢既至數月誅原褚首惡郡中震栗先是潁川豪桀大姓相與爲婚姻吏俗朋黨廣漢患之厲使其中可用者受記(服虔曰受相訟殿記也。師古曰擇其中可使者獎厲而使之)出有案問既得罪名行法罰之廣漢故漏泄其語令相怨咎(師古曰遣知其事由某人發故結怨咎也)又教吏爲缿筩(蘇林曰缿音項如瓶可受投書。孟康曰筩竹筩也如今官受密事筩也。師古曰缿若今盛錢臧瓶爲小孔可入而不可出或缿或筩皆爲此制而用受書令投於其中也筩音同)及得投書削其主名而託以爲豪桀大姓子弟所言其後彊宗大族家家結爲仇讎姦黨散落風俗大改吏民相告訐(師古曰面相斥曰訐音居列反又音居謁反○宋祁曰相告訐疑相字上有好字注文面相斥疑作告面相斥)廣漢得以爲耳目盜賊以故不發發又輒得壹切治理威名流聞(師古曰言諸事皆治理也治音直吏反一切解在平紀)及匈奴降者言匈奴中皆聞廣漢本始二年漢發五將軍擊匈奴徵廣漢(○宋祁云景本有遣字學官本云徵遣浙本無遣字祁按徵廣漢不當便云遣若已云遣下又言將兵屬蒲類意繁複從浙本爲長楊伯時云徵而遣之以屬蒲類何不可也)以太守將兵屬蒲類將軍趙充國從軍還復用守京兆尹滿歲爲眞廣漢爲二千石以和顏接士其尉薦待遇吏殷勤甚備(如淳曰尉薦藉也。師古曰尉薦謂安尉而薦達之)事推功善歸之於下曰某掾卿所爲非二千石所及行之發於至誠吏見者皆輸寫心腹無所隱匿咸願爲用僵仆無所避(師古曰僵偃也仆頓也僵音薑仆音赴)廣漢聰明皆知其能之所宜盡力與否其或負者輒先聞知風諭不改乃收捕之(師古曰風讀曰諷)無所逃案之辠立具卽時伏辜尤善爲鉤距以得事情(蘇林曰鉤得其情使不得去也。晉灼曰鉤致也距閉也使對者無疑若不問而自知衆莫覺所由以閉其術爲距也。師古曰晉說是也○宋祁曰注文疑字下疑有示字)鉤距者設欲知馬賈則先問狗(師古曰賈讀曰價)已問羊又問牛然後及馬參伍其賈以類相準則知馬之貴賤不失實矣唯廣漢至精能行之它人效者莫能及也(○宋祁曰越本無也字)郡中盜賊閭里輕俠其根株窟穴所在及吏受取請求銖兩之姦皆知之長安少年數人會窮里空舍謀共劫人(師古曰窮里里中之極隱處)坐語未訖廣漢使吏捕治具服富人蘇回爲郎二人劫之(師古曰劫取其身爲質令家將財物贖之)有頃廣漢將吏到家自立庭下使長安丞龔奢叩堂戶曉賊(師古曰曉謂告諭之)曰京兆尹趙君謝兩卿無得殺質此宿衞臣也釋質束手得善相遇幸逢赦令或時解脫(師古曰若束手就獄當善處遇之或逢赦令則得免脫也脫音吐活反)二人驚愕又素聞廣漢名卽開戶出下堂叩頭廣漢跪謝曰幸全活郎甚厚送獄勑吏謹遇給酒肉至冬當出死豫爲調棺給斂葬具告語之(師古曰調辦具之也棺以棺衣斂尸也調音徒釣反棺音工奐反斂音力贍反○宋祁曰給字疑可刪)皆曰死無所恨廣漢嘗記召湖都亭長(師古曰爲書記以召之若今之下符追呼人也)湖都亭長西至界上界上亭長戲曰至府爲我多謝問趙君(師古曰多厚也言殷勤若今人言千萬問訊矣)亭長既至廣漢與語問事畢謂曰界上亭長寄聲謝我(師古曰謝告也)何以不爲致問亭長叩頭服實有之廣漢因曰還爲吾謝界上亭長勉思職事有以自效京兆不忘卿厚意其發姦擿伏如神皆此類也(師古曰擿謂動發之也音它狄反)廣漢奏請令長安游徼獄吏秩百石(師古曰特增其秩以厲其行○宋祁曰浙本作獄史)其後百石吏皆差自重不敢枉法妄繫留人京兆政清吏民稱之不容口長老傳以爲自漢興以來治京兆者莫能及(○楊伯時云言漢興足矣何必以來二字)左馮翊右扶風皆治長安中(師古曰治音直吏反)

犯法者從迹喜過京兆界師古曰從讀曰縱喜音許吏反廣漢歎曰亂吾治者常二輔也誠令廣漢得兼治之直差易耳初大將軍霍光秉政廣漢事光及光薨後廣漢心知微指師古曰識天子意也發長安吏自將與俱至光子博陸侯禹第直突入其門廋索私屠酤椎破盧罌斧斬其門關而去師古曰廋讀與搜同謂入室求之也盧所以居酒也盧解在食貨志司馬相如傳罌音於耕反○宋祁曰其門或無其字時光女爲皇后聞之對帝涕泣帝心善之以召問廣漢廣漢由是侵犯貴戚大臣所居好用世吏子孫新進年少者師古曰言舊吏家子孫而其人後出求進又年少也○宋祁曰注末也字疑是者字專厲彊壯蠭氣師古曰蠭與鋒同言鋒鋭之氣見事風生無所回避師古曰風生言其速疾不可當也回曲也率多果敢之計莫爲持難廣漢終以此敗初廣漢客私酤酒長安市丞相史逐去○宋祁云史越本作吏去字下南本更有客字客疑男子蘇賢言之以語廣漢廣漢使長安丞案賢師古曰案致其罪也尉史禹故劾賢爲騎士屯霸上不詣屯所乏軍興文穎曰尉史尉部吏也禹其名○宋祁云吏越作史賢父上書訟罪告廣漢事下有司覆治禹坐要斬請逮捕廣漢有詔即訊師古曰令就問之不追入獄也辭服會赦貶秩一等廣漢疑其邑子榮畜教令師古曰蘇賢同邑之子也令音力成反後以他法論殺畜人上書言之事下丞相御史案驗甚急廣漢使所親信長安人爲丞相府門卒令微司丞相門內不法事地節三年七月中丞相傅婢有過自絞死廣漢聞之疑丞相夫人妬殺之府舍而丞相奉齋酎入廟祠師古曰將酎祭宗廟而先絜齋也廣漢得此使中郎趙奉壽風曉丞相師古曰風讀曰諷欲以脅之毋令窮正已事丞相不聽案驗愈急○宋祁曰不字上疑有怒字廣漢欲告之先問太史知星氣者言今年當有戮死大臣廣漢即上書告丞相罪制曰下京兆尹治廣漢知事迫切遂自將吏卒突入丞相府召其夫人跪庭下受辭師古曰受其對辭也○宋祁曰受字新本添收奴婢十餘人去責以殺婢事丞相魏相上書自陳妻實不殺婢廣漢數犯罪法不伏辜以詐巧迫脅臣相幸臣相寬不奏願下明使者治廣漢所驗臣相家事事下廷尉治罪實丞相自以過譴笞傅婢出至外第乃死不如廣漢言司直蕭望之劾奏廣漢摧辱大臣欲以劫持奉公逆節傷化不道宣帝惡之下廣漢廷尉獄又坐賊殺不辜鞫獄故不以實擅斥除騎士乏軍興數罪師古曰斥除逐遣之天子可其奏吏民守闕號泣者數萬人或言臣生無益縣官願代趙京兆死使得牧養小民廣漢竟坐要斬廣漢雖坐法誅爲京兆尹廉明威制豪彊小民得職師古曰得職各得其常所也○宋祁曰使得牧養越本無得字廣漢雖坐法誅景祁本去雖坐法誅字校本添百姓追思歌之至今

尹翁歸字子兄師古曰兄讀曰況河東平陽人也徙杜陵翁歸少孤與季父居爲獄小吏曉習文法喜擊劒人莫能當師古曰喜許吏反是時大將軍霍光秉政諸霍在平陽奴客持刀兵入市鬬變吏不能禁師古曰變亂也及翁歸爲市吏莫敢犯者公廉不受餽師古曰餽亦饋字也○宋祁曰受餽下有遺字注末也字可删百賈畏之後去居家○宋祁云浙本作家居會田延年爲河東太守行縣至平陽悉召故吏五六十人延年親臨見令有文者東有武者西閱數十人次到翁歸獨伏不肯起對曰翁歸文武兼備唯所施設功曹以爲此吏倨敖不遜師古曰敖讀曰傲延年曰何傷遂召上辭問師古曰爲文辭而問之甚奇其對除補卒史○宋祁曰除補字上疑有是日字便從歸府案事發姦窮竟事情延年大重之自以能不及翁歸徙署督郵河東二十八縣分爲兩部閎孺部汾北師古曰閎姓也音宏翁歸部汾南所舉應法得其罪辜屬縣長吏雖中傷莫有怨者舉廉爲緱氏尉歷守郡中所居治理師古曰歷於郡中守丞尉之職也○宋祁曰中字一作守一遷補都內令舉廉爲弘農都尉徵拜東海太守過辭廷尉于定國定國家在東海欲屬託邑子兩人師古曰邑子同邑人之子也屬音之欲反令坐後堂待見定國與翁歸語終日不敢見其邑子既去定國乃謂邑子曰此賢將汝不任事也又不可干以私師古曰任堪也干求也翁歸治東海明察郡中吏民賢不肖及姦邪罪名盡知之縣縣各有記籍自聽其政師古曰言決斷諸縣姦邪之事不委令長有急名則少緩之吏民小解輒披籍服虔曰披有罪者籍也師古曰解讀曰懈縣縣收取黠吏豪民案致其罪高至於死收取人必於秋冬課吏大會中及出行縣師古曰於大會之中及行縣時則收取罪人以警衆也行音下更反不以無事時其有所取也以一警百吏民皆服恐懼改行自新東海大豪郯許仲孫師古曰郯縣之豪姓許名仲孫爲姦猾亂吏治郡中苦之二千石欲捕者輒以力埶變詐自解終莫能制翁歸至論棄仲孫市一郡怖栗莫敢犯禁東海大治以高第入守右扶風滿歲爲眞選用廉平疾姦吏以爲右職接待以禮好惡與同之其負翁歸罰亦必行治如在東海故迹姦邪罪名亦縣縣有名籍盜賊發其比伍中師古曰比謂左右相次者也五家爲伍若今伍保也比音頻寐反翁歸輒召其縣長吏曉告以姦黠主名教使用類推迹盜賊所過抵師古曰抵歸也所經過及所歸投也類常如翁歸言無有遺脫師古曰類率也緩於小弱急於豪彊有論罪輸掌畜官師古曰論罪決罪也扶風畜牧所在有苑師之屬故曰掌畜官也畜音許救反使斫莝師古曰莝斬芻音千卧反責以員程不得取代師古曰員數也計其人及日數爲功程不中程輒笞督極者至以鈇自剄而死師古曰鈇研莝刃也音大夫之夫使其研莝故因以莝刃自剄而說者或謂爲斧或云鈇鉞皆失之也京師畏其威嚴扶風大治盜賊課常爲三輔最師古曰言發則獲之無有遺失故爲最也翁歸爲政雖任刑其在公卿之間清絜自守語不及私然溫良嗛退不以行能驕人師古曰嗛古謙字甚得名譽於朝廷視事數歲元康四年病卒家無餘財天子賢之制詔御史朕夙興夜寐以求賢爲右師古曰右猶上也不異親疏近遠務在安民而已扶風翁歸廉平鄉正師古曰鄉讀曰嚮治民異等早夭不遂不得終其功業朕甚憐之其賜翁歸子黃金百斤以奉其祭祠翁歸三子皆爲郡守少子岑歷位九卿至後將軍而閎孺亦至廣陵相有治名由是世稱田延年爲知人

韓延壽字長公燕人也徙杜陵少爲郡文學父義爲燕郎中剌王之謀逆也義諫而死燕人閔之是時昭帝富於春秋大將軍霍光持政徵郡國賢良文學問以得失時魏相以文學對策以爲賞罰所以勸善禁惡政之本也日者燕王爲無道師古曰日者猶言往日也韓義出身彊諫爲王所殺義無比干之親而蹈比干之節師古曰殷之比干紂之諸父諫紂而死故以爲喻也宜顯賞其子以示天下明爲人臣之義光納其言因擢延壽爲諫大夫遷淮陽太守治甚有名徙潁川潁川多豪彊難治國家常爲選良二千石先是趙廣漢爲太守患其俗多朋黨故構會吏民令相告訐師古曰構結也一切以爲聰明潁川由是以爲俗民多怨讎延壽欲改更之教以禮讓恐百姓不從乃歷召郡中長老爲鄉里所信向者數十人設酒具食親與相對接以禮意人人問以謠俗民所疾苦師古曰謠俗謂閭里歌謠政教善惡也爲陳和睦親愛銷除怨咎之路長老皆以爲便可施行因與議定嫁娶喪祭儀品略依古禮不得過法延壽於是令文學校官諸生皮弁執俎豆師古曰校學也音效爲吏民行喪嫁娶禮百姓遵用其教賣偶車馬下里僞物者棄之市道張晏曰下里地下蒿里僞物也師古曰偶謂木土爲之象眞車馬之形也偶對也棄其物於市之道上也數年徙爲東郡太守黃霸代延壽居潁川霸因其迹而大治延壽爲吏上禮義好古教化所至必聘其賢士以禮待用廣謀議納諫爭舉行喪讓財表孝弟有行修治學宮師古曰學宮謂庠序之舍也春秋鄉射陳鐘鼓管茲盛升降揖讓及都試講武設斧鉞旌旗習射御之事治城郭收賦租先明布告其日以期會爲大事吏民敬畏趨鄉之師古曰趨讀曰趣鄉讀曰嚮又置正五長師古曰正若今之鄉正里正也伍長同伍之中置一人爲長也相率以孝弟不得舍姦人師古曰舍止也閭里阡陌有非常吏輒聞知姦人莫敢入界其始若煩後吏無追捕之苦民無箠楚之憂師古曰箠杖也楚荊木也即今之荊子也箠音止蘂反皆便安之接待下吏恩施甚厚而約誓明或欺負之者延壽痛自刻責豈其負之何以至此師古曰言豈我負之耶其人何以爲此事吏聞者自傷悔其縣尉至自刺死及門下掾自剄人救不殊因瘖不能言師古曰殊絕也以人救之故身首不相絕也瘖音於今反延壽聞之對掾史涕泣遣吏醫治視師古曰遣醫治之而吏護視之厚復其家師古曰復音方目反延壽嘗出臨上車騎吏一人後至勑功曹議罰白師古曰令定其罪名而更白之還至府門門卒當車願有所言延壽止車問之卒曰孝經曰資於事父以事君而敬同故母取其愛而君取其敬兼之者父也師古曰資取也取事父之道以事君其敬則同也母則極愛君則極敬不如父之兼敬愛也今旦明府早駕久駐未出騎吏父來至府門不敢入騎吏聞之趨走出謁適會明府登車以敬父而見罰得毋虧大化乎延壽舉手輿中曰微子太守不自知過師古曰微無也歸舍召見門卒卒本諸生聞延壽賢無因自達故代卒師古曰代人爲卒也延壽遂待用之其納善聽諫皆此類也在東郡三歲令行禁止斷獄大減爲天下最入守左馮翊滿歲稱職爲眞歲餘不肯出行縣師古曰行音下更反其後亦同丞掾數白宜循行郡中覽觀民俗考長吏治迹延壽曰縣皆有賢令長督郵分明善惡於外行縣恐無所益重爲煩擾師古曰重音直用反丞掾皆以爲方春月可壹出勸耕桑延壽不得已行縣至高陵民有昆弟相與訟田自言延壽大傷之曰幸得備位爲郡表率不能宣明教化至令民有骨肉爭訟既傷風化重使賢長吏嗇夫三老孝弟受其恥師古曰重音直用反咎在馮翊當先退是日移病不聽事因入臥傳舍閉閤思過一縣莫知所爲令丞嗇夫三老亦皆自繫待罪○宋祁曰自字疑作同字於是訟者宗族傳相責讓此兩昆弟深自悔皆自髡肉袒謝願以田相移終死不敢復爭師古曰移猶傳也一說兄讓弟弟又讓之故云相移延壽大喜開閤延見內酒肉與相對飲食厲勉以意告鄉部有以表勸悔過從善之民師古曰以其悔過從善故令表顯以示勸厲延壽乃起聽事勞謝令丞以下引見尉薦郡中歙然莫不傳相勑厲不敢犯延壽恩信周徧二十四縣莫復以辭訟自言者推其至誠吏民不忍欺紿師古曰紿誑也延壽代蕭望之爲左馮翊而望之遷御史大夫侍謁者福爲望之道延壽在東郡時放散官錢千餘萬望之與丞相丙吉議吉以爲更大赦不須考師古曰更音工衡反會御史當問事東郡○宋祁曰越本景祐本無事字望之因令并問之師古曰望之以延壽代己爲馮翊而有能名出己之上故忌害之欲陷以罪法延壽聞知卽部吏案校望之在馮翊時廩犧官錢放散百餘萬廩犧吏掠治急自引與望之爲姦延壽劾奏移殿門禁止望之望之自奏職在總領天下聞事不敢不問而爲延壽所拘持上由是不直延壽各令窮竟所考望之卒無事實而望之遣御史案東郡具得其事延壽在東郡時試騎士師古曰毎歲大試也治飾兵車畫龍虎朱爵延壽衣黃紈方領晉灼曰以黃色素作直領也師古曰衣音於旣反

駕四馬傅總建幢棨李奇曰戟也晉灼曰傅著也總以緹繒飾鑣鑣也建立也幢旌幢也師古曰幢麾也棨有衣之戟也其衣以赤黑繒爲之幢音大江反棨音啟植羽葆師古曰植亦立也羽葆聚翟尾爲之亦今纛之類也植音常職反○宋祁曰注文今字下疑有蓋字鼓車歌車孟康曰如今郊駕時車上鼓吹也師古曰郊駕郊祀時備法駕也功曹引車皆駕四馬載棨戟五騎爲伍分左右部軍假司馬千人持幢旁轂師古曰旁音步浪反歌者先居射室李奇曰都試射堂也望見延壽車噭咷楚歌服虔曰噭音叫呼之叫咷音滌濯之滌師古曰咷音它釣反延壽坐射室騎吏持戟夾陛列立騎士從者帶弓鞬羅後師古曰鞬弓衣也音居言反令騎士兵車四面營陳被甲鞮鞪居馬上抱弩負籣如淳曰籣盛弩箭箙也師古曰鞮鞪即兜鍪也籣盛弩矢者也其形如木桶鞮音丁奚反鞪音莫侯反又使騎士戲車弄馬盜驂孟康曰戲車弄馬之技也馳盜解驂馬御者不見也延壽又取官銅物候月蝕鑄作刀劍鉤鐔放效尚方事師古曰鉤亦兵器也似劍而曲所以鉤殺人也鐔劍喉也又曰鐔似劍而小鐔音淫又音尋及取官錢帛私假繇使吏師古曰假謂顧賃也繇讀與徭同○宋祁曰繇字下疑有役字及治飾車甲三百萬以上於是望之劾奏延壽上僭不道又自陳前爲延壽所奏今復舉延壽罪衆庶皆以臣懷不正之心侵寃延壽願下丞相中二千石博士議其罪事下公卿皆以延壽前旣無狀後復誣愬典法大臣欲以解罪狡猾不道天子惡之延壽竟坐棄市吏民數千人送至渭城老小扶持車轂爭奏酒炙師古曰奏進也延壽不忍距逆人人爲飲計飲酒石餘使掾史分謝送者遠苦吏民延壽死無所恨百姓莫不流涕延壽三子皆爲郎吏且死屬其子勿爲吏以己爲戒師古曰屬音之欲反子皆以父言去官不仕至孫威乃復爲吏至將軍威亦多恩信能拊衆得士死力威又坐奢僭誅延壽之風類也

張敞字子高本河東平陽人也祖父孺爲上谷太守徙茂陵敞父福事孝武帝官至光祿大夫敞後隨宣帝徙杜陵敞本以鄉有秩補太守卒史師古曰鄉有秩者嗇夫之類也察廉爲甘泉倉長稍遷太僕丞杜延年甚奇之師古曰延年時爲太僕也會昌邑王徵卽位動作不由法度敞上書諫曰孝昭皇帝蚤崩無嗣師古曰蚤古早字大臣憂懼選賢聖承宗廟東迎之日唯恐屬車之行遲師古曰不欲斥乘輿故但言屬車耳屬音之欲反今天子以盛年初卽位天下莫不拭目傾耳觀化聽風師古曰言改易視聽欲急聞見善政化也拭音式國輔大臣未褒而昌邑小輦先遷李奇曰挽輦小臣也此過之大者也後十餘日王賀廢敞以切諫顯名擢爲豫州刺史以數上事有忠言宣帝徵敞爲太中大夫與于定國並平尚書事以正違忤大將軍霍光師古曰守正不阿也而使主兵車出軍省減用度師古曰令其主節減軍興之用度也復出爲函谷關都尉宣帝初卽位廢王賀在昌邑上心憚之徙敞爲山陽太守久之大將軍霍光薨宣帝始親政事封光兄孫山雲皆爲列侯以光子禹爲大司馬頃之山雲以過歸第霍氏諸壻親屬頗出補吏敞聞之上封事曰臣聞公子季友有功於魯大夫趙衰有功於晉師古曰衰音初爲反大夫田完有功於齊皆疇其庸○宋祁曰疇其庸浙本作疇其軍邑邵本作官爵按宣紀疇其爵邑張晏注云律非始封十減二疇者等也言不復減也延及子孫終後田氏篡齊趙氏分晉季氏顓魯師古曰顓與專同下皆類此故仲尼作春秋迹盛衰師古曰著盛衰之迹譏世卿最甚迺者大將軍決大計安宗廟定天下功亦不細矣夫周公七年耳而大將軍二十歲海內之命斷於掌握方其隆時感動天地侵迫陰陽月朓日蝕晝冥宵光師古曰冥闇也宵夜也朓音他了反地大震裂火生地中天文失度祆祥變怪不可勝記皆陰類盛長臣下顓制之所生也朝臣宜有明言曰陛下褒寵故大將軍以報功德足矣閒者輔臣顓政貴戚太盛君臣之分不明請罷霍氏三侯皆就第及衞將軍張安世宜賜几杖歸休時存問召見以列侯爲天子師明詔以恩不聽羣臣以義固爭而後許天下必以陛下爲不忘功德而朝臣爲知禮霍氏世世無所患苦今朝廷不聞直聲師古曰言朝臣不進直言以陳其事而令明詔自親其文非策之得者也師古曰言失計也今兩侯以出人情不相遠以臣心度之大司馬及其枝屬必有畏懼之心夫近臣自危非完計也○宋祁曰危字疑作疑字臣敞願於廣朝白發其端直守遠郡其路無由師古曰直讀曰值夫心之精微口不能言也言之微眇書不能文也師古曰眇細也故伊尹五就桀五就湯師古曰孟子云五就湯五就桀者伊尹也言伊尹爲湯臣見貢於桀桀不用而湯復貢之如此者五也蕭相國薦淮陰累歲乃得通況乎千里之外因書文諭事指哉唯陛下省察上甚善其計然不徵也久之勃海膠東盜賊並起敞上書自請治之曰臣聞忠孝之道退家則盡心於親進官則竭力於君夫小國中君猶有奮不顧身之臣況於明天子乎今陛下遊意於太平勞精於政事亹亹不舍晝夜師古曰亹亹言勉強也舍息也亹音尾羣臣有司宜各竭力致身山陽郡戶九萬三千口五十萬以上訖計盜賊未得者七十七人師古曰訖畫也它課諸事亦略如此臣敞愚駑旣無以佐思慮久處閒郡師古曰閒讀曰閑身逸樂而忘國事非忠孝之節也伏聞膠東勃海左右郡歲數不登師古曰年穀頻不熟也盜賊並起至攻官寺篡囚徒搜市朝劫列侯吏失綱紀姦軌不禁臣敞不敢愛身避死唯明詔之所處願盡力摧挫其暴虐存撫其孤弱事卽有業所至郡條奏其所由廢及所以興之狀師古曰有業言各得其所書奏天子徵敞拜膠東相○宋祁曰膠東景帝子康王寄之後賜黃金三十斤敞辭之官自請治劇郡非賞罰無以勸善懲惡師古曰懲止也吏追捕有功效者願得壹切比三輔尤異如淳曰壹切權時也趙廣漢奏請令長安游徼獄史秩百石又循吏傳左馮翊有二百石卒史此之謂尤異也○劉敞曰下言上名尚書調補縣令然則三輔尤異如此天子許之敞到膠東明設購賞開羣盜令相捕斬除罪吏追捕有功上名尚書調補縣令者數十人師古曰調選也音徒釣反由是盜賊解散傳相捕斬吏民歙然師古曰歙音翕國中遂平居頃之王太后數出游獵敞奏書諫曰臣聞秦王好淫聲葉陽后爲不聽鄭衞之樂孟康曰葉陽秦昭王后也師古曰葉音式涉反楚嚴好田獵樊姬爲之不食鳥獸之肉師古曰樊姬楚莊王姬也口非惡旨甘耳非憎絲竹也所以抑心意絕耆欲者師古曰耆讀曰嗜將以率二君而全宗祀也禮君母出門則乘輜軿下堂則從傅母師古曰輜軿衣車也輜音甾又音楚疑反軿音步千反又音步丁反進退則鳴玉佩內飾則結綢繆文穎曰謂衣裳結束綢繆也師古曰組紐之屬所以自結固也綢音直留反繆音亡糾反此言尊貴所以自斂制不從恣之義也師古曰從讀曰縱今太后資質淑美慈愛寬仁諸侯莫不聞而少以田獵縱欲爲名於以上聞亦未宜也師古曰上聞聞於天子也唯觀覽於往古全行乎來今令后姬得有所法則下臣有所稱誦○宋祁曰臣字可刪臣敞幸甚書奏太后止不復出是時潁川太守黃霸以治行第一入守京兆尹霸視事數月不稱罷歸潁川於是制詔御史其以膠東相敞守京兆尹自趙廣漢誅後比更守尹師古曰比頻也更歷也音工衡反如霸等數人皆不稱職京師寖廢師古曰寖漸也長安市偷盜尤多百賈苦之上以問敞敞以爲可禁敞旣視事求問長安父老偷盜酋長數人應劭曰酋長帥師古曰酋音才由反居皆溫厚出從童騎閭里以爲長者師古曰溫厚言富足也童騎以童奴爲騎而自從也敞皆召見責問因貰其罪把其宿負師古曰貰緩也把執持也音布馬反令致諸偷以自贖師古曰致至也引至於官府偷長曰今一旦召詣府恐諸偷驚駭願壹切受署師古曰自言願權補吏職也敞皆以爲吏遣歸休置酒小偷悉來賀且飲醉偷長以赭汙其衣裾師古曰裾赤土也吏坐里閭閱出者師古曰閭謂里之門也汙赭輒收縛之一日捕得數百人窮治所犯或一人百餘發盡行法罰由是枹鼓稀鳴市無偷盜師古曰枹擊鼓椎也音桴其字從木也天子嘉之敞爲人敏疾賞罰分明見惡輒取時時越法縱舍有足大者如淳曰有可貴異而大之者也晉灼曰越法縱舍卽足大者也師古曰晉說是也其治京兆略循趙廣漢之迹方略耳目發伏禁姦不如廣漢然敞本治春秋以經術自輔其政頗雜儒雅往往表賢顯善不醇用誅罰以此能自全竟免於刑戮京兆典京師長安中浩穰於三輔尤爲劇師古曰浩大也穰盛也言人衆之多也穰音人掌反郡國二千石以高第入守及爲眞久者不過二三年近者數月一歲輒毀傷失名以罪過罷唯廣漢及敞爲久任職敞爲京兆朝廷每有大議引古今處便宜公卿皆服天子數從之然敞無威儀時罷朝會過走馬章臺街孟康曰在長安中臣瓚曰在章臺下街也使御吏驅自以便面拊馬師古曰便面所以障面蓋扇之類也不欲見人以此自障面則得其便故曰便面亦曰屏面今之沙門所持竹扇上袤平而下圜卽古之便面也音頻面反又爲婦畫眉長安中傳張京兆眉憮應劭曰憮音詡北方人謂媚好爲詡畜蘇林曰憮音嫵師古曰本以嫵媚爲稱何說於大乎蘇音是○宋祁曰憮音嫵媚之嫵有司以奏敞上問之對曰臣聞閨房之內夫婦之私有過於畫眉者上愛其能弗備責也然終不得大位○宋祁曰或無終字敞與蕭望之于定國相善始敞與定國俱以諫昌邑王超遷定國爲大夫平尚書事敞出爲刺史時望之爲大行丞後望之先至御史大夫定國後至丞相敞終不過郡守爲京兆九歲坐與光祿勳楊惲厚善後惲坐大逆誅公卿奏惲黨友不宜處位等比皆免師古曰比例也音必寐反而敞奏獨寢不下師古曰天子惜敞故留所奏事不出敞使賊捕掾絮舜有所案驗李奇曰絮音挐師古曰賊捕掾主捕賊者也絮姓也音女居反又音人餘反舜以敞劾奏當免不肯爲敞竟事私歸其家人或諫舜舜曰吾爲是公盡力多矣今五日京兆耳安能復案事○宋祁曰當添作安能爲後案事敞聞舜語卽部吏收舜繫獄是時冬月未盡數日案事吏晝夜驗治舜竟致其死事舜當出死○宋祁曰當添爲舜臨當出死敞使主簿持教告舜曰五日京兆竟何如冬月已盡延命乎師古曰言汝不欲望延命乎乃棄舜市會立春行寃獄使者出師古曰行音下更反舜家載尸幷編敞教師古曰編聯也聯之於章前也自言使者使者奏敞賊殺不辜天子薄其罪師古曰以其事爲輕小也欲令敞得自便利師古曰從輕法以免也便音頻面反卽先下敞前坐楊惲不宜處位奏免爲庶人敞免奏旣下詣闕上印綬便從闕下亡命師古曰不還其本縣邑也數月京師吏民解弛師古曰弛放也音式爾反枹鼓數起而冀州部中有大賊天子思敞功效使使者卽家在所召敞師古曰就其所居處而召之敞身被重劾師古曰謂前有賊殺不辜之事及使者至妻子家室皆泣惶懼而敞獨笑曰吾身亡命爲民郡吏當就捕今使者來此天子欲用我也卽裝隨使者詣公車上書曰○宋祁曰當添爲上書謝曰臣前幸得備位列卿待罪京兆○宋祁曰當作京兆尹坐殺賊捕掾絮舜舜本臣敞素所厚吏數蒙恩貸師古曰貸音土帶反以臣有章劾當免受記考事師古曰記書也若今之州縣爲符教也便歸臥家謂臣五日京兆背恩忘義傷化薄俗○宋祁曰一本作傷薄俗化臣竊以舜無狀枉法以誅之臣敞賊殺無辜鞫獄故不直雖伏明法死無所恨天子引見敞拜爲冀州刺史敞起亡命復奉使典州旣到部而廣川王國羣輩不道賊連發不得敞以耳目發起賊主名區處師古曰區謂居止之所也誅其渠帥廣川王姬昆弟及王同族宗室劉調等通行爲之囊橐師古曰言容止賊盜若囊橐

橐之盛物也 吏逐捕窮窘蹤迹皆入王宮敞自將郡國吏車
數百兩 師古曰一乘車爲兩也 圍守王宮搜索調等果得之殿屋
重轑中 蘇林曰轑椽也重轑重棼也師古曰重棼即今廊舍也一邊虛爲兩夏者也轑音老棼音扶分反○宋祁曰殿屋一一無屋字 敞傅吏皆捕格斷頭 師古曰傅讀曰附言敞自監護吏而斬之
縣其頭王宮門外因劾奏廣川王天子不忍致法削
其戶敞居部歲餘冀州盜賊禁止守太原太守○宋祁曰當作徙守太原 滿歲爲眞太原郡清○宋祁曰當作郡清靜 頃之宣帝崩元
帝初即位待詔鄭朋薦敞先帝名臣宜傅輔皇太子上
以問前將軍蕭望之望之以爲敞能吏任治煩亂材輕
非師傅之器天子使使者徵敞欲以爲左馮翊會病卒
敞所誅殺太原吏吏家怨敞隨至杜陵刺殺敞中子璜
敞三子官皆至都尉初敞爲京兆尹而敞弟武拜爲梁
相是時梁王驕貴民多豪彊號爲難治敞問武欲何以
治梁武敬憚兄謙不肯言敞使吏送至關戒吏自問武
武應曰馭黠馬者利其銜策梁國大都吏民凋敝且當
以柱後惠文彈治之耳 應劭曰柱後以鐵爲柱今法冠是也一名惠文冠晉灼曰漢注法冠也一號柱後惠文以纚裹鐵柱卷秦制執法服今御史服之謂之解廌一角今冠兩角以解廌爲名耳師古曰晉說是也纚即今方目紗也纚音山爾反卷音去權反 秦時獄法吏冠柱後惠
文武意欲以刑法治梁吏還道之敞笑曰審如掾言武
必辨治梁矣武既到官其治有迹亦能吏也敞孫竦王
莽時至郡守封侯博學文雅過於敞然政事不及也竦
死敞無後

王尊字子贛 師古曰贛音貢 涿郡高陽人也少孤歸諸父使牧
羊澤中 ○宋祁曰當作少歸諸父諸父使牧羊澤中 尊竊學問能史書年十
三求爲獄小吏數歲給事太守府問詔書行事尊無不
對 師古曰以施行詔條問之皆曉其事 太守奇之除補書佐署守屬監
獄 師古曰署爲守屬令監獄主囚也監音工銜反 久之尊稱病去事師郡文學官
師古曰郡有文學官而尊事之以爲師也 治尚書論語略通大義復召署守
屬治獄爲郡決曹史數歲以令舉幽州刺史從事 如淳曰漢儀注刺史得擇所部二千石卒史與從事○宋祁曰決曹史淳化本無史字予按如注須得史字乃安止作決曹非是
而太守察尊廉補遼西鹽官長 如淳曰地理志遼西有鹽官 數
上書言便宜事事下丞相御史初元中舉直言遷虢令
如淳曰本西虢也屬右扶風 轉守槐里兼行美陽令事春正月美陽
女子告假子不孝曰兒常以我爲妻姤笞我 ○宋祁曰姤當改作詬
尊聞之遣吏收捕驗問辭服尊曰律無妻母之法聖
人所不忍書此經所謂造獄者也 晉灼曰歐陽尚書有此造獄事也師古曰非常刑名造殺戮之法
尊於是出坐廷上取不孝子縣磔著樹使
騎吏五人張弓射殺之吏民驚駭後上行幸雍過虢尊
供張如法而辦 師古曰尊雖行美陽令而就虢供張也供音居用反張音竹亮反○劉攽曰自長安上雍不過虢過美陽虢字是史氏誤 以高第擢爲安定太守到官出教

告屬縣曰令長丞尉奉法守城爲民父母 師古曰城謂縣城也 抑
彊扶弱宣恩廣澤甚勞苦矣太守以今日至府願諸君
卿勉力正身以率下故行貪鄙能變更者與爲治 師古曰更改也有如此者太守乃共爲治者也 明愼所職毋以身試法又出教勑掾
功曹各自底厲助太守爲治其不中用趣自避退毋久
妨賢 師古曰趣讀曰促 夫羽翮不修則不可以致千里○宋祁曰浙本無則字
闑內不理無以整外 師古曰闑門橛也音魚列反 府丞悉署吏
行能分別白之賢爲上 ○宋祁曰當作以賢爲上 毋以富賈人百萬
不足與計事昔孔子治魯七日誅少正卯今太守視事
已一月矣五官掾張輔懷虎狼之心貪汙不軌 師古曰汙濁也不軌不修法制也
一郡之錢盡入輔家然適足以葬矣今將輔
送獄直符史詣閤下從太守受其事 師古曰直符史若今之當直佐史也
丞戒之戒之 ○宋祁曰下戒之亦當作丞戒之 相隨入獄矣 師古曰意丞教戒張輔令其遷罪故以此言探勑之
輔繫獄數日死盡得其狡猾不道百萬
姦臧威震郡中盜賊分散入傍郡界豪彊多誅傷伏辜
者坐殘賊免起家復爲護羌將軍轉校尉 師古曰爲校尉主轉運事而屬護羌將軍
護送軍糧委輸而羌人反絕轉道 師古曰絕轉運之道 兵
數萬圍尊尊以千餘騎奔突羌賊功未列上 師古曰未列上於天子也
坐擅離部署會赦免歸家涿郡太守徐明薦尊不宜
久在閭巷上以尊爲郿令 師古曰右扶風之縣音媚○宋祁曰列誤攺媚作郿 遷
益州刺史先是琅邪王陽爲益州刺史行部至邛郲九
折阪 應劭曰在蜀郡嚴道縣臣瓚曰邛郲山名也師古曰郲音來 歎曰奉先人遺體奈
何數乘此險 師古曰乘登也 後以病去及尊爲刺史至其阪問
吏曰此非王陽所畏道邪吏對曰是尊叱其馭曰驅之
師古曰驅馬令疾行也 王陽爲孝子王尊爲忠臣尊居部二歲懷
來徼外蠻夷歸附其威信博士鄭寬中使行風俗 師古曰行音下更反
舉奏尊治狀遷爲東平相是時東平王以至親驕
奢不奉法度傅相連坐 師古曰前任傅相者頻坐以王得罪 及尊視事奉
璽書至庭中 ○宋祁曰庭當作廷 王未及出受詔尊持璽書歸舍
食已乃還致詔後謁見王太傅在前說相鼠之詩 師古曰相鼠鄘風篇名刺無禮之詩也其辭曰相鼠有皮人而無儀人而無儀不死何爲相鼠也言觀鼠有皮雖處高顯之地偷食苟得不知廉恥人無禮儀亦與鼠同不如速死也
尊曰毋持布鼓過雷門 師古曰雷門會稽城門也有大鼓越擊此鼓聲聞洛陽故尊引之也布鼓謂以布爲鼓故無聲 王怒起
入後宮尊亦直趨出就舍先是王數私出入驅馳國中
與后姬家交通尊到官召敕廄長大王當從官屬鳴和
鸞乃出自今有令駕小車叩頭爭之言相教不得後尊
朝王王復延請登堂尊謂王曰尊來爲相人皆弔尊也
以尊不容朝廷故見使相王耳天下皆言王勇顧但負
貴安能勇 師古曰顧念也負恃也安焉也○宋祁曰浙本顧字上更有王字 如尊乃勇
耳王變色視尊意欲格殺之即好謂尊曰願觀相君佩

刀 師古曰陽爲好語也 尊舉掖顧謂傍侍郎前引佩刀視王 師古曰視讀曰示
王欲誣相拔刀向王邪王情得 師古曰謂尊所測正得其情也 又
雅聞尊高名大爲尊屈酌酒具食相對極驩太后徵史
張晏曰太后名也韋昭曰徵召也召東平史令爲奏也師古曰張說是也徵史太后之名亦猶東平王后之稱謁也
奏尊爲相倨慢不臣王血氣未定不能忍愚誠恐母
子俱死今妾不得使王復見尊陛下不留意妾願先自
殺不忍見王之失義也尊竟坐免爲庶人大將軍王鳳
奏請尊補軍中司馬擢爲司隸校尉初中書謁者令石
顯貴幸專權爲姦邪丞相匡衡御史大夫張譚皆阿附
畏事顯不敢言久之元帝崩成帝初即位顯徙爲中太
僕 師古曰皇后之屬官 不復典權衡譚乃奏顯舊惡請免顯等尊
於是劾奏丞相衡御史大夫譚位三公典五常九德 師古曰五常仁義禮智信也九德寬而栗柔而立愿而恭亂而敬擾而毅直而溫簡而廉剛而塞彊而義也事見虞書皋陶謨也
以總方略壹統類廣教化美風俗爲職知中書
謁者令顯等專權擅執大作威福縱恣不制無所畏忌
爲海內患害不以時白奏行罰而阿諛曲從附下罔上
懷邪迷國無大臣輔政之義 ○宋祁曰越本義下有也字 皆不道在
赦令前赦後衡譚舉奏顯不自陳不忠之罪而反揚著
先帝任用傾覆之徒妄言百官畏之甚於主上卑君尊
臣非所宜稱失大臣體又正月行幸曲臺臨饗罷衛士
如淳曰諸衛士更盡得代去故天子自臨而饗之 衡與中二千石大鴻臚賞等
會坐殿門下衡南鄉賞等西鄉衡更爲賞布東鄉席 師古曰鄉讀曰嚮
起立延賞坐私語如食頃衡知行臨 如淳曰天子當臨饗士時
百官共職萬衆會聚 師古曰共讀曰供 而設不正之席使下
坐上相比爲小惠於公門之下 師古曰比周也音頻寐反○宋祁曰浙本作相比詐又注文比周也
動不中禮 師古曰中當也音竹仲反 亂朝廷爵秩之位
衡又使官大奴入殿中問行起居還言漏上十四刻行
臨到 ○宋祁曰行臨當作行臨時 衡安坐不變色改容無怵惕肅敬
之心驕慢不謹皆不敬有詔勿治於是衡慙懼免冠謝
罪上丞相侯印綬天子以新即位重傷大臣 師古曰重難也 乃
下御史丞問狀 ○宋祁曰一作御史中丞問狀 劾奏尊妄詆欺非謗赦
前事 師古曰詆毀也音丁禮反非讀曰誹也 猥歷奏大臣 師古曰猥多也曲也歷謂所奏非一人
無正法飾成小過以塗汙宰相摧辱公卿輕薄國
家奉使不敬有詔左遷尊爲高陵令數月以病免會南
山羣盜傰宗等數百人 蘇林曰傰音朋晉灼曰音倍師古曰晉音是也 爲吏民
害拜故弘農太守傅剛爲校尉將迹射士千人逐捕 師古曰迹射言能尋迹而射取之也射音食亦反
歲餘不能禽或說大將軍鳳賊
數百人在轂下 師古曰在天子輦轂之下明其逼近也 發軍擊之不能得
難以視四夷 師古曰視讀曰示 獨選賢京兆尹 ○宋祁曰賢字下有行字 乃
可於是鳳薦尊徵爲諫大夫守京輔都尉行京兆尹事

旬月閒盜賊清 ○宋祁曰一本作盜賊清靜 遷光祿大夫守京兆尹
後爲眞凡三歲坐遇使者無禮司隸遣假佐放奉詔書
白尊發吏捕人 蘇林曰胡公漢官假佐取內郡善史書佐給諸府○宋祁曰浙本注文給諸府字下有府有史敞言佐也七字
放謂尊詔書所捕宜密尊曰治所公正
京兆善漏泄人事 師古曰謂司隸官屬爲治所者尊之也若今謂使人爲尚書矣治音直吏反
放曰所捕宜令發吏 師古曰當即發也 尊又曰詔書無京兆
文不當發吏及長安繫者三月閒千人以上尊出行縣
男子郭賜自言尊 師古曰有冤事自言而與許仲相訟也 許仲家十餘人
共殺賜兄賞公歸舍 師古曰公然而歸無所避畏者 吏不敢捕尊行縣
還上奏曰彊不陵弱各得其所寬大之政行和平之氣
通御史大夫中奏尊暴虐不改 ○宋祁曰中諸本皆作忠謂張忠也 外
爲大言倨嫚姍上 師古曰姍古訕字也音所諫反又音删 威信日廢不宜
備位九卿尊坐免吏民多稱惜之湖三老公乘興等 師古曰湖縣名也今虢州湖城縣取其名
上書訟尊治京兆功效日著 ○劉攽曰日當作曰著字衍劉敞說同
往者南山盜賊阻山橫行剽劫良民殺奉
法吏道路不通城門至以警戒步兵校尉使逐捕暴師
露衆曠日煩費不能禽制二卿坐黜 如淳曰三輔皆秩中二千石號爲卿也即前京兆尹王昌貶爲鴈門太守遷河內太守也
羣盜寖彊吏氣傷沮 師古曰寖益也沮壞也音才汝反
流聞四方爲國家憂當此之時有能捕斬
不愛金爵重賞關內侯寬中使問所徵故司隸校尉王
尊捕羣盜方略拜爲諫大夫守京輔都尉行京兆尹事
尊盡節勞心夙夜思職卑體下士 師古曰下音胡嫁反 厲奔北之
吏起沮傷之氣二旬之閒大黨震壞渠率效首 師古曰效致也斬其首而致之也
賊亂蠲除民反農業拊循貧弱鉏耘豪彊長
安宿豪大猾東市賈萬城西萬章翦張禁酒趙放 蘇林曰萬音矩晉灼曰翦張禁酒趙放此二人作翦作酒之家○宋祁曰翦張禁江南本浙本並作箭張禁予按注意正文當依校本作箭張禁注中悉作箭乃安
杜陵楊章等皆通邪結黨挾養姦
軌上干王法下亂吏治幷兼役使侵漁小民爲百姓豺
狼更數二千石二年莫能禽討 師古曰更歷也音工衡反○宋祁曰今越本無討字
尊以正法案誅皆伏其辜姦邪銷釋吏民說服 師古曰釋解也音懌說讀曰悅○宋祁曰正文與注釋當作繹
尊撥劇整亂誅暴禁邪皆前
所稀有 ○宋祁曰當作前世所稀有 名將所不及雖拜爲眞未有殊
絕褒賞加於尊身今御史大夫奏尊傷害陰陽爲國家
憂無承用詔書之意 ○宋祁曰一本改承作以浙本作庸
靖言庸違 ○宋祁曰浙本作庸韋注云韋違也
象龔滔天 師古曰引虞書堯典之辭也靖治也庸用也違僻也謂其言假託於治實用違僻貌象恭敬過惡漫天也漫音莫干反一曰滔漫也
原其所以出御史丞
楊輔 ○宋祁曰浙本作出於御史 故爲尊書佐素行陰賊惡口不信 師古曰謂其口惡而心不信也
好以刀筆陷人於法輔常醉過尊大奴
利家利家捽搏其頰 師古曰捽持頭也搏擊也捽音才兀反 兄子閎拔刀欲
到之 ○宋祁曰到一本作剄 輔以故深怨疾毒欲傷害尊疑輔內

懷怨恨外依公事建畫為此議○宋祁曰浙本無為字傳致奏文師古曰建立謀畫此議也傳讀曰附謂益其事而引致於罪狀浸潤加誣以復私怨師古曰浸潤猶漸染也復報也昔白起為秦將東破韓魏南拔郢都應侯譖之賜死杜郵師古曰應侯范雎也杜郵地名在咸陽也吳起為魏守西河而秦韓不敢犯讒人間焉斥逐奔楚師古曰間音公莧反秦聽浸潤以誅良將魏信讒言以逐賢守此皆偏聽不聰失人之患也臣等竊痛傷尊修身絜己砥節首公師古曰砥厲也首向也砥音指首音式救反刺譏不憚將相誅惡不避豪彊誅不制之賊○宋祁曰浙本作討不制之賊解國家之憂功著職修威信不廢誠國家爪牙之吏○宋祁曰江浙本只作誠國爪牙之吏折衝之臣今一旦無辜制於僥人之手○宋祁曰一作仇人之手傷於詆欺之文上不得以功除罪下不得蒙棘木之聽張晏曰周禮三槐九棘公卿於下聽訟獨掩怨讎之偏奏被共工之大惡臣瓚曰共工官名堯時諸侯舜流之於幽州也○宋祁曰當作很被共工之大惡劉奉世曰贊說并也共工之大惡謂上劾奏云靜言庸違象龔滔天也無所陳怨愬罪尊以京師廢亂羣盜並興選賢徵用起家為卿賊亂既除豪猾伏辜即以佞巧廢黜一尊之身三期之間乍賢乍佞豈不甚哉師古曰期年也音基○宋祁曰注文當添作朞年也孔子曰愛之欲其生惡之欲其死是惑也浸潤之譖不行焉可謂明矣師古曰論語稱孔子之言願下公卿大夫博士議郎定尊素行夫人臣而傷害陰陽死誅之罪也靖言庸違○宋祁曰違當依前注改作韋放殛之刑也師古曰殛誅也音居力反審如御史章尊乃當伏觀闕之誅張晏曰孔子誅少正卯於兩觀之間放於無人之域不得苟免師古曰非止合免官而已也及任舉尊者當獲選舉之辜○宋祁曰一作皆當獲選舉之辜不可但已師古曰但徒也空也已止也不可空然而止也即不如章飾文深詆以愬無罪師古曰詆誣毀也亦宜有誅以懲讒賊之口絕詐欺之路師古曰懲愴也唯明主參詳使白黑分別書奏天子復以尊為徐州刺史遷東郡太守久之河水盛溢泛浸瓠子金隄老弱奔走恐水大決為害尊躬率吏民投沈白馬師古曰以祭水也祀水神河伯尊親執圭璧使巫策祝請以身填金隄師古曰填塞也音大賢反因止宿廬居隄上吏民數千萬人爭叩頭救止尊○宋祁曰邵本無尊字尊終不肯去及水盛隄壞吏民皆奔走唯一主簿泣在尊旁立不動○宋祁曰立字上疑有尊字而水波稍却廻還吏民嘉壯尊之勇節白馬三老朱英等奏其狀○宋祁曰浙本英作莫下有司考皆如言於是制詔御史東郡河水盛長毀壞金隄未決三尺百姓惶恐奔走太守身當水衝履咫尺之難不避危殆以安眾心吏民復還就作水不為災朕甚嘉之秩尊中二千石加賜黃金二十斤數歲卒官吏民紀之尊子伯亦為京兆尹坐耎弱不勝任免

王章字仲卿泰山鉅平人也少以文學為官稍遷至諫大夫在朝廷名敢直言元帝初擢為左曹中郎將與御史中丞陳咸相善共毀中書令石顯為顯所陷咸減死髡章免官成帝立徵章為諫大夫遷司隸校尉大臣貴戚敬憚之王尊免後代者不稱職章以選為京兆尹時帝舅大將軍王鳳輔政章雖為鳳所舉非鳳專權不親附鳳會日有蝕之章奏封事召見言鳳不可任用宜更選忠賢上初納受章言後不忍退鳳章由是見疑遂為鳳所陷罪至大逆語在元后傳初章為諸生學長安獨與妻居章疾病無被臥牛衣中師古曰牛衣編亂麻為之即今俗呼為龍具者與妻決涕泣師古曰自謂將死故辭決其妻呵怒之曰仲卿京師尊貴在朝廷人誰踰仲卿者今疾病困戹不自激卬如淳曰激卬厲抗揚之意也師古曰卬讀曰仰仰頭為健○宋祁曰卬音昂為是乃反涕泣何鄙也後章仕宦○宋祁曰一本仕宦作任官歷位及為京兆欲上封事妻又止之曰人當知足獨不念牛衣中涕泣時邪章曰非女子所知也書遂上果下廷尉獄妻子皆收繫章小女年可十二○劉奉世曰云年可十二辭太俚蓋衍可字或十二者章女名可誤倒書之○宋祁曰可十二猶言約十二不煩曲解當存之夜起號哭曰平生獄上呼囚數常至九今八而止張晏曰平生時也獄卒夜閱囚時有九人常呼問九人今八人便止知一人死也我君素剛先死者必君○宋祁曰我字下疑有家字明日問之章果死妻子皆徙合浦大將軍鳳薨後弟成都侯商復為大將軍輔政白上還章妻子故郡其家屬皆完具采珠致產數百萬時蕭育為泰山太守皆令贖還故田宅章為京兆二歲死不以其罪眾庶冤紀之號為三王王駿自有傳駿即王陽子也

贊曰自孝武置左馮翊右扶風京兆尹○宋祁曰置字上當有初字而吏民為之語曰前有趙張後有三王然劉向獨序趙廣漢尹翁歸韓延壽馮商傳王尊揚雄亦如之張晏曰劉向作新序不道王尊馮商續史記為作傳雄作法言亦論其美也廣漢聰明下不能欺延壽厲善所居移風然皆訐上不信以失身墮功師古曰墮毀也音火規反翁歸抱公絜己為近世表張敞衎衎履忠進言師古曰衎衎彊敏之貌也音口幹反緣飾儒雅刑罰必行縱赦有度條教可觀然被輕媠之名師古曰媠古惰字也謂走馬拊馬及畫眉王尊文武自將師古曰將助也所在必發譎詭不經好為大言王章剛直守節不量輕重以陷刑戮妻子流遷哀哉

前漢書卷七十六考證

趙廣漢傳䕶作平陵方上注師古曰方上在張湯傳○臣召南按惠紀作斥上亦作斥土而張湯傳作方中

地節三年七月中丞相傳婢云云○通鑑考異曰蓋傳婢死事已數年而廣漢追發其事也

廣漢竟坐要斬○通鑑考異曰廣漢死在元康元年本紀作二年誤也

尹翁歸傳河東二十八縣○臣召南按地理志河東郡統縣二十四自安邑至騏可數也此八字當是四字之誤

案致其罪高至於死○顧炎武曰高謂罪名之上者猶言上刑矣

少子岑歷位九卿至後將軍○臣召南按公卿表岑字子河成帝永始四年以護羌校尉為執金吾元延元年為右將軍此文作後將軍必有一誤

韓延壽傳修治學宮○按學宮應作學官漢書各傳皆然諸本並誤耳

行縣至高陵○臣召南按地理志高陵雖為左馮翊首縣而非其治所趙廣漢傳曰左馮翊右扶風皆治長安中故曰行縣至高陵也

使賢長吏嗇夫三老孝弟受其恥○胡三省曰賢長吏謂縣令丞也後漢志注三老孝弟力田三者皆鄉官之名也三老高帝置孝弟力田高后置所以勸導鄉里助成教化也

張敞傳山陽郡戶九萬三千口五十萬以上○臣召南按地理志山陽郡戶十七萬二千八百四十七口八十萬一千二百八十八與此文大相懸殊蓋元始中戶口十倍於宣帝時矣

臣前幸得備位列卿待罪京兆○胡三省曰西都之制為三輔者列於九卿

王尊傳上行幸雍過虢○劉攽曰虢字是史氏誤○臣召南按顧炎武亦駁此文云今鳳翔縣古之雍城而虢在陝幸雍何以得過虢當是過美陽之誤按攽及炎武並疑虢地在陝幸雍不當東行而不知右扶風自有虢縣也据地理志雍虢美陽三縣並屬右扶風虢縣故城在今鳳翔府城南三十五里雍縣即今鳳翔府治漢帝西幸雍必過虢道里甚明何乃疑周之虢國東在弘農者乎夫漢時於周虢國地置陜縣屬弘農郡固不云虢縣也本文不誤

白馬三老朱英等○地理志東郡有白馬縣今滑縣也

前漢書卷七十七

唐正議大夫行祕書少監琅邪縣開國子顏師古注

漢　蘭　臺　令　史班　固撰

蓋諸葛劉鄭孫毋將何傳第四十七

蓋寬饒字次公魏郡人也師古曰蓋音公盍反明經為郡文學以孝廉為郎舉方正對策高第遷諫大夫行郎中戶將事師古曰百官公卿表郎中令屬官有郎中車戶騎三將蓋各以所主為名也戶將者主戶衛也劾奏衛將軍張安世子侍中陽都侯彭祖不下殿門師古曰過殿門不下車也并連及安世居位無補彭祖時實下門寬饒坐舉奏大臣非是師古曰不以實也左遷為衛司馬蘇林曰如令衛士令也臣瓚曰漢注有衛屯司馬先是時衛司馬在部見衛尉拜謁常為衛官繇使市買師古曰繇讀與徭同寬饒視事案舊令遂揖官屬以下行衛者蘇林曰衛尉官屬也或曰詔遣使行衛者也師古曰或說非也行音下更反○劉攽曰按此文錯亂本當云寬饒視事按舊令遂揖衛尉衛尉私使寬饒出寬饒以令詣官府門上謁辭文穎曰私見使而公辭也蘇林曰以法詣衛尉府門上謁也師古曰文說是也尚書責問衛尉文穎曰由寬饒以法令不給使尚書責衛尉不復使司馬由是衛官不復私使候司馬候司馬不拜出先置衛輒上奏辭如淳曰天子出為天子先導先天子發故上奏辭自此正焉寬饒初拜為司馬未出殿門斷其禪衣令短離地師古曰禪音單其字從衣冠大冠帶長劍躬案行士卒廬室視其飲食居處有疾病者身自撫循臨問加致醫藥遇之甚有恩及歲盡交代上臨饗罷衛卒師古曰得代當歸者也衛卒數千人皆叩頭自請願復留共更一年以報寬饒厚德師古曰更猶今言上番也音工衡反宣帝嘉之以寬饒為太中大夫使行風俗師古曰行音下更反多所稱舉貶黜奉使稱意擢為司隸校尉刺舉無所回避小大輒舉所劾奏眾多廷尉處其法半用半不用師古曰以其峻刻故有不用者公卿貴戚及郡國吏繇使至長安皆恐懼莫敢犯禁師古曰繇讀與傜同供傜役及為使而來者京師為清平恩侯許伯入第師古曰許伯皇太子外祖也入第者治第新成始入居之丞相御史將軍中二千石皆賀寬饒不行許伯請之迺往從西階上東鄉特坐師古曰言自尊抗無所詘也鄉讀曰嚮許伯自酌曰蓋君後至寬饒曰無多酌我我迺酒狂丞相魏侯笑曰次公醒而狂何必酒也坐者皆屬目卑下之師古曰屬猶注也音之欲反下音胡稼反○宋祁曰笑或作咲酒酣樂作長信少府檀長卿起舞為沐猴與狗鬭師古曰沐猴獮猴坐皆大笑寬饒不說卬視屋而歎師古曰說讀曰悅卬讀曰仰○宋祁曰坐字下疑有者字曰美哉然富貴無常忽則易人此如傳舍所閱多矣師古曰言如客舍行客輒過之故多所經歷也唯謹慎為得久君侯可不戒哉因起趨出劾奏長信少府以列卿而沐猴舞失禮不敬上欲罪少府許伯為謝良久上迺解寬饒為人剛直高節志在奉公家貧奉錢月數千師古曰奉音扶用反半以給吏民為

耳目言事者身爲司隷子常步行自戍北邊 蘇林曰子自行戍不取代 公廉如此然深刻喜陷害人 師古曰喜音許吏反 在位及貴戚人與爲怨 師古曰人人皆怨之 又好言事刺譏奸犯上意 師古曰奸音干 上以其儒者優容之然亦不得遷同列後進或至九卿寬饒自以行清能高有益於國而爲凡庸所越 ○宋祁曰庸疑是庶字浙本作庸 愈失意不快數上疏諫爭太子庶子王生高寬饒節而非其如此予書曰明主知君絜白公正不畏彊禦 師古曰彊禦彊梁而禦善者也○劉奉世曰禦禁也言威力足以禁制於人爾雅云 故命君以司察之位擅君以奉使之權尊官厚祿已施於君矣君宜夙夜惟思當世之務奉法宣化憂勞天下雖日有益月有功猶未足以稱職而報恩也自古之治三王之術各有制度 師古曰三王謂夏殷周文質不同也 今君不務循職而已 ○宋祁曰術一作修 迺欲以太古久遠之事匡拂天子 師古曰匡正也拂讀曰弼 數進不用難聽之語以摩切左右非所以揚令名全壽命者也方今用事之人皆明習法令言足以飾君之辭文足以成君之過君不惟蘧氏之高蹤 師古曰蘧伯玉邦無道則可卷而懷之 而慕子胥之末行 師古曰伍子胥知吳王不可諫而不能止自取誅滅也 用不訾之軀臨不測之險 師古曰訾與貲同不貲者言無貲量可以比之貴重之極也不測謂深也 竊爲君痛之夫君子直而不挺曲而不詘 師古曰挺然直貌言雖執直道而遭遇時變與時紆曲然其本志不屈撓也挺音吐鼎反○劉奉世曰此所謂內直而外曲顏說未盡宋祁曰注文遇時字疑是則字 大雅云既明且哲以保其身 師古曰烝民之詩也言明智者可以自全不至亡身 狂夫之言聖人擇焉唯裁省覽寬饒不納其言是時上方用刑法信任中尚書宦官寬饒奏封事曰方今聖道寖廢儒術不行 師古曰寖漸也 以刑餘爲周召 師古曰言使奄人當權軸也周謂周公旦也召謂召公奭也召讀曰邵 以法律爲詩書 師古曰言以刑法成教化也 又引韓氏易傳言五帝官天下三王家天下家以傳子官以傳賢若四時之運功成者去不得其人則不居其位書奏上以寬饒怨謗終不改下其書中二千石時執金吾議以爲寬饒指意欲求禮大逆不道 師古曰禮古禪字言欲使天子傳位於己 諫大夫鄭昌愍傷寬饒忠直憂國以言事不當意而爲文吏所詆挫 師古曰詆毀也挫折也 上書頌寬饒曰 師古曰頌謂稱其美○劉奉世曰頌讀如尚書自訟之訟 臣聞山有猛獸藜藿爲之不采國有忠臣姦邪爲之不起司隷校尉寬饒居不求安食不求飽 師古曰論語稱孔子曰君子食無求飽居無求安故引之 進有憂國之心退有死節之義上無許史之屬下無金張之託 應劭曰許伯宣帝皇后父史高宣帝外家也金日磾也張張安世也此四家屬無不聽師古曰此說非也許氏史氏有外屬之恩金氏張氏自託在於近狎也屬讀如本字也○宋祁曰注末也字當刪 職在司察直道而行多仇少與 師古曰仇怨讎也與黨與也 上書陳國事有司劾以大辟臣幸得從大夫之後官以諫爲名不敢不言上不聽遂下寬饒吏寬饒引佩刀自剄北闕下衆莫不憐之

諸葛豐字少季琅邪人也以明經爲郡文學名特立剛直貢禹爲御史大夫除豐爲屬舉侍御史元帝擢爲司隷校尉刺舉無所避京師爲之語曰間何闊逢諸葛 師古曰言間者何久闊不相見以逢諸葛故也 上嘉其節加豐秩光祿大夫時侍中許章以外屬貴幸奢淫不奉法度賓客犯事與章相連豐案劾章欲奏其事適逢許侍中私出豐駐車舉節詔章曰下欲收之章迫窘馳車去豐追之許侍中因得入宮門自歸上 師古曰歸誠乞哀於天子也 豐亦上奏於是收豐節司隷去節自豐始豐上書謝曰臣豐駑怯文不足以勸善武不足以執邪陛下不量臣能否拜爲司隷校尉未有以自效復秩臣爲光祿大夫官尊責重非臣所當處也又迫年歲衰暮常恐卒塡溝渠無以報厚德 師古曰卒讀曰猝 使論議士譏臣無補長獲素餐之名 師古曰素空也言不舉職務空食祿俸而已 故常願捐一旦之命不待時而斷姦臣之首縣於都市編書其罪 師古曰編謂聯次簡牘也 使四方明知爲惡之罰然後却就斧鉞之誅 師古曰却退也○宋祁曰却字並注文却字疑作郤 誠臣所甘心也夫以布衣之士尚猶有刎頸之交 師古曰刎斷也音吻 今以四海之大曾無伏節死誼之臣率盡苟合取容阿黨相爲念私門之利忘國家之政邪穢濁溷之氣上感于天 師古曰溷亦濁也音下頓反 是以災變數見百姓困乏此臣下不忠之效也臣誠恥之亡已凡人情莫不欲安存而惡危亡然忠臣直士不避患害者誠爲君也今陛下天覆地載物無不容 師古曰如天之覆如地之載也 使尚書令堯賜臣豐書曰夫司隷者刺舉不法善善惡惡非得顓之也 師古曰善善褒賞善人也惡惡誅罰惡人也顓與專同 免處中和 ○宋祁曰免越本作勉劉奉世曰免當作勉 順經術意恩深德厚臣豐頓首幸甚臣竊不勝憤懣願賜清宴 師古曰懣音滿 唯陛下裁幸上不許是後所言益不用豐復上書言臣聞伯奇孝而棄於親子胥忠而誅於君 師古曰並解於上 隱公慈而殺於弟 師古曰魯隱公欲立弟桓公爲其尚少已且攝位而卒爲桓公所殺○宋祁曰注文爲桓公所殺一本無公字 叔武弟而殺於兄 師古曰叔武衛成公之弟夷叔也成公避晉之難出奔陳使大夫元咺奉叔武以居守其後晉人納成公成公疑叔武而先期入叔武將沐聞君至喜捉髮走出前驅射而殺之事在左傳僖二十八年叔武弟音大計反○宋祁曰注文叔武弟下疑有弟字 夫以四子之行屈平之材 師古曰屈平即是屈原也 然猶不能自顯而被刑戮豈不足以觀哉使臣殺身以安國蒙誅以顯君 師古曰蒙被也 臣誠願之獨恐未有云補而爲衆邪所排令讒夫得遂正直之路雍塞 師古曰雍讀曰壅 忠臣沮心智士杜口 師古曰沮壞也杜塞也沮音才汝反 此愚臣之所懼也豐以春夏繫治人在位多言其短上徙豐爲城門校尉豐上書告光祿勳周堪光祿大夫張猛上不直豐迺制詔御史城門校尉豐前與光祿勳堪光祿大夫猛在朝之時數稱言堪猛之美豐前爲司隷校尉不順四時修法度專作苛暴 ○宋祁曰修疑作循 以獲虛威朕不忍下吏以爲城門校尉不內省諸己 師古曰省察也 而反怨堪猛以求報舉 師古曰舉言其事以報怨 告案無證之辭暴揚難驗之罪毀譽恣意不顧前言 師古曰前言謂舉堪猛之美今乃更言其短是不顧也 不信之大者也朕憐豐之耆老不忍加刑其免爲庶人終於家

劉輔河間宗室人也舉孝廉爲襄賁令 蘇林曰賁音肥東海縣也 上書言得失召見上美其材擢爲諫大夫會成帝欲立趙倢伃爲皇后先下詔封倢伃父臨爲列侯輔上書言臣聞天之所與必先賜以符瑞天之所違必先降以災變此神明之徵應自然之占驗也昔武王周公承順天地以饗魚烏之瑞 師古曰謂伐紂時有白魚赤烏之瑞也事見今文尚書 然猶君臣祗懼動色相戒況於季世不蒙繼嗣之福屢受威怒之異者乎雖夙夜自責改過易行畏天命念祖業妙選有德之世考卜窈窕之女 師古曰窈窕幽閑也 以承宗廟順神祇心塞天下望 師古曰塞滿也 子孫之祥猶恐晚暮今迺觸情縱欲傾於卑賤之女欲以母天下不畏于天不媿于人惑莫大焉里語曰腐木不可以爲柱卑人不可以爲主天人之所不予必有禍而無福市道皆共知之 師古曰市道市中之道也一曰市人及行於道路者也 朝廷莫肯壹言臣竊傷心自念得以同姓拔擢尸祿不忠汙辱諫爭之官不敢不盡死唯陛下深察書奏上使侍御史收縛輔繫掖庭祕獄 師古曰漢書舊儀掖庭詔獄令丞宦者爲之主理婦人女官也 羣臣莫知其故於是中朝左將軍辛慶忌右將軍廉褒光祿勳師丹太中大夫谷永 孟康曰中朝內朝也大司馬左右前後將軍侍中常侍散騎諸吏爲中朝丞相以下至六百石爲外朝也○劉奉世曰按文則丹永皆中朝臣也蓋時爲給事中侍中諸吏之類 俱上書曰臣聞明王垂寬容之聽崇諫爭之官廣開忠直之路不罪狂狷之言 師古曰狷急也音絹 然後百僚在位 ○宋祁曰浙本無然字予謂然後字當刪當作使百僚在位 竭忠盡謀不懼後患朝廷無諂諛之士元首無失道之諐 師古曰元首謂天子也諐古愆字 竊見諫大夫劉輔前以縣令求見擢爲諫大夫此其言必有卓詭切至當聖心者 師古曰卓高遠也詭異於衆也 故得拔至於此旬日之間收下祕獄臣等愚以爲輔幸得託公族之親在諫臣之列新從下土來未知朝廷體 ○宋祁曰一本來字上有而字體字上有之字浙本無 獨觸忌諱不足深過小罪宜隱忍而已如有大惡宜暴治理官衆共之 師古曰令衆人知其罪狀而罰之○宋祁曰衆共之衆字上疑有與字 昔趙簡子殺其大夫鳴犢孔子臨河而還 張晏曰趙簡子欲分晉國故先殺鳴犢又聘孔子孔子聞其死至河而還也師古曰戰國策說二人姓名云鳴犢鐸犨而史記及古今人表並以爲鳴犢竇犨蓋鐸犢及竇其聲相近故有不同耳今永等止舉鳴犢一人不論竇犨也 今天心未豫 張晏曰豫悅豫也 災異屢降水旱迭臻 師古曰迭互也音徒結反 方當隆寬廣問褒直盡下之時也而行慘急之誅於諫爭之臣震驚羣下失忠直心假令輔不坐直言所坐不著 師古曰著明也 天下不可戶曉 師古曰言不可家家曉諭之也 同姓近臣本以言顯其於治親養忠之義誠不宜幽囚于掖庭獄公卿以下見陛下進用輔亟而折傷之暴 師古曰亟急也 人有懼心 師古曰人人皆懼也 精銳銷耎 蘇林曰耎弱也師古曰耎音乃喚反 莫敢盡節正言非所以昭有虞之聽廣德美之風也 師古曰舜有敢諫之鼓故言有虞之聽也一曰謂達四聽也 臣等竊深傷之唯陛下留神省察上迺徙繫輔共工獄 蘇林曰考工也師古曰少府之屬官也亦有詔獄共讀與龔同 減死罪一等論爲鬼薪終於家

鄭崇字子游本高密大族世與王家相嫁娶 師古曰嫁王家又娶也 祖父以訾徙平陵父賓明法律爲御史事貢公 師古曰貢禹也 名公直崇少爲郡文學史至丞相大車屬 如淳曰丞相大車屬如今公府御屬 弟立與高武侯傅喜同門學相友善 師古曰同門同師也 喜爲大司馬薦崇哀帝擢爲尚書僕射數求見諫爭上初納用之每見曳革履 師古曰孰曰韋生曰革 上笑曰我識鄭尚書履聲久之上欲封祖母傅太后從弟商崇諫曰孝成皇帝封親舅五侯天爲赤黃晝昏日中有黑氣今祖母從昆弟二人已侯孔鄉侯皇后父高武侯以三公封尚有因緣 師古曰孔鄉侯傅晏也高武侯傅喜也 今無故欲復封商壞亂制度逆天人心 ○宋祁曰心字上疑有之字 非傅氏之福也臣聞師曰逆陽者厥極弱逆陰者厥極凶短折犯人者有亂亡之患犯神者有疾夭之禍故周公著戒曰惟王不知艱難唯耽樂是從時亦罔有克壽 師古曰周書亡逸之篇也言王者不知稼穡之艱難唯從耽樂則致夭喪無能壽考也 故衰世之君夭折蚤沒 師古曰蚤古早字 此皆犯陰之害也 ○宋祁曰浙本陰字下有陽字 臣願以身命當國咎崇因持詔書案起 李奇曰持當受詔書案起也師古曰李說非也案者即寫詔之文 傅太后大怒曰何有爲天子乃反爲一臣所顓制邪 師古曰顓與專同 上遂下詔曰朕幼而孤皇太太后躬自養育于襁褓教道以禮至於成人 師古曰道讀曰導 惠澤茂焉 師古曰茂美也 欲報之德皞天罔極 師古曰詩小雅蓼莪之篇曰父兮生我母兮鞠我欲報之德昊天罔極言欲報父母之恩德心無已也呼昊天者陳已至誠也皞字與昊同 前追號皇太太后父爲崇祖侯惟念德報未殊朕甚恧焉 師古曰恧慚也恧音女六反 侍中光祿大夫商皇太太后父同產子小自保大 如淳曰太后從小養之使至大也○宋祁曰產字下疑有弟字 恩義最親其封商爲汝昌侯爲崇祖侯後更號崇祖侯爲汝昌哀侯崇又以賢貴寵過度諫由是重得罪 師古曰重音直用反 數以職事見責發疾頸癰欲乞骸骨不敢尚書令趙昌佞讇素害崇知其見疏因奏崇與宗族通疑有姦請治上責崇曰君門如市人何以欲禁切主上 師古曰言請求者多交通賓客 崇對曰臣門

如市臣心如水師古曰言至清也願得考覆上怒下崇獄窮治死獄中

孫寶字子嚴潁川鄢陵人也師古曰鄢音偃以明經爲郡吏御史大夫張忠辟寶爲屬欲令授子經更爲除舍師古曰除謂修除也設儲偫師古曰謂豫備器物也偫音丈紀反寶自劾去忠固還之師古曰固再三留之心內不平師古曰恨其去也後署寶主簿寶徙入舍祭竈請比鄰忠陰察怪之使所親問寶前大夫爲君設除大舍子自劾去者欲爲高節也今兩府高士俗不爲主簿子既爲之徙舍甚說師古曰說讀曰悅何前後不相副也寶曰高士不爲主簿而大夫君以寶爲可一府莫言非師古曰言大夫以爲寶適可爲主簿耳府中之人又不以爲不當也士安得獨自高前日君男欲學文而移寶自近師古曰文謂書也禮有來學義無往教道不可詘身詘何傷且不遭者可無不爲況主簿乎師古曰言士不遭遇知己則當屈辱無所不爲也忠聞之甚慙上書薦寶經明質直宜備近臣爲議郎遷諫大夫鴻嘉中廣漢羣盜起選爲益州刺史廣漢太守扈商者大司馬車騎將軍王音姊子軟弱不任職寶到部親入山谷諭告羣盜非本造意渠率皆得悔過自出師古曰渠大也遣歸田里自劾矯制奏商爲亂首師古曰擅放羣盜歸故云矯制由商不任職致有賊盜故云爲亂首也春秋之義誅首惡而已商亦奏寶所縱或有渠率當坐者師古曰縱放也商徵下獄寶坐失死罪免益州吏民多陳寶功效言爲車騎將軍所排上復拜寶爲冀州刺史遷丞相司直時帝舅紅陽侯立使客因南郡太守李尚占墾草田數百頃師古曰隱度而取之也草田謂荒田也占音之贍反頗有民所假少府陂澤略皆開發師古曰舊爲陂澤本屬少府其後以假百姓百姓皆已田之而立總謂爲草田占云新自墾上書願以入縣官有詔郡平田予直師古曰受其田而準償價直也錢有貴一萬萬以上師古曰增於時價寶聞之遣丞相史按驗發其姦劾奏立尚懷姦罔上狡猾不道尚下獄死立雖不坐後兄大司馬衞將軍商薨次當代商上度立而用其弟曲陽侯根爲大司馬驃騎將軍如淳曰度過也師古曰過立而用根會益州蠻夷犯法巴蜀頗不安上以寶著名西州拜爲廣漢太守秩中二千石賜黃金三十斤蠻夷安輯吏民稱之師古曰輯與集同徵爲京兆尹故吏侯文以剛直不苟合常稱疾不肯仕寶以恩禮請文欲爲布衣友日設酒食妻子相對文求受署爲掾進見如賓禮數月以立秋日署文東部督郵入見勑曰今日鷹隼始擊當順天氣取姦惡以成嚴霜之誅掾部渠有其人乎師古曰渠讀曰詎詎豈也言掾所部內豈有其人乎文卬曰無其人不敢空受職師古曰卬讀曰仰謂仰頭而對也寶曰誰也文曰霸陵杜穉季寶曰其次師古曰除穉季之外更有誰也文曰豺狼橫道不宜復問狐狸師古曰言不當釋大而取小也寶默然穉季者大俠與衞尉淳于長大鴻臚蕭育等皆厚善寶前失車騎將軍與紅陽侯有郤師古曰失車騎將軍謂失王音意奏扈商事也郤與隙同自恐見危時淳于長方貴幸友寶寶亦欲附之始視事而長以穉季託寶故寶窮無以復應文文怪寶氣索師古曰索盡也音先各反知其有故因曰明府素著威名今不敢取穉季當且闔閤勿有所問師古曰闔閉也如此竟歲吏民未敢誣明府也師古曰誣謗也即度穉季而譴它事李奇曰過度不治罪衆口讙譁終身自墮師古曰墮毀也音火規反寶曰受教穉季耳目長聞知之杜門不通水火師古曰杜塞也不通水火謂鄰伍亦不往來也穿舍後牆爲小戶但持鉏自治園因文所厚自陳如此師古曰具言恐懼改節之狀也文曰我與穉季幸同土壤素無睚眥師古曰睚音涯眥音才賜反睚又音五懈反眥又音仕懈反已解於前也顧受將命分當相直師古曰言自顧念受郡將之命分當相值遇也分音扶問反直讀曰值誠能自改嚴將不治前事即不更心但更門戶適趣禍耳師古曰更改也趣讀曰促穉季遂不敢犯法寶亦竟歲無所譴明年穉季病死寶爲京兆尹○宋祁曰浙本無尹字三歲京師稱之會淳于長敗寶與蕭育等皆坐免官文復去吏死於家穉季子杜蒼字君敖名出穉季右在游俠中哀帝即位徵寶爲諫大夫遷司隸初傅太后與中山孝王母馮太后俱事元帝有郤師古曰以當熊之事慙而嫉之傅太后使有司考馮太后令自殺衆庶冤之寶奏請覆治傅太后大怒曰帝置司隸主使察我馮氏反事明白故欲擿觖以揚我惡師古曰擿謂挑發之也擿音它歷反觖音決挑音它聊反○宋祁曰擿字正文注文當作讁我當坐之上迺順指下寶獄尚書僕射唐林爭之上以林朋黨比周師古曰比音頻寐反左遷敦煌魚澤障候大司馬傅喜光祿大夫龔勝固爭上爲言太后出寶復官頃之鄭崇下獄寶上書曰臣聞疏不圖親外不慮內師古曰圖謀也慮思也臣幸得銜命奉使職在刺舉不敢避貴幸之埶以塞視聽之明按尚書令昌奏僕射崇下獄覆治榜掠將死卒無一辭師古曰榜謂笞擊而考問之也榜音彭道路稱冤疑昌與崇內有纖介師古曰言有細故宿嫌也浸潤相陷自禁門內樞機近臣蒙受冤譖師古曰蒙被也虧損國家爲謗不小臣請治昌以解衆心書奏天子不說師古曰說讀曰悅以寶名臣不忍誅迺制詔丞相大司空○劉攽曰此既云丞相不得復有大司空也司隸寶奏故尚書僕射崇冤請獄治尚書令昌案崇近臣罪惡暴著而寶懷邪附下罔上以春月作詆欺遂其姦心蓋國之賊也傳不云乎惡利口之覆國家師古曰論語稱孔子之言其免寶爲庶人哀帝崩王莽白王太后徵寶以爲光祿大夫與王舜等俱迎中山王平帝立寶爲大司農會越巂郡上黃龍游江中太師孔光大司徒馬宮等咸稱莽功德比周公宜告祠宗廟寶曰周公上聖召公大賢尚猶有不相說著於經典兩不相損師古曰周書君奭之序曰召公爲保周公爲師相成王爲左右召公不說周公作君奭是也兩不相損者言俱有令名也召讀曰邵說讀曰悅今風雨未時百姓不足每有一事羣臣同聲師古曰言雷同阿附妄說福祥得無非其美者師古曰言此非朝廷美事也時大臣皆失色侍中奉車都尉甄邯即時承制罷議者會寶遣吏迎母母道病留弟家獨遣妻子司直陳崇以奏寶事下三公即訊師古曰就問之也寶對曰年七十誖眊恩衰共養營妻子如章師古曰誖惑也眊與耄同自言老耄心志亂惑供養之恩衰具如所奏之章也誖音布內反共讀曰供音居用反寶坐免終於家建武中錄舊德臣以寶孫伉爲諸長師古曰伉音抗諸琅邪之縣也

母將隆字君房東海蘭陵人也大司馬車騎將軍王音內領尚書外典兵馬蹕故選置從事中郎師古曰蹕猶躡也言承躡故事也與參謀議奏請隆爲從事中郎遷諫大夫成帝末隆奏封事言古者選諸侯入爲公卿以褒功德宜徵定陶王使在國邸以填萬方師古曰填音竹刃反其後上竟立定陶王爲太子隆遷冀州牧潁川太守哀帝即位以高第入爲京兆尹遷執金吾時侍中董賢方貴上使中黃門發武庫兵前後十輩送董賢及上乳母王阿舍隆奏言武庫兵器天下公用國家武備繕治造作皆度大司農錢蘇林曰用度皆出大司農大司農錢自乘輿不以給共養師古曰共音居用反養音弋向反共養勞賜壹出少府蓋不以本臧給末用不以民力共浮費師古曰共讀曰供別公私示正路也古者諸侯方伯得顓征伐迺賜斧鉞師古曰顓與專同漢家邊吏職在距寇亦賜武庫兵皆任其事然後蒙之春秋之誼家不臧甲所以抑臣威損私力也今賢等便僻弄臣○宋祁曰僻當作辟私恩微妾而以天下公用給其私門契國威器共其家備李奇曰契缺也晉灼曰契取也師古曰李說是也共讀曰供民力分於弄臣武兵設於微妾建立非宜以廣驕僭非所以示四方也孔子曰奚取於三家之堂師古曰三家謂魯大夫叔孫仲孫季孫也論語云三家者以雍徹孔子曰相維辟公天子穆穆奚取於三家之堂言三家以雍徹食此乃天子之禮耳何爲在三家之堂也臣請收還武庫上不說師古曰說讀曰悅頃之傅太后使謁者買諸官婢賤取之復取執金吾官婢八人隆奏言賈賤請更平直師古曰賈讀曰價其下亦同上於是制詔丞相御史大夫交讓之禮興則虞芮之訟息師古曰虞芮二國名文王爲西伯爲斷其訟二國各慙而止也隆位九卿既無以匡朝廷之不逮而反奏請與永信宮爭貴賤之賈程奏顯言蘇林曰露奏也衆莫不聞舉錯不由誼理師古曰錯音千故反爭求之名自此始無以示百僚傷化失俗以隆前有安國之言如淳曰徵定陶王使在國邸也左遷爲沛郡都尉遷南郡太守王莽少時慕與隆交隆不甚附哀帝崩莽秉政使大司徒孔光奏隆前爲冀州牧治中山馮太后獄冤陷無辜不宜處位在中土本中謁者令史立侍御史丁元自典考之但與隆連名奏事史立時爲中太僕丁元泰山太守及尚書令趙昌譖鄭崇者爲河內太守皆免官徙合浦

何並字子廉祖父以吏二千石自平輿徙平陵師古曰平輿汝南之縣也並爲郡吏至大司空掾事何武武高其志節舉能治劇爲長陵令道不拾遺初邛成太后外家王氏貴師古曰宣帝王皇后父奉光封邛成侯成帝母亦姓王故以父爵別之也而侍中王林卿通輕俠傾京師後坐法免賓客愈盛歸長陵上冢因留飲連日並恐其犯法自造門上謁師古曰造至也音千到反謂林卿曰冢間單外君宜以時歸師古曰單外言在郊郭之外而單露林卿曰諾先是林卿殺婢壻埋冢舍師古曰婢壻外人與其婢姦者也冢舍守冢之舍也並具知之以非已時又見其新免故不發舉欲無令留界中而已即且遣吏奉謁傳送○宋祁曰傳越本作侍林卿素驕慙於賓客並度其爲變儲兵馬以待之師古曰儲豫備也度音徒各反林卿既去北度涇橋令騎奴還至寺門拔刀剝其建鼓師古曰諸官曹之所通呼爲寺建鼓一名植鼓建立也謂植木而旁懸鼓焉縣有此鼓者所以召集號令爲開閉之時並自從吏兵追林卿行數十里林卿迫窘迺令奴冠其冠被其襜褕自代乘車從童騎師古曰襜褕曲裾禪衣也童騎童奴之騎也身變服從閒徑馳去會日暮追及收縛冠奴奴曰我非侍中奴耳並心自知已失林卿迺曰王君困自稱死邪叱吏斷頭持還縣所剝鼓置都亭下署曰故侍中王林卿坐殺人埋冢舍使奴剝寺門鼓師古曰署謂表其事也吏民驚駭林卿因亡命衆庶讙譁以爲實死師古曰讙譁衆議也讙音許元反成帝太后以邛成太后愛林卿故聞之涕泣爲言哀帝哀帝問狀而善之遷並隴西太守徙潁川太守代陵陽嚴詡詡本以孝行爲官謂掾史爲師友有過輒閉閤自責終不大言郡中亂王莽遣使徵詡官屬數百人爲設祖道詡據地哭掾史曰明府吉徵不宜若此詡曰吾哀潁川士身豈有憂哉我以柔弱徵必選剛猛代代到將有僵仆者故相弔耳師古曰僵偃也仆頓也僵音薑仆音赴詡至拜爲美俗使者文穎曰宣美風俗使者是時潁川鍾元爲尚書令領廷尉用事有權弟威爲郡掾臧千金師古曰臧謂致罪之臧也並爲太守過辭鍾廷尉廷尉免冠爲弟請一等之罪如淳曰減死罪一等願蚤就髡鉗並曰罪在弟身與君律不在於太守元懼馳遣人呼弟陽翟輕俠趙季李款多畜賓客以氣力漁食閭里師古曰漁者謂侵奪取之若漁獵之爲也至姦人婦女持吏長短從橫郡中師古曰從音子用反橫音胡孟反聞並且至皆亡去並下車求勇猛曉文法吏且十人使文吏治三人獄武吏往捕之各有所部敕曰三人非負太守迺負王法不得不治

鍾威所犯多在赦前驅使入函谷關勿令汙民閒不入關迺收之趙李桀惡雖遠去當得其頭以謝百姓鍾威負其兄止雒陽師古曰負謂恃其權力也吏格殺之亦得趙李它郡持頭還並皆縣頭及其具獄於市郡中清靜表善好士師古曰好音呼到反見紀潁川名次黃霸性清廉妻子不至官舍數年卒疾病召丞掾作先令書師古曰先令爲遺令也曰告子恢吾生素餐日久死雖當得法賻勿受如淳曰公令吏死官得法賻師古曰贈終者布帛曰賻音附葬爲小椁亶容下棺張晏曰禮三重棺趙簡子曰不設屬辟下卿之罰也或曰但下棺無餘器物也師古曰言止作小椁纔容下棺而已無令高大也亶讀曰但恢如父言王莽擢恢爲關都尉建武中以並孫爲郎

贊曰蓋寬饒爲司臣正色立於朝雖詩所謂國之司直無以加也師古曰詩鄭風羔裘之篇曰彼其之子邦之司直言其德美可主正直之司也若采王生之言以終其身斯近古之賢臣矣諸葛劉鄭雖云狂瞽有異志焉孔子曰吾未見剛者師古曰論語稱孔子之言也言有剛德者爲難也以數子之名迹然毋將汙於冀州孟康曰汙下也師古曰毋將隆爲冀州牧與史立丁元共奏馮太后事是爲汙曲也汙音一胡反孫寶橈於定陵師古曰橈亦曲也謂受淳于長託而不治杜穉季也橈音女教反況俗人乎何並之節亞尹翁歸云

前漢書卷七十七考證

蓋寬饒傳寬饒以令詣官府門上謁辭注文穎如淳云云○許應元曰文說非也蓋上謁辭闕庭耳尚書主通章奏故得責問衞尉若今報单是也上奏辭卽上謁辭也往時不辭辭自寬饒始故自是衞尉不敢私使候司馬也先置衞者當出則輒其宿衞之事也如說亦非

鄭崇傳因持詔書案起注師古曰案者卽寫詔之文○胡三省曰按更始時常侍奏事韓夫人起抵破書案則案非文案之案也臣召南按胡解是案卽几案故曰持詔書案起

孫寶傳迺制詔丞相大司空○通鑑考異曰哀紀及恩澤侯表皆云傅商以建平二年二月封而寶傳云制詔丞相大司空按建平二年已罷大司空官疑傳誤

何並傳先是林卿殺婢埋冢舍注師古曰婢壻外人與其婢姦者也○按婢壻當是使女所嫁之夫如師古注本文應云殺婢私夫而林卿罪亦不重矣

前漢書卷七十八

漢　蘭　臺　令　史班　固撰

唐正議大夫行秘書少監琅琊縣開國子顏師古注

蕭望之列傳第四十八

蕭望之字長倩東海蘭陵人也師古曰近代譜諜妄相託附乃云望之蕭何之後追次昭穆流俗學者共祖述焉但酇侯漢室宗臣功高位重子孫胄緒具詳表傳長倩鉅儒達學名節並隆博覽古今能言其祖市朝未變年載非遙長老所傳耳目相接若其實承何後史傳寧得弗詳漢書既不敘論後人焉所取信不然之事斷可識矣徙杜陵家世以田爲業至望之好學治齊詩事同縣后倉且十年以令詣太常受業如淳曰令郡國官有好文學敬長肅政教者二千石奏上與計偕詣太常受業如弟子也復事同學博士白奇師古曰常同與后倉受業而奇後爲博士又從夏侯勝問論語禮服師古曰禮之喪服也京師諸儒稱述焉是時大將軍霍光秉政長史丙吉薦儒生王仲翁與望之等數人皆召見先是左將軍上官桀與蓋主謀殺光光既誅桀等後出入自備吏民當見者露索去刀兵兩吏挾持師古曰索搜也露形體而搜索音山客反望之獨不肯聽自引出閤曰不願見吏牽持匈匈光聞之告吏勿持望之既至前說光曰將軍以功德輔幼主將以流大化致於洽平師古曰令太平之化通洽四方也○宋祁曰注文通字疑是遍字是以天下之士延頸企踵爭願自効以輔高明今士見者皆先露索挾持恐非周公相成王躬吐握之禮致白屋之意師古曰周公攝政一沐三握髮一飯三吐餔以接天下之士白屋謂白蓋之屋以茅覆之賤人所居蓋音合○宋祁曰吐握字疑是捉字於是光獨不除用望之而仲翁等皆補大將軍史三歲閒仲翁至光祿大夫給事中望之以射策甲科爲郎師古曰射策者謂爲難問疑義書之於策量其大小署爲甲乙之科列而置之不使彰顯有欲射者隨其所取得而釋之以知優劣射之言投射也對策者顯問以政事經義令各對之而觀其文辭定高下也署小苑東門候師古曰署補署也門候主候時而開閉也仲翁出入從倉頭廬兒師古曰皆官府之給賤役者也解在貢禹傳○宋祁曰貢禹傳當是鮑宣傳下車趨門傳呼甚寵師古曰趨讀曰趣趣嚮也下車而嚮門傳聲而呼侍從者甚有尊寵也○宋祁曰注文尊寵下疑有之榮字顧謂望之曰不肯錄錄反抱關爲師古曰錄錄謂循常也言望之不能隨例搜索以違牾執政不得大官而守門也望之曰各從其志後數年坐弟犯法不得宿衞免歸爲郡吏及御史大夫魏相○宋祁曰浙本無及字除望之爲屬察廉爲大行治禮丞時大將軍光薨子禹復爲大司馬兄子山領尚書師古曰霍山去病之孫今云兄子者轉寫誤爾親屬皆宿衞內侍地節三年夏京師雨雹望之因是上疏願賜清閒之宴口陳災異之意師古曰閒讀曰閑宣帝自在民閒聞望之名曰此東海蕭生邪下少府宋畸問狀師古曰畸音居宜反無有所諱望之對以爲春秋昭公三年大雨雹是時季氏專權卒逐昭公鄉使魯君察於天變宜亡此害師古曰鄉讀曰嚮亡讀曰無今陛下以聖德居位思政求賢堯舜之用心也然而善祥未臻陰陽不和是大臣任政一姓擅埶之所致也附枝大者賊本心私家盛者公室危師古曰本心樹之本株也唯明主躬萬機○宋祁曰一本作躬親浙本無躬選同姓舉賢材以爲腹心與參政謀令公卿大臣朝見奏事明陳其職以考功能如是則庶事理公道立姦邪塞私權廢矣對奏天子拜望之爲謁者時上初卽位思進賢良多上書言便宜輒下望之問狀高者請丞相御史師古曰望之以其人所言之狀請于丞相御史或以奏聞卽見超擢○劉奉世曰顏非也高者則令丞相御史試事次者則令中二千石試事歲滿各以狀聞誤斷其文爾劉敞說同次者中二千石試事滿歲以狀聞師古曰試令行其所言之事或以諸它職事試之下者報聞或罷歸田里所白處奏皆可師古曰當主上之意也累遷諫大夫丞相司直歲中三遷官至二千石其後霍氏竟謀反誅望之寖益任用師古曰寖漸也是時選博士諫大夫通政事者補郡國守相以望之爲平原太守望之雅意在本朝遠爲郡守內不自得乃上疏曰陛下哀愍百姓恐德化之不究師古曰究竟也謂周徧於天下悉出諫官以補郡吏所謂憂其末而忘其本者也朝無爭臣則不知過國無達士則不聞善師古曰達士謂達於政事也願陛下選明經術溫故知新通於幾微謀慮之士以爲內臣與參政事諸侯聞之則知國家納諫憂政亡有闕遺若此不怠成康之道其庶幾乎師古曰周成康二王致太平也○宋祁曰平一作矣外郡不治豈足憂哉書聞徵入守少府宣帝察望之經明持重論議有餘材任宰相師古曰任堪也欲詳試其政事復以爲左馮翊望之從少府出爲左遷恐有不合意卽移病師古曰移病謂移書言病一曰以病而移居上聞之使侍中成都侯金安上諭意曰所用皆更治民以考功師古曰更經歷也音工衡反君前爲平原太守日淺故復試之於三輔非有所聞也師古曰所聞謂聞其短失望之卽視事是歲西羌反漢遣後將軍征之京兆尹張敞上書言國兵在外軍以夏發隴西以北安定以西吏民並給轉輸田事頗廢素無餘積雖羌虜以破來春民食必乏窮辟之處買亡所得師古曰辟讀曰僻縣官穀度不足以振之師古曰度音徒各反願令諸有辠非盜受財○宋祁曰浙本改財作賕殺人及犯法不得赦者皆得以差入穀此八郡贖罪師古曰差次也八郡卽隴西以北安定以西務益致穀以豫備百姓之急事下有司望之與少府李彊議以爲民函陰陽之氣師古曰函與含同也○宋祁曰注末也當刪有好義欲利之心在教化之所助堯在上不能去民欲利之心而能令其欲利不勝其好義也雖桀在上不能去民好義之心而能令其好義不勝其欲利也故堯桀之分在於義利而已道民不可不慎也師古曰道讀曰導今欲令民量粟以贖罪如此則富者得生貧者獨死是貧富異刑而法不壹也○宋祁曰壹或作一人情貧窮父兄囚執聞出財得以生活爲人子弟者將不顧死亡之患敗亂之行以赴財利求救親戚一人得生十人以喪如此伯夷之行壞公綽之名滅師古曰公綽魯大夫孟公綽也論語稱孔子曰若臧武仲之智公綽之不欲卞莊子之勇冉求之藝文之以禮樂可以爲成人矣政教壹傾雖有周召之佐恐不能復師古曰召讀曰邵復扶目反古者臧於民不足則取有餘則予詩曰爰及矜人哀此鰥寡師古曰小雅鴻鴈之詩也矜人可哀矜之人謂貧弱者也言王者惠澤下及哀矜之人以至鰥寡上惠下也又曰雨我公田遂及我私師古曰小雅大田之詩也言衆庶喜於時雨先潤公田又及私田是則其心先公後私雨于具反○宋祁曰注文于字上當有音字下急上也今有西邊之役民失作業雖戶賦口斂以贍其困乏師古曰率戶而賦計口而斂也古之通義百姓莫以爲非以死救生恐未可也師古曰子弟竭死以救父兄令其生也陛下布德施教教化既成堯舜亡以加也今議開利路以傷既成之化臣竊痛之於是天子復下其議兩府丞相御史以難問張敞敞曰少府左馮翊所言常人之所守耳昔先帝征四夷兵行三十餘年百姓猶不加賦而軍用給今羌虜一隅小夷跳梁於山谷閒漢但令辠人出財減辠以誅之其名賢於煩擾良民橫興賦斂也師古曰橫音胡孟反又諸盜及殺人犯不道者百姓所疾苦也皆不得贖首匿見知縱所不當得爲之屬議者或頗言其法可蠲除師古曰以其罪輕而法重故常欲除此科條今因此令贖其便明甚何化之所亂甫刑之罰小過赦薄罪贖師古曰呂侯爲周穆王司寇作贖刑之法謂之呂刑後改爲甫侯故又稱甫刑也有金選之品應劭曰選音刷金銖兩名也師古曰音刷是也字本作鋝鋝卽鍰也其重十一銖二十五分銖之十三一曰重六兩呂刑曰墨辟疑赦其罰百鍰劓辟疑赦其罰惟倍剕辟疑赦其罰倍差宮辟疑赦其罰六百鍰大辟疑赦其罰千鍰是其品也所從來久矣何賊之所生敞備皁衣二十餘年如淳曰雖有五時服至朝皆著皁衣嘗聞罪人贖矣未聞盜賊起也竊憐涼州被寇方秋饒時民尚有飢乏病死於道路況至來春將大困乎○宋祁曰大字上疑有不字不早慮所以振救之策而引常經以難恐後爲重責常人可與守經未可與權也敞幸得備列卿以輔兩府爲職不敢不盡愚望之彊復對曰先帝聖德賢良在位作憲垂法爲無窮之規永惟邊竟之不贍師古曰惟思也竟讀曰境其下亦同故金布令甲曰師古曰金布者令篇名也其上有府庫金錢布帛之事因以名篇令甲者其篇甲乙之次邊郡數被兵離飢寒師古曰離遭也夭絕天年父子相失令天下共給其費師古曰共給之也自此以上令甲之文固爲軍旅卒暴之事也師古曰卒讀曰猝言此令文專爲軍旅猝暴而施設○宋祁曰注文疑有之字聞天漢四年常使死罪人入五十萬錢減死罪一等豪彊吏民請奪假貣師古曰貣音土得反至爲盜賊以贖罪其後姦邪橫暴羣盜並起師古曰橫音胡孟反至攻城邑殺郡守充滿山谷吏不能禁明詔遣繡衣使者以興兵擊之師古曰軍興之法也○宋祁曰浙本無興字劉敞曰當云以軍興兵擊之誅者過半然

後衰止愚以爲此使死罪贖之敗也故曰不便時丞相魏相御史大夫丙吉亦以爲羌虜且破轉輸略足相給遂不施敞議望之爲左馮翊三年京師稱之遷大鴻臚先是烏孫昆彌翁歸靡因長羅侯常惠上書師古曰昆彌烏孫之王號也翁歸靡其人名也願以漢外孫元貴靡爲嗣得復尚少主蘇林曰宗室女也結婚內附畔去匈奴詔下公卿議望之以爲烏孫絕域信其美言萬里結婚非長策也天子不聽神爵二年遣長羅侯惠使送公主配元貴靡未出塞翁歸靡死其兄子狂王背約自立惠從塞下上書願留少主敦煌郡惠至烏孫責以負約因立元貴靡還迎少主詔下公卿議望之復以爲不可烏孫持兩端亡堅約其效可見前少主在烏孫四十餘年恩愛不親密邊境未以安此已事之驗也今少主以元貴靡不得立而還信無負於四夷此中國之大福也少主不止繇役將興其原起此天子從其議徵少主還後烏孫雖分國兩立以元貴靡爲大昆彌漢遂不復與結婚三年代丙吉爲御史大夫五鳳中匈奴大亂議者多曰匈奴爲害日久可因其壞亂舉兵滅之詔遣中朝大司馬車騎將軍韓增諸吏富平侯張延壽光祿勳楊惲太僕戴長樂問望之計策望之對曰春秋晉士匄帥師侵齊聞齊侯卒引師而還君子大其不伐喪師古曰士匄晉大夫范宣子也春秋公羊傳襄十九年齊侯環卒晉士匄帥師侵齊至穀聞齊侯卒乃還還者何善辭也大其不伐喪也以爲恩足以服孝子誼足以動諸侯前單于慕化鄉善稱弟蘇林曰弟順也師古曰鄉讀曰嚮弟音悌○劉奉世曰漢與匈奴嘗約爲兄弟此弟直自謂爲弟耳遣使請求和親海內欣然夷狄莫不聞未終奉約不幸爲賊臣所殺今而伐之是乘亂而幸災也彼必奔走遠遁不以義動兵恐勞而無功宜遣使者弔問輔其微弱救其災患四夷聞之咸貴中國之仁義如遂蒙恩得復其位必稱臣服從此德之盛也上從其議後竟遣兵護輔呼韓邪單于定其國是時大司農中丞耿壽昌奏設常平倉上善之望之非壽昌師古曰此望之不知權道丞相丙吉年老上重焉望之又奏言百姓或乏困盜賊未止二千石多材下不任職三公非其人則三光爲之不明今首歲日月少光師古曰首歲歲之初首謂正月也咎在臣等上以望之意輕丞相師古曰言三公非其人又云咎在臣等是其意毀丞相乃下侍中建章衞尉金安上光祿勳楊惲御史中丞王忠幷詰問望之師古曰三人同共問之望之免冠置對天子繇是不說師古曰繇讀與由同說讀曰悅後丞相司直緐延壽師古曰緐音婆奏侍中謁者良使承制詔望之望之再拜已良與望之言望之不起因故下手蘇林曰伏地而言也而謂御史曰良禮不備故事丞相病明日御史大夫輒問病朝奏事會庭中差居丞相○宋祁曰南本庭作廷下同後丞相謝大夫少進揖今丞相數病望之不問病會庭中與丞相鈞禮師古曰不爲前後之差也時議事不合意望之曰侯年寧能父我邪服虔曰寧能與吾父同年邪○劉攽曰言侯年雖高寧能爲我父邪不足敬也劉奉世曰此直謂其安能爲我之父輕之之辭知御史有令不得擅使望之多使守史自給車馬之杜陵護視家事如淳曰漢儀注御史大夫史員四十五人皆六百石其十五人給事殿中其餘三十人留守治百事皆冠法冠師古曰自給車馬者令其自乘私車馬也少史冠法冠爲妻先引蘇林曰少史曹史之下者也文穎曰先引謂導車前○宋祁曰注末當添也字又使賣買私所附益凡十萬三千師古曰使其史爲望之家有所賣買而史以其私錢增益之用潤望之也案望之大臣通經術居九卿之右師古曰右上也本朝所仰至不奉法自修踞慢不遜攘師古曰攘古讓字受所監臧二百五十以上師古曰二百五十以上者當時律令坐罪之次若今律條言一尺以上一疋以上矣請逮捕繫治上於是策望之曰有司奏君責使者禮遇丞相亡禮廉聲不聞敖慢不遜師古曰敖讀曰傲亡以扶政帥先百僚君不深思陷于茲穢朕不忍致君于理使光祿勳惲策詔左遷君爲太子太傅授印其上故印使者師古曰使者卽謂楊惲也命惲授太傅印而望之以大夫印上於惲便道之官君其秉道明孝正直是與帥意亡諐靡有後言師古曰諐古愆字後言謂自申理望之既左遷而黃霸代爲御史大夫數月間丙吉薨霸爲丞相霸薨于定國復代焉望之遂見廢不得相爲太傅以論語禮服授皇太子初匈奴呼韓邪單于來朝詔公卿議其儀丞相霸御史大夫定國議曰聖王之制施德行禮先京師而後諸夏先諸夏而後夷狄詩云率禮不越遂視既發相土烈烈海外有截師古曰商頌長發之詩也率循也遂徧也既盡也發行也相土契之孫也烈烈威也截齊也言殷宗受命爲諸侯能修禮度無有所踰越徧省視之教令盡行而相土之威烈烈然盛四海之外皆整齊○宋祁曰注末當有也字陛下聖德充塞天地師古曰充實也塞滿也光被四表師古曰四表四海之外匈奴單于鄉風慕化奉珍朝賀師古曰鄉讀曰嚮自古未之有也其禮儀宜如諸侯王位次在下○宋祁曰如疑作加望之以爲單于非正朔所加故稱敵國宜待以不臣之禮位在諸侯王上外夷稽首稱藩中國讓而不臣此則羈縻之誼謙亨之福也師古曰易謙卦之辭曰謙亨天道下濟而光明地道卑而上行言謙之爲德無所不通也亨音火庚反書曰戎狄荒服師古曰逸書也言其來服荒忽亡常如使匈奴後嗣卒有鳥竄鼠伏闕於朝享不爲畔臣師古曰卒終也本以客禮待之若後不來非畔臣信讓行乎蠻貉福祚流于亡窮萬世之長策也天子采之下詔曰蓋聞五帝三王教化所不施不及以政今匈奴單于稱北藩朝正朔朕之不逮德不能弘覆其以客禮待之令單于位在諸侯王上贊謁稱臣而不名及宣帝寢疾選大臣可屬者師古曰屬音之欲反引外屬侍中樂陵侯史高太子太傅望之少傅周堪至禁中拜高爲大司馬車騎將軍望之爲前將軍光祿勳堪爲光祿大夫皆受遺詔輔政領尚書事宣帝崩太子襲尊號是爲孝元帝望之堪本以師傅見尊重上卽位數宴見言治亂陳王事望之選白宗室明經達學散騎諫大夫劉更生給事中與侍中金敞並拾遺左右四人同心謀議勸道上以古制師古曰道讀曰導多所欲匡正上甚鄉納之師古曰鄉讀曰嚮意信之而納用其言初宣帝不甚從儒術任用法律而中書宦官用事中書令弘恭石顯久典樞機明習文法亦與車騎將軍高爲表裏論議常獨持故事不從望之等恭顯又時傾仄見詘文穎曰恭顯心不自安也師古曰文說非也言其不能持正故議論大事見詘於天子也仄古側字望之以爲中書政本宜以賢明之選自武帝游宴後庭故用宦者非國舊制又違古不近刑人之義師古曰禮曰刑人不在君側也白欲更置士人繇是大與高恭顯忤師古曰繇讀與由同忤謂相違逆也上初卽位謙讓重改作師古曰重難也未欲更置士人於中書也議久不定出劉更生爲宗正望之堪數薦名儒茂材以備諫官會稽鄭朋陰欲附望之上疏言車騎將軍高遣客爲姦利郡國及言許史子弟罪過章視周堪師古曰視讀曰示以朋所奏之章示堪也堪白令朋待詔金馬門朋奏記望之曰將軍體周召之德秉公綽之質有卞莊之威師古曰周謂周公旦召謂召公奭公綽孟公綽也廉正寡欲卞莊子魯卞邑大夫蓋勇士也召讀曰卲至乎耳順之年師古曰論語孔子曰六十而耳順履折衝之位號至將軍誠士之高致也窟穴黎庶莫不懽喜咸曰將軍其人也師古曰國家委任誠得其人也今將軍規撫云若管晏而休遂行日仄至周召乃留乎師古曰問望之立意當趣如管晏而止爲欲恢廓其道日昃不食追周召之蹟然後已乎撫讀曰模其字從木若管晏而休則下走將歸延陵之皋應劭曰下走僕也張晏曰吳公子札食邑延陵薄吳王之行弃國而耕於皋澤朋云望之所爲若但如管晏則不處漢朝將歸會稽壽延陵之執隱耕皋澤之中也師古曰下走者自謙言趨走之役也修農圃之疇師古曰美田曰疇畜雞種黍俟見二子沒齒而已矣師古曰論語云子路從而後遇丈人以杖荷蓧止子路宿殺雞爲黍而食之見其二子焉明日子路行以告子曰隱者也使子路反見之至則行矣朋之所云蓋謂此也俟古俟字也待也沒齒終身也蓧草器也音徒釣反如將軍昭然度行積思塞邪枉之險蹊宣中庸之常政師古曰度行度越常檢而爲高行也蹊徑謂道也音奚興周召之遺業親日仄之兼聽則下走其庶幾願竭區區底厲鋒鍔師古曰鋒刃端也鍔刃旁也音五各反奉萬分之一望之見納朋接待以意師古曰與之相見納用其說也朋數稱述望之短車騎將軍師古曰短謂毀其短惡也言許史過失後朋行傾邪望之絕不與通朋與大司農史李宮俱待詔堪獨白宮爲黃門郎朋楚士怨恨張晏曰朋會稽人會稽幷屬楚蘇林曰楚人脃急也更求入許史推所言許史事曰皆周堪劉更生教我我關東人何以知此於是侍中許章白見朋朋出揚言曰我見言前將軍小過五大罪一中書令在旁知我言狀望之聞之以問弘恭石顯顯恭恐望之自訟下於宅吏卽挾朋及待詔華龍師古曰華音胡化反龍者宣帝時與張子蟜等待詔師古曰蟜音巨遙反字或作僑以行汙濊不進師古曰濊與穢同欲入堪等堪等不納故與朋相結恭顯令二人告望之等謀欲罷車騎將軍疏退許史狀候望之出休日令朋龍上之事下弘恭問狀望之對曰外戚在位多奢淫欲以匡正國家非爲邪也恭顯奏望之堪更生朋黨相稱舉數譖訴大臣毀離親戚欲以專擅權勢爲臣不忠誣上不道請謁者召致廷尉時上初卽位不省謁者召致廷尉爲下獄也可其奏後上召堪更生曰繫獄上大驚曰非但廷尉問邪以責恭顯皆叩頭謝上曰令出視事○宋祁曰令出視事疑作今出視事一本作出乃使視事恭顯因使高○宋祁曰恭顯因使高疑作恭顯乃因史高言上新卽位未以德化聞於天下而先驗師傅既下九卿大夫獄宜因決免於是制詔丞相御史前將軍望之傅朕八年亡它罪過今事久遠識忘難明師古曰言不能盡記有遺忘者故難明其赦望之罪收前將軍光祿勳印綬及堪更生皆免爲庶人而朋爲黃門郎後數月制詔御史國之將與尊師而重傳故前將軍望之傅朕八年道以經術厥功茂焉師古曰道讀曰導茂美也其賜望之爵關內侯食邑六百戶給事中朝朔望坐次將軍天子方倚欲以爲丞相師古曰倚音於綺反會望之子散騎中郎伋上書訟望之前事師古曰伋音級事下有司復奏望之前所坐明白無譖訴者師古曰言望之自有罪非人譖而訴之也而敎子上書稱引亡辜之詩失大臣體不敬請逮捕弘恭石顯等知望之素高節不詘辱建白望之師古曰建立此議而白之於天子前爲將軍輔政欲排退許史專權擅朝幸得不坐復賜爵邑與聞政事師古曰與讀曰豫不悔過服罪深懷怨望敎子上書歸非於上師古曰言歸惡於天子也自以託師傅懷終不坐師古曰言恃舊恩自謂終無罪坐懷此心非頗詘望之於牢獄塞其怏怏心則聖朝亡以施恩厚服虔曰非不也上曰蕭太傅素剛安肯就吏顯等曰人命至重望之所坐語言薄罪必亡所憂上乃可其奏顯等封以付謁者敕令召望之手付因令太常急發執金吾車騎馳圍其第○宋祁曰越本車作軍字使者至召望之望之欲自殺其夫人止之以爲非天子意望之以問門下生朱雲雲者好節士勸望之自裁於是望之卬天歎曰師古曰卬讀曰仰吾嘗備位將相年踰六十矣老入牢獄苟求生活不亦鄙乎字謂雲曰游師古曰朱雲字游呼其字趣和藥來無久留我死師古曰趣讀曰促竟飲鴆自殺天子聞之驚拊手曰曩固疑其不就牢獄果然殺吾賢傅是時太官方上晝食上乃卻食爲之涕泣哀慟左右師古曰慟動也於是召顯等責問以議不詳師古曰詳審也

皆免冠謝良久然後已望之有罪死有司請絕其爵邑有詔加恩長子伋嗣爲關內侯天子追念望之不忘每歲時遣使者祠祭望之冢終元帝世望之八子至大官者育咸由

育字次君少以父任爲太子庶子元帝即位爲郎病免後爲御史大將軍王鳳以育名父子著材能除爲功曹遷謁者使匈奴副校尉師古曰時令校尉爲使於匈奴而育爲之副使故授副校尉也後爲茂陵令會課育第六師古曰如今之考第高下而漆令郭舜殿見責問師古曰殿後也言有所負最居下也殿音登見反育爲之請扶風怒曰君課第六裁自脫師古曰脫免也音吐活反何暇欲爲左右言師古曰左右者言與同列在其左右若今言旁人也及罷出傳召茂陵令詣後曹如淳曰賊曹決曹皆後曹當以職事對師古曰忿其爲漆令言故欲以職事責之○宋祁曰注文忿字越本作怒育徑出曹書佐隨牽育育案佩刀曰蕭育杜陵男子何詣曹也師古曰自言欲免官而去但是杜陵一白衣男子耳何須召我詣曹乎遂趨出欲去官明旦詔召入拜爲司隸校尉育過扶風府門官屬掾史數百人拜謁車下後坐失大將軍指免官復爲中郎將使匈奴歷冀州青州兩部刺史長水校尉泰山太守入守大鴻臚以鄠名賊梁子政阻山爲害久不伏辜師古曰名賊者自顯其名無所避匿言其事也○宋祁曰注文事字當作彊字育爲右扶風數月盡誅子政等坐與定陵侯淳于長厚善免官哀帝時南郡江中多盜賊拜育爲南郡太守上以育耆舊名臣乃以三公使車載育入殿中受策孟康曰使車三公奉使之車若安車也○宋祁曰三公下疑有官字曰南郡盜賊羣輩爲害朕甚憂之以太守威信素著故委南郡太守之官其於爲民除害安元元而已亡拘於小文加賜黃金二十斤育至南郡盜賊靜病去官起家復爲光祿大夫執金吾以壽終於官育爲人嚴猛尚威居官數免稀遷少與陳咸朱博爲友著聞當世往者有王陽貢公○宋祁曰公字當作禹字故長安語曰蕭朱結綬王貢彈冠言其相薦達也始育與陳咸俱以公卿子顯名咸最先進年十八爲左曹二十餘御史中丞○宋祁曰餘字下當添爲字時朱博尚爲杜陵亭長爲咸育所攀援入王氏師古曰援引也音爰後遂並歷刺史郡守相及爲九卿而博先至將軍上卿歷位多於咸育遂至丞相育與博後有隙不能終故世以交爲難

咸字仲爲丞相史舉茂材好畤令遷淮陽泗水內史張掖弘農河東太守所居有迹數增秩賜金後免官復爲越騎校尉護軍都尉中郎將使匈奴至大司農終官

由字子驕爲丞相西曹衞將軍掾遷謁者使匈奴副校尉後舉賢良爲定陶令遷太原都尉安定太守治郡有聲多稱薦者初哀帝爲定陶王時由爲定陶令失王指項之制書免由爲庶人哀帝崩爲復土校尉京輔左輔都尉遷江夏太守平江賊成重等有功增秩爲陳留太守元始中作明堂辟雍大朝諸侯徵由爲大鴻臚會病不及賓贊師古曰贊導九賓之事○宋祁曰會病不及當云會病行遲不及賓贊注文贊導九賓之事當云贊導九賓之禮也還歸故官病免復爲中散大夫終官家至吏二千石者六七人

贊曰蕭望之歷位將相籍師傅之恩可謂親昵亡間師古曰間隙也及至謀泄隙開讒邪構之卒爲便嬖宦豎所圖師古曰圖謀也哀哉不然望之堂堂折而不橈師古曰橈曲也音女教反身爲儒宗有輔佐之能近古社稷臣也

前漢書卷七十八考證

蕭望之傳高者請丞相御史注○劉奉世曰誤斷其文○胡三省曰高者則請丞相御史試事次者則中二千石試事文意固是一貫而分高次則非顏誤斷也

使侍中成都侯金安上諭意○胡三省曰功臣表及霍光傳皆作都成侯此傳作成都侯誤

蕭望之子育大將軍王鳳以育名父子○臣召南按名父子與王吉傳賢父子同猶云名父之子也

蕭育杜陵男子注云云○凌稚隆曰是不甘辱之意師古注恐未必然臣召南按男子猶言大丈夫言我不以官爵介意

以鄠名賊梁子政注師古云云○顧炎武曰名賊猶言名王謂賊之有名號者師古注非

前漢書卷七十九

漢　蘭　臺　令　史　班　固　撰

唐正議大夫行秘書少監琅邪縣開國子顏師古注

馮奉世傳第四十九

馮奉世字子明上黨潞人也師古曰潞音路徙杜陵其先馮亭爲韓上黨守秦攻上黨絕太行道師古曰太行山名險道所經行也行音胡郎反○宋祁曰注文經字疑當刪行字韓不能守馮亭乃入上黨城守於趙師古曰據守上黨城而以降趙趙封馮亭爲華陽君與趙將括距秦師古曰括趙括趙奢之子也戰死於長平宗族繇是分散師古曰繇讀與由同或留潞或在趙在趙者爲官帥將師古曰帥音所類反字或作師其義兩通官帥將子爲代相及秦滅六國而馮亭之後馮毋擇馮去疾馮劫皆爲秦將相焉漢興文帝時馮唐顯名即代相子也至武帝末奉世以良家子選爲郎昭帝時以功次補武安長失官年三十餘矣乃學春秋涉大義讀兵法○宋祁曰浙本兵法下有明習二字前將軍韓增奏以爲軍司空令本始中從軍擊匈奴軍罷復爲郎先是時漢數出使西域多辱命不稱或貪汙爲外國所苦師古曰苦謂困辱之是時烏孫大有擊匈奴之功而西域諸國新輯師古曰輯與集同集和也漢方善遇欲以安之選可使外國者前將軍增舉奉世以衞候使持節送大宛諸國客至伊脩城師古曰伊脩城在鄯善國漢於其中置屯田吏士也都尉宋將言莎車與旁國共攻殺漢所置莎車王萬年師古曰莎車國名萬年其王名也莎音素和反○宋祁曰宋字疑是宗字幷殺漢使者奚克國時匈奴又發兵攻車師城不能下而去莎車遣使揚言北道諸國已屬匈奴矣於是攻劫南道與歃盟畔漢從鄯善以西皆絕不通師古曰鄯音善都護鄭吉校尉司馬意皆在北道諸國間奉世與其副嚴昌計以爲不亟擊之師古曰亟急也音居力反則莎車日彊其埶難制必危西域遂以節諭告諸國王因發其兵南北道合萬五千人進擊莎車攻拔其城莎車王自殺傳其首詣長安諸國悉平威振西域奉世乃罷兵以聞宣帝召見韓增曰賀將軍所舉得其人奉世遂西至大宛大宛聞其斬莎車王敬之異於他使得其名馬象龍而還師古曰言馬形似龍者○劉攽曰此馬名曰象龍也上甚說師古曰說讀曰悅下議封奉世師古曰下其事令議之丞相將軍皆曰春秋之義大夫出疆有可以安國家則顓之可也師古曰顓與專同奉世功效尤著宜加爵土之賞少府蕭望之獨以奉世奉使有指師古曰本爲送諸國客而擅矯制違命發諸國兵雖有功效不可以爲後法即封奉世開後奉使者利以奉世爲比師古曰比必寐反○宋祁曰注文比字下疑有音字爭逐發兵要功萬里之外師古曰逐競也爲國家生事於夷狄漸不可長奉世不宜受封上善望之議以奉世爲光祿大夫水衡都尉○宋祁曰善望之議字下疑有竟不封三字元帝即位爲執金吾上郡屬國歸義降胡萬餘人反去初昭帝末西河屬國胡伊酋若王亦將衆數千人畔師古曰酋音才由反奉世輒持節將兵追擊師古曰言西河上郡羌胡反畔子明再追擊之右將軍典屬國常惠薨奉世代爲右將軍典屬國加諸吏之號數歲爲光祿勳永光二年秋隴西羌彡姐旁種反師古曰彡所廉反又音先廉反姐音紫今西羌尚有此姓而彡音先冉反○宋祁曰注文彡字下當有音字詔丞相韋玄成御史大夫鄭弘大司馬車騎將軍王接左將軍許嘉右將軍奉世入議是時歲比不登師古曰比頻也登成也京師穀石二百餘師古曰一石直二百餘錢也下皆類此邊郡四百關東五百四方飢饉朝庭○宋祁曰庭當作廷方以爲憂而遭羌變玄成等漠然莫有對者師古曰漠無聲也音莫奉世曰羌虜近在竟內背畔師古曰竟讀曰境不以時誅亡以威制遠蠻臣願帥師討之上問用兵之數對曰臣聞善用兵者役不再興糧不三載故師不久暴而天誅亟決師古曰暴露也亟急也音居力反○宋祁曰注文暴字下疑有謂暴字往者數不料敵師古曰料量也音聊而師至於折傷再三發軵如淳曰軵推也淮南子曰內郡軵車而餉音而隴反○宋祁曰注文而隴字疑是如腫字則曠日煩費威武虧矣今反虜無慮三萬人法當倍用六萬人師古曰無慮舉凡之言也無小思慮而大計也然羌戎弓矛之兵耳器不犀利如淳曰今俗刀兵利爲犀晉灼曰犀堅也師古曰晉說是可用四萬人一月足以決丞相御史兩將軍皆以爲民方收斂時未可多發萬人屯守之且足奉世曰不可天下被飢饉士馬羸耗師古曰耗減也音呼到反守戰之備久廢不簡師古曰簡謂選揀○宋祁曰注文揀字疑是練字夷狄皆有輕邊吏之心而羌首難師古曰言創首爲寇難也今以萬人分屯數處虜見兵少必不畏懼戰則挫兵病師守則百姓不救如此怯弱之形見羌人乘利諸種並和師古曰和應也音胡卧反相扇而起臣恐中國之役不得止於四萬非財幣所能解也故少發師而曠日師古曰曠空也空費其日而無功也與一舉而疾決利害相萬也師古曰相比則爲萬倍也固爭之不能得有詔益二千人於是遣奉世將萬二千人騎以將屯爲名師古曰且云領兵屯田不言討賊○宋祁曰萬二千人浙本無人字注文屯田字上疑有爲字典屬國任立護軍都尉韓昌爲偏裨到隴西分屯三處典屬國爲右軍屯白石護軍都尉爲前軍屯臨洮奉世爲中軍屯首陽西極上如淳曰西極山名前軍到降同阪師古曰阪平陂也降同者阪名也阪府板反降音下江反陂音普何反○宋祁曰注文府字上當有音字先遣校尉在前與羌爭地利又別遣校尉救民於廣陽谷羌虜盛多皆爲所破殺兩校尉奉世具上地形部衆多少之計願益三萬六千人乃足以決事書奏天子大爲發兵六萬餘人拜太常弋陽侯任千秋爲奮武將軍以助焉奉世上言願得其衆不須煩大將○宋祁曰須字下當有復字因陳轉輸之費上於是以璽書勞奉世且讓之師古曰讓責也責其不須大將曰皇帝問將兵右將軍師古曰官爲右將軍而將兵在外故謂之將兵右將軍也甚苦暴露羌虜侵邊境殺吏民甚逆天道故遣將軍帥士大夫行天誅以將軍材質之美奮精兵誅不軌百下百全之道也○宋祁曰徐鍇去百下二字予謂不當去今乃有畔敵之名如淳曰不敢當敵攻戰爲畔敵也大爲中國羞以昔不閑習之故邪師古曰言未嘗當羌虜不測其形便以恩厚未洽信約不明也師古曰言將軍恩惠未洽於士卒又不能明其約誓使在下信之朕甚怪之上書言羌虜依深山多徑道不得不多分部遮要害須得後發營士足以決事部署已定埶不可復置大將聞之前爲將軍兵少不足自守故

發近所騎日夜詣師古曰近所臨近之處也日夜言兼行不休息也詣詣軍所也非爲擊也師古曰助其守令發三輔河東弘農越騎迹射佽飛彀者羽林孤兒及呼速絫嗕種劉德曰嗕音辱羌別種也彀者謂能張弩者也彀音工豆反絫音力追反嗕音乃穀反○劉奉世曰呼速絫則呼遫累單于所將五萬衆來降者也嗕者匈奴傳所謂西嗕君長數千人降漢者此二種有兵衆皆宣帝時來降令使征羌方急遣師古曰言令速至軍所也且兵凶器也必有成敗者患○宋祁曰南本作成敗者之患策不豫定料敵不審也故復遣奮武將軍兵法曰大將軍出必有偏裨所以揚威武參計策將軍又何疑焉夫愛吏士得衆心舉而無悔禽敵必全將軍之職也若乃轉輸之費則有司存將軍勿憂須奮武將軍兵到合擊羌虜師古曰須待也十月兵畢至隴西十一月並進羌虜大破斬首數千級餘皆走出塞兵未決閒漢復發募士萬人拜定襄太守韓安國爲建威將軍師古曰自別有此安國非武帝時人也未進聞羌破還上曰羌虜破散創艾亡逃出塞師古曰創艾謂懲懼也創音初向反艾讀曰乂其罷吏士頗留屯田備要害處明年二月奉世還京師更爲左將軍光祿勳如故其後錄功拜爵下詔曰羌虜桀黠賊害吏民攻隴西府寺燔燒置亭師古曰置謂置驛之所也絕道橋甚逆天道左將軍光祿勳奉世前將兵征討斬捕首虜八千餘級鹵馬牛羊以萬數賜奉世爵關內侯食邑五百戶黃金六十斤裨將校尉三十餘人皆拜後歲餘奉世病卒居爪牙官前後十年爲折衝宿將功名次趙充國奮武將軍任千秋者其父宮昭帝時以丞相徵事捕斬反者左將軍上官桀封侯宣帝時爲太常薨千秋嗣後○宋祁曰後疑作侯復爲太常成帝時樂昌侯王商代奉世爲左將軍而千秋爲右將軍後亦爲左將軍子孫傳國至王莽乃絕云奉世死後二年西域都護甘延壽以誅郅支單于封爲列侯時丞相匡衡亦用延壽矯制生事據蕭望之前議以爲不當封而議者咸美其功上從衆而侯之於是杜欽上疏追訟奉世前功曰前莎車王殺漢使者約諸國背畔師古曰約謂共爲契約左將軍奉世以衛候便宜發兵誅莎車王策定城郭功施邊境師古曰城郭者謂西域諸國爲城郭而居者議者以奉世奉使有指春秋之義亡遂事漢家之法有矯制師古曰無遂事者謂臨時制宜前事不可必遂也漢家之法擅矯詔命雖有功勞不加賞也○宋祁曰師古誤注遂事可駮故不得侯今匈奴郅支單于殺漢使者亡保康居都護延壽發城郭兵屯田吏士四萬餘人以誅斬之封爲列侯臣愚以爲比罪則郅支薄量敵則莎車衆用師則奉世寡計勝則奉世爲功於邊境安慮敗則延壽爲禍於國家深其違命而擅生事同延壽割地而奉世獨不錄臣聞功同賞異則勞臣疑罪鈞刑殊則百姓惑疑生無常惑生不知所從亡常則節趨不立師古曰趨讀曰趣趣謂意所嚮不知所從則百姓無所錯手足師古曰錯置也音千故反奉世圖難忘死信命殊俗師古曰圖難謀除國難也信讀曰伸威功白著爲世使表師古曰白著謂顯明也表猶首也獨抑厭而不揚師古曰厭音一涉反非聖主所以塞疑厲節之意也願下有司議上以先帝時事不復錄奉世有子男九人女四人長女媛以選充後宮爲元帝昭儀產中山孝王元帝崩媛爲中山太后隨王就國奉世長子譚太常舉孝廉爲郎功次補天水司馬如淳曰漢注邊郡置都尉及千人司馬皆不治民也奉世擊西羌譚爲校尉隨父從軍有功未拜病死譚弟野王逡立參至大官師古曰逡音千旬反

野王字君卿受業博士通詩少以父任爲太子中庶子年十八上書願試守長安令宣帝奇其志問丞相魏相相以爲不可許後以功次補當陽長遷爲櫟陽令徙夏陽令元帝時遷隴西太守以治行高入爲左馮翊歲餘而池陽令並素行貪汙輕野王外戚年少治行不改野王部督郵掾祋祤趙都師古曰都祋祤人而爲掾也祋音丁活反又音丁外反祤音許羽反案驗得其主守盜十金罪收捕並不首吏師古曰不首吏謂不伏從收捕也都格殺並家上書陳冤事下廷尉○宋祁曰並字下當更有並字都詣吏自殺以明野王京師稱其威信遷爲大鴻臚數年御史大夫李延壽病卒在位多舉野王上使尚書選第中二千石師古曰定其高下之差也而野王行能第一上曰吾用野王爲三公後世必謂我私後宮親屬以野王爲比師古曰比例也音必寐反乃下詔曰剛彊堅固確然亡欲大鴻臚野王是也心辨善辭可使四方少府五鹿充宗是也廉絜節儉太子少傅張譚是也其以少傅爲御史大夫上繇下第而用譚師古曰繇讀與由同越次避嫌不用野王以昭儀兄故也野王乃歎曰人皆以女寵貴我兄弟獨以賤野王雖不爲三公甚見器重有名當世成帝立有司奏野王王舅不宜備九卿以秩出爲上郡太守如淳曰以鴻臚秩爲太守加賜黃金百斤朔方刺史蕭育奏封事薦言野王行能高妙內足與圖身外足以慮化師古曰圖謀慮思也○宋祁曰注文謀字下當添也字竊惜野王懷國之寶而不得陪朝廷與朝者並野王前以王舅出以賢復入明國家樂進賢也上自爲太子時聞知野王會其病免復以故二千石使行河隄因拜爲琅邪太守是時成帝長舅陽平侯王鳳爲大司馬大將軍輔政八九年矣時數有災異京兆尹王章譏鳳顓權不可任用薦野王代鳳上初納其言而後誅章語在元后傳於是野王懼不自安遂病滿三月賜告與妻子歸杜陵就醫藥大將軍鳳風御史中丞劾奏野王師古曰風讀曰諷賜告養病而私自便師古曰便安也音頻面反持虎符出界歸家奉詔不敬杜欽時在大將軍莫府欽素高野王父子行能奏記於鳳爲野王言曰竊見令曰吏二千石告過長安謁如淳曰謁者自白得告也律吏二千石以上告歸歸寧道不過行在所者便道之官無辭不分別予賜如淳曰予予告也賜賜告也今有司以爲予告得歸賜告不得是一律兩科失省刑之意師古曰省減也音所領反夫三最予告令也師古曰在官連有三最則得予告也病滿三月賜告詔恩也令告則得詔恩則不得○宋祁曰景德本令告詔則得恩不得浙本南本云令告則得詔恩不得失輕重之差又二千石病賜告得歸有故事不得去郡亡著令如淳曰律施行無不得去郡之文也傳曰賞疑從予所以廣恩勸功也師古曰疑當賞不當賞則與之疑厚薄則從厚罰疑從去所以愼刑闕難知也師古曰疑當罰不當罰則赦之疑輕重則從輕今釋令與故事而假不敬之法師古曰釋廢弃也假謂假託法律而致其罪甚違闕疑從去之意即以二千石守千里之地任兵馬之重不宜去郡將以制刑爲後法者則野王之罪在未制令前也刑賞大信不可不慎鳳不聽竟免野王郡國二千石病賜告不得歸家自此始初野王嗣父爵爲關內侯免歸數年年老終于家子座嗣爵師古曰座音才戈反至孫坐中山太后事絕

逡字子產通易太常察孝廉爲郎補謁者建昭中選爲復土校尉光祿勳于永舉茂材爲美陽令功次遷長樂屯衞司馬清河都尉隴西太守治行廉平年四十餘卒爲都尉時言河隄方略在溝洫志○宋祁曰在字上當有語字

立字聖卿通春秋以父任爲郎稍遷諸曹竟寧中以王舅出爲五原屬國都尉數年遷五原太守徙西河上郡立居職公廉治行略與野王相似而多知有恩貸師古曰貸音吐戴反好爲條教吏民嘉美野王立相代爲太守歌之曰大馮君小馮君兄弟繼踵相因循聰明賢知惠吏民政如魯衞德化鈞周公康叔猶二君師古曰論語稱孔子曰魯衞之政兄弟也言周公康叔親則兄弟治國之政又相似後遷爲東海太守下溼病痺師古曰東海土地下溼故立病痺也痺音必寐反○宋祁曰注文痺字上疑有風字天子聞之徙立爲太原太守更歷五郡師古曰更音工行反所居有迹年老卒官衡

參字叔平學通尚書少爲黃門郎給事中宿衛十餘年參爲人矜嚴好修容儀進退恂恂甚可觀也師古曰恂恂謹信之貌音荀參昭儀少弟行又敕備以嚴見憚終不得親近侍帷幄竟寧中以王舅出補渭陵食官令如淳曰給陵上祭祀之事以數病徙爲寢中郎師古曰亦渭陵之寢郎也有詔勿事張晏曰不與勞役執事優之師古曰雖居其官不親職也○宋祁曰注文優之當作優之也陽朔中中山王來朝參擢爲上河農都尉師古曰上河在西河富平於此爲農都尉病免官復爲渭陵寢中郎永始中超遷代郡太守以邊郡道遠徙爲安定太守數歲病免復爲諫大夫使領護左馮翊都水綏和中立定陶王爲皇太子以中山王見廢師古曰見廢謂不得爲漢嗣也○宋祁曰以字上疑有上字故封王舅參爲宜鄉侯以慰王意參之國上書願至中山見王太后行未到而王薨王病時上奏願貶參爵以關內侯食邑留長安上憐之下詔曰中山孝王短命早薨願以舅宜鄉侯參爲關內侯歸家朕甚愍之其還參京師以列侯奉朝請五侯皆敬憚之師古曰王氏五侯也丞相翟方進亦甚重焉數謂參物禁太甚師古曰言萬物之禁在於太甚人道亦當隨時不宜獨異君侯以王舅見廢不得在公卿位今五侯至尊貴也與之並列宜少詘節卑體視有所宗師古曰視讀曰示宗尊也而君侯盛修容貌以威嚴加之此非所以下五侯而自益者也師古曰下音胡亞反參性好禮儀終不改其恒操頃之哀帝即位帝祖母傅太后用事追怨參姊中山太后陷以祝詛大逆之罪語在外戚傳參以同產當相坐謁者承制召參詣廷尉參自殺且死仰天歎曰參父子兄弟皆備大位身至封侯今被惡名而死姊弟不敢自惜傷無以見先人於地下死者十七人衆莫不憐之宗族徙歸故郡

贊曰詩稱抑抑威儀惟德之隅師古曰大雅抑之詩也抑抑密也隅廉也言有密靜之德審於威儀則其持心有廉隅宜鄉侯參鞠躬履方擇地而行師古曰鞠躬謹敬貌履方踐方直之道也鞠音居六反○宋祁曰注中鞠躬當云鞠躬曲躬也可謂淑人君子然卒死於非罪不能自免師古曰卒終也哀哉讒邪交亂貞良被害自古而然故伯奇放流師古曰說苑云王國子前母子伯奇後母子伯封兄弟相重後母欲令其子立爲太子乃譖伯奇而王信之乃放伯奇也○宋祁曰注文重字當作愛字孟子宮刑張晏曰寺人孟子賢者被讒見宮刑作巷伯之詩也申生雉經師古曰國語云晉獻公黜太子申生乃雉經于新城之廟蓋爲悛頸閉氣而死若雉之爲屈原赴湘師古曰楚辭漁父之篇云屈原曰寧赴湘流葬於江魚腹中也小弁之詩作離騷之辭興師古曰小弁小雅篇名也太子之傅作焉刺幽王信讒黜申后而放太子宜咎也離騷經屈原所作也離遭也騷憂也遭憂而作辭弁音盤經曰心之憂矣涕既隕之師古曰即小弁之詩也隕墜也馮參姊弟亦云悲矣

前漢書卷七十九考證

馮奉世傳至伊修城注師古曰伊修城在鄯善國云云○臣召南按伊修城當作伊循城各本俱誤西域傳鄯善國中有伊循城其地肥美漢置都尉所謂伊循田官也通鑑亦作伊循知宋時漢書本尚不誤後來刊本訛循作修耳顏注亦然

初昭帝末西河屬國胡伊酋若王亦將衆數千人畔○臣召南按昭帝應是宣帝之訛昭帝時奉世名尚未著安得持節將兵且西河屬國始置於五鳳四年宣紀可證也當昭帝時尚無西河屬國安得有叛人耶

於是遣奉世將萬二千人騎○文義似衍人字

與屬國為右軍屯白石○地理志狄道白石山在東狄道隴西郡治也

馮奉世子野王御史大夫李延壽病卒○卽公卿表所云繁延壽也此文作李此人有二姓

馮奉世子參參擢為上河農都尉注師古曰上河在西河富平於此為農都尉○臣召南按地理志西河郡有富昌縣無富平縣且富昌縣下亦不云農都尉治又顏注敘傳曰上河地名農都尉者典農事二注自相矛盾按地理志富平有二一屬平原郡故名厭次宣帝時更名也一屬北地郡有北部都尉渾懷都尉亦不云農都尉治也惟張掖郡番和縣有農都尉治明文

前漢書卷八十

漢　蘭　臺　令　史班　固撰

唐正議大夫行祕書少監琅邪縣開國子顏師古注

宣元六王傳第五十

孝宣皇帝五男許皇后生孝元帝張倢伃生淮陽憲王衞倢伃生楚孝王囂（師古曰囂音敖）公孫倢伃生東平思王宇戎倢伃生中山哀王竟

淮陽憲王欽元康三年立母張倢伃有寵於宣帝霍皇后廢後上欲立張倢伃為后久之懲艾霍氏欲害皇太子（師古曰艾讀曰乂乂創也）迺更選後宮無子而謹愼者迺立長陵王倢伃為后令母養太子后無寵希御見唯張倢伃最幸而憲王壯大好經書法律聰達有材帝甚愛之太子寬仁喜儒術（師古曰喜好也音許吏反）上數嗟歎憲王曰眞我子也常有意欲立張倢伃與憲王然用太子起於微細上少依倚許氏（師古曰倚音於起反）及卽位而許后以殺死太子蚤失母故弗忍也（師古曰蚤古早字也○宋祁曰也字疑可刪）久之上以故丞相韋賢子玄成陽狂讓侯兄（○宋祁曰兄字上疑有於字）經明行高稱於朝廷乃召拜玄成為淮陽中尉欲感諭憲王輔以推讓之臣（○宋祁曰推字疑作禮字）由是太子遂安宣帝崩元帝卽位乃遣憲王之國時張倢伃已卒憲王有外祖母舅張博兄弟三人歲至淮陽見親（師古曰憲王外祖母隨王在淮陽博等每來謁見其母）輒受王賜後王上書請徙外家張氏於國博上書願留守墳墓獨不徙王恨之後博至淮陽王賜之少博言負責數百萬（師古曰責謂假貸人財物未償者也責音側懈反）願王為償王不許博辭去令弟光恐云王遇大人益解（師古曰恐謂怖動也大人博自稱其母也解讀曰懈○宋祁曰恐字下疑有王字注文怖字下疑有之字）博欲上書為大人乞骸骨去王乃遣人持黃金五十斤送博博喜還書謝（師古曰還書報書○宋祁曰注末當有也字）為諂語盛稱譽王因言當今朝廷無賢臣災變數見足為寒心萬姓咸歸望於大王大王奈何恬然（師古曰恬然安靜貌也恬音大兼反）不求入朝見輔助主上乎使弟光數說王宜聽博計令於京師說用事貴人為王求朝王不納其言後光欲至長安辭王復言願盡力與博共為王求朝王卽日至長安可因平陽侯（○宋祁曰陽字疑作陵字）光得王欲求朝語馳使人語博博知王意動復遺王書曰博幸得肺腑（師古曰自云於王有親也）數進愚策未見省察北游燕趙欲循行郡國求幽隱之士聞齊有騶先生者善為司馬兵法大將之材也博得謁見承間進問五帝三王究竟要道卓爾非世俗之所知（師古曰卓爾高遠貌也自言見騶先生問以要道知其高遠也）今邊境不安天下騷動微此人其莫能安也（師古曰微無也○宋祁曰浙本無人其字又一本無此人字）又聞北海之瀕有賢人焉（師古曰瀕涯也音頻又音賓）累世不可逮然難致也（師古曰逮及也言其材智不可及也致至也難得召而至也）得此二人而薦之功亦不細矣博願馳西以此赴助漢急無財幣以通顯之趙王使謁者持牛酒黃金三十斤勞博（師古曰勞謂遺之音來到反）博不受復使人願尚女（師古曰尚女者王欲取博女以自配也）聘金二百斤博未許會得光書云大王已遣光西與博并力求朝博自以棄捐不意大王還意反義結以朱顏（師古曰還猶回也）願殺身報德朝事何足言大王誠賜咳唾使得盡死湯禹所以成大功也騶先生蓄積道術書無不有（師古曰言凡是書籍皆有之）願知大王所好請得輒上（○宋祁曰此下當添八字云師古曰上上與王也）王得書喜說（如淳曰上與王也○宋祁曰此注當改作師古曰說讀曰悅）報博書曰子高迺幸左顧存恤發心惻隱（師古曰左顧猶言枉顧也）顯至誠（○宋祁曰顯字下疑有以字）納以嘉謀語以至事（師古曰以至極之事告語我○宋祁曰注末疑有也字）雖亦不敏敢不諭意（師古曰諭曉也）今遣有司為子高償責二百萬是時博女壻京房以明易陰陽得幸於上數召見言事自謂為石顯五鹿充宗所排謀不得用數為博道之博常欲誑燿淮陽王卽具記房諸所說災異及召見密語持予淮陽王以為信驗詐言已見中書令石君求朝許以金五百斤賢聖制事蓋慮功而不計費（師古曰志在成功不惜財費也○宋祁曰詐言別本無詐字）昔禹治鴻水百姓罷勞（師古曰罷讀曰疲）成功既立萬世賴之今聞陛下春秋未滿四十髮齒墮落太子幼弱佞人用事陰陽不調百姓疾疫飢饉死者且半鴻水之害殆不過此（師古曰謂堯時水災不大於今）大王緒欲救世（師古曰緒業也一曰始為端緒）將比功德何可以忽（師古曰言比功德於古帝王也忽怠忘也）博已與大儒知道者為大王為便宜奏（師古曰大儒知道謂京房也道術也）陳安危指災異大王朝見先口陳其意而後奏之上必大說（師古曰說讀曰悅）事成功立大王卽有周邵之名邪臣散亾公卿變節功德亾比而梁趙之寵必歸大王（如淳曰梁王景帝弟欲為嗣趙王如意幾代惠帝也）外家亦將富貴何復望大王之金錢王喜說（師古曰說讀曰悅）報博書曰迺者詔下止諸侯朝者寡人憯然不知所出（師古曰憯痛也不知計策何所出也憯音才感反）子高素有顏冉之資臧武之智（師古曰顏顏回也冉冉耕也字伯牛皆孔子弟子論語稱孔子曰德行顏淵閔子騫冉伯牛仲弓臧武者魯大夫臧武仲也論語稱子曰若臧武仲之智）子貢之辯（師古曰論語稱孔子曰言語宰我子貢）卞莊子之勇（師古曰卞莊子魯之勇士也）兼此四者世之所鮮（師古曰鮮少也音先踐反）既開端緒願卒成之（師古曰卒終也）求朝義事也奈何行金錢乎博報曰已許石君須以成事（師古曰須待也）王以金五百斤予博會房出為郡守離左右顯具得此事告之（○宋祁曰顯字上當有石字告之之字疑剛）房漏泄省中語博兄弟詿誤諸侯王誹謗政治狡猾不道皆下獄有司奏請逮捕欽上不忍致法遣諫大夫王駿賜欽璽書曰皇帝問淮陽王有司奏王王舅張博數遺王書非毀政治謗訕天子褒舉諸侯稱引周湯以諂惑王（宋祁曰周當作禹）所言尤惡悖逆無道王不舉奏而多與金錢報以好言辠至不赦朕惻焉不忍聞（師古曰惻痛也○宋祁曰惻焉當云朕甚惻焉）為王傷之推原厥本不祥自博（師古曰辟善也自從也不善之事從博起也）惟王之心匪同于凶已詔有司勿治王事遣諫大夫駿申諭朕意（師古曰申謂約束之○宋祁曰注文申字下當有論字）詩不云乎靖恭爾位正直是與（師古曰大雅小明之詩也與借也言人能安靜而恭以守其位借於正直則明神聽之用錫福善）有指曰（師古曰璽書之外天子又有指意并令駿曉告於王也）禮為諸侯制相朝聘之義蓋以考禮壹德尊事天子也（師古曰考成也壹德謂不二其心也）且王不學詩乎詩云俾侯於魯為周室輔（師古曰魯頌閟宮之詩也言立周公子伯禽使為諸侯于魯國而作周家之藩輔）今王舅博數遺王書所言悖逆王幸受詔策通經術（如淳曰詔策若廣陵王策曰無邇宵人毋作匪德也經術之義不得內交）知諸侯名譽不當出竟（師古曰竟讀曰境）天子普覆德布於朝而恬有博言（師古曰恬安也聞博邪言安而受之）多予金錢與相報應不忠莫大焉故事諸侯王獲罪京師罪惡輕重縱不伏誅必蒙遷削貶黜之罪（師古曰故事者言舊制如此也）未有但已者也（師古曰但徒也空也已止也未有空然而止者也）今聖主赦王之罪又憐王失計忘本為博所惑加賜璽書使諫大夫申諭至意殷勤之恩豈有量哉博等所犯惡大（○宋祁曰犯字下當有罪字）羣下之所共攻王法之所不赦也自今以來王毋復以博等累心（師古曰累音力瑞反）務與衆棄之春秋之義大能變改（師古曰以有過而能變故者為大）易曰藉用白茅无咎（師古曰此大過初六爻辭也茅者絜白之物取其自然故用藉致享於神祇之至也○宋祁曰注文故用藉當作故用為藉）言臣子之道改過自新絜己以承上然後免於咎也王其留意慎戒惟思所以悔過易行塞重責稱厚恩者（師古曰塞猶補也稱副也）如此則長有富貴社稷安矣於是淮陽王欽免冠稽首謝曰奉藩無狀（師古曰無善狀）過惡暴列（師古曰暴謂章顯也）陛下不忍致法加大恩遣使者申諭道術守藩之義伏念博罪惡尤深當伏重誅臣欽願悉心自新奉承詔策（師古曰悉盡也）頓首死罪京房及博兄弟三人皆棄市妻子徙邊至成帝卽位以淮陽王屬為叔父敬寵之異於它國王上書自陳舅張博時事頗為石顯等所侵因為博家屬徙者求還丞相御史復劾欽前與博相遺私書指意非諸侯王所宜蒙恩勿治事在赦前不悔過而復稱引自以為直失藩臣體不敬上加恩許王還徙者三十六年薨子文王玄嗣二十六年薨子縯嗣（孟康曰縯音引師古曰音弋善反）王莽時絕

楚孝王囂甘露二年立為定陶王三年徙楚成帝河平中入朝時被疾天子閔之下詔曰蓋聞天地之性人為貴人之行莫大於孝（師古曰孝經載孔子之言）楚王囂素行孝順仁慈之國以來二十餘年纖介之過未嘗聞朕甚嘉之今迺遭命離于惡疾（師古曰離遭也）夫子所痛曰蔑之命矣夫斯人也而有斯疾也（師古曰夫子孔子也論語云伯牛有疾子問之自牖執其手曰蔑之命矣夫斯人也而有斯疾也蔑無也言無善如斯人而有斯惡疾深痛之也）朕甚閔焉夫行純茂而不顯異則有國者將何勗哉（師古曰純大也一曰善也茂美也勗勉厲也）書不云乎用德章厥善（師古曰尚書盤庚之辭也言賞有德以明其善行）今王朝正月詔與子男一人俱（師古曰從其王入朝也）其以廣戚縣戶四千三百封其子勳為廣戚侯明年囂薨子懷王文嗣一年薨無子絕明年成帝復立文弟平陸侯衍（○宋祁曰陸一本作陵）是為思王二十一年薨子紆嗣王莽時絕初成帝時又立紆弟景為定陶王廣戚侯勳薨謚曰煬侯子顯嗣平帝崩無子王莽立顯子嬰為孺子奉平帝後莽篡位以嬰為定安公漢既誅莽更始時嬰在長安平陵方望等頗知天文以為更始必敗嬰本統當立者也（師古曰言其舊已繼平帝後當正統）共起兵將嬰至臨涇立為天子更始遣丞相李松擊破殺嬰云

東平思王宇甘露二年立元帝卽位就國壯大通姦犯法（師古曰與姦猾交通好犯法也）上以至親貰弗罪傅相連坐（師古曰傅坐王獲罪）久之事太后內不相得太后上書言之求守杜陵園

張晏曰宣帝陵也宮人無子乃守園陵上於是遣太中大夫張子蟜師古曰蟜字或作僑並音鉅昭反奉璽書敕諭之師古曰約敕而曉告之也曰皇帝問東平王蓋聞親親之恩莫重於孝尊尊之義莫大於忠故諸侯在位不驕以致孝道制節謹度以翼天子師古曰翼佐也然後富貴不離其身子○宋祁曰舊無不字云離於身蘇嚮云此文與孝經小異離附離也今作不離其身疑爲俗儒所添也而社稷可保今聞王自修有闕本朝不和師古曰謂東平國之朝也流言紛紛○宋祁曰下紛字當作然謗自內興朕甚憯焉爲王懼之師古曰憯痛也音才感反詩不云乎毋念爾祖述修厥德永言配命自求多福師古曰大雅文王之詩也無念念也言當念爾先祖之道修其德則長配天命此乃所以自求多福朕惟王之春秋方剛師古曰言其少年血氣盛○宋祁曰注末當有也字忽於道德師古曰忽遺忘也意有所移忠言未納師古曰謂漸染其惡人而移其性未受忠言也故臨遣太中大夫子蟜諭王朕意師古曰親臨遣之令以朕意曉告王孔子曰過而不改是謂過矣師古曰論語載孔子之言也謂人有失行許以自新王其深惟孰思之無違朕意又特以璽書賜王太后曰皇帝使諸吏宦者令承問東平王太后朕有聞師古曰言毋子不和也不欲指斥言之故云有聞也王太后少加意焉夫福善之門莫美於和睦患咎之首莫大於內離今東平王出繈褓之中而託于南面之位加以年齒方剛○宋祁曰考諸本無位加字劉敞曰南面之文不具涉學日寡驁忽臣下師古曰驁讀與敖同不自宅於太后李奇曰不自宅者親之辭也師古曰言不自同宅人○宋祁曰注文親字上疑有自字以是之間能無失禮義者其唯聖人乎傳曰父爲子隱直在其中矣師古曰論語云葉公謂孔子曰吾黨有直躬者其父攘羊而子證之孔子曰吾黨之直者異於是父爲子隱子爲父隱直在其中矣故引之也王太后明察此意不可不詳閨門之內母子之間同氣異息骨肉之恩豈可忽哉豈可忽哉昔周公戒伯禽曰故舊無大故則不可棄也毋求備於一人師古曰事見論語言人有小惡當思其善不可責以備行而卽棄之也夫以故舊之恩猶忍小惡而況此乎已遣使者諭王王既悔過服罪太后寬忍以貫之師古曰貫猶緩○宋祁曰注末當有也字後宜不敢師古曰言王於後當不敢更爲非也王太后强餐止思念慎疾自愛宇慙懼因使者頓首謝死罪願洒心自改師古曰洒音先弟反詔書又敕傅相曰夫人之性皆有五常及其少長耳目牽於耆欲師古曰耆讀曰嗜故五常銷而邪心作情亂其性利勝其義張晏曰性者所受而生也情者見物而動者也而不失厥家者未之有也今王富於春秋氣力勇武獲師傅之教淺加以少所聞見自今以來非五經之正術敢以游獵非禮道王者輒以名聞師古曰道讀曰導宇立二十年元帝崩宇謂中謁者信等曰漢大臣議天子少弱未能治天下以爲我知文法建欲使我輔佐天子師古曰建謂立其議我見尚書晨夜極苦使我爲之不能也今暑熱縣官年少張晏曰不敢指斥成帝謂之縣官也持服恐無處所如淳曰言不從道冀如昌邑王也我危得之孟康曰危殆也我殆得爲天子也師古曰危者猶今之言險不得之矣比至下宇凡三哭張晏曰下下棺也師古曰比音必寐反下音胡稼反飲酒食肉妻妾不離側又姬朐臑故親幸後疏遠服虔曰朐音劬臑音奴溝反又音奴皋反數歎息呼天宇聞斥朐臑爲家人子師古曰黜其秩位掃除永巷數笞擊之朐臑私疏宇過失數令家告之宇覺知絞殺朐臑有司奏請逮捕有詔削樊亢父二縣師古曰音抗甫後三歲天子詔有司曰蓋聞仁以親親古之道也前東平王有闕師古曰闕謂過失也有司請廢朕不忍又請削朕不敢專○宋祁曰削字下疑有地字惟王之至親未嘗忘於心今聞王改行自新尊修經術親近仁人非法之求不以奸吏師古曰奸音干朕甚嘉焉傳不云乎朝過夕改君子與之其復前所削縣如故師古曰復音扶目反後年來朝上疏求諸子及太史公書上以問大將軍王鳳○宋祁曰鳳字下當更有鳳字對曰臣聞諸侯朝聘考文章正法度非禮不言今東平王幸得來朝不思制節謹度以防危失師古曰危謂失道而傾危也而求諸書○宋祁曰書字上當有子字非朝聘之義也諸子書或反經術非聖人或明鬼神信物怪師古曰物亦鬼太史公書有戰國從橫權譎之謀漢興之初謀臣奇策天官灾異地形阸塞皆不宜在諸侯王不可予不許之辭宜曰五經聖人所制萬事靡不畢載王審樂道傅相皆儒者旦夕講誦足以正身虞意師古曰虞與娛同夫小辯破義小道不通致遠恐泥皆不足以留意師古曰論語稱孔子曰雖小道必有可觀者焉致遠恐泥是以君子不爲也泥謂陷滯不通也音乃細反諸益於經術者不愛於王師古曰愛惜也於王無所愛惜之對奏天子如鳳言遂不與立三十三年薨師古曰皇覽云東平思王冢在無鹽人傳言王在國思歸京師後葬其冢上松柏皆西靡也子煬王雲嗣哀帝時無鹽危山土自起覆草如馳道狀又瓠山石轉立晉灼曰漢注作報山山脅石一枚轉側起立高九尺六寸旁行一丈廣四尺也師古曰報山山名也古作瓠字爲其形似瓠耳晉說是也雲及后謁自之石所祭治石象瓠山○蘇林曰於宮中作山象宋祁曰作山象瓠山立石束倍草并祠之師古曰倍草黃倍草也音步賄反○劉敞曰立石屬上句建平三年息夫躬孫寵等共因幸臣董賢告之是時哀帝被疾多所惡事下有司逮王后謁下獄驗治言使巫傅恭婢合歡等祠祭詛祝上如淳曰傅恭巫姓字爲雲求爲天子雲又與知災異者高尚等指星宿言上疾必不愈雲當得天下石立宣帝起之表也有司請誅王有詔廢徙房陵雲自殺謁棄市立十七年國除元始元年王莽欲反哀帝政師古曰反其所爲也白太皇太后立雲太子開明爲東平王又立思王孫成都爲中山王開明立三年薨無子復立開明兄嚴鄉侯信子匡爲東平王奉開明後王莽居攝東郡太守翟義與嚴鄉侯信謀舉兵誅莽立信爲天子兵敗皆爲莽所滅

中山哀王竟初元二年立爲淸河王三年徙中山以幼少未之國建昭四年薨邸葬杜陵○宋祁曰江南本邸字上有郡字浙本無無子絶太后歸居外家戎氏

孝元皇帝三男王皇后生孝成帝傅昭儀生定陶共王康師古曰共讀曰恭馮昭儀生中山孝王興

定陶共王康永光三年○宋祁曰一本作元光三年立爲濟陽王六年徙爲山陽王八年徙定陶王少而愛師古曰言少小卽爲帝所愛長多材蓺習知音聲上奇器之母昭儀又幸幾代皇后太子師古曰幾音鉅依反語在元后及史丹傳成帝卽位緣先帝意厚遇異於它王十九年薨子欣嗣十五年成帝無子徵入爲皇太子上以太子奉大宗後不得顧私親乃立楚思王子景爲定陶王奉共王後成帝崩太子卽位是爲孝哀帝卽位二年追尊共王爲共皇帝置寢廟京師序昭穆儀如孝元帝如淳曰恭王元帝子也爲廟京師列昭穆之次如元帝言如天子之儀徙定陶王景爲信都王云如淳曰不復爲定陶王立後者哀帝自以已爲後故

中山孝王興建昭三年王爲信都王○劉敞曰王爲信都王上王字當作立字十四年徙中山成帝之議立太子也御史大夫孔光以爲尚書有殷及王兄終弟及師古曰謂兄死以弟代立非父子相繼故言及中山王元帝之子宜爲後成帝以中山王不材又兄弟不得相入廟○宋祁曰入字上當有繼字外家王氏與趙昭儀皆欲用哀帝爲太子故遂立焉上乃封孝王舅馮參爲宜鄉侯而益封孝王萬戶以尉其意三十年薨子衎嗣師古曰諸侯王表云中山孝王薨綏和二年王箕子嗣而元始二年詔云皇帝二名通于器物今更名合於古制是則嗣位之時名爲箕子未有衎也今此傳云子衎嗣蓋史家追書之也○宋祁曰浙本注文元始字上有平紀字七年哀帝崩無子徵中山王衎入卽位是爲平帝太皇太后以帝爲成帝後故立東平思王孫桃鄉頃侯子成都爲中山王奉孝王後王莽時絶

贊曰孝元之後徧有天下師古曰孝元之子孫徧得爲天子也徧卽古遍字然而世絶於孫豈非天哉淮陽憲王於時諸侯爲聰察矣張博誘之幾陷無道師古曰幾音鉅依反詩云貪人敗類師古曰大雅蕩之詩也類善也言貪惡之人不可習近則敗善也古今一也

前漢書卷八十考證

楚孝王囂傳子懷王文○按文表作芳

東平思王宇傳上於是遣太中大夫張子蟜注師古曰蟜字或作僑○臣召南按藝文志及劉向王襃傳並作僑則僑字是也

毋念爾祖述修厥德○今詩作聿修卽漢書他傳亦作聿修惟此文作述或齊魯韓三家所傳不同耳

無鹽危山土自起覆草如馳道狀○息夫躬傳作無鹽危山有石自立開道與此稍異

贊詩云貪人敗類注師古曰大雅蕩之詩也○顧炎武曰大雅桑柔之詩師古誤以爲蕩

前漢書卷八十一

漢　蘭　臺　令　史班　固撰

唐正議大夫行祕書少監琅邪縣開國子顏師古注

匡張孔馬傳第五十一

匡衡字稚圭東海承人也師古曰承音證○宋祁曰集解音證集解蓋臣瓚書也父世農夫至衡好學家貧庸作以供資用師古曰庸作言賃功庸爲人作役而受顧也尤精力過絶人諸儒爲之語曰無說詩匡鼎來服虔曰鼎猶言當也若言匡且來也應劭曰鼎方也張晏曰匡衡少時字鼎長乃易字稚圭世所傳衡與貢禹書上言衡敬報下言匡鼎白知是宇也師古曰服虔應二說是也賈誼曰天子春秋鼎盛其義亦同而張氏之說蓋穿鑿矣假有其書乃是後人見此傳云匡鼎來不曉其意妄作衡書云鼎白耳字以表德豈人所自稱乎今有西京雜記者其書淺俗出於里巷多有妄說乃云匡衡小名鼎蓋絶知者之聽○宋祁曰祝季張云匡鼎來來音離協上韻僕檢左傳宣公二年棄甲復來亦音離注文若言匡且來也考無若字匡語詩解人頤如淳曰使人笑不能止也○宋祁曰南本浙本以語爲說衡射策甲科以不應令除爲太常掌故師古曰投射得甲科之策而所對文指不應令條也儒林傳說歲課甲科爲郎中乙科爲太子舍人景科補文學掌故今不應令是不中甲科之令所以止爲掌故○宋祁曰注文浙本無說字調補平原文學師古曰調選也音徒釣反學者多上書薦衡經明當世少雙令爲文學就官京師後進皆欲從衡平原衡不宜在遠方事下太子太傅蕭望之少府梁丘賀問衡對詩諸大義其對深美○宋祁曰別本作矣當作美望之奏衡經學精習說有師道可觀覽宣帝不甚用儒遣衡歸官而皇太子見衡對私善之會宣帝崩元帝初卽位樂陵侯史高以外屬爲大司馬車騎將軍領尚書事前將軍蕭望之爲副望之名儒有師傅舊恩天子任之多所貢薦高充位而已師古曰言凡事不在也與望之有隙長安令楊興說高曰將軍以親戚輔政貴重於天下無二然衆庶論議令問休譽不專在將軍者何也師古曰令善問名休美也○宋祁曰注文善字名字下並當有也字彼誠有所聞也師古曰以其不能進賢也以將軍之莫府海內莫不卬望師古曰卬讀曰仰而所舉不過私門賓客乳母子弟人情忽不自知師古曰言高輕忽此事不自知其非然一夫竊議語流天下夫富貴在身而列士不譽是有狐白之裘而

反衣之也師古曰狐白謂狐掖下之皮其毛純白集之為裘輕柔難得故貴也反衣之者以其毛在內也今人則以背毛為裘而棄其白蓋取厚而溫也衣音於既反○宋祁曰注文故貴字下疑有之字於既字上疑有音字古人病其若此故卑體勞心以求賢為務傳曰以賢難得之故因曰事不待賢以食難得之故而曰飽不待食或之甚者也平原文學匡衡材智有餘經學絕倫但以無階朝廷故隨牒在遠方師古曰階謂升次也牒謂選補之恒牒不被超擢者將軍誠召置莫府學士歙然歸仁師古曰誠謂實行之也歙音與翕同與參事議觀其所有貢之朝廷必為國器師古曰所有謂材藝所長以此顯示眾庶名流於世高然其言辟衡為議曹史薦衡於上上以為郎中遷博士給事中是時有日蝕地震之變上問以政治得失衡上疏曰臣聞五帝不同禮○宋祁曰禮監本作樂字浙本同三王各異教民俗殊務所遇之時異也陛下躬聖德開太平之路閔愚吏民觸法抵禁師古曰抵觸也○宋祁曰注文抵字下有亦字比年大赦師古曰比頻也使百姓得改行自新天下幸甚臣竊見大赦之後姦邪不為衰止今日大赦明日犯法相隨入獄此殆導之未得其務也蓋保民者陳之以德義示之以好惡師古曰保養也陳施也孝經曰陳之以德義而民莫遺其親示之以好惡而民知禁故衡引以為言觀其失而制其宜故動之而和綏之而安今天下俗貪財賤義好聲色上侈靡廉恥之節薄淫辟之意縱師古曰辟讀曰僻綱紀失序疏者踰內師古曰疏者妻妾之家內者同姓骨肉也踰謂過越也親戚之恩薄婚姻之黨隆苟合徼幸以身設利不改其原師古曰設施也原本也雖歲赦之刑猶難使錯而不用也師古曰歲赦謂每歲一赦也錯置也音千故反臣愚以為宜壹曠然大變其俗孔子曰能以禮讓為國乎何有師古曰論語載孔子之言謂能以禮讓治則其事甚易朝廷者天下之楨幹也公卿大夫相與循禮恭讓則民不爭師古曰循順也好仁樂施則下不暴上義高節則民興行寬柔和惠則眾相愛四者明王之所以不嚴而成化也何者朝有變色之言則下有爭鬬之患上有自專之士則下有不讓之人上有克勝之佐則下有傷害之心上有好利之臣則下有盜竊之民此其本也師古曰言下之所行皆取化於上也今俗吏之治皆不本禮讓而上克暴○宋祁曰克當作刻或忮害好陷人於罪師古曰忮堅也謂酷害之心堅也忮音之豉反○宋祁曰忮字說見酷吏寗成傳韋昭曰忮音洎如淳曰詩云不忮不求最弊也蕭該案字書忮恨也之豉反貪財而慕埶故犯法者眾姦邪不止雖嚴刑峻法猶不為變此非其天性有由然也師古曰非其天性自惡由上失於教化耳臣竊考國風之詩周南召南被賢聖之化深故篤於行而廉於色師古曰篤厚也謂樂得淑女以配君子憂在進賢不淫其色之類也鄭伯好勇而國人暴虎師古曰詩鄭風太叔于田之篇曰襢裼暴虎獻于公所將叔無狃戒其傷汝襢裼肉袒也暴虎空手以搏之也公鄭莊公也將請也叔莊公之弟太叔也狃忕也汝亦太叔也言以莊公好勇之故太叔肉袒空手搏虎取而獻之國人愛叔故請之曰勿忕為之恐傷汝也襢音但裼音錫字並從衣

將音千羊反狃音女九反○宋祁曰注文中三虎字浙本並作虣字秦穆貴信而士多從死應劭曰秦穆公與羣臣飲酒酣公曰生共此樂死共此哀於是奄息仲行鍼虎許諾及公薨皆從死黃鳥詩所為作也○宋祁曰穆字浙本作繆字陳夫人好巫而民淫祀張晏曰胡公夫人武王之女大姬無子好祭鬼神鼓舞而祀故其詩云坎其擊鼓宛丘之下無冬無夏值其鷺羽晉侯好儉而民畜聚師古曰唐風山有樞之詩序云刺晉昭公也不能修道以正其國有財不能用有鍾鼓不能以自樂其詩曰子有衣裳弗曳弗婁子有車馬弗馳弗驅宛其死矣宅人是愉故其俗皆吝嗇而積財也畜讀曰蓄太王躬仁邠國貴恕師古曰太王周文王之祖即古公亶父也國於邠修德行義戎狄攻之欲得地與之人人皆怒欲戰古公曰以我故戰殺人父子而居之予不忍也乃與其私屬度漆沮踰梁山止於岐下邠人舉國扶老攜弱盡復歸古公於岐下及宅旁國聞古公仁亦多歸之邠即今豳州是其地也言化太王之仁故其俗皆貴誠恕○宋祁曰注文父子而居之浙本作父子而君之由此觀之治天下者審所上而已師古曰上謂崇尚也今之僞薄忮害不讓極矣臣聞教化之流非家至而人說之也師古曰言非家家告到人人勸說也賢者在位能者在職○宋祁曰下在字越本作布字別本同朝廷崇禮百僚敬讓道德之行由內及外自近者始然後民知所法遷善日進而不自知是以百姓安陰陽和神靈應而嘉祥見詩曰商邑翼翼四方之極壽考且寧以保我後生師古曰商頌殷武之詩也商邑京師也極中也言商邑之禮俗翼翼然可則效乃四方之中正也王則壽考且安以此全守我子孫也○宋祁曰我一作爾此成湯所以建至治保子孫化異俗而懷鬼方也應劭曰鬼方遠方也今長安天子之都親承聖化然其習俗無以異於遠方郡國來者無所法則或見侈靡而放效之師古曰放依也音甫往反此教化之原本風俗之樞機宜先正者也臣聞天人之際精祲有以相盪李奇曰祲氣也言天人精氣相動也師古曰祲謂陰陽氣相侵漸以成災祥者也音子鴆反○宋祁曰字林云祲精氣成祥也音字鴆反善惡有以相推事作乎下者象動乎上陰陽之理各應其感陰變則靜者動陽蔽則明者晻鄧展曰靜者動謂地震也明者晻謂日蝕也師古曰晻與暗同○蕭該案字林曰晻不明也應劭曰晻音闇水旱之災隨類而至今關東連年飢饉百姓乏困或至相食此皆生於賦斂多民所共者大師古曰共讀曰供而吏安集之○宋祁曰江南本無之字浙本有不稱之效也陛下祗畏天戒哀閔元元大自減損省甘泉建章宮衛罷珠崖○宋祁曰此下當有郡字偃武行文將欲度唐虞之隆絕殷周之衰也師古曰度過也絕謂除其惡政也諸見罷珠崖詔書者莫不欣欣人自以將見太平也宜遂減宮室之度省靡麗之飾考制度修外內近忠正遠巧佞放鄭衛進雅頌舉異材開直言任溫良之人退刻薄之吏顯絜白之士昭無欲之路師古曰昭亦明也覽六蓺之意察上世之務明自然之道博和睦之化以崇至仁匡失俗易民視師古曰匡正也易變也○宋祁曰視字下疑有聽字令海內昭然咸見本朝之所貴道德弘於京師淑問揚乎疆外師古曰淑善也問名也然後大化可成禮讓可興也上說其言師古曰說讀曰悅遷衡為光祿大夫太子少傅時上好儒術文辭

頗改宣帝之政言事者多進見人人自以為得上意又傅昭儀及子定陶王愛幸寵於皇后太子師古曰寵踰也衡復上疏曰臣聞治亂安危之機在乎審所用心蓋受命之王務在創業垂統傳之無窮繼體之君心存於承宣先王之德而褒大其功昔者成王之嗣位思述文武之道以養其心休烈盛美皆歸之二后而不敢專其名師古曰休亦美也烈業也后君也二君文王武王也是以上天歆享鬼神祐焉其詩曰念我皇祖陟降廷止師古曰周頌閔予小子之詩言成王常念文王武王之德奉而行之故鬼神上下臨其朝廷○宋祁曰注文詩字下疑有也字言成王常思祖考之業而鬼神祐助其治也陛下聖德天覆子愛海內然陰陽未和姦邪未禁者殆論議者未丕揚先帝之盛功師古曰丕大也丕字或作本言修其本業而顯揚也爭言制度不可用也務變更之師古曰更改也○宋祁曰也字當刪所更或不可行而復復之師古曰下復音扶目反是以羣下更相是非師古曰更音工衡反吏民無所信臣竊恨國家釋樂成之業而虛為此紛紛也師古曰釋廢也樂成謂已成之業人情所樂也願陛下詳覽統業之事留神於遵制揚功以定羣下之心大雅曰無念爾祖聿修厥德師古曰大雅文王之詩也無念念也聿述也孔子著之孝經首章蓋至德之本也傳曰審好惡理情性而王道畢矣能盡其性然後能盡人物之性能盡人物之性○宋祁曰江南本二句中並無物字浙本有可以贊天地之化師古曰贊助也治性之道必審己之所有餘而彊其所不足師古曰彊勉也音其兩反蓋聰明疏通者戒於大察寡聞少見者戒於雍蔽師古曰雍讀曰壅勇猛剛彊者戒於大暴仁愛溫良者戒於無斷湛靜安舒者戒於後時師古曰湛讀曰沈廣心浩大者戒於遺忘必審己之所當戒而齊之以義然後中和之化應而巧偽之徒不敢比周而望進師古曰比音頻寐反唯陛下戒所以崇聖德臣又聞室家之道修則天下之理得故詩始國風師古曰關雎美后妃之德而為國風之首禮本冠婚師古曰禮記冠義曰冠者禮之始也婚義曰婚者禮之本也始乎國風原情性而明人倫也本乎冠婚正基兆而防未然也福之興莫不本乎室家道之衰莫不始乎梱內師古曰梱與閫同謂門橛也音苦本反故聖王必慎妃后之際別適長之位師古曰適讀曰嫡其下並同禮之於內也卑不踰尊親不先故師古曰踰與踰同所以統人情而理陰氣也其尊適而卑庶也適子冠乎阼禮之用醴師古曰阼主階也醴甘酒也貴於眾酒眾子不得與列所以貴正體而明嫌疑也非虛加其禮文而已乃中心與之殊異故禮探其情而見之外也聖人動靜游燕所親物得其序師古曰言凡物大小高卑皆有次序則海內自修百姓從化如當親者疏當尊者卑師古曰如若也則巧佞之姦因時而動以亂國家故聖人慎防其端禁於未然不以私恩害公義陛下聖德純備莫不修正則

天下無為而治詩云于以四方克定厥家師古曰周頌桓之詩也言欲治四方者先當能定其家從內以及外傳曰正家而天下定矣師古曰易家人卦之彖辭衡為少傅數年數上疏陳便宜及朝廷有政議傳經以對師古曰傳讀曰附附依也言多法義上以為任公卿師古曰任堪也由是為光祿勳御史大夫建昭三年代韋玄成為丞相封樂安侯食邑六百戶元帝崩成帝即位衡上疏戒妃匹勸經學威儀之則曰陛下秉至孝哀傷思慕不絕於心未有游虞弋射之宴師古曰虞與娛同誠隆於慎終追遠無窮已也師古曰慎終孝道之終也追遠不忘本也論語稱孔子慎終追遠則民德歸厚矣故衡引之竊願陛下雖聖性得之○宋祁曰聖字可刪猶復加聖心焉師古曰言天性已自然矣又當加意也詩云煢煢在疚師古曰周頌閔予小子之詩煢煢憂貌疚病也言成王喪畢思慕意氣未能平也蓋所以就文武之業崇大化之本也師古曰就成也臣又聞之師曰匹配之際○宋祁曰匹配當作妃匹生民之始萬福之原婚姻之禮正然後品物遂而天命全師古曰遂成也孔子論詩以關雎為始言太上者民之父母師古曰太上居尊上之位者后夫人之行不侔乎天地則無以奉神靈之統而理萬物之宜師古曰侔等也故詩曰窈窕淑女君子好仇師古曰周南關雎之詩也窈窕幽閒也仇匹也言能致其貞淑不貳其操情欲之感無介乎容儀服虔曰不見色於容儀也師古曰介繫也言不以情欲繫心而著於容儀者○宋祁曰無當作毋宴私之意不形乎動靜師古曰形見也夫然後可以配至尊而為宗廟主此綱紀之首王教之端也自上世已來○宋祁曰已當作以三代興廢未有不由此者也願陛下詳覽得失盛衰之效以定大基采有德戒聲色近嚴敬遠技能師古曰無德之人雖有技能則斥遠之竊見聖德純茂專精詩書好樂無厭師古曰樂音五教反臣衡材駑○宋祁曰蕭該作材敓亦駑也無以輔相善義宣揚德音師古曰相助也臣聞六經者聖人所以統天地之心著善惡之歸明吉凶之分通人道之正師古曰分音扶問反使不悖於其本性者也師古曰悖乖也音布內反故審六蓺之指則天人之理可得而和草木昆蟲可得而育此永永不易之道也師古曰易變也及論語孝經聖人言行之要宜究其意師古曰究盡也臣又聞聖王之自為動靜周旋奉天承親臨朝享臣物有節文以章人倫師古曰物事也事事皆有節文蓋欽翼祗栗事天之容也溫恭敬遜承親之禮也○宋祁曰浙本禮作體正躬嚴恪臨眾之儀也師古曰嚴讀曰儼嘉惠和說饗下之顏也師古曰說讀曰悅饗宴饗也舉錯動作物遵其儀故形為仁義動為法則孔子曰德義可尊容止可觀進退可度以臨其民是以其民畏而愛之則而象之師古曰孝經載孔子之言也則法也象似也大雅云敬慎威儀惟民之則師古曰抑之詩正月朝覲天子天子惟道德昭穆穆以視之師古曰昭明也穆穆天子之容也視讀曰示又觀以禮樂饗醴迺歸師古曰觀亦視也饗醴以醴酒饗也

故萬國莫不獲賜祉福蒙化而成俗今正月初幸路寢臨朝賀置酒以饗萬方傳曰君子慎始願陛下留神動靜之節使羣下得望盛德休光師古曰休美也以立基楨天下幸甚上敬納其言頃之衡復奏正南北郊罷諸淫祀語在郊祀志初元帝時中書令石顯用事自前相韋玄成及衡皆畏顯不敢失其意至成帝初即位衡迺與御史大夫甄譚共奏顯○劉奉世曰甄當作張追條其舊惡并及黨與於是司隸校尉王尊劾奏衡譚居大臣位知顯等專權埶作威福爲海內患害不以時白奏行罰而阿諛曲從附下罔上無大臣輔政之義旣奏顯等不自陳不忠之罪而反揚著先帝任用傾覆之徒師古曰著明也罪至不道有詔勿劾衡慙懼上疏謝罪因稱病乞骸骨上丞相樂安侯印綬上報曰君以道德修明位在三公先帝委政遂及朕躬君遵修法度勤勞公家朕嘉與君同心合意庶幾有成今司隸校尉尊妄詆欺加非於君師古曰詆毀也音丁禮反朕甚閔焉方下有司問狀師古曰問司隸君何疑而上書歸侯乞骸骨是章朕之未燭也師古曰燭照也傳不云乎禮義不愆何恤人之言師古曰愆過也恤憂也君其察焉專精神近醫藥強食自愛因賜上尊酒養牛師古曰上尊解在薛廣德傳衡起視事上以新即位褒優大臣然羣下多是王尊者衡嘿嘿不自安每有水旱風雨不時連乞骸骨讓位上輒以詔書慰撫不許久之衡子昌爲越騎校尉醉殺人繫詔獄越騎官屬與昌弟且謀篡昌師古曰逆取曰篡○宋祁曰注文逆監本作奪事發覺衡免冠徒跣待罪天子使謁者詔衡冠履而有司奏衡專地盜土衡竟坐免初衡封僮之樂安鄉文穎曰屬臨淮鄉本田提封一千一百頃師古曰提封舉其封界內之總數南以閩佰爲界師古曰佰者田之東西界也閩者佰之名也音莫客反○宋祁曰佰當作陌注及下文並同初元元年郡圖誤以閩佰爲平陵佰積十餘歲衡封蘇林曰平陵佰在閩佰南誤十餘歲衡乃始封此鄉臨淮郡遂封眞平陵佰以爲界多四百頃至建始元年郡迺定國界上計簿更定圖言丞相府衡謂所親吏趙殷曰師古曰所親素所親任者主簿陸賜故居奏曹習事曉知國界署集曹掾明年治計時衡問殷國界事曹欲奈何殷曰賜以爲舉計令郡實之師古曰舉發上計之簿令郡改從平陵佰以爲定實恐郡不肯從實可令家丞上書衡曰顧當得不耳何至上書師古曰顧念也亦不告曹使舉也聽曹爲之後賜與屬明舉計曰案故圖樂安鄉南以平陵佰爲界不足故而以閩佰爲界解何師古曰不足故者不依故圖而滿足也解何者以分解此時意猶今言分疏也郡即復以四百頃付樂安國衡遣從史之僮收取所還田租穀千餘石入衡家司隸校尉駿少府忠行廷尉事劾奏衡監臨盜所主守直十金以上師古曰十金以上當時律定罪之文若今律條言一尺以上一匹以上春秋之義諸侯不得專地所以一統尊法制也衡位三公輔國政領計簿知郡實正國界計簿已定而背法制專地盜土以自益及賜明阿承衡意猥舉郡計亂減縣界師古曰猥曲也○宋祁曰南本無承字只云阿丞相衡意浙本作阿承附下罔上擅以地附益大臣皆不道於是上可其奏勿治丞相免爲庶人終於家子咸亦明經歷位九卿家世多爲博士者

張禹字子文河內軹人也至禹父徙家蓮勺師古曰左馮翊縣名也音輦酌禹爲兒數隨家至市喜觀於卜相者前師古曰至其人之前而觀之喜音許吏反久之頗曉其別著布卦意師古曰別分也音彼列反時從旁言卜者愛之又奇其面貌謂禹父是兒多知可令學經○宋祁曰父字下當有曰字及禹壯至長安學從沛郡施讎受易琅邪王陽膠東庸生問論語旣皆明習有徒衆舉爲郡文學甘露中諸儒薦禹有詔太子太傅蕭望之問禹對易及論語大義望之善焉奏禹經學精習有師法可試事師古曰試以職事也奏寢罷歸故官師古曰寢謂不下也久之試爲博士初元中立皇太子而博士鄭寬中以尚書授太子薦言禹善論語○宋祁曰善字下疑有說字詔令禹授太子論語由是遷光祿大夫數歲出爲東平內史元帝崩成帝即位徵禹寬中皆以師賜爵關內侯寬中食邑八百戶禹六百戶拜爲諸吏光祿大夫秩中二千石給事中領尚書事是時帝舅陽平侯王鳳爲大將軍輔政專權而上富於春秋謙讓方鄉經學敬重師傅師古曰鄉讀曰嚮而禹與鳳並領尚書內不自安數病上書乞骸骨欲退避鳳上報曰朕以幼年執政萬機懼失其中君以道德爲師故委國政君何疑而數乞骸骨忽忘雅素欲避流言師古曰雅素故也謂師傅故舊之恩朕無聞焉師古曰不聞有毀短之言君其固心致思總秉諸事推以孳孳無違朕意○宋祁曰無當作毋加賜黃金百斤養牛上尊酒太官致餐侍醫視疾使者臨問師古曰侍醫天子之醫禹惶恐復起視事河平四年代王商爲丞相封安昌侯爲相六歲鴻嘉元年以老病乞骸骨上加優再三迺聽許賜安車駟馬黃金百斤罷就第以列侯朝朔望位特進見禮如丞相置從事史五人益封四百戶天子數加賞賜前後數千萬禹爲人謹厚內殖貨財師古曰殖生也家以田爲業○宋祁曰晏本業作樂及富貴多買田至四百頃皆涇渭漑灌極膏腴上賈師古曰賈讀曰價它財物稱是禹性習知音聲內奢淫身居大第後堂理絲竹筦弦如淳曰今樂家五日一習樂爲理樂師古曰筦亦管字○劉敞曰絲竹管絃等二物爾於文爲駢禹成就弟子尤著者淮陽彭宣至大司空沛郡戴崇至少府九卿宣爲人恭儉有法度而崇愷弟多智師古曰愷樂也弟易也言性和樂而簡易二人異行禹心親愛崇敬宣而疏之崇每候禹常責師宜置酒設樂與弟子相娛禹將崇入後堂飲食婦女相對優人筦弦鏗鏘極樂昏夜乃罷師古曰極樂盡其歡樂之情而宣之來也禹見之於便坐師古曰便坐謂非正寢在於旁側可以延賓者也坐音才臥反講論經義日宴賜食不過一肉卮酒相對師古曰一豆之肉一卮行酒宣未嘗得至後堂及兩人皆聞知各自得也服虔曰各自爲得宜禹年老自治冢塋起祠室好平陵肥牛亭部處地師古曰肥牛亭名欲得置亭處之地爲冢塋又近延陵○宋祁曰別本無延字予謂當存延字成帝營昌陵不成更還延陵奏請求之上以賜禹詔令平陵徙亭它所曲陽侯根聞而爭之此地當平陵寢廟衣冠所出游道禹爲師傅不遵謙讓至求衣冠所游之道又徙壞舊亭重非所宜師古曰重音直用反孔子稱賜愛其羊我愛其禮師古曰論語云子貢欲去告朔之餼羊子曰賜也爾愛其羊我愛其禮故引之宜更賜禹它地根雖爲舅上敬重之不如禹根言雖切猶不見從卒以肥牛亭地賜禹根由是害禹寵數毀惡之師古曰惡謂言其過惡天子愈益敬厚禹禹每病輒以起居聞師古曰謂其食飲寢臥之增損車駕自臨問之上親拜禹牀下禹頓首謝恩歸誠○宋祁曰恩字下當有因字言老臣有四男一女愛女甚於男遠嫁爲張掖太守蕭咸妻不勝父子私情思與相近上卽時徙咸爲弘農太守又禹小子未有官上臨候禹禹數視其小子上卽禹牀下拜爲黃門郎○宋祁曰郎字上疑有侍字給事中禹雖家居以特進爲天子師國家每有大政必與定議師古曰與讀曰豫永始元延之間日蝕地震尤數吏民多上書言災異之應譏切王氏專政所致上懼變異數見意頗然之未有以明見○宋祁曰未字上當有而字迺車駕至禹第辟左右師古曰辟讀曰闢親問禹以天變因用吏民所言王氏事示禹禹自見年老子孫弱又與曲陽侯不平恐爲所怨禹則謂上曰○宋祁曰則當作卽春秋二百四十二年間日蝕三十餘地震五十六○宋祁曰按劉向傳日蝕三十六地震五今云五十六疑衍十六兩字今越本與別本無十六兩字劉敞曰按春秋地震五耳疑衍十六字或爲諸侯相殺或夷狄侵中國災變之意深遠難見故聖人罕言命不語怪神師古曰罕稀也論語云子罕言利與命與仁又曰子不語怪力亂神性與天道自子贛之屬不得聞師古曰論語云夫子之言性與天道不可得而聞也謂孔子未嘗言性命之事及天道何況淺見鄙儒之所見陛下宜修政事以善應之與下同其福善此經義意也○宋祁曰福善越本作福喜新學小生亂道誤人宜無信用以經術斷之上雅信愛禹由此不疑王氏後曲陽侯根及諸王子弟聞知禹言皆喜說師古曰說讀曰悅○宋祁曰皆當作此遂親就禹禹見時有變異若上體不安擇日絜齋露蓍服虔曰露蓍於星宿下明日乃用言得天氣也師古曰蓍草名筮者所用也音式夷反○宋祁曰有字上疑有常字正衣冠立筮得吉卦則獻其占如有不吉禹爲感動憂色○宋祁曰感動字下疑有有字成帝崩禹及事哀帝建平二年薨謚曰節侯禹四子長子宏嗣侯官至太常列於九卿三弟皆爲校尉散騎諸曹初禹爲師以上難數對已問經爲論語章句獻之始魯扶卿及夏侯勝王陽蕭望之韋玄成皆說論語篇第或異禹先事王陽後從庸生采獲所安最後出而尊貴諸儒爲之語曰欲爲論念張文○宋祁曰監本越本欲字下有不字由是學者多從張氏餘家寖微師古曰寖漸也

孔光字子夏孔子十四世之孫也孔子生伯魚鯉師古曰名鯉字伯魚先言其字者孔氏自爲諱諱示尊其先也下皆類此鯉生子思伋師古曰伋音急伋生子上帛○宋祁曰帛禮記作白漢書作帛古字通用監本浙本同帛生子家求求生子箕箕生子穿穿生順順爲魏相順生鮒鮒爲陳涉博士死陳下鮒弟子襄爲孝惠博士長沙太傅襄生忠忠生武及安國武生延年○宋祁曰浙本監本無忠生二字於安國字下又添忠字云襄生忠忠武及安國忠武生延年延年生霸字次儒霸生光焉安國延年皆以治尚書爲武帝博士安國至臨淮太守霸亦治尚書事太傅夏侯勝昭帝末年爲博士宣帝時爲大中大夫以選授皇太子經遷詹事高密相是時諸侯王相在郡守上元帝即位徵霸以師賜爵關內侯食邑八百戶號褒成君如淳曰爲帝師教令成就故曰褒成君○宋祁曰注文爲帝師教令成就當作嘗爲帝師教帝令成就給事中加賜黃金二百斤第一區徙名數于長安師古曰名數戶籍也霸爲人謙退不好權埶常稱爵位泰過何德以堪之上欲致霸相位自御史大夫貢禹卒及薛廣德免輒欲拜霸霸讓位自陳至三上深知其至誠迺弗用○宋祁曰三字下當有曰字以是敬之賞賜甚厚及霸薨上素服臨弔者再至賜東園祕器錢帛策贈以列侯禮○宋祁曰贈一作賜謚曰烈君霸四子長子福嗣關內侯○宋祁曰監浙二本皆云嗣爵次子捷捷弟喜皆列校尉諸曹光最少子也經學尤明年未二十○宋祁曰二一作三舉爲議郎光祿勳匡衡舉光方正爲諫議大夫坐議有不合左遷虹長師古曰不合謂不合天子意也虹沛縣也音貢自免歸教授成帝初即位舉爲博士數使錄冤獄行風俗師古曰行下更反振贍流民奉使稱旨○宋祁曰旨當作意越本作意由是知名是時博士選三科高爲尚書○宋祁曰監本浙本作三科高第次爲刺史其不通政事以久次補諸侯太傅光以高第爲尚書觀故事品式數歲明習漢制及法令上甚信任之轉爲僕射尚書令師古曰先爲僕射後爲尚書令有詔光周密謹慎未嘗有過○宋祁曰有字下當有以字加諸吏官以子男放爲侍郎給事黃門數年遷諸吏光祿大夫秩中二千石給事中賜黃金百斤領尚書事後爲光祿勳復領尚書諸吏給事中如故凡典樞機十餘年守法度修故事上有所問據經法以心所安而對不希指苟合師古曰希指希

望天子旨意也）如或不從不敢彊諫爭以是久而安（○宋祁曰浙本云獲安）時有所言輒削草稾（服虔曰言已繕書輒削壞其草也○宋祁曰注文繕字下監本有事字）以爲章主之過以奸忠直人臣大罪也（師古曰奸求也奸忠直之名也奸音干○宋祁曰注文奸忠當作求忠）有所薦舉唯恐其人之聞知沐日歸休兄弟妻子燕語終不及朝省政事或問光溫室省中樹皆何木也（晉灼曰長樂宮中有溫室殿）光嘿不應更答以它語其不泄如是光帝師傅子少以經行自著進官蚤成（師古曰蚤古早字）不結黨友養游說有求於人既性自守亦其勢然也（師古曰言以名父之子學宦早成不須黨援也○宋祁曰注文宦字別本作官）徙光祿勳爲御史大夫綏和中上即位二十五年無繼嗣至親有同產弟中山孝王及同產弟子定陶王在定陶王好學多材於帝子行（師古曰行音胡浪反○宋祁曰於帝子行越本云於帝爲子行）而王祖母傅太后陰爲王求漢嗣私事趙皇后昭儀及帝舅大司馬票騎將軍王根故皆勸上上於是召丞相翟方進御史大夫光右將軍廉褒後將軍朱博皆引入禁中議中山定陶王誰可爲嗣者（○宋祁曰可字越本作宜字）方進根以爲定陶王帝弟之子禮曰昆弟之子猶子也爲其後者爲之子也定陶王宜爲嗣褒博皆如方進根議光獨以爲禮立嗣以親中山王先帝之子帝親弟也以尚書盤庚殷之及王爲比（師古曰兄終弟及也比音必寐反）中山王宜爲嗣上以禮兄弟不相入廟又皇后昭儀欲立定陶王故遂立爲太子光以議不中意左遷廷尉（師古曰中當也）光久典尚書練法令號稱詳平時定陵侯淳于長坐大逆誅長小妻迺始等六人皆以長事未發覺時棄去或更嫁及長事發丞相方進大司空武議（師古曰翟方進及何武）以爲令犯法者各以法時律令論之（師古曰此具引令條之文也法時謂始犯法之時也）明有所訖也（師古曰訖止也）長犯大逆時迺始等見爲長妻已有當坐之罪與身犯法無異後迺棄去於法無以解（師古曰解免也）請論光議以爲大逆無道父母妻子同產無少長皆棄市欲懲犯法者也（師古曰懲創止也○宋祁曰監本正文懲字下有後字）夫婦之道有義則合無義則離長未知當坐大逆之法（○宋祁曰知字上當有自字）而棄去迺始等或更嫁義已絕而欲以爲長妻論殺之名不正不當坐有詔光議是是歲右將軍褒後將軍博坐定陵紅陽侯（師古曰廉褒朱博坐與淳于長王立交厚也）皆免爲庶人以光爲左將軍居右將軍官職執金吾王咸爲右將軍居後將軍官職罷後將軍官數月丞相方進薨召左將軍光當拜已刻侯印書贊（師古曰贊進也延進而拜之書贊者書贊辭於策也）上暴崩即其夜於大行前拜受丞相博山侯印綬哀帝初即位躬行儉約省減諸用政事由己出朝廷翕然望至治焉褒賞大臣益封光千戶時成帝母太皇太后

自居長樂宮而帝祖母定陶傅太后在國邸有詔問丞相大司空定陶共王太后宜當何居光素聞傅太后爲人剛暴長於權謀自帝在襁褓而養長教道至於成人帝之立又有力光心恐傅太后與政事（師古曰與讀曰豫）不欲令與帝旦夕相近即議以爲定陶太后宜改築宮大司空何武曰可居北宮上從武言北宮有紫房復道通未央宮（師古曰復讀曰複）傅太后果從復道朝夕至帝所求欲稱尊號貴寵其親屬使上不得直道行（師古曰不得依正直之道○宋祁曰行字上監本有而字）頃之太后從弟子傅遷在左右尤傾邪上免官遣歸故郡傅太后怒上不得已復留遷光與大司空師丹奏言詔書侍中駙馬都尉遷巧佞無義漏泄不忠國之賊也免歸故郡復有詔止天下疑惑無所取信虧損聖德誠不小愆陛下以變異連見避正殿見羣臣思求其故至今未有所改（師古曰舊有不善之事皆未改除）臣請歸遷故郡以銷姦黨應大戒卒不得遣復爲侍中脅於傅太后皆此類也又傅太后欲與成帝母俱稱尊號羣下多順指言母以子貴宜立尊號以厚孝道唯師丹與光持不可（蘇林曰執持不可也）上重違大臣正議（師古曰重難也）又內迫傅太后猗違者連歲（如淳曰不決事之言也師古曰猗違猶依違猗音於奇反）丹以罪免（○宋祁曰丹字下當有先字）而朱博代爲大司空光自先帝時議繼嗣有持異之隙矣又重忤傅太后指（師古曰重直用反○宋祁曰又字上當有後字）由是傅氏在位者與朱博爲表裏共毀譖光後數月遂策免光曰丞相者朕之股肱所與共承宗廟統理海內（師古曰共讀曰恭）輔朕之不逮以治天下也朕既不明災異重仍（師古曰仍頻也重音直用反）日月無光山崩河決五星失行是章朕之不德而股肱之不良也（師古曰章明也）君前爲御史大夫翼輔先帝出入八年卒無忠言嘉謀今相朕出入三年憂國之風復無聞焉陰陽錯謬歲比不登（師古曰比頻也）天下空虛百姓飢饉父子分散流離道路以十萬數而百官羣職曠廢（師古曰曠空也）姦軌放縱盜賊並起或攻官寺殺長吏數以問君君無怵惕憂懼之意對毋能爲（師古曰言盜賊不能爲害）是以羣卿大夫咸惰哉莫以爲意咎由君焉君秉社稷之重總百僚之任上無以匡朕之闕下不能綏安百姓書不云乎毋曠庶官天工人其代之（師古曰虞書咎繇謨之辭也位非其人是爲空官言人代天理官不可以天官私非其材）於虖（師古曰於讀曰烏虖讀曰呼）君其上丞相博山侯印綬罷歸（師古曰漢舊儀云丞相有過使者奉策書即時步出府乘棧車歸田里）光退閭里杜門自守（師古曰杜塞也）而朱博代爲丞相數月坐承傅太后指妄奏事自殺平當代爲丞相數月薨王嘉復爲丞相（○宋祁曰復字下當有代字）數諫爭忤指旬歲間閱三相（師古曰閱猶歷也）議者皆以爲不及光上由是思之

會元壽元年正月朔日有蝕之後十餘日傅太后崩是月徵光詣公車問日蝕事光對曰臣聞日者衆陽之宗人君之表至尊之象君德衰微陰道盛彊侵蔽陽明則日蝕應之書曰羞用五事建用皇極（師古曰周書洪範之言羞進也皇大也極中也）如貌言視聽思失（師古曰如若）大中之道不立則咎徵荐臻六極屢降皇之不極是爲大中不立其傳曰時則有日月亂行謂朓側匿（孟康曰朓行疾也側匿行遲也師古曰朓音吐了反○宋祁曰浙本有兩亂行字朓按書曰朓晦而日見西方也蕭該音丑召反）甚則薄蝕是也又曰六沴之作（師古曰沴惡氣也音戾○宋祁曰韋昭云沴謂皇極五行之氣相沴戾不和音持軫反服虔曰沴音戾）歲之朝曰三朝（師古曰歲之朝月之朝日之朝故曰三朝）其應至重迺正月辛丑朔日有蝕之變見三朝之會上天聰明苟無其事變不虛生書曰惟先假王正厥事（師古曰商書高宗肜日之辭也假至也言先代至道之王必正其事）言異變之來起事有不正也臣聞師曰天右與王者（師古曰右讀曰佑佑助也○宋祁曰右景佑本作左注亦作左予按王商傳擁佑太子注佑助也凡右爲親左爲遠故左遷左道皆離背去正之義不得訓左爲助也）故災異數見以譴告之欲其改更若不畏懼有以塞除而輕忽簡誣則凶罰加焉其至可必（師古曰言輕忽天戒簡傲欺誣者其罰必至）詩曰敬之敬之天惟顯思命不易哉（師古曰周頌敬之篇顯明也思辭也言天甚明察宜敬之以承受天命甚難也○宋祁曰浙本注云師古曰周頌敬之篇也敬肅也顯明也思辭也言天甚明察宜敬以承之受天命甚難也）又曰畏天之威于時保之（師古曰周頌我將之詩言必敬天之威於是乃得安）皆謂不懼者凶懼之則吉也陛下聖德聰明兢兢業業（師古曰兢兢戒也業業危也）承順天戒敬畏變異勤心虛己延見羣臣思求其故然後敕躬自約總正萬事放遠讒說之黨援納斷斷之介（師古曰援引也斷斷專壹之貌介謂一介之人也援音爰）退去貪殘之徒進用賢良之吏平刑罰薄賦斂恩澤加於百姓誠爲政之大本應變之至務也天下幸甚書曰天既付命正厥德（師古曰商書高宗肜日之辭言既受天命宜正其德）言正德以順天也又曰天棐諶辭（師古曰周書大誥之辭棐輔也諶誠也諶辭至誠之辭也棐音匪諶音上林反）言有誠道天輔之也明承順天道在於崇德博施加精致誠孳孳而已（師古曰孳孳不怠也孳音玆）俗之祈禳小數終無益於應天塞異銷禍興福（師古曰祈求福也禳除禍也）較然甚明無可疑惑（師古曰較明貌較音角）書奏上說（師古曰說讀曰悅）賜光束帛拜爲光祿大夫秩中二千石給事中位次丞相詔光舉可尚書令者封上光謝曰臣以朽材前比歷位典大職卒無尺寸之效（師古曰卒終也○宋祁曰謝字上當有固字前比歷位典大職考本越本邵本並作前所歷位天職）幸免罪誅全保首領今復拔擢備內朝臣與聞政事（師古曰與讀曰豫）臣光智謀淺短犬馬齒載（師古曰載老也讀與耋同今書本有作載字者俗寫誤也）誠恐一旦顛仆無以報稱（師古曰稱副也）竊見國家故事尚書以久次轉遷非有踔絕之能不相踰越（師古曰踔高遠也音竹角反）尚書僕射敞公正勤職通敏

於事可尚書令謹封上敞以舉故爲東平太守（○宋祁曰舉字上當有光字）敞姓成公東海人也光爲大夫月餘丞相嘉下獄死（師古曰王嘉也）御史大夫賈延免光復爲御史大夫二月爲丞相復故國博山侯上迺知光前免非其罪以過近臣毀短光者免傅嘉（○宋祁曰免字上當有復字）曰前爲侍中毀譖仁賢誣愬大臣令俊艾者久失其位（師古曰艾讀曰乂）嘉傾覆巧僞挾姦以罔上崇黨以蔽朝傷善以肆意（師古曰肆極也）詩不云乎讒人罔極交亂四國（師古曰小雅青蠅之詩解在車千秋傳）其免嘉爲庶人歸故郡明年定三公官光更爲大司徒會哀帝崩太皇太后以新都侯王莽爲大司馬徵立中山王是爲平帝帝年幼太后稱制委政於莽初哀帝罷黜王氏故太后與莽怨丁傅董賢之黨莽以光爲舊相名儒天下所信太后敬之備禮事光所欲搏擊輒爲草以太后指風光令上之（師古曰謂文書之稾草風讀曰諷次下亦同）睚眥莫不誅傷（師古曰睚音崖眥音漬睚又音五解反眥又音仕懈反具在杜欽傳○宋祁曰學林云史記游俠傳曰以睚眦殺人此用睚者省文也）莽權日盛光憂懼不知所出上書乞骸骨莽白太后帝幼少宜置師傅徙光爲帝太傅位四輔給事中領宿衛供養行內（師古曰行內行在所之內中猶言禁中也）署門戶省服御食物（師古曰省視也）明年徙爲太師而莽爲太傅光常稱疾不敢與莽並有詔朝朔望領城門兵莽又風羣臣奏莽功德稱宰衡位在諸侯王上百官統焉（○宋祁曰統字上當有總字）光愈恐固稱疾辭位太后詔曰太師光聖人之後先師之子德行純淑道術通明居四輔職輔道于帝（師古曰道讀曰導）今年耆有疾俊艾大臣惟國之重其猶不可以闕焉（師古曰乂讀曰艾）書曰無遺耇老（師古曰周書召誥之辭也言不遺老成之人也）國之將興尊師而重傅其令太師毋朝十日一賜餐賜太師靈壽杖（孟康曰扶老杖也服虔曰靈壽木名師古曰木有枝節長不過八九尺圍三四寸自然有合杖制不須削治也）黃門令爲太師省中坐置几太師入省中用杖賜餐十七物（師古曰食具有十七種物）然後歸老于第官屬按職如故（師古曰言十日一入朝受此寵禮它日則常在家自養而其屬官依常各行職務）光凡爲御史大夫丞相各再壹爲大司徒太傅太師歷三世居公輔位前後十七年自爲尚書止不教授後爲卿時會門下大生講問疑難舉大義云其弟子多成就爲博士大夫者見師居大位幾得其助力（師古曰幾讀曰冀）光終無所薦舉至或怨之其公如此光年七十元始五年薨莽白太后使九卿策贈以太師博山侯印綬賜乘輿祕器金錢雜帛少府供張諫大夫持節與謁者二人使護喪事博士護行禮太后亦遣中謁者持節視喪公卿百官會弔送葬載以乘輿轀輬及副各一乘（師古曰轀輬車及副各一乘也轀輬解具在霍光傳○宋祁曰轀輬下當有車字注文同）羽林孤兒諸生合四百

人輓送車萬餘兩道路皆舉音以過喪師古曰喪到之處行道之人皆舉音哭須過迺止將作穿復土可甲卒五百人○劉奉世曰可字疑非起墳如大將軍王鳳制度諡曰簡烈侯初光以丞相封後益封凡食邑萬一千戶○宋祁曰益字上當有再字病甚上書讓還七千戶及還所賜一第○宋祁曰一字當刪子放嗣莽篡位後以光兄子永爲大司馬封侯昆弟子至卿大夫四五人始光父霸以初元元年爲關內侯食邑霸上書求奉孔子祭祀元帝下詔曰其令師褒成君關內侯霸以所食邑八百戶祀孔子焉故霸還長安子福名數於魯○宋祁曰江南淳化本作長安浙本無安字晏公論義安字甚堅浙本作遷長子福名數於魯按霸既詔許以八百戶祀孔子卽是令長子福還名數於魯以千八百戶爲祀矣雖浙本作遷遷與還小異而大同言長安則後人妄添且復終始無義昔潁川陳彭年亦以安字爲衍龔子曰長如字凡以安爲衍字者誤以長爲長幼之長也福雖霸之長子然此傳前言霸於魯徙名數於長安此言還長安子福名數其義自明無可疑者當從江南本奉夫子祀霸薨子福嗣福薨子房嗣房薨子莽嗣元始元年封周公孔子後爲列侯食邑各二千戶莽更封爲褒成侯後避王莽更名均

馬宮字游卿東海戚人也治春秋嚴氏以射策甲科爲郎遷楚長史免官後爲丞相史司直師丹薦宮行能高絜遷廷尉平青州刺史汝南九江太守所在見稱徵爲詹事光祿勳右將軍代孔光爲大司徒封扶德侯光爲太師薨宮復代光爲太師兼司徒官初宮哀帝時與丞相御史雜議帝祖母傅太后諡及元始中王莽發傅太后陵徙歸定陶以民葬之追誅前議者宮爲莽所厚獨不及內慙懼上書謝罪乞骸骨莽以太皇太后詔賜宮策曰太師大司徒扶德侯上書言前以光祿勳議故定陶共王母諡曰婦人以夫爵尊爲號諡宜曰孝元傅皇后稱渭陵東園臣知妾不得體君卑不得敵尊而希指雷同詭經辟說師古曰詭違也辟讀曰僻以惑誤上爲臣不忠當伏斧鉞之誅幸蒙洒心自新師古曰洒音先禮反又令得保首領伏自惟念入稱四輔出備三公爵爲列侯誠無顏復望闕廷無心復居官府無宜復食國邑願上太師大司徒扶德侯印綬避賢者路下君章有司皆以爲四輔之職爲國維綱三公之任鼎足承君不有鮮明固守無以居位如君言至誠可聽惟君之惡在洒心前不敢文過朕甚多之師古曰多猶重也不奪君之爵邑以著自古皆有死之義孟康曰以宮上書不文過爲信不奪其爵邑師古曰論語載孔子言曰自古皆有死民無信不立故引之其上太師大司徒印綬使者以侯就第王莽篡位以宮爲太子師卒官本姓馬矢宮仕學稱馬氏云

贊曰自孝武興學公孫弘以儒相其後蔡義韋賢玄成匡衡張禹翟方進孔光平當馬宮及當子晏咸以儒宗居宰相位服儒衣冠孟康曰方領逢掖之衣傳先王語其醞藉可也師古曰醞藉謂如醞釀及薦藉道其寬博重厚也醞音於問反藉音才夜反然皆持祿保位被阿諛之譏彼以古人之迹見繩烏能勝其任乎如淳曰迹謂既明且哲也繩謂拼彈之也師古曰古人之迹謂直道以事人也烏何也拼音普耕反○宋祁曰注文拼彈字書曰拼彈也拼音迸墐反

前漢書卷八十一考證

匡衡傳周南召南被賢聖之化深故篤於行而廉於色注謂樂得淑女云云○此概論二南風化之美耳注以關雎一詩爲解非也

此成湯所以建至治保子孫云云○臣召南按殷武所以頌高宗武丁而衡云成湯事蓋齊詩之說如此

初衡封僮之樂安鄉注屬臨淮鄉○當云屬臨淮郡

張禹傳及兩人皆聞知各自得也注服虔曰各自爲得宜○顧炎武曰崇以禹爲親之宜以禹爲敬之故各自得

上雅信愛禹由此不疑王氏○胡三省曰元帝師蕭望之成帝師張禹元帝不能聽望之言踈許史而去恭顯成帝則聽禹言而不疑王氏望之以此殺身禹以此苟富貴漢祚中衰實由此也

孔光傳求生子眞箕○臣召南按子眞箕史記作箕字子京叉穿生順史記作子慎此皆字畫異耳此傳云忠生武及安國武生延年史記云武生延年及安國世次不同必有一誤

領宿衞供養行內注師古云云○胡三省曰行內署門戶當爲一句此宿衞事也省服御食物則供養事也文理甚明師古誤斷其句因曲爲之說耳

前漢書卷八十二

漢　蘭臺令史班固撰

唐正議大夫行秘書少監琅邪縣開國子顏師古注

王商史丹傅喜傳第五十二

王商字子威涿郡蠡吾人也師古曰蠡音禮徙杜陵商父武武兄無故皆以宣帝舅封無故爲平昌侯武爲樂昌侯語在外戚傳商少爲太子中庶子以肅敬敦厚稱父薨商嗣爲侯推財以分異母諸弟身無所受居喪哀慼○宋祁曰慼疑作戚於是大臣薦商行可以厲羣臣義足以厚風俗宜備近臣繇是擢爲諸曹侍中中郎將師古曰繇讀與由同元帝時至右將軍光祿大夫是時定陶共王愛幸幾代太子師古曰共讀曰恭幾鉅依反○宋祁曰注文鉅字上當有音字商爲外戚重臣輔政擁佑太子頗有力焉師古曰佑助也元帝崩成帝卽位甚敬重商徙爲左將軍而帝元舅大司馬大將軍王鳳顓權行多驕僭商論議不能平鳳鳳知之亦疏商建始三年秋京師民無故相驚言大水至百姓奔走相蹂躪師古曰蹂踐也躪轢也蹂人九反躪音藺○宋祁曰注文人字上當有音字老弱號呼師古曰呼音火故反長安中大亂天子親御前殿召公卿議大將軍鳳以爲太后與上及後宮可御船令吏民上長安城以避水羣臣皆從鳳議左將軍商獨曰自古無道之國水猶不冒城郭師古曰冒蒙覆也今政治和平世無兵革上下相安何因當有大水一日暴至此必訛言也師古曰訛僞也不宜令上城重驚百姓師古曰重音直用反上迺止有頃長安中稍定問之果訛言上於是美壯商之固守數稱其議而鳳大慙自恨失言明年商代匡衡爲丞相益封千戶天子甚尊任之爲人多質有威重師古曰多質言不爲文飾長八尺餘身體鴻大容貌甚過絕人河平四年單于來朝引見白虎殿師古曰在未央宮中丞相商坐未央廷中單于前拜謁商師古曰單于將見天子而經未央廷中過也商起離席與言單于仰視商貌大畏之遷延卻退天子聞而歎曰此眞漢相矣初大將軍鳳連昏楊肜爲琅邪太守如淳曰連昏者婚家之婚親也其郡有災害十四已上商部屬按問如淳曰部屬猶差次其屬令治之○宋祁曰已字疑作以按字疑作案鳳以曉商師古曰告語也曰災異天事非人力所爲肜素善吏宜以爲後師古曰且勿按問也○宋祁曰注文按疑作案商不聽竟奏免肜奏果寢不下○宋祁曰寢疑作寖鳳重以是怨商師古曰重音直用反陰求其短使人上書言商閨門內事天子以爲暗昧之過不足以傷大臣鳳固爭下其事司隸先是皇太后嘗詔問商女欲以備後宮時女病商意亦難之以病對不入及商以閨門事見考自知爲鳳所中師古曰中傷也音竹仲反惶怖更欲內女爲援迺因新幸李婕妤家白見其女會日有蝕之大中大夫蜀郡張匡其人佞巧上書願對近臣陳日蝕咎下朝者文穎曰令下朝者平之也孟康曰中朝臣也師古曰文說是也下音胡稼反左將軍丹等問匡師古曰史丹也對曰○劉敞曰下朝者左將軍丹等都是一句上以匡章下丹等令問匡也王嘉傳亦有一下朝者劉奉世曰孟說是也時左將軍等俱謂之中朝當屬下句云下朝者左將軍丹等問而後云臣對曰竊見丞相商作威作福從外制中取必於上師古曰意欲所行必果之性殘賊不仁○宋祁曰性字上疑有稟字遣票輕吏微求人罪師古曰票疾也微謂私求之也票音頻妙反又音匹妙反欲以立威天下患苦之前頻陽耿定上書言商與父傅通及女弟淫亂奴師古曰傅謂傅婢也殺其私夫疑商教使師古曰私夫女弟之私與姦通者章下有司商私怨懟師古曰懟音直類反○宋祁曰懟該音治遂反商子俊欲上書告商俊妻左將軍丹女持其書以示丹丹惡其父子乖迕師古曰迕逆也爲女求去商不盡忠納善以輔至德知聖主崇孝遠別不親師古曰遠離女色而分別之故云不親也後庭之事○劉敞曰當斷不親後庭之事爲句乃不煩注釋矣劉攽說同皆受命皇太后太后前聞商有女欲以備後宮商言有固疾後有耿定事更詭道因李貴人家內女師古曰詭違也執左道以亂政師古曰左道謂不正之道誣罔誖大臣節師古曰誖乖也音布內反故應是而日蝕周書曰以左道事君者誅師古曰逸書也易曰日中見昧則折其右肱蘇林曰日者人君之象中者明之盛盛而昧折去右肱之臣用無咎也師古曰此豐卦九三爻辭○宋祁曰易作見沫王弼云沫微昧之明也王觀國云昧與沫義同往者丞相周勃再建大功及孝文時纖介怨恨而日爲之蝕於是退勃使就國卒無怵愁憂師古曰卒終也愁古惕字○宋祁曰勃傳及天文志五行志皆無是事疑匡妄爲此言以害商爾愁與惕同二字文雖異其音訓則一今商無尺寸之功而有三世之寵師古曰自宣帝至成帝凡三主身位三公宗族爲列侯吏二千石侍中諸曹給事禁門內連昏諸侯王權寵至盛審有內亂殺人怨懟之端宜窮竟考問臣聞秦丞相呂不韋見王無子意欲有秦國卽求好女以爲妻陰知其有身而獻之王產始皇帝及楚相春申君亦見王無子心利楚國卽獻有身妻而產懷王○劉攽曰春申君獻妾所生子乃幽王非懷王也疑匡自誤非傳者之失自漢興幾遭呂霍之患師古曰幾音鉅依反今商有不仁之性迺因怨以內女其姦謀未可測度前孝景世七國反將軍周亞夫以爲卽得雒陽劇孟關東非漢之有今商宗族權執合貲鉅萬計私奴以千數非特劇孟匹夫之徒也且失道之至親戚畔之閨門內亂父子相訐師古曰訐告斥其罪也音居謁反○宋祁曰訐該音九列反引字林面相斥罪也浙本音居又反而欲使之宣明聖化調和海內豈不繆哉商視事五年官職陵夷而大惡著於百姓甚虧損盛德有鼎折足之凶師古曰易鼎卦九四爻辭曰鼎折足覆公餗其形渥凶餗鼎實也謂所亨之物也渥厚也言鼎折其足則覆其實喻大臣非其任則覆敗國典故宜加以厚刑臣愚以爲聖主富於春秋卽位以來未有懲姦之威加以繼嗣未立大異並見尤宜誅討不忠以遏未然師古曰遏止也未然謂未有其事恐將然也行之一人則海內震動百姦之路塞矣於是左將軍丹等奏商位三公爵列侯親受詔策爲天下師不遵法度以翼國家師古曰翼助也而回辟下媚以進其私師古曰回邪也辟讀曰僻執左道以亂政爲臣不忠罔上不道甫刑之辟皆爲上戮罪名明白臣請詔謁者召商詣若盧詔獄孟康曰若盧獄名屬少府黃門北寺是也上素重商知匡言多險制曰勿治鳳固爭之於是制詔御史蓋丞相以德輔翼國家典領百寮協和萬國爲職任莫重焉今樂昌侯商爲丞相出入五年未聞忠言嘉謀而有不忠○宋祁曰而字下疑有迺字執左道之辜陷于大辟前商女弟內行不脩奴賊

殺人疑商教使爲商重臣故抑而不窮今或言商不以
自悔而反怨懟朕甚傷之惟商與先帝有外親未忍致
于理其赦商罪使者收丞相印綬商免相三日發病歐
血薨諡曰戾侯而商子弟親屬爲駙馬都尉侍中中常
侍諸曹大夫郎吏者皆出補吏莫得留給事宿衛者有
司奏商罪過未決請除國邑有詔長子安嗣爵爲樂昌
侯至長樂衛尉光祿勳商死後連年日蝕地震直臣京
兆尹王章上封事召見訟商忠直無罪言鳳顓權蔽主
鳳竟以法誅章語在元后傳至元始中王莽爲安漢公
誅不附已者樂昌侯安見被以罪自殺國除師古曰被加也音皮義反

史丹字君仲魯國人也徙杜陵祖父恭有女弟武帝時
爲衛太子良娣產悼皇考皇考者孝宣帝父也宣帝微
時依倚史氏師古曰倚於綺反○宋祁曰注文倚字下當有音字語在史良娣傳
及宣帝卽位宋祁曰監本作卽尊位恭已死三子高曾元曾元皆
以外屬舊恩封曾爲將陵侯元爲平臺侯高侍中貴幸
以發舉反者大司馬霍禹功封樂陵侯宣帝疾病拜高
爲大司馬車騎將軍領尚書事帝崩太子襲尊號是爲
孝元帝高輔政五年乞骸骨賜安車駟馬黃金罷就第
薨諡曰安侯自元帝爲太子時丹以父高任爲中庶子
侍從十餘年元帝卽位爲駙馬都尉侍中出常驂乘甚
有寵上以丹舊臣皇考外屬親信之詔丹護太子家是
時傅昭儀子定陶共王有材蓺子母俱愛幸而太子頗
有酒色之失母王皇后無寵建昭之間宋祁曰間考作後越本作後
元帝被疾不親政事留好音樂孟康曰留意於音樂或置鼙鼓殿
下師古曰鼙本騎上之鼓音步迷反天子自臨軒檻上隤銅丸以擿鼓
師古曰檻闌版也隤下也擿投也隤音頹擿音持益反一曰擿礎也音丁歷反礎音丁回反韋昭曰擿持歷反如淳
音嫡聲中嚴鼓之節李奇曰莊嚴之鼓節也晉灼曰疾擊之鼓也師古曰李說是也後
宮及左右習知音者莫能爲而定陶王亦能之上數稱
其材丹進曰凡所謂材者敏而好學溫故知新師古曰敏速疾
也溫厚也溫故厚蓄故事也皇太子是也若迺器人於絲竹鼓鼙之
間則是陳惠李微高於匡衡可相國也如淳曰器人取人器能也陳惠
李微是時好音者也服虔曰二人皆黃門鼓吹也於是上嘿然而咲師古曰咲古笑字
其後中山哀王薨太子前弔哀王者帝之少弟與太子
游學相長大師古曰同處長養以至於壯大上望見太子感念哀王悲
不能自止太子既至前不哀上大恨曰安有人不慈仁
而可奉宗廟爲民父母者乎上以責謂丹師古曰謂丹者告謂也丹
免冠謝上曰臣誠見陛下哀痛中山王至以感損向者
太子當進見臣竊戒屬毋涕泣感傷陛下師古曰屬音之欲反罪
迺在臣當死上以爲然意迺解丹之輔相皆此類也竟
寧元年上寖疾傅昭儀及定陶王常在左右而皇太子
希得進見上疾稍侵意忽忽不平師古曰稍侵言漸篤也平和也數問
尚書以景帝時立膠東王故事是時太子長舅陽平侯
王鳳爲衛尉侍中與皇太子皆憂不知所出師古曰不知計所出
丹以親密臣得侍視疾侯上間獨寖時丹直入臥內頓
首伏青蒲上服虔曰青緣蒲席也應劭曰以青規地曰青蒲自非皇后不得至此孟康曰以蒲青爲席用蔽地也師古曰應說是也涕泣言曰皇太子以適長立積十餘
年師古曰適讀曰嫡名號繫於百姓天下莫不歸心臣子師古曰自
託爲臣子○劉奉世曰臣子宜屬下句不當斷之陽夏公謂如顏讀亦雅見定陶王雅素愛
幸今者道路流言爲國生意以爲太子有動搖之議審
若此公卿以下必以死爭不奉詔臣願先賜死以示羣
臣天子素仁不忍見丹涕泣言又切至上意大感喟然
太息曰吾日困劣而太子兩王幼少意中戀戀亦何不
念乎然無有此議且皇后謹慎先帝又愛太子吾豈可
違指駙馬都尉安所受此語師古曰安焉也丹卽卻頓首曰愚
臣妄聞罪當死師古曰卻退也離青蒲上上因納謂丹曰吾病寖加
恐不能自還師古曰寖漸也不自還者言當遂至崩亡也還讀曰旋善輔道太子
毋違我意師古曰道讀曰導丹噓唏而起師古曰噓音虛唏音許旣反太子
由是遂爲嗣矣元帝竟崩成帝初卽位擢丹爲長樂衛
尉遷右將軍賜爵關內侯食邑三百戶給事中後徙左
將軍宋祁曰徙字下當有丹字光祿大夫鴻嘉元年上遂下詔曰
夫褒有德賞元功古今通義也左將軍丹往時導朕以
中正秉義醇壹舊德茂焉其封丹爲武陽侯國東海郯
之武彊聚戶千一百如淳曰聚音才喻反聚邑居也丹爲人足知愷弟
愛人師古曰愷樂也弟易也言有和樂簡易之德貌若儻蕩不備師古曰儻蕩疏誕無
檢也然心甚謹密故尤得信於上丹兄嗣父爵爲侯讓不
受分丹盡得父財身又食大國邑重以舊恩數見褒賞
師古曰重音直用反賞賜累千金僮奴以百數後房妻妾數十人
內奢淫好飲酒極滋味聲色之樂爲將軍前後十六年
永始中病乞骸骨上賜策曰左將軍寢病不衰師古曰言病不
損也願歸治疾朕愍以官職之事久留將軍使躬不瘳使
光祿勳賜將軍黃金五十斤安車駟馬其上將軍印綬
宜專精神務近醫藥以輔不衰丹歸第數月薨諡曰頃
侯有子男女二十人九男皆以丹任竝爲侍中諸曹親
近在左右史氏凡四人侯至卿大夫二千石者十餘人
皆訖王莽迺絕唯將陵侯曾無子絕於身云

傅喜字稚游河內溫人也哀帝祖母定陶傅太后從父
弟少好學問有志行哀帝立爲太子成帝選喜爲太子
庶子哀帝初卽位以喜爲衛尉遷右將軍是時王莽爲
大司馬乞骸骨避帝外家上既聽莽退衆庶歸望於喜
喜從弟孔鄉侯晏親與喜等如淳曰俱傅太后從父弟也而女爲皇
后又帝舅陽安侯丁明皆親以外屬封○劉攽曰親當作新喜執
謙稱疾傅太后始與政事喜數諫之師古曰與讀曰豫由是傅
太后不欲令喜輔政上於是用左將軍師丹代王莽爲
大司馬賜喜黃金百斤上將軍印綬以光祿大夫養病
大司空何武尚書令唐林皆上書言喜行義修絜忠誠
憂國內輔之臣也今以寖病一旦遣歸衆庶失望皆曰
傅氏賢子以論議不合於定陶太后故退百寮莫不爲
國恨之忠臣社稷之衛魯以季友治亂師古曰謂季氏亡則魯不昌
楚以子玉輕重師古曰謂楚殺子玉而晉侯喜可知魏以無忌折衝師古曰信
陵君項以范增存亡故楚跨有南土帶甲百萬鄰國不以
爲難子玉爲將則文公側席而坐及其死也君臣相慶
師古曰已解在上百萬之衆不如一賢故秦行千金以間廉頗
師古曰趙孝成王七年秦與趙兵相距長平趙將廉頗固壁不戰秦迺使人反間於趙曰秦之所惡獨畏趙奢之子趙括爲將耳趙王信之因以括爲將代廉頗而括軍遂敗數十萬之衆降秦秦皆阬之○宋祁曰注末當有於長平三字漢散萬金以疏亞父師古曰事在陳平傳喜立於朝陛下
之光輝傅氏之廢興也如淳曰傅喜則傅氏興其廢亦如之晉灼曰用喜於陛下有光明而傅氏之廢復得興也師古曰如說是也上亦自重之明年正月迺徙師
丹爲大司空而拜喜爲大司馬封高武侯丁傅驕奢皆
嫉喜之恭儉又傅太后欲求稱尊號與成帝母齊尊喜
與丞相孔光大司空師丹共執正議傅太后大怒上不
得已先免師丹以感動喜喜終不順後數月遂策免喜
曰君輔政出入三年未有昭然匡朕不逮而本朝大臣
遂其姦心師古曰遂成也申也咎由君焉其上大司馬印綬就第
傅太后又自詔丞相御史曰高武侯喜無功而封內懷
不忠附下罔上與故大司空丹同心背畔放命圮族應劭
曰放棄教令毀其族類虧損德化罪惡雖在赦前不宜奉朝請其
遣就國後又欲奪喜侯上亦不聽喜在國三歲餘哀帝
崩平帝卽位王莽用事免傅氏官爵歸故郡晏將妻子
徙合浦莽白太后下詔曰高武侯喜姿性端慤論議忠
直師古曰慤謹也音乞角反雖與故定陶太后有屬終不順指從邪
介然守節以故斥逐就國傳不云乎歲寒然後知松柏
之後凋也師古曰論語載孔子之言以喻有節操之人也其還喜長安以故高
安侯莫府賜喜位特進奉朝請喜雖外見褒賞孤立憂
懼後復遣就國以壽終莽賜諡曰貞侯子嗣莽敗乃絕
師古曰史不得其子名也

贊曰自宣元成哀外戚興者許史三王丁傅之家師古曰三
王謂邛成侯及商鳳三家也皆重侯累將窮貴極富見其位矣未見
其人也師古曰言無善人也陽平之王多有材能好事慕名○宋祁曰
事當作士其埶尤盛曠貴最久師古曰陽平謂王鳳之家也言居非其位是爲曠官故云曠貴然至於莽亦以覆國王商有剛毅節廢黜以憂死非
其罪也史丹父子相繼高以重厚位至三公丹之輔道
副主掩惡揚美傅會善意師古曰道讀曰導傅讀曰附雖宿儒達士
無以加焉及其歷房闥入臥內推至誠犯顏色動寤萬
乘轉移大謀卒成太子安母后之位無言不讎終獲忠
貞之報師古曰大雅抑之詩曰無言不讎無德不報故贊引之以喻丹傅喜守節不傾
亦蒙後凋之賞哀平際會禍福速哉

前漢書卷八十二考證

王商傳下朝者左將軍丹等問匡○劉攽云云○臣召南按攽及奉世說是師古誤斷下朝者爲句上文張匡願對近臣陳日蝕咎所謂近臣卽指中朝將軍侍中等官也又下文知聖主崇孝遠別句不親後庭之事句師古亦誤以遠別不親斷句劉敞糾之是也

史丹傳其後中山哀王薨○按建昭四年事也

天下莫不歸心臣子注師古曰自託爲臣子○劉奉世曰臣子當屬下句不當斷之○胡三省曰以下文大意觀之顏注是也　臣召南按臣子二字連上連下讀並通

丹兄嗣父爵爲侯讓不受分○臣召南按表丹兄名術卽樂陵嚴侯也

傅喜傳諡曰貞侯子嗣師古曰史不得其子名○臣召南按表高武侯傅喜封十五年薨建國二年侯勁嗣然則喜子名勁史特以無關緊要故畧之非不得其子名也

前漢書卷八十三

漢　蘭　臺　令　史班　固撰

唐正議大夫行秘書少監琅邪縣開國子顏師古注

薛宣朱博傳第五十三

薛宣字贛君東海郯人也師古曰贛音貢郯音談○宋祁曰贛如淳音紺少爲
廷尉書佐都船獄吏宋祁曰吏疑是史後以大司農斗食屬察
廉補不其丞師古曰斗食者祿少一歲不滿百石計日以斗爲數也不其縣名也其音基○宋祁曰注文也字當刪琅邪太守趙貢行縣師古曰行下更反其下字同○宋祁曰注文行字下當有音字見宣甚說其能師古曰說讀曰悅從宣歷行屬縣師古曰從以
宣自從也還至府令妻子與相見戒曰贛君至丞相我兩子

亦中丞相史察宣廉遷樂浪都尉丞師古曰趙貢察舉宣故得遷也樂音洛浪音郎幽州刺史舉茂材爲宛句令師古曰樂浪屬幽州故爲刺史所舉也宛於元反句音劬○宋祁曰注文宛字下當有音字大將軍王鳳聞其能薦宣爲長安令治果有名以明習文法詔補御史中丞是時成帝初卽位宣爲中丞執法殿中外總部刺史上疏曰陛下至德仁厚哀閔元元躬有日仄之勞而亡佚豫之樂師古曰周書亡逸之篇稱文王之德曰至于日中仄弗皇暇食宣引此言也仄古側字也佚與逸同允執聖道刑罰惟中師古曰允信也中竹仲反○宋祁曰注文竹字上當有音字然而嘉氣尚凝陰陽不和師古曰凝謂不通也是臣下未稱而聖化獨有不洽者也臣竊伏思其一端殆吏多苛政政教煩碎大率咎在部刺史或不循守條職師古曰刺史所察本有六條今則踰越故事信意舉劾妄爲苛刻也六條解在百官公卿表舉錯各以其意多與郡縣事師古曰錯置也音千故反與讀曰豫豫干也至開私門聽讒佞以求吏民過失譴呵及細微責義不量力師古曰言求備於人郡縣相迫促亦內相刻流至衆庶是故鄉黨闕於嘉賓之懽九族忘其親親之恩飲食周急之厚彌衰送往勞來之禮不行師古曰勞郎到反來郎代反○宋祁曰注文勞字下來字下並當有音字夫人道不通則陰陽否鬲師古曰否閉也音皮鄙反鬲與隔同和氣不興未必不由此也詩云民之失德乾餱以愆師古曰小雅伐木之詩也餱食也解在元紀餱音侯鄙語曰苛政不親煩苦傷恩方刺史奏事時宜明申敕師古曰申束也謂約束也使昭然知本朝之要務臣愚不知治道唯明主察焉上嘉納之宣數言政事便宜舉奏部刺史郡國二千石所貶退稱進白黑分明師古曰稱舉也白黑猶言清濁也繇是知名師古曰繇讀與由同出爲臨淮太守政教大行會陳留郡有大賊廢亂師古曰廢亂者政教不行也上徙宣爲陳留太守盜賊禁止吏民敬其威信入守左馮翊滿歲稱職爲眞始高陵令楊湛櫟陽令謝游皆貪猾不遜持郡短長前二千石數案不能竟師古曰雖每案驗之不能窮竟其事○宋祁曰謝疑作尉字及宣視事詣府謁宣設酒飯與相對接待甚備已而陰求其罪臧具得所受取宣察湛有改節敬宣之效迺手自牒書條其姦臧師古曰牒書謂書於簡牒也封與湛曰吏民條言君如牒或議以爲疑於主守盜孟康曰法有主守盜斷官錢自入已也○宋祁曰注文也字當刪馮翊敬重令又念十金法重不忍相暴章師古曰依當時律條臧直十金則至重罪故密以手書相曉欲君自圖進退可復伸眉於後師古曰伸眉言無憂也且令自去職不廢其後更爲官卽無其事復封還記得爲君分明之師古曰記謂所與湛書也分明謂考問使知清白也宣恐其距諱卽欲驗治之湛自知罪臧皆應記師古曰與宣書記相當而宣辭語溫潤無傷害意湛卽時解印綬付吏爲記謝宣終無怨言而櫟陽令游自以大儒有名輕宣宣獨移書顯責之曰告櫟陽令吏民言令治行煩苛適罰作使千人以上師古曰適讀曰謫賊取錢財數十萬給爲非法師古曰言斂取錢財以供給興造非法之用○宋祁曰賊字浙本作賦字賣買聽任富吏賈數不可知師古曰賈讀曰價證驗以明白欲遣吏考案恐負舉者恥辱儒士師古曰游本因薦舉得官而身又是儒者故云然○宋祁曰以明疑作已故使掾平鐫令如淳曰平鐫激切使之自知過也晉灼曰王常爲光武鐫說其將帥此謂徐以微言鐫鑿遣之也師古曰平掾之名鐫謂琢鑿也鐫音子全反○蕭該音義曰按晉灼之意引鐫與之言能無說乎出論語異與之言蓋依鄧展鐫音子緣反與此引晉灼不同孔子曰陳力就列不能者止師古曰論語載孔子之答冉有季路之言也列次也言自審己之力用而就官次不能則退令詳思之方調守師古曰言欲選人且代游守令職游得檄亦解印綬去又頻陽縣北當上郡西河爲數郡湊多盜賊其令平陵薛恭本縣孝者功次稍遷未嘗治民職不辦而粟邑縣小辟在山中師古曰辟讀曰僻民謹樸易治令鉅鹿尹賞久郡用事吏爲樓煩長舉茂材遷在粟宣卽以令奏賞與恭換縣師古曰時令條有材不稱職得改之二人視事數月而兩縣皆治宣因移書勞勉之曰昔孟公綽優於趙魏而不宜滕薛師古曰孟公綽魯大夫也論語云孔子曰孟公綽爲趙魏老則優不可以爲滕薛大夫言器能各有所施也趙魏晉之卿族老謂家之長相也滕薛小國諸侯也故或以德顯或以功舉君子之道焉可憮也蘇林曰憮同也兼也晉灼曰憮音誣師古曰論語載子夏之言謂行業不同所守各異唯聖人爲能體備之○蕭該曰學林云此傳直用憮字以當誣字耳憮有空之義可借與誣字通用屬縣各有賢君馮翊垂拱蒙成師古曰自言端拱無爲而受縣之成功願勉所職卒功業師古曰卒終也宣得郡中吏民罪名輒召告其縣長吏使自行罰曉曰府所以不自發舉者不欲代縣治奪賢令長名也長吏莫不喜懼免冠謝宣歸恩受戒者宣爲吏賞罰明用法平而必行所居皆有條教可紀多仁恕愛利師古曰愛人而安利也池陽令舉廉吏獄掾王立府未及召聞立受囚家錢宣責讓縣縣案驗獄掾迺其妻獨受繫者錢萬六千受之再宿獄掾實不知掾慙恐自殺宣聞之移書池陽曰縣所舉廉吏獄掾王立家私受賕而立不知殺身以自明立誠廉士甚可閔惜其以府決曹掾書立之柩以顯其魂師古曰以此職追贈府掾史素與立相知者皆予送葬及日至休吏師古曰冬夏至之日不省官事故休吏賊曹掾張扶獨不肯休坐曹治事宣出教曰蓋禮貴和人道尚通日至吏以令休所繇來久師古曰繇讀與由同由從也曹雖有公職事家亦望私恩意掾宜從衆歸對妻子設酒肴請鄰里壹笑相樂應劭曰以壹矢相樂也晉灼曰書篆形壹关字象壹矢因此說非也師古曰晉說是也壹关謂一爲懽笑关古笑字也斯亦可矣扶慙愧官屬善之宣爲人好威儀進止雍容甚可觀也性密靜有思師古曰有智思也音先寺反思省吏職求其便安師古曰省視也下至財用筆研皆爲設方略利用而省費師古曰利便也省減也便於用而減於費也省所領反吏民稱之郡中清靜遷爲少府共張職辦師古曰共讀曰供音居用反張音竹亮反月餘御史大夫于永卒谷永上疏曰帝王之德莫大於知人知人則百僚任職天工不曠師古曰工官也曠空也故皋陶曰知人則哲能官人師古曰虞書皋陶謨之辭也哲智也無所不知故能官人也御史大夫內承本朝之風化外佐丞相統理天下任重職大非庸材所能堪今當選於羣卿以充其缺得其人則萬姓欣喜百僚說服師古曰說讀曰悅不得其人則大職墮斁王功不興師古曰墮毀也斁壞也墮音火規反斁音丁固反虞帝之明在茲壹舉可不致詳竊見少府宣材茂行絜達於從政前爲御史中丞執憲轂下師古曰言在天子輦轂之下不吐剛茹柔師古曰大雅烝民之詩云惟仲山甫剛亦不吐柔亦不茹言其平正也茹食也音人庶反舉錯時當師古曰言其合時而當理也當音丁浪反出守臨淮陳留二郡稱治爲左馮翊崇教養善威德並行衆職脩理姦軌絕息辭訟者歷年不至丞相府赦後餘盜賊什分三輔之一文穎曰減三輔之賊什九也功效卓爾自左內史初置以來未嘗有也師古曰馮翊本左內史之地故云然孔子曰如有所譽其有所試師古曰論語載孔子之言也所以譽人者必當試之以事宣考績功課簡在兩府師古曰簡大也亦曰明也兩府丞相御史府也不敢過稱以奸欺誣之辠師古曰過稱謂踰其實而妄稱譽之也奸犯也音干臣聞賢材莫大於治人宣已有效其法律任廷尉有餘經術文雅足以謀王體斷國論身兼數器有退食自公之節師古曰自從也召南羔羊之詩美在位皆節儉正直其詩曰退食自公委蛇委蛇言卿大夫履行清絜減退膳食率從公道也宣無私黨游說之助臣恐陛下忽於羔羊之詩舍公實之臣任華虛之譽是用越職陳宣行能唯陛下留神考察上然之遂以宣爲御史大夫數月代張禹爲丞相封高陽侯食邑千戶宣除趙貢兩子爲史貢者趙廣漢之兄子也爲吏亦有能名宣爲相府辭訟例不滿萬錢不爲移書後皆遵用薛侯故事然官屬譏其煩碎無大體不稱賢也時天子好儒雅宣經術又淺上亦輕焉久之廣漢郡盜賊羣起丞相御史遣掾史逐捕不能克上迺拜河東都尉趙護爲廣漢太守以軍法從事數月斬其渠帥鄭躬師古曰渠大也降者數千人迺平會邛成太后崩喪事倉卒吏賦斂以趨辦師古曰邛成太后宣帝王皇后也趨讀曰趣言苟取辦其後上聞之以過丞相御史遂冊免宣曰君爲丞相出入六年忠孝之行率先百僚朕無聞焉師古曰不聞其有此行也朕既不明變異數見歲比不登倉廩空虛師古曰比頻也登成也年穀不成○宋祁曰多朕既不明止空虛十六字百姓饑饉流離道路疾疫死者以萬數人至相食盜賊並興羣職曠廢是朕之不德而股肱不良也迺者廣漢羣盜橫恣殘賊吏民朕惻然傷之數以問君君對輒不如其實西州鬲絕幾不爲郡師古曰鬲與隔同幾音鉅依反三輔賦斂無度酷吏並緣爲姦師古曰並音步浪反侵擾百姓詔君案驗復無欲得事實之意九卿以下咸承風指同時陷于謾欺之辠咎繇君焉師古曰謾誑也音慢又音莫干反繇讀與由同有司法君領職解嫚師古曰法謂據法以劾也解讀曰懈嫚與慢同開謾欺之路傷薄風化無以帥示四方不忍致君于理其上丞相高陽侯印綬罷歸初宣爲丞相而翟方進爲司直宣知方進名儒有宰相器深結厚焉後方進竟代爲丞相思宣舊恩宣免後二歲薦宣明習文法練國制度師古曰練猶熟也言其詳熟前所坐過薄可復進用上徵宣復爵高陽侯加寵特進位次師安昌侯給事中視尚書事宣復尊重任政數年後坐善定陵侯淳于長罷就第初宣有兩弟明脩明至南陽太守脩歷郡守京兆尹少府善交接得州里之稱後母常從脩居官宣爲丞相時脩爲臨菑令宣迎後母脩不遣後母病死脩去官持服宣謂脩三年服少能行之者兄弟相駁不可師古曰駁者執意不同猶如色之間雜脩遂竟服繇是兄弟不和師古曰繇讀曰由久之哀帝初卽位博士申咸給事中亦東海人也毀宣不供養行喪服薄於骨肉前以不忠孝免不宜復列封侯在朝省宣子況爲右曹侍郎數聞其語賕客楊明欲令創咸面目使不居位師古曰創謂傷之也音初良反其下並同○蕭該音義曰賕韋昭曰行貨財以有求於人曰賕字林以財枉法相謝曰賕音巨又反該案今人亦爲求音會司隸缺況恐咸爲之遂令明遮斫咸宮門外斷鼻脣身八創事下有司御史中丞衆等奏況朝臣父故宰相再封列侯不相敕丞化○宋祁曰丞當作承而骨肉相疑疑咸受脩言以謗毀宣咸所言皆宣行迹衆人所共見公家所宜聞況知咸給事中恐爲司隸舉奏宣而公令明等迫切宮闕要遮創戮近臣於大道人衆中欲以鬲塞聰明杜絕論議之端師古曰鬲與隔同杜塞也桀黠無所畏忌萬衆讙譁流聞四方不與凡民忿怒爭鬭者同臣聞敬近臣爲近主也禮下公門式路馬師古曰過公門則下車見路馬則撫式蓋崇敬也式車前橫木君畜產且猶敬之春秋之義意惡功遂不免於誅師古曰遂成也言舉意不善雖有成功猶加誅上浸之源不可長也師古曰浸近也言傷戮大臣有所逼近也浸字或作侵侵犯也其意兩通長音竹兩反況首爲惡明手傷功意俱惡孟康曰手傷人爲功使人行傷人者爲意皆大不敬明當以重論及況皆弃市廷尉直以爲律曰鬭以刃傷人完爲城旦其賊加罪一等與謀者同罪詔書無以詆欺成罪師古曰詆毀也音丁禮反傳曰遇人不以義而見疻者與痏人之罪鈞惡不直也應劭曰以杖手毆擊人剝其皮膚腫起青黑而無創瘢者律謂疻痏遇人不以義爲不直雖見毆與毆人罪同也師古曰疻音侈痏音鮪○蕭該音義曰案晉灼曰疻音侈侈裂也韋昭曰疻謂毀傷也疻音脣地反說文曰疻毆傷也手支反又思詣反痏說文曰痏病也該案三倉云痏瘡也音如鮪魚之鮪咸厚善脩而數稱宣惡流聞不可謂直師古曰言咸爲脩而毀宣是不誼而不直況以故傷咸計謀已定後聞置司隸因前謀而趣明師古曰趣讀曰促非以恐咸爲司隸故造謀也本爭私變雖於掖

門外傷咸道中與凡民爭鬭無異殺人者死傷人者刑古今之通道三代所不易也孔子曰必也正名名不正則至於刑罰不中刑罰不中而民無所錯手足 師古曰論語載孔子之言也錯置也音千故反 今以況為首惡明手傷為大不敬公私無差春秋之義原心定罪 師古曰原謂尋其本也 原況以父見謗發忿怒無它大惡加詆欺輯小過成大辟 師古曰輯與集同集合也 陷死刑違明詔恐非法意不可施行聖王不以怒增刑明當以賊傷人不直 師古曰以其受賕也 況與謀者皆爵減完為城旦 師古曰以其身有爵級故得減罪而為完也況身及同謀之人皆從此科 上以問公卿議臣丞相孔光大司空師丹以中丞議是自將軍以下至博士議郎皆是廷尉況竟減罪一等○宋祁曰罪字上當有死字 徙敦煌宣坐免為庶人歸故郡卒於家宣子惠亦至二千石始惠為彭城令宣從臨淮遷至陳留過其縣橋梁郵亭不脩 師古曰郵行書之舍亦如今之驛及行道館舍也音尤 宣心知惠不能留彭城數日案行舍中處置什器 師古曰處安也什器為生之具也解在平紀 觀視園菜終不問惠以吏事惠自知治縣不稱宣意遣門下掾送宣至陳留令掾進見自從其所問宣不教戒惠吏職之意 師古曰若自出其意不云惠使之言 宣笑曰吏道以法令為師可問而知及能與不能自有資材何可學也衆人傳稱以宣言為然初宣後封為侯時妻死而敬武長公主寡居上令宣尚焉及宣免歸故郡公主留京師後宣卒主上書願還宣葬延陵奏可況私從敦煌歸長安會赦因留與主私亂哀帝外家丁傅貴主附事之而疏王氏元始中莽白尊為安漢公主又出言非莽而況與呂寬相善及寬事覺時莽幷治況發揚其罪使使者以太皇太后詔賜主藥主怒曰劉氏孤弱王氏擅朝排擠宗室 師古曰擠墜也音子詣反○宋祁曰擠王篇云子詣子稽二切 且嫂何與取妹披抉其閨門而殺之 師古曰敬武公主宣帝女也故謂元后為嫂披發也抉挑也與讀曰豫豫干也言此事不干於嫂也抉音古穴反挑音它彫反○宋祁曰抉字林曰抉挑也音一穴反蕭該案左傳云鄶人抉之以出門者又日以抉抉其傷 使者迫守主 師古曰守而逼之 遂飲藥死況梟首於市白太后云主暴病薨太后欲臨其喪莽固爭乃止

朱博字子元杜陵人也家貧少時給事縣為亭長好客少年捕搏敢行 師古曰好賓客及少年而追捕擊搏無所避也 稍遷為功曹伉俠好交 師古曰伉健也音口浪反 隨從士大夫不避風雨是時前將軍望之子蕭育御史大夫萬年子陳咸以公卿子著材知名博皆友之矣時諸陵縣屬太常博以太常掾察廉補安陵丞後去官入京兆歷曹史列掾出為督郵書掾所部職辦郡中稱之而陳咸為御史中丞坐漏泄省中語下獄博去吏間步至廷尉中 師古曰去吏自解職也間步謂步行而伺間隙以去 侯伺咸事咸掠治困篤博詐得為醫入獄得見咸具知其所坐罪博出獄又變姓名為咸驗治數百 師古曰謂被掠笞也 卒免咸死罪咸得論出而博以此顯名為郡功曹久之成帝即位大將軍王鳳秉政奏請陳咸為長史咸薦蕭育朱博除莫府屬鳳甚奇之舉博櫟陽令徙雲陽平陵三縣以高第入為長安令京師治理遷冀州刺史博本武吏不更文法 師古曰更歷也音工衡反 及為刺史行部 師古曰行音下更反 吏民數百人遮道自言官寺盡滿從事白請且留此縣錄見諸自言者事畢迺發欲以觀試博博心知之告外趣駕 師古曰趣讀曰促 既白駕辦博出就車見自言者使從事明敕告吏民欲言縣丞尉者刺史不察黃綬各自詣郡 師古曰丞尉職卑皆黃綬 欲言二千石墨綬長吏者使者行部還詣治所 師古曰治所刺史所止理事處○宋祁曰楊本幷刪本云使者還部越本無使者二字 其民為吏所冤及言盜賊辭訟事各使屬其部從事 師古曰屬委也音之欲反 博駐車決遣四五百人皆罷去如神吏民大驚不意博應事變迺至於此後博徐問果老從事教民聚會博殺此吏州郡畏博威嚴從為幷州刺史護漕都尉遷琅邪太守齊部舒緩養名 師古曰言齊人之俗其性遲緩多自高大以養名聲 博新視事右曹掾史皆移病臥 師古曰右曹上曹也移病謂移書言病也一日以病而移居也 博問其故對言惶恐 師古曰言懼新太守之威 故事二千石新到輒遣吏存問致意迺敢起就職博奮髯抵几曰 師古曰髯頰毛也抵擊也音紙 觀齊兒欲以此為俗邪迺召見諸曹史書佐及縣大吏選視其可用者出教置之 師古曰皆新補置以代移病者 皆斥罷諸病吏白巾走出府門郡中大驚頃之門下掾贛遂耆老大儒教授數百人拜起舒遲博出教主簿 師古曰以此教告主簿 贛老生不習吏禮主簿且教拜起閑習迺止又敕功曹官屬多襃衣大袑 師古曰袑音紹謂大袴也○蕭該音義曰按韋昭曰袴上曰袑音忝嬌反鄧展音紹 不中節度自今掾史衣皆令去地三寸博尤不愛諸生所至郡輒罷去議曹曰豈可復置謀曹邪文學儒吏時有奏記稱說云云博見謂曰如太守漢吏奉三尺律令以從事耳亡奈生所言聖人道何也 師古曰言不能用 且持此道歸堯舜君出為陳說之其折逆人如此視事數年大改其俗掾史禮節如楚趙吏博治郡常令屬縣各用其豪桀以為大吏文武從宜 師古曰各因其材而任之 縣有劇賊及它非常博輒移書以詭責之其盡力有效必加厚賞懷詐不稱誅罰輒行 師古曰稱副也 以是豪強慹服 師古曰慹音之涉反 姑幕縣有羣輩八人報仇廷中皆不得 師古曰於縣廷之中報仇殺人而其賊皆亡捕之不得也 長吏自繫書言府賊曹掾史自白請至姑幕事留不出功曹諸掾即皆自白復不出於是府丞詣閤博迺見丞掾曰以為縣自有長吏府未嘗與也丞掾謂府當與之邪 師古曰與讀曰豫 閤下書佐入博口占檄文曰 師古曰隱度其言口授之占音之贍反 府告姑幕令丞言賊發不得有書 師古曰言已得縣之文書如此 檄到令丞就職游徼王卿力有餘如律令 師古曰游徼職主捕盜賊故云如律令 王卿得敕惶怖親屬失色晝夜馳騖 ○蕭該音義曰字書曰騖亂馳也 十餘日間捕得五人博復移書曰王卿憂公甚效檄到齋伐閱詣府 師古曰伐功勞也閱所經歷也○蕭該音義曰字林曰閱其數也 部掾以下亦可用漸盡其餘矣 師古曰部掾所部之掾也 其操持下皆此類也以高第入守左馮翊滿歲為真其治左馮翊文理聰明殊不及薛宣而多武譎網絡張設少愛利敢誅殺 師古曰言少仁愛而不能便利於人 然亦縱舍時有大貸 師古曰縱放也舍置也貸謂寬假於下也音吐戴反 下吏以此為盡力長陵大姓尚方禁 師古曰姓尚方名禁 少時嘗盜人妻見斫創著其頰府功曹受賂白除禁調守尉博聞知以它事召見視其面果有瘢 師古曰瘢創痕也音盤痕音胡恩反 博辟左右問禁 師古曰辟讀曰闢 是何等創也禁自知情得 師古曰言其得被斫之情狀 叩頭服狀博笑曰大丈夫固時有是 師古曰言情欲之事人所不免 馮翊欲洒卿恥拔拭用禁 師古曰拔拭摩也洒音先禮反拔音文粉反 能自效不禁且喜且懼對曰必死 師古曰言盡死力也 博因敕禁毋得泄語有便宜輒記言 師古曰不令泄拔拭之言而外有便宜之事為書記以言於博 因親信之以為耳目禁晨夜發起部中盜賊及它伏姦有功效博擢禁連守縣令久之召見功曹閉閤數責以禁等事與筆札使自記積受取一錢以上無得有所匿 師古曰積累前後受取之事 欺謾半言斷頭矣 師古曰謾誑也音慢又音莫連反 功曹惶怖具自疏姦臧大小不敢隱博知其對以實迺令就席受敕自改而已投刀使削所記遣出就職功曹後常戰栗不敢蹉跌 師古曰蹉音千何反跌音徒結反 博遂成就之 師古曰言進達也 遷為大司農歲餘坐小法左遷犍為太守先是南蠻若兒數為寇盜 師古曰若兒其豪長之名 博厚結其昆弟使為反間襲殺之 師古曰間音居莧反 郡中清從為山陽太守病免官復徵為光祿大夫遷廷尉職典決疑當讞平天下獄博恐為官屬所誣視事召見正監典法掾史謂曰廷尉本起於武吏不通法律幸有衆賢亦何憂然廷尉治郡斷獄以來且二十年亦獨耳剽日久 師古曰剽劫也猶言行聽也剽音平妙反 三尺律令人事出其中 師古曰言可以人情知之 掾史試與正監共撰前世決事吏議難知者數十事持以問廷尉得為諸君覆意之 如淳曰但欲用意覆之不近法律事故也師古曰覆音方目反 正監以為博苟強意未必能然即共條白焉博皆召掾史並坐而問為平處其輕重十中八九 師古曰中音竹仲反 官屬咸服博之疏略材過人也每遷徙易官所到輒出奇譎如此以明示下為不可欺者久之遷後將軍與紅陽侯立相善立有罪就國有司奏立黨友博坐免後歲餘哀帝即位以博名臣召見起家復為光祿大夫遷為京兆尹數月超為大司空初漢興襲秦官置丞相御史大夫太尉至武帝罷太尉始置大司馬以冠將軍之號非有印綬官屬也及成帝時何武為九卿建言古者民樸事約 師古曰立此議而奏之也約少也 國之輔佐必得賢聖然猶則天三光備三公官各有分職 師古曰則法也三光日月星也分音扶問反 今末俗之弊政事煩多○宋祁曰之監本鄧本作之校本作文 宰相之材不能及古而丞相獨兼三公之事所以久廢而不治也宜建三公官定卿大夫之任分職授政以考功效其後上以問師安昌侯張禹禹以為然時曲陽侯王根為大司馬票騎將軍而何武為御史大夫於是上賜曲陽侯根大司馬印綬置官屬罷票騎將軍官以御史大夫何武為大司空封列侯皆增奉如丞相以備三公官焉 師古曰奉音扶用反 議者多以為古今異制漢自天子之號下至佐史皆不同於古而獨改三公職事難分明無益於治亂是時御史府吏舍百餘區井水皆竭又其府中列柏樹常有野烏數千棲宿其上晨去暮來號曰朝夕烏烏去不來者數月長老異之 師古曰史言此者著御史大夫之職當休廢也○宋祁曰顏之推云漢書御史府中列柏樹常有野烏數千棲宿其上晨去暮來號朝夕烏而文士往往作烏鳶用之浙本亦作烏亍謂烏字當作鳥字 後二歲餘朱博為大司空奏言帝王之道不必相襲各繇時務 師古曰繇讀與由同 高皇帝以聖德受命建立鴻業置御史大夫位次丞相典正法度以職相參總領百官上下相監臨歷載二百年天下安寧今更為大司空與丞相同位未獲嘉祐故事選郡國守相高第為中二千石選中二千石為御史大夫任職者為丞相位次有序所以尊聖德重國相也今中二千石未更御史大夫而為丞相 師古曰更經也音工衡反 權輕非所以重國政也臣愚以為大司空官可罷復置御史大夫遵奉舊制臣願盡力以御史大夫為百僚率哀帝從之迺更拜博為御史大夫會大司馬喜免 ○宋祁曰喜字上當有傅字 以陽安侯丁明為大司馬衛將軍置官屬大司馬冠號如故事後四歲哀帝遂改丞相為大司徒復置大司空大司馬焉初何武為大司空又與丞相方進共奏言古選諸侯賢者以為州伯書曰咨十有二牧 師古曰虞書舜典之辭也○宋祁曰浙本云咨十有二牧配哉 所以廣聰明燭幽隱也今部刺史居牧伯之位秉一州之統選第大吏所薦位高至九卿所惡立退任重職大春秋之義用貴治賤不以卑臨尊刺史位下大夫而臨二千石輕重不相準失位次之序臣請罷刺史更置州牧以應古制奏可及博奏復御史大夫官 ○宋祁曰復字下當有置字 又奏言漢家至德溥大宇

內萬里師古曰溥與普同立置郡縣部刺史奉使典州督察郡
國吏民安寧故事居部九歲舉爲守相其有異材功效
著者輒登擢秩卑而賞厚咸勸功樂進師古曰勸功自勸勉而立功也
前丞相方進奏罷刺史更置州牧秩眞二千石位次九
卿九卿缺以高第補其中材則苟自守而已恐功效陵
夷師古曰陵夷漸廢替姦軌不禁臣請罷州牧置刺史如故奏可
博爲人廉儉不好酒色游宴自微賤至富貴食不重味
案上不過三桮夜寢早起妻希見其面有一女無男然
好樂士大夫爲郡守九卿賓客滿門欲仕宦者薦舉之
欲報仇怨者解劒以帶之其趨事待士如是博以此自
立然終用敗初哀帝祖母定陶太后○宋祁曰陶字下當有傅字欲
求稱尊號太后從弟高武侯傅喜爲大司馬與丞相孔
光大司空師丹共持正議孔鄉侯傅晏亦太后從弟諂
諛欲順指會博新徵用爲京兆尹與交結謀成尊號以
廣孝道繇是師丹先免師古曰繇讀與由同博代爲大司空數燕
見奏封事言丞相光志在自守不能憂國大司馬喜至
尊至親阿黨大臣無益政治上遂罷喜遣就國免光爲
庶人以博代光爲丞相封陽鄉侯食邑二千戸博上書
讓曰故事封丞相不滿千戸而獨臣過制誠慙懼願還
千戸上許焉傅太后怨傅喜不已使孔鄉侯晏風丞相
令奏免喜侯師古曰風讀曰諷博受詔與御史大夫趙玄議玄
言事已前決得無不宜師古曰得無猶言無乃也博曰已許孔鄉侯
有指匹夫相要尙相得死何況至尊博唯有死耳玄卽
許可博惡獨斥奏喜以故大司空汜鄉侯何武前亦坐
過免就國師古曰汜音凡事與喜相似卽幷奏喜武前在位皆
無益於治雖已退免爵土之封非所當得也請皆免爲
庶人上知傅太后素常怨喜疑博玄承指卽召玄詣尙
書問狀玄辭服有詔左將軍彭宣與中朝者雜問宣等
劾奏博宰相玄上卿晏以外親封位特進股肱大臣上
所信任不思竭誠奉公務廣恩化爲百寮先皆知喜武
前已蒙恩詔決事更三赦師古曰詔已決事又經三赦也更音工衡反博執
左道虧損上恩以結信貴戚背君鄉臣師古曰鄉讀曰嚮傾亂
政治姦人之雄附下罔上爲臣不忠不道玄知博所言
非法枉義附從大不敬晏與博議免喜失禮不敬臣請
詔謁者召博玄晏詣廷尉詔獄制曰將軍中二千石二
千石諸大夫博士議郎議右將軍蟜望等四十四人師古
曰蟜音矯○蕭該案呂靖曰蟜蟲也已兆反今借以爲蟜字此蓋古字無定耳以爲如宣等
言可許諫大夫龔勝等十四人以爲春秋之義姦以事
君常刑不舍師古曰舍置也魯大夫叔孫僑如欲顓公室譖其
族兄季孫行父於晉晉執囚行父以亂魯國春秋重而

書之師古曰僑如叔孫宣伯也行父季文子也宣伯通於成公之母穆姜欲去季孟而取其室使告晉曰魯之有季孟猶晉之有欒范也政令於是乎成今其謀曰晉政多門不可從也若欲得志於魯請止行父而殺之不然歸必畔矣晉人執季文子于苕丘事在成十六年今晏放命圮族干亂朝政
要大臣以罔上本造計謀職爲亂階師古曰此引詩小雅巧言之章也職主也階者基之漸也宜與博玄同罪罪皆不道上減玄死罪三等
削晏戸四分之一假謁者節召丞相詣廷尉詔獄博自
殺國除初博以御史爲丞相封陽鄉侯玄以少府爲御
史大夫竝拜於前殿延登受策有音如鍾聲語在五行
志
贊曰薛宣朱博皆起佐史歷位以登宰相宣所在而治
爲世吏師及居大位以苛察失名師古曰苛細也器誠有極也
○宋祁曰別本有字下有所字博馳騁進取不思道德已亡可言師古曰言其事行不足可道也又見孝成之世委任大臣假借用權師古曰假音休假之假借音以物借人○宋祁曰注末當有之借二字借蕭該謂本作藉字苐作借何煩更云音以物借人之借蓋
傳寫之繆世主已更好惡異前師古曰更改也復附丁傅稱順孔鄉
師古曰稱副也副其所求而順其意也稱音尺孕反事發見詰遂陷誣罔辭窮情
得仰藥飮鴆師古曰仰藥謂仰頭而飮藥也孔子曰久矣哉由之行詐
也博亦然哉師古曰論語云子疾病子路欲使門人爲臣子曰久矣哉由之行詐也無臣而爲有臣吾誰欺欺天乎故贊引之

前漢書卷八十三考證
薛宣傳都船獄吏○臣召南按百官表中尉屬官有都
船令丞
遷樂浪都尉丞○地理志樂浪郡有兩都尉其南部都
尉治昭明縣東部都尉治不而縣
爲宛句令○宛句屬濟陰郡志作寃句
上遷拜河東都尉趙護爲廣漢太守云云○按成帝紀
鴻嘉三年廣漢男子鄭躬等自號山君四年趙護擊
之遷護爲執金吾公卿表護字子夏以元延元年爲
執金吾
廷尉直○臣召南按公卿表卽廷尉麗眞也眞字與直
字相近而誤鈌筆耳
朱博傳封陽鄉侯食邑二千戸○按表作楊鄉又下文
願還千戸表作還千五十戸
卽召元詣尚書問狀○胡三省曰丞相御史同奏而獨
召問元者以博強毅多權詐難遽得其情而元易以
窮詰也
右將軍蟜望等○臣召南按此哀帝建平二年八月事
也據公卿表光祿勳丁望爲左將軍執金吾公孫祿
爲右將軍至三年蟜望始爲右將軍此文似應云左
將軍丁望等或因其名偶同而誤也

前漢書卷八十四

漢　蘭　臺　令　史班　固撰

唐正議大夫行祕書少監琅邪縣開國子顏師古注

翟方進傳第五十四

翟方進字子威汝南上蔡人也家世微賤至方進父翟
公好學爲郡文學方進年十二三失父孤學給事太守
府爲小史號遲頓不及事師古曰頓讀曰鈍數爲掾史所詈辱
方進自傷迺從汝南蔡父相問已能所宜師古曰言從何術藝可以自達蔡父大奇其形貌謂曰小史有封侯骨當以經術進
努力爲諸生學問淳化本努作怒方進旣厭爲小史聞蔡父言
心喜因病歸家辭其後母欲西至京師受經母憐其幼
○宋祁曰於母字上疑有後字隨之長安織屨以給方進讀經博士受
春秋積十餘年經學明習徒衆日廣諸儒稱之以射策
甲科爲郎二三歲舉明經遷議郎是時宿儒有清河胡
常師古曰宿久舊也與方進同經常爲先進名譽出方進下師古
曰常官學雖在前而名譽不及方進心害其能論議不右方進師古曰毀短也○劉
敞曰多一論字方進知之候伺常大都授時師古曰都授謂總集諸生大講授也
遣門下諸生至常所問大義疑難因記其說如是者久
之常知方進之宗讓己師古曰宗尊也內不自得其後居士大
夫之間未嘗不稱述方進遂相親友河平中方進轉爲
博士數年遷朔方刺史居官不煩苛所察應條輒舉甚
有威名再三奏事師古曰刺史歲盡輒奏事京師也遷爲丞相司直從
上甘泉行馳道中司隷校尉陳慶劾奏方進沒入車馬
旣至甘泉宮會殿中慶與廷尉范延壽語時慶有章劾
自道行事以贖論師古曰當祭泰畤時行事有闕失罪合贖○劉敞曰漢時人言行事成事皆謂已行已成事也王充書亦有之又下文所謂自設不坐之比是也今尚書持我事來
當於此決前我爲尚書時嘗有所奏事忽忘之留月餘
師古曰言此者冀尚書忘己之事不奏也○劉敞曰予謂非冀尚書忘己不奏也言及之耳尋下文可見方
進於是舉劾慶曰案慶奉使刺舉大臣故爲尚書知機
事周密壹統明主躬親不解師古曰解讀曰懈慶有罪未伏誅

無恐懼心豫自設不坐之比師古曰比例也音必寐反又暴揚尚書
事言遲疾無所在虧損聖德之聰明奉詔不謹皆不敬
師古曰既自云不坐又言遲疾無所在此之二條於法皆爲不敬臣謹以劾慶坐免官
會北地浩商爲義渠長所捕亡師古曰義渠北地之縣也商被縣長捕而逃亡
長取其母與豭豬連繫都亭下師古曰以深辱之豭牡豕也音家商兄
弟會賓客自稱司隷掾長安縣尉殺義渠長妻子六人
亡丞相御史請遣掾史與司隷校尉部刺史幷力逐捕
察無狀者師古曰無狀謂商及義渠長本狀之違曲也○劉敞曰謂察司隷刺史捕賊之無狀者故下文云以宰士督察奉使命大夫奏可司隷校尉涓勳奏言春秋之義
王人微者序乎諸侯之上尊王命也臣幸得奉使以督
察公卿以下爲職師古曰督視也今丞相宣請遣掾史以宰士
督察天子奉使命大夫師古曰謂丞相掾史爲宰士者言其宰相之屬官而位爲士也奉使命大夫謂司隷也甚誖逆順之理師古曰誖乖也音布內反宣本不師受
經術因事以立姦威案浩商所犯一家之禍耳而宣欲
專權作威乃害于乃國不可之大者師古曰周書洪範云臣之有作威作福
威乃凶于乃國害于厥躬故引之○宋祁曰乃監本作迺姚本刪願下中朝特進列侯
將軍以下正國法度議者以爲丞相掾不宜移書督趣
司隷師古曰趣讀曰促會浩商捕得伏誅家屬徙合浦故事司
隷校尉位在司直下初除謁兩府師古曰丞相及御史也其有所
會居中二千石前與司直並迎丞相御史初方進新視
事而涓勳亦初拜爲司隷不肯謁丞相御史大夫後朝
會相見禮節又倨師古曰倨傲也方進陰察之勳私過光祿勳
辛慶忌又出逢帝舅成都侯商道路下車立頌過迺就
車師古曰頌待也於是方進舉奏其狀因曰臣聞國家之興尊
尊而敬長○宋祁曰楊本復有敬長二字爵位上下之禮王道綱紀師古
曰言王道綱紀以尊卑上下之禮爲大也春秋之義尊上公謂之宰海內無
不統焉丞相進見聖主御坐爲起在輿爲下師古曰漢舊儀云皇帝見丞相起謁者贊稱曰皇帝爲丞相起起立乃坐皇帝在道丞相迎謁謁者贊稱曰皇帝爲丞相下輿立乃升車
羣臣宜皆承順聖化以視四方師古曰視讀曰示勳吏二千
石幸得奉使不遵禮儀輕謾宰相賤易上卿師古曰謾與慢同易音弋豉反而又詘節失度邪讇無常師古曰讇古諂字也私過辛慶忌見王商
而下車邪讇也是色厲內荏應劭曰荏屈撓也師古曰論語稱孔子曰色厲而內荏譬諸小人其
猶穿窬之盜也與言外色莊厲而內懷荏弱故方進引以爲言墮國體師古曰墮毀也音火規反亂
朝廷之序不宜處位臣請下丞相免勳時大中大夫平
當給事中奏言方進國之司直不自敕正以先羣下前
親犯令行馳道中司隷慶平心舉劾方進不自責悔而
內挾私恨伺記慶之從容語言師古曰從音七容反以詆欺成罪
師古曰詆毀也音丁禮反後丞相宣以一不道賊如淳曰律殺不辜一家三人爲不道請遣掾督趣司隷校尉司隷校尉勳自奏暴於朝廷今
方進復舉奏勳議者以爲方進不以道德輔正丞相苟

阿助大臣欲必勝立威師古曰必勝必取勝宜抑絶其原勳素行公直姦人所惡可少寬假使遂其功名上以方進所舉應科不得用逆詐廢正法師古曰逆詐者謂以詐意逆猜人也逆迎也論語子曰不逆詐遂貶勳爲昌陵令方進旬歲間免兩司隸師古曰旬徧也滿也旬歲猶言滿歲也若十日之一周朝廷由是憚之丞相宣甚器重焉常誡掾史謹事司直翟君必在相位不久是時起昌陵營作陵邑貴戚近臣子弟賓客多辜權爲姦利者師古曰權專也辜權者言己自專之它人取者輒有辜罪○宋祁曰學林云辜權者乃阻障而獨阻其利後漢靈帝紀光和四年豪右辜權馬一匹至二百萬章懷注引前書音義曰辜障也謂障餘人賣買而自取其利此訓是也師古以謂他人取者輒有辜罪此訓迂矣方進部掾史覆案發大姦贓數千萬上以爲任公卿師古曰任堪也欲試以治民徙方進爲京兆尹搏擊豪彊京師畏之時胡常爲青州刺史聞之與方進書曰竊聞政令甚明爲京兆能則恐有所不宜師古曰言當犯近貴戚而見毀也方進心知所謂其後少弛威嚴師古曰弛解也居官三歲永始二年遷御史大夫數月會丞相薛宣坐廣漢盜賊羣起及太皇太后喪時三輔吏並徵發爲姦師古曰並音步浪反免爲庶人方進亦坐爲京兆尹時奉喪事煩擾百姓左遷執金吾二十餘日丞相官缺羣臣多舉方進上亦器其能遂擢方進爲丞相封高陵侯食邑千戶身既富貴而後母尚在方進內行修飭供養甚篤師古曰飭謹也篤厚也及後母終既葬三十六日除服起視事以爲身備漢相不敢踰國家之制師古曰漢制自文帝遺詔之後國家遵以爲常大功十五日小功十四日緦麻七日方進自以大臣故云不敢踰制爲相公絜請託不行郡國師古曰言不以私事託於四方郡國持法刻深舉奏牧守九卿峻文深詆師古曰詆毀也音丁禮反中傷者尤多如陳咸朱博蕭育逢信孫閎之屬皆京師世家以材能少歷牧守列卿知名當世而方進特立後起十餘年間至宰相據法以彈咸等皆罷退之初咸最先進自元帝初爲御史中丞顯名朝廷矣成帝初即位擢爲部刺史歷楚國北海東郡太守陽朔中京兆尹王章譏切大臣而薦琅邪太守馮野王可代大將軍王鳳輔政東郡太守陳咸可御史大夫是時方進甫從博士爲刺史云師古曰甫始也後方進爲京兆尹咸從南陽太守入爲少府與方進厚善先是逢信已從高第郡守歷京兆太僕爲衞尉矣官簿皆在方進之右師古曰簿謂伐閱也簿音主簿之簿○宋祁曰官簿一作薄及御史大夫缺三人皆名卿俱在選中而方進得之會丞相宣有事與方進相連上使五二千石雜問丞相御史晉灼曰大臣獄重故以秩二千石五人詰責之咸詰責方進冀得其處方進心恨初大將軍鳳奏除陳湯爲中郎與從事師古曰每有政事皆與謀之而行也鳳薨後從弟車騎將軍音○宋祁曰邵本無從字代鳳輔政亦厚湯逢信陳咸皆與湯善湯

數稱之於鳳音所久之音薨鳳弟成都侯商復爲大司馬衞將軍輔政商素憎陳湯白其罪過下有司案驗遂免湯徙敦煌時方進新爲丞相陳咸內懼不安迺令小冠杜子夏往觀其意微自解說師古曰解說猶今言分疏子夏既過方進揣知其指不敢發言師古曰揣謂探求之音初委反○蕭該曰揣案集解音曰揣音喘說文曰喘疾息也尺兗反說文揣量也初委反又丁果反方言曰揣試也郭璞曰揣度試之也該謂今讀揣音初委反居亡何師古曰無何猶言無幾謂少時方進奏咸與逢信邪枉貪汙營私多欲皆知陳湯姦佞傾覆利口不軌而親交賂遺以求薦舉後爲少府數饋遺湯信咸幸得備九卿不思盡忠正身內自知行辟亡功效師古曰辟讀曰僻而官媚邪臣欲以徼幸苟得亡恥孔子曰鄙夫可與事君也與哉師古曰論語載孔子之言也謂鄙夫可與事君也與哉與讀曰歟咸信之謂也過惡暴見不宜處位臣請免以示天下奏可後二歲餘詔舉方正直言之士紅陽侯立舉咸對策拜爲光祿大夫給事中方進復奏咸前爲九卿坐爲貪邪免自知罪惡暴陳依託紅陽侯立徼幸有司莫敢舉奏冒濁苟容師古曰冒貪蔽也不顧恥辱不當蒙方正舉備內朝臣并劾紅陽侯立選舉故不以實有詔免咸勿劾立後數年皇太后姊子侍中衞尉定陵侯淳于長有罪上以太后故免官勿治罪有司奏請遣長就國長以金錢與立立上封事爲長求留曰陛下既託文以皇太后故蘇林曰託於詔文也誠不可更有它計師古曰言不宜遣長就國後長陰事發遂下獄○宋祁曰浙本云陰事發遂下獄方進劾立懷姦邪亂朝政欲傾誤要主上狡猾不道請下獄上曰紅陽侯朕之舅不忍致法遣就國於是方進復奏立黨友曰立素行積爲不善衆人所共知邪臣自結附託爲黨庶幾立與政事欲獲其利師古曰與讀曰豫今立斥逐就國所交結尤著者不宜備大臣爲郡守案後將軍朱博鉅鹿太守孫閎故光祿大夫陳咸與立交通厚善相與爲腹心有背公死黨之信師古曰死黨盡死力於朋黨也欲相攀援死而後已師古曰援引也已止也援音爰皆內有不仁之性而外有儁材過絶於人倫○宋祁曰一作於人無倫字監本有倫字勇猛果敢處事不疑所居皆尚殘賊酷虐苛刻慘毒以立威而亡纖介愛利之風師古曰愛利謂仁愛而欲安利人也天下所共知愚者猶惑孔子曰人而不仁如禮何人而不仁如樂何師古曰論語載孔子之言也言用不仁之人則禮樂廢壞言不仁之人亡所施用不仁而多材國之患也此三人皆內懷姦猾國之所患而深相與結信於貴戚姦臣此國家大憂大臣所宜没身而爭也師古曰没盡也昔季孫行父有言曰○宋祁曰父疑作甫見有善於君者愛之若孝子之養父母也見不善者誅之若鷹鸇之逐鳥爵也師古曰事見左氏傳行父魯卿季文子也鸇似鷂而小今謂之鸇鷂音之然反翅

翼雖傷不避也貴戚彊黨之衆誠難犯犯之衆敵並怨善惡相冒師古曰冒覆蔽也臣幸得備宰相不敢不盡死請免博閎咸歸故郡以銷姦雄之黨絶羣邪之望奏可咸既廢錮○宋祁曰姚本既作知復徙故郡以憂發疾而死○宋祁曰監本楊本云以憂發疾而死別本越本云以憂死方進知能有餘兼通文法吏事以儒雅緣飭法律號爲通明相天子甚器重之奏事亡不當意內求人主微指以固其位初定陵侯淳于長雖外戚然以能謀議爲九卿新用事方進獨與長交稱薦之及長坐大逆誅諸所厚善皆坐長免上以方進大臣又素重之爲隱諱方進內慙上疏謝罪乞骸骨上報曰定陵侯長已伏其辜君雖交通傳不云乎朝過夕改君子與之師古曰與許也君何疑焉其專心壹意毋怠近醫藥以自持○宋祁曰監本有近字別本無方進迺起視事條奏長所厚善京兆尹孫寶右扶風蕭育刺史二千石以上免二十餘人其見任如此方進雖受穀梁然好左氏傳天文星歷其左氏則國師劉歆星歷則長安令田終術師也如淳曰劉歆及田終術二人皆受學於方進厚李尋以爲議曹爲相九歲綏和二年春熒惑守心尋奏記言應變之權君侯所自明往者數白三光垂象變動見端張晏曰九年之中而日三食月朓側匿星孛營室東井熒惑守心山川水泉反理視患張晏曰元延中峄山崩壅江江水不流山地之鎮宜固而崩水逆流反於常理所以示人患也師古曰視讀曰示民人訛謠斥事感名如淳曰斥事井水溢之事也有言溢者後果井溢感名燕燕尾涎涎是也○宋祁曰注文井監作并三者既效可爲寒心今提揚眉矢貫中服虔曰提揚提星也揚眉揚其芒角也矢枉矢也孟康曰綏和元年正月枉矢從東南入北斗攝提與北斗杓建寅貫攝提中是也張晏曰矢一星貫中者謂正直弦中也狠奮角弓且張張晏曰狠一星奮者有芒角也狠若角則盜賊起天弓九星不欲明明猶張也兵起之象金歷庫土逆度張晏曰庫二十星在軫南金太白也歷武庫則兵起土鎮星也逆度逆行也輔湛没火守舍張晏曰北斗第四星旁一小星曰輔沈没不見則天下之兵銷三十日爲守舍謂日月所經宿舍也一曰火守舍熒惑守心師古曰湛讀曰沈萬歲之期近慎朝暮師古曰萬歲之期謂死也慎朝暮者言其事在朝夕上無惻怛濟世之功下無推讓避賢之效欲當大位爲具臣以全身難矣師古曰具臣具位之臣無功德也大責日加安得但保斥逐之勠師古曰言其事重不但斥逐而已○劉敞曰勠改戮闔府三百餘人唯君侯擇其中與盡節轉凶師古曰三百餘人謂丞相之官屬也方進憂之不知所出會郎賁麗善爲星師古曰賁姓也麗名也賁音肥言大臣宜當之上迺召見方進還歸未及引決上遂賜冊曰皇帝問丞相君有孔子之慮孟賁之勇朕嘉與君同心一意庶幾有成惟君登位于今十年災害並臻民被飢餓加以疾疫溺死關門牡開張晏曰元延元年章門函谷門牡自亡○宋祁曰按五行志注晉灼曰章城門西出南頭第一門也牡是出籥者師古曰牡所以下閉者以鐵爲之非出籥也失國守備盜賊黨輩師古曰黨衆多○宋祁曰監本浙本作盜黨羣輩姚本作盜賊羣輩吏民殘賊毆殺良民師古曰毆擊也

音一卬反斷獄歲歲多前上書言事交錯道路懷姦朋黨相爲隱蔽皆亡忠慮羣下兇兇更相嫉妬師古曰更音工衡反其咎安在觀君之治無欲輔朕富民便安元元之念間者郡國穀雖頗孰師古曰間者近者以來百姓不足者尚衆前去城郭未能盡還夙夜未嘗忘焉朕惟往時之用與今一也師古曰謂財用也百僚用度各有數君不量多少一聽羣下言用度不足奏請一切增賦稅城郭堧及園田過更筭馬牛羊張晏曰一切權時也堧城郭旁地園田入多益其稅也百人爲卒取一人所贍常爲之月用二千使人直之謂之過更又牛馬羊頭數出稅筭千輸二十也師古曰堧音人緣反解在食貨志增益鹽鐵變更無常朕既不明隨奏許可後議者以爲不便制詔下君君云賣酒醪後請止未盡月復奏議令賣酒醪朕誠怪君何持容容之計無忠固意師古曰容容隨衆上下也將何以輔朕帥道羣下而欲久蒙顯尊之位豈不難哉師古曰蒙冒也傳曰高而不危所以長守貴也師古曰孝經之言也欲退君位尚未忍君其孰念詳計塞絶姦原憂國如家務便百姓以輔朕朕既已改君其自思強食慎職使尚書令賜君上尊酒十石養牛一君審處焉方進即日自殺如淳曰漢儀注有天地大變天下大過皇帝使侍中持節乘四白馬賜上尊酒十斛牛一頭策告殃咎使者去半道丞相即上病使者還未白事尚書以丞相不起病聞上祕之遣九卿冊贈以丞相高陵侯印綬賜乘輿祕器少府供張柱檻皆衣素師古曰柱屋柱也檻軒前闌版也皆以白素衣之天子親臨弔者數至禮賜異於它相故事師古曰漢舊儀云丞相有疾皇帝法駕親至問疾從西門入即薨移居第中車駕往弔賜棺斂具贈錢葬地葬日公卿已下會葬焉○宋祁曰注文已字當作也謚曰恭侯長子宣嗣宣字太伯亦明經篤行君子人也及方進在爲關都尉南郡太守師古曰言方進未死之時宣已爲此官少子曰義義字文仲少以父任爲郎稍遷諸曹年二十出爲南陽都尉宛令劉立與曲陽侯爲婚又素著名州郡輕義年少義行太守事行縣至宛師古曰行音下更反其下並同丞相史在傳舍立持酒肴謁丞相史對飲未訖○宋祁曰相對飲浙本無相字景祐本無飲字會義亦往外吏白都尉方至立語言自若師古曰自若言如故○宋祁曰自監本作日須臾義至內謁徑入師古曰內謁猶今之通名也立迺走下義既還大怒陽以它事召立至以主守盜十金賊殺不辜部掾夏恢等收縛立傳送鄧獄師古曰部分其掾而遣之鄧亦南陽之縣恢亦以宛大縣恐見篡奪白義可因隨後行縣送鄧師古曰因太守行縣以立自隨即送鄧之獄義曰欲令都尉自送則如勿收邪師古曰言若都尉自送至獄不如本不收治載環宛市迺送師古曰環繞也音下串反吏民不敢動威震南陽立家輕騎馳從武關入語曲陽侯曲陽侯白成帝帝以問丞相方進遣吏敕義出宛令宛令已出吏還白狀方進曰小兒未知爲吏也其意以爲入獄當輒死矣師古曰謂其不知立有所持挾以自免脫後義坐法免起家而爲弘農太守遷

河內太守青州牧所居著名有父風烈徙爲東郡太守數歲平帝崩王莽居攝義心惡之乃謂姊子上蔡陳豐曰新都侯攝天子位號令天下故擇宗室幼稚者以爲孺子依託周公輔成王之義且以觀望師古曰言漸試天下人心必代漢家其漸可見方今宗室衰弱外無彊蕃天下傾首服從莫能亢扞國難吾幸得備宰相子身守大郡父子受漢厚恩義當爲國討賊以安社稷欲舉兵西誅不當攝者選宗室子孫輔而立之設令時命不成死國埋名猶可以不慙於先帝師古曰埋名謂身埋而名立今欲發之乃肯從我乎師古曰乃汝也豐年十八勇壯許諾義遂與東郡都尉劉宇嚴鄉侯劉信信弟武平侯劉璜結謀及東郡王孫慶素有勇略以明兵法徵在京師義迺詐移書以重罪傳逮慶師古曰追赴獄也於是以九月都試日如淳曰太守都尉令長丞尉會都試課殿最也斬觀令文穎曰觀縣名師古曰音工渙反因勒其車騎材官士募郡中勇敢部署將帥嚴鄉侯信者東平王雲子也雲誅死信兄開明嗣爲王薨無子而信子匡復立爲王故義舉兵并東平立信爲天子義自號大司馬柱天大將軍以東平王傅蘇隆爲丞相中尉皐丹爲御史大夫移檄郡國言莽鴆殺孝平皇帝矯攝尊號今天子已立共行天罰師古曰共讀曰恭郡國皆震比至山陽衆十餘萬師古曰比音必寐反莽聞之大懼迺拜其黨親輕車將軍成武侯孫建爲奮武將軍光祿勳成都侯王邑爲虎牙將軍明義侯王駿爲彊弩將軍春王城門校尉王況爲震威將軍師古曰春王長安城東出北頭第一門也本名宣平門莽更改焉宗伯忠孝侯劉宏爲奮衝將軍中少府建威侯王昌爲中堅將軍中郎將震羌侯竇兄爲奮威將軍師古曰兄讀曰況凡七人自擇除關西人爲校尉軍吏將關東甲卒發奔命以擊義爲復以太僕武讓爲積弩將軍屯函谷關將作大匠蒙鄉侯逯並爲横壄將軍屯武關師古曰逯姓也並名也逯音錄又音鹿今東郡有逯姓二音並得書本逯字或作遠今河朔有遠姓自呼音徒戴反其義兩通義和紅休侯劉歆爲揚武將軍屯宛大保後丞丞陽侯甄邯爲大將軍屯灞上師古曰丞陽侯音丞常鄉侯王惲爲車騎將軍屯平樂館騎都尉王晏爲建威將軍屯城北城門校尉趙恢爲城門將軍皆勒兵自備○宋祁曰兵字下疑有以字莽日抱孺子會羣臣而稱曰昔成王幼周公攝政而管蔡挾祿父以畔師古曰祿父紂子也父讀曰甫今翟義亦挾劉信而作亂自古大聖猶懼此況臣莽之斗筲師古曰斗筲自喻材器小也解在公孫劉田傳羣臣皆曰不遭此變不章聖德莽於是依周書作大誥師古曰武王崩周公相成王而三監淮夷叛周公作大誥莽自比周公故依放其事曰惟居攝二年十月甲子攝皇帝若曰大誥道諸侯王三公列侯于汝卿大夫元士御事應劭曰御事言以大

道告於諸侯以下也御事主事也不弔天降喪于趙傅丁董應劭曰趙飛燕傅太后丁太后董賢也師古曰不弔言不爲天所弔閔降下也○宋祁曰注文閔字下疑有也字洪惟我幼沖孺子當承繼嗣無疆大歷服事師古曰洪大也惟思也沖稚也大思幼沖孺子當承繼漢家無竟之歷服行政事予未遭其明悊能道民於安況其能往知天命師古曰予莽自稱也言不遭遇明智之人以自輔佐而道百姓於安蓋爲謙辭也道讀曰導熙我念孺子若涉淵水師古曰熙歎辭予惟往求朕所濟度奔走師古曰言我當求所以濟度之故奔走盡力不憚勤勞以傅近奉承高皇帝所受命師古曰傅讀曰附近音其靳反予豈敢自比於前人乎師古曰前人謂周公天降威明用寧帝室遺我居攝寶龜師古曰威明猶言明威也遺音弋季反太皇太后以丹石之符迺紹天明意師古曰紹承也詔予即命居攝踐祚如周公故事反虜故東郡太守翟義擅興師動衆曰有大難于西土西土人亦不靖師古曰曰者述翟義之言云爾也西土謂京師也言在東郡之西也於是動嚴鄉侯信誕敢犯祖亂宗之序師古曰誕大也天降威遺我寶龜固知我國有呰災使民不安師古曰呰病也言天所以降威遺龜者知國有災病義信當反天下不安之故也呰讀與疵同○蕭該曰呰韋昭音訾字別有音於地理志及亭傳中已具也是天反復右我漢國也師古曰復音扶反右讀曰祐粵其聞曰孟康曰翟義反書上聞日也師古曰粵發語辭也○宋祁曰景本曰作日宗室之儁有四百人孟康曰諸劉見在者民獻儀九萬夫孟康曰民之表儀謂賢者予敬以終於此謀繼嗣圖功師古曰我用此宗室之儁及獻儀者共謀圖國事終成其功我有大事休予卜并吉師古曰大事戎事也言人謀既從卜又并吉是爲美也故我出大將告郡太守諸侯相令長曰予得吉卜予惟以汝于伐東郡嚴鄉逋播臣師古曰逋亡也播散也爾國君或者無不反曰難大民亦不靜亦惟在帝宮諸侯宗室於小子族父敬不可征師古曰言爾等國君或有言曰禍難既大衆庶不安又劉信國之宗室於孺子爲族父當加禮敬不可征討帝不違卜師古曰卜既得吉天命不違故予爲沖人長思厥難曰烏虖義信所犯誠動鰥寡哀哉師古曰無妻無夫之人亦同受其害故可哀哉予遭天役遺大解難於予身以爲孺子不身自卹師古曰言天以漢家役事遺我而令身解共難故我征伐以爲孺子除亂非自憂己身也予義彼國君泉陵侯上書應劭曰泉陵侯劉慶也上書令莽行天子事曰成王幼弱周公踐天子位以治天下六年朝諸侯於明堂制禮樂班度量而天下大服師古曰班謂布行也太皇太后承順天心成居攝之義皇太子爲孝平皇帝子師古曰皇太子即謂孺子年在襁褓宜且爲子知爲人子道令皇太后得加慈母恩畜養成就加元服然後復子明辟師古曰辟君也以明君之事還孺子熙爲我孺子之故師古曰重歎而言予惟趙傅丁董之亂遏絕繼嗣變剝適庶危亂漢朝以成三阨晉灼曰古厄字服虔曰厄會也謂三七二百一十歲師古曰適讀曰嫡○劉奉世曰阨者國統三絕也隊極厥命師古曰隊墮也極盡也烏虖害其可不旅力同心戒之哉師古曰害讀曰曷曷何也旅陳也予不敢僭上帝命師古曰僭不信也言順天命而征討天休于安帝室興我漢國惟卜用克綏受茲命師古

曰言天美於與復漢國故我惟用卜吉能安受此命今天其相民況亦惟卜用師古曰言天道當思助人況更用卜吉可知矣太皇太后肇有元城沙鹿之右張晏曰沙鹿在元城縣春秋時沙鹿崩王莽以爲元后之祥語在元后傳師古曰右讀曰祐陰精女主聖明之祥李奇曰李親懷元后夢月入懷陰精女主之祥配元生成以興我天下之符遂獲西王母之應孟康曰民傳祀西王母之應也神靈之徵師古曰徵證也以祐我帝室以安我太宗以紹我後嗣以繼我漢功厥害適統不宗元緒者辟不違親辜不避戚師古曰其有害國之正統不尊大緒者當速加刑辟不避親戚適讀曰嫡夫豈不愛亦惟帝室師古曰非不愛此人但爲帝室不得止是以廣立王侯並建曾玄俾屏我京師綏撫宇內師古曰屏謂蔽捍其難也博徵儒生講道于廷論序乖繆制禮作樂同律度量混壹風俗師古曰混同也音胡本反正天地之位昭郊宗之禮定五畤廟祧咸秩亡文孟康曰諸祀無文籍皆祭之建靈臺立明堂設辟雍張太學尊中宗高宗之號服虔曰宣帝元帝也昔我高宗崇德建武克綏西域以受白虎威勝之瑞應劭曰元帝誅滅郅支單于壞輯西域時有獻白虎者所以威遠勝猛也天地判合乾坤序德師古曰言元帝既有威德太后又兆符應則是天地乾坤夫妻之義相配合也判之言片也太皇太后臨政有龜龍麟鳳之應五德嘉符相因而備河圖雒書遠自昆侖出於重壄師古曰昆侖河所出重壄洛所出皆有圖書故本言之壄古野字古讖著言肆今享實師古曰肆故也言有其讖故今當其實有此迺皇天上帝所以安我帝室俾我成就洪烈也師古曰洪大也烈業也烏虖天明威輔漢始而大大矣師古曰言難更以彊大爾有惟舊人泉陵侯之言爾不克遠省爾豈知太皇太后若此勤哉師古曰言爾當思久舊之人泉陵侯所言爾不能遠省識古事豈知太后之勤乎天毖勞我成功所孟康曰天慎勞我國家成功之所在予不敢不極卒安皇帝之所圖事師古曰卒終也言我不敢不終祖宗之業安帝室所謀之事肆予告我諸侯王公列侯卿大夫元士御事師古曰肆陳也陳其理而告之也天輔誠辭師古曰言有至誠之辭則爲天所輔天其累我以民予害敢不於祖宗安人圖功所終師古曰累託也言天以百姓託我曷敢不謀終祖宗安人之功也累音力瑞反害讀曰曷下皆類此天亦惟勞我民若有疾予害敢不於祖宗所受休輔師古曰言天欲撫勞我衆若有疾苦我曷敢不順祖宗之意休息而輔助之勞音來到反予聞孝子善繼人之意忠臣善成人之事予思若考作室厥子堂而構之師古曰父有作室之意則子當築堂而構榤以成之厥父菑厥子播而穫之師古曰父菑耕其田子當一布種而收穫之反土爲菑一歲曰菑予害敢不於身撫祖宗之所受大命師古曰作室農人猶不弃其本業我於今日不得有避而不征討叛逆也若祖宗迺有效湯武伐厥子民長其勸弗救師古曰譬有人來伐其子而長養彼心反勸助之弗救其子者止以子惡故也言湯武疾惡其心亦然今所征討不得避親當以公義烏虖肆哉師古曰肆陳也勸令陳力諸侯王公列侯卿大夫元士御事其勉助國道明師古曰道由也言當由於明智之事以助國也亦惟宗室之俊民之表儀迪知上帝命師古曰迪道也言當遵道而知天命粵天輔誠爾不得易定師古曰粵辭也天道輔誠爾不

得改易天之定命況今天降定于漢國惟大囏人翟義劉信大逆欲相伐于厥室豈亦知命之不易乎師古曰言義信不知天命不可改易乃大爲囏難以干國紀是自相誅伐其室也囏古艱字予永念曰天惟喪翟義劉信若嗇夫予害敢不終予晦師古曰嗇夫治田志除草穢天之欲喪義信事亦如之我當順天以終竟田晦之事天亦惟休于祖宗予害其極卜害敢不于從師古曰言天美祖宗之事我何其極卜法敢不往從言必從也率寧人有旨疆土況今卜并吉師古曰言循祖宗之業務在安人而美疆土況今卜并吉乎言不可不從也故予大以爾東征命不僭差師古曰言必信之矣兆陳惟若此師古曰卜兆陳列惟如此○宋祁曰邵本兆作卜迺遣大夫桓譚等班行諭告當反位孺子之意還封譚爲明告里附城師古曰明告者以其出使能明告諭於外也附城云如古附庸也諸將東至陳留菑孟康曰菑故戴國在梁後屬陳留今曰考城與義會戰破之斬劉璜首莽大喜復下詔曰太皇太后遭家不造國統三絕師古曰謂成帝哀帝平帝皆無子也絕輒復續恩莫厚焉信莫立焉孝平皇帝短命蚤崩師古曰蚤古早字幼嗣孺沖詔予居攝予承明詔奉社稷之任持太宗之重養六尺之託○宋祁曰監本楊本郭本託作孤別本云養六尺之孤託受天下之寄戰戰兢兢不敢安息伏念太皇太后惟經蓺分析王道離散師古曰惟思也○宋祁曰姚本散作徹漢家制作之業獨未成就故博徵儒士大興典制備物致用立功成器以爲天下利王道粲然基業既著千載之廢百世之遺於今迺成道德庶幾於唐虞功烈比齊於殷周師古曰烈業也今翟義劉信等謀反大逆流言惑衆欲以篡位賊害我孺子罪深於管蔡惡甚於禽獸信父故東平王雲不孝不謹親毒殺其父思王名曰鉅鼠師古曰鉅大也莽誣雲呼其父曰鉅鼠也後雲竟坐大逆誅死義父故丞相方進險詖陰賊師古曰詖佞也音彼義反兄宣靜言令色外巧內嫉師古曰靜安也令善也言其陽爲安靜之言外有善色而實嫉害也所殺鄉邑汝南者數十人今積惡二家迷惑相得此時命當殄天所滅也義始發兵上書言宇信等與東平相輔謀反師古曰輔者東平王相之名也○劉奉世曰義發兵時東平相蘇隆此輔未喻或者當爲傅聲之譌也宋祁曰前云以東平王傅蘇隆爲丞相執捕械繫欲以威民先自相被以反逆大惡師古曰被加也被音皮義反轉相捕械此其破殄之明證也已捕斬斷信二子穀鄉侯章德廣侯鮪義母練兒宣親屬二十四人皆磔暴于長安都市四通之衢當其斬時觀者重疊師古曰言人多而聚積天氣和清可謂當矣命遣大將軍共行皇天之罰師古曰共讀曰恭討海內之讎功效著焉予甚嘉之司馬法不云乎賞不踰時欲民速覩爲善之利也今先封車騎都尉孫賢等五十五人皆爲列侯戶邑之數別下遣使者持黃金印赤韍縌朱輪車即軍中拜授服虔曰縌即今之綬也師古曰韍所以繫印也縌者系也謂縌受之也即就也韍音弗縌音逆○宋祁曰注文系字上當有其字因大赦天下於是吏士精銳

遂攻圍義於圉城破之義與劉信弃軍庸亡孟康曰謂賃身逃亡如奴庸也至固始界中捕得義尸磔陳都市卒不得信初三輔聞翟義起自茂陵以西至汧二十三縣盜賊並發趙明霍鴻等自稱將軍攻燒官寺殺右輔都尉及斄令師古曰斄讀曰邰劫略吏民衆十餘萬火見未央宮前殿莽晝夜抱孺子禱宗廟復拜衞尉王級爲虎賁將軍大鴻臚望鄉侯閻遷爲折衝將軍與甄邯王晏西擊趙明等正月虎牙將軍王邑等自關東還便引兵西彊弩將軍王駿以無功免揚武將軍劉歆歸故官復以邑弟侍中王奇爲揚武將軍城門將軍趙恢爲彊弩將軍中郎將李棽爲厭難將軍師古曰棽音所林反○宋祁曰服虔棽音禁如淳音琴說文丑心反晉灼音參參音森復將兵西二月明等殄滅諸縣悉平還師振旅莽乃置酒白虎殿勞饗將帥大封拜先是益州蠻夷及金城塞外羌反畔時州郡擊破之莽迺并錄以小大爲差封侯伯子男凡三百九十五人曰皆以奮怒東指西擊羌寇蠻盜反虜逆賊不得旋踵應時殄滅天下咸服之功封云莽於是自謂大得天人之助至其年十二月遂卽眞矣初義所收死令劉立聞義舉兵上書願備軍吏爲國討賊內報私怨莽擢立爲陳留太守封明德侯始義兄宣居長安先義未發家數有怪師古曰言義未發兵之前夜聞哭聲聽之不知所在宣教授諸生滿堂有狗從外入齧其中庭羣鴈數十比驚救之已皆斷頭師古曰比音必寐反狗走出門求不知處宣大惡之謂後母曰東郡太守文仲素俶儻師古曰俶音土歷反今數有惡怪恐有妄爲而大禍至也○宋祁曰恐有當作恐其太夫人可歸爲弃去宣家者以避害師古曰言歸其本族自絕於翟氏母不肯去後數月敗莽盡壞義第宅汙池之師古曰汙停水也音烏發父方進及先祖冢在汝南者燒其棺柩夷滅三族誅及種嗣至皆同坑以棘五毒并葬之如淳曰野葛狼毒之屬也而下詔曰蓋聞古者伐不敬取其鱷鯢築武軍封以爲大戮於是乎有京觀以懲淫慝師古曰此左傳載楚莊王之辭也鱷鯢大魚爲害者也以此比敵人之勇桀者京高丘也觀謂如闕形也慝惡也鱷古鯨字音其京反鯢音五奚反觀音工喚反廼者反虜劉信翟義誖逆作亂于東而芒竹羣盜趙明霍鴻造逆西土師古曰芒竹在盩厔南界芒木之曲而多竹林也卽今司竹園是其地矣芒音亡遣武將征討咸伏其辜惟信義等始發自濮陽結姦無鹽殄滅於圉趙明依阻槐里環隄師古曰槐里縣界其中有環曲之隄而明依之以自固也霍鴻負倚盩厔芒竹師古曰負恃也倚音於綺反咸用破碎亡有餘類其取反虜逆賊之鱷鯢聚之通路之旁濮陽無鹽圉槐里盩厔凡五所各方六丈高六尺築爲武軍封以爲大戮薦樹之棘師古曰薦讀曰荐荐重也聚也○蕭該音義曰字林作栫柴木壅也在見反該案今作薦字者借以爲栫字建表木高丈六尺師古曰表者所以標明也書曰反虜逆賊鱷鯢在所長吏常以秋循行師古曰行音下更反勿令壞敗以懲淫慝焉初汝南舊有鴻隙大陂郡以爲饒師古曰鴻隙陂名藉其溉灌及魚鼈萑蒲之利以多財用成帝時關東數水陂溢爲害方進爲相與御史大夫孔光共遣掾行視師古曰行音下更反以爲決去陂水其地肥美省隄防費而無水憂遂奏罷之及翟氏滅鄉里歸惡言方進請陂下良田不得而奏罷陂云王莽時常枯旱郡中追怨方進童謠曰壞陂誰翟子威飯我豆食羹芋魁師古曰言田無溉灌而不生秔稻又無黍稷但有豆及芋也豆食者豆爲飯也羹芋魁者以芋根爲羹也飯音扶晚反食音飤反乎覆陂當復師古曰事之反覆常言爾今爾所倚誰云者兩黃鵠師古曰託言有神來告之

司徒掾班彪曰丞相方進以孤童攜老母羈旅入京師身爲儒宗致位宰相盛矣當莽之起蓋乘天威雖有賁育奚益於敵師古曰賁謂孟賁育謂夏育皆古之勇士言得之無益不能敵莽也賁音奔義不量力懷忠憤發以隕其宗悲夫

前漢書卷八十四考證

翟方進傳受春秋○按儒林傳方進受穀梁春秋於尹更始又兼左氏春秋胡常與方進同師者也

司隸校尉陳慶○按公卿表慶字君卿後方進爲丞相時慶以琅邪太守入爲廷尉一年徙爲長樂少府

慶與廷尉范延壽語○按公卿表延壽字子路安成人河平二年以北海太守入爲廷尉八年卒

矢貫中注云云○臣召南按孟康注是也如張晏說則與下文很弓複矣

翟方進子義於是以九月都試日注如淳云云○臣召南按都試日卽講武日也故下文云勒車騎材官漢制常以秋行都試韓延壽傳最詳如淳以課殿最解之非是

梟陵侯上書注應劭曰梟陵侯劉慶也○臣召南按梟陵王子侯表作梟陵據地理志梟陵侯國屬零陵郡則此文是表誤也

前漢書卷八十五

漢　蘭　臺　令　史班　固撰

唐正議大夫行祕書少監瑯邪縣開國子顏師古注

谷永杜鄴傳第五十五

谷永字子雲長安人也父吉爲衞司馬使送郅支單于侍子師古曰爲使而送之還本國也郅音質爲郅支所殺語在陳湯傳永少爲長安小史後博學經書建昭中御史大夫繁延壽師古曰卽李延壽也一姓繁音蒲河反聞其有茂材除補屬舉爲太常丞數上疏言得失建始三年冬日食地震同日俱發詔舉方正直言極諫之士太常陽城侯劉慶忌舉永待詔公車對曰陛下秉至聖之純德懼天地之戒異飭身修政師古曰飭與敕同敕整也納問公卿又下明詔帥舉直言師古曰帥舉謂公卿守相皆令舉也帥字或作師師衆也燕見紬繹以求咎愆師古曰紬讀曰抽紬繹者引其端緒也韋昭曰繹陳也使臣等得造明朝承聖問師古曰造至也音千到反臣材朽學淺不通政事竊聞明王卽位正五事建大中以承天心師古曰五事貌言視聽思也大中卽皇極也解在五行志則庶徵序於下日月理於上師古曰庶衆也徵證也如人君淫溺後宮般樂游田師古曰如若也般讀與盤同五事失於躬大中之道不立則咎徵降而六極至師古曰六極謂一曰凶短折二曰疾三曰憂四曰貧五曰惡六曰弱凡災異之發各象過失以類告人乃十二月朔戊申日食婺女之分地震蕭牆之內師古曰蕭牆屏牆也解在五行志二者同日俱發以丁寧陛下師古曰丁寧謂再三告示也厥咎不遠宜厚求諸身師古曰厚猶深也意豈陛下志在閨門未卹政事不慎舉錯師古曰志在閨門謂留心於女色也錯置也音千故反婁失中與師古曰婁古屢字也與讀曰歟下皆類此內寵太盛女不遵道嫉妬專上妨繼嗣與古之王者廢五事之中失夫婦之紀妻妾得意謁行於內執行於外至覆傾國家或亂陰陽師古曰謁請也內則所請必行外則擅其權力言女寵盛也昔褒姒用國宗周以喪師古曰褒姒褒人所獻之女也幽王惑之卒有犬戎之禍閻妻驕扇日以不臧師古曰閻嬖寵之族也扇熾也臧善也魯詩小雅十月之交篇曰此日而食于何不臧又曰閻妻扇方處言厲王無道內寵熾盛政化失理故致災異日爲之食爲不善也○蕭該音義曰劉氏曰閻音豔該按毛詩作豔此其效也經曰皇極皇建其有極師古曰洪範之辭也皇大也極中也大立其有中所以行九疇之義也傳曰皇之不極是謂不建時則有日月亂行陛下踐至尊之祚爲天下主奉帝王之職以統羣生方內之治亂在陛下所執師古曰方內四方之內也誠留意於正身勉強於力行損燕私之間以勞天下師古曰損減也間讀曰閑勞憂也放去淫溺之樂罷歸倡優之关師古曰关古笑字絕郤不享之義慎節游田之虞師古曰郤退也享當也言所爲不善不當天心也一曰天不歆享其祀也虞與娛同應劭曰享呼庚反起居有常循禮而動躬親政事致行無倦安服若性師古曰致至也安心而服行之如天性自然也經曰繼自今嗣王其毋淫于酒毋逸于游田惟正之共師古曰周書無逸之辭也言從今以往繼業嗣立之王毋過欲於酒毋放於田獵惟宜正身恭已也共讀與恭同未有身治正而臣下邪者也夫妻之際王事綱紀安危之機聖王所致慎也○宋祁曰南本無致字別本作之所慎也昔舜飭正二女以崇至德師古曰虞書堯典云釐降二女于嬀汭嬪于虞謂堯以二女妻舜觀其治家欲使治國而舜謹敕正躬以待二女其德益崇遂受堯禪也飭與敕同楚莊忍絕丹姬以成伯功應劭曰楚莊王得丹姬三月不聽朝保申諫忍絕不復見乃勤政事遂爲盟主也師古曰丹姬是楚文王姬也莊王用申公巫臣之諫不納夏姬谷永集丹字作夏是也今此傳作丹轉寫誤耳應氏競而謬釋非本實也伯讀曰霸幽王惑於褒姒周德降亡魯桓脅於齊女社稷以傾師古曰解並在五行志誠修後宮之政明尊卑之序貴者不得嫉妬專寵以絕驕嫚之端抑褒閻之亂賤者咸得秩進各得厥職師古曰秩次也以次而進御也以廣繼嗣之統息白華之怨師古曰詩小雅白華之篇也幽王惑於褒姒而黜申后故國人作此詩以刺之永言此者譏成帝專寵趙昭儀也○劉奉世曰按永後疏云建始河平許班之事傾動前朝今之後起天所不享則建始四年未當有趙昭儀也後宮親屬饒之以財勿與政事師古曰與讀曰豫以遠皇父之類損妻黨之權師古曰皇父周卿士也小雅十月之交詩曰皇父卿士番維司徒刺厲王淫於色故皇父之屬因嬖寵而爲官也遠音于萬反父讀曰甫未有閨門治而天下亂者也治遠自近始習善在左右昔龍筦納言而帝命惟允師古曰龍舜臣名也筦與管同管主也虞書舜典曰帝曰龍命汝作納言夙夜出納朕命惟允允信也四輔既備成王靡有過事師古曰四輔謂左輔右弼前疑後丞也周書洛誥稱成王曰誕保文武受命亂爲四輔誠敕正左右齊栗之臣孟康曰左右尚書官也齊栗言其整齊萬事常戰栗謹敬也戴金貂之飾執常伯之職者師古曰常伯侍中也伯長也常使長事者也一曰常任使之人此爲長也皆使學先王之道知君臣之義濟濟謹孚無敖戲驕恣之過師古曰孚信也則左右肅艾師古曰肅敬也艾讀曰乂乂治也羣僚仰法化流四方經曰亦惟先正克左右師古曰周書君牙之辭也言王者欲正百官要在能先正其左右近臣也未有左右正而百官枉者也師古曰枉曲也治天下者尊賢考功則治簡賢違功則亂師古曰簡畧也謂輕慢也誠審思治人之術歡樂得賢之福論材選士必試於職明度量以程能師古曰程效也考功實以定德無用比周之虛譽毋聽浸潤之譖愬師古曰比周言阿黨親密也浸潤積漸之深也比音頻寐反則抱功脩職之吏無蔽傷之憂比周邪僞之徒不得卽工李奇曰卽就也工官也小人曰銷俊艾曰隆師古曰艾讀曰乂其下亦同經曰三載考績三考黜陟幽明師古曰虞書舜典之辭也言居官者三年一考其功三考則退其幽闇無功者升其昭明有功者又曰九德咸事俊艾在官師古曰虞書咎繇謨之辭也言使九德之人皆用事俊桀治能之士並在位也九德謂寬而栗柔而立愿而恭亂而敬擾而毅直而溫簡而廉剛而塞彊而義未有功賞得於前衆賢布於官而不治者也堯遭洪水之災天下分絕爲十二州制遠之道微孟康曰本九州洪水隔分更爲十二州處所離遠相制之道微也師古曰十二州謂冀兗豫青徐荊揚雍梁幽并營也而無乖畔之難者德厚恩深無怨於下也秦居平土一夫大呼而海內崩析者師古曰呼音火故反刑罰深酷吏行殘賊也夫違天害德爲

上取怨於下莫甚乎殘賊之吏誠放退殘賊酷暴之吏錮廢勿用益選溫良上德之士以親萬姓師古曰親謂愛養之平刑釋寃以理民命師古曰釋解也務省繇役毋奪民時薄收賦稅毋殫民財師古曰殫盡也音單使天下黎元咸安家樂業不苦踰時之役師古曰古者行役不踰時時謂三月是爲一時不患苛暴之政不疾酷烈之吏師古曰言免此疾患雖有唐堯之大災民無離上之心師古曰堯遭洪水故云大災經曰懷保小人惠于鰥寡師古曰周書無逸之辭也懷和也保安也未有德厚吏良而民畔者也臣聞災異皇天所以譴告人君過失猶嚴父之明誠畏懼敬改則禍銷福降忽然簡易則咎罰不除經曰饗用五福畏用六極師古曰周書洪範之辭饗當也言所行當於天心則降以五福若所爲不善則以六極畏罰之五福一曰壽二曰富三曰康寧四曰攸好德五曰考終命六極之解已具於前傳曰六沴作見若不共御六罰既侵六極其下師古曰此洪範之傳也沴災氣也共讀曰恭御讀曰禦言敬而修德以禦災今三年之間災異鋒起小大畢具所行不享上帝師古曰享當也不當天心上帝不豫師古曰豫悅也炳然甚著不求之身無所改正疏舉廣謀又不用其言晉灼曰疏遠也是循不享之迹無謝過之實也天責愈深此五者王事之綱紀南面之急務唯陛下留神對奏天子異焉特召見永其夏皆令諸方正對策語在杜欽傳永對畢因曰臣前幸得條對災異之效禍亂所極言關於聖聰書陳於前陛下委棄不納而更使方正對策背可懼之大異問不急之常論廢承天之至言角無用之虛文師古曰角競也○宋祁曰角疑作競欲末殺災異滿讕誣天師古曰末殺掃滅也滿讕謂欺罔也殺音先曷反讕音來亶反○蕭該曰滿讕或音漫是故皇天勃然發怒甲己之間暴風三溱拔樹折木師古曰從甲至己凡六日也溱與臻同臻至也此天至明不可欺之效也上特復問永永對曰日食地震皇后貴妾專寵所致語在五行志是時上初即位謙讓委政元舅大將軍王鳳議者多歸咎焉永知鳳方見柄用師古曰言任用之授以權也陰欲自託乃復曰方今四夷賓服皆爲臣妾北無薰粥冒頓之患師古曰粥音代六反南無趙佗呂嘉之難三垂晏然靡有兵革之警師古曰晏安也諸侯大者乃食數縣漢吏制其權柄不得有爲亡吳楚燕梁之埶百官盤互親疏相錯師古曰盤互盤結而交互也錯間雜也互字或作牙言如豕牙之盤曲犬牙之相入也骨肉大臣有申伯之忠師古曰申伯周申后之父洞洞屬屬小心畏忌師古曰洞洞警肅也屬屬專謹也洞音動屬音之欲反無重合安陽博陸之亂師古曰重合莽通安陽上官桀博陸霍禹也三者無毛髮之辜不可歸咎諸舅此欲以政事過差丞相父子中尚書宦官檻塞大異皆瞽說欺天者也師古曰檻義取檻柙之檻檻猶閑也其字從木瞽說言不中道若無目之人也○宋祁曰蘇林曰濫氾也淳音作檻閑也晉灼曰於義藍音是該案蘇濫氾者字林曰濫氾也濫音力暫反如淳曰檻閑者字林曰檻櫳也一曰圈也丁斬反又力甘反宦官或無宦字顏注文開字越本作閑竊恐陛下舍昭昭之

白過忽天地之明戒聽晻昧之瞽說師古曰舍謂留也晻字與暗同又音一感反歸咎乎無辜倚異乎政事師古曰倚依也音於綺反次下亦同重失天心師古曰重音直用反不可之大者也師古曰此則爲大不可也陛下即位透任遵舊○宋祁曰透或作委未有過政元年正月白氣較然起乎東方師古曰較明貌也○宋祁曰注文也字當刪至其四月黃濁四塞覆冒京師申以大水著以震蝕師古曰申重也著明也各有占應相爲表裏百官庶士無所歸倚陛下獨不怪與師古曰倚音於綺反與讀曰歟白氣起東方賤人將與之表也黃濁冒京師王道微絕之應也夫賤人當起而京師道微二者已醜師古曰已甚也陛下誠深察愚臣之言致懼天地之異長思宗廟之計改往反過抗湛溺之意解偏駮之愛師古曰抗舉也湛讀曰沈駮不周普也奮乾剛之威平天覆之施使列妾得人人更進猶尚未足也師古曰更互也音工衡反急復益納宜子婦人毋擇好醜毋避嘗字如淳曰王鳳上小妻弟以納後宮以嘗字乳王章言之坐死今永及此爲鳳洗前過也○劉奉世曰按王章言事坐誅在陽朔初而永此對乃是建始四年則非爲鳳而言也然觀永前後之文實若爲鳳但班固於此對後乃云永爲上第擢爲光祿大夫則同是建始四年中事也毋論年齒推法言之陛下得繼嗣於微賤之間乃反爲福得繼嗣而已母非有賤也師古曰苟得子耳勿論其母之貴賤後宮女史使令有直意者廣求於微賤之間師古曰直當也令音力成反以遇天所開右師古曰右讀曰佑佑助也慰釋皇太后之憂慍師古曰釋散也解謝上帝之譴怒則繼嗣蕃滋災異訖息師古曰蕃多也訖止也蕃音扶元反陛下則不深察愚臣之言忽於天地之戒咎根不除水雨之災山石之異將發不久發則災異已極天變成形臣雖欲捐身關策不及事已師古曰言禍敗既成不可如何也已語終辭也疏賤之臣至敢直陳天意斥譏帷幄之私欲間離貴后盛妾師古曰間音居莧反自知忤心逆耳必不免於湯鑊之誅此天保右漢家使臣敢直言也師古曰右讀曰佑三上封事然後得召待詔一旬然後得見夫由疏賤納至忠甚苦師古曰由從也苦勞苦也由至尊聞天意甚難語不可露願具書所言因侍中奏陛下以示腹心大臣如淳曰永爲鳳言而言示腹心大臣無不可矣腹心大臣以爲非天意臣當伏妄言之誅則以爲誠天意也○宋祁曰則字姚本作即奈何忘國家大本背天意而從欲師古曰從讀曰縱唯陛下省察熟念厚爲宗廟計時對者數千人○宋祁曰姚本改千作十永與杜欽爲上第焉上皆以其書示後宮後上嘗賜許皇后書采永言以責之語在外戚傳永既陰爲大將軍鳳說矣能實最高由是擢爲光祿大夫永奏書謝鳳曰永斗筲之材師古曰筲竹器也斗筲喩小而不大也解在公孫劉田傳筲音所交反質薄學朽無一日之雅左右之介師古曰雅素也介紹也言非宿素之交又無紹介而進也將軍說其狂言師古曰說讀曰悅擢之皂衣之吏廁之爭臣之末不聽浸潤之譖不食膚受之愬師古曰食猶受納也膚受謂入皮膚

至骨髓言其深也雖齊桓晉文用士篤密察父哲兄覆育子弟誠無以加師古曰察明也哲智也昔豫子吞炭壞形以奉見異師古曰豫讓也爲智伯報讎欲殺趙襄子恐人識之故吞炭以變其聲黶面以壞其形云智伯國士遇我故也齊客隕首公門以報恩施師古曰舍人魏子三收邑入不與孟嘗孟嘗怒之魏子曰假與賢者齊湣王受讒孟嘗出奔魏子所與粟賢者到宮門自剄以明孟嘗之心知氏孟嘗猶有死士何況將軍之門鳳遂厚之數年出爲安定太守時上諸舅皆修經書任政事平阿侯譚年次當繼大將軍鳳輔政尤與永善陽朔中鳳病困薦從弟御史大夫音以自代上從之以音爲大司馬車騎將軍領尚書事而平阿侯譚位特進領城門兵永聞之與譚書曰君侯躬周召之德執管晏之操師古曰召讀曰邵其下亦同敬賢下士樂善不倦師古曰下音胡亞反宜在上將久矣以大將軍在故抑鬱於家不得舒憤今大將軍不幸蚤薨師古曰蚤古早字纍親疏序材能宜在君侯師古曰纍古累字累親疏謂積累其次而計之拜吏之日京師士大夫悵然失望此皆永等愚劣不能褒揚萬分師古曰言萬分之一屬聞以特進領城門兵師古曰屬近也音之欲反是則車騎將軍秉政雍容於內而至戚賢舅執管籥於外也愚竊不爲君侯喜宜深辭職自陳淺薄不足以固城門之守收太伯之讓保謙謙之路師古曰太伯王季之兄也讓不爲嗣而適吳越闔門高枕爲知者首願君侯與博覽者參之師古曰參詳其事小子爲君侯安此譚得其書大感遂辭讓不受領城門職由是譚音相與不平永遠爲郡吏恐爲音所危病滿三月免音奏請永補營軍司馬永數謝罪自陳得轉爲長史音用從舅越親輔政威權損於鳳時永復說音曰將軍履上將之位食膏腴之都任周召之職擁天下之樞師古曰樞擁持也可謂富貴之極○宋祁曰之疑作至人臣無二天下之責四面至矣將何以居之宜夙夜孳孳師古曰孳孳不怠也孳與孜同執伊尹之彊德以守職匡上誅惡不避親愛舉善不避仇讎以章至公立信四方師古曰章明也篤行三者乃可以長堪重任久享盛寵師古曰篤厚也享當也太白出西方六十日法當參天今已過期服虔曰太白出當居天三分之一已過期言其行遲在戌亥之間尚在桑榆之間質弱而行遲形小而光微如淳曰言其行遲象王音也永見音爲司馬以疏間親自以位過故以太白喩司馬主兵故也是永之佞曲從苟合也熒惑角怒明大逆行守尾其逆常也○宋祁曰常字下疑有道字守尾變也意豈將軍忘湛漸之義委曲從順師古曰湛讀曰沈漸讀曰潛周書洪範曰沈潛剛克言人性沈密而潛深者行之以剛則能堪也故激勸之云爾所執不彊不廣用士尚有好惡之忌蕩蕩之德未純師古曰此永自知有佞於音故以斯言自救解方與將相大臣乖離之萌也何故始襲司馬之號俄而金火並有此變上天至明不虛見異唯將軍畏之愼之深思其故改求其路以享天意音猶不平薦永爲護苑

使者音薨成都侯商代爲大司馬衞將軍永乃遷爲涼州刺史奏事京師訖當之部時有黑龍見東萊上使尚書問永受所欲言師古曰永有所言令尚書郎受之永對曰臣聞王天下有國家者患在上有危亡之事而危亡之言不得上聞如使危亡之言輒上聞師古曰如若也有即上聞則商周不易姓而迭興三正不變改而更用師古曰迭音徒結反更音工衡反夏商之將亡也行道之人皆知之師古曰凡在道路行者也晏然自以若天有日莫能危師古曰自謂如日在天而無有能傷危也是故惡日廣而不自知大命傾而不寤易曰危者有其安者也亡者保其存者也師古曰下繫之辭也言安必思危存不忘亡乃得保其安存陛下誠垂寬明之聽無忌諱之誅使芻蕘之臣得盡所聞於前不懼於後患直言之路開則四方衆賢不遠千里輻湊陳忠羣臣之上願社稷之長福也漢家行夏正夏正色黑黑龍同姓之象也張晏曰夏以建寅爲正萬物在地中色黑今黑龍見同姓象也龍陽德由小之大師古曰言因小以至大故爲王者瑞應未知同姓有見本朝無繼嗣之慶多危殆之隙欲因擾亂舉兵而起者邪將動心冀爲後者殘賊不仁若廣陵昌邑之類臣愚不能處也師古曰處謂斷決也元年九月○宋祁曰元年當作去年黑龍見其晦日有食之今年二月己未夜星隕乙酉日有食之六月之間大異四發二二而同月三代之末春秋之亂未嘗有也臣聞三代所以隕社稷喪宗廟者皆由婦人與羣惡沈湎於酒書曰乃用婦人之言自絕于天師古曰今文周書泰誓之辭婦人妲己也言紂用妲己之言自取殄滅非天絕之四方之逋逃多罪是宗是長是信是使師古曰亦泰誓之辭也宗尊也言紂容納逃亡多罪之人親信使用尊而長之詩云燎之方陽能或滅之赫赫宗周褒姒威之師古曰小雅正月之詩威亦滅也言火燎方熾寧有能滅之者乎而宗周之盛乃爲褒姒所滅怨其甚也威音呼悅反○宋祁曰說文曰威滅也從火戌火死於戌陽氣至戌而盡音許滅反姚本能作寧注文盛作熾易曰濡其首有孚失是師古曰未濟上九爻辭也言躭樂無節飲酒濡首有信之道於是遂失也濡溼也秦所以二世十六年而亡者養生泰奢奉終泰厚也二者陛下兼而有之臣請略陳其效易曰在中饋無攸遂師古曰家人六二爻辭也饋與饋同饋食也言婦人之道居中主食遜順而已無所必遂言婦人不得與事也師古曰與讀曰豫詩曰懿厥悊婦爲梟爲鴟匪降自天生自婦人師古曰大雅瞻卬之詩懿美也悊智也言幽王以悊婦爲美實乃爲梟鴟也婦謂褒姒也梟鴟惡聲之鳥故以喩焉又言此禍亂非從天而下以寵褒姒之故生此災耳建始河平之際許班之貴頃動前朝師古曰許皇后及班婕妤之家熏灼四方賞賜無量空虛內臧女寵至極不可上矣師古曰上加也今之後起天所不饗什倍于前如淳曰謂趙李本從卑賤起也廢先帝法度聽用其言官秩不當縱釋王誅師古曰縱放也釋解也王誅謂王法當誅者驕其親屬假之威權從橫亂政師古曰從音子用反橫音胡孟反刺舉之吏莫敢奉憲又以掖庭獄大爲亂阱師古曰穿地爲坑阱以拘繫人也亂者言

其非正而又多也併音材性反劉奉世曰言設獄陷人如併耳○榜箠㿊於炮烙師古曰㿊痛也炮烙紂所作刑也膏塗銅柱加之以火令罪人行其上輒墮炭中笑而以爲樂㿊音千感反○蕭該音義曰榜音彭絕滅人命主爲趙李報德復怨師古曰復亦報也音扶福反反除白罪建治正吏師古曰反讀曰幡罪之明白者反而除之吏之公正者建議劾治也多繫無辜掠立迫恐師古曰掠笞服之立其罪名至爲人起責分利受謝師古曰言富賈有錢假託其名代之爲主放與它人以取利息而共分之或受報謝別取財物生入死出者不可勝數是以日食再既以昭其辜孟康曰既盡也師古曰昭明也王者必先自絕然後天絕之陛下棄萬乘之至貴樂家人之賤事師古曰謂私畜田及奴婢財物厭高美之尊號好匹夫之卑字孟康曰成帝好微行更作私字以相呼崇聚僄輕無義小人以爲私客師古曰僄疾也音頻妙反又匹妙反數離深宮之固挺身晨夜與羣小相隨師古曰挺引也音大鼎反烏集雜會飲醉吏民之家師古曰言聚散不恒如烏鳥之集亂服共坐流湎媟嫚溷殽無別閔免遁樂晝夜在路師古曰閔免猶黽勉也遁流遁也典門戶奉宿衛之臣執干戈而守空宮公卿百僚不知陛下所在積數年矣王者以民爲基民以財爲本財竭則下畔下畔則上亡是以明王愛養基本不敢窮極使民如承大祭師古曰言常畏慎今陛下輕奪民財不愛民力聽邪臣之計去高敞初陵捐十年功緒師古曰緒謂功作之端次改作昌陵反天地之性因下爲高積土爲山發徒起邑並治宮館大興繇役重增賦斂徵發如雨師古曰言其多也役百乾谿費疑驪山師古曰疑讀曰儗儗比也言勞役之功百倍於楚靈王費財之廣比於秦始皇○宋祁曰史記楚世家靈王樂乾谿不能去也國人苦役靡敝天下師古曰靡散也音武皮反五年不成而後反故又廣旴營表晉灼曰旴音吁旴大也○宋祁曰姚本注末有營大營表四字發人冢墓斷截骸骨暴揚尸柩百姓財竭力盡愁恨感天災異婁降饑饉仍臻師古曰婁古屢字也仍頻也流散冗食餧死於道以百萬數師古曰冗亦散也餧餓也冗音人勇反餧音乃賄反公家無一年之畜百姓無旬日之儲師古曰畜讀曰蓄上下俱匱無以相救詩云殷監不遠在夏后之世師古曰大雅蕩之詩也願陛下追觀夏商周秦所以失之以鏡考已行師古曰鏡謂鑑照之考校也有不合者臣當伏妄言之誅師古曰言上之所爲違於飾儉與永言同漢興九世百九十餘載繼體之主七皆承天順道遵先祖法度或以中興或以治安至於陛下獨違道縱欲輕身妄行當盛壯之隆無繼嗣之福有危亡之憂積失君道不合天意亦已多矣爲人後嗣守人功業如此豈不負哉方今社稷宗廟禍福安危之機在於陛下陛下誠肯發明聖之德昭然遠寤畏此上天之威怒深懼危亡之徵兆蕩滌邪辟之惡志師古曰辟讀曰僻厲精致政專心反道師古曰反猶還也絕羣小之私客免不正之詔除師古曰除謂除補爲官者悉罷北宮私奴車馬媠出之具師古曰媠亦惰字耳媠出惰游也○宋祁曰姚本媠作嫷音又耦也蕭該音義媠作嫷音惰克己復禮毋貳微行出飲之過師古曰貳謂重爲之也論語稱孔子云顏回不貳過以防迫切之禍深惟日食再既之意抑損椒房玉堂之盛寵師古曰椒房皇后所居玉堂嬖妾之舍也毋聽後宮之請謁除掖庭之亂獄出炮烙之陷阱誅戮佞邪之臣及左右執左道以事上者以塞天下之望且寢初陵之作止諸繕治宮室闕更減賦盡休力役師古曰闕亦謂減創之更謂更卒也音工衡反存恤振捄困乏之人以弭遠方師古曰捄古救字也弭安也厲崇忠直放退殘賊無使素餐之吏久尸厚祿以次貫行固執無違師古曰貫聯續也謂上所陳衆條諸事宜次第相續行之不當更違異也貫音工端反○宋祁曰工端反當作工斷反夙夜孳孳婁省無怠師古曰婁古屢字也屢省屢自觀省也舊愆畢改新德既章師古曰章明也纖介之邪不復載心○宋祁曰載當作裁則赫赫大異庶幾可銷天命去就庶幾可復師古曰去就者言去離無德而就有德社稷宗廟庶幾可保唯陛下留神反覆熟省臣言臣幸得備邊部之吏不知本朝失得瞽言觸忌諱罪當萬死

成帝性寬而好文辭又久無繼嗣數爲微行多近幸小臣趙李從微賤專寵皆皇太后與諸舅夙夜所常憂至親難數言故推永等使因天變而切諫勸上納用之永自知有內應展意無所依違師古曰展申也每言事輒見荅禮師古曰加禮而荅之至上此對上大怒衛將軍商密擿永令發去師古曰擿謂發動之音它歷反上使侍御史收永敕過交道廄者勿追晉灼曰交道廄去長安六十里近延陵御史不及永還上意亦解自悔明年徵永爲大中大夫遷光祿大夫給事中元延元年爲北地太守時災異尤數永當之官上使衛尉淳于長受永所欲言永對曰臣永幸得以愚朽之材爲太中大夫備拾遺之臣從朝者之後進不能盡思納忠輔宣聖德退無被堅執鋭討不義之功猥蒙厚恩仍遷至北地太守絕命隕首身膏野草不足以報塞萬分陛下聖德寬仁不遺易忘之臣師古曰易忘言其微賤不足記也垂周文之聽下及芻蕘之愚有詔使衛尉受臣永所欲言臣聞事君之義有言責者盡其忠師古曰謂職當諫諍有官守者脩其職臣永幸得免於言責之辜有官守之任師古曰言不爲諫官但郡守耳當畢力遵職養綏百姓而已師古曰綏安也不宜復關得失之辭忠臣之於上志在過厚是故遠不違君死不忘國昔史魚既沒餘忠未訖委柩後寢以屍達誠如淳曰禮大夫殯於正室士於適室韓非曰史魚卒委柩後寢衛君弔而問之曰不能進蘧伯玉退彌子瑕以屍諫也汲黯身外思內發憤舒憂遺言李息師古曰謂諭張湯也事見黯傳經曰雖爾身在外乃心無不在王室師古曰周書康王之誥也言諸蕃屏之臣身雖在外其心常當忠篤而在王室臣永幸得給事中出入三年雖執干戈守邊垂思慕之心常存于省闥是以敢越郡吏之職陳累年之憂

臣聞天生蒸民不能相治師古曰蒸衆也爲立王者以統理之方制海內非爲天子列土封疆非爲諸侯皆以爲民也垂三統列三正去無道開有德不私一姓明天下迺天下之天下非一人之天下也王者躬行道德承順天地博愛仁恕恩及行葦師古曰詩大雅行葦之篇曰敦彼行葦牛羊勿踐履言政化所及仁道霑被雖草木至賤無所殘傷籍稅取民不過常法宮室車服不踰制度事節財足黎庶和睦則卦氣理效五徵時序百姓壽考庶屮蕃滋師古曰屮古草字也蕃多也音扶元反符瑞並降以昭保右師古曰保安也右助也言爲天所安助也右讀曰佑失道妄行逆天暴物窮奢極欲湛湎荒淫師古曰湛讀曰沈婦言是從誅逐仁賢離逖骨肉羣小用事師古曰逖遠也峻刑重賦百姓愁怨則卦氣悖亂咎徵著郵師古曰悖乖也郵字與尤同尤過也悖音布內反上天震怒災異婁降日月薄食五星失行山崩川潰水泉踊出妖孽並見茀星耀光師古曰茀與孛同音步內反饑饉荐臻百姓短折萬物夭傷終不改寤惡洽變備不復譴告更命有德詩云乃眷西顧此惟予宅師古曰大雅皇矣之詩也言天以殷紂爲惡不變乃眷然西顧見文王之德而與之宅居也夫去惡奪弱遷命賢聖天地之常經百王之所同也加以功德有厚薄期質有脩短時世有中季天道有盛衰師古曰中讀曰仲陛下承八世之功業當陽數之標季孟康曰陽九之末季也師古曰標音必遙反涉三七之節紀孟康曰至平帝乃三七二百一十歲之厄今已涉向其節紀遭无妄之卦運應劭曰天必先雲而後雷雷而後雨而今無雲而雷无妄者無所望也萬物无所望於天災異之最大者也師古曰取易之无妄卦爲義直百六之災阸師古曰直當也三難異科雜焉同會師古曰雜謂相參也一曰雜音先合反雜雜焉總萃貌建始元年以來二十載間羣災大異交錯鋒起多於春秋所書八世著記久不塞除李奇曰高祖以來至元帝著記災異未塞除也重以今年正月已亥朔日有食之師古曰重音直用反三朝之會師古曰歲月日三者之始故云三朝四月丁酉四方衆星白晝流隕七月辛未彗星橫天乘三難之際會畜衆多之災異師古曰畜讀曰蓄蓄積聚也因之以飢饉接之以不贍彗星極異也土精所生流隕之應出於飢變之後兵亂作矣厥期不久隆德積善懼不克濟師古曰修德積善尚恐不濟況不隆不積者乎內則爲深宮後庭將有驕臣悍妾醉酒狂悖卒起之敗師古曰卒讀曰猝北宮苑囿街巷之中臣妾之家幽閒之處師古曰閒讀曰閑徵舒崔杼之亂師古曰陳夏徵舒弒其君平國齊崔杼弒其君光外則爲諸夏下土將有樊並蘇令陳勝項梁奮臂之禍內亂朝暮日戒諸夏師古曰內亂則禍在朝暮諸夏則日戒有兵舉兵以火角爲期張晏曰以熒惑芒角爲期安危之分界宗廟之至憂師古曰分音扶問反臣永所以破膽寒心師古曰言懼甚豫言之累年下有其萌然後變見於上師古曰萌謂事之始生如草木之萌牙者也可不致慎禍起細微姦生所易師古曰易輕也音弋豉反願陛下正君臣之義無復與羣小媟黷燕飲師古曰媟狎也黷汙也中黃門後庭素驕慢不謹嘗以醉酒失臣禮者悉出勿留動三綱之嚴修後宮之政師古曰三綱君臣父子夫婦也抑遠驕妬之寵崇近婉順之行加惠失志之人懷柔怨恨之心師古曰懷和也保至尊之重秉帝王之威朝覲法出而後駕陳兵清道而後行無復輕身獨出飲食臣妾之家三者既除內亂之路塞矣諸夏舉兵萌在民飢饉而吏不郵興於百姓困而賦斂重發於下怨離而上不知易曰屯其膏小貞吉大貞凶孟康曰膏者所以潤人肌膚爵祿亦所以養人者也小貞臣也大貞君也遭屯難飢荒君當開倉廩振百姓而反吝則凶臣吝嗇則吉論語曰出納之吝謂之有司師古曰易屯卦九五爻辭傳曰飢而不損茲謂泰厥災水厥咎亡師古曰洪範傳之辭訞辭曰關動牡飛辟爲無道臣爲非厥咎亂臣謀篡師古曰易訞古之辭也訞即妖字耳王者遭衰難之世有飢饉之災不損用而大自潤故凶百姓困貧無以共求師古曰共讀曰供無以供在上之所求愁悲怨恨故水城關守國之固固將去焉故牡飛往年郡國二十一傷於水災禾黍不入今年蠶麥咸惡百川沸騰江河溢決大水泛濫郡國十五有餘○宋祁曰十五姚本作五十比年喪稼師古曰比頻也時過無宿麥師古曰時過者失時不得種也秋種夏收故云宿麥百姓失業流散羣輩守關如淳曰欲入關就穀也大異較炳如彼水災浩浩黎庶窮困如此宜損常稅小自潤之時師古曰言所潤益於己者當減小之而有司奏請加賦甚繆經義逆於民心布怨趨禍之道也牡飛之狀殆爲此發古者穀不登虧膳災婁至損服凶年不塈塗明王之制也師古曰塈如今仰泥屋也音許旣反詩云凡民有喪扶服捄之師古曰邶國谷風之詩服音蒲北反捄古救字論語曰百姓不足君孰予足師古曰論語載有若對哀公之辭也言百姓不足君安得獨足乎臣願陛下勿許加賦之奏益減大官導官中御府均官掌畜廩犧用度止尚方織室京師郡國工服官發輸造作以助大司農流恩廣施振贍困乏開關梁內流民恣所欲之師古曰之往也以救其急立春遣使者循行風俗師古曰行音下更反宣布聖德存郵孤寡問民所苦勞二千石師古曰勞慰勉也二千石謂郡守諸侯相也音來到反敕勸耕桑毋奪農時以慰綏元元之心師古曰綏安也防塞大姦之隙諸夏之亂庶幾可息臣聞上主可與爲善而不可與爲惡下主可與爲惡而不可與爲善陛下天然之性疏通聰敏上主之姿也師古曰姿材也少省愚臣之言感寤三難師古曰省視也深畏大異定心爲善捐忘邪志毋貳舊愆厲精致政至誠應天則積異塞於上禍亂伏於下何憂患之有竊恐陛下公志未專私好頗存尚愛羣小不肯爲耳對奏天子甚感其言

永於經書汎爲疏達師古曰汎普也音敷劍反與杜欽杜鄴略等不能洽浹如劉向父子及揚雄也其於天官京氏易最密故善言災異前後所上四十餘事略相反覆專攻上身與後宮而已黨於王氏上亦知之不甚親信也

丞所居任職師古曰言所處之官皆稱職爲北地太守歲餘衞將軍商薨曲陽侯根爲票騎將軍薦丞徵入爲大司農歲餘丞病三月有司奏請免故事公卿病輒賜告至丞獨卽時免數月卒於家本名並以尉氏樊並反更名丞云

杜鄴字子夏本魏郡繁陽人也祖父及父積功勞皆至郡守武帝時徙茂陵鄴少孤其母張敞女鄴壯從敞子吉學問得其家書以孝廉爲郎與車騎將軍王音善平阿侯譚不受城門職後薨上閔悔之乃復令譚弟成都侯商位特進領城門兵得舉吏如將軍府鄴見音前與平阿有隙卽說音曰鄴聞人情恩深者其養謹愛至者其求詳師古曰詳悉也夫戚而不見殊孰能無怨師古曰戚近也殊謂異於疏此棠棣角弓之詩所爲作也師古曰棠棣小雅篇名也棠棣美燕兄弟角弓刺不親九族也昔秦伯有千乘之國而不能容其母弟春秋亦書而譏焉師古曰秦景公母弟公子鍼有寵於其父桓公景公立鍼懼而奔晉事在昭元年故經書秦伯之弟鍼出奔晉傳曰稱弟罪秦伯也周召則不然師古曰言周公召公無私怨也忠以相輔義以相匡同己之親等己之尊不以聖德獨兼國寵又不爲長專受榮任分職於陝並爲弼疑師古曰分職於陝謂自陝以東周公主之自陝以西召公主之陝卽今陝州陝縣也音式冉反而說者妄云分陝是潁州郟縣繆矣弼疑謂左輔右弼前疑後丞也故內無感恨之隙外無侵侮之羞師古曰感音胡闇反俱享天祐兩荷高名者蓋以此也竊見成都侯以特進領城門兵復有詔得舉吏如五府此明詔所欲寵也將軍宜承順聖意加異往時每事凡議必與及之指爲誠發出於將軍則孰敢不說諭師古曰言此之意指皆出忠誠彼必和悅無憂乖異也說讀曰悅昔文侯寤大鴈之獻而父子益親師古曰魏文侯廢太子擊立擊弟訢封擊於中山三年不往來擊臣趙倉唐進大鴈於文侯文侯感寤以禮文侯廢訢而召立擊父子更親也陳平共壹飯之饗而將相加驩師古曰陳平用陸賈說以五百金爲絳侯具食是也共讀曰供○宋祁曰饗景本作饌舊本作饗聲類曰饌字或作饗音灼同聲類饗卽饌字蕭該音義曰今人不識饗遂易讀作饌字耳所接雖在樞階俎豆之間其於爲國折衝厭難豈不遠哉師古曰厭音一葉反竊慕倉唐陸子之義所白奧內雅深察焉師古曰奧內室中隱奧之處也音甚嘉其言由是與成都侯商親密二人皆重鄴後以病去郎商爲大司馬衞將軍除鄴主簿以爲腹心舉侍御史哀帝卽位遷爲涼州刺史鄴居職寬舒少威嚴數年以病免是時帝祖母定陶傅太后稱皇太太后帝母丁姬稱帝太后而皇后卽傅太后從弟子也傅氏侯者三人丁氏侯者二人又封傅太后同母弟子鄭業爲陽信侯傅太后尤與政專權師古曰與讀曰豫元壽元年正月朔上以皇后父孔鄉侯傅晏爲大司馬衞將軍而帝舅陽安侯丁明爲大司馬票騎將軍臨拜日食詔舉方正直言扶陽侯韋育舉鄴方正鄴對曰臣聞會息憂國碎首不恨應劭曰會息秦大夫薦百里奚而不見納繆公出當車以頭擊闑腦乃播出曰臣生無補於國而不如死也繆公感寤而用百里奚秦以大治卞和獻寶刖足願之師古曰解在鄒陽傳臣幸得奉直言之詔無二者之危敢不極陳臣聞陽尊陰卑卑者隨尊尊者兼卑天之道也是以男雖賤各爲其家陽女雖貴猶爲其國陰故禮明三從之義師古曰謂婦人在家從父旣嫁從夫夫死從子○宋祁曰晏本無國字雖有文母之德必繫於子師古曰文母文王之妃太姒也○劉奉世曰文母何預太姒春秋不書紀侯之母陰義殺也師古曰隱二年紀侯使裂繻來逆女公羊傳曰婚禮不稱主人主人謂婿也不稱母母不通也殺謂減降也音所例反昔鄭伯隨姜氏之欲終有叔段簒國之禍周襄王內迫惠后之難而遭居鄭之危師古曰解並在前漢興呂太后權私親屬又以外孫爲孝惠后是時繼嗣不明凡事多晻師古曰晻與暗同晝昏冬雷之變不可勝載竊見陛下行不偏之政每事約儉非禮不動誠欲正身與天下更始也然嘉瑞未應而日食地震民訛言行籌傳相驚恐案春秋災異以指象爲言語師古曰謂天不言但以景象指意告喻人故在於得一類而達之也日食明陽爲陰所臨坤卦乘離明夷之象也應劭曰明夷之卦上六不明晦初登于天後入于地明夷者明傷也初登于天者初爲天子言以善聞于天也後入于地者傷賢害仁以惡終入于地也坤以法地爲土爲母以安靜爲德震不陰之效也師古曰言地當安靜而今乃震是爲不遵陰道也占象甚明臣敢不直言其事昔曾子問從令之義孔子曰是何言與師古曰曾子問子從父之令可謂孝乎孔子非之事見孝經與讀曰歟善閔子騫守禮不苟從親所行無非理者故無可聞也師古曰論語稱孔子曰孝哉閔子騫人不閒於其父母昆弟之言是也閒音居莧反前大司馬新都侯莽退伏第家以詔策決復遣就國高昌侯宏去蕃自絕猶受封土師古曰董宏也制書侍中駙馬都尉遷不忠巧佞免歸故郡師古曰傅遷也閒未旬月則有詔還大臣奏正其罰卒不得遣而反兼官奉使顯寵過故及陽信侯業皆緣私君國非功義所止師古曰謂緣私恩而得封爵爲一國之君耳非有功而侯也諸外家昆弟無賢不肖並侍帷幄布在列位師古曰不問賢與不肖皆親近在位或典兵衞或將軍屯寵意并於一家積貴之埶世所希見所希聞也至乃並置大司馬將軍之官皇甫雖盛三桓雖隆魯爲作三軍無以甚此當拜之日晻然日食師古曰晻音烏感反不在前後臨事而發者明陛下謙遜無專承指非一所言輒聽所欲輒隨師古曰謂皆迫於太后也有罪惡者不坐辜罰無功能者畢受官爵流漸積猥正尤在是師古曰尤過也言過惡正在於此欲令昭昭以覺聖朝昔詩人所刺春秋所譏指象如此殆不在它由後視前忿邑非之師古曰由從也邑於邑也逮身所行不自鏡見則以爲可計之過者師古曰逮及也鏡鑒照也自以所行爲可是計策之誤也疏賤獨偏見疑內亦有此類如淳曰在外而疏賤舉錯有過失爲主上所知也師古曰此說非也言天子不自見其過疏賤獨偏見鄴自謂傍觀而見之也疑內亦有此類謂後宮嬖幸非理寵遇亦有如傅遷鄭業等妄受恩賞者天變不空保右世主如此之至奈何不應師古曰右讀曰佑應謂應天戒而脩德政臣聞野雞著怪高宗深動師古曰謂雉升鼎耳故懼而脩德解在五行志大風暴過成王怛然師古曰謂成王信流言而疑周公天乃雷電以風禾盡偃大木斯拔王乃啓金縢之書悔而還周公願陛下加致精誠思承始初事稽諸古師古曰每事皆攷於古昔以厭下心則黎庶羣生無不說喜師古曰說讀曰悅上帝百神收還威怒禎祥福祿何嫌不報師古曰嫌疑也鄴未拜病卒鄴言民訛言行籌及谷永言王者買私田彗星隕石牡飛之占語在五行志初鄴從張吉學吉子竦又幼孤從鄴學問亦著於世尤長小學師古曰小學謂文字之學也周禮八歲入小學保氏教國子以六書故因名云鄴子林淸靜好古亦有雅材建武中歷位列卿至大司空其正文字過於鄴竦故世言小學者由杜公

贊曰孝成之世委政外家諸舅持權重於丁傅在孝哀時故杜鄴敢譏丁傅而欽永不敢言王氏其埶然也及欽欲挹損鳳權而鄴附會音商永陳三七之戒斯爲忠焉至其引申伯以阿鳳隙平阿於車騎師古曰謂勸王譚不受城門之職指金火以求合師古曰謂陳金火之變說音云蕩之德未純龔音親已忘舊怨也可謂諒不足而談有餘者師古曰諒信也孔子稱友多聞三人近之矣師古曰孔子云友直友諒友多聞益矣贊言杜鄴杜欽谷永無直諒之德但多聞也

前漢書卷八十五考證

谷永傳太常陽城侯劉慶忌○按慶忌陽城侯劉德之孫安民之子自宗正徙爲太常

閻妻驕扇注師古曰閻嬖寵之族也○臣召南按毛詩說豔妻卽指褒姒此則另指一人葢齊魯韓三家詩字句本有不同不可執毛詩以難三家也班婕妤亦曰哀褒閻之爲郵

經曰亦惟先正克左右注師古曰周書君牙之辭也○臣召南按君牙篇作亦惟先王之臣克左右亂四方葢今本之誤孔安國傳作先正是也其下文又曰乃惟由先正舊典時式卽指此先正矣証以此傳尤明所可疑者西都衹行伏生今文今文缺君牙篇惟孔安國古文有之然則谷永亦嘗見古文尚書者耶

骨肉大臣有申伯之忠○胡三省曰申伯宣王之舅谷永以之況王鳳也

急復益納宜子婦人注如淳云云○劉奉世云云○胡三省曰此時鳳葢已納張美人於後宮故永爲之言若王章指言鳳過則在陽朔初也

杜鄴傳復有詔得舉吏如五府○胡三省曰丞相御史及車騎左右將軍也

扶陽侯韋育○按育韋元成孫寬子

雖有文母之德必繫於子注○劉奉世曰文母文王之母也所謂繫于子也何預太姒○胡三省曰劉說是詩云思齊太任文王之母

前漢書卷八十六

漢　蘭　臺　令　史　班　固　撰

唐正議大夫行秘書少監琅邪縣開國子顏師古注

何武王嘉師丹傳第五十六

何武字君公蜀郡郫縣人也師古曰郫音疲宣帝時天下和平四夷賓服神爵五鳳之間婁蒙瑞應師古曰婁古屢字也○宋祁曰注文當刪而益州刺史王襄使辯士王襃頌漢德作中和樂職宣布詩三篇師古曰中和者言政教隆平得中和之道也樂職謂百官萬姓樂得其常道也宣布德化周治徧於四海也武年十四五與成都楊覆衆等共習歌之是時宣帝循武帝故事○宋祁曰循字疑是脩浙本作脩求通達茂異士召見武等於宣室師古曰殿名也解在賈誼傳上曰此盛德之事吾何足以當之哉以襃爲待詔武等賜帛罷武詣博士受業治易以射策甲科爲郎與翟方進交志相友光祿勳舉四行師古曰元帝永光元年詔舉質樸敦厚遜讓有行義各一人時詔書又令光祿歲以此科第郎從官故武以此四行得舉之也遷爲鄠令坐法免歸武兄弟五人皆爲郡吏郡縣敬憚之武弟顯家有市籍租常不入縣數負其課師古曰以顯家不入租故每令縣負課殿市嗇夫求商捕辱顯家師古曰求姓商名也顯怒欲以吏事中商師古曰中傷之也又音竹仲反武曰以吾家租賦繇役不爲衆先奉公吏不亦宜乎武卒白太守召商爲卒吏○劉攽曰卒吏改作史州里聞之皆服焉久之太僕王音舉武賢良方正徵對策拜爲諫大夫遷揚州刺史所舉奏二千石長吏必先露章服罪者爲虧除免之而已師古曰虧減也減除其狀直令免去也不服極法奏之抵罪或至死九江太守戴聖禮經號小戴者也行治多不法前刺史以其大儒優容之及武爲刺史行部錄囚徒有所舉以屬郡師古曰屬委也音之欲反聖曰後進生何知迺欲亂人治師古曰言武仕學未久故謂之後進生也皆無所決武使從事廉得其罪師古曰廉察也聖懼自免後爲博士毀武於朝廷武聞之終不揚其惡而聖子賓客爲羣盜得師古曰聚爲羣盜而吏捕得也繫廬江聖自以子必死武平心決之卒得不死自是後聖慙服武每奏事

至京師（師古曰刺史每歲盡則入奏事於京師也）聖未嘗不造門謝恩（師古曰造至也音千到反）武爲刺史二千石有罪應時舉奏其餘賢與不肖敬之如一是以郡國各重其守相州中清平行部必先即學宮見諸生（師古曰即就也學宮學舍也）試其誦論問以得失然後入傳舍出記問墾田頃畝五穀美惡（師古曰記謂教命之書）已迺見二千石以爲常（師古曰常法文第也○宋祁曰注文字上疑有此字）初武爲郡吏時事太守何壽壽知武有宰相器以其同姓故厚之後壽爲大司農其兄子爲廬江長史（○劉攽曰廬江長史按百官表邊郡有長史秩六百石廬江無緣有長史就令有之已六百石不待刺史一見爲重而郡舉之也明此多長字不然是卒字）時武奏事在邸壽兄子適在長安壽爲具召武弟顯及故人楊覆衆等（師古曰具謂酒食之具也）酒酣見其兄子（師古曰令出見顯等）曰此子揚州長史（師古曰言揚州部內長史也）材能駑下未嘗省見（師古曰省視也言不爲武所識拔也）顯等甚慙退以謂武武曰刺史古之方伯上所委任一州表率也職在進善退惡吏治行有茂異民有隱逸迺當召見不可有所私問顯覆衆強之不得已召見賜巵酒（師古曰對賜一巵之酒也）歲中廬江太守舉之（師古曰終得武之力助也）其守法見憚如此爲刺史五歲入爲丞相司直丞相薛宣敬重之出爲清河太守數歲坐郡中被災害什四以上免久之大司馬曲陽侯王根薦武徵爲諫大夫遷兗州刺史入爲司隸校尉徙京兆尹二歲坐舉方正所舉者召見槃辟雅拜（服虔曰行禮容拜也師古曰槃辟猶言槃旋也辟音闢）有司以爲詭衆虛僞（師古曰詭違也）武坐左遷楚內史遷沛郡太守復入爲廷尉綏和元年御史大夫孔光左遷廷尉武爲御史大夫成帝欲脩辟雍通三公官（師古曰通謂更開置之也）即改御史大夫爲大司空（師古曰就其所任之人而并官俱改不別拜授也）武更爲大司空封氾鄉侯食邑千戶氾鄉在瑯邪不其（師古曰爲後改食博望鄉故此指言在瑯邪不其也氾音凡其音基）哀帝初即位褒賞大臣更以南陽犨之博望鄉爲氾鄉侯國（師古曰犨音昌牛反）增邑千戶武爲人仁厚好進士奬稱人之善（師古曰奬勸也進而勸之）爲楚內史厚兩龔在沛郡厚兩唐（師古曰兩龔龔勝龔舍也兩唐唐林唐尊也）及爲公卿薦之朝廷此人顯於世者何侯力也世以此多焉（師古曰多重也重武進賢也）然疾朋黨問文吏必於儒者問儒者必於文吏以相參檢欲除吏先爲科例以防請託其所居亦無赫赫名去後常見思及爲御史大夫司空與丞相方進共奏言往者諸侯王斷獄治政內史典獄事相總綱紀輔王中尉備盜賊今王不斷獄與政（師古曰與讀曰豫）中尉官罷職并內史郡國守相委任所以壹統信安百姓也（師古曰令百姓信之而安附也）今內史位卑而權重威職相踰不統尊者難以爲治臣請相如太守內史如都尉以順尊卑之序平輕重之權制曰可以內

史爲中尉初武爲九卿時奏言宜置三公官又與方進共奏罷刺史更置州牧後皆復復故（師古曰又依其舊也下復音扶目反○宋祁曰監本有二復字越本無一復字按注宜有二復字）語在朱博傳唯內史事施行多所舉奏號爲煩碎不稱賢公功名略比薛宣其材不及也而經術正直過之武後母在郡遣吏歸迎會成帝崩吏恐道路有盜賊後母留止左右或譏武事親不篤（師古曰左右謂天子側近之臣）哀帝亦欲改易大臣遂策免武曰君舉錯煩苛不合衆心（師古曰錯置也音千故反）孝聲不聞惡名流行無以率示四方其上大司空印綬罷歸就國後五歲諫大夫鮑宣數稱冤之天子感丞相王嘉之對而高安侯董賢亦薦武武由是復徵爲御史大夫月餘徙爲前將軍先是新都侯王莽就國數年上以太皇太后故徵莽還京師莽從弟成都侯王邑爲侍中矯稱太皇太后指白哀帝爲莽求特進給事中哀帝復請之事發覺（師古曰哀帝反更以此事請於太后太后本無此言故矯事發覺也復音扶目反○宋祁曰越本無莽字監本有）太后爲謝上以太后故不忍誅之（○宋祁曰浙本去之字）左遷邑爲西河屬國都尉削千戶後有詔舉太常莽私從武求舉武不敢舉後數月哀帝崩太后即日引莽入收大司馬董賢印綬詔有司舉可大司馬者莽故大司馬辭位辟丁傅（師古曰辟讀曰避）衆庶稱以爲賢又太后近親自大司徒孔光以下舉朝皆舉莽武爲前將軍素與左將軍公孫祿相善二人獨謀以爲往時孝惠孝昭少主之世外戚呂霍上官持權幾危社稷（師古曰幾音鉅依反）今孝成孝哀比世無嗣（師古曰比頻也）方當選立親近輔幼主不宜令異姓大臣持權（師古曰異姓謂非宗室及外戚○宋祁曰南本涂錯去不字予據顏注刪之爲允劉敞曰周禮時揖異姓異姓婚姻也異姓正謂外戚爾恐不當去不字）親疏相錯爲國計便（師古曰錯謂間雜也）於是武舉公孫祿可大司馬而祿亦舉武太后竟自用莽爲大司馬莽風有司劾奏武公孫祿互相稱舉皆免（師古曰風讀曰諷）武就國後莽寖盛爲宰衡（師古曰寖漸也）陰誅不附己者元始三年呂寬等事起時大司空甄豐承莽風指（師古曰風謂風采也指意也）遣使者乘傳案治黨與（師古曰傳音張戀反）連引諸所欲誅上黨鮑宣南陽彭偉杜公子（師古曰彭偉及杜公子二人皆南陽人）郡國豪桀坐死者數百人武在見誣中大理正檻車徵武武自殺衆人多冤武者莽欲厭衆意（師古曰厭滿也音一贍反）令武子況嗣爲侯諡武曰刺侯（師古曰刺音來葛反）莽篡位免況爲庶人

王嘉字公仲平陵人也以明經射策甲科爲郎坐戶殿門失闌免（師古曰戶止也嘉掌守殿門止不當入者而失闌入之故坐免也春秋左氏傳云屈蕩戶之）光祿勳于永除爲掾察廉爲南陵丞（師古曰南陵縣名屬宣城○劉敞曰南陵薄太后陵耳漢無南陵縣宋祁曰案地理志宣城丹陽郡縣名未爲郡）復察廉爲長陵尉鴻嘉中舉敦朴能直言召見宣室對政事得失超遷大中大夫出爲九江河南太守治甚有聲徵入爲大鴻臚徙京兆尹遷御史大夫建平三年代平當爲丞相封新甫侯加食邑千一百戶（○劉敞曰加食邑多加字）嘉爲人剛直嚴毅有威重上甚敬之哀帝初立欲匡成帝之政多所變動（師古曰匡正也正其乖失者）嘉上疏曰臣聞聖王之功在於得人孔子曰材難不其然與（師古曰論語載孔子之言也材難謂有賢才者難得也與讀曰歟）故繼世立諸侯象賢也（師古曰象其先父祖之賢耳非必其人皆有德也）雖不能盡賢天子爲擇臣立命卿以輔之（師古曰命卿命於天子者也）居是國也累世尊重然後士民之衆附焉是以教化行而治功立今之郡守重於古諸侯往者致選賢材賢材難得拔擢可用者或起於囚徒昔魏尚坐事繫文帝感馮唐之言遣使持節赦其辠拜爲雲中太守匈奴忌之武帝擢韓安國於徒中拜爲梁內史骨肉以安（師古曰言梁孝王得免罪也）張敞爲京兆尹有罪當免黠吏知而犯敞敞收殺之其家自冤使者覆獄劾敞賊殺人（師古曰覆音芳目反）上逮捕不下（師古曰言使者上奏請逮捕敞而天子不下其事也下音胡稼反）會免亡命數十日宣帝徵敞拜爲冀州刺史卒獲其用前世非私此三人貪其材器有益於公家也孝文時吏居官者或長子孫以官爲氏倉氏庫氏則倉庫吏之後也其二千石長吏亦安官樂職然後上下相望莫有苟且之意其後稍稍變易公卿以下傳相促急又數改更政事（師古曰更亦變也）司隸部刺史察過悉劾發揚陰私（師古曰悉盡也言事無大小盡皆舉劾過於所察之條也）吏或居官數月而退送故迎新交錯道路中材苟容求全（師古曰不敢操持羣下也）下材懷危內顧（師古曰恐獲罪每爲私計也）壹切營私者多二千石益輕賤吏民慢易之（師古曰易亦輕也音弋豉反）或持其微過增加成辠言於刺史司隸或至上書章下（師古曰依其所上之章而下令治之）衆庶知其易危（師古曰言易可傾危也）小失意則有離畔之心前山陽亡徒蘇令等從橫（師古曰從音子用反橫音胡孟反）吏士臨難莫肯伏節死義以守相威權素奪也（師古曰守郡守也相諸侯相也素奪謂先不假之威權也）孝成皇帝悔之下詔書二千石不爲縱（孟康曰二千石不以故縱爲罪所以優也）遣使者賜金尉厚其意誠以爲國家有急取辦於二千石二千石尊重難危乃能使下孝宣皇帝愛其良民吏（師古曰良善也良民吏善治百姓者○宋祁曰愛其良民吏當刪其字）有章劾事留中會赦壹解（師古曰不即下治其事恐爲擾動故每留中或經赦令一切皆解散也）故事尚書希下章爲煩擾百姓證驗繫治或死獄中章文必有敢告之字迺下（師古曰所以丁寧告者之辭絕其相誣也）唯陛下留神於擇賢記善忘過容忍臣子勿責以備（師古曰不求備於一人也）二千石部刺史三輔縣令有材任職者人情不能不有過差宜可闊略（師古曰當寬恕其小罪也）令盡力者有所勸此方今急務國家之利也前蘇令發（師古曰謂蘇令等初發起爲盜賊也）欲遣大夫使逐問狀時見大夫無可使者（師古曰謂見在大夫皆不堪爲使也）召盩厔令尹逢拜爲諫大夫遣之今諸大夫有材能者甚少宜豫畜養可成就者則士赴難不愛其死臨事倉卒乃求非所以明朝廷也

嘉因薦儒者公孫光滿昌及能吏蕭咸薛脩等皆故二千石有名稱天子納而用之會息夫躬孫寵等因中常侍宋弘上書告東平王雲祝詛又與后舅伍宏謀弒上爲逆（○宋祁曰弒當作殺字雖作殺讀以作弒）雲等伏誅躬寵擢爲吏二千石是時侍中董賢愛幸於上上欲侯之而未有所緣傅嘉勸上因東平事以封賢上於是定躬寵告東平本章（師古曰定謂改治也）掇去宋弘更言因董賢以聞（師古曰掇讀曰剟剟削也削去其名也剟音竹劣反）欲以其功侯之皆先賜爵關內侯頃之欲封賢等上心憚嘉乃先使皇后父孔鄉侯傅晏持詔書視丞相御史（師古曰視讀曰示）於是嘉與御史大夫賈延上封事言竊見董賢等三人始賜爵衆庶匈匈咸曰賢貴其餘并蒙恩（師古曰言董賢以貴寵故妄得封而躬寵等遂蒙恩）至今流言未解陛下仁恩於賢等不已宜暴賢等本奏語言（師古曰暴謂章露也）延問公卿大夫博士議郎考合古今明正其義然後乃加爵土不然恐大失衆心海內引領而議暴下其事必有言（○宋祁曰言字上當有對字）當封者在陛下所從天下雖不說咎有所分（師古曰說讀曰悅）不獨在陛下前定陵侯淳于長初封其事亦議大司農谷永以長當封衆人歸咎於永先帝不獨蒙其議（師古曰蒙被也）臣嘉臣延材駑不稱死有餘責（師古曰稱副也）知順指不迕可得容身須臾（師古曰迕逆也）所以不敢者思報厚恩也上感其言止數月遂下詔封賢等因以切責公卿曰朕居位以來寑疾未瘳（師古曰瘳差也音丑留反）反逆之謀相連不絕賊亂之臣近侍帷幄前東平王雲與后謁祝詛朕使侍醫伍宏等內侍案脉（師古曰案謂切診也）幾危社稷殆莫甚焉（師古曰幾音鉅依反殆亦危也）昔楚有子玉得臣晉文爲之側席而坐（師古曰已解於上）近事汲黯折淮南之謀今雲等至有圖弒天子逆亂之謀者是公卿股肱莫能悉心務聰明以銷厭未萌之故（師古曰悉盡也務聰明者廣視聽也厭音一涉反）賴宗廟之靈（○宋祁曰靈字上當有神字）侍中駙馬都尉賢等發覺以聞咸伏厥辜書不云乎用德章厥善（師古曰商書盤庚之辭也）其封賢爲高安侯南陽太守寵爲方陽侯左曹光祿大夫躬爲宜陵侯後數月日食舉直言嘉復奏封事曰臣聞咎繇戒帝舜曰亡敖佚欲有國兢兢業業一日二日萬機（師古曰虞書咎繇之辭也言有國之人不可傲慢逸欲但當戒愼危懼以理萬事之機也敖讀曰傲○宋祁曰資暇集云孔安國云幾微也當戒萬事之微也晉文帝謂丞相於事勤必經年怪其遲桓溫曰萬機那得速耶此對眞得書

義近改爲卽辭之具當由漢王嘉封事誤從木傍也顏氏不知引孔注以證後人不根其本且曰漢書尚爾會不知班顏自懈後人也 箕子戒武王曰臣無有作威作福亡有玉食臣之有作威作福玉食害于而家凶于而國人用側頗辟民用僭慝 師古曰周書洪範載箕子對武王之辭也玉食精好如玉也而汝也頗偏也僭不信也慝惡也 言如此則逆尊卑之序亂陰陽之統而害及王者其國極危 ○宋祁曰極字當作凶字 國人傾仄不正民用僭差不壹此君不由法度上下失序之敗也武王躬履此道隆至成康 師古曰言武王能履法度故至成康之時德化隆盛也 自是以後縱心恣欲法度陵遲 師古曰陵遲卽陵夷也言漸頹替也 至於臣弑君子弑父父子至親失禮患生何況異姓之臣孔子曰道千乘之國敬事而信節用而愛人使民以時 師古曰論語載孔子之言也道治也千乘謂兵車千乘說在刑法志 孝文皇帝備行此道海內蒙恩爲漢太宗孝宣皇帝賞罰信明施與有節記人之功忽於小過 師古曰忽忘也 以致治平孝元皇帝奉承大業溫恭少欲都內錢四十萬萬水衡錢二十五萬萬少府錢十八萬萬 師古曰言不費用故蓄積也 嘗幸上林後宮馮貴人從臨獸圈猛獸驚出貴人前當之元帝嘉美其義賜錢五萬 師古曰此言雖嘉其義而賞亦不多 掖庭見親有加賞賜屬其人勿衆謝 師古曰掖庭宮人有親戚來見而帝賜之者屬其家勿使於衆人中謝也屬音之欲反 示平惡偏重失人心賞賜節約是時外戚貲千萬者少耳故少府水衡見錢多也 師古曰見在之錢也 雖遭初元永光凶年饑饉加有西羌之變外奉師旅內振貧民終無傾危之憂以府臧內克實也孝成皇帝時諫臣多言燕出之害 師古曰燕出謂微行也 及女寵專愛耽於酒色損德傷年其言甚切然終不怨怒也寵臣淳于長張放史育育數貶退家貲不滿千萬放斥逐就國長榜死於獄 師古曰榜笞擊也音彭 不以私愛害公義故雖多內議朝廷安平 師古曰雖有好內之議而不害政也 傳業陛下陛下在國之時好詩書上儉節徵來所過道上稱誦德美此天下所以同心也 師古曰望爲治也 初卽位易帷帳去錦繡乘輿席緣綈繒而已 師古曰綈厚繒也音徒奚反 共皇寢廟比比當作 師古曰恭皇哀帝之父卽定陶恭王也比比猶頻頻也共讀曰恭 憂閔元元惟用度不足 師古曰惟思也 以義割恩輒且止息今始作治而駙馬都尉董賢亦起官寺上林中又爲賢治大第開門鄉北闕 師古曰鄉讀曰嚮 引王渠灌園池 蘇林曰王渠官渠也猶今御溝也晉灼曰渠名也在城東覆盎門外 師古曰晉說是 使者護作 師古曰監視也 賞賜吏卒甚於治宗廟賢母病長安廚給祠具 師古曰長安有廚官主爲官食 道中過者皆飮食 如淳曰禱於道中故行人皆得飮食 爲賢治器器成奏御迺行或物好特賜其工自貢獻宗廟三宮猶不至此 師古曰三宮天子太后皇后也○劉敞曰予謂是時太皇太后稱長信宮傅太后稱永信宮而丁姬中安宮故以三宮爲言 賢家有賓婚及見親諸官並共 師古曰見親親戚相見也並供言百官各以所掌事及財物就供之共讀曰供 賜及倉頭奴婢人十萬錢使者護視發取市物百賈震動 師古曰賈讀曰價百賈者非一之稱也賈音古 道路讙譁羣臣惶惑詔書罷苑而以賜賢二千餘項均田之制從此墮壞 孟康曰自公卿以下至于吏民名曰均田皆有項數於品制中令均等今賜賢二千餘項則壞其等制也師古曰苑古苑字墮音火規反 奢僭放縱變亂陰陽災異衆多百姓訛言持籌相驚 師古曰言行西王母籌也 被髮徒跣而走乘馬者馳天惑其意不能自止或以爲籌者策失之戒也陛下素仁智愼事今而有此大譏孔子曰危而不持顚而不扶則將安用彼相矣 師古曰論語稱季氏將伐顓臾冉有季路見於孔子孔子以此言責之以其不匡諫也 臣嘉幸得備位竊內悲傷不能通愚忠之信身死有益於國不敢自惜唯陛下愼己之所獨鄉察衆人之所共疑 師古曰鄉讀曰嚮 往者寵臣鄧通韓嫣 師古曰嫣音偃 驕貴失度逸豫無厭小人不勝情欲卒陷罪辜 師古曰卒終也 亂國亡軀不終其祿所謂愛之適足以害之者也宜深覽前世以節賢寵全安其命於是上寖不說 師古曰寖漸也說讀曰悅 而愈愛賢不能自勝會祖母傅太后薨 ○劉奉世曰薨當作崩 上因託傅太后遺詔令成帝母王太后下丞相御史益封賢二千戶及賜孔鄉侯汝昌侯陽新侯國 師古曰傅晏傅商鄭業也 嘉封還詔書 師古曰還謂卻上之於天子也 因奏封事諫上及太后曰臣聞爵祿土地天之有也書云天命有德五服五章哉 師古曰虞書咎繇謨之辭也言皇天命於有德者以居列位天子諸侯卿大夫士尊卑之服采章各異也 王者代天爵人尤宜愼之裂地而封不得其宜則衆庶不服感動陰陽其害疾自深 師古曰言此氣損害故令天子身自有疾也 今聖體久不平此臣嘉所內懼也高安侯賢佞幸之臣陛下傾爵位以貴之單貨財以富之 師古曰單盡也 損至尊以寵之 師古曰言上意傾感爲下所寵也 主威已黜府臧已竭唯恐不足財皆民力所爲孝文皇帝欲起露臺惜百金之費 ○宋祁曰惜越本作重 克已不作今賢散公賦以施私惠一家至受千金往古以來貴臣未嘗有流聞四方皆同怨之 ○宋祁曰流字上或有此字 里諺曰千人所指無病而死臣常爲之寒心今太皇太后以永信太后遺詔詔丞相御史益賢戶賜三侯國臣嘉竊惑山崩地動日食於三朝 師古曰歲月日之朝也已解於上 皆陰侵陽之戒也前賢已再封晏商再易邑業緣私橫求恩已過厚 師古曰橫音胡孟反○宋祁曰求當作受 求索自恣不知厭足甚傷尊尊之義不可以示天下爲害痛矣臣驕侵罔陰陽失節 師古曰罔謂誣蔽也○宋祁曰驕字下當有主字 氣感相動害及身體陛下寖疾久不平繼嗣未立宜思正萬事順天人之心以求福祐奈何輕身肆意 師古曰肆放也 不念高祖之勤苦垂立制度欲傳之於無窮哉孝經曰天子有爭臣七人雖無道不失其天下 師古曰言上能納諫則免於過惡也 臣謹封上詔書不敢露見非愛死而不自法恐天下聞之故不敢自效愚戇數犯忌諱唯陛下省察初廷尉梁相與丞相長史御史中丞及五二千石雜治東平王雲獄時冬月未盡二旬而相心疑雲冤獄有飾辭 師古曰假飾之辭非其實也 奏欲傳之長安 師古曰傳謂移其獄事也 更下公卿覆治尚書令鞫譚僕射宗伯鳳以爲可許 師古曰鞫姓也鞫音居六反 天子以相等皆見上體不平外內顧望操持兩心 師古曰操音千高反 幸雲踰冬無討賊疾惡主讎之意制詔免相等皆爲庶人後數月大赦嘉奏封事薦相等明習治獄相計謀深沈譚頗知雅文鳳經明行脩聖王有計功除過 師古曰收采其功以免罪過也 臣竊爲朝廷惜此三人書奏上不能平 師古曰心怒也 後二十餘日嘉封還益董賢戶事上乃發怒召嘉詣尚書責問以相等前坐在位不盡忠誠外附諸侯操持兩心背人臣之義今所稱相等材美足以相計除罪君以道德位在三公以總方略一統萬類 ○宋祁曰或無萬字劉奉世曰多萬字 分明善惡爲職知相等罪惡陳列著聞天下時輒以自劾今又稱譽相等云爲朝廷惜之大臣舉錯恣心自在 師古曰錯置也 迷國罔上近由君始將謂遠者何 師古曰近臣尚然則遠者固宜爾也 對狀 師古曰具對也 嘉免冠謝罪事下將軍中朝者光祿大夫孔光左將軍公孫祿右將軍王安光祿勳馬宮光祿大夫龔勝劾嘉迷國罔上不道請與廷尉雜治勝獨以爲嘉備宰相諸事並廢咎由嘉生 師古曰孔光以下衆共劾嘉而勝獨爲異議也 嘉坐薦相等微薄以應迷國罔上不道恐不可以示天下遂可光等奏光等請謁者召嘉詣廷尉詔獄制曰票騎將軍御史大夫中二千石二千石諸大夫博士議郎議衞尉雲等五十人以爲如光等言可許議郎龔等以爲嘉言事前後相違無所執守不任宰相之職宜奪爵土免爲庶人永信少府猛等十人以爲聖王斷獄必先原心定罪探意立情故死者不抱恨而入地生者不銜怨而受罪明主躬聖德重大臣刑辟廣延有司議欲使海內咸服嘉罪名雖應法聖王之於大臣在輿爲下御坐則起 師古曰解在翟方進傳 疾病視之無數死則臨弔之廢宗廟之祭進之以禮退之以義誄之以行 師古曰言大臣之死積累其行而爲誄也誄者累德行之文 案嘉本以相等爲罪罪惡雖著大臣括髮關械裸躬就笞 師古曰括結也關貫也裸露也 非所以重國褒宗廟也今春月寒氣錯繆霜露數降宜示天下以寬和臣等不知大義唯陛下察焉有詔假謁者節召丞相詣廷尉詔獄使者旣到府掾史涕泣共和藥進嘉嘉不肯服主簿曰將相不對理陳冤相踵以爲故事 師古曰踵躡也 君侯宜引決 師古曰令自殺也 使者危坐府門上 師古曰以逼促嘉也 主簿復前進藥嘉引藥杯以擊地謂官屬曰丞相幸得備位三公奉職負國當伏刑都市以示萬衆丞相豈兒女子邪何謂咀藥而死 師古曰咀嚼也音才汝反 嘉遂裝出見使者再拜受詔乘吏小車去蓋不冠隨使者詣廷尉廷尉收嘉丞相新甫侯印綬縛嘉載致都船詔獄上聞嘉生自詣吏大怒使將軍以下與五二千石雜治吏詰問嘉嘉對曰案事者思得實竊見相等前治東平王獄不以雲爲不當死欲關公卿示重愼置驛馬傳囚執不得踰冬月誠不見其外內顧望阿附爲雲驗復幸得蒙大赦相等皆良善吏臣竊爲國惜賢不私此三人獄吏曰苟如此則君何以爲罪猶當有以負國不空入獄矣吏稍侵辱嘉嘉喟然卬天歎曰 師古曰卬讀曰仰 幸得充備宰相不能進賢退不肖以是負國死有餘責吏問賢不肖主名嘉曰賢故丞相孔光故大司空何武不能進惡高安侯董賢父子佞邪亂朝而不能退罪當死死無所恨嘉繫獄二十餘日不食歐血而死 ○宋祁曰而字當刪 帝舅大司馬票騎將軍丁明素重嘉而憐之上遂免明以董賢代之語在賢傳嘉爲相三年誅國除死後上覽其對而思嘉言復以孔光代嘉爲丞相徵用何武爲御史大夫元始四年詔書追錄忠臣封嘉子崇爲新甫侯追謚嘉爲忠侯

師丹字仲公琅邪東武人也治詩事匡衡舉孝廉爲郎元帝末爲博士免建始中州舉茂材復補博士出爲東平王太傅丞相方進御史大夫孔光舉丹議論深博 ○宋祁曰越本作論議 廉正守道徵入爲光祿大夫丞相司直數月復以光祿大夫給事中由是爲少府光祿勳侍中甚見尊重成帝末年立定陶王爲皇太子以丹爲太子太傅哀帝卽位爲左將軍賜爵關內侯食邑領尚書事遂代王莽爲大司馬封高樂侯月餘徙爲大司空 ○宋祁曰以外戚恩澤侯表攷之丹爲大司馬封高樂侯在綏和二年七月以傅喜傳攷之徙爲大司徒在明年正月恐不當云月餘 上少在國見成帝委政外家王氏僭盛常內邑邑卽位多欲有所匡正封拜丁傅奪王氏權丹自以師傅居三公位得信於上上書言古者諒闇不言聽於冢宰 師古曰論語云子張曰書云高宗諒闇三年不言孔子曰何必高宗古之人皆然君薨百官總已以聽於冢宰三年諒信也闇默也 ○宋祁曰注文默然然字當刪 三年無改於父之道 師古曰論語稱孔子曰父在觀其志父沒觀其行三年無改於父之道可謂孝矣 前大行尸柩在堂而官爵臣等以及親屬赫然皆貴寵封舅爲陽安侯皇后尊號未定豫封父爲孔鄉侯出侍中王邑射聲校尉王邯等詔書比下變動政事 師古曰比頻也 卒暴無漸 師古曰卒讀曰猝 臣縱不能明陳大義復曾不能牢讓爵位 師古曰牢堅也 相隨空受封侯增益陛下之過間者郡國多地動水出流殺

人民日月不明五星失行此皆舉錯失中號令不定法度失理陰陽溷濁之應也（師古曰溷音胡頓反）臣伏惟人情無子年雖六七十猶博取而廣求（師古曰取讀曰娶）孝成皇帝深見天命燭知至德（師古曰燭照也至德指謂哀帝）以壯年克己立陛下爲嗣先帝暴棄天下而陛下繼體四海安寧百姓不懼此先帝聖德當合天人之功也臣聞天威不違顏咫尺（師古曰言常若在前宜自敬懼也）願陛下深思先帝所以建立陛下之意且克己躬行以觀羣下之從化天下者陛下之家也胏附何患不富貴不宜倉卒先帝不量臣愚以爲太傅陛下以臣託師傅故亡功德而備鼎足封大國加賜黃金位爲三公職在左右（師古曰左右助也左讀曰佐右讀曰佑）不能盡忠補過而令庶人竊議災異數見此臣之大罪也臣不敢言乞骸骨歸於海濱恐嫌於僞誠慙負重責義不得不盡死書數十上多切直之言初哀帝即位成帝母稱太皇太后成帝趙皇后稱皇太后（○宋祁曰一本云成帝趙皇太后）而上祖母傅太后與母丁后皆在國邸自以定陶共王爲稱高昌侯董宏上書言秦莊襄王母本夏氏而爲華陽夫人所子（師古曰莊襄王始皇之父也華陽夫人孝文王之夫人也子謂養以爲子也）及即位後俱稱太后宜立定陶共王后爲皇太后事下有司時丹以左將軍與大司馬王莽共劾奏宏知皇太后至尊之號天下一統而稱引亡秦以爲比喻誑誤聖朝非所宜言大不道上新立謙讓納用莽丹言免宏爲庶人傅太后大怒要上欲必稱尊號上於是追尊定陶共王爲共皇帝尊傅太后爲共皇太后丁后爲共皇后郎中令泠褒黃門郎段猶等復奏言（師古曰泠音零○劉敞曰按是時無郎中令）定陶共皇太后共皇后皆不宜復引定陶藩國之名以冠大號車馬衣服宜皆稱皇之意（師古曰皇者至尊之號其服御宜皆副稱之也稱音尺孕反）置吏二千石以下各供厥職（師古曰謂詹事太僕少府等官）又宜爲共皇立廟京師上復下其議有司皆以爲宜如褒猶言丹議獨曰聖王制禮取法於天故尊卑之禮明則人倫之序正人倫之序正則乾坤得其位而陰陽順其節人主與萬民俱蒙祐福尊卑者所以正天地之位不可亂也今定陶共皇太后共皇后以定陶共爲號者（○宋祁曰共字下當有皇字）母從子妻從夫之義也欲立官置吏車服與太皇太后並非所以明尊卑亡二上之義也定陶共皇號謚已前定義不得復改禮父爲士子爲天子祭以天子其尸服以士服子亡爵父之義尊父母也爲人後者爲之子故爲所後服斬衰三年而降其父母朞明尊本祖而重正統也孝成皇帝聖恩深遠故爲共王立後奉承祭祀令共皇長爲一國太祖萬世不毀恩義已備陛下既繼體先帝持重大宗承宗廟天地社稷之祀義不得復奉定陶共皇祭入其廟今欲立廟於京師而使臣下祭之是無主也又親盡當毀空去一國泰祖不墮之祀（師古曰墮亦毀也音火規反○宋祁曰泰當作太）而就無主當毀不正之禮非所以尊厚共皇也丹由是浸不合上意（師古曰浸漸也）會有上書言古者以龜貝爲貨今以錢易之民以故貧宜可改幣上以問丹丹對言可改章下有司議皆以爲行錢以來久難卒變易（師古曰卒讀曰猝）丹老人忘其前語後從公卿議又丹使吏書奏吏私寫其草丁傅子弟聞之使人上書告丹上封事行道人偏持其書上以問將軍中朝臣皆對曰忠臣不顯諫大臣奏事不宜漏泄令吏民傳寫流聞四方臣不密則失身（師古曰易上繫之辭）宜下廷尉治事下廷尉廷尉劾丹大不敬事未決給事中博士申咸炔欽上書（蘇林曰炔音桂）言丹經行無比（師古曰比音必寐反）自近世大臣能若丹者少發憤懣奏封事不及深思遠慮使主簿書漏泄之過不在丹以此貶黜恐不厭衆心（師古曰厭音一贍反）尚書劾咸欽幸得以儒官選擢備腹心上所折中定疑（師古曰折斷也取其言以斷事之中而定所疑）知丹社稷重臣議罪處罰國之所慎咸欽初傅經義以爲當治（師古曰傅讀曰附）事以暴列乃復上書妄稱譽丹前後相違不敬上貶咸欽秩各二等遂策免丹曰夫三公者朕之腹心也輔善相過匡率百僚和合天下者也朕既不明委政於公間者陰陽不調寒暑失常變異婁臻（師古曰婁古屢字）山崩地震河決泉涌流殺人民百姓流連無所歸心司空之職尤廢焉君在位出入三年未聞忠言嘉謀而反有朋黨相進不公之名乃者以挺力田議改幣章示君（師古曰挺引拔也謂特拔異力佃之人優寵之也挺音徒鼎反而說者以挺爲縣名失之遠矣）君內爲朕建可改不疑（師古曰共立此議也）以君之言（○宋祁曰言或作議）博考朝臣君乃希衆雷同外以爲不便令觀聽者歸非於朕朕隱忍不宣爲君受愆朕疾夫比周之徒（師古曰比音頻寐反）虛僞壞化寖以成俗故屢以書飭君（師古曰飭與敕同）幾君省過求已（師古曰省視也自求諸已不尤人也幾音冀）而反不受退有後言及君奏封事傳於道路布聞朝市言事者以爲大臣不忠辜陷重辟獲虛采名謗譏匈匈流于四方腹心如此謂疏者何殆謬於二人同心之利焉（師古曰易上繫辭曰二人同心其利斷金故詔書引之）將何以率示羣下附親遠方朕惟君位尊任重慮不周密懷諼迷國（師古曰諼詐也音虛袁反）進退違命反覆異言甚爲君耻之非所以共承天地永保國家之意（師古曰共讀曰恭）以君嘗託傅位未忍考于理已詔有司赦君勿治其上大司空高樂侯印綬罷歸尚書令唐林上疏曰竊見免大司空丹策書泰深痛切君子作文爲賢者諱丹經爲世儒宗德爲國黃耇（師古曰黃耇老人之稱也黃謂白髮落更生黃者也耇老人面色不淨如垢也○宋祁曰注末也字一本作然）親傅聖躬位在三公所坐者微海內未見其大過事既已往免爵大重京師識者咸以爲宜復丹邑爵使奉朝請（師古曰識者謂有識見之人也請音才性反）四方所瞻卬也（師古曰卬讀曰仰）唯陛下財覽衆心有以尉復師傅之臣（師古曰財與裁同復報也音扶目反）上從林言下詔賜丹爵關內侯食邑三百戶丹既免數月上用朱博議尊傅太后爲皇太太后（○宋祁曰一本作太皇太后）丁后爲帝太后與太皇太后及皇太后同尊又爲共皇立廟京師儀如孝元皇帝博遷爲丞相復與御史大夫趙玄奏言前高昌侯宏首建尊號之議而爲丹所劾奏免爲庶人時天下衰麤委政於丹（師古曰言新有成帝之喪斬衰麤服故天子不親政事也○宋祁曰天下據姚本作天子）丹不深惟褒廣尊親之義而妄稱說抑貶尊號虧損孝道不忠莫大焉陛下聖仁昭然定尊號宏以忠孝復封高昌侯丹惡逆暴著雖蒙赦令不宜有爵邑請免爲庶人奏可丹於是廢歸鄉里者數年平帝即位新都侯王莽白太皇太后發掘傅太后丁太后冢奪其璽綬更以民葬之定陶隳廢共皇廟（師古曰隳音火規反）諸造議泠褒段猶等皆徙合浦復免高昌侯宏爲庶人（○宋祁曰通鑑考異云按功臣表建平四年董宏已死元壽二年子武坐父爲佞邪免不得至今此傳誤也）徵丹詣公車賜爵關內侯食故邑數月太皇太后詔大司徒大司空曰夫褒有德賞元功先聖之制百王不易之道也故定陶太后造稱僭號甚悖義理（師古曰悖乖也音布內反）關內侯師丹端誠於國不顧患難執忠節據聖法分明尊卑之制確然有柱石之固臨大節而不可奪可謂社稷之臣矣有司條奏邪臣建定稱號者已放退而丹功賞未加殆繆乎先賞後罰之義非以章有德報厥功也其以厚丘之中鄉戶二千一百封丹爲義陽侯月餘薨謚曰節侯子業嗣王莽敗迺絕

贊曰何武之舉王嘉之爭師丹之議（師古曰何武舉公孫祿爲大司馬王嘉爭益董賢封邑師丹議丁傅不宜稱尊號）考其禍福乃效于後（師古曰終以王莽篡位董賢遇禍丁傅喪敗）當王莽之作外內咸服董賢之愛疑於親戚（師古曰疑讀曰擬擬比也）武嘉區區以一蕢障江河用沒其身（師古曰蕢織草爲器所以盛土也一蕢之土不能障塞江河是以其身沉沒也蕢音匱）丹與董宏更受賞罰（師古曰更互也宏初建議尊號爲丹所劾而免爵土及丹廢黜宏復獲封至王莽執政宏爲庶人丹受國邑故云互受賞罰也更音工衡反）哀哉故曰依世則廢道違俗則危殆（師古曰言隨時曲直則廢於正道違忤流俗則其身不安也）此古人所以難受爵位者也

前漢書卷八十六考證

王嘉傳察廉爲南陵丞注師古曰南陵縣名屬宣城○臣召南按此注誤劉攽謂漢無南陵縣亦非也南陵屬京兆尹因薄太后陵得名地理志甚明至宣城非漢郡則宋祁已言之矣

武帝擢韓安國于徒中○胡三省曰按韓安國傳坐法抵罪會梁內史缺漢使使拜安國爲梁內史起徒中爲二千石此景帝時事也武帝當作景帝

亡赦佚欲有國○按尚書作毋教佚欲有邦此所引伏生今文也邦字當以避高帝諱作國

注宋祁曰晉文帝謂丞相云云○臣召南按此指簡文帝也刊本脫簡字耳

師丹傳皇后尊號未定豫封父爲孔鄉侯○臣召南按哀帝紀帝以四月即位五月丙戌立皇后傅氏封后父傅晏爲孔鄉侯則封后父時后已正位中宮矣以外戚恩澤侯表核之陽安侯丁明及晏俱以四月壬寅封在丙戌立后之前四十四日與此傳正合葢帝紀係史文類叙不如表爲確實也

郎中令泠褒○劉敞曰按是時無郎中令○胡三省曰令字衍文也

贊武嘉區區以一蕢障江河云云○黃震曰班氏說未然也武嘉以剛正之資居大臣之位茍得中主而事之去董賢如殺孤兎耳何江河一蕢之足云師丹引經義開陳婉切彼董賢何人而以較勝負也賞罰何足計哉君子惟論是非耳

前漢書卷八十七上

漢　蘭　臺　令　史　班　固　撰

唐正議大夫行秘書少監琅邪縣開國子顏師古注

揚雄傳上第五十七上（師古曰自長楊賦以後分爲下卷）

揚雄字子雲蜀郡成都人也其先出自有周伯僑者以支庶初食采於晉之揚（師古曰采官也以受地謂之采地）因氏焉不知伯僑周何別也（師古曰別謂分系緒也）揚在河汾之間（應劭曰左傳霍揚韓魏皆姬姓也揚今河東揚縣）周衰而揚氏或稱侯號曰揚侯會晉六卿爭權韓魏趙興而范中行知伯弊當是時偪揚侯（晉灼

日漢名臣奏載張衡說云晉大夫食采於揚爲揚氏食我有羿而揚氏滅無揚侯有揚侯則非六卿所偪也師古曰晉說是也雄之自序譜諜蓋爲疎謬范中行不與知伯同時滅何得言當是時偪揚侯乎偪古逼字。宋祁曰注文食字上疑有揚字揚侯逃於楚巫山因家焉師古曰巫山今在荊州西南也楚漢之興也揚氏遡江上處巴江州李奇曰江州縣名也巴郡所治也師古曰遡謂逆流而上也音素而揚季官至廬江太守漢元鼎間避仇復遡江上處崏山之陽曰郫師古曰崏山江水所出也山南曰陽郫縣名也崏音旻郫音疲有田一壥有宅一區晉灼曰周禮上地夫一壥一百畝也。宋祁曰壥當作廛世世以農桑爲業自季至雄五世而傳一子故雄亡它揚於蜀師古曰蜀諸姓揚者皆非雄族故言雄無它揚雄少而好學不爲章句訓詁通而已師古曰詁謂指義也博覽無所不見爲人簡易佚蕩張晏曰佚音鐵蕩音讜晉灼曰佚蕩緩也。宋祁校本云蕭該蕩亦作傷韋佚爲替傷爲黨晉音鐵儻口吃不能劇談鄭氏曰劇甚也晉灼曰或作遽遽疾也口吃不能疾言師古曰劇亦疾也無煩作遽也。宋祁校本云浙本無吃字默而好深湛之思師古曰湛讀曰沈清靜亡爲少耆欲師古曰耆讀曰嗜不汲汲於富貴不戚戚於貧賤師古曰汲汲欲速之義如井汲之爲也。宋祁曰注文也字當作耳不修廉隅以徼名當世師古曰徼要也音工堯反徼字或作激激發也音工歷反家產不過十金乏無儋石之儲晏如也師古曰儋石解在蒯通傳韋昭曰儋音若擔戴也說文曰儋丁甘反。宋祁曰乏字上疑有至字自有大度非聖哲之書不好也非其意雖富貴不事也顧嘗好辭賦師古曰顧反也先是時。宋祁校本云南本無時字蜀有司馬相如作賦甚弘麗溫雅雄心壯之每作賦常擬之以爲式師古曰擬謂比象也又怪屈原文過相如至不容作離騷自投江而死悲其文讀之未嘗不流涕也以爲君子得時則大行不得時則龍蛇應劭曰易曰龍蛇之蟄以存身也師古曰大行安步徐行遇不遇命也何必湛身哉師古曰湛讀曰沈謂投水而死迺作書往往摭離騷文而反之師古曰摭拾取也音之亦反自崏山投諸江流以弔屈原名曰反離騷又旁離騷作重一篇名曰廣騷師古曰旁依也音步浪反其下類此重音直用反又旁惜誦以下至懷沙一卷名曰畔牢愁李奇曰畔離也牢聊也與君相離愁而無聊也師古曰惜誦懷沙皆屈原所作九章中之名也。宋祁曰蕭該按牢字旁著水晉直作牢韋昭曰浑騷也鄭氏愁音曹畔牢愁廣騷文多不載獨載反離騷。宋祁曰獨字疑可刪其辭曰有周氏之蟬嫣兮或鼻祖於汾隅應劭曰蟬嫣連也言與周氏親連也劉德曰鼻始也師古曰雄自言系出周氏而食采於揚故云始祖於汾隅也嫣音於連反。宋祁曰注文姚本作鼻有始也靈宗初諜伯僑兮流于末之揚侯應劭曰諜譜也言從伯僑以來可得而敘也淑周楚之豐烈兮超既離虖皇波應劭曰淑善也言去汾隅從巫山得周楚之美烈也超速也晉灼曰離歷也皇大也師古曰言其先祖所居經河及江也河江四瀆之水故云大波也虖古乎字其下同因江潭而淮記兮欽弔楚之湘纍蘇林曰潭水邊也鄧展曰淮往也李奇曰諸不以罪死曰纍荀息仇牧皆是也屈原赴湘死故曰湘纍也師古曰記書記也謂弔文也言因江水之邊而投書記以往弔也欽敬也潭音尋淮音于放反纍音力追反。宋祁曰蕭該注作淮淮音誑韋音同淮音誑該案晉灼纍作累此言累世承楚之族案字林纍文索也注文皆是也也字姚本刪惟天軌之不辟兮何純絜而離紛師古曰天軌猶言天路辟闢也離遭也紛難也言天路不

闢故使純善貞絜之人遭此難也易曰天地閉賢人隱辟讀曰闢。宋祁曰注文天路下疑有也字以其潩溛兮暗纍以其繽紛應劭曰潩溛穢濁也師古曰繽紛交雜也潩音吐典反溛音乃典反繽音匹人反。宋祁曰潩溛晉灼云俗謂水濼不寒而溫爲潩溛字林曰潩溛垢濁也潩蕭該音他本反漢十世之陽朔兮招搖紀于周正晉灼曰十世數高祖呂后至成帝也成帝八年改稱陽朔應劭曰招搖斗杓星也主天時周正十一月也蘇林曰言已以此時弔屈原也正皇天之清則兮度后土之方貞應劭曰平正司法者莫過於天養物均調者莫過於地也父伯庸名我爲平以法天字我爲原以法地也晉灼曰此雄取離騷辭反之應說是也師古曰應晉二說皆非也自漢十世以下四句不道屈原也此乃雄自論己心所履行取法天地耳自圖纍以下方論屈原云也如淳曰清正法則也十一月爲歲首天之正地稱方貞貞正也十一月坤體成故方貞音真爲是圖纍承彼洪族兮又覽纍之昌辭師古曰圖纍案其本系之圖書也洪大也覽省視也昌美也。宋祁曰彼考作破帶鉤矩而佩衡兮履欃槍以爲綦應劭曰鉤規也矩方也衡平也鄭展曰欃槍妖星也晉灼曰綦履跡也此反屈原雖佩帶方平之行而蹈惡人跡以致放退也師古曰綦履下飾也欃音初減反槍音初行反綦音其晉灼曰綦路也。宋祁曰履考作治素初貯厥麗服兮何文肆而質䶂應劭曰貯積也肆放也䶂狹也如淳曰文肆者楚辭遠游乘龍之言也質䶂者恨世不用己而自沈也師古曰麗服謂扈江離與辟芷紉秋蘭以爲佩之類是也䶂音械資娵娃之珍髢兮鬻九戎而索賴孟康曰娵閭娵也娃吳娃也髢髲也賴得也九戎被髮髮雖珍好無所用也師古曰娵娃皆美女也賴利也言屈原以高行仕楚亦猶賚美女之髢賣於九戎而求其利必不得也娵音子踰反娃音烏佳反髢音徒計反韋昭曰娵當作須梁王魏嬰之美人曰閭須鳳皇翔於蓬陼兮豈駕鵞之能捷應劭曰蓬陼蓬萊之陼在海中晉灼曰捷及也師古曰駕鵞鳥名也解在司馬相如傳駕音加。蕭該音義曰案駕字亦作䳇音加宋祁曰字林云䳇鵞鳥似鴈䳇音柯騁驊騮以曲囏兮驢騾連蹇而齊足師古曰驊騮駿馬名也其色如華而赤也言使駿馬驚於屈曲艱阻之中則與驢騾齊足也驊音華騮音力展反囏古艱字。蕭該音義曰騮音留俗作騮宋祁曰以字疑作於枳棘之榛榛兮蝯貁擬而不敢下師古曰榛榛梗穢貌也蝯善攀援貁似猴而卬鼻而長尾擬疑也榛音臻又士臻反貁音弋授反靈修既信椒蘭之唼佞兮吾纍忽焉而不蚤睹服虔曰靈修楚王也蘇林曰椒蘭令尹子椒子蘭也師古曰蚤古早字也唼佞讒言也唼音妾。宋祁曰韋昭曰唼音祖臘反鄭音唼蘇音詩唼唼幡幡之唼蕭該音義按詩作捷衿芰茄之綠衣兮被夫容之朱裳應劭曰衿音衿系之衿衿帶也芰蔆也師古曰衿音其禁反茄亦荷字也見張揖古今字詁被音披又音皮義反。宋祁曰注文字詁一作字誥芳酷烈而莫聞兮不如襞而幽之離房師古曰襞疊衣也離房別房也襞音壁閨中容競淖約兮相態以麗佳應劭曰衆士競善猶女競容也師古曰淖約善容止也相態以麗佳言競爲佳麗之態以相傾也淖音綽。宋祁曰監本并上二句兮字下皆有固字知衆嫭之嫉妒兮何必颺纍之蛾眉晉灼曰離騷云衆女嫉余之蛾眉師古曰嫭美貌也颺古揚字也蛾眉形若蠶蛾眉也此亦譏屈原自舉蛾眉令衆嫉妒嫭音胡故反眉古眉字。宋祁曰韋昭曰嫭音呼言其日如漢黃之拆也刊謬嫭出故反當作胡故反蕭該音義下故反淳化本火故反省一本作眷顏注蛾眉字下當有謂眉字衆嫉字下當有之字懿神龍之淵潛兮竢慶雲而將舉亡春風之被離兮孰焉知龍之所處晉灼曰龍竢風雲而後升士須明君而後進國無道則愚誰知其所邪師古曰懿美也竢待也龍以潛居待雲爲美以譏屈原不能隱德自取禍也被讀曰披。宋祁曰韋昭曰被讀如光被之被蕭該音義曰慶音羌今漢書亦有作羌字者淵潛字下當有兮字愍吾纍之衆芬兮颺爗爗之芳苓遭季夏之凝霜兮慶夭顇而喪榮晉灼曰雄愍屈

原光香奄先秋遇凋生亦不辰也張晏曰慶辭也師古曰爗爗光盛苓香草名音零慶讀與羌同顇古悴字橫江湘以南淮兮云走乎彼蒼吾馳江潭之汎溢兮將折衷虖重華應劭曰舜葬蒼梧在江湘之南屈原欲啓質聖人陳己情要也師古曰淮往也走趣也重華舜名也淮音于放反走音奏潭音尋衷音竹仲反。宋祁曰蕭本作蒼梧今作蒼吾恐非華叶音敷舒中情之煩或兮恐重華之不纍與張晏曰舜聖卒避父害以全身資於事父以事君恐不與屈原爲黨與陵陽侯之素波兮豈吾纍之獨見許應劭曰陽侯古之諸侯也有罪自投江其神爲大波陵乘也言屈原蒙陽侯之罪而欲折中求舜未必獨見然許之也。宋祁曰注文陽侯之罪罪當作非精瓊靡與秋菊兮將以延夫天年臨汨羅而自隕兮恐日薄於西山應劭曰精細靡屑也瓊玉之華也晉灼曰離騷云精瓊靡以爲糧兮夕餐秋菊之落英又曰老冉冉其將至日忽忽其將暮師古曰此又譏屈原云瓊靡秋菊將以延年崦嵫忽迫喜於未暮何乃自投汨羅言行相反韋昭曰汨音幕。蕭該音義曰如淳音河水浼浼之浼案詩浼音莫罪反楚詞曰精瓊靡以爲糧讀楚詞者依字不借音也宋祁曰兮字下疑有何字解扶桑之總轡兮縱令之遂奔馳應劭曰總結也扶桑日所拂木也晉灼曰離騷云總余轡於扶桑聊消搖以相羊屈原言結我車轡於扶桑以留日之入人年得不老日以喻君而反離朝自沈解轡縱君使遂奔馳也鸞凰騰而不屬兮豈獨飛廉與雲師應劭曰楚辭云鸞皇爲余先戒兮飛廉使奔屬雲師告余以未具飛廉風伯也雲師豐隆也鸞凰俊鳥也晉灼曰縱其轡使之奔馳鸞鳳迅飛亦無所及非獨飛廉雲師言莊嚴未具使君不適道也卷薜芷與若蕙兮臨湘淵而投之棍申椒與菌桂兮赴江湖而漚之師古曰離騷云貫薜荔之落蘂雜杜衡與芳芷又樹蕙之百畝雜申椒與菌桂皆以自喻德行芬芳也今何爲自投江湘而喪此芳乎棍大束也漚漬也今漚麻也棍音下本反漚音一構反又音一侯反韋昭曰薜芷若蕙四者皆是草也。宋祁曰棍疑作混費椒稰以要神兮又勤索彼瓊茅孟康曰椒稰以椒香米饌也離騷云懷椒稰而要之晉灼曰離騷云索瓊茅以筳篿師古曰索求也瓊茅靈草也筳篿折竹所用卜也稰音所又音思呂反筳音廷篿音專。蕭該音義曰稰從米按王逸曰精米也違靈氛而不從兮反湛身於江皐晉灼曰離騷曰欲從靈氛之吉占兮心猶豫而狐疑師古曰既不從靈氛之占何爲費椒稰而勤瓊茅也湛讀曰沈江皐江水邊之游地也。宋祁曰浙本從作定纍既夆夫傅說兮奚不信而遂行晉灼曰夆慕也離騷云說操築於傅巖兮武丁用之而不疑師古曰夆古攀字既攀援傅說何不信其所行自見困而遂去。宋祁曰姚本夆作𠦬徒恐鷤鴂之將鳴兮顧先百草爲不芳師古曰離騷云鷤鴂之先鳴兮使夫百草爲不芳雄言終以自沈何惜芳草而憂鷤鴂也鷤鴂字也鷤鴂鳥一名買鐌一名子規一名杜鵑常以立夏鳴鳴則衆芳皆歇鷤音大系反鴂音桂鷤字或作鶗亦音題鴂又音決鐌音詭韋昭曰鷤鴂趣晨鳥也初纍棄彼虙妃兮更思瑤臺之逸女師古曰離騷云吾令豐隆乘雲兮求虙妃之所在又曰望瑤臺之偃蹇兮見有娀之佚女此又譏其執心不定也虙妃古神女有娀女郎簡狄也虙讀曰伏抨雄鴆以作媒兮何百離而曾不壹耦師古曰離騷云吾令鴆爲媒兮鴆告余以不好雄鴆之鳴逝兮余猶惡其佻巧故云百離不一耦也抨使也耦合也抨音普耕反。宋祁曰鴆江南本作鴆監本作鴆今從監本作鴆乘雲蜺之旖旎兮望昆侖以樛流覽四荒而顧懷兮奚必云女彼高丘蘇林曰離騷云登閬風而緤馬忽反顧以流涕哀高丘之無女以喻士高丘謂楚也師古曰離騷又云揚雲蜺之晻藹閬風在昆侖山上故云望昆侖也旖旎雲貌也樛流猶周流也女仕也何必要仕於楚也旖音於綺反旎音女綺反樛音居蚪反女音尼據反。蕭該音義曰樛應作手旁翏今作心旁翏者亦是古字通用宋祁曰景祐本作旖旎越本旎作柅既亡鸞車之幽藹兮駕八龍之委蛇晉灼曰離騷云

駕八龍之蜿蜿兮載雲旗之委蛇師古曰言既無鸞車則不得云駕八龍也幽藹猶晻藹也蛇音移。宋祁曰古本駕字上有焉字淳化本無刊誤据史館本添臨江瀕而掩涕兮何有九招與九歌晉灼曰離騷云擥茹蕙以掩涕又曰奏九歌以舞韶師古曰此又譏其哀樂不相副也招讀曰韶夫聖哲之遺兮固時命之所有雖增欷以於邑兮吾恐靈修之不纍改師古曰離騷云增歔欷余鬱邑兮哀朕時之不當增重也雄言自古聖哲皆有不遇屈原雖自歎於邑而楚王終不改寤也於邑短氣也於音烏邑音烏合反於邑亦讀如本字。宋祁曰晉灼曰於下當着心作慦浙本作慦浙本作聖哲之不遭兮昔仲尼之去魯兮斐斐遲遲而周邁師古曰斐斐往來貌也音芳非反終回復於舊都兮何必湘淵與濤瀨師古曰言孔子去其本邦遲遲系戀意在舊都斐回反覆屈原何獨不懷鄢郢而赴江湘也濤大波也瀨急流也濤音大高反。劉奉世曰言何不若仲尼不用於魯歷聘外國周邁天下而歸舊都反眷眷於楚而自投於湘也注非溷漁父之餔歠兮絜沐浴之振衣師古曰漁父云何不餔其糟而歠其醨屈原以爲溷濁不肯從之乃云新沐者必彈冠新浴者必振衣也餔音必胡反歠昌悅反棄由聃之所珍兮蹠彭咸之所遺師古曰由許由也聃老聃也二人守道不爲時俗所汙然保已全身無殘辱之醜彭咸殷之介士也不得其志投江而死此又非屈原不慕由聃高蹤而遵彭咸遺蹟蹠蹈也音之亦反。蕭該音義曰該按雄往往蹠離騷文而反之蹠應作手旁庶說文摭拾也孝成帝時客有薦雄文似相如者上方郊祠甘泉泰畤汾陰后土以求繼嗣召雄待詔承明之庭師古曰承明殿在未央宮。宋祁曰劉貢父曰客則楊莊也雄文則綿竹頌也李善曰雄荅劉歆書曰雄作成都城四隅銘蜀人有楊莊者爲郎誦之於成帝以爲似相如雄遂以此得見正月從上甘泉還奏甘泉賦以風師古曰風讀曰諷其辭曰惟漢十世將郊上玄定泰畤雍神休尊明號晉灼曰雍祐也休美也言見祐護以休美之胙也師古曰雍聚也明號謂總三皇五帝之號而稱皇帝也雍讀曰擁同符三皇錄功五帝卹亂錫羨拓迹開統應劭曰卹憂也亂續也錫與也羨饒也拓廣也時成帝憂無繼嗣故修祠泰畤后土言神明饒與福祥廣迹而開統也師古曰羨音弋戰反拓音託於是迺命羣僚歷吉日協靈辰師古曰歷選吉日而合善辰也星陳而天行師古曰如星之陳象天之行也詔招搖與泰陰兮伏鉤陳使當兵張晏曰禮記云招搖在上急繕其怒太陰歲後三辰也服虔曰鉤陳紫宮外營陳星屬堪輿以壁壘兮梢夔魖而抶獝狂張晏曰堪輿天地總名也孟康曰堪輿神名造圖宅書者木石之怪曰夔夔神如龍有角人面魖耗鬼也獝狂亦惡鬼也今皆梢而去之師古曰堪輿說是也屬委也以壁壘委之梢擊也抶笞也梢音山交反魖音虛屬音之欲反抶音丑乙反獝音揆聿反。宋祁曰韋昭曰魖音昌慮反一作熙虛反蕭該音義曰獝狂無頭鬼也見字林李善曰許慎云堪天道也輿地道也八神奔而警蹕兮振殷轔而軍裝師古曰自招搖至獝狂凡八神也殷轔盛貌也軍裝爲軍戎之飾裝也轔音來忍反。宋祁曰殷音隱劉攽曰此八神齊之八神也劉奉世曰警而出之固非八神也蓋自有八神耳蚩尤之倫帶干將而秉玉戚兮飛蒙茸而走陸梁張晏曰玉戚以玉爲戚秘也晉灼曰飛者蒙茸而亂走者陸梁而跳也師古曰茸音人冢反秘柄也音祕齊總總撙撙其相膠葛兮猋駭雲訊奮以方攘晉灼曰方攘半散也師古曰總總撙撙聚貌也膠葛猶言膠加也訊亦奮訊也撙音子本反。宋祁曰韋昭曰方攘周禮方相氏蕭該音義依韋昭音相刷本顔注子本反下更有訊音信攘音人羊反八字騈羅列布鱗以雜沓兮柴虒參差魚頡而鳥昕師古曰柴虒參差不齊貌也頡昕上下也柴音初蟻反虒音豸參音初林反頡音胡結反昕音胡剛反。蕭該音義曰柴一本作傑諸詮賦傑音初綺反虒姚本初擬反翕赫曶霍霧集蒙合兮半

散照爛粲以成章師古曰翕赫智霍開合之貌也霧地氣發也蒙天氣下也如霧之集如蒙之合也半散照爛言其分布而光明也智讀與忽同於是乘輿迺登夫鳳凰兮翳華芝師古曰鳳凰者車以鳳凰爲飾也翳蔽也以華芝爲蔽也○宋祁曰兮字下疑有而字駟蒼螭兮六素虯師古曰四六駕數也言或四或六也螭似龍一名地螻虯即龍之無角者○宋祁曰韋昭曰螭似虎而鱗鄭氏曰螭虎類也龍形李奇曰雌龍也字林曰螭若龍而黃北方之地螻淳化本作一螭名螻刊誤据今說文添虯字監本作地螻金螭刊誤据今說文作一名地螻當有地字蠖略蕤綏灕虖幓纚師古曰蠖略蕤綏蚴蟉貌也灕虖幓纚車飾貌也護音於鑊反灕音離幓音森其字從巾纚音所宜反○宋祁云於鑊反一作於郭反綏先佳反帥尒陰閉霅然陽開晉灼曰帥聚也霅散也師古曰霅音所甲反又音先合反騰清霄而軼浮景兮夫何旟旐郅偈之旖旎也師古曰騰升也霄日旁氣也軼過也畫鳥隼曰旟龜蛇曰旐郅偈竿杠之狀也旖旎旖旎之形也郅音吉又音質偈音居傑反旖音猗旎音女倚反韋昭曰偈音桀○宋祁云旎越本作柅女支反景本旖作柅流星旄以電燭兮咸翠蓋而鸞旗師古曰如星之流如電之照也咸皆也敦萬騎於中營兮方玉車之千乘師古曰敦讀曰屯屯聚也方並也聲駍隱以陸離兮輕先疾雷以馺遺風師古曰馺然疾意也駍音普萌反馺音先合反韋昭音蘇及反○宋祁云姚本以作而陵高衍之嵱嵸兮超紆譎之清澄孟康曰衍無厓也紆譎曲折也李奇曰嵱音踊嵸音竦如淳曰嵱嵸上下衆多貌師古曰衍即所謂墳衍也○宋祁云姚本衍作衍晉灼作衍漢監本注文厓字下有岸字登椽欒而狁天門兮馳閶闔而入凌兢服虔曰椽欒甘泉南山也李奇曰狁音貢蘇林曰狁至也師古曰入凌兢者言寒涼戰栗之處也兢音鉅陵反是時未轃夫甘泉也迺望通天之繹繹師古曰轃與臻同臻至也通天臺名也言雖未至甘泉則遙望見通天臺也繹繹相連貌○宋祁曰晉灼曰繹音夕諸詮賦音亦李善曰薛君韓詩章句云繹繹盛貌下陰潛以慘廩兮上洪紛而相錯師古曰陰潛慘廩寒涼之意也洪大也紛亂雜也錯互也廩讀如本字又音來感反直嶢嶢以造天兮厥高慶而不可虖彊度師古曰嶢嶢高貌造至也慶發語辭也言此臺至天其高不可究竟而量度也嶢音堯造音千到反慶讀曰羌度音大各反平原唐其壇曼兮列新雉於林薄鄭展曰唐道也服虔曰新雉香草也雉夷聲相近師古曰言平原之道壇曼然廣大又列樹辛夷於林薄之間也草蘩生曰薄新雉即辛夷耳爲樹甚大非香草也其木枝葉皆芳一名新雉壇音徒旦反曼音莫旦反○宋祁曰雉當作夷學林云周禮薙氏掌殺草鄭氏注云薙或作夷引春秋傳曰如農夫之務去草芟夷蘊崇之又音鬀然則雉賦本用薙爲夷而又省薙之草止用雉字耳攢并閭與茇苦兮紛被麗其亡鄂如淳曰并閭其葉隨時政政平則平政不平則傾也師古曰如氏所說自是平慮耳此并閭謂椶樹也茇苦草名也鄂垠也茇音步末反苦音括被音皮義反麗讀如本字被麗又音披離崇丘陵之駊騀兮深溝嶔巖而爲谷蘇林曰駊騀音叵我師古曰駊騀高大貌也嶔巖深險貌也嶔音口銜反○宋祁曰別本口作巳迣迣離宮般以相燭兮封巒石關施靡虖延屬應劭曰言秦離宮三百武帝復修治之師古曰迣古往字往往言所往之處則有之般連貌也燭照也封巒石關皆宮名也施靡相及貌屬連也般音盤施音弋爾反屬音之欲反於是大夏雲譎波詭摧嶉而成觀孟康曰言夏屋變巧爲雲氣水波相譎詭也嶉嶉林木之崇積貌也晉灼曰摧音子罪反師古曰嶉音子木反觀謂形也音工喚反嶉音丑成反仰撟首以高視兮目冥眴而亡見師古曰撟舉也冥眴視不諦也撟音與撟同其字從手冥音莫見反眴音州縣之縣正瀏濫以弘惝兮指東西之漫漫服虔曰惝音敞師古曰瀏濫汎濫弘惝高大也漫漫長也瀏音劉韋昭劉劉又反濫音濫徒回回以徨徨兮魂固

眇眇而昏亂師古曰言駭其深博據軨軒而周流兮忽軮軋而亡垠師古曰軨軒謂前軒之軨也軨者軒間小木也字與櫺同周流周視也軮軋遠相映也軨音零軮音烏朗反軋音於黠反翠玉樹之青蔥兮璧馬犀之瞵㻞應劭曰瞵音鄰晉灼曰㻞音幽師古曰玉樹者武帝所作集衆寶爲之用供神也非謂自然生之木也左思不曉其意以爲非本土所出蓋失之矣馬犀者馬腦及犀角也以此二種飾殿之壁瞵㻞文貌○蕭該音義曰該案字書從玉旁粦宋祁曰學林云此傳作壁師古訓爲殿壁文選作璧五臣訓爲璧其義迥不同賦曰仰撟首以高視兮目冥眴而亡見正瀏濫以弘惝兮指東西之漫漫徒回回以皇皇兮魂眇眇而昏亂據軨軒而周流兮忽軮軋而亡垠翠玉樹之青葱兮壁馬犀之瞵㻞金人仡仡其承鐘虡兮嵌巖巖其龍鱗凡此以下句釋上句其曰據軨軒而周流兮忽軮軋而亡垠言玉樹金人者蓋謂依欄檻而四顧見其廣大而無際畔但見庭中玉樹之青葱金人之嚴嚴耳玉樹植於殿庭金人捧露盤亦在殿庭皆言望見殿庭中物不應反言殿壁也案甘泉賦漢書文選字不同者甚多它皆可以假意而讀惟壁璧二字不可假意通思而注釋者又皆不同不可不辨也又劉禹錫嘉話云雲陽縣界多漢離宮故地有槐而葉細土人謂之玉樹揚子雲甘泉賦玉樹青葱左思以爲假稱珍怪蓋不詳也金人仡仡其承鍾虡兮嵌巖巖其龍鱗師古曰仡仡勇健狀嶔巖開張貌言其鱗甲開張若眞龍之形也仡音魚乙反又音其乞反嵌音火敢反○宋祁曰蕭該音義改從山諸詮賦音苦嘶反揚光曜之燎燭兮乘景炎之炘炘師古曰炘炘光盛貌也炎音弋贍反炘音欣○宋祁云越本炘作炘配帝居之縣圃兮象泰壹之威神服虔曰曾城縣圃閬風昆侖之山三重也天帝神在其上洪臺掘其獨出兮㩻北極之嶟嶟應劭曰掘特貌也晉灼曰㩻至也嶟嶟㩻也師古曰言高臺特出乃至北極其狀㩻峭嶟嶟然也掘音其勿反㩻音竹指反嶟音子旬反又音遵○宋祁曰㩻字書竹几反韋昭知巳反嶟字林曰山貌㩻姚本作㩻列宿乃施於上榮兮日月纔經於柍振服虔曰柍中央也振屋梠也師古曰施延也榮屋翼也凡此者言屋宇高大之甚施音弋豉反柍音央振音辰一曰施直謂安施之耳讀如本字○宋祁曰姚本剛音字纔韋昭仕兼反蕭該音義柍於兩反又於郎反振之人反雷鬱律而巖突兮電儵忽於牆藩師古曰鬱律雷聲也儵忽電光也藩籬也儵音式六反藩音甫元反○宋祁曰而字當作於鬼魅不能自還兮半長途而下顛師古曰言屋之高深雖鬼魅不能至其極而反故於長途之半而顛墜也還讀曰旋或作遠遠及也歷倒景而絕飛梁兮浮蔑蠓而撇天晉灼曰飛梁浮道之橋也蔑蠓蚊也師古曰撇猶拂也蠓音莫孔反撇音匹列反又音普結反左欃槍右玄冥兮前熛闕後應門晉灼曰大人賦欃槍以爲旌又曰左玄冥而右黔雷雄擬相如故云尒熛闕赤色之闕南方之帝曰赤熛怒應門正在熛闕之內也師古曰熛音匹遙反○宋祁曰浙本右字後字上皆有而字注文熛旌姚本熛必遙反陰西海與幽都兮涌醴汨以生川如淳曰言闕之高迺陰西海也師古曰蔭映西海也以及幽都幽都北方絕遠之地也涌醴醴泉涌出汨汨然也汨音于筆反蛟龍連蜷於東厓兮白虎敦圉虖昆侖師古曰連蜷卷曲貌敦圉盛怒也言甘泉宮中皆有此象也蜷音拳敦音屯覽樛流於高光兮溶方皇於西清服虔曰高光宮名也師古曰樛流屈折也溶溶然閑暇也方皇彷徨也西清西箱清閒之處也溶音容○宋祁曰樛諸詮賦音株溶字林弋冢反前殿崔巍兮和氏瓏玲孟康曰以和氏璧爲璧帶也其聲瓏玲也晉灼曰以黃金爲璧帶合藍田璧瓏玲明見貌也師古曰崔嵬高貌瓏玲說是也崔音才回反巍音五回反瓏音聾玲音零○宋祁曰瓏玲字林曰禱旱玉爲瓏又音龍呂氏春秋曰大旱用瓏玲炕浮柱之飛榱兮神莫莫而扶傾師古曰炕與抗同抗舉也榱屋椽也言舉立浮柱而駕飛榱其形危竦有神於冥莫之中扶持故不傾也○宋祁曰李善曰毛詩云君婦莫莫毛萇云莫莫清淨也閌閬閬其寥廓兮似紫宮之崢嶸

師古曰閌閬高門貌閬閬空虛也寥廓宏遠也紫宮天帝之宮也崢嶸深邃也閌音抗閬音浪寥音遼崢音仕耕反嶸音宏駢交錯而曼衍兮㠁隗虖其相嬰師古曰言宮室臺觀相連不絕也㠁安施之貌㠁隗猶崔嵬也衍音亦戰反㠁音宅賄反隗音五賄反○蕭該音義曰㠁案字書㠁果反㠁音畀乘雲閣而上下兮紛蒙籠以棍成師古曰乘登也雲閣亦言其高入於雲也蒙籠深通貌棍成言其有若自然也棍音胡本反曳紅采之流離兮颺翠氣之宛延師古曰言宮室曠大自然有紅翠之氣○蕭該音義曰宛於元反襲琁室與傾宮兮若登高妙遠肅虖臨淵服虔曰襲繼也紂作琁室傾宮以此微諫也應劭曰登高遠望當以亡國爲戒若臨深淵也○宋祁曰妙一作眇遠字下當有亡國字回猋肆其碭駭兮翍桂椒鬱栘楊師古曰回猋回風也肆放也碭過也駭動也翍古披字鬱聚也栘唐棣也楊楊樹也言回風起過動衆樹則披散而聚積也碭音徒浪反栘音移○宋祁曰浙本椒下有而字香芬茀以穹隆兮擊薄櫨而將榮師古曰言桂椒香氣乃擊薄櫨及屋翼也薄櫨柱上枅也櫨音盧○蕭該音義曰薄櫨字林曰柱上欂也學林云欂櫨也薄字一作平戟反薌呹肸以掍根兮聲駍隱而歷鍾師古曰又言風起衆根合駍隱入殿上之鍾也根猶柞也薌讀與響同呹音丑乙反肸音許乙反掍音下本反駍音普耕反○蕭該音義曰呹別本丑乙反文選余日反肸別本作肸靈乞反案今漢書本或作肸者傳寫之誤宋祁曰注文合字下當有同字排玉戶而颺金鋪兮發蘭蕙與穹窮李奇曰鋪門首也師古曰言風之所至又排門揚鋪擊動鑱鈕回旋入宮發奮衆芳惟弸環其拂汨兮稍暗暗而靚深蘇林曰弸音石墮井弸尒之弸宏孟康曰弸環風吹帷帳鼓貌師古曰拂汨亦風動貌暗暗幽隱靚即靜字耳弸音普萌反拂音普密反汨音于密反暗音烏感反○蕭該音義曰弸文萌反環音宏拂芳勿反陰陽清濁穆羽相和兮若夔牙之調琴張晏曰聲細不過羽穆然相和也師古曰夔舜典樂也牙伯牙也般倕棄其剞劂兮王爾投其鉤繩應劭曰剞曲刀也劂曲鑿也師古曰般公輸般也倕共工也王爾亦巧人也見淮南子言土木之功窮極巧麗故令般倕之徒棄其常法也般讀與班同倕音垂剞音居綺反劂音居衛反○宋祁曰剞劂當作擿文倕字下當有舜字雖方征僑與偓佺兮猶仿佛其若夢晉灼曰方常也征行也言宮觀之高峻雖使仙人常行其上猶恐不識其形觀猶若夢也師古曰方謂並行也征僑仙人名也偓佺亦仙人也偓音渥佺音詮仿佛即髣髴字也征郊祀志作正其音同○宋祁曰字林曰仿相似也佛見不審也於是事變物化目駭耳回師古曰言驚視聽也蓋天子穆然珍臺閒館琁題玉英蜵蜎蠖濩之中應劭曰題頭也榱椽之頭皆以玉飾言其英華相燭也張晏曰蜵蜎蠖濩刻鏤之形師古曰穆然天子之容也蜵蜎蠖濩言屋中之深廣也閒讀曰閑蜵音一玄反蜎音下兖反蠖音烏郭反濩音胡郭反○蕭該音義曰琁題案左思蜀都賦曰金鋪相映玉題交暉是也蜎蜎字案字書蜎好也上一句反下一軟反惟夫所以澄心清魂儲精垂恩師古曰言天子所以處此潔以待神降福感動天地逆釐三神者師古曰逆迎也三神天地泰一也○宋祁曰蕭該音義曰三神天地神也迺搜逑索耦皋伊之徒冠倫魁能函應劭曰冠其羣倫魁桀也師古曰言選擇賢臣可匹耦於古皋陶伊尹之類冠倫魁桀○宋祁曰搜逑淳化本作拔求刊誤謂求當從丞蕭該本同校本作逑又注末有者字甘棠之惠挾東征之意師古曰甘棠之惠召公也東征之意周公也○宋祁曰函當作含劉敞曰能屬上句敘曰相與齊虖陽靈之宮師古曰齊同也同集於此也祭天之處故曰陽靈之宮也○宋祁曰諸詮云齊徂諸反李善云韓康伯周易注曰洗心曰齊齊側皆反靡薜荔而爲席兮折瓊枝以爲芳師古曰靡纖靡也纖之也一曰靡謂偃而靡之藉地也噏青雲之流瑕兮飲若木之露英師古曰言其齋戒自

新居處飲食皆芳絜也瑕謂日旁赤氣也露英英華之露集虖禮神之囿登乎頌祇之堂師古曰頌歌也登以祭也地神曰祇建光燿之長旓兮昭華覆之威威服虔曰昭明也華覆蓋也師古曰威威猶威蕤也旓旗之旒也一曰燕尾旓音所交反攀琁璣而下視兮行遊目虖三危陳衆車於東阬兮肆玉釱而下馳漂龍淵而還九垠兮窺地底而上回張晏曰三危山名也晉灼曰釱車轄也九垠九垓也師古曰假設言周流遠升降天地爲神通也肆放也阬大阜也讀與岡同釱音大又音弟還讀曰旋○宋祁曰張銑曰璇璣北斗也晉灼曰阬古坑字也字書曰阬閒也卩盎反注文爲神通一也爲當作與一字當刪風從從而扶轄兮鸞鳳紛其御蕤師古曰從從前進之意也御猶乘也蕤車之垂飾纓蕤也從音揔今書御字或作銜者俗妄改也○宋祁曰注文纓蕤字上當有若字從鄭氏音揔梁弱水之濕濕兮躡不周之逶蛇服虔曰東有弱水度之若濕濕耳師古曰濕濕小水之貌不周山名逶蛇亦言不艱難也濕音吐合反濕音榮又音胡鑿反蛇音移想西王母欣然而上壽兮屏玉女而卻虙妃師古曰西王母在西方穆王所見者也玉女虙妃皆神女也虙讀曰伏玉女無所眺其清盧兮服虔曰盧目童子也○宋祁曰監本作玉女欣眺浙本無虙妃曾不得施其蛾眉作亡方攬道德之精剛兮侔神明與之爲資晉灼曰等天地之贊量也師古曰攬總也音覽其字從手○宋祁曰攬量當作忖量攬力敢反於是欽柴宗祈燎熏皇天師古曰欽敬也柴積柴也宗尊也祈求福也招繇泰壹舉洪頤樹靈旗張晏曰招搖泰壹皆神名也服虔曰洪頤旗名也李奇曰欲伐南越告祈太一畫旗樹太一壇上名靈旗以指所伐之國也見郊祀志○宋祁曰招繇一本作皐陶晉灼音義作皐搖蕭該音義曰如淳作皐搖云皐楔槔積柴於招搖頭致牲玉於其上舉而燒之欲其近天也故曰皐搖樵蒸焜上配藜四施張晏曰配藜披離也師古曰樵木薪也蒸麻幹也焜同也言以樵及蒸燒火炎上於天又披離四出○蕭該音義曰焜音昆火貌也配藜如淳曰黎爲火正能使火氣施四裔也東燭倉海西燿流沙北爌幽都南煬丹厓服虔曰丹厓丹水之厓也師古曰爌古晃字爌熱也言崇燎之光遠及四表也煬音弋向反○宋祁曰浙本爌作橫玄瓚觩醪秬鬯泔淡服虔曰以玄玉飾之故曰玄瓚張晏曰瓚受五升口徑八寸以圭爲柄用灌鬯觩其貌也應劭曰泔淡滿也師古曰觩音虯醪音力幽反泔音胡咸反淡音大敢反○宋祁曰泔淡美味也注文以圭字下別本有文字一作大字肸蠁豐融懿懿芬芬師古曰言和之芬烈也炎感黃龍兮熛訛碩麟師古曰光炎盛感神物也訛化也碩大也熛音必遙反○宋祁曰蕭該音義本炎字作燦選巫咸兮叫帝閽開天庭兮延羣神服虔曰令巫祝叫呼天門也師古曰巫咸古神巫之名儐暗藹兮降清壇瑞穰穰兮委如山張晏曰儐贊也師古曰暗藹神之形影也穰穰多也委積也暗音烏感反○蕭該音義曰儐甫刃反於是事畢功弘回車而歸度三巒兮偈棠梨師古曰三巒封巒觀也棠梨宮名偈讀曰憩天閫決兮地垠開八荒協兮萬國諧師古曰天閫天門之閫也決亦開也言德澤普洽無極限也登長平兮雷鼓磕天聲起兮勇士厲師古曰長平坂名也磕擊鼓聲也天聲聲至天也聲字或作嚴言擊嚴鼓也厲奮也○蕭該音義曰磕口蓋反又口艾反李善曰字指大聲也雲飛揚兮雨滂沛于胥德兮麗萬世師古曰于曰也胥皆也麗美也沛音普大反亂曰師古曰亂理也總理一賦之終也崇崇圜丘隆隱天兮師古曰言其高登降峛崺單埢垣兮師古曰峛崺上下之道也單周也埢垣圜貌也峛音力尒反崺音弋尒反單音蟬埢音拳○蕭該音義曰字林峛崺沙邱也增宮嵾差駢嵯峨兮師古曰增重也嵾差不齊也駢並也嵾音初林反駢音步千反嵯音材何反峨音我岭巆嶙峋

洞亡厓兮師古曰岭嶒深邃貌嶙峋節級貌岭音零嶒音營嶙音隣峋音荀○宋祁曰李善云埤蒼曰岭嶒嶙峋深無厓之貌刊誤云据史篇本改嶙峋上天之縡杳旭卉兮師古曰縡事也杳高遠也旭卉迷疾也縡讀與載同○宋祁曰縡財代反聖皇穆穆信厥對兮李奇曰對配也能與天地相配也詩云帝作邦作對師古曰穆穆美也信實也倈祇郊禋神所依兮師古曰言以祇敬而來郊禋饗則神祇依附○宋祁曰祇一本作祗蕭該音義曰字林曰禋潔祀也音一人反俳佪招搖靈屖遲兮師古曰言神久留安處不即去也招音上遙反屖音栖遲音丈夷反○宋祁曰呂向云招搖神名李善云招搖猶彷徨也屖淳化本作遲刊誤據說文改作屖張揖字詁云屖今遲徐也輝光眩耀隆厥福兮師古曰眩音州縣之縣子子孫孫長亡極兮甘泉本因秦離宮既奢泰師古曰本秦之林光宮也而武帝復增通天高光迎風宮外近則洪厓旁皇儲胥弩阹遠則石關封巒枝鵲露寒棠梨師得遊觀屈奇瑰偉師古曰棠梨宮在甘泉苑垣外師得宮在櫟陽界其餘皆甘泉苑垣內之宮觀也阹音袪○蕭該音義曰三蒼因山谷爲牛馬圍謂之阹音袪瑰偉字林曰玫瑰火齊珠該案詩云何以贈之瓊瑰玉佩埤蒼云瑰瑋珠琦也非木摩而不彫牆塗而不畫周宣所考般庚所遷夏卑宮室唐虞棌椽三等之制也師古曰小雅斯干之詩序曰宣王考室也考謂成也般庚殷王名也遷謂遷都亳也唐虞謂堯舜也棌柞木也三等土堦三等言不過也棌音采又音菜其字從木且其爲已久矣非成帝所造欲諫則非時欲默則不能已故遂推而隆之迺上比於帝室紫宮師古曰帝謂天也若曰此非人力之所爲黨鬼神可也師古曰黨音它莽反又是時趙昭儀方大幸每上甘泉常法從師古曰法從者以言法當從耳非失禮也一曰從法駕也在屬車間豹尾中服虔曰大駕屬車八十一乘作三行尚書御史乘之最後一乘縣豹尾豹尾以前皆爲省中故雄聊盛言車騎之衆參麗之駕非所以感動天地逆釐三神師古曰參三神也麗偶也○劉敞曰麗茲也言所以參乘茲駕者非其人也宋祁曰注文神字可刪劉敞茲字當作並字又言屏玉女卻虙妃以微戒齊肅之事賦成奏之天子異焉其三月將祭后土上迺帥羣臣橫大河湊汾陰師古曰橫度之也湊趣也既祭行遊介山回安邑師古曰介山在汾陰東北回謂遶過○宋祁曰注末當有之字顧龍門覽鹽池師古曰龍門山在今蒲州龍門縣北鹽池在今虞州安邑縣南登歷觀師古曰歷山之上有觀也晉灼曰在河東蒲阪縣陟西岳以望八荒迹殷周之虛眇然以思唐虞之風師古曰陟升也西岳華山之上高峻故言以望八荒殷都河內周在岐豐堯都平陽舜都蒲阪皆可想見故云迹殷周之墟思唐虞之風也虛讀曰墟○宋祁曰注文之上當作其上雄以爲臨川羨魚不如歸而結罔師古曰言成帝追觀先代遺迹思欲齊其德號故雄勸令自興至治以儗帝皇之風還上河東賦以勸其辭曰伊年暮春將瘞后土師古曰伊是也謂是祠甘泉之年也祭地曰瘞薶故曰瘞后土瘞音乙例反禮靈祇謁汾陰于東郊師古曰京師之東故曰東郊也因茲以勒崇垂鴻發祥隤祉欽若神明者盛哉鑠乎越不可載已師古曰勒崇垂名而垂鴻業也隤降也祉福也欽敬也若順也鑠美也越曰也已辭也言發祥降福敬順神明其事盛美不可盡載於是命羣臣齊法服整靈輿迺撫翠鳳之駕六先景之乘師古曰翠鳳之駕天子乘車爲鳳形而飾以翠羽也先景爲馬行速疾常在景前也○宋祁曰注文乘車字上當有所字掉犇星之流旃彏天狼之威弧晉灼曰有狼弧之星也師古曰彏急張也音鑊

燿日之玄旄揚左纛被雲梢張晏曰雲梢雲也師古曰梢與旓同旓者旌旗之旒以雲爲旓也被音皮義反奮電鞭驂雷輜師古曰輜衣車也淮南子云電以爲鞭策雷以爲車輪故雄用此言也鳴洪鍾建五旗師古曰洪大也尚書大傳云天子左五鍾右五鍾天子將出則撞黃鍾之鍾左五鍾皆應入則撞蕤賓之鍾右五鍾皆應漢書舊儀云皇帝車駕建五旗蓋謂五色之旗也以木牛承其下取其負重致遠○宋祁曰注文漢書舊儀當刪書字羲和司日顏倫奉輿師古曰倫古善御者也羲和日御名風發颷拂神騰鬼趡師古曰颷回風也趡走也颷音必遙反趡音子笑反又音才笑反○宋祁曰趡一本作趭蕭該音義曰今漢書趡或作趭字韋昭慈昭反云趭超也字林音才召反千乘霆亂萬騎屈橋師古曰霆亂言如雷霆之盛而亂動也屈橋壯捷貌屈音其勿反橋音其召反○蕭該音義曰橋音嶠嶠之嶠嘻嘻旭旭天地稠嶅服虔曰稠嶅動搖貌師古曰嘻嘻旭旭自得之貌嘻音許其反稠音徒弔反嶅音五到反簸丘跳巒涌渭躍涇師古曰山小而銳曰巒言車騎之威訇隱之盛至於涌躍渭涇簸丘山者也秦神下讋跖魂負沴蘇林曰秦文公時庭中有怪化爲牛走到南山梓樹中伐梓樹後化入豐水文公惡之故作其象以厭焉今之葦頭是也故曰秦神服虔曰沴河岸之坻也晉灼曰沴渚也師古曰跖蹈也言此神怖讋下入水中自路其魂而負沴渚蓋懼之甚也跖音之亦反坻音直尸反○宋祁曰注文葦字上當有施字河靈矍踢爪華路褱蘇林曰河靈巨靈也華華山也褱襄山也掌據之足路之也踢音試郎反服虔曰踢音石臭反師古曰矍踢驚動之貌矍音钁踢二音並通爪古掌字凡言此者以車騎之衆羽旄之盛故秦神河靈莫不恐懼而自放也○宋祁曰江鄰幾云趙師民指中條山曰此所謂褱山楊雄賦爪華路褱檢余靖初校漢書監本作褱驕介問之云據郊祀志褱字誤矣郊祀志云自華以西名山七華山薄山薄山者褱山也史記封禪書却作褱山徐廣云蒲坂縣有褱山則知二字紛錯久矣又褱一本作懷蕭該音義曰該案說文字林並無褱字未詳其音請俟來哲李善注西京賦引河東賦云河靈矍踢掌華路褱遂臻陰宮穆穆肅肅蹲蹲如也師古曰陰宮汾陰之宮也穆穆靜也肅肅敬也蹲蹲行有節也蹲音千旬反靈祇既鄉五位時叙服虔曰五位五方師古曰鄉讀曰嚮絪縕玄黃將紹厥後師古曰絪縕天地含氣也玄黃天地色也易下繫辭曰天地絪縕萬物化淳坤文言曰玄黃者天地之雜色也天玄而地黃將大也言天地之氣大興於祭祀之後絪音因縕音於云反○宋祁曰注文含氣當作合氣於是靈輿安步周流容與師古曰靈輿天子之輿也容與而安豫也與讀曰豫以覽虖介山嗟文公而愍推兮勤大禹於龍門師古曰龍門山禹鑿之以通河水故勤勞也灑沈菑於豁瀆兮播九河於東瀕師古曰灑分也菑古災字也沈災洪水也豁開也瀆謂江河淮濟也播布也九河名在地理志東瀕東海之瀕也禹分治洪水之災通之四瀆布散九河于東海之瀕也灑音所宜反瀕音頻又音賓○宋祁曰蕭該音義曰灑沈菑而疏潰兮該案呼或以爲呵呵四瀆也孔武仲筆記亦錄此灑韋昭音義作西旁麗云音鹿佳反又注文江河淮濟字上當有四瀆字禹字上當有言字分治別本作分河洪當改作泄登歷觀而遙望兮聊浮游以經營樂往昔之遺風兮喜虞氏之所耕師古曰舜耕歷山故云然○宋祁曰喜古本作娛韋昭音熙瞰帝唐之嵩高兮脈隆周之大寧師古曰瞰脈皆視也帝唐堯也嵩亦高也嵩高者謂孔子云巍巍乎唯天爲大唯堯則之也一曰堯會遊於陽城故於嵩高山瞰其遺蹟也大寧者詩大雅云濟濟多士文王以寧瞰音苦濫反脈即覓字○宋祁曰脈別本作脈爾雅曰相視也汩低回而不能去兮行睨陔下與彭城應劭曰睨不正視也彭城項羽所都也晉灼曰陔下項羽敗處也師古曰汩往意也低回猶徘徊也行且也意且欲往觀也汩音于筆反睨音五系反濊南巢之坎坷兮易幽岐之夷平李奇曰南巢桀敗處也易樂也師古曰濊與穢同坎坷不平貌坎音口紺反坷音口賀反易音弋豉反○宋祁曰南巢湯放桀之處非桀敗處也乘翠龍而超

河兮陟西岳之嶢崝師古曰翠龍穆天子所乘馬也西岳即華山也嶢崝謂嶕嶢而崝嶸也嶢音堯崝音士耕反雲霏霏而來迎兮澤滲灕而下降師古曰霏古霏字霏霏雲起貌澤雨露也滲灕流貌也降下也滲音林灕音離降音湘江反○宋祁曰滲韋昭史禁反灕蘇林曰灕音灑之灕鬱蕭條其幽藹兮滃汎沛以豐隆師古曰皆雲雨之貌滃音烏孔反汎音敷劍反沛音普蓋反叱風伯於南北兮呵雨師於西東師古曰言皆從命也○宋祁曰淳化舊本作東西刊誤謂當作西東叶韻參天地而獨立兮廓盪盪其亡雙師古曰天地曰二儀王者大位與之合德故曰參天地參之言三也盪盪大貌遵逝虖歸來師古曰遵路而旋京師也以函夏之大漢兮彼曾何足與比功服虔曰函夏函諸夏也師古曰函包容也彼謂堯舜殷周也函讀與含同建乾坤之貞兆兮將悉總之以羣龍張晏曰乾六爻悉稱龍也麗鉤芒與驂蓐收兮服玄冥及祝融師古曰鉤芒東方神蓐收西方神玄冥北方神祝融南方神麗並駕也驂三馬也言皆役服也○宋祁曰驂字可刪服字當作驂蕭該音義曰麗按韋昭作儷儷偶也敦衆神使式道兮奮六經以攄頌師古曰敦勉也式表也六經謂易詩書春秋禮樂也攄散也頌謂詩頌所以美盛德之形容也言發其志而爲歌頌也攄音丑於反頌讀曰容隃於穆之緝熙兮過清廟之雝雝師古曰周頌清廟之詩云於穆清廟肅雝顯相昊天有成命之詩曰於緝熙言漢德之盛皆過之也隃讀與踰同於讀曰烏軼五帝之遐迹兮躡三皇之高蹤師古曰軼亦過也音逸既發軔於平盈兮誰謂路遠而不能從服虔曰軔止車之木將行故發去平盈之地無高下也師古曰軔音刃○蕭該音義曰軔如戰反其十二月羽獵服虔曰士負羽雄從以爲昔在二帝三王應劭曰二帝堯舜三王夏殷周宮館臺榭沼池苑囿林麓藪澤財足以奉郊廟御賓客充庖廚而已師古曰財讀與纔同御待也充當也○蕭該音義曰林麓字林守山澤吏御五舉反不奪百姓膏腴穀土桑柘之地女有餘布男有餘粟國家殷富上下交足故甘露零其庭醴泉流其唐應劭曰爾雅廟中路謂之唐鳳凰巢其樹黃龍游其沼麒麟臻其囿神爵棲其林昔者禹任益虞而上下和屮木茂師古曰益臣名也任以爲虞虞主山澤之官也上山也下平地也屮古草字○宋祁曰益韋昭作茲古益字成湯好田而天下用足文王囿百里民以爲尚小齊宣王囿四十里民以爲大裕民之與奪民也師古曰裕饒也○宋祁曰大字上當有泰字武帝廣開上林南至宜春鼎胡御宿昆吾晉灼曰鼎胡宮也黃圖以爲在藍田昆吾地名也有亭師古曰宜春近下杜御宿在樊圍西也○宋祁曰御蕭該音義曰案說文曰籞禁苑也牛呂反注文樊圍西姚本圖作川旁南山而西至長楊五柞師古曰旁音步浪反北繞黃山瀕渭而東師古曰循渭水涯而東也瀕音頻又音賓周袤數百里師古曰袤長也音茂穿昆明池象滇河師古曰滇音丁賢反○宋祁曰滇一作玄營建章鳳闕神明馺娑師古曰殿名也馺音先合反娑音先河反漸臺泰液師古曰漸臺在泰液池中漸浸也言爲池水所浸也象海水周流方丈瀛洲蓬萊服虔曰海中三山名法效象之游觀侈靡窮妙極麗雖頗割其三垂以贍齊民師古曰贍給也齊民解在食貨志然至羽獵田車戎馬器械儲偫禁禦所營師古曰營謂圍守也○宋祁曰禦當作籞尚泰奢麗誇詡師古曰詡大也音許羽反非堯舜成湯文王三驅之意也師古曰三驅古射獵之等也一爲乾豆二爲賓客三爲充君之庖也○宋祁曰一說三驅者三面驅之闕其一面使有可去之道而

不忍盡物蓋先王之仁心也禮所謂天子不合圍者也又恐後世復修前好不折中以泉臺服虔曰魯莊公築泉臺非禮也至文公毀之公羊譏云先祖爲之而毀之勿居而已今揚雄以宮觀之盛非成帝所造勿修而已當以泉臺折中也○宋祁曰注文勿居字上當有不如字故聊因校獵賦以風師古曰校獵謂闌守禽獸而大獵也風讀曰諷其辭曰或稱戲農豈或帝王之彌文哉師古曰設或人言倫質者皆舉伏戲神農爲之首是則豈謂後代帝王彌加文飾乎故論者答之於下也論者雄自謂也彌猶稍也諸家之釋皆不當意徒爲煩雜故無所取論者云否各亦並時而得宜奚必同條而共貫師古曰所尚不必同也則泰山之封烏得七十而有二儀孟康曰言封禪各異也師古曰若不如是於何得七十二儀也是以創業垂統者俱不見其爽遐邇五三孰知其是非師古曰爽差也創業垂統皆無差忒五帝三王誰是誰非言文質政教各不同也遂作頌曰麗哉神聖處於玄宮富既與地虖侔訾貴正與天虖比崇師古曰頌漢德也玄宮言清靜也訾與貲同○蕭該音義曰侔字林亡又反齊桓曾不足使扶轂楚嚴未足以爲驂乘陿三王之阸薜嶠高舉而大興師古曰薜亦僻字也嶠舉步貌也音去昭反○蕭該音義曰陿音洽阸諸詮音烏隔反一音於賣反薜音辟韋昭曰薜平狄反嶠音嬌歷五帝之寥廓涉三皇之登閎師古曰寥廓空曠也登閎高遠也寥音聊○蕭該音義曰登閎韋昭曰高大也諸詮登張萌反建道德以爲師友仁義與爲朋於是玄冬季月天地隆烈師古曰北方色黑故曰玄冬隆烈者陰氣盛萬物權輿於內徂落於外師古曰權輿始也徂落死也言草木萌牙始生於內而枝葉凋毀死傷於外也帝將惟田于靈之囿師古曰靈囿有靈德之苑囿也詩大雅靈臺之篇曰王在靈囿開北垠受不周之制孟康曰西北爲不周風謂冬時也師古曰垠厓也音銀以終始顓頊玄冥之統應劭曰顓頊玄冥皆北方之神主殺戮也○宋祁曰姚本注文無之字迺詔虞人典澤東延昆鄰西馳閶闔張晏曰東至昆明之邊也師古曰昆明池邊也閶闔門名也閶讀與閭同也又音吐郎反儲積共偫戍卒夾道師古曰共讀曰供偫音丈紀反斬叢棘夷野草師古曰夷平也禦自汧渭經營酆鎬應劭曰禦禁也師古曰將獵其中故止禁不得人行及獸出也汧渭東酆鎬以西皆爲獵圍也以章皇周流出入日月天與地杳師古曰章皇周流言徧也謂苑囿之大遙望日月皆從中出入而天地之際杳然縣遠也說者反以杳爲杳杳解云重杳非惟乖理蓋已失韻○宋祁曰杳然舊作者刊誤改者作杳景本無然字爾迺虎路三嵏以爲司馬圍經百里而爲殿門晉灼曰路音洛服虔曰以竹虎落此山也應劭曰外門爲司馬殿門在內也師古曰落纍也以繩周繞之也三嵏三峯聚之山也嵏音子公反○蕭該音義曰該案鼂錯傳中周虎落韋昭曰於城中爲藩落如落虎矣謂之虎落外則正南極海邪界虞淵應劭曰虞淵日所入鴻濛沆茫碣以崇山師古曰鴻濛沆茫廣大貌碣山特立貌鴻音胡孔反濛音莫孔反沆音胡浪反茫音莽碣音竭營合圍會然后先置虖白楊之南昆明靈沼之東張晏曰先置供具於前服虔曰白楊觀名○宋祁曰置本作置諸詮音置靈沼李善云三秦記曰昆明池中有靈沼神池賁育之倫蒙盾負羽杖鏌邪而羅者以萬計師古曰賁孟賁也育夏育也皆古之勇士也鏌邪大戟也羅列遮禽獸鏌音莫邪音弋奢反○宋祁曰注文列字當刪獸下當有也字其餘荷垂天之畢張竟壄之罘靡日月之朱竿曳彗星之飛旗如淳曰垂天言長大如天之垂也師古曰畢田罔也罘車罔也○蕭該音義曰李善云言畢之大垂天邊也朱竿太常之竿也日月爲太常河圖曰彗星者天地之旗也楚詞曰攬彗星以爲旗青雲爲紛紅蜺

爲繯屬之虖昆侖之虛師古曰紛毦也繯系也屬綴也昆侖西極之山也繯音下犬反屬音之欲反虛讀曰墟○蕭該音義曰紛張晏曰紛燕尾也韋昭曰紛旗旒也音郯繯該案說文字林三蒼並于善反云繯絡也陳武音環通俗文曰所以懸繩楚曰繯繯胡犬反渙若天星之羅浩如濤水之波師古曰天星之羅言布列也濤水之波言廣大也淫淫與與前後要遮師古曰淫淫與與往來貌欃槍爲闉明月爲候孟康曰闉戰自障蔽如城門外女垣也熒惑司命天弧發射張晏曰熒惑法使司不祥天弧虛危上二星也鮮扁陸離駢衍佖路師古曰鮮扁輕疾貌駢衍言其並廣大也佖次比也一曰滿也扁音篇駢音步千反佖音頻一反又音步結反○蕭該音義曰鮮扁服虔曰扁音篇戰鬬車陳貌也該案服云以春秋傳曰高渠彌奉公爲魚麗之陳先偏後伍伍承彌縫杜預曰司馬法曰車二十五乘爲偏以車居前以伍次之承偏之隙而彌縫闕漏五人爲伍此蓋魚麗法也徽車輕武鴻絅緁獵師古曰徽車有徽幟之車也鴻絅直馳貌緁獵相差次也鴻音胡孔反絅音徒孔反緁音捷○蕭該音義曰鴻諸詮胡棟反絅音慟宋祁曰景本注文無之車至次也十四字殷殷軫軫被陵緣阪窮冥極遠者相與迾虖高原之上○師古曰殷軫盛也冥幽深也殷讀曰隱○蕭該音義曰諸詮作復迾復呼盛反羽騎營營昈分殊事蘇林曰昈明也師古曰營營周旋貌也言其服飾分明各殊異也昈音戶繽紛往來轠轤不絕若光若滅者布虖青林之下孟康曰轠轤連屬貌如淳曰轠音雷師古曰繽紛衆疾也轠轤環轉也繽音匹人反○蕭該音義曰轠轤韋昭音壘落於是天子迺以陽鼂始出虖玄宮師古曰陽朝日出之後也北方之宮故曰玄宮撞鴻鍾建九旒六白虎載靈輿蚩尤並轂蒙公先驅服虔曰蒙公蒙恬也孟康曰神名也師古曰服說是也並音步浪反立歷天之旂曳捎星之旃師古曰歷經也捎猶拂也歷天捎星言其高也捎音所交反○宋祁曰校改新作旂辟歷列缺吐火施鞭應劭曰辟歷雷也列缺天隙電照也師古曰言發火之耀及驅奮鞭如電吐光及象共疾○蕭該音義曰施如淳音施萃從允溶淋離廓落戲八鎮而開關應劭曰四方四隅爲八鎮如淳曰不言九者一鎮在中天子居之故也師古曰戲讀曰麾謂指麾八鎮使之開關也從音先勇反又音叢溶音容○蕭該音義曰從案字林及埤蒼云從從走貌也允諸詮音余永反溶音勇陳武去危反飛廉雲師吸嚊潚率鱗羅布列攢以龍翰師古曰吸嚊潚率衆貌也言布列則如魚鱗之羅攢聚則如龍之豪翰嚊音許冀反潚音肅翰音韓○蕭該音義曰嚊張晏音彭濞之濞秋秋蹌蹌入西園切神光師古曰秋秋蹌蹌騰驤之貌切神光者言車之衆飾相切靡而光起有若神也蹌音千羊反○宋祁曰秋秋淳化本作啾啾刊誤據禮樂志龍秋游收啾爲秋案蕭該說啾舊作愁韋昭音揫衆反今書或作口旁啾該引埤蒼啾衆聲也又引楚詞鳴玉鸞之啾啾猨啾啾兮又夜鳴爲據云又諸詮秋作口旁秋蹌蹌蕭該本作此槍望平樂徑竹林張晏曰平樂館名也晉灼曰在上林中蹂蕙圃踐蘭唐師古曰蕙圃蕙草之圃也蘭唐蘭之上多生蘭也○宋祁曰踐韋本作跋又作跃舉烽烈火轡者施披師古曰轡者御人執轡也○宋祁曰披當作技方馳千駟校騎萬師師古曰方並驅也校騎騎而爲部校者也○蕭該音義曰校張晏音効虓虎之陳從橫膠輵猋泣雷厲驞駍駖磕服虔曰虓音哮鄧展曰泣音粒師古曰虓虎之陳謂勇士奮怒狀如猛獸而爲行陳也猋泣風疾貌也驞駍駖磕皆聲衆盛也哮音火交反輵音葛驞音匹人反駍音普萌反駖音力莖反磕音口盍反○蕭該音義曰輵舊作鶡又作謁驞諸詮作石旁賓磕諸詮苦蓋反洶洶旭旭天動地岋蘇林曰岋音勳搖之岋師古曰洶音匈岋音五合反○蕭該音義曰岋韋昭曰岋擬及反羨漫半散蕭條數千萬里外師古曰羨音弋戰反○蕭該音義曰羨丰諸詮音叛若夫壯士忼慨殊鄉別趣師古曰鄉讀曰嚮東西南北騁耆奔欲師古曰言隨其所欲而各馳騁取之也耆讀曰嗜欲合韻音弋樹反○蕭該音義曰耆諸詮音市至反欲字書諭注音反扡蒼豨跋犀犛蹶浮麋張晏曰跋蹶也鄭氏曰蹶音馬蹄蹶之蹶師古曰扡曳也跋反犛也蹶也浮麋水上浮者也扡音佗跋音步末反○蕭該音義曰豨字林曰東方名豕曰豨語豈反蹶諸詮居衛反鄭氏居月反斮巨狿搏玄蝯師古曰斮斬也狿獸名也解在司馬相如傳斮音側畧反○蕭該音義曰狿音延騰空虛距連卷張晏曰連卷之木也師古曰距即拒字也卷音拳○宋祁曰今越本距作岠注同岠即距也別本亦同踔夭蟜娭澗門師古曰踔走也夭蟜亦木技曲也娭戲也踔音丑孝反又音徒釣反蟜音蟜娭音許其反○蕭該音義曰踔韋昭音卓晉灼音魚罩之罩今依晉灼音宋祁曰娭澗門當作嬉澗閒莫莫紛紛山谷爲之風猋林叢爲之生塵師古曰莫莫塵貌紛紛亂起貌埃及至獲夷之徒蹶松柏掌疾梨服虔曰獲夷能獲者也師古曰掌以掌擊也○劉敞曰獲鳥獲夷羿皆有力者宋祁曰注文擊字下當有之字獵蒙蘢轔輕飛師古曰蒙蘢草木所蒙蔽處也轔轢也輕飛猶言輕禽也轔音吝履般首帶脩蛇如淳曰般音班首虎之類也師古曰履謂踐履之也修長也○蕭該音義曰按蕭本般首般作盤下蟲當作盤鉤赤豹摼象犀師古曰摼牽字蹠巒阬超唐陂師古曰蹠渡也巒阬並解於上唐陂陂之有隄唐者也阬音剛蹠音弋灼反○蕭該音義曰蹠鄧展曰蹠音屬屬度也該案字林曰蹠述也弋世反車騎雲會登降闇藹師古曰闇音烏感反泰華爲旒熊耳爲綴師古曰旒旗之旒也綴所以縣旒也木仆山還漫若天外如淳曰還音旋言山爲之回旋也○蕭該音義曰仆字林芳豆反又芳住反儲與虖大溥聊浪虖宇內服虔曰儲與相羊也溥水厓也師古曰聊浪言游放也與音餘溥音普浪音項於是天清日晏師古曰晏無雲也逢蒙列眥羿氏控弦師古曰逢蒙及羿皆古善射者列眥也控引也○蕭該音義曰眥字林曰眥目厓也音漬該案淮南曰瞋目裂眥靜計反莊周曰多言而不眥司馬彪曰眥視也皇車幽輵光純天地李奇曰純緣也師古曰幽輵車聲也輵音一轄反純音之允反望舒彌轡師古曰望舒月御也言天子之車欽轡徐行故假望舒爲言耳彌音莫爾反翼乎徐至於上蘭晉灼曰上蘭觀在上林中移圍徒陳浸淫蹵部師古曰部軍之部校也言稍聚逼而重蹵音千欲反○宋祁曰注文重下當有也字曲隊堅重各案行伍師古曰隊亦部也案依也隊音徒內反行音胡郎反○蕭該音義曰重直龍反壁壘天旋神抶電擊師古曰言所抶擊如鬼神雷電也抶音丑乙反逢之則碎近之則破鳥不及飛獸不得過軍驚師駭刮野掃地師古曰言殺獲皆盡無遺餘也掃音先早反及至罕車飛揚武騎聿皇師古曰罕車畢罕之車也聿皇疾貌蹈飛豹絹嘄陽師古曰嘄陽費費也人面黑身有毛反踵見人則笑脣蔽其目絹音工犬反嘄音工聊反費音扶味反○蕭該音義曰絹蘇林曰絹音絹鹿之絹追天寶出一方應劭曰天寶陳寶也晉灼曰天寶雞頭而人身應駍聲擊流光壄盡山窮囊括其雌雄如淳曰陳寶神來下時駍然有聲又有光精也應劭曰下時窮極山川天地之間然後得其雌雄也師古曰雄在陳倉雌在南陽也故云壄盡山窮也駍音普萌反沇沇容容遙噱虖紘中師古曰口內之上名爲噱言奔走倦極皆遙張噱吐舌於紘網之中也師古曰噱音其畧反紘古紘字○宋祁曰沇蕭該本作沇沇音餘水反文選亦作沇沇服虔音宏三軍芒然窮冘閼與孟康曰冘行也閼止也言三軍之盛窮冘閼獸使不得逸漏也晉灼曰閼與容貌也師古曰閼與容與之貌也芒音莫郎反冘音遙閼音於庶反與音豫○蕭該音義曰窮如淳音穹諸詮余腫反亶觀夫票禽之紲隃犀兕之抵觸熊羆之拏攫虎豹之淩遽師古曰亶但也票禽輕疾之禽也紲與跇同紲度也隃與踰同拏牽引也攫搏持之也淩戰栗也遽惶也票音頻妙反紲音弋制反隃合音昌樹反拏音女居反攫音钁遽音詎○蕭該音義曰亶丁但反拏諸詮奴加反徒角搶題注蹶竦讋怖魂亡魄失觸輻關脰師古曰徒亦但也搶猶刺也題額也脰頸也言衆獸迫急以角搶地以額注地或自觸車輻關頸而死也搶音千羊反音子肓反脰音豆妄發期中進退履獲師古曰言矢雖妄發而必有中進則履之退則獲之創淫輪夷丘累陵聚師古曰淫過也夷平也言創過長血流平於車輪也丘累陵聚言其多也○宋祁曰注文長字一本作大於是禽殫中衰師古曰殫盡也中射中也晉灼曰竹仲反相與集於靖冥之館晉灼曰靖冥深閑之館○蕭該音義曰張晏曰靖冥極高之貌也以臨珍池灌以岐梁溢以江河晉灼曰梁山也服虔曰珍池山下之流也○宋祁曰景本無以臨珍池并服虔注十四字今按晉灼曰靖冥深閑之館服虔曰珍池山下之流也當在珍池字下東瞰目盡西暢亡厓師古曰瞰視也目盡極望也亡厓言廣遠也隨珠和氏焯爍其陂師古曰焯古灼字也焯爍光貌爍音式藥反玉石嶜崟眩燿青熒師古曰玉石石之似玉者也嶜崟高銳貌青熒言其色青而有光熒也嶜音仕金反崟音牛林反○蕭該音義曰嶜案字詁古文岑字漢女水潛怪物暗冥不可殫形應劭曰漢女鄭交甫所逢二女弄大珠大如荊雞子師古曰不可殫形不能盡其形貌之狀玄鸞孔雀翡翠垂榮師古曰言其毛羽有光華王雎關關鴻鴈嚶嚶師古曰王雎鶚也關關和聲也嚶嚶相命聲也嚶音於耕反羣娭虖其中噍噍昆鳴師古曰娭戲也昆同也娭音許其反噍音子由反鳧鷖振鷺上下砰磕聲若雷霆師古曰鳧水鳥即今之野鴨也鷖鳧屬也鷺白鳥也振者言振羽翼而飛也詩大雅曰鳧鷖在涇周頌曰振鷺于飛三者皆水鳥也言其羣飛上下翅翼之聲若雷霆也鷖音烏奚反砰音普萌反乃使文身之技水格鱗蟲服虔曰文身越人也龍蛇之屬入水取物凌堅冰犯嚴淵探巖排碕薄索蛟螭師古曰嚴言不可犯也巖水岸嶔巖之處也碕曲岸也薄迫也索搜求也碕音鉅依反嶔音口銜反○蕭該音義曰探字林曰遠取也薄索諸詮上音博下音桑各反蹈獱獺據黿鼉蘇林曰獱音賓師古曰獱獺形如狗在水中食魚獱小獺也獱音它曷反抾靈蠵鄭氏曰抾音怯應劭曰蠵大龜也雄曰毒冒雌曰觜蠵師古曰抾把取也又音袪蠵音弋隨反又音攜○蕭該音義曰蠵字林曰龜也以胃鳴入洞穴出蒼梧晉灼曰洞穴禹穴也師古曰洞通也○宋祁曰李善云郭璞山海經注曰吳縣南太湖中有包山山下有洞庭道也言潛行水底無所不通也乘鉅鱗騎京魚師古曰京大也或讀爲鯨鯨大魚也浮彭蠡目有虞應劭曰彭蠡大澤在豫章師古曰目猶視也望也有虞謂舜也舜葬蒼梧在江南言遙望之方椎夜光之流離剖明月之珠胎師古曰珠在蛤中若懷妊然故謂之胎也椎音直追反其字從木鞭洛水之虙妃餉屈原與彭胥師古曰彭彭咸胥伍子胥皆水死者虙讀曰伏於茲虖鴻生鉅儒俄軒冕雜衣裳師古曰俄俄陳舉之貌者言衣裳皆雜色也修唐典匡雅頌揖讓於前師古曰匡正也昭光振燿蠁曶如神師古曰蠁與響同曶與忽同仁聲惠於北狄武義動於南鄰師古曰南方有金鄰之國極遠也故云南鄰一曰鄰邑也是以旃裘之王胡貉之長移珍來享抗手稱臣如淳曰以物與人曰移師古曰貉東北夷也享獻也抗舉手也言其肅恭合掌而拜也貉音莫百反前入圍口後陳盧山孟康曰單于南庭山也○宋祁曰庭下當有南字羣公常伯楊朱墨翟之徒師古曰常伯侍中也解在谷永傳楊朱墨翟取古賢以爲喻也喟然稱曰師古曰喟嘆息也音丘位反崇哉乎德雖有唐虞大夏成周之隆何以侈茲太古之覲東嶽禪梁基舍此世也其誰與哉上猶謙讓而未俞也張晏曰俞然也師古曰俞音踰方將上獵三靈之流下決醴泉之滋如淳曰三靈日月星垂象之應也師古曰流者言其和液下流發黃龍之穴窺鳳皇之巢臨麒麟之囿幸神雀之林奢雲夢侈孟諸師古曰雲夢楚藪澤名也春秋昭公三年楚靈王與鄭伯田于江南之夢孟諸宋藪澤名文公十年楚穆王欲伐宋昭公導之以田孟諸言今皆以二者爲奢侈而陋也非章華是靈臺師古曰言以楚靈王章華之臺爲非而周文王靈臺之制爲是也罕徂離宮而輟觀游師古曰罕希也徂往也輟止也土事不飾木功不彫承民乎農桑師古曰承舉也勸之以弗迨儕男女使莫違師古曰儕耦也違謂失婚姻時也儕音仕皆反恐貧窮者不徧被洋溢之饒開禁苑散公儲創道德之囿弘仁惠之虞師古曰虞與娛同馳弋乎神明之囿覽觀乎羣臣之有亡放雉菟收罝罘麋鹿芻蕘與百姓共之師古曰芻所以飤牛馬蕘草薪蓋所以臻茲也於是醇洪鬯之德豐茂世之規師古曰洪大也鬯與暢同暢通也加勞三皇勗勤五帝不亦至乎乃祇莊雍穆之徒師古曰祇莊敬也雍穆和也立君臣之節崇賢聖之業未皇苑囿之麗游獵之靡也師古曰皇暇也因回軫還衡師古曰軫輿後橫木也衡轅前橫木也背阿房反未央

前漢書卷八十七上考證

揚雄傳上不知伯僑周何別也○顧炎武曰謂不知是何王之別子

客有薦雄文似相如者○宋祁曰雄文則綫竹頌也○按綫竹頌當作綿竹頌

厥高慶而不可虖疆度○臣召南按疆度昭明文選作彌度注曰彌終也又列新雉於林薄選作新萬又施靡虖延屬選作迆靡又軼軋選作坱圠騁瑀選作璘瑀提成選作混成梖根選作梖枇王爾選作王蕭流瑕選作流霞淸盧選作淸矑大抵選所用多近字也

皐伊之徒冠倫魁能函甘棠之惠○劉攽曰能屬上句○臣召南按文選以冠倫魁能爲句則劉攽說是也師古誤以魁字斷句而以能字下連函甘棠之惠甚屬牽强

靈屖遲兮○按選作靈棲遲兮

枝鵲露寒○按枝鵲應作鳷鵲司馬相如傳可證也

嶠高舉而大輿○臣召南按嶠字文選作嶠又營合圍會選作爲會又建九流選作九旒又校騎萬師選作狡騎又娭澗門選作嬉閒閒又沇沇容容選作沇沇溶溶又噍噍昆明選作昆鳴又承民乎農桑選作蒸人乎農桑又勸之以弗迨選作弗怠

天弧發射注張晏曰天弧虛危上二星也○按注誤弧星在參星南

前漢書卷八十七下

漢　蘭　臺　令　史班　固撰

唐正議大夫行祕書少監琅邪縣開國子顏師古注

揚雄傳下第五十七下

明年上將大誇胡人以多禽獸秋命右扶風發民入南山西自褒斜東至弘農南敺漢中師古曰褒斜南山二谷名也漢中今梁州也斜音弋奢反○宋祁曰李善云明年謂作羽獵賦之明年卽漢書成紀云元延二年冬幸長楊宮從胡客大校獵是也七略云羽獵賦永始三年十二月上然永始三年去校獵之歲首尾四載謂之明年疑班固誤也又七略云長楊賦綏和元年上綏和在校獵後四歲無容元延二年校獵綏和元年賦又疑七略誤張羅罔罝罘捕熊羆豪豬虎豹狖玃狐菟麋鹿師古曰狖似獼猴仰鼻而長尾玃亦獼猴類也長臂善攫搏玃身長金色狖音弋授反玃音钁○宋祁曰李善云山海經曰竹山有獸其狀如豚白毛毛大如笄而黑端以毛射物名豪彘實萃云狀如蝟大如豚載以檻車輸長楊射熊館師古曰長楊宮名也在盩厔縣其中有射熊館○宋祁曰射諸詮音食射反以罔爲周阹李奇曰阹遮禽獸圍陳也師古曰阹音祛○宋祁曰阹陳武音古業反縱禽獸其中令胡人手搏之自取其獲上親臨觀焉是時農民不得收斂雄從至射熊館還上長楊賦聊因筆墨成文章故藉翰林以爲主人子墨爲客卿以風師古曰藉借也風讀曰諷其辭曰子墨客卿問於翰林主人曰蓋聞聖主之養民也仁霑而恩洽動不爲身師古曰言憂百姓也今年獵長楊先命右扶風左太華而右褒斜師古曰太華卽西嶽華山椓嶻嶭而爲弋紆南山以爲罝師古曰嶻嶭卽所謂嵳峩山也在京師之北凡言此者示獵圍之寬廣也嶻嶭音截孽又音才葛反又五葛反羅千乘於林莽列萬騎於山隅師古曰草平曰莽帥軍踤阹錫戎獲胡師古曰踤足蹙之也錫戎獲胡言以禽獸賜戎狄令胡人獲取之踤音才恤反搤熊羆拕豪豬師古曰搤捉持之也豪豬一名帚𧴇也自爲牝牡者也搤音厄拕音陁獺音桓○宋祁曰拕諸詮音他木雍槍纍以爲儲胥蘇林曰木擁槍纍其外又以竹槍纍爲外儲也服虔曰儲胥猶言有餘也師古曰儲偫也胥須也以木擁槍及纍繩連結以爲儲胥言有儲畜以待所須也槍音千羊反纍音力佳反○宋祁曰黃朝英云漢武作儲胥館儲胥猶言皇居也不必言有儲蓄以待時須也甘泉賦云近則洪崖旁皇儲胥弩阹皆宮館名此天下之窮覽極觀也雖然亦頗擾于農民三旬有餘其廑至矣師古曰廑古勤字而功不圖張晏曰不可圖畫以示後人師古曰此說非也圖謀也言百姓其勤勞矣而不見謀恤之事恐不識者外之則以爲娛樂之遊內之則不以爲乾豆之事師古曰乾豆三驅之一也乾豆者言爲臘羞以充實豆薦宗廟豈爲民乎哉且人君以玄默爲神澹泊爲德師古曰澹泊安靜也澹音徒濫反泊音步各反又音魄今樂遠出以露威靈師古曰露謂顯暴不深固數搖動以罷車甲師古曰罷讀曰疲本非人主之急務也蒙竊或焉師古曰蒙自謂蒙蔽也翰林主人曰吁謂之茲邪師古曰吁疑怪之辭也謂茲邪猶云何爲如此也吁音于若客所謂知其一未睹其二見其外不識其內者也僕嘗倦談不能一二其詳師古曰詳悉也請略舉凡而客自覽其切焉師古曰凡大指也切要也客曰唯唯主人曰昔有彊秦封豕其士窫窳其民鑿齒之徒相與摩牙而爭之應劭曰淮南子云堯時窫窳封豨鑿齒皆爲民害窫窳類貙虎爪食人服虔曰鑿齒齒長五尺似鑿亦食人李奇曰以喻秦貪婪殘食其民也師古曰封大也窫音於黠反窳音愈豪俊麋沸雲擾羣黎爲之不康師古曰黎衆康安也於是上帝眷顧高祖高祖奉命順斗極運天關橫鉅海票昆侖師古曰票猶言搖動也音匹昭反○宋祁曰票諸詮音匹妙反提劒而叱之所麾城撕邑下將降旗李奇曰撕音車幰之幰師古曰撕舉手擬之也○宋祁曰韋昭曰并也音茇蕭該案李善云鄭玄注禮記曰撕之言茇也字林曰撕山檻反呂向云蒼頡篇曰撕指取也一日之戰不可殫記師古曰殫盡也不可盡記言其多也當此之勤頭蓬不暇疏師古曰蓬謂髮亂如蓬也○宋祁曰疏與梳同古通用飢不及餐鞮鍪生蟣蝨介胄被霑汗師古曰鞮鍪卽兜鍪也鞮音丁奚反鍪音牟蟣音居豈反○宋祁曰李善云韓子曰攻戰無已甲胄生蟣蝨汗文選協韻音寒以爲萬姓請命虖皇天迺展民之所詘振民之所乏師古曰展申也振起也○宋祁曰諸詮曰詘古屈字規億載恢帝業七年之間而天下密如也師古曰密靜也○宋祁曰李善云高祖五年誅羽自六年至十二年崩凡七載逮至聖文隨風乘流方垂意於至寧躬服節儉綈衣不敝革鞜不穿師古曰言不穿敝而已無取紛華也鞜革履音踏○宋祁曰注文言字下當有苟字履字下當有也字大夏不居木器無文師古曰大夏夏屋也於是後宮賤瑇瑁而疏珠璣卻翡翠之飾除彫瑑之巧師古曰瑑刻鏤也瑑音篆惡麗靡而不近斥芬芳而不御師古曰斥卻也抑止絲竹晏衍之樂憎閩鄭衛幼眇之聲師古曰衍音弋戰反幼音一笑反眇音妙是以玉衡正而太階平也師古曰玉衡天儀也太階解在東方朔傳其後熏鬻作虐東夷橫畔師古曰鬻音弋六反橫音胡孟反羌戎睚眥閩越相亂師古曰睚眥瞋目貌睚音五懈反眥音仕懈反睚字或作矔矔者怒其目眥也音工奐反○宋祁曰蕭該案音義睚作矔蘇林音貫習之貫晉灼曰楊雄方言矔目也梁益之間瞋目曰矔音光旦反遐萌爲之不安中國蒙被其難師古曰遐遠也於是聖武勃怒爰整其旅迺命驃衛師古曰驃驃騎霍去病衛衛青也○宋祁曰驃越本及諸本並作票汾沄沸渭雲合電發師古曰汾沄沸渭奮擊貌汾音紛沄音雲猋騰波流機駭蠭軼師古曰猋疾風也騰舉也蠭與鋒同軼過也如機之駭如蠭之過言其疾也軼與逸同疾如奔星擊如震霆師古曰霆雷之急者霆音廷砰轒轀破穹廬應劭曰轒轀匈奴車也師古曰穹廬氈帳也轒音扶云反轀音於云反○宋祁曰砰字當作碎字腦沙幕髓余吾師古曰腦塗沙幕地髓入余吾水言其大破死亡髓古髓字遂獵乎王廷孟康曰匈奴王廷也○宋祁曰姚本無乎字敺橐它燒熐蠡張晏曰熐蠡乾酪也以爲酪母燒之壞其養生之具也師古曰熐音覓蠡音黎又音來戈反分剓單于磔裂屬國師古曰剓與劙同謂剝析也劙音力私反夷阬谷拔鹵莽刊山石師古曰鹵莽淺草之地也阬音口衡反莽音莫戶反蹂屍輿厮係累老弱師古曰言已死則蹂踐其屍破傷者則輿之而行也厮破折也音斯累音力追反○劉奉世曰輿輿隸厮厮卒也兗鋋瘢耆金鏃淫夷者數十萬人如淳曰兗括也孟康曰耆馬脊創瘢處也蘇林曰以耆字爲著字著音直之著鏃著其頭也師古曰鋋鐵矜小矛也淫夷過傷也據如孟氏之說則箭括及鋋所中皆有創瘢於耆而被金鏃過傷者復衆也如蘇氏以耆字爲著字依其所釋則括及鋋所傷皆有瘢又著金鏃於頭上而過傷者亦多矣用字旣別分句不同據今書本多作耆字宜從孟說鋋音蟬又音延著音竹略反矜音巨巾反○臣佖曰按字書無兗字今俗以爲兗州字本作沇此兗合作鈗鋋許愼說文鈗字注曰侍臣所執兵從金允聲周書曰一人冕執鈗讀若允與鈗字相亦又案今文尚書云一人冕執鋭孔安國傳云鋭矛屬也疑孔安國之時舊書是鈗字後傳寫作鋭耳說文鋭芒也亦與矛不類矣漢書相承疑誤書爲兗字如淳注釋乃云兗括也顏師古又依孟康所說爲箭括郎愈無所據且箭括非及豈與鋋小矛同可以傷夷人乎此兗字故合作鈗宋祁曰南本亦云慣之著乎以意求之當云耆音著讀之著此最爲允慣作幘添一著字皆稽顙樹頷扶服蛾伏如淳曰叩頭時項下向則頷樹上向也師古曰樹豎也頷音胡感反服音蒲北反蛾與蟻同蛾伏者言其伏如蟲蟻也○宋祁曰蕭該音義案韋昭曰稽顙樹頷當依古本作犁顙樹頷犁顙揭也樹頷頷縫土也今作稽顙傳寫誤耳服著詮音扶北反二十餘年矣尙不敢惕息師古曰惕懼而小息也息出入氣也夫天兵四臨幽都先加師古曰幽都北方謂匈奴回戈邪指南越相夷師古曰夷傷也一曰平殄也靡節西征羌僰東馳是以遐方疏俗殊鄰絕黨之域師古曰疏亦遠也鄰邑也自上仁所不化茂德所不綏莫不蹻足抗手請獻厥珍師古曰蹻舉也音蹻使海內澹然師古曰澹安也音徒濫反永亡邊城之災金革之患今朝廷純仁遵道顯義并包書林聖風雲靡師古曰靡合韻音武義反英華沈浮洋溢八區普天所覆莫不沾濡士有不談王道者則樵夫笑之師古曰樵夫采樵之人故意者以爲事罔隆而不殺物靡盛而不虧師古曰罔靡皆無也殺音所例反故平不肆險安不忘危服虔曰肆棄也師古曰肆放也不放心於險而常思念也○宋祁曰李善云孫卿子曰平則慮險安則慮危迺時以有年出兵整輿竦戎師古曰有年有豐年也因豐年而時出兵也竦勸也○宋祁曰注文有豐年有字當刪振師五莋習馬長楊師古曰振亦整也莋與柞同○宋祁曰柞文選音作簡力狡獸校武票禽師古曰校計量也票疾也票音頻妙反又音匹妙反○宋祁曰簡李善曰爾雅曰簡擇也賈逵國語注曰簡習也驃越本別本並作票迺萃然登南山瞰烏弋晉灼曰萃集也服虔曰三十六國烏弋最在其西師古曰瞰遠視也音口濫反西厭月蝟東震日域服虔曰蝟音窟穴之窟月所生也師古曰日域日初出之處也厭音一涉反又恐後世迷於一時之事常以此取國家之大務淫荒田獵陵夷而不禦也師古曰禦止也○宋祁曰取當作爲是以車不安軔日未靡旃從者仿佛骩屬而還張晏曰從者見仿佛委屬迴旋師古曰車不安軔未及止也日未靡旃不移景也仿佛讀曰髣髴骩古委字也屬音之欲反還讀曰旋○宋祁曰軔越本作軔注同亦所以奉太宗之烈遵文武之度復三王之田反五帝之虞師古曰虞與娛同合韻音牛具反使農不輟耰工不下機師古曰耰摩田之器也音憂○宋祁曰耰當作櫌婚姻以時男女莫違師古曰已解於上也出愷弟行簡易師古曰易合韻音弋赤反矜劬勞休力役見百年存孤弱帥與之同苦樂然後陳鐘鼓之樂鳴鞀磬之和建碣磍之虡孟康曰碣磍刻猛獸爲之故其形碣磍而盛怒也師古曰鞀古鞉字小鼓也碣音一轄反磍音轄○宋祁曰孟云刻作猛獸其形碣磍而怒也拮隔鳴球掉八列之舞師古曰拮隔擊考也鳴球玉磬也掉搖也搖身而舞也一曰拮隔彈鼓也鳴球以玉飾琴瑟也拮音居黠反球音求又音蚪掉音徒釣反○宋祁曰隔韋昭云古文爲擊蕭該音擊鳴球韋昭曰玉磬也掉廣雅曰振迅也八列李善云八佾也酌允鑠肴樂胥張晏曰允信也鑠美也言酌信義以當酒帥禮樂以爲肴也師古曰小雅車攻之詩曰允矣君子展也大成周頌酌之詩曰於鑠王師小雅桑扈之詩曰君子樂胥故引之爲言也胥音先呂反聽廟中之雍雍受神人之福祜師古曰大雅思齊之詩曰雍雍在宮肅肅在廟小雅桑扈之詩曰受天之祜祜福也音戶○宋祁曰祜考作祜音右歌投頌吹合雅其勤若此故眞神之所勞也師古曰大雅旱麓之詩曰愷弟君子神所勞矣勞謂勞來之猶言勸勉也故雄引之云勞音郎到反○宋祁曰麓舊作鹿刊誤改作麓方將俟元符師古曰元善也符瑞也以禪梁甫之基增泰山之高延光于將來比榮乎往號豈徒欲淫覽浮觀馳騁秔稻之地○宋祁曰秔古作杭周流梨栗之林蹂踐芻蕘誇詡衆庶盛狖玃之收多麋鹿之獲哉且盲不見咫尺○宋祁曰盲字下當有者字而離婁燭千里之隅師古曰離婁古明目者一號離朱燭照也○宋祁曰婁力朱反客徒愛胡人之獲我禽獸曾不知我亦已獲其王侯言未卒墨客降席再拜稽首曰大哉體乎允非小子之所能及也師古曰允信也迺今日發矇廓然已昭矣哀帝時丁傅董賢用事諸附離之者或起家至二千石師古曰離著也音麗時雄方草太玄○宋祁曰草字下當有創字有以自守泊如也師古曰泊安靜也音步各反或嘲雄以玄尙白師古曰玄黑色也言雄作之不成其色猶白故無祿位也○宋祁曰或字上當有人字而雄解之號曰解嘲其辭曰客嘲揚子曰吾聞上世之士人綱人紀師古曰爲衆人之綱紀也不生則已生則上尊人君下榮父母析人之圭儋人之爵師古曰析亦分也儋荷負也懷人之符分人之祿紆青拕紫朱丹其轂師古曰青紫謂綬之色也紆縈也拕曳也拕音吐賀反又音徒可反○蕭該音義曰拕徒何反又音他今子幸得遭明盛之世處不諱之朝與羣賢同行師古曰同行謂同列歷金門上玉堂有日矣應劭曰金門金馬門也晉灼曰黃圖有大玉堂小玉堂殿也曾不能畫一奇出一策上說人主下談公卿目如燿星○宋祁曰越本燿作耀舌如電光壹從壹衡論者莫當師古曰從音子容反顧而作太玄五千文師古曰顧反也支葉扶疏獨說十餘萬言師古曰扶疏分布也深者入黃泉高者出蒼天大者含元氣纖者入無倫師古曰纖微之甚無等倫然而位不過侍郎擢纔給事黃門師古曰纔淺也言僅得之也纔音才意者玄得毋尙白乎何爲官之拓落也師古曰拓落不耦也拓音託揚子笑而應之曰客徒欲朱丹吾轂不知一跌將赤吾之族也師古曰跌足失厝也見誅殺者必流血故云赤族跌音徒結反○宋祁曰寶革云古人謂空盡無物曰赤如赤地千里南史稱其家赤貧是也赤族言盡殺無遺師古注以爲流血赤其族大謬往者周罔解結羣鹿爭逸師古曰謂戰國時諸侯也離爲十二合爲六七師古曰十二謂魯衛齊楚宋鄭燕秦韓趙魏中山也六七者齊趙韓魏燕楚六國及秦爲七也四分五剖並爲戰國晉灼曰道其分離之意四分五而裂如田字○宋祁曰剖韋本作副疋力反字林副判也士無常君國亡定臣得士者富失士者貧矯翼厲翮恣意所存師古曰言來去如鳥之飛各任所息也○宋祁曰注文任當作止故士或自盛以橐或鑿坏以遁應劭曰自盛以橐謂范睢也鑿坏謂顏闔也魯君聞顏闔賢欲以爲相使者往聘因鑿後垣而亡坏壁也蘇林曰坏音陪師古曰又音普回反○蕭該音義曰後垣該案作後坏是故騶衍以頡亢而取世資應劭曰衍齊人也著書所言皆大事故齊人曰談天衍遊諸侯所言則以爲迂闊遠於事情然終不屈嘗仕於齊位至卿師古曰頡亢上下不定也頡音下結反亢音胡浪反○宋祁曰晉本頡旁從手音挈今不用李善云頡亢奇怪之辭孟軻雖連蹇猶爲萬乘師張晏曰連蹇難也言值世之屯難也師古曰連音輦今大漢左東海應劭曰會稽東海也右渠搜

服虔曰西戎國也應劭曰禹貢析支渠搜屬雍州在金城河關之西前番禺應劭曰番禺南海郡張晏曰南越王都也後陶塗如淳曰小國也師古曰騊駼馬出北海上今此云後陶塗則是北方國名也本國出馬因以為名今書本陶字有作椒者流俗所改○宋祁曰番藝林音蕃注文馬字上當有此字東南一尉孟康曰會稽東部都尉也西北一候孟康曰敦煌玉門關候也徽以糾墨製以質鈇師古曰言有罪者則係於徽墨尤惡者則斬以鈇鈇質也徽糾墨皆繩也質鍖也鈇刃也音膚鍖音竹林反○蕭該音義曰徽舊作嶶應劭曰嶶音以繩嶶弩之嶶該案音揮散以禮樂風以詩書師古曰風化也曠以歲月結以倚廬孟康曰在倚廬行服三年也應劭曰漢律以不為親行三年服不得選舉師古曰倚廬倚牆至地而為之無楣柱倚音於綺反天下之士雷動雲合魚鱗雜襲咸營于八區師古曰八區八方也家家自以為稷契人人自以為咎繇戴縰垂纓而談者皆擬於阿衡師古曰縰韜髮者也音山爾反五尺童子羞比晏嬰與夷吾師古曰夷吾管仲也蓋比之以其不為王者之佐當塗者入青雲失路者委溝渠旦握權則為卿相夕失勢則為匹夫譬若江湖之雀勃解之鳥乘鴈集不為之多雙鳧飛不為之少應劭曰乘鴈四鴈也師古曰雀字或作爵鳥字或作島島海中山也其義兩通乘音食證反○宋祁曰一本勃解旁有水字蕭該音義曰案字林渤澥海別名也字旁宜安水昔三仁去而殷虛師古曰論語稱微子去之箕子為之奴比干諫而死孔子曰殷有三仁焉虛空也一曰虛讀曰墟言其亡國為丘墟二老歸而周熾應劭曰二老伯夷太公也子胥死而吳亡種蠡存而粵伯師古曰伯讀曰霸五羖入而秦喜樂毅出而燕懼師古曰五羖謂百里奚也買以羖羊之皮五故稱五羖也范雎以折摺而危穰侯晉灼曰摺古拉字也蔡澤雖噤吟而笑唐舉師古曰噤吟頷頤之貌澤從唐舉相謂之曰聖人不相殆先生乎澤曰吾自知富貴噤音鉅錦反吟音魚錦反舉合韻音居御反故當其有事也非蕭曹子房平勃樊霍則不能安當其亡事也章句之徒相與坐而守之亦亡所患師古曰章句小儒也患合韻音胡關反故世亂則聖哲馳騖而不足世治則庸夫高枕而有餘夫上世之士或解縛而相孟康曰管仲也或釋褐而傅孟康曰甯戚也○宋祁曰李善云墨子曰傅說被褐帶索庸築傳巖武丁得之舉以為三公或倚夷門而笑應劭曰侯嬴也為夷門卒秦伐趙趙求救無忌將十餘人往辭嬴嬴無所戒更還嬴笑之以謀告無忌也或橫江潭而漁服虔曰漁父也師古曰江潭而漁潭音尋漁合韻音牛助反○宋祁曰注文江潭而漁四字當刪舊服虔字作師古今改又劉淵林注左思魏都賦曰潭淵也屈平卜居曰橫江潭而漁龔子曰觀淵林之所引則知子雲之言實本於原也然今卜居無此語豈今楚辭非古全本也楚人名深曰潭淵林亦以潭為淵即當音徒南反若從師古音尋則是水之旁深者耳恐非是或七十說而不遇應劭曰孔丘也或立談間而封侯服虔曰薛公也○宋祁曰李善云史記曰虞卿說趙孝成王再見為趙上卿故號為虞卿譙周曰食邑於虞也或枉千乘於陋巷應劭曰齊有小臣稷桓公一日三至而不得見從者曰可以止矣桓公曰士之傲爵祿者固輕其主主傲霸王者亦輕其士縱彼傲爵祿者吾庸敢傲霸王乎遂見之○宋祁曰注文縱彼傲爵祿者者字當刪或擁篲而先驅應劭曰鄒衍之燕昭王郊迎擁篲為之先驅也師古曰篲亦以掃者也音似歲反是以士頗得信其舌而奮其筆師古曰信讀曰申窒隙蹈瑕而無所詘也李奇曰君臣上下有釁罅瑕隙乖離之漸則可抵而取也師古曰窒窒塞也罅音呼駕反當今縣令不請士郡守不迎師羣卿不揖客將相不俛眉師古曰高抗也俛低也言奇者見疑行殊者得辟師古

曰辟法○宋祁曰注末當有也字是以欲談者宛舌而固聲欲行者擬足而投迹師古曰宛屈也固閉也擬疑也鄉使上世之士處虖今師古曰鄉讀曰嚮策非甲科行非孝廉舉非方正獨可抗疏時道是非師古曰抗舉也謂上之也疏者疏條其事而言之疏音所據反高得待詔下觸聞罷師古曰報聞而罷之又安得青紫○宋祁曰此下疑脫師古曰安焉也六字且吾聞之炎炎者滅隆隆者絕觀雷觀火為盈為實天收其聲地藏其熱師古曰炎炎火光也隆隆雷聲也人之觀火聽雷謂其盈實終以天收雷聲地藏火熱則為虛無言極盛者亦滅亡也高明之家鬼瞰其室李奇曰鬼神害盈而福謙也師古曰瞰視也音口濫反攫挐者亡默默者存師古曰攫挐妄有搏執牽引也挐音女居反位極者宗危自守者身全是故知玄知默守道之極爰清爰靜游神之廷師古曰靜合韻音才性反○宋祁曰景本作爰靜爰清案注言合韻才性反則正文自合作爰清爰靜也惟寂惟寞守德之宅世異事變人道不殊彼我易時未知何如李奇曰或能勝之今子迺以鴟梟而笑鳳皇執蝘蜓而謿龜龍師古曰蝘蜓蝪蜴也蝘音烏典反蜓音殄不亦病乎子徒笑我玄之尚白吾亦笑子之病甚不遭臾跗扁鵲師古曰二人皆古良醫也跗音甫無反○宋祁曰跗字下當有臾字悲夫客曰然則靡玄無所成名乎師古曰靡亦無也范蔡以下何必玄哉揚子曰范雎魏之亡命也折脅拉髂免於徽索師古曰髂骨也徽繩也髂音格○蕭該音義曰髂口亞反字林腰骨也翕肩蹈背扶服入橐師古曰翕斂也服音蒲北反○宋祁曰呂向曰翕肩畏懼貌雎初入秦道遇穰侯藏於王稽車中恐穰侯知之故懼也書傳無蹈背之事扶服謂使扶持而入於橐中橐無底袋也激卬萬乘之主如淳曰卬怒也言秦安得王獨太后穰侯耳師古曰卬讀曰仰○宋祁曰陳正敏云音昂激卬猶激厲也界涇陽抵穰侯而代之蘇林曰抵音紙界開其兄弟使疏應劭曰涇陽秦昭王弟貴用事也當也師古曰言當其際蔡澤山東之匹夫也顉頤折頞涕涶流沫師古曰顉曲頤也音欽○宋祁曰顉一作頷商敬顧曰顉顉音反又曲感反顉猶掘頭也蕭該音義顉作頷韋昭曰曲上曰頷音撼甚反該案字林曰頷醜也丘欽反與韋昭音同字林顉狹面銳頤之貌也倉頡篇亦云顉丘欽反又吾檢反頞字林曰鼻莖也一曷反涶即唾也才臥反西揖彊秦之相搤其咽炕其氣附其背而奪其位張晏曰蔡澤說范雎以功成身退禍福之機適值雎有間於王因薦以自代師古曰搤謂急持之咽頸也炕絕也咽音一千反炕音抗○宋祁曰附當作拊劉良曰拊背猶隨後躡跡也時也師古曰遇其時天下已定金革已平都於雒陽婁敬委輅脫輓掉三寸之舌師古曰輅音胡格反輓音晚掉音徒釣反解在劉敬傳建不拔之策舉中國徙之長安師古曰不拔謂其堅固不拔也中國謂京師適也師古曰中其適五帝垂典三王傳禮百世不易叔孫通起於枹鼓之閒師古曰枹音孚解甲投戈遂作君臣之儀得也師古曰得其所甫刑靡敝秦法酷烈師古曰靡散也音糜聖漢權制而蕭何造律宜也師古曰合其宜故有造蕭何律於唐虞之世則誖矣師古曰誖乖也音布內反有作叔孫通儀於夏殷之時則惑矣有建婁敬之策於成周之世則繆矣有談范蔡之說於金張許史之閒則狂矣夫蕭規曹隨師古曰隨從也言蕭何始作規模曹參因而從之留侯畫策陳平出奇功若泰山嚮若阺隤師古曰阺音氐巴蜀人名山旁堆欲墮落曰阺應劭以為天水

隴氐失之矣氐音丁禮反○宋祁曰蘇林阺音遷迤之迤弋爾反何承天亦云巴蜀謂山岸傍欲墮者為阺阺崩聲聞數百里又龔嘒曰按說文巴蜀名岸脅之傍著欲落嶞者曰氐氐崩聞數百里引揚雄賦嚮若氐隤注云承紙切然則阺當作氐唯其人之贍知哉亦會其時之可為也師古曰非唯其人贍知乃會時之可為也故為可為於可為之時則從為不可為於不可為之時則凶夫藺先生收功於章臺孟康曰秦昭王趙成王飲於此臺藺相如前折昭王也晉灼曰相如獻璧於此臺師古曰晉說是也謂齎璧入秦秦不與趙地相如詭取其璧使人閒以歸趙也史記始皇本紀云章臺在渭南而秦趙會飲適在黽池非章臺也孟說失之四皓采榮於南山師古曰榮者謂聲名也一曰榮謂草木之英采取以充食公孫創業於金馬孟康曰公孫弘對策金馬門驃騎發迹於祁連師古曰霍去病也祁音子夷反司馬長卿竊訾於卓氏東方朔割名於細君師古曰割損也言以肉歸遺細君是損割其名○宋祁曰舊本攷無祁連下注并司馬十六字僕誠不能與此數公者並故默然獨守吾太玄雄以為賦者將以風之師古曰風讀曰諷下以諷刺上也必推類而言極麗靡之辭閎侈鉅衍競於使人不能加也師古曰言專為廣大之言既迺歸之於正然覽者已過矣師古曰言其末篇反從之正道故覽之者但得浮華而無益於諷諫也往時武帝好神仙相如上大人賦欲以風師古曰風讀曰諷○宋祁曰正文句末別本有也字今考作之字帝反縹縹有陵雲之志師古曰縹音匹昭反繇是言之賦勸而不止明矣師古曰繇讀與由同又頗似俳優淳于髡優孟之徒師古曰髡孟皆滑稽○宋祁曰注末當有者字非法度所存賢人君子詩賦之正也於是輟不復為師古曰輟止也而大潭思渾天師古曰潭深也渾天天象也渾音胡昆反參摹而四分之蘇林曰三析而四分之分天之宿度甲乙也○劉敞曰參摹者玄首一二三也四分者玄首四重也宋祁曰參摹蘇林音模字林曰摹廣求也七具反注文三析下當更有析字極於八十一旁則三摹九据晉灼曰据今據字也據猶位也處也極之七百二十九贊亦自然之道也故觀易者見其卦而名之觀玄者數其畫而定之玄首四重者非卦也數也其用自天元推一晝一夜陰陽數度律歷之紀九九大運與天終始故玄三方九州二十七部八十一家二百四十三表七百二十九贊分為三卷曰一二三與泰初歷相應亦有顓頊之歷焉揲之以三策蘇林曰三三而分之師古曰揲音食列反開之以休咎絣之以象類晉灼曰絣雜也師古曰絣併也音并○宋祁曰開越本作闢絣說文方并反字林布莖反縷布也播之以人事師古曰播布也文之以五行擬之以道德仁義禮知無主無名○劉敞曰當作無名今越本學官本作知名要合五經苟非其事文不虛生為其泰曼漶而不可知張晏曰曼音滿漶音緩師古曰曼漶不分別兒猶言漫漶也曼音莫幹反漶音奐故有首衝錯測攡瑩數文掜圖告十一篇晉灼曰攡音離服虔曰掜音睨師古曰攡音摛○蕭該音義曰玄衝云八十一家相對若輻輪之衝也今漢書或誤作衝者非也攡今漢書及韋昭晉灼音義並作攡字今字書無手傍離字今人讀漢書相承以攡字音力支反案劉向別錄揚雄經目有玄首玄衝玄錯玄測玄舒不作攡字然字林云攡舒也攡音丑支反太玄經曰玄者幽攡萬物而不見其形宋忠曰攡者張也與晉灼同掜服虔音兒晉灼曰掜擬也字林五弟反莊子曰終日握之而手不掜司馬彪曰但抱而握之手不掜也太玄經曰別一以掜於左手之小指又今人不見太玄經及別錄以玄衝玄攡

下有玄營玄數玄文玄掜玄圖玄告玄問合十二篇今漢書祇有首衝錯測攡營數文掜圖告十一篇皆以解剝玄問一篇故云十一該取未詳是故述之龔嘒曰大玄自漢宋衷作解詁吳陸績作釋文范望作贊以至唐及國朝為之注解及音義之類者非一家皆止有十一篇不知該所謂別錄者果何書也衡亦不聞作衡當更問知者皆以解剝玄體離散其文章句尚不存焉師古曰玄文雖有章句其旨深妙尚不能盡存故解剝而離散也○宋祁曰注文也字當作之劉敞曰言此十一篇財以離散玄文未有章句也玄文多故不著觀之者難知學之者難成客有難玄大深眾人之不好也雄解之號曰解難其辭曰客難揚子曰凡著書者為眾人之所好也美味期乎合口工聲調於比耳師古曰比和也音頻二反今吾子迺抗辭幽說閎意眇指師古曰眇讀曰妙獨馳騁於有亡之際而陶冶大鑪旁薄羣生師古曰旁薄猶言蕩薄也歷覽者茲年矣而殊不寤師古曰茲益也茲年言其久也不寤不曉其意○宋祁曰茲年及注中茲字並當從水旁亶費精神於此而煩學者於彼師古曰亶讀曰但譬畫者畫於無形弦者放於無聲殆不可乎師古曰放依也殆近也放音甫往反揚子曰俞師古曰俞然也音踰若夫閎言崇議幽微之塗蓋難與覽者同也昔人有觀象於天視度於地察法於人者天麗且彌地普而深師古曰麗著也日月星辰之所著也彌廣也普遍也昔人之辭迺玉迺金師古曰貞實美麗如金玉也彼豈好為艱難哉埶不得已也師古曰已止也獨不見夫翠虯絳螭之將登虖天師古曰虯螭解並在前必聳身於蒼梧之淵不階浮雲翼疾風虛舉而上升則不能撠膠葛騰九閎師古曰撠揭也膠葛上清之氣也騰升也九閎九天之門撠音戟揭音居足反○蕭該音義曰撠如淳曰撠著也膠葛大也韋昭曰撠音據畧反字林撠揭也揭撠持也撠音戟日月之經不千里則不能燭六合燿八紘師古曰燭照也六合謂天地四方八紘八方之綱維也紘音宏泰山之高不嶕嶢則不能浡滃雲而散歊烝師古曰嶕嶢高皃也浡滃盛也滃雲氣皃歊烝氣上出也嶕嶢音樵堯浡音勃滃音一孔反歊音許驕反○宋祁曰蕭該音義曰韋昭曰歊氣之發見者也注文許驟當作許昭是以宓犧氏之作易也師古曰宓音伏緜絡天地經以八卦文王附六爻師古曰因而重之孔子錯其象而彖其辭然後發天地之臧定萬物之基○宋祁曰然後字下當有能字典謨之篇雅頌之聲不溫純深潤則不足以揚鴻烈而章緝熙師古曰造化鴻大也烈業也緝熙光明也蓋胥靡為宰李奇曰造化之神宰割萬物也張晏曰胥相也靡無也言相師以無為作宰者也寂寞為尸李奇曰道化以寂寞為主大味必淡大音必希師古曰淡謂無至味也音徒濫反大語叫叫大道低回師古曰叫叫遠聲也低回紆衍也是以聲之眇者不可同於眾人之耳師古曰眇讀曰妙形之美者不可棍於世俗之目師古曰棍亦同也音胡本反辭之衍者不可齊於庸人之聽師古曰衍旁廣也今夫弦者高張急徽追趨逐者則坐者不期而附矣師古曰徽琴徽也所以表發撫抑之處也追趨逐者隨所趨嚮愛嗜而追逐之也趨讀曰趣耆讀曰嗜試為之施咸池揄六莖發簫韶詠九成則莫有和也師古曰揄引也和應也揄音踰和音胡臥反是故鍾期死伯牙絕絃破琴而不肯與眾鼓師古曰解在司馬遷傳獿人亡則匠石輟斤而不敢妄斲服虔曰獿古之善塗

塈者也施廣領大袖以仰塗而領袖不汙有小飛泥誤著其鼻因令匠石揮斤而斲知匠石之善斲故敢使之也師古曰塈即今之仰泥也獿抆拭也故謂塗者為獿人獿音乃高反又音迺回反今書本獿字有作郢者流俗喚之塈音許既反師曠之調鍾竢知音者之在後也應劭曰晉平公鍾工者以爲調矣師曠曰臣竊聽之知其不調也至於師涓而果知鍾之不調是師曠欲善調之鍾為後世之有知音○宋祁曰注文平公字下當有鑄鍾字孔子作春秋幾君子之前睹也師古曰幾讀曰冀老聃有遺言貴知我者希師古曰老子德經云知我者希則我貴矣此非其操與師古曰與讀曰歟雄見諸子各以其知舛馳師古曰舛相背大氐詆訾聖人即為怪迂析辯詭辭以撓世事師古曰大氐大歸也詆訾毀也迂遠也析分也詭異也言諸子之書大歸皆非毀周孔之教為巧辯異辭以撓亂時政也訾音紫迂音于撓音火高反其字從手也○宋祁曰司馬溫公云大氐下脫不字又注文詭異也字下當有撓攪也三字雖小辯終破大道而或眾使溺於所聞而不自知其非也及太史公記六國歷楚漢訖麟止不與聖人同是非頗謬於經師古曰頗普我反故人時有問雄者常用法應之譔以爲十三卷師古曰譔與撰同○蕭該音義曰字林譔專教也音論惟譔記音撰字書音詮象論語號曰法言法言文多不著獨著其目師古曰雄有序著篇之意天降生民倥侗顓蒙鄭氏曰童蒙無所知也師古曰倥音空侗音同顓與專同○蕭該音義曰案字林及埤蒼倥音日吳反侗音勅動反恣于情性聰明不開訓諸理師古曰訓告也譔學行第一○宋祁曰司馬溫公云行讀如字降周迄孔成于王道師古曰周周公旦也迄至也孔孔子也言自周公以降至於孔子設教垂法昔帝王之道○宋祁曰宋咸法言本迄作訖字林曰迄至也火乞反然後誕章乖離諸子圖微師古曰言其後澆末虛誕益章乖於七十弟子所謀微妙之言○劉敞曰誕大也章法也言王道息而諸子起也○宋祁曰法言微作徽吳祕注云圖謀也徽美也辨其異端而謀其徽美譔吾子第二事有本真陳施於億李奇曰布陳於億萬事也動不克咸李奇曰不能皆善也本諸身譔修身第三○宋祁曰法言億作意溫公云咸感也人欲陳施其意治化天下動而不能感人者蓋由外逐浮偽內無本真不能正己以正物故當必本諸身也芒芒天道在昔聖考○李奇曰聖人能成天道○宋祁曰宋咸天作大過則失中不及則不至不可姦罔蘇林曰罔誣也言不可作姦誣於聖道譔問道第四神心曶怳經緯萬方師古曰曶讀與忽同○蕭該音義曰怳音荒韋昭熙放反該案今音況爲是事繫諸道德仁誼禮譔問神第五明哲煌煌旁燭無疆師古曰煌煌盛貌也燭照也無疆猶無極也遜于不虞以保天命李奇曰常行遜順備不虞譔問明第六假言周于天地贊于神明師古曰假至也○宋祁曰司馬溫公云李宗吳皆作遐光謂當作假劉敞曰案本書云吾寡見人之好假也則假當從光音遐假即遐也其首章曰吾寡見人之好假也指此矣幽弘橫廣絕于邇言李奇曰邇近也世人之言也譔寡見第七聖人聰明淵懿繼天測靈冠于羣倫經諸范師古曰經常也范法也○宋祁曰法言作範譔五百第八鄧展曰五百歲聖人一出立政鼓眾動化天下莫上於中和鄧展曰鼓亦動也中和之發在於哲民情師古曰哲知也○宋祁曰司馬溫公云哲當作哲明也言將發中和之政在先明民情譔先知第九○宋祁曰先景本作先仲尼以來國君將相卿士名臣參差不齊師古曰言志業不同也參音初林反壹槩諸聖師古曰以聖人大道槩平之○宋祁曰別本注文以字上有一字監本無又平字下當有之字譔重黎第十仲尼之後訖于漢道○宋祁曰李軌注法言本訖作迄德行顏閔股肱蕭曹爰及名將尊卑之條稱述品藻師古曰品藻者定其差品及文質譔淵騫第十一○宋祁曰李軌注法言本無此序云與重黎共序張慈據子厚云漢書淵騫自有序蓋疑弘範不見漢書中序故云共序子厚又云或班固所作宋咸云品歷世之臣以淵騫冠章首有意哉子雲也有以長爵之達弗逮乎廣道之尊乎或云是篇與重黎共序然漢書有之疑非揚辭而班固實之也未知其據焉君子純終領聞李奇曰領理所聞也師古曰純善也領令也聞名也言君子之道能善於終而不失令名蠢迪檢押師古曰蠢動也迪道也由也檢押猶隱括也言動由檢押也音狎○宋祁曰司馬溫公云檢押當作檢柙旁開聖則譔君子第十二孝莫大於寧親寧親莫大於寧神寧神莫大於四表之驩心師古曰寧安也言大孝之在於尊嚴祖考安其神靈所以得然者以得四方之外驩心譔孝至第十三

贊曰雄之自序云爾師古曰自法言目之前皆是雄本自序之文也初雄年四十餘自蜀來至游京師○宋祁曰至字可刪大司馬車騎將軍王音奇其文雅召以爲門下史薦雄待詔歲餘奏羽獵賦除爲郎給事黃門○宋祁曰通鑑考異云雄自序云上方郊祠甘泉泰畤召雄待詔承明之庭奏甘泉賦其十二月奏羽獵賦事在元延元年時王音卒已久蓋王根也與王莽劉歆並哀帝之初又與董賢同官當成哀平閒莽賢皆爲三公權傾人主所薦莫不拔擢而雄三世不徙官及莽簒位談說之士用符命稱功德獲封爵者甚眾雄復不侯○宋祁曰雄字上當有唯字以耆老久次轉爲大夫恬於埶利迺如是師古曰恬安也實好古而樂道其意欲求文章成名於後世○宋祁曰求字當作窮以爲經莫大於易故作太玄傳莫大於論語作法言史篇莫善於倉頡作訓纂箴莫善於虞箴作州箴晉灼曰九州之箴也賦莫深於離騷反而廣之辭莫麗於相如作四賦皆斟酌其本相與放依而馳騁云師古曰放音甫往反用心於內不求於外於時人皆曶之師古曰曶與忽同謂輕也○宋祁曰注文輕下當有之字唯劉歆及范逡敬焉師古曰逡音千旬反而桓譚以爲絕倫師古曰無比類王莽時劉歆甄豐皆爲上公莽既以符命自立即位之後欲絕其原以神前事而豐子尋歆子棻復獻之師古曰棻亦分字也音扶云反○宋祁曰注文分字當從木莽誅豐父子投棻四裔辭所連及便收不請師古曰不須奏請時雄校書天祿閣上治獄事使者來欲收雄雄恐不能自免迺從閣上自投下幾死師古曰幾音鉅依反莽聞之曰雄素不與事何故在此師古曰與讀曰豫間請問其故師古曰使人密問之迺劉棻嘗從雄學作奇字師古曰古文之異者雄不知情師古曰不知獻符命之事有詔勿問然京師爲之語曰惟寂寞自投閣爰清靜作符命師古曰以雄解嘲之言譏之也今流俗本云惟寂惟寞自投於閣爰清爰靜作符命妄增之○宋祁曰注文作符命當云作符作命雄以病免復召爲大夫家素貧耆酒師古曰耆讀曰嗜人希至其門時有好事者載酒肴從游學而鉅鹿侯芭常從雄居服虔曰芭音葩受其太玄法言焉劉歆亦嘗觀之謂雄曰空自苦今學者有祿利然尚不能明易又如玄何師古曰言無奈之何吾恐後人用覆醬瓿也師古曰瓿音蔀小甖也雄笑而不應年七十一天鳳五年卒侯芭爲起墳喪之三年時大司空王邑納言嚴尤聞雄死謂桓譚曰子常稱揚雄書豈能傳於後世乎譚曰必傳顧君與譚不及見也師古曰顧念也凡人賤近而貴遠親見揚子雲祿位容貌不能動人故輕其書昔老聃著虛無之言兩篇師古曰謂道德經也薄仁義非禮學然後世好之者尚以爲過於五經自漢文景之君及司馬遷皆有是言今揚子之書文義至深而論不詭於聖人師古曰詭違也聖人謂周公孔子若使遭遇時君更閱賢知爲所稱善師古曰更音工衡反則必度越諸子矣師古曰度過也諸儒或譏以爲雄非聖人而作經猶春秋吳楚之君僭號稱王蓋誅絕之罪也師古曰絕謂無亂嗣也○劉敞曰絕讀如春秋貶絕之絕自雄之沒至今四十餘年其法言大行而玄終不顯然篇籍具存

前漢書卷八十七下考證

揚雄傳下吁謂之茲邪○按文選作吁客何謂茲邪又垂意於志寧選作至寧又遻蔇選作遻坻

究㣇瘢○按張佖謂師古依孟康所說爲箭括無所據此究字合作鈗然文選作吮㣇瘢

亦所以奉太宗之烈遵文武之度○臣召南按太宗文選作太尊謂高祖也下句文武之度指文帝武帝於理甚順若此文作太宗則下句爲重出矣

顧而作太元五千文○臣召南按顧字下脫黙字文選可證又獨說十餘萬言選作數十餘萬言又纖者入無倫選作細者入無間

或立談間而封侯○文選無間字

是以欲談者宛舌而固聲注師古曰固閉也○顧炎武曰固聲是同聲之誤有文選可證而必欲訓之爲固此小顏之癖也

鄉使上世之士處虖今○按選作處乎今世又不遭史跗扁鵲選作不遭史跗與扁鵲也又蕭規曹隨選作夫蕭規曹隨又唯其人之贍知哉唯字選作雖大抵語助之辭選較本傳多所增減

東方朔割名于細君○顧炎武曰名字是炙字之誤文選可證

前漢書卷八十八

漢　蘭　臺　令　史　班　固　撰

唐正議大夫行祕書少監琅邪縣開國子顏師古注

儒林傳第五十八

古之儒者博學虖六蓺之文師古曰六蓺謂易禮樂詩書春秋六學者王教之典籍先聖所以明天道正人倫致至治之成法也周道既衰壞於幽厲禮樂征伐自諸侯出陵夷二百餘年而孔子興師古曰陵夷言漸頹替○宋祁曰注文頹替字下疑有也字以聖德遭季世知言之不用而道不行迺歎曰鳳鳥不至河不出圖吾已矣夫師古曰論語載孔子之言鳳鳥河圖皆王者之瑞自傷有德而無位故云已矣文王既沒文不在茲乎師古曰言文王久已沒矣文章之事豈不在此乎蓋自謂也亦見論語於是應聘諸侯以答禮行誼師古曰答禮謂有聞禮者則爲應答而申明之○劉奉世曰答禮者迎之有禮亦以禮答之西入周南至楚畏匡尼陳師古曰匡邑名即陳留匡城縣孔子貌類陽貨陽貨有怨於匡匡人見孔子以爲陽貨也故圍而欲害之後得免耳尼陳謂在陳絕糧也奸七十餘君師古曰奸音干適齊聞韶三月不知肉味師古曰美舜樂之善也自衛反魯然後樂正雅頌各得其所師古曰自衛反魯謂哀十一年也是時道衰樂廢孔子還修正之故雅頌各得其所究觀古今之篇籍迺稱曰大哉堯之爲君也唯天爲大唯堯則之師古曰言堯所行皆法天巍巍乎其有成功也煥乎其有文章也師古曰巍巍者高貌煥明也又曰周監於二世郁郁乎文哉吾從周師古曰言周追視夏殷二代之制而損益之故禮文大備也郁郁文章盛貌自此以上孔子之言皆見論語○劉敞曰世改代於是敘書則斷堯典師古曰謂尚書起自堯典也稱樂則法韶舞師古曰論語云顏淵問爲邦子曰行夏之時乘殷之輅服周之冕樂則韶舞放鄭聲韶舜樂也孔子歎其盡善盡美故欲用之論詩則首周南師古曰以關睢爲始也綴周之禮因魯春秋舉十二公行事繩之以文武之道成一王法師古曰繩謂治正之至獲麟而止蓋晚而好易讀之韋編三絕而爲之傳師古曰編所以聯次簡也言愛玩之甚故編簡之韋爲之三絕也傳謂彖象繫辭文言說卦之屬皆因近聖之事以立先王之教故曰述而不作信而好古下學而上達知我者其天乎師古曰皆論語載孔子之言也作者之謂聖述者之謂明故孔子自謙言我但述者耳下學上達謂下學人事上達天命也行不違天故唯天知我也仲尼既

沒七十子之徒散遊諸侯師古曰七十子謂弟子者七十七人也稱七十者但言其成數也○宋祁曰注文弟子字下疑有達字大者爲卿相師傅小者友教士大夫或隱而不見故子張居陳師古曰子張姓顓孫名師澹臺子羽居楚師古曰子羽姓澹臺名滅明澹音徒甘反子夏居西河師古曰子夏姓卜名商子貢終於齊師古曰子貢姓端木名賜○宋祁曰貢蕭該本作贛淳化本景本作子貢刊誤改作贛又云子貢當爲子夏如田子方段干木吳起禽滑釐之屬皆受業於子夏之倫爲王者師師古曰子方以下皆魏人也滑音于拔反釐音離是時獨魏文侯好學天下並爭於戰國儒術既黜焉然齊魯之間學者猶弗廢至於威宣之際孟子孫卿之列咸遵夫子之業而潤色之以學顯於當世鄧展曰威宣齊二王及至秦始皇兼天下燔詩書殺術士師古曰燔焚也今新豐縣溫湯之處號愍儒鄉溫湯西南三里有馬谷谷之西岸有阬古老相傳以爲秦阬儒處也衞宏詔定古文官書序云秦既焚書患苦天下不從所改更法而諸生到者拜爲郎前後七百人迺密令冬種瓜於驪山阬谷中溫處瓜實成詔博士諸生說之人人不同乃命就視之爲伏機諸生賢儒皆至焉方相難不決因發機從上塡之以土皆壓終乃無聲此則閔儒之地其不謬矣燔音扶元反六學從此缺矣陳涉之王也魯諸儒持孔氏禮器往歸之於是孔甲爲涉博士卒與俱死師古曰孔光傳云孔鮒爲陳涉博士死陳下今此云孔甲將名鮒而字甲也陳涉起匹夫敺適戍以立號師古曰敺與驅同適讀曰讁不滿歲而滅亡其事至微淺然而搢紳先生負禮器往委質爲臣者何也以秦禁其業積怨而發憤於陳王也及高皇帝誅項籍引兵圍魯魯中諸儒尚講誦習禮弦歌之音不絕豈非聖人遺化好學之國哉於是諸儒始得修其經學講習大射鄉飲之禮叔孫通作漢禮儀因爲奉常諸弟子共定者咸爲選首然後喟然興於學師古曰喟歎息貌音丘位反然尚有干戈平定四海師古曰言陳豨盧綰韓信黥布之徒相次反叛征伐也亦未皇庠序之事也師古曰皇暇也孝惠高后時公卿皆武力功臣孝文時頗登用師古曰言少用文學之士然孝文本好刑名之言及至孝景不任儒竇太后又好黃老術故諸博士具官待問未有進者師古曰具官謂備員而已漢興言易自淄川田生言書自濟南伏生言詩於魯則申培公於齊則轅固生師古曰培固者其人名公生者其號也它皆類此培音陪韋昭曰培公之名也燕則韓太傅師古曰名嬰也言禮則魯高堂生言春秋於齊則胡毋生於趙則董仲舒及竇太后崩武安君田蚡爲丞相黜黃老刑名百家之言延文學儒者以百數而公孫弘以治春秋爲丞相封侯天下學士靡然鄉風矣師古曰鄉讀曰嚮弘爲學官悼道之鬱滯迺請曰丞相御史言師古曰自此以下皆弘奏請之辭○宋祁曰景德本無淖字刊誤據史記作悼道據南本作以道制曰蓋聞導民以禮風之以樂師古曰風化也婚姻者居室之大倫也師古曰倫理也今禮廢樂崩朕甚愍焉故詳延天下方聞之士咸登諸朝師古曰詳悉也方道也有道及博聞之士也○宋祁曰延字刊誤據史記本添入其令禮官勸學講議洽聞舉遺興禮以爲天下先師古曰舉遺謂經典遺逸者求而舉之太常議予博士弟子崇鄉里之化以厲賢材焉師古曰厲勸勉之也一曰砥厲也自此以上弘所引詔文謹與太常臧博士平等議師古曰臧孔臧也曰聞三代之道鄉里有教夏曰校殷曰庠周曰序師古曰教效也言可效道藝也其勸善也顯之朝廷其懲惡也加之刑罰故教化之行也建首善自京師始繇內及外師古曰繇音由由從也今陛下昭至德開大明配天地本人倫勸學興禮崇化厲賢以風四方太平之原也師古曰風化也○宋祁曰姚本改厲賢作屬賢古者政教未洽不備其禮請因舊官而興焉爲博士官置弟子五十人復其身師古曰復音方目反太常擇民年十八以上儀狀端正者補博士弟子郡國縣官有好文學敬長上肅政教順鄉里出入不悖師古曰悖乖也音布內反所聞令相長丞上屬所二千石師古曰謂聞其部屬有此人也令縣令相長丞也二千石謂郡守及諸王相也○劉攽曰所聞當屬上句讀之則亦不煩訓詁矣二千石謹察可者常與計偕師古曰隨上計吏俱至京師詣太常得受業如弟子一歲皆輒課能通一藝以上補文學掌故缺其高第可以爲郎中太常籍奏師古曰爲名籍而奏○宋祁曰注文爲字下疑有之字卽有秀才異等輒以名聞其不事學若下材及不能通一藝輒罷之而請諸能稱者師古曰謂列其能通藝業而稱其任者奏請補用之也臣謹案詔書律令下者師古曰下謂班行也明天人分際師古曰分音扶問反通古今之誼文章爾雅訓辭深厚師古曰爾雅近正也言詔辭雅正而深厚也恩施甚美小吏淺聞弗能究宣亡以明布諭下以治禮掌故以文學禮義爲官遷留滯師古曰言治禮掌故之官本以有文學禮義而爲之又所以遷擢留滯之人○劉攽曰下以字衍言治禮掌故其遷常留滯故請特選用以勸之請選擇其秩比二百石以上及吏百石通一藝以上補左右內史大行卒史師古曰左右內史後爲左馮翊右扶風而大行後爲大鴻臚也比百石以下補郡太守卒史皆各二人師古曰內地之郡郡各補太守卒史二人也邊郡一人先用誦多者不足擇掌故以補中二千石屬蘇林曰屬亦禮史今縣令文書解言屬某甲也○宋祁曰注文禮史姚本作曹史文學掌故補郡屬備員師古曰云備員者示以升擢之非藉其實用也○劉攽曰此文意本謂小吏弗能究宣詔書故使文學士布在州郡也然頗解未甚悉今區別言之治禮掌故以文學禮義爲官遷留滯者言故治禮掌故令在他官而遷常留滯今遷之請選擇其秩比二百石以上及吏百石通一藝以上補左右內史大行卒史言文學掌故留滯在此二百石以上又百石通一藝皆補爲左右內史大行卒史也吏乃以百石用者爲其曉事優之也比百石以下補郡太守卒史皆各二人邊郡一人言故文學掌故在留滯及吏比百石皆補郡卒史也不言文學掌故之在百石者與吏百石同也先用誦多者此數品先用誦多者也不足擇掌故言此數品不足則擇見方爲掌故也以補中二千石屬以與已同言自比二百石至比百石爲卒史者已而臨二千石屬也有掾有屬卒史遷而爲屬也文學掌故補郡屬者卽不足所擇用故但得爲郡屬也備員者總言此三者皆備員也請著功令師古曰新立此條請以著於功令功令篇名若今選舉令它如律令師古曰此外並如舊律令制曰可自此以來公卿大夫士吏彬彬多文學之士矣師古曰彬彬文章貌音斌昭帝時舉賢良文學增博士弟子員滿百人宣帝末增倍之元帝好儒能通一經者皆復師古曰蠲其傜賦也復音方目反數年以用度不足更爲設員千人郡國置五經百石卒史成帝末或言孔子布衣養徒三千人今天子太學弟子少於是增弟子員三千人歲餘復如故平帝時王莽秉政增元士之子得受業如弟子勿以爲員師古曰常員之外更開此路歲課甲科四十人爲郎中乙科二十人爲太子舍人丙科四十人補文學掌故云

自魯商瞿子木受易孔子師古曰姓商瞿也瞿音衢以授魯橋庇子庸師古曰姓橋名庇字子庸它皆類此庇音必寐反○宋祁曰蕭該案史記橋音嬌子庸授江東馯臂子弓師古曰姓馯也音韓子弓授燕周醜子家子家授東武孫虞子乘子乘授齊田何子裝及秦禁學易爲筮卜之書獨不禁故傳受者不絕也○宋祁曰越本無也字漢興田何以齊田徙杜陵號杜田生師古曰高祖用婁敬之言徙關東大族故何以舊齊田氏見徙也初徙時未爲杜陵蓋史家本其地追言之也授東武王同子中雒陽周王孫丁寬齊服生皆著易傳數篇師古曰田生授王同周王孫丁寬服生四人而四人皆著易傳也子中王同字也中讀曰仲同授淄川楊何字叔元元光中徵爲大中大夫齊卽墨成至城陽相師古曰姓卽墨名成廣川孟但爲太子門大夫魯周霸莒衡胡師古曰莒人姓衡名胡也臨淄主父偃皆以易至大官要言易者本之田何

丁寬字子襄梁人也初梁項生從田何受易時寬爲項生從者讀易精敏材過項生遂事何學成何謝寬師古曰告令罷去寬東歸何謂門人曰易以東矣師古曰言丁寬得其法術以去○宋祁曰易以東矣無以字注文法字當刪寬至雒陽復從周王孫受古義號周氏傳景帝時寬爲梁孝王將軍距吳楚號丁將軍作易說三萬言訓故舉大誼而已師古曰故謂經之旨趣也它皆類此今小章句是也寬授同郡碭田王孫師古曰碭者梁郡之縣也音唐又音宕王孫授施讎孟喜梁丘賀繇是易有施孟梁丘之學師古曰繇與由同後類此

施讎字長卿沛人也沛與碭相近讎爲童子從田王孫受易後讎徙長陵田王孫爲博士復從卒業師古曰卒終也與孟喜梁丘賀並爲門人謙讓常稱學廢不教授及梁丘賀爲少府事多遣子臨分將門人張禹等從讎問讎自匿不肯見賀固請不得已乃授臨等於是賀薦讎結髮事師數十年師古曰言從結髮爲童丱卽從師學著其早也賀不能及詔拜讎爲博士甘露中與五經諸儒雜論同異於石渠閣師古曰三輔故事云石渠閣在未央殿北以藏祕書也讎授張禹琅邪魯伯伯爲會稽太守禹至丞相禹授淮陽彭宣沛戴崇子平崇爲九卿宣大司空禹宣皆有傳魯伯授太山毛莫如少路師古曰姓毛名莫如字少路○宋祁曰蕭該案漢書衆本悉作毛字風俗通姓氏篇渾屯氏太昊之良佐漢有屯莫如爲常山太守又有毛姓云毛伯文王之子也見左傳漢有毛樽之爲壽張令按此莫如非姓毛乃應作屯字音徒本反今人相承呼爲毛萇聞爲屯驚怪者多毛屯相似容是傳寫誤矣應劭解漢書世人皆用何爲在風俗通而不信琅邪邴丹曼容○宋祁曰此下更有曼容二字著清名莫如至常山太守此其知名者也繇是施家有張彭之學

孟喜字長卿東海蘭陵人也父號孟卿師古曰時人以卿呼之若言公矣善爲禮春秋授后蒼疏廣世所傳后氏禮疏氏春秋皆出孟卿孟卿以禮經多春秋煩雜乃使喜從田王孫受易喜好自稱譽得易家候陰陽災變書詐言師田生且死時枕喜鄰獨傳喜諸儒以此耀之師古曰爲光榮也同門梁丘賀疏通證明之師古曰同門同師學者也疏通猶言分別也證明明其僞也曰田生絕於施讎手中時喜歸東海安得此事又蜀人趙賓好小數書後爲易飾易文以爲箕子明夷陰陽氣亡箕子箕子者萬物方荄茲也師古曰易明夷卦彖曰內文明而外柔順以蒙大難文王以之利艱貞晦其明也內難而能正其志箕子以之六五爻辭曰箕子之明夷利貞此箕子者謂殷父師說洪範者也而賓妄爲說耳荄茲言其根荄方滋茂也荄音該又音皆賓持論巧慧易家不能難皆曰非古法也師古曰心不服云受孟喜喜爲名之師古曰名之者承取其名云實授也後賓死莫能持其說喜因不肯仞師古曰仞亦名也仞音刃以此不見信喜舉孝廉爲郎曲臺署長師古曰曲臺殿名署者主供其事也病免爲丞相掾博士缺衆人薦喜上聞喜改師法遂不用喜喜授同郡白光少子沛翟牧子兄師古曰兄讀曰況皆爲博士繇是有翟孟白之學

梁丘賀字長翁琅邪諸人也以能心計爲武騎從大中大夫京房受易房者淄川楊何弟子也師古曰自別一京房非焦延壽弟子爲課吏法者或書字誤耳不當爲京房房出爲齊郡太守賀更事田王孫宣帝時聞京房爲易明求其門人得賀賀時爲都司空令坐事論免爲庶人待詔黃門數入說教侍中師古曰爲諸侍中說經爲教授以召賀賀入說上善之師古曰說於天子之前以賀爲郎會八月飲酎行祠孝昭廟師古曰行謂天子出先敺旄頭劍挺墮墜首垂泥中師古曰挺引也劍自然引拔出也墜古地字○宋祁曰垂字當作臿字刃鄉乘輿車師古曰鄉讀曰嚮馬驚於是召賀筮之有兵謀不吉上還使有司侍祠是時霍氏外孫代郡太守任宣坐謀反誅師古曰霍光傳云任宣霍氏之壻此云外孫誤也宣子章爲公車丞亡在渭城界中夜玄服入廟居郎間師古曰郎著皁衣故章玄服以廁也執戟立廟門待上至欲爲逆發覺伏誅故事上常夜入廟其後待明而入自此始也賀以筮有應繇是近幸爲大中大夫給事中至少府爲人小心周密上信重之年老終官傳子臨亦入說爲黃門郎甘露中奉使問諸儒於石渠臨學精熟專行京房法琅邪王吉通五經聞臨說善之時宣帝選高材郎十人從臨講吉乃使其子郎中駿上疏從臨受易臨代五鹿克宗君孟爲少府駿御史大夫自有傳克宗授平陵士孫張仲方師古曰姓士孫名張字仲方○劉奉

世曰臨代五鹿充宗代當爲授後人誤改之代充宗者召信臣亦非臨也 沛鄧彭祖子夏齊衡咸長賓張爲博士 ○宋祁曰蕭該案風俗通姓氏篇云衡阿衡也伊尹官也見詩傳漢有衡咸講學祭酒 至揚州牧光祿大夫給事中家世傳業彭祖眞定太傅咸王莽講學大夫繇是梁丘有士孫鄧衡之學

京房受易梁人焦延壽 師古曰延壽其字名贛 延壽云嘗從孟喜問易會喜死房以爲延壽易卽孟氏學翟牧白生不肯皆曰非也至成帝時劉向校書考易說以爲諸易家說皆祖田何楊叔丁將軍大誼畧同唯京氏爲異黨焦延壽獨得隱士之說 師古曰黨讀曰儻 託之孟氏不相與同房以明災異得幸爲石顯所譖誅自有傳房授東海殷嘉河東姚平河南乘弘 師古曰乘姓也音食證反○劉敞曰今有乘姓音如乘黎之乘 皆爲郎博士繇是易有京氏之學

費直字長翁東萊人也 師古曰費音扶味反 治易爲郎至單父令 師古曰單音善父音甫 長於卦筮亡章句徒以彖象系辭十篇文言解說上下經琅邪王璜平中能傳之 師古曰中讀曰仲 璜又傳古文尚書

高相沛人也治易與費公同時其學亦亡章句專說陰陽災異自言出於丁將軍傳至相相授子康及蘭陵毋將永康以明易爲郎永至豫章都尉及王莽居攝東郡太守翟誼謀舉兵誅莽事未發康候知東郡有兵私語門人門人上書言之後數月翟誼兵起莽召問對受師高康莽惡之以爲惑衆斬康繇是易有高氏學高費皆未嘗立於學官

伏生濟南人也 張晏曰名勝伏生碑云也 故爲秦博士孝文時求能治尚書者天下亡有聞伏生治之欲召時伏生年九十餘老不能行於是詔太常使掌故朝錯往受之 師古曰衞宏定古文尚書序云伏生老不能正言言不可曉也使其女傳言教錯齊人語多與潁川異錯所不知者凡十二三畧以其意屬讀而已 秦時禁書伏生壁藏之其後大兵起流亡漢定伏生求其書亡數十篇獨得二十九篇卽以教于齊魯之閒齊學者由此頗能言尚書山東大師亡不涉尚書以教伏生教濟南張生及歐陽生張生爲博士而伏生孫以治尚書徵弗能明定是後魯周霸雒陽賈嘉頗能言尚書云 師古曰嘉者賈誼之孫也

歐陽生字和伯千乘人也事伏生授兒寬寬又授業孔安國至御史大夫自有傳寬有俊材 ○宋祁曰俊字當作儁 初見武帝語經學上曰吾始以尚書爲樸學弗好及聞寬說可觀乃從寬問一篇歐陽大小夏侯氏學皆出於寬寬授歐陽生子世世相傳至曾孫高子陽爲博士 師古曰名高字子陽 高孫地餘長賓以太子中庶子授太子後爲博士論石渠元帝卽位地餘侍中貴幸至少府戒其子曰我死官屬卽送汝財物愼毋受汝九卿儒者子孫以廉潔著可以自成及地餘死少府官屬共送數百萬 ○宋祁曰越本無數字 其子不受天子聞而嘉之賜錢百萬地餘少子政爲王莽講學大夫由是尚書世有歐陽氏學

林尊字長賓濟南人也事歐陽高爲博士論石渠後至少府太子太傅授平陵平當梁陳翁生當至丞相自有傳翁生信都太傅家世傳業由是歐陽有平陳之學翁生授琅邪殷崇楚國龔勝崇爲博士勝右扶風自有傳而平當授九江朱普公文上黨鮑宣普爲博士宣司隸校尉自有傳徒衆尤盛知名者也

夏侯勝其先夏侯都尉從濟南張生受尚書以傳族子始昌始昌傳勝勝又事同郡蕑卿 師古曰蕑音姦 蕑卿者兒寬門人勝傳從兄子建建又事歐陽高勝至長信少府建太子太傅自有傳由是尚書有大小夏侯之學

周堪字少卿齊人也與孔霸俱事大夏侯勝霸爲博士堪譯官令論於石渠經爲最高後爲太子少傅而孔霸以大中大夫授太子及元帝卽位堪爲光祿大夫與蕭望之並領尚書事爲石顯等所譖 ○宋祁曰越本邵本無等字 皆免官望之自殺上愍之迺擢堪爲光祿勳語在劉向傳堪授牟卿 ○宋祁曰舊本卿作鄉 及長安許商長伯牟卿爲博士霸以帝師賜爵號褒成君傳子光 ○宋祁曰光字下更有光字 亦事牟卿至丞相自有傳由是大夏侯有孔許之學商善爲筭著五行論歷四至九卿號其門人沛唐林子高爲德行平陵吳章偉君爲言語重泉王吉少音爲政事齊炔欽幼卿爲文學 師古曰依孔子弟子顏回以下爲四科也炔音桂○宋祁曰炔字詁曰今炅姓也韋昭音翕決反非 王莽時林吉爲九卿自表上師家大夫博士郎吏爲許氏學者各從門人會車數百兩儒者榮之欽章皆爲博士徒衆尤盛章爲王莽所誅 ○宋祁曰越本作所誅也 張山拊字長賓平陵人也 師古曰拊音膚韋昭音抔又音甫尤反 事小夏侯建爲博士論石渠至少府授同縣李尋鄭寬中少君山陽張無故子儒信都秦恭延君陳留假倉子驕無故善修章句爲廣陵太傅守小夏侯說文恭增師法至百萬言 師古曰言小夏侯本所說之文不多而秦恭又更增益故至百萬言也 爲城陽內史倉以謁者論石渠至膠東相尋善說災異爲騎都尉自有傳寬中有儁材以博士授太子成帝卽位賜爵關內侯食邑八百戶遷光祿大夫領尚書事甚尊重會疾卒谷永上疏曰臣聞聖王尊師傅褒賢儁顯有功生則致其爵祿死則異其禮謚昔周公薨成王葬以變禮而當天心 師古曰周公死成王欲葬之於成周天乃雷雨以風禾盡偃大木斯拔國人大恐王乃葬周公於畢示不敢臣也事見尚書大傳與古文尚書不同 公叔文子卒衞侯加以美謚著爲後法 師古曰公叔文子衞大夫公孫發也文子卒其子請謚於君君曰昔者衞國凶饑夫子爲粥與國之餓者不亦惠乎衞國有難夫子以其死衞寡人不亦貞乎夫子聽衞國之政脩其班制以與四鄰交衞國之社稷不辱不亦文乎謂夫子貞惠文子事見禮記檀弓 近事大司空朱邑 ○劉敞曰空當爲農 右扶風翁歸德茂夭年孝宣皇帝愍冊厚賜贊命之臣靡不激揚 師古曰贊佐也 關內侯鄭寬中有顏子之美質包商偃之文學 師古曰論語云文學子游子夏商子夏名偃子游名 嚴然總五經之眇論立師傅之顯位 師古曰嚴與儼同眇讀曰妙 入則鄉唐虞之閎道王法納乎聖聽 師古曰鄉讀曰嚮閎大也言陳聖王之法聞於天子 出則參冢宰之重職功列施乎政事退食自公私門不開 師古曰退食自公召南羔羊詩之辭言貶退所食之祿而從至公之道也 散賜九族田畝不益德配周召忠合羔羊未得登司徒有家臣 師古曰司徒掌禮教之官言寬中學行堪爲之也家臣若今諸公國官及府佐也 卒然早終尤可悼痛 師古曰卒讀曰猝 臣愚以爲宜加其葬禮賜之令謚 師古曰令善也 以章尊師褒賢顯功之德上弔贈寬中甚厚由是小夏侯有鄭張秦假李氏之學寬中授東郡趙玄無故授沛唐尊恭授魯馮賓賓爲博士尊王莽太傅玄哀帝御史大夫至大官知名者也 ○宋祁曰淳化本越本無故字下更有無故二字馮賓字下更有一馮字刊誤謂當去無故二字添一賓字

孔氏有古文尚書孔安國以今文字讀之因以起其家逸書得十餘篇蓋尚書茲多於是矣遭巫蠱未立於學官安國爲諫大夫授都尉朝 服虔曰朝名都尉姓 而司馬遷亦從安國問故遷書載堯典禹貢洪範微子金縢諸篇多古文說都尉朝授膠東庸生庸生授淸河胡常少子 師古曰少子亦常字也 以明穀梁春秋爲博士部刺史又傳左氏常授虢徐敖敖爲右扶風掾又傳毛詩授王璜平陵塗惲子眞子眞授河南桑欽君長王莽時諸學皆立 ○宋祁曰新本改論作諸 劉歆爲國師璜惲等皆貴顯世所傳百兩篇者出東萊張霸分析合二十九篇以爲數十又采左氏傳書敘爲作首尾凡百二篇篇或數簡文意淺陋成帝時求其古文者霸以能爲百兩徵以中書校之非是 師古曰以霸私增加分析故與中書之文不同也中書天子所藏之書也 霸辭受父父有弟子尉氏樊竝時大中大夫平當侍御史周敞勸上存之 師古曰存者立其學 後樊竝謀反迺黜其書

申公魯人也少與楚元王交俱事齊人浮丘伯受詩漢興高祖過魯申公以弟子從師入見于魯南宮呂太后時浮丘伯在長安楚元王遣子郢與申公俱卒學 師古曰郢卽郢客也 元王薨郢嗣立爲楚王令申公傅太子戊戊不好學病申公 師古曰病苦也 及戊立爲王胥靡申公 師古曰胥靡相係而作役解具在楚元王傳也 申公愧之歸魯退居家教終身不出門復謝賓客 師古曰身既不出門非受業弟子其宅賓客來者又謝遣之不與相見也 獨王命召之乃往弟子自遠方至受業者千餘人申公獨以詩經爲訓故以教亡傳 師古曰口說其指不爲解說之傳 疑者則闕弗傳蘭陵王臧既從受詩已通事景帝爲太子少傅免去武帝初卽位臧乃上書宿衞累遷一歲至郎中令及代趙綰亦嘗受詩申公爲御史大夫綰臧請立明堂以朝諸侯不能就其事 師古曰就成也 乃言師申公於是上使使束帛加璧安車以蒲裹輪駕駟迎申公 ○宋祁曰景祐本改駕作加今兩存 弟子二人乘軺傳從 師古曰傳音張戀反 至見上上問治亂之事申公時已八十餘老對曰爲治者不在多言顧力行何如耳 師古曰顧念也力行謂勉力爲行也 是時上方好文辭見申公對默然然已招致卽以爲大中大夫舍魯邸 師古曰舍止息也 議明堂事太皇竇太后喜老子言不說儒術 師古曰喜音許既反說讀曰悅 得綰臧之過以讓上曰此欲復爲新垣平也 師古曰讓責也 上因廢明堂事下綰臧吏皆自殺申公亦病免歸數年卒弟子爲博士十餘人孔安國至臨淮太守周霸膠西內史夏寬城陽內史碭魯賜東海太守蘭陵繆生長沙內史徐偃膠西中尉鄒人闕門慶忌膠東內史 李奇曰姓闕門名慶忌 其治官民皆有廉節稱其學官弟子行雖不備而至於大夫郎掌故以百數申公卒以詩春秋授而瑕丘江公盡能傳之徒衆最盛及魯許生免中徐公 蘇林曰免中縣名也李奇曰邑名也 師古曰李說是也 皆守學教授韋賢治詩事博士大江公及許生 晉灼曰大江公卽瑕丘江公也以異下博士江公故稱大 又治禮至丞相傳子玄成以淮陽中尉論石渠後亦至丞相玄成及兄子賞以詩授哀帝至大司馬車騎將軍自有傳由是魯詩有韋氏學

王式字翁思東平新桃人也事免中徐公及許生式爲昌邑王師昭帝崩昌邑王嗣立以行淫亂廢昌邑羣臣皆下獄誅唯中尉王吉郎中令龔遂以數諫減死論式繫獄當死治事使者責問曰師何以亡諫書式對曰臣以詩三百五篇朝夕授王至於忠臣孝子之篇未嘗不爲王反復誦之也 師古曰復音方目反 至於危亡失道之君未嘗不流涕爲王深陳之也臣以三百五篇諫是以亡諫書使者以聞亦得減死論歸家不教授山陽張長安幼君 李奇曰長安名 先事式後東平唐長賓沛褚少孫亦來事式問經數篇式謝曰聞之於師具是矣自潤色之 師古曰言所聞師說具盡於此若嫌簡畧任更潤色 不肯復授唐生褚生應博士弟子選詣博士摳衣登堂頌禮甚嚴 師古曰摳衣謂以手內舉之令離地也摳音口侯反頌讀曰容 試誦說有法疑者丘蓋不言 蘇林曰丘蓋不言不知之意也如淳曰齊俗以不知爲丘師古曰二說皆非也論語載孔子曰蓋有不知而作之者我無是也欲遵此意故效孔子自稱丘耳

蓋者發語之辭○劉敞曰予按荀卿書匶蓋之間凝則不言匶蓋近意也丘匶聲相變殆謂此耳諸博士驚問何師對曰事式皆素聞其賢共薦式詔除下爲博士師古曰下除官之書也下音胡嫁反式徵來衣博士衣而不冠曰刑餘之人何宜復充禮官既至止舍中會諸大夫博士共持酒肉勞式皆注意高仰之師古曰勞音來到反博士江公世爲魯詩宗師古曰爲魯詩者所宗師也至江公著孝經說心嫉式謂歌吹諸生曰如淳曰其學官自有此法酒生歌吹以相樂也歌驪駒服虔曰逸詩篇名也見大戴禮客欲去歌之文穎曰其辭云驪駒在門僕夫具存驪駒在路僕夫整駕也式曰聞之於師客歌驪駒主人歌客毋庸歸文穎曰庸用也主人禮未畢且無用歸也○劉敞曰尋文衍一客字驪駒者客將歸之歌主人無所歸不當歌也今日諸君爲主人日尚早未可也江翁曰經何以言之師古曰於經何所有此言式曰在曲禮江翁曰何狗曲也師古曰意怒故妄發言言狗者輕賤之甚也今流俗書本云何曲狗妄改之也式恥之陽醉遏墬師古曰遏失據而倒也墬古地字遏音徒涙反○宋祁曰遏古作踢服虔音湯湯去豆反之湯蕭該音勑宕反式客罷讓諸生曰我本不欲來師古曰讓責也諸生彊勸我竟爲豎子所辱遂謝病免歸終於家張生唐生褚生皆爲博士張生論石渠至淮陽中尉唐生楚太傅由是魯詩有張唐褚氏之學張生兄子游卿爲諫大夫以詩授元帝其門人瑯邪王扶爲泗水中尉陳留許晏爲博士○宋祁曰尉字下當有授字由是張家有許氏學初薛廣德亦事王式以博士論石渠授龔舍廣德至御史大夫舍泰山太守皆有傳

轅固齊人也○宋祁曰固字下當有生字以治詩孝景時爲博士與黃生爭論於上前黃生曰湯武非受命廼殺也固曰不然夫桀紂荒亂天下之心皆歸湯武湯武因天下之心而誅桀紂桀紂之民弗爲使而歸湯武湯武不得已而立非受命爲何師古曰此非受命更何爲○宋祁曰注文師古曰下當有言字黃生曰冠雖敝必加於首履雖新必貫於足師古曰語見太公六韜也何者上下之分也師古曰分音扶問反今桀紂雖失道然君上也湯武雖聖臣下也夫主有失行臣不正言匡過以尊天子反因過而誅之代立南面非殺而何固曰必若云師古曰謂必如黃生之言是高皇帝代秦卽天子之位非邪於是上曰食肉毋食馬肝未爲不知味也言學者毋言湯武受命不爲愚師古曰馬肝有毒食之憙殺人幸得無食言湯武爲殺是背經義故以爲喻也○劉敞曰知味者不必須食馬肝言學者不必須論湯武此欲令學者皆置之耳遂罷竇太后好老子書召問固固曰此家人言耳師古曰家人言僮隸之屬○宋祁曰越本耳作矣太后怒曰安得司空城旦書乎服虔曰道家以儒法爲急比之於律令也廼使固入圈擊彘上知太后怒而固直言無辠廼假固利兵師古曰假給與也利兵兵刃之利者下固刺彘正中其心彘應手而倒太后黙然亡以復辠後上以固廉直拜爲清河太傅疾免武帝初卽位復以賢良徵諸儒多嫉毀曰固老罷歸之時固已九十餘矣公孫弘亦徵仄目而事固師古曰言深憚之固曰公孫子務正學以言無曲學以阿世諸齊以詩顯貴皆固之弟子也昌邑太傅夏侯始昌最明自有傳

后蒼字近君東海郯人也事夏侯始昌始昌通五經蒼亦通詩禮爲博士至少府授翼奉蕭望之匡衡奉爲諫大夫望之前將軍衡丞相皆有傳衡授瑯邪師丹伏理斿君潁川滿昌君都君都爲詹事理高密太傅家世傳業丹大司空自有傳由是齊詩有翼匡師伏之學滿昌授九江張邯瑯邪皮容皆至大官徒衆尤盛

韓嬰燕人也孝文時爲博士景帝時至常山太傅嬰推詩人之意而作內外傳數萬言其語頗與齊魯閒殊然歸一也淮南賁生受之師古曰賁音肥燕趙閒言詩者由韓生韓生亦以易授人推易意而爲之傳燕趙閒好詩故其易微唯韓氏自傳之武帝時嬰嘗與董仲舒論於上前其人精悍處事分明師古曰悍勇銳仲舒不能難也後其孫商爲博士孝宣時涿郡韓生其後也以易徵待詔殿中曰所受易卽先太傅所傳也嘗受韓詩不如韓氏易深太傅故專傳之司隸校尉蓋寬饒本受易於孟喜見涿韓生說易而好之卽更從受焉

趙子河內人也事燕韓生授同郡蔡誼誼至丞相自有傳誼授同郡食子公○宋祁曰蕭該音義曰案風俗通曰食我韓公子也見戰國策漢有食子公爲博士食音嗣與王吉吉爲昌邑王中尉自有傳食生爲博士授泰山栗豐吉授淄川長孫順順爲博士豐部刺史由是韓詩有王食長孫之學豐授山陽張就順授東海髮福皆至大官徒衆尤盛

毛公趙人也治詩爲河閒獻王博士授同國貫長卿長卿授解延年延年爲阿武令授徐敖敖授九江陳俠爲王莽講學大夫由是言毛詩者本之徐敖

漢興魯高堂生傳士禮十七篇而魯徐生善爲頌蘇林曰漢舊儀有二郎爲此頌貌威儀事有徐氏徐氏後有張氏不知經但能盤辟爲禮容天下郡國有容史皆詣魯學之師古曰頌讀與容同下皆類此○宋祁曰注文姚本刪徐氏二字能字下添揖讓二字孝文時徐生以頌爲禮官大夫傳子至孫延襄師古曰延及襄二人襄其資性善爲頌不能通經延頗能未善也襄亦以頌爲大夫至廣陵內史延及徐氏弟子公戶滿意桓生單次皆爲禮官大夫師古曰姓公戶名滿意也與桓生及單次凡三人單音善而瑕丘蕭奮以禮至淮陽太守諸言禮爲頌者由徐氏

孟卿東海人也事蕭奮以授后倉魯閭丘卿倉說禮數萬言號曰后氏曲臺記服虔曰在曲臺校書著記因以爲名師古曰曲臺殿在未央宮授沛聞人通漢子方如淳曰聞人姓也名通漢字子方梁戴德延君戴聖次君沛慶普孝公孝公爲東平太傅德號大戴爲信都太傅聖號小戴以博士論石渠至九江太守由是禮有大戴小戴慶氏之學通漢以太子舍人論石渠至中山中尉普授魯夏侯敬又傳族子咸爲豫章太守大戴授瑯邪徐良斿卿爲博士州牧郡守家世傳業小戴授梁人橋仁季卿楊榮子孫師古曰子孫榮之字也○宋祁曰景本作楊子榮新本作楊榮注同仁爲大鴻臚家世傳業榮瑯邪太守由是大戴有徐氏小戴有橋楊氏之學

胡母生字子都齊人也治公羊春秋爲景帝博士與董仲舒同業仲舒著書稱其德年老歸教於齊齊之言春秋者宗事之公孫弘亦頗受焉而董生爲江都相自有傳弟子遂之者蘭陵褚大東平嬴公廣川段仲溫呂步舒師古曰遂謂名位成達者○宋祁曰遂之者當刪之字劉敞曰遂之者之字衍大至梁相步舒丞相長史唯嬴公守學不失師法爲昭帝諫大夫授東海孟卿魯眭孟孟爲符節令坐說災異誅自有傳

嚴彭祖字公子東海下邳人也與顏安樂俱事眭孟孟弟子百餘人唯彭祖安樂爲明質問疑誼各持所見孟曰春秋之意在二子矣孟死彭祖安樂各顓門教授師古曰顓與專同專門言各自名家由是公羊春秋有顏嚴之學彭祖爲宣帝博士至河南東郡太守○宋祁曰或無東字以高第入爲左馮翊遷太子太傅廉直不事權貴或說曰天時不勝人事君以不脩小禮曲意亡貴人左右之助經誼雖高不至宰相願少自勉彊彭祖曰凡通經術固當脩行先王之道何可委曲從俗苟求富貴乎彭祖竟以太傅官終授瑯邪王中爲元帝少府師古曰中讀曰仲家世傳業中授同郡公孫文東門雲雲爲荊州刺史文東平太傅徒衆尤盛雲坐爲江賊拜辱命下獄誅師古曰逢見賊而拜也

顏安樂字公孫○宋祁曰一作翁孫魯國薛人眭孟姊子也家貧爲學精力○宋祁曰一作積力官至齊郡太守丞後爲仇家所殺安樂授淮陽泠豐次君師古曰泠音零淄川任公公爲少府豐淄川太守由是顏家有泠任之學始貢禹事嬴公成於眭孟至御史大夫疏廣事孟卿至太子太傅皆自有傳廣授瑯邪筦路師古曰筦亦管字也○宋祁曰蕭該音義案草下完音丸又音官今漢書本卻作草下完風俗通姓氏篇有管莞二姓云莞蘇楚大夫見呂氏春秋漢有莞路爲御史中丞卽此是也又有管姓云管夷吾齊桓佐也見論語漢有管號爲西河太守今莞路是草下完非竹下完及竹下官由來讀者多惑檢風俗通乃知路爲御史中丞禹授潁川堂谿惠師古曰姓堂谿也惠授泰山冥都師古曰冥音莫零反○宋祁曰蕭該案周禮冥氏鄭司農云讀如冥氏春秋之冥劉昌宗莫歷反案都治公羊春秋當是有所注述解釋公羊故司農云冥氏春秋之冥風俗通姓氏篇冥侯國姒姓禹後見史記漢書有冥都爲丞相都爲丞相史都與路又事顏安樂故顏氏復有筦冥之學路授孫寶爲大司農自有傳豐授馬宮瑯邪左咸咸爲郡守九卿徒衆尤盛官至大司徒自有傳○劉攽曰官改作宮

瑕丘江公授穀梁春秋及詩於魯申公傳子至孫爲博士武帝時江公與董仲舒竝仲舒通五經能持論善屬文江公吶於口師古曰屬音之欲反吶古訥字上使與仲舒議不如仲舒而丞相公孫弘本爲公羊學比輯其議卒用董生師古曰比次也輯合也比音頻寐反輯與集同於是上因尊公羊家詔太子受公羊春秋由是公羊大興太子既通復私問穀梁而善之其後浸微師古曰浸漸也唯魯榮廣王孫皓星公二人受焉廣盡能傳其詩春秋高才捷敏與公羊大師眭孟等論數困之師古曰孟等窮屈也故好學者頗復受穀梁沛蔡千秋少君梁周慶幼君丁姓子孫師古曰姓丁名姓字子孫皆從廣受千秋又事皓星公爲學最篤宣帝卽位聞衞太子好穀梁春秋以問丞相韋賢長信少府夏侯勝及侍中樂陵侯史高皆魯人也言穀梁子本魯學公羊氏廼齊學也宜興穀梁時千秋爲郎召見與公羊家竝說上善穀梁說擢千秋爲諫大夫給事中後有過左遷平陵令復求能爲穀梁者莫及千秋上愍其學且絕廼以千秋爲郎中戶將師古曰戶將官名解在楊惲蓋寬饒傳選郎十人從受汝南尹更始翁君本自事千秋能說矣會千秋病死徵江公孫爲博士劉向以故諫大夫通達待詔受穀梁欲令助之江博士復死廼徵周慶丁姓待詔保宮師古曰保宮少府之屬官也本名居室使卒授十人自元康中始講至甘露元年積十餘歲皆明習廼召五經名儒太子太傅蕭望之等大議殿中平公羊穀梁同異各以經處是非時公羊博士嚴彭祖侍郎申輓伊推宋顯師古曰輓音晚穀梁議郎尹更始待詔劉向周慶丁姓竝論公羊家多不見從願請內侍郎許廣使者亦竝內穀梁家中郎王亥各五人師古曰使者謂當時詔遣監議者也內謂引入議所也公羊家旣請內許廣而使者因竝內王亥也議三十餘事望之等十一人各以經誼對多從穀梁由是穀梁之學大盛慶姓皆爲博士師古曰周慶丁姓二人也姓至中山太傅授楚申章昌曼君李奇曰姓申章名昌字曼君○宋祁曰蕭該音義曰晉灼作由章子案風俗通姓氏篇云由余秦相也見史記漢有由章至長沙太傅今宜作由章陽夏公案後言由是穀梁春秋有尹胡申章房氏之學則宜從李奇爲博士至長沙太傅徒衆尤盛尹更始爲諫大夫長樂戶將又受左氏傳取其變理合者以爲章句傳子咸及翟方進瑯邪房鳳咸至大司農方進丞相自有傳

房鳳字子元不其人也師古曰瑯邪之縣也其音基以射策乙科爲太史掌故太常舉方正爲縣令都尉失官大司馬票騎將軍王根奏除補長史薦鳳明經通達擢爲光祿大夫遷五官中郎將時光祿勳王龔以外屬內卿如淳曰卭成太后親也內卿光祿勳治宮中與奉車都尉劉歆共校書三人皆侍中歆

白左氏春秋可立哀帝納之以問諸儒皆不對歆於是數見丞相孔光爲言左氏以求助光卒不肯唯鳳龔許歆遂共移書責讓太常博士語在歆傳大司空師丹奏歆非毀先帝所立上於是出龔等補吏龔爲弘農歆河內鳳九江太守至青州牧始江博士授胡常常授梁蕭秉君房王莽時爲講學大夫由是穀梁春秋有尹胡申章房氏之學

漢興北平侯張蒼及梁太傅賈誼京兆尹張敞大中大夫劉公子皆脩春秋左氏傳誼爲左氏傳訓故授趙人貫公爲河間獻王博士子長卿爲蕩陰令師古曰蕩陰河內之縣也蕩音湯授清河張禹長子如淳曰非成帝師張禹也禹與蕭望之同時爲御史數爲望之言左氏望之善之上書數以稱說後望之爲太子太傅薦禹於宣帝徵禹待詔未及問會疾死授尹更始師古曰禹先授更始更始傳子咸及翟方進胡常常授黎陽賈護季君哀帝時待詔爲郎授蒼梧陳欽子佚以左氏授王莽至將軍而劉歆從尹咸及翟方進受由是言左氏者本之賈護劉歆

贊曰自武帝立五經博士開弟子員設科射策勸以官祿訖於元始百有餘年傳業者寖盛支葉蕃滋師古曰寖漸也蕃多也滋益也一經說至百餘萬言大師衆至千餘人蓋祿利之路然也師古曰言爲經學者則受爵祿而獲其利所以益勸初書唯有歐陽禮后易楊春秋公羊而已至孝宣世復立大小夏侯尚書大小戴禮施孟梁丘易穀梁春秋至元帝世復立京氏易平帝時又立左氏春秋毛詩逸禮古文尚書所以罔羅遺失兼而存之是在其中矣如淳曰雖有虛妄之說是當在其中故兼而存之

前漢書卷八十八考證

儒林傳故詳延天下方聞之士咸登諸朝注師古曰方道也云云○臣召南按史記作詳延天下方正博聞之士義甚明顯當是漢書寫本脫正博二字而師古因曲爲之說耳

殷曰庠周曰序○史記作殷曰序周曰庠與孟子同

郡國縣官○臣召南按史記作郡國縣道邑是也此文有脫誤耳縣有蠻夷曰道列侯公主所食曰邑謂屬於郡或國之縣及道與邑也漢時稱朝廷曰縣官故凡言令長不曰縣官也

而請諸能稱者注師古云云○臣召南按史記作而請諸不稱者罰此文祗換一不字省一罰字義遂不同史記言懲儆濫舉此文言登進賢才也

自魯商瞿子木云云○臣召南按史記祗云商瞿傳易六世至田何未嘗詳六世姓字也自橋庇子庸至孫虞子乘皆班氏所補又田何子裝史記作子莊班氏當以避明帝諱而改曰裝耳

要言易者本之田何○按史記作然要言易者本於楊何之家

費直傳琅邪王璜平中能傳之○按王璜溝洫志作王橫

高相傳東郡太守翟誼○按本傳作翟義義誼古字通用蔡義亦或作蔡誼

伏生傳於是詔太常使掌故朝錯往受之○臣召南按朝鼂二字通用據後漢書何敞傳敞之祖何比千學尚書於錯也

齊學者由此頗能言尚書○臣召南按史記但云學者由此頗能言尚書此文似衍齊字然以上下文推之又似齊字下脫魯字如云齊魯學者於文甚順也

申公傳弟子自遠方至受業者千餘人○臣召南按千餘人史記作百餘人下文言申公弟子爲博士者十餘人大夫郎掌故以百數則此文作千餘人是也又按申公爲魯詩之師又爲穀梁春秋之師故下文言申公卒以詩春秋授而瑕邱江公盡能傳之也

轅固傳履雖新必貫於足○按貫字史記作關

胡母生傳弟子遂之者○臣召南按史記作仲舒弟子通者又東平嬴公史記無而廣川段仲史記作殷忠

前漢書卷八十九

漢　蘭　臺　令　史班　固撰

唐正議大夫行祕書少監琅邪縣開國子顏師古注

循吏傳第五十九師古曰循順也上順公法下順人情也

漢興之初反秦之敝與民休息凡事簡易禁罔疏闊而相國蕭曹以寬厚清靜爲天下帥師古曰帥遵也民作畫一之歌師古曰謂歌曰蕭何爲法講若畫一曹參代之守而勿失孝惠垂拱高后女主不出房闥而天下晏然民務稼穡衣食滋殖師古曰滋益也殖生也至于文景遂移風易俗是時循吏如河南守吳公蜀守文翁之屬皆謹身帥先居以廉平不至於嚴而民從化孝武之世外攘四夷內改法度師古曰攘却也民用彫敝姦軌不禁師古曰不可禁時少能以化治稱者唯江都相董仲舒內史公孫弘兒寬居官可紀三人皆儒者通於世務明習文法以經術潤飾吏事天子器之仲舒數謝病去弘寬至三公孝昭幼冲霍光秉政承奢侈師旅之後海內虛耗光因循守職無所改作至於始元元鳳之間匈奴鄉化師古曰鄉讀曰嚮百姓益富舉賢良文學問民所疾苦於是罷酒榷而議鹽鐵矣及至孝宣繇仄陋而登至尊師古曰仄古側字仄陋言非正統而身經微賤也繇與由同以下類此興于閭閻師古曰閭里門也閻里中門也言從里巷而即大位也知民事之艱難自霍光薨後始躬萬機厲精爲治五日一聽事自丞相已下○宋祁曰已字當作以各奉職而進及拜刺史守相輒親見問觀其所繇退而考察所行以質其言師古曰質正也有名實不相應必知其所以然常稱曰庶民所以安其田里而亡歎息愁恨之心者政平訟理也師古曰訟理言所訟見理而無冤滯也與我共此者其唯良二千石乎師古曰謂郡守諸侯相以爲太守吏民之本也○宋祁曰越本無也字姚本刪數變易則下不安民知其將久不可欺罔迺服從其教化故二千石有治理效輒以璽書勉厲增秩賜金或爵至關內侯公卿缺則選諸所表以次用之師古曰所表謂增秩賜金爵也是故漢世良吏於是爲盛稱中興焉若趙廣漢韓延壽尹翁歸嚴延年張敞之屬皆稱其位然任刑罰或抵罪誅師古曰抵至也音丁禮反王成黃霸朱邑龔遂鄭弘召信臣等師古曰召讀曰邵所居民富所去見思生有榮號死見奉祀此廩廩庶幾德讓君子之遺風矣師古曰廩廩言有風采也

文翁廬江舒人也少好學通春秋以郡縣吏察舉景帝末爲蜀郡守仁愛好教化見蜀地辟陋有蠻夷風師古曰辟讀曰僻文翁欲誘進之乃選郡縣小吏開敏有材者張叔等十餘人親自飭厲師古曰飭與敕同遣詣京師受業博士或學律令減省少府用度買刀布蜀物齎計吏以遺博士如淳曰金馬書刀今賜計吏是也作馬形於刀環內以金鏤之晉灼曰書刀布刀也舊時蜀郡工官作金馬書刀者似佩刀形金錯其拊布刀謂婦人割裂財布刀也師古曰少府郡掌財物之府以供太守者也刀凡蜀刀有環者也布蜀布細密環也二者蜀人作之皆善故齎以爲貨無限於書刀布刀也如晉二說皆煩而不當也○宋祁曰注文細密環也景本據史館本改作細密者也數歲蜀生皆成就還歸文翁以爲右職師古曰郡中高職也用次察舉官有至郡守刺史者又脩起學官於成都市中師古曰學官學之官舍也招下縣子弟以爲學官弟子師古曰下縣四郊之縣非郡所治也爲除更繇師古曰不令從役也更音工衡反繇讀曰傜高者以補郡縣吏次爲孝弟力田常選學官僮子使在便坐受事師古曰便坐別坐可以視事非正廷也坐音財臥反每出行縣益從學官諸生明經飭行者與俱師古曰益多也飭整也讀與敕同使傳教令出入閨閤師古曰閨閤內中小門也縣邑吏民見而榮之數年爭欲爲學官弟子富人至出錢以求之繇是大化師古曰繇讀曰由蜀地學於京師者比齊魯焉至武帝時乃令天下郡國皆立學校官自文翁爲之始云文翁終於蜀吏民爲立祠堂歲時祭祀不絕至今巴蜀好文雅文翁之化也師古曰文翁學堂于今猶在益州城內

王成不知何郡人也爲膠東相治甚有聲宣帝最先褒之地節三年下詔曰蓋聞有功不賞有罪不誅雖唐虞不能以化天下今膠東相成勞來不怠師古曰謂勸勉招懷百姓也勞音郎到反來音郎代反流民自占八萬餘口師古曰隱度名數而來附業也占音之贍反治有異等之效師古曰異於常等其賜成爵關內侯秩中二千石未及徵用會病卒官後詔使丞相御史問郡國上計長吏守丞以政令得失或對言前膠東相成僞自增加以蒙顯賞是後俗吏多爲虛名云○劉攽曰長吏守丞當作史郡使守丞國使長史皆一物也故總言郡國上計長史守丞後漢百官志諸侯王相如太守長史如郡丞又邊郡有丞元有長史長史上計無疑矣長史者適於令丞尉之稱與守丞連言之說不可不爾下言長史守丞同

黃霸字次公淮陽陽夏人也師古曰夏音工雅反以豪桀役使徙雲陵師古曰身爲豪桀而役使鄉里人也霸少學律令喜爲吏師古曰喜謂愛好也武帝末以待詔入錢賞官補侍郎謁者孟康曰賞官主賞賜之官也師古曰此說非也因入錢而見賞以官○宋祁曰姚本正文刪以字坐同產有罪劾免師古曰同產謂兄弟也○宋祁曰景本無罪字後復入穀沈黎郡補左馮翊二百石卒史如淳曰三輔郡得仕用他郡人而卒史獨二百石所謂尤異者也馮翊以霸入財爲官不署右職師古曰輕其爲人也右職高職也使領郡錢穀計師古曰計謂出入之數也簿書正以廉稱師古曰言無所侵隱故簿書皆正不虛謬也察補河東均輸長師古曰以廉見察而遷補復察廉爲河南太守丞霸爲人明察內敏師古曰內敏言心思捷疾也又習文法然溫良有讓足知善御衆爲丞處議當於法合人心太守甚任之吏民愛敬焉自武帝末用法深昭帝立幼大將軍霍光秉政大臣爭權上官桀等與燕王謀作亂光既誅之遂遵武帝法度以刑罰痛繩羣下繇是俗吏尚嚴酷以爲能師古曰繇讀與由同而霸獨用寬和爲名會宣帝即位在民間時知百姓苦吏急也聞霸持法平召以爲廷尉正數決疑獄庭中稱平師古曰此庭中謂廷尉之中○宋祁曰庭當作廷下文同守丞相長史坐公卿大議庭中師古曰大議總會議也此庭中謂朝廷之中知長信少府夏侯勝非議詔書大不敬霸阿從不舉劾皆下廷尉師古曰勝及霸俱下廷尉繫獄當死霸因從勝受尚書獄中再踰冬師古曰踰與踰同積三歲迺出語在勝傳勝出復爲諫大夫令左馮翊宋畸舉霸賢良勝又口薦霸於上上擢霸爲揚州刺史三歲宣帝下詔曰制詔御史其以賢良高第揚州刺史霸爲潁川太守秩比二千石居官賜車蓋特高

一丈別駕主簿車緹油屏泥於軾前以章有德○宋祁曰景本越本自賜車蓋止以章有德無此二十三字 時上垂意於治數下恩澤詔書吏不奉宣師古曰百姓皆知也 太守霸爲選擇良吏分部宣布詔令師古曰分音扶問反○宋祁曰太守字當在爲字下劉敞曰太守字當在霸字下 令民咸知上意使郵亭鄉官皆畜雞豚師古曰郵亭書舍謂傳送文書所止處亦如今之驛館矣鄉官者鄉所治處也 以贍鰥寡貧窮者然後爲條教置父老師帥伍長班行之於民閒勸以爲善防姦之意及務耕桑節用殖財種樹畜養去食穀馬米鹽靡密初若煩碎師古曰米鹽言雜而且細 然霸精力能推行之吏民見者語次尋繹師古曰繹謂抽引而出也 問它陰伏以相參考嘗欲有所司察擇長年廉吏遣行屬令周密師古曰屬戒也周密不泄漏也屬音之欲反 吏出不敢舍郵亭師古曰舍止也 食於道旁烏攫其肉師古曰攫持之也攫音厥縛反○宋祁曰攫說文曰捽也音九縛反 民有欲詣府口言事者適見之霸與語道此後日吏還謁霸霸見迎勞之曰甚苦食於道旁乃爲烏所盜肉吏大驚以霸具知其起居所問豪釐不敢有所隱鰥寡孤獨有死無以葬者鄉部書言霸具爲區處師古曰區處謂分別而處置也音昌女反 某所大木可以爲棺某亭猪子可以祭○宋祁曰猪當作豬 吏往皆如言其識事聰明如此師古曰識記也音式二反 吏民不知所出師古曰不知其用何術也 咸稱神明姦人去入它郡盜賊日少霸力行教化而後誅罰師古曰力猶勤也言先以德教化於下若有弗從然後用刑罰也 務在成就全安長吏師古曰不欲易代及損傷之也 許丞老病聾如淳曰許縣丞 督郵白欲逐之霸曰許丞廉吏雖老尚能拜起送迎正頗重聽何傷且善助之毋失賢者意或問其故霸曰數易長吏送故迎新之費及姦吏緣絕簿書盜財物師古曰緣因也因交代之際而棄匿簿書以盜官物也 公私費耗甚多皆當出於民所易新吏又未必賢或不如其故徒相益爲亂凡治道去其泰甚者耳霸以外寬內明得吏民心戶口歲增治爲天下第一徵守京兆尹秩二千石坐發民治馳道不先以聞又發騎士詣北軍馬不適士孟康曰關西人謂補滿爲適馬少士多不相補滿也○宋祁曰不先以聞姚本作不先聞蕭該音義適隨足也隨音相代反韋昭音詩歷反案今漢書隨字作適字注云適始歷反予謂與韋昭音同 劾乏軍興連貶秩有詔歸潁川太守官以八百石居治如其前前後八年郡中愈治是時鳳皇神爵數集郡國潁川尤多天子以霸治行終長者下詔稱揚曰潁川太守霸宣布詔令百姓鄉化師古曰鄉讀曰嚮下亦同 孝子弟弟貞婦順孫日以眾多田者讓畔道不拾遺養視鰥寡贍助貧窮獄或八年亡重罪囚吏民鄉于教化興於行誼可謂賢人君子矣書不云乎股肱良哉師古曰虞書益稷之辭已解於上 其賜爵關內侯黃金百斤秩中二千石而潁川孝弟有行義民三老力田皆以差賜爵及帛後數月徵霸爲太子太傅遷御史大夫五鳳三年○宋祁曰景本三作二 代丙吉爲丞相封建成侯食邑六百戶霸材長於治民及爲丞相總綱紀號令風采不及丙魏于定國功名損於治郡時京兆尹張敞舍鶡雀飛集丞相府蘇林曰今虎賁所著鶡也師古曰蘇說非也此鶡音芬字本作鴿此通用耳鶡雀大而色青出羌中非武賁所著也武賁鶡色黑出上黨以其鬬死不止故用其尾飾武臣首云今時俗人所謂鶡雞者也音曷非此鶡雀也○宋祁曰注文鴿音介字本作鴿今漢作芬字子見徐鍇本改芬爲介鶡爲鴿案許慎說文鴿音古拜反鳥似鶡而色青出羌中與師古所引合徐改爲允鶡是鳥聚敷非鳥名 霸以爲神雀議欲以聞敞奏霸曰竊見丞相請與中二千石博士雜問郡國上計長吏○宋祁曰吏當作史 守丞爲民興利除害成大化條其對有耕者讓畔男女異路道不拾遺及舉孝子弟弟貞婦者爲一輩先上殿師古曰丞相所坐屋也古者屋之高嚴通呼爲殿不必宮中也○宋祁曰景本無弟弟字 舉而不知其人數者次之不爲條教者在後叩頭謝丞相○宋祁曰邵本無後字當作在後 雖口不言而心欲其爲之也長吏守丞對○宋祁曰吏當作史下文上計長吏同 時臣敞舍有鶡雀飛止丞相府屋上丞相以下見者數百人邊吏多知鶡雀者問之皆陽不知丞相圖議上奏師古曰圖謀也 曰臣聞上計長吏守丞以興化條師古曰凡言條者一一而疏舉之若木條然 皇天報下神雀後知從臣敞舍來乃止郡國吏竊笑丞相仁厚有知略微信奇怪也昔汲黯爲淮陽守辭去之官謂大行李息曰御史大夫張湯懷詐阿意以傾朝廷公不早白與俱受戮矣息畏湯終不敢言後湯誅敗上聞黯與息語乃抵息罪而秩黯諸侯相取其思竭忠也臣敞非敢毀丞相也誠恐羣臣莫白而長吏守丞○宋祁曰吏當作史 畏丞相指歸舍法令各爲私教師古曰舍廢也 務相增加澆淳散樸師古曰不雜爲淳以水澆之則味漓薄樸大質也割之則散也 並行僞貌有名亡實傾搖解怠甚者爲妖師古曰解讀曰懈 假令京師先行讓畔異路道不拾遺其實亡益廉貪貞淫之行而以僞先天下固未可也即諸侯先行之僞聲軼於京師非細事也師古曰軼過也音逸 漢家承敝通變造起律令所以勸善禁姦條貫詳備不可復加宜令貴臣明飭長吏守丞師古曰飭讀與勅同以下類此○宋祁曰吏當作史 歸告二千石舉三老孝弟力田孝廉廉吏務得其人郡事皆以義法令檢式師古曰檢局也音居儉反○宋祁曰郡字疑作羣字 毋得擅爲條教敢挾詐僞以奸名譽者必先受戮師古曰奸求也音干 以正明好惡天子嘉納敞言召上計吏使侍中臨飭如敞指意霸甚慙又樂陵侯史高以外屬舊恩侍中貴重霸薦高可太尉天子使尚書召問霸太尉官罷久矣丞相兼之所以偃武興文也如國家不虞邊境有事師古曰如若也 左右之臣皆將帥也夫宣明教化通達幽隱使獄亡冤刑邑亡盜賊君之職也將相之官朕之任焉師古曰言欲拜將相事自在朕也 侍中樂陵侯高帷幄近臣朕之所自親師古曰具知其材質 君何越職而舉之尚書令受丞相對霸免冠謝罪數日乃決師古曰乃得免罪 自是後不敢復有所請然自漢興言治民吏以霸爲首爲丞相五歲甘露三年薨謚曰定侯霸死後樂陵侯高竟爲大司馬師古曰史著此者亦言霸奏高爲太尉適事宜也 霸子思侯賞嗣爲關都尉薨子忠侯輔嗣至衞尉九卿薨子忠嗣侯訖王莽迺絕子孫爲吏二千石者五六人始霸少爲陽夏游徼師古曰游徼徼循主盜賊者也 與善相人者共載出師古曰同乘車 見一婦人相者言此婦人當富貴不然相書不可用也霸推問之乃其鄉里巫家女也霸即娶爲妻與之終身爲丞相後徙杜陵

朱邑字仲卿廬江舒人也少時爲舒桐鄉嗇夫廉平不苛以愛利爲行師古曰仁愛於人而安利也 未嘗笞辱人存問耆老孤寡遇之有恩所部吏民愛敬焉遷補太守卒史舉賢良爲大司農丞遷北海太守以治行第一入爲大司農爲人淳厚篤於故舊然性公正不可交以私天子器之朝廷敬焉是時張敞爲膠東相與邑書曰明主游心太古廣延茂士師古曰茂善也 此誠忠臣竭思之時也直敞遠守劇郡馭於繩墨師古曰直讀曰值 匈臆約結固亡奇也師古曰約屈也 雖有亦安所施師古曰言在遠郡無所展效也○宋祁曰注文舊作放姚本改作效 足下以清明之德掌周稷之業師古曰司農主百穀故云周稷之業 猶饑者甘糟糠穰歲餘粱肉師古曰穰歲豐穰之歲穰音攘 何則有亡之勢異也昔陳平雖賢須魏倩而後進蘇林曰魏無知也韋昭曰無知字也師古曰倩士之美稱故云魏倩也而韋氏便以爲無知之字非也譬猶謂汲黯爲汲直豈字直乎且次下句云韓信賴蕭公而後信亦非何之字也 韓信雖奇賴蕭公而後信師古曰信謂爲君上所信任也一說信讀曰伸伸得伸其材用也 故事各達其時之英俊○宋祁曰事當作士 若必伊尹呂望而後薦之則此人不因足下而進矣師古曰言能自達也 邑感敞言貢薦賢士大夫多得其助者身爲列卿居處儉節祿賜以共九族鄉黨師古曰共讀曰供 家亡餘財神爵元年卒天子閔惜下詔稱揚曰大司農邑廉潔守節退食自公亡彊外之交束脩之餽師古曰餽與饋同○宋祁曰亡彊景本作亡彊 可謂淑人君子遭離凶災朕甚閔之師古曰離亦遭也 其賜邑子黃金百斤以奉其祭祀初邑病且死屬其子師古曰屬音之欲反 曰我故爲桐鄉吏其民愛我必葬我桐鄉後世子孫奉嘗我不如桐鄉民師古曰嘗謂蒸嘗之祭 及死其子葬之桐鄉西郭外民果然共爲邑起冢立祠歲時祠祭至今不絕

龔遂字少卿山陽南平陽人也以明經爲官至昌邑郎中令事王賀賀動作多不正遂爲人忠厚剛毅有大節內諫爭於王外責傅相引經義陳禍福至於涕泣蹇蹇亡已師古曰蹇蹇不阿順意也易蹇卦曰王臣蹇蹇 面刺王過王至掩耳起走曰郎中令善媿人師古曰媿古愧字媿辱也 及國中皆畏憚焉師古曰王及國人皆憚之 王嘗久與騶奴宰人游戲飲食賞賜亡度遂入見王涕泣鄰行左右侍御皆出涕王曰郎中令何爲哭遂曰臣痛社稷危也願賜清閒竭愚王辟左右師古曰辟讀曰闢閒音閑 遂曰大王知膠西王所以爲無道亡乎王曰不知也曰臣聞膠西王有諛臣侯得王所爲儗於桀紂也師古曰儗比也 得以爲堯舜也王說其諂諛嘗與寢處師古曰說讀曰悅 唯得所言以至於是師古曰唯用得之邪言故至亡 今大王親近羣小漸漬邪惡所習存亡之機不可不慎也臣請選郎通經術有行義者與王起居坐則誦詩書立則習禮容宜有益王許之遂迺選郎中張安等十人侍王居數日王皆逐去安等久之宮中數有妖怪王以問遂遂以爲有大憂宮室將空語在昌邑王傳會昭帝崩亡子昌邑王賀嗣立官屬皆徵入王相安樂遷長樂衞尉遂見安樂流涕謂曰王立爲天子日益驕溢諫之不復聽今哀痛未盡師古曰謂新居喪服 日與近臣飲食作樂鬬虎豹召皮軒車九流驅馳東西所爲誖道師古曰誖乖也音布內反 古制寬大臣有隱退今去不得陽狂恐知身死爲世戮奈何君陛下故相宜極諫爭王即位二十七日卒以淫亂廢昌邑羣臣坐陷王於惡不道皆誅死者二百餘人唯遂與中尉王陽以數諫爭得減死髡爲城旦宣帝即位久之勃海左右郡歲饑盜賊並起師古曰左右謂側近相次者 二千石不能禽制上選能治者丞相御史舉遂可用上以爲勃海太守時遂年七十餘召見形貌短小宣帝望見不副所聞心內輕焉謂遂曰勃海廢亂朕甚憂之君欲何以息其盜賊以稱朕意遂對曰海瀕遐遠不霑聖化師古曰瀕涯也音頻又音賓 其民困於饑寒而吏不恤故使陛下赤子盜弄陛下之兵於潢池中耳師古曰赤子言初生幼小之意也積水曰潢音黃 今欲使臣勝之邪將安之也師古曰勝謂以威力克而殺之安謂以德化撫而安之 上聞遂對甚說師古曰說讀曰悅 荅曰選用賢良固欲安之也遂曰臣聞治亂民猶治亂繩不可急也唯緩之然後可治臣願丞相御史且無拘臣以文法得一切便宜從事上許焉加賜黃金贈遣乘傳至勃海界師古曰傳音張戀反 郡聞新太守至發兵以迎遂皆遣還移書勑屬縣悉罷逐捕盜賊吏諸持鉏鉤田器者皆爲良民吏毋得問師古曰鉤鎌也 持兵者迺爲盜賊遂單車獨行至府郡中翕然盜賊亦皆罷師古曰罷讀曰疲疲言爲盜賊久心亦疲厭○劉奉世曰盜賊與劫略相隨史以爲二事故前云盜賊亦皆罷後云劫略者去兵末乃總云盜賊於是悉平矣師古疑前未嘗言皆罷故解爲疲字乃非遂功矣但如字讀之文意自通 勃海又多劫略相隨聞遂教令即時解散棄其兵弩而持鉤鉏盜賊於是悉平民安土樂業遂迺開倉廩假貧民

師古曰假謂給與選用良吏尉安牧養焉遂見齊俗奢侈好末技不田作迺躬率以儉約勸民務農桑令口種一樹榆百本䪥五十本葱一畦韭師古曰每一口家二母彘五雞師古曰每一家則如此養之也民有帶持刀劒者使賣劒買牛賣刀買犢曰何爲帶牛佩犢春夏不得不趨田畝師古曰趨讀曰趨嚮也秋冬課收斂益畜果實菱芡勞來循行郡中皆有畜積師古曰菱芰也芡雞頭也勞來勸勉也畜讀曰蓄芡音儉勞音盧到反來音盧代反吏民皆富實獄訟止息數年上遣使者徵遂議曹王生願從功曹以王生素耆酒亡節度不可使師古曰耆讀曰嗜遂不忍逆從至京師王生日飲酒不視太守師古曰日日恒飲酒也會遂引入宮王生醉從後呼曰師古曰呼音火故反明府且止願有所白遂還問其故師古曰還回也王生曰天子卽問君何以治勃海君不可有所陳對宜曰皆聖主之德非小臣之力也遂受其言既至前上果問以治狀遂對如王生言天子說其有讓師古曰說讀曰悅笑曰君安得長者之言而稱之遂因前曰臣非知此乃臣議曹教戒臣也上以遂年老不任公卿拜爲水衡都尉議曹王生爲水衡丞以褒顯遂云水衡典上林禁苑共張宮館師古曰共音居用反張音知亮反下亦同爲宗廟取牲官職親近上甚重之以官壽卒師古曰以壽終而卒於官也

召信臣字翁卿九江壽春人也師古曰召讀曰邵以明經甲科爲郎出補穀陽長舉高第遷上蔡長其治視民如子所居見稱述超爲零陵太守病歸復徵爲諫大夫遷南陽太守其治如上蔡信臣爲人勤力有方略好爲民興利務在富之躬耕勸農出入阡陌止舍離鄉亭師古曰言休息之時皆在野次稀有安居時行視郡中水泉師古曰行音下更反開通溝瀆起水門提閼凡數十處師古曰閼所以壅水音一曷反以廣溉灌歲歲增加多至三萬頃民得其利畜積有餘師古曰畜讀曰蓄信臣爲民作均水約束師古曰言用之有次第也刻石立於田畔以防分爭禁止嫁娶送終奢靡務出於儉約府縣吏家子弟好游敖不以田作爲事輒斥罷之甚者案其不法以視好惡師古曰視讀曰示其化大行郡中莫不耕稼力田百姓歸之戶口增倍盜賊獄訟衰止吏民親愛信臣號之曰召父荆州刺史奏信臣爲百姓興利郡以殷富賜黃金四十斤遷河南太守治行常爲第一復數增秩賜金竟寧中徵爲少府列於九卿奏請上林諸離遠宮館稀幸御者勿復繕治共張又奏省樂府黃門倡優諸戲及宮館兵弩什器減過太半太官園種冬生葱韭菜茹覆以屋廡師古曰廡周室也茹音人庶反廡音舞晝夜爇蘊火待溫氣乃生師古曰爇古然字蘊火蓄火也蘊音於云反信臣以爲此皆不時之物有傷於人不宜以奉供養及它非法食物悉奏罷省費歲數千萬師古曰素所費者今皆省也信臣年老以官卒元始四年詔書祀百辟卿士有益於民者師古曰百辟百官蜀郡以文翁九江以召父應詔書歲時郡二千石率官屬行禮奉祠信臣冢而南陽亦爲立祠

前漢書卷八十九考證

循吏傳以寬厚清靜爲天下帥注師古曰帥遵也○臣召南按帥是率先之意顏注非也

文翁傳蜀地學于京師者比齊魯焉○臣召南按蜀志秦宓曰文翁遣司馬相如東受七經還教吏民然則相如卽文翁所拔以爲蜀人師者其語與地理志所云繇文翁倡其教相如爲之師者正合但此傳及相如傳並無明文

文翁之化也注師古曰文翁學堂於今猶在益州城內○臣召南按文翁學堂卽石室講堂也水經注曰文翁爲蜀守立講堂作石室於南城後守更增二石室頗有意益州學館記曰華陽國志文翁講堂石室一名玉堂安帝初間烈火爲災惟石室獨存至獻帝興平元年太守高聯於玉堂東更造一石室爲周公禮殿唐志有益州文翁學堂圖一卷

黃霸傳風采不及丙魏于定國○臣召南按此總計孝宣朝名相而言霸前不及丙魏後不及定國也定國爲相實在霸後

君何越職而舉之○胡三省曰丞相職總百官進賢退不肖霸薦史高以爲所薦非其人可也以爲越職則不可也蓋自武帝以來丞相之失其職也久矣　臣召南按自武帝以後外廷之官統于丞相中朝之官統于大司馬霸以丞相而舉史高甚大司馬故以越職責之

朱邑傳少時爲舒桐鄉嗇夫○按鄉吏之有秩者曰三老曰嗇夫曰游徼嗇夫職聽訟獄收賦稅

龔遂傳拜爲水衡都尉○臣召南按公卿表遂以地節四年爲水衡都尉卽朱邑以北海太守入爲大司農之歲也

召信臣傳起水門提閼凡數十處○臣召南按提應作堤又按信臣於南陽水利無所不興其最鉅者鉗盧陂六門堨並在穰縣之南灌溉穰新野昆陽三縣後漢杜詩修其故迹民有召父杜母之歌晉杜預復其遺規地有二十九陂之利故讀後書晉書及水經注通典而嘆信臣功在南陽並於蜀李冰鄴史起也顏注太署

前漢書卷九十

漢　蘭　臺　令　史班　固撰

唐正議大夫行秘書少監琅邪縣開國子顏師古注

酷吏傳第六十

孔子曰導之以政齊之以刑民免而無耻導之以德齊之以禮有耻且格師古曰論語載孔子之言也格至也謂御以政刑則人思苟免不耻於惡化以德禮則下知愧辱而至於治也○宋祁曰注文不耻景本作不止刑誤作不耻老氏稱上德不德是以有德下德不失德是以無德法令滋章盜賊多有師古曰老子德經之言也上德體合自然是以爲德下德務於修建更以喪之法令繁則巧詐益起故多盜賊也○宋祁曰注文繁字下疑有滋字信哉是言也法令者治之具而非制治清濁之源也師古曰言爲治之體亦須法令而法令非治之本昔天下之网嘗密矣師古曰謂秦時然姦軌愈起其極也上下相遁至於不振師古曰遁避也言吏避於君民避於吏至乎喪敗不可振救也當是之時吏治若救火揚沸師古曰言迫急也本不除則其末難正非武健嚴酷惡能勝其任而媮快乎師古曰惡讀曰烏烏於何也媮苟且也言道德者溺於職矣師古曰溺謂沉滯而不舉也故曰聽訟吾猶人也必也使無訟乎師古曰論語載孔子之辭也言使我聽訟猶凡人耳然而立政施德則能使其絕於爭訟下士聞道大笑之師古曰老子道經之言也大道玄深非其所及故致笑也非虛言也漢興破觚而爲圜斵琱而爲樸孟康曰觚方也師古曰去嚴刑而從簡易抑巧僞而務敦厚也琱謂刻鏤也字與雕同號爲罔漏吞舟之魚師古曰言其疏也而吏治烝烝不至於姦師古曰烝烝純壹之貌也黎民艾安師古曰黎衆也艾讀曰乂乂治也由是觀之在彼不在此師古曰言不在於嚴酷也高后時酷吏獨有侯封刻轢宗室侵辱功臣師古曰轢謂陵踐也音來的反○宋祁曰轢當音來各反呂氏已敗遂夷侯封之家師古曰夷除也孝景時鼂錯以刻深頗用術輔其資師古曰資材也而七國之亂發怒於錯錯卒被戮師古曰卒終也其後有郅都甯成之倫師古曰郅音之日反

郅都河東大陽人也以郎事文帝景帝時爲中郎將敢直諫面折大臣於朝嘗從入上林賈姬在厠師古曰賈姬卽賈夫人生趙敬肅王彭祖中山靖王勝者野彘入厠上目都師古曰動目以使也都不行上欲自持兵救賈姬都伏上前曰亡一姬復一姬進天下所少寧姬等邪陛下縱自輕奈宗廟太后何上還彘亦不傷賈姬太后聞之賜都金百斤上亦賜金百斤由此重都濟南瞯氏宗人三百餘家豪猾應劭曰瞯音瞯眼之瞯師古曰音閑○蕭該音義曰案爾雅馬一目白曰瞯音閑宋祁曰姚本刪注中一瞯字二千石莫能制於是景帝拜都爲濟南守至則誅瞯氏首惡餘皆股栗師古曰言懼之甚至於股戰慄也居歲餘郡中不拾遺旁十餘郡守畏都如大府師古曰言猶如統屬之也都爲人勇有氣公廉不發私書問遺無所受請寄無所聽常稱曰已背親而出身固當奉職死節官下終不顧妻子矣都遷爲中尉丞相條侯至貴居也師古曰居息傲讀與倨同而都揖丞相是時民樸畏罪自重而都獨先嚴酷致行法不避貴戚列侯宗室見都側目而視號曰蒼鷹師古曰言其鷙擊之甚臨江王徵詣中尉府對簿師古曰簿文書也音步戶反臨江王欲得刀筆爲書謝上師古曰刀所以削治書也古者書於簡牘故筆用刀焉而都禁吏弗與魏其侯使人間予臨江王師古曰伺間隙而私與也臨江王既得爲書謝上因自殺竇太后聞之怒以危法中都師古曰謂擠成其罪也中音竹仲反都免歸家景帝迺使使卽拜都爲鴈門太守師古曰就家拜之亦同而便道之官師古曰不令至闕陳謝也得以便宜從事匈奴素聞郅都節舉邊爲引兵去竟都死不近鴈門匈奴至爲偶人象都師古曰以木爲人象都之形也偶對也令騎馳射莫能中其見憚如此匈奴患之乃中都以漢法景帝曰都忠臣欲釋之師古曰釋置也解謂放免也竇太后曰臨江王獨非忠臣乎於是斬都也○宋祁曰傳末也字當刪

甯成南陽穰人也以郎謁者事景帝好氣爲少吏○宋祁曰淳化本越本少作小據史館本作少今兩存之必陵其長吏爲人上操下急如束溼師古曰操執持也束溼言其急之甚也溼物則易束操音千高反猾賊任威稍遷至濟南都尉而郅都爲守始前數都尉步入府因吏謁守如縣令其畏都如此及成往直凌都出其上都素聞其聲善遇與結驩久之都死後長安左右宗室多犯法師古曰長安左右京邑之中也上召成爲中尉其治效郅都其廉弗如然宗室豪桀人皆惴恐師古曰惴戰栗也惴音之瑞反人人武帝卽位徙爲內史外戚多毀成之短抵罪髡鉗是時九卿死卽死少被刑而成刑極自以爲不復收如淳曰以被刑將不復見收用也師古曰刑極者言殘毀之重也迺解脫詐刻傳出關歸家師古曰解脫鉗而亡去也傳所以出關之符也音張戀反稱曰仕不至二千石賈不至千萬安可比人乎師古曰賈謂販賣之迺貰貣陂田千餘頃師古曰貣假取也貣音吐得反假貧民役使數千家師古曰假謂雇賃也數年會赦致產數千萬爲任俠持吏長短出從數十騎其使民威重於郡守

周陽由其父趙兼以淮南王舅侯周陽師古曰爲周陽侯故因氏焉師古曰遂改趙姓而爲周陽也由以宗家任爲郎事文帝景

帝時由爲郡守武帝卽位吏治尚修謹然由居二千石中最爲暴酷驕恣所愛者撓法活之所憎者曲法滅之師古曰撓亦屈曲也音女教反所居郡必夷其豪師古曰平除之○宋祁曰豪字下當有桀字爲守視都尉如令爲都尉陵太守奪之治汲黯爲忮師古曰忮意堅也音章豉反○宋祁曰韋昭曰忮音洎字書之豉反司馬安之文惡孟康曰以文法傷害人也俱在二千石列同車未嘗敢均茵馮師古曰茵車中蓐也馮車中所馮者也言此二人告下讓由故同車之時自處其偏側不均敵也馮讀曰凭○宋祁曰茵亦作鞇霍光傳作細音灼音義作鞇字亦音因後由爲河東都尉與其守勝屠公爭權相告言師古曰勝屠姓也勝屠公當抵罪議不受刑自殺劉敞曰議當作義而由弃市自甯成周陽由之後事益多民巧法大抵吏治類多成由等矣師古曰大抵大歸也音丁禮反

趙禹斄人也師古曰斄讀曰邰扶風縣也音胎以佐史補中都官師古曰京師諸官府爲吏也○宋祁曰淳化本史作吏刑誤據史館本改作史注文師古曰下當有於字用廉爲令史事太尉周亞夫亞夫爲丞相禹爲丞相史府中皆稱其廉平然亞夫弗任曰極知禹無害師古曰無害言無人能勝之者○劉奉世曰足以知謂廉平之類爲無害也然文深應劭曰禹持文法深刻不可以居大府武帝時禹以刀筆吏積勞遷爲御史上以爲能至中大夫與張湯論定律令作見知吏傳相監司以法盡自此始禹爲人廉裾師古曰裾亦傲也讀與倨同爲吏以來舍無食客公卿相造請師古曰造音千到反禹終不行報謝務在絕知友賓客之請師古曰以此意告報公卿○劉敞曰報謝當屬上句言公卿造請禹而禹終不荅之孤立行一意而已見法輒取亦不覆案求官屬陰罪師古曰不見知者無所搜求也嘗中廢已爲廷尉始條侯以禹賊深及禹爲少府九卿酷急至晚節事益多吏務爲嚴峻而禹治加緩名爲平王溫舒等後起治峻禹以老徙爲燕相○宋祁曰老字上當有先字數歲誖亂有罪免歸師古曰誖惑也言其心意昏惑也誖音布內反後十餘年以壽卒於家

義縱河東人也少年時常與張次公俱攻剽爲羣盜師古曰剽劫也音頻妙反縱有姊以醫幸王太后師古曰武帝母太后問有子兄弟爲官者乎姊曰有弟無行不可○宋祁曰校本或作時行太后迺告上上拜義姁弟縱爲中郎孟康曰姁縱姊名也師古曰姁音許于反○蕭該音義曰姁音熙主反韋昭音同李奇音呼補上黨郡中令治敢往少溫籍服虔曰敢行暴虐之政師古曰少溫籍言無所含容也溫音於問反籍音才夜反縣無逋事師古曰逋亡也負也音必胡反舉第一遷爲長陵及長安令直法行治不避貴戚以捕案太后外孫脩成子中師古曰修成君王太后所生金氏女也中者其子名也讀曰仲上以爲能遷爲河內都尉至則族滅其豪穰氏之屬河內道不拾遺而張次公亦爲郎以勇悍從軍師古曰悍音胡旦反敢深入有功封爲岸頭侯甯成家居上欲以爲郡守御史大夫弘曰師古曰公孫弘臣居山東爲小吏時甯成爲濟南都尉其治如狼牧羊○宋祁曰小或作少成不可令治民上迺拜成爲關都尉歲餘關吏稅肄郡國出入關者蘇林曰稅音伐閱之閱李奇曰肄閱也師古曰肄音弋二反號曰寧見乳虎無直甯成之怒師古曰猛獸產乳養護其子則搏噬過常故以喻也直讀曰值一曰直當其暴如此義縱自河內遷爲南陽太守聞甯成家居南陽及至關甯成側行送迎然縱氣盛弗爲禮至郡遂案甯氏破碎其家成坐有罪及孔暴之屬皆奔亡師古曰孔氏暴氏二家素豪猾者南陽吏民重足一迹○劉攽曰南陽屬下句而平氏朱彊杜衍杜周爲縱爪牙之吏任用師古曰平氏杜衍二縣名也遷爲廷尉史軍數出定襄定襄吏民亂敗於是徙縱爲定襄太守縱至掩定襄獄中重罪二百餘人及賓客昆弟私入相視者亦二百餘人縱壹切捕鞠曰爲死罪解脫服虔曰一切皆捕之也律諸囚徒私解脫桎梏鉗赭加罪一等爲人解脫與同罪縱鞠相賂餉者二百人以爲解脫死罪盡殺之師古曰鞠窮也謂窮治也是日皆報殺四百餘人師古曰奏請得報而論殺○劉敞曰縱掩定襄獄一切捕鞠而云是日皆報殺則非奏請報可之報矣然則以論決爲報郡中不寒而栗猾民佐吏爲治師古曰百姓有素豪猾爲罪惡者今畏縱之嚴反爲吏耳目助治公務以自效是時趙禹張湯爲九卿矣然其治尚寬輔法而行縱以鷹擊毛摯爲治師古曰言如鷹隼之擊奮毛羽執取飛鳥也後會更五銖錢白金起師古曰更改也民爲姦京師尤甚迺以縱爲右內史王溫舒爲中尉溫舒至惡所爲弗先言縱縱必以氣陵之師古曰言溫舒雖酷惡而縱又甚也敗壞其功其治所誅殺甚多然取爲小治姦益不勝晉灼曰取音趣直指始出矣吏之治以斬殺縛束爲務閻奉以惡用矣師古曰閻奉以嚴惡之故而見任用言時政尚急刻也縱廉其治放郅都上幸鼎湖病久已而卒起幸甘泉師古曰已愈也言帝久病旣得愈而忽然卽幸甘泉卒讀曰猝道不治上怒曰縱以我爲不行此道乎銜之師古曰銜含也包含在心以爲過也至冬楊可方受告緡縱以爲此亂民部吏捕其爲可使者天子聞使杜式治以爲廢格沮事孟康曰武帝使楊可主告緡沒入其財物縱捕爲可使者此爲廢格詔書沮已成之事也師古曰沮壞也音材汝反格讀曰閣弃縱市後一歲張湯亦死

王溫舒陽陵人也少時椎埋爲姦師古曰椎殺人而埋之椎音直追反其字從木已而試縣亭長師古曰試補也數廢數爲吏以治獄至廷尉史事張湯遷爲御史督盜賊殺傷甚多稍遷至廣平都尉擇郡中豪敢往吏十餘人爲爪牙師古曰豪俊而性果敢一往無所顧者以爲吏也○宋祁曰豪字下當有桀字皆把其陰重罪師古曰把音布馬反而縱使督盜賊師古曰縱放也督察視也快其意所欲得此人雖有百罪弗法師古曰言所捕盜賊得其人而快溫舒意者則不問其先所犯罪也法謂行法也卽有避回夷之亦滅宗師古曰避回謂不盡意捕擊也回音胡內反以故齊趙之郊盜不敢近廣平廣平聲爲道不拾遺上聞遷爲河內太守素居廣平時皆知河內豪姦之家及往以九月至令郡具私馬五十疋爲驛自河內至長安師古曰以私馬於道上往往置驛也部吏如居廣平時方略捕郡中豪猾相連坐千餘家上書請大者至族小者乃死家盡沒入償臧師古曰以臧致罪者既沒入之又令出倍臧或收入官或還其主也奏行不過二日得可事論報至流血十餘里師古曰天子可其奏而論決之殺人既多故血流十餘里○劉敞曰驗此可與報益異矣河內皆怪其奏以爲神速盡十二月郡中無犬吠之盜其頗不得失之旁郡追求會春溫舒頓足歎曰嗟乎令冬月益展一月足吾事矣師古曰立春之後不復行刑故云然展申也其好殺行威不愛人如此上聞之以爲能遷爲中尉其治復放河內師古曰放依也音甫往反徙請召猜禍吏與從事應劭曰猜疑也取吏好猜疑作害者任用之河內則楊皆麻戊關中楊贛成信等師古曰此皆猜禍者義縱爲內史憚之未敢恣治師古曰言溫舒憚縱不得恣其酷暴○宋祁曰或無治字及縱死張湯敗後徙爲廷尉而尹齊爲中尉坐法抵罪溫舒復爲中尉爲人少文居它惽惽不辯師古曰言爲餘官則心意蒙蔽職事不舉惽音昏至於中尉則心開素習關中俗知豪惡吏豪惡吏盡復爲用吏苛察淫惡少年投缿購告言姦師古曰缿所以受投書也音項解在趙廣漢傳置伯落長以收司姦師古曰伯亦長帥之稱也置伯及邑落之長以收捕司察姦人也溫舒多諂善事有埶者卽無埶視之如奴有埶家雖有姦如山弗犯無埶貴戚必侵辱師古曰謂不居權要之職者舞文巧請下戶之猾以動大豪師古曰弄法爲巧而治下戶之狡猾者用諷動大豪之家所以然者爲大豪中有權要不可治故也其治中尉如此姦猾窮治大氏盡靡爛獄中師古曰大氏大歸也靡碎也氏音丁禮反靡音武皮反行論無出者其爪牙吏虎而冠師古曰言其殘暴之甚也非有人情於是中尉部中中猾以下皆伏有埶者爲遊聲譽稱治數歲其吏多以權貴富師古曰謂權貴之家所擁佑故積受取致富者也溫舒擊東越還議有不中意師古曰不當天子意也中音竹仲反坐以法免是時上方欲作通天臺而未有人溫舒請覆中尉脫卒得數萬人作師古曰覆校脫漏未爲卒者也脫音它活反上說師古曰說讀曰悅拜爲少府徙右內史治如其故姦邪少禁坐法失官復爲右輔行中尉如故操歲餘會宛軍發孟康曰發兵伐大宛詔徵豪吏溫舒匿其吏華成及人有變告溫舒受員騎錢師古曰員騎騎之有正員也它姦利事罪至族自殺其時兩弟及兩婚家亦各自坐它罪而族光祿勳徐自爲曰悲夫夫古有三族而王溫舒罪至同時而五族乎師古曰溫舒與弟同三族而兩妻家各一故爲五也溫舒死家絫千金師古曰絫古累字

尹齊東郡茌平人也師古曰茌音仕疑反○宋祁曰韋昭音緇字林曰茌草亦盧也以刀筆吏稍遷至御史事張湯湯數稱以爲廉武帝使督盜賊斬伐不避貴埶遷關都尉聲甚於甯成上以爲能拜爲中尉吏民益彫敝輕齊木彊少文師古曰木質也言如木石之爲也豪惡吏伏匿而善吏不能爲治師古曰惡吏不肯爲用獨善吏在故不能治事也以故事多廢抵罪師古曰以職事多廢故至於坐罪也後復爲淮陽都尉王溫舒敗後數年病死家直不滿五十金所誅滅淮陽甚多及死仇家欲燒其尸妻亡去歸葬

楊僕宜陽人也以千夫爲吏孟康曰千夫若五大夫武帝以軍用不足令民出穀爲之師古曰所謂武功賞官以寵戰士○宋祁曰越本守作辟河南守舉爲御史使督盜賊關東治放尹齊韋昭曰放依也音甫往反以敢擊行師古曰果敢搏擊而行其治也稍遷至主爵都尉上以爲能南越反拜爲樓船將軍有功封將梁侯東越反上欲復使將爲其伐前勞師古曰伐謂矜持也以書勑責之曰將軍之功獨有先破石門尋陿○劉德曰南越中險地名也○宋祁曰陿或作陋非有斬將騫旗之實也師古曰騫與搴同搴拔取之也烏足以驕人哉師古曰烏於何也前破番禺捕降者以爲虜掘死人以爲獲是一過也建德呂嘉逆罪不容於天下師古曰建德南越王名也呂嘉其相也將軍擁精兵不窮追超然以東越爲援是二過也師古曰以僕不窮追之故令建德得以東越爲援也士卒暴露連歲爲朝會不置酒○宋祁曰歲字下當有朕字將軍不念其勤勞而造佞巧請乘傳行塞師古曰傳音張戀反行音下更反因用歸家懷銀黃垂三組夸鄉里是三過也師古曰銀銀印也黃金印也僕爲主爵都尉又爲樓船將軍并將梁侯三印故三組也組印綬也失期內顧以道惡爲解師古曰內顧言思妻妾也解謂自解說也若今言分疏失尊尊之序是四過也欲請蜀刀問君賈幾何對曰率數百孟康曰僕嘗爲將請官蜀刀詔問賈答言此率數百也師古曰賈讀曰價○宋祁曰注文書字疑作當將字下當有行字武庫日出兵而陽不知挾僞干君是五過也師古曰干犯也受詔不至蘭池宮如淳曰本出軍時欲使之蘭池宮頓而不去蘭池宮在渭城明日又不對假令將軍之吏問之不對令之不從其罪何如推此心以在外江海之間可得信乎今東越深入將軍能率衆以掩過不僕惶恐對曰願盡死贖罪○宋祁曰死字下當有以字與王溫舒俱破東越後復與左將軍荀彘俱擊朝鮮爲彘所縛語在朝鮮傳還免爲庶人病死

咸宣楊人也師古曰咸音減省之減楊河東之邑以佐史給事河東守衞將軍青使買馬河東師古曰將軍衞青使而於河東買馬也見宣無害言上徵爲廄丞官事辦稍遷至御史及丞○宋祁曰淳化本爲御史中丞刊誤據史館本改予依南本添及字使治主父偃及淮南反獄所以微文深詆殺者甚衆師古曰詆誣也稱爲敢決疑數廢數起爲御史及中丞者幾二十歲師古曰幾音鉅依反王溫舒爲中尉而宣爲左內史其治米鹽師古曰米鹽細雜也事小大皆關其手自部署縣名曹寶物官吏令丞弗得擅搖痛以重法繩之居官數年壹切爲小治辯然獨宣以小治大能自行之難以爲經師古曰經常也不可爲常法也中廢爲右扶風坐怒其吏成信信亡藏上林中宣使郿令將吏卒師古曰郿扶風縣也音媚闌入上林中蠶室門攻亭格殺信射中苑門師古曰中音竹仲反宣下吏爲大逆當族自殺而杜周任用是時郡守尉諸侯相二千石欲爲治者大抵盡效王溫舒等而吏民益輕犯法盜

賊滋起 師古曰滋亦益也 南陽有梅免百政 師古曰梅百皆姓也 楚有段中杜少 師古曰中讀曰仲 齊有徐勃燕趙之間有堅盧范主之屬 鄧展曰延篤讀堅曰甄晉灼曰音近甄城字書已先反 大羣至數千人擅自號攻城邑取庫兵釋死罪 師古曰釋解也 縛辱郡守都尉殺二千石為檄告縣趣具食 師古曰趣讀曰促 小羣以百數掠鹵鄉里者不可稱數於是上始使御史中丞丞相長史使督之 師古曰出為使者督察也 猶弗能禁 師古曰禁音居禽反 乃使光祿大夫范昆諸部都尉及故九卿張德等衣繡衣持節虎符發兵以興擊 師古曰以軍興之法而討擊也 斬首大部或至萬餘級及以法誅通行飲食坐相連郡甚者數千人數歲迺頗得其渠率 師古曰渠大也 散卒失亡復聚黨阻山川往往而羣無可奈何於是作沈命法 應劭曰沈沒也敢蔽匿盜賊者沒其命也孟康曰沈藏匿也命亡逃也師古曰應說是 曰羣盜起不發覺發覺而弗捕滿品者 師古曰品率也以人數為率也 二千石以下至小吏主者皆死其後小吏畏誅雖有盜弗敢發恐不能得坐課累府府亦使不言 孟康曰縣有盜賊府亦并坐使縣不言之也師古曰府郡府也累音力瑞反韋昭曰負累及府府亦使其不言也 故盜賊寖多 師古曰寖漸也 上下相為匿以避文法焉

田廣明字子公鄭人也 師古曰京兆鄭縣即今之華州 以郎為天水司馬功次遷河南都尉以殺伐為治郡國盜賊並起遷廣明為淮陽太守歲餘故城父令公孫勇與客胡倩等謀反 師古曰倩音千見反 倩詐稱光祿大夫從車騎數十言使督盜賊止陳留傳舍太守謁見欲收取之廣明覺知發兵皆捕斬焉而公孫勇衣繡衣乘駟馬車至圉 師古曰陳留圉縣 使小史侍之亦知其非是守尉魏不害與廄嗇夫江德尉史蘇昌共收捕之上封不害為當塗侯德轑陽侯 師古曰轑音僚 昌蒲侯初四人俱拜於前小史竊言武帝問言何對曰為侯者得東歸不上曰女欲不貴矣 師古曰言汝意欲歸不吾令貴汝謂賜之爵也。宋祁曰不字當有音疑注脫 女鄉名為何對曰名遺鄉上曰用遺汝矣 師古曰遺音弋季反 於是賜小史爵關內侯食遺鄉六百戶上以廣明連禽大姦徵入為大鴻臚擢廣明兄雲中代為淮陽太守昭帝時廣明將兵擊益州還賜爵關內侯徙衞尉後出為左馮翊治有能名宣帝初立代蔡義為御史大夫以前為馮翊與議定策 師古曰與讀曰豫。宋祁曰為字下當有左字 封昌水侯歲餘以祁連將軍將兵擊匈奴出塞至受降城受降都尉前死喪柩在堂廣明召其寡妻與姦既出不至質 服虔曰質所期處也。宋祁曰韋昭曰所期約誓地蕭該音義質音贄音 引軍空還下太守杜延年簿責 師古曰簿音步戶反。宋祁曰太守姚本作太僕 廣明自殺闕下國除兄雲中為淮陽守 一。宋祁曰淮一作灌姚本改作淮 亦敢誅殺吏民守闕告之竟坐棄市

田延年字子賓先齊諸田也徙陽陵 師古曰高祖時徙之其地後為陽陵縣。宋祁曰先字上當有其字 延年以材略給事大將軍莫府霍光重之遷為長史出為河東太守選拔尹翁歸等以為爪牙誅鉏豪彊姦邪不敢發以選入為大司農會昭帝崩昌邑王嗣立淫亂霍將軍憂懼與公卿議廢之莫敢發言延年按劒廷叱羣臣 師古曰止於朝廷之中而叱之也若言廷爭矣 即日議決語在光傳宣帝即位延年以決疑定策封陽成侯先是茂陵富人焦氏賈氏以數千萬陰積貯炭葦諸下里物 孟康曰死者歸蒿里葬地下故曰下里師古曰以數千萬錢為本而貯此物也 昭帝大行時方上事暴起 師古曰方上謂壙中也昭帝暴崩故其事倉猝 用度未辦延年奏言商賈或豫收方上不祥器物冀其疾用欲以求利 師古曰疾速也 非民臣所當為請沒入縣官奏可富人亡財者皆怨出錢求延年罪初大司農取民牛車三萬兩為僦 師古曰一乘為一兩僦謂賃之與雇直也音子就反。宋祁曰服虔曰雇載曰僦音將秀反 載沙便橋下送致方上車直千錢延年上簿詐增僦直車二千凡六千萬盜取其半焦賈兩家告其事下丞相府丞相議奏延年主守盜三千萬不道。宋祁曰劉云延年未嘗有酷烈聲而附此傳中何也延年決大議其明勇過雋不疑至詐增僦直是韓延壽比耳。劉敞曰議當作義 霍將軍召問延年欲為道地 師古曰為之開通道路使有安全之地也 延年抵曰 師古曰抵拒諱也音丁禮反 本出將軍之門蒙此爵位 師古曰延年嘗給事莫府又為大將軍長史故云然也 無有是事光曰即無事當窮竟 師古曰既無實事當令有司窮治盡其理 御史大夫田廣明謂太僕杜延年春秋之義以功覆過當廢昌邑王時非田子賓之言大事不成今縣官出三千萬自乞之何哉 師古曰自謂乞與之也乞音氣。宋祁曰江南本作自之徐鍇改自作丐今詳注云自謂乞與之則正文不應云自乞之今兼存 願以愚言白大將軍延年言之大將軍大將軍曰誠然實勇士也當發大議時震動朝廷光因舉手自撫心曰使我至今病悸 師古曰悸心動也音揆。宋祁曰韋昭曰悸音水季反心中喘息曰悸 謝田大夫曉大司農通往就獄得公議之 師古曰曉者告白意指也通者從公家通理也光念其拒諱故不佑之 田大夫使人語延年延年曰幸縣官寬我耳何面目入牢獄使衆人指笑我卒徒唾吾背乎即閉閤獨居齊舍 師古曰齊讀曰齋 偏袒持刀東西步數日使者召延年詣廷尉聞鼓聲自刎死 晉灼曰使者至司農發詔書故鳴鼓也師古曰刎謂斷頸也 國除

嚴延年字次卿東海下邳人也其父為丞相掾延年少學法律丞相府歸為郡吏以選除補御史掾舉侍御史是時大將軍霍光廢昌邑王尊立宣帝宣帝初即位延年劾奏光擅廢立亡人臣禮不道。宋祁曰立字下當有主字 奏雖寢然朝廷肅焉敬憚延年後復劾大司農田延年持兵千屬車 師古曰干犯也屬車天子後車也音之欲反 大司農自訟不干屬車事下御史中丞譴責延年何以不移書宮殿門禁止大司農而令得出入宮於是覆劾延年闌內罪人法至死 張晏曰故事有所劾奏並移宮門禁止不得入 延年亡 師古曰覆反也反以此事劾之覆音方目反 命會赦出丞相御史府徵書同日到延年以御史書先至詣御史府復為掾宣帝識之 張晏曰識其前劾霍光擅廢立 拜為平陵令坐殺不辜去官後為丞相掾復擢好畤令神爵中西羌反彊弩將軍許延壽請延年為長史從軍敗西羌還為涿郡太守時郡比得不能太守 師古曰比頻也。宋祁曰還字下當有遷字 涿人畢野白等由是廢亂 師古曰廢公法而放亂也 大姓西高氏東高氏 師古曰兩高氏各以所居東西為號者 自郡吏以下皆畏避之莫敢與啎 師古曰啎逆也音悟 咸曰寧負二千石無負豪大家賓客放為盜賊 師古曰放縱也 發輒入高氏吏不敢追浸浸日多 師古曰浸漸也 道路張弓拔刃然後敢行其亂如此延年至遣掾蠡吾趙繡按高氏得其死罪繡見延年新將 師古曰新為郡將也謂郡守為郡將者以其兼領武事也。宋祁曰越本按作劾 心內懼即為兩劾欲先白其輕者觀延年意怒迺出其重劾延年已知其如此矣趙掾至果白其輕者延年索懷中得重劾 師古曰索搜也音山客反。宋祁曰越本無果字 即收送獄夜入晨將至市論殺之先所按者死 師古曰在高氏前死 吏皆股弁 師古曰股戰若弁弁謂撫手也 更遣吏分考兩高窮竟其姦誅殺各數十人郡中震恐道不拾遺三歲遷河南太守賜黃金二十斤豪彊脅息 師古曰脅斂也屏氣而息 野無行盜威震旁郡其治務在摧折豪彊扶助貧弱貧弱雖陷法曲文以出之其豪桀侵小民者以文內之 師古曰飾文而入之為罪 衆人所謂當死者一朝出之所謂當生者詭殺之 師古曰詭違正理而殺也 吏民莫能測其意深淺戰栗不敢犯禁按其獄皆文致不可得反 師古曰致至密也言其文案整密也反音幡 延年為人短小精悍敏捷於事 師古曰悍勁也 雖子貢冉有通藝於政事不能絕也吏忠盡節者厚遇之如骨肉皆親鄉之 師古曰鄉讀曰嚮 出身不顧以是治下無隱情然疾惡泰甚中傷者多尤巧為獄文善史書所欲誅殺奏成於手中主簿親近史不得聞知奏可論死奄忽如神冬月傳屬縣囚會論府上 師古曰總集郡府而論殺 流血數里河南號曰屠伯 鄧展曰言延年殺人如屠兒之殺六畜伯長也 令行禁止郡中正清是時張敞為京兆尹素與延年善敞治雖嚴然尚頗有縱舍聞延年用刑刻急迺以書諭之曰昔韓盧之取菟也上觀下獲 應劭曰韓盧六國時韓氏之黑犬也孟康曰言良犬之取菟仰觀人主之意而獲之喻不妄殺 不甚多殺願次卿少緩誅罰思行此術延年報曰河南天下喉咽二周餘斃 師古曰喉咽言其所在襟要如人體之有喉咽也二周東西周君國也咽音一千反 莠盛苗穢何可不鉏也 師古曰莠似穀所生也苗粟苗也莠音誘 自矜伐其能終不衰止時黃霸在潁川以寬恕為治郡中亦平婁蒙豐年 師古曰婁古屢字 鳳皇下上賢焉下詔稱揚其行加金爵之賞延年素輕霸為人及比郡為守褒賞反在已前 師古曰此接近也音頻二反 心內不服河南界中又有蝗蟲府丞義出行蝗還見延年延年曰此蝗豈鳳皇食邪 宋祁曰府丞義當作府丞狐義 義又道司農中丞耿壽昌為常平倉利百姓延年曰丞相御史不知為也當避位去壽昌安得權此 師古曰作此倉非奇異之功也公卿不知為之是曠官也壽昌安得擅此以為權乎 後左馮翊缺上欲徵延年符已發為其名酷復止 應劭曰符竹使符也臧在符節臺欲有所拜召治書御史符節令發符下太尉也 延年疑少府梁丘賀毀之心恨會琅邪太守以視事久病滿三月免延年自知見廢謂丞曰此人尚能去官我反不能去邪 師古曰與丞言云爾 又延年察獄史廉有臧不入身 師古曰延年察舉其獄史為廉而此人乃有臧罪然臧不入身也。宋祁曰越本刪有字 延年坐選舉不實貶秩笑曰後敢復有舉人者矣 師古曰言已坐被貶秩後人寧敢復舉人乎 丞義年老頗悖 師古曰心思惑亂悖音布內反 素畏延年恐見中傷延年本嘗與義俱為丞相史實親厚之無意毀傷也饋遺之甚厚義愈益恐自筮得死卦忽忽不樂取告至長安 師古曰取休假 上書言延年罪名十事已拜奏因飲藥自殺以明不欺事下御史丞按驗有此數事以結延年 師古曰結正其罪也 坐怨望非謗政治不道弃市初延年母從東海來欲從延年臘 師古曰建丑之月為臘祭因會飲若今之蜡飾也 到雒陽適見報囚 師古曰奏報行決也。劉敞曰檢尋前後直謂斷決囚為報爾非奏得報也如今有司書囚罪長吏判准斷定所謂報也 母大驚便止都亭不肯入府延年出至都亭謁母母閉閤不見延年免冠頓首閤下良久母乃見之因數責延年 師古曰數音所具反 幸得備郡守專治千里不聞仁愛教化有以全安愚民顧乘刑罰多刑殺人 師古曰顧反也乘因也 欲以立威豈為民父母意哉延年服罪重頓首謝 師古曰重音直用反 因自為母御歸府舍母畢正臘 師古曰臘及正歲畢也正音之盈反 謂延年天道神明人不可獨殺 師古曰言多殺人者已亦當死 我不意當老見壯子被刑戮也 師古曰言素意不自謂如此也 行矣去女東歸埽除墓地耳 師古曰言待其喪至也 遂去歸郡見昆弟宗人復為言之後歲餘果敗東海莫不賢知其母 師古曰稱其賢智也 延年兄弟五人皆有吏材至大官東海號曰萬石嚴嫗 師古曰一門之中五人二千石故總云萬石 次弟彭祖至太子太傅在儒林傳

尹賞字子心鉅鹿楊氏人也以郡吏察廉為樓煩長舉茂材粟邑令左馮翊薛宣奏賞能治劇徙為頻陽令坐殘賊免後以御史舉為鄭令永始元延間上怠於政貴戚驕恣紅陽長仲兄弟交通輕俠臧匿亡命 鄧展曰紅陽姓長仲字也如淳曰紅陽南陽縣也長姓仲字也師古曰姓紅陽而兄字長弟字仲今書長字或作張者非也後人所改耳一曰紅陽侯王立之子兄弟長少者也 而北地大豪浩商等報怨殺義渠長妻子六人。宋祁曰六人或作二十八 往來長安中丞相御史遣掾求逐黨與詔書召捕久之迺得長安中姦猾浸多

閭里少年羣輩殺吏受賕報讎 師古曰或有自怨於吏或受人賕賂報仇讎也○宋祁曰賕當作財 相與探丸爲彈 師古曰爲彈丸作赤黑白三色而共探取之也彈音徒旦反 得赤丸者斫武吏得黑者斫文吏白者主治喪 師古曰其黨與有爲吏及它人所殺者則主其喪事也 城中薄暮塵起剽劫行者死傷橫道枹鼓不絕 師古曰枹擊鼓椎也音孚其字從木○蕭該音義曰字林曰枹擊鼓柄音浮 賞以三輔高第選守長安令得壹切便宜從事賞至脩治長安獄穿地方深各數丈致令辟爲郭 師古曰致謂積累之也令辟甎也郭謂四周之內也致讀如本字又音緻令音零辟音避歷反 以大石覆其口名爲虎穴乃部戶曹掾史與鄉吏亭長里正父老伍人 師古曰五家爲伍伍人者各其同伍之人也 雜舉長安中輕薄少年惡子 師古曰惡子不承父母教命者○宋祁曰注文承字下當有籍字 無市籍商販作務而鮮衣凶服被鎧扞持刀兵者悉籍記之 師古曰凶服危險之服鎧甲也扞臂衣也籍記爲名籍以記之 得數百人賞一朝會長安吏車數百兩分行收捕皆劾以爲通行飲食羣盜 師古曰飲音於禁反食讀曰飤 賞親閱見十置一 師古曰置放也 其餘盡以次內虎穴中百人爲輩覆以大石數日壹發視皆相枕藉死便輿出瘞寺門桓東 如淳曰瘞埋也舊亭傳於四角面百步築土四方上有屋屋上有柱出高丈餘有大板貫柱四出名曰桓表縣所治夾兩邊各一桓陳宋之俗言桓聲如和今猶謂之和表師古曰即華表也○宋祁曰桓徐鍇曰作桓非是蕭該音義作寺門外埂東又云今漢書多作埂字蓋後人多知墻埂不知桓表當從桓劉攽曰便讀如獲 楬著其姓名 師古曰楬杙也椓杙於瘞處而書死者名也楬音竭杙音弋字並從木 百日後迺令死者家各自發取其尸親屬號哭道路皆歔欷長安中歌之曰安所求子死桓東少年場 師古曰安猶焉也死謂尸也 生時諒不謹枯骨後何葬 師古曰諒信也葬字合韻音子郎反 賞所置皆其魁宿 師古曰魁根本也宿久舊也 或故吏善家子失計隨輕黠願自改者財數十百人 師古曰財與纔同 皆貰其罪 師古曰貰緩也 詭令立功以自贖 師古曰詭責也 盡力有效者因親用之爲爪牙追捕甚精甘耆姦惡甚於凡吏 師古曰耆讀曰嗜 賞視事數月盜賊止郡國亡命散走各歸其處不敢闚長安江湖中多盜賊以賞爲江夏太守捕格江賊及所誅吏民甚多坐殘賊免南山羣盜起以賞爲右輔都尉遷執金吾督大姦猾三輔吏民甚畏之數年卒官疾病且死戒其諸子曰丈夫爲吏正坐殘賊免追思其功效則復進用矣一坐軟弱不勝任免終身廢棄無有赦時其羞辱甚於貪汙坐臧慎毋然賞四子皆至郡守長子立爲京兆尹皆尚威嚴有治辯名

贊曰自郅都以下皆以酷烈爲聲然都抗直引是非爭大體張湯以知阿邑人主與俱上下 蘇林曰邑音人相悒納之悒師古曰如蘇氏之說邑字音烏合反然今之書本或作色字此言阿諛觀人主顏色而上下也其義兩通○宋祁曰李奇阿音烏蕭該案漢書作阿婿人主者傳寫誤 時辯當否國家賴其便趙禹據法守正 師古曰據音倨 杜周從諛以少言爲重張湯死後罔密事叢 師古曰叢謂衆也 濡以耗廢 師古曰濡滯也耗亂也音莫報反 九卿奉職救過不給 師古曰給供也 何暇論繩墨之外乎自是以至哀平酷吏衆多然莫足數此其知名見紀者也其廉者足以爲儀表 師古曰謂有儀形可表明者 其汙者方略教道壹切禁姦 師古曰汙濁也道讀曰導 亦質有文武焉雖酷稱其位矣 師古曰稱音尺孕反○宋祁曰亦字下當有皆字 湯周子孫貴盛故別傳 師古曰言所以不列於酷吏之篇也

前漢書卷九十考證

酷吏傳惡能勝其任而媮快乎注師古曰媮苟且也○臣宗萬按媮快史記作愉快此文媮字即愉字意顏以苟且解之於義不順

言道德者溺于職矣○史記作溺其職矣

郅都傳河東大陽人也○臣召南按史記但曰楊人也據地理志楊縣與大陽縣並屬河東郡似此文誤楊爲陽因遂衍大字

甯成傳爲少吏必陵其長吏○臣召南按少吏南本作小吏非也少吏自與長吏對言漢制縣令長及丞尉二百石以上爲長吏百石以下有斗食佐史之秩爲少吏武紀元光六年詔曰少吏犯禁即此少吏也

義縱傳以捕按太后外孫修成子中○按史記作修成君子仲但以外戚傳證之時本號曰修成子仲則不必有君字也

楊僕傳使督盜賊關東○按關東屬上句宋本誤置宋祁注于督盜賊下

咸宣傳南陽有梅免百政楚有段中杜少○按百政史記作白政段中史記作殷中

田廣明傳與鹿嗇夫江德○臣召南按江德功臣表作江喜又按此傳魏不害三人之封並捕斬公孫勇也乃功臣表則云蘇昌以捕故越王子鄒起侯事實稍異

前漢書卷九十一

漢　蘭　臺　令　史　班　固　撰

唐正議大夫行祕書少監琅邪縣開國子顏師古注

貨殖傳第六十一

昔先王之制自天子公侯卿大夫士至於皁隸抱關擊柝者 師古曰皁養馬者也隸之言著也屬著於人也抱關門者也擊柝守夜擊木以警衆也柝音吐各反 其爵祿奉養宮室車服棺槨祭祀死生之制各有差品小不得僭大賤不得踰貴夫然故上下序而民志定於是辯其土地川澤丘陵衍沃原隰之宜 師古曰衍謂地平衍者也沃水之所灌沃也廣平曰原下溼曰隰○宋祁曰注文地字下疑有形字下沃疑作浸 敎民樹種畜養 師古曰樹殖也 五穀六畜及至魚鼈鳥獸雚蒲材幹器械之資 師古曰雚亂也即今之荻也械者器之總名也雚音桓亂音五宦反荻音狄 所以養生送終之具靡不皆育育之以時而用之有節草木未落斧斤不入於山林 師古曰禮記月令云季秋之月草木黃落乃伐薪爲炭 豺獺未祭罝網不布於壄澤 師古曰禮記王制云獺祭魚然後虞人入澤梁豺祭獸然後田獵月令孟春之月獺祭魚季秋之月豺乃祭獸戮禽罝兎網也音嗟 鷹隼未擊矰弋不施於徯隧 師古曰隼亦鷙鳥即今所呼爲鶻者也月令孟秋之月鷹乃祭鳥用始行戮弋繳射也矰者弋之矢也徯徑也隧道也矰音曾徯音奚隧音遂鶻音胡骨反 既順時而取物然猶山不茬蘗澤不伐夭 師古曰茬古槎字也槎邪斫木也蘗斬而復生者也夭謂草木之方長未成者也槎音士牙反蘗音五葛反夭音烏老反○劉奉世曰蘗讀如大雅牙蘗之蘗旁出嫩枝也義與夭相對宋祁曰茬浙本音反 蝝魚麛卵咸有常禁 師古曰蝝小蟲也麛鹿子也卵鳥卵也月令孟春之月毋殺孩蟲毋麛毋卵蝝音弋全反麛音莫奚反 所以順時宣氣蕃阜庶物 師古曰蕃多也阜盛也蕃音扶元反 稸足功用如此之備也 師古曰稸讀曰蓄字 然後四民因其土宜各任智力夙興夜寐以治其業相與通功易事交利而俱贍 師古曰言以其所有易所無而不匱乏 非有徵發期會而遠近咸足故易曰后以財成輔相天地之宜以左右民 師古曰泰卦象辭也后君也左右助也言王者資財用以成教贊天地之化育以救助其衆庶也左右讀曰佐佑 備物致用立成器以爲天下利莫大乎聖人 師古曰上繫之辭也備物致用謂備取百物而極其功用○宋祁曰一作立功成器一作立物立功致用成器 此之謂也管子云古之四民不得雜處 師古曰管仲之書也 士相與言仁誼於閒宴 師古曰閒讀曰閑 工相與議技巧於官府商相與語財利於市井 師古曰凡言市井者市交易之處井共汲之所故總而言之也說者云因井而爲市其義非也 農相與謀稼穡於田壄朝夕從事不見異物而遷焉 師古曰言非其本業則弗視故能各精其事不移易○宋祁曰注末疑有也字 故其父兄之教不肅而成子弟之學不勞而能各安其居而樂其業甘其食而美其服雖見奇麗紛華非其所習辟猶戎翟之與于越不相入矣 孟康曰于越南方越名也師古曰于發語聲也戎蠻之語則然于越猶句吳耳辟讀曰譬 是以欲寡而事節財足而不爭於是在民上者道之以德 師古曰道讀曰導 齊之以禮故民有恥而且敬貴誼而賤利此三代之所以直道而行不嚴而治之大略也 師古曰直道而行謂以德禮率下不飾僞也 及周室衰禮法墮 師古曰墮毀也音火規反 諸侯刻桷丹楹大夫山節藻棁 師古曰桷椽也楹柱也節栭也棁侏儒柱也藻謂刻鏤爲水藻之文也山刻爲山形也刻桷丹楹魯桓宮也山節藻棁臧文仲也○宋祁曰注文棁字疑作櫋 八佾舞於庭雍徹於堂 師古曰八佾舞於庭謂季氏也以雍樂徹食三家則然事見論語 其流至於士庶人莫不離制而棄本稼穡之民少商旅之民多穀不足而貨有餘陵夷至乎桓文之後 師古曰齊桓晉文也 禮誼大壞上下相冒國異政家殊俗耆欲不制僭差亡極 師古曰耆讀曰嗜其下並同極止也 於是商通難得之貨工作亡用之器士設反道之行以追時好而取世資 師古曰追逐也 僞民背實而要名姦夫犯害而求利篡弒取國者爲王公圍奪成家者爲雄桀 師古曰圍謂禁守其人也○劉敞曰圍讀如禦人於國門之禦 禮誼不足以拘君子刑戮不足以威小人富者木土被文錦犬馬餘肉粟而貧者裋褐不完唅菽飲水 師古曰裋布長襦也褐編枲衣也裋音豎唅亦含字也菽豆也 其爲編戶齊民同列而以財力相君雖爲僕虜猶亡慍色故夫飾變詐爲姦軌者自足乎一世之間守道循理者不免於饑寒之患其教自上興繇法度之無限也 師古曰繇讀與由同 故列其行事以傳世變云

昔粵王句踐困於會稽之上迺用范蠡計然 孟康曰姓計名然越臣也蔡謨曰計然者范蠡所著書篇名耳非人也謂之計然者所計而然也羣書所稱句踐之賢佐種蠡爲首豈聞復有姓計名然者乎若有此人越但用半策便以致霸是功重於范蠡蠡之師也焉有如此而越國不記其事書籍不見其名史遷不述其傳乎師古曰蔡說謬矣據古今人表計然列在第四等豈是范蠡書篇乎計然一號計研故賓戲曰研桑心計於無垠即謂此耳計然者濮上人也博學無所不通尤喜計算嘗南遊越范蠡卑身事之其書則有萬物錄著五方所出皆直述之事見皇覽及晉中經簿又吳越春秋及越絕書並作計倪此則倪研及然聲皆相近實一人耳何云書籍不見哉○宋祁曰注文故賓戲當作故答賓戲 計然曰知鬭則修備時用則知物二者形則萬貨之情可得見矣 師古曰形顯見 故旱則資舟水則資車物之理也 師古曰旱極則水水極則旱故於旱時而預蓄舟水時預蓄車以待其貴收其利也 推此類而脩之十年國富厚賂戰士遂報彊吳刷會稽之恥 師古曰刷謂拭除之也音所劣反 范蠡歎曰計然之策十用其五而得意既以施國吾欲施之家迺乘扁舟 孟康曰特舟也師古曰音匹延反 浮江湖變姓名適齊爲鴟夷子皮 師古曰自號鴟夷者言若盛酒之鴟夷多所容受而可卷懷與時張弛也鴟夷皮之所爲故曰子皮 之陶爲朱公 孟康曰陶即今定陶也 以爲陶天下之中諸侯四通貨物所交易也迺治產積居與時逐 孟康曰逐時而居貨也師古曰此說非也言豫居貨物與時而逐利 而不責於人 ○劉攽曰與時逐宜屬下句治產治凡可以生息者積居積貯成物居停之與時逐而不責於人言此兩事自與天時驗逐無求責於人也 故善治產者能擇人而任時十九年之間三致千金而再散分與貧友昆弟後年衰老聽子孫脩業而息之 師古曰息生也 遂至鉅萬故言富者稱陶朱

子贛既學於仲尼退而仕衞 師古曰孔子弟子姓端木名賜也 發貯鬻財曹魯之間 師古曰多有積貯趣時而發鬻賣之也鬻音弋六反 七十子之徒賜最爲饒 師古曰言於弟子之中最爲富 而顏淵簞食瓢飲在於陋巷 師古曰簞笥也食飯也瓢瓠勺也一簞之飯一瓢之飲至貧也簞音丁安反食音似瓢音頻遙反○宋祁曰注文至貧字上當有言字 子贛結駟連騎束帛之幣聘享諸侯所至國君無不分庭與之亢禮 師古曰爲賓主之禮 然孔子賢顏淵而譏子贛曰回也其庶乎屢空賜不受命而貨殖焉意則屢中 師古曰論語載孔子之言也顏回庶幾聖道雖數空匱而樂在其中子贛不受教命唯財是殖億度是非幸而中耳意讀曰億中音竹仲反

白圭周人也當魏文侯時李克務盡地力而白圭樂觀時變故人棄我取人取我予能薄飲食忍嗜欲節衣服

與用事僮僕同苦樂趨時若猛獸鷙鳥之發故曰吾治生猶伊尹呂尙之謀孫吳用兵商鞅行法是也故智不足與權變勇不足以決斷仁不足以取予彊不能以有守雖欲學吾術終不告也蓋天下言治生者祖白圭師古曰祖始也以其法爲本始也

猗頓用盬鹽起師古曰猗頓魯之窮士也盬鹽池也於盬造鹽故曰盬鹽盬音古邯鄲郭縱以鑄冶成業與王者埒富師古曰埒等也

烏氏蠃畜牧師古曰氏音支烏氏姓也蠃名也其人爲畜牧之業也及衆斥賣師古曰畜牧蕃盛其數多則出而賣之也求奇繒物間獻戎王師古曰避時之禁故伺間隙私遺戎王戎王十倍其償○宋祁曰償字上當有償字予畜畜至用谷量牛馬師古曰言其數饒不可計故以山谷多少言之秦始皇令蠃比封君以時與列臣朝請師古曰與讀曰豫請音才姓反

巴寡婦清師古曰以其行絜故號曰清也其先得丹穴而擅其利數世師古曰丹丹砂也穴者山谷之穴出丹也家亦不訾師古曰言資財衆多無限數訾音子移反清寡婦能守其業用財自衞人不敢犯始皇以爲貞婦而客之爲築女懷淸臺

秦漢之制列侯封君食租稅歲率戶二百千戶之君則二十萬朝覲聘享出其中庶民農工商賈率亦歲萬息二千百萬之家卽二十萬而更繇租賦出其中師古曰更音工衡反繇讀曰徭衣食好美矣故曰陸地牧馬二百蹏孟康曰五十匹也師古曰蹏古蹄字牛千蹏角孟康曰百六十七頭也馬貴而牛賤以此爲率也師古曰百六十七頭牛則爲蹄與角凡一千二也言千者舉成數也○宋祁曰牛千蹏角越本作牛蹏角千千足羊師古曰凡言千足者二百五十頭也澤中千足彘水居千石魚波師古曰波讀曰陂言有大陂養魚一歲收千石魚也說者不曉乃改其波字爲皮又讀爲披皆失之矣山居千章之萩孟康曰萩任方章者千枚也師古曰大材曰章解在百官公卿表萩卽楸字也其下並同也○宋祁曰注文浙本百官公卿表句下有获不在山明矣六字刪樹字兩也字安邑千樹棗燕秦千樹栗蜀漢江陵千樹橘淮北滎南河濟之間千樹萩師古曰滎亦水名濟水所溢也卽今所謂滎澤也陳夏千畝桼師古曰陳陳縣也夏夏縣也皆屬淮陽種桼樹而取其汁夏音假齊魯千畝桑麻渭川千畝竹及名國萬家之城帶郭千畝畝鍾之田孟康曰一鍾受六斛四斗師古曰一畝收鍾者凡千畝也○宋祁曰注文師古曰下當有言字若千畝巵茜孟康曰茜草巵子可用染也師古曰茜音千見反千畦薑韭師古曰畦音攜此其人皆與千戶侯等諺曰以貧求富農不如工工不如商刺繡文不如倚市門此言末業貧者之資也師古曰言其易以得利也通邑大都酤一歲千釀師古曰千瓮以釀酒醯醬千瓨師古曰瓨長頸罌也受十升瓨音胡雙反○宋祁曰注文中字當作頸字升字當作斗字雙字當作江字漿千儋孟康曰儋罌也師古曰儋人儋之也一儋兩罌儋音丁濫反屠牛羊彘千皮穀糴千鍾師古曰謂常糴取而居之薪稾千車舡長千丈師古曰總積舡之丈數也木千章竹竿萬个孟康曰个者一个兩个師古曰个讀曰箇箇枚也○宋祁曰注文師字上當有也字軺車百乘師古曰軺車輕小之車也軺音弋昭反牛車千兩師古曰車一乘曰一兩謂之兩者言其轅輪兩兩而耦木器桼者千

枚銅器千鈞孟康曰三十斤爲一鈞素木鐵器若巵茜千石孟康曰百二十斤爲石素木素器也馬蹏敫千師古曰敫口也蹏與口共千則爲馬二百也敫音江鈞反又音叫反牛千足羊彘千雙師古曰彘卽豕也童手指千孟康曰童奴婢也古者無空手游口皆有作務作務須手指故曰手指以別馬牛蹏角也師古曰手指謂有巧技者指千則人百筋角丹沙千斤其帛絮細布千鈞文采千匹師古曰文文繒也帛之有色者曰采荅布皮革千石孟康曰荅布白疊也師古曰麤厚之布也其價賤故與皮革同其量耳非白疊也荅者厚重之貌而讀者妄爲榻音非也桼千大斗師古曰大斗者異於量米粟之斗也今俗猶有大量蘖麴鹽豉千合師古曰麴蘗以斤石稱之輕重齊則爲合鹽豉則斗斛量之多少等亦爲合合者相配偶之言耳今西楚荊沔之俗賣鹽豉者鹽豉各一升則各爲裹而相隨焉此則合也說者不曉遂讀爲升合之合又改作台競爲解說失之遠矣鮐鮆千斤師古曰鮐海魚也鮆刀魚也飲而不食者鮐音胎又音荅鮆音薺又音才爾反而說者妄讀鮐爲夷非惟失於訓物亦不知音矣鮿鮑千鈞師古曰鮿膊魚也卽今不著鹽而乾者也鮑今之鮑魚也鮿音輒膊音普各反鮑音於業反而說者乃讀鮑爲鮑魚之鮑音五回反失義遠矣鄭康成以爲鮿於煏室乾之亦非也煏室乾之卽鮿耳蓋今巴荊人所呼鰎魚者是也音居偃反秦始皇載鮑亂臭則是鮿魚耳而煏室乾者本不臭也煏音蒲北反棗栗千石者三之師古曰三千石狐貂裘千皮羔羊裘千石師古曰狐貂貴故計其數羔羊賤故稱其量也旃席千具它果采千種師古曰果采謂於山野采取果實也子貸金錢千貫節駔儈孟康曰節節物貴賤也謂除估儈其餘利比於千乘之家也師古曰儈者合會二家交易者也駔者其首率也駔音子朗反儈音工外反貪賈三之廉賈五之孟康曰貪賈未當賣而賣未當買而買故得利少而十得其三廉賈貴乃賣賤乃買故十得五也○劉敞曰貪賈務賒貸仍取厚利常多亡失故三之廉賈取之約未嘗亡失故五之劉奉世曰此謂子貸取息也貪賈取利多故三分取息一分廉賈則五分取一耳所謂歲萬息二千也亦比千乘之家此其大率也

蜀卓氏之先趙人也用鐵冶富秦破趙遷卓氏之蜀夫妻推輦行師古曰步車曰輦諸遷虜少有餘財爭與吏求近處處葭萌師古曰縣名地理志屬廣漢葭音家唯卓氏曰此地陿薄吾聞岷山之下沃壄下有蹲鴟至死不饑孟康曰蹲音蹲鄉多鴟其山下有沃野灌溉師古曰孟說非也蹲鴟謂芋也其根可食以充糧故無饑年華陽國志曰汶山郡都安縣有大芋如蹲鴟也民工作布易賈乃求遠遷致之臨邛大憙卽鐵山鼓鑄師古曰卽就也運籌筭賈滇蜀民師古曰行賈於滇蜀之間也滇音丁賢反富至童八百人田池射獵之樂擬於人君

程鄭山東遷虜也亦冶鑄賈魋結民富埒卓氏師古曰魋結西南夷也言程鄭行賈求利於其人也埒等也魋音直追反結讀曰髻程卓旣衰至成哀間成都羅裒訾至鉅萬初裒賈京師隨身數十百萬師古曰言其自有數十萬且至百萬爲平陵石氏持錢其人彊力石氏訾次如苴孟康曰平陵如氏苴氏也石氏勤力故訾次二人也師古曰孟說非也其人彊力謂羅裒耳訾次如苴自謂石氏之饒財也苴音側于反親信厚資遣之令往來巴蜀數年間致千餘萬裒舉其半賂遺曲陽定陵侯師古曰謂王根淳于長也依其權力賖貸郡國人莫敢負師古曰貸音吐戴反擅鹽井之利期年所得自倍師古曰期音基遂殖其貨

宛孔氏之先梁人也用鐵冶爲業秦滅魏遷孔氏南陽大鼓鑄規陂田連騎游諸侯因通商賈之利有游閒公子之名師古曰閒讀曰閑言其志寬大不在急促公子者公侯貴人之子也言其舉動性行有似之也若今言諸郞矣然其贏得過當瘉於孅嗇師古曰瘉讀爲愈愈勝也孅細也嗇愛吝也言其於利雖不汲汲苟得然所獲贏餘多於細吝者也孅與纖同下云周人旣孅義亦類此家致數千金故南陽行賈盡法孔氏之雍容

魯人俗儉嗇而丙氏尤甚以鐵冶起富至鉅萬然家自父兄子弟約頫有拾卬有取師古曰頫古俯字也俯仰必有所取拾無鉅細好惡也○宋祁曰注末也字上當有者字貰貸行賈徧郡國鄒魯以其故多去文學而趨利

齊俗賤奴虜而刀閒獨愛貴之師古曰刀姓閒名也刀音貂桀黠奴人之所患雅刀閒收取使之逐魚鹽商賈之利或連車騎交守相然愈益任之終得其力起數千萬故曰寧爵無刀孟康曰刀閒能畜豪奴奴或有連車騎交守相奴自謂寧欲免去作民有爵邪無將止爲刀氏作奴乎無發聲助也言能使豪奴自饒而盡其力也刀閒旣衰至成哀閒臨淄姓偉訾五千萬師古曰姓姓名偉

周人旣孅而師史尤甚轉轂百數師古曰轉轂謂以車載物而逐利者○宋祁曰尤舊本作光姚改作尤賈郡國無所不至雒陽街居在齊秦楚趙之中富家相矜以久賈孟康曰謂街巷居民無田地皆相矜久賈在此諸國也師古曰此說非也言雒陽之地居在諸國之中要衝之所若大街衢故其賈人無所不至而多得利不憚久行也中音竹仲反過邑不入門設用此等故師史能致十千萬師古曰十千萬卽萬萬也言其財至萬萬也一曰至千萬者十焉師史旣衰至成哀王莽時雒陽張長叔薛子仲訾亦十千萬莽皆以爲納言士欲法武帝然不能得其利師古曰武帝用卜式東郭咸陽孔僅等爲官也

宣曲任氏其先爲督道倉吏孟康曰若今吏督租穀使上道輸所在也師古曰於京師四方諸道督其租耳道者非謂上道也○劉奉世曰督道者倉所在地名耳猶後傳注漢宮闕疏所稱細柳倉也爲倉吏故能藏粟致富也秦之敗也豪傑爭取金玉任氏獨窖倉粟師古曰取倉粟而窖臧之也窖音工孝反楚漢相距滎陽民不得耕種米石至萬而豪傑金玉盡歸任氏任氏以此起富富人奢侈而任氏折節爲力田畜人爭取賤賈任氏獨取貴師古曰言其居買之物不計貴賤唯在良美也賈讀曰價善富者數世師古曰折節力田務於本業先公後私率閭里故云善富然任公家約非田畜所生不衣食公事不畢則不得飲酒食肉師古曰任公任氏之父也言家爲此私約制也晉灼以爲任用公家之約此說非也以此爲閭里率故富而主上重之塞之斥也唯橋桃以致馬千匹牛倍之羊萬粟以萬鍾計孟康曰邊塞主斥候卒也唯此一人能致富若此師古曰此說非也塞斥者言國家斥開邊塞更令寬廣故橋桃得恣其畜牧也姓橋名桃以萬鍾計者不論斗斛千萬之數每率舉萬鍾而計之者其饒多也○劉攽曰顏說未盡塞之斥也公私皆有費用故橋桃得以致富豈謂待廣地恣其畜牧哉吳楚兵之起長安中列侯封君行從軍旅齎貣子錢家師古曰行者須齎糧而出於子錢家貣之也貣謂求假也音吐得反子錢家以爲關東成敗未決莫肯予唯毋鹽氏出捐千金貸師古曰貸謂假與之音吐戴反其息十之三月吳楚平一歲之中則毋鹽氏息十倍用此富關中富商大賈大氏盡諸田師古曰氏讀曰抵抵歸也田牆田蘭韋家栗氏安陵杜氏亦鉅萬前富者旣衰自元成訖王莽京師富人杜陵樊嘉茂陵摯網平陵如氏苴氏長安丹王君房豉樊少翁王孫大卿爲天下高訾師古曰王君房賣丹樊少翁及王孫大卿賣豉亦致高訾訾讀與貲同高訾謂多貲財樊嘉五千萬其餘皆鉅萬矣王孫卿以財養士與雄桀交王莽以爲京司市師漢司東市令也此其章章尤著者也其餘郡國富民兼業顓利師古曰顓與專同以貨賂自行取重於鄉里者不可勝數故秦楊以田農而甲一州孟康曰以田地過限從此而富爲州中第一也翁伯以販脂而傾縣邑張氏以賣醬而隃侈質氏以洒削而鼎食服虔曰治刀劍者也如淳曰作刀劍削者師古曰二說皆非也洒濯也削謂刀劍室也謂人有刀劍削故惡者主爲洒刷之去其垢穢更飾令新也洒音先禮反削音先召反濁氏以胃脯而連騎晉灼曰今太官常以十月作沸湯燖羊胃以末椒薑坋之暴使燥是也師古曰燖音似廉反坋音蒲頓反張里以馬醫而擊鍾皆越法矣然常循守事業積累贏利漸有所起至於蜀卓宛孔齊之刀閒公擅山川銅鐵魚鹽市井之入運其籌策上爭王者之利下錮齊民之業師古曰錮亦謂專取之也皆陷不軌奢僭之惡又況掘冢搏掩犯姦成富師古曰搏掩謂搏擊掩襲取人物者也搏字或作博一說博六博也掩意錢之屬也皆戲而賭取財物曲叔稽發雍樂成之徒師古曰曲姓叔名稽姓發名姓雍名樂成也稽音工奚反猶復齒列師古曰身爲罪惡尙復與良善之人齒齒並列傷化敗俗大亂之道也

前漢書卷九十一考證

貨殖傳昔粵王勾踐云云○臣召南按范蠡子貢白圭猗頓烏氏巴寡婦清其人皆在漢以前不應與程卓諸人並列此則沿襲史記本文未及刊除者也劉知幾每譏班氏失於裁斷此亦其彰彰者

淮北滎南河濟之間千樹萩○史記作淮北常山以南河濟之間千樹萩又桼千儋史記作千甔又穀糴千鍾史記作販穀糴千鍾又木器桼者千枚史記作木器髤者又馬蹏噭千史記作蹏躈千

桼千大斗○顧炎武曰是漢時已有大斗但用之量麤貨耳 臣召南按史記但云桼千斗無大字又蘖麴鹽豉千合史記作千瓵徐廣曰瓵音貽瓦器受斗六升又鮿鮑千鈞史記作鮿千石鮑千鈞

羔羊裘千石○顧炎武曰變皮言石亦互文也 臣召南按顏注謂狐貂貴故言皮羔羊賤故言石其說甚確蓋非互文

爲平陵石氏持錢○顧炎武曰持錢猶今人言掌財也

魯人俗儉嗇而丙氏尤甚○丙氏史記作曹邴氏

安陵杜氏○臣召南按史記作安陵杜杜氏言安陵縣及杜縣之杜氏皆富也

故秦楊以田農而甲一州云云○秦楊史記作秦陽又翁伯史記作雍伯又質氏史記作郅氏又曲叔史記作田叔又稽發史記作桓發

前漢書卷九十二

漢　蘭　臺　令　史班　固撰

唐正議大夫行祕書少監琅邪縣開國子顏師古注

游俠傳第六十二

古者天子建國諸侯立家自卿大夫以至于庶人各有等差是以民服事其上而下無覬覦師古曰覬幸也覦欲也幸得其所欲也覬音冀覦音踰又音論孔子曰天下有道政不在大夫師古曰論語載孔子之言謂權不移於下也百官有司奉法承令以脩所職失職有誅侵官有罰夫然故上下相順而庶事理焉周室既微禮樂征伐自諸侯出桓文之後大夫世權陪臣執命師古曰齊桓晉文周之二霸也陪重也陵夷至於戰國合從連衡力政爭彊師古曰力政者棄背禮義專任威力也從音子容反繇是列國公子魏有信陵趙有平原齊有孟嘗楚有春申師古曰繇讀與由同信陵君魏無忌平原君趙勝孟嘗君田文春申君黃歇皆藉王公之埶競為游俠雞鳴狗盜無不賓禮師古曰謂孟嘗君用雞鳴而得亡出關因狗盜而取狐白裘也○宋祁曰此注疑是孟康而趙相虞卿棄國捐君以周窮交魏齊之厄師古曰魏齊虞卿之交也將為范雎所殺卿救之也信陵無忌竊符矯命戮將專師以赴平原之急師古曰秦兵圍趙趙相平原君告急於無忌無忌因如姬以竊兵符矯魏信陵命代晉鄙為將而令朱亥鎚殺晉鄙遂率兵救趙秦兵以卻而趙得全皆以取重諸侯顯名天下搤掔而游談者以四豪為稱首師古曰搤捉持也掔古手腕字也四豪即魏信陵以下也搤音戹於是背公死黨之議成守職奉上之義廢矣及至漢興禁網疏闊未之匡改也師古曰匡正也是故代相陳豨從車千乘而吳濞淮南皆招賓客以千數外戚大臣魏其武安之屬競逐於京師布衣游俠劇孟郭解之徒馳騖於閭閻權行州域力折公侯衆庶榮其名迹覬而慕之雖其陷於刑辟自與殺身成名若季路仇牧死而不悔師古曰季路孔子弟子也姓仲名由衞人也衞有蒯聵之亂季路聞之故入赴難遇孟黶石乞以戈擊之斷纓季路曰君子死冠不免結纓而死仇牧宋大夫也宋萬殺閔公仇牧聞之趨而至手劍而叱之萬臂擊仇牧碎首齒著于門闔言游俠之徒自許節操同於季路仇牧○宋祁曰一有也字邵本無姚本刪故曾子曰上失其道民散久矣師古曰論語載曾子之言也解在刑法志非明王在上視之以好惡齊之以禮法民曷繇知禁而反正乎師古曰視讀曰示繇讀曰由古之正法五伯三王之辠人也而六國五伯之辠人也師古曰伯讀曰霸下皆類此夫四豪者又六國之辠人也况於郭解之倫以匹夫之細竊殺生之權其辠已不容於誅矣觀其溫良泛愛振窮周急謙退不伐亦皆有絕異之姿惜乎不入於道德苟放縱於末流殺身亡宗非不幸也自魏其武安淮南之後天子切齒衞霍改節然郡國豪桀處處各有京師親戚冠蓋相望亦古今常道莫足言者唯成帝時外家王氏賓客為盛而樓護為帥及王莽時諸公之間陳遵為雄閭里之俠原涉為魁師古曰魁者斗之所用盛而杓之本也故言根本者皆云魁

朱家魯人高祖同時也魯人皆以儒教而朱家用俠聞所臧活豪士以百數其餘庸人不可勝言然終不伐其能飲其德孟康曰有德於人不自美也師古曰飲沒也謂不稱顯○劉奉世曰飲其德飲字當蒙不字言沒非義也飲者猶飲物自飲言不飲有其德宋祁曰注文顯字下當有也字諸所嘗施唯恐見之振人不贍先從貧賤始家亡餘財衣不兼采食不重味乘不過軥牛晉灼曰軥輓也軥牛小牛也師古曰軥重挽也音工豆反晉說是也專趨人之急甚於已私師古曰趨讀曰趣趣向也既陰脫季布之戹及布尊貴終身不見自關以東莫不延頸願交楚田仲以俠聞父事朱家自以為行弗及也田仲死後有劇孟

劇孟者洛陽人也周人以商賈為資劇孟以俠顯吳楚反時條侯為太尉乘傳東將師古曰乘傳車而東出為大將也傳音張戀反至河南得劇孟喜曰吳楚舉大事而不求劇孟吾知其無能為已師古曰已語終辭天下騷動大將軍得之若一敵國云○宋祁曰浙本無軍字劇孟行大類朱家而好博多少年之戲然孟母死自遠方送喪蓋千乘及孟死家無十金之財而符離王孟亦以俠稱江淮之間師古曰符離沛郡之縣也是時濟南瞯氏陳周膚亦以豪聞師古曰瞯音閑景帝聞之使使盡誅此屬其後代諸白梁韓毋辟陽翟薛況陝寒孺紛紛復出焉師古曰代郡白姓非一家也故稱諸焉梁國人姓韓名毋辟陽翟屬潁川陝即今陝州陝縣也薛況寒孺皆人姓名也毋辟讀曰避

郭解河內軹人也師古曰軹音只溫善相人許負外孫也解父任俠孝文時誅死解為人靜悍師古曰性沉靜而勇悍不飲酒少時陰賊感槩師古曰陰賊者陰懷賊害之意也感槩者感意氣而立節槩也不快意所殺甚衆以軀藉友報仇師古曰藉古藉字也藉謂借助也臧命作姦剽攻師古曰臧命臧亡命之人也剽劫也攻謂穿窬而盜也剽音匹妙反○劉攽曰攻直謂攻奪而取之耳何因知其是穿窬也穿窬而盜亦不甚豪矣然剽是用力淺小之稱攻則用力重害二者異耳休乃鑄錢掘冢師古曰不報仇剽攻則鑄錢發冢也不可勝數適有天幸窘急常得脫若遇赦及解年長更折節為儉以德報怨厚施而薄望然其自喜為俠益甚師古曰自好喜為名也喜音許吏反既已振人之命不矜其功師古曰振謂舉救也矜夸持也其陰賊著於心本發於睚眦如故云師古曰著音直略反心本猶言本心也睚音崖眦音漬睚眦又音五懈士懈反解具在杜欽傳而少年慕其行亦輒為報讎不使知也解姊子負解之埶師古曰負恃也與人飲使之釂非其任彊灌之師古曰盡爵曰釂其人不飲而使盡爵乃彊灌之故怨怒也釂音子笑反彊音其兩反人怒刺殺解姊子去亡解姊怒曰以翁伯時人殺吾子賊不得師古曰翁伯解字也棄其尸道旁弗葬欲以辱解解使人微知賊處師古曰微伺問之也賊窘自歸師古曰窘困急具以實告解解曰公殺之當吾兒不直遂去其賊師古曰除去其罪也去音丘呂反○劉奉世曰去者遣之令去而已何必除罪辠其姊子收而葬之諸公聞之皆多解之義師古曰多猶重也益附焉解出入人皆避有一人獨箕踞視之解問其姓名客欲殺之解曰居邑屋不見敬是吾德不脩也師古曰邑屋猶今人言村舍巷舍也彼何辠乃陰請尉吏曰是人吾所重至踐更時脫之師古曰踐更為踐更之卒也脫免也更音工衡反脫音它活反每至直更數過吏弗求師古曰直當也當為更也數音所角反怪之問其故解使脫之箕踞者乃肉袒謝辠少年聞之愈益慕解之行洛陽人有相仇者邑中賢豪居閒以十數終不聽師古曰居中間為道地和輯之而不見許也客迺見解解夜見仇家仇家曲聽師古曰曲屈從其言解謂仇家吾聞洛陽諸公在閒多不聽今子幸而聽解解柰何從它縣奪人邑賢大夫權乎迺夜去不使人知曰且毋庸待我去令洛陽豪居閒迺聽師古曰庸用也且無用休待洛陽豪更言之迺從其言也不敢乘車入其縣庭師古曰所屬之縣也之旁郡國為人請求事事可出出之如淳曰事可為免出者出之不可者各令厭其意師古曰厭滿也音一贍反然後迺敢嘗酒食諸公以此嚴重之爭為用邑中少年及旁近縣豪夜半過門常十餘車請得解客舍養之師古曰舍止也言解多藏亡命喜事少年與解同志者知亡命者多歸解故夜將車來迎取其人居止而養之及徙豪茂陵也解貧不中訾師古曰中充也言訾財不充合徙之數也中音竹仲反其下亦同吏恐不敢不徙衞將軍為言郭解家貧不中徙上曰解布衣權至使將軍此其家不貧師古曰將軍為之言是為其所使也解徙諸公送者出千餘萬軹人楊季主子為縣掾鬲之師古曰鬲塞其送不令解得之也鬲與隔同解兄子斷楊掾頭解入關關中賢豪知與不知聞聲爭交驩師古曰知謂先相知邑人又殺楊季主季主家上書人又殺闕下師古曰於闕下殺上書人上聞迺下吏捕解解亡置其母家室夏陽身至臨晉臨晉籍少翁素不知解因出關師古曰出解於關也籍少翁已出解解傳太原所過輒告主人處吏逐迹至籍少翁少翁自殺口絕久之得解窮治所犯為而解所殺皆在赦前軹有儒生侍使者坐客譽郭解生曰解專以姦犯公法何謂賢解客聞之殺此生斷舌吏以責解解實不知殺者殺者亦竟莫知為誰吏奏解無辠御史大夫公孫弘議曰解布衣為任俠行權以睚眦殺人解不知此辠甚於解知殺之當大逆無道師古曰當謂處斷其罪遂族解自是之後俠者極衆而無足數者然關中長安樊中子槐里趙王孫長陵高公子西河郭翁中師古曰中讀皆曰仲太原魯翁孺臨淮兒長卿師古曰兒音五奚反東陽陳君孺雖為俠而恂恂有退讓君子之風師古曰恂恂謹信之貌也音荀至若北道姚氏西道諸杜南道仇景東道佗羽公子南陽趙調之徒師古曰據京師而言指其東西南北謂也姓佗名羽字公子佗古他字○宋祁曰注文謂字下當有之道兩字盜跖而居民閒者耳曷足道哉此迺鄉者朱家所羞也師古曰鄉讀曰嚮

萬章字子夏長安人也師古曰萬音拒○陽夏公曰按廣韻萬與距同注漢有萬章距字疑誤集韻萬讀如規矩之矩距亦有作矩讀長安熾盛街閭各有豪俠章在城西柳市師古曰漢宮闕疏云細柳倉有柳市號曰城西萬子夏為京兆尹門下督從至殿中師古曰章從京兆也侍中諸侯貴人爭欲揖章莫與京兆尹言者章逡循甚懼其後京兆不復從也師古曰更不以章自隨也與中書令石顯相善亦得顯權力門車常接轂至成帝初石顯坐專權擅埶免官徙歸故郡○宋祁曰越本無徙字顯貲巨萬當去留牀席器物數百萬直○宋祁曰留字下當有其字欲以與章章不受賓客或問其故章歎曰吾以布衣見哀於石君師古曰言為石顯所哀憐石君家破不能有以安也師古曰言力不能救而受其財物此為石氏之禍萬氏反當以為福耶諸公以是服而稱之河平中王尊為京兆尹捕擊豪俠殺章及箭張回服虔曰作箭者姓張名回酒市趙君都賈子光服虔曰酒市中人也皆長安名豪報仇怨養刺客者也

樓護字君卿齊人父世醫也護少隨父為醫長安出入貴戚家護誦醫經本草方術數十萬言長者咸愛重之共謂曰以君卿之材何不宦學乎繇是辭其父學經傳師古曰繇讀與由同為京兆吏數年甚得名譽是時王氏方盛賓客滿門五侯兄弟爭名○宋祁曰邵本無兄弟字其客各有所厚不得左右師古曰不相經過也唯護盡入其門咸得其驩心結士大夫無所不傾其交長者尤見親而敬衆以是服為人短小精辯論議常依名節聽之者皆竦與谷永俱為五侯上客長安號曰谷子雲筆扎樓君卿脣舌言其見信用也母死送葬者致車二三千兩閭里歌之曰五侯治喪樓君卿久之平阿侯舉護方正師古曰王譚也為諫大夫使郡國護假貸師古曰官以物假貸貧人令護監之貸音吐戴反多持幣帛過齊○劉奉世曰此謂樓護假貸於人多賫幣帛過齊以施親故爾何乃謬斷其句云監護官貸耶劉攽說同上書求上先人冢因會宗族故人各以親疏與束帛一日散百金之費使還奏事稱意擢為天水太守數歲免家長

安中時成都侯商爲大司馬衞將軍罷朝欲候護其主簿諫將軍至尊不宜入閭巷商不聽遂往至護家家狹小官屬立車下久住移時天欲雨主簿謂西曹諸掾曰不肯彊諫反雨立閭巷商還或白主簿語商恨以它職事去主簿終身廢錮後護復以薦爲廣漢太守元始中王莽爲安漢公專政莽長子宇與妻兄呂寬謀以血塗莽第門欲懼莽令歸政發覺莽大怒殺宇而呂寬亡寬父素與護相知寬至廣漢過護不以事實語也到數日名捕寬詔書至師古曰舉姓名而捕之也護執寬莽大喜徵護入爲前煇光師古曰莽分三輔置前煇光後丞烈以護爲之煇音暉封息鄉侯列於九卿莽居攝槐里大賊趙朋霍鴻等羣起延入前煇光界護坐免爲庶人其居位爵祿賂遺所得亦緣手盡既退居里巷時五侯皆已死年老失埶賓客益衰至王莽簒位以舊恩召見護封爲樓舊里附城師古曰莽爲此爵名效古之附庸也而成都侯商子邑爲大司空貴重商故人皆敬事邑唯護自安如舊節邑亦父事之不敢有闕時請召賓客邑居樽下稱賤子上壽師古曰言以父禮事○宋祁曰注末當有之字坐者百數皆離席伏護獨東鄉正坐師古曰鄉讀曰嚮字謂邑曰公子貴如何蘇林曰邑字公子也初護有故人呂公無子歸護護身與呂公妻與呂嫗同食及護家居妻子頗厭呂公護聞之流涕責其妻子曰呂公以故舊窮老託身於我義所當奉遂養呂公終身護卒子嗣其爵

陳遵字孟公杜陵人也祖父遂字長子宣帝微時與有故相隨博奕師古曰博六博奕圍棋也數負進師古曰進者會禮之財也謂博所賭也解在高紀一說進勝也帝博而勝故遂有所負及宣帝即位用遂稍遷至太原太守廼賜遂璽書曰制詔太原太守官尊祿厚可以償博進矣妻君甯時在旁知狀師古曰史皇孫名進而此詔不諱之蓋史家追書故有其字耳君甯遂妻名也云妻知負博之狀者著舊恩之深也○劉攽曰顏云史家追書妄也詔書本字史家何苦改之蓋進音贐自不犯諱也遂於是辭謝因曰事在元平元年赦令前其見厚如此元帝時徵遂爲京兆尹至廷尉遵少孤與張竦伯松俱爲京兆史竦博學通達以廉儉自守而遵放縱不拘操行雖異然相親友哀帝之末俱著名字爲後進冠如淳曰爲後進人士之冠首也並入公府公府掾史率皆羸車小馬不上鮮明而遵獨極輿馬衣服之好門外車騎交錯又日出醉歸師古曰言每日必出飲也曹事數廢西曹以故事適之師古曰案舊法令而罰之也適讀曰讁此下皆同侍曹輒詣寺舍白遵曰陳卿今日以某事適遵曰滿百乃相聞故事有百適者斥滿百西曹白請斥大司徒馬宮大儒優士又重遵師古曰優禮賢士而尤敬重遵謂西曹此人大度士柰何以小文責之廼舉遵能治三輔劇縣補郁夷令師古曰右扶風之縣久之與扶風相失師古曰意不相得也自免去槐里大賊趙朋霍鴻等起遵爲校尉擊朋鴻有功封嘉威侯居長安中列侯近臣貴戚皆貴重之牧守當之官及郡國豪桀至京師者莫不相因到遵門遵耆酒師古曰耆讀曰嗜每大飲賓客滿堂輒關門取客車轄投井中雖有急終不得去師古曰既關閉門又投車轄也而說者便欲改轄字爲錧云門之錧籥妄穿鑿耳錧自主人所執何須投井也嘗有部刺史奏事過遵值其方飲刺史大窮候遵霑醉時突入見遵母叩頭自白當對尚書有期會狀母師古曰霑溼言其大醉也霑音竹占反廼令從後閤出去師古曰以其前門關閉故從後閤出之也遵大率常醉然事亦不廢長八尺餘長頭大鼻容貌甚偉略涉傳記贍於文辭性善書與人尺牘主皆臧去以爲榮師古曰去亦臧也音丘呂反又音舉請求不敢逆所到衣冠懷之唯恐在後師古曰懷來也謂招來而禮之時列侯有與遵同姓字者每至人門曰陳孟公坐中莫不震動既至而非因號其人曰陳驚坐云王莽素奇遵材在位多稱譽者繇是起爲河南太守師古曰繇讀與由同既至官當遣從史西召善書吏十人於前治私書謝京師故人遵馮几師古曰馮讀曰憑口占書吏且省官事師古曰占隱度也口隱其辭以授吏也占音之贍反書數百封親疏各有意河南大驚數月免初遵爲河南太守而弟級爲荊州牧當之官俱過長安富人故淮陽王外家左氏飲食作樂後司直陳崇聞之劾奏遵兄弟幸得蒙恩超等歷位遵爵列侯備郡守級州牧奉使皆以舉直察枉宣揚聖化爲職不正身自慎始遵初除乘藩車入閭巷師古曰藩車車之有屏蔽者過寡婦左阿君置酒謌謳遵起舞跳梁頓仆坐上暮因留宿爲侍婢扶臥遵知飲酒飫宴有節師古曰宴食曰飫飫音於庶反禮不入寡婦之門而湛酒溷肴師古曰湛讀曰沈又音耽亂男女之別輕辱爵位羞汙印韍師古曰此韍謂印之組也惡不可忍聞臣請皆免遵既免歸長安賓客愈盛飲食自若師古曰言自如其故久之復爲九江及河內都尉凡三爲二千石而張竦亦至丹陽太守封淑德侯後俱免官以列侯歸長安竦居貧無賓客時時好事者從之質疑問事論道經書而已師古曰質正也而遵晝夜呼號師古曰呼音火故反車騎滿門酒肉相屬師古曰屬聯續也屬音之欲反先是黃門郎揚雄作酒箴以諷諫成帝其文爲酒客難法度士譬之於物曰子猶瓶矣觀瓶之居居井之眉師古曰眉井邊地若人目上之有眉處高臨深動常近危酒醪不入口臧水滿懷不得左右牽於纆徽一旦叀礙爲瓽所轠師古曰纆徽井索也叀縣也瓽井以甓爲甃者也轠擊也言瓶縣縣不得下而爲井甃所擊則破碎也叀音上絹反瓽音丁浪反轠音雷諸家之說或以叀爲壹或音衞又以瓽爲甇皆失之甃音側救反身提黃泉骨肉爲泥師古曰提擲也擲入黃泉之中也提音徒計反自用如此不如鴟夷師古曰鴟夷韋囊以盛酒即今鴟夷幐也○宋祁曰注文幐當作幐浙本作帒鴟夷滑稽腹如大壺師古曰滑稽圜轉縱捨無窮之狀滑音骨稽音雞盡日盛酒人復借酤師古曰盡猶竟日也常爲國器託於屬車師古曰天子屬車常載酒食故有鴟夷也屬音之欲反出入兩宮經營公家繇是言之酒何過乎師古曰繇讀與由同其下類此遵大喜之師古曰喜好也音許吏反常謂張竦吾與爾猶是矣足下諷誦經書苦身自約師古曰約猶束也不敢差跌師古曰跌音徒結反而我放意自恣浮湛俗間師古曰湛讀曰沈官爵功名不減於子而差獨樂顧不優邪師古曰顧念也竦曰人各有性長短自裁子欲爲我亦不能吾而效子亦敗矣雖然學我者易持效子者難將吾常道也及王莽敗二人俱客於池陽師古曰左馮翊之縣也竦爲賊兵所殺李奇曰竦知有賊當去會反支日不去因爲賊所殺桓譚以爲通人之蔽也更始至長安大臣薦遵爲大司馬護軍與歸德侯劉颯俱使匈奴鄧展曰颯音立單于欲脅詘遵遵陳利害爲言曲直單于大奇之遣還會更始敗遵留朔方爲賊所敗時醉見殺

原涉字巨先祖父武帝時以豪桀自陽翟徙茂陵師古曰陽翟潁川之縣也涉父哀帝時爲南陽太守天下殷富大郡二千石死官賦斂送葬皆千萬以上妻子通共受之以定產業時又少行三年喪者及涉父死讓還南陽賻送行喪冢廬三年繇是顯名京師禮畢扶風謁請爲議曹師古曰禮畢行喪終服也衣冠慕之輻輳爲大司徒史丹舉能治劇爲谷口令師古曰左馮翊之縣今之雲陽谷口是其處也○劉攽曰史丹在成帝時爲大將軍後以光祿大夫養病未嘗爲司徒又不到哀帝世此自原涉爲大司徒史耳後人妄加丹字劉敞說同時年二十餘谷口聞其名不言而治先是涉季父爲茂陵秦氏所殺涉居谷口半歲所自劾去官欲報仇谷口豪桀爲殺秦氏亡命歲餘逢赦出郡國諸豪及長安五陵諸爲氣節者皆歸慕之師古曰五陵謂長陵安陵陽陵茂陵平陵也班固西都賦曰南望杜霸北眺五陵是知霸陵杜陵非此五陵之數也而說者以爲高祖以下至茂陵爲五陵失其本意涉遂傾身與相待人無賢不肖闐門師古曰闐字與寘同音大千反在所閭里盡滿客或譏涉曰子本吏二千石之世結髮自脩以行喪推財禮讓爲名正復讎取仇猶不失仁義何故遂自放縱爲輕俠之徒乎涉應曰子獨不見家人寡婦邪始自約敕之時意廼慕宋伯姬及陳孝婦師古曰伯姬魯宣公女嫁於宋恭公恭公卒伯姬寡居至景公時伯姬之宮夜火左右曰夫人少避火伯姬曰婦人之義保傅不具夜不下堂遂逮於火而死陳孝婦者其夫當行戍屬孝婦曰幸有老母吾若不來汝善養吾母孝婦曰諾夫果死孝婦養姑愈謹其父母將取嫁之孝婦固欲自殺父母懼而不敢遂使養姑淮陽太守以聞朝廷高其義賜黃金四十斤復之終身號曰孝婦不幸壹爲盜賊所汙遂行淫失師古曰失讀曰泆知其非禮然不能自還吾猶此矣師古曰還讀曰旋謂反歸故操也涉自以爲前讓南陽賻送身得其名而令先人墳墓儉約非孝也廼大治起冢舍周閣重門初武帝時京兆尹曹氏葬茂陵民謂其道爲京兆仟涉慕之廼買地開道立表署曰南陽仟人不肯從謂之原氏仟費用皆卬富人長者師古曰卬音牛向反然身衣服車馬纔具妻子內困專以振施貧窮赴人之急爲務人嘗置酒請涉涉入里門客有道涉所知母病避疾在里宅者師古曰在此里之中宅上也涉即往候叩門家哭涉因入弔問以喪事家無所有涉曰但絜埽除沐浴待涉還至主人對賓客歎息曰人親臥地不收涉何心鄉此師古曰鄉讀曰向願徹去酒食賓客爭問所當得涉廼側席而坐師古曰禮有憂者側席而坐今涉卹人之喪故側席削牘爲疏師古曰牘木簡也疏音所慮反具記衣被棺木下至飯含之物分付諸客師古曰飯音扶晚反含音胡紺反諸客奔走市買至日昳皆會師古曰昳音徒結反○宋祁曰注文昳字下當有曰側也三字涉親閱視已謂主人願受賜矣既共飲食涉獨不飽廼載棺物從賓客往至喪家爲棺歛勞倈畢葬師古曰勞倈謂慰勉賓客也棺音工奐反歛音力贍反勞音郎到反倈音郎代反其周急待人如此後人有毀涉者曰姦人之雄也喪家子即時刺殺言者賓客多犯法辠過數上聞王莽數收繫欲殺輒復赦出之涉懼求爲卿府掾史欲以避客○宋祁曰避字下當有賓字文母太后喪時守復土校尉蘇林曰文母太后元后也已爲中郎后免官○宋祁曰后字當作後涉欲上冢不欲會賓客密獨與故人期會涉單車敺上茂陵師古曰敺與驅同投暮入其里宅因自匿不見人遣奴至市買肉奴乘涉氣與屠爭言斫傷屠者亡是時茂陵守令尹公師古曰守茂陵令未眞爲之○宋祁曰與屠字下當有者字新視事涉未謁也聞之大怒知涉名豪欲以示衆厲俗遣兩吏脅守涉至日中奴不出吏欲便殺涉去涉迫窘不知所爲會涉所與期上冢者車數十乘到皆諸豪也共說尹公尹公不聽諸豪則曰原巨先奴犯法不得使肉袒自縛箭貫耳詣廷門謝辠於君威亦足矣尹公許之涉如言謝復服遣去師古曰令涉如故著衣服也復音扶目反初涉與新豐富人祁太伯爲友太伯同母弟王游公素嫉涉時爲縣門下掾說尹公曰君以守令辱原涉如是一旦眞令至君復單車歸爲府吏涉刺客如雲殺人皆不知主名可爲寒心涉治冢舍奢僭踰制辠惡暴著主上知之今爲君計莫若墮壞涉冢舍條奏其舊惡師古曰墮毀也音火規反君必得眞令如此涉亦不敢怨矣尹公如其計莽果以爲眞令涉繇此怨王游公選賓客遣長子初從車二十乘刼王游公家游公母即祁太伯母也諸客見之皆拜傳曰無驚祁夫人遂殺游公父及子斷兩頭去師古曰殺游公及其父○劉攽曰殺游公父及子謂游公及游公之子耳涉性略似郭解外溫仁謙遜而內隱師古曰隱匿其情也好殺睚眦於塵中獨死者甚多王莽末東方兵起諸王子弟多薦涉能得死士可用○宋祁曰起本作士死莽廼召見責以辠惡赦貰師古曰貰謂寬

其罪 拜鎮戎大尹天水太守涉至官無幾長安敗 師古曰無幾言無多時也幾音居豈反 郡縣諸假號起兵攻殺二千石長吏以應漢諸假號素聞涉名爭問原尹何在拜謁之時莽州牧使者依附涉者皆得活傳送致涉長安更始西屏將軍申徒建請涉與相見大重之故茂陵令尹公壞涉冢舍者爲建主簿涉本不怨也涉從建所出尹公故遮拜涉謂曰易世矣宜勿復相怨涉曰尹君何壹魚肉涉也 師古曰言以涉爲魚肉不以人遇之 涉用是怒使客刺殺主簿涉欲亡去申徒建內恨耻之陽言吾欲與原巨先共鎮三輔豈以一吏易之哉賓客通言令涉自繫獄謝建許之賓客車數十乘 ○宋祁曰十乘越本作千 共送涉至獄建遣兵道徼取涉於車上 師古曰徼要也音工堯反 送車分散馳遂斬涉縣之長安市 師古曰縣其首 自哀平閒郡國處處有豪桀然莫足數其名聞州郡者霸陵杜君敖池陽韓幼孺馬領繡君賓西河漕中叔皆有謙退之風 師古曰馬領北地之縣繡漕皆姓也漕音才到反中讀曰仲 王莽居攝誅鉏豪俠名捕漕中叔不能得 師古曰指名而捕之 其素善強弩將軍孫建莽疑建臧匿泛以問建 師古曰泛者以常語問之不切責也泛音敷劒反 建曰臣名善之誅臣足以塞責莽性果賊無所容忍然重建不竟問遂不得也中叔子少游復以俠聞於世云

前漢書卷九十二考證

游俠傳信陵無忌竊符云云注師古曰矯魏僖侯命○臣召南按應作矯安釐王命僖字雖與釐通而魏稱王久矣不得云魏僖侯也

劇孟傳陳周膚○按史記作周庸又陝寒孺史記作韓孺

郭解傳河內軹人也○按史記有字翁伯三字在此文上

解爲人靜悍○臣召南按史記作解爲人短小精悍漢書移短小二字于後文又改精字作靜又臧命作姦剽攻休乃鑄錢掘冢史記作臧命作姦剽攻不休則休字屬上句漢書省去不字遂屬下句

軹人楊季主子爲縣掾鬲之○臣召南按楊掾事與史稍異据史則主從解之議發於楊掾故解心恨之不止爲鬲絕送財也

萭章傳長安人也注師古曰萭音拒○臣宗萬按萭字從草從禹急就章萭段卿師古注曰萭亦楀字木名因樹以得姓也詩曰楀惟師氏漢有萭章今各本或作萬章非是

酒市趙君都賈子光注服虔曰酒市中人也○顧炎武曰服虔注非也按王尊傳長安宿豪大猾箭張禁酒趙放晉灼曰此二人作箭作酒之家今此文上有箭張回即張禁也君都亦即放也名偶異耳 臣召南按此文賈子光當即王尊傳所云東市賈萬矣

陳遵傳數負進○顧炎武曰荀悅漢紀云杜陵陳遂字長子上微時與遊戲博弈數負遂上即位稍見進用至太原太守乃賜遂璽書曰制詔太原太守官尊祿重可以償博負矣按漢書作博進進乃悼皇考之名宣帝不應用之荀紀爲長

原涉傳爲大司徒史丹舉能治劇爲谷口令○劉攽曰此原涉爲大司徒史耳後人妄加丹字○ 臣召南按劉攽說是傳言涉由扶風掾入爲大司徒史也大司徒史即丞相史丹字衍文又按劉攽注史丹在成帝時爲大將軍大字係左字之譌

前漢書卷九十三

漢 蘭臺令史班固撰

唐正議大夫行祕書少監琅邪縣開國子顏師古注

佞幸傳第六十三

漢興佞幸寵臣高祖時則有籍孺孝惠有閎孺此兩人非有材能但以婉媚貴幸 師古曰婉順也媚悅也 與上臥起公卿皆因關說 師古曰關說者言由之而納說亦如行者之有關津○宋祁曰注末當有也字 故孝惠時郎侍中皆冠鵔鸃貝帶 師古曰以鵔鸃毛羽飾冠海貝飾帶鵔鸃即鷩鳥也鵔音峻鸃音儀說在司馬相如傳○宋祁曰注文鵔鸃下疑有鳥字 傅脂粉化閎籍之屬也兩人徙家安陵其後寵臣孝文時士人則鄧通宦者則趙談北宮伯子 師古曰姓北宮名伯子也 孝武時士人則韓嫣 師古曰嫣音偃 宦者則李延年孝元時宦者則弘恭石顯孝成時士人則張放淳于長孝哀時則有董賢孝景昭宣時皆無寵臣景帝唯有郎中令周仁昭帝時駙馬都尉秺侯金賞 師古曰秺音丁護反 嗣父車騎將軍日磾爵爲侯二人之寵取過庸不篤 師古曰纔過於常人耳不能大厚也 宣帝時侍中中郎將張彭祖少與帝微時同席研書及帝即尊位彭祖以舊恩封陽都侯出常參乘號爲愛幸其人謹勅無所虧損 師古曰勅整也 爲其小妾所毒薨國除

鄧通蜀郡南安人也以濯船爲黃頭郎 師古曰濯船能持濯行船也土勝水其色黃故刺船之郎皆著黃帽因號曰黃頭郎也濯讀曰櫂音直孝反 文帝嘗夢欲上天不能有一黃頭郎推上天顧見其衣尻帶後穿 師古曰衣尻帶謂衣當尻上而居革帶之下處也○宋祁曰注末也字當刪 覺而之漸臺 師古曰覺謂寤寐之寤也未央殿西南有蒼池池中有漸臺覺音工孝反 以夢中陰自求推者郎 師古曰默而視之求所夢者 見鄧通其衣後穿夢中所見也召問其名姓姓鄧名通鄧猶登也文帝甚說 師古曰說讀曰悅 尊幸之日日異通亦愿謹不好外交 師古曰專謹曰愿音願又音原 雖賜洗沐不欲出於是文帝賞賜通鉅萬以十數 師古曰每賜輒鉅萬如此者十數○劉攽曰積前後賞賜盈鉅萬者以十數爾不謂一賜則鉅萬也 官至上大夫文帝時間如通家游戲 師古曰閒謂投隙私行不公顯也如往也 然通無他技能不能有所薦達獨自謹身以媚上而已上使善相人者相通曰當貧餓死上曰能富通者在我何說貧於是賜通蜀嚴道銅山得自鑄錢 師古曰嚴道屬蜀郡縣有蠻夷曰道 鄧氏錢布天下其富如此文帝嘗病癰鄧通常爲上嗽吮之 師古曰嗽音山角反吮音自兗反 上不樂從容問曰天下誰最愛我者乎通曰宜莫若太子太子入問疾使太子齰癰 師古曰齰齧也出其膿血齰音仕客反○宋祁曰注文血字下疑有也字 太子齰癰而色難之已而聞通嘗爲上齰之太子慙繇是心恨通 師古曰繇讀與由同其下類此 及文帝崩景帝立鄧通免家居居無何人有告通盜出徼外鑄錢 師古曰徼猶塞也東北謂之塞西南謂之徼塞者以障塞爲名徼者取徼遮之義也徼音工釣反 下吏驗問頗有遂 師古曰遂成也成其辠狀○劉攽曰遂字屬下句 竟案盡沒入之通家尚負責數鉅萬 張晏曰顧人採銅鑄錢未還庸直而會沒入故也師古曰此說非也積其前後所犯合沒官者數多除其見在財物以外尚有負官數鉅萬故云吏輒隨沒入之耳非負顧庸之私直 長公主賜鄧通 師古曰即館陶長公主文帝之女也 吏輒隨沒入之一簪不得著身於是長公主乃令假衣食 晉灼曰使假貸而私償之也師古曰此說非也公主給其衣食也而號云假借之耳非通自有也恐吏沒入故詐云然此所謂不得名一錢○宋祁曰注文公字上疑有長字給字上疑有且字食也也字當刪 竟不得名一錢寄死人家

趙談者以星氣幸北宮伯子長者愛人故親近然皆不比鄧通

韓嫣字王孫弓高侯穨當之孫也武帝爲膠東王時嫣與上學書相愛及上爲太子愈益親嫣嫣善騎射聰慧上即位欲事伐胡而嫣先習兵 師古曰言舊自便習○宋祁曰注文自字疑作已字注末當有也字 以故益尊貴官至上大夫賞賜儗鄧通 師古曰儗比也 始時嫣常與上共臥起江都王入朝從上獵上林中天子車駕蹕道未行 師古曰已稱蹕止行人說而天子未出也 先使嫣乘副車從數十百騎馳視獸江都王望見以爲天子辟從者伏謁道旁 師古曰辟去其從者而身獨伏謁也辟音闢 嫣驅不見既過江都王怒爲皇太后泣請得歸國 師古曰還爵封於天子也 入宿衞比韓嫣太后繇此銜嫣嫣侍出入永巷不禁 師古曰言上恣其出入也 以姦聞皇太后太后怒使使賜嫣死上爲謝終不能得嫣遂死嫣弟說亦愛幸 師古曰說讀曰悅 以軍功封案道侯巫蠱時爲戾太子所殺子增封龍雒侯 師古曰雒字或作額 大司馬車騎將軍自有傳 師古曰在韓信傳末

李延年中山人身及父母兄弟皆故倡也 師古曰倡樂人也 延年坐法腐刑給事狗監中 師古曰掌天子之狗於其中供事也 女弟得幸於上號李夫人列外戚傳延年善歌爲新變聲是時上方興天地諸祠 ○宋氏校本云浙本無新字越本無諸字 欲造樂令司馬相如等作詩頌延年輒承意弦歌所造詩爲之新聲曲 ○宋氏校本云景德本承作丞又一本無新字 而李夫人產昌邑王延年繇是貴爲協律都尉佩二千石印綬而與上臥起其愛幸埒韓嫣 師古曰埒等齊○宋祁曰注末當有也字 久之延年弟季與中人亂出入驕恣及李夫人卒後其愛弛 師古曰弛解也音式爾反 上遂誅延年兄弟宗族是後寵臣大氐外戚之家也 師古曰氐歸也音丁禮反 衞青霍去病皆愛幸然亦以功能自進

石顯字君房濟南人弘恭沛人也皆少坐法腐刑爲中黃門以選爲中尚書宣帝時任中書官 ○宋祁曰任中字下當有尚字 恭明習法令故事善爲請奏能稱其職恭爲令顯爲僕射元帝即位數年恭死顯代爲中書令是時元帝被疾不親政事 ○宋祁曰浙本無事字 方隆好於音樂以顯久典事中人無外黨 師古曰少骨肉之親無婚姻之家也 精專可信任遂委以政事無小大因顯白決貴幸傾朝百僚皆敬事顯顯爲人巧慧習事能探得人主微指內深賊持詭辯以中傷人 師古曰詭違也違道之辯○宋祁曰注末當有也字 忤恨睚眦輒被以危法 師古曰被加也音皮義反 初元中前將軍蕭望之及光祿大夫周堪宗正劉更生皆給事中望之領尚書事知顯專權邪辟 師古曰辟讀曰闢 建白以爲尚書百官之本國家樞機 師古曰立此議而白之 宜以通明公正處之武帝游宴後庭故用宦者非古制也宜罷中書宦官應古不近刑人 師古曰禮刑人不在君側故云應古 元帝不聽繇是大與顯忤後皆害焉望之自殺堪更生廢錮不得復進用語在望之傳後大中大夫張猛魏郡太守京房御史中丞陳咸待詔賈捐之皆嘗奏封事或召見言顯短顯求索其辠房捐之棄市猛自殺於公車咸抵辠髡爲城旦及鄭令蘇建得顯私書奏之後以它事論死自是公卿以下畏顯重足一迹 師古曰言極恐懼不敢自寬縱 顯與中書僕射牢梁少府五鹿充宗結爲黨友諸附倚者皆得寵位 師古曰倚依也音於綺反 民歌之曰牢邪石邪五鹿客邪印何纍纍綬若若邪 師古曰纍纍重積也若若長貌纍音力追反 言其兼官據埶也顯見左將軍馮奉世父子爲公卿著名女又爲昭儀在內顯心欲附之薦言昭儀兄謁者逡 師古曰逡音千旬反 脩

敕宣侍帷幄(師古曰敕整也)天子召見欲以爲侍中遼請間言事上聞遼言顯顓權(師古曰顓與專同其下類此)天子大怒罷遼歸郎官(○劉敞曰郎宜作故)其後御史大夫缺羣臣皆舉遼兄大鴻臚野王行能第一天子以問顯顯曰九卿無出野王者然野王親昭儀兄臣恐後世必以陛下度越衆賢(師古曰度過也)私後宮親以爲三公上曰善吾不見是(師古曰言不見此理)迺下詔嘉美野王廢而不用語在野王傳顯內自知擅權專柄在掌握恐天子一旦納用左右耳目有以間己(師古曰間音工莧反)迺時歸誠取一言以爲驗顯嘗使至諸官有所徵發顯先自白恐後漏盡宮門閉請使詔吏開門上許之顯故投夜還稱詔開門入後果有人上書告顯顓命矯詔開宮門天子聞之笑以其書示顯顯因泣曰陛下過私小臣屬任以事(師古曰過猶誤也屬委也屬音之欲反)羣下無不嫉妬欲陷害臣者事類如此非一唯獨明主知之愚臣微賤誠不能以一軀稱快萬衆(師古曰稱音尺孕反)任天下之怨(師古曰任猶當也)臣願歸樞機職受後宮掃除之役死無所恨唯陛下哀憐財幸(師古曰財與裁同)以此全活小臣天子以爲然而憐之數勞勉顯加厚賞賜及賂遺訾一萬萬(師古曰賂遺謂百官羣下所遺也訾讀與貲同)初顯聞衆人匈匈言已殺前將軍蕭望之望之當世名儒顯恐天下學士姍己(師古曰姍古訕字訕謗也音所諫反)病之是時明經著節士瑯邪貢禹爲諫大夫顯使人致意深自結納顯因薦禹天子歷位九卿至御史大夫禮事之甚備議者於是稱顯以爲不妬譖望之矣顯之設變詐以自解免取信人主者皆此類也元帝晚節寑疾(師古曰晚節猶言末時也)定陶恭王愛幸顯擁祐太子頗有功元帝崩成帝初卽位遷顯爲長信中太僕秩中二千石顯失倚離權數月丞相御史條奏顯舊惡及其黨牢梁陳順皆免官顯與妻子徙歸故郡憂滿不食道病死(師古曰滿讀曰懣音悶)諸所交結以顯爲官皆廢罷少府五鹿充宗左遷玄菟太守御史中丞伊嘉爲鴈門都尉長安謠曰伊徙鴈鹿徙菟去牢與陳實無賈(師古曰賈讀曰價)

淳于長字子孺(○宋祁曰孺越本作鴻校本作孺)魏郡元城人也少以太后姊子爲黃門郎未進(○宋祁曰進字上當有得字)幸會大將軍王鳳病長侍病晨夜扶丞左右甚有甥舅之恩鳳且終以長屬託太后及帝(師古曰屬音之欲反)帝嘉長義拜爲列校尉諸曹遷水衡都尉侍中至衞尉九卿久之趙飛燕貴幸上欲立以爲皇后太后以其所出微難之長主往來通語東宮(師古曰主猶專)歲餘趙皇后得立上甚德之迺追顯長前功下詔曰前將作大匠解萬年奏請營作昌陵罷弊海內(師古曰罷讀曰疲)侍中衞尉長數白宜止徙家反故處(師古曰陵置邑徙人以實之長奏令止所徙之家各還本處)朕以長言下公卿議者皆合長計首建至策民以康寧(師古曰康安也)其賜長爵關內侯後遂封爲定陵侯大見信用貴傾公卿外交諸侯牧守賂遺賞賜亦絫鉅萬(師古曰絫古累字也其下亦同)多畜妻妾淫於聲色不奉法度初許皇后坐執左道廢處長定宮而后姊孊爲龍雒思侯夫人(晉灼曰孊音靡)寡居長與孊私通因取爲小妻許后因孊賂遺長欲求復爲倢伃長受許后金錢乘輿服御物前後千餘萬詐許爲白上立以爲左皇后孊每入長定宮輒與孊書戲侮許后嫚易無不言(師古曰嫚褻汙也易輕也易音弋豉反)交通書記賂遺連年是時帝舅曲陽侯王根爲大司馬票騎將軍輔政數歲久病數乞骸骨長以外親居九卿位次第當代根根兄子新都侯王莽心害長寵私聞長取許孊受長定宮賂遺莽侍曲陽侯疾因言長見將軍久病意喜自以當代輔政至對衣冠議語署置(師古曰自謂當輔政故豫言某人爲某官某人主某事)具言其辠過根怒曰卽如是何不白也莽曰未知將軍意故未敢言根曰趣白東宮(師古曰趣讀曰促)莽求見太后具言長驕佚(師古曰佚讀與逸同)欲代曲陽侯對莽母上車(師古曰莽母於長舅之妻也上車當於異處便於前上言不敬)私與長定貴人姊通受取其衣物太后亦怒曰兒至如此往白之帝莽白上上迺免長官遣就國初長爲侍中奉兩宮使親密(師古曰言爲使者傳言語於太后及帝若立趙飛燕之類)紅陽侯立獨不得爲大司馬輔政立自疑爲長毀譖常怨毒長上知之及長當就國也立嗣子融從長請車騎(師古曰嗣子謂嫡長子當爲嗣者也)長以珍寶因融重遺立立因爲長言於是天子疑焉下有司案驗吏捕融立令融自殺以滅口上愈疑其有大姦遂逮長繫洛陽詔獄窮治長具服戲侮長定宮(師古曰侮古侮字)謀立左皇后辠至大逆死獄中妻子當坐者徙合浦母若歸故郡(師古曰若者其母名)紅陽侯立就國將軍卿大夫郡守坐長免罷者數十人莽遂代根爲大司馬久之還長母及子酺於長安(師古曰酺音蒲)後酺有辠莽復殺之徙其家屬歸故郡始長以外親親近(師古曰親近謂近幸於天子近音其斷反)其愛幸不及富平侯張放放常與上臥起俱爲微行出入

董賢字聖卿雲陽人也父恭爲御史任賢爲太子舍人哀帝立賢隨太子官爲郎(師古曰東宮官屬隨例遷也)二歲餘賢傳漏在殿下(師古曰傳漏奏時刻)爲人美麗自喜(師古曰喜音許吏反)哀帝望見說其儀貌(師古曰說讀曰悅)識而問之曰是舍人董賢邪因引上與語拜爲黃門郎繇是始幸問及其父爲雲中侯卽日徵爲霸陵令遷光祿大夫賢寵愛日甚爲駙馬都尉侍中出則參乘入御左右旬月間賞賜絫鉅萬貴震朝廷常與上臥起嘗晝寢偏藉上褎(師古曰藉謂身臥其上也褎古袖字○宋祁曰褎字上當有衣字)上欲起賢未覺(師古曰覺寤也音工效反)不欲動賢迺斷褎而起其恩愛至此賢亦性柔和便辟善爲媚以自固每賜洗沐不肯出常留中視醫藥上以賢難歸詔令賢妻得通引籍殿中止賢廬(師古曰廬謂殿中所宿止處也)若吏妻子居官寺舍又召賢女弟以爲昭儀位次皇后更名其舍爲椒風以配椒房云(師古曰皇后殿稱椒房欲配其名故云椒風)昭儀及賢與妻旦夕上下並侍左右賞賜昭儀及賢妻亦各千萬數遷賢父爲少府賜爵關內侯食邑復徙爲衞尉又以賢妻父爲將作大匠弟爲執金吾詔將作大匠爲賢起大第北闕下重殿洞門(師古曰重殿謂有前後殿洞門謂門門相當也皆僭天子之制度者也)木土之功窮極技巧柱檻衣以綈錦(師古曰檻謂軒闌之板也綈厚繒也音徒奚反)下至賢家僮僕皆受上賜及武庫禁兵上方珍寶其選物上弟盡在董氏而乘輿所服迺其副也及至東園祕器珠襦玉柙豫以賜賢無不備具(師古曰東園署名也漢舊儀云東園祕器作棺梓素木長二丈崇廣四尺珠襦以珠爲襦如鎧狀連縫之以黃金爲縷要以下玉爲柙至足亦縫以黃金爲鏤○宋祁曰柙字下當有皆字)又令將作爲賢起冢塋義陵旁內爲便房剛柏題湊(孟康曰堅剛之柏也師古曰題湊解在霍光傳)外爲徼道周垣數里門闕罘罳甚盛上欲侯賢而未有繇會待詔孫寵息夫躬等告東平王雲后謁祠祀祝詛(師古曰謁者后之名)下有司治皆伏其辜上於是令躬寵爲因賢告東平事者迺以其功下詔封賢爲高安侯躬宜陵侯寵方陽侯食邑各千戶頃之復益封賢二千戶丞相王嘉內疑東平事冤甚惡躬等數諫爭以賢爲亂國制度嘉竟坐言事下獄死上初卽位祖母傅太后母丁太后皆在兩家先貴傅太后從弟喜先爲大司馬輔政數諫失太后指免官上舅丁明代爲大司馬亦任職頗害賢寵及丞相王嘉死明甚憐之上寖重賢欲極其位(師古曰寖益也)而恨明如此遂冊免明曰前東平王雲貪欲上位祠祭祝詛雲后舅伍宏以醫待詔與校祕書郎楊閎結謀反逆禍甚迫切賴宗廟神靈董賢等以聞咸伏其辜將軍從弟侍中奉車都尉吳族父左曹屯騎校尉宣皆知宏及栩丹諸侯王后親(師古曰栩姓也音許羽反○宋祁曰知字上當有中字)而宣除用丹爲御屬吳與宏交通厚善數稱薦宏宏以附吳得典其惡心因醫技進幾危社稷(師古曰幾音鉅依反)朕以恭皇后故不忍有云(師古曰恭皇后謂丁后卽哀帝母)將軍位尊任重旣不能明威立義折消未萌(師古曰未萌謂禍難之未生者)又不深疾雲宏之惡而懷非君上阿爲宣吳(師古曰以君上爲非懷此心也)反痛恨雲等揚言爲羣下所冤又親見言伍宏善醫死可惜也(師古曰見見天子也)賢等獲封極幸嫉妬忠良非毀有功於戲傷哉(師古曰於讀曰烏戲讀曰呼)蓋君親無將將而誅之(師古曰將謂將爲逆亂也)是以季友鴆叔牙春秋賢之趙盾不討賊謂之弒君(師古曰季友魯桓公少子莊公母弟也叔牙亦桓公子莊公有疾叔牙欲立其同母兄慶父故季友使鍼季鴆之公羊傳曰季子殺兄何善爾誅不得避兄君臣之義也趙盾晉大夫趙宣子也靈公欲殺之宣子將出奔而趙穿攻靈公於桃園宣子未出境而復太史書曰趙盾弒其君宣子曰不然曰子爲正卿亡不越境反不討賊非子而誰孔子曰董狐古之良史也書法不隱趙宣子古之良大夫也爲法受惡)朕閔將軍陷於重刑故以書飭(師古曰飭與敕同)將軍遂非不改復與丞相嘉相比(師古曰比謂比周也音頻寐反)令嘉有依得以罔上有司致法將軍請獄治朕惟噬膚之恩未忍(孟康曰易曰噬膚滅鼻噬食也膚膏也喻爵祿恩澤加之不忍誅也師古曰孟說非也易噬嗑卦九二爻辭曰噬膚滅鼻者言自齧其肌膚詔曰爲明是恭后之親有肌膚之愛是以不忍加法故引噬膚之言也)其上票騎將軍印綬罷歸就第遂以賢代明爲大司馬衞將軍冊曰朕承天序惟稽古建爾于公以爲漢輔往悉爾心統辟元戎(師古曰悉盡也統領也辟君也元大也戎衆也言爲元戎之主而統之也辟音必亦反)折衝綏遠匡正庶事允執其中天下之衆受制於朕以將爲命以兵爲威可不慎與(師古曰與讀曰歟)是時賢年二十二雖爲三公常給事中領尙書百官因賢奏事以父恭不宜在卿位徙爲光祿大夫秩中二千石弟寬信代賢爲駙馬都尉董氏親屬皆侍中諸曹奉朝請寵在丁傅之右矣(師古曰右上也)明年匈奴單于來朝宴見羣臣在前(○宋祁曰臣字下當有賢字)單于怪賢年少以問譯(師古曰傳語之人也)上令譯報曰大司馬年少以大賢居位單于迺起拜賀漢得賢臣初丞相孔光爲御史大夫時賢父恭爲御史事光及賢爲大司馬與光並爲三公上故令賢私過光光雅恭謹知上欲尊寵賢及聞賢當來也光警戒衣冠出門待望見賢車迺卻入賢至中門光入閤(○宋祁曰入字上當有又字)旣下車迺出拜謁送迎甚謹不敢以賓客鈞敵之禮賢歸上聞之喜立拜光兩兄子爲諫大夫常侍賢繇是權與人主侔矣(師古曰侔等也)是時成帝外家王氏衰廢唯平阿侯譚子去疾哀帝爲太子時爲庶子得幸及卽位爲侍中騎都尉上以王氏亡在位者遂用舊恩親近去疾復進其弟閎爲中常侍閎妻父蕭咸前將軍望之子也久爲郡守(○劉敞曰多久字)病免爲中郎將兄弟並列賢父恭慕之欲與結婚姻閎爲賢弟駙馬都尉寬信求咸女爲婦咸惶恐不敢當私謂閎曰董公爲大司馬冊文言允執其中此迺堯禪舜之文非三公故事長老見者莫不心懼此豈家人子所能堪邪(師古曰家人猶言庶人也蓋咸自謂)閎性有知略聞咸言心亦悟迺還報恭深達咸自謙薄之意恭歎曰我家何用負天下而爲人所畏如是意不說(師古曰說讀曰悅)後上置酒麒麟殿(師古曰在未央宮)賢父子親屬宴飲王閎兄弟侍中中常侍皆

在側上有酒所師古曰言酒在體中從容視賢笑師古曰從音千容反○宋祁曰賢字下當有而字曰吾欲法堯禪舜何如閎進曰天下迺高皇帝天下非陛下之有也陛下承宗廟當傳子孫於亡窮統業至重天子亡戲言上默然不說師古曰說讀曰悅左右皆恐於是遣閎出後不得復侍宴賢第新成功堅師古曰言盡功力而作之極堅牢也功字或作攻攻治也言作治之甚堅牢其外大門無故自壞賢心惡之後數月哀帝崩太皇太后召大司馬賢引見東廂問以喪事調度賢內憂不能對免冠謝太后曰新都侯莽前以大司馬奉送先帝大行曉習故事吾令莽佐君賢頓首幸甚○宋祁曰首字下當有曰字太后遣使者召莽旣至以太后指使尚書劾賢帝病不親醫藥禁止賢不得入出宮殿司馬中○宋祁曰入出當作出入中字上當有門字賢不知所爲詣闕免冠徒跣謝莽使謁者以太后詔卽闕下冊賢師古曰卽就也曰間者以來陰陽不調菑害並臻師古曰菑古災字元元蒙辜師古曰蒙被也夫三公鼎足之輔也高安侯賢未更事理師古曰更歷也音工衡反爲大司馬不合衆心非所以折衝綏遠也其收大司馬印綬罷歸第卽日賢與妻皆自殺家惶恐夜葬莽疑其詐死有司奏請發賢棺至獄診視師古曰診謂發冢取其棺柩也診驗也音軫莽復風大司徒光奏賢質性師古曰風讀曰諷光孔光也巧佞翼姦以獲封侯師古曰翼進也父子專朝兄弟並寵多受賞賜治第宅造冢壙放效無極不異王制師古曰放依也音甫往反費以萬萬計國爲空虛父子驕蹇至不爲使者禮師古曰言不敬天子之使受賜不拜辠惡暴著賢自殺伏辠死後父恭不悔過乃復以沙畫棺師古曰以朱沙塗之而又雕畫也四時之色左蒼龍右白虎上著金銀日月玉衣珠璧以棺師古曰以此物棺斂也棺音工喚反至尊無以加恭等幸得免於誅不宜在中土臣請收沒入財物縣官諸以賢爲官者皆免父恭弟寬信與家屬徙合浦母別歸故郡鉅鹿長安中小民讙譁鄉其第哭幾獲盜之師古曰陽往哭之實欲竊盜也鄉讀曰嚮幾讀曰冀縣官斥賣董氏財凡四十三萬萬賢旣見發贏診其尸師古曰贏露形也音郎果反因埋獄中賢所厚吏沛朱詡自劾去大司馬府買棺衣收賢尸葬之王莽聞之大怒以宅辠擊殺詡詡子浮建武中貴顯至大司馬司空○劉攽曰案後漢傳浮祇爲大司空未書爲司馬明多兩字封侯而王閎王莽時爲牧守所居見紀莽敗乃去官世祖下詔曰武王克殷表商容之閭師古曰商容殷賢人閎修善謹勑兵起吏民獨不爭其頭首今以閎子補吏至墨綬卒官蕭咸外孫云○宋祁曰咸字下當有之字

贊曰柔曼之傾意師古曰曼澤也言其質柔而色理光澤也非獨女德蓋亦有男色焉觀籍閎鄧韓之徒非一而董賢之寵尤盛父子並爲公卿可謂貴重人臣無二矣然進不繇道師古曰言本不以德進繇讀與由同位過其任莫能有終所謂愛之適足以害之者也漢世衰於元成壞於哀平哀平之際國多釁矣師古曰釁謂間隙也主疾無嗣弄臣爲輔鼎足不彊棟幹微撓師古曰撓弱也音女教反一朝帝崩姦臣擅命董賢縊死丁傅流放辜及母后奪位幽廢師古曰謂貶皇太后趙氏爲孝成皇后退居北宮哀皇后傅氏退居桂宮咎在親便嬖所任非仁賢故仲尼著損者三友師古曰論語稱孔子曰損者三友友便辟友善柔友便佞損矣王者不私人以官殆爲此也師古曰殆近也

前漢書卷九十三考證

鄧通傳鄧猶登也○按史記無此四字

人有告通盜出徼外鑄錢注師古曰東北謂之塞西南謂之徼○胡三省曰匈奴傳侯應上議曰孝武攘匈奴于幕北建塞徼起亭隧是北方之塞亦曰徼也朝鮮傳曰朝鮮屬遼東外徼是東方之塞亦曰徼也師古殆未深考歟直言徼以要遮爲義豈不簡而明乎

前漢書卷九十四上

漢　蘭臺令　史班　固撰

唐正議大夫行祕書少監琅邪縣開國子顏師古注

匈奴傳第六十四上

匈奴其先夏后氏之苗裔曰淳維師古曰以殷時始奔北邊唐虞以上有山戎獫允薰粥師古曰皆匈奴別號獫音險粥音弋六反居于北邊隨草畜牧而轉移其畜之所多則馬牛羊其奇畜則橐佗驢贏駃騠騊駼驒奚師古曰橐佗言能負橐囊而馱物也贏驢種而馬生也駃騠駿馬也生七日而超其母騊駼馬類也生北海驒奚駏驉類也佗音徒河反駃音決騠音提騊音桃駼音塗驒音顚逐水草遷徙無城郭常居耕田之業然亦各有分地師古曰分音扶問反其下亦同無文書以言語爲約束兒能騎羊引弓射鳥鼠師古曰言其幼小則能射少長則射狐菟師古曰少長言漸大肉食師古曰言無米粟惟食肉士力能彎弓盡爲甲騎其俗寬則隨畜田獵禽獸爲生業急則人習戰攻以侵伐師古曰人人皆習之其天性也其長兵則弓矢短兵則刀鋋師古曰鋋鐵把小矛也音蟬利則進不利則退不羞遁走茍利所在不知禮義自君王以下咸食畜肉衣其皮革被旃裘壯者食肥美老者飲食其餘貴壯健賤老弱父死妻其後母兄弟死皆取其妻妻之其俗有名不諱而無字夏道衰而公劉失其稷官變于西戎師古曰公劉后稷之曾孫也變化也謂行化於其俗邑于豳師古曰豳今之豳州是其地也其後三百有餘歲戎狄攻太王亶父師古曰自公劉至亶父凡九君也父讀曰甫亶父亡走于岐下師古曰岐山之下豳人悉從亶父而邑焉作周師古曰始作周國也其後百有餘歲周西伯昌伐畎夷師古曰西伯昌卽文王也畎音工大反畎夷卽畎戎也又曰昆夷昆字或作混又作緄二字並音工本反昆緄畎聲相近耳亦曰犬戎也山海經云黃帝生苗龍苗龍生融吾融吾生弄明弄明生白犬白犬有二牝牡是爲犬戎許氏說文解字曰赤狄本犬種也故字從犬後十有餘年武王伐紂而營雒邑復居于酆鎬放逐戎夷涇洛之北師古曰北洛卽漆沮水也本出上郡雕陰泰冒山而東南入于渭○宋祁曰注文冒一作昌越本作冒以時入貢名曰荒服其後二百有餘年周道衰而周穆王伐畎戎師古曰穆王成王孫康王子也得四白狼四白鹿以歸自是之後荒服不至於是作呂刑之辟師古曰卽尚書呂刑篇是也辟法也音闢至穆王之孫懿王時王室遂衰戎狄交侵暴虐中國中國被其苦詩人始作疾而歌之曰靡室靡家獫允之故豈不日戒獫允孔棘師古曰小雅采薇之詩也孔甚也棘急也言征役踰時靡有室家夫婦之道者以有獫允之難故也豈不日日相警戒乎獫允之難甚急至懿王曾孫宣王興師命將以征伐之詩人美大其功曰薄伐獫允至於太原師古曰小雅六月之詩也薄伐言逐出之出車彭彭城彼朔方師古曰小雅出車之詩也彭彭盛也朔方北方也言獫允旣去北方安靜乃築城以守是時四夷賓服稱爲中興至于幽王用寵姬褒姒之故與申侯有隙師古曰幽王宣王之子申侯怒而與畎戎共攻殺幽王于麗山之下師古曰麗讀曰驪遂取周之地鹵獲而居于涇渭之間侵暴中國秦襄公救周於是周平王去酆鎬而東徙于雒邑師古曰平王幽王之子當時秦襄公伐戎至郊師古曰郊古岐字○劉敞曰當字下宜有是字始列爲諸侯後六十有五年而山戎越燕而伐齊齊釐公與戰于齊郊師古曰釐讀曰僖後四十四年而山戎伐燕燕告急齊齊桓公北伐山戎山戎走後二十餘年而戎翟至雒邑伐周襄王師古曰襄王惠王之子襄王出奔于鄭之氾邑蘇林曰氾音凡今潁川襄城是也師古曰以襄王嘗處之因號襄城初襄王欲伐鄭故取翟女爲后與翟共伐鄭已而黜翟后翟后怨而襄王繼母曰惠后有子帶欲立之於是惠后與翟后子帶爲內應開戎翟戎翟以故得入破逐襄王而立子帶爲王於是戎翟或居於陸渾師古曰今伊闕南陸渾山川是其地東至於衛侵盜尤甚周襄王旣居外四年迺使使告急於晉晉文公初立欲脩霸業迺興師伐戎翟誅子帶迎內襄王于雒邑當是時秦晉爲彊國晉文公攘戎翟居于西河圁洛之間晉灼曰圁音嚚三倉作圁地理志圁水出上郡白土縣西東流入河師古曰圁水卽今銀州銀水是也書本作圁晉說是也後傳寫者誤爲圁耳洛水亦謂漆沮號曰赤翟白翟師古曰春秋所書晉師滅赤狄潞氏郤缺獲白狄子者而秦穆公得由余西戎八國服於秦故隴以西有緜諸畎戎狄獂之戎師古曰皆在天水界卽緜諸道及獂道是也獂音桓在岐梁涇漆之北有義渠大荔烏氏朐衍之戎師古曰此漆水在新平荔音隸氏音支朐音許于反而晉北有林胡樓煩之戎燕北有東胡山戎服虔曰烏桓之先也後爲鮮卑各分散谿谷自有君長往往而聚者百有餘戎然莫能相壹自是之後百有餘年晉悼公使魏絳和戎翟戎翟朝晉後百有餘年趙襄子踰句注而破之幷代以臨胡貉師古曰貉音莫伯反後與韓魏共滅知伯分晉地而有之則趙有代句注以北而魏有西河上郡以與戎界邊其後義渠之戎築城郭以自守而秦稍蠶食之至於惠王遂拔義渠二十五城惠王伐魏魏盡入西河及上郡于秦秦昭王時義渠戎王與宣太后亂有二子師古曰卽昭王母也宣太后詐而殺義渠戎王於甘泉遂起兵伐滅義渠於是秦有隴西北地上郡築長城以距胡而趙武靈王亦變俗胡服習騎射北破林胡樓煩自代並陰山下至高闕爲塞師古曰並音步浪反高闕解在衞青傳○宋祁曰邵本樓煩陰山爲句而置雲中鴈門代郡其後燕有賢將秦開爲質於胡胡甚信之歸而襲破東胡東胡卻千餘里師古曰卻退也音丘略反與荊軻刺秦王秦舞陽者開之孫也燕亦築長城自造陽至襄平師古曰造陽地名在上谷界襄平卽遼東所治也置上谷漁陽右北平遼西遼東郡以距胡當是時冠帶戰國七而三國邊於匈奴如淳曰燕趙秦其後趙將李牧時匈奴不敢入趙邊後秦滅六國而始皇帝使蒙恬將數十萬之衆北擊胡悉收河南地因河爲塞築四十四縣城臨河徙適戍以充之師古曰適讀曰謫有罪謫合徙戍者令徙居之而通直道自九原至雲陽因邊山險塹谿谷可繕者繕之師古曰繕補也起臨洮至遼東萬餘里又度河據陽山北假中師古曰北假地名當是時東胡彊而月氏盛師古曰氏音支匈奴單于曰頭曼師古曰曼音莫安反頭曼不勝秦北徙十有餘年而蒙恬死諸侯畔秦中國擾亂諸秦所徙適邊者皆復去師古曰適音謫於是匈奴得寬復稍度河南與中國界於故塞單于有太子名曰冒頓後有愛閼氏生少子師古曰閼氏匈奴皇后號也閼音於連反氏音支○宋祁曰冒音墨頓音毒無別訓姚令威云僕閱董仲舒傳冒音莫克反又如字司馬遷傳亦音莫克反劉攽曰匈奴單于號其妻爲閼氏顏便以皇后解之太俚俗也頭曼欲廢冒頓而立少子迺使冒頓質於月氏冒頓旣質而頭曼急擊月氏月氏欲殺冒頓冒頓盜其善馬騎亡歸頭曼以爲壯令將萬騎冒頓迺作鳴鏑應劭曰髐箭也師古曰鏑音嫡髐音呼交反習勒其騎射師古曰勒謂部勒其所部騎皆習射也令曰鳴鏑所射而不悉射者斬行獵獸有不射鳴鏑所射輒斬之已而冒頓以鳴鏑自射善馬左右或莫敢射冒頓立斬之居頃之復以鳴鏑自射其愛妻左右或頗恐不敢射復斬之頃之冒頓出獵以鳴鏑射單于善馬左右皆射之於是冒頓知其左右可用從其父單于頭曼獵以鳴鏑射頭曼其左右皆隨鳴鏑而射殺頭曼盡誅其後母與

弟及大臣不聽從者於是冒頓自立為單于冒頓既立時東胡強聞冒頓殺父自立迺使使謂冒頓曰欲得頭曼時號千里馬冒頓問羣臣羣臣皆曰此匈奴寶馬也勿予冒頓曰柰何與人鄰國愛一馬乎遂與之頃之東胡以為冒頓畏之使使謂冒頓曰欲得單于一閼氏冒頓復問左右左右皆怒曰東胡無道迺求閼氏請擊之冒頓曰柰何與人鄰國愛一女子乎遂取所愛閼氏予東胡東胡王愈驕西侵與匈奴中間有棄地莫居千餘里各居其邊為甌脫服虔曰甌脫作土室以伺也師古曰境上候望之處若今之伏宿舍也甌音一侯反脫音土活反東胡使使謂冒頓曰匈奴所與我界甌脫外棄地匈奴不能至也吾欲有之冒頓問羣臣或曰此棄地予之於是冒頓大怒曰地者國之本也柰何予人諸言與者皆斬之冒頓上馬令國中有後者斬遂東襲擊東胡東胡初輕冒頓不為備及冒頓以兵至大破滅東胡王虜其民眾畜產既歸西擊走月氏南并樓煩白羊河南王師古曰二王之居在河南悉復收秦所使蒙恬所奪匈奴地者與漢關故河南塞至朝那膚施師古曰朝那屬安定膚施屬上郡遂侵燕代是時漢方與項羽相距中國罷於兵革師古曰罷讀曰疲以故冒頓得自彊控弦之士三十餘萬師古曰控引也控弦言能引弓者自淳維以至頭曼千有餘歲時大時小別散分離尚矣師古曰尚久遠其世傳不可得而次然至冒頓而匈奴最彊大盡服從北夷而南與諸夏為敵國其世姓官號可得而記云單于姓攣鞮氏師古曰攣音力全反鞮音丁奚反其國稱之曰撐犁孤塗單于蘇林曰撐音撐距之撐師古曰音丈庚反匈奴謂天為撐犁謂子為孤塗單于者廣大之貌也言其象天單于然也置左右賢王左右谷蠡師古曰谷音鹿蠡音盧奚反左右大將左右大都尉左右大當戶左右骨都侯匈奴謂賢曰屠耆故常以太子為左屠耆王自左右賢王以下至當戶大者萬餘騎小者數千凡二十四長立號曰萬騎其大臣皆世官呼衍氏蘭氏師古曰呼衍即今鮮卑姓呼延者是也蘭姓今亦有之其後有須卜氏此三姓其貴種也諸左王將居東方直上谷以東師古曰直當也其下亦同也○劉敞曰以東屬下句接穢貉朝鮮右王將居西方直上郡以西接氐羌而單于庭直代雲中各有分地逐水草移徙而左右賢王左右谷蠡最大國○劉敞曰衍國字左右骨都侯輔政諸二十四長亦各自置千長百長什長裨小王師古曰裨音頻移反○宋祁曰百長下舊本有行長二字相都尉當戶且渠之屬師古曰且音子餘反今之沮渠姓蓋本因此官歲正月諸長少會單于庭祠五月大會龍城祭其先天地鬼神秋馬肥大會蹛林課校人畜計服虔曰蹛音帶匈奴秋社八月中會祭處也師古曰蹛者繞林木而祭也鮮卑之俗自古相傳秋天之祭無林木者尚豎柳枝眾騎馳遶三周迺止此其遺法計者人畜之數

其法拔刃尺者死坐盜者沒入其家有罪小者軋服虔曰刃刻其面也如淳曰軋撾也師古曰二說皆非軋謂輾轢其骨節若今之厭踝者也軋音於黠反輾音女展反大者死獄久者不滿十日一國之囚不過數人而單于朝出營拜日之始生夕拜月其坐長左而北向師古曰坐者以左為尊日上戊己其送死有棺槨金銀衣裳而無封樹喪服近幸臣妾從死者多至數十百人師古曰或數十人或百人舉事常隨月盛壯以攻戰月虧則退兵其攻戰斬首虜賜一卮酒而所得鹵獲因以予之得人以為奴婢故其戰人人自為趨利師古曰趨讀曰趣趣向也善為誘兵以包敵師古曰包裹取之故其逐利如鳥之集其困敗瓦解雲散矣戰而扶轝死者盡得死者家財後北服渾窳屈射丁零隔昆龍新犁之國師古曰五小國也渾音胡昆反窳音弋主反犁音犁於是匈奴貴人大臣皆服以冒頓為賢是時漢初定徙韓王信於代都馬邑匈奴大攻圍馬邑韓信降匈奴匈奴得信因引兵南踰句注攻太原至晉陽下高帝自將兵往擊之會冬大寒雨雪師古曰雨音于具反卒之墮指者十二三於是冒頓陽敗走誘漢兵漢兵逐擊冒頓冒頓匿其精兵見其羸弱於是漢悉兵多步兵三十二萬北逐之高帝先至平城步兵未盡到冒頓縱精兵三十餘萬騎圍高帝於白登七日師古曰白登在平城東南去平城十餘里漢兵中外不得相救餉匈奴騎其西方盡白東方盡駹北方盡驪南方盡騂馬師古曰駹青馬也驪深黑騂赤馬也駹音龍騂音先營反高帝迺使使閒厚遺閼氏師古曰求閒隙而私遺之閼氏迺謂冒頓曰兩主不相困今得漢地單于終非能居之且漢主有神單于察之冒頓與韓信將王黃趙利期而兵久不來疑其與漢有謀亦取閼氏之言迺開圍一角於是高皇帝令士皆持滿傅矢外鄉從解角直出師古曰傅讀曰附鄉讀曰嚮言滿引弓弩注矢外捍從解圍之隅角直以出去得與大軍合而冒頓遂引兵去漢亦引兵罷使劉敬結和親之約是後韓信為匈奴將及趙利王黃等數背約侵盜代鴈門雲中居無幾何陳豨反師古曰無幾何言無多時也幾音居豈反與韓信合謀擊代漢使樊噲往擊之復收代鴈門雲中郡縣不出塞是時匈奴以漢將數率眾往降師古曰即謂韓信陳豨之屬耳故冒頓常往來侵盜代地於是高祖患之迺使劉敬奉宗室女翁主為單于閼氏師古曰諸王女曰翁主者言其父自主婚歲奉匈奴絮繒酒食物各有數約為兄弟以和親冒頓迺少止後燕王盧綰復反率其黨且萬人降匈奴往來苦上谷以東終高祖世孝惠高后時冒頓寖驕師古曰寖漸也迺為書使使遺高后曰孤僨之君如淳曰僨仆也猶言不能自立也師古曰僨音方問反生於沮澤之中師古曰沮浸溼之地音子豫反長於平野牛馬之域數至邊境願遊中國陛下獨立孤僨獨居兩主不樂無以自虞師古曰虞與娛同願以所有易其所無高后大怒召丞相平及樊噲季布等議斬其使者○宋祁曰越本無平字發兵而擊之樊噲曰臣願得十萬眾橫行匈奴中問季布布曰噲可斬也前陳豨反於代漢兵三十二萬噲為上將軍時匈奴圍高帝於平城噲不能解圍天下歌之曰平城之下亦誠苦七日不食不能彀弩師古曰彀張也音工豆反今歌唫之聲未絕傷痍者甫起師古曰唫古吟字痍創也甫始也痍音夷而噲欲搖動天下妄言以十萬眾橫行是面謾也師古曰謾欺誑也音慢又音莫連反且夷狄譬如禽獸得其善言不足喜惡言不足怒也高后曰善令大謁者張澤報書曰單于不忘弊邑賜之以書弊邑恐懼退日自圖師古曰圖謀也年老氣衰髮齒墮落行步失度單于過聽不足以自汙師古曰過誤也弊邑無罪宜在見赦竊有御車二乘馬二駟以奉常駕冒頓得書復使使來謝曰未嘗聞中國禮義○宋祁曰晏本無嘗字陛下幸而赦之因獻馬遂和親至孝文即位復脩和親其三年夏匈奴右賢王入居河南地為寇於是文帝下詔曰漢與匈奴約為昆弟無侵害邊境所以輸遺匈奴甚厚今右賢王離其國將眾居河南地非常故師古曰言異於常非舊事往來入塞捕殺吏卒毆侵上郡保塞蠻夷令不得居其故師古曰毆與驅同保塞蠻夷謂本來屬漢而居邊塞自保守陵轢邊吏入盜甚驁無道師古曰轢音來各反驁與傲同非約也其發邊吏車騎八萬詣高奴師古曰上郡之縣也遣丞相灌嬰將擊右賢王右賢王走出塞文帝幸太原是時濟北王反文帝歸罷丞相擊胡之兵其明年單于遺漢書曰天所立匈奴大單于敬問皇帝無恙前時皇帝言和親事稱書意合驩師古曰稱副也言與所遺書意相副而共結驩親漢邊吏侵侮右賢王右賢王不請師古曰不告單于也聽後義盧侯難支等計與漢吏相恨絕二主之約離昆弟之親皇帝讓書再至發使以書報不來漢使不至師古曰讓責讓之言也謂匈奴再得漢書而發使將書以報漢漢留其使不得來還而漢又更不發使至匈奴也漢以其故不和隣國不附今以少吏之敗約師古曰少吏猶言小吏故罰右賢王使至西方求月氏擊之以天之福吏卒良馬力強以滅夷月氏師古曰夷平也盡斬殺降下定之樓蘭烏孫呼揭及其旁二十六國皆已為匈奴師古曰皆入匈奴國也揭音丘列反諸引弓之民并為一家北州以定願寢兵休士養馬除前事復故約師古曰復音扶目反以安邊民以應古始使少者得成其長老者得安其處世世平樂未得皇帝之志故使郎中係虖淺奉書請師古曰虖音火姑反獻橐佗一騎馬二駕二駟師古曰騎馬堪為騎也駕可駕車也二駟八匹皇帝即不欲匈奴近塞則且詔吏民遠舍師古曰舍居止也使者至即遣之六月中來至新望之地服虔曰漢界上塞下之地書至漢議擊與和親孰便公卿皆曰單于新破月氏乘勝不可擊也且得匈奴地澤鹵非可居也和親甚便漢許之孝文前六年遺匈奴書曰皇帝敬問匈奴大單于無恙使係虖淺遺朕書云願寢兵休士除前事復故約以安邊民世世平樂朕甚嘉之此古聖王之志也漢與匈奴約為兄弟所以遺單于甚厚背約離兄弟之親者常在匈奴然右賢王事已在赦前勿深誅單于若稱書意明告諸吏使無負約有信敬如單于書使者言單于自將并國有功甚苦兵事服繡袷綺衣長襦錦袍各一師古曰服者言天子自所服也袷者衣無絮也繡袷綺衣以繡為表綺為裏也袷音工洽反比踈一師古曰辮髮之飾也以金為之比音頻寐反踈字或作余黃金飭具帶一黃金犀毗孟康曰要中大帶也張晏曰鮮卑郭洛帶瑞獸名也東胡好服之師古曰犀毗胡帶之鉤也亦曰鮮卑亦謂師比總一物也語有輕重耳繡十匹錦二十匹赤綈綠繒各四十匹師古曰繒者帛之總稱綈厚繒也音徒奚反使中大夫意謁者令肩遺單于後頃之冒頓死子稽粥立師古曰稽音雞粥音育號曰老上單于老上稽粥單于初立文帝復遣宗人女翁主為單于閼氏師古曰宗人女亦諸侯王之女使宦者燕人中行說傅翁主師古曰姓中行名說也行音胡郎反說讀曰悅說不欲行漢強使之說曰必我也為漢患者師古曰言我必於漢生患中行說既至因降單于單于愛幸之初單于好漢繒絮食物中行說曰匈奴人眾不能當漢之一郡然所以強之者以衣食異無卬於漢師古曰卬音牛向反今單于變俗好漢物漢物不過什二則匈奴盡歸於漢矣師古曰言漢費物十分之二則盡得匈奴之眾也其得漢絮繒以馳草棘中衣袴皆裂弊以視不如旃裘堅善也師古曰視讀曰示下皆類此得漢食物皆去之師古曰去棄也音丘呂反以視不如重酪之便美也師古曰重乳汁也重音竹用反字本作湩其音則同於是說教單于左右○劉敞曰說當作旒鍛音疏記以計識其人眾畜牧師古曰說者中行說之名也疏分條之也識亦記音式志反漢遺單于書以尺一牘辭曰皇帝敬問匈奴大單于無恙所以遺物及言語云云中行說令單于以尺二寸牘及印封皆令廣長大倨驁其辭師古曰倨慢也驁與傲同曰天地所生日月所置匈奴大單于敬問漢皇帝無恙所以遺物言語亦云云漢使或言匈奴俗賤老中行說窮漢使曰而漢俗屯戍從軍當發者其親豈不自奪溫厚肥美齎送飲食行者乎師古曰而汝也飲音於禁反食音似其下亦同漢使曰然說曰匈奴明以攻戰為事老弱不能鬬故以其肥美飲食壯健以自衛如此父子各得相保何以言匈奴輕老也漢使曰匈奴父子同穹廬臥師古曰穹廬旃帳也其形穹隆故曰穹廬父死妻其後母兄弟死盡妻其妻無冠帶之節闕庭之禮中行說曰匈奴之俗食畜肉飲其汁衣其皮畜食草飲水隨時轉移故其急則人習騎射寬則人樂無事約束徑易行君臣簡可久師古曰徑直也簡率也一國

之政猶一體也父兄死則妻其妻惡種姓之失也故匈奴雖亂必立宗種今中國雖陽不取其父兄之妻親屬益疏則相殺至制易姓皆從此類也○宋祁曰至制舊本越本作至到且禮義之敝上下交怨而室屋之極生力屈焉師古曰言忠信衰薄彊爲禮義故其末流怨恨彌起棟宇之作土木競勝勞役既重所以力屈屈盡也屈音其勿反夫力耕桑以求衣食師古曰力謂竭力也築城郭以自備故其民急則不習戰攻緩則罷於作業師古曰罷讀曰疲嗟土室之人顧無喋喋佔佔冠固何當師古曰嗟者歎愍之言喋喋利口也佔佔衣裳貌也言漢人且當思念無爲喋喋佔佔耳雖自謂著冠何所當益也喋音牒佔音昌占反自是之後漢使欲辯論者中行說輒曰漢使毋多言顧漢所輸匈奴繒絮米糱令其量中必善美而已師古曰顧念也中猶滿也量中者滿其數也中音竹仲反何以言爲乎且所給備善則已不備善而苦惡則候秋孰以騎馳蹂迺稼穡也師古曰苦猶麤也蹂踐也迺汝也蹂音人九反日夜教單于候利害處孝文十四年匈奴單于十四萬騎入朝那蕭關殺北地都尉卬虜人民畜產甚多遂至彭陽服虔曰安定縣也師古曰卽今彭原縣是使騎兵入燒回中宮師古曰回中地在安定其中有宮也候騎至雍甘泉於是文帝以中尉周舍郎中令張武爲將軍發車千乘十萬騎軍長安旁以備胡寇而拜昌侯盧卿爲上郡將軍甯侯魏遬爲北地將軍師古曰遬古速字隆慮侯周竈爲隴西將軍師古曰慮音廬東陽侯張相如爲大將軍成侯董赤爲將軍師古曰文紀言建成侯此言成侯紀傳不同當有誤大發車騎往擊胡單于留塞內月餘漢逐出塞卽還不能有所殺匈奴日以驕歲入邊殺略人民甚衆雲中遼東最甚郡萬餘人漢甚患之迺使使遺匈奴書單于亦使當戶報謝復言和親事孝文後二年使使遺匈奴書曰皇帝敬問匈奴大單于無恙使當戶且渠雕渠難郎中韓遼遺朕馬二匹已至敬受師古曰當戶且渠者一人爲二官雕渠難者其姓名先帝制長城以北引弓之國受令單于長城以內冠帶之室朕亦制之使萬民耕織射獵衣食父子毋離臣主相安俱無暴虐今聞渫惡民貪降其趨晉灼曰渫音渫水之渫邪惡不正之民師古曰渫音先列反降下也謂下意於利也趨讀曰趣背義絕約忘萬民之命離兩主之驩然其事已在前矣書云二國已和親兩主驩說師古曰說讀曰悅寢兵休卒養馬師古曰寢息也世世昌樂翕然更始朕甚嘉之聖者日新改作更始使老者得息幼者得長各保其首領而終其天年朕與單于俱由此道師古曰由從也用也順天恤民世世相傳施之無窮天下莫不咸嘉使漢與匈奴鄰敵之國○劉奉世曰鄰上宜有有字不然衍使字匈奴處北地寒殺氣早降故詔吏遺單于秫糱金帛綿絮它物歲有數今天下大安萬民熙熙師古曰熙熙和樂貌獨朕與單于爲之父母朕追念前事薄物細故謀臣計失皆不足以離昆弟

之驩師古曰細故小事也朕聞天不頗覆地不偏載師古曰頗亦偏也普何反朕與單于皆捐細故俱蹈大道也師古曰捐棄也○劉敞曰衍也字墮壞前惡以圖長久師古曰墮毀也墮音火規反使兩國之民若一家子元元萬民下及魚鱉上及飛鳥跂行喙息蠕動之類師古曰跂行凡有足而行者喙息凡以口出氣者蠕蠕動貌跂音啓喙許穢反蠕人兗反○宋祁曰注文啓字越本作岐字莫不就安利避危殆故來者不止天之道也俱去前事師古曰去除也音丘呂反朕釋逃虜民師古曰謂漢人逃入匈奴者令不追○劉奉世曰逃去者虜去者爲二事單于毋言章尼等師古曰皆單于降漢者朕聞古之帝王約分明而不食言師古曰食言者約爲不信棄其前言如食而盡單于留志天下大安師古曰留志謂計念和親和親之後漢過不先師古曰言更不負約單于其察之單于既約和親於是制詔御史匈奴大單于遺朕書和親已定亡人不足以益衆廣地匈奴無入塞漢無出塞犯令約者殺之可以久親後無咎俱便朕已許其布告天下使明知之後四年老上單于死子軍臣單于立而中行說復事之漢復與匈奴和親軍臣單于立歲餘匈奴復絕和親大入上郡雲中各三萬騎所殺略甚衆於是漢使三將軍軍北地代屯句注趙屯飛狐口師古曰險阸之處在代郡之南南衞燕趙之中緣邊亦各堅守以備胡寇又置三將軍軍長安西細柳渭北棘門霸上以備胡胡騎入代句注邊烽火通於甘泉長安數月漢兵至邊匈奴亦遠塞師古曰遠離也音于萬反漢兵亦罷後歲餘文帝崩景帝立而趙王遂迺陰使於匈奴吳楚反欲與趙合謀入邊漢圍破趙匈奴亦止自是後景帝復與匈奴和親通關市給遺單于遣翁主如故約終景帝世時時小入盜邊無大寇武帝卽位明和親約束厚遇關市饒給之匈奴自單于以下皆親漢往來長城下漢使馬邑人聶翁壹師古曰姓聶名壹翁者老人之稱也閒闌出物與匈奴交易孟康曰私出塞交易陽爲賣馬邑城以誘單于單于信之而貪馬邑財物迺以十萬騎入武州塞漢伏兵三十餘萬馬邑旁御史大夫韓安國爲護軍將軍護四將軍以伏單于師古曰伏兵而待單于也單于既入漢塞未至馬邑百餘里見畜布野而無人牧者怪之乃攻亭時鴈門尉史行徼見寇保此亭師古曰漢律近塞郡皆置尉百里一人士史尉史各二人巡行徼塞也行音下孟反單于得欲刺之尉史知漢謀迺下師古曰尉史在亭樓上虜欲以矛戟刺之懼迺自下以謀告具告單于○劉攽曰迺下具告單于作一句單于大驚曰吾固疑之乃引兵還出曰吾得尉史天也以尉史爲天王漢兵約單于入馬邑而縱兵師古曰放兵以擊單于單于不至以故無所得將軍王恢部出代擊胡輜重師古曰重音直用反聞單于還兵多不敢出漢以恢本建造兵謀而不進誅恢自是後匈奴絕和親攻當路塞師古曰塞之當行道處者往往入盜於邊不可勝

數然匈奴貪尚樂關市耆漢財物師古曰耆讀曰嗜漢亦通關市不絕以中之師古曰以關市中其意中音竹仲反自馬邑軍後五歲之秋漢使四將各萬騎擊胡關市下將軍衞青出上谷至龍城得胡首虜七百人公孫賀出雲中無所得公孫敖出代郡爲胡所敗七千李廣出鴈門爲胡所敗匈奴生得廣廣道亡歸師古曰於道上亡還漢因敖廣敖廣贖爲庶人其冬匈奴數千人盜邊漁陽尤甚漢使將軍韓安國屯漁陽備胡其明年秋匈奴二萬騎入漢殺遼西太守略二千餘人又敗漁陽太守軍千餘人圍將軍安國師古曰卽韓安國也安國時千餘騎亦且盡會燕救之至○劉敞曰衍之字匈奴迺去又入鴈門殺略千餘人於是漢使將軍衞青將三萬騎出鴈門李息出代郡擊胡得首虜數千其明年衞青復出雲中以西至隴西擊胡之樓煩白羊王於河南得胡首虜數千羊百餘萬於是漢遂取河南地築朔方復繕故秦時蒙恬所爲塞因河而爲固漢亦棄上谷之斗辟縣造陽地以予胡孟康曰縣斗辟曲近胡師古曰斗絕也縣之斗曲入匈奴界者其中造陽地也辟讀曰僻是歲元朔二年也其後冬軍臣單于死其弟左谷蠡王伊稚斜自立爲單于攻敗軍臣單于太子於單於單亡降漢漢封於單爲陟安侯數月死伊稚斜單于既立其夏匈奴數萬騎入代郡殺太守共友師古曰共友太守姓名也共讀曰龔略千餘人秋又入鴈門殺略千餘人其明年又入代郡定襄上郡各三萬騎殺略數千人匈奴右賢王怨漢奪之河南地而築朔方數寇盜邊及入河南侵擾朔方殺略吏民甚衆其明年春漢遣衞青將六將軍十餘萬人出朔方高闕右賢王以爲漢兵不能至飲酒醉漢兵出塞六七百里夜圍右賢王右賢王大驚脫身逃走精騎往往隨後去漢將軍得右賢王人衆男女萬五千人裨小王十餘人其秋匈奴萬騎入代郡殺都尉朱央略千餘人其明年春漢復遣大將軍衞青將六將軍十餘萬騎仍再出定襄數百里師古曰仍頻也擊匈奴得首虜前後萬九千餘級而漢亦亡兩將軍三千餘騎右將軍建得以身脫而前將軍翕侯趙信兵不利降匈奴趙信者故胡小王降漢漢封爲翕侯以前將軍與右將軍并軍介獨遇單于兵故盡沒晉灼曰介音戞師古曰介特也本雖并軍至遇單于時特也介讀如本字單于既得翕侯以爲自次王師古曰自次者尊重次於單于用其姊妻之與謀漢信教單于益北絕幕師古曰直度曰絕以誘罷漢兵徼極而取之師古曰罷讀曰疲徼要也誘令疲要其困極然後取之徼音工堯反毋近塞師古曰不近塞居所以疲勞漢兵也單于從之其明年胡數萬騎入上谷殺數百人明年春漢使票騎將軍去病將萬騎出隴西過焉耆山千餘里得胡首虜八千餘級得

休屠王祭天金人孟康曰匈奴祭天處本在雲陽甘泉山下秦奪其地後徙之休屠王右地故休屠有祭天金人象也師古曰作金人以爲天神之主而祭之卽今佛像是其遺法其夏票騎將軍復與合騎侯數萬騎出隴西北地二千里過居延攻祁連山得胡首虜三萬餘級裨小王以下十餘人是時匈奴亦來入代郡鴈門殺略數百人漢使博望侯及李將軍廣出右北平擊匈奴左賢王左賢王圍李廣廣軍四千人死者過半殺虜亦過當會博望侯軍救至李將軍得脫盡亡其軍○劉奉世曰既云死者過半又云盡亡其軍與武紀本傳無同者必有一誤合騎侯後票騎將軍期及博望侯皆當死贖爲庶人其秋單于怒昆邪王休屠王居西方爲漢所殺虜數萬人欲召誅之昆邪休屠王恐謀降漢漢使票騎將軍迎之昆邪王殺休屠王并將其衆降漢凡四萬餘人號十萬於是漢已得昆邪則隴西北地河西益少胡寇徙關東貧民處所奪匈奴河南地新秦中以實之師古曰新秦解在食貨志西減北地以西戍卒半○劉敞曰西當作而明年春匈奴入右北平定襄各數萬騎殺略千餘人其年春漢謀以爲翕侯信爲單于計居幕北以爲漢兵不能至乃粟馬師古曰以粟秣馬也發十萬騎私負從馬凡十四萬匹師古曰私負衣裝者及私將馬從者皆非公家發與之限糧重不與焉師古曰負戴糧食者重音直用反與讀曰豫令大將軍青票騎將軍去病中分軍大將軍出定襄票騎將軍出代咸約絕幕擊匈奴師古曰約謂爲期要單于聞之遠其輜重師古曰徙其輜重令遠去以精兵待於幕北與漢大將軍接戰一日會暮大風起漢兵縱左右翼圍單于單于自度戰不能與漢兵師古曰與猶如也度音徒各反遂獨與壯騎數百潰漢圍西北遁走漢兵夜追之不得行捕斬首虜凡萬九千級師古曰且行且捕斬之北至寘顏山趙信城而還孟康曰趙信所作因以名城師古曰寘音徒千反單于之走其兵往往與漢軍相亂而隨單于單于久不與其大衆相得右谷蠡王以爲單于死乃自立爲單于眞單于復得其衆右谷蠡乃去號復其故位票騎之出代二千餘里與左王接戰漢兵得胡首虜凡七萬餘人左王將皆遁走票騎封於狼居胥山禪姑衍臨翰海而還是後匈奴遠遁而幕南無王庭漢度河自朔方以西至令居師古曰令音零下亦類此往往通渠置田官吏卒五六萬人稍蠶食地接匈奴以北師古曰其地相接不絕初漢兩將大出圍單于所殺虜八九萬而漢士物故者亦萬數師古曰物故謂死也漢馬死者十餘萬匹匈奴雖病遠去而漢馬亦少無以復往單于用趙信計遣使好辭請和親天子下其議或言和親或言遂臣之丞相長史任敞曰匈奴新困宜使爲外臣朝請於邊師古曰請才性反漢使敞使於單于單于聞敞計大怒留之不遣先是漢亦有所降匈奴

使者單于亦輒留漢使相當漢方復收士馬會票騎將軍去病死於是漢久不北擊胡數歲伊穉斜單于立十三年死子烏維立爲單于是歲元鼎三年也烏維單于立而漢武帝始出巡狩郡縣其後漢方南誅兩越不擊匈奴匈奴亦不入邊烏維立三年漢已滅兩越遣故太僕公孫賀將萬五千騎出九原二千餘里至浮苴井師古曰苴音子餘反武紀苴字作沮其音同從票侯趙破奴萬餘騎出令居數千里至匈奴河水臣瓚曰水名也去令居千里○劉敞曰趙破奴傳但云至匈河此衍奴字劉攽說同皆不見匈奴一人而還是時天子巡邊親至朔方勒兵十八萬騎以見武節師古曰見示也而使郭吉風告單于師古曰風讀曰諷既至匈奴匈奴主客問所使師古曰主客主接諸客者也問以何事而來郭吉卑體好言曰吾見單于而口言單于見吉吉曰南越王頭已縣於漢北闕下今單于即能與漢戰天子自將兵待邊即不能亟南面而臣於漢師古曰亟急也音居力反何但遠走亡匿於幕北寒苦無水草之地爲師古曰但空也語卒單于大怒立斬主客見者而留郭吉不歸遷辱之北海上而單于終不肯爲寇於漢邊休養士馬習射獵數使使好辭甘言求和親漢使王烏等闚匈奴匈奴法漢使不去節不以墨黥其面不得入穹廬師古曰以墨黥面也王烏北地人習胡俗去其節黥面入廬單于愛之陽許曰吾爲遣其太子入質於漢以求和親師古曰言爲王烏故遣太子入質漢使楊信使於匈奴是時漢東拔濊貉朝鮮以爲郡師古曰濊與穢同亦或作薉而西置酒泉郡以隔絕胡與羌通之路又西通月氏大夏以翁主妻烏孫王以分匈奴西方之援國又北益廣田至眩雷爲塞服虔曰眩雷地在烏孫北也眩音州縣之縣而匈奴終不敢以爲言是歲翕侯信死漢用事者以匈奴已弱可臣從也楊信爲人剛直屈彊素非貴臣也師古曰屈音其勿反彊音其兩反單于不親欲召入不肯去節迺坐穹廬外見楊信楊信說單于曰即欲和親以單于太子爲質於漢單于曰非故約故約漢常遣翁主給繒絮食物有品以和親師古曰品謂等差也而匈奴亦不復擾邊今乃欲反古師古曰反違也令吾太子爲質無幾矣師古曰言遣太子爲質則匈奴國中所餘者無幾皆當盡也幾音居豈反匈奴俗見漢使非中貴人其儒生以爲欲說折其辭辯少年以爲欲刺折其氣每漢兵入匈奴匈奴輒報償漢留匈奴使匈奴亦留漢使必得當迺止楊信既歸漢使王烏等如匈奴匈奴復讇以甘言師古曰讇古諂字欲多得漢財物紿王烏曰吾欲入漢師古曰紿詐也見天子面相結爲兄弟王烏歸報漢漢爲單于築邸于長安匈奴曰非得漢貴人使吾不與誠語師古曰誠實也匈奴使其貴人至漢病服藥欲愈之不幸而死漢使路充國佩二千石

印綬使送其喪厚幣直數千金單于以爲漢殺吾貴使者迺留路充國不歸諸所言者單于特空紿王烏師古曰特但也殊無意入漢遣太子來質於是匈奴數使奇兵侵犯漢邊漢迺拜郭昌爲拔胡將軍及浞野侯屯朔方以東備胡師古曰浞野侯趙破奴也浞音仕角反烏維單于立十歲死子詹師廬立年少號爲兒單于是歲元封六年也自是後單于益西北左方兵直雲中右方兵直酒泉敦煌兒單于立漢使兩使一人弔單于一人弔右賢王欲以乖其國使者入匈奴匈奴悉將致單于單于怒而悉留漢使漢使留匈奴者前後十餘輩而匈奴使來漢亦輒留之相當是歲漢使貳師將軍西伐大宛而令因杅將軍築受降城師古曰杅音于其冬匈奴大雨雪師古曰雨音于具反畜多飢寒死而單于年少○劉攽曰而改兒好殺伐國中多不安左大都尉欲殺單于使人閒告漢師古曰私來報曰我欲殺單于降漢漢遠漢即來兵近我我即發師古曰來兵言以兵來也初漢聞此言故築受降城猶以爲遠其明年春漢使浞野侯破奴將二萬騎出朔方北二千餘里師古曰以迎左大都尉期至浚稽山而還師古曰浚音俊稽音雞在武威北浞野侯既至期左大都尉欲發而覺單于誅之發兵擊浞野侯浞野侯行捕首虜數千人還未至受降城四百里匈奴八萬騎圍之浞野侯夜出自求水匈奴生得浞野侯因急擊其軍軍吏畏亡將而誅莫相勸而歸軍遂沒於匈奴單于大喜遂遣兵攻受降城不能下乃侵入邊而去明年單于欲自攻受降城未到病死兒單于立三歲而死子少匈奴迺立其季父烏維單于弟右賢王句黎湖爲單于師古曰句音鉤是歲太初三年也句黎湖單于立漢使光祿徐自爲出五原塞數百里遠者千里築城障列亭至盧朐師古曰盧朐山名也朐音劬而使游擊將軍韓說長平侯衛伉屯其旁師古曰說讀曰悅伉音抗即衛青子使強弩都尉路博德築居延澤上其秋匈奴大入雲中定襄五原朔方殺略數千人敗數二千石而去行壞光祿所築亭障又使右賢王入酒泉張掖略數千人會任文擊救服虔曰任文漢將也師古曰擊救者擊匈奴而自救漢人盡復失其所得而去聞貳師將軍破大宛斬其王還單于欲遮之不敢其冬病死句黎湖單于立一歲死其弟左大都尉且鞮侯立爲單于師古曰且音子余反鞮音丁奚反漢既誅大宛威震外國天子意欲遂困胡迺下詔曰高皇帝遺朕平城之憂師古曰遺留也高后時單于書絕悖逆昔齊襄公復九世之讎春秋大之師古曰公羊傳莊四年春齊襄公滅紀復讎也襄公之九世祖昔爲紀侯所譖而亨殺于周故襄公滅紀也九世猶可以復讎乎曰雖百世可也是歲太初四年也且鞮侯單于初立恐漢襲之盡歸漢使之不降者路充國等於漢單

于迺自謂我兒子安敢望漢天子漢天子我丈人行師古曰丈人尊老之稱也行音胡浪反漢遣中郎將蘇武厚幣賂遺單于單于益驕禮甚倨非漢所望也明年浞野侯破奴得亡歸漢其明年漢使貳師將軍將三萬騎出酒泉擊右賢王於天山得首虜萬餘級而還匈奴大圍貳師幾不得脫師古曰幾音鉅依反漢兵物故什六七師古曰物故謂死也漢又使因杅將軍出西河與強弩都尉會涿邪山亡所得使騎都尉李陵將步兵五千人出居延北千餘里與單于會合戰陵所殺傷萬餘人兵食盡欲歸單于圍陵陵降匈奴其兵得脫歸漢者四百人單于迺貴陵以其女妻之後二歲漢使貳師將軍六萬騎步兵七萬出朔方強弩都尉路博德○宋祁曰博舊本作萬校本改作博將萬餘人與貳師會游擊將軍說步兵三萬人出五原師古曰即上韓說也因杅將軍敖將騎萬步兵三萬人出鴈門匈奴聞悉遠其累重於余吾水北師古曰累重謂妻子資產也累音力瑞反重音直用反而單于以十萬待水南與貳師接戰貳師解而引歸與單于連鬬十餘日游擊亡所得因杅與左賢王戰不利引歸明年且鞮侯單于死立五年長子左賢王立爲狐鹿姑單于是歲太始元年也初且鞮侯兩子長爲左賢王次爲左大將病且死言立左賢王左賢王未至貴人以爲有病更立左大將爲單于左賢王聞之不敢進左大將使人召左賢王而讓位焉左賢王辭以病左大將不聽謂曰即不幸死傳之於我左賢王許之遂立爲狐鹿姑單于狐鹿姑單于立以左大將爲左賢王數年病死其子先賢撣不得代師古曰撣音纏更以爲日逐王日逐王者賤於左賢王單于自以其子爲左賢王單于既立六年而匈奴入上谷五原殺略吏民其年匈奴復入五原酒泉殺兩部都尉於是漢遣貳師將軍七萬人出五原御史大夫商丘成將三萬餘人出西河重合侯莽通將四萬騎出酒泉千餘里單于聞漢兵大出悉遣其輜重徙趙信城北邸郅居水師古曰邸至也音丁禮反郅音之日反左賢王驅其人民度余吾水六七百里居兜銜山單于自將精兵左安侯度姑且水師古曰且音子余反御史大夫軍至追邪徑無所見還師古曰從疾道而追之不見虜而還也邪音似嗟反匈奴使大將與李陵將三萬餘騎追漢軍至浚稽山合轉戰九日漢兵陷陳郤敵殺傷虜甚衆至蒲奴水虜不利還去重合侯軍至天山匈奴使大將偃渠與左右呼知王將二萬餘騎要漢兵見漢兵彊引去重合侯無所得失是時漢恐車師兵遮重合侯迺遣闓陵侯將兵別圍車師師古曰闓讀與開同盡得其王民衆而還貳師將軍將出塞匈奴使右大都尉與衛律將五千騎要擊漢

軍於夫羊句山狹服虔曰夫羊地名也師古曰句山西山也句音鉤貳師遣屬國胡騎二千與戰虜兵壞散死傷者數百人漢軍乘勝追北至范夫人城應劭曰本漢將築此城將亡其妻率餘衆完保之因以爲名也張晏曰范氏能胡詛者匈奴奔走莫敢距敵會貳師妻子坐巫蠱收聞之憂懼其掾胡亞夫亦避罪從軍說貳師曰夫人室家皆在吏若還不稱意適與獄會郅居以北可復得見乎如淳曰以就誅後雖復欲降匈奴不可得貳師由是狐疑欲深入要功遂北至郅居水上虜已去貳師遣護軍將二萬騎度郅居之水一日逢左賢王左大將將二萬騎與漢軍合戰一日漢軍殺左大將虜死傷甚衆軍長史與決眭都尉煇渠侯謀晉灼曰本匈奴官也功臣表歸義侯僕多子雷電以屬國都尉擊匈奴封煇渠煇渠魯陽縣也師古曰眭音息隨反煇音揮多字當爲朋曰將軍懷異心欲危衆求功恐必敗謀共執貳師貳師聞之斬長史引兵還至速邪烏燕然山師古曰速邪烏地名也燕然山在其中燕音一千反單于知漢軍勞倦自將五萬騎遮擊貳師相殺傷甚衆夜塹漢軍前深數尺從後急擊之軍大亂敗貳師降單于素知其漢大將貴臣以女妻之尊寵在衛律上其明年單于遣使遺漢書云南有大漢北有強胡胡者天之驕子也不爲小禮以自煩今欲與漢闓大關取漢女爲妻師古曰闓讀與開同歲給遺我糱酒萬石稷米五千斛師古曰以糱爲酒味尤甜稷米粟米也雜繒萬匹它如故約則邊不相盜矣漢遣使者報送其使單于使左右難漢使者曰漢禮義國也貳師道前太子發兵反何也使者曰然迺丞相私與太子爭鬬太子發兵欲誅丞相丞相誣之故誅丞相此子弄父兵罪當笞小過耳孰與冒頓單于身殺其父代立常妻後母禽獸行也單于留使者三歲迺得還貳師在匈奴歲餘衛律害其寵會母閼氏病師古曰單于之母也律飭胡巫師古曰飭與敕同言先單于怒曰胡故時祠兵常言得貳師以社師古曰以祠社今何故不用○宋祁曰越本無今字於是收貳師貳師罵曰我死必滅匈奴遂屠貳師以祠會連雨雪數月畜產死人民疫病穀稼不孰師古曰北方早寒雖不宜禾稷匈奴中亦種黍穄單于恐爲貳師立祠室自貳師沒後漢新失大將軍士卒數萬人不復出兵三歲武帝崩前此者漢兵深入窮追二十餘年匈奴孕重墮殰罷極苦之師古曰孕重懷任者也墮落也殰敗也音讀罷讀曰疲極困也苦之心厭苦也自單于以下常有欲和親計後三年單于欲求和親會病死初單于有異母弟爲左大都尉賢國人鄉之師古曰鄉讀曰嚮謂悉皆附之母閼氏恐單于不立子而立左大都尉也迺私使殺之左大都尉同母兄怨遂不肯復會單于庭又單于病且死謂諸貴人我子少不能治國立弟右谷蠡王及單于死衛律等與顓渠閼氏謀匿單于死詐撟單于令

師古曰撟與矯同其字從手矯託也與貴人飲盟更立子左谷蠡王為壺衍鞮單于是歲始元二年也壺衍鞮單于既立風謂漢使者言欲和親師古曰風讀曰諷謂不正言也左賢王右谷蠡王以不得立怨望率其衆欲南歸漢恐不能自致即脅盧屠王欲與西降烏孫謀擊匈奴盧屠王告之單于使人驗問右谷蠡王不服反以其罪罪盧屠王國人皆冤之於是二王去居其所未嘗肯會龍城師古曰各自居其本處不復會龍城祭也後二年秋匈奴入代殺都尉單于年少初立母閼氏不正國內乖離常恐漢兵襲之於是衛律為單于謀穿井築城治樓以藏穀與秦人守之師古曰秦時有人亡入匈奴者今其子孫尚號秦人漢兵至無柰我何即穿井數百伐材數千或曰胡人不能守城是遺漢糧也師古曰遺音弋季反衛律於是止迺更謀歸漢使不降者蘇武馬宏等馬宏者前副光祿大夫王忠使西國為匈奴所遮忠戰死馬宏生得亦不肯降故匈奴歸此二人欲以通善意是時單于立三歲矣明年匈奴發左右部二萬騎為四隊師古曰隊部也音徒內反並入邊為寇漢兵追之斬首獲虜九千人生得甌脫王漢無所失亡匈奴見甌脫王在漢恐以為道擊之師古曰道讀曰導即西北遠去不敢南逐水草發人民屯甌脫明年復遣九千騎屯受降城以備漢北橋余吾令可度師古曰於余吾水上作橋以備奔走師古曰擬有迫急北走避漢從此橋度也是時衛律已死衛律在時常言和親之利匈奴不信及死後兵數困國益貧單于弟左谷蠡王思衛律言欲和親而恐漢不聽故不肯先言常使左右風漢使者師古曰風讀曰諷然其侵盜益希遇漢使愈厚欲以漸致和親漢亦羈縻之其後左谷蠡王死明年單于使犁汙王窺邊言酒泉張掖兵益弱出兵試擊冀可復得其地時漢先得降者聞其計天子詔邊警備後無幾師古曰無幾謂不多時也幾音居豈反右賢王犁汙王四千騎分三隊入日勒屋蘭番和師古曰皆張掖縣也番音盤張掖太守屬國都尉發兵擊大破之得脫者數百人屬國千長義渠王騎士射殺犁汙王師古曰千長者千人之長賜黃金二百斤馬二百匹因封為犁汙王屬國都尉郭忠封成安侯自是後匈奴不敢入張掖其明年匈奴三千餘騎入五原略殺數千人後數萬騎南旁塞獵師古曰旁音步浪反行攻塞外亭障略取吏民去是時漢邊郡烽火候望精明匈奴為邊寇者少利希復犯塞漢復得匈奴降者言烏桓嘗發先單于冢匈奴怨之方發二萬騎擊烏桓大將軍霍光欲發兵邀擊之師古曰邀迎而擊之邀音工堯反以問護軍都尉趙充國充國以為烏桓間數犯塞師古曰間即中間也猶言比日也今匈奴擊之於漢便又匈奴希寇盜北邊幸無事蠻夷自相攻擊而發

兵要之招寇生事非計也光更問中郎將范明友明友言可擊於是拜明友為度遼將軍將二萬騎出遼東匈奴聞漢兵至引去初光誡明友兵不空出即後匈奴遂擊烏桓師古曰後匈奴者言兵遲後邀匈奴不及烏桓時新中匈奴兵師古曰為匈奴所中傷明友既後匈奴因乘烏桓敝擊之斬首六千餘級獲三王首還封為平陵侯匈奴繇是恐師古曰繇讀與由同不能出兵即使使之烏孫求欲得漢公主擊烏孫取車延惡師地烏孫公主上書下公卿議救未決昭帝崩宣帝即位烏孫昆彌復上書言連為匈奴所侵削昆彌願發國半精兵人馬五萬匹盡力擊匈奴唯天子出兵哀救公主本始二年漢大發關東輕銳士選郡國吏三百石伉健習騎射者皆從軍師古曰伉音古浪反遣御史大夫田廣明為祁連將軍四萬餘騎出西河度遼將軍范明友三萬餘騎出張掖前將軍韓增三萬餘騎出雲中後將軍趙充國為蒲類將軍三萬餘騎出酒泉雲中太守田順為虎牙將軍三萬餘騎出五原凡五將軍兵十餘萬騎出塞各二千餘里及校尉常惠使護發兵烏孫西域昆彌自將翕侯以下五萬餘騎從西方入與五將軍兵凡二十餘萬衆匈奴聞漢兵大出老弱犇走敺畜產遠遁逃師古曰犇古奔字敺與驅同是以五將少所得度遼將軍出塞千二百餘里至蒲離候水斬首捕虜七百餘級鹵獲馬牛羊萬餘前將軍出塞千二百餘里至烏員師古曰烏員地名也音云斬首捕虜至候山百餘級師古曰候山山名也於此山斬捕得人鹵馬牛羊二千餘蒲類將軍兵當與烏孫合擊匈奴蒲類澤烏孫先期至而去漢兵不與相及蒲類將軍出塞千八百餘里西去候山斬首捕虜得單于使者蒲陰王以下三百餘級鹵馬牛羊七千餘聞虜已引去皆不至期還天子薄其過寬而不罪祁連將軍出塞千六百里至雞秩山斬首捕虜十九級獲牛馬羊百餘逢漢使匈奴還者冉弘等言雞秩山西有虜衆祁連即戒弘使言無虜欲還兵御史屬公孫益壽諫以為不可祁連不聽遂引兵還虎牙將軍出塞八百餘里至丹余吾水上即止兵不進斬首捕虜千九百餘級鹵馬牛羊七萬餘引兵還上以虎牙將軍不至期詐增鹵獲而祁連知虜在前逗遛不進孟康曰律語也謂軍行頓止稽留不進也師古曰逗讀與住同又音豆皆下吏自殺擢公孫益壽為侍御史校尉常惠與烏孫兵至右谷蠡庭獲單于父行師古曰行音胡浪反及嫂居次名王犁汙都尉千長將以下三萬九千餘級虜馬牛羊驢驘橐駝七十餘萬漢封惠為長羅侯然匈奴民衆死傷而去者及畜產遠移死亡不可勝數於是匈奴遂衰耗師古曰耗減也音呼到反怨烏

孫其冬單于自將萬騎擊烏孫頗得老弱欲還會天大雨雪師古曰雨音于具反一日深丈餘人民畜產凍死還者不能什一於是丁令乘弱攻其北師古曰令音零烏桓入其東烏孫擊其西凡三國所殺數萬級馬數萬匹牛羊甚衆又重以餓死師古曰重音直用反人民死者什三畜產什五匈奴大虛弱諸國羈屬者皆瓦解攻盜不能理其後漢出三千餘騎為三道並入匈奴捕虜得數千人還匈奴終不敢取當師古曰當者報其直茲欲鄉和親師古曰茲益也鄉讀曰嚮而邊境少事矣壺衍鞮單于立十七年死弟左賢王立為虛閭權渠單于是歲地節二年也虛閭權渠單于立以右大將女為大閼氏而黜前單于所幸顓渠閼氏顓渠閼氏父左大且渠怨望是時匈奴不能為邊寇於是漢罷外城以休百姓師古曰外城塞外諸城單于聞之喜召貴人謀欲與漢和親左大且渠心害其事曰前漢使來兵隨其後今亦效漢發兵先使使者入迺自請與呼盧訾王各將萬騎南旁塞獵相逢俱入師古曰訾音子移反旁音步浪反行未到會三騎亡降漢言匈奴欲為寇於是天子詔發邊騎屯要害處使大將軍軍監治衆等四人師古曰治衆者軍監之名將五千騎分三隊師古曰隊音徒內反出塞各數百里捕得虜各數十人而還時匈奴亡其三騎不敢入即引去是歲也匈奴饑人民畜產死十六七又發兩屯各萬騎以備漢其秋匈奴前所得西嗕居左地者孟康曰嗕音辱匈奴種也師古曰嗕音奴獨反其君長以下數千人皆驅畜產行與甌脫戰所戰殺傷甚衆遂南降漢其明年西域城郭共擊匈奴取車師國師古曰城郭謂諸國為城居者得其王及人衆而去單于復以車師王昆弟兜莫為車師王收其餘民東徙不敢居故地而漢益遣屯士分田車師地以實之其明年匈奴怨諸國共擊車師遣左右大將各萬餘騎屯田右地欲以侵迫烏孫西域後二歲匈奴遣左右奧鞬各六千騎師古曰奧音郁鞬音居言反與左大將再擊漢之田車師城者不能下其明年丁令比三歲入盜匈奴師古曰比頻也殺略人民數千驅馬畜去匈奴遣萬餘騎往擊之無所得其明年單于將十萬餘騎旁塞獵師古曰旁音步浪反欲入邊寇未至會其民題除渠堂亡降漢言狀漢以為言兵鹿奚盧侯而遣後將軍趙充國將兵四萬餘騎屯緣邊九郡備虜月餘單于病歐血因不敢入還去即罷兵迺使題王都犁胡次等入漢請和親未報會單于死是歲神爵二年也虛閭權渠單于立九年死自始立而黜顓渠閼氏顓渠閼氏即與右賢王私通右賢王會龍城而去顓渠閼氏語以單于病甚且勿遠後數日單于死郝宿王刑未央使人召諸王未至師古曰郝音呼各反

顓渠閼氏與其弟左大且渠都隆奇謀立右賢王屠耆堂為握衍朐鞮單于握衍朐鞮單于者代父為右賢王師古曰朐音劬烏維單于耳孫也握衍朐鞮單于立復修和親遣弟伊酋若王勝之入漢獻見師古曰酋音材由反單于初立凶惡盡殺虛閭權渠時用事貴人刑未央等而任用顓渠閼氏弟都隆奇又盡免虛閭權渠子弟近親而自以其子弟代之虛閭權渠單于子稽侯狦既不得立師古曰狦音先安反又音所姦反亡歸妻父烏禪幕師古曰禪音蟬烏禪幕者本烏孫康居間小國數見侵暴率其衆數千人降匈奴狐鹿姑單于以其弟子日逐王姊妻之使長其衆居右地師古曰長衆為之長帥日逐王先賢撣宋祁曰禪當作撣其父左賢王當為單于讓狐鹿姑單于狐鹿姑單于許立之國人以故頗言日逐王當為單于日逐王素與握衍朐鞮單于有隙即率其衆數萬騎歸漢漢封日逐王為歸德侯單于更立其從兄薄胥堂為日逐王師古曰胥音先余反明年單于又殺先賢撣兩弟烏禪幕請之不聽心恚其後左奧鞬王死單于自立其小子為奧鞬王留庭奧鞬貴人共立故奧鞬王子為王與俱東徙單于遣右丞相將萬騎往擊之失亡數千人不勝時單于已立二歲暴虐殺伐國中不附及太子左賢王數讒左地貴人左地貴人皆怨其明年烏桓擊匈奴東邊姑夕王頗得人民單于怒姑夕王恐即與烏禪幕及左地貴人共立稽侯狦為呼韓邪單于發左地兵四五萬人西擊握衍朐鞮單于至姑且水北師古曰且音子余反未戰握衍朐鞮單于兵敗走使人報其弟右賢王曰匈奴共攻我若肯發兵助我乎師古曰若汝也其下亦同右賢王曰若不愛人殺昆弟諸貴人各自死若處無來汙我師古曰言於汝所居處自死握衍朐鞮單于恚自殺左大且渠都隆奇亡之右賢王所其民衆盡降呼韓邪單于是歲神爵四年也握衍朐鞮單于立三年而敗

前漢書卷九十四上考證

匈奴傳上左右谷蠡○史記谷蠡下有王字

善為誘兵以包敵○包敵史記作冒敵

後北服渾窳屈射丁零○按渾窳史記作渾庾丁零史記作丁靈本傳後文又作丁令

冒頓縱精兵三十餘萬騎○三十史記作四十

數背約侵盜代鴈門雲中○史記無鴈門二字

孤僨之君注如淳曰僨仆也○顧炎武曰僨如左傳張脈僨興之僨倉公傳所謂病得之欲男子而不可得也如淳說非

前陳豨反於代漢兵三十二萬云云○ 臣召南按韓王信反誘匈奴攻漢而圍高帝于平城高祖七年事也若陳豨之反于代事在十年與平城之圍了不相涉季布面折樊噲不應誤記後事爲前事疑陳豨二字係史記傳寫之譌

使騎兵入燒回中宮注師古曰回中地在安定○ 臣召南按回中宮秦時所築始皇二十九年巡隴西過回中宮卽此括地志云秦回中宮在岐州雍縣西四十里武帝元封四年幸雍通回中道遂北出蕭關又以下文証之則在雍明矣

漢亦棄上谷之斗辟縣造陽地以予胡注云云○ 臣召南按造陽地當在上谷最北卽前文所云燕亦築長城自造陽至襄平者也据後文則造陽之北凡九百里後世如開平小興州等地疑卽古之造陽

又北益廣田至眩雷爲塞注服虔曰眩雷地在烏孫北也○ 臣召南按地理志西河郡增山縣有道西出眩雷塞北部都尉治則眩雷塞在西河郡之西北邊不得遠在烏孫國也

恐遠其累重于余吾水北○ 臣召南按山海經曰北鮮之山鮮水出焉北流注于余吾疑卽此余吾水也

穿井築城治樓以藏穀與秦人守之注師古曰秦時有人云云○顧炎武曰顏注非也彼時匈奴謂中國人爲秦人猶後世言漢人耳西域傳匈奴縛馬前後足置城下馳言秦人我丐若馬師古曰謂中國人爲秦人習言故也彼注甚是又大宛傳聞宛城中新得秦人亦謂中國人

前漢書卷九十四下

漢　蘭　臺　令　史　班　固　撰

唐正議大夫行秘書少監瑯邪縣開國子顏師古注

匈奴傳第六十四下

呼韓邪單于歸庭數月罷兵使各歸故地乃收其兄呼屠吾斯在民間者立爲左谷蠡王使人告右賢貴人欲令殺右賢王其冬都隆奇與右賢王共立日逐王薄胥堂爲屠耆單于發兵數萬人東襲呼韓邪單于呼韓邪單于兵敗走屠耆單于還以其長子都塗吾西爲左谷蠡王少子姑瞀樓頭爲右谷蠡王 師古曰瞀音莫搆反 留居單于庭明年秋屠耆單于使日逐王先賢撣兄右奥鞬王爲烏藉都尉 師古曰撣音纏奥音郁鞬音居言反○劉攽曰衍爲字劉奉世曰爲當作與 各二萬騎屯東方以備呼韓邪單于是時西方呼揭王來與唯犁當戶謀 師古曰揭音丘例反唯音弋癸反 共讒右賢王言欲自立爲烏藉單于屠耆單于殺右賢王父子後知其冤復殺唯犁當戶於是呼揭王恐遂畔去自立爲呼揭單于右奥鞬王聞之卽自立爲車犁單于烏藉都尉亦自立爲烏藉單于凡五單于屠耆單于自將兵東擊車犁單于使都隆奇擊烏藉烏藉車犁皆敗西北走與呼揭單于兵合爲四萬人烏藉呼揭皆去單于號共并力尊輔車犁單于屠耆單于聞之使左大將都尉將四萬騎分屯東方以備呼韓邪單于自將四萬騎西擊車犁單于車犁單于敗西北走屠耆單于卽引西南留闟敦地 師古曰闟音音闟敦音頓又音對 其明年呼韓邪單于遣其弟右谷蠡王等西襲屠耆單于屯兵殺略萬餘人屠耆單于聞之卽自將六萬騎擊呼韓邪單于行千里未至嗕姑地 師古曰嗕音力穀反 逢呼韓邪單于兵可四萬人合戰屠耆單于兵敗自殺都隆奇乃與屠耆少子右谷蠡王姑瞀樓頭亡歸漢車犁單于東降呼韓邪單于呼韓邪單于左大將烏厲屈與父呼遬累烏厲溫敦 師古曰呼遬累者其官號也遬古速字也累音力追反 皆見匈奴亂率其衆數萬人南降漢封烏厲屈爲新城侯烏厲溫敦爲義陽侯是時李陵子復立烏藉都尉爲單于呼韓邪單于捕斬之遂復都單于庭然衆裁數萬人屠耆單于從弟休旬王將所主五六百騎擊殺左大且渠并其兵至右地自立爲閏振單于在西邊其後呼韓邪單于兄左賢王呼屠吾斯亦自立爲郅支骨都侯單于在東邊其後二年閏振單于率其衆東擊郅支單于郅支單于與戰殺之并其兵遂進攻呼韓邪呼韓邪破其兵○劉攽曰多呼韓邪三字宋祁曰浙本無破其兵三字 走郅支都單于庭呼韓邪之敗也左伊秩訾王爲呼韓邪計勸令稱臣入朝事漢從漢求助如此匈奴乃定呼韓邪議問諸大臣皆曰不可匈奴之俗本上氣力而下服役 師古曰以服役於人爲下 以馬上戰鬬爲國故有威名於百蠻戰死壯士所有也 師古曰言人皆有此事耳 今兄弟爭國不在兄則在弟雖死猶有威名子孫常長諸國 師古曰爲諸國之長帥也 漢雖强猶不能兼并匈奴奈何亂先古之制臣事於漢卑辱先單于 師古曰言忝辱之更令卑下也 爲諸國所笑雖如是而安何以復長百蠻左伊秩訾曰不然强弱有時今漢方盛烏孫城郭諸國皆爲臣妾 師古曰謂西域諸國爲城郭而居也 自且鞮侯單于以來匈奴日削不能取復 師古曰且音子余反復音扶目反 雖屈彊於此未嘗一日安也 師古曰屈音其勿反 今事漢則安存不事則危亡計何以過此諸大人相難久之呼韓邪從其計引衆南近塞遣子右賢王銖婁渠堂入侍 師古曰婁音力于反 郅支單于亦遣子右大將駒于利受入侍是歲甘露元年也明年呼韓邪單于欵五原塞 師古曰欵叩也 願朝三年正月 師古曰會正旦之朝賀也 漢遣車騎都尉韓昌迎發過所七郡郡二千騎爲陳道上 師古曰所過之郡每爲發兵陳列於道以爲寵衛也 單于正月朝天子于甘泉宮漢寵以殊禮位在諸侯王上贊謁稱臣而不名賜以冠帶衣裳黃金璽盭綬 師古曰盭古戾字戾草名也以戾染綬亦諸侯王之制也 玉具劍 孟康曰摽首鐔衛盡用玉爲之也師古曰鐔劍口旁橫出者也衛劍鼻也鐔音淫衛字本作璏其音同耳 佩刀弓一張矢四發 服虔曰發十二矢也韋昭曰射禮三而止每射四矢故以十二爲一發也師古曰發猶今言箭一放兩放也今則以一矢爲一放也 棨戟十 師古曰棨戟有衣之戟也棨音啓 安車一乘鞍勒一具 師古曰勒馬轡也 馬十五匹黃金二十斤錢二十萬衣被七十七襲 師古曰一稱爲一襲猶今人之言一副衣服也○宋祁曰注文之字服字當刪 錦繡綺縠雜帛八千匹絮六千斤禮畢使使者道單于先行宿長平 師古曰道讀曰導長平涇水上坂也解在宣紀 上自甘泉宿池陽宮上登長平詔單于毋謁 師古曰不令拜也 其左右當戶之羣臣皆得列觀及諸蠻夷君長王侯數萬咸迎於渭橋下夾道陳上登渭橋咸稱萬歲單于就邸留月餘遣歸國單于自請願留居光祿塞下 師古曰卽徐自爲所築者也 有急保漢受降城 師古曰保守也於此自守 漢遣長樂衞尉高昌侯董忠車騎都尉韓昌將騎萬六千又發邊郡士馬以千數送單于出朔方雞鹿塞 師古曰在朔方窳渾縣西北 詔忠等留衞單于助誅不服又轉邊穀米糒前後三萬四千斛給贍其食 師古曰糒乾飯也音備 是歲郅支單于亦遣使奉獻漢遇之甚厚明年兩單于俱遣使朝獻漢待呼韓邪使有加明年呼韓邪單于復入朝禮賜如初加衣百一十襲錦帛九千匹絮八千斤以有屯兵故不復發騎爲送始郅支單于以爲呼韓邪降漢兵弱不能復自還卽引其衆西欲攻定右地又屠耆單于小弟本侍呼韓邪亦亡之右地收兩兄餘兵得數千人自立爲伊利目單于道逢郅支合戰郅支殺之并其兵五萬餘人聞漢出兵穀助呼韓邪卽遂留居右地自度力不能定匈奴 師古曰度音徒各反 乃益西近烏孫欲與并力遣使見小昆彌烏就屠烏就屠見呼韓邪爲漢所擁郅支亡虜欲攻之以稱漢 師古曰稱漢朝之意也稱音尺孕反 乃殺郅支使持頭送都護在所發八千騎迎郅支郅支見烏孫兵多其使又不反勒兵逢擊烏孫破之 師古曰以兵逆之相逢卽擊故云逢擊 因北擊烏揭 師古曰揭音丘例反 烏揭降發其兵西破堅昆北降丁令 師古曰令音零 并三國數遣兵擊烏孫常勝之堅昆東去單于庭七千里南去車師五千里郅支留都之元帝初卽位呼韓邪單于復上書言民衆困乏漢詔雲中五原郡轉穀二萬斛以給焉郅支單于自以道遠又怨漢擁護呼韓邪遣使上書求侍子漢遣谷吉送之郅支殺吉漢不知吉音問而匈奴降者言聞甌脫皆殺之 師古曰於甌脫得聲問云殺之○劉攽曰郅支殺谷吉漢不聞音問而降者言甌脫殺吉甌脫屬呼韓邪故漢責其使也言皆者吉有徒衆 呼韓邪單于使來漢輒簿責之甚急 師古曰簿責以文簿一一責之也簿音步戶反 明年漢遣車騎都尉韓昌光祿大夫張猛送呼韓邪單于侍子求問吉等因赦其罪勿令自疑 師古曰疑者疑漢欲討伐也 昌猛見單于民衆益盛塞下禽獸盡單于足以自衞不畏郅支聞其大臣多勸單于北歸者 師古曰塞下無禽獸則射獵無所得又不畏郅支故欲北歸舊處 恐北去後難約束 師古曰不可更共爲言要 昌猛卽與爲盟約曰自今以來漢與匈奴合爲一家世世毋得相詐相攻有竊盜者相報行其誅償其物 師古曰漢人爲盜於匈奴匈奴人爲盜於漢皆相告報而誅償 有寇發兵相助漢與匈奴敢先背約者受天不祥令其世世子孫盡如盟昌猛與單于及大臣俱登匈奴諾水東山 師古曰諾水卽今突厥地諾眞水也 刑白馬單于以徑路刀金留犂撓酒 應劭曰徑路匈奴寶刀也金契金也留犂飯匕也撓和也契金著酒中撓攪飲之師古曰契刻撓攪也音呼高反○宋祁曰注文契字下當有也字 以老上單于所破月氏王頭爲飲器者共飲血盟昌猛還奏事公卿議者以爲單于保塞爲藩雖欲北去猶不能爲危害昌猛擅以漢國世世子孫與夷狄詛盟令單于得以惡言上告于天羞國家傷威重 師古曰羞辱也 不可得行宜遣使往告祠天與解盟昌猛奉使無狀罪至不道 師古曰無狀言無善狀 上薄其過 師古曰以其罪過爲輕薄 有詔昌猛以贖論勿解盟其後呼韓邪竟北歸庭人衆稍稍歸之國中遂定郅支既殺使者自知負漢又聞呼韓邪益彊恐見襲擊欲遠去會康居王數爲烏孫所困與諸翕侯計以爲匈奴大國烏孫素服屬之今郅支單于困阸在外可迎置東邊使合兵取烏孫以立之 師古曰言與郅支并力共滅烏孫以其地立郅支令居之也 長無匈奴憂矣卽使使至堅昆通語郅支郅支素恐又怨烏孫聞康居計大說 師古曰說讀曰悅 遂與相結引兵而西康居亦遣貴人橐它驢馬數千匹迎郅支郅支人衆中寒道死 師古曰中寒傷於寒也道死死於道上也○宋祁曰景本無馬字史館本添 餘財三千人到康居 師古曰財與纔同 其後都護甘延壽與副陳湯發兵卽康居誅斬郅支 師古曰卽就也 語在延壽湯傳郅支既誅呼韓邪單于且喜且懼上書言曰常願謁見天子誠以郅支在西方恐其與烏孫俱來擊臣以故未得至漢今郅支已伏誅願入朝見竟寧元年單于復入朝禮賜如初加衣服錦帛絮皆倍於黃龍時單于自言願壻漢氏以自親 師古曰言欲取漢女而身爲漢家壻 元帝

以後宮良家子王牆字昭君賜單于單于驩喜上書願保塞上谷以西至敦煌師古曰保守也自請守之令無寇盜傳之無窮請罷邊備塞吏卒以休天子人民天子令下有司議議者皆以爲便郎中侯應習邊事以爲不可許上問狀應曰周秦以來匈奴暴桀寇侵邊境漢興尤被其害臣聞北邊塞至遼東外有陰山東西千餘里草木茂盛多禽獸本冒頓單于依阻其中治作弓矢來出爲寇是其苑囿也至孝武世出師征伐斥奪此地攘之於幕北師古曰斥開也攘卻也攘音人羊反建塞徼起亭隧師古曰隧謂深開小道而行避敵鈔寇也隧音遂築外城設屯戍以守之然後邊境得用少安幕北地平少草木多大沙匈奴來寇少所蔽隱從塞以南徑深山谷往來差難邊長老言匈奴失陰山之後過之未嘗不哭也如罷備塞戍卒示夷狄之大利不可一也今聖德廣被天覆匈奴師古曰如天之覆也匈奴得蒙全活之恩稽首來臣夫夷狄之情困則卑順彊則驕逆天性然也前以罷外城省亭隧今裁足以候望通燧火而已古者安不忘危不可復罷二也中國有禮義之敎刑罰之誅愚民猶尚犯禁又況單于能必其衆不犯約哉三也師古曰必極也極保之也自中國尚建關梁以制諸侯所以絕臣下之覬欲也師古曰覬音冀設塞徼置屯戍非獨爲匈奴而已亦爲諸屬國降民本故匈奴之人恐其思舊逃亡四也近西羌保塞與漢人交通吏民貪利侵盜其畜產妻子以此怨恨起而背畔世世不絕今罷乘塞則生嫚易分爭之漸五也師古曰乘塞登之而守也嫚易猶相欺侮也易音弋鼓反往者從軍多沒不還者子孫貧困一旦亡出從其親戚六也又邊人奴婢愁苦欲亡者多曰聞匈奴中樂無奈候望急何然時有亡出塞者七也盜賊桀黠羣輩犯法如其窘急亡走北出則不可制八也起塞以來百有餘年非皆以土垣也或因山巖石木柴僵落谿谷水門稍稍平之師古曰僵落謂山上樹木摧折或立死枯僵墮落者僵音薑卒徒築治功費久遠不可勝計臣恐議者不深慮其終始欲以壹切省繇戍師古曰壹切謂權時也繇讀曰傜十年之外百歲之內卒有它變障塞破壞亭隧滅絕當更發屯繕治累世之功不可卒復九也師古曰卒讀曰猝如罷戍卒省候望單于自以保塞守御必深德漢師古曰於漢自稱恩德也請求無已小失其意則不可測開夷狄之隙虧中國之固十也非所以永持至安威制百蠻之長策也對奏天子有詔勿議罷邊塞事使車騎將軍口諭單于師古曰將軍許嘉也諭謂曉告曰單于上書願罷北邊吏士屯戍子孫世世保塞單于鄉慕禮義師古曰鄉讀曰嚮所以爲民計者甚厚此長久之策也朕甚嘉之中國四方皆有關梁障塞非獨以

備塞外也亦以防中國姦邪放縱出爲寇害故明法度以專衆心也敬諭單于之意師古曰言已曉知其意也朕無疑焉爲單于怪其不罷故使大司馬車騎將軍嘉曉單于單于謝曰愚不知大計天子幸使大臣告語甚厚初左伊秩訾爲呼韓邪畫計歸漢竟以安定其後或讒伊秩訾自伐其功常鞅鞅師古曰伐謂矜其功力呼韓邪疑之左伊秩訾懼誅將其衆千餘人降漢漢以爲關內侯食邑三百戶令佩其王印綬師古曰雖於漢爲關內侯而依匈奴王號與印綬及竟寧中呼韓邪來朝與伊秩訾相見謝曰王爲我計甚厚令匈奴至今安寧王之力也德豈可忘我失王意使王去不復顧留師古曰言不復顧念而留住匈奴中皆我過也今欲白天子請王歸庭伊秩訾曰單于賴天命自歸於漢得以安寧單于神靈天子之祐也我安得力既已降漢又復歸匈奴是兩心也願爲單于侍使於漢不敢聽命師古曰言爲單于充使留侍於漢不能還單于固請不能得而歸王昭君號寧胡閼氏師古曰言胡得之國以安寧也生一男伊屠智牙師爲右日逐王呼韓邪立二十八年建始二年死始呼韓邪嬖左伊秩訾兄呼衍王女二人長女顓渠閼氏生二子長曰且莫車師古曰且音子餘反次曰囊知牙斯少女爲大閼氏生四子長曰雕陶莫皋次曰且糜胥師古曰且音子餘反胥音先於反皆長於且莫車少子咸樂二人皆小於囊知牙斯又它閼氏子十餘人顓渠閼氏貴且莫車愛呼韓邪病且死欲立且莫車其母顓渠閼氏曰匈奴亂十餘年不絕如髮賴蒙漢力故得復安今平定未久人民創艾戰鬭師古曰創音初亮反艾讀曰乂且莫車年少百姓未附恐復危國我與大閼氏一家共子師古曰一家言親姊妹也共子兩人所生恩慈無別也不如立雕陶莫皋大閼氏曰且莫車雖少大臣共持國事今舍貴立賤後世必亂師古曰舍謂棄置也單于卒從顓渠閼氏計立雕陶莫皋約令傳國與弟呼韓邪死雕陶莫皋立爲復株絫若鞮單于師古曰復音服絫音力追反復株絫若鞮單于立遣子右致盧兒王醯諧屠奴侯入侍以且糜胥爲左賢王且莫車爲左谷蠡王囊知牙斯爲右賢王復株絫單于復妻王昭君生二女長女云爲須卜居次李奇曰居次者女之號若漢言公主也文穎曰須卜氏匈奴貴族也小女爲當于居次文穎曰當于亦匈奴大族也師古曰須卜當于皆其夫家氏族河平元年單于遣右皋林王伊邪莫演等奉獻朝正月師古曰演音衍既罷遣使者送至蒲阪師古曰河東之縣也伊邪莫演言欲降卽不受我我自殺終不敢還歸使者以聞下公卿議議者或言宜如故事受其降光祿大夫谷永議郎杜欽以爲漢興匈奴數爲邊害故設金爵之賞以待降者今單于詘體稱臣列爲北藩遣使朝賀無有二心漢家接之宜異

於往時今旣享單于聘貢之質師古曰享當也質誠也而更受其逋逃之臣是貪一夫之得而失一國之心擁有罪之臣而絕慕義之君也假令單于初立欲委身中國未知利害師古曰假令猶言或當也私使伊邪莫演詐降以卜吉凶受之虧德沮善師古曰沮壞也音材汝反令單于自疏不親邊吏或者設爲反間欲因而生隙師古曰閒音居莧反受之適合其策使得歸曲而直責師古曰歸曲於漢而以直義來責也此誠邊竟安危之原師旅動靜之首師古曰竟讀曰境不可不詳也不如勿受以昭日月之信抑詐諼之謀懷附親之心便師古曰諼詐也音許遠反對奏天子從之遣中郎將王舜往問降狀伊邪莫演曰我病狂妄言耳遣去歸到官位如故不肯令見漢使明年單于上書願朝河平四年正月遂入朝加賜錦繡繒帛二萬疋絮二萬斤它如竟寧時復株絫單于立十歲鴻嘉元年死弟且糜胥立爲搜諧若鞮單于搜諧單于立遣子左祝都韓王朐留斯侯入侍師古曰朐音許于反以且莫車爲左賢王搜諧單于立八歲元延元年爲朝二年發行師古曰欲會二年歲首之朝禮故豫發其國而行未入塞病死弟且莫車立爲車牙若鞮單于車牙單于立遣子右於涂仇揮王烏夷當入侍師古曰涂音徒揮音暉○宋祁曰揮舊本作䡹以囊知牙斯爲左賢王車牙單于立四歲綏和元年死弟囊知牙斯立爲烏珠留若鞮單于烏珠留單于立以第一閼氏子樂爲左賢王以第五閼氏子輿爲右賢王師古曰此二人皆烏珠留之弟也第一閼氏卽上所謂大閼氏也第五閼氏亦呼韓邪單于之閼氏遣子右股奴王烏鞮牙斯入侍漢遣中郎將夏侯藩副校尉韓容使匈奴時帝舅大司馬票騎將軍王根領尚書事或說根曰匈奴有斗入漢地直張掖郡師古曰斗絕也直當也生奇材木箭竿就羽師古曰就大鵰也黃頭赤目其羽可爲箭竿音工旱反○宋祁曰注鷳當作鵰如得之於邊甚饒國家有廣地之實將軍顯功垂於無窮根爲上言其利上直欲從單于求之師古曰直正爾爲有不得傷命損威師古曰詔命不行故云傷命也根卽但以上指曉藩令從藩所說而求之師古曰自以藩意說單于藩至匈奴以語次說單于曰竊見匈奴斗入漢地直張掖郡漢三都尉居塞上士卒數百人寒苦候望久勞單于宜上書獻此地直斷閼之○宋祁曰閼當作開省兩都尉士卒數百人以復天子厚恩師古曰復亦報也其報必大單于曰此天子詔語邪將從使者所求也師古曰漢得此地必厚報賞單于○宋祁曰賞字當作償藩曰詔指也然藩亦爲單于畫善計耳單于曰孝宣孝元皇帝哀憐父呼韓邪單于從長城以北匈奴有之此溫偶駼王所居地也師古曰偶音五口反駼音塗次下亦同未曉其形狀所生請遣使問之師古曰所生謂山之所出草木鳥獸爲用者藩容歸漢後復使匈奴至則求地單于曰父兄傳五

世漢不求此地至知獨求何也已問溫偶駼王匈奴西邊諸侯作穹廬及車皆仰此山材木師古曰謂諸小王爲諸侯者效中國之言耳仰音牛向反且先父地不敢失也藩還遷爲太原太守單于遣使上書以藩求地狀聞詔報單于曰藩擅稱詔從單于求地法當死更大赦二師古曰更經也更音工衡反今徙藩爲濟南太守不令當匈奴明年侍子死歸葬復遣子左於駼仇揮王稽留昆入侍師古曰揮音暉稽音雞至哀帝建平二年烏孫庶子卑援疐師古曰援音爰疐音竹二反翕侯人衆入匈奴西界寇盜牛畜頗殺其民單于聞之遣左大當戶烏夷泠師古曰泠音零將五千騎擊烏孫殺數百人略千餘人敺牛畜去師古曰敺與驅同卑援疐恐遣子趨逯爲質匈奴師古曰逯音錄單于受以狀聞漢遣中郎將丁野林副校尉公乘音使匈奴責讓單于告令還歸卑援疐質子單于受詔遣歸建平四年單于上書願朝五年時哀帝被疾或言匈奴從上游來厭人師古曰游猶流也河水從西北來故曰上游亦總謂地形耳不必係於河水也厭服虔曰厭音一涉反自黃龍竟寧時單于朝中國輒有大故師古曰大故謂國之大喪上由是難之以問公卿亦以爲虛費府帑師古曰府物所聚也帑藏金帛之所也音宅莽反又音奴可且勿許單于使辭去未發黃門郎揚雄上書諫曰臣聞六經之治貴於未亂兵家之勝貴於未戰師古曰已亂而後治之戰鬭而後獲勝則不足貴二者皆微師古曰微謂精妙也然而大事之本不可不察也今單于上書求朝國家不許而辭之臣愚以爲漢與匈奴從此隙矣本北地之狄五帝所不能臣三王所不能制其不可使隙甚明臣不敢遠稱請引秦以來明之以秦始皇之彊蒙恬之威帶甲四十餘萬然不敢窺西河迺築長城以界之會漢初興以高祖之威靈三十萬衆困於平城士或七日不食時奇譎之士石畫之臣甚衆鄧展曰石大也師古曰石言堅固如石也畫計策也音獲卒其所以脫者世莫得而言也師古曰卒終也莫得而言謂自免之計其事醜惡故不傳又高皇后嘗忿匈奴羣臣庭議樊噲請以十萬衆橫行匈奴中季布曰噲可斬也妄阿順指於是大臣權書遺之師古曰以權道爲書順辭以答之然後匈奴之結解中國之憂平及孝文時匈奴侵暴北邊候騎至雍甘泉京師大駭發三將軍屯細柳棘門霸上以備之數月迺罷孝武卽位設馬邑之權欲誘匈奴使韓安國將三十萬衆徼於便墬師古曰徼要也音工堯反墬古地字匈奴覺之而去徒費財勞師一虜不可得見況單于之面乎其後深惟社稷之計規恢萬載之策師古曰恢大也迺大興師數十萬使衞青霍去病操兵前後十餘年師古曰操持也於是浮西河絕大幕破寘顏襲王庭窮極其地追奔逐北封狼居胥山禪於姑衍以臨翰海師古曰積土爲封而又禪祭也虜名王貴人以百數自

是之後匈奴震怖益求和親然而未肯稱臣也且夫前世豈樂傾無量之費役無罪之人快心於狼望之北哉師古曰匈奴中地名也以爲不壹勞者不久佚不暫費者不永寧師古曰佚與逸同是以忍百萬之師以摧餓虎之喙運府庫之財填盧山之壑而不悔也師古曰喙口也摧百萬之師於獸口也盧山匈奴中山也喙音許穢反至本始之初匈奴有桀心師古曰桀堅也言其起立不順欲掠烏孫侵公主迺發五將之師十五萬騎獵其南而長羅侯以烏孫五萬騎震其西皆至質而還師古曰質信也謂所期處時鮮有所獲師古曰鮮少也音先踐反徒奮揚威武明漢兵若雷風耳雖空行空反尚誅兩將軍故北狄不服中國未得高枕安寢也逮至元康神爵之間大化神明鴻恩溥洽而匈奴內亂五單于爭立日逐呼韓邪攜國歸死扶伏稱臣師古曰伏音蒲北反然尚羈縻之計不顓制師古曰顓與專同專制謂以爲臣妾也自此之後欲朝者不距不欲者不彊何者外國天性忿鷙師古曰鷙很也音竹二反形容魁健師古曰魁大也負力怙氣師古曰負恃也難化以善易肆以惡師古曰肆謂附屬之也惡謂威也其彊難詘其和難得故未服之時勞師遠攻傾國殫貨伏尸流血破堅拔敵如彼之難也既服之後慰薦撫循交接賂遺威儀俯仰如此之備也往時嘗屠大宛之城蹈烏桓之壘探姑繒之壁師古曰姑繒西南夷種也在益州見昭紀也籍蕩姐之場劉德曰羌屬也師古曰籍蹈也姐音紫艾朝鮮之旃拔兩越之旗師古曰艾讀曰刈刈絕也近不過旬月之役遠不離二時之勞師古曰離歷也三月爲一時固已犂其庭掃其閭師古曰犂耕也郡縣而置之雲徹席卷後無餘菑師古曰菑古災字唯北狄爲不然眞中國之堅敵也三垂比之懸矣前世重之茲甚師古曰茲益也未易可輕也今單于歸義懷款誠之心欲離其庭陳見於前此迺上世之遺策神靈之所想望國家雖費不得已者也師古曰已止也奈何距以來厭之辭疏以無日之期消往昔之恩開將來之隙夫款而隙之使有恨心負前言緣往辭師古曰言單于因緣往昔和好之辭以怨漢也歸怨於漢因以自絕終無北面之心威之不可諭之不能焉得不爲大憂乎夫明者視於無形聰者聽於無聲誠先於未然卽蒙恬樊噲不復施棘門細柳不復備馬邑之策安所設衞霍之功何得用五將之威安所震師古曰先於未然謂計策素定禦難折衝不然壹有隙之後雖智者勞心於內辯者轂擊於外師古曰轂擊言使車交馳其轂相擊也猶不若未然之時也且往者圖西域制車師師古曰圖謀也置城郭都護三十六國費歲以大萬計者師古曰財用之費一歲數百萬也豈爲康居烏孫能踰白龍堆而寇西邊哉孟康曰龍堆形如土龍身無頭有尾高大者二三丈埤者丈餘皆東北向相似也在西域中迺以制匈奴也夫百年勞之一日失之費十而愛一臣竊爲國不安也唯陛下少留意

於未亂未戰以過邊萌之禍書奏天子寤焉召還匈奴使者更報單于書而許之賜繒帛五十匹黃金十斤單于未發會病復遣使願朝明年故事單于朝從名王以下及從者二百餘人單于又上書言蒙天子神靈人民盛壯願從五百人入朝以明天子盛德上皆許之元壽二年單于來朝上以太歲厭勝所在師古曰厭音一涉反舍之上林苑蒲陶宮師古曰舍止宿告之以加敬於單于師古曰云以敬於單于故令止上林單于知之加賜衣三百七十襲錦繡繒帛三萬匹絮三萬斤它如河平時既罷遣中郎將韓況送單于單于出塞到休屯井北度車田盧水道里回遠師古曰回音胡內反況等乏食單于迺給其糧失期不還五十餘日初上遣稽留昆隨單于去到國復遣稽留昆同母兄右大且方與婦入侍師古曰且音子閭反還歸復遣且方同母兄左日逐王都與婦入侍是時漢平帝幼太皇太后稱制新都侯王莽秉政欲說太后以威德至盛異於前師古曰說讀曰悅以此事取悅於太后迺風單于師古曰風讀曰諷令遣王昭君女須卜居次云入侍師古曰云者其女名太后所以賞賜之甚厚會西域車師後王句姑師古曰句音鉤去胡來王唐兜師古曰爲其去胡而來降漢故以爲王號皆怨恨都護校尉將妻子人民亡降匈奴語在西域傳單于受置左谷蠡地遣使上書言狀曰臣謹已受詔遣中郎將韓隆王昌副校尉甄阜侍中謁者帛敞長水校尉王歙使匈奴師古曰歙音翕告單于曰西域內屬不當得受師古曰既屬漢家不得復臣匈奴今遣之師古曰今遣還單于曰孝宣孝元皇帝哀憐爲作約束自長城以南天子有之長城以北單于有之有犯塞輒以狀聞有降者不得受臣知父呼韓邪單于蒙無量之恩死遺言曰有從中國來降者勿受輒送至塞以報天子厚恩此外國也得受之使者曰匈奴骨肉相攻國幾絕師古曰幾音鉅依反蒙中國大恩危亡復續妻子完安累世相繼宜有以報厚恩單于叩頭謝罪執二虜還付使者詔使中郎將王萌待西域惡都奴界上逆受服虔曰惡都奴西域之谷名也師古曰逆受迎而受之單于遣使送到國因請其罪使者以聞有詔不聽師古曰不免其罪會西域諸國王斬以示之迺造設四條師古曰更新爲此制也中國人亡入匈奴者烏孫亡降匈奴者西域諸國佩中國印綬降匈奴者烏桓降匈奴者皆不得受遣中郎將王駿王昌副校尉甄阜王尋使匈奴班四條與單于雜函封師古曰與璽書同一函而封之付單于令奉行因收故宣帝所爲約束封函還時莽奏令中國不得有二名因使使者以風單于師古曰風讀曰諷宜上書慕化爲一名漢必加厚賞單于從之上書言幸得備藩臣竊樂太平聖制臣故名囊知牙斯今謹更名

曰知莽大說師古曰說讀曰悅白太后遣使者答諭厚賞賜焉漢既班四條後護烏桓使者告烏桓民毋得復與匈奴皮布稅匈奴以故事遣使者責烏桓稅師古曰故時常稅是以求之匈奴人民婦女欲賈販者皆隨往焉烏桓距曰奉天子詔條不當予匈奴稅匈奴使怒收烏桓酋豪縛到懸之酋豪昆弟怒共殺匈奴使及其官屬收略婦女馬牛單于聞之遣使發左賢王兵入烏桓責殺使者因攻擊之烏桓分散或走上山或東保塞匈奴頗殺人民毆婦女弱小且千人去師古曰毆與驅同置左地告烏桓曰持馬畜皮布來贖之烏桓見略者親屬二千餘人持財畜往贖匈奴受留不遣師古曰受其皮布而留人不遣王莽之篡位也建國元年遣五威將王駿率甄阜王颯陳饒帛敞丁業六人多齎金帛重遺單于師古曰颯音立諭曉以受命代漢狀因易單于故印故印文曰匈奴單于璽莽更曰新匈奴單于章師古曰新者莽自係其國號將率既至授單于印紱師古曰紱者印之組也音弗詔令上故印紱單于再拜受詔譯前欲解取故印紱單于舉掖授之左姑夕侯蘇從旁謂單于曰未見新印文○宋祁曰一本作止不見新印文宜且勿與單于止不肯與請使者坐穹廬單于欲前爲壽五威將曰故印紱當以時上單于曰諾復舉掖授譯蘇復曰未見印文且勿與單于曰印文何由變更遂解故印紱奉上將率受著新紱不解視印飲食至夜迺罷右率陳饒謂諸將率曰鄉者姑夕侯疑印文幾令單于不與人師古曰鄉讀曰嚮幾音鉅依反如令視印見其變改必求故印此非辭說所能距也既得而復失之辱命莫大焉不如椎破故印以絕禍根將率猶與莫有應者師古曰與讀曰豫饒燕士果悍師古曰果決也悍勇也音胡幹反卽引斧椎壞之明日單于果遣右骨都侯當白將率曰漢賜單于印言璽不言章又無漢字諸王已下○宋祁曰己當作以迺有漢言章今印去璽加新與臣下無別願得故印將率示以故印謂曰新室順天制作故印隨將率所自爲破壞單于宜承天命奉新室之制當還白單于知已無可奈何又多得賂遺卽遣弟右賢王輿奉馬牛隨將率入謝因上書求故印將率還到左犂汗王咸所居地見烏桓民多以問咸咸具言狀師古曰謂前驅略得婦女弱小贖之不還者將率曰前封四條不得受烏桓降者亟還之師古曰亟急也音居力反咸曰請密與單于相聞得語歸之單于使咸報曰當從塞內還之邪從塞外還之邪將率不敢顓決以聞詔報從塞外還之○宋祁曰決一作徒單于始用夏侯藩求地有距漢語後以求稅烏桓不得因寇略其人民釁由是生重以印文改易師古曰重音直用反故怨恨迺遣右大且渠蒲呼盧訾等十餘

人將兵衆萬騎以護送烏桓爲名師古曰陽言云護送烏桓人衆實來爲寇○宋祁曰注文陽字揚本作揚勒兵朔方塞下朔方太守以聞明年西域車師後王須置離謀降匈奴都護但欽誅斬之置離兄狐蘭支將人衆二千餘人毆畜產舉國亡降匈奴師古曰毆與驅同舉國之人皆亡降也單于受之狐蘭支與匈奴共入寇擊車師殺後成長師古曰後成車師小國名也長其長帥也傷都護司馬復還入匈奴時戊己校尉史陳良終帶司馬丞韓玄右曲候任商等見西域頗背叛聞匈奴欲大侵恐并死卽謀劫略吏卒數百人共殺戊己校尉刁護師古曰刁音貂遣人與匈奴南犂汗王南將軍相聞匈奴南將軍二千騎入西域迎良等良等盡脅略戊己校尉吏士男女二千餘人入匈奴玄商留南將軍所良帶徑至單于庭人衆別置零吾水上田居單于號良帶曰烏桓都將軍留居單于所數呼與飲食西域都護但欽上書言匈奴南將軍右伊秩訾將人衆寇擊諸國莽於是大分匈奴爲十五單于遣中郎將藺苞副校尉戴級將兵萬騎多齎珍寶至雲中塞下招誘呼韓邪單于諸子欲以次拜之使譯出塞誘呼右犂汗王咸咸子登助三人至則脅拜咸爲孝單于賜安車鼓車各一黃金千斤雜繒千匹戲戟十師古曰戲戟有旗之戟也戲音許宜反又音麾拜助爲順單于賜黃金五百斤傳送助登長安莽封苞爲宣威公拜爲虎牙將軍封級爲揚威公拜爲虎賁將軍單于聞之怒曰先單于受漢宣帝恩不可負也今天子非宣帝子孫何以得立遣左骨都侯右伊秩訾王呼盧訾及左賢王樂將兵入雲中益壽塞大殺吏民是歲建國三年也是後單于歷告左右部都尉諸邊王入塞寇盜大輩萬餘中輩數千少者數百殺鴈門朔方太守都尉略吏民畜產不可勝數緣邊虛耗莽新卽位怙府庫之富欲立威迺拜十二部將率發郡國勇士武庫精兵各有所屯守轉委輸於邊議滿三十萬衆齎三百日糧同時十道並出窮追匈奴內之于丁令師古曰逐之遠入丁令地令音零因分其地立呼韓邪十五子莽將嚴尤諫曰臣聞匈奴爲害所從來久矣未聞上世有必征之者也後世三家周秦漢征之然皆未有得上策者也周得中策漢得下策秦無策焉當周宣王時獫允內侵至于涇陽命將征之盡境而還其視戎狄之侵譬猶蟁蝱之蠚毆之而已師古曰蟁古蚊字也蝱音盲蠚音式亦反毆與驅同故天下稱明是爲中策漢武帝選將練兵約齎輕糧深入遠戍師古曰約少也少齎衣裝雖有克獲之功胡輒報之兵連禍結三十餘年中國罷耗匈奴亦創艾師古曰罷讀曰疲耗損也創音初向反艾讀曰乂次下亦同而天下稱武是爲下策秦始皇不忍小恥而

輕民力築長城之固延袤萬里師古曰袤長也音茂轉輸之行起於負海疆境既完中國內竭以喪社稷是爲無策今天下遭陽九之阸比年饑饉西北邊尤甚發三十萬衆具三百日糧東援海代南取江淮然後乃備師古曰援引也音爰計其道里一年尚未集合兵先至者聚居暴露師老械弊埶不可用此一難也邊既空虛不能奉軍糧內調郡國不相及屬此二難也師古曰調發也音徒釣反屬音之欲反計一人三百日食用糒十八斛非牛力不能勝牛又當自齎食加二十斛重矣胡地沙鹵多乏水草以往事揆之軍出未滿百日牛必物故且盡師古曰物故謂死也餘糧尚多人不能負此三難也胡地秋冬甚寒春夏甚風多齎鬴鍑薪炭重不可勝師古曰鬴古釜字也鍑釜之大口者也鍑音富食糒飲水以歷四時師有疾疫之憂是故前世伐胡不過百日非不欲久埶力不能此四難也輜重自隨則輕鋭者少師古曰重音直用反其下亦同不得疾行虜徐遁逃埶不能及幸而逢虜又累輜重師古曰累音力瑞反如遇險阻銜尾相隨師古曰銜馬銜也尾馬尾也言前後單行不得並驅虜要遮前後危殆不測此五難也大用民力功不可必立臣伏憂之今既發兵宜縱先至者令臣尤等深入霆擊且以創艾胡虜師古曰請率見到之兵且以擊虜莽不聽尤言轉兵穀如故天下騷動咸既受莽孝單于之號馳出塞歸庭具以見脅狀白單于單于更以爲於粟置支侯匈奴賤官也後助病死莽以登代助爲順單于厭難將軍陳欽震狄將軍王巡屯雲中葛邪塞師古曰厭音一涉反是時匈奴數爲邊寇殺將率吏士略人民敺畜產去甚衆師古曰敺與驅同捕得虜生口驗問皆曰孝單于咸子角數爲寇兩將以聞四年莽會諸蠻夷斬咸子登於長安市初北邊自宣帝以來數世不見煙火之警人民熾盛牛馬布野及莽撓亂匈奴與之構難師古曰撓攪也音火高反邊民死亡係獲又十二部兵久屯而不出吏士罷弊師古曰罷讀曰疲數年之間北邊虛空野有暴骨矣烏珠留單于立二十一歲建國五年死匈奴用事大臣右骨都侯須卜當即王昭君女伊墨居次云之壻也云常欲與中國和親又素與咸厚善見咸前後爲莽所拜故遂越輿而立咸爲烏累若鞮單于師古曰累音力追反烏累單于咸立以弟輿爲左谷蠡王烏珠留單于子蘇屠胡本爲左賢王以弟屠耆閼氏子盧渾爲右賢王師古曰渾音胡昆反烏珠留單于在時左賢王數死以爲其號不祥更易命左賢王曰護于護于之尊最貴次當爲單于故烏珠留單于授其長子以爲護于欲傳以國咸怨烏珠留單于貶賤已號不欲傳國及立貶護于爲左屠耆王云當遂勸咸和親天鳳元年云當遣人之西河虎猛制虜塞下師古曰虎猛縣名制虜塞在其界告塞吏曰欲見和親侯和親侯王歙者王昭君兄子也師古曰歙音翕中部都尉以聞莽遣歙歙弟騎都尉展德侯颯使匈奴師古曰颯音立賀單于初立賜黃金衣被繒帛給言侍子登在因購求陳良終帶等單于盡收四人及手殺校尉刁護賊芝音妻子以下二十七人皆械檻付使者遣廚唯姑夕王富等四十人送歙颯○宋祁曰廚字上當有右字莽作焚如之刑燒殺陳良等應劭曰易有焚如死如棄如之言莽依此作刑名也如淳曰焚如死如棄如者謂不孝子也不畜於父母不容於朋友故燒殺棄之莽依此作刑名也師古曰易離卦九四爻辭也罷諸將率屯兵但置游擊都尉單于貪莽賂遺故外不失漢故事然內利寇掠又使還知子登前死怨恨寇虜從左地入不絕師古曰入爲寇而虜掠使者問單于輒曰烏桓與匈奴無狀黠民共爲寇入塞譬如中國有盜賊耳咸初立持國威信尚淺盡力禁止不敢有二心天鳳二年五月莽復遣歙與五威將王咸率伏黯丁業等六人使送右廚唯姑夕王因奉歸前所斬侍子登及諸貴人從者喪皆載以常車劉德曰驛易車也舊司農出錢市車縣次易牛也至塞下單于遣云當子男大且渠奢等至塞迎咸等至多遺單于金珍因諭說改其號號匈奴曰恭奴單于曰善于賜印綬封骨都侯當爲後安公當子男奢爲後安侯單于貪莽金幣故曲聽之然寇盜如故咸歙又以陳良等購金付云當令自差與之師古曰差其次第多少十二月還入塞莽大喜賜歙錢二百萬悉封黯等單于咸立五歲天鳳五年死弟左賢王輿立爲呼都而尸道皐若鞮單于匈奴謂孝曰若鞮自呼韓邪後與漢親密見漢謚帝爲孝慕之故皆爲若鞮呼都而尸單于輿既立貪利賞賜遣大且渠奢與云女弟當戶居次子醯櫝王師古曰櫝音讀俱奉獻至長安莽遣和親侯歙與奢等俱至制虜塞下與云當會因以兵迫脅將至長安云當小男從塞下得脫歸匈奴當至長安莽拜爲須卜單于欲出大兵以輔立之兵調度亦不合而匈奴愈怒並入北邊北邊由是壞敗會當病死莽以其庶女陸逯任妻後安公奢李奇曰陸逯邑也莽改公主曰任奢本爲侯莽以女妻之故進爵爲公師古曰逯音錄任音壬所以尊寵之甚厚終爲欲出兵立之者師古曰言爲此計意不止會漢兵誅莽云奢亦死更始二年冬漢遣中郎將歸德侯颯大司馬護軍陳遵使匈奴授單于漢舊制璽綬王侯以下印綬因送云當餘親屬貴人從者單于輿驕謂遵颯曰匈奴本與漢爲兄弟匈奴中亂師古曰言中間之時也讀如本字又音竹仲反孝宣皇帝輔立呼韓邪單于故稱臣以尊漢今漢亦大亂爲王莽所篡匈奴亦出兵擊莽空其邊境令天下騷動思漢莽卒以敗而漢復興亦我力也當復尊我遵與相掌距師古曰掌謂支柱也音丈庚反又丑庚反單于終持此言其明年夏還會赤眉入長安更始敗

贊曰書戒蠻夷猾夏師古曰虞書舜典載舜命臯陶作士之言也猾亂也夏謂中夏諸國也詩稱戎狄是膺師古曰魯頌閟宮之詩美僖公與齊桓討難膺當也春秋有道守在四夷師古曰春秋左氏傳昭二十三年楚囊瓦爲令尹城郢沈尹戌曰古者天子守在四夷言德及遠久矣夷狄之爲患也故自漢興忠言嘉謀之臣曷嘗不運籌策相與爭於廟堂之上乎高祖時則劉敬呂后時樊噲季布孝文時賈誼鼂錯孝武時王恢韓安國朱買臣公孫弘董仲舒人持所見各有同異然總其要歸兩科而已縉紳之儒則守和親介冑之士則言征伐皆偏見一時之利害而未究匈奴之終始也自漢興以至于今曠世歷年多於春秋其與匈奴有脩文而和親之矣有用武而克伐之矣有卑下而承事之矣師古曰下音胡亞反有威服而臣畜之矣詘伸異變彊弱相反是故其詳可得而言也昔和親之論發於劉敬是時天下初定新遭平城之難故從其言約結和親賂遺單于冀以救安邊境孝惠高后時遵而不違匈奴寇盜不爲衰止而單于反以加驕倨逮至孝文與通關市妻以漢女增厚其賂歲以千金而匈奴數背約束邊境屢被其害是以文帝中年赫然發憤遂躬戎服親御鞌馬從六郡良家材力之士師古曰六郡謂隴西天水安定北地上郡西河也其安定天水西河武帝所置耳史本其土地而追言也馳射上林講習戰陳聚天下精兵軍於廣武顧問馮唐與論將帥喟然歎息思古名臣此則和親無益已然之明效也仲舒親見四世之事猶復欲守舊文頗增其約以爲義動君子利動貪人如匈奴者非可以仁義說也師古曰此說謂勸諭獨可說以厚利結之於天耳師古曰此說讀曰悅故與之厚利以沒其意師古曰沒溺也與盟於天以堅其約質其愛子以累其心師古曰累音力瑞反匈奴雖欲展轉奈失重利何奈欺上天何奈殺愛子何師古曰展轉猶移動其心夫賦斂行賂不足以當三軍之費城郭之固無以異於貞士之約晉灼曰堅城固守不勝遣貞士爲和親之約也而使邊城守境之民父兄緩帶稚子咽哺師古曰咽吞也哺謂所食在口者也咽音宴哺音捕胡馬不窺於長城而羽檄不行於中國不亦便於天下乎察仲舒之論考諸行事乃知其未合於當時而有闕於後世也當孝武時雖征伐克獲而士馬物故亦略相當雖開河南之野建朔方之郡亦棄造陽之北九百餘里匈奴人民每來降漢單于亦輒拘留漢使以相報復師古曰復音扶目反其桀驁尚如斯師古曰驁與傲同安肯以愛子而爲質乎此不合當時之言也若不置質空約和親是襲孝文既往之悔而長匈奴無已之詐也師古曰襲重也重疊爲其事夫邊城不選守境武略之臣脩障隧備塞之具厲長戟勁弩之械恃吾所以待邊寇而務賦斂於民遠行貨賂割剝百姓以奉寇讎信甘言守空約而幾胡馬之不窺不已過乎師古曰幾讀曰冀至孝宣之世承武帝奮擊之威直匈奴百年之運師古曰直當也因其壞亂幾亡之阸師古曰幾近也音鉅依反權時施宜覆以威德然後單于稽首臣服遣子入侍三世稱藩賓於漢庭是時邊城晏閉牛馬布野師古曰晏晩也三世無犬吠之警藜庶亡干戈之役師古曰藜古黎字後六十餘載之間遭王莽篡位始開邊隙單于由是歸怨自絕莽遂斬其侍子邊境之禍構矣故呼韓邪始朝於漢漢議其儀而蕭望之曰戎狄荒服言其來服荒忽無常時至時去宜待以客禮讓而不臣如其後嗣遯逃竄伏師古曰遯古遁字使於中國不爲叛臣及孝元時議罷守塞之備侯應以爲不可可謂盛不忘衰安必思危遠見識微之明矣至單于咸棄其愛子昧利不顧師古曰昧貪也音妹侵掠所獲歲鉅萬計而和親賂遺不過千金安在其不棄質而失重利也仲舒之言漏於是矣夫規事建議不圖萬世之固而媮恃一時之事者未可以經遠也師古曰媮與偷同若乃征伐之功秦漢行事嚴尤論之當矣故先王度土中立封畿師古曰度音大各反中音竹仲反分九州列五服師古曰九州五服解並在前物土貢制外內師古曰物土貢者各因其土所生之物而貢之也制外內謂五服之差遠近異制或脩刑政或昭文德遠近之埶異也是以春秋內諸夏而外夷狄師古曰春秋成十五年諸侯會吳於鍾離公羊傳曰曷爲殊會吳外吳也曷爲外也春秋內其國而外諸夏內諸夏而外夷狄也夷狄之人貪而好利被髮左衽人面獸心其與中國殊章服異習俗飲食不同言語不通辟居北垂塞露之野師古曰辟讀曰僻逐草隨畜射獵爲生隔以山谷雍以沙幕師古曰雍讀曰壅天地所以絕外內也是故聖王禽獸畜之不與約誓不就攻伐約之則費賂而見欺攻之則勞師而招寇其地不可耕而食也其民不可臣而畜也是以外而不內疏而不戚師古曰戚近也政教不及其人正朔不加其國來則懲而御之去則備而守之師古曰懲謂使其創乂其慕義而貢獻則接之以禮讓羈靡不絕使曲在彼蓋聖王制御蠻夷之常道也

前漢書卷九十四下考證

匈奴傳下呼韓邪單于左大將烏厲屈與父呼遫累烏厲温敦○通鑑考異曰宣紀呼遫累單于帥衆來降功臣表信成侯王定以匈奴烏桓屠蓍單于子左大將率衆降侯義陽侯温厲敦以匈奴謼遫累單于率衆降侯此即屈與敦也未嘗爲單于或降時自稱單

子或紀表二者誤也

漢遣車騎都尉韓昌迎發過所七郡郡二千騎為陳道上○胡三省曰過七郡謂過五原朔方西河上郡北地馮翊而後至長安者也

有急保漢受降城○臣召南按此即公孫敖所築者也城在五原郡邊界

因北擊烏揭○烏揭即前文所謂呼揭

雕陶莫皋立為復株絫若鞮單于○臣召南按自雕陶莫皋以下凡單于號俱冠以若鞮二字後書注曰匈奴謂孝為若鞮自呼韓邪降漢見漢帝常謚為孝慕之至其子復株絫單于以下皆稱若鞮自南單于比以下直稱鞮也

單于遣右皋林王伊邪莫演等奉獻朝正月○莫演荀悅漢紀作黃渾通鑑作莫渾

漢三都尉居塞上士卒數百人○胡三省曰張掖兩都尉一治日勒澤索谷一治居延又有農都都尉治番和是三都尉也

此溫偶駼王所居地也注師古曰偶音五卩反○胡三省曰按後書匈奴有溫禺犢王班固燕然山銘曰斬溫禺以釁鼓血尸逐以染鍔意溫偶即溫禺也後人妄於禺旁從人耳當讀曰禺

快心於狼望之北哉注師古曰匈奴中地名也○胡三省曰邊人謂舉烽燧為狼火狼望謂狼烟候望之地

去胡來王唐兜注師古云云○顧炎武曰注非也西域傳婼羌國王號去胡來王

臣知父呼韓邪單于蒙無量之恩○顧炎武曰其時尚未更名應曰臣囊知牙斯作史者從其後更名錄之耳

故印文曰匈奴單于璽○臣召南按故印即甘露三年宣帝所賜呼韓邪單于黃金璽也

因上書求故印○顧炎武曰故印已壞而云因上書求故印者求更鑄如故印之式去新字而言璽

前漢書卷九十五

漢　蘭臺令史班固撰

唐正議大夫行秘書少監琅邪縣開國子顏師古注

西南夷兩粵朝鮮傳第六十五

南夷君長以十數夜郎最大（師古曰後為縣屬牂柯郡）其西靡莫之屬以十數滇最大（師古曰地有滇池因為名也滇音顛）自滇以北君長以十數邛都最大（師古曰今之邛州本其地）此皆椎結（師古曰椎音直追反結讀曰髻為髻如椎之形也陸賈傳及貨殖傳皆作魋字音義同耳此下朝鮮傳亦同）耕田有邑聚其外西自桐師以東北至葉榆（師古曰葉榆澤名因以立號後為縣屬益州郡）名為巂昆明（師古曰巂即今之巂州也昆明又在其西南即今之南寧州諸爨所居是其地也巂音髓）編髮（師古曰編音步典反）隨畜移徙亡常處亡君長地方可數千里自巂以東北君長以十數徙莋都最大（師古曰徙及莋都二國也後為徙縣屬蜀郡莋都後為沈黎郡徙音斯莋音材各反）自莋以東北君長以十數冉駹最大（師古曰今夔州開州首領多姓冉者本皆冉種也駹音尨）其俗或土著或移徙（師古曰土著謂有常居著於土地也著音直略反）在蜀之西自駹以東北君長以十數白馬最大皆氐類也此皆巴蜀西南外蠻夷也始楚威王時使將軍莊蹻將兵循江上（師古曰循順也）略巴黔中以西（師古曰黔中即今黔州是其地本巴人也）莊蹻者楚莊王苗裔也（謂緣江而上也蹻音居略反）蹻至滇池方三百里（師古曰地理志益州滇池縣其澤在西北華陽國志云澤下流淺狹狀如倒池故曰滇池）旁平地肥饒數千里（師古曰池旁之地也）以兵威定屬楚欲歸報會秦擊奪楚巴黔中郡道塞不通因迺以其衆王滇變服從其俗以長之（師古曰為其長帥也）秦時嘗破略通五尺道（師古曰其處險阸故道纔廣五尺）諸此國頗置吏焉十餘歲秦滅及漢興皆棄此國而開蜀故徼（師古曰西南之徼猶北方塞也徼音工釣反）巴蜀民或竊出商賈取其莋馬僰僮旄牛以此巴蜀殷富建元六年大行王恢擊東粵東粵殺王郢以報恢因兵威使番陽令唐蒙風曉南粵（師古曰番音蒲何反風讀曰諷）南粵食蒙蜀枸醬（晉灼曰枸音矩劉德曰枸樹如桑其椹長二三寸味酢取其實以為醬美蜀人以為珍味師古曰劉說非也子形如桑椹耳緣木而生非樹也子又不長二三寸味尤辛不酢今石渠則有之食讀曰飤）蒙問所從來曰道西北牂柯江（師古曰道由也由此而來）江廣數里出番禺城下（師古曰番音普安反禺音隅）蒙歸至長安問蜀賈人獨蜀出枸醬多持竊出市夜郎夜郎者臨牂柯江江廣百餘步足以行船南粵以財物役屬夜郎西至桐師然亦不能臣使也蒙迺上書說上曰南粵王黃屋左纛（師古曰言為天子之車服）地東西萬餘里名為外臣實一州主今以長沙豫章往水道多絕難行竊聞夜郎所有精兵可得十萬浮船牂柯出不意此制粵一奇也誠以漢之彊巴蜀之饒通夜郎道為置吏甚易上許之乃拜蒙以郎中將（○劉攽曰當作中郎將後使相如以郎中將往諭同）將千人食重萬餘人（師古曰食糧及衣重也重音直用反）從巴莋關入遂見夜郎侯多同（師古曰多同其侯名也）厚賜諭以威德約為置吏使其子為令（師古曰比之於漢縣也）夜郎旁小邑皆貪漢繒帛以為漢道險終不能有也迺且聽蒙約還報迺以為犍為郡發巴蜀卒治道自僰道指牂柯江蜀人司馬相如亦言西夷邛莋可置郡使相如以郎中將往諭皆如南夷為置一都尉十餘縣屬蜀當是時巴蜀四郡通西南夷道載轉相饟（師古曰饟古餉字）數歲道不通士罷餓餧離暑溼死者甚衆（師古曰罷讀曰疲餧餒也離遭也餧音能賄反）西南夷又數反發兵興擊耗費亡功（師古曰耗損也音呼到反）上患之使公孫弘往視問焉還報言其不便及弘為御史大夫時方築朔方據河逐胡弘等因言西南夷為害（師古曰言通西南夷大為損害）可且罷專力事匈奴上許之罷西夷獨置南夷兩縣一都尉稍令犍為自保就（師古曰令自保守且脩成其郡縣）及元狩元年博望侯張騫言使大夏時見蜀布邛竹杖問所從來曰從東南身毒國（師古曰即天竺也亦曰捐篤也）可數千里得蜀賈人市或聞邛西可二千里有身毒國騫因盛言大夏在漢西南慕中國患匈奴隔其道誠通蜀身毒國道便近又亡害於是天子迺令王然于柏始昌呂越人等十餘輩閒出西南夷（師古曰求閒隙而出也）指求身毒國至滇滇王當羌迺留為求道（師古曰當羌滇王名○宋祁曰遷史當作嘗注云嘗一作賞）四歲餘（宋祁曰據遷史當云為求道西此四字當屬上句作西）皆閉昆明莫能通（師古曰為昆明所閉塞）滇王與漢使言漢孰與我大（師古曰與猶如）及夜郎侯亦然各自以一州王不知漢廣大使者還因盛言滇大國足事親附（師古曰言可令其親附）天子注意焉及至南粵反上使馳義侯因犍為發南夷兵且蘭君恐遠行旁國虜其老弱（師古曰恐發兵與漢行後其國空虛而旁國來鈔取其老弱也且音子餘反）乃與其衆反殺使者及犍為太守漢迺發巴蜀罪人嘗擊南粵者八校尉擊之會越已破漢八校尉不下中郎將郭昌衛廣引兵還行誅隔滇道者且蘭（師古曰言因軍行而便誅之也）斬首數萬遂平南夷為牂柯郡夜郎侯始倚南粵南粵已滅還誅反者（師古曰謂軍還而誅且蘭）夜郎遂入朝上以為夜郎王南粵破後及漢誅且蘭邛君并殺莋侯冉駹皆震恐請臣置吏以邛都為粵巂郡莋都為沈黎郡冉駹為文山郡廣漢西白馬為武都郡使王然于以粵破及誅南夷兵威風諭滇王入朝（師古曰風讀曰諷）滇王者其衆數萬人其旁東北勞深靡莫皆同姓相仗（師古曰仗猶倚也相依倚為援而不聽滇王入朝也仗音直亮反）未肯聽勞莫數侵犯使者吏卒元封二年天子發巴蜀兵擊滅勞深靡莫以兵臨滇滇王始首善以故弗誅（師古曰言初始以來常有善意）滇王離西夷（師古曰言東嚮事漢）滇舉國降（○劉攽曰多一滇字宋祁曰郭本無滇字○）請置吏入朝於是以為益州郡賜滇王王印復長其民（師古曰為之長帥）西南夷君長以百入（○宋祁曰百入越本作數謝本作入）獨夜郎滇受王印滇小邑也最寵焉後二十三歲孝昭始元元年益州廉頭姑繒民反殺長吏牂柯談指同並等二十四邑凡三萬餘人皆反（師古曰並音伴）遣水衡都尉發蜀郡犍為犇命萬餘人（師古曰犇古奔字奔命解在昭紀）擊牂柯大破之後三歲姑繒葉榆復反遣水衡都尉呂辟胡將郡兵擊之（師古曰辟音璧）辟胡不進蠻夷遂殺益州太守乘勝與辟胡戰士戰及溺死者四千餘人明年復遣軍正王平與大鴻臚田廣明等並進大破益州斬首捕虜五萬餘級獲畜產十餘萬上曰鉤町侯亡波率其邑君長人民擊反者（師古曰鉤音鉅于反町音大鼎反）斬首捕虜有功其立亡波為鉤町王大鴻臚廣明賜爵關內侯食邑三百戶後閒歲武都氐人反（師古曰閒歲隔一歲）遣執金吾馬適建龍頟侯韓增與大鴻臚廣明將兵擊之至成帝河平中夜郎王興與鉤町王禹漏臥侯俞更舉兵相攻（孟康曰漏臥夷邑名後為縣師古曰俞音踰更互也音工衡反）牂柯太守請發兵誅興等議者以為道遠不可擊迺遣大中大夫蜀郡張匡持節和解興等不從命刻木象漢吏立道旁射之杜欽說大將軍王鳳曰大中大夫匡使和解蠻夷王侯王侯受詔已復相攻輕易漢使不憚國威其效可見恐議者選耎復守和解（師古曰選耎怯不前之意也選音息兗反耎音大兗反）太守察動靜有變迺以聞如此則復曠一時（師古曰曠空也一時三月也言空廢一時不早發兵也）王侯得收獵其衆申固其謀黨助衆多各不勝忿必相殄滅自知罪成狂犯守尉（師古曰言起狂悖之心而殺守尉也）遠臧溫暑毒草之地雖有孫吳將賁育士（師古曰孫孫武也吳吳起也賁孟賁也育夏育也）若入水火往必焦沒知勇亡所施屯田守之費不可勝量宜因其罪惡未成未疑漢家加誅陰勑旁郡守尉練士馬（師古曰練簡也）大司農豫調穀積要害處（師古曰調發也要害者在我為要於敵為害也調音徒釣反）選任職太守往以秋涼時入誅其王侯尤不軌者即以為不毛之地亡用之民聖王不以勞中國（師古曰不毛言不生草木）宜罷郡放棄其民絕其王侯勿復通如以先帝所立累世之功不可墮壞（師古曰墮毀也音火規反）亦宜因其萌牙早斷絕之及已成形然後戰師則萬姓被害大將軍鳳於是薦金城司馬陳立為牂柯太守立者臨邛人前為連然長不韋令（蘇林曰皆益州縣也）蠻夷畏之及至牂柯諭告夜郎王興興不從命立請誅之未報迺從吏數十人出行縣（師古曰行音下更反）至興國且同亭（師古曰且音子餘反）召興興將數千人往至亭從邑君數十人入見立立數責因斷頭（師古曰數音所具反）邑君曰將軍誅亡狀為民除害願出曉士衆以興頭示之皆釋兵降（師古曰釋解也）鉤町王禹漏臥侯俞震恐入粟

千斛牛羊勞吏士立還歸郡與妻父翁指與子邪務收餘兵迫脅旁二十二邑反至冬立奏募諸夷與都尉長史分將攻翁指等翁指據阸爲壘立使奇兵絕其饟道縱反閒以誘其衆師古曰閒音居莧反都尉萬年曰兵久不決費不可共師古曰共讀曰供引兵獨進敗走趨立營師古曰趨讀曰趣向也立怒叱戲下令格之師古曰戲音許宜反又音麾解在高紀及灌夫傳都尉復還戰立引兵救之時天大旱立攻絕其水道蠻夷共斬翁指持首出降立已平定西夷徵詣京師會巴郡有盜賊復以立爲巴郡太守秩中二千石居賜爵左庶長師古曰第十爵也徙爲天水太守勸民農桑爲天下最賜金四十斤入爲左曹衞將軍護軍都尉卒官王莽篡位改漢制貶鉤町王以爲侯王邯怨恨師古曰邯其王名也邯音酣牂柯大尹周欽詐殺邯邯弟承攻殺欽州郡擊之不能服三邊蠻夷愁擾盡反復殺益州大尹程隆莽遣平蠻將軍馮茂發巴蜀犍爲吏士賦斂取足於民以擊益州出入三年疾疫死者什七巴蜀騷動莽徵茂還誅之更遣寧始將軍廉丹與庸部牧史熊師古曰莽改益州爲庸部大發天水隴西騎士廣漢巴蜀犍爲吏民十萬人轉輸者合二十萬人擊之始至頗斬首數千其後軍糧前後不相及士卒饑疫三歲餘死者數萬而粵巂蠻夷任貴亦殺太守枚根自立爲邛穀王師古曰枚根太守之姓名會莽敗漢興誅貴復舊號云師古曰此漢興者謂光武中興也

南粵王趙佗眞定人也師古曰眞定本趙國之縣也佗音徒何反秦幷天下略定揚粵師古曰本揚州之分故云揚粵置桂林南海象郡以適徙民與粵雜處師古曰適讀曰謫謫有罪者徙之於越地與其土人雜居十三歲至二世時南海尉任囂病且死師古曰囂音敖召龍川令趙佗師古曰龍川南海之縣也即今之循州語曰聞陳勝等作亂豪傑叛秦相立南海辟遠恐盜兵侵此師古曰辟讀曰僻吾欲興兵絕新道師古曰秦所開越道也自備待諸侯變會疾甚且番禺負山險阻師古曰負背也南北東西數千里頗有中國人相輔此亦一州之主可爲國郡中長吏亡足與謀者故召公告之即被佗書行南海尉事師古曰被加也音皮義反囂死佗即移檄告橫浦陽山湟谿關師古曰湟音皇曰盜兵且至急絕道聚兵自守因稍以法誅秦所置吏以其黨爲守假師古曰令爲郡縣之職或守或假也秦已滅佗即擊幷桂林象郡自立爲南粵武王高帝已定天下爲中國勞苦故釋佗不誅師古曰釋置也十一年遣陸賈立佗爲南粵王與剖符通使使和輯百粵師古曰輯與集同毋爲南邊害與長沙接境高后時有司請禁粵關市鐵器佗曰高皇帝立我通使物今高后聽讒臣別異蠻夷鬲絕器物師古曰鬲與隔同此必長沙王計欲倚中國師古曰倚音於綺反擊滅南海幷王之自爲功也於是佗乃自尊號爲南武帝發兵攻長沙邊敗數縣焉高后遣將軍隆慮侯竈擊之師古曰周竈也慮音廬會暑溼士卒大疫兵不能隃領師古曰隃與踰同下皆類此歲餘高后崩即罷兵佗因此以兵威財物賂遺閩粵西甌駱役屬焉師古曰西甌即駱越也言西者以別東甌也○宋祁曰甌集韻於口反駱越種也東西萬餘里迺乘黃屋左纛稱制與中國侔師古曰侔等也

文帝元年初鎭撫天下使告諸侯四夷從代來即位意諭盛德焉師古曰言不以威武加於遠方也迺爲佗親冢在眞定置守邑師古曰親謂父母也歲時奉祀召其從昆弟尊官厚賜寵之詔丞相平舉可使粵者平言陸賈先帝時使粵上召賈爲太中大夫謁者一人爲副使賜佗書曰皇帝謹問南粵王甚苦心勞意朕高皇帝側室之子師古曰言非正嫡所生也棄外奉北藩于代道里遼遠壅蔽樸愚未嘗致書師古曰言未得通使於越高皇帝棄羣臣孝惠皇帝即世高后自臨事不幸有疾日進不衰師古曰言疾病益甚也以故誖暴乎治師古曰誖乖也音布內反諸呂爲變故亂法不能獨制迺取它姓子爲孝惠皇帝嗣賴宗廟之靈功臣之力誅之已畢朕以王侯吏不釋之故孟康曰辭讓帝位不見置也不得不立今即位乃者聞王遺將軍隆慮侯書求親昆弟請罷長沙兩將軍師古曰佗之昆弟在故鄉者求親之而兩將軍將兵擊越者請罷之以冀附於漢也言親昆弟者謂有服屬者也朕以王書罷將軍博陽侯親昆弟在眞定者已遣人存問脩治先人冢前日聞王發兵於邊爲寇災不止當其時長沙苦之南郡尤甚雖王之國庸獨利乎師古曰言越兵寇邊長沙南郡皆厭苦之而漢軍亦當相拒有戰鬭於越亦非利也必多殺士卒傷良將吏寡人之妻孤人之子獨人父母得一亡十朕不忍爲也朕欲定地犬牙相入者以問吏吏曰高皇帝所以介長沙土也師古曰介隔也朕不能擅變焉吏曰得王之地不足以爲大得王之財不足以爲富服領以南王自治之蘇林曰領山名也如淳曰長沙南界也雖然王之號爲帝兩帝並立亡一乘之使以通其道是爭也爭而不讓仁者不爲也願與王分棄前患師古曰彼此共棄故云分終今以來通使如故師古曰從今通使至於終久故云終今以來也故使賈馳諭告王朕意王亦受之毋爲寇災矣上褚五十衣中褚三十衣下褚二十衣遺王師古曰以綿裝衣曰褚上中下者綿之多少薄厚之差也褚音竹呂反願王聽樂娛憂存問鄰國師古曰謂東越及閩駱等陸賈至南粵王恐乃頓首謝願奉明詔長爲藩臣奉貢職於是下令國中曰吾聞兩雄不俱立兩賢不並世漢皇帝賢天子自今以來去帝制黃屋左纛因爲書稱蠻夷大長老夫臣佗昧死再拜上書皇帝陛下老夫故粵吏也高皇帝幸賜臣佗璽以爲南粵王使爲外臣時內貢職師古曰言以時輸入貢職孝惠皇帝即位義不忍絕所以賜老夫者甚厚高后自臨用事近細士信讒臣師古曰細士猶言小人也別異蠻夷出令曰毋予蠻夷外粵金鐵田器馬牛羊師古曰言非中國故云外越即予予牡毋與牝師古曰恐其蕃息老夫處辟馬牛羊齒已長師古曰辟讀曰僻齒已長謂老也自以祭祀不脩有死罪使內史藩中尉高御史平凡三輩上書謝過皆不反又風聞老夫父母墳墓已壞削兄弟宗族已誅論師古曰風聞聞風聲吏相與議曰今內不得振於漢外亡以自高異師古曰振起也故更號爲帝自帝其國非敢有害於天下也高皇后聞之大怒削去南粵之籍使使不通老夫竊疑長沙王讒臣故敢發兵以伐其邊且南方卑溼蠻夷中西有西甌其衆半羸師古曰羸謂劣弱也南面稱王東有閩粵其衆數千人亦稱王西北有長沙其半蠻夷亦稱王師古曰言長沙之國半雜蠻夷之人老夫故敢妄竊帝號聊以自娛老夫身定百邑之地東西南北數千萬里帶甲百萬有餘然北面而臣事漢何也不敢背先人之故老夫處粵四十九年于今抱孫焉然夙興夜寐寢不安席食不甘味目不視靡曼之色耳不聽鐘鼓之音者以不得事漢也今陛下幸哀憐復故號師古曰復音扶目反通使漢如故老夫死骨不腐改號不敢爲帝矣謹北面因使者獻白璧一雙翠鳥千角十紫貝五百桂蠹一器應劭曰桂樹中蝎蟲也蘇林曰漢舊常以獻陵廟載以赤轂小車師古曰此蟲食桂故味辛而漬之以蜜食之也蠹音丁故反生翠四十雙孔雀二雙昧死再拜以聞皇帝陛下陸賈還報文帝大說師古曰說讀曰悅遂至孝景時稱臣遣使入朝請師古曰請音才性反然其居國竊如故號其使天子稱王朝命如諸侯至武帝建元四年佗孫胡爲南粵王立三年閩粵王郢興兵南擊邊邑粵使人上書曰兩粵俱爲藩臣毋擅興兵相攻擊今東粵擅興兵侵臣臣不敢興兵唯天子詔之於是天子多南粵義師古曰多猶重也守職約師古曰守藩臣之職而不踰約制爲興師遣兩將軍往討閩粵兵未踰領閩粵王弟餘善殺郢以降於是罷兵天子使嚴助往諭意南粵王胡頓首曰天子迺興兵誅閩粵死亡以報德遣太子嬰齊入宿衞謂助曰國新被寇使者行矣胡方日夜裝入見天子助去後其大臣諫胡曰漢興兵誅郢亦行以驚動南粵且先王言事天子期毋失禮要之不可以怵好語入見師古曰怵誘也不可被誘怵以好語而入漢朝也怵音先聿反入見則不得復歸亡國之埶也於是胡稱病竟不入見後十餘歲胡實病甚太子嬰齊請歸胡薨諡曰文王嬰齊嗣立即臧其先武帝文帝璽李奇曰去其僭號嬰齊在長安時取邯鄲摎氏女師古曰摎音居虯反生子興及即位上書請立摎氏女爲后興爲嗣漢數使使者風諭師古曰風讀曰諷諷諭令入朝嬰齊猶尚樂擅殺生自恣懼入見要以用漢法比內諸侯固稱病遂不入見遣子次公入宿衞嬰齊薨諡爲明王太子興嗣立其母爲太后太后自未爲嬰齊妻時曾與霸陵人安國少季通師古曰姓安國字少季及嬰齊薨後元鼎四年漢使安國少季諭王王太后入朝令辯士諫大夫終軍等宣其辭勇士魏臣等輔其決師古曰助令決策也衞尉路博德將兵屯桂陽待使者王年少太后中國人安國少季往復與私通國人頗知之多不附太后太后恐亂起亦欲倚漢威師古曰倚音於綺反數勸王及幸臣求內屬即因使者上書請比內諸侯三歲壹朝除邊關於是天子許之賜其丞相呂嘉銀印及內史中尉太傅印餘得自置師古曰丞相內史中尉太傅之外皆任其國自選置不受漢之印綬除其故黥劓刑用漢法諸使者皆留塡撫之師古曰塡音竹刃反王王太后飭治行裝重齎爲入朝具相呂嘉年長矣相三王宗族官貴爲長吏七十餘人男盡尙王女女盡嫁王子弟宗室及蒼梧秦王有連孟康曰蒼梧越中王自名爲秦王連親婚也晉灼曰秦王即下趙光也趙本與秦同姓故曰秦王其居國中甚重粵人信之多爲耳目者得衆心愈於王師古曰愈勝也王之上書數諫止王王不聽有畔心數稱病不見漢使者使者注意嘉埶未能誅王王太后亦恐嘉等先事發欲介使者權謀誅嘉等師古曰介恃也置酒請使者大臣皆侍坐飲嘉弟爲將將卒居宮外酒行太后謂嘉南粵內屬國之利而相君苦不便者何也以激怒使者使者狐疑相杖遂不敢發師古曰杖音直亮反嘉見耳目非是師古曰異於常也即趨出太后怒鏦嘉以矛師古曰鏦謂撞刺之也音窻○宋祁曰正文鏦字上別本有欲字王止太后嘉遂出介弟兵就舍李奇曰介被也師古曰介甲也被甲而自衞也弟兵即上所云弟將卒居外者稱病不肯見王及使者迺陰謀作亂王素亡意誅嘉嘉知之以故數月不發太后獨欲誅嘉等力又不能天子聞之罪使者怯亡決又以爲王王太后已附漢獨呂嘉爲亂不足以興兵欲使莊參以二千人往參曰以好往數人足以武往二千人亡足以爲也辭不可天子罷參兵郟壯士故濟北相韓千秋師古曰穎川郟縣人也郟音夾奮曰以區區粵又有王應獨呂嘉爲害願得勇士三百人必斬嘉以報於是天子遣千秋與王太后弟摎樂將二千人往入粵境呂嘉迺遂反下令國中曰王年少太后中國人又與使者亂專欲內屬盡持先王寶入獻天子以自媚多從人行至長安虜賣以爲僮奴自脫一時利亡顧趙氏社稷爲萬世慮之意迺與其弟將卒攻殺太后王盡殺漢使者遣人告蒼梧秦王及其諸郡縣立明王長男粵妻子術陽侯建德爲王而韓千秋兵之入也破數小邑其後粵直開道給食師古曰縱之令深入然後誅滅之未至番禺四十

里粵以兵擊千秋等滅之使人函封漢使節置塞上好爲謾辭謝罪師古曰謾誑也音慢又音莫連反發兵守要害處於是天子曰韓千秋雖亡成功亦軍鋒之冠師古曰言最爲首也封其子延年爲成安侯摎樂其姊爲王太后首願屬漢封其子廣德爲龔侯晉灼曰龔古龍字乃赦天下曰天子微弱諸侯力政譏臣不討賊師古曰力政謂以兵力相加也譏臣不討賊者春秋之義呂嘉建德等反自立晏如師古曰言自相置立而心安泰無恐懼令粵人及江淮以南樓船十萬師往討之元鼎五年秋衛尉路博德爲伏波將軍出桂陽下湟水師古曰湟音皇主爵都尉楊僕爲樓船將軍出豫章下橫浦故歸義粵侯二人爲戈船下瀨將軍師古曰從粵來歸義而漢封之出零陵或下離水或抵蒼梧使馳義侯因巴蜀罪人發夜郎兵下牂柯江咸會番禺六年冬樓船將軍將精卒先陷尋陿破石門得粵船粟因推而前挫粵鋒以粵數萬人○劉攽曰挫粵鋒以粵多一粵字待伏波將軍伏波將軍將罪人道遠後期與樓船會適有千餘人遂俱進樓船居前至番禺建德嘉皆城守樓船自擇便處居東南面伏波居西北面會暮樓船攻敗粵人縱火燒城粵素聞伏波莫不知其兵多少師古曰莫讀曰暮伏波迺爲營師古曰設營壘以待降者遣使招降者賜印綬復縱令相招師古曰來降者卽賜以侯印而放令還更相招諭之也○劉奉世曰何必侯印耶樓船力攻燒敵師古曰力盡力也反敺而入伏波營中師古曰敺與驅同遲旦城中皆降伏波師古曰遲音丈二反解在高紀呂嘉建德以夜與其屬數百人亡入海伏波又問降者知嘉所之遣人追故其校司馬蘇弘得建德爲海常侯師古曰校之司馬若今行軍總管司馬也粵郎都稽得嘉爲臨蔡侯孟康曰越中所自置郎也師古曰稽音雞蒼梧王趙光與粵王同姓聞漢兵至降爲隨桃侯及粵揭陽令史定降漢爲安道侯蘇林曰揭音羯南海縣粵將畢取以軍降爲膫侯師古曰越將姓畢名取也功臣表膫屬南陽音來彫反粵桂林監居翁服虔曰桂林郡監也姓居名翁諭告甌駱四十餘萬口降爲湘城侯戈船下瀨將軍兵及馳義侯所發夜郎兵未下南粵已平遂以其地爲儋耳珠崖南海蒼梧鬱林合浦交阯九眞日南九郡伏波將軍益封樓船將軍以推鋒陷堅爲將梁侯自尉佗王凡五世九十三歲而亡

閩粵王無諸及粵東海王搖其先皆粵王句踐之後也姓騶氏秦并天下廢爲君長以其地爲閩中郡師古曰卽今之泉州建安是也及諸侯畔秦無諸搖率粵歸番陽令吳芮所謂番君者也師古曰吳芮號番君也番音蒲河反從諸侯滅秦當是時項王主命不王也孟康曰主號命諸侯不王無諸搖等也以故不佐楚漢擊項籍無諸搖帥粵人佐漢漢五年復立無諸爲閩粵王王閩中故地都冶師古曰地名卽侯官縣是也冶音弋者反孝惠三年舉高帝時粵功師古曰追論其功曰閩君搖功多其民便附迺立搖爲東海王都東甌世號曰東甌王后數世師古曰后與後同古通用字孝景三年吳王濞反欲從閩粵師古曰招粵令從也閩粵未肯行獨東甌從及吳破東甌受漢購殺吳王丹徒以故得不誅吳王子駒亡走閩粵怨東甌殺其父常勸閩粵擊東甌建元三年閩粵發兵圍東甌東甌使人告急天子天子問太尉田蚡蚡對曰粵人相攻擊固其常不足以煩中國往救也中大夫嚴助詰蚡言當救天子遣助發會稽郡兵浮海救之語具在助傳漢兵未至閩粵引兵去東粵請舉國徙中國迺悉與衆處江淮之間六年閩粵擊南粵南粵守天子約不敢擅發兵而以聞上遣大行王恢出豫章大司農韓安國出會稽皆爲將軍兵未踰領閩粵王郢發兵距險其弟餘善與宗族謀曰王以擅發兵不請故天子兵來誅漢兵衆彊卽幸勝之後來益多師古曰言漢地廣大兵衆彊盛今雖勝之後必更來也滅國乃止今殺王以謝天子天子罷兵固國完不聽迺力戰不勝卽亡入海皆曰善卽鏦殺王師古曰鏦音初江反使使奉其頭致大行大行曰所爲來者誅王王頭至不戰而殞利莫大焉迺以便宜案兵告大司農軍而使使奉王頭馳報天子詔罷兩將軍兵曰郢等首惡獨無諸孫繇君丑不與謀張晏曰繇邑號也師古曰繇音搖與讀曰豫乃使中郎○劉攽曰當作中郎將立丑爲粵繇王奉閩粵祭祀餘善以殺郢威行國中民多屬竊自立爲王繇王不能制上聞之爲餘善不足復興師曰餘善首誅郢師得不勞因立餘善爲東粵王與繇王並處至元鼎五年南粵反餘善上書請以卒八千從樓船擊呂嘉等兵至揭陽以海風波爲解師古曰解者自解說若今言分疏不行持兩端陰使南粵師古曰遣使與相知及漢破番禺樓船將軍僕上書願請引兵擊東粵上以士卒勞倦不許罷兵令諸校留屯豫章梅領待命師古曰聽詔命也明年秋餘善聞樓船請誅之漢兵留境且往師古曰言兵在境首恐將來討之迺遂發兵距漢道號將軍騶力等爲吞漢將軍入白沙武林梅領殺漢三校尉是時漢使大司農張成故山州侯齒將屯師古曰齒城陽恭王子也舊封山州侯不敢擊郤就便處師古曰郤退也音丘略反皆坐畏懦誅餘善刻武帝璽自立詐其民爲妄言師古曰妄自尊大也上遣橫海將軍韓說出句章師古曰說讀曰悅句章會稽之縣浮海從東方往樓船將軍僕出武林師古曰楊僕也中尉王溫舒出梅領粵侯爲戈船下瀨將軍出如邪白沙元封元年冬咸入東粵東粵素發兵距嶮使徇北將軍守武林敗樓船軍數校尉殺長史樓船軍卒錢唐榬終古斬徇北將軍師古曰錢唐會稽縣也榬姓終古名也榬音袁爲語兒侯孟康曰越中地也今吳南亭是師古曰語字或作禦或作槃其音同自兵未往故粵衍侯吳陽前在漢漢使歸諭餘善不聽及橫海軍至陽以其邑七百人反攻粵軍於漢陽及故粵建成侯敖與繇王居股謀俱殺餘善以其衆降橫海軍封居股爲東成侯萬戶封敖爲開陵侯師古曰功臣表云開陵侯建成以故東粵建成侯斬餘善侯二千戶而此傳云名敖疑表誤封陽爲印石侯師古曰功臣表作外石與此不同疑表誤○宋祁曰印當作卯橫海將軍說爲按道侯橫海校尉福爲繚嫈侯師古曰繚音遼嫈音於耕反福者城陽王子故爲海常侯坐法失爵從軍亡功以宗室故侯及東粵將多軍李奇曰多軍名漢兵至棄軍降封爲無錫侯故甌駱將左黃同斬西于王封爲下鄜侯師古曰鄜音郡於是天子曰東粵陿多阻閩粵悍數反覆詔軍吏皆將其民徙處江淮之間東粵地遂虛

朝鮮王滿燕人自始燕時嘗略屬眞番朝鮮師古曰戰國時燕國略得此地爲置吏築障師古曰障所以自障蔽也音之亮反秦滅燕屬遼東外徼漢興爲遠難守復脩遼東故塞至浿水爲界師古曰浿水在樂浪縣音普蓋反屬燕燕王盧綰反入匈奴滿亡命聚黨千餘人椎結蠻夷服而東走出塞度浿水居秦故空地上下障稍役屬眞番朝鮮蠻夷及故燕齊亡在者王之師古曰燕齊之人亡居此地及眞番朝鮮蠻夷皆屬滿也都王險李奇曰地名也會孝惠高后天下初定遼東太守卽約滿爲外臣保塞外蠻夷毋使盜邊蠻夷君長欲入見天子勿得禁止以聞上許之以故滿得以兵威財物侵降其旁小邑眞番臨屯皆來服屬方數千里傳子至孫右渠師古曰滿死傳子子死傳孫右渠者其孫名也所誘漢亡人滋多師古曰滋益也又未嘗入見師古曰不朝見天子也眞番辰國欲上書見天子又雍閼弗通師古曰辰謂辰韓之國也雍讀曰壅元封二年漢使涉何譙諭右渠終不肯奉詔師古曰譙責讓也音才笑反何去至界臨浿水使馭刺殺送何者朝鮮裨王長師古曰長者裨王名也送何至浿水何因刺殺之卽度水馳入塞遂歸報天子曰殺朝鮮將上爲其名美弗詰拜何爲遼東東部都尉朝鮮怨何發兵攻襲殺何天子募罪人擊朝鮮其秋遣樓船將軍楊僕從齊浮勃海兵五萬左將軍荀彘出遼東誅右渠右渠發兵距險左將軍卒多率遼東士如淳曰遼東兵多也兵先縱敗散多還走坐法斬師古曰於法合斬樓船將齊兵七千人先至王險右渠城守窺知樓船軍少卽出擊樓船樓船軍敗走將軍僕失其衆遁山中十餘日稍求收散卒復聚左將軍擊朝鮮浿水西軍未能破天子爲兩將未有利乃使衛山因兵威往諭右渠右渠見使者頓首謝願降恐將詐殺臣今見信節請服降遣太子入謝獻馬五千疋及餽軍糧師古曰餽亦饋字也人衆萬餘持兵方度浿水使者及左將軍疑其爲變謂太子已服降宜令人毋持兵太子亦疑使者左將軍詐之遂不度浿水復引歸山報天子誅山左將軍破浿水上軍迺前至城下圍其西北樓船亦往會居城南右渠遂堅城守數月未能下左將軍素侍中幸師古曰親幸於天子將燕代卒悍乘勝軍多驕樓船將齊卒入海已多敗亡其先與右渠戰困辱亡卒卒皆恐將心慙其圍右渠常持和節左將軍急擊之朝鮮大臣迺陰間使人私約降樓船師古曰與樓船爲要約而請降往來言尙未肯決左將軍數與樓船期戰樓船欲就其約不會左將軍亦使人求閒隙降下朝鮮不肯心附樓船以故兩將不相得左將軍心意樓船前有失軍罪師古曰意疑也今與朝鮮和善而又不降疑其有反計未敢發天子曰將卒不能制○宋祁曰卒越本作率乃使衛山諭降右渠不能顓決與左將軍相誤卒沮約師古曰顓與專同卒終也沮壞也今兩將圍城又乖異以故久不決使故濟南太守公孫遂往正之有便宜得以從事遂至左將軍曰朝鮮當下久矣不下者樓船數期不會具以素所意告遂曰今如此不取恐爲大害非獨樓船又且與朝鮮共滅吾軍遂亦以爲然而以節召樓船將軍入左將軍軍計事卽令左將軍戲下執縛樓船將軍師古曰戲讀與麾同○宋祁曰戲下字上當更有軍字并其軍以報天子許遂左將軍已并兩軍卽急擊朝鮮朝鮮相路人相韓陶尼谿相參將軍王唊應劭曰凡五人也戎狄不知官紀故皆稱相師古曰相路人一也相韓陶二也尼谿相參三也將軍王唊四也應氏乃云五人誤讀爲句謂尼谿人名失之矣不當尋下文乎唊音頰相與謀曰始欲降樓船樓船今執獨左將軍并將戰益急恐不能與如淳曰不能與左將軍相持也師古曰此說非也不能與猶言不如也王又不肯降陶唊路人皆亡降漢路人道死元封三年夏尼谿相參迺使人殺朝鮮王右渠來降王險城未下故右渠之大臣成已又反復政吏○宋祁曰政當作攻一本作攻字左將軍使右渠子長師古曰右渠之子名長降相路人子最師古曰相路人前已降漢而死於道故謂之降相最者其子名告諭其民誅成已故遂定朝鮮爲眞番臨屯樂浪玄菟四郡封參爲澅清侯師古曰澅音獲陶爲秋苴侯晉灼曰功臣表秋苴屬勃海師古曰苴音子餘反唊爲平州侯長爲幾侯最以父死頗有功爲沮陽侯左將軍徵至坐爭功相嫉乖計棄市樓船將軍亦坐兵至列口當待左將軍蘇林曰列口縣名也度海先得之擅先縱失亡多當誅贖爲庶人

贊曰楚粵之先歷世有土及周之衰楚地方五千里而句踐亦以粵伯師古曰伯讀曰霸秦滅諸侯唯楚尙有滇王漢誅西南夷獨滇復寵及東粵滅國遷衆繇王居股等猶爲萬戶侯三方之開皆自好事之臣故西南夷發於唐蒙司馬相如兩粵起嚴助朱買臣朝鮮由涉何遭世富

盛動能成功然已勤矣師古曰已甚也言其事甚勤勞追觀太宗填撫
尉佗師古曰言文帝以道德安撫之也填音竹刃反○宋祁曰道德一作恩德豈古所謂招
攜以禮懷遠以德者哉師古曰春秋左氏傳僖七年諸侯盟于甯母管仲言於齊侯曰臣聞之招攜以禮懷遠以德攜謂離貳者也懷來也言有離貳者則招集之恃險遠者則懷來之也故贊引之

前漢書卷九十五考證

西南夷傳自駹以東北君長以十數白馬最大○臣召南按白馬氐居仇池山其山四面斗絶上有平田百頃詳後書南蠻傳

道西北牂柯江廣數里出番禺城下○臣召南按牂柯江卽鬱水之上流豚水在後書謂之遯水者也地理志牂柯郡夜郎縣豚水東至廣鬱入鬱鬱林郡廣鬱縣鬱木首受夜郎豚木東至四會入海是也今日盤江自貴州東南流逕廣西又東逕廣東廣州入海

夜郎侯以竹爲姓詳見後書

南粵傳南海尉任囂○按此郡尉也掌一郡兵事故得移檄發兵

朕高皇帝側室之子注師古云云○顧炎武曰注非也左傳卿置側室杜解曰側室衆子也文公十三年傳曰趙有側室曰穿

朕以王書罷將軍博陽侯○胡三省曰高祖功臣表有博陽侯陳濞蓋於此時爲將軍也

至武帝建元四年佗孫胡爲南粵王○臣召南按後文嬰齊嗣立卽臧其先武帝文帝璽武帝卽佗文帝卽胡蓋佗之太子早卒而孫胡嗣立也佗至建元三年蓋亦壽百歲矣

閩粵傳令諸校留屯豫章梅嶺待命○杜佑曰梅嶺在虔州虔化縣界

入白沙武林○胡三省曰索隱云今豫章北二百里接番陽界地名白沙白沙東南八十里有武陽亭東南三十里地名武林當閩越之京道

封居股爲東成侯○功臣表作東城侯

東粵地遂虛○臣召南按東粵地旣虛而地理志會稽郡有治縣卽故東粵王都也說見沈約宋志

朝鮮傳朝鮮王滿○臣召南按滿姓衞氏朝鮮自周封箕子後傳四十餘世至朝鮮侯準始稱王漢初其國大亂燕人衞滿擊破準而自王也後書傳正補此傳之缺

遣樓船將軍楊僕從齊浮勃海兵五萬○胡三省曰僕從齊浮勃海蓋自青萊以北幽平以南皆濱於海其海通謂之勃海非指勃海郡而言也

天子許遂○臣召南按許字誤史記作誅遂是也然通鑑考異已謂漢書作許字則舊本已譌矣

相韓陶○史記作韓陰通鑑從之

長爲幾侯○功臣表作幾侯張陊

樓船將軍亦坐兵至列口注蘇林曰列口縣名也○胡三省曰其地當洌水入海之口臣召南按樂浪郡有列口縣然非洌水入海之口也志曰吞列縣分黎山列水所出西至黏蟬入海然則列口在黏蟬縣矣

前漢書卷九十六上

漢　蘭　臺　令　史　班　固　撰

唐正議大夫行秘書少監琅邪縣開國子顏師古注

西域傳第六十六上師古曰自烏孫國已後分爲下卷

西域以孝武時始通本三十六國其後稍分至五十餘師古曰司馬彪續漢書云至于哀平有五十五國也皆在匈奴之西烏孫之南南北有大山中央有河東西六千餘里南北千餘里東則接漢阸以玉門陽關孟康曰二關皆在敦煌西界師古曰阸塞也西則限以葱嶺師古曰西河舊事云葱嶺其山高大上悉生葱故以名焉其南山東出金城與漢南山屬焉師古曰屬聯也音之欲反其河有兩原一出葱嶺山一出于闐師古曰闐字與寘同音徒賢反又徒見反于闐在南山下其河北流與葱嶺河合東注蒲昌海蒲昌海一名鹽澤者也去玉門陽關三百餘里廣袤三百里師古曰袤長也音茂其水亭居冬夏不增減皆以爲潛行地下南出於積石爲中國河云

自玉門陽關出西域有兩道從鄯善傍南山北波河西行至莎車爲南道師古曰波河循河也鄯音上扇反傍音步浪反波音彼義反此下皆同也南道西踰葱嶺則出大月氏安息師古曰氏音支自車師前王庭隨北山波河西行至疏勒爲北道北道西踰葱嶺則出大宛康居奄蔡焉耆西域諸國大率土著師古曰言著土地而有常居不隨畜牧移徙也著音直略反有城郭田畜與匈奴烏孫異俗故皆役屬匈奴師古曰服屬於匈奴爲其所役使也匈奴西邊日逐王置僮僕都尉使領西域常居焉耆危須尉黎間賦稅諸國取富給焉師古曰給足也自周衰戎狄錯居涇渭之北師古曰錯雜也及秦始皇攘卻戎狄築長城界中國師古曰爲中國之境界也然西不過臨洮師古曰洮音土高反漢興至于孝武事征四夷廣威德而張騫始開西域之迹其後票騎將軍擊破匈奴右地降渾邪休屠王師古曰屠音除遂空其地始築令居以西師古曰令音鈴○宋祁曰集韻令音連云令居縣名在金城郡初置酒泉郡後稍發徙民充實之分置武威張掖敦煌師古曰敦音徒門反列四郡據兩關焉自貳師將軍伐大宛之後西域震懼多遣使來貢獻漢使西域者益得職師古曰賞其勤勞皆得拜職也於是自敦煌西至鹽澤往往起亭而輪臺渠犂皆有田卒數百人置使者校尉領護師古曰統領保護營田之事也以給使外國者師古曰收其所種五穀以供之至宣帝時遣衞司馬使護鄯善以西數國及破姑師未盡殄師古曰雖破其國未能滅之分以爲車師前後王及山北六國時漢獨護南道未能盡并北道也然匈奴不自安矣其後日逐王畔單于將衆來降護鄯善以西使者鄭吉迎之既至漢封日逐王爲歸德侯吉爲安遠侯是歲神爵三年也乃因使吉并護北道故號曰都護都護之起自吉置矣師古曰都猶總也言總護南北之道僮僕都尉由此罷匈奴益弱不得近西域於是徙屯田田於北胥鞬師古曰胥鞬地名也胥音先餘反鞬音居言反披莎車之地師古曰披分也屯田校尉始屬都護都護督察烏孫康居諸外國師古曰督視也動靜有變以聞可安輯安輯之可擊擊之師古曰輯與集同都護治烏壘城○宋祁曰烏壘下監本有孫字去陽關二千七百三十八里與渠犂田官相近土地肥饒於西域爲中故都護治焉至元帝時復置戊已校尉屯田車師前王庭是時匈奴東蒲類王茲力支將人衆千七百餘人降都護都護分車師後王之西爲烏貪訾離地以處之自宣元後單于稱藩臣西域服從其土地山川王侯戶數道里遠近翔實矣師古曰翔與詳同假借用耳

出陽關自近者始曰婼羌孟康曰婼音兒師古曰音而遮反婼羌國王號去胡來王師古曰言去胡來也胡戎來附漢也去離去陽關千八百里○宋祁曰越本八作六去長安六千三百里辟在西南不當孔道師古曰辟讀曰僻孔道者穿山險而爲道猶今言穴徑耳戶四百五十口千七百五十勝兵者五百人西與且末接師古曰且音子餘反隨畜逐水草不田作仰鄯善且末穀師古曰賴以自給也仰音牛向反山有鐵自作兵兵有弓矛服刀劍甲劉德曰服刀拍髀也師古曰拍音貃髀音俾又音陛西北至鄯善乃當道云

鄯善國本名樓蘭王治扜泥城師古曰扜音一胡反去陽關千六百里去長安六千一百里戶千五百七十口萬四千一百勝兵二千九百十二人輔國侯卻胡侯師古曰卻音丘略反其字從卩卩音節下皆類此鄯善都尉擊車師都尉左右且渠擊車師君各一人譯長二人西北去都護治所千七百八十五里至山國千三百六十五里師古曰此國山居故名山國也西北至車師千八百九十里地沙鹵少田寄田仰穀旁國師古曰寄於它國種田又糴旁國之穀也仰音牛向反國出玉多葭葦檉柳胡桐白草孟康曰白草草之白者胡桐似桑而多曲師古曰檉柳河柳也今謂之赤檉白草似莠而細無芒其乾熟時正白色牛馬所嗜也胡桐亦似桐不類桑也蟲食其樹而沫出下流者俗名爲胡桐淚言似眼淚也可以汗金銀也今工匠皆用之流俗語訛呼淚爲律檉音丑成反○宋祁曰注文工字別本作匠民隨畜牧逐水草有驢馬多橐它師古曰它古他字也音徒何反能作兵與婼羌同初武帝感張騫之言甘心欲通大宛諸國使者相望於道一歲中多至十餘輩樓蘭姑師當道苦之師古曰每供給使者受其勞費故厭苦也攻劫漢使王恢等又數爲匈奴耳目令其兵遮漢使漢使多言其國有城邑兵弱易擊於是武帝遣從票侯趙破奴將屬國騎及郡兵數萬擊姑師師古曰屬國謂諸外國屬漢也王恢數爲樓蘭所苦上令恢佐破奴將兵破奴與輕騎七百人先至虜樓蘭王遂破姑師因暴兵威以動烏孫大宛之屬師古曰暴謂顯揚也還封破奴爲浞野侯恢爲浩侯蘇林曰浩音昊於是漢列亭障至玉門矣樓蘭旣降服貢獻匈奴聞發兵擊之於是樓蘭遣一子質匈奴一子質漢後貳師軍擊大宛匈奴欲遮之貳師兵盛不敢當卽遣騎因樓蘭候漢使後過者欲絶勿通時漢軍正任文將兵屯玉門關爲貳師後距師古曰後距者居後以距敵捕得生口知狀以聞上詔文便道引兵捕樓蘭王將詣闕簿責王師古曰以文簿一一責之簿音步戶反對曰小國在大國間不兩屬無以自安願徙國入居漢地上直其言師古曰以其言爲直遣歸國亦因使候伺匈奴匈奴自是不甚親信樓蘭征和元年樓蘭王死國人來請質子在漢者欲立之質子常坐漢法下蠶室宮刑故不遣報曰侍子天子愛之不能遣其更立其次當立者樓蘭更立王漢復責其質子亦遣一子質匈奴後王又死匈奴先聞之遣質子歸得立爲王師古曰匈奴在漢前聞樓蘭王死故卽遣質子還也漢遣使詔新王令入朝天子將加厚賞樓蘭王後妻故繼母也謂王曰先王遣兩子質漢皆不還奈何欲往朝乎王用其計謝使曰新立國未定願待後年入見天子然樓蘭國最在東垂近漢當白龍堆乏水草常主發導負水儋糧送迎漢使又數爲吏卒所寇懲艾不便與漢通師古曰艾讀曰乂後復爲匈奴反間師古曰間音居莧反數遮殺漢使其弟尉屠耆降漢具言狀元鳳四年大將軍霍光白遣平樂監傅介子往刺其王介子輕將勇敢士齎金幣揚言以賜外國爲名旣至樓蘭詐其王欲賜之王喜與介子飲醉將其王屏語壯士二人從後刺殺之貴人左右皆散走介子告諭以王負漢罪天子遣我誅王當更立王弟尉屠耆在漢者漢兵方至毋敢動自令滅國矣介子遂斬王嘗歸首師古曰嘗歸者其王名也昭紀作安歸今此作嘗歸言傳不同當有誤者馳傳詣闕師古曰傳音張戀反縣首北闕下封介子爲義陽侯乃立尉屠耆爲王更名其國爲鄯善爲刻印章賜以宮女爲夫人備車騎輜重師古曰重音直用反丞相將軍率百官送至橫門外孟康曰橫音光○宋祁曰淳化本作丞相將軍率百官景德監本及浙本作丞相率百官無將軍字今越本作丞相將軍率百官祖而遣之師古曰爲設祖

道之禮也王自請天子曰身在漢久今歸單弱而前王有子在恐爲所殺國中有伊循城其地肥美願漢遣一將屯田積穀令臣得依其威重於是漢遣司馬一人吏士四十人田伊循以塡撫之師古曰塡音竹刃反其後更置都尉伊循官置始此矣鄯善當漢道衝西通且末七百二十里自且末以往皆種五穀土地草木畜產作兵略與漢同有異乃記云

且末國王治且末城去長安六千八百二十里戶二百三十口千六百一十勝兵三百二十人輔國侯左右將譯長各一人西北至都護治所二千二百五十八里北接尉犂南至小宛可三日行有蒲陶諸果西通精絕二千里

小宛國王治扜零城師古曰扜音烏去長安七千二百一十里戶百五十口千五十勝兵二百人輔國侯左右都尉各一人西北至都護治所二千五百五十八里東與婼羌接辟南不當道師古曰辟讀曰僻下皆類此

精絕國王治精絕城去長安八千八百二十里戶四百八十口三千三百六十勝兵五百人精絕都尉左右將譯長各一人北至都護治所二千七百二十三里南至戎盧國四日行地阸陿西通扜彌四百六十里師古曰扜音烏

戎盧國王治卑品城去長安八千三百里戶二百四十口千六百一十勝兵三百人東北至都護治所二千八百五十八里東與小宛南與婼羌西與渠勒接辟南不當道

扜彌國王治扜彌城去長安九千二百八十里戶三千三百四十口二萬四十勝兵三千五百四十人輔國侯左右將左右都尉左右騎君各一人譯長二人東北至都護治所三千五百五十三里南與渠勒東北與龜茲西北與姑墨接師古曰龜音丘茲音慈西通于闐三百九十里今名寧彌

渠勒國王治鞬都城師古曰鞬音居言反去長安九千九百五十里戶三百一十口二千一百七十勝兵三百人東北至都護治所三千八百五十二里東與戎盧西與婼羌北與扜彌接

于闐國王治西城去長安九千六百七十里戶三千三百口萬九千三百勝兵二千四百人輔國侯左右將左右騎君東西城長譯長各一人東北至都護治所三千九百四十七里南與婼羌接北與姑墨接于闐之西水皆西流注西海其東水東流注鹽澤河原出焉蘇林曰即中國河也多玉石師古曰玉之璞也一曰石之似玉也西通皮山三百八十里

皮山國王治皮山城去長安萬五十里戶五百口三千五百勝兵五百人左右將左右都尉騎君譯長各一人東北至都護治所四千二百九十二里西南至烏秅國千三百四十里鄭氏曰烏秅音鷃拏師古曰烏音一加反秅音直加反急言之聲如鷃拏耳非正音也南與天篤接北至姑墨千四百五十里西南當罽賓烏弋山離道西北通莎車三百八十里

烏秅國王治烏秅城○劉敞曰秅當作秅去長安九千九百五十里戶四百九十口二千七百三十三勝兵七百四十人東北至都護治所四千八百九十二里北與子合蒲犂西與難兜接山居田石間有白草累石爲室民接手飲師古曰自高山下谿澗中飲水故接連其手如猨之爲出小步馬孟康曰種小能步也師古曰此說非也小細也細步言其能蹀足即今所謂百步千跡者也豈謂其小種乎有驢無牛其西則有縣度師古曰縣繩而度也縣古懸字耳去陽關五千八百八十八里去都護治所五千二十里縣度者石山也谿谷不通以繩索相引而度云

西夜國王號子合王治呼犍谷師古曰犍音鉅言反去長安萬二百五十里戶三百五十口四千勝兵千人東北到都護治所五千四十六里東與皮山西南與烏秅北與莎車西與蒲犂接蒲犂及依耐無雷國皆西夜類也西夜與胡異其種類羌氐行國師古曰言不土著也隨畜逐水草往來而子合土地出玉石

蒲犂國王治蒲犂谷去長安九千五百五十里戶六百五十口五千勝兵二千人東北至都護治所五千三百九十六里東至莎車五百四十里北至疏勒五百五十里南與西夜子合接西至無雷五百四十里侯都尉各一人寄田莎車種俗與子合同

依耐國王治去長安萬一百五十里戶一百二十五口六百七十勝兵三百五十人東北至都護治所二千七百三十里至莎車五百四十里至無雷五百四十里北至疏勒六百五十里南與子合接俗相與同師古曰與子合同風俗也少穀寄田疏勒莎車

無雷國王治盧城去長安九千九百五十里戶千口七千勝兵三千人東北至都護治所二千四百六十五里南至蒲犂五百四十里南與烏秅北與捐毒西與大月氏接師古曰捐毒即身毒天篤也本皆一名語有輕重耳衣服類烏孫俗與子合同

難兜國王治去長安萬一百五十里戶五千口三萬一千勝兵八千人東北至都護治所二千八百五十里西至無雷三百四十里西南至罽賓三百三十里南與婼羌北與休循西與大月氏接○劉奉世曰按婼羌小國最近陽關去長安六千里耳在都護之東而此渠勒于闐難兜之類去長安且萬里東北行數千里乃至都護安得與婼羌相接必誤種五穀蒲陶諸果有銀銅鐵作兵與諸國同屬罽賓

罽賓國王治循鮮城去長安萬二千二百里不屬都護戶口勝兵多大國也東北至都護治所六千八百四十里東至烏秅國二千二百五十里東北至難兜國九日行西北與大月氏西南與烏弋山離接昔匈奴破大月氏大月氏西君大夏而塞王南君罽賓師古曰君謂爲之君也塞音先得反塞種分散往往爲數國師古曰即所謂釋種者也亦語有輕重耳自疏勒以西北休循捐毒之屬皆故塞種也罽賓地平溫和有目宿雜草奇木檀櫰梓竹漆師古曰櫰音懷即槐之類也葉大而黑也種五穀蒲陶諸果糞治園田地下溼生稻冬食生菜其民巧雕文刻鏤治宮室織罽刺文繡好治食有金銀銅錫以爲器市列師古曰市有列肆亦如中國也以金銀爲錢文爲騎馬幕爲人面張晏曰錢文面作騎馬形漫面作人面目也如淳曰幕音漫師古曰幕即漫耳無勞借音今所呼幕皮者亦謂其平而無文也出封牛水牛象大狗沐猴孔爵師古曰封牛項上隆起者也郭義恭廣志云罽賓大狗大如驢赤色數里搖以呼之沐猴即獼猴也珠璣珊瑚虎魄璧流離孟康曰流離青色如玉師古曰魏略云大秦國出赤白黑黃青綠縹紺紅紫十種流離孟言青色不博通也此蓋自然之物采澤光潤踰於衆玉其色不恒今俗所用皆銷冶石汁加以衆藥灌而爲之尤虛脆不貞實非眞物它畜與諸國同自武帝始通罽賓自以絕遠漢兵不能至其王烏頭勞數剽殺漢使師古曰剽劫也音頻妙反烏頭勞死子代立遣使奉獻漢使關都尉文忠送其使王復欲害忠忠覺之迺與容屈王子陰末赴共合謀攻罽賓殺其王立陰末赴爲罽賓王授印綬後軍候趙德使罽賓與陰末赴相失師古曰相失意也陰末赴鎖琅當德師古曰琅當長鎖也若今之禁繫人鎖矣琅音郎殺副已下七十餘人遣使者上書謝孝元帝以絕域不錄放其使者於縣度絕而不通成帝時復遣使獻謝罪漢欲遣使者報送其使杜欽說大將軍王鳳曰前罽賓王陰末赴本漢所立後卒畔逆師古曰卒終也夫德莫大於有國子民罪莫大於執殺使者所以不報恩不懼誅者自知絕遠兵不至也有求則卑辭無欲則嬌嫚終不可懷服凡中國所以爲通厚蠻夷愜快其求者爲壤比而爲寇也師古曰比近也爲其土壤接近能爲寇也愜音苦頰反比音頻寐反今縣度之阸非罽賓所能越也其鄉慕不足以安西域師古曰鄉讀曰嚮雖不附不能危城郭師古曰城郭謂西域諸國也前親逆節惡暴西域師古曰暴謂章露也故絕而不通今悔過來而無親屬貴人奉獻者皆行賈賤人欲通貨市買以獻爲名故煩使者送至縣度恐失實見欺凡遣使送客者欲爲防護寇害也起皮山南更不屬漢之國四五師古曰言經歷不屬漢者凡四五國也更音工衡反斥候士百餘人五分夜擊刁斗自守師古曰夜有五更故分而持之也刁斗解在李廣傳尚時爲所侵盜驢畜負糧須諸國稟食得以自贍師古曰稟給也贍足也食讀曰飤以下並同國或貧小不能食或桀黠不肯給擁彊漢之節餒山谷之間師古曰餒飢也音能賄反乞匄無所得師古曰匄亦乞也音工大反離一二旬則人畜棄捐曠野而不反師古曰離歷也曠空也又歷大頭痛小頭痛之山赤土身熱之阪令人身熱無色頭痛嘔吐驢畜盡然師古曰嘔音一口反又有三池盤石阪道陿者尺六七寸長者徑三十里臨崢嶸不測之深師古曰崢嶸深險之貌也崢音仕耕反嶸音宏行者騎步相持繩索相引二千餘里乃到縣度畜隊未半阬谷盡靡碎師古曰隊亦墮也靡散也隊音直類反靡音糜人墮勢不得相收視險阻危害不可勝言聖王分九州制五服師古曰九州冀兗青徐荊揚豫梁雍也五服侯甸綏要荒務盛內不求外今遣使者承至尊之命送蠻夷之賈勞吏士之衆涉危難之路罷弊所恃以事無用師古曰罷讀曰疲所恃謂中國之人也無用謂遠方蠻夷之國非久長計也使者業已受節可至皮山而還師古曰言已立計道之於不能即止可至皮山也於是鳳白從欽言罽賓實利賞賜賈市其使數年而壹至云

烏弋山離國王去長安萬二千二百里不屬都護戶口勝兵大國也東北至都護治所六十日行東與罽賓北與撲挑○宋祁曰景本挑作桃師古曰撲音布木反犂讀與驪西與犂靬條支接師古曰靬音鉅連反又鉅言反行可百餘日乃至條支國臨西海暑溼田稻有大鳥卵如甕師古曰甕汲水缾也音於龍反人衆甚多往往有小君長安息役屬之以爲外國師古曰安息以條支爲外國如言蕃國也善眩師古曰眩讀與幻同解在張騫傳安息長老傳聞條支有弱水西王母亦未嘗見也師古曰玄中記云崑崙之弱水鴻毛不能起也爾雅曰觚竹北戶西王母日下謂之四荒也自條支乘水西行可百餘日近日所入云烏弋地暑熱莽平師古曰言有草莽而平坦也一曰莽莽平野之貌其草木畜產五穀果菜食飲宮室市列錢貨兵器金珠之屬皆與罽賓同而有桃拔師子犀牛孟康曰桃拔一名符拔似鹿長尾一角者或爲天鹿兩角者或爲辟邪師子似虎正黃有髯耏尾端茸毛大如斗師古曰師子即爾雅所謂狻猊也狻音酸猊音倪拔音步曷反耏亦頰旁毛也音而茸音人庸反俗重妄殺師古曰重難也言其仁愛不妄殺也其錢獨文爲人頭幕爲騎馬以金銀飾杖師古曰杖謂所持器也音直亮反絕遠漢使希至自玉門陽關出南道歷鄯善而南行至烏弋山離南道極矣轉北而東得安息

安息國王治番兜城蘇林曰番音盤去長安萬一千六百里不屬都護北與康居東與烏弋山離西與條支接土地風氣物類所有民俗與烏弋罽賓同亦以銀爲錢文獨爲王面幕爲夫人面王死輒更鑄錢有大馬爵師古曰廣志云大爵頸及膺身蹄似橐駝色蒼舉頭高八九尺張翅丈餘食大麥○宋祁曰注文張翅下當有舉字其屬小大數百城地方數千里最大國也臨嬀水商賈車船行旁國書革旁行爲書記服虔曰橫行爲書記也師古曰今西方胡國及南方林邑之徒

書皆橫行不直下也革謂皮之不柔者武帝始遣使至安息王令將將二萬騎迎於東界東界去王都數千里行比至過數十城人民相屬師古曰屬聯也音之欲反因發使隨漢使者來觀漢地以大鳥卵及犛靬眩人獻於漢天子大說師古曰說讀曰悅安息東則大月氏

大月氏國王治監氏城去長安萬一千六百里不屬都護戶十萬口四十萬勝兵十萬人東至都護治所四千七百四十里西至安息四十九日行南與罽賓接土地風氣物類所有民俗錢貨與安息同出一封橐駝師古曰脊上有一封也封言其隆高若封土也今俗呼爲封牛封音峯大月氏本行國也隨畜移徙與匈奴同俗控弦十餘萬故彊輕匈奴師古曰自恃其彊盛而輕易匈奴也本居敦煌祁連閒至冒頓單于攻破月氏而老上單于殺月氏以其頭爲飲器月氏乃遠去過大宛西擊大夏而臣之師古曰解在張騫傳都嬀水北爲王庭其餘小衆不能去者保南山羌號小月氏大夏本無大君長城邑往往置小長民弱畏戰故月氏徙來皆臣畜之共稟漢使者師古曰同受節度也有五翖侯師古曰翖即翕字一曰休密翖侯治和墨城去都護二千八百四十一里去陽關七千八百二里二曰雙靡翖侯治雙靡城去都護三千七百四十一里去陽關七千七百八十二里三曰貴霜翖侯治護澡城師古曰澡音藻去都護五千九百四十里去陽關七千九百八十二里四曰肸頓翖侯師古曰肸音許乙反治薄茅城去都護五千九百六十二里去陽關八千二百二里五曰高附翖侯治高附城去都護六千四十一里去陽關九千二百八十三里凡五翖侯皆屬大月氏

康居國王冬治樂越匿地師古曰樂音來各反到卑闐城師古曰闐音徒千反去長安萬二千三百里不屬都護至越匿地馬行七日至王夏所居蕃內九千一百四里師古曰王每冬寒夏暑則徙別居不一處戶十二萬口六十萬勝兵十二萬人東至都護治所五千五百五十里與大月氏同俗東羈事匈奴師古曰爲匈奴所羈牽也宣帝時匈奴乖亂五單于並爭漢擁立呼韓邪單于而郅支單于怨望殺漢使者西阻康居師古曰依其險阻以自保固也其後都護甘延壽副校尉陳湯發戊巳校尉西域諸國兵至康居誅滅郅支單于語在甘延壽陳湯傳是歲元帝建昭三年也至成帝時康居遣子侍漢貢獻然自以絕遠獨驕嫚不肯與諸國相望都護郭舜數上言本匈奴盛時非以兼有烏孫康居故也及其稱臣妾非以失二國也漢雖皆受其質子然三國內相輸遺交通如故亦相候伺見便則發合不能相親信離不能相臣役以今言之結配烏孫竟未有益反爲中國生事然烏孫既結在前今與匈奴俱稱臣義不可距而康居驕黠訖不肯拜使者師古曰訖竟也都護吏至其國坐之烏孫諸使下王及貴人先飲食已乃飲啗都護吏師古曰飲音於禁反啗音徒濫反故爲無所省以夸旁國師古曰言故不省視漢使也以此度之何故遣子入侍其欲賈市爲好辭之詐也匈奴百蠻大國師古曰於百蠻之中最大國也今事漢甚備聞康居不拜且使單于有自下之意師古曰言單于見康居不事漢以之爲高自以事漢爲太卑而欲改志也宜歸其侍子絕勿復使師古曰不通使於其國也以章漢家不通無禮之國敦煌酒泉小郡及南道八國給使者往來人馬驢橐駝食皆苦之師古曰言二郡八國皆以此事爲困苦空罷耗所過送迎驕黠絕遠之國師古曰所經過之處謂康居使也罷讀曰疲耗音呼到反非至計也漢爲其新通重致遠人師古曰以此辭名爲重也終羈縻而未絕其康居西北可二千里有奄蔡國控弦者十餘萬人與康居同俗臨大澤無崖蓋北海云康居有小王五一曰蘇䪥王治蘇䪥城師古曰䪥音下戒反去都護五千七百七十六里去陽關八千二十五里二曰附墨王治附墨城去都護五千七百六十七里去陽關八千二十五里三曰窳匿王治窳匿城師古曰窳音庾去都護五千二百六十六里去陽關七千五百二十五里四曰罽王治罽城去都護六千二百九十六里去陽關八千五百五十五里五曰奧鞬王治奧鞬城師古曰奧音於六反鞬音居言反去都護六千九百六里去陽關八千三百五十五里凡五王屬康居

大宛國王治貴山城去長安萬二千五百五十里戶六萬口三十萬勝兵六萬人副王輔國王各一人東至都護治所四千三十一里北至康居卑闐城千五百一十里西南至大月氏六百九十里北與康居南與大月氏接土地風氣物類民俗與大月氏安息同大宛左右以蒲陶爲酒富人藏酒至萬餘石久者至數十歲不敗俗耆酒馬耆目宿師古曰耆讀曰嗜宛別邑七十餘城多善馬馬汗血言其先天馬子也孟康曰言大宛國有高山其上有馬不可得因取五色母馬置其下與集生駒皆汗血因號曰天馬子云張騫始爲武帝言之上遣使者持千金及金馬以請宛善馬宛王以漢絕遠大兵不能至愛其寶馬不肯與漢使妄言師古曰謂詈辱宛王宛遂攻殺漢使取其財物於是天子遣貳師將軍李廣利將兵前後十餘萬人伐宛連四年宛人斬其王母寡首獻馬三千匹漢軍乃還語在張騫傳貳師既斬宛王更立貴人素遇漢善者名昧蔡爲宛王師古曰昧音秣蔡音千曷反後歲餘宛貴人以爲昧蔡諂使我國遇屠師古曰諂古諂字相與共殺昧蔡立母寡弟蟬封爲王遣子入侍質於漢漢因使使賂賜鎮撫之又發使十餘輩抵宛西諸國師古曰抵至也求奇物因風諭以伐宛之威師古曰風讀曰諷宛王蟬封與漢約歲獻天馬二匹漢使采蒲陶目宿種歸天子以天馬多又外國使來衆益種蒲陶目宿離宮館旁極望焉師古曰今北道諸州舊安定北地之境往往有目宿者皆漢時所種也自宛以西至安息國雖頗異言然大同自相曉知也其人皆深目多須頿善賈市爭分銖貴女子女子所言丈夫乃決正其地皆絲漆不知鑄鐵器及漢使亡卒降敎鑄作它兵器師古曰漢使至其國及有亡卒降其國者皆敎之也得漢黃白金輒以爲器不用爲幣自烏孫以西至安息近匈奴匈奴嘗困月氏師古曰困苦也故匈奴使持單于一信到國國傳送食師古曰畏之甚也食讀曰飤不敢留苦師古曰不敢留遲及困苦之也及至漢使非出幣物不得食不市畜不得騎所以然者以遠漢而漢多財物師古曰遠音于萬反故必市乃得所欲及呼韓邪單于朝漢後咸尊漢矣

桃槐國王去長安萬一千八十里師古曰槐音回戶七百口五千勝兵千人

休循國王治鳥飛谷在蔥領西去長安萬二百一十里戶三百五十八口千三十勝兵四百八十人東至都護治所三千一百二十一里至捐毒衍敦谷二百六十里西北至大宛國九百二十里西至大月氏千六百一十里民俗衣服類烏孫因畜隨水草本故塞種也

捐毒國王治衍敦谷去長安九千八百六十里戶三百八十口千一百勝兵五百人東至都護治所二千八百六十一里至疏勒南與蔥領屬師古曰屬聯也音之欲反無人民西上蔥領則休循也西北至大宛千三十里北與烏孫接衣服類烏孫隨水草依蔥領本塞種也

莎車國王治莎車城去長安九千九百五十里戶二千三百三十九口萬六千三百七十三勝兵三千四十九人輔國侯左右將左右騎君備西夜君各一人都尉二人譯長四人東北至都護治所四千七百四十六里西至疏勒五百六十里西南至蒲犂七百四十里有鐵山出青玉宣帝時烏孫公主小子萬年莎車王愛之莎車王無子死死時萬年在漢莎車國人計欲自託於漢又欲得烏孫心卽上書請萬年爲莎車王漢許之遣使者奚充國送萬年萬年初立暴惡國人不說師古曰說讀曰悅莎車王弟呼屠徵殺萬年幷殺漢使者自立爲王約諸國背漢會衞侯馮奉世使送大宛客卽以便宜發諸國兵擊殺之更立它昆弟子爲莎車王還拜奉世爲光祿大夫是歲元康元年也

疏勒國王治疏勒城去長安九千三百五十里戶千五百一十口萬八千六百四十七勝兵二千人疏勒侯擊胡侯輔國侯都尉左右將左右騎君左右譯長各一人東至都護治所二千二百一十里南至莎車五百六十里有市列西當大月氏大宛康居道也

尉頭國王治尉頭谷去長安八千六百五十里戶三百口二千三百勝兵八百人左右都尉各一人左右騎君各一人東至都護治所千四百一十一里南與疏勒接山道不通西至捐毒千三百一十四里徑道馬行二日田畜隨水草衣服類烏孫

前漢書卷九十六上考證

西域傳本三十六國○臣召南按荀悅漢紀列三十六國名目王應麟謂傳旣言三十六國皆在匈奴之西烏孫之南則烏孫不與矣又康居大月氏安息罽賓烏弋之屬皆以絕遠不在數中難兜屬罽賓亦不在數中大率祗就屬都護者計之也

漢使西域者益得職注師古曰賞其勤勞皆得拜職也○胡三省曰顏說非也此言漢使入西域諸國不敢輕忽爲得其職耳得職者不失其職也

是歲神爵三年也○臣召南按宣紀是神爵二年事此三字訛通鑑考異已辨之矣

都護治烏壘城○宋白曰伊州伊吾郡漢伊吾盧地宣帝時鄭吉爲西域都護治烏壘城卽此臣召南按本傳言烏壘城去陽關二千七百三十八里而車師國西南至都護治所千八百七里龜茲國東至都護治所三百五十里則烏壘尚在車師西南與龜茲相近非伊州伊吾地在車師之東者也伊吾地卽今哈密城後漢永平中始置宜禾都尉在前漢未聞其名宋白說非也

扜彌國傳今名寧彌○按此孟堅自据作史時言也後書曰拘彌國王居寧彌城

西夜國傳西夜國王號子合王○臣召南按西夜與子合是二國後書云西夜國一名漂沙漢書誤云西夜子合是一國子合國居呼犍谷此則糾漢書之違也

無雷國傳北與捐毒西與大月氏接注師古曰捐毒卽身毒天篤也○臣召南按天篤卽天竺也下文罽賓傳曰塞種分散往往爲數國師古曰塞種卽所謂釋種者也蓋卽浮屠氏國其種分散遍於諸國故又云自疏勒以西北休循捐毒之屬皆故塞種後書傳之天竺卽此傳之捐毒而後世又曰印度國也

烏弋山離國傳行可百餘日乃至條支國臨西海○臣

召南按後漢班超遣掾甘英窮臨西海而還盡前漢使者但至烏弋莫有至條支者凡言條支所有皆傳聞也故後書刋此文之達

安息國傳治番兜城○番兜城後書作和櫝城又大月氏國治監氏城後書作藍氏城

康居國傳東羈事匈奴注師古云云○顧炎武曰言不純臣但羈縻事之與烏孫羈屬同意當用彼注删此注

前漢書卷九十六下

漢　蘭　臺　令　史　班　固　撰

唐正議大夫行秘書少監琅邪縣開國子顔師古注

西域傳第六十六下

烏孫國大昆彌治赤谷城師古曰烏孫於西域諸戎其形最異今之胡人青眼赤須狀類獼猴者本其種也去長安八千九百里戶十二萬口六十三萬勝兵十八萬八千八百人相大祿左右○宋祁曰楊本無左右二字大將二人侯三人大將都尉各一人○宋祁曰楊本大將作大夫大監二人大吏一人舍中大吏二人騎君一人東至都護治所千七百二十一里西至康居蕃內地五千里地莽平多雨寒山多松樠師古曰莽平謂有草莽而平坦也一曰莽莽平野之貌樠木名其心似松音武元反不田作種樹師古曰樹謂蓺殖也隨畜逐水草與匈奴同俗國多馬富人至四五千匹民剛惡貪狠無信多寇盜最為彊國故服匈奴師古曰故謂舊時也服屬於匈奴也後盛大取羈屬不肯往朝會師古曰言羈縻屬之而已東與匈奴西北與康居西與大宛南與城郭諸國相接本塞地也大月氏西破走塞王塞王南越縣度大月氏居其地後烏孫昆莫擊破大月氏大月氏徙西臣大夏而烏孫昆莫居之故烏孫民有塞種大月氏種云始張騫言烏孫本與大月氏共在敦煌間今烏孫雖彊大可厚賂招令東居故地妻以公主與為昆弟以制匈奴語在張騫傳武帝即位○劉敞曰位字衍令騫齎金幣往昆莫見騫如單于禮師古曰昆莫自比於單于騫大慙謂曰天子致賜王不拜則還賜師古曰還謂將賜物還歸漢也昆莫起拜其它如故初昆莫有十餘子中子大祿彊善將師古曰言其材力優彊能為將將衆將衆萬餘騎別居大祿兄太子太子有子曰岑陬師古曰岑音仕林反陬音子侯反太子蚤死師古曰蚤古早字謂昆莫曰必以岑陬為太子昆莫哀許之大祿怒迺收其昆弟將衆畔謀攻岑陬昆莫與岑陬萬餘騎令別居昆莫亦自有萬餘騎以自備國分為三大總羈屬昆莫騫既致賜諭指曰烏孫能東居故地則漢遣公主為夫人結為昆弟共距匈奴不足破也烏孫遠漢未知其大小師古曰遠音于萬反又近匈奴服屬日久其大臣皆不欲徙昆莫年老國分不能專制迺發使送騫因獻馬數十匹報謝其使見漢人衆富厚歸其國其國後迺益重漢匈奴聞其與漢通怒欲擊之又漢使烏孫乃出其南抵大宛月氏相屬不絕師古曰抵至也屬音之欲反烏孫於是恐使使獻馬願得尚漢公主為昆弟天子問羣臣議許曰必先內聘然後遣女烏孫以馬千匹聘師古曰入聘財漢元封中遣江都王建女細君為公主以妻焉賜乘輿服御物為備官屬宦官侍御數百人贈送甚盛烏孫昆莫以為右夫人匈奴亦遣女妻昆莫昆莫以為左夫人公主至其國自治宮室居歲時一再與昆莫會置酒飲食以幣帛賜王左右貴人昆莫年老語言不通公主悲愁自為作歌曰吾家嫁我兮天一方遠託異國兮烏孫王穹廬為室兮旃為牆以肉為食兮酪為漿師古曰食謂飯音飤居常土思兮心內傷師古曰土思謂憂思而懷本土願為黃鵠兮歸故鄉師古曰鵠音下督反天子聞而憐之間歲遣使者持帷帳錦繡給遺焉師古曰間歲者謂每隔一歲而往也昆莫年老欲使其孫岑陬尚公主公主不聽上書言狀天子報曰從其國俗欲與烏孫共滅胡岑陬遂妻公主昆莫死岑陬代立岑陬者官號也名軍須靡昆莫王號也名獵驕靡後書昆彌云師古曰昆莫本是王號而其人名獵驕靡故書云昆彌昆取昆莫彌取驕靡彌靡音有輕重耳蓋本一也後遂以昆彌為其王號也岑陬尚江都公主生一女少夫師古曰少夫名公主死漢復以楚王戊之孫解憂為公主妻岑陬岑陬胡婦子泥靡尚小岑陬且死以國與季父大祿子翁歸靡曰泥靡大以國歸之翁歸靡既立號肥王復尚楚主解憂生三男兩女長男曰元貴靡次曰萬年為莎車王次曰大樂為左大將長女弟史為龜茲王絳賓妻小女素光為若呼翖侯妻師古曰弟史素光皆女名昭帝時公主上書言匈奴發騎田車師車師與匈奴為一共侵烏孫唯天子幸救之漢養士馬議欲擊匈奴會昭帝崩宣帝初即位公主及昆彌皆遣使上書言匈奴復連發大兵侵擊烏孫取車延惡師地收人民去使使謂烏孫趣持公主來師古曰趣讀曰促欲隔絕漢昆彌願發國半精兵自給人馬五萬騎盡力擊匈奴唯天子出兵以救公主昆彌漢兵大發十五萬騎五將軍分道並出語在匈奴傳遣校尉常惠使持節護烏孫兵昆彌自將翖侯以下五萬騎從西方入至右谷蠡王庭獲單于父行及嫂居次名王犂汙都尉千長騎將以下四萬級馬牛羊驢橐駝七十餘萬頭烏孫皆自取所虜獲還封惠為長羅侯是歲本始三年也漢遣惠持金幣賜烏孫貴人有功者元康二年烏孫昆彌因惠上書願以漢外孫元貴靡為嗣得令復尚漢公主結婚重親畔絕匈奴願聘馬騾各千匹詔下公卿議大鴻臚蕭望之以為烏孫絕域變故難保不可許上美烏孫新立大功又重絕故業師古曰重難也故業謂先與烏孫婚親也遣使者至烏孫先迎取聘昆彌及太子左右大將都尉皆遣使凡三百餘人入漢迎取少主上迺以烏孫主解憂弟子相夫為公主○宋祁曰越本弟字下無子字置官屬侍御百餘人舍上林中學烏孫言師古曰舍止也天子自臨平樂觀會匈奴使者外國君長大角抵設樂而遣之使長羅侯光祿大夫惠為副凡持節者四人送少主至敦煌未出塞聞烏孫昆彌翁歸靡死烏孫貴人共從本約立岑陬子泥靡代為昆彌號狂王惠上書願留少主敦煌惠馳至烏孫責讓不立元貴靡為昆彌還迎少主事下公卿望之復以為烏孫持兩端難約結前公主在烏孫四十餘年恩愛不親密邊竟未得安師古曰竟讀曰境此已事之驗也今少主以元貴靡不立而還信無負於夷狄中國之福也少主不止繇役將興其原起此天子從之徵還少主狂王復尚楚主解憂生一男鴟靡不與主和又暴惡失衆漢使衛司馬魏和意副候任昌送侍子公主言狂王為烏孫所患苦易誅也遂謀置酒會罷使士拔劍擊之劍旁下師古曰不正下也狂王傷上馬馳去其子細沈瘦師古曰瘦音搜會兵圍和意昌及公主於赤谷城數月都護鄭吉發諸國兵救之迺解去漢遣中郎將張遵持醫藥治狂王賜金二十斤采繒因收和意昌係瑣從尉犂檻車至長安斬之車騎將軍長史張翁留驗公主與使者謀殺狂王狀主不服叩頭謝張翁捽主頭罵詈師古曰捽持其頭音材兀反主上書翁還坐死副使季都別將醫養視狂王狂王從十餘騎送之都還坐知狂王當誅見便不發下蠶室初肥王翁歸靡胡婦子烏就屠狂王傷時驚與諸翖侯俱去居北山中揚言母家匈奴兵來故衆歸之後遂襲殺狂王自立為昆彌漢遣破羌將軍辛武賢將兵萬五千人至敦煌遣使者案行表穿卑鞮侯井以面孟康曰大井六通渠也下流湧出在白龍堆東土山下○宋祁曰面當作西欲通渠轉穀積居廬倉以討之初楚主侍者馮嫽師古曰嫽音了嫽者慧也故以為名能史書習事嘗持漢節為公主使行賞賜於城郭諸國敬信之號曰馮夫人為烏孫右大將妻右大將與烏就屠相愛都護鄭吉使馮夫人說烏就屠以漢兵方出必見滅不如降烏就屠恐曰願得小號宣帝徵馮夫人自問狀遣謁者竺次期門甘延壽為副送馮夫人馮夫人錦車持節服虔曰錦車以錦衣車也詔烏就屠詣長羅侯赤谷城立元貴靡為大昆彌烏就屠為小昆彌皆賜印綬破羌將軍不出塞還後烏就屠不盡歸諸翖侯民衆漢復遣長羅侯惠將三校屯赤谷因為分別其人民地界大昆彌戶六萬餘小昆彌戶四萬餘然衆心皆附小昆彌元貴靡鴟靡皆病死公主上書言年老土思願得歸骸骨葬漢地天子閔而迎之公主與烏孫男女三人俱來至京師是歲甘露三年也時年且七十賜以公主田宅奴婢○宋祁曰舊本主作第奉養甚厚朝見儀比公主後二歲卒三孫因留守墳墓云元貴靡子星靡代為大昆彌弱師古曰言其尚幼少馮夫人上書願使烏孫鎮撫星靡漢遣之卒百人送焉○宋祁曰越本無烏孫字都護韓宣奏烏孫大吏大祿大監皆可以賜金印紫綬以尊輔大昆彌漢許之後都護韓宣復奏星靡怯弱可免更以季父左大將樂代為昆彌漢不許○宋祁曰大將樂代為昆彌當作代將樂大為昆彌後段會宗為都護招還亡畔安定之師古曰有人衆亡畔者皆招而還之故安定也星靡死子雌栗靡代小昆彌烏就屠死子拊離代立師古曰拊讀與撫同為弟日貳所殺漢遣使者立拊離子安日為小昆彌日貳亡阻康居漢徙已校屯姑墨師古曰有戊己兩校兵此直徙己校也欲候便討焉安日使貴人姑莫匿等三人詐亡從日貳刺殺之師古曰詐畔亡而投之因得以刺殺都護廉褒賜姑莫匿等金人二十斤繒三百匹後安日為降民所殺漢立其弟末振將代時大昆彌雌栗靡健翖侯皆畏服之告民牧馬畜無使入牧師古曰勿入昆彌牧中恐其相擾也國中大安和翁歸靡時師古曰勝於翁歸靡時也小昆彌末振將恐為所并使貴人烏日領詐降刺殺雌栗靡漢欲以兵討之而未能遣中郎將段會宗持金幣與都護圖方略立雌栗靡季父公主孫伊秩靡為大昆彌漢沒入小昆彌侍子在京師者久之大昆彌翖侯難栖殺末振將末振將兄安日子安犂靡代為小昆彌師古曰末振將之兄名安日安日之子名安犂靡漢恨不自責誅末振將○宋祁曰越本無責字復使段會宗即斬其太子番丘師古曰番音盤還賜爵關內侯是歲元延二年也會宗以翖侯難栖殺末振將雖不指為漢合於討賊奏以為堅守都尉責大祿大吏大監以雌栗靡見殺狀奪金印紫綬更與銅墨云末振將弟卑爰疐師古曰疐音竹二反本共謀殺大昆彌將衆八萬餘口北附康居謀欲藉兵師古曰藉借也兼并兩昆彌兩昆彌畏之親倚都護師古曰倚依附也音於綺反哀帝元壽二年大昆彌伊秩靡與單于並入朝漢以為榮至元始中卑爰疐殺烏日領以自效漢封為歸義侯兩昆彌皆弱卑爰疐侵陵都護孫建襲殺之自烏孫分立兩昆彌後漢用憂勞且無寧歲師古曰言或鎮撫或威制之故多事也

姑墨國王治南城去長安八千一百五十里戶三千五百口二萬四千五百勝兵四千五百人姑墨侯輔國侯都尉左右將左右騎君各一人譯長二人東至都護治所二千二十一里○宋祁曰監本作千二十一里景本作二千二十里南至于闐馬行十五日北與烏孫接出銅鐵雌黃東通龜茲六百七十里王莽時姑墨王丞殺溫宿王并其國

溫宿國王治溫宿城師古曰今雍州醴泉縣北有山名溫宿領者本因漢時得溫宿國人令居此地田牧因以爲名去長安八千三百五十里戶二千二百口八千四百勝兵千五百人輔國侯左右將左右都尉左右騎君譯長各二人東至都護治所二千三百八十里西至尉頭三百里北至烏孫赤谷六百一十里土地物類所有與鄯善諸國同東通姑墨二百七十里

龜茲國王治延城去長安七千四百八十里戶六千九百七十口八萬一千三百一十七勝兵二萬一千七十六人大都尉丞輔國侯安國侯擊胡侯卻胡都尉擊車師都尉左右將左右都尉左右騎君左右力輔君各一人東西南北部千長各一人卻胡君三人譯長四人南與精絕東南與且末西南與杅彌北與烏孫西與姑墨接師古曰杅音烏能鑄冶有鉛東至都護治所烏壘城三百五十里

烏壘戶百一十口千二百勝兵三百人城都尉譯長各一人與都護同治其南三百三十里至渠犂

渠犂城都尉一人戶百三十口千四百八十勝兵百五十人東北與尉犂東南與且末南與精絕接西有河至龜茲五百八十里自武帝初通西域置校尉屯田渠犂是時軍旅連出師行三十二年海內虛耗征和中貳師將軍李廣利以軍降匈奴上既悔遠征伐而搜粟都尉桑弘羊與丞相御史奏言故輪臺以東○宋祁曰舊本以東有以字元祐考異及越本無以字當除之捷枝渠犂皆故國地廣饒水草有溉田五千頃以上處溫和田美可益通溝渠種五穀與中國同時熟其旁國少錐刀貴黃金采繒可以易穀食宜給足不可乏師古曰言以錐刀及黃金采繒與此旁國易穀食可以給田卒不憂乏糧也臣愚以爲可遣屯田卒詣故輪臺以東置校尉三人分護各舉圖地形通利溝渠務使以時益種五穀師古曰益多也張掖酒泉遣騎假司馬爲斥候屬校尉事有便宜因騎置以聞師古曰騎置即今之驛馬也田一歲有積穀募民壯健有累重敢徙者詣田所師古曰累重謂妻子家屬也累音力瑞反重音直用反就畜積爲本業師古曰畜讀曰蓄益墾溉田稍築列亭連城而西以威西國輔烏孫爲便臣謹遣徵事臣昌分部行邊師古曰分音扶問反行音下更反嚴敕太守都尉明烽火選士馬謹斥候蓄茭草願、陛下遣使使西國以安其意臣昧死請上迺下詔深陳旣往之悔曰前有司奏欲益民賦三十助邊用師古曰三十者每口轉增三十錢也是重困老弱孤獨也師古曰重音直用反而今又請遣卒田輪臺輪臺西於車師千餘里前開陵侯擊車師時晉灼曰開陵侯匈奴介和王來降者危須尉犂樓蘭六國子弟在京師者皆先歸發畜食迎漢軍師古曰畜謂馬牛羊等也又自發兵凡數萬人王各自將共圍車師降其王諸國兵便罷力不能復至道上食漢軍師古曰食讀曰飤漢軍破城食至多然士自載不足以竟師師古曰士雖各自載糧而在道已盡至於歸塗尙苦乏食不足不能終師旅之事也彊者盡食畜產羸者道死數千人朕發酒泉驢槖駝負食出玉門迎軍吏卒起張掖不甚遠然尙廝留甚衆師古曰廝留言其前後離廝不相逮及也廝音斯曩者朕之不明以軍候弘上書言匈奴縛馬前後足置城下馳言秦人我匄若馬師古曰謂中國人爲秦人習故言也匄乞與也若汝也乞音氣又漢使者久留不還故興遣貳師將軍師古曰興軍而遣之欲以爲使者威重也古者卿大夫與謀師古曰與讀曰豫參以蓍龜不吉不行師古曰謂共卿大夫謀事尙不專決猶雜問蓍龜也迺者以縛馬書徧視丞相御史二千石諸大夫郎爲文學者師古曰視讀曰示爲文學謂學經書之人迺至郡屬國都尉成忠趙破奴等皆以虜自縛其馬不祥甚哉或以爲欲以見彊師古曰見顯示○宋祁曰別本欲字下有式字劉敞考異無式字故除之夫不足者視人有餘師古曰言其夸張也視亦讀曰示易之卦得大過爻在九五孟康曰其繇曰枯楊生華何可久也謂匈奴破不久也匈奴困敗公車方士太史治星望氣及太卜龜蓍皆以爲吉匈奴必破時不可再得也師古曰今便利之時後不可再得也又曰北伐行將於鬴山必克師古曰行將謂遣將率行也鬴山山名也鬴古釜字卦諸將貳師最吉師古曰上遣諸將而於卦中貳師最吉也故朕親發貳師下鬴山詔之必毋深入今計謀卦兆皆反繆師古曰言不中也繆妄也重合侯得虜候者言聞漢軍當來匈奴使巫埋羊牛所出諸道及水上以詛軍師古曰於軍所行之道及水上埋牛羊單于遺天子馬裘常使巫祝之縛馬者詛軍事也又卜漢軍一將不吉匈奴常言漢極大然不能饑渴師古曰能音耐失一狼走千羊迺者貳師敗軍士死略離散師古曰言死及被虜略幷自離散也悲痛常在朕心今請遠田輪臺欲起亭隧師古曰隧者依深險之處開通行道也是擾勞天下非所以優民也今朕不忍聞大鴻臚等又議欲募囚徒送匈奴使者明封侯之賞以報忿五伯所弗能爲也師古曰伯讀曰霸五霸尙恥不爲況今大漢也且匈奴得漢降者常提掖搜索問以所聞師古曰搜索者恐其或私齎文書也今邊塞未正闌出不禁障候長吏使卒獵獸以皮肉爲利卒苦而烽火乏失亦上集不得師古曰言邊塞有闌出逃亡之人而主者不禁又長吏利於皮肉多使障候之卒獵獸故令烽火有乏又其人勞苦因致奔亡凡有此失皆不集於所上文書後降者來若捕生口虜迺知之師古曰旣不上書所以當時不知至有降者來及捕生口或虜得匈奴人言之乃知此事當今務在禁苛暴止擅賦力本農修馬復令以補缺毋乏武備而已孟康曰先是令長吏各以秩養馬亭有牝馬民養馬皆復不事後馬多絕乏至此復修之也師古曰此說非也馬復因養馬以免徭賦也復音方目反○宋祁曰注文牝應作牡郡國二千石各上進畜馬方略補邊狀與計對師古曰與上計者同來赴對也由是不、復出軍而封丞相車千秋爲富民侯以明休息思富養民也初貳師將軍李廣利擊大宛還過杅彌杅彌遣太子賴丹爲質於龜茲廣利責龜茲曰外國皆臣屬於漢龜茲何以得受杅彌質卽將賴丹入至京師昭帝乃用桑弘羊前議以杅彌太子賴丹爲校尉將軍田輪臺輪臺與渠犂地皆相連也龜茲貴人姑翼謂其王曰賴丹本臣屬吾國今佩漢印綬來迫吾國而田必爲害王卽殺賴丹而上書謝漢漢未能征宣帝時長羅侯常惠使烏孫還便宜發諸國兵師古曰以便宜擅發兵也合五萬人攻龜茲責以前殺校尉賴丹龜茲王謝曰迺我先王時爲貴人姑翼所誤我無罪執姑翼詣惠惠斬之時烏孫公主遣女來至京師學鼓琴漢遣侍郎樂奉送主女過龜茲龜茲前遣人至烏孫求公主女未還會女過龜茲龜茲王留不遣復使使報公主主許之後公主上書願令女比宗室入朝而龜茲王絳賓亦愛其夫人上書言得尙漢外孫爲昆弟願與公主女俱入朝元康元年遂來朝賀王及夫人皆賜印綬夫人號稱公主賜以車騎旗鼓歌吹數十人綺繡雜繒琦珍凡數千萬師古曰琦音奇留且一年厚贈送之後數來朝賀樂漢衣服制度歸其國治宮室作徼道周衛出入傳呼撞鐘鼓如漢家儀外國胡人皆曰驢非驢馬非馬若龜茲王所謂贏也絳賓死其子丞德自謂漢外孫成哀帝時往來尤數漢遇之亦甚親密東通尉犂六百五十里

尉犂國王治尉犂城去長安六千七百五十里戶千二百口九千六百勝兵二千人尉犂侯安世侯左右將左右都尉擊胡君各一人譯長二人西至都護治所三百里南與鄯善且末接

危須國王治危須城去長安七千二百九十里戶七百口四千九百勝兵二千人擊胡侯擊胡都尉左右將左右都尉左右騎君擊胡君譯長各一人西至都護治所五百里至焉耆百里

焉耆國王治員渠城師古曰員音于權反去長安七千三百里戶四千口三萬二千一百勝兵六千人擊胡侯卻胡侯輔國侯左右將左右都尉擊胡左右君擊車師君歸義車師君各一人擊胡都尉擊胡君各二人譯長三人西南至都護治所四百里南至尉犂百里北與烏孫接近海水多魚

烏貪訾離國王治于婁谷去長安萬三百三十里戶四十一口二百三十一勝兵五十七人輔國侯左右都尉各一人東與單桓南與且彌西與烏孫接

卑陸國王治天山東乾當國師古曰乾音干○劉奉世曰下國字當作谷去長安八千六百八十里戶二百二十七口千三百八十七勝兵四百二十二人輔國侯左右將左右都尉左右譯長各一人西南至都護治所千二百八十七里

卑陸後國王治番渠類谷師古曰番音盤去長安八千七百一十里戶四百六十二口千一百三十七勝兵三百五十人輔國侯都尉譯長各一人將二人東與郁立師北與匈奴西與刧國南與車師接

郁立師國王治內咄谷師古曰咄音丁忽反去長安八千八百三十里戶百九十口千四百四十五勝兵三百三十一人輔國侯左右都尉譯長各一人東與車師後城長西與卑陸北與匈奴接

單桓國王治單桓城去長安八千八百七十里戶二十七口百九十四勝兵四十五人輔國侯將左右都尉譯長各一人

蒲類國王治天山西疏榆谷去長安八千三百六十里戶三百二十五口二千三十二勝兵七百九十九人輔國侯左右將左右都尉各一人西南至都護治所千三百八十七里

蒲類後國王去長安八千六百三十里戶百口千七十勝兵三百三十四人輔國侯將左右都尉譯長各一人

西且彌國王治天山東于大谷師古曰且音子余反去長安八千六百七十里戶三百三十二口千九百二十六勝兵七百三十八人西且彌侯左右將左右騎君各一人西南至都護治所千四百八十七里

東且彌國王治天山東兌虛谷去長安八千二百五十里戶百九十一口千九百四十八勝兵五百七十二人東且彌侯左右都尉各一人西南至都護治所千五百八十七里

刧國王治天山東丹渠谷去長安八千五百七十里戶九十九口五百勝兵百一十五人輔國侯都尉譯長各一人西南至都護治所千四百八十七里

狐胡國王治車師柳谷去長安八千二百里戶五十五口二百六十四勝兵四十五人輔國侯左右都尉各一人西至都護治所千一百四十七里至焉耆七百七十

里

山國王去長安七千一百七十里師古曰常在山下居不爲城治也戶四百五十口五千勝兵千八人輔國侯左右將左右都尉譯長各一人西至尉犂二百四十里西北至焉耆百六十里西至危須二百六十里東南與鄯善且末接山出鐵民山居寄田糴穀於焉耆危須

車師前國王治交河城河水分流繞城下故號交河去長安八千一百五十里戶七百口六千五十勝兵千八百六十五人輔國侯安國侯左右將都尉歸漢都尉車師君通善君鄉善君各一人師古曰鄉讀曰嚮譯長二人西南至都護治所千八百七里至焉耆八百三十五里

車師後國王治務塗谷去長安八千九百五十里戶五百九十五口四千七百七十四勝兵千八百九十人擊胡侯左右將左右都尉道民君譯長各一人師古曰道讀曰導西南至都護治所千二百三十七里

車師都尉國戶四十口三百三十三勝兵八十四人

車師後城長國戶百五十四口九百六十勝兵二百六十人武帝天漢二年以匈奴降者介和王爲開陵侯將樓蘭國兵始擊車師匈奴遣右賢王將數萬騎救之漢兵不利引去征和四年遣重合侯馬通將四萬騎擊匈奴道過車師北復遣開陵侯將樓蘭尉犂危須凡六國兵別擊車師勿令得遮重合侯諸國兵共圍車師車師王降服臣屬漢昭帝時匈奴復使四千騎田車師宣帝即位遣五將將兵擊匈奴師古曰謂本始二年御史大夫田廣明爲祁連將軍後將軍趙充國爲蒲類將軍雲中太守田順爲武牙將軍及度遼將軍范明友前將軍韓增凡五將也車師田者驚去車師復通於漢匈奴怒召其太子軍宿欲以爲質軍宿焉耆外孫不欲質匈奴亡走焉耆車師王更立子烏貴爲太子及烏貴立爲王與匈奴結婚姻教匈奴遮漢道通烏孫者地節二年漢遣侍郎鄭吉校尉司馬憙師古曰憙音許吏反將免刑罪人田渠犂積穀欲以攻車師至秋收穀吉憙發城郭諸國兵萬餘人自與所將田士千五百人共擊車師攻交河城破之王尙在其北石城中未得會軍食盡吉等且罷兵歸渠犂田收秋畢復發兵攻車師王於石城王聞漢兵且至北走匈奴求救匈奴未爲發兵王來還與貴人蘇猶議欲降漢恐不見信蘇猶敎王擊匈奴邊國小蒲類斬首略其人民以降吉車師旁小金附國隨漢軍後盜車師車師王復自請擊破金附匈奴聞車師降漢發兵攻車師吉憙引兵北逢之匈奴不敢前吉憙即留一候與卒二十人留守王吉等引兵歸渠犂車師王恐匈奴兵復至而見殺也迺輕騎奔烏孫吉即迎其妻子置渠犂東奏事至酒泉有詔還田渠犂及車師益積穀以安西國侵匈奴吉還傳送車師王妻子詣長安賞賜甚厚每朝會四夷常尊顯以示之於是吉始使吏卒三百人別田車師得降者言單于大臣皆曰車師地肥美近匈奴使漢得之多田積穀必害人國不可不爭也果遣騎來擊田者吉迺與校尉盡將渠犂田士千五百人往田匈奴復益遣騎來漢田卒少不能當保車師城中匈奴將即其城下謂吉曰師古曰即就也單于必爭此地不可田也圍城數日迺解後常數千騎往來守車師吉上書言車師去渠犂千餘里間以河山師古曰間隔也音居莧反北近匈奴漢兵在渠犂者勢不能相救願益田卒公卿議以爲道遠煩費可且罷車師田者詔遣長羅侯師古曰常惠也將張掖酒泉騎出車師北千餘里揚威武車師旁胡騎引去○宋祁曰淳化本作引兵去熙寧本及越本無兵字吉迺得出歸渠犂凡三校尉屯田車師王之走烏孫也烏孫留不遣遣使上書願留車師王備國有急可從西道以擊匈奴漢許之於是漢召故車師太子軍宿在焉耆者立以爲王盡徙車師國民令居渠犂遂以車師故地與匈奴車師王得近漢田官與匈奴絕亦安樂親漢後漢使侍郎殷廣德責烏孫求車師王烏孫貴將詣闕師古曰烏孫遣其將之貴者入漢朝賜第與其妻子居○劉敞曰漢求車師王耳烏孫貴將反詣闕又賜第與妻子居非理也按鄭吉傳送車師王妻子詣長安今漢復責烏孫求車師王故賜車師王第使與妻子居耳又當云烏孫遣其貴人將詣闕是歲元康四年也其後置戊己校尉屯田居車師故地元始中車師後王國有新道出五船北通玉門關往來差近戊己校尉徐普欲開以省道里半避白龍堆之阸車師後王姑句師古曰句音鉤以道當爲拄置師古曰拄者支拄也言有所置立而支拄於己故心不便也拄音竹羽反又竹具反其字從手而讀之者或不曉以拄爲梁柱之柱及分破其句言置柱於心皆失之矣○劉敞曰當道爲拄置者新道出車師後王國則漢使往來後王主爲之供億故心不便也拄置猶言儲偫○宋祁曰按通典道下有通字心不便也地又頗與匈奴南將軍地接普欲分明其界然後奏之召姑句使證之不肯繫之姑句數以牛羊賕吏求出不得姑句家矛端生火其妻股紫陬師古曰陬音子侯反謂姑句曰矛端生火此兵氣也利以用兵前車師前王爲都護司馬所殺今久繫必死不如降匈奴即馳突出高昌壁入匈奴又去胡來王唐兜國比大種赤水羌師古曰比近也音頻寐反數相寇不勝告急都護都護但欽不以時救助唐兜困急怨欽東守玉門關玉門關不內即將妻子人民千餘人亡降匈奴匈奴受之而遣使上書言狀是時新都侯王莽秉政遣中郎將王昌等使匈奴告單于西域內屬不當得受單于謝罪執二王以付使者莽使中郎王萌待西域惡都奴界上逢受師古曰逢受謂先至待之逢見即受取也單于遣使送因請其罪師古曰請免其罪也使者以聞莽不聽詔下會西域諸國王陳軍斬姑句唐兜以示之至莽簒位建國二年以廣新公甄豐爲右伯當出西域車師後王須置離聞之與其右將股鞮左將尸泥支謀曰師古曰鞮音丁奚反聞甄公爲西域太伯當出故事給使者牛羊穀芻茭導譯前五威將過所給使尙未能備今太伯復出國益貧恐不能稱師古曰不副所求也欲亡入匈奴戊己校尉刁護聞之師古曰刁音彫召置離驗問辭服乃械致都護但欽在所埒婁城師古曰埒婁城名埒音劣婁音樓置離人民知其不還皆哭而送之至欽則斬置離置離兄輔國侯狐蘭支將置離衆二千餘人驅畜產舉國亡降匈奴師古曰盡一國之衆也是時莽易單于璽單于恨怒遂受狐蘭支降遣兵與共寇擊車師殺後城長傷都護司馬及狐蘭兵復還入匈奴時戊己校尉刁護病遣史陳良屯桓且谷備匈奴寇師古曰且音子余反史終帶取糧食司馬丞韓玄領諸壁右曲候任商領諸壘相與謀曰西域諸國頗背叛匈奴欲大侵要死可殺校尉將人衆降匈奴如淳曰言匈奴來侵會當死耳可降匈奴也師古曰要音一妙反即將數千騎至校尉府脅諸亭令燔積薪師古曰示爲爨火也分告諸壁曰匈奴十萬騎來入吏士皆持兵後者斬得三四百人去校尉府數里止晨火爇師古曰爇古然字校尉開門擊鼓收吏士良等隨入遂殺校尉刁護及子男四人諸昆弟子男獨遺婦女小兒師古曰遺留置不殺也止留戊己校尉城遣人與匈奴南將軍相聞南將軍以二千騎迎良等良等盡脅略戊己校尉吏士男女二千餘人入匈奴單于以良帶爲烏賁都尉師古曰賁音奔後三歲單于死弟烏絫單于咸立師古曰絫音力追反復與莽和親莽遣使者多齎金幣賂單于購求陳良終帶等單于盡收四人及手殺刁護者芝音妻子以下二十七人皆械檻車付使者到長安莽皆燒殺之其後莽復欺詐單于和親遂絕匈奴大擊北邊而西域亦瓦解焉耆國近匈奴先叛殺都護但欽莽不能討天鳳三年迺遣五威將王駿西域都護李崇將戊己校尉出西域諸國皆郊迎送兵穀焉耆詐降而聚兵自備駿等將莎車龜茲兵七千餘人分爲數部入焉耆焉耆伏兵要遮駿及姑墨尉犂危須國兵爲反間還共襲擊駿等皆殺之唯戊己校尉郭欽別將兵後至焉耆焉耆兵未還欽擊殺其老弱引兵還莽封欽爲剼胡子鄧展曰剼音彩師古曰剼絕也音子小反字本作剿轉寫誤耳李崇收餘士還保龜茲數年莽死崇遂沒西域因絕最凡國五十自譯長城長君監吏大祿百長千長都尉且渠當戶將相至侯王皆佩漢印綬凡三百七十六人而康居大月氏安息罽賓烏弋之屬皆以絕遠不在數中其來貢獻則相與報不督錄總領也

贊曰孝武之世圖制匈奴患其兼從西國結黨南羌師古曰圖謀也從音子容反迺表河曲列西郡○宋祁曰新本西作四開玉門通西域以斷匈奴右臂隔絕南羌月氏單于失援由是遠遁而幕南無王庭遭值文景玄默養民五世天下殷富財力有餘士馬彊盛故能睹犀布瑇瑁師古曰瑇音代瑁音妹則建珠崖七郡感枸醬竹杖師古曰枸音矩則開牂柯越嶲聞天馬蒲陶則通大宛安息自是之後明珠文甲通犀翠羽之珍盈於後宮如淳曰文甲即瑇瑁也通犀中央色白通兩頭蒲梢龍文魚目汗血之馬充於黃門孟康曰四駿馬名也師古曰梢音所交反鉅象師子猛犬大雀之羣食於外囿師古曰鉅亦大殊方異物四面而至於是廣開上林穿昆明池營千門萬戶之宮立神明通天之臺興造甲乙之帳師古曰其數非一以甲乙次第名之也落以隨珠和璧師古曰落與絡同天子負黼依襲翠被馮玉几而處其中師古曰依讀曰扆扆如小屏風而畫爲黼文也白與黑謂之黼又爲斧形襲重衣也被音皮義反設酒池肉林以饗四夷之客作巴俞都盧海中碭極漫衍魚龍角抵之戲以觀視之晉灼曰都盧國名也李奇曰都盧體輕善緣者也碭極樂名也師古曰巴人巴州人也俞水名今渝州也巴俞之人所謂賨人也勁銳善舞本從高祖定三秦有功高祖喜觀其舞因令樂人習之故有巴俞之樂漫衍者即張衡西京賦所云巨獸百尋是爲漫延者也魚龍者爲舍利之獸先戲於庭極畢乃入殿前激水化成比目魚跳躍漱水作霧障日畢化成黃龍八丈出水敖戲於庭炫燿日光西京賦云海鱗變而成龍即爲此色也俞音踰碭音徒浪反衍音弋戰反視讀曰示觀示者觀之令觀也○宋祁曰注文八丈一作入又字徒浪反越本作大浪及賂遺贈送萬里相奉師旅之費不可勝計至於用度不足迺榷酒酤筦鹽鐵鑄白金造皮幣算至車船租及六畜民力屈財用竭師古曰屈音其勿反因之以凶年寇盜並起道路不通直指之使始出衣繡杖斧斷斬於郡國然後勝之是以末年遂棄輪臺之地而下哀痛之詔豈非仁聖之所悔哉且通西域近有龍堆遠則葱嶺身熱頭痛縣度之阸淮南杜欽揚雄之論皆以爲此天地所以界別區域絕外內也書曰西戎即序師古曰禹貢之辭也序次也禹既就而序之非上威服致其貢物也西域諸國各有君長兵衆分弱無所統一雖屬匈奴不相親附匈奴能得其馬畜旃罽而不能統率與之進退與漢隔絕道里又遠得之不爲益棄之不爲損盛德在我無取於彼故自建武以來西域思漢威德咸樂內屬唯其小邑鄯善車師界迫匈奴尙爲所拘而其大國莎車于闐之屬數遣使置質于漢願請屬都護聖上遠覽古今因時之宜羈縻不絕辭而未許雖大禹之序西戎周公之讓白雉太宗之卻走馬義兼之矣亦何以

尚茲師古曰西戎卽序說已在前昔周公相成王越裳氏重九譯而獻白雉成王問周公公曰德不加焉則君子不饗其質政不施焉則君子不臣其遠吾何以獲此物也譯曰吾受命國之黃耇曰久矣天之無烈風雨雷也意中國有聖人乎盍往朝之然後歸之王稱先王之神所致以薦宗廟太宗漢文帝也卻走馬謂有人獻千里馬不受還之賜道路費也考子德經曰天下有道卻走馬以糞故贊引也

前漢書卷九十六下考證

烏孫國傳元康二年烏孫昆彌因惠上書云云○通鑑考異曰傳請婚在元康二年而蕭望之傳云神爵二年按元康二年望之未爲大鴻臚蓋誤以神爵爲元康也

渠犂傳宜給足不可乏○顏炎武曰不可乏當作可不乏

務使以時益種五穀注師古曰益多也○臣召南按監本及別本刊此注於下句張掖酒泉遣騎假司馬爲斥候讀益以時益種五穀指泉連下遣騎言不指張掖酒泉言也今從宋本移正

輪臺言不指張掖酒泉言也今從宋本移正

焉耆國傳治員渠城○臣召南按後書作南柯城又北與烏孫接近海水多魚後書曰其國四面有大山與龜茲相連有海水曲入四山之內周匝其城三十餘里卽其說也焉耆北接烏孫西去條支絕遠所謂海者指大澤巨浸如蒲類蒲昌並稱爲海之比非北海亦非西海也

狐胡國傳治車師柳谷○臣召南按後漢班勇爲西域長史屯柳中後書西域傳諸國道里俱以去長史所居爲率疑卽此柳谷也

車師後城長國傳卽馳突出高昌壁○臣召南按高昌壁始見於此後書云自敦煌西出玉門陽關涉鄯善北通伊吾千餘里自伊吾北通車師前部高昌壁千二百里自高昌壁北通後部金滿城五百里此西域之門戶也故戊己校尉更互屯焉按拓跋魏時闞爽始立國於高昌號高昌王卽以此壁得名

贊且通西域近有龍堆○按地理志白龍堆沙在敦煌郡正西關外正西關當卽龍勒縣之玉門陽關矣

前漢書卷九十七上

漢　蘭臺令史班固撰

唐正議大夫行祕書少監琅邪縣開國子顏師古注

外戚列傳第六十七上

自古受命帝王及繼體守文之君非獨內德茂也蓋亦有外戚之助焉夏之興也以塗山而桀之放也用末喜殷之興也以有娀及有㜪而紂之滅也嬖妲己周之興也以姜嫄及太任太姒而幽王之禽也淫褒姒故易基乾坤詩首關雎書美釐降春秋譏不親迎夫婦之際人道之大倫也師古曰倫理也禮之用唯昏姻爲兢兢師古曰兢兢戒慎也夫樂調而四時和陰陽之變萬物之統也可不慎與人能弘道末如命何甚哉妃匹之愛君不能得之臣父不能得之子況卑下乎師古曰言雖君父之尊不能奪其所好而移其本意既驩合矣或不能成子姓師古曰姓生也成子姓矣而不能要其終豈非命也哉孔子罕言命蓋難言之也非通幽明之變惡能識乎性命哉漢興因秦之稱號帝母稱皇太后祖母稱太皇太后適稱皇后師古曰適讀曰嫡天曰皇地曰后故天子之妃以后爲稱妾皆稱夫人又有美人良人八子七子長使少使之號焉師古曰良善也八七者秩之差也長使少使主供使者至武帝制倢伃娙娥傛華充依各有爵位師古曰倢言接幸於上也伃美稱也娙娥皆美貌也傛傛猶言奕奕也便習之意也充依言充後庭而依秩序也倢音接伃音予字或從女其音同耳娙音五經反傛音容而元帝加昭儀之號師古曰昭顯其儀示隆重也凡十四等云師古曰除皇后自昭儀以下至秩百石十四等昭儀位視丞相爵比諸侯王倢伃視上卿比列侯娙娥視中二千石比關內侯師古曰中二千石實得二千石也中之言滿也月得百八十斛是爲一歲凡得二千一百六十石言二千者舉成數耳傛華視眞二千石比大上造師古曰眞二千石月得百五十斛一歲凡得千八百石耳大上造第十六爵美人視二千石比少上造師古曰二千石者月得百二十斛一歲凡得一千四百四十石耳少上造第十五爵八子視千石比中更師古曰中更第十三爵也更音公衡反其下亦同充依視千石比左更師古曰左更第十二爵七子視八百石比右庶長師古曰右庶長第十一爵良人視八百石比左庶長師古曰左庶長第十爵長使視六百石比五大夫師古曰五大夫第九爵少使視四百石比公乘師古曰公乘第八爵五官視三百石師古曰五官亦所掌之職也順常視二百石無涓共和娛靈保林良使夜者皆視百石師古曰涓絜也無涓言無所不絜也共讀曰恭言恭順而和柔也娛靈可以娛樂情靈也保安也保林言其可安衆如林也良使使令之善者也夜者主職夜事令音力成反上家人子中家人子視有秩斗食云師古曰家人子者言采擇良家子以入宮未有職號但稱家人子也斗食謂佐史也謂之斗食者言一歲不滿百石日食一斗二升五官以下葬司馬門外服虔曰陵上司馬門之外

高祖呂皇后父呂公單父人也師古曰單音善父音甫好相人高祖微時呂公見而異之乃以女妻高祖生惠帝魯元公主高祖爲漢王元年封呂公爲臨泗侯二年立孝惠爲太子後漢王得定陶戚姬愛幸生趙隱王如意太子爲人仁弱高祖以爲不類己常欲廢之而立如意如意類我戚姬常從上之關東日夜啼泣欲立其子呂后年長常留守希見益疏如意且立爲趙王留長安幾代太子者數師古曰幾音鉅依反數音所角反賴公卿大臣爭之及叔孫通諫用留侯之策得無易呂后爲人剛毅佐高帝定天下兄二人皆爲列將從征伐長兄澤爲周呂侯次兄釋之爲建成侯逮高祖而侯者三人高祖四年臨泗侯呂公薨高祖崩惠帝立呂后爲皇太后迺令永巷囚戚夫人髡鉗衣赭衣令舂戚夫人舂且歌曰子爲王母爲虜終日舂薄暮常與死爲伍師古曰與死罪者爲伍也相離三千里當誰使告女師古曰女讀曰汝此下皆同太后聞之大怒曰乃欲倚女子邪乃召趙王誅之使者三反師古曰反還也三還言三回也趙相周昌不遣太后召趙相相徵至長安使人復召趙王王來惠帝慈仁知太后怒自迎趙王霸上入宮挾與起居飲食數月帝晨出射趙王不能蚤起太后伺其獨居使人持鴆飲之遲帝還趙王死師古曰遲音直二反解在高紀太后遂斷戚夫人手足去眼煇耳飲瘖藥師古曰去其眼精以藥熏耳令聾也瘖不能言也以瘖藥飲之也飲音於禁反瘖音於今反使居鞠域中師古曰鞠域如蹋鞠之域謂窟室也鞠音巨六反名曰人彘居數月迺召惠帝視人彘帝視而問知其戚夫人迺大哭因病歲餘不能起使人請太后曰此非人所爲臣爲太后子終不能復治天下師古曰令太后視事已自如太子然以此日飲爲淫樂不聽政七年而崩太后發喪哭而泣不下師古曰泣謂淚也留侯子張辟彊爲侍中年十五謂丞相陳平曰太后獨有帝今哭而不悲君知其解未師古曰解猶解說其意陳平曰何解辟彊曰帝無壯子太后畏君等今請拜呂台呂產爲將將兵居南北軍及諸呂皆官居中用事如此則太后心安君等幸脫禍矣丞相如辟彊計請之太后說其哭迺哀師古曰說讀曰悅呂氏權由此起迺立孝惠後宮子爲帝太后臨朝稱制復殺高祖子趙幽王友共王恢師古曰共讀曰恭及燕靈王建遂立周呂侯子台爲呂王師古曰台音土來反台弟產爲梁王建城侯釋之子祿爲趙王台子通爲燕王又封諸呂凡六人皆爲列侯追尊父呂公爲呂宣王兄周呂侯爲悼武王太后持天下八年病犬禍而崩語在五行志病困以趙王祿爲上將軍居北軍梁王產爲相國居南軍戒產祿曰高祖與大臣約非劉氏王者天下共擊之今王呂氏大臣不平我卽崩恐其爲變必據兵衛宮愼毋送喪爲人所制太后崩太尉周勃丞相陳平朱虛侯劉章等共誅產祿悉捕諸呂男女無少長皆斬之而迎立代王是爲孝文皇帝

孝惠張皇后宣平侯敖尚帝姊魯元公主有女惠帝卽位呂太后欲爲重親以公主女配帝爲皇后欲其生子萬方終無子迺使陽爲有身取後宮美人子名之師古曰名爲皇后子殺其母立所名子爲太子惠帝崩太子立爲帝四年迺自知非皇后所出言曰太后安能殺吾母而名我我壯卽爲所爲師古曰爲其所爲謂所生之母也爲音于僞反太后聞而患之恐其作亂迺幽之永巷言帝病甚左右莫得見太后下詔廢之語在高后紀遂幽死更立恒山王弘爲皇帝而以呂祿女爲皇后欲連根固本牢甚師古曰牢堅也然而無益也呂太后崩大臣正之卒滅呂氏少帝恒山淮南濟川王皆以非孝惠子誅獨置孝惠皇后廢處北宮師古曰置留也北宮在未央宮之北孝文後元年薨葬安陵不起墳

高祖薄姬文帝母也父吳人秦時與故魏王宗女魏媼通生薄姬而薄姬父死山陰因葬焉師古曰山陰會稽縣及諸侯畔秦魏豹立爲王而魏媼內其女於魏宮許負相薄姬當生天子是時項羽方與漢王相距滎陽天下未有所定豹初與漢擊楚及聞許負言心喜因背漢而中立與楚連和師古曰自謂當得天下漢使曹參等虜魏王豹以其國爲郡而薄姬輸織室豹已死漢王入織室見薄姬有詔內後宮歲餘不得幸始姬少時與管夫人趙子兒相愛約曰先貴毋相忘已而管夫人趙子兒先幸漢王漢王四年坐河南成皋靈臺此兩美人侍相與笑薄姬初時約漢王問其故兩人俱以實告漢王心悽然憐薄姬是日召欲幸之對曰昨暮夢龍據妾胷上曰是貴徵也吾爲汝成之遂幸有身歲中生文帝年八歲立爲代王自有子後希見高祖崩諸幸姬戚夫人之屬呂后怒皆幽之不得出宮而薄姬以希見故得出從子之代爲代太后太后弟薄昭從如代師古曰如往也代王立十七年高后崩大臣議立後疾外家呂氏彊暴皆稱薄氏仁善故迎立代王爲皇帝尊太后爲皇太后封弟昭爲軹侯師古曰軹音只太后母亦前死葬櫟陽北迺追尊太后父爲靈文侯會稽郡致園邑三百家長丞以下使奉守寑廟上食祠如法櫟陽亦置靈文夫人園令如靈文侯園儀太后蚤失父其奉太后外家魏氏有力師古曰言太后爲外家所養也迺召復魏氏賞賜各以親疏受之薄氏侯者一人太后後文帝二歲孝景前二年崩師古曰言文帝崩後二歲太后乃崩葬南陵師古曰薄太后陵在霸陵之南故稱南陵卽今所謂薄陵用呂后不合葬長陵師古曰以呂后是正嫡故薄不得合葬也故特自起陵近文帝

孝文竇皇后，景帝母也，呂太后時以良家子選入宮太后出宮人以賜諸王各五人竇姬與在行中師古曰與讀曰豫家在清河願如趙近家師古曰如往也請其主遣宦者吏必置我籍趙之伍中師古曰主遣宦者吏謂宦者爲吏而主發遣宮人者也籍謂名簿也伍猶列也宦者忘之誤置籍代伍中籍奏詔可當行竇姬涕泣怨其宦者不欲往相彊迺肯行至代代王獨幸竇姬生女嫖師古曰嫖音匹昭反孝惠七年生景帝代王王后生四男先代王未入立爲帝而王后卒及代王爲帝後王后所生四男更病死師古曰更互也音公衡反文帝立數月公卿請立太子而竇姬男最長立爲太子竇姬爲皇后女爲館陶長公主師古曰年最長故謂之長公主明年封少子武爲代王後徙梁師古曰初封代王後更徙爲梁王是爲梁孝王竇皇后親蚤卒葬觀津師古曰觀津清河之縣也觀音工喚反於是薄太后迺詔有司追封竇后父爲安成侯母曰安成夫人令清河置園邑二百家長丞奉守比靈文園法

竇后兄長君弟廣國字少君年四五歲時家貧爲人所略賣其家不知處傳十餘家至宜陽爲其主人入山作炭暮臥岸下百餘人岸崩盡厭殺臥者師古曰厭音一甲反少君獨脫不死自卜數日當爲侯從其家之長安師古曰從其主家也之往也聞皇后新立家在觀津姓竇氏廣國去時雖少識其縣名及姓又嘗與其姊采桑墮師古曰墮謂墮樹用爲符信上書自陳皇后言帝召見問之具言其故果是復問其所識師古曰識記也音式志反曰姊去我西時與我決傳舍中匄沐沐我已飯我乃去師古曰匄乞也沐具而爲之沐沐訖又飯食之也飯音扶晚反於是竇皇后持之而泣侍御左右皆悲迺厚賜之家於長安絳侯灌將軍等曰吾屬不死命乃且縣此兩人師古曰恐其後擅權則將相大臣當被害此兩人所出微不可不爲擇師傅又復放呂氏大事也師古曰放音甫往反於是乃選長者之有節行者與居竇長君少君由此爲退讓君子不敢以富貴驕人竇皇后疾失明文帝幸邯鄲慎夫人尹姬皆無子文帝崩景帝立皇后爲皇太后乃封廣國爲章武侯長君先死封其子彭祖爲南皮侯吳楚反時太后從昆弟子竇嬰俠喜士師古曰俠音許浹反爲大將軍破吳楚封魏其侯竇氏侯者凡三人竇太后好黃帝老子言景帝及諸竇不得不讀老子尊其術太后後景帝六歲凡立五十一年元光六年崩師古曰武紀建元六年太皇太后崩此傳云後景帝六歲是也而以建元爲元光則是參錯又當言凡立四十五年而云五十一再三乖謬皆是此傳誤合葬霸陵遺詔盡以東宮金錢財物賜長公主嫖師古曰東宮太后所居至武帝時魏其侯竇嬰爲丞相後誅

孝景薄皇后，孝文薄太后家女也。景帝爲太子時薄太后取以爲太子妃景帝立立薄妃爲皇后無子無寵立六年薄太后崩皇后廢廢後四年薨葬長安城東平望亭南

孝景王皇后，武帝母也。父王仲槐里人也母臧兒故燕王臧荼孫也爲仲妻生男信與兩女而仲死臧兒更嫁爲長陵田氏婦生男蚡勝臧兒長女嫁爲金王孫婦生一女矣而臧兒卜筮曰兩女當貴欲倚兩女師古曰冀其貴而依倚之得尊寵也倚音於綺反奪金氏金氏怒不肯與決乃內太子宮太子幸愛之生三女一男男方在身時王夫人夢日入其懷以告太子太子曰此貴徵也未生而文帝崩景帝即位王夫人生男是時薄皇后無子後數歲景帝立齊栗姬男爲太子而王夫人男爲膠東王長公主嫖有女欲與太子爲妃栗姬妒而景帝諸美人皆因長公主見得貴幸栗姬日怨怒謝長主不許長主欲與王夫人王夫人許之會薄皇后廢長公主日譖栗姬短景帝嘗屬諸姬子師古曰諸姬子諸姬所生之子也屬音之欲反此下皆同曰吾百歲後善視之栗姬怒不肯應言不遜景帝心銜之而未發也長公主日譽王夫人男之美帝亦自賢之又耳曩者所夢日符師古曰耳常聽聞而記之也符猶瑞應計未有所定王夫人又陰使人趣大臣立栗姬爲皇后師古曰趣音曰促大行奏事文曰子以母貴母以子貴今太子母號宜爲皇后帝怒曰是乃所當言邪師古曰乃汝也言此事非汝所當得言遂案誅大行而廢太子爲臨江王栗姬愈恚不得見以憂死卒立王夫人爲皇后男爲太子封皇后兄信爲蓋侯初皇后始入太子家後女弟兒姁亦復入師古曰姁音許于反諸婦人之名字音皆同生四男兒姁蚤卒四子皆爲王師古曰謂廣川惠王越膠東康王寄清河哀王乘常山憲王舜皇后長女爲平陽公主次南宮公主次隆慮公主師古曰慮音廬皇后立九年景帝崩武帝即位爲皇太后尊太后母臧兒爲平原君封田蚡爲武安侯勝爲周陽侯王氏田氏侯者凡三人蓋侯信好酒田蚡勝貪巧於文辭蚡至丞相追尊王仲爲共侯師古曰共讀曰恭槐里起園邑二百家長丞奉守及平原君薨從田氏葬長陵亦置園邑如共侯法初皇太后微時所爲金王孫生女俗在民間蓋諱之也師古曰言隨俗而在閭巷未顯貴武帝始立韓嫣白之師古曰嫣音偃帝曰何爲不蚤言乃車駕自往迎之其家在長陵小市直至其門使左右入求之家人驚恐女逃匿扶將出拜帝下車立曰大姊何臧之深也載至長樂宮與俱謁太后太后垂涕女亦悲泣帝奉酒前爲壽錢千萬奴婢三百人公田百頃甲第以賜姊太后謝曰爲帝費因賜湯沐邑號脩成君男女各一人女嫁諸侯男號脩成子仲以太后故橫於京師師古曰橫音胡孟反太后凡立二十五年後景帝十五歲元朔三年崩合葬陽陵

孝武陳皇后，長公主嫖女也。曾祖父陳嬰與項羽俱起後歸漢爲堂邑侯傳子至孫午午尚長公主生女初武帝得立爲太子長主有力取主女爲妃及帝即位立爲皇后擅寵驕貴十餘年而無子聞衛子夫得幸幾死者數焉師古曰幾音鉅依反數音所角反上愈怒后又挾婦人媚道頗覺元光五年上遂窮治之女子楚服等坐爲皇后巫蠱祠祭祝詛大逆無道相連及誅者三百餘人楚服梟首於市使有司賜皇后策曰皇后失序惑於巫祝師古曰言失德義之序而妄祝詛也不可以承天命其上璽綬罷退居長門宮明年堂邑侯午薨生男須嗣侯主寡居私近董偃十餘年主薨須坐淫亂兄弟爭財當死自殺國除後數年廢后乃薨葬霸陵郎官亭東

孝武衛皇后字子夫，生微也。其家號曰衛氏，出平陽侯邑。子夫爲平陽主謳者師古曰齊歌曰謳音一侯反武帝即位數年無子平陽主求良家女十餘人飾置家帝祓霸上孟康曰祓除也於霸水上自祓除今三月上巳祓禊也師古曰祓音廢禊音系還過平陽主主見所偫美人師古曰偫儲偫也偫音丈紀反帝不說既飲謳者進帝獨說子夫師古曰說讀曰悅帝起更衣子夫侍尚衣師古曰尚主也時於軒中侍帝權主衣裳軒中得幸師古曰軒謂軒車即今車之施幰者還坐驩甚賜平陽主金千斤主因奏子夫送入宮子夫上車主拊其背曰行矣師古曰拊謂摩循之也行矣猶今言好去強飯勉之師古曰強音其兩反飯音扶晚反即貴願無相忘入宮歲餘不復幸武帝擇宮人不中用者斥出之子夫得見涕泣請出上憐之復幸遂有身尊寵召其兄衛長君弟青侍中而子夫生三女元朔元年生男據遂立爲皇后先是衛長君死乃以青爲將軍擊匈奴有功封長平侯青三子在襁褓中皆爲列侯及皇后姊子霍去病亦以軍功爲冠軍侯至大司馬票騎將軍青爲大司馬大將軍衛氏支屬侯者五人青還尚平陽主皇后立七年而男立爲太子後色衰趙之王夫人中山李夫人有寵皆蚤卒後有尹倢伃鉤弋夫人更幸師古曰更互也音工衡反衛后立三十八年遭巫蠱事起江充爲姦太子懼不能自明遂與皇后共誅充發兵兵敗太子亡走詔遣宗正劉長樂執金吾劉敢奉策收皇后璽綬自殺黃門蘇文姚定漢輿置公車令空舍盛以小棺瘞之城南桐柏師古曰瘞埋也桐柏亭名也瘞音於例反衛氏悉滅宣帝立乃改葬衛后追諡曰思后置園邑三百家長丞周衛奉守焉師古曰葬在杜門外大道東以倡優雜伎千人樂其園故號千人聚其地在今長安城內金城坊西北隅是

孝武李夫人本以倡進。初，夫人兄延年性知音善歌舞，武帝愛之每爲新聲變曲聞者莫不感動延年侍上起舞歌曰北方有佳人絕世而獨立一顧傾人城再顧傾人國寧不知傾城與傾國佳人難再得上歎息曰善世豈有此人乎平陽主因言延年有女弟上乃召見之實妙麗善舞由是得幸生一男是爲昌邑哀王李夫人少而蚤卒上憐閔焉圖畫其形於甘泉宮及衛思后廢後四年武帝崩大將軍霍光緣上雅意以李夫人配食追上尊號曰孝武皇后初李夫人病篤上自臨候之夫人蒙被謝曰妾久寢病形貌毀壞不可以見帝願以王及兄弟爲託上曰夫人病甚殆將不起一見我屬託王及兄弟豈不快哉夫人曰婦人貌不脩飾不見君父妾不敢以燕媠見帝師古曰媠與惰同謂不嚴飾上曰夫人弟一見我師古曰第但也將加賜千金而予兄弟尊官夫人曰尊官在帝不在一見上復言欲必見之夫人遂轉鄉歔欷而不復言師古曰鄉讀曰嚮轉面而嚮裏也歔音虛欷音許既反於是上不說而起夫人姊妹讓之曰貴人獨不可一見上屬託兄弟邪何爲恨上如此夫人曰所以不欲見帝者乃欲以深託兄弟也我以容貌之好得從微賤愛幸於上夫以色事人者色衰而愛弛愛弛則恩絕上所以攣攣顧念我者乃以平生容貌也今見我毀壞顏色非故必畏惡吐棄我意尚肯復追思閔錄其兄弟哉及夫人卒上以后禮葬焉其後上以夫人兄李廣利爲貳師將軍封海西侯延年爲協律都尉上思念李夫人不已方士齊人少翁言能致其神迺夜張燈燭設帳帷陳酒肉而令上居他帳遙望見好女如李夫人之貌還幄坐而步師古曰夫人之神於幄中坐又出而徐步又不得就視上愈益相思悲感爲作詩曰是邪非邪立而望之偏何姍姍其來遲師古曰姍姍行貌音先安反令樂府諸音家絃歌之上又自爲作賦以傷悼夫人其辭曰美連娟以脩嫮兮師古曰嫮美也連娟纖弱也嫮音互娟音一全反命樔絕而不長師古曰樔截也音子小反飾新宮以延貯兮泯不歸乎故鄉師古曰新宮待神之處貯與佇同佇待也泯泯然滅絕意慘鬱鬱其蕪穢兮隱處幽而懷傷釋輿馬於山椒兮奄脩夜之不陽孟康曰山椒山陵也置輿馬於山陵也師古曰自慘鬱鬱以下皆言夫人身處墳墓而闇翳也脩長也陽明也秋氣憯以淒淚兮桂枝落而銷亡師古曰淒淚寒涼之意也桂秋芳香亦喻夫人也憯音千感反淚音戾神煢煢以遙思兮精浮游而出畺託沈陰以壙久兮惜蕃華之未央師古曰沈陰言在地下也壙與曠同未央猶未半也言年歲未半而早落蕃華故痛惜之蕃音扶元反念窮極之不還兮惟幼眇之相羊師古曰惟思也幼眇猶窈窕也相羊翱翔也幼音一小反相音襄函菱荴以俟風兮芳雜襲以彌章李奇曰荴音敷孟康曰菱音綏華中齊也夫人之色如春華含菱敷散以待風也師古曰雜襲重積也的容與以猗靡兮縹飄姚虖愈莊孟康曰言夫人之顏色的然盛美雖在風中縹姚愈益端

嚴也師古曰縹音匹妙反燕淫衍而撫楹兮連流視而娥揚師古曰追遠平生歡宴之時也娥揚揚其娥眉既激感而心逐兮包紅顏而弗明師古曰心逐者帝自言中心追逐夫人不能已也包紅顏者言在墳墓之中不可見也驩接狎以離別兮宵寤夢之芒芒師古曰言絕接狎之懽而遂離別也宵夜也芒芒無知之貌也芒音莫郎反忽遷化而不反兮魄放逸以飛揚何靈魄之紛紛兮哀裴回以躊躇師古曰躊躇住足也躊音疇躇合韻音丈預反埶路日以遠兮遂荒忽而辭去師古曰荒音呼廣反超兮西征屑兮不見師古曰屑然疾意也以日爲喻故言西征寖淫敞怳寂兮無音師古曰怳古恍字思若流波怛兮在心師古曰流波言思寵不絕也怛悼也音丁曷反亂曰師古曰亂理也總理賦中之意佳俠函光隕朱榮兮孟康曰佳俠猶佳麗嫉妬闒茸將安程兮師古曰言嫉妬闒茸之徒不足與夫人爲程品也闒茸猥賤之稱也闒音吐臘反茸音人勇反方時隆盛年夭傷兮師古曰傷合韻音式向反弟子增欷洿沫悵兮應劭曰弟子夫人弟兄也子昌邑王也孟康曰洿沫涕洟也晉灼曰沫音水沫面之沫言涕洟洿集覆面下也師古曰沫晉說是也悵惆悵也洿音烏洿下也沫音呼內反字從午未之未也悲愁於邑喧不可止兮師古曰朝鮮之間謂小兒泣不止名爲喧音許遠反嚮不虛應亦云已兮師古曰嚮讀曰響之隨聲必當有應而今泣徒自己耳夫人不知之是虛其應嫶妍太息嘆稚子兮孟康曰夫人家被歔欷不見帝哀其子小而孤也晉灼曰三輔謂憂愁面省瘦曰嫶冥嫶冥猶嫶妍也師古曰嫶音在消反懰慄不言倚所恃兮孟康曰恃平日之恩知上必感念之也師古曰懰慄哀愴之意也懰音劉慄音栗仁者不誓豈約親兮如淳曰仁者之行惠尚一不以爲恩施豈有親親而反當以言約乎既往不來申以信兮師古曰死者一往不返情念酷痛重以此心爲信不有忽忘也信合韻音新去彼昭昭就冥冥兮既下新宮不復故庭兮師古曰故庭謂平生所居室之庭也復音扶目反嗚呼哀哉想魂靈兮

其後李延年弟季坐姦亂後宮廣利降匈奴家族滅矣

孝武鉤弋趙倢伃昭帝母也家在河間武帝巡狩過河間望氣者言此有奇女天子亟使使召之既至女兩手皆拳上自披之手即時伸由是得幸號曰拳夫人先是其父坐法宮刑爲中黃門死長安葬雍門師古曰雍門在長安西北孝里西南去長安三十里廣記云趙父冢在門西也拳夫人進爲倢伃居鉤弋宮師古曰黃圖鉤弋宮在城外漢武故事曰在直門南也大有寵太始三年生昭帝號鉤弋子任身十四月迺生上曰聞昔堯十四月而生今鉤弋亦然迺命其所生門曰堯母門後衞太子敗而燕王旦廣陵王胥多過失寵姬王夫人男齊懷王李夫人男昌邑哀王皆蚤薨鉤弋子年五六歲壯大多知師古曰壯大者言其形體偉大上常言類我又感其生與衆異甚奇愛之心欲立焉以其年稺母少恐女主顓恣亂國家猶與久之師古曰與讀曰豫鉤弋倢伃從幸甘泉有過見譴以憂死師古曰譴責也音口羨反因葬雲陽師古曰在甘泉宮南今土俗人呼爲女陵後上疾病乃立鉤弋子爲皇太子拜奉車都尉霍光爲大司馬大將軍輔少主明日帝崩昭帝即位追尊鉤弋倢伃爲皇太后發卒二萬人起雲陵邑三千戶追尊外祖趙父爲順成侯詔右扶風置園邑二百家長丞奉守如法順成侯有姊君姁賜錢二百萬奴婢第宅以充實焉諸昆弟各以親疏受賞賜趙氏無在位者唯趙父追封

孝昭上官皇后祖父桀隴西上邽人也少時爲羽林期門郎從武帝上甘泉天大風車不得行解蓋授桀桀奉蓋雖風常屬車師古曰屬連也音之欲反雨下蓋輒御上奇其材力遷未央廄令上嘗體不安及愈見馬馬多瘦上大怒令以我不復見馬邪欲下吏桀頓首曰臣聞聖體不安日夜憂懼意誠不在馬言未卒泣數行下上以爲忠由是親近爲侍中稍遷至太僕武帝疾病以霍光爲大將軍太僕桀爲左將軍皆受遺詔輔少主以前捕斬反者莽通功封桀爲安陽侯初桀子安取霍光女結婚相親光每休沐出桀常代光入決事昭帝始立年八歲帝長姊鄂邑蓋長公主居禁中共養帝師古曰共音居用反養音弋亮反蓋主私近子客河閒丁外人師古曰子客子之賓客也外人其名也上與大將軍聞之不絕主驩有詔外人侍長主長主內周陽氏女令配耦帝時上官安有女即霍光外孫安因光欲內之光以爲尚幼不聽安素與丁外人善說外人曰聞長主內女安子容貌端正誠因長主時得入爲后師古曰以時得入以臣父子在朝而有椒房之重師古曰椒房殿名在未央宮皇后所居成之在於足下漢家故事常以列侯尚主足下何憂不封侯乎外人喜言於長主長主以爲然詔召安女入爲倢伃安爲騎都尉月餘遂立爲皇后年甫六歲師古曰甫始也安以后父封桑樂侯食邑千五百戶遷車騎將軍日以驕淫受賜殿中出對賓客言與我婿飲大樂見其服飾使人歸欲自燒物安醉則裸行內與後母及父諸良人侍御皆亂師古曰良人謂妾也侍御則兼婢矣子病死仰而罵天數守大將軍光爲丁外人求侯師古曰守求請之及桀欲妄官祿外人師古曰不由材德故云妄光執正皆不聽又桀妻父所幸充國爲太醫監闌入殿中下獄當死冬月且盡蓋主爲充國入馬二十匹贖罪迺得減死論於是桀安父子深怨光而重德蓋主知燕王旦帝兄不得立亦怨望桀安即記光過失予燕王令上書告之又爲丁外人求侯燕王大喜上書稱子路喪姊朞而不除孔子非之子路曰由不幸寡兄弟不忍除之師古曰事見禮記由子路之名故曰觀過知仁師古曰論語云孔子曰人之過也各於其黨觀過斯知仁矣引此言者謂子路厚於骨肉雖違禮制是其仁愛今臣與陛下獨有長公主爲姊陛下幸使丁外人侍之外人宜蒙爵號書奏上以問光光執不許及告光罪過上又疑之愈親光而疏桀安桀安寖恚師古曰寖漸也遂結黨與謀殺光誘徵燕王至而誅之因廢帝而立桀或曰當如皇后何安曰逐麋之狗當顧菟邪師古曰言所求者大不顧小也且用皇后爲尊一旦人主意有所移雖欲爲家人亦不可得師古曰家人言凡庶匹夫此百世之一時也事發覺燕王蓋主皆自殺語在霍光傳桀安宗族既滅皇后以年少不與謀師古曰與讀曰預亦光外孫故得不廢皇后母前死葬茂陵郭東追尊曰敬夫人置園邑二百家長丞奉守如法皇后自使私奴婢守桀安冢師古曰廟記云上官桀安冢並在霍光冢東東去夏侯勝冢二十步光欲皇后擅寵有子帝時體不安左右及醫皆阿意言宜禁內雖宮人使令皆爲窮絝多其帶服虔曰窮絝有前後當不得交通也師古曰使令所使之人也絝古袴字也窮絝即今之緄襠袴也令音力征反緄音下昆反後宮莫有進者皇后立十歲而昭帝崩后年十四五云昌邑王賀徵即位尊皇后爲皇太后光與太后共廢王賀立孝宣帝宣帝即位爲太皇太后凡立四十七年年五十二建昭二年崩合葬平陵

衞太子史良娣宣帝祖母也太子有妃有良娣有孺子妻妾凡三等子皆稱皇孫史良娣家本魯國有母貞君兄恭以元鼎四年入爲良娣生男進號史皇孫師古曰進者皇孫之名武帝末巫蠱事起衞太子及良娣史皇孫皆遭害史皇孫有一男號皇曾孫時生數月猶坐太子繫獄積五歲乃遭赦治獄使者邴吉憐皇曾孫無所歸載以付史恭恭母貞君年老見孫孤甚哀之自養視焉後曾孫收養於掖庭遂登至尊位是爲宣帝而貞君及恭已死恭三子皆以舊恩封長子高爲樂陵侯曾爲將陵侯玄爲平臺侯及高子丹以功德封武陽侯侯者凡四人高至大司馬車騎將軍丹左將軍自有傳

史皇孫王夫人宣帝母也名翁須太始中得幸於史皇孫皇孫妻妾無號位皆稱家人子征和二年生宣帝帝生數月衞太子皇孫敗家人子皆坐誅莫有收葬者唯宣帝得全即尊位後追尊母王夫人謚曰悼后祖母史良娣曰戾后皆改葬起園邑長丞奉守語在戾太子傳地節三年求得外祖母王媼媼男無故無故弟武皆隨使者詣闕時乘黃牛車故百姓謂之黃牛嫗初上即位數遣使者求外家久遠多似類而非是既得王媼令太中大夫任宣與丞相御史屬雜考問鄉里識知者皆曰王媼媼言名妄人家本涿郡蠡吾平鄉年十四嫁爲同鄉王更得妻更得死嫁爲廣望王迺始婦師古曰廣望亦涿郡之縣產子男無故武女翁須翁須年八九歲時寄居廣望節侯子劉仲卿宅仲卿謂迺始曰予我翁須自養長之媼爲翁須作縑單衣師古曰縑即今之絹也音兼送仲卿家仲卿教翁須歌舞往來歸取冬夏衣居四五歲翁須來言邯鄲賈長兒求歌舞者仲卿欲以我與之媼即與翁須逃走之平鄉師古曰之往也仲卿載迺始共求媼媼遑急將翁須歸曰兒居君家非受一錢也師古曰言未嘗得其聘幣奈何欲予它人仲卿詐曰不也後數日翁須乘長兒車馬過門呼曰我果見行當之柳宿蘇林曰聚邑名也在中山盧奴東北三十里媼與迺始之柳宿見翁須相對涕泣謂曰我欲爲汝自言師古曰言自訟理不肯行翁須曰母置之師古曰置之猶言任聽之不須自言何家不可以居師古曰言所去處皆可安居自言無益也媼與迺始還求錢用隨逐至中山盧奴見翁須與歌舞等比五人同處師古曰比音必寐反媼與翁須共宿明日迺始留視翁須媼還求錢欲隨至邯鄲媼歸糶買未具迺始來歸曰翁須已去我無錢用隨也因絕至今不聞其問賈長兒妻貞及從者師遂辭師古曰辭對辭往二十歲太子舍人侯明從長安來求歌舞者請翁須等五人長兒使遂送至長安皆入太子家及廣望三老更始劉仲卿妻其等四十五人辭皆驗師古曰其者仲卿妻之名宣奏王媼悼后母明白上皆召見賜無故武爵關內侯旬月間賞賜以鉅萬計頃之制詔御史賜外祖母號爲博平君以博平蠡吾兩縣戶萬一千爲湯沐邑封舅無故爲平昌侯武爲樂昌侯食邑各六千戶初迺始以本始四年病死後三歲家迺富貴追賜謚曰思成侯詔涿郡治冢室置園邑四百家長丞奉守如法歲餘博平君薨謚曰思成夫人詔徙思成侯合葬奉明顧成廟南置園邑長丞師古曰本號廣明故戾太子傳云皇孫及王夫人皆葬廣明其後以置園邑奉守改曰奉明罷涿郡思成園王氏侯者二人無故子接爲大司馬車騎將軍而武子商至丞相自有傳

孝宣許皇后元帝母也父廣漢昌邑人少時爲昌邑王郎從武帝上甘泉誤取它郎鞍以被其馬發覺吏劾從行而盜當死有詔募下蠶室孟康曰死罪囚欲就宮者聽之後爲宦者丞上官桀謀反時廣漢部索師古曰部分搜索罪人也索音山客反其殿中廬有索長數尺可以縛人者數千枚滿一篋緘封師古曰殿中廬桀所止宿廬舍在宮中者也緘束篋也音工咸反廣漢索不得它吏往得之師古曰須得此繩索者用爲桀之反具廣漢坐論爲鬼薪輸掖庭後爲暴室嗇夫時宣帝養於掖庭號皇曾孫與廣漢同寺居時掖庭令張賀本衞太子家吏及太子敗賀坐下刑以舊恩養視皇曾孫甚厚及曾孫壯大賀欲以女孫妻之是時昭帝始冠長八尺二寸賀弟安世爲右將軍與霍將軍同心輔政聞賀稱譽皇曾孫欲妻以女安世怒曰曾孫迺衞太子後也幸得以庶人衣食縣官足矣勿復言予女事於是賀止時許廣漢有女平君年十四五當爲內者令歐侯氏子婦師古曰歐侯姓也歐音烏溝反臨當入歐侯氏

子死其母將行卜相當大貴毋獨喜賀聞許嗇夫有女廼置酒請之師古曰請召也召嗇夫飲酒也酒酣爲言曾孫體近下人乃關內侯師古曰言曾孫之身於帝爲近親縱其人材下劣尚作關內侯書本或無人字可妻也廣漢許諾明日嫗聞之怒師古曰廣漢之妻不欲與曾孫廣漢重令爲介師古曰更令人作媒而結婚姻重音直用反遂與曾孫一歲生元帝數月曾孫立爲帝平君爲倢伃是時霍將軍有小女與皇太后有親公卿議更立皇后皆心儀霍將軍女晉灼曰儀向也師古曰謂附向之亦未有言上乃詔求微時故劍大臣知指白立許倢伃爲皇后旣立霍光以后父廣漢刑人不宜君國歲餘乃封爲昌成君霍光夫人顯欲貴其小女道無從師古曰從因也由也無由得內其女明年許皇后當娠病女醫淳于衍者霍氏所愛嘗入宮侍皇后疾衍夫賞爲掖庭戶衞謂衍可過辭霍夫人行師古曰過辭夫人乃行入宮也爲我求安池監衍如言報顯顯因生心辟左右師古曰辟音闢謂屏去之字謂衍少夫幸報我以事如淳曰稱衍字曰少夫親之也晉灼曰報我以事謂求池監也我亦欲報少夫可乎晉灼曰報少夫謀弒許后事衍曰夫人所言何等不可者顯曰將軍素愛小女成君欲奇貴之願以累少夫師古曰累託也音力瑞反衍曰何謂邪顯曰婦人免乳大故十死一生師古曰免乳謂產子也大故大事也乳音人喩反今皇后當免身可因投毒藥去也師古曰去謂除去皇后也音丘呂反成君卽得爲皇后矣如蒙力事成富貴與少夫共之衍曰藥雜治當先嘗安可師古曰與衆醫共雜治之人有先嘗者何可行毒顯曰在少夫爲之耳將軍領天下誰敢言者緩急相護但恐少君無意耳衍良久曰願盡力卽擣附子齎入長定宮皇后免身後衍取附子并合大醫大丸以飲皇后晉灼曰大丸今澤蘭丸之屬有頃曰我頭岑岑也藥中得無有毒師古曰岑岑痺悶之意音岑對曰無有遂加煩懣崩師古曰懣音滿又音悶衍出過見顯相勞問師古曰勞音來到反亦未敢重謝衍師古曰恐人知覺之後人有上書告諸醫侍疾無狀者皆收繫詔獄劾不道顯恐事急卽以狀具語光因曰旣失計爲之無令吏急衍光驚鄂默然不應其後奏上署衍勿論李奇曰光題其奏也師古曰言之於帝故解釋耳光不自署也許后立三年而崩謚曰恭哀皇后葬杜南是爲杜陵南園師古曰卽今之所謂小陵者去杜陵十八里後五年立皇太子廼封太子外祖父昌成君廣漢爲平恩侯位特進後四年復封廣漢兩弟舜爲博望侯延壽爲樂成侯許氏侯者凡三人廣漢薨謚曰戴侯無子絕葬南園旁置邑三百家長丞奉守如法宣帝以延壽爲大司馬車騎將軍輔政元帝卽位復封延壽中子嘉爲平恩侯奉戴侯後亦爲大司馬車騎將軍

孝宣霍皇后大司馬大將軍博陸侯光女也母顯旣使淳于衍陰殺許后顯因爲成君衣補師古曰謂縫作嫁時衣被也爲音于僞反治入宮具勸光內之果立爲皇后初許后起微賤登至尊日淺從官車服甚節儉五日一朝皇太后於長樂宮親奉案上食以婦道共養及霍后立亦脩許后故事而皇太后親霍后之姊子故常竦體敬而禮之皇后輦駕侍從甚盛賞賜官屬以千萬計與許后時縣絕矣上亦寵之顓房燕師古曰顓與專同立三歲而光薨後一歲上立許后男爲太子昌成君者爲平恩侯顯怒恚不食歐血曰此乃民間時子安得立卽后有子反爲王邪復教皇后令毒太子皇后數召太子賜食保阿輒先嘗之后挾毒不得行後殺許后事頗泄顯遂與諸壻昆弟謀反發覺皆誅滅使有司賜皇后策曰皇后熒惑失道懷不德挾毒與母博陸宣成侯夫人顯謀欲危太子無人母之恩不宜奉宗廟衣服不可以承天命嗚呼傷哉其退避宮上璽綬有司霍后立五年廢處昭臺宮師古曰在上林中後十二歲徙雲林館廼自殺葬昆吾亭東師古曰昆吾地名在藍田初霍光及兄驃騎將軍去病皆自以功伐封侯居位宣帝以光故封去病孫山山弟雲皆爲列侯侯者前後四人

孝宣王皇后其先高祖時有功賜爵關內侯自沛徙長陵傳爵至后父奉光奉光少時好鬬雞宣帝在民間數與奉光會相識奉光有女年十餘歲每當適人所當適輒死故久不行及宣帝卽位召入後宮稍進爲倢伃是時館陶王母華倢伃及淮陽憲王母張倢伃楚孝王母衞倢伃皆愛幸霍皇后廢後上憐許太子蚤失母師古曰許后所生故曰許太子幾爲霍氏所害於是乃選後宮素謹愼而無子者遂立王倢伃爲皇后令母養太子自爲后後希見無寵封父奉光爲邛成侯立十六年宣帝崩元帝卽位爲皇太后封太后兄舜爲安平侯後二年奉光薨謚曰共侯葬長門南置園邑三百家長丞奉守如法元帝崩成帝卽位爲太皇太后復爵太皇太后弟駿爲關內侯食邑千戶王氏列侯二人關內侯一人舜子章章從弟咸皆至左右將軍時成帝母亦姓王氏故世號太皇太后爲邛成太后邛成太后凡立四十九年年七十餘永始元年崩合葬杜陵稱東園師古曰雖同塋兆而別爲墳王后陵次宣帝陵東故曰東園也奉光孫勳坐法免元始中成帝太后下詔曰孝宣王皇后朕之姑深念奉質共脩之義恩結于心師古曰質讀曰贄惟邛成共侯國廢祀絕朕甚閔焉其封共侯曾孫堅固爲邛成侯至王莽乃絕

前漢書卷九十七上考證

外戚傳殷之興也以有娀又有㜪○按又有㜪三字及下文太姒二字並史記所無而漢書補之

漢興因秦之稱號云云○臣召南按自此以下詳序宮中位號班氏所自撰錄也後書云秦爵列九品卽据此傳

高祖薄姬傳漢王四年坐河南成皐靈臺○史記作坐河南宮成皐臺

孝景王皇后傳元朔三年崩○史記作元朔四年誤也此與紀合

前漢書卷九十七下

漢　蘭　臺　令　史班　固撰

唐正議大夫行祕書少監琅邪縣開國子顏師古注

外戚列傳第六十七下

孝元王皇后成帝母也家凡十侯五大司馬師古曰十侯者陽平頃侯禁禁子敬侯鳳安成侯崇平阿侯譚成都侯商紅陽侯立曲陽侯根高平侯逢時安陽侯音新都侯莽也五大司馬者鳳音商根莽也一曰鳳嗣禁爲侯不當重數而十人者淳于長卽其一也外戚莫盛焉自有傳

孝成許皇后大司馬車騎將軍平恩侯嘉女也元帝悼傷母恭哀后居位日淺而遭霍氏之辜故選嘉女以配皇太子初入太子家上令中常侍黃門親近者侍送還白太子懽說狀師古曰說讀曰悅元帝喜謂左右酌酒賀我左右皆稱萬歲久之有一男失之及成帝卽位立許妃爲皇后復生一女失之初后父嘉自元帝時爲大司馬車騎將軍輔政已八九年矣及成帝立復以元舅陽平侯王鳳爲大司馬大將軍與嘉並杜欽以爲故事后父重於帝舅乃說鳳曰車騎將軍至貴將軍宜尊重之敬之無失其意蓋輕細微眇之漸必生乖忤之患不可不愼衞將軍之日盛於蓋侯師古曰衞將軍衞青也武帝衞皇后之弟蓋侯王信也武帝之舅近世之事語尚在於長老之耳唯將軍察焉久之上欲專委任鳳廼策嘉曰將軍家重身尊不宜以吏職自絫師古曰絫古累字也音力瑞反賜黃金二百斤以特進侯就朝位後歲餘薨謚曰恭侯后聰慧善史書自爲妃至卽位常寵於上後宮希得進見皇太后及帝諸舅憂上無繼嗣時又數有災異劉向谷永等皆陳其咎在於後宮上然其言於是省減椒房掖庭用度師古曰椒房殿皇后所居皇后廼上疏曰妾誇布服糲食孟康曰誇大也大布之衣也糲粗米也師古曰言在家時野陋也加以幼稚愚惑不明義理幸得免離茅屋之下備後宮埽除蒙過誤之寵居非命所當託洿穢不脩曠職尸官師古曰洿與汙同曠空也尸主也妾主其官數逾至法踰越制度當伏放流之誅不足以塞責廼壬寅日大長秋受詔椒房儀法御服輿駕所發諸官署及所造作遺賜外家羣臣妾師古曰外家謂后之家族言在外也皆如竟寧以前故事妾伏自念入椒房以來遺賜外家未嘗踰故事每輒決上師古曰每事皆奏決於天子乃敢行也可覆問也今誠時世異制長短相補不出漢制而已纖微之閒未必可同若竟寧前與黃龍前豈相放哉晉灼曰竟寧元帝時也黃龍宣帝時也言二帝奢儉不同豈相放依也師古曰放音甫往反家吏不曉師古曰家吏皇后之官屬今壹受詔如此且使妾搖手不得今言無得發取諸官殆謂未央宮不屬妾不宜獨取也師古曰未央宮天子之宮故其財物皇后不得取也今言者謂詔書新有所限約之言言妾家府亦不當得妾竊惑焉師古曰此言謂家吏之言幸得賜湯沐邑以自奉養亦小發取其中何害於誼而不可哉又詔書言服御所造皆如竟寧前吏誠不能揆其意卽且令妾被服所爲不得不如前師古曰詔書本云奢儉之制如竟寧前耳而吏乃謂衣服處置一一如之也被音皮義反設妾欲作某屏風張於某所曰故事無有或不能得則必繩妾以詔書矣師古曰言或有所求吏不肯備因云詔書不許也此二事誠不可行唯陛下省察宦吏伎佷必欲自勝師古曰宦吏奄人爲皇后吏也伎伎堅也伎音之豉反幸妾尚貴時猶以不急事操人師古曰尚貴謂昔被寵遇之時也操持也音千高反次下亦同況今日日益侵又獲此詔其操約人豈有所訴陛下見妾在椒房終不肯給妾纖微師古曰言皇后自有湯沐故更無它纖毫給賜內邪若不私府小取將安所仰乎師古曰內邪言內中所須者也邪語辭也仰音牛向反舊故中宮乃私奪左右之賤繒及發乘輿服繒言爲待詔補已而貿易其中師古曰此言私奪繒擬待別詔有所補浣而私擅易取其好者以自用左右多竊怨者甚恥爲之又故事以特牛祠大父母戴侯敬侯皆得蒙恩以太牢祠今當率如故事唯陛下哀之今吏甫受詔讀記師古曰甫始也直豫言使后知之非可復若私府有所取也師古曰若謂如未奉詔之前也其萌牙所以約制妾者恐失人理師古曰萌牙言其初始發意若草木之方生也今但損車駕及毋若未央宮有所發遺賜衣服如故事則可矣師古曰言今止當減損車馬制度及不得同未央宮輒有發取妄遺賜人於事則可而后之衣服自當如舊也其餘誠太迫急奈何妾薄命端遇竟寧前師古曰端正也言不得以它時爲比例而正依竟寧前也竟寧前於今世而比之豈可邪師古曰言今時國家制度衆事比竟寧前不肯皆同也故時酒肉有所賜外家輒上表廼決又故杜陵梁美人歲時遺酒一石肉百斤耳蘇林曰宣帝美人也妾甚少之遺田八子誠不可若是師古曰當多於梁美人也事率衆多不可勝以文陳師古曰率猶計也類也言以文書陳之不可勝盡俟自見索言之師古曰自見於天子也索盡也唯陛下深察焉上於是采劉向谷永之言以報曰皇帝問皇后所言事聞之夫日者衆陽之宗天光之貴王者之象人君之位也夫以陰而侵陽虧其正體是非下陵上妻乘夫

賤踰貴之變與春秋二百四十二年變異爲衆莫若日蝕大自漢興日蝕亦爲呂霍之屬見以今揆之豈有此等之效與諸侯拘迫漢制牧相執持之也師古曰牧州牧也相諸侯王相也又安獲齊趙七國之難將相大臣褱誠秉忠唯義是從師古曰褱古懷字又惡有上官博陸宣成之謀師古曰上官桀安也博陸博陸侯霍禹也宣成宣成侯夫人顯也惡音烏若乃徒步豪桀非有陳勝項梁之羣也匈奴夷狄非有冒頓郅支之倫也方外內鄉百蠻賓服師古曰鄉讀曰嚮內嚮者嚮中國也殊俗慕義八州懷德雖使其懷挾邪意猶不足憂又況其無乎求於夷狄無有求於臣下無有微後宮也當何以塞之日者建始元年正月師古曰日者猶言往日也白氣出於營室營室者天子之後宮也正月於尚書爲皇極皇極者王氣之極也白者西方之氣其於春當廢今正於皇極之月興廢氣於後宮視后妾無能懷任保全者師古曰視讀曰示以著繼嗣之微賤人將起也至其九月流星如瓜出於文昌貫紫宮尾委曲如龍臨於鉤陳此又章顯前尤著在內也其後則有北宮井溢南流逆理數郡水出流殺人民後則訛言相傳驚震女童入殿咸莫覺知師古曰謂陳持弓也夫河者水陰四瀆之長今乃大決沒漂陵邑師古曰大阜曰陵斯昭陰盛盈溢違經絕紀之應也迺昔之月鼠巢于樹野鵲變色五月庚子鳥焚其巢太山之域易曰鳥焚其巢旅人先咲後號咷喪牛于易凶師古曰咲古笑字咷音桃解並在谷永傳言王者處民上如鳥之處巢也不顧卹百姓百姓畔而去之若鳥之自焚也雖先快意說咲師古曰說讀曰悅其後必號而無及也百姓喪其君若牛亡其毛也故稱凶泰山王者易姓告代之處今正於岱宗之山甚可懼也三月癸未大風自西搖祖宗寢廟揚裂帷席折拔樹木頓僵車輦毀壞檻屋災及宗廟足爲寒心四月己亥日蝕東井轉旋且索與旣無異師古曰轉旋且索言須臾之間則欲盡也旣亦盡耳春秋書日有食之旣故詔引以爲言索先各反己猶戊也亥復水也張晏曰己戊在中宮爲君亥爲水陰氣也明陰盛咎在內於戊己虧君體著絕世於皇極顯禍敗及京都於東井變怪衆備末重益大來數益甚成形之禍月以迫切不救之患日寖婁深師古曰寖甚也婁古屢字咎敗灼灼若此豈可以忽哉書云高宗肜日粵有雊雉師古曰肜音弋中反祖己曰惟先假王正厥事又曰雖休勿休惟敬五刑以成三德師古曰解並在谷永傳即飭椒房及掖庭耳師古曰謂祖己所言皆以戒後宮也飭與敕同今皇后有所疑便不便其條刺使大長秋來白之師古曰條謂分條之也刺謂書之於刺板也刺音千賜反吏拘於法亦安足過蓋矯枉者過直古今同之師古曰矯正也枉曲也言意在正曲遂過於直且財幣之省特牛之祠其於皇后所以扶助德美爲華寵也咎根不除災變相襲祖宗且不血食何戴侯也傳不云乎以約失之者鮮審皇后欲從其奢與朕亦當法孝武皇帝也如此則甘泉建章可復興矣世俗歲殊時變日化遵事制宜因時而移舊之非者何可放焉師古曰放音甫往反君子之道樂因循而重改作昔魯人爲長府閔子騫曰仍舊貫如之何何必改作蓋惡之也詩云雖無老成人尚有典刑師古曰大雅蕩之詩也老成人舊故之臣也典刑常法也言闇亂之時不用舊法以至傾危也孝文皇帝朕之師也皇太后皇后成法也假使太后在彼時不如職今見親厚又惡可以踰乎師古曰言假令太后昔時不得其志不依常理而皇后今被親厚何可踰於太后制度乎婦不可踰姑也惡音烏皇后其刻心秉德毋違先后之制度力誼勉行稱順婦道師古曰稱副也減省羣事謙約爲右師古曰以謙約爲先其孝東宮毋闕朔望師古曰東宮太后所居也朔望謂朝謁之禮也推誠永究爰何不臧師古曰究竟也爰于也臧善也于何不善言何事而不善也養名顯行以息衆讙師古曰讙讙衆議也讙音許元反垂則列妾使有法焉師古曰言垂法於後宮使皆遵行也皇后深惟毋忽是時大將軍鳳用事威權尤盛其後比三年日蝕師古曰比頻也言事者頗歸咎於鳳矣而谷永等遂著之許氏許氏自知爲鳳所不佑師古曰佑助也久之皇后寵亦益衰而後宮多新愛后姊平安剛侯夫人謁等爲媚道祝讀後宮有身者王美人及鳳等師古曰讀古詛字事發覺太后大怒下吏考問謁等誅死許后坐廢處昭臺宮師古曰在上林苑中親屬皆歸故郡山陽后弟子平恩侯旦就國凡立十四年而廢在昭臺歲餘還徙長定宮師古曰三輔黃圖林光宮有長定宮後九年上憐許氏下詔曰蓋聞仁不遺遠誼不忘親前平安剛侯夫人謁坐大逆罪家屬幸蒙赦令歸故郡朕惟平恩戴侯先帝外祖魂神廢棄莫奉祭祀念之未嘗忘于心其還平恩侯旦及親屬在山陽郡者是歲廢后敗先是廢后姊孊寡居與定陵侯淳于長私通師古曰孊者后姊之名也音靡因爲之小妻長紿之曰師古曰紿誑也我能白東宮復立許后爲左皇后廢后因孊私賂遺長數通書記相報謝長書有誖謾師古曰誖惑亂也謾欺誑也誖音布內反謾與慢同發覺天子使廷尉孔光持節賜廢后藥自殺葬延陵交道廄西

孝成班倢伃帝初即位選入後宮始爲少使蛾而大幸如淳曰蛾無幾之頃也師古曰蛾與俄同古字通用爲倢伃居增成舍應劭曰後宮有八區增成第三也再就館蘇林曰外舍產子也晉灼曰謂陽祿與柘觀有男數月失之成帝遊於後庭嘗欲與倢伃同輦載倢伃辭曰觀古圖畫賢聖之君皆有名臣在側三代末主迺有嬖女今欲同輦得無近似之乎上善其言而止太后聞之喜曰古有樊姬今有班倢伃張晏曰楚王好田樊姬爲不食禽獸之肉倢伃誦詩及窈窕德象女師之篇師古曰詩謂關雎以下也窈窕德象女師之篇皆古箴戒之書也故傳云誦詩及窈窕以下諸篇明詩外別有此篇耳而說者便謂窈窕等即是詩篇蓋失之矣每進見上疏依則古禮自鴻嘉後上稍隆於內寵倢伃進侍者李平平得幸立爲倢伃上曰始衞皇后亦從微起迺賜平姓曰衞所謂衞倢伃也其後趙飛燕姊弟亦從自微賤興踰越禮制寖盛於前師古曰踰與踰同寖漸也班倢伃及許皇后皆失寵稀復進見鴻嘉三年趙飛燕譖告許皇后班倢伃挾媚道祝詛後宮詈及主上許皇后坐廢考問班倢伃倢伃對曰妾聞死生有命富貴在天脩正尚未蒙福爲邪欲以何望使鬼神有知不受不臣之愬師古曰祝詛主上是不臣也如其無知愬之何益故不爲也上善其對憐憫之賜黃金百斤趙氏姊弟驕妒倢伃恐久見危求共養太后長信宮師古曰共音居用反養音弋向反上許焉倢伃退處東宮作賦自傷悼其辭曰承祖考之遺德兮何性命之淑靈師古曰何任也負也登薄軀於宮闕兮充下陳於後庭師古曰陳列也蒙聖皇之渥惠兮當日月之盛明師古曰渥厚也揚光烈之翕赫兮奉隆寵於增成旣過幸於非位兮竊庶幾乎嘉時每寤寐而絫息兮申佩離以自思師古曰絫息言懼而喘息也離袿衣之帶也女子適人父親結其離而戒之故云自思也絫古累字陳女圖以鏡監兮顧女史而問詩悲晨婦之作戒兮張晏曰書云牝雞之晨惟家之索喻婦人無男事也哀褒閻之爲郵師古曰小雅刺幽王之詩曰赫赫宗周褒姒滅之閻妻扇方處故云爲郵郵過也美皇英之女虞兮榮任姒之母周師古曰皇英娥皇女英堯之二女也女妻也虞舜也任太任文王之母姒太姒武王之母也女音尼據反雖愚陋其靡及兮敢舍心而忘茲師古曰舍息也歷年歲而悼懼兮閔蕃華之不滋師古曰滋益也言痛逝不留華色落也蕃音扶元反痛陽祿與柘館兮仍繈褓而離災服虔曰二館名也生子此館皆失之也師古曰二觀並在上林中仍頻也罹遭也豈妾人之殃咎兮將天命之不可求白日忽已移光兮遂晻莫而昧幽師古曰晻與暗同又音烏感反莫讀曰暮一曰莫靜也讀如本字猶被覆載之厚德兮不廢捐於罪郵師古曰言主上之恩比於天地雖有罪過不廢棄也被音皮義反奉共養于東宮兮託長信之末流師古曰末流謂恩顧之末也一曰流謂等列也共音居用反養音弋向反共洒埽於帷幄兮永終死以爲期師古曰共音居容反洒音所寄反埽音先到反又顧歸骨於山足兮依松柏之餘休師古曰山足謂陵下也休蔭也重曰師古曰重者情志未申更作賦也音直用反潛玄宮兮幽以清應門閉兮禁闥扃師古曰正門謂之應門扃短關也音工熒反華殿塵兮玉階菭中庭萋兮綠草生師古曰菭水氣所生也萋萋青草貌也菭音臺萋音妻廣室陰兮帷幄暗房櫳虛兮風泠泠師古曰櫳疏檻也音來東反泠音零感帷裳兮發紅羅紛綷綵兮紈素聲師古曰感動也言風動發帷裳羅綺也綷綵衣聲也綷音千賄反綵音蔡神眇眇兮密靚處君不御兮誰爲榮師古曰靚字與靜同俯視兮丹墀思君兮履綦孟康曰丹墀赤地也師古曰綦履下飾也言視殿上之地則想君履綦之迹也綦音其仰視兮雲屋雙涕兮橫流師古曰雲屋言其顯對狀若雲也雙音徒感反對音徒對反顧左右兮和顏酌羽觴兮銷憂師古曰酒行疾如羽也孟康曰羽觴爵也作生爵形有頭尾羽翼如淳曰以瑇瑁覆翠羽於下見師古曰孟說是也惟人生兮一世忽一過兮若浮已獨享兮高明處生民兮極休師古曰享當也休美也勉虞精兮極樂與福祿兮無期師古曰此虞與娛同綠衣兮白華自古兮有之師古曰綠衣詩邶風刺妾上僭夫人失位白華小雅篇周人刺幽王黜申后也至成帝崩倢伃充奉園陵薨因葬園中

孝成趙皇后本長安宮人師古曰本宮人以賜陽阿主家也宮人者省中侍使官婢名曰宮人非天子掖庭中也事見漢舊儀言長安者以別甘泉等諸宮省也初生時父母不舉三日不死迺收養之及壯屬陽阿主家師古曰陽阿平原之縣也今俗書阿字作河又或爲河陽皆後人所妄改耳學歌舞號曰飛燕師古曰以其體輕也成帝嘗微行出過陽阿主作樂上見飛燕而說之召入宮大幸有女弟復召入俱爲倢伃貴傾後宮許后之廢也上欲立趙倢伃皇太后嫌其所出微甚難之太后姊子淳于長爲侍中數往來傳語得太后指上立封趙倢伃父臨爲成陽侯後月餘乃立倢伃爲皇后追以長前白罷昌陵功封爲定陵侯皇后旣立後寵少衰而弟絕幸爲昭儀居昭陽舍其中庭彤朱而殿上髤漆師古曰以漆漆物謂之髤音許求反又音許昭反今關東俗器物一再著漆者謂之捎漆捎即髤聲之轉重耳髤字或作髹音義亦與髤同今關西俗云黑髤盤朱髤盤其音如此兩義並通切皆銅沓冒黃金塗師古曰切門限也音千結反沓冒其頭也塗以金塗銅上也沓音屯合反白玉階師古曰階所由升殿陛也壁帶往往爲黃金釭函藍田璧明珠翠羽飾之服虔曰釭壁中之橫帶也晉灼曰以金環飾之也師古曰壁帶壁之橫木露出如帶者也於壁帶之中往往以金爲釭若車釭之形也其釭中著玉璧明珠翠羽耳藍田山名出美玉釭音工流俗讀之音江非也自後宮未嘗有焉姊弟顓寵十餘年卒皆無子師古曰顓與專同卒終也末年定陶王來朝王祖母傅太后私賂遺趙皇后昭儀定陶王竟爲太子明年春成帝崩帝素彊無疾病是時楚思王衍梁王立來朝明旦當辭去上宿供張白虎殿師古曰白虎殿在未央宮中供音居用反張音竹亮反又欲拜左將軍孔光爲丞相已刻侯印書贊師古曰贊謂延拜之文昏夜平善鄉晨傅絝韈應劭曰傅著也師古曰鄉讀曰嚮傅讀曰附絝古袴字也韈音武伐反欲起因失衣不能言晝漏上十刻而崩民間歸罪趙昭儀皇太后詔大司馬莽丞相大司空曰皇帝暴崩羣衆讙譁怪之掖庭令輔等在後庭左右侍燕迫近雜與御史丞相廷尉治問皇帝起居發病狀趙昭儀自殺哀帝旣立尊趙皇后爲皇太后封太后弟侍中駙馬都尉欽爲新成侯趙氏侯者凡二人後數月司隸解光奏言臣聞許美人及故中宮史曹宮皆御幸孝成皇帝產子子隱不見臣遣從事掾業史望驗問知狀者師古曰業者掾之名望者史之名也皆不言其姓掖庭獄丞籍武故中黃門王舜吳恭靳嚴官婢曹曉道房張棄故趙昭儀御者于客子王偏臧兼等皆曰宮即曉子女前屬

中宮爲學事史通詩授皇后房與宮對食應劭曰宮人自相與爲夫婦名對食甚相妒忌也元延元年中宮語房曰陛下幸宮後數月曉入殿中見宮腹大問宮宮曰御幸有身其十月中宮乳掖庭牛官令舍師古曰乳產也音而具反下皆類此有婢六人中黃門田客持詔記盛綠綈方底師古曰綈厚繒也綠其色也方底盛書囊形若今之筭幐耳綈音大奚反封御史中丞印予武曰取牛官令舍婦人新產兒婢六人盡置暴室獄毋問兒男女誰兒也武迎置獄宮曰善臧我兒胞師古曰胞謂胎之衣也音苞丞知是何等兒也師古曰意言是天子兒耳後三日客持詔記與武問兒死未手書對牘背師古曰牘木簡也時以爲詔記問之故令於背上書對辭武即書對兒見在未死有頃客出曰上與昭儀大怒奈何不殺武叩頭啼曰不殺兒自知當死殺之亦死即因客奏封事曰陛下未有繼嗣子無貴賤惟留意奏入客復持詔記予武曰今夜漏上五刻持兒與舜會東交掖門武因問客陛下得武書意何如曰憆也服虔曰憆直視貌也師古曰憆音丑庚反字本作瞠其音同耳武以兒付舜舜受詔內兒殿中爲擇乳母告善養兒且有賞毋令漏泄舜擇棄爲乳母時兒生八九日後三日客復持詔記封如前予武中有封小綠篋記曰告武以篋中物書予獄中婦人武自臨飲之師古曰飲音於禁反武發篋中有裹藥二枚赫蹏書鄧展曰赫音兒弟鬩牆之鬩應劭曰赫蹏薄小紙也晉灼曰今謂薄小物爲鬩蹏師古曰今書本赫字或作擊曰告偉能努力飲此藥不可復入女自知之師古曰女讀曰汝偉能即宮宮讀書已曰果也欲姊弟擅天下我兒男也額上有壯髮類孝元皇帝師古曰壯髮當額前侵下而生今俗呼爲圭頭者是也今兒安在危殺之矣師古曰危險也猶今人言險不殺耳奈何令長信得聞之師古曰謂太后宮飲藥死後宮婢六人召入出語武曰昭儀言女無過師古曰言我知汝無罪過也女讀曰汝寧自殺邪若外家也晉灼曰寧便自殺出至外舍死也我曹言願自殺師古曰曹輩也即自繆死晉灼曰繆音繆績之繆鄭氏曰自縊也師古曰繆絞也音居虯反武皆表奏狀棄所養兒十一日師古曰棄謂張棄也宮長李南以詔書取兒去晉灼曰漢儀注有女長御比侍中宮長豈此邪不知所置師古曰終竟不知置何所也許美人前在上林涿沐館數召入飾室中若舍師古曰或暫入或留止也一歲再三召留數月或半歲御幸元延二年褱子師古曰褱古懷字其十一月乳師古曰乳謂產子也音而乳反其下亦同詔使嚴持乳醫及五種和藥丸三送美人所後客子偏兼聞昭儀謂成帝曰常紿我言從中宮來師古曰紿誑也中宮皇后所居即從中宮來許美人兒何從生中許氏竟當復立邪晉灼曰昭儀前要帝不得立許美人爲皇后而今有子中許氏竟當復立爲皇后邪此前約之言也師古曰此說非也言美人在內中何從得兒而生也故言何從生中大此下乃始言約耳懟以手自擣師古曰懟怨怒也擣築也懟音直類反以頭擊壁戶柱從牀上自投地啼泣不肯食曰今當安置我欲歸耳帝曰今故告之反怒爲師古曰故以許

美人產子告汝何爲反怒殊不可曉也師古曰言其不可告語也帝亦不食昭儀曰陛下自知是不食謂何師古曰何爲不食也陛下常自言約不負女師古曰女讀曰汝次下亦同今美人有子竟負約謂何帝曰約以趙氏故不立許氏使天下無出趙氏上者毋憂也後詔使嚴持綠囊書予許美人告嚴曰美人當有以予女受來置飾室中簾南師古曰簾戶簾也音廉美人以葦篋一合盛所生兒緘封及綠囊報書予嚴嚴持篋書置飾室簾南去帝與昭儀坐使客子解篋緘未已師古曰緘束篋之繩也音居咸反帝使客子偏兼皆出自閉戶獨與昭儀在須臾開戶嘑客子偏兼使緘封篋及綠綈方底推置屏風東恭受詔持篋方底予武皆封以御史中丞印曰告武篋中有死兒埋屏處勿令人知武穿獄樓垣下爲坎埋其中故長定許貴人及故成都平阿侯家婢王業任孋公孫習前免爲庶人師古曰孋音麗詔召入屬昭儀爲私婢成帝崩未幸梓宮師古曰言未大斂也倉卒悲哀之時昭儀自知罪惡大知業等故許氏婢恐事泄而以大婢羊子等賜予業等各且十人以慰其意屬無道我家過失師古曰屬音之欲反元延二年五月故掖庭令吾丘遵謂武曰師古曰姓吾丘名遵掖庭丞吏以下皆與昭儀合通無可與語者獨欲與武有所言我無子武有子是家輕族人得無不敢乎蘇林曰是家謂成帝也不敢斥故言是家師古曰遵自以無子故無所顧懼武既有子恐禍相及當止不敢言也掖庭中御幸生子者輒死又飲藥傷墮者無數欲與武共言之大臣票騎將軍貪耆錢不足計事師古曰耆讀曰嗜奈何令長信得聞之遵後病困謂武今我已死前所語事武不能獨爲也愼語師古曰言汝力不能獨爲勿漏泄其語皆在今年四月丙辰赦令前臣謹案永光三年男子忠等發長陵傅夫人冢事更大赦師古曰更音工衡反孝元皇帝下詔曰此朕不當所得赦也窮治盡伏辜天下以爲當晉嚴公夫人殺世子齊桓召而誅焉春秋予之師古曰嚴公夫人謂哀姜也予謂許與之也解具在五行志趙昭儀傾亂聖朝親滅繼嗣家屬當伏天誅前平安剛侯夫人謁坐大逆同產當坐以蒙赦令歸故郡今昭儀所犯尤誖逆罪重於謁而同產親屬皆在尊貴之位迫近帷幄羣下寒心非所以懲惡崇誼示四方也請事窮竟丞相以下議正法哀帝於是免新成侯趙欽欽兄子成陽侯訢皆爲庶人將家屬徙遼西郡時議郎耿育上疏言臣聞繼嗣失統廢適立庶師古曰適讀曰嫡次下亦同聖人法禁古今至戒然太伯見歷知適逡循固讓師古曰歷謂王季即文王之父也知適謂知其當爲適嗣也委身吳粵權變所設不計常法致位王季以崇聖嗣卒有天下子孫承業七八百載功冠三王道德最備是以尊號追及太王故世必有非常之變然

後迺有非常之謀孝成皇帝自知繼嗣不以時立念雖末有皇子萬歲之後未能持國師古曰末晚暮也萬歲言晏駕也權柄之重制於女主女主驕盛則耆欲無極師古曰耆讀曰嗜少主幼弱則大臣不使師古曰不使不可使從命也世無周公抱負之輔恐危社稷傾亂天下知陛下有賢聖通明之德仁孝子愛之恩懷獨見之明內斷於身故廢後宮就館之漸絕微嗣禍亂之根師古曰微嗣者謂幼主也乃欲致位陛下以安宗廟愚臣既不能深援安危定金匱之計師古曰愚臣謂解光等也援引也金匱言長久之法可藏於金匱石室者也援者爰又不知推演聖德述先帝之志師古曰演廣也音弋善反迺反覆校省內暴露私燕師古曰私燕謂成帝閒宴之私也覆音芳目反誣汙先帝傾惑之過成結寵妾妬媚之誅甚失賢聖遠見之明逆負先帝憂國之意夫論大德不拘俗立大功不合衆此迺孝成皇帝至思所以萬萬於衆臣陛下聖德盛茂所以符合於皇天也豈當世庸庸斗筲之臣所能及哉且褒廣將順君父之美匡捄銷滅既往之過師古曰捄古救字古今通義也事不當時固爭防禍於未然各隨指阿從以求容媚晏駕之後尊號已定萬事已訖迺探追不及之事訐揚幽昧之過師古曰訐音居謁反此臣所深痛也願下有司議即如臣言宜宣布天下使咸曉知先帝聖意所起不然空使謗議上及山陵下流後世遠聞百蠻近布海內甚非先帝託後之意也蓋孝子善述父之志善成人之事唯陛下省察哀帝爲太子亦頗得趙太后力遂不竟其事傅太后恩趙太后趙太后亦歸心師古曰恩謂以厚恩接遇之一曰恩謂銜其立哀帝爲嗣之恩也故成帝母及王氏皆怨之哀帝崩王莽白太后詔有司曰前皇太后與昭儀俱侍帷幄姊弟專寵錮寑執賊亂之謀殘滅繼嗣以危宗廟誖天犯祖師古曰誖違也祖先帝也無爲天下母之義貶皇太后爲孝成皇后晉灼曰使哀帝不母罪之也徙居北宮後月餘復下詔曰皇后自知罪惡深大朝請希闊師古曰請謁也闊猶闊也失婦道無共養之禮而有狼虎之毒師古曰共讀曰恭音居用反養音弋向反其下並同宗室所怨海內之讎也而尚在小君之位誠非皇天之心夫小不忍亂大謀恩之所不能已者義之所割也師古曰言以義割恩也今廢皇后爲庶人就其園是日自殺凡立十六年而誅先是有童謠曰燕燕尾涏涏師古曰涏涏光澤之貌也音徒見反張公子時相見木門倉琅根燕飛來啄皇孫皇孫死燕啄矢成帝每微行出常與張放俱而稱富平侯家故曰張公子倉琅根宮門銅鍰也師古曰鍰讀與環同

孝元傅昭儀哀帝祖母也父河內溫人蚤卒母更嫁爲魏郡鄭翁妻生男惲昭儀少爲上官太后才人自元帝爲太子得進幸元帝即位立爲倢伃甚有寵爲人有材

畧善事人下至宮人左右飲酒酹地皆祝延之師古曰酹以酒沃地也祝延祝之使長年也酹音來外反祝音之受反產一男一女女爲平都公主男爲定陶恭王恭王有材藝尤愛於上元帝既重傅倢伃及馮倢伃亦幸生中山孝王上欲殊之於後宮以二人皆有子爲王上尚在未得稱太后乃更號曰昭儀賜以印綬在倢伃上昭其儀尊之也至成哀時趙昭儀董昭儀皆無子猶稱焉元帝崩傅昭儀隨王歸國稱定陶太后後十年恭王薨子代爲王王母曰丁姬傅太后躬自養視既壯大成帝無繼嗣時中山孝王在元延四年孝王及定陶王皆入朝傅太后多以珍寶賂遺趙昭儀及帝舅票騎將軍王根陰爲王求漢嗣皆見上無子欲豫自結爲久長計更稱譽定陶王師古曰更音工衡反上亦自器之明年遂徵定陶王立爲太子語在哀紀月餘天子立楚孝王孫景爲定陶王奉恭王後太子議欲謝少傅閻崇以爲春秋不以父命廢王父命師古曰王父謂祖也爲人後之禮不得顧私親不當謝太傅趙玄以爲當謝太子從之詔問所以謝狀尚書劾奏玄左遷少府以光祿勳師丹爲太傅詔傅太后與太子母丁姬自居定陶國邸下有司議皇太子得與傅太后丁姬相見不有司奏議不得相見頃之成帝母王太后欲令傅太后丁姬十日一至太子家成帝曰太子承正統當共養陛下不得復顧私親王太后曰太子小而傅太后抱養之今至太子家以乳母恩耳不足有所妨於是令傅太后得至太子家丁姬以不小養太子獨不得成帝崩哀帝即位王太后詔令傅太后丁姬十日一至未央宮高昌侯董宏希指師古曰希望天子意指也上書言宜立丁姬爲帝太后師丹劾奏宏懷邪誤朝不道上初即位謙讓從師丹言止後迺白令王太后下詔尊定陶恭王爲恭皇哀帝因是曰春秋母以子貴尊傅太后爲恭皇太后丁姬爲恭皇后各置左右詹事食邑如長信宮中宮追尊恭皇太后父爲崇祖侯恭皇后父爲褒德侯後歲餘遂下詔曰漢家之制推親親以顯尊尊定陶恭皇之號不宜復稱定陶其尊恭皇太后爲帝太太后丁后爲帝太后後又更號帝太太后爲皇太太后稱永信宮帝太后稱中安宮而成帝母太皇太后本稱長信宮成帝趙后爲皇太后並四太后各置少府太僕秩皆中二千石爲恭皇立寢廟於京師比宣帝父悼皇考制度序昭穆於前殿如淳曰廟之前曰殿半以後曰寢傅太后父同產弟四人曰子孟中叔子元幼君師古曰中讀曰仲子孟子喜至大司馬封高武侯中叔子晏亦大司馬封孔鄉侯幼君子商封汝昌侯爲太后父崇祖侯後

更號崇祖曰汝昌哀侯太后同母弟鄭惲前死以惲子業爲陽信侯追尊惲爲陽信節侯鄭氏傅氏侯者凡六人大司馬二人九卿二千石六人侍中諸曹十餘人傅太后既尊後尤驕與成帝母語至謂之嫗與中山孝王母馮太后竝事元帝追怨之陷以祝詛罪令自殺元壽元年崩合葬渭陵稱孝元傅皇后云

定陶丁姬哀帝母也易祖師丁將軍之玄孫師古曰祖始也儒林傳丁寬易家之始師家在山陽瑕丘父至廬江太守始定陶恭王先爲山陽王而丁氏內其女爲姬王后姓張氏其母鄭禮卽傅太后同母弟也太后以親戚故欲其有子然終無有唯丁姬河平四年生哀帝丁姬爲帝太后兩兄忠明明以帝舅封陽安侯忠蚤死封忠子滿爲平周侯太后叔父憲望望爲左將軍憲爲太僕明爲大司馬票騎將軍輔政丁氏侯者凡二人大司馬一人將軍九卿二千石六人侍中諸曹亦十餘人丁傅以一二年間暴興尤盛然哀帝不甚假以權埶權埶不如王氏在成帝世也建平二年丁太后崩上曰詩云穀則異室死則同穴師古曰王國大車之詩也穀生也昔季武子成寢杜氏之墓在西階下請合葬而許之師古曰事見禮記附葬之禮自周興焉孝子事亡如事存帝太后宜起陵恭皇之園遣大司馬票騎將軍明東送葬于定陶貴震山東哀帝崩王莽秉政使有司舉奏丁傅罪惡莽以太皇太后詔皆免官爵丁氏徙歸故郡莽奏貶傅太后號爲定陶共王母丁太后號曰丁姬元始五年莽復言共王母丁姬前不臣妾師古曰不遵臣妾之道至葬渭陵冢高與元帝山齊懷帝太后皇太太后璽綬以葬師古曰懷謂挾之以自隨也不應禮禮有改葬請發共王母及丁姬冢取其璽綬消滅徙共王母及丁姬歸定陶葬共王冢次而葬丁姬復其故師古曰復音扶目反太后以爲既已之事不須復發莽固爭之太后詔曰因故棺爲致椁作冢師古曰致謂累也祠以太牢謁者護既發傅太后冢崩壓殺數百人開丁姬椁戶火出炎四五丈師古曰炎音弋贍反吏卒以水沃滅迺得入燒燔椁中器物莽復奏言前共王母生僭居桂宮皇天震怒災其正殿丁姬死葬踰制度今火焚其椁此天見變以告當改如媵妾也臣前奏請葬丁姬復故非是師古曰言尚太優僭也共王母及丁姬棺皆名梓宮珠玉之衣非藩妾服請更以木棺代去珠玉衣葬丁姬媵妾之次奏可既開傅太后棺臭聞數里公卿在位皆阿莽指入錢帛遣子弟及諸生四夷凡十餘萬人操持作具助將作掘平共王母丁姬故冢二旬間皆平莽又周棘其處以爲世戒云師古曰以棘周繞也時有羣燕數千銜土投丁姬穿中師古曰穿謂壙中也丁傅既敗孔鄉侯晏將家屬徙合浦宗族皆歸故郡唯高武侯喜得全自有傳

孝哀傅皇后定陶太后從弟子也哀帝爲定陶王時傅太后欲重親取以配王王入爲漢太子傅氏女爲妃哀帝卽位成帝大行尚在前殿而傅太后封傅妃父晏爲孔鄉侯與帝舅陽安侯丁明同日俱封時師丹諫以爲天下自王者所有親戚何患不富貴而倉卒若是其不久長矣晏封後月餘傅妃立爲皇后傅氏既盛晏最尊重哀帝崩王莽白太皇太后下詔曰定陶共王太后與孔鄉侯晏同心合謀背恩忘本專恣不軌與至尊同稱號終沒至迺配食於左坐應劭曰禮若以其妃配者也坐於左而並食師古曰坐音材卧反誖逆無道令孝哀皇后退就桂宮後月餘復與孝成趙皇后俱廢爲庶人就其園自殺

孝元馮昭儀平帝祖母也元帝卽位二年以選入後宮時父奉世爲執金吾昭儀始爲長使數月至美人後五年就館生男拜爲倢伃時父奉世爲右將軍光祿勳奉世長男野王爲左馮翊父子竝居朝廷議者以爲器能當其位非用女寵故也而馮倢伃內寵與傅昭儀等建昭中上幸虎圈鬭獸後宮皆坐熊佚出圈師古曰佚與逸同攀檻欲上殿左右貴人傅昭儀等皆驚走馮倢伃直前當熊而立左右格殺熊上問人情驚懼何故前當熊倢伃對曰猛獸得人而止妾恐熊至御坐故以身當之元帝嗟歎以此倍敬重焉傅昭儀等皆慙明年夏馮倢伃男立爲信都王尊倢伃爲昭儀元帝崩爲信都太后與王俱居儲元宮師古曰黃圖在上林苑中河平中隨王之國後徙中山是爲孝王後徵定陶王爲太子封中山王舅參爲宜鄉侯參馮太后少弟也是歲孝王薨有一男嗣爲王時未滿歲有眚病孟康曰災眚之眚謂妖病也蘇林曰名爲肝厥發時唇口手足十指甲皆青師古曰下云禱祠解含孟說是也未滿歲者謂爲王未滿歲也眚音所領反字不作青服蘇說誤也太后自養視數禱祠解師古曰解解音懈哀帝卽位遣中郎謁者張由將醫治中山小王由素有狂易病師古曰狂易者狂而變易常性也病發怒去西歸長安尚書簿責擅去狀師古曰簿責以文簿一一責問也由恐因誣言中山太后祝詛上及太后太后卽傅昭儀也素常怨馮太后因是遣御史丁玄案驗盡收御者官吏及馮氏昆弟在國者百餘人分繫雒陽魏郡鉅鹿數十日無所得更使中謁者令史立師古曰官爲中謁者令姓史名立與丞相長史大鴻臚丞雜治立受傅太后指幾得封侯師古曰幾讀曰冀治馮太后女弟習及寡弟婦君之死者數十人巫劉吾服祝詛醫徐遂成言習君之曰武帝時醫脩氏刺治武帝得二千萬耳師古曰刺治謂鍼之今愈上不得封侯不如殺上令中山王代可得封立等劾奏祝詛謀反大逆責問馮太后無服辭立曰熊之上殿何其勇今何怯也太后還謂左右此迺中語前世事師古曰中語謂宮中之言語也吏何用知之是欲陷我效也師古曰效徵驗也迺飲藥自殺先未死有司請誅之上不忍致法廢爲庶人徙雲陽宮既死有司復奏太后死在未廢前有詔以諸侯王太后儀葬之宜鄉侯參君之習夫及子當相坐者或自殺或伏法參女弁爲孝王后有兩女有司奏免爲庶人與馮氏宗族徙歸故郡張由以先告賜爵關內侯史立遷中太僕哀帝崩大司徒孔光奏由前誣告骨肉立陷人入大辟爲國家結怨於天下以取秩遷獲爵邑幸蒙赦令請免爲庶人徙合浦云

中山衞姬平帝母也父子豪中山盧奴人官至衞尉子豪女弟爲宣帝倢伃生楚孝王長女又爲元帝倢伃生平陽公主成帝時中山孝王無子上以衞氏吉祥以子豪少女配孝王元延四年生平帝平帝年三歲孝王薨代爲王哀帝崩無嗣太皇太后與新都侯莽迎中山王立爲帝莽欲顓國權懲丁傅行事師古曰懲創艾也以帝爲成帝後母衞姬及外家不當得至京師迺更立宗室桃鄉侯子成都爲中山孝王後遣少傅左將軍甄豐賜衞姬璽綬卽拜爲中山孝王后以苦陘縣爲湯沐邑又賜帝舅衞寶寶弟玄爵關內侯賜帝三妹謁臣號脩義君哉皮爲承禮君鬲子爲尊德君師古曰鬲音歷食邑各二千戶莽長子宇非莽隔絕衞氏恐久後受禍卽私與衞寶通書記教衞后上書謝恩因陳丁傅舊惡幾得至京師師古曰幾讀曰冀莽白太皇太后詔有司曰中山孝王后深分明爲人後之義條陳故定陶傅太后丁姬誖天逆理上僭位號師古曰誖違也徙定陶王於信都爲共王立廟於京師如天子制不畏天命侮聖人言師古曰侮古侮字壞亂法度居非其制稱非其號是以皇天震怒火燒其殿六年之間大命不遂禍殃仍重師古曰遂猶延也重音直用反竟令孝哀帝受其餘災大失天心夭命暴崩又令共王祭祀絕廢精魂無所依歸朕惟孝王后深說經義明鏡聖法懼古人之禍敗近事之咎殃畏天命奉聖言是迺久保一國長獲天祿而令孝王永享無疆之祀福祥之大者也朕甚嘉之夫襃義賞善聖王之制其以中山故安戶七千益中山后湯沐邑加賜及中山王黃金各百斤增傅相以下秩衞后日夜啼泣思見帝而但益戶邑宇復教令上書求至京師會事發覺莽殺宇盡誅衞氏支屬衞寶女爲中山王后免后徙合浦師古曰黜其后位而徙也唯衞后在師古曰中山孝王后也

王莽篡國廢爲家人後歲餘卒葬孝王旁

孝平王皇后安漢公太傅大司馬莽女也平帝卽位年九歲成帝母太皇太后稱制而莽秉政莽欲依霍光故事以女配帝太后意不欲也莽設變詐令女必入因以自重事在莽傳太后不得已而許之遣長樂少府夏侯藩宗正劉宏少府宗伯鳳尚書令平晏納采師古曰官爲少府姓宗伯名鳳也納采者禮記云婚禮納采問名謂采擇其可者太師光大司徒馬宮大司空甄豐左將軍孫建執金吾尹賞行太常事大中大夫劉歆及太卜太史令以下四十九人賜皮弁素積師古曰皮弁以鹿皮爲冠形如人手之弁合也素積謂素裳也朱衣而素裳積字或作襞積謂襞積之若今之襵爲以禮雜卜筮太牢祠宗廟待吉月日明年春遣大司徒宮大司空豐左將軍建右將軍甄邯光祿大夫歆奉乘輿法駕迎皇后於安漢公第宮師古曰本自莽第以皇后在是因呼曰宮豐歆授皇后璽紱師古曰紱所以繫璽音弗登車稱警蹕便時上林延壽門師古曰取時日之便也音頻面反入未央宮前殿羣臣就位行禮大赦天下益封父安漢公地滿百里賜迎皇后及行禮者自三公以下至騶宰執事長樂未央宮安漢公第者皆增秩賜金帛各有差皇后立三月以禮見高廟尊父安漢公號曰宰衡位在諸侯王上賜公夫人號曰功顯君食邑封公子安爲褒新侯臨爲賞都侯后立歲餘平帝崩莽立孝宣帝玄孫嬰爲孺子莽攝帝位尊皇后爲皇太后三年莽卽眞以嬰爲定安公改皇太后號爲定安公太后太后時年十八矣爲人婉瘱有節操師古曰婉順也瘱靜也瘱音烏計反自劉氏廢常稱疾不朝會莽敬憚傷哀欲嫁之乃更號爲黃皇室主師古曰莽自謂土德故云黃皇室主若漢之稱公主令立國將軍成新公孫建世子襐飾將醫往問疾師古曰襐盛飾也音丈又反又音象一曰襐首飾也在兩耳後刻鏤而爲之后大怒笞鞭其旁侍御因發病不肯起莽遂不復彊也及漢兵誅莽燔燒未央宮后曰何面目以見漢家自投火中而死

贊曰易著吉凶而言謙盈之效天地鬼神至于人道靡不同之師古曰易謙卦曰天道虧盈而益謙地道變盈而流謙鬼神害盈而福謙人道惡盈而好謙夫女寵之興繇至微而體至尊師古曰繇與由同窮富貴而不以功此固道家所畏禍福之宗也序自漢興終於孝平外戚後庭色寵著聞二十有餘人然其保位全家者唯文景武帝太后及邛成后四人而已至如史良娣王悼后許恭哀后身皆夭折不辜而家依託舊恩不敢縱恣是以能全其餘大者夷滅小者放流烏嘑鑒茲行事變亦備矣

前漢書卷九十七下考證

孝成許皇后傳其條刺使大長秋來白之（臣召南按其條刺三字一讀使大長秋來白之爲一句監本作刺史非也從汲古閣本改正）

孝成班倢伃傳爲倢伃居增成舍注應劭曰後宮有八區增成第三也○臣召南按黃圖武帝時後宮八區日昭陽飛翔增成合歡蘭林披香鳳皇鴛鴦等殿鴛鴦西都賦西京賦俱作鴛鸞

綠衣兮白華注師古曰綠衣詩鄁風○按鄁應作邶

孝成趙皇后傳及壯屬陽阿主家○按五行志作河陽主家荀紀亦作河陽

中黃門田客持詔記○胡三省曰詔記與詔書有別詔記後世謂之手記出於上手故曰詔記若詔書則下爲之以璽爲信耳

孝元傅昭儀傳以惲子業爲陽信侯○恩澤侯表作陽新侯

定陶丁姬傳徙共王母及丁姬歸定陶葬共王冢次○顧炎武曰丁姬先已葬定陶此及丁姬三字衍

前漢書卷九十八

漢 蘭臺令史班固撰

唐正議大夫行祕書少監琅邪縣開國子顏師古注

元后傳第六十八

孝元皇后王莽之姑也莽自謂黃帝之後其自本曰（師古曰述其本系）黃帝姓姚氏八世生虞舜舜起嬀汭以嬀爲姓（師古曰嬀水名也曲水曰汭言因水爲姓也汭音而銳反○蕭該音義曰嬀汭字書曰嬀舜姓也該案舜居嬀水因以爲姓）至周武王封舜後嬀滿於陳是爲胡公十三世生完完字敬仲犇齊（師古曰犇古奔字）齊桓公以爲卿姓田氏十一世田和有齊國三世稱王（○宋祁曰舊本三作二）至王建爲秦所滅項羽起封建孫安爲濟北王至漢興安失國齊人謂之王家因以爲氏文景間安孫遂字伯紀處東平陵（師古曰濟南之縣）生賀字翁孺爲武帝繡衣御史逐捕魏郡羣盜堅盧等黨與及吏畏懦逗遛當坐者（師古曰懦音乃喚反逗音住又音豆）翁孺皆縱不誅它部御史暴勝之等奏殺二千石誅千石以下（師古曰二千石者奏而殺之其千石以下則得專誅）及通行飲食坐連及者大部至斬萬餘人語見酷吏傳翁孺以奉使不稱免（師古曰不稱謂不副所委）嘆曰吾聞活千人有封子孫吾所活者萬餘人後世其興乎翁孺既免而與東平陵終氏爲怨迺徙魏郡元城委粟里爲三老魏郡人德之元城建公曰（服虔曰元城人年老者也）昔春秋沙麓崩晉史卜之曰陰爲陽雄土火相乘（李奇曰此龜繇文也陰元后也陽漢也王氏舜後土也漢火也故曰土火相乘陰盛而沙麓）故有沙麓崩後六百四十五年宜有聖女興其齊田乎（張晏曰陰數八八八六十四土數五故六百四十五歲也春秋僖十四年沙麓崩歲在乙亥至哀帝元壽二年哀帝崩元后始攝政歲在庚申沙麓崩後六百四十五歲）今王翁孺徙正直其地（師古曰直亦當○宋祁曰注末當有也字）日月當之元城郭東有五鹿之虛即沙鹿地也（師古曰虛讀曰墟）後八十年當有貴女興天下云

翁孺生禁字稚君少學法律長安爲廷尉史本始三年生女政君即元后也禁有大志不修廉隅好酒色多取傍妻凡有四女八男長女君俠次即元后政君次君力次君弟長男鳳孝卿次曼元卿譚子元（○宋祁曰譚字上當有次字）崇少子商子夏立子叔根稚卿逢時季卿唯鳳崇與元后政君同母母適妻魏郡李氏女也（師古曰適讀曰嫡）後以妬去更嫁爲河內苟賓妻初李親任政君在身（師古曰任懷任）夢月入其懷及壯大婉順得婦人道嘗許嫁未行所許者死後東平王聘政君爲姬未入王薨禁獨怪之使卜數者相政君（師古曰數計也若言今之祿命書也數音所具反）當大貴不可言禁心以爲然廼敎書學鼓琴五鳳中獻政君年十八矣入掖庭爲家人子歲餘會皇太子所愛幸司馬良娣病且死謂太子曰妾死非天命廼諸娣妾良人更祝詛殺我（師古曰更音工衡反）太子憐之且以爲然及司馬良娣死太子悲恚發病忽忽不樂因以過怒諸娣妾莫得進見者久之（○宋祁曰越本無者字）宣帝聞太子恨過諸娣妾欲順適其意廼令皇后擇後宮家人子可以虞侍太子者（師古曰此虞與娛同）政君與在其中（師古曰與讀曰豫）及太子朝皇后廼見政君等五人微令旁長御問知太子所欲太子殊無意於五人者不得已於皇后（師古曰恐不副皇后意故言不得已）彊應曰此中一人可（師古曰非其本心故曰彊）是時政君坐近太子又獨衣絳緣諸于（師古曰諸于大掖衣即袿衣之類也）長御即以爲是皇后使侍中杜輔掖庭令濁賢交送政君太子宮（師古曰濁姓也交送謂侍中掖庭令雜爲使）見丙殿得御幸有身先是者太子後宮娣妾以十數御幸久者七八年莫有子及王妃壹幸而有身甘露三年生成帝於甲館畫堂爲世適皇孫（師古曰適讀曰嫡）宣帝愛之自名曰驁字太孫常置左右後三年宣帝崩太子即位是爲孝元帝立太孫爲太子以母王妃爲倢伃封父禁爲陽平侯後三日倢伃立爲皇后禁位特進禁弟弘至長樂衞尉永光二年禁薨謚曰頃侯長子鳳嗣侯爲衞尉侍中皇后自有子後希復進見太子壯大寬博恭慎語在成紀其後幸酒樂燕樂（師古曰幸酒好酒也樂宴樂好宴私之樂也解具在成紀）元帝不以爲能而傅昭儀有寵於上生定陶共王王多材藝上甚愛之坐則側席行則同輦（師古曰側席謂附近御坐）常有意欲廢太子而立共王時鳳在位與皇后太子同心憂懼賴侍中史丹擁右太子（師古曰右音祐助也）語在丹傳上亦以皇后素謹愼而太子先帝所常留意故得不廢元帝崩太子立是爲孝成帝尊皇后爲皇太后以鳳爲大司馬大將軍領尚書事益封五千戶王氏之興自鳳始又封太后同母弟崇爲安成侯食邑萬戶鳳庶弟譚等皆賜爵關內侯食邑其夏黃霧四塞終日（師古曰塞滿也言四方皆滿）天子以問諫大夫楊興博士駟勝等對皆以爲陰盛侵陽之氣也高祖之約也非功臣不侯今太后諸弟皆以無功爲侯非高祖之約外戚未曾有也故天爲見異言事者多以爲然鳳於是懼上書辭謝曰陛下即位思慕諒闇（師古曰商書云高宗諒闇諒信也闇默也言居父喪信默三年不言也）故詔臣鳳典領尚書事上無以明聖德下無以益政治今有茀星天地赤黃之異（師古曰茀與孛同）咎在臣鳳當伏顯戮以謝天下今諒闇已畢大義皆舉宜躬親萬機以承天心因乞骸骨辭職上報曰朕承先帝聖緒涉道未深不明事情是以陰陽錯繆日月無光赤黃之氣充塞天下咎在朕躬今大將軍廼引過自予欲上尚書事歸大將軍印綬罷大司馬官是明朕之不德也朕委將軍以事誠欲庶幾有成顯先祖之功德將軍其專心固意輔朕之不逮毋有所疑後五年諸吏散騎安成侯崇薨謚曰共侯有遺腹子奉世嗣侯太后甚哀之明年河平二年上悉封舅譚爲平阿侯商成都侯立紅陽侯根曲陽侯逢時高平侯五人同日封故世謂之五侯太后同產唯曼蚤卒（張晏曰同父則爲同產不必同母也上言唯鳳崇同母也）餘畢侯矣太后母李親苟氏妻生一男名參寡居頃侯禁在時太后令禁還李親（師古曰召還王氏）太后憐參欲以田蚡爲比而封之（李奇曰田蚡與孝景王后同母異父得封故也師古曰比例也音必寐反）上曰封田氏非正也以參爲侍中水衡都尉王氏子弟皆卿大夫侍中諸曹分據執官滿朝廷大將軍鳳用事上遂謙讓無所顓（師古曰顓與專同凡事皆不自專也）左右常薦光祿大夫劉向少子歆通達有異材（○宋祁曰舊本異字上有奇字考異無故削之今越本亦無）上召見歆誦讀詩賦甚說之（師古曰說讀曰悅）欲以爲中常侍召取衣冠臨當拜左右皆曰未曉大將軍（師古曰曉猶白）上曰此小事何須關大將軍左右叩頭爭之上於是語鳳鳳以爲不可廼止其見憚如此上即位數年無繼嗣體常不平（師古曰言多疾疢）定陶共王來朝太后與上承先帝意遇共王甚厚賞賜十倍於它王不以往事爲纖介（師古曰往事謂先帝時欲以代太子也言無纖介之嫌怨）共王之來朝也天子留不遣歸國上謂共王我未有子人命不諱（師古曰人命無常不可諱○宋祁曰注日字下當有言字注末當有也字）一朝有它且不復相見（師古曰它謂晏駕也）爾長留侍我矣其後天子疾益有瘳共王因留國邸旦夕侍上上甚親重大將軍鳳心不便共王在京師會日蝕鳳因言日蝕陰盛之象爲非常異定陶王雖親於禮當奉藩在國今留侍京師詭正非常（師古曰詭違也）故天見戒宜遣王之國上不得已於鳳而許之（師古曰言迫於鳳不得止）共王辭去上與相對涕泣而決京兆尹王章素剛直敢言以爲鳳建遣共王之國非是（師古曰建立其議也）廼奏封事言日蝕之咎矣天子召見章延問以事章對曰天道聰明佑善而災惡以瑞異爲符效今陛下以未有繼嗣引近定陶王（師古曰近音巨靳反）所以承宗廟重社稷上順天心下安百姓此正義善事當有祥瑞何故致災異災異之發爲大臣顓政者也今聞大將軍猥歸日蝕之咎於定陶王（師古曰猥猶曲也）建遣之國苟欲使天子孤立於上顓擅朝事以便其私非忠臣也且日蝕陰侵陽臣顓君之咎今政事大小皆自鳳出天子曾不壹舉手鳳不內省責（○宋祁曰省字上當有自字）反歸咎善人推遠定陶王（師古曰遠音于萬反）且鳳誣罔不忠非一事也前丞相樂昌侯商（師古曰王商也）本以先帝外屬內行篤有威重位歷將相國家柱石臣也其人守正不肯詘節隨鳳委曲卒用閨門之事爲鳳所罷身以憂死衆庶愍之又鳳知其小婦弟張美人已嘗適人（師古曰小婦妾也弟謂女弟即妹也）於禮不宜配御至尊託以爲宜子內之後宮苟以私其妻弟聞張美人未嘗任身就館也（師古曰是則不爲宜子明鳳所言非實）且羌胡尚殺首子以盪腸正世（師古曰盪洗滌也言婦初來所生之子或它姓○宋祁曰腸當作腹）況於天子而近已出之女也此三者皆大事陛下所自見足以知其餘及它所不見者（師古曰以所見者譬之則不見者可知）鳳不可令久典事宜退使就第選忠賢以代之自鳳之白罷商後遣定陶王也上不能平及聞章言天子感寤納之謂章曰微京兆尹直言吾不聞社稷計（師古曰微無也）且唯賢知賢君試爲朕求可以自輔者於是章奏封事薦中山孝王舅琅邪太守馮野王先帝時歷二卿忠信質直知謀有餘野王以王舅出以賢復入明聖主樂進賢也上自爲太子時數聞野王先帝名卿聲譽出鳳遠甚方倚欲以代鳳初章每召見上輒辟左右（師古曰辟讀曰闢）時太后從弟長樂衞尉弘子侍中音（師古曰弘者太后之叔父也音則從父弟）獨側聽具知章言以語鳳鳳聞之稱病出就第上疏乞骸骨謝上曰臣材駑愚戇得以外屬兄弟七人封爲列侯宗族蒙恩賞賜無量輔政出入七年國家委任臣鳳所言輒聽薦士常用

無一功善陰陽不調災異數見咎在臣鳳奉職無狀此臣一當退也五經傳記師所誦說咸以日蝕之咎在於大臣非其人易曰折其右肱(師古曰豐卦九三爻辭也肱臂也)此臣二當退也河平以來臣久病連年數出在外曠職素餐此臣三當退也(師古曰空廢職任徒受祿秩也)陛下以皇太后故不忍誅廢臣猶自知當遠流放又重自念(師古曰重音直用反)兄弟宗族所蒙不測當殺身靡骨死輦轂下(師古曰靡碎也音武皮反)不當以無益之故有離寢門之心誠歲餘以來所苦加侵(師古曰誠實也)日月益甚(○宋祁曰越本月作日)不勝大願願乞骸骨歸自治養冀賴陛下神靈未埋髮齒朞月之間幸得瘳愈復望帷幄不然必寘溝壑臣以非材見私天下知臣受恩深也以病得全骸骨歸天下知臣被恩見哀重巍巍也(師古曰巍巍高貌重音直用反)進退於國爲厚萬無纖介之議(師古曰論者不云疏斥外戚也)唯陛下哀憐其辭指甚哀太后聞之爲垂涕不御食上少而親倚鳳弗忍廢迺報鳳曰朕秉事不明政事多闕故天變婁臻咸在朕躬(師古曰婁古屢字)將軍迺深引過自予欲乞骸骨而退則朕將何嚮焉書不云乎公毋困我(師古曰周書洛誥載成王告周公辭也言公必須留京師毋得遠去而令我困)務專精神安心自持期於亟瘳稱朕意焉(師古曰亟急也瘳差也)於是鳳起視事上使尚書劾奏章知野王前以王舅出補吏而私薦之欲令在朝阿附諸侯又知張美人體御至尊而妄稱引羌胡殺子蕩腸非所宜言遂下章吏廷尉致其大逆罪以爲比上夷狄欲絕繼嗣之端背畔天子私爲定陶王章死獄中妻子徙合浦自是公卿見鳳側目而視郡國守相刺史皆出其門(師古曰言爲其家所舉者皆得大官)又以侍中太僕音爲御史大夫列於三公而五侯羣弟爭爲奢侈賂遺珍寶四面而至後庭姬妾各數十人僮奴以千百數羅鐘磬舞鄭女作倡優狗馬馳逐大治第室起土山漸臺洞門高廊閣道連屬彌望(師古曰彌竟也言望之極目也屬音之欲反)百姓歌之曰五侯初起曲陽最怒(○宋祁曰怒音駭五反上聲)壞決高都連竟外杜(服虔曰壞決高都水入長安高都水在長安西也孟康曰杜郭二縣之間田畝一金言其境自長安至杜陵也李奇曰長安有高都水杜里既壞決高都作殿復衍及外杜里師古曰成都侯商自擅穿帝城引水耳曲陽無此事又雖大作第宅不得從長安至杜陵也李說爲是)土山漸臺西白虎(師古曰皆放效天子之制也○宋祁曰漸本西字下有象字)其奢僭如此然皆通敬人事好士養賢傾財施予以相高尚鳳輔政凡十一歲陽朔三年秋鳳病天子數自臨問親執其手涕泣曰將軍病如有不可言平阿侯譚次將軍矣(師古曰不可言謂死也不欲斥言之)鳳頓首泣曰譚等雖與臣至親行皆奢僭無以率導百姓不如御史大夫音謹敕(師古曰敕整也)臣敢以死保之及鳳且死上疏謝上復固薦音自代言譚等五人必不可用天子然之初譚倨不肯事鳳(師古曰倨慢也音據)而音敬鳳卑恭如子故薦之鳳薨天子臨弔贈寵送以輕車介士軍陳自長安至渭陵謚曰敬成侯子襄嗣侯爲衞尉御史大夫音竟代鳳爲大司馬車騎將軍而平阿侯譚位特進領城門外谷永說譚令讓不受城門職由是與音不平語在永傳音既以從舅越親用事小心親職歲餘上下詔曰車騎將軍音宿衞忠正勤勞國家前爲御史大夫以外親宜典兵馬入爲將軍不獲宰相之封朕甚慊焉其封音爲安陽侯食邑與五侯等俱三千戶初成都侯商嘗病欲避暑從上借明光宮(師古曰黃圖云明光宮在城內近桂宮也)後又穿長安城引內灃水注第中大陂以行船立羽蓋張周帷輯濯越歌(師古曰輯與楫同濯與櫂同皆所以行船也令執楫櫂人爲越歌也楫謂櫂之短者也今吳越之人呼爲橈音饒越歌爲越之歌)上幸商第見穿城引水意恨內銜之未言後微行出過曲陽侯第又見園中土山漸臺似類白虎殿(師古曰黃圖云在未央宮)於是上怒以讓車騎將軍音商根兄弟欲自黥劓謝太后上聞之大怒迺使尚書責問司隸校尉京兆尹知成都侯商擅穿帝城決引灃水曲陽侯根驕奢僭上赤墀青瑣(孟康曰以青畫戶邊鏤中天子制也如淳曰門楣格再重如人衣領再重裏者青名曰青瑣天子門制也師古曰孟說是青瑣者刻爲連瑣文而以青塗之也)紅陽侯立父子臧匿姦猾亡命賓客爲羣盜司隸京兆皆阿縱不舉奏正法二人頓首省戶下又賜車騎將軍音策書曰外家何甘樂禍敗(師古曰言此罪過並身自爲之)而欲自黥劓相戮辱於太后前傷慈母之心以危亂國外家宗族彊上一身寖弱日久(師古曰寖漸也)今將一施之(師古曰行刑罰)君其召諸侯令待府舍(師古曰令揔集音之府舍待詔命)是日詔尚書奏文帝時誅將軍薄昭故事車騎將軍音籍稾請罪(師古曰自坐稾上言就刑戮也)商立根皆負斧質謝上不忍誅然後得已久之平阿侯譚薨謚曰安侯子仁嗣侯太后憐弟曼蚤死獨不封曼寡婦渠供養東宮子莽幼孤不及等比(師古曰比音必寐反○宋祁曰婦舊本作娣)常以爲語平阿侯譚成都侯商及在位多稱莽者久之上復下詔追封曼爲新都哀侯而子莽嗣爵爲新都侯後又封太后姊子淳于長爲定陵侯王氏親屬侯者凡十人上悔廢平阿侯譚不輔政而薨也迺復進成都侯商以特進領城門兵置幕府得舉吏如將軍杜鄴說車騎將軍音令親附商語在鄴傳王氏爵位日盛唯音爲修整數諫正有忠節輔政八年薨弔贈如大將軍謚曰敬侯子舜嗣侯爲太僕侍中特進成都侯商代音爲大司馬衞將軍而紅陽侯立位特進領城門兵商輔政四歲病乞骸骨天子閔之更以爲大將軍益封二千戶賜錢百萬商薨弔贈如大將軍故事謚曰景成侯子況嗣侯紅陽侯立次當輔政有罪過語在孫寶傳上迺廢立而用光祿勳曲陽侯根爲大司馬票騎將軍歲餘益封千七百戶高平侯逢時無材能名稱是歲薨謚曰戴侯子買之嗣侯綏和元年上即位二十餘年無繼嗣而定陶共王已薨子嗣立爲王王祖母定陶傅太后重賂遺票騎將軍根爲王求漢嗣根爲言上亦欲立之遂徵定陶王爲太子時根輔政五歲矣乞骸骨上迺益封根五千戶賜安車駟馬黃金五百斤罷就第先是定陵侯淳于長以外屬能謀議爲衞尉侍中在輔政之次是歲新都侯莽告長伏罪與紅陽侯立相連(師古曰伏罪謂舊罪陰伏未發者也)長下獄死立就國語在長傳故曲陽侯根薦莽以自代上亦以爲莽有忠節遂擢莽從侍中騎都尉光祿大夫爲大司馬歲餘成帝崩哀帝即位太后詔莽就第避帝外家哀帝初優莽不聽莽上書固乞骸骨而退上迺下詔曰曲陽侯根前在位建社稷策侍中太僕安陽侯舜往時護太子家導朕忠誠專壹有舊恩新都侯莽憂勞國家執義堅固庶幾與爲治太皇太后(○宋祁曰越本無太皇字)詔休就第朕甚閔焉其益封根二千戶舜五百戶莽三百五十戶以莽爲特進朝朔望又還紅陽侯立京師哀帝少而聞知王氏驕盛心不能善以初立故優之後月餘司隸校尉解光奏曲陽侯根宗重身尊三世據權五將秉政天下輻湊自效(師古曰效獻也獻其欵誠○宋祁曰漸本注文獻並作致)根行貪邪臧累鉅萬縱橫恣意(師古曰橫音胡孟反)大治室第第中起土山立兩市殿上赤墀戶青瑣遊觀射獵使奴從者被甲持弓弩陳爲步兵止宿離宮水衡共張(師古曰共音居用反張音竹亮反)發民治道百姓苦其役內懷姦邪欲筦朝政(師古曰筦與管同)推親近吏主簿張業以爲尚書蔽上壅下內塞王路外交藩臣驕奢僭上壞亂制度案根骨肉至親社稷大臣(師古曰至親謂於成帝爲舅)先帝棄天下根不悲哀思慕山陵未成公聘取故掖庭女樂五官殷嚴王飛君等(如淳曰五官官名也外戚傳曰五官視三百石)置酒歌舞捐忘先帝厚恩背臣子義及根兄子成都侯況幸得以外親繼父爲列侯侍中不思報厚恩亦聘取故掖庭貴人以爲妻皆無人臣禮大不敬不道於是天子曰先帝遇根況父子至厚也今迺背忘恩義以根嘗建社稷之策(師古曰謂立哀帝爲嗣也)遣就國免況爲庶人歸故郡根及況父商所薦舉爲官者皆罷後二歲傅太后帝母丁姬皆稱尊號有司奏新都侯莽前爲大司馬貶抑尊號之議虧損孝道及平阿侯仁臧匿趙昭儀親屬皆就國天下多冤王氏諫大夫楊宣上封事言孝成皇帝深惟宗廟之重稱述陛下至德以承天序聖策深遠恩德至厚惟念先帝之意豈不欲以陛下自代奉承東宮哉(師古曰言供養太后)太皇太后春秋七十數更憂傷(師古曰更經也音工衡反)敕令親屬引領以避丁傅(師古曰引領自引首領而退也)行道之人爲之隕涕況於陛下時登高遠望獨不慙於延陵乎哀帝深感其言復封商中子邑爲成都侯元壽元年日蝕賢良對策多訟新都侯莽者上於是徵莽及平阿侯仁還京師侍太后曲陽侯根薨國除明年哀帝崩無子太皇太后以莽爲大司馬與共徵立中山王奉哀帝後是爲平帝帝九歲常年被疾太后臨朝委政於莽莽顓威福紅陽侯立莽諸父平阿侯仁素剛直莽內憚之令大臣以罪過奏遣立仁就國莽日誑燿太后言輔政致太平羣臣奏請尊莽爲安漢公後遂遣使者迫守立仁令自殺賜立謚曰荒侯子柱嗣仁謚曰剌侯子術嗣是歲元始三年也明年莽風羣臣奏立莽女爲皇后(師古曰風讀曰諷)又奏尊莽爲宰衡莽母及兩子皆封爲列侯語在莽傳莽既外壹羣臣令稱已功德又內媚事旁側長御以下賂遺以千萬數白尊太后姊妹君俠爲廣恩君君力爲廣惠君君弟爲廣施君皆食湯沐邑日夜共譽莽莽又知太后婦人厭居深宮中莽欲虞樂以市其權(張晏曰以遊觀之樂易其權若市買之易物者也師古曰虞與娛同)迺令大后四時車駕巡狩四郊(師古曰邑外謂之郊近二十里也○宋祁曰近字下當有郊字劉奉世曰言郊不必二十里也郭櫻里爲得云近)存見孤寡貞婦春幸繭館(師古曰漢宮閣疏云上林苑有繭觀蓋蠶繭之所也)率皇后列侯夫人桑遵霸水而祓除(師古曰桑採桑也遵循也謂緣水邊也)夏遊篽宿鄠杜之間(師古曰篽宿苑在長安城南今之御宿川是也○宋祁曰篽一本作御)秋歷東館望昆明集黃山宮冬饗飲飛羽(師古曰黃山宮在槐里飛羽殿在未央宮中羽字或作雨)校獵上蘭(師古曰上蘭觀名也在上林中)登長平館(師古曰在長平坂也)臨涇水而覽焉太后所至屬縣輒施恩惠賜民錢帛牛酒歲以爲常太后從容言曰(師古曰從音千容反)我始入太子家時見於丙殿至今五六十歲尚頗識之(師古曰識記也音式志反)莽因曰太子宮幸近可壹往遊觀不足以爲勞於是太后幸太子宮甚說(師古曰說讀曰悅)太后旁弄兒病在外舍(服虔曰言婢侍史生兒取以作弄兒也)莽自親候之其欲得太后意如此平帝崩無子莽徵宣帝玄孫選最少者廣戚侯子劉嬰年二歲託以卜相爲最吉迺風公卿奏請立嬰爲孺子(師古曰風讀曰諷)令宰衡安漢公莽踐阼居攝如周公傅成王故事太后不以爲可力不能禁於是莽遂爲攝皇帝改元稱制焉俄而宗室安衆侯劉崇及東郡太守翟義等惡之更舉兵欲誅莽(師古曰更音工衡反)太后聞之曰人心不相遠也(師古曰言所見者同)我雖婦人亦知莽必以是自危不可其後莽遂

以符命自立為真皇帝先奉諸符瑞以白太后太后大驚初漢高祖入咸陽至霸上秦王子嬰降於軹道奉上始皇璽及高祖誅項籍即天子位因御服其璽世世傳受號曰漢傳國璽以孺子未立（○宋祁曰別本作未即立或作未即位）璽臧長樂宮及莽即位請璽太后不肯授莽莽使安陽侯舜諭指舜素謹敕太后雅愛信之舜既見太后知其為莽求璽怒罵之曰而屬父子宗族蒙漢家力富貴累世（師古曰而汝也）既無以報受人孤寄乘便利時奪取其國（師古曰孤寄言以孤寄託之）不復顧恩義人如此者狗豬不食其餘（師古曰言惡賤）天下豈有而兄弟邪且若自以金匱符命為新皇帝（師古曰若亦汝）變更正朔服制亦當自更作璽傳之萬世何用此亡國不祥璽為而欲求之我漢家老寡婦旦暮且死欲與此璽俱葬終不可得太后因涕泣而言旁側長御以下皆垂涕舜亦悲不能自止良久迺仰謂太后臣等已無可言者（師古曰言不可諫止）莽必欲得傳國璽太后寧能終不與邪太后聞舜語切恐莽欲脅之迺出漢傳國璽投之地以授舜曰我老已死知而兄弟今族滅也（○宋祁曰知而越本知作如考異更作如）舜既得傳國璽奏之莽大說（師古曰說讀曰悅）迺為太后置酒未央宮漸臺大縱衆樂莽又欲改太后漢家舊號易其璽綬恐不見聽而莽疏屬王諫欲諂莽上書言皇天廢去漢而命立新室太皇太后不宜稱尊號當隨漢廢以奉天命莽迺車駕至東宮親以其書白太后太后曰此言是也（師古曰恚懟之辭也）莽因曰此誖德之臣也（師古曰誖音布內反）罪當誅於是冠軍張永獻符命銅璧文言太皇太后當為新室文母太皇太后（服虔曰銅璧如璧形以銅為之也○劉奉世曰當云新室文母皇太后）莽迺下詔曰予視羣公咸曰休哉（師古曰視讀曰示休美也）其文字非刻非畫厥性自然予伏念皇天命予為子更命太皇太后為新室文母太皇太后協于新室（○宋祁曰熙寧監本作協予新淳化本作新室）故交代之際信于漢氏哀帝之代世傳行詔籌為西王母共具之祥（師古曰共音居用反）當為歷代為母昭然著明予祗畏天命敢不欽承謹以令月吉日親率羣公諸侯卿士奉上皇太后璽紱以當順天心光于四海焉（師古曰此紱謂璽之組也）太后聽許莽於是鴆殺王諫而封張永為貢符子初莽為安漢公時又諂太后奏尊元帝廟為高宗太后晏駕後當以禮配食云及莽改號太后為新室文母絕之於漢不令得體元帝墮壞孝元廟（師古曰墮毀也音火規反）更為文母太后起廟獨置孝元廟故殿以為文母篹食堂（孟康曰篹音撰晉灼曰篹具也）既成名曰長壽宮以太后在故未謂之廟莽以太后好出遊觀迺車駕置酒長壽宮請太后既至見孝元廟廢徹塗地太后驚泣曰此漢家宗廟皆有神靈與何治而壞之（師古曰與音預言此何罪於汝無所預何為毀壞之）且使鬼神無知又何用廟為如令有知我迺人之妃妾豈宜辱帝之堂以陳饋食哉私謂左右曰此人嫚神多矣能久得祐乎飲酒不樂而罷自莽篡位後知太后怨恨求所以媚太后無不為然愈不說（師古曰說讀曰悅）莽更漢家黑貂著黃貂（孟康曰侍中所著貂也莽更漢制也師古曰更亦改）又改漢正朔伏臘日太后令其官屬黑貂至漢家正臘日獨與其左右相對飲酒食太后年八十四建國五年二月癸丑崩三月乙酉合葬渭陵莽詔大夫揚雄作誄曰太陰之精沙麓之靈作合於漢配元生成著其協於元城沙麓太陰精者謂夢月也太后崩後十年漢兵誅莽初紅陽侯立就國南陽與諸劉結恩立少子丹為中山太守世祖初起丹降為將軍戰死上閔之封丹子泓為武桓侯至今（師古曰泓音於宏反）

司徒掾班彪曰三代以來（○宋祁曰三代字上當有自字）春秋所記王公國君與其失世稀不以女寵漢興后妃之家呂霍上官幾危國者數矣（師古曰幾音巨依反數音所角反）及王莽之興由孝元后歷漢四世為天下母饗國六十餘載羣弟世權更持國柄（師古曰更音工衡反）五將十侯卒成新都位號已移於天下而元后卷卷猶握一璽（師古曰卷音其圓反解在劉向傳）不欲以授莽婦人之仁悲夫

前漢書卷九十八考證

孝元皇后傳生成帝於甲館畫堂○甲館成帝紀作甲觀

二人頓首省戶下○顧炎武曰省戶即禁門也蔡邕獨斷曰禁中者門戶有禁非侍御者不得入故曰禁中孝元皇后父陽平侯名禁當時避之故曰省中

前漢書卷九十九上

漢　蘭　臺　令　史班　固撰

唐正議大夫行秘書少監琅邪縣開國子顏師古注

王莽傳第六十九上

王莽字巨君孝元皇后之弟子也元后父及兄弟皆以元成世封侯居位輔政家凡九侯五大司馬語在元后傳（師古曰外戚傳言十侯此云九者以鳳本嗣禁為侯）唯莽父曼蚤死不侯（師古曰蚤古早字）莽羣兄弟皆將軍五侯子乘時侈靡（師古曰乘因也因貴盛之時）以輿馬聲色佚游相高（師古曰佚字與逸同）莽獨孤貧因折節為恭儉受禮經師事沛郡陳參勤身博學被服如儒生（師古曰被音皮義反）事母及寡嫂養孤兄子行甚敕備（師古曰敕整也）又外交英俊內事諸父曲有禮意陽朔中世父大將軍鳳病（師古曰謂伯父也以居長而繼統也）莽侍疾親嘗藥亂首垢面不解衣帶連月鳳且死以託太后及帝拜為黃門郎遷射聲校尉久之叔父成都侯商上書願分戶邑以封莽及長樂少府戴崇侍中金涉胡騎校尉箕閎上谷都尉陽並中郎陳湯皆當世名士咸為莽言上由是賢莽永始元年封莽為新都侯國南陽新野之都鄉千五百戶遷騎都尉光祿大夫侍中宿衞謹敕爵位益尊節操愈謙散輿馬衣裘振施賓客（師古曰振舉也）家無所餘收贍名士交結將相卿大夫甚衆故在位更推薦之（師古曰更音工衡反）游者為之談說虛譽隆洽傾其諸父矣敢為激發之行處之不慙恧（師古曰激急動也恧慙也激音工歷反恧音女六反）莽兄永為諸曹蚤死有子光莽使學博士門下莽休沐出振車騎（師古曰振整也一曰振張起也）奉羊酒勞遺其師恩施下竟同學（師古曰竟周徧也）諸生縱觀長老歎息光年小於莽子宇莽使同日內婦賓客滿堂須臾一人言太夫人苦某痛當飲某藥比客罷者數起焉（師古曰比音必寐反數音所角反）嘗私買侍婢昆弟或頗聞知莽因曰後將軍朱子元無子（師古曰謂朱博）莽聞此兒種宜子（師古曰此兒謂所買婢也）為買之即日以婢奉子元其匿情求名如此是時太后姊子淳于長以材能為九卿先進在莽右（師古曰名位居其右在前也）莽因求其罪過因大司馬曲陽侯根白之長伏誅莽以獲忠直語在長傳根因乞骸骨薦莽自代上遂擢為大司馬是歲綏和元年也年三十八矣莽既拔出同列繼四父而輔政（師古曰鳳商立根四人皆為大司馬而莽之諸父也）欲令名譽過前人遂克己不倦聘諸賢良（○宋祁曰聘諸當作聘請）以為掾史賞賜邑錢悉以享士愈為儉約母病公卿列侯遣夫人問疾莽妻迎之衣不曳地布蔽膝見之者以為僮使問知其夫人皆驚輔政歲餘成帝崩哀帝即位尊皇太后為太皇太后太后詔莽就第避帝外家莽上疏乞骸骨哀帝遣尚書令詔莽曰先帝委政於君而棄羣臣朕得奉宗廟誠嘉與君同心合意今君移病求退（師古曰移書言病也一曰以病而移居也）以著朕之不能奉順先帝之意（師古曰著明也）朕甚悲傷焉已詔尚書待君奏事又遣丞相孔光大司空何武左將軍師丹衞尉傅喜白太后曰皇帝聞太后詔甚悲大司馬即不起皇帝即不敢聽政太后復令莽視事時哀帝祖母定陶傅太后母丁姬在高昌侯董宏上書言春秋之義母以子貴丁姬宜上尊號莽與師丹共劾宏誤朝不道語在丹傳後日未央宮置酒內者令為傅太后張幄坐於太皇太后坐旁（師古曰坐音材臥反）莽案行責內者令曰定陶太后藩妾何以得與至尊並徹去更設坐傅太后聞之大怒不肯會重怨恚莽（師古曰會謂至置酒所也重音直用反）莽復乞骸骨哀帝賜莽黃金五百斤安車駟馬罷就第公卿大夫多稱之者上乃加恩寵置使家中黃門（蘇林曰使黃門在其家中為使令）十日一賜餐下詔曰新都侯莽憂勞國家執義堅固朕庶幾與為治太皇太后詔莽就第朕甚閔焉其以黃郵聚戶三百五十益封莽（服虔曰黃郵在南陽棘陽縣○宋祁曰郵說文曰郵境上行書舍也倉頡篇曰郵過書之官也廣雅云驛也益封莽別本越本無莽字）位特進給事中朝朔望見禮如三公（師古曰見天子之禮也見音胡電反）車駕乘綠車從（師古曰綠車皇孫之車天子出行令莽乘之以從所以寵也）後二歲傅太后丁姬皆稱尊號丞相朱博奏莽前不廣尊尊之義抑貶尊號虧損孝道當伏顯戮幸蒙赦令不宜有爵土請免為庶人上曰以莽與太皇太后有屬勿免遣就國莽杜門自守其中子獲殺奴（師古曰獲者莽子之名也今書本有作護字者流俗所改耳）莽切責獲令自殺在國三歲吏上書冤訟莽者以百數（師古曰言其合管朝政不當就國也○宋祁曰吏字下當有民字）元壽元年日食賢良周護宋崇等對策深訟莽功德上於是徵莽始莽就國南陽太守以莽貴重選門下掾宛孔休守新都相（師古曰姓孔名休宛縣人）休謁見莽莽盡禮自納休亦聞其名與相答後莽疾休候之莽緣恩意進其玉具寶劍欲以為好（師古曰結歡好也音呼到反）休不肯受莽因曰誠見君面有瘢（師古曰瘢創痕也瘢音下恩反）美玉可以滅瘢欲獻其瑑耳（○宋祁曰耳字當刪）即解其瑑（服虔曰瑑音衞蘇林曰劍鼻也師古曰瑑字本作璏從王彘聲後轉寫者訛也瑑自雕瑑字耳音瑑也）休復辭讓莽曰君嫌其賈邪（師古曰賈讀曰價言其所有價值也）遂椎碎之（師古曰椎音直追反其字從木）自裹以進休休乃受及莽徵去欲見休休稱疾不見莽還京師歲餘哀帝崩無子而傅太后丁太后皆先薨太皇太后即日駕之未央宮收取璽綬遣使者馳召莽詔尚書諸發兵符節百官奏事中黃門期門兵皆屬莽莽白大司馬高安侯董賢年少不合衆心收印綬賢即日自殺太后詔公卿舉可大司馬者大司徒孔光大司空彭宣舉莽前將軍何武後將軍公孫祿互相舉太后拜莽為大司馬與議立嗣安陽侯王舜莽之從弟其人脩飭（師古曰飭讀與敕同敕整也）太后所信愛也莽白以舜為車騎將軍使迎中山王奉成帝後是為孝平皇帝帝年九歲太后臨朝稱制委政於莽莽白趙氏前害皇子傅氏驕僭遂廢孝成趙皇后孝哀傅皇后皆令自殺語在外戚傳莽以大司徒孔光名儒相三主太后所敬天下信之於是盛尊事光引光女壻甄邯為侍中奉車都尉諸哀帝外戚及大臣居位素所不說者（師古曰說讀曰悅）莽皆傅致其罪（師古曰傅讀曰附附益而引致之令入罪）

爲請奏令邯持與光光素畏慎不敢不上之莽白太后輒可其奏於是前將軍何武後將軍公孫祿坐互相舉免丁傅及董賢親屬皆免官爵徙遠方紅陽侯立太后親弟雖不居位莽以諸父內敬憚之畏立從容言太后令己不得肆意乃復令光奏立舊惡前知定陵侯淳于長犯大逆罪多受其賂爲言誤朝師古曰妄稱譽之誤惑朝廷也後白以官婢楊寄私子爲皇子衆言曰呂氏少帝復出紛紛爲天下所疑難以示來世成襁褓之功請遣立就國太后不聽莽曰今漢家衰比世無嗣師古曰比頻也太后獨代幼主統政誠可畏懼力用公正先天下尚恐不從師古曰力勉力令以私恩逆大臣議如此羣下傾邪亂從此起宜可且遣就國安後復徵召之師古曰安猶徐也太后不得已遣立就國莽之所以脅持上下皆此類也於是附順者拔擢忤恨者誅滅王舜王邑爲腹心甄豐甄邯主擊斷平晏領機事劉歆典文章孫建爲爪牙豐子尋歆子棻師古曰棻或作棌字音扶云反涿郡崔發南陽陳崇皆以材能幸於莽莽色厲而言方師古曰外示嚴厲之色而假爲方直之言○宋祁曰而言之當作而言方欲有所爲微見風采師古曰見音胡電反黨與承其指意而顯奏之莽稽首涕泣固推讓焉上以惑太后下用示信於衆庶始風益州令塞外蠻夷獻白雉師古曰風讀曰諷下皆類此元始元年正月莽白太后下詔以白雉薦宗廟羣臣因奏言太后委任大司馬莽定策安宗廟故大司馬霍光有安宗廟之功益封三萬戶疇其爵邑比蕭相國莽宜如光故事太后問公卿曰○宋祁曰問字上當有召字誠以大司馬有大功當著之邪師古曰著明也將以骨肉故欲異之也於是羣臣乃盛陳莽功德致周成白雉之瑞千載同符聖王之法臣有大功則生有美號故周公及身在而記號於周莽有定國安漢家之大功宜賜號曰安漢公益戶疇爵邑上應古制下準行事○劉敞曰行事即已行之事以順天心太后詔尚書具其事莽上書言臣與孔光王舜甄豐甄邯共定策今願獨條光等功賞寢置臣莽勿隨輩列甄邯白太后下詔曰無偏無黨王道蕩蕩師古曰尚書洪範之言也蕩蕩廣平之貌也故引之屬有親者義不得阿君有安宗廟之功不可以骨肉故蔽隱不揚君其勿辭莽復上書讓太后詔謁者引莽待殿東廂莽稱疾不肯入太后使尚書令恂詔之曰君以選故而辭以疾師古曰選善也國家欲褒其善加號疇邑乃以疾辭君任重不可闕以時亟起師古曰亟急也音居力反莽遂固辭太后復使長信太僕閎承制召莽莽固稱疾左右白太后宜勿奪莽意但條孔光等莽乃肯起太后下詔曰太傅博山侯光宿衛四世世爲傅相忠孝仁篤行義顯著建議定策益封萬戶以光

爲太師與四輔之政師古曰與讀曰豫車騎將軍安陽侯舜積累仁孝使迎中山王折衝萬里功德茂著益封萬戶以舜爲太保左將軍光祿勳豐宿衛三世忠信仁篤師古曰篤厚也使迎中山王輔導共養以安宗廟師古曰共音居用反養音弋亮反封豐爲廣陽侯食邑五千戶以豐爲少傅皆授四輔之職疇其爵邑各賜第一區侍中奉車都尉邯宿衛勤勞建議定策封邯爲承陽侯食邑二千四百戶師古曰承音蒸四人既受賞莽尚未起羣臣復上言莽雖克讓朝所宜章以時加賞明重元功無使百僚元元失望太后乃下詔曰大司馬新都侯莽三世爲三公典周公之職建萬世策功德爲忠臣宗化流海內遠人慕義越裳氏重譯獻白雉○宋祁曰熙寧監本越本無裳字其以召陵新息二縣戶二萬八千益封莽復其後嗣疇其爵邑師古曰復音扶目反封功如蕭相國○宋祁曰鄧本云封加如蕭相國劉敞曰封字衍以莽爲太傅幹四輔之事號曰安漢公以故蕭相國甲第爲安漢公第定著於令傳之無窮於是莽爲惶恐不得已而起受策策曰漢危無嗣而公定之四輔之職三公之任而公幹之羣僚衆位而公宰之功德茂著宗廟以安蓋白雉之瑞周成象焉師古曰言莽致白雉之瑞有周公相成王之象故賜嘉號曰安漢公輔翼于帝期於致平師古曰致太平毋違朕意莽受太傅安漢公號讓還益封疇爵邑事云願須百姓家給然後加賞師古曰給足也家給家家給足羣公復爭太后詔曰公自期百姓家給是以聽之其令公奉舍人賞賜皆倍故師古曰奉所食之奉也舍人私府吏員也倍故數多於故各一倍也奉音扶用反百姓家給人足大司徒大司空以聞莽復讓不受而建言宜立諸侯王後及高祖以來功臣子孫大者封侯或賜爵關內侯食邑然後及諸在位各有第序上尊宗廟增加禮樂下惠士民鰥寡恩澤之政無所不施語在平紀莽既說衆意師古曰說讀曰悅又欲專斷知太后猒政乃風公卿師古曰風讀曰諷奏言往者吏以功次遷至二千石及州部所舉茂材異等吏率多不稱宜皆見安漢公又太后不宜親省小事令太后下詔曰皇帝幼年朕且統政比加元服師古曰比至平帝加元服以來太后且統政也比音必寐反○宋祁曰元服下當有者字今衆事煩碎朕春秋高精氣不堪殆非所以安躬體而育養皇帝者也故選忠賢立四輔羣下勸職永以康寧孔子曰巍巍乎舜禹之有天下而不與焉師古曰論語載孔子之言也巍巍高貌也言舜禹之治天下委任賢臣以成其功而不身親其事也與讀曰豫自今以來惟封爵乃以聞他事安漢公四輔平決州牧二千石及茂材吏初除奏事者輒引入至近署對安漢公考故官問新職以知其稱否於是莽人人延問致密恩意厚加贈送其不合指顯奏免之權與人主侔矣

莽欲以虛名說太后師古曰說讀曰悅白言親承前孝哀丁傅奢侈之後百姓未贍者多太后宜且衣繒練頗損膳以視天下師古曰繒練謂帛無文者視讀曰示莽因上書願出錢百萬獻田三十頃付大司農助給貧民於是公卿皆慕效焉莽帥羣臣奏言陛下春秋尊久衣重練減御膳誠非所以輔精氣育皇帝安宗廟也臣莽數叩頭省戶下白爭未見許今幸賴陛下德澤間者風雨時甘露降神芝生蓂莢朱草嘉禾休徵同時並至師古曰休美也徵證也臣莽等不勝大願願陛下愛精休神闊略思慮師古曰闊寬也略簡也遵帝王之常服復大官之法膳使臣子各得盡驩心備共養惟哀省察莽又令太后下詔曰蓋聞母后之義思不出乎門閾師古曰閾門橛也音域○宋祁曰監本無門字國不蒙佑皇帝年在襁褓未任親政戰戰兢兢懼於宗廟之不安國家之大綱微朕孰當統之師古曰微無也是以孔子見南子周公居攝蓋權時也師古曰南子衛靈公夫人孔子欲說靈公以治道故見南子也勤身極思憂勞未綏故國奢則視之以儉師古曰視讀曰示矯枉者過其正而朕不身帥將謂天下何夙夜夢想五穀豐孰百姓家給比皇帝加元服委政而授焉師古曰比音必寐反今誠未皇于輕靡而備味師古曰皇暇也靡細也庶幾與百僚有成其勗之哉師古曰勗勉也每有水旱莽輒素食師古曰素食菜食也解在霍光傳左右以白太后遣使者詔莽曰聞公菜食憂民深矣今秋幸孰公勤於職以時食肉愛身爲國莽念中國已平惟四夷未有異乃遣使者齎黃金幣帛重賂匈奴單于使上書言聞中國譏二名故名囊知牙斯今更名知慕從聖制又遣王昭君女須卜居次入侍所以誑耀媚事太后下至旁側長御方故萬端莽既尊重欲以女配帝爲皇后以固其權奏言皇帝即位三年長秋宮未建液廷媵未充師古曰液與掖同音古字通用乃者國家之難本從亡嗣配取不正請考論五經定取禮師古曰取讀曰娶正十二女之義以廣繼嗣博采二王後及周公孔子世列侯在長安者適子女師古曰適讀曰嫡嫡妻所生女也事下有司上衆女名王氏女多在選中者莽恐其與己女爭即上言身亡德子材下不宜與衆女並采太后以爲至誠乃下詔曰王氏女朕之外家其勿采庶民諸生郎吏以上守闕上書者日千餘人公卿大夫或詣廷中或伏省戶下咸言明詔聖德巍巍如彼安漢公盛勳堂堂若此今當立后獨奈何廢公女天下安所歸命願得公女爲天下母莽遣長史以下分部曉止公卿及諸生師古曰分音扶問反而上書者愈甚太后不得已聽公卿采莽女莽復自白宜博選衆女公卿爭曰不宜采諸女以貳正統師古曰言皇后之位當在莽女也莽白願見女太后遣長

樂少府宗正尚書令納采見女還奏言公女漸漬德化有窈窕之容師古曰窈窕幽閑也宜承天序奉祭祀有詔遣大司徒大司空策告宗廟雜加卜筮皆曰兆遇金水王相卦遇父母得位孟康曰金水相生也張晏曰金王則水相也遇父母謂泰卦乾下坤上天下於地是配享之卦師古曰王音于放反○劉攽曰予謂但言父母得位安知是泰卦乎所謂康強之占逢吉之符也信鄉侯佟上言師古曰王子侯表淸河綱王子劉始封新鄉侯傳爵至曾孫佟王莽篡位賜姓王即謂此也而此傳作信鄉侯古者新信同音故耳佟音徒冬反春秋天子將娶於紀則褒紀子稱侯師古曰解在外戚恩澤侯表也安漢公國未稱古制師古曰稱副也音尺孕反其下亦同事下有司皆曰古者天子封后父百里尊而不臣以重宗廟孝之至也佟言應禮可許請以新野田二萬五千六百頃益封莽滿百里莽謝曰臣莽子女誠不足以配至尊復聽衆議益封臣莽伏自惟念得託肺腑獲爵士如使子女誠能奉稱聖德臣莽國邑足以共朝貢師古曰共讀曰供不須復加益地之寵願歸所益太后許之有司奏故事聘皇后黃金二萬斤爲錢二萬萬莽深辭讓受四千萬而以其三千三百萬予十一媵家羣臣復言今皇后受聘踰羣妾亡幾師古曰亡幾不多也亡讀曰無幾音居豈反其下並同有詔復益二千三百萬合爲三千萬莽復以其千萬分予九族貧者陳崇時爲大司徒司直與張敞孫竦相善竦者博通士爲崇草奏稱莽功德師古曰草謂創立其文也崇奏之曰竊見安漢公自初束脩師古曰束脩謂初學官之時值世俗隆奢麗之時蒙兩宮厚骨肉之寵師古曰兩宮謂成帝及太后被諸父赫赫之光師古曰被音皮義反財饒勢足亡所啎意師古曰啎逆也無人能逆其意也啎音五故反然而折節行仁克心履禮拂世矯俗確然特立師古曰拂違也矯正也拂音佛惡衣惡食陋車駑馬妃匹無二閨門之內孝友之德衆莫不聞淸靜樂道溫良下士師古曰下音胡嫁反惠于故舊篤于師友孔子曰未若貧而樂富而好禮師古曰論語子貢問曰貧而無諂富而無驕何如孔子曰可也未若貧而樂富而好禮者也公之謂矣及爲侍中故定陵侯淳于長有大逆罪公不敢私建白誅討師古曰首言其事也周公誅管蔡季子鴆叔牙師古曰解在前公之謂矣是以孝成皇帝命公大司馬委以國統孝哀即位高昌侯董宏希指求美造作二統晉灼曰欲令丁姬爲帝太后也公手劾之以定大綱建白定陶太后不宜在乘輿幄坐師古曰坐音才卧反以明國體詩曰柔亦不茹剛亦不吐不侮鰥寡不畏彊圉師古曰大雅烝民之詩美仲山甫之德茹食也彊圉彊梁圉扞也○宋祁曰監本越本無不侮鰥寡四字公之謂矣深執謙退推誠讓位定陶太后欲立僭號憚彼面刺幄坐之義佞惑之雄朱博之疇懲此長宏手劾之事上下一心讒賊交亂詭辟制度遂成篡號師古曰詭違也辟讀曰僻斥逐仁賢誅殘戚屬而公被胥原之訴遠去就國應劭曰胥原子胥屈原也師古曰遠去朝廷而

兢其侯國朝政崩壞綱紀廢弛危亡之禍不隧如髮師古曰弛解也
音式爾反隧音直類反詩云人之云亡邦國殄顇師古曰大雅瞻仰之詩也殄盡
也顇病也言爲政不善賢人奔亡矣天下邦國盡困病也顇與悴同音才醉反公之謂矣當此
之時宮亡儲主董賢據重加以傅氏有女之援師古曰謂哀帝
傅皇后皆自知得罪天下結讎中山張晏曰傅太后諂中山馮太后陷以祝詛
之罪則必同憂斷金相翼師古曰引易繫辭二人同心其利斷金翼助也藉假遺
詔頻用賞誅先除所憚急引所附遂誣往冤更徵遠屬
事埶張見其不難矣師古曰言哀帝既崩丁傅董賢欲稱遺詔樹立黨親共立幼主以據
國權也遠屬國之宗室疎遠者也○宋祁曰徵字當作懲其字下當有然字矣字當刪賴公立入
卽時退賢及其黨親當此之時公運獨見之明奮亡前
之威師古曰無前謂無有敢當之者盱衡厲色振揚武怒孟康曰眉上曰衡盱衡舉
眉揚目也師古曰盱音許于反乘其未堅厭其未發師古曰厭音一涉反震起機
動敵人摧折雖有賁育不及持刺師古曰孟賁夏育皆古勇士也持刺謂持
兵刃以刺雖有樗里不及回知師古曰樗里子名疾秦惠王之弟也爲秦相時人號曰智
囊雖有鬼谷不及造次師古曰鬼谷先生蘇秦之師善謀說是故董賢喪
其魂魄遂自絞殺人不還踵日不移晷師古曰還讀曰旋晷景也言其
速疾霍然四除更爲寧朝非陛下莫引立公非公莫克此
禍詩云惟師尚父時惟鷹揚亮彼武王師古曰大雅大明之詩也師尚
父太公也亮助也言太公武毅若鷹之飛揚佐助武王以克殷也孔子曰敏則有功師古
曰論語載孔子對子張之言也敏疾也言應事疾速乃能成功公之謂矣於是公乃白
內故泗水相豐蘩令邯師古曰豐蘩邯也蘩讀曰部與大司徒光○宋
祁曰徒當作馬車騎將軍舜建定社稷奉節東迎皆以功德受
封益土爲國名臣書曰知人則哲師古曰虞書咎繇謨之辭也哲智也公
之謂也公卿咸歎公德同盛公勳皆以周公爲比師古曰比
音必寐反宜賜號安漢公益封二縣公皆不受傳曰申包胥
不受存楚之報晏平仲不受輔齊之封師古曰申包胥楚大夫也吳師
入郢楚昭王出奔包胥如秦乞師秦出師以救楚昭王反國欲賞包胥辭曰吾爲君也非爲身也遂不受晏平
仲齊大夫晏嬰也以道佐齊景公景公欲封之讓而不受孔子曰能以禮讓爲國乎
何有師古曰論語載孔子之言也解在董仲舒傳公之謂也將爲皇帝定立
妃后有司上名公女爲首公深辭讓迫不得已然後受
詔父子之親天性自然欲其榮貴甚於爲身皇后之尊
侔於天子當時之會千載希有然而公惟國家之統揖
太福之恩師古曰揖謂讓而不當也事事謙退動而固辭書曰舜讓
于德不嗣師古曰虞書舜典之辭言舜自讓德薄不足以繼帝堯之事也公之謂矣自
公受策以至于今亹亹翼翼日新其德師古曰亹亹勉也翼翼敬也亹
音武匪反增修雅素以命下國後儉隆約以矯世俗師古曰後退也
矯正也後音千獨反其字從彳割財損家以帥羣下彌躬執平以逮公
卿師古曰彌讀與弭同教子尊學以隆國化僮奴布衣馬不秣穀
食飲之用不過凡庶詩云溫溫恭人如集于木師古曰小雅小
宛之詩溫溫柔貌也如集于木恐墮墜耳孔子曰食無求飽居無求安師古曰論

語載孔子之言也謂君子好學樂道故志不在安飽公之謂矣克身自約糴食逮
給師古曰纔得粗及僅足而已物物卬市日闕亡儲師古曰物物卬市言其衣食所
須皆買之於市不自營作而不奪工商利也闕盡也日闕言當日卽盡不蓄積也卬音牛向反闕音空穴反
又上書歸孝哀皇帝所益封邑入金錢獻田殫盡舊業
爲衆倡始師古曰倡音尺尚反於是小大鄉和承風從化師古曰鄉讀曰
嚮外則王公列侯內則帷幄侍御翕然同時各竭所有
或入金錢或獻田畝以振貧窮收贍不足者昔令尹子
文朝不及夕魯公儀子不茹園葵張晏曰令尹子文自毀其家以紓楚國之
難仕而逃祿朝不及夕也師古曰子文楚令尹闘穀於菟也公儀子魯國相公儀休也拔其園葵不奪園夫之
利食茹菜曰茹音人諸反公之謂矣開門延士下及白屋師古曰白屋謂庶人
以白茅覆屋者也婁省朝政師古曰婁古屢字綜管衆治親見牧守以
下考迹雅素審知白黑詩云夙夜匪解以事一人師古曰大
雅烝民之詩也一人天子也解讀曰懈易曰終日乾乾夕惕若厲師古曰乾卦九
三爻辭也乾乾自強之意惕懼也厲病也公之謂矣比三世爲三公再奉送
大行師古曰比頻也秉冢宰職塡安國家師古曰塡音竹刃反四海輻湊
靡不得所書曰納于大麓烈風雷雨不迷師古曰虞書舜典敘舜之
德麓錄也言堯使舜大錄萬機之政一曰山足曰麓言舜有聖德雖遇雷風不迷惑也公之謂矣
此皆上世之所鮮師古曰鮮音先踐反禹稷之所難而公包其終
始一以貫之師古曰論語稱孔子謂曾子曰參乎吾道一以貫之謂忠恕可謂備矣
是以三年之間化行如神嘉瑞疊累豈非陛下知人之
效得賢之致哉故非獨君之受命也臣之生亦不虛矣
是以伯禹錫玄圭周公受郊祀師古曰尚書禹貢云禹錫玄圭告厥成功言賞
治水功成也禮記明堂位曰成王幼弱周公踐天子之位以治天下七年乃致政於成王成王以周公爲有勳
勞於天下封周公於曲阜地方七百里革車千乘命魯公世世祀周公以天子禮樂是以魯君孟春乘大輅旂
十有二旒日月之章祀帝于郊配以后稷天子之禮也蓋以達天之使不敢擅天
之功也師古曰言天降賢材以助王者王者當申達其用而不敢自專撰公德行爲天
下紀師古曰撰度也紀理也觀公功勳爲萬世基基成而賞不配
紀立而褒不副師古曰配對也誠非所以厚國家順天心也高
皇帝褒賞元功相國蕭何邑戶旣倍又蒙殊禮奏事不
名入殿不趨封其親屬十有餘人樂善無厭班賞亡遴
師古曰遴與吝同苟有一策卽必爵之是故公孫戎位在充郎
選繇旃頭壹明樊噲封二千戶孟康曰公孫戎奴也高帝時爲旃頭郎晉灼曰
楚漢春秋上東圍項羽聞樊噲反旃頭公孫戎明之卒不反封戎二千戶師古曰此公孫戎耳非戎奴也戎奴
自武帝時人孟說誤矣繇讀與由同孝文皇帝褒賞絳侯益封萬戶賜黃
金五千斤孝武皇帝卹錄軍功裂三萬戶以封衞青青
子三人或在襁褓皆爲通侯孝宣皇帝顯著霍光增戶
命疇封者三人延及兄孫夫絳侯卽因漢藩之固杖朱
虛之鯁依諸將之遰據相扶之埶其事雖醜要不能遂
李奇曰言勃之功不遂而霍光據席常任也晉灼曰醜衆也言勃欲誅諸呂其事雖衆要不能以呂后在時而
遂意也師古曰二說皆非也遰續也謂相圖繞也言絳侯之時漢家外有藩屛盤石之固內有朱虛骨鯁之強

諸將同心圖繞扶翼呂氏之黨雖欲作亂心懷醜惡事必不成言勃之功不足多也遰音滯霍光卽
席常任之重乘大勝之威未嘗遭時不行陷假離朝服虔
曰言光未嘗陷假不過而離去朝也莽嘗退國是陷假也師古曰假升也陷假者被陷害而去所升之位也
韋昭曰陷墜也假音下下猶瑕也朝之執事亡非同類割斷歷久統政
曠世雖日有功所因亦易然猶有計策不審過徵之累
師古曰光誤徵昌邑王得其人也累音力瑞反不及至青戎摽末之功服虔曰摽音刀
末之摽謂衞青公孫戎也師古曰摽音匹遙反○宋祁曰予案字林摽刀削末銅也音匹幺反一言之
勞然猶皆蒙丘山之賞課功絳霍造之與因也比於青
戎地之與天也而公又有宰治之效乃當上與伯禹周
公等盛齊隆兼其褒賞豈特與若云者同日而論哉師古
曰若云謂若向者所云絳霍青戎也然曾不得蒙青等之厚臣誠惑之臣
聞功亡原者賞不限德亡首者褒不檢師古曰無原謂不可測其本原
也無首謂無出其上者也檢局也是故成王之於周公也度百里之限
師古曰度亦踰越也越九錫之檢開七百里之宇師古曰並見前兼商
奄之民師古曰商奄二國名賜以附庸殷民六族師古曰謂條氏徐氏蕭氏索氏
長勺氏尾勺氏也大路大旂師古曰解已見前封父之繁弱夏后之璜
師古曰封父古諸侯也繁弱大弓名也半璧曰璜父讀曰甫祝宗卜史師古曰大祝太宗太卜太
史凡四官備物典策師古曰旣有備物而加之策書也一曰典策春秋之制也官司彝器
師古曰官司百官也彝器常用之器也一曰彝宗廟酒器也周禮有六彝六彝法也言器有所法象之貌耳
白牡之牲師古曰明堂位曰季夏六月以禘禮祀周公於太廟牲用白牡郊望之禮師古
曰郊祀上帝于郊也望謂望山川而祭之也王曰叔父建爾元子師古曰魯頌閟宮之
詩曰王曰叔父建爾元子俾侯于魯謂命周公以封伯禽而爲魯公也子父俱延拜而受
之師古曰謂周公拜前魯公拜後可謂不檢亡原者矣非特止此六子
皆封師古曰周公六子伯禽之弟也詩曰亡言不讎亡德不報師古曰大雅抑
之詩也讎用也言有善言則用之有德者必報之一曰讎對也賞當其言也報當如之不如非
報也服虔曰報賞當如其德不如德者非報也近觀行事高祖之約非劉氏
不王然而番君得王長沙下詔稱忠定著於令師古曰謂吳芮
也解在芮傳番音蒲河反明有大信不拘於制也春秋晉悼公用魏
絳之策諸夏服從鄭伯獻樂悼公於是以半賜之絳深
辭讓晉侯曰微子寡人不能濟河夫賞國之典不可廢
也子其受之魏絳於是有金石之樂春秋善之師古曰事見左
傳襄十一年微無也取其臣竭忠以辭功君知臣以遂賞也今陛
下既知公有周公功德不行成王之褒賞○宋祁曰德字下當有而
字遂聽公之固辭不顧春秋之明義則民臣何稱萬世
何述誠非所以爲國也臣愚以爲宜恢公國令如周公
師古曰恢大也建立公子令如伯禽所賜之品亦皆如之諸子
之封皆如六子卽羣下較然輸忠黎庶昭然感德師古曰較
明貌也○宋祁曰輸浙本作論下文輸同臣誠輸忠民誠感德則於王事何
有師古曰言其極無闕遺唯陛下深惟祖宗之重敬畏上天之戒
儀刑虞周之盛師古曰儀刑謂則而象之敕盡伯禽之賜無遴周公

之報師古曰敕備也遴與吝同令天法有設後世有祖師古曰祖始也以此爲法
之始天下幸甚太后以視羣公師古曰視讀曰示羣公方議其事
會呂寬事起初莽欲擅權白太后前哀帝立背恩義自
貴外家丁傅撓亂國家幾危社稷師古曰撓擾也音女高反幾音巨依反
今帝以幼年復奉大宗爲成帝後宜明一統之義以戒
前事爲後代法於是遣甄豐奉璽綬卽拜帝母衞姬爲
中山孝王后賜帝舅衞寶寶弟玄爵關內侯皆留中山
不得至京師莽子宇非莽隔絕衞氏恐帝長大後見怨
宇卽私遣人與寶等通書教令帝母上書求入詣在衞
后傳莽不聽宇與師吳章及婦兄呂寬議其故章以爲
莽不可諫而好鬼神可爲變怪以驚懼之章因推類說
令歸政於衞氏宇卽使寬夜持血灑莽第門吏發覺之
莽執宇送獄飲藥死宇妻焉懷子師古曰焉其名繫獄須產子
已殺之師古曰須待也莽奏言宇爲呂寬等所詿誤流言惑衆
惡與管蔡同罪○宋祁曰惡本邵本無惡字臣不敢隱其誅甄邯等
白太后下詔曰夫唐堯有丹朱周文王有管蔡此皆上
聖亡奈下愚子何以其性不可移也公居周公之位輔
成王之主而行管蔡之誅不以親親害尊尊朕甚嘉之
昔周公誅四國之後大化乃成至於刑錯師古曰四國謂三監及淮
夷耳公其專意翼國期於致平師古曰翼助也莽因是誅滅衞氏
窮治呂寬之獄連引郡國豪桀素非議己者內及敬武
公主師古曰元帝女弟也梁王立紅陽侯立平阿侯仁使者迫守
皆自殺死者以百數海內震焉大司馬護軍褒奏言安
漢公遭子宇陷於管蔡之辜子愛至深爲帝室故不敢
顧私惟宇遭辠喟然憤發作書八篇以戒子孫宜班郡
國令學官以教授事下羣公請令天下吏能誦公戒者
以著官簿比孝經師古曰著官簿言用之得選舉也四年春郊祀高祖
以配天宗祀孝文皇帝以配上帝四月丁未莽女立爲
皇后大赦天下師古曰行音下更反遣大司徒司直陳崇等八人
分行天下覽觀風俗太保舜等奏言春秋列功德之義
太上有立德其次有立功其次有立言唯至德大賢然
後能之其在人臣則生有大賞終爲宗臣殷之伊尹周
之周公是也及民上書者八千餘人咸曰伊尹爲阿衡
周公爲太宰周公享七子之封有過上公之賞宜如陳
崇言章下有司有司請還前所益二縣及黃郵聚新野
田采伊尹周公稱號加公爲宰衡位上公掾史秩六百
石三公言事稱敢言之羣吏毋得與公同名出從期門
二十人羽林三十人前後大車十乘賜公太夫人號曰
功顯君食邑二千戶黃金印赤韍師古曰韍印之組也封公子男
二人安爲褒新侯臨爲賞都侯加后聘三千七百萬合

為一萬萬以明大禮太后臨前殿親封拜安漢公拜前二子拜後如周公故事莽稽首辭讓出奏封事願獨受母號還安臨印韍及號位戶邑事下太師光等皆曰賞未足以直功師古曰直當也謙約退讓公之常節終不可聽莽求見固讓太后下詔曰公每見叩頭流涕固辭今移病固當聽其讓令眡事邪師古曰眡古視字將當遂行其賞遣歸就第也光等曰安臨親受印韍策號通天其義昭昭黃郵召陵新野之田為入尤多師古曰召讀曰邵皆止於公公欲自損以成國化宜可聽許治平之化當以時成宰衡之官不可世及納徵錢乃以尊皇后非為公也功顯君戶止身不傳褒新賞都兩國合三千戶甚少矣忠臣之節亦宜自屈而信主上之義師古曰信讀曰申宜遣大司徒大司空持節承制詔公亟入眡事師古曰亟急也音居力反詔尚書勿復受公之讓奏奏可莽乃起眡事上書言臣以元壽二年六月戊午倉卒之夜以新都侯引入未央宮庚申拜為大司馬充三公位元始元年正月丙辰拜為太傅賜號安漢公備四輔官今年四月甲子復拜為宰衡位上公臣莽伏自惟爵為新都侯號為安漢公官為宰衡太傅大司馬爵貴號尊官重一身蒙大寵者五誠非鄙臣所能堪據元始三年天下歲已復官屬宜皆置如淳曰前時儀省官職今豐宜復之也師古曰復音扶目反穀梁傳曰天子之宰通于四海師古曰宰治也治眾事者謂大臣也臣愚以為宰衡官以正百僚平海內為職而無印信名實不副臣莽無兼官之材今聖朝既過誤而用之臣請御史刻宰衡印章曰宰衡太傅大司馬印成授臣莽上太傅與大司馬之印太后詔曰可韍如相國師古曰韍亦謂組也朕親臨授焉莽乃復以所益納徵錢千萬遺與長樂長御奉共養者師古曰太后之長御也共音居用反養音弋亮反太保舜奏言天下聞公不受千乘之土辭萬金之幣散財施予千萬數莫不鄉化師古曰鄉讀曰嚮蜀郡男子路建等輟訟慙怍而退雖文王卻虞芮何以加師古曰御退也虞芮二國名也並在河之東二國之君相與爭田久而不平聞文王之德乃往斷焉入周之境則耕者讓畔行者讓路乃相謂曰我小人也不可以履君子之庭遂相讓以其所爭為閒田而退宜報告天下奏可宰衡出從大車前後各十乘直事尚書郎侍御史謁者中黃門期門羽林師古曰自此以上皆從宰衡出宰衡常持節所止謁者代持之師古曰相代而持也宰衡掾史秩六百石三公稱敢言之○劉攽曰宰衡以下前已有其事此復重出當刪併從上是歲莽奏起明堂辟雍靈臺為學者築舍萬區作市常滿倉制度甚盛立樂經益博士員經各五人徵天下通一藝教授十一人以上及有逸禮古書毛詩周官爾雅天文圖讖鍾律月令兵法史篇文字孟康曰史籀所作十五篇古文書也師古曰周宣王太史史籀所作大篆書也籀音直救反

通知其意者皆詣公車網羅天下異能之士至者前後千數皆令記說廷中將令正乖繆壹異說云羣臣奏言昔周公奉繼體之嗣據上公之尊然猶七年制度乃定夫明堂辟雍墮廢千載莫能興師古曰墮毀也音火規反今安漢公起於第家輔翼陛下四年于茲功德爛然師古曰爛然章明之貌公以八月載生魄庚子師古曰載始也魄月魄也奉使朝用書孟康曰賦功役之書臨賦營築越若翊辛丑師古曰翊明也辛丑者庚子之明日也越發語辭也諸生庶民大和會十萬眾並集平作二旬大功畢成師古曰平作謂不促遽也平字或作丕丕亦大也唐虞發舉成周造業誠亡以加宰衡位宜在諸侯王上賜以束帛加璧大國乘車安車各一服虔曰大國乘車如大國王之乘車也驪馬二駟師古曰驪馬併駕也詔曰可其議九錫之法冬大風吹長安城東門屋瓦且盡五年正月祫祭明堂諸侯王二十八人列侯百二十人宗室子九百餘人徵助祭○宋祁曰淳化本祭字下有祀字禮畢封孝宣曾孫信等三十六人為列侯餘皆益戶賜爵金帛之賞各有數是時吏民以莽不受新野田而上書者前後四十八萬七千五百七十二人及諸侯王公列侯宗室見者皆叩頭言宜亟加賞於安漢公師古曰亟急也於是莽上書曰臣以外屬越次備位未能奉稱師古曰稱音尺證反伏念聖德純茂承天當古制禮以治民作樂以移風四海奔走百蠻並轃師古曰轃即臻字也辭去之日莫不隕涕非有款誠豈可虛致自諸侯王已下至于吏民咸知臣莽上與陛下有葭莩之故師古曰葭蘆也莩者其筩裏白皮也言其輕薄而附著也故以為喻葭音加莩音孚又得典職每歸功列德者輒以臣莽為餘言臣見諸侯面言事於前者未嘗不流汗而慙愧也雖性愚鄙至誠自知德薄位尊力少任大夙夜悼栗常恐汙辱聖朝今天下治平風俗齊同百蠻率服皆陛下聖德所自躬親太師光太保舜等輔政佐治羣卿大夫莫不忠良故能以五年之間至致此焉臣莽實無奇策異謀奉承太后聖詔宣之于下不能得什一受羣賢之籌畫而上以聞不能得什伍師古曰言皆不曉又遺忘也當被無益之辜所以敢且保首領須臾者誠上休陛下餘光而下依羣公之故也師古曰休庇廕也○宋祁曰晉灼音義作艸下休陛下不忍眾言輒下其章於議者臣莽前欲立奏止恐其遂不肯止今大禮已行助祭者畢辭不勝至願願諸章下議者皆寢勿上使臣莽得盡力畢制禮作樂事事成以傳示天下與海內平之即有所間非則臣莽當被詿上誤朝之罪師古曰間音居莧反如無他譴得全命賜骸骨歸家避賢者路是臣之私願也惟陛下哀憐財幸師古曰財與裁同甄邯等白太后詔曰可唯公功德光于天下是以諸侯王公列侯宗室諸生吏民翕

然同辭連守闕庭故下其章諸侯宗室辭去之日復見前重陳師古曰重音直用反○宋祁曰復見前重陳當依越本作復重見前陳雖曉喻罷遣猶不肯去告以孟夏將行厥賞莫不驩悅稱萬歲而退今公每見輒流涕叩頭言願不受賞賞即加不敢當位方制作未定事須公而決故且聽公制作畢成羣公以聞究于前議師古曰究竟也其九錫禮儀亟奏師古曰亟急也於是公卿大夫博士議郎列侯富平侯張純等○宋祁曰越本無富平侯三字九百二人皆曰聖帝明王招賢勸能德盛者位高功大者賞厚故宗臣有九命上公之尊則有九錫登等之寵張晏曰宗臣有勳勞為上公國所宗者也周禮上公九命九命九錫也師古曰登等謂升於常等也今九族親睦百姓既章萬國和協黎民時雍師古曰章明也時是也雍亦和也此已上皆取堯典敘堯德之言也聖瑞畢溱太平已洽師古曰溱與臻同帝者之盛莫隆於唐虞而陛下任之忠臣茂功莫著於伊周而宰衡配之所謂異時而興如合符者也謹以六藝通義經文所見周官禮記宜於今者為九命之錫師古曰禮含文嘉云九錫者車馬衣服樂縣朱戶納陛武賁鈇鉞弓矢秬鬯也臣請命錫奏可策曰惟元始五年五月庚寅太皇太后臨于前殿延登親詔之曰公進虛聽朕言師古曰進前也虛己而聽也前公宿衛孝成皇帝十有六年納策盡忠白誅故定陵侯淳于長以彌亂發姦師古曰彌讀曰弭弭止也登大司馬職在內輔孝哀皇帝即位驕妾窺欲姦臣萌動公手劾高昌侯董宏改正故定陶共王母之僭坐自是之後朝臣論議靡不據經以病辭位歸于第家為賊臣所陷就國之後孝哀皇帝覺寤復還公長安臨病加劇猶不忘公復特進位是夜倉卒國無儲主姦臣充朝危殆甚矣朕惟定國之計莫宜於公引納于朝即日罷退高安侯董賢轉漏之間忠策輒建綱紀咸張綏和元壽再遭大行萬事畢舉禍亂不作輔朕五年人倫之本正天地之位定張晏曰定冠婚之儀從南北之郊也欽承神祇經緯四時復千載之廢矯百世之失張晏曰封先代之後立古文經定迭毀之禮也天下和會大眾方輯師古曰輯與集同詩之靈臺書之作雒鎬京之制商邑之度於今復興師古曰靈臺所以觀氣象者也文王受命作邑于豐始立此臺兆庶自勸就其功作故大雅靈臺之詩曰經始靈臺經之營之庶人攻之不日成之作雒謂周公營洛邑以為王都所謂成周也周書洛誥曰召公既相宅周公往營成周使來告卜作洛誥豐鎬和近故總曰鎬京成周既成遷殷頑民使居之故云商邑之度也昭章先帝之元功明著祖宗之令德推顯嚴父配天之義脩立郊禘宗祀之禮以光大孝是以四海雍雍萬國慕義蠻夷殊俗不召自至漸化端冕奉珍助祭師古曰蠻夷漸染朝化而正衣冠奉其國珍來助祭尋舊本道遵術重古動而有成事得厥中至德要道通於神明祖考嘉享光耀顯章天符仍臻元氣大同麟鳳龜龍眾祥之瑞七百有餘遂制禮作樂有綏靖宗廟社

稷之大勳普天之下惟公是賴官在宰衡位為上公今加九命之錫其以助祭共文武之職師古曰共讀曰供乃遂及厥祖師古曰榮寵之命上延其先祖也於戲豈不休哉師古曰於戲讀曰嗚呼休美也於是莽稽首再拜受綠韍袞冕衣裳師古曰此韍謂蔽膝也或謂之韠韍音弗韠音畢瑒琫瑒珌孟康曰瑒玉名也佩刀之飾上曰琫下曰珌詩云鞞琫有珌是也師古曰瑒音蕩琫音布孔反珌音必○劉攽曰瑒字宜從易宋祁同句履孟康曰今齋祀履舄頭飾也出履二寸師古曰其形岐頭句音巨俱反○宋祁曰韋昭曰句履頭飾形如刀鼻音約禮記作絇亦是鸞路乘馬師古曰鸞路車之施鸞者也解在禮樂志四馬曰乘音食證反下亦同龍旂九旒皮弁素積師古曰素積素裳也戎路乘馬師古曰戎路戎車也彤弓矢盧弓矢師古曰彤赤色盧黑色左建朱鉞右建金戚師古曰鉞戚皆斧屬甲冑一具師古曰冑兜鍪秬鬯二卣師古曰秬鬯香酒也卣中樽也音攸又羊九反○宋祁曰字書曰秬黑黍一稃二米也圭瓚二師古曰以圭為勺末九命青玉珪二師古曰青者春色東方生長育萬物也朱戶納陛孟康曰納內也謂鑿殿基際為陛不使露也師古曰孟說是也尊者不欲露而升陛故內之於霤下也諸家之釋文句雖煩義皆不了故無取云署宗官祝官卜官史官虎賁三百人家令丞各一人宗祝卜史官皆置嗇夫佐安漢公在中府外第虎賁為門衛當出入者傳籍師古曰傳猶著也音附自四輔三公有事府第皆用傳孟康曰傳符也師古曰音張戀反韋昭曰傳二封啟也以楚王邸為安漢公第大繕治通周衛祖禰廟及寢皆為朱戶納陛陳崇又奏安漢公祠祖禰出城門城門校尉宜將騎士從入有門衛出有騎士所以重國也奏可其秋莽以皇后有子孫瑞通子午道張晏曰時年十四始有婦人之道也子水午火也水以天一為牡火以地二為牝故火為水妃令通子午以協之子午道從杜陵直絕南山徑漢中師古曰子北方也午南方也言通南北道相當故謂之子午耳今京城直南山有谷通梁漢道者名子午谷又宜州西界慶州東界有山名子午嶺計南北直相當此則北山者是子南山者是午共為子午道○劉奉世曰史文以從杜陵徑漢中為子午道耳顏之所見非史意也風俗使者八人還言天下風俗齊同詐為郡國造歌謠頌功德凡三萬言莽奏定著令又奏為市無二賈師古曰言純質也賈音價官無獄訟邑無盜賊野無饑民道不拾遺男女異路之制犯者象刑師古曰象刑解在武紀及刑法志劉歆陳崇等十二人皆以治明堂宣教化封為列侯莽既致太平北化匈奴東致海外南懷黃支唯西方未有加遣中郎將平憲等多持金幣誘塞外羌使獻地願內屬憲等奏言羌豪良願等種人口可萬二千人願為內臣獻鮮水海允谷鹽池平地美草皆予漢民自居險阻處為藩蔽問良願降意對曰太皇太后聖明安漢公至仁天下太平五穀成熟或禾長丈餘或一粟三米或不種自生或蠒不蠶自成甘露從天下醴泉自地出鳳皇來儀神爵降集從四歲以來羌人無所疾苦故思樂內屬宜以時處業置屬國領護事下莽莽復奏曰太后秉統數年恩澤洋溢和氣四塞絕域殊俗靡不慕義越裳氏重

譯獻白雉黃支自三萬里貢生犀東夷王度大海奉國珍匈奴單于順制作去二名今西域良願等復舉地爲臣妾昔唐堯橫被四表亦亡以加之今謹案已有東海南海北海郡未有西海郡請受良願等所獻地爲西海郡臣又聞聖王序天文定地理因山川民俗以制州界漢家地廣二帝三王服虔曰唐虞及周要服之內方七千里夏殷方三千里漢地南北萬三千里也凡十二州州名及界多不應經堯典十有二州後定爲九州漢家廓地遼遠州牧行部遠者三萬餘里不可爲九謹以經義正十二州名分界以應正始奏可又增法五十條犯者徙之西海徙者以千萬數民始怨矣泉陵侯劉慶上書師古曰王子侯年表泉陵節侯賢長沙定王子本始四年戴侯眞定嗣二十二年黃龍元年頃侯慶嗣此則是也此傳及翟義傳並云泉陵地理志泉陵屬零陵郡而表作衆陵表爲謬也言周成王幼少稱孺子周公居攝今帝富於春秋宜令安漢公行天子事如周公羣臣皆曰宜如慶言冬熒或入月中平帝疾莽作策請命於泰畤戴璧秉圭願以身代藏策金縢置于前殿敕諸公勿敢言師古曰詐依周公爲武王請命作金縢也十二月平帝崩大赦天下莽徵明禮者宗伯鳳等與定天下吏六百石以上皆服喪三年奏尊孝成廟曰統宗孝平廟曰元宗時元帝世絕而宣帝曾孫有見王五人師古曰王之見在者列侯廣戚侯顯等四十八人莽惡其長大曰兄弟不得相爲後迺選玄孫中最幼廣戚侯子嬰年二歲託以爲卜相最吉是月前煇光謝囂奏武功長孟通浚井得白石師古曰浚抒治之也囂音許驕反浚音峻抒音直呂反上圓下方有丹書著石師古曰著音直略反文曰告安漢公莽爲皇帝符命之起自此始矣莽使羣公以白太后太后曰此誣罔天下不可施行太保舜謂太后事已如此無可奈何沮之力不能止師古曰沮壞也音才汝反又莽非敢有它但欲居攝以重其權塡服天下耳師古曰塡音竹刃反太后聽許舜等即共令太后下詔曰蓋聞天生衆民不能相治爲之立君以統理之君年幼稚必有寄託而居攝焉然後能奉天施而成地化羣生茂育書不云乎天工人其代之師古曰虞書咎繇謨之辭也言人代天以理治工事也朕以孝平皇帝幼年且統國政幾加元服委政而屬之師古曰屬付也幾音冀屬音之欲反今短命而崩嗚呼哀哉已使有司徵孝宣皇帝玄孫二十三人差度宜者以嗣孝平皇帝之後師古曰差度謂擇也度音大各反玄孫年在繈褓不得至德君子孰能安之安漢公莽輔政三世比遭際會安光漢室師古曰比頻也遂同殊風至于制作與周公異世同符今前煇光囂武功長通上言丹石之符朕深思厥意云爲皇帝者乃攝行皇帝之事也夫有法成易非聖人者亡法其令安漢公居攝踐阼如周公故事以武功縣爲安漢公采地師古曰采官也以官受地故謂之采名曰漢光邑具禮儀奏於是羣臣奏言太后聖德昭然深見天意詔令安漢公居攝臣聞周成王幼少周道未成成王不能共事天地脩文武之烈師古曰共讀曰恭烈業也周公權而居攝則周道成王室安不居攝則恐周隊失天命師古曰隊音直類反書曰我嗣事子孫大不克共上下遏失前人光在家不知命不易天應棐諶乃亡隊命師古曰周書君奭之篇也邵公爲保周公爲師相成王爲左右邵公不說周公作君奭以告之奭邵公名也尊而呼之故曰君也言我恐後嗣子孫大不能恭承天地絕失先王光大之道不知受命之難天所應輔唯在有誠所以亡失其命也共音恭棐音匪說曰師古曰謂說經義也周公服天子之冕南面而朝羣臣發號施令常稱王命召公賢人不知聖人之意故不說也師古曰召讀曰邵說讀曰悅下並同禮明堂記曰周公朝諸侯於明堂天子負斧依南面而立師古曰依讀曰扆此下亦同謂周公踐天子位六年朝諸侯制禮作樂而天下大服也召公不說時武王崩縗麤未除師古曰縗音千回反由是言之周公始攝則居天子之位非乃六年而踐阼也書逸嘉禾篇曰周公奉鬯立于阼階延登贊曰假王莅政勤和天下此周公攝政贊者所稱師古曰贊謂祭祀之辭也成王加元服周公則致政書曰朕復子明辟師古曰周書洛誥載周公告成王之辭言我復還明君之政於子也復音扶目反周公常稱王命專行不報故言我復子明君也臣請安漢公居攝踐阼服天子韍冕師古曰此韍亦謂裳韍也背斧依于戶牖之間南面朝羣臣聽政事車服出入警蹕民臣稱臣妾皆如天子之制郊祀天地宗祀明堂共祀宗廟享祭羣神贊曰假皇帝師古曰贊謂祭祀之辭也共音恭民臣謂之攝皇帝自稱曰予平決朝事常以皇帝之詔稱制以奉順皇天之心輔翼漢室保安孝平皇帝之幼嗣遂寄託之義隆治平之化師古曰遂成也其朝見太皇太后帝皇后皆復臣節自施政教於其宮家國采如諸侯禮儀故事臣昧死請太后詔曰可明年改元曰居攝居攝元年正月莽祀上帝於南郊迎春於東郊行大射禮于明堂養三老五更成禮而去師古曰更音工衡反置柱下五史秩如御史聽政事侍旁記疏言行三月己丑立宣帝玄孫嬰爲皇太子號曰孺子以王舜爲太傅左輔甄豐爲太阿右拂師古曰拂讀曰弼甄邯爲太保後承又置四少秩皆二千石四月安衆侯劉崇與相張紹謀曰師古曰安衆康侯丹長沙定王子崇即丹之玄孫也見王子侯表安漢公莽專制朝政必危劉氏天下非之者乃莫敢先舉此宗室恥也吾帥宗族爲先海內必和紹等從者百餘人遂進攻宛不得入而敗紹者張竦之從兄也竦與崇族父劉嘉詣闕自歸莽赦弗罪竦因爲嘉作奏曰建平元壽之間大統幾絕宗室幾棄師古曰幾音巨依反賴蒙陛下聖德扶服振救師古曰陛下謂莽也服音蒲北反遮扞匡衞國命復延宗室明目臨朝統政發號施令動以宗室爲始登用九族爲先並錄支親建立王侯南面之孤計以百數收復絕屬存亡續廢師古曰復音扶目反得比肩首復爲人者嬪然成行師古曰嬪然多貌也行列也嬪音匹人反行音下郎反所以藩漢國輔漢宗也建辟雍立明堂班天法流聖化朝羣后昭文德宗室諸侯咸益土地天下喁喁引領而歎師古曰喁喁衆口向上也音顒頌聲洋洋滿耳而入師古曰論語載孔子曰師摯之始關雎之亂洋洋乎盈耳哉故竦引之也洋音羊又音翔國家所以服此美膺此名饗此福受此榮者豈非太皇太后日昃之思陛下夕惕之念哉何謂師古曰先爲設問復陳其事也亂則統其理危則致其安禍則引其福絕則繼其統幼則代其任晨夜屑屑寒暑勤勤師古曰屑屑猶切切勤勤動作之意也無時休息孳孳不已者師古曰孳孳不怠之意也音與孜同凡以爲天下厚劉氏也師古曰爲音于僞反臣無愚智民無男女皆諭至意師古曰諭曉也而安衆侯崇乃獨懷悖惑之心師古曰悖乖也操畔逆之慮興兵動衆欲危宗廟惡不忍聞罪不容誅誠臣子之仇宗室之讎國家之賊天下之害也是故親屬震落而告其罪民人潰畔而棄其兵進不跬步退伏其殃師古曰半步曰跬謂一舉足也音空桑反百歲之母孩提之子師古曰嬰兒始孩人所提挈故曰孩提也孩者小兒笑也○宋祁曰景本作一百歲同時斷斬懸頭竿杪師古曰杪末也音莫小反珠珥在耳首飾猶存爲計若此豈不誖哉師古曰誖惑也音布內反臣聞古者畔逆之國既以誅討則豬其宮室以爲汙池納垢濁焉李奇曰掘其宮以爲池用貯水也師古曰豬謂畜水汙下也汙音烏名曰凶虛師古曰虛讀曰墟墟故居也言凶人所居也雖生菜茹而人不食師古曰所食之菜曰茹音人庶反四牆其社覆上棧下示不得通師古曰棧謂以簣蔽之也下則棧之上則覆之所以隔塞不通陰陽之氣也韋昭曰棧柴也辨社諸侯孟康曰辨布也布崇社國國各作一見以爲戒也師古曰辨讀曰班出門見之著以爲戒師古曰著明也方今天下聞崇之反也咸欲騫衣手劍而叱之其先至者則拂其頸師古曰拂戾也音佛衝其匈刃其軀切其肌後至者欲撥其門仆其牆師古曰仆倒也○宋祁曰刃其軀舊作刺其體鄧展曰刺音近戮晉灼音刺字林曰刺切也夷其屋焚其器應聲滌地則時成創師古曰滌地猶言塗地則時即時也創傷也音初良反而宗室尤甚言必切齒焉何則以其背畔恩義而不知重德之所在也宗室所居或遠嘉幸得先聞不勝憤憤之願願爲宗室倡始師古曰倡讀曰唱音昌向反父子兄弟負籠倚鍤馳之南陽師古曰籠所以盛土也鍤鍫也○宋祁曰倚當作荷鍤或作臿音丈涉反豬崇宮室令如古制及崇社宜如亳社以賜諸侯用永監戒願下四輔公卿大夫議以明好惡視四方師古曰視讀曰示於是莽大說師古曰說讀曰悅公卿曰皆宜如嘉言莽白太后下詔曰惟嘉父子兄弟雖與崇有屬不敢阿私或見萌芽相率告之及其禍成同共讎之應合古制忠孝著焉其以杜衍戶千封嘉爲師禮侯嘉子七人皆賜爵關內侯後又封竦爲淑德侯長安爲之語曰欲求封過張伯松師古曰竦之字力戰鬭不如巧爲奏莽又封南陽吏民有功者百餘人汙池劉崇室宅後謀反者皆汙池云羣臣復白劉崇等謀逆者以莽權輕也宜尊重以塡海內師古曰塡音竹刃反五月甲辰太后詔莽朝見太后稱假皇帝冬十月丙辰朔日有食之十二月羣臣奏請益安漢公宮及家吏置率更令廟廄廚長丞中庶子虎賁以下百餘人又置衞士三百人安漢公廬爲攝省府爲攝殿第爲攝宮奏可莽白太后下詔曰故太師光雖前薨功效已列太保舜大司空豐輕車將軍邯步兵將軍建皆爲誘進單于籌策又典靈臺明堂辟雍四郊定制度開子午道與宰衡同心說德師古曰說讀曰悅下同合意并力功德茂著封舜子匡爲同心侯林爲說德侯光孫壽爲合意侯豐孫匡爲并力侯益邯建各三千戶是歲西羌龐恬傅幡等師古曰幡音敷元反其字從巾怨莽奪其地作西海郡反攻西海太守程永永奔走莽誅永遣護羌校尉竇況擊之二年春竇況等擊破西羌五月更造貨錯刀一直五千契刀一直五百大錢一直五十與五銖錢並行民多盜鑄者禁列侯以下不得挾黃金輸御府受直然卒不與直九月東郡太守翟義都試勒車騎因發犇命立嚴鄉侯劉信爲天子師古曰東平煬王之子移檄郡國言莽毒殺平帝攝天子位欲絕漢室今共行天罰誅莽師古曰共讀曰恭郡國疑惑衆十餘萬莽惶懼不能食晝夜抱孺子告禱郊廟放大誥作策師古曰放依也大誥周書篇名周公所作也放音甫往反遣諫大夫桓譚等班於天下諭以攝位當反政孺子之意師古曰諭曉告之遣王邑孫建等八將軍擊義分屯諸關守阨塞槐里男子趙明霍鴻等起兵以和翟義師古曰和音胡臥反相與謀曰諸將精兵悉東京師空可攻長安衆稍多至且十萬人莽恐遣將軍王奇王級將兵拒之以太保甄邯爲大將軍受鉞高廟領天下兵左杖節右把鉞屯城外王舜甄豐晝夜循行殿中師古曰行音下更反十二月王邑等破翟義於圉司威陳崇使監軍師古曰爲使而監軍於外韋昭曰圉故屬淮陽後屬陳留呂靜曰圉音語上書言陛下奉天洪範心合寶龜師古曰心與龜合也膺受元命豫知成敗咸應兆占是謂配天配天之主慮則移氣言則動物施則成化臣崇伏讀詔書下日竊計其時聖思始發而反虜仍破師古曰思慮也詔文始書反虜大敗制書始下反虜畢斬衆將未及齊其鋒芒臣崇未及盡其愚慮而事已決矣莽大說師古曰說讀曰悅三年春地震大赦天下王邑等還京師西與王級等合擊明鴻皆破滅語在翟義傳莽大置酒未

央宮白虎殿勞賜將帥詔陳崇治校軍功第其高下莽乃上奏曰明聖之世國多賢人故唐虞之時可比屋而封至功成事就則加賞焉至于夏后塗山之會執玉帛者萬國諸侯執玉附庸執帛周武王孟津之上尚有八百諸侯周公居攝郊祀后稷以配天宗祀文王於明堂以配上帝是以四海之內各以其職來祭蓋諸侯千八百矣禮記王制千七百餘國是以孔子著孝經曰不敢遺小國之臣而況於公侯伯子男乎故得萬國之歡心以事先王○宋祁曰邵本先字上有其字此天子之孝也秦為亡道殘滅諸侯以為郡縣欲擅天下之利故二世而亡高皇帝受命除殘考功施賞建國數百後稍衰微其餘僅存太皇太后躬統大綱廣封功德以勸善興滅繼絕以永世是以大化流通旦暮且成遭羌寇害西海郡反虜流言東郡逆賊惑衆西土忠臣孝子莫不奮怒所征殄滅盡備厥辜天下咸寧今制禮作樂○宋祁曰越本寧字下無今字實考周爵五等地四等有明文蘇林曰爵五等公侯伯子男也地四等公一等侯伯二等子男三等附庸四等殷爵三等有其說無其文師古曰公一等侯二等伯子男三等孔子曰周監於二代郁郁乎文哉吾從周師古曰論語載孔子之言也監視也二代夏殷也郁郁文章貌臣請諸將帥當受爵邑者爵五等地四等奏可於是封者高為侯伯次為子男當賜爵關內侯者更名曰附城凡數百人擊西海者以羌為號槐里以武為號翟義以虜為號群臣復奏言太后脩功錄德遠者千載近者當世或以文封或以武爵深淺大小靡不畢舉今攝皇帝背依踐阼宜異於宰國之時制作雖未畢已師古曰已止也宜進二子爵皆為公春秋善善及子孫賢者之後宜有土地成王廣封周公庶子六人皆有茅土及漢家名相大將蕭霍之屬咸及支庶兄子光可先封為列侯諸孫制度畢已大司徒大司空上名如前詔書太后詔曰進攝皇帝子褒新侯安為新舉公賞都侯臨為褒新公封光為衍功侯是時莽還歸新都國群臣復白以封莽孫安為新都侯莽既滅翟義自謂威德日盛獲天人助遂謀即真之事矣九月莽母功顯君死意不在哀令太后詔議其服少阿羲和劉歆與博士諸儒七十八人皆曰居攝之義所以統立天功興崇帝道成就法度安輯海內也師古曰輯與集同昔殷成湯既沒而太子蚤夭其子太甲幼少不明伊尹放諸桐宮而居攝以興殷道周武王既沒周道未成成王幼少周公屏成王而居攝以成周道師古曰屏猶擁也○劉敞曰予謂屏者即荀子所言屏成王而及武王屏猶卻也是以殷有翼翼之化師古曰商頌殷武之詩曰商邑翼翼四方之極言商邑禮俗翼翼然可則傚乃四方之中正也周有刑錯之功師古曰謂成康之世囹圄空虛今太皇太后比遭家之不造師古曰比頻也周頌閔予小子之篇曰遭家不造造成也故議者引之委任安漢公宰尹群僚衡平天下師古曰宰治也尹正也衡平也言如稱之衡遭孺子幼少未能共上下師古曰共讀曰恭上下謂天地皇天降瑞出丹石之符是以太皇太后則天明命詔安漢公居攝踐阼將以成聖漢之業與唐虞三代比隆也攝皇帝遂開祕府會群儒制禮作樂卒定庶官茂成天功師古曰茂美也聖心周悉卓爾獨見發得周禮以明因監李奇曰殷因於夏禮周監於二代則天稽古而損益焉猶仲尼之聞韶師古曰孔子至齊郭門之外遇一嬰兒挈一壺相與俱行其視精其心正其行端孔子謂御曰趣驅之趣驅之韶樂方作孔子至彼而及韶聞之三月不知肉味言天縱多能而識微也故取喻耳日月之不可階師古曰論語載子貢歎孔子德云它人賢者丘陵也猶可踰也仲尼日月也無得而踰焉又曰夫子之不可及猶天之不可階而升也非聖哲之至孰能若茲綱紀咸張成在一匱師古曰論語云孔子曰譬如為山未成一匱止吾止也譬如平地雖覆一匱進吾往也匱者織草為器所以盛土也言人脩行道德有若為山雖於平地始覆一匱之土而作不止可以得成故吾欲往觀之今此議者云莽脩行政化致於太平本由一匱也○劉敞曰予謂此言莽制作已成尚有未足欲留之者也當引書云譬如為山九仞功虧一匱以解之此其所以保佑聖漢安靖元元之效也今功顯君薨禮庶子為後為其母緦傳曰與尊者為體不敢服其私親也攝皇帝以聖德承皇天之命受太后之詔居攝踐阼奉漢大宗之後上有天地社稷之重下有元元萬機之憂不得顧其私親故太皇太后建厥元孫俾侯新都師古曰建立也元長也俾使也謂立莽孫宗為新都侯也為哀侯後明攝皇帝與尊者為體承宗廟之祭奉共養太皇太后不得服其私親也周禮曰王為諸侯緦縗弁而加環絰師古曰於弁上加環絰也謂之環者言其輕細如環之形同姓則麻異姓則葛攝皇帝當為功顯君緦縗弁而加麻環絰如天子弔諸侯服以應聖制莽遂行焉凡壹弔再會而令新都侯宗為主服喪三年云司威陳崇奏衍功侯光私報執金吾竇況令殺人況為收繫致其法莽大怒切責光光母曰女自眎孰與長孫中孫師古曰長孫中孫莽子宇及獲也皆為莽所殺故云然中讀曰仲遂母子自殺及況皆死初莽以事母養嫂撫兄子為名及後悖虐復以示公義焉服虔曰不舍光罪為公義○劉奉世曰莽不服喪亦以示公義令光子嘉嗣爵為侯莽下書曰遏密之義訖于季冬張晏曰平帝以元始五年十二月崩至此再朞年也師古曰虞書放勳乃殂百姓如喪考妣三載四海遏密八音遏止也密靜也謂不作樂也故莽引之○劉奉世曰平帝崩至居攝之年十二月實三朞非再朞也蓋莽自謂義經遏密實非三朞不以二十五月也或曰此事當在三年冬誤記於此年耳正月郊祀八音當奏王公卿士樂凡幾等五聲八音條各云何其與所部儒生各盡精思悉陳其義是歲廣饒侯劉京車騎將軍千人扈雲大保屬臧鴻奏符命師古曰千人官名也屬車騎將軍扈其姓雲其名京言齊郡新井雲言巴郡石牛鴻言扶風雍石莽皆迎受十一月甲子莽上奏太后曰陛下至聖遭家不造遇漢十二世三七之阸承天威命詔臣莽居攝受孺子之託任天下之寄臣莽兢兢業業懼於不稱師古曰兢兢戒慎也業業危也宗室廣饒侯劉京上書言七月中齊郡臨淄縣昌興亭長辛當一暮數夢曰吾天公使也天公使我告亭長曰攝皇帝當為真即不信我此亭中當有新井亭長晨起視亭中誠有新井師古曰誠實也入地且百尺十一月壬子直建冬至師古曰壬子之日冬至而其日當建巴郡石牛戊午雍石文皆到于未央宮之前殿臣與太保安陽侯舜等視天風起塵冥風止得銅符帛圖於石前文曰天告帝符獻者封侯承天命用神令騎都尉崔發等視說師古曰眡古視字也視其文而說其意也及前孝哀皇帝建平二年六月甲子下詔書更為太初元將元年案其本事甘忠可夏賀良讖書臧蘭臺師古曰蘭臺掌圖籍之所臣莽以為元將元年者大將居攝改元之文也於今信矣尚書康誥王若曰孟侯朕其弟小子封師古曰孟長也孟侯者言為諸侯之長也封者衛康叔名此周公居攝稱王之文也春秋隱公不言即位攝也此二經周公孔子所定蓋為後法孔子曰畏天命畏大人畏聖人之言師古曰論語載孔子之言也已解在上臣莽敢不承用臣請共事神祇宗廟奏言太皇太后孝平皇后皆稱假皇帝師古曰共讀曰恭其號令天下天下奏言事毋言攝以居攝三年為初始元年漏刻以百二十為度用應天命臣莽夙夜養育隆就孺子師古曰隆長也成就之使其長大也○劉奉世曰此居攝二年冬也至此始請以居攝三年為初始元年似是二年冬事疑傳有差誤令與周之成王比德宣明太皇太后威德於萬方期於富而教之孺子加元服復子明辟如周公故事奏可衆庶知其奉符命指意群臣博議別奏以視即真之漸矣師古曰視讀曰示期門郎張充等六人謀共劫莽立楚王發覺誅死梓潼人哀章師古曰梓潼廣漢之縣也潼音童學問長安素無行好為大言見莽居攝即作銅匱為兩檢署其一曰天帝行璽金匱圖其一署曰赤帝行璽某傳予黃帝金策書○宋祁曰越本邵本云赤帝璽無一行字某者高皇帝名也書言王莽為真天子皇太后如天命圖書皆書莽大臣八人又取令名王興王盛章因自竄姓名師古曰竄謂厠著也凡為十一人皆署官爵為輔佐章聞齊井石牛事下即日昏時衣黃衣持匱至高廟以付僕射僕射以聞戊辰莽至高廟拜受金匱神嬗師古曰嬗古禪字言有神命使漢禪位於莽也御王冠謁太后還坐未央宮前殿下書曰予以不德託于皇初祖考黃帝之後皇始祖考虞帝之苗裔而太皇太后之末屬皇天上帝隆顯大佑成命統序符契圖文金匱策書神明詔告屬予以天下兆民師古曰屬委付也音之欲反赤帝漢氏高皇帝之靈承天命傳國金策之書予甚祗畏敢不欽受以戊辰直定師古曰於建除之次其日當定御王冠即真天子位定有天下之號曰新其改正朔易服色變犧牲殊徽幟異器制師古曰徽幟通謂旌旗之屬也幟音式志反以十二月朔癸酉為建國元年正月之朔○宋祁曰癸酉字下當有改元二字劉敞曰莽改年為始建國但云建國者誤也皆當有始字以雞鳴為時服色配德上黃犧牲應正用白使節之旄旛皆純黃其署曰新使五威節以承皇天上帝威命也

前漢書卷九十九上考證

王莽傳上家凡九侯五大司馬注師古曰外戚傳言十侯此云九侯以鳳本嗣禁為侯○臣召南按外戚及元后傳言十侯自元后親屬計之并數定陵侯淳于長也此專言王氏故云九侯

安後復徵召之○胡三省曰安定也安後猶言事定後也

故事聘皇后黃金二萬斤○胡三省曰据杜佑通典聘后黃金二萬斤呂后為惠帝聘魯元公主女故事也

遣大司徒司直陳崇等八人分行天下覽觀風俗○恩澤侯表王惲閻遷李翕郝黨陳崇謝殷逯並陳鳳是八人也

劉歆陳崇等十二人皆以治明堂宣教化封為列侯○按陳崇等八人以宣教化封劉歆平晏孔永孫遷以治明堂封

時元帝世絕而宣帝曾孫有見王五人列侯廣戚侯顯等四十八人○胡三省曰見在之王五人謂淮陽王縯中山王成都楚王紆信都王景東平王開明也列侯四十八人謂廣戚侯顯陽興侯寄陵陽侯嘉高樂侯修平邑侯閔平纂侯況合昌侯輔伊鄉侯開就鄉侯不害膠鄉侯武宜鄉侯恢昌城侯豊樂安侯禹陶鄉侯恢蘴鄉侯褒昌鄉侯且新鄉侯鯉郚鄉侯光新城侯武宜陵侯封堂鄉侯護成陵侯由成陽侯衆復昌侯休安陸侯平梧安侯譽朝鄉侯充扶鄉侯普方城侯宣當陽侯益廣城侯疌春城侯允呂鄉侯尚李鄉侯殷宛鄉侯隆壽泉侯承杏山侯遵嚴鄉侯信武平侯璜陵鄉侯曾武安侯慢富陽侯萌西陽侯偃桃鄉侯立栗鄉侯元成金鄉侯不害平通侯且西安侯漢湖鄉侯開重鄉侯少柏凡五十八人而廣戚侯顯孺子之父栗鄉侯元成先已免侯止四十八人耳

當賜爵關內侯者更名曰附城○項安世曰漢人蓋以城字解庸也古人庸即墉字後人加土以別之不成國者謂之附城猶今言支郡為屬城也

以居攝三年為初始元年○通鑑考異曰莽傳作初始荀紀及韋莊美嘉號錄宋庠紀元通譜皆作始初

前漢書卷九十九中

漢　蘭　臺　令　史班　固撰

唐正議大夫行秘書少監琅邪縣開國子顏師古注

王莽傳第六十九中

始建國元年正月朔莽帥公侯卿士奉皇太后璽韍上
太皇太后師古曰韍謂璽之組音弗順符命去漢號焉初莽妻宜春
侯王氏女立為皇后師古曰王訢為丞相初封宜春侯傳爵至孫咸莽妻咸之女本
生四男宇獲安臨二子前誅死安頗荒忽師古曰荒忽音呼廣反迺
以臨為皇太子安為新嘉辟師古曰辟君也謂之辟者取為國君之義音璧封
宇子六人千為功隆公壽為功明公吉為功成公宗為
功崇公世為功昭公利為功著公大赦天下莽乃策命
孺子曰咨爾嬰昔皇天右乃太祖師古曰右讀曰佑佑助也歷世十
二享國二百一十載歷數在于予躬詩不云乎侯服于
周天命靡常師古曰大雅文王之詩也言殷之後嗣乃為諸侯服事周室是天命無常也謂微子
為宋公也封爾為定安公永為新室賓於戲師古曰於戲音曰嗚呼敬
天之休師古曰休美也往踐乃位毋廢予命又曰其以平原安
德漯陰鬲重丘凡戶萬地方百里為定安公國師古曰五縣也
漯音它台反鬲音與隔同立漢祖宗之廟於其國與周後並行其正
朔服色世世以事其祖宗永以命德茂功享歷代之祀
焉以孝平皇后為定安太后讀策畢莽親執孺子手流
涕歔欷師古曰歔音虛欷音許氣反曰昔周公攝位終得復子明辟
今予獨迫皇天威命不得如意哀歎良久中傅將孺子
下殿北面而稱臣百僚陪位莫不感動又按金匱輔臣
皆封拜以太傅左輔驃騎將軍○宋祁曰驃字當去旁馬字安陽侯
王舜為太師封安新公大司徒就德侯平晏為太傅就
新公少阿羲和京兆尹紅休侯劉歆為國師嘉新公廣
漢梓潼哀章為國將美新公是為四輔位上公太保後
丞承陽侯甄邯為大司馬承新公師古曰承陽音丞陽○宋祁曰少阿晉灼
音義作少阿阿訓阿衡一字也音倚之倚李奇音奇紅休南本作林字承南本作丞丕進侯
王尋為大司徒章新公步兵將軍成都侯王邑為大司

空隆新公是為三公大阿右拂大司空衛將軍廣陽侯
甄豐為更始將軍廣新公師古曰拂讀曰弼京兆王興為衛將
軍奉新公輕車將軍成武侯孫建為立國將軍成新公
京兆王盛為前將軍崇新公是為四將凡十一公王興
者故城門令史王盛者賣餅莽案符命求得此姓名十
餘人兩人容貌應卜相徑從布衣登用以視神焉師古曰視讀曰
示餘皆拜為郎是日封拜卿大夫侍中尚書官凡數
百人諸劉為郡守皆徙為諫大夫改明光宮為定安館
定安太后居之以故大鴻臚府為定安公第○宋祁曰邸本無故
字新本添皆置門衛使者監領敕阿乳母不得與語常在四
壁中孟康曰令定安公居四壁中不得有所見至於長大不能名六畜後莽
以女孫宇子妻之莽策群司曰歲星司肅東嶽太師典
致時雨應劭曰貌之不恭是謂不肅肅敬也厥罰常雨常雨水也故申戒厥任欲使雨澤以時也晉灼
曰衆物生於東方故戒太師也青煒登平考景以晷服虔曰煒音暉如淳曰青氣之光輝
也晉灼曰言青陽之氣始升而上以成萬物也春秋分立表以正東西日之始出也故考景以晷屬焉熒
惑司悊南嶽太傅典致時奧應劭曰視之不明是謂不悊悊智也厥罰常燠燠暑
也晉灼曰南方陽盛之位太傅師尊之稱故戒之也師古曰奧音於六反韋昭曰司悊南方日視君視明則臣
聰悊赤煒頌平考聲以律晉灼曰頌寬頌也夏假也物假大乃宣平也六月陰氣之始故
為地統地之中數六六為律律有形有色色尚黃故考聲以律屬焉師古曰頌讀曰容太白司艾
西嶽國師典致時陽應劭曰言之不從是謂不艾艾安也厥罰常陽陽旱也師古曰艾讀
曰乂白煒象平考量以銓應劭曰量斗斛也銓權衡也晉灼曰象形也萬物無不成形於
西方大小輕重皆可知故稱量屬焉辰星司謀北嶽國將典致時寒應劭曰聽
之不聰是謂不謀厥罰常寒晉灼曰北伏也陽氣伏於下陰主殺故戒國將玄煒和平考
星以漏應劭曰推五星行度以漏刻也晉灼曰和合也萬物皆合藏於北方水又主平故曰和平歷度
起於斗分日月紀於攝提攝提值斗杓所指以建時節故考星屬焉月刑元股左司馬典
致武應考方法矩張晏曰月為刑司馬主武又典天故使主威刑也主司天文
欽若昊天敬授民時力來農事以豐年穀師古曰欽敬也若順也力
來勸勉之也來音郎代反日德元厷右司徒典致文瑞考圜合規張晏
曰日為陽位晉灼曰厷圜也五教在寬則和氣感物四靈見象故文瑞屬焉師古曰厷古肱字主司人
道五教是輔帥民承上宣美風俗五品乃訓師古曰五教謂父義
母慈兄友弟恭子孝也五品即五常謂仁義禮智信斗平元心中司空典致物圖
考度以繩張晏曰斗北斗也主齊七政司空主水土為中故責之孟康曰易河出圖洛出書司空
主水土責以其物也晉灼曰中央為四季土土者信信者直故為繩主司地里平治水土
掌名山川衆殖鳥獸蕃茂草木各策命以其職如典誥
之文置大司馬司允大司徒司直大司空司若位皆孤
卿師古曰允信也若順也更名大司農曰羲和後更為納言大理
曰作士太常曰秩宗大鴻臚曰典樂少府曰共工師古曰共讀曰
龔水衡都尉曰予虞與三公司卿凡九卿分屬三公
每一卿置大夫三人一大夫置元士三人凡二十七大
夫八十一元士分主中都官諸職○宋祁曰或無官字更名光祿

勳曰司中太僕曰太御衛尉曰太衛執金吾曰奮武中
尉曰軍正○劉攽曰中尉廢久此安得更名蓋是中壘校尉脫兩字又置大贅官主
乘輿服御物師古曰贅聚也言財物所聚也贅音之銳反○劉奉世曰贅讀如虎賁綴衣之綴
後又典兵秩位皆上卿號曰六監改郡太守曰大尹都
尉曰太尉縣令長曰宰御史曰執法公車司馬曰王路
四門長樂宮曰常樂室未央宮曰壽成室前殿曰王路
堂服虔曰如言路寢也長安曰常安更名秩百石曰庶士三百石
曰下士四百石曰中士五百石曰命士六百石曰元士
千石曰下大夫比二千石曰中大夫二千石曰上大夫
中二千石曰卿車服黻冕各有差品師古曰此黻謂衣裳之黻又置
司恭司徒司明司聰司中大夫及誦詩工徹膳宰以司
過○劉攽曰徒改從策曰予聞上聖欲昭厥德罔不慎脩厥身
用綏于遠是用建爾司于五事毋隱尤毋將虛師古曰尤過也
將助也虛謂虛美也言勿隱吾過而助為虛美好惡不愆立于厥中師古曰愆違也於
戲勗哉師古曰於戲讀曰嗚呼勗勉也令王路設進善之旌非謗之木
欲諫之鼓師古曰非音誹諫大夫四人常坐王路門受言事者
封王氏齊縗之屬為侯大功為伯小功為子緦麻為男
其女皆為任師古曰任充也男服之義男亦任也音壬男以睦女以隆為號
焉師古曰睦隆皆其受封邑之號取嘉名也皆授印韍師古曰韍亦印之組次下並同令諸
侯立大夫人夫人世子亦受印韍又曰天無二日土無
二王百王不易之道也漢氏諸侯或稱王至于四夷亦
如之違於古典繆於一統其定諸侯王之號皆稱公及
四夷僭號稱王者皆更為侯又曰帝王之道相因而通
盛德之祚百世享祀予惟黃帝帝少昊帝顓頊帝嚳帝
堯帝舜帝夏禹皋陶伊尹咸有聖德假于皇天師古曰假至也
升也音工雅反功烈巍巍光施于遠○宋祁曰施一本作化予甚嘉之營
求其後將祚厥祀惟王氏虞帝之後也出自帝嚳劉氏
堯之後也出自顓頊於是封姚恂為初睦侯奉黃帝後
服虔曰姚舜姓故封為黃帝後○宋祁曰字書恂信也音詢梁護為脩遠伯奉少昊
後服虔曰以為伯益之後故封之皇孫功隆公千奉帝嚳後劉歆為祁
烈伯奉顓頊後國師劉歆子疊為伊休侯奉堯後師古曰上
言紅休侯劉歆為國師嘉新公今此云劉歆為祁烈伯又言國師劉歆子為伊休侯是劉祁烈伯自別一劉歆
非國師也○宋祁曰伊休疑是紅休嬀昌為始睦侯奉虞帝後山遵為褒
謀子奉皋陶後伊玄為褒衡子奉伊尹後漢後定安公
劉嬰位為賓周後衛公姬黨更封為章平公亦為賓殷
後宋公孔弘運轉次移更封為章昭侯位為恪師古曰恪敬也
言待之加敬亦如賓也周以舜後并杞宋為三恪也夏後遼西姒豐封為章功侯
亦為恪服虔曰姒夏姓四代古宗宗祀于明堂以配皇始祖考
虞帝周公後褒魯子姬就宣尼公後褒成子孔鈞已前
定焉莽又曰予前在攝時建郊宮定祧廟立社稷師古曰遠

祖曰祧音吐堯反○劉奉世曰四代以下十七字其義不倫莽方封先聖後未當及此且已有後文此字當衍
神祇報況師古曰況賜也或光自上復于下流為烏師古曰復音扶目反
或黃氣熏烝昭耀章明以著黃虞之烈焉師古曰烈餘業也自云承
黃虞之後自黃帝至于濟南伯王而祖世氏姓有五矣師古曰濟
南伯王莽之高祖黃帝二十五子分賜厥姓十有二氏虞帝之
先受姓曰姚其在陶唐曰嬀在周曰陳在齊曰田在濟
南曰王予伏念皇初祖考黃帝皇始祖考虞帝以宗祀
于明堂○宋祁曰南本云皇始祖考以當作已宜序於祖宗之親廟其立
祖廟五親廟四后夫人皆配食郊祀黃帝以配天黃后
以配地孟康曰黃帝之后也以新都侯東第為大禖歲時以祀師古
曰禖祀也立此大禖祠常以歲時祀其先也家之所尚種祀天下師古曰言國已立大禖祠
先祖矣其衆庶之家所尚者各令傳祀勿絕普天之下同其法○劉奉世曰此謂莽家所尚之種祀示令天下
傳以為種祠不得不奉祀亦猶漢高之枌榆社也姚嬀陳田王氏凡五姓者皆
黃虞苗裔予之同族也書不云乎惇序九族師古曰虞書咎繇謨
之辭也惇厚也其令天下上此五姓名籍于秩宗皆以為宗室
世世復無有所與師古曰復音方目反與讀曰預其元城王氏勿令相
嫁娶以別族理親焉師古曰元城王氏不得與四姓昏娶以其同祖也餘它王氏則不禁
焉封陳崇為統睦侯奉胡王後孟康曰追王陳胡公田豐為世睦
侯奉敬王後孟康曰追王陳敬仲天下牧守皆以前有翟義趙明
等領州郡懷忠孝封牧為男守為附城又封舊恩戴崇
金涉箕閎陽並等子皆為男遣騎都尉囂等師古曰囂音許驕反
分治黃帝園位於上都橋時師古曰橋山之上故曰橋時也○劉攽曰都當作郡
虞帝於零陵九疑胡王於淮陽陳敬王於齊臨淄愍王
於城陽莒服虔曰齊愍王伯王於濟南東平陵孺王於魏郡元
城師古曰莽之高祖名遂字伯紀曾祖名賀字翁孺故謂之伯王孺王使者四時致祠其
廟當作者以天下初定且祫祭於明堂太廟以漢高廟
為文祖廟師古曰欲法舜受終於文祖莽曰予之皇始祖考虞帝受
嬗于唐師古曰嬗古禪字漢氏初祖唐帝世有傳國之象師古曰堯
傳舜漢傳莽自以舜後故言有傳國之象予復親受金策於漢高皇帝之靈
惟思褒厚前代何有忘時漢氏宗廟有七蘇林曰漢本祀祖宗有四
莽以元帝成帝平帝為宗故有七以禮立廟于定安國其園寢廟在京
師者勿罷祠薦如故予以秋九月親入漢氏高元成平
之廟諸劉更屬籍京兆大尹勿解其復各終厥身師古曰復
音方目反州牧數存問勿令有侵冤又曰予前在大麓至于
攝假師古曰大麓者謂為大司馬宰衡時妄引舜納于大麓烈風雷雨不迷也攝假謂初為攝皇帝又為
假皇帝深惟漢氏三七之阸赤德氣盡思索廣求師古曰索亦求
也音山各反所以輔劉延期之術靡所不用以故作金刀之
利幾以濟之師古曰幾讀曰冀然自孔子作春秋以為後王法
至于哀之十四而一代畢協之於今亦哀之十四也張晏
曰漢哀帝即位六年平帝五年居攝三年凡十四年赤世計盡終不可強濟皇天

明威黃德當興隆顯大命屬予以天下師古曰屬音之欲反今百
姓咸言皇天革漢而立新師古曰革改也廢劉而興王夫劉之
爲字卯金刀也正月剛卯金刀之利皆不得行服虔曰剛卯以
正月卯日作佩之長三寸廣一寸四方或用玉或用金
或用桃著革帶佩之今有玉在者銘其一面曰正月剛
卯金刀莽所鑄之錢也晉灼曰剛卯長一寸廣五分四
方當中央從穿作孔以采絲葺其底如冠纓頭蕤刻其
上面作兩行書文曰正月剛卯既央靈殳四方赤青白
黃四色是當帝令祝融以教夔龍庶疫剛癉莫我敢當
其一銘曰疾日嚴卯帝令夔化順爾固伏化茲靈殳既
正既直既觚既方庶疫剛癉莫我敢當師古曰今往往
有土中得玉剛卯者案大小及文服說是也莽以劉
字上有卯下有金旁又有刀故禁剛卯及金刀也博
謀卿士僉曰天人同應昭然著明其去剛卯莫以爲佩
除刀錢勿以爲利承順天心快百姓意乃更作小錢徑
六分重一銖文曰小錢直一與前大錢五十者爲二品
並行欲防民盜鑄乃禁不得挾銅炭是歲四月徐鄉侯
劉快結黨數千人起兵於其國師古曰快膠東恭王子也而王子侯表作炔字
從火與此不同疑表誤○宋祁曰越本無是歲二字韋昭云徐鄉東萊縣也快兄殷故漢膠
東王時改爲扶崇公快舉兵攻即墨殷閉城門自繫獄
吏民距快快敗走至長廣死莽曰昔予之祖濟南愍王
困於燕寇自齊臨淄出保于莒宗人田單廣設奇謀獲
殺燕將復定齊國今即墨士大夫復同心殄滅反虜予
甚嘉其忠者憐其無辜其赦殷等非快之妻子它親屬
當坐者皆勿治弔問死傷賜亡者葬錢人五萬殷知大
命深疾惡快以故輒伏厥辜其滿殷國戶萬地方百里
又封符命臣十餘人莽曰古者設廬井八家一夫一婦
田百畝什一而稅則國給民富而頌聲作師古曰給足也此唐
虞之道三代所遵行也秦爲無道厚賦稅以自供奉罷
民力以極欲師古曰罷讀曰疲壞聖制廢井田是以兼并起貪
鄙生強者規田以千數弱者曾無立錐之居又置奴婢
之市與牛馬同蘭師古曰蘭謂遮蘭之若牛馬蘭圈也制於民臣顓斷其
命姦虐之人因緣爲利至略賣人妻子逆天心誖人倫
師古曰誖亂也誖音布內反繆於天地之性人爲貴之義師古曰孝經稱孔子
曰天地之性人爲貴故引之性生也書曰予則奴戮女師古曰夏書甘誓之辭也奴戮之
以爲奴也說書者以爲孥子也戮及妻子此說非也秦誓云囚奴正士豈及子之謂乎女讀曰汝唯不
用命者然後被此辜矣漢氏減輕田租三十而稅一常
有更賦罷癃咸出師古曰更音工衡反罷音疲癃音隆而豪民侵陵分田
劫假厥名三十稅一實什稅五也師古曰解並在食貨志父子夫
婦終年耕芸師古曰芸字與耘同所得不足以自存故富者犬馬
餘菽粟驕而爲邪貧者不厭糟糠窮而爲姦師古曰厭飽也俱
陷于辜刑用不錯師古曰錯置也音千故反○宋祁曰越本辜作辠予前在大
麓始令天下公田口井師古曰計口而爲井田時則有嘉禾之祥
遭反虜逆賊且止今更名天下田曰王田奴婢曰私屬
皆不得賣買其男口不盈八而田過一井者分餘田予

九族鄰里鄉黨故無田今當受田者如制度敢有非井
田聖制無法惑衆者投諸四裔以禦魑魅師古曰魑山神也魅老物
精也魑音螭魅音媚如皇始祖考虞帝故事是時百姓便安漢五
銖錢以莽錢大小兩行難知又數變改不信皆私以五
銖錢市買訛言大錢當罷莫肯挾莽患之復下書諸挾
五銖錢言大錢當罷者比非井田制投四裔於是農商
失業食貨俱廢民人至涕泣於市道及坐賣買田宅奴
婢鑄錢自諸侯卿大夫至于庶民抵罪者不可勝數秋
遣五威將王奇等十二人班符命四十二篇於天下德
祥五事符命二十五福應十二凡四十二篇其德祥言
文宣之世黃龍見于成紀新都高祖考王伯墓門梓柱
生枝葉之屬符命言井石金匱之屬福應言雌雞化爲
雄之屬其文爾雅依託皆爲作說師古曰爾雅近正也謂近於正經依古義而爲
之說大歸言莽當代漢有天下云總而說之曰帝王受
命必有德祥之符瑞協成五命申以福應師古曰五命謂五行之次
相承以受命也申重也然後能立巍巍之功傳于子孫永享無窮
之祚故新室之興也德祥發於漢三七九世之後蘇林曰二
百一十歲九天子也肇命於新都受瑞於黃支孟康曰獻生犀○宋祁曰注文孟康
曰下當有黃支二字開王於武功定命於子同孟康曰梓潼縣也莽改也成命
於巴宕晉灼曰巴郡宕渠縣也申福於十二應天所以保佑新室
者深矣固矣武功丹石出於漢氏平帝末年火德銷盡
土德當代皇天眷然去漢與新以丹石始命於皇帝皇
帝謙讓以攝居之未當天意故其秋七月天重以三能
文馬服虔曰三台星也晉灼曰許慎說文馬縞身金精周成王時犬戎獻之師古曰能音台皇帝
復謙讓未即位故三以鐵契四以石龜五以虞符六以
文圭七以玄印八以茂陵石書九以玄龍石十以神井
十一以大神石十二以銅符帛圖申命之瑞寖以顯著
師古曰寖漸也至于十二以昭告新皇帝皇帝深惟上天之威
不可不畏故去攝號猶尚稱假改元爲初始欲以承塞
天命克厭上帝之心師古曰塞當也厭滿也然非皇天所以鄭重
降符命之意師古曰鄭重猶言頻煩也重音直用反故是日天復決其所
以勉書孟康曰哀章所作策書也言數有瑞應莽自謙居攝天復決其疑勸勉令爲眞也晉灼曰勉字
當爲龜是日復有龜書及天下金匱圖策事也師古曰孟說是○宋祁曰別本無復決其三字邵本無其字
又侍郎王盱見人衣白布單衣赤繢方領師古曰繢者會五采也以
布爲單衣以赤加繢爲其方領也盱音許于反繢音胡內反冠小冠立于王路殿前
謂盱曰今日天同色以天下人民屬皇帝師古曰同色者言五方天
神共齊其謀同其顏色也字或作包包者言天總包括天下人衆而與莽也其義兩通屬委也音之欲反盱
怪之行十餘步人忽不見至丙寅暮漢氏高廟有金匱
圖策高帝承天命以國傳新皇帝明旦宗伯忠孝侯劉
宏以聞乃召公卿議未決而大神石人談曰趣新皇帝

之高廟受命毋留師古曰趣讀曰促於是新皇帝立登車之漢
氏高廟受命受命之日丁卯也丁火漢氏之德也卯劉
姓所以爲字也明漢劉火德盡而傳於新室也皇帝謙
謙既備固讓十二符應迫著命不可辭師古曰迫促也著明也懼
然祇畏葦然閔漢氏之終不可濟師古曰懼音瞿然自失之意也葦然變
動之貌也亹音尾具反亹亹在左右之不得從意師古曰亹亹自勉之意左右助
也言欲助漢室而迫天命不得從其本意也左右音曰佐佑也爲之三夜不御寢三日
不御食延問公侯卿大夫僉曰宜奉如上天威命於是
乃改元定號海內更始新室既定神祇懽喜申以福應
吉瑞累仍師古曰申重也仍頻也詩曰宜民宜人受祿于天保右
命之自天申之師古曰大雅假樂之詩也言有功德宜於衆人者則受天之福祿天乃保安而
佑助之命以邦國也申謂重其意也右讀曰佑此之謂也五威將奉符命齎印
綬王侯以下及吏官名更者師古曰更改也外及匈奴西域徼
外蠻夷皆即授新室印綬因收故漢印綬賜吏爵人二
級民爵人一級女子百戶羊酒蠻夷幣帛各有差大赦
天下五威將乘乾文車鄭氏曰畫天文象於車也駕坤六馬鄭氏曰坤爲牝
馬六地數背負鷩鳥之毛服飾甚偉師古曰鷩鳥雉屬即鷩鵕也今俗呼之山雞非
也鷩音鼈每一將各置左右前後中帥凡五帥衣冠車服駕
馬各如其方面色數師古曰色者東方青南方赤也數者若木數三火數二之類也將
持節稱太一之使帥持幢稱五帝之使莽策命曰普天
之下迄于四表師古曰迄亦至也靡所不至其東出者至玄菟
樂浪高句驪夫餘師古曰夫餘亦東北夷也樂音洛浪音郎夫音扶南出者踰
徼外歷益州師古曰踰字與逾同貶句町王爲侯西出者至西域
盡改其王爲侯北出者至匈奴庭授單于印改漢印文
去璽曰章單于欲求故印陳饒椎破之語在匈奴傳單
于大怒而句町西域後卒以此皆畔饒還拜爲大將軍
封威德子冬靁師古曰靁古雷字桐華置五威司命中城四關將
軍司命司上公以下中城主十二城門策命統睦侯陳
崇曰咨爾崇夫不用命者亂之原也大姦猾者賊之本
也鑄僞金錢者妨寶貨之道也驕奢踰制者兇害之端
也漏泄省中及尚書事者機事不密則害成也師古曰易上繫
之辭曰君不密則失臣臣不密則失身機事不密則害成故引之拜爵王庭謝恩私門
者祿去公室政從亡矣凡此六條國之綱紀是用建爾
作司命柔亦不茹剛亦不吐不侮鰥寡不畏強圉師古曰引
詩大雅美仲山甫之辭其義並解於上帝命帥繇統睦于朝師古曰帥循也繇讀與由
同命說符侯崔發曰重門擊柝以待暴客師古曰易下繫之辭也擊
柝謂擊木以守夜也暴客謂姦暴之人來爲寇害者也柝音他各反○宋祁曰柝一作柝女作五威
中城將軍師古曰女讀曰汝其下並同○宋祁曰中或作關中德既成天下說
師古曰說音悅命明威侯王級曰繞霤之固南當荊楚服虔曰隘
險之道師古曰謂之繞霤者言四面塞阸其道屈曲谿谷之水周繞而霤也其處即今商州界七盤十二繞是

也霤音力救反女作五威前關將軍振武奮衞明威于前命尉
睦侯王嘉曰羊頭之阨北當燕趙師古曰羊頭山名在上黨壺關縣女
作五威後關將軍壺口捶阨尉睦于後師古曰壺口亦山名也捶阨謂
據險阨而捶擊也捶音之蘂反命堂威侯王奇曰肴黽之險東當鄭衞
師古曰肴肴山也黽黽池也皆在陝縣之東黽音莫善反女作五威左關將軍函谷
批難掌威于左師古曰批謂斜閉之也函谷故關今在桃林縣界批音步結反○宋祁曰掌當
作堂蕭該音義作批難字林云擊也父迷反廣雅曰批擊也釋名曰批兩指相裨助共擊也命
懷羌子王福曰汧隴之阻西當戎狄師古曰汧扶風汧縣有吳山汧水之
阻隴謂隴坻也汧隴相連汧音苦堅反坻音丁禮反女作五威右關將軍成固據
守懷羌于右又遣諫大夫五十人分鑄錢於郡國是歲
長安狂女子碧呼道中師古曰碧者女子名也呼叫也音火故反曰高皇帝
大怒趣歸我國不者九月必殺汝師古曰趣讀曰促莽收捕殺
之治者掌寇大夫陳成自免去官師古曰狂妄之人職在掌寇故云治者
眞定劉都等謀舉兵發覺皆誅眞定常山大雨雹師古曰雨音于
具反二年二月赦天下五威將帥七十二人還奏事漢
諸侯王爲公者悉上璽綬爲民無違命者封將爲子帥
爲男初設六筦之令師古曰筦亦管字也管主也韋昭曰謂禁地面猶開一路以專之如
筦者命縣官酤酒賣鹽鐵器鑄錢諸采取名山大澤衆物
者稅之又令市官收賤賣貴賒貸予民收息百月三如淳
曰出百錢與民用月收其息三錢也師古曰貸音吐戴反羲和置酒士郡一人乘傳
督酒利師古曰督察視之傳音張戀反禁民不得挾弩鎧徙西海匈奴
單于求故璽莽不與遂寇邊郡殺略吏民十一月立國
將軍建奏西域將欽上言師古曰但欽也九月辛巳戊己校尉
史陳良終帶共賊殺校尉刀護師古曰刀音貂○宋祁曰注改作刀劫
略吏士自稱廢漢大將軍亡入匈奴又今月癸酉不知
何一男子遮臣建車前自稱漢氏劉子輿成帝下妻子
也師古曰下妻猶言小妻也劉氏當復趣空宮師古曰趣讀曰促
收繫男子即常安姓武字仲皆逆天違命宋祁曰男或作妻字一
本無違字大逆無道請論仲及陳良等親屬當坐者奏可漢
氏高皇帝比著戒云罷吏卒爲賓食師古曰比頻也言高帝頻戒云勿使
吏卒守漢廟欲爲寄食之賓於王氏廟中誠欲承天心全子孫也其宗廟不
當在常安城中及諸劉爲諸侯者當與漢俱廢陛下至
仁久未定前故安衆侯劉崇徐鄉侯劉快陵鄉侯劉曾
師古曰楚思王子扶恩侯劉貴等師古曰不知誰子孫更聚衆謀反師古曰更
音工衡反今狂狡之虜或妄自稱亡漢將軍或稱成帝子子
輿至犯夷滅連未止者此聖恩不蚤絕其萌牙故也臣
愚以爲漢高皇帝爲新室賓享食明堂成帝異姓之兄
弟平帝壻也皆不宜復入其廟元帝與皇太后爲體師古曰夫婦
一體也聖恩所隆禮亦宜之臣請漢氏諸廟在京師者
皆罷諸劉爲諸侯者以戶多少就五等之差其爲吏者

皆罷待除於家師古曰罷黜其職各使退歸而言在家待遷除上當天心稱高皇帝神靈師古曰稱音尺孕反塞狂狡之萌莽曰可嘉新公國師以符命爲予四輔明德侯劉龔率禮侯劉嘉等凡三十二人皆知天命或獻天符或貢昌言師古曰昌善也或捕告反虜厥功茂焉諸劉與三十二人同宗共祖者勿罷賜姓曰王唯國師以女配莽子故不賜姓改定安太后號曰黃皇室主絕之於漢也冬十二月雷更名匈奴單于曰降奴服于莽曰降奴服于知師古曰知者莽改單于之名也本名囊知牙斯威侮五行師古曰引夏書甘誓之文背畔四條師古曰四條莽所與匈奴作制者事在匈奴傳侵犯西域延及邊垂爲元元害辠當夷滅命遣立國將軍孫建等凡十二將十道並出共行皇天之威罰于知之身師古曰共讀曰恭惟知先祖故呼韓邪單于稽侯狦師古曰狦音刪又音先安反韋昭曰狦惡健犬也累世忠孝保塞守徼不忍以一知之罪滅稽侯狦之世今分匈奴國土人民以爲十五立稽侯狦子孫十五人爲單于遣中郎將藺苞戴級馳之塞下召拜當爲單于者諸匈奴人當坐虜知之法者皆赦除之遣五威將軍苗訢虎賁將軍王況出五原厭難將軍陳欽震狄將軍王巡出雲中師古曰厭音一涉反振武將軍王嘉平狄將軍王萌出代郡相威將軍李棽鎮遠將軍李翁出西河師古曰棽音所林反韋昭曰棽音疏禁反字林曰棽支條棽麗也誅貉將軍陽俊討穢將軍嚴尤出漁陽奮武將軍王駿定胡將軍王晏出張掖及偏裨以下百八十人募天下囚徒丁男甲卒三十萬人轉衆郡委輸五大夫衣裘兵器糧食長吏送自負海江淮至北邊使者馳傳督趣以軍興法從事師古曰傳音張戀反趣音促。劉奉世曰五大夫不可曉疑衍。天下騷動先至者屯邊郡須畢具乃同時出莽以錢幣訖不行師古曰訖竟也復下書曰民以食爲命以貨爲資是以八政以食爲首寶貨皆重則小用不給皆輕則僦載煩費師古曰僦送也一曰賃也音子就反輕重大小各有差品則用便而民樂於是造寶貨五品語在食貨志百姓不從但行小大錢二品而已盜鑄錢者不可禁迺重其法一家鑄錢五家坐之沒入爲奴婢吏民出入持布錢以副符傳師古曰舊法行者持符傳即不稽留今更令持布錢與符相副乃得過也傳音張戀反其下亦同不持者廚傳勿舍關津苛留師古曰廚行道飲食處傳置之舍也苛問也音何公卿皆持以入宮殿門欲以重而行之是時爭爲符命封侯其不爲者相戲曰獨無天帝除書乎司命陳崇白莽曰此開姦臣作福之路而亂天命宜絕其原莽亦厭之遂使尚書大夫趙並驗治非五威將率所班皆下獄初甄豐劉歆王舜爲莽腹心倡導在位師古曰倡音赤上反。蕭該曰所班舊作所拚案韋昭曰拚布也音班或作班褒揚功德安漢宰衡之號及封莽母兩子兄子皆豐等所共謀

而豐舜歆亦受其賜並富貴矣非復欲令莽居攝也。宋祁曰或無貴字居攝之萌出於泉陵侯劉慶前煇光謝囂長安令田終術莽羽翼已成意欲稱攝豐等承順其意莽輒復封舜歆兩子及豐孫豐等爵位已盛心意既滿又實畏漢宗室天下豪桀而疏遠欲進者並作符命莽遂據以即眞舜歆內懼而已豐素剛強莽覺其不說師古曰說讀曰悅故徙大阿右拂大司空豐託符命文爲更始將軍師古曰拂讀曰弼與賣餅兒王盛同列豐父子默默時子尋爲侍中京兆大尹茂德侯即作符命言新室當分陝立二伯師古曰分陝者依周公召公故事自陝以東周公主之自陝以西召公主之陝即今陝州是其地也伯長也陝音式冉反以豐爲右伯太傅平晏爲左伯如周召故事莽即從之拜豐爲右伯當述職西出未行尋復作符命言故漢氏平帝后黃皇室主爲尋之妻莽以詐立心疑大臣怨謗欲震威以懼下因是發怒曰黃皇室主天下母此何謂也收捕尋尋亡豐自殺尋隨方士入華山歲餘捕得辭連國師公歆子侍中東通靈將五司大夫。劉奉世曰東通靈將五司大夫亦疑其誤非史本文隆威侯棻棻弟右曹長水校尉伐虜侯泳大司空邑弟左關將軍掌威侯奇及歆門人侍中騎都尉丁隆等牽引公卿黨親列侯以下死者數百人尋手理有天子字莽解其臂入視之曰此一天子也。宋祁曰天或作大或曰一六子也六者戮也明尋父子當戮死也迺流棻于幽州放尋于三危殛隆于羽山師古曰效舜之罰共工等也殛誅也音居力反皆驛車載其屍傳致云莽爲人侈口蹷顄師古曰蹷短也顄頤也蹷其月反顄胡感反露眼赤精大聲而嘶師古曰嘶聲破也音先奚反長七尺五寸好厚履高冠以氂裝衣師古曰毛之強曲者曰氂以裝褚衣中令其張起也氂音力之反字或作犛音義同反膺高視瞰臨左右師古曰瞰謂遠視也音曲濫反是時有用方技待詔黃門者或問以莽形貌待詔曰莽所謂鴟目虎吻豺狼之聲者也故能食人亦當爲人所食問者告之莽誅滅待詔而封告者後常翳雲母屏面師古曰屏面即便面蓋扇之類也解在張敞傳非親近莫得見也是歲以初睦侯姚恂爲寧始將軍三年莽曰百官改更職事分移律令儀法未及悉定且因漢律令儀法以從事令公卿大夫諸侯二千石舉吏民有德行通政事能言語明文學者各一人詣王路四門。宋祁曰路字下有門字遣尚書大夫趙並使勞北邊還言五原北假膏壤殖穀師古曰北假地名也膏壤言其土肥美也殖生也異時常置田官乃以並爲田禾將軍發戍卒屯田北假以助軍糧是時諸將在邊須大衆集師古曰須待也吏士放縱而內郡愁於徵發民棄城郭流亡爲盜賊并州平州尤甚莽令七公六卿號皆兼稱將軍遣著武將軍逯並等塡名都師古曰逯音錄塡音竹刃反此下亦同中

郎將繡衣執法各五十五人分塡緣邊大都督大姦猾擅弄兵者皆便爲姦於外撓亂州郡師古曰撓音火高反其字從手貨賂爲市侵漁百姓莽下書曰虜知罪當夷滅故遣猛將分十二部將同時出一舉而決絕之矣內置司命軍正外設軍監十有二人誠欲以司不奉命令軍人咸正也今則不然各爲權埶恐猲良民師古曰猲以威力脅之也音呼葛反妄封人頸得錢者去如淳曰權臣妄以法枉良人爲僮僕封其頸以別之也得顧錢乃去封毒蠚並作農民離散師古曰蠚音呼各反司監若此可謂稱不師古曰稱音尺孕反自今以來敢犯此者輒捕繫以名聞然猶放縱自若而藺苞戴級到塞下招誘單于弟咸咸子登入塞脅拜咸爲孝單于賜黃金千斤錦繡甚多遣去將登至長安拜爲順單于留邸太師王舜自莽篡位後病悸寖劇死師古曰心動曰悸寖漸也悸音葵季反。宋祁曰悸書作喘莽曰昔齊太公以淑德累世爲周氏太師蓋予之所監也師古曰監謂視見也其以舜子延襲父爵爲安新公延弟褒新侯匡爲太師將軍永爲新室輔爲太子置師友各四人秩以大夫以故大司徒馬宮爲師疑故少府宗伯鳳爲傅丞博士袁聖爲阿輔京兆尹王嘉爲保拂師古曰拂讀曰弼是爲四師故尚書令唐林爲胥附博士李充爲奔走師古曰奔古奔字諫大夫趙襄爲先後中郎將廉丹爲禦侮是爲四友又置師友祭酒及侍中諫議六經祭酒各一人凡九祭酒秩上卿琅邪左咸爲講春秋潁川滿昌爲講詩長安國由爲講易平陽唐昌爲講書沛郡陳咸爲講禮崔發爲講樂祭酒遣謁者持安車印綬即拜楚國龔勝爲太子師友祭酒勝不應徵不食而死寧始將軍姚恂免侍中崇祿侯孔永爲寧始將軍是歲池陽縣有小人景長尺餘或乘車馬或步行操持萬物小大各相稱師古曰車馬及物皆稱其人之形三日止瀕河郡蝗生師古曰謂緣河南北諸郡瀕音頻又音賓河決魏郡泛清河以東數郡先是莽恐河決爲元城冢墓害及決東去元城不憂水故遂不堤塞四年二月赦天下夏赤氣出東南竟天厭難將軍陳歆言捕虜生口虜犯邊者皆孝單于咸子角所爲莽怒斬其子登于長安以視諸蠻夷師古曰視讀曰示大司馬甄邯死寧始將軍孔永爲大司馬侍中大贅侯輔爲寧始將軍莽每當出輒先搜索城中名曰橫搜師古曰索音山各反橫音胡孟反是月橫搜五日莽至明堂授諸侯茅土下書曰予以不德襲于聖祖爲萬國主思安黎元在于建侯分州正域以美風俗。宋祁曰分字下當有九字追監前代爰綱爰紀惟在堯典十有二州衞有五服師古曰並解於上詩國十五抪徧九州師古曰謂周南召南衞王鄭齊魏唐秦陳鄶曹豳魯商凡十五國也一曰周南召南邶鄘衞王鄭齊魏唐秦陳鄶曹豳是爲十五國抪音普胡反。宋祁曰國字當作曰殷

頌有奄有九有之言師古曰商頌玄鳥之詩美湯有功德故能覆有九州禹貢之九州無并幽周禮司馬則無徐梁。宋祁曰淳化本無并二字帝王相改各有云爲或昭其事或大其本厥義著明其務一矣昔周二后受命故有東都西都之居予之受命蓋亦如之其以洛陽爲新室東都常安爲新室西都邦畿連體各有采任州從禹貢爲九爵從周氏有五諸侯之員千有八百附城之數亦如之以俟有功諸公一國有衆萬戶土方百里侯伯一國衆戶五千土方七十里子男一則衆戶二千有五百土方五十里附城大者食邑九成衆戶九百土方三十里自九以下降殺以兩師古曰兩兩而降也殺音所例反至於一成如淳曰十里爲成五差備具合當一則今已受茅土者公十四人侯九十三人伯二十一人子百七十一人男四百九十七人凡七百九十六人附城千五百一十一人九族之女爲任者八十三人及漢氏女孫中山承禮君遵德君脩義君更以爲任十有一公九卿十二大夫二十四元士定諸國邑采之處使侍中講理大夫孔秉等與州部衆郡曉知地理圖籍者共校治于壽成朱鳥堂予數與羣公祭酒上卿親聽視咸已通矣夫褒德賞功所以顯仁賢也九族和睦所以褒親親也予永惟匪解思稽前人師古曰解讀曰懈稽考也將章黜陟以明好惡安元元焉以圖簿未定未授國邑且令受奉都內月錢數千師古曰奉音扶用反諸侯皆困乏至有庸作者中郎區博諫莽曰師古曰區姓也音一侯反井田雖聖王法其廢久矣周道既衰而民不從秦知順民之心可以獲大利也故滅廬井而置阡陌遂王諸夏訖今海內未厭其敝今欲違民心追復千載絕迹師古曰復音扶目反雖堯舜復起而無百年之漸弗能行也天下初定萬民新附誠未可施行莽知民怨迺下書曰諸名食王田皆得賣之勿拘以法犯私買賣庶人者且一切勿治初五威將帥出改句町王以爲侯王邯怨怒不附師古曰邯句町王之名也音下甘反莽諷牂柯大尹周歆詐殺邯邯弟承起兵攻殺歆先是莽發高句驪兵當伐胡不欲行郡強迫之皆亡出塞因犯法爲寇遼西大尹田譚追擊之爲所殺州郡歸咎於高句驪侯騶嚴尤奏言貉人犯法不從騶起正有它心宜令州郡且尉安之師古曰假令騶有惡心亦當且慰安今猥被以大罪恐其遂畔師古曰猥多也厚也被加也音皮義反夫餘之屬必有和者師古曰和應也音胡臥反匈奴未克夫餘穢貉復起此大憂也莽不尉安穢貉遂反詔尤擊之尤誘高句驪侯騶至而斬焉傳首長安莽大說下書曰迺者命遣猛將共行天罰師古曰共讀曰恭誅滅虜知分爲十二部或斷其右臂或斬其左腋或潰其胸腹或紬

其兩脅師古曰紬音與抽同今年刑在東方張晏曰是歲在壬申刑在東方誅貉之部先縱焉捕斬虜騶平定東域虜知殄滅在于漏刻此乃天地羣神社稷宗廟佑助之福公卿大夫士民同心將率虓虎之力也師古曰虓音火交反予甚嘉之其更名高句驪爲下句驪布告天下令咸知焉於是貉人愈犯邊東北與西南夷皆亂云莽志方盛以爲四夷不足吞滅專念稽古之事復下書曰伏念予之皇始祖考虞帝受終文祖在璿璣玉衡以齊七政遂類于上帝禋于六宗望秩于山川徧于羣神巡狩五嶽羣后四朝敷奏以言明試以功師古曰解並在前予之受命卽眞到于建國五年已五載矣陽九之阸既度百六之會已過歲在壽星塡在明堂倉龍癸酉德在中宮服虔曰倉龍太歲也張晏曰太歲起於甲寅爲龍東方倉癸德在中宮也晉灼曰壽星角亢也東宮倉龍房心也心爲明堂塡星所在其國昌莽自謂土也土行主塡星癸德在中宮宮又土也觀晉掌歲龜策告從孟康曰觀辰星進退掌主也晉灼曰國語晉文公以卯出酉入過五鹿得土歲在壽星其日戊申莽欲法之以爲吉祥正以二月建寅之節東巡狩者取萬物生之始也觀晉識太歲所在宿度所合卜筮皆吉故法之其以此年二月建寅之節東巡狩具禮儀調度師古曰調音徒釣反羣公奏請募吏民人馬布緜又請內郡國十二買馬發帛四十五萬匹輸常安前後毋相須師古曰須待也至者過半莽下書曰文母太后體不安其且止待後是歲改十一公號以新爲心後又改心爲信五年二月文母皇太后崩葬渭陵與元帝合而溝絕之如淳曰莽於司馬門內作溝絕之立廟於長安新室世世獻祭元帝配食坐於牀下莽爲太后服喪三年大司馬孔永乞骸骨賜安車駟馬以特進就朝位同風侯逯並爲大司馬是時長安民聞莽欲都雒陽不肯繕治室宅師古曰繕補也或頗徹之莽曰玄龍石文曰定帝德國雒陽符命著明敢不欽奉以始建國八年歲纏星紀孟康曰纏居也星紀在斗牽牛間師古曰纏踐歷也音直連反在雒陽之都其謹繕脩常安之都勿令壞敗敢有犯者輒以名聞請其罪是歲烏孫大小昆彌遣使貢獻大昆彌者中國外孫也其胡婦子爲小昆彌而烏孫歸附之莽見匈奴諸邊並侵意欲得烏孫心廼遣使者引小昆彌使置大昆彌使上保成師友祭酒滿昌劾奏使者曰夷狄以中國有禮誼故詘而服從大昆彌君也今序臣使於君使之上非所以有夷狄也奉使大不敬莽怒免昌官西域諸國以莽積失恩信焉耆先畔殺都護但欽十一月彗星出二十餘日不見是歲以犯挾銅炭者多除其法明年改元曰天鳳天鳳元年正月赦天下莽曰予以二月建寅之節行巡狩之禮太官齎糒乾肉內者行張坐臥師古曰糒乾飯也張坐臥謂帷帳茵席也糒音備○宋祁曰淳化本無內字新本內字下去內者行所過毋得有所給師古曰言自齎食及帷帳以行

在路所經過不須供費也予之東巡必躬載耒每縣則耕以勸東作師古曰耒耜曲木也音力對反○宋祁曰耒字下當有耜字予之南巡必躬載耨每縣則薅以勸南僞師古曰耨鉏也薅耕去草也耨音奴豆反薅音火高反僞讀曰訛訛化也予之西巡必躬載銍每縣則穫以勸西成予之北巡必躬載拂每縣則粟以勸蓋藏師古曰拂音佛所以擊治禾者也今謂之連枷粟謂治粟畢北巡狩之禮卽于土中居雒陽之都焉敢有趨讙犯法輒以軍法從事劉德曰趨讙走呼也羣公奏言皇帝至孝往年文母聖體不豫躬親供養衣冠稀解因遭弃羣臣悲哀顏色未復飲食損少今一歲四巡道路萬里春秋尊非糒乾肉之所能堪且無巡狩須闋大服以安聖體師古曰闋盡也音口決反臣等盡力養牧兆民奉稱明詔師古曰稱副也莽曰羣公羣牧羣司諸侯庶尹願盡力相帥養牧兆民欲以稱予繇此敬德師古曰繇讀與由同其勗之哉毋食言焉更以天鳳七年歲在大梁倉龍庚辰行巡狩之禮厥明年歲在實沈倉龍辛巳卽土之中雒陽之都廼遣太傅平晏大司空王邑之雒陽營相宅兆圖起宗廟社稷郊兆云三月壬申晦日有食之大赦天下策大司馬逯並曰日食無光干戈不戢其上大司馬印韍就侯氏朝位太傅平晏勿領尚書事省侍中諸曹兼官者以利苗男訢爲大司馬如淳曰利苗邑名莽卽眞尤備大臣抑奪下權朝臣有言其過失者輒拔擢孔仁趙博費興等以敢擊大臣故見信任師古曰費音扶味反擇名官而居之公卿入宮吏有常數太傅平晏從吏過例掖門僕射苛問不遜師古曰僕射苛問平晏其言不遜戊曹士收繫僕射應劭曰莽自以土行故使太傅置戊曹士士掾也蘇林曰士者曹掾屬公府諸曹吏第之名也師古曰應說是○蕭該曰戊子象春秋說曰土戊也五行書曰戊己屬土莽自以土行音懋莽大怒使執法發車騎數百圍太傅府捕士卽時死大司空士夜過奉常亭亭長苛之告以官名亭長醉曰寧有符傳耶師古曰傳音張戀反士以馬箠擊亭長師古曰箠音止紫反亭長斬士亡郡縣逐之家上書師古曰亭長家上書自治莽曰亭長奉公勿逐大司空邑斥士以謝○劉攽曰前云斬士後云斥士則非斬也疑是研字國將哀章頗不清莽爲選置和叔師古曰特爲置此官敕曰非但保國將閨門當保親屬在西州者諸公皆輕賤而章尤甚四月隕霜殺屮木師古曰屮古草字海瀕尤甚師古曰邊海之地也瀕音頻又音賓六月黃霧四塞七月大風拔樹飛北闕直城門屋瓦師古曰北闕直城門瓦皆飛也直城門長安城門名也解在成紀雨雹殺牛羊莽以周官王制之文置卒正連率大尹職如太守屬令屬長職如都尉置州牧部監二十五人見禮如三公監位上大夫各主五郡公氏作牧侯氏卒正伯氏連率子氏屬令男氏屬長皆世其官其無爵者爲尹分長安城旁六鄉置帥各一人分三輔爲六尉郡師古曰三輔黃圖云渭城安陵

以西北至栒邑義渠十縣屬京尉大夫府居故長安寺高陵以北十縣屬師尉大夫府居故廷尉府新豐以東至湖十縣屬翊尉大夫府居城東霸陵杜陵東至藍田西至武功郁夷十縣屬光尉大夫府居城南茂陵槐里以西至汧十縣屬扶尉大夫府居城西長陵池陽以北至雲陽祋祤十縣屬列尉大夫府居城北河東河內弘農河南潁川南陽爲六隊郡師古曰隊音遂○劉奉世曰河南當爲滎陽莽所分以爲六隊之一也下文自有河南大尹更爲保忠信卿置大夫職如太守屬正職如都尉更名河南大尹曰保忠信卿益河南屬縣滿三十置六郊州長各一人○劉奉世曰當爲六郊衍州字人主五縣及它官名悉改大郡至分爲五郡縣以亭爲名者三百六十以應符命文也緣邊又置竟尉以男爲之師古曰竟音曰境諸侯國閒田爲黜陟增減云師古曰閒音閑以擬有功封賜有罪黜陟也莽下書曰常安西都曰六鄉衆縣曰六尉義陽東都曰六州○劉奉世曰州當爲郊衆縣曰六隊粟米之內曰內郡師古曰禹貢去王城四百里納粟五百里納米皆在甸服之內其外曰近郡有鄣徼者曰邊郡合百二十有五郡九州之內縣二千二百有三公作甸侯是爲惟城諸在侯服是爲惟寧在采任諸侯是爲惟翰師古曰采采服也任男服也在賓服是爲惟屏師古曰賓服卽古衞服也取諸侯賓服以爲名在揆文教奮武衞是爲惟垣在九州之外是爲惟藩師古曰凡此惟城以下取詩大雅板之篇云价人惟藩大師惟垣大邦惟屏大宗惟翰懷德惟寧宗子惟城以爲名號也解在諸侯王年表各以其方爲稱總爲萬國焉其後歲復變更一郡至五易名而還復其故吏民不能紀每下詔書輒繫其故名曰制詔陳留大尹太尉其以益歲以南付新平蘇林曰陳留圉縣莽改曰益歲新平故淮陽以雍丘以東付陳定陳定故梁郡以封丘以東付治亭治亭故東郡以陳留以西付祈隧祈隧故滎陽○劉奉世曰此新隧卽莽六隊之一也莽蓋分河南之滎陽置郡陳留已無復有郡矣大尹太尉皆詣行在所其號令變易皆此類也令天下小學戊子代甲子爲六旬首冠以戊子爲元日師古曰冠音工喚反元善也昏以戊寅之旬爲忌日師古曰謂娶妻也百姓多不從者匈奴單于知死弟咸立爲單于求和親莽遣使者厚賂之詐許還其侍子登因購求陳良終帶等單于卽執良等付使者檻車詣長安莽燔燒良等於城北令吏民會觀之緣邊大饑人相食諫大夫如普行邊兵師古曰行音下更反還言軍士久屯塞苦邊郡無以相贍今單于新和宜因是罷兵校尉韓威進曰以新室之威而吞胡虜無異口中蚤蝨臣願得勇敢之士五千人不齎斗糧饑食虜肉渴飲其血可以橫行莽壯其言以威爲將軍然采普言徵還諸將在邊者免陳欽等十八人又罷四關塡都尉諸屯兵會匈奴使還單于知侍子登前誅死發兵寇邊莽復發軍屯於是邊民流入內郡爲人奴婢廼禁吏民敢挾邊民者弃市益州蠻夷殺大尹程隆三邊盡反遣平蠻將軍馮茂

將兵擊之寧始將軍二年二月置酒王路堂公卿大夫皆佐酒師古曰佐助行酒大赦天下是時日中見星大司馬苗訢左遷司命以延德侯陳茂爲大司馬訛言黃龍墯死黃山宮中百姓犇走往觀者有萬數莽惡之師古曰莽自謂黃德故有此妖捕繫問語所從起不能得單于咸既和親求其子登屍莽欲遣使送致恐咸怨恨害使者廼收前言當誅侍子者故將軍陳欽以他辠繫獄欽曰是欲以我爲說於匈奴也師古曰說解說也言以其前建議誅侍子今故殺之遂自殺莽選儒生能顓對者師古曰顓與專同專對謂應對無方能專其事濟南王咸爲大使五威將琅邪伏黷等爲帥使送登屍敕令掘單于知墓棘鞭其屍又令匈奴卻塞於漠北責單于馬萬匹牛三萬頭羊十萬頭及稍所略邊民生口在者皆還之○劉攽曰稍所略非辭當云所鈔略傳寫誤爾莽好爲大言如此咸到單于庭陳莽威德責單于背畔之皋應敵從橫單于不能詘遂致命而還之○劉奉世曰之字衍入塞咸病死封其子爲伯伏黷等皆爲子莽意以爲制定則天下自平故銳思於地里制禮作樂講合六經之說公卿旦入暮出議論連年不決不暇省獄訟寃結民之急務縣宰缺者數年守兼師古曰不拜正官權令人守兼一切貪殘日甚○宋祁曰甚下當有是時二字中郎將繡衣執法在郡國者並乘權執傳相舉奏○宋祁曰傳疑作傳又十一公士分布勸農桑班時令案諸章冠蓋相望交錯道路召會吏民逮捕證左郡縣賦斂遞相賕賂白黑紛然師古曰白黑謂清濁也紛然亂意也言清濁不分也守闕告訴者多莽自見前顓權以得漢政故務自攬衆事師古曰攬與擥同其字從手有司受成苛免師古曰莽事事自決成熟乃以付吏吏苛免罪責而已諸寶物名帑藏錢穀官皆宦者領之師古曰帑音他莽反又音奴吏民上封事書宦官左右開發尚書不得知其畏備臣下如此又好變改制度政令煩多當奉行者輒質問乃以從事師古曰質正也前後相乘憒眊不渫師古曰乘積也登也憒眊不明也渫散也憒音工內反眊音莫報反莽常御燈火至明猶不能勝尚書因是爲姦寢事上書待報者連年不得去拘繫郡縣者逢赦而後出衞卒不交代三歲矣穀常貴邊兵二十餘萬人仰衣食縣官愁苦師古曰仰音牛向反五原代郡尤被其毒起爲盜賊數千人爲輩轉入旁郡莽遣捕盜將軍孔仁將兵與郡縣合擊歲餘廼定邊郡亦略將盡師古曰言其殄亡結爲盜賊在者少也邯鄲以北大雨霧水出深者數丈○劉攽曰霧字疑非流殺數千人立國將軍孫建死司命趙閎爲立國將軍寧始將軍戴參歸故官南城將軍廉丹爲寧始將軍三年二月乙酉地震大雨雪師古曰雨音于具反關東尤甚深者一丈竹柏或枯大司空王邑上書言視事八年功業不

效司空之職尤獨廢頓至迺有地震之變願乞骸骨莽曰夫地有動有震震者有害動者不害春秋記地震易繫坤動動靜辟脅萬物生焉 師古曰辟讀曰闢闢開也脅收斂也易上繫之辭曰夫坤其動也闢其靜也翕是以廣生焉故莽引之也翕脅之聲相近義則同 災異之變各有云爲天地動威以戒予躬公何辜焉而乞骸骨非所以助予者也使諸吏散騎司祿大衞脩寧男遵諭予意焉五月莽下吏祿制度曰予遭陽九之阸百六之會國用不足民人騷動自公卿以下一月之祿十緵布二匹 孟康曰緵八十縷也 師古曰緵音子公反韋昭曰四秉曰筥十筥曰緵十緵爲秅四百秉也 或帛一匹予每念之未嘗不戚焉今阸會已度府帑雖未能充略頗稍給其以六月朔庚寅始賦吏祿皆如制度四輔公卿大夫士下至輿僚凡十五等僚祿一歲六十六斛稍以差增上至四輔而爲萬斛云莽又曰普天之下莫非王土率土之濱莫非王臣 師古曰莽引小雅北山之詩也 蓋以天下養焉周禮膳羞百有二十品今諸侯各食其同國則 師古曰謂公食同侯伯食國子男食則也 辟任附城食其邑 師古曰辟君也任公主也辟音璧任音壬○宋祁曰如淳曰辟公主也任宗室女也書該按爾雅曰皇王后辟君也 公卿大夫元士食其采 師古曰謂因官職而食地也 多少之差咸有條品歲豐穰則充其禮 師古曰穰音人掌反 有災害則有所損與百姓同憂喜也其用上計時通計天下幸無災害者太官膳羞備其品矣卽有災害以什率多少而損膳焉 宋祁曰什下當有計字 東嶽太師立國將軍保東方三州一部二十五郡南嶽太傅前將軍保南方二州一部二十五郡西嶽國師寧始將軍保西方一州二部二十五郡北嶽國將衞將軍保北方二州一部二十五郡大司馬保納卿言卿仕卿作卿京尉扶尉兆隊右隊中部左洎前七部 服虔曰大司馬保此官皆如部守也晉灼曰左與前故特七部 師古曰洎亦泉字也泉及也隊音遂此下並同 大司徒保樂卿典卿宗卿秩卿翼尉光尉左隊前隊中部右部有五郡大司空保予卿虞卿共卿工卿師尉列尉祈隊後隊中部洎後十郡 師古曰共讀曰供○劉攽曰此文誤但當云大司馬保納言卿作仕卿大司徒保典樂卿秩宗卿大司空保予虞卿共工卿不合分爲兩也劉奉世曰其言七部亦當云七郡然其有二十二郡尚未及二十五郡疑字當有誤 及六司六卿皆隨所屬之公保其災害 劉奉世曰莽所六司又已有六卿此但當云司卿所謂三公司卿曰司允司直司若者也後人不曉又妄加兩六字耳 亦以十率多少而損其祿郎從官中都官吏食祿都內之委者以大官膳羞備損而爲節 師古曰言隨其多少 諸侯辟任附城羣吏亦各保其災害幾上下同心 師古曰幾音曰冀 勸進農業安元元焉莽之制度煩碎如此課計不可理吏終不得祿各因官職爲姦受取賕賂以自共給 師古曰共讀曰供 是月戊辰長平館西岸崩邕涇水不流毀而北行 師古曰邕讀曰壅 遣大司空王邑行視 師古曰行音下更反 還奏狀羣臣上壽以爲河圖所謂以土填水 師古曰填讀與鎮同 匈奴滅亡之祥也乃遣并州牧宋弘遊擊都尉任明等將兵擊匈奴至邊止屯七月辛酉霸城門災民間所謂青門也 師古曰三輔黃圖云長安城東出南頭名霸城門俗以其色青名曰青門 戊子晦日有食之大赦天下復令公卿大夫諸侯二千石舉四行各一人 師古曰依漢光祿之四科○劉奉世曰四行蓋前已舉德行言語政事文學令復令舉之非光祿四行 大司馬陳茂以日食免武建伯嚴尤爲大司馬 如淳曰莽之伯子男號也 十月戊辰王路朱鳥門鳴晝夜不絕崔發等曰虞帝闢四門通四聰 師古曰虞書敘舜之德也闢四門明四目達四聰故引之 門鳴者明當脩先聖之禮招四方之士也於是令羣臣皆賀所舉四行從朱鳥門入而對策焉平蠻將軍馮茂擊句町士卒疾疫死者什六七賦斂民財什取五益州虛耗而不克徵還下獄死更遣寧始將軍廉丹與庸部牧史熊擊句町頗斬首有勝莽徵丹熊丹熊願益調度必克乃還復大賦斂就都大尹馮英不肯給上言自越嶲遂久仇牛同亭邪豆之屬反畔 服虔曰遂久仇牛等越嶲旁夷名也 以來積且十年郡縣距擊不已續用馮茂苟施一切之政僰道以南山險高深茂多敺衆遠居 師古曰敺讀與驅同 費以億計吏士離毒氣死者什七 師古曰離遭也 今丹熊懼於自詭期會 師古曰詭責也自以爲憂責 調發諸郡兵穀復訾民取其十四 師古曰發人訾財十取其四也 空破梁州功終不遂 師古曰遂成也 宜罷兵屯田 宋祁曰宜或作一旦者非是 明設購賞莽怒免英官後頗覺寤曰英亦未可厚非復以英爲長沙連率翟義黨王孫慶捕得莽使太醫尚方與巧屠共刳剝之 師古曰刳剝也音口胡反 量度五臧 師古曰度音徒各反 以竹筳導其脈知所終始云可以治病 師古曰筳竹挺也音庭以知血脈之原則盡攻療之道也○宋祁曰蕭該音義鄭氏曰筳音平訂之訂筳草也予案字書曰訂評議也音亭字林曰筳繀絲管也大丁反 是歲遣大使五威將王駿西域都護李崇將戊已校尉出西域諸國皆郊迎貢獻焉諸國前殺都護但欽駿欲襲之命佐帥何封戊已校尉郭欽別將 師古曰別將領兵在後也將音子亮反 焉耆詐降伏兵擊駿等皆死欽封後到襲擊老弱從車師還入塞莽拜欽爲填外將軍 師古曰填音竹刃反 封劋胡子 師古曰劋音子小反韋昭曰又作剿音楚 何封爲集胡男西域自此絕

前漢書卷九十九中考證

王莽傳中始建國元年○顧炎武曰荀悅漢紀記莽事自始建國元年以後則云其二年其三年以至其十五年以別於正統而盡沒其天鳳地皇之號

中傳將孺子下殿○後書注引前書音義中傳宦者也

又置司恭司徒○ 臣召南 按此司徒當作司從與聰明恭一例舊本別本俱誤耳

惟王氏虞帝之後也出自帝嚳劉氏堯之後也出自顓頊○按謂舜出于嚳堯出于頊莽于是直誣古帝矣

遣五威將王奇等十二人班符命云云○ 臣召南 按五威將十二人其將一人各有帥五人故下文云五威將帥七十二人還奏事也

并州平州尤甚○胡三省曰此時未有平州漢末公孫度自稱平州牧魏始分幽州置平州平字誤也

前漢書卷九十九下

漢　蘭　臺　令　史班　固撰、

唐正議大夫行秘書少監琅邪縣開國子顏師古注

王莽傳第六十九下

四年五月莽曰保成師友祭酒唐林故諫議祭酒琅邪紀逡 師古曰逡音千旬反字或從亻其音同耳 孝弟忠恕敬上愛下博通舊聞德行醇備至於黃髮靡有愆失 師古曰黃髮老稱謂白髮盡落更生黃者 其封林爲建德侯逡爲封德侯位皆特進見禮如三公 師古曰朝見之禮 賜第一區錢三百萬授几杖焉六月更授諸侯茅土於明堂曰予制作地理建封五等考之經藝合之傳記通於義理 宋祁曰考之合之下各當添於字通字下當添之字 論之思之至於再三自始建國之元以來九年于茲迺今定矣予親設文石之平陳菁茅四色之土 師古曰尙書禹貢苞匭菁茅儒者以爲菁菜名也茅三脊茅也而莽此言以菁茅爲一物則是謂善茅爲菁茅也土有五色而此云四者中央之土不以封也菁音精 欽告于岱宗泰社后土先祖先妣以班授之 師古曰欽敬也班布也 各就厥國養牧民人用成功業其在緣邊若江南非詔所召遣侍于帝城者納言掌貨大夫且調都內故錢予其祿 師古曰調謂發取之音徒釣反下亦同 公歲八十萬侯伯四十萬子男二十萬然復不能盡得莽好空言慕古法多封爵人性實遴嗇 師古曰遴讀與吝同 託以地理未定故且先賦茅土用慰喜封者是歲復明六筦之令每一筦下爲設科條防禁犯者罪至死吏民抵罪者寖衆又一切調上公以下諸有奴婢者率一口出錢三千六百天下愈愁盜賊起 宋祁曰起上當有興字 納言馮常以六筦諫莽大怒免常官置執法左右刺姦選用能吏侯霸等分督六尉六隊 師古曰督察也隊音遂 如漢刺史與三公士郡一人從事臨淮瓜田儀等爲盜賊依阻會稽長州 服虔曰姓瓜田名儀 師古曰長州卽枚乘所云長洲之苑 琅邪女子呂母亦起初呂母子爲縣吏爲宰所冤殺 師古曰宰縣令 母散家財以酤酒買兵弩 師古曰酤音姑 陰厚貧窮少年得百餘人遂攻海曲縣殺其宰以祭子墓引兵入海其衆浸多後皆萬數莽遣使者卽赦盜賊還言盜賊解輒復合問其故皆曰愁法禁煩苛不得舉手力作所得不足以給貢稅閉門自守又坐鄰伍鑄錢挾銅姦吏因以愁民民窮悉起爲盜賊莽大怒免之其或順指言民驕黠當誅及言時運適然且滅不久莽說輒遷之 師古曰說讀曰悅 是歲八月莽親之南郊鑄作威斗威斗者以五石銅爲之 李奇曰以五色藥石及銅爲之蘇林曰以五色銅鑛冶之師古曰李說是也若今作鍮石之爲 若北斗長二尺五寸欲以厭勝衆兵 師古曰厭音一葉反 既成令司命負之莽出在前入在御旁鑄斗日大寒百官人馬有凍死者五年正月朔北軍南門災以大司馬司允費興爲荊州牧見問到部方略興對曰荊揚之民率依阻山澤以漁采爲業 師古曰漁謂捕魚也采謂采取蔬果之屬 問者國張六筦稅山澤妨奪民之利連年久旱百姓饑窮故爲盜賊興到部欲令明曉告盜賊歸田里假貸犂牛種食闊其租賦 師古曰貸音土戴反闊寬也 幾可以解釋安集 師古曰幾讀曰冀 莽怒免興官天下吏以不得奉祿並爲姦利郡尹縣宰家累千金莽下詔曰詳考始建國二年胡虜猾夏以來諸軍吏及緣邊吏大夫以上爲姦利增產致富者收其家所有財產五分之四以助邊急公府士馳傳天下考覆貪饕 師古曰傳音張戀反饕音吐高反 開吏告其將奴婢告其主幾以禁姦 師古曰幾讀曰冀 姦愈甚皇孫功崇公宗坐自畫容貌被服天子衣冠刻印三一曰維祉冠存己夏處南山臧薄冰 文穎曰祉福祚也冠存己欲襲代也應劭曰夏處南山陰涼也臧薄冰亦以除暑也 二曰肅聖寶繼 應劭曰宗自謂承聖舜後能肅敬得天寶龜以立宗欲繼其緒 三曰德封昌圖 蘇林曰宗自言以德見封當遂昌熾受天下圖籍 又宗舅呂寬家前徙合浦私與宗通發覺按驗宗自殺莽曰宗屬爲皇孫爵爲上公知寬等叛逆族類而與交通刻銅印三文意甚害不知厭足窺欲非望春秋之義君親毋將將而誅焉 師古曰春秋公羊傳之辭也以公子牙將爲弒逆而誅之故云然也親謂父母也 迷惑失道自取此辜烏呼哀哉宗本名會宗以制作去二名今復名會宗貶厥爵改厥號賜諡爲功崇繆伯以諸侯之禮葬于故同穀城郡 師古曰同者宗所封一同之地 宗姊妨爲衞將軍王興夫人祝詛姑殺婢以絕口事發覺莽使中常侍䞃惲責問妨 師古曰䞃音帶又音徒蓋反 并以責興皆自殺事連及司命孔仁妻亦自殺仁見莽免冠謝莽使尚書劾仁乘乾車駕坤馬左蒼龍右白虎前朱鳥 宋祁曰鳥當作雀 後玄武右杖威節左負威斗號曰赤星非以驕仁迺以尊新室之威命也仁擅免天文冠大不敬有詔勿劾更易新冠其好怪如此 師古曰言莽性好爲鬼神怪異之事 以直道侯王涉爲衞將軍涉者曲陽侯根子也根成帝世爲大司馬薦莽自代莽恩之 師古

曰讓其舊恩也以爲曲陽非令稱師古曰令善也曲陽之名非善稱也乃追諡根曰直道讓公涉嗣其爵是歲赤眉力子都樊崇等○劉攽曰力當作刀以饑饉相聚起於琅邪轉鈔掠衆皆萬數遣使者發郡國兵擊之不能克六年春莽見盜賊多乃令太史推三萬六千歲歷紀六歲一改元布天下下書曰紫閣圖曰太一黃帝皆僊上天師古曰僊古仙字上升也張樂崑崙虔山之上服虔云長安南山詩所謂終南秦地故言秦也後世聖主得瑞者當張樂秦終南山之上予之不敏奉行未明乃今諭矣復以寧始將軍爲更始將軍以順符命易不云乎日新之謂盛德生生之謂易李奇曰易道生諸當生者也師古曰下繫之辭體化合變故曰日新予其饗哉欲以誑耀百姓銷解盜賊衆皆笑之○宋祁曰笑當作咲初獻新樂於明堂太廟羣臣始冠麟韋之弁李奇曰或鹿皮冠聞其樂聲曰清厲而衰非興國之聲也是時關東饑旱數年力子都等黨衆寖多師古曰寖漸也更始將軍廉丹擊益州不能克徵還更遣復位後大司馬護軍郭興庸部牧李曅擊蠻夷若豆等太傅羲叔士孫喜清潔江湖之盜賊而匈奴寇邊甚莽乃大募天下丁男及死罪囚吏民奴名曰豬突豨勇以爲銳卒一切稅天下吏民訾三十取一縑帛皆輸長安令公卿以下至郡縣黃綬皆保養軍馬師古曰保者言不許其有死失多少各以秩爲差又博募有奇技術可以攻匈奴者將待以不次之位言便宜者以萬數或言能度水不用舟楫師古曰楫所以刺舟也音集其字從木連馬接騎濟百萬師或言不持斗糧服食藥物三軍不饑或言能飛一日千里可窺匈奴莽輒試之取大鳥翮爲兩翼師古曰羽本曰翮音胡隔反頭與身皆著毛通引環紐飛數百步墮莽知其不可用苟欲獲其名皆拜爲理軍賜以車馬待發初匈奴右骨都侯須卜當其妻王昭君女也嘗內附莽遣昭君兄子和親侯王歙誘呼當至塞下脅將詣長安彊立以爲須卜善于後安公師古曰善于者匈奴之號也後安公者中國之爵稱始欲誘迎當大司馬嚴尤諫曰當在匈奴右部兵不加之侵邊單于動靜輒語中國此方面之大助也于今迎當置長安槀街一胡人耳師古曰槀街蠻夷館所在也解在陳湯傳槀音工早反不如在匈奴有益莽不聽既得當欲遣尤與廉丹擊匈奴皆賜姓徵氏號二徵將軍當誅單于輿而立當代之師古曰輿者時見單于之名爲出車城西橫廐未發尤素有智略非莽攻伐四夷數諫不從著古名將樂毅白起不用之意及言邊事凡三篇奏以風諫莽師古曰風讀曰諷及當出廷議尤固言匈奴可且以爲後先憂山東盜賊莽大怒乃策尤曰視事四年蠻夷猾夏不能遏絕寇賊姦宄不能殄滅不畏天威不用詔命皃很自臧持必不移師古曰皃古貌字也皃很言其

佷戾見於容貌也臧善也自以爲善而固持其所見不可移易懷執異心非沮軍議師古曰沮壞也音材汝反未忍致于理其上大司馬武建伯印韍師古曰韍者印之組歸故郡以降符伯董忠爲大司馬翼平連率田況奏郡縣訾民不實師古曰訾百姓貲財不以實數莽復三十稅一以況忠言憂國進爵爲伯賜錢二百萬衆庶皆詈之○宋祁曰詈當作罵青徐民多弃鄉里流亡老弱死道路壯者入賊中夙夜連率韓博上言有奇士長丈大十圍來至臣府曰欲奮擊胡虜自謂巨毋霸出於蓬萊東南五城西北昭如海瀕師古曰昭如海名也瀕涯也音頻又音賓軺車不能載三馬不能勝卽日以大車四馬建虎旗載霸詣闕霸臥則枕鼓以鐵箸食○宋祁曰南本云臥則枕數尺鐵非是此皇天所以輔新室也願陛下作大甲高車賁育之衣遣大將一人與虎賁百人迎之於道京師門戶不容者開高大之以視百蠻師古曰視讀曰示鎮安天下博意欲以風莽晉灼曰諷言冊得墓盜而霸莽聞惡之留霸在所新豐師古曰在所謂其見到之處更其姓曰巨母氏謂因文母太后而霸王符也師古曰莽字巨君若言文母出此人使我致霸王徵博下獄以非所宜言弃市明年改元曰地皇從三萬六千歲歷號也地皇元年正月乙未赦天下下書曰方出軍行師敢有趨讙犯法者輒論斬毋須時師古曰趨讙謂走而讙譁也須待也盡歲止師古曰至此歲盡而止於是春夏斬人都市百姓震懼道路以目二月壬申日正黑莽惡之下書曰迺者日中見昧陰薄陽黑氣爲變○宋祁曰蕭該音義曰昧字林云日旁作未言昧爽且明也日闇昧云昧升勺後星也音芒太反予案易曰日中見沬非音昧也當音芒太反百姓莫不驚怪兆域大將軍王匡○劉奉世曰兆域二字無理當是北城字衍大字蒲有南城將軍此王匡又劇一王匡也遣吏考問上變事者欲蔽上之明是以適見于天師古曰適音謫謫責也音徒尼反見音胡電反以正于理塞大異焉莽見四方盜賊多復欲厭之師古曰厭音一葉反又下書曰予之皇初祖考黃帝定天下將兵爲上將軍建華蓋立斗獻師古曰獻音儀謂斗魁及杓末如勺之形也內設大將外置大司馬五人大將軍二十五人偏將軍百二十五人裨將軍千二百五十人校尉萬二千五百人司馬三萬七千五百人候十一萬二千五百人當百二十二萬五千人晉灼曰當亦官名也師古曰當百官名百非其數士吏四十五萬人士千三百五十萬人晉灼曰五大司馬至此皆以五乘之也師古曰晉說非也從上計之或五或十或兩或三應協於易弧矢之利以威天下師古曰易下繫辭曰弦木爲弧剡木爲矢弧矢之利以威天下言所立將率以合此意弧弓予受符命之文稽前人將條備焉師古曰稽考也考法於前人也於是置前後左右中大司馬之位賜諸州牧號爲大將軍郡卒正連帥大尹爲偏將軍屬令長裨將軍○宋祁曰卒字當作率縣宰爲校尉乘傳使者經歷郡國日且十輩師古曰傳音張戀反次下亦同倉無見穀師古曰見謂見在也以給傳車馬不能足

賦取道中車馬師古曰於道中行者卽執取之以充事也○劉攽曰以給當屬上句以取辦於民七月大風毀王路堂復下書曰乃壬午餔時有烈風雷雨發屋折木之變師古曰烈暴烈之風予甚弁焉予甚栗焉予甚恐焉師古曰弁疾也一曰弁撫手也言驚懼也伏念一旬迷迺解矣師古曰先言烈風雷雨後言迷迺解矣蓋取舜納于大麓烈風雷雨不迷以爲言也昔符命文立安爲新遷王服虔曰安莽第三子也遷音仙莽改南新蔡曰新遷師古曰遷猶僊耳不勞假借音臨國雒陽爲統義陽王是時予在攝假謙不敢當而以爲公其後金匱文至議者皆曰臨國雒陽爲統謂據土中爲新室統也宜爲皇太子自此後臨久病雖瘳不平朝見挈茵輿行服虔曰有疾以執茵輿之行也晉灼曰漢儀注皇后婕妤乘輦餘者以茵四人輿以行豈今之板輿而鋪茵乎師古曰晉說非也此直謂坐茵褥之上而令四人對舉茵之四角輿而行何謂板輿乎見王路堂者張於西廂及後閤更衣中李奇曰張帳也晉灼曰更衣中謂朝賀易衣服處室屋名也又以皇后被疾臨且去本就舍妃妾在東永巷師古曰言臨侍疾故去其本所居而來就此止息是以妃妾在東永巷也壬午烈風毀王路西廂及後閤更衣中室昭寧堂池東南榆樹大十圍東僵擊東閤閤卽東永巷之西垣也皆破折瓦壞發屋拔木予甚驚焉又候官奏月犯心前星厥有占予甚憂之伏念紫閣圖文太一黃帝皆得瑞以僊後世褒主當登終南山李奇曰褒大主也所謂新遷王者乃太一新遷之後也服虔曰太一黃帝祇令安追繼其後也統義陽王乃用五統以禮義登陽上遷之後也臨有兄而稱太子名不正宣尼公曰名不正則言不順至於刑罰不中民無錯手足師古曰論語載孔子對子路之言錯置也音千故反莽追諡孔子爲褒成宣尼公惟卽位以來陰陽未和風雨不時數遇枯旱蝗螟爲災穀稼鮮耗百姓苦饑師古曰鮮少也耗虛也鮮音先踐反耗音火到反蠻夷猾夏寇賊姦宄人民正營無所錯手足師古曰正營惶恐不安之意也正音征深惟厥咎在名不正焉其立安爲新遷王臨爲統義陽王幾以保全二子師古曰幾讀曰冀子孫千億外攘四夷內安中國焉是月杜陵便殿乘輿虎文衣廢藏在室匣中者師古曰匣匱也音狎出自樹立外堂上師古曰樹豎也良久乃委地吏卒見者以聞莽惡之下書曰寶黃廝赤服虔曰以黃爲寶自用其行氣也斷赤厮役賤者皆衣赤漢行也其令郎從官皆衣絳望氣爲數者多言有土功象莽又見四方盜賊多欲視爲自安能建萬世之基者師古曰視讀曰示乃下書曰予受命遭陽九之阸百六之會府帑空虛百姓匱乏宗廟未修且祫祭於明堂太廟夙夜永念非敢寧息深惟吉昌莫良於今年予乃卜波水之北郎池之南惟玉食劉德曰長安南也晉灼曰黃圖波郎二水名也在甘泉苑中師古曰晉說非也黃圖有西波池郎池皆在石城南上林中玉食謂龜爲玉兆之支而墨食也波音彼皮反予又卜金水之南明堂之西亦惟玉食予將親築焉於是遂營長安城南師古曰蓋所謂金水之南明堂之西提封百頃九月甲申莽立

載行視師古曰立載謂立而乘車也行音下更反親舉築三下司徒王尋大司空王邑持節及侍中常侍執法杜林等數十人將作師古曰將領築作之人崔發張邯說莽曰德盛者文縟師古曰縟繁也音辱宜崇其制度宣視海內師古曰視讀曰示且令萬世之後無以復加也莽乃博徵天下工匠諸圖畫以望法度算及吏民以義入錢穀助作者駱驛道路師古曰駱驛言不絕壞徹城西苑中建章承光包陽大臺儲元宮及平樂當路陽祿館凡十餘所師古曰自建章以下至陽祿皆上林苑中館○劉攽曰建章與宮同名疑當是字悞取其材瓦以起九廟是月大雨六十餘日令民入米六百斛爲郎其郎吏增秩賜爵至附城九廟一曰黃帝太初祖廟二曰帝虞始祖昭廟三曰陳胡王統祖穆廟四曰齊敬王世祖昭廟五曰濟北愍王王祖穆廟凡五廟不墮云師古曰墮毀也音火規反六曰濟南伯王尊禰昭廟七曰元城孺王尊禰穆廟八曰陽平頃王戚禰昭廟九曰新都顯王戚禰穆廟殿皆重屋太初祖廟東西南北各四十丈高十七丈餘廟半之爲銅薄櫨師古曰薄櫨柱上枅卽今所謂楷也櫨音盧飾以金銀琱文師古曰琱字與彫同窮極百工之巧帶高增下師古曰本因高地而建立之其旁下者更增築○宋祁曰帶當作本功費數百鉅萬卒徒死者萬數鉅鹿男子馬適求等謀舉燕趙兵以誅莽師古曰馬適姓也求名也大司空士王丹發覺以聞莽遣三公大夫逮治黨與師古曰逮謂逮捕之也已解於上連及郡國豪傑數千人皆誅死封丹爲輔國侯自莽爲不順時令百姓怨恨莽猶安之又下書曰惟設此壹切之法以來常安六鄉巨邑之都枹鼓稀鳴盜賊衰少師古曰巨大也枹所以擊鼓者也音孚其字從木百姓安土歲以有年此乃立權之力也今胡虜未滅誅蠻僰未絕焚江湖海澤麻沸盜賊未盡破殄師古曰麻沸言如亂麻而沸湧又興奉宗廟社稷之大作民衆動搖今復壹切行此令盡二年止之以全元元救愚姦是歲罷大小錢更行貨布長二寸五分廣一寸直貨錢二十五貨錢徑一寸重五銖枚直一兩品竝行敢盜鑄錢及偏行布貨伍人知不發舉皆沒入爲官奴婢師古曰伍人同伍之人若今伍保者也○宋祁曰淳化本景本人字下有官字太傅平晏死以予虞唐尊爲太傅尊曰國虛民貧咎在奢泰乃身短衣小褏乘牝馬柴車師古曰柴車卽棧車藉槀瓦器師古曰藉槀去蒲蒻也瓦器以瓦爲食器又以歷遺公卿師古曰盛食遺公卿也出見男女不異路者尊自下車以象刑赭幡汙染其衣師古曰赭幡以赭汁漬巾幡莽聞而說之師古曰說讀曰悅下詔申敕公卿思與厥齊師古曰令與尊同此操行也論語稱孔子曰見賢思齊故莽云然封尊爲平化侯是時南郡張霸江夏羊牧王匡等起雲杜綠林號曰下江兵晉灼曰本起江夏雲杜縣後分西上入南郡也藍田故號下江兵也衆皆萬餘人武功中水鄉民三舍墊爲池師古曰墊陷也音丁念反二

年正月以州牧位三公刺舉怠解師古曰解讀曰懈更置牧監副秩元士冠法冠行事如漢刺史是月莽妻死諡曰孝睦皇后葬渭陵長壽園西令永侍文母名陵曰億年初莽妻以莽數殺其子涕泣失明莽令太子臨居中養焉莽妻旁侍者原碧莽幸之後臨亦通焉恐事泄謀共殺莽臨妻愔國師公女師古曰愔音一尋反能爲星語臨宮中且有白衣會臨喜以爲所謀且成後貶爲統義陽王出在外第愈憂恐會莽妻病困臨予書曰上於子孫至嚴前長孫中孫年俱三十而死師古曰中讀曰仲今臣臨復適三十誠恐一旦不保中室則不知死命所在李奇曰中室臨之母也晋灼曰長樂宮中殿也師古曰二說皆非也中室室中也臨自言欲於室中自保全不可得耳莽候妻疾見其書大怒疑臨有惡意不令得會喪既葬收原碧等考問具服姦謀殺狀莽欲秘之使殺案事使者司命從事埋獄中家不知所在賜臨藥臨不肯飲自刺死使侍中票騎將軍同說侯林賜魂衣璽韍師古曰說讀曰悅策書曰符命文立臨爲統義陽王此言新室即位三萬六千歲後爲臨之後者乃當龍陽而起前過聽議者以臨爲太子有烈風之變輒順符命立爲統義陽王在此之前自此之後不作信順弗蒙厥佑夭年隕命嗚呼哀哉迹行賜諡諡曰繆王又詔國師公臨本不知星事從愔起愔亦自殺是月新遷王安病死初莽爲侯就國時幸侍者增秩懷能開明懷能生男興增秩生男匡女曄開明生女捷皆留新都國以其不明故也師古曰言侍者或與外人私通所生子女不可分明也及安疾甚莽自病無子爲安作奏使上言興等母雖微賤屬猶皇子不可以棄章視羣公師古曰視讀曰示以所上之章編示之皆曰安友于兄弟師古曰友愛也善兄弟曰友宜及春夏加封爵於是以王車遣使者迎興等封興爲功修公匡爲功建公曄爲睦修任捷爲睦逮任孫公明公壽病死旬月四喪焉莽壞漢孝武孝昭廟分葬子孫其中魏成大尹李焉與卜者王況謀況謂焉曰新室即位以來民田奴婢不得賣買數改錢貨徵發煩數軍旅騷動四夷並侵百姓怨恨盜賊並起漢家當復興君姓李李音徵徵火也師古曰徵音竹里反當爲漢輔因爲焉作讖書言文帝發忿居地下趣軍北告匈奴南告越人師古曰趣讀曰促江中劉信執敵報怨復續古先四年當發軍江湖有盜自稱樊王姓爲劉氏萬人成行師古曰行音胡郎反不受赦令欲動秦雒陽十一年當相攻太白揚光歲星入東井其號當行師古曰號謂號令也又言莽大臣吉凶各有日期會合十餘萬言焉令吏寫其書吏亡告之莽遣使者即捕焉獄治皆死三輔盜賊麻起師古曰言起者如亂麻也乃置捕盜都尉官令執法謁者追

擊長安中建鳴鼓攻賊幡而使者隨其後遣太師羲仲景尙更始將軍護軍王黨將兵擊青徐國師和仲曹放助郭興擊句町轉天下穀幣詣西河五原朔方漁陽每一郡以百萬數欲以擊匈奴秋隕霜殺菽關東大饑蝗民犯鑄錢伍人相坐沒入爲官奴婢其男子檻車兒女子步以鐵鎖琅當其頸傳詣鍾官以十萬數師古曰琅當長鎖也鍾官主鑄錢之官也到者易其夫婦師古曰改相配匹不依其舊也愁苦死者什六七孫憙景尙曹放等擊賊不能克軍師放縱百姓重困師古曰重音直用反莽以王況讖言荊楚當興李氏爲輔欲厭之師古曰厭音一葉反迺拜侍中掌牧大夫李棽爲大將軍揚州牧賜名聖師古曰改其舊名以聖代讖棽音所林反使將兵奮擊上谷儲夏自請願說瓜田儀服虔曰儲夏人姓也劉奉世曰注脫一名字○莽以爲中郎使出儀師古曰說儀之令自出儀文降未出而死師古曰上文書言降而身未出莽求其尸葬之爲起冢祠室謚曰瓜寧殤男幾以招來其餘師古曰幾讀曰冀然無肯降者閏月丙辰大赦天下天下大服民私服在詔書前亦釋除張晏曰莽妻本以此歲死天下大服也私服自喪其親者除之郞陽成脩獻符命言繼立民母又曰黃帝以百二十女致神僊莽於是遣中散大夫謁者各四十五人分行天下師古曰行音下更反博采鄉里所高有淑女者上名莽夢長樂宮銅人五枚起立莽惡之念銅人銘有皇帝初兼天下之文即使尙方工鐫滅所夢銅人膺文師古曰鐫鑿也音子全反又感漢高廟神靈師古曰謂夢見譴責遣虎賁武士入高廟拔劍四面提擊師古曰提擲也音徒計反斧壞戶牖師古曰以斧所壞之桃湯赭鞭鞭灑屋壁師古曰桃湯灑之赭鞭鞭之也赭赤也令輕車校尉居其中又令中軍北壘居高寢師古曰徙北軍壘之兵士於高廟寢中屯居也或言黃帝時建華蓋以登僊莽乃造華蓋九重高八丈一尺金瑵羽葆師古曰瑵讀曰爪謂蓋弓頭爲爪形載以祕機四輪車服虔曰蓋高八丈其杠皆有屈膝可上下屈伸也師古曰言潛爲機關不使外見故曰祕機也駕六馬力士三百人黃衣幘車上人擊鼓輓者皆呼登仙莽出令在前百官竊言此似輀車非僊物也師古曰輀車載喪車音而是歲南郡秦豐衆且萬人平原女子遲昭平能說經博以八投服虔曰博奕經以八箭投之亦聚數千人在河阻中莽召問羣臣禽賊方略皆曰此天囚行尸命在漏刻故左將軍公孫祿徵來與議師古曰與讀曰豫祿曰太史令宗宣典星歷候氣變以凶爲吉亂天文誤朝廷太傅平化侯飾虛偽以媮名位賊夫人之子師古曰論語稱子路使子羔爲費宰孔子曰賊夫人之子言羔未知政道而使宰邑所以賊害也故祿引此而言○宋祁曰侯下當有唐尊二字國師嘉信公顛倒五經毀師法令學士疑惑明學男張邯地理侯孫陽造井田使民棄土業羲和魯匡設六筦以窮工商說符侯崔發阿諛取容令下情不上通宜誅此數子以慰天下又言匈

奴不可攻當與和親臣恐新室憂不在匈奴而在封域之中也莽怒使虎賁扶祿出然頗采其言左遷魯匡爲五原卒正以百姓怨非故六筦非匡所獨造莽厭衆意而出之師古曰厭滿也音一豔反初四方皆以饑寒窮愁起爲盜賊稍稍羣聚常思歲孰得歸鄉里衆雖萬數亶稱巨人從事三老祭酒師古曰亶讀曰但言不爲大號不敢略有城邑轉掠求食日闋而已師古曰闋盡也隨日而盡也闋音空穴反諸長吏牧守皆自亂鬭中兵而死師古曰中傷也賊非敢欲殺之也而莽終不諭其故師古曰不曉此意也是歲大司馬士按章豫州師古曰有上章相告者就而按治之爲賊所獲賊送付縣士還上書具言狀莽大怒下獄以爲誣罔因下書責七公曰夫吏者理也宣德明恩以牧養民仁之道也抑强督姦捕誅盜賊義之節也師古曰督謂察視也今則不然盜發不輒得至成羣黨遮略乘傳宰士師古曰傳音張戀反士得脫者又妄自言我責數賊何故爲是師古曰數音所具反賊曰以貧窮故耳賊護出我今俗人議者率多若此惟貧困饑寒犯法爲非大者羣盜小者偷穴不過二科師古曰穴謂穿牆爲盜也今乃結謀連黨以千百數是逆亂之大者豈饑寒之謂邪七公其嚴敕卿大夫卒正連率庶尹謹牧養善民急捕殄盜賊有不同心并力疾惡黜賊而妄曰饑寒所爲輒捕繫請其罪於是羣下愈恐莫敢言賊情者亦不得擅發兵賊由是遂不制唯翼平連率田況素果敢發民年十八以上四萬餘人授以庫兵與刻石爲約赤糜聞之不敢入界師古曰糜眉也以朱塗眉故曰赤眉古字通用況自劾奏莽讓況師古曰讓責也未賜虎符而擅發兵此弄兵也厥辠乏興師古曰擅發之罪與乏軍興同科也以況自詭必禽滅賊故且勿治師古曰詭責也自以爲憂責後況自請出界擊賊所嚮皆破莽以璽書令況領青徐二州牧事況上言盜賊始發其原甚微非部吏伍人所能禽也咎在長吏不爲意縣欺其郡郡欺朝廷實百言十實千言百朝廷忽略不輒督責遂至延曼連州師古曰延音弋戰反曼與蔓同乃遣將率多發使者傳相監趣師古曰趣讀曰促郡縣力事上官應塞詰對師古曰力勤也塞當也共酒食具資用以救斷斬師古曰交欋斬死之刑也共讀曰供○宋祁曰交欋斷死罪之刑也不給復憂盜賊治官事師古曰給暇也將率又不能躬率吏士戰則爲賊所破吏氣寖傷徒費百姓師古曰寖漸也前幸蒙赦令賊欲解散或反遮擊恐入山谷轉相告語故郡縣降賊皆更驚駭恐見詐滅因饑饉易動旬日之間更十餘萬人此盜賊所以多之故也今雒陽以東米石二千竊見詔書欲遣太師更始將軍二人爪牙重臣多從人衆道上空竭少則亡以威視遠方師古曰視讀曰示宜急選牧尹以下明其賞罰收合離鄉小國無城郭者徙其

老弱置大城中積臧穀食并力固守賊來攻城則不能下所過無食執不得羣聚如此招之必降擊之則滅今空復多出將率郡縣苦之反甚於賊宜盡徵還乘傳諸使者以休息郡縣委任臣況以二州盜賊必平定之莽畏惡況陰爲發代遣使者賜況璽書使者至見況因令代監其兵況隨使者西到拜爲師尉大夫況去齊地遂敗三年正月九廟蓋構成納神主莽謁見大駕乘六馬以五采毛爲龍文衣著角長三尺師古曰以被馬上也華蓋車元戎十乘在前因賜治廟者司徒大司空錢各千萬侍中中常侍以下皆封封都匠仇延爲邯淡里附城師古曰都匠大匠也邯音胡敢反淡音大敢反豐盛之意二月霸橋災數千人以水沃救不滅莽惡之下書曰夫三皇象春五帝象夏三王象秋五伯象冬皇王德運也伯者繼空續乏以成歷數故其道駁師古曰伯讀曰霸惟常安御道多以所近爲名迺二月癸巳之夜甲午之辰火燒霸橋從東方西行至甲午夕橋盡火滅大司空行視考問或云寒民舍居橋下師古曰舍止宿也疑以火自燎爲此災也師古曰燎謂炙令煖也其明旦即乙未立春之日也予以神明聖祖黃虞遺統受命至于地皇四年爲十五年正以三年終冬絕滅霸駮之橋欲以興成新室統壹長存之道也又戒此橋空東方之道今東方歲荒民饑道路不通東岳太師亟科條師古曰亟急也開東方諸倉賑貸窮乏以施仁道其更名霸館爲長存館霸橋爲長存橋是月赤眉殺太師羲仲景尙關東人相食四月遣太師王匡更始將軍廉丹東師古曰東謂東出也祖都門外師古曰祖道送匡丹都門外天大雨霑衣止長老歎曰是謂泣軍莽曰惟陽九之阸與害氣會究于去年枯旱霜蝗饑饉薦臻師古曰薦讀曰荐荐仍也百姓困乏流離道路於春尤甚予甚悼之今使東岳太師特進褒新侯開東方諸倉賑貸窮乏太師公所不過道分遣大夫謁者並開諸倉以全元元太師公因與廉丹大使五威司命位右大司馬更始將軍平均侯之兗州塡撫所掌師古曰之往也塡音竹刃反及青徐故不軌盜賊未盡解散後復屯聚者皆清潔之期於安兆黎矣師古曰黎衆也太師更始合將銳士十餘萬人所過放縱東方爲之語曰寧逢赤眉不逢太師太師尙可更始殺我卒如田況之言莽又多遣大夫謁者分教民煑草木爲酪酪不可食重爲煩費師古曰重音直用反莽下書曰惟民困乏雖溥開諸倉以賑贍之猶恐未足其且開天下山澤之防諸能采取山澤之物而順月令者其恣聽之勿令出稅至地皇三十年如故是王光上戊之六年也孟康曰戊土也莽所作歷名如令豪吏猾民辜而攉之小民弗蒙非予意

也師古曰辜擢謂獨專其利而令他人犯者得罪辜也易不云乎損上益下民說无疆師古曰益卦彖辭也言損上以益下則人皆歡悅無窮竟書云言之不從是謂不艾師古曰洪範之言艾讀曰乂乂治也咨虖羣公可不憂哉師古曰咨者嗟歎息之言是時下江兵盛新市朱鮪平林陳牧等皆復聚衆攻擊鄉聚莽遣司命大將軍孔仁部豫州納言大將軍嚴尤秩宗大將軍陳茂擊荆州各從吏士百餘人乘舡從渭入河○宋祁曰越本士作七紅當作船至華陰迺出乘傳到部募士尤謂茂曰遣將不與兵符必先請而後動是猶紲韓盧而責之獲也師古曰紲繫也韓盧古韓國之名犬也黑色曰盧夏蝗從東方來蜚蔽天師古曰蜚古飛字至長安入未央宮緣殿閣莽發吏民設購賞捕擊莽以天下穀貴欲厭之師古曰厭音一葉反爲大倉置衞交戟名曰政始掖門流民入關者數十萬人迺置養贍官稟食之師古曰稟給也食讀曰飤使者監領與小吏共盜其稟饑死者十七八先是莽使中黃門王業領長安市買賤取於民民甚患之業以省費爲功賜爵附城莽聞城中饑饉以問業業曰皆流民也乃市所賣粱飰肉羹持入視莽師古曰視讀曰示曰居民食咸如此莽信之冬無鹽索盧恢等舉兵反城師古曰索盧姓也恢名也反城據城以反也一曰反音幡今語猶曰幡城索音先各反廉丹王匡攻拔之斬首萬餘級莽遣中郎將奉璽書勞丹匡進爵爲公封吏士有功者十餘人赤眉別校董憲等衆數萬人在梁郡王匡欲進擊之廉丹以爲新拔城罷勞師古曰罷讀曰疲當且休士養威匡不聽引兵獨進丹隨之合戰成昌師古曰成昌地名也兵敗匡走丹使吏持其印韍符節付匡曰小兒可走吾不可遂止戰死校尉汝雲王隆等二十餘人別鬬聞之皆曰廉公已死吾誰爲生馳奔賊皆戰死師古曰奔古奔字也莽傷之下書曰惟公多擁選士精兵衆郡駿馬倉穀帑藏皆得自調師古曰調發取也音徒釣反忽於詔策離其威節騎馬呵譟師古曰忽謂怠忘也譟謂羣呼也音先到反爲狂刃所害烏呼哀哉賜謚曰果公國將哀章謂莽曰皇祖考黃帝之時中黃直爲將破殺蚩尤今臣居中黃直之位願平山東莽遣章馳東與太師匡并力又遣大將軍陽浚守敖倉司徒王尋將十餘萬屯雒陽塡南宮師古曰塡音竹刃反大司馬董忠養士習射中軍北壘大司空王邑兼三公之職司徒尋初發長安宿霸昌廄師古曰霸昌觀之廄也三輔黃圖曰在城外也亡其黃鉞尋士房揚素狂直迺哭曰此經所謂喪其齊斧者也應劭曰齊利也亡其利斧言無以復斷斬也師古曰此易巽卦上九爻辭自劾去莽擊殺揚四方盜賊往往數萬人攻城邑殺二千石以下太師王匡等戰數不利莽知天下潰畔事窮計迫迺議遣風俗大夫司國憲等分行天下師古曰行音下更反除井田奴婢山澤六筦之禁卽位以來詔令不便於民者皆收還之待見未發會世祖與兄齊武王伯升宛人李通等師古曰世祖謂光武皇帝帥舂陵子弟數千人招致新市平林朱鮪陳牧等合攻拔棘陽是時嚴尤陳茂破下江兵成丹王常等數千人別走入南陽界十一月有星孛于張東南行五日不見莽數召問太史令宗宣諸術數家皆繆對言天文安善羣賊且滅莽差以自安四年正月漢兵得下江王常等以爲助兵擊前隊大夫甄阜屬正梁丘賜皆斬之殺其衆數萬人初京師聞青徐賊衆數十萬人訖無文號旌旗表識師古曰文謂文章號謂大位號也一曰號謂號令也識讀與幟同音式志反咸怪異之好事者竊言此豈如古三皇無文書號謚邪師古曰欲其事成故云然也莽亦心怪以問羣臣羣臣莫對唯嚴尤曰此不足怪也自黃帝湯武行師必待部曲旌旗號令今此無有者直饑寒羣盜犬羊相聚不知爲之耳莽大說師古曰說讀曰悅羣臣盡服及後漢兵劉伯升起皆稱將軍攻城略地既殺甄阜移書稱說莽聞之憂懼漢兵乘勝遂圍宛城初世祖族兄聖公先在平林兵中三月辛巳朔平林新市下江兵將王常朱鮪等共立聖公爲帝改年爲更始元年拜置百官莽聞之愈恐欲外視自安師古曰視讀曰示迺染其須髮進所徵天下淑女杜陵史氏女爲皇后聘黃金三萬斤車馬奴婢雜帛珍寶以巨萬計莽親迎於前殿兩階閒成同牢之禮于上西堂備和嬪美御和人三位視公嬪人九視卿美人二十七視大夫御人八十一視元士凡百二十人皆佩印韍執弓韣師古曰禮記月令仲春之月玄鳥至之日以太牢祠于高禖天子親往后妃率九嬪御乃禮天子所御帶以弓韣授以弓矢于高禖之前韣弓衣也帶之者求男子之祥也故莽依放之焉韣音獨封皇后父諶爲和平侯拜爲寧始將軍諶子二人皆侍中是日大風發屋折木羣臣上壽曰迺庚子雨水灑道辛丑清靚無塵師古曰靚卽靜字也其夕穀風迅疾從東北來師古曰穀風卽谷風辛丑巽之宮日也巽爲風爲順后誼明母道得溫和慈惠之化也易曰受茲介福于其王母師古曰晉卦六二爻也介大也王母君母也禮曰承天之慶萬福無疆師古曰禮之祝詞諸欲依廢漢火劉皆沃灌雪除殄滅無餘雜矣百穀豐茂庶草蕃殖師古曰蕃滋也殖生也元元驩喜兆民賴福天下幸甚莽日與方士涿郡昭君等於後宮考驗方術縱淫樂焉大赦天下然猶曰故漢氏舂陵侯羣子劉伯升與其族人婚姻黨與妄流言惑衆悖畔天命乃手害更始將軍廉丹前隊大夫甄阜屬正梁丘賜及北狄胡虜逆輿洎南蠻虜若豆孟遷不用此書師古曰輿匈奴單于名也洎及也若豆孟遷蠻夷之名也言伯升已下孟遷以上不在赦令之限也有能捕得此人者皆封爲上公食邑萬戶賜寶貨五千萬又詔太師王匡國將哀章司命孔仁兗州牧壽良卒正王閎揚州牧李聖亟進所部州郡兵師古曰亟急也凡三十萬衆迫措青徐盜賊師古曰措讀與笮同音莊客反下亦放此納言將軍嚴尤秩宗將軍陳茂車騎將軍王巡○宋祁曰車騎監本作車馬劉奉世曰車馬將軍非官名字之誤也尤茂前云大將軍此云將軍未知孰誤然其它多如此者左隊大夫王吳亟進所部州郡兵凡十萬衆迫措前隊醜虜明告以生活丹青之信師古曰生活謂來降者不殺之也丹青之信言明著也復迷惑不解散皆并力合擊殄滅之矣大司空隆新公宗室戚屬前以虎牙將軍東指則反虜破壞西擊則逆賊靡碎師古曰靡散也音武皮反此迺新室威寶之臣也如黠賊不解散將遣大司空將百萬之師征伐剿絕之矣師古曰剿截也音子小反遣七公幹士隗囂等七十二人分下赦令曉諭云囂等既出因逃亡矣四月世祖與王常等別攻潁川下昆陽郾定陵師古曰三縣之名也郾音一扇反莽聞之愈恐遣大司空王邑馳傳之雒陽師古曰傳音張戀反與司徒王尋發衆郡兵百萬號曰虎牙五威兵平定山東得顓封爵政決於邑除用徵諸明兵法六十三家術者各持圖書受器械備軍吏傾府庫以遣邑多齎珍寶猛獸欲視饒富用怖山東師古曰視讀曰示邑至雒陽州郡各選精兵牧守自將定會者四十二萬人餘在道不絕車甲士馬之盛自古出師未嘗有也六月邑與司徒尋發雒陽欲至宛道出潁川過昆陽昆陽時已降漢漢兵守之嚴尤陳茂與二公會二公縱兵圍昆陽嚴尤曰稱尊號者在宛下宜亟進師古曰亟急也彼破諸城自定矣邑曰百萬之師所過當滅今屠此城喋血而進師古曰喋音蹀前歌後舞顧不快邪遂圍城數十重城中請降不許嚴尤又曰歸師勿遏圍城爲之闕師古曰此兵法之言也遏遮也闕不合也可如兵法使得逸出以怖宛下邑又不聽會世祖悉發郾定陵兵數千人來救昆陽尋邑易之師古曰輕易之也易音亦豉反自將萬餘人行陳師古曰巡行軍陳也行音下更反敕諸營皆按部毋得動獨迎與漢兵戰不利大軍不敢擅相救漢兵乘勝殺尋昆陽中兵出竝戰邑走軍亂大風蜚瓦師古曰蜚古飛字雨如注水大衆崩壞號謼師古曰謼音火故反虎豹股栗師古曰言戰懼甚士卒奔走各還歸其郡邑獨與所將長安勇敢數千人還雒陽關中聞之震恐盜賊竝起又聞漢兵言莽鴆殺孝平帝莽迺會公卿以下於王路堂開所爲平帝請命金縢之策泣以視羣臣師古曰視讀曰示命明學男張邯稱說其德及符命事因曰易言伏戎于莽升其高陵三歲不興師古曰同人卦九三爻辭也莽平草也言伏兵戎於草莽之中升高陵而望不敢前進至于三歲不能起也莽皇帝之名升謂劉伯升高陵謂高陵侯子翟義也言劉升翟義爲伏戎之兵於新皇帝世猶殄滅不興也羣臣皆稱萬歲又令東方檻車傳送數人言劉伯升等皆行大戮民知其詐也先是衞將軍王涉素養道士西門君惠君惠好天文讖記爲涉言星孛掃宮室劉氏當復興國師公姓名是也涉信其言以語大司馬董忠數俱至國師殿中廬道語星宿師古曰廬者宿止之處道謂說之也國師不應後涉特往對歆涕泣言誠欲與公共安宗族師古曰誠實也○宋祁曰族字或作姓奈何不信涉也歆因爲言天文人事東方必成涉曰新都哀侯小被病功顯君素耆酒師古曰耆讀曰嗜疑帝本非我家子也如淳曰言莽母洛薄嗜酒淫逸得莽耳非王氏子也設此詐欲以自別不受誅董公主中軍精兵涉領宮衞伊休侯主殿中如同心合謀共劫持帝東降南陽天子可以全宗族不者俱夷滅矣伊休侯者歆長子也爲侍中五官中郎將莽素愛之歆怨莽殺其三子又畏大禍至遂與涉忠謀欲發歆曰當待太白星出迺可忠以司中大贅起武侯孫伋亦主兵復與伋謀伋歸家顏色變不能食妻怪問之語其狀妻以告弟雲陽陳邯邯欲告之七月伋與邯俱告莽遣使者分召忠等時忠方講兵都肄師古曰肄習也大習兵也肄音亦二反護軍王咸謂忠謀久不發恐漏泄不如遂斬使者勒兵入忠不聽遂與歆涉會省戶下莽令䰩惲責問皆服中黃門各拔刃將忠等送廬忠拔劒欲自刎侍中王望傳言大司馬反黃門持劒共格殺之省中相驚傳勒兵至郎署皆拔刃張弓更始將軍史諶行諸署師古曰行音下更反○劉奉世曰或言更始或言寧始未知孰誤告郎吏曰大司馬有狂病發已誅皆令弛兵師古曰弛放也莽欲以厭凶師古曰厭當也音一葉反使虎賁以斬馬劒挫忠師古曰挫讀曰剉音千卧反盛以竹器傳曰反虜出下書赦大司馬官屬吏士爲忠所詿誤謀反未發覺者收忠宗族以醇醯毒藥尺白刃叢棘并一坎而埋之劉歆王涉皆自殺莽以二人骨肉舊臣惡其內潰師古曰王涉骨肉也劉歆舊臣故隱其誅伊休侯疊又以素謹歆訖不告師古曰訖竟也歆竟不以所謀告之但免侍中中郎將更爲中散大夫後日殿中鉤盾土山僊人掌旁有白頭公青衣鄭氏曰僊人以掌承露盤也郎吏見者私謂之國師公衍功侯喜素善卦莽使筮之曰憂兵火莽曰小兒安得此左道是迺予之皇祖叔父子僑欲來迎我也莽軍師外破大臣內畔左右亡所信不能復遠念郡國欲謼邑與計議師古曰謼古呼字崔發曰邑素小心今失大衆而徵恐其執節引決宜有以大慰其意於是莽遣發馳傳諭邑師古曰諭告之傳音張戀反我年老無適子師古曰適讀曰嫡欲傳邑以天下敕亡得謝見勿復道邑到以爲大司馬大長秋張邯爲大司徒崔發爲大司空司中壽容苗訢爲國師同說侯林爲衞將軍莽憂懣不能食師古曰懣音滿又音悶亶飲酒

啗鰒魚師古曰亶音但下亦類此鰒海魚也音雹讀軍書倦因馮几寐不復就枕矣師古曰馮讀曰憑○宋祁曰枕字當作沈性好時日小數及事迫急亶為厭勝遣使壞渭陵延陵園門罘罳曰毋使民復思也又以墨洿色其周垣師古曰洿染之變其色也洿音一故反號將至曰歲宿申水為助將軍右庚刻木校尉前丙耀金都尉又曰執大斧伐枯木流大水滅發火如此屬不可勝記秋太白星流入太微燭地如月光成紀隗崔兄弟共劫大尹李育師古曰成紀隴西之縣以兄子隗囂為大將軍攻殺雍州牧陳慶安定卒正王旬并其眾移書郡縣數莽罪惡萬於桀紂是月析人鄧曄于匡起兵南鄉百餘人師古曰析南陽之縣南鄉析縣之鄉名析音先歷反時析宰將兵數千屯鄡亭備武關師古曰鄡音口堯反曄匡謂宰曰劉帝已立君何不知命也宰請降盡得其眾曄自稱輔漢左將軍匡右將軍拔析丹水攻武關都尉朱萌降進攻右隊大夫宋綱殺之西拔湖師古曰湖弘農之縣也本屬京兆莽愈憂不知所出崔發言周禮及春秋左氏國有大災則哭以厭之師古曰周禮春官之屬女巫氏之職曰凡邦之大災歌哭而請哭者所以告哀也春秋左氏傳宣十二年楚子圍鄭旬有七日鄭人卜行成不吉卜臨于太宮且巷出車吉國人大臨守陴者皆哭故發引之以為言也厭音一葉反故易稱先號咷而後笑師古曰同人九五爻辭號咷哭也咷音逃宜呼嗟告天以求救莽自知敗迺率羣臣至南郊陳其符命本末仰天曰皇天既命授臣莽何不殄滅眾賊即令臣莽非是願下雷霆誅臣莽因搏心大哭氣盡伏而叩頭又作告天策自陳功勞千餘言諸生小民會旦夕哭為設飧粥師古曰飧古餐字音千安反甚悲哀及能誦策文者除以為郎至五千餘人𩓝惲將領之莽拜將軍九人皆以虎為號號曰九虎將北軍精兵數萬人東內其妻子宮中以為質時省中黃金萬斤者為一匱尚有六十匱黃門鉤盾臧府中尚方處處各有數匱長樂御府中御府及都內平準帑臧錢帛珠玉財物甚眾師古曰御府有令丞少府之屬官也掌珍物中御府者皇后之府臧也平準令丞屬大司農亦珍貨所在也莽愈愛之賜九虎士人四千錢眾重怨無鬬意九虎至華陰回谿距隘北從河南至山于匡持數千弩乘堆挑戰鄧曄將二萬餘人從閿鄉南出棗街作姑師古曰閿讀與閿同作姑邪道所由也韋昭曰閿音旻破其一部北出九虎後擊之六虎敗走史熊王況詣闕歸死莽使使責死者安在皆自殺其四虎亡師古曰六人敗走二人詣闕自殺四人亡三虎郭欽陳翬成重收散卒保京師倉師古曰九人之中六人敗走三人保倉也京師倉在華陰灌北渭口也翬音暉鄧曄開武關迎漢丞相司直李松將二千餘人至湖與曄等共攻京師倉未下曄以弘農掾王憲為校尉將數百人北度渭入左馮翊界降城略地李松遣偏將軍韓臣等徑西至新豐與莽波水將軍戰波水走韓臣

等追奔遂至長門宮王憲北至頻陽所過迎降師古曰所至之處人皆來迎而降附也大姓櫟陽申碭下邽王大皆率眾隨憲屬縣斄嚴春師古曰屬縣三輔諸縣也斄屬右扶風斄讀與邰同其人姓嚴名春茂陵董喜藍田王孟槐里汝臣盩厔王扶陽陵嚴本杜陵屠門少之屬師古曰姓屠門名少眾皆數千人假號稱漢將時李松鄧曄以為京師小小倉尚未可下何況長安城當須更始帝大兵到即引軍至華陰治攻具而長安旁兵四會城下聞天水隗氏兵方到皆爭欲先入城貪立大功鹵掠之利莽遣使者分赦城中諸獄囚徒皆授兵殺豨飲其血與誓曰有不為新室者社鬼記之更始將軍史諶將度渭橋皆散走諶空還眾兵發掘莽妻子父祖冢燒其棺椁及九廟明堂辟雍火照城中或謂莽曰城門卒東方人不可信莽更發越騎士為衛門置六百人各一校尉十月戊申朔兵從宣平城門入民間所謂都門也師古曰長安城東出北頭第一門張邯行城門逢兵見殺師古曰行音下更反王邑王林王巡𩓝惲等分將兵距擊北闕下漢兵貪莽封力戰者七百餘人師古曰獲莽當得封故貪之而力戰會日暮官府邸第盡奔亡二日己酉城中少年朱弟張魚等恐見鹵掠趨讙並和師古曰眾輩行讙而相和也和音乎臥反燒作室門斧敬法闥師古曰敬法殿名也闥小門也謂斧斫之也謼曰反虜王莽何不出降師古曰謼音火故反其下亦同火及掖庭承明黃皇室主所居也莽避火宣室前殿火輒隨之宮人婦女謕謼曰當奈何時莽紺袀服師古曰謕古啼字也紺深青而揚赤色也袀純也純為紺服也袀音均又式旬反帶璽韍持虞帝匕首天文郎按栻於前師古曰栻所以占時日天文郎今之用栻者也音式日時加某莽旋席隨斗柄而坐曰天生德於予漢兵其如予何師古曰論語稱孔子曰天生德於予桓魋其如予何故莽引之以為言也莽時不食少氣困矣三日庚戌晨旦明羣臣扶掖莽自前殿南下椒除服虔曰邪行閣道下者也師古曰除殿陛之道也椒取芬香之名也西出白虎門和新公王揖奉車待門外莽就車之漸臺欲阻池水猶抱持符命威斗公卿大夫侍中黃門郎從官尚千餘人隨之王邑晝夜戰罷極師古曰罷讀曰疲士死傷略盡馳入宮間關至漸臺師古曰間關猶言崎嶇展轉也見其子侍中睦解衣冠欲逃邑叱之令還父子共守莽軍人入殿中謼曰反虜王莽安在有美人出房曰在漸臺眾兵追之圍數百重臺上亦弓弩與相射稍稍落去矢盡無以復射短兵接王邑父子𩓝惲王巡戰死莽入室下餔時眾兵上臺王揖趙博苗訢唐尊王盛中常侍王參等皆死臺上商人杜吳殺莽取其綬校尉東海公賓就故大行治禮師古曰公賓姓也就名也以先經治禮故識天子綬也見吳問綬主所在曰室中西北陬間師古曰陬隅也音子侯反又音鄒就識斬莽首軍人分裂莽身支節肌骨臠分

爭相殺者數十人師古曰三輔舊事云臠切千段公賓就持莽首詣王憲憲自稱漢大將軍城中兵數十萬皆屬焉舍東宮師古曰舍止宿也妻莽後宮乘其車服六日癸丑李松鄧曄入長安將軍趙萌申屠建亦至以王憲得璽綬不輒上多挾宮女建天子鼓旗收斬之傳莽首詣更始縣宛市百姓共提擊之師古曰提擲也音徒計反或切食其舌莽揚州牧李聖司命孔仁兵敗山東聖格死仁將其眾降已而歎曰吾聞食人食者死其事拔劍自刺死及曹部監杜普陳定大尹沈意九江連率賈萌皆守郡不降為漢兵所誅賞都大尹王欽及郭欽守京師倉聞莽死乃降更始義之皆封為侯太師王匡國將哀章降雒陽傳詣宛斬之嚴尤陳茂敗昆陽下走至沛郡譙自稱漢將召會吏民尤為稱說王莽篡位天時所亡聖漢復興狀茂伏而涕泣聞故漢鍾武侯劉聖聚眾汝南稱尊號尤茂降之以尤為大司馬茂為丞相十餘日敗尤茂并死郡縣皆舉城降天下悉歸漢初申屠建嘗事崔發為詩師古曰就發學詩建至發降之後復稱說師古曰妄言符命不順漢建令丞相劉賜斬發以徇史諶王延王林王吳趙閎亦降復見殺初諸假號兵人人望封侯申屠建既斬王憲又揚言三輔黠共殺其主吏民惶恐屬縣屯聚建等不能下馳白更始二年二月更始到長安下詔大赦非王莽子他皆除其罪故王氏宗族得全三輔悉平更始都長安居長樂宮府臧完具獨未央宮燒攻莽三日死則案堵復故更始至歲餘政教不行明年夏赤眉樊崇等眾數十萬人入關立劉盆子稱尊號攻更始更始降之赤眉遂燒長安宮室市里害更始民饑餓相食死者數十萬長安為虛師古曰虛讀曰墟城中無人行宗廟園陵皆發掘惟霸陵杜陵完六月世祖即位然後宗廟社稷復立天下艾安師古曰艾讀曰乂○劉攽曰王莽三十八為大司馬五十一居攝五十四即真六十八誅死居攝三年始建國五天鳳六地皇四

贊曰王莽始起外戚折節力行以要名譽宗族稱孝師友歸仁及其居位輔政成哀之際勤勞國家直道而行動見稱述豈所謂在家必聞在國必聞色取仁而行違者邪師古曰論語載孔子對子張之言也不仁之人假仁者之色而所行則違之朋黨比周故能在家在國皆有名譽故贊引之莽既不仁而有佞邪之材又乘四父歷世之權遭漢中微國統三絕而太后壽考為之宗主故得肆其姦慝以成篡盜之禍師古曰肆放也慝惡也推是言之亦天時非人力之致矣及其竊位南面處非所據顛覆之埶險於桀紂而莽晏然自以黃虞復出也迺始恣睢奮其威詐師古曰睢音呼季反滔天虐民窮凶極惡師古曰滔漫也毒流諸夏亂延蠻貉猶未足逞其欲焉是以四海之內囂然喪其樂生之心師古曰囂然眾口愁貌也中外憤怨遠近俱發城池不守支體分裂遂令天下城邑為虛師古曰虛讀曰墟丘壟發掘害徧生民辜及朽骨自書傳所載亂臣賊子無道之人考其禍敗未有如莽之甚者也昔秦燔詩書以立私議莽誦六藝以文姦言師古曰以六經之事文飾姦言同歸殊塗俱用滅亡皆亢龍絕氣非命之運服虔曰易曰亢龍有悔謂無德而居高位也蘇林曰非天命之命也紫色鼃聲餘分閏位應劭曰紫間色鼃邪音也服虔曰言莽不得正王之命如歲月之餘分為閏也師古曰鼃者樂之淫聲非正曲也近之學者便謂鼃之鳴已失其義又欲改此贊鼃聲為蠅聲引詩匪雞則鳴蒼蠅之聲尤穿鑿矣聖王之驅除云爾蘇林曰聖王光武也為光武驅除也師古曰言驅逐蠲除以待聖人也

前漢書卷九十九下考證

王莽傳下臨淮瓜田儀等為盜賊依阻會稽長州○胡三省曰今蘇州長洲縣即長州地

遂攻海曲縣殺其宰○李賢曰海曲故城在密州莒縣東臣召南按通鑑即書新市王匡王鳳南陽馬武潁川王常成丹等南郡張霸江夏羊牧等起兵於呂母之後

是歲赤眉力子都樊崇○劉攽曰力當作刁○臣召南按通鑑作刁子都然本文及後書並作力姓譜曰力姓黃帝臣力牧之後似力字不誤

翼平連率田況○胡三省曰據地理志北海壽光縣莽曰翼平又夙夜連率韓博夙夜東萊郡不夜縣莽改名也

乃身短衣小褏乘牝馬柴車○胡三省曰漢之盛乘牸牝者禁不得聚會鄉閭阡陌皆然朝市之間從可知矣唐尊為上公而乘牝馬亦以矯世也

因下書責七公曰○七公四輔三公也

燒作室門○程大昌曰未央宮西北織室暴室之類黃圖謂為尚方工作之所者也

持虞帝匕首○胡三省曰虞帝安得有匕首蓋莽自為之以愚人也

聞故漢鍾武侯劉聖聚眾汝南○通鑑考異曰劉聖後書劉元傳作望

前漢書卷一百上

漢　蘭臺令史班固撰

唐正議大夫行秘書少監琅邪縣開國子顏師古注

敘傳第七十上

班氏之先與楚同姓令尹子文之後也○宋祁曰今越本無之字子文初生棄於瞢中而虎乳之師古曰瞢雲瞢澤也春秋左氏傳曰楚若敖娶於䢵生鬬伯比若敖卒從其母畜於䢵淫於䢵子之女生子文焉䢵夫人使棄諸瞢中虎乳之䢵子田見之懼而歸夫人以告遂使收之瞢與夢同並音莫風反又音莫鳳反楚人謂乳穀謂虎於檡如淳曰穀音構牛羊乳汁曰構師古曰穀讀如本字又音乃苟反於音烏檡字或作菟並音塗○宋祁曰淳化本作楚人謂乳爲穀謂虎爲於檡故名穀於檡字子文楚人謂虎班其子以爲號師古曰子文之子鬬班亦爲楚令尹秦之滅楚遷晉代之間因氏焉師古曰遂以班爲姓始皇之末班壹避墜於樓煩師古曰墜古地字樓煩鴈門之縣致馬牛羊數千羣值漢初定與民無禁當孝惠高后時以財雄邊師古曰國家不設衣服車旗之禁故班氏以多財而爲邊地之雄豪出入弋獵旌旗鼓吹年百餘歲以壽終故北方多以壹爲字者師古曰馬邑人聶壹之類也今流俗書本多改此傳壹字爲懿非也壹生孺孺爲任俠州郡歌之孺生長官至上谷守長生回以茂材爲長子令師古曰上黨之縣長讀如本字回生況舉孝廉爲郎積功勞至上河農都尉師古曰上河地名農都尉者典農事大司農奏課連最入爲左曹越騎校尉成帝之初女爲倢伃致仕就第貲累千金徙昌陵昌陵後罷大臣名家皆占數于長安師古曰占度也自隱度家之口數而著名籍也占音之贍反況生三子伯斿稺伯少受詩於師丹大將軍王鳳薦伯宜勸學召見晏昵殿師古曰親戚宴飲會同之殿○宋祁曰張晏解與師古同字林昵近也乃吉反容貌甚麗誦說有法拜爲中常侍時上方鄉學師古曰鄉讀曰嚮鄭寬中張禹朝夕入說尚書論語於金華殿中師古曰金華殿在未央宮詔伯受焉既通大義又講異同於許商遷奉車都尉數年金華之業絕出與王許子弟爲羣在於綺襦紈絝之間非其好也晉灼曰白綺之襦冰紈之絝也師古曰紈素也綺今細繒也並貴戚子弟之服家本北邊志節忼慨數求使匈奴河平中單于來朝上使伯持節迎於塞下會定襄大姓石季羣輩報怨殺追捕吏師古曰報私怨而殺人吏追捕之又殺吏○宋祁曰慷字越本作忼石季越本作石李報怨殺淳化本及越本作報怨冤追殺伯上狀因自請願試守期月師古曰欲守定襄太守期音基上遣侍中中郎將王舜馳傳代伯護單于師古曰傳音張戀反并奉璽書印綬即拜伯爲定襄太守師古曰即就也就其所居而拜定襄聞伯素貴年少自請治劇畏其下車作威吏民竦息伯至請問耆老父祖故人有舊恩者師古曰請召也迎延滿堂日爲供具師古曰酒食之具也供音居用反執子孫禮郡中益弛師古曰弛解也見伯不用威刑故自解縱諸所賓禮皆名豪懷恩醉酒共諫伯宜頗攝錄盜賊具言本謀亡匿處伯曰是所望於父師矣師古曰晝爲諸父尊之如師故曰父師迺召

屬縣長吏選精進掾史師古曰精明而進趨也分部收捕師古曰分音扶問反及它隱伏旬日盡得郡中震栗咸稱神明師古曰栗古慄字歲餘上徵伯伯上書願過故郡上父祖冢有詔太守都尉以下會師古曰同赴其所因召宗族各以親疏加恩施散數百金北州以爲榮長老紀焉師古曰紀記也道病中風師古曰中傷也爲風所傷既至以侍中光祿大夫養病師古曰受其秩俸而在家自養也賞賜甚厚數年未能起會許皇后廢班倢伃供養東宮李奇曰元后成帝母進侍者李平爲倢伃而趙飛燕爲皇后伯遂稱篤久之上出過臨候伯伯惶恐起眡事師古曰眡古視字自大將軍薨後師古曰王鳳富平定陵侯張放淳于長等始愛幸出爲微行行則同輿執轡入侍禁中設宴飲之會及趙李諸侍中皆引滿舉白服虔曰舉滿桮有餘白瀝者罰之也孟康曰舉白見驗飲酒盡不也師古曰引取滿觴而飲飲訖舉觴告白盡不也一說白者罰爵之名也飲有不盡者則以此爵罰之魏文侯與大夫飲酒令曰不釂者浮以大白於是公乘不仁舉白浮君者也談关大噱師古曰关古笑字也噱噱笑聲也音其略反或曰噱口之中也大笑則見此處非時乘輿幄坐張畫屏風師古曰坐音才臥反畫紂醉踞妲己作長夜之樂上以伯新起數目禮之師古曰數目而敬之因顧指畫而問伯紂爲無道至於是乎伯對曰書云迺用婦人之言師古曰今文尚書泰誓之辭何有踞肆於朝師古曰肆放也陳也所謂衆惡歸之不如是之甚者也師古曰論語稱孔子曰紂之不善不如是之甚也是以君子惡居下流天下之惡皆歸焉故伯引此爲言上曰苟不若此此圖何戒伯曰沈湎于酒微子所以告去也師古曰微子殷之卿士封於微爵稱子也殷紂錯亂天命微子作誥告箕子比干而去紂其誥曰用沈酗于酒用亂敗厥德于下我其發出狂吾家耄遜于荒事見尚書微子篇式號式謼大雅所以流連也師古曰大雅蕩之詩曰式號式謼俾晝作夜言醉酒號呼以晝爲夜也流連言作詩之人嗟歎而泣湎流連也而說者乃以流連爲流亡蓋失之矣大雅所以流連不謂飲酒之人也謼音火故反詩書淫亂之戒其原皆在於酒上迺喟然歎曰吾久不見班生今日復聞讜言師古曰讜言善言也音黨放等不懌師古曰懌悅也音亦稍自引起更衣因罷出時長信庭林表適使來聞見之孟康曰長信太后宮名也庭林表宮中婦人官名也師古曰長信宮庭之林表也林表官名耳庭非官稱也○宋祁曰林表晉灼曰應劭書作材表宮人之有材能者表其師也張晏曰林君也表外也於宮外傳威儀也後上朝東宮太后泣曰帝間顏色瘦黑師古曰間謂比日也班侍中本大將軍所舉宜寵異之益求其比以輔聖德師古曰比類也音必寐反宜遣富平侯且就國上曰諾車騎將軍王音聞之以風丞相御史師古曰風讀曰諷奏富平侯罪過上迺出放爲邊都尉後復徵入太后與上書曰前所道尚未效張晏曰謂上所言班侍中本大將軍所舉宜寵異之富平侯反復來其能默虖如淳曰富平侯張放復來太后安能默然不以爲言上謝曰請今奉詔是時許商爲少府師丹爲光祿勳上於是引商丹入爲光祿大夫伯遷水衡都尉與兩師並侍中如淳曰兩師許商師丹皆秩中二千石每朝東宮常從及有大政俱使諭指於公卿上亦稍厭

游宴復修經書之業太后甚悅丞相方進復奏富平侯竟就國會伯病卒年三十八朝廷愍惜焉斿博學有俊材左將軍史丹舉賢良方正以對策爲議郎遷諫大夫右曹中郎將與劉向校祕書每奏事師古曰斿每奏校書之事斿以選受詔進讀羣書師古曰於天子前讀書上器其能賜以祕書之副時書不布師古曰謂不出之於羣下自東平思王以叔父求太史公諸子書大將軍白不許語在東平王傳師古曰此言東平王求書不得而斿獲賜祕書明見寵異斿亦早卒有子曰嗣顯名當世穉少爲黃門郎中常侍方直自守成帝季年立定陶王爲太子數遣中盾請問近臣師古曰盾讀曰允百官表云詹事之屬官也漢舊儀云秩四百石主徼巡宮中○蕭該音義曰中盾韋昭曰太子宮中盾長也該案盾音允穉獨不敢答師古曰言其懷哀帝即位出穉爲西河屬國都尉遷廣平相王莽少與穉兄弟同列友善兄事斿而弟畜穉師古曰事斿如兄遇穉如弟斿之卒也修緦麻賻賵甚厚師古曰送終者布帛曰賻車馬曰賵賻音附賵音芳鳳反平帝即位太后臨朝莽秉政方欲文致太平師古曰言欲以文教致太平○劉敞曰公羊春秋說文致太平者以春秋亂世但聖人作文致之如太平耳莽政既惡而飾虛以自章大是亦文致太平乎豈謂文教致太平乎也使使者分行風俗采頌聲師古曰行音下更反而穉無所上師古曰不稱符瑞及歌頌琅邪太守公孫閎言災害於公府大司空甄豐遣屬馳至兩郡諷吏民師古曰遣言辭應而隱除災害也而劾閎空造不祥穉絕嘉應嫉害聖政皆不道太后曰不宣德美宜與言災害者異罰且後宮賢家我所哀也師古曰班倢伃有賢德故哀閔其家閎獨下獄誅穉懼上書陳恩謝罪願歸相印入補延陵園郎太后許焉食故祿終身由是班氏不顯莽朝亦不罹咎師古曰罹遭也初成帝性寬進入直言是以王音翟方進等繩法舉過師古曰論天子之過失而劉向杜鄴王章朱雲之徒肆意犯上師古曰肆極也故自帝師安昌侯諸舅大將軍兄弟及公卿大夫後宮外屬史許之家有貴寵者莫不被文傷詆師古曰詆毀也音丁禮反唯谷永常言建始河平之際許班之貴傾動前朝熏灼四方賞賜無量空虛內臧女寵至極不可尚矣今之後起天所不饗什倍於前永指以駮譏趙李亦無間云師古曰雖谷永嘗有此言而意專在趙李耳自餘劉向之徒又皆不論班氏也間非也音居莧反穉生彪彪字叔皮幼與從兄嗣共遊學家有賜書內足於財好古之士自遠方至父黨揚子雲以下莫不造門師古曰造至也音千到反嗣雖修儒學然貴老嚴之術師古曰老老子嚴莊周也桓生欲借其書師古曰桓譚嗣報曰若夫嚴子者絕聖棄智修生保真清虛澹泊歸之自然師古曰澹泊安靜也澹音徒濫反泊音步各反又音魄獨師友造化而不爲世俗所役者也漁釣於一壑則萬物不奸其志師古曰奸犯也音干棲遲於一丘則天下不易其樂不絓聖人之罔師古曰絓讀與挂同聖人謂周孔也不鰥驕君之餌應劭曰鰥音六畜之畜師

古曰鰥古嗅字也餌謂爵祿君所以制使其臣亦猶釣魚之設餌也○宋祁曰鰥字書火又反注文設一作投蕩然肆志談者不得而名焉師古曰肆放也故可貴也今吾子已貫仁誼之羈絆繫名聲之韁鎖師古曰韁如馬韁也音薑○宋祁曰絆字書音半伏周孔之軌躅鄭氏曰躅迹也三輔謂牛蹄處爲躅音丈欲反○宋祁曰鄭云躅音拘揭之揭馳顏閔之極摯劉德曰摯至也人行之所極至既繫攣於世教矣何用大道爲自眩曜師古曰言用老子莊周之道何爲但欲以名自眩曜耳眩音州縣之縣○宋祁曰曜字下浙本有也字昔有學步於邯鄲者曾未得其髣髴又復失其故步遂匍匐而歸耳師古曰匍音扶匐音蒲北反恐似此類故不進師古曰言不與其書嗣之行己持論如此叔皮唯聖人之道然後盡心焉張晏曰固不欲言父諱舉其字耳年二十遭王莽敗世祖即位於冀州時隗囂據壟擁衆招輯英俊師古曰輯與集同○宋祁曰壟字下當有右字而公孫述稱帝於蜀漢天下雲擾師古曰言如雲之擾亂盜賊並起大者連州郡小者據縣邑囂問彪曰往者周亡戰國並爭天下分裂數世然後迺定其抑者從橫之事復起於今乎師古曰抑語辭將承運迭興在於一人也師古曰迭互也音大結反願先生論之對曰周之廢興與漢異昔周立爵五等諸侯從政師古曰言諸侯之國各分爲政本根既微枝葉彊大師古曰本根謂王室也枝葉謂諸侯故其末流有從橫之事其埶然也漢家承秦之制並立郡縣主有專己之威臣無百年之柄至於成帝假借外家師古曰假音工雅反借音子夜反哀平短祚國嗣三絕危自上起傷不及下故王氏之貴傾擅朝廷能竊號位而不根於民師古曰言無據援是以即真之後天下莫不引領而數十餘年間外內搔擾遠近俱發假號雲合咸稱劉氏不謀而同辭方今雄桀帶州城者皆無七國世業之資○宋祁曰城或作域詩云皇矣上帝臨下有赫鑒觀四方求民之莫師古曰大雅皇矣之詩也皇大也上帝天也莫定也言大矣天之視下赫然甚明監察衆國求人所定而授之今民皆謳吟思漢鄉仰劉氏已可知矣師古曰鄉讀曰嚮囂曰先生言周漢之埶可也至於但見愚民習識劉氏姓號之故而謂漢家復興疏矣昔秦失其鹿劉季逐而掎之師古曰掎偏持其足也音居蟻反時民復知漢虖既感囂言又愍狂狡之不息○宋祁曰韋昭音義作火旁息音熹既反字林音息是以今漢書止作息字迺著王命論以救時難其辭曰昔在帝堯之禪曰咨爾舜天之歷數在爾躬舜亦以命禹師古曰事見論語臮于稷契咸佐唐虞師古曰契讀與离同字本作卨○宋祁曰尚書音巨泣反光濟四海奕世載德師古曰載承也言相因不絕至于湯武而有天下雖其遭遇異時禪代不同至乎應天順民其揆一也師古曰言堯舜以文德相禪湯武以征伐代興各上應天命下順人心是故劉氏承堯之祚氏族之世著乎春秋師古曰謂士會歸晉其處者爲劉氏唐據火德而漢紹之始起沛澤則神母夜號以章赤帝之符由是言之帝王之祚必有明聖顯懿之德豐功厚利積絫之業師古曰絫古累字○宋祁曰師

古曰下當有豐古鄙字四字然後精誠通於神明流澤加於生民故能為鬼神所福饗天下所歸往未見運世無本功德不紀師古曰不紀不為人所記而得屈起在此位者也師古曰屈起特起也屈音其勿反世俗見高祖興於布衣不達其故以為適遭暴亂得奮其劒游說之士至比天下於逐鹿幸捷而得之不知神器有命不可以智力求也劉德曰神器璽也李奇曰帝王賞罰之柄也師古曰李說是也○劉奉世曰神器者聖人之大寶曰位是也悲夫此世所以多亂臣賊子者也若然者豈徒闇於天道哉又不覩之於人事矣夫餓饉流隸饑寒道路師古曰隸隸賤思有短褐之褻儋石之畜師古曰褻謂親身之衣也音先列反一說云衣破壞之餘曰褻儋石解在蒯通傳音丁濫反畜讀曰蓄○蕭該音義曰字林曰褻衣也丈僊反所願不過一金然終於轉死溝壑何則貧窮亦有命也況虖天子之貴四海之富神明之祚可得而妄處哉故雖遭罹阸會竊其權柄師古曰罹遭也音離勇如信布彊如梁籍成如王莽然卒潤鑊伏質亨醢分裂師古曰質鑕也伏於鑕上而斬之也鑕音竹林反又況幺麽尚不及數子鄭氏曰麽音麼小也晉灼曰此骨偏麽之麽也師古曰鄭音是也幺麽皆微小之稱也幺音一堯反麽音莫可反骨偏麽自音麻與此義不相合晉說失之而欲闇奸天位者虖師古曰奸音干○宋祁曰奸字詁古文干字是故駑蹇之乘不騁千里之塗燕雀之疇不奮六翮之用楶梲之材不荷棟梁之任師古曰楶即薄櫨所謂栱也梲梁上短柱也楶音節字亦或作節梲音之說反○蕭該音義曰韋昭楶音節一名欂櫨柱上方木也鄭氏曰楶音贊應劭曰爾雅曰梲朱儒也音之劣反斗筲之子不秉帝王之重師古曰斗筲言小器也解在公孫劉田傳筲音山交反○蕭該音義曰字林曰筲飯筥也受五升秦云山交反該案籀或作筲論語曰斗筲之人何足算也易曰鼎折足覆公餗師古曰鼎卦九四爻辭也餗食也音速○蕭該音義曰字林曰餗鼎實也韋昭音義餗字作鬻曰菜鬻曰鬻音速該案字林餗或作鬻字異音訓則一不勝其任也當秦之末豪桀共推陳嬰而王之嬰母止之曰自吾為子家婦而世貧賤師古曰而汝也卒富貴不祥不如以兵屬人師古曰屬委也音之欲反事成少受其利不成禍有所歸嬰從其言而陳氏以寧王陵之母亦見項氏之必亡而劉氏之將興也是時陵為漢將而母獲於楚有漢使來陵母見之謂曰願告吾子漢王長者必得天下子謹事之無有二心遂對漢使伏劍而死以固勉陵其後果定於漢陵為宰相封侯夫以匹婦之明師古曰凡言匹夫匹婦謂凡庶之人一夫一婦當相配匹猶能推事理之致探禍福之機而全宗祀於無窮垂策書於春秋師古曰春秋史書記事之總稱而況大丈夫之事虖是故窮達有命吉凶由人嬰母知廢陵母知興審此四者帝王之分決矣師古曰分音扶問反蓋在高祖其興也有五師古曰王命論敘高祖之德及班氏漢書敘目所稱引是皆具見本書不須更解以穢篇籍其有辭句隱互尋覽難知者則具釋焉浮汎之說蓋無取也○宋祁曰注文汎字浙本作冗字一曰帝堯之苗裔二曰體貌多奇異三曰神武有徵應四曰寬明而仁恕五曰知人善任使加之以信誠好謀達於聽受見善如不及用人如由己從諫如順流趣時如嚮赴師古曰嚮讀曰響如響之赴聲也當食吐哺納子房之策拔足揮洗揖酈生之說寤戍卒之言斷懷土之情師古曰洛陽近沛高祖來都關中故云斷懷土之情也斷音丁喚反高四皓之名割肌膚之愛晉灼曰不立戚夫人子舉韓信於行陳收陳平於亡命英雄陳力羣策畢舉此高祖之大略所以成帝業也若迺靈瑞符應又可略聞矣初劉媼任高祖而夢與神遇師古曰任謂懷任也震電晦冥有龍蛇之怪及其長而多靈有異於衆是以王武感物而折券呂公覩形而進女秦皇東游以厭其氣呂后望雲而知所處師古曰厭音一葉反○蕭該音義曰韋昭曰厭合也劉氏曰厭當也始受命則白蛇分西入關則五星聚故淮陰留侯謂之天授非人力也歷古今之得失驗行事之成敗稽帝王之世運考五者之所謂取舍不厭斯位符瑞不同斯度劉德曰厭當也師古曰厭音一涉反而苟昧於權利越次妄據師古曰昧貪也外不量力內不知命則必喪保家之主失天年之壽遇折足之凶伏鈇鉞之誅師古曰鈇音方于反英雄誠知覺寤畏若禍戒師古曰若順也超然遠覽淵然深識收陵嬰之明分絕信布之覬覦師古曰分音扶問反覬音冀覦音踰○蕭該音義曰字書曰覬𨑩也覦欲也距逐鹿之瞽說審神器之有授毋貪不可幾為二母之所咲師古曰不可幾謂不可庶幾而望也一說幾讀曰冀則福祚流于子孫天祿其永終矣

知隗囂終不寤迺避墬於河西師古曰墬古地字○蕭該音義曰隗囂諸詮上五罪反下許妖反河西大將軍竇融嘉其美德訪問焉師古曰每事皆與謀舉茂材為徐令以病去官後數應三公之召仕不為祿所如不合師古曰如往也不苟得祿故所往之處不合其意學不為人博而不俗言不為華述而不作有子曰固弱冠而孤師古曰固年二十也作幽通之賦以致命遂志劉德曰致極也陳吉凶性命遂明己之志其辭曰

系高頊之玄胄兮氏中葉之炳靈應劭曰系連也胄緒也言己高陽顓頊之連緒也顓頊北方水位故稱玄中葉謂令尹子文也虎乳故曰炳靈繇凱風而蟬蛻兮雄朔野以颺聲應劭曰凱風南風也朔北方也言先祖自楚遷北若蟬之蛻也師古曰繇讀與由同從也蛻音稅颺與揚同○宋祁曰注文颺字下當有讀字皇十紀而鴻漸兮有羽儀於上京應劭曰十紀漢十世也張晏曰易曰鴻漸于陸其羽可用為儀成帝時班況女為倢伃父子並在京師為朝臣也晉灼曰皇漢皇也巨滔天而泯夏兮考遘愍以行謠應劭曰巨王莽字巨君也張晏曰彪遇王莽之敗憂思歌謠也師古曰滔漫也言不畏天也泯滅也夏諸夏也考班固自言其父也遘遇也愍憂也徒歌曰謠終保己而貽則兮里上仁之所廬師古曰言其父遭時濁亂以道自安終遺盛法而處仁者所居也論語稱孔子曰里仁為美擇不處仁焉得智故引以為辭懿前烈之純淑兮窮與達其必濟師古曰固自言美前人之餘業窮則獨善達能兼濟也濟音子齊反咨孤矇之眇眇兮將圮絕而罔階師古曰眇眇微細也圮毀也固自言孤弱懼將毀絕先人之跡無階路以自成○蕭該音義曰韋昭曰圮毀也音數委反字書父己反豈余身之足殉兮煒世業之可懷師古曰殉營也煒字與韙同韙是也懷思也煒音于匪反○蕭該音義曰字林曰殉殺生送死也說文煒籀文韙韙是也劉氏及廣雅云煒恨也靖潛處以永思兮經日月而彌遠匡黨人之敢拾兮庶斯言之不玷蘇林曰拾音負拾之拾應劭曰拾更也自謙不敢與鄉人更進也師古曰靖古靜字也拾音其業反玷缺也更音工衡反魂煢煢與神交兮精誠發於宵寐夢登山而迥眺兮覿幽人之髣髴張晏曰幽人神人也師古曰覿見也音迪○宋祁曰其字當作與攬葛藟而授余兮眷峻谷曰勿隧師古曰攬執取也言入峻谷者當據葛藟可以免于顛墜猶處時俗者當據道義然後得自立故設此喻以託夢也一說藟葛屬也葛之與藟皆有蔓為攬音覽其字從手藟音力水反○宋祁曰據葛藟當作攀蔓為當作蔓為昒昕寤而仰思兮心矇矇猶未察孟康曰昒昕早旦也覺寤思念未知其吉凶也師古曰昒音忽昕音欣○蕭該音義曰鄧展昒音昧該案字書昒尚冥也音勿諸銓方昧反○劉奉世曰但以察合韻則協顯矣黃神邈而靡質兮儀遺讖以臆對應劭曰黃帝善占夢久遠無從得問準其讖書以意求其象也賈誼曰讖言其度應劭曰臆智臆也師古曰對合韻音丁忽反○蕭該音義曰蒼頡篇曰讖書河洛書也該案諸詮音楚鴆反曰乘高而遌神兮道遐通而不迷師古曰登山見神故曰乘高也遌遇也音五故反又音五各反葛緜緜於樛木兮詠南風以為綏應劭曰周南國風其詩曰南有樛木葛藟纍之樂只君子福履綏之師古曰樛木下垂之木也綏安也樛音居虯反纍音力追反○蕭該音義曰樛亦作朻韋昭曰朻下曲也居虯反蓋惴惴之臨深兮乃二雅之所祗師古曰詩小雅小宛之篇曰惴惴小心如臨于谷惴惴恐懼之貌也小旻篇曰戰戰兢兢如臨深淵如履薄冰言恐墜陷也故云二雅之所祗惴音之瑞反既誶爾以吉象兮又申之以烱戒師古曰誶告也烱明也誶音碎烱音公迥反○宋祁曰告當作吉蕭該音義曰說文曰誶讓也息悴反盍孟晉以迨羣兮辰倏忽其不再服虔曰盍何不也孟勉也晉進也迨及也何不早進仕以及羣也師古曰辰時也倏忽疾也言時疾過不再來也倏音式六反○宋祁曰晉或作晉亦作晉承靈訓其虛徐兮竚盤桓而且俟孟康曰虛徐狐疑也張晏曰竚久也俟待也惟天墬之無窮兮鮮生民之晦在晉灼曰鮮古鮮字也應劭曰晦無幾也師古曰墬古地字也鮮少也言天地長久而人壽短促也鮮音先踐反○蕭該音義曰晦韋昭音謀鬼反又音悔字林曰晦微視貌紛屯亶與蹇連兮何艱多而智寡孟康曰世艱難多智者少故遇禍也師古曰易屯卦六二爻辭曰屯如亶如蹇卦六四爻辭曰往蹇來連皆謂險難之時也亶音竹延反連音力善反上聖寤而後拔兮豈羣黎之所御師古曰黎衆也言上聖之人猶遇紛難艱機能寤然後自拔文王羑里孔子於匡是也至於衆庶豈能豫禦之哉昔衛叔之御昆兮昆為寇而喪予孟康曰御迎也昆兄也衛叔武迎兄成公成公令前驅射殺之師古曰御音五駕反衛叔解在五行志管彎弧欲斃讎兮讎作后而成己師古曰謂管仲射桓公中帶鉤桓公反國以為相也變化故而相詭兮孰云豫其終始師古曰詭違也雍造怨而先賞兮丁繇惠而被戮師古曰雍雍齒也丁丁公也繇讀與由同栗取弔于逌吉兮王膺慶於所慼應劭曰栗孝景姬也有子而以姊見廢王宣帝王倢伃也以無子為憂而以謹敕得母元帝也師古曰逌古攸字也攸亦所也畔回穴其若茲兮北叟頗識其倚伏師古曰畔亂貌也回穴轉旋之意也叟老人稱也淮南子曰北塞上之人其馬無故亡入胡中人皆弔之其父曰此何詎不為福居數月其馬將胡駿馬而歸人皆賀之對曰此何詎不為禍家富馬良其子好騎墮而折髀人皆弔之對曰此何詎不為福居一年胡夷大入丁壯者皆控弦而戰塞上之人死者十九此獨以跛之故父子相保老子德經曰禍兮福所倚福兮禍所伏故頗識其倚伏倚音於綺反單治裏而外凋兮張修襮而內逼應劭曰單單豹也靜居其所以理五內處深山為虎所食張張毅也外修恭敬斯徒馬圉皆與亢禮不勝其勞內熱而死師古曰襮表也單音善襮音布谷反○蕭該音義曰晉灼曰襮音素衣朱襮該案詩音博字林曰襮黼領也方沃反欿中龢為庶幾兮顏與冉又不得師古曰欿古坎字也龢古和字也聿由也由中和之道可以庶幾免於禍難而顏回早死冉耕惡疾為善之人又不得其報也○宋祁曰注文聿由也由中和二字皆當作由字溺招路以從己兮謂孔氏猶未可安慆慆而不萉兮卒隕身乎世旤鄧展曰慆慆亂貌也萉避也師古曰溺桀溺也路子路也論語稱長沮桀溺耦而耕孔子過之使子路問津焉桀溺曰子孔丘之徒歟對曰然曰慆慆者天下皆是也而誰以易之且而與其從避人之士豈若從避世之士哉言天下皆亂欲將用誰變易之乎避人之士謂孔子避世之士溺自謂也而子路安之卒不能避乃遇蒯聵之亂身死也慆音土高反萉音扶味反字本作腓其音同○蕭該音義曰萉牛羊腓字之腓萉假借腓避也韋昭曰萉避也音肥晉灼音義作遯云遯避也曹大家注幽通賦云萉避也游聖門而靡救兮顧覆醢其何補師古曰禮記云孔子哭子路於中庭既哭進使者而問故使者曰醢之矣遂命覆醢言子路游聖人之門而孔子不能救之以免於難雖為覆醢無所補益固行行其必凶兮免盜亂為賴道師古曰論語稱閔子侍側誾誾如也子路行行如也子樂曰若由也不得其死然又稱子路曰君子上勇乎曰君子義以為上君子有勇而無義為亂小人有勇而無義為盜賦言子路稟行行之性其凶必也所以免為於亂盜者賴聞道於孔子也行行剛強之貌也行音胡浪反○蕭該音義曰行行諸詮音胡浪反形氣發于根柢兮柯葉彙而靈茂師古曰柢本也彙盛也靈善也言草木本根氣強則枝葉盛而善美人之先祖有大功德則紀緒亦蕃昌也柢音丁計反茂合韻音莫口反○蕭該音義曰彙服虔曰彙類也音近弁服虔音弁應劭音謂該案字書音謂恐罔蜽之責景兮慶未得其云已師古曰慶發語辭讀與羌同已止也莊子云罔兩問景曰曩子行今子止曩子坐今子起何其無特操歟景曰吾有待而然者邪吾所待又有待而然賦言景之行止皆隨於形草木枝葉各稟根柢人之餘慶責於積善亦猶此也黎淳耀于高辛兮芊彊大於南汜應劭曰黎楚之先也淳美也高辛帝嚳之號芊楚姓汜涯也師古曰言黎在高辛之時為火正有美光耀故其後嗣霸有楚國於南方也汜江水之別也音祀召南之詩曰江有汜芊音弭嬴取威於百儀兮姜本支乎三止應劭曰嬴秦姓也伯益之後也伯益為虞虞有儀鳥獸百物之功秦所由取威於六國也姜齊姓也止禮也齊伯夷之後伯夷為秩宗典天地人鬼之禮也○蕭該音義曰止文選作趾劉奉世曰百儀則柏翳也語訛耳既仁得其信然兮卬天路而同軌劉德曰人道既然仰視天道又同法也師古曰仁得謂求仁而得仁也卬讀曰仰東厶虐而殲仁兮王合位乎三五應劭曰東厶紂也殲盡也王武王也欲從五位三所卽國語歲日月星辰之所在也師古曰厶古鄰字也仁卽三仁也國語稱伶州鳩對景王曰昔武王伐殷歲在鶉火月在天駟日在析木之津辰在斗柄星在天黿星與日辰之位皆在北維顓頊之所建也我姬氏出自天黿又析木者有建星及牽牛焉則我皇妣大姜之姪伯陵之後逢公之所憑神也歲之所在則我有周之分野也月之所在辰馬農祥也我太祖后稷之所經緯也王欲合是五位三所而用之五位謂歲日月辰星也三所謂逢公所憑神周分野所在后稷所經緯也戎女烈而喪孝兮伯徂歸於龍虎孟康曰伯晉文公也歲在卯出歷十九年過一周歲在酉入卯為龍酉為虎也師古曰戎女驪戎之女謂驪姬也烈酷也孝謂太子申生也伯讀曰霸言文公霸諸侯也徂往也言以龍往出以虎歸入也○劉敞曰重耳之出也歲在大火故云龍及其入也在大梁故曰虎非卯酉也發還師以成性兮重醉行而自耦師古曰發武王名也性命也武王初觀兵於孟津八百諸侯不期而會皆曰紂可伐矣武王曰爾未知天性還師二年紂殺比干囚箕子武王乃伐克之於是成天命也重謂重耳晉文公名也耦合也文公初出奔至齊齊桓公妻之有馬二十乘文公欲安之齊姜乃與子犯謀醉而遣之後遂反國與時會也應劭曰耦與天時偶會也震鱗漦于夏庭兮帀三正而滅周應劭曰易震為龍鱗蟲之長也漦沫也師古曰謂褒姒也解在五行志三

正匯夏殷周也㵒音丑之反正音之盈反巽羽化于宣宮兮彌五辟而成災應劭曰易巽爲鷄羽蟲也宣帝時未央宮路軨廄中雌鷄化爲雄元后統政之祥也至平帝歷五世而王莽篡位○宋祁曰注末當有五辟宜元成哀平也八字道悠長而世短兮敻冥默而不周劉德曰敻遠也周至也冥默玄深不可通至也○蕭該音義曰敻實晉灼曰敻音日敻面喪精何縣反該案目敻敻而喪精出王延壽靈光殿賦諸詮音呼政反韋昭曰敻遠也呼迥反胥仍物而鬼諏兮迺窮宙而達幽應劭曰胥須也仍因也諏謀也易曰人謀鬼謀百姓與能往古來今曰宙聖人須因卜筮然後謀鬼神極古今通幽微也○蕭該音義曰諏字林曰諏聚謀也子于反諸詮音侯反宙韋昭曰天宙所愛曰宙曹大家注幽通賦云往古來今謂之宙聖人所以能極數而知來者皆因卜筮謀於鬼神媯巢姜於孺筮兮旦算祀于挈龜應劭曰媯陳姓也巢居也姜齊姓也孺少也陳完少時其父厲公使周史卜得居有齊國之卦也李奇曰算數也祀年也周公卜居洛得世三十年七百也師古曰挈刻也詩大雅緜之篇曰爰挈我龜言刻開之灼而卜之挈音口計反○劉敞曰算祀有五世八世是祀也挈龜亦言田完耳其兆宣曹興敗於下夢兮魯衛名諡於銘謠應劭曰周宣王牧人夢衆魚與旗旐之祥而中興曹伯陽國人夢衆君子立於社宮謀亡曹而曹亡也孟康曰魯文成之世童謠言禰父喪勞宋父以驕後昭公名稠遂死於野井定公名宋即位而驕衛靈公掘地得石椁其銘曰靈公遂以爲諡姬聆呱而刻石兮許相理而鞠條應劭曰姬叔向之母也石叔向之子也聽其啼聲知其後必滅羊舌氏許負相周亞夫從理入口當餓死鞠窮也條亞夫所封也師古曰鞠告也○蕭該音義曰該案曹大家本作劾石曹注舉罪曰劾道混成而自然兮術同原而分流師古曰大道混壹歸於自然人之所趣雖有流別本則同耳神先心以定命兮命隨行以消息師古曰言神明之道雖在人心之前已定命矣然亦隨其所行以致禍福○宋祁曰別本皆無命字斡流遷其不濟兮故遭罹而羸縮師古曰斡轉也言人之生各有遭遇不能必濟免於困厄各隨其所逢以致羸縮也三欒同於一體兮雖移盈然不忒孟康曰晉大夫欒書書子黶黶子盈書賢而黶惡盈而害也師古曰欒書欒武子也黶欒桓子也盈欒懷子也春秋左氏傳稱秦伯問於士鞅曰晉大夫其誰先亡對曰其欒氏乎欒黶汰虐已甚猶可以免其在盈乎武子之德在人如周人之思邵公愛其甘棠況其子乎欒黶死盈之善未能及人武子所施沒矣黶之怨實彰將於是乎在其後至襄公二十一年終爲范宣子所逐而出奔楚自楚適齊二十三年自齊入于晉晉人遂滅欒氏也洞參差其紛錯兮斯衆兆之所惑師古曰衆兆衆庶也周賈盪而貢憤兮齊死生與禍福孟康曰莊周賈誼也貢憤亂也放盪惑亂死生禍福之正也○蕭該音義曰貢晉灼音義作心旁貢字林曰憒憒也李奇曰憒憒也該案貢合作心旁貢抗爽言以矯情兮信畏犧而忌鵩孟康曰莊周不欲爲犧牛賈誼惡忌鵩鳥也師古曰抗舉也爽差也謂二人雖舉言齊死生壹禍福而心實不然是差謬也所貴聖人之至論兮順天性而斷誼師古曰斷誼謂以誼斷之斷音丁喚反物有欲而不居兮亦有惡而不避師古曰言富貴人之所欲不以其道則君子不居死亡人之所惡處得其節則君子不避也守孔約而不貳兮迺輶德而無累師古曰孔甚也輶輕也言守其甚約執心不貳也舉德至輕無所累惑斯爲可矣詩大雅烝民之篇曰德輶如毛人鮮克舉之輶音弋九反又音猶三仁殊而一致兮夷惠舛而齊聲師古曰三仁紂賢臣也論語稱微子去之箕子爲之奴比干諫而死孔子曰殷有三仁焉夷伯夷也惠柳下惠也論語又稱逸人伯夷叔齊虞仲夷逸朱張柳下惠少連賦言微子箕子比干所行各異而並稱仁伯夷不義武王伐殷至于不食周粟而死柳下惠三黜不去戀父母之邦志執乖舛俱有令名○蕭該音義曰舛字林充絹反錯也木偃息吕藩魏兮申重繭吕存荊師古曰木段干木也客居魏魏文侯敬而禮之過其閭未嘗不軾也秦欲伐魏或諫

曰魏君賢者是禮國人稱仁未可圖也秦遂止兵申謂申包胥荊卽楚也繭足下傷起如繭也楚昭王時吳師入郢昭王出奔申包胥如秦乞師蹠越險阻曾繭重胝立於秦庭晝哭七日秦哀公出師救楚而敗吳師昭王反國將賞包胥包胥辭曰吾所以重繭爲君耳非爲身也逃不受賞○宋祁曰注文胝舊本作胝紀焚躬以衛上兮皓頤志而弗營師古曰紀紀信也脫漢王於難而爲項羽所燒皓四皓也處商洛深山高祖求之不得自養其志無所營屈侯屮木之區別兮苟能實而必榮要沒世而不朽兮迺先民之所程應劭曰侯維也張晏曰苟能有仁義之道必有榮名也師古曰侯發語辭也爾雅曰伊維侯也程正也言人之操行所尚不同立德立言期於不朽亦猶蘭蕙松柏各有本性馨烈材幹並垂貞芳此乃古昔賢人以爲正道也論語稱子夏曰君子之道譬諸草木區以別矣故賦引之○宋祁曰侯周詩曰侯文王孫子毛傳曰侯維也觀天罔之紘覆兮實棐諶而相順應劭曰棐輔也諶誠也相助也師古曰尚書大誥曰天棐諶辭詩大雅蕩之篇曰天生烝人其命匪諶易上繫辭曰天之所助者順也賦言天道惟誠是輔惟順是助故引以爲辭也棐讀與匪同諶音上林反謨先聖之大繇兮亦从惠而助信劉德曰从近也師古曰謨謀也繇道也从古鄰字詩小雅巧言之篇曰秩秩大猷聖人謨之論語稱孔子曰德不孤必有鄰易上繫辭曰人之所助者信也賦言若能謀聖人之大道有德者必爲同志所依履信者必獲他人之助音暮又音莫虞韶美而儀鳳兮孔忘味於千載師古曰韶舜樂名也虞書舜典曰簫韶九成鳳皇來儀論語云孔子在齊聞韶三月不知肉味賦言孔子去舜千歲也素文信而底麟兮漢賓祚于異代應劭曰底致也孔子作春秋素王之文有顯明禮修之信而致麟漢封其後爲褒成及紹嘉公孫殷後爲二代之客精通靈而感物兮神動氣而入微養游睇而猨號兮李虎發而石開師古曰養養由基也楚之善射者游睇流眄也楚王使由基射猿操弓而眄之猿抱木而號知其必見中也李李廣也夜遇石以爲猛獸而射之中石沒羽也○宋祁曰微當作微游蕭本作流音義曰該案春秋作養由今漢書作流由與流亦互用非精誠其焉通兮苟無實其孰信師古曰信合韻音新操末技猶必然兮矧湛躬於道真師古曰矧況也湛讀曰耽躬身也射者微技猶能精誠感於猿石況立身種德親耽大道而不倦者乎○蕭該音義曰湛文選作耽登孔顥而上下兮緯羣龍之所經應劭曰顥太顥也孔孔子也羣龍喻羣聖也自伏羲下訖孔子終始天道備矣孟康曰孔甚也顥大也聖人作經賢者緯之也師古曰應說孔顥是也孟說經緯是也顥音胡老反朝貞觀而夕化兮猶諠己而遺形應劭曰貞正也觀見也諠忘也易曰天地之道貞觀者也張晏曰言朝觀天道而夕死可也師古曰形己尚可遺忘況外物者哉諠音許元反又音許遠反若胤彭而偕老兮訴來哲以通情師古曰彭彭祖也老老聃也言有繼續彭祖之志升躡老聃之跡者則可與言至道而通情也亂曰天造屮昧立性命兮應劭曰天道始造萬物草創於冥昧之中皆立其性命也師古曰易屯卦彖辭曰天造草昧故賦引之復心弘道惟賢聖兮應劭曰易曰復其見天地之心乎論語曰人能弘道師古曰復音扶目反○蕭該音義曰復一作腹張晏曰以道爲腹心也弘道達於天地之性命也渾元運物流不處兮師古曰渾元天地之氣也處止也渾音胡昆反保身遺名民之表兮舍生取誼亦道用兮應劭曰孟子曰生我所欲也義我所欲也二者不可得兼舍生而取義也師古曰舍置也憂傷夭物忝莫痛兮晉灼曰忝辱也言死者莫痛於是也師古曰此說非也忝辱也言不違性命自與憂傷爲物所天既辱且痛莫過於是昊爾太素曷渝色兮服虔曰守死善道不染流俗是謂浩爾太素何有變渝者哉師古曰渝音喻尚粵其幾淪神域兮應劭曰尚上也粵於也易曰知幾其神乎淪入也師古曰尚庶幾也顥也永平中爲郎典校秘書專篤志於博學以著述爲業或譏以無功又感東方朔

揚雄自論以不遭蘇張范蔡之時曾不折之以正道明君子之所守故聊復應焉其辭曰賓戲主人曰蓋聞聖人有壹定之論列士有不易之分亦云名而已矣如淳曰唯貴得名也故太上有立德其次有立功夫德不得後身而特盛功不得背時而獨章是以聖喆之治棲棲皇皇師古曰不安之意也孔席不煖墨突不黔師古曰孔孔子墨墨翟也突竈突也黔黑也言志在明道不暇安居○蕭該音義曰煖呂靜曰煖溫也乃卯反黔字林曰黔黑也音琴又音匡炎反由此言之取舍者昔人之上務著作者前列之餘事耳劉德曰取舍者守德無爲也著作者施行道德也今吾子幸游帝王之世躬帶冕之服師古曰帶大帶冕冠也浮英華湛道德師古曰湛讀曰沈英華譽名譽也言外則有美名善譽內則履道崇德也矕龍虎之文舊矣孟康曰矕被也易曰大人虎變其文炳也言文章之盛久也晉灼曰矕視也言目厭見其文久矣師古曰矕音莫限反卒不能攄首尾奮翼鱗振拔洿塗跨騰風雲師古曰攄申也洿停水也塗泥也以龍爲喻也洿音一故反又音烏○蕭該音義曰攄字林曰攄舒也尹於反又攄也使見之者景駭聞之者嚮震師古曰嚮讀曰響見景則駭聞嚮則震合韻音之人反○宋祁曰嚮當作嚮注同徒樂枕經籍書紆體衡門師古曰紆屈也衡門橫一木於門上○蕭該音義曰籍才亦反韋昭音藉上無所蔕下無所根作蔕字慈固反說文曰蔕茅藉也從草祖若如韋昭音則漢書本作蒩字獨攄意乎宇宙之外銳思於豪芒之內潛神默記恒以年歲如淳曰恒音亘竟之亘師古曰宇宙之外言宏廣也豪芒之內喻纖微也恒音工贈反然而器不賈於當己用不效於一世劉德曰賈讎也師古曰當己謂及己身尚在猶言當年也賈音古又音工暇反讎音畜九反○宋祁曰詩曰賈用不售賈音古讎九越本作上究反一本作止九反雖馳辯如濤波摛藻如春華猶無益於殿最師古曰大波曰濤摛布也藻文辭也殿音丁見反意者且運朝夕之策定合會之計使存有顯號亡有美諡不亦優虖主人逌爾而笑曰師古曰逌古攸字也攸笑貌也若賓之言斯所謂見埶利之華闇道德之實守窔奧之熒燭未卬天庭而覩白日也應劭曰爾雅東南隅謂之窔西南隅謂之奧師古曰窔奧室中之二隅也熒熒小光之燭也卬讀曰仰窔音烏了反其字從穴天聲也○蕭該音義曰郭璞曰窔音窔該謂依儀禮宜言徒骨反○宋祁曰注文舊無燭熒熒三字浙本添曩者王塗蕪穢周失其御侯伯方軌戰國橫騖於是七雄虓闞分裂諸夏應劭曰七雄秦及六國也師古曰虓音呼交反闞音呼敢反○蕭該音義曰虓字林音孝龍戰而虎爭游說之徒風颺電激並起而救之師古曰颺讀與揚同○蕭該音義曰風颺該案韋昭音義作風颮云颮風之聚颮者也音庖今漢書並作颺颺音甫堯反其餘猋飛景附煜霅其間者蓋不可勝載師古曰猋疾風也煜霅光貌也煜音于及反霅音下甲反煜又音育○蕭該音義曰煜霅韋昭煜音呼夾反霅音千俠反服虔曰煜音近霍叔音爲育霅音暈翟之暈字林曰霅震電也一曰衆言也于甲反煜音弋叔反又于立反當此之時搦朽摩鈍鈆刀皆能壹斷師古曰搦按也音女角反斷音丁喚反○蕭該音義曰搦韋昭曰搦女擢反說文曰搦按也史記曰搦髓腦滿浣腸胃是故魯連飛一矢而蹶千金虞卿以顧眄而捐相印也應劭曰魯連齊人也齊圍燕燕將保於聊城魯連爲書於矢射與之爲陳利害燕將得之泣而自殺讓切魏新垣衍使不尊秦爲帝秦時圍邯鄲爲却五十里趙遂以安趙王以千金爲魯連壽不受魏齊爲秦所購

迫急走趙趙相虞卿與齊有故然愍其窮於是解相印與俱間行奔魏公子無忌也李奇曰蹶蹶也距也師古曰蹶音厥又其月反夫啾發投曲感耳之聲合之律度淫蠅而不可聽者非韶夏之樂也李奇曰蠅不正之音也師古曰啾小聲而發也投曲合屈曲也感動也言衆曲之耳也然而不合律度君子所不聽也淫蠅非正之聲也不謂蠅黽之鳴也啾音子由反○蕭該音義曰蠅韋昭曰若蠅黽之聲也宋祁曰一本無也字因埶合變偶時之會風移俗易乖忤而不可通者非君子之法也師古曰雖偶當時之會而不可以移風易俗及至從人合之衡人散之亡命師古曰從音子庸反漂說羇旅騁辭師古曰漂浮也音匹遥反商鞅挾三術以鑽孝公李斯奮時務而要始皇應劭曰王霸富國強兵爲三術也師古曰王一也霸二也富國強兵三也彼皆躡風雲之會履顛沛之埶師古曰顛沛僵仆也據徼乘邪以求一日之富貴師古曰徼要也據可以要迎之時也徼音工堯反徼字或作激激發也○宋祁曰浙本去以字朝爲榮華夕而焦瘁師古曰焦音在消反瘁與悴同福不盈眦禍溢於世李奇曰當富貴之間視不滿目故言不盈眦也○蕭該音義曰眥字林曰眥目厓也才賜反凶人且以自悔況吉士而是賴虖師古曰賴利也且功不可以虛成名不可以僞立韓設辯以徼君呂行詐以賈國師古曰賈市也音古說難既酋其身迺囚秦貨既貴厥宗亦隧應劭曰酋音酋豪之酋酋雄也說難韓非書篇名也呂不韋效千金於秦立子楚爲王封十萬戶侯以陰事自殺也師古曰呂不韋初見子楚在趙而云此奇貨可居故班氏謂子楚爲秦貨耳安說效千金乎應說失之矣○蕭該音義曰酋鄭氏曰酋執也韋昭曰酋終也是故仲尼抗浮雲之志孟軻養浩然之氣張晏曰孔子云不義而富且貴於我如浮雲孟軻曰我善養吾浩然之氣而無害則塞乎天地之間也師古曰浩然純壹之氣也彼豈樂爲迂闊哉道不可以貳也師古曰迂遠也音于方今大漢洒埽羣穢夷險芟荒師古曰洒音所蟹反汎音信廓帝紘恢皇綱基隆於羲農規廣於黃唐其君天下也炎之如日威之如神函之如海養之如春師古曰函容也讀與含同是以六合之內莫不同原共流沐浴玄德師古曰原水泉之本也流者其末流也稟卬太和枝附葉著師古曰卬讀曰仰著音直略反譬猶屮木之殖山林鳥魚之毓川澤師古曰殖生也毓長也毓與育同得氣者蕃滋失時者苓落師古曰苓與零同參天墬而施化豈云人事之厚薄哉師古曰墬古地字今子處皇世而論戰國耀所聞而疑所覿師古曰覿見也音徒歷反欲從旄敦而度高虖泰山懷氿濫而測深虖重淵亦未至也應劭曰爾雅前高曰旄丘如覆敦者敦丘側出曰氿泉正出曰濫泉師古曰敦音丁回反度音徒各反氿音軌○蕭該音義曰旄爾雅曰前高後下曰旄丘詩有旄丘篇字林曰前高後下曰堥音此與爾雅同堥音毛又亡周反今人呼爲務音乖僻多矣氿濫舊作汎檻韋昭曰水側出曰氿泉音範湧出曰濫泉音檻宋祁曰未至字下當有也字注文正出當作上出字賓曰若夫鞅斯之倫衰周之凶人既聞命矣敢問上古之士處身行道輔世成名可述於後者默而已虖主人曰何爲其然也昔咎繇謨虞箕子訪周師古曰訪謀也言通帝王謀合聖神殷說夢發於傅巖周望兆動於渭濱師古曰說傅說也解已在前望謂太公望卽呂尚也釣於渭水文王將出獵卜之曰所得非龍非螭非豹非羆乃帝王之輔果遇呂尚於渭陽與語大悅曰吾太公望子久矣故號曰太公望齊甯激聲於康衢漢良

受書於邳沂 鄭氏曰五達曰康四達曰衢晉灼曰沂崖也下邳水之崖也師古曰齊甯戚也聲歌謂叩角所歌也沂音牛斤反○蕭該音義曰康韋昭曰五達爲康呼坑反該案事出爾雅該讀康如字未詳韋氏音沂韋昭作俔曰恨限也謂橋也吾恩反 皆俟命而神交匪詞言之所信 師古曰信合韻音新○蕭該音義曰詞字書曰古辭字 故能建必然之策展無窮之勳也近者陸子優繇新語以興 鄭氏曰優繇不仕也師古曰繇讀與由同 董生下帷發藻儒林劉向司籍辯章舊聞揚雄覃思法言太玄 師古曰覃大也深也 皆及旹君之門闈究先聖之壼奧 應劭曰宮中門謂之闈宮中巷謂之壼師古曰壼音苦本反 婆娑虖術藝之場休息虖篇籍之囿以全其質而發其文用納虖聖聽列炳於後人斯非其亞與 師古曰亞次也與讀曰歟 若迺夷抗行於首陽惠降志於辱仕 師古曰夷伯夷也惠柳下惠也辱仕謂爲士師三黜也 顏耽樂於簞瓢孔終篇於西狩 師古曰謂作春秋止於獲麟也狩合韻音守○蕭該音義曰簞字書曰簞笥也一日小筐丁安反瓢蠡也父幺反 聲盈塞於天淵眞吾徒之師表也且吾聞之壹陰壹陽天墬之方 師古曰墬古地字 迺文迺質王道之綱有同有異聖喆之常故曰愼修所志守爾天符委命共己味道之腴 師古曰共讀曰恭腴肥也 神之聽之名其舍諸 師古曰舍廢也諸之也言修志委命則明神聽之佑以福祿自然有名不廢也 賓又不聞龢氏之璧韞於荊石 師古曰龢古和字也韞藏也音於紛反 隋侯之珠臧於蜯蛤虖 師古曰蜯即蚌字也音平項反蛤音工合反○蕭該音義曰蜯蛤字書蜯蜃屬也步項反蛤燕雀化所作也秦曰牡蠣 歷世莫眡不知其將舍景耀吐英精曠千載而流夜光也應龍潛於潢汙魚黿媟之 師古曰應龍有翼者潢汙停水也媟謂侮狎之也潢音黃汙音烏 不覩其能奮靈德合風雲超忽荒而躆顥蒼也 師古曰躆以足據持也顥天也元氣顥汗故曰顥天其色蒼蒼故曰蒼天躆音據○蕭該音義曰躆案字書無足旁豦字猶應是踞字書踞蹲也已恕反顥字林曰顥白貌也音昊楚辭昊白顥顥該案爾雅曰春曰蒼天夏曰昊天今作顥者此古書假借用耳 故夫泥蟠而天飛者應龍之神也先賤而後貴者龢隋之珍也旹闇而久章者君子之眞也 師古曰時闇有時而闇也 若迺牙曠清耳於管絃離婁眇目於豪分 師古曰牙伯牙也曠師曠也離婁明目者也眇細視也 逢蒙絕技於弧矢班輸榷巧於斧斤 師古曰逢蒙古善射者也班輸即魯公輸班也一說班魯班也輸與公輸氏爲二人也皆有巧藝也古樂府云誰能爲此器公輸與魯班榷專也一日讀也榷音角○蕭該音義曰榷巧韋昭曰榷猶專也該案音較晉灼音義作推字云劉氏云推效也咸言極也晉灼曰推見也盡也 良樂軼能於相馭烏獲抗力於千鈞 師古曰良王良也樂伯樂也軼與逸同相馬也馭善馭也烏獲壯士也 龢鵲發精於鍼石研桑心計於無垠 孟康曰研古之善計也桑桑弘羊也師古曰和秦醫和也鵲扁鵲也研計研也一說計倪亦曰計然垠厓也○蕭該音義曰鍼字林曰鍼所以縫也之心反 僕亦不任廁技於彼列故密爾自娛於斯文 師古曰密靜也安也

前漢書卷一百上考證

敘傳○臣召南按南史蕭琛傳琛爲宣城太守有北僧南渡惟齎一瓠蘆中有漢書序傳僧云三輔舊書相傳以爲班固眞本琛固求得之其中多有異今者而紙墨甚古文字多如龍擧之例非隸非篆琛甚秘之及爲江夏太守以書餉鄱陽王範獻於東宮又劉之遴傳太子以漢書眞本令之遴與張纘到溉陸襄等參校異同之遴錄其異狀數十事其大畧云案古本漢書稱永平十六年五月二十一日巳酉郎班固上而今本無上書年月日子又案古本敘傳號爲中篇今本稱爲敘傳又今本敘傳載班彪事行而古本云彪自有傳臣按此說可疑後書固傳固自永平中始受詔潛精積思二十餘年至建初中始成然則永平十六年乃初受詔豈容卽表上於朝乎又其父彪以建武中爲徐令司徒掾望都長自不合列傳於前書所謂眞本必非實也意者好事之徒所爲耶永平中何由有紙卽此足破其妄漢書自初出卽已盛行八表天文志闕曹大家且受詔以完其業然則今本漢書確足據矣稱敘傳爲中篇有何義乎

楚人謂虎班其子以爲號注師古曰子文之子鬬班亦爲楚令尹○胡三省曰左傳莊三十年申公鬬班殺令尹子元而鬬穀於菟爲令尹恐班非子文之子

車騎將軍王音聞之以風丞相御史○通鑑考異曰按放傳丞相宣御史大夫方進奏放過惡音以正月乙巳薨方進以三月丁酉爲御史大夫然則風丞相御史者疑非音也

危自上起傷不及下故王氏之貴云云○按後書於此條問答字句稍有增損如危自上起二句後書倒載於王氏擅朝因竊位號之下又方今雄桀帶州城者皆無七國世業之資下後書節詩云皇矣上帝四句又王命論全文後書但載其目而不述其文也

是故劉氏承堯之祚氏族之世著乎春秋注師古曰謂士會歸晉云云○顧炎武曰左氏昭公二十九年傳陶唐氏旣衰其後有劉累者學擾龍於豢龍氏以事孔甲如師古注則又其苗裔也

旣許爾以告象兮○按文選字句有異同此許字選作訊又上聖寤而後拔兮寤字選作迕又發還師以成性兮性字選作命又市三正而滅周周字選作姬又雖移盈然不忒選作雖移易而不忒又皓頤志而勿營勿營選作勿傾

潛神默記恒以年歲○按文選去此二句又煜雪其間者選作雪煜又說難旣酋酋字選作遒又漢良受書於邳沂沂字選作圯又班輸榷巧於斧斤選作推巧注推揭也

前漢書卷一百下

漢　蘭　臺　令　史班　固撰

唐正議大夫行秘書少監琅邪縣開國子顏師古注

敘傳第七十下

固以爲唐虞三代詩書所及世有典籍故雖堯舜之盛必有典謨之篇然後揚名於後世冠德於百王 師古曰德爲百王之上也 故曰巍巍乎其有成功也煥乎其有文章也 師古曰此論語載孔子美堯舜之言也 漢紹堯運以建帝業至於六世史臣乃追述功德私作本紀 師古曰謂武帝時司馬遷作史記 編於百王之末厠於秦項之列太初以後闕而不錄故探篹前記綴輯所聞 師古曰篹與撰同輯與集同 以述漢書起于高祖終于孝平王莽之誅十有二世二百三十年綜其行事旁貫五經上下洽通 師古曰固所撰諸表序及志經典之義在於是也 爲春秋考紀表志傳凡百篇 師古曰春秋考紀謂帝紀也而俗之學者不詳此文乃云漢書一名春秋考紀蓋失之矣○劉奉世曰顏說亦非也考成也言以編年之故而後成紀表志傳非止於紀也語兼於下 其敘曰 師古曰自皇矣漢祖以下諸敘皆班固自論撰漢書意此亦依放史記之敘目耳史遷則云爲某事作某本紀某列傳班固謙不言然而改言述蓋避作者之謂聖而取述者之謂明也但後之學者不曉此爲漢書敘目見有述字因謂此文追述漢書之事乃呼爲漢書述失之遠矣摯虞尚有此惑其餘曷足怪乎

皇矣漢祖纂堯之緒實天生德聰明神武秦人不綱罔漏于楚 師古曰言秦失綱維故高祖因時而起罔漏于楚謂項羽雖有害虐之心終免於患也一說楚工陳涉初起後又破滅也 爰茲發迹斷蛇奮旅神母告符朱旗迺舉粤蹈秦郊嬰來稽首革命創制三章是紀應天順民五星同晷 師古曰晷景也 項氏畔換黜我巴漢 孟康曰畔反也換易也不用義帝要約易與高祖漢中也師古曰此說非也畔換强恣之貌猶言跋扈也詩大雅皇矣篇曰無然畔換 西土宅心戰士憤怨 劉德曰宅居也西方人皆居心於高祖猶繫心也書曰惟象宅心晉灼曰西土關西也高祖入關約法三章秦民大說皆宅心高祖 乘釁而運席卷三秦割據河山保此懷民 師古曰保安也懷民懷德之人也 股肱蕭曹社稷是經爪牙信布腹心良平龔行天罰赫赫明明述高紀第一

孝惠短世高后稱制罔顧天顯呂宗以敗 劉德曰罔無也顧念也顯明也言呂氏無念天之明道者徒念王諸呂以至於敗亡 述惠紀第二高后紀第三

太宗穆穆允恭玄默化民以躬帥下以德農不供貢辠不收孥 張晏曰除民田租之稅是不供貢也 宮不新館陵不崇墓 師古曰墓合韻音謨 我德如風民應如草 師古曰論語稱孔子曰君子之德風小人之德草也故引以爲辭 國富刑清登我漢道 師古曰登成也 述文紀第四

孝景涖政諸侯方命 孟康曰尚書云方命圮族言驕之惡壞其族類吳楚七國亦然 克伐七國王室以定匪怠匪荒務在農桑著于甲令民用寧康 晉灼曰甲令卽景紀令甲也 述景紀第五

世宗曄曄思弘祖業 師古曰曄曄盛貌也 疇咨熙載髦俊並作 師古曰疇誰也咨謀也熙興也載事也謀於衆賢誰可任用故能興其事業也作起也 厥作伊何百蠻是攘 師古曰攘卻也 恢我疆宇外博四荒 師古曰恢廣也博大也 武功旣抗亦迪斯文 劉德曰迪進也 憲章六學統壹聖眞封禪郊祀登秩而神 ○宋祁曰秩當作祭 協律改正饗茲永年 張晏曰改正謂從建寅之月也 述武紀第六

孝昭幼冲冢宰惟忠燕蓋譸張實叡實聰 如淳曰譸音輈應劭曰譸張誑也 辠人斯得邦家和同述昭紀第七

中宗明明寅用刑名 鄧展曰寅敬也 時舉傳納聽斷惟精 李奇曰時是也於是時也選用賢者師古曰傳讀曰敷虞書舜典曰敷納以言敷陳也謂有陳言者則納而用之○劉奉世曰時擧謂時而擧之也 柔遠能邇煇耀威靈 師古曰虞書舜典曰柔遠能邇柔安也能善也故引之云煇熾也音充善反 龍荒幕朔莫不來庭 孟康曰謂白龍堆荒服沙幕也師古曰龍匈奴祭天龍城非謂白龍堆也朔北方也 丕顯祖烈尚於有成 師古曰丕大也烈業也 述宣紀第八

孝元翼翼高明柔克 師古曰翼翼敬也尚書洪範云高明柔克謂人雖有高明之度而當執柔乃能成德也敘言元帝有柔克之姿也 賓禮故老優繇亮直 師古曰故老謂貢禹薛廣德也優繇謂寬容也亮直謂朱雲也繇與由同 外割禁囿內損御服離宮不衛山陵不邑 張晏曰不徙民著縣邑也 闒尹之呰穢我明德 如淳曰任弘恭石顯使爲政以病其治也師古曰謂宮人爲闒者言其精氣奄閉不泄也一日主奄閉門者尹正也呰與疵同○蕭該音義曰韋昭呰作摧字云子爾反劉氏云摧效也或言極也晉灼曰摧見也畫也使爲政以病其治也今漢書本或誤作疵字或作呰字 述元紀第九

孝成煌煌臨朝有光威儀之盛如圭如璋壼闈恣趙朝政在王 師古曰趙謂趙皇后及昭儀也王謂外家王鳳王音等 炎炎燎火亦允不陽 張晏曰天子盛威若燎火之陽今委政王氏不炎熾矣師古曰允信也○宋祁曰邵本如字作燎亦字作光 述成紀第十

孝哀彬彬克攬威神 師古曰彬彬文質備也言哀帝忿孝成之時權在臣下故自攬持其威神也攬執取也其字從手如淳曰攬音鑑 彫落洪支底剭鼎臣 服虔曰彫落洪支廢退王氏也底致也周禮有屋誅誅大臣於屋下不露也易曰鼎折足其形渥凶謂誅朱博王嘉之屬也晉灼曰剭刑也師古曰剭者厚刑謂重誅也音握服言屋下失其義也○劉奉世曰洪支謂東平王雲非王氏也 婉孌董公惟亮天功大過之困實撓實凶 應劭曰以董賢爲三公乃欲共成天功也易大過卦棟撓凶言以小材而爲棟梁不堪其任至於折撓而凶也師古曰婉孌美貌亮助也尚書舜典曰亮天功故引之也撓曲也音女教反 述哀紀第十一

孝平不造新都作宰不周不伊喪我四海 師古曰造成也遭家業不

成周頌曰閔予小子遭家不造故引之也言其自號宰衡而無周公伊尹之志也述平紀第十二

漢初受命諸侯並政制自項氏十有八姓述異姓諸侯王表第一

太祖元勳啓立輔臣支庶藩屏侯王並尊述諸侯王表第二

侯王之祉祚及宗子公族蕃滋支葉碩茂師古曰茂合韻音莫戶反述王子侯表第三

受命之初贊功剖符奕世弘業爵土迺昭師古曰贊功佐命之功也奕大也述高惠高后孝文功臣侯表第四

景征吳楚武興師旅後昆承平亦有紹土師古曰言景武之時以軍功故封侯者多昭宣以後雖承平尚有以勳獲爵土者也○宋祁曰監本浙本越本作亦猶有紹述景武昭宣元成哀功臣侯表第五

亡德不報爰存二代應劭曰二代二王後也師古曰亡代謂殷周也言德澤深遠故至漢朝其子孫又受茅土以奉祭祀宰相外戚昭韙見戒張晏曰韙是也明其是者戒其非也韋昭曰昭明也韙是也述外戚恩澤侯表第六

漢迪于秦有革有因劉德曰迪至也觕舉僚職並列其人晉灼曰觕音麤觕之觕師古曰觕音才戶反謂大略也述百官公卿表第七

篇章博舉通于上下略差名號九品之敘述古今人表第八

元元本本數始於一張晏曰數之元本起於初九之一也產氣黃鍾造計秒忽劉德曰秒禾芒也忽蜘蛛網細者也師古曰秒音眇其字從禾八音七始五聲六律劉德曰七始天地四方人之始也師古曰解在禮樂志度量權衡歷算迺出師古曰迺古攸字也攸所也官失學微六家分乖劉德曰六家謂黃帝顓頊夏殷周魯歷也壹彼壹此庶研其幾述律歷志第一

上天下澤春靁奮作劉德曰兌下乾上履坤下震上豫履禮也豫樂也取易象制禮作樂師古曰易象曰上天下澤履雷出地奮豫故具引其文先王觀象爰制禮樂厥後崩壞鄭衛荒淫風流民化湎湎紛紛師古曰言上風既流下人則化也湎湎流移也紛紛雜亂也湎音莫踐反略存大綱以統舊文述禮樂志第二

雷電皆至天威震耀五刑之作是則是效劉德曰震下離上噬嗑利用獄雷電取象天威也師古曰易象辭曰雷電噬嗑先王以明罰敕法故引之威實輔德刑亦助教季世不詳背本爭末師古曰不詳謂不盡用刑之理也周書呂刑曰告爾祥刑吳孫狙詐申商酷烈師古曰狙音千豫反漢章九法太宗改作張晏曰改除肉刑也輕重之差世有定籍述刑法志第三

厥初生民食貨惟先割制廬井定爾土田什一供貢下富上尊商以足用茂遷有無貨自龜貝至此五銖揚搉古今監世盈虛師古曰揚舉也搉引也揚搉者舉而引之陳其趣也搉音居學反述食貨志第四

昔在上聖昭事百神類帝禋宗望秩山川明德惟馨永世豐年季末淫祀營信巫史鄧展曰營惑也大夫臚岱侯伯僭時鄭氏曰臚岱季氏旅於太山是也應劭曰僭時秦文公造西畤祭天是也師古曰旅陳也臚亦陳也臚旅聲相近其義一耳放誕之徒緣間而起師古曰謂方士言神仙之術也瞻前顧後正其終始述郊祀志第五

炫炫上天縣象著明師古曰炫炫光耀之貌音胡眄反縣古懸字日月周輝星辰垂精百官立法宮室混成張晏曰星辰有宮室百官各應其象以見咎徵降應王政景以燭形張晏曰王政失於此星辰變於彼猶景之象形也三季之後厥事放紛師古曰三季三代之末也放失也紛亂也舉其占應覽故考新述天文志第六

河圖命庖洛書賜禹八卦成列九疇逌敘李奇曰河圖即八卦也洛書即洪範九疇也師古曰庖庖犧也逌古攸字○宋祁曰庖當作宓三代寔寶光演文武春秋之占咎徵是舉告往知來王事之表述五行志第七

坤作墬埶高下九則張晏曰易曰地埶坤劉德曰九則九州土田上中下九等也師古曰墬古地字易象曰地埶坤君子以厚德載物高下謂地形也一曰地之肥瘠自昔黃唐經略萬國燮定東西疆理南北師古曰燮和也疆理謂立封疆而統理之三代損益降及秦漢革剗五等制立郡縣晉灼曰剗音剗削之剗師古曰音初限反服虔曰剗音翦韋昭曰剗音鏟剗削也略表山川彰其剖判述地理志第八

夏乘四載百川是導師古曰四載解在溝洫志惟河爲蘄災及後代商竭周移秦決南涯服虔曰河竭而商亡移亦河移徙也如淳曰秦始皇本紀決河灌大梁遂滅之通爲溝入淮泗自茲距漢北亡八支服虔曰本有九河今塞餘有一也文堙棗野武作瓠歌服虔曰堙音因文帝塞河於酸棗也張晏曰河決瓠子武帝親臨悼功不成而作歌成有平年後遂滂沱劉德曰成帝治河已平改元曰河平元年韋昭曰成帝時河復決王延世塞之河水平因改年曰河平爰及溝渠利我國家述溝洫志第九

虙羲畫卦書契後作師古曰虙讀與伏同虞夏商周孔纂其業纂書刪詩綴禮正樂師古曰纂與撰同彖系大易因史立法師古曰謂修春秋定帝王之文六學既登遭世罔弘師古曰罔無也無能弘大正道也羣言紛亂諸子相騰師古曰騰馳也秦人是滅漢修其缺劉向司籍九流以別應劭曰儒道陰陽法名墨從橫雜農凡九家爰著目錄略序洪烈師古曰洪大也烈業也述藝文志第十

上嫚下暴惟盜是伐師古曰易上繫辭云小人而乘君子之器盜斯奪之矣上嫚下暴盜斯伐之矣引此言者謂秦胡亥之時勝廣熛起梁籍扇烈師古曰飛火曰熛扇熾也烈猛也言陳勝項羽初起而盛也熛音必遙反赫赫炎炎遂焚咸陽宰割諸夏命立侯王誅嬰放懷詐虐以亡述陳勝項籍傳第一

張陳之交游如父子攜手遂秦拊翼俱起應劭曰遂逃也師古曰遂古遯字也拊翼以鵲爲喻言知將且則鼓擊其翼而鳴也據國爭權還爲豺虎師古曰言反相吞噬也耳謀甘公作漢藩輔述張耳陳餘傳第二

三枿之起本根既朽劉德曰詩云包有三枿爾雅曰烈枿餘也謂木斫而復生也魏齊韓皆滅而復起若死木更生也師古曰枿音五葛反枯楊生華曷惟其舊應劭曰易云枯楊生華暫貴之意也曷惟其舊言不能久也師古曰枯楊生華大過卦九五爻辭也舊合韻音臼橫雖雄材伏于海隝沐浴尸鄉北面奉首旅人慕殉義過黃鳥劉德曰黃鳥之詩刺秦穆公要人從死言今橫不要而有從者故曰過之述魏豹田儋韓信傳第三

信惟餓隸布實黥徒越亦狗盜芮尹江湖張晏曰吳芮爲番陽令在江湖之間尹主也雲起龍襄化爲侯王師古曰襄舉也割有齊楚跨制淮梁張晏曰韓信前王齊徙楚英布王淮南彭越王梁也綰自同閈鎮我北疆應劭曰閈音扞盧綰與高祖同里楚名里門爲閈師古曰左氏傳云高其閈閎舊通語耳非專楚也德薄位尊非胙惟殃吳克忠信胤嗣迺長述韓彭英盧吳傳第四

賈廑從旅爲鎮淮楚張晏曰劉賈廑乃從軍也晉灼曰廑無幾也師古曰二說皆非也廑古以爲勤字言賈從軍有勤勞也澤王琅邪權激諸呂濞之受吳疆土踰矩師古曰矩法制也雖戒東南終用齊斧張晏曰齊斧越斧也以整齊天下也晉灼曰雖戒勿反而竟用此斧於吳也師古曰易云喪其齊斧故引以爲辭述荊燕吳傳第五

太上四子伯兮早夭仲氏王代斿宅于楚師古曰詩衛風云伯兮朅兮又曰仲氏任只此序方論高祖兄伯及仲故引二句爲之辭也戊實淫蝬平陸迺紹師古曰楚王戊爲薄太后服姦削東海郡遂與吳共反而誅文帝更立平陸侯禮續元王之後也○宋祁曰注文浙本改文帝作景帝其在于京奕世宗正師古曰正合韻音征劬勞王室用侯陽成子政博學三世成名師古曰謂劉德劉向劉歆俱有名聞述楚元王傳第六

季氏之詘辱身毀節信于上將議臣震栗張晏曰申意於上將上將樊噲也欲以十萬衆橫行匈奴中布曰噲可斬也時議臣皆恐師古曰信讀曰申欒公哭梁田叔殉趙見危授命誼動明主布歷燕齊叔亦相魯民思其政或金或社李奇曰魯人愛田叔死送之以金齊貴欒布爲生立社述季布欒布田叔傳第七

高祖八子二帝六王三趙不辜淮厲自亡燕靈絕嗣齊悼特昌掩有東土自岱徂海支庶分王前後九子六國誅斃適齊亡祀城陽濟北後承我國張晏曰濟北王志吳楚反後徙王菑川元朔中齊國絕悼惠王後唯有城陽菑川武帝乃割臨菑環悼惠王冢以與菑川令奉祀也師古曰適讀曰嫡赳赳景王匡漢社稷師古曰赳赳武貌音糾述高五王傳第八

猗與元勳包漢舉信劉德曰包取也師古曰包謂高祖且王漢中也舉信舉韓信也信合韻音新鎮守關中足食成軍營都立宮定制修文平陽玄默繼而弗革師古曰革改也言曹參爲相守靜蕭何約束不變改也民用作歌化我淳德漢之宗臣是謂相國述蕭何曹參傳第九

留侯襲秦作漢腹心劉德曰襲秦椎始皇於博狼沙中圖折武關解阸鴻門師古曰圖折武關謂從沛公入武關說令爲疑兵又啗秦將以利勸因其怠懈擊之類也推齊銷印毆致越信師古曰毆與驅同越彭越也信韓信也謂於垓下圍項羽時也信合韻音新招賓四老惟寧嗣君陳公擾攘歸漢迺安師古曰擾音人養反欒范亡項走狄擒韓師古曰走狄謂解平城之圍也擒韓謂僞遊雲夢也六奇既設我罔艱難師古曰罔無也安國廷爭致仕杜門絳侯矯矯誅呂尊文亞夫守節吳楚有勳述張陳王周傳第十

舞陽鼓刀滕公廄騶師古曰鼓刀謂屠狗也潁陰商販曲周庸夫攀龍附鳳並乘天衢師古曰乘登也述樊酈滕灌傅靳周傳第十一

北平志古司秦柱下師古曰志記也謂記古事也司主也定漢章程律度之緒建平質直犯上干色師古曰周昌先封建成侯蓋謂此也平字當爲成傳寫誤耳廣阿之廑食厥舊德張晏曰任敖也吏遇呂后不謹敖擊傷主吏也師古曰廑亦勤字也易訟卦六三爻辭曰食舊德食猶饗也故安執節責通請錯蹇蹇帝臣匪躬之故師古曰易蹇卦六二爻辭曰王臣蹇蹇匪躬之故此言申屠嘉召責鄧通請誅晁錯皆不爲己身實有蹇蹇之節也述張周趙任申屠傳第十二

食其監門長揖漢王畫襲陳留進收敖倉塞隘杜津王基以張師古曰杜亦塞也謂說令塞白馬津賈作行人百越來賓從容風議博我以文李奇曰作新語也師古曰論語稱顏回喟然歎曰夫子博我以文謂以文章開博我也此言陸賈嘗之越也從音千容反風讀曰諷敬繇役夫遷京定都師古曰繇讀與由同言劉敬由戍卒而來納說內強關中外和匈奴叔孫奉常與時抑揚稅介免冑禮義是創師古曰稅舍也介甲也創始造之也創合韻音初良反或悊或謀觀國之光師古曰詩小雅小旻之篇曰或悊或謀言有智者有謀者易觀卦六四爻辭曰觀國之光利用賓于王故合而爲言述酈陸朱婁叔孫傳第十三師古曰本傳作朱劉終書其賜姓也此言朱婁本其舊族耳

淮南僭狂二子受殃安辯而邪賜頑以荒敢行稱亂窘世薦亡師古曰窘仍也薦讀曰荐荐再也長遷死雍其子安又自殺也述淮南衡山濟北傳第十四

蒯通壹說三雄是敗覆酈驕韓田橫顛沛被之拘繫迺成患害師古曰言伍被初不從王反王繫其父母乃進邪謀終以遇害也充躬罔極交亂弘大師古曰小雅青蠅之詩云讒言罔極交亂四國此敘言江充息夫躬之惡引以爲辭也述蒯伍江息夫傳第十五

萬石溫溫幼寤聖君鄧展曰爾雅寤逢遇也師古曰此說非也言萬石幼而恭謹感寤高祖以見識拔也爾雅云逆遇也非謂寤也詩小雅小宛之篇曰溫溫恭人宜爾子孫夭夭伸伸師古曰詩周南螽斯之篇曰宜爾子孫振振兮論語稱孔子燕居伸伸如也夭夭如也謂和舒之貌此言萬石子孫既多又皆和聽故引以爲辭也夭音於驕反慶社于齊不言動民鄧展曰慶爲齊相齊爲立社也衛直周張淑慎其身師古曰衛詩燕燕之篇曰終溫且惠淑慎其身淑善也引此詩言以美四人也述萬石衛直周張傳第十六

孝文三王代孝二梁師古曰代孝王參及梁孝王武梁懷王揖懷折亡嗣孝王乃尊光師古曰折謂夭也孝王亦謂梁孝王也內爲母弟外扞吳楚怙寵矜功僭欲失所思心既霿牛旤告妖師古曰霿音莫候反解在五行志帝庸親親厥國五分師古曰庸用也用親親之道故分梁爲五國立孝王男五人爲王太子買爲梁王次子明爲濟川王彭離爲濟東王定爲山陽王不識爲濟陰王德不堪寵四支不傳晉灼曰支父母之四支也師古曰此說非也謂孝王支子四人封爲王者皆絕於身不傳亂嗣唯梁

恭王賈有後耳其事具在本傳述文三王傳第十七
賈生矯矯弱冠登朝師古曰矯矯高舉之貌也合韻音驕遭文叡聖屢抗
其疏暴秦之戒三代是據建設藩屏以强守圉師古曰圉合韻
音御吳楚合從賴誼之慮師古曰勸文帝大封梁淮陽梁卒距吳楚不得西也從音子
斷反述賈誼傳第十八
子絲慷慨激辭納說師古曰爰盎字絲此加子者子是嘉稱以偶句耳擡讐正
席顯陳成敗師古曰擡執取也其字從手亦或作擊錯之瑣材智小謀大
師古曰易下繫辭曰德薄而位尊智小而謀大力少而任重鮮不及矣此敘言鼂錯所以及禍旣如發
機先寇後害師古曰發機言其速也吳楚未敗之前錯已誅死述爰盎鼂錯傳
第十九
釋之典刑國憲以平馮公矯魏增主之明張晏曰矯辭以免魏尚也
師古曰張說非也矯正也正言其事長孺剛直義形于色下折淮南上正
元服師古曰淮南王謀反憚黯正直武帝不冠不見黯故云下折淮南上正元服也元首也故謂冠爲元
服莊之推賢於茲爲德述張馮汲鄭傳第二十
榮如辱如有機有樞劉德曰易曰樞機之發榮辱之主也張晏曰作榮作辱如辭也自
下摩上惟德之隅師古曰詩大雅抑之篇曰抑抑威儀惟德之隅言有廉隅也此敘言賈山
直詞剌上亦爲方正也一曰隅謂得道德之一隅也賴依忠正君子采諸師古曰諸之也
述賈鄒枚路傳第二十一
魏其翩翩好節慕聲師古曰翩翩自喜之貌翩灌夫矜勇武安驕盈
凶德相挻旤敗用成師古曰挻謂柔挻也音式延反○蕭該音義曰韋昭曰相挻擾也淮
南子曰陶人之尅挻埴許慎曰挻揉也太玄經曰與陰陽挻其化宋忠曰挻和方言曰挻取也聲類曰挻一日
柔也老子曰挻埴以爲器安國壯趾王恢兵首孟康曰易壯于趾征凶安國臨當爲丞相
墮車蹇後爲將多所傷失而憂死此爲不宜征行而有凶也師古曰壯于趾大壯初九爻辭也壯傷也趾足也
直謂墮車蹇耳不言不宜征行也彼若天命此近人咎師古曰彼韓安國也此王恢也
壯趾天命也謀兵人咎也述竇田灌韓傳第二十二
景十三王承文之慶師古曰言景帝庸主耳所以子皆得王者由文帝之德慶流子孫也
慶合韻音卿魯恭館室江都訬輕師古曰訬謂輕狡也音初敎反○蕭該音義曰蘇林
曰訬音少年輕薄毀鈔息惠之鈔如淳音樵趙敬險詖中山淫醟師古曰辯也一曰說
佞也醟酗酒也音詠合韻音榮長沙寂漠廣川亡聲膠東不亮常山驕
盈如淳曰亮信也聞淮南謀反作戰具守備後辭及之發病死是爲不信於漢朝四國絕祀河
間賢明李奇曰臨江哀王閼臨江閔王榮膠西于王端清河哀王乘皆無子國除禮樂是修
爲漢宗英述景十三王傳第二十三
李廣恂恂實獲士心控弦貫石威動北隣師古曰北隣謂匈奴也
躬戰七十遂死于軍敢怨衞青見討去病陵不引決忝
世滅姓師古曰忝辱也蘇武信節不詘王命師古曰信讀曰申述李廣
蘇建傳第二十四
長平桓桓上將之元師古曰桓桓武貌也元首也薄伐獫允恢我朔
邊師古曰恢廣也戎車七征衝輣閑閑鄧展曰輣兵車名也師古曰輣音彭合圍
單于北登闐顏票騎冠軍猋勇紛紜師古曰如猋之勇紛紜盛也長
驅六舉電擊雷震師古曰六舉凡六出擊匈奴也震合韻音之人反飮馬翰海

封狼居山西規大河列郡祁連張晏曰置郡至祁連山述衞青霍
去病傳第二十五
抑抑仲舒再相諸侯師古曰蘭猶云抑抑密也身修國治致仕縣車
下帷覃思論道屬書師古曰屬音之欲反讜言訪對爲世純儒師古
曰讜善言也訪謂對所訪也讜音黨述董仲舒傳第二十六
文豔用寡子虛烏有寓言淫麗託風終始師古曰寓寄也風讀曰諷
多識博物有可觀采蔚爲辭宗賦頌之首師古曰蔚文采盛也音鬱
述司馬相如傳第二十七
平津斤斤晚躋金門師古曰斤斤明察也躋升也金門金馬門也旣登爵位
祿賜頤賢師古曰頤養也謂引招賢人而養之○宋祁曰注末當有也字布衾疏食用
儉飭身師古曰飭讀與敕同卜式耕牧以求其志忠寤明君迺
爵迺試兒生盦束髮修學師古曰盦盦勉也借列名臣從政
輔治述公孫弘卜式兒寬傳第二十八
張湯遂達用事任職媚茲一人日旰忘食師古曰詩大雅下武之篇
曰媚茲一人應侯愼德一人天子也媚愛也此敘言張湯見愛於武帝旣成寵祿亦羅咎
愆安世溫良塞淵其德師古曰詩邶風燕燕之篇曰仲氏任只其心塞淵淵深也塞實
也謂其德旣實且深也此敘言子孫亦有之子孫遵業全祚保國述張湯傳
第二十九
杜周治文唯上淺深師古曰言觀天子之意用取世資幸而免身
延年寬和列于名臣欽用材謀有異厥倫師古曰倫類也言異其本類
述杜周傳第三十
博望杖節收功大夏貳師秉鉞身釁胡社李奇曰李廣利爲胡所殺以
血塗社也師古曰釁者以血祭耳非塗之血也致死爲福每生作旤師古曰每貪也張騫
致死封侯李廣利求生而死也述張騫李廣利傳第三十一
嗚呼史遷薰胥以刑晉灼曰齊韓魯詩作薰薰帥也從人得罪相坐之刑也師古曰晉說
近是矣詩小雅雨無正之篇曰若此無罪淪胥以鋪相也鋪徧也言無罪之人過於亂政橫相牽率徧得罪
也韓詩淪字作薰薰者謂相薰蒸亦漸及之義耳此敘言史遷因坐李陵橫得罪也○蕭該音義曰韋昭曰腐
刑必薰之餘殘曰胥幽而發憤迺思迺精錯綜羣言古今是經勤
成一家大略孔明師古曰孔甚也述司馬遷傳第三十二
孝武六子昭齊亡嗣如淳曰昭帝及齊王無嗣也師古曰嗣合韻音辭燕剌謀
逆廣陵祝詛昌邑短命昏賀失據戾園不幸宣承天序
師古曰序合韻音似謙反述武五子傳第三十三
六世耽耽其欲浟浟師古曰六者謂武帝也易頤卦六四爻辭曰虎視耽耽其欲浟浟
耽威視之貌也浟浟欲利之貌也耽音丁含反浟音滌令易浟字作逐○蕭該音義曰耽蘇林音潭晉灼音義
及今漢書本作悠悠應劭曰易曰虎視耽耽字林曰耽視近而志遠也音大含反應劭曰耽近也悠遠也言武
帝內興文學外耀神武耽耽悠悠悠而盛也余謂耽當音當合反文武方作是庸四克晉灼
曰方並也師古曰言並任文武之臣是用克開四方也助偃淮南數子之德不忠
其身善謀於國師古曰淮南謂淮南王安也諫武帝不宜興兵討越也述嚴朱吾丘
主父徐嚴終王賈傳第三十四
東方贍辭詼諧倡優師古曰詼音恢譏苑扞偃正諫舉郵師古曰郵

與尤同尤過也懷肉汙殿弛張沈浮述東方朔傳第三十五
葛繹內寵屈氂王子師古曰公孫賀妻衞皇后姊故云內寵也千秋時發宜
春舊仕張晏曰千秋訟衞太子冤發言值時也師古曰宜春侯王訢也敞義依霍庶幾
云已如淳曰若此人等無益於治可爲庶幾而已也師古曰敞楊敞義蔡義弘惟政事萬
年容已咸睡厥誨戮爲不子述公孫劉田楊王蔡陳鄭
傳第三十六
王孫嬴葬建迺斬將雲廷訐禹福逾刺鳳師古曰逾遠也是謂
狂狷敞近其衷師古曰衷中也論語稱孔子曰不得中行而與之必也狂狷乎此言朱雲以上
蓋狂狷耳云敞之操近於中行也衷音竹仲反述楊胡朱梅云傳第三十七
博陸堂堂受遺武皇師古曰論語稱曾子曰堂堂乎張也蓋美子張儀形盛也故引之
擁毓孝昭末命導揚劉德曰武帝臨終之命霍光能導達顯揚也遭家不造
立帝廢王權定社稷配忠阿衡懷祿耽寵漸化不詳陰
妻之逆至子而亡師古曰陰謂霍顯之也秺侯狄孥虔恭忠信師古
曰匈奴休屠王之子故曰狄孥秺音妬信合韻音新弈世載德馳于子孫師古曰馳延也
音弋豉反述霍光金日磾傳第三十八
兵家之策惟在不戰營平皤皤立功立論師古曰皤皤白髮貌也音
蒲何反以不濟可上諭其信師古曰春秋左氏傳晏子對齊景公曰君所謂可而有不
焉臣獻其不以成其可此敘言宣帝令擊西羌充國不從固上屯田之策也武賢父子虎臣
之後述趙充國辛慶忌傳第三十九
義陽樓蘭長羅昆彌安遠日逐義成郅支陳湯誕節
在三摠師古曰三摠謂劉向谷永耿育皆訟救湯也師古曰誕節言其放縱不拘也會宗勤
事疆外之桀述傅常鄭甘陳段傳第四十
不疑膚敏應變當理劉德曰膚美也敏疾也言於闕下辯定方遂詐非衞太子也師古
曰詩大雅文王之篇曰殷士膚敏謂殷之子孫也故引以爲辭辭霍不婚逡遁致仕師古曰遁
讀與逡同疏克有終散金娛老定國之祚于其仁考廣德當
宣近於知恥晉灼曰當宣帝時始仕至元帝時以歲惡民流便乞骸骨去此爲知恥師古曰此說
非也當爲平當也宣彭宣也言廣德平當彭宣三人不苟於祿位並爲知恥也本傳贊曰薛廣德保懸車之榮
平當逡遁有恥彭宣見險而止異乎苟患失之者矣述雋疏于薛平彭傳第四十
一
四皓遯秦古之逸民不營不拔嚴平鄭眞應劭曰爵祿不能營其志
威武不能屈其身也易曰不可榮以祿又曰確乎不可拔也○宋祁曰營當作榮吉困于賀湼
而不緇禹旣黃髮以德來仕師古曰論語稱孔子曰不曰白乎湼而不緇湼汙泥
也可以染皁緇黑色也言天性潔白者雖處汙湼之中其色不變也緇合韻音側仕反舍惟正身
勝死善道郭欽蔣詡近遯之好應劭曰易曰好遯君子吉言遭暴亂之世好以
和順遯去不離其害也述王貢兩龔鮑傳第四十二
扶陽濟濟聞詩聞禮玄成退讓仍世作相師古曰仍頻也漢之
宗廟叔孫是謨革自孝元諸儒變度如淳曰造迭毀之議也師古曰謨謀
也合韻音慕國之誕章博載其路師古曰誕大也謂憲章之大者故廣載之述韋
賢傳第四十三
高平師師惟辟作威圖黜凶害天子是毗鄧展曰師師相師法也師

古曰尙書洪範云惟辟作威言威權者唯人君得作之耳詩小雅節南山之篇曰尹氏太師惟周之氐秉國之
鈞四方是維天子是毗言大臣之職輔佐天子者也此敘言魏相欲崇君道而黜私權故引書詩以爲言也
博陽不伐含弘光大天誘其衷慶流苗裔述魏相丙吉
傳第四十四
占往知來幽贊神明師古曰易上繫辭曰神以知來知以藏往言蓍卦之德兼神知也說
卦曰昔者聖人之作易也幽贊於神明而生蓍言欲深致神明之道助以成敎故爲蓍卜也苟非其
人道不虛行師古曰下繫之辭也言人能弘道非其人則不能傳學微術昧或
仿佛疑殆匪闕違衆迕世師古曰論語稱孔子曰多聞闕疑愼言其餘則寡尤多
見闕殆愼行其餘則寡悔殆危也謂有疑則闕之也此敘言術士不闕疑殆故遭禍難也淺爲尤悔
深作敦害師古曰尤過也敦厚也述眭兩夏侯京翼李傳第四十
五
廣漢尹京克聰克明延壽作翊旣和且平矜能訐上
陷極刑翁歸承風帝揚厥聲張晏曰受任爲右扶風宣帝下詔褒揚賜金百
敞亦平平文雅自贊師古曰平平讀曰便便辯也贊助也以文雅助治術也一說贊進也
文雅自進也尊實赳赳邦家之彥師古曰赳赳材勁貌也音糾章死非
士民所歎述趙尹韓張兩王傳第四十六
寬饒正色國之司直豐繄好剛輔亦慕直師古曰繄是也音烏奚反
皆陷狂狷不典不式師古曰典經也式法也崇執言責隆持官
如淳曰崇爲尙書僕射是言責之官也哀帝及傅太后欲封從弟商崇諫不聽也晉灼曰隆諫武庫兵不宜
給董賢家此寶曲定陵並有立志鄧展曰孫寶曲撓于長也
日何並斬侍中王林卿奴是立志也述蓋諸葛劉鄭毋將孫何傳第四
七師古曰本傳毋將隆在孫寶下今此敘云毋將孫何是敘誤也
長倩懊懊覼霍不舉蘇林曰懊懊行步安舒也師古曰不肯露索而見霍光故不得大
也懊音代於反遇宣迺拔傳元作輔不圖不慮見蹟石許
小雅雨無正之篇云旻天疾威不慮不圖也慮思也謀也言王見天之威不思謀也此敘言望之恩
詳卒爲石顯及許史所蹟蹟也蹟音竹二反○宋祁曰見字當作蹟述蕭望之傳第四
八
子明光光發迹西疆列於禦侮厥子亦良述馮奉世傳
第四十九
宣之四子淮陽聰敏師古曰敏疾也合韻音美舅氏蘧蒢幾陷大
師古曰蘧蒢口柔觀人顏色而爲辭佞者也言淮陽王舅張博爲諂辭幾陷王於大罪也蘧音渠蒢音除
音鉅依反楚孝惡疾東平失軌師古曰惡疾謂病也軌法則也中山凶
母歸戎里張晏曰戎氏女歸戎氏之里也元之二王孫後大宗孟康曰謂哀
平帝昭而不穆大命更登鄧展曰昭而不穆有父子晏曰大命帝位也師古曰更
工衡反述宣元六王傳第五十
樂安褒褒古之文學師古曰褒褒盛貌也音弋敎反學合韻音下敎反民具
瞻困于二司師古曰詩小雅節南山之篇曰赫赫師尹民具爾瞻言師尹之任位尊職重下所
望而乃爲不善乎深責之也此敘言匡衡不終位故引以爲辭耳二司者司隸校尉王尊劾奏衡追
石顯揚著先帝任用傾覆之臣司隸校尉王駿劾奏衡專地盜土也司合韻音先寺反安昌貨
朱雲作娸晉灼曰娸醜也師古曰朱雲廷言欲斬張禹是爲醜惡之娸娸音欺合韻音丘吏反博

山敦慎受莽之疢 師古曰疢病也孔光後更曲意從莽之欲以病其德行也 述匡張
孔馬傳第五十一
樂昌篤實不撓不詘遘閔既多是用廢黜 師古曰詩邶栢舟曰遘閔既多受侮不少遘遇也閔病也謂見病害甚衆也此敘言王商深爲王鳳所排陷也 武陽殷勤輔
導副君既忠且謀饕茲舊勳高武守正因用濟身 師古曰言傅喜不阿附傅太后故得免禍 述王商史丹傅喜傳第五十二
高陽文法揚鄉武略政事之材道德惟薄位過厥任鮮
終其祿 師古曰鮮少也音先典反 博之翰音鼓妖先作 劉德曰易曰翰音登于天貞凶上九處非其位亢極故何可長也位在上高故曰翰音博拜時聞有鼓聲也師古曰翰音登于天中孚卦上九爻辭也翰音高飛而自鳴喻居非其位聲過其實也 述薛宣朱博傳第五十三
高陵修儒任刑養威用合時宜器周世資義得其勇如
虎如貔進不跬步宗爲鯨鯢 師古曰半步曰跬音空彙反 述翟方進
傳第五十四
統微政缺災眚屢發永陳厥咎戒在三七鄴指丁傅略
窺占術述谷永杜鄴傳第五十五
哀平之鄙丁傅莽賢武嘉戚之乃喪厥身高樂廢黜咸
列貞臣述何武王嘉師丹傳第五十六
淵哉若人實好斯文初擬相如獻賦黃門輟而覃思草
法篹玄 師古曰輟止也篹與撰同言止不復作賦草創法言及撰太玄經也 斟酌六經放
易象論 師古曰放音甫往反論讀語論也 潛于篇籍以章厥身 師古曰章明也 述
揚雄傳第五十七
獷獷亡秦滅我聖文 師古曰獷獷麤惡之貌言無親也獷音礦又音九永反 漢存
其業六學析分是綜是理是綱是紀師徒彌散著其終
始 師古曰散謂分派也 述儒林傳第五十八
誰毀誰譽其有試 師古曰論語稱孔子曰吾之於人誰毀誰譽如有所譽其有所試此敘言人之從政可試而知故引以爲辭也 泯泯羣黎化成良吏 師古曰黎衆也言羣衆無知從吏之化而成俗也 淑人君子時同功異沒世遺愛民有餘思
述循吏傳第五十九
上替下陵姦軌不勝猛政橫作刑罰用興曾是強圉掊
克爲雄 師古曰詩大雅蕩之篇曰曾是強圉曾是掊克強圉強梁禦善也掊克好聚斂克害人也言任用此人爲虐於下也掊音平侯反 報虐以威殃亦凶終 師古曰尚書呂刑曰皇帝哀矜庶戮之不辜報虐以威言哀閔不辜之人橫被殺戮乃報答爲虐者以威而誅絕也 述酷吏傳第
六十
四民食力罔有兼業大不淫侈細不匱乏蓋均無貧遵
王之法 師古曰論語稱孔子曰蓋均無貧言爲政平均不相陵奪則無匱乏之人也故引之 靡法
靡度民肆其詐 師古曰肆極也 偪上并下荒殖其貨 師古曰荒大也 侯
服玉食敗俗傷化 張晏曰玉食珍食也 述貨殖傳第六十一
開國承家有法有制家不臧甲國不專殺 師古曰殺音所例反 合
矧乃齊民作威作惠 師古曰矧況也齊民齊等之人也 如台不匡禮法
是謂 如淳曰台我也我國家也師古曰匡正也台音怡 述游俠傳第六十二

彼何人斯竊此富貴營損高明作戒後世 師古曰詩小雅巧言之篇刺讒人也其詩曰彼何人斯居河之麋賤而惡之也此敘亦深疾佞幸之人故引詩文以譏之營惑也 述
佞幸傳第六十三
於惟帝典戎夷猾夏 師古曰於歎辭也帝典虞書舜典也載舜命咎繇作士戒之曰蠻夷猾夏猾亂也夏諸夏也於讀曰烏 周宣攘之亦列風雅 師古曰攘卻也 宗幽既
昏淫于褒女 師古曰宗周也幽王居宗周也 戎敗我驪遂亡酆鄗 張晏曰申侯與戎共伐周敗於驪山下遂殺幽王平王東徙都成周 大漢初定匈奴強盛圍我
平城寇侵邊境 師古曰境合韻音竟 至于孝武爰赫斯怒王師雷
起霆擊朔野 師古曰霆疾雷也音廷 宣承其末迺施洪德震我威
靈五世來服 師古曰自宣至平凡五帝 王莽竊命是傾是覆備其變
理爲世典式述匈奴傳第六十四
西南外夷種別域殊南越尉佗自王番禺攸攸外寓閩
越東甌 師古曰攸攸遠貌 爰洎朝鮮燕之外區漢興柔遠與爾
剖符 師古曰柔安也剖符謂封之也 皆恃其岨乍臣乍驕孝武行師誅
滅海隅述西南夷兩越朝鮮傳第六十五
西戎卽序夏后是表 張晏曰表外也禹就敘以爲外國也師古曰此說非也表明也明以德化也 周穆觀兵荒服不旅 張晏曰觀示也旅陳也犬戎終王而朝周穆王以不享征之是以荒服不陳於廷也 漢武勞神圖遠甚勤王師驒驒致誅大宛
鄭氏曰驒驒盛也師古曰此說非也小雅四牡之詩曰四牡騑騑驒驒駱馬驒驒喘息之貌馬勞則喘此敘言漢遠征西域人馬疲弊也驒音宅丹反 姣姣公主迺女烏孫 孟康曰姣音題姣姣楊楊愛也師古曰此說非也姣音上支反姣姣好貌也魏詩葛屨之篇曰好人提提提音義同耳女妻也音乃據反言漢以好女配烏孫也 使命迺通條支之瀕 師古曰瀕涯也音頻又音賓 昭宣承
業都護是立總督城郭三十有六修奉朝貢各以其職
述西域傳第六十六
詭矣禍福刑于外戚 師古曰詭違也言禍福相違終始不一也 高后首命呂
宗顛覆薄姬碌魏宗文產德 如淳曰薄姬在魏許負相當生天子魏豹聞負言不與漢遂畔而死也師古曰碌古墜字 竇后違意考盤于代 師古曰詩衛風曰考盤在澗考成也盤樂也此敘言竇姬初欲適趙而向代違其本意卒以成樂也 王氏仄微世武作嗣
子夫既興扇而不終 師古曰扇熾也 鉤弋憂傷孝昭以登上官
幼尊類禡厥宗 應劭曰詩云是類是禡禮將征伐告天而祭謂之類告以事類也至所征伐之地表而祭之謂之禡禡者馬也馬者兵之首故祭其先神也言上官后雖幼尊貴家族以惡逆誅滅也師古曰禡音莫駕反 史娣王悼身遇不祥及宣饗國二族後光恭哀
產元夭而不遂卬成乘序履尊三世 張晏曰至成帝乃崩也師古曰乘序謂登至尊之處也 飛燕之妖禍成厥妹丁傅僭恣自求凶害中
山無辜乃喪馮衛 師古曰馮昭儀中山孝王母也爲傅氏所陷衛姬中山孝王后也爲王莽所滅 惠張景薄武陳宣霍成許哀傅平王之作事雖歆羨
非天所度 師古曰作起也度居也言惠帝至平帝王皇后七人時雖處尊位人心羨慕以非天意所居故終用不昌也度音徒各反 怨咎若茲如何不恪 師古曰恪敬也 述外戚傳
第六十七
元后娠母月精見表 師古曰娠音身 遭成之逸政自諸舅 師古曰言

成帝貪自逸樂而委政於王氏 陽平作威誅加卿宰 師古曰謂王商及王章也 成都
煌煌假我明光 師古曰煌煌熾貌 曲陽歊歊亦朱其堂 師古曰歊歊氣盛也音許驕反 新都亢極作亂以亡述元后傳六十八
咨爾賊臣篡漢滔天行驕夏癸虐烈商辛 張晏曰桀名癸紂名辛
僞稽黃虞繆稱典文 師古曰稽考也 衆怨神怒惡復誅臻 張晏曰復周也莽至十二歲星一復莽稱帝十三歲而見誅也左氏傳曰美惡周必復師古曰復音扶目反 百
王之極究其姦昏述王莽傳第六十九
凡漢書敘帝皇 張晏曰十二紀也 列官司建侯王 張晏曰百官表及諸侯王表也 準天地統陰陽 張晏曰準天地天文志也統合也陰陽五行志也 闡元極步
三光 張晏曰闡大也元始也極至也三光日月星也大推上極元始以來及星辰度數謂律歷志 分
州域物土疆 張晏曰地理及溝洫志也 窮人理該萬方 張晏曰人理古今人表萬方謂郊祀志有日月星辰天下山川人鬼之神 緯六經綴道綱 張晏曰藝文志也 總百
氏贊篇章 師古曰贊明也 函雅故通古今 張晏曰包含雅訓之故及古今之語 正
文字惟學林 師古曰信惟文學之林藪也凡此總說帝紀表志列傳備有天地鬼神人事政治道德術藝文章汎而言之盡在漢書耳亦不皆如張氏所說也 述敘傳第七十

前漢書卷一百下考證

爲春秋考紀表志傳凡百篇注師古云云○劉奉世云
云○臣召南按奉世糾師古之違似非也李賢注後
書引前書音義曰春秋考紀謂帝紀也言考覈時事
具四時以立言如春秋之經較師古注尤明不必以
成訓考也
賓禮故老優繇亮直注亮直謂朱雲也○臣召南按顏
注誤朱雲折檻事在成帝時此言元帝聽貢禹之言
外割禁囿內損御服云爾連下二句讀其義自明賓
禮故老謂于定國韋元成薛廣德之屬也
述異姓諸侯王表第一○按南史云劉之遴所校眞本
本紀及表志列傳相合爲次總成三十八卷與今本
異
自茲距漢北亾八支○臣召南按此則八支湮塞在秦
漢之間矣緯書謂齊桓公塞八支以自廣終無所據
成有平年注韋昭曰王延八世塞之○按舊本誤衍八
字當云王延世塞之
信惟餓隸布實黥徒越亦狗盜芮尹江湖雲起龍襄化
爲侯王○臣召南按劉之遴所校眞本云淮陰毅毅
伏劍周章邦之傑兮實維英彭仕爲侯王雲起龍驤
與今本大異以理推之邦字是高祖諱又信越布後
並誅滅史官安得盛稱其美必好事者爲之也又按
之遴言眞本高五子文三王景十三王孝武六子宣
元六王悉次外戚下外戚次帝紀下如所云是十二
紀之後卽次外戚傳諸王傳矣其然豈其然乎
賈作行人百越來賓從容風議博我以文注師古云云
○臣召南按師古謂從容二句亦指使越非也此二
句指賈著新語每奏一篇高祖稱善李奇說得之

侍讀臣召南謹言史之良首推遷固固才似若不
及遷者然其整齊一代之書文贍事詳與遷書異
曲同工要非後世史官所能及故其書初成學者
卽已莫不諷誦服虔應劭而下解釋音訓不異注
經更魏晉至唐初名家磊落相望而顏師古注折
其衷論者以比杜征南注左傳稱爲班氏忠臣不
謬也自唐以前書皆手寫而校對極精譌脫相承
無過數處其有板本自宋淳化中命官分校三史
始也雕板染印日傳萬紙於人甚便人間摹刻以
市易者滋多彼此沿襲莫識由來輾轉失眞烏焉
成馬故書有板本而讀者甚易亦自有板本而校
者轉難固其勢然也以人人所共習之漢書又經
師古注釋旨趣畢顯校者似易爲力乃自淳化歷
景德景祐熙寧百年之中三經覆校當時名儒碩
學刁衎晁迥余靖王洙所奏刊正增損之條累百
盈千積成卷帙三劉刊誤又別爲書陳繹是正文
字又在宋祁之後亦足以徵善本難得在北宋時
已然矣況自宋至明刻本愈雜學士家校讐之精
遠不如北宋以前者哉若國子監所存明人舊板
於顏注所引二十三家之說十剟其五於慶元所
附三劉宋祁諸家之說十存其一卽本書正文字
句亦多譌脫則尤板本中至陋者已夫古人撰述
既博不無失檢紀表志傳或彼此乖違郡國官名
或後先錯出如高紀書太上皇后書丞相噲將兵
文紀書內史欒布景紀書御史大夫青翟書三輔
舉不如法者宜紀書元康元年復高帝功臣後之
類皆本書自誤非關後人至如地理溝洫成文鄭
元注水經特多援引賈馬淵雲辭賦蕭統輯文選
時有異同藝文志言儀禮之經倒十七篇爲七十
律歷志載積黍之數增九十分爲一千孔穎達賈

公彦並師古同時人而所据書本各别斯則傳寫
失真之明驗也衍文脱字離句辨音三劉於師古
注銖較寸量未嘗少假借焉校古人書義當如是
爾乾隆四年奉
勅校刊經史於是書尤加詳慎臣照等既與諸臣遍蒐
館閣所藏數十種及
本朝李光地何焯所校再三讐對積歲彌時凡監本
脱漏並据慶元舊本補鈇訂譌正其舛謬以付開
雕稍還古人之舊臣召南復奉
勅編爲考證謹採儒先論說關於是書足以暢顏注所
發明刊三劉所未及者條錄以附於每卷云臣召
南謹識

原任詹事臣陳浩侍讀學士臣董邦達原任侍講
學士臣萬承蒼原任庶子臣朱良裘侍讀臣齊召
南洗馬臣陸宗楷編修臣孫人龍臣李龍官原任
編修臣吳兆雯臣杭世駿御史臣沈廷芳拔貢生
臣張本等奉
勅恭校刊